वर्धा हिंदी शब्दकोश

ज्ञान शांति मैत्री

महात्मा गांधी अंतरराष्ट्रीय हिंदी विश्वविद्यालय - वर्धा

वर्धा हिंदी शब्दकोश

संपादक मंडल

देवीशंकर द्विवेदी

एन. सुंदरम्

पाण्डेय शशिभूषण 'शीतांशु'

के.के. गोस्वामी

उमाशंकर उपाध्याय

टी.वी. कट्टीमनी

के.एल. वर्मा

गोपेश्वर सिंह

विशेष सहयोग

अभिजीत प्रसाद, अमित कुमार गुप्ता, अरुण कुमार पाण्डेय, अशोक नाथ त्रिपाठी, आलोक कुमार मिश्र, उपेंद्र कुमार, उमेश कुमार सिंह, कृष्ण कुमार सिंह, गोविंद प्रसाद वर्मा, जय प्रकाश गुप्ता, जीतेन्द्र कुमार गुप्ता, परिमल प्रियदर्शी, धनंजय सिंह, पंकज कुमार मिश्र, प्रतिभा सिंह, प्रफुल्ल मेश्राम, प्रवीण कुमार पाण्डेय, प्रवेश कुमार द्विवेदी, प्रीतेंद्र कुमार मालाकार, पुरंदर दास, मधुप्रिया पाठक, रामानुज अस्थाना, रेनू सिंह, सलाम अमित्रा देवी, सुरेंद्र कुमार, सूरज पालीवाल, श्री नारायण सिंह, श्रीरमण मिश्र, हनुमान प्रसाद शुक्ल।

वर्धा हिंदी शब्दकोश

सम्पादक
अनिल कुमार पाण्डेय

तकनीकी सहयोग
जगदीप सिंह दांगी
गिरीश चन्द्र पाण्डेय
धनजी प्रसाद

वाणी प्रकाशन ग्रुप
भारतीय ज्ञानपीठ
वाणी प्रकाशन : भारतीय ज्ञानपीठ की पुस्तकों के एकमात्र प्रकाशक एवं वितरक
Email : sales@vaniprakashan.in
महात्मा गांधी अंतरराष्ट्रीय हिंदी विश्वविद्यालय, वर्धा के सहयोग से प्रकाशित

सजिल्द पहला संस्करण : 2014
दूसरा मुद्रण : 2015
तीसरा मुद्रण : 2018
सजिल्द दूसरा संस्करण : 2019
चौथा मुद्रण : 2024

लोकोदय ग्रन्थमाला : ग्रन्थांक 1204

प्रकाशक
वाणी प्रकाशन ग्रुप
4695, 21-ए, दरियागंज, नयी दिल्ली-110 002
फ़ोन : 011-23273167, 23275710
ईमेल : sales@vaniprakashan.in

ISBN : 978-93-5775-971-7 (N)
978-93-263-5229-1 (O)

वर्धा हिंदी शब्दकोश
(शब्दकोश)
सम्पादक : अनिल कुमार पाण्डेय

WARDHA HINDI SHABDAKOSH
(Shabdakosh)
Edited by Anil Kumar Pandey

मुद्रक : आर. टेक ऑफ़सेट प्रिंटर्स, दिल्ली-110 032

Price: INR. 1350

प्राक्कथन

'वर्धा हिंदी शब्दकोश' का यह संशोधित एवं परिवर्धित संस्करण है। कोश का प्रथम संस्करण 2014 में छपा था। प्रकाशन के बाद हिंदी के कुछ अध्येताओं और विद्वानों ने जहाँ इसकी कतिपय कमियों की ओर संकेत किया वहीं वृहत्तर हिंदी समाज ने इसका समुचित स्वागत भी किया। कोश के प्रथम संस्करण की सभी प्रतियाँ शीघ्र ही समाप्त हो गईं और इसका पुनर्मुद्रण करना पड़ा। इन तथ्यों को ध्यान में रखकर द्वितीय संस्करण के प्रकाशन के अवसर पर यह प्रयास किया गया है कि इस संस्करण में प्रथम संस्करण की कमियों को दूर कर लिया जाए। इस संबंध में विद्वानों के रचनात्मक सुझावों के आलोक में कोश में यथोचित संशोधन करके इसे और अधिक उपादेय बनाने का निश्चय किया गया। इस हेतु गठित प्रो. कृष्ण कुमार सिंह, प्रो. सूरज पालीवाल, प्रो. हनुमान प्रसाद शुक्ल की समिति ने गहन विचार-विमर्श के उपरांत संशोधन की आवश्यकता बताई। एतदर्थ एक परामर्श मंडल बनाया गया जिससे हुई चर्चाओं के अनुसार सर्वानुमति से कोश के संशोधन-संवर्धन का कार्य संपन्न किया गया। इस नये संस्करण की कुछ उल्लेखनीय बातें इस प्रकार हैं—

पहले संस्करण में अंग्रेजी के ऐसे शब्दों को जो, समतुल्य संकल्पना के अभाव में अपनाए गए थे, को स्वीकार किया गया था, उन्हें इस संस्करण में हटा दिया गया है। हाँ, ऐसे अंग्रेजी या विदेशी शब्दों को रखा गया है जिनका हिंदी में कोई विकल्प नहीं है और जो लोक-प्रचलित हैं।

इस संस्करण में हिंदी की जनपदीय बोलियों से गृहीत लगभग 6000 शब्द भी शामिल किए गए हैं जो हिंदी में प्रचलित हैं—उदाहरण के लिए खंडसारी (देशी चीनी), खूँटी (दीवाल पर लगाई जाने वाली एक बड़ी लकड़ी की कील)। संस्कृति से संबंधित शब्द, जैसे—बरही, फाग, ठुमरी आदि।

पहले संस्करण की व्याकरणिक कोटियों तथा व्युत्पति संबंधी त्रुटियों का परिष्कार किया गया है। लगभग सभी कोशों में अंग्रेजी शब्द से व्युत्पति के लिए संक्षिप्ति (अं.) दी गई है परंतु इस कोश के प्रथम संस्करण में (इं.) दी गई थी। अतः प्रस्तुत संस्करण में (अं.) ही रखा गया है जिससे कोश के प्रयोक्ताओं को असुविधा न हो। यदि शब्द हिंदी के हैं तो उनकी व्युत्पति नहीं दी गई है। लेकिन यदि शब्द संकर हैं और दो भाषाओं के शब्दों के योग से बने हैं जैसे—जिलाधीश=जिला (अ.)+अधीश (सं.) तो ऐसे शब्दों को इस कोश में इस प्रकार दिया गया है—जिलाधीश [अ.+सं.]।

तत्सम और तद्भव शब्दों की व्युत्पति संस्कृत से ही निर्धारित की गई है। चूँकि तत्सम शब्द मूलतः संस्कृत के ही शब्द हैं, उनमें कुछ बदलाव के साथ तद्भव प्रयुक्त होते हैं, इन्हें संस्कृत मूल के शब्द माना गया है, जैसे—यमुना-जमुना, आश्चर्य-अचरज, कर्म-काम आदि।

शब्दों के अर्थों का भी पुनरीक्षण किया गया और उन अर्थों को भी समाविष्ट किया गया, जो छूट गए थे। प्रथम संस्करण में शब्दों के जो अर्थ दिए गए थे उन्हें यथास्थान अधिक स्पष्ट करने का प्रयास किया गया है। इस हेतु उपलब्ध पर्याय देने का यत्न किया गया है। अर्थभेद को 1, 2, 3 आदि के साथ

प्राथमिकता के क्रम में प्रस्तुत किया गया है। जैसे—भेंट (सं–स्त्री.) 1. उपहार, सौगात में दी गई वस्तु 2. मुलाकात।

शब्दों के मानक रूप के लिए केंद्रीय हिंदी निदेशालय द्वारा निर्देशित मानक रूप को ही आधार बनाया गया है। जहाँ शब्दों के दो रूप मिलते हैं उन दोनों रूपों को इस कोश में स्वीकार किया गया है—जैसे, दुकान–दूकान, लुहार–लोहार, कँकड़ीला–कंकड़ीला, अँग्रेजी–अंग्रेजी आदि। प्रथम प्रचलित रूप को मूल प्रविष्टि के रूप में रखा गया है तथा दूसरे रूप में देखें के प्रतिसंदर्भ के अंतर्गत रखा गया है।

इस संस्करण में नए मुहावरे भी शामिल किये गए हैं।

हिंदी भाषा की यह प्रवृत्ति है कि शब्दांत का 'अ' उच्चरित नहीं होता—यथा=बात [बात्]। तत्सम शब्दों की वर्तनी में अभी भी कुछ शब्दों में संस्कृत के अनुसार, शब्दांत में 'हल्' चिह्न लगाने की प्रवृत्ति है। अब हिंदी में शब्दांत में 'हल्' का चिह्न नहीं लगाया जा रहा है जैसे—पश्चात (तत्सम रूप–पश्चात्)।

इस संस्करण में पिछले संस्करण की प्रूफ की त्रुटियों का भी यथा संभव परिष्कार किया गया है।

कोश को अद्यतन होते रहना चाहिए अन्य भाषाओं तथा तकनीकी आदि के नए–नए शब्द भी हिंदी में शामिल हो रहे हैं, होते रहेंगे। इस हेतु सुधी पाठकों से सुझाव आमंत्रित हैं। यह भी आवश्यक है कि प्रत्येक चार–पाँच वर्ष में कोश का नया संस्करण प्रकाशित हो। इसके लिए विश्वविद्यालय ने नये 'कोश इकाई' की स्थापना की है ताकि निरंतर शब्द संकलन, अर्थ शोधन आदि का कार्य योजनाबद्ध ढंग से होता रहे। कोश के नए संस्करण का दायित्व प्रो. अनिल कुमार पाण्डेय ने अपने सहयोगियों के साथ संभाला। परामर्श हेतु वरिष्ठ विशेषज्ञों का भी सहयोग लिया गया। विश्वविद्यालय इन सबके प्रति आभारी है।

गिरीश्वर मिश्र
कुलपति
महात्मा गांधी अंतरराष्ट्रीय हिन्दी
विश्वविद्यालय, वर्धा

भूमिका

(प्रथम संस्करण से)

विज्ञान एवं तकनीकी के इस युग में हिंदी आधुनिक ज्ञान-विज्ञान की वाहिनी बनने की दिशा में अग्रसर है। विश्व के देशों में हिंदी भाषा का शिक्षण औपचारिक एवं अनौपचारिक स्तर पर चल रहा है। भारत के बाहर तैंतीस देशों में हिंदी विश्वविद्यालयीन स्तर पर पढ़ाई जा रही है। हिंदी का महत्व इतना बढ़ गया है कि विभिन्न देशों के नागरिक भारत व अपनी सरकारों द्वारा प्रदत्त छात्रवृत्ति पर हिंदी पढ़ने के लिए भारत के विभिन्न विश्वविद्यालयों में आ रहे हैं। कंप्यूटर तथा इंटरनेट के क्षेत्र में इंग्लिश के वर्चस्व को भी अपनी हिंदी चुनौती दे रही है। आज इसके बोलने वालों और पढ़ने-लिखने वालों की संख्या दिन-प्रतिदिन बढ़ रही है। बढ़ते भारतीय बाज़ार के कारँण वैश्विक धरातल पर हिंदी का महत्व एवं प्रचार-प्रसार बढ़ा है। विदेशी इस लिए भी हिंदी में अधिक रुचि ले रहे हैं कि हिंदी उन्हें इस बाजार में घुसपैठ के अवसर प्रदान करने में सक्षम है। हिंदी का अध्ययन करने वाले ऐसे विदेशी अध्येताओं के लिए अच्छे शब्दकोशों की बहुत अधिक आवश्यकता है।

हिंदी में कोशों की परंपरा 19वीं शताब्दी से आरंभ हो गई थी। 20वीं शताब्दी के अंत तक कई शब्दकोश बाज़ार में आ गए। कई कमियाँ होते हुए भी डॉ. कामिल बुल्के का 'अँग्रेज़ी-हिंदी कोश' अच्छा माना जाता है। संप्रति कोश विज्ञान और कोश निर्माण विज्ञान बहुत विकसित हो चुके हैं। वैज्ञानिकता की कसौटी पर हिंदी का एकाध कोश ही शत-प्रतिशत खरा उतरेगा।

भारत में मानक हिंदी के जो मौखिक रूप हैं, अब तक प्रकाशित कोश इन सबका प्रतिनिधित्व नहीं कर पाते। इससे विदेशियों को हिंदी का ज्ञान होते हुए भी हिंदी का वार्तालाप समझ में नहीं आ पाता। उदाहरणस्वरूप— 'आप मेरे घर मंडे को आइए'। रूस, जापान, चीन आदि देशों में जिन्होंने हिंदी सीखी है, वे 'सोमवार' से तो परिचित हैं लेकिन 'मंडे' से नहीं। इसका निदान एक ही है। हिंदी में ऐसे शब्दकोश बनाए जाएँ जो उन शब्दों को भी समेटें, जो मौखिक रूप में तो बहुत प्रचलित हैं, पर लिखित साहित्य में बहुत ही कम इस्तेमाल होते हैं। यह शब्दकोश इस कमी को अवश्य पूरा करेगा।

अभी तक हिंदी में जितने भी शब्दकोश हैं, वे वर्णक्रम में नहीं हैं। यह कथन आश्चर्यचकित अवश्य करता है। लेकिन हिंदी समाज को यह चिंतित इसलिए नहीं करता, क्योंकि हिंदी समाज बहुत कम हिंदी शब्दकोशों का प्रयोग करता है। इंग्लिश शब्दकोश तो हर शिक्षित परिवार में मिल जाएगा, लेकिन कई हिंदी अध्यापकों के घर में भी हिंदी शब्दकोश नहीं मिलेगा। एक सर्वेक्षण से पता चला है कि कई हिंदी प्रोफ़ेसर यह बताने में असमर्थ रहे कि हिंदी का 'ज्ञान' शब्द 'ज' वर्ण में मिलेगा।

महात्मा गांधी अंतरराष्ट्रीय हिंदी विश्वविद्यालय वर्धा के कुलपति विभूति नारायण राय का यह स्वप्न था कि ऑक्सफ़ोर्ड या कैंब्रिज डिक्शनरी के समान हिंदी में भी कोश बने, जो हर दो साल के बाद अद्यतन होता जाए। पूर्णतया स्वस्थ न होने पर भी उनके आग्रह के कारण मैं इस कार्य में पूरी तरह मिशन के रूप में जुड़ गया। इस तरह के नए काम में समस्याएँ आना स्वाभाविक हैं। समय सीमा तथा अन्य कारणों से मैं एक आदर्श कोश तो नहीं बना सका। लेकिन यह मैं विश्वास से कह सकता हूँ कि यह कुछ मामलों में भावी कोशकारों के लिए एक मॉडल अवश्य सिद्ध होगा। साथ ही, यहाँ कुछ निर्देश भी दिए गए हैं, जो भावी कोशकारों के लिए मील का पत्थर सिद्ध होंगे। विश्वास है कि इस कोश का अगला संस्करण दोषमुक्त होगा।

मेरी व्यक्तिगत इच्छा तो यह थी कि पूरा कोश वैज्ञानिक ढंग से बनाया जाए और वर्णक्रम में हो। समय और संस्थागत सीमाओं के चलते मैं कितना सफल हो सका इसका फैसला मैं आप पर छोड़ता हूँ।

अधिकतर पाठकों को हिंदी के वर्णक्रम का पूर्ण ज्ञान नहीं होता। इस कारण उन्हें शब्दों को ढूँढ़ने में अकसर परेशानी का सामना करना पड़ता है। इस बात को ध्यान में रखते हुए यहाँ यह बताना समीचीन होगा कि इस शब्दकोश में वर्णों का क्रम किस प्रकार रखा गया है-

अँ अं अ: अ आ इ ई उ ऊ ऋ ए ऐ ऑ ओ औ
क क्ष (क्+ष) ख ग घ ङ च छ ज ज्ञ (ज्+ञ) झ ञ ट ठ
ड ड़ ढ ढ़ ण त त्र (त्+र) थ द ध न प फ ब भ म य र ल व
श ष स ह

इस क्रम से यह भ्रम उत्पन्न हो सकता है कि 'क' के बाद 'क्ष' आता है। ऐसा नहीं है। 'क्ष' 'क्+ष' का संयुक्त वर्ण है। इसलिए 'क्ष' 'क' वर्ण के अंतर्गत 'क्+ष' के क्रम में ही आएगा। 'त्र' 'त्+र' का संयुक्त वर्ण है। इसलिए 'त्र' 'त' वर्ण के अंतर्गत 'त्+र' के क्रम में आएगा। 'ज्ञ' 'ज्+ञ' का संयुक्त वर्ण है। इसलिए 'ज्ञ' 'ज' वर्ण के अंतर्गत 'ज्+ञ' के क्रम में ही आएगा। संस्कृत में 'ज्ञ' 'ज्+ञ' का संयुक्त वर्ण था। आधुनिक हिंदी में 'ज्ञ' का उच्चारण [ग्+य] होता है। हम हिंदी में संस्कृत परंपरा का पालन मात्र कर रहे हैं। इसको वैज्ञानिकता के आधार पर न्यायसंगत नहीं ठहराया जा सकता है। मेरा सुझाव है कि 'ज्ञ' को अलग वर्ण मानकर 'ह' के बाद स्थान देना अधिक वैज्ञानिक होता। अगर हिंदी भाषी हिंदी को स्वतंत्र भाषा मानकर हिंदी लेखन व्यवस्था और व्याकरण की व्याख्या करें, तो हिंदी को विश्व मंच पर स्थापित करने में ज़्यादा सुविधा होगी।

एक वर्ण के साथ विशेषक चिह्नों का क्रम इस प्रकार दिया गया है—

कँ कं क: क का कि की कु कू कृ के कै कॉ को कौ क्

सभी कोशों में अनुस्वार के बाद चंद्रबिंदु है और 'आ' के बाद 'ऑ' है जबकि यूनीकोड में विशेषक चिह्नों के क्रम में चंद्रबिंदु अनुस्वार के पहले आता है और 'ऑ' 'ऐ' के बाद आता है। हमने यूनीकोड के क्रम का पालन किया है। कई शब्दकोशों में मूल शब्द के साथ ही व्युत्पादक शब्दों को दिया जाता है। इससे पाठकों, विशेषकर नए हिंदी सीखने वाले व्यक्ति को अनेक समस्याओं का सामना करना पड़ता है। उनकी सुविधा के लिए इस शब्दकोश में व्युत्पादक शब्दों को मूल शब्द के साथ न देकर अलग प्रविष्टियों के रूप में दिया गया है, जैसे—

अमर
अमरकंटक
अमरकोश
अमरता
अमरत्व

इंग्लिश की क्रियाएँ हिंदी में क्रिया रूप में प्रयुक्त नहीं हो सकतीं। इनको क्रिया रूप में इस्तेमाल करने के लिए इनके साथ 'करना' क्रिया जोड़नी पड़ती है, जैसे— मिक्स करना, ज्वाइन करना, जंप करना, बॉलिंग करना, शॉपिंग करना, चेकिंग करना, पैकिंग करना आदि। इसलिए हिंदी में इंग्लिश की इन क्रियाओं को संज्ञा माना गया है।

प्रविष्टियों में निम्नलिखित क्रमानुसार सूचनाएँ दी गई हैं: 1. शीर्ष शब्द 2. व्युत्पत्ति 3. व्याकरणिक कोटि 4. अर्थ। उदाहरणार्थ- आग्रह (सं.) [सं-पु.] अनुरोध; निवेदन।

उसके बाद जहाँ ज़रूरी समझा गया यह क्रम रखा गया— लाक्षणिक अर्थ, आदि तथा अंत में मुहावरा। एक से अधिक प्रकार के शब्दवर्ग होने पर एक वर्ग पूर्ण हो जाने पर पूर्ण विराम (।) का प्रयोग किया गया है, जैसे- शीर्ष शब्द (व्यु.) [व्या.] 1. [संज्ञा] अर्थ। [विशेषण] अर्थ।

एक प्रकार के एक से अधिक अर्थ सेमीकोलन (;) से अलगाए गए हैं, जैसे— वर्जन (सं.) [सं-पु.] 1. त्याग; छोड़ना 2. निषेध; मनाही।

अर्थ प्रकार (Meaning Type) अलग होने पर संख्यांकन (Numbering) किया गया है, जैसे— लोकवार्ता (सं.) [सं-स्त्री.] 1. जनश्रुति 2. बातचीत।

शब्दों के एक से अधिक अर्थ होने पर पहले सबसे अधिक प्रचलित अर्थ, फिर कम प्रचलित अर्थ का क्रम है। अथवा नए और पुराने अर्थ अलग-अलग होने पर पहले नया/आधुनिक अर्थ, फिर पुराना अर्थ दिया गया है। सभी अर्थ पूरे होने पर पूर्ण विराम (।) का प्रयोग किया गया है। आवश्यकतानुसार प्रयोग दिए गए हैं। इस शब्दकोश में प्रचलित मुहावरे ही दिए गए

हैं। क्रियाओं की प्रविष्टि 'धातु+ना' के रूप में दी गई है। क्रिया के प्रेरणार्थक एवं द्वितीय प्रेरणार्थक दोनों रूपों को प्रविष्टि के रूप में रखा गया है।

किंतु इन दोनों रूपों को सकर्मक क्रिया [क्रि-स.] के रूप में लिखा गया है।

कोई शब्द विभिन्न विषयों के संदर्भ में अलग-अलग अर्थ दे सकता है। इस शब्दकोश में ऐसे शब्द का अर्थ देते समय वह अर्थ जिस विषय या अनुशासन से संबंधित है, उसका उल्लेख अर्थ के पूर्व कोष्ठक () में कर दिया गया है।

उदाहरणार्थ—

पंचकर्म (सं.) [सं-पु.] 1. (न्यायशास्त्र) पाँच प्रकार के कर्म— उत्क्षेपण, अवक्षेपण, आकुंचन, प्रसारण और गमन 2. (आयुर्वेद) चिकित्सा के अंतर्गत पाँच क्रियाएँ— वमन, विरेचन, नस्य, निरूह और अनुवासन।

अधिकतर हिंदी शब्दकोशों में जाति के संदर्भ में 'निम्न' या 'नीची' शब्दों का प्रयोग किया गया है। साथ ही, उनमें स्त्री विरोधी मानसिकता भी प्रकट होती है। हमारा प्रयत्न रहा है कि ऐसा न हो पाए। साथ ही, शब्द के अर्थ की प्रामाणिकता पर भी कोई आँच न आने पाए। उसी प्रकार वैज्ञानिक अर्थों को पहले दिया गया है और प्रचलित अर्थों को बाद में। देखिए 'ग्रह' जैसे शब्दों के अर्थ।

भाषा में कुछ ऐसे शब्द होते हैं जो उच्चारण व वर्तनी की दृष्टि से समान होते हैं। लेकिन अर्थ की दृष्टि से भिन्न होते हैं, उन्हें समनामी शब्द (Homonyms) कहा जाता है। ऐसे शब्दों को देते समय व्युत्पत्ति के क्रम में हिंदी शब्द को पहले और अन्य भाषा के शब्द को बाद में 1, 2, 3 प्रविष्टि के रूप में दिया गया है, जैसे—

1. आम (हिं.)
2. आम (फ़ा.)

इंग्लिश शब्दों को हिंदी में कैसे लिखा जाए, इस संबंध में हिंदी क्षेत्र में अराजकता है। इस शब्दकोश में पहली बार इस बारे में वैज्ञानिकता बरती गई है। (क) इंग्लिश शब्दों को इंग्लिश मानक उच्चारण के निकटतम एवं हिंदी वर्तनी व्यवस्था के अनुरूप लिखा गया है। फिर भी हिंदी में बहुप्रचलित वर्तनी को यथावत रखा गया है, जैसे— 'कारपोरेशन'। (ख) वर्गीय नासिक्य व्यंजन के लिए अनुस्वार का प्रयोग किया गया है। लेकिन इंग्लिश शब्दों की वर्तनी में कुछ अपवाद हैं। यदि वर्गीय नासिक्य व्यंजन के पूर्व 'ऑ' है तो अनुस्वार लगाने पर 'चंद्रबिंदु' का भ्रम देगा। इस भ्रम को दूर करने के लिए 'ऑ' स्वर के बाद अनुस्वार न लिखकर नासिक्य व्यंजन ही लिखा गया है, जैसे- कॉन्ट्रैक्ट, कॉम्पिटीशन। (ग) हिंदी वर्तनी व्यवस्था में 'ट्' वर्ग के पूर्व 'न्' नहीं आता। लेकिन इंग्लिश शब्दों में 'ट्' के पूर्व 'न्' का प्रयोग किया गया है, जैसे— कॉन्ट्रैक्ट।

यद्यपि इंग्लिश में डबल व्यंजन लिखा जाता है, जैसे— Happy (हैप्पी), लेकिन उच्चरित एक ही होता है। अधिकतर हिंदी भाषी अज्ञानता के कारण वर्तनी उच्चारण (Spelling pronunciation) से प्रभावित होकर हिंदी में द्वित्व व्यंजन लिखते भी हैं और उच्चरित भी करते हैं। अख़बारों और टीवी में 'हैप्पी बर्थ डे' ही मिलता है। यही कारण है कि 'वेंज़डे' के लिए 'वेडनसडे' लिखा जा रहा है। इसलिए शब्दों को यथा संभव सही उच्चारण के अनुसार लिखना हमारा उद्देश्य है। यही वजह है कि हमने इंग्लिश शब्दों को देवनागरी में लिखते समय वर्तनी उच्चारण का सहारा नहीं लिया है, बल्कि शुद्ध उच्चारण का सहारा लिया है। फिर भी इस नियम का अक्षरश: पालन नहीं हो पाया। इंग्लिश के कई शब्द हिंदी में ऐसे हैं जिनकी वर्तनी और उच्चारण रूढ़ हो चुके हैं, जो इंग्लिश उच्चारण से काफ़ी भिन्न हैं। चूँकि ऐसे शब्दों को छेड़ना ठीक नहीं है, इसलिए हिंदी में प्रचलित रूपों को ही मानक मान लिया है, जैसे— इंग्लिश में 'ग्लूकोस' है, जबकि हिंदी में 'ग्लूकोज़' मानक हो गया है। इंग्लिश 'Table' आदि में अंतिम 'ल्' आक्षरिक होता है इसलिए 'ब्' और 'ल्' के बीच कोई स्वर नहीं है। हिंदी में इसके बीच 'इ' और 'उ' स्वर डालने की परंपरा रही है, यथा— टेबुल, टेबिल। लेकिन आजकल इनके बीच 'अ' जोड़ने की परंपरा चल पड़ी है। हमने भी इसी को मानक माना है।

इंग्लिश और हिंदी में 'ए' और 'ऐ' दोनों ध्वनियाँ हैं। इंग्लिश 'ऐ' हिंदी 'ऐ' से ज़्यादा विवृत है। अज्ञानता के कारण हिंदी में इंग्लिश 'ऐ' को भी 'ए' द्वारा लिखने की प्रवृत्ति बन गई है, जैसे— 'ऐक्शन' और 'ऐक्सिडेंट' को 'एक्शन' और 'एक्सीडेंट' लिखा जाना। लेकिन हमने इसको 'ऐक्शन' या 'ऐक्सिडेंट' ही लिखा है। इसी तरह इंग्लिश में 'gh' लिखा तो जाता है लेकिन इसका उच्चारण [ग्] होता है। प्रचलन में 'घ' भले ही लिखा जाता हो लेकिन हमने 'ग' लिखा है। जैसे 'Ghost Writer' को हमने 'गोस्ट राइटर' लिखा है।

हिंदी की यह प्रवृत्ति है कि शब्दांत 'अ' (लिखित 'अ') बोला नहीं जाता, यथा- बात = [बात्]। तत्सम वर्तनी में अभी भी कुछ शब्दों में शब्दांत में 'हल' चिह्न लगाने की प्रवृत्ति है। इस शब्दकोश में एकरूपता की दृष्टि से कुछ अपवादों को छोड़कर शब्दांत हल चिह्न नहीं लगाया गया है, यथा- पश्चात (तत्सम रूप- पश्चात्)। इस शब्दकोश में प्रथम को ही प्रविष्टि के रूप में दिया गया है।

सामासिक शब्द, जैसे— किशोर न्यायालय, लक्ष्मण रेखा, कुटीर उद्योग आदि शीर्ष शब्द हैं। ऐसी स्थिति में इन्हें शीर्ष शब्द के रूप में तभी रखा गया है जब दोनों के मिलने से तीसरा अर्थ निकले या उनका एक साथ प्रयोग होता हो, जैसे— 'उच्च न्यायालय' तथा 'आदिकाल' जैसे शब्द दिए गए हैं जबकि 'भारतीय न्यायालय' तथा 'प्राचीन काल' जैसे शब्द नहीं दिए गए हैं। नए संदर्भों में कई शब्दों के अर्थ बदल गए हैं। इस शब्दकोश में नए संदर्भों के नए अर्थों को दिया गया है। सभी जाति या उपजाति सूचक शब्दों को केवल एक जाति के रूप में लिखा गया है। उच्च या निम्न जैसी भिन्नता नहीं दी गई है।

कुछ तत्सम शब्दों के उच्चारण काफ़ी बदल गए हैं, जैसे— 'चिह्न' और 'ब्रह्म'। हम लिखते तो संस्कृत की भाँति ही हैं लेकिन बोलते [चिन्ह] और [ब्रम्ह] हैं। हिंदी में ये रूप मानक तो नहीं माने गए हैं फिर भी धड़ल्ले से लिखे जा रहे हैं। इस स्थिति को ध्यान में रखते हुए 'चिह्न', 'ब्रह्म' को मानक वर्तनी माना है। इसलिए ये पूर्ण प्रविष्टि के रूप में दिए गए हैं। 'चिन्ह' तथा 'ब्रम्ह' को भी प्रविष्टि के रूप में इस प्रकार दिया गया है—

चिन्ह (सं.) [सं-पु.] हिंदी में उच्चारणानुसार बहुप्रचलित वर्तनी, दे. चिह्न।

ब्रम्ह (सं.) [सं-पु.] हिंदी में उच्चारणानुसार बहुप्रचलित वर्तनी, दे. ब्रह्म।

इंग्लिश शब्दों में आवश्यकतानुसार 'ऑ' वर्ण का प्रयोग किया गया है। आदिवर्णिक शब्द (Acronyms) भाषा के अंग बन गए हैं। अत: उन्हें बिना डॉट के प्रविष्टि के रूप में दिया गया है, जैसे— भाजपा, सपा, युनेस्को, नासा आदि।

बहुप्रचलित संक्षिप्त रूपों (Abbreviations) को परिशिष्ट में डॉट के साथ दिया गया है।

व्युत्पत्ति में भाषा का नाम संक्षिप्ति में दिया गया है। अगर शब्द अरबी और फ़ारसी दोनों का है तो व्युत्पत्ति अरबी ही दी गई है, क्योंकि ऐसे शब्द फ़ारसी ने अरबी से ही लिए हैं। तत्सम और तद्भव दोनों रूपों की व्युत्पत्ति संस्कृत दी गई है। यदि शब्द हिंदी के हैं तो उनकी व्युत्पत्ति नहीं दी गई है। लेकिन यदि शब्द दो भाषाओं के योग से बनें हैं, जैसे— दादागिरी = दादा (हिं.) + गिरी (फ़ा.) तो ऐसे शब्दों को इस शब्दकोश में इस प्रकार दिया गया है- दादागिरी [हिं.+फ़ा.]

अन्य शब्दकोशों की तुलना में हमारे शब्दकोश में व्याकरणिक कोटि में कुछ नयापन मिलेगा। जो शब्द अभी तक हिंदी में 'अव्यय' लिखे जाते थे, उनको हमने कई विभागों में बाँट दिया है, जैसे— क्रियाविशेषण, निपात, परसर्ग, पूर्वप्रत्यय, परप्रत्यय आदि।

जब हम किसी अन्य भाषा से कोई शब्द लेते हैं तो वे दो प्रकार के होते हैं। एक वे जिनके पर्याय हमारी भाषा में पहले से ही मौजूद हैं। दूसरे वे शब्द जिनका पर्याय हिंदी में मौजूद नहीं है। दूसरे प्रकार के शब्दों में हिंदी की प्रवृत्ति यह रही है कि हम उनका लिंग वही मानने लगे जो हमारी भाषा में प्रचलित शब्द का था। उदाहरणार्थ, हमने हिंदी में 'टेबल' उधार लिया है, जबकि हिंदी में इसके लिए 'मेज़' शब्द पहले से मौजूद था। हिंदी में 'मेज़' स्त्रीलिंग में प्रयुक्त होता था। इसीलिए हम 'टेबल' को भी हिंदी में स्त्रीलिंग में प्रयोग करने लगे। कुछ समय से हम इंग्लिश शब्दों को थोक के भाव से उधार लेने लगे हैं। आजकल यह एक अघोषित नियम बन गया है कि इंग्लिश के आगत शब्द यदि ईकारांत नहीं हैं तो पुल्लिंग में ही इस्तेमाल किया जाए। इस नियम के अनुसार आजकल 'टेबल' पुल्लिंग में प्रयुक्त होता है। यही स्थिति 'शर्ट' की भी है। 'शर्ट' के लिए हिंदी में 'कमीज़' शब्द था और 'कमीज़' हिंदी में स्त्रीलिंग थी और 'शर्ट' भी स्त्रीलिंग बोला जाता था। आजकल 'शर्ट' को पुल्लिंग में ही प्रयुक्त किया जाता है। लेकिन कुछ लोग 'शर्ट' को स्त्रीलिंग के रूप में भी प्रयुक्त करते हैं।

हिंदी में यदि विशेषण आकारांत नहीं है तो दोनों लिंगों में विशेषण समान रहता है, जैसे- सुंदर पुरुष, सुंदर स्त्री। पुरानी हिंदी में सुंदर पुरुष, सुंदरी स्त्री का प्रयोग प्रचलन में था। आजकल यह प्रयोग लुप्त हो गया है। हिंदी में कुछ शब्दों के पुल्लिंग और स्त्रीलिंग में अलग-अलग रूप प्रचलित थे, जैसे—

पुल्लिंग	स्त्रीलिंग
शिक्षक	शिक्षिका
प्राध्यापक	प्राध्यापिका

मंत्री	मंत्राणी
डॉक्टर	डॉक्टरनी
अध्यक्ष	अध्यक्षा
संपादक	संपादिका

आजकल दोनों के लिए पहला रूप ही चलता है।

कुछ समय पूर्व तक महिला डॉक्टर के लिए 'डॉक्टरनी' का प्रयोग होता था। आजकल दोनों के लिए 'डॉक्टर' शब्द का ही प्रयोग होता है और 'डॉक्टरनी' का प्रयोग 'डॉक्टर की पत्नी' के लिए सीमित हो गया है।

हिंदी में कुछ वर्षों पहले बहुवचन सर्वनाम (प्रथम पुरुषवाचक) 'हम' का प्रयोग स्त्रीलिंग में भी होता था, जैसे- हम जाती हैं। आजकल यह प्रयोग लुप्त हो गया है। आजकल युवावर्ग में एक नई प्रवृत्ति विकसित हो रही है कि 'आप' (स्त्रीलिंग) के साथ पुल्लिंग का प्रयोग हो रहा है, जैसे- 'आप कब आईं?' की जगह 'आप कब आए?'।

प्रविष्टि के रूप में सदैव ही शब्द का एकवचन रूप लिखा जाता है। लेकिन कुछ शब्द प्रविष्टि के रूप में तभी बहुवचन में लिखे जाते हैं जब उनका अर्थ भिन्न रूप में प्रचलित हो जाता है, जैसे— आदाब। यह 'अदब' का बहुवचन है। चूँकि 'आदाब' स्वतंत्र रूप से 'अभिवादन, नमस्कार' के अर्थ में इस्तेमाल हो रहा है और अदब 'साहित्य, कला, शिष्टता, आदर, तमीज़' के अर्थ में प्रयुक्त हो रहा है। इसलिए आदाब की नई प्रविष्टि दी गई है।

इंग्लिश से आगत शब्दों में भी इसी नियम का पालन किया गया है। प्रचलन में कुछ ऐसे शब्द भी आ गए हैं जो दोनों वचनों में प्रयोग होते हैं, जैसे— 'फ़ुट' और 'फ़ीट'। हमने 'फ़ुट' को ही प्रविष्टि में दिया है। आगत शब्दों में बहुवचन बनाने के लिए हम अपने प्रत्ययों का प्रयोग करते हैं, जैसे- 'बस' से 'बसें' बनता है, 'बसेज़' नहीं। लेकिन हिंदी में विशेषतया अख़बारों में इंग्लिश शब्दों के बहुवचन भी धड़ल्ले से प्रयुक्त हो रहे हैं, जैसे- 'क्रेडिट कार्ड्स', 'कस्टमर्स'। अख़बारों से एक उदाहरण देखिए— ''अपने वी आई पी कस्टमर्स के लिए ये कार्ड्स डिज़ाइन किए गए हैं।'' अभी तो संक्रमण काल है। यह भविष्य ही बता पाएगा की हिंदी में ऐसे रूप मान्य हो पाएँगे या नहीं।

हिंदी में कुछ शब्दों की दो-दो वर्तनियाँ प्रचलित हैं। इसका कारण यह है कि बोलचाल का रूप लिखित रूप से भिन्न हो गया है और आजकल उच्चरित रूप भी लिखा जाने लगा है। हिंदी में कुछ शब्द ऐसे हैं जहाँ दो समान महाप्राणों का इस्तेमाल हुआ है, जैसे— 'भाभी' और 'फूफा'। हिंदी में इनको 'भाबी' और 'फूपा' भी बोला जाने लगा है लेकिन मानक वर्तनी में अभी भी 'भाभी' और 'फूफा' चल रहा है। यही समस्या 'चाभी' के साथ है। 'चाभी' भी 'चाबी' लिखा जाने लगा है।

इंग्लिश उच्चारण [केअर] है। लेकिन हिंदी की वर्तनी व्यवस्था के अनुसार 'ए' के बाद का 'अ', 'य' लिखा जाता है, जैसे- शेयर, मेयर आदि। कुछ हिंदी शब्दों में 'र' और 'ड़' का अंतर पाया जाता है, जैसे- घबड़ाना : घबराना, रबर : रबड़, पूरी : पूड़ी, कंकड़ : कंकर। दो वर्तनियों के अन्य उदाहरण ये हैं— निबौरी : निबोली, सँभालना : सम्हालना। हिंदी में पारंपरिक वर्तनी में 'त्यौहार' लिखा जा रहा है जबकि इसका उच्चारण [त्योहार] हो गया है। इसी प्रकार 'न्यौता, न्योता' जैसे शब्दों के दोनों रूप चल रहे हैं।

अध्येताओं की सुविधा के लिए कोशकारों का कर्तव्य है कि वे किसी शब्द के एक रूप को मानक रूप चुने और दूसरे शब्द के अर्थ में 'देखें' लिख दें। वैसे यह काम केंद्रीय हिंदी निदेशालय जैसी संस्था ही कर सकती है। यह निर्णय आवृत्ति के आधार पर लिया जा सकता है। हमारे पास यह सुविधा नहीं है, इसलिए हमारा चयन यादृच्छिक है।

हिंदी में इस कथन (हिंदी में जैसा लिखा जाता है, वैसा पढ़ा जाता है) का इतना प्रचार हो चुका है कि लोग इसको ही सच मानने लगे हैं। ऐसा शत-प्रतिशत सही नहीं है। यह हिंदी भाषियों के लिए भले ही कोई समस्या नहीं है, लेकिन विदेशियों के लिए बहुत बड़ी समस्या है। उपर्युक्त कथन के कारण अधिकतर हिंदी कोशों में न तो शब्दों का उच्चारण लिखा जाता है और न ही उच्चारण के संकेत दिए जाते हैं। विदेशी प्रयोक्ता की सुविधा के लिए यहाँ उच्चारण के कुछ नियम दिए जा रहे हैं।

लिखित अंतिम 'अ' का उच्चारण तभी होता है जब अंत में दो व्यंजन हों, जैसे- कर्म, कष्ट आदि। अधिकतर स्थितियों में अक्षरांत 'अ' अनुच्चरित रहता है। संस्कृत में अक्षरांत में 'अ' उच्चरित होता है। यदि संस्कृत के किसी शब्द में अंत में अ

न बोला जाए तो 'हल' चिह्न लगाना ज़रूरी है, जैसे- पश्चात्। हिंदी वर्तनी व्यवस्था में इससे कोई फ़र्क नहीं पड़ता कि आप 'हल' चिह्न लगाएँ या नहीं, जैसे- 'पश्चात्-पश्चात'। उच्चारण में दोनों ही समान रूप में व्यंजनांत बोले जाते हैं। इसी दृष्टि से इस कोश में शब्दांत में 'हल' चिह्न नहीं लगाया गया है।

'ह' के पूर्व 'अ' का उच्चारण ह्रस्व 'ऐ' हो जाता है, जैसे- 'कहना'। हिंदी में ह्रस्व 'ऐ' लिखने की कोई व्यवस्था नहीं है। 'य' और 'व' के पूर्व का व्यंजन उच्चारण में द्वित्व हो जाता है, जैसे- विन्यास [विन्-न्यास], विश्वास [विश्-श्वास]। 'संवाद' जैसे शब्दों में 'व' के पूर्व अनुस्वार का उच्चारण दंत्योष्ठ्य [म्] होता है जो हिंदी में नहीं लिखा जा सकता। यदि पूर्वप्रत्यय के बाद शब्द आए तो बाद का शब्द अपने ढंग से उच्चारित होता है, जैसे - 'बेलगाम' का उच्चारण बे-लगाम है, न कि बेल-गाम।

हिंदी मे शब्दांत अनुस्वार म् बोला जाता है, जैसे— अहं, स्वयं। अन्य स्थानों पर अनुस्वार का उच्चारण इस बात पर निर्भर करता है कि उसके पूर्व कौन-सा व्यंजन है। इसलिए उसे वर्गीय नासिक्य व्यंजन कहा जाता है। विसर्ग का उच्चारण [ह] की तरह होता है।

'ऐ' के तीन उच्चारण हैं। पहले प्रकार का उच्चारण 'है' आदि शब्दों में मूल स्वर की तरह होता है। दूसरे प्रकार का उच्चारण संध्यक्षर के रूप में [अइ] होता है जब यह 'य' के पूर्व आता है, जैसे- भैया, नैया, तैयार, सैयद आदि। तीसरा उच्चारण [अय्] होता है जो अकसर तत्सम शब्दों में आता है, जैसे— ऐतिहासिक।

'औ' के भी तीन उच्चारण हैं। पहले प्रकार का उच्चारण 'और' आदि शब्दों में मूल स्वर की तरह होता है। दूसरे प्रकार का उच्चारण कौवा/कौआ आदि शब्दों में संध्यक्षर की तरह [अउ] होता है। तीसरा उच्चारण [अव्] है, जो प्रायः तत्सम शब्दों में आता है, जैसे— गौरव, सौरभ आदि।

बहन/बहिन शब्द में 'ह' के पूर्व 'अ' का उच्चारण [ह्रस्व 'ऐ'] है और 'ह' के बाद 'अ' का उच्चारण [ह्रस्व 'ए'] हैं।

हिंदी में 'लुहार' और 'लोहार' दोनों रूप चल रहे हैं। लेकिन उच्चारण में [ह्रस्व 'ओ'] बोला जाता है जो कि देवनागरी में नहीं लिखा जा सकता।

अंत में, इस कोश के जो प्रेरणास्रोत रहे हैं, जिनके तगादों की मार ने इस प्रथम प्रयास को अंजाम तक पहुँचाया, ऐसे कुलपति श्री विभूति नारायण राय के प्रति हार्दिक कृतज्ञता ज्ञापित करता हूँ। अपनी पत्नी-सह-प्रेमिका डॉ. साधना सक्सेना का अहसान तो मैं आजीवन नहीं भूल सकता, जिन्होंने अपनी गंभीर बीमारी के दौरान भी कोश कार्य में मेरी सक्रिय मदद की।

रामप्रकाश सक्सेना

प्रधान संपादक

संकेत सूची

व्युत्पत्ति संबंधी

(अ.) अरबी
(अं.) अंग्रेजी
(इता.) इतालियन
(इब.) इबरानी
(कों.) कोंकणी
(गु.) गुजराती
(ग्री.) ग्रीक
(ची.) चीनी
(ज.) जर्मन
(जा.) जापानी
(त.) तमिष (तमिल)
(ति.) तिब्बती
(ते.) तेलुगु
(तु.) तुर्की
(प.) पश्तो
(पं.) पंजाबी
(पु.) पुर्तगाली
(फ़ा) फ़ारसी
(फ़्रें.) फ़्रेंच
(बं.) बंगला (बंगाली)
(ब.) बर्मी
(म.) मलयालम
(रू.) रूसी
(लै.) लैटिन
(सं.) संस्कृत
(स्वि.) स्विडिश

संयुक्त रूप

(सं.+फ़ा.) संस्कृत + फ़ारसी
(सं.+अ) संस्कृत + अरबी
(हिं.+तु.) हिंदी + तुर्की
(हिं.+फ़ा.) हिंदी + फ़ारसी
(हिं.+अं.) हिंदी + अंग्रेजी
(अं.+हिं.) अंग्रेजी + हिंदी

(अं.+फ़ा.) अंग्रेजी + फ़ारसी
(अं.+सं.) अंग्रेजी + संस्कृत
(तु.+सं.) तुर्की + संस्कृत
(सं.+हिं.) संस्कृत + हिंदी
(तु.+फ़ा.) तुर्की + फ़ारसी
(पु.+हिं.) पुर्तगाली + हिंदी
(पु.+फ़ा.) पुर्तगाली + फ़ारसी
(पु.+सं.) पुर्तगाली + संस्कृत
(फ़ा.+सं.) फ़ारसी + संस्कृत
(फ़ा.+हिं.) फ़ारसी + हिंदी
(अ.+सं.) अरबी + फ़ारसी
(ज.+सं.) जर्मन + संस्कृत
(ची.+सं.) चीनी + संस्कृत
(अ.+हिं.) अरबी + हिंदी
(अ.+सं.) अरबी + संस्कृत

शाब्दिक कोटि संबंधी

[सं-पु.] संज्ञा पुल्लिग
[सं-स्त्री.] संज्ञा स्त्रीलिंग
[सर्व.] सर्वनाम
[वि.] विशेषण
[क्रि.-स.] क्रिया सकर्मक
[क्रि.-अ.] क्रिया अकर्मक
[अव्य.] अव्यय
[क्रि.-वि.] क्रिया विशेषण
[पूर्वप्रत्य.] पूर्वप्रत्यय
[परप्रत्य.] परप्रत्यय
[क्रि.-सहा.] क्रिया सहायक
[मु.] मुहावरा
[यो.] योजक
[नि.] निपात
[पर.] परसर्ग
[लोको.] लोकोक्ति

अर्थ संबंधी

[अ+अ.] अप्रचलित अर्थ
[अशि.] अशिष्ठ अर्थ
[ला+अ.] लाक्षणिक अर्थ
[व्यं + अ.] व्यंग्यात्मक अर्थ
[शा + अ.] शाब्दिक अर्थ

वर्धा हिंदी शब्दकोश

अ

अ[1] हिंदी वर्णमाला का स्वर वर्ण। उच्चारण की दृष्टि से यह निम्नतर, मध्य, अगोलित और ह्रस्व स्वर है। कुछ स्थितियों में इसका उच्चारण 'ह' वर्ण से पूर्व [ह्रस्व 'ऐ'] भी होता है, जैसे- 'कहना' में। 'वह' में इसका उच्चारण [ह्रस्व 'ओ'] भी है।

अ[2] [पूर्वप्रत्य.] हिंदी में पूर्वप्रत्यय के रूप में बहुप्रयुक्त वर्ण। पूर्वप्रत्यय के रूप में प्रयुक्त होकर प्रायः मूल शब्द के अर्थ का नकारात्मक अथवा विपरीत अर्थ देता है, जैसे- अप्रिय, अन्याय, अनीति आदि। अन्यत्र मूल शब्द के भाव के पूर्ण न होने की स्थिति दर्शाता है, जैसे- अदृश्य, अकर्म। पूर्वप्रत्यय 'अ' की एक अन्य विशेषता यह भी है कि वह मूल शब्द के भाव के आधिक्य को सूचित करता है, जैसे- अघोर आदि।

अँकटा [सं-पु.] 1. कंकड़ का छोटा टुकड़ा 2. अनाज से चुनकर निकाला हुआ पत्थर या उसका चूरा 3. गेहूँ व जौ के खेत में उगने वाली घास।

अँकड़ी (सं.) [सं-स्त्री.] फल तोड़ने का बाँस जिसके सिरे पर छोटी लकड़ी बँधी होती है; टेढ़ी और नुकीली कटिया; बाँस की लग्गी।

अँकना (सं.) [क्रि-स.] 1. मूल्य आँकना 2. व्यय का अनुमान करना या निर्धारित करना 3. नाप-जोख करना 4. लिखना; दर्ज करना 5. किसी को श्रेणी विशेष में गिनना; मूल्यांकन करना। [क्रि-अ.] 1. किसी वस्तु या पदार्थ के आकार या मूल्य का अनुमान लगाया जाना; आँका जाना; कूता जाना; नाप-जोख होना 2. लिखा जाना; दर्ज होना 3. अंकित होना; चित्रित होना 4. किसी श्रेणी विशेष में गिना जाना; मूल्यांकन होना।

अँकरा [सं-पु.] 1. एक प्रकार की घास; अंकुर 2. कंकड़ 3. पहले बियान वाली गाय; पहलौठ 4. बिना साफ किया हुआ चावल।

अँकरिया [सं-स्त्री.] गर्भधारण करने के बाद मादा पशु (गाय आदि) हेतु प्रयुक्त शब्द; धनार ओसारि (ओसरि)।

अँकरी [सं-स्त्री.] 1. छोटा अँकरा; कंकड़ी 2. बिना साफ किया चावल।

अँकरोरी [सं-स्त्री.] कंकड़ आदि का बहुत छोटा टुकड़ा; कंकड़ी; अँक-रौरी।

अँकवरिया [सं-स्त्री.] वह रस्सी जिससे पतवार का दूसरा छोर बँधा रहता है।

अँकवाई [सं-स्त्री.] 1. अँकवाने की क्रिया या भाव; अँकाई; आकलन 2. अँकवाने का पारिश्रमिक या मज़दूरी।

अँकवाना [क्रि-स.] 1. आँकने का काम दूसरे से कराना; नाप-जोख कराना; अँकाना 2. जाँच कराना 3. मूल्य या दर निश्चित करवाना 4. किसी से चित्रण कराना 5. चिह्नित कराना।

अँकाई [सं-स्त्री.] 1. आँकने की क्रिया या भाव; अंकन; आकलन 2. अटकल; कूत 3. आँकने का पारिश्रमिक 4. नाप-जोख।

अँकुठ [सं-पु.] वह ठिकाना जिस पर लोहार अपना काम करता है; ठीहा।

अँकुड़ा (सं.) [सं-पु.] 1. लोहे का बना हुआ एक टेढ़ा काँटा जिससे कोई चीज़ फँसाकर निकालते या टाँगते हैं 2. टेढ़ी कटिया; (हुक) 3. जलयानों का लंगर; (एंकर) 4. बुनकरों का एक औज़ार 5. पशुओं के पेट में होने वाली मरोड़; ऐंठन।

अँकुरना (सं.) [क्रि-अ.] 1. अँकुरित होना; अँकुर निकलना या फूटना 2. अँखुआना; उगना।

अँकुरा [सं-पु.] 1. जिससे आग तेज करने का काम किया जाता है 2. वह धुरी जिस पर दोनों भाथियाँ काम करती हैं।

अँकुराना (सं.) [क्रि-स.] अँकुरित होने में प्रवृत्त करना; अँकुर उत्पन्न करना; अँखुआना।

अँकोर (सं.) [सं-पु.] 1. गले लगाने की क्रिया या भाव; आलिंगन 2. अँकवार; गोद 3. भेंट; नज़र; उपहार 4. रिश्वत; उत्कोच 5. खेत में काम करने वाले को भेजा जाने वाला कलेवा; छाका।

अँकोरना [क्रि-स.] 1. आलिंगन करना; गले लगाना 2. गोद या झोली में लेना 3. रिश्वत देना 4. भूनना; गरम करना।

अँकोरा [सं-पु.] 1. बाँस का खूँटा जो आक (गाड़ी के सबसे पिछले हिस्से) के पीछे लगा रहता है; पिछलकड़ा; पछलकड़ा 2. सँड़सा।

अँकोरी (सं.) [सं-स्त्री.] 1. गोद या अंक 2. आलिंगन; अँकवार; कौली 3. अँकुरा।

अँखिया (सं.) [सं-स्त्री.] 1. आँख; नेत्र 2. बरतनों पर कुछ लिखने या नक्काशी करने की कलम।

अँखुआ (सं.) [सं-पु.] 1. अंकुर; अंकुरण बिंदु 2. कल्ला; डाभ।

अँखुआना [क्रि-अ.] 1. बीज, गुठली या गन्ने की पोत में से अखुँआ या अंकुर निकलना; अँकुराना; कल्ला फूटना 2. उठना; उगना; निकलना।

अँगड़ाई [सं-स्त्री.] 1. जम्हाई लेते हुए शरीर को तानना; हाथ उठाकर शरीर को मोड़ना-तोड़ना; थकान दूर करने की शारीरिक क्रिया; अंग-विक्षेपण 2. {ला-अ.} परिवर्तन की आकांक्षा के लिए तत्पर होना या क्रियाशील होना; सुप्तावस्था को त्यागना,

जैसे- भाषण सुनकर जनता का उत्साह अँगड़ाई लेने लगा। [मु.] **-तोड़ना** : कुछ काम न करना; निठल्ला रहना। **-लेना** : सक्रिय या गतिमान होना।

अँगड़ाना [क्रि-अ.] अँगड़ाई लेना।

अँगना [सं-पु.] 1. घर के भीतर का खुला स्थान जो ऊपर से छाया न हो; सहन 2. चौक; अजिर 3. घर 4. आँगन; परिसर; प्रांगण।

अँगरखा (सं.) [सं-पु.] एक परंपरागत मरदाना पहनावा जो लंबी बाँहों वाला और ढीला-ढाला होता है; एक प्रकार की अचकन; अंगा; चपकन।

अँगिया (सं.) [सं-स्त्री.] स्त्रियों द्वारा वक्ष पर पहना जाने वाला एक वस्त्र विशेष; कंचुकी; चोली; (ब्रा)।

अँगीठा (सं.) [सं-पु.] आग जलाने की बड़ी अँगीठी; सिगड़ी; अंगारिका।

अँगीठी (सं.) [सं-स्त्री.] आग जलाने का मिट्टी या लोहे का बना चूल्हे जैसा पात्र; बोरसी; सिगड़ी; अंगारिका।

अँगुरी (सं.) [सं-स्त्री.] अँगुली; उँगली।

अँगुली (सं.) [सं-स्त्री.] हाथ या पैर की उँगली; अंगुलि; अँगुलिका।

अँगूठा (सं.) [सं-पु.] 1. हाथ-पैर की पाँचों उँगलियों में सबसे पहली और मोटी उँगली 2. अंगुष्ठ; ठोंसा। [मु.] **-दिखाना** : किसी चीज़ को देने से मना करना; अभिमानपूर्वक इनकार करना।

अँगूठाछाप [वि.] दस्तख़त की जगह अँगूठा लगाने वाला; निरक्षर; अनपढ़; अँगूठाटेक।

अँगूठी (सं.) [सं-स्त्री.] 1. हाथ की उँगलियों में पहनने का एक आभूषण; मुद्रिका; मुंदरी; (रिंग) 2. उँगलियों में पहनने का छल्ला।

अँगेर [सं-पु.] अगला सिरा; गल्ले का सिरा; बीज के लिए काटी गई ईख के ऊपर का टुकड़ा।

अँगोछना [क्रि-स.] 1. कपड़े से शरीर पोंछना 2. अँगोछे से देह पोंछना।

अँगोछा [सं-पु.] शरीर या हाथ-मुँह पोंछने का वस्त्र; गमछा; तौलिया; (नैपकिन)।

अँगोछी [सं-स्त्री.] 1. शरीर या हाथ-मुँह पोंछने का छोटा अँगोछा; हाथ-मुँह पोंछने का छोटा वस्त्र; साफ़ी 2. छोटी धोती।

अँगोरा (सं.) [सं-पु.] 1. मच्छर 2. फ़नगा; फतिंगा।

अँगोला [सं-पु.] गन्ने का सिरा।

अँगौरिया (सं.) [सं-पु.] मज़दूरी के बदले हल-बैल लेकर खेती करने वाला हलवाहा या किसान।

अँग्रेज़ [सं-पु.] इंग्लैंड का रहने वाला।

अँग्रेज़ियत [सं-स्त्री.] 1. अँग्रेज़ों की तहज़ीब या व्यवहार; अँग्रेज़ जैसा चाल-चलन 2. अँग्रेज़ों की तरह का पहनावा या वेशभूषा।

अँग्रेज़ी [सं-स्त्री.] अँग्रेज़ी भाषा; (इंग्लिश)। [वि.] अँग्रेज़ों से संबंधित; अँग्रेज़ी भाषा का।

अँग्रेज़ीदाँ [सं-पु.] 1. अँग्रेज़ी भाषा का जानकार 2. अँग्रेज़ी रंग-ढंग से रहने वाला।

अँचराधरौनी [सं-स्त्री.] विदा होते समय वर सास का आँचल थामता है, उस वक्त सास द्वारा वर को दिया जाने वाला उपहार।

अँजुली [सं-स्त्री.] दोनों हथेलियों को ऊपर की ओर जोड़ने से बनने वाला गड्ढा जिसमें पानी या कोई वस्तु भरकर दी जाती है; करसंपुट; चुल्लू; ओक; अंजुरी; अंजलि।

अँजोरना[1] [क्रि-स.] 1. दीया आदि जलाना; घर में प्रकाश करना 2. स्वच्छ करना।

अँजोरना[2] [क्रि-स.] 1. अंजलि में भरना या लेना 2. निकाल लेना; ले लेना 3. छीन लेना 4. समेट लेना।

अँजोरा (सं.) [सं-पु.] 1. प्रकाश; उजाला 2. प्रभात; उषाकाल 3. चंद्रिका; ज्योत्स्ना; चाँदनी 4. अँजोरी।

अँटकना [क्रि-अ.] 1. रूकना; अड़ना 2. फंसना; गले से न उतरना 3. बोलने या पढ़ने में रूकना 4. प्रेम पाश में बँधना; उलझना।

अँटना [क्रि-अ.] 1. किसी वस्तु या पात्र के अंदर भर जाना; समाना; ठीक बैठना; ठीक नाप या माप का होना; यथेष्ट होना; पर्याप्त होना; पूरा पड़ना, जैसे- इस बक्स में सामान अँट गया है 2. उपयोग से समाप्त होना; खप जाना।

अँटाना [क्रि-स.] 1. पहले से नियत सीमित स्थान में गुंजाइश निकाल कर कोई चीज़ भरना या घुसाना 2. कोई चीज़ किसी समूह में इस तरह बाँटना कि कोई वंचित न रह जाए 3. इस तरह कार्य करना कि कोई वस्तु पर्याप्त हो जाए।

अँटिया [सं-स्त्री.] 1. पुआल, घास या पतली लकड़ियों का गट्ठर या छोटी-छोटी पुलियाँ; (बंडल) 2. दातूनों आदि का मुट्ठा।

अँटियाना [क्रि-स.] 1. दो उँगलियों के बीच के स्थान में छिपाना; गायब करना; अदृश्य करना 2. अंटी में रखना या लेना 3. लपेटना; बाँधना 4. घास का गट्ठर बाँधना।

अँटौतल [सं-पु.] बैल की आँखों में लगाया जाने वाला ढक्कन या बाँधी जाने वाली पट्टी।

अँठुली [सं-स्त्री.] आम की गुठली; अंठी।

अँड़रना [क्रि-अ.] धान के पौधे में बाल निकलना; रेड़ना।

अँड़िया (सं.) [सं-स्त्री.] 1. बाजरे की पकी हुई बाल 2. अटेरन जिस पर सूत लपेटते हैं।

अँडुआ [सं-पु.] वह पशु जिसके अंडकोष कुचले ना गए हों; बधिया या नपुंसक न किया गया बैल (साँड़) या अन्य जानवर।

अँतड़ी (सं.) [सं-स्त्री.] प्राणियों के पेट की वह लंबी नली जिसमें उसके द्वारा खाई गई वस्तुओं का चयापचय होता है; आँत; ताँत। [मु.] **-टटोलना** : किसी के मन की बात जानने का प्रयास करना। **अँतड़ियाँ जलना** : भूख से बेचैन होना। **अँतड़ियाँ जलाना** : किसी लक्ष्य के लिए कठोर श्रम या त्याग करना।

अँदरसा (सं.) [सं-पु.] पिसे हुए भीगे चावलों से बनी एक मिठाई; अनरसा।

अँधियारा [सं-पु.] 1. अंधकार; अँधेरा 2. कोहरा; धुंध 3. {ला-अ.} अज्ञान; अराजकता। [वि.] 1. अंधकारपूर्ण 2. धुँधला

3. सुनसान और उदास।

अँधियारी [सं-स्त्री.] 1. अँधेरी; अंधकार भरी 2. शिकारी जंतुओं अथवा घोड़ों की आँख पर बाँधने की पट्टी।

अँधेरा (सं.) [सं-पु.] 1. प्रकाश या उजाले के न होने की स्थिति या भाव; अंधकार; तमस; तिमिर 2. धुँधलापन 3. धुंध; कुहासा 4. {ला-अ.} निराशा; उदासी। [वि.] प्रकाशहीन; अंधकारपूर्ण। [मु.] **-होना** : बुरा समय आना; कुछ समझ में न आना; जड़ हो जाना। **-छा जाना** : बहुत अंधकार होना; जीवन संकटग्रस्त होना। **अँधेरे घर का उजाला** : किसी घर की प्रतिष्ठा; इकलौती संतान; बहुत सुंदर। **अँधेरे मुँह** : उजाला होते ही; भोर होते ही; सुबह-सुबह। **अँधेरे में टटोलना** : अनजान जगह में कुछ मालूम करने की कोशिश करना; व्यर्थ कोशिश करना। **अँधेरे में रखना** : वास्तविक बात या तथ्य को न कहना; कुछ छुपा लेना; अनभिज्ञ रखना। **अँधेरे में तीर चलाना** : अनुमान से कोई काम करना; अँधेरे में कुछ खोजना या टटोलना; तुक्का मारना।

अँधेरा-उजाला [सं-पु.] 1. दिन और रात के संधिकाल की स्थिति 2. रंगीन और सफ़ेद कागज़ों को ख़ास तरीक़े से लपेट कर बनाया गया एक खिलौना 3. {ला-अ.} जीवन का सुख और दुख; उत्थान-पतन 4. भाग्यचक्र।

अँधेरा घुप्प [सं-पु.] घोर अंधकार; जहाँ कुछ दिखाई न देता हो।

अँधेरा पक्ष (सं.) [सं-पु.] कृष्ण पक्ष; हर माह में पूर्णिमा के बाद वाले दिन से अमावस्या तक के पंद्रह दिन।

अँधौटी [सं-स्त्री.] घोड़े, बैलों आदि पशुओं की आँखों में बाँधा जाने वाला कपड़ा, परदा या पट्टी।

अँधौरी [सं-स्त्री.] अधिक पसीना निकलने के कारण शरीर पर निकलने वाली छोटी-छोटी फुंसियाँ; अम्हौरी (पित्ती)।

अँध्यार [वि.] अंधेरा; अंधकार।

अँध्यारी [सं-स्त्री.] अँधेरी।

अँबराव [सं-पु.] 1. अमराई; अँबराई; आम का बाग 2. सुरकाना।

अँबली [सं-पु.] एक प्रकार की गुजराती कपास जो ढोलेरा नामक स्थान में होती है।

अँबाल [सं-स्त्री.] 1. अदवाइन 2. खाट के पैताने में लगी मोटी रस्सी; अदवाँइन।

अँबिया (सं.) [सं-स्त्री.] 1. छोटा और कच्चा आम; आम्र 2. टिकोरा; अमिया।

अँबुआ [सं-पु.] 1. आम का वृक्ष और फल 2. अँबिया।

अँवासना [क्रि-अ.] उड़ाहना, नया बरतन उपयोग में लाना।

अँहड़ा [सं-पु.] तौलने का बाट; बटखरा।

अँहड़ी [सं-स्त्री.] एक प्रकार की लता जिसकी फलियों के बीज दवा के काम आते हैं; बाकना।

अंक (सं.) [सं-पु.] 1. शून्य से नौ तक की संख्या के सूचक चिह्न; (नंबर), जैसे- 1, 2, 3 आदि 2. संख्या; अदद 3. चिह्न; निशान; छाप 4. रूपक का एक प्रकार 5. नियत समयांतराल पर प्रकाशित होने वाली पत्र-पत्रिकाओं की प्रति; संस्करण 6. नाटक का खंड या सर्ग 7. गोद; क्रोड़ 8. धारावाही किस्त 9. बाहों का घेरा; बगल। [मु.] **-भरना** : आलिंगन करना; गले लगना।

अंकक (सं.) [सं-पु.] 1. चिह्न लगाने वाला 2. हिसाब लिखने वाला; आँकने वाला; मूल्य निरूपक 3. गिनती करने वाला; गणक 4. चिह्न या निशान लगाने का यंत्र।

अंकगणित (सं.) [सं-पु.] 1. अंकों से बनी संख्याओं का अभिकलन करने वाली गणित की एक शाखा 2. संख्याओं का जोड़-घटाव, गुणा-भाग करने वाली विद्या; (अरिथमैटिक) 3. संख्याओं का हिसाब 4. अंकतंत्र।

अंकगत (सं.) [वि.] 1. अंक या गोद में लिया हुआ; आलिंगित 2. अंक में स्थित 3. पकड़ में आया हुआ 4. (नाटक के) अंक से संबंधित।

अंकधारण (सं.) [सं-पु.] 1. शरीर पर धार्मिक चिह्न दगवाने की क्रिया 2. त्वचा पर गरम धातु से चक्र, त्रिशूल, शंख आदि छपवाना।

अंकन (सं.) [सं-पु.] 1. रूपरेखा बनाना; खाका खींचना; चित्रण 2. चिह्न बनाने की क्रिया या भाव 3. लिखना या अंकित करना 4. शरीर पर विभिन्न प्रकार के गोदने उकेरना 5. गिनती करना; गणना 6. चित्रांकन; उत्कीर्णन 7. मूल्यांकन।

अंकनपद्धति (सं.) [सं-स्त्री.] 1. अंकन का ढंग या प्रणाली 2. लिखने या दर्ज करने की पद्धति।

अंकनी (सं.) [सं-स्त्री.] 1. लेखनी; कलम 2. तूलिका; (ब्रश)।

अंकपत्र (सं.) [सं-पु.] 1. परीक्षा में प्राप्त अंकों की तालिका या विवरण-पत्र; प्राप्तांक-पत्र 2. अंक-सूची; (मार्क्सशीट)।

अंकपाश (सं.) [सं-पु.] 1. आलिंगन की एक मुद्रा; बाँहों की गिरफ़्त; बाँहों का घेरा 2. गणित की एक क्रिया।

अंकमुख (सं.) [सं-पु.] नाटक का आरंभिक भाग जिसमें कथानक संक्षेप में दिया जाता है; नाट्य आरंभ।

अंकयोग (सं.) [सं-पु.] कुल प्राप्त अंकों का योग; (एग्रीगेट मार्क्स)।

अंकविद्या (सं.) [सं-स्त्री.] 1. अंकगणित 2. फलित ज्योतिष में अंकों से भविष्य बताने का शास्त्र।

अंकशायिनी (सं.) [सं-स्त्री.] 1. बगल में या गोद में सोने वाली स्त्री 2. हमबिस्तर होने वाली स्त्री 3. पत्नी।

अंकशायी (सं.) [सं-पु.] 1. अंक या बगल में सोने वाला 2. हमबिस्तर होने वाला पुरुष 3. पति।

अंकशास्त्र (सं.) [सं-पु.] आँकड़े तैयार करने का विज्ञान; सांख्यिकी; (स्टेटिस्टिक्स; न्यूमरोलॉजी)।

अंकातर (सं.) [सं-पु.] 1. नाटक में अंक परिवर्तन 2. दो अंकों के बीच का कथ्य।

अंकावतार (सं.) [सं-पु.] नाटक में किसी अंक का वह भाग जिसमें अगले अंक की अभिनेय सामग्री का संकेत रहता है; एक नाट्य पद्धति जिसमें किसी अंक के अंत में कोई पात्र अगले अंक की घटनाओं की सूचना देता है।

अंकास्य (सं.) [सं-पु.] रूपक या नाटक का वह दृश्य जिसमें एक अंक की समाप्ति पर अगले अंक की शुरुआत की सूचना पात्रों द्वारा दी जाए।

अंकित (सं.) [वि.] 1. चिह्नित; लिखित 2. चित्रित; मुद्रित 3.

उत्कीर्ण; खुदा हुआ।

अंकित मूल्य (सं.) [सं-पु.] 1. वस्तु का वह मूल्य जो उस पर अंकित रहता है; (फ़ेस वैल्यू) 2. किसी परिसंपत्ति का लेखे में प्रदर्शित मूल्य; खाता मूल्य; (बुक वैल्यू)।

अंकितक (सं.) [सं-पु.] कागज़ का वह छोटा टुकड़ा जिसपर किसी वस्तु, व्यक्ति आदि का नाम, पता, विवरण आदि लिखा हो; (लेबल)।

अंकीकरण (सं.) [सं-पु.] किसी वस्तु पर अंक डालना या लगाना।

अंकीय (सं.) [वि.] 1. अंक संबंधी 2. अंक का 3. संख्यावाचक; (न्यूमेरिक)।

अंकुर (सं.) [सं-पु.] 1. बीज, गुठली आदि में से निकलने वाला नया डंठल या अँखुआ; कल्ला; ड़ाभ 2. कोंपल; पल्लव 3. कली; किसलय 4. बीजांकुर 5. {ला-अ.} किसी वस्तु या कार्य का आरंभिक रूप; विकाससूचक चिह्न।

अंकुरण (सं.) [सं-पु.] 1. अंकुर निकलना; बीज का अंकुरित होना; अँकुराना; 2. {ला-अ.} उत्पन्न होना; उद्‌भव; आरंभ 3. उद्‌गम; प्रस्फुरण 4. स्फुटन।

अंकुरित (सं.) [वि.] 1. जिसका अंकुर निकल आया हो 2. अँखुआया हुआ; अंकुरयुक्त 2. {ला-अ.} प्रस्फुटित; आरंभ 4. {ला-अ.} उत्पन्न; उद्‌भूत। [मु.] **-होना** : उत्पन्न या प्रस्फुटित होना; अंकुर के रूप में निकलना।

अंकुरित यौवना (सं.) [सं-स्त्री.] (काव्यशास्त्र) वह नायिका जिसका यौवनकाल आरंभ हो रहा हो; किशोरी।

अंकुश (सं.) [सं-पु.] 1. लोहे का दो नोक वाला भालेनुमा औज़ार जो हाथी पर काबू करने के लिए महावत इस्तेमाल करता है; गजबाँक 2. नियंत्रण; रोक; प्रतिबंध 3. नियामक वस्तु 4. किसी व्यक्ति या संस्था को मनमानी करने से रोकने के लिए तथा दायित्व निर्वाह के लिए उसके अधिकारों या शक्तियों का नियामक 5. दबाव। [मु.] **-रखना** : स्वतंत्रता न देना।

अंकुशकृमि (सं.) [सं-पु.] कँटियों की तरह के मुँहवाले कीड़े जो मनुष्य की आँतों में पैदा होते हैं; (हुकवर्म)।

अंकुशित (सं.) [वि.] 1. जिसपर अंकुश लगा हो; अंकुश द्वारा नियंत्रित 2. अंकुश द्वारा चलाया हुआ 3. {ला-अ.} ऐसा व्यक्ति जिसपर नियंत्रण लगाया गया हो; शासित; नियंत्रित।

अंकुसी [सं-स्त्री.] 1. हुक; लोहे की टेढ़ी कील; लग्गी का काँटा 2. फँसाने वाला लकड़ी या लोहे का छोटा औज़ार जो लग्गी के सिरे पर बाँधा जाता है 3. लोहे की मुड़ी हुई छड़ जो भट्ठी की राख झाड़ने के काम आती है 4. नारियल की गरी निकालने का छोटा औज़ार।

अंकेक्षक (सं.) [सं-पु.] लेखा परीक्षक; लेखा, हिसाब या आय-व्यय के आँकड़ों की जाँच करने वाला अधिकारी; (ऑडिटर)।

अंकेक्षण (सं.) [सं-पु.] लेखा परीक्षण; हिसाब-किताब या आय-व्यय के आँकड़ों की जाँच; (ऑडिट)।

अंकेक्षित लेखा (सं.) [सं-पु.] वह लेखा या हिसाब जिसकी लेखा परीक्षक द्वारा जाँच हो गई हो।

अंक्य (सं.) [वि.] 1. जिसका अंकन हो सकता हो; अंकनीय 2. अंकित करने योग्य; दागने योग्य 3. जिसका अंकन किया जाना हो। [सं-पु.] अंक या गोद में रखकर बजाया जाने वाला वाद्य; पखावज; मृदंग।

अंग (सं.) [सं-पु.] शरीर का कोई भाग, जैसे- हाथ, पैर आदि 2. साधन; हिस्सा 3. कार्य का भाग या अंश, जैसे-आँकड़े जुटाना शोधकार्य का एक आवश्यक अंग है 4. अवयव 5. किसी संस्था या संगठन का विभाग, जैसे- भाषा-केंद्र, पुस्तकालय आदि विश्वविद्यालय के ही अंग हैं 6. पक्ष; आयाम; पार्श्व; तरफ़ 7. नाटक की पाँच संधियों में से एक। [मु.] **-उभरना** : यौवन प्रारंभ होना; जवानी के लक्षण प्रकट होना। **-टूटना** : शरीर में पीड़ा होना; बहुत थकान होना। **-लगना** : शरीर से छू जाना; आलिंगन करना। **-लगाना** : गले लगाना; पास बुलाना। **-न समाना** : पुलकित या बहुत ख़ुश होना; हुलसना। **-अंग खिलना** : पूरे शरीर या हाव-भाव से प्रसन्नता व्यक्त होना। **-अंग टूटना** : शरीर के सभी जोड़ों में दर्द होना। **-ढकना** : गुप्तांग छिपाना। **-तोड़ मेहनत करना** : बहुत मेहनत करना।

अंग-तरंग (सं.) [वि.] 1. जिससे मिलकर ख़ुशी मिलती हो 2. घनिष्ठ; आत्मीय।

अंग-प्रत्यंग (सं.) [सं-पु.] शरीर का हर एक अंग।

अंगघात (सं.) [सं-पु.] एक जटिल रोग जिसमें शरीर का दायाँ या बायाँ हिस्सा निष्क्रिय या सुन्न हो जाता है; पक्षाघात; लकवा; फ़ालिज; (पैरालिसिस)।

अंगचालन (सं.) [सं-पु.] शरीर को चलाना; हाथ-पैर हिलाना-डुलाना।

अंगच्छेद (सं.) [सं-पु.] शरीर के किसी अंग को काटने की क्रिया या भाव; विच्छेदन; अंगच्छेदन।

अंगज (सं.) [वि.] 1. देह से उत्पन्न, अंगजात 2. वैध (संतान)। [सं-पु.] 1. बेटा; पुत्र 2. कामवासना, क्रोध आदि मानसिक विकार 3. रोम 4. रक्त 5. पसीना 6. कामदेव 7. (साहित्य) नायिका के सात्विक विकारों में से तीन- हाव, भाव और हेला।

अंगजा (सं.) [सं-स्त्री.] बेटी; पुत्री। [वि.] जो शरीर से उत्पन्न हुई हो।

अंगड़-खंगड़ [वि.] 1. टूटा-फूटा; बचा-खुचा 2. बेकार; निरर्थक; रद्दी; अनुपयोगी (सामान) 3. बिखरा और अस्त-व्यस्त 4. विकृत।

अंगत्राण (सं.) [सं-पु.] 1. अंग की रक्षा करने वाला आवरण; बख़्तर; कवच; वर्म 2. वस्त्र।

अंगद (सं.) [सं-पु.] 1. (रामायण) राजा बालि का एक वीर पुत्र; राम की सेना का सेनापति 2. बाज़ूबंद नामक आभूषण।

अंगदान (सं.) [सं-पु.] जीवित रहते हुए अथवा मरने के बाद उपयोग में आने लायक नेत्र या गुर्दा आदि अंगों का दूसरे ज़रूरतमंदों को किया जाने वाला दान।

अंगदेश (सं.) [सं-पु.] आधुनिक बिहार राज्य के एक क्षेत्र में स्थित एक प्राचीन जनपद।

अंगद्वार (सं.) [सं-पु.] शरीर के नौ छिद्र- मुँह, दो नासिका, दो कान, दो नेत्र, गुदा और लिंग या योनि।

अंगद्वीप (सं.) [सं-पु.] (पुराण) छह द्वीपों में से एक।

अंगना (सं.) [सं-स्त्री.] 1. सुंदर अंगों वाली स्त्री; रूपवती युवती 3. प्राय: शब्दों में उत्तरपद के रूप में प्रयुक्त होने वाला शब्द, जैसे- वीरांगना, नृत्यांगना आदि।

अंगनाई [सं-स्त्री.] मकान के भीतर का जनानख़ाने वाला आँगन; चौक।

अंगन्यास (सं.) [सं-पु.] 1. शरीर या अंगों को विशेष स्थिति में रखना; शरीर मुद्रा 2. पूजा-अर्चना अथवा मंत्रोच्चारण करते हुए विभिन्न अंगों को पवित्र करने की धारणा से किया जाने वाला स्पर्श।

अंगबद्ध (सं.) [वि.] 1. अपने प्रिय के साथ आलिंगन में बँधा हुआ; आलिंगनबद्ध 2. किसी संगठन या संस्था के साथ जुड़ा हुआ; संबद्ध; (अफ़िलिएटेड)।

अंगभंग (सं.) [सं-पु.] दंड देने के लिए या क्रोधावेश में शरीर के किसी अंग को भंग या खंडित किया जाना; किसी अंग को काट दिया जाना।

अंगभंगिमा (सं.) [सं-स्त्री.] 1. अंग संचालन द्वारा भावों की अभिव्यक्ति; हाव-भाव; अंग-भंगी; अदा 2. किसी को आकर्षित करने के लिए विभिन्न अंगों की मोहक चेष्टाएँ।

अंगभंगी (सं.) [सं-स्त्री.] स्त्री या पुरुष की मनोहर आंगिक चेष्टाएँ; अदा; नाज़-नखरा।

अंगभू (सं.) [सं-पु.] 1. कामदेव 2. पुत्र। [वि.] शरीर या देह से उत्पन्न।

अंगभूत (सं.) [वि.] 1. अंतर्गत; समाविष्ट; समाहित 2. अंगस्वरूप 3. आधिकारिक या प्रशासनिक रूप से जुड़ा हुआ; संबद्ध।

अंगमर्दक (सं.) [सं-पु.] 1. शरीर की मालिश करने वाला 2. शरीर दबाने वाला।

अंगमर्दन (सं.) [सं-पु.] शरीर के अंगों को मलने या दबाने की क्रिया; मालिश; (मसाज)।

अंगमर्ष (सं.) [सं-पु.] गठिया रोग।

अंगयष्टि (सं.) [सं-स्त्री.] सुघड़ आकृति।

अंगरक्षक (सं.) [सं-पु.] पदासीन राजनेताओं, बड़े ओहदेदारों या संपन्न-प्रभावशाली लोगों की रक्षा पर तैनात व्यक्ति या सिपाही; (बॉडीगार्ड)।

अंगराग (सं.) [सं-पु.] 1. शरीर पर लगाने का उबटन, सुगंधित लेप; अंगलेप 2. शरीर को सजाने की सामग्री; प्रसाधन 3. पराग।

अंगराज (सं.) [सं-पु.] (महाभारत) अंगदेश का राजा कर्ण।

अंगविक्षेप (सं.) [सं-पु.] 1. अंगों को हिलाने-डुलाने की क्रिया; शारीरिक चेष्टा 2. बोलने, गाने जैसी क्रियाओं के दौरान हाथ-सिर आदि अंगों का हिलाना; अंग मटकाना; नृत्य; नाच ३. कलाबाज़ी।

अंगविद्या (सं.) [सं-स्त्री.] 1. शरीर के अंगों की रचना तथा हथेली आदि देखकर जीवन की शुभाशुभ घटनाओं को जानने की विद्या; प्रश्नकर्ता की अंगभंगिमा को देखकर शुभाशुभ विचारने वाली विद्या 2. सामुद्रिक विद्या; सामुद्रिक शास्त्र।

अंगविभ्रम (सं.) [सं-पु.] अंगभ्रांति; एक ख़ास तरह का रोग जिसमें शरीर के किसी अंग के संबंध में कोई और अंग होने का भ्रम होता है।

अंगसंग (सं.) [सं-पु.] संभोग; मैथुन; रतिक्रीड़ा।

अंगसेवक (सं.) [सं-पु.] निजी सेवा-टहल में लगा हुआ नौकर; चाकर।

अंगहीन (सं.) [वि.] 1. किसी ख़ास अंग से रहित; विकलांग; लँगड़ा; लूला 2. साधनहीन। [सं-पु.] अनंग; कामदेव।

अंगा (सं.) [सं-पु.] अँगरखा; चपकन।

अंगांगिभाव [सं-पु.] 1. अंग (शरीर) और उसके उपांगों का संबंध 2. मुख्य और गौण का संबंध 3. पूर्ण और उसके किसी हिस्से का संबंध।

अंगाकड़ी (सं.) [सं-स्त्री.] अंगारों पर सेक कर बनाई जाने वाली बाटी या लिट्टी।

अंगाधिप (सं.) [सं-पु.] 1. अंगदेश का राजा; अंगाधीश; अंगराज 2. राजा कर्ण 3. जो ग्रह किसी लग्न का स्वामी होता है।

अंगाधीश (सं.) [सं-पु.] 1. अंग देश का राजा; अंगराज।

अंगार (सं.) [सं-पु.] 1. दहकता हुआ कोयला या लकड़ी का टुकड़ा; अंगारा 2. लाल रंग। [वि.] 1 जलते कोयले के समान लाल रंग का 2. लाल; रक्तिम। [मु.] **-उगलना** : अत्यंत क्रुद्ध होकर अपशब्द कहना। **-बरसना** : अत्यंत तेज़ गरमी होना।

अंगारक (सं.) [सं-पु.] 1. जलता हुआ कोयला आदि 2. मंगल ग्रह; मंगलवार 3. भृंगराज; भांगरा; कटसरैया नामक पेड़ 4. कार्बन नामक रासायनिक तत्व।

अंगारपुष्प (सं.) [सं-पु.] अंगारों की तरह लाल रंग के पुष्प वाला हिंगोष्ठ का पेड़; इंगुदी।

अंगारमंजरी (सं.) [सं-स्त्री.] लाल पुष्प वाला पौधा; करौंदा।

अंगारमणि (सं.) [सं-पु.] लाल या रक्तिम वर्ण का रत्न; मूँगा; विद्रुम।

अंगारमती (सं.) [सं-स्त्री.] हाथ की उँगलियों में होने वाला गलका रोग।

अंगारा [सं-पु.] 1. लकड़ी या कोयले का जलता, दहकता हुआ टुकड़ा 2. अग्निखंड; आग 3. शोला; शरारा। [वि.] तपा या दहकता हुआ; तप्त; गरम। [मु.] **-अंगारों पर चलना** : बहुत जोखिम का काम करना। **-अंगारों से खेलना** : दुस्साहस या जोखिम भरे काम करना। **-अंगारों पर लोटना** : बहुत कष्ट उठाना। **-अंगारे बरसाना** : बहुत गुस्सा होना।

अंगाराश्म (सं.) [सं-पु.] कड़े पत्थर का कोयला; (ऐंथ्रासाइट)।

अंगारिका (सं.) [सं-स्त्री.] 1. अँगीठी; सिगड़ी 2. ईख की पत्तियाँ 3. किंशुक या पलाश की कली।

अंगारिणी (सं.) [सं-स्त्री.] 1. अँगीठी; सिगड़ी 2. संध्याकाल में सूर्य की लालिमा से युक्त दिशा।

अंगारित (सं.) [वि.] अंगारों पर दग्ध किया हुआ; भूना हुआ; जलाया हुआ। [सं-पु.] किंशुक या पलाश की कली।

अंगारी (सं.) [सं-स्त्री.] 1. चिनगारी; छोटा अंगारा 2. अँगीठी

3. अंगारों पर तैयार की जाने वाली बाटी; लिट्टी। [वि.] तपाया हुआ; तप्त।

अंगिका (सं.) [सं-स्त्री.] 1. स्त्रियों के पहनने की अँगिया; कंचुकी; चोली; (ब्लाउज़) 2. बिहार के एक क्षेत्र विशेष की बोली।

अंगिरस (सं.) [सं-पु.] (पुराण) परशुराम के अवतार में विष्णु का एक शत्रु।

अंगिरा (सं.) [सं-पु.] 1. एक ऋषि जो ब्रह्मा के दस मानसपुत्रों में से एक माने जाते हैं, सप्तर्षियों में से एक ऋषि; अंगिर 2. बृहस्पति 3. अंगिरस 4. अथर्ववेद के प्रणेता।

अंगी (सं.) [सं-पु.] 1. शरीर; देह 2 नाटक आदि का प्रधान पात्र या नायक 3. नाटक या काव्य का प्रधान रस। [वि.] 1. शरीरधारी; देहयुक्त; अंगोंवाला; अवयवयुक्त 2. प्रमुख या प्रधान 3. अंशी।

अंगीकरण (सं.) [सं-पु.] 1. अपने ऊपर लेने की क्रिया या भाव; अंगीकार या स्वीकार करना; अपनाना 2. स्वीकृति; आदान; मंज़ूरी; राज़ी होना 3. संबद्धता 4. प्रतिज्ञा; वादा।

अंगीकार (सं.) [सं-पु.] 1. स्वीकृति; मंज़ूरी; ग्रहण करना 3. अपने ऊपर लेना 4. ज़िम्मेदारी उठाना।

अंगीकार्य (सं.) [वि.] 1. अंगीकार या स्वीकार करने योग्य 2. जो स्वीकार होने वाला हो 3. न्यायसंगत; उचित; वाजिब।

अंगीकृत (सं.) [वि.] 1. जिसको अंगीकार किया गया हो; अंगीभूत; अपनाया हुआ; गृहीत; स्वीकृत 2. संबद्ध।

अंगीभूत (सं.) [वि.] 1. स्वीकृति प्रदान किया हुआ; सम्मिलित, शामिल 2. अंगीकृत।

अंगीय (सं.) [वि.] 1. अंग संबंधी; शरीर संबंधी; दैहिक 2. अंगदेश संबंधी।

अंगुल (सं.) [सं-पु.] 1. हाथ या पैर की उँगली; अंगुलि 2. लंबाई की एक छोटी माप 3. आठ जौ की चौड़ाई के बराबर नाप 3. उँगली की चौड़ाई भर की दूरी; बित्ते का बारहवाँ भाग।

अंगुलांक (सं.) [सं-पु.] हाथ की उँगली या उँगलियों के निशान; (फ़िंगरप्रिंट)।

अंगुलास्थि (सं.) [सं-स्त्री.] हाथ या पैर की उँगलियों की हड्डी।

अंगुलि (सं.) [सं-स्त्री.] 1. हाथ या पैर की उँगली; अंगुलिका 2. हाथी की सूँड़ का अग्रभाग।

अंगुलिका (सं.) [सं-स्त्री.] हाथ या पैर की उँगली; अंगुलि।

अंगुलिछाप [सं-स्त्री.] उँगलियों के अग्रभाग की छाप जो पहचान के लिए ली जाती है; अंगुलांक; (फ़िंगर प्रिंट)।

अंगुलितोरण (सं.) [सं-पु.] साधु-संतों द्वारा माथे पर बनाया जाने वाला चंदन का अर्धचंद्राकार चिह्न।

अंगुलित्र (सं.) [सं-पु.] 1. तार से बना हुआ एक छल्ला जिसे उँगली में पहन कर सितार, वीणा आदि वाद्य यंत्र बजाए जाते हैं; मिज़राब 2. अंगुश्ताना; अँगुलित्राण।

अंगुलित्राण (सं.) [सं-पु.] 1. खास चमड़े से बना दस्ताना जो बाण चलाने में रगड़ से बचने के लिए उँगलियों में पहना जाता है 2. अंगुश्ताना; दस्ताना।

अंगुलिमाल (सं.) [सं-पु.] महात्मा बुद्धकालीन एक दस्यु जो लोगों को मारकर उनकी उँगलियों की माला बनाकर पहनता था तथा जिसने महात्मा बुद्ध के ज्ञान से प्रभावित होकर हिंसा छोड़कर बौद्ध धर्म ग्रहण कर लिया था।

अंगुलिमुद्रा (सं.) [सं-स्त्री.] 1. उँगली की छाप 2. नाम खुदी हुई अँगूठी 3. मुहर या सील का काम देने वाली अँगूठी।

अंगुली (सं.) [सं-स्त्री.] दे. उँगली।

अंगुश्त (फ़ा.) [सं-पु.] उँगली।

अंगुश्ताना (फ़ा.) [सं-पु.] 1. लोहे या पीतल की बनी हुई टोपी जो सिलाई के समय रगड़ से बचने के लिए उँगली में पहनी जाती है; अंगुलित्र 2. तीरंदाज़ी के समय उँगली पर पहनने के लिए हड्डी या सींग की बनी अँगूठी।

अंगुष्ठ (सं.) [सं-पु.] हाथ या पैर का अँगूठा।

अंगूठा (सं.) [सं-पु.] दे. अँगूठा।

अंगूर (फ़ा.) [सं-पु.] 1. एक मीठा और पौष्टिक छोटे आकार का फल या उसकी लता; द्राक्षा; दाख 2. मधुरसा। [मु.] - **खट्टे होना** : मनचाही वस्तु के प्राप्त न होने पर अपनी कमी उजागर न करते हुए कोई और बहाना करना।

अंगूरी (फ़ा.) [वि.] 1. अंगूर से बना हुआ 2. अंगूर के रंग का 3. अंगूर की लता की तरह। [सं-स्त्री.] 1. अंगूर की तरह का हलका हरा रंग 2. शराब।

अंगेज़ (फ़ा.) [परप्रत्य.] 1. उत्पन्न या उत्तेजित करने वाला; भड़काने वाला 2. प्रेरणादायी 3. किसी स्थिति या भाव को उत्पन्न करने वाला या उभारने वाला, जैसे- हैरतअंगेज़।

अंगोच्छेदन (सं.) [सं-पु.] शल्यक्रिया द्वारा किसी अंग को काटकर निकालना; विच्छेदन; (ऐम्प्यूटैशन)।

अंघराई [सं-पु.] पशुओं पर लगने वाला एक प्रकार का कर।

अंघिया [सं-स्त्री.] अँगिया (चलनी); झीने कपड़े से मढ़ी छलनी।

अंचल (सं.) [सं-पु.] 1. किसी बड़े क्षेत्र का वह हिस्सा जो अपनी पृथक विशेषताएँ रखता हो; जनपद; प्रांत 2. तट; किनारा 3. साड़ी या चुनरी का वह छोर जो छाती या पेट पर रहता है 4. किसी वस्त्र का छोर 5. कोना।

अंचित (सं.) [वि.] 1. झुका या मुड़ा हुआ; टेढ़ा; वक्राकार 2. घुँघराला (बाल) 3. गूँथा हुआ 4. सिला हुआ 5. सुंदर; सुडौल; व्यवस्थित 6. पूजित; अर्चित।

अंजन (सं.) [सं-पु.] 1. काजल; सुरमा 3. स्याही 4. नीलगिरि पर्वत।

अंजनक (सं.) [सं-पु.] 1. सुरमा; काजल 2. रसांजन।

अंजनगिरि (सं.) [सं-पु.] नीलगिरि के पर्वत।

अंजनशलाका (सं.) [सं-स्त्री.] सुरमा या अंजन लगाने की सलाई।

अंजनहारी (सं.) [सं-स्त्री.] 1. आँख की पलक पर होने वाली फुंसी; गुहेरी; बिलनी 3. एक प्रकार का कीड़ा जिसे भृंगी भी कहते हैं।

अंजना (सं.) [सं-स्त्री.] 1. (रामायण) हनुमान की माता का नाम; अंजनी 2. व्यंजना वृत्ति 3. गुहेरी 4. स्त्री।

अंजनानंदन (सं.) [सं-पु.] अंजना या अंजनी के पुत्र हनुमान।

अंजनी (सं.) [सं-स्त्री.] हनुमान की माता का नाम, अंजना।

अंजर-पंजर (हिं.+सं.) [सं-पु.] 1. शरीर का ढाँचा; ठठरी; कंकाल 2. हड्डी-पसली। [मु.] **-ढीला होना** : थकावट के कारण शरीर का शिथिल होना।

अंजलि (सं.) [सं-स्त्री.] 1. दोनों हथेलियों को ऊपर की ओर जोड़कर बनने वाला गड्ढा; अँजुरी; करसंपुट 2. अंजलि भर वस्तु 3. अर्घ्य 4. उपहार।

अंजलिबद्ध (सं.) [वि.] 1. करबद्ध 2. जो अंजलि या हाथ जोड़े हुए हो।

अंजली (सं.) [सं-स्त्री.] दे. अंजलि।

अंजाम (फ़ा.) [सं-पु.] 1. परिणाम; नतीजा; फल 2. अंत; समाप्ति। [मु.] **-तक पहुँचाना** : पूरा करना या समाप्ति तक ले जाना।

अंजित (सं.) [वि.] 1. जिसमें अंजन लगाया गया हो; अंजनयुक्त 2. {ला-अ.} जिसकी पूजा या आराधना की गई हो; आराधित।

अंजीर (सं.) [सं-पु.] 1. गूलर की जाति का एक प्रसिद्ध वृक्ष; (फ़िग) 2. उक्त वृक्ष का फल।

अंजुम (फ़ा.) [सं-पु.] 1. सितारे; तारे 2. नज़्म का बहुवचन रूप।

अंजुमन (फ़ा.) [सं-पु.] 1. सभा; संस्था 2. मजलिस; महफ़िल।

अंट-शंट [सं-पु.] 1. अनर्गल प्रलाप; बकवास 2. बदतमीज़ी; अशोभन बातें 3. अप्रासंगिक; क्रमहीन।

अंटा [सं-पु.] 1. बड़ी गोली; मोटा कंचा 2. बड़ी कौड़ी 3. सूत या रेशम का लच्छा।

अंटाचित [वि.] 1. पीठ के बल चित 2. पूरी तरह पराजित 3. मदहोश; बेसुध 4. स्तब्ध 5. बर्बाद 6. बेकार।

अंटी (सं.) [सं-स्त्री.] 1. दो उँगलियों के बीच की जगह 2. धोती की कमर के ऊपर की लपेट 3. टेंट 4. गाँठ 5. अटेरन 6. सूत या रेशम की लच्छी 7. कुश्ती का एक दाँव 8. {ला-अ.} मन की गाँठ 9. छोटी वाली बाली 10. बिगाड़। [मु.] **-ढीली करना** : जेब से पैसे निकालना। **-मारना** : चालाकी से कोई चीज़ दबा या छिपा लेना।

अंटीबाज़ [वि.] दगाबाज़; फ़रेबी; धूर्त; जुआरी; ठग।

अंठी [सं-स्त्री.] 1. किसी गीली चीज़ की बँधी हुई गाँठ या जमा हुआ थक्का 2. गुठली; बीज 3. गिलटी 4. घुंडी।

अंड (सं.) [सं-पु.] 1. अंडा 2. फोता; अंडकोश 3. वीर्य; शुक्राणु 3. ब्रह्मांड; परमाणु।

अंडकोश (सं.) [सं-पु.] 1. नर प्राणी में शुक्राणु पैदा करने वाला अंग; वृषण; फोता 2. ब्रह्मांड; विश्व।

अंडकोषी (सं.) [सं-स्त्री.] अंडे देने की इच्छा वाली चिड़िया।

अंडग्रंथि (सं.) [सं-स्त्री.] अंडकोश की वह ग्रंथि जिसमें से शुक्राणु निकलते हैं।

अंडज (सं.) [सं-पु.] अंडे से उत्पन्न होने वाले प्राणी, जैसे- पक्षी, साँप आदि।

अंडजा (सं.) [सं-स्त्री.] 1. कस्तूरी 2. मादा पक्षी।

अंडबंड [वि.] 1. बेकार; निरर्थक; सारहीन; ऊटपटांग; भद्दा 2. अप्रासंगिक 3. बेतहाशा। [सं-पु.] 1. बेसिर-पैर की बात; बकवास 2. गाली-गलौज।

अंडरग्राउंड (अं.) [वि.] 1. भूमि के नीचे का 2. भूमिगत; गुप्त, जैसे- जेल से फ़रार होकर आंदोलनकारी अंडरग्राउंड हो गए।

अंडरग्रैजुएट (अं.) [सं-पु.] 1. स्नातक उपाधि के लिए अध्ययनरत 2. पूर्वस्नातक।

अंडरटेकिंग (अं.) [सं-पु.] 1. उपक्रम 2. वचन; वचनबंध।

अंडरलाइन (अं.) [क्रि-स.] किसी लिखी हुई बात का महत्व दिखाने के लिए उसके नीचे लकीर खींचकर रेखांकित करना।

अंडरवर्ल्ड (अं.) [सं-पु.] 1. अपराधियों और माफ़ियाओं की दुनिया या समाज; अपराध जगत; संगठित अपराध जगत 2. अधोलोक।

अंडरवियर (अं.) [सं-पु.] 1. अधोवस्त्र के नीचे पहनने के कपड़े, जैसे- जाँघिया, कच्छा 2. अंतर्वस्त्र; अंतर्परिधान।

अंडवृद्धि (सं.) [सं-स्त्री.] पुरुषों में अंडकोश या फोता बढ़ने का रोग; (हाइड्रोसील)।

अंडा [सं-पु.] 1. वह गोलाकार पिंड या खोल जिसके अंदर से मछली, मुर्गी, साँप आदि के बच्चे निकलते हैं 2. भ्रूण की आरंभिक अवस्था 3. शून्य। [मु.] **अंडे सेना** : वह क्रिया जिसके तहत मुर्गी या अन्य कोई पक्षी एक निश्चित अवधि तक अंडे पर बैठकर उसे अपने बदन की गरमी प्रदान करते हैं जिससे अंडे में से बच्चा निकलता है; चुपचाप घर में बैठे रहना; कुछ न करना; निठल्ला बैठे रहना।

अंडाकार (सं.) [वि.] अंडे के आकार का; लंब-गोल आकृति वाला।

अंडाकृति (सं.) [सं-स्त्री.] अंडे की आकृति। [वि.] अंडे की आकृतिवाला।

अंडाणु (सं.) [सं-पु.] वह कोशिका जिससे जीव का भ्रूण बनता है; डिंब; स्त्री-बीज; बीजाणु; (ओवम)।

अंडाशय (सं.) [सं-पु.] मादा प्राणी में अंड अथवा डिंब विकसित होने की जगह; (ओवरी)।

अंडी [सं-पु.] 1. एरंड का पेड़ 2. एरंड का बीज 3. मोटा रेशम।

अंत (सं.) [सं-पु.] 1. किसी बात या कार्य की अंतिम अवस्था; अवसान; समाप्ति; खात्मा 2. वह स्थान जहाँ कोई वस्तु समाप्त होती है; सिरा; छोर; सीमा 3. परिणाम; फल 4. नाश; मृत्यु 5. समाप्ति; पराकाष्ठा 6. कथा फलागम 7. उपसंहार; समापन। [मु.] **-करना** : समाप्त या विनष्ट करना। **-पाना** : किसी बात या तथ्य का मर्म जानना। **-होना** : मर या मिट जाना।

अंत:स्थ [सं-पु.] 1. स्पर्श और ऊष्म वर्णों के बीच रहनेवाले 'य, र, ल, व' वर्ण; अंतस्थ 2. एक प्रकार ध्वनि। [वि.] अंतिम; अंत या अंतिम अंश में रहने या होने वाला।

अंत: (सं.) [पूर्वप्रत्य.] 1. तत्सम शब्दों के साथ प्रयुक्त होकर शब्द से द्योतित वस्तु, भाव या क्रिया के अंदर का या मध्य का होने का अर्थ देता है, जैसे- अंत:श्वसन अर्थात श्वास अंदर खींचना 2. यह प्रत्यय कहीं विसर्ग रूप 'अंत:' के साथ प्रयुक्त होता है, (जैसे- अंत:करण) और कहीं 'अंतर' (अंतर्ज्ञान), अंतश् (अंतश्चेतना) या अतंस् (अंतस्सार) के रूप में।

अंत:कथा (सं.) [सं-स्त्री.] किसी कथा में सांकेतित या वर्णित कोई अन्य कथा या घटना; अंतर्कथा।

अंतःकरण (सं.) [सं-पु.] 1. अच्छे-बुरे का विवेक करने वाली भीतरी इंद्रिय या चेतना; अंतरात्मा 2. शरीर में विचार, ज्ञान या सुख-दुख के अनुभव का साधन; हृदय; मन; चित्त 3. चार वृत्तियों (मन, बुद्धि, चित्त, अहंकार) का समेकित रूप।

अंतःकरणीय (सं.) [वि.] 1. अंतःकरण से संबंधित 2. मनोविज्ञानीय।

अंतःकोण (सं.) [सं-पु.] 1. भीतरी कोण (रेखागणित) 2. त्रिभुज या बहुभुज के अंदर का कोण।

अंतःक्रिया (सं.) [सं-स्त्री.] 1. भीतर ही भीतर चलने वाली क्रिया; अंतर्क्रिया 2. (धर्म) मन को पवित्र बनाने वाला कर्म 3. (रसायन) निश्चित ताप-दबाव के अंतर्गत तत्वों के मेल से होने वाली रासायनिक क्रिया-प्रतिक्रिया 4. परस्पर संवाद या क्रिया।

अंतःक्षिप्त (सं.) [वि.] 1. बीच में व्यतिक्रम से आया हुआ 2. जिसका शरीर में अंतःक्षेप हुआ हो; सुई द्वारा जो अंदर प्रविष्ट कराया गया हो; (इंजेक्टेड)।

अंतःक्षेत्र (सं.) [सं-पु.] 1. अंदर का स्थान या क्षेत्र 2. घिरा हुआ स्थान।

अंतःक्षेत्रक (सं.) [वि.] दो या अधिक क्षेत्रों को परस्पर काटने वाला अथवा काटने से बना।

अंतःक्षेप (सं.) [सं-पु.] सुई लगाना; सुई द्वारा शरीर के अंदर दवा आदि प्रविष्ट कराने की क्रिया।

अंतःक्षेपण (सं.) [सं-पु.] 1. अंदर फेंकना 2. सुई लगाने की क्रिया; (इंजेक्शन)।

अंतःचक्षु (सं.) [सं-पु.] अंतर्चक्षु; भीतरी आँख; मन की आँख; अंतर्दृष्टि।

अंतःपत्रित (सं.) [वि.] (फ़ाइल या पुस्तक आदि) जिसके पन्नों के मध्य में संशोधन-परिवर्धन अथवा टिप्पणी आदि के लिए कोरे कागज़ लगे हों।

अंतःपरायण (सं.) [वि.] अंतःकरण के निर्णय को मानने वाला; विवेकशील; नीतिवान; ईमानदार।

अंतःपरिधान (सं.) [सं-पु.] शरीर पर धारण किए गए बाहरी परिधान के अंदर सबसे नीचे पहनने के वस्त्र, जैसे- जाँघिया, बनियान आदि; अंतर्वस्त्र (अंडरवियर)।

अंतःपरिधि (सं.) [सं-स्त्री.] परिधि के भीतर का स्थान; दायरे के भीतर का खाली स्थान या स्पेस।

अंतःपुर (सं.) [सं-पु.] 1. महल या घर का वह भाग जो स्त्रियों के निवास के लिए निश्चित हो; जनानख़ाना; रनिवास; हरम 2. शयनकक्ष।

अंतःप्रकृति (सं.) [सं-स्त्री.] 1. मूल स्वभाव; आत्मिक अभिरुचि; 2. मन; हृदय।

अंतःप्रजनन (सं.) [सं-पु.] 1. एक ही नस्ल के पशुओं में प्रजनन; सजातीय प्रजनन; (इनब्रीडिंग) 2. निकट संबंध वाले पौधों या प्राणियों के बीच जैविक प्रजनन।

अंतःप्रज्ञ (सं.) [सं-पु.] 1. वह जिसे तत्व या ब्रह्म का ज्ञान हो; प्रज्ञावान 2. आत्मज्ञानी; तत्वदर्शी; विवेकवान व्यक्ति।

अंतःप्रज्ञा (सं.) [सं-स्त्री.] 1. मनुष्य को अपने अंतर्मन, बाह्य जगत, जीवन के शाश्वत सत्यों और दूसरे के मन का स्वतः होने वाला प्रत्यक्ष ज्ञान; (इनट्यूशन) 2. आत्मज्ञान; तत्वदर्शन।

अंतःप्रतिरोध (सं.) [सं-पु.] 1. शारीरिक संरचना के अंदर की रोग-प्रतिरोधी क्षमता 2. मनोविश्लेषण में अचेतन को चेतन में आने से रोकने वाली शक्तियों का नाम 3. किसी संस्था या संगठन के अंदर से उठने वाला विरोधी स्वर।

अंतःप्रवाह (सं.) [सं-पु.] अंदर ही अंदर बहने वाली धारा; अंतर्धारा।

अंतःप्रवृत्ति (सं.) [सं-स्त्री.] आंतरिक प्रवृत्ति; अंदर का रुझान; मूल स्वभाव।

अंतःप्रांतीय (सं.) [वि.] 1. किसी प्रांत या प्रदेश के अंदर का; अंतःप्रादेशिक 2. किसी प्रांत के अंदर के किसी भाग से संबंध रखने वाला।

अंतःप्रादेशिक (सं.) [वि.] 1. किसी प्रदेश विशेष के भीतर स्थित 2. प्रदेश के भीतरी भाग से संबंधित 3. दो या दो से अधिक प्रांतों से संबंध रखने वाला; अंतःप्रांतीय।

अंतःप्रेरणा (सं.) [सं-स्त्री.] 1. मन की स्वाभाविक प्रेरणा; सहज प्रेरणा; अंतःप्रज्ञा 3. अंतरात्मा की आवाज़ 3. कला-साहित्य आदि की रचना के लिए प्रेरित करने वाली आंतरिक वृत्ति।

अंतःशिरा (सं.) [सं-स्त्री.] शरीर में रक्तवाहिनी शिरा या शिराओं का जाल।

अंतःशुद्धि (सं.) [सं-स्त्री.] 1. अंतःकरण की शुद्धि; हृदय को निर्मल करने की क्रिया 2. चित्त की शुद्धि 3. आंतरिक शुद्धि; चित्त या मन को विकारमुक्त करना।

अंतःश्वसन (सं.) [सं-पु.] साँस अंदर खींचने की क्रिया; फेफड़े में वायु भरना।

अंतःसंचार (सं.) [सं-पु.] 1. एक से अधिक स्थानों अथवा देशों आदि में परस्पर संपर्क करने की क्रिया या भाव; (इंटरकम्यूनिकेशन) 2. दो संस्थाओं का पारस्परिक समाचार आदि का आदान-प्रदान।

अंतःसंबंध (सं.) [सं-पु.] दे. अंतस्संबंध।

अंतःसत्व (सं.) [वि.] जो अंदर से शक्तिशाली हो; जिसके अंदर शक्ति हो। [सं-पु.] 1. एक प्रकार का वृक्ष; भिलावा 2. भिलावा का फल।

अंतःसत्वा (सं.) [सं-स्त्री.] गर्भवती स्त्री।

अंतःसलिला (सं.) [सं-स्त्री.] 1. वह नदी जिसकी धारा भूमि के अंदर ही अंदर बहती है और ऊपर दिखाई नहीं देती; सरस्वती नदी 2. {ला-अ.} हृदय में उठने वाला उत्साह या उमंग का भाव; भावविह्वलता।

अंतःसाक्ष्य (सं.) [सं-पु.] अंदर ही मिलने वाला साक्ष्य या प्रमाण; आंतरिक प्रमाण 2. किसी वस्तु के संबद्ध तथ्यों के बारे में स्वयं उसके अंदर से ही निकलने वाला साक्ष्य या प्रमाण।

अंतःसार (सं.) [सं-पु.] 1. अंतरात्मा 2. भीतरी तत्व 3. अहंकार, मन और बुद्धि का योग। [वि.] भारी; प्रबल; बलवान; दृढ़।

अंतःस्फुरण (सं.) [सं-पु.] बिना चिंतन या तर्क के मन में

अनायास उठने वाली बात; स्वत:स्फूर्त बात।

अंतक (सं.) [सं-पु.] 1. मौत; मृत्यु; काल 2. शिव; यमराज। [वि.] 1. अंत करने वाला 2. समाप्त करने वाला।

अंतकाल (सं.) [सं-पु.] 1. अंतिम समय; आख़िरी वक़्त 2. आसन्न मृत्यु के क्षण; मरने की घड़ी; मरणबेला 3. समाप्ति और नाश का समय।

अंतक्रिया (सं.) [सं-स्त्री.] मृतक का अंतिम संस्कार; अंत्येष्टि; मृतक-क्रिया।

अंतगति (सं.) [सं-स्त्री.] मरण; मृत्यु। [वि.] 1. अंत को प्राप्त होने वाला 2. नाशवान; नष्ट होने वाला।

अंतगामी (सं.) [वि.] 1. अंत या समाप्ति तक जाने वाला 2. नष्ट होने वाला; नाशवान; मृत्यु तक पहुँचने वाला 3. अंतगति।

अंतज (सं.) [वि.] सबसे अंत में उत्पन्न होने वाला।

अंततः (सं.) [अव्य.] और अंत में; सब उपाय चूक जाने पर; अंततोगत्वा; आख़िरकार, जैसे- अंततः उसे पुस्तक मिल ही गई।

अंततोगत्वा (सं.) [अव्य.] अंतत; आख़िरकार; कुल मिलाकर; निष्कर्षतः।

अंतभेदी (सं.) [सं-पु.] युद्ध में एक तरह का व्यूह।

अंतर-अयन (सं.) [सं-पु.] 1. किसी तीर्थ स्थान के अंदर पड़ने वाले मुख्य देवस्थलों की यात्रा 2. किसी तीर्थ की परिक्रमा।

अंतर[1] (सं.) [सं-पु.] 1. फ़र्क; भिन्नता; भेदभाव 2. किन्हीं दो स्थानों के बीच का फ़ासला; स्थान संबंधी दूरी 3. (गणित) शेष; बचा हुआ 4. समय संबंधी दूरी; अवकाश 6. अंत:करण; हृदय; मन 5. बीच; भीतर का भाग 6. (गणित) दो अंकों में एक का दूसरी से अधिकता का परिणाम। [वि.] 1. आसन्न; निकट 2. भीतर का; आंतरिक 3. भिन्न; दूसरा 4. परस्पर। [पूर्वप्रत्यय] भिन्न; अन्य; 'दूसरा' के अर्थमें प्रयुक्त, जैसे- देशांतर, कालांतर।

अंतर[2] (सं.) [परप्रत्य.] इंग्लिश 'इंटर' के समान विभिन्न इकाइयों के बीच के पारस्परिक संबंधों का द्योतन करता है, जैसे- अंतरजातीय (एक से अधिक जातियों के बीच); अंतरराष्ट्रीय (एकाधिक राष्ट्रों के मध्य)।

अंतरंग (सं.) [वि.] 1. पूरी तरह व्यक्तिगत; निजी; (पर्सनल) 2. अभिन्न 3. आंतरिक; आपसी; करीबी; अंदरूनी 3. आत्मीय; अत्यंत निकट का; प्रिय; घनिष्ठ; ख़ास 4. गोपनीय 5. पारिवारिक। [सं-पु.] 1. शरीर के आंतरिक अंग 2. आत्मीय जन; स्वजन।

अंतरंगता (सं.) [सं-स्त्री.] 1. अंतरंग होने की अवस्था या भाव; अभिन्नता 2. नज़दीकी; आत्मीयता; घनिष्ठता; निकटता; प्रगाढ़ता।

अंतरंगी (सं.) [सं-पु.] 1. जिससे बहुत घनिष्ठता हो; आत्मीय जन 2. जिससे निजी बातें कही जा सकती हों। [वि.] 1. आंतरिक; भीतरी 2. अतिप्रिय; घनिष्ठ।

अंतरक (सं.) [सं-पु.] अपनी चल-अचल संपत्ति किसी और के नाम करने वाला; अंतरण करने वाला; (ट्रांसफ़रर)। [वि.] 1. अंतर करने वाला 2. फ़ासला पैदा करने वाला; दूरी बढ़ाने वाला।

अंतरकालीन (सं.) [वि.] बीच का; दौरान का।

अंतरजातीय (सं.) [वि.] दो या अधिक जातियों के बीच होने या पाया जाने वाला या उनसे संबंधित, जैसे- अंतरजातीय विवाह।

अंतरज्ञ (सं.) [वि.] 1. अंदरूनी जानकारी रखने वाला; भेद या रहस्य जानने वाला; रहस्यज्ञ 2. अंतर या हृदय की बात समझने वाला 3. वह आत्मीय व्यक्ति जिससे हृदय की बात साझा की जाती हो।

अंतरण (सं.) [सं-पु.] 1. दान, विक्रय आदि के ज़रिए संपत्ति के स्वामित्व का दूसरे के पास जाना या हस्तांतरण किया जाना 2. किसी कर्मचारी-अधिकारी का एक जगह से दूसरी जगह तबादला या स्थानांतरण; (ट्रांसफ़र) 3. धन या रकम का एक खाते या मद से दूसरे खाते या मद में डाला जाना; (ट्रांसफ़रेंस)।

अंतरणकर्ता (सं.) [सं-पु.] अंतरण करने वाला।

अंतरणपत्र (सं.) [सं-पु.] अंतरण के लिए आदेश से संबंधित या उसके प्रमाणस्वरूप जारी किया जाने वाला कागज़; (ट्रांसफ़र डीड)।

अंतरणीय (सं.) [वि.] 1. जिसे दूसरे को प्रदान किया जा सके; जिसका अंतरण हो सके; हस्तांतरणीय 2. जिसे दूसरी जगह पर भेजा जा सके; स्थानांतरणीय; (ट्रांसफ़रेबल)।

अंतरतम (सं.) [वि.] 1. पूर्ण रूप से आंतरिक; भीतरी; सर्वाधिक अंदरूनी 2. सबसे घनिष्ठ; आत्मीय; अतिविश्वस्त। [सं-पु.] 1. सबसे अंदर वाला भाग 2. हृदय का आंतरिक स्थल 3. हृदय; मन।

अंतरदर्शी (सं.) [वि.] 1. अंदर का हाल जान लेने वाला 2. आत्मनिरीक्षक। [सं-पु.] गहरा चिंतक या दार्शनिक; लेखक।

अंतरदेशीय (सं.) [वि.] 1. दो या अधिक देशों या स्थानों के बीच होने या पाया जाने वाला या उनसे संबंधित 2. एक देश से दूसरे देश में संप्रेषित होने वाला।

अंतरपट (सं.) [सं-पु.] 1. दो वस्तुओं या व्यक्तियों के मध्य स्थित परदा जो भिन्नता सूचक हो 2. विवाह के समय वर और वधू के बीच आड़ करने वाला परदा 3. {ला-अ.} मन पर पड़ा हुआ अज्ञान का परदा।

अंतरपुरुष (सं.) [सं-पु.] 1. अंत:करण में स्थित जीव को प्रेरित करने वाला ईश्वर 2. आत्मा।

अंतरप्रादेशिक (सं.) [वि.] 1. दो या अधिक प्रदेशों से संबंधित 2. दो या अधिक प्रदेशों में होने वाला 3. अंतरराज्यीय; अंतरप्रांतीय; (इंटरस्टेट)।

अंतरभिमुखी (सं.) [वि.] 1. जो अपने में ही खोया रहता हो 2. आत्मकेंद्रित; अंतर्मनस्क।

अंतरराष्ट्रीय (सं.) [वि.] 1. संसार के विभिन्न राष्ट्रों से संबद्ध; विश्वस्तरीय; (इंटरनैशनल) 2. दो या अधिक राष्ट्रों के पारस्परिक व्यवहार से संबंधित।

अंतरवयव (सं.) [सं-पु.] 1. भीतर के अवयव 2. शरीर के आंतरिक या भीतरी अंग।

अंतरशायी (सं.) [वि.] भीतर स्थित; अंदर रहने वाला। [सं-

पु.] चित्त या अंतर में स्थित; जीवात्मा।

अंतरस्थ (सं.) [वि.] 1. भीतर या अंतर्मन में स्थित; आंतरिक 2. मध्य में रहने वाला 3. हृदय में रहने वाला।

अंतरा (सं.) [सं-पु.] मुखड़े को छोड़कर गीत का शेष भाग; गीत की टेक से अगली पंक्तियाँ; गीत के चरण। [क्रि.वि.] 1. बीच-बीच में; यदा-कदा 2. पारस्परिक रूप से 3. प्रसंगतः।

अंतरात्मक (सं.) [वि.] 1. अंतर संबंधी 2. अंतर या भेद का सूचक 3. भेद पर आधारित; भेदात्मक।

अंतरात्मा (सं.) [सं-स्त्री.] 1. अंतःकरण; अंतर्मन 2. प्राणी की आत्मा; जीवात्मा।

अंतराय (सं.) [सं-पु.] 1. बाधा; विघ्न; अड़चन; रोड़ा 2. ओट 3. मन की एकाग्रता में उत्पन्न होने वाला विघ्न।

अंतरायण (सं.) [सं-पु.] 1. किसी व्यक्ति को उसके घर में ही कैद करके रखना; नज़रबंदी 2. युद्धरत देशों के सैनिकों और जहाज़ों को तटस्थ देशों की सीमा में निरस्त्रीकरण करके प्रवेश से रोका जाना।

अंतराल (सं.) [सं-पु.] 1. फ़ासला; दूरी 2. लंबाई; विस्तार 3. मध्यवर्ती स्थान या काल 4. बीच या भीतर का भाग 5. मध्यांतर; मध्यावकाश (इंटरवल)।

अंतरावधि (सं.) [सं-स्त्री.] बीच की अवधि या समय; मध्यांतर; दो घटनाओं के बीच का समय।

अंतरावयव (सं.) [सं-पु.] 1. शरीर के भीतरी अंग 2. किसी वस्तु का आंतरिक भाग।

अंतरावरोधित (सं.) [वि.] जिसे चलने या जाने के समय बीच में ही पकड़ या रोक लिया गया हो; बीच में रोका या पकड़ा गया; (इंटरसेप्टेड)।

अंतरावर्त (सं.) [वि.] 1. वृत्त के बीच 2. जो किसी घेरे या वृत्त के अंदर हो।

अंतरिक्ष (सं.) [सं-पु.] 1. पृथ्वी और अन्य ग्रहों के चारों ओर का स्थान 2. आकाश; खगोलमंडल; (स्पेस) 3. शून्य।

अंतरिक्ष-किरण (सं.) [सं-स्त्री.] अंतरिक्ष से आने वाली एक प्रकार की किरण जिसकी भेदन क्षमता अधिक होती है।

अंतरिक्ष-विज्ञान (सं.) [सं-पु.] वह विज्ञान जो अंतरिक्ष में स्थित ग्रहों-उपग्रहों का वैज्ञानिक अध्ययन करता है; (कॉज़्मॉलॉजी)।

अंतरिक्षचारी (सं.) [सं-पु.] पक्षी। [वि.] आकाश में संचरण करने वाला; नभचर; खेचर।

अंतरिक्षज्ञ (सं.) [सं-पु.] अंतरिक्ष के ग्रहों-उपग्रहों के संबंध में अनुसंधान करने वाला; अंतरिक्ष विज्ञानी; (कॉज़्मालॉजिस्ट)।

अंतरिक्षयात्री (सं.) [सं-पु.] रॉकेट आदि की सहायता से अंतरिक्ष की खोजी यात्राएँ करने वाला; (ऐस्ट्रोनॉट)।

अंतरिक्षिकी (सं.) [सं-स्त्री.] अंतरिक्ष विज्ञान; अंतरिक्षशास्त्र।

अंतरिक्षीय (सं.) [वि.] अंतरिक्ष का; अंतरिक्ष से संबंधित; खगोलीय; ब्रह्मांडीय।

अंतरित (सं.) [वि.] किसी एक व्यक्ति से दूसरे को अंतरण किया हुआ; स्थानांतरित; (ट्रांसफ़र्ड)।

अंतरितक (सं.) [सं-पु.] वह जो अपनी संपत्ति और उससे संबंधित अधिकार आदि दूसरे के हाथ में दे या सौंपे; अंतरक; (ट्रांसफ़रर)।

अंतरिती (सं.) [सं-पु.] दूसरे की संपत्ति तथा उससे संबंधित अधिकार प्राप्त करने वाला; वह जिसके पक्ष में अंतरण हो; (ट्रांसफ़री)।

अंतरिम (सं.) [वि.] 1. मध्यवर्ती; दरमियानी; बीच का; स्थानापन्न 2. अंतिम निर्णय से पहले की (व्यवस्था); कामचलाऊ 3. अंतराकालीन; अल्पकालीन 4. तदर्थ; कुछ दिनों का 5. अँग्रेज़ी शब्द 'इंटरिम' से ध्वनि साम्य के आधार पर गढ़ा गया समानार्थी शब्द।

अंतरीप (सं.) [सं-पु.] 1. द्वीप; टापू 2. ऐसा भूखंड जिसके तीन ओर समुद्र हो; (केप)।

अंतरीय (सं.) [सं-पु.] अंदर पहनने का ख़ास कपड़ा; अंतर्वस्त्र; (अंडरवियर); अँतरौटा। [वि.] भीतर का।

अंतर्कथा (सं.) [सं-स्त्री.] किसी प्रसंग में सांकेतित या अंतर्निहित कोई अन्य कथा, घटना या बात।

अंतर्कलह (सं.) [सं-स्त्री.] 1. किसी एक पक्ष या समूह के लोगों में ही कलह या विवाद 2. शत्रुओं की बजाय आपस में ही झगड़ने की क्रिया या भाव।

अंतर्गत (सं.) [वि.] 1. अंदर समाया हुआ; समाविष्ट; सम्मिलित; शामिल; (इनक्लुडिड) 2. किसी के अंग के रूप में उसमें शामिल 3. अधीन।

अंतर्गति (सं.) [सं-स्त्री.] भावना; मन की वृत्ति।

अंतर्गिरि (सं.) [सं-पु.] 1. पर्वत का आंतरिक भाग 2. हिमालय का वह अंदरूनी हिस्सा जिसमें 18-20 हजार फुट से अधिक ऊँची चोटियाँ हैं (गौरीशंकर, धवलगिरि, नंगा पर्वत आदि का समूह)।

अंतर्गुट (सं.) [सं-पु.] किसी बड़े समूह या संगठन के अंतर्गत छोटा गुट या मंडली। [वि.] दो या अधिक छोटे गुटों के बीच का।

अंतर्ग्रथित (सं.) [वि.] 1. भीतर से गुँथा हुआ; अंदर से संबद्ध किया हुआ 2. परस्पर ग्रंथित; परस्पर संबद्ध।

अंतर्जगत (सं.) [सं-पु.] 1. आंतरिक जगत 2. अंदर या चित्त का संसार; मनोजगत।

अंतर्जात (सं.) [वि.] 1. भीतरी भाग से उत्पन्न होने वाला 2. अपने आप पैदा होने वाला।

अंतर्ज्ञान (सं.) [सं-पु.] 1. अंतर्बोध; मन में होने वाला ज्ञान; स्वतः स्फुरित ज्ञान; (इनट्यूशन) 2. आत्मज्ञान; अंतःकरण की चेतना 3. सहज ज्ञान; मन में आने वाला सहज-स्वाभाविक ज्ञान जिससे कोई बात अनायास समझ में आ जाती है।

अंतरज्योति (सं.) [सं-स्त्री.] 1. भीतर का प्रकाश; भीतर की चेतना 2. आध्यात्मिक प्रकाश या आलोक। [वि.] जिसकी आत्मा प्रकाशमान हो; जो अंदर से चैतन्य हो।

अंतरज्वाला (सं.) [सं-स्त्री.] 1. मन के भीतर की आग; प्रचंड भावावेग 2. आंतरिक ज्वाला 3. हृदय की आग; क्रोध 4. शोक; चिंता; संताप 5. यंत्रणा जो अग्नि के समान कष्ट देती है।

अंतर्दर्शन (सं.) [सं-पु.] 1. मन की परख; भीतरी निगाह 2. आत्मसाक्षात्कार; आत्मनिरीक्षण 3. अंत:करण में ईश्वरानुभूति।

अंतर्दशा (सं.) [सं-स्त्री.] 1. मानसिक स्थिति; मनोवृत्ति; (मूड) 2. अंदरूनी हालत 2. (ज्योतिष) महादशा के अंतर्गत प्रत्येक ग्रह का भोग काल या आधिपत्य काल।

अंतर्दशाह (सं.) [सं-पु.] ऐसे कृत्य जो किसी मृत आत्मा की सद्‌गति के लिए मृत्यु के दस दिन तक किए जाते हैं; धार्मिक कृत्य।

अंतर्दाह (सं.) [सं-पु.] मन की जलन; संताप, दुख; आंतरिक बेचैनी; अंतर्ज्वाला।

अंतर्दृष्टि (सं.) [सं-स्त्री.] 1. ज्ञानचक्षु; अंत:ज्ञान; प्रज्ञा; अंतर्बोध; किसी बात को देखने-परखने की आंतरिक शक्ति 2. किसी बात या समस्या की तह में जाने वाली दृष्टि 3. अंतश्चेतना।

अंतर्देशीय (सं.) [वि.] 1. किसी देश के अंदर का; राष्ट्रीय 2. देश के आंतरिक भाग से संबंधित, जैसे- अंतर्देशीय सम्मेलन। [सं-पु.] डाक द्वारा भेजा जाने वाला ऐसा लिफ़ाफ़ा जिसके अंदर कोई कागज़ आदि नहीं रखा जा सकता तथा जो देश विशेष के अंदर ही भेजा जा सकता है।

अंतर्द्वंद्व (सं.) [सं-पु.] 1. ऊहापोह; कशमकश; मानसिक संघर्ष; अंदर ही अंदर चलने वाला द्वंद्व; दुविधा; परस्पर विरोधी भावों का संघर्ष।

अंतर्द्वार (सं.) [सं-पु.] घर का भीतरी या गुप्त द्वार; चोर दरवाज़ा।

अंतर्धान (सं.) [सं-पु.] 1. अचानक छिप जाने की क्रिया; तिरोभाव। [वि.] 1. अदृश्य या लुप्त; गायब 2. अप्रत्यक्ष; अव्यक्त।

अंतर्धारा (सं.) [सं-स्त्री.] 1. समुद्र, नदी आदि में जल के ऊपरी तल से नीचे बहने वाली धारा जो ऊपर से नहीं दिखती 2. किसी वर्ग या समाज में अंदर-अंदर ही चलने वाली प्रवृत्ति, धारणा या विचार जिसका ऊपर से साफ़-साफ़ पता न चलता हो; (अंडरकरेंट)।

अंतर्नाद (सं.) [सं-पु.] 1. अंतरात्मा की पुकार; हृदय की आवाज़ 2. समाधि में सुनाई देने वाली ध्वनि; अनाहत नाद।

अंतर्निष्ठ (सं.) [वि.] 1. जो किसी वस्तु या व्यक्ति का मूलभूत और स्थायी अंग हो और उससे अलग न किया जा सकता हो, जैसे- सर्वजन हिताय भावना भारतीय दर्शन में अंतर्निष्ठ है; अंतर्निहित।

अंतर्निहित (सं.) [वि.] 1. समाविष्ट, सन्निहित; अंतर्स्थापित; जो भीतर स्थित हो 2. व्यंजनार्थक, जैसे- कुछ कविताओं में गहन वेदना भाव अंतर्निहित है।

अंतर्पटी (सं.) [सं-स्त्री.] 1. परदा 2. वह चित्र पट्टिका या कैनवास जिसपर प्राय: नदी, झरना, पर्वत आदि के दृश्य अंकित होते हैं; (बैकड्रॉप)।

अंतर्पत्रण (सं.) [सं-पु.] फ़ाइल आदि के पृष्ठों के बीच में सादे कागज़ लगाना जिससे बीच में कुछ लिखा या जोड़ा जा सके; (इंटरलीविंग)।

अंतर्बोध (सं.) [सं-पु.] 1. आत्मबोध; अंतर्दर्शन; आत्मज्ञान; ज्ञानदृष्टि 2. जेहन; प्रज्ञा 3. समझबूझ; बोधक्षमता।

अंतर्भाव (सं.) [सं-पु.] 1. किसी का दूसरे में पूरी तरह विलय हो जाना 2. किसी के अंतर्गत होने या करने की अवस्थिति; शामिल या समाविष्ट करने या होने की क्रिया; एक वस्तु में दूसरी के अंतर्निहित होने का भाव 3. आंतरिक भाव; मनोभाव।

अंतर्भावना (सं.) [सं-स्त्री.] 1. अंत:करण की भावना 2. मन ही मन किया जाने वाला चिंतन।

अंतर्भूत (सं.) [वि.] 1. अंदर स्थित; भीतर समाया हुआ; समाविष्ट 2. अंतर्गत।

अंतर्भूमि (सं.) [सं-स्त्री.] 1. पृथ्वी का भीतरी भाग; अंतर्क्षेत्र; भूगर्भ 2. मनोभूमि; मानसिक स्थिति 3. पृष्ठभूमि।

अंतर्भेद (सं.) [सं-पु.] 1. आपसी विवाद; झगड़ा 2. पारस्परिक मतभेद।

अंतर्भेदी (सं.) [वि.] 1. मर्म तक पहुँचने वाला 2. अंदर का भेद लेने वाला; भेदिया।

अंतर्भौम (सं.) [वि.] 1. ज़मीन या पृथ्वी के अंदर का 2. भूगर्भ में स्थित; भूगर्भीय; (सबटरेनियन)।

अंतर्मन (सं.) [सं-पु.] 1. मन की भीतरी चेतना; अंत:करण 2. अचेतन मन।

अंतर्मनस्क (सं.) [वि.] 1. जो अपने में ही खोया हुआ हो; आत्मलीन 2. अंतर्मुखी 3. आत्मकेंद्रित।

अंतर्मना (सं.) [वि.] 1. अपने विचारों में ही डूबा हुआ; अंतर्मनस्क; विचारमग्न रहने वाला 2. एकांतप्रिय 3. उदास; चिंताकुल 4. आत्मकेंद्रित 5. अंतर्मुखी।

अंतर्मल (सं.) [सं-पु.] 1. भीतर का मैल या गंदगी; कलुष 2. मन में आने वाले दूषित विचार 3. चित्त के विकार।

अंतर्मुखी (सं.) [वि.] 1. भीतर की ओर जाने वाला 2. जो खुलकर लोगों से मिलता-जुलता न हो; शर्मीला 3. अपने विचार व्यक्त न करने वाला; मन की बात न कहने वाला 4. आत्मलीन; अंतर्लीन 5. आत्मकेंद्रित; (इंट्रोवर्ट)।

अंतर्याम (सं.) [सं-पु.] 1. अंत:करण या मन की भाव दशा 2. मानसिक योग; ध्यान।

अंतर्यामिता (सं.) [सं-स्त्री.] 1. अंतर्यामी होने का भाव या गुण 2. औरों के मन की बात को बिना उनके कहे जान लेने की शक्ति।

अंतर्यामी (सं.) [सं-पु.] 1. अंत:करण में स्थित जीव को प्रेरित करने वाला; ईश्वर। [वि.] हृदय की बात जानने वाला।

अंतर्योग (सं.) [सं-पु.] 1. गहराई से किया जाने वाला चिंतन-मनन 2. मानसिक योग 3. ध्यान; एकाग्रता।

अंतर्रति (सं.) [सं-स्त्री.] आत्मरति; स्वयं अपने ऊपर मुग्ध होने का भाव।

अंतर्लंब (सं.) [सं-पु.] 1. (रेखागणित) त्रिभुज के किसी शीर्ष से सामने वाली आधार-रेखा पर त्रिभुज के परिक्षेत्र के भीतर ही डाला गया लंब; लंब रेखा 2. बहुभुज के दो शीर्षों को मिलाने वाली रेखा पर किसी तीसरे शीर्ष से बहुभुज परिक्षेत्र के अंतर्गत डाला गया लंब (ज्यामिति)।

अंतर्लापिका (सं.) [सं-स्त्री.] ऐसी पहेली जिसका उत्तर उसकी

पद-योजना में ही निहित हो।

अंतर्लीन (सं.) [वि.] 1. आत्मलीन; अपने में मगन रहने वाला; ख़यालों में खोया रहने वाला 2. भीतर छिपा हुआ 3. अंतर्मनस्क; ध्यानमग्न; तल्लीन, जैसे- विचारों में अंतर्लीन।

अंतर्वर्ती (सं.) [वि.] 1. अंदर पाया जाने वाला 2. भीतर रहने वाला; आंतरिक 3. अंतर्व्यापी 4. एक अवस्था से दूसरी अवस्था में परिवर्तन से उत्पन्न; संक्रांति का; (इमेनेंट ट्रांजिशनल)।

अंतर्वस्तु (सं.) [सं-स्त्री.] 1. किसी पुस्तक आदि में जो वर्णित या लिखित हो; अंत:सार 2. किसी कृति का कथ्य या विषय-वस्तु 3. किसी पात्र, पेटी आदि के अंदर रखी हुई सामग्री; (कंटेंट्स) 4. मूल विषय।

अंतर्वस्त्र (सं.) [सं-पु.] बाहरी पोशाक के नीचे पहने हुए भीतरी कपड़े; अंतर्परिधान, जैसे- कच्छा, बनियान, समीज आदि; (अंडरवियर)।

अंतर्वाणिज्य (सं.) [सं-पु.] किसी देश के अंदर या उसकी सीमा के भीतर होने वाला वाणिज्य-व्यापार; आभ्यंतर व्यापार; (इंटरनल ट्रेड)।

अंतर्वाणी (सं.) [सं-स्त्री.] 1. आत्मा की आवाज़ 2. हृदय या चित्त का भाव संसार। [सं-पु.] पंडित।

अंतर्वासी (सं.) [सं-पु.] 1. अंदर रहने वाला व्यक्ति 2. गुप्त स्थान पर रहने वाला व्यक्ति 3. {ला-अ.} अंत:करण में वास करने वाला, जैसे- ईश्वर या आत्मा।

अंतर्वाहिनी (सं.) [सं-स्त्री.] भीतर बहने वाली धारा; अंत:सलिला।

अंतर्विकार (सं.) [सं-पु.] 1. मन का कोई विकार या दोष; मानसिक विकार 2. शरीर का स्वाभाविक धर्म; शारीरिक आवेग, जैसे- भूख, प्यास आदि 3. मानसिक अनुभूति।

अंतर्विरोध (सं.) [सं-पु.] 1. किसी कार्य या बात में एक ही समय में परस्पर विरोधी स्वर या स्थितियाँ; मतवैभिन्य 2. भीतरी विरोध; आंतरिक द्वंद्व।

अंतर्विवाह (सं.) [सं-पु.] 1. समाज निर्धारित समूह के अंतर्गत होने वाला विवाह 2. अपनी जाति या कुटुंब के अंदर ही किया जाने वाला विवाह।

अंतर्विष्ट (सं.) [वि.] अंदर मिलाया हुआ या अंदर शामिल किया हुआ; किसी वस्तु में जोड़ा गया; सन्निविष्ट; अंतर्वेशित; (इनक्लूडिड)।

अंतर्वृत्त (सं.) [सं-पु.] (ज्यामिति) किसी आकृति या त्रिभुज के अंदर खींचा गया वृत्त जो उसकी समस्त भुजाओं को स्पर्श करता हो; (इनसर्किल)।

अंतर्वेग (सं.) [सं-पु.] 1. अशांति, चिंता आदि भावनाओं का वेग 2. शरीर में बना रहने वाला बुख़ार।

अंतर्वेद (सं.) [सं-पु.] 1. दो नदियों के बीच का पाट; दोआब 2. गंगा और यमुना के बीच का प्रदेश; ब्रह्मावर्त; उत्तर भारत।

अंतर्वेदना (सं.) [सं-स्त्री.] हृदय की वेदना; अंतर्व्यथा; मानसिक व्यथा।

अंतर्वेशन (सं.) [सं-पु.] 1. किसी वस्तु या समूह के भीतर उसी तरह की कोई वस्तु बाहर से लाकर रखना; सम्मिलित करने का कार्य; (इनक्लूज़न) 2. अंदर छिपाना या रखना 3. (पुस्तक आदि में) मूल लेखक से भिन्न लेखक द्वारा बाद में अतिरिक्त भाग जोड़ना 4. प्रक्षिप्त अंश; प्रक्षेप।

अंतर्वेशित (सं.) [वि.] 1. अंदर छिपाया हुआ; अंदर रखा हुआ 2. जिसे शामिल किया गया हो।

अंतर्व्याप्ति (सं.) [सं-स्त्री.] 1. अंदर का फैलाव; अंत:प्रसार 2. पहुँच; पैठ।

अंतर्हित (सं.) [वि.] 1. अंदर समाहित; निहित 2. गूढ़ 3. जो अदृश्य हो; अंतर्धान; गायब 4. खोया हुआ 5. (कविता आदि) जिसके अर्थ में व्यंजना हो।

अंतवेला (सं.) [सं-स्त्री.] 1. अंतिम समय; अंतकाल 2. मृत्यु का समय।

अंतश्चेतना (सं.) [सं-स्त्री.] 1. आंतरिक चेतना; अंतर्ज्ञान; अंतर्बोध 2. अंतरात्मा।

अंतस् (सं.) [अव्य.] 1. 'अंतर्' का सामासिक रूप 2. भीतर; बीच में; मध्य 3. मन; मानस।

अंतस्तल (सं.) [सं-पु.] 1. हृदयस्थल 2. अचेतन या सुप्त मन।

अंतस्ताप (सं.) [सं-पु.] मनस्ताप; अंदर का क्लेश; संताप।

अंतस्थ (सं.) [वि.] 1. भीतर रहने वाला 2. भीतर से संबंधित 3. मन में होने या रहने वाला; हृदयस्थ; अंत:करण में स्थित। [सं-पु.] 1. हिंदी में व्यंजन वर्णों की एक कोटि जिसमें य्, र, ल्, व् आते हैं 2. स्वर और व्यंजन के बीच की ध्वनि।

अंतस्थ ध्वनियाँ संस्कृत में 'य्, र, ल्, व्' को अंतस्थ ध्वनियाँ कहा गया है।

अंतस्थ राज्य (सं.) [सं-पु.] दो बड़े राज्यों के बीच पड़ने वाला वह राज्य जिसे लेकर उन दोनों के बीच संघर्ष की आशंका नगण्य हो; अंतराल राज्य; मध्यवर्ती राज्य; (बफ़र स्टेट)।

अंतस्थल (सं.) [सं-पु.] 1. हृदय या मन का आंतरिक भाग 2. अंत:करण; मानस 3. अचेतन या सुप्त मन।

अंतस्नान (सं.) [सं-पु.] यज्ञ की समाप्ति पर किया जाने वाला स्नान।

अंतस्सलिला (सं.) [सं-स्त्री.] 1. लोकमान्यता के अनुसार धरती के अंदर ही अंदर बहने वाली एक नदी या धारा; अंत:सलिला 2. सरस्वती नदी 3. {ला-अ.} चेतना या भावना की अंतर्धारा।

अंतस्सार (सं.) [सं-पु.] दे. अंत:सार। [वि] भीतर से ठोस; पोढ़ा।

अंतहीन (सं.) [वि.] 1. जिसका अंत न हो 2. जिसकी सीमा न हो; असीम; सीमाहीन; निस्सीम, जैसे- अंतहीन आकाश 3. अगणनीय; अनंत।

अंतिक (सं.) [सं-पु.] 1. पड़ोस 2. सामीप्य; निकटता 3. वह जो पड़ोस में रहता हो। [वि.] 1. पास या समीप रहने वाला; नज़दीकी 2. अंत तक जाने या पहुँचने वाला।

अंतिम (सं.) [वि.] 1. आख़िरी; अंत का; (फ़ाइनल) 2. पूर्णता के ठीक पूर्व की अवस्थावाला 3. निर्धारित 4. सीमावर्ती 5. परम 6. नितांत 7. किनारे वाला। [मु.] **-घड़ियाँ गिनना** : अंत या मृत्यु के निकट होना।

अंतिमोत्तर (सं.) [वि.] अंतिम के बाद का; जो अंत के उपरांत

हो।

अंतेवासी (सं.) [सं-पु.] 1. छात्रावास में रहने वाला; गुरुकुल का विद्यार्थी 2. किसी कारखाने या कार्यालय में आगे चलकर नौकरी पाने की आशा में प्रशिक्षु के रूप में काम करने वाला; (अप्रेंटिस)। [वि.] समीप रहने वाला; नज़दीकी।

अंतोन्मुखी (सं.) [वि.] 1. अंत की ओर अग्रसर 2. मृत्यु की ओर जाने वाला।

अंत्य (सं.) [वि.] 1. अंतिम; आख़िरी 2. सबसे नीचे या पीछे का; बाद का। [सं-पु.] 1. शब्द का अंतिम वर्ण 2. अंतिम नक्षत्र 3. अंतिम लग्न 4. अंतिम चंद्रमास; फाल्गुन।

अंत्यकर्म (सं.) [सं-पु.] अंत्येष्टि; दाहकर्म।

अंत्यशेष (सं.) [सं-पु.] वह रकम या धन जो किसी खाते आदि को बंद करने के बाद बचे; (बैलेंस)।

अंत्याक्षर (सं.) [सं-पु.] 1. किसी शब्द या पद का अंतिम अक्षर 2. किसी कविता में चरण का अंतिम अक्षर 3. हिंदी वर्णमाला का अंतिम अक्षर 'ह'।

अंत्याक्षरी (सं.) [सं-स्त्री.] कविता वाचन या गीत गायन का एक खेल जिसमें एक व्यक्ति द्वारा पढ़ी गई कविता या गाए गए गीत के अंतिम अक्षर से ही शुरू हुई कोई कविता या गीत अगला प्रतिभागी या व्यक्ति पढ़ता है।

अंत्यानुप्रास (सं.) [सं-पु.] 1. शब्दालंकार नामक अनुप्रास का एक भेद, जहाँ पदांत में एक ही स्वर और एक ही व्यंजन की आवृत्ति होती है, जैसे- ...सोय,...होय 2. तुक।

अंत्याश्रम (सं.) [सं-पु.] हिंदू परंपरा के अनुसार मानव जीवन के चार आश्रमों- ब्रह्मचर्य, गृहस्थ, वानप्रस्थ और संन्यास में से अंतिम 2. संन्यास आश्रम।

अंत्याश्रमी (सं.) [वि.] अंतिम आश्रम (संन्यासाश्रम) में जीवन यापन करने वाला। [सं-पु.] संन्यासी।

अंत्येष्टि (सं.) [सं-स्त्री.] मृतक का अंतिम संस्कार; दाहकर्म; मृतककर्म।

अंत्येष्टिगृह (सं.) [सं-पु.] ऐसा स्थान जहाँ शव की अंत्येष्टि-क्रिया या दाहकर्म किया जाता है; श्मशान; शवदाहगृह।

अंत्योदय (सं.) [सं-पु.] आर्थिक रूप से कमज़ोर और पिछड़े वर्गों का उदय या विकास करने की क्रिया या भाव।

अंत्र (सं.) [सं-पु.] आँत; अँतड़ी।

अंत्रदाह (सं.) [सं-पु.] आँतों में होने वाली जलन; अंत्रप्रदाह।

अंत्रप्रदाह (सं.) [सं-पु.] आँतों में होने वाली जलन; अंत्रदाह।

अंदर (सं.) [अव्य.] 1. अंतर्गत; भीतर; भीतरी भाग में 2. किसी क्षेत्र या भवन आदि का अंदरूनी भाग 3. दरमियान; बीच में 4. गहराई में। [मु.] **-करना** : पुलिस द्वारा किसी को पकड़ कर जेल में डालना। **-होना** : हवालात में बंद होना।

अंदरूनी (फ़ा.) [वि.] 1. जो अंदर स्थित हो; भीतरी; आंतरिक 2. अंतर्क्षेत्रीय 3. गोपनीय।

अंदलीब (अ.) [सं-स्त्री.] बुलबुल नामक चिड़िया।

अंदाज़ (फ़ा.) [सं-पु.] 1. अनुमान; अटकल; कयास; तख़मीना 3. अदा; मोहक ढंग; नाज़-नखरा 4. मान; नाप-जोख 5. ढंग; ढब; तौर-तरीका, जैसे- अंदाज़ेबयाँ 6. हाव-भाव; कोमल चेष्टाएँ। [पर-प्रत्य.] फेंकने वाला; निशाना लगाने वाला, जैसे- तीरंदाज़, गोलंदाज़।

अंदाज़न (फ़ा.) [क्रि.वि.] 1. अंदाज़ या अनुमान से 2. करीब-करीब; प्रायः, लगभग।

अंदाज़ा (फ़ा.) [सं-पु.] 1. अनुमान; अटकल; अंदाज़; तख़मीना 2. उद्भावना; कल्पना 3. ख़याल; धारणा।

अंदाज़ेबयाँ (फ़ा.) [सं-पु.] बयान करने का अंदाज़; अभिव्यक्ति कौशल।

अंदु (सं.) [सं-पु.] 1. पायल; नूपुर 2. हाथी के पैर में बाँधने की ज़ंजीर।

अंदुक (सं.) [सं-पु.] 1. दरवाज़े की साँकल 2. नुपूर; पायल।

अंदेश (फ़ा.) [वि.] 1. चिंता या ध्यान सूचक 2. विचारशील; सोचने वाला 3. शब्द जो प्रायः यौगिक शब्दों के अंत में प्रयोग किया जाता है, जैसे-दूरअंदेश।

अंदेशा (फ़ा) [सं-पु.] 1. शक; संदेह; संशय; खटका 2. अविश्वास; आशंका; भय; खतरा 3. दुविधा; असमंजस 4. पूर्वाभास 5. जोखिम; हानि।

अंध (सं.) [वि.] 1. जिसे दिखाई न देता हो; अंधा; नेत्रहीन 2. {ला-अ.} अचेत; उन्मत्त; अराजक; मतांध 3. {ला-अ.} विचारहीन; बुद्धिहीन 4. जो बिना सोचे-समझे किया गया हो, जैसे- अंधभक्ति, अंधश्रद्धा। [सं-पु.] 1. अंधा व्यक्ति 2. अंधकार 3. {ला-अ.} अज्ञान; 4. चमगादड़; उल्लू।

अंधक (सं.) [वि.] जो दृष्टिहीन हो; अंधा। [सं-पु.] 1. शिव द्वारा मारा गया एक दैत्य 2. यादवों का एक पूर्वज।

अंधकार (सं.) [सं-पु.] 1. जहाँ बिल्कुल भी प्रकाश न हो; अँधेरा; अँधियारा; तिमिर; तम 2. तामस; कलुष 3. {ला-अ.} निराशा; हताशा; अज्ञान। [मु.] **-नज़र आना** : कोई उपाय न सूझना; निराशापूर्ण हालात में फँसना। **-दूर होना** : ज्ञान या बुद्धि प्राप्त होना।

अंधकार युग (सं.) [सं-पु.] 1. किसी राज्य या क्षेत्र के बौद्धिक रूप से पिछड़ा होने की अवस्था या भाव 2. ऐसा युग जिसके सामाजिक विकास या इतिहास का प्रमाण न मिलता हो 3. ऐसा युग जिसे इतिहास में पतनशील करार दिया गया हो।

अंधकाराच्छन्न (सं.) [वि.] अंधकार से आच्छादित; अंधकारपूर्ण; अंधकार से घिरा हुआ।

अंधकारावृत्त (सं.) [वि.] अंधकार या अँधेरे से आवृत्त या ढका हुआ; तिमिराछन्न; अंधकारपूर्ण।

अंधकूप (सं.) [सं-पु.] 1. अंधा कुआँ; वह स्थान जहाँ घनघोर अँधेरा हो 2. (पुराण) एक प्रकार का नरक 3. {ला-अ.} मूर्खता का माहौल। [मु.] **-में डालना** : किसी का अहित करना; किसी संकट में फँसाना।

अंधखोपड़ी [वि.] नितांत बेवकूफ़; वज्र मूर्ख; जड़बुद्धि।

अंधगति (सं.) [सं-स्त्री.] 1. किसी अंधे मनुष्य की तरह की गति; अंधत्व की अवस्था जैसी दुर्दशा 2. किंकर्तव्यविमूढ़ता की स्थिति; पशोपेश।

अंधड़ [सं-पु.] 1. बहुत वेग के साथ चलने वाली धूल भरी आँधी 2. ऐसी आँधी जिससे वातावरण में अँधेरा और धूल छा

जाए।

अंधता (सं.) [सं-स्त्री.] 1. अंधापन 2. {ला-अ.} अनदेखी; उपेक्षा 3. मूर्खता।

अंधत्व (सं.) [सं-पु.] अंधापन; अंधता।

अंधपरंपरा (सं.) [सं-स्त्री.] 1. ऐसी परंपरा जिसका वर्तमान समय में समाज पर दुष्प्रभाव पड़ता हो 2. तर्कहीन परंपरा; रूढ़ि; कुरीति 3. बिना सोचे-समझे पुराने रीति-रिवाजों या प्रथाओं का अंधानुकरण; अंधविश्वास 4. {ला-अ.} भेड़िया धँसान।

अंधबिंदु (सं.) [सं-पु.] आँख के अंदरूनी पर्दे का अप्रकाशग्राही बिंदु या स्थल।

अंधभक्त (सं.) [सं-पु.] आँख मूँदकर किसी पर श्रद्धा रखने वाला व्यक्ति; ऐसा भक्त जो किसी विरोधी तर्क को न सुने; अंधविश्वासी।

अंधभक्ति (सं.) [सं-स्त्री.] 1. ऐसी भक्ति जिसमें तर्क या सत्य का स्थान न हो; निराधार आस्था 2. अज्ञानतावश की जाने वाली भक्ति; अंधश्रद्धा 3. मतांधता।

अंधराष्ट्रवाद (सं.) [सं-पु.] 1. राष्ट्रवाद का वह रूप जिसमें केवल अपने राष्ट्र के हित की मानसिकता निहित होती है 2. रूमानी राष्ट्रवाद; कट्टर राष्ट्रवाद 3. अपनी जातीय पहचान के श्रेष्ठताभाव या नस्लवाद से प्रभावित राष्ट्रवाद।

अंधराष्ट्रवादी (सं.) [वि.] 1. केवल अपने राष्ट्र या देश का भला सोचने वाला; कट्टर राष्ट्रवादी 2. जातीयता के श्रेष्ठताभाव के साथ राष्ट्रवाद का समर्थन करने वाला 3. अंधदेशभक्त।

अंधविश्वास (सं.) [सं-पु.] 1. धार्मिक आस्था का एक विचारहीन या तर्कहीन रूप; विचाररहित या विवेकशून्य विश्वास 2. परंपरागत रीति-रिवाज को बिना किसी आधार के स्वीकार करने की अवस्था; (सुपर्स्टिशन) 3. तर्कहीन बातों या घटनाओं पर अमूमन पिछड़ेपन या धार्मिक़ कट्टरता की वजह से होने वाला विश्वास; अंधसमर्थन 4. वहम; शकुन-अपशकुन में विश्वास 5. तंत्रमंत्र में विश्वास।

अंधविश्वासी (सं.) [वि.] 1. बिना किसी आधार के किसी बात पर विश्वास करने वाला; विवेकशून्य होकर किसी बात को मानने वाला; अंधश्रद्धालु; अंधसमर्थक 2. किसी धर्म या धर्माचार्यों के उपदेशों या किसी राजनीतिक सिद्धांत के प्रति बग़ैर उसके सही या गलत होने का चिंतन-मनन किए उसे अमल में लाने वाला; अंधसमर्थक 3. अंधविश्वासपूर्ण।

अंधश्रद्धा (सं.) [सं-पु.] 1. बिना कुछ सोच-विचार किए केवल अंधविश्वास के कारण की जाने वाली श्रद्धा; विचाररहित या विवेकशून्य श्रद्धा 2. अंधविश्वास; अज्ञान।

अंधसमर्थक (सं.) [वि.] 1. जो आँख मूँदकर किसी का समर्थन करे; जो बिना सोचे-विचारे किसी को सही ठहराए 2. अंधश्रद्धालु; अंधविश्वासी; अंधानुगामी 3. विचारहीन; अज्ञानी

अंधा [वि.] 1. नेत्रहीन; दृष्टिहीन; दृष्टिबाधित; जिसे बिलकुल दिखाई न पड़े 2. जिसके भीतर कुछ भी दिखाई न दे; प्रकाशहीन, जैसे- अंधाकुआँ 3. {ला-अ.} बिना सोचे-समझे कार्य करने वाला; विचारहीन; तर्कहीन 4. जिसमें कोई विशिष्ट तत्व न रह गया हो, जैसे- अंधा दिया, अंधा शीशा 5. अंधविश्वासी; मतांध; अंधानुगामी। [मु.] **बनना** : जान-बूझकर किसी बात पर ध्यान न देना, आसपास की गतिविधियों से जानबूझकर अनभिज्ञ बने रहना। **-बनाना** : बुरी तरह या मूर्ख बनाकर धोखा देना। **अंधे की लकड़ी या लाठी** : असमर्थ का एकमात्र सहारा। **अंधे के आगे रोना** : किसी उदासीन व्यक्ति से अपनी व्यथा कहना। **अंधे के हाथ बटेर लगना** : किसी अयोग्य व्यक्ति को महत्वपूर्ण वस्तु या पद प्राप्त हो जाना। **अंधों में काना राजा होना** : गुणहीनों के समाज में थोड़े गुण वाले को श्रेष्ठ समझा जाना।

अंधाकुप्प [सं-पु.] हवाई हमले होने या आशंका होने पर बत्तियों को बुझा दिया जाना या उस स्थान को इस तरह से ढक देना जिससे रोशनी दिखाई न पड़े; (ब्लैक आउट)।

अंधाधुंध [क्रि.वि.] 1. बिना रोक-टोक के; बेहिसाब; विवेकहीन होकर 2. लगातार; बेतहाशा, जैसे- जंगलों की अंधाधुंध कटाई। [वि.] बहुत सारा; बहुत अधिक जैसे- अंधाधुंध ख़र्च। [सं-स्त्री.] घना अंधकार।

अंधानुकरण (सं.) [सं-पु.] 1. आँख मूँदकर किसी के पीछे चलना; बिना सोचे-विचारे किसी का अनुकरण करना 2. किसी रीति-रिवाज या प्रथा का अनुकरण; अंधी नकल 3. {ला-अ.} भेड़चाल।

अंधानुकृत (सं.) [वि.] अंधानुकरण किया हुआ; बिना सोचे-समझे नकल किया हुआ।

अंधानुकृति (सं.) [सं-स्त्री.] बिना सोचे-समझे किया गया अनुकरण; नकल; अंधानुकरण।

अंधानुगमन (सं.) [सं-पु.] 1. विचार किए बिना किसी के पीछे लगे रहने की प्रवृत्ति; विचारहीनता; अनुकरण; भेड़चाल।

अंधानुगामी (सं.) [सं-पु.] 1. अंधानुगमन करने वाला व्यक्ति 2. बिना विचार के कार्य करने वाला व्यक्ति।

अंधानुयायी (सं.) [वि.] 1. अंधानुकरण करने वाला 2. बिना सोचे-विचारे किसी का अनुसरण करने वाला 3. जड़; मूर्ख; अज्ञानी।

अंधानुरक्त (सं.) [वि.] 1. बिना विचार किए भक्ति करने वाला; अंधश्रद्धालु; अंधानुगामी 2. अंधविश्वासी; अज्ञानी 3. किसी से घोर अनुरक्ति या प्रेम करने वाला; अंधप्रेमी; दीवाना।

अंधानुरक्ति (सं.) [सं-स्त्री.] 1. विचारहीन होकर किया जाने वाला अनुराग या आसक्ति 2. अंधश्रद्धा; अंधविश्वास 3. ज्ञानहीन भक्ति 4. तर्कहीनता।

अंधानुसरण (सं.) [सं-पु.] आँख मूँदकर किसी की इच्छा या उसके कहने के मुताबिक किया जाने वाला काम; बिना सोचे-विचारे किसी की बात मानना।

अंधापन (सं.) [सं-पु.] 1. अंधा होने की अवस्था या भाव; नेत्रहीनता; दृष्टि का अभाव 2. {ला-अ.} अज्ञानता; मूर्खता।

अंधेर (सं.) [सं-पु.] 1. अँधेरा; अंधकार 2. अनीति; अन्याय; ज़्यादती; अशांति; नियम-व्यवस्था का अभाव। [मु.] **-करना** : अन्याय या बेईमानी करना। **-छाना** : अव्यवस्था फैलना; भ्रष्ट शासन होना। **-मचना** : अन्यायपूर्ण और भ्रष्ट शासन

होना। -**मचाना :** मनमाना व्यवहार करना; गड़बड़ी करना।

अंधेर नगरी [सं-स्त्री.] 1. ऐसा स्थान जहाँ भ्रष्टाचार और अव्यवस्था फैली हुई हो; धाँधली और बेईमानी का स्थान 2. शोषणकारी राज्य; अराजक राज्य; कुशासन 3. ऐसा राज्य जहाँ भ्रष्ट और मूर्ख नेताओं का शासन हो 4. भारतेंदु हरिश्चंद्र का मशहूर नाटक।

अंधेरखाता [सं-पु.] 1. गलत तरह से किया गया लेखा-जोखा 2. गड़बड़; अव्यवस्था; कुशासन 3. मनमाना आचरण।

अंधेरगर्दी [सं-स्त्री.] 1. मनमानी हरकतें; अराजकता; बेईमानी 2. बदइंतज़ामी; अव्यवस्था 3. अंधेरखाता।

अंध्र (सं.) [सं-पु.] 1. बहेलिया 2. एक प्राचीन श्रमिक जाति 3. मगध का एक राजवंश 4. दक्षिण भारत का एक प्रदेश; आँध्र।

अंपायर (अं.) [सं-पु.] मध्यस्थ; मैदान में खेल का संचालक या निर्णायक।

अंब (सं.) [सं-पु.] 1. आँख; नेत्र 2. जल 3. आम-फल; आम-वृक्ष 4. माता।

अंबठा [वि.] अमलोन; नमकीन।

अंबर[1] (सं.) [सं-पु.] 1. आकाश 2. शून्य 3. ओढ़नी; परिधान; वस्त्र 4. {ला-अ.} परिधि; घेरा।

अंबर[2] (अ.) [सं-पु.] ह्वेल मछली के मुख से निकलने वाला एक सुगंधित पदार्थ जो दवाओं के काम आता है।

अंबरचर (सं.) [वि.] आकाश में विचरण करने वाला; आकाश में उड़ने वाला; नभचर। [सं-पु.] 1. अंबर या आकाश में विचरण करने वाले जीव; खग; पक्षी; परिंदा 2. {ला-अ.} कल्पनाशील व्यक्ति।

अंबरचारी (सं.) [वि.] आकाश में उड़ने वाला। [सं-पु.] 1. पक्षी; चिड़िया 2. पतंग 3. आकाशीय ग्रह या उपग्रह।

अंबरपुष्प (सं.) [सं-पु.] 1. आकाश का फूल; आकाशकुसुम 2. {ला-अ.} असंभव काम या बात।

अंबरमणि (सं.) [सं-पु.] सूर्य; प्रभाकर।

अंबरसारी [सं-पु.] प्राचीन काल में घरों पर लगने वाला एक प्रकार का कर या टैक्स।

अंबरस्थली (सं.) [सं-स्त्री.] पृथ्वी; धरती।

अंबरांत (सं.) [सं-पु.] 1. वस्त्र का सिरा या किनारा 2. आकाश और पृथ्वी का संधिस्थल; क्षितिज।

अंबरीष (सं.) [सं-पु.] 1. आकाश का स्वामी अर्थात सूर्य 2. आँवला 3. (पुराण) अयोध्या के एक सूर्यवंशी राजा 4. मिट्टी का बरतन जिसमें दाना भूना जाता है; भाड़।

अंबष्ठ (सं.) [सं-पु.] 1. लाहौर और उसके आसपास अवस्थित एक प्राचीन जनपद और उसके निवासी 2. कायस्थों में एक कुलनाम या सरनेम 3. महावत।

अंबष्ठा (सं.) [सं-स्त्री.] 1. अंबष्ठ जाति की स्त्री 2. ब्राह्मी लता।

अंबा (सं.) [सं-स्त्री.] 1. माता 2. (महाभारत) काशी नरेश इंद्रद्युम्न की सबसे बड़ी कन्या 3. (पुराण) पार्वती; दुर्गा।

अंबापाली (सं.) [सं-स्त्री.] 1. आम के रस को धूप में सुखाकर बनाया गया पापड़ जैसा खाद्य; अमावट 2. अमरस।

अंबार (फ़ा.) [सं-पु.] किसी वस्तु या अनाज का ऊँचा ढेर; राशि; भंडार।

अंबारी (अ) [सं-स्त्री.] हाथी की पीठ पर बैठने का मंडपनुमा हौदा 2. मकान का मंडप की तरह का छज्जा।

अंबाला (सं.) [सं-स्त्री.] माता; जननी। [सं-पु.] हरियाणा राज्य का एक ज़िला व उसका मुख्यालय।

अंबालिका (सं.) [सं-स्त्री.] 1. माता 2. (महाभारत) काशी नरेश इंद्रद्युम्न की सबसे छोटी कन्या।

अंबिका (सं.) [सं-स्त्री.] 1. माता 2. (महाभारत) काशी नरेश इंद्रद्युम्न की मझली कन्या 3. पार्वती; दुर्गा।

अंबिकेय (सं.) [सं-पु.] 1. (महाभारत) अंबा का पुत्र अर्थात धृतराष्ट्र 2. कार्तिकेय; स्कंद।

अंबु (सं.) [सं-पु.]. 1. जल; नीर 2. रक्त में मौजूद जलीय तत्व 3. जन्म-कुंडली में चौथा स्थान 4. एक छंद।

अंबुज (सं.) [सं-पु.]. 1. जल में या जल से उत्पन्न होने वाले जीव 2. कमल; जलज 3. शंख; सीप 4. बेंत 5. कपूर 6. सारस पक्षी। [वि.] जल से उत्पन्न; जल का।

अंबुजा (सं.) [सं-स्त्री.] 1. जल में उत्पन्न होने वाली अर्थात कमलिनी 2. कुमुदनी 3. एक रागिनी 4. (पुराण) लक्ष्मी का एक नाम।

अंबुजाक्ष (सं.) [वि.] कमल के समान आँखोंवाला; कमलनयन।

अंबुद (सं.) [सं-पु.] 1. अंबु या जल देने वाला अर्थात बादल; मेघ 2. नागरमोथा नामक वनस्पति। [वि.] जल देने वाला।

अंबुधर (सं.) [सं-पु.]. 1. बादल; मेघ 2. वह जो जल धारण करता हो; जलधर। [वि.] जल धारण करने वाला।

अंबुधि (सं.) [सं-पु.] 1. समुद्र; सागर; जलधि 2. जल रखने का पात्र, जैसे- घड़ा, मटका आदि। [वि.] जिसमें जल हो।

अंबुनाथ (सं.) [सं-पु.] 1. (पुराण) जल का स्वामी; वरुण 2. (पुराण) वर्षा का स्वामी अर्थात इंद्र।

अंबुनिधि (सं.) [सं-पु.] 1. वह स्थान जहाँ अपार जल संचित हो 2. समुद्र; सागर।

अंबुप (सं.) [सं-पु.] 1. समुद्र 2. वरुण 3. चक्रमर्दक नामक पौधा। [वि.] पानी पीने वाला।

अंबुपति (सं.) [सं-पु.] 1. समुद्र; जलधि 2. वरुण।

अंबुरूह (सं.) [सं-पु.] 1. कमल 2. कुमुद।

अंबुवाह (सं.) [सं-पु.] बादल, अंबुवाही।

अंबुवाहिनी (सं.) [सं-स्त्री.] जल ढोने वाली स्त्री।

अंबुशायी (सं.) [सं-पु.] विष्णु; नारायण।

अंबोज (सं.) [सं-पु.] लाल रंग के कमल का फूल।

अंभ (सं.) [सं-पु.] 1. पानी; जल 2. सागर; समुद्र 3. पितर; पितृलोक।

अंभसार (सं.) [सं-पु.] मोती।

अंभोज (सं.) [सं-पु.] 1. कमल 2. कपूर 3. चंद्रमा 4. शंख 5. सारस। [वि.] जल में या जल से उत्पन्न होने वाला।

अंभोरूह (सं.) [सं-पु.] 1. कमल 2. सारस।

अंश (सं.) [सं-पु.] 1. भाग; खंड; हिस्सा; छोटा टुकड़ा; (पार्ट; पोर्शन) 2. वृत्त की परिधि का 360वाँ भाग 3. (अंकगणित) भिन्न की रेखा के ऊपर का अंक; भाज्य अंक 4. किसी कंपनी

के स्वामित्व में हिस्सा; (शेयर)।

अंशक (सं.) [सं-पु.] 1. खंड; भाग 2. स्कंध; कंधा 3. जिसके पास कंपनी आदि के अंश या शेयर हों; अंशधारी 4. दिन। [वि.] 1. बाँटने वाला; विभाजक 2. हिस्सा पाने वाला; हिस्सेदार।

अंशकालिक (सं.) [वि.] 1. पूरे समय के थोड़े से ही भाग से संबधित 2. ऐसी नौकरी जहाँ पूरे समय काम करने की बजाय थोड़े समय काम करने के लिए ही रखा जाता है 3. कुछ या थोड़े समय के लिए किया जानेवाला, जैसे- वह कॉलेज से छूटने के बाद अंशकालिक काम करता है; (पार्टटाइम)।

अंशतः (सं.) [क्रि.वि.] आंशिक रूप से; कुछ हद तक; कुछ अंश तक।

अंशदाता (सं.) [सं-पु.] 1. अंशदान करने वाला; सहयोगी; अंशदायी 2. जो औरों के साथ काम या ख़र्च में अपना भी हिस्सा देता है।

अंशदान (सं.) [सं-पु.] 1. किसी सार्वजनिक या सामूहिक कोष या निधि में नियमित रूप से दिया जाने वाला आर्थिक सहयोग या दान 2. आपदा आदि के समय या किसी अन्य राष्ट्रीय कार्य में व्यक्ति द्वारा दिया जाने वाला धन 3. सहकर्म; योगदान 4. दान दी जाने वाली राशि; अवदान; दत्तांश; चंदा।

अंशदेय (सं.) [सं-पु.] 1. किसी कोष आदि में दिया जाने वाला दान; चंदा; अंशदान 2. नियमित अवधि में जमा की जाने वाली धनराशि; सावधिक देय।

अंशधर (सं.) [सं-पु.] 1. बराबर का अंश या भाग देने वाला; हिस्सेदार; साझेदार 2. कंपनी आदि के कुछ अंशों को ख़रीदने वाला अंशधारी; (शेयरहोल्डर)।

अंशधारक (सं.) [सं-पु.] किसी कंपनी या कारोबार में लगी पूँजी के कुछ हिस्से या अंश का स्वामी; साझेदार; अंशधारी।

अंशधारी (सं.) [सं-पु.] किसी कंपनी या कारोबार में लगी पूँजी के कुछ हिस्से या अंश का स्वामी; साझेदार; अंशधारक; शेयरधारक।

अंशन (सं.) [सं-पु.] 1. अंश या भाग में विभाजित करना; विभाजन 2. पूर्ण संख्या या इकाई को टुकड़ों या खंडों में विभाजित करना। 3. अंशों को चिह्नित करना।

अंशपत्र (सं.) [सं-पु.] वह पत्र जिसमें कंपनी के शेयरधारकों के व्यक्तिगत हिस्से का ब्योरा हो; शेयरपत्र।

अंशभागी (सं.) [वि.] 1. अंश या हिस्सा पाने वाला 2. साझेदार।

अंशमात्र (सं.) [वि.] छोटा हिस्सा भर; लेशमात्र।

अंशमापन (सं.) [सं-पु.] किसी चीज़ या यंत्र के अंशों को मापने की क्रिया या भाव।

अंशशोधन (सं.) [सं-पु.] (भौतिकविज्ञान) किसी यंत्र के पाठ्य या सूचक अंकों की प्रामाणिकता एवं शुद्धता की जाँच तथा उसमें किया जाने वाला शोधन; (कैलिब्रेशन)।

अंशांक (सं.) [सं-पु.] (गणित) किसी मान के विभिन्न अंशों की सूचक संख्याओं में से कोई एक; (डिग्री)।

अंशांकन (सं.) [सं-पु.] थर्मामीटर जैसे किसी उपकरण पर अंकित मापन-इकाइयाँ।

अंशांकित (सं.) [वि.] 1. जिसका अंशांकन हुआ हो 2. क्रम से अंकित किया हुआ; क्रम से लगाया हुआ 3. जिसपर मापने के लिए चिह्न बने हों।

अंशांश (सं.) [सं-पु.] 1. अंश का अंश 2. जो किसी अंश का अंग या भाग हो।

अंशापन (सं.) [सं-पु.] 1. किसी वस्तु के अंशों का वितरण करना या बाँटना 2. किसी वस्तु के आवश्यकतानुसार अलग-अलग अंश या विभाग करना; अंशों का विभाजन करना, (अपॉर्शनमेंट)।

अंशावतार (सं.) [सं-पु.] (पुराण) वह अवतार जिसमें ईश्वर या देवता विशेष की कला पूर्णतः अवतरित न हुई हो।

अंशिका (सं.) [सं-स्त्री.] 1. अंश रूप में दी हुई राशि 2. एक बँधी हुई नियमित राशि।

अंशित (सं.) [वि.] 1. जो अंशों में विभाजित हो; खंड-खंड 2. जो अनेक भागों में हो 3. चिह्नित किया हुआ।

अंशी (सं.) [वि.] 1. भागीदार; हिस्सेदार 2. कई अंशों या अवयवों वाला; अवयवी 3. किसी व्यापारिक संस्था या निगम आदि की संपत्ति का साझेदार; शेयरधारक।

अंशीय (सं.) [वि.] अंश अर्थात हिस्से से संबद्ध; अंश से संबंधित; आंशिक।

अंशु (सं.) [सं-पु.] 1. किरण; रश्मि; प्रभा 2. सूर्य की किरण; धूप 3. सूत; डोरा 4. बहुत छोटा भाग या अंश; सूक्ष्मांश 5. छोर; सिरा 6. चमक 7. नोक।

अंशुक (सं.) [सं-पु.] 1. वस्त्र; कपड़ा 2. दुपट्टा; उत्तरीय 3. चादर; ओढ़नी 4. रेशमी और महीन सफ़ेद कपड़ा 5. मंद प्रकाश।

अंशुधर (सं.) [सं-पु.] सूर्य; अंशुपति; अंशुमान।

अंशुनाभि (सं.) [सं-स्त्री.] वह बिंदु जिसपर किरणें एकत्र होकर मिलें।

अंशुपति (सं.) [सं-पु.] सूर्य, अंशुमान।

अंशुमान (सं.) [सं-पु.] 1. चंद्रमा 2. सूर्य। [वि.] 1. अंशु या किरणों से युक्त; प्रभावान 3. तंतुमय; रोएँदार 4. नोकदार।

अंशुमाला (सं.) [सं-स्त्री.] 1. सूर्य की किरणों का समूह 2. सूर्य और चंद्रमा के चारों ओर का वलय या घेरा 3. सूर्यमंडल; चंद्रमंडल।

अंशुमाली (सं.) [सं-पु.] सूर्य; रवि; दिनकर।

अंशुल (सं.) [वि.] जिससे किरणें निकलती हों; प्रभायुक्त; चमकदार। [सं-पु.] चाणक्य का एक नाम।

अंस (सं.) [सं-पु.] 1. घोड़ा 2. कंध; कंधा; स्कंध।

अंसकूट (सं.) [सं-पु.] बैलों या ऊँट के कंधों का कूबड़।

अंसल (सं.) [वि.] 1. हृष्टपुष्ट, तगड़ा 2. मज़बूत कंधोंवाला 3. कंधे से संबंधित।

अंसार (अ.) [सं-पु.] 1. सहायक, मददगार 2. इस्लामिक मान्यता के अनुसार वे मदीनावासी जिन्होंने हज़रत मुहम्मद और उनके साथियों की सहायता की थी।

अंसारी (अ.) [वि.] 1. हज़रत मुहम्मद के सहायक अंसारों के वंशज 2. मुसलमानों में एक प्रकार का कुलनाम या सरनेम।

अइल [सं-पु.] 1. मुँह 2. छेद 3. चूल्हे का मुँह या छेद; अइला।

अइला [सं-पु.] चूल्हे का मुँह या छेद।

अकंटक (सं.) [वि.] 1. बिना काँटे का, निर्विघ्न 2. {ला-अ.} शत्रुरहित 3. {ला-अ.} जिसमें बाधा न हो।

अकंप (सं.) [वि.] जो काँपता न हो; कंपन रहित; ठहरा हुआ; स्थिर।

अकंपन (सं.) [सं-पु.] 1. कंपन का अभाव; स्थिरता 2. दृढ़ता। [वि.] 1. दृढ़; कठोर 2. कंप रहित।

अकंपित (सं.) [वि.] जो काँपता न हो; कंपनहीन; स्थिर।

अकंप्य (सं.) [वि.] 1. जिसे कंपित करना कठिन हो; जो कँपाया न जा सके 2. दृढ़; स्थिर; अटल।

अकड़ [सं-स्त्री.] 1. अकड़ने की क्रिया या भाव; ऐंठ; तनाव 2. घमंड; अहंकार; दर्प; हेकड़ी 3. ठंड आदि के कारण अंगों में होने वाली अकड़ाहट; कड़ापन; तनाव 4. स्वाभिमान; गर्व 5. ज़िद; हठ; ढिठाई 6. हिमाकत। [मु.] **-जाना** : ज़िद या हठ पर अड़ जाना; सूखकर कड़ा हो जाना। **-दिखाना** : अभिमान प्रदर्शित करना।

अकड़-फ़ों [सं-स्त्री.] गर्व से भरी चाल; अकड़ जताने वाली चेष्टा या भाव-भंगिमा; हेकड़ी; गरूर।

अकड़न [सं-स्त्री.] 1. शरीर या अंगों में होने वाली अकड़; अकड़ाहट; ऐंठन 2. अड़ियलपन; ढिठाई।

अकड़ना [क्रि-अ.] 1. ऐंठना; तनना; तन कर चलना 2. गरूर में रहना; घमंड करना 3. धृष्टता करना 4. सूख कर कड़ा होना 5. सरदी आदि के कारण ठिठुरना।

अकड़बाज़ [वि.] 1. अकड़ कर चलने वाला; घमंडी; मगरूर; हेकड़ीबाज़; अकड़ू 2. अहंकारी; दंभी; अड़ियल।

अकड़बाज़ी [सं-स्त्री.] बात-बात में अकड़ दिखाने की क्रिया या भाव; मगरूरियत, हेकड़ीबाज़ी; अकड़; ऐंठ; अड़ियलपन; दंभ।

अकड़ा [सं-पु.] 1. चौपायों का एक छूत वाला रोग 2. देह का अकड़ जाना 3. अकड़ से भरा; ऐंठ भरा।

अकड़ाव [सं-पु.] 1. अकड़ने की क्रिया या भाव; अकड़ाहट 2. खिंचाव; तनाव; ऐंठन।

अकड़ू [वि.] अकड़ने वाला; हेकड़ीबाज़; अकड़बाज़; अकड़ैत।

अकथ (सं.) [वि.] 1. जो कहने योग्य न हो 2. जो कहा न जा सके; अकथनीय 3. जो कहा न गया हो।

अकथनीय (सं.) [वि.] 1. अकथ्य; अकथ; जो कहने योग्य न हो; गोपनीय 2. जिसकी अभिव्यंजना न हो सकती हो; अवर्णनीय; अद्भुत।

अकथित (सं.) [वि.] 1. जिसे कहा न गया हो; जिसकी अभिव्यक्ति न हुई हो; अनुच्चरित 2. गुप्त; छुपा हुआ।

अकथ्य (सं.) [वि.] 1. जो कहा न जा सकता हो; जो कहने लायक न हो; अकथ; अकथनीय 2. कहने की सामर्थ्य के बाहर; वर्णनातीत।

अकधक [सं-पु.] 1. डर; भय 2. सोच-विचार; असमंजस; दुविधा 3. खटका; आशंका।

अकबक [सं-पु.] 1. बकवास; अंडबंड या निरर्थक बात; अनर्गल प्रलाप 2. चिंता; घबराहट। [वि.] चकित; निस्तब्ध।

अकबकाना [क्रि-अ.] 1. अंडबंड बातें करना; प्रलाप करना 2. भरमाना, सकपकाना।

अकबर (अ.) [वि.] महान; बहुत बड़ा; श्रेष्ठ। [सं-पु.] प्रसिद्ध मुगल सम्राट जलालुद्दीन मुहम्मद अकबर (1542-1605 ई.) जिसने भारत में विशाल साम्राज्य स्थापित किया था।

अकबरी (फ़ा.) [सं-स्त्री.] 1. एक प्रकार की फलाहारी मिठाई 2. एक प्रकार की नक्काशी जो प्रायः लकड़ियों पर की जाती है। [वि.] अकबर या उसके साम्राज्य से संबंधित; अकबर का।

अकरकरा (सं.) [सं-पु.] उत्तरी अफ़्रीका में पाया जाने वाला एक पौधा जिसकी जड़ दवा के काम आती है; आकरकरहा।

अकरणीय (सं.) [वि.] 1. जो करने योग्य न हो; अकृत्य 2. अविधेय; अनुचित; अनैतिक।

अकरी [सं-स्त्री.] 1. एक प्रकार का पौधा 2. महँगी (वस्तु); जिसे ख़रीदना कठिन हो 3. हल में लगाया जाने वाला पोले बाँस का टुकड़ा जिसमें कीप लगाकर गेहूँ, जौ आदि बोते हैं।

अकरुण (सं.) [वि.] जिसमें करुणा न हो; निर्दयी; कठोर स्वभाव का; निर्मम; निष्ठुर।

अकर्ण (सं.) [वि.] 1. जिसके कान न हों; बहरा 2. जिसके कान काफ़ी छोटे हों 3. (नाव) जिसमें पतवार न हो। [सं-पु.] सर्प; साँप।

अकर्तव्य (सं.) [वि.] जो करने योग्य न हो; अनुचित; अकरणीय। [सं-पु.] अनुचित काम; जिस काम को करना उचित न हो।

अकर्ता (सं.) [वि.] 1. जो कुछ काम न करता हो 2. जो किसी काम में लगा न हो; सब कर्मों से अलग; निर्लिप्त 3. प्रयासहीन। [सं-पु.] 1. कर्मों से निर्लिप्त व्यक्ति 2. परमपुरुष; ईश्वर।

अकर्तृक (सं.) [वि.] 1. जिसका कोई करने वाला न हो 2. जिसका रचयिता न हो; अपौरुषेय।

अकर्म (सं.) [सं-पु.] 1. कर्म का अभाव; अकरण; कर्महीनता; निष्क्रियता 2. बुरा कर्म; न करने लायक काम।

अकर्मक (सं.) [वि.] 1. बिना कर्म का 2. जिसके लिए कर्म की अपेक्षा न हो 3. (ऐसी क्रिया) जिसे किसी कर्म की अपेक्षा न हो।

अकर्मकता (सं.) [सं-स्त्री.] क्रियापद के अकर्मक होने की अवस्था या भाव।

अकर्मण्य (सं.) [वि.] 1. आलसी; निठल्ला; निकम्मा; कामचोर 2. प्रयासहीन; प्रारब्धवादी; भाग्यवादी।

अकर्मण्यता (सं.) [सं-स्त्री.] 1. अकर्मण्य होने की स्थिति या भाव 2. निकम्मापन; निठल्लापन; आलस 3. निरुत्साह।

अकर्मी (सं.) [वि.] 1. काम न करने वाला; काम से जी चुराने वाला 2. बुरा कर्म करने वाला; पापी; दुष्कर्मी 3. अपराधी; दोषी।

अकल (सं.) [वि.] 1. जिसमें कल (अंग या अवयव) न हों; अवयवरहित; अंशरहित 2. जो कलाओं या भागों में विभक्त न हो; पूर्ण; अखंड 3. जिसकी गणना संभव न हो।

अकलंक (सं.) [वि.] 1. कलंक रहित; बेदाग; निर्दोष; निष्कलंक

2. निर्मल; शुद्ध।

अकलखुरा (सं.+फ़ा.) [वि.] 1. अकेला खाने वाला; मतलबी; स्वार्थी 2. सबसे अलग-थलग रहने वाला।

अकलदाढ़ (अ.+सं.) [सं-स्त्री.] 1. युवावस्था में दंतावली के दोनों सिरों पर निकलने वाले दाँत 2. लोकमान्यता के अनुसार अकलदाढ़ को अक्ल या समझदारी आने का सूचक माना जाता है।

अकलबीर [सं-पु.] एक पौधा जिसकी जड़ रेशम पर रंग चढ़ाने के काम आती है।

अकलित (सं.) [वि.] 1. नाम मात्र का 2. जिसकी गणना ही न हुई हो।

अकलुष (सं.) [वि.] जिसमें कोई कलुषता या दोष न हो; निर्मल हृदय; स्वच्छ; मलहीन; निर्दोष; निष्पाप।

अकल्प (सं.) [वि.] 1. जिसकी तुलना न हो सके; अतुलनीय 2. अनियंत्रित; असंयत 3. कमज़ोर; दुर्बल; अक्षम।

अकल्पनीय (सं.) [वि.] 1. जिसकी कल्पना न की जा सके; कल्पनातीत 2. असंभव 3. चमत्कारपूर्ण; आश्चर्यजनक।

अकल्पित (सं.) [वि.] 1. जिसकी कल्पना भी न की गई हो; जिसके बारे में सोचा तक न गया हो; अविचारित 2. जो कल्पित न होकर यथार्थ हो, वास्तविक।

अकल्मष (सं.) [वि.] 1. निर्दोष 2. शुद्ध 3. निष्कलंक; बेदाग़ 3. परिपूर्ण।

अकल्याण (सं.) [सं-पु.] 1. वह जो संकट में डालता हो; अहित; अमंगल 2. अनर्थ; अनिष्ट 3. अशुभ; अभद्र।

अकल्याणकारी (सं.) [वि.] 1. जिससे हानि या कष्ट की संभावना हो; अमंगलकारी; अनिष्टकारी 2. दुर्भाग्यप्रद।

अकवार (सं.) [सं-पु.] 1. गोद; अंक 2. छाती; वक्ष स्थल 3. आलिंगन।

अकविता (सं.) [सं-स्त्री.] पूर्व साहित्यिक मानकों को अस्वीकार कर चलने वाली नए रूप-प्रारूप की हिंदी कविता जो 'नई कविता' के बाद शुरू हुई।

अकशेरुकी (सं.) [सं-पु.] बिना रीढ़ वाले जंतु; प्राणी जिसमें मेरुदंड न हो, जैसे- घोंघा आदि।

अकस (सं.) [सं-पु.] 1. मन में होने वाला दुर्भाव या वैर; मनमुटाव 2. शत्रुता; द्वेष 3. अकड़; ऐंठ।

अकसर (फ़ा.) [क्रि.वि.] प्रायः; अधिकतर; बहुधा; अमूमन; बारंबार।

अकसीर (अ.) [सं-स्त्री.] 1. साधारण धातु से सोना बनाने वाला रसायन; कीमिया 2. रोग-विशेष के लिए अचूक औषधि। [वि.] बहुत गुणकारी; अचूक।

अकस्मात (सं.) [क्रि.वि.] 1. अचानक; एकदम से; एकाएक; औचक; सहसा 2. संयोगवश।

अक़हानी [सं-स्त्री.] हिंदी में नई कहानी के बाद का एक कथा-आंदोलन या कहानी की धारा जिसमें कहानी के प्रचलित ढाँचे या पारंपरिक तत्वों का निषेध किया गया।

अकांड (सं.) [वि.] 1. बिना शाखा या तने का; शाखारहित (वृक्ष) 2. अचानक या असमय होने वाला; आकस्मिक 3. अनपेक्षित। [क्रि-वि.] अकस्मात; अचानक; अकारण ही; सहसा।

अकाउंट (अं.) [सं-पु.] 1. जमा खाता; बैंक खाता; लेखा 2. हिसाब-किताब; लेखा-जोखा। [क्रि-स.] 1. महत्व बताना 2. वजह बताना; कारण स्पष्ट करना 3. व्याख्या करना; वृतांत करना; विवरण करना।

अकाउंटेंट (अं.) [सं-पु.] लेखाकार; लेखापाल; हिसाब रखने वाला; मुनीम।

अकाज (सं.) [सं-पु.] 1. कार्य का न होना; कार्य की हानि 2. हर्ज; नुकसान 2. विघ्न 3. गलत काम। [क्रि.वि.] बेकार ही; बेवजह; निष्प्रयोजन।

अकाजी (सं.) [वि.] 1. अकाज करने वाला; जिसकी वजह से किसी काम का नुकसान हो जाए 2. निकम्मा; बिना काम-काज का।

अकाट्य [वि.] 1. जो काटा न जा सके; जिसकी कोई काट न हो 2. अत्यंत दृढ़; मज़बूत; कठोर 3. (तर्क, विचार, बात आदि) जिसका तर्क या तथ्य से खंडन न किया जा सके; अखंडनीय; अटूट।

अकादमिक [वि.] 1. शिक्षा संबंधी; उच्च शैक्षिक; विद्यालयीन 2. अकादमी से संबंधित; विद्यापीठीय 3. पुस्तकीय 4. विद्वतापूर्ण; प्राध्यापकीय 5. कोरा सैद्धांतिक; शास्त्रीय; जिसमें व्यावहारिकता न हो।

अकादमी [सं-स्त्री.] 1. ज्ञान-विज्ञान की उच्च शैक्षणिक संस्था, जैसे- विश्वविद्यालय; महाविद्यालय; गुरुकुल 2. किसी विषय विशेष के अध्ययन-अध्यापन का विद्यापीठ 3. साहित्य, कला, विज्ञान आदि की उन्नति के लिए गठित कोई संस्था या परिषद; (अकैडमी)।

अकाम (सं.) [वि.] 1. निष्काम; कामनारहित 2. अनिच्छुक; इच्छाशून्य 3. उदासीन। [क्रि.वि.] बिना काम के; बेमतलब; निष्प्रयोजन; बेकार ही। [सं-पु.] अनुचित काम।

अकाय (सं.) [वि.] 1. जो बिना शरीर या काया के हो; कायारहित; देहरहित 2. आकार और रूप से रहित; निराकार 3. शरीर धारण न करने वाला; अजन्मा। [सं-पु.] परमात्मा।

अकार (सं.) [सं-पु.] 1. 'अ' स्वर वर्ण 2. 'अ' की उच्चारण ध्वनि।

अकारज (सं.) [सं-पु.] कार्य की हानि; काम का नुकसान।

अकारण (सं.) [क्रि.वि.] बिना कारण के; बेमतलब; यूँ ही। [वि.] 1. जिसका कोई कारण न हो 2. जिसका कोई प्रयोजन न हो; निष्प्रयोजन; निरुद्देश्य।

अकारथ (सं.) [वि.] 1. व्यर्थ; बेकार; निष्फल; निरर्थक; जिसमें लाभ न हो 2. अनुपयोगी। [क्रि.वि.] व्यर्थ ही; बेकार; यों ही। [मु.] **-होना** : व्यर्थ होना।

अकारांत (सं.) [वि.] (शब्द या पद) जिसके अंत में 'अ' वर्ण हो, जैसे- कल, जन, वश आदि।

अकारादि (सं.) [वि.] (शब्द या पद) जो 'अ' वर्ण से शुरू होते हों, जैसे- अनुपम, अविराम, अनुराग आदि 2. (क्रम) जो अ, आ, इ, ई इत्यादि वर्णों के अनुसार हों;

(ऐल्फ़ाबेटिकल)।

अकारादि क्रम (सं.) [सं-पु.] देवनागरी वर्णमाला के अनुसार आरंभ होने वाला शब्दों का क्रम।

अकार्बनिक [वि.] जिसमें कार्बन तत्व न हो; (इनऑर्गैनिक)।

अकार्य (सं.) [सं-पु.] 1. बुरा या अनुचित कार्य 2. अपराध; दुष्कर्म। [वि.] न करने योग्य; अकर्म; अनुचित।

अकार्यकारी (सं.) [वि.] 1. कर्तव्य का पालन न करने वाला 2. बुरा काम करने वाला 3. अनधिकृत कार्य करने वाला।

अकाल (सं.) [सं-पु.] 1. ऐसा समय जब अनाज आदि की कमी के कारण लोग भूखों मरने लगें; बुरा समय; दुष्काल; दुर्भिक्ष 2. सूखा पड़ना; अनावृष्टि 3. कुअवसर, असमय 4. काल के परे 5. {ला-अ.} किसी वस्तु की भारी कमी। [वि.] 1. जिसका समय नहीं हुआ हो; असामयिक, जैसे-अकाल मृत्यु 2. जिसकी मृत्यु न होती हो 3. जिसपर काल का प्रभाव न पड़ता हो; कालातीत। [मु.] **-पड़ना** : कमी हो जाना; दुर्लभ होना।

अकालकुसुम (सं.) [सं-पु.] 1. किसी वृक्ष या पौधे पर नियत समय से पहले या बाद में आया हुआ फूल; बेमौसम का फूल 2. {ला-अ.} बेमौसम की चीज़।

अकालपक्व (सं.) [वि.] 1. समय से पहले या बाद में पकने वाला 2. बिना मौसम के पकने वाला (फल, अनाज आदि)।

अकालपीड़ित (सं.) [वि.] 1. जो अकाल से त्रस्त या पीड़ित हो; अकालग्रस्त 2. अकाल से नुकसान उठाने वाला।

अकालपुरुष (सं.) [सं-पु.] 1. परमेश्वर; परम ब्रह्म; ईश्वर 2. कालातीत पुरुष 3. सिख धर्म में स्मरण किया जाने वाला एक नाम।

अकालमृत्यु (सं.) [सं-स्त्री.] 1. दुर्घटना या बीमारी आदि में होने वाली असामयिक मौत 2. उम्र से पहले होने वाली मृत्यु।

अकालवृद्ध (सं.) [वि.] 1. समय से पहले बूढ़ा हो जाने वाला 2. कम आयु में ही वृद्धों जैसा व्यवहार करने वाला।

अकालवृष्टि (सं.) [सं-स्त्री.] नियत समय से पहले या बाद में होने वाली वर्षा; बेमौसम की वर्षा।

अकालिक (सं.) [वि.] 1. जो समय के अनुसार न हो; असामयिक 2. जो अवसर के अनुरूप न हो।

अकाली (सं.) [सं-पु.] 1. केशधारी सिखों का एक धार्मिक संप्रदाय 2. उक्त संप्रदाय का सदस्य।

अकालोत्पन्न (सं.) [वि.] 1. जो समय से पहले पैदा हुआ हो; असमय जन्मा; अकालजात 2. अर्धविकसित।

अकासी (सं.) [सं-स्त्री.] 1. चील नामक पक्षी 2. ताड़ का रस; ताड़ी; नीरा। [वि.] 1. आकाश संबंधी 2. आकाश मे रहने या उड़ने वाला।

अकिंचन (सं.) [वि.] 1. अतिनिर्धन; दरिद्र; कंगाल; दिवालिया 2. अपरिग्रही 3. नगण्य; मामूली; महत्वहीन 4. परावलंबी 5. गुमनाम। [सं-पु.] 1. अत्यंत दरिद्र व्यक्ति; महत्वहीन व्यक्ति 2. अपरिग्रही व्यक्ति 3. भिखारी।

अकिंचनता (सं.) [सं-स्त्री.] 1. निर्धनता; परम दरिद्रता; दिवाला 2. परिग्रह का त्याग 3. नगण्यता; महत्वहीनता 4. गुमनामी 5. दीनता।

अकिंचनवाद (सं.) [सं-पु.] वह वाद या मामला जिसमें वादी अपने को दिवालिया घोषित करे और सरकार से वाद चलाने तक का ख़र्च माँगे।

अकिंचित (सं.) [वि.] 1. जिसकी कोई गिनती न हो; नगण्य 2. तुच्छ, दरिद्र।

अकिंचित्कर (सं.) [वि.] 1. जो किसी कार्य के लायक न हो 2. निरर्थक; बेकार; तुच्छ 3. जिसका कोई परिणाम या प्रभाव न हो।

अकीक (अ.) [सं-पु.] एक कीमती पत्थर जो लाल या श्वेताभ पीला होता है और जिसमें औषधीय गुण भी होते हैं; गोमेद।

अकीदत (अ.) [सं-स्त्री.] 1. सम्मान; श्रद्धा; आस्था 2. पूजा 3. निष्ठा; भरोसा; विश्वास।

अकीदतमंद (अ.) [वि.] 1. पूजा-पाठ करने वाला 2. श्रद्धालु 3. सेवाभावी।

अकीदा (अ.) [सं-पु.] 1. विश्वास; श्रद्धा 2. धार्मिक विश्वास।

अकीर्ति (सं.) [सं-स्त्री.] 1. बदनामी; अपयश 2. गुमनामी।

अकीर्तिकर (सं.) [वि.] 1. अपयश देने वाला; बदनामी कराने वाला 2. निंदनीय 3. प्रतिष्ठा ख़तम करने वाला।

अकील (अ.) [वि.] 1. बुद्धिमान; मेधावी; अक्लमंद 2. श्रेष्ठतम।

अकुंचनीय (सं.) [वि.] जो सिकुड़ता न हो; जो संकुचित न होता हो।

अकुतोभय (सं.) [वि.] जिसे किसी से अथवा कहीं भय न हो; निर्भय; निडर।

अकुत्सित (सं.) [वि.] 1. जो कुत्सित या विकृत न हो 2. निर्मल 3. अनिंदनीय; जो बुरा न हो।

अकुप्य (सं.) [सं-पु.] 1. अच्छी धातु 2. सोना-चाँदी।

अकुलाना [क्रि-अ.] 1. परेशान होना; आकुल होना; बेचैन होना; विह्वल होना 2. घबड़ाना; डरना; काँपना।

अकुलाहट [सं-स्त्री.] 1. अधीरता; व्याकुलता; बेचैनी 2. घबराहट 3. व्यग्रता; छटपटाहट।

अकुशल (सं.) [वि.] 1. जो किसी काम में कुशल न हो; अनाड़ी; काम में कच्चा; अप्रशिक्षित; नौसिखिया; अनुभवहीन; (अनस्किल्ड) 2. जहाँ कुशल-मंगल न हो; संकटग्रस्त। [सं-पु.] संकट, अनिष्ट; अहित।

अकुशलता (सं.) [सं-स्त्री.] 1. अकुशल होने की अवस्था या भाव; दुख; विपत्ति 2. अनिपुणता; अनाड़ीपन।

अकूट (सं.) [वि.] 1. जिसमें कपट न हो; जो धोखा न दे; छलरहित 2. अचूक; अमोघ 3. जो खोटा न हो (सिक्का) 4. खरा; शुद्ध; सच्चा; (जेनुइन) 5. जो अच्छी नस्ल का हो 6. प्रामाणिक; वास्तविक।

अकूत [वि.] जिसका आकलन करना मुश्किल हो; अगणनीय; अपरिमित; अथाह; अत्यधिक; अपार; अनुमान से परे।

अकूपार (सं.) [वि.] 1. जिसका परिणाम अच्छा हो 2. अपार; असीम। [सं-पु.] 1. समुद्र 2. कछुआ 3. (पुराण) पृथ्वी का भार वहन करने वाला महाकच्छप 4. बड़ी और भारी चट्टान; पत्थर।

अकूल (सं.) [वि.] 1. जिसका कोई कूल या किनारा न हो; तटहीन; जिसका कोई ओर-छोर न हो 2. जिसकी कोई सीमा या अंत न हो; अनंत; असीम।

अकूहल [वि.] बहुत अधिक; असंख्य; अत्यधिक; अगणित।

अकृच्छ (सं.) [सं-पु.] आसानी; सुगमता; सरलता। [वि.] 1. दुख का अभाव; क्लेशरहित 2. आसान; सरल; सुगम; सहज।

अकृत (सं.) [वि.] 1. न किया हुआ 2. जो ठीक से संपन्न न हुआ हो; आधा-अधूरा; अविकसित 3. किए हुए का बिगड़ा रूप 4. जिसे किसी ने बनाया न हो; अकृत्रिम; प्राकृतिक 5. जिसने कभी कुछ सार्थक न किया हो 6. निरस्त; मंसूख; रद्द। [सं-पु.] अधूरा काम; न किया हुआ काम।

अकृतज्ञ (सं.) [वि.] जो आभार न मानता हो; किए हुए उपकार को न मानने वाला; कृतघ्न; अहसानफ़रामोश।

अकृतात्मा (सं.) [वि.] 1. अज्ञानी 2. असंस्कृत 3. ऐसा साधक जिसे अभी ईश्वर के अस्तित्व की अनुभूति न हुई हो।

अकृतार्थ (सं.) [वि.] जो कृतार्थ न हुआ हो; जिसका मनोरथ सफल न हुआ हो; विफल; असफल।

अकृती (सं.) [वि.] 1. काम न करने योग्य; निकम्मा; अकर्मण्य; प्रयासहीन 2. अकुशल; अनाड़ी 3. असफल।

अकृत्त (सं.) [वि.] 1. जो कटा न हो 2. जिसकी काट-छाँट या कतर-ब्योंत न हुई हो।

अकृत्य (सं.) [वि.] जो करने योग्य न हो; अकरणीय। [सं-पु.] अपराध; दुष्कर्म।

अकृत्यकारी (सं.) [वि.] दुष्कर्म करने वाला; कुकर्मी; अपराधी; (क्रिमिनल)।

अकृत्रिम (सं.) [वि.] स्वाभाविक; प्राकृतिक; जो बनावटी न हो; असली; सच्चा; वास्तविक; मौलिक।

अकृत्स्न (सं.) [वि.] जो पूरा न हुआ हो; अधूरा; अपूर्ण।

अकृपण (सं.) [वि.] जो कृपण अथवा कंजूस न हो; ख़र्च करने वाला; उदार; दानशील।

अकृपा (सं.) [सं-स्त्री.] 1. अनुग्रह या कृपा का न होना 2. नाराज़गी 3. क्रोध।

अकृषिक (सं.) [वि.] जो कृषि से संबंध न रखता हो; कृषीतर (नॉन-ऐग्रिकल्चरल)।

अकृषित (सं.) [वि.] 1. जो जोता-बोया न गया हो; (खेत); अनजुता; (अन-कल्टिवेटेड) 2. वन्य; प्रकृति प्रदत्त।

अकृष्ट (सं.) [वि.] 1. जिसमें जुताई न हुई हो; अनजुता; अकृषित (अनाज) 2. प्रकृत; वन्य।

अकृष्ण (सं.) [वि.] 1. जो काला न हो 2. उजला; उज्ज्वल 3. शुद्ध; निर्मल।

अकेतन (सं.) [वि.] 1. जिसका घर न हो; बेघर; अनिकेतन 2. ख़ानाबदोश; यायावर।

अकेतु (सं.) [वि.] 1. आकृति रहित 2. जिसकी पहचान न हो सके।

अकेला (सं.) [वि.] 1. एकाकी; जो किसी के साथ न हो; जिसके साथ कोई न हो 2. केवल एक; एकमात्र; जिसकी तरह का कोई दूसरा न हो; अद्वितीय 3. अविवाहित 4. विधुर 5. जिसे किसी का सहयोग प्राप्त न हो 6. परित्यक्त 7. पृथक 8. बेजोड़; अनोखा। [सं-पु.] एकांत या निर्जन स्थान।

अकेलापन (सं.) [सं-पु.] 1. अकेला होने की स्थिति या भाव; एकाकीपन 2. एकांत 3. वैयक्तिकता।

अकैया (सं.) [सं-पु.] सामान ढोने या लादने का थैला; झोला।

अकोट (सं.) [सं-पु.] 1. सुपारी फल 2. सुपारी का पेड़। [वि.] 1. अनगणित; करोड़ों 2. बहुत अधिक।

अकोविद (सं.) [वि.] 1. जो कोविद अर्थात विद्वान न हो; जो अक्लमंद न हो 2. अज्ञानी; अनाड़ी 3. बेवक़ूफ़; मूर्ख 4. अनुभवहीन।

अकौआ [सं-पु.] 1. आक का पौधा; मदार 2. गले के अंदर की घंटी; काकल।

अकौटिल्य (सं.) [वि.] जो कुटिल अर्थात टेढ़ा न हो; कुटिलता-रहित; सरलता।

अक्का [सं-स्त्री.] माता; माँ; जननी।

अक्कास (अ.) [सं-पु.] अक्स उतारने वाला; चित्रकार; (फ़ोटोग्राफ़र)।

अक्कासी (अ.) [सं-स्त्री.] अक्स उतारने की कला या पेशा; चित्रांकन; (फ़ोटोग्राफ़ी)।

अक्खड़ [वि.] 1. कठोर स्वभाववाला 2. कटुभाषी; कलहप्रिय; धृष्ट; लड़ाका 3. अपनी बात पर अड़ा रहने वाला; मूर्ख; जड़ 4. अशिष्ट; उद्धत; उजड्ड 5. दो टूक कहने वाला; स्पष्टवादी, निडर; निर्भय।

अक्खड़पन [सं-पु.] 1. अक्खड़ होने की अवस्था या भाव 2. मूर्खता; उजड्डपन 3. विनम्रता का अभाव 4. धृष्टता 5. स्पष्टवादिता; निडरता।

अक्त (सं.) [वि.] 1. अंजन से युक्त (आँखोंवाला) 2. सामासिक पद में प्रयुक्त होकर युक्त, सहित आदि अर्थ देता है, जैसे- विषाक्त 3. जो किसी से मिला हो; जो किसी के साथ लगा हो 4. लिप्त; छिपा हुआ 5. व्याप्त 5. पोता या रँगा हुआ।

अक्रम (सं.) [वि.] 1. बिना क्रम का; जो क्रम में न रखा गया हो; अव्यवस्थित 2. गतिहीन; निश्चल। [सं-पु.] 1. अव्यवस्था 2. क्रमहीनता 3. गतिहीनता।

अक्रमातिशयोक्ति (सं.) [सं-स्त्री.] (काव्यशास्त्र) अतिशयोक्ति अलंकार का एक भेद जिसमें कार्य और कारण का एक साथ होना दर्शाया जाता है अर्थात कार्य के आरंभ होते ही कार्य के पूरे होने का उल्लेख होता है।

अक्रमिक (सं.) [वि.] जो क्रम से न हो; क्रमहीन; अव्यवस्थित; बेतरतीब।

अक्रांत (सं.) [वि.] 1. जो किसी से न हारा हो; अपराजित 2. सबसे आगे का; जिससे आगे निकलना कठिन हो 3. जो दबाया न गया हो।

अक्रिय (सं.) [वि.] 1. जो क्रिया या कर्म न करता हो; क्रियाहीन; कर्मशून्य 2. काहिल; निकम्मा; निष्क्रिय 3. चेष्टारहित; प्रयासरहित 4. (रसायनविज्ञान) जो सरलता से रासायनिक अभिक्रिया न करता हो, जैसे- अक्रिय गैसें (हीलियम, आर्गन, नियान आदि)।

अक्रियमाण (सं.) [वि.] 1. जो कार्य रूप में न हो रहा हो 2. जो अपनी क्रिया या कार्य न कर रहा हो; (इनऑपरेटिव)।

अक्रिया (सं.) [सं-स्त्री.] 1. अक्रिय होने की अवस्था या भाव 2. कर्तव्यहीनता 3. कर्महीनता; निष्क्रियता; क्रियाहीनता 4. अनुचित कर्म; दुष्कर्म 5. अप्रयास; अकर्म।

अक्रीत (सं.) [वि.] 1. जिसे क्रय न किया गया हो; न ख़रीदा हुआ 2. उधार लिया हुआ।

अक्रूर (सं.) [वि.] 1. जो क्रूर न हो; अहिंसक 2. दयालु; कोमल चित्तवाला 3. सज्जन; सभ्य। [सं-पु.] (पुराण) कृष्ण के चाचा का नाम।

अक्रोध (सं.) [सं-पु.] 1. क्रोध का न होना; क्रोध का पूर्ण अभाव 2. सहिष्णुता का भाव।

अक्ल (अ.) [सं-पु.] 1. बुद्धि; समझ 2. चतुराई; होशियारी। [मु.] **-का अंधा** : मूर्ख; जिसमें समझ न हो। **-का दुश्मन** : मूर्ख; बेवकूफ़ी के काम करने वाला। **-के पीछे लट्ठ लिए फिरना** : लगातार मूर्खतापूर्ण कार्य करते रहना। **-गुम हो जाना** : कुछ समझ में न आना। **-चरने जाना** : बुद्धि का काम न करना। **-ठिकाने लगाना** : किसी को उसके स्तर का बोध कराना। **-पर पत्थर पड़ना** : बुद्धि का काम न करना। **-लगाना** : तरकीब या युक्ति सोचना। **-सठिया जाना** : साठ वर्ष का होने पर बुद्धि का ह्रास होना।

अक्लम (सं.) [सं-पु.] क्लांति या थकावट का न होना। [वि.] जिसे थकावट न होती हो।

अक्लमंद (अ.) [वि.] 1. समझदार; बुद्धिमान 2. चतुर; होशियार 3. दूरदर्शी; विवेकी।

अक्लमंदी (अ.) [सं-स्त्री.] 1. अक्लमंद होने की अवस्था या भाव; बुद्धिमत्ता; समझदारी 2. चतुराई; होशियारी 3. दूरदर्शिता 4. वैचारिकता।

अक्लांत (सं.) [वि.] जो थका न हो; क्लांतिरहित; विश्रांत।

अक्लिष्ट (सं.) [वि.] 1. जो क्लिष्ट या कठिन न हो; आसान; सरल 2. अक्लांत; क्लेशरहित 3. बोध्य; पठनीय (पुस्तक या लेख आदि) 4. जो अशांत या उद्विग्न न हो; अनुद्विग्न 5. सुलझा हुआ।

अक्ली (अ.) [वि.] 1. अक्ल या बुद्धि से संबंधित; अक्लदार; अक्लयोग्य 2. तर्कसिद्ध; वाजिब; उचित; ठीक।

अक्ष (सं.) [सं-पु.] 1. पहिया; चक्र 2. गाड़ी का वह मोटा डंडा जिसके चारों तरफ़ पहिया घूमता है; पहिए का धूरा; चूल; कीला; अक्षदंड; (ऐक्सल; ऐक्सिस) 3. वह कल्पित या मानी हुई रेखा जिसपर कोई ठोस वस्तु घूमती है, जैसे- पृथ्वी के दो धुरियों को मिलाने वाली सीधी रेखा जिसपर पृथ्वी घूमती हुई मानी जाती है 4. धरती की धुरी 5. भूमध्यरेखा के उत्तर या दक्षिण के किसी स्थान का गोलीय अंतर 6. चौसर; पासों का खेल; जुआ 7. सोलह माशे की एक तौल 8. एक सौ चार अंगुल का एक पैमाना 9. आँख 10. तराज़ू का डंडा 11. कानून।

अक्षकर्ण (सं.) [सं-पु.] (रेखा.) समकोण त्रिभुज की सबसे लंबी भुजा; समकोण के सामने वाली भुजा; कर्णभुजा।

अक्षकाम (सं.) [वि.] जुआ खेलने का शौकीन, द्यूतप्रेमी।

अक्षकुशल (सं.) [वि.] जुआ खेलने में होशियार; द्यूतप्रवीण।

अक्षकूट (सं.) [सं-पु.] आँख की पुतली।

अक्षक्रीड़ा (सं.) [सं-स्त्री.] पासों से खेला जाने वाला खेल; चौसर; जुआ।

अक्षज (सं.) [वि.] अक्ष से उत्पन्न या बना हुआ। [सं-पु.] 1. प्रत्यक्ष ज्ञान 2. वज्र 3. हीरा।

अक्षत (सं.) [वि.] 1. जो क्षत या खंडित न हुआ हो; जो टूटा-फूटा न हो; अभंजित; समूचा; साबुत; सर्वांग; संपूर्ण 2. जो क्षत या जख़्मी न हुआ हो; अनाहंत। [सं-पु.] 1. अखंडित और कच्चा चावल 2. भिगोया हुआ साबुत चावल जिसका उपयोग पूजा, अभिषेक आदि कर्मकांडों में होता है; अच्छत 3. धान का लावा 4. जौ नामक खाद्यान्न 5. कल्याण।

अक्षतयोनि (सं.) [वि.] (युवती) जिसका कौमार्य भंग न हुआ हो; कुँवारी; कुमारी; कौमार्यवती; (वर्जिन)।

अक्षतयौवना (सं.) [वि.] 1. जिसका यौवन अक्षत हो 2. (युवती) जिसने कभी संभोग न किया हो।

अक्षतवीर्य (सं.) [वि.] (पुरुष) जिसने संभोग न किया हो; जिसका वीर्य स्खलित न हुआ हो 2. ब्रह्मचारी; अच्युतवीर्य। [सं-पु.] 1. नपुंसक 2. क्षय का अभाव।

अक्षता (सं.) [सं-स्त्री.] 1. वह युवती जिसने संभोग न किया हो 2. वह स्त्री जिसने विवाह के बाद भी संभोग न किया हो 3. कुमारी; अक्षतयोनि।

अक्षदंड (सं.) [सं-पु.] 1. पहिए की धुरी; धुरीदंड 2. कीला।

अक्षदर्शक (सं.) [सं-पु.] जुए के खेल का निरीक्षक; जुआघर का मालिक।

अक्षधर (सं.) [वि.] धुरे को धारण करने वाला; जिसपर कोई अक्ष टिका हो। [सं-पु.] 1. गाड़ी का पहिया 2. बैल।

अक्षधुर (सं.) [सं-पु.] पहिए का धुरा; (ऐक्सल)।

अक्षपटल (सं.) [सं-पु.] 1. न्यायालय का भवन 2. मुकदमे के कागज़ात रखने का स्थान।

अक्षपाद (सं.) [सं-पु.] 1. तर्क या शास्त्र का विशेषज्ञ; तार्किक; नैयायिक 2. गौतम ऋषि जो न्यायशास्त्र के प्रवर्तक माने जाते हैं।

अक्षबंध (सं.) [सं-पु.] 1. दृष्टि बाँध देने की विद्या; नज़रबंदी 2. नज़र बाँधने का काम।

अक्षम (सं.) [वि.] 1. क्षमतारहित; असहिष्णु 2. अयोग्य; अशक्त; असहाय; कमज़ोर; असमर्थ; (इनकेपेबल) 3. बेकस; बेकार 4. सामर्थ्यहीन; विकलांग; पंगु 5. कंगाल; दरिद्र।

अक्षमता (सं.) [सं-स्त्री.] 1. अक्षम होने की अवस्था या भाव; अशक्तता; असमर्थता 2. ईर्ष्या; जलन 3. अयोग्यता।

अक्षमापक (सं.) [सं-पु.] ग्रह-नक्षत्र देखने वाला एक यंत्र; (टेलीस्कोप)।

अक्षमाला (सं.) [सं-स्त्री.] 1. वर्णमाला 2. जपमाला; रुद्राक्ष की माला; सुमिरनी 3. वशिष्ठ की पत्नी; अरुंधती।

अक्षमाली (सं.) [वि.] रुद्राक्ष की माला धारण करने वाला व्यक्ति। [सं-पु.] शिव का एक नाम।

अक्षम्य (सं.) [वि.] 1. जो क्षमा के योग्य न हो; अक्षंतव्य 2. अनुचित; अन्यायपूर्ण।

अक्षय (सं.) [वि.] 1. जिसका क्षय या विघटन न हो; अविनाशी; क्षयरहित 2. अनंत 3. अपरिवर्तनीय; शाश्वत 4. चिरयुवा। [सं-पु.] ब्रह्म।

अक्षयतृतीया (सं.) [सं-स्त्री.] वैशाख शुक्ल तृतीया; अक्षय तीज।

अक्षयधाम (सं.) [सं-पु.] (पुराण) वह स्थान या धाम जहाँ जन्म-मरण का चक्र समाप्त हो जाता है; बैकुंठ; मोक्षलोक।

अक्षयनवमी (सं.) [सं-स्त्री.] कार्तिक शुक्ल नवमी।

अक्षयनिधि (सं.) [सं-स्त्री.] 1. ऐसी संपत्ति या निधि जिसका नाश न हो; वह भंडार जो कभी समाप्त न हो; अक्षयकोश 2. स्थायी दान या निधि 2. {ला-अ.} यश; कीर्ति; पुण्य।

अक्षयपद (सं.) [सं-पु.] 1. कभी नष्ट न होने वाला दिव्य स्थान; अक्षयधाम 2. बैकुंठ; मोक्ष; मुक्ति।

अक्षयपात्र (सं.) [सं-पु.] (पुराण) वह कल्पित पात्र जिसमें अन्न या भोजन सामग्री समाप्त नहीं होती है। [वि.] कभी न खाली होने वाला; मनचाही वस्तुएँ देने वाला (पात्र)।

अक्षयलोक (सं.) [सं-पु.] 1. सुरम्य स्थान; उपवन; मोक्ष का स्थान 2. (पुराण) स्वर्ग नामक स्थान।

अक्षयवट (सं.) [सं-पु.] प्रयाग और गया में स्थित बरगद के वृक्ष जिनके बारे में मिथकीय धारणा है कि प्रलय में भी उनका नाश नहीं हुआ, न आगे कभी होगा।

अक्षयी (सं.) [वि.] जिसका क्षय या नाश न हो; अक्षय; अविनाशी; शाश्वत।

अक्षय्य (सं.) [वि.] 1. किसी भी तरह जिसका क्षय या नाश न किया जा सके; अनश्वर 2. अखंडित।

अक्षर (सं.) [सं-पु.] 1. शब्द या शब्दांश जिसमें केवल एक स्वर हो 2. वह ध्वनि इकाई जिसका उच्चारण श्वास के एक झटके में होता है; (सिलेबल)। [वि.] 1. जिसका नाश न हो; अविनाशी 2. स्थिर; अच्युत; नित्य।

अक्षरअंतराल [सं-पु.] 1. कंपोज़िंग करते समय अक्षरों के बीच स्पेस डालना 2. छपे अक्षरों के मध्य का रिक्त स्थान।

अक्षरक्रम (सं.) [सं-पु.] 1. (नामों आदि की सूची में) शब्दों के आरंभिक अक्षरों का वर्णमाला के अनुसार क्रम; अकारादि क्रम; वर्णक्रम।

अक्षरजीवी (सं.) [सं-पु.] 1. लेखन कार्य से जीविका चलाने वाला व्यक्ति; लेखक 2. व्यावसायिक लेखक 3. प्रतिलिपिक; नकलनवीस 4. लिपिक।

अक्षरज्ञान (सं.) [सं-पु.] साक्षरता; लिखने-पढ़ने की योग्यता।

अक्षरता (सं.) [सं-स्त्री.] अक्षर या अविनाशी होने की अवस्था या भाव; शाश्वतता; अमरता।

अक्षरधाम (सं.) [सं-पु.] 1. ब्रह्मलोक 2. मोक्ष।

अक्षरमाला (सं.) [सं-स्त्री.] 1. किसी भाषा में ध्वनि संकेतों या लिपि चिह्नों का समूह 2. अक्षरों या वर्णों का समूह; वर्णमाला।

अक्षरयोजक (सं.) [सं-पु.] लिखित सामग्री को मुद्रणाक्षरों में संयोजित करने वाला व्यक्ति; (टाइपसेटर; कंपोज़िटर)।

अक्षरयोजन (सं.) [सं-पु.] किसी विवरण अथवा पांडुलिपि की छपाई हेतु मुद्रणाक्षरों में संयोजित करना; (कंपोज़िंग; टाइपसेटिंग)।

अक्षरशः (सं.) [अव्य.] 1. (वाक्य या लेख में) एक-एक अक्षर पर ज़ोर देते हुए; एक-एक अक्षर का ध्यान या अनुकरण करते हुए; हर्फ़-ब-हर्फ़ 2. पूर्णतया; ब्यौरेवार; ज्यों का त्यों; यथावत।

अक्षरांतरण (सं.) [सं-पु.] 1. अक्षरों का परस्पर स्थानांतरण 2. शब्द में किसी वर्ण या अक्षर का इधर-उधर हो जाना, जैसे- चाकू को काचू, मतलब का मतबल।

अक्षराकृति (सं.) [सं-स्त्री.] 1. अक्षरों की बनावट; लिपि 2. अक्षरों और लिपि की शैली या डिज़ाइन; (फ़ॉन्ट)।

अक्षरात्मक (सं.) [वि.] 1. अक्षर संबंधी, अक्षर का 2. अक्षरों से बना हुआ।

अक्षरारंभ (सं.) [सं-पु.] 1. पहली बार अक्षरों या भाषा का ज्ञान कराना 2. विद्या ग्रहण आरंभ का एक संस्कार 2. पुराने समय में बच्चे के अक्षरज्ञान या शिक्षा का आरंभ करने पर होने वाला आयोजन।

अक्षरार्थ (सं.) [सं-पु.] 1. शब्द के प्रत्येक अक्षर का अर्थ 2. शब्दार्थ; शब्दों का अर्थ 3. भावार्थ से भिन्न संकुचित अर्थ।

अक्षरी (सं.) [सं-स्त्री.] 1. शब्दों के अक्षरों का सटीक और सार्थक क्रम 2. वर्तनी; हिज्जे; (स्पेलिंग) 3. किसी शब्द का उतना ध्वनि समूह जो एक झटके में बोला जाए; (सिलेबल)।

अक्षरेखा (सं.) [सं-स्त्री.] वह सीधी रेखा जो किसी गोले के केंद्र से उसके तल के किसी बिंदु तक सीधी पहुँचती है; धुरी की रेखा; अक्षांश रेखा।

अक्षरौटी [सं-स्त्री.] 1. वर्णमाला 2. लिखाई की पद्धति; लिपि का ढंग।

अक्षहीन (सं.) [वि.] 1. अंधा; नेत्रहीन 2. धुरीविहीन।

अक्षांतर (सं.) [सं-पु.] 1. अक्षांश 2. भूमध्य रेखा से दूरी।

अक्षांति (सं.) [सं-स्त्री.] 1. अशांति 2. ईर्ष्या; असहनशीलता; अधीरता।

अक्षांश (सं.) [सं-पु.] 1. भूमध्यरेखा से उत्तर ध्रुव या दक्षिण ध्रुव की ओर कोणीय दूरी या अंतर; अक्षांतर 2. अक्षांतर रेखा; (लैटिट्यूड लाइन) 3. पृथ्वी की सतह पर स्थित किसी बिंदु या स्थान की उसके केंद्र से नापी गई कोणीय दूरी।

अक्षांशवृत्त (सं.) [सं-पु.] पृथ्वी पर किसी स्थान से गुज़रने वाला एक काल्पनिक वृत्त जो भूमध्य रेखा के समांतर होता है; अक्षांश रेखा।

अक्षि (सं.) [सं-स्त्री.] आँख; नेत्र।

अक्षित (सं.) [वि.] 1. जिसे चोट न लगी हो 2. जिसका क्षय न हुआ हो। [सं-पु.] जल।

अक्षिति (सं.) [सं-स्त्री.] नश्वरता। [वि.] जिसका नाश या क्षय न हो।

अक्षिलोम (सं.) [सं-पु.] आँख की पलकों के अग्रभाग के बाल; बरौनी।

अक्षिविक्षेप (सं.) [सं-पु.] नेत्रों का भाव विशेष के साथ संचालन;

कटाक्ष; चितवन।

अक्षिसाक्षी (सं.) [सं-पु.] 1. ऐसा साक्षी जिसने कोई घटना अपनी आँखों से देखी हो 2. चश्मदीद गवाह।

अक्षीण (सं.) [वि.] 1. जो क्षीण अर्थात दुर्बल न हो 2. जो क्षीण न हुआ हो; जो घटा न हो 3. मोटा; हृष्ट-पुष्ट; तगड़ा।

अक्षीय (सं.) [वि.] 1. अक्ष से संबंध रखने वाला 2. किसी वस्तु के भीतरी भाग से संबंधित।

अक्षीव (सं.) [सं-पु.] 1. समुद्री नमक 2. सहजन का वृक्ष। [वि.] जो मतवाला न हो; अमत्त।

अक्षुण्ण (सं.) [वि.] 1. क्षीण न होने वाला; सदैव बना रहने वाला; शाश्वत; स्थायी 2. अटूट; अखंड 3. समय के प्रभाव से जिसका महत्व कम न हो।

अक्षुद्र (सं.) [वि.] जो ओछा या तुच्छ न हो। [सं-पु.] शिव।

अक्षुब्ध (सं.) [वि.] जो क्षुब्ध न हो; क्षोभरहित; शांत; उत्तेजनाहीन।

अक्षेत्र (सं.) [सं-पु.] 1. क्षेत्र का अभाव 2. ऐसी भूमि जिसमें खेती न हो सकती हो। [वि.] जो क्षेत्र बनने के लिए उपयुक्त न हो।

अक्षेम (सं.) [सं-पु.] 1. क्षेम; कुशल या मंगल का अभाव 2. कल्याण का अभाव 3. अमंगल [सं-पु.] 1. क्षोभ या उडबेग का अभाव फलतः शांति 2. हाथी बाँधने की खूँटा।

अक्षेमकर (सं.) [वि.] 1. असुरक्षित 2. अशुभ और हानिकर 3. अमंगलकर।

अक्षोभ (सं.) [वि.] 1. जिसमें क्षोभ न हो; शांत; गंभीर; धीर 2. जो घबराया हुआ न हो। [सं-पु.]1. क्षोभ या उद्‌दवेग का अभाव; फलतः शांति 2. हाथी बाँधने का खूँटा।

अक्षोभ्य (सं.) [वि.] 1. जिसमें क्षोभ उत्पन्न न किया जा सके 2. जो कभी क्षुब्ध या उद्विग्न न होता हो 3. शांत; धीर।

अक्षौहिणी (सं.) [सं-स्त्री.] 1. सेना की एक बड़ी इकाई 2. (महाभारत) अत्यंत विशाल तथा चतुरंगिणी सेना जिसमें 109350 पैदल, 65610 घोड़े, 21870 रथ और 21870 हाथी होते थे; वह सेना जिसमें अनेक हाथी, घोड़े, रथ और पैदल सिपाही हों।

अक्स (अ.) [सं-पु.] 1. छाया; प्रतिबिंब, परछाईं 2. तस्वीर, चित्र 3. {ला-अ.} किसी के मन में छिपा द्वेषभाव। [मु.] -**उतारना** : किसी का चित्र बनाना; फ़ोटो खींचना।

अक्सीर (अ.) [वि.] 1. अपना गुण या प्रभाव दिखाने वाला 2. अत्यंत उपयोगी; लाभप्रद। [सं-पु.] 1. (मिथक) वह रस जो किसी भी धातु को सोने या चाँदी में बदल देता है; कीमिया; रसायन 2. सब रोगों के उपचार की दवा।

अख [सं-पु.] बाग; बगीचा।

अखंड (सं.) [वि.] 1. जिसके खंड न हों; संपूर्ण; साबुत; मुकम्मल 2. अविराम; निरंतर; सविस्तार 3. अविभाज्य; अविभक्त 4. असीम।

अखंडता (सं.) [सं-स्त्री.] 1. अखंड होने की अवस्था या भाव; संपूर्णता 2. एकता 3. निरंतरता।

अखंडनीय (सं.) [वि.] 1. जिसके खंड या टुकड़े न किए जा सकें; अविभाज्य; अटूट 2. दृढ़; मज़बूत 3. जिसका खंडन न हो सकता हो; जो गलत या झूठ सिद्ध न किया जा सके; अकाट्य 4. तर्कपूर्ण; प्रमाणसिद्ध।

अखंडपाठ (सं.) [सं-पु.] 1. निरंतर या बिना रुके चलने वाला पाठ 2. अनुष्ठानपूर्वक चलने वाला चौबीस घंटे का पाठ।

अखंडित (सं.) [वि.] 1. जिसका खंडन न हुआ हो; अभग्न 2. पूरा; संपूर्ण 3. जिसे गलत करार न दिया गया हो; जिसका प्रतिकार न हुआ हो 4. निरंतर; अविराम।

अखंड्य (सं.) [वि.] 1. जो खंडित न होता हो; अखंडनीय; अविभाज्य; अटूट; दृढ़ 2. जिसका खंडन न किया जा सके; प्रमाणसिद्ध 3. तर्कपूर्ण।

अखड़तिजिया [सं-स्त्री.] अक्षयतृतीया; अखतीज।

अखड़ैत [सं-पु.] 1. अखाड़े में व्यायाम करने वाला; पहलवान 2. मल्ल 3. अखाड़ों में कौशल दिखाने वाला; कुश्तीबाज़ 4. {ला-अ.} बलवान; शक्तिशाली।

अखनी (अ.) [सं-स्त्री.] उबले हुए मांस का रसा; शोरबा; (सूप)।

अखफुट्टा [सं-पु.] टिड्डी की आकृति का एक कीड़ा जो पत्ते चाटकर (खा) जाता है।

अख़बार (अ.) [सं-पु.] 1. दैनिक रूप से प्रकाशित होने वाला समाचारपत्र; ख़बरनामा; (न्यूज़पेपर) 2. 'ख़बर' का बहुवचन।

अख़बारनवीस (अ.+फ़ा) [सं-पु.] अख़बार में लिखने वाला व्यक्ति; समाचार लेखक; पत्रकार।

अख़बारनवीसी (अ+फ़ा.) [सं-स्त्री.] 1. अख़बार में ख़बर देने का काम; समाचार-पत्र प्रकाशन का कार्य; पत्रकारिता 2. पत्र-पत्रिका का संपादन।

अख़बारी (अ.) [वि.] 1. अख़बार संबंधी; अख़बार का 2. समाचार-पत्र में प्रकाशित; अख़बार से संदर्भित 3. पत्रकारिता संबंधी।

अखरना [क्रि-अ.] 1. बहुत बुरा लगना; कष्टकर लगना; अप्रिय लगना 2. खलना; कचोटना 3. दुखदायी होना।

अखरा [वि.] जो खरा या सच्चा न हो; झूठा या बनावटी। [सं-पु.] 1. बिना छाना हुआ जौ का आटा 2. अक्षर (पद्य में प्रयुक्त)।

अखरावट [सं-स्त्री.] 1. वर्णमाला 2. लिखने का ढंग; लिखावट 3. वह पद्य या कार्यक्रम जिसकी पंक्तियों का आरंभ वर्णमाला के अक्षरों के क्रम में होता है 4. जायसी द्वारा रचित एक काव्यग्रंथ।

अखरोट (सं.) [सं-पु.] एक पर्वतीय वृक्ष तथा उसका फल जिसकी गिनती मेवों में होती है; अक्षरोट; चौमग़ज़ा; (वॉलनट)।

अखरौटी [वि.] 1. अखरोट संबंधी 2. अखरोट के रंग का।

अखर्व (सं.) [वि.] 1. जो खर्व या छोटा न हो; लंबा 2. नष्ट न होने वाला।

अख़लाक (अ.) [सं-पु.] 1. सदाचार; शिष्टाचार; शील 2. ढंग; आदत 3. मुरव्वत 4. नीति।

अखलि (सं.) [वि.] आकुल; व्याकुल।

अखाड़ा (सं.) [सं-पु.] 1. कुश्ती लड़ने और कसरत करने का स्थान; व्यायामशाला 2. किसी धार्मिक मत या संप्रदाय विशेष

के साधुओं की मंडली, जैसे- नागा साधुओं का अखाड़ा 3. साधुओं के रहने की जगह; मठ 4. {ला-अ.} किसी विशेष प्रकार के लोगों का जमाव या अड्डा; जमघट 5. आँगन; परिसर 6. सभा; दरबार 7. करतब दिखाने वालों या गाने-बजाने वालों की जमात 8. वैचारिक बहस-मुबाहिसे का केंद्र, जैसे- प्रगतिशील कवियों का अखाड़ा 9. हुनर का कौशल दिखाने का स्थान; रंगशाला। [मु.] **-जमना** : कहीं पर इकट्ठा होना; देखने या खेलने वालों की भीड़ होना। **अखाड़े में उतरना** : मुकाबला करने के लिए सामने आना।

अखाड़िया [वि.] 1. कुश्ती के अखाड़ों में कौशल दिखाने वाला 2. पहलवान; मल्ल 3. अपने विषय का बड़ा ज्ञाता या विद्वान। [सं-पु.] पहलवान।

अखाड़ेबाज़ (हिं.+फ़ा.) [सं-पु.] 1. अखाड़े में कुश्ती लड़ने वाला; पहलवानी का शौकीन; अखाड़िया 2. भीड़ बनाकर रहने वाला; दलबंदी करने में रुचि लेने वाला; गुटबाज़ 3. बहस और तर्क-वितर्क करने की आदतवाला 4. झगड़ा करने वाला; झगड़ालू।

अखाड़ेबाज़ी (हिं.+फ़ा.) [सं-स्त्री.] 1. अखाड़ेबाज़ होने की अवस्था या भाव; कुश्ती और पहलवानी करने का शौक; दंगल 2. अखाड़ा या समूह बनाकर की जाने वाली मौज-मस्ती 3. प्रतिद्वंद्विता; गुटबाज़ी 4. राजनीतिक संघर्ष 5. झगड़ा-बखेड़ा।

अखात (सं.) [सं-पु.] 1. बिना खुदाई किए बना हुआ बड़ा तालाब; प्राकृतिक झील या जलाशय 2. तीन ओर से स्थल से घिरा समुद्र; उपसागर; खाड़ी 3. किसी मंदिर के सामने का छोटा ताल।

अखाद्य (सं.) [वि.] 1. जो खाए जाने के योग्य न हो; जिसे खाना उचित न हो (भोजन) 2. जो खाया न जा सके (पदार्थ); अभक्ष्य।

अखिल (सं.) [वि.] 1. सारा; संपूर्ण; समस्त, जैसे- अखिल भारतीय, अखिल विश्व 2. अखंड 3. खेती योग्य (भूमि) 3. जो खिला न हो, अनखिला।

अखिलदेशीय (सं.) [वि.] संपूर्ण देश का; पूरे राष्ट्र का।

अखिलेश (सं.) [सं-पु.] 1. अखिल या संपूर्ण विश्व में व्याप्त परमात्मा; विश्वेश 2. सबका मालिक; परमेश्वर।

अखिलेश्वर (सं.) [सं-पु.] 1. सब का स्वामी; विश्वेश; अखिलेश 2. परमात्मा, परमेश्वर।

अखुटना [क्रि-अ.] 1. समाप्त न होना; कम न पड़ना 2. लड़खड़ाना।

अखुरी [सं-स्त्री.] पंखुड़ी के पीछे की हरी पत्ती।

अखोर [वि.] 1. जो खाने लायक न हो; अखाद्य 2. निकम्मा; बुरा। [सं-पु.] 1. कूड़ा-करकट; घास-पात 2. ख़राब घास या चारा 3. बेकार चीज़।

अखौटा [सं-पु.] 1. चक्की के बीच की खूँटी; कील 2. कुएँ की गरारी का डंडा।

अख़्तर (अ.) [सं-पु.] 1. तारा; सितारा 2. ध्वज; झंडा।

अख़्तियार (अ.) [सं-पु.] 1. इख़्तियार; अधिकार; स्वामित्व 2. वश 3. सामर्थ्य 4. सत्ता; हुकूमत।

अख्यात (सं.) [वि.] 1. जो ख्यात या प्रसिद्ध न हो; अज्ञात; अपरिचित 3. निंदित; बदनाम 3. जो कहा न गया हो।

अख्याति (सं.) [सं-स्त्री.] 1. अख्यात या अप्रसिद्ध होने की स्थिति या भाव 2. अपरिचय; गुमनामी 3. निंदा; अपकीर्ति; अपमान।

अगंड (सं.) [सं-पु.] 1. ऐसा धड़ जिसके हाथ-पैर न हों 2. हाथ-पैर विहीन धड़।

अगई [सं-पु.] एक प्रकार का वृक्ष जिसके फलों की तरकारी और लकड़ी से कोयला बनता है।

अगज (सं.) [वि.] 1. पर्वत से उत्पन्न 2. पहाड़ी 3. पर्वत पर होने वाला। [सं-पु.] शिलाजीत।

अगट [सं-पु.] मांस बेचने वाले की दुकान; जहाँ मांस का विक्रय होता हो वह दूकान।

अगड़-बगड़ [वि.] 1. ऊटपटाँग; ऊलजलूल; बे-सिर पैर का 2. बेकार; व्यर्थ का 3. क्रमविहीन।

अगड़धत [वि.] 1. बढ़ा-चढ़ा 2. लंबा-तगड़ा; ऊँचे डील-डौल वाला।

अगड़धत्ता [वि.] लंबा-तगड़ा; ऊँचा; बढ़ा-चढ़ा।

अगड़म-बगड़म [वि.] ऊटपटाँग; बेमतलब का। [सं-पु.] फालतू सामान।

अगड़ा [वि.] 1. आगे का; आगे बढ़ा हुआ; आगे स्थित 2. 'पिछड़ा' का विपर्याय 3. जो आर्थिक दृष्टि से अन्य लोगों से उन्नत हो, जैसे- अगड़ा या अभिजात्य समाज। [सं-पु.] अनाज की बाली जिसके दाने झाड़ लिए गए हों।

अगण (सं.) [सं-पु.] 1. अशुभ और बुरा गण 2. (छंदशास्त्र) किसी पद्य के आरंभ में चार निषिद्ध गण- जगण, तगण, रगण और सगण।

अगणनीय (सं.) [वि.] 1. जिसकी गणना न की जा सके; अगण्य 2. जो गणना के योग्य न हो।

अगणित (सं.) [वि.] जिसे गिना न जा सके; अनगिनत; असंख्य।

अगण्य (सं.) [वि.] 1. जिसे गिना न जा सकता हो 2. जो किसी गिनती या महत्व का न हो; सामान्य; तुच्छ 3. जिसे गिनना संभव न हो; बेशुमार; असंख्य; बेहिसाब।

अगता[1] (सं.) [वि.] 1. नियत समय से आगे या पहले होने वाला 2. अग्रिम; पेशगी।

अगता[2] (अ.) [सं-पु.] वह घोड़ा जिसके अंडकोश नष्ट कर दिए गए हों; आख्ता; आगे स्थित; अगाड़ी।

अगति (सं.) [सं-स्त्री.] 1. बुरी गति; दुर्गति; दुरव्यवस्था 2. गतिहीनता; स्थिरता; ठहराव 3. मृत्यु के बाद संस्कार आदि न होना। [वि.] 1. जिसमें गति न हो; अचल; स्थिर 2. जिसके पास तक पहुँचा न जा सके; अगम्य 3. निरुपाय; उपायरहित 4. बेसहारा; अवलंबहीन।

अगतिक (सं.) [वि.] 1. जिसकी कहीं गति या ठिकाना न हो 2. निराश्रय; असहाय 3. जिसके लिए कोई उपाय न रह गया हो; निरुपाय 4. जिसकी मरने के बाद अंत्येष्टि क्रिया न हुई हो।

अगत्या (सं.) [क्रि.वि.] 1. आगे से; भविष्य में 2. लाचार

होकर; असहाय होकर 3. कोई गति या उपाय न रह जाने की स्थिति में 4. अचानक; सहसा; अकस्मात।

अगद (सं.) [वि.] 1. गद या रोग-रहित; स्वस्थ; निरोग 2. निष्कंटक। [सं-पु.] 1. दवा; औषधि 2. स्वास्थ्य; आरोग्य।

अगदाई [सं-पु.] सबसे बाहर वाला दौंरी (दवनी) का बैल।

अगम (सं.) [वि.] 1. जहाँ कोई पहुँच न सके; दुर्गम 2. {ला-अ.} जिसे समझना कठिन हो; दुर्बोध 3. अपार; दुर्लंघ्य 4. बहुत गंभीर या गहरा; अथाह 5. अभेद्य 6. असीम।

अगमनीया (सं.) [वि.] 1. जिसके साथ गमन करना वर्जित हो 2. जिसके साथ संभोग या मैथुन करना विधिक या शास्त्रीय दृष्टि से वर्जित हो।

अगम्य (सं.) [वि.] 1. जहाँ पहुँचना बहुत कठिन हो; दुर्गम 2. पहुँच से परे 3. जिसका पार न पाया जा सके; अपार 4. जिसे जाना न जा सकता हो; दुर्बोध 5. जो विचार से परे हो 6. बहुत गंभीर या गहरा; अथाह 7. असीम।

अगम्या (सं.) [वि.] जिसके साथ संभोग निषिद्ध हो। [सं-स्त्री.] 1. अंत्यजा 2. जो स्त्री मैथुन के योग्य न हो।

अगम्यागमन (सं.) [सं-पु.] अगम्या (जिससे सहवास निषिद्ध हो) स्त्री से सहवास करना।

अगर-मगर (फ़ा.+हिं.) [सं-स्त्री.] 1. दुविधा 2. असमंजस। [मु.] **-करना** : आनाकानी या टालमटोल करना; बहाना बनाना।

अगर[1] (सं.) [सं-पु.] एक प्रकार का सुगंधित वृक्ष; अगरु; ऊद।

अगर[2] (फ़ा.) [अव्य.] यदि; जो।

अगरचे (फ़ा.) [अव्य.] यद्यपि; हालाँकि; यदि; गोया कि।

अगरब (अ.) [वि.] आश्चर्यजनक; बहुत अजीब; अद्भुत; विलक्षण।

अगरबत्ती (सं.) [सं-स्त्री.] 1. अगर की लकड़ी के चूरे से बनाई जाने वाली बत्ती जो सुगंध के लिए जलाई जाती है 2. सुगंधित तत्वों से निर्मित बत्ती जो पतले सींकों में मसाला लपेटकर तैयार की जाती है।

अगरी (सं.) [सं-स्त्री.] 1. लकड़ी या लोहे का छोटा डंडा जो किवाड़ के पल्ले में लगाया जाता है; ब्योंड़ा; अर्गला 2. बुरी बात; अनुचित बात 3. ढिठाई।

अगरोटा [सं-पु.] ठेकुआ।

अगर्व (सं.) [वि.] 1. जिसमें गर्व या अभिमान न हो; अहंकार रहित 2. गर्वहीन।

अगल-बगल (फ़ा.) [क्रि.वि.] 1. आसपास; चारों ओर तथा निकटवर्ती; सन्निकट 2. इधर-उधर 3. दाएँ-बाएँ दोनों तरफ़।

अगला (सं.) [वि.] 1. सबसे आगे का; पहला; सामने का; पहले का 2. आगे आने वाला; आगामी; अग्र 3. किसी के बाद आने वाला; (नेक्स्ट) 4. प्रस्तुत के बाद वाला 5. अपर या दूसरा (कार्य या दायित्व आदि में) 6. भविष्य में होने वाला; आगामी 7. पहले या पूर्व का।

अगल्मा (इता.) [सं-स्त्री.] 1. (पुरातत्व) प्राचीन यूनानी देवी-देवताओं की प्रतिमाओं के लिए प्रयोग किया जाने वाला शब्द 2. चित्रों, विशेषकर व्यक्ति-चित्रों के लिए भी प्रयुक्त होने वाला शब्द।

अगवा (अ.) [वि.] जो बहकाकर या बलपूर्वक अधिकार में लेकर भगाया गया हो; अपहृत।

अगवाड़ा [सं-पु.] 1. आगे का हिस्सा; आगे फैली जगह 2. घर के आगे की भूमि 3. पिछवाड़ा का विपरीत।

अगवान [सं-पु.] 1. वह जो आगे बढ़कर अगवानी या स्वागत करता है 2. अगवानी 3. (परंपरा) कन्या पक्ष के वे लोग जो आगे बढ़कर बरात का स्वागत करते हैं।

अगवानी (सं.) [सं-स्त्री.] 1. आगे चलकर किसी विशिष्ट अतिथि का स्वागत करना 2. आगे जाकर मिलना 3. आने वाले के सत्कार के लिए आगे बढ़ना 4. नायकत्व।

अगवार [सं-पु.] 1. खेतों की उपज का वह अंश जो हलवाहे को देने के उद्देश्य से पहले ही निकालकर अलग रख दिया जाता है 2. अनाज का वह अंश जो ओसाने के समय भूसे के साथ चला जाता है; दूर बिखर जाने वाला अनाज।

अगस्त्य (सं.) [सं-पु.] 1. (पुराण) एक प्रसिद्ध और ज्ञानी ऋषि 2. एक प्रसिद्ध चमकीला तारा 3. (पुराण) शिव का एक नाम 4. अगस्त नामक वृक्ष।

अगहन [सं-पु.] 1. अग्रहायण या मार्गशीर्ष मास; कार्तिक मास से अगला महीना 2. हेमंत ऋतु का पहला महीना।

अगहनी (सं.) [वि.] 1. अगहन के महीने में होने वाला, जैसे- अगहनी धान 2. अगहन संबंधी; अगहन का।

अगहनुआ [सं-पु.] अगहन में होने वाली उड़द। [वि.] अगहन मास से संबंधित; अगहन का।

अगाऊ [वि.] 1. आगे का; अगला 2. जो किसी काम के लिए पहले दिया जाए। [सं-पु.] पेशगी; अग्रिम। [क्रि-वि.] आगे या पहले से।

अगाड़ी [क्रि.वि.] 1. सामने; समक्ष 2. आगे 3. भविष्य में 4. बाद में 5. पूर्व; पहले। [सं-स्त्री.] सामने या आगे का भाग 2. घोड़े को बाँधने वाली रस्सी।

अगाध (सं.) [वि.] 1. जिसकी गहराई का पता लगाना बहुत कठिन हो; अतल, जैसे- अगाध समुद्र 2. जिसकी थाह न पाई जा सके; अथाह 3. {ला-अ.} जिसकी गंभीरता या गहनता का पता न चल सके; जिसे समझना असंभव या कठिन हो; दुर्बोध 4. असीम।

अगारी [क्रि.वि.] अगाड़ी [वि.] मकान का मालिक।

अगिन-बाव [सं-पु.] चौपायों, विशेषकर घोड़े का एक रोग।

अगिया [वि.] 1. आग की तरह जलता या दहकता हुआ 2. आग की-सी जलन उत्पन्न करने वाला।

अगिया बैताल (सं.) [सं-पु.] 1. (मिथक) उज्जैन के राजा विक्रमादित्य के दो बैतालों में से एक जो मुँह से आग उगलता था 2. {व्यं-अ.} अत्यंत क्रोधी व्यक्ति; हानि पहुँचाने वाला व्यक्ति।

अगियाना [क्रि-अ.] 1. आग से जलने की पीड़ा होना; जलन होना 2. {ला-अ.} बहुत अधिक क्रोध में आना। [क्रि-स.] 1. आग लगाना; जलन उत्पन्न करना 2. पकाना; तपाना 3.

{ला-अ.} बहुत अधिक क्रोधित करना।

अगियार [वि.] जो बहुत देर तक जलता रह सकता हो; ज्वलनशील।

अगियारी [सं-स्त्री.] 1. एक प्रकार की पवित्र अग्नि 2. आग में सुगंधित द्रव्य डालकर की जाने वाली पूजा 3. अग्नि से संबंधित वस्तु या पदार्थ 4. धूप या सुगंधित द्रव्य अग्नि में डालने की विधि 5. दहकता हुआ कंडा जिसपर सुगंधित पदार्थ या घी डाला जाता है।

अगुआ [सं-पु.] 1. दूसरों के आगे चलने वाला; अग्रणी; मुखिया; नेता; (लीडर) 2. किसी कार्य को करने में सबसे आगे रहने वाला 3. शादी-ब्याह तय करवाने वाला; शादी में बिचौलिए की भूमिका निभाने वाला 4. दूसरों को सलाह देने वाला 5. पथ-प्रदर्शक; मार्ग बताने वाला।

अगुआई [सं-स्त्री.] 1. किसी कार्य या उद्देश्य में अगुवा होने की क्रिया या भाव; अग्रता 2. नेतृत्व; मार्गदर्शन; पथप्रदर्शन 3. प्रतिनिधित्व 3. शादी-ब्याह तय करवाने का काम या ज़िम्मेदारी।

अगुआना [क्रि-स.] 1. अगुआ बनाना या निश्चित करना; नेतृत्व करवाना 2. नेता चुनना 3. पथप्रदर्शन करवाना। [क्रि-अ.] आगे होना; बढ़ना।

अगुण (सं.) [वि.] 1. गुणों से रहित; जिसमें योग्यता न हो 2. निर्गुण 3. अप्रशिक्षित; गुणविहीन; मूर्ख। [सं-पु.] 1. अवगुण 2. दोष।

अगुणी (सं.) [वि.] 1. जो गुणों से रहित हो; गुणहीन; अगुण 2. अयोग्य 3. मूर्ख।

अगुराई [सं-स्त्री.] 1. अगोरने का काम; निगरानी; रखवाली 2. उक्त कार्य का पारिश्रमिक।

अगुरु (सं.) [वि.] 1. जो भारी न हो; हलका 2. जिसने गुरु से उपदेश या शिक्षा न पाई हो 3. (छंदशास्त्र) मात्रा या वर्ण जो लघु हो।

अगुवा [सं-पु.] दे. अगुआ।

अगुवाई (सं.) [सं-स्त्री.] दे. अगुआई।

अगूढ़ (सं.) [वि.] 1. जो गूढ़ या छिपा न हो; प्रकट 2. सरल, सहज और स्पष्ट।

अगूढ़व्यंग्य (सं.) [सं-पु.] (काव्यशास्त्र) गुणीभूत व्यंग्य का एक भेद जिसमें वाच्यार्थ की तरह व्यंग्यार्थ भी स्पष्टता से लक्षित होता है, इसलिए साधारणजन भी इसे आसानी से समझ लेते हैं।

अगूढ़व्यंग्या लक्षणा (सं.) [सं-स्त्री.] (काव्यशास्त्र) आचार्यों द्वारा मान्य लक्षणा का वह भेद जिसमें व्यंग्यरूप अर्थ को काव्य मर्मज्ञ और सामान्य काव्यप्रेमी दोनों सहज ही ग्रहण कर लेते हैं।

अगेय (सं.) [वि.] 1. जिसे गाया न जा सके; जिसका वर्णन न हो सके 2. जो गाए जाने के योग्य न हो।

अगेल [वि.] पासंग।

अगेला (सं.) [वि.] अगला। [सं-पु.] 1. मिट्टी या लाख की बनी चूड़ियाँ 2. हल्का अन्न जो ओसाते समय भूसे के साथ आगे जा पड़ता है और जिसे हलवाहे आदि ले जाते हैं।

अगेह (सं.) [वि.] 1. जिसका कोई घर न हो; गृहविहीन; बेघर 2. जिसका घर-बार नष्ट हो चुका हो।

अगोचर (सं.) [वि.] 1. न दिखाई देने वाला; अदृश्य 2. इंद्रियों से जिसका ज्ञान संभव न हो; इंद्रियातीत 3. ईश्वर या ब्रह्म के लिए परिकल्पित विशेषताओं में से एक।

अगोर [सं-पु.] 1. रखवाली 2. पहरेदारी।

अगोरदार (हिं.+फ़ा.) [सं-पु.] 1. अगोरने या रक्षा करने वाला व्यक्ति 2. देखभाल करने वाला व्यक्ति 3. पहरेदार।

अगोरना [क्रि-स.] 1. पहरा देना; रखवाली करना 2. प्रतीक्षा करना; राह देखना।

अगोरा [सं-पु.] 1. जनसभा स्थल 2. प्राचीन यूनानी नगरों के वे स्थल जहाँ जनसभाओं का आयोजन होता था। मुख्यत: मंडी या बाज़ार के लिए भी इस शब्द का प्रयोग होता था। अगोलित ध्वनियों के उच्चारण करते समय होठों के गोल न होने की अवस्था।

अगौली [सं-स्त्री.] 1. ऊख या गन्ने का अगला भाग जिसमें पत्तियाँ होती हैं 2. नई फ़सल की पहली आँटी।

अग्गई [सं-स्त्री.] एक पेड़ जिसकी पत्तियाँ हाथ भर लंबी होती हैं, जो अवध क्षेत्र में अधिकता से पाया जाता है।

अग्गर[1] [वि.] 1. अगुआ; अग्रणी; जो सबसे आगे हो 2. उत्तम; श्रेष्ठ।

अग्गर[2] (सं.) [सं-पु.] 1. निवास; धाम (स्थान; तीर्थ) 2. प्रासाद।

अग्नि (सं.) [सं-स्त्री.] 1. आग 2. प्रकाश 3. उष्णता; गरमी 4. जठराग्नि 5. अग्निकर्म; शव आदि जलाने की क्रिया 6. पंच महाभूतों में से तेज तत्व 7. वैद्यकी में तीन अग्नियाँ- भौमाग्नि (काष्ठादि से उत्पन्न); दिव्याग्नि (उल्का, बिजली आदि) और जठराग्नि (उदर में उत्पन्न)।

अग्निकर्म (सं.) [सं-पु.] 1. मृत व्यक्ति का जलाया जाना; शवदाह; अग्नि-दाह; दाह-संस्कार 2. हवन 3. गरम लोहे से दागना।

अग्निकांड (सं.) [सं-पु.] 1. आग लगने या आगजनी की घटना 2. आग लगने से जान-माल का नुकसान।

अग्निकुंड (सं.) [सं-पु.] 1. आग प्रज्वलित करने का गहरा स्थान 2. हवनकुंड।

अग्निकोण (सं.) [सं-पु.] 1. पूर्व और दक्षिण दिशाओं के बीच का कोना 2. दक्षिण-पूर्व दिशा।

अग्निगर्भ (सं.) [वि.] जिसके अंदर आग हो या जिससे आग पैदा हो।

अग्निगर्भा (सं.) [सं-स्त्री.] 1. पृथ्वी 2. शमी वृक्ष 3. महाज्योतिष्मती लता।

अग्निचक्र (सं.) [सं-पु.] (हठयोग) शरीर के भीतर के छह चक्रों में से एक।

अग्निज (सं.) [वि.] 1. अग्नि से पैदा हुआ; अग्नि से उत्पन्न 2. अग्निदीपक 3. अग्नि या उसके ताप से होने या बनने वाला 4. पाचन शक्ति बढ़ाने वाला।

अग्निदाता (सं.) [सं-पु.] 1. आग देने वाला व्यक्ति 2. मृतक का दाह-संस्कार करने वाला व्यक्ति।

अग्निदान (सं.) [सं-पु.] 1. चिता में आग देना या आग लगाना 2. दाह-संस्कार करना।

अग्निदाह (सं.) [सं-पु.] 1. जलाना 2. मुर्दा जलाना; शवदाह।

अग्निदीपक (सं.) [वि.] 1. जिससे भोजन पचाने वाली पेट की आग बढ़ती है 2. पाचन-शक्ति या भूख बढ़ाने वाला।

अग्निदीपन (सं.) [सं-पु.] 1. पाचन शक्ति को तीव्र करने की क्रिया या भाव 2. पाचन शक्ति को बढ़ाने का उपचार; औषधि।

अग्निपरीक्षा (सं.) [सं-पु.] 1. (मिथक) अपनी पवित्रता को प्रमाणित करने के लिए अग्नि में उतरना 2. {ला-अ.} स्वयं को निर्दोष व सच्चा सिद्ध करने की क्रिया या भाव 3. कठोर परीक्षा।

अग्निपूजक (सं.) [सं-पु.] 1. वह जो आग की पूजा करता हो 2. पारसी।

अग्निप्रदक्षिणा (सं.) [सं-स्त्री.] विवाह की एक रस्म, जिसमें वर-बधू अग्नि के फेरे लगाते हैं।

अग्निबाण (सं.) [सं-पु.] 1. ऐसा बाण जिससे अग्नि की ज्वाला निकले 2. एक तरह की आतिशबाज़ी।

अग्निभीति (सं.) [सं-स्त्री.] एक रोग जिसमें रोगी को आग से बहुत भय लगता है।

अग्निमय (सं.) [वि.] 1. क्रोध (अग्नि) से आपूरित; अत्यधिक क्रोधित 2. तेजवान।

अग्निमांद्य (सं.) [सं-पु.] मंदाग्नि; जठराग्नि का मंद पड़ जाना; भूख मर जाना; हाज़मे की ख़राबी।

अग्निवर्धक (सं.) [वि.] 1. पाचन शक्ति बढ़ाने वाला 2. भूख बढ़ाने वाला।

अग्निवर्षा (सं.) [सं-स्त्री.] 1. आग या जलती हुई वस्तुओं की वर्षा 2. अत्यधिक गोलीबारी होना।

अग्निशमन (सं.) [सं-पु.] आग बुझाना।

अग्निशामक (सं.) [वि.] 1. आग का शमन करने वाला 2. आग बुझाने वाला।

अग्निशाला (सं.) [सं-स्त्री.] वह जगह या स्थान जहाँ यज्ञ की अग्नि स्थापित की जाए।

अग्निशिखा (सं.) [सं-स्त्री.] 1. अग्नि की लपट; लौ; ज्वाला 2. कलियारी नामक एक पौधा।

अग्निसंस्कार (सं.) [सं-पु.] 1. मृतक का जलाया जाना; दाह-संस्कार 2. परीक्षा या शुद्धि के लिए किसी वस्तु का तपाया या जलाया जाना।

अग्निसह (सं.) [वि.] 1. जिसे आग अपने प्रभाव से नष्ट न कर सकती हो 2. अग्नि का ताप सहन करने में सक्षम; (फ़ायर प्रूफ़)।

अग्निसेवन (सं.) [सं-पु.] 1. आग तापना 2. ठंड भगाने या जाड़ा दूर करने के लिए आग के पास बैठना।

अग्निस्फुलिंग (सं.) [सं-पु.] आग से निकलने वाली चिनगारी।

अग्निहोत्र (सं.) [सं-पु.] 1. वैदिक मंत्रों के साथ अग्नि में आहुति देना 2. ऐसा विशेष होम जो प्रतिदिन किया जाता है तथा उसकी अग्नि को बुझने नहीं दिया जाता 3. हिंदू विवाह में अग्नि को साक्षी मान कर हवन करना।

अग्निहोत्री (सं.) [वि.] अग्निहोत्र करने वाला। [सं-पु.] ब्राह्मणों में एक कुलनाम या सरनेम।

अग्न्यस्त्र (सं.) [सं-पु.] 1. आग्नेय अस्त्र 2. मंत्र प्रेरित बाण जिससे आग निकलती हो 3. अग्नि चलित अस्त्र।

अग्न्याधान (सं.) [सं-पु.] 1. आग की स्थापना करना 2. आग जलाना या सुलगाना 3. अग्निहोत्र।

अग्न्यायुध (सं.) [सं-पु.] 1. आग्नेय अस्त्र 2. ऐसा आयुध या हथियार जो अग्नि चलित हो या जिसको चलाने पर आग निकलती हो।

अग्न्याशय (सं.) [सं-पु.] 1. शरीर का वह अंग जिससे इंसुलिन नामक हार्मोन स्रावित होता है 2. जठराग्नि का स्थान; (पैंक्रिअस)।

अग्र (सं.) [वि.] 1. अगला; आगे का; पहला 2. शीर्षस्थ।

अग्रगण्य (सं.) [वि.] 1. गणना में पहले आने वाला; मुख्य 2. श्रेष्ठ।

अग्रगति (सं.) [सं-स्त्री.] 1. तेज़ गति; धावक को आगे-आगे रखने वाली गति 2. तेज़ विकास।

अग्रगमन (सं.) [सं-पु.] अग्रगामी होने की क्रिया या भाव; जीवन में आगे-आगे रहना।

अग्रगामी (सं.) [वि.] 1. आगे रहने या चलने वाला 2. श्रेष्ठ 3. आधुनिकतावादी; प्रगतिवादी। [सं-पु.] 1. अगुआ 2. नायक।

अग्रज (सं.) [सं-पु.] पहले जन्म लेने वाला; बड़ा भाई।

अग्रजा (सं.) [सं-स्त्री.] बड़ी बहन।

अग्रणी (सं.) [वि.] 1. जो आगे रहता हो; अग्रगामी 2. श्रेष्ठ; उत्तम।

अग्रणीत (सं.) [वि.] आगे लाया हुआ।

अग्रतः (सं.) [क्रि.वि.] 1. आगे; सबसे पहले 2. पहले से; आगे से।

अग्रता (सं.) [सं-स्त्री.] 1. क्रम, समय, महत्व आदि के विचार से अग्र होने की अवस्था 2. प्रमुखता; महत्ता। अग्रतालव्य वे ध्वनियाँ जो कठोर तालु के अग्र भाग से उच्चारित होती हैं, जैसे- 'ट्, ठ्, ड्, ढ्, ण्'।

अग्रदान (सं.) [सं-पु.] 1. कोई चीज़ उचित या उपयुक्त समय से पहले दे देना 2. पेशगी; अग्रिम; (ऐडवांस)।

अग्रदूत (सं.) [सं-पु.] 1. पहले पहुँचकर किसी के आने की सूचना देने वाला; संदेशवाहक 2. मार्गदर्शक 3. {ला-अ.} किसी बात या कार्य का आरंभ करने वाला; प्रवर्तनकर्ता।

अग्रदृष्टि (सं.) [सं-स्त्री.] आगे की बात जान लेने या सोच लेने की प्रतिभा।

अग्रनयन (सं.) [सं-पु.] आगे ले जाना।

अग्रपूजा (सं.) [सं-स्त्री.] किसी की औरों से पहले की जाने वाली पूजा।

अग्रभाग (सं.) [सं-पु.] 1. आगे का हिस्सा 2. मुखड़ा 3. श्रेष्ठ भाग; मुख्य भाग 4. सिरा; नोंक।

अग्रमांस (सं.) [सं-पु.] 1. यकृत का एक रोग 2. हृदय; कलेजा।

अग्रलेख (सं.) [सं-पु.] संपादकीय लेख; किसी पत्र-पत्रिका के संपादक की मुख्य नियमित टिप्पणी या आलेख।

अग्रवर्ती (सं.) [वि.] 1. सबसे आगे रहने वाला 2. अगला; अगुआ 3. प्रधान; प्रसिद्ध 4. पूर्ववर्ती।

अग्रवाल [सं-पु.] वैश्य समाज में एक कुलनाम या सरनेम।

अग्रशः (सं.) [क्रि.वि.] 1. आगे या पहले से 2. आगे-आगे।

अग्रसर (सं.) [वि.] 1. आगे बढ़ता हुआ 2. आगे रहने वाला 3. उत्थानशील; विकासशील; उदीयमान। [सं-पु.] अपने कार्य के प्रति अधिक निष्ठावान व प्रगतिशील व्यक्ति।

अग्रसरण (सं.) [सं-पु.] 1. अग्र या आगे की ओर जाना; प्रगति; विकास 2. आगे की तरफ़ बढ़ाना; उन्नयन 3. किसी आवेदन-पत्र आदि को अपने से वरिष्ठ अधिकारी के पास स्वीकृति, आदेश आदि के लिए भेजना।

अग्रसारण (सं.) [सं-पु.] 1. आगे की ओर बढ़ाना 2. किसी का निवेदन या प्रार्थना उचित आज्ञा के लिए बड़े अधिकारी के पास भेजना; (फ़ॉरवर्डिंग)।

अग्रसारित (सं.) [वि.] 1. आगे बढ़ाया हुआ 2. किसी का निवेदन बड़े अधिकारी के पास भेजा हुआ; (फ़ॉरवर्डिड)।

अग्रसोची (सं.) [वि.] 1. आगे या भविष्य की बातों के बारे में पहले से ही विचार करने वाला 2. दूरदर्शी।

अग्रहायण (सं.) [सं-पु.] 1. कार्तिक के बाद और पूस से पहले का महीना 2. अगहन।

अग्रहीत (सं.) [वि.] 1. जिसे ग्रहण या स्वीकार न किया गया हो 2. अस्वीकृत।

अग्रांचल (सं.) [वि.] सामने का; (फ़्रंटल)।

अग्रांतर (सं.) [वि.] आगे का; (फ़ॉरवडी)।

अग्रान [सं-पु.] ऊबने की स्थिति या भाव; हैरान।

अग्रानीत (सं.) [वि.] 1. आगे लाया गया 2. जिसे आगे ले जाया गया हो। [सं-पु.] अगले पृष्ठ पर ले जाया गया अंकन।

अग्राभिसारी (सं.) [वि.] आगे की ओर बढ़ता हुआ।

अग्राम्य (सं.) [वि.] 1. जो ग्रामीण अर्थात देहाती न हो 2. नगर का 3. शिष्ट।

अग्राशन (सं.) [सं-पु.] 1. भोजन का वह अंश जो देवता आदि के लिए पहले निकाला जाता है 2. भोजन की शुरुआत में गाय के खाने के लिए निकाला गया अन्न; गौग्रास।

अग्रासन (सं.) [सं-पु.] 1. सम्मान का आसन या स्थान 2. किसी मान्य व्यक्ति को दिया गया उच्चासन।

अग्राह्य (सं.) [वि.] 1. ग्रहण न करने योग्य; जो अपनाने के लायक न हो 2. जो मान्य या स्वीकृत न हो; अस्वीकार्य; निषिद्ध 3. जो खाने के योग्य न हो।

अग्राह्यता (सं.) [सं-स्त्री.] ग्राह्य न होने की अवस्था या भाव; अस्वीकार्यता।

अग्रिम (सं.) [वि.] 1. पहला; अगला; आगामी 2. पेशगी 3. श्रेष्ठ; उत्तम।

अग्रेषण (सं.) [सं-पु.] 1. आगे भेजना या लाना 2. अग्रप्रेषण 3. माल या वस्तुओं को एक स्थान से दूसरे स्थान पर भेजना।

अग्रेसर (सं) [वि.] 1. जो आगे जाएँ; अगुआ 2. जो आरंभ करे 3. प्रधान; मुख्य।

अघ (सं.) [वि.] 1. पापी 2. दुष्ट; नीच 3. ख़राब। [सं-पु.] 1. पाप 2. विपत्ति; दुख 3. दुष्कर्म।

अघट (सं.) [वि.] 1. जो घटित न हो; न होने वाला 2. दुर्घट; कठिन।

अघटन (सं.) [सं-पु.] 1. घटित न होने की क्रिया या भाव 2. घटित न होना।

अघटित (सं.) [वि.] 1. जो घटा न हो; जो पहले न हुआ हो; अभूतपूर्व 2. एकदम नया या अनोखा।

अघन (सं.) [वि.] 1. जो घन अर्थात ठोस न हो 2. जो पतला हो 3. जो घन के आकार का न हो।

अघभोजी (सं.) [वि.] 1. पाप कर्मों की कमाई खाने वाला 2. अधर्मी।

अघमर्षण (सं.) [सं-पु.] (लोकमान्यता) पापों के नाश के लिए छिड़का जाने वाला जल। [वि.] पाप नाशक।

अघाट [सं-पु.] 1. वह भूमि जिसे बेचने का अधिकार उसके स्वामी को न हो 2. वह घाट जो ठीक न हो।

अघातक (सं.) [वि.] जो घातक न हो।

अघाती (सं.) [वि.] 1. घात न करने वाला 2. प्रहार न करने वाला 3. अघातक।

अघाना [क्रि-अ.] 1. जी भर जाना; किसी वस्तु या पदार्थ को छक कर ग्रहण करना और संतुष्ट होना; तृप्त हो जाना 2. किसी कार्य से उकता जाना।

अघारि (सं.) [सं-पु.] 1. पापों का शत्रु; पापनाशक 2. (पुराण) अघ नामक दैत्य को मारने वाले अर्थात श्रीकृष्ण।

अघाव [सं-पु.] 1. अघाने की क्रिया या भाव 2. पूर्ण तृप्ति 3. जी ऊबने का भाव।

अघासुर (सं.) [सं-पु.] 1. (महाभारत) एक असुर जो कंस का सेनापति था और जिसे श्रीकृष्ण ने मारा था 2. अघ नामक दैत्य।

अघियाना [क्रि-अ.] 1. तृप्त करना 2. बहुत परेशान करना।

अघी (सं.) [वि.] 1. अघ अथवा पाप करने वाला 2. पातकी; पापी।

अघुलनशील [वि.] 1. जो किसी द्रव में घुलता न हो 2. अघुलनीय।

अघेरन [सं-पु.] जौ का मोटा आटा।

अघोड़ी [वि.] 1. अघोरी; घृणित; गंदा; घिनौनी चीजें खाने-पीने वाला। [सं-स्त्री.] भूसा आदि रखने का पात्र; खँचोली। [सं-पु.] अघोर पंथ का अनुयायी; औघड़।

अघोर (सं.) [सं-पु.] 1. शिव का एक रूप 2. शिव की उपासना करने वाला एक पंथ। [वि.] जो घोर या भयानक न हो।

अघोरपंथ [सं-पु.] अघोरियों का पंथ या संप्रदाय।

अघोरपंथी (सं.) [सं-पु.] 1. अघोरपंथ का अनुयायी 2. अघोरी; औघड़। [वि.] अघोर पंथ से संबंधित।

अघोरी (सं.) [सं-पु.] 1. औघड़ 2. अघोर पंथ को मानने वाला। [वि.] त्याज्य वस्तुओं का सेवन करने वाला।

अघोष (सं.) [वि.] जिन ध्वनियों के उच्चारण में श्वासनलिका से आती हुई श्वासवायु से स्वरतंत्रियों में कंपन न हो, जैसे- (हिंदी व्यंजन) 'क्, ख्, च्, छ्, ट्, ठ्, त्, थ्, प्, फ्, श्, ष्,

स्, ह्'। 'ह्' सघोष भी होता है।

अघोषित (सं.) [वि.] 1. जिसकी घोषणा न की गई हो 2. जिसको अभिव्यक्त न किया गया हो; अविज्ञापित।

अघ्राणता (सं.) [सं-स्त्री.] 1. सूँघने की शक्ति का अभाव 2. अघ्राण होने की स्थिति या भाव।

अघ्रेय (सं.) [वि.] 1. जो घ्रेय अर्थात सूँघने योग्य न हो 2. जिसे सूँघा न जा सके।

अचंचल (सं.) [वि.] 1. जो चंचल न हो; स्थिर 2. गंभीर; शांत; सौम्य।

अचंड (सं.) [वि.] 1. जो चंड या उग्र न हो 2. जो क्रोधी स्वभाव का न हो; शांत; सौम्य।

अचंभा [सं-पु.] आश्चर्य; अचरज।

अचंभित (सं.) [वि.] जिसे अचंभा हुआ हो; आश्चर्यचकित; विस्मित।

अचक (सं.) [सं-पु.] आश्चर्य; विस्मय। [वि.] 1. अधिक से अधिक 2. भरपूर; बहुत अधिक।

अचकचाना [क्रि-अ.] 1. संकोच या दुविधा में पड़ जाना 2. भय आदि से अचानक काँप उठना 3. विस्मित होना; भौचक्का होना; चौंक उठना।

अचकचाहट [सं-स्त्री.] भौचक होने की स्थिति; विस्मय।

अचकन [सं-पु.] अँगरखे की तरह का एक लंबा पहनावा।

अचक्षु (सं.) [वि.] जिसके चक्षु या आँख न हो; नेत्रहीन; अंधा।

अचगरी [सं-स्त्री.] 1. अचगर अर्थात दुष्ट या पाजी होने की क्रिया या भाव 2. शरारत; दुष्टता 3. उत्पात; नटखटपन 4. छेड़छाड़।

अचपल (सं.) [वि.] 1. जिसमें चंचलता, चपलता न हो 2. धीर; गंभीर; शांत; स्थिर।

अचर (सं.) [वि.] अचल; स्थावर; जड़। [सं-पु.] 1. स्थावर पदार्थ या प्राणी 2. स्थिर राशियाँ- वृष, वृश्चिक, सिंह और कुंभ।

अचरज (सं.) [सं-पु.] 1. आश्चर्य; विस्मय 2. चकित कर देने वाली कोई बात या वस्तु 3. अचंभा।

अचल (सं.) [वि.] 1. स्थिर; गतिहीन 2. चिरस्थायी; शाश्वत 3. अपरिवर्तनशील; अटल; अडिग। [सं-पु.] 1. पहाड़ 2. कील 3. खूँटी 4. ब्रह्म 5. शिव।

अचल संपत्ति (सं.) [सं-स्त्री.] 1. स्थायी संपत्ति 2. वह संपत्ति जिसे अपने स्थान से हटाया न जा सके, जैसे- खेत, घर आदि; गैरमनकूला ज़ायदाद।

अचलजात (सं.) [वि.] पहाड़ पर या पहाड़ से उत्पन्न।

अचलसुता (सं.) [सं-स्त्री.] (पुराण) पार्वती का एक नाम।

अचला (सं.) [वि.] जो न चले; ठहरी हुई; स्थिर। [सं-स्त्री.] पृथ्वी।

अचाक्षुष (सं.) [वि.] 1. जो आँखों से दिखाई न देता हो; अदृश्य 2. इंद्रियातीत।

अचातुर्य (सं.) [सं-पु.] 1. चतुर न होने की अवस्था या भाव 2. अनाड़ीपन; अकुशलता 3. निपुणता या कुशलता का अभाव 4. होशियारी का अभाव; सरलता।

अचानक (सं.) [अव्य.] सहसा; एकाएक।

अचार (फ़ा.) [सं-पु.] एक चटपटा भारतीय व्यंजन जो किसी कच्ची तरकारी या कच्चे फलों को कई प्रकार के मसालों तथा तेल या सिरके में मिलाकर तैयार किया जाता है। [मु.] - **डालना** : किसी वस्तु को उपयोग में न लेना; निष्प्रयोजन रखे रहना।

अचारी[1] (सं.) [वि.] 1. वह जो धार्मिक आचार-विचार का ध्यान रखता हो और उसका पालन करता हो 2. आचारवान।

अचारी[2] (फ़ा.) [सं-स्त्री.] आम का बना हुआ एक प्रकार का अचार।

अचालक (सं.) [वि.] 1. जिसमें से विद्युत प्रवाहित नहीं होती 2. जिसमें विद्युत का संचार न हो।

अचिंत (सं.) [वि.] 1. जिसे कोई चिंता न हो 2. चिंता रहित; निश्चिंत 3. जो चिंतनीय न हो; अचिंत्य।

अचिंतनीय (सं.) [वि.] 1. जिसकी कल्पना या चिंतन न हो सके; जो ध्यान में न आ सके 2. दुर्बोध; अज्ञेय।

अचिंतित (सं.) [वि.] 1. जो सोचा-विचारा न गया हो; अविचारित 2. जो चिंतित न हो; निश्चिंत 3. उपेक्षित।

अचिंत्य (सं.) [वि.] 1. जिसका चिंतन न किया जा सके 2. कल्पनातीत 3. जिसका अनुमान न लगाया जा सके, अकूत।

अचिंत्यभेदाभेदवाद (सं.) [सं-पु.] महाप्रभु चैतन्य द्वारा प्रवर्तित एक दार्शनिक मतवाद जिसके अनुसार ईश्वर और जीव तथा ईश्वर और जगत के बीच का भेदाभेद संबंध तर्कतः असंगत और व्याघातक है, किंतु ईश्वरभूत शक्तिमान और जीवजगतभूत शक्ति दोनों अचिंत्य हैं इसलिए उनमें व्याघात नहीं है।

अचिकित्स्य (सं.) [वि.] 1. जिसकी चिकित्सा न हो सके 2. जो चिकित्सा से स्वस्थ या ठीक न हो सके 3. असाध्य; (इंक्योरेबल)।

अचित (सं.) [वि.] 1. जड़ 2. अचेतन; चेतना रहित।

अचित्ति (सं.) [वि.] 1. जिसे ज्ञान न हो 2. बुद्धिरहित; अज्ञ 3. चेतना रहित; अचेत।

अचित्र (सं.) [वि.] 1. जिसका कोई चित्र या रूप न हो 2. चित्र या चित्रों से रहित 3. जो आकारहीन हो।

अचिर (सं.) [वि.] 1. जो स्थायी न हो 2. जो पुराना न हो; नया 3. ताज़ा; हाल का 4. जो तत्काल या तुरंत होने वाला हो 5. थोड़ा; अल्प। [क्रि.वि.] 1. शीघ्र; जल्दी 2. तुरंत; उसी समय।

अचीर (सं.) [वि.] 1. जिसके शरीर पर चीर या वस्त्र न हो 2. वस्त्रविहीन; नंगा।

अचूक (सं.) [वि.] 1. जो अपने लक्ष्य से न चूके 2. सटीक 3. बिना चूक या भूल किए 4. निश्चित, पक्का।

अचेत (सं.) [वि.] 1. जड़ 2. असावधान 3. जिसमें चेतना न हो 4. प्राणहीन 5. बेहोश।

अचेतन (सं.) [वि.] 1. बेहोश; बेसुध 2. निर्जीव 3. अज्ञानी 4. चेतना-रहित 5. चेतना की तीन मनोवैज्ञानिक अवस्थाओं में से एक। [सं-पु.] जड़ पदार्थ।

अचेतनक (सं.) [सं-पु.] अचेतन या बेहोश करने वाली औषधि। [वि.] अचेत या बेहोश रहने वाला।

अचेतनीकरण (सं.) [सं-पु.] चिकित्सा में अचेत करने की क्रिया या भाव; (एनीसथेसिस)।

अचेतावस्था (सं.) [सं-स्त्री.] 1. बेहोशी की हालत 2. बेसुधी 3. चेतनाशून्य।

अचेष्ट (सं.) [वि.] 1. जिसमें कोई चेष्टा या गति न हो; निश्चल 2. जो हिलता-डुलता न हो 3. संज्ञारहित; बेहोश 4. {ला-अ.} प्रयासहीन; उदासीन।

अचेष्टित (सं.) [वि.] जिसके लिए कोई चेष्टा या प्रयत्न न किया गया हो।

अचैतन्य (सं.) [वि.] 1. जिसमें चेतना या चैतन्य न हो 2. बेहोश; मूर्छित। [सं-पु.] 1. चेतना का अभाव 2. बेहोशी; जड़ता।

अच्छा [वि.] 1. बढ़िया; सुंदर; उम्दा 2. ठीक; उत्तम 4. स्वस्थ; निरोग। [मु.] -कर देना : निरोग या स्वस्थ कर देना। अच्छे दिन आना : ज़िंदगी में समृद्धि या ख़ुशहाली के दिन आना।

अच्छा-ख़ासा [वि.] 1. ठीक-ठाक 2. भला-चंगा 3. पर्याप्त।

अच्छाई [सं-स्त्री.] 1. अच्छा होने का भाव या गुण 2. विशेषता; ख़ूबी 3. सुंदरता 4. लाभ या फ़ायदा।

अच्छापन [सं-पु.] 1. अच्छे होने की अवस्था या भाव 2. श्रेष्ठता; अच्छाई।

अच्छाय (सं.) [वि.] बिना छाया के।

अच्छिद्र (सं.) [वि.] 1. जिसमें छेद न हो; छिद्ररहित 2. जिसमें कोई त्रुटि या दोष न हो; निर्दोष। [सं-पु.] 1. निर्दोष कार्य 2. अक्षुण्ण अवस्था।

अच्छेद्य (सं.) [वि.] 1. जिसे छेदा या भेदा न जा सके 2. जो छेदे जाने के योग्य या उपयुक्त न हो।

अच्युत (सं.) [सं-पु.] 1. विष्णु और उनके अवतारों का नाम 2. जैनों के एक देवता। [वि.] 1. अपने स्थान से न हटने या गिरने वाला; अटल 2. जिसका नाश न हो; शाश्वत 3. जिसने भूल या गलती न की हो।

अच्युतवास (सं.) [सं-पु.] 1. वट वृक्ष 2. अश्वत्थ वृक्ष।

अच्युतांगज (सं.) [सं-पु.] 1. कामदेव 2. मन्मथ।

अच्युतानंद (सं.) [वि.] 1. जो सदा आनंद में रहता हो 2. वह जो सदा प्रसन्न रहे।

अछिन्न (सं.) [वि.] 1. जो छिन्न या तोड़ा-फोड़ा न गया हो; अविभक्त 2. जिसे विभाजित न किया गया हो; अविभाज्य 3. अखंडित; समूचा 4. जिसका क्रम न टूटे; अटूट।

अछूता [वि.] 1. जिसे छुआ न गया हो; जिसका कभी उपयोग न हुआ हो 2. जिसके संबंध में अभी तक विचार न किया गया हो 3. उपेक्षित 4. कोरा; नया 5. शुद्ध 6. अप्रभावित।

अछूतोद्धार [सं-पु.] 1. अछूतों या अस्पृश्य जातियों के उद्धार का काम, प्रयत्न या भाव 2. मानवमात्र में बंधुत्व और समानता के लिए होने वाला काम।

अछेद्य (सं.) [वि.] 1. जो छेदा न जा सके 2. जो तोड़ा या खंडित न किया जा सके 3. अखंडनीय।

अछोर [वि.] 1. जिसका कोई ओर-छोर न हो; असीम 2. बहुत अधिक विस्तृत या लंबा-चौड़ा।

अछोह [वि.] 1. जिसमें छोह या प्रेम न हो 2. निष्ठुर; निर्दय। [सं-पु.] 1. छोह का अभाव 2. उदासीनता।

अज (सं.) [वि.] 1. अनादिकाल से विद्यमान 2. अजन्मा। [सं-पु.] 1. ब्रह्मा 2. विष्णु 3. शिव 4. ईश्वर 5. जीवात्मा 6. सूर्य या अग्नि का रथ 7. राजा दशरथ के पिता का नाम 8. कामदेव 9. चंद्रमा 10. भेड़ 11. बकरा 12. माया 13. मेष राशि 14. एक प्रकार का धान्य।

अजगर (सं.) [सं-पु.] 1. एक बहुत बड़ा एवं मोटा साँप जो प्राणियों को निगल जाता है 2. {ला-अ.} आततायी 3. {ला-अ.} निठल्ला; आलसी।

अजगरी (सं.) [वि.] अजगर संबंधी। [सं-स्त्री.] अजगर जैसी प्रवृत्ति।

अजगव (सं.) [सं-पु.] (पुराण) शिव का धनुष; पिनाक।

अज़गैबी (फ़ा.+अ.) [वि.] 1. रहस्यपूर्ण; अलौकिक 2. आकाश से या आकस्मिक रूप से आने या होने वाला; आकस्मिक 3. दैवी।

अजड़ (सं.) [वि.] 1. जो जड़ न हो; चेतन 2. जो मूर्ख न हो; बुद्धिमान।

अजन (अ.) [वि.] 1. जन से रहित; जनहीन 2. निर्जन। [सं-पु.] जो अच्छा आदमी न हो; बुरा या नीच आदमी।

अजनतंत्रीय (सं.) [वि.] जो जनतांत्रिक न हो; गैरलोकतांत्रिक।

अजनबी (फ़ा.) [वि.] 1. जिससे पहले से परिचय न हो; अपरिचित 2. नवागत 3. पराया।

अजनबीपन [सं-पु.] 1. अपरिचय की स्थिति 2. अलग-थलग पड़े होने की दशा या भाव (एलियनेशन)।

अजन्मा (सं.) [वि.] 1. जिसने जन्म न लिया हो; जिसका जन्म न हुआ हो 2. बिना जन्म लिए ही जो अस्तित्व में आया हो 3. जो जन्म-मरण के बंधन से मुक्त हो।

अजन्य (सं.) [वि.] 1. जो उत्पादन के योग्य न हो 2. अजननीय 3. जो मानवता के प्रतिकूल हो।

अजपा (सं.) [वि.] 1. जिसका जप न किया जाए 2. बिना आवाज़ के जपा हुआ 3. जप न करने वाला। [सं-पु.] मंत्र जपने का एक प्रकार जिसमें बिना उच्चारण के मन ही मन जाप किया जाता है।

अजब (अ.) [वि.] आश्चर्यजनक; विचित्र; अनोखा; अद्भुत; विलक्षण।

अज़मत (अ.) [सं-स्त्री.] 1. बड़प्पन; बुजुर्गी 2. गौरव 3. महत्ता 4. चमत्कार।

अज़मानतीय [वि.] 1. जिसकी ज़मानत न हो सके 2. जिसमें ज़मानत न मिलती हो।

अजमुख (सं.) [सं-पु.] दक्ष प्रजापति का एक नाम। [वि.] जिसका मुँह बकरे जैसा हो।

अजमोदा (सं.) [सं-स्त्री.] अजवाइन की तरह का एक पौधा जिसके बीज मसाले के काम आते हैं।

अजय (सं.) [वि.] जिसे जीता न जा सके; अजेय। [सं-पु.] 1. 'जय' का विलोम 2. हार; पराजय।

अजया (सं.) [सं-स्त्री.] 1. भाँग नामक पौधा 2. माया।

अजर (सं.) [वि.] 1. जिसे जरा या बुढ़ापा न आए; जो सदैव ज्यों का त्यों बना रहे। [सं-पु.] 1. परब्रह्म 2. देवता।

अजर-अमर (सं.) [वि.] अनश्वर; जो न कभी बूढ़ा हो और जिसका नाश या क्षय न हो; जिसकी कभी मृत्यु न हो।

अजलित (सं.) [वि.] जो बिना जल के हो; जलरहित।

अजवाइन [सं-स्त्री.] दे. अजवायन।

अजवायन (सं.) [सं-स्त्री.] 1. एक प्रकार का पौधा जिसके बीज औषधि और मसाले में इस्तेमाल होते हैं 2. उक्त पौधे के बीज।

अजस्र (सं.) [वि.] अविच्छिन्न; निरंतर चलने वाला। [क्रि.वि.] अविच्छिन्न रूप से; लगातार; सतत।

अज़हर (अ.) [वि.] 1. ज़ाहिर; प्रकट 2. उज्ज्वल; प्रकाशवान 3. बहुत अधिक स्पष्ट।

अजा (सं.) [सं-स्त्री.] 1. बकरी 2. शक्ति; दुर्गा 3. एक पौधा। [वि.] 1. जिसने जन्म न लिया हो या जिसका जन्म न हुआ हो 2. जो उत्पन्न न की गई हो; जन्मरहित।

अजात[1] (सं.) [वि.] 1. जिसका जन्म न हुआ हो; अनुत्पन्न; जन्मरहित; अजन्मा 2. जो जन्म के बंधन से मुक्त हो।

अजात[2] [वि.] 1. जिसकी कोई जाति न हो 2. जो जाति से निकाल दिया गया हो 3. जाति प्रथा के अनुसार निम्न जाति का।

अजातशत्रु (सं.) [वि.] जिसका कोई शत्रु या दुश्मन पैदा न हुआ हो; शत्रुविहीन। [सं-पु.] बुद्ध के समकालीन एक मगध नरेश।

अजाति (सं.) [वि.] 1. जाति से निकाला हुआ 2. जिसकी कोई जाति न हो 3. पंक्तिच्युत।

अज़ादार (अ.+फ़ा) [सं-पु.] 1. किसी के मरने पर शोक या मातम मनाने वाला 2. मुहर्रम में इमाम हुसैन का मातम मनाने वाला।

अज़ादारी (अ.+फ़ा) [सं-स्त्री.] 1. किसी के मरने पर मातम या शोक मनाना 2. मुहर्रम में इमाम हुसैन का मातम मनाना; ताज़ियादारी।

अजान [वि.] 1. अनजान; न जानने वाला 2. जिसे कोई न जानता हो 3. जिसे ज्ञान या बोध न हो, अबोध। [सं-पु.] अनभिज्ञता; अज्ञान।

अज़ान (अ.) [सं-स्त्री.] सामूहिक रूप से नमाज़ अदा करने के लिए मस्जिद से होने वाली पुकार या बुलावा।

अजाना [सं-पु.] वह जिसे कोई जानता न हो। [वि.] जिसकी जानकारी न हुई हो; अज्ञात।

अजानी [वि.] बिना जानी हुई; अनजानी।

अजाने [क्रि.वि.] अनजाने में; बिना जाने।

अज़ाब (अ.) [वि.] 1. तकलीफ़; कष्ट; दुख 2. विपत्ति; संकट 3. दुष्कर्म; पाप 4. झंझट; बखेड़ा।

अजायब (अ.) [सं-पु.] 1. अद्‌भुत 2. 'अजब' का बहुवचन 3. अजीब या विचित्र बातों तथा वस्तुओं का वर्ग अथवा समूह।

अजायबघर (अ.+हिं.) [सं-पु.] 1. संग्रहालय; (म्यूज़ियम) 2. वह स्थान जहाँ अजीब या विलक्षण वस्तुओं का संग्रह तथा प्रदर्शन किया जाता है।

अजित (सं.) [वि.] 1. जिसे जीता न जा सके 2. जिसपर किसी ने विजय न पाई हो।

अजितेंद्रिय (सं.) [वि.] 1. जिसने अपनी इंद्रियों को वश में न किया हो 2. असंयमी; इंद्रिय-लोलुप।

अजिन (सं.) [सं-पु.] 1. खाल; चर्म 2. मृगछाला 3. धौंकनी।

अजिया [वि.] 1. जो संबंध के विचार से आजा (दादा) के पद का हो 2. आजी (दादी) संबंधी, जैसे- अजिया सास।

अजिर (सं.) [सं-पु.] 1. आँगन; सहन 2. हवा; वायु 3. मैदान; खुला स्थान 4. शरीर 5. मेंढक। [वि.] 1. तेज़; तीव्र 3. चपल; चंचल।

अजिल्द [वि.] बिना जिल्द का (ग्रंथ, पुस्तक आदि)।

अजी [अव्य.] संबोधन 'ए जी/ऐ जी' का संक्षिप्त रूप।

अज़ीज़ (अ.) [वि.] 1. प्यारा; प्रिय; 2. स्वजन; रिश्तेदार; संबंधी 3. रुचिकर। [सं-पु.] 1. निकट सबंधी 2. मिस्र के पुराने बादशाहों की उपाधि।

अज़ीज़ाना (अ.+फ़ा.) [वि.] प्रेमपूर्ण; स्नेहमय; आत्मीय।

अजीब (अ.) [वि.] 1. विचित्र; आश्चर्यजनक 2. विलक्षण; अनोखा; अनूठा 3. अनुपम; निराला; अद्वितीय; बेमिसाल।

अजीबोगरीब (अ.) [वि.] 1. अनोखा; अद्‌भुत 2. आश्चर्यजनक; विचित्र 3. अप्रत्याशित।

अज़ीम (अ.) [वि.] 1. बड़ा और विशालकाय 2. वृद्ध और पूज्य।

अजीर्ण (सं.) [सं-पु.] 1. बदहज़मी; अपच 2. अतिशयता; अतिरेक 3. अक्षुण्ण। [वि.] 1. जो जर्जर या बूढ़ा न हो 2. जो जीर्ण या पुराना न हो।

अजीव (सं.) [सं-पु.] 1. जड़ पदार्थ 2. जीव तत्व से रहित या भिन्न। [वि.] 1. जिसमें जीवन या जीवनी-शक्ति न हो; निर्जीव 2. बिना प्राण का; मृत 3. अचेतन।

अजूजा [सं-पु.] मुर्दे खाने वाला एक जानवर जो बिज्जू की तरह का होता है।

अजूबा (अ.) [सं-पु.] अनोखी; विचित्र; आश्चर्य में डालने वाली चीज़। [वि.] अजीब।

अजेय (सं.) [वि.] जिसे जीता न जा सके; अतिशक्तिशाली; बाहुबली।

अजेयता (सं.) [सं-स्त्री.] अजेय होने या न जीते जा सकने का गुण।

अजैव (सं.) [वि.] 1. जिसका जीव से संबंध न हो 2. जो जीवन से युक्त न हो; (इनऑर्गेनिक)।

अजोड़ [वि.] 1. जो जोड़ा न जा सके 2. जिसका कोई जोड़ न हो।

अज्ञ (सं.) [वि.] न जानने वाला; अज्ञानी; जिसे ज्ञान या समझ न हो।

अज्ञात (सं.) [वि.] जो ज्ञात न हो; जिसके बारे में पता न हो। [क्रि.वि.] अनजान में बिना जाने।

अज्ञातक (सं.) [वि.] अप्रसिद्ध।

अज्ञातचर्या (सं.) [सं-स्त्री.] अज्ञातवास।

अज्ञातनाम (सं.) [वि.] 1. जिसका नाम विदित या मालूम न हो 2. अप्रसिद्ध; अविख्यात।

अज्ञातयौवना (सं.) [सं-स्त्री.] (काव्यशास्त्र) मुग्धा नायिका का एक भेद; वह नायिका जिसे अपने यौवन के आगमन का ज्ञान या भान न हो।

अज्ञातलोक (सं.) [वि.] जिस लोक के बारे में कुछ जानकारी न हो; रहस्यमय।

अज्ञातवास (सं.) [सं-पु.] 1. ऐसे स्थान में रहना जिसका कोई पता न पा सके 2. सब की दृष्टि से छिपकर रहना।

अज्ञान (सं.) [सं-पु.] 1. ज्ञान का अभाव 2. जानकारी या सूचना का न होना 3. मिथ्याज्ञान; अविद्या। [वि.] 1. जिसे ज्ञान न हो 2. मुर्ख।

अज्ञानता (सं.) [सं-स्त्री.] 1. ज्ञान न होने की अवस्था या भाव 2. किसी बात से परिचित न होने का भाव 3. मिथ्याज्ञान 4. मूर्खता; नासमझी।

अज्ञानी (सं.) [वि.] 1. जिसे ज्ञान न हो 2. नासमझ; मूर्ख; बेवकूफ़।

अज्ञेय (सं.) [वि.] जो जाना न जा सके। [सं-पु.] हिंदी की प्रयोगवादी कविता के प्रमुख प्रवर्तक सच्चिदानंद हीरानंद वात्स्यायन का साहित्यिक उपनाम।

अज्ञेयवाद (सं.) [सं-पु.] 1. एक सिद्धांत जिसमें मान्यता है कि दृश्य जगत से परे जो कुछ है; वह जाना नहीं जा सकता 2. (ऐग्नॉस्टिसिज़म)।

अट [सं-स्त्री.] 1. शर्त 2. प्रतिबंध 3. बाधा; रुकावट।

अटक (सं.) [सं-स्त्री.] 1. संकोच; हिचक 2. ऐसी स्थिति जिसमें आगे न बढ़ा जा सके; अड़चन; रुकावट।

अटकन बटकन [सं-पु.] छोटे लड़कों का एक खेल।

अटकना [क्रि-अ.] 1. फँस जाना 2. रुक जाना 3. बोलने में अवरोध होना।

अटकल (सं.) [सं-स्त्री.] अनुमान; अंदाज़; तुक्का। [मु.] -**लड़ाना** : अनुमान लगाना।

अटकलपच्चू [सं-पु.] जो महज अनुमान या अंदाज़ के आधार पर बात करता हो। [वि.] केवल अटकल या अनुमान से सोचा या कहा हुआ।

अटकलबाज़ी [सं-स्त्री.] अनुमान लगाने की क्रिया या भाव।

अटका [सं-पु.] 1. बाधा; कठिनाई 2. जगन्नाथ जी को चढ़ाया हुआ भात या दक्षिणा 3. कठिनाई; बाधा; अटक 4. कमी। [मु.] -**रहना** : किसी काम या बात का रुका रहना; ठहरना।

अटकाऊ [वि.] 1. अटकाने वाला 2. बाधा या रुकावट डालने वाला; बाधक।

अटकाना [क्रि-स.] 1. फँसाना; टिकाना 2. लटकाना; अवरुद्ध करना 3. अड़ंगा या बाधा उत्पन्न करना 4. किसी कार्य को पूर्ण होने से रोकना।

अटकाव [सं-पु.] 1. फँसाव; उलझाव 2. विलंब 3. रोक; रुकावट 4. बाधा; अड़चन।

अटन (सं.) [सं-पु.] 1. घूमने-फिरने की क्रिया या भाव 2. यात्रा; सफ़र; भ्रमण।

अटना (सं.) [क्रि-अ.] 1. पूरा पड़ना; काफ़ी होना 2. घूमना; फिरना 3. यात्रा करना; भ्रमण करना।

अटपटा [वि.] 1. विचित्र; ऊटपटाँग 2. असहज; अस्वाभाविक।

अटपटाना [क्रि-अ.] 1. अटकना 2. लड़खड़ाना 3. संकोच करना; घबराना।

अटपटी [सं-स्त्री.] 1. विचित्र; अजीब 2. नियम और रीति विरुद्ध।

अटल [वि.] 1. दृढ़; दृढ़निश्चयी 2. पक्का; निश्चित; अवश्यंभावी 3. अचल; स्थिर।

अटवी (सं.) [सं-स्त्री.] 1. जंगल; वन 2. मैदान।

अटा [सं-स्त्री.] 1. अटारी 2. भ्रमण करने की क्रिया, भाव या वृत्ति; पर्यटन; संन्यासियों की घूमने की आदत।

अटाटूट (सं.) [वि.] 1. बहुत अधिक 2. ऊँचा या भारी। [क्रि.वि.] 1. बिलकुल 2. एकदम से।

अटार [सं-पु.] पतली रस्सी।

अटारी [सं-स्त्री.] 1. घर के ऊपर वाला कमरा; कोठा 2. दो या अधिक मंज़िलों वाला मकान; अट्टालिका।

अटाला (सं.) [सं-पु.] 1. सामान; असबाब 2. ढेर; राशि; अंबार 3. कसाइयों की बस्ती 4. मुहल्ला।

अटित (सं.) [वि.] 1. घुमावदार 2. (नगर) जिसमें बहुत से अटारी या बहुमंजिला मकान हों।

अटूट (सं.) [वि.] 1. न टूटने वाला; अखंडित 2. अनवरत 3. पक्का; दृढ़।

अटेंड (अं.) [क्रि-स.] 1. उपस्थित होना 2. शामिल होना 3. देख-भाल करना; सेवा करना।

अटेरन [सं-पु.] 1. सूत की आँटी या लच्छी बनाने का लकड़ी का यंत्र 2. नए घोड़ों को दौड़ने का अभ्यास कराने हेतु उन्हें एक गोले में चक्कर लगवाना 3. कुश्ती का एक दाँव।

अटेरना [क्रि-स.] अटेरन से सूत की आँटी बनाना।

अटेस्ट (अं.) [क्रि-स.] सत्यापित करना; प्रमाणित करना।

अटैक (अं.) [सं-पु.] 1. हमला; आक्रमण 2. आघात; प्रहार 3. किसी बात या कार्य पर सख़्त आपत्ति या आलोचना। [क्रि-स.] हमला करना।

अटैच (अं.) [क्रि-स.] 1. साथ लगाना; संलग्न करना 2. कुर्की करना।

अटैचमेंट (अं.) [सं-पु.] 1. संलग्नक 2. लगाव; मोह; स्नेह। [सं-स्त्री.] कुर्की।

अटैची (अं.) [सं-स्त्री.] छोटा सूटकेस; कपड़ा आदि रखने की पेटी; छोटा बक्सा; (ब्रीफ़केस)। [सं-पु.] संबद्ध कर्मचारी; सहचारी; (अताशे)।

अटैच्ड (अं.) [वि.] 1. जुड़ा हुआ; संबद्ध 2. नत्थी।

अट्ट (सं.) [सं-पु.] 1. अटारी; कोठा 2. बड़ा मकान; भवन 3. बाज़ार; हाट 4. भात 5. रेशमी वस्त्र। [वि.] 1. ऊँचा; उच्च 2. अधिक 3. शुष्क; सूखा 4. निरंतर।

अट्टक (सं.) [सं-पु.] 1. कोठा 2. ऊँचा मकान; महल; प्रासाद 3. अटारी।

अट्टसट्ट [वि.] 1. ऊटपटाँग; अंडबंड; व्यर्थ; निरर्थक। [सं-पु.] निरर्थक बात।

अट्टहास (सं.) [सं-पु.] ज़ोर की हँसी; ठहाका।

अट्टालिका (सं.) [सं-स्त्री.] 1. अटारी; कोठा; महल 2. किसी ऊँची इमारत का सबसे ऊपरी कक्ष।

अट्टी [सं-स्त्री.] 1. अटेरन पर लपेटा हुआ सूत या ऊन 2. लच्छा; पूला।

अट्ठा (सं.) [सं-पु.] 1. आठ का समूह 2. आठ बूटियोंवाला ताश का पत्ता 2. आठ कौड़ियों का समूह।

अट्ठाईस (सं.) [वि.] संख्या '28' का सूचक।

अट्ठावन (सं.) [वि.] संख्या '58' का सूचक।

अठ (सं.) [वि.] आठ का संक्षिप्त रूप जो यौगिक शब्दों के आरंभ में लगता है, जैसे- अठमासा; अठवारा।

अठखेली (सं.) [सं-स्त्री.] 1. शोखी; चुलबुलापन; चपलता 2. आनंदक्रीड़ा; किलोल 3. अल्हड़पन; मस्ती और ठसक भरी चाल 4. मौज-मस्ती में की गई छेड़छाड़। [मु.] **अठखेलियाँ करना** : किलोल करना; इतराकर नाज़ के साथ चलना।

अठगुना [वि.] किसी चीज़ या भाव की प्रदत्त मात्रा और उसे आठ बार दोहराए जाने से बने योग वाला।

अठदंता (सं.) [सं-पु.] आठ दाँत वाला बछड़ा। [वि.] आठ दाँतोंवाला।

अठदल कमल (सं.) [सं-पु.] आठ दलों वाला कमल।

अठन्नी [सं-स्त्री.] 1. रुपए का आधा भाग 2. आठ आने या पचास पैसे का सिक्का।

अठपरा [सं-पु.] जिस कुएँ पर आठ पुर या चरसा चलें।

अठमाचिया [सं-स्त्री.] एक प्रकार की बेल रचना।

अठमासा (सं.) [वि.] 1. जो आठ महीने का हो 2. जो गर्भ से आठ महीने में उत्पन्न हुआ हो। [सं-पु.] 1. सीमांत संस्कार 2. वह खेत जिसमें आषाढ़ से माघ तक फ़सल रहती है।

अठलाना [क्रि-अ.] 1. ऐंठ दिखलाना; इतराना 2. नखरा करना; चोचला करना 3. मस्ती दिखाना; मदोन्मत्त होना 4. जान-बूझकर अनजान बनना।

अठवारा (सं.) [सं-पु.] आठ दिन का समय।

अठहत्तर (सं.) [वि.] संख्या '78' का सूचक।

अठान [सं-पु.] 1. अनुचित हठ ठानने की क्रिया या भाव 2. दुराग्रह 3. झगड़ा 4. वैर; शत्रुता 5. शरारत; पाजीपन। [वि.] न करने योग्य (काम); कठिन।

अठानवे (सं.) [वि.] संख्या '98' का सूचक।

अठाना [क्रि-अ.] 1. अनुचित हठ ठानना 2. सताना; पीड़ित करना; तंग या परेशान करना।

अठारह [वि.] संख्या '18' की सूचक।

अठारहवाँ [वि.] क्रमिक रूप से अठारह के स्थान पर चिह्नित।

अठासी (सं.) [वि.] संख्या '88' का सूचक।

अठोठ [सं-पु.] आडंबर; पाखंड; ढोंग।

अड़ (सं.) [सं-स्त्री.] 1. अड़ने की क्रिया या भाव; रुकावट 2. नाका; बाँध 3. हठ; जिद। [मु.] **-जाना** : किसी बात की ज़िद या हठ पकड़ लेना।

अड़ंगा [सं-पु.] 1. बाधा; रुकावट; अड़चन; अवरोध; अटकाव 2. कुश्ती का एक पेंच। [मु.] **-डालना** : कार्य में अड़चन डालना।

अड़ंगेबाज़ (हिं.+फ़ा.) [सं-पु.] 1. वह जो दूसरों के कामों में अड़ंगा लगाया करता हो 2. बाधक; रुकावट डालने वाला व्यक्ति।

अड़ंगेबाज़ी (हिं.+फ़ा.) [सं-स्त्री.] अड़ंगा लगाने की क्रिया या भाव 2. अवरोध या रुकावट डालने की क्रिया।

अडंड (सं.) [वि.] 1. जिसे दंड न दिया जा सके 2. जो दंडनीय न हो; अदंड्य 3. जिसे कर या टैक्स न देना पड़ता हो।

अडग [वि.] आगे कदम या डग न बढ़ाने वाला; स्थिर; अडिग।

अड़गड़ा [सं-पु.] 1. बैल-गाड़ियों आदि के ठहरने का स्थान 2. घोड़ों, बैलों आदि के बिकने का स्थान।

अड़चन [सं-स्त्री.] 1. बाधा; रुकावट; विघ्न 2. कठिनाई; मुश्किल।

अड़तल [सं-स्त्री.] 1. दुराग्रही; हठी 2. आड़; ओट 3. शरण 4. बहाना।

अड़तालीस [वि.] संख्या '48' का सूचक।

अड़तीस [वि.] संख्या '38' का सूचक।

अड़न [सं-स्त्री.] 1. अड़ने की क्रिया या भाव 2. हठ; ज़िद 3. खड़े होने या बैठने की स्थिति।

अड़ना (सं.) [क्रि-अ.] 1. ज़िद करना; हठ करना; टस से मस न होना 2. किसी वस्तु आदि का दरवाज़े आदि में अटक जाना; बाधित होना 3. मुकाबला करना; झेलना 4. किसी स्थान या बात पर अवरोध बन कर खड़े हो जाना।

अड़बल [वि.] 1. हठी; ज़िद्दी 2. अड़ियल।

अड़सठ (सं.) [वि.] संख्या '68' का सूचक।

अड़हुल [सं-पु.] एक लाल ख़ूबसूरत फूल; गुड़हल; देवीफूल; जवाकुसुम।

अड़ा [सं-पु.] 1. ठहरने, बैठने या रुकने का स्थान 2. दोपहर में पशुओं को बैठाने की जगह या जंगल में पशुओं को रहने के लिए बनाई गई पलानी; अड़ान; अड़ार।

अड़ान [सं-पु.] 1. अड़ने की अवस्था या भाव 2. अड़ने, ठहरने या रुकने का स्थान 3. पड़ाव।

अड़ाना [क्रि-स.] 1. टिकाना; ठहराना; रोकना; अटकाना 2. टेकना; डाट लगाना 3. उलझाना; बाधा या विघ्न उपस्थित करना 4. ठूसना; भरना। [सं-पु.] 1. एक प्रकार का राग 2. वह लकड़ी जिससे कोई वस्तु टिकाते हैं; डाट; चाँड़।

अड़ानी [सं-स्त्री.] वह चीज जो किसी क्रिया को रोकने के लिए उसके मार्ग में रखी या लगाई जाए 2. लकड़ी की वह गुल्ली जो खिड़कियों, दरवाजों आदि को बंद होने से रोकने के लिए चौखट और पल्ले के बीच में लगाई जाती है 3. कुश्ती का अड़ंगा नामक दाँव या पेच; एड़ा। [सं-पु.] बड़ा पंखा।

अड़ार (सं.) [सं-पु.] 1. राशि; ढेर; समूह 2. लकड़ी या ईंधन की दुकान 3. तट; किनारा। [वि.] टेढ़ा; तिरछा।

अडिग [वि.] 1. अपने स्थान से न डिगने या हटने वाला 2. अटल; अचल 3. धीर; संकल्पशील 4. अपनी प्रतिज्ञा से पीछे न हटने वाला।

अडिगता [सं-स्त्री.] 1. दृढ़ता 2. बरकरारी; कायम रहने का भाव 3. ज़िद्दीपन 4. कट्टरता।

अड़ियल [वि.] 1. अकड़ू; कार्य के बीच में रुकने या अड़ने वाला; अडंगेबाज़ 2. अनुदार; कठोर 3. {ला-अ.} दुराग्रही; रूढ़िवादी; तर्कहीन।

अड़ियलपन [सं-पु.] 1. अड़ियल होने की अवस्था या भाव 2. घमंड; अक्खड़ता; अकड़ूपन; झक्कीपन।

अड़िया [सं-स्त्री.] 1. साधुओं के टेककर बैठने की लकड़ी की चौखट; आधारी; कुबड़ी 2. वह रस्सी, जिसमें जहाज का लंगर बंधा रहता है। 3. वह बरतन जिसमें गारा, चूना आदि ढोकर ले जाया जाता है; अढ़िया 4. एक प्रकार का आभूषण।

अड़ी [सं-स्त्री.] 1. ऐसी स्थिति जिसमें आगे बढ़ना कठिन हो 2. रुकावट; बाधा 3. हठ; ज़िद 4. ज़रूरत का वक्त; कठिन समय; अड़चन की स्थिति।

अडीठ [वि.] 1. जो दिखाई न दे; अदृश्य 2. गुप्त; छिपा हुआ 3. जो कभी दिखाई न दिया हो।

अडूसा (सं.) [सं-पु.] 1. एक प्रकार का पौधा 2. उक्त पौधे के पुष्प जो कफ़ से संबंधित रोगों, जैसे- खाँसी और दमा (अस्थमा) की औषधि बनाने के काम में आते हैं।

अडोल (सं.) [वि.] 1. स्थिर; जड़ 2. पक्का 3. गतिहीन 4. अविचल।

अड़ोस-पड़ोस [सं-पु.] 1. अपने घर के आस-पास के घर, भवन आदि 2. मुहल्ला।

अड्ड [वि.] बाधा; रोक; आड़।

अड्डा (सं.) [सं-पु.] 1. वाहन रुकने का स्थान, (स्टेशन), जैसे- बस अड्डा, हवाई अड्डा 2. मिलने-जुलने और समय गुज़ारने का स्थान 3. चोरों, जुआरियों आदि तमाम धंधे करने वालों के मिलने की जगह 4. डेरा 5. चौपाल 6. चौकी 7. चिड़ियों के बैठने के लिए आड़ी लकड़ी या छड़; छतरी 7. जुलाहे का करघा 8. ज़ाली काढ़ने का चौखटा; कढ़ाई का फ़्रेम। [मु.] **-जमना** : कुछ व्यक्तियों का किसी मकसद के लिए एक स्थान पर इकट्ठा होना।

अड्डी [सं-स्त्री.] 1. एक प्रकार का बरमा; लकड़ी में छेद करने वाला औज़ार 2. जूते का किनारा; एड़ी 3. लकड़ी का एक चौखटा।

अड्डेबाज़ [सं-पु.] 1. बैठकबाज़; जमावड़ा लगाने वाला 2. मिलनसार।

अड्डेबाज़ी [सं-स्त्री.] बैठकबाज़ी; जमावड़ा।

अढ़उल [सं-पु.] जपा पुष्प; अड़हुल; गुल्हड़।

अढ़तिया [सं-पु.] 1. आढ़त का काम करने वाला; माल ख़रीद कर ग्राहकों और महाजनों को भेजने और उनका माल मँगा कर बेचने वाला दुकानदार 2. मध्यवर्ती व्यापारी; दलाल; (एजेंट)।

अढ़न [सं-पु.] 1. महत्ता; श्रेष्ठता 2. मर्यादा 3. धाक।

अढ़ाई [वि.] ढाई; दो और आधा। [मु.] **-चावल की खिचड़ी अलग पकाना** : सभी की अपनी-अपनी राय अलग-अलग होना।

अढ़िया [सं-स्त्री.] काठ, पत्थर या टिन का छोटा पात्र जिसमें मज़दूर गारा, चूना आदि ढोते हैं; तसला।

अढुक [सं-पु.] 1.बाधा; रुकावट 2. बाधा पहुँचाने वाली बात या वस्तु।

अणिमा (सं.) [सं-स्त्री.] (हठयोग) अष्ट सिद्धियों में पहली सिद्धि जिसे प्राप्त करने पर योगी पुरुष किसी को दिखाई नहीं देता।

अणी (सं.) [सं-स्त्री.] नोक; धार। [अव्य.] स्त्रियों में प्रचलित संबोधन का शब्द; अरी।

अणु (सं.) [सं-पु.] 1. किसी तत्व या यौगिक आदि का वह अत्यंत छोटा रूप जिसमें उसके सभी संयोजक अंश मौजूद हों; (मॉलिक्यूल) 2. अंश; कण; घटक; सूक्ष्म मात्रा 3. रजकण।

अणुजीव (सं.) [सं-पु.] प्राणी या वनस्पति जगत का बहुत ही छोटा जीव जो सिर्फ़ सूक्ष्मदर्शी यंत्र से ही देखा जा सकता है।

अणुबम (सं.+अं.) [सं-पु.] नाभिकीय विखंडन पर आधारित एक प्रकार का बम जो विस्फ़ोट के द्वारा व्यापक जनसंहार करता है; (ऐटम बॉम्ब)।

अणुमात्र (सं.) [वि.] बहुत थोड़ा; रंचमात्र; लेशमात्र; अणु भर।

अणुवाद (सं.) [सं-पु.] 1. वह दर्शन या सिद्धांत जिसमें जीव या आत्मा को अणु माना गया है 2. वैशेषिक दर्शन।

अणुवादी (सं.) [सं-पु.] वल्लभाचार्य का अनुयायी वैष्णव। [वि.] अणुवाद के सिद्धांत को मानने वाला या अनुयायी।

अणुवीक्षण (सं.) [सं-पु.] 1. सूक्ष्म वस्तुओं या बातों को जानने या देखने की क्रिया या भाव 2. छिद्रान्वेषण।

अणुशक्ति (सं.) [सं-स्त्री.] 1. आणविक शक्ति; आणविक ऊर्जा; परमाणु शक्ति या ऊर्जा 2. ऊर्जा का अद्यतन, वैकल्पिक स्रोत।

अतंद्र (सं.) [वि.] 1. जो तंद्रा में न हो; तंद्रारहित 2. सचेष्ट; जागरूक 3. उद्यमी; प्रयत्नशील।

अतंद्री (सं.) [वि.] 1. जिसे निद्रा या तंद्रा न आती हो; निद्रारहित 2. सदैव जाग्रत; जागरूक; सचेत।

अतंरालीय (सं.) [वि.] 1. जिसमें अंतराल हो; अवकाशवाला 2. दूरी पर स्थित 3. अंतरिम; मध्यमीय; जो माध्यमिक अवस्था में हो।

अतः (सं.) [अव्य.] 1. इस कारण; इस वजह से; इसलिए 2. इसकी अपेक्षा; इससे 3. अब से 4. आगे।

अतएव (सं.) [अव्य.] 1. इसलिए; अतः 2. इस वजह से; इस कारण से।

अतथ्य (सं.) [वि.] 1. जिसमें तथ्य या सच्चाई न हो; तथ्यरहित 2. असत्य; अवास्तविक 3. अयथार्थ; गलत। [सं-पु.] तथ्य या सच्चाई का अभाव।

अतनु (सं.) [वि.] 1. जो बिना तन या शरीर का हो; शरीर-रहित; देहरहित 2. जो दुबला-पतला न हो। [सं-पु.] कामदेव।

अतप (सं.) [वि.] 1. जिसमें ताप या गरमी न हो; शीतल; न तपने वाला 2. जो तपस्या या तप न करता हो 3. निठल्ला। [सं-पु.] 1. तपस्या की अवहेलना करने वाला व्यक्ति 2. वह व्यक्ति जो तपस्वी न हो।

अतर [सं-पु.] इत्र; फूल का सत; सुगंधित द्रव्य; (परफ़्यूम)।

अतरवन (सं.) [सं-पु.] 1. छज्जा छाने के लिए निर्मित पत्थर की पटिया 2. एक प्रकार की घास या मूँज जो खपरों के नीचे फैलाई जाती है।

अतरसों (सं.) [अव्य.] 1. बीते हुए परसों से एक दिन पहले का दिन 2. आने वाले परसों से एक दिन बाद का दिन।

अतरायन [सं-स्त्री.] खाट के पैताने की ओर रस्सियों का जुट्टा।

अतरावन भाँज [क्रि.वि.] खेत जोतने की एक विशेष विधि जिसमें कुछ जमीन छोड़कर (आँतर देकर) पुनः जमीन जोती जाती है; एक प्रकार का अतरावन।

अतर्क (सं.) [वि.] 1. जिसमें कोई तर्क न हो; तर्करहित 2. असंगत। [सं-पु.] तर्क का अभाव; तर्कहीनता।

अतर्कपूर्ण (सं.) [वि.] 1. बेतुका; बेमतलब 2. तर्कहीन 3. आधारहीन; निराधार।

अतर्कित (सं.) [वि.] 1. जिसका पहले से कोई अनुमान या तर्क न किया गया हो 2. अनसोचा 3. अचानक; आकस्मिक।

अतर्क्य (सं.) [वि.] जिसपर कोई तर्क न किया जा सके; अकाट्य।

अतल (सं.) [सं-पु.] सात पातालों में दूसरा पाताल। [वि.] 1. जिसका तल न हो; तलरहित 2. जिसकी गहराई की थाह न हो; अथाह।

अतलस्पर्शी (सं.) [वि.] 1. जिसके तल या गहराई तक पहुँचा न जा सके 2. बहुत गहरा; अथाह।

अतलांत (सं.) [वि.] जिसके तल का अंत न हो; अत्यधिक गहरा; अथाह; असीम गहरा।

अता-पता [सं-पु.] पता-ठिकाना। [मु.] **-न होना** : किसी को पता-ठिकाना न मालूम होना; अस्तित्व न होना।

अतारांकित (सं.) [वि.] जिसमें तारा का चिह्न न लगा हो; गैरतारांकित।

अतार्किक (सं.) [वि.] जो तर्क पर आधारित न हो; तर्कविहीन; अतर्क्य।

अति (सं.) [अव्य.] अतिरेक का भाव; अतिशयता; अधिकता।

अतिकथ (सं.) [वि.] 1. बहुत बढ़ा-चढ़ाकर कहा हुआ 2. अविश्वसनीय। [सं-पु.] बहुत बढ़ा-चढ़ाकर कही हुई बात।

अतिकथन (सं.) [सं-पु.] अतिरंजित कथन; अत्युक्ति।

अतिकथा (सं.) [सं-स्त्री.] 1. अतिरंजित बात; बढ़ा-चढ़ाकर कही गई बात 2. अतिरंजित कहानी 3. निरर्थक बात; बकवाद; फालतू बात।

अतिकर (सं.) [सं-पु.] अतिरिक्त कर या टैक्स; अधिकर।

अतिकरुण (सं.) [वि.] अत्यंत कारुणिक; अत्यंत दयनीय।

अतिकांत (सं.) [वि.] 1. बहुत अधिक सुंदर 2. कांतिशील 3. अधिक प्यारा।

अतिकामी (सं.) [वि.] जिसमें अधिक काम-वासना हो।

अतिकाय (सं.) [वि.] 1. भारी डील-डौलवाला 2. विशालकाय।

अतिकाल (सं.) [सं-पु.] 1. देर; विलंब 2. कुसमय 3. किसी कार्य के नियत समय के बीतने का समय।

अतिकृत (सं.) [वि.] 1. जिसको करने में मर्यादा का उल्लंघन या अतिक्रमण किया गया हो 2. सीमा से अधिक किया गया।

अतिक्रम (सं.) [सं-पु.] 1. सीमा से आगे बढ़ना 2. नियम या मर्यादा का उल्लंघन 3. विपरीत व्यवहार 4. लाँघना।

अतिक्रमण (सं.) [सं-पु.] सीमा का उल्लंघन; हद से आगे जाना; अनधिकृत कब्ज़ा।

अतिक्रमित (सं.) [वि.] 1. जिसका अतिक्रमण हुआ हो 2. जिसका उल्लंघन किया गया हो।

अतिक्रांत (सं.) [वि.] 1. जिसके क्रम का उल्लंघन किया गया हो 2. बीता हुआ; अतीत; गत।

अतिक्रामक (सं.) [सं-पु.] 1. अपने अधिकार और सीमा का उल्लंघन करने वाला व्यक्ति 2. दूसरे के अधिकारों आदि में हस्तक्षेप करने वाला।

अतिगत (सं.) [वि.] 1. अति को पहुँचा हुआ 2. अत्यधिक; बहुत अधिक 3. सीमा या हद तक पहुँचा हुआ।

अतिगति (सं.) [सं-स्त्री.] 1. उत्तम गति 2. मोक्ष; मुक्ति।

अतिग्रह (सं.) [वि.] 1. जो ग्रहण न किया जा सके 2. दुर्बोध। [सं-पु.] 1. बहुत ग्रहण करने वाला व्यक्ति 2. सही ज्ञान 3. ज्ञानेंद्रियों का विषय।

अतिचर (सं.) [वि.] 1. बहुत परिवर्तनशील 2. क्षणिक।

अतिचार (सं.) [सं-पु.] 1. अपने अधिकार और अधिकृत सीमाक्षेत्र से बाहर जाकर दूसरे के अधिकार में दख़लंदाज़ी 2. अतिक्रमण 3. मर्यादा का उल्लंघन।

अतिचारी (सं.) [वि.] 1. वह जो अतिचार अथवा अतिक्रमण करता हो 2. सीमा का अनुचित रूप से उल्लंघन करने वाला।

अतिजागर (सं.) [वि.] 1. जो सदा जागता रहता हो; जागरूक; बहुत अधिक जानने वाला।

अतिजीवी (सं.) [वि.] 1. औरों की अपेक्षा अधिक जीने वाला 2. अन्य व्यक्तियों, जातियों-प्रजातियों आदि के समाप्त होने के बाद भी बचा रहने वाला।

अतितरण (सं.) [सं-पु.] 1. पार करना 2. पराजित करना; पराभूत करना; हराना।

अतितृष्णा (सं.) [सं-स्त्री.] 1. अधिक तृष्णा या प्यास 2. अत्यंत लालच या लोभ 3. अत्यधिक वासना।

अतिथि (सं.) [सं-पु.] बाहर से आने वाला आगंतुक; मेहमान; अभ्यागत।

अतिथि-सत्कार (सं.) [सं-पु.] 1. अतिथि का सत्कार 2. अभ्यागत की सेवा-सुश्रूषा।

अतिथिगृह (सं.) [सं-पु.] वह भवन जो अतिथियों के ठहरने के लिए नियत हो; अतिथिशाला।

अतिथित्व (सं.) [सं-पु.] अतिथि होने का भाव।

अतिथिधर्म (सं.) [सं-पु.] 1. उचित रूप से अतिथि की सेवा या सत्कार करने की क्रिया या भाव 2. अतिथि की सेवा।

अतिथिशाला (सं.) [सं-स्त्री.] अतिथिगृह।

अतिदर्शी (सं.) [वि.] 1. दूरदर्शी 2. जो अधिक दूर तक देखता हो; जो आगे की बात सोचता हो।

अतिदान (सं.) [सं-पु.] 1. सर्वोत्तम वस्तु का दान 2. बहुत

अधिक दान या उदारता।

अतिदिष्ट (सं.) [वि.] 1. निर्दिष्ट विषय के अलावा और विषयों पर भी लागू होने वाला (नियम) 2. जिसका अतिदेशन हुआ हो 3. आरोपित 3. अपनी सीमा, अवधि से आगे बढ़ाया हुआ; (इक्सटेंडेड)।

अतिदुर्गत (सं.) [वि.] 1. जिसकी दुर्गति की गई हो 2. जिसकी स्थिति बहुत ख़राब हो।

अतिदुसह (सं.) [वि.] जो असहनीय हो; असह्य।

अतिदेश (सं.) [सं-पु.] 1. प्रस्तुत विषय का अतिक्रमण करके दूसरे विषय पर जाना 2. किसी कार्य या बात की सीमा या अवधि आगे बढ़ाने की क्रिया या भाव; विस्तारण (इक्स्टेंशन) 3. कई भिन्न या विरोधी बातों में कुछ विशेष तत्वों की पाई जाने वाली समानता।

अतिदेशन (सं.) [सं-पु.] अतिदेश करने की क्रिया या भाव।

अतिद्रुत (सं.) [वि.] द्रुत गतिवाला; तेज़ गतिवाला; बहुत तेज़।

अतिनिद्र (सं.) [वि.] जो बहुत सोता हो; सदैव सोता रहने वाला; जिसे बहुत नींद आती हो।

अतिपतन (सं.) [सं-पु.] 1. सीमा का उल्लंघन; अतिक्रमण 2. अत्यधिक ह्रास या विनाश की स्थिति।

अतिपतित (सं.) [वि.] ऐसा व्यक्ति या स्थिति जिसका अत्यधिक पतन हुआ हो।

अतिपथ (सं.) [सं-पु.] 1. उत्तम मार्ग 2. बड़ा और श्रेष्ठ मार्ग।

अतिपन्न (सं.) [वि.] 1. (समय) बीता या गुज़रा हुआ 2. अतिक्रांत 3. भूला या छूटा हुआ।

अतिपरोक्ष (सं.) [वि.] 1. जो बहुत परोक्ष या अप्रत्यक्ष हो 2. अदृश्य; अप्रकट।

अतिपात (सं.) [सं-पु.] 1. अनजाने में होने वाली नित्य प्रायः की जीवहिंसा; हिंसा 2. अव्यवस्था 3. नियम या मर्यादा का उल्लंघन।

अतिप्रश्न (सं.) [सं-पु.] 1. ऐसा प्रश्न जिसके पूछने से मर्यादा का अतिक्रमण हो 2. तर्कहीन प्रश्न 3. अनावश्यक प्रश्न 4. न पूछने योग्य प्रश्न।

अतिप्रसंग (सं.) [सं-पु.] 1. घना या घनिष्ठ संबंध 2. धृष्टता 3. किसी नियम का अति विस्तार।

अतिप्राकृत (सं.) [वि.] 1. दैवी; दिव्य; अलौकिक 2. असाधारण।

अतिभार (सं.) [सं-पु.] 1. अधिक बोझ, वज़न या भार 2. (साहित्य) अर्थ की दृष्टि से वाक्य के बोझिल होने की अवस्था या भाव।

अतिभोग (सं.) [सं-पु.] 1. नियत समय के बाद भी अथवा बहुत दिनों से किसी वस्तु या संपत्ति का उपभोग करते चले जाना 2. किसी वस्तु या संपत्ति का दीर्घकालीन उपभोग।

अतिमर्त्य (सं.) [वि.] 1. मृत्यु लोक से परे का; पारलौकिक 2. जो इस लोक से संबंधित न हो; अलौकिक।

अतिमर्श (सं.) [सं-पु.] 1. बहुत नज़दीक का संबंध 2. निकट का नाता 3. अत्यधिक संपर्क।

अतिमा (सं.) [सं-स्त्री.] 1. अति या चरम सीमा तक पहुँचने की अवस्था, गुण या भाव 2. बहुत अधिकता; अत्यधिक 3. दिव्यता; अलौकिकता।

अतिमात्र (सं.) [वि.] नियत या उचित मात्रा से अधिक; अत्यधिक; बहुत ज़्यादा; बहुत अधिक।

अतिमान (सं.) [सं-पु.] 1. अत्यधिक घमंड 2. अधिक अहंकार 3. अधिक ज़िद या हठ।

अतिमानव (सं.) [सं-पु.] ऐसा मनुष्य जिसमें अलौकिक गुण हों।

अतिमानवी (सं.) [वि.] मनुष्योचित से कहीं ज़्यादा; जो (घटनाएँ, गुण या क्रिया-कलाप) मानव के लिए असंभव प्रतीत हो।

अतिमानस (सं.) [सं-पु.] मन या बुद्धि से परे वस्तु या जगत। [वि.] 1. जो मन से परे हो 2. जिस तक बुद्धि की पहुँच न हो।

अतिमित (सं.) [वि.] 1. जो नापा न जा सकता हो; अपरिमित 2. जो नापने से परे हो 3. शुष्क।

अतियथार्थवाद (सं.) [सं-पु.] 1. फ्रांस में जन्मा एक कला-आंदोलन जो स्वतंत्रता और प्रेम पर बल देता है और व्यक्तित्व के अंतर्विरोधों के चित्रण को महत्वपूर्ण मानता है 2. यथार्थ की अभिव्यक्ति में अति या आधिक्य करना।

अतियथार्थवादी (सं.) [वि.] 1. यथार्थ की अति करके बताने वाला 2. अतियथार्थवाद को मानने वाला।

अतियोग (सं.) [सं-पु.] 1. किसी मिश्रण आदि में कोई वस्तु या चीज़ आवश्यकता से अधिक मिलाना 2. अतिशयता।

अतिरंजन (सं.) [सं-पु.] बढ़-चढ़ा कर कोई बात कहना; अत्युक्ति; अतिशयोक्ति।

अतिरंजना (सं.) [सं-स्त्री.] अतिरंजन; अतिशयोक्ति।

अतिरंजित (सं.) [वि.] बहुत बढ़ा-चढ़ा कर कहा हुआ; अतिशयोक्तिपूर्ण।

अतिरक्तचाप (सं.) [सं-पु.] शरीर की धमनियों में रक्त प्रवाह की गति का तेज़ होना; (हाई ब्लड प्रेशर)।

अतिराष्ट्रीयता (सं.) [सं-स्त्री.] 1. अत्यधिक या उत्कट राष्ट्रप्रेम 2. उग्र राष्ट्रवाद।

अतिरिक्त (सं.) [वि.] 1. बढ़ा हुआ; नियत से अधिक 2. फ़ाज़िल 3. भिन्न 4. अद्वितीय 5. जो आवश्यकतानुसार जोड़ा या बढ़ाया गया हो। [क्रि.वि.] अलावा; सिवाय।

अतिरूप (सं.) [वि.] 1. बहुत सुंदर रूपवाला 2. अत्यधिक सुंदर 3. रूप से परे; आकृतिहीन।

अतिरेक (सं.) [सं-पु.] 1. आवश्यकता से अधिक होने की अवस्था, गुण या भाव 2. आधिक्य; बढ़ोत्तरी; ज़रूरत से ज़्यादा होना या करना 3. अतिशयता; बहुतायत 4. हद पार करके कुछ करने की क्रिया 5. व्यर्थ की वृद्धि या विस्तार; (ऐग्रेवेशन)।

अतिरोग (सं.) [सं-पु.] 1. बड़ा रोग 2. क्षयरोग; राजयक्ष्मा।

अतिलंघन (सं.) [सं-पु.] 1. सीमा या मर्यादा का अधिक अतिक्रमण या उल्लंघन 2. दीर्घ उपवास।

अतिवक्ता (सं.) [वि.] 1. बहुत बकबक करने वाला 2. अधिक बोलने वाला; बकवादी।

अतिवर्तन (सं.) [सं-पु.] 1. बहुत अधिक आगे बढ़ने की क्रिया

या भाव 2. मात्रा से अधिक प्रयोग करना।

अतिवर्ती (सं.) [वि.] 1. बहुत आगे बढ़ा हुआ 2. पार करने वाला।

अतिवात (सं.) [सं-पु.] 1. तेज़ चलने वाली वायु का उग्र रूप 2. हवा या वायु का प्रचंड रूप।

अतिवाद (सं.) [सं-पु.] 1. किसी विषय में औचित्य की सीमा या मर्यादा से बहुत आगे बढ़ जाने का सिद्धांत जो आतुरता, उग्रता आदि का सूचक है।

अतिवादी (सं.) [सं-पु.] 1. वह जो अतिवाद के सिद्धांत को मानता है और उसके अनुसार चलता है 2. अतिवाद संबंधी 3. किसी बात या कार्य में अति करने वाला।

अतिवाह (सं.) [सं-पु.] 1. आत्मा का एक शरीर को छोड़कर दूसरे शरीर में जाना; परलोकवास 2. फालतू पानी निकालने की नाली; पानी निकालने का मार्ग।

अतिवाहन (सं.) [सं-पु.] 1. व्यतीत करना 2. अत्यधिक मेहनत या परिश्रम करना 3. भेजना।

अतिविस्तार (सं.) [सं-पु.] 1. बहुत अधिक फैलाव 2. व्यापकता।

अतिवृष्टि (सं.) [सं-स्त्री.] 1. बहुत अधिक वर्षा जो खेतों आदि के लिए अनिष्टकारी सिद्ध हो; धन-जन की हानि करने वाली भीषण बारिश 2. मूसलाधार वर्षा; अत्यधिक वर्षा होने की स्थिति।

अतिव्यय (सं.) [सं-पु.] ज़रूरत से ज़्यादा ख़र्च; फ़िज़ूलख़र्ची; अपव्यय।

अतिव्ययी (सं.) [वि.] अपव्ययी; फ़िज़ूलख़र्च या ज़रूरत से ज़्यादा ख़र्च करने वाला।

अतिव्यापी (सं.) [वि.] 1. अतिरिक्त रूप से व्याप्त 2. जो प्रतिपादित करना है उसकी सीमाओं या नियम से अधिक 3. जिसमें अतिव्याप्ति दोष हो।

अतिव्याप्ति (सं.) [सं-स्त्री.] 1. प्रतिपाद्य की सीमा या नियम से अधिक हो जाना 2. (तर्कशास्त्र और साहित्य) किसी कथन या लक्षण में अपेक्षा से इतर किसी अतिरिक्त वस्तु का भी आ जाना।

अतिव्याप्ति दोष (सं.) [सं-पु.] 1. उद्देश्य या नियम से अधिक होना 2. लक्षण के तीन दोषों में से एक; जहाँ लक्षण में लक्ष्य के अतिरिक्त अन्य वस्तु भी समाविष्ट हो जाए।

अतिशय (सं.) [वि.] आवश्यकता से बहुत अधिक; अत्यधिक। [सं-पु.] आधिक्य; प्रचुरता 2. एक अर्थालंकार जिसमें किसी वस्तु की संभावना या असंभावना को लगातार बढ़ते दिखाया जाता है।

अतिशयीकरण (सं.) [सं-पु.] 1. अतिशय रूप देने की क्रिया 2. बढ़ा-चढ़ाकर दिया गया स्पष्टीकरण 3. परम अधिकता का भाव।

अतिशयोक्ति (सं.) [सं-स्त्री.] 1. बढ़ा-चढ़ाकर कही गई बात 2. अतिरंजना; अत्युक्ति; चमत्कारोक्ति 3. (काव्यशास्त्र) एक अर्थालंकार जिसमें किसी की प्रशंसा या निंदा में बहुत बढ़ा-चढ़ाकर बातें की जाती हैं।

अतिशायन (सं.) [सं-पु.] 1. अधिक या प्रचुर होने की स्थिति 2. श्रेष्ठता; प्रधानता।

अतिशायी (सं.) [वि.] 1. जो आगे बढ़ गया हो; आगे बढ़ा हुआ 2. अतिशयतावाला 3. प्रधान 4. श्रेष्ठ।

अतिशीतन (सं.) [सं-पु.] आवश्यकता या ज़रूरत से ज़्यादा ठंडा या शीतल करना।

अतिशेष (सं.) [वि.] 1. बचा हुआ (अंश) 2. बाकी (रोकड़) 3. बहुत कम या अल्प मात्रा में बचा हुआ।

अतिसंधान (सं.) [सं-पु.] 1. अतिक्रमण; सीमा की मर्यादा को पार करना 2. उचित या ठीक लक्ष्य से और आगे बढ़कर निशाना लगाना 3. छल; धोखा।

अतिसंधि (सं.) [सं-स्त्री.] किसी को शक्ति या सामर्थ्य से अधिक सहायता देने की प्रतिज्ञा।

अतिसंधित (सं.) [वि.] जो अतिसंधि के कारण छला गया हो 2. सामर्थ्य से अधिक सहायता देने के कारण जो स्वयं वंचित हो गया हो।

अतिसंध्या (सं.) [सं-स्त्री.] सूर्योदय के ठीक पहले और सूर्यास्त के ठीक बाद का समय।

अतिसर (सं.) [वि.] 1. अपनी चाल या गति से तेज़ चलने वाला 2. सबसे तेज़ चलने वाला 3. आगे बढ़ जाने वाला। [सं-पु.] प्रयत्न; प्रयास।

अतिसर्पण (सं.) [सं-पु.] 1. तेज़ या तीव्र गति 2. तेज़ी से चलना 3. गर्भाशय में शिशु का आगे की ओर तेज़ी से सरकना।

अतिसार (सं.) [सं-पु.] आँव; पेचिश; दस्त।

अतिसारी (सं.) [वि.] 1. जिसे अतिसार रोग हुआ हो; अतिसार रोग से पीड़ित 2. अतिसार रोग से संबंधित।

अतिसूक्ष्म (सं.) [वि.] अत्यंत सूक्ष्म; बहुत ही छोटा; (माइक्रोस्कोपिक)।

अतिसौरभ (सं.) [वि.] अत्यधिक सुगंधवाला। [सं-पु.] अत्यधिक सुगंध।

अतिस्थूल (सं.) [वि.] 1. जो शरीर से बहुत मोटा हो 2. {ला-अ.} अत्यंत मूर्ख; मोटी बुद्धिवाला।

अतिस्पर्श (सं.) [वि.] 1. कृपण; कंजूस 2. कमीना; नीच।

अतिस्वन (सं.) [वि.] वह जिसकी गति ध्वनि की गति (738 मील प्रति घंटा) से अधिक हो; पराध्वनिक; (सुपरसॉनिक)।

अतिहत (सं.) [वि.] 1. जो पूर्णतः नष्ट किया गया हो 2. स्थिर; अचल; दृढ़ता से जमाया हुआ।

अतिहसित (सं.) [सं-पु.] 1. ज़ोर की हँसी 2. (नाट्यशास्त्र) हास के छह भेदों में से एक।

अतींद्रिय (सं.) [वि.] 1. इंद्रियातीत; इंद्रियों से परे का (बोध) 2. इंद्रियों की पहुँच से बाहर; अगोचर। [सं-पु.] आत्मा।

अतीक (अ.) [वि.] 1. पुरातन; कदीम 2. आज़ाद; बंधनमुक्त 3. गिरामी; श्रेष्ठ।

अतीत (सं.) [वि.] 1. बीता हुआ; गुज़रा हुआ 2. भूतकाल; व्यतीत। [सं-पु.] बीता हुआ समय।

अतीतगत (सं.) [वि.] 1. व्यतीत; बीता हुआ 2. पुराना; प्राचीन 3. गुज़रा हुआ।

अतीतजीवी (सं.) [वि.] 1. अतीत में जीने वाला; अतीतग्रस्त 2. वर्तमान परिस्थिति से अपने को काटकर विगत की स्मृतियों में लीन रहने वाला।

अतीतोन्मुख (सं.) [वि.] 1. जिसकी दृष्टि या प्रवृत्ति अतीत की ओर हो; अतीतमुखी 2. अतीत को अपना आधार बनाने वाला।

अतीतोन्मुखी (सं.) [वि.] 1. अतीत की ओर देखने वाला 2. अतीत की ओर मुँह किए हुए; अतीत में जीने वाला 3. अतीतोन्मुख।

अतीव (सं.) [वि.] बहुत अधिक; अत्यंत, जैसे- आपसे मिलकर अतीव प्रसन्नता हुई।

अतीस (सं.) [सं-स्त्री.] एक प्रकार का जंगली पौधा जिसकी जड़ दवाई के काम आती है; अतिविषा।

अतुंग (सं.) [वि.] 1. जो तुंग अर्थात ऊँचा न हो 2. जो बहुत छोटा हो; ठिगना; छोटे कदवाला।

अतुंद (सं.) [वि.] 1. जो मोटी तोंदवाला या मोटा न हो 2. छरहरा; दुबला-पतला।

अतुकांत (सं.) [वि.] 1. जिस (कविता) में तुक न मिलाई गई हो; जिस (कविता) में अंत्यानुप्रास न हो 2. छंदमुक्त (कविता) 3. हिंदी में नई कविता के अंतर्गत एक खास शैली।

अतुल (सं.) [वि.] 1. जिसकी तुलना न हो सके; अतुलनीय 2. जिसे तौला-मापा न जा सके 3. असीम; अमित 4. अत्यधिक।

अतुलनीय (सं.) [वि.] 1. जिसकी तुलना न की जा सके 2. अनुपमेय 3. बेजोड़; अतुल्य।

अतुलित (सं.) [वि.] 1. बिना तौला हुआ 2. अपरिमित; बे-अंदाज़; अपार; बहुत अधिक 3. असंख्य 4. अद्वितीय; अनुपम; बेजोड़।

अतुल्य (सं.) [वि.] अतुलनीय।

अतुष (सं.) [वि.] 1. बिना छिलकेवाला (अनाज) 2. बिना भूसीवाला (अन्न)।

अतुष्टि (सं.) [सं-स्त्री.] 1. अतृप्ति 2. अप्रसन्नता 3. असंतोष।

अतृप्त (सं.) [वि.] 1. जिसकी भूख या इच्छाएँ पूरी न हुई हों 2. जो तृप्त अर्थात् संतुष्ट न हो; जिसका मन न भरा हो 3. जिसकी प्यास न बुझ पाई हो; प्यासा 4. अप्रसन्न; नाख़ुश 5. अपूर्णकाम।

अतृप्ति (सं.) [सं-स्त्री.] 1. तृप्ति का अभाव 2. संतुष्ट न होने की अवस्था या भाव 3. असंतुष्टि; असंतोष 4. अप्रसन्नता।

अत्तार (अ.) [सं-पु.] 1. इत्र या सुगंधित तेल बनाने और बेचने वाला 2. गंधी 3. यूनानी दवाएँ बनाने और बेचने वाला।

अत्यंत (सं.) [वि.] 1. अत्यधिक; बहुत अधिक, जैसे- अत्यंत स्नेह 2. बेहद 3. नितांत 4. आवश्यकता से अधिक। [अव्य.] अत्यधिक, जैसे- अत्यंत प्रखर बुद्धि।

अत्यंतातिशयोक्ति (सं.) [सं-स्त्री.] (काव्यशास्त्र) अतिशयोक्ति अलंकार का एक भेद, जहाँ कारण से पहले ही कार्य के होने का कथन होता है।

अत्यंताभाव (सं.) [सं-पु.] 1. ऐसा अभाव जो नित्य और स्थायी हो 2. अस्तित्व की परम शून्यता 3. ऐसी बात जो कभी संभव न हो, जैसे- आकाशकुसुम।

अत्यधिक (सं.) [वि.] प्रचुर; ज़रूरत से ज़्यादा; बहुत ही अधिक।

अत्यय (सं.) [सं-पु.] 1. मौत; मृत्यु 2. अभाव 3. नाश 4. क्षीण 5. सीमा का अतिक्रमण करना 6. बुराई 7. संकट 8. दंड; सज़ा।

अत्यल्प (सं.) [वि.] बहुत थोड़ा; बहुत ही कम; अति न्यून, जैसे- इस रसायन की अत्यल्प मात्रा भी घातक हो सकती है।

अत्याचार (सं.) [सं-पु.] 1. ज़ुल्म 2. दुराचार 3. अन्याय 4. किसी के प्रति बलपूर्वक किया जाने वाला अनुचित व्यवहार।

अत्याचारी (सं.) [वि.] अत्याचार करने वाला; ज़ुल्म ढाने वाला; ज़्यादती करने वाला; अन्यायी।

अत्याज्य (सं.) [वि.] 1. जिसका त्याग न किया जा सके 2. जिसे त्यागना या छोड़ना उचित या ठीक न हो; न छोड़ने योग्य।

अत्याधुनिक (सं.) [वि.] नितांत आधुनिक; आधुनिकतम; अत्यधिक नवीन; अभी हाल का।

अत्याय (सं.) [सं-पु.] 1. सीमा, मर्यादा, नियम आदि का उल्लंघन या अतिक्रमण; मर्यादाभंग 2. बहुत अधिक लाभ।

अत्यावश्यक (सं.) [वि.] 1. जो अत्यंत आवश्यक हो 2. बहुत ज़रूरी जैसे- इस लाल फ़ाइल में अत्यावश्यक दस्तावेज़ हैं।

अत्याहार (सं.) [सं-पु.] 1. आहार का अत्यधिक सेवन; बहुत अधिक या ज़्यादा भोजन करना 2. पेटूपन।

अत्याहारी (सं.) [वि.] बहुत अधिक खाने वाला; जो बहुत अधिक भोजन या आहार करता हो; पेटू।

अत्युक्त (सं.) [वि.] 1. बढ़ा-चढ़ाकर कहा हुआ 2. अत्युक्तिपूर्ण।

अत्युक्ति (सं.) [सं-स्त्री.] 1. बढ़ा-चढ़ा कर कही गई बात; अतिशयोक्ति 2. एक अलंकार जहाँ शूरता, उदारता आदि गुणों का अतिशय वर्णन होता है।

अत्युग्र (सं.) [वि.] 1. अति उग्र; सामान्य से अधिक तीखा या तेज़; बहुत विकट; अतिप्रचंड 2. बहुत अधिक क्रोधी। [सं-पु.] हींग, तेज़ गंधवाला द्रव्य।

अत्युच्च (सं.) [वि.] बहुत ही ऊँचा; अति उच्च।

अत्युत्तम (सं.) [वि.] 1. बहुत उत्कृष्ट और सुंदर 2. सबसे उत्तम और बढ़िया; सर्वश्रेष्ठ।

अत्युत्पादन (सं.) [सं-पु.] अति उत्पादन; देश या समाज में खपत या उपयोग से अधिक उत्पादन होना।

अत्युत्साह (सं.) [सं-पु.] अति उत्साह; बहुत अधिक उत्साह की अवस्था।

अत्यूह (सं.) [सं-पु.] 1. मन में बहुत अधिक होने वाला ऊहापोह या सोच-विचार 2. जिस पक्षी की आवाज़ बहुत तेज़ हो; मोर 3. हरसिंगार नामक झाड़; उक्त झाड़ के पुष्प जो शरद ऋतु में खिलते हैं।

अत्र (सं.) [अव्य.] 1. यहाँ से; इस जगह से 2. इस अवस्था से।

अत्रभवान (सं.) [वि.] बहुत अधिक महान या श्रेष्ठ। [सं-पु.] महान व्यक्तियों के लिए संबोधन।

अत्रस्त (सं.) [वि.] 1. जिसे कोई दुख या त्रास न हो 2. भयरहित; निडर 3. अत्रास।

अत्रास (सं.) [सं-स्त्री.] 1. जिसे कोई दुख या त्रास न हो 2. भयरहित; निडर 3. अत्रस्त।

अत्रि (सं.) [सं-पु.] 1. (पुराण) सप्तऋषियों में से एक ऋषि

का नाम 2. सप्तऋषि मंडल का एक तारा।

अथ (सं.) [अव्य.] 1. कथन, लेख आदि के आरंभ में आने वाला मंगल सूचक शब्द 2. आरंभ; शुरुआत 3. अनंतर।

अथक (सं.) [वि.] 1. न थकने वाला; अश्रांत 2. बिना थके लगातार किया जाने वाला, जैसे- अथक परिश्रम।

अथर्व (सं.) [सं-पु.] 1. चार वेदों में से एक 2. चौथा वेद जिसके मंत्रद्रष्टा ऋषि भृगु थे 3. उक्त वेद के मंत्र।

अथर्वण (सं.) [सं-पु.] 1. अथर्ववेद 2. शिव; महादेव।

अथवा (सं.) [अव्य.] एक योजक शब्द जिसका प्रयोग तब किया जाता है जब कई शब्दों या पदों में किसी एक को चुनना हो; या; वा; किंवा, जैसे- निबंध, कहानी अथवा कविता।

अथाई (सं.) [सं-स्त्री.] 1. घर के साथ सामने बना चबूतरा जहाँ लोग बैठते हैं; ओटला 2. बैठक 3. मंडली; जमावड़ा।

अथाह (सं.) [वि.] 1. अत्यंत गहरा; जिसकी थाह न ली जा सके या जिसकी गहराई न नापी जा सके, जैसे- समुद्र की अथाह जलराशि 2. अपार; अगाध, जैसे- अथाह संपत्ति 3. जिराका अनुमान न लगाया जा सके, जैसे- अथाह दुख।

अथॉरिटी (अं.) [सं-स्त्री.] 1. प्राधिकार; आदेश देने और उसका पालन कराने का अधिकार 2. अधिकृत जानकार 3. कुछ करने का अधिकार या अनुमति 4. पारंगत व्यक्ति 5. (किसी विषय का) विशेषज्ञ, जैसे- वे प्रागैतिहासिक युग पर अथॉरिटी हैं।

अदंडनीय (सं.) [वि.] 1. वह (व्यक्ति या कार्य) जो दंड के योग्य न हो; अदंड्य 2. दंड से मुक्त; जिसे दंड न दिया जा सके।

अदंत (सं.) [वि.] 1. बिना दाँत का; दंतहीन 2. जिसके अभी दाँत न निकले हों; दुधमुहाँ। [सं-पु.] जोंक।

अदक्ष (सं.) [वि.] जो किसी कार्य के लिए प्रशिक्षित, दक्ष या निपुण न हो, जैसे- कारखानों के अंदर अदक्ष कारीगरों को नौकरी नहीं मिलती।

अदग्ध (सं.) [वि.] 1. जो दग्ध या जला न हो 2. जिस मृत देह का विधिपूर्वक दाह-संस्कार न हुआ हो।

अदत्त (सं.) [वि.] 1. बिना दिया हुआ; जिसे दिया न गया हो 2. जो दान नियम या विधि के अनुसार न हो 3. जिसका मूल्य या कर आदि चुकता न किया गया हो 4. दान न देने वाला; कृपण; कंजूस। [सं-पु.] वह दान जिसे रद्द कर दिया हो।

अदत्ता (सं.) [सं-स्त्री.] 1. वह कन्या जिसका अभी विवाह में कन्यादान न हुआ हो 2. अविवाहिता; कुँवारी या कुमारी कन्या।

अदद (अ.) [सं-पु.] 1. संख्या; अंक; गिनती 2. संख्या का चिह्न या संकेत 3. तादाद की गिनती के लिए शब्द, जैसे- छह अदद चौकियाँ, दो अदद तख़्त आदि।

अदन (अ.) [सं-पु.] 1. बागे अदन; ईसाइयों या यहूदियों के अनुसार स्वर्ग का उपवन या बगीचा जिसमें ईश्वर ने सबसे पहले आदम और हौआ को रखा था 2. अरब सागर में एक बंदरगाह।

अदना (अ.) [वि.] छोटा-सा; तुच्छ; साधारण, जैसे- एक अदना-सा आदमी भी बहुत कुछ कर सकता है।

अदब (अ.) [सं-पु.] 1. शिष्टाचार; शिष्टाचार की मर्यादा 2. बड़ों का आदर-सम्मान; उनके प्रति विनीत व्यवहार 3. साहित्य 4. कायदा; नियम 5. प्रज्ञा; विवेक।

अदबक्खा [सं-पु.] जाल की एक किस्म।

अदबदाकर [क्रि-वि.] 1. ख़्वामख़्वाह; हठपूर्वक 2. हड़बड़ा कर।

अदबदाना [क्रि-अ.] 1. घबरा जाना; व्याकुल या विकल हो जाना 2. आतुर हो जाना।

अदबनवाज़ (अ.+फ़ा) [वि.] साहित्य या अदब के कदरदान; साहित्यप्रेमी।

अदबी (अ.) [वि.] 1. साहित्य संबंधी 2. साहित्यिक।

अदम (अ.) [सं-पु.] 1. परलोक; वह लोक जहाँ मनुष्य मृत्यु के बाद जाता है 2. अभाव; अनस्तित्व; न होने की स्थिति।

अदमतामील (अ.) [सं-स्त्री.] न्यायालय आदि के द्वारा भेजे गए समन की तामील न होना।

अदमपैरवी (फ़ा.) [सं-स्त्री.] 1. पैरवी का अभाव 2. किसी मुकदमें आदि में पैरवी का न होना।

अदममौज़ूदगी (अ.) [सं-स्त्री.] 1. (अदालत में सुनवाई पर) मौजूदगी न होना 2. अनुपस्थिति; गैरहाज़िरी।

अदम्य (सं.) [वि.] 1. जिसका दमन न हो सके; जो दबाया न जा सके, जैसे- अदम्य उत्साह 2. प्रचंड, उग्र।

अदरक (सं.) [सं-पु.] एक वनस्पति जिसकी जड़ की विशिष्ट गंधवाली चरपरी गाँठें दवा, अचार, चटनी आदि बनाने में प्रयुक्त होती हैं।

अदरख [सं-पु.] दे. अदरक।

अदराना (सं.) [क्रि-अ.] 1. बहुत आदर पाने से शेखी पर चढ़ना 2. इतराना। [क्रि-स.] आदर देकर शेखी पर चढ़ाना; घमंडी बनाना।

अदर्शन (सं.) [सं-पु.] 1. दर्शन न होना; दिखाई न देना 2. उपेक्षा 3. विनाश; लोप। [वि.] गुप्त; अदृश्य।

अदर्शनीय (सं.) [वि.] 1. जो दर्शन के योग्य न हो; न देखने लायक; भद्दा; कुरूप 2. बुरा; अशुभ।

अदल-बदल [सं-पु.] 1. विनिमय; अदला-बदली 2. हेर-फेर 3. परिवर्तन।

अदल[1] (सं.) [वि.] बिना दल या पत्ते का। [सं-पु.] एक पौधा।

अदल[2] (अ.) [सं-पु.] न्याय; इनसाफ़।

अदलनीय (सं.) [वि.] 1. जिसे दला या कुचला न जा सके 2. जो दलने के योग्य न हो।

अदला-बदली [सं-स्त्री.] दे. अदल-बदल।

अदलीय (सं.) [वि.] 1. जो किसी दल में न हो; बिना दलवाला 2. निर्दलीय; तटस्थ।

अदवाँइन [सं-पु.] खाँचे में लपेटी गई एक रस्सी 2. खाट के पैताने में लगी मोटी रस्सी।

अदवान [सं-स्त्री.] 1. रस्सी से बुनी हुई चारपाई के पैताने की तरफ़ बाँधी जाने वाली रस्सी जो पूरी बुनावट को तान कर रखती है; अदवाइन 2. पैताना।

अदहन [सं-पु.] 1. चावल या दाल बनाने के लिए आग पर पहले से चढ़ाया हुआ पानी 2. खौलता हुआ पानी।

अदा[1] (फ़ा.) [सं-स्त्री.] 1. हाव-भाव 2. नाज़ो-अंदाज़ 3. तौर-तरीके।

अदा[2] (अ.) [सं-पु.] 1. (ऋण) चुकाना; (ली हुई रकम) लौटाना; बेबाक, जैसे- यह कर्ज मैं अदा कर चुका हूँ। [मु.] **-करना** : पालन करना; पूरा करना।

अदाकार (फ़ा.) [सं-पु.] कलाकार; अभिनेता; अभिनेत्री; नट; नटी।

अदाकारी (फ़ा.) [सं-स्त्री.] अभिनय; कलाकार द्वारा भूमिका निभाना; कलाकारी।

अदाता (सं.) [वि.] 1. जो दाता न हो; जिसे किसी का कुछ न देना हो 2. कृपण; कंजूस।

अदायगी (अ.) [सं-स्त्री.] 1. अदा करना या होना; भुगतान 2. नाटक या फ़िल्म में भूमिका या रोल का निर्वाह।

अदायाद (सं.) [वि.] 1. जो सगोत्र न हो 2. जो उत्तराधिकार न प्राप्त कर सके 3. (ऐसा व्यक्ति) जिसकी संपत्ति का कोई (सगोत्री न होने के कारण) वारिस न हो।

अदालत (अ.) [सं-स्त्री.] 1. न्यायालय; कचहरी 2. न्यायाधीश या जज के लिए भी प्रयुक्त, जैसे- अदालत यह जानना चाहेगी...।

अदालती (अ.) [वि.] 1. अदालत से संबंधित, जैसे- अदालती कार्रवाई 2. कानूनी।

अदालती ब्याह (अ.+हिं.) [सं-पु.] घर-बैठौनी ब्याह का कानूनी संस्करण; वह विवाह जिसे राज्य मान्यता देता है। इसमें विवाह का पंजीकरण (रजिस्ट्री) होती है।

अदालती विज्ञापन (अ.+सं.) [सं-पु.] न्यायालय की सूचना, निर्देश आदि से संबंधित विज्ञापन या इश्तहार।

अदावत (अ.) [सं-स्त्री.] शत्रुता; दुश्मनी; वैर भाव, जैसे- इस झगड़े का कारण पुरानी अदावत थी।

अदावती (अ.) [वि.] 1. अदावत करने या रखने वाला 2. वैरी; शत्रु 3. अदावत संबंधी 4. शत्रुतापूर्ण।

अदाह्य (सं.) [वि.] 1. जिसे जलाया न जा सकता हो 2. जो जल न सके 3. जिसे जलाना उचित और तर्क संगत न हो 4. आत्मा का एक विशेषण या लक्षण।

अदिति (सं.) [सं-स्त्री.] 1. असीम होने की अवस्था या भाव; असीमता 2. पृथ्वी 3. प्रकृति 4. (पुराण) दक्ष प्रजापति की कन्या जिनसे देवताओं का जन्म हुआ था 5. निर्धनता; गरीबी 6. बहुतायत; प्राचुर्य।

अदिन (सं.) [सं-पु.] 1. बुरा दिन 2. कुसमय 3. संकटकाल 4. अभाग्य।

अदीखा [वि.] 1. जो दिखाई न दिया हो 2. जो देखा न गया हो।

अदीन (सं.) [वि.] 1. जो दीन न हो; दीनता-रहित; स्वाभिमानी; न झुकने वाला 2. निडर 3. उदार 4. प्रचंड; उग्र 5. समर्थ।

अदीपित (सं.) [वि.] जहाँ प्रकाश न किया गया हो; अंधेरा, जैसे- घर का अदीपित कोना।

अदीप्त (सं.) [वि.] 1. जिसमें दीप्ति या प्रकाश न हो 2. अंधकारपूर्ण।

अदीब (अ.) [सं-पु.] साहित्यकार; लेखक।

अदूर (सं.) [सं-पु.] सामीप्य। [अव्य.] निकट, पास।

अदूरदर्शिता (सं.) [सं-स्त्री.] अदूरदर्शी होने का भाव।

अदूरदर्शितापूर्ण (सं.) [वि.] 1. परिणाम विचारे बिना किया गया (कार्य या बात); अदूरदर्शिता से भरा 2. अविवेकपूर्ण।

अदूरदर्शी (सं.) [वि.] 1. जो भविष्य में अपने कार्यों के होने वाले परिणामों के बारे में न सोचता हो 2. अविचारी; नासमझ; अविवेकी 3. अदूरदर्शितापूर्ण।

अदूषण (सं.) [वि.] 1. जिसमें किसी प्रकार का दूषण न हो; निर्दोष 2. शुद्ध; निर्मल।

अदूषित (सं.) [वि.] 1. जो दूषित या अशुद्ध न हो; शुद्ध 2. अविकृत 3. निर्दोष।

अदृप्त (सं.) [वि.] 1. जिसमें दर्प का भाव न हो 2. अभिमानरहित; निरभिमान 3. सौम्य; सहज।

अदृश्य (सं.) [वि.] 1. जो दिखाई न पड़े; अगोचर, जैसे- मानो एक अदृश्य शक्ति उसे आगे धकेल रही थी 2. अंतर्धान; अलोप; ओझल; गायब; गुम, जैसे- देखते-देखते वह गुबार अदृश्य हो गया।

अदृश्यदर्शन (सं.) [सं-पु.] 1. किसी अतींद्रिय शक्ति के कारण अदृश्य वस्तुओं का दिखाई देना 2. अतींद्रिय तथा अभौतिक वस्तुओं का दर्शन।

अदृश्यफल (सं.) [सं-पु.] 1. मनुष्य के किए गए अच्छे-बुरे कर्मों का फल जो अभी अज्ञात है पर भविष्य में मिलेगा 2. भाग्य।

अदृष्ट (सं.) [वि.] 1. न देखा हुआ 2. अंतर्धान; ग़ायब; लुप्त। [सं-पु.] 1. भाग्य 2. पूर्वजन्म के कर्मों का फल 3. जल और अग्नि आदि से उत्पन्न विपत्ति।

अदृष्टपूर्व (सं.) [वि.] 1. जैसा और जो पहले कभी न देखा गया हो 2. अनोखा; विलक्षण; अद्‌भुत।

अदृष्टवाद (सं.) [सं-पु.] 1. ऐसा सिद्धांत जिसकी मान्यतानुसार पाप-पुण्य आदि का फल परलोक में मिलता है 2. नियतिवाद; भाग्यवाद।

अदृष्टार्थ (सं.) [वि.] 1. जिसका ज्ञान इंद्रियों द्वारा प्राप्त नहीं किया जा सकता हो 2. आध्यात्मिक या गूढ़ अर्थ रखने वाला।

अदेखा (सं.) [वि.] 1. अदृश्य; छिपा हुआ; गुप्त 2. जो अभी तक देखा न गया हो; अदृष्ट।

अदेय (सं.) [वि.] 1. विधि, न्याय और नीति के अनुसार जो दिया न जा सके 2. जो दिए जाने के योग्य या उपयुक्त न हो।

अदेह (सं.) [वि.] बिना देह या शरीर का; देहरहित; विदेह। [सं-पु.] कामदेव; अनंग।

अदोष (सं.) [वि.] 1. जिसमें कोई दोष न हो; दोषरहित 2. निर्दोष; निरपराध।

अदौरी [सं-स्त्री.] एक प्रकार की दाल की बड़ी जिसे कद्दू या दूसरी सब्जियाँ आदि डालकर सुखा लिया जाता है।

अद्धा [सं-पु.] 1. किसी वस्तु का आधा भाग; आधी नाप या तौल 2. आधी बोतल शराब का पैक या छोटी बोतल 3. रसीद

का आधा भाग जो देने वाले के पास रह जाता है; मुसन्ना 4. चार मात्राओं का एक ताल 5. आधी ईंट का टुकड़ा 6. किसी वस्तु का आधा भाग 7. एक बैल की छोटी गाड़ी।

अद्धी [सं-स्त्री.] 1. पुराने जमाने में प्रचलित सिक्के; दमड़ी का आधा; पैसे का सोलहवाँ भाग 2. बारीक मलमल का कपड़ा।

अद्भुत (सं.) [वि.] आश्चर्यजनक; विचित्र; अनोखा; विलक्षण।

अद्भुतरस (सं.) [सं-पु.] (काव्यशास्त्र) काव्य के नौ रसों में से एक जो आश्चर्य से उत्पन्न होता है और जिसका स्थायी भाव विस्मय है।

अद्भुतोपमा (सं.) [सं-स्त्री.] (काव्यशास्त्र) उपमा अलंकार का वह भेद जिसमें उपमान के ऐसे गुणों का उल्लेख होता है जिनका उपमेय में होना कभी संभव न हो।

अद्य (सं.) [सं-पु.] 1. वह दिन जो बीत रहा है; आज का दिन 2. वर्तमान समय। [क्रि.वि.] अब; इस समय।

अद्यतन (सं.) [वि.] 1. आज का; आज से सबंधित 2. ताज़ा; चालू 3. नवीनतम विचारों और मान्यताओं के अनुकूल।

अद्यावधि (सं.) [क्रि.वि.] 1. आज तक 2. अभी तक; इस समय तक।

अद्रि (सं.) [सं-पु.] 1. पहाड़; पर्वत 2. पत्थर 3. सूर्य 4. पेड़ 5. बादल; मेघ 6. वज्र।

अद्वय (सं.) [सं-पु.] 1. अद्वैत; द्वैत का न होना 2. बुद्ध के नामों में से एक। [वि.] अकेला; अद्वितीय; विलक्षण।

अद्वितीय (सं.) [वि.] 1. जिसके समान कोई दूसरा न हो; बेजोड़; अनुपम 2. विलक्षण; अनोखा; अद्भुत 3. अकेला।

अद्वैत (सं.) [वि.] 1. जिसमें द्वैत या भेद का अभाव हो 2. जीव-ब्रह्म या जड़ चेतन की एकता का सिद्धांत 3. अद्वैतवाद संबंधी।

अद्वैतवाद (सं.) [सं-पु.] 1. भारतीय दर्शन का वह सिद्धांत जिसमें मात्र ब्रह्म को परमार्थिक सत्ता माना जाता है और जीव-जगत की सत्ता अवास्तविक या असत्य मानी जाती है; वेदांत 2. पाश्चात्य दर्शन का यह सिद्धांत कि पूरी सृष्टि एक ही मूल तत्व से विकसित हुई है।

अद्वैतवादी (सं.) [वि.] अद्वैतवाद के सिद्धांत को मानने वाला।

अध (सं.) [पूर्वप्रत्य.] आधा का संक्षिप्त रूप जो उसे यौगिक पदों के आरंभ में लगने पर प्राप्त होता है, जैसे- अधखुला; अधमरा आदि। [अव्य.] नीचे; तल।

अधः (सं.) [पूर्वप्रत्य.] समस्त पदों में संज्ञा या विशेषण के पहले जुड़कर उनमें 'नीचे' का भाव जोड़ता है, जैसे- अधःपतन।

अधःस्वस्तिक (सं.) [सं-पु.] 1. पृथ्वी का वह कल्पित बिंदु जो देखने वाले के पैरों के ठीक नीचे माना जाता है; अधोबिंदु 2. 'ख-स्वस्तिक' का उलटा।

अधकचरा [वि.] 1. अधूरा 2. अधूरी जानकारी रखने वाला; अकुशल 3. आधा कूटा या पीसा हुआ; दरदरा।

अधकपारी (सं.) [सं-स्त्री.] 1. आधे सिर का दर्द 2. आधा-सीसी नामक रोग; सूर्यावर्त।

अधकहा [वि.] 1. जो आधा ही कहा गया हो (कथन) 2. जो पूरा या स्पष्ट रूप से न कहा गया हो।

अधकिरी (सं.) [सं-स्त्री.] 1. महसूल; मालगुज़ारी या किराए की आधी किस्त 2. कर आदि को दो भागों में चुकाने की रीति।

अधखिला [वि.] आधा खिला हुआ; अर्धप्रस्फुटित; अर्धविकसित, जैसे- अधखिला फूल।

अधखुला [वि.] आधा खुला हुआ; अर्धोन्मीलित, जैसे- अधखुला दरवाज़ा।

अधगीला [वि.] आधा गीला-आधा सूखा; हलका गीला।

अधजगा [वि.] आधा जगा हुआ; जो अर्धनिद्रित अवस्था में हो।

अधजला (सं.) [वि.] आधा जला हुआ।

अधढँकी [सं-स्त्री.] आधी ढँकी हुई रोशनी।

अधनंगा [वि.] अर्धनग्न।

अधन्ना [सं-पु.] आधे आने का सिक्का जो पहले प्रचलित था।

अधन्नी [सं-स्त्री.] आधे आने का निकल धातु का चौकोर पुराना सिक्का।

अधपका [वि.] 1. जो फल आधा पका हो और आधा कच्चा हो 2. पकाए जा रहे खाने में जो अभी पूरी तरह से पका न हो, जैसे- अधपका आम, अधपकी दाल।

अधपगला [वि.] आधा पागल; लगभग मूर्ख।

अधपेट [क्रि.वि.] 1. बिना पेट भरे 2. आधा भूखा, जैसे- रेल पकड़ने की जल्दी में वह अधपेट खाकर ही उठ गया।

अधबीच [सं-पु.] 1. मँझधार 2. मध्य में; बीच रास्ते में, जैसे- बस ख़राब हो जाने के कारण मुझे अधबीच में ही उतर जाना पड़ा।

अधबुझी [वि.] 1. आधी बुझी हुई 2. आधी सुलगती हुई, जैसे- फुटपाथ पर पड़ी अधबुझी सिगरेट से धुआँ उठ रहा था।

अधभरी [सं-स्त्री.] पइया दाना रहित अनाज।

अधभीगा (सं.) [वि.] आधा भीगा हुआ; अधगीला।

अधम (सं.) [वि.] 1. नीच; निकृष्ट 2. दुष्ट; बदमाश 3. पापी; दुराचारी। [सं-पु.] ग्रहों का एक अनिष्टकारक योग (ज्योतिष)।

अधमता (सं.) [सं-स्त्री.] 1. नीचता; घटियापन 2. खोटापन 3. नीचा या दुष्ट कृत्य; पापाचार।

अधमरा (सं.) [वि.] 1. लगभग मरने की स्थिति में पहुँचा हुआ; मृतप्राय 2. बुरी तरह ज़ख्मी 3. {ला-अ.} थकान या चिंता से शरीर और मन की ऐसी अवस्था जिसमें जीवन शक्ति बेहद क्षीण हो जाती है, जैसे- थकान से अधमरा; चिंता से अधमरा।

अधमा-नायिका (सं.) [सं-स्त्री.] (नाट्यशास्त्र) ऐसी नायिका जो प्रिय के हित करने पर भी अहितकारी रवैया ही अपनाती है।

अधमुँदी [वि.] 1. आधी बंद 2. आधी ढँकी 3. आधी खुली, जैसे- अधमुँदी आँखें।

अधमैला (सं.) [वि.] जो न पूरी तरह मैला हो न पूरी तरह स्वच्छ।

अधर (सं.) [सं-पु.] 1. नीचे का होंठ 2. शून्य; अंतरिक्ष 3. शरीर का निचला भाग। [वि.] 1. बिना आधार का 2. नीचे का 3. पराजित 4. घटिया। [मु.] **-में लटकना या झूलना** : अनिश्चय और प्रतीक्षा की अवस्था में रहना।

अधरपान (सं.) [सं-पु.] 1. प्रेमी या प्रेमिका के होंठों को कुछ देर तक चूमते रहने की क्रिया 2. प्रिय के होंठों को चूमना और उनका रस पान करना।

अधराधर (सं.) [सं-पु.] नीचे का होंठ।

अधरोष्ठ (सं.) [सं-पु.] अधर तथा ओष्ठ क्रमशः नीचे और ऊपर के होंठ।

अधर्म (सं.) [सं-पु.] 1. धर्म या शास्त्र के निर्देशों के विरुद्ध कार्य 2. पाप; कुकर्म; दुराचार।

अधर्मी (सं.) [सं-पु.] 1. जिसका कोई धर्म न हों; धर्मभ्रष्ट; पापी 2. नास्तिक 3. विधर्मी।

अधलिखा [वि.] 1. आधा लिखा या अधूरा (लेख), जैसे- अधलिखा उपन्यास, अधलिखा पत्र आदि 2. जिस कागज़ के थोड़े ही भाग में कुछ लिखा हुआ हो।

अधलेटा (सं.) [वि.] आधे लेटे हुए होने की अवस्था; लेटने की वह स्थिति जिसमें शरीर का कुछ भाग उठा हुआ हो।

अधवा (सं.) [सं-पु.] 14 ढोली पान। [सं-स्त्री.] विधवा; पति रहिता।

अधारिया (सं.) [सं-पु.] बैलगाड़ी में गाड़ीवान के बैठने का स्थान।

अधारी (सं.) [सं-स्त्री.] 1. आधार; सहारा; आश्रय 2. यात्रा के समय सामान रखने का झोला 3. काठ का बना एक ढाँचा जिसे साधु लोग बैठने के समय सहारे के लिए बाँह के नीचे रखते हैं; टेवकी।

अधार्मिक (सं.) [वि.] 1. जो धार्मिक या धर्म से संबद्ध न हो 2. धर्म से संबंध न रखने वाला 3. धर्म को न मानने वाला; धर्म-विरुद्ध 4. अधर्मी।

अधि (सं.) [उप.] संस्कृत का उपसर्ग जो तत्सम शब्दों के पहले जुड़कर मुख्य या प्रधान (अधिपति), संबंधित या विषयक (अध्यात्म), ऊपर या उच्च (अधिराज); अधिक या अतिरिक्त (अधितिथि), निकटता (अधितट) आदि अर्थों का द्योतन करता है।

अधिक (सं.) [वि.] 1. ज़्यादा; बहुत 2. सामान्य या आपेक्षित से बढ़ा हुआ 3. अतिरिक्त; फ़ाज़िल 4. असामान्य; असाधारण 5. गौण।

अधिकतम (सं.) [वि.] सबसे अधिक; सर्वाधिक; सबसे ज़्यादा।

अधिकतर (सं.) [वि.] तुलनात्मक रूप से ज़्यादा; और अधिक। [क्रि.वि.] ज़्यादातर; बहुत करके।

अधिकता (सं.) [सं-स्त्री.] बहुतायत; प्रचुरता; अधिक मात्रा या संख्या।

अधिकपद (सं.) [सं-पु.] (काव्यशास्त्र) शब्द-दोष का एक भेद, जहाँ वाक्य में अविवक्षितार्थ अर्थात् अनावश्यक पद का प्रयोग किया गया हो।

अधिकमास (सं.) [सं-पु.] मलमास; अधिमास; लौंद का महीना; हर तीसरे साल बढ़ने वाला चंद्रमास यानी शुक्ल पक्ष की पहली तिथि अर्थात प्रतिपदा से लेकर अमावस्या तक ऐसा समय जिसमें संक्रांति नहीं पड़ती।

अधिकर (सं.) [सं-पु.] 1. साधारण से अतिरिक्त वह विशेष कर जो अधिक आय वाले लोगों पर लगाया जाता है 2. अधिशुल्क।

अधिकरण (सं.) [सं-पु.] 1. (सप्तमी कारक; में, पर) व्याकरण में वे परसर्ग जो संज्ञा या सर्वनाम के साथ लगकर उस स्थान का बोध कराते हैं जहाँ क्रिया हो, जैसे- बालक नदी में नहा रहा है 2. विशिष्ट उद्देश्य हेतु नियुक्त किया गया कोई न्यायालय 3. अधिष्ठान 4. आधार; आश्रय 5. प्रकरण; अध्याय; शीर्षक 6. दावा 7. प्राधान्य।

अधिकवर्ष (सं.) [सं-पु.] अधिक मास वाला वर्ष।

अधिकांश (सं.) [सं-पु.] अधिकतम हिस्सा; अधिक से अधिक मात्रा।

अधिकांशतः (सं.) [अव्य.] 1. अधिकतर 2. प्रायः; अक्सर।

अधिकाधिक (सं.) [वि.] अधिक से अधिक; ज़्यादा से ज़्यादा, जैसे- रैली में अधिकाधिक संख्या में आइए।

अधिकार (सं.) [सं-पु.] 1. किसी को अपने पद, योग्यता, कानून आदि के आधार पर मिली हुई शक्ति; हक; इख़्तियार; स्वत्व 2. किसी वस्तु, संपत्ति आदि पर किया हुआ या मिला हुआ कब्ज़ा, जैसे- शिवाजी की सेना ने अंततः सिंहगढ़ पर अधिकार कर लिया 3. प्रभुत्व; हुकूमत, जैसे- मुक्ति के पहले गोवा पर पुर्तगालियों का अधिकार था 4. ज्ञान, जैसे- पंडितजी का अपने विषय पर पूरा अधिकार है 5. पात्रता, जैसे- पहले स्त्रियों को वेद पढ़ने का अधिकार नहीं था।

अधिकार-क्षेत्र (सं.) [सं-पु.] 1. न्यायाधीश, सरकारी अफ़सरों आदि के अधिकारों की सीमा; वह क्षेत्र जिसमें वे अपने अधिकारों का प्रयोग कर सकते हैं 2. अधिक्षेत्र।

अधिकार-लिप्सा (सं.) [सं-स्त्री.] अधिकार की अदम्य लालसा।

अधिकारपत्र (सं.) [सं-पु.] 1. अधिकृत किए जाने का आदेशपत्र 2. शासन द्वारा प्राप्त अधिकारों का सूचक पत्र।

अधिकारातीत (सं.) [वि.] अधिकार-क्षेत्र से बाहर का।

अधिकाराधीन (सं.) [वि.] जो अधिकार-क्षेत्र के अंतर्गत हो।

अधिकारिक (सं.) [वि.] 1. किसी अधिकारी के द्वारा या अधिकारपूर्वक कहा या किया हुआ 2. अधिकारयुक्त; अधिकारपूर्ण।

अधिकारी (सं.) [सं-पु.] 1. किसी चल-अचल संपत्ति पर या व्यक्ति पर अधिकार करने वाला अर्थात् स्वामी; मालिक; (ऑथॉरटी) 2. हकदार; दावेदार 3. उच्च पद पर नियुक्त वह व्यक्ति जिसके नियंत्रण एवं मार्गदर्शन में उसके अधीनस्थ कर्मचारी कार्य करते हैं; अफ़सर; (ऑफ़िसर) 4. शासक 5. विषय का पूर्ण ज्ञाता। [वि.] किसी सुविधा या अधिकार के सर्वथा योग्य।

अधिकारीतंत्र (सं.) [सं-पु.] 1. अधिकारियों का तंत्र 2. नौकरशाही।

अधिकृत (सं.) [वि.] 1. जिसपर किसी का अधिकार हो गया हो 2. जो किसी के अधिकार में हो 3. जिसको कोई काम करने का अधिकार दिया गया हो; (ऑथराइज़्ड) 4. जिसे कोई काम करने का अधिकार हो।

अधिकृत करना (सं.) [क्रि-स.] 1. किसी चीज़ को अधिकार में लेना 2. किसी को कार्य-विशेष के लिए अधिकार देना या योग्य ठहराना।

अधिक्रय (सं.) [सं-पु.] बहुत अधिक मात्रा में किसी वस्तु की ख़रीद।

अधिक्रांत (सं.) [वि.] वे संस्थाएँ या संस्थान जिन्हें उनके पूर्व राज्य, प्रशासन या किसी अन्य प्रधिकारी द्वारा अपने अधिकार में ले लिया गया हो; जिन्हें हटा दिया या भंग कर दिया गया हो।

अधिक्षेत्र (सं.) [सं-पु.] अधिकार-क्षेत्र।

अधिगत (सं.) [वि.] 1. पाया हुआ; प्राप्त 2. जाना हुआ 3. अर्जित किया हुआ 4. सीखा हुआ।

अधिगम (सं.) [सं-पु.] 1. उन्नति करना; ऊपर पहुँचना 2. हासिल करना 3. लगन और परिश्रम से शिक्षा आदि में कोई योग्यता या विशेषता अर्जित करने की क्रिया 4. किसी वाद की पूरी सुनवाई और तथ्यों के आकलन के बाद न्यायालय या न्यायाधीश द्वारा निकाला हुआ निष्कर्ष।

अधिगमन (सं.) [सं-पु.] किसी वाक्य की वह व्याख्या जो उसकी पद योजना के आधार पर की जाए; अध्ययन।

अधिगृहीत (सं.) [वि.] 1. जिसका अधिग्रहण किया गया हो 2. ज़बरदस्ती अपने अधिकार में लिया गया।

अधिग्रहण (सं.) [सं-पु.] सरकार द्वारा किसी संपत्ति या संस्थान को अपने अधिकार में ले लेना; कब्ज़ा।

अधिग्राहक (सं.) [सं-पु.] वैध उपाय से अधिग्रहण करने वाला।

अधित्यका (सं.) [सं-स्त्री.] पहाड़ के ऊपर की समतल भूमि; ऊँचा पहाड़ी मैदान।

अधिदेय (सं.) [सं-पु.] कर्मचारी को किसी अतिरिक्त कार्य के लिए वेतन के अलावा दी जाने वाली रकम, जैसे- यात्रा व्यय, भोजन व्यय आदि; भत्ता।

अधिदेवता (सं.) [सं-पु.] 1. इष्टदेवता 2. कुलदेवता।

अधिनायक (सं.) [सं-पु.] 1. सरदार; मुखिया 2. सर्वप्रधान और पूर्ण अधिकार प्राप्त शासक या अधिकारी।

अधिनायकतंत्र (सं.) [सं-पु.] 1. अधिनायक के अधीन चलने वाला शासन-प्रबंध 2. वह राज्य जिसके सब काम केवल अधिनायक या तानाशाह की आज्ञा से होते हैं; तानाशाही।

अधिनियम (सं.) [सं-पु.] वैधानिक रूप से बनाया गया नियम या कानून; (ऐक्ट)।

अधिनिर्णय (सं.) [सं-पु.] 1. आधिकारिक निर्णय 2. न्यायाधीश या पंच का निर्णय।

अधिप (सं.) [सं-पु.] 1. स्वामी; मालिक 2. शासक; राजा 3. नायक 4. प्रधान अधिकारी 5. अधिपति 6. समस्त शब्दों के उत्तरपद के रूप में शासक का अर्थ देने वाला, जैसे- राज्याधिप, अमराधिप आदि।

अधिपति (सं.) [सं-पु.] 1. जिसका आधिपत्य हो; स्वामी 2. शासक।

अधिपत्र (सं.) [सं-पु.] 1. किसी को कोई काम करने का अधिकार या आज्ञा देने वाला पत्र 2. किसी का माल ज़ब्त करने या पकड़ने के लिए न्यायालय की लिखित आज्ञा; (वॉरन्ट)।

अधिभार (सं.) [सं-पु.] विशेष परिस्थितियों में या विशेष कार्यों के लिए लगाया गया अतिरिक्त कर; अधिकर; अधिशुल्क; (सरचार्ज)।

अधिभूत (सं.) [सं-पु.] 1. ब्रह्म तथा माया 2. सृष्टि से संबंधित सभी पदार्थ। [वि.] भूत संबंधी।

अधिमत (सं.) [सं-पु.] 1. अधिकतर लोगों का फ़ैसला 2. अदालत या पंचायत में जहाँ दो से अधिक लोगों को निर्णय देना हो; बहुमत के आधार पर लिया गया निर्णायक फ़ैसला 3. चुनाव में जनता का फ़ैसला।

अधिमान (सं.) [सं-पु.] 1. किसी व्यक्ति का वह आदर या मान जो अन्य व्यक्तियों की अपेक्षा उसे श्रेष्ठ समझकर दिया जाता है 2. वरीयता।

अधिमान्य (सं.) [वि.] जो अधिमान के योग्य हो; वरीय।

अधिमास (सं.) [सं-पु.] अधिकमास।

अधिमुद्रण (सं.) [सं-पु.] 1. अधिक छापना 2. किसी ग्रंथ या सामयिक पत्र-पत्रिका का बहुत अधिक मात्रा में छापा जाना।

अधिमूल्य (सं.) [सं-पु.] किसी वस्तु का अधिक मूल्य जो विशेष परिस्थितियों में लिया जाए।

अधिया [सं-पु.] खेती में ज़मीन के मालिक और जोतने-बोने वाले के बीच आधे की हिस्सेदारी या साझेदारी; बटाईदारी; बंदोबस्त का वह प्रावधान जिसमें उपज का आधा ज़मीन के मालिक को और आधा खेत जोतने-बोने वाले को मिलता है। [वि.] आधा।

अधियार [सं-पु.] 1. किसी ज़ायदाद या संपत्ति का आधा हिस्सा 2. आधे हिस्से का मालिक 3. वह आसामी या ज़मींदार जो गाँव के हिस्से या जोत में आधे का मालिक हो।

अधियारी [सं-स्त्री.] 1. किसी ज़ायदाद या संपत्ति में आधी हिस्सेदारी 2. किसी की भूमि का दो हिस्सों में दो स्थानों पर बँटा होना।

अधियुक्त (सं.) [वि.] वेतन या मज़दूरी पर काम करने वाला; नियोजित।

अधियुक्ति (सं.) [सं-स्त्री.] 1. जीविका निर्वाह के लिए कार्य में लगे रहना 2. आजीविका के लिए काम करने की अवस्था या भाव।

अधियोक्ता (सं.) [सं-पु.] मालिक; नियोजक।

अधियोजक (सं.) [सं-पु.] 1. नियोजक; मालिक; अधियोक्ता 2. किसी भी कर्मस्थली पर वेतन देकर कर्मियों को नियुक्त करने वाला; नियोक्ता।

अधिरथ (सं.) [सं-पु.] 1. रथ हाँकने वाला; सारथी; गाड़ीवान 2. बड़ा रथ।

अधिराज (सं.) [सं-पु.] 1. सम्राट 2. महाराज; बादशाह।

अधिरूढ़ (सं.) [वि.] 1. किसी पर चढ़ा हुआ 2. बढ़ा हुआ।

अधिरोप (सं.) [सं-पु.] 1. किसी पर अपराध का आरोप; अभियोग या दोष लगाया जाना; (चार्ज) 2. अपराध के दंड के रूप में तय की गई राशि।

अधिरोपण (सं.) [सं-पु.] 1. कर, जुर्माना आदि लगना या लगाना 2. अभियोग या दोष लगाया जाना।

अधिरोपित (सं.) [वि.] 1. जिसपर अपराध आदि का अधिरोप हुआ हो 2. (अपराध) जिसका अधिरोप किया गया हो; (चार्ज्ड)।

अधिरोह (सं.) [सं-पु.] ऊपर चढ़ना; आरोहण; चढ़ाव।

अधिरोहण (सं.) [सं-पु.] 1. ऊपर चढ़ना; आरोहण 2. सवार होना 3. धनुष पर प्रत्यंचा चढ़ाना।

अधिलाभ (सं.) [सं-पु.] अतिरिक्त या विशिष्ट रूप से होने वाला अधिक लाभ; (बोनस)।

अधिलाभांश (सं.) [सं-पु.] अधिलाभ का वह अंश जो संस्थान के कर्मचारियों या शेयरधारकों को सामान्य लाभांश के अतिरिक्त मिलता है; (बोनस)।

अधिवक्ता (सं.) [सं-पु.] 1. न्यायालय में वादी या प्रतिवादी का मत आधिकारिक रूप से रखने वाला कानूनविद्; (ऐडवोकेट) 2. किसी पक्ष के समर्थन में दलीलें पेश करने वाला; वकील।

अधिवर्ग (सं.) [सं-पु.] उच्चवर्ग; ऊँचा-वर्ग; (सुपर क्लास)।

अधिवर्ष (सं.) [सं-पु.] 1. अधिमास या मलमास वाला वर्ष 2. वह वर्ष जिसमें फरवरी का महीना 29 दिनों का होता है; (लीप इयर)।

अधिवास (सं.) [सं-पु.] 1. वास स्थान; बस्ती 2. धरना 3. देर तक ठहरना 4. दूसरे के घर जाकर रहना 5. नागरिकता 6. सुगंधि 7. सुगंधित उबटन आदि का उपयोग 8. (हिंदू) विवाह के पूर्व हल्दी-तेल आदि लगाने की रीति 9. यज्ञ या मंदिर में स्थापना के पहले मूर्ति को पवित्र जल में रखना।

अधिवासन (सं.) [सं-पु.] 1. सुगंधित करना 2. मूर्ति की आरंभिक प्रतिष्ठा 3. देवमूर्ति की प्राण-प्रतिष्ठा करने की एक रीति जिसमें मूर्ति को चंदन आदि लगाकर रातभर पानी में रखते हैं।

अधिवासित (सं.) [वि.] 1. जिसका अधिवासन किया गया हो 2. सुगंधित किया हुआ 3. जिसकी प्राण-प्रतिष्ठा हो चुकी हो।

अधिवासी (सं.) [सं-पु.] 1. निवासी; रहने वाला 2. दूसरे देश में जाकर बसा हुआ। [वि.] सुगंध फैलाने वाला।

अधिवेशन (सं.) [सं-पु.] 1. किसी आधिकारिक सभा या समिति का सम्मेलन; बैठक; (सेशन) 2. जलसा; आयोजन।

अधिशासी (सं.) [वि.] 1. प्रधान अधिकारी या कार्यकारी प्रशासक से संबंधित 2. नियंत्रक।

अधिशुल्क (सं.) [सं-पु.] निश्चित रकम से अतिरिक्त शुल्क या मूल्य।

अधिशोषण (सं.) [सं-पु.] (रसायन विज्ञान) वह क्रिया जिसमें ठोस की सतह पर गैसों या घुलनशील पदार्थों के कण चिपक जाते हैं।

अधिष्ठाता (सं.) [सं-पु.] 1. देखभाल करने वाला 2. मुखिया 3. अध्यक्ष 4. ईश्वर 5. नियामक 6. संकायाध्यक्ष; (डीन)।

अधिष्ठात्री (सं.) [सं-स्त्री.] 1. निर्मात्री देवी या शक्ति 2. माता 3. अध्यक्षा 4. जिस महिला के हाथ में किसी कार्य का भार हो; मुखिया।

अधिष्ठान (सं.) [सं-पु.] 1. आधिकारिक रूप से रहने का स्थान; वास स्थान 2. आधार 3. आश्रय 4. संस्था; संस्थान 5. राजसत्ता 6. मुनाफे के लिए धन का निवेश 7. किसी पदार्थ पर कुछ और होने का भ्रम, जैसे- रस्सी को साँप समझना।

अधिष्ठित (सं.) [सं-पु.] 1. स्थापित 2. स्थित 3. अधिकृत 4. लाभ के लिए निवेशित (धन)।

अधिसंख्य (सं.) [वि.] संख्या में अधिक; ज़्यादातर।

अधिसंख्यक (सं.) [वि.] संख्या या आबादी में जो अधिक हो, बहुसंख्यक। [सं-पु.] अधिक आबादी वाला समुदाय।

अधिसूचना (सं.) [सं-स्त्री.] 1. अधिकृत सूचना 2. विज्ञप्ति 3. प्रशासनिक सूचना; सरकारी गजट में छपी हुई सूचना 4. विशेष सूचना।

अधिस्वर (सं.) [सं-पु.] 1. बहुत अधिक या ऊँचा स्वर उत्पन्न करने की क्रिया या भाव 2. अभिप्राय; अव्यक्त अर्थ; गूढ़ार्थ, जैसे- आप उनके वक्तव्य के राजनीतिक अधिस्वर समझ गए होंगे।

अधिहरण (सं.) [सं-पु.] 1. अधिकारपूर्वक हरण करना 2. ज़ब्त करना।

अधीक्षक (सं.) [सं-पु.] प्रशासन का अधिकारी; निरीक्षक।

अधीक्षण (सं.) [सं-पु.] अधीनस्थ कर्मचारियों के काम को देखना-परखना; अधीक्षक का काम।

अधीत (सं.) [वि.] 1. पढ़ा हुआ; पठित 2. शिक्षित; जिसने किसी विषय का अध्ययन कर लिया हो 3. जिस विषय का अध्ययन हुआ हो।

अधीन (सं.) [वि.] 1. मातहत 2. आश्रित 3. अवलंबित 4. विवश; लाचार।

अधीनता (सं.) [सं-स्त्री.] 1. मातहती 2. परवशता; विवशता 3. दीनता; लाचारी।

अधीनस्थ (सं.) [वि.] जो अधीन हो; मातहत।

अधीनस्थ न्यायालय (सं.) [सं-पु.] किसी बड़े या उच्च न्यायालय के अधीन रहने वाला उससे छोटा न्यायालय।

अधीनीकरण (सं.) [सं-पु.] 1. किसी को अपने अधीन करना 2. अपने अधिकार में लाना।

अधीर (सं.) [वि.] 1. धैर्यहीन; उतावला; आतुर 2. उद्विग्न; परेशान; बेचैन; व्याकुल; विह्वल 3. अस्थिरचित्त; चंचल 4. असंतुष्ट।

अधीरता (सं.) [सं-स्त्री.] 1. व्याकुलता; बेचैनी 2. आतुरता 3. अधैर्य; बेसब्री।

अधीरा (सं.) [सं-स्त्री.] 1. (काव्यशास्त्र) वह नायिका जो नायक में नारीविलास सूचक चिह्न देखने से अधीर होकर प्रत्यक्ष कोप करे 2. प्रौढ़ा तथा मध्या नायिकाओं का एक भेद 3. बिजली।

अधीश (सं.) [सं-पु.] 1. स्वामी; मालिक 2. भूपति; राजा।

अधीश्वर (सं.) [सं-पु.] अधीश; स्वामी।

अधुना (सं.) [क्रि.वि.] 1. संप्रति 2. आजकल; इन दिनों 3. वर्तमान समय में।

अधुनातन (सं.) [वि.] 1. वर्तमान काल का 2. बिलकुल नवीन; (लेटेस्ट) 3. सनातन का उलटा।

अधूम (सं.) [वि.] धुएँ से रहित; निर्धूम (अग्नि)।

अधूरा (सं.) [वि.] 1. अपूर्ण; जो पूरा न हुआ हो 2. अधबना; अर्धनिर्मित।

अधूरापन [सं-पु.] 1. अधूरा या अपूर्ण होने की अवस्था या भाव; अपूर्णता 2. असमाप्ति 3. अस्पष्टता 4. अपरिपूर्णता।

अधेड़ [वि.] जिसकी आधी उम्र बीत गई हो; ढलती उम्रवाला; अधबूढ़ा।

अधेला [सं-पु.] आधा पैसा; पैसे की आधी कीमत वाला सिक्का; धेला (पुरानी मुद्रा का सिक्का)।

अधैन [सं-पु.] चावल या कुछ भी बनाने के लिए आग पर बरतन में चढ़ाया गया पानी; अदहन।

अधैर्य (सं.) [सं-पु.] 1. धैर्य का न होना; अधीरता 2. आतुरता 3. व्याकुलता; बेचैनी।

अधोगति (सं.) [सं-स्त्री.] 1. अवनति; पतन; अधःपतन 2. दुर्गति; दुर्दशा 3. गिरावट 4. नरक जाना।

अधोगमन (सं.) [सं-पु.] 1. नीचे जाना 2. पतन; अवनति 3. दुर्दशा; दुर्गति 4. मृत्यु।

अधोगामी (सं.) [वि.] 1. नीचे जाने वाला 2. अवनति की ओर जाने वाला।

अधोग्रसनी (सं.) [सं-स्त्री.] गले का अधो भाग अर्थात नीचे का भाग।

अधोटी [सं-स्त्री.] गाय, भैंस आदि की खाल का आधा दाम, जो लाश फेंकने वाले व्यक्ति से लिया जाय 2. एक प्रकार का बाजा।

अधोतर (सं.) [सं-पु.] दुहरी बुनावट का एक प्रकार का देशी कपड़ा।

अधोबिंदु (सं.) [सं-पु.] 1. बहुकल्पित बिंदु जो व्यक्ति के पैर के ठीक नीचे माना जाता है 2. न्यूनतम बिंदु; सबसे नीचे का छोर या धरातल।

अधोभाग (सं.) [सं-पु.] 1. नीचे का भाग 2. शरीर का कमर से नीचे का हिस्सा।

अधोभूमि (सं.) [सं-स्त्री.] 1. नीची भूमि 2. भूमि या ज़मीन के ऊपरी स्तर के नीचे वाला स्तर या भाग।

अधोमंडल (सं.) [सं-पु.] पृथ्वी से साढ़े सात मील तक ऊँचा वायुमंडल (बादल, बिजली आदि इसी मंडल में होते हैं)।

अधोमार्ग (सं.) [सं-पु.] 1. नीचे का रास्ता 2. सुरंग का मार्ग 3. मल त्याग करने की इंद्रिय; गुदा 4. पतन का रास्ता।

अधोमुख (सं.) [वि.] 1. उलटा; औंधा 2. जिसका मुँह नीचे की ओर हो। [क्रि.वि.] औंधे मुँह; मुँह के बल।

अधोरेखा (सं.) [सं-स्त्री.] किसी शब्द या वाक्य के नीचे खींची गई रेखा; (अंडरलाइन)।

अधोरेखांकित (सं.) [वि.] अधोरेखित; नीचे लाइन खींचकर इंगित किया हुआ।

अधोलोक (सं.) [सं-पु.] 1. नीचे का लोक 2. पाताल लोक।

अधोवर्ती (सं.) [वि.] 1. नीचे की ओर होने या रहने वाला 2. निम्नकोटि का।

अधोवस्त्र (सं.) [सं-पु.] 1. शरीर के निचले हिस्से में पहना जाने वाला वस्त्र, जैसे- धोती, लुंगी, पैंट, पायजामा, सलवार आदि 2. अंदर पहना जाने वाला वस्त्र, जैसे- अंडरवियर, कच्छा, लंगोट, साया आदि।

अधोवायु (सं.) [सं-पु.] 1. अपान वायु 2. गुदा की वायु; पाद।

अधोहस्ताक्षरी (सं.) [सं-पु.] 1. नीचे हस्ताक्षर या दस्तख़त करने वाला 2. आवेदनकर्ता; अपीलकर्ता; अधिकृत आदेशकर्ता जिसके हस्ताक्षर से आदेश जारी होता है।

अधौड़ी [सं-स्त्री.] 1. चमड़े का सिझाया हुआ आधा टुकड़ा 2. मोटा कपड़ा 3. उदर; पेट 4. शरीर का निचला आधा अंग।

अधौन [सं-पु.] आधा भाग या अंश।

अधौरी [सं-स्त्री.] हिमालय की तराई में होने वाला एक प्रकार का वृक्ष; बकली; धौरा; शेन।

अध्यक्ष (सं.) [सं-पु.] 1. संस्था, सभा आदि का प्रधान या मुखिया; (चेयरपर्सन) 2. मुख्य अधिकारी 3. नियामक 4. स्वामी 5. लोकसभा का स्पीकर।

अध्यक्षता (सं.) [सं-स्त्री.] 1. सदारत 2. अध्यक्ष होने की अवस्था या कार्यभार।

अध्यक्षीय (सं.) [वि.] 1. अध्यक्ष संबंधी; अध्यक्ष का 2. अध्यक्ष के अधिकारक्षेत्र का 3. सदारती।

अध्यग्नि (सं.) [सं-पु.] अग्नि को साक्षी मानकर कन्या को दिया जाने वाला धन; स्त्रीधन।

अध्ययन (सं.) [सं-पु.] 1. पठन-पाठन 2. किसी विषय की गहनता से पढ़ाई।

अध्ययनकक्ष (सं.) [सं-पु.] पढ़ाई करने का कमरा।

अध्ययनवृत्ति (सं.) [सं-स्त्री.] 1. अध्ययन करने की प्रवृत्ति; पढ़ने-लिखने की अभिरुचि 2. अध्ययन के लिए मिलने वाली आर्थिक सहायता; छात्र-वृत्ति।

अध्ययनशिविर (सं.) [सं-पु.] किसी ख़ास तरह के अध्ययन के लिए आयोजित शिविर या कैंप।

अध्ययनशील (सं.) [वि.] अध्ययन में प्रवृत्त; पढ़ने-लिखने में रुचि रखने वाला।

अध्ययनशीलता (सं.) [सं-स्त्री.] अध्ययन की प्रवृत्ति; पढ़ने-लिखने की अभिरुचि।

अध्यर्थ (सं.) [सं-पु.] वह वस्तु जिसपर अधिकार जतलाया जाए या दावा किया जाए)।

अध्यवसाय (सं.) [सं-पु.] 1. उद्यम; उद्योग; यत्न 2. घोर परिश्रम; किसी काम में लगातार परिश्रम के साथ लगे रहना 3. लगन; उत्साह 4. निश्चय।

अध्यवसायी (सं.) [वि.] उद्यमशील; किसी काम में उत्साह और मेहनत से लगातार लगा रहने वाला; अपने काम के प्रति लगनशील।

अध्यांतरिक काव्य (सं.) [सं-पु.] स्वात्मनिष्ठ (सब्जेक्टिव) काव्य; जिस काव्य में कवि केवल अपनी मनोदशाओं, भावों और विचारों का चित्रण करता है।

अध्यात्म (सं.) [सं-पु.] आत्मा और ब्रह्म के विषय में चिंतन-

मनन। [वि.] 1. आत्मा तथा परमात्मा से सरोकार रखने वाला 2. आत्मा और परमात्मा के पारस्परिक संबंध के विषय में किया जाने वाला दार्शनिक चिंतन।

अध्यात्मवाद (सं.) [सं-पु.] वह सिद्धांत या वाद जो आत्मा, परमात्मा, दिव्य शक्तियों आदि की सत्ता एवं स्वरूप का प्रतिपादन करता है।

अध्यात्मवादी (सं.) [वि.] अध्यात्म के सिद्धांतों या अध्यात्मवाद का अनुयायी; लोक-परलोक और आत्मा-परमात्मा के संबंधों का आस्थावान विचारक; ईश्वरवादी।

अध्यात्मिक (सं.) [वि.] अध्यात्म से संबंधित।

अध्यादेश (सं.) [सं-पु.] किसी विशेष स्थिति से निपटने के लिए राज्य के प्रधान शासक द्वारा जारी किया गया आदेश या आज्ञा।

अध्यापक (सं.) [सं-पु.] 1. शिक्षक; गुरु; आचार्य; ज्ञानदाता; पथप्रदर्शक 2. मास्टर।

अध्यापकी (सं.) [सं-स्त्री.] 1. अध्यापक का पद 2. पढ़ाने का काम; अध्यापन 3. शिक्षण।

अध्यापन (सं.) [सं-पु.] पढ़ाने का कार्य; शिक्षण।

अध्यापिका (सं.) [सं-स्त्री.] शिक्षिका; पढ़ाने या शिक्षण कार्य करने वाली महिला; गुरु; आचार्या।

अध्याय (सं.) [सं-पु.] 1. ग्रंथ का खंड अथवा विभाग 2. पाठ 3. प्रकरण।

अध्यायी (सं.) [वि.] 1. अध्याय से संबंधित; अध्याय में समाहित 2. अध्ययन में संलग्न रहने वाला। [सं-पु.] छात्र; विद्यार्थी; अध्येता।

अध्यायीकरण (सं.) [सं-पु.] लिखित सामग्री को अध्यायों में बाँटना तथा व्यवस्थित करना।

अध्यारूढ़ (सं.) [वि.] 1. किसी पर चढ़ा हुआ; आरूढ़ 2. किसी की तुलना में श्रेष्ठ 3. बहुत अधिक।

अध्यारोप (सं.) [सं-पु.] 1. किसी पर ज़बरदस्ती कुछ (सिद्धांत, मत आदि) लादना 2. निराधार कल्पना 3. वेदांत में कोई कल्पना, धारणा या सिद्धांत।

अध्यारोपण (सं.) [सं-पु.] 1. एक वस्तु के गुण-धर्म का भ्रमवश दूसरी वस्तु में आरोप करना 2. कलंक या दोष लगाना 3. अध्यास 4. मिथ्या ज्ञान।

अध्यास (सं.) [सं-पु.] 1. मिथ्या या झूठा ज्ञान 2. कुछ का कुछ दिखाई देना 3. धोखा; भ्रम।

अध्यासन (सं.) [सं-पु.] 1. बैठना; उपवेशन 2. आरोपण 3. स्थान; आसन।

अध्याहार (सं.) [सं-पु.] 1. तर्क-वितर्क; विचार; बहस 2. वाक्य के किसी आवश्यक शब्द का लोप 3. अस्पष्ट वाक्य को दूसरे शब्दों में स्पष्ट करने की क्रिया।

अध्याहृत (सं.) [वि.] 1. जोड़ा हुआ 2. (आशय) जो किसी वाक्य से अनुमान की सहायता से निकाला गया हो; अनुमानित। [सं-पु.] विवाह से पूर्व गर्भ से पैदा हुआ पुत्र।

अध्येतव्य (सं.) [वि.] 1. अध्ययन करने के लिए उपयुक्त 2. पढ़ने योग्य।

अध्येता (सं.) [वि.] 1. अध्ययन करने वाला; अध्ययनकर्ता 2. पाठक 3. शिक्षार्थी।

अध्येय (सं.) [वि.] 1. अध्ययन किए जाने योग्य 2. जिसका अध्ययन किया जाना हो।

अध्वर (सं.) [सं-पु.] 1. आकाश 2. यज्ञ 3. वायु; हवा। [वि.] 1. सीधा; सरल 2. अकुटिल 3. अचंचल; स्थिर; टिकाऊ।

अध्वर्यु (सं.) [सं-पु.] 1. यजुर्वेद में बतलाए गए कर्म करने वाला ऋत्विक 2. यज्ञ में यजुर्वेद का मंत्र पढ़ने वाला व्यक्ति।

अन (सं.) [पूर्वप्रत्य.] एक प्रत्यय जो तद्भव शब्दों के पहले लगकर उनके भाव में परिवर्तन कर देता है, जैसे- अनगिनत, अनगढ़, अनपढ़ आदि।

अनंग (सं.) [वि.] 1. देहरहित 2. आकृतिविहीन। [सं-पु.] 1. कामदेव 2. मन 3. आकाश।

अनंगना (सं.) [क्रि-अ.] 1. शरीर की सुधि छोड़ना 2. सुध-बुध भूलना।

अनंगारि (सं.) [सं-पु.] 1. कामदेव के शत्रु 2. शिव।

अनंगी (सं.) [सं-पु.] 1. कामदेव 2. ईश्वर; भगवान। [वि.] बिना देह का; अंग-रहित।

अनंजन (सं.) [वि.] 1. निष्कलंक; निर्दोष 2. संबंध-रहित; निर्विकार 3. परमब्रह्म। [सं-पु.] विष्णु, परब्रह्मा, आकाश।

अनंत (सं.) [वि.] 1. अपार 2. जिसका कोई अन्त न हो 3. असीम 4. अक्षय 5. अविनाशी 6. बहुत अधिक; बहुत बड़ा। [सं-पु.] 1. विष्णु; कृष्ण, शंकर, शेषनाग, लक्ष्मण 2. आकाश; शून्य 3. ब्रह्म 4. बाँह पर पहनने वाला एक आभूषण।

अनंतगति (सं.) [सं-स्त्री.] 1. अनंत प्रवाह 2. नित्य गति 3. ऐसी गति जिसकी कोई सीमा; अंत या छोर न हो।

अनंतचतुर्दशी (सं.) [सं-स्त्री.] भाद्रपद शुक्ल चतुर्दशी; जिस दिन हिंदू स्त्रियाँ अनंत भगवान का व्रत रखती हैं।

अनंतजीवन (सं.) [सं-पु.] अनश्वर जीवन; अमरता; अनश्वरता।

अनंतपद (सं.) [सं-पु.] मोक्ष; अमरपद।

अनंतमूल (सं.) [सं-पु.] 1. एक औषधीय पौधा 2. उक्त पौधे से निर्मित सारिवा नामक रक्त शोधक औषधि।

अनंतर (सं.) [अव्य.] 1. बाद में; उपरांत; पीछे 2. लगातार; निरंतर; अनवरत।

अनंता (सं.) [सं-स्त्री.] 1. पृथ्वी 2. पार्वती 3. रेशमी धागों का बना हुआ एक प्रकार का आभूषण जो अनंत चतुर्दशी को दाहिनी भुजा में बाँधा जाता है 4. अनंतमूल; अमलकी; दूब।

अनंती (सं.) [सं-स्त्री.] अनंत या अंतहीन होने की अवस्था या भाव; (इन्फिनिटी)।

अनंद (सं.) [सं-पु.] 1. एक वर्णवृत्त 2. आनंद न होना 3. आनंद का अभाव। [वि.] आनंदरहित, प्रसन्नतारहित।

अनंदी [सं-पु.] 1. एक प्रकार का धान 2. चबेना के काम आने वाला चावल; आनंदी।

अनंबर (सं.) [वि.] 1. अंबर-रहित 2. जिसके पास वस्त्र न हो; वस्त्रहीन 3. जिसने वस्त्र न पहने हों; नंगा; दिगंबर।

अनंश (सं.) [वि.] 1. जिसका कोई अंश या हिस्सा न हो 2. जो पैत्रिक संपत्ति पाने का अधिकारी न हो।

अनकंप (सं.) [वि.] 1. जिसमें कंपन न हो 2. दृढ़; पक्का 3. स्थिर। [सं-पु.] कंपन न होने की अवस्था; स्थिरता।

अनकहा (सं.) [वि.] 1. अनुक्त; जो कहा न गया हो; अव्यक्त; अकथित 2. सर्वथा नवीन; मौलिक।

अनकही [सं-स्त्री.] कुछ न कहने की अवस्था या भाव। [वि.] 1. जो पहले कभी न कही गई हो 2. न कहने योग्य।

अनकिया [वि.] 1. जो काम किया न गया हो 2. किए हुए को पलटकर पूर्वस्थिति में लाया हुआ।

अनक्षर (सं.) [वि.] 1. जो कहने योग्य न हो 2. जिसे अक्षरों का ज्ञान न हो; निरक्षर 3. मूर्ख 4. गूँगा। [सं-पु.] गाली; दुर्वचन।

अनख (सं.) [सं-पु.] 1. कोप; क्रोध 2. ईर्ष्या 3. ग्लानि; खिन्नता। [वि.] बिना नख का।

अनखा [सं-पु.] 1. काजल की बिंदी 2. डिठौना।

अनखिला [वि.] जो खिला न हो।

अनखी (सं.) [वि.] 1. जिसके नख या नाखून न हों 2. जो जल्दी रुष्ट हो जाए; क्रोधी।

अनगढ़ [वि.] 1. बिना गढ़ा हुआ 2. मौलिक; प्राकृतिक; स्वाभाविक 3. बेढंगा; बेडौल; भद्दा 4. उजड्ड; असंस्कृत 5. टेढ़ा-मेढ़ा।

अनगिनत [वि.] 1. असंख्य; जिसकी गिनती न की जा सके 2. बेहिसाब।

अनगिना [वि.] 1. जो गिना न गया हो 2. बहुत अधिक; अन-गिनत।

अनघ (सं.) [वि.] 1. अघ या पाप से रहित; निष्पाप 2. दोषरहित; पवित्र 3. निरापद 4. सुंदर 5. शोकरहित। [सं-पु.] 1. वह जो पाप न हो; पुण्य 2. विष्णु 3. शिव।

अनचखा [वि.] 1. जो चखा न गया हो; जिसके स्वाद का पता न हो 2. ताज़ा।

अनचाहा [वि.] जिसे चाहा न गया हो; अनिच्छित; अप्रिय।

अनचीन्हा [वि.] 1. अपरिचित 2. अज्ञात।

अनछिपा [वि.] जो छिपा न हो; प्रकट; स्पष्ट।

अनछुआ (सं.) [वि.] 1. जो छुआ न गया हो; अछूता 2. मौलिक; सर्वथा नवीन।

अनजनमा [वि.] 1. जो जन्मा न हो; अज, जैसे- ईश्वर 2. जिसका अभी जन्म न हुआ हो।

अनजान (सं.) [वि.] 1. जिसके बारे में जानकारी न हो; अपरिचित 2. जिसे जानकारी न हो; अनभिज्ञ 3. निश्छल; भोला [सं-पु.] अज्ञानावस्था।

अनजाना (सं.) [वि.] जिसके बारे में कोई जानकारी न हो; अपरिचित; अजनबी।

अनट (सं.) [सं-पु.] 1. अत्याचार 2. उपद्रव 3. असत्य; झूठ।

अनडीठ [वि.] 1. जिसे देखा न गया हो 2. अभूतपूर्व 3. अनोखा।

अनत (सं.) [वि.] 1. न झुकने वाला; जो झुका न हो 2. सीधा 3. अनम्र; दृढ़।

अनति (सं.) [वि.] 1. जो अति न हो; कम; थोड़ा 2. कुछ। [सं-स्त्री.] 1. न झुकने की क्रिया या भाव 2. विनम्रता का अभाव 3. घमंड; अहंकार।

अनथक [क्रि.वि.] बिना थके; लगातार।

अनथका [वि.] जो थका न हो।

अनथाहा [वि.] 1. जिसकी थाह न लगे 2. बहुत गहरा।

अनदेखा (सं.) [वि.] 1. जिसे कभी देखा न गया हो 2. जिसे देखा न जाए; जिसकी ओर ध्यान न दिया जाय; उपेक्षित। [सं-पु.] उपेक्षा; अनदेखी।

अनदेखी [सं-स्त्री.] 1. किसी कार्य को होते हुए देखकर भी न देखने का भान करना 2. कार्य का श्रेय न देने के लिए उपेक्षा दिखलाना।

अनद्यतन (सं.) [वि.] 1. जो अद्यतन न हो 2. जो आज के दिन से संबद्ध न हो 3. दिनातीत; पुराना।

अनधिक (सं.) [वि.] 1. जो अधिक न हो 2. सब तरह से ठीक और पूरा 3. सीमा रहित।

अनधिकार (सं.) [वि.] 1. बिना अधिकार का; अधिकार-रहित 2. पात्रता; योग्यता या क्षमता विहीन। [सं-पु.] 1. अधिकृत न होना 2. अधिकार, पात्रता, योग्यता, क्षमता आदि का अभाव।

अनधिकारचेष्टा (सं.) [सं-स्त्री.] 1.जहाँ अधिकार न हो वहाँ भी घुसने, सलाह देने या काम करने की चेष्टा 2. जो काम आता न हो उसे करने का प्रयत्न करना।

अनधिकारप्रवेश (सं.) [सं-पु.] 1. बिना अधिकार के घुस जाना 2. दख़लंदाज़ी 3. घुसपैठ।

अनधिकारी (सं.) [वि.] 1. जिसे अधिकार न हो 2. जो किसी विषय का अधिकारी या विशेषज्ञ न हो 3. अयोग्य।

अनधिकृत (सं.) [वि.] 1. जो अधिकृत न हो; जिसे अधिकार न दिया गया हो 2. जिसकी योग्यता या पात्रता संदिग्ध हो; जिसे मान्यता प्राप्त न हो; (अनऑथराइज़्ड)।

अनधिकृत बस्ती [सं-स्त्री.] 1. ऐसी आवासीय कॉलोनी जो सरकारी या गैरसरकारी ज़मीन पर बिना वैध अनुमति के बनाई गई हो 2. ऐसे आवास जिन पर रहने वालों का कानूनी अधिकार न हो।

अनधिगत (सं.) [वि.] 1. जो जाना हुआ न हो; अज्ञात 2. जिसपर विचार न किया गया हो।

अननुकूल (सं.) [वि.] 1. जो अनुकूल न हो 2. जो अपने को अनुकूल न बना सके।

अननुभूत (सं.) [वि.] 1. जो अनुभूत न हो 2. जिसका पहले कभी अनुभव न हुआ हो।

अननुरूप (सं.) [वि.] 1. जो किसी से मेल न खाता हो; अनुरूप का उलटा 2. जो किसी की मर्यादा के अनुकूल या उपयुक्त न हो।

अनन्नास (पु.) [सं-पु.] एक खट्टा-मीठा फल।

अनन्य (सं.) [वि.] 1. एकनिष्ठ 2. एकमात्र 3. अविभक्त 4. अद्वितीय 5. अभिन्न 6. एकाश्रयी।

अनन्य समाचार (सं.) [सं-पु.] केवल एक पत्र या पत्रिका में प्रकाशनार्थ भेजा गया समाचार या लेख; (एक्सक्लूसिव न्यूज़)।

अनन्यता (सं.) [सं-स्त्री.] 1. अभिन्नता 2. अद्वितीयता 3. एकनिष्ठता 4. एकाश्रयिता।

अनन्यपूर्वा (सं.) [सं-स्त्री.] कुमारिका; कुमारी; कन्या।
अनन्यभाव (सं.) [सं-पु.] 1. एकनिष्ठा 2. एकनिष्ठ साधना। [वि.] जिसकी भक्ति या भाव केवल एक ही के प्रति हो।
अनन्यमना (सं.) [वि.] अपने में मगन रहने वाला; आत्मलीन; दत्तचित्त।
अनन्याधिकार (सं.) [सं-पु.] एकाधिकार।
अनन्वय (सं.) [सं-पु.] 1. अन्वय संबंध का अभाव; जहाँ अन्वय न हो 2. अर्थालंकार का एक भेद, जहाँ उपमेय स्वयं ही अपना उपमान होता है।
अनन्वित (सं.) [वि.] जिसका अन्वय न हुआ हो।
अनपढ़ [वि.] 1. जो पढ़ा- लिखा न हो; अशिक्षित 2. निरक्षर 3. मूर्ख; गँवार।
अनपत्य (सं.) [वि.] 1. जिसे संतान न हो, संतानहीन; निस्संतान 2. जिसका कोई उत्तराधिकारी न हो।
अनपहचाना (सं.) [सं-पु.] 1. जिससे पूर्व पहचान न हो; अपरिचित; अनजान 2. अजनबी।
अनपेक्ष (सं.) [वि.] 1. जिसे किसी से कोई भी अपेक्षा न हो 2. जिसे किसी की परवाह न हो 3. निष्पक्ष 4. स्वतंत्र 5. असंबद्ध।
अनपेक्षा (सं.) [सं-स्त्री.] अपेक्षा का अभाव।
अनपेक्षित (सं.) [वि.] 1. जिसकी अपेक्षा न की गई हो या न की जाए 2. अयाचित; बिना माँगा हुआ।
अनफिट (अं.) [वि.] 1. अयोग्य; अस्वस्थ।
अनबन [सं-स्त्री.] 1. मनमुटाव; मनोमालिन्य 2. झगड़ा; बिगाड़।
अनबिधा [वि.] 1. बिना बेधा या छेदा हुआ 2. जो बेधा न गया हो।
अनबूझ [वि.] 1. जिसे बूझा या समझा न जा सके; अबूझ 2. रहस्यमय 3. निर्बुद्धि; नासमझ; बुद्धिहीन 4. अबोध।
अनबूड़ा [वि.] 1. जो डूबा न हो 2. {ला-अ.} जो बात की गहराई में न पैठा हो।
अनबोला [सं-पु.] 1. अबोला; बातचीत बंद होने की स्थिति; संवादहीनता। [वि.] बेज़बान; न बोलने वाला; मूक।
अनब्याहा [वि.] जिसका विवाह न हुआ हो; कुँवारा।
अनभला [सं-पु.] 1. बुराई 2. अहित। [वि.] 1. बुरा; ख़राब 2. निंदनीय।
अनभिज्ञ (सं.) [वि.] जो किसी बात को जानता न हो; अनजान; नावाक़िफ़।
अनभिज्ञता (सं.) [सं-स्त्री.] 1. गैरजानकारी; अज्ञान 2. अपरिचय 3. अनजानपन 4. अनाड़ीपन।
अनभिज्ञेय (सं.) [वि.] 1. जिसका पता न लगाया जा सकता हो 2. जिसकी जानकारी प्राप्त न की जा सकती हो।
अनभेदी [वि.] 1. जो भेद या रहस्य न जाने 2. पराया।
अनभ्यस्त (सं.) [वि.] 1. जिसे किसी बात का अभ्यास न हो; अकुशल 2. जो किसी चीज़ का आदी न हो।
अनभ्र (सं.) [वि.] अभ्र अर्थात् बादल रहित (आकाश) 2. स्वच्छ, निर्मल (आकाश)।
अनमना (सं.) [वि.] 1. अन्यमनस्क; उदासीन 2. बेमन का; बेपरवाह 3. सुस्त; खिन्न।
अनमनापन [सं-पु.] 1. उदासी 2. उदासीनता 3. खिन्नता 4. सुस्ती 5. अन्यमनस्कता।
अनमाँगा [वि.] जो न माँगा गया हो, बिन माँगा, अयाचित।
अनमिल (सं.) [वि.] 1. बेजोड़; बेमेल 2. जो घुला-मिला न हो।
अनमेल [वि.] 1. बेमेल; जिसका मेल न हो; विजातीय; बेजोड़ 2. जिसमें मेल-मिलावट न हो; विशुद्ध; खालिस।
अनमोल [वि.] 1. जिसका कोई मूल्य न आँका जा सके; अमूल्य 2. कीमती; मूल्यवान।
अनम्य (सं.) [वि.] जो नमनीय या लचीला न हो; जिसे लचकाया न जा सके; जिसे मोड़ा या झुकाया न जा सके।
अनम्र (सं.) [वि.] 1. जिसमें नम्रता न हो; नम्रतारहित 2. अविनीत 3. उद्दंड।
अनय (सं.) [सं-पु.] 1. नय या नीति का अभाव 2. अमंगल 3. अन्याय; अनीति 4. कुप्रबंध 5. विपत्ति 6. निंदनीय आचरण।
अनयमति (सं.) [वि.] अन्यायी।
अनरस [सं-पु.] 1. रस का अभाव; रसहीनता 2. रुखाई; शुष्कता 3. दुख; निरानंद 4. मनोमालिन्य 5. रसविहीन काव्य।
अनरसा [सं-पु.] चावल से बना एक पकवान; अँदरसा। [वि.] 1. बिना रस का; रसहीन 2. अनमना 3. रोगी; बीमार।
अनरीति [सं-स्त्री.] 1. रीति या नियम विरुद्ध आचरण या व्यवहार 2. कुरीति; बुरी रीति या प्रथा 3. अनीति।
अनरूप [वि.] 1. कुरूप; भद्दा 2. असमान; असदृश 3. जिसका कोई रूप न हो; अरूप।
अनर्गल (सं.) [वि.] 1. निरर्थक; व्यर्थ का 2. अप्रासंगिक 3. बकवास; जिसपर कोई रोक-टोक न हो।
अनर्गलता (सं.) [सं-स्त्री.] 1. अनर्गल होने की अवस्था या भाव 2. अनर्गल बात, व्यवहार आदि।
अनर्घ (सं.) [वि.] 1. जिसका अर्घ या मूल्य न हो 2. कीमती; बहुमूल्य 3. उचित या नियत दर या भाव से कम या अधिक।
अनर्घ्य (सं.) [वि.] 1. जिसका मूल्य न हो, अमूल्य 2. कम मूल्य दिए दाने के योग्य 3. पूजा के अयोग्य 4. सर्वाधिक सम्मान्य।
अनर्जक (सं.) [वि.] जो कमाता न हो 2. जो कमाया या अर्जित न किया गया हो, जैसे- आयु।
अनर्जित (सं.) [वि.] 1. जो अर्जित न किया गया हो 2. जो कमाया न गया हो।
अनर्थ (सं.) [वि.] 1. बुरा; अशुभ 2. उलटा-पुल्टा; अर्थहीन। [सं-पु.] 1. नितांत आपत्तिजनक बात 2. विपत्ति 3. अनिष्ट 4. उलटा अर्थ। [मु.] **-कर देना** : ऐसा काम करना जिसका परिणाम भयावह हो या हो सकता हो।
अनर्थक (सं.) [वि.] 1. जिसका कोई अर्थ न हो; निरर्थक 2. निष्प्रयोजन 3. अहितकर।
अनर्थकारी (सं.) [वि.] 1. अनिष्टकारी; अहितकर 2. अनर्थ करने वाला 3. उत्पाती; उपद्रवी।
अनर्थापद (सं.) [सं-पु.] अनर्थ होने की संभावना या आशंका।
अनर्ह (सं.) [वि.] 1. अपात्र; अयोग्य; अनुपयुक्त 2. जो दंड या

पुरस्कार का पात्र न हो 3. अपर्याप्त।

अनल (सं.) [सं-पु.] 1. अग्नि; आग 2. पाचनशक्ति 3. पाचन-रस 4. अग्नि के अधिष्ठाता देवता 5. विष्णु 6. वासुदेव 7. पचासवाँ संवत्सर।

अनलंकृत (सं.) [वि.] जिसे अलंकृत न किया गया हो; सादगीपूर्ण; जिसे सजाया न गया हो; जिसे आभूषण आदि न पहनाए गए हों।

अनलस (सं.) [वि.] 1. आलस्य-रहित 2. फ़ुरतीला 3. चैतन्य।

अनलहक (अ.) [सं-स्त्री.] 'मैं ही ख़ुदा हूँ'- ईरान के मशहूर सूफ़ी संत मंसूर बिन अल-हल्लाज की वह उक्ति जिसके लिए उसे सूली पर चढ़ा दिया गया।

अनलेखा [वि.] 1. जिसका लेखा या हिसाब न हो सके 2. असंख्य; अनगिनत।

अनल्प (सं.) [वि.] 1. जो अल्प या थोड़ा न हो 2. बहुत; अधिक; ज़्यादा 3. यथेष्ट।

अनवकाश (सं.) [सं-पु.] अवकाश का न होना; अवकाश का अभाव; फ़ुरसत न होना। [वि.] जिसे अवकाश या छुट्टी न हो।

अनवगत (सं.) [वि.] 1. जो जाना न गया हो; अज्ञात; जो अवगत न हो 2. अनजाना।

अनवट (सं.) [सं-पु.] बैलों की आँखों पर बाँधा जाने वाला एक कपड़ा। [सं-स्त्री.] स्त्रियों के पैर में पहना जाने वाला एक प्रकार का छल्ला।

अनवद्य (सं.) [वि.] 1. जिसमें कोई दोष न निकाला जा सके 2. निर्दोष; दोषरहित।

अनवधान (सं.) [सं-पु.] 1. अवधान अर्थात् मनोयोग का अभाव 2. ध्यान भटकने की स्थिति। [वि.] 1. जिसमें कोई व्यवधान न हो; बाधाहीन 2. असावधान।

अनवधानता (सं.) [सं-स्त्री.] 1. अवधान का अभाव; असावधानी 2. लापरवाही।

अनवय (सं.) [सं-पु.] 1. वंश; कुल; ख़ानदान 2. दो वस्तुओं या संदर्भों या शब्दों का आपसी संबंध या उनमें होने वाली अनुरूपता या अनुक्रमता 3. अन्वय।

अनवरत (सं.) [वि.] बिना रुके; अविराम। [क्रि.वि.] लगातार।

अनवरुद्ध (सं.) [वि.] बिना अवरोध के; निर्विघ्न; बेरोकटोक।

अनवरोध (सं.) [सं-पु.] 1. अवरोध का अभाव 2. रुकावट या बाधा का न होना; मुक्त।

अनवसर (सं.) [सं-पु.] 1. गलत अवसर 2. कुअवसर; कुसमय; बे-मौका।

अनवस्था (सं.) [सं-स्त्री.] 1. ठीक अवस्था या स्थिति का न होना 2. अव्यवस्था 3. अधीरता; आतुरता।

अनवस्थिति (सं.) [सं-स्त्री.] 1. अस्थिरता 2. चंचलता 3. अधीरता 4. आधारहीनता 5. अवलंबशून्यता 6. (योगशास्त्र) समाधि प्राप्त हो जाने पर भी चित्त का स्थिर न होना।

अनवाँसना (सं.) [क्रि-स.] नए कपड़े, बरतन आदि का पहली बार प्रयोग या व्यवहार में लाना।

अनवाँसी (सं.) [सं-स्त्री.] भूमि की एक माप; एक बिस्वे का चार सौवाँ भाग।

अनवाद [सं-पु.] 1. व्यर्थ का (अकारण, बेमतलब) वादविवाद; फालतू बातचीत 2. कटु वचन; कठोर बात।

अनविच्छिन्न (सं.) [वि.] 1. जो विच्छिन्न या विखंडित न हो; अखंडित 2. संयुक्त; जुड़ा हुआ 3. जिसका क्रम बीच में न टूटे।

अनवीकृत (सं.) [सं-पु.]. एक प्रकार का अर्थ-दोष, जहाँ सिर्फ़ पिष्टपेषण होता है; कोई विलक्षणता नहीं होती।

अनवेक्ष (सं.) [वि.] 1. असावधान; लापरवाह 2. उदासीन 3. ध्यान न देने योग्य (विषय)।

अनवेक्षण (सं.) [सं-पु.] 1. ध्यान न देने की अवस्था या भाव 2. लापरवाही 3. उदासीनता 4. अनदेखी।

अनवेक्षणीय (सं.) [वि.] 1. जिसपर ध्यान देना या संज्ञान लेना आवश्यक न हो।

अनवेक्षा (सं.) [सं-स्त्री.] ऐसा सामान्य अपराध या ऐसी अनुचित बात पर ध्यान न देना जिस पर विधि के अनुसार संज्ञान लिया जा सकता हो।

अनशन (सं.) [सं-पु.]. 1. आहार त्याग; उपवास 2. भूख-हड़ताल।

अनश्वर (सं.) [वि.] 1. जिसका कभी नाश न हो; अविनाशी; नित्य 2. शाश्वत; सनातन 3. ध्रुव; स्थिर; अटल।

अनसुना (सं.) [वि.] जो सुना न गया हो; अनसुनी करना-ध्यान न देना; उपेक्षा करना।

अनसुनी [सं-स्त्री.] किसी बात की उपेक्षा; ध्यान न देने का भाव। [मु.] **-करना या कर जाना** : (किसी की प्रार्थना, विनती, बात आदि पर) ध्यान ही न देना।

अनसुलझा [वि.] 1. जो सुलझा न हो; जिस वस्तु की उलझन को दूर न किया गया हो 2. जिसे सुलझाया न गया हो।

अनसुलझी [वि.] 1. जो सुलझी न हो; जो सुलझाई न जा सकी हो; उलझी हुई 2. जिस समस्या का समाधान न किया गया हो उसका विशेषण।

अनसूय (सं.) [वि.] 1. असूया या ईर्ष्या-द्वेष से रहित 2. दूसरे के दोषों पर ध्यान न देने वाला।

अनसूया (सं.) [सं-स्त्री.] 1. नुकताचीनी या छिद्रान्वेषण न करना; दूसरों के अवगुणों की तरफ़ ध्यान न देना 2. ईर्ष्या-जलन का न होना 3. अत्रि ऋषि की पत्नी 4. दक्ष की एक कन्या।

अनसोची [वि.] 1. जिसके बारे में पहले से सोचा न गया हो; जिसका पहले से गुमान न हो 2. अचानक आ उपस्थित होने वाली; अप्रत्याशित।

अनस्तित्व (सं.) [सं-पु.] 1. अस्तित्व का अभाव; अस्तित्वहीनता 2. अविद्यमानता; गैरमौजूदगी।

अनहंकार (सं.) [सं-पु.] अहंकार का अभाव। [वि.] अहंकार से रहित।

अनहद [सं-पु.] 1. अनाहत या सीमातीत 2. स्थान-प्रयत्न (जैसे-जिह्वा, तालु, दंत, वर्त्स आदि) से परे; (हठयोग) समाधि की स्थिति में सुनाई पड़ने वाला नाद (ध्वनि)।

अनहद नाद (सं.) [सं-पु.] भीतर वाली आवाज; अनाहत नाद; योग का एक साधन।

अनहद्दी (सं.) [वि.] अनहद; नादवाला।

अनहित [सं-पु.] 1. हित का अभाव 2. अहित; अपकार 3. अशुभ। [वि.] 1. अहितकारी 2. शत्रु।

अनहितू [वि.] 1. अनहित चाहने वाला 2. अशुभ-चिंतक; बैरी।

अनहोना [वि.] 1. सहसा न होने वाला 2. अलौकिक 3. जैसा पहले कभी घटित न हुआ हो।

अनहोनी (सं.) [वि.] 1. न होने वाली; असंभव 2. अलौकिक। [सं-स्त्री.] अनहोनी बात। {ला-अ.} अति दुखद घटना जो नहीं होनी चाहिए थी।

अनाकर्षक (सं.) [वि.] 1. जिसमें कोई आकर्षण न हो 2. अरुचिकर; अप्रिय 3. भद्दा; बदशक्ल; बदसूरत।

अनाकार (सं.) [वि.] 1. जिसका कोई आकार न हो 2. निराकार 3. ईश्वर का एक विशेषण।

अनाकृत (सं.) [वि.] 1. जो रोका न गया हो; अनिवारित 2. जिसके प्रति सावधानी न बरती गई हो; जिसकी देखभाल न की गई हो।

अनाक्रमण (सं.) [सं-पु.] 1. आक्रमण न करना; किसी देश पर आक्रमण न करना 2. आक्रमण का अभाव।

अनागत (सं.) [वि.] 1. न आया हुआ; अनुपस्थित; अप्रस्तुत 2. भावी; होनहार 3. अपरिचित; अज्ञात 4. अनादि 5. अद्‌भुत; विलक्षण। [क्रि.वि.] अचानक; सहसा। [सं-पु.] 1. संगीत शास्त्र के अनुसार एक ताल 2. आगे आने वाला समय; भविष्यत्काल।

अनाग्रह (सं.) [सं-पु.] आग्रहहीनता।

अनाग्रही (सं.) [वि.] आग्रहहीन।

अनाचरण (सं.) [सं-पु.] 1. किसी कार्य का आचरण न करना 2. जो करना हो वह न करना 3. करने का काम छोड़ देना।

अनाचार (सं.) [सं-पु.] 1. दुराचार; कदाचार; ख़राब आचरण; दुर्व्यवहार; कुत्सित कार्य 2. बुराई 3. अभद्रता।

अनाचारी (सं.) [वि.] 1. दुराचारी; कदाचारी 2. मर्यादाहीन; दुश्चरित्र 3. अभद्र।

अनाच्छादन (सं.) [सं-पु.] 1. ढक्कन-छाजन को हटा देना 2. ढँके-छिपे को खोल देना 3. आवरण, परदेदारी या किसी भी तरह की गोपनीयता को छिन्न-भिन्न कर देना 4. संरक्षण-आश्रय को हटा लेना।

अनाज (सं.) [सं-पु.] अन्न, जैसे- गेहूँ, चावल, दाल आदि।

अनाजी [वि.] 1. जो अनाज से बना हो 2. जिसमें अनाज का अंश हो।

अनाड़ी [वि.] 1. अकुशल; अयोग्य 2. नासमझ; नादान; अबोध 3. कमअक्ल; मंदबुद्धि 4. नौसिखिया।

अनाड़ीपन [सं-पु.] 1. सरल चित्त या अनुभवहीन होने की अवस्था; अबोधता 2. नौसिखियापन 3. अकुशलता; अयोग्यता 4. कमअक़्ली।

अनाढ्य (सं.) [वि.] असंपन्न; निर्धन; रंक; तंगहाल; तंगदस्त।

अनातंक (सं.) [सं-पु.] 1. आतंक का अभाव 2. आतंक या डर का न होना।

अनात्म (सं.) [सं-पु.] 1. जड़ पदार्थ 2. देह। [वि.] 1. चैतन्य या आत्मा से रहित; जड़ 2. भौतिक 3. शारीरिक 4. आत्मनियंत्रण से रहित।

अनात्मभाव (सं.) [सं-पु.] आत्मकेंद्रिकता से मुक्त होने का भाव।

अनात्मवाद (सं.) [सं-पु.] आत्मा की अस्वीकृति का सिद्धांत; जड़वाद।

अनात्मीय (सं.) [वि.] 1. जो आत्मीय न हो; गैर 2. जिसके स्वभाव में परायापन हो।

अनाथ (सं.) [वि.] 1. जिसके माँ-बाप न हों 2. जिसका कोई संरक्षक न हो 3. निराश्रित 4. असहाय 5. दीन।

अनाथालय (सं.) [सं-पु.] अनाथ बच्चों के लिए बना आवास।

अनाथाश्रम (सं.) [सं-पु.] अनाथालय।

अनादर (सं.) [सं-पु.] अपमान; निरादर; असम्मान; बेकद्री; बेइज़्ज़ती।

अनादरण (सं.) [सं-पु.] 1. अपमान या अनादर करने की क्रिया या भाव 2. बैंक द्वारा बगैर भुगतान किए हुए चेक वापस करना।

अनादरपूर्ण (सं.) [वि.] 1. अपमान या असम्मान से भरा 2. तिरस्कारपूर्ण।

अनादरसूचक (सं.) [वि.] अपमानजनक; जिससे असम्मान का संकेत मिले।

अनादि (सं.) [वि.] 1. जिसका प्रारंभ न हो; आदि रहित 2. नित्य 3. परमेश्वर का एक विशेषण, अजन्मा।

अनादिकाल (सं.) [सं-पु.] इतना प्राचीन समय जिसके आरंभ का अनुमान न लगाया जा सके।

अनादित्व (सं.) [सं-पु.] 1. नित्यता; शाश्वतता 2. ईश्वरत्व।

अनादृत (सं.) [वि.] 1. जिसका अनादर या तिरस्कार हुआ हो; तिरस्कृत 2. जिसे सम्मान या आदर न मिलता हो।

अनाधिकार (सं.) [सं-पु.] अधिकार का अभाव। [वि.] 1. अधिकाररहित 2. अयोग्यतापूर्ण।

अनानुपूर्व्य (सं.) [सं-पु.] नियत क्रम में न आना।

अनाप-शनाप [सं-पु.] बकवास; अंडबंड; ऊल-जुलूल बात; निरर्थक बातें। [मु.] **-कहना** : उलटी-सीधी बात कहना; गाली देना।

अनाप्त (सं.) [वि.] 1. जो प्राप्त(आप्त) न हो; अप्राप्त; अलब्ध 2. जो सामने उपस्थित या घटित न हुआ हो 3. असत्य 4. अनाड़ी; अकुशल।

अनाम (सं.) [सं-पु.] अर्श; बवासीर। [वि.] 1. जिसका नाम या ख्याति न हो; अप्रसिद्ध 2. गुप्त।

अनामय (सं.) [सं-पु.] 1. स्वास्थ्य, तंदुरुस्ती 2. कुशलक्षेम। [वि.] 1. आमय या रोग से रहित, निरोग 2. दोष-रहित, निर्दोष 3. अच्छा, उत्तम।

अनामिक साक्षात्कार (सं.) [सं-पु.] वह साक्षात्कार जिसमें साक्षात्कार देने वाले का नाम नहीं छापा जाता है।

अनामिका (सं.) [सं-स्त्री.] 1. मध्यमा और कनिष्ठा उँगलियों

के बीच की उँगली 2. नाभहीन स्त्री।

अनायत (सं.) [वि.] 1. जो बँधा हुआ न हो, निर्बाध, अनियंत्रित 2. जो अलग न हो; मिला हुआ।

अनायास (सं.) [क्रि.वि.] 1. बिना कोशिश के; बिना मेहनत के 2. आसानी से 3. स्वत:।

अनार (फ़ा.) [सं-पु.] 1. एक दानेदार फल जो बहुत पौष्टिक माना जाता है; दाडिम; बेदाना 2. एक प्रकार की आतिशबाज़ी।

अनारदाना (फ़ा.) [सं-पु.] 1. खट्टे अनार का सुखाया हुआ दाना 2. राम-दाना 3. एक प्रकार की मिठाई।

अनारी (फ़ा.) [वि.] 1. अनार संबंधी; अनार का 2. अनार के रंग का 3. चमकीला (लाल)।

अनार्जव (सं.) [सं-पु.] 1. ऋजुता या आर्जव (सीधापन) का अभाव 2. बेईमानी 3. रोग। [वि.] 1. जो सीधा या ऋजु न हो 2. बेईमान 3. कुटिल।

अनार्तव (सं.) [सं-पु.] स्त्रियों में मासिक धर्म या रजोधर्म का अवरोध या रुकावट। [वि.] 1. अनरितु 2. असामयिक।

अनार्थिक (सं.) [वि.] 1. आर्थिक मामलों से भिन्न क्षेत्र का 2. अनर्थ करने या होने से संबंधित।

अनार्य (सं.) [सं-पु.] जो आर्य न हो; जो आर्यों से भिन्न हैं; शुद्ध-आर्य। [वि.] 1. अप्रतिष्ठित 2. असभ्य 3. आर्येतर जाति या इलाके से संबंधित।

अनार्यता (सं.) [सं-स्त्री.] 1. अनार्य होने की अवस्था या भाव 2. असभ्यता; अशिष्टता।

अनालोक (सं.) [सं-पु.] प्रकाशहीन।

अनावरण (सं.) [सं-पु.] 1. किसी मूर्ति या भवन आदि का आवरण या परदा हटाना 2. उद्घाटन; शुभारंभ।

अनावर्तक (सं.) [वि.] 1. जो (कार्य) बार-बार न किया जाए 2. किसी मद का कुल व्यय एक ही बार कर दिया जाए, उसका आवर्तन न हो।

अनावर्ती (सं.) [वि.] अनावर्तक।

अनावश्यक (सं.) [वि.] 1. जिसकी आवश्यकता न हो; गैरज़रूरी 2. बेमतलब; व्यर्थ 3. फालतू।

अनावासिक (सं.) [वि.] 1. जो किसी स्थान पर स्थायी रूप से बसा हुआ न हो, बल्कि कुछ दिनों के लिए आकर बस गया हो; अनिवासी 2. जहाँ वास की व्यवस्था न हो।

अनाविल (सं.) [वि.] 1. स्वच्छ; निर्मल 2. अपंकिल; जो कीचड़ लगा न हो 3. स्वास्थ्यकर।

अनावृत (सं.) [वि.] 1. जो ढँका न हो; खुला हुआ 2. नग्न 3. जिसका अनावरण हुआ हो; बेपरदा।

अनावृत्ति (सं.) [वि.] 1. जिसकी आवृत्ति न हुई हो; जो दोहराया न गया हो 2. जो लौटा न हो।

अनावृष्टि (सं.) [सं-स्त्री.] 1. वर्षा का अभाव; अवर्षण; सूखा 2. अकाल।

अनावेशित (सं.) [वि.] 1. जिसमें आवेश न हो 2. जिसे आवेशित न किया गया हो; (अनचार्जड) 3. {ला-अ.} उत्साहहीन; मंद।

अनाश्रमी (सं.) [वि.] 1. जिसका कोई आश्रम न हो 2. गार्हस्थ्य आश्रमों से रहित या अलग 3. आश्रम धर्म का पालन न करने वाला; भ्रष्ट; पतित।

अनाश्रित (सं.) [वि.] 1. जिसका कोई सहारा न हो; आश्रयरहित 2. निरवलंब; बे-सहारा 3. जो दूसरे पर आश्रित न हो; स्वाधीन।

अनासक्त (सं.) [वि.] 1. आसक्तिरहित; जिसे सांसारिक सुखों से लगाव न हो; निर्लिप्त 2. उदासीन 3. वीतराग।

अनासक्ति (सं.) [सं-स्त्री.] 1. आसक्ति या अनुराग न होना 2. अलग या उदासीन होना 3. अलगाव।

अनासिर (अ.) [सं-पु.] पंचभूत- आग, पानी, हवा, मिट्टी और आकाश।

अनासीन (सं.) [वि.] 1. जो आसीन या बैठा हुआ न हो 2. अपने आसन, स्थान या पद से हटाया हुआ।

अनास्था (सं.) [सं-स्त्री.] 1. आस्था का अभाव; किसी की क्षमता पर विश्वास न होना 2. अश्रद्धा 3. अनादर।

अनास्थावादी (सं.) [वि.] 1. अनास्थावाद से संबंधित 2. अनास्थावाद में विश्वास रखने वाला।

अनास्वादित (सं.) [वि.] 1. जिसका स्वाद न लिया गया हो, जिसे चखा न गया हो 2. जिसे किसी ने भोगा न हो।

अनाहत (सं.) [वि.] 1. जो आहत न हो; आघातरहित 2. जो आघात से उत्पन्न न हुआ हो 3. कोरा, बेदाग 4. हठयोग में परिकल्पित शरीर के छह चक्रों में से एक जिसका स्थान हृदय बताया गया है।

अनाहत नाद (सं.) [सं-पु.] हठयोग योगियों को सुनाई देने वाली एक आंतरिक ध्वनि।

अनाहतचक्र (सं.) [सं-पु.] हठयोग के मुताबिक शरीर के छह चक्रों में से एक जो हृदय में अवस्थित होता है।

अनाहरण (सं.) [सं-पु.] हरण; चोरी या लूट-खसोट की क्रिया का निरस्त किया जाना।

अनाहार (सं.) [सं-पु.] 1. आहार का त्याग 2. भोजन न करना। [वि.] जिसने कुछ खाया न हो; निराहार।

अनाहारी (सं.) [वि.] 1. जिसने भोजन न किया हो 2. निराहारी।

अनाहूत (सं.) [वि.] जिसे निमंत्रित (आहूत) न किया गया हो; बुलाया न गया हो; अनामंत्रित।

अनिंदित (सं.) [वि.] 1. जो निंदित या बदनाम न हो 2. निष्कलुष; निर्दोष 3. उदात्त 4. उत्तम।

अनिंद्य (सं.) [वि.] 1. जो निंदा के योग्य न हो 2. निर्दोष; निष्कलुष 3. सुंदर 4. उदात्त।

अनिकेत (सं.) [सं-पु.] 1. वह जिसका कोई नियत घर या वास-स्थान न हो; संन्यासी 2. ख़ानाबदोश। [वि.] गृहहीन, जिसके पास घर न हो; जो घर में न बसता हो।

अनिच्छा (सं.) [सं-स्त्री.] इच्छा का अभाव; मरज़ी का न होना; मन न करना।

अनिच्छापूर्वक (सं.) [क्रि.वि.] बेमन से; रुचि न लेते हुए; बिना चाहत के।

अनिच्छित (सं.) [वि.] 1. जिसकी चाह या इच्छा न की गई हो; अनचाहा 2. अच्छा या रुचिकर न लगने वाला।

अनिच्छुक (सं.) [वि.] इच्छारहित; जिसकी रुचि न हो; किसी

कार्य में प्रवृत्त होने का मन न हो; जिसका मन ना चाहता हो।

अनिजक (सं.) [वि.] 1. जो अपना न हो 2. दूसरे से संबंधित; दूसरे का; पराया।

अनित्य (सं.) [वि.] 1. जो नित्य (शाश्वत) न हो; अस्थिर 2. क्षणभंगुर 3. नश्वर।

अनित्यता (सं.) [सं-स्त्री.] 1. अस्थिरता; अस्थायित्व 2. क्षणभंगुरता 3. नश्वरता।

अनिद्र (सं.) [सं-पु.] अनिद्रा नामक रोग जिसमें नींद नहीं आती है। [वि.] 1. जिसे नींद न आती हो; उनींदा 2. जागता हुआ।

अनिद्रा (सं.) [सं-स्त्री.] 1. नींद न आने का रोग 2. नींद उड़ने का भाव; बेचैनी; घबराहट।

अनिद्रित (सं.) [वि.] 1. जो सोया हुआ न हो 2. जागा हुआ।

अनिपात (सं.) [सं-पु.] 1. निपात का अभाव; न गिरना; अपतन 2. जीवन का बना रहना।

अनिपुण (सं.) [वि.] जो किसी कार्य में निपुण न हो, अकुशल; अदक्ष।

अनिबंध (सं.) [वि.] 1. जिसके लिए कोई बंधन न हो; बंधन-रहित 2. स्वतंत्र।

अनिबद्ध (सं.) [वि.] जो संबद्ध न हो; असंबद्ध।

अनिबद्ध प्रलाप (सं.) [सं-पु.] 1. बे-सिर-पैर की बात; बिना मतलब की बात 2. व्यर्थ की चर्चा।

अनिमंत्रित (सं.) [वि.] जिसे बुलाया न गया हो; जिसका निमंत्रण न किया गया हो।

अनिमित्त (सं.) [वि.] अकारण। [सं-पु.] किसी कारण का न होना। [अव्य.] बिना किसी कारण के।

अनिमित्तक (सं.) [वि.] व्यर्थ; निष्प्रयोजन; बेमतलब।

अनिमेष (सं.) [वि.] 1. स्थिरदृष्टि 2. जागरूक 3. खुला; विकसित। [क्रि.वि.] निर्निमेष; बिना पलक झपकाए; बिना पलक गिराए हुए; अपलक; एकटक।

अनियंत्रित (सं.) [वि.] 1. नियंत्रणविहीन; बेकाबू 2. स्वतंत्र; उन्मुक्त 3. निरंकुश।

अनियत (सं.) [वि.] 1. अनिश्चित; जो तय न किया गया हो 2. अस्थिर 3. जो बँधा हुआ न हो 4. आकस्मिक 5. असाधारण 6. असीम।

अनियतता (सं.) [सं-स्त्री.] 1. अनियत होने का भाव; अनिश्चय 2. अनियमितता 3. अस्थिरता 4. आकस्मिकता 5. निस्सीमता।

अनियम (सं.) [सं-पु.] 1. नियम और व्यवस्था का अभाव 2. अव्यवस्था; बेकायदगी।

अनियमित (सं.) [वि.] 1. जो नियम के अनुकूल न हो 2. जो कार्य व्यवस्थानुसार न चले 3. विधि व्यवस्था का अनुसरण न होना।

अनियमितता (सं.) [सं-स्त्री.] नियमित न होने का भाव; नियम का उल्लंघन।

अनिरुद्ध (सं.) [सं-पु.] 1. (पुराण) कृष्ण के पौत्र और प्रद्युम्न के पुत्र 2. जासूस; गुप्तचर 3. शिव। [वि.] 1. जो निरुद्ध या रुका हुआ न हो 2. स्वेच्छाचारी 3. जिसे रोका न गया हो।

अनिर्णय (सं.) [सं-पु.]. 1. असमंजस; दुविधा 2. निर्णयहीनता।

अनिर्णयता (सं.) [सं-स्त्री.] 1. अनिर्णय की स्थिति; अनिर्णय की मुद्रा 2. असमंजस की स्थिति; दुविधाग्रस्तता।

अनिर्णयात्मक (सं.) [वि.] 1. अनिर्णय से संबंधित 2. जिसपर निर्णय के आसार न हों।

अनिर्णीत (सं.) [वि.] जिसपर निर्णय न हुआ हो; जो तय न हुआ हो; अनिश्चित।

अनिर्दिष्ट (सं.) [वि.] 1. जिसका निर्देश न किया गया हो; न बताया हुआ 2. जिसके विषय में स्पष्ट आदेश न हो; अनादिष्ट।

अनिर्वचनीय (सं.) [वि.] 1. निर्वचन के अयोग्य; अव्याख्येय 2. जिसके लक्षण न बताये जा सकें 3. अवर्णनीय; अकथनीय।

अनिर्वाचित (सं.) [वि.] जिसे चुना न गया हो; मनोनीत।

अनिर्वाच्य (सं.) [वि.] 1. जिसका निर्वचन या कथन न हो सके; अकथनीय 2. जिसे बताया न जा सके 3. जो चुनाव के योग्य न हो।

अनिर्वाण (सं.) [वि.] 1. जो मोक्ष को प्राप्त न हुआ हो, जिसका अंत न हुआ हो 2. न बुझा हुआ 3. अप्रक्षालित।

अनिर्वाप्य (सं.) [वि.] 1. जो बुझाया न जा सके 2. जिसका शमन न हो सके।

अनिल (सं.) [सं-पु.] 1. हवा; वायु; पवन 2. स्वाति नक्षत्र 3. शरीर का वायु तत्व 4. वातरोग।

अनिवर्चनीय (सं.) [वि.] जो बताया न जा सके; जिसे व्यक्त न किया जा सके।

अनिवार्य (सं.) [वि.] 1. जिसके बिना काम न चल सके 2. जिसका निवारण न हो सके 3. नितांत आवश्यक 4. अवश्यंभावी।

अनिवार्यतः (सं.) [क्रि.वि.] अनिवार्य रूप से।

अनिवार्यता (सं.) [सं-स्त्री.] 1. अत्यावश्यकता 2. टाला न जा सकने के हालात।

अनिवार्येतर (सं.) [वि.] 1. अनिवार्य से भिन्न या इतर।

अनिवासी (सं.) [वि.] 1. जो किसी स्थान-विशेष का बाशिंदा न हो; जो किसी स्थान-विशेष पर निवास न करता हो, जैसे- देश से बाहर रहने वाले अनिवासी भारतीय कहलाते है 2. बाहरी; (नानरेज़िडेंट; एन.आर.)।

अनिश्चय (सं.) [सं-पु.] 1. निश्चय न होने की स्थिति 2. संदेह 3. असमंजस; दुविधा।

अनिश्चयात्मक (सं.) [वि.] अनिर्णय या अनिश्चय के लक्षणवाला; जिसके निर्णय के आसार न हों।

अनिश्चित (सं.) [वि.] जो निश्चित या तय न हो; जो पक्का न हो।

अनिष्ट (सं.) [सं-पु.] 1. अमंगल 2. अहित 3. हानि 4. विपत्ति। [वि.] 1. जो इष्ट न हो 2. अशुभ 3. अवांछित 4. हानिकर 5. बुरा।

अनिष्टकर (सं.) [वि.] अनिष्ट करने वाला; अहितकर; हानिकर।

अनिष्टकारक (सं.) [वि.] अनिष्टकर।

अनिष्पत्ति (सं.) [सं-स्त्री.] 1. निष्पत्ति का अभाव; अपूर्णता 2. पूरा; समाप्त या सिद्ध न होना।

अनिष्पन्न (सं.) [वि.] 1. जो निष्पन्न न हुआ हो 2. अपूर्ण या असमाप्त।

अनी (सं.) [सं-स्त्री.] 1. किसी चीज़ का पतला सिरा; नोक 2. कोर 3. चुभने वाली बात 4. ग्लानि 5. सेना 6. समूह 7. कुसमय।

अनीक[1] (सं.) [सं-पु.] 1. फ़ौज; सेना 2. झुंड; समूह 3. युद्ध 4. किनारा; तट।

अनीक[2] [वि.] 1. जो अच्छा न हो 2. ख़राब; बुरा 3. त्याज्य।

अनीकिनी (सं.) [सं-स्त्री.] 1. सेना 2. अक्षौहिणी का दसवाँ भाग या अंश जिसमें 2187 हाथी, 5661 घोड़े और 10935 पैदल होते थे 3. समूह; झुंड 4. कमलिनी।

अनीति (सं.) [सं-स्त्री.] 1. जो नीति के विरुद्ध हो; अन्याय; बेइंसाफ़ी 2. अत्याचार 3. अनैतिकता 5. अनुचित व्यवहार।

अनीमिया (अं.) [सं-पु.] 1. खून में रक्त (लाल) कोशिकाओं की कमी 2. रक्ताल्पता।

अनीलन (अं.) [सं-पु.] 1. शीशे, धातु आदि को कठोर बनाने के लिए उसे पहले अत्यधिक तपाना या जलाना फिर ठंडा कर देना 2. (अनीलिंग)।

अनीश (सं.) [वि.] 1. जिसका कोई स्वामी या ईश न हो 2. ईश्वर-रहित 3. अनाथ; दीन।

अनीशा (सं.) [सं-स्त्री.] 1. दीनता की अवस्था 2. निरीह अवस्था।

अनीश्वर (सं.) [वि.] 1. ईश्वर को न मानने वाला; नास्तिक 2. जिसके ऊपर कोई न हो 3. असमर्थ।

अनीश्वरवाद (सं.) [सं-पु.] ईश्वर का अस्तित्व न मानने का दर्शन; नास्तिक मत।

अनीश्वरवादी (सं.) [वि.] नास्तिक मत का अनुयायी; ईश्वर के अस्तित्व में विश्वास न करने वाला।

अनीस (अ.) [सं-पु.] दोस्त; सखा; मित्र।

अनीह (सं.) [वि.] 1. जिसे कोई इच्छा या चाह न हो; निस्पृह 2. इच्छा-रहित 3. लापरवाह; असावधान 4. माया-मोह से रहित; निर्लिप्त।

अनीहा (सं.) [सं-स्त्री.] 1. ईहा अर्थात इच्छा का अभाव 2. निरपेक्षता; उदासीनता 3. वासना; अनुराग आदि का अभाव।

अनु (सं.) [पूर्वप्रत्य.] (व्याकरण) शब्दों के पहले लगने वाला प्रत्यय जो समान (अनुरूप), पीछे (अनुचर), साथ (अनुपान), प्रत्येक (अनुदिन), बारंबार (अनुशीलन), हीन, गौण, ओर आदि अर्थों का द्योतन करता है।

अनुक (सं.) [वि.] 1. कामुक; लोलुप 2. सहायक 3. आश्रित।

अनुकंपा (सं.) [सं-स्त्री.] 1. करूणामय कृपा; अनुग्रह 2. दया 3. हमदर्दी।

अनुकथन (सं.) [सं-पु.] 1. किसी कथन के पश्चात् होने वाली बातचीत (कथन) 2. वर्णन 3. बातचीत; बहस; चर्चा।

अनुकरण (सं.) [सं-पु.] 1. नकल 2. देखादेखी 3. किसी की विशेषताओं को अपने आचरण में ढालना।

अनुकरणशील (सं.) [वि.] अनुकरण की प्रवृत्तिवाला; देखादेखी करने वाला; नकलची।

अनुकरणीय (सं.) [वि.] 1. अनुकरण करने योग्य 2. नकल करने योग्य 3. पीछे चलने योग्य; अनुगमनीय।

अनुकर्ता (सं.) [वि.] 1. वह जो किसी का अनुकरण करता हो; अभिनेता 2. नकल करने वाला।

अनुकलन (सं.) [सं-पु.] 1. गिनती करना; गणन; गणितीय क्रिया करना 2. हिसाब लगाना।

अनुकल्प (सं.) [सं-पु.] 1. विकल्प 2. मुख्य वस्तु न मिलने पर अन्य वस्तु का प्रयोग; स्थानापन्न 3. गौण विधान।

अनुकाम (सं.) [वि.] 1. जो इच्छा के अनुकूल हो; इच्छानुकूल 2. रुचिकर; कामनावाला 3. आसक्त; कामुक।

अनुकारक (सं.) [वि.] 1. किसी की ज्यों की त्यों (हूबहू) नकल करने वाला 2. नकलची।

अनुकीर्तन (सं.) [सं-पु.] 1. गुणगान; बखान 2. कथन।

अनुकूल (सं.) [सं-पु.] अनुग्रह; कृपा। [वि.] 1. मुआफ़िक; जो मेल खाता हो 2. प्रसन्न। [क्रि.वि.] की ओर; अभिमुख।

अनुकूलक (सं.) [सं-पु.] 1. अनुकूल बनाने वाला; अपने रंग-ढंग में ढालने वाला 2. अनुकूल या उपयुक्त स्थितियाँ पैदा करने वाला।

अनुकूलतम (सं.) [वि.] 1. सर्वाधिक अनुकूल 2. सर्वाधिक अपनाने योग्य 3. सर्वाधिक प्रिय।

अनुकूलता (सं.) [सं-स्त्री.] 1. उपयुक्तता 2. मुआफ़िकत 3. तालमेल।

अनुकूलन (सं.) [सं-पु.] 1. काट-छाँट कर उपयुक्त बनाना 2. किसी कार्य के पहले पृष्ठभूमि तैयार करना, जैसे- निबंधकार अपने कथ्य-संप्रेषण के पहले पाठक के मन का अनुकूलन करता है 3. नियंत्रित करना, जैसे- वातानुकूलन।

अनुकूलनीय (सं.) [वि.] 1. अनुकूल बनाने के योग्य; अपने रंग-ढंग में ढालने योग्य 2. तालमेल बैठाने लायक।

अनुकूला (सं.) [सं-स्त्री.] 1. दंती वृक्ष 2. एक वर्णवृत्त।

अनुकूलित (सं.) [वि.] जिसे अनुकूल कर लिया या बना लिया गया हो।

अनुकृत (सं.) [वि.] 1. जिसका अनुकरण किया गया हो 2. नकल किया हुआ; नकली।

अनुकृति (सं.) [सं-स्त्री.] 1. किसी रचना की हूबहू नकल 2. देखादेखी।

अनुक्त (सं.) [वि.] 1. जो उक्त अर्थात कहा हुआ न हो 2. बिना कहा हुआ; अकथित।

अनुक्रम (सं.) [सं-पु.] 1. क्रमबद्धता; सिलसिला 2. पुस्तक के भीतर पहले पन्ने पर अंकित रचनाओं, लेखों आदि की सूची; विषय-सूची।

अनुक्रमण (सं.) [सं-पु.] 1. क्रम से आगे बढ़ना; अनुगमन 2. क्रम में लगाना; सूचीबद्ध करना।

अनुक्रमणिका (सं.) [सं-स्त्री.] पुस्तक के अंत में अकारादि क्रम से दी जाने वाली शब्दों या विषयों की सूची।

अनुक्रमणी (सं.) [सं-स्त्री.] 1. शब्दसूची 2. विषयसूची, अध्यायों या प्रकरणों का सिलसिला।

अनुक्रमांक (सं.) [सं-पु.] 1. क्रमवार सूची में निर्धारित संख्या

2. उचित और निश्चित क्रम में आने वाला कोई अंक; (रोलनंबर)।

अनुक्रमिक (सं.) [वि.] 1. क्रमिक तौर से शामिल 2. अनुक्रम के मुताबिक; विषयसूची के अंतर्गत।

अनुक्रांत (सं.) [वि.] 1. जिसका उल्लंघन किया गया हो 2. क्रमपूर्वक किया गया 3. पठित।

अनुक्रिया (सं.) [सं-स्त्री.] प्रतिक्रिया; कार्य के बाद का असर; (रिस्पॉन्स)।

अनुक्षण (सं.) [क्रि.वि.] 1. प्रतिक्षण; अनवरत; लगातार; निरंतर 2. सदैव; सर्वदा; नित्य।

अनुख्यान (सं.) [सं-पु.] 1. पता करना या लगाना 2. भेद या रहस्य खोलना।

अनुगत (सं.) [वि.] 1. अनुयायी; पीछे चलने वाला; अनुसरण करने वाला 2. आज्ञाकारी 3. आश्रित 4. अनुकूल। [सं-पु.] अनुचर; सेवक।

अनुगम (सं.) [सं-पु.] तर्कशास्त्र में कोई बात सिद्ध करने के लिए अनेक तत्वों और तथ्यों के आधार पर दिया जाने वाला परिणाम।

अनुगमन (सं.) [सं-पु.] 1. किसी के पीछे चलना; अनुसरण 2. नकल; अनुकरण 3. समान आचरण 4. विधवा स्त्री का पति के साथ जल मरना 5. अर्थबोध।

अनुगामिता (सं.) [सं-स्त्री.] 1. अनुगामी होने की क्रिया या भाव 2. अनुगमन।

अनुगामिनी (सं.) [सं-स्त्री.] 1. अनुगमन करने वाली; पीछे चलने वाली 2. आज्ञाकारिणी।

अनुगामी (सं.) [वि.] 1. अनुगमन करने वाला; पीछे चलने वाला; अनुयायी 2. आज्ञाकारी।

अनुगामी समाचार (सं.) [सं-पु.] किसी प्रकाशित समाचार का क्रमश: विकसित होने वाला आगे का विवरण।

अनुगुण (सं.) [वि.] 1. समान गुणोंवाला 2. अनुकूल; अनुगत। [सं-पु.] अर्थालंकार का एक भेद, जहाँ किसी वस्तु में पहले से मौजूद गुण का किसी अन्य वस्तु के संसर्ग में आने पर बढ़ना दिखाया जाता है।

अनुगूँज (सं.) [सं-स्त्री.] 1. प्रतिध्वनि 2. टकरा कर लौटने वाली ध्वनि 3. देर तक बरकरार रहने वाली ध्वनि।

अनुगृहीत (सं.) [वि.] जिसे किसी का अनुग्रह प्राप्त हो; उपकृत; अहसानमंद।

अनुग्रह (सं.) [सं-पु.] 1. कृपा; प्रसाद 2. ईश्वरीय कृपा 3. राज्य की कृपा से प्राप्त सहायता या सुविधा।

अनुग्रहपूर्वक (सं.) [क्रि.वि.] 1. कृपापूर्वक 2. रियायत के तौर पर 3. अनुग्रह करते हुए।

अनुग्रहशील (सं.) [वि.] 1. कृपालु; अनुग्रही 2. ख़याल रखने वाला।

अनुग्रहांक (सं.) [सं-पु.] 1. वे अंक, जो पात्रता न होते हुए भी सिर्फ़ उत्तीर्ण करने के लिए कृपा पूर्वक छात्र को प्रदान किए जाते हैं।

अनुग्रही (सं.) [वि.] अनुग्रहशील; अनुग्रह प्राप्त।

अनुग्राहक (सं.) [वि.] अनुग्रह करने वाला; उपकार करने वाला; कृपालु; दयावान।

अनुचर (सं.) [सं-पु.] 1. नौकर; दास 2. आज्ञाकारी 3. अनुयायी; पीछे चलने वाला 4. साथी। [वि.] किसी के पीछे चलने वाला; सेवा करने वाला।

अनुचिंतन (सं.) [सं-पु.] 1. सोच-विचार 2. बीती या भूली बात को फिर से स्मरण करना 3. चिंता।

अनुचित (सं.) [वि.] 1. जो उचित न हो; नामुनासिब; बेजा 2. बुरा।

अनुचितार्थ (सं.) [सं-पु.] शब्द-दोष का एक भेद, जहाँ कोई पद अनुचित अर्थ का बोध कराए।

अनुच्चरित (सं.) [वि.] 1. जिसका उच्चारण न हुआ हो 2. जिस वर्ण का उच्चारण बोलने में न होता हो।

अनुच्चारणीय (सं.) [वि.] 1. जिसका उच्चारण न हो सके; जिसका उच्चारण बहुत मुश्किल हो 2. जिसका उच्चारण वर्जित हो।

अनुच्चारित (सं.) [वि.] जिसका उच्चारण न किया गया हो; जो न कहा गया हो।

अनुच्छेद (सं.) [सं-पु.] 1. कट जाने पर भी अलग या नष्ट न होना 2. किसी साहित्यिक रचना,पुस्तक आदि के किसी प्रकरण के अंतर्गत वह विशिष्ट विभाग जिसमें किसी एक विषय या उसके किसी अंगों की मीमांसा या विवेचना होती है; प्रस्तर; (पैराग्राफ़) 3. किसी नियम अधिनियम आदि का वह अंश जिसमें किसी नियम तथा उसके प्रतिबंधों का उल्लेख होता है (आर्टिकल)।

अनुज (सं.) [वि.] बाद में पैदा होने वाला। [सं-पु.] छोटा भाई; स्थल कमल।

अनुजवधू (सं.) [सं-स्त्री.] छोटे भाई की पत्नी।

अनुजीवी (सं.) [वि.] पराधीन; परतंत्र; परावलंबी; आश्रित। [सं-पु.] सेवक।

अनुज्ञप्त (सं.) [वि.] 1. (कार्य) जिसके लिए स्वीकृति या अनुज्ञा मिल चुकी हो 2. (व्यक्ति) जिसे अनुज्ञा मिल चुकी हो।

अनुज्ञप्ति (सं.) [सं-स्त्री.] 1. आज्ञा; स्वीकृति; अनुमोदन 2. व्यापार आदि करने का अनुज्ञापत्र।

अनुज्ञा (सं.) [सं-स्त्री.] 1. अनुमति; स्वीकृति 2. आज्ञा 3. एक तरह का काव्यालंकार जिसमें अच्छे गुण की लालसा में दोषयुक्त वस्तु की भी इच्छा की जाती है।

अनुज्ञापत्र (सं.) [सं-पु.] ऐसा पत्र जिसमें किसी को किसी सक्षम अधिकारी से कोई कार्य करने या कुछ लेने की अनुज्ञा या स्वीकृति मिली हो; (परमिट)।

अनुज्ञापन (सं.) [सं-पु.] 1. अनुज्ञा देने की क्रिया या भाव; अनुमति देना 2. क्षमा करना 3. बतलाना।

अनुतप्त (सं.) [वि.] पछताने वाला; पश्चातापी; अनुशोची; अफ़सोस करने वाला।

अनुताप (सं.) [सं-पु.] 1. पछतावा; पश्चाताप 2. दुख 3. जलन; ताप।

अनुतापी (सं.) [वि.] पश्चाताप करने वाला; अनुतप्त।

अनुतोष (सं.) [सं-पु.] 1. वह धन आदि जो किसी को प्रसन्न या तुष्ट करने के लिए दिया जाए 2. किसी काम से होने वाला संतोष 3. आनुतोषिक।

अनुतोषण (सं.) [सं-पु.] 1. किसी काम में संतुष्ट होने की क्रिया या भाव 2. किसी को कुछ देकर अपने अनुकूल करना।

अनुत्तम (सं.) [वि.] जो उत्तम न हो; घटिया 2. जिससे उत्तम दूसरा न हो; सर्वोत्तम। [सं-पु.] शिव; विष्णु।

अनुत्तर (सं.) [सं-पु.] 1. उत्तर या जवाब न मिलना 2. जैन देवताओं का एक वर्ग। [वि.] निरुत्तर।

अनुत्तरदायी (सं.) [सं-पु.] 1. जो उत्तरदायी न हो; गैरज़िम्मेदार 2. जो उत्तरदायित्व की परवाह न करे।

अनुत्तरित (सं.) [वि.] जिसका उत्तर न दिया गया हो; जिसका ज़वाब या हल न मिला हो।

अनुत्ताप (सं.) [सं-पु.] बौद्ध मतानुसार दस क्लेशों में से एक।

अनुत्तीर्ण (सं.) [वि.] जो किसी परीक्षा में उत्तीर्ण न हुआ हो; (फ़ेल)।

अनुत्पादक (सं.) [वि.] 1. जो कोई उत्पादन न कर सके 2. व्यर्थ का उद्यम वाला (काम या प्रयास)।

अनुत्सवी (सं.) [वि.] उत्सवहीन; ठंडी प्रकृति का; ठंडे मिज़ाज का। [सं-पु.] ठंडे मिज़ाज का व्यक्ति।

अनुत्सुक (सं.) [वि.] जो उत्सुक न हो; उदासीन; निर्लिप्त।

अनुदत्त (सं.) [वि.] 1. स्वीकृत 2. अनुदान के रूप में दिया गया; माफ़ किया हुआ 3. लौटाया गया।

अनुदर (सं.) [वि.] 1. जिसकी कमर अत्यंत क्षीण या पतली हो; पतली कमरवाला 2. दुबल-पतला; क्षीण।

अनुदाता (सं.) [सं-पु.] अनुदान देने वाला; आर्थिक मदद देने वाला।

अनुदात्त (सं.) [सं-पु.] 1. नीचा स्वर; स्वर के तीन भेदों में से एक। [वि.] 1. जो श्रेष्ठ या महान न हो 2. अनुदार 3. अप्रिय 4. नीचे स्वर में उच्चरित।

अनुदान (सं.) [सं-पु.] सरकार से मिलने वाली वित्तीय सहायता राशि; आर्थिक मदद।

अनुदार (सं.) [वि.] 1. जो उदार न हो 2. कठोर 3. संकीर्ण 4. कंजूस; कृपण। [सं-पु.] जिसकी पत्नी आज्ञाकारी हो।

अनुदारता (सं.) [सं-स्त्री.] 1. संकीर्णता 2. कृपणता; कंजूसी 3. उदारता का अभाव।

अनुदारवादी (सं.) [वि.] 1. जो उदारवादी न हो; रूढ़िवादी 2. रूढ़िवादी दल से संबद्ध 3. संकीर्ण मानसिकतावाला।

अनुदित (सं.) [वि.] 1. जो कहा न गया हो; अकथित 2. जो कहने योग्य न हो; अकथनीय 3. जिसका उदय न हुआ हो।

अनुदिन (सं.) [क्रि.वि.] प्रतिदिन; हर रोज़।

अनुदिष्ट (सं.) [वि.] 1. जिसे अनुदेश किया गया हो 2. जिसे बतलाया या कहा गया हो।

अनुदृष्टि (सं.) [सं-स्त्री.] किसी वस्तु का ऐसा दृश्य या रूप जिसमें दूर से देखने पर उसके सब अंग अपने ठीक अनुपात में और एक दूसरे से उचित दूरी पर दिखाई दें।

अनुदेश (सं.) [सं-पु.] 1. किसी कार्य की विशेष विधि समझाना; शिक्षा 2. निर्देश; हिदायत 3. संकेत।

अनुदेशक (सं.) [सं-पु.] 1. अनुदेश या निर्देश देने वाला 2. सीख देने वाला 2. कार्य विधि को समझाने वाला; इशारा करने वाला।

अनुद्धत (सं.) [वि.] 1. जो उद्धत या उच्छृंखल न हो 2. सौम्य; विनीत; सरल।

अनुद्यत (सं.) [वि.] 1. जो किसी कार्य के लिए उद्यत या तैयार न हो 2. जो कार्य में तत्पर न हो।

अनुधर्मक (सं.) [वि.] जो आकृति, गुण, स्वभाव आदि के विचार से किसी के सदृश या समान हो।

अनुधर्मता (सं.) [सं-स्त्री.] अनुधर्मक होने का भाव या दशा।

अनुधावन (सं.) [सं-पु.] 1. किसी के पीछे चलना; दौड़ना 2. अनुसरण करना 3. नकल; अनुकरण 4. किसी चीज़ की खोज या अनुसंधान।

अनुध्वनि (सं.) [सं-स्त्री.] अनुगूँज; प्रतिध्वनि।

अनुनय (सं.) [सं-पु.] 1. विनय 2. प्रार्थना 3. ख़ुशामद; चिरौरी।

अनुनाद (सं.) [सं-पु.] 1. प्रतिध्वनि 2. गूँज; गुंजार 3. ज़ोर की आवाज़।

अनुनादित (सं.) [वि.] 1. जिसकी गूँज हुई हो 2. जिसमें गूँज हो 3. प्रतिध्वनित।

अनुनादी (सं.) [वि.] 1. प्रतिध्वनि करने वाला 2. प्रतिध्वनिमूलक 3. गुंजायमान; गूँज पैदा करने वाला।

अनुनासिक (सं.) [वि.] 1. जिस वर्ण या अक्षर के उच्चारण में वायु मुँह और नाक से निकले, जैसे- न, ण, म आदि 2. नासिका संबंधी।

अनुनासिकता (सं.) [सं-स्त्री.] 1. जिन शब्दों के उच्चारण में फेंफड़ों से आती हवा मुँह के साथ नाक से भी निकलती है, हिंदी में यह विशेषता चंद्रबिंदु द्वारा दर्शाई जाती है, जैसे- अँ 2. अनुनासिक होने की अवस्था या भाव।

अनुनीत (सं.) [वि.] 1. जिसके विषय में अनुनय किया जाए; प्रार्थित 2. अनुशासित 3. शांत किया हुआ 4. समादृत।

अनुपजाऊ (सं.) [वि.] 1. जो उपजाऊ न हो 2. अनुर्वर; बंजर।

अनुपत्र (सं.) [सं-पु.] पौधों के डंठल के साथ निकलने वाला छोटा पत्ता; कोंपल।

अनुपदी (सं.) [वि.] 1. पीछा करने वाला 2. खोज करने वाला; अन्वेषक; पता लगाने वाला।

अनुपम (सं.) [वि.] 1. जिसकी कोई उपमा न हो 2. अनूठा, बेजोड़ 3. अतुलनीय; (यूनीक)।

अनुपमा (सं.) [वि.] जिसकी उपमा न दी जा सकती हो; अनुपम; अतुलनीय। [सं-स्त्री.] अनिंद्य सुंदरी; बेहद ख़ूबसूरत स्त्री।

अनुपयुक्त (सं.) [वि.] 1. जो उपयुक्त न हो; जो ठीक या काम का न हो 2. अयोग्य 3. अनुचित।

अनुपयुक्तता (सं.) [सं-स्त्री.] योग्य (उपयुक्त) न होने की दशा या अवस्था; अयोग्यता।

अनुपयोग (सं.) [सं-पु.] उपयोग या काम में न लाना।

अनुपयोगिता (सं.) [सं-स्त्री.] 1. उपयोगिता का न होना 2.

निरर्थकता 3. लाभदायक न होना।

अनुपयोगी (सं.) [वि.] 1. जो उपयोगी न हो; जो काम का न हो 2. व्यर्थ का; फालतू।

अनुपलब्ध (सं.) [वि.] 1. जो उपलब्ध न हो 2. न मिला हुआ 3. अप्राप्त 4. अज्ञात।

अनुपस्थित (सं.) [वि.] जो उपस्थित न हो; गैरहाज़िर; (ऐब्सेंट)।

अनुपस्थिति (सं.) [सं-स्त्री.] गैरहाज़िरी; गैरमौजूदगी; अविद्यमानता; (ऐब्सेंस)।

अनुपात (सं.) [सं-पु.] 1. एक वस्तु का दूसरी वस्तु से सापेक्षिक संबंध 2. त्रैराशिक; गणित की क्रिया 3. मान, माप आदि की तुलना के विचार से परस्पर संबंध या अपेक्षा; तुलनात्मक स्थिति; (प्रोपोर्शन)।

अनुपाती (सं.) [वि.] 1. जो ठीक अनुपात में हो 2. जो उचित मात्रा में हो 3. अनुपात संबंधी; आनुपातिक।

अनुपान (सं.) [सं-पु.] औषधि के आगे या पीछे सेवन की जाने वाली वस्तु।

अनुपाय (सं.) [वि.] जिसके पास कोई उपाय न हो; जिसके लिए कोई मार्ग या उपाय न रह गया हो।

अनुपालन (सं.) [सं-पु.] 1. रक्षण 2. आज्ञा का ठीक से पालन; (ऑब्ज़र्वेंस) 3. आदेश पर अमल; क्रियान्वयन 4. किसी आदेश या पत्र को ठीक स्थान पर पहुँचाने का काम; तामील; (सर्विस)।

अनुपूरक (सं.) [वि.] अभाव, कमी या त्रुटि आदि की पूर्ति के लिए जोड़ा, बढ़ाया या लगाया गया (अंश); (सप्लिमेंटरी)।

अनुपूरण (सं.) [सं-पु.] कमी, अभाव या त्रुटि आदि की पूर्ति करने के लिए बाद में बढ़ाया गया या जोड़ा गया तत्व; (सप्लिमेंट)।

अनुप्रमाणन (सं.) [सं-पु.] 1. किसी वस्तु या बात की सत्यता को प्रमाणित करना 2. प्रभाणीकरण 3. तसदीक करना।

अनुप्रमाणित (सं.) [सं-स्त्री.] 1. जिसका अनुप्रमाणन हुआ हो 2. तसदीक किया हुआ।

अनुप्रयुक्त समाजशास्त्र (सं.) [सं-पु.] प्रायोगिक या व्यावहारिक समाजशास्त्र।

अनुप्रयोग (सं.) [सं-पु.] किसी सिद्धांत या अनुशासन का व्यावहारिक प्रयोग।

अनुप्रयोजन (सं.) [सं-पु.] 1. अनुप्रयोग करने की क्रिया या भाव; अनुप्रयोग करना 2. आवृत्ति; फिर से अमल में लाना।

अनुप्रस्थ (सं.) [वि.] चौड़ाई के बल; चौड़ाई के मुताबिक; आड़ा।

अनुप्रस्थता (सं.) [सं-स्त्री.] चौड़ाई की काट; चौड़ाई की काट वाली सतह; अनुप्रस्थ-काट।

अनुप्राणन (सं.) [सं-पु.] 1. प्राण संचार करना; प्राण डालना 2. जीवन का संचार करना 3. उत्साह; प्रेरणा देना 4. स्फुरण; प्रेरण।

अनुप्राणित (सं.) [वि.] 1. जिसमें जीवन का संचार किया गया हो 2. प्रेरित; प्रेरणा प्राप्त।

अनुप्रापण (सं.) [सं-पु.] 1. वसूली करने की क्रिया या भाव; वसूली 2. कर, दंड आदि के रूप में धन उगाहना।

अनुप्राप्त (सं.) [वि.] 1. जिसका अनुप्रापण हुआ हो 2. उगाहा या इकट्ठा किया हुआ 3. वसूला हुआ।

अनुप्राप्ति (सं.) [सं-स्त्री.] 1. धन उगाहने या इकट्ठा करने की क्रिया या भाव 2. वसूली 3. लाभ।

अनुप्राशन (सं.) [सं-पु.] भोजन; खाना।

अनुप्रास (सं.) [सं-पु.] 1. शब्दालंकार का एक भेद जिसमें किसी ख़ास वर्ण की अथवा किसी ख़ास वर्ग के वर्णों की आवृत्ति होती है 2. वर्ण-साम्य; वर्णवृत्ति; वर्ण मैत्री।

अनुप्रेरित (सं.) [वि.] जो किसी प्रेरणा से प्रेरित हो; जिसे प्रेरित किया गया हो।

अनुबंध (सं.) [सं-पु.] 1. संबंध 2. सिलसिला 3. समझौता; करार 4. प्रकरण 5. आरंभ 6. फल; नतीजा 7. उद्देश्य; नीयत 8. बंधन ।

अनुबंध-पत्र (सं.) [सं-पु.] 1. वह पत्र जिसमें किसी अनुबंध की शर्तें लिखी हों 2. इकरारनामा।

अनुबंधित (सं.) [वि.] अनुबद्ध; अनुबंध किया हुआ।

अनुबद्ध (सं.) [वि.] लगाव रखने वाला; जुड़ा हुआ; संबद्ध।

अनुबिंब (सं.) [सं-पु.] प्रतिबिंब; परछाँई।

अनुबोध (सं.) [सं-पु.] 1. स्मरण 2. पाठ के बाद होने वाला स्मरण।

अनुबोधक (सं.) [वि.] 1. अनुबोध करने वाला; अनुबोध कराने वाला 2. आलोक-पत्र।

अनुबोधन (सं.) [सं-पु.] विषय या बात स्मरण कराने की क्रिया या भाव।

अनुभव (सं.) [सं-पु.] 1. प्रत्यक्ष ज्ञान 2. संवेदन 3. प्रयोग-परीक्षण से प्राप्त ज्ञान 4. व्यवहार से उपलब्ध संज्ञान 5. तज़ुर्बा; अहसास।

अनुभवप्रसूत (सं.) [वि.] अनुभव से उत्पन्न; अनुभव से ज्ञात।

अनुभववाद (सं.) [सं-पु.] एक सिद्धांत जिसके अनुसार मानव में ज्ञान की उत्पत्ति जन्मजात नहीं, बल्कि जीवनानुभवों तथा परीक्षणों से होती है; (इंपरिसिज़म)।

अनुभवशील (सं.) [वि.] 1. प्रत्यक्षज्ञान और व्यवहार में प्रवृत्त 2. संवेदनशील।

अनुभवशून्य (सं.) [वि.] 1. अनुभवहीन; जिसे जीवन का कोई ख़ास व्यावहारिक ज्ञान न हो 2. अबोध 3. संवेदनहीन।

अनुभवसमृद्ध (सं.) [वि.] 1. अत्यधिक अनुभवी 2. पूर्ण अनुभवी 3. जिसके पास बहुत अनुभव हो।

अनुभवसिद्ध (सं.) [सं-स्त्री.] जो अनुभव से प्रमाणित हो; जो व्यवहार से परीक्षित हो।

अनुभवहीन (सं.) [वि.] 1. जिसे कोई अनुभव न हो 2. नादान।

अनुभवहीनता (सं.) [सं-स्त्री.] 1. अनुभवशून्यता; अनुभव आदि का न होना 2. संवेदनहीनता।

अनुभवी (सं.) [वि.] अनुभवसंपन्न; तज़ुर्बेकार।

अनुभाग (सं.) [सं-पु.] वर्ग; अनुखंड; उपखंड; (सेक्शन)।

अनुभागीय (सं.) [वि.] 1. अनुभाग संबंधी 2. किसी उपविभाग या अंश से संबंधित।

अनुभाजन (सं.) [सं-पु.] 1. वह क्रिया जिसमें कोई चीज़ या वस्तु लोगों को उनकी आवश्यकता अनुसार उनके अंश या हिस्से के आधार पर दे दी जाती है।

अनुभाव (सं.) [सं-पु.] 1. महिमा 2. बड़ाई 3. प्रभाव 4. दृढ़विश्वास 5. (काव्यशास्त्र) किसी रस की अनुभूति होने पर विशिष्ट मानसिक और शारीरिक व्यापार का होना 6. किसी वस्तु, व्यक्ति आदि में विशेष रूप से पाए जाने वाले लक्षण या गुण।

अनुभावी (सं.) [वि.] 1. जिसमें अनुभव कराने की शक्ति हो 2. साक्षी जिसने सारी घटना अपनी आँखों से देखी हो; अक्षिसाक्षी।

अनुभाव्य (सं.) [वि.] 1 जिसका अनुभव किया जा सकता हो या किया जाने को हो; जो अनुभव के योग्य हो 2. प्रशंसा या बड़ाई के योग्य 3. (गुण या लक्षण) जो किसी में विशेष रूप से पाया जा सकता हो।

अनुभूत (सं.) [वि.] जिसका अनुभव किया गया हो; अनुभवसिद्ध; परीक्षित।

अनुभूति (सं.) [सं-स्त्री.] 1. अहसास; संवेदना; अनुभव 2. न्याय-शास्त्र के अनुसार अनुमिति, उपमिति, शब्दबोध और प्रत्यक्ष द्वारा प्राप्त ज्ञान।

अनुभूतिगम्य (सं.) [वि.] जिसका अहसास किया जा सके; जिसे अनुभूति से जाना जा सके।

अनुभूतिजन्य (सं.) [वि.] 1. अनुभूति से उत्पन्न होने वाला 2. निजी अनुभवों से उत्पन्न।

अनुभूयमान (सं.) [वि.] जिसका ज्ञान अनुभूति से प्राप्त हुआ हो।

अनुमत (सं.) [सं-पु.] 1. आज्ञा 2. सहमति 3. अनुमति 4. प्रेम। [वि.] 1. जिसे अनुमति या स्वीकृति मिल चुकी हो 2. सम्मत 3. मनोरम 4. प्रिय; रुचिर।

अनुमति (सं.) [सं-स्त्री.] 1. किसी कार्य को करने की इजाज़त; स्वीकृति 2. अनुज्ञा।

अनुमतिपत्र (सं.) [सं-पु.] स्वीकृतिपत्र; आदेशपत्र; हुक्मनामा।

अनुमरण (सं.) [सं-पु.] स्त्री का पति के शव के साथ जलकर मर जाना; स्त्री का सती होना।

अनुमान (सं.) [सं-पु.] 1. अंदाज़ा; अटकल 2. प्रत्यक्ष से अप्रत्यक्ष का ज्ञान, जैसे- धुएँ से आग का ज्ञान 3. भावना; विचार 4. न्यायशास्त्र के माने हुए चार प्रमाणों में से एक 5. (काव्यशास्त्र) अलंकार का एक भेद।

अनुमानतः (सं.) [क्रि.वि.] अनुमान के तौर पर; अनुमान से।

अनुमानित (सं.) [वि.] 1. अनुमान लगाया हुआ 2. लगभग; तकरीबन; अंदाज़न।

अनुमिति (सं.) [सं-स्त्री.] 1. अनुमान; अंदाज़ा 2. अनुमान द्वारा हासिल ज्ञान।

अनुमितिवाद (सं.) [सं-पु.] रससूत्र की व्याख्या के संदर्भ में शंकुक का मत जिसके अनुसार तमाम कारक तत्वों के प्रयत्नपूर्वक अर्जन के बाद अनुमान के बल पर स्थायीभाव का अनुकरण किया जाता है और वह अनुकर्ता में प्रतीयमान होता है।

अनुमेय (सं.) [वि.] अनुमान करने योग्य; जिसे अनुमान से जाना जा सके।

अनुमोद (सं.) [सं-पु.] 1. अनुमोदन; प्रसन्नता प्रकट करना 2. सहानुभूतिजन्य प्रसन्नता 3. समर्थन 4. सहमति प्रकट करना 5. किसी के मत या सुझाव को ठीक समझकर अपनी स्वीकृति देना।

अनुमोदक (सं.) [सं-पु.] 1. अनुमोदन करने वाला व्यक्ति 2. समर्थन करने वाला व्यक्ति।

अनुमोदन (सं.) [सं-पु.] 1. किसी के मत या कार्य पर सहमति प्रकट करना 2. समर्थन 3. संस्तुति।

अनुमोदनीय (सं.) [वि.] 1. अनुमोदन के योग्य 2. सहमति या समर्थन के योग्य।

अनुमोदित (सं.) [वि.] 1. संस्तुत 2. समर्थित 3. सम्मति-प्राप्त।

अनुयाचक (सं.) [सं-पु.] अनुयाचन करने वाला व्यक्ति।

अनुयाचन (सं.) [सं-पु.] 1. किसी को समझा-बुझाकर, अनुरोधपूर्वक अपने अनुकूल करते हुए कोई काम कराने के लिए कहना।

अनुयान (सं.) [सं-पु.] 1. वह यान जिसे कोई दूसरा यान खींचता हो; (ट्रेलर) 2. किसी के पीछे चलना; अनुगमन।

अनुयायी (सं.) [सं-पु.] 1. अनुसरण करने वाला; अनुचर; चेला; शिष्य 2. किसी सिद्धांत के आदर्शों का अनुगामी; (फॉलोअर)।

अनुयोक्ता (सं.) [सं-पु.] 1. अनुयोग या पूछताछ करने वाला 2. अनुशिक्षक।

अनुयोग (सं.) [सं-पु.] 1. प्रश्न करना; पूछना 2. संदेह दूर करने के लिए या सत्यता की जाँच करने के लिए किया गया प्रश्न; पूछताछ 3. डाँट-फटकार; भर्त्सना।

अनुरंजक (सं.) [वि.] 1. अनुरंजन, प्रसन्न या संतुष्ट करने वाला 2. मन बहलाने वाला।

अनुरंजन (सं.) [सं-पु.] 1. प्रसन्नता या संतुष्टि 2. रंग से युक्त करना; रँगना 3. अनुराग; प्रीति 4. आसक्ति; मन-बहलाव।

अनुरंजित (सं.) [वि.] 1. जिसका अनुरंजन किया गया हो 2. जिसका दिल बहलाया गया हो 3. अनुरक्त।

अनुरक्त (सं.) [वि.] 1. अनुरागयुक्त; प्रेमी 2. आसक्त 3. प्रसन्न 4. लाल।

अनुरक्ति (सं.) [सं-स्त्री.] 1. आसक्ति; अति अनुराग 2. प्रेम।

अनुरक्षक (सं.) [सं-पु.] 1. सुरक्षा प्रदान करने वाला 2. किसी की रक्षा हेतु साथ-साथ चलने वाला; सुरक्षा कमांडो।

अनुरक्षण (सं.) [सं-पु.] सुरक्षा प्रदान करने की क्रिया।

अनुरणन (सं.) [सं-पु.] 1. गूँज; किसी चीज़ के बोलने या बजने की ध्वनि, जैसे- घंटी की ध्वनि 2. कथन की व्यंजना 3. संगीत शास्त्र में, स्वर का वह मुख्य स्वरूप जो नाद या शब्द की लहरों के क्रम से उत्पन्न होकर कुछ देर में लीन या समाप्त हो जाता है।

अनुराग (सं.) [सं-पु.] 1. आसक्ति 2. प्रेम 3. लगाव; सौहार्द।

अनुरागी (सं.) [वि.] 1. अनुराग करने वाला; प्रेमी 2. भक्त 3.

आसक्त।

अनुराध (सं.) [सं-पु.] 1. विनय; विनती 2. याचना; प्रार्थना।

अनुराधा (सं.) [सं-स्त्री.] (ज्योतिष) सत्ताईस नक्षत्रों में सत्रहवाँ नक्षत्र।

अनुरूप (सं.) [वि.] 1. सदृश; समरूप 2. अनुसार; मुताबिक 2. अनुकूल।

अनुरूपक (सं.) [सं-पु.] 1. वह जो किसी वस्तु के अनुरूप या अनुकरण पर बना हो 2. मूर्ति; प्रतिमा 3. समान या मिलती-जुलती वस्तु।

अनुरूपता (सं.) [सं-स्त्री.] 1. किसी के अनुरूप होने की अवस्था या भाव 2. समानता; सादृश्य 3. अनुकूलता 4. उपयुक्तता।

अनुरेखन (सं.) [सं-पु.] किसी रेखाचित्र पर पारदर्शी कागज़ रख कर नीचे के रेखाचित्र की अनुकृति बनाने की क्रिया।

अनुरोदन (सं.) [सं-पु.] 1. किसी के प्रति संवेदना प्रकट करते हुए रोना 2. संवेदना प्रकट करना।

अनुरोध (सं.) [सं-पु.] 1. विशेष आग्रह; निवेदन 2. विनय; विनती; प्रार्थना।

अनुरोधपूर्ण (सं.) [वि.] आग्रहपूर्ण; विनययुक्त।

अनुर्वर (सं.) [वि.] जो उर्वर या उपजाऊ न हो; बंजर; ऊसर।

अनुर्वरीकरण (सं.) [सं-पु.] बंजर बनाना; अप्राकृतिक खाद-कीटनाशक आदि के प्रयोग से ज़मीन की उर्वराशक्ति को नष्ट करना।

अनुलंब (सं.) [सं-पु.] 1. मानसिक अनिश्चितता की अवस्था जिसमें किसी चीज़ का निश्चय न हुआ हो, पर अभी होने को हो।

अनुलंबन (सं.) [सं-पु.] 1. विलंबन 2. अस्थायी रूप से किसी को कार्य करने से रोकना 3. मुअत्तल करना।

अनुलग्न (सं.) [वि.] 1. संलग्न; नत्थी 2. किसी के साथ लगा, मिला या जुड़ा हुआ।

अनुलग्नक (सं.) [सं-पु.] संलग्नक; संलग्न सामग्री।

अनुलब्धि (सं.) [सं-स्त्री.] 1. उपलब्धि; प्राप्ति; हासिल 2. कमाई; अर्जन।

अनुलाप (सं.) [सं-पु.] 1. कही हुई बात फिर से कहना या दुहराना 2. पुनरुक्ति; दोहराव।

अनुलाभ (सं.) [सं-पु.] मुनाफ़ा; फ़ायदा; लाभ।

अनुलिखित (सं.) [वि.] 1. अनुलेख के रूप में लाया हुआ; नकल किया हुआ 2. औपचारिक कागज़ात पर सहमति सूचक हस्ताक्षर सहित।

अनुलिपि (सं.) [सं-स्त्री.] 1. प्रतिलिपि; किसी आलेख वगैरह की हू-ब-हू नकल 2. दूसरी प्रति।

अनुलेख (सं.) [सं-पु.] 1. प्रतिलिपि; नकल 2. औपचारिक कागज़ात पर अपनी सहमति अंकित कर उसका दायित्व स्वयं पर लेना।

अनुलेखन (सं.) [सं-पु.] 1. किसी घटना या कार्य का लेख तैयार करना 2. प्रतिलिपि; नकल तैयार करना।

अनुलेपन (सं.) [सं-पु.] 1. किसी के ऊपर लेप लगाना या चढ़ाना 2. शरीर में सुगंधित लेप लगाना 3. लीपने का कार्य।

अनुलोम (सं.) [वि.] 1. ऊँचे से नीचे की ओर उतरने वाला; अवरोही 2. यथाक्रम 3. अविलोम। [सं-पु.] 1. ऊपर से नीचे उतरने का क्रम; अवरोह 2. संगीत में सुरों का उतार या अवरोह।

अनुल्लंघन (सं.) [सं-पु.] 1. उल्लंघन न करना 2. अवहेलना न करना।

अनुल्लंघनीय (सं.) [वि.] जिसके उल्लंघन की सख़्त मनाही हो; जिसका अनुपालन अनिवार्य हो।

अनुल्लिखित (सं.) [वि.] 1. जिसका उल्लेख न हुआ हो 2. जो अभी तक कहा न गया हो।

अनुवंश (सं.) [सं-पु.] 1. किसी वंश का परंपरागत इतिहास; वंशवृत्त; वंशतालिका 2. वंशवृक्ष 3. वंश-परंपरा।

अनुवचन (सं.) [सं-पु.] 1. किसी की बात को दुहराना या फिर से कहना 2. किसी बात का आशय स्पष्ट करना; व्याख्या; अर्थापन 3. अध्याय; प्रकरण 4. खंड; भाग; हिस्सा।

अनुवर्तन (सं.) [सं-पु.] 1. अनुसरण; अनुगमन 2. समानता; उपयुक्तता 3. आज्ञा-पालन 4. परिणाम; नतीजा।

अनुवर्ती (सं.) [वि.] 1. अनुगामी; अनुयायी; अनुसरण करने वाला 2. आज्ञाकारी 3. बाद में आने वाला 4. उपयुक्त 5. समान।

अनुवाक (सं.) [सं-पु.] 1. किसी ग्रंथ विशेषत: वेदों का कोई अध्याय या प्रकरण 2. ग्रंथ का खंड या विभाग 3. कही हुई बात को दोहराना।

अनुवाद (सं.) [सं-पु.] 1. भाषांतर; रूपांतर; तरजुमा 2. पुन: कथन; दुहराव; पुनरुक्ति 3. एक भाषा में लिखी हुई बात को दूसरी भाषा में लिखने का कार्य।

अनुवादक (सं.) [सं-पु.] 1. अनुवाद करने वाला 2. एक भाषा में कही गई बात को दूसरी भाषा में कहने या संप्रेषित करने वाला।

अनुवादकीय (सं.) [सं-पु.] अनुवादक का वक्तव्य। [वि.] अनुवाद संबंधी।

अनुवादित (सं.) [वि.] अनूदित; रूपांतरित; भाषांतर किया हुआ; भाषांतरित।

अनुवाद्य (सं.) [वि.] 1. अनुवाद करने योग्य; अनूद्य 2. जिसका अनुवाद होना हो; अनुवाद के लिए पेश।

अनुविष्ट (सं.) [वि.] 1. जो जानकारी अभिलेख के रूप में या सूचीबद्ध करने के लिए उपयुक्त स्थान पर लिख ली गई हो 2. लेखा पुस्तिका या रजिस्टर पर चढ़ाया या लिखा हुआ।

अनुवीक्षण (सं.) [सं-पु.] 1. सूक्ष्म निरीक्षण 2. जाँच-परख 3. गौर से देखना 4. देखरेख।

अनुवृत्त (सं.) [वि.] 1. जिसका अनुकरण या अनुसरण किया गया हो 2. अनुसरण या आज्ञपालन करने वाला 3. सच्चरित्र 4. अतीत संबंधी। [सं-पु.] वह जिसे अनुवृत्ति मिलती हो; अनुवृत्ति (पेंशन) पाने वाला; (पेंशनर)।

अनुवृत्ति (सं.) [सं-स्त्री.] 1. एक बार कही या पढ़ी हुई चीज़ फिर से दोहराना; आवृत्ति 2. अनुसरण वृत्ति या वेतन का वह

प्रकार जो कर्मचारी के भरण पोषण के लिए मिलता है; (पेंशन)।

अनुवृत्तिक (सं.) [वि.] 1. अनुवृत्ति का; अनुवृत्ति संबंधी 2. जिसके लिए अनुवृत्ति मिलती हो।

अनुवृत्तिधारी (सं.) [सं-पु.] 1. वह जिसे अनुवृत्ति मिलती हो 2. पेंशन पाने वाला व्यक्ति।

अनुव्रजन (सं.) [सं-पु.] 1. आज्ञापालन 2. विदा करते समय मेहमान के साथ कुछ दूर तक जाना।

अनुव्रत (सं.) [वि.] 1. विश्वास भाजन 2. निर्धारित कर्तव्य का समुचित रूप से पालन करने वाला; श्रद्धा करने वाला। [सं-पु.] एक प्रकार का जैन साधु।

अनुशंसा (सं.) [सं-स्त्री.] संस्तुति; सिफ़ारिश।

अनुशंसात्मक (सं.) [वि.] सिफ़ारिशी; संस्तुतिपरक।

अनुशंसित (सं.) [वि.] जिसकी अनुशंसा या सिफ़ारिश की गई हो।

अनुशय (सं.) [सं-पु.] 1. पुरानी लड़ाई; रंजिश 2. झगड़ा; विवाद 3. काम से मिलने वाली छुट्टी 4. आज्ञा या कार्य को रद्द करना।

अनुशयाना (सं.) [सं-स्त्री.] (साहित्य) वह परकीया नायिका जो अपने प्रिय के मिलन स्थल के नष्ट हो जाने या अपने प्रिय के मिलने के स्थान पर न पहुँचने से दुखी हो।

अनुशासक (सं.) [सं-पु.] 1. अनुशासन करने वाला; अनुशासन में रखने वाला 2. प्रशासक 3. उपदेश या शिक्षा देने वाला शिक्षक।

अनुशासन (सं.) [सं-पु.] 1. नियमबद्ध आचरण; नियमों का अनुपालन 2. नियंत्रण; शासन 3. आदेश 4. शिक्षण 4. किसी विषय का निरूपण।

अनुशासनहीन (सं.) [वि.] 1. नियम और मर्यादा का पालन न करने वाला 2. उच्छृंखल; अराजक 3. लापरवाह; मनमौजी।

अनुशासनिक (सं.) [वि.] 1. अनुशासन संबंधी 2. जो अनुशासन के रूप में हो।

अनुशासित (सं.) [वि.] 1. मर्यादित 2. नियंत्रित 3. अनुशासनबद्ध।

अनुशिक्षण (सं.) [सं-पु.] 1. प्रशिक्षण 2. अभ्यास।

अनुशीर्षक (सं.) [सं-पु.] पत्र-पत्रिकाओं में समाचारों या आलेखों में मुख्य शीर्षक के नीचे का अथवा बीच में दिया गया छोटा शीर्षक।

अनुशीलन (सं.) [सं-पु.] 1. चिंतन; मनन 2. मंथन 3. गंभीरतापूर्वक सतत अभ्यास 4. नियमित गहन अध्ययन।

अनुशीलनकर्ता (सं.) [सं-पु.] 1. वह जो अनुशीलन करता हो 2. मनन, चिंतन करने वाला व्यक्ति।

अनुश्रुत (सं.) [वि.] 1. जिसे बहुत दिनों से लोग सुनते आ रहे हों 2. परंपरा से सुना गया)।

अनुश्रुति (सं.) [सं-स्त्री.] 1. परंपरा से चली आ रही कोई कथा या बात 2. अनुश्रव 3. कथा; उक्ति।

अनुषंग (सं.) [सं-पु.] 1. संबंध; लगाव 2. कोई शब्द जिसका दूसरे शब्द के साथ अथवा कारण और कार्य का संबंध हो 3. प्रसंग से संबद्ध अवश्यंभावी परिणाम 4. न्यायशास्त्र के अनुसार उपनय और निगमन में सर्वनाम आदि के द्वारा संबंध-स्थापन।

अनुषंगी (सं.) [वि.] 1. किसी कार्य, विषय या तथ्य के बाद सहायक या संबद्ध रूप में होने वाला 2. किसी कार्य से निकलने वाला अनिवार्य परिणाम 3. संबंधी 4. आसक्त 5. सहायक।

अनुषक्त (सं.) [वि.] 1. संलग्न; साथ लगा हुआ 2. संबद्ध; जुड़ा हुआ।

अनुष्टुप (सं.) [सं-पु.] बत्तीस अक्षरों का एक प्रसिद्ध छंद जिसके प्रत्येक चरण में आठ वर्ण होते हैं।

अनुष्ठान (सं.) [सं-पु.] 1. अभीष्ट प्राप्ति के लिए संकल्पित मांगलिक कर्मकांड; सुफल और सफलता के लिए देवी-देवता का आराधन 2. धार्मिक कृत्य; यज्ञ 3. कोई कार्य करना 4. कार्यारंभ।

अनुष्ठानिक (सं.) [वि.] 1. अनुष्ठान या यज्ञ से संबंधित 2. अनुष्ठानपरक; अनुष्ठान की तरह का।

अनुसंधान (सं.) [सं-पु.] 1. निश्चित उद्देश्य की प्राप्ति हेतु तथ्यों को एकत्र करके निष्कर्ष की खोज; अन्वेषण 2. प्रयत्न 3. जाँच-पड़ताल।

अनुसंधि (सं.) [सं-स्त्री.] 1. गुप्त परामर्श (मंत्रणा) या संधि 2. कुचक्र; षड्यंत्र 3. तलाश; अनुसंधान।

अनुसंधित्सु (सं.) [वि.] 1. अनुसंधान करने वाला 2. शोधार्थी।

अनुसरण (सं.) [सं-पु.] 1. पीछे चलना; अनुगमन 2. अनुकरण 3. अनुकूल आचरण।

अनुसार (सं.) [सं-पु.] 1. अनुसरण 2. किसी के सदृश। [वि.] मुताबिक; अनुकूल; अनुरूप।

अनुसूचक (सं.) [वि.] निर्धारित नियमों की सूचना देने वाला।

अनुसूचन (सं.) [सं-पु.] नियमावली की सूचना जारी करना।

अनुसूचित (सं.) [वि.] 1. अनुसूची में लाया हुआ; अनुसूची में शामिल 2. जिसे अनुसूची में शामिल या निर्दिष्ट किया गया हो (जैसे- जातियाँ, भाषाएँ)।

अनुसूची (सं.) [सं-स्त्री.] पीछे जोड़ी गई सूची; परिशिष्ट के रूप में व्यवस्थित सूची जिसमें विवरण, नियमावली आदि दी गई हो।

अनुसेवा (सं.) [सं-स्त्री.] 1. किसी चीज़ का औज़ार या संसाधन के रूप में इस्तेमाल 2. आदी होना।

अनुसेवी (सं.) [वि.] 1. किसी चीज़ का संसाधन के रूप में इस्तेमाल करने वाला 2. आदी; आदतन करने वाला; अभ्यासवश कोई कार्य करने वाला।

अनुस्मरण (सं.) [सं-पु.] 1. भूली हुई बातों को फिर से याद करना 2. बार-बार स्मरण 3. याददाश्त से टटोल कर कुछ निकालना।

अनुस्मृति (सं.) [सं-स्त्री.] वह स्मृति या स्मरण जो अपेक्षाकृत अधिक प्रिय हो।

अनुस्यूत (सं.) [वि.] 1. गूँथा या पिरोया हुआ 2. सिला हुआ 3. क्रमबद्ध 4. परस्पर मिला हुआ।

अनुस्वार (सं.) [सं-पु.] 1. स्वर के बाद उच्चरित होने वाला एक नासिक्य व्यंजन या वर्ण जिसका चिह्न है (), जैसे- कं 2. हिंदी में वर्ण के ऊपर की बिंदी जो नासिक्य व्यंजन या

अनुनासिकता की सूचक होती है।

अनुहर्ता (सं.) [सं-पु.] नकल उतारने वाला व्यक्ति।

अनुहार (सं.) [वि.] 1. समान; सदृश; तुल्य 2. अनुकूल; अनुसार। [सं-स्त्री.] 1. प्रकार; भेद 2. चेहरे की बनावट; मुखारी 3. नकल; प्रतिकृति 4. सादृश्य।

अनूठा [वि.] 1. अद्भुत; अनोखा 2. विलक्षण 3. सुंदर।

अनूठापन (सं.) [सं-पु.] 1. अनोखापन 2. विरलता 3. अपूर्व सुंदरता 4. अद्भुत या चकित करने वाली ख़ासियत।

अनूढ़ा (सं.) [सं-स्त्री.] (काव्यशास्त्र) परकीया नायिका का एक भेद; अविवाहित अवस्था में ही किसी पुरुष से प्रेम करने वाली स्त्री।

अनूदित (सं.) [वि.] 1. अनुवाद किया हुआ; तरजुमा किया हुआ 2. कथ्य या भाव का भाषांतरण।

अनूद्य (सं.) [वि.] अनुवाद करने योग्य; अनुवाद्य।

अनूप (सं.) [वि.] 1. उपमा रहित; बेजोड़; अनुपम 2. अति सुंदर। [सं-पु.] 1. जलप्राय स्थान या देश 2. दलदल 3. तालाब 4. मेंढक 5. नदी का किनारा।

अनृत (सं.) [सं-पु.] मिथ्या; असत्य; झूठ। [वि.] 1. झूठा 2. उलटा 3. अन्यथा।

अनेक (सं.) [वि.] एक से अधिक (संख्यावाची); कई; बहुत।

अनेकता (सं.) [सं-स्त्री.] 1. एक से अधिक होने का भाव; बहुत्व; बहुलता 2. विविधता।

अनेकत्व (सं.) [सं-पु.] 1. अनेकता; बहुतायत; अधिकता; बहुलता 2. विविधता 3. विभिन्नता।

अनेकविध (सं.) [वि.] कई प्रकार का; तरह-तरह का। [क्रि.वि.] कई प्रकार से; नाना प्रकार से।

अनेकांत (सं.) [वि.] 1. जहाँ एकांत न हो 2. अनिश्चित; बदलने वाला; जिसके बारे में कोई एक पक्का मत न हो 3. जिसके अंत में अनेक हों।

अनेकांतवाद (सं.) [सं-पु.] जैन दर्शन का स्यादवाद, जिसके अनुसार सत्य तक पहुँचने के कई मार्ग हो सकते हैं।

अनेकांश (सं.) [सं-पु.] कई सारे अंश; प्रदत्त संख्या में से अधिकतर।

अनेकानेक (सं.) [वि.] असंख्य; कई सारे; बहुत सारे।

अनेकार्थक (सं.) [वि.] 1. अनेक अर्थों वाला 2. जिसके अनेक अर्थ हों 3. विविधार्थक।

अनेकार्थता (सं.) [सं-स्त्री.] 1. अनेक अर्थ होने की अवस्था और गुण-धर्म; बहुअर्थता 2. श्लिष्टता।

अनेता [सं-पु.] मालती नामक लता।

अनेरा [सं-पु.] बिना देख-रेख के चरने के लिए छोड़ दिया गया पशु; अनेरिया। [वि.] 1. स्वछंद; निरंकुश 2. विचित्र; विलक्षण 3. उत्पाती 4. झूठ; झूठा 5. अन्यायी।

अनैकांतिक (सं.) [वि.] अस्थिर।

अनैक्य (सं.) [सं-पु.] 1. एकता या एका का न होना 2. अनेकता; बहुलता 3. फूट; मतभेद।

अनैच्छिक (सं.) [वि.] अनिच्छा से किया गया; जिसके पीछे स्वयं की इच्छा न हो।

अनैठ [सं-पु.] 1. बाज़ार न लगने का दिन 2. वह दिन जिसमें पैठ या बाज़ार न लगता हो।

अनैठा (सं.) [सं-पु.] दे. अनैठ।

अनैतिक (सं.) [वि.] 1. जो नीति के विरुद्ध हो; जो नैतिक न हो 2. अनुचित; अवांछित 3. सदाचार के विरुद्ध।

अनैतिकता (सं.) [सं-स्त्री.] 1. अनैतिक होने की अवस्था या भाव; मर्यादाहीनता 2. आचरणविहीनता 3. नैतिकता के मानों से रहित होना; (इमॉरैलिटी)।

अनैतिहासिक (सं.) [वि.] 1. जो इतिहास में न आया हो; जो इतिहास से सिद्ध न हो 2. जो इतिहास में घटित न हुआ हो; काल्पनिक (कथा)।

अनैसर्गिक (सं.) [वि.] 1. निसर्ग या प्रकृति के विरुद्ध; अप्राकृतिक 2. अस्वाभाविक।

अनोखा (सं.) [वि.] 1. जिसे पहले कभी न देखा हो; अनपेक्षित; विचित्र 2. विलक्षण; अद्भुत 3. अनूठा 4. सुंदर।

अनोखापन [सं-पु.] 1. अनूठापन 2. विलक्षणता 3. विचित्रता।

अनौचित्य (सं.) [सं-पु.] 1. औचित्य की कमी या अभाव 2. किसी चीज़ का अनुचित, नामुनासिब या आपत्तिजनक होना।

अनौपचारिक (सं.) [वि.] 1. जो औपचारिक न हो; सहज; जो बनावटी न हो; जो बद्ध नियमों से शासित न हो 2. आत्मीय; (इनफ़ॉर्मल)।

अनौपचारिकता (सं.) [सं-स्त्री.] 1. सहजता 2. बेतकल्लुफ़ी 3. आत्मीयता।

अन्न (सं.) [सं-पु.] 1. अनाज; शस्य 2. अनाज से बना भोजन। [मु.] **-जल छोड़ देना या त्याग देना** : भोजन-पानी ग्रहण न करना।

अन्न-जल (सं.) [सं-पु.] 1. भोजन; भोज्य-सामग्री 2. आजीविका 3. किसी स्थान पर निवास का सूचक; जैसे- यहाँ से हमारा अन्न-जल उठ गया।

अन्नकूट (सं.) [सं-पु.] 1. मिठाई या भात का ढेर 2. कार्तिक शुक्ल प्रतिपदा को होने वाला एक उत्सव या त्योहार जिसमें अन्न से बने पकवान देवता को चढ़ाए जाते हैं।

अन्नचोर (सं.) [सं-पु.] 1. वह जो अनाज छिपाकर रखे और बाज़ार में महँगे भाव से बेचे 2. अन्न की कालाबाज़ारी करने वाला व्यक्ति।

अन्नदाता (सं.) [सं-पु.] 1. भरण-पोषण करने वाला व्यक्ति; स्वामी 2. {अ-अ.} मालिक या राजा के लिए संबोधन।

अन्नदोष (सं.) [सं-पु.] 1. अन्न खाने से होने वाला दोष या विकार 2. निषिद्ध या वर्जित क्षेत्र या व्यक्ति का अन्न खाने से होने वाला दोष।

अन्नपूर्णा (सं.) [सं-स्त्री.] 1. अन्न की अधिष्ठात्री देवी 2. दुर्गा का एक रूप 3. (पुराण) शिव की पत्नी जो सबको भोजन देने वाली मानी जाती हैं 4. सबके आहार का ध्यान रखने वाली और प्रेम से खिलाने वाली गृहिणी।

अन्नप्राशन (सं.) [सं-पु.] हिंदुओं में एक संस्कार जिसमें छोटे बच्चे के मुख में पहले-पहल अन्न दिया जाता है।

अन्नभंडार (सं.) [सं-पु.] 1. अन्न का ढेर; अन्न का पहाड़ 2.

अन्न का स्टॉक 3. सरकारी गोदाम में रखा अन्न का स्टॉक।

अन्नमयकोश (सं.) [सं-पु.] 1. स्थूल शरीर, जो वेदांत में आत्मा को ढकने या आवृत्त करने वाले पाँच कोशों में से एक माना जाता है 2. उक्त स्थूल शरीर माता-पिता के खाए हुए अन्न और उससे बने रज-वीर्य से बनता है।

अन्नसत्र (सं.) [सं-पु.] वह स्थान जहाँ पका हुआ भोजन गरीबों में वितरित किया जाता है।

अन्य (सं.) [वि.] 1. दूसरा; गैर 2. भिन्न 3. अतिरिक्त 4. बाहरी; पराया 5. अधिक।

अन्यच्च (सं.) [अव्य.] 1. और भी 2. इसके सिवा; इसके अलावा।

अन्यतम (सं.) [वि.] 1. जो अन्य सभी की तुलना में श्रेष्ठ हो; सर्वश्रेष्ठ 2. सबसे बढ़कर।

अन्यत्र (सं.) [अव्य.] कहीं और; दूसरी जगह।

अन्यथा (सं.) [अव्य.] नहीं तो; भिन्न स्थिति में।

अन्यपुरुष (सं.) [सं-पु.] व्याकरण में वक्ता और श्रोता से भिन्न वह व्यक्ति या वस्तु जिसके विषय में कुछ कहा जाए, जैसे- वह, वे; (थर्ड परसन)।

अन्यपूर्वा (सं.) [सं-स्त्री.] वह स्त्री जो पहले किसी और से ब्याही गई हो; पुनर्विवाह करने वाली स्त्री।

अन्यमनस्क (सं.) [वि.] अनमना; जिसका चित्त कहीं और हो।

अन्यान्य (सं.) [वि.] 1. अनेकानेक; बहुत सारे 2. दूसरे-दूसरे।

अन्याय (सं.) [सं-पु.] 1. ऐसा कार्य या आचरण जो न्यायसम्मत न हो; नाइनसाफ़ी 2. ज़ुल्म; अत्याचार 3. अनौचित्य।

अन्यायपूर्ण (सं.) [वि.] अन्याय से युक्त; घोर अनुचित।

अन्यायपूर्वक (सं.) [क्रि.वि.] अन्याय से; अन्याय करते हुए; ज़्यादती करते हुए।

अन्यायी (सं.) [वि.] अन्याय करने वाला; अनाचारी प्रवृत्ति का।

अन्योक्ति (सं.) [सं-स्त्री.] 1. किसी से या किसी के बारे में कही हुई बात जो साधर्म्य के कारण औरों पर भी घटित हो 2. अर्थालंकार का एक भेद जिससे यही आशय पुष्ट होता है।

अन्योन्य (सं.) [क्रि.वि.] 1. परस्पर 2. एक-दूसरे पर। [वि.] 1. पारस्परिक 2. आपस का; आपसी। [सं-पु.] अर्थालंकार का एक भेद जहाँ दो वस्तुओं का कोई कार्य या गुण एक दूसरे ही उपजा हुआ दर्शाया जाता है।

अन्योन्यक्रिया (सं.) [सं-स्त्री.] वह एक ही क्रिया जो दो वस्तुओं द्वारा एक साथ संपन्न होती है और परस्पर अर्थात एक-दूसरे को कारण के रूप में वर्णित करती है।

अन्योन्याश्रित (सं.) [वि.] एक-दूसरे पर अवलंबित या आश्रित; घनिष्ठ रूप से परस्पर संबद्ध।

अन्वय (सं.) [सं-पु.] 1. दो वस्तुओं का परस्पर तालमेल 2. वाक्य में पदों का पारस्परिक संबंध 3. नियमानुसार पदों को यथास्थान रखना 3. न्यायशास्त्र के अनुसार हेतु और साध्य का साहचर्य 4. कार्य-कारण संबंधों के आधार पर संगति बैठाना।

अन्वयदोष (सं.) [सं-पु.] शब्द-दोष का एक भेद जहाँ काव्य के प्रत्येक चरण में अर्थ तो पूरा हो जाए किंतु विभिन्न अर्थों में कोई अन्विति न हो।

अन्वर्थ (सं.) [वि.] 1. जो अर्थ का अनुगमन या अनुसरण करता हो 2. सार्थक 3. यथार्थ और स्पष्ट 4. अर्थानुरूप।

अन्वादिष्ट (सं.) [वि.] जिसमें पहले के किसी नियम की ओर संकेत किया गया हो।

अन्वित (सं.) [वि.] 1. जिसका अन्वय हुआ हो 2. मिला हुआ; युक्त 3. किसी के साथ जुड़ा हुआ या लगा हुआ।

अन्वितार्थ (सं.) [सं-पु.] 1. अन्वय करने पर निकलने वाला अर्थ 2. अंदर छिपा हुआ अर्थ; गूढ़ आशय।

अन्विति (सं.) [सं-स्त्री.] 1. अन्वित होने का भाव या स्थिति 2. एकता; संगति।

अन्वीक्ष (सं.) [सं-पु.] सूक्ष्मदर्शी यंत्र।

अन्वीक्षण (सं.) [सं-पु.] 1. बारीकी से देखना; पर्यवेक्षण 2. अन्वेषण; खोज 3. मनन 4. विचार।

अन्वीक्षा (सं.) [सं-स्त्री.] अन्वीक्षण; खोज; तलाश।

अन्वेषक (सं.) [वि.] 1. अन्वेषण करने वाला; शोधकर्ता 2. अनुसंधानकर्ता; खोजबीन करके तथ्यों का पता लगाने वाला।

अन्वेषण (सं.) [सं-पु.] 1. खोज; अनुसंधान 2. तथ्यों की निरंतर खोज और छानबीन 3. शोध; गवेषणा।

अन्वेषणा (सं.) [सं-स्त्री.] तलाशी; ढूँढना; खोज करना; जाँच-पड़ताल करना।

अन्वेषी (सं.) [वि.] 1. अन्वेषण करने वाला 2. अन्वेषक।

अन्हरिया (सं.) [सं-पु.] पुआरी का जोत, ईख का कमाना; उग आए खर-पतवार को निकालना। [सं-स्त्री.] अंधेरी रात। [वि.] अंधकार युक्त; कालिमायुक्त; श्यामली।

अप (सं.) [पूर्वप्रत्य.] एक प्रत्यय जो निषेध, हीनता, अपकर्ष या विकार, दूषण, विकृति, वैपरीत्य आदि का अर्थ प्रकट करता है, जैसे- मान और अपमान, हरण और अपहरण, व्यय और अपव्यय आदि।

अपंग (सं.) [वि.] शरीर के किसी विकार के कारण जिसकी सामान्य गतिविधियाँ बाधित होती हों; अपाहिज; पंगु; लँगड़ा।

अपंजीकृत (सं.) [वि.] 1. जिसका पंजीकरण न हुआ हो; जो खाता-बही में दर्ज न हुआ हो 2. जो सूचीबद्ध न हुआ हो; असूचीबद्ध।

अपकरण (सं.) [सं-पु.] 1. अपकार या ख़राबी करने की क्रिया या भाव 2. बुराई करना; निंदा करना 3. हानि या नुकसान करना।

अपकरुण (सं.) [वि.] 1. जिसमें करुणा या दया न हो; निर्दय 2. करुणाहीन।

अपकर्तन (सं.) [सं-पु.] काटकर टुकड़े-टुकड़े करने की क्रिया या भाव।

अपकर्ता (सं.) [सं-पु.] 1. अपकार या हानि पहुँचाने वाला व्यक्ति 2. दुष्कर्म करने वाला; दुष्कर्मी 3. अपकारक।

अपकर्म (सं.) [सं-पु.] 1. अनुचित या बुरा काम 2. निंदनीय कार्य; दुराचार; दुष्कर्म।

अपकर्ष (सं.) [सं-पु.] 1. अवनति; गिरावट 2. क्षय 3. अपमान 4. अपयश 5. हीनता।

अपकर्षक (सं.) [वि.] 1. अपकर्ष करने वाला 2. जिससे

अवनति होती हो 3. पतनकारक; अवनतिकारक 4. घटाने वाला।

अपकर्षण (सं.) [सं-पु.] 1. अपकर्ष करने की क्रिया; नीचे की ओर खींचना या लाना 2. अवनति; गिरावट 3. हीनता 4. क्षय 5. अपमान 6. अपयश 7. ज़बरदस्ती छीनना या ऐंठना।

अपकार (सं.) [सं-पु.] 1. अहित 2. उपकार का विलोम 3. अनिष्ट 4. अत्याचार; अनुचित आचरण या व्यवहार।

अपकारक (सं.) [वि.] 1. अपकार करने वाला 2. अनिष्टकर्ता; हानि पहुँचाने वाला।

अपकारी (सं.) [वि.] 1. अपकार या बुराई करने वाला 2. हानि पहुँचाने वाला 3. अपकारक।

अपकीर्ण (सं.) [वि.] 1. बिखरा या छितराया हुआ 2. फैला हुआ 3. तोड़कर नष्ट किया हुआ।

अपकीर्ति (सं.) [सं-स्त्री.] 1. कीर्ति का विलोम 2. बदनामी; अपयश।

अपकृत (सं.) [वि.] 1. जिसका अपकार किया गया हो 2. जिसका नुकसान किया गया हो। [सं-पु.] क्षति; नुकसान; हानि।

अपकृत्य (सं.) [सं-पु.] 1. अनुचित या बुरा काम; दुष्कर्म 2. अपकार।

अपकृष्ट (सं.) [वि.] 1. गिराया हुआ; जिसका अपकर्ष हुआ या किया गया हो 2. जिसका मान, मूल्य या महत्व कम हुआ हो 3. नीच; अधम 4. घृणित; बुरा।

अपकेंद्रिक (सं.) [वि.] केंद्र से परिधि की ओर जाने वाला या अलग होने वाला।

अपकेंद्री (सं.) [वि.] 1. जो केंद्र से दूर चला गया हो; केंद्र से बाहर निकलने की क्रिया वाला 2. केंद्र या मूल से विपरीत दिशा की ओर जाने की प्रवृत्ति वाला।

अपक्रम (सं.) [सं-पु.] 1. बिगड़ा या उलटा क्रम; विकृत क्रम 2. उचित या ठीक क्रम का अभाव 3. पीछे हटना; पलायन। [वि.] जिसका क्रम बिगड़ा हुआ हो।

अपक्रमण (सं.) [सं-पु.] 1. अपक्रम करने की क्रिया या भाव 2. किसी स्थान से रुष्ट होकर उठ जाना।

अपक्रिया (सं.) [सं-स्त्री.] 1. दूषित या बुरी क्रिया या कर्म; दुष्कर्म 2. हानिकर व्यवहार 3. द्रोह 4. अहित।

अपक्व (सं.) [वि.] 1. जो पका या पकाया न हो 2. कच्चा 3. जिसके पकने में अभी कुछ देर हो 4. जिसका अभी पूर्ण विकास न हुआ हो 5. अकुशल।

अपक्ष (सं.) [वि.] 1. जो किसी पक्ष में न हो; निष्पक्ष 2. जो पक्षपात न करता हो।

अपक्षपात (सं.) [सं-पु.] पक्षपात का अभाव; पक्षपातहीनता; निष्पक्षता।

अपक्षय (सं.) [सं-पु.] 1. नाश; अवनति 2. छीजना; ह्रास 3. घटोतरी; कमी।

अपक्षरण (सं.) [सं-पु.] मिट्टी आदि का टूट कर गिरना या अलग होना; क्षरण।

अपक्षेपण (सं.) [सं-पु.] 1. आक्षेप करने की क्रिया या भाव 2. अपक्षेप करना।

अपगत (सं.) [वि.] 1. जो अपने मार्ग से इधर-उधर हो गया हो 2. दूर हटा हुआ; आँखों से ओझल 3. मरा हुआ; मृत 4. नष्ट।

अपगति (सं.) [सं-स्त्री.] 1. बुरी गति; दुर्गति; ख़राब स्थिति 2. अनुचित; बुरे या नीचे मार्ग पर जाना 3. दूर भागना; हटना 4. नाश; पतन।

अपगमन (सं.) [सं-पु.] 1. नीचे या बुरे मार्ग की ओर जाना 2. भाग जाना 3. प्रस्थान 4. छिप जाना।

अपगा (सं.) [सं-स्त्री.] नदी; सरिता।

अपग्रेड (अं.) [क्रि-स.] कोटि उच्च करना; ग्रेड बढ़ाना।

अपघटन (सं.) [सं-पु.] 1. कमी; ह्रास 2. विघटन; वियोजन।

अपघन (सं.) [वि.] मेघ रहित बादल; निरभ्र। [सं-पु.] शरीर का अंग।

अपघर्षण (सं.) [सं-पु.] घिसने से होने वाला क्षरण; पत्थर-चट्टान आदि का हवा-पानी की रगड़ से क्रमशः घिसना।

अपघात (सं.) [सं-पु.] 1. अनुचित या बुरा आघात 2. किसी को मार डालना; हत्या; हिंसा 3. विश्वासघात 4. आत्मघात।

अपघातक (सं.) [वि.] 1. अपघात करने वाला 2. अपघात संबंधी।

अपघाती (सं.) [वि.] 1. अपघात करने वाला; अपघातक 2. हत्या या हिंसा करने वाला।

अपच [सं-पु.] 1. अन्न या भोजन न पचने की अवस्था 2. भोजन न पचने का रोग; बदहज़मी; अजीर्ण। [वि.] न पचने वाला।

अपचय (सं.) [सं-पु.] 1. कमी; क्षति; हानि; घाटा होने की क्रिया या भाव 2. रियायत; कमी; छूट 3. व्यय 4. विफलता 5. नाश।

अपचयन (सं.) [सं-पु.] (रसायन विज्ञान) ऐसी अभिक्रिया जिसमें हाइड्रोजन या किसी विद्युत धनात्मक तत्व का संयोग होता है अथवा ऑक्सीजन या किसी विद्युत ऋणात्मक तत्व का वियोग होता है; ऐसी अभिक्रिया जिसमें ऋणात्मक संयोजकता की वृद्धि या धनात्मक संयोजकता में कमी होती है।

अपचरण (सं.) [सं-पु.] 1. अपने अधिकार क्षेत्र या सीमा से निकलकर दूसरे के अधिकार क्षेत्र में जाना 2. अनादर; निंदा 3. अनिष्ट; बुराई 4. अपयश।

अपचायक (सं.) [वि.] अपचयन करने वाला; घटाने वाला।

अपचार (सं.) [सं-पु.] 1. दोष 2. अनुचित कर्म; निकृष्ट आचरण; दुराचार 3. कुपथ्य 4. अनिष्ट 5. अपयश 6. निंदा।

अपचारक (सं.) [वि.] 1. अपचार करने वाला; वह जो बुरा या अनुचित काम करता हो 2. अधिकार विरुद्ध क्षेत्र या सीमा में प्रवेश करने वाला।

अपचारी (सं.) [वि.] 1. अपचार करने वाला; अनुचित व्यवहार करने वाला 2. दुष्कर्मी 3. अविश्वासी।

अपचेता (सं.) [वि.] 1. किसी का बुरा सोचने वाला 2. कंजूस।

अपच्छेद (सं.) [सं-पु.] 1. काटकर अलग करना; पृथक करना 2. बाधा; विघ्न 3. हानि।

अपजात (सं.) [वि.] 1. जिसमें अपने उत्पादक या उत्पन्नकर्ता के पूरे गुण या विशेषताएँ न आई हों 2. अपेक्षाकृत कम गुणोंवाला।

अपटन (सं.) [सं-पु.] उबटन।

अपटी (सं.) [सं-स्त्री.] 1. परदा; यवनिका 2. कपड़े की दीवार; कनात 3. आच्छादन; वस्त्र का आवरण।

अपटु (सं.) [वि.] 1. जो पटु या निपुण न हो; अनिपुण 2. जो चतुर न हो 3. अकुशल।

अपठनीय (सं.) [वि.] 1. जिसे पढ़ा न जा सके; दुरूह; दुर्बोध 2. जो पढ़ने योग्य न हो; अपाठ्य; अरोचक।

अपठित (सं.) [वि.] 1. जो पहले पढ़ा न गया हो; पहली बार पढ़ने को मिला हुआ।

अपडेट (अं.) [वि.] 1. अद्यतन; नवीनतम 2. अपने पूर्व संस्करण से बेहतर या उन्नत। [क्रि-स.] अद्यतन करना।

अपढ़ (सं.) [वि.] अशिक्षित; अनपढ़; बिना पढ़ा-लिखा।

अपण्य (सं.) [वि.] 1. (वस्तु) जो बेची न जा सके 2. जिसे बेचना उचित न हो; जिसे बेचना निषिद्ध हो।

अपतंत्रक (सं.) [सं-पु.] हाथ-पैर ऐंठने का एक रोग जो प्राय: स्त्रियों को होता है; वातोन्माद।

अपतर्पण (सं.) [सं-पु.] 1. उपवास; व्रत; लंघन 2. तृप्ति का अभाव।

अपति (सं.) [वि.] 1. जिसका पति मर गया हो; विधवा; पतिहीन 2. बिना स्वामी का; बिना मालिक का 3. पापी; दुराचारी। [सं-स्त्री.] 1. कुमारी कन्या; अविवाहिता स्त्री 2. अप्रतिष्ठा 3. दुर्गति; दुर्दशा।

अपती [सं-स्त्री.] 1. एक चौड़ा तख़्ता जो नाव की लंबाई में भीतर के दोनों सिरों पर लगाया जाता है 2. उक्त भीतर वाली पटरी के ऊपर डाले गए तख्ते।

अपत्य (सं.) [सं-पु.] संतान; औलाद।

अपत्र (सं.) [वि.] 1. पत्तों से रहित 2. जिसके पर या पंख न हों।

अपथ (सं.) [सं-पु.] 1. कुमार्ग; कुपथ; गलत या बुरी राह 2. रास्ते का अभाव। [वि.] 1. पथहीन 2. जहाँ अच्छे मार्ग न हों 3. जो चलने योग्य न हो।

अपथगामी (सं.) [वि.] 1. कुमार्गी; पथभ्रष्ट; गलत रास्ते पर चलने वाला 2. चरित्रहीन।

अपथ्य (सं.) [वि.] 1. जो पथ्य न हो; जो स्वास्थ्यवर्धक न हो 2. हानिकर; अहितकर 3. जो गुणकारी न हो।

अपद (सं.) [वि.] 1. जिसके पद या पैर न हों; बिना पैर का 2. जो किसी ओहदे या पद पर न हो। [सं-पु.] 1. रेंगने वाला जंतु 2. अनुपयुक्त स्थान या पद।

अपदयुक्त (सं.) [सं-पु.] (काव्यशास्त्र) अर्थ दोष का एक भेद, जहाँ ऐसे अनुचित या अनावश्यक पद या वाक्य का प्रयोग हो जिससे कही हुई बात का मंडन होने के बजाय खंडन हो जाए।

अपदस्थ (सं.) [वि.] पद से हटाया हुआ; बरखास्त; पदच्युत।

अपदान (सं.) [सं-पु.] 1. उत्तम कार्य; पूर्ण रूप से संपन्न कार्य 2. शुद्ध या मर्यादित आचरण।

अपदार्थ (सं.) [सं-पु.] 1. अनस्तित्व; अद्रव्य 2. नगण्यता; तुच्छता 3. तुच्छ चीज़। [वि.] 1. तुच्छ; नगण्य; महत्वहीन; हेय 2. जिसमें तथ्य या सार न हो।

अपदिष्ट (सं.) [वि.] 1. बहाने से कहा हुआ 2. अपदेश के रूप में किया या कराया हुआ।

अपद्रव्य (सं.) [सं-पु.] 1. बुरी; अनुचित वस्तु 2. अनुचित या निकृष्ट धन या द्रव्य।

अपधर्मिता (सं.) [सं-स्त्री.] धर्म के प्रतिकूल या विरुद्ध आचरण।

अपध्वंस (सं.) [सं-पु.] 1. अध:पतन; 2. नाश 3. अपमान 4. हार 5. निंदा।

अपध्वस्त (सं.) [वि.] 1. चूर-चूर किया हुआ; विनष्ट 2. अपमानित 3. निंदित।

अपनत्व (सं.) [सं-पु.] अपनापन; आत्मीयता; स्वजन भावना।

अपनयन (सं.) [सं-पु.] 1. हटाना; अलग करना 2. दूसरी जगह ले जाना 3. खंडन 4. ऋणशोधन 5. कम करना; घटाना 6. बहकाना; फुसलाना।

अपना [सर्व.] 1. स्वयं का; निज का; आत्म संबंधी; स्वीय 2. आप; निज [सं-पु.] आत्मीय; स्वजन। [मु.] **अपना राग अलापना** : अपने मतलब या स्वार्थ की बात कहना। **उल्लू सीधा करना** : अपना हित साधना; अपना काम निकालना। **ख़ून होना** : अपना सगा संबंधी या भाई-बंधु होना। **घर समझना** : अपने घर की तरह दूसरे के घर में अनौपचारिक रूप से रहना। **-सा मुँह लेकर रह जाना** : हारने या अपमानित होने के बाद हताश होना। **सिर ओखली में देना** : अपने को जान-बूझकर जोखिम में डालना। **अपनी खिचड़ी अलग पकाना** : अलग-थलग रहना; किसी के सुख-दुख में भागीदार न होना। **अपनी जान से हाथ धोना** : मरना; जान देना। **अपनी मौत मरना** : स्वाभाविक ढंग से मरना। **अपने गिरेबान में झाँकना** : अपने दोषों को देखना। **अपने पैरों पर कुल्हाड़ी मारना** : ऐसा काम करना जिससे अपना बहुत बड़ा अहित या हानि हो। अपने पैरों पर खड़ा होना : समर्थ होना। **अपने मुँह मियाँ मिट्ठू बनना** : अपनी बड़ाई स्वयं करना। **अपने सिर लेना** : जिम्मेदारी अपने ऊपर लेना।

अपना पराया [सं-पु.] 1. मित्र और शत्रु 2. आत्मीय व्यक्ति और अन्य व्यक्ति।

अपनाना [क्रि-स.] 1. अंगीकार करना; अपना बनाना; ग्रहण करना; स्वीकार कर लेना 2. गले लगाना 3. अपने अधिकार या वश में करना 4. किसी को अपनी शरण में लेना।

अपनापन [सं-पु.] 1. आत्मीयता; घनिष्ठता 2. आपसी प्रेम-व्यवहार।

अपनापा [सं-पु.] अपनापन।

अपनायत [सं-स्त्री.] 1. अपना होने का भाव; अपनापन; आत्मीयता 2. स्नेह; सौहार्द; प्रेम।

अपनीत (सं.) [वि.] 1. दूर किया या हटाया हुआ 2. एक स्थान से दूसरे स्थान पर पहुँचाया हुआ 3. जिसे कोई भगा या हर ले गया हो।

अपनेता (सं.) [वि.] 1. अपनयन करने वाला 2. किसी को हरने या भगाने वाला।

अपपात्र (सं.) [सं-पु.] 1. अनुपयुक्त पात्र 2. बुरा पात्र; अपात्र; कुपात्र।

अपभाषण (सं.) [सं-पु.] 1. अश्लील और गंदी बात 2. दुर्वचन; गाली-गलौज।

अपभाषा (सं.) [सं-स्त्री.] 1. अनुचित या बुरी भाषा 2. अश्लील और गंदी भाषा।

अपभ्रंश (सं.) [सं-पु.] 1. पतन; नीचे गिरना 2. बिगाड़; विकृति 3. तत्सम भाषा के शब्द का विकृत रूप 4. प्राकृत भाषाओं का परवर्ती रूप जिनसे उत्तर भारतीय आधुनिक आर्यभाषाओं की उत्पत्ति मानी जाती है। [वि.] बिगड़ा हुआ; विकृत।

अपभ्रष्ट (सं.) [वि.] 1. पतित; गिरा हुआ 2. विकृत; बिगड़ा हुआ 3. जो (शब्द) अपने तत्सम रूप से निकल कर विकृत रूप में प्रचलित हो।

अपमर्दन (सं.) [सं-पु.] 1. बुरी तरह से रौंदना या कुचलना 2. बुरी तरह अपमानित करना।

अपमान (सं.) [सं-पु.] 1. निरादर; बेइज़्ज़ती; तौहीन; मानभंग 2. तिरस्कार; दुत्कार; ज़िल्लत 3. अवमानना।

अपमानकारी (सं.) [वि.] 1. जिससे अपमान हो; अपमानजनक 2. अपमान करने वाला।

अपमानजनक (सं.) [वि.] जिससे अपमान का बोध होता हो; जिस कृत्य से किसी का अपमान होता हो।

अपमानित (सं.) [वि.] 1. जिसका अपमान हुआ हो; निरादृत 2. तिरस्कृत; ज़लील।

अपमानी (सं.) [वि.] 1. अपमान करने वाला 2. तिरस्कार करने वाला; तिरस्कारी।

अपमार्ग (सं.) [सं-पु.] कुमार्ग; कुपथ; बुरा मार्ग।

अपमार्गी (सं.) [वि.] अनुचित मार्ग पर चलने वाला; कुमार्गी।

अपमार्जक (सं.) [वि.] 1. शुद्धि, सफ़ाई या संशोधन करने वाला 2. रद्द करने वाला; मिटा देने वाला; उन्मूलनकर्ता।

अपमार्जन (सं.) [सं-पु.] 1. शुद्धि; सफ़ाई या संशोधन करने की क्रिया या भाव 2. रद्द करने या मिटा देने की क्रिया या भाव; उन्मूलन।

अपमिश्रण (सं.) [सं-पु.] किसी शुद्ध चीज़ में किसी ख़राब चीज़ की मिलावट।

अपमृत्यु (सं.) [सं-पु.] 1. आकस्मिक या असामयिक मृत्यु; अकाल मौत या मृत्यु 2. किसी दुर्घटना आदि से होने वाली मृत्यु।

अपयश (सं.) [सं-पु.] अपकीर्ति; बदनामी; रुसवाई।

अपयोग (सं.) [सं-पु.] 1. अनिष्टकारी योग 2. अनुचित समय।

अपयोजन (सं.) [सं-पु.] 1. किसी के धन या संपत्ति का अनुचित उपयोग करना 2. गलत जोड़ना; (मिसअप्रोप्रिएशन)।

अपर (सं.) [वि.] 1. अन्य; दूसरा 2. निकृष्ट 3. पिछला 4. दूसरे का 5. दूरवर्ती 6. जिसकी बराबरी करने वाला या जिससे बढ़ कर कोई न हो।

अपर न्यायाधीश (सं.) [सं-पु.] अतिरिक्त न्यायाधीश।

अपरंपार [वि.] 1. जिसका पारावार न हो; अपार 2. जिसका ओर-छोर न हो असीम 3. बहुत अधिक; बेहद।

अपरदन (सं.) [सं-पु.] 1. क्षय; नाश 2. क्षीणता।

अपरदन चक्र (सं.) [सं-पु.] विनाश चक्र; विनाश का दौर या सिलसिला।

अपरव (सं.) [सं-पु.] 1. झगड़ा; कलह 2. ज़मीन-जायदाद को लेकर होने वाला विवाद।

अपरस (सं.) [वि.] 1. जिसे किसी ने छुआ न हो 2. अस्पृश्य 3. अनासक्त; अलिप्त। [सं-पु.] हथेली या तलुए में होने वाला एक चर्म रोग।

अपरा (सं.) [सं-स्त्री.] 1. अध्यात्म विद्या को छोड़ कर शेष सारी विद्याएँ; पदार्थ विद्या; लौकिक विद्या 2. पश्चिम दिशा 3. ज्येष्ठ मास के कृष्णपक्ष की एकादशी।

अपरांत (सं.) [सं-पु.] 1. पश्चिम का देश या प्रांत 2. पश्चिमी सीमांत।

अपराग (सं.) [सं-पु.] 1. प्रेम या राग का विरोधी भाव 2. शत्रुता; वैर 3. अरुचि 4. अपरक्ति।

अपराजित (सं.) [वि.] जिसे पराजित न किया जा सकता हो; अजेय; अविजित; जो जीता न गया हो।

अपराजिता (सं.) [वि.] जो जीती न गई हो; अजेय। [सं-स्त्री.] विष्णुक्रांता नामक लता।

अपराजेय (सं.) [वि.] जिसकी पराजय न हो; जिसे पराजित न किया जा सके; अजेय।

अपराध (सं.) [सं-पु.] 1. विधि विरुद्ध या दंड पाने योग्य काम; गुनाह; कानून विरोधी कार्य; जुर्म 2. दोष; कसूर 3. पाप; दुष्कर्म; अनैतिक कार्य; करतूत 4. गलती।

अपराधजनक (सं.) [वि.] अपराध को जन्म देने वाला; जिससे आपराधिक कार्यों को बढ़ावा मिलता हो।

अपराधबोध (सं.) [सं-पु.] अपराध करने के बाद गलती का अहसास; गलती का अनुभव; अफ़सोस; पश्चाताप।

अपराधमुक्ति (सं.) [सं-स्त्री.] 1. जुर्म या अपराध से मुक्त हो जाना 2. अदालती अभियोग से बरी कर दिया जाना 3. पाप-निवारण।

अपराधलोक (सं.) [सं-पु.] 1. अपराधकर्मियों की दुनिया 2. नशाखोरी; नशीले पदार्थों का अवैध व्यवसाय 3. जुआ या हत्या आदि जुर्म में लिप्त माफ़ियाओं का अंतर्जाल।

अपराधविज्ञान (सं.) [सं-पु.] अपराध के कारणों का विवेचन-विश्लेषण करने और आपराधिक प्रवृत्तियों के उन्मूलन-नियंत्रण के संबंध में अध्ययन करने वाला विज्ञान; (क्रिमिनॉलॉजी)।

अपराधिनी (सं.) [सं-स्त्री.] 1. अपराध करने वाली स्त्री 2. अपराधी का स्त्रीलिंग रूप।

अपराधी (सं.) [वि.] 1. जो अपराध करता हो; जिसने अपराध किया हो; जुर्म करने वाला; (क्रिमिनल) 2. दोषी; गुनाहगार 3. पापी।

अपरावर्तनीय (सं.) [वि.] 1. जो किरणों के परावर्तन के योग्य न हो (सतह); पारभासी 2. जो लौटाया जाने लायक न हो।

अपरावर्ती (सं.) [वि.] 1. किसी काम से पीछे न हटने वाला 2.

वापस न लौटने वाला।

अपराह्न (सं.) [सं-पु.] दोपहर के बाद का समय; तीसरा पहर।

अपरिकलित (सं.) [वि.] 1. जिसका परिकलन या आकलन न किया जा सके; जो गिना न जा सके 2. {ला-अ.} अदृष्ट; अज्ञात।

अपरिगृहीत (सं.) [वि.] 1. जिसका परिग्रहण न हुआ हो 2. जो अस्वीकृत हो गया हो 3. त्यक्त।

अपरिग्रह (सं.) [सं-पु.] 1. किसी से कुछ ग्रहण न करना 2. दान का अस्वीकार 3. त्याग 4. जीवन-निर्वाह के लिए न्यूनतम ज़रूरतों से ज़्यादा कुछ भी न लेना 5. योग-दर्शन में बताए गए नियमों में से एक।

अपरिचय (सं.) [सं-पु.] जानकारी न होना; परिचय का अभाव; अनजानापन; अजनबीपन।

अपरिचित (सं.) [वि.] 1. जिसकी जानकारी न हो 2. जिससे परिचय न हो; अजनबी 3. जिसे जानकारी न हो; नावाकिफ़।

अपरिच्छन्न (सं.) [वि.] 1. जो ढका न हो; आवरणहीन 2. व्यापक; असीम 3. मिला हुआ।

अपरिणामी (सं.) [वि.] 1. जिसमें परिणाम या विकार न हो; परिणामरहित 2. एक रूप; एकरस।

अपरिणीत (सं.) [वि.] जिसका विवाह न हुआ हो; अविवाहित।

अपरिपक्व (सं.) [वि.] 1. जो परिपक्व न हो; अधकचरा 2. अनुभव में कच्चा 3. अकुशल।

अपरिमाण (सं.) [वि.] जिसका परिमाण या आकलन माप से बाहर हो; अपरिमित। [सं-पु.] परिमाण का अभाव।

अपरिमार्जित (सं.) [वि.] जिसका परिमार्जन न हुआ हो; जो मँजा न हो; गंदा।

अपरिमित (सं.) [वि.] 1. बेहद; बेहिसाब; अत्यधिक 2. जिसकी कोई सीमा न हो।

अपरिमेय (सं.) [वि.] 1. जिसका परिमाण जाना न जा सके 2. जिसकी नाप-जोख न हो सके 3. अकूत; बहुत ज़्यादा।

अपरिवर्तनीय (सं.) [वि.] 1. जिसमें कोई बदलाव न किया जा सके 2. अटल; दृढ़; जो बिलकुल लचीला न हो 3. जिसकी दूसरी वस्तु से अदला-बदली संभव न हो 4. जो सदा एक-सा रहता हो; नित्य।

अपरिवृत्त (सं.) [वि.] 1. जो घिरा हुआ न हो; खुला (मैदान, खेत) 2. अपरिच्छन्न।

अपरिष्कार (सं.) [सं-पु.] 1. परिष्कार या संस्कार का अभाव 2. भद्दापन; बेडौलपन; अनगढ़पन 3. गंदगी; मैला-कुचैलापन 4. उच्छृंखलता।

अपरिष्कृत (सं.) [वि.] 1. जिसका संस्कार या परिष्करण न हुआ हो; असंस्कृत 2. जो ठीक या साफ़ न किया गया हो; गंदा 3. बेडौल; अनगढ़।

अपरिसर (सं.) [वि.] 1. जो निकट न हो; दूर 2. अप्रशस्त 3. विस्तारहीन।

अपरिहार्य (सं.) [वि.] 1. जिसका परिहार न हो सकता हो; अनिवार्य; जिसके बिना काम न चले 2. अवश्यंभावी 3. अत्याज्य।

अपरीक्षित (सं.) [वि.] 1. जिसकी परीक्षा न हुई हो; जिसे जाँचा-परखा न गया हो 2. जो आजमाया न गया हो 3. अप्रमाणित।

अपरुष (सं.) [वि.] 1. जिसमें परुषता या कठोरता न हो; सहृद्य 2. कोमल; मृदुल 3. क्रोध-रहित।

अपरूप (सं.) [वि.] बदशक्ल; भद्दा; कुरूप।

अपरोक्ष (सं.) [वि.] 1. जो परोक्ष न हो; प्रत्यक्ष 2. जो आसपास ही हो; दूर न हो 3. इंद्रियगोचर।

अपर्ण (सं.) [वि.] पत्रविहीन; जिसमें पर्ण या पत्ते न हों।

अपर्णा (सं.) [सं-स्त्री.] 1. (पुराण) पार्वती जिन्होंने शिव के लिए तपस्या करते हुए पत्ते तक खाना छोड़ दिया था 2. दुर्गा।

अपर्याप्त (सं.) [वि.] 1. जो पर्याप्त या पूरा न हो; जो पूरा न पड़ता हो; नाकाफ़ी 2. जो यथेष्ट न हो 3. अयोग्य 4. अधूरा।

अपर्याय (सं.) [वि.] क्रमहीन; जिसमें या जिसका कोई क्रम न हो; बेतरतीब। [सं-पु.] क्रमहीनता; बेतरतीबी।

अपलक (सं.) [वि.] जिसकी पलकें न गिरे; निर्निमेष। [क्रि.वि.] बिना पलक गिराए या झपकाए; एकटक।

अपलक्षण (सं.) [सं-पु.] 1. दोष; कुलक्षण 2. अशुभ या बुरा लक्षण 3. (साहित्य) किसी चीज़ में बताया जाने वाला ऐसा लक्षण जिसमें अतिव्याप्ति या अव्याप्ति दोष हो।

अपलाप (सं.) [सं-पु.] 1. व्यर्थ की बकवाद; बकबक 2. इधर-उधर की बातें कहना; बातें बनाना 3. बात का छिपाव; दुराव; टालमटोल करना।

अपवचन (सं.) [सं-पु.] 1. निंदा 2. गाली; अपशब्द 3. कटूक्ति।

अपवरण (सं.) [सं-पु.] परदा हटाना; अनावृत्त करना; आवरण दूर करना।

अपवर्ग (सं.) [सं-पु.] 1. सब तरह के दुखों से छुटकारा 2. त्याग 3. दान 4. मोक्ष 5. कर्मफल; कार्यसिद्धि 6. विशेष नियम या अपवाद।

अपवर्जन (सं.) [सं-पु.] 1. त्यागना; छोड़ना; मुक्त करना 2. कर्ज़ वगैरह चुकाना 3. दान।

अपवर्जित (सं.) [वि.] 1. त्याग किया हुआ; छोड़ा हुआ 2. दिया हुआ।

अपवर्तक (सं.) [सं-पु.] (गणित) वह राशियाँ जिनसे किसी बड़ी राशि को भाग देने पर शेष न बचता हो; सामान्य विभाजक; (फ़ैक्टर), जैसे- 2, 3, 4 और 6 सभी 12 के अपवर्तक हैं। [वि.] अपवर्तन या अलग करने वाला।

अपवर्तन (सं.) [सं-पु.] 1. परिवर्तन; पलटाव; अपने मूल स्थान की ओर लौटना; पीछे आना 2. किसी में से कुछ ले लेना या निकालना 3. अलग या दूर करना 4. ज़ब्त होना।

अपवर्तित (सं.) [वि.] 1. परिवर्तित 2. पृथक किया हुआ 3. पीछे लौटा हुआ 2. ज़ब्त किया हुआ 3. अंदर की ओर घूमा या मुड़ा हुआ; पलटा हुआ।

अपवर्त्य (सं.) [सं-पु.] (गणित) वह राशि जो किसी एक संख्या को दूसरी संख्या से गुणा करने पर प्राप्त होती है; गुणज जैसे- 6×8=64, अत: 8 का 64 अपवर्त्य है। [वि.] जिसका अपवर्तन हो सकता है; (मल्टिपल)।

अपवहन (सं.) [सं-पु.] किसी भेजी हुई वस्तु का अपने नियत जगह से इधर-उधर पहुँच जाने की क्रिया; भटकाव।

अपवहित (सं.) [वि.] 1. जो भटक गया हो 2. हटाया हुआ 3. स्थानांतरित।

अपवाद (सं.) [सं-पु.] 1. सामान्य नियम से भिन्न या विरुद्ध कोई नियम या बात; वह नियम जो किसी विशेष या व्यापक नियम के विरुद्ध हो 2. असामान्यता; छूट।

अपवादक (सं.) [वि.] 1. वह जो दूसरों की बदनामी या अपवाद करता हो 2. परनिंदक 3. जो कलंक लगाता हो 4. विरोधी।

अपवादस्वरूप (सं.) [अव्य.] 1. सामान्य नियम या चलन के विरोध के रूप में 2. नियम-विरोधी उदाहरण सरीखा; अपवाद के रूप में।

अपवादहीन (सं.) [वि.] 1. जिसका कोई अपवाद न हो 2. पूरी तरह नियम-सम्मत 3. परंपरा या प्रथा-सम्मत।

अपवादिक (सं.) [वि.] अपवाद संबंधी; सामान्य नियम के विपरीत अपवाद के रूप में होने वाला।

अपवादी (सं.) [वि.] 1. निंदा या बदनामी करने वाला; निंदक 2. खंडन करने वाला 3. बाधक 4. आरोप लगाने वाला।

अपवारण (सं.) [सं-पु.] 1. हटाना; दूर करना 2. व्यवधान 3. छिपाना।

अपवारित (सं.) [वि.] दूर किया हुआ; अंतर्हित; छिपा हुआ।

अपवाहक (सं.) [वि.] 1. अपवाहन करने वाला 2. बहा ले जाने वाला 3. स्थानांतरित करने वाला।

अपवित्र (सं.) [वि.] 1. जो पवित्र न हो; अशुद्ध; दूषित 2. मलिन; गंदा।

अपवित्रता (सं.) [सं-स्त्री.] 1. अपवित्र होने की अवस्था या भाव; मलिनता; गंदगी 2. अशुद्धि; नापाकीज़गी।

अपविद्ध (सं.) [वि.] 1. त्यागा हुआ; छोड़ा हुआ; त्यक्त 2. निकृष्ट; नीच; छुद्र 3. बेधा हुआ। [सं-पु.] वह पुत्र जिसको उसके माता-पिता ने त्याग दिया हो और किसी दूसरे ने पाला हो।

अपविद्या (सं.) [सं-स्त्री.] 1. निषिद्ध विद्या 2. बुरी विद्या जिसका अध्ययन उचित न हो 3. माया; अविद्या।

अपवृत्त (सं.) [वि.] 1. क्रम या स्थिति के हिसाब से विपरीत 2. अंदर की ओर घुमाया हुआ; मोड़ा हुआ 3. औंधा 4. समाप्त किया हुआ।

अपवृत्ति (सं.) [सं-स्त्री.] 1. अपवृत्त या विपरीत होने की अवस्था या भाव 2. समाप्ति; अंत।

अपव्यय (सं.) [सं-पु.] 1. फ़िज़ूलख़र्ची; व्यर्थ का ख़र्चा 2. आवश्यकता से अधिक किया गया ख़र्च।

अपव्ययी (सं.) [वि.] 1. फ़िज़ूलख़र्ची या अपव्यय करने वाला 2. व्यर्थ कामों में ख़र्च करने वाला।

अपशकुन (सं.) [सं-पु.] किसी विशेष कार्य के आरंभ में दिखाई देने वाला अशुभ लक्षण या संकेत; अमंगल; अपशगुन।

अपशब्द (सं.) [सं-पु.] 1. अशोभनीय, असाधु, या अशुद्ध शब्द; दुर्वचन 2. गाली-गलौज 3. बिगड़ा हुआ शब्द 4. निंदित शब्द।

अपशिष्ट (सं.) [वि.] अशिष्ट; जिसमें शिष्टता न हो; अशालीन; अभद्र; असंस्कृत।

अपश्रुति (सं.) [सं-स्त्री.] (व्याकरण) एक ही धातु से बने शब्दों में लक्षित वह विकार जो व्यंजनों के एक बने रहने पर भी स्वरों के बदलाव से उत्पन्न होता है, जैसे- बढ़ना से बढ़ाव और बढ़िया।

अपसंचय (सं.) [सं-पु.] जमाख़ोरी; कीमत बढ़ा कर बेचने के लिए माल का अनुचित भंडारण।

अपसंचयी (सं.) [वि.] 1. अपसंचय करने वाला 2. वस्तुओं का अनुचित संचय करने वाला; जमाख़ोर।

अपसंस्कृति (सं.) [सं-स्त्री.] 1. ऐसा आचार या पद्धति जो उच्च या श्रेष्ठ मूल्यों के विरुद्ध हो 2. अनुचित संस्कृति।

अपसरण (सं.) [सं-पु.] 1. पीछे हटना; दूर होना 2. दायित्व या कार्य आदि को छोड़कर अलग होना; भाग जाना 3. अपने उचित मार्ग से इधर-उधर होना 4. निकल भागने का रास्ता 5. दूर हटाया हुआ।

अपसर्जक (सं.) [वि.] 1. छोड़ देने वाला; त्यक्ता 2. ज़िम्मेदारी से भागने वाला; (डिज़र्टर)।

अपसर्जन (सं.) [सं-पु.] 1. त्यागना; छोड़ना 2. ज़िम्मेदारी से पलायन; अपने आश्रित को इस प्रकार त्यागना कि फिर उसकी चिंता न रहे, जैसे- पिता द्वारा शिशु का अपसर्जन।

अपसर्पण (सं.) [सं-पु.] 1. पीछे हटना; खिसकना 2. जासूसी करना 3. लौटना 4. भागना; पलायन करना।

अपसव्य (सं.) [वि.] 1. दाहिना; दायाँ 2. विपरीत; उलटा 3. 'सव्य' का विलोम।

अपसारण (सं.) [सं-पु.] 1. दूर करना 2. अंदर की तरफ़ से निकालकर बाहर करने की क्रिया; दूर हटाना 3. देश निकाला; (इक्सपल्शन)।

अपसारी (सं.) [वि.] 1. अपसारण करने वाला; दूर करने या हटाने वाला 2. अलग-अलग; भिन्न-भिन्न 3. परस्पर विरुद्ध।

अपसृत (सं.) [वि.] 1. जिसे किसी पद या स्थान से हटा दिया गया हो 2. जिसने अपना दायित्व, पद आदि छोड़ दिया हो 3. जिसे किसी ने छोड़ दिया हो; परित्यक्त।

अपस्कर (सं.) [सं-पु.] 1. गाड़ी का कोई हिस्सा, जैसे- पहिया, धुरा आदि 2. मल; विष्ठा।

अपस्तुति (सं.) [सं-स्त्री.] 1. निंदा; आलोचना 2. शिकायत 3. भर्त्सना।

अपस्फीति (सं.) [सं-स्त्री.] 1. आर्थिक क्रियाकलापों में कमी जिससे वस्तुओं के दाम घटने, बेकारी बढ़ने तथा उत्पादन घटने लगता है 2. मुद्रास्फीति कम करने की क्रिया; अवस्फीति; विस्फीति; (डिफ़्लेशन)।

अपस्मार (सं.) [सं-पु.] 1. मिर्गी रोग 2. (काव्यशास्त्र) एक संचारी भाव।

अपस्वर (सं.) [सं-पु.] बुरा या गलत स्वर; बेसुरी आवाज़; कर्णकटु स्वर।

अपह (सं.) [वि.] नष्ट या नाश करने वाला; नाशक।

अपहत (सं.) [वि.] 1. मारा हुआ; नष्ट किया हुआ; मृत 2.

हटाया या दूर किया हुआ।

अपहनन (सं.) [सं-पु.] 1. उत्तेजित भीड़ के माध्यम से किसी का हनन करना 2. अनुचित तरीके से मार डालने की क्रिया।

अपहरण (सं.) [सं-पु.] 1. फिरौती आदि के लिए किसी को बंधक बनाने की क्रिया; (किडनैप) 2. बलपूर्वक छीन लेना या ले लेना 3. किसी को बलपूर्वक विवाह या बलात्कार की मंशा से अपने पास रोके रखना या भगा ले जाना।

अपहर्ता (सं.) [वि.] 1. अपहरण करने वाला 2. बलपूर्वक छीनने वाला 3. फिरौती के लिए किसी को बंधक बनाने वाला 4. किसी स्त्री को बलात्कार करने या विवाह रचाने के विचार से भगाकर ले जाने वाला (व्यक्ति)।

अपहसित (सं.) [वि.] जिसका उपहास किया गया हो; जिसकी खिल्ली उड़ाई गई हो।

अपहस्त (सं.) [सं-पु.] 1. दूर फेंकना 2. लूटना 3. चुराना।

अपहार (सं.) [सं-पु.] 1. दूसरे की वस्तु छीनने की क्रिया; अपहरण 2. धोखा देकर किसी की संपत्ति का उपभोग करना 3. छिपाव; दुराव।

अपहास (सं.) [सं-पु.] 1. उपहास; मज़ाक उड़ाना; चिढ़ाना 2. बेमौक़ा या अकारण हँसी।

अपहृत (सं.) [वि.] 1. जिसका अपहरण किया गया हो 2. चुराया हुआ 3. छीना हुआ; लूटा हुआ।

अपह्नुति (सं.) [सं-स्त्री.] 1. अपह्नव; छिपाव; गोपन; वस्तुस्थिति को छिपाने की क्रिया 2. (काव्यशास्त्र) अर्थालंकार का एक भेद जिसमें उपमेय का निषेध कर उपमान को स्थापित किया जाता है।

अपांनपात् (सं.) [सं-पु.] विद्युत देवता।

अपाकरण (सं.) [सं-पु.] 1. दूर करने, हटाने का भाव 2. देनदारी, ऋण आदि चुकता करना।

अपाकृति (सं.) [वि.] 1. दूर किया हुआ; हटाया हुआ 2. ऋण आदि चुकाया हुआ; चुकता किया हुआ।

अपाच्य (सं.) [वि.] 1. जो पचने योग्य न हो; जो हज़म होने लायक़ न हो 2. जो पकाया न जा सके।

अपाठ्य (सं.) [वि.] 1. जो पढ़ने में न आए; जिसका पाठ संभव न हो 2. जो पढ़ने लायक न हो; जिसका पठन वर्जित हो।

अपात्र (सं.) [वि.] 1. कुपात्र; निकम्मा 2. अयोग्य 3. मूर्ख; जाहिल 4. अनधिकारी। [सं-पु.] 1. कुपात्र 2. अयोग्य व्यक्ति।

अपात्रता (सं.) [सं-स्त्री.] अपात्र होने की अवस्था या भाव; अयोग्यता; पात्रता का अभाव।

अपादान (सं.) [सं-पु.] 1. किसी चीज़ से कुछ निकालना या हटाना 2. अलगाव; दूर करना 3. व्याकरण में एक कारक।

अपान (सं.) [सं-पु.] 1. पाँच प्राणों में से एक 2. गुदा के ऊपरी भाग की वायु जो मल-मूत्र निकालती है 3. गुदा मार्ग से बाहर निकलने वाली वायु; पाद; (फ़ार्ट)।

अपान वायु (सं.) [सं-स्त्री.] गुदा मार्ग से बाहर आने वाली वायु; पाद।

अपानन (सं.) [सं-पु.] 1. साँस खींचना 2. मल-मूत्र का त्याग; स्राव।

अपामार्ग (सं.) [सं-पु.] 1. लटजीरा 2. एक रोगनाशक पौधा; चिचड़ा नामक पौधा।

अपाय (सं.) [सं-पु.] 1. दूर या पीछे हटना; अपगमन 2. पार्थक्य; अलगाव 3. नीति के विरुद्ध आचरण 4. नाश; अंत 5. उत्पात; उपद्रव 6. लोप।

अपार (सं.) [वि.] 1. जिसका पार न हो; अनंत; असीम 2. अथाह; बहुत अधिक; असंख्य; अतिशय। [सं-पु.] 1. समुद्र; सागर 2. नदी का सामने वाला किनारा 3. अपान से बचने पर एक प्रकार का मानसिक संतोष।

अपारग (सं.) [वि.] 1. जो पार न जा सकता हो 2. असमर्थ; अयोग्य।

अपारदर्शक (सं.) [वि.] जिसके पार न देखा जा सकता हो; जो पारदर्शी न हो; धुँधला; (ओपेक)।

अपारदर्शिता (सं.) [सं-स्त्री.] 1. पारदर्शी न होने का गुण 2. {ला-अ.} पाक-साफ़ न होने का दोष; बेईमानी।

अपारदर्शी (सं.) [वि.] 1. जिसके आर-पार न देखा जा सके; जो पारदर्शी न हो 2. {ला-अ.} जो अपने काम या आचरण में पारदर्शी या पाक-साफ़ न हो।

अपारिभाषिक (सं.) [वि.] जो पारिभाषिक न हो।

अपार्टमेंट (अं.) [सं-पु.] 1. कमरा; फ़्लैट 2. भवन; मकान।

अपार्थ (सं.) [वि.] 1. दूषित अर्थ वाला 2. अर्थ से रहित या हीन 3. व्यर्थ; निरर्थक 4. जिसका कोई प्रभाव या फल न हो; निष्फल।

अपार्थिव (सं.) [वि.] 1. जो पार्थिक या लौकिक न हो; अलौकिक; लोकोत्तर 2. अनश्वर।

अपावन (सं.) [वि.] 1. जो पावन या पवित्र न हो; अपवित्र 2. मैला; गंदा।

अपावृत्ति (सं.) [सं-स्त्री.] 1. पीछे हटा लेने या लौटा लेने की क्रिया 2. तिरस्कारपूर्ण अस्वीकृति।

अपासन (सं.) [सं-पु.] 1. अपने सामने आई हुई प्रार्थना, कथन आदि की अस्वीकृति 2. नामंज़ूरी; (रिजेक्शन)।

अपासित (सं.) [वि.] 1. जो माना न गया हो 2. अस्वीकृत; नामंज़ूर।

अपाहिज [वि.] अपंग; विकलांग; पंगु।

अपिंडी (सं.) [वि.] 1. पिंडरहित; अशरीरी 2. अमूर्त।

अपितु (सं.) [अव्य.] 1. बल्कि 2. किंतु।

अपितृक (सं.) [वि.] 1. जिसके पिता जीवित न हों; पितृहीन 2. अपैतृक; जो बपौती न हो।

अपिधान (सं.) [सं-पु.] 1. ढकने की वस्तु; ढक्कन 2. ढकने की क्रिया या भाव; आवरण; आच्छादन 3. छिपाव।

अपिहित (सं.) [वि.] आच्छादित; ढका हुआ; आवृत्त।

अपीड़न (सं.) [सं-पु.] 1. पीड़ा न देना; उत्पीड़ित न करना 2. दया; अनुकंपा।

अपील (अं.) [सं-स्त्री.] 1. निवेदन; याचना; अर्ज़; दरख़्वास्त 2. छोटी अदालत के निर्णय के विरुद्ध पुनर्विचार के लिए उच्च अदालत में किया जाने वाला आवेदन; याचिका; फ़रियाद

3. स्वीकृति, न्याय या सहायता आदि के लिए की जाने वाली सार्वजनिक प्रार्थना; गुहार 4. स्वीकार्य भाव, प्रभाव या धारणा।

अपीलकर्ता (अं.+सं.) [सं-पु.] 1. अपील करने वाला व्यक्ति; साग्रह अनुरोध करने वाला व्यक्ति 2. किसी अदालती फ़ैसले को बदलवाने या उस पर पुनर्विचार करने के लिए दरख़्वास्त देने वाला व्यक्ति; फ़रियादी।

अपुण्य (सं.) [वि.] 1. अपवित्र; अपावन 2. बुरा; कलुषित। [सं-पु.] पुण्य का अभाव; पाप।

अपुष्ट (सं.) [वि.] 1. जिसका पोषण और रख-रखाव ठीक न हुआ हो 2. कमज़ोर; दुर्बल 3. मंद (स्वर) 4. जिसकी पुष्टि या तसदीक न हुई हो, जैसे- अपुष्ट समाचार 5. (काव्यशास्त्र) एक अर्थ-दोष।

अपुष्टीकृत (सं.) [वि.] 1. जो पुष्ट न किया गया हो; जिसका परीक्षण न किया गया हो 2. जिसका पोषण ठीक ढंग से न हुआ हो।

अपूज्य (सं.) [वि.] अपूजनीय; जो पूजा या श्रद्धा का पात्र न हो; असम्माननीय।

अपूरित (सं.) [वि.] 1. जो भरा न हो 2. जो अधिक या पूरा न हो।

अपूर्ण (सं.) [वि.] 1. जो पूर्ण या पूरा न हो; नामुकम्मल 2. अधूरा 3. अधकचरा 4. न्यून; कम; रिक्त; खाली; (इनकंपलीट)।

अपूर्णता (सं.) [सं-स्त्री.] अपूर्ण होने की अवस्था या भाव; पूरा न होने का भाव; अधूरापन; अधकचरापन।

अपूर्व (सं.) [वि.] जैसा या जो पहले न हुआ हो; अनोखा; अद्‌भुत; अनूठा; बेजोड़; अद्वितीय; विलक्षण। [सं-पु.] ऐसी चीज जिसकी सत्ता अनुमान, प्रत्यक्ष आदि प्रमाणों से सिद्ध न हो।

अपूर्वता (सं.) [सं-स्त्री.] 1. अपूर्व होने की अवस्था; गुण या भाव 2. नवीनता 3. अनोखापन; विलक्षणता।

अपूर्वानुमेय (सं.) [वि.] जिसका पूर्वानुमान न हो सके; जिसका पहले से अंदाज़ा न लगाया जा सके; अप्रत्याशित।

अपृक्त (सं.) [वि.] 1. जिसका संपर्क या संबंध न हो; असंयुक्त; असंबद्ध 2. जिसमें कोई मिलावट न हो; विशुद्ध; खाँटी। [सं-पु.] पाणिनी के अनुसार एक अक्षर वाला (अल) प्रत्यय।

अपृथक (सं.) [वि.] जो पृथक न हो; संयुक्त; मिला हुआ; मिश्रित।

अपृथकता (सं.) [सं-स्त्री.] पृथक न होने का भाव; समानता; अभिन्नता।

अपेंडिसाइटिस (अं.) [सं-पु.] आंत्रशोथ; आँत बढ़ने की बीमारी।

अपेक्षणीय (सं.) [वि.] 1. अपेक्षा करने योग्य; उम्मीद करने लायक 2. वांछनीय; चाहा हुआ।

अपेक्षा (सं.) [सं-स्त्री.] 1. आशा; उम्मीद 2. अभिलाषा; आकांक्षा; इच्छा; चाहत 3. भरोसा 4. आवश्यकता; ज़रूरत 5. कार्य-कारण का अन्योन्य संबंध। [क्रि.वि.] तुलना में।

अपेक्षाकृत (सं.) [अव्य.] तुलना में; मुकाबले में।

अपेक्षाधिक (सं.) [वि.] अपेक्षा से अधिक; उम्मीद से ज़्यादा।

अपेक्षित (सं.) [वि.] 1. जिसकी अपेक्षा या आशा की गई हो; इच्छित; जिसे चाहा गया हो 2. प्रत्याशित; प्रतीक्षित।

अपेक्षी (सं.) [वि.] अपेक्षा करने वाला; जिसे किसी से किसी बात की अपेक्षा हो; इच्छुक; प्रतीक्षारत।

अपेक्ष्य (सं.) [वि.] जिसकी अपेक्षा करना उचित हो; अपेक्षित; चाहा हुआ; वांछनीय।

अपेय (सं.) [वि.] 1. जिसे पीना ठीक न हो; जिसे पीना उचित न हो 2. न पीने योग्य; जो पिया न जा सकता हो।

अपैतृक (सं.) [वि.] 1. जो पैतृक न हो 2. जो विरासत में न मिला हो।

अपोज़िशन (अं.) [सं-पु.] 1. विरोधी पक्ष; विरोधी दल; प्रतिपक्ष 2. विरोध।

अपोलो (अं.) [सं-पु.] 1. एक ग्रीक देवता जो संगीत, काव्य और पुरुष सौंदर्य का प्रतीक माना जाता है 2. अत्यंत सुंदर युवक।

अपोह (सं.) [सं-पु.] 1. हटाना; दूर करना 2. ऊहापोह 3. तर्क द्वारा शंका-निवारण।

अपोहन (सं.) [सं-पु.] 1. भ्रम का नष्ट हो जाना; शंका या संदेह का निराकरण 2. तर्क-वितर्क।

अपौतिक (सं.) [वि.] 1. जिसमें सड़न न हुई हो 2. जिसमें अभी विषाक्त कीटाणुओं का प्रवेश न हुआ हो।

अपौरुष (सं.) [सं-पु.] 1. पुरुषार्थहीनता; कापुरुषत्व 2. नपुंसकता 3. साहसहीनता; कायरता; भीरुता। [वि.] 1. अपुरुषोचित; अलौकिक; ईश्वरीय 2. कायर; भीरु 3. पुरुषार्थहीन।

अपौरुषेय (सं.) [वि.] 1. जो पौरुषेय अर्थात मनुष्य द्वारा न बनाया गया हो 2. जो मनुष्य की शक्ति के बाहर हो 3. अमानुषिक; अलौकिक 4. ईश्वर या देवताओं का बनाया हुआ।

अपौष्टिक (सं.) [वि.] जो पोषण या पुष्टिदायक न हो; अस्वास्थ्यकर; जिसमें पर्याप्त पौष्टिक तत्व न हों।

अप्रकट (सं.) [वि.] 1. जो प्रकट न हो; गुप्त; छिपा हुआ 2. अप्रकाशित; प्रच्छन्न।

अप्रकटता (सं.) [सं-स्त्री.] 1. प्रकट न होने की अवस्था या भाव; गुप्त या गोपनीय रहने की स्थिति 2. प्रच्छन्नता 3. अस्पष्टता।

अप्रकाशनीय (सं.) [वि.] 1. जो प्रकाशन के योग्य न हो 2. नैतिकता की दृष्टि से अवांछनीय (सूचना या जानकारी) 3. जो अंधेरे में ही रहने योग्य हो।

अप्रकाशित (सं.) [वि.] 1. जिसका प्रकाशन न हुआ हो; जो छपा न हो 2. जो प्रकट न हुआ हो; छिपा हुआ; अव्यक्त 3. जिसमें उजाला न हो; अंधेरा।

अप्रकाश्य (सं.) [वि.] 1. जो प्रकट या प्रकाशित करने के योग्य न हो; वर्जित 2. गोपनीय।

अप्रकृत (सं.) [वि.] 1. जो प्रकृत अथवा स्वाभाविक न हो 2. जो अपने उचित मान से घटा या बढ़ा हुआ हो 3. जो अपने ठिकाने पर न हो 4. गढ़ा या बनाया हुआ; नकली 5. अप्रधान 6. आकस्मिक।

अप्रकृतिस्थ (सं.) [वि.] 1. जो सामान्य या प्राकृतिक स्थिति में

न हो; असामान्य 2. अस्वस्थ 3. बेचैन; व्याकुल।

अप्रकृष्ट (सं.) [वि.] बुरा; नीच। [सं-पु.] काक; कौआ।

अप्रखर (सं.) [वि.] 1. जो प्रखर या तेज़ न हो; अतीक्ष्ण 2. अप्रगल्भ; जो चतुर न हो 3. सुस्त 4. कोमल।

अप्रगल्भ (सं.) [वि.] 1. जो प्रगल्भ न हो 2. शीलवान; विनीत 3. शरमीला; लजीला 4. अपरिपक्व; अप्रौढ़ 5. सुस्त; उत्साहहीन।

अप्रगुण (सं.) [वि.] 1. व्यस्त 2. व्याकुल।

अप्रचलन (सं.) [सं-पु.] 1. चलन, व्यवहार या प्रयोग से बाहर होने की स्थिति; अप्रसिद्धि।

अप्रचलित (सं.) [वि.] 1. जिसका चलन या व्यवहार न हो; जिसका प्रयोग न होता हो 2. जो मशहूर न हो 3. जो फ़ैशन के अनुरूप न हो।

अप्रच्छन्न (सं.) [वि.] जो अप्रकट या छुपा हुआ न हो; अनावृत; खुला हुआ; स्पष्ट; उजागर।

अप्रज (सं.) [वि.] 1. जिसे संतान न हो; निस्संतान; बाँझ 2. निर्जन; उजाड़; जहाँ कोई वास न करता हो 3. न जन्मा हुआ; अजात।

अप्रतिकर (सं.) [वि.] 1. जो विश्वस्त हो; विश्वासपात्र 2. विश्रंभी।

अप्रतिबंध (सं.) [सं-पु.] 1. जिसपर प्रतिबंध या रोक न लगी हो; प्रतिबंध रहित 2. स्वच्छंदता। [वि.]1. उन्मुक्त 2.पूर्ण।

अप्रतिबद्ध (सं.) [वि.] 1. जो प्रतिबद्ध न हो 2. जो उसूल का पक्का न हो; बेगैरत 3. गैरजिम्मेदार 4. जिसपर रोक-टोक न हो; मनमाना; स्वच्छंद।

अप्रतिभ (सं.) [वि.] 1. जिसमें प्रतिभा न हो; प्रतिभाशून्य 2. उदास; चेष्टाहीन 3. सुस्त; मंद; स्फूर्तिरहित 4. निर्बुद्धि; मतिमंद।

अप्रतिम (सं.) [वि.] 1. अनुपम; बेजोड़; अद्वितीय 2. जिसकी तुलना न की जा सके; जिसकी बराबरी का दूसरा न हो।

अप्रतिमान (सं.) [वि.] अप्रतिम।

अप्रतिरूप (सं.) [वि.] 1. जिसका कोई प्रतिरूप न हो; अनन्य; बेजोड़ रूप वाला; अद्वितीय 2. जो अनुरूप या सटीक न हो; अननुरूप।

अप्रतिरोधक (सं.) [वि.] 1. जो प्रतिरोध न करे 2. जिसमें प्रतिरोधकता न हो 3. जो बदला न ले सकता हो 4. पलायनवादी।

अप्रतिष्ठा (सं.) [सं-स्त्री.] 1. प्रतिष्ठा या सम्मान का न होना; बेइज़्ज़ती; अनादर; अपमान 2. अमर्यादा 3. अपकीर्ति; अपयश।

अप्रतिहत (सं.) [वि.] 1. बिना रुकावट; निर्विघ्न; जिसे कोई रोकने-टोकने वाला न हो; निर्बाध 2. जिसमें बाधा उपस्थित न हुई हो; अक्षुण्ण 3. जो हारा न हो; अपराजित। [सं-पु.] अंकुश।

अप्रतीति (सं.) [सं-स्त्री.] 1. प्रतीति का न होना; भान न होना 2. अस्पष्टता 3. अविश्वास 4. असमान।

अप्रतीयमान (सं.) [वि.] 1. अनाभासी; जिसकी प्रतीति न हो 2. अनिश्चित।

अप्रत्यक्ष (सं.) [वि.] 1. परोक्ष; जो प्रत्यक्ष न हो 2. जो दिखाई न दे; अगोचर; अदृश्य 3. गैरहाज़िर; गैरमौजूद; अनुपस्थित 4. अप्रकट; गुप्त।

अप्रत्याशित (सं.) [वि.] 1. जिसकी पहले से आशा न की गई हो; अचानक घटित होने वाला 2. असंभावित।

अप्रदत्त (सं.) [वि.] जो दिया न गया हो; जो प्रदान न किया गया हो।

अप्रदूषित (सं.) [वि.] जो प्रदूषित न हो; स्वच्छ; निर्मल।

अप्रभावकारी (सं.) [वि.] 1. प्रभाव या असर न डालने वाला; अप्रभावी; निष्प्रभावी 2. अप्रभावशाली; जिसका कोई रुतबा या शोहरत न हो; मामूली।

अप्रभावित (सं.) [वि.] 1. जो किसी के प्रभाव या असर में न हो 2. स्वायत्त; स्वतंत्र।

अप्रभावी (सं.) [वि.] अप्रभावकारी; निष्प्रभावी।

अप्रभुत्व (सं.) [सं-पु.] 1. प्रभुत्व या स्वामित्व का न होना; स्वामित्वविहीनता 2. असमर्थता; अयोग्यता।

अप्रमत्त (सं.) [वि.] 1. जो प्रमत्त या पागल न हो 2. जागरूक; सावधान।

अप्रमाद (सं.) [सं-पु.] प्रमादहीनता; जागरूकता; होशोहवास। [वि.] प्रमादरहित।

अप्रमित (सं.) [वि.] 1. जो मापा न गया हो 2. जो सिद्ध या प्रमाणित न किया जा सके 3. अनंत; असीम।

अप्रमेय (सं.) [वि.] 1. जिसकी माप न हो सके 2. बेहद; बेहिसाब 3. अनंत; अपार; असीम 4. जो सिद्ध या प्रमाणित न किया जा सके।

अप्रमोद (सं.) [सं-पु.] 1. आमोद-प्रमोद का अभाव; प्रसन्नता या मनोरंजन का न होना 2. कष्ट-निवारण की अक्षमता।

अप्रयुक्त (सं.) [वि.] 1. जिसका प्रयोग न हुआ हो; जो काम में न लाया गया हो 2. अव्यवहृत; अप्रचलित।

अप्रवर्तक (सं.) [वि.] 1. किसी काम में दूसरों को संलग्न करने में अक्षम; जिसमें नेतृत्व क्षमता न हो 2. निष्क्रिय; निरुत्साह 3. अविच्छिन्न।

अप्रवर्तनीय (सं.) [वि.] प्रवर्तन न करने योग्य; ठानने या संकल्प करने में अयोग्य (कार्य); निहायत गैरज़रूरी।

अप्रवीण (सं.) [वि.] 1. अपटु; जो पारंगत न हो; अकुशल 2. अक्षम; अयोग्य 3. जो निपुण न हो।

अप्रशंसनीय (सं.) [वि.] 1. जो प्रशंसा के योग्य न हो; नाक़ाबिलेतारीफ़ 2. प्रशंसा या तारीफ़ की सीमा से ऊपर उठा हुआ; जिसके लिए तारीफ़ के लफ़्ज़ कम पड़ते हों।

अप्रशंसा (सं.) [सं-स्त्री.] 1. प्रशंसा का अभाव 2. अमान्यता; उदासीनता; उपेक्षा।

अप्रशिक्षित (सं.) [वि.] 1. जिसे प्रशिक्षण न मिला हो 2. अनाड़ी।

अप्रसन्न (सं.) [वि.] 1. जो प्रसन्न न हो; नाख़ुश; दुखी 2. रुष्ट; नाराज़।

अप्रसन्नता (सं.) [सं-स्त्री.] 1. नाख़ुशी; नाराज़गी 2. विरक्ति।

अप्रसिद्ध (सं.) [वि.] जो प्रसिद्ध या मशहूर न हो; जिसकी ख्याति न हो; जिसे कम लोग जानते हों।

अप्रस्तुत (सं.) [वि.] 1. जो प्रस्तुत या सामने न हो; अनुपस्थित 2. जो वर्तमान से संबंधित न हो; असंबद्ध; अप्रासंगिक 3.

गौण 4. जिसका वर्णन न किया गया हो 5. अनुद्यत।

अप्रस्तुत प्रशंसा (सं.) [सं-स्त्री.] (काव्यशास्त्र) अर्थालंकार का एक भेद जिसमें प्रस्तुत के अर्थ में अप्रस्तुत का वर्णन किया जाता है।

अप्राकृत (सं.) [वि.] 1. जो प्राकृत न हो 2. असाधारण 3. अस्वाभाविक।

अप्राकृतिक (सं.) [वि.] 1. जो प्रकृति के अनुरूप न हो; अस्वाभाविक 2. अलौकिक 3. जिसका कार्य से सीधा संबंध न हो।

अप्राण (सं.) [वि.] जिसमें प्राण या जीवनी शक्ति न हो; निर्जीव; निस्तेज; मृत; संज्ञाहीन।

अप्राप्त (सं.) [वि.] 1. जो प्राप्त न हुआ हो; जो हासिल न हो 2. जिसे कोई ख़ास चीज़ प्राप्त न हुई हो, जैसे- अप्राप्तयौवना, अप्राप्तवय 3. जो मौजूद या उपलब्ध न हो 4. दुर्लभ 5. अनागत 6. परोक्ष; अप्रस्तुत।

अप्राप्य (सं.) [वि.] 1. (पुस्तक आदि) जो अब प्राप्त न हो; जिसकी मुद्रित प्रतियाँ समाप्त हो चुकी हों; (आउट ऑव प्रिंट) 2. जो प्राप्त करने योग्य न हो 3. जो न मिल सका हो; बाकी।

अप्रामाणिक (सं.) [वि.] 1. जो प्रमाण से सिद्ध न हो 2. जो मानने योग्य न हो 3. ऊट-पटाँग 4. असत्यापित 5. तथ्यहीन 6. जिसका कोई प्रमाण न हो।

अप्रामाण्य (सं.) [वि.] अप्रामाणिक; जिसका कोई प्रमाण न हो।

अप्रायिक (सं.) [वि.] जो प्रायिक न हो; जो प्रायः या बहुधा न होने वाला हो।

अप्रायोगिक (सं.) [वि.] 1. जो प्रयोग से संबंधित न हो; जो प्रयोग के सिलसिले का न हो 2. जिसका प्रयोग न किया जा सके; जो प्रयोग से पुष्ट होने वाला न हो।

अप्रासंगिक (सं.) [वि.] 1. जिसका मौजूदा प्रसंग से कोई नाता न हो; गैरमौज़ूँ 2. विषय से असंबद्ध; असंगत 3. अर्थहीन।

अप्रासंगिकता (सं.) [सं-स्त्री.] 1. प्रासंगिक न होने की स्थिति या भाव 2. असंबद्धता 3. क्रमविहीनता 4. प्रसंग-विरुद्ध या सिलसिला-बाहर होने की अवस्था।

अप्रिय (सं.) [वि.] 1. जो प्रिय न हो 2. जिसकी चाह न हो 3. अरुचिकर; नापसंद 4. दुखद।

अप्रीति (सं.) [सं-स्त्री.] 1. स्नेहाभाव 2. वैर-विरोध; शत्रुता; दुश्मनी 3. अरुचि 4. दुर्भाव।

अप्रीतिकर (सं.) [वि.] 1. अरुचिकर 2. स्नेहरहित; प्रेमरहित 3. शत्रुतापूर्ण 4. दुर्भावनापूर्ण।

अप्रेंटिस (अं.) [सं-पु.] प्रशिक्षु; नौसिखिया।

अप्रोच (अं.) [सं-पु.] 1. पहुँच 2. अभिगम; पास आना 3. संपर्क; संबंध।

अप्रौढ़ (सं.) [वि.] 1. अवयस्क; अपरिपक्व; कच्चा 2. अशक्त; कमज़ोर 3. अनुभवहीन 4. जो सुलझे हुए मस्तिष्क का न हो।

अप्रौढ़ता (सं.) [सं-स्त्री.] 1. अवयस्कता; अपरिपक्वता 2. अशक्तता 3. अनुभवहीनता।

अप्लाइड (अं.) [वि.] अनुप्रयुक्त; प्रायोगिक; व्यावहारिक; लागू।

अप्लीकेशन (अं.) [सं-पु.] 1. आवेदन; प्रार्थना 2. आवेदनपत्र; प्रार्थनापत्र 3. क्रियान्वयन; लागू करना; अमल।

अप्वाइंटमेंट (अं.) [सं-पु.] 1. नियुक्ति 2. मिलने के लिए दिया हुआ समय या अवसर।

अप्सरा (सं.) [सं-स्त्री.] 1. परम सुंदरी स्त्री 2. परी 3. इंद्र की सभा में नाचने वाली देवांगना।

अफरा (सं.) [सं-पु.] 1. फूलना; बैलों का पेट फूलना 2. अजीर्ण या वायु से पेट फूलने वाला रोग।

अफ़रा-तफ़री (फ़ा) [सं-स्त्री.] 1. जल्दबाज़ी; भागदौड़; आपाधापी; बदहवासी 2. गड़बड़; गोलमाल।

अफराव [सं-पु.] 1. अफरने या पेट फूलने की क्रिया, भाव या अवस्था 2. तृप्त होना; अघाना।

अफला (सं.) [सं-स्त्री.] 1. स्त्री जिसके संतान उत्पन्न न होती हो; बाँझ 2. घृतकुमारी।

अफ़लातून (अ.) [सं-पु.] 1. प्राचीन यूनान के एक मशहूर दार्शनिक, जिनका असली नाम 'प्लातोन' था, अफ़लातून शब्द प्लातोन का अरबीकृत रूप है, इंग्लिश में इसे 'प्लेटो' कहा जाता है 2. {व्यं-अ.} वह जो अपने को दूसरों से अधिक बुद्धिमान समझता हो।

अफलित (सं.) [वि.] 1. फलहीन; परिणामशून्य; जिसका वांछित नतीजा न निकला हो 2. फलरहित (वृक्ष)।

अफ़वाह (अ.) [सं-पु.] 1. उड़ाई हुई ख़बर; बाज़ारू ख़बर; अपुष्ट समाचार 2. मनगढ़ंत ख़बर 3. गप्प। [मु.] **-गरम होना** : निराधार बात की चारों ओर चर्चा होना।

अफ़सर (अं.) [सं-पु.] 1. अधिकारी; हाकिम; शासक; (ब्यूरोक्रेट) 2. मुसाहिब; ओहदेदार 3. मुखिया; सरदार।

अफ़सरशाही (फ़ा) [सं-स्त्री.] 1. अधिकारी राज 2. अफ़सरी रुतबा; (ब्यूरोक्रेसी)।

अफ़साना (फ़ा.) [सं-पु.] 1. किस्सा; कहानी 2. दास्ताँ 3. कथा; उपन्यास 4. लंबा वृत्तांत।

अफ़सानानवीस (फ़ा.) [सं-पु.] 1. कहानी लेखक; क़िस्सागो 2. कथाकार; उपन्यासकार।

अफ़सानानिगार (फ़ा.) [सं-पु.] अफ़सानानवीस; कहानीकार।

अफ़सोस (फ़ा.) [सं-पु.] 1. खेद; पछतावा; पश्चाताप 2. दुख; शोक; रंज।

अफ़सोसजनक (फ़ा.+सं.) [वि.] 1. खेदजनक 2. दुखद।

अफार (सं.) [वि.] फरेरा सूखा (खेत); फसल कटने के बाद बिना जोता हुआ खेत।

अफ़ीम (अ.) [सं-पु.] पोस्त के डंठलों से निकाला जाने वाला एक नशीला पदार्थ जो कडुवा और काले रंग का होता है; (ओपियम)।

अफ़ीमची (अ.) [सं-पु.] 1. वह जिसे अफ़ीम खाने की लत हो 2. नशेड़ी।

अफ़ीमी [वि.] अफ़ीम से बना हुआ; जिसमें अफ़ीम मिली हो।

अब (सं.) [अव्य.] 1. इस समय; वर्तमान में 2. इस समय के बाद अर्थात निकट भविष्य में; आगे से 3. इस अवसर पर; इस स्थिति में 4. निर्दिष्ट तथ्यों या बातों को ध्यान में रखते हुए।

अब तक [अव्य.] अभी तक; इस समय तक; मौजूदा क्षण तक।

अबंध (सं.) [वि.] 1. बंधनरहित; जो बँधा न हो; खुला हुआ 2. उन्मुक्त; स्वच्छंद 3. मनमानी करने वाला; निरंकुश।

अबद्ध (सं.) [वि.] 1. जो बँधा न हो या बाँधा न गया हो; बंधनरहित 2. मनमाना आचरण करने वाला 3. जिसका क्रम या सिलसिला दुरुस्त न हो 4. जिसने कोई वायदा न किया हो।

अबरस (फ़ा.) [सं-पु.] चितकबरा उक्त रंग का घोड़ा। [वि.] चितकबरा।

अबरा (फ़ा.) [सं-पु.] 1. ओढ़ने या पहनने के दोहरे कपड़ों में ऊपर का कपड़ा या पल्ला; उपल्ला 2. उलझन; विकट समस्या।

अबरी (फ़ा.) [सं-स्त्री.] 1. एक प्रकार का धारीदार चिकना कागज़ 2. एक प्रकार का पीला पत्थर 3. एक प्रकार की लाख की रँगाई। [वि.] जिसमें बादल की तरह कई रंगों की धारियाँ हों।

अबरी कागज़ [सं-पु.] यांत्रिक प्रणाली से लेप लगाकर एक तरफ़ से चिकना बनाया गया कागज़; विलेपित कागज़।

अबल (सं.) [वि.] 1. जिसमें बल या ताक़त न हो; अशक्त; बलहीन 2. कमज़ोर; दुर्बल 3. पुंसत्वहीन; नपुंसक।

अबलक (अ.) [वि.] 1. जिसमें दो रंग एक साथ दिखाई दें, जैसे- सफ़ेद-काला, लाल-पीला 2. अनेक रंगों से मिला हुआ; चितकबरा। [सं-पु.] ऐसा घोड़ा जिसके शरीर पर कुछ भाग लाल और कुछ भाग काला हो।

अबला (सं.) [वि.] जिसमें बल न हो; असहाय; कमज़ोर। [सं-स्त्री.] औरत; स्त्री।

अबल्य (सं.) [वि.] 1. अबलता; अशक्तता; निर्बलता; कमज़ोरी 2. अस्वस्थता।

अबादान (अ.) [वि.] 1. आबाद; बसा हुआ 2. भरा-पूरा 3. संपन्न; समृद्ध।

अबाध (सं.) [वि.] 1. निर्बाध; निरंतर; लगातार 2. बाधाहीन; जिसमें कोई बाधा या विघ्न न हो; निर्विघ्न 3. अपार; असीम 4. मनमाना; स्वच्छंद 5. पूर्ण; परम।

अबाधा (सं.) [सं-स्त्री.] अबाध; बिना बाधा के।

अबाधित (सं.) [वि.] 1. जिसमें बाधा या रुकावट न आई हो; बेरोकटोक चलने वाला 2. मनमाना; स्वच्छंद; निरंकुश।

अबाध्य (सं.) [वि.] 1. जिसमें कोई बाधा, अड़चन या रुकावट न हो 2. जिसे रोकने या जिसमें बाधा डालने की मनाही हो।

अबाबील (फ़ा.) [सं-स्त्री.] काले रंग की एक मशहूर चिड़िया जो प्रायः खंडहरों में अपने घोंसले बनाती है।

अबारा [सं-स्त्री.] 1. लगार; लगाने की क्रिया; नियमित रूप से कोई काम करने या कोई चीज़ देने की क्रिया या भाव 2. सिलसिला 3. लगन।

अबाल [सं-पु.] चरखे की पंखुड़ियों में बाँधकर तानी जाने वाली रस्सी। [वि.] 1. जो बालक न हो; जवान; बालोचित नहीं; युवकोचित 2. पूरा; पूर्ण।

अबाली [सं-स्त्री.] एक प्रकार का पक्षी; बेंगनकु८ा।

अबीर (अ.) [सं-पु.] 1. अबरक का चूरा जो मुख्यतः गुलाबी रंग का होता है 2. बुक्का 3. उक्त चूरा जिसे लोग होली के अवसर पर एक-दूसरे को लगाते हैं।

अबुद्धि (सं.) [सं-स्त्री.] 1. बुद्धि का अभाव; बुद्धिहीनता 2. नासमझी 3. मूर्खता; अज्ञान। [वि.] बुद्धिहीन; मुर्ख ।

अबूझ (सं.) [वि.] 1. जिसे जानना-समझना दुरूह हो; समझ और अनुमान से परे 2. जिसे समझा न जा सके।

अबे [अव्य.] किसी को छोटा या तुच्छ मान कर किया जाने वाला तिरस्कारपूर्ण संबोधन।

अबेध (सं.) [वि.] 1. जिसे बेधा या छेदा न गया हो 2. जिसे बेधा या छेदा न जा सके।

अबेर [सं-पु.] देर; विलंब। [क्रि.वि.] जल्दी; शीघ्र।

अबोध (सं.) [वि.] 1. नासमझ; अज्ञानी 2. मासूम; निश्छल 3. कच्ची उम्र का; अनुभवहीन।

अबोधता (सं.) [सं-स्त्री.] 1. अज्ञानता; नासमझी 2. बचपना; अनुभवहीनता 3. मासूमियत; निश्छलता।

अबोल [सं-पु.] न बोला जाना; चुप्पी [वि.] 1. चुप; मौन 2. जिसके बारे में कुछ न कहा जा सके; अनिर्वचनीय।

अबोला [सं-पु.]. रंज से न बोलना; रूठने के बाद होने वाला मौन। [वि.] जो बोला या कहा न गया हो; न बोलने वाला।

अब्ज (सं.) [सं-पु.] 1. जल से उत्पन्न वस्तु 2. कमल 3. शंख 4. कपूर 5. चंद्रमा 6. एक अरब की संख्या।

अब्जद (अ.) [सं-पु.] 1. अरबी वर्णमाला 2. अरबी वर्णमाला के पच्चीस वर्ण 3. अरबी में अक्षरों द्वारा अंक सूचित करने की प्रणाली।

अब्जा [सं-स्त्री.] 1. लक्ष्मी 2. मोती वाली सीपी।

अब्द (सं.) [सं-पु.] 1. वर्ष; साल 2. मेघ 3. नागरमोथा 4. आकाश 5. एक पर्वत 6. कपूर।

अब्दुल्ला (अ.) [सं-पु.] अल्लाह का बंदा; अल्लाह का सेवक; अनुचर; गुलाम; दास।

अब्धि (सं.) [सं-पु.] 1. समुद्र; सागर 2. ताल; सरोवर; झील।

अब्बा (फ़ा.) [सं-पु.] 1. पिता 2. मुसलमानों में पिता के लिए प्रचलित संबोधन।

अब्बाजान (फ़ा.) [सं-पु.] 1. पिता या अब्बा 2. अब्बा के लिए संबोधन।

अब्बास (अ.) [सं-पु.] 1. सिंह; शेर 2. गुलेअब्बास; गुलाबाँस; एक तरह का फूल तथा उसका पौधा।

अब्बासी (अ.) [सं-पु.] 1. ख़ास तरह का लाल रंग 2. मिस्र में होने वाली ख़ास तरह की कपास। [वि.] लाल; नीला; काला रंग। [सं-स्त्री.] एक प्रकार की बढ़िया कपास।

अब्बू (फ़ा.) [सं-पु.] अब्बा शब्द का बिगड़ा हुआ रूप।

अब्र (फ़ा.) [सं-पु.] बादल; मेघ; घटा।

अभंग (सं.) [वि.] 1. अखंडित; न टूटा हुआ, पूर्ण 2. न टूटने वाला 3. उसी रूप में जारी क्रम वाला; लगातार 4. अपराजित; जिसका दर्प भंग न हुआ हो।

अभंगपद (सं.) [सं-पु.] (काव्यशास्त्र) श्लेष अलंकार का एक भेद जिसमें पदों के वर्णों को इधर-उधर किए बिना दूसरा अर्थ निकाला जाता है।

अभंगी (सं.) [वि.] 1. जो भंग न हुआ हो; जिसे भंग न किया

जा सके 2. अखंडित; मुकम्मल; पूर्ण।

अभंगुर (सं.) [वि.] 1. जो नष्ट न होने वाला हो; अनश्वर 2. स्थायी; स्थिर।

अभंजन (सं.) [वि.] जिसे तोड़ा-फोड़ा न जा सके; अखंड; अटूट। [सं-पु.] 1. किसी पदार्थ का कई भागों में न टूटना 2. {ला-अ.} शांति।

अभंजनीय (सं.) [वि.] 1. जिसे तोड़ा न जा सके; अटूट 2. जिसे नष्ट न किया जा सके; स्थायी; अखंड।

अभक्त (सं.) [वि.] 1. जो अलग न किया गया हो 2. पूरा; मुकम्मल 3. जो भक्त न हो; श्रद्धाहीन 4. जो अनुयायी या अनुचर न हो।।

अभक्ष्य (सं.) [वि.] जो खाने के योग्य या उपयुक्त न हो; अखाद्य; अभोज्य; जो खाया न जा सकता हो।

अभग्न (सं.) [वि.] कभी भग्न न होने वाला; कभी खंडित या निरस्त न होने वाला; पूरा; समूचा।

अभद्र (सं.) [वि.] 1. अशिष्ट; असभ्य 2. अशोभन 3. अशुभ; अमंगल।

अभद्रता (सं.) [सं-स्त्री.] 1. अभद्र होने की अवस्था 2. बुरा आचरण; अशिष्टता।

अभय (सं.) [वि.] भयरहित; निर्भय; निडर; निर्भीक। [सं-पु.] 1. भय का अभाव; निर्भयता; निडरता 2. परमात्मा 3. रक्षा का भरोसा।

अभयचारी (सं.) [वि.] निर्भय होकर विचरण करने वाला; स्वच्छंद।

अभयदान (सं.) [सं-पु.] भय से रक्षा का वचन देना; शरण देना; संरक्षण देना।

अभयपत्र (सं.) [सं-पु.] 1. वह पत्र या प्रमाणपत्र जो अभयदान सुनिश्चित करे 2. वह पत्र जिसे दिखा कर कोई व्यक्ति संकट की घड़ी में सुरक्षित और निरापद महसूस करे।

अभयपद (सं.) [सं-पु.] मुक्ति; मोक्ष।

अभयपरिग्रह (सं.) [सं-पु.] सुरक्षित वन संबंधी नियमों का उल्लंघन।

अभयप्रद (सं.) [वि.] अभय प्रदान करने वाला; अभय देने वाला।

अभयमुद्रा (सं.) [सं-स्त्री.] 1. अभयदान की मुद्रा 2. एक तांत्रिक मुद्रा 3. हाथ उठाकर हथेली सामने करने की मुद्रा।

अभयवचन (सं.) [सं-पु.] रक्षा करने का वचन या प्रतिज्ञा।

अभयवन (सं.) [सं-पु.] 1. वह वन क्षेत्र जहाँ पशु-पक्षी तथा वृक्षों आदि को किसी भी प्रकार से हानि पहुँचाना निषिद्ध हो; अभयारण्य; रक्षित-संरक्षित वन 2. ऐसा वन जिसमें यात्रियों को किसी प्रकार का भय न हो।

अभया (सं.) [सं-स्त्री.] 1. (पुराण) दुर्गा का एक रूप, भगवती 2. हरीतकी नामक औषधि। [वि.] जिसे भय न हो; निडर ।

अभयारण्य (सं.) [सं-पु.] पशुओं के लिए संरक्षित वन।

अभागा (सं.) [वि.] भाग्यहीन; दुर्भाग्यशाली; बदकिस्मत।

अभागिन (सं.) [वि.] बदनसीब; दुर्भाग्यशालिनी।

अभाग्य (सं.) [सं-पु.] दुर्भाग्य; बदकिस्मती। [वि.] भाग्यहीन; दुखी।

अभाज्य (सं.) [वि.] जिसे पूरा-पूरा विभाजित न किया जा सके; विषम (जैसे- 3, 7, 11 आदि)।

अभार (सं.) [सं-पु.] भारहीन; हलका।

अभारतीय (सं.) [वि.] जो भारतीय न हो; भारत से बाहर का।

अभाव (सं.) [सं-पु.] 1. कमी; त्रुटि 2. अविद्यमानता; न होना 3. दुर्भाव 4. अस्तित्व में न होने की अवस्था का भाव।

अभावक (सं.) [वि.] 1. भाव या सत्ता से रहित 2. अभाव से उत्पन्न; अभाव को सूचित करने वाला।

अभावग्रस्त (सं.) [वि.] निर्धन; विपन्न; तंगहाल; फटेहाल।

अभावनीय (सं.) [वि.] जिसकी भावना न की जा सके; अचिंतनीय।

अभाववाद (सं.) [सं-पु.] ध्वनिविरोधी तीन संभाव्य मतों में से एक जिनका उल्लेख 'ध्वन्यालोक' में मिलता है।

अभावात्मक (सं.) [वि.] 1. जो अभाव के रूप में हो 2. अभावसूचक; नकारात्मक।

अभाव्य (सं.) [वि.] 1. न होने वाला; अभावी; अस्तित्वहीन 2. जिसकी भावना न की जा सके; जिसका ध्यान न किया जा सके।

अभाषित (सं.) [वि.] 1. अकथित; अनुक्त; अनभिव्यक्त 2. अवर्णित; अनुल्लिखित।

अभाष्य (सं.) [वि.] 1. जिसे कहा न जा सके; जिसे बताया न जा सके 2. जिसका भाष्य संभव न हो; जिसकी व्याख्या न हो सके; अव्याख्येय।

अभि (सं.) [पूर्वप्रत्य.] एक प्रत्यय जो शब्दों में लगकर अर्थों में अग्रलिखित विशेषताएँ लाता है, 1. आगे या सामने की ओर, जैसे- अभिमुख 2. मात्रा या मान का आधिक्य, जैसे- अभिमान 3. भली प्रकार से, जैसे- अभिभाषण; अभिव्यंजन 4. श्रेष्ठ या विशेष, जैसे- अभिनव आदि।

अभिकथन (सं.) [सं-पु.] 1. किसी पक्ष या व्यक्ति द्वारा किसी पर लगाया गया ऐसा आरोप जो अभी तक साबित न हो पाया हो; अभियोग 2. दार्शनिक निरूपण में तथ्यों की प्रस्तुति।

अभिकथित (सं.) [वि.] आरोपित; कथित; जिसपर अभियोग लगा हो।

अभिकरण (सं.) [सं-पु.] किसी बड़ी संस्था के अधीनस्थ काम करने वाली कोई छोटी संस्था।

अभिकर्ता (सं.) [सं-पु.] किसी संस्था के प्रतिनिधि के रूप में काम करने वाला व्यक्ति; मुख़्तार; (एजेंट)।

अभिकर्ता पत्र (सं.) [सं-पु.] वह पत्र जिसके अनुसार यह अनुमान लगाया जा सकता है कि कौन किसका अभिकर्ता नियत हुआ है; (पावर ऑव अटार्नी)।

अभिकर्तृत्व (सं.) [सं-पु.] प्रतिनिधित्व करने वाली संस्था (एजेंसी) या प्रतिनिधि व्यक्ति (एजेंट) का पेशा या काम; मुख़्तारनामा।

अभिकलन (सं.) [सं-पु.] अनुभवों, बाह्य घटनाओं और निश्चित सिद्धांतों की मदद से किया जाने वाला परिकलन; संगणना; (कंप्यूटेशन)।

अभिकलित्र (सं.) [सं-पु.] अभिकलन या संगणना करने वाली मशीन; (कंप्यूटर)।

अभिकल्प (सं.) [सं-पु.] किसी यंत्र के कलपुर्जों को खोल कर परीक्षण करना और फिर उन्हें यथास्थान लगाना; (ओवरहॉलिंग; डिज़ाइन)।

अभिकल्पन (सं.) [सं-पु.] अभिकल्प करने की क्रिया या भाव।

अभिकल्पना (सं.) [सं-स्त्री.] 1. ऐसी कल्पना या कल्पित प्रारूप जो किसी तर्क का आधार बने; परिकल्पना 2. अभिकल्पन।

अभिक्रम (सं.) [सं-पु.] 1. आगे की ओर बढ़ना; चरणबद्ध या क्रमिक विकास करना; आरंभ 2. प्रयत्न; उद्योग; प्रयत्नशील कदम 3. आक्रमण; चढ़ाई 4. आरोहण; आक्रमण।

अभिक्रमण (सं.) [सं-पु.] अभिक्रम करना; आगे बढ़ना; किसी अभियान पर कूच करना।

अभिक्रांत (सं.) [वि.] विस्थापित; स्थानांतरित; (डिसप्लेस्ड)।

अभिक्रांति (सं.) [सं-स्त्री.] किसी चीज़ को एक स्थान से दूसरे स्थान पर स्थानांतरित करना; विस्थापन; (डिस्प्लेसमेंट)।

अभिक्रिया (सं.) [सं-स्त्री.] 1. किसी क्रिया, स्थिति या प्रभाव के उत्तर में होने वाली क्रिया 2. (रसायनविज्ञान) दो या अधिक पदार्थों के बीच निश्चित दबाव और तापमान पर होने वाली रासायनिक क्रिया।

अभिख्या (सं.) [सं-स्त्री.] 1. शोभा; कांति 2. कीर्ति; यश; प्रसिद्धि; ख्याति; नेक नामी 3. प्रज्ञा 4. ख्यात होने की अवस्था या भाव।

अभिख्यात (सं.) [वि.] 1. प्रसिद्ध; मशहूर; विख्यात 2. यशस्वी।

अभिख्यान (सं.) [सं-पु.] नाम; ख्याति; प्रसिद्धि; यश।

अभिगम (सं.) [सं-पु.] 1. किसी के पास जाना; पहुँच 2. प्रवेश।

अभिगमन (सं.) [सं-पु.] 1. किसी के पास जाना 2. सहवास; संभोग।

अभिगम्यता (सं.) [सं-स्त्री.] अभिगमन करने की क्रिया या आचरण।

अभिगामी (सं.) [वि.] अभिगमन करने वाला; पास जाने वाला।

अभिगृहीत (सं.) [वि.] 1. जिसे अपनाया गया हो; दत्तक 2. छाँटा या चुना हुआ 3. बलपूर्वक लिया हुआ; अपहृत 4. राज्य या शासन द्वारा कब्ज़ा किया हुआ; राज्य द्वारा लिया गया; अधिगृहीत; (एडॉप्टेड)।

अभिग्रस्त (सं.) [वि.] दुश्मन द्वारा पराजित या दबाया हुआ; आक्रांत।

अभिग्रहण (सं.) [सं-पु.] 1. अपनाना 2. पसंद कर छाँटना 3. बलपूर्वक उठा लेना; अपहरण 4. शासन द्वारा कब्ज़ा; अधिग्रहण।

अभिघट (सं.) [सं-पु.] घड़े की आकृति वाला एक पुराना बाजा।

अभिघात (सं.) [सं-पु.] 1. चोट; प्रहार या मार 2. आघात; सदमा 3. दो चीज़ों में होने वाली टक्कर; रगड़ या घर्षण।

अभिचर (सं.) [सं-पु.] नौकर; सेवक; अनुचर।

अभिचार (सं.) [सं-पु.] 1. (अंधविश्वास) तंत्र द्वारा किए जाने वाले मारण, मोहन, उच्चाटन आदि क्रियाकलाप 2. झाड़-फूँक; टोना-टोटका।

अभिचारी (सं.) [सं-पु.] अभिचार करने वाला व्यक्ति; तांत्रिक; ओझा।

अभिजन (सं.) [सं-पु.] 1. अभिजात जन; कुलीन या उच्चवर्गीय संभ्रांत लोग 2. घर का मुखिया; बड़ा; बुज़ुर्ग 3. स्वजन; परिवार।

अभिजात (सं.) [वि.] 1. कुलीन 2. रईस; उच्चवर्गीय 3. संभ्रांत; संस्कारी; शिष्ट 4. मनोहर; सुंदर 5. उपयुक्त; मान्य।

अभिजातकी (सं.) [सं-पु.] 1. कुलीन लोगों का समूह 2. समाज का उच्च और धनी वर्ग।

अभिजाततंत्र (सं.) [सं-पु.] कुलीन-तंत्र, वह शासन प्रणाली जिसमें शासन की बागडोर उच्चवर्ग के थोड़े से कुलीन लोगों के हाथ में होती है; (एरिस्टोक्रेसी; ऑलीगार्की)।

अभिजातवर्ग (सं.) [सं-पु.] कुलीनों, अभिजनों का वर्ग या समुदाय।

अभिजात्य (सं.) [वि.] 1. अच्छे कुल में उत्पन्न; कुलीन 2. समझदार; बुद्धिमान।

अभिजित (सं.) [वि.] जिसे जीत लिया गया हो; विजित।

अभिजिति (सं.) [सं-स्त्री.] युद्ध में शत्रु को जीतने की क्रिया या भाव; विजय; जीत।

अभिज्ञ (सं.) [वि.] 1. जानकार; ज्ञाता 2. कुशल; दक्ष; निपुण।

अभिज्ञता (सं.) [सं-स्त्री.] 1. जानकारी; ज्ञान 2. कुशलता; निपुणता।

अभिज्ञा (सं.) [सं-स्त्री.] 1. ज्ञान प्राप्त करना; जानना; परिचित होना 2. पहले-पहल होने वाला ज्ञान 3. याद; स्मृति।

अभिज्ञात (सं.) [वि.] 1. जाना-पहचाना हुआ 2. समझा-बूझा हुआ 3. जिसकी पहचान या शिनाख़्त हुई हो।

अभिज्ञान (सं.) [सं-पु.] 1. स्मृति; याद 2. पहचान; निशानी; शिनाख़्त; (आइडेंटीफ़िकेशन) 3. लक्षण 4. वह बात, वस्तु या निमित्त जिससे कोई पुराना प्रसंग फिर से याद आ जाए; अनुस्मरण।

अभिज्ञानी (सं.) [वि.] 1. अभिज्ञान करने वाला; जिसे किसी चीज़ का अभिज्ञान हो 2. शिनाख़्त करने वाला; पहचान करने वाला।

अभिज्ञापक (सं.) [वि.] 1. द्घोषक; सूचनादाता 2. अभिज्ञान या पहचान कराने वाला; (अनाउंसर)।

अभिज्ञापन (सं.) [सं-पु.] 1. द्घोषणा; सूचना देना; जानकारी देना; (अनाउंसमेंट) 2. परिचय या पहचान कराना, जैसे-किसी आविष्कार का अभिज्ञापन।

अभिज्ञेय (सं.) [वि.] 1. जान-पहचान योग्य 2. स्मरण योग्य 3. जिसकी शिनाख़्त संभव हो।

अभिताप (सं.) [सं-पु.] 1. मानसिक या शारीरिक जलन या ताप 2. पीड़ा 3. क्षोभ 4. भावावेश; व्याकुलता।

अभित्यक्त (सं.) [वि.] छोड़ा हुआ; मुक्त किया हुआ; त्याग किया हुआ।

अभित्याग (सं.) [सं-पु.] 1. कोई वस्तु या बात छोड़ने की

क्रिया या भाव; त्याग 2. अपराध या अभियोग आदि से मुक्त करने की क्रिया या भाव; बरी करना।

अभित्रास (सं.) [सं-पु.] 1. आपराधिक स्तर पर डराना-धमकाना 2. दबदबा कायम करना।

अभित्रासक (सं.) [सं-पु.] अभित्रास करने वाला व्यक्ति; डराने-धमकाने वाला; गुंडा।

अभिदत्त (सं.) [वि.] प्रदत्त; दिया हुआ; प्रदान किया हुआ।

अभिदत्त लेख (सं.) [सं-पु.] किसी स्वतंत्र पत्रकार अथवा लेखक द्वारा पारिश्रमिक पर लिखा गया लेख।

अभिदर्शन (सं.) [सं-पु.] 1. सामने आकर देखना 2. दिखना; दृश्यमान होना; प्रकट होना।

अभिदान (सं.) [सं-पु.] कुछ देने की क्रिया; अनुदान; चंदा।

अभिदिशा (सं.) [सं-स्त्री.] 1. इंगित 2. वह दिशा जिधर किसी कार्य की गति हो 3. वह दिशा जिधर मन अग्रसर हो।

अभिदिष्ट (सं.) [वि.] 1. संदर्भित 2. जिसका निर्देश हुआ हो; (रेफ़र्ड)।

अभिदेश (सं.) [सं-पु.] संकेत; निर्देश; इंगित; साक्षी; (रेफ़रेंस)।

अभिदेश ग्रंथ (सं.) [सं-पु.] ऐसा ग्रंथ जिसका उपयोग कभी-कभी किसी विशिष्ट विषय के बारे में सही जानकारी प्राप्त करने के लिए किया जाता है; संदर्भ ग्रंथ।

अभिदेशक (सं.) [वि.] संकेत करने वाला; निर्देश देने वाला।

अभिदेशना (सं.) [सं-स्त्री.] 1. कोई विधेयक या कोई प्रस्ताव प्रस्तुत करना 2. निर्देश करने वाला कार्य या सिद्धांत।

अभिद्रोह (सं.) [सं-पु.] 1. बुराई; निंदा 2. निष्ठुरता 3. हानि 4. उत्पीड़न 5. गाली।

अभिधमन (सं.) [सं-पु.] किसी प्रक्रिया से तेज़ हवा पहुँचाना; फूँकना; धौंकना।

अभिधर्म (सं.) [सं-पु.] 1. श्रेष्ठ धर्म 2. ध्रुव सत्य का निरूपण करने वाला धर्म या मत 3. बौद्ध धर्म।

अभिधा (सं.) [सं-स्त्री.] 1. शब्दों का सीधा अर्थ; स्पष्ट उक्ति 2. (काव्यशास्त्र) एक शब्दशक्ति जिससे प्रचलित और मुख्य अर्थ का ज्ञान होता है 3. नाम; उपाधि।

अभिधान (सं.) [सं-पु.] 1. नाम; संज्ञा 2. कथन; उक्ति 3. उपाधि, जैसे- आचार्य, मंत्री, सचिव आदि; (डेजिगनेशन)।

अभिधार्थ (सं.) [सं-पु.] वाच्यार्थ; सीधा शाब्दिक अर्थ।

अभिधावक (सं.) [वि.] 1. धावा या आक्रमण करने वाला; आक्रामक 2. सदा गतिशील रहने वाला।

अभिधाशक्ति (सं.) [सं-स्त्री.] मुख्य अर्थ, वाच्यार्थ या अभिधेयार्थ का बोध कराने वाली शब्दशक्ति।

अभिधेय (सं.) [वि.] 1. जिसकी कोई अभिधा या कुछ नाम हो; नामवाला 2. प्रतिपाद्य; वाच्य 3. जिसका बोध नाम लेने से ही हो जाए।

अभिधेयार्थ (सं.) [सं-पु.] मुख्यार्थ; वाच्यार्थ।

अभिनंदन (सं.) [सं-पु.] 1. अभिवादन; प्रशस्ति; सराहना; कृतज्ञता-ज्ञापन और सम्मान के साथ अभिवादन 2. बधाई 3. प्रोत्साहन; आनंदित या प्रसन्न करना 4. स्वागत; सम्मान 5. श्रद्धा प्रकट करना।

अभिनंदन समारोह (सं.) [सं-पु.] किसी के प्रति कृतज्ञता व्यक्त करने या किसी का सम्मान करने के लिए आयोजित समारोह।

अभिनंदनग्रंथ (सं.) [सं-पु.] किसी आदरणीय व्यक्ति की सेवाओं को स्मरणीय बनाने के उद्देश्य से सार्वजनिक रूप से भेंट किया जाने वाला ग्रंथ।

अभिनंदनपत्र (सं.) [सं-पु.] 1. अभिनंदन स्वरूप भेंट किया जाने वाला पत्र या कार्ड; प्रशस्तिपत्र; मानपत्र 2. श्रद्धापूर्वक लिखा हुआ वह पत्र जो स्मृति स्वरूप पूज्य, आदरणीय व्यक्ति के लिए लिखा गया हो।

अभिनंदनीय (सं.) [वि.] 1. अभिनंदन करने योग्य 2. प्रशंसनीय; सम्मानीय।

अभिनंदित (सं.) [वि.] जिसका अभिनंदन किया गया हो; प्रशंसित; सम्मानित।

अभिनति (सं.) [सं-स्त्री.] 1. झुकाव; रुझान; प्रवृत्ति 2. पक्षपात 3. पूर्वग्रह।

अभिनय (सं.) [सं-पु.] 1. कलाकारी; अदाकारी; नटकर्म; (ऐक्टिंग) 2. मनोभावों को व्यक्त करने के लिए आंगिक चेष्टाएँ और उनका कलात्मक प्रदर्शन; भावाभिव्यक्ति 3. अनुकरण 4. नाटक में किसी पात्र की भूमिका अदा करना 5. स्वाँग। [मु.] **-करना** : कृत्रिम आचरण करना; किसी की सहानुभूति प्राप्त करने के लिए बीमारी आदि का बहाना करना।

अभिनयकला (सं.) [सं-स्त्री.] अभिनय करने की कला; फ़न या हुनर; अदाकारी; नटकर्म।

अभिनयचातुर्य (सं.) [सं-पु.] अभिनय करने की चातुरी या कुशलता।

अभिनयशाला (सं.) [सं-स्त्री.] अभिनय सिखाने का स्थान; नाट्यशाला; रंगशाला; रंगमंच; (थियेटर)।

अभिनयात्मक (सं.) [वि.] 1. अभिनय के तौर पर किया गया; नाटकीय; स्वाँगपूर्ण 2. अभिनय से संबंधित।

अभिनव (सं.) [वि.] 1. नया; नवीन; नूतन 2. आधुनिक ढंग का; नवरचित; ताज़ा।

अभिनवता (सं.) [सं-स्त्री.] नूतनता; नव्यता; नवीनता; ताज़ापन।

अभिनवीकरण (सं.) [सं-पु.] बिलकुल नया बना देना; किसी चीज़ को ताज़ातरीन कर देना।

अभिनायकत्व (सं.) [सं-पु.] 1. अभिनेता होने का गुण या योग्यता 2. नायकत्व; नायक होने का गुण।

अभिनिर्णय (सं.) [सं-पु.] 1. किसी विवादास्पद विषय में निर्णायक का अंतिम निर्णय; (वर्डिक्ट) 2. किसी के दोषी या निर्दोष होने को लेकर अभिनिर्णायक या ज्यूरी का फ़ैसला; (वर्डिक्ट ऑफ़ ज्यूरी)।

अभिनिर्णायक (सं.) [सं-पु.] वे लोग जो जज के साथ बैठ कर किसी विवादास्पद मामले में अपना निर्णय या मत देते हैं; ज्यूरी।

अभिनिर्देश (सं.) [सं-पु.] अभिदेश।

अभिनिर्धारण (सं.) [सं-पु.] पहचान; शिनाख़्त; (आइडेंटिफ़िकेशन)।

अभिनिविष्ट (सं.) [वि.] 1. जिसका या जिसमें अभिनिवेश

हुआ हो 2. घुसा, धँसा या गड़ा हुआ 3. किसी काम में लगा हुआ; लीन; मग्न।

अभिनिवेश (सं.) [सं-पु.] 1. किसी ख़ास विषय में ध्यानस्थ होने की अवस्था 2. मनोयोग; तल्लीनता 3. तत्परता 4. दृढ़ संकल्प 5. गति; पैठ 6. मृत्यु के भय से होने वाला कष्ट या क्लेश 7. योगशास्त्र में उल्लिखित पाँच क्लेशों में से एक।

अभिनिवेशित (सं.) [वि.] 1. जिसका अभिनिवेश हुआ हो; अभिनिविष्ट 2. प्रविष्ट किया हुआ 3. डुबोया हुआ।

अभिनिष्पत्ति (सं.) [सं-स्त्री.] 1. सिद्धि 2. समाप्ति; पूर्णता।

अभिनिष्पन्न (सं.) [वि.] 1. सिद्ध 2. पूर्ण; संपन्न; समाप्त।

अभिनीत (सं.) [वि.] जिसका अभिनय हुआ हो; खेला हुआ (नाटक)।

अभिनेता (सं.) [सं-पु.] जो अभिनय या नाटक करता हो; मंचीय कलाकार।

अभिनेत्री (सं.) [सं-स्त्री.] रंगमंच पर अभिनय करने वाली स्त्री; नटी; (ऐक्ट्रेस)।

अभिनेय (सं.) [वि.] 1. अभिनय के योग्य; जिसका अभिनय किया जा सकता हो 2. अभिनय के लिए प्रदत्त भूमिका; (रोल)।

अभिन्न (सं.) [वि.] 1. जो अलग न किया जा सके; जुड़ा हुआ 2. एक में मिला हुआ; संबद्ध; एकीकृत 3. आत्मीय; अंतरंग; अधिकाधिक निकट; घनिष्ठ।

अभिन्नता (सं.) [सं-स्त्री.] 1. अभिन्न या एक होने की अवस्था या भाव 2. एकरूपता 3. अंतरंगता; गहरी मित्रता 4. अटूटपन।

अभिन्नपद (सं.) [सं-पु.] (काव्यशास्त्र) श्लेष अलंकार का एक भेद जिसमें कोई पद भंग हुए बिना पूरे पद का श्लेष हो।

अभिन्नहृदय (सं.) [वि.] एकदिल; एकजान; अत्यंत अंतरंग; जिनमें भावों-विचारों की समानता हो।

अभिन्यस्त (सं.) [वि.] 1. जमा किया हुआ 2. डाला हुआ; किसी विभाग में रखा हुआ।

अभिन्यास (सं.) [सं-पु.] 1. किसी मद या विभाग में रखना; जमा करना 2. पूर्व योजना या परिकल्पना के आधार पर किया जाने वाला निर्माण 3. पत्र-पत्रिकाओं के पृष्ठ के स्वरूप को निर्धारित करने की योजना 4. मकान, उद्यान आदि की निर्माण-परिकल्पना; (लेआउट)।

अभिन्यासकर्ता (सं.) [सं-पु.] 1. विज्ञापनों, चित्रों तथा पाठ्य-सामग्री के पृष्ठ को सजाने की योजना बनाने वाला 2. निर्माण प्रारूप अथवा लेआउट तैयार करने वाला।

अभिपतन (सं.) [सं-पु.] 1. पूर्ण पतन; पूरी तरह गिरना 2. {ला-अ.} आक्रमण; चढ़ाई; हमला 3. प्रस्थान; कूच।

अभिपत्र (सं.) [सं-पु.] किसी गंभीर या गूढ़ विषय पर तैयार किया हुआ वह पत्र या आलेख जो विद्वानों के समक्ष विचारार्थ प्रस्तुत किया जाए; किसी संगोष्ठी में पढ़ा जाने वाला पत्र।

अभिपद (सं.) [सं-पु.] 1. वह मत या विचार जो किसी विषय का पूरा या स्वतंत्र भाग हो 2. किसी विचार या मत को पूरी तरह समेटने वाला आलेख; (आर्टिकल)।

अभिपन्न (सं.) [वि.] 1. संकटग्रस्त 2. भाग्यहीन; अभागा 3. पराजित; हताश 4. अपराधी; दोषी 5. फ़रार; भागा हुआ।

अभिपीड़न (सं.) [सं-पु.] उत्पीड़न; बहुत अधिक कष्ट देना या पीड़ित करना।

अभिपुष्ट (सं.) [वि.] 1. जिसका अभिपोषण या अनुसमर्थन हो चुका हो; (रैटिफ़ायड) 2. अच्छी तरह पुष्ट या पका हुआ।

अभिपुष्टि (सं.) [सं-स्त्री.] 1. अच्छी तरह की जाने वाली पुष्टि; (कंफ़र्मेशन) 2. अभिपोषण; अनुसमर्थन 3. अच्छी तरह पुष्ट होने की अवस्था।

अभिपुष्प (सं.) [सं-पु.] सुंदर फूल। [वि.] फूलों से ढका हुआ।

अभिपूर्ण (सं.) [वि.] 1. अच्छी तरह भरा हुआ 2. पूरी तरह संतुष्ट।

अभिपूर्ति (सं.) [सं-स्त्री.] 1. अच्छी तरह पूरा करना 2. उत्तरदायित्व का पूर्ण परिपालन 3. क्रियान्वयन; (इंप्लीमेंटेशन)।

अभिपोषण (सं.) [सं-पु.] 1. अच्छी तरह की जाने वाली पुष्टि; (कन्फ़र्मेशन) 2. आधिकारिक रूप से स्वीकरण या अनुसमर्थन 3. अच्छी तरह पालन-पोषण करना; (रैटिफ़िकेशन)।

अभिपोषणीय (सं.) [वि.] 1. अभिपोषण करने योग्य; अभिपुष्टि या अनुसमर्थन करने योग्य 2. अच्छी तरह पालन-पोषण के लायक।

अभिपोषित (सं.) [वि.] 1. जिसका अभिपोषण हुआ हो; अभिपुष्ट 2. अनुसमर्थित 3. अच्छी तरह पालित-पोषित।

अभिप्रणय (सं.) [सं-पु.] 1. कृपा 2. प्रेम; अनुरक्ति।

अभिप्रणीत (सं.) [वि.] अच्छी तरह से तैयार किया हुआ।

अभिप्रपन्न (सं.) [वि.] प्राप्त; हासिल।

अभिप्रमाणन (सं.) [सं-पु.] किसी आधिकारिक व्यक्ति या संस्था द्वारा किसी बात या दस्तावेज़ के उचित होने की पुष्टि करना; सत्यापन; (अटेस्टेशन)।

अभिप्रमाणित (सं.) [वि.] जिसका अभिप्रमाणन हो चुका हो; सत्यापित; (अटेस्टेड)।

अभिप्राणन (सं.) [सं-पु.] साँस बाहर निकालने की क्रिया।

अभिप्राय (सं.) [सं-पु.] 1. अभिप्रेत; तात्पर्य; आशय; मतलब 2. उद्देश्य; प्रयोजन 3. मूल अर्थ 4. इरादा; (इनटेंशन; मोटिव) 5. कथानक रूढ़ि 6. इच्छा 7. राय 8. नीयत।

अभिप्रेत (सं.) [वि.] 1. चाहा हुआ; इष्ट 2. इच्छित; अभिलषित; उद्दिष्ट 3. प्रिय; रुचिकर 4. स्वीकृत।

अभिप्रेरण (सं.) [सं-पु.] किसी दिशा में लगाना; प्रवृत्त करना, प्रवृत्त होने के लिए बढ़ावा देना; (मोटिवेशन)।

अभिप्लव (सं.) [सं-पु.] 1. उपद्रव; उत्पात 2. बाढ़ 3. कष्ट; बाधा।

अभिभव (सं.) [सं-पु.] 1. पराजय; हार; तिरस्कार 2. अनहोनी; विलक्षण घटना 3. किसी को रोक लेना अथवा नियंत्रित कर किसी और दिशा में मोड़ना।

अभिभावक (सं.) [सं-पु.] 1. संरक्षक; सरपरस्त। [वि.]1. देखरेख करने वाला 2. आश्रय देने वाला।

अभिभावकत्व (सं.) [सं-पु.] अभिभावक का गुण, कर्म या आचरण।

अभिभावन (सं.) [सं-पु.] अभिभव की अवस्था; अभिभव की क्रिया।

अभिभावित (सं.) [वि.] 1. जिसका अभिभव हुआ हो; पराजित; हारा हुआ 2. दबाया हुआ; अधीनस्थ 3. तिरस्कृत; उपेक्षित।

अभिभावी (सं.) [वि.] 1. अभिभावन करने वाला 2. पूरी ताकत से सक्रिय होकर नतीजे लाने वाला 3. प्रभावोत्पादक 4. उत्कृष्ट।

अभिभाषक (सं.) [सं-पु.] 1. किसी पक्ष से बोलने वाला; न्यायालय में बहस करने वाला 2. बहस या समर्थन करने वाला 3. शास्त्रार्थ करने वाला।

अभिभाषण (सं.) [सं-पु.] विचार एवं विवेचनापरक भाषण; वक्तृता; व्याख्यान; उद्बोधन; (अड्रेस)।

अभिभू (सं.) [वि.] 1. दूसरों से आगे बढ़ा हुआ 2. श्रेष्ठ; उत्कृष्ट; उत्तम।

अभिभूत (सं.) [वि.] 1. मुग्ध; भावविभोर; विह्वल 2. वशीभूत; पराजित; पराभूत 3. अचैतन्य 4. विचलित 5. पीड़ित।

अभिमंडन (सं.) [सं-पु.] 1. सजाना; भूषित करना 2. किसी मत आदि का समर्थन करना या पोषण करना।

अभिमंत्रण (सं.) [सं-पु.] 1. मंत्र द्वारा संस्कारित या शुद्ध करने की क्रिया 2. आह्वान 3. जादू-टोना; टोटका।

अभिमंत्रित (सं.) [वि.] 1. मंत्र द्वारा संस्कारित, शुद्ध किया हुआ 2. जिसका आह्वान किया गया हो।

अभिमत (सं.) [सं-पु.] 1. राय; सुझाव 2. विचार; मत; सम्मति 3. इष्ट; मनचाही बात। [वि.] 1. वांछित; मनोनीत 2. सम्मत; अनुमत 3. राय के मुताबिक; मनचाहा।

अभिमन्यु (सं.) [सं-पु.] (महाभारत) सुभद्रा के गर्भ से उत्पन्न अर्जुन का पुत्र जो कौरवों के द्वारा रचे गए चक्रव्यूह में मारा गया था।

अभिमर्दन (सं.) [सं-पु.] 1. कुचलना; मसलना; रौंदना 2. पीसना; चूर-चूर करना 3. निचोड़ना 4. रगड़ना 5. {ला-अ.} कष्ट देना; सताना।

अभिमान (सं.) [सं-पु.] 1. घमंड; अहंकार; मद; गुमान 2. नाज़; गर्व 3. आक्षेप।

अभिमानपूर्वक (सं.) [क्रि.वि.] गर्व या फ़ख़्र के साथ, अभिमान करते हुए।

अभिमानरहित (सं.) [वि.] 1. अपने मान-अभिमान की परवाह न करने वाला; अति विनम्र 2. अहंकाररहित; मद और घमंड से सर्वथा मुक्त।

अभिमानित (सं.) [वि.] अभिमान से युक्त; अहंकारी।

अभिमानिनी (सं.) [सं-स्त्री.] अभिमानी स्त्री।

अभिमानी (सं.) [वि.] 1. जिसे अभिमान हो; अपने मान-अभिमान का विशेष ध्यान रखने वाला; स्वाभिमानी 2. अहंकारी; घमंडी; मगरूर।

अभिमुक्त (सं.) [वि.] जो कर्तव्य या पद से मुक्त हो; अवकाशप्राप्त।

अभिमुख (सं.) [सं-पु.] 1. सामने; सम्मुख; समक्ष; आगे 2. किसी की ओर मुँह किए हुए; उन्मुख।

अभिमुखता (सं.) [सं-स्त्री.] अभिमुख होने की अवस्था; सम्मुख; उन्मुखता।

अभियंता (सं.) [सं-पु.] यंत्रों आदि का निर्माण या सुधार करने वाला व्यक्ति; (इंजीनियर)।

अभियांत्रिक (सं.) [वि.] अभियंत्रण या यंत्र निर्माण कला से संबंधित; यंत्रों की मरम्मत करने वाला।

अभियांत्रिकी (सं.) [सं-स्त्री.] यंत्रों का निर्माण, सुधार तथा उपयोग करने का ज्ञान और कला सिखाने वाली विद्या; यांत्रिकी; (इंजीनियरिंग)।

अभियाचक (सं.) [वि.] याचना करने वाला; माँगने वाला, अनुरोध या निवेदन करने वाला।

अभियाचन (सं.) [सं-पु.] 1. अपनी ज़रूरत की चीज़ों या अधिकार को माँगना; माँग 2. प्रार्थना; अनुरोध; अभियाचना।

अभियाचित (सं.) [वि.] 1. जिसकी माँग की गई हो 2. जिसके लिए प्रार्थना या अनुरोध किया गया हो।

अभियान (सं.) [सं-पु.] 1. कहीं जाना या पहुँचना; प्रस्थान; कूच 2. उपक्रम; मुहिम; (मिशन) 3. चढ़ाई; आक्रमण; धावा 4. किसी कार्य सिद्धि के लिए योजनाबद्ध तरीके से किया जाने वाला सतत प्रयास; (एक्सपीडीशन)। [मु.] **-चलाना** : आंदोलन प्रारंभ कर देना या छेड़ देना; किसी कार्य का बीड़ा उठाना।

अभियानिक (सं.) [वि.] किसी अभियान या मुहिम से संबंधित; अभियान के रूप में होने वाला।

अभियानी (सं.) [वि.] 1. अभियान या मुहिम चलाने वाला 2. अभियान या मुहिम पर चल पड़ने की फ़ितरत या मिज़ाज वाला 3. खोज यात्राएँ करने वाला।

अभियुक्त (सं.) [सं-पु.] 1. ऐसा व्यक्ति जिसपर अभियोग लगाया गया हो; आरोपित व्यक्ति; मुलज़िम 2. वह जो अपने आप को निरपराध सिद्ध करने के लिए प्रतिवादी हो। [वि.] 1. दोषी; अपराधी 2. लगा हुआ; संयुक्त।

अभियुक्ति (सं.) [सं-स्त्री.] 1. अभियुक्त होने की अवस्था या भाव 2. दोषारोपण।

अभियोक्ता (सं.) [सं-पु.] अभियोग लगाने वाला व्यक्ति; अभियोगी; वादी; फ़रियादी।

अभियोग (सं.) [सं-पु.] 1. किसी पर लगाया गया आरोप; आक्षेप; दोषारोपण 2. न्यायालय में किसी के विरुद्ध आवेदन; नालिश; मुकदमा 3. चढ़ाई; आक्रमण।

अभियोगपत्र (सं.) [सं-पु.] वह पत्र या कागज़ जिसमें अभियोग संबंधी विवरण लिखा हो; आरोपपत्र; (चार्जशीट)।

अभियोगाधीन (सं.) [वि.] 1. अभियोग के अंतर्गत आने वाला (मुद्दा या मसला) 2. जिसपर अभियोग का मामला चल रहा हो।

अभियोगी (सं.) [सं-पु.] अभियोग लगाने वाला व्यक्ति; अभियोक्ता; वादी; फ़रियादी। [वि.] 1. दोषारोपण करने वाला 2. आक्रमणकारी 3. मनोयोगपूर्वक लगा हुआ।

अभियोजक (सं.) [वि.] 1. अभियोग लगाने वाला; अभियोगी; अभियोक्ता; वादी 2. योजना बनाने वाला।

अभियोजन (सं.) [सं-पु.] 1. अभियोग लगाना; मुकदमा चलाना 2. भली प्रकार जोड़ने या लगाने की क्रिया।

अभियोजनीय (सं.) [वि.] 1. अभियोग लगाए जाने योग्य; जिसपर मुकदमा चलाया जा सके 2. अच्छी तरह जोड़े जाने लायक 3. योजना बनाने लायक।

अभियोज्य (सं.) [वि.] जिसपर अभियोग लगाया या चलाया जा सकता हो; अभियोजनीय।

अभिरंजन (सं.) [सं-पु.] 1. रंजन; मनोरंजन; आमोद-प्रमोद 2. अनुरक्त करना या होना 3. अच्छी तरह रँगने की क्रिया।

अभिरंजित (सं.) [वि.] 1. जिसका रंजन या मनोरंजन हुआ हो 2. रीझा हुआ; अनुरक्त; अनुराग या प्रेम में डूबा हुआ।

अभिरक्षक (सं.) [वि.] 1. बचाव करने वाला; रक्षा करने वाला; रक्षक 2. संरक्षक; अभिभावक; देखभाल करने वाला। [सं-पु.] किसी व्यक्ति अथवा संपत्ति सुरक्षा के विचार से अपने संरक्षण मे रखता हो।

अभिरक्षण (सं.) [सं-पु.] 1. बचाव; रक्षा; सुरक्षा 2. संरक्षण; अभिभावकत्व 3. देखभाल करने का काम 4. रखवाली; पहरेदारी।

अभिरक्षा (सं.) [सं-स्त्री.] 1. अच्छी तरह से की जाने वाली देखरेख या रक्षा; अभिरक्षण 2. किसी व्यक्ति या वस्तु की देखरेख करने या अधिकार में रखने की क्रिया; (कस्टडी)।

अभिरक्षित (सं.) [वि.] 1. रक्षित; सुरक्षित 2. संरक्षित; जिसकी देखभाल की जाए 3. जिसकी रखवाली या पहरेदारी की जाए।

अभिरक्ष्य (सं.) [वि.] 1. अभिरक्षा या अभिरक्षण के योग्य 2. जिसकी अभिरक्षा की जानी हो।

अभिरत (सं.) [वि.] 1. किसी कार्य या बात में लगा हुआ 2. प्रसन्न 3. अनुरक्त 4. युक्त; सहित।

अभिराधन (सं.) [सं-पु.] 1. प्रसन्न करना 2. संतुष्ट करना।

अभिराम (सं.) [वि.] 1. रमणीय; सुंदर; मनोहर 2. मोहक; प्रिय 3. सुखद; रुचिकर। [सं-पु.] प्रसन्नता; ख़ुशी।

अभिरामी (सं.) [वि.] 1. सुंदरता और रमणीयता उत्पन्न करने वाला 2. रुचिकर बनाने वाला 3. आरामदायक।

अभिरुचि (सं.) [सं-स्त्री.] 1. चाह; पसंद 2. झुकाव; रुझान 3. शौक 4. विशेष रुचि 5. यश, कीर्ति आदि की अभिलाषा।

अभिलक्षण (सं.) [सं-पु.] 1. सुस्पष्ट तथा भेदकारी चिह्न 2. विशिष्टता सूचक चिह्न।

अभिलषित (सं.) [वि.] जिसकी अभिलाषा की जाए; चाहा हुआ; वांछित।

अभिलाषा (सं.) [सं-स्त्री.] 1. इच्छा; कामना; चाह; चाहत; हसरत; आकांक्षा 2. प्रिय से मिलने की इच्छा 3. लोभ; लालसा।

अभिलाषी (सं.) [वि.] अभिलाषा करने या रखने वाला; इच्छुक; आकांक्षी।

अभिलिखित (सं.) [वि.] 1. लिखा हुआ 2. खुदा या खोदा हुआ; उत्कीर्णित 3. अभिलेख के रूप में दर्ज; दस्तावेज़ी।

अभिलेख (सं.) [सं-पु.] 1. महत्वपूर्ण लेख; दस्तावेज़ 2. ताम्रपत्र आदि पर खुदी हुई ऐतिहासिक महत्व की सामग्री; पुरालेख 3. किसी विषय, कार्रवाई आदि के बारे में नियमित रूप से दर्ज किए जाने वाले तथ्य; (रिकॉर्ड) 4. न्यायालयों में मुकदमों, वादी-प्रतिवादी, गवाहों आदि के बयानों को फ़ैसलों के लिए सुरक्षित रखना।

अभिलेख-अधिकरण (सं.) [सं-पु.] राज्य के प्रमुख अभिलेख विभाग का वह अधिकरण या न्यायालय जो अभिलेखों की लिपि अथवा अन्य भूलों को सुधारने का एकमात्र अधिकारी होता है।

अभिलेखक (सं.) [सं-पु.] अभिलेखन करने वाला व्यक्ति; अभिलेख तैयार करने वाला व्यक्ति।

अभिलेखन (सं.) [सं-पु.] 1. किसी विषय का पूरा विवरण सोद्देश्य लिखना या दर्ज़ करना; दस्तावेज़ीकरण; (रिकॉर्डिंग) 2. किसी चीज़ पर खोदने या उत्कीर्ण करने का कार्य।

अभिलेखपाल (सं.) [सं-पु.] न्यायालय या किसी कार्यालय में अभिलेखों की देखभाल करने वाला कर्मचारी या अधिकारी; (रिकॉर्ड कीपर)।

अभिलेखागार (सं.) [सं-पु.] 1. वह कक्ष या स्थान जहाँ सार्वजनिक अभिलेख संगृहीत किए जाते हैं 2. ऐतिहासिक आलेखों के संग्रह करने का स्थान; पुरालेखभवन; पुरालेखागार; (आरकाइव)।

अभिलेखाध्यक्ष (सं.) [सं-पु.] 1. अभिलेखालय या अभिलेखागार का मुख्य अधिकारी 2. अभिलेख-अधिकरण का अध्यक्ष।

अभिलेखालय (सं.) [सं-पु.] अभिलेख रखने का प्रमुख स्थान; अभिलेखागार।

अभिलेखित (सं.) [वि.] अभिलिखित।

अभिलोपन (सं.) [सं-पु.] 1. मिटाना; किसी लेख आदि को अथवा उनके किसी अंश को इस तरह काटना या मिटाना कि कुछ पढ़ने में न आए 2. ऐसे मिटाना कि कोई निशान बाकी न रह जाए।

अभिवंचन (सं.) [सं-पु.] 1. वंचित या रहित करने की क्रिया 2. छल; ठगी।

अभिवंचित (सं.) [वि.] 1. जो वंचित किया गया हो; अलग किया गया; रहित 2. छला गया; ठगा गया।

अभिवंदन (सं.) [सं-पु.] 1. प्रणाम; नमस्कार; बंदगी 2. प्रशंसा; स्तुति; स्तवन।

अभिवंदनीय (सं.) [वि.] 1. प्रणम्य; बंदगी के योग्य 2. प्रशंसा या स्तुति के योग्य।

अभिवंदित (सं.) [वि.] जिसका अभिवंदन किया गया हो; वंदित; प्रशंसित।

अभिवक्ता (सं.) [सं-पु.] वह व्यक्ति जो न्यायालय में किसी पक्ष की ओर से उसके विधिक अथवा व्यावहारिक पक्ष का समर्थन करे; वकील; अधिवक्ता।

अभिवचन (सं.) [सं-पु.] 1. इकरार; प्रतिज्ञा 2. अदालत में वकील का कथन या पक्ष-प्रस्तुति 3. (दर्शन) तथ्य निरूपण; अभिकथन।

अभिवदन (सं.) [सं-पु.] प्रणाम; नमस्कार; अभिवादन; स्तुति।

अभिवर्धन (सं.) [सं-पु.] अभिवृद्धि करना; संवर्धन; विकसित

रूप में लाना; बढ़ाना।

अभिवहन (सं.) [सं-पु.] संवहन; ले जाने या ढोने की क्रिया।

अभिवांछित (सं.) [वि.] अभिलषित; मन से चाहा हुआ; इच्छित।

अभिवादक (सं.) [वि.] 1. अभिवादन करने वाला 2. वंदना या स्तुति करने वाला।

अभिवादन (सं.) [सं-पु.] 1. आदरपूर्वक किसी को किया जाने वाला प्रणाम या नमस्कार 2. श्रद्धापूर्वक किया जाने वाला नमन।

अभिवादी (सं.) [वि.] अभिवादन करने वाला।

अभिवाद्य (सं.) [वि.] 1. जो अभिवादन के योग्य हो 2. जिसका अभिवादन किया जाना हो।

अभिवास (सं.) [सं-पु.] 1. आवरण 2. आच्छादन 3. ओढ़ने या ढकने का कपड़ा; चादर।

अभिविन्यस्त (सं.) [वि.] अच्छी तरह सजाया-सँवारा हुआ; सुव्यवस्थित।

अभिविन्यास (सं.) [सं-पु.] 1. सुव्यवस्थित करना; करीने से जमा कर रखना 2. साज-सँवार।

अभिवृत्ति (सं.) [सं-स्त्री.] 1. मन:स्थिति 2. मनोवृत्ति; प्रवृत्ति 3. रुख; रुझान; रवैया।

अभिवृद्धि (सं.) [सं-स्त्री.] 1. संवृद्धि; विकास 2. सफलता 3. अभ्युदय; उन्नति; बढ़ोतरी।

अभिवेचन (सं.) [सं-पु.] नियंत्रण-निरीक्षण; काट-छाँट; आपत्तिजनक अंशों को निकालना; किसी समाचार के प्रकाशन पर पूर्णत: अथवा अंशत: प्रतिबंध।

अभिव्यंजक (सं.) [वि.] अभिव्यंजन करने वाला; प्रकट करने वाला; बोधक; अभिव्यक्तिपूर्ण।

अभिव्यंजन (सं.) [सं-पु.] विचारों एवं भावों को स्पष्ट रूप से व्यक्त करने की क्रिया का भाव; भाषिक संकेत या भाव।

अभिव्यंजनवादी (सं.) [वि.] अभिव्यंजनवाद अथवा अभिव्यंजनावाद के सिद्धांत को मानने वाला।

अभिव्यंजना (सं.) [सं-स्त्री.] अभिव्यक्ति; शब्दों-संकेतों के सूक्ष्म प्रयोग द्वारा भावों-विचारों की सुंदर अभिव्यक्ति; विचारों और भावों की अभिव्यक्ति; अभिव्यंजन।

अभिव्यंजनावाद (सं.) [सं-पु.] साहित्य और कला के क्षेत्रों का एक महत्वपूर्ण सिद्धांत जिसमें यथार्थ स्थितियों की तुलना में आंतरिक अनुभूतियों का चित्रण ही वांछनीय माना जाता है; वह वाद जिसमें मनोगत भावों को यथार्थ रूप में व्यक्त करने को मुख्य उद्देश्य माना जाता है।

अभिव्यंजित (सं.) [वि.] जिसका अभिव्यंजन किया गया हो; अभिव्यंजना के द्वारा प्रकट।

अभिव्यक्त (सं.) [वि.] जिसकी अभिव्यक्ति की गई हो; अभिव्यंजित; कथित; वाचित; प्रकट किया हुआ।

अभिव्यक्ति (सं.) [सं-स्त्री.] 1. अभिव्यक्त करने की क्रिया जिससे पूर्ण संप्रेषण हो सके; अभिव्यंजना; प्रकट या प्रकाशित करने की क्रिया; प्रकटीकरण; स्पष्टीकरण 2. परोक्ष और सूक्ष्म कारणों का प्रत्यक्ष कार्य के रूप में सामने आना, जैसे- बीज से अंकुर का प्रस्फुटन।

अभिव्यक्तिवाद (सं.) [सं-पु.] अभिव्यंजनावाद।

अभिव्यापक (सं.) [वि.] 1. सब ओर फैला हुआ; व्यापक; सर्वव्याप्त; सर्वसमावेशी 2. अच्छी तरह व्याप्त होने या करने वाला।

अभिव्यापी (सं.) [वि.] अभिव्यापक।

अभिव्याप्ति (सं.) [सं-स्त्री.] 1. अभिव्यापत होने की अवस्था या भाव; सर्वव्यापकता 2. सर्वसमावेश।

अभिशंका (सं.) [सं-स्त्री.] 1. आशंका; संदेह 2. चिंता 3. भय।

अभिशंसन (सं.) [सं-पु.] 1. न्यायालय द्वारा या विधिक दृष्टि से अभियोग का पुष्ट होना; अभिशंसा 2. अभिशंसा करने की प्रक्रिया; (कनविक्शन)।

अभिशंसा (सं.) [सं-स्त्री.] 1. अभियोग या अपराध की पुष्टि 2. न्यायालय द्वारा अभियोग या अपराध सिद्ध होने की घोषणा।

अभिशंसित (सं.) [वि.] जिसपर लगे अभियोग या आरोप की पुष्टि हो गई हो; जो अदालत द्वारा दोषी करार दे दिया गया हो।

अभिशप्त (सं.) [वि.] 1. किसी के शाप से प्रभावित; शापित 2. जिसपर मिथ्या दोष या आरोप लगाया गया हो।

अभिशस्त (सं.) [वि.] 1. न्यायालय में जिसपर दोष सिद्ध हो गया हो; दोषसिद्ध 2. अभिशप्त; कलंकित।

अभिशस्ति (सं.) [सं-स्त्री.] 1. अभिशाप; विपदा 2. अदालय या पंचायत में किसी व्यक्ति का अपराधी या दोषी सिद्ध किया जाना; बदनामी; दोषसिद्धि।

अभिशाप (सं.) [सं-पु.] 1. श्राप या शाप 2. झूठा दोषारोपण; लांछन।

अभिशापग्रस्त (सं.) [वि.] अभिशाप से ग्रस्त; अभिशप्त।

अभिशापन (सं.) [सं-पु.] अभिशाप देने की क्रिया; कोसना; बद्दुआ।

अभिशापित (सं.) [वि.] अभिशप्त।

अभिशासक (सं.) [सं-पु.] 1. अच्छा शासक 2. अच्छी तरह शासन करने वाला अधिकारी।

अभिशासन (सं.) [सं-पु.] 1. सुशासन; अच्छा शासन 2. बेहतर प्रबंध और पूरे नियंत्रण के साथ किया जाने वाला शासन।

अभिशासित (सं.) [वि.] 1. जिसपर शासन किया जाए 2. जिसका अभिशासन हुआ हो; सुशासित।

अभिषंग (सं.) [सं-पु.] 1. पूर्ण संबंध या मिलन 2. आलिंगन 3. समागम; संभोग।

अभिषंगी (सं.) [सं-पु.] 1. अभिषंग करने वाला 2. जो किसी अनुचित या बुरे काम में साथ दे। [वि.] साथ लगा रहने वाला।

अभिषंजन (सं.) [सं-पु.] अभिषंग।

अभिषद (सं.) [सं-पु.] किसी विशिष्ट उद्देश्य के लिए विशिष्ट दलों या व्यक्तियों की संस्था जिनका उद्देश्य या हित समान हो; (सिंडिकेट; सीनेट)।

अभिषव (सं.) [सं-पु.] 1. यज्ञादि के समय किया जाने वाला स्नान 2. यज्ञ 3. शराब चुआना; आसवन 4. ख़मीर 5. काँजी।

अभिषवण (सं.) [सं-पु.] 1. यज्ञादि के समय का स्नान 2.

सोमरस निचोड़ने का साधन 3. आसवन।

अभिषवणीय (सं.) [वि.] 1. अभिषवण के योग्य 2. अभिषवण के लिए प्रस्तुत या प्रस्तावित।

अभिषावक (सं.) [सं-पु.] 1. अभिषवण करने या कराने वाला 2. यज्ञ-अनुष्ठान के लिए सोमरस निचोड़ने वाला पुरोहित।

अभिषिक्त (सं.) [वि.] 1. जिसका अभिषेक हुआ हो 2. राजपद पर नियुक्त; अधिकार प्राप्त 3. अनुष्ठानपूर्वक अभिमंत्रित 4. सींचा हुआ; सिंचित।

अभिषुत (सं.) [वि.] 1. जो यज्ञ के लिए स्नान कर चुका हो 2. निचोड़ा हुआ।

अभिषेक (सं.) [सं-पु.] 1. ऊपर से जल डालकर किया जाने वाला सिंचन; जल का छिड़काव 2. यज्ञ-अनुष्ठान के अंत में शांति के लिए किया जाने वाला स्नान 3. सिंहासनारोहण; राज्याभिषेक; राज्यतिलक संस्कार 4. अभिषेक, प्रतिष्ठापन या पदारोहण में प्रयुक्त पवित्र जल।

अभिषेचन (सं.) [सं-पु.] 1. अभिषेक करने की क्रिया या भाव; जल का छिड़काव 2. अभिषेक का आयोजन।

अभिषेचनीय (सं.) [वि.] 1. अभिषेचन करने योग्य; अभिषेक का अधिकारी 2. राज्यारोहण का अधिकारी 3. अभिषेक से संबंधित।

अभिषेच्य (सं.) [वि.] अभिषेचनीय।

अभिसंग (सं.) [सं-पु.] अभिषंग।

अभिसंताप (सं.) [सं-पु.] 1. युद्ध; संग्राम; संघर्ष 2. पीड़ा; मानसिक कष्ट।

अभिसंदेह (सं.) [सं-पु.] विनिमय; परिवर्तन; अदला-बदली।

अभिसंध (सं.) [सं-पु.] 1. धोखा देने वाला; वंचक 2. निंदक 3. ईर्ष्या करने वाला।

अभिसंधान (सं.) [सं-पु.] 1. उद्देश्य 2. वचन; भाषण 3. लक्ष्य 4. लगन 5. संधि; समझौता 6. ठगी; धोखा।

अभिसंधि (सं.) [सं-स्त्री.] 1. कुचक्र या षड्यंत्र के तहत किया गया गुप्त समझौता; मिलीभगत; कुटिल उद्देश्य 2. धोखा; वंचना।

अभिसंपात (सं.) [सं-पु.] 1. संघर्ष; वितंडा; लड़ाई-झगड़ा 2. पतन 3. अभिशाप 4. क्रोध।

अभिसंयोग (सं.) [सं-पु.] प्रगाढ़ संबंध; गहरा लगाव; घनिष्ठता।

अभिसक्त (सं.) [वि.] दृढ़ता से जुड़ा हुआ; सटा या चिपका हुआ।

अभिसमय (सं.) [सं-पु.] 1. परस्पर होने वाला किसी प्रकार का समझौता या निश्चय 2. दो से अधिक राष्ट्रों में आपस में राज्यों के लाभ के विषय पर लिया गया उचित निर्णय या समझौता; परस्पर संबंध रखने वाले (डाक, तार आदि) विषयों के संबंध में किया गया विभिन्न राज्यों का समझौता; (कन्वेंशन) 3. दो राष्ट्रों में परस्पर हो रहे युद्ध को स्थगित करने के उद्देश्य से किया गया समझौता जिसका पालन करना दोनों पक्षों के लिए आवश्यक होता है 4. पुराने समय से चली आ रही प्रथा या परिपाटी के मूल में होने वाली वह सहमति जिसे मानक रूप में मानना सभी के लिए अनिवार्य हो, जैसे- कला, काव्य या संविधान संबंधी अभिसमय।

अभिसम्मत (सं.) [वि.] 1. सम्मानित; प्रतिष्ठित 2. अनुमत; स्वीकृत।

अभिसर (सं.) [सं-पु.] 1. सहचर; सखा 2. अनुचर; सेवक; दास 3. अनुयायी।

अभिसरण (सं.) [सं-पु.] 1. आगे बढ़ना; आगे या पास जाना 2. अभिसार करना; प्रिय मिलन के लिए छुप कर जाना 3. सहारा 4. शरण।

अभिसरना (सं.) [क्रि-अ.] 1. जाना; पहुँचना; संचरण करना 2. किसी वांछित स्थान पर जाना 3. प्रिय, प्रेमी या प्रेमिका से मिलने के लिए संकेत स्थल की तरफ़ जाना।

अभिसर्ग (सं.) [सं-पु.] 1. निर्माण; रचना; सृजन 2. सृष्टि।

अभिसाधक (सं.) [सं-पु.] अभिकर्ता।

अभिसाधन (सं.) [सं-पु.] अभिकरण।

अभिसामयिक (सं.) [वि.] 1. अभिसमय या समझौते से संबंध रखने वाला 2. जो किसी प्रथा या परिपाटी के अनुसार हो; रूढ़; (कन्वेंशनल)।

अभिसार (सं.) [सं-पु.] 1. अभिसरण 2. प्रिय से मिलने जाना 3. प्रिय-मिलन का संकेत-स्थल।

अभिसारिका (सं.) [सं-स्त्री.] छुपकर प्रिय से मिलने के लिए निर्दिष्ट स्थान पर जाने वाली स्त्री।

अभिसारिणी (सं.) [सं-स्त्री.] 1. अभिसारिका 2. साथ रहने वाली स्त्री; अनुचरी।

अभिसारी (सं.) [वि.] 1. अभिसार के लिए जाने वाला 2. किसी बिंदु या स्थान की ओर बढ़ने वाला 3. जो कार्यसिद्ध करने में सहायक हो; साधक।

अभिसिंचित (सं.) [वि.] 1. अच्छी तरह सींचा हुआ; अभिषिक्त 2. भावनात्मक स्तर पर पोषित।

अभिसूचक (सं.) [वि.] अभिसूचना देने वाला।

अभिसूचन (सं.) [सं-स्त्री.] 1. किसी कार्य निष्पादन के लिए विशेष रूप से दी जाने वाली वाली सूचना या आदेश; (एडवाइस) 2. अधिसूचना।

अभिसूचना (सं.) [सं-स्त्री.] विशेष रूप से दी जाने वाली सूचना; अधिसूचना।

अभिहत (सं.) [वि.] 1. जिसका अभिघात हुआ हो; घायल; जो पीटा गया हो; आहत 2. जिसपर प्रहार किया गया हो; पराभूत 3. बाधित 4. गुणन किया हुआ; गुणित 5. आक्रांत।

अभिहति (सं.) [सं-स्त्री.] 1. प्रहार करने की क्रिया; निशाना लगाना 2. पिटाई करना; मारना 3. गुणन करने की क्रिया; गुणनफल।

अभिहरण (सं.) [सं-पु.] 1. उठा लेना या छीन लेना 2. लूटना 3. दूर करना या हटाना; एक स्थान से दूसरे स्थान पर ले जाना।

अभिहर्ता (सं.) [सं-पु.] 1. अभिहरण करने वाला; लुटेरा 2. अपनयन करने वाला।

अभिहार (सं.) [सं-पु.] 1. उठाने, हटाने या चुराने की क्रिया या भाव 2. युद्ध की घोषणा 3. सज़ा; दंड।

अभिहित (सं.) [वि.] 1. कहा हुआ; उल्लिखित 2. किसी विशिष्ट

नाम से पुकारा जाने वाला; संबोधित 3. कहने भर का; नाम मात्र का। [सं-पु.] 1. नाम 2. शब्द।

अभिहितान्वयवाद (सं.) [सं-पु.] (काव्यशास्त्र) कुमारिलभट्ट द्वारा प्रवर्तित सिद्धांत जिसमें अभिधा द्वारा उपस्थित अर्थों के अन्वय संबंध को महत्वपूर्ण माना जाता है।

अभिहिति (सं.) [सं-स्त्री.] 1. अभिहित होने की अवस्था या भाव 2. उल्लेखनीयता 3. नाममात्र की सत्ता।

अभी [क्रि.वि.] 1. तत्काल; इसी वक्त; इसी क्षण 2. अब भी 3. अब तक।

अभी-अभी [क्रि.वि.] 1. तुरंत; शीघ्र; तत्काल; तत्क्षण 2. अब से ठीक पहले; हाल ही में।

अभीक (सं.) [वि.] 1. प्रबल इच्छा रखने वाला; उत्सुक या इच्छुक 2. भयानक 3. निर्भीक; निडर 4. कामुक; कामातुर।

अभीति (सं.) [सं-स्त्री.] डर या भय न होने की अवस्था या भाव; अभय; निडरता; निर्भीकता। [वि.] निडर; निर्भय; निर्भीक।

अभीप्सक (सं.) [वि.] 1. अभीप्सा या इच्छा करने वाला 2. अभिलाषी; इच्छुक।

अभीप्सा (सं.) [सं-स्त्री.] कामना; प्रबल इच्छा; तीव्र अभिलाषा।

अभीप्सित (सं.) [वि.] जिसकी अभीप्सा की गई हो; जिसकी तीव्र अभिलाषा हो; इच्छित।

अभीप्सी (सं.) [वि.] अभीप्सा करने वाला; तीव्र आकांक्षी; तीव्र अभिलाषी।

अभीष्ट (सं.) [वि.] 1. चाहा हुआ; वांछित; अभिप्रेत; आशय के अनुकूल 2. रुचिकर; प्रिय; पसंद का। [सं-पु.] 1. मनोरथ 2. प्रिय व्यक्ति; प्रेमी 3. अभिलषित चीज़।

अभीष्टलाभ (सं.) [सं-पु.] 1. अभीष्ट सिद्धि 2. इच्छित वस्तु की प्राप्ति।

अभीष्टसिद्धि (सं.) [सं-स्त्री.] मनोकामना पूरी होना; इष्ट की प्राप्ति होना।

अभुक्त (सं.) [वि.] 1. जो खाया न गया हो 2. जो प्रयोग या व्यवहार में न लाया गया हो।

अभूत (सं.) [वि.] 1. जो अस्तित्व में न आया हो 2. जो हुआ न हो 3. विलक्षण; अपूर्व 4. वर्तमान।

अभूतपूर्व (सं.) [वि.] 1. जो पहले कभी न हुआ हो 2. अद्भुत; अनोखा; विलक्षण।

अभूषित (सं.) [वि.] 1. जिसे सजाया या भूषित न किया गया हो; अनलंकृत 2. जिसके पास भूषण या गहने न हों।

अभेद (सं.) [सं-पु.] 1. भेद का अभाव; एकता; अभिन्नता 2. एकरूपता; समानता; अनुरूपता 3. (काव्यशास्त्र) रूपक अलंकार का एक भेद जिसमें उपमेय में उपमान का ज्यों-का-त्यों आरोप किया जाता है। [वि.] 1. भेदरहित; अभिन्न 2. अविभाजित 3. अनुरूप; एकरूप; समान 4. जिसका रहस्य न जाना गया हो।

अभेदक (सं.) [वि.] 1. भेद न करने वाला; भेद न मानने वाला 2. विभाजन न करने वाला; खंडित न करने वाला 3. न अलगाने वाला 4. न भेदने वाला।

अभेदनीय (सं.) [वि.] 1. जो भेद करने योग्य न हो 2. जो भेदा न जा सके; अभेद्य 3. जो विभाजित न किया जा सके।

अभेदमूलक (सं.) [वि.] 1. अभेद या एकता स्थापित करने वाला 2. समान भाव से रहने वाला।

अभेदरूपक (सं.) [सं-पु.] (काव्यशास्त्र) रूपकालंकार का एक भेद जिसमें उपमेय और उपमान की एकता दर्शायी जाती है।

अभेदवादी (सं.) [वि.] जीवात्मा और परमात्मा में कोई भेद न मानने वाला; अद्वैतवादी।

अभेदात्मक (सं.) [वि.] अभेद संबंधी; अभेदपरक; अभेदमूलक।

अभेद्य (सं.) [वि.] 1. जिसे भेदा न जा सके; जिसे बेधा न जा सके 2. जो टूट न सके। [सं-पु.] हीरा।

अभेद्यता (सं.) [सं-स्त्री.] 1. अभेद्य, अबेध्य या अविभाज्य होने का गुण 2. भेदन, बेधन, छेदन या विभाजन की वर्जना 3. अटूटपन।

अभोग (सं.) [वि.] 1. बिना भोगा हुआ; जिसे भोगा न गया हो 2. अछूता 3. जिसे भोगना उचित न हो।

अभोगी (सं.) [वि.] 1. भोग या उपभोग न करने वाला 2. व्यवहार या प्रयोग में न लाने वाला 3. जो भोग न करे; विरक्त; उदासीन।

अभोग्य (सं.) [वि.] 1. जो भोगने योग्य न हो 2. जिसका भोगना वर्जित हो।

अभोज्य (सं.) [वि.] 1. जो खाने के उपयुक्त या योग्य न हो 2. जिसका खाना वर्जित हो।

अभ्यंग (सं.) [सं-पु.] 1. लेपन; पोतना 2. मालिश।

अभ्यंजन (सं.) [सं-पु.] 1. अंगों को सजाने-सँवारने का काम 2. अंगों को सजाने-सँवारने की सामग्री; प्रसाधन सामग्री 3. मालिश करने की क्रिया।

अभ्यंतर (सं.) [वि.] 1. भीतरी; आंतरिक 2. जिसके साथ घनिष्ठ संबंध हो; अंतरंग; परिचित। [क्रि.वि.] भीतर; अंदर। [सं-पु.] 1. अंतःकरण 2. अंदर का भाग 3. बीच का भाग।

अभ्यंतरक (सं.) [सं-पु.] घनिष्ठ या अंतरंग मित्र; करीबी दोस्त।

अभ्यक्त (सं.) [वि.] 1. तेल आदि लगाया हुआ 2. जिसपर तेल आदि की मालिश की गई हो।

अभ्यधीन (सं.) [वि.] 1. जो किसी नियम, प्रतिबंध आदि से बँधा हुआ हो 2. नियम आदि के अधीन।

अभ्यर्थन (सं.) [सं-पु.] 1. निवेदन; प्रार्थना 2. किसी से अपना धन या वस्तु माँगना; (डिमांड)।

अभ्यर्थना (सं.) [सं-स्त्री.] 1. विनती; प्रार्थना; अनुरोध; दरख़्वास्त 2. स्वागत; अगवानी।

अभ्यर्थनीय (सं.) [वि.] 1. अभ्यर्थना या प्रार्थना करने योग्य 2. आगे बढ़ कर लेने या स्वागत करने योग्य 3. याचना करने या माँगने योग्य 4. आवेदन करने योग्य।

अभ्यर्थी (सं.) [सं-पु.] 1. अभ्यर्थन या प्रार्थना करने वाला व्यक्ति 2. आवेदनकर्ता; उम्मीदवार।

अभ्यर्पक (सं.) [वि.] 1. अभ्यर्पण अथवा अपना अधिकार या स्वामित्व किसी को सौंपने या देने वाला 2. समर्पण करने

वाला।

अभ्यर्पण (सं.) [सं-पु.] 1. अपना अधिकार या स्वामित्व किसी को सौंपने या देने की क्रिया या भाव 2. समर्पण; (सरेंडर)।

अभ्यर्पित (सं.) [वि.] (अधिकार या स्वामित्व) जो किसी को सौंपा या दिया गया हो; (असाइंड)।

अभ्यस्त (सं.) [वि.] सतत अभ्यास के द्वारा किसी कार्य को करने में कुशल; दक्ष; निपुण; आदी; अच्छी तरह सीखा हुआ।

अभ्यस्तता (सं.) [सं-स्त्री.] अभ्यस्त होना; आदी होना; दक्षता; निपुणता।

अभ्यागत (सं.) [सं-पु.] 1. अतिथि; मेहमान 2. साधु-संन्यासी। [वि.] 1. सामने या निकट आया हुआ; पहुँचा हुआ 2. अतिथि के रूप में पधारा हुआ।

अभ्यागम (सं.) [सं-पु.] 1. पास आना; सामने आना; अगवानी 2. मुकाबला; सामना 3. समीपता; पड़ोस।

अभ्यास (सं.) [सं-पु.] 1. पारंगत या निपुण होने के लिए किसी काम को बार-बार करना; प्रशिक्षण; (प्रैक्टिस) 2. आदत 3. सैनिक अनुशासन का नियमित कार्य 4. (काव्यशास्त्र) एक प्रकार का काव्यालंकार जिसमें किसी कठिन तथ्य को सिद्ध करने वाले कार्य का उल्लेख किया जाता है।

अभ्यासकला (सं.) [सं-स्त्री.] अन्य विविध योगांगों के मेल से बनी योग की चार कलाओं में से एक; आसन और प्राणायाम का मेल।

अभ्यासयोग (सं.) [सं-पु.] 1. किसी विषय का बार-बार चिंतन और मनन करना 2. योग के अंतर्गत किसी आत्मा या देवता का बार-बार चिंतन या अभ्यास।

अभ्यासरत (सं.) [वि.] 1. अभ्यास में लगा हुआ 2. अभ्यास करने में व्यस्त।

अभ्यासवश (सं.) [क्रि.वि.] अभ्यास के कारण; आदतन।

अभ्यासिका (सं.) [सं-स्त्री.] 1. किसी पाठ या पाठ्यक्रम के आधार पर तैयार प्रश्नोत्तरों का अभ्यास करने वाली पुस्तिका 2. अभ्यास-पुस्तिका; (कॉपी)।

अभ्यासी (सं.) [वि.] 1. अभ्यास करने वाला 2. रटने या याद करने वाला 3. साधक।

अभ्याहत (सं.) [वि.] 1. जिसे आघात लगा हो; आहत; ताड़ित; घायल 2. बाधित।

अभ्याहार (सं.) [सं-पु.] 1. समीप या पास लाने की क्रिया या भाव; निकट लाना 2. अपहरण; चोरी।

अभ्युत्थान (सं.) [सं-पु.] 1. उत्थान, उदय, अभ्युदय 2. किसी के स्वागत के लिए उठ खड़ा होना 3. ऊँचे पद या सत्ता की प्राप्ति 4. बढ़त; उत्कर्ष; उन्नति; समृद्धि 5. सत्ता परिवर्तन के लिए होने वाला विद्रोह।

अभ्युत्थित (सं.) [वि.] 1. उठा हुआ 2. स्वागत में उठ खड़ा हुआ 3. उन्नत 4. उदित 5. विद्रोही।

अभ्युदय (सं.) [सं-पु.] 1. उन्नति; उत्थान 2. उत्तरोत्तर वृद्धि या लाभ 3. आरंभ 4. कल्याण 5. मनोरथ की प्राप्ति या सिद्धि; इष्ट लाभ।

अभ्युन्नति (सं.) [सं-स्त्री.] 1. उन्नति 2. वृद्धि।

अभ्युपगम (सं.) [सं-पु.] 1. सामने आना; उपस्थित होना 2. स्वीकृत करना या स्वीकृति देना 3. तर्क में पहले कोई बात सिद्ध या असिद्ध मानकर तब उसकी सत्यता की जाँच करना और उससे कोई परिणाम या निष्कर्ष निकालना।

अभ्र (सं.) [सं-पु.] 1. बादल 2. अभ्रक 3. सोना 4. कपूर 5. नागरमोथा।

अभ्रंकष (सं.) [वि.] 1. बहुत ऊँचा 2. गगनचुंबी। [सं-पु.] 1. पहाड़ 2. हवा।

अभ्रक (सं.) [सं-पु.] एक खनिज पदार्थ।

अभ्रभेदी (सं.) [वि.] अभ्र या आकाश को छूता हुआ प्रतीत होने वाला; गगनचुंबी; बहुत ऊँचा।

अभ्रांत (सं.) [वि.] 1. जिसे किसी प्रकार की भ्रांति न हो 2. भ्रमरहित; भ्रांतिशून्य 3. स्थिर।

अमंगल (सं.) [वि.] 1. जो मगंलकारक न हो; अशुभ 2. जो कल्याणकारी न हो; अकल्याणकर 3. भाग्यहीन। [सं-पु.] 1. अकल्याण 2. अनिष्ट; अनर्थ 3. दुर्भाग्य; दुख।

अमंगलकारी (सं.) [वि.] 1. अकल्याणकारी 2. अनिष्टकारी; अनर्थकारी 3. दुर्भाग्यपूर्ण।

अमंत्र (सं.) [वि.] 1. जो वैदिक मंत्रों का ज्ञाता न हो; जो वैदिक मंत्रों के उच्चारण का अधिकारी न हो 2. वैदिक मंत्रों की उपेक्षा करने वाला 3. ऐसी पूजा-अर्चना जिसमें मंत्र की आवश्यकता न हो।

अमंद (सं.) [वि.] 1. जो मंद, धीमा या सुस्त न हो 2. श्रेष्ठ; उत्तम 3. चुस्त; फ़ुरतीला 4. बुद्धिमान 5. प्रयत्नशील; उद्योगी।

अमकली [सं-स्त्री.] आम की सूखी हुई खटाई।

अमचूर [सं-पु.] 1. कच्चे आम के टुकड़ों को सुखाकर और पीसकर बनाया हुआ चूर्ण 2. उक्त चूर्ण दाल और सब्ज़ी आदि में डाला जाता है।

अमत (सं.) [वि.] 1. जिसका अनुभव न हो सके; अननुभूत 2. अस्वीकृत; अमान्य। [सं-पु.] 1. अनुकूल मत का अभाव 2. असम्मति 3. मृत्यु 4. रोग।

अमत्त (सं.) [वि.] 1. जो मत्त अथवा नशे में न हो 2. मद-रहित 3. जिसे घमंड या मद न हो।

अमत्सर (सं.) [सं-पु.] मात्सर्य या ईर्ष्या का अभाव। [वि.] जो मात्सर्य या ईर्ष्या से रहित हो।

अमन (अ.) [सं-पु.] शांति; सुकून; इतमीनान; सुख-चैन।

अमनचैन (अ.) [सं-पु.] 1. शांति-सुकून की स्थिति 2. वैयक्तिक जीवन में सुख-शांति 3. बचाव; सुरक्षा।

अमनपसंद (अ.+फ़ा.) [वि.] 1. शांतिप्रिय 2. चैन-सुकून की ज़िंदगी पसंद करने वाला।

अमनस्क (सं.) [वि.] 1. अनमना; अचंचल 2. उदासीन 3. अन्यमनस्क।

अमनिया [वि.] 1. खाने पीने की ऐसी चीजें जिनमें कोई छूत न मानी जाती हो; पक्का (भोजन) 2. स्वच्छ; साफ़; शुद्ध। [सं-स्त्री.] भोजन या रसोई बनाने की क्रिया।

अमनैक (सं.) [सं-पु.] 1. नायक; सरदार 2. हकदार; अधिकारी 3. साहसी; ढीठ 4. वह जो मनमाने ढंग से काम करता हो।

अमर (सं.) [वि.] 1. न मरने वाला; अविनाशी; सदा जीवित रहने वाला; शाश्वत 2. चिरस्थायी।

अमरकंटक (सं.) [सं-पु.] विंध्य पर्वतश्रेणी का एक भाग जहाँ से नर्मदा और सोन नदियाँ निकलती हैं।

अमरकोश (सं.) [सं-पु.] विक्रमादित्य के दरबार के एक नवरत्न अमर सिंह का बनाया हुआ प्रसिद्ध कोश।

अमरज (सं.) [सं-पु.] 1. अमर होने का भाव; अमरता 2. मृत्यु का न होना 3. खैर का वृक्ष। [वि.] अमर।

अमरतरु (सं.) [सं-पु.] कल्पतरु; कल्पवृक्ष; वह (मिथकीय या कल्पित) वृक्ष जिसके नीचे पहुँचने पर सारी कामनाएँ पूरी हो जाती हैं।

अमरता (सं.) [सं-स्त्री.] 1. कभी भी मृत्यु न होने का भाव; चिरजीवन का भाव 2. देवत्व 3. आत्मा का शाश्वत अस्तित्व 4. स्थायित्व; अक्षुण्णता।

अमरत्व (सं.) [सं-पु.] 1. अमरता; अमरणशीलता 2. देवत्व; देवभाव 3. शाश्वतता।

अमरपक्षी (सं.) [सं-पु.] जलकर अपनी ही राख से फिर-फिर जी उठने वाली कल्पित मिथकीय चिड़िया; कुकनुस।

अमरपति (सं.) [सं-पु.] देवों का राजा; इंद्र।

अमरपद (सं.) [सं-पु.] 1. देवपद 2. मोक्ष; मुक्ति।

अमरबेल (सं.) [सं-स्त्री.] आकाशबेल; पीली लता या बौर जिसमें जड़ और पत्तियाँ नहीं होती; आकाशबौर।

अमरलोक (सं.) [सं-पु.] 1. देवलोक 2. स्वर्ग।

अमरवाणी (सं.) [सं-स्त्री.] 1. दिव्यवाणी; ईश्वरीय वाणी 2. धर्मग्रंथों और महापुरुषों की सूक्तियाँ।

अमरस [सं-पु.] 1. आम का रस 2. आम और दूध को मिला कर बनाया गया पेय।

अमराई (सं.) [सं-स्त्री.] 1. आम का बगीचा 2. उद्यान; सुरकानन।

अमरावती (सं.) [सं-स्त्री.] 1. इंद्रपुरी; स्वर्ग 2. महाराष्ट्र प्रांत का एक नगर।

अमरी (सं.) [सं-स्त्री.] 1. देव की पत्नी 2. देवकन्या 3. एक प्रकार का वृक्ष।

अमरू (सं.) [सं-पु.] एक प्रकार का बढ़िया रेशमी कपड़ा।

अमरूद [सं-पु.] गोल तथा पीले रंग का एक मशहूर मीठा फल और उसका पेड़; अमृत फल।

अमरेश (सं.) [सं-पु.] अमरपति; इंद्र।

अमरौली (सं.) [सं-स्त्री.] हठयोगियों की अमरी नामक क्रिया।

अमर्त्य (सं.) [वि.] 1. न मरने वाला; अमर 2. जो मर्त्य लोक का न हो; स्वर्गीय।

अमर्याद (सं.) [वि.] 1. मर्यादारहित; सीमारहित 2. प्रतिष्ठारहित 3. नियम या व्यवस्था से बाहर 4. सीमा का उल्लंघन करने वाला।

अमर्यादा (सं.) [सं-स्त्री.] 1. सीमा या मर्यादा का उल्लंघन 2. सीमा या मर्यादा का अभाव 3. बेइज़्ज़ती 4. आचरणहीनता 5. अप्रतिष्ठा।

अमर्यादित (सं.) [वि.] सीमा या मर्यादा से रहित।

अमर्ष (सं.) [सं-पु.] 1. क्रोध; कोप 2. अपने अपमान, तिरस्कार आदि से उत्पन्न क्षोभ 3. विरोधी या शत्रु का कोई अपकार न कर पाने से उत्पन्न द्वेष या दुख 4. असहिष्णुता 5. (काव्यशास्त्र) संचारी भावों में से एक भाव।

अमर्षी (सं.) [वि.] 1. मन में अमर्ष रखने वाला; क्रोधी 2. जल्दी बुरा मानने वाला 3. असहनशील।

अमल[1] (सं.) [वि.] निर्मल; शुद्ध; पवित्र; साफ़; स्वच्छ।

अमल[2] (अ.) [सं-पु.] 1. कार्य रूप में होना प्रयोग व्यवहार 2. कार्य 3. आचरण 4. शासन 5. अधिकार 6. नशीली वस्तु। [मु.] **-में आना** : कार्यरूप में परिवर्तित होना। **-में होना** : आज्ञा या आदेश का व्यवहार में आना।

अमलकोची [सं-स्त्री.] कंजे की जाति का एक वृक्ष जिसकी फलियों से चमड़ा सिझाया (पकाया) जाता है; कुंती।

अमलता (सं.) [सं-स्त्री.] 1. निर्मलता; स्वच्छता 2. निष्कलंकता 3. पावनता; पवित्रता 4. उज्ज्वलता।

अमलतास (सं.) [सं-पु.] एक वृक्ष जिसके फूल, फल और पत्तियाँ सभी दवा बनाने के काम आते हैं।

अमलतासी [सं-पु.] एक प्रकार का हलका पीला रंग। [वि.] अमलतास के फूलों जैसा (रंग)।

अमलदस्तूर (अ.+फ़ा.) [सं-पु.] रीति-रिवाज।

अमलबेत (सं.) [सं-पु.] एक प्रकार का वृक्ष जिसके फल अत्यंत खट्टे होते हैं।

अमला[1] (सं.) [सं-स्त्री.] लक्ष्मी; नाल; आँवला; सातला वृक्ष; भूम्यामतकी।

अमला[2] (अ.) [सं-पु.] किसी दफ़्तर के कर्मचारियों और अधिकारियों का दल या समूह; (स्टाफ़)।

अमलारा (अ.) [वि.] 1. अमल या नशा करने वाला 2. नशे में मस्त या चूर।

अमली (अ.) [वि.] अमल में आने वाला; व्यावहारिक। [सं-पु.] अमल या नशा करने वाला व्यक्ति; नशेबाज़।

अमलुनियाँ [सं-पु.] खरपतवार; एक प्रकार की घास जो खेतों में अपने आप उग आती है।

अमलोन (सं.) [सं-पु.] 1. खट्टा 2. नमकीन।

अमलोनी (सं.) [सं-स्त्री.] 1. एक प्रकार की घास जिसका साग खाया जाता है 2. नोनी; नोनियाँ घास।

अमवा [सं-पु.] आम; रसाल।

अमस (सं.) [वि.] जिसे कुछ भी ज्ञान न हो; अज्ञानी।

अमसूल [सं-पु.] कोंकण, कनारा और कुर्ग के जंगलों में होने वाला एक वृक्ष।

अमहर [सं-पु.] 1. एक प्रकार का रोग 2. समय। [सं-स्त्री.] अमचूर; सूखी खटाई; आम की सूखी फाँकें।

अमा (सं.) [सं-स्त्री.] 1. अमावस्या 2. चंद्रमा की सोलहवीं कला 3. मकान; घर।

अमाँ [अव्य.] एक प्रकार का संबोधन; ऐ मियाँ।

अमाघौत [सं-पु.] एक प्रकार का धान।

अमात्य (सं.) [सं-पु.] 1. राजा का सहचर या साथी 2. प्राचीन हिंदू राज्य-व्यवस्था में राजा को सलाह देने वाला मंत्री।

अमात्र (सं.) [वि.] 1. जिसकी कोई मात्रा न हो; मात्राविहीन 2.

सीमारहित 3. निस्सीम।

अमान (सं.) [वि.] 1. मानरहित; प्रतिष्ठारहित 2. जिसका मान या अंदाज़ न हो; बहुत; बेहद; अपरिमित 3. सीधा-सादा; गर्वरहित।

अमानक [वि.] 1. जो मानक न हो 2. मानक स्तर से गिरा हुआ।

अमानत (अ.) [सं-स्त्री.] 1. थाती; धरोहर 2. एक निश्चित समय के लिए कोई चीज़ किसी के पास रखना; उपनिधि 3. अमीन का कार्य।

अमानतदार (अ.+फ़ा.) [सं-पु.] जिसके पास अमानत या धरोहर रखी गई हो।

अमानतनामा (अ.+फ़ा.) [सं-पु.] किसी के पास कुछ अमानत रखने के समय उसके प्रमाण-स्वरूप लिखा जाने वाला पत्र।

अमानती (अ.) [वि.] 1. अमानत संबंधी 2. अमानत के तौर पर रखी हुई।

अमानवीय (सं.) [वि.] 1. जो मानवीय न हो; क्रूर; पशुवत 2. अलौकिक।

अमाना (सं.) [क्रि-अ.] 1. किसी चीज़ के अंदर पूरा-पूरा समाना 2. अँटना 3. इतराना 4. गर्व करना। [क्रि-स.] किसी चीज के अंदर पूरी तरह से भरना।

अमानिया [सं-स्त्री.] एक प्रकार का पटसन।

अमानी[1] [सं-स्त्री.] 1. दैनिक मज़दूरी पर होने वाला काम 2. मनमानी कार्रवाई; अंधेर।

अमानी[2] (सं.) [वि.] निरभिमान; घमंडरहित। [सं-स्त्री.] भूमि जिसका प्रबंध सरकार द्वारा किया जाए; ख़ास।

अमानुष (सं.) [वि.] 1. पशुवत आचरण करने वाला; क्रूर; पैशाचिक 2. अमानवीय (कृत्य)। [सं-पु.] जो मनुष्य न हो बल्कि,मनुष्य से भिन्न हो।

अमानुषता (सं.) [सं-स्त्री.] 1. मनुष्योचित गुणों का अभाव 2. अमानवीय व्यवहार।

अमानुषिक (सं.) [वि.] 1. ऐसा आचरण जो मनुष्योचित न हो 2. पाशविक; जघन्य; घृणित; क्रूर 3. अमानुषी; मनुष्य-रहित; मनुष्यों से शून्य।

अमानुषिकता (सं.) [सं-स्त्री.] 1. अमानुषिक रुख, व्यवहार या आचरण 2. पाशविकता; जघन्यता; क्रूरता।

अमान्य (सं.) [वि.] 1. जिसे मान्यता प्राप्त न हो; अमान्यीकृत 2. जो (बात या शर्त वगैरह) मानी न जा सके; अस्वीकार किया हुआ 3. जो आदर या मान के योग्य न हो।

अमान्यकरण (सं.) [सं-पु.] न मानने की क्रिया या भाव।

अमापनीय (सं.) [वि.] जो मापा न जा सके; अपरिमित।

अमार्ग (सं.) [सं-पु.] 1. कुमार्ग; अनुचित या निंदनीय मार्ग 2. अनुचित या निंदनीय आचरण; ख़राब चाल-चलन 3. पाप का रास्ता 4. ईश्वर-विमुख अथवा माया-मोह का रास्ता।

अमाल [सं-पु.] 1. अमल रखने वाला; हाकिम; शासक 2. अदवाँइन।

अमावट (सं.) [सं-स्त्री.] पके आम के रस का जमाया या सुखाया हुआ पापड़ या पट्टी; आमपापड़; आमबड़ी या आमरोटी।

अमावस [सं-स्त्री.] अमावस्या।

अमावस्या (सं.) [सं-स्त्री.] 1. कृष्णपक्ष की अंतिम तिथि जिसकी रात में चंद्रमा की एक भी कला दिखाई नहीं देती 2. (हठयोग) वह ध्यानावस्था जिसमें इड़ा (चंद्रमा) और पिंगला (सूर्य) दोनों नाड़ियों का लय हो जाता है।

अमिट (सं.) [वि.] 1. जो न मिटे; जो नष्ट न हो; स्थायी 2. अवश्यंभावी; जिसका होना निश्चित हो।

अमित (सं.) [वि.] 1. अत्यधिक 2. बेहद; बेहिसाब; अपरिमित 3. जो मापा न जा सके 4. असंस्कृत 5. उपेक्षित 6. अज्ञात।

अमितवीर्य (सं.) [वि.] अथाह ताकतवाला; अत्यंत बलशाली।

अमिता (सं.) [सं-स्त्री.] अत्यंत बलशालिनी।

अमिताभ (सं.) [वि.] असीम कांति या आभावाला; अत्यंत तेजस्वी। [सं-पु.] बुद्ध का एक नाम।

अमिति (सं.) [सं-स्त्री.] अमित होने की अवस्था या भाव; असीमता; अनंतता।

अमित्राक्षर (सं.) [सं-पु.] ऐसा छंद जिसमें मात्राओं की गणना विचारणीय नहीं होती।

अमिय (सं.) [वि.] अमृत; सुधा।

अमियरस (सं.) [सं-पु.] योगसाधना में सहस्त्रदल कमल के मध्य स्थित चंद्रबिंदु की प्रेरणा से होने वाला एक प्रकार का स्त्राव जिसे अमृत, सोमरस या रसायन भी कहा जाता है।

अमिया [सं-स्त्री.] बतिया आम; टिकोरा।

अमियारी [सं-स्त्री.] आमों की वाटिका।

अमिश्र (सं.) [वि.] 1. जिसमें मिलावट न हो 2. शुद्ध 3. जो किसी के साथ मिला न हो।

अमीन (अ.) [सं-पु.] माल-विभाग का वह कर्मचारी जो ज़मीन की पैमाइश और बँटवारे आदि का प्रबंध करता है। [वि.] 1. अमानत रखने वाला 2. विश्वसनीय; भरोसेमंद।

अमीनिधि (सं.) [सं-पु.] 1. अमृत का समुद्र 2. चंद्रमा।

अमीनी (अ.) [सं-स्त्री.] 1. अमीन का काम; अमीन का पेशा 2. अमानतदारी 3. विश्वसनीयता।

अमीबा (अं.) [सं-पु.] 1. एककोशिकीय जीव 2. मल-कीटाणु।

अमीर (अ.) [वि.] 1. धनी; मालदार; दौलतमंद 2. उदार। [सं-पु.] सरदार; शासक।

अमीरज़ादा (अ.+फ़ा.) [सं-पु.] 1. बहुत बड़े अमीर या धनवान का बेटा 2. शाहज़ादा; राजकुमार 3. कुलीन।

अमीरी (अ.) [सं-स्त्री.] अमीर होने की अवस्था या भाव; दौलतमंदी; धनाढ्यता; वैभवशालिता।

अमुक (सं.) [वि.] 1. फलाँ (ऐसे किसी ख़ास व्यक्ति या वस्तु के लिए प्रयुक्त विशेषण, जिसका नाम न लिया जा रहा हो) 2. सम्मुख आया हुआ अपरिचित 3. काल्पनिक रूप से उल्लिखित।

अमूमन (अ.) [क्रि.वि.] 1. साधारणतः; आम तौर पर 2. प्रायः; बहुधा; अकसर।

अमूर्त (सं.) [वि.] 1. जो मूर्त या साकार न हो; निराकार 2. देहरहित 3. निरवयव 4. अप्रत्यक्ष 5. वायवीय; हवाई 6. अस्पष्ट। [सं-पु.] 1. ईश्वर; परमात्मा 2. जीव 3. आत्मा 4. दिशा 5. आकाश 6. काल 7. वायु; (ऐब्सट्रैक्ट)।

अमूर्तवाद (सं.) [सं-पु.] एक सिद्धांत जिसकी मान्यता है कि मूर्त पदार्थों की अभिव्यक्ति अमूर्त प्रतीकों के द्वारा की जानी चाहिए।

अमूर्तीकरण (सं.) [सं-पु.] किसी विषयवस्तु को निराकार, वायवीय या अमूर्त बनाने की क्रिया; (ऐब्स्ट्रैक्शन)।

अमूल (सं.) [वि.] 1. मूलरहित; जड़विहीन; निर्मूल 2. प्रमाणरहित; निराधार 3. अमौलिक। [सं-पु.] प्रकृति।

अमूलक (सं.) [वि.] 1. जिसका कोई मूल या जड़ न हो; निर्मूल 2. जिसका कोई आधार न हो; निराधार 3. झूठ; मिथ्या।

अमूल्य (सं.) [वि.] 1. जिसका मूल्य न हो; अनमोल 2. बहुमूल्य; मूल्यवान; बेशकीमती 3. श्रेष्ठ; उत्तम।

अमृत (सं.) [सं-पु.] 1. वह दुर्लभ मिथकीय पेय जिसको पीने से अमरता प्राप्त होती है, सुधा; आबेहयात 2. सोमरस 3. घी 4. दूध 5. यज्ञशेष।

अमृतकर (सं.) [सं-पु.] अमृत के समान किरणोंवाला अर्थात चंद्रमा।

अमृतगति (सं.) [सं-स्त्री.] (काव्यशास्त्र) वर्णिक छंदों में समवृत्त का एक भेद जो नगण, जगण, नगण और गुरु के योग से बनता है।

अमृतत्व (सं.) [सं-पु.] 1. अमर होने की अवस्था या भाव; अमरत्व; अमरता 2. मोक्ष।

अमृतधारा (सं.) [सं-स्त्री.] 1. (काव्यशास्त्र) एक वर्णवृत्त जिसके पहले चरण में बीस, दूसरे में बारह, तीसरे में सोलह और चौथे में आठ अक्षर होते हैं 2. एक औषधिविशेष।

अमृतध्वनि (सं.) [सं-स्त्री.] (काव्यशास्त्र) छहदलीय मात्रिक विषमछंद जिसमें पहले दो दल दोहे के और बाकी के चार रोला के होते हैं।

अमृतबान (सं.) [सं-पु.] 1. चीनी मिट्टी का ढक्कनदार बरतन जिसमें अचार-मुरब्बे आदि रखे जाते हैं; मर्तबान 2. एक प्रकार का केला।

अमृतमंथन (सं.) [सं-पु.] समुद्रमंथन की मिथकीय परिघटना जिससे अन्य रत्नों के साथ अमृत की उत्पत्ति मानी जाती है।

अमृतमय (सं.) [वि.] 1. मधुर; मीठा 2. सुस्वादु 3. भरपूर जीवनी-शक्ति वाला।

अमृतमयी (सं.) [वि.] 1. मधुर; मीठा 2. सुस्वादु 3. भरपूर जीवनी-शक्ति वाला। [सं-स्त्री.] सुंदर और मधुर स्वभाव वाली स्त्री।

अमृतयोग (सं.) [सं-पु.] फलित ज्योतिष का एक शुभ योग।

अमृतरस (सं.) [सं-पु.] 1. सुधा; अमृत 2. परब्रह्म।

अमृतलोक (सं.) [सं-पु.] स्वर्ग।

अमृतवाणी (सं.) [सं-स्त्री.] 1. शुभ वाणी 2. सुंदर वचन; सूक्ति 3. मधुर भाषा।

अमृतसार (सं.) [सं-पु.] 1. मक्खन 2. घी 3. अंगूर।

अमृता (सं.) [सं-स्त्री.] 1. दूर्वा; दूब 2. गुर्च 3. आँवला 4. हरीतकी 5. पीपल 6. तुलसी 7. फिटकिरी 8. खरबूजा 9. इंद्रायण।

अमृष्ट (सं.) [वि.] 1. बिना धुला या साफ़ किया हुआ 2. गंदा; मैला; अस्वच्छ।

अमेंडमेंट (अं.) [सं-पु.] 1. सुधार; संशोधन 2. शुद्धता 3. किसी प्रस्ताव आदि में किया जाने वाला संशोधन।

अमेठी [सं-स्त्री.] 1. अभिमान; गर्व; ऐंठ; अकड़ 2. सलैया 3. उत्तरप्रदेश राज्य का एक नगर।

अमेड़ी [सं-पु.] कनपटी की सूजन।

अमेय (सं.) [वि.] 1. निस्सीम; असीम 2. जो नापा न जा सके 3. अपरिमेय 4. जिसे जाना न जा सके; अज्ञेय।

अमेर [सं-पु.] नाचनी को बाँधे रखने वाली ऊपर की एक कड़ी।

अमेल [वि.] 1. जिसका मेल न हो; बेमेल 2. असंबद्ध; असंगत।

अमेह (सं.) [सं-पु.] एक रोग जिसमें पेशाब नहीं उतरता या रुक-रुक कर उतरता है।

अमोक्ष (सं.) [वि.] 1. अमुक्त; बंधनयुक्त 2. जो मुक्त न हुआ हो; जिसे मुक्ति न मिली हो। [सं-पु.] 1. बंधन 2. संसार से छुटकारा न मिलना।

अमोघ (सं.) [वि.] 1. अचूक (औषधि या अस्त्र) 2. जो निष्फल न हो; जो निरर्थक या व्यर्थ न हो 3. सफल 4. लक्ष्यभेदी। [सं-पु.] 1. व्यर्थ न जाने का भाव 2. शिव 3. विष्णु।

अमोघदर्शी (सं.) [वि.] जिसकी दृष्टि कभी न चूकती हो; अचूक लक्ष्यदर्शी; गहरी अंतर्दृष्टिवाला; अमोघदृष्टि।

अमोघदृष्टि (सं.) [सं-स्त्री.] गहरी अंतर्दृष्टि; अचूक लक्ष्यदर्शिता। [वि.] अमोघदर्शी

अमोचन (सं.) [सं-पु.] छुटकारा न होने की क्रिया या भाव; ढीला न पड़ना। [वि.] 1. जिसका मोचन न हो सके 2. न छूट सकने वाला; ढीला न होने वाला।

अमोनिया (अं.) [सं-स्त्री.] एक रंगहीन तेज़ गंध वाली गैस।

अमोल (सं.) [वि.] 1. जिसका कोई मोल न हो; अनमोल 2. बहुमूल्य; मूल्यातीत।

अमोला [सं-पु.] 1.आम का नया निकलता हुआ अंकुर या कल्ला 2. आम का नया पौधा। [वि.] अमूल्य; बहुमूल्य।

अमोही (सं.) [वि.] 1. निर्मोही; जिसे मोह न हो 2. विरक्त; उदासीन।

अमौलिक (सं.) [वि.] 1. जो किसी की नकल हो 2. अनुकृत; रुपांतरित 3. निर्मूल 4. अयथार्थ 5. अन्य रचना के आधार पर या अनुवाद रूप में रचित।

अम्मत [वि.] खट्टा।

अम्माँ (सं.) [सं-स्त्री.] माँ; माता।

अम्मी [सं-स्त्री.] 1. अम्माँ 2. प्रायः मुस्लिम समुदाय में माँ के लिए प्रयुक्त संबोधन; अम्मीजान।

अम्ल (सं.) [सं-पु.] 1. खटाई; खट्टापन 2. सिरका 3. तेज़ाब; (ऐसिड) 4. नीबू। [वि.] खट्टा; तुर्श।

अम्लक (सं.) [सं-पु.] एक फल; बड़हल।

अम्लता (सं.) [सं-स्त्री.] खट्टापन; खटाई; खटास; तुर्शी।

अम्लनिशा (सं.) [सं-स्त्री.] शठी नामक पौधा।

अम्लपंचक (सं.) [सं-पु.] पाँच मुख्य खट्टे फल (नीबू, खट्टा अनार, इमली, नारंगी और अमलबेत)।

अम्लपत्र (सं.) [सं-पु.] अश्मंतक नामक पौधा।

अम्लपित्त (सं.) [सं-पु.] एक रोग जिसमें आहार आमाशय में पहुँचकर अम्ल हो जाता है; (ऐसिडिटी)।

अम्लमेह (सं.) [सं-पु.] मूत्र संबंधी एक बीमारी।

अम्लसार (सं.) [सं-पु.] 1. नीबू 2. अमलबेत 3. काँजी 4. हिंताल।

अम्लान (सं.) [वि.] 1. जो मलिन न हो; उदास न हो; कुम्हलाया या मुरझाया न हो 2. साफ़; स्वच्छ; निर्मल 3. पवित्र 4. दीप्त; उज्ज्वल; प्रकाशयुक्त 5. अमंद 6. स्वस्थ; हराभरा; हरित।

अम्लीय (सं.) [वि.] 1. अम्ल संबंधी; अम्लित; (ऐसीडिक) 2. अम्ल के गुणधर्म का 3. खट्टा; खटास भरा 4. तिक्त; तीक्ष्ण।

अम्हौरी [सं-पु.] 1. गरमी में अधिक पसीना निकलने से शरीर पर निकलने वाली छोटी-छोटी फुंसियाँ; घमौरियाँ 2. पित्ती।

अय (सं.) [सं-पु.] 1. लोहा 2. अग्नि 3. हथियार 4. सोना। [अव्य.] संबोधन के लिए प्रयुक्त शब्द; ऐ; हे।

अयथार्थ (सं.) [वि.] 1. जो यथार्थ न हो; काल्पनिक; निराधार; तथ्यहीन 2. अवास्तविक 3. मिथ्या; असत्य 4. मायावी; छद्म; बेबुनियाद; ख़याली; वायवी 5. झूठा; कागज़ी।

अयन (सं.) [सं-पु.] 1. मार्ग; रास्ता 2. गमन; गति; चाल; संचलन 3. आश्रय 4. आश्रम 5. घर; वास; स्थान 6. काल; समय 7. वर्ष का आधा भाग 8. सूर्य और चंद्रमा की उत्तर और दक्षिण की ओर गति या प्रवृत्ति जिन्हें क्रमशः उत्तरायण और दक्षिणायण कहा जाता है 9. बारह राशियों के चक्र का आधा 10. राशि चक्र।

अयनकाल (सं.) [सं-पु.] सूर्य के उत्तरायण या दक्षिणायन रहने का काल जो छह महीनों का होता है।

अयनांत (सं.) [सं-पु.] 1. किसी अयन या गति का अंत 2. (ज्योतिष) दो अयनों के बीच का संधिकाल; संक्रांति 3. अयन सीमा।

अयश (सं.) [सं-पु.] 1. यश का अभाव; गुमनामी 2. अपयश; बदनामी 3. लांछन।

अयस (सं.) [सं-पु.] 1. खनिज 2. इस्पात 3. धातु 4. लोहा।

अयस्क (सं.) [सं-पु.] 1. बिना शुद्ध की हुई कच्ची धातु; (ओर) 2. वह शिलाखंड जिसमें अपरिष्कृत या कच्ची धातुएँ निकलती हैं 3. बिना साफ़ की हुई धातु।

अयस्पात्र (सं.) [सं-पु.] 1. लौह पात्र; लोहे से निर्मित बर्तन 2. हथौड़ा।

अयाचक (सं.) [वि.] 1. न माँगने वाला; याचना न करने वाला; जो किसी से याचना न करता हो; अयाची 2. जिसे किसी काम या बात की कामना रह गई हो; कुछ माँगने की ज़रूरत न रह गई हो 3. संतुष्ट।

अयाचित (सं.) [वि.] बिना माँगा हुआ; जिसके लिए याचना या प्रार्थना न की गई हो।

अयाल[1] (अ.) [सं-पु.] बाल बच्चे; संतान।

अयाल[2] (फ़ा.) [सं-पु.] 1. सिंह और घोड़े की गरदन के बाल; शरीर रोम 2. केसर।

अयास (सं.) [क्रि.वि.] अनायास; बिना कोशिश के; **स्वतः**; अपने आप।

अयुक्त (सं.) [वि.] 1. अनुचित; अयोग्य; गलत; तर्कहीन 2. अलग; असंयुक्त 3. असंबद्ध; अंडबंड 4. आपदाग्रस्त 5. अनमना।

अयुक्ति (सं.) [सं-स्त्री.] 1. युक्ति का अभाव; कुतर्क 2. गड़बड़ी; असंबद्धता; पार्थक्य 3. एकरूपता का अभाव 4. अप्रवृत्ति।

अयुक्तियुक्त (सं.) [वि.] 1. जो युक्तियुक्त या तर्कपूर्ण न हो 2. अतर्कसंगत।

अयुग (सं.) [वि.] 1. जो सम न हो; विषम; अलग 2. जो जोड़ा न गया हो; अकेला।

अयुग्म (सं.) [वि.] 1. जिसका कोई युग्म या जोड़ा न हो; अकेला 2. जो सम न हो; विषम।

अयुज (सं.) [वि.] 1. जिसका कोई साथी या दोस्त न हो; अकेला; एकाकी 2. जो किसी के साथ जुड़ा, लगा या मिला न हो।

अयुत [वि.] 1. जो मिला हुआ न हो; अलग; पृथक 2. अक्षुब्ध।

अयुध्य (सं.) [वि.] 1. जो युद्ध करने लायक या योग्य न हो 2. जिससे युद्ध न किया जा सकता हो।

अयोग (सं.) [सं-पु.] 1. अलगाव; बिलगाव; वियोग 2. अयुक्तता; पार्थक्य 3. अनुपयुक्तता; अनौचित्य 4. अप्राप्ति 5. अक्षमता 6. संकट 7. कुयोग; दुर्योग 8. जिसका अर्थ कठिनाई से बैठाया जा सके; कूट 9. हथौड़ा 10. (ज्योतिष) बुरे ग्रह-नक्षत्र आदि से युक्त समय।

अयोगात्मक (सं.) [वि.] 1. आकृति के आधार पर भाषाओं का एक वर्ग 2. (भाषा) जिसमें विभक्तियाँ न हों।

अयोग्य (सं.) [वि.] 1. जो योग्य न हो; नाकाबिल; अकुशल; अक्षम 2. अनुपयुक्त 3. निकम्मा; नालायक; अपात्र 4. अनधिकारी 5. अनुचित; नामुनासिब 6. बेकाम; बेकार; निखद।

अयोग्यता (सं.) [सं-स्त्री.] 1. अयोग्य होने की अवस्था या भाव 2. निकम्मापन 3. अपात्रता 4. अनौचित्य।

अयोजित (सं.) [सं-पु.] 1. अनियोजित; जिसकी योजना न की गई हो 2. अनिश्चित; अप्रत्याशित 3. उद्देश्यहीन 4. क्रमहीन; अव्यवस्थित 5. बेतरतीब।

अयोध्या (सं.) [सं-स्त्री.] 1. पूर्वी उत्तरप्रदेश का एक प्राचीन शहर 2. अवधपुरी; कोशल; साकेत 3. (रामायण) सूर्यवंशी राजाओं की राजधानी।

अयोनि (सं.) [वि.] 1. जो योनि से उत्पन्न न हुआ हो; जो गर्भ से पैदा न हुआ हो; अजन्मा 2. नित्य। [सं-पु.] (पुराण) ब्रह्मा; शिव।

अयौक्तिक (सं.) [वि.] असंगत; युक्तिविहीन।

अयौगिक (सं.) [वि.] 1. अनियमित रूप से व्युत्पन्न; रूढ़ 2. जिसका योग से संबंध न हो 3. जो यौगिक न हो; तत्व या मिश्रण (पदार्थ)।

अय्यार (अ.) [सं-पु.] ऐयार; जासूस; भेष बदल कर पता लगाने वाला; माया रचने वाला।

अय्याश (अ.) [वि.] विलासी; लंपट; कामुक; व्यभिचारी।

अय्याशी (अ.) [सं-स्त्री.] 1. विलासिता; कामुकता; लंपटता 2. व्यभिचार; अश्लीलता।

अर (सं.) [सं-पु.] 1. पहिए में लगने वाली आड़ी लकड़ी; आरी; (रेडियस) 2. तीली 3. कोना; कोण।

अरइल [सं-पु.] एक प्रकार का वृक्ष।

अरई (सं.) [सं-स्त्री.] बैल, भैंसा आदि हाँकने की लकड़ी की छड़ी जिसमें लोहे की नुकीली नोक लगी होती है।

अरक[1] (सं.) [सं-पु.] 1. सूर्य 2. आक या मदार का पौधा।

अरक[2] (अ.) [सं-पु.] 1. किसी पदार्थ का सत्व या सार जो भभके से खींचकर निकाला जाता है; अर्क 2. मद्य; आसव; ताड़ी 3. रस; इत्र 4. पसीना; स्वेद। [मु.] **-निकालना** : सार या तत्व निकालना; (व्यक्ति को) बेदम कर देना।

अरकसिया [सं-पु.] आरा (लकड़ी चीरने वाला यंत्र) चलाने वाला।

अरकाटी [सं-पु.] गिरमिटिया कुलियों-मज़दूरों को भरती करने वाला व्यक्ति; ठेकेदार जो विदेशों में कुलियों-मज़दूरों को भेजने का काम करता हो।

अरकान (अ.) [सं-पु.] 1. वह कर्मचारी जिसपर किसी कार्य का दारोमदार या पूरा दायित्व हो 2. स्तंभ 3. राज्य का प्रमुख अधिकारी; मंत्री 4. कारिंदा; गुमाश्ता 5. उर्दू छंदों के मात्रा-रूप अक्षर 6. वैभव; संपत्ति।।

अरकौंच [सं-पु.] रिकवंच; व्यंजन विशेष जिसमें हरी सब्जी को बेसन में लपेटकर तेल में ताला जाता है।

अरक्षित (सं.) [वि.] जिसकी रक्षा न की जाती हो; असुरक्षित; असहाय।

अरगजा [सं-पु.] केसर, चंदन तथा कपूर आदि को मिला कर बनाया जाने वाला एक सुगंधित लेप।

अरगज़ी [वि.] 1. अरगज़ा से संबंधित 2. अरगज़ा की तरह का; अरगज़ा के समान रंग या सुगंधवाला।

अरगनी [सं-स्त्री.] बाँस, लकड़ी या रस्सी जो किसी घर में कपड़े आदि रखने के लिए बाँधी या लटकाई जाए; अलगनी।

अरघा [सं-पु.] 1. अर्घ देने का एक लंबोतरा पात्र 2. अर्घपात्र की तरह की एक आकृति जिसमें शिवलिंग स्थापित किया जाता है; जलघरी; जलहरी 3. कुएँ की जगत पर पानी निकालने के लिए बनी अर्घपात्र के आकार की नाली।

अरघान (सं.) [सं-स्त्री.] ख़ुशबू; सुगंध; महक।

अरचित (सं.) [वि.] 1. जो रचा न गया हो; जिसकी अभी रचना न हुई हो 2. अकल्पित; अगठित 3. अनिर्मित 4. प्राकृतिक; असृष्ट।

अरज (अ.) [सं-स्त्री] निवेदन, अनुरोध; नम्रतापूर्वक किसी से की हुई प्रार्थना। [सं-पु.] चौड़ाई पनहा।

अरजम [सं-पु.] कुंबी नामक वृक्ष।

अरज़ी (अ.) [सं-स्त्री.] प्रार्थना-पत्र; दरख़्वास्त।

अरजेंट (अं.) [वि.] 1. तुरंत; अविलंब; अत्यावश्यक 2. जिसकी तत्काल और प्राथमिकता के साथ ज़रूरत हो।

अरडींग [वि.] बलवान; बलिष्ठ; जोरावर।

अरणी (सं.) [सं-स्त्री.] 1. आग जलाने वाली लकड़ी; अग्निकाष्ठ 2. पीपल 3. वैजयंती 4. सूर्य; अग्नि।

अरण्य (सं.) [सं-पु.] 1. वन; जंगल 2. संन्यासियों का एक भेद 3. कायफल।

अरण्यक (सं.) [सं-पु.] 1. वन; जंगल 2. जंगल का समाज; जंगल की सभा 3. एक पौधा।

अरण्यगान (सं.) [सं-पु.] 1. एकांत वन में गाया जाने वाला गीत 2. सामवेद का वन में गाया जाने वाला गान 3. {ला-अ.} वह अच्छा काम जिसे देखने-सुनने-समझने वाला कोई न हो।

अरण्यचंद्रिका (सं.) [सं-स्त्री.] 1. वन-प्रांतर की चाँदनी 2. ऐसा साज-शृंगार जिसे देखने-सराहने वाला कोई न हो।

अरण्यता (सं.) [सं-स्त्री.] 1. वन-प्रांतर सरीखा एकांत 2. निरापदता; निश्चिंतता; शांति।

अरण्यदमन (सं.) [सं-पु.] दोन नामक एक जंगली पौधा।

अरण्यनिनाद (सं.) [सं-पु.] 1. जंगल में होने वाला शोर 2. ऐसा शोरगुल या आपत्ति-प्रतिरोध की ऐसी आवाज़ जिसपर कोई ध्यान देने वाला न हो।

अरण्यपंडित (सं.) [सं-पु.] ऐसा पंडित या विद्वान जिसके ज्ञान और विद्वत्ता को कोई सुनने-समझने या परखने वाला न हो।

अरण्यपति (सं.) [सं-पु.] 1. जंगल का राजा 2. सिंह; अरण्यराज।

अरण्यप्रदेश (सं.) [सं-पु.] वन क्षेत्र; जंगली इलाका।

अरण्ययान (सं.) [सं-पु.] 1. जंगल की ओर प्रस्थान करना 2. वानप्रस्थ आश्रम में प्रवेश।

अरण्यराज (सं.) [सं-पु.] सिंह; शेर।

अरण्यरोदन (सं.) [सं-पु.] 1. ऐसा रोदन जिसे कोई सुनने वाला न हो 2. {ला-अ.} ऐसा कथन या बात जिसपर कोई ध्यान न दे 3. निरर्थक प्रार्थना; एकांत में व्यथा निवेदन।

अरण्यवास (सं.) [सं-पु.] 1. वनवास; वानप्रस्थ आश्रम 2. वन या जंगल में जाकर रहना।

अरण्यश्वान (सं.) [सं-पु.] गीदड़; भेड़िया।

अरण्या (सं.) [सं-स्त्री.] 1. वन में होने वाली औषधि 2. वन की देवी; अरण्यानी।

अरत (सं.) [वि.] 1. विरत; उदासीन 2. विरक्त; अप्रवृत्त 3. अनासक्त 4. सुस्त 5. असंतुष्ट।

अरति (सं.) [सं-स्त्री.] 1. रति, अनुराग, प्रवृत्ति या वासना आदि का न होना 2. उदासीनता; विरक्ति; अरुचि 3. असंतोष 4. सुस्ती; आलस्य 5. व्यथा।

अरथी (सं.) [सं-स्त्री.] 1. बाँस या डंडों से बनाई गई वह आयताकार सीढ़ी या तख़्ती जिसपर शव को अंत्येष्टि क्रिया के लिए श्मशान ले जाया जाता है; टिकठी; शवयान 2. अंतशय्या; रत्थी; रक्षी।

अरद (सं.) [वि.] बिना दाँतोंवाला; जिसके दाँत न हो।

अरदंड (सं.) [सं-पु.] एक प्रकार का करील (वृक्ष)।

अरदल [सं-पु.] एक प्रकार का वृक्ष जो पश्चिमी घाट और लंका में होता है।

अरदली (अ.) [सं-पु.] वह चपरासी जो किसी अधिकारी के आगे या पीछे चलता हो और आज्ञा का पालन करता हो।

अरदावा (सं.) [सं-पु.] 1. दला या कूटा हुआ अन्न 2. कुचला हुआ या नष्ट-भ्रष्ट रूप 3. भरता; चोखा।

अरदास (फ़ा) [सं-स्त्री.] 1. प्रार्थना; पूजा; भगवान को भेंट 2. मंगल कामना 3. निवेदन के साथ भेंट; नज़र 4. नानकपंथियों के ख़ास व्यवहार का शब्द।

अरध (सं.) [अव्य.] 1. अंदर; भीतर 2. नीचे; तले।

अरना [सं-पु.] जंगली भैंसा; वन्य पशु।

अरनी [सं-स्त्री.] 1. एक वृक्ष जो हिमालय पर होता है 2. आरन 3. सूर्य 4. अग्नि।

अरपा [सं-पु.] एक प्रकार का मसाला।

अरब[1] (सं.) [वि.] सौ करोड़ की सूचक (संख्या)।

अरब[2] (अ.) [सं-पु.] 1. पश्चिमी एशिया का एक भूक्षेत्र जिसमें ईराक, कुवैत, मिस्र आदि कई देश स्थित हैं 2. उक्त क्षेत्र का निवासी।

अरबपति (सं.) [सं-पु.] 1. जिसके पास अरबों की धनसंपत्ति हो 2. {ला-अ.} जो बहुत धनवान हो; धनकुबेर।

अरबराना [क्रि-अ.] 1. व्याकुल होना; घबराना 2. चलने में लड़खड़ाना 3. तड़पना 4. प्रेममग्न या विह्वल होना।

अरबी (अ.) [सं-स्त्री.] अरब देश की भाषा। [सं-पु.] 1. अरबी घोड़ा; इराकी 2. अरबी ऊँट; घोड़ा 3. अरबी बाजा; ताशा। [वि.] 1. अरब में उत्पन्न 2. अरब से संबंधित।

अरमान (तु.) [सं-पु.] 1. इच्छा; लालसा; कामना 2. महत्वाकांक्षा 3. हौसला। [मु.] **-कलना** : मनोकामना या इच्छा की पूर्ति होना। **-रह जाना** : कामना या इच्छा अधूरी रह जाना।

अरराना [क्रि-अ.] 1. अरर शब्द करते हुए टूटना या गिरना 2. घोर आवाज़ करना 3. अचानक गिरना; भहराना।

अरलवो [सं-पु.] एक काष्ठौषधि; जिसकी फली से औषधि बनती है; घोड़कंजा; घोड़करंज।

अरवन [सं-पु.] 1. फसल जो कच्ची काटी जाए 2. वह फसल जो पहले पहल काटी जाए और जिसके अन्न का प्रयोग देवताओं की पूजा और ब्राह्मण आदि को खिलाने में होता है; अवई; अवली; अवरी; अवांसी 3. बरतन का मुँह फँसाने के लिए एक फंदा जो उबहन या डोरी में रहता है।

अरवा[1] [सं-पु.] 1. वह भौंरी जो घोड़े के कान की जड़ में गर्दन की ओर होती है, जो शुभ मानी जाती है 2. ताखा दीवाल मेंवना; आला।

अरवा[2] (सं.) [सं-पु.] धान को यों ही कूटकर बिना उबाले निकाला हुआ चावल।

अरविंद (सं.) [सं-पु.] 1. कमल 2. सारस पक्षी 3. ताँबा।

अरविंदाक्ष (सं.) [वि.] कमल के समान आँखोंवाला। [सं-पु.] (पुराण) विष्णु का एक नाम।

अरवी (सं.) [सं-स्त्री.] एक प्रकार का कंद जिसकी सब्ज़ी बनाते हैं; अरुई; घुइयाँ।

अरस (सं.) [वि.] 1. जिसमें रस न हो; रसहीन 2. फीका; स्वादहीन।

अरस-परस (सं.) [सं-पु.] 1. स्पर्श करने अथवा हाथ से छूने का भाव 2. दर्शन और अंगस्पर्श।

अरसथ [सं-पु.] वह बही जिसमें मासिक आय-व्यय का लेखा जोखा होता है।

अरसना (सं.) [क्रि-अ.] 1. आलस्य से युक्त होना 2. ढीला या शिथिल होना।

अरसना-परसना (सं.) [क्रि-स.] 1. स्पर्श करना; छूना 2. आलिंगन करना; गले लगाना 3. अच्छी तरह से देख-भाल करना।

अरसा (अ.) [सं-पु.] 1. समय; काल 2. अवधि 3. लंबी अवधि 4. देर; विलंब 5. मैदान 6. शतरंज की बिसात।

अरसिक (सं.) [वि.] 1. (काव्य, संगीत आदि कलाओं में) जिसे रस न मिलता हो; अरसज्ञ 2. नीरस; रूखे स्वभाववाला 3. प्रेम-रोमांस आदि में रुचि न लेने वाला 4. गंभीर।

अरस्तू (ग्री.) [सं-पु.] यूनान का प्रसिद्ध दार्शनिक एवं विद्वान; (ऐरिस्टॉटल)।

अरहन (सं.) [सं-पु.] वह आटा या बेसन जो सब्ज़ी आदि पकाते समय उसमें मिलाया जाता है, आलन।

अरहर [सं-स्त्री.] प्रसिद्ध पौधा जिसके दानों से दाल बनती है; एक दलहन; तुअर।

अरा (सं.) [सं-स्त्री.] 1. गाड़ी के पहिए की गड़ारी और उसके मध्य भाग को मिलाने वाली पतली सलाई; तीली 2. आरा (लकड़ी चीरने का उपकरण या औज़ार)।

अराई (सं.) [सं-स्त्री.] दे. अरई।

अराजक (सं.) [वि.] 1. शासक या शासनहीन (राज्य) 2. अव्यवस्था उत्पन्न करने वाला; (ऐनार्किस्ट)। 3. विद्रोही या षड्यंत्रकारी।

अराजकता (सं.) [सं-स्त्री.] 1. अराजक होने की स्थिति या भाव 2. राजशून्यता; समाज में विधि, शासन या व्यवस्था न रह जाने की स्थिति 3. किसी देश में शासक या राजा का न होना 4. उथल-पुथल; उपद्रवग्रस्तता; बदअमली 5. अनुशासनहीनता 6. अव्यवस्था; दुर्व्यवस्था; बदइंतज़ामी।

अराजकतावाद (सं.) [सं-पु.] राज्यहीन समाज व्यवस्था का प्रतिपादन करने वाला सिद्धांत।

अराजकतावादी (सं.) [वि.] अराजकतावाद के सिद्धांत को मानने वाला; अराजकता का अनुयायी या समर्थक।

अराजनीतिक (सं.) [वि.] जिसका संबंध राजनीति या राजनीतिक दलों से न हो; गैरराजनीतिक।

अराजपत्रित (सं.) [वि.] जो राजपत्रित न हो; जो भारत सरकार के गजट में शामिल न हुआ हो।

अराड़ (सं.) [सं-पु.] 1. राशि; ढेर 2. वह स्थान जहाँ जलाने की लकड़ी बिकती हो; टाल।

अरारोट (अं.) [सं-पु.] एक पौधा जिसके कंद से रोगियों के आहार के लिए पौष्टिक आटा बनता है; तीखुर; अरारूट।

अराल (सं.) [सं-पु.] 1. सिर के बाल; केश 2. मतवाला या मस्त हाथी। [वि.]1. वक्र; कुटिल; टेढ़ा 2. अपवित्र 3. घुँघराला।

अरावली (सं.) [सं-पु.] राजस्थान की एक पर्वत शृंखला; एक प्रसिद्ध पहाड़ी।

अरि (सं.) [सं-पु.] 1. शत्रु; विरोधी; वैरी 2. शरीर के लिए अहितकर विकार 3. मालिक; स्वामी 4. वायु 5. चक्र।

अरिंज [सं-पु.] एक प्रकार का सफेद बबूल।

अरिंदम (सं.) [वि.] 1. शत्रुनाशक; बैरी का दमन करने वाला 2. शत्रु विजयी।

अरिदमन (सं.) [वि.] 1. शत्रुओं का नाश करने वाला; शत्रुघ्न; अरिमर्दन 2. दूसरे राज्य को जीतने वाला।

अरिबेलस [सं-पु.] प्राचीन यूनानी लोगों द्वारा तेल, मरहम आदि रखने के लिए इस्तेमाल किया जाने वाला वह अलंकृत पात्र जिसकी गरदन छोटी और उसके नीचे का भाग गोल होता था।

अरिमर्दन (सं.) [वि.] शत्रुओं का मर्दन या नाश करने वाला; शत्रुघ्न; अरिदमन।

अरिया [सं-स्त्री.] मछली खाने वाली एक छोटी चिड़िया, जो प्रायः पानी के किनारे रहती है; ताक; लेदी पक्षी।

अरिराज (सं.) [सं-पु.] अरि अर्थात शत्रुओं का राजा।

अरिल्ल (सं.) [सं-पु.] (काव्यशास्त्र) सोलह मात्राओं का एक छंद।

अरिवन [सं-पु.] रस्सी का वह फंदा जिसमें घड़ा आदि फँसाया जाता है; उबका; उबक; छोर।

अरिष्ट (सं.) [सं-पु.] 1. आपत्ति; विपत्ति 2. अशुभ या अमंगलकारी लक्षण 3. दुर्भाग्य 4. कष्ट 5. अनिष्ट ग्रह या ग्रहयोग 6. भूकंप आदि प्राकृतिक उत्पात 7. औषधियों के मादक अर्क 8.लंका के एक पर्वत का नाम 9.बलि के पुत्र एक दैत्य का नाम 10. लहसुन 11. नीम 12. कौआ 13.रीठा [वि.] 1. अविनाशी 2. निरापद 3. अशुभ।

अरिष्टक (सं.) [सं-पु.] रीठा; निर्मली।

अरिष्टनेमी (सं.) [सं-पु.] 1. सोलहवें प्रजापति का नाम 2. कश्यप का एक पुत्र 3. जैनों के बाईसवें तीर्थंकर।

अरिष्टमथन (सं.) [सं-पु.] 1. विष्णु 2. शिव।

अरिहा (सं.) [वि.] शत्रु का नाश करने वाला; शत्रुनाशक। [सं-पु.] शत्रुघ्न।

अरी [अव्य.] स्त्रियों के लिए संबोधनसूचक शब्द।

अरीत [सं-स्त्री.] 1. रीति, नियम या परंपरा के विरुद्ध होने वाला आचरण 2. अनुचित या बुरा कार्य।

अरीतिक (सं.) [वि.] 1. जो नियम, रीति आदि के अनुसार न हो 2. शिष्टाचार रहित; अनौपचारिक।

अरुंतुद (सं.) [वि.] 1. मर्म स्थान पर आघात करने वाला 2. मन को दुखाने वाला 3. जो घाव या कष्ट दे। [सं-पु.] वैरी; शत्रु; दुश्मन।

अरुंधती (सं.) [सं-स्त्री.] 1. (पुराण) वशिष्ठ ऋषि की पत्नी 2. (पुराण) दक्ष की कन्या जो धर्म से ब्याही थी 3. सप्तर्षि मंडल के पास का एक छोटा तारा 4. जीभ।

अरुआ [सं-पु.] 1. पान के आकार के बड़े-बड़े पत्तों वाला एक कंद जिसकी सब्ज़ी बनती है; कंदा 2. एक पेड़ जिसकी लकड़ी ढोल, तलवार की म्यान आदि बनाने के काम आती है 3. उल्लू; घुग्घू।

अरुई (सं.) [सं-स्त्री.] 1. एक प्रकार का कंद जो सब्ज़ी के रूप में प्रयोग किया जाता है, अरवी 2. उक्त पौधे के बड़े-बड़े पत्ते जो सब्ज़ी के रूप में प्रयोग किए जाते हैं।

अरुचि (सं.) [सं-स्त्री.] 1. अनिच्छा; उपेक्षा 2. अश्रद्धा 3. विरक्ति; अराग 4. घृणा 5. नापसंदगी 6. मंदाग्नि रोग; भूख न लगने की अवस्था 7. जी मिचलाना।

अरुचिकर (सं.) [वि.] 1. न रुचने वाला; जो पसंद न आए; अरोचक 2. अप्रिय; नापसंद 3. कुढ़न पैदा करने वाला।

अरुचिर (सं.) [वि.] जो अच्छा न लगे, नापसंद।

अरुज (सं.) [वि.] तंदरुस्त; निरोग। [सं-पु.] 1. अमलतास 2. केसर 3. सिंदूर।

अरुण (सं.) [सं-पु.] 1. सूर्य 2. सूर्य का सारथी 3. उगते हुए सूर्य का रंग 4. सांध्य की लालिमा 5. माघ महीने का सूर्य 6. सिंदूर 7. गहरा लाल रंग 8. कुंकुम। [वि.] 1. लाल 2. उषा या सिंदूर के रंग का।

अरुणचूड़ (सं.) [सं-पु.] 1. मुर्गा 2. वह जिसकी शिष या चोटी लाल हो।

अरुणनेत्र (सं.) [सं-पु.] 1. कोयल 2. कबूतर।

अरुणप्रिया (सं.) [सं-स्त्री.] 1. एक अप्सरा का नाम 2. सूर्य की पत्नियाँ- छाया और संज्ञा।

अरुणाई (सं.) [सं-स्त्री.] ललाई; लालिमा; लाली।

अरुणाग्रज (सं.) [सं-पु.] गरुड़ नामक पक्षी।

अरुणात्मज (सं.) [सं-पु.] अरुण के पुत्र- सुग्रीव, कर्ण, जटायु, यम, शनि आदि।

अरुणात्मजा (सं.) [सं-स्त्री.] 1. सूर्य की पुत्री; यमुना 2. ताप्ती नदी।

अरुणाभ (सं.) [वि.] लालिमा लिए हुए; लाल रंग की आभा से युक्त।

अरुणाश्व (सं.) [सं-पु.] मरुत; वायु।

अरुणित (सं.) [वि.] 1. जिसे लाल किया गया हो; लाल रंग में रँगा हुआ 2. जिसमें लाली आ गई हो।

अरुणिमा (सं.) [सं-स्त्री.] लालिमा; लाली; सुर्ख़ी।

अरुणी (सं.) [सं-स्त्री.] 1. ऊषा 2. लाल गाय।

अरुणोदक (सं.) [सं-पु.] 1. जैन मत के अनुसार एक समुद्र जो पृथ्वी को आवेष्टित किए हुए है 2. लाल सागर।

अरुणोदय (सं.) [सं-पु.] सूर्योदय के पहले का समय जब आसमान में लाली छा जाती है; उषाकाल; भोर; तड़का।

अरुवा (सं.) [सं-पु.] दे. अरुआ।

अरुष (सं.) [वि.] 1. अक्षत 2. चमकीला 3. अक्रुद्ध। [सं-पु.] 1. सूर्य 2. ज्वाला 3. (पुराण) अग्नि का लाल घोड़ा।

अरुषी (सं.) [सं-स्त्री.] 1. उषा 2. ज्वाला 3. भृगु ऋषि की पत्नी।

अरूढ़ (सं.) [वि.] अप्रचलित; जो रूढ़ न हो।

अरूढ़िगत (सं.) [वि.] जो पारंपरिक न हो; अपारंपरिक।

अरूढ़िवादी (सं.) [सं-पु.] रूढ़ियों तथा रीतियों में विश्वास न करने वाला व्यक्ति; प्रगतिशील। [वि.] जो रूढ़िवादी न हो।

अरूप (सं.) [वि.] 1. आकृतिविहीन; निराकार 2. असमान 3. कुरूप; बदशक्ल। [सं-पु.] 1. बदशक्ल व्यक्ति 2. भद्दी

शक्ल।

अरूपक (सं.) [वि.] 1. जिसका कोई रूप या आकार न हो; आकृतहीन 2. अपार्थिव 3. रूपक अलंकार से रहित (शाब्दिक)।

अरूष (सं.) [सं-पु.] 1. सूर्य 2. एक सर्प।

अरे (सं.) [अव्य.] 1. आश्चर्य, दुख, क्षोभ आदि व्यक्त करने वाला उद्‌गार 2. विस्मयादि बोधक संबोधन।

अरेस्ट (अं.) [सं-पु.] गिरफ़्तारी; पकड़; बंदीकरण। [क्रि-स.] गिरफ्तार करना।

अरैया [सं-स्त्री.] धान में लगने वाली बीमारी।

अरैली [सं-स्त्री.] एक प्रकार की झाड़ी, जिसकी पत्तियों से कागज बनाया जाता है।

अरोक [वि.] 1. जिसे रोका न जा सके या जिसपर कोई नियंत्रण न हो; जो रुकता न हो 2. जिसे बाध्य न किया जा सके; अबाध्य 3. जिसमें छिद्र न हो 4. कांतिहीन; निष्प्रभ।

अरोग (सं.) [वि.] 1. स्वस्थ; निरोग; जो बीमार न हो 2. जिसकी चिकित्सा की गई हो।

अरोगी (सं.) [वि.] जो रोगी न हो; स्वस्थ; तंदुरुस्त।

अरोचक (सं.) [वि.] 1. जो रोचक या दिलचस्प न हो 2. अरुचिकर; अरुचिर 3. जो चमकीला न हो 4. भूख मंद करने वाला। [सं-पु.] 1. अरुचि 2. अग्निमांद्य नाम का एक रोग।

अरोचकता (सं.) [सं-स्त्री.] 1. रुचि या दिलचस्पी पैदा करने के गुण का अभाव 2. अप्रियता 3. अनाकर्षण।

अरोड़ा (सं.) [सं-पु.] खत्रियों की एक उपजाति।

अरोही [वि.] आरोही, ऊपर की ओर चढ़ाई करनेवाला।

अरौवा [सं-पु.] हलवाई का छोटा डंडा; पैला (अरौआ)।

अर्क[1] (सं.) [सं-पु.] 1. ज्योति; प्रकाश 2. किरण 3. सूर्य 4. आक; मदार 5. अग्नि 6. आहार 7. विष्णु 8. इंद्र 9. पंडित 10. बड़ा भाई। [वि.] पूजा करने योग्य; पूजनीय।

अर्क[2] (अ.) [सं-पु.] 1. रस 2. सत्व 3. पसीना।

अर्कज (सं.) [सं-पु.] 1. शनि 2. यम 3. कर्ण 4. सुग्रीव 5. अश्विनी कुमार; अर्कनंदन।

अर्कभ (सं.) [सं-पु.] 1. वह तारापुंज जो सूर्य से प्रभावित हो 2. उत्तरा फाल्गुनी नक्षत्र 3. सिंह राशि।

अर्गल (सं.) [सं-पु.] 1. अंदर से किवाड़ बंद करने का लकड़ी का डंडा; अगड़ी; किल्ला; चिटकनी; साँकला 2. अवरोध; रुकावट; रोक 3. लहर।

अर्गला (सं.) [सं-स्त्री.] 1. अगड़ी 2. सिटकिनी 3. हाथी बाँधने के काम आने वाली ज़ंजीर 4. अवरोध; रुकावट; रोक 5. दुर्गा सप्तशती में एक स्तोत्र।

अर्गलित (सं.) [वि.] 1. अर्गल से बंद 2. जिसके आगे कोई अवरोध या रुकावट लगाई गई हो; अवरुद्ध।

अर्गली[1] [सं-स्त्री.] भेंड़ की एक प्रजाति, जो मिस्र, आदि देशों में होती है।

अर्गली[2] (सं.) [सं-स्त्री.] 1. अगड़ी; सिटकनी 2. हाथी बाँधने की जंजीर 3. दुर्गा सप्तशती के आदि में पढ़ा जाने वाला एक स्रोत (अर्गला)।

अर्घ (सं.) [सं-पु.] 1. पूजा के सोलह उपचारों में से एक 2. पूजा में चढ़ाई जाने वाली दूध-फल आदि सामग्री 3. शहद; मधु 4. अतिथि को हाथ पैर धोने के लिए दिया गया जल 5. अश्व; घोड़ा 6. दाम; मूल्य।

अर्घपतन (सं.) [सं-पु.] 1. किसी वस्तु का अर्घ (भाव या मूल्य) कम होना या घटना 2. भाव उतरना।

अर्घ्य (सं.) [वि.] 1. पूजा में चढ़ाने योग्य 2. बहुमूल्य 3. पूजनीय। [सं-पु.]1. जल, फल-फूल आदि सामग्री जो पूजा में चढ़ाई जाती है 2. इस चढ़ावे का उपक्रम।

अर्चक (सं.) [वि.] 1. अर्चन करने वाला 2. पूजन करने वाला; पूजक।

अर्चन (सं.) [सं-पु.] 1. पूजा; अर्चना 2. आदर; सत्कार।

अर्चना (सं.) [सं-स्त्री.] उपासना; पूजन; वंदन; कीर्तन।

अर्चनीय (सं.) [वि.] उपासना के योग्य; पूजनीय; वंदनीय।

अर्चा (सं.) [सं-स्त्री.] 1. पूजा; अर्चन 2. प्रतिमा या मूर्ति जिसकी पूजा की जाती हो।

अर्चि (सं.) [सं-स्त्री.] 1. अग्नि की शिखा 2. लौ; लपट 3. तेज; दीप्ति 4. सूर्योदय या सूर्यास्त के समय की किरणें।

अर्चित (सं.) [वि.] जिसकी अर्चना की गई हो; सम्मानित; पूजित; वंदित।

अर्ज़ (अ.) [सं-स्त्री.] 1. निवेदन; प्रार्थना; अपील; विनती। [सं-पु.] 1.वस्त्र आदि की चौड़ाई 2. पृथ्वी 3.जमीन; भूमि।

अर्जक (सं.) [सं-पु.] 1. कमाने वाला; अर्जित करने वाला 2. प्राप्त करने वाला; हासिल करने वाला।

अर्जन (सं.) [सं-पु.] 1. कमाना 2. हासिल करना 3. संग्रह करना।

अर्जनीय (सं.) [वि.] 1. जिसका अर्जन किया जाना हो 2. संग्रह या प्राप्त करने योग्य।

अर्जष्ट [सं-पु.] एक पैर सफेद और शेष शरीर दूसरे रंग वाला घोड़ा।

अर्जित (सं.) [वि.] 1. अर्जन किया हुआ; कमाया हुआ 2. इकट्‌ठा किया हुआ; संचित; संगृहीत।

अर्ज़ी (अ.) [सं-स्त्री.] प्रार्थनापत्र; दरख़्वास्त। [वि.] 1. पृथ्वी; भूमि या ज़मीन संबंधी 2. लौकिक।

अर्ज़ीदावा (अ.) [सं-पु.] वह निवेदन-पत्र जो अदालत में दावा दायर करने के लिए दिया जाता है।

अर्ज़ीनवीस (अ.+फ़ा) [सं-पु.] अर्ज़ी लिखने वाला; वह जो दूसरों के लिए अर्ज़ियाँ लिखता हो।

अर्जुन (सं.) [सं-पु.] 1. पाँच पांडवपुत्रों में से एक जो महाभारत के युद्ध में पांडव पक्ष का नायक था 2. एक वृक्ष जिसकी छाल औषधि के रूप में काम आती है 3. स्वर्ण धातु।

अर्जुनी [सं-स्त्री.] 1. हिमालय से निकलने वाली एक नदी; करतोया 2. सफ़ेद गाय 3. (पुराण) बाणासुर की पुत्री जिसका विवाह कृष्ण के पोते अनिरुद्ध के साथ हुआ था।

अर्ण (सं.) [सं-पु.] 1. अक्षर; वर्ण 2. जल; पानी 3. शोरगुल; हो-हल्ला 4. एक प्रकार का दंडक वृत्त 5. सागौन नामक वृक्ष।

अर्णव (सं.) [सं-पु.] 1. समुद्र 2. अंतरिक्ष 3. सूर्य 4. इंद्र 5. रत्न; मणि 6. दंडक वृत्त का एक भेद। [वि.] उत्तेजित; विकल।

अर्तन (सं.) [सं-पु.] 1. निंदा; बुराई 2. जुगुप्सा; घृणा। [वि.] 1. निंदा या बुराई करने वाला 2. खिन्न; उदास; शोकाकुल।

अर्तिका (सं.) [सं-स्त्री.] बड़ी बहन।

अर्थ (सं.) [सं-पु.] 1. अभिप्राय; मतलब; मानी 2. प्रयोजन 3. किसी बात या शब्द की व्याख्या 4. शब्द की शक्ति 5. इष्ट; काम 6. कारण; निमित्त; हेतु 7. मामला 8. इंद्रियों के विषय-रूप, रस, गंध, शब्द और स्पर्श 9. चार पुरुषार्थों में से एक 10. धन; संपत्ति 11. उपयोग 12. लाभ 13. दिलचस्पी। [क्रि.वि.] 1. अर्थ की दृष्टि से 2. वस्तुतः; सचमुच।

अर्थक (सं.) [वि.] 1. अर्थ या धन से संबंधित 2. आर्थिक 3. अर्थ या धन उपार्जित या पैदा करने वाला 4. अर्थ या मतलब से संबंध रखने वाला।

अर्थकर (सं.) [सं-पु.] जिसका कुछ अर्थ हो; सार्थक। [वि.] जिससे आमदनी हो, धन प्रदान करने वाला।

अर्थकाम (सं.) [वि.] जिसे अर्थ या धन प्राप्त करने की लालसा रहती है; धनेच्छु; धनकाम; स्वार्थी।

अर्थगत (सं.) [वि.] (शब्द के) अर्थ पर आश्रित।

अर्थगर्भ (सं.) [वि.] 1. जिसमें विशिष्ट अर्थ निहित हो 2. गहरे अर्थवाला; अर्थपूर्ण।

अर्थगर्भित (सं.) [वि.] 1. जिसमें एक या कई अर्थ हो सकते हों; अर्थपूर्ण 2. सारगर्भित; अर्थयुक्त 3. अभिव्यक्तिपूर्ण।

अर्थगृह (सं.) [सं-पु.] ख़ज़ाना, कोषागार।

अर्थगौरव (सं.) [सं-पु.] किसी वाक्य या रचना में अर्थ या आशय की गंभीरता और व्यापकता।

अर्थग्रहण (सं.) [सं-पु.] 1. आशय, अभिप्राय या मतलब समझना; अर्थबोध; भावग्रहण 2. शब्दार्थ।

अर्थघ्न (सं.) [वि.] 1. धन को नष्ट करने वाला 2. अपव्ययी।

अर्थचर (सं.) [सं-पु.] 1. नौकर या कर्मचारी 2. अर्थ या धन पर केंद्रित।

अर्थचिंतन (सं.) [सं-पु.] धनोपार्जन या आजीविका के बारे में किया जाने वाला सोच-विचार।

अर्थचिंता (सं.) [सं-स्त्री.] 1. धन या रुपए की चिंता 2. अर्थलिप्सा।

अर्थच्छवि (सं.) [सं-स्त्री.] शब्द के अर्थ से निकलने या व्यक्त होने वाला भाव; विवक्षा, जैसे- दिवाकर और प्रभाकर का अर्थ है सूर्य, लेकिन अर्थच्छवियाँ भिन्न-भिन्न हैं, दिवाकर का अर्थ है दिन करने वाला तथा प्रभाकर का अर्थ है प्रकाश करने वाला।

अर्थतंत्र (सं.) [सं-पु.] 1. सार्वजनिक राजस्व तथा उसके आय-व्यय की पद्धति 2. अर्थव्यवस्था।

अर्थतः (सं.) [अव्य.] 1. अर्थात् 2. अर्थ की दृष्टि से 3. वस्तुतः; सचमुच।

अर्थतत्व (सं.) [सं-पु.] भाषा विज्ञान के विचार से वह शब्द जिसमें कोई अर्थ निहित होता है अथवा जो किसी पदार्थ, भाव या विचार का वाचक होता है।

अर्थद (सं.) [वि.] धन या रुपया देने वाला; धनप्रद; लाभप्रद। [सं-पु.] 1. कुबेर 2. धन देकर अध्ययन करने वाला छात्र।

अर्थदंड (सं.) [सं-पु.] 1. अर्थ के रूप में दी जाने वाली सज़ा; जुरमाना 2. क्षतिपूर्ति के रूप में चुकाया जाने वाला धन 3. तावान; डाँड 4. हरजाना; (फ़ाइन)।

अर्थदान (सं.) [सं-पु.] पुरस्कारस्वरूप दिया जाने वाला धन।

अर्थदूषण (सं.) [सं-पु.] 1. अनुचित रूप से धन ख़र्च करना; अपव्यय 2. गलत तरीके से किसी का धन छीन लेना 3. दूसरे के धन को नष्ट करना 4. अर्थ में कमी निकालना।

अर्थदोष (सं.) [सं-पु.] 1. अर्थ संबंधी दोष 2. (काव्यशास्त्र) वे दोष जिनका संबंध अर्थ से होता है, इसके प्रमुख भेद है- अपुष्ट, कष्टार्थ, पुनरुक्त, संदिग्ध, दुष्क्रम, अपदयुक्त, अनवीकृत, नियमपरिवृत्त, अनुवाद, अयुक्त आदि।

अर्थध्वनि (सं.) [सं-स्त्री.] किसी शब्द या वाक्य से होने वाला अर्थ का बोध; व्यंजनार्थ।

अर्थनाराच (सं.) [सं-पु.] 1. एक प्रकार का दंड जिसके प्रत्येक चरण मे जगण,रगण और लघु गुरु होता है। इसे प्रामाणिक दंड भी कहते हैं 2. एक प्रकार का तीर या बाण।

अर्थनिरूपण (सं.) [सं-पु.] अर्थ की व्याख्या; अर्थ को खोलना; मतलब समझाना।

अर्थपरंपरा (सं.) [सं-स्त्री.] किसी शब्द के अर्थों की परंपरा; परंपरा से प्राप्त अर्थों का विकासक्रम में भी अक्षुण्ण रहना।

अर्थपिशाच (सं.) [सं-पु.] 1. धन संग्रह करने वाला व्यक्ति; लोभी 2. बहुत बड़ा कंजूस; धनलोलुप 3. सूदख़ोर।

अर्थपूर्ण (सं.) [वि.] 1. सारगर्भित 2. गंभीर 3. महत्वपूर्ण 4. सार्थक; संपूर्ण एवं स्पष्ट अर्थवाला।

अर्थप्रकृति (सं.) [सं-स्त्री.] नाटक में कथावस्तु के विकसित होने में मददगार तत्व। समग्र इतिवृत्त या कथावस्तु को पाँच स्थितियों में विभाजित किया किया जाता है- बीज, बिंदु, पताका, प्रकरी और कार्य, इन्हें ही अर्थप्रकृतियाँ कहा जाता हैं।

अर्थप्रणाली (सं.) [सं-स्त्री.] अर्थ से संबंधित विधि या कानून।

अर्थप्रधान (सं.) [वि.] जिसमें अर्थ की प्रधानता हो।

अर्थप्रबंध (सं.) [सं-पु.] किसी कार्य के लिए की जाने वाली रुपयों की व्यवस्था या प्रबंध; आय-व्यय; (फ़ाइनेंस)।

अर्थबंध (सं.) [सं-पु.] 1. विशेष अवसर पर या विशेष कार्य के लिए होने वाली आर्थिक व्यवस्था 2. कोई आर्थिक समझौता 3. वाक्य, पाठ, श्लोक आदि की रचना।

अर्थबुद्धि (सं.) [वि.] स्वार्थी; मतलबी।

अर्थभागी (सं.) [वि.] जो अर्थ या संपत्ति में हिस्सेदार हो।

अर्थभेद (सं.) [सं-पु.] (शब्दों में) अर्थ संबंधी अंतर।

अर्थभेदकारी (सं.) [वि.] अर्थभेद उत्पन्न करने वाला।

अर्थमूलक (सं.) [वि.] 1. अर्थ या दीवानी विभाग से संबंध रखने वाला 2. (शब्द) जो अर्थ पर केंद्रित हो।

अर्थयुक्ति (सं.) [सं-स्त्री.] अर्थ या धन से युक्त होने की अवस्था या भाव; अर्थवान होना; लाभ।

अर्थलाभ (सं.) [सं-पु.] अर्थ या धन के रूप में होने वाला लाभ; मुनाफ़ा।

अर्थलिप्सा (सं.) [सं-स्त्री.] अर्थलोभ; अर्थलोलुपता; धन-संपत्ति का लालच।

अर्थलिप्सु (सं.) [वि.] जिसे अर्थ या धन की लिप्सा या लालसा हो।

अर्थलोलुप (सं.) [वि.] धन या अर्थ का लालची; धनलोलुप।

अर्थवक्रोक्ति (सं.) [सं-स्त्री.] 1. अर्थ में चमत्कार 2. अर्थालंकार का एक भेद, जहाँ अर्थश्लेष सिर्फ़ अन्य अभिप्राय से कहे हुए वाक्य के अर्थ की कल्पना पर आधारित होता है, वक्रोक्ति में चमत्कार शब्दशक्तिमूलक होता है, जबकि अर्थवक्रोक्ति में वह अर्थशक्तिमूलक होता है।

अर्थवत्ता (सं.) [सं-स्त्री.] अर्थ की सत्ता; अर्थ की महत्ता।

अर्थवर्जित (सं.) [वि.] जिसका कोई महत्व न हो; महत्वहीन।

अर्थवाची (सं.) [वि.] अर्थ बताने वाला; सार्थक।

अर्थवाद (सं.) [सं-पु.] 1. किसी उपदेश या बात की व्याख्या 2. अर्थ का प्रकटीकरण।

अर्थवान (सं.) [वि.] 1. सारगर्भित 2. गंभीर 3. महत्वपूर्ण 4. सार्थक; संपूर्ण एवं स्पष्ट अर्थवाला 5. अर्थपूर्ण, उद्देश्यपूर्ण।

अर्थविकार (सं.) [सं-पु.] शब्दों के अर्थ में उत्पन्न होने वाला परिवर्तन या दोष; भाव में होने वाला बदलाव।

अर्थविचार (सं.) [सं-पु.] शब्द के अर्थ पर किया जाने वाला विचार।

अर्थवितंडा (सं.) [सं-पु.] आर्थिक लाभ के लिए होने वाली व्यर्थ की बहस या बातचीत।

अर्थविद (सं.) [वि.] तात्पर्य समझने वाला; अर्थ निकालने वाला।

अर्थविधान (सं.) [सं-पु.] शब्दों के अर्थ लगाने, बनाने या विकसित करने का ढंग।

अर्थविधि (सं.) [सं-स्त्री.] वह विधि या कानून जो राज्य की ओर से जनता के अधिकारों की रक्षा के लिए बनाया गया हो; (सिविल लॉ)।

अर्थविवाद (सं.) [सं-पु.] 1. वह विवाद जो केवल अर्थ या धन से संबंधित हो 2. दीवानी मुकदमा।

अर्थविशेषज्ञ (सं.) [वि.] 1. अर्थ या संपत्ति के विषय में अच्छी जानकारी रखने वाला 2. अर्थशास्त्री।

अर्थविस्तार (सं.) [सं-पु.] अर्थ का समानधर्मा वस्तुओं पर लागू होना; अर्थ के नए आयाम खुलना।

अर्थव्यक्ति गुण (सं.) [सं-पु.] अर्थ को व्यक्त या स्पष्ट करने का गुण।

अर्थव्याप्ति (सं.) [सं-स्त्री.] अर्थ का फैलाव; अर्थ की व्यापकता; अर्थ की समृद्धि।

अर्थशास्त्र (सं.) [सं-पु.] 1. वह शास्त्र जिसमें अर्थ या धन की प्राप्ति, वितरण तथा विनिमय के सिद्धांतों का विवेचन हो; अर्थविज्ञान 2. पारंपरिक अर्थों में राजनीतिविज्ञान और नीतिशास्त्र।

अर्थशास्त्री (सं.) [सं-पु.] अर्थशास्त्र का ज्ञाता; अर्थशास्त्र का मर्मज्ञ।

अर्थशून्य (सं.) [वि.] निरर्थक; बकवासपूर्ण।

अर्थश्लेष (सं.) [सं-पु.] अर्थ में श्लेष; किसी शब्द का दोहरे-तिहरे अर्थ में प्रयोग।

अर्थसंकोच (सं.) [सं-पु.] शब्दों के व्यापक अर्थ में कमी आना।

अर्थसंगति (सं.) [सं-स्त्री.] 1. अर्थ (आशय) का सटीकपन 2. किसी कविता या रचना में अर्थ का परिप्रेक्ष्य और प्रसंग से तालमेल।

अर्थसंपदा (सं.) [सं-स्त्री.] 1. धन-दौलत; रुपया-पैसा 2. खनिज पदार्थ; कच्चा माल 3. कोयला; पानी; लोहा।

अर्थसिद्धि (सं.) [सं-स्त्री.] 1. उद्देश्य की सिद्धि; कार्यसिद्धि 2. सफलता।

अर्थसूचक (सं.) [वि.] अर्थ को प्रकट करने वाला; अभिप्राय को स्पष्ट करने वाला।

अर्थसौंदर्य (सं.) [सं-पु.] किसी रचना में मिलने वाला अर्थगत सौंदर्य।

अर्थहीन (सं.) [वि.] 1. निरर्थक; बेकार; बेमतलब 2. सारहीन 3. असफल 4. निर्धन।

अर्थहीनता (सं.) [सं-स्त्री.] 1. अर्थहीन होने की अवस्था या भाव; निरर्थकता 2. सारहीनता 3. निर्धनता; विपन्नता।

अर्थांतर (सं.) [सं-पु.] 1. दूसरा विषय; नवीन विषय 2. नई स्थिति 3. दूसरा मतलब; नया अर्थ।

अर्थांतरन्यास (सं.) [सं-पु.] एक अलंकार जिसमें सामान्य से विशेष की और विशेष से सामान्य की अथवा इसी तरह कारण से कार्य की और कार्य से कारण का पुष्टि की जाती है।

अर्थागम (सं.) [सं-पु.] आय; धनार्जन; आमदनी; धनागम।

अर्थातिक्रम (सं.) [सं-पु.] 1. हाथ में आई अच्छी चीज़ छोड़ देना 2. गलत अर्थ निकालना; अर्थ-विभ्रम।

अर्थात् (सं.) [अव्य.] 1. अर्थ यह है कि; तात्पर्य यह कि 2. अर्थतः 3. यानी; आशय; मतलब 4. दूसरे शब्दों में 5. वस्तुतः; फलतः 6. विवरणसूचक शब्द।

अर्थाधिकरण (सं.) [सं-पु.] अर्थ से संबंधित न्यायालय; दीवानी अदालत।

अर्थाधिकारी (सं.) [सं-पु.] 1. कोष या खज़ाने की देख-रेख करने वाला अधिकारी; खजांची 2. आर्थिक विषयों का ज्ञाता; अर्थशास्त्री 3. अर्थमंत्री।

अर्थानर्थापद (सं.) [सं-पु.] लाभ और हानि का एक साथ होने वाला भय।

अर्थानुबंध (सं.) [सं-पु.] 1. पारस्परिक हित के विचार से होने वाला आर्थिक समझौता 2. किसी विशिष्ट काम या बात के लिए होने वाली आर्थिक व्यवस्था; अर्थबंध।

अर्थानुवाद (सं.) [सं-पु.] 1. (न्यायालय में) विधि विहित विषय का बार-बार यथावत कथन या अनुवचन 2. शब्दार्थ-आधारित अनुवाद; सतही या यांत्रिक अनुवाद।

अर्थानुसंधान (सं.) [सं-पु.] शब्दों के अर्थों को खोजने और समझने का प्रयास करना।

अर्थान्वित (सं.) [वि.] 1. (वाक्य या उक्ति) अर्थ या आशय से युक्त 2. महत्वपूर्ण; सार्थक 3. सारगर्भ 4. मार्मिक 5. धनी; जो धन-संपत्ति से युक्त हो।

अर्थापत्ति (सं.) [सं-स्त्री.] 1. परिणाम; फल 2. ऐसा प्रमाण जिसमें एक बात से दूसरी बात की सिद्धि होती है 3. अर्थालंकार का एक भेद जिसमें एक अर्थ द्वारा दूसरा स्वतः सिद्ध हो जाए।

अर्थापदेश (सं.) [सं-पु.] शब्दों के मूल अर्थ विलुप्त होने और नए अर्थ के समावेश होने की क्रिया।

अर्थापन (सं.) [सं-पु.] किसी गूढ़ पद या वाक्य का अर्थ लगाना या बताना; यह कहना कि इसका यह अर्थ है।

अर्थाभाव (सं.) [सं-पु.] 1. गरीबी; विपन्नता 2. आर्थिक संकट; अर्थ की कमी या अभाव।

अर्थार्थी (सं.) [वि.] 1. धन की कामना रखने या उसे प्राप्त करने की कोशिश में लगा रहने वाला 2. मतलबी; स्वार्थी।

अर्थालंकार (सं.) [सं-पु.] वह अलंकार जो शब्द नहीं बल्कि अर्थ में चमत्कार उत्पन्न करता हो।

अर्थिक (सं.) [सं-पु.] 1. प्रहरी 2. मध्यकाल में वह व्यक्ति जो राजा को सोने और उठने के समय की सूचना देता था। [वि.] किसी चीज़ की चाह रखने वाला।

अर्थित (सं.) [वि.] 1. माँगा हुआ; चाहा हुआ 2. प्रार्थित 3. अर्थ लगाया हुआ।

अर्थी (सं.) [सं-स्त्री.] शव को शवदाह गृह या श्मशान तक ले जाने के लिए बाँस या लकड़ी से बनायी गई आयताकार टिकठी। [सं-पु.] 1. धनवान 2. सेवक 3. वादी; मुद्दई। [वि.] 1. याचक; इच्छा या चाह रखने वाला 2. गरज़मंद।

अर्थेतर (सं.) [वि.] 1. आर्थिक मामलों से भिन्न संदर्भ का 2. सीधे-सामान्य अर्थ से इतर परिप्रेक्ष्य वाला।

अर्थोत्कर्ष (सं.) [सं-पु.] अर्थ का किसी अच्छे प्रसंग में परिवर्तन या बदलाव; अर्थ का उत्कर्ष होना।

अर्थोद्घाटन (सं.) [सं-पु.] अर्थ का उद्घाटन; अर्थ का प्रकाशन।

अर्थोपक्षेपक (सं.) [सं-पु.] नाटक में रसहीन वस्तुओं की सिर्फ़ सूचना दी जाती है और ऐसी सूचना देना ही अर्थोपक्षेपक कहलाता है। इसके पाँच प्रकार हैं- विष्कंभ (विष्कंभक), चूलिका, अंकास, अंकावतार और प्रवेशक।

अर्थोपचार (सं.) [सं-पु.] वह उपचार या क्षतिपूर्ति जो अर्थ-न्यायालय या अर्थविधि के द्वारा प्राप्त हो।

अर्थोपार्जन (सं.) [सं-पु.] 1. अर्थ या धन कमाने की क्रिया या भाव 2. रोज़गार।

अर्थ्य (सं.) [वि.] 1. माँगने योग्य; चाहने योग्य 2. उपयुक्त; उचित 3. धनी 4. बुद्धिमान; चतुर।

अर्दन (सं.) [सं-पु.] 1. पीड़न; दुख देना 2. दूर करना या हटाना 3. याचना; माँगना 4. वध; हत्या 5. चलने या गमन करने की क्रिया या भाव। [वि.] 1. पीड़ा या कष्ट देने वाला 2. नाश करने वाला 3. जो बेचैनी से घूमता या चलता है।

अर्दित (सं.) [वि.] 1. जिसे पीड़ा पहुँचाई गई हो; पीड़ित 2. गया हुआ; गत 3. चाहा या माँगा हुआ; याचित। [सं-पु.] एक वात रोग।

अर्ध (सं.) [वि.] 1. अर्द्ध, आधा; (हाफ़) 2. मध्य 3. तुल्य या सम (विभाग) 4. आंशिक। [सं-पु.] 1. भाग 2. आधा भाग।

अर्धउष्ण (सं.) [सं-पु.] आधा गरम; गुनगुना।

अर्धक (सं.) [वि.] 1. आधा 2. अधूरा।

अर्धकुशल (सं.) [वि.] 1. आधी-अधूरी जानकारी या कौशलवाला; अनाड़ी 2. जो किसी काम का आधा जानकार हो।

अर्धकुसुमित (सं.) [वि.] आधा खिला हुआ; अधखिला।

अर्धक्षमता (सं.) [सं-स्त्री.] 1. आधी-अधूरी क्षमता 2. न इधर न उधर।

अर्धगोलाकार (सं.) [वि.] गोले के आधे आकार का; गोलार्ध जैसा।

अर्धग्रामीण (सं.) [वि.] 1. जो आधा गँवई तथा आधा शहराती हो 2. ग्रामीण रहन-सहन और संस्कृति से काफ़ी हद तक मुक्त; शहरी जीवन से प्रभावित।

अर्धचंद्र (सं.) [सं-पु.] 1. आधा चंद्रमा; अष्टमी का चाँद 2. अनुनासिक ध्वनि का चिह्न; चंद्रबिंदु 3. हिलाल 4. मोरपंख पर की आँख जो आधे चंद्रमा सरीखी दिखती है 5. नख-क्षत 6. अर्धचंद्राकार नोक वाला बाण 7. त्रिपुंड का एक प्रकार।

अर्धचंद्राकार (सं.) [वि.] 1. आधे चंद्रमा के आकार का 2. धनुषाकार; नवचंद्राकार।

अर्धचालक (सं.) [सं-पु.] (धातु या पदार्थ) जिनमें विशेष परिस्थितियों में ही विद्युत प्रवाह होता है; जो पूरी तरह सुचालक न हो।

अर्धचेतन (सं.) [वि.] 1. आधे होश में; पूरी तरह चैतन्य नहीं 2. अवचेतन।

अर्धजन्मा (सं.) [वि.] 1. आधा जन्मा हुआ 2. अर्धविकसित।

अर्धजागृत (सं.) [वि.] आधा जागा हुआ; जो अलसाया हुआ हो।

अर्धजीवित (सं.) [वि.] अधमरा; जिसमें आधी जान बची हो।

अर्धज्ञान (सं.) [सं-पु.] 1. अधूरा ज्ञान; अल्पज्ञान 2. नासमझी।

अर्धदेव (सं.) [सं-पु.] मनुष्यों और देवताओं में वह योनि या जीववर्ग जिसमें किन्नर, यक्ष, गंधर्व, वसु आदि आते हैं।

अर्धनगरीय (सं.) [वि.] जो पूरी तरह नगरीय न हो पाया हो; कस्बाई; देहाती।

अर्धनग्न (सं.) [वि.] 1. आधा नंगा; जो शरीर पर पूरे कपड़े न पहने हो 2. कम वस्त्रोंवाला।

अर्धनारीश्वर (सं.) [सं-पु.] 1. (पुराण) स्त्री और पुरुष दोनों की शारीरिक विशेषताओं को संयुक्त रूप से दर्शाने वाली दैवी मूर्ति या शक्ति 2. शिव का एक रूप जिसमें उनके शरीर के आधे भाग में पार्वती का रूप होता है।

अर्धनिमीलित (सं.) [वि.] आधा बंद या आधा खुला; अधखिला।

अर्धप्रतिमा (सं.) [सं-स्त्री.] 1. खंडित मूर्ति 2. अर्धछवि; जो पूरी तरह साकार न हुआ हो।

अर्धमागधी (सं.) [सं-स्त्री.] प्राकृत का एक भेद, जिससे पूर्वी भाषाओं अवधी, बघेली, छत्तीसगढ़ी आदि का विकास हुआ है।

अर्धमासिक पत्रिका (सं.) [सं-स्त्री.] माह में दो बार निकलने वाली पत्रिका; पाक्षिक पत्रिका।

अर्धमूर्छित (सं.) [वि.] आधा बेहोश; जो पूरी तरह मूर्छित या

बेहोश न हो; अर्धचेतन; नीमबेहोश।

अर्धरात्रि (सं.) [सं-स्त्री.] आधी रात; आधी रात का पहर।

अर्धवयस्क (सं.) [वि.] अल्पवयस्क, किशोर।

अर्धवार्षिक (सं.) [वि.] आधे साल का; आधे साल में होने वाला; छमाही।

अर्धविकसित (सं.) [वि.] 1. जो पूरी तरह विकसित न हो; नामुकम्मल 2. विकासशील; विकसनशील 3. असामयिक; कच्चा 4. अपक्व; समय से पूर्व का; अप्रौढ़।

अर्धविक्षिप्त (सं.) [वि.] आधा पागल।

अर्धविधिक (सं.) [वि.] जो पूरी तरह विधि-सम्मत या कानून-सम्मत न हो।

अर्धविराम (सं.) [सं-पु.] 1. वाक्य में होने वाला विराम; (सेमीकोलन) 2. थोड़ा-सा रुकना; ठिठकना।

अर्धविवृत (सं.) [वि.] 1. आधा खुला 2. (स्वर) जिसका उच्चारण करते समय मुँह आधा खुला रहे, जैसे- 'ऐ' और 'औ'।

अर्धविस्मृत (सं.) [वि.] आधा भूला हुआ; जो पूरी तरह याद न हो।

अर्धवृत्त (सं.) [सं-पु.] 1. वृत्त या गोले का आधा भाग 2. मध्य बिंदु से समान अंतर पर खींची गई गोल रेखा का आधा भाग।

अर्धवृत्ताकार (सं.) [वि.] आधे वृत्त या गोले के आकार का; गोलाई का आधा।

अर्धवृद्ध (सं.) [वि.] युवावस्था और वृद्धावस्था के बीच का; अधेड़।

अर्धव्यास (सं.) [सं-पु.] आधा व्यास; त्रिज्या।

अर्धशंका (सं.) [सं-स्त्री.] 1. आधा संदेह; कुछ शंका 2. असमंजस; दुविधा।

अर्धशताब्दी (सं.) [सं-स्त्री.] आधी शताब्दी; अर्द्धती; पचास वर्ष।

अर्धशब्द (सं.) [वि.] जिसकी आवाज़ ज़ोर की नहीं बल्कि धीमी हो।

अर्धशासकीय (सं.) [वि.] 1. सार्वजानिक एवं निजी क्षेत्र का संयुक्त (उद्यम) 2. अर्धसरकारी।

अर्धशास्त्रीय (सं.) [वि.] जो पूरी तरह शास्त्रीय या शास्त्र-सम्मत न हो।

अर्धशिक्षित (सं.) [वि.] जिसकी पढ़ाई अधूरी रह गई हो।

अर्धशेष (सं.) [वि.] जिसका आधा ही शेष रहा गया हो; जिसका आधा बरबाद हो चुका हो।

अर्धश्याम (सं.) [सं-पु.] आधा साँवला।

अर्धश्यामल (सं.) [सं-पु.] दे. अर्धश्याम।

अर्धसंवृत्त (सं.) [वि.] 1. आधा बंद 2. (स्वर) जिसका उच्चारण करते समय मुँह आधा बंद रहे, जैसे- 'ऐ' और 'औ'।

अर्धसत्र (सं.) [सं-पु.] विश्वविद्यालय में छह महीनों का पाठ्यक्रम या छह महीनों की अवधि; (सेमेस्टर)।

अर्धसम (सं.) [वि.] जो आधे के बराबर हो। [सं-पु.] वह छंद या वृत्त जिसका पहला और तीसरा तथा दूसरा और चौथा चरण समान हो, जैसे- दोहा और सोरठा।

अर्धसमवृत्त (सं.) [सं-पु.] (काव्यशास्त्र) वह छंद या वृत्त जिसके पहले तथा तीसरे और दूसरे तथा चौथे चरणों में बराबर-बराबर मात्राएँ या वर्ण हों, जैसे- दोहा, सोरठा आदि।

अर्धसरकारी (सं.) [वि.] अर्धशासकीय।

अर्धसाक्षर (सं.) [वि.] अधूरा पढ़ा-लिखा; अर्द्धशिक्षित।

अर्धसीरी (सं.) [सं-पु.] वह किसान जो परिश्रम के बदले आधी फ़सल लेता हो; बटाईदार।

अर्धसैनिक (सं.) [वि.] सेना से इतर केंद्रीय नियंत्रण वाले बल। अर्धस्वर उच्चारण के समय जिह्वा एक स्थान से दूसरे स्थान की ओर सरकती है और वायुविवर को किंचित सँकरा कर देती है, जैसे- 'य्, व'।

अर्धस्वायत्त (सं.) [वि.] जिसके संचालन के कुछ नियम-कानून अपने हों कुछ सरकारी।

अर्धांग (सं.) [सं-पु.] 1. शरीर का आधा अंग या भाग 2. शिव का एक नाम।

अर्धांगिनी (सं.) [सं-स्त्री.] पत्नी; सहधर्मिणी।

अर्धांगी (सं.) [सं-पु.] 1. पक्षाघात का रोगी 2. शिव।

अर्धांश (सं.) [वि.] 1. आधे का आधा; चौथाई 2. आधे-आधे।

अर्धांशी (सं.) [वि.] जो आधे अंश या हिस्से का अधिकारी या पात्र हो।

अर्धाली (सं.) [सं-स्त्री.] 1. छंद विशेषतः चौपाई का आधा भाग 2. चौपाई की एक पंक्ति में दो भाग होते हैं तथा प्रत्येक भाग अर्धाली कहलाता है।

अर्धावृत्त (सं.) [वि.] 1. आधा घिरा हुआ 2. आधा ढका हुआ।

अर्धाशन (सं.) [सं-पु.] आधा भोजन।

अर्धासन (सं.) [सं-पु.] किसी का सम्मान करने के लिए उसे अपने आसन पर बैठाना या अपने आसन का आधा अंश उसे देना।

अर्धेंदु (सं.) [सं-पु.] अर्धचंद्र।

अर्धोत्तोलित (सं.) [वि.] जिसे आधा उठाया गया हो।

अर्धोत्थित (सं.) [वि.] जो आधा उठा हो।

अर्धोदक (सं.) [सं-पु.] आधे शरीर तक गहरा पानी।

अर्धोदय (सं.) [सं-पु.] माघ की अमावस्या का रविवार के दिन पड़ने पर मनाया जाने वाला पर्व।

अर्धोन्मीलित (सं.) [वि.] आधा खिला हुआ (फूल आदि)।

अर्पक (सं.) [वि.] अर्पण करने वाला; नम्रतापूर्वक देने वाला; समर्पक।

अर्पण (सं.) [सं-पु.] 1. देना; सौंपना; भेंट करना 2. दान; प्रदान; बलिदान 3. वापस करना 4. रखना 5. समर्पण।

अर्पित (सं.) [वि.] 1. अर्पण किया हुआ; श्रद्धा के साथ अपने अभीष्ट को न्योछावर किया हुआ 2. दिया हुआ; प्रदत्त; चढ़ाया हुआ 3. उपहृत; समर्पित; हस्तांतरित।

अर्बुद (सं.) [सं-पु.] 1. एक रोग जिसमें शरीर पर इल्ले की भाँति मांस पिंड निकल आता है; बतौरी 2. दस करोड़ 3. आबू पहाड़; अरावली पर्वत 4. एक पुराणोक्त सर्प 5. एक दैत्य जिसे इंद्र ने मारा था 6. दो माह का गर्भ 7. जैनियों का एक तीर्थस्थान।

अर्बुदि (सं.) [सं-पु.] 1. सर्वव्यापक; ईश्वर 2. एक राक्षस का नाम।

अर्भ (सं.) [सं-पु.] 1. शिशु; बच्चा 2. छात्र 3. कुशा 4. नेत्र बाला नामक औषधि 5. शिशिर ऋतु।

अर्भक (सं.) [सं-पु.] 1. बच्चा 2. छौना 3. कुशा 4. मूर्ख आदमी। [वि.] दुबला-पतला; छरहरा; कृशोदर।

अर्यमा (सं.) [सं-पु.] 1. सूर्य 2. बारह आदित्यों में से एक 3. पितरों का एक गण 4. मदार; आक।

अर्रबाउ [सं-स्त्री.] धूलि के बाद मेह भी लाने वाली हवा।

अर्रा [सं-पु.] 1. जंगली पेड़ जो अर्जुन वृक्ष से मिलता-जुलता है, जिसकी लकड़ी छत आदि पाटने के काम आती है 2. अरहर 3. हस्तगना।

अर्राटा [सं-पु.] घोर शब्द; ज़ोर की आवाज़।

अर्राना [क्रि-अ.] 1. चिल्लाना 2. घोर शब्द करना 3. अकड़ दिखाना 4. व्यर्थ की बातें करना।

अर्वट (सं.) [सं-पु.] राख; भस्म।

अर्वा (सं.) [सं-पु.] 1. अश्व; घोड़ा 2. चंद्रमा के दस घोड़ों में से एक 3. इंद्र।

अर्वाचीन (सं.) [वि.] 1. आधुनिक; वर्तमान का; नया 2. इधर का; हाल का 3. 'प्राचीन' का विलोम।

अर्श[1] (सं.) [सं-पु.] बवासीर; गुदा का एक जटिल रोग।

अर्श[2] (अ.) [सं-पु.] 1. आकाश 2. स्वर्ग 3. छत 4. बहुत ऊँचा आसन 5.बवासीर रोग। [मु.] **(किसी) अर्श पर चढ़ाना**- प्रशंसा आदि के द्वारा बहुत बड़ा या श्रेष्ठ ठहराना। **दिमाग अर्श पर होना**- बहुत अधिक अभिमान होना।

अर्शहर (सं.) [सं-पु.] अर्श या बवासीर के रोग में लाभ करने वाली औषधि।

अर्शी (सं.) [वि.] बवासीर का मरीज़।

अर्ह (सं.) [वि.] 1. सम्मान्य; पूजनीय 2. योग्य 3. उपयुक्त 4. अधिकारी; समर्थ। [सं-पु.] 1. औचित्य 2. उपयुक्तता 3. योग्यता 4. गति 5. इंद्र 6. विष्णु।

अर्हंत (सं.) [वि.] योग्य; उपयुक्त। [सं-पु.] 1. शिव 2. बुद्ध 3. जिन।

अर्हण (सं.) [सं-पु.] 1. सम्मान 2. पूजा।

अर्हणा (सं.) [सं-स्त्री.] दे. अर्हण।

अर्हणीय (सं.) [वि.] सम्मान या पूजा के योग्य।

अर्हत (सं.) [वि.] 1. प्रसिद्ध; विख्यात 2. प्रशंसित 3. पूज्य। [सं-पु.] 1. बुद्ध 2. तीर्थंकर 3. परमज्ञानी।

अर्हता (सं.) [सं-स्त्री.] 1. योग्यता; पात्रता 2. किसी पद या ओहदे के लिए वांछित योग्यता।

अर्हन (सं.) [सं-पु.] 1. पूजा; पूजन 2. देव; जिन।

अल (सं.) [सं-पु.] 1. विष 2. हरताल 3. बिच्छू का डंक।

अलंकरण (सं.) [सं-पु.] 1. साज-शृंगार 2. सजावट 3. आभूषण; गहना।

अलंकार (सं.) [सं-पु.] 1. सजावट 2. आभूषण 3. रचना में की जाने वाली विशिष्ट शब्द-योजना का चमत्कार जैसे- उपमा, रूपक, अनुप्रास आदि।

अलंकारवाद (सं.) [सं-पु.] अलंकार को काव्य का सर्वस्व मानने की प्रवृत्ति।

अलंकारशास्त्र (सं.) [सं-पु.] अलंकार का विवेचन-वर्णन करने वाला शास्त्र; काव्यशास्त्र का वह अंग जिसमें अलंकार को आधार बनाया जाता है।

अलंकारशास्त्री (सं.) [सं-पु.] अलंकार शास्त्र का ज्ञाता या आचार्य।

अलंकारिक (सं.) [वि.] 1. अलंकृत करने वाला; अलंकार का निर्माण करने वाला। [सं-पु.] 1.अलंकार शास्त्र का ज्ञाता 2.स्वर्णकार ।

अलंकार्य (सं.) [वि.] 1. अलंकृत किए जाने योग्य 2. जिसे अलंकृत किया जाना हो।

अलंकृत (सं.) [वि.] 1. विभूषित 2. सम्मानित 3. सजाया-सँवारा हुआ।

अलंकृति (सं.) [सं-स्त्री.] 1. अलंकृत होने या सजने की अवस्था या भाव 2. सजावट।

अलंगट [वि.] 1. अकेला 2. बेजोड़; निराला; न्यारा।

अलंघनीय (सं.) [वि.] जिसे लाँघना उचित न हो; अलंघ्य।

अलंघ्य (सं.) [वि.] 1. लाँघे न जाने योग्य; पार न किए जाने योग्य; अलंघनीय 2. लाँघने या पार करने से वर्जित 3. अटल।

अलंघ्यता (सं.) [सं-स्त्री.] लाँघे या पार न किए जा सकने की अवस्था अथवा गुण-धर्म।

अलंपट [वि.] जो लंपट या बदमाश न हो; शरीफ़।

अलंबरदार (अ.) [सं-पु.] 1. ध्वजवाहक 2. मार्गदर्शक।

अलंबुष (सं.) [सं-पु.] 1. वमन; कै 2. कौरव सेना का एक राक्षस जिसे घटोत्कच ने मारा था।

अलंबुषा (सं.) [सं-स्त्री.] 1. एक अप्सरा का नाम 2. हठयोग में लिंग की नाड़ी 3. छुई-मुई; लजालू लता।

अलक (सं.) [सं-पु.] 1. सिर से लटकते बाल; ज़ुल्फ़ 2. घुँघराले बाल 3. सफ़ेद मदार 4. महावर।

अलकतरा (अ.) [सं-पु.] पत्थर के कोयले को गला कर ख़ास रासायनिक क्रिया द्वारा तैयार एक तरल पदार्थ; डामर।

अलकनंदा (सं.) [सं-स्त्री.] 1. एक नदी जो हिमालय से निकलकर गंगोत्री के पास गंगा में मिलती है 2. आठ से दस वर्ष की कन्या।

अलकराशि (सं.) [सं-स्त्री.] केशराशि; माथे पर लटकते घुँघराले बाल; ज़ुल्फ़।

अलका (सं.) [सं-स्त्री.] 1. कुबेरपुरी 2. आठ-दस वर्ष की कन्या।

अलकापुरी (सं.) [सं-स्त्री.] पुराण कथाओं में वर्णित एक काल्पनिक नगर; कुबेरपुरी; कुबेर की नगरी।

अलकावलि (सं.) [सं-स्त्री.] 1. सँवारे हुए बालों की पंक्तियाँ 2. केशों का समूह; बालों की लटें 3. घुँघराले बाल।

अलकोहल (अं.) [सं-पु.] मद्यसार (स्पिरिट)।

अलक्तक (सं.) [सं-पु.] 1. कुछ वृक्षों से निकलने वाला एक प्रकार का लाल रस 2. अलता; जिसे स्त्रियाँ पैरों में लगाती हैं 3. महावर।

अलक्षण (सं.) [सं-पु.] 1. अपशकुन; अशुभ लक्षण 2. बुरा चिह्न 3. वह जिसमें बुरे लक्षण हो 4. अनुपयुक्त परिभाषा। [वि.] 1. अशुभ 2. चिह्नरहित।

अलक्षित (सं.) [वि.] 1. जो लक्षित न हो; अदृष्ट 2. स्पष्ट न दिखने वाला; आँखों से ओझल 3. अज्ञात 4. गुप्त।

अलक्ष्य (सं.) [वि.] 1. जिसे लक्ष्य न बनाया गया हो अथवा जिसपर ध्यान न दिया गया हो 2. जो ध्यान दिए जाने लायक न हो 3. जो चिह्नित न किया जा सके; चिह्नरहित 4. अदृश्य 5. अज्ञेय।

अलख (सं.) [वि.] 1. अलक्ष्य; जो दिखायी न पड़े; अदृश्य 2. अगोचर; इंद्रियातीत। [सं-पु.] 1. परमेश्वर 2. किसी अच्छे काम के लिए उत्प्रेरक अभियान 3. नाथपंथी जोगियों के गीत जो भिक्षाटन के समय चिकारों पर गाए जाते हैं। [मु.] - **जगाना** : अलख पुकारकर ईश्वर को याद करना; भीख माँगना; जागरूकता फैलाना (किसी बात के लिए)।

अलख निरंजन (सं.) [सं-पु.] ईश्वर; परमात्मा।

अलखधारी (सं.) [सं-पु.] 1. अलख जगाते हुए भीख माँगने वाले साधु 2. गोरखनाथ के अनुयायी साधुओं का एक संप्रदाय; अलखिया।

अलग [वि.] 1. भिन्न; पृथक 2. जिसका किसी से लगाव न हो 3. जो किसी के साथ लगा न हो।

अलग-थलग [वि.] 1. जुदा 2. दूर 3. तटस्थ 4. निस्संग 5. उदासीन; मतलब न रखने वाला 6. समूह या समुदाय से बहिष्कृत।

अलगनी [सं-स्त्री.] कपड़ा आदि टाँगने, फैलाने-सुखाने की खूँटियों से बँधी रस्सी या डोरी; अरगनी।

अलगाऊ [वि.] 1. अलग करने वाला 2. भेद या फूट डालने वाला।

अलगागुजारी [सं-स्त्री.] अलग-अलग करने की अवस्था या भाव।

अलगाना [क्रि-स.] 1. अलग करना 2. भेद या फूट डालना 3. ख़ास या विशिष्ट बनाना।

अलगाव [सं-पु.] 1. पृथकत्व; अलग होने की क्रिया या अवस्था 2. दरार; भेद; फूट।

अलगाववाद (सं.) [सं-पु.] 1. साम्राज्यशाही के टूटने और राष्ट्रों के स्वतंत्र होने की राजनीतिक प्रवृत्ति 2. राष्ट्रीय एकता के इतर क्षेत्रीय स्वायत्तता स्थापित करने की राजनीतिक प्रवृत्ति; क्षेत्रवाद।

अलगाववादी [सं-पु.] अलगाववाद या पृथकतावाद को मानने वाला; अलगाववाद की प्रवृत्तिवाला। [वि.] अलगाववाद को मानने वाला व्यक्ति; अलगाववाद की प्रवृत्ति वाला व्यक्ति।

अलग़ोजा (अ.) [सं-पु.] बच्चों का मुँह से हवा फूँककर बजाने का एक बाजा; एक प्रकार की बाँसुरी।

अलगौझा [सं-पु.] अलगाव; बँटवारा; अलहदगी; संयुक्त परिवार से अलग हो जाना।

अलज्ज (सं.) [वि.] जिसे लज्जा या शर्म न हो; लज्जारहित; बेहया।

अलतई [वि.] 1. अलते के रंग का 2. लाल 3. महावरी; लाखी।

अलता (सं.) [सं-पु.] 1. लाल रंग जो स्त्रियाँ पैरों में लगाती हैं 2. महावर 3. खसी का मूत्रेंद्रिय।

अलती [सं-स्त्री.] एक प्रकार की सब्जी; अरूई।

अलफ (अ.) [सं-पु.] 1. घोड़े की वह स्थिति जिसमें वह अपने दोनों पिछले पैरों पर खड़ा हो जाता है 2. हरा-भरा, हरी घास 3. कष्ट, विपत्ति, संकट।

अलफ़ा (अ.) [सं-पु.] मुसलमानी फ़कीरों, साधुओं का बिना बाँह का एक प्रकार का पहनावा; अलफ़ी।

अलबत्ता (अ.) [अव्य.] 1. यह बात और है कि 2. किंतु; परंतु; लेकिन 3. बेशक; निस्संदेह।

अलबी-तलबी [सं-स्त्री.] 1. अत्यधिक क्लिष्ट अरबी-फ़ारसी आदि विदेशी भाषाओं के लिए कहा जाने वाला शब्द 2. अस्पष्ट बात 3. अत्यंत कठिन बोली।

अलबेटा [सं-पु.] अधिक ऐंठन के कारण रस्सी में पड़ी मुड़ी हुई गाँठें।

अलबेला [वि.] 1. अनूठा; अनोखा 2. बाँका 3. सुंदर; छैला 4. बना-ठना। [सं-पु.] 1. वह जो बना-ठना हो 2. नारियल का बना हुआ हुक्का 3.मनमौजी और बेपरवाह व्यक्ति।

अलबेलापन [सं-पु.] 1. अनूठापन; अनोखापन 2. बाँकापन 3. छैलापन 4. बने-ठने रहने की अदा।

अलब्ध (सं.) [वि.] 1. जिसे प्राप्त न किया जा सके; अप्राप्त 2. जो मिला न हो।

अलब्धनिद्र (सं.) [वि.] जिसे नींद न आती हो।

अलब्यानी [सं-स्त्री.] हाल में बियाई गाय; ओदला।

अलभ्य (सं.) [वि.] 1. जिसे प्राप्त न किया जा सके; अप्राप्य 2. बहुमूल्य 3. दुर्लभ 4. अनमोल 5. जो सहजता से प्राप्त न हो।

अलम[1] (सं.) [अव्य.] 1. पर्याप्त; यथेष्ट 2. बस; इतना ही 3. सक्षम; योग्य।

अलम[2] (अ.) [सं-पु.] 1. दुख; कष्ट 2. मानसिक व्यथा; पीड़ा। [सं-पु.] 1. पर्वत; पहाड़ 2. सेना का चिह्न और पताका।

अलमनाक (अ.) [वि.] 1. दुख से भरा हुआ; दुखमय 2. अति दुखद।

अलमबरदार (अ.+फ़ा.) [सं-पु.] 1. ध्वजवाहक (विशेषतः सैनिक के संदर्भ में); झण्डा उठाने वाला 2. किसी कार्य या आंदोलन मे आगे रहने वाला।

अलमर [सं-पु.] एक प्रकार का पौधा।

अलमस्त (फ़ा.) [वि.] 1. नशे में चूर; मदहोश 2. मस्त; मतवाला; मौजी 3. बेफ़िक्र।

अलमस्ती (फ़ा.) [सं-स्त्री.] 1. अलमस्त होने की अवस्था या भाव 2. मतवालापन; मत्तता 3. लापरवाही।

अलमारी (पु.) [सं-स्त्री.] 1. वस्तुओं को रखने के लिए बनाया गया ख़ानेदार आधार 2. दीवार के सहारे रखा जाने वाला लकड़ी या किसी धातु का बना एक विशेष ख़ानेदार ढाँचा।

अलम्यूनियम (अं.) [सं-पु.] हलका नीलापन लिए हुए एक प्रसिद्ध सफ़ेद धातु।

अलय (सं.) [वि.] 1. बिना लय का; लयविहीन 2. जिसका

लय न हुआ हो; अलीन। [सं-पु.] 1. लय का अभाव 2. नित्यता।

अलर्क (सं.) [सं-पु.] 1. पागल कुत्ता 2. सफ़ेद मदार।

अललटप्पू [वि.] 1.अंडबंड; ऊलजलूल 2. अटकलपच्चू।

अललबछेड़ा [सं-पु.] 1. घोड़े का जवान बच्चा 2. बछड़ा से बड़ा किंतु सवारी के अयोग्य घोड़ा 3. अनुभव शून्य या अल्हड़ व्यक्ति।

अललाना [क्रि-अ.] 1. बहुत ज़ोर से चिल्लाना 2. गला फाड़कर पुकारना।

अलल्ल (अ.) [सं-पु.] दे. अलल्लाँ

अलल्लाँ (अ.) [सं-पु.] घोड़ा।

अलवाँती (सं.) [सं-स्त्री.] प्रसूता; जच्चा; लरकोरि।

अलवान (अ.) [सं-पु.] एक प्रकार की ऊनी शाल।

अलविदा (अ.) [क्रि.वि.] विदाई के समय कहा जाने वाला शब्द। [सं-स्त्री.] रमजान मास का अंतिम शुक्रवार।

अलस (सं.) [वि.] 1. आलसी 2. अलसाया हुआ; आलस से भरा हुआ; तंद्रिल 3. आलस्य उत्पन्न करने वाला 4. थका हुआ; क्लांत।

अलसाना (सं.) [क्रि-अ.] 1. आलस्य करना; कुछ करने की इच्छा न होना 2. सुस्ती और थकावट महसूस होना 3. आलस्यवश किसी काम को टालना।

अलसाया (सं.) [वि.] सुस्ती भरा; आलस्य भरा।

अलसी (सं.) [सं-स्त्री.] एक तिलहन; तीसी।

अलसेट (सं.) [सं-स्त्री.] 1. अड़चन; अड़ंगा; बाधा 2. ढिलाई; टालमटोल; शिथिलता 3. व्यर्थ का झगड़ा या तकरार।

अलहदगी (अ.) [सं-स्त्री.] 1. अलहदा या जुदा होने का भाव; पार्थक्य 2. निरालापन; न्यारापन।

अलहदा (अ.) [वि.] 1. अलग; जुदा 2. ख़ास; अद्वितीय।

अलाई [सं-स्त्री.] 1. घोड़ों की एक जाति 2. लक्ष्मी। [वि.] 1. आलसी और सुस्त 2. अलाउद्दीन का।

अलाउंस (अं.) [सं-पु.] भत्ता।

अलात (सं.) [सं-पु.] 1. जलता हुआ कोयला 2. अंगारा 3. जलती हुई लकड़ी।

अलातचक्र (सं.) [सं-पु.] 1. जलती हुई लकड़ी ज़ोर से घुमाने से बना हुआ मंडल 2. बनेठी।

अलान (सं.) [सं-पु.] 1. हाथी को बाँधने का सीकड़ या खूँटा 2. बेल या लता चढ़ाने के लिए लकड़ी 3. बेड़ी।

अलाप (सं.) [सं-पु.] आलाप।

अलापना (सं.) [क्रि-अ.] 1. बोलना 2. बतियाना; बात करना 3. गाने में तान लेना या आलाप का प्रयोग करना। [मु.] - **अपना अपना राग अलापना** : सब लोगों का अपने-अपने स्वार्थ या हित की बात कहना।

अलाबू [सं-स्त्री.] 1. लौकी; कद्दू 2. तूँबा।

अलाभ (सं.) [सं-पु.] 1. लाभ का अभाव 2. घाटा; हानि।

अलाभकर (सं.) [वि.] जिससे कोई लाभ या फ़ायदा न हो; अलाभदायी; अहितकारी।

अलाम (अ.) [वि.] 1. बातें बनाने वाला 2. झूठा; मिथ्यावादी।

अलामत (अ.) [सं-स्त्री.] 1. चिह्न; निशानी; पहचान; लक्षण 2. गुणा-भाग आदि के चिह्न।

अलाय-बलाय [सं-स्त्री.] अनिष्ट; अमंगलकारी; संकट या विपत्ति।

अलार्म (अं.) [सं-पु.] 1. ख़तरे की सूचना 2. सचेत करने वाली सूचना 3. नियत समय पर जगाने के लिए घड़ी में की जाने वाली व्यवस्था। [क्रि-स.] खतरे की सूचना देना।

अलार्म घड़ी (अं.+हिं.) [सं-पु.] वह घड़ी जो निर्धारित समय पर ध्वनि (घंटी बजा कर) उत्पन्न कर सचेत करती है या जगाती है।

अलाव (सं.) [सं-पु.] तापने के लिए लकड़ी, फूस आदि एकत्र कर जलाई गई आग; कौड़ा।

अलावा (अ.) [अव्य.] अतिरिक्त; सिवा।

अलि (सं.) [सं-पु.] 1. भौंरा 2. कोयल 3. कौआ 4. बिच्छू 5. मदिरा 6. वृश्चिक राशि।

अलिंग (सं.) [वि.] 1. जिसमें कोई लिंग न हो 2. जिसमें लिंग का कोई सूचक चिह्न न हो 3. जिसकी कोई पहचान न बतलाई जा सके। [सं-पु.] व्याकरण में वह शब्द जो दोनों लिंगों में समान रूप से व्यवहृत होता है, जैसे- हम; तुम; मित्र।

अलिंजर (सं.) [सं-पु.] 1. पानी रखने का मिट्टी का पात्र; घड़ा 2. सुराही; झंझर।

अलिंद (सं.) [सं-पु.] 1. भौंरा 2. दरवाज़े के सामने का चौतरा; चबूतरा 3. छज्जा 4. द्वार-कोष्ठ; पौर 5. एक प्राचीन जनपद का नाम।

अलिक (सं.) [सं-पु.] माथा; ललाट।

अलिखित (सं.) [वि.] 1. जो न लिखा गया हो; जो लिख कर दर्ज न किया गया हो 2. ज़बानी; अनौपचारिक 3. समझदारी के तहत चुपचाप कायम।

अलिजिह्वा (सं.) [सं-स्त्री] गले के अंदर ऊपरी भाग में लटकने वाला मांस का टुकड़ा; कौआ।

अलिप्त (सं.) [वि.] 1. जो लिप्त न हो; लीन न हो; तत्पर न हो 2. असंलग्न 3. निर्दोष 4. जिसमें लाग-लपेट न हो 5. जो लिपा हुआ न हो; जिसमें लेप न लगा हो।

अलिफ़ (अ.) [सं-पु.] उर्दू वर्णमाला का पहला वर्ण।

अलिफ़लैला (अ.) [सं-स्त्री.] हज़ार रातों तक चलने वाली दास्तान।

अलिवृत्ति (सं.) [सं-स्त्री.] 1. भौंरों की तरह जगह-जगह घूमकर रस लेने की आदत; हरजाईपन 2. घर-घर से पका हुआ भोजन माँगकर पेट भरना 3. मधुकरी।

अली[1] (सं.) [सं-स्त्री.] 1. सखी; सहेली 2. पंक्ति; कतार।

अली[2] (अ.) [सं-पु.] 1. मुहम्मद साहब के दामाद; इमाम हुसैन के पिता 2. मुसलमानों के चौथे खलीफ़ा।

अलीक (सं.) [वि.] 1. बे-सिर पैर का 2. मिथ्या-झूठा 3. मर्यादा-रहित 4. अल्प; थोड़ा 5. सारहीन। [सं-पु.] अप्रतिष्ठा।

अलीन [वि.] 1. जो किसी में लीन न हो 2. अलग; विरत 3. जो उपयुक्त या ठीक न हो 4. अनुचित।

अलील (अ.) [वि.] 1. जिसे कोई रोग हुआ हो 2. रुग्ण;

बीमार।

अलीह (सं.) [वि.] 1. झूठ; मिथ्या 2. असंभव 3. अनुचित।

अलुक (सं.) [सं-पु.] 1. व्याकरण में समास का एक भेद जिसमें पूर्वपद की विभक्ति का लोप नहीं होता 2. आलूबुखारा नामक फल।

अलुब्ध (सं.) [वि.] 1. लोभरहित 2. अमोहित।

अलेख (सं.) [सं-पु.] 1. अज्ञेय 2. अदृश्य 3. अनगिनत; बेहिसाब 4. दुर्बोध।

अलेखबद्ध (सं.) [वि.] 1. अलिपिबद्ध 2. बिना दर्ज किया हुआ 3. अनाकलित।

अलेखी (सं.) [वि.] 1. जिसका कोई लेखा या हिसाब न हो; बेहिसाब 2. बहुत अधिक 3. अन्यायी; अंधेर करने वाला 4. जो दिखाई न दे 5. जिसपर किसी का लक्ष्य या ध्यान न हो।

अलेल [सं-पु.] 1. क्रीड़ा; कलोल 2. खेल।

अलेलह [क्रि.वि.] 1. जितना चाहिए उससे अधिक 2. बहुत अधिक; प्रचुर।

अलैंगिक (सं.) [वि.] जिसमें स्त्री या पुरुष में से किसी का लिंग अथवा चिह्न वर्तमान न हो।

अलॉट (अं.) [क्रि-स.] आवंटित करना; सौंपना; ज़िम्मेदारी देना।

अलॉटमेंट (अं.) [सं-पु.] 1. आवंटन; बँटवारा 2. भाग 3. बाँटने की क्रिया 4. निर्धारित हिस्सा।

अलोकतांत्रिक (सं.) [वि.] 1. लोकतांत्रिक मूल्यों के खिलाफ़; गैरलोकतांत्रिक; लोकतंत्र विरोधी 2. मनमानीपूर्ण।

अलोकनीय (सं.) [वि.] 1. जो देखने योग्य न हो 2. अदृश्य।

अलोकप्रिय (सं.) [वि.] 1. जनसामान्य में जिसकी कोई पैठ न हो 2. जो जनसामान्य के लिए प्रिय न हो 3. जिसे जनसामान्य नापसंद करता हो।

अलोकप्रियता (सं.) [सं-स्त्री.] 1. गैरमकबूलियत 2. बदनामी; अपयश।

अलोप (सं.) [सं-पु.] एक पेड़ जो सदा हरा रहता है तथा जिसकी लकड़ी चिकनी और मज़बूत होती है।

अलोभी (सं.) [वि.] जो लोभी या लालची न हो; अलोलुप।

अलोल (सं.) [वि.] 1. जो हिलता-डुलता न हो 2. स्थिर 3. असुंदर।

अलौकिक (सं.) [वि.] 1. जो इस लोक का न हो; लोकोत्तर 2. अद्भुत; अपूर्व 3. दिव्य; अनोखा 4. सर्वसुंदर; सर्वश्रेष्ठ 5. परलोक से संबंधित।

अलौकिक शृंगार (सं.) [सं-पु.] शृंगार का वह रूप जिसमें अनुराग का आलंबन कोई पार्थिव प्राणी न होकर भगवान, ईश्वर या कोई इष्टदेव होता है।

अलौकिकता (सं.) [सं-स्त्री.] 1. पारलौकिकता; लोकोत्तरता 2. दिव्यता 3. अपूर्वता 4. अनोखापन; अनूठापन 5. विरलता 6. असाधारणता।

अलौह (सं.) [वि.] 1. जो लोहे का न बना हो 2. जिसमें लोहे का अंश न हो; अलौहिक 3. जो मज़बूत इरादे वाला न हो; जो फ़ौलादी न हो।

अल्क (सं.) [सं-पु.] 1. एक प्रकार का वृक्ष 2. अवयव; अंग।

अल्कोहल (अं.) [सं-पु.] मद्यसार।

अल्टरनेट (अं.) [क्रि.वि.] 1. एकांतर 2. विकल्पी।

अल्टीमेटम (अं.) [सं-पु.] अंतिम चेतावनी या सूचना; निश्चित अवधि में कार्य पूरा कर लेने की चेतावनी।

अल्ट्रासाउंड (अं.) [सं-पु.] 1. अतिसूक्ष्म ध्वनि तरंगों का उपयोग कर शरीर के अंदर के अंगों को देखने की पद्धति 2. श्रवणातीत या पराश्रव्य ध्वनि 3. श्रवणातीत ध्वनि तरंगें।

अल्प (सं.) [वि.] 1. कम; थोड़ा 2. कुछ; किंचित 3. तुच्छ 4. मरणशील 5. कम उम्र का 6. विरल। [सं-पु.] (काव्यशास्त्र) एक अलंकार जिसमें आधेय की तुलना में आधार को अल्प या सूक्ष्म बतायी जाती है।

अल्पक (सं.) [वि.] 1. थोड़ा; न्यून; सूक्ष्म 2. छोटा; लघुकाय 3. कमतर।

अल्पकाल (सं.) [सं-पु.] थोड़ा समय; छोटी अवधि।

अल्पकालिक (सं.) [वि.] 1. थोड़े समय का; छोटी अवधि वाला 2. छोटी अवधि के लिए नियत।

अल्पकालिकता (सं.) [सं-स्त्री.] 1. अल्पकालिक या अल्पावधि होने की प्रकृति 2. अल्पकालिक होने की सीमा या बंदिश।

अल्पकालीन (सं.) [वि.] अल्पकालिक।

अल्पजीवी (सं.) [वि.] अल्पायुवाला; कम उम्रवाला।

अल्पज्ञ (सं.) [वि.] 1. कम जानने वाला; कम ज्ञान रखने वाला 2. अबोध।

अल्पज्ञता (सं.) [सं-स्त्री.] अल्पज्ञ होने की अवस्था या भाव।

अल्पज्ञात (सं.) [वि.] 1. जिसे बहुत कम लोग जानते हों 2. जिसके बारे में बहुत कम जानकारी हो।

अल्पज्ञान (सं.) [सं-पु.] 1. कम जानकारी; कम समझ 2. कम पढ़ाई-लिखाई; अर्धशिक्षा 3. अकुशलता।

अल्पतंत्र (सं.) [सं-पु.] 1. ऐसा तंत्र या शासन जो समाज के थोड़े से लोगों द्वारा संचालित होता हो; लोकतंत्र का विपरीत शासन 2. कुलतंत्र या कुलीनतंत्र।

अल्पतः (सं.) [क्रि.वि.] थोड़े से; थोड़े में।

अल्पतम (सं.) [वि.] कम से कम; मात्रा, परिमाण आदि के विचार से न्यूनतम।

अल्पतर (सं.) [वि.] पहले से थोड़ा और कम; कम से और कम।

अल्पता (सं.) [सं-स्त्री.] 1. अल्प या थोड़ा होने की दशा या भाव 2. कमी; न्यूनता 3. लघुता; छोटाई।

अल्पदृष्टि (सं.) [वि.] 1. संकीर्ण या संकुचित दृष्टि वाला 2. अदूरदर्शी।

अल्पना (सं.) [सं-स्त्री.] रंगोली।

अल्पपारदर्शक (सं.) [वि.] जो कम पारदर्शक हो; जिसके आर-पार बहुत कम दिखता हो; पारभासी या पारभासक।

अल्पप्राण (सं.) [सं-पु.] जिन ध्वनियों के उच्चारण में श्वासवायु का वेग कम होता है, जैसे- हिंदी में 'क, ग, ङ, च, ज, ञ, ट, ड, ण, त, द, न, प, ब, म, र, ल, ड़'।

अल्पबचत (सं.) [सं-स्त्री.] कम बचत; बहुत थोड़ी बचत। [वि.] कम बचत वाला।

अल्पबुद्धि (सं.) [वि.] कमअक्ल; मंदबुद्धि; अल्पमति।

अल्पभाषित (सं.) [वि.] 1. कम कहा हुआ 2. कम समझाया गया; कम व्याख्यायित।

अल्पभाषी (सं.) [वि.] कम बोलने वाला; मितभाषी।

अल्पमत (सं.) [सं-पु.] 1. वह मत जिसके अनुयायी या समर्थक कम हों; थोड़े से लोगों का मत 2. अल्पसंख्यक पक्ष या समुदाय।

अल्पमात्रा (सं.) [सं-स्त्री.] थोड़ी मात्रा; कम परिमाण।

अल्पवयस (सं.) [वि.] कम उम्र वाला; अल्पायु।

अल्पवयस्क (सं.) [वि.] 1. जिसकी अवस्था अभी कम या थोड़ी हो; थोड़ी उम्र का 2. जो अभी वयस्क न हुआ हो; अवयस्क।

अल्पवयस्कता (सं.) [सं-स्त्री.] कम उम्री; वयस्कता से कम की अवस्था; नाबालिगपन; किशोरवयता।

अल्पविकसित (सं.) [वि.] कम विकसित या प्रस्फुटित; अधखिला।

अल्पविराम (सं.) [सं-पु.] 1. अर्थबोध के लिए किसी शब्द अथवा उक्ति के बाद थोड़ा ठहरना 2. अल्पविराम का चिह्न (,); (कॉमा)।

अल्पव्यय (सं.) [सं-पु.] कम ख़र्च; थोड़े में काम चलाना।

अल्पव्ययी (सं.) [वि.] 1. मितव्ययी; कमख़र्च 2. कंजूस; कृपण।

अल्पशः (सं.) [क्रि.वि.] 1. थोड़-थोड़ा करके 2. क्रमशः 3. धीरे-धीरे।

अल्पसंख्यक (सं.) [वि.] कम संख्या वाला; जो गिनती या संख्या में कम हो। [सं-पु.] कम जनसंख्या वाला समुदाय।

अल्पस्मृत (सं.) [वि.] 1. जिसे कम याद किया जाए 2. जिसकी स्मृति धुँधली हों।

अल्पांग (सं.) [वि.] 1. जिसमें किसी अंग या अवयव की कमी हो 2. खंडित; अपूर्ण।

अल्पाक्षरिक (सं.) [वि.] जिसमें अक्षर कम हों।

अल्पाधिकार (सं.) [सं-पु.] सीमित अधिकार; नियंत्रित अधिकार।

अल्पायु (सं.) [वि.] अल्पजीवी; कम आयु वाला।

अल्पार्थक (सं.) [सं-पु.] 1. वह अक्षर या शब्द जो किसी वस्तु के छोटे रूप का वाचक हो 2. अल्पक। [वि.] जो बहुत ही छोटा या अतिसूक्ष्म हो।

अल्पावकाश (सं.) [सं-पु.] 1. थोड़े समय की छुट्टी 2. थोड़ी मोहलत 3. कम गुंजाइश।

अल्पावधि (सं.) [सं-स्त्री.] 1. कम समय की अवधि 2. थोड़ी अवधि।

अल्पाहार (सं.) [सं-पु.] 1. नाश्ता 2. सामान्य से कम भोजन या आहार 3. छोटी ख़ुराक।

अल्पाहारी (सं.) [वि.] जिसका आहार संयत या सीमित हो; जिसकी ख़ुराक कम हो।

अल्पित (सं.) [वि.] 1. घटाया हुआ; कम किया हुआ 2. उपेक्षित।

अल्पिष्ठ (सं.) [वि.] कम से कम या बहुत कम।

अल्पीकरण (सं.) [सं-पु.] 1. कम करने की क्रिया या भाव; न्यूनीकरण 2. अधिकार या प्रतिष्ठा का घटना।

अल्पेतर (सं.) [वि.] 1. अल्प से इतर यानी अधिक; बहुत 2. बड़ा 3. अनेक।

अल्ल (अ.) [सं-पु.] वंश, कुल आदि का विशिष्ट नाम, कुलनाम या सरनेम जो लगातार पीढ़ी-दर-पीढ़ी चलता रहता है। हिंदुओं में एक ही अल्ल में शादी करना वर्जित है।

अल्ल-बल्ल [वि.] आएँ-बाएँ; बिलकुल निरर्थक; बकवासपूर्ण।

अल्लम गल्लम [सं-पु.] 1. बकवास; अनाप-शनाप 2. निरर्थक; फालतू; बेकार।

अल्ला [सं-पु.] दे. अल्लाह।

अल्लामा (अ.) [वि.] बड़ा आलिम; ज्ञाता; बुद्धिमान या विद्वान; महापंडित; विवेकवान।

अल्लाह (अ.) [सं-पु.] मुस्लिम समुदाय का आराध्य; ख़ुदा; ईश्वर। [मु.] **-को प्यारा होना** : मर जाना।

अल्लाहताला [सं-पु.] अल्लाह जो सबसे बढ़कर है; परमेश्वर।

अल्सर (अं.) [सं-पु.] व्रण; फोड़ा; नासूर।

अल्हड़ (सं.) [वि.] 1. लापरवाह; मनमौजी; मस्त 2. अनाड़ी 3. अनुभवहीन; दुनियादारी न जानने वाला 4. उद्धत 5. गँवार 6. सरल; भोला 7. अल्पवयस्क। [सं-पु.] बिना दाँत का और खेत में न जोता जाने लायक बछड़ा।

अल्हड़पन (सं.) [सं-पु.] 1. लड़कपन 2. मनमौजीपन 3. बालसुलभ मस्ती और लापरवाही 4. निश्छलता 5. दुनियादारी में कच्चापन 6. भोलापन; सरलता 7. गँवारपन 8. अनाड़ीपन।

अव (सं.) [पूर्वप्रत्य.] एक प्रत्यय जो शब्दों के पहले लगकर उनमें निश्चय, अनादर, कमी, उतार या निचाई, दोष या बुराई, व्याप्ति आदि भाव उत्पन्न करता है, जैसे- अवगुण, अवरोहण, अवमूल्यन आदि।

अवंति (सं.) [सं-स्त्री.] 1. भारत का एक प्राचीन नगर; आधुनिक उज्जैन 2. मालव जनपद।

अवंतिका (सं.) [सं-स्त्री.] 1. उज्जैन 2. उज्जैन की भाषा।

अवकरण (सं.) [सं-पु.] 1. कम करने या घटाने की क्रिया; घटाव 2. गणित में बाकी या शेष निकालने की क्रिया।

अवकर्त (सं.) [सं-पु.] खंड; टुकड़ा।

अवकर्तन (सं.) [सं-पु.] विभाजन करना; काटना।

अवकर्षण (सं.) [सं-पु.] 1. ज़ोर से खींचना; नीचे लाना 2. हटाना; दूर करना; बाहर करना।

अवकलन (सं.) [सं-पु.] 1. देखकर जानना या समझना 2. ग्रहण करना 3. इकट्ठा करके एक में मिलाना।

अवकलित (सं.) [वि.] 1. ज्ञात 2. गृहीत 3. देखा हुआ 4. इकट्ठा करके मिलाया हुआ।

अवकल्पना (सं.) [सं-स्त्री.] ऐसी कल्पना जिसका कोई आधार या प्रमाण न हो; आधार रहित अनुमान।

अवकाश (सं.) [सं-पु.] 1. छुट्टी 2. फ़ुरसत 3. रिक्त या शून्य स्थान; खाली जगह 4. आकाश; अंतरिक्ष 5. व्यवधान 6. द्वार छिद्र।

अवकाशकालीन (सं.) [वि.] छुट्टी के समय का; छुट्टी के समय से संबंधित।

अवकाशग्रहण (सं.) [सं-पु.] 1. किसी पद या कार्य से निवृत्त हो जाना; काम से अवकाश लेना 2. सेवानिवृत्त या रिटायर होना।

अवकाशप्राप्त (सं.) [वि.] किसी पद, कार्यभार आदि से अवकाशग्रहण किया हुआ; (रिटायर्ड)।

अवकिरण (सं.) [सं-पु.] बिखेरने, छितराने या फैलाने की क्रिया या भाव।

अवकीर्ण (सं.) [वि.] 1. बिखेरा हुआ 2. ध्वस्त 3. फैलाया हुआ; विस्तीर्ण 4. चूर-चूर किया हुआ 5. जिसका ब्रह्मचर्य व्रत भंग हो गया हो।

अवकीर्णन (सं.) [सं-पु.] 1. चारों ओर बिखेरना; छितराना या फैलाना 2. चूर या ध्वस्त करने की क्रिया।

अवकुंचन (सं.) [सं-पु.] 1. सिकोड़ना 2. मोड़ना 3. समेटना; बटोरना।

अवकुंठन (सं.) [सं-पु.] 1. ढकना; पाटना 2. परिवेष्टित करना 3. आकृष्ट करना।

अवकुत्सित (सं.) [वि.] निंदित।

अवकृपा (सं.) [सं-स्त्री.] कृपा का अभाव; कृपा-भाव का न रह जाना।

अवकृष्ट (सं.) [वि.] 1. खींचकर नीचे लाया हुआ 2. हटाया या दूर किया हुआ; बहिष्कृत 3. जाति से निकाला हुआ; जातिच्युत 4. हीन; तुच्छ।

अवकेश (सं.) [वि.] 1. जिसके बाल नीचे; लटके हुए हों 2. जिसके बाल झड़ चुके हो या झड़ रहे हों।

अवकेशी (सं.) [वि.] 1. अल्प या छोटे बालोंवाला 2. जिसमें फल न लगते हों (वृक्ष, लता)।

अवक्तव्य (सं.) [वि.] 1. जो कहने योग्य न हो 2. अश्लील 3. अनुचित।

अवक्रंदन (सं.) [सं-पु.] ज़ोर-ज़ोर से रोना या विलाप करना।

अवक्रम (सं.) [सं-पु.] 1. नीचे आना; गिराव 2. अव्यवस्थित या दूषित क्रम।

अवक्रमण (सं.) [सं-पु.] 1. नीचे जाना; अधोगमन 2. जैन तथा बौद्ध धर्म के अनुसार गर्भ में आना।

अवक्रय (सं.) [सं-पु.] 1. मूल्य 2. भाड़ा 3. क्षतिपूर्ति 4. कर 5. महसूल।

अवक्रांत (सं.) [वि.] 1. जिसके ऊपर कोई दूसरा हो; अधीनस्थ 2. अधोगत; पतित 3. जिसे किसी ने दबाकर पूरी तरह अपने अधिकार में कर लिया हो।

अवक्रीत (सं.) [वि.] 1. माँगकर लिया हुआ; मँगनी का 2. उधार।

अवक्रोश (सं.) [सं-पु.] 1. कोसना; दुर्वचन 2. कर्कश ध्वनि या शब्द 3. अभिशाप; शाप 4. निंदा; बुराई।

अवक्षय (सं.) [सं-पु.] नाश; क्षय; बरबादी।

अवक्षयन (सं.) [सं-पु.] नाश या क्षय करने की क्रिया।

अवक्षिप्त (सं.) [वि.] 1. जिसका अवक्षेपन हुआ हो 2. नीचे गिराया हुआ 3. लांछित 4. निंदित।

अवक्षीण (सं.) [वि.] बहुत कमज़ोर।

अवक्षेप (सं.) [सं-पु.] 1. आरोप; लांछन 2. निंदा; बुराई 3. आक्षेप; आपत्ति 4. किसी विलयन या घोल में रासायनिक अभिक्रिया के फलस्वरूप बनने वाला पदार्थ।

अवक्षेपण (सं.) [सं-पु.] 1. नीचे फेंकना या गिराना 2. पछाड़ना 3. निंदा करना 4. दुर्वचन बोलना 5. दोष या आरोप लगाना 6. पराभूत करना 7. प्रकाश की किरण का पानी, काँच आदि से गुज़रते समय वक्र होना।

अवखात (सं.) [सं-पु.] गहरा गड्ढा या खाई।

अवखाद (सं.) [सं-पु.] 1. बुरा या निकृष्ट आहार 2. पशुचारा। [वि.] 1. बहुत अधिक निकृष्ट आहार करने वाला 2. नाश करने वाला।

अवगंड (सं.) [सं-पु.] चेहरे पर होने वाली फुंसी या फुड़िया; मुँहासा।

अवगण (सं.) [वि.] 1. जिसका कोई गण न हो 2. जो अपने मित्रों से अलग हो 3. अकेला; एकाकी।

अवगणन (सं.) [सं-पु.] 1. गिनती करते समय किसी को छोड़ देना 2. उपेक्षा करना; अवहेलना; तिरस्कार 3. जानबूझकर किसी के महत्व, मान आदि की ओर ध्यान न देना या आवश्यकता से कम ध्यान देना 4. तुच्छ समझना; कुछ न गिनना।

अवगणित (सं.) [वि.] 1. जिसका अवगणन हुआ हो 2. अपमानित; उपेक्षित 3. जिसका महत्व या मान न आँका गया हो; अवज्ञात 4. निंदित 5. पराजित; पराभूत।

अवगत (सं.) [वि.] 1. विदित; ज्ञात; मालूम; जानकारी में आया हुआ 2. नीचे आया हुआ या गिरा हुआ।

अवगति (सं.) [सं-स्त्री.] 1. वस्तुओं एवं विषयों की पूर्ण जानकारी जो मन या विवेक को होती है; अवगत होने की अवस्था या भाव 2. धारणा 3. बुद्धि; समझ 4. बुरी दशा या अवस्था; कुगति; नीच गति 5. निश्चयात्मक ज्ञान।

अवगमन (सं.) [सं-पु.] 1. विदित होने की क्रिया या भाव 2. जानना; समझना 3. अनुचित या बुरे मार्ग पर जाना 4. नीचे जाना; तह तक पहुँचना 5. अवगति होना 6. निश्चयात्मक ज्ञान प्राप्त करना।

अवगलित (सं.) [वि.] 1. नीचे गिरा हुआ 2. फिसला हुआ।

अवगाढ़ (सं.) [वि.] 1. गहरा जमा हुआ 2. भीतर छिपा या दबा हुआ; अंदर पैठा हुआ।

अवगारना (सं.) [क्रि-स.] 1. बुरा-भला कहना; बुराई या निंदा करना 2. जतलाना या समझाना।

अवगाह (सं.) [सं-पु.] 1. गहरा स्थान 2. डुबकी; डूब 3. जल में उतरकर स्नान करना 4. कठिनाई 5. थाह लेना 6. खोज; छानबीन। [वि.] 1. बहुत गहरा; अथाह 2. कठिन 3. गंभीर।

अवगाहन (सं.) [सं-पु.] 1. डुबकी लगाना 2. चिंतन-मनन; मंथन 3. छानबीन 4. अन्वेषण।

अवगाहित (सं.) [वि.] 1. जिसने स्नान किया हो 2. जिसमें नहाया जाए।

अवगाह्य (सं.) [वि.] 1. जो स्नान करने के योग्य हो 2. गहराई में जाने वाला 3. चिंतन, मनन या विवेचन करने योग्य।

अवगीत (सं.) [सं-पु.] 1. बेसुरा गान 2. निंदा। [वि.] 1. बेसुरा 2. निंदित।

अवगुंठन (सं.) [सं-पु.] 1. घूँघट 2. परदा 3. बुरका 4. ढकना; घेरना; छिपाना 5. घूँघट निकालना।

अवगुंठिका (सं.) [सं-स्त्री.] 1. घूँघट 2. परदा 3. चिक 4. आवरण।

अवगुंठित (सं.) [वि.] 1. छिपा या ढका हुआ 2. घूँघट निकाला हुआ।

अवगुंफन (सं.) [सं-पु.] 1. गूथना; गुहना 2. ग्रंथन; बुनना।

अवगुण (सं.) [सं-पु.] 1. बुरा या अनुचित गुण 2. दोष; ऐब 3. खोट; बुराई।

अवग्रह (सं.) [सं-पु.] 1. किसी कार्य को करते समय आने वाली बाधा या रुकावट 2. वर्षा का अभाव; वर्षाहीन होने की अवस्था या भाव 3. बाँध 4. (व्याकरण) संधियों का विच्छेद; संधिविच्छेद।

अवग्रहण (सं.) [सं-पु.] 1. रोकने या प्रतिरोध करने की क्रिया या भाव 2. बाधा 3. अपमान; अनादर।

अवघट (सं.) [वि.] 1. विकट; दुर्गम; कठिन 2. जटिल।

अवघट्ट (सं.) [सं-पु.] 1. माँद; गुफा 2. छोटे जानवरों का बिल।

अवघर्षण (सं.) [सं-पु.] 1. रगड़ना, मलना या पीसना 2. छीलना 3. साफ़ करना; मार्जन करना।

अवघात (सं.) [सं-पु.] 1. बुरी तरह मारना 2. आघात; प्रहार 3. अपमृत्यु; हत्या 4. धान आदि को कूटना।

अवघाती (सं.) [सं-पु.] बुरी तरह मारने या हत्या करने वाला व्यक्ति।

अवघूर्णन (सं.) [सं-पु.] 1. चक्कर देना; चक्कर खाना 2. लुढ़कना 3. बवंडर 4. हवा में लहराना।

अवघोटित (सं.) [वि.] 1. चारों तरफ़ से ढका हुआ 2. अस्त-व्यस्त या उलट-पुलट किया हुआ।

अवघोषक (सं.) [सं-पु.] 1. असत्य समाचार कहने वाला 2. जो अफ़वाहें फैलाए।

अवघोषणा (सं.) [सं-स्त्री.] अनुचित या झूठी घोषणा।

अवचन (सं.) [सं-पु.] 1. चुप्पी; मौन 2. बुरा वचन; निंदा; दुर्वचन। [वि.] गूँगा; मूक।

अवचनीय (सं.) [वि.] 1. न कहने योग्य 2. अश्लील; अशिष्ट; अभद्र।

अवचय (सं.) [सं-पु.] 1. चुनकर इकट्ठा करना; संग्रह; संकलन 2. फूल या फल तोड़कर इकट्ठा करना।

अवचित (सं.) [वि.] 1. बटोरा हुआ 2. चुनकर इकट्ठा किया हुआ।

अवचेतन (सं.) [वि.] जिसमें पूरी चेतना न हो; अर्धचेतन; आंशिक या थोड़ी चेतनावाला।

अवच्छिन्न (सं.) [वि.] 1. जिसका किसी अवच्छेदक पदार्थ से अवच्छेद किया गया हो; अलग किया हुआ; पृथक 2. विशेषयुक्त; विशेषित 3. सीमित।

अवच्छेद (सं.) [सं-पु.] 1. अलगाव; भेद 2. हद; सीमा 3. अवधारण; निश्चय; छानबीन 4. संगीत में मृदंग के बारह प्रबंधों में से एक 5. परिच्छेद; विभाग 6. किसी वस्तु का वह गुण या धर्म जिससे अन्य पदार्थ पृथक प्रतीत हों 7. व्याप्ति।

अवच्छेदक (सं.) [वि.] 1. अवच्छेद करने वाला 2. छेदने वाला 3. हद बाँधने वाला 4. निश्चय या निर्णय करने वाला।

अवच्छेदन (सं.) [सं-पु.] 1. किसी हथियार से काटकर अलग करने की क्रिया 2. खंड करना; विभाजन 3. सीमा निर्धारित करना 4. किसी तरह अलग या पृथक करने की क्रिया।

अवजय (सं.) [सं-स्त्री.] पराजय; हार।

अवजित (सं.) [वि.] 1. हारा हुआ; पराजित 2. तिरस्कृत; अपमानित।

अवज्ञा (सं.) [सं-स्त्री.] 1. किसी के प्रति समुचित आदर या सम्मान का भाव न होना 2. आज्ञा या आदेश की अवहेलना करना 3. उल्लंघन करना 4. एक अलंकार जिसमें एक वस्तु के गुण-दोष का दूसरी वस्तु पर प्रभाव न पड़ने का वर्णन होता है।

अवज्ञाकारी (सं.) [वि.] अवज्ञा करने वाला; बात न मानने वाला; आज्ञा या आदेश का पालन न करने वाला।

अवज्ञान (सं.) [सं-पु.] 1. अवज्ञा; अनादर 2. अपमान; तिरस्कार 3. आज्ञा का उल्लंघन।

अवज्ञेय (सं.) [वि.] 1. अपमान के योग्य; तिरस्कार के योग्य 2. जिसका अपमान या तिरस्कार करना उचित हो।

अवट (सं.) [सं-पु.] 1. गड्ढा 2. छिद्र; छेद 3. कुआँ 4. हाथी फँसाने का तृणाच्छादित गड्ढा 5. दाँत का गड्ढा 6. काँख आदि का गड्ढा 7. शरीर का निचला या कमज़ोर भाग 8. जादूगर; बाज़ीगर।

अवटना (सं.) [क्रि-अ.] 1. किसी द्रव पदार्थ का आग पर खौलना, तपना 2. व्यर्थ घूमना। [क्रि-स.] मथना; आलोड़न करना।

अवटु (सं.) [सं-पु.] 1. गड्ढा 2. कुआँ 3. माँद 4. गरदन का पिछला भाग 5. सिर के पिछले भाग के बाल।

अवडेर [सं-पु.] 1. झमेला 2. किसी बात पर होने वाली कहा-सुनी या विवाद; झंझट-बखेड़ा 3. सुख-भोग में होने वाली बाधा; रंग में भंग।

अवढर (सं.) [वि.] अकारण ही ख़ुश और अनुरक्त हो जाने वाला; मनमाने ढंग से उदारता बरतने वाला।

अवतंस (सं.) [सं-पु.] 1. हार; माला 2. मुकुट 3. कर्णफूल 4. वलयाकार आभूषण, जैसे- बाली, माँग-टीका 5. श्रेष्ठ व्यक्ति 6. वर; दूल्हा।

अवतत (सं.) [वि.] 1. फैलाया हुआ 2. जिसका विस्तार नीचे की ओर हो 3. विस्तृत।

अवतमस (सं.) [सं-पु.] 1. हलका अंधकार 2. अंधकार; अस्पष्टता; गूढ़ता; दुर्बोधता।

अवतरण (सं.) [सं-पु.] 1. प्रादुर्भाव 2. जन्म 3. अवरोहण; नीचे उतरना 4. पार उतरना 5. घाट 6. सीढ़ी 7. अनुवाद;

भाषांतर 8. देवताओं का पार्थिव शरीर में प्रकट होना 9. उद्धृत अंश; उद्धरण।

अवतरण-चिह्न (सं.) [सं-पु.] उद्धरित कथन को संकेत करने वाला चिह्न जैसे- '.....'।

अवतरण छत्र (सं.) [सं-पु.] वह छाता जिसका प्रयोग हवाईजहाज़ से उतरते समय किया जाता है।

अवतरण पथ (सं.) [सं-पु.] हवाईजहाज़ से उतरकर चलने का मार्ग।

अवतरण भूमि (सं.) [सं-स्त्री.] हवाईजहाज़ के लैंड करने के बाद तथा उड़ान भरने से पहले चलने का रास्ता।

अवतरणिका (सं.) [सं-स्त्री.] 1. ग्रंथ की प्रस्तावना; भूमिका 2. परिपाटी; रीति 3. अवतरण।

अवतरना (सं.) [क्रि-अ.] 1. प्रकट होना; उपजना 2. ऊपर से नीचे आना 3. शरीर धारण करना 4. अवतार लेना।

अवतरित (सं.) [वि.] 1. अवतार के रूप में उत्पन्न 2. नीचे उतारा हुआ; नीचे उतरा हुआ 3. उद्धृत 4. अनूदित 5. पार पहुँचा हुआ 6. स्नात।

अवतल (सं.) [वि.] दर्पण का एक प्रकार; नतोदर।

अवतान (स) [सं-पु.] 1. आच्छादन; आवरण 2. लटका हुआ चेहरा 3. धनुष की प्रत्यंचा ढीली करना 4. तानना 5. लताओं का फैलाव।

अवतापी (सं.) [वि.] 1. जहाँ सूर्य का ताप अधिक होता हो 2. बहुत तपाने वाला 3. कष्ट या दुख पहुँचाने वाला।

अवतार (सं.) [सं-पु.] 1. ऊपर से नीचे की ओर आना; उतरने की क्रिया या भाव 2. किसी दैवी शक्ति का पार्थिव रूप में जन्म 3. जन्म; शरीर-ग्रहण 4. विशिष्ट व्यक्ति।

अवतारण (सं.) [सं-पु.] 1. अवतारणा; अनुकरण; उद्धरण रूप में ग्रहण करना 2. अनुवाद 3. भूमिका 4. उद्धरण 5. उतारना 6. नीचे उतारना 7. पार उतारना।

अवतारना (सं.) [क्रि-स.] 1. उत्पन्न करना; रचना या बनाना 2. ऊपर से नीचे की ओर लाना; उतारना 3. पशुओं के गर्भ से बच्चा निकालना या उत्पन्न करना; जनना 4. जन्म देना।

अवतारवाद (सं.) [सं-पु.] अवतारों की धार्मिक अवधारणा में विश्वास करने वाला सिद्धांत।

अवतारी (सं.) [वि.] 1. अवतार ग्रहण करने वाला 2. अवतार या अवतार-ग्रहण से संबंधित 3. ईश्वर या किसी देवता के अवतार के रूप में जिसकी प्रसिद्धि हो 4. अवतार की तरह का चमत्कारी अथवा प्रभाव रखने वाला।

अवतीर्ण (सं.) [वि.] 1. उतरा हुआ; अवतरित 2. अनूदित 3. पार किया हुआ 4. स्नात 5. अवतार ग्रहण किया हुआ 6. उदाहृत; उद्धृत।

अवतोका (सं.) [सं-स्त्री.] 1. वह स्त्री या गाय जिसका गर्भपात किसी दुर्घटनावश हो गया हो 2. तुअनी गाय।

अवदमन (सं.) [सं-पु.] अच्छी तरह दबाना; दमन करना।

अवदशा (सं.) [सं-स्त्री.] गिरी हुई दशा; हीन हालात।

अवदाघ (सं.) [सं-पु.] 1. ताप; गरमी 2. जलन 3. ग्रीष्म ऋतु।

अवदात (सं.) [वि.] 1. शुभ्र; उज्ज्वल; श्वेत 2. शुद्ध; स्वच्छ; विमल; निर्मल 3. शुक्ल वर्ण का; गौर 4. पीत वर्ण का; पीला 5. ख़ूबसूरत; सुंदर 6. उत्तम; पुण्यशील 7. सच्चा; सत्य।

अवदान (सं.) [सं-पु.] 1. योगदान; सहयोग 2. प्रशस्त कर्म 3. पराक्रम 4. उज्ज्वल कर्म 5. उत्सर्ग 6. खंड; विभाजन।

अवदान्य (सं.) [वि.] 1. पराक्रमी; बली 2. कंजूस 3. नियम आदि का उलंघन करने वाला 4. संकीर्ण हृदयी।

अवदाब (सं.) [सं-पु.] धँसाव।

अवदारक (सं.) [वि.] 1. अवदारण करने वाला 2. जो खंडित या विभक्त करे। [सं-पु.] 1. मिट्टी खोदने की खंती या फरसा 2. चीरने-फाड़ने या तोड़ने-फोड़ने की कोई वस्तु।

अवदारण (सं.) [सं-पु.] 1. तोड़ने-फोड़ने की क्रिया या भाव 2. चीरने-फाड़ने अथवा विदीर्ण करने का उपक्रम 3. विभाजन; अलगाव 4. नष्ट या बर्बाद कर देना।

अवदारित (सं.) [वि.] 1. तोड़ा-फोड़ा हुआ 2. खंडित; विभक्त; अवदीर्ण 3. नष्ट-भ्रष्ट किया हुआ।

अवदाह (सं.) [सं-पु.] 1. भीषण ताप; अत्यधिक गरमी 2. अधिक क्षेत्र में आग लगाना और उससे वस्तुओं को जलाना।

अवदीर्ण (सं.) [वि.] 1. विभक्त; टूटा हुआ 2. घबराया हुआ 3. उदास 4. पिघला या घुला हुआ।

अवद्य (सं.) [वि.] 1. अधम; पापी 2. गर्हित; निंद्य 3. त्याज्य 4. कुत्सित; निकृष्ट। [सं-पु.] 1. दोष 2. पाप 3. निंदा 4. लज्जा।

अवध (सं.) [सं-पु.] 1. उत्तर प्रदेश का एक हिस्सा 2. कोशल 3. अयोध्या।

अवधर्मी (सं.) [सं-पु.] वह जो धर्म का पालन न करता हो; वह जिसका आचरण धर्म या आदर्श विरुद्ध हो।

अवधा (सं.) [सं-स्त्री.] (ज्यामिति) वृत्त का खंड या भाग।

अवधाता (सं.) [सं-पु.] 1. अवधान करने वाला 2. किसी व्यक्ति या विचार का ध्यान रखने वाला।

अवधान (सं.) [सं-पु.] 1. मन का योग; चित्त का लगाव; मनोयोग 2. चित की वृत्ति का निरोध करके उसे एक ओर लगाना; समाधि 3. ध्यान; सावधानी; चौकसी 4. गर्भ।

अवधानी (सं.) [वि.] 1. ध्यान देने वाला 2. मनोयोग से भरा हुआ।

अवधायक (सं.) [सं-पु.] किसी काम का कर्ता-धर्ता।

अवधारण (सं.) [सं-पु.] 1. निश्चय करना 2. हद बाँधना; सीमांकन 3. मत या विचार बना लेना 4. शब्द विशेष पर ज़ोर देना।

अवधारणा (सं.) [सं-स्त्री.] 1. सुविचारित धारणा या विचार 2. संकल्पना।

अवधारणीय (सं.) [वि.] 1. निश्चय करने योग्य 2. विचारणीय।

अवधारना (सं.) [क्रि-स.] धारण करना; ग्रहण करना। [क्रि-अ.] निश्चय करना; समझना।

अवधारित (सं.) [वि.] निश्चित; निर्धारित।

अवधार्य (सं.) [वि.] विचारणीय; अवधारणीय।

अवधाव (सं.) [सं-पु.] बर्फ़, चट्टान आदि का विशाल समुदाय।

अवधावन (सं.) [सं-पु.] 1. किसी को पकड़ने के लिए उसका

पीछा करना 2. धोना; साफ़ करना।

अवधावित (सं.) [वि.] 1. जिसका पीछा किया गया हो 2. धोया हुआ; साफ़ किया हुआ।

अवधि (सं.) [सं-स्त्री.] 1. निर्धारित समय; नियत समय; मीयाद 2. सीमा; हद 3. अंतिम सीमा 4. समयांतराल 5. पड़ोस 6. गड्ढा। [अव्य.] तक।

अवधि बधित (सं.) [वि.] जिसकी अवधि समाप्त हो चुकी हो।

अवधिमान (सं.) [सं-पु.] समुद्र; सागर।

अवधी (सं.) [सं-स्त्री.] अवध क्षेत्र की बोली या भाषा। [वि.] अवध से संबंध रखने वाला।

अवधीरण (सं.) [सं-पु.] 1. तिरस्कारपूर्वक व्यवहार करना; बुरा बर्ताव करना 2. उपेक्षा करना।

अवधीरित (सं.) [वि.] 1. तिरस्कृत; अपमानित; उपेक्षित 2. जिसके साथ बुरा बर्ताव किया गया हो।

अवधूत (सं.) [सं-पु.] 1. संन्यासी 2. साधुओं का एक भेद 3. साधकों की भाषा में, मन 4. नाथ पंथी सिद्ध योगी। [वि.] 1. तिरस्कृत 2. अपमानित 3. आक्रांत 4. पराभूत 5. विरक्त।

अवधूतिका (सं.) [सं-स्त्री.] 1. संन्यासिनी 2. ख़ास तरह की साध्वी। [वि.] 1. तिरस्कृता; वंचिता 2. अपमानित 3. आक्रांत 4. पराभूत 5. विरक्त।

अवधूती (सं.) [सं-स्त्री.] बाईं ओर की नाड़ी इड़ा; दाईं ओर की नाड़ी पिंगला और इन दोनों के बीच की नाड़ी सुषुम्ना कहलाती है। इस सुषुम्ना नाड़ी को ही अवधूती कहते हैं। उद्बुद्ध कुंडलिनी इसी से होकर सहस्रार स्थित शिव तक पहुँचती है।

अवधूपित (सं.) [वि.] 1. सुवासित 2. धूप आदि जलाकर उसके धुएँ से सुगंधित किया हुआ।

अवधूलन (सं.) [सं-पु.] 1. धूल या चूर्ण की तरह चीज़ छिड़कना 2. घाव वगैरह पर चूर्ण या पावडर छिड़कना।

अवधेय (सं.) [सं-पु.] 1. ध्यान 2. अभिधान; नाम। [वि.] 1. ध्यान देने योग्य 2. जानने योग्य 3. जिसका आदर या सम्मान किया जा सके 4. श्रद्धेय।

अवधेश (सं.) [सं-पु.] 1. अवध का राजा या स्वामी 2. अवध के राजा; दशरथ।

अवध्य (सं.) [वि.] 1. जिसका वध न किया जा सके; अजर-अमर 2. जिसका वध किया जाना वर्जित हो।

अवध्य (सं.) [वि.] 1. जिसका वध न किया जा सके; अजर-अमर 2. जिसका वध किया जाना वर्जित हो।

अवध्वंस (सं.) [सं-पु.] 1. परित्याग 2. अनादर; अपमान या उपेक्षा 3. निंदा; बुराई 4. बुरी तरह नाश।

अवध्वस्त (सं.) [वि.] 1. विनष्ट 2. निंदित 3. अपमानित; तिरस्कृत 4. दूर हटाया हुआ; परित्यक्त 5. छितराया हुआ 6. छिड़का हुआ।

अवन (सं.) [सं-पु.] 1. रक्षण 2. ख़ुश करना 3. प्रसन्नता 4. प्रीति 5. संतोष 6. आकांक्षा। [सं-स्त्री.] 1. पृथ्वी 2. जमीन; भूमि 3. मार्ग; रास्ता।

अवनत (सं.) [वि.] 1. नीचा; झुका हुआ; नत 2. गिरा हुआ; पतित; अधोगत 3. अस्त होता हुआ 4. नम्र; विनीत।

अवनति (सं.) [सं-स्त्री.] 1. सामान्य स्थिति से नीचे गिरना; गिरावट 2. झुकाव 3. अध:पतन 4. उतार 5. अस्त होता 6. दंडवत 7. विनम्रता।

अवनद्ध (सं.) [सं-पु.] ढोल; मृदंग। [वि.] 1. निर्मित 2. जड़ा या बैठाया हुआ 3. ढका हुआ 4. बँधा हुआ।

अवनमन (सं.) [सं-पु.] 1. नीचे की ओर झुकने की क्रिया 2. पैर पड़ना 3. गुण, महत्व आदि का घटना 4. ग्रह-नक्षत्र आदि का नीचे की ओर जाना 5. तल या स्तर का नीचे की ओर झुकाव।

अवनयन (सं.) [सं-पु.] नीचे की ओर लाना या गिराना।

अवनामक (सं.) [वि.] 1. नीचे गिराने वाला 2. झुकाने वाला 3. हतोत्साहित करने वाला।

अवनायक (सं.) [वि.] 1. अवनति करने वाला या गिराने वाला 2. जिसका पतन या नाश होने वाला हो 3. नीचे की ओर गिराने वाला या ले जाने वाला।

अवनाह (सं.) [सं-पु.] 1. बाँधने या कसने की क्रिया 2. आवृत्त करना; ढंकना 3. बंधन।

अवनि (सं.) [सं-स्त्री.] 1. धरती; धरणी; पृथ्वी 2. उँगली 3. एक प्रकार की लता।

अवनींद्र (सं.) [सं-पु.] धरती का इंद्र; राजा।

अवनीश (सं.) [सं-पु.] धरती का ईश या स्वामी; राजा।

अवनीश्वर (सं.) [सं-पु.] दे. अवनीश।

अवनेजन (सं.) [सं-पु.] 1. हाथ-पाँव धोने की क्रिया 2. हाथ-पाँव धोने का पानी 3. आचमन 4. पिंडदान की वेदी पर बिछाए हुए कुशों पर पानी छिड़कना।

अवपात (सं.) [सं-पु.] 1. गिराव; पतन 2. गड्ढा 3. हाथियों को फँसाने के लिए बनाया गया गड्ढा; खाँड़ा 4. पक्षियों आदि का ऊपर से नीचे की ओर झपटना।

अवपातन (सं.) [सं-पु.] नीचे फेंकने या गिराने की क्रिया या भाव।

अवपात्र (सं.) [सं-पु.] अयोग्य या निकृष्ट पात्र।

अवपीड़न (सं.) [सं-पु.] 1. यातना देने की क्रिया 2. किसी के साथ कष्टदायक व्यवहार।

अवप्रेरण (सं.) [सं-पु.] 1. बुरे काम में सहायता देना 2. किसी को अपराध करने के लिए प्रोत्साहित करना 3. दुरुत्साहन।

अवबोध (सं.) [सं-पु.] 1. बोध; ज्ञान 2. जागना; सचेतनता 3. विवेक 4. जताना।

अवबोधक (सं.) [वि.] 1. जगाने वाला 2. जागरूक बनाने वाला। [सं-पु.] 1. सूर्य 2. शिक्षक 3. बंदी या चारण 4. चौकीदार 5. विचार।

अवबोधकीय कक्षा (सं.) [सं-स्त्री.] अवबोधन के लिए आयोजित कक्षा या शिविर।

अवबोधन (सं.) [सं-पु.] 1. ज्ञान 2. बताना; जताना 3. जागरूक बनाना 4. चेतावनी देना 5. वह मानसिक शक्ति जिससे किसी बात का ठीक स्वरूप जल्दी या सहज में समझ लिया जाता है।

अवभंग (सं.) [सं-पु.] 1. हराना; पराजित करना 2. नीचा

दिखाना।

अवभास (सं.) [सं-पु.] 1. केवल आभास के रूप में होने वाला मिथ्या ज्ञान 2. प्रतीति 3. चमक 4. झलक 5. दिखाई देना।

अवभासक (सं.) [वि.] 1. प्रकाशक 2. प्रकाशमय। [सं-पु.] परब्रह्म।

अवभासित (सं.) [वि.] 1. प्रतीत 2. प्रकाशित 3. प्रकट; लक्षित।

अवभृथ (सं.) [सं-पु.] 1. यज्ञ की समाप्ति 2. यज्ञ की समाप्ति पर किया जाने वाला स्नान।

अवभ्रट (सं.) [वि.] अवनाट; चपटी नाक वाला।

अवम (सं.) [वि.] 1. अधम; नीच 2. पापी 3. अंतिम 4. घटता हुआ। [सं-पु.] 1. पाप 2. चांद्र और सौर दिन का अंतर 3. पितरों का एक वर्ग 4. रक्षक।

अवम तिथि (सं.) [सं-स्त्री.] चंद्र मास की वह तिथि जिसका क्षय हो गया हो।

अवमंता (सं.) [वि.] अपमान करने वाला।

अवमंदन (सं.) [सं-पु.] 1. मंद या धीमा कराना 2. तीक्ष्णता आदि को कम करना।

अवमत (सं.) [वि.] 1. अपमानित 2. तिरस्कृत 3. निंदित।

अवमति (सं.) [सं-स्त्री.] 1. अवज्ञा 2. तिरस्कार; अपमान 3. विरक्ति; अरुचि 4. अनुचित बुद्धि।

अवमर्दन (सं.) [सं-पु.] 1. दमन 2. उत्पीड़न 3. कुचलना 4. मालिश करना।

अवमर्दित (सं.) [वि.] 1. रौंदा या कुचला हुआ 2. मर्दन किया हुआ 3. नष्ट या बरबाद किया हुआ।

अवमर्श (सं.) [सं-पु.] 1. स्पर्श 2. संपर्क; संबंध।

अवमर्शसंधि (सं.) [सं-स्त्री.] रूपक की पाँच संधियों में से चौथी, जब क्रोध, व्यसन या लोभ से फल-प्राप्ति के बारे में पर्यालोचन होता है और गर्भ संधि के द्वारा बीज को प्रकट कर दिया जाता है।

अवमर्ष (सं.) [सं-पु.] 1. आक्रमण 2. दूर करना 3. आलोचना 4. नाटक की पाँच संधियों (मुख, प्रतिमुख, गर्भ, अवमर्ष और निर्वहन) में से एक।

अवमर्षण (सं.) [सं-पु.] 1. असहिष्णुता 2. हटाना; मिटाना 3. मान्य न करना 4. स्पर्श करना; छूना 5. दूर करना; हटाना।

अवमान (सं.) [सं-पु.] 1. तिरस्कार; अपमान; अनादार 2. महत्व, मूल्य आदि को सही न आँकना।

अवमानन (सं.) [सं-पु.] 1. अवमान या अपमान करना 2. तिरस्कार करना।

अवमानना (सं.) [सं-स्त्री.] 1. बात न मानने की क्रिया; आदेश का उल्लंघन 2. अपमान 3. तिरस्कार।

अवमानव (सं.) [सं-पु.] नीच या निकृष्ट मनुष्य।

अवमानित (सं.) [वि.] 1. जिसका अपमान किया गया हो 2. तिरस्कृत।

अवमानी (सं.) [वि.] 1. अपमान या अवमान करने वाला 2. तिरस्कार करने वाला।

अवमान्य (सं.) [वि.] 1. अपमान के योग्य 2. तिरस्कार योग्य।

अवमूल्य (सं.) [सं-पु.] सामान्य से कम मूल्य।

अवमूल्यन (सं.) [सं-पु.] 1. किसी के महत्व को कम करके आँकना 2. मुद्रा के मूल्य में गिरावट लाना; मुद्रा का विनिमय-मूल्य या सापेक्ष-मूल्य गिरा देना।

अवमृदा (सं.) [सं-स्त्री.] निचली मिट्टी।

अवमोचन (सं.) [सं-पु.] 1. बंधन से मुक्त करना 2. छोड़ देना 3. ढीला करना।

अवयव (सं.) [सं-पु.] 1. अंश; हिस्सा; भाग; अंग 2. अभिन्न अंग 3. शरीर का अंग 4. न्याय शस्त्र में, वाक्य के पाँच अंगों में से एक।

अवयवी (सं.) [सं-पु.] देह; शरीर। [वि.] 1. जिसके कई अवयव या अंग हो 2. कुल; समूचा।

अवयस्क (सं.) [वि.] जो वयस्क या बालिग न हो; नाबालिग।

अवयस्कता (सं.) [सं-स्त्री.] 1. वयस्क न होने की अवस्था या उम्र; नाबालिगपन 2. अनुभवहीनता; बात-व्यवहार में कच्चापन।

अवयान (सं.) [सं-पु.] 1. किसी को ख़ुश करने के लिए झुकना; तुष्टीकरण 2. प्रायश्चित।

अवर (सं.) [वि.] 1. जो श्रेष्ठ न हो; कनिष्ठ; छोटा 2. कम; न्यून 3. निचला 4. बाद का; अनुवर्ती। [सं-पु.] 1. अतीत 2. हाथी के पीछे का हिस्सा। [क्रि.वि.] अन्य; दूसरा।

अवर सदन (सं.) [सं-पु.] संसद या विधानमंडल का एक सदन- लोकसभा, विधानसभा, प्रतिनिधिसभा आदि।

अवरज (सं.) [सं-पु.] 1. छोटा भाई 2. शूद्र।

अवरत (सं.) [वि.] 1. अलग, पृथक 2. रुका हुआ, ठहरा हुआ 3. निवृत्त 4. विरामयुक्त। [सं-पु.] पानी का भँवर।

अवरति (सं.) [सं-स्त्री.] 1. विश्राम; ठहराव 2. निवृत्ति; छुटकारा 3. पृथकता।

अवरवर्ण (सं.) [वि.] शूद्र वर्ण का। [सं-पु.] शूद्र।

अवरा (सं.) [सं-स्त्री] 1. दुर्गा 2. दिशा।

अवरागार (सं.) [सं-पु.] संसद या विधानमंडल का निम्नसदन; दूसरा सदन; अवर सदन।

अवराधन (सं.) [सं-पु.] आराधान; उपासना; पूजा; सेवा।

अवरार्ध (सं.) [सं-पु.] पीछे या नीचे का आधा भाग। [वि.] उत्तरार्द्ध।

अवरावर (सं.) [वि.] 1. सबसे ख़राब; निकृष्टतम 2. छोटे से छोटा।

अवरुद्ध (सं.) [वि.] 1. बाधित; रोका हुआ या रुका हुआ 2. बंद; घिरा हुआ 3. प्रच्छन्न; गुप्त; छिपा हुआ या छिपाया हुआ 4. ढँका हुआ।

अवरूप (सं.) [वि.] 1. विकृत रूपवाला 2. जिसका नाश या पतन हो गया हो।

अवरेब (सं.) [सं-पु.] 1. वक्र गति; तिरछी चाल 2. कपड़े की तिरछी काट 3. व्यंग्य 4. बिगाड़; ख़राबी 5. झगड़ा; विवाद; खींचातानी 6. वक्रोक्ति 7. उलझन या संकट की स्थिति।

अवरेबी (सं.) [वि.] 1. तिरछी काट वाला; अवरेबदार 2. जिसमें पेच लगा या जड़ा हो; पेचदार; पेचवाला 3. व्यंग्यपूर्ण।

अवरोक्त (सं.) [वि.] 1. अंत में उल्लिखित 2. जिसे बाद में

कहा गया हो।

अवरोध (सं.) [सं-पु.] 1. बाधा; रोक; अटकाव; अड़चन 2. घेरा 3. ढक्कन; आवरण 4. महल 5. अंत:पुर 6. बाड़ा 7. प्रहरी 8. (राजा के लिए) रानियों का समूह।

अवरोधक (सं.) [वि.] 1 अवरोध या बाधा उत्पन्न करने वाला; बाधक 2. रोकने वाला 3. घेरा डालने वाला। [सं-पु.] 1. रोक 2. बाड़ा 3. प्रहरी।

अवरोधन (सं.) [सं-पु.] 1. रोक; घेरा; बाधा 2. अंत:पुर; ज़नानख़ाना 3. किसी वस्तु का भीतरी भाग 4. निजी या व्यक्तिगत स्थान।

अवरोधित (सं.) [वि.] 1. बाधित; अवरुद्ध 2. रोका हुआ; रुका हुआ 3. घिरा हुआ; बंद 4. प्रच्छन्न।

अवरोधी (सं.) [वि.] अवरोध करने वाला; रोकने वाला; अवरोधक।

अवरोप (सं.) [सं-पु.] 1. उन्मूलन; उन्मोचन 2. किसी आरोप या अभियोग से मुक्त करना या हटाना।

अवरोपण (सं.) [सं-पु.] 1. उन्मूलन 2. नीचे उतारना; उखाड़ना या हटाना।

अवरोपित (सं.) [वि.] 1. उखाड़ा या हटाया हुआ; उन्मूलित 2. जो अभियोग या आरोप से मुक्त किया गया हो।

अवरोह (सं.) [सं-पु.] 1. उतार 2. अवनति; पतन 3. संगीत में स्वरों का उतार 4. अर्थालंकार का एक भेद जहाँ वस्तु के रूप-गुण का क्रमश: घटना दर्शाया जाए 5. बेल या लता का वृक्ष के चारों ओर लिपटना।

अवरोहक (सं.) [वि.] 1. नीचे की ओर आने या उतरने वाला 2. नीचे गिरने वाला। [सं-पु.] अश्वगंधा नामक वनस्पति।

अवरोहण (सं.) [सं-पु.] 1. उतरने की क्रिया और सिलसिला 2. अवनति; पतन; गिरावट 3. नीचे की ओर आना।

अवरोही (सं.) [वि.] उतरने वाला; नीचे आने वाला। [सं-पु.] 1. वटवृक्ष 2. ऊपर से नीचे आने वाला स्वर।

अवर्ग (सं.) [सं-पु.] स्वर वर्ण। [वि.] जो किसी वर्ग में न हो या जिसका कोई वर्ग न हो; श्रेणीरहित।

अवर्गीकृत (सं.) [वि.] जिसका वर्ग न बनाया गया हो; बिना वर्गीकरण का।

अवर्ण (सं.) [वि.] 1. वर्ण-रंगहीन 2. वर्ण-धर्म-रहित 3. बदरंग 4. बुरा। [सं-पु.] निंदा; अपवाद।

अवर्णनीय (सं.) [वि.] जिसका वर्णन या बखान न किया जा सके; अवर्ण्य। [सं-पु.] उपमान; जो वर्ण्य या उपमेय न हो।

अवर्णित (सं.) [वि.] जिसका वर्णन न किया गया हो; जिसके बारे में बताया न गया हो।

अवर्ण्य (सं.) [वि.] 1. जिसका वर्णन नहीं हो सकता हो; वर्णनातीत 2. जो उपमेय या वर्ण्य न हो; उपमान।

अवर्तन (सं.) [सं-पु.] 1. जीविका या वृत्ति का न होना 2. अस्तित्व का मिट जाना। [वि.] जीविकाहीन।

अवर्तमान (सं.) [सं-पु.] वर्तमान न होने की अवस्था। [वि.] 1. जो वर्तमान न हो 2. अनुपस्थित 3. अप्रस्तुत 4. भूत या भविष्य।

अवर्धमान (सं.) [वि.] न बढ़ने वाला; जिसमें आगे बढ़ने के लक्षण न हों।

अवर्शीष (सं.) [वि.] 1. जिसका सिर नीचे की ओर झुक गया हो 2. नतमस्तक 3. औंधा। [सं-पु.] एक प्रकार का नेत्र रोग।

अवर्ष (सं.) [सं-पु.] वृष्टि का अभाव; वर्षा का न होना; अवग्रहण; अनावृष्टि; सूखा; अवर्षण।

अवर्षण (सं.) [सं-पु.] वृष्टि का अभाव; वर्षा का न होना; अनावृष्टि; सूखा।

अवलंब (सं.) [सं-पु.] 1. आश्रय; सहारा 2. भरोसा 3. शरण 4. पड़ाव 5. लंब (रैखिक)।

अवलंबन (सं.) [सं-पु.] 1. सहारा 2. अवलंब; छड़ी 3. ओट 4. अंगीकार करना; अपनाना; ग्रहण।

अवलंबित (सं.) [वि.] 1. आश्रित; सहारे पर स्थित; टिका हुआ 2. मुनहसिर 3. लटकाया हुआ 4. शीघ्र; सत्वर।

अवलंबी (सं.) [वि.] अवलंबन करने वाला।

अवलग्न (सं.) [वि.] 1. लगा हुआ 2. सटाकर रखा हुआ।

अवलि (सं.) [सं-स्त्री.] 1. पंक्ति; पाँति 2. समूह; झुंड 3. वह अन्न की डाँठ जो नवान्न करने के लिए खेत से पहले पहल काटी जाती है।

अवलिप्त (सं.) [वि.] 1. लगाव रखने वाला 2. घमंडी 3. चुपड़ा हुआ।

अवली (सं.) [सं-स्त्री.] दे. अवलि।

अवलीक (सं.) [वि.] 1. पापरहित; निष्पाप 2. निर्दोष; दोषरहित।

अवलीढ (सं.) [वि.] 1. चाटा हुआ 2. खाया हुआ।

अवलीला (सं.) [सं-स्त्री.] 1. क्रीड़ा; खेल 2. तिरस्कार; अनादर।

अवलुंचन (सं.) [सं-पु.] 1. उखाड़ना 2. काटना 3. खोलना 4. हटाना; नोचना।

अवलुंचित (सं.) [वि.] 1. खुला हुआ 2. काटा हुआ 3. नोचा हुआ।

अवलुंठन (सं.) [सं-पु.] 1. लोटना 2. लूटना; लूट।

अवलुंठित (सं.) [वि.] 1. लुढ़का हुआ 2. जिसका सब कुछ लूट गया हो 3. लोटा हुआ।

अवलेख (सं.) [सं-पु.] 1. खुरची हुई चीज 2. खुरचना 3. तोड़ना।

अवलेखन (सं.) [सं-पु.] 1. खुरचना; खोदना 2. लकीर खींचना 3. कंघी करना; बाल झाड़ना।

अवलेखनी (सं.) [सं-स्त्री.] 1. वह वस्तु जिससे कुछ अंकित किया जाए (कलम आदि) 2. कंघी।

अवलेखा (सं.) [सं-स्त्री.] 1. चित्रकारी 2. रगड़ना 3. सजाना।

अवलेप (सं.) [सं-पु.] 1. उबटन; लेप 2. घमंड; गर्व 3. आभूषण 4. मलहम 5. संग; मिलन; संबंध 6. आक्रमण; हिंसा 7. अपमान।

अवलेपक (सं.) [वि.] 1. लेप लगाने वाला 2. अपने आप में किसी बात का झूठा अवलेप करने वाला।

अवलेपन (सं.) [सं-पु.] 1. लगाना; पोतना 2. वह वस्तु जो लगाई जाए; लेप; उबटन 3. घमंड; अभिमान; अहंकार 4.

संबंध; लगाव 5. दोष 6. चंदन का वृक्ष।

अवलेह (सं.) [सं-पु.] 1. लेई जो न अधिक गाढ़ी और न अधिक पतली हो और जिसे चाटा जाए; चटनी; माजून 2. औषधि जिसे चाटा जाए।

अवलेहन (सं.) [सं-पु.] 1. चटनी 2. चाटने की क्रिया।

अवलोक (सं.) [सं-पु.] दे. अवलोकन।

अवलोकक (सं.) [वि.] 1. देखने की इच्छा रखने वाला 2. निरीक्षण करने वाला।

अवलोकन (सं.) [सं-पु.] 1. ध्यानपूर्वक देखना 2. निरीक्षण 3. दृष्टि 4. दृष्टिपात 5. अनुसंधान।

अवलोकनीय (सं.) [वि.] अवलोकन करने योग्य; देखने योग्य।

अवलोकित (सं.) [वि.] 1. दृष्ट; देखा हुआ 2. जिसका निरीक्षण हुआ हो; जिसे गौर से देखा गया हो 3. जिसका अनुसंधान किया गया हो।

अवलोप (सं.) [सं-पु.] 1. काटकर हटाना; नष्ट करना 2. आक्रमण करना 3. दाँत से काटना।

अवलोम (सं.) [वि.] 1. अनुकूल 2. उपयुक्त।

अवश (सं.) [वि.] 1. जो वश में न हो 2. किसी के दबाव में न आने वाला।

अवशंसा (सं.) [सं-स्त्री.] दोषी या अपराधी ठहराने की क्रिया।

अवशिष्ट (सं.) [वि.] 1. शेष; बचा हुआ; अवशेष 2. फ़ाज़िल; अतिरिक्त।

अवशेष (सं.) [वि.] बचा हुआ; बाकी। [सं-पु.] 1.शेषभाग 2.अंत:समाप्ति।

अवशोषक (सं.) [सं-पु.] 1. अवशोषण करने वाला 2. सोखने वाला; सोख्ता 3. अपने में समा लेने वाला; संविलयक।

अवशोषण (सं.) [सं-पु.] 1. सोखना 2. अपने में समा लेना या समाहित कर लेना; संविलयन।

अवशोषित (सं.) [वि.] 1. सोखा हुआ 2. समाया हुआ; समाहित; संविलयित।

अवश्य (सं.) [अव्य.] 1. ज़रूर 2. निश्चित रूप से 3. बिना किसी अंतर के। [वि.] 1. अनिवार्य 2. जिसे वश में न किया जा सके।

अवश्यंभावी (सं.) [वि.] 1. जिसका होना निश्चित हो; जिसके होने की पूरी संभावना हो 2. जो टले नहीं; अटल 3. जिसे टाला न जा सके; अनिवार्य।

अवश्यमेव (सं.) [क्रि.वि.] 1. अवश्य ही; निश्चय ही 2. निश्चयपूर्वक 3. निस्संदेह; यकीनन।

अवश्या (सं.) [सं-स्त्री.] 1. कोहरा 2. मनमाना आचरण करने वाली स्त्री; स्वैरिणी।

अवश्याय (सं.) [सं-स्त्री.] 1.ओस 2. वर्षा की फुहार 3. हिमकण 4. अभिमान 5. पाला।

अवष्टंभ (सं.) [सं-पु.] 1. आश्रय; सहारा 2. खंभा 3. घमंड 4. बाधा 5. पक्षाघात 6. स्तब्धता 7. जड़ीभूत होना 8. सोना; स्वर्ण।

अवष्टब्ध (सं.) [वि.] 1. जिसने कोई सहारा लिया हो; आश्रित 2. रोका हुआ; बाधित 3. रक्षित 4. निकटवर्ती 5. आवृत्त 6. पराभूत।

अवसंजन (सं.) [सं-पु.] आलिंगन; गले लगाना।

अवसक्त (सं.) [वि.] सटा या लगा हुआ; संलग्न; नत्थी।

अवसक्थिया (सं.) [सं-स्त्री.] 1. बैठने की वह मुद्रा जिसमें पीठ और घुटने कपड़े से बाँध लिए जाते हैं 2. खाट का उनचन 3. अंगों को ढकने वाला कपड़ा।

अवसथ (सं.) [सं-पु.] 1. रहने का स्थान 2. घर; मकान 3. विद्यार्थियों के रहने का स्थान।

अवसन्न (सं.) [वि.] 1. दुखी; विषादग्रस्त 2. सुस्त; बेदम 3. उदास 4. खिन्न 5. निरुत्साह 6. हारा-थका 7. अपना काम करने में असमर्थ 8. समाप्त।

अवसर (सं.) [सं-पु.] 1. मौका 2. समय; सुयोग 3. अवकाश 4. भूमिका 5. वत्सर 6. गुप्त परामर्श 7. वर्षा 8. अर्थालंकार का एक भेद। [मु.] **-चूकना** : मौका हाथ से खो देना; मौके का फ़ायदा न उठा पाना। **-ताकना** : अनुकूल या इष्ट परिस्थिति की प्रतीक्षा करना।

अवसरवश (सं.) [क्रि.वि.] 1. इत्तफ़ाक से या संयोग से 2. मौके के मुताबिक।

अवसरवाद (सं.) [सं-पु.] 1. पाश्चात्य दार्शनिक मेलब्रांश तथा ज्यूलोक का सिद्धांत 2. अवसर के अनुरूप कार्य कर अपना मतलब साधने का सिद्धांत।

अवसरवादिता (सं.) [सं-स्त्री.] 1. मौके का फ़ायदा उठाने की प्रवृत्ति; मौकापरस्ती 2. अवसर के अनुकूल बरतने की प्रवृत्ति।

अवसरवादी (सं.) [वि.] जो किसी नीति का अनुसरण न करके हर उपयुक्त अवसर का पूरा-पूरा फ़ायदा उठाने की कोशिश करे; मौकापरस्त।

अवसरानुकूल (सं.) [वि.] अवसर के अनुकूल; अवसरोचित; मौके के मुताबिक।

अवसरोचित (सं.) [वि.] अवसर के अनुकूल; मौके के मुताबिक।

अवसर्ग (सं.) [सं-पु.] 1. मुक्ति; छोड़ देना; छुटकारा; स्वतंत्र करना 2. शिथिल करना 3. दंड में कमी करना 4. रोक न लगाना।

अवसर्जन (सं.) [सं-पु.] 1. मुक्त या आज़ाद करना 2. छोड़ना; त्यागना।

अवसर्प (सं.) [सं-पु.] जासूस; भेदिया।

अवसर्पण (सं.) [सं-पु.] 1. नीचे उतरना 2. अधोगमन।

अवसर्पिणी (सं.) [सं-स्त्री.] जैन मतानुसार उतार का समय जिसमें रूपादि का क्रमशः ह्रास होता है; विरोह; अवरोह; विवर्त्त।

अवसाद (सं.) [सं-पु.] 1. सुस्ती; शिथिलता 2. उदासी 3. विषाद; अवसन्नता 4. खेद 5. नाश 6. अंत समाप्ति 7. कमजोरी; दुर्बलता।

अवसादक (सं.) [वि.] सुस्ती लाने वाला; अवसादकारक।

अवसादग्रस्त (सं.) [वि.] अवसाद पीड़ित; अवसादित।

अवसादन (सं.) [सं-पु.] 1. नाश 2. पतन 3. कार्य करने की अक्षमता 4. उत्पीड़न 5. समाप्त करना।

अवसादी (सं.) [वि.] अवसाद से भरा हुआ; अवसादयुक्त।

अवसान (सं.) [सं-पु.] 1. समाप्ति; अंत 2. मृत्यु 3. पतन 4. विराम 5. घोड़े आदि से उतरने का स्थान 6. ठहरने की क्रिया या भाव।

अवसानक (सं.) [वि.] 1. जो समाप्त या नष्ट हो रहा हो 2. अंत या सीमा तक पहुँचने वाला।

अवसारण (सं.) [सं-पु.] 1. हटाना 2. चलाना 3. जाने के लिए प्रवृत्त करना।

अवसिक्त (सं.) [वि.] सिंचित; सींचा हुआ।

अवसित (सं.) [वि.] न बसा हुआ। [सं-पु.] परिवर्तित।

अवसेचन (सं.) [सं-पु.] 1. सींचना 2. सींचने के काम आने वाला पानी 3. छिड़कना 4. रग को काटकर या छेदकर रक्त निकालना 5. पसीना निकालने की क्रिया।

अवस्कंद (सं.) [सं-पु.] 1. वह स्थान जहाँ अस्थायी रूप से तंबू आदि लगाकर सेना ठहरी हो 2. तंबू 3. आक्रमण 4. बारात के ठहरने का स्थान। [सं-पु.] नवासा।

अवस्कंदक (सं.) [वि.] 1. नीचे उतरने वाला 2. किसी के ऊपर कूदने वाला 3. आक्रमण करने वाला।

अवस्कर (सं.) [सं-पु.] 1. मलमूत्र; विष्ठा 2. मलमूत्रेंद्रिय 3. गोबर 4. कूड़ा-करकट 5. वह स्थान जहाँ मलमूत्र आदि फेंका जाता है।

अवस्तार (सं.) [सं-पु.] 1. परदा; यवनिका 2. चटाई 3. खेमे के चारों ओर की कपड़े की दीवार; कनात।

अवस्था (सं.) [सं-स्त्री.] 1. हालत; दशा 2. स्थिति 3. स्थिरता 4. उम्र; आयु 5. उम्र के मुताबिक देह आदि की अवस्था, जैसे- बचपन, जवानी, बुढ़ापा आदि 6. आकृति।

अवस्थांतर (सं.) [सं-पु.] 1. भिन्न या बदली हुई अवस्था 2. दो या कई अवस्थाओं में पारस्परिक अंतर।

अवस्थान (सं.) [सं-पु.] 1. ठहरना 2. रहना; वास करना 3. रहने-ठहरने का स्थान; घर 4. रहने-ठहरने की अवधि 5. रेलवे स्टेशन 6. मौका।

अवस्थापन (सं.) [सं-पु.] 1. स्थापित करना 2. रखना 3. रखने या स्थापित करने का स्थान।

अवस्थित (सं.) [वि.] 1. विद्यमान; मौजूद 2. दृढ़निश्चय।

अवस्थिति (सं.) [सं-स्त्री.] 1. ठहरे-टिके होने की स्थिति 2. ठहरे-टिके होने की अवधि या काल 3. अवस्थान 4. मौजूदगी; विद्यमानता।

अवस्थी (सं.) [सं-पु.] ब्राह्मणों की एक उपजाति और उसकी उपाधि।

अवस्फूर्ज (सं.) [सं-पु.] बादलों की गड़गड़ाहट या गरज।

अवस्यंदन (सं.) [सं-पु.] 1. चूना या टपकना 2. रिसना।

अवह (सं.) [वि.] जो वहन न हो सके। [सं-पु.] बिना नदी-नाले का (देश)।

अवहट्ट [सं-स्त्री.] प्राचीन अपभ्रंश का एक रूप।

अवहरण (सं.) [सं-पु.] 1. चुरा लेना; लूट लेना 2. दूर हटाना 3. अन्यत्र ले जाना 4. युद्धविराम।

अवहस्त (सं.) [सं-पु.] उलटा हाथ; पट हाथ; हथेली की पीठ वाला भाग।

अवहार (सं.) [सं-पु.] 1. कुछ समय के लिए युद्ध बंद करना 2. निमंत्रण 3. घड़ियाल या सूँस।

अवहार्य (सं.) [वि.] 1. जो वहन किए जाने योग्य हो 2. दंडनीय 3. जिसे लौटना आवश्यक हो।

अवहास (सं.) [सं-पु.] 1. मुस्कराना 2. उपहास करना; खिल्ली उड़ाना।

अवहित (सं.) [वि.] सावधान। [सं-पु.] एकाग्रचित्त।

अवहित्था (सं.) [सं-स्त्री.] 1. वह व्यभिचारी भाव जिसमें लज्जा, भय आदि भावों को छिपाने की कोशिश होती है 2. भावगोपन।

अवहेलना (सं.) [सं-स्त्री.] 1. उपेक्षा 2. अनादर; अवमानना 3. आदेश का उल्लंघन; अवज्ञा 4. तिरस्कार।

अवहेलनीय (सं.) [वि.] 1. उपेक्षा के योग्य; उपेक्षणीय 2. अनादरणीय; असम्मान्य 3. तिरस्कार के योग्य; तिरस्कार्य।

अवहेला (सं.) [सं-स्त्री.] 1. किसी की आज्ञा या बात न मानने की क्रिया या भाव; अवज्ञा; तिरस्कार 2. वह बात या कार्य जिससे किसी का मान या प्रतिष्ठा कम हो; अपमान; अनादर; बेइज़्ज़ती।

अवहेलित (सं.) [वि.] तिरस्कृत; अपमानित।

अवाँ (सं.) [सं-पु.] मिट्टी के बरतन पकाने का भट्टा; आँवाँ।

अवाँसा [सं-पु.] चारमुट्ठी फसल का गट्ठर; पाँजा।

अवांछनीय (सं.) [वि.] 1. जो वांछित न हो; अपात्र 2. अनभिलषणीय 3. अप्रिय 4. अनपेक्षित।

अवांछनीय तत्व [सं-पु.] जो आवश्यक न हो; अनपेक्षित तत्व।

अवांछित (सं.) [वि.] 1. जिसे पसंद नहीं किया जाए; जिसकी इच्छा न की गई हो 2. अनामंत्रित; अनपेक्षित।

अवांतर (सं.) [वि.] 1. बीच का; मध्य में होने वाला; अंतर्वर्ती 2. गौण 3. अंतर्गत।

अवांतर दिशा (सं.) [सं-स्त्री.] दो दिशाओं के मध्य की दिशा; मध्यवर्ती दिशा।

अवांतर भेद (सं.) [सं-पु.] किसी भेद के अंतर्गत आने वाले भेद या विभाग।

अवाई [सं-स्त्री.] 1. किसी के कहीं से आकर पहुँचने की क्रिया या भाव; आगमन; आना; आवक 2. खेत की गहरी जुताई।

अवाक (सं.) [वि.] 1. विस्मित; स्तब्ध; चकित 2. मौन; चुप। [क्रि.वि.] 1. नीचे 2. दक्षिण की ओर। [सं-पु.] ब्रह्म। [मु.] **-रह जाना** : चकित या हक्का-बक्का हो जाना।

अवाचक (सं.) [वि.] 1. उच्चारण या वाचन न करने वाला 2. न बताने वाला; न कहने वाला 3. अस्पष्ट।

अवाची (सं.) [सं-स्त्री.] 1. दक्षिण दिशा 2. निम्न देश।

अवाच्य (सं.) [सं-पु.] 1. निंदा या कलंक की बात 2. जो बात कहने योग्य न हो 3. अपशब्द। [वि.] जिससे बात करना उचित न हो।

अवाप्त (सं.) [वि.] जो सुलभ या प्राप्त हो; लब्ध; अधिगत।

अवाप्ति (सं.) [सं-स्त्री.] 1. प्राप्ति 2. भूमि या संपत्ति का मूल्य देकर अधिग्रहण।

अवाप्य (सं.) [वि.] 1. न काटने योग्य 2. प्राप्त या अर्जन करने योग्य; प्राप्य; अर्जनीय।

अवाम (अ.) [सं-पु.] आमलोग; जनता।

अवामी (अ.) [वि.] 1. अवाम का; अवाम से संबंधित 2. प्रजा या जनता के लिए 3. सामान्य 4. सार्वजनिक।

अवार (सं.) [सं-पु.] 1. नदी या जलाशय का किनारा; तट; तीर 2. सिरेवाला पक्ष।

अवारजा (फ़ा.) [सं-पु.] 1. वह बही जिसमें प्रत्येक असामी की जोत आदि का विवरण लिखा जाता है 2. जमाख़र्च की बही 3. वह बही जिसमें याददाश्त के लिए नोट किया जाए 4. खतियौनी; संक्षिप्त लेखा।

अवारी[1] (सं.) [सं-स्त्री.] 1. किसी वस्तु का वह भाग जहाँ उसकी लंबाई या चौड़ाई समाप्त होती है; किनारा; सिरा 2. वह स्थान जहाँ से कोई वस्तु मुड़ती है; मोड़ 3. विवर; छेद।

अवारी[2] (सं.) [सं-स्त्री.] घोड़े के मुँह में लगाया जाने वाला वह ढाँचा जिसके दोनों ओर रस्से या चमड़े के तस्मे बँधे रहते हैं; लगाम; बागडोर; रास।

अवार्ड (अं.) [सं-पु.] 1. पुरस्कार; सम्मान 2. अधिनिर्णय।

अवास (सं.) [सं-पु.] दे. आवास।

अवास्तव (सं.) [वि.] दे. अवास्तविक।

अवास्तविक (सं.) [वि.] 1. जो वास्तविक न हो; अयथार्थ 2. मिथ्या; झूठा।

अवाहन (सं.) [वि.] जिसके पास वाहन न हो। [सं-पु.] जो वाहन पर न बैठा हो।

अवि (सं.) [सं-पु.] 1. रक्षक 2. स्वामी 3. सूर्य 4. दीवार; घेरा 5. कंबल 6. ऊन 7. बकरा 8. वायु। [सं-स्त्री.]1. लज्जा 2. भेड़ 3. ऋतुमती स्त्री।

अविकच (सं.) [वि.] जो खिला हुआ न हो या बिना खिला हुआ; अपुष्पित; अनखिला; अविकसित; बंद।

अविकल (सं.) [वि.] 1. पूरा का पूरा; ज्यों का त्यों; जिसे घटाया-बढ़ाया न गया हो; बिना उलटफेर के 2. व्यवस्थित 3. जो बेचैन न हो; शांत।

अविकलता (सं.) [सं-स्त्री.] 1. यथातथ्य और मूल रूप बरक़रार रखने का भाव 2. बेचैनी और व्याकुलता का अभाव; शांति 3. निश्चिंतता; इतमीनान।

अविकल्प (सं.) [वि.] 1. जिसका कोई विकल्प न हो; विकल्परहित 2. अपरिवर्तनीय; मौलिक 3. निश्चित; नियत। [सं-पु.] विकल्प का अभाव।

अविकसित (सं.) [वि.] 1. जो विकसित न हो; जो खिला न हो; अप्रस्फुटित 2. जिसका विकास न हुआ हो; पिछड़ा हुआ।

अविकार (सं.) [वि.] 1. जिसमें कोई विकार न उत्पन्न होता हो; विकाररहित 2. जिसके रूप-आकार में कोई परिवर्तन न होता हो; अपरिवर्तनीय। [सं-पु.] विकार का अभाव।

अविकारी (सं.) [वि.] 1. दे. अविकार 2. अविकृत। [सं-पु.] ब्रह्म; ईश्वर।

अविकृत (सं.) [वि.] 1. जो विकृत न हो; जिसका रूप बिगड़ा न हो 2. जिसके अंदर कोई विकृति या बुराई न आ पाई हो।

अविक्षिप्त (सं.) [वि.] 1. जो पागल या विक्षिप्त न हो; संतुलित दिमाग़ वाला 2. जो घबराया हुआ न हो; शांत; धीर 3. जिसे क्षिप्त या फेंका न गया हो।

अविगत (सं.) [वि.] 1. जो विगत न हो; जो जाना न जाए; अव्यतीत; अगत 2. अज्ञात; अनजान; अनजाना 3. जो नष्ट न हो; नित्य 4. ईश्वर 5. अज्ञेय; अविनाशी।

अविग्रह (सं.) [वि.] 1. निराकार; अशरीरी 2. जिसका विग्रह न हो 3. अज्ञात 4. नित्यसमास (व्याकरण)।

अविचल (सं.) [वि.] 1. जो विचलित न हो; अचल 2. स्थिर; अडिग 3. स्थिरचित्त।

अविचलता (सं.) [सं-स्त्री.] 1. अविचल होने की अवस्था या भाव 2. दृढ़ता; अटलता; अडिगपन 2. स्थिरचित्तता; निश्चिंतता 3. स्थिरता।

अविचलित (सं.) [वि.] 1. जो विचलित न हो; अडिग; अटल 2. स्थिरचित; जो भटका न हो 3. अप्रभावित; दृढ़।

अविचार (सं.) [सं-पु.] 1. विवेक का अभाव या सोचने समझने की शक्ति का अभाव; अविवेक; नासमझी 2. जिसमें विचार का अभाव हो; विचारहीनता। [वि.] अविवेकी; नासमझ।

अविचारित (सं.) [वि.] 1. जिसपर विचार न किया गया हो; बिना सोचा समझा; अचिंतित; अचीता 2. बिना जाने या समझे किया हुआ।

अविचारी (सं.) [सं-पु.] 1. वह व्यक्ति जिसमें बुद्धि न हो या कम हो; मूर्ख; बेवकूफ़ 2. अज्ञान; अविवेक। [वि.] 1. जो विवेकी न हो या जिसे भले-बुरे का ज्ञान न हो; अविवेकी; नासमझ 2. उचित-अनुचित का ज्ञान न रखने वाला।

अविच्छिन्न (सं.) [सं-पु.] 1. अटूट; अखंडित; अविभक्त 2. लगातार; निरंतर।

अविच्छिन्नता (सं.) [सं-स्त्री.] 1. अटूटपन; अविभाज्यता 2. अनवरत जारी रहने का भाव।

अविच्छेद (सं.) [सं-पु.] जो विभक्त न हो। [वि.] बिना विराम के या बिना रुके या बिना क्रम-भंग के; लगातार; अनवरत।

अविच्छेद्य (सं.) [वि.] 1. अटूट; अविभाज्य 2. जो विलगाने या अलग करने योग्य न हो।

अविच्युत (सं.) [वि.] 1. जो अपने स्थान से भ्रष्ट न हुआ हो 2. नित्य; शाश्वत।

अविजित (सं.) [वि.] जिसे जीता न गया हो; जो पराजित न किया जा सका हो; अपराजित।

अविजेय (सं.) [वि.] जिसे जीता न जा सके; जिसपर विजय हासिल करना नामुमकिन हो; अजेय; अपराजेय।

अविजेयता (सं.) [सं-स्त्री.] अविजेय होने की दशा या स्थिति; पराजित न होने की स्थिति; अजेयता; अपराजेयता।

अविज्ञ (सं.) [वि.] जो प्रवीण न हो; अनाड़ी; अनजान।

अविज्ञात (सं.) [वि.] 1. जिसे अच्छी तरह जाना न गया हो; अनजाना 2. अस्पष्ट; संदिग्ध।

अविज्ञापित (सं.) [वि.] 1. जो सूचित न किया गया हो; जिसका ज्ञापन न हुआ हो 2. जो प्रचारित न हो; अप्रचारित।

अविज्ञेय (सं.) [वि.] 1. जो पहचाना या जाना न जा सके 2. जिसे जानना उचित न हो।

अवित्त (सं.) [वि.] 1. वित्तरहित; धनहीन; गरीब 2. अप्रसिद्ध;

अविख्यात 3. अज्ञात; अपरिचित।

अवित्ति (सं.) [सं-स्त्री.] 1. वित्त या धन न होने की अवस्था या भाव; निर्धनता; गरीबी 2. अप्राप्ति 3. बुद्धिहीनता; मूर्खता। [वि.] 1. मूर्ख 2. जिसे प्राप्त न हुआ हो।

अविदग्ध (सं.) [वि.] 1. जो अच्छी तरह पका न हो 2. जो पचा न हो 3. अशिक्षित 4. अनुभवहीन; नौसिखिया 5. अधकचरा 6. गँवार 7. अधजला 8. मूर्ख; पागल। [सं-पु.] भेड़ का दूध।

अविद्यमान (सं.) [वि.] 1. जो विद्यमान या उपस्थित न हो; अनुपस्थित 2. असत; झूठ; मिथ्या 3. जिसका अस्तित्व स्थायी न हो।

अविद्या (सं.) [सं-स्त्री.] 1. विद्या का अभाव; अज्ञान 2. विपरीत या मिथ्या ज्ञान 3. भ्रांति 4. माया 5. कर्मकांड 6. (सांख्य दर्शन) प्रकृति; जड़ पदार्थ।

अविद्वान (सं.) [वि.] जो विद्वान न हो। [सं-पु.] पंडित; मूर्ख।

अविधान (सं.) [सं-पु.] विधान का अभाव। [वि.] 1. जो विधिक प्रक्रिया के अनुसार उपयुक्त न हो 2. विपरीत।

अविधि (सं.) [वि.] दे. अविधिक।

अविधिक (सं.) [सं-पु.] विधान या विधि का अभाव; अविधान; अविधि। [वि.] जो विधान या विधि के अनुसार ठीक न हो; विधिविरुद्ध; निषिद्ध।

अविधेय (सं.) [वि.] 1. जो वैधानिक न हो; अवैधानिक 2. अकरणीय; अकर्तव्य।

अविनय (सं.) [सं-पु.] 1. विनय या नम्रता का अभाव; अशिष्टता 2. ढिठाई; उद्दंडता 3. धृष्टता; गुस्ताख़ी 4. उजड्डपन 5. घमंड।

अविनश्वर (सं.) [सं-पु.] धर्मग्रंथों द्वारा मान्य वह सर्वोच्च सत्ता जो सृष्टि की स्वामिनी है; ईश्वर; भगवान। [वि.] सदा रहने वाला; शाश्वत; नित्य; अविनाशी।

अविनाश (सं.) [सं-पु.] 1. अक्षय रहने की स्थिति 2. नित्यता; शाश्वत।

अविनाशी (सं.) [वि.] 1. नाशरहित; अक्षय 2. नित्य; शाश्वत। [सं-पु.] ईश्वर।

अविभाजित (सं.) [वि.] 1. जिसे बाँटा न गया हो; जिसका विभाजन न किया गया हो 2. अखंड; मुकम्मिल; पूर्ण।

अविभाज्य (सं.) [वि.] जो विभाजित न किया जा सके; जिसे बाँटा न जा सके। [सं-पु.] वह राशि जिसे किसी भाजक से भाग न दिया जा सके।

अविभाज्यता (सं.) [सं-स्त्री.] 1. विभाजित न हो सकने का गुण-धर्म; अविच्छेद्यता 2. किसी राशि की वह ख़ासियत जिसके चलते स्वयं के अतिरिक्त किसी अन्य भाजक से उसका भाग न हो सके, जैसे- 3, 7, 11, 13 की संख्या।

अविभावन (सं.) [सं-पु.] 1. विभावन या पहचान का अभाव 2. निर्णय या विभेद का अभाव।

अविमुक्त (सं.) [वि.] जो मुक्त न हो; बद्ध। [सं-पु.] 1. कनपटी 2. काशीपुरी का एक नाम।

अवियोग (सं.) [सं-पु.] 1. वियोग का अभाव 2. संयोग।

अविरत (सं.) [सं-पु.] विराम का अभाव; नैरंतर्य; निरंतरता। [वि.] 1. विरामरहित; निरंतर; लगातार 2. अनिवृत्त; लगा हुआ। [अव्य.] हमेशा; सदा।

अविरति (सं.) [सं-स्त्री.] 1. विराम का अभाव 2. आसक्ति; लीनता 3. अशांति 4. व्यभिचार 5. ऐसा आचरण जो धर्मशास्त्रों के अनुकूल न हो।

अविरल (सं.) [वि.] 1. अविच्छिन्न; लगातार; अविरत 2. मिला या सटा हुआ 3. घना; सघन।

अविराम (सं.) [क्रि.वि.] बिना रुके हुए; निरंतर; लगातार। [वि.] विरामहीन; [सं-पु.] विराम का अभाव।

अविरोध (सं.) [सं-पु.] 1. विरोध का अभाव 2. सामंजस्य।

अविलंब (सं.) [क्रि.वि.] बिना विलंब के; तुरंत; शीघ्र; झटपट; फटाफट। [वि.] विलंबरहित। [सं-पु.] विलंब का अभाव।

अविलेय (सं.) [वि.] 1. जो विलीन न किया जा सके 2. जो घुलाया न जा सके; अघुलनशील।

अविवक्षित (सं.) [वि.] 1. जो कहे जाने के योग्य न हो 2. जो अभिप्रेत या उद्दिष्ट न हो।

अविवाद (सं.) [वि.] 1. जिसमें विवाद न हो 2. निर्विवाद। [सं-पु.] विवाद का अभाव।

अविवाहित (सं.) [वि.] जिसकी शादी न हुई हो; बिना ब्याहा; कुवाँरा।

अविवाहिता (सं.) [सं-स्त्री.] वह स्त्री जिसका विवाह न हुआ हो; गैरशादीशुदा।

अविविक्त (सं.) [वि.] 1. अविवेचित 2. विवेकरहित 3. सार्वजनिक 4. भेदरहित।

अविवेक (सं.) [सं-पु.] 1. विवेक का अभाव; अविचार 2. अज्ञान; नादानी 3. अन्याय 4. (न्यायदर्शन) विशेष ज्ञान का अभाव 5. (सांख्यदर्शन) मिथ्याज्ञान।

अविवेकपूर्ण (सं.) [वि.] 1. विवेकरहित; बिना विचारे किया गया 2. नासमझी से भरा; मूर्खतापूर्ण।

अविवेकी (सं.) [वि.] विवेकहीन; जो विचारवान न हो; नासमझ।

अविशंक (सं.) [वि.] 1. जिसे शंका या संदेह न हो 2. जिसे डर या भय न हो। [सं-पु.] निर्भय।

अविशुद्धि (सं.) [सं-स्त्री.] 1. विशुद्ध न होने की अवस्था या भाव 2. अपवित्रता 3. मलिनता।

अविशेष (सं.) [वि.] भेदरहित। [सं-पु.] 1. मान 2. भेदक धर्म का अभाव 3. मानता 4. कता।

अविश्रांत (सं.) [वि.] 1. जो थकने वाला न हो 2. अविराम 3. जो क्षतिग्रस्त न हो। [क्रि.वि.] लगातार।

अविश्वसनीय (सं.) [वि.] 1. जिसपर विश्वास या भरोसा न किया जा सके; गैरभरोसेमंद 2. आश्चर्य में डालने वाला; विस्मय पैदा करने वाला।

अविश्वसनीयता (सं.) [सं-स्त्री.] विश्वसनीय या भरोसेमंद न होने का अवगुण या कमज़ोरी; विश्वास के लिए अपात्रता।

अविश्वस्त (सं.) [वि.] 1. जिसपर विश्वास न किया जा सके या जिसपर विश्वास न हो 2. संदिग्ध।

अविश्वास (सं.) [सं-पु.] 1. विश्वास न होने का भाव; बेएतिबारी 2. शंका; संदेह।

अविश्वास्य (सं.) [वि.] अविश्वसनीय; विश्वास न करने योग्य; जो भरोसे के क़ाबिल न हो।

अविषय (सं.) [वि.] 1. जो किसी इंद्रिय का विषय न हो 2. जो किसी तर्क, कथन या विचार का विषय न हो।

अविषी (सं.) [सं-स्त्री.] 1. आकाश 2. पृथ्वी 3. नदी।

अविसर्गी (सं.) [वि.] न हटने वाला; न छोड़ने वाला; लगातार बने रहने वाला (ज्वर आदि)।

अविस्मरणीय (सं.) [वि.] 1. जो भूलने योग्य न हो 2. अमिट साख और सम्मान वाला (व्यक्ति) 3. अमिट छाप वाली (घटना-परिघटना)।

अविहित (सं.) [सं-पु.] 1. जो विहित या उचित न हो; अनुचित 2. अकर्तव्य 3. निषिद्ध 4. शास्त्रविरुद्ध।

अवीरा (सं.) [वि.] 1. जिसमें विष न हो; विषहीन 2. विष का प्रभाव दूर करने वाला। [सं-पु.] 1. समुद्र 2. राजा 3. आकाश।

अवृत्त (सं.) [वि.] 1. जिसे रोका न गया हो या जिसमें कोई रुकावट न हो 2. बिना चुना हुआ 3. अरक्षित 4. जो किसी के अधीन न हो।

अवृत्ति (सं.) [वि.] 1. अस्तित्वहीन; स्थितिविहीन 2. आजीविकाविहीन। [सं-स्त्री.] 1. स्थिति का अभाव 2. जीविका का अभाव।

अवृथा (सं.) [क्रि.वि.] 1. सफलतापूर्वक 2. व्यर्थ नहीं। [वि.] जो व्यर्थ न हो।

अवृद्धिक (सं.) [वि.] 1. बिना वृद्धि या ब्याज का (धन) 2. न बढ़ने वाला। [सं-पु.] मूल धन।

अवृष्टि (सं.) [सं-स्त्री.] वर्षा का अभाव; अवर्षण; सूखा।

अवेक्षण (सं.) [सं-पु.] 1. अवलोकन; देखना 2. निरीक्षण 3. जाँच-पड़ताल। [वि.] देखभाल करने वाला।

अवेक्षणीय (सं.) [वि.] 1. दर्शन करने या देखने योग्य 2. जाँच के लायक; परीक्षा योग्य 3. जिसपर कानून के अनुरूप अधिकारियों का ध्यान देना आवश्यक हो।

अवेक्षा (सं.) [सं-स्त्री.] 1. अधिकारी द्वारा उचित कार्रवाई करने के उद्देश्य से किसी अपराध या दोष की ओर ध्यान देने की क्रिया 2. अच्छी तरह जाँच करने के लिए देखने की क्रिया 3. किसी चीज़ या कार्य की देख-रेख करते हुए उसे बनाए रखने और अच्छी तरह चलाए रखने की क्रिया या भाव।

अवेद्य (सं.) [वि.] 1. जो जाना न जा सके; अज्ञेय 2. जो प्राप्त न हो सके; अलभ्य। [सं-पु.] 1.बछड़ा 2. छोटा बच्चा।

अवेद्या (सं.) [वि.] वह स्त्री जिसके साथ विवाह न किया जा सकता हो; जो विवाह के योग्य न हो।

अवेल (सं.) [वि.] 1. जिसकी कोई सीमा न हो 2. असामयिक। [सं-पु.] 1. गोवन 2. दुराव।

अवेला (सं.) [सं-स्त्री.] 1. अनुचित या अनुपयुक्त समय 2. बिलंब; देर।

अवेस्ता (फ़ा.) [सं-स्त्री.] पारसियों का मूल धर्मग्रंथ।

अवैज्ञानिक (सं.) [वि.] 1. जो वैज्ञानिक न हो 2. अतार्किक; असंगत 3. सिर्फ़ परंपरा या धारणावश अपनाया हुआ।

अवैतनिक (सं.) [वि.] 1. बिना वेतन के; वेतनहीन 2. मानद।

अवैदिक (सं.) [वि.] 1. वेदविरुद्ध 2. जो वेदोक्त न हो।

अवैध (सं.) [वि.] 1. विधिविरुद्ध; जो वैध न हो; गैरकानूनी 2. अनाधिकार; अनधिकृत 3. समाज या मानवताविरोधी।

अवैधता (सं.) [सं-स्त्री.] 1. विधिविरुद्धता 2. अनाधिकृति 3. मर्यादाविहीनता।

अवैधाचरण (सं.) [सं-पु.] 1. विधिविरुद्ध आचरण 2. अमर्यादित व्यवहार।

अवैधानिक (सं.) [वि.] विधिविरुद्ध; कानून के ख़िलाफ़।

अवैमत्य (सं.) [सं-पु.] मतभेद का अभाव; ऐकमत्य। [वि.] 1. जिसमें वैमत्य या मतभेद न हों 2. सर्वसम्मत।

अवैयक्तिक (सं.) [वि.] 1. जो व्यक्तिगत न हो 2. जो किसी का निजी न हो; सार्वजनिक; सामान्य।

अव्यक्त (सं.) [वि.] 1. जो व्यक्त न हो; अकथित; अकह 2. अप्रकट; अदृश्य 3. अज्ञात 4. अज्ञेय 5. अनाविर्भूत 6. अनिश्चित। [सं-पु.] 1. ब्रह्म 2. आत्मा 3. शिव 4. विष्णु 5. कामदेव 6. सूक्ष्म शरीर 7. मूल प्रकृति 8. अविद्या।

अव्यथ (सं.) [वि.] किसी को कष्ट या पीड़ा न देने वाला। [सं-पु.] दयालु।

अव्यथा (सं.) [सं-स्त्री.] 1. व्यथा का अभाव 2. हरीतकी 3. सोंठ 4. आँवला 5. गोरखमुंडी।

अव्यपेत यमक (सं.) [सं-पु.] यमक अलंकार का एक भेद; जब यमक में आवृत्त होने वाले पद या वर्ण एक-दूसरे के समीप होते हैं।

अव्यभिचारी (सं.) [वि.] जो व्यभिचार न करे। [सं-पु.] सदाचारी।

अव्यय (सं.) [वि.] 1. अविकारी; एकरस रहने वाला 2. आदि-अंत से रहित; अक्षय 3. नित्य; सदा-सर्वदा बने रहने वाला। [सं-पु.] 1. व्याकरण की एक कोटि 2. (पुराण) ब्रह्मा, शिन एवं विष्णु।

अव्ययशील (सं.) [वि.] 1. हमेशा एक-सा बना रहने वाला 2. नित्य; अक्षय।

अव्ययीभाव (सं.) [सं-पु.] 1. समास का एक भेद, जहाँ पूर्वपद अव्यय होता है, जैसे- यथाशक्ति 2. व्यय का अभाव 3. व्यय या ख़र्च न करने का स्वभाव; कंजूसी।

अव्यर्थ (सं.) [वि.] 1. न चूकने वाला; अचूक 2. जो लाभ, यश आदि की दृष्टि से ठीक हो या सही उपयोग में हो; सार्थक; सफल।

अव्यवस्था (सं.) [सं-स्त्री.] 1. व्यवस्था का अभाव; व्यवस्थाहीनता 2. बदइंतज़ामी 3. अनुशासनहीनता 4. अराजकता।

अव्यवस्थित (सं.) [वि.] 1. व्यवस्थाविहीन; विशृंखल 2. असहज 3. जो ठीक क्रम से न हो; बेतरतीब।

अव्यवहार्य (सं.) [वि.] 1. जो व्यवहार या काम में लाने योग्य न हो 2. जो व्यवहार में न लाया जा सके 3. पतित; जाति से बाहर किया हुआ।

अव्यवहृत (सं.) [वि.] जो व्यवहार या अमल में न लाया गया हो।

अव्याकृत (सं.) [वि.] 1. जो व्याकृत न हो; जिसमें कोई विकार न हुआ हो या न उत्पन्न किया गया हो 2. अप्रकट; गुप्त; अस्पष्ट; अविश्लेषित 4. जो कारण के रूप में न हो। [सं-पु.] 1. वह मूल तत्व जिससे सभी वस्तुएँ उत्पन्न हुई हैं 2. प्रकृति।

अव्याख्य (सं.) [वि.] व्याख्या के अयोग्य या जिसकी व्याख्या या स्पष्टीकरण न हो सकती हो।

अव्याख्येय (सं.) [वि.] 1. जिसकी व्याख्या न की जा सके; जिसे स्पष्ट न किया जा सके 2. जो समझ में आने योग्य न हो।

अव्याघात (सं.) [वि.] 1. जो व्याघात रहित हो; बेरोकटोक 2. जो बीच में टूटा-फूटा या रुका न हो। [सं-पु.] व्याघात का अभाव।

अव्याज (सं.) [वि.] 1. जो कपटी या छली न हो 2. जो छलपूर्ण न हो। [सं-पु.] छल-कपट का अभाव।

अव्यापी (सं.) [वि.] 1. जो सर्वत्र व्याप्त न हो 2. परिच्छिन्न; सीमित 3. जो सामान्य न हो; विशेष।

अव्याप्त (सं.) [वि.] 1. जो सर्वत्र व्याप्त न हो 2. परिच्छिन्न।

अव्याप्ति (सं.) [सं-स्त्री.] 1. व्याप्ति का न होना 2. अधूरी व्याप्ति 3. लक्षणों का लक्ष्य पर पूरी तरह घटित न होना।

अव्यावहारिक (सं.) [वि.] 1. जो व्यावहारिक न हो 2. जो व्यवहार या अमल में लाने योग्य न हो 3. यथार्थ से जी चुराने वाला; आदर्शवादी 4. फ़ितूरी 5. पतित।

अव्यावहारिकता (सं.) [सं-स्त्री.] 1. अव्यवहार्यता; व्यवहार में न लाए जा सकने की स्थिति 2. व्यावहारिक न होने की प्रकृति या स्वभाव 3. फ़ितूरियत 4. आदर्शवादिता।

अव्याहत (सं.) [वि.] 1. व्याघातरहित; अबाधित 2. जिसका भंजन न हुआ हो या जो टूटा हुआ न हो; अभंजित; अक्षत 3. जिसमें अवरोध न हो या बिना अवरोध का; अवरोधहीन; अकंटक।

अव्वल (अ.) [वि.] 1. प्रथम; पहला 2. सर्वश्रेष्ठ; सर्वोत्तम 3. मुख्य; प्रधान। [सं-पु.] आदि; आरंभ (मु.) **-रहना या आना** : प्रतियोगिता मे सर्वप्रथम आना।

अशक्त (सं.) [वि.] 1. कमज़ोर; शक्तिविहीन 2. अक्षम; असमर्थ 3. अयोग्य।

अशक्तता (सं.) [सं-स्त्री.] 1. असमर्थता 2. शक्तिहीनता; कमज़ोरी 3. अयोग्यता।

अशक्य (सं.) [वि.] 1. जो सध न सके; असाध्य 2. जो हो न सके; असंभव 3. जो क़ाबू में न किया जा सके 4. अशक्त।

अशक्यता (सं.) [सं-स्त्री.] क्षमताहीन या अक्षम होने की अवस्था या भाव; अक्षमता; असमर्थता।

अशन (सं.) [सं-पु.] 1. भोजन 2. भोज्य पदार्थ 3. भक्षण 4. प्रवेश; व्याप्ति 5. पहुँच।

अशनि (सं.) [सं-पु.] आकाश में सहसा क्षण भर के लिए दिखाई देने वाला वह प्रकाश जो बादलों में वातावरण की विद्युत शक्ति के संचार के कारण होता है; विद्युत; तड़ित; वज्र; चपला।

अशनिपात (सं.) [सं-पु.] आकाश में बिजली चमकने और बादल गरजने के बाद पृथ्वी पर बिजली का गिरना; वज्रपात; वज्राघात; विद्युत्पात; बिजली गिरना।

अशरण (सं.) [वि.] जिसका कोई सहारा न हो; असहाय; निस्सहाय; बेसहारा।

अशरणशरण (सं.) [सं-पु.] ईश्वर; भगवान। [वि.] अशरण को शरण देने वाला।

अशरफ़ (फ़ा.) [वि.] बहुत शरीफ़; उच्च; श्रेष्ठ।

अशरफ़ी (फ़ा.) [सं-स्त्री.] सोने का सिक्का या मुहर।

अशलाघ्य (सं.) [वि.] जो प्रशंसनीय हो। [सं-पु.] निंदनीय।

अशांत (सं.) [वि.] 1. जो शांत न हो; अस्थिर; बेचैन 2. असहज 3. क्षुब्ध 4. असंतुष्ट।

अशांति (सं.) [सं-स्त्री.] 1. अस्थिरता; बेचैनी 2. क्षोभ; खलबली 3. उद्विग्नता 4. असंतोष।

अशासकीय (सं.) [वि.] 1. जो शासन या राज-काज से संबंधित न हो 2. गैरसरकारी।

अशास्त्रीय (सं.) [वि.] जो शास्त्र या शास्त्रों के विचार से उचित न हो; शास्त्रविरुद्ध; अविहित।

अशिक्षा (सं.) [सं-स्त्री.] 1. शिक्षा का अभाव; अशिक्षित या अनपढ़ होने की स्थिति 2. गँवारपन।

अशिक्षित (सं.) [वि.] अनपढ़; बिना पढ़ा-लिखा; जिसने शिक्षा न पाई हो।

अशित (सं.) [वि.] जिसे पहले किसी ने खा लिया हो; जूठा; भुक्त; भक्षित।

अशिर (सं.) [वि.] 1. सूर्य 2. अग्नि 3. वायु 4. हीरा 5. एक राक्षस।

अशिव (सं.) [वि.] 1. अकल्याणकारी 2. अमंगलसूचक 3. डरावना। [सं-पु.] 1. अहित; अकल्याण 2. दुर्भाग्य 3. अमंगल।

अशिष्ट (सं.) [वि.] 1. असभ्य 2. बेहूदा; उजड्ड 3. अविनीत 4. मगरूर; घमंडी।

अशिष्टता (सं.) [सं-स्त्री.] 1. अशिष्ट व्यवहार 2. असभ्यता; अभद्रता 3. अविनय; धृष्टता 4. उजड्डपन 5. मगरूरियत।

अशिष्टतापूर्वक (सं.) [क्रि.वि.] 1. अभद्रतापूर्वक 2. धृष्टतापूर्वक 3. रुखाई से।

अशुचि (सं.) [वि.] 1. नापाक; अपवित्र 2. मैला-कुचैला; गंदा 3. काला। [सं-स्त्री.] 1. अपवित्रता 2. अपकर्ष।

अशुचिता (सं.) [सं-स्त्री.] 1. अपवित्रता 2. गंदगी; मैलापन 3. अपकर्ष 4. कालापन।

अशुद्ध (सं.) [वि.] 1. अपवित्र; नापाक 2. मिलावटी 3. अशोधित 4. लिखते व पढ़ते समय उच्चारण व वर्तनी संबंधी होने वाली गलती या भूल।

अशुद्धता (सं.) [सं-स्त्री.] दे. अशुद्धि।

अशुद्धि (सं.) [सं-स्त्री.] 1. अशुद्धता 2. गंदगी 3. वर्तनी व उच्चारण संबंधी भूल या गलती 4. मिलावट।

अशुभ (सं.) [वि.] 1. अमंगलकारी 2. अकल्याणकारी 3. अनिष्टकारी 4. भाग्यहीन। [सं-पु.] 1. पाप 2. दुर्भाग्य 3. अमंगल 4. अनिष्ट।

अशुश्रूषा (सं.) [सं-स्त्री.] 1. देखभाल, सेवा-टहल या परिचर्या

में कमी 2. अभिभावक की अपेक्षाओं को पूरा न करने का अपराध।

अशेष (सं.) [वि.] 1. अनंत 2. पूरा; समूचा; मुकम्मल 3. अपार 4. असंख्य।

अशोक (सं.) [सं-पु.] 1. वर्ष भर हरा रहने वाला एक वृक्ष 2. कटुक 3. मौर्य वंश का एक प्रसिद्ध सम्राट 4. विष्णु। [वि.] शोकरहित।

अशोकचक्र (सं.) [सं-पु.] अशोकस्तंभ के ऊपर का चक्र जो भारत संघ का राष्ट्रीय प्रतीक है।

अशोकस्तंभ (सं.) [सं-पु.] सम्राट अशोक का राजकीय स्तंभ।

अशोच (सं.) [सं-पु.] 1. चिंता का अभाव 2. शांति 3. नम्रता।

अशोच्य (सं.) [वि.] जिसके संबंध में सोचना या चिंता करना उचित न हो।

अशोधित (सं.) [वि.] जिसका शोधन न किया गया हो; जो साफ़ न किया हुआ हो।

अशोध्य (सं.) [वि.] 1. जिसका शोधन न हो सके; जो साफ़ न किया जा सके 2. जो (विषय) शोध करने लायक न हो।

अशोभन (सं.) [वि.] 1. असुंदर 2. अभद्र 3. अरुचिकर; अप्रिय 4. न फबने वाला; न जमने वाला।

अशोभनीय (सं.) [वि.] 1. जो शोभनीय न हो; असुंदर 2. अभद्र 3. भद्दा; गंदा; अनुचित; अवांछनीय; गर्हित।

अशौच (सं.) [सं-पु.] 1. हिंदू धर्मानुसार अपवित्र होने की अवस्था या भाव; अपवित्रता; अपावनता 2. हिंदू धर्मशास्त्र के अनुसार परिवार में किसी के जन्म लेने या मृत्यु होने पर परिवार वालों को लगने वाली अशुद्धि; सूतक 3. मलिन होने की अवस्था या भाव; मलिनता; गंदगी।

अश्म (सं.) [सं-पु.] 1. लोहा 2. पत्थर 3. चकमक 4. पहाड़ 5. बादल।

अश्मंत (सं.) [सं-पु.] 1. चूल्हा 2. मृत्यु 3. अमंगल 4. खेत।

अश्मंतक (सं.) [सं-पु.] 1. एक प्रकार की घास जिसे काटकर प्राचीन काल मे मेखला बनायी जाती थी 2. आच्छादन; छाजन 3. कचनार 4. लिसोड़ा।

अश्मखंड (सं.) [सं-पु.] पत्थर का टुकड़ा।

अश्मज (सं.) [सं-पु.] 1. एक प्रकार का काला रसीला खनिज पदार्थ जो नलों आदि के जोड़ों पर लगाया जाता है, ताकि जल न गिरे; (एस्फाल्ट) 2. काले रंग की एक धातु जिससे बरतन, हथियार, यंत्र आदि बनते हैं; लोहा 3. पहाड़ों की चट्टानों से निकलने वाली एक प्रसिद्ध पौष्टिक काली औषधि; शिलाजीत; अगज।

अश्मन (सं.) [सं-पु.] पत्थर हो जाने की क्रिया।

अश्ममूर्ति (सं.) [सं-स्त्री.] पत्थर से बने सिर और हाथ-पैर वाली प्रतिमा। यूनानी कला के इस मूर्ति प्रकार में ऊपरी तथा किनारे के भाग पत्थर के बने होते हैं और कबंध प्राय: काष्ठ-निर्मित।

अश्मरी (सं.) [सं-स्त्री.] एक रोग जिसमें गुर्दा, मूत्राशय आदि में पत्थर के छोटे-छोटे टुकड़े बन या जम जाते हैं; पथरी।

अश्मारोहण (सं.) [सं-पु.] 1. पाणिग्रहण के समय की क्रिया; विवाह में एक विधि 2. पत्थर पर चढ़ाना या रखना।

अश्रद्धा (सं.) [सं-स्त्री.] 1. श्रद्धा का अभाव 2. अविनय 3. अविश्वास; अनास्था।

अश्रद्धेय (सं.) [वि.] जो श्रद्धेय न हो। [सं-पु.] जिसके प्रति श्रद्धा न हो सकती हो।

अश्रवण (सं.) [वि.] जो सुनाई न पड़ता हो; बहरा। [सं-पु.] 1. बहरापन 2. साँप।

अश्रांत (सं.) [वि.] 1. जो श्रांत या थका हुआ न हो 2. काम के बीच में विश्राम न करने वाला।

अश्राव्य (सं.) [वि.] जो सुनने योग्य न हो; जो सुना न जा सके। [सं-पु.] स्वगत कथन।

अश्रु (सं.) [सं-पु.] आँसू।

अश्रुगैस (सं.+अं.) [सं-स्त्री.] एक प्रकार की गैस जिससे आँखों से आँसू बहने लगते हैं और जिसका प्रयोग भीड़ को तितर-बितर करने के लिए किया जाता है; आँसू गैस।

अश्रुगोला (सं.) [सं-पु.] आँसू गैस का गोला।

अश्रुत (सं.) [वि.] 1. न सुना हुआ 2. अवैदिक।

अश्रुपात (सं.) [सं-पु.] रोने की क्रिया; रुलाई; रोना; रुदन।

अश्रुपूर्ण (सं.) [वि.] आँसुओं से भरा हुआ; आँसुओं से डबडबाया।

अश्लथ (सं.) [वि.] 1. जो शिथिल, सुस्त या ढीला न हो; जो थका न हो 2. जो बिखरा हुआ न हो; चुस्त-दुरुस्त।

अश्लिष्ट (सं.) [वि.] अश्लेष।

अश्लील (सं.) [वि.] 1. जो नैतिक व सामाजिक आदर्शों से परे हो 2. जिसमें शील न हो; फूहड़; भद्दा; अमर्यादित; गंदा 3. घृणास्पद 4. लज्जाप्रद।

अश्लीलता (सं.) [सं-स्त्री.] 1. अश्लील होने की अवस्था या भाव 2. फूहड़पन; भद्दापन 3. नैतिक व सामाजिक शिष्टता से परे कोई कार्य 4. (भारतीय काव्यशास्त्र) एक काव्यदोष, जिसके तीन भेद किए गए हैं- व्रीड़ाव्यंजक, जुगुप्साव्यंजक और अमंगलव्यंजक। यह शब्दगत और भावगत दोनों स्तरों पर होती है।

अश्लेष (सं.) [वि.] 1. श्लेषरहित; जो बहुलार्थी न हो 2. असंयुक्त।

अश्व (सं.) [सं-पु.] घोड़ा; तुरंग।

अश्वक (सं.) [सं-पु.] 1. छोटा घोड़ा 2. भाड़े का टट्टू 3. लावारिस 4.गौरैया पक्षी।

अश्वतर (सं.) [सं-पु.] 1. एक तरह का साँप 2. एक गंधर्व 3. गधे और घोड़ी के संयोग से उत्पन्न एक पशु; खच्चर।

अश्वत्थ (सं.) [सं-पु.] 1. एक प्रसिद्ध बड़ा वृक्ष जो हिंदुओं तथा बौद्धों में बहुत पवित्र माना जाता है; पीपल; क्षीरद्रुम; महाद्रुम 2. पीपल का गोदा 3. सूर्य का एक नाम 4. पीपल में फल आने का काल 5. अश्विनी नक्षत्र।

अश्वत्थामा (सं.) [सं-पु.] (महाभारत) कौरव पक्ष का एक महारथी; द्रोणाचार्य का पुत्र।

अश्वमेध (सं.) [सं-पु.] 1. वह यज्ञ जिसमें चक्रवर्ती सम्राट घोड़े के मस्तक पर जयपत्र बाँधकर भूमंडल भ्रमण के लिए

छोड़ता था और घोड़े को रास्ते में रोकने वालों को युद्ध में पराजित कर विश्वविजय करते हुए अंततः उस घोड़े को मार कर उसकी चरबी से हवन करता था 2. (संगीत) एक ख़ास तान जिसमें षड्ज स्वर नहीं होता।

अश्वशाला (सं.) [सं-स्त्री.] घोड़ों के रहने का स्थान; अस्तबल; घुड़साल।

अश्वस्तन (सं.) [वि.] 1. आज का; आज से संबंधित 2. अगले दिन की चिंता न करने वाला।

अश्वा (स) [सं-स्त्री.] घोड़ी।

अश्वायुर्वेद (सं.) [सं-पु.] वह शास्त्र जिसमें घोड़ों के रोगादि का वर्णन रहता है; शालिहोत्र।

अश्वारोह (सं.) [वि.] जो घोड़े पर सवार हो; अश्वारूढ़। [सं-पु.] 1. घोड़े की सवारी करने वाला; घुड़सवार 2. घुड़सवारी।

अश्वारोहण (सं.) [सं-पु.] घोड़े की सवारी करने की क्रिया; घुड़सवारी।

अश्वारोही (सं.) [वि.] घुड़सवार।

अश्विन (सं.) [सं-पु.] 1. वह माह जिसमें चंद्रमा अश्विनी नक्षत्र के निकट होता है; क्वार 2. अश्विनीकुमार द्वारा अधिष्ठापित यज्ञ 3. एक प्राचीन वैदिक देवता का नाम।

अश्विनी (सं.) [सं-स्त्री.] 1. घोड़ी 2. सूर्य की पत्नी प्रभा जिसने घोड़ी का रूप धारण किया था 3. सत्ताईस नक्षत्रों में से पहला नक्षत्र 4. एक सुगंधित वनस्पति; जटामासी।

अश्विनीकुमार (सं.) [सं-पु.] सूर्य के दो पुत्र जो देवताओं के वैद्य माने जाते हैं; देवचिकित्सक; यमज।

अषाढ़ (सं.) [सं-पु.] दे. आषाढ़।

अष्ट (सं.) [वि.] सात से एक अधिक या नौ से एक कम; आठ। [सं-पु.] आठ की संख्या।

अष्टक (सं.) [सं-पु.] 1. आठ चीज़ों, वर्गों, अवधारणाओं, गुणों-अवगुणों आदि का समूह या योग 2. आठ अवगुणों का समूह- पिशुनता, साहस, द्रोह, ईर्ष्या, असूया, अर्थदूषण, वाग्दंड और पारुष्य 3. आठ ऋषियों का एक गण 4. विश्वामित्र का एक पुत्र 5. आठ श्लोकों के समूह का एक काव्य-रूप।

अष्टकोणीय (सं.) [वि.] आठ कोणों वाला; अठकोना; अठपहलू।

अष्टछाप (सं.) [सं-पु.] गोसाईं विट्ठलनाथ द्वारा स्थापित आठ कवियों का दल, जिसमें शामिल हैं- सूरदास, कुंभनदास, परमानंददास, कृष्णदास, छीतस्वामी, गोविंदस्वामी, चतुर्भुजदास और नंददास।

अष्टधातु (सं.) [सं-स्त्री.] 1. आठ धातुएँ- सोना, चाँदी, सीसा, ताँबा, राँगा, जस्ता, लोहा और पारा 2. इन आठों धातुओं का मिश्रित धातुरूप।

अष्टपदी (सं.) [सं-स्त्री.] 1. आठ पदों वाला एक छंद 2. एक प्रकार का गीत 3. चमेली की एक किस्म 4. बेले का फूल और पौधा।

अष्टपाद (सं.) [वि.] आठ पैरोंवाला। [सं-पु.] आठ पैरों वाला जंतु या कीट; शरभ; मकड़ा।

अष्टभुज (सं.) [सं-पु.] आठ भुजाओं वाली आकृति या क्षेत्र। [वि.] आठ भुजाओं वाला।

अष्टभुजीय (सं.) [वि.] अष्टभुजा वाला।

अष्टम (सं.) [वि.] आठवाँ; क्रमिक रूप से आठवें स्थान वाला।

अष्टमी (सं.) [सं-स्त्री.] 1. शुक्ल या कृष्ण पक्ष की आठवीं तिथि 2. क्षीरकाकोली; वनौषधि काकोली का एक भेद जो अष्टवर्ग के अंतर्गत है।

अष्टयाम (सं.) [सं-पु.] हिंदी का एक निजी काव्य-रूप, जिसमें कथा-प्रबंध नहीं होता बल्कि उसमें अवतरित भगवान या नायक-नायिका की दैनंदिन चर्या का वर्णन होता है। आचार्य शुक्ल ने इसे वर्णनात्मक प्रबंध कहा है।

अष्टवर्ग (सं.) [सं-पु.] 1. आठ औषधियाँ 2. शुभाशुभ जानने का एक चक्र 3. नीतिशास्त्र के अनुसार राज्य के आठ अंग।

अष्टसखा (सं.) [सं-पु.] कृष्ण की बाल एवं किशोर लीला के आठ आत्मीय संगी- कृष्ण, तोक, अर्जुन, ऋषभ, सुबल, श्रीदामा, विशाल और भोज।

अष्टसखी (सं.) [सं-स्त्री.] राधा की आठ परम श्रेष्ठ सखियाँ- ललिता, विशाखा, चंपकलता, रंगदेवी, चित्रा, सुदेवी, तुंगविद्या, और इंदुलेखा। अंतिम चार के स्थान पर क्रमशः सुमित्रा, सुंदरी, तुंगदेवी और इंदुरेखा नाम भी मिलते हैं।

अष्टसिद्धि (सं.) [सं-स्त्री.] आठ प्रकार की सिद्धियाँ- अणिमा, महिमा, गरिमा, लघिमा, प्राप्ति, प्राकाम्य, ईशित्व और वशित्व।

अष्टांग (सं.) [सं-पु.] 1. शरीर के आठ अंग जिनसे साष्टांग प्रणाम किया जाता है- घुटना, हाथ, पाँव, छाती, सिर, वचन, दृष्टि और बुद्धि 2. अर्घ्य, जो इन आठ पदार्थों से युक्त होता है- जल, दूध, घृत, मधु, दही, रक्त, चंदन, कनेर और कुशा।

अष्टांग मार्ग (सं.) [सं-पु.] बुद्ध ने दुख-निवृत्ति के जिस आठ अंगों वाले मार्ग का उपदेश दिया- सम्यग्दृष्टि, सम्यक्संकल्प, सम्यग्वाक्, सम्यक्कर्म, सम्यगाजीव, सम्यग्व्यायाम, सम्यक्स्मृति और सम्यक्समाधि।

अष्टांग योग (सं.) [सं-पु.] योग-साधना के आठ अंग- यम, नियम, आसन, प्राणायाम, प्रत्याहार, धारणा, ध्यान और समाधि।

अष्टाक्षर (सं.) [वि.] आठ अक्षरोंवाला। [सं-पु.] 'ओम् नमो नारायणाय' का मंत्र।

अष्टाध्यायी (सं.) [सं-पु.] पाणिनि द्वारा रचित एक प्रसिद्ध व्याकरण ग्रंथ। [वि.] आठ अध्यायों वाला।

अष्टावक्र (सं.) [सं-पु.] 1. एक प्रसिद्ध ऋषि जिनके आठ अंग टेढ़े थे जो बहुत ही कुरूप थे 2. टेढ़े-मेढ़े अंगों वाला मनुष्य।

अष्टि (सं.) [सं-स्त्री.] 1. सोलह वर्णों का एक वृत्त; सोलह मात्राओं का एक छंद 2. बीज।

अष्ठीला (सं.) [सं-पु.] 1. नाभि के नीचे शोथ हो जाने वाला एक रोग, इसमें पुरस्थ ग्रंथि के बढ़ जाने से पेशाब में रुकावट होती है 2. गिरी 3. बीज 4. गुर्दे की बीमारी 5. पत्थर की गोली।

अस [वि.] 1. ऐसा; इस प्रकार का 2. तुल्य; समान; इस जैसा।

असंकलित (सं.) [वि.] जिसका संकलन न हुआ हो; बिखरा हुआ।

असंकुचित (सं.) [वि.] 1. जिसमें कोई संकोच न हो; जिसे घटाया या सिकोड़ा न गया हो 2. निर्द्वंद्व; दुविधारहित 3.

असंकोची; जो दीन-हीन न हो।

असंकुल (सं.) [वि.] 1. जहाँ भीड़-भाड़ न हो 2. खुला हुआ 3. चौड़ा 4. विस्तीर्ण।

असंक्रांत (सं.) [वि.] 1. जिसका अन्यत्र संक्रमण न हुआ हो 2. जिसमें किसी और का संक्रमण न हुआ हो। [सं-पु.] अधिकमास; मलमास।

असंख्य (सं.) [वि.] 1. जिसकी कोई संख्या न हो; अनगिनत 2. बेशुमार; बेहिसाब 3. काफ़ी तादाद वाला।

असंख्यक (सं.) [वि.] असंख्य; अनगिनत।

असंग (सं.) [वि.] 1. जिसके संग या साथ कोई न हो 2. जिसका कोई मित्र या संगी न हो 3. जो किसी से मिला, लगा या सटा न हो 4. माया रहित। [सं-पु.] 1. संग या साथ न होना 2. पुरुष 3. आत्मा।

असंगठित (सं.) [वि.] 1. जो संगठित न हो 2. ढीला-ढाला 3. बिना तालमेल का; बेतरतीब।

असंगत (सं.) [वि.] 1. अनुचित; अयुक्त; नामुनासिब 2. बेमेल; प्रसंगविरुद्ध; अप्रासंगिक 3. असंबद्ध; अलग।

असंगतता (सं.) [सं-स्त्री.] 1. संगत न होने का भाव; अयुक्तता; अनौचित्य 2. अप्रासंगिकता 3. असंबद्धता।

असंगति (सं.) [सं-स्त्री.] 1. बेमेल होना 2. अनौचित्य 3. अर्थालंकार का एक भेद, जिसमें कार्य-कारण या देश-काल संबंधी असंगतियाँ मौजूद होती हैं।

असंगम (सं.) [वि.] जो किसी से मिला या लगा न हो। [सं-पु.] संगति या मेल का अभाव।

असंतुलन (सं.) [सं-पु.] 1. संतुलन का अभाव; संतुलन का न होना 2. अनुपातहीनता; बेमेलपन; बेडौलपन 3. अस्थिरता।

असंतुलित (सं.) [वि.] 1. जिसमें संतुलन न हो; अस्थिर; लड़खड़ाया हुआ 2. जिसका ख़ुद पर नियंत्रण न हो 3. अनुपातहीन; बेडौल; बेमेल।

असंतुष्ट (सं.) [वि.] 1. जो संतुष्ट न हो 2. रुष्ट; नाराज़; अप्रसन्न 3. क्षुब्ध।

असंतृप्त (सं.) [वि.] 1. जो पूरी तरह तृप्त न हो 2. (ऐसा घोल या विलयन) जिसमें घुलाने की क्षमता अभी बाक़ी हो 3. असंतुष्ट।

असंतोष (सं.) [सं-पु.] 1. नाख़ुशी; नाराज़गी; अप्रसन्नता 2. अतृप्ति 3. लोभ 4. बेसब्री।

असंतोषजनक (सं.) [वि.] 1. असंतोष या विक्षोभ पैदा करने वाला 2. नाख़ुश या नाराज़ करने वाला 3. अधीर या बेसब्र बनाने वाला।

असंतोषपूर्वक (सं.) [क्रि.वि.] असंतोष या नाख़ुशी के साथ; शिकवा-शिकायत करते हुए।

असंदिग्ध (सं.) [वि.] 1. संदेहरहित; निर्विवाद; यकीनी; शक-शुबहा से परे 2. निश्चित; पक्का।

असंधि (सं.) [वि.] ऐसे शब्द जिनमें परस्पर संधि न हुई हो। [सं-स्त्री.] 1. संधि का अभाव 2. संबंध या संपर्क का अभाव।

असंपूर्णता (सं.) [सं-स्त्री.] 1. असंपूर्ण होने की अवस्था या भाव; अपूर्ण; असमाप्ति 2. अधूरापन।

असंपृक्त (सं.) [वि.] 1. असंबद्ध; जो किसी के साथ मिला या जुड़ा न हो 2. अलग; पृथक 3. कोई सरोकार न रखने वाला; उदासीन।

असंप्रेषणीय (सं.) [वि.] जिसे संप्रेषित न किया जा सके; जो संप्रेषण के योग्य न माना जाए।

असंबद्ध (सं.) [वि.] 1. जो संबद्ध या जुड़ा हुआ न हो; पृथक 2. बेमेल; तारतम्यहीन 3. अप्रासंगिक; असंगत।

असंबद्धता (सं.) [सं-स्त्री.] 1. असंबद्ध होने की अवस्था या भाव; जुड़ाव या लगाव का न होने की अवस्था 2. असंगति; अप्रासंगिकता 3. अलगाव; पृथकता 4. तारतम्यहीनता।

असंबाध (सं.) [वि.] 1. जो बंधन में न हो 2. चौड़ा या विस्तृत 3. कष्ट रहित 4. सुनसान 5. बिना बाधा का।

असंभव (सं.) [वि.] जो संभव न हो; जो कभी घटित न हो सकता हो; नामुमकिन। [सं-पु.] 1. (काव्यशास्त्र) अर्थालंकार का एक भेद जिसमें यह दर्शाया जाता है कि जो बात हो गई उसका होना असंभव था 2. असाधारण घटना 3. अनस्तित्व 4. असंभावना।

असंभवता (सं.) [सं-स्त्री.] 1. असंभव या नामुमकिन होने की अवस्था या भाव 2. जिसके होने की संभावना न हो; असंभावना 3. अस्तित्वहीनता 4. असाधारणता।

असंभावना (सं.) [सं-स्त्री.] संभावना का अभाव; हो सकने की आशा नहीं होना; असंभवता; अनहोनी।

असंभावित (सं.) [वि.] जिसकी संभावना न हो; जिसकी उम्मीद या आशा न हो।

असंभावी (सं.) [वि.] असंभावित।

असंभाव्य (सं.) [वि.] 1. जो संभव न हो; असंभव; अनहोनी; असंभावित; नामुमकिन 2. जो घटित नहीं हो सकता हो।

असंयत (सं.) [वि.] 1. संयमरहित 2. बंधनहीन; निरंकुश 3. अनियंत्रित; बेक़ाबू; उग्र 4. अव्यवस्थित।

असंयम (सं.) [सं-पु.] चित्त की वासना को अनुचित या बुरे मार्गों पर जाने देने की क्रिया या भाव; संयम का अभाव; बदपरहेज़ी; मनमानी।

असंयुक्त (सं.) [वि.] 1. जो मिला हुआ न हो; जो शामिल न हो; असम्मिलित; असमाविष्ट 2. जो जुड़ा हुआ न हो; असंबद्ध। [सं-पु.] विष्णु।

असंलक्ष्यक्रम ध्वनि (सं.) [सं-स्त्री.] विवक्षितान्यपरवाच्य ध्वनि का एक भेद जिसमें रसरुप लक्ष्य तक पहुँचने के क्रम का पता नहीं चलता यद्यपि क्रम का निर्वाह वहाँ भी होता है; इसे रस ध्वनि भी कहते हैं।

असंवेदनशील (सं.) [वि.] 1. जिसमें संवेदना या सहृदयता का अभाव हो 2. रूखे स्वभाववाला; सहानुभूतिहीन 3. गैरज़िम्मेदार; मामले की नज़ाकत या गंभीरता पर ध्यान न देने वाला।

असंवैधानिक (सं.) [वि.] संविधान के प्रावधानों की अवहेलना करने वाला (काम या गतिविधियाँ); संविधानविरोधी; जो संविधानविहित न हो; गैरकानूनी।

असंशय (सं.) [वि.] 1. जिसके मन में संशय न हो 2. जिसके विषय में संशय न हो। [सं-पु.] संशय का अभाव।

असंश्लिष्ट (सं.) [वि.] 1. जो संश्लिष्ट न हो; जो जोड़ा-मिलाया गया न हो 2. (काव्यशास्त्र) जिसमें कई अर्थों का संश्लेष न हो; असंयुक्त।

असंसदीय (सं.) [वि.] जो संसद की गरिमा के अनुकूल न हो।

असंस्कृत (सं.) [वि.] 1. जो परिष्कृत न हो; जिसका परिष्कार न किया गया हो; अपरिष्कृत; अमार्जित 2. जो सभ्य न हो; असभ्य; अशिष्ट; गँवार; संस्कारहीन।

असंस्थान (सं.) [सं-पु.] 1. संबंध न होना; उत्तम स्थिति का न होना; अव्यवस्था 2. क्रमबद्धता का अभाव।

असंहत (सं.) [वि.] 1. जो संहत (जुड़ा या मिला हुआ) न हो; असंयुक्त 2. किसी प्रकार का संबंध या परिचय न रखने वाला 3. बिखरा हुआ। [सं-पु.] 1. पुरुष या आत्मा (सांख्य) 2. एक तरह की व्यूह रचना।

असक्त (सं.) [वि.] 1. आसक्तिरहित; अनासक्त; विरक्त; उदासीन; बेलगाव 2. शक्तिरहित; अशक्त; दुर्बल।

असक्तारंभ (सं.) [सं-पु.] 1. वह भूमि जिसमें बहुत थोड़े श्रम या साधारण वर्षा से अन्न पैदा होता हो 2. उक्त भूमि में होने वाली ऊपज या पैदावार।

असगंध (सं.) [सं-पु.] एक झाड़ी जिसकी जड़ दवा के काम में आती है; अश्वगंधा।

असगर (अ.) [वि.] 1. बहुत छोटा 2. अत्यंत साधारण।

असत (सं.) [वि.] 1. जिसका अस्तित्व न हो; जो मौजूद न हो; अविद्यमान 2. अनुचित; बुरा 3. मिथ्या। [सं-पु.] 1. अनस्तित्व 2. मिथ्यात्व; झूठ; असत्य 3. अनौचित्य 4. अहित।

असतत (सं.) [वि.] 1. जिसमें सतता या निरंतरता का अभाव हो; अनियमित 2. {ला-अ.} परिवर्तनशील।

असत्य (सं.) [वि.] 1. मिथ्या; झूठ 2. गलत। [सं-पु.] 1. गलत बात 2. झुठाई; मिथ्यात्व।

असद (अ.) [सं-पु.] 1. सिंह; शेर 2. (ज्योतिष) सिंह राशि।

असदन (सं.) [वि.] दे. असत।

असन (सं.) [सं-पु.] 1. वाण, शस्त्र आदि फेंकना या चलाना 2. एक प्रकार का वृक्ष 3. भोजन।

असनी (सं.) [सं-स्त्री.] नक्षत्र विशेष; अश्विनी (नक्षत्र); क्वार मास में कटने वाली उड़द।

असन्निधि (सं.) [सं-स्त्री.] 1. असन्नद्धता; तैयार न होने का भाव 2. अनुपस्थिति; दूर होने की स्थिति; वियोग; अभाव।

असन्निहित (सं.) [वि.] 1. जो निकट पास या समीप न हो 2. जो ठीक क्रम या ढंग से न रखा गया हो।

असफल (सं. [वि.] जो सफल न हो; विफल; नाकामयाब।

असफलता (सं.) [सं-स्त्री.] सफल न होने की अवस्था या भाव; विफलता; नाकामयाबी; पराजय; हार।

असबाब (अ.) [सं-पु.] 1. सामान; सामग्री 2. चीज़; वस्तु 3. मुसाफ़िर के साथ का सामान।

असभ्य (सं.) [वि.] 1. जिसमें सभ्यता न हो; अशिष्ट 2. गँवार 3. जंगली 4. सामाजिक अवस्था में पिछड़ा हुआ 5. सभा के अयोग्य।

असभ्यता (सं.) [सं-स्त्री.] असभ्य होने की अवस्था या भाव; गँवारपन; अशिष्टता।

असम[1] [सं-पु.] भारत के एक राज्य का नाम।

असम[2] (सं.) [वि.] 1. जो सम या बराबर न हो; विषम 2. असदृश 3. बेजोड़; बेमेल 4. ऊँचा-नीचा; नाहमवार 5. असमतल।

असमंजस (सं.) [सं-स्त्री.] 1. दुविधा; द्वंद्व; अनिश्चय; आगा-पीछा 2. कठिनाई; अड़चन 3. अनौचित्य।

असमत (अ.) [सं.स्त्री.] 1. पवित्रता 2. स्त्री का सतीत्व।

असमता (सं.) [सं-स्त्री.] असमानता; विषमता; असाम्य।

असमन (सं.) [वि.] 1. विभिन्न मार्गों या दिशाओं में जाने वाला 2. भिन्न जाति या वर्ण का 3. साथ मिलकर न रहने वाला 4. ऊबड़-खाबड़ 5. जिसे अपने साथ रखना अनुचित हो।

असमय (सं.) [वि.] 1. जिसका उपयुक्त समय न हो 2. समय से पहले का। [सं-पु.] 1. कुसमय 2. अनुपयुक्त समय [क्रि.वि.] बेवक्त; बेमौके।

असमर्थ (सं.) [वि.] 1. अक्षम; अशक्त; दुर्बल 2. अपेक्षित शक्ति या योग्यता न रखने वाला 3. अभीष्ट अर्थ या भाव न बताने वाला, जैसे- असमर्थ पद।

असमर्थता (सं.) [सं-स्त्री.] 1. समर्थता का अभाव; अयोग्यता 2. अक्षमता; दुर्बलता 3. अयुक्तता; अनुपयुक्तता 4. अस्वीकार्यता।

असमान (सं.) [वि.] 1. विषम; गैरबराबर 2. भेदभाव वाला 3. असदृश, असमरूप।

असमानता (सं.) [सं-स्त्री.] 1. समान या बराबर न होने का भाव; गैरबराबरी 2. एक तरह के न होने का भाव; असादृश्य।

असमापिका (सं.) [सं-स्त्री.] जिससे कार्य के असमाप्त रहने या जारी रहने की सूचना मिले, जैसे- जा कर; खा कर आदि क्रियाएँ।

असमाप्त (सं.) [वि.] 1. जो समाप्त न हआ हो; जिसका अंत न हुआ हो; अशेष 2. जारी 3. बचा हुआ (भाग)।

असमिया [सं-स्त्री.] असम की भाषा या लिपि। [सं-पु.] असम का निवासी। [वि.] 1. असम का; असम संबंधी 2. असम में उत्पन्न।

असमी [वि.] 1. असम प्रांत का रहने वाला 2. असम संबंधी 3. असम की भाषा; असमिया।

असमीचीन (सं.) [वि.] जो प्रासंगिक या समीचीन न हो; अनुचित; अयुक्त।

असम्मत (सं.) [वि.] 1. मतभेद रखने वाला; विरुद्ध; असहमत 2. अस्वीकृत; नामंज़ूर 3. अनादृत। [सं-पु.] 1. विरोध करने वाला; विरोधी 2. शत्रु; दुश्मन।

असम्मति (सं.) [सं-स्त्री.] 1. किसी बात, कार्य आदि पर सहमत न होने की क्रिया या भाव 2. मतभेद; असहमति 3. अलग राय; अनुचित सम्मति 4. अस्वीकृति।

असम्मान (सं.) [सं-पु.] निरादर; अनादर; अपमान।

असम्यक (सं.) [वि.] अप्रासंगिक; अनुचित; बुरा; अपर्याप्त; जिसमें न्याय न हो; अनैतिक।

असर (अ.) [सं-पु.] 1. प्रभाव; छाप 2. दबाव 3. फल 4. गुण;

तासीर।

असरकारी (अ.) [वि.] जिससे लाभ हो या जो लाभ देने वाला हो; गुणकारी।

असरदार (अ.+फ़ा.) [वि.] 1. प्रभावशाली 2. छाप डालने वाला 3. गुणकारी।

असरार [क्रि.वि.] निरंतर; लगातार।

असल[1] [सं-पु.] एक प्रकार का लंबा झाड़ जो उत्तर प्रदेश, मध्य प्रदेश, दक्षिण भारत तथा राजस्थान में पाया जाता है।

असल[2] (सं.) [सं-पु.] 1. लोहा 2. अस्त्र 3. अस्त्र चलाते वक्त पढ़ा जाने वाला एक मंत्र।

असल[3] (अ.) [वि.] प्राकृतिक; वास्तविक; जो बनावटी या कृत्रिम न हो। [सं-पु.] 1. मूल; जड़ 2. आधार; बुनियाद 3. मूलधन।

असलह (अ.) [सं-पु.] अस्त्र; हथियार।

असलहख़ाना (अ.+फ़ा.) [सं-पु.] अस्त्र रखने का स्थान; शस्त्रागार।

असलहा (अ.) [सं-पु.] अस्त्र-शस्त्र; हथियार।

असलियत (अ.) [सं-स्त्री.] 1. असल होने की अवस्था या भाव; वास्तविकता; सच्चाई; खरापन 2. मौलिकता; यथार्थ; यथार्थता।

असली (अ.) [वि.] 1. असल; मूल; मौलिक 2. वास्तविक 3. स्वाभाविक; प्राकृतिक 4. सच्चा; खरा 5. ख़ालिस। [मु.] – **चेहरा दिखाई देना** : वास्तविक रूप देखने में आना।

असलेसा (सं.) [सं-पु.] आश्लेषा नामक नक्षत्र।

असवर्णता (सं.) [सं-स्त्री.] 1. समान वर्ण का न होना 2. सवर्ण न होना।

असह (सं.) [वि.] 1. असहिष्णु; असहनशील 2. असह्य 3. अधीर। [सं-पु.] सीने का मध्य भाग।

असहज (सं.) [वि.] 1. जो सहज न हो; असामान्य; अस्वाभाविक 2. विचलित 3. उद्वेलित; चिंतित।

असहजता (सं.) [सं-स्त्री.] 1. सहज न होने की अवस्था या भाव; असामान्यता; अस्वाभाविकता; अटपटापन 2. विचलन 3. उद्वेलन।

असहन (सं.) [वि.] 1. सहन न करने वाला; असहिष्णु 2. ईर्ष्यालु 3. न टिकने वाला। [सं-पु.] 1. शत्रु; वैरी 2. अधीरता; असहिष्णुता 3. अनैठा बैल।

असहनीय (सं.) [वि.] 1. सहन न कर पाने योग्य; असह्य 2. अत्यंत उग्र; विकट; प्रचंड।

असहमत (सं.) [वि.] जो सहमत न हो; मतभेद रखने वाला; जिसकी राय न मिलती हो।

असहमति (सं.) [सं-स्त्री.] 1. रज़ामंदी न होने का भाव; नाइत्तफ़ाकी 2. राय न मिलना 3. असम्मति; आपत्ति।

असहयोग (सं.) [सं-पु.] 1. सहयोग न करने का भाव 2. साथ न देना; साथ मिलकर काम न करना 3. सरकारी कानून या शासन में सहयोग न करना; राजद्रोह 4. गाँधी जी द्वारा चलाया गया 1921 का असहयोग आंदोलन।

असहयोगी (सं.) [वि.] 1. सहयोग न करने वाला; मिलकर काम न करने वाला 2. विरोध करने वाला; काम में अड़ंगा डालने वाला 3. सत्ता का साथ न देने वाला।

असहाय (सं.) [वि.] 1. जिसकी कोई सहायता करने वाला न हो; मजबूर 2. निराश्रय 3. अनाथ।

असहिष्णु (सं.) [वि.] 1. असहनशील; बर्दाश्त न करने वाला 2. झगड़ालू 3. क्रोधी; गुस्सैल; चिड़चिड़ा।

असहिष्णुता (सं.) [सं-स्त्री.] 1. सहिष्णु न होने की अवस्था; असहनशीलता; बर्दाश्त न करना 2. चिड़चिड़ापन 3. झगड़ालू मिज़ाज 4. क्रोध; ग़ुस्सा 5. सख़्त विरोध।

असही [वि.] 1. असहिष्णु; जो दूसरे की बढ़ती न देख सके; ईर्ष्यालु। [सं-स्त्री.] ककही या कंघी नामक पौधा।

असह्य (सं.) [वि.] सहनशक्ति के बाहर; असहनीय; नागवार; बर्दाश्त के बाहर।

असांप्रदायिक (सं.) [वि.] 1. जो किसी संप्रदाय विशेष से संबंधित न हो 2. विचार और आचरण में जो सांप्रदायिक विद्वेष की भावना से मुक्त हो।

असाइनमेंट (अं.) [सं-पु.] किसी विशेष घटना या समाचार से संबंधित समाचार के संकलन हेतु संवाददाता को सौंपी गई जिम्मेदारी।

असाढ़ [सं-पु.] आषाढ़।

असाढ़ा [सं-पु.] 1. महीन बटे हुए रेशम का धागा 2. कच्ची चीनी; खाँड़।

असाढ़ी (सं.) [सं-स्त्री.] 1. वह फ़सल जो आषाढ़ में बोई जाए; खरीफ़ 2. आषाढ़ की पूर्णिमा। [वि.] आषाढ़ का।

असाढ़ीजोग [सं-पु.] आषाढ़ मास की पूर्णिमा को मनाया जाने वाला एक त्योहार।

असाढ़ू [सं-पु.] वास्तु में, एक प्रकार का मोटा, बड़ा और भारी पत्थर।

असाधारण (सं.) [वि.] 1. जो साधारण न हो; असामान्य; गैरमामूली 2. ख़ास; विशिष्ट 3. महान 4. उल्लेखनीय; अभूतपूर्व; दुर्लभ।

असाधारणीकरण (सं.) [सं-पु.] असाधारण बनाने की क्रिया या भाव; विशिष्टीकरण।

असाधित (सं.) [वि.] जो साधा न गया हो; जिसकी साधना नहीं की गई हो; असिद्ध।

असाधु (सं.) [वि.] 1. असदाचारी 2. खल; दुष्ट 3. असंस्कृत; कुसंस्कारी 4. खोटा 5. अप्रामाणिक। [सं-पु.] बुरा आदमी।

असाध्य (सं.) [वि.] 1. जो साधा न जा सके; जिसकी सिद्धि संभव न हो 2. जिसका निवारण या हल संभव न हो 3. दुष्कर; दुरूह 4. लाइलाज।

असाध्य साधन (सं.) [सं-पु.] ऐसा कार्य करना जो सामान्यतः साध्य न हो।

असामंजस्य (सं.) [सं-पु.] 1. सामंजस्य का अभाव; तालमेल न बिठा पाने की स्थिति 2. अनौचित्य 3. असंगति; प्रतिकूलता 4. बेमेलपन; एकरसता का अभाव।

असामयिक (सं.) [वि.] 1. बेवक़्त; बेमौका; जो नियत समय पर न हो 2. समय की मौजूदा धारा के विरुद्ध; असमकालीन;

असमय; अप्रासंगिक; गैरमौज़ूँ।

असामर्थ्य (सं.) [सं-स्त्री.] 1. सामर्थ्यविहीनता; क्षमताविहीनता; अक्षमता 2. अयोग्यता; अपात्रता 3. अकुशलता।

असामाजिक (सं.) [वि.] 1. जो सामाजिक क्रियाकलापों के प्रति उदासीन हो; जो मिलनसार न हो 2. जो सामाजिक व्यवस्था का विरोधी हो; तोड़-फोड़ करने वाला; अराजक 3. जिसका आचरण समाज विरुद्ध हो; बदमाश; अपराधी।

असामाजिकता (सं.) [सं-स्त्री.] 1. सामाजिक आचार-व्यवहार का अभाव; अव्यावहारिकता 2. समाज से कटे रहने या समाज की सत्ता को कमतर मानने का भाव; वैयक्तिकता; व्यक्तिकेंद्रिकता 3. समाजविरोधी आचरण।

असामान्य (सं.) [वि.] 1. जो सामान्य न हो; असाधारण; गैरमामूली 2. भिन्न; विचित्र; विक्षिप्त।

असामान्यता (सं.) [सं-स्त्री.] 1. सामान्य न होने की अवस्था; असाधारणता 2. विशिष्ट गुणों से युक्त होने की अवस्था।

असामान्यीकरण (सं.) [सं-पु.] असामान्य करने की क्रिया; साधारणता या औसतपन से उबारने का काम; ख़ास या विशिष्ट बनाने की प्रक्रिया।

असामी (अ.) [सं-पु.] 1. वह जिसने लगान पर जोतने के लिए ज़मींदार से खेत लिया हो; रैयत; काश्तकार 2. जिससे किसी प्रकार का लेन-देन हो 3. मुद्दलेह; देनदार।

असाम्य (सं.) [सं-पु.] 1. गैरबराबरी; असमानता 2. अननुकूलता 3. अंतर; भिन्नता।

असार (सं.) [वि.] 1. सारहीन; निस्सार; अर्थहीन; व्यर्थ 2. मिथ्या 3. माया सरीखा; मायावी।

असार्वजनिक (सं.) [वि.] 1. जो सार्वजनिक न हो; समाज या शासन का जिसपर प्राधिकार न हो; निजी 2. जो सबके सामने उजागर न हो; गुप्त; प्रच्छन्न।

असावधान (सं.) [वि.] 1. सावधानी न बरतने वाला; लापरवाह 2. जो सजग, सतर्क या चौकन्ना न हो; बेख़बर; गाफ़िल।

असावधानता (सं.) [सं-स्त्री.] असावधान रहने की अवस्था या भाव; लापरवाही; बेपरवाही; गफ़लत; चित्तविक्षेप।

असावधानी (सं.) [सं-स्त्री.] 1. असतर्कता; लापरवाही; चूक 2. गफ़लत; बेख़बरी।

असि (सं.) [सं-स्त्री.] 1. खड्ग; तलवार 2. कृपाण; भुजाली।

असिक (सं.) [सं-पु.] 1. होंठ और ठुड्डी के बीच का गहरा भाग; चिबुक 2. एक प्राचीन देश का नाम।

असिजीवी (सं.) [वि.] जिसकी जीविका तलवार से चलती हो अर्थात् सिपाही।

असित (सं.) [सं-पु.] 1. एक ऋषि 2. इक्ष्वाकु वंश के एक प्रसिद्ध राजा जो राम के पूर्वज थे एवं सगर के पिता थे 3. हठयोग और तंत्र के अनुसार शरीर की तीन प्रधान नाड़ियों में से एक; सूर्यनाड़ी; पिंगला 4. शनि 5. काला या नीला रंग 6. धौ नामक पेड़ 7. कृष्ण पक्ष। [वि.] जो सित या श्वेत न हो।

असिता (सं.) [सं-स्त्री.] 1. यमुना 2. नीली नामक पौधा। [वि.] 1. काली 2. बुरी 3. टेढ़ी; कुटिल।

असिद्ध (सं.) [वि.] 1. जो नियम, प्रमाण आदि से पूरा सिद्ध न होता हो 2. जिसने अभी तक सिद्धि न प्राप्त की हो 3. कच्चा; पूर्ण; अधूरा 4. व्यर्थ।

असिद्धि (सं.) [सं-स्त्री.] 1. अनिष्पत्ति 2. अप्राप्ति 3. कच्चापन 4. अपूर्णता।

असिधारा (सं.) [सं-स्त्री.] तलवार की धार।

असिपत्र (सं.) [सं-पु.] 1. ईख 2. तलवार की म्यान।

असिस्टेंट (अं.) [सं-पु.] 1. सहायक 2. सहायक कर्मचारी।

असी (सं.) [सं-स्त्री.] एक नदी-विशेष जो काशी के दक्षिण में गंगा से मिलती है।

असीना [सं-पु.] घोड़े की टाँग की तरह टाँग वाला बैल।

असीम (सं.) [वि.] 1. जिसकी कोई सीमा न हो; असीमित; निस्सीम 2. अपार; अमित; बेहद 3. अनंत; परम 4. बेहिसाब।

असीमित (सं.) [वि.] 1. जिसकी हद या सीमा न हो; असीम 2. अपरिमित; अनंत।

असीस (सं.) [सं-स्त्री.] आशीष; आशीर्वाद।

असु (सं.) [सं-पु.] 1. मन; चित्त 2. प्राणवायु; प्राणशक्ति 3. विचार 4. पल का छठा भाग 5. हृदय 6. मन में उठने वाला विचार 7. जल; पानी 8. गरमी।

असुंदर (सं.) [वि.] 1. कुरूप; भद्दा; जो सुंदर न हो 2. अप्रशस्त 3. अशोभन।

असुर (सं.) [सं-पु.] 1. दानव; दैत्य; राक्षस 2. दुष्ट व्यक्ति; खल 3. असभ्य व्यक्ति। [वि.] दानवी; अत्याचारी।

असुरक्षा (सं.) [सं-स्त्री.] जहाँ सुरक्षा न हो; सुरक्षा का अभाव।

असुरक्षित (सं.) [वि.] 1. जिसकी कोई सुरक्षा न हो 2. अनारक्षित; असहाय 3. जोखिमपूर्ण; संकटग्रस्त 4. {ला-अ.} डरा हुआ; भयभीत।

असुराई (सं.) [सं-स्त्री.] 1. राक्षसपन 2. निर्दयता; क्रूरता।

असुरारि (सं.) [सं-पु.] 1. विष्णु 2. देवता।

असुविधा (सं.) [सं-स्त्री.] 1. कठिनाई; परेशानी 2. सुविधाविहीनता; ज़हमत; दिक्कत।

असुविधाजनक (सं.) [वि.] 1. जिसके लिए कोई सुविधा या सुभीता न हो 2. दिक्कततलब; परेशानी पैदा करने वाला 3. अड़चन या बाधा खड़ी करने वाला।

असूझ (सं.) [वि.]. 1. अंधकारमय 2. जिसके आर-पार दिखाई न दे; अपार 3. विकट। [सं-स्त्री.] अदूरदर्शिता। [सं-पु.] 1. सूझ का अभाव 2. अंधकार।

असूतिका (सं.) [सं-स्त्री.] जो बच्चा जनने के काबिल न हो; बंध्या; बाँझ।

असूया (सं.) [सं-स्त्री.] 1. जलन; ईर्ष्या 2. रोष 3. एक संचारी भाव 4. दूसरे के गुणों में खोट निकालना 5. दूसरे की सुख-समृद्धि और ख़ूबियों को सहन न कर सकना।

असूर्यपश्या (सं.) [वि.] 1. परदे में रहने वाली; परदानशीन 2. {ला-अ.} जिसने सूर्य को भी न देखा हो।

असूल (अ.) [सं-पु.] उसूल।

असृक (सं.) [सं-पु.] 1. रक्त; रुधिर; लोहू 2. केसर 3. मंगल ग्रह।

असेंबली (अं.) [सं-स्त्री.] विधानसभा; सभा।

असेव्य (सं.) [वि.] जिसका सेवन न किया जा सके; अनुपभोग्य; अनाहार्य।

असेसर (अं.) [सं-पु.] वह व्यक्ति जो जज को फ़ौजदारी के मुकद्दमे में राय देने के लिए चुना जाता है; न्यायालय या अन्य संस्था को परामर्श देने वाला विशेषज्ञ; विधि परामर्शदाता।

असेस्मेंट (अं.) [सं-पु.] 1. कर आदि का निर्धारण 2. निर्धारित कर या मूल्य 3. मूल्यांकन; संपत्ति का मूल्यांकन।

असैना [सं-पु.] अनैठा बैल।

असैनिक (सं.) [सं-पु.] किसी देश का निवासी; नागरिक; देशवासी। [वि.] दीवानी न्यायालय से संबंधित।

असैन्यीकरण (सं.) [सं-पु.] किसी स्थान या क्षेत्र विशेष से तैनात सैन्यबल को हटा लेना।

असोसिएट (अं.) [सं-पु.] सहभागी; सहयोगी; साथी। [वि.] सह; संयुक्त। [क्रि-स.] सम्मिलित करना।

असोसिएशन (अं.) [सं-पु.] लोगों का औपचारिक दल या संगठन; सभा; परिषद; गोष्ठी; समिति।

असौंध (सं.) [सं-पु.] 1. गंध का अभाव 2. बदबू; दुर्गंध।

असौम्य (सं.) [वि.] 1. असुंदर; कुरूप; भद्दा 2. अप्रिय; अशोभन।

अस्क [सं-पु.] नाक में पहनने की बुलाक।

अस्खलित (सं.) [वि.] 1. जिसका स्खलन न हुआ हो 2. जो फिसलता या डगमगाता न हो; अच्युत; उचित मार्ग पर चलने वाला 3. उच्चारण आदि में गलती न करने वाला; शुद्ध।

अस्त (सं.) [वि.] 1. ओझल; अदृश्य 2. समाप्त 3. गत 4. डूबा हुआ 5. फेंका हुआ। [सं-पु.] 1. अंत; नाश 2. पतन; ह्रास 3. डूबना 4. वह जो ओझल या अदृश्य हो।

अस्त-व्यस्त (सं.) [वि.] इधर-उधर बिखरा हुआ; क्रमहीन; तितर-बितर; बेतरतीब; अव्यवस्थित।

अस्तंगत (सं.) [वि.] 1. डूबा हुआ; जो अस्त हो चुका 2. नष्ट 3. लुप्त; विलीन 4. अदृष्ट; ओझल।

अस्तबल (अ.) [सं-पु.] घोड़ों के रहने की जगह; तबेला; घुड़साल; अश्वशाला।

अस्तमन (सं.) [सं-पु.] 1. समाप्ति; अंत होने की स्थिति 2. अस्त होने या डूबने की क्रिया या भाव; तिरोहण 3. बरबादी।

अस्तमित (सं.) [वि.] छिपा हुआ; तिरोहित; डूबा हुआ।

अस्तर (फ़ा.) [सं-पु.] 1. सिले हुए कपड़ों, जूतों आदि की भीतरी तह 2. इत्र बनाने का माध्यम; वह द्रव जिसमें अन्य सुगंधित द्रवों का मिश्रण तैयार किया जाता है 3. चित्र का आरंभिक प्रारूप तैयार करने का मसाला; नीचे का या आधारीय रंग।

अस्तरकारी (फ़ा.) [सं-स्त्री.] 1. दीवारों आदि पर पलस्तर करने की क्रिया 2. दीवारों पर चूने का लेप या सफ़ेदी करना।

अस्ताचल (सं.) [सं-पु.] पश्चिम दिशा में स्थित वह कल्पित या मिथकीय पर्वत जिसके पीछे सूर्यास्त होना माना जाता है।

अस्ति (सं.) [सं-स्त्री.] 1. वर्तमान होने की अवस्था या भाव 2. सत्ता; विद्यमानता 3. 'नास्ति' का विलोम 4. (पुराण) जरासंध की पुत्री जिसका विवाह कंस से हुआ था।

अस्तित्व (सं.) [सं-पु.] 1. वजूद; होने का भाव 2. हस्ती; हैसियत 3. सत्ता; विद्यमानता; मौजूदगी; उपस्थिति। [मु.] - **मिटा देना** : नामोनिशान मिटा देना; न रहने देना; समाप्त कर देना।

अस्तित्ववाद (सं.) [सं-पु.] साहित्य-कला आदि में व्यवहृत एक विशेष दार्शनिक सिद्धांत जो मनुष्य के अस्तित्व को आकस्मिक उपज मानता है, क्षण को महत्व देता है और मृत्यु, संत्रास, कुंठा आदि के भीतर से ही उसके सही अर्थ की तलाश करता है।

अस्तित्वहीनता (सं.) [सं-स्त्री.] 1. अस्तित्वहीन होने की अवस्था या भाव; अविद्यमानता; नामौजूदगी; सत्ताविहीनता 2. हस्ती या हैसियत में नगण्य।

अस्तु (सं.) [अव्य.] जो भी हो; ऐसा हो; ख़ैर।

अस्तुति (सं.) [सं-स्त्री.] स्तुति या प्रशंसा न करना।

अस्तेय (सं.) [सं-पु.] 1. चोरी न करने की क्रिया 2. योग के आठ अंगों में नियम नामक तीसरे अंग के अंतर्गत चोरी न करने का एक व्रत।

अस्तोदय (सं.) [सं-पु.] 1. उदय और अस्त होने की क्रिया 2. {ला-अ.} उत्थान-पतन; भाग्यचक्र।

अस्त्र (सं.) [सं-पु.] 1. हथियार 2. फेंक कर चलाने वाला हथियार 3. धनुष-बाण 4. नश्तर।

अस्त्र-शस्त्र (सं.) [सं-पु.] 1. अस्त्र और शस्त्र दोनों 2. हरबा-हथियार।

अस्त्रधारी (सं.) [सं-पु.] अस्त्र धारण किया हुआ व्यक्ति; हथियारबंद; सैनिक। [वि.] जिसने अस्त्र धारण किया हो।

अस्त्रविद्या (सं.) [सं-स्त्री.] 1. हथियार चलाने या अस्त्र संचालन की विद्या 2. धनुर्विद्या।

अस्त्रवेद (सं.) [सं-पु.] धनुर्वेद।

अस्त्रशाला (सं.) [सं-स्त्री.] अस्त्र रखने का स्थान; अस्त्रागार।

अस्त्रशिक्षा (सं.) [सं-स्त्री.] हथियार चलाने की शिक्षा।

अस्त्रागार (सं.) [सं-पु.] हथियार रखने का भंडार; अस्त्रशाला; अस्त्र-शस्त्रों का भंडार।

अस्त्रीकरण (सं.) [सं-पु.] अस्त्र-शस्त्र से युक्त करने की क्रिया या भाव।

अस्थमा (अं.) [सं-पु.] दमा की बीमारी।

अस्थानपदता (सं.) [सं-स्त्री.] एक प्रकार का शब्द-दोष, जहाँ वाक्य में किसी पद का अपने उचित स्थान पर प्रयोग न होकर अन्यत्र होता है।

अस्थानांतरणीय (सं.) [वि.] 1. जिसका स्थानांतरण न होता हो (पद); स्थायी 2. (वस्तु) जिसे एक जगह से दूसरी जगह हटाया न जा सके।

अस्थायित्व (सं.) [सं-पु.] स्थिरता या टिकाऊपन का अभाव।

अस्थायी (सं.) [वि.] 1. जो सदा या अधिक समय तक क़ायम रहने वाला न हो; परिवर्तनशील 2. क्षणिक 3. अस्थिर 4. थोड़े समय के लिए ही नियुक्त (व्यक्ति)।

अस्थि (सं.) [सं-स्त्री.] हड्डी।

अस्थिचिकित्सा (सं.) [सं-स्त्री.] हड्डियों के रोग का इलाज।

अस्थिपंजर (सं.) [सं-पु.] हड्डियों का ढाँचा; कंकाल।

अस्थिभंग (सं.) [सं-पु.] हड्डी का टूट जाना।

अस्थिर (सं.) [वि.] 1. जो स्थिर न हो; डाँवाडोल; चंचल 2. अनिश्चित।

अस्थिरचित्त (सं.) [वि.] 1. जिसका मन चंचल हो 2. डाँवाडोल मन:स्थिति वाला 3. असमंजस में पड़ा हुआ; दुविधाग्रस्त; संशयग्रस्त।

अस्थिरता (सं.) [सं-स्त्री.] 1. अस्थिर होने की अवस्था या भाव; परिवर्तनशीलता 2. अव्यवस्था; अराजकता।

अस्थिरमना (सं.) [वि.] 1 अस्थिर चित्त वाला; ढुलमुल; डाँवाडोल; चंचल; दुविधाग्रस्त; अनिश्चय का शिकार 2. जो भरोसा करने लायक न हो।

अस्थिरोग (सं.) [सं-पु.] हड्डियों की बीमारी।

अस्थिसंचय (सं.) [सं-पु.] 1. शवदाह के बाद गंगा या किसी अन्य पवित्र मानी जाने वाली नदी में प्रवाहित करने के लिए हड्डियाँ या राख एकत्र करना। 2. हड्डियों का ढेर।

अस्थिसंरचना (सं.) [सं-स्त्री.] हड्डियों की बनावट या ढाँचा।

अस्थूल (सं.) [वि.] जो स्थूल या मोटा न हो; सूक्ष्म।

अस्थैर्य (सं.) [सं-पु.] अस्थिरता; स्थिरता का अभाव।

अस्पताल (अं.) [सं-पु.] वह स्थान जहाँ रोगियों का इलाज किया जाता है; चिकित्सालय।

अस्पष्ट (सं.) [वि.] 1. जो साफ़ दिखाई न दे या समझ में न आए; धुँधला 2. उलझा हुआ; जटिल; दुरूह 3. गोलमोल; गड्डमड्ड।

अस्पृश्य (सं.) [वि.] 1. अछूत; जो छूने या स्पर्श करने के योग्य न हो 2. जिसका स्पर्श संभव न हो।

अस्पृश्यता (सं.) [सं-स्त्री.] छुआछूत; अछूतपन।

अस्पृष्ट (सं.) [वि.] अछूता; जो छुआ न गया हो।

अस्पृह (सं.) [वि.] 1. जिसे कोई कामना न हो; निष्काम 2. जिसे लोभ-लालच न हो; निर्लोभी।

अस्फुट (सं.) [वि.] 1. अस्पष्ट 2. अप्रकट 3. जो खिला न हो।

अस्फुट व्यंग्य (सं.) [सं-पु.] गुणीभूत व्यंग्य का एक भेद, जिसमें सहृदय जन भी व्यंग्यार्थ को आसानी से नहीं समझ पाते।

अस्मत (अ.) [सं-स्त्री.] 1. निष्पाप और निष्कलुष बने रहने की स्थिति और प्रवृत्ति 2. स्त्री की इज़्ज़त 3. पतिव्रत; सतीत्व।

अस्मिता (सं.) [सं-स्त्री.] 1. अपने होने का भाव; अहंभाव 2. हस्ती; हैसियत; अपनी सत्ता की पहचान (पहली बार अज्ञेय द्वारा 'आइडेंटिटी' के लिए हिंदी शब्द 'अस्मिता' प्रयुक्त) 3. अहंता; अहंकार; अस्तित्व; विद्यमानता; मौजूदगी 4. (योगशास्त्र) पाँच प्रकार के क्लेशों में से एक।

अस्मितावादी (सं.) [वि.] पृथक एवं विशिष्ट सत्ता संबंधी सिद्धांत को मानने वाला; अस्मितावाद का समर्थक।

अस्वच्छ (सं.) [वि.] 1. जो स्वच्छ न हो; गंदा; दूषित 2. अपवित्र; प्रदूषित।

अस्वतंत्र (सं.) [वि.] जो स्वतंत्र न हो; परतंत्र; परवश; पराधीन।

अस्वस्थ (सं.) [वि.] 1. बीमार; रोगी 2. {ला-अ.} अनमना; असहज; अप्रकृतिस्थ जैसे- अस्वस्थ मानसिकता।

अस्वस्थता (सं.) [सं-स्त्री.] रुग्ण या अस्वस्थ होने की अवस्था; आरोग्य का अभाव; अनारोग्यता; रोगग्रस्तता।

अस्वाधीन (सं.) [वि.] जो स्वाधीन न हो; जो दूसरों के वश में हो; जिसपर स्वयं का नियंत्रण न हो।

अस्वाध्याय (सं.) [सं-पु.] वेदों की आवृत्ति के अंदर पड़ने वाला अवकाश या व्यवधान। [वि.] 1. जिसने वेदों की आवृत्ति न की हो 2. जिसने वेदों की आवृत्ति शुरु न की हो।

अस्वाभाविक (सं.) [वि.] 1. जो स्वाभाविक न हो; प्रकृति या स्वभाव के विरुद्ध 2. बनावटी; नकली।

अस्वामिक (सं.) [वि.] जिसका कोई स्वामी न हो; लावारिस; बिना मालिक का।

अस्वामिकता (सं.) [सं-स्त्री.] ऐसी स्थिति जिसमें कोई वस्तु मिलने पर उसका कोई स्वामी दिखाई नहीं दे।

अस्वामी (सं.) [वि.] 1. स्वामीहीन; स्वत्वहीन; जिसपर किसी का कोई अधिकार न हो 2. जिसपर किसी का दावा न हो।

अस्वास्थ्य (सं.) [सं-पु.] 1. अस्वस्थ होने की स्थिति 2. रोग; बीमारी।

अस्वास्थ्यप्रद (सं.) [वि.] स्वास्थ्य को हानि पहुँचाने वाला; बीमार करने वाला।

अस्वीकरण (सं.) [सं-पु.] किसी वस्तु, बात आदि को स्वीकार न करने की क्रिया; अस्वीकार; इनकार।

अस्वीकार (सं.) [सं-पु.] 1. अस्वीकृति; इनकार; न मानना 2. न लेना।

अस्वीकार्य (सं.) [वि.] जो स्वीकार करने या ग्रहण करने योग्य न हो; अमान्य; अग्राह्य।

अस्वीकृत (सं.) [वि.] अस्वीकार किया हुआ; नामंज़ूर; ठुकराया हुआ।

अस्वेद (सं.) [सं-पु.] अस्वेदन।

अस्वेदन (सं.) [सं-पु.] पसीने का न निकलना; पसीना का न निकलने की समस्या (रोग)।

अस्सलाम (अ.) [सं-पु.] ख़ुदा आपको सलामत रखे- ऐसी दुआ; सलाम; नमस्कार; बंदगी।

अस्सी [वि.] संख्या '60' का सूचक।

अहं (सं.) [सर्व.] मैं। [सं-पु.] 1. स्वयं की सत्ता 2. औरों से भिन्न अपनी पृथक सत्ता का भान 3. अहंकार; घमंड; अहम्मन्यता।

अहंकार (सं.) [सं-पु.] 1. गर्व; घमंड; अकड़ 2. सांख्य दर्शन का एक तत्व 3. (वेदांत) अंत:करण की पाँच वृत्तियों में से एक।

अहंकारग्रस्त (सं.) [वि.] अहम्मन्यता से भरा हुआ; घमंडी; अहंकारी।

अहंकारवश (सं.) [क्रि.वि.] अहंकार के चलते; अहंकार के वशीभूत होकर।

अहंकारी (सं.) [वि.] अहंकारग्रस्त; घमंडी; मगरूर; दंभी; अभिमानी।

अहंता (सं.) [सं-स्त्री.] गर्व, घमंड या अहंकार की दशा या

भावना; स्वयं को औरों से अधिक योग्य या बढ़कर समझने का भाव; अकड़।

अहंमन्य (सं.) [वि.] स्वयं को अन्य से अधिक योग्य या बढ़कर समझने का भाव; घमंड; अकड़; अहंकृति।

अहंमन्यता (सं.) [सं-स्त्री.] अहंमन्य होने की अवस्था; घमंड का भाव; अहंता।

अहंवाद (सं.) [सं-पु.] 1. स्वयं को दूसरों से श्रेष्ठ समझने की भावना; घमंडीपन 2. व्यक्ति के अहं को ही सर्वोपरि मानने वाला सिद्धांत।

अहंवादी (सं.) [वि.] स्वयं को दूसरों से बढ़कर समझने वाला; अहंमन्य; घमंडी।

अहंस्फीत (सं.) [वि.] अपने स्वर को बढ़ाना या मोटा करना; स्वर हलका ऊँचा करना।

अहट [सं-स्त्री.] आहट; पाँव की छाप या चलाने से या आने से उत्पन्न ध्वनि; खड़का।

अहत (सं.) [वि.] 1. जो हत न हुआ हो; अनाहत; अक्षत 2. जो पीटा न गया हो 3. बिना धुला हुआ (कपड़ा); कोरा 4. स्वच्छ; बेदाग। [सं-पु.] पूर्णतः नया कपड़ा।

अहदनामा (अ.+फ़ा.) [सं-पु.] इकरारनामा; प्रतिज्ञापत्र; शपथ-पत्र।

अहदी (अ.) [वि.] 1. जिसमें तत्परता न हो; आलसी; काहिल; ढीला 2. जो कोई काम न करे। [सं-पु.] 1. वह सैनिक जिससे असाधारण मौके पर ही काम लिया जाए 2. अकबर की सेना की एक श्रेणी 3. अकबरकालीन एक प्रकार के सिपाही जो ज़्यादा समय निठल्ले ही बैठे रहते थे।

अहम (अ.) [वि.] महत्वपूर्ण; बहुत ज़रूरी; मुख्य; जिसका कुछ विशेष महत्व हो; जिसकी उपयोगिता आदि मान्य हो; मुख्य।

अहमक (अ.) [सं-पु.] वह व्यक्ति जिसमें बुद्धि न हो या कम हो; मूर्ख या बेवकूफ़ व्यक्ति। [वि.] जिसमें बुद्धि न हो या बहुत कम हो; नासमझ; नादान; अनाड़ी; मूर्ख; बेअक्ल।

अहमकाना (अ.) [वि.] मूर्खतापूर्ण; बेवकूफ़ी का।

अहमद (अ.) [वि.] 1. काबिले-तारीफ़; बहुत अधिक प्रशंसनीय 2. पुरअज़ीज़। [सं-पु.] हज़रत मुहम्मद का नाम।

अहमदी (अ.) [सं-पु.] 1. मुसलमान; हज़रत मुहम्मद का अनुयायी 2. मुसलमानों में एक संप्रदाय।

अहमियत (अ.) [सं-स्त्री.] 1. महत्व 2. गंभीरता; वजनदारी।

अहम्मन्य (सं.) [वि.] स्वयं को अन्य से अधिक योग्य या बढ़कर समझने वाला; घमंडी; अकड़वाला।

अहरणीय (सं.) [वि.] 1. जो हटाया न जा सके; जिसका हरण न हो सके 2. स्थिर; दृढ़।

अहरना (सं.) [क्रि-स.] लकड़ी को छील कर तथा रंदा मार कर सुडौल बनाना।

अहरा [सं-पु.] 1. आग जलाने के लिए गोबर से बने उपले या कंडे 2. कंडे की आग 3. प्याऊ 4. लोगों के ठहरने की जगह।

अहरिमन [सं-पु.] 1. पारसी जाति वालों में पाप और अंधकार का देवता 2. शैतान।

अहरी [सं-स्त्री.] 1. हौज 2. गड्ढा 3. प्याऊ 4. चरही।

अहर्निश (सं.) [क्रि.वि.] 1. हर एक पल; हर समय 2. लगातार; दिन-रात; आठों पहर 3. सदा; नित्य।

अहर्य (सं.) [वि.] 1. पूजनीय; आदरणीय 2. प्रशंसनीय 3. योग्य 4. अधिकारी; पात्र।

अहर्षित (सं.) [वि.] जो हर्षित न हो; अप्रसन्न; नाख़ुश।

अहल (अ.) [सं-पु.] 1. व्यक्ति; आदमी 2. मालिक 3. परिवार के लोग। [वि.] 1. मुख्य 2. लायक; योग्य।

अहलकार (अ.+फ़ा.) [सं-पु.] 1. कचहरी या कार्यालय आदि का कर्मचारी; कारिंदा; कार्यकर्ता 2. राजकर्मचारी।

अहलकारी (अ.+फ़ा.) [सं-स्त्री.] अहलकार का काम; कारिंदागिरी।

अहसान (अ.) [सं-पु.] 1. कृतज्ञता; निहोरा 2. भलाई या नेकी में किया गया उपकार 3. आभार।

अहसान-फ़रामोश (अ.+फ़ा.) [वि.] कृतघ्न; नमकहराम; किए गए उपकार को न मानने वाला; अहसान न मानने वाला।

अहसानमंद (अ.+फ़ा.) [वि.] 1. अपने पर किए गए उपकार या अहसान को मानने वाला 2. कृतज्ञ; आभारी।

अहसास (अ.) [सं-पु.] 1. अनुभव; प्रतीति; संवेदन 2. ध्यान; ख़याल।

अहस्त (सं.) [वि.] जिसका हाथ कट गया हो; बिना हाथवाला; हस्तरहित।

अहस्तक्षेप-नीति (सं.) [सं-स्त्री.] देश के आर्थिक मामलों में राज्य को बिलकुल हस्तक्षेप न करने देने का अर्थशास्त्रीय सिद्धांत; निजीकरण की बाज़ार-नीति।

अहस्तांतरकरणीय (सं.) [वि.] जिसका मालिकाना न बदला जा सके; जिसके अधिकार का हस्तांतरण न किया जा सके; अहरणीय।

अहस्तांतरणीय (सं.) [वि.] जिसका हस्तांतरण संभव न हो; जो हस्तांतरित न किया जा सके।

अहस्पति (सं.) [सं-पु.] 1. सूर्य; दिवसपति 2. मदार।

अहा (सं.) [अव्य.] 1. हर्ष और विस्मय सूचक उद्‌गार 2. प्रसन्नता, आह्लाद आदि का सूचक शब्द।

अहाता (अ.) [सं-पु.] 1. दीवार आदि से घिरा हुआ स्थान; घेरा; बाड़ा 2. रक्षा के लिए चारों ओर बनाई हुई दीवार; परकोटा; चारदीवारी।

अहार (सं.) [सं-पु.] 1. परती 2. लंबाई में जड़ा हुआ तख़्ता 3. खाने की चीज; खाद्य पदार्थ 4. भोजन करने की क्रिया या भाव; खाना।

अहार्य (सं.) [वि.] 1. जिसका हरण न हो सके; जो चुराया न जा सके 2. जिसे चकमा देकर या धन आदि का लालच देकर वश में न किया जा सके 3. जो ढुलमुल न हो; दृढ़।

अहि (सं.) [सं-पु.] 1. साँप 2. सूर्य 3. राहु 4. वृत्तासुर।

अहिंसक (सं.) [वि.] 1. जो हिंसा न करता हो; जो हिंसा में विश्वास न करता हो 2. करुणामय; दयालु।

अहिंसा (सं.) [सं-स्त्री.] 1. किसी भी प्राणी को किसी भी प्रकार का शारीरिक या मानसिक कष्ट न देना 2. (योगशास्त्र) पाँच प्रकार के यमों में पहला 3. जैन तथा बौद्ध धर्मों में आचार

तथा धर्म संबंधी प्रमुख सिद्धांत।

अहिंसावादी (सं.) [वि.] 1. अहिंसा में विश्वास करने वाला 2. मन-वचन-कर्म से किसी को दुख न पहुँचाने वाला।

अहिका (सं.) [सं-स्त्री.] सेमल; शाल्मली; सेमल का वृक्ष।

अहित (सं.) [सं-पु.] 1. बुराई; अपकार 2. हानि; क्षति; नुक़सान।

अहितकारी (सं.) [वि.] हानि या नुकसान करने वाला; हानिकारक; अनिष्टकारी।

अहिनाथ (सं.) [सं-पु.] सर्पराज; शेषनाग।

अहिपति (सं.) [सं-पु.] 1. सर्पराज; वासुकि 2. कोई बड़ा साँप।

अहिफेन (सं.) [सं-पु.] 1. साँप की लार; नागझाग; सर्पफेण 2. पोस्त के डोडे का गोंद जो कड़वा, मादक और विषाक्त होता है; अफ़ीम।

अहिम (सं.) [वि.] जो ठंडा (हिम) न हो; गरम।

अहिमांशु (सं.) [सं-पु.] जिसकी किरण शीतल न हो; सूर्य।

अहिमान [सं-पु.] चाक का वह गड्ढा जिसके सहारे चाक कील पर रखा जाता है।

अहिल्या (सं.) [सं-स्त्री.] 1. एक मिथकीय चरित्र जो गौतम ऋषि की पत्नी थी और उन्हीं के शाप से पत्थर बन गई थी। [वि.] अहल्या; कठिनाई से जोती जाने वाली भूमि; वह भूमि जिसमें हल न चल सके या जो जोती न जा सके।

अहिवर [सं-पु.] (काव्यशास्त्र) दोहे का एक भेद जिसमें पाँच गुरु तथा अड़तीस लघु मात्राएँ होती हैं।

अहिवात [सं-पु.] सुहाग; सधवा होने का भाव; सौभाग्यवती।

अहिवातिन [सं-स्त्री.] अहिवाती; सुहागन; सधवा।

अहिवाती [वि.] सधवा; सुहागन; सौभाग्यवती।

अहीक (सं.) [सं-पु.] (बौद्ध धर्म) दस प्रकार के क्लेशों में से एक।

अहीन (सं.) [सं-पु.] 1. वासुकि 2. बहुत बड़ा साँप 3. बहुत दिनों तक चलने वाला विशेष यज्ञ। [वि.] 1. समग्र; समूचा 2. लंबे समय तक टिकने वाला; अक्षुण्ण 3. जो हीन या नीच न हो; श्रेष्ठ।

अहीर (सं.) [सं-पु.] ग्वाला; आभीर; घोष; गोप।

अहीरिन (सं.) [सं-स्त्री.] 1. ग्वालन; अहीर जाति की स्त्री 2. दूध-दही बेचने वाली स्त्री।

अहीरी [सं-स्त्री.] 1. (संगीत) एक रागिनी; आभीरी 2. ग्वालिन। [वि.] अहीरों जैसा; अहीर संबंधी।

अहीश (सं.) [सं-पु.] 1. लक्ष्मण 2. बलराम 3. सर्पराज।

अहुजी [सं-स्त्री.] एक प्रकार का मीठा पुलाव जिसमें कद्दू के छोटे-छोटे टुकड़े मिले होते हैं।

अहुत (सं.) [सं-पु.] वेदाध्ययन; ध्यान; स्तुति। [वि.] 1. जिसकी आहुति न की गई हो 2. जिसे नैवेद्य न मिला हो।

अहुरना-बहुरना [क्रि-अ.] आने जाने की क्रिया; आना-जाना।

अहुरमज़्द (प.) [सं-पु.] पारसी मतानुसार धर्म, नेकी और प्रकाश का देवता।

अहे (सं.) [अव्य.] 1. संबोधन-सूचक अव्यय; हे 2. आश्चर्य-सूचक अव्यय; अहा 3. खेद; अलगाव या निंदा का वाचक। [सं-पु.] एक पेंड़ तथा उसकी लकड़ी।

अहेतु (सं.) [सं-पु.] 1. अर्थालंकार का एक भेद, जहाँ कारणों के विद्यमान होने के बावजूद कार्य संपन्न नहीं होता 2. हेतु का अभाव। [वि.] हेतु रहित।

अहेतुक (सं.) [वि.] अकारण; हेतुरहित।

अहेर (सं.) [सं-पु.] आखेट; शिकार; मृगया।

अहेरन [सं-पु.] बिस्तर पर बिछाने का गद्दा; निहाई।

अहेरिया [सं-पु.] बहेलिया; शिकारी।

अहेरी (सं.) [सं-पु.] आखेटक; शिकार करने वाला व्यक्ति। [वि.] शिकारी।

अहोई [सं-स्त्री.] 1. पुत्रवती स्त्रियों द्वारा अपने पुत्रों के सुख-स्वास्थ्य की कामना के लिए किया जाने वाला व्रत 2. यह व्रत कार्तिक कृष्ण पक्ष की अष्टमी को किया जाता है।

अहोक [सं-पु.] असम राज्य की एक प्राचीन जाति।

अहोभाव (सं.) [सं-पु.] आश्चर्य बोधक भाव।

अहोरा-बहोरा [सं-पु.] शादी या गौने में दुल्हन का ससुराल जाकर उसी रोज़ वापस आना। [अव्य.] बार- बार।

अहोरात्र (सं.) [क्रि.वि.] हर एक पल; हर समय; हमेशा; सदा; नित्य। [सं-पु.] दिन और रात।

अहोरिन [सं-स्त्री.] एक प्रकार की चिड़िया।

आ

आ[1] हिंदी वर्णमाला का स्वर वर्ण। उच्चारण की दृष्टि से यह निम्नतर-निम्न, केंद्रीय, अगोलित, दीर्घ स्वर है। यह 'अ' का दीर्घ रूप नहीं है, क्योंकि 'अ' तथा 'आ' में न केवल मात्रा का, वरन उच्चारण स्थान का भी अंतर है।

आ[2] (सं.) 1. पूर्वप्रत्यय के रूप में प्रयुक्त होने वाला वर्ण जो शब्दों के साथ संयुक्त होकर निम्नलिखित विशिष्टताएँ उत्पन्न करता है- (अ) 'तक' या 'पर्यंत', जैसे- आक्षितिज, आकंठ आदि (ब) 'आदि' से 'अंत' तक, जैसे- आमरण, आजन्म आदि (स) 'अधिक', 'लगभग' आदि का सूचक, जैसे- आरोहण, आभूषण, आभार आदि 2. कुछ शब्दों में विपरीत होने का अर्थबोधक बनता है, जैसे- आरोग्य, आगमन आदि 3. परप्रत्यय के रूप में 'युक्त' और 'वाला' का अर्थ देता है, जैसे- दोमंज़िला, दोमुँहाँ आदि 4. प्रत्यय जो विशेषण तथा संज्ञा के रूप में लगकर स्त्रीलिंग रूप बनाता है, जैसे- शिष्य से शिष्या, कमल से कमला आदि।

आँक (सं.) [सं-पु.] 1. आकलन; मूल्य आदि का निर्धारण 2. अक्षर; चिह्न 3. पहिए की धुरी डालने का एक ढाँचा।

आँकड़ा (सं.) [सं-पु.] 1. तथ्यों की गणना 2. अदद 3. अंक 4. फंदा; पाश; (हुक) 5. पशुओं का एक रोग।

आँकड़ेबाज़ (हिं.+फ़ा.) [सं-पु.] 1. वह जो हर मामले में आँकड़ों पर ज़ोर देता है 2. तथ्यों पर बहुत अधिक ध्यान देने वाला व्यक्ति।

आँकड़ेबाज़ी (हिं.+फ़ा.) [सं-स्त्री.] 1. आँकड़ों पर ज़ोर देने की क्रिया 2. सांख्यिकी को महत्व देना।

आँकना (सं.) [क्रि-स.] 1. मूल्यांकन करना; तौलना; अंदाज़ या अनुमान लगाना; अनुमान करना 2. निशान लगाना 3. {ला-अ.} आज़माना।

आँख (सं.) [सं-स्त्री.] 1. शरीर का वह अंग विशेष जिससे देखा जाता है; नेत्र; नयन 2. सुई का छिद्र 3. ईख की गाँठ पर स्थित अँखुआ; अंकुर 4. परख; पहचान 5. ध्यान 6. मोर पंख पर आँख की तरह का चिह्न। [मु.] **-आना** : आँख में लाली व सूजन होना। **-का तारा** : बहुत प्रिय होना। **-खुलना** : जागना; वास्तविकता से अवगत होना; भ्रम दूर होना। **-दिखाना** : गुस्सा प्रकट करना। **-मारना** : एक आँख की पलक झपकाकर इशारा करना जो प्राय: शरारतपूर्ण होता है। **-लगना** : 1. नींद आना 2. प्रेम होना। **-लड़ना** : प्रेम होना। **-आँखें खोलना** : परिस्थिति से परिचित होना। **-आँखें चुराना** : सामने न आना। **-आँखें डबडबाना** : आँखों में आँसू भर आना। **-आँखें फेरना** : प्रतिकूल होना; पहले जैसी कृपा न रखना। **-आँखें बंद होना** : मृत्यु होना। **-आँखें बिछाना** : प्रेम से स्वागत करना; प्रेमपूर्वक प्रतीक्षा करना। **-आँखों पर परदा पड़ना** : भ्रम होना; अज्ञान या अंधकार छाना। **-आँखों में चरबी छाना** : घमंड से ध्यान न देना। **-आँखों में धूल झोंकना** : धोखा देना। **-आँखों में समाए रहना** : हृदय में बसना; प्रिय होना।

आँखमिचौनी [सं-स्त्री.] एक खेल जिसमें एक बच्चे की आँखों पर पट्टी बाँधकर अन्य बच्चे छुप जाते हैं और फिर पट्टी हटाकर वह बच्चा उन्हें ढूँढ़ता है; लुका-छिपी; आँखमिचौली, जैसे- चाँदनी रात या धूप में सूर्य या चंद्रमा का बादलों में छिपना और निकलना। [मु.] **-करना** : एक-दूसरे को झाँसा देना; हेराफेरी करना; कहीं छिपना और प्रकट होना।

आँखमिचौली [सं-स्त्री.] दे. आँखमिचौनी।

आँगन (सं.) [सं-पु.] मकान की सीमा में आने वाला वह खुला स्थान जिसे घर के कामों के लिए उपयोग में लाया जाता है; अँगना।

आँगुल [सं-पु.] दे. अंगुल।

आँधी (सं.) [सं-स्त्री.] एक प्रकार की छलनी जिसे महीन कपड़े या जाली से मढ़ा जाता है।

आँच (सं.) [सं-स्त्री.] 1. आग की लौ; ताप; गरमी 2. {ला-अ.} अहित; संकट; हानि। [मु.] **-आना** : हानि होना, प्रभावित होना।

आँचल (सं.) [सं-पु.] साड़ी या दुपट्टे आदि के दोनों छोरों के पास का भाग; पल्ला। [मु.] **-फैलाना** : दीनतापूर्वक माँगना। **-में बाँधना** : वश में रखना; कभी न भूलना।

आँजन (सं.) [सं-पु.] अंजन; काजल; सुरमा।

आँजना (सं.) [क्रि-स.] आँखों में अंजन या काजल लगाना।

आँजनी (सं.) [सं-स्त्री.] काजल या सुरमा रखने का छोटा पात्र; डिबिया; सीप; कजरौटा।

आँट [सं-स्त्री.] 1. सोना को परखने के लिए कसौटी पर उससे लगाया हुआ निशान; कस 2. पीला 3. बोझ।

आँठी [सं-स्त्री.] 1. गुठली; गाँठ 2. नवोढ़ा के स्तन; उठते हुए स्तन 3. दही का थक्का।

आँड़ी (सं.) [सं-स्त्री.] 1. अंडकोश 2. गाँठ 3. पहिए की सामी 4. आँठी; गुठली या उसी की तरह की कोई गोल कड़ी चीज़ 5. गाँठ के रूप में होने वाला कंद, जैसे- प्याज़, लहसुन की आँड़ी।

आँत (सं.) [सं-स्त्री.] प्राणियों के पेट की वह लंबी नली जिसमें

उसके द्वारा खाई गई वस्तुओं का चयापचय होता है; अँतड़ी; आंत्र। [मु.] **-कुलकुलाना** : अत्यंत तीव्र भूख लगना।

आँतर (सं.) [सं-पु.] 1. खेत का उतना भाग जितना एक बार जोतने के लिए घेर लिया जाता है 2. अंतर-भेद 3. दूरी 4. पान के भीटे क्यारियों के बीच का रास्ता 5. कपड़े के ताने में दोनों सिरों की खूटियों के बीच सांथी अलग करने के लिए थोड़ी-थोड़ी दूर पर लगाई जाने वाली लकड़ियाँ 6. किसी वस्तु, व्यक्ति आदि के निजी गुण, महत्व, विशेषता आदि से संबंध रखने वाला, अंतराल।

आँधी (सं.) [सं-स्त्री.] धूल के साथ बहुत तेज़ चलने वाली हवा; झंझावात; तूफ़ान।

आँधी-पानी [सं-पु.] आँधी और पानी का एक साथ आना; तूफ़ान; बवंडर।

आँय-बाँय-शाँय (सं.) [वि.] 1. व्यर्थ का; फ़ालतू का 2. बिना सिर-पैर का; असंबद्ध।

आँव (सं.) [सं-पु.] 1. अपच के चलते होने वाला एक उदर-रोग जिससे ऐंठन और मरोड़ होती है और सफ़ेद या लाल लसलसा पदार्थ मल के साथ निकलता है 2. लसलसा मल।

आँवल (सं.) [सं-पु.] एक झिल्ली जिससे गर्भ में बच्चे लिपटे रहते हैं; खेड़ी; जेरी।

आँवला (सं.) [सं-पु.] 1. एक प्रसिद्ध वृक्ष 2. उक्त वृक्ष पर लगने वाला खट्टा फल जिसका अचार और मुरब्बा भी बनता है।

आँवाँ (सं.) [सं-पु.] एक ख़ास तरह की भट्ठी जिसमें कच्ची ईंटें और मिट्टी के बरतन या गमले आदि पकाए जाते हैं।

आँसू (सं.) [सं-पु.] 1. दुख, ख़ुशी या कष्ट के क्षणों में आँखों से बहने वाला पानी जैसा तरल पदार्थ; अश्रु 2. अश्क; लोर। [मु.] **-पीकर रह जाना** : कष्ट को मन ही मन क्रुद्ध होकर बर्दाश्त कर लेना। **-पोंछना** : ढाढस बँधाना; तसल्ली देना।

आँहड़ (सं.) [सं-पु.] बरतन; भाँड़ा; मिट्टी का बरतन।

आँहाँ [अव्य.] 1. मना करने का शब्द; निषेध सूचक शब्द 2. नहीं; न।

आंकिक (सं.) [वि.] 1. अंक संबंधी; संख्यात्मक; सांख्यिक 2. गणनात्मक 3. गणितीय।

आंगिक (सं.) [वि.] 1. अंग संबंधी; शारीरिक 2. अंग-संचालन द्वारा अभिव्यक्त होने वाला, जैसे- आंगिक चेष्टाएँ।

आंग्ल-भारतीय (अं.+सं.) [सं-पु.] 1. जो अँग्रेज़ हिंदुस्तान में बस गए थे 2. अँग्रेज़ और हिंदुस्तानी नस्लों के सम्मिलन से बना समुदाय। [वि.] आंग्ल-भारतीय समुदाय से संबंधित; (ऐंग्लो इंडियन)।

आंचलिक (सं.) [वि.] किसी क्षेत्र, प्रांत या अंचल विशेष का; प्रांतीय; क्षेत्रीय।

आंचलिकता (सं.) [सं-स्त्री.] 1. आंचलिक होने की अवस्था या भाव 2. किसी अंचल की रहन-सहन और सांस्कृतिक विशेषताएँ, जो मूल सामासिक संस्कृति का हिस्सा होते हुए भी अलग दिखती हैं; क्षेत्रीयता।

आंजनेय (सं.) [सं-पु.] (पुराण) अंजना के पुत्र हनुमान।

आंतर (सं.) [वि.] 1. अंदर का; भीतर का; आंतरिक 2. अंतरंग; गुप्त 3. किसी निश्चित सीमा के भीतरी भाग में होने वाला 4. किसी चीज़ के वास्तविक मूल्य, महत्व आदि से संबंधित।

आंतरिक (सं.) [वि.] 1. भीतरी; अंदरूनी; हार्दिक 2. भीतरी बातों से संबंधित।

आंतरिक्ष (सं.) [वि.] 1. अंतरिक्ष संबंधी 2. आकाशीय; ब्रह्मांडीय 3. अंतरिक्ष।

आंतिक (सं.) [वि.] अंत या समाप्ति के स्थान से संबंधित; अंत या समाप्ति का।

आंतिक कर (सं.) [सं-पु.] किसी यात्रा की समाप्ति के स्थान पर पहुँचने के विचार से लिया जाने वाला कर।

आंत्र (सं.) [सं-स्त्री.] आँत; अँतड़ी। [वि.] आँत से संबंधित।

आंत्ररोग (सं.) [सं-पु.] 1. आँत की बीमारी 2. आंत्र-ज्वर; आँतों में विकार होने से उत्पन्न घातक ज्वर।

आंत्रिक (सं.) [वि.] आँतों से संबंधित; आँतों में होने वाला।

आंदू (सं.) [सं-पु.] 1. बेड़ी 2. साँकल; सीकड़ी 3. हाथी के पैर में बाँधने का सीकड़ी।

आंदोलक (सं.) [वि.] 1. आंदोलन करने वाला; आंदोलनकर्ता 2. हलचल या कंपन उत्पन्न करने वाला। [सं-पु.]- आंदोलक।

आंदोलन (सं.) [सं-पु.] 1. किसी नीतिपूर्ण बात को मनवाने के लिए या निश्चित उद्देश्य की पूर्ति हेतु शासक या व्यवस्था पर दबाव व्यक्त करने के लिए की जाने वाली सामूहिक गतिविधि 2. हलचल 3. इधर-उधर झूलना; हिलना 4. इधर से उधर आना-जाना 5. तहरीक।

आंदोलनकर्ता (सं.) [सं-पु.] आंदोलन करने वाला; ऐसा व्यक्ति जो निर्धारित लक्ष्य हेतु सामाजिक, धार्मिक और आर्थिक व्यवस्था में उथलपुथल का वातावरण निर्मित करता हो; आंदोलक।

आंदोलनकारी (सं.) [सं-पु.] वह जो आंदोलन करता या हलचल मचाता हो। [वि.]1. आंदोलन करने वाला 2. आंदोलन में भाग लेने वाला।

आंदोलित (सं.) [वि.] 1. आंदोलनरत; आंदोलन में शामिल 2. विक्षुब्ध; उद्वेलित; आलोड़ित; उत्तेजित 3. कंपित 4. डोलायमान 5. भड़का हुआ।

आंशिक (सं.) [वि.] थोड़ा; कुछ; अल्प।

आइंदा (फ़ा.) [वि.] आगामी; भावी; आने वाला। [क्रि.वि.] आगे; भविष्य में। [सं-पु.] भविष्य; भविष्यकाल।

आइटम (अं.) [सं-पु.] 1. वस्तु; माल; चीज़ 2. कार्यक्रम 3. अदद 4. मद 5. इकाई 6. विषय; बात।

आइडेंटिटी कार्ड (अं.) [सं-पु.] पहचान-पत्र; किसी संस्थान या कार्यालय आदि की सदस्यता अथवा वाहक को प्रमाणित करने वाला पत्र; अभिज्ञान-पत्र।

आइडेंटिटी क्राइसिस (अं.) [सं-पु.] 1. पहचान का संकट 2. परिचय का अभाव 3. मध्यमवर्गीय समाज या किशोरावस्था में सामाजिक परिस्थितियों में व्यक्तिगत पहचान का द्वंद्व।

आइस-पाइस [सं-पु.] बच्चों का एक खेल जिसमें एक खिलाड़ी

बाकी छिपे हुए खिलाड़ियों को ढूँढ़ता है तथा जो पहले दिखाई पड़ता है उसके नाम के साथ आइस-पाइस जोड़कर कहा जाता है।

आइसक्रीम (अं.) [सं-स्त्री.] दूध या खोआ के साथ बरफ़ में शक्कर तथा अन्य सुगंधित चीज़ें मिलाकर बनाया गया खाद्य पदार्थ; कुलफ़ी; मलाई बरफ़।

आईना (फ़ा.) [सं-पु.] 1. दर्पण; शीशा 2. आदर्श। [वि.] स्पष्ट; साफ।

आउंस (अं.) [सं-पु.] माप की एक इकाई जो लगभग 29 ग्राम के बराबर होती है; औंस।

आउट (अं.) [सं-पु.] 1. किसी खेल को खेलते समय किसी कारण से असफल होने पर उस खेल से बाहर होने की क्रिया 2. बाहर 3. निकला हुआ (व्यक्ति)।

आउटपुट [सं-पु.] उत्पाद; उत्पादन।

आक (सं.) [सं-पु.] मदार; अकौआ; अकवन।

आकंठ (सं.) [क्रि.वि.] गले तक; पूर्ण रूप से।

आकंपन (सं.) [सं-पु.] 1. कँपकपी; कंपन होना 2.हिलना-डुलना।

आकंपित (सं.) [वि.] 1. काँपा हुआ; थरथराया हुआ 2. हिला हुआ 3. {ला-अ.} भयभीत; डरा हुआ।

आकर (सं.) [सं-पु.] 1. उत्पत्ति-स्थान 2. खान 3. भंडार; ख़जाना 4. तलवार चलाने का एक ढंग।

आकरिक (सं.) [सं-पु.] खान खोदने या उसकी देखभाल करने वाला व्यक्ति। [वि.] 1. आकर या खान से संबंध रखने वाला 2. खान के काम की देखरेख करने वाला।

आकरी (सं.) [सं-स्त्री.] 1. खान खोदने का काम या धंधा 2. सुरंग बनाने का काम। [वि.] 1. खान से उत्पन्न 2. खनिज 3. उत्तम जाति या नस्ल का।

आकर्षक (सं.) [वि.] 1. जिसमें आकर्षण हो; अपनी ओर खींचने वाला; लुभाने वाला 2. रोचक; सुंदर; लुभावना।

आकर्षण (सं.) [सं-पु.] 1. विशेष प्रकार का खिंचाव; लगाव 2. दूरस्थ व्यक्ति को पास बुलाने या खींचने हेतु एक प्रकार का तांत्रिक प्रयोग 3. वह गुण जिसके कारण लोग किसी वस्तु, व्यक्ति आदि की ओर आकृष्ट होते हैं या खिंचे चले जाते हैं।

आकर्षित (सं.) [वि.] आकर्षण (खिंचाव) की अवस्था या भाव; आकृष्ट।

आकलन (सं.) [सं-पु.] 1. अनुमान 2. संग्रह 3. ग्रहण 4. अनुसंधान 5. इच्छा; आकांक्षा 6. व्यय आदि के विषय में पहले से अनुमान लगाना।

आकलनशील (सं.) [वि.] आकलन में प्रवृत्त; अनुमान में संलग्न।

आकलित (सं.) [वि.] 1. आकलन किया हुआ 2. समझा हुआ 3. कूता हुआ 4. परिगणित 5. आबद्ध।

आकस्मिक (सं.) [वि.] 1. सहसा; अचानक; अकस्मात 2. जिसकी पहले से कोई सूचना न हो।

आकस्मिकता (सं.) [सं-स्त्री.] 1. अचानक या आकस्मिक रूप से घटित होने का भाव 2. अप्रत्याशित स्थिति।

आकस्मिकतावाद (सं.) [सं-पु.] 1. एक प्रकार का सिद्धांत जो यह मानता है कि संसार में जो कुछ भी होता है वह सब अकस्मात होता है 2. 'नियतिवाद' का विरोधी सिद्धांत।

आका[1] (सं.) [सं-पु.] 1. अलाव 2. भट्ठी 3. आँवाँ।

आका[2] (तु.) [सं-पु.] बड़ा भाई; अग्रज।

आकांक्षा (सं.) [सं-स्त्री.] 1. अभिलाषा; इच्छा; चाह 2. वाक्य में एक पद सुनने के बाद दूसरे पद को सुनने की उत्कंठा।

आकांक्षी (सं.) [वि.] इच्छा या आकांक्षा करने वाला; इच्छुक; अभिलाषी।

आकार (सं.) [सं-पु.] 1. स्वरूप; बनावट; आकृति 2. मन का भाव बताने वाली शारीरिक चेष्टा 3. 'आ' वर्ण या उसकी ध्वनि।

आकारांत (सं.) [वि.] वह शब्द जिसके अंत में 'आ' स्वर हो, जैसे- कहा, सुना, खाया आदि।

आकारी (सं.) [वि.] 1. आकारवाला 2. आकृति का 3. शक्लवाला 4.आह्वान करने वाला।

आकाश (सं.) [सं-पु.] 1. पंच महाभूतों में से एक (प्रथम) 2. आसमान; नभ; व्योम; गगन 3. शून्य। [मु.] **-पाताल एक करना** : जी-जान लगा देना। **-से बातें करना** : बहुत ऊँचा होना।

आकाशकुसुम (सं.) [सं-पु.] 1. आकाश में फूल खिलने की सी असंभव बात; असंभव कार्य 2. कल्पित या अनहोनी बात।

आकाशगंगा (सं.) [सं-स्त्री.] 1. तारों का समूह जो रात को आकाश में एक छायापथ यानी चमकीली चौड़ी पट्टी के रूप में दिखाई देता है 2. पुराणों के अनुसार स्वर्ग की नदी; मंदाकिनी।

आकाशचारी (सं.) [वि.] आकाश में चलने-फिरने वाला; आकाशगामी (पक्षी, ग्रह आदि)।

आकाशदीप (सं.) [सं-पु.] ऊँचाई पर जलाया जाने वाला दीया; दिवाली के समय बाँस के सहारे टाँगी जाने वाली ऊँची कंदील।

आकाशबेल (सं.) [सं-स्त्री.] पेड़ों, झाड़ियों आदि के ऊपर होने वाली एक प्रकार की परजीवी बेल; अमरबेल।

आकाशयान (सं.) [सं-पु.] विमान; हवाईजहाज़।

आकाशवाणी (सं.) [सं-स्त्री.] 1. गगन से सुनाई पड़ने वाली वाणी 2. विशेष यंत्रों के द्वारा ध्वनि तरंगों के माध्यम से विविध कार्यक्रम प्रसारित करने वाली संस्था; (ऑल इंडिया रेडियो)।

आकाशवृत्ति (सं.) [सं-स्त्री.] 1. ऐसी आमदनी जो बँधी न हो या जिसका कोई ठिकाना न हो 2. अनिश्चित जीविका या वृत्ति।

आकीर्ण (सं.) [वि.] 1. व्याप्त 2. चारों तरफ़ फैला हुआ 3. भरा हुआ।

आकुंचन (सं.) [सं-पु.] 1. सिकुड़ना; सिमटना 2. सिकुड़ने से विस्तार में होने वाली कमी; संकोचन 3. टेढ़ा होना 4. (वैशेषिक दर्शन) पाँच प्रकार के कर्मों में से एक कर्म।

आकुंचित (सं.) [वि.] 1. सिकुड़ी; सिकुड़ा 2. घुँघराले (केश) 3. कुटिल।

आकुंठन (सं.) [सं-पु.] 1. कुंद होना; भोथरा होना 2. शर्म; लज्जा।

आकुंठित (सं.) [वि.] 1. लज्जित 2. कुंद; खुट्टल; भोथरा 3. जड़।

आकुल (सं.) [वि.] 1. व्यग्र; उतावला 2. विह्वल 3. भयभीत 4. अव्यवस्था।

आकुलता (सं.) [सं-स्त्री.] 1. अकुलाहट; बेचैनी; विह्वलता; घबराहट 2. व्यग्रता; उद्विग्नता 3. उतावलापन 4. अव्यवस्था 5. व्याप्ति।

आकूत (सं.) [सं-पु.] 1. अभिप्राय; आशय 2. आश्चर्य 3. अनुभूति 4. उत्साह 5. प्रेरणा।

आकृत (सं.) [वि.] 1. आकार दिया हुआ; निर्मित; बनाया हुआ 2. क्रम से लगाया हुआ; व्यवस्थित।

आकृति (सं.) [सं-स्त्री.] ढाँचा; शक्ल; बनावट।

आकृष्ट (सं.) [वि.] 1. आकर्षित; खींचा हुआ 2. मुग्ध।

आक्रमण (सं.) [सं-पु.] 1. हमला; चढ़ाई; पास जाकर टूट पड़ना 2. अन्य राज्य की सीमा का कब्जा करने के लिए उल्लंघन 3. छीनना 4. आक्षेप 5. प्रहार।

आक्रमणकारी (सं.) [वि.] आक्रमण करने वाला; आक्रामक।

आक्रमणशील (सं.) [वि.] 1. आक्रामक स्वभाव का; लड़ाकू 2. उग्र।

आक्रमित (सं.) [वि.] 1. जिसपर आक्रमण या हमला हुआ हो 2. आक्रांत; पराक्रांत; लंघित।

आक्रांत (सं.) [वि.] 1. जिसपर आक्रमण हुआ हो; जिसपर हमला किया गया हो 2. पराभूत 3. वशीभूत; अभिभूत; ग्रस्त 4. सताया हुआ 5. व्याप्त।

आक्रांति (सं.) [सं-स्त्री.] 1. आक्रांत होने या रहने की अवस्था 2. उथल-पुथल 3. सताने या सताए जाने की क्रिया या भाव 4. दबाना; चाँपना 5. आरोहण।

आक्रामक (सं.) [वि.] आक्रमण करने वाला; आक्रमण करने की मुद्रा वाला।

आक्रुष्ट (सं.) [वि.] 1. जिसे कोसा गया हो; शापित 2. जिसे गाली दी गई हो। [सं-पु.] डाँट-फटकार।

आक्रोश (सं.) [सं-पु.] 1. क्रोधयुक्त उत्तेजना या आवेश; कोसना 2. चीख-पुकार 3. शाप।

आक्रोशक (सं.) [वि.] 1. आक्रोश करने वाला; डाँटने फटकारने वाला 2. गाली देने वाला।

आक्रोशित (सं.) [वि.] 1. जो आक्रोश या क्रोध से भरा हो; क्रुद्ध; आक्रुष्ट 2. जिसपर क्रोध किया गया हो; जो कोसा गया हो 3. अभिशप्त। [सं-पु.] दुर्वचन; डाँट-फटकार।

आक्षिक (सं.) [सं-पु.] 1. जुए में हारी हुई रकम 2. जुए में जीते पैसे 3. एक वृक्ष। [वि.] 1. जुआ खेलने वाला 2. पासा फेंकने वाला 3. जुए में जीता हुआ।

आक्षिप्त (सं.) [वि.] 1. फेंका या गिराया हुआ 2. जिसपर आक्षेप हुआ हो; लांछित 3. बुरा; निंदनीय 4. परित्यक्त; निर्दिष्ट 5. घबराया हुआ; व्याकुल।

आक्षीर (सं.) [सं-पु.] वनस्पति का दूध; पेड़-पौधों के तनों या पत्तों से निकलने वाला सफ़ेद गाढ़ा द्रव्य।

आक्षेप (सं.) [सं-पु.] 1. दोषारोपण 2. अपवाद 3. लांछन 4. संकेत 5. निर्देश 6. फेंकना 7. उछालना।

आक्षेपक (सं.) [वि.] 1. आक्षेप करने वाला 2. गिराने या फेंकने वाला 3. जो व्यंग्यपूर्ण आरोप लगाए 4. ताना देने वाला।

आखर (सं.) [सं-पु.] 1. अक्षर; वर्ण; जिसका क्षर (नाश) नहीं होता 2. शब्द 3. वचन 4. सार 5. कुल्हाड़ी 6. कुदाल 7. अस्तबल।

आखा [वि.] 1. समूचा; सारा; कुल; समस्त 2. अनगढ़ा। [सं-पु.] 1. खुरजी; गठिया 2. एक प्रकार की चलनी; आँधी।

आखात (सं.) [सं-पु.] 1. ज़मीन आदि खोदने की क्रिया; खनन 2. ज़मीन खोदने का औज़ार 3. कुदाल; खंती 4. खाड़ी।

आख़िर (अ.) [सं-पु.] 1. अंत; समाप्ति 2. फल; परिणाम; नतीजा। [वि.] अंत में होने वाला; अंतिम। [क्रि.वि.] अंततः; अंत में चलकर।

आख़िरकार (अ.+फ़ा.) [क्रि.वि.] अंततोगत्वा; अंततः; अंत में चलकर।

आख़िरी (अ.) [वि.] 1. अंतिम; सबसे पीछे का 2. पिछला।

आखेट (सं.) [सं-पु.] 1. शिकार 2. मृगया।

आखेटक (सं.) [सं-पु.] आखेट या शिकार करने वाला व्यक्ति; शिकारी; अहेरी। [वि.] आखेट करने वाला; शिकार करने वाला।

आख़्ता (फ़ा.) [वि.] जिसके अंडकोश काट या निकाल दिए गए हों; बधिया।

आख्या (सं.) [सं-स्त्री.] 1. वर्णन; विवरण; व्याख्या 2. नाम 3. यश।

आख्यात (सं.) [वि.] 1. विख्यात; प्रसिद्ध; मशहूर 2. विवरण या सूचना के रूप में बताया गया 3. जतलाया गया। [सं-पु.] (व्याकरण) क्रिया पद।

आख्यान (सं.) [सं-पु.] 1. पौराणिक कथा; वृत्तांत 2. वह कथा जिसे लेखक या कहानीकार स्वयं कहता है।

आख्यायक (सं.) [सं-पु.] 1. वह जो किसी को कोई आख्या, विवरण या सूचना दे या बतलाए 2. संदेशवाहक; दूत। [वि.] कहने या बताने वाला।

आख्यायिका (सं.) [सं-स्त्री.] 1. कथा; कहानी 2. शिक्षा देने वाली कल्पित लघु कथा 3. लघु आख्यान।

आग (सं.) [सं-स्त्री.] 1. जो ताप और प्रकाश देता है, पंचतत्वों में से एक अग्नि 2. {ला-अ.} जलन, डाह, संताप 3. {ला-अ.} कामाग्नि; अंतर्दाह। [मु.] **-धधकना** : असंतोष फैलना। **-बबूला होना** : बहुत गुस्से में होना। **-लगना** : गुस्से से लाल हो जाना।

आगंतुक (सं.) [वि.] 1. बाहर से आने वाला 2. भूला-भटका 3. अजनबी। [सं-पु.] अतिथि; मेहमान।

आगज़नी (हिं.+फ़ा.) [सं-स्त्री.] 1. गैरकानूनी तरीके से किसी के मकान, संस्थान या खेत आदि में आग लगाना 2. घर या संपत्ति को आग लगाकर नष्ट कर देना 3. संपत्ति की बर्बादी

और आतंक फैलाने के लिए आग लगाने का आपराधिक एवं हिंसक कृत्य।

आगत (सं.) [वि.] 1. आया हुआ 2. उपस्थित 3. घटित 4. प्राप्त। [सं-पु.] आने वाला समय; भविष्य।

आगत शब्द (सं.) [सं-पु.] दूसरी भाषा से आया हुआ शब्द।

आगम (सं.) [सं-पु.] 1. आना 2. समागम 3. संभोग 4. राजस्व 5. व्याकरण में किसी वर्ण की वृद्धि 6. आमदनी; प्राप्ति; राजस्व 7. प्रवाह; धारा 8. सगुण ईश्वर की उपासना का व्याख्यान करने वाले शास्त्र।

आगमन (सं.) [सं-पु.] 1. आना 2. उत्पत्ति 3. प्राप्ति।

आगमित (सं.) [वि.] जिसका अध्ययन किया गया हो; पठित; अधीत।

आगर (सं.) [सं-पु.] 1. खान; आकर 2. ख़ज़ाना 3. ढेर 4. नमक जमाने का गड्ढा 5. छप्पर 6. घर। [वि.] 1. कुशल 2. श्रेष्ठ; उत्तम। [क्रि.वि.] बहुत अधिक।

आगा-पीछा [सं-पु.] 1. किसी वस्तु का अगला या पिछला भाग 2. शुभ-अशुभ या अच्छे-बुरे का विचार-विमर्श 3. दुविधा; असमंजस 4. हिचक 5. परिणाम; फल; नतीजा।

आगा[1] (सं.) [सं-पु.] 1. किसी चीज़ का आगे का भाग 2. सामने का भाग जैसे- मुख, मुँह, माथा 3. कुरते आदि की काट में आगे का टुकड़ा या पल्ला 4. सेना का अग्र भाग 5. आगे बढ़कर किया जाने वाला स्वागत 6. भविष्य; आगम।

आगा[2] (तु.) [सं-पु.] 1. बड़ा भाई 2. स्वामी 3. मालिक; सरदार 4. अफ़गान; काबुली।

आगाज़ (फ़ा.) [सं-पु.] 1. शुरू; शुरुआत; आरंभ 2. पहल 3. लक्षण; आसार 4. अनुष्ठान।

आगाध (सं.) [वि.] 1. बहुत अधिक विस्तार वाला 2. अत्यधिक गहरा।

आगामिक (सं.) [वि.] 1. आगम से संबंधित 2. आने वाला 3. भविष्य में होने वाला; भावी।

आगामी (सं.) [वि.] आगे आने वाला; भविष्य में आने वाला।

आगार (सं.) [सं-पु.] 1. घर; स्थान 2. अस्त्रागार 3. भंडार; ख़ज़ाना।

आगाह (फ़ा.) [वि.] 1. ज्ञात; सूचित 2. वाकिफ़ 3. सचेत।

आगाही (फ़ा.) [सं-स्त्री.] 1. आगाह होने की अवस्था 2. पहले से मिलने वाली जानकारी या सूचना 3. चेतावनी।

आगिल [वि.] 1. जो सबसे पहले संपन्न हो चुका है 2. भविष्य में होने वाला (आगे या पहले से)।

आगृहीत (सं.) [वि.] 1. आग्रहण किया हुआ; निकाला हुआ 2. कहीं जमा किए हुए धन में से निकाला या लिया हुआ।

आगृहीती (सं.) [सं-पु.] 1. वह जो आग्रहण करे 2. कहीं जमा किए हुए धन में से कुछ रुपए निकालने या लेने वाला व्यक्ति। [वि.] जमा धन से निकालने या लेने वाला।

आगे [अव्य.] 1. सामने; सम्मुख; अगले स्थान पर 2. भविष्य में 3. पहले (अतीत में स्थिति)।

आगे-आगे [क्रि.वि.] 1. अग्रिम रूप से 2. अग्रणी रहते हुए; नेतृत्व करते हुए 3. हर काम में सबसे पहले।

आगे-पीछे [अव्य.] 1. आगे और पीछे 2. एक के बाद एक 3. आस-पास 4. अवकाश या फ़ुरसत मिलने पर। [मु.] - **करना** : स्पष्ट मत/निर्णय न देना।

आगोश (फ़ा.) [सं-पु.] 1. आलिंगन 2. गोद।

आग्नीध्र (सं.) [सं-पु.] 1. यज्ञ की अग्नि प्रज्वलित करना 2. यज्ञाग्नि प्रज्वलन का स्थान 3. अग्निहोत्र करने वाला यजमान 4. स्वायंभुवमनु के बारह लड़कों में से एक।

आग्नेय (सं.) [सं-पु.] 1. अगस्त्य 2. स्कंद 3. एक प्राचीन जनपद (किष्किंधा के पास) 4. अग्निपूजक 5. सोना 6. कृत्तिका नक्षत्र 7. बारूद 8. एक कीड़ा जिसके काटने से जलन उत्पन्न होती है 9. रक्त 10. आग्नेयास्त्र 11. प्रतिपदा (तिथि)। [वि.] 1. अग्नि से संबंधित 2. अग्नि से उत्पन्न 3. जिससे आग निकले।

आग्नेयास्त्र (सं.) [सं-पु.] ऐसे अस्त्र जो किसी प्रकार की अग्नि या ताप के संयोग से चलाए जाते हैं, जैसे- बंदूक, तोप आदि।

आग्युदयिक (सं.) [सं-पु.] नांदीमुख श्राद्ध जो मानलिक कृत्यों के पहले किया जाता है/

आग्रह (सं.) [सं-पु.] 1. अनुरोध; निवेदन 2. किसी वस्तु को ग्रहण करना 3. नैतिक बल 4. किसी बात पर बार-बार ज़ोर देना 5. किसी बात पर अड़े रहना; हठ।

आग्रहण (सं.) [सं-पु.] बैंक आदि में जमा किए हुए रुपयों में से चेक या देयादेश के द्वारा रुपए निकालना।

आग्रही (सं.) [वि.] 1. किसी बात पर अड़े रहने वाला; हठ करने वाला; हठी; जिद्दी 2. आग्रह करने वाला।

आग्राहक (सं.) [वि.] जमा किए हुए धन में से कुछ धन निकालने या लेने वाला।

आघर्षण (सं.) [सं-पु.] घर्षण; रगड़; संघर्षण।

आघात (सं.) [सं-पु.] 1. चोट; प्रहार 2. भीतर तक झकझोर देने वाला धक्का 3. घाव 4. विपत्ति; संकट।

आघार (सं.) [सं-पु.] 1. छिड़कने की क्रिया 2. यज्ञ, हवन आदि में दी जाने वाली घी की आहुति।

आघोष (सं.) [सं-पु.] 1. ज़ोर से पुकारना; ज़ोर से उच्चरित किया जाने वाला शब्द 2. ऊँची आवाज़ में कहना 3. गर्वपूर्ण उक्ति 4. मुनादी; घोषणा।

आघ्राण (सं.) [सं-पु.] 1. सूँघना 2. तृप्ति; अघाना। [वि.] 1. सूँघा हुआ 2. तृप्त।

आचमन (सं.) [सं-पु.] पूजा, यज्ञ आदि आरंभ करने से पूर्व शुद्धि के लिए मंत्र पढ़ते हुए जल पीना।

आचमनी (सं.) [सं-स्त्री.] आचमन करने का एक छोटा चम्मच।

आचरण (सं.) [सं-पु.] 1. व्यवहार; आचार; चर्या; कार्यालाप 2. चरित्र 3. चाल 4. नियम 5. शुद्धि।

आचरण-पुस्तिका (सं.) [सं-स्त्री.] ऐसी पुस्तिका जिसमें किसी कार्यकर्ता के कार्यों, कर्तव्य पालन से संबंधित आचरणों या व्यवहारों आदि का उल्लेख होता है।

आचरणीय (सं.) [वि.] 1. जो आचरण या व्यवहार करने के योग्य हो 2. आचरण से संबंधित।

आचरित (सं.) [वि.] 1. आचरण या व्यवहार के रूप में लाया हुआ 2. कार्य के रूप में किया हुआ।

आचार (सं.) [सं-पु.] 1. आचरण 2. तौर-तरीका 3. चाल-चलन 4. आचरण संबंधी नियम 5. रीति-रिवाज; परिपाटी; प्रथा 6. अन्योन्याश्रित या पारस्परिक व्यवहार, जैसे- पत्राचार, लोकाचार आदि।

आचार-विचार (सं.) [सं-पु.] 1. लौकिक कर्म और उससे संबंधित विचार 2. नैतिकता 3. संस्कृति 4. मनुष्य के चरित्र, आचरण, कीर्ति आदि सामाजिक व्यवहारों आदि का विवेचन करने वाला शास्त्र।

आचारनिष्ठ (सं.) [वि.] शास्त्रोक्त आचरण संबंधी नियम का अनुपालन करने वाला।

आचारवान (सं.) [वि.] 1. शास्त्रों के अनुसार कर्म करने वाला 2. शुद्ध आचरण वाला; सदाचारी 3. कर्मनिष्ठ।

आचारसंहिता (सं.) [सं-स्त्री.] आचरण की संहिता; आचार या आचरण संबंधी नियमावली।

आचारी (सं.) [वि.] 1. आचारवान; सदाचारी 2. कर्तव्यनिष्ठ। [सं-पु.] रामानुज संप्रदाय का वैष्णव।

आचार्य (सं.) [सं-पु.] 1. किसी विषय विशेष का असाधारण विद्वान या ज्ञाता 2. एक पदवी 3. गुरु 4. यज्ञ संबंधी कर्मकांड कराने वाला व्यक्ति।

आचार्या (सं.) [सं-स्त्री.] 1. महिला आचार्य; शिक्षिका; शिक्षण का कर्म करने वाली स्त्री 2. पूजनीय या विदुषी स्त्री।

आचार्यानी (सं.) [सं-स्त्री.] आचार्य की पत्नी।

आचिंत्य (सं.) [वि.] 1. चिंतन के योग्य 2. जिसपर विचार किया जा सके।[सं-पु.] परमेश्वर।

आच्छन्न (सं.) [वि.] 1. ढका होना; आवृत्त होना 2. छिपा हुआ 3. ऊपर से छाया हुआ।

आच्छादक (सं.) [वि.] 1. आच्छादन करने वाला 2. ऊपर से ढकने वाला 3. छिपाने वाला। [सं-पु.] जिससे ढका जाए; आवरण।

आच्छादन (सं.) [सं-पु.] 1. कवच 2. ख़ोल 3. ढक्कन 4. छाजन 5. छिपाना 6. वस्त्र।

आच्छादित (सं.) [वि.] 1. जिसके ऊपर कोई अच्छादन हो 2. ढका या छिपा हुआ 3. आलेपित 4. ग्रहणग्रस्त।

आच्छेदन (सं.) [सं-पु.] 1. काटे जाने की क्रिया या भाव; काटना 2. काट-छाँट 3. पृथक करना 4. बलपूर्वक लेना।

आछ्ड़ना [क्रि-अ.] धक्का देना।

आज (सं.) [सं-पु.] वर्तमान दिन; आज का बीतता हुआ दिन। [अव्य.] 1. वर्तमान दिन का वाचक 2. वर्तमान समय का वाचक।

आजकल [सं-पु.] इस समय; वर्तमान युग में। [अव्य.] 1. इस समय; इन दिनों 2. एक दो दिन में। [मु.] **-करना** : टालमटोल करना। **-लगना** : मृत्यु का समय निकट आना।

आजन्म (सं.) [वि.] 1. जन्म के साथ से ही शुरू होने वाला 2. आजीवन; जीवन भर।

आज़म (अ.) [वि.] 1. बहुत बड़ा 2. महान।

आज़माइश (फ़ा.) [सं-स्त्री.] 1. परीक्षा 2. जाँच; परीक्षण; परख 3. कोशिश; प्रयास; चेष्टा।

आज़माइशी (फ़ा.) [वि.] 1. आज़माइश के तौर पर किया हुआ 2. आज़माइश संबंधी।

आज़माना (फ़ा.) [क्रि-स.] 1. जाँचना; परखना 2. परीक्षार्थ प्रयोग करना 3. ज़ोर लगाकर देखना; कोशिश करके देखना।

आजा (सं.) [सं-पु.] दादा; पितामह; पिता के पिता।

आज़ाद (फ़ा.) [वि.] 1. मुक्त; स्वतंत्र 2. जेल आदि से छूटा हुआ; बरी 3. निर्भय; निडर 4. बेफ़िक्र; लापरवाह 5. हाजिर-ज़वाब; स्पष्टवक्ता 6. उन्मुक्त।

आज़ादी (फ़ा.) [सं-स्त्री.] 1. स्वतंत्रता; मुक्ति 2. उन्मुक्तता; आज़ाद-ख़याली 3. बेफ़िक्री; लापरवाही 4. निर्भयता; निडरता।

आजानु (सं.) [वि.] घुटनों तक लंबा; घुटनों तक लटकता हुआ।

आजानुबाहु (सं.) [वि.] जिसके हाथ घुटनों तक लंबे हों (वीरों का लक्षण)।

आज़ार (फ़ा.) [सं-पु.] 1. कठिनाई; रोग 2. पीड़ा; कष्ट।

आजिज़ (अ.) [वि.] 1. लाचार; दीन 2. परेशान; तंग 3. ऊबा हुआ; झुँझलाया हुआ।

आजिज़ी (अ.) [सं-स्त्री.] 1. दीनता; लाचारी 2. परेशानी; तंगी 3. खिझलाहट; झुँझलाहट।

आजीवन (सं.) [क्रि.वि.] जीवनपर्यंत; जीवनभर; जीवित रहने तक।

आजीविका (सं.) [सं-स्त्री.] रोज़ी-रोटी; जीवन-यापन का साधन; रोज़गार; पेशा।

आज्ञप्त (सं.) [वि.] 1. जिसकी आज्ञा दी गई हो; आज्ञापित 2. आज्ञा के रूप में प्राप्त होने वाला।

आज्ञप्ति (सं.) [सं-स्त्री.] 1. सर्वोच्च अधिकारी की किसी कार्य या व्यवस्था के संबंध में विधान के रूप में भेजी जाने वाली आज्ञा या होने वाला निर्णय 2. अध्यादेश 3. आज्ञा; आदेश 4. न्यायालय या न्यायाधीश का लिखित निर्णय।

आज्ञा (सं.) [सं-स्त्री.] 1. इजाज़त, अनुमति 2. हुक्म; आदेश।

आज्ञाकारी (सं.) [वि.] आज्ञा को मानने वाला; कहना मानने वाला; आज्ञापालक। [सं-पु.] 1. दास 2. सेवक।

आज्ञापक (सं.) [वि.] आज्ञा देने वाला। [सं-पु.] प्रभु; मालिक; स्वामी।

आज्ञापत्र (सं.) [सं-पु.] आदेशपत्र; अनुमतिपत्र; हुकुमनामा।

आज्ञापालन (सं.) [सं-पु.] किसी की आज्ञा या अनुमति के अनुसार काम करना।

आज्ञापित (सं.) [वि.] 1. जिसे आज्ञा दी गई हो 2. सूचित; जताया हुआ; आदेशित; कथित 3. जिसके संबंध में आज्ञा या सूचना दी गई हो।

आज्ञाभंग (सं.) [सं-पु.] 1. किसी की आज्ञा न मानना; अवज्ञा 2. किसी की आज्ञा के विरुद्ध कार्य करना।

आज्ञार्थक (सं.) [वि.] 1. आज्ञा का सूचक 2. आज्ञा के संबंध में होने वाला।

आज्य (सं.) [सं-पु.] 1. घी 2. घी की जगह काम आने वाला

पदार्थ 3. वे वस्तुएँ जिनकी यज्ञ में आहुति दी जाती है; हवि।

आटना (सं.) [क्रि-स.] 1. ऊपर से इतना अधिक लाद देना कि नीचे वाली चीज़ छिप जाए; आच्छादित कर देना 2. ढकना।

आटा [सं-पु.] 1. पिसा हुआ अनाज; पिसान; चून 2. किसी पदार्थ का चूर्ण रूप; बुकनी। [मु.] **-गीला होना** : कठिनाई में और कठिनाई होना। **आटे-दाल का भाव मालूम होना** : संसार का व्यावहारिक ज्ञान होना। **आटे-दाल की फ़िक्र करना** : आजीविका या रोज़ीरोटी की चिंता करना।

आटोप (सं.) [सं-पु.] 1. फैलाव 2. घमंड; आडंबर 3. साँप के फन का फैलाव; फैला हुआ साँप का फन 4. पेट में गुड़गुड़ाहट होने की क्रिया।

आठ (सं.) [वि.] संख्या '8' का सूचक। [मु.] **-आठ आँसू रोना** : बहुत अधिक विलाप करना।

आठ गाँठ कुम्मैत [सं-पु.] वह घोड़ा जिसका रंग सुमों को छोड़कर लाल व नीले रंग का मिश्रित रंग होता है।

आठोंपहर [क्रि.वि.] दिन रात; हर समय।

आड़ (सं.) [सं-स्त्री.] 1. ओट; परदा 2. पीछे 3. बहाना 4. बचाव 5. आश्रय 6. रोक 7. टेक 8. माथे का टीका; आड़ा तिलक।

आडंबर (सं.) [सं-पु.] 1. दिखावा; प्रदर्शन 2. युद्ध का कोलाहल 3. मेघ का गर्जन 4. हाथी का चिंघाड़ना 5. तंबू 6. गर्व 7. हर्ष।

आडंबरी (सं.) [वि.] 1. आडंबर रचने वाला; आडंबर करने वाला 2. अभिमानी; घमंडी।

आड़ना (सं.) [क्रि-स.] 1. आड़ या ओट करना 2. बीच में बाधा डालना; रोकना 3. मना करना 4. बाँधना 5. गिरवी या रेहन रखना।

आड़ा (सं.) [वि.] 1. तिर्यक; तिरछा; पड़ा 2. 'खड़ा' या 'सीधे' का उलटा; क्षैतिज तल के समांतर 3. विकट; कठोर। [सं-पु.] 1. एक धारीदार कपड़ा 2. लट्ठा; शहतीर 3. बुनाई में सूत फैलाने की लकड़ी। [मु.] **-तिरछा होना** : गुस्सा होना। **आड़े आना** : बाधक बनना। **आड़े हाथों लेना** : किसी को लज्जित करना।

आड़ा-तिरछा [वि.] उलटा-सीधा। [सं-पु.] 1. एक प्रकार का धारीदार कपड़ा 2. शहतीर 3. जहाज़ का लट्ठा।

आडिटिंग (अं.) [सं-स्त्री.] लेखा परीक्षा करना; लेखापरीक्षा फ़ीस।

आड़ी [वि.] 1. तिरछी 2. ओर; तरफ़। [सं-स्त्री.] संगीत का एक राग।

आड़ू [सं-पु.] 1. एक प्रकार का फल जिसका स्वाद खट्टा होता है 2. आड़ू का वृक्ष।

आढ़ (सं.) [सं-पु.] 1. अनाज का एक वजन 2. चार सेर की तौल। [वि.] 1. कुशल; दक्ष 2. चतुर; होशियार 3. धनी; अमीर। [मु.] **-करना** : टाल-मटोल करना।

आढ़त [सं-स्त्री.] 1. दलाली या कमीशन लेकर दूसरे व्यापारियों का माल बिकवाने का धंधा 2. वह स्थान या अड्डा जहाँ उक्त प्रकार का व्यवसाय होता है 3. उक्त व्यवसाय में मिलने वाला कमीशन या दलाली।

आढ़तिया [सं-पु.] वह व्यापारी जो आढ़त से संबंधित कार्य करता है; आढ़ती।

आढ्य (सं.) [वि.] 1. पूरी तरह से संपन्न 2. धनी; अमीर।

आणविक (सं.) [वि.] 1. अणु से संबंधित; अणु का 2. अणु की विस्फोटक शक्ति से संबंध रखने वाला।

आतंक (सं.) [सं-पु.] 1. दहशत; भय; पीड़ा 2. ऐसा भय जिसमें निरंतर यह अनुभूति बनी रहे कि कहीं कोई अनहोनी न घट जाए 3. एक प्रकार का मानसिक विकार।

आतंकवाद (सं.) [सं-पु.] 1. हिंसा और आतंक का सहारा लेने वाली राजनीति या विचारधारा 2. आतंक, हिंसा और लूटपाट को आज़ादी की लड़ाई का औज़ार बनाने वाली एक उग्र विचारधारा।

आतंकवादी (सं.) [सं-पु.] 1. आतंकवाद की विचारधारा का अनुयायी 2. आतंककारी गतिविधियों में लिप्त अपराधी। [वि.] आतंक फैलाने वाला।

आतंकित (सं.) [वि.] आतंक से पीड़ित; भयग्रस्त।

आतंकी (सं.) [वि.] आतंककारी; आतंक फैलाने वाला। [सं-पु.] आतंकवादी।

आततायी (सं.) [सं-पु.] 1. अत्याचारी; दुष्ट 2. आक्रमणकारी 3. उपद्रवी 4. क्रूर।

आतप (सं.) [सं-पु.] 1. सूर्य का प्रकाश; धूप 2. गरमी; उष्णता; ताप 3. बुख़ार; ज्वर। [वि.] कष्ट देने वाला; पीड़ादायक।

आतपस्नान (सं.) [सं-पु.] सूर्य के प्रकाश में कुछ समय तक बैठना या लेटना जिससे सारे शरीर पर उसका प्रभाव पड़े; सूर्यस्नान; धूप-स्नान।

आतशी (फ़ा.) [वि.] 1. आतिश या आग से संबंध रखने वाला 2. आग से पैदा होने वाला 3. आग की लपट जैसा लाल 4. अग्नि-उत्पादक।

आतिथेय (सं.) [सं-पु.] 1. वह व्यक्ति जिसके यहाँ अतिथि ठहरा हो; मेज़बान 2. अतिथि सत्कार की सामग्री। [वि.] 1. अतिथि संबंधी 2. अतिथि के लिए उपयुक्त।

आतिथ्य (सं.) [सं-पु.] आवभगत; अतिथि होने का भाव; अतिथि-सत्कार। [वि.] अतिथि सेवा परायण; अतिथि के उपयुक्त।

आतिश (फ़ा.) [सं-पु.] 1. आतश; अग्नि; आग 2. अत्यधिक गरमी; ताप 3. विस्फोटक 4. गुस्सा; क्रोध।

आतिशबाज़ (फ़ा.) [सं-पु.] आतिशबाज़ी का सामान बनाने वाला; गोले-फुलझड़ियाँ से खेलने वाला।

आतिशबाज़ी (फ़ा.) [सं-स्त्री.] 1. बारूद या गंधक भरकर बनाए गए खिलौने, जैसे- अनार, पटाखा आदि 2. उक्त खिलौनों के जलने का दृश्य या तमाशा।

आती-पाती [सं-स्त्री.] पेड़ पर चढ़ने-पकड़ने का लड़कों का एक खेल।

आतुर (सं.) [वि.] पूरी तरह उत्सुक; उतावला; व्याकुल; अधीर। [अव्य.] शीघ्र; जल्द।

आतुरता (सं.) [सं-स्त्री.] 1. अधीरता; उतावलापन 2. जल्दबाज़ी; जल्दी; शीघ्रता।

आतुरी (सं.) [सं-स्त्री.] 1. घबराहट; व्याकुलता; आतुरता 2. शीघ्रता; अधीरता; उतावलापन।

आत्म (सं.) [वि.] 1. आत्मन् का सामासिक रूप 2. आत्मा या मन से संबंधित 3. अपना; निज का। [सं-पु.] आत्मा।

आत्मकथा (सं.) [सं-स्त्री.] अपने जीवन की इतिवृत्तात्मक कहानी; स्वलिखित जीवनचरित।

आत्मकथात्मक (सं.) [वि.] 1. आत्मकथा की शैली में लिखा हुआ; आत्मचरितात्मक 2. आत्मपरक; आपबीती से संबंधित।

आत्मकथ्य (सं.) [सं-पु.] 1. अपने संबंध में कही गई बात 2. वह बात जो स्वयं के अनुभव पर आधारित हो।

आत्मकेंद्रित (सं.) [वि.] जो अपने को सर्वोपरि महत्व दे; जो हर बात में अपने को ही केंद्र में रखे।

आत्मगत (सं.) [वि.] मन के भीतर का; स्वगत; अपने से संबंधित; अपने आप में होने वाला; अपने मन में उत्पन्न।

आत्मगौरव (सं.) [सं-पु.] अपनी प्रतिष्ठा या सम्मान का ख़याल रखने का भाव; आत्मसम्मान; स्वाभिमान।

आत्मग्रस्त (सं.) [वि.] स्वयं द्वारा ग्रसित; स्वयं के भाव में जकड़ा हुआ; स्वयं से आक्रांत।

आत्मग्लानि (सं.) [सं-स्त्री.] किसी अनुचित कार्य को करने के बाद स्वयं पर होने वाला पश्चाताप; पछतावा; खेद।

आत्मघातक (सं.) [वि.] आत्मघात या आत्महत्या करने वाला।

आत्मघाती (सं.) [वि.] 1. किसी निश्चित उद्देश्य की पूर्ति हेतु अपनी हत्या का संकल्प करने वाला 2. स्वयं की क्षति (हानि) का उपक्रम करने वाला।

आत्मचरित (सं.) [सं-पु.] स्वलिखित जीवन चरित्र; आत्म-वृत्त; आत्मकथा।

आत्मचर्चा (सं.) [सं-स्त्री.] 1. ख़ुद की चर्चा; ख़ुद का उल्लेख 2. आत्मप्रशंसा।

आत्मचिंतन (सं.) [सं-पु.] अपने बारे में या अपनी भूमिका के बारे में सोचना; बाहरी दुनिया से कटकर मन और आत्मा के बारे में चिंतन।

आत्मचेतना (सं.) [सं-स्त्री.] 1. दर्शन और मनोविज्ञान की एक साझी अवधारणा 2. आत्मानुभूति से संबंध रखने वाला ज्ञान।

आत्मज (सं.) [सं-पु.] 1. पुत्र; बेटा; लड़का 2. कामदेव 3. रक्त। [वि.] 1. अपने से उत्पन्न 2. अपने द्वारा उत्पन्न किया हुआ।

आत्मज्ञान (सं.) [सं-पु.] 1. आत्मा-परमात्मा संबंधी ज्ञान 2. ब्रह्मज्ञान 3. अपने बारे में या अपनी आत्मा का ज्ञान।

आत्मज्ञानी (सं.) [वि.] आत्मा-परमात्मा संबंधी ज्ञान रखने वाला। [सं-पु.] वह व्यक्ति जिसे आत्मज्ञान या आत्मसाक्षात्कार हुआ हो; ब्रह्मज्ञानी।

आत्मतुष्टि (सं.) [सं-स्त्री.] 1. स्वतुष्टि; आत्मसंतुष्टि; आत्मसंतोष 2. मनचाहा कार्य होने पर प्राप्त संतोष।

आत्मतोष (सं.) [सं-पु.] आत्मसंतुष्टि; आत्मिक संतुष्टि।

आत्मत्याग (सं.) [सं-पु.] किसी अच्छे काम या पर-हित के लिए किया गया स्वार्थ-त्याग।

आत्मदमन (सं.) [सं-पु.] ख़ुद को कष्ट या पीड़ा देने की क्रिया; आत्मपीड़न।

आत्मदर्शी (सं.) [वि.] स्वयं को देखने और समझने वाला; आत्मसाक्षात्कार करने वाला।

आत्मदान (सं.) [सं-पु.] आत्मत्याग; दूसरों के हित के लिए अपना स्वार्थ त्यागना।

आत्मदाह (सं.) [सं-पु.] ख़ुद को जलाकर मार डालने की क्रिया।

आत्मनियंत्रण (सं.) [सं-पु.] अपनी इच्छाओं और व्यवहार पर नियंत्रण करना; आत्मानुशासन।

आत्मनिर्णय (सं.) [सं-पु.] स्वयं के द्वारा लिया गया निर्णय; अपना निर्णय; अपनी अंतरात्मा द्वारा लिया गया फ़ैसला।

आत्मनिर्भर (सं.) [वि.] स्वयं पर निर्भर (आधारित); अपने पैरों पर खड़े रहना; किसी दूसरे पर निर्भर न रहना।

आत्मनिर्भरता (सं.) [सं-स्त्री.] 1. आत्मावलंबन 2. आत्मविश्वास 3. अपने बूते पर जीवन-यापन करना।

आत्मनिष्ठ (सं.) [वि.] 1. आत्मनिर्भर 2. आत्मविश्वासी 3. स्वयं में निष्ठा रखनेवाला।

आत्मनिष्ठा (सं.) [सं-स्त्री.] 1. स्वयं में निष्ठा 2. आत्मविश्वास 3. आत्मनिर्भरता।

आत्मपरक (सं.) [वि.] 1. स्वयं पर केंद्रित; आत्मकेंद्रित 2. स्वयं के अनुकूल।

आत्मपीड़न (सं.) [सं-पु.] अपने को कष्ट देना; ख़ुद को पीड़ा पहुँचाकर संतुष्ट होना; आत्मदमन।

आत्मपोषण (सं.) [सं-पु.] 1. अपना हित-साधन; दूसरों की परवाह न करते हुए ख़ुद का भला करना 2. ख़ुद का खयाल रखना।

आत्मप्रदर्शन (सं.) [सं-पु.] 1. अपने गुणों और कर्मों का प्रदर्शन करने की क्रिया 2. स्वयं को बढ़ा-चढ़ाकर दिखाना।

आत्मप्रधान (सं.) [वि.] जो आत्मा से संबंध रखता हो।

आत्मप्रशंसा (सं.) [सं-स्त्री.] अपने मुँह से अपनी तारीफ़ करना; अपनी बड़ाई खुद करना; आत्मश्लाघा।

आत्मबल (सं.) [सं-पु.] आत्मा या मन का बल; आत्मिक शक्ति।

आत्मबलि [सं-स्त्री.] महान उद्देश्य के लिए अपने प्राण दे देना।

आत्मबलिदान (सं.) [सं-पु.] 1. स्वयं का बलिदान; आत्मोत्सर्ग 2. किसी महान उद्देश्य की प्राप्ति हेतु अपने प्राण दे देना।

आत्मबोध (सं.) [सं-पु.] 1. अपना ज्ञान; निजत्व की जानकारी 2. आत्मा और परमात्मा का ज्ञान; ब्रह्म का ज्ञान।

आत्मभू (सं.) [सं-पु.] 1. पुत्र; बेटा 2. कामदेव 3.ब्रम्हा, विष्णु और शिव, जिसके संबंध में यह माना जाता है कि ये अपने आप उत्पन्न हुए। [वि.] 1. अपने शरीर से उत्पन्न होने वाला 2. जो स्वत: उत्पन्न हो; स्वयंभू।

आत्ममंथन (सं.) [सं-पु.] स्व-विश्लेषण; अंत:करण में अनेक वृत्तियों तथा भावों का एक साथ मंथन; किसी विषय पर गहनता से विचार।

आत्ममुग्ध (सं.) [वि.] जो अपनी ही सुंदरता या गुणों से अभिभूत

हो; ख़ुद पर इतराने वाला।

आत्मरक्षा (सं.) [सं-स्त्री.] अपनी रक्षा; अपनी हिफ़ाज़त।

आत्मरति (सं.) [सं-स्त्री.] अपने में रमना; स्वयं से अतिशय लगाव; आत्मानंद; आत्मप्रेम।

आत्मलीन (सं.) [वि.] 1. अपने में मग्न; अपने में खोए रहना 2. आत्मकेंद्रित।

आत्मलोप (सं.) [सं-पु.] 1. स्वयं का अस्तित्व किसी और में विलीन कर देना 2. ब्रह्म जिज्ञासा में स्वयं (अहं) का ध्यान न होना 3. अहंकारहीन।

आत्मवंचना (सं.) [सं-स्त्री.] स्वयं को छलना; स्वयं के साथ ठगी या धोखा; स्वयं को भ्रम में रखना।

आत्मवत्ता (सं.) [सं-स्त्री.] 1. अपनी सत्ता 2. अपनी सत्ता की अनुभूति 3. अपनी सत्ता का इज़हार।

आत्मवाद (सं.) [सं-पु.] वह विचारधारा या मत जो आत्मा के अस्तित्व को मानता है; अध्यात्मवाद।

आत्मविकास (सं.) [सं-पु.] स्वयं का विकास; स्वयं के गुणों का विकास।

आत्मविद्या (सं.) [सं-स्त्री.] ब्रह्मविद्या; अध्यात्मविद्या; आत्मा और परमात्मा का ज्ञान कराने वाली विद्या।

आत्मविभोर (सं.) [वि.] जो अपनी ही सुंदरता या गुणों से अभिभूत हो; आत्ममुग्ध।

आत्मविश्लेषण (सं.) [सं-पु.] अपने विषय में सभी पक्षों पर चिंतन; अपने चरित्र की स्वयं जाँच करना; आत्म निरीक्षण।

आत्मविश्वास (सं.) [सं-पु.] 1. ख़ुद पर भरोसा; अपना मनोबल 2. अपनी ताकत और काबिलियत पर विश्वास; आत्मनिष्ठा।

आत्मविश्वासी (सं.) [वि.] ख़ुद पर भरोसा करने वाला; मनोबल का पक्का।

आत्मविस्तार (सं.) [सं-पु.] 1. अपनी सोच-समझ और संवेदना का विस्तार 2. ख़ुद के हितों से उबर कर पर-हित के बारे में सोचना।

आत्मविस्मृत (सं.) [वि.] 1. ख़ुद को भूला हुआ 2. ज़रूरी कामों में खोया हुआ।

आत्मविस्मृति (सं.) [सं-स्त्री.] अपने को भूल जाना; किसी फँसाव के चलते ख़ुद का ध्यान न रखना; बेख़ुदी।

आत्मवेदना (सं.) [सं-स्त्री.] मन की पीड़ा; मन की कसक; अंदरूनी कचोट।

आत्मव्यंग्य (सं.) [सं-पु.] स्वयं पर व्यंग्य; ख़ुद पर कटाक्ष; स्वयं को केंद्र में रख कर किया गया व्यंग्य।

आत्मशक्ति (सं.) [सं-स्त्री.] आत्मबल; आत्मिक बल।

आत्मशुद्धि (सं.) [सं-स्त्री.] आत्मसंस्कार; स्वयं के द्वारा किया जाने वाला संस्कार या सुधार।

आत्मश्लाघा (सं.) [सं-स्त्री.] आत्मप्रशंसा; अपनी प्रशंसा ख़ुद करना।

आत्मसंतुष्ट (सं.) [वि.] 1. अपने काम, व्यवहार या उपलब्धियों से संतुष्ट 2. दूसरों की बातों की परवाह न करते हुए अपनी नज़र में सफल।

आत्मसंतोष (सं.) [सं-पु.] आत्मतृप्ति; आत्मसंतुष्टि।

आत्मसंतोषी (सं.) [सं-पु.] 1. अपने काम, व्यवहार या उपलब्धियों से संतुष्ट; आत्मसंतुष्ट 2. दूसरों की बातों की परवाह न करते हुए अपनी नज़र में सफल।

आत्मसंयम (सं.) [सं-पु.] अपनी इच्छाओं या आकांक्षाओं पर नियंत्रण करने की क्रिया; आत्मनियंत्रण; आत्मानुशासन।

आत्मसजगता (सं.) [सं-स्त्री.] स्वयं जागरूक रहने का भाव; स्वयं के प्रति सावधान होने का भाव।

आत्मसमर्पण (सं.) [सं-पु.] 1. ईश्वर की भक्ति में अपने को समर्पित कर देना 2. किसी अपराधी का अपने को कानून के हवाले कर देना।

आत्मसमीक्षा (सं.) [सं-स्त्री.] अपनी समीक्षा; स्वयं के गुण-दोषों का आकलन; आत्मालोचना।

आत्मसम्मान (सं.) [सं-पु.] स्वाभिमान; आत्माभिमान; आत्मगौरव; निजी सम्मान; अपने प्रति सम्मान।

आत्मसात (सं.) [वि.] अपने अधिकार में लिया गया; अपने में लीन या समाहित किया हुआ।

आत्मसापेक्ष (सं.) [वि.] अपने से संबद्ध; स्वयं के विचार से संबद्ध।

आत्मसुख (सं.) [सं-पु.] किसी काम को करने से ख़ुद को मिलने वाला सुख; आत्मतृप्ति।

आत्मस्थ (सं.) [वि.] आत्मा में स्थित; स्वयं के मन में स्थित (विचार)।

आत्मस्वरूप (सं.) [सं-पु.] आत्मा का वास्तविक रूप।

आत्महंता (सं.) [वि.] अपनी हत्या करने वाला; आत्मघाती। [सं-पु.] अपनी हत्या करने वाला व्यक्ति।

आत्महत्या (सं.) [सं-स्त्री.] स्वयं के द्वारा जीवन समाप्त कर देने का कार्य; ख़ुदकुशी; आत्मघात।

आत्मा (सं.) [सं-स्त्री.] 1. एक ऐसा अविनाशी अतींद्रिय तत्व जिससे शरीर प्राणयुक्त रहता है; चेतन तत्व; जीव 2. सार तत्व 3. मन 4. बुद्धि 5. अहंकार 6. ब्रह्मा 7. सूर्य 8. पवन।

आत्मानंद (सं.) [सं-पु.] आध्यात्मिक चिंतन और साधना से मिलने वाला आंतरिक सुख; ब्रह्मानंद।

आत्मानुभव (सं.) [सं-पु.] 1. आत्मा का अनुभव; आत्मानुभूति 2. आत्मबोध; आत्मज्ञान।

आत्मानुशासन (सं.) [सं-पु.] 1. व्यक्ति का सामाजिक मानकों को ध्यान में रखकर किया गया नियंत्रित व्यवहार 2. अपनी इच्छाओं और व्यवहार पर नियंत्रण करना; आत्मनियंत्रण।

आत्मान्वेषण (सं.) [सं-पु.] अपने आप को जानना; आत्मनिरीक्षण; आत्मालोचन।

आत्माभिमान (सं.) [सं-पु.] स्वयं पर गर्व करना; स्वाभिमान; आत्मगौरव।

आत्माभिव्यंजन (सं.) [सं-पु.] 1. अपने विचारों को अभिव्यक्त करना; मन की बात या अनुभव को प्रकट करना 2. आत्माभिव्यक्ति।

आत्माभिव्यक्ति (सं.) [सं-स्त्री.] 1. आत्म या स्वयं की अभिव्यक्ति; स्वस्थापन 2. स्वगत कथन।

आत्माराम (सं.) [सं-पु.] स्वयं में रमण करने वाला; आत्मलीन।

आत्मार्पण (सं.) [सं-पु.] आत्मनिवेदन; आत्मसमर्पण।

आत्मालोचना (सं.) [सं-स्त्री.] स्वयं की आलोचना।

आत्मावलंबी (सं.) [वि.] अपने ऊपर निर्भर रहने वाला; आत्मनिर्भर।

आत्माहुति (सं.) [सं-स्त्री.] किसी महान उद्देश्य के लिए अपने प्राण दे देना; आत्मबलि।

आत्मिक (सं.) [वि.] आत्मा का; आत्मा से संबंधित; आत्मीय।

आत्मीकरण (सं.) [सं-पु.] 1. आत्मसात कर लेने की क्रिया या भाव 2. अपना अंग बना लेना।

आत्मीय (सं.) [सं-पु.] स्वजन; घनिष्ठ। [वि.] स्वयं से संबंधित; स्वयं का।

आत्मीयता (सं.) [सं-स्त्री.] अपनापन; घनिष्ठता; मैत्री।

आत्मीयतापूर्ण (सं.) [वि.] 1. अपनापन से भरा हुआ 2. स्नेहिल; सौहार्दपूर्ण।

आत्मोत्कर्ष (सं.) [सं-पु.] 1. आत्मोन्नति; आत्मोत्थान 2. आत्मसंस्कार।

आत्मोत्सर्ग (सं.) [सं-पु.] 1. किसी महान उद्देश्य के लिए अपने प्राणों का त्याग करना; आत्मबलिदान 2. पर-हित के लिए अपने हितों की कुर्बानी।

आत्मोद्धार (सं.) [सं-पु.] 1. स्वयं किया जाने वाला अपना उद्धार 2. किसी संकट से ख़ुद को उबारना 3. आत्मकल्याण 4. संसार के बंधनों से अपनी आत्मा को मुक्त करके मोक्ष का अधिकारी बनाना।

आत्मोन्नति (सं.) [सं-स्त्री.] आत्म की उन्नति; ख़ुद का विकास।

आत्मोपम (सं.) [वि.] अपने समान; अपनी तरह का; अपने जैसा।

आत्मौचित्य (सं.) [सं-पु.] स्वयं के उचित होने का भाव; स्वयं की उपयोगिता सिद्ध करना।

आत्यंतिक (सं.) [वि.] 1. अत्यधिक 2. बेहद 3. असीम; अनंत 4. सार्वकालिक।

आत्रेय (सं.) [सं-पु.] 1. अत्रि के पुत्र दत्त, दुर्वासा और चंद्रमा 2. अत्रि का वंशज। [वि.] 1. अत्रि गोत्र वाला 2. अत्रि संबंधी।

आत्रेयी (सं.) [सं-स्त्री.] 1. अत्रि ऋषि की पत्नी 2. अत्रि-गोत्र की स्त्री 3. रजस्वला स्त्री। [वि.] अत्रि गोत्र वाली।

आथर्वणिक (सं.) [वि.] 1. अथर्ववेद से संबंध रखने वाला 2. अथर्वण ऋषि से संबंधित। [सं-पु.] अथर्ववेद का ज्ञाता ब्राह्मण।

आदत (अ.) [सं-स्त्री.] 1. लत 2. स्वभाव; प्रकृति 3. अभ्यास।

आदतन (अ.) [क्रि.वि.] 1. आदत के चलते; आदत के कारण; आदतवश; लत के कारण; स्वभाव (प्रकृति) के अनुसार 2. स्वभावतः।

आदतवश (अ.+सं.) [क्रि.वि.] 1. स्वभाववश; अभ्यासवश 2. किसी कार्य को बार-बार करते रहने के कारण कार्य का आदत बन जाना।

आदम (अ.) [सं-पु.] यहूदी, इस्लाम आदि धर्मों के अनुसार ईश्वर सृष्टि का प्रथम मनुष्य; आदिमानव; आदम की संतान।

आदमकद (अ.) [वि.] आदमी के कद के बराबर; आदमी के आकार का।

आदमख़ोर (अ.+फ़ा.) [सं-पु.] वह जो मनुष्यों को खाता है। [वि.] मनुष्यभक्षी; नरभक्षी; मानुषाशी।

आदमज़ाद (अ.+फ़ा.) [सं-पु.] 1. आदम से उत्पन्न; आदम की संतान; आदमी; मनुष्य 2. मानवजाति।

आदमियत (अ.) [सं-स्त्री.] 1. मनुष्यता; इंसानियत 2. सज्जनता; भलमनसी 3. शिष्टता; सभ्यता।

आदमी (अ.) [सं-पु.] 1. मनुष्य; मानव 2. कर्मी 3. लोग; व्यक्ति 4. पति; शौहर 5. आदम की संतान।

आदर (सं.) [सं-पु.] मान; सम्मान; सत्कार; कद्र; इज़्ज़त।

आदर-सत्कार (सं.) [सं-पु.] आदर और सत्कार; सेवा-सत्कार; आवभगत; आतिथ्य; ख़ातिरदारी।

आदरणीय (सं.) [वि.] आदर के योग्य; सम्माननीय; श्रद्धास्पद।

आदरपूर्ण (सं.) [वि.] सम्मानसहित; ससम्मान; सादर।

आदरसूचक (सं.) [वि.] सम्मान का द्योतक; जिससे आदर का भाव प्रकट हो।

आदर्श (सं.) [सं-पु.] 1. प्रतिमान; सर्वोत्तम स्थिति या बात जो अनुकरणीय हो, जैसे- महापुरुषों के जीवन के आदर्श 2. वह जिसके गुण अवलोकनीय तथा ग्रहण करने योग्य हों; नमूना।

आदर्शचरित्र (सं.) [सं-पु.] 1. उत्तम चरित्र 2. अनुकरणीय व्यक्ति 3. गुणों-विशेषताओं के मामले में मानक शख़्सीयत 4. किसी का पसंदीदा सर्वोत्तम व्यक्ति।

आदर्शवाद (सं.) [सं-पु.] 1. आदर्श चरित्र आदि की स्थापना; नैतिकता 2. 'यथार्थवाद' का विपर्याय 3. वह मत जिसके अनुसार रचना में आदर्श चरित्र की स्थापना की जाती है।

आदर्शवादी (सं.) [वि.] आदर्श मान-मूल्यों को मानने वाला; उसूलों का कायल।

आदर्शविज्ञान (सं.) [सं-पु.] विज्ञान की दो शाखाओं में से एक जो कल्पना आदि के आधार पर आदर्शों का विवेचन करती है।

आदर्शीकरण (सं.) [सं-पु.] आदर्श रूप देना; आदर्श स्वरूप की स्थापना करना।

आदहन (सं.) [सं-पु.] 1. अच्छी तरह दहन; अच्छी तरह जलना या जलाना 2. जलन; दाह 3. ईर्ष्या; डाह 4. आहत करना 5. निंदा करना 6. श्मशान।

आदाता (सं.) [सं-पु.] 1. पाने या लेने वाला 2. सरकार के अनुरोध पर किसी विवादास्पद संस्था का प्रशासन-भार संभालने वाला व्यक्ति। [वि.] पानेवाला

आदान (सं.) [सं-पु.] 1. ग्रहण; लेना 2. रोग-लक्षण 3. निदान 4. बंधन।

आदान-प्रदान (सं.) [सं-पु.] अदल-बदल; लेन-देन, जैसे- वस्तुओं या विचारों का आदान प्रदान।

आदाब (अ.) [सं-पु.] 1. अदब का बहुवचन 2. अच्छे ढंग; कायदे; शिष्टाचार 3. नियम; रीति 4. सलाम; बंदगी; अभिवादन।

आदाय (सं.) [सं-पु.] 1. किसी से कुछ लेने या ग्रहण करने की क्रिया या भाव; प्राप्ति 2. किसी से अधिकारपूर्वक लिया जाने वाला धन या लेन। [वि.] 1. प्राप्त किया हुआ 2. कुछ लेकर

जाने वाला।

आदि (सं.) [सं-पु.] 1. आरंभ 2. पुरातन 3. परमेश्वर 4. सामीप्य। [वि.] पहला; मूल; प्रधान। [अव्य.] वगैरह, इत्यादि के अर्थ में प्रयुक्त होने वाला समूह वाचक।

आदिकवि (सं.) [सं-पु.] 1. प्रथम कवि 2. वाल्मीकि 3. शुक्राचार्य।

आदिकाल (सं.) [सं-पु.] 1. प्रारंभिक काल या समय 2. प्राचीन काल।

आदित्य (सं.) [सं-पु.] 1. अदिति का पुत्र; सूर्य 2. इंद्र 3. देवता। [वि.] अदिति से उत्पन्न।

आदिनाथ (सं.) [सं-पु.] 1. शिव; महादेव 2. प्रथम जैन तीर्थंकर।

आदिपुरुष (सं.) [सं-पु.] 1. वह व्यक्ति जिससे किसी वंश का आरंभ हुआ हो; मूल पुरुष 2. परमेश्वर; ईश्वर।

आदिम (सं.) [वि.] 1. सर्वप्रथम; आदि में उत्पन्न; पहला 2. अविकसित; सीधे-साधे ढंग का 3. बहुत पुराना।

आदिमजाति (सं.) [सं-स्त्री.] 1. सबसे पहली और पुरानी मनुष्य जाति 2. आदिवासी जाति।

आदिल (अ.) [वि.] न्यायप्रिय; न्यायी; इंसाफ़ करने वाला।

आदिवासी (सं.) [सं-पु.] 1. आदिकालीन ढंग से जंगलों में रहने वाली जनजाति 2. आदिम जाति; किसी स्थान पर रहने वाले वहाँ के मूल निवासी; वनवासी; जंगली; गिरिजन, जैसे- संथाल, मुंडा आदि।

आदिष्ट (सं.) [वि.] जिसे आदेश दिया गया हो; जिसके विषय में कोई आदेश किया गया हो।

आदी (अ.) [वि.] जिसे किसी चीज़ की लत हो; अभ्यस्त; व्यसनी। [अव्य.] 1. तनिक भी 2. निपट 3. आदि या आरंभ में ही।

आदीचक [सं-पु.] एक तरकारी।

आदीप्त (सं.) [वि.] 1. जलाया हुआ; प्रज्वलित 2. प्रकाशित 3. चमकता हुआ।

आदृत (सं.) [वि.] आदर किया या पाया हुआ; आदरप्राप्त; सम्मानित; प्रतिष्ठित।

आदेय (सं.) [वि.] 1. जिसे लिया जा सके; लेने योग्य; प्राप्त करने योग्य 2. जिसपर कर या शुल्क लिया जा सके 3. जिसपर कर या शुल्क लगाया गया हो।

आदेश (सं.) [सं-पु.] 1. आज्ञा; हुक्म 2. भविष्य कथन 3. उपदेश 4. व्याकरण में प्रयुक्त एक नियम जिसमें एक अक्षर के स्थान पर दूसरा अक्षर आ जाता है।

आदेशक (सं.) [वि.] आदेश करने वाला; आदेशकर्ता।

आदेशसूचक (सं.) [वि.] आज्ञा की सूचना देने वाला; आदेशपूर्ण; आदेशात्मक।

आदेशात्मक (सं.) [वि.] 1. आज्ञा की सूचना देने वाला; आदेशपूर्ण 2. आदेशपरक; आदेश के लहज़े में कहा हुआ 3. हिदायती; चेतावनीपूर्ण।

आदेशानुसार (सं.) [क्रि.वि.] आदेश के मुताबिक; आदेश के अनुसार; आदेश के तहत।

आदेष्टा (सं.) [वि.] आदेश करने वाला; आदेशकर्ता; आदेशक।

आद्य (सं.) [वि.] 1. आदि का; आदिकालीन; प्रारंभिक 2. मूल; मौलिक।

आद्यंत (सं.) [क्रि.वि.] 1. आदि से अंत तक; शुरू से आख़िरी तक 2. आद्योपांत 3. विस्तारपूर्वक 4. अविकल; अखंड; संपूर्ण।

आद्यक्षर (सं.) [सं-पु.] 1. प्रारंभिक अक्षर; पहला अक्षर 2. नाम के शुरू का अक्षर।

आद्यरूप (सं.) [सं-पु.] 1. प्रारंभिक रूप 2. मूल रूप 3. आदिम रूप।

आद्यशेष (सं.) [सं-पु.] 1. रोकड़-बाकी 2. खाते में शेष रहा या बचा हुआ धन; आदिशेष 3. प्रारंभिक जमा।

आद्या (सं.) [सं-स्त्री.] 1. (पुराण) दस महाविद्याओं में से एक 2. पार्वती; दुर्गा; महाकाली; आदिशक्ति; ब्रह्मशक्ति 3. मास की प्रथम तिथि; प्रतिपदा।

आद्याक्षरित (सं.) [वि.] 1. आद्यक्षरयुक्त 2. जिसपर हस्ताक्षर के रूप में नाम के आरंभ का अक्षर लिखा हो।

आद्याशक्ति (सं.) [सं-स्त्री.] 1. दुर्गा; महामाया; योगमाया 2. दस महाविद्याओं में प्रथम महाविद्या।

आद्योपांत (सं.) [क्रि.वि.] 1. आद्यंत; शुरू से अंत तक 2. पूर्णरूपेण 3. अविकल रूप से; ज्यों का त्यों; जस का तस।

आद्रा (सं.) [सं-स्त्री.] आर्द्रा नामक नक्षत्र।

आध (सं.) [वि.] आधा।

आधर्मिक (सं.) [वि.] अधर्मी; धर्महीन।

आधर्षण (सं.) [सं-पु.] न्यायालय का अभियुक्त को दोषी पाकर अपराधी मानना और दंड देना।

आधर्षित (सं.) [वि.] न्यायालय द्वारा दंडित वह व्यक्ति जो अपराधी सिद्ध हुआ हो।

आधवन (सं.) [सं-पु.] 1. हिलाना 2. कँपाना; कंपित करना।

आधा (सं.) [वि.] 1. अधूरा 2. एक का 1/2 भाग। [मु.] - **तीतर आधा बटेर** : बेमेल।

आधा ढोली [सं-स्त्री.] सौ पत्ते (पान); ढोली की गणना में आधा।

आधान (सं.) [सं-पु.] 1. स्थापन; रखना 2. ग्रहण; लेना 3. धारण 4. प्रयत्न 5. अग्निहोत्र के लिए अग्नि का स्थापन 6. गर्भ 7. गर्भाधान से पहले किया जाने वाला संस्कार 8. रेहन; बंधक रखना 9. पात्र।

आधापेट [वि.] भूख और ज़रूरत से कम भोजन; जो भरपेट न हो; ख़ुराक से कम। [क्रि.वि.] भूखे पेट; खाली पेट; भूखा रह कर; भूख मार कर।

आधायक (सं.) [वि.] आधाता; आधान करने वाला; बंधक रखने वाला।

आधार (सं.) [सं-पु.] 1. वह मूल फलक, जिसपर कोई वस्तु या विचार आधारित हो 2. अवलंब; सहारा 3. नींव।

आधारक (सं.) [सं-पु.] 1. आधार 2. आधार प्रदान करने वाला 3. नींव।

आधारण (सं.) [सं-पु.] 1. सहारा या आश्रय देना 2. धारण करना।

आधारपीठ (सं.) [सं-पु.] आधार संस्था; मूल संस्था।

आधारभूत (सं.) [वि.] बुनियादी; मूलभूत।

आधाररहित (सं.) [वि.] 1. बिना आधार का; निराधार 2. बिना किसी ठोस वजह या कारण का 3. बेसहारा; अनाथ।

आधारवर्ष (सं.) [सं-पु.] वह वर्ष जिसके तथ्यों को आधार मानकर अन्य वर्षों के तथ्यों का मान सूचित किया जाता है।

आधारशिला (सं.) [सं-स्त्री.] 1. नींव का पत्थर 2. शुरुआती पहल; किसी कार्य का प्रारंभिक चरण या स्थिति।

आधारसामग्री (सं.) [सं-स्त्री.] 1. किसी निर्मिति के लिए प्रयुक्त होने वाले घटक 2. कच्चा माल 3. किसी परिकल्पना, थीसिस या आलेख आदि के लिए जुटाए जाने वाले तथ्य और तर्क।

आधारस्तंभ (सं.) [सं-पु.] वह जिसपर किसी वस्तु का संपूर्ण भार आश्रित होता है; नींव का पत्थर।

आधारस्थल (सं.) [सं-पु.] 1. वह जगह जहाँ किसी इमारत की नींव रखी जाए 2. किसी प्रतिमा को स्थापित करने के लिए चयनित स्थल।

आधारहीन (सं.) [वि.] जिसका कोई आधार न हो; आधाररहित।

आधारिक (सं.) [वि.] 1. आधार संबंधी; आधार का 2. जिसपर कोई दूसरी चीज़ स्थित हो 3. आधारभूत; बुनियादी; मूल; (बेसिक)।

आधारित (सं.) [वि.] 1. आधार पर टिका या टिकाया हुआ 2. निर्भर।

आधारी (सं.) [वि.] 1. किसी के आश्रय या सहारे पर रहने वाला; आश्रित 2. जो किसी कार्य का आधार बन सके 3. विश्वसनीय। [सं-स्त्री.] अड्डे के आकार की एक लकड़ी जिसके सहारे मुनि या साधु बैठते हैं; टेवकी।

आधासीसी [सं-स्त्री.] आधे सिर का दर्द; अध-कपारी; सूर्यावर्त रोग।

आधिकरणिक (सं.) [सं-पु.] न्यायाधीश। [वि.] 1. न्यायालय या अधिकरण संबंधी 2. न्यायालय या अधिकरण के आदेश से होने वाला।

आधिकारिक (सं.) [वि.] 1. प्रामाणिक 2. अधिकृत 3. अधिकारपूर्ण 4. सरकारी। [सं-पु.] कथा कृतियों में प्रमुख कथा-प्रसंग।

आधिक्य (सं.) [सं-पु.] अधिकता; अधिक होने का भाव।

आधिदैविक (सं.) [वि.] 1. अतिप्राकृतिक 2. दैवी; दैविक; देवताकृत; दैवाधीन।

आधिपत्य (सं.) [सं-पु.] प्रभुत्व; शासन; अधिकार जमा लेने का भाव।

आधिभौतिक (सं.) [वि.] 1. पंचभूतों से संबंधित या उनसे उत्पन्न 2. लौकिक; सांसारिक 3. जीवों या शरीरधारियों द्वारा प्राप्त।

आधिराज्य (सं.) [सं-पु.] 1. आधिपत्य; प्रभुत्व 2. अधिराज का पद या अधिकार।

आधिवेदनिक (सं.) [सं-पु.] दूसरा विवाह करने पर पहली पत्नी को प्रसन्न करने के लिए (संतोषादि हेतु) दिया जाने वाला धन।

आधुनिक (सं.) [वि.] वर्तमान समय या युग का; समकालीन; सांप्रतिक; हाल का।

आधुनिकता (सं.) [सं-स्त्री.] 1. आधुनिक होने का भाव 2. पारंपरिक मान्यताओं और परंपराओं को त्यागकर नए युग की परिस्थितियों के अनुसार आचरण करना।

आधुनिकतावादी (सं.) [वि.] आधुनिकतावाद से संबंधित; आधुनिक विचारधारा से संबद्ध।

आधुनिका (सं.) [सं-स्त्री.] वर्तमान समय की स्त्री; नए फ़ैशन, नए विचारों और नई मान्यताओं से प्रभावित महिला।

आधुनिकीकरण (सं.) [सं-पु.] आधुनिक रूप देना; नए ज़माने के अनुकूल बनाना।

आधुनिकीकृत (सं.) [वि.] 1. जिसका आधुनिकीकरण किया गया हो; नवीनीकृत 2. परिष्कृत; संशोधित 3. जीर्णोद्धार किया हुआ।

आधूत (सं.) [वि.] 1. काँपता हुआ 2. व्याकुल 3. क्षुब्ध। [सं-पु.] पागल; विक्षिप्त।

आधृत (सं.) [वि.] आधार पर टिका या टिकाया हुआ; आधारित।

आधेय (सं.) [सं-पु.] 1. किसी आधार पर टिकाई गई वस्तु 2. लेखकीय कथ्य; जो किसी आधार (वातावरण या परिस्थिति) के माध्यम से प्रकट किया जाए। [वि.] 1. किसी आधार पर टिकी वस्तु 2. स्थापित किए जाने योग्य 3. जो बंधक रखा जाए 4. धारण किए जाने योग्य।

आधो-आध [क्रि.वि.] आधा-आधा करके; बाँटकर।

आधोरण (सं.) [सं-पु.] महावत; पीलवान।

आध्यात्मिक (सं.) [वि.] 1. अध्यात्म या धर्म संबंधी 2. परमात्मा या आत्मा से संबंध रखने वाला।

आध्यात्मिकता (सं.) [सं-स्त्री.] आध्यात्मिक प्रवृत्ति; आध्यात्मिक विचारधारा; आध्यात्मिक होने की अवस्था।

आन (फ़ा.) [सं-स्त्री.] 1. गौरव; गर्व; मर्यादा 2. शपथ; दुहाई।

आन-बान [सं-स्त्री.] 1. ढंग-ढर्रा; तेवर; ठसक; अदा 2. शान-सम्मान; शान-शौकत; रुतबा; ठाट-बाट 3. ढब; शोभा; सज-धज; तड़क-भड़क।

आनंद (सं.) [सं-पु.] 1. सुख 2. हर्ष; प्रसन्नता 3. अलौकिक ख़ुशी का अनुभव 4. शराब 5. ब्रह्मा 6. विष्णु 7. शिव।

आनंदक्रीड़ा (सं.) [सं-स्त्री.] 1. उछलकूद; अठखेली 2. रोमांस; रति; संभोग 3. कल्लोल; कौतुक; खिलवाड़ 4. मौज़मस्ती।

आनंददायक (सं.) [वि.] 1. आनंद देने वाला; आनंददायी 2. आरामदेह।

आनंदन (सं.) [सं-पु.] आनंदित करने की क्रिया या भाव।

आनंदपूर्वक (सं.) [क्रि.वि.] आनंद सहित; सानंद; हर्षयुक्त।

आनंदप्रद (सं.) [वि.] आनंद देने वाला; आनंददायक।

आनंदमय (सं.) [वि.] आनंद में डूबा हुआ; आनंदपूर्ण।

आनंदवाद (सं.) [सं-पु.] ऐसा सिद्धांत या मत जो यह मानता है कि आनंद ही जीवन का सार है।

आनंदवादी (सं.) [वि.] 1. आनंदवाद के सिद्धांत को मानने वाला या समर्थक 2. ख़ुश रहने वाला।

आनंदातिरेक (सं.) [सं-पु.] ख़ुशी या आनंद की अधिकता;

अतिशय हर्ष।

आनंदाश्रु (सं.) [सं-पु.] ख़ुशी के आँसू; हर्षातिरेक से आँखों में भर आए आँसू।

आनंदित (सं.) [वि.] आनंद में मग्न; ख़ुश; प्रसन्न; हर्षित; मनोरंजित; उल्लसित; आह्लादित; उत्फुल्ल; पुलकित; बाग-बाग; मुग्ध; मुदित; मस्त; विभोर; सानंद; निहाल; हर्षोन्मत।

आनंदी (सं.) [सं-पु.] वह जो सदैव प्रसन्न रहता हो; सदा आनंद में मग्न रहने वाला व्यक्ति। [वि.] 1. आनंदित; प्रसन्न करने वाला 2. विनोदी 3. हँसने वाला।

आनंदोत्कर्ष (सं.) [सं-पु.] 1. बहुत आनंद; आह्लाद 2. आनंदातिरेक; हर्षातिरेक 3. प्रमोद; रोमांच 4. मदातिरेक।

आनंदोत्सव (सं.) [सं-पु.] आनंद मनाना; ख़ुशी का उत्सव; जश्न।

आनंदोन्मत (सं.) [वि.] आनंदित; प्रसन्न; ख़ुश; मुग्ध; मुदित; आनंदविह्वल; उल्लसित; हर्षित।

आनक (सं.) [सं-पु.] 1. डंका; नगाड़ा 2. गरजता हुआ बादल।

आनत (सं.) [वि.] 1. झुका हुआ 2. नम्र; विनीत 3. नमस्कार की मुद्रा में झुका हुआ।

आनद्ध (सं.) [सं-पु.] चमड़े से मढ़ा हुआ बाजा, जैसे- ढोल, मृदंग आदि। [वि.] 1. मढ़ा हुआ 2. बँधा या कसा हुआ।

आनन (सं.) [सं-पु.] मुख; मुँह; मुखड़ा; चेहरा; सूरत; शक्ल।

आनन-फानन (अ.) [क्रि.वि.] तत्काल; अचानक; एकाएक; फटाफट।

आनम्य (सं.) [वि.] 1. जो झुकाया जा सके; झुकने वाला 2. लचीला 3. अनुकूल बनाए जाने योग्य।

आनयन (सं.) [सं-पु.] 1. लाना; ले आना; पास ले आना 2. उपनयन संस्कार।

आनर्त (सं.) [सं-पु.] 1. द्वारिकापुरी या सौराष्ट्र प्रदेश का प्राचीन नाम 2. उक्त प्रदेश का निवासी 3. युद्ध 4. नृत्यशाला; रंगशाला 5. जल।

आना[1] [क्रि-अ.] 1. आगमन; चलकर पास आना; कहीं जाकर वहाँ से पहले वाले स्थान पर पहुँचना 2. घटित होना 3. बढ़ना (फ़सल कमर तक आना) 4. फल-फूल लगना 5. अँटना 6. अंतर्भाव होना। [मु.] **-आ धमकना** : अचानक आ जाना।

आना[2] (फ़ा.) [सं-पु.] रुपए के संबंध में दशमलव प्रणाली लागू होने के पहले गिना जाने वाला रुपए का सोलहवाँ भाग या चार पैसे।

आनाकानी (सं.) [सं-स्त्री.] टालमटोल; अनसुना; बहानेबाज़ी; हीला-हवाला; प्रच्छन्न असहमति।

आनीत (सं.) [वि.] 1. लाया हुआ; आयत्त 2. पास लाया हुआ।

आनुक्रमिक (सं.) [वि.] 1. अनुक्रम के मुताबिक 2. सिलसिलेवार।

आनुगतिक (सं.) [वि.] 1. अनुसरण किया हुआ; पीछे-पीछे आया हुआ 2. अनुयायी से संबंध रखने वाला।

आनुतोषिक (सं.) [सं-पु.] किसी कर्मचारी के सेवानिवृत्त होने पर उपहार के रूप में दिया जाने वाला धन; उपदान; अनुग्रह-धन।

आनुपातिक (सं.) [वि.] 1. जो अनुपात की दृष्टि से ठीक या उचित हो 2. अनुपात संबंधी; अनुपात का 3. समानुपाती।

आनुप्रासिक (सं.) [वि.] अनुप्रास संबंधी।

आनुभविक (सं.) [वि.] 1. अनुभव संबंधी 2. अनुभवजन्य; अनुभवप्रसूत 3. अनुभवपुष्ट; अनुभवसम्मत 4. अनुभव, प्रयोग आदि के आधार पर प्राप्त होने वाला।

आनुमानिक (सं.) [वि.] 1. अनुमान या अटकल पर आश्रित; अनुमानगम्य; अटकल-पच्चू; कयासी 2. अनुमान से सोचा या समझा हुआ।

आनुवंशिक (सं.) [वि.] 1. वंशानुगत; वंशानुक्रमिक 2. वंश-परंपरा से प्राप्त; पैतृक; पुश्तैनी।

आनुवंशिकता (सं.) [सं-स्त्री.] वंशानुगत परंपरा; एक पीढ़ी से दूसरी पीढ़ी में प्रजनन द्वारा संचरित होकर जाने वाले गुण या विशिष्टताएँ।

आनुवंशिकी (सं.) [सं-स्त्री.] आनुवंशिक विज्ञान; वंश-परंपरा संबंधी शास्त्र।

आनुशासनिक (सं.) [वि.] दे. अनुशासनिक।

आनुश्रविक (सं.) [वि.] जिसे परंपरानुसार सुनते आए हों।

आनुषंगिक (सं.) [वि.] 1. गौण; गौण रूप से साथ चलने वाला 2. अनुषंग या प्रसंग के साथ-साथ हो जाने वाला।

आनृशंस (सं.) [वि.] जो नृशंस न हो; करुण।

आन्वीक्षिकी (सं.) [सं-स्त्री.] 1. आत्मविद्या; अध्यात्मशास्त्र 2. तर्कशास्त्र।

आप[1] (सं.) [सर्व.] व्याकरण में मध्यम पुरुष के व्यक्ति के लिए तुम के स्थान पर प्रयोग किया जाने वाला आदरसूचक सर्वनाम, जैसे- आप स्वयं चले आए।

आप[2] (सं.) [सं-पु.] 1. जल; पानी 2. आकाश 3. प्राप्ति 4. एक वसु का नाम। [वि.] प्राप्य।

आपचारी [वि.] मनमानी करने वाला; स्वेच्छाचारी। [सं-स्त्री.] स्वेच्छाचार।

आपजात्य (सं.) [सं-पु.] अपने जनक, आधार या उत्पादक से कम गुणी या हीन होना। [वि.] अपजात।

आपत्ति (सं.) [सं-स्त्री.] 1. एतराज़; उज़्र 2. प्रतिवाद; विरोध।

आपत्तिजनक (सं.) [वि.] आपत्ति उत्पन्न करने वाला; आपत्तियुक्त।

आपत्य (सं.) [वि.] अपत्य या संतान से संबंधित; संतान का।

आपदा (सं.) [सं-स्त्री.] 1. विपदा; संकट; आफ़त; मुसीबत 2. ऐसा संकट जिसमें सामूहिक क्षति हुई हो; सामूहिक विपत्ति 2. विपत्तिकारक घटना।

आपद्धर्म (सं.) [सं-पु.] 1. विपत्ति-काल में निर्वाह किया जाने वाला धर्म 2. वह आचरण या वृत्ति जिसकी अनुमति मात्र आपत्ति-काल में होती है।

आपन्न (सं.) [वि.] 1. (संकट में) फँसा हुआ 2. (आपदा) ग्रस्त; दुखी, जैसे- संकटापन्न।

आपबीती [सं-स्त्री.] स्वयं पर गुजरने वाली या स्वयं के जीवन में घटित होने वाली घटना या कहानी।

आपराधिक (सं.) [वि.] 1. अपराध संबंधी 2. अपराध के स्तर

का; अपराध के दायरे में आने वाला।

आपराधिक संस्कृति (सं.) [सं-स्त्री.] वह संस्कृति जिसमें अपराध का बोलबाला हो; आपराधिक गतिविधियों को प्रश्रय देने वाली संस्कृति।

आपस [अव्य.] परस्पर संबंध का सूचक एक शब्द जिसका प्रयोग कुछ विभक्तियों के साथ विशेषण या क्रिया विशेषण के समान होता है, जैसे- आपस की बातचीत। [सं-पु.] 1. संबंध 2. हेल-मेल 3. नाता 4. एक दूसरे का; परस्पर, जैसे- आपस का; आपस में आदि।

आपसदारी (हिं.+फ़ा.) [सं-स्त्री.] 1. बंधुत्व; भाईचारा 2. परस्पर नज़दीक के संबंध वालों का वर्ग।

आपसी [वि.] 1. आपस का; पारस्परिक 2. अंतरंग 3. परिवार, संबंधी तथा मित्रों के बीच का।

आपस्तंब (सं.) [सं-पु.] कल्प, गृह्य और धर्म नामक तीन सूत्र-ग्रंथों के रचयिता, एक प्राचीन ऋषि।

आपा[1] [सं-पु.] 1. अहंभाव 2. अपनी सत्ता या अस्तित्व 3. होश, सुध-बुध। [मु.] **-खोना** : बौखला उठना। आपे में आना : होश में आना। **आपे में न रहना** : बेकाबू होना; बौखला उठना।

आपा[2] (तु.) [सं-स्त्री.] बड़ी बहन के लिए संबोधन; जीजी।

आपांग (सं.) [सं-पु.] आँख का कोना।

आपात (सं.) [सं-पु.] 1. अचानक आई हुई संकट की स्थिति 2. गिरना; गिराव 3. ऐसी घटना या स्थिति जिसकी कल्पना या संभावना न हो।

आपातकाल (सं.) [सं-पु.] 1. शासन के द्वारा राष्ट्र पर घोषित आपत्ति का काल; राष्ट्र में संकट की स्थिति; (इमरजेंसी) 2. संकट का समय; विपत्तिकाल; बुरा समय।

आपातकालीन (सं.) [वि.] 1. आकस्मिक घटना से संबंधित 2. आपातकाल से संबंधित।

आपातिक (सं.) [वि.] 1. आकस्मिक रूप से सामने आने वाला या उससे संबंध रखने वाला 2. अचानक घटित होने वाला 3. नीचे गिरने या उतरने वाला।

आपाद (सं.) [क्रि.वि.] पैर से लेकर; पैर तक। [सं-पु.] 1. वह जो सिद्ध या प्राप्त किया गया हो 2. पारिश्रमिक; मेहनताना 3. पुरस्कार।

आपादमस्तक (सं.) [क्रि.वि.] 1. पैर से सिर तक 2. नीचे से ऊपर तक 3. पूरी तरह; पूर्णतः।

आपाधापी [सं-स्त्री.] 1. खींचतान; व्यर्थ की भाग दौड़ 2. अपने काम की चिंता में भागदौड़; व्यस्तता 3. धाँधली।

आपापंथी [वि.] 1. अपने मन की करने वाला; स्वच्छंद 2. धाँधलीबाज़।

आपूरण (सं.) [सं-पु.] 1. पूरा करना 2. अच्छी तरह भरना; लबालब होना 3. आपूर्ति करना।

आपूर्ति (सं.) [सं-स्त्री.] 1. पूर्ति करने की क्रिया या भाव 2. भरना; भरा होना 3. संतुष्टि 4. आवश्यक वस्तुओं को उपलब्ध कराना; संभरण।

आपेक्षिक (सं.) [वि.] 1. अपेक्षा संबंधी 2. अपेक्षा से युक्त 3. तुलनात्मक 4. अवलंबित; निर्भर।

आप्त (सं.) [सं-पु.] 1. संबंधी; मित्र; विश्वस्त व्यक्ति 2. शब्द प्रमाण 3. अर्हत 4. लब्धि (गणित)। [वि.] 1. प्राप्त; प्रामाणिक 2. कुशल; दक्ष 3. विश्वास करने योग्य।

आप्तकाम (सं.) [वि.] 1. जिसकी सभी कामनाएँ या इच्छाएँ पूरी हो चुकी हों; पूर्णकाम 2. जिसने सांसारिक इच्छाएँ त्याग दी हों।

आप्तवचन (सं.) [सं-पु.] 1. विश्वसनीय व्यक्ति द्वारा कथित बात 2. प्रामाणिक कथन।

आप्तवर्ग (सं.) [सं-पु.] 1. आत्मीय जनों का समूह 2. बंधुवर्ग; स्वजन-समूह।

आप्ति (सं.) [सं-स्त्री.] 1. प्राप्ति; लाभ 2. संबंध 3. संयोग 4. उपयुक्तता; पूर्णता।

आप्य (सं.) [वि.] 1. प्राप्त करने योग्य 2. उपनिषदों के अनुसार ऐसा कर्म जिसके द्वारा कोई वस्तु प्राप्त की जाती हो 3. जल से संबंधित।

आप्यायन (सं.) [सं-पु.] 1. एक अवस्था से दूसरी अवस्था को प्राप्त होना 2. तृप्त करना 3. (आयुर्वेद) वृद्धिकारक औषधि।

आप्रवासन (सं.) [सं-पु.] किसी और देश में जाकर बसना; दूसरे देश का नागरिक हो जाना।

आप्लाव (सं.) [सं-पु.] 1. जल से तर अवस्था, बाढ़ 2. स्नान।

आप्लावन (सं.) [सं-पु.] 1. चारों ओर जलमग्न हो जाना; पूरा का पूरा इलाका जल से भर जाना; बाढ़ 2. स्नान 3. जल आदि में डुबाना 4. पानी से अच्छी तरह भरना या तर करना।

आप्लावित (सं.) [वि.] 1. डुबाया हुआ 2. स्नान किया हुआ; स्नात; सिक्त 3. बाढ़ग्रस्त।

आफ़त (फ़ा.) [सं-स्त्री.] 1. आपत्ति; विपत्ति; संकट; परेशानी; मुसीबत 2. दुख; कष्ट; तकलीफ़; क्लेश 3. कष्ट या मुसीबत के दिन। [मु.] **-उठाना** : जल्दी मचाना। **-ढाना** : कष्ट पहुँचाना। **-मचाना** : शोरगुल करना। **-मोल लेना** : संकट को न्योता देना।

आफ़ताब (फ़ा.) [सं-पु.] 1. सूर्य; सूरज 2. सख़्त धूप।

आफ़रीन (फ़ा.) [अव्य.] बहुत अच्छा किया! वाह! शाबाश! धन्य हो! (बहुत अच्छा या बड़ा काम करने पर कहा जाने वाला शब्द)।

आब (फ़ा.) [सं-पु.] 1. पानी; जल 2. अर्क 3. शराब 4. तलवार का पानी। [सं-स्त्री.] 1. प्रतिष्ठा; इज़्ज़त 2. चमक; कांति 3. शोभा; रौनक; छवि।

आबंध (सं.) [सं-पु.] 1. बंधन 2. हल के जुए आदि का बंधन 3. गाँठ 4. प्रेम 5. अलंकार।

आबकार (फ़ा.) [सं-पु.] 1. शराब बनाने या बेचने वाला व्यक्ति 2. कलवार; कलाल।

आबकारी (फ़ा.) [सं-स्त्री.] 1. शराब बनाने या बेचने का स्थान; शराबख़ाना; हौली 2. मादक वस्तुओं से संबंधित सरकारी महकमा; मद्यविभाग।

आबकारी शुल्क (फ़ा.+सं.) [सं-पु.] शासन की ओर से शराब, अफ़ीम आदि मादक द्रव्यों के उत्पादन और बिक्री पर लगाया

जाने वाला कर या शुल्क; उत्पादन शुल्क।

आबदार (फ़ा.) [वि.] 1. जिसमें आब या चमक हो; आभायुक्त; चमकदार 2. जिसमें पानी हो; जलयुक्त 3. जिसकी प्रतिष्ठा या इज़्ज़त हो (व्यक्ति) 4. स्वाभिमानवाला (व्यक्ति) 5. धारदार (तलवार आदि)।

आबदारी (फ़ा.) [सं-स्त्री.] आबदार होने का गुण, अवस्था या भाव।

आबद्ध (सं.) [सं-पु.] 1. दृढ़ बंधन 2. हल के जुए का बंधन 3. प्रेम 4. गाँठ 5. अलंकार। [वि.] 1. फँसा हुआ; जकड़ा हुआ 2. निर्मित 3. प्राप्त।

आबनूस (फ़ा.) [सं-पु.] काली लकड़ी वाला एक जंगली पेड़; तेंदू।

आबपाशी (फ़ा.) [सं-स्त्री.] सिंचाई (खेत आदि)।

आबरू (फ़ा.) [सं-स्त्री.] 1. इज़्ज़त; प्रतिष्ठा; इस्मत 2. सतीत्व 3. कीर्ति; यश।

आबाद (फ़ा.) [वि.] 1. बसा हुआ; बाशिंदा; बस्तीवाला 2. सुखी; ख़ुशहाल; संपन्न 3. फलता-फूलता। [मु.] **-करना** : बसाना।

आबादी (फ़ा.) [सं-स्त्री.] 1. जनसंख्या 2. बसा हुआ इलाका; बस्ती 3. ख़ुशहाली; रौनक।

आबिद (अ.) [वि.] इबादत या पूजा करने वाला; पुजारी; भक्त।

आबे हयात (फ़ा.+अ.) [सं-पु.] अमृत; सुधा।

आबोदाना (फ़ा.) [सं-पु.] 1. जल और अन्न; अन्नजल; खानपान 2. आजीविका 3. रहने का संयोग। [मु.] **-उठ जाना** : आजीविका न रह जाना।

आबोहवा (फ़ा.+अ.) [सं-स्त्री.] 1. हवापानी; जलवायु 2. पर्यावरण।

आब्ज़र्वेशन (अं.) [सं-पु.] 1. निरीक्षण; पर्यवेक्षण 2. आकलन।

आभरण (सं.) [सं-पु.] 1. आपूरण; आपूर्ति 2. भरण-पोषण 3. गहना; आभूषण।

आभा (सं.) [सं-स्त्री.] 1. चमक; कांति; शोभा; लावण्य 2. प्रतीत 3. बबूल का पेड़ 4. छाया 5. सादृश्य।

आभार (सं.) [सं-पु.] 1. कृतज्ञता; अहसान 2. भार; बोझ 3. देखभाल की ज़िम्मेदारी; उत्तरदायित्व।

आभारी (सं.) [वि.] अनुगृहीत; अहसानमंद; कृतज्ञ।

आभास (सं.) [सं-पु.] 1. प्रतीति; सादृश्य 2. मिथ्या प्रतीति 3. संकेत 4. अभिप्राय 5. द्युति; चमक 6. अनुभूति होने का भाव।

आभास-संवेदन (सं.) [सं-पु.] 1. संवेदना का आभास; अल्पानुभूत संवेदना 2. (मनोविज्ञान) संवेदन में उद्दीपकों का एक आभास मात्र अर्थात अर्थरहित ज्ञान।

आभासित (सं.) [वि.] आभास रूप में दिखाई देने वाला; प्रतिबिंबित; संकेतित।

आभासी (सं.) [वि.] 1. प्रतीत्यमान; प्रतीतिपरक 2. छाया या परछाईं स्वरूप; अक्सी; प्रतिबिंबित 3. मिथ्या; अयथार्थ 4. दीप्तिमान; कांतियुक्त; चमकीला।

आभाहीन (सं.) [वि.] कांति विहीन; निस्तेज।

आभिचारिक (सं.) [वि.] अभिचार संबंधी; अभिचार से संबंध रखने वाला।

आभिजात्य (सं.) [सं-पु.] 1. अभिजात होने की अवस्था या भाव; कुलीनता 2. संभ्रांतता; शिष्टता 3. रईसी 4. सौंदर्य 5. पांडित्य।

आभीर (सं.) [सं-पु.] 1. अहीर; ग्वाला; गोप 2. एक प्राचीन जनपद और उसके निवासी 3. एक राग।

आभीरक (सं.) [वि.] गोप या अहीर जाति संबंधी, अहीर का। [सं-पु.] अहीर जाति।

आभुक्ति (सं.) [सं-स्त्री.] 1. आभोग करने की क्रिया या भाव 2. किसी के सुख या सुभीते का भोग या लाभ।

आभूषण (सं.) [सं-पु.] 1. आभरण; गहना; अलंकार 2. सजावट; शृंगार।

आभूषित (सं.) [वि.] 1. गहने या जेवर से सुसज्जित 2. अलंकृत; सुशोभित।

आभोग (सं.) [सं-पु.] 1. सुखों का उपभोग; भोग-विलास 2. परिपूर्णता; विस्तार 3. भोजन 4. किसी पद्य में कवि के नाम का उल्लेख 5. किसी की ज़मीन पर किराए आदि से रहना और उसका सुख भोगना 6. साँप का फन 7. वरुण का छत्र।

आभ्यंतर (सं.) [वि.] अंदर होने वाला; आंतरिक; भीतरी।

आभ्यंतरिक (सं.) [वि.] अंदर होने वाला; अंदर के हिस्से से संबंध रखने वाला; आंतरिक; भीतरी।

आम[1] (सं.) [सं-पु.] 1. एक प्रसिद्ध फल; रसाल 2. उक्त फल का वृक्ष। [मु.] **-के आम, गुठली के दाम** : दोहरा लाभ।

आम[2] (अ.) [वि.] 1. साधारण; मामूली; सामान्य, जैसे- आम जनता, आम आदमी 2. फैला हुआ; व्यापक; सर्वव्यापक; मशहूर। [सं-पु.] जनसाधारण; जनता।

आमंत्रण (सं.) [सं-पु.] न्योता; बुलावा; निमंत्रण।

आमंत्रणपत्र (सं.) [सं-पु.] ऐसा कार्ड जिसपर निमंत्रण लिखा हो; निमंत्रण-पत्र।

आमंत्रित (सं.) [वि.] पुकारा या बुलाया हुआ; निमंत्रित 2. अतिथि।

आमद (फ़ा.) [सं-स्त्री.] 1. आय; आमदनी 2. आना; आगमन।

आमदनी (फ़ा.) [सं-स्त्री.] 1. कमाई; लाभ; फ़ायदा 2. एक स्थान से दूसरे स्थान पर आने जाने की क्रिया 3. दूसरे देशों से अपने देश में माल का आना 4. उत्पत्ति 5. पैदावार।

आमदोरफ़्त (फ़ा.) [सं-स्त्री.] आना-जाना; यातायात।

आमन [सं-पु.] 1. वह ज़मीन जिसमें वर्ष में एक ही फ़सल हो 2. सरदी में होने वाला धान (बंगाल)।

आमना-सामना [सं-पु.] 1. मुकाबला; सामना 2. मुठभेड़ 3. भेंट; साक्षात्कार।

आमने-सामने [क्रि.वि.] 1. एक-दूसरे के समक्ष; परस्पर सम्मुख 2. परस्पर विरोध या प्रतिद्वंद्विता में; मुकाबले में।

आमपापड़ (सं.) [सं-पु.] एक खाद्य पदार्थ; अमावट; आम के रस से निर्मित पट्टी।

आमफ़हम (अ.) [वि.] 1. आम लोगों में व्याप्त; प्रचलित और ग्राह्य 2. आम लोगों में व्याप्त धारणा 3. जनसाधारण।

आममाला [सं-पु.] एक माला जिसके बीच जुगनू और उसके

दोनों ओर जाऊ आदि की आकृति के दाने लटकते हैं।

आमरण (सं.) [क्रि.वि.] 1. मरते दम तक; मृत्यु के क्षण तक 2. आजीवन; जीवन भर; मरने से पहले तक। [वि.] मरते दम तक चलने वाला।

आमर्ष (सं.) [सं-पु.] 1. कोई अप्रिय बात न सह सकना; असहनशीलता 2. क्रोध; गुस्सा 3. वीर रस में एक संचारी भाव।

आमलक (सं.) [सं-पु.] 1. औषधीय गुणों से संपन्न आँवला नामक फल और उसका पेड़ 2. भारतीय वास्तुकला में शिखरों के ऊपरी भाग में बनाई जाने वाली आँवले की तरह की आकृति।

आमलकी (सं.) [सं-स्त्री.] 1. छोटा आँवला 2. फाल्गुन शुक्ल एकादशी।

आमलेट (अं.) [सं-पु.] अंडे से बना एक व्यंजन; अंडे की जर्दी में प्याज़ आदि डालकर चीले के समान बनाया गया व्यंजन।

आमवात (सं.) [सं-पु.] एक शारीरिक रोग जिसमें शौच के समय आँव गिरता है और शरीर सूजकर पीला पड़ जाता है।

आमादगी (फ़ा.) [सं-स्त्री.] तत्परता; सन्नद्धता; आमादा होना।

आमादा (फ़ा.) [वि.] तत्पर; तैयार; सन्नद्ध; उद्यत, जैसे- घूमने के लिए आमदा होना।

आमाशय (सं.) [सं-पु.] पेट के भीतर की वह थैली जिसमें भोजन एकत्र होता और पचता है।

आमाहल्दी [सं-स्त्री.] अम्मा हरदी।

आमिन[1] [सं-स्त्री.] एक प्रकार का छोटा और मीठा आम।

आमिन[2] (अ.) [वि.] 1. निडर; निर्भय 2. सुरक्षित।

आमिर (अ.) [सं-पु.] 1. अधिकारी; हाकिम 2. आमिल 3. अच्छी तरह से काम या प्रयोग करने वाला। [वि.] हुक्म देने वाला।

आमिल[1] (अ.) [सं-पु.] कच्चे आम को सुखाकर बनाई जाने वाली एक तरह की खटाई। [वि.] खट्टा।

आमिल[2] (अ.) [सं-पु.] 1. कार्यकर्ता 2. अधिकारी; हाकिम; प्रधान 3. वह जो धार्मिक साधक हो, फ़कीर 4. झाड़-फूँक करने वाला व्यक्ति; तांत्रिक; ओझा; सिद्ध 5. शासक। [वि.] अमल में लाने वाला; अमली जामा पहनाने वाला।

आमिष (सं.) [सं-पु.] 1. मांसाहार 2. भोग्य; लुभावनी वस्तु 3. कामना; भोगेच्छा 4. जँभीरी नीबू 5. आकृति; रूप।

आमिषभोजी (सं.) [वि.] 1. गोश्तख़ोर; मांसाहारी 2. 'निरामिषभोजी' का विलोम।

आमीन (अ.) [अव्य.] 1. तथास्तु; एवमस्तु 2. ईश्वर या ख़ुदा करे ऐसा ही हो 3. ख़ुदा हमारी हिफ़ाज़त करे।

आमुख (सं.) [सं-पु.] 1. प्रारंभ; भूमिका 2. अंतिम क्षणों में प्राप्त किसी महत्वपूर्ण समाचार का सारांश।

आमूल (सं.) [अव्य.] जड़ से; जड़ तक; मूलपर्यंत।

आमोद (सं.) [सं-पु.] आनंद; हर्ष।

आमोद-प्रमोद (सं.) [सं-पु.] 1. भोग-विलास; हँसी-खुशी; रंगरलियाँ 2. मन प्रसन्न करने या बहलाने के लिए किए जाने वाले कार्य; मनोरंजन।

आमोदन (सं.) [सं-पु.] 1. हर्ष; प्रसन्नता 2. मुदित होना 3. सुगंधित या सुवासित करना।

आमोदित (सं.) [वि.] 1. प्रसन्न; हर्षित; मुदित 2. सुगंधित; सुवासित।

आम्म [सं-पु.] नेवले के प्रकार का एक जंतु।

आम्र (सं.) [सं-पु.] 1. आम का फल 2. आम का पेड़।

आम्रकुंज (सं.) [सं-पु.] 1. अमराई; आम का बगीचा 2. अमराई में बना मंडप।

आम्रमंजरी (सं.) [सं-स्त्री.] आम का फूल; मंजर; आम की बौर।

आम्ल (सं.) [सं-पु.] 1. इमली का पेड़ 2. खट्टापन। [वि.] 1. अम्ल संबंधी; अम्ल का 2. अम्ल के रस से युक्त।

आय (सं.) [सं-स्त्री.] 1. आमदनी 2. कमाई 3. पारिश्रमिक लाभ 4. आगमन।

आय-व्यय (सं.) [सं-पु.] आय और व्यय; आमदनी और ख़र्च।

आय-व्यय-फलक (सं.) [सं-पु.] वह पत्र या फलक जिसमें आय-व्यय का विवरण होता है; चिट्ठा; तलपट।

आय-व्ययिक (सं.) [सं-पु.] 1. आय-व्यय का विवरण 2. किसी सरकार, संस्था या परिवार की सालभर में या किसी निश्चित अवधि तक आय-व्यय के अनुमान से लगाया हुआ हिसाब या लेखा; अनुमान-पत्र; (बजट)।

आयंदा (फ़ा.) [क्रि.वि.] दे. आइंदा।

आयकर (सं.) [सं-पु.] आमदनी पर लगने वाला कर या टैक्स।

आयत[1] (सं.) [सं-पु.] (ज्यामिती) समकोण चतुर्भुज, जिसकी आमने-सामने की भुजाएँ और कोण बराबर होते हैं। [वि.] 1. लंबा 2. विशाल 3. विस्तृत।

आयत[2] (अ?.) [सं-स्त्री.] 1. कुरान का वाक्य 2. निशान; चिह्न।

आयतन (सं.) [सं-पु.] 1. त्रिविम (लंबाई; चौड़ाई और ऊँचाई) वस्तु द्वारा घेरा हुआ स्थान या स्पेस 2. मकान; घर 3. मंदिर।

आयताकार (सं.) [वि.] आयत के आकार वाला; आयत-सी आकृति वाला।

आयन [सं-पु.] 1. विद्युतीकृत परमाणु 2. विद्युत आवेश।

आयरन (अं.) [सं-पु.] 1. लोहा 2. इस्त्री; (प्रेस) 3. लौह तत्व।

आयवर्ग (सं.) [सं-पु.] निश्चित आमदनी या निश्चित सीमा तक की आमदनी वालों का वर्ग।

आयस (सं.) [सं-पु.] 1. लोहा 2. लोहे से बनी वस्तु 3. अस्त्र-शस्त्र; हथियार 4. रत्न। [वि.] 1. लोहा संबंधी; लोहे का 2. लोहे के रंग का 3. लोहे से बना हुआ।

आयसी (सं.) [सं-स्त्री.] 1. लोहे का कवच 2. बख़्तर। [वि.] लोहे का बना हुआ; आयसीय।

आयसीय (सं.) [वि.] 1. लोहा संबंधी; लोहे का 2. लोहे का बना हुआ; लौहनिर्मित।

आया[1] [क्रि-अ.] आना क्रिया का भूतकालिक रूप।

आया[2] [सं-पु.] 1. बच्चे को दूध पिलाने एवं देखभाल करने वाली स्त्री; धाय 2. सेविका; नौकरानी।

आयात (सं.) [सं-पु.] किसी वस्तु का बाहर (देशावर) या किसी अन्य देश से मँगाया जाना। [वि.] आगत; देशावर से आया हुआ।

आयात-निर्यात (सं.) [सं-पु.] बाहर से सामान मँगाना और सामान बाहर भेजना।

आयातक (सं.) [सं-पु.] बाहर से सामान मँगाने वाला (व्यक्ति); आयात करने वाला (व्यक्ति)।

आयातित (सं.) [वि.] आयात किया हुआ; बाहर से मँगाया हुआ।

आयाम (सं.) [सं-पु.] 1. विस्तार; तानना 2. मान 3. किसी भी मत, धारणा या पदार्थ के विविध पहलू।

आयास (सं.) [सं-पु.] 1. परिश्रम; मेहनत 2. मानसिक पीड़ा 3. प्रयत्न।

आयु (सं.) [सं-स्त्री.] 1. उम्र 2. जीवन; जीवन काल 3. जीवन शक्ति 4. आयुष 5. एक यज्ञ (आयुष्टोम)।

आयु-वर्ग (सं.) [सं-पु.] समान आयु वाले व्यक्तियों का वर्ग या समूह।

आयुक्त (सं.) [सं-पु.] 1. अभिकर्ता 2. मंडल या कमिश्नरी का मुख्य प्रशासनिक अधिकारी। [वि.] 1. नियुक्त 2. संयुक्त।

आयुध (सं.) [सं-पु.] 1. शस्त्र; हथियार 2. युद्ध का साधन 3. सोना; स्वर्ण।

आयुधविधान (सं.) [सं-पु.] वह विधान जिसमें जनता द्वारा हथियार या आयुध रखने और उनके प्रयोग के संबंधित नियम रहते हैं।

आयुधशाला (सं.) [सं-स्त्री.] हथियार रखने का स्थान; शस्त्रागार।

आयुधागार (सं.) [सं-पु.] आयुधशाला; शास्त्रागार।

आयुर्विज्ञान (सं.) [सं-पु.] भारतीय चिकित्सा शास्त्र; आयुर्वेद।

आयुर्वेद (सं.) [सं-पु.] स्वास्थ्यशास्त्र; प्राचीन भारतीय चिकित्सा-शास्त्र (पद्धति); वनस्पति एवं जड़ी-बूटियों से संबंधित चिकित्सा-शास्त्र।

आयुर्वेदिक (सं.) [वि.] 1. आयुर्वेद से संबंधित 2. आयुर्वेद की पद्धति से बना हुआ।

आयुर्वेदी (सं.) [सं-पु.] आयुर्वेद का ज्ञाता या जानकार।

आयुष (सं.) [वि.] आयु; उम्र; वय।

आयुष्मती (सं.) [वि.] अधिक आयु पाने वाली; दीर्घायु; चिरंजीवी। [सं-स्त्री.] पुत्री, शिष्या आदि के लिए प्रयुक्त आशीर्वादात्मक या स्नेहसूचक शब्द।

आयुष्मान (सं.) [वि.] अधिक आयु पाने वाला; दीर्घायु; चिरंजीवी। [सं-पु.]- पुत्र, शिष्य आदि के लिए प्रयुक्त आशीर्वादात्मक या स्नेहसूचक शब्द।

आयुष्य (सं.) [सं-पु.] उम्र; आयु; जीवन शक्ति। [वि.] दीर्घायु देने वाला।

आयोग (सं.) [सं-पु.] 1. किसी निश्चित कार्य को करने या करवाने के लिए या किसी कार्य की जाँच-पड़ताल हेतु बनाया गया विशेषज्ञों का दल 2. भर्ती 3. (साहित्य) विप्रलंभ शृंगार का एक भेद 4. बैलगाड़ी, हल आदि का जुआ 5. सजावट; अलंकरण।

आयोजक (सं.) [सं-पु.] किसी कार्यक्रम आदि का आयोजन करने वाला; इंतज़ामकार।

आयोजन (सं.) [सं-पु.] 1. समारोह; कार्यक्रम 2. प्रबंध; इंतज़ाम; बंदोबस्त; व्यवस्था 3. तैयारी 4. उद्योग; प्रयत्न 5. जोड़ना 6. सामग्री; सामान।

आयोजना (सं.) [सं-स्त्री.] 1. भविष्य में होने वाले किसी कार्य के स्वरूप तथा संपादन के लिए प्रस्तुत की गई योजना 2. एकत्र करना; संयोजन 3. तैयारी; इंतज़ाम; व्यवस्था।

आयोजित (सं.) [वि.] 1. जिसका आयोजन किया गया हो 2. जोड़ा गया 3. संबद्ध किया हुआ 4. संगृहीत।

आयोडीन (अं.) [सं-पु.] दवा के काम आने वाला एक रासायनिक तत्व।

आयोधन (सं.) [सं-पु.] 1. युद्ध 2. युद्धभूमि; युद्धक्षेत्र 3. वध; हत्या।

आर-पार (सं.) [अव्य.] इस छोर से उस छोर तक; इस पार से उस पार तक। [सं-पु.] 1. नदी आदि के दोनों किनारे 2. किसी वस्तु का इस ओर का तल या किनारा और उस ओर का तल या किनारा।

आर[1] [सं-पु.] 1. ईख का रस निकालने का कलछा; पल्ली; तांबी 2. बर्तन बनाने के साँचे में भीतरी भाग के ऊपर मुँह पर रखा हुआ मिट्टी का लौदा। [सं-स्त्री.] अड़; जिद; हठ।

आर[2] (सं.) [सं-पु.] 1. लौह अयस्क; खनिज लौह; अशोधित लौह अयस्क 2. पीतल 3. कोना 4. किनारा 5. हरताल 6. पहिए का किनारा (आटा)। [सं-स्त्री.] 1. पैना (पशु आदि को हाँकने का साधन) में लगी लोहे की कील 2. लड़ने वाले मुर्गे के पैरों में बांधा जाने वाला काँटा जिससे वे दूसरे मुर्गे को घायल करते हैं 3. मधु-मक्खी; बिच्छू का डंक 4. छेदने का सुआ; सुतारी।

आर[3] (अ.) [सं-स्त्री.] 1. घृणा; तिरस्कार 2. शर्म; लज्जा; हया 3. अदावत; वैर।

आरंग [सं-स्त्री.] कामोद्दीप्त घोड़ी।

आरंग आना [सं-स्त्री.] घोड़ी का कामोद्दीप्त होना।

आरंभ (सं.) [सं-पु.] 1. शुरू; प्रारंभ; श्रीगणेश 2. किसी कार्य या व्यापार आदि का प्रारंभिक अंश या भाग 3. उत्पत्ति 4. आरब्ध।

आरंभक (सं.) [वि.] आरंभकर्ता; शुरू करने वाला।

आरंभकाल (सं.) [सं-पु.] शुरुआत का समय; प्रारंभिक काल।

आरंभिक (सं.) [वि.] शुरुआती; शुरू का; आरंभ का; प्रारंभिक।

आरक्त (सं.) [वि.] हलका लाल; लाल; सुर्ख। [सं-पु.] रक्त (लाल) चंदन।

आरक्षक (सं.) [सं-पु.] 1. पहरेदार; प्रहरी; रखवाला 2. आरक्षी; (पुलिस)। [वि.] रक्षा करने या बचाने वाला।

आरक्षण (सं.) [सं-पु.] सुरक्षित किया हुआ स्थान; विशेष व्यक्ति या कार्य हेतु पहले से निर्धारित किया हुआ पद, स्थान, सीट या कक्ष आदि; (रिज़र्वेशन), जैसे- रेल टिकट का आरक्षण।

आरक्षित (सं.) [वि.] 1. जिसका आरक्षण हुआ हो 2. रक्षा

किया हुआ; रक्षित; भंडारित 3. पालित-पोषित 4. नामांकित 5. सुरक्षित; निश्चित।

आरक्षी (सं.) [सं-पु.] आरक्षक; (पुलिस)। [वि.] रक्षा करने वाला।

आरज़ू (फ़ा.) [सं-स्त्री.] 1. चाहत; इच्छा; वांछा 2. विनती; अनुनय-विनय।

आरज़ूमंद (फ़ा.) [वि.] आरज़ू, इच्छा या कामना रखने वाला।

आरण [सं-पु.] 1. एक विशेष प्रकार का लोहे का ठोस टुकड़ा जिसपर लोहा आदि धातुओं को रखकर पीटते हैं; आहरण; निहाई 2. अरण्य; वन।

आरण्य (सं.) [वि.] जंगली; बनैला; आरण्यक। [सं-पु.] 1. जंगल 2. जंगली पशु 3. बिना बोए पैदा होने वाला अन्न।

आरण्यक (सं.) [वि.] 1. जंगली; बनैला; जंगल में उत्पन्न 2. अरण्य संबंधी, अरण्य का। [सं-पु.] 1. वनवासी 2. जंगल के प्राणी 3. वेदों का एक भाग जिसमें वानप्रस्थों के कृत्यों का विवरण है।

आरत (सं.) [वि.] 1. शांत 2. सौम्य 3. रुका हुआ।

आरती (सं.) [सं-स्त्री.] 1. आदर या मंगल के निमित्त किसी (देवता, व्यक्ति आदि) के सम्मुख चारों ओर प्रज्वलित कपूर तथा दीपक घुमाना 2. आरती के समय गाया जाने वाला स्तोत्र 3. दीपक में कपूर जलाकर आरती करने वाला पात्र।

आरब्ध (सं.) [सं-पु.] आरंभ। [वि.] आरंभ किया हुआ; शुरू किया हुआ।

आरभट (सं.) [सं-पु.] 1. उद्योगी,उत्साही या साहसी व्यक्ति 2. नाटक में वीरता और साहस के कामों का अभिनय।

आरभटी (सं.) [सं-स्त्री.] 1. क्रोध आदि उग्र भावों का आवेग 2. साहस और शक्ति के सांसारिक कर्म 3. नृत्य की एक शैली 4. एक नाट्यवृति।

आरसी (सं.) [सं-स्त्री.] 1. दर्पण; आईना; शीशा 2. एक प्रकार की अँगूठी जैसा गहना जिसमें दर्पण जड़ा रहता है।

आरा[1] (सं.) [सं-पु.] 1. लकड़ी चीरने वाला एक दाँतेदार औज़ार 2. चमड़ा सीने का सूजा 3. घोड़िया बैठाने हेतु दीवार पर रखी जाने वाली लकड़ी या पत्थर की पटरी 4. बैलगाड़ी आदि के पहिए की गरारी और पुट्ठी के बीच की पटरी।

आरा[2] (फ़ा) [पर-प्रत्य.] 1. (शब्द) यौगिक शब्दों के अंत में लगने वाला, जैसे- रौशनआरा 2. सजाने वाला; ख़ूबसूरती बढ़ाने वाला।

आराकश (फ़ा.) [सं-पु.] वह जो आरे से लकड़ी, लोहा आदि चीरता हो। [वि.] आरा चलाने वाला।

आरागज [सं-पु.] लकड़ी चीरने का औज़ार।

आराज़ी (अ.) [सं-स्त्री.] 1. भूमि; ज़मीन 2. खेती करने लायक ज़मीन।

आराधक (सं.) [वि.] आराधना करने वाला; भक्ति करने वाला; पूजा करने वाला।

आराधन (सं.) [सं-पु.] आराधना करना; पूजन; अर्चन।

आराधना (सं.) [सं-स्त्री.] पूजा; सेवा; उपासना। [क्रि-स.] उपासना या आराधन करना।

आराधनीय (सं.) [वि.] 1. आराधना या अर्चना करने योग्य; पूज्य; उपास्य 2. प्रसन्न करने के योग्य।

आराध्य (सं.) [वि.] आराधना के योग्य; पूजनीय।

आराध्यदेव (सं.) [सं-पु.] इष्ट; आराधना के योग्य भगवान; इष्टदेव।

आराम (फ़ा.) [सं-पु.] 1. आसानी का भाव; बिना किसी असुविधा की स्थिति 2. सुख, शांति की अवस्था, जैसे- मैं यहाँ आराम से हूँ 3. विश्राम 4. आरोग्य।

आरामकुरसी (फ़ा.) [सं-स्त्री.] आराम करने के लिए लंबी कुरसी जिसपर अधलेटे झपकी भी ली जा सकती है।

आरामगाह (फ़ा.) [सं-स्त्री.] आराम फ़रमाने की जगह; विश्रांति-गृह; शयनागार।

आरामघर (फ़ा.+हिं.) [सं-पु.] 1. आराम करने का स्थान; विश्रामालय 2. सोने का कमरा; शयनागार।

आरामतलब (फ़ा.+अ.) [वि.] 1. हर तरह के सुख-आराम की चाहत रखने वाला; काहिल 2. विलासी 3. निकम्मा; निठल्ला।

आरामतलबी (फ़ा.+अ.) [सं-स्त्री.] 1. सुख-आराम की तलब करना; पड़े-पड़े खाना; काम से जी चुराना 2. आलस्य।

आरामदायक (फ़ा.+सं.) [वि.] 1. आराम और सुकून देने वाला 2. जहाँ झंझट या दिक्कत न हो; सहूलियत भरा।

आरामदेह (फ़ा.) [वि.] आराम और सुकून देने वाला; आरामदायक।

आरामपसंद (फ़ा.) [वि.] काम करने की चाहत न रखने वाला; आरामतलब।

आरास्ता (फ़ा.) [वि.] सजा या सजाया हुआ; सुसज्जित।

आरिफ़ (अ.) [सं-पु.] संत-महात्मा; साधु; ब्रह्मज्ञानी। [वि.] 1. जानने-पहचानने वाला 2. सब्र करने वाला; संतोषी 3. ब्रह्मज्ञानी; सूफ़ी।

आरी [सं-स्त्री.] 1. लकड़ी या लोहे आदि से बना एक दाँतेदार औज़ार; छोटा आरा 2. पैने की नोक में लगी लोहे की कील 3. जालवर्वुरक 4. सुतारी।

आरु (सं.) [सं-पु.] 1. केकड़ा 2. शूकर; सुअर 3. घड़ा 4. एक वृक्ष।

आरुक (सं.) [सं-पु.] 1. आलूबुखारा 2. हिमालय में पाई जाने वाली एक जड़ी। [वि.] हानिकारक; नुकसान पहुँचाने वाला।

आरुणि (सं.) [सं-पु.] 1. अरुण के वंशज 2. उद्दालक ऋषि 3. सूर्य के यम आदि पुत्र 4. शत्रु।

आरूढ़ (सं.) [वि.] 1. चढ़ा हुआ; सवार 2. पदस्थ; आसीन 3. जम कर बैठा हुआ 4. दृढ़।

आरूप (सं.) [सं-पु.] 1. बाह्य रूप 2. किसी पत्र-पत्रिका या पुस्तक का आकार; रूप और शैली।

आरेख (सं.) [सं-पु.] ख़ाका; नक्शा।

आरेचन (सं.) [सं-पु.] 1. संकुचन 2. खाली करना या कराना 3. साँस को बाहर निकालना।

आरेस [सं-स्त्री.] 1. ईर्ष्या; डाह। [सं-पु.] आलस्य।

आरोग्य (सं.) [सं-पु.] 1. रोग से मुक्ति; स्वास्थ्य-लाभ 3. स्वास्थ्य; तंदुरुस्ती।

आरोग्यधाम (सं.) [सं-पु.] चिकित्सालय; आरोग्य-आश्रम।

आरोचन (सं.) [सं-पु.] चमकदार बनाना; चमकाना; माँजना। [वि.] चमकीला; चमकदार।

आरोध (सं.) [सं-पु.] अवरोध; घेरा।

आरोध्य (सं.) [वि.] 1. जिसे रोकना उचित न हो 2. जो रोके जाने के योग्य न हो।

आरोप (सं.) [सं-पु.] 1. अपराध सिद्ध होने से पूर्व, किसी पर अपराध या दोष लगाने की स्थिति; आक्षेप 2. एक पदार्थ में दूसरे पदार्थ के गुण-धर्म की कल्पना करना।

आरोप-फलक (सं.) [सं-पु.] न्यायालय द्वारा प्रस्तुत किया गया वह पत्र जिसमें किसी पर लगाए हुए आरोपों का विवरण होता है।

आरोपक (सं.) [वि.] 1. आरोपण करने वाला 2. जो आरोप या दोष लगाए।

आरोपण (सं.) [सं-पु.] 1. रोपना; लगाना 2. मढ़ना 3. ऊपर चढ़ाना 4. मिथ्या कल्पना 5. भ्रम 6. एक वस्तु में दूसरी के गुण-धर्म की कल्पना 7. कमान की डोरी चढ़ाना 8. आरोप लगाना।

आरोपपत्र (सं.) [सं-पु.] ऐसा पत्र जिसमें आरोपों का विवरण लिखा हो।

आरोपित (सं.) [वि.] रोपा हुआ; स्थापित; आक्षेपित; आरोप लगाया हुआ।

आरोपी (सं.) [वि.] जिसपर दोष लगाया गया हो; अभियुक्त।

आरोह (सं.) [सं-पु.] 1. चढ़ाई; उठान 2. संगीत में स्वरों का चढ़ाव 3. ऊँचाई 4. घमंड।

आरोहक (सं.) [वि.] आरोहण करने वाला।

आरोहण (सं.) [सं-पु.] 1. चढ़ना; ऊपर को जाना 2. सवार होना 3. नृत्य, अभिनय आदि के लिए बना हुआ मंच 4. अँखुआ फूटना।

आरोहन [सं-पु.] आरोहण।

आरोही (सं.) [सं-पु.] 1. चढ़ाई करने वाला 2. सवार 3. ऊपर उठने वाले सुरों का क्रम, जैसे- सा, रे, ग, म, प, ध, नि, सा। [वि.] 1. चढ़ने वाला 2. ऊपर उठने वाला।

आर्क (सं.) [वि.] अर्क (सूर्य या मदार आदि) से संबंधित।

आर्केस्ट्रा (अं.) [सं-पु.] 1. वाद्यवृंद; ख़ास तरीके के अँग्रेज़ी गाने-बजाने की टोली 2. इस टोली द्वारा संपन्न कार्यक्रम 3. नाट्यशाला में शामिल बाजा बजाने वाले दल।

आर्जव (सं.) [सं-पु.] 1. सीधापन; सीधाई 2. सरलता; सुगमता 3. व्यवहार की सरलता और शुद्धता; ईमानदारी 4. स्पष्टवादिता 5. कुटिलता का अभाव।

आर्टिकल (अं.) [सं-पु.] 1. लेख; आलेख 2. धारा; दफ़ा; अनुच्छेद 3. नियम 4. वस्तु; चीज़; पदार्थ।

आर्डिनेंस (अं.) [सं-पु.] सरकार का विशेष आदेश; राज्यादेश; अध्यादेश; यदि सरकार किसी कानून को बनाना अनिवार्य समझती है और उस समय संसद का सत्र न हो तो वह राष्ट्रपति द्वारा एक आदेश निकलवाती है जिसका अनुमोदन संसद द्वारा छह माह के अंदर होना चाहिए।

आर्त (सं.) [वि.] 1. दुखी; पीड़ित; कातर 2. संकटग्रस्त 3. अस्वस्थ।

आर्तध्वनि (सं.) [सं-स्त्री.] दुखद पुकार या ध्वनि; आर्तनाद।

आर्तनाद (सं.) [सं-पु.] परम दुखी व्यक्ति की दर्द भरी पुकार; चीत्कार।

आर्तव (सं.) [सं-पु.] मासिक धर्म; रजस्राव। [वि.] 1. ऋतु संबंधी; ऋतु का 2. ऋतु में उत्पन्न।

आर्थ (सं.) [वि.] 1. जिसका कोई विशेष अर्थ या महत्व हो 2. शब्दों या वाक्यों के अर्थ से संबंध रखने वाला 3. धन-संपत्ति संबंधी।

आर्थिक (सं.) [वि.] 1. अर्थ या शब्दार्थ संबंधी 2. धन संबंधी; द्रव्य संबंधी 3. अर्थ या अर्थव्यवस्था संबंधी।

आर्थी (सं.) [वि.] 1. अर्थ संबंधी 2. शब्दों के अर्थ से संबंध रखने वाला।

आर्द्र (सं.) [वि.] 1. भरा; रुँधा (गला) 2. गीला; रस युक्त; द्रवित 3. सहानुभूति पूर्ण, जैसे- आर्द्र नेत्र, आर्द्र मन।

आर्द्रता (सं.) [सं-स्त्री.] नमी; गीलापन।

आर्द्रा (सं.) [सं-स्त्री.] सत्ताईस नक्षत्रों में से आषाढ़ के आरंभ में पड़ने वाला छठा नक्षत्र, इसमें वर्षा और खेती का होना अच्छा माना जाता है।

आर्मी (अं.) [सं-स्त्री.] 1. सेना; फ़ौज; सैन्य 2. सैनिक; योद्धा 3. थल सेना 4. सेना की नौकरी 5. विशाल समुदाय; बहुत बड़ी संख्या; भीड़।

आर्मेचर (अं.) [सं-पु.] बिजली की मोटर या डायनेमो का चक्कर लगाने वाला हिस्सा।

आर्मेडा (अं.) [सं-पु.] सैन्य जलपोत समूह।

आर्य (सं.) [सं-पु.] 1. बहुत पहले सभ्यता प्राप्त करने वाली एक मशहूर जाति जिसमें भारतवासी भी शामिल हैं और इसकी शाखाएँ एशिया और यूरोप में दूर-दूर तक फैली हुई हैं। [वि.] 1. श्रेष्ठ; उत्तम 2. पूज्य; मान्य 3. कुलीन 4. योग्य; उपयुक्त।

आर्यपुत्र (सं.) [सं-पु.] 1. आर्य का पुत्र 2. कुलीन व्यक्ति 3. पति, राजकुमार आदि के लिए प्रयुक्त एक प्राचीन संबोधन।

आर्यसमाज (सं.) [सं-पु.] स्वामी दयानंद सरस्वती के द्वारा स्थापित संप्रदाय जो मूर्तिपूजा, पुराण आदि का खंडन करता है तथा वैदिक धर्म का पोषण करता है।

आर्यसमाजी (सं.) [सं-पु.] वह व्यक्ति जो आर्यसमाज के नियमों तथा सिद्धांतों को मानता हो। [वि.]1. आर्य समाज संबंधी 2. आर्य समाजियों की तरह का।

आर्या (सं.) [सं-स्त्री.] 1. श्रेष्ठ नारी 2. पार्वती 3. सास, दादी या पितामही को संबोधित किया जाने वाला एक प्राचीन शब्द 5. एक प्रकार का छंद जिसमें प्रथम एवं तृतीय चरण में बारह-बारह तथा दूसरे चरण में अठारह एवं चौथे चरण में पंद्रह मात्राएँ होती हैं।

आर्यावर्तत (सं.) [सं-पु.] आर्यों की निवास भूमि (भारत का मध्य और उत्तर); भारतवर्ष।

आर्ष (सं.) [वि.] 1. ऋषियों द्वारा बनाया हुआ; ऋषि-प्रणीत; ऋषि-कृत 2. वैदिक।

आर्षप्रयोग (सं.) [सं-पु.] 1. शब्दों का वह प्रयोग जो व्याकरण के नियम के प्रतिकूल हो पर प्राचीन ग्रंथों में मिलता हो 2. ऋषियों द्वारा किया जाने वाला शब्द प्रयोग।

आर्षविवाह (सं.) [सं-पु.] स्मृतियों में वैध माने गए आठ प्रकार के विवाहों में से एक विवाह जिसमें वर से कन्या का पिता दो गायें या बैल शुल्क रूप में लेता था।

आर्सेनिक (अं.) [सं-पु.] घातक विष; संखिया।

आल[1] (सं.) [सं-पु.] 1. गाँव का एक भाग 2. हरताल 3. विषैले जंतु या कीड़े के शरीर से निकलने वाला विषाक्त तरल पदार्थ या रस 4. एक प्रकार का कंटीला पौधा 5. एक प्रकार का पौधा रंग के लिए जिसकी खेती रंग के लिए की जाती थी 6. झंझट 7. माधी नामक कीड़ा 8. प्याज का हरा डंठल; लौकी। [वि.] गीला; तर।

आल[2] (अ.) [सं-स्त्री.] 1. बेटी की संतति 2. औलाद; संतान 3. कुल; खानदान; परिवार।

आलंकारिक (सं.) [वि.] दे. अलंकारिक।

आलंबन (सं.) [सं-पु.] 1. सहारा; आश्रय 2. रसोत्पत्ति में सहायक एक विभाव, जैसे- रसोत्पत्ति में नायक या नायिका 3. योगियों द्वारा किया जाने वाला एक प्रकार का मानसिक अभ्यास 4. कारण; साधन 5. पंच-तन्मात्र 6. नींव।

आलता [सं-स्त्री.] शुभ अवसरों पर ख़ासकर औरतों द्वारा पैर में लगाया जाने वाला महावर जैसा लाल रंग।

आलन [सं-पु.] 1. साग में मिलाया जाने वाला आटा या बेसन 2. दीवार बनाने की मिट्टी में मिलाया जाने वाला घास-फूस।

आलना (सं.) [सं-पु.] घोंसला; चिड़ियों का बसेरा; नीड़।

आलपीन [सं-स्त्री.] कागज़ आदि को नत्थी करने के लिए घुंडीदार सुई; पिन।

आलम (अ.) [सं-पु.] 1. संसार; दुनिया 2. हालत; दशा 3. भीड़; जनसमूह 4. संसार में रहने वाले मनुष्य।

आलमगीर (अ.+फ़ा.) [वि.] 1. विश्वविजयी 2. विश्वव्यापी।

आलमारी [सं-स्त्री.] 1. सामान आदि रखने के लिए धातु या लकड़ी का बना कई खाँचों या खंडों का आधान; अलमारी 2. दीवार में बना कई खानों वाला आधान।

आलमी (अ.) [वि.] लौकिक; सांसारिक।

आलय (सं.) [सं-पु.] 1. घर; मकान 2. जगह; स्थान।

आलवार [सं-पु.] दक्षिण भारतीय भागवत धर्म के संत उपदेशकों की श्रेणी।

आलवार [सं-पु.] दक्षिण भारतीय भागवत धर्म के संत उपदेशकों की श्रेणी।

आलस (सं.) [सं-पु.] सुस्ती; शिथिलता; उत्साहहीनता।

आलसी (सं.) [वि.] 1. काहिल; सुस्त; शिथिल; फिसड्डी 2. काम न करने वाला; निकम्मा।

आलस्य (सं.) [सं-पु.] 1. आलस का भाव; सुस्ती; तंद्रा 2. काहिली; निकम्मापन 3. उत्साहहीनता 4. शिथिलता।

आला (अ.) [सं-पु.] 1. उपकरण 2. औज़ार 3. मरीज़ों की हृदय की धड़कन आदि मापने वाला यंत्र। [वि.] सबसे उम्दा; सर्वश्रेष्ठ।

आला बिनौला [सं-पु.] गुबरौटी (गोबर मिट्टी की घोल) में भिगोया बिनौला।

आलाकमान (अ.+फ़.) [सं-पु.] किसी संस्था या संगठन का सर्वेसर्वा; सर्वोच्च पदाधिकारी; सर्वाधिकार (शासन) संपन्न व्यक्ति।

आलात[1] (सं.) [सं-पु.] लकड़ी जिसका एक सिरा जल रहा हो; लुक; लुआठी।

आलात[2] (अ.) [सं-पु.] 1. जहाज का रस्सा 2. उपकरण 3. औज़ार।

आलान (सं.) [सं-पु.] 1. हाथी बाँधने का खूँटा; खंभा या रस्सा 2. बाँधने की रस्सी 3. बंधन।

आलाप (सं.) [सं-पु.] 1. कहना; बोलना 2. संगीत में स्वरों की साधना; संगीत के सातों स्वर; गाने का वह विशिष्ट आरंभिक अंश या प्रकार जिसमें तानयुक्त स्वरों में केवल धुन का प्रदर्शन होता है, गीत के बोलों का उच्चारण नहीं होता है 3. परस्पर होने वाला वार्तालाप 4. चिड़ियों की चहचहाहट।

आलापना [क्रि-स.] 1. तान लगाना; आलाप लेना 2. शास्त्रीय पद्धति से गीत गाना।

आलापी (सं.) [वि.] 1. संगीत में सुरों का आलाप करने वाला 2. गाने वाला 3. बोलने वाला 4. {ला-अ.} अपनी ही अपनी बात कहने वाला।

आलि (सं.) [सं-स्त्री.] 1. सखी; सहेली 2. भौंरी; भ्रमरी (भौंरे की मादा) 3. पंक्ति; कतार 4. बिच्छु 5. रेखा 6. पानी का बाँध।

आलिंगन (सं.) [सं-पु.] बाहों में लेकर गले लगाने की क्रिया; अंक में भरना।

आलिंगनपाश (सं.) [सं-पु.] 1. गले लगाना; भेंटना 2. प्रगाढ़ आलिंगन; परिरंभण 3. लिपटाना; अंक में भर लेना।

आलिम (अ.) [सं-पु.] विद्वान; पंडित। [वि.] इल्मवाला।

आलिम-फ़ाज़िल (अ.) [वि.] 1. जानने वाला 2. विद्वान; निष्णात।

आलिमाना (अ.+फ़ा.) [वि.] आलिमों जैसा या विद्वानों सरीखा।

आली[1] [वि.] 1. आल के रंग का; लाल। [सं-स्त्री.] 1. भूमि की एक नाप जो एक बिस्वा के बराबर होती है 2. खेतों, बगीचों आदि की क्यारी।

आली[2] (सं.) [सं-स्त्री.] सखी; सहेली। [वि.] गीली; तर; नम।

आली[3] (अ.) [वि.] 1. ऊँचा; बड़ा 2. श्रेष्ठ; उत्तम 3. मान्य।

आलीजनाब (अ.) [सं-पु.] ऊँचे पद वाले व्यक्ति या अधिकारी आदि के लिए संबोधन; महोदय; आली हज़रत।

आलीशान (अ.) [वि.] भव्य; शानदार; विशाल।

आलुंचन (सं.) [सं-पु.] 1. चीरना 2. चीर कर टुकड़े-टुकड़े कर देना।

आलू (सं.) [सं-पु.] एक प्रकार का कंद जिसकी सब्ज़ी बनती है।

आलूचा (फ़ा.) [सं-पु.] 1. एक रसीला और खट्टा-मीठा फल 2. उक्त फल का पेड़।

आलूबुख़ारा (फ़ा.) [सं-पु.] 1. एक खट्टा-मीठा और रसीला फल जिसमें बड़ी गुठली निकलती है 2. उक्त फल का पेड़।

आलेख (सं.) [सं-पु.] 1. पत्र-पत्रिका में प्रकाशित कोई वर्णनात्मक या विवेचनात्मक निबंध, लेख अथवा रचना 2. लिखावट; लिपि।

आलेखन (सं.) [सं-पु.] 1. लेखन-क्रिया; लिखना 2. तस्वीर बनाना; चित्रांकन।

आलेख्य (सं.) [सं-पु.] 1. रूप-रेखाओं वाला अंकन 2. चित्र; (स्केच) 3. वह जो लिखा गया हो; लेख। [वि.] लिखने या चित्रित करने के योग्य।

आलेप (सं.) [सं-पु.] 1. लेप; उबटन 2. पलस्तर।

आलोक (सं.) [सं-पु.] 1. प्रकाश; उजाला 2. देखना 3. दर्शन।

आलोकन (सं.) [सं-पु.] 1. अवलोकन 2. दिखलाना 3. चमकाना 4. उज्ज्वल बनाना।

आलोकित (सं.) [वि.] 1. चमकता हुआ 2. प्रकाशित।

आलोचक (सं.) [वि.] आलोचना करने वाला; त्रुटि निकालने वाला; किसी कृति या रचना का विश्लेषक; गुण-दोषान्वेषक; समीक्षक।

आलोचन (सं.) [सं-पु.] गुण-दोष की परख; आलोचना; समीक्षा।

आलोचना (सं.) [सं-स्त्री.] 1. गुण-दोष की परख; ख़ूबियों-खामियों का विवेचन; समीक्षा 2. देखना; अवलोकन करना 3. दर्शन करना।

आलोचनात्मक (सं.) [वि.] आलोचना से संबंधित; आलोचना विषयक।

आलोच्य (सं.) [वि.] 1. जिसकी आलोचना की जाए 2. जो आलोचना के योग्य हो 3. आलोचना के लिए प्रस्तुत (विषय, मुद्दा, पुस्तक आदि)।

आलोड़न (सं.) [सं-पु.] 1. मंथन; मर्दन 2. मन में उठने वाली ऊहापोह की स्थिति 3. क्षोभ 4. द्वंद्व।

आलोड़ित (सं.) [वि.] 1. हिलाया-डुलाया हुआ; हिलोरा हुआ 2. मथा हुआ; मथित 3. सुविचारित।

आल्हा [सं-पु.] 1. महोबा (बुंदेलखंड) का एक लोक प्रसिद्ध वीर योद्धा 2. एक प्रकार का छंद जिसमें इकतीस मात्राएँ होती हैं 3. वीरता के आख्यान; लोकगीत 4. किसी घटना का सविस्तार अतिशयोक्तिपूर्ण वर्णन।

आव [परप्रत्य.] क्रिया की धातुओं में लगकर स्थिति, भाव आदि का अर्थ सूचित करने वाला प्रत्यय, जैसे- चढ़ने से चढ़ाव; बढ़ने से बढ़ाव आदि।

आवंटन (सं.) [सं-पु.] 1. बाँटना; वितरण करना; हिस्से लगाना 2. देना; सौंपना 3. सरकारी तौर पर कोई संपत्ति या काम किसी के नाम करना; अधिकृत करना।

आवंटित (सं.) [वि.] 1. आवंटन किया हुआ 2. सौंपा हुआ 3. वितरित या बाँटा हुआ।

आवक [सं-पु.] किसी वस्तु या माल का आना, आ जाना; आमद; पहुँच।

आवक्ष (सं.) [वि.] छाती तक; वक्ष पर्यंत।

आवज (सं.) [सं-पु.] ताशा नाम का वाद्य।

आवट [सं-पु.] बिना साफ किया चावल।

आवधिक (सं.) [वि.] 1. अवधि संबंधी; अवधि का 2. हर अवधि में होने वाला।

आवन[1] [सं-पु.] गाड़ी के काठ के पहिए के मध्य में लगी लोहे की गोलाकार पट्टी, जिसके ऊपर धुरी चलती है।

आवन[2] (सं.) [सं-पु.] आगमन; आना। [सं-स्त्री.] अवनि।

आवभगत [सं-स्त्री.] स्वागत-सत्कार; आदर-सत्कार; ख़ातिरदारी।

आवयविक (सं.) [वि.] अवयव का; अवयव संबंधी।

आवरण (सं.) [सं-पु.] 1. परदा 2. ढक्कन; जिल्द 3. घेरा 4. किसी वस्तु को ढकने का कपड़ा।

आवरण-पृष्ठ (सं.) [सं-पु.] पुस्तक, पत्र या पत्रिका का प्रथम पृष्ठ जिसपर उसका और लेखक का नाम लिखा रहता है; (टाइटिल)।

आवर्जक (सं.) [वि.] 1. आकृष्ट करने वाला 2. ख़ुश या तुष्ट करने वाला 3. पराभूत करने वाला 4. हथियाने वाला; हस्तगत करने वाला।

आवर्जन (सं.) [सं-पु.] 1. आकृष्ट करना 2. अपने अधिकार में लेना; हस्तगत करना 3. खींचना 4. पराभूत करना 5. तुष्ट करना; तुष्टीकरण।

आवर्त (सं.) [सं-पु.] 1. घुमाव; भँवर 2. चारों तरफ़ चक्कर लगाने की क्रिया 3. विचारों का मन में रह-रह कर आना 4. घनी आबादी 5. चिंता 6. संशय 7. लाजवर्द नामक नीला रत्न 8. धातु का पिघलना।

आवर्तक (सं.) [वि.] 1. चक्कर खाने वाला 2. रह-रह कर मन में उठने वाला 3. निश्चित अवधि में बार-बार घटित होने वाला। [सं-पु.] बादल का एक प्रकार।

आवर्तन (सं.) [सं-पु.] 1. घुमाव 2. घूर्णन; चारों ओर फेरा या चक्कर लगाना 3. किसी कार्य का बार-बार होना 4. मंथन; आलोड़न।

आवर्ती (सं.) [वि.] घूमने वाला; बार-बार होने वाला; चक्कर खाने वाला।

आवर्त्तमान (सं.) [सं-पु.] अधिक स्थान व्याप्त करने वाला प्रकाश। [वि.] अधिक स्थान व्याप्त करने वाला।

आवर्धक (सं.) [वि.] पदार्थ के आकार, मान, शक्ति आदि को बढ़ाने वाला।

आवर्धन (सं.) [सं-पु.] पदार्थ के आकार, मान, शक्ति आदि को बढ़ाने की क्रिया।

आवलि (सं.) [सं-स्त्री.] दे. अवलि।

आवश्यक (सं.) [वि.] ज़रूरी; अनिवार्य।

आवश्यकता (सं.) [सं-स्त्री.] 1. ज़रूरत 2. अनिवार्यता।

आवह (सं.) [सं-पु.] वायु के सात स्कंधों में पहला जिससे ओले, बिजली आदि की उत्पत्ति मानी जाती है। [वि.] 1. वहन करने वाला 2. उत्पन्न करने वाला, जैसे- भयावह 3. उत्पादक 4. राह दिखाने वाला 5. लाने वाला।

आवागमन (सं.) [सं-पु.] 1. आना-जाना; गमनागमन 2. {ला-

अ.} जन्म-मरण का फेरा।

आवाज़ (फ़ा.) [सं-स्त्री.] 1. वाणी; बोली; स्वर 2. नाद; ध्वनि; शब्द। [मु] **-उठाना** : किसी के विरुद्ध बोलना। **-ऊँची करना** : किसी बात के पक्ष-विपक्ष में ज़ोर से बोलना। **-देना** : पुकारना। **-बैठना** : गले में कफ़ के कारण साफ़ आवाज़ न निकलना। **-फटना** : आवाज़ भर्राना।

आवाजाही [सं-स्त्री.] आना-जाना; आवागमन; गमनागमन; आमदरफ़्त।

आवापन (सं.) [सं-पु.] 1. छितराना-बिखेरना 2. बीज बोना 3. करघा 4. वह गोल लकड़ी जिसपर तागा लपेटा जाता है।

आवारगी (फ़ा.) [सं-स्त्री.] शोहदापन; आवारापन; लंपटता।

आवारा (फ़ा.) [वि.] 1. व्यर्थ में घूमने वाला 2. लंपट; निकम्मा।

आवारागर्दी (फ़ा.) [सं-स्त्री.] बेकार घूमना; भटकना।

आवास (सं.) [सं-पु.] रहने का स्थान; घर; निवास-स्थान।

आवासिक (सं.) [वि.] आवास से संबंधित। [सं-पु.] 1. अस्थायी रूप से रहने वाला 2. निवासी 3. रहने का स्थान।

आवासी (सं.) [वि.] रहने वाला; निवास करने वाला

आवासीय (सं.) [वि.] 1. आवास संबंधी 2. आवास की सुविधा से युक्त।

आवाहक (सं.) [वि.] 1. आवाहन या आह्वान करने वाला 2. पुकारने वाला; बुलाने वाला।

आवाहन (सं.) [सं-पु.] 1. पुकारना; बुलाना 2. आमंत्रित करना 3. मंत्र द्वारा देवता को बुलाना 4. आह्वान; किसी नेक अभियान में कर्मरत होने के लिए सामूहिक आमंत्रण।

आविक (सं.) [वि.] 1. भेड़ संबंधी 2. ऊनी। [सं-पु.] ऊनी वस्त्र; कंबल।

आविद्ध (सं.) [वि.] 1. छेदा हुआ; भेदा हुआ; बेधा हुआ 2. फेंका व तोड़ा हुआ।

आविर्भाव (सं.) [सं-पु.] 1. अवतरण 2. जन्म; प्रकट होना; उदय।

आविर्भूत (सं.) [वि.] 1. उत्पन्न 2. सामने आया हुआ 3. अवतरित।

आविष्करण (सं.) [सं-पु.] 1. आविष्कार करना; खोज निकालना 2. प्रकट होना या करना; प्रकटीकरण।

आविष्कर्ता (सं.) [वि.] आविष्कार करने वाला; नई खोज करने वाला।

आविष्कार (सं.) [सं-पु.] प्राकट्य; नई खोज; ईजाद।

आविष्कृत (सं.) [वि.] 1. जिसका आविष्कार हुआ हो 2. प्रकाशित; प्रकटित 3. ईजाद किया हुआ।

आविष्ट (सं.) [वि.] 1. आवेशयुक्त, जैसे- क्रोध से आविष्ट 2. भावाकुल, जैसे- प्रेमाविष्ट 3. लीन 4. ढँका हुआ; आच्छादित।

आवीक्षण (सं.) [सं-पु.] ऐसी प्रविधि जिसमें आसमान से विमान द्वारा धरातल की तस्वीरें खींचकर प्राचीन पुरातात्विक स्थलों की खोज की जाती है।

आवृत्त (सं.) [वि.] 1. घेरे, वृत्त या गोले के अंदर घिरा हुआ 2. छिपा हुआ; ढका हुआ; लपेटा हुआ; आच्छादित 3. दुहराया हुआ; आवृत्ति किया हुआ।

आवृत्ति (सं.) [सं-स्त्री.] 1. दोहराव; बार-बार घटित होना 2. बारंबारता 3. किसी पुस्तक आदि का पुनर्मुद्रण; संस्करण।

आवेग (सं.) [सं-पु.] 1. उत्कट भावना; चित्त की प्रबल वृत्ति; जोश 2. आकुलता; इष्ट या अनिष्ट के प्राप्त होने पर मन की विकलता 3. एक संचारी भाव 4. मन में उत्पन्न वह विकार जो मनुष्य को बिना कुछ सोचे-विचारे कुछ कर डालने में प्रवृत्त करता है।

आवेगात्मक (सं.) [वि.] आवेगपूर्ण; आवेगयुक्त।

आवेगी (सं.) [वि.] 1. आवेग संबंधी 2. जोशीला; बिना सोचे-समझे कुछ कर गुज़रने वाला 3. आवेगशील; अशांत।

आवेदक (सं.) [वि.] आवेदन करने वाला; आवेदनकर्ता। [सं-पु.] प्रार्थी; मुद्दई।

आवेदन (सं.) [सं-पु.] 1. दरख़्वास्त; प्रार्थना; निवेदन 2. उम्मीदवार बनने के लिए अनुरोध 3. नम्रतापूर्वक कोई बात कहना या सूचना देना।

आवेदन-पत्र (सं.) [सं-पु.] प्रार्थना-पत्र; अर्ज़ी; वह पत्र जिसपर कोई अपनी प्रार्थना या निवेदन लिखकर किसी को सूचित करे।

आवेश (सं.) [सं-पु.] 1. जोश; तैश; आक्रोश; उद्दीप्त मनोवेग 2. अभिनिवेश 3. झोंक; अंतःप्रेरणा 4. मूर्छा; मिर्गी रोग 5. भूत-प्रेत की बाधा।

आवेश-मूलक (सं.) [वि.] आवेश उत्पन्न करने वाला; आवेश से संबंधित।

आवेशन (सं.) [सं-पु.] 1. प्रवेश; पैठ 2. आवेश; आविष्ट होना 3. जोश 4. घमंड 5. प्रेत-बाधा 6. बैठने या रहने का स्थान 7. शिल्पशाला 8. सूर्य या चंद्रमा का मंडल।

आवेशयुक्त (सं.) [वि.] आवेश से भरा हुआ; आविष्ट; आवेशित।

आवेशहीन (सं.) [वि.] तैश का अभाव; क्रोधरहित; क्रोधावेश का अभाव।

आवेष्टक (सं.) [सं-पु.] 1. चारदीवारी; घेरा 2. जाल। [वि.] चारों ओर से घेरने वाला।

आवेष्टन (सं.) [सं-पु.] चारों ओर से घेरने, ढकने आदि का कार्य; छिपाने, ढकने या लपेटने की वस्तु।

आव्रजन (सं.) [सं-पु.] 1. अपना स्थान छोड़ कर दूसरी जगह जाना 2. किसी दूसरे देश में बसने के लिए जाना।

आशंका (सं.) [सं-स्त्री.] अंदेशा; शंका; संदेह; अनिष्ट की संभावना।

आशंकित (सं.) [वि.] डर; भय; संदेह से ग्रस्त; आशंका ग्रस्त; सशंकित।

आशंसा (सं.) [सं-स्त्री.] 1. इच्छा 2. आशा 3. प्रशंसा 4. अपेक्षा 5. चर्चा 6. कथन।

आशना (फ़ा.) [सं-पु.] 1. दोस्त; यार 2. प्रेमी; प्रेमिका। [वि.] जान-पहचान वाला; परिचित।

आशनाई (फ़ा.) [सं-स्त्री.] 1. इश्क़; मुहब्बत; प्रेम 2. दोस्ती; यारी; मित्रता 2. जान-पहचान; परिचय 3. स्त्री-पुरुष के बीच अवैध संबंध।

आशय (सं.) [सं-पु.] 1. तात्पर्य; अभिप्राय; मतलब 2. इच्छा;

वासना 3. नीयत; उद्‌देश्य।

आशा (सं.) [सं-स्त्री.] 1. किसी कार्य या बात के पूर्ण हो जाने की उम्मीद; इच्छा, जैसे- आशा है आप जल्दी लौटेंगे 2. एक राग 3. दक्ष की एक कन्या 4. साधारण विश्वास। [मु.] -**टूटना** : उम्मीद भंग होना। [मु.] -**बँधना** : इच्छा पूर्ण होने की संभावना होना।

आशा-आकांक्षा (सं.) [सं-स्त्री.] उम्मीद और चाहत; आस भरी ललक।

आशाजनक (सं.) [वि.] ऐसी बात जिससे कार्य पूर्ण होने की उम्मीद जगे; आशामय; आशाप्रद।

आशातीत (सं.) [वि.] की गई आशा से बहुत अधिक; आशा से परे, जैसे- आशातीत परिणाम।

आशान्वित (सं.) [वि.] 1. आशायुक्त; उम्मीद से भरा हुआ 2. उत्साहित।

आशामय (सं.) [वि.] आशा या उम्मीद से भरा हुआ; भरोसे से युक्त।

आशावाद (सं.) [सं-पु.] 1. सदा अच्छी बातों और सफलता में विश्वास रखने वाला सिद्धांत 2. ऐसा स्वभाव जो शुभ परिणाम में सदा विश्वास रखे।

आशावादी (सं.) [वि.] 1. सदैव अनुकूल या अच्छी बातों की आशा करने वाला; आशावाद को मानने वाला 2. आशावाद संबंधी।

आशावान (सं.) [वि.] आशान्वित; उम्मीद से भरा हुआ।

आशाहीन (सं.) [वि.] जिसमें आशा या उम्मीद के भाव न हों।

आशिक (अ.) [सं-पु.] प्रेम में अनुरक्त व्यक्ति। [वि.] 1. प्रेम करने वाला; प्रेमी 2. काम के वशीभूत होकर किसी की ओर आकृष्ट होने वाला 3. आसक्त।

आशिक-मिज़ाज (अ.) [वि.] जिसके मन-मिज़ाज में आशिकी भरी हो; हमेशा प्रेम या इश्क़ फ़रमाने वाला; विलासी; प्रेमप्रवण।

आशिकाना (अ.+फ़ा.) [वि.] आशिकों जैसा अंदाज़ या व्यवहार; प्रेमिल स्वभाव; अनुरागमय।

आशिकी (अ.) [सं-स्त्री.] आशिक होने की क्रिया या भाव; प्रेमासक्ति।

आशियाना (फ़ा.) [सं-पु.] 1. पक्षी का घोंसला 2. {ला-अ.} प्यार और शौक से बनाया गया रहने का ठिकाना; बसेरा; घर।

आशिर (सं.) [सं-पु.] 1. सूर्य; सूरज; प्रभाकर 2. अग्नि 3. राक्षस।

आशिष (सं.) [सं-स्त्री.] दे. आशीष।

आशी (सं.) [सं-स्त्री.] 1. साँप का विषैला दाँत 2. सर्प विष 3. असीस। [वि.] जिसके दाँत में विष हो।

आशीर्वचन (सं.) [सं-पु.] किसी की मंगल कामना के लिए कहे गए शुभ वचन; आशीर्वाद; आशीष; मंगल कामना।

आशीर्वाद (सं.) [सं-पु.] आशीष; बड़ों का छोटों के लिए शुभ उद्‌गार; कल्याण एवं मंगलकामना; दुआ।

आशीष (सं.) [सं-स्त्री.] 1. किसी के कल्याण, सफलता आदि के लिए कामना करना; आशीर्वाद; मंगल कामना 2. (काव्यशास्त्र) एक अलंकार जिसमें आशीर्वाद प्राप्त करने की प्रार्थना होती है।

आशु (सं.) [वि.] तेज़; त्वरित; क्षिप्र। [क्रि.वि.] 1. तेज़ी से; त्वरित गति से; क्षिप्रता से 2. जल्द; शीघ्र; तुरंत। [सं-पु.] 1. घोड़ा 2. भादो माह में पकने वाला धान।

आशुकवि (सं.) [सं-पु.] झटपट कविता करने वाला; तत्काल कविता बना कर पाठ करने वाला कवि।

आशुकविता (सं.) [सं-स्त्री.] तुरंत बनाई जाने वाली कविता।

आशुटंकक (सं.) [सं-पु.] आशुलिपि से टंकण करने वाला व्यक्ति; शॉर्ट हैंड टंकक।

आशुतोष (सं.) [सं-पु.] शिव; शंकर; महादेव। [वि.] 1. शीघ्र संतुष्ट होने वाला 2. जो जल्दी प्रसन्न हो जाए।

आशुलिपि (सं.) [सं-स्त्री.] सुनी हुई बात को शीघ्रता से लिख लेने में सहायक संकेत लिपि; शीघ्रलिपि।

आशुलिपिक (सं.) [सं-पु.] आशुलिपि की सहायता से सुनी हुई बात को तुरंत लिख लेने वाला व्यक्ति। [वि.] आशुलिपि संबंधी; आशुलिपि का।

आश्चर्य (सं.) [सं-पु.] 1. विस्मय 2. अद्‌भुत रस का स्थायी भाव 3. अचरज; अचंभा 4. हैरानी।

आश्चर्यचकित (सं.) [वि.] विस्मित; अचंभित; हैरान।

आश्चर्यजनक (सं.) [वि.] अचंभा पैदा करने वाला; आश्चर्य का द्योतन करने वाला; अचरज में डालने वाला।

आश्मिक (सं.) [वि.] 1. पत्थर से संबद्ध; पाषाण निर्मित 2. पत्थर ढोने वाला।

आश्रम (सं.) [सं-पु.] 1. ऋषियों-मुनियों के रहने का स्थान; जहाँ जीवन पद्धति में श्रम की प्रधानता हो; साधु संतों की कुटी; मठ; तपोवन 2. जीवन जीने की विभिन्न अवस्थाएँ (ब्रह्मचर्य, गार्हस्थ्य, वानप्रस्थ एवं सन्यास) 3. विद्यालय।

आश्रय (सं.) [सं-पु.] 1. सहारा; शरण 2. वह वस्तु जिसके सहारे दूसरी वस्तु हो; आधार वस्तु; आधार 3. संरक्षण 4. रहने, ठहरने या विश्राम आदि करने का सुरक्षित स्थान; ठिकाना 5. सानिध्य 6. बौद्ध धर्म में पाँच ज्ञानेंद्रियाँ और मन जिनमें सुख-दुख तथा उनके आधारों की अनुभूति होती है।

आश्रयण (सं.) [सं-पु.] किसी का आश्रय या सहारा लेने अथवा किसी को आश्रय या सहारा देने की क्रिया या भाव।

आश्रयदाता (सं.) [वि.] 1. आश्रय या सहारा देने वाला 2. प्रश्रय देने वाला; आधार या आसरा देने वाला 3. देखरेख करने वाला; संरक्षक।

आश्रयहीन (सं.) [वि.] बेसहारा। [सं-पु.] बेसहारा व्यक्ति।

आश्रयी (सं.) [वि.] 1. आश्रय लेने वाला; आश्रित होने वाला 2. किसी के सहारे ठहरा या टिका हुआ 3. अवलंबी।

आश्रव (सं.) [सं-पु.] 1. प्रतिज्ञा; वचन 2. धारा; प्रवाह 3. सरिता; नदी 4. कसूर; अपराध; दोष 5. (बौद्ध धर्म) वह जो किसी के बंधन का कारण हो 6. (जैन धर्म) मन, वचन और शरीर से किए हुए कर्म का संस्कार 7. उबलते हुए चावल का फेन।

आश्रित (सं.) [वि.] 1. आश्रय में आया हुआ; सहारा लिया हुआ 2. किसी के आश्रय या सहारे टिका या ठहरा हुआ;

अवलंबित 3. निर्भर; किसी के अधीन या भरोसे पर रहने वाला।

आश्रुत (सं.) [वि.] 1. जो सुना हुआ हो; आकर्णित 2. जिसके संबंध में कोई प्रतिज्ञा की गई हो या वचन दिया गया हो; प्रतिज्ञात 3. अंगीकार किया हुआ; अंगीकृत; स्वीकृत; गृहीत।

आश्रुति (सं.) [सं-स्त्री.] 1. प्रतिज्ञा करने या वचन देने की क्रिया 2. सुनने की क्रिया या भाव 3. किसी से कुछ लेने की क्रिया; ग्रहण; आदान; अंगीकार करने की क्रिया।

आश्लिष्ट (सं.) [वि.] 1. जो जुड़ा, सटा या लगा हुआ हो; संयुक्त; संबद्ध 2. आलिंगन किया हुआ; आलिंगित।

आश्लेष (सं.) [सं-पु.] 1. लगाव 2. संबंध 3. आलिंगन 4.एक नक्षत्र का नाम।

आश्लेषण (सं.) [सं-पु.] 1. मेल; संयोग 2. आलिंगन 2. अवलंबन।

आश्लेषा (सं.) [सं-स्त्री.] 1. सत्ताईस नक्षत्रों में से नवाँ नक्षत्र 2. वह समय जब चंद्रमा अश्लेषा नक्षत्र में होता है।

आश्व (सं.) [वि.] अश्व संबंधी; घोड़े से संबंध रखने वाला घोड़ों द्वारा खींचा जाने वाला।

आश्वस्त (सं.) [वि.] 1. जिसे आश्वासन या तसल्ली दी गई हो 2. जिसे प्रोत्साहन मिला हो 3. जिसकी बैचनी या घबराहट दूर हो गई हो 4. उत्साहित।

आश्वस्तता (सं.) [सं-स्त्री.] निश्चिंतता; आश्वस्त होने की स्थिति या भाव; सांत्वना; तसल्ली का भाव।

आश्वस्ति (सं.) [सं-स्त्री.] आश्वस्त होने की क्रिया; सांत्वना; तसल्ली का भाव।

आश्वासन (सं.) [सं-पु.] दिलासा; सांत्वना; सहयोग हेतु वचन देना; भय निवारण।

आश्विन (सं.) [सं-पु.] दे. अश्विन।

आषाढ़ (सं.) [सं-पु.] 1. आषाढ़ मास; जेठ के बाद का महीना 2. यज्ञोपवीत के समय यतियों द्वारा धारण किया जाने वाला पलाश-दंड 3. मलयगिरि।

आषाढ़ीय (सं.) [वि.] 1. आषाढ़ मास से संबंधित 2. आषाढ़ नक्षत्र में उत्पन्न।

आस (सं.) [सं-स्त्री.] 1. आशा; भरोसा 2. कामना 3. सहारा। [मु.] -टूटना : निराश होना। **-तकना** : प्रतीक्षा करना। **-बाँधना** : उम्मीद करना।

आसंग (सं.) [सं-पु.] 1. आसक्त होने की क्रिया, अवस्था या भाव; लिप्सा; आसक्ति; (अटैचमेंट) 2. संग रहने की क्रिया; संगति; संसर्ग; सोहबत 3. दो वस्तुओं में किसी प्रकार का संपर्क बतलाने वाला तत्व; लगाव; अनुबंध 4. स्वकर्तृत्व का अभिमान 5. संलग्नता; संदर्भ। [वि.] अविच्छिन्न; अबाधित। [अव्य.] लगातार; बराबर।

आसंजन (सं.) [सं-पु.] 1. किसी के साथ अच्छी-तरह जोड़ना या बाँधना 2. उलझ या फँस जाना 3. किसी अपराधी या ऋणी की संपत्ति पर न्यायालय की आज्ञा से होने वाला वह अधिकार जो अर्थदंड चुकाने के लिए होता है; कुर्की; (अटैचमेंट) 4. किसी सतह से चिपक जाना।

आसंजित (सं.) [वि.] जिसका आसंजन हुआ हो; कुर्क किया हुआ (संपत्ति)।

आसंदी (सं.) [सं-स्त्री.] 1. बैठने का कुछ ऊँचा छोटा आसन 2. खटोला; मचिया 3. आराम-कुरसी 4. वेदी 5. आशा; उम्मीद 6. सहारा; आधार 7. लालसा; कामना।

आसक्त (सं.) [वि.] 1. अनुरक्त 2. किसी पर बहुत अधिक अनुराग करने वाला; मोहित 3. किसी में लीन; लिप्त (विषयासक्त)।

आसक्ति (सं.) [सं-स्त्री.] 1. आसक्त होने की अवस्था या भाव 2. अनुरक्ति; अनुराग; लगन; लिप्तता।

आसत्ति (सं.) [सं-स्त्री.] 1. सामीप्य; निकटता 3. वाक्य में संबद्ध पदों की निकटता 4. मेल 5. प्राप्ति।

आसन (सं.) [सं-पु.] 1. मूँज, कुश, ऊन आदि से निर्मित छोटी चटाई 2. योगासनादि में बैठने की मुद्रा 3. कामशास्त्र में वर्णित काम की चौरासी मुद्राएँ 4. साधु-संतों के रहने तथा ठहरने का स्थान 5. छह प्रकार की परराष्ट्र नीति में से एक 'उपेक्षा की नीति'। [मु.] **-उखड़ना** : अपने स्थान से हिल जाना। **-जमना** : एक ही स्थान पर देर तक बैठना। **-जमाना** : अडिग भाव से जमकर बैठना। **-देना** : आदर-सत्कार करना। **-डोलना** : किसी कारणवश मन का विचलित होना।

आसनी (सं.) [सं-स्त्री.] कुश या कपड़े का बना छोटा आसन; बैठने की छोटी चटाई।

आसन्न (सं.) [वि.] 1. निकट या नज़दीक आया हुआ; समीपस्थ 2. उपस्थित।

आसपास (सं.) [अव्य.] 1. निकट; नज़दीक; करीब 2. अँगल-बगल; करीब; पास में 3. चारों ओर।

आसमाँ (फ़ा.) [सं-पु.] दे. आसमान।

आसमान (फ़ा.) [सं-पु.] 1. आकाश; आसमाँ 2. स्वर्ग। [मु.] **-के तारे तोड़ना** : असंभव काम करना। -पर चढ़ना : स्वयं को बहुत ऊँचा या बड़ा समझना। **-पर चढ़ाना** : किसी की बहुत प्रशंसा कर अभिमानी बनाना। **-से बात करना** : बहुत अधिक ऊँचा होना।

आसमानी (फ़ा.) [वि.] 1. आसमान जैसा हलका नीला 2. आकाशीय; आसमान का। [सं-पु.] हलका नीला रंग। [सं-स्त्री.] ताड़ी।

आसरा (सं.) [सं-पु.] 1. उम्मीद; आस; आशा 2. सहारा; अवलंब 3. शरण 4. सहायक 5. आश्रय; आधार।

आसव (सं.) [सं-पु.] 1. रस 2. अर्क 3. शराब; मदिरा 4. (आयुर्वेद) जड़ी-बूटियों से तैयार औषधीय मद्य, जैसे- कनकासव; द्राक्षासव आदि।

आसवन (सं.) [सं-पु.] 1. द्रव को वाष्प में और वाष्प को फिर से द्रव में परिवर्तन की क्रिया 2. अर्क, शराब आदि चुआने या टपकाने की क्रिया।

आसवनी (सं.) [सं-स्त्री.] 1. आसवन करने का उपकरण या पात्र 2. आसवन का स्थान।

आसा (अ.) [सं-पु.] बरात और जुलूस के आगे चोबदार द्वारा लेकर चला जाने वाला सोने या चाँदी का डंडा। [सं-स्त्री.]

आशा।

आसान (फ़ा.) [वि.] सरल; जो कठिन न हो; सहज।

आसानी (फ़ा.) [सं-स्त्री.] सरलता; सुगमता।

आसापाल [सं-पु.] एक पेड़ का नाम।

आसाम (सं.) [सं-पु.] प्राचीन कामरूप देश; असम राज्य।

आसामी [सं-पु.] 1. काश्तकार 2. कर्ज़दार 3. मुलज़िम 4. आसाम का निवासी; आसामवासी। [सं-स्त्री.] आसाम की भाषा (असमिया)। [वि.] आसाम संबंधी; आसाम का।

आसार[1] (सं.) [सं-पु.] 1. संभावना; उम्मीद 2. मूसलाधार वृष्टि 3. आक्रमण; शत्रु को घेर लेना 4. राजकीय सेना 5. रसद 6. मित्र।

आसार[2] (अ.) [सं-पु.] 1. लक्षण; चिह्न 2. खंडहर 3. नींव; दीवार की चौड़ाई 4. 'असर' का बहुवचन 5. पदचिह्न।

आसावरी (सं.) [सं-स्त्री.] 1. प्रातःकाल गाई जाने वाली श्रीराग की एक रागिनी 2. एक ख़ास तरह का सूती कपड़ा। [सं-पु.] कबूतर की एक जाति।

आसित (सं.) [वि.] 1. आराम से बैठा हुआ 2. सुखासीन। [सं-पु.] आसन।

आसिनी (सं.) [सं-स्त्री.] भदई।

आसी [सं-स्त्री.] मछली पकड़ने के काम आने वाली टोकरी।

आसीन (सं.) [वि.] आरूढ़; बैठा हुआ।

आसुत (सं.) [वि.] आसवन किया हुआ; आसवित; चुआया हुआ।

आसुति (सं.) [सं-स्त्री.] 1. आसवन करने की क्रिया 2. काढ़ा 3. प्रसव।

आसुर (सं.) [वि.] 1. असुर संबंधी 2. असुरों की तरह का; यज्ञ न करने वाला। [सं-पु.] 1. राक्षस 2. रक्त 3. काला नमक।

आसुर विवाह (सं.) [सं-पु.] आठ प्रकार के विवाहों में से एक जिसमें वर कन्या के माता-पिता को धन देकर कन्या को ख़रीदता है।

आसुरी (सं.) [सं-स्त्री.] 1. राक्षसी; दानवी 2. राई; काली सरसों। [वि.] असुरों जैसी, जैसे- आसुरी शक्ति।

आसूदगी (फ़ा.) [सं-स्त्री.] 1. सुख-शांति 2. संपन्नता 3. तुष्टि।

आसूदा (फ़ा.) [वि.] 1. बेफ़िक्र; निश्चिंत 2. संतुष्ट; तृप्त।

आसेचन (सं.) [सं-पु.] 1. तर करना; भिगोना 2. सींचना; सिंचाई।

आसेचनी (सं.) [सं-स्त्री.] 1. आसेचन करने का उपकरण या पात्र 2. छोटा पात्र।

आसेध्य (सं.) [वि.] 1. रोकने या प्रतिबंधित करने योग्य 2. राजकीय प्रतिबंध के योग्य।

आसेब (फ़ा.) [सं-पु.] 1. भूतबाधा 2. चोट; कष्ट।

आसेवन (सं.) [सं-पु.] 1. सतत सेवन 2. बार-बार होने का भाव 3. संपर्क।

आसेवित (सं.) [वि.] 1. आसेवन किया हुआ 2. बार-बार किया हुआ 3. संपर्क में आया हुआ।

आसेव्य (सं.) [वि.] 1. सेवन के योग्य 2. बार-बार जाकर देखने योग्य।

आसोज (अ.) [सं-पु.] क्वार का महीना; अश्विन मास।

आस्कंद (सं.) [सं-पु.] 1. आक्रमण 2. नाश 3. युद्ध 4. आरोहण 5. घोड़े की सरपट चाल 6. रौंदना 7. तिरस्कार; गाली।

आस्कंदी (सं.) [वि.] 1. आक्रमणकारी; आक्रांता 2. नष्ट करने वाला 3. गाली देने वाला।

आस्तर (सं.) [सं-पु.] 1. आच्छादन; आवरण 2. बिछाने की कोई चीज़, जैसे- गद्दा, चटाई 3. कालीन; गलीचा 4. हाथी की झूल।

आस्तरण (सं.) [सं-पु.] 1. बिछाने, फैलाने या ढकने की क्रिया या भाव 2. दरी; गद्दा; गलीचा 3. यज्ञ की वेदी पर फैलाए हुए कुश 4. हाथी की पीठ पर बिछाया जाने वाला चादर; झूल।

आस्तिक (सं.) [वि.] ईश्वर तथा परलोक के अस्तित्व में विश्वास करने वाला। [सं-पु.] 1.जिसका विश्वास पुरानी प्रथाओं; रीतियों आदि में हो 2. जिसका विश्वास ईश्वर परलोक आदि में हो।

आस्तिकता (सं.) [सं-स्त्री.] ईश्वर, परलोक और पुनर्जन्म में विश्वास करने का भाव।

आस्तीक (सं.) [सं-पु.] (महाभारत) एक ऋषि जिन्होंने जनमेजय के नागयज्ञ में तक्षक नामक सर्प को भस्म होने से बचाया था।

आस्तीन (फ़ा.) [सं-स्त्री.] कुर्ते, ब्लाउज़ आदि की बाँह। [मु.] **-चढ़ाना** : लड़ने को तैयार रहना। **-का साँप** : अपने या निकट व्यक्ति द्वारा धोखा देना।

आस्थगन (सं.) [सं-पु.] 1. सभा की बैठक, सुनवाई या अन्य किसी काम को किसी दूसरे समय या दूसरी जगह के लिए रोक देने की क्रिया या भाव; स्थगन 2. लागू होने के बाद कुछ समय के लिए रोक देना; कुछ समय का स्थगन।

आस्था (सं.) [सं-स्त्री.] 1. धार्मिक विश्वास 2. निष्ठा; धारणा; आलंबन 3. श्रद्धा; मूल्य 4. आशा 5. सभा 6. वचन 7. प्रयत्न।

आस्थान (सं.) [सं-पु.] 1. स्थान; जगह 2. दरबार; सभा 3. सभागृह; मनोरंजनगृह।

आस्थापन (सं.) [सं-पु.] 1. अच्छी तरह से स्थापित करने की क्रिया 2. बलदायक औषधि 3. स्नेहवस्ति।

आस्थावाद (सं.) [सं-पु.] 1. वह सिद्धांत या मत जिसमें ज्ञान के प्रत्येक रूप को आस्था या श्रद्धा की मान्यताओं पर निर्भर या आधारित मान लिया जाता है; श्रद्धावाद।

आस्थावादी (सं.) [वि.] आस्थावाद का समर्थक और अनुयायी।

आस्थावान (सं.) [वि.] आस्था रखने वाला; आस्था से युक्त।

आस्पद (सं.) [सं-पु.] 1. पात्र 2. आधार 3. आवास; जगह; स्थान 4. जन्मकुंडली में लग्न से दसवाँ स्थान।

आस्फालन (सं.) [सं-पु.] 1. किसी को पीछे हटाने के लिए ढकेलना, दबाना या रगड़ना 2. संघर्ष 3. आत्मश्लाघा; डींग 4. अहंकार; घमंड 5. हाथी द्वारा कानों का फड़फड़ाना 6. धीरे-धीरे चलाने या हिलाने की क्रिया।

आस्फोट (सं.) [सं-पु.] 1. ताल ठोकने या ताली बजाने की आवाज़ 2. अस्त्र-शस्त्रों की खड़खड़ाहट या झंकार 3. धक्का; रगड़ 4. काँपना; हिलना 5. अखरोट।

आस्फोटक (सं.) [वि.] 1. आस्फोट करने वाला 2. ताल ठोकने या ताली बजाने वाला।

आस्फोटन (सं.) [सं-पु.] 1. ताल ठोकना 2. प्रकट या व्यक्त करने की क्रिया 3. हिलाना-डुलाना 4. फैलना; फूलना 5. विकास।

आस्माँ (फ़ा.) [सं-पु.] आसमान।

आस्य (सं.) [सं-पु.] 1. मुख; मुँह 2. मुँह का वह अंश, जिससे शब्द उच्चरित होता है।

आस्रव (सं.) [सं-पु.] 1. वह बड़ी नाली जिससे वर्षा का पानी या मैला पानी आदि बहता है 2. पकते चावल के ऊपर का झाग या फेन 3. (जैन धर्म) आत्मा की शुभ और अशुभ गतियाँ 4. मन में उत्पन्न होने वाला विकार 5. मन की वह अप्रिय और कष्ट देने वाली अवस्था या बात जिससे छुटकारा पाने की स्वाभाविक प्रवृत्ति होती है।

आस्वाद (सं.) [सं-पु.] खाने-पीने की चीज़ मुँह में पड़ने पर उससे जीभ को होने वाला अनुभव; स्वाद; ज़ायका; लज़्ज़त। [वि.] बहता हुआ।

आस्वादन (सं.) [सं-पु.] 1. स्वाद; स्वाद लेना 2. रस 3. मज़ा 4. चखना 5. रसानुभव।

आस्वादित (सं.) [वि.] 1. स्वाद लिया हुआ; जिसका आस्वादन हुआ हो 2. चखा हुआ।

आह [अव्य.] दुख, पीड़ा, शोक, वेदना आदि भावों को व्यक्त करने वाला शब्द। [सं-स्त्री.] 1. दुख से कराहने का शब्द; हाय 2. पीड़ा प्रकट करने की ध्वनि 3. वेदना। [मु.] **-भरना** : दुख से कराहते हुए ठंडी साँस लेना।

आहट (सं.) [सं-स्त्री.] पैरों से चलने की धमक या पदचाप; हिलने-डुलने से होने वाली हलकी ध्वनि।

आहत (सं.) [वि.] 1. चोट खाया हुआ; घायल; ज़ख़्मी 2. व्याघातदोषयुक्त; असंगत वाक्य।

आहरण (सं.) [सं-पु.] 1. चुरा लेना 2. छीन लेना 3. उठा ले जाना 4. यज्ञादि पूरा करना 5. दूषित पदार्थ बाहर निकालना 6. प्रवृत्त करना।

आहर्ता (सं.) [वि.] 1. आहरण करने वाला 2. छीन लेने वाला 3. यज्ञ या अनुष्ठान करने वाला 4. प्रवृत्त करने वाला।

आहा (सं.) [अव्य.] हर्ष, आह्लाद, आश्चर्य आदि भावों को व्यक्त करने वाला शब्द, जैसे- आहा! कितना सुंदर दृश्य है।

आहार (सं.) [सं-पु.] 1. भोजन; खाद्य सामग्री 2. भोजन के ग्रहण करने की क्रिया; खाना 3. ग्रहण; लेना।

आहार-नली (सं.) [सं-स्त्री.] (शरीर विज्ञान) शरीर के अंदर भोजन प्रविष्ट कराने वाली नली।

आहार-विहार (सं.) [सं-पु.] 1. रहन-सहन 2. भोजन, शयन, श्रम, मनोरंजन आदि प्रतिदिन के शारीरिक व्यवहार।

आहारिक (सं.) [वि.] आहार का; आहार से संबंधित। [सं-पु.] (जैन धर्म) आत्मा के पाँच प्रकार के शरीरों में से एक जो मनुष्य के आहार-विहार आदि का कर्ता और भोक्ता है।

आहारी (सं.) [वि.] 1. आहार लेने वाला; भोजन करने वाला 2. ग्रहण करने वाला 3. एकत्र करने वाला।

आहार्य (सं.) [वि.] 1. ग्रहण किया हुआ 2. लेने, लाने या छीनने योग्य 3. खाने योग्य; खाद्य 4. कृत्रिम; बनावटी 5. ऊपरी; अभिप्रेत 6. पूजा के योग्य 7. (नाट्यशास्त्र) अभिनय का एक प्रकार 8. (काव्यशास्त्र) एक प्रकार का अनुभाव जिसमें नायक-नायिका एक दूसरे का वेश धारण करते हैं।

आहिस्ता (फ़ा) [क्रि.वि.] धीरे; धीमे से; धीरे-धीरे; धीमी आवाज़ में।

आहुति (सं.) [सं-स्त्री.] 1. मंत्र पढ़कर देवता के लिए द्रव्य को अग्नि में डालना; होम; हवन 2. हवन में डालने की सामग्री 3. होमद्रव्य की वह मात्रा जो एक बार में यज्ञकुंड में डाली जाए 4. बलि 5. चुनौती। [मु.] **-देना** : बलिदान करना।

आहुल [सं-पु.] पांजा।

आहूत (सं.) [वि.] पुकारा हुआ; बुलाया हुआ; न्योता हुआ; आह्वान किया हुआ।

आहृत (सं.) [वि.] 1. आहरित; आहरण किया हुआ 2. छीना हुआ 3. लाया हुआ।

आह्निक (सं.) [वि.] 1. दिन का नियमित कार्य; नित्यकर्म 2. दैनिक धार्मिक कर्म या क्रियाएँ। [सं.पु.]1. एक दिन का कुल काम 2. एक दिन का परिश्रमिक; मजदूरी 3. धार्मिक नित्य कर्म।

आह्लाद (सं.) [सं-पु.] हार्दिक ख़ुशी; प्रसन्नता; हर्षयुक्त पुलकन।

आह्लादकारी (सं.) [वि.] आह्लाद देने वाला; ख़ुशी देने वाला; जिससे मन आनंदित हो उठे (वस्तु, अनुभव)।

आह्लादन (सं.) [सं-पु.] आह्लादित करने की क्रिया या भाव; प्रसन्न करना; रंजन। [वि.] आनंद या हर्ष देने वाला।

आह्लादित (सं.) [वि.] प्रसन्न; बहुत ख़ुश।

आह्लादी (सं.) [वि.] आह्लादित करने वाला।

आह्वान (सं.) [सं-पु.] 1. पुकारना; बुलाना 2. वह पत्र जिसमें विधिक रूप से किसी को आज्ञा देकर बुलाया जाता हो; सम्मन 3. किसी की ओर से बुलावा 4. देवता का आह्वान 5. ललकार; चुनौती।

इ

इ हिंदी वर्णमाला का स्वर वर्ण। उच्चारण की दृष्टि से यह निम्नतर-उच्च, अग्र, अगोलित ह्रस्व स्वर है।

इँगुरी [सं-स्त्री.] कुटे हुए जौ की रोटी।

इँटानी [सं-पु.] चरखी के बेलनों पर लिपटी मोटी रस्सी।

इँटौरा [सं-पु.] ईंट का टुकड़ा।

इँडुआ (सं.) [सं-पु.] कपड़े से बनी छोटी गोल गद्दी जिसे बोझ उठाते समय सिर पर रख लेते हैं; गेंडुरी; बिड़ई।

इंक (अं.) [सं-स्त्री.] 1. स्याही; मसि; रोशनाई 2. काले, नीले आदि रंग का द्रव जिसको पेन में भरकर लिखने के काम में लाते हैं।

इंक-पैड (अं.) [सं-पु.] स्याही लगी गद्दी; मुहर, स्टैंप आदि के लिए स्याही लगाने में उपयोग किया जाने वाला पैड।

इंगला (सं.) [सं-स्त्री.] हठयोग में इड़ा नामक नाड़ी जिससे बाईं साँस चलती है।

इंगित (सं.) [सं-पु.] इशारा; संकेत; निर्देश; शरीर के किसी अंग द्वारा की गई ऐसी कोई हलचल जो किसी प्रवृत्ति या रुचि की सूचक हो; मनोभाव व्यक्त करने वाली अंग चेष्टा।

इंच (अं.) [सं-स्त्री.] 1. लंबाई मापने की इकाई; एक फुट का बारहवाँ हिस्सा; तीन जौ की लंबाई ('जौ' का दाना गेहूँ के दाने से किंचित बड़ा और लंबा होता है) 2. {ला-अ.} ज़रा-सा; थोड़ा-सा, जैसे- इंच भर मुस्कान।

इंची (अं.+हिं.) [सं-स्त्री.] 1. इंच के माप का, जैसे- चार इंची 2. जिसके ऊपर इंच के चिह्न हों, जैसे- इंची टेप।

इंजन (अं.) [सं-पु.] 1. बिजली, भाप, तेल, पेट्रोल आदि से चलने वाला यंत्र 2. रेल के आगे लगने वाला यंत्र जो रेलगाड़ी को खींचता है 3. कल; मशीन।

इंजर [सं-पु.] समुंदर फल; एक प्रकार का बड़ा वृक्ष जो नदियों और समुंदरों के किनारे और तट भूमि में अधिकता से पाया जाता है।

इंजीनियर (अं.) [सं-पु.] यंत्र-विशेषज्ञ; अभियंता; मशीनों की कार्य-प्रणाली, सुधार आदि का विशेषज्ञ।

इंजेक्शन (अं.) [सं-पु.] दवा आदि को शरीर के अंदर प्रवेश कराने का एक उपकरण; सुई जिसके माध्यम से तरल औषधि शरीर में प्रवेश कराई जाती है।

इंटर (अं.) [वि.] बीच में; अंतर; एक से दूसरे तक; एक दूसरे से।

इंटरकॉम (अं.) [सं-पु.] फ़ोन, मोबाइल आदि में एक से अधिक फ़ोन लाइनों का परस्पर संजाल; अंत:संचार।

इंटरनेट (अं.) [सं-पु.] 1. कंप्यूटरों का अंत:संजाल; अंतरताना; अंतरजाल 2. कंप्यूटर, मोबाइल फ़ोन आदि के माध्यम से परस्पर सूचनाओं के आदान-प्रदान का विश्वव्यापी तंत्र।

इंटरनेशनल (अं.) [वि.] अंतरराष्ट्रीय; दो या अधिक राष्ट्रों के मध्य।

इंटरपोल (अं.) [सं-पु.] अंतरराष्ट्रीय पुलिस; इंटरनेशनल क्रिमिनल पुलिस ऑर्गनाइज़ेशन।

इंटरप्रेटर (अं.) [सं-पु.] एक भाषा से दूसरी भाषा में मौखिक अनुवाद करने वाला व्यक्ति; दुभाषिया; निर्वचन अर्थात भाष्य या टीका करने वाला व्यक्ति।

इंटरफ़ेस (अं.) [सं-पु.] दो विषय क्षेत्रों, प्रणालियों का समन्वय बिंदु जहाँ वे एक-दूसरे को प्रभावित करते हैं; सूचना प्रदाता (कंप्यूटर प्रोग्राम) तथा सूचना प्राप्तकर्ता (कंप्यूटर प्रयोक्ता) का संबंध स्थान; अंतराफलक; अंतरापृष्ठ।

इंटरमीडिएट (अं.) [वि.] बीच का; मध्य में स्थित; मध्यवर्ती।

इंटरलिंक (अं.) [क्रि-स.] दो या दो से अधिक कड़ियों या व्यक्तियों के बीच संबंध स्थापन।

इंटरवल (अं.) [सं-पु.] 1. दो घटनाओं के मध्य का अंतराल; समयांतराल; कालांतराल 2. मध्यांतर; मध्यावधि 3. अवकाश; विराम।

इंटरव्यू (अं.) [सं-पु.] साक्षात्कार; भेंटवार्ता; मुलाकात।

इंटरैक्शन (अं.) [सं-पु.] संवादों का परस्पर आदान प्रदान।

इंडहर [सं-पु.] उड़द या चने की दाल से तैयार किया हुआ सालन (मसाले युक्त रसेदार तरकारी)।

इंडिकेटर (अं.) [सं-पु.] संकेतक।

इंडिकेशन (अं.) [सं-पु.] संकेत; निर्देश; इशारा।

इंडेक्स (अं.) [सं-पु.] किसी ग्रंथ, पुस्तक आदि की अनुक्रमणिका; सूची; तालिका; निर्देशिका।

इंडोली [सं-स्त्री.] एक औषधि का नाम।

इंतकाम (अ.) [सं-पु.] किसी बात का बदला चुकाने के लिए किया जाने वाला काम; प्रतिशोध; प्रतिकार; किसी के द्वारा किए गए अपकार का चुकाया गया बदला।

इंतक़ाम (अ.) [सं-पु.] उर्दू उच्चारणानुसार वर्तनी (इंतकाम)।

इंतकाल (अ.) [सं-पु.] मौत; मृत्यु; निधन; इहलोक से निकलकर परलोक जाना।

इंतक़ाल (अ.) [सं-पु.] उर्दू उच्चारणानुसार वर्तनी (दे. इंतकाल)।

इंतख़ाब (अ.) [सं-पु.] 1. चुनना; चयन 2. चुनाव; निर्वाचन 3. छाँटना 4. पटवारी, लेखपाल के खाते की नकल या प्रतिलिपि

जिसमें किसी खेत के क्षेत्रफल, स्थान, दिशा, मालिकाना हक आदि से संबंधित अर्थात खसरे-खतियौनी से संबंधित सूचनाएँ दर्ज होती हैं।

इंतज़ाम (अ.) [सं-पु.] व्यवस्था; किसी उत्सव, कार्य विशेष आदि का प्रबंध; बंदोबस्त।

इंतज़ामिया (अ.) [वि.] इंतज़ाम या प्रबंध करने का ज़िम्मा लेने वाला, जैसे- इंतज़ामिया कमेटी।

इंतज़ार (अ.) [सं-पु.] प्रतीक्षा; किसी का रास्ता देखना या बाट जोहना; आस लगाना।

इंतशार (अ.) [सं-पु.] 1. बिखरना; अस्त-व्यस्त होना; इधर-उधर फैलना 2. अस्त-व्यस्तता; गड़बड़ 3. चिंता; परेशानी; उद्विग्नता।

इंतहा (अ.) [सं-पु.] 1. चरम सीमा; पराकाष्ठा; अंतिम सीमा; आख़िरी हद 2. अत्यधिक; बहुत ज़्यादा।

इंतहाई (अ.) [वि.] 1. अंतिम; चरम; पराकाष्ठागत; आख़िरी हदवाला 2. अत्यधिक; बहुत।

इंदउँ [सं-पु.] मूषक; चूहा।

इंदर [सं-पु.] दे. इंद्र।

इंदराज (फ़ा.) [सं-पु.] 1. लेखा-बही आदि में चढ़ाया जाना; पंजी आदि में लिखा जाना; दर्ज होना 2. प्रविष्टि।

इंदिरा (सं.) [सं-स्त्री.] 1. कांति; शोभा 2. (पुराण) विष्णु की पत्नी; लक्ष्मी 3. (काव्यशास्त्र) एक समवर्णिक छंद 4. आश्विन-कृष्णा एकादशी।

इंदीवर (सं.) [सं-पु.] 1. कमल 2. नीलकमल; नीलोत्पल।

इंदु (सं.) [सं-पु.] 1. चंद्रमा 2. कपूर 3. मृगशिरा नक्षत्र।

इंदुमती (सं.) [सं-स्त्री.] 1. पूर्णिमा 2. (पुराण) राजा अज की पत्नी।

इंदुर (सं.) [सं-पु.] चूहा; मूषक।

इंदुशेखर (सं.) [सं-पु.] शिव।

इंद्र (सं.) [सं-पु.] 1. देवताओं का स्वामी 2. एक वैदिक देवता जो पानी बरसाता है 3. स्वर्ग का राजा 4. स्वामी; राजा; प्रधान। [वि.] 1. वैभवशाली; ऐश्वर्यवान 2. बड़ा; श्रेष्ठ, जैसे- राजेंद्र। [मु.] **-का आसन डोलना या हिलना** : आधिकारिक संपत्ति या पद के छिन जाने की आशंका बनी रहना। **-का कोप होना** : घोर वर्षा होना।

इंद्रगोप (सं.) [सं-पु.] गहरे लाल रंग का एक बरसाती कीड़ा; बीरबहूटी; इंद्रवधू।

इंद्रजव (सं.) [सं-पु.] कुटज या कुरैया का पौधा जिसके बीज का प्रयोग औषधि के रूप में होता है; इंद्रजौ।

इंद्रजाल (सं.) [सं-पु.] 1. माया-प्रपंच; माया जाल 2. जादूगरी 3. अद्भुत; आकर्षक और भ्रम में डालने वाला कार्य जो असंभव होने पर भी सहजता से घट जाए 4. अर्जुन का एक अस्त्र।

इंद्रजालिक (सं.) [वि.] 1. ऐंद्रजालिक; इंद्रजाल से संबंधित 2. जादूगरी जानने वाला; जादूगर।

इंद्रजित (सं.) [वि.] दे. इंद्रजीत।

इंद्रजीत (सं.) [वि.] इंद्र को जीतने वाला। [सं-पु.] रावण का पुत्र; मेघनाद।

इंद्रधनुष (सं.) [सं-पु.] वर्षा के पश्चात आसमान में दिखाई देने वाला लाल, नारंगी, पीला, हरा, आसमानी, नीला तथा बैंगनी रंगों का एक विशालकाय धनुष जैसा आकार।

इंद्रधनुसी [सं-स्त्री.] सतरंगी। [वि.] इंद्र धनुष के रंगों जैसी।

इंद्रनील (सं.) [सं-पु.] एक प्रकार का रत्न; नीलम; नीलमणि।

इंद्रपरी (सं.) [सं-स्त्री.] 1. अप्सरा 2. {ला-अ.} बहुत सुंदर स्त्री।

इंद्रपुरी (सं.) [सं-स्त्री.] 1. (पुराण) इंद्र देवता की नगरी; इंद्रलोक; अमरावती 2. {ला-अ.} सुसज्जित या मनोरम स्थल।

इंद्रप्रस्थ (सं.) [सं-पु.] 1. (महाभारत) पांडवों की राजधानी जो खांडव वन को जलाकर बसाई गई थी 2. दिल्ली का अति प्राचीन नाम।

इंद्रलोक (सं.) [सं-पु.] 1. स्वर्ग; इंद्रपुरी 2. {ला-अ.} वह स्थान जहाँ विलासिता के सभी साधन उपलब्ध हों; मनोरम स्थल।

इंद्रा (सं.) [सं-स्त्री.] 1. इंद्र की पत्नी; शची 2. इंद्रायन नामक एक पौधा।

इंद्राणी (सं.) [सं-स्त्री.] 1. इंद्र की पत्नी; शची 2. दुर्गा।

इंद्रायन (सं.) [सं-स्त्री.] 1. तरबूज की तरह की एक बेल जिसका फल सुंदर किंतु कड़वा एवं विषैला होता है; इनारूफल; अरुगा ।

इंद्रायुध (सं.) [सं-पु.] 1. इंद्र का प्रसिद्ध अस्त्र; वज्र 2. इंद्रधनुष।

इंद्रासन (सं.) [सं-पु.] 1. इंद्र का सिंहासन; इंद्रपद 2. राजसिंहासन; राजगद्दी 3. {ला-अ.} वह स्थान जहाँ प्रत्येक प्रकार की सुख-सुविधा मिले।

इंद्रिय (सं.) [सं-स्त्री.] 1. शरीर के वे पाँच अंग जिनके द्वारा प्राणियों को बाह्य जगत और उसकी वस्तुओं का ज्ञान होता है; ज्ञानेंद्रिय- आँख, कान, नाक, जीभ और त्वचा 2. कर्मेंद्रिय- हाथ, पाँव, वाक, गुदा और उपस्थ 3. जननेंद्रिय- योनि और लिंग।

इंद्रियजित (सं.) [सं-पु.] वह जिसने इंद्रियों को जीत लिया हो; जिसने इंद्रियों को अपने वश में कर लिया हो; जितेंद्रिय।

इंद्रियनिग्रह (सं.) [सं-पु.] इंद्रियों, भोगेच्छाओं को रोकने या वश में रखने की क्रिया; आत्मजय; आत्मसंयम; आत्मनियंत्रण।

इंद्रियलोलुप (सं.) [वि.] जिसे इंद्रियों के सुखभोग की बहुत अधिक लालसा हो।

इंद्रियसुख (सं.) [सं-पु.] इंद्रियों द्वारा भोगा हुआ सुख; विषय-सुख।

इंद्रियागोचर (सं.) [वि.] 1. जिसे ज्ञानेंद्रियों द्वारा जाना न जा सके; इंद्रियातीत; स्पर्श एवं दृष्टि से परे; स्पर्शागोचर; 2. अज्ञेय; रहस्यपूर्ण।

इंद्रियातीत (सं.) [वि.] जिसका अनुभव या ज्ञान इंद्रियों से न किया जा सके; अभौतिक; अगोचर; अज्ञेय; अमूर्त, जैसे- ईश्वर, परमात्मा, परमशक्ति।

इंद्रियाधीन (सं.) [वि.] जो इंद्रियों के वश में हो; विषयों में लिप्त; विलासी।

इंद्रियायतन (सं.) [सं-पु.] 1. इंद्रियों का आश्रयस्थान; देह; शरीर 2. (वेदांत) सूक्ष्म शरीर।

इंद्रियार्थ (सं.) [सं-पु.] इंद्रियों के भोग का विषय, जैसे- रूप, रस, गंध, शब्द और स्पर्श।

इंद्रियार्थवाद (सं.) [सं-पु.] 1. एक प्रकार का दार्शनिक सिद्धांत जिसमें यह माना जाता है कि हमें सब प्रकार के ज्ञान इंद्रियों की अनुभूति से ही प्राप्त होते हैं; संवेदनवाद 2. इंद्रियों की तृप्ति को जीवन का सर्वोच्च लक्ष्य मानने का विचार या मत; इंद्रियसुखवाद।

इंद्रियासक्त (सं.) [वि.] जो इंद्रियों के वशीभूत हो; इंद्रियादि सुख-भोगों के प्रति आसक्त; विषयासक्त।

इंपोर्टेड (अं.) [वि.] आयातित; देश के बाहर से मँगाई गई या लाई गई।

इंशाअल्ला (अ.) [क्रि.वि.] दे. इंशाअल्लाह।

इंशाअल्लाह (अ.) [क्रि.वि.] अल्लाह या ख़ुदा ने चाहा तो; ईश्वर की इच्छा हुई तो।

इंसटालमेंट (अं.) [सं-पु.] किसी देय या भुगतान की कुल धनराशि का नियमित रूप से दिया जाने वाला हिस्सा; किस्त।

इंसुलिन (अं.) [सं-स्त्री.] 1. अग्न्याशय का एक अंतःस्रावी रासायनिक तत्व या हार्मोन जो शरीर में शर्करा की मात्रा को नियंत्रित करता है 2. मधुमेह के उपचार में दी जाने वाली दवा।

इंस्टिट्यूट (अं.) [सं-पु.] किसी विशेष उद्देश्य से निर्मित की गई संस्था; संस्था का भवन।

इंस्ट्रुमेंट (अं.) [सं-पु.] उपकरण; यंत्र।

इंस्पेक्टर (अं.) [सं-पु.] निरीक्षक; किसी मामले या स्थिति का निरीक्षण करने वाला, जैसे- पुलिस इंस्पेक्टर।

इंस्पेक्शन (अं.) [सं-पु.] निरीक्षण; जाँच-पड़ताल; देखरेख; मुआयना।

इक [वि.] पद्य अर्थात कविता, गीत आदि में लय निर्मिति व मात्रा संतुलन हेतु दीर्घ मात्रा के स्थान पर ह्रस्व मात्रा रखने के लिए 'एक' शब्द का लघु रूप।

इकचुटिया [सं-स्त्री.] बालों की एक सज्जा, जिसमें केवल एक ही वेणी या चुटिया/चोटी बनाई जाती है।

इकट्ठा (सं.) [वि.] एक जगह जमा किया हुआ या रखा हुआ; एकस्थ; एकत्र किया हुआ। [अव्य.] 1. एक साथ 2. एक बार में।

इकतरफ़ा (हिं.+अ.) [वि.] 1. एक ओर का; एक ही पक्ष से संबंधित; एकपक्षीय 2. पक्षपातपूर्ण।

इकतारा [सं-पु.] 1. सितार जैसा एक वाद्य जिसमें एक ही तार रहता है 2. हाथ से बुना जाने वाला एक तरह का कपड़ा।

इकतालीस [वि.] संख्या '41' का सूचक।

इकतीस [वि.] संख्या '31' का सूचक।

इकन्नी [सं-स्त्री.] एक आना; एक रुपए का सोलहवाँ भाग; एकन्नी।

इकपुतिया [सं-पु.] एक अंड वाला घोड़ा।

इकबारगी (फ़ा.) [क्रि.वि.] एकाएक; अचानक।

इकबाल (अ.) [सं-पु.] 1. प्रताप; तेज 2. किस्मत; भाग्य 3. धनदौलत; वैभव 4. अपराध आदि स्वीकार करने की क्रिया या भाव 5. स्वीकृति; इकरार।

इक़बाल (अ.) [सं-पु.] उर्दू उच्चारणानुसार वर्तनी (दे. इकबाल)।

इकबालमंद (अ.) [वि.] इकबालवाला; प्रतापी; ऐश्वर्यशाली।

इकबालिया (अ.) [वि.] आत्मस्वीकृति सूचक (बयान)।

इकबाली (अ.) [वि.] 1. अपना अपराध स्वीकार करने वाला 2. अभियुक्त 3. स्वीकार या इकरार करने वाला।

इकराम (अ.) [सं-पु.] 1. बख़्शीश; पुरस्कार; इनाम 2. अनुग्रह।

इकरार (अ.) [सं-पु.] 1. वादा; वचन 2. काम या बात हेतु दी गई स्वीकृति; अनुबंध।

इकरारनामा (अ.+फ़ा.) [सं-पु.] वह कागज़ जिसपर इकरार और उसकी शर्तें लिखी हों; शपथपत्र; प्रतिज्ञापत्र।

इकरारी (अ.) [वि.] 1. इकरार संबंधी 2. इकरार करने वाला 3. अपना जुर्म या अपराध कबूल करने वाला।

इकरी [सं-स्त्री.] वह ढाँचा जिसपर लतर चढ़ाई जाती है; कोरई।

इकलाई [सं-स्त्री.] 1. एक पाट का दुपट्टा या चादर 2. महीन सूती धोती जो जोड़े में बनती या बिकती नहीं बल्कि एक-एक करके बनती और बिकती है 3. अकेलापन; तनहाई।

इकलौता [वि.] ऐसी संतान जिसके अन्य भाई-बहन न हों; अकेली औलाद जो अधिक लाड़-प्यार में पलती है।

इकवाई [सं-स्त्री.] एक प्रकार की निहाई; एक प्रकार की नाली।

इकसठ [वि.] संख्या '61' का सूचक।

इकसीर (अ.) [सं-स्त्री.] लाभदायक और गुणकारक दवा।

इकहत्तर [वि.] संख्या '71' का सूचक।

इकहरा [वि.] एक ही परत वाला।

इकाई [सं-स्त्री.] 1. गिनती या संख्या में एक होने की अवस्था या भाव 2. एक व्यक्ति या वस्तु 3. समूह या वर्ग का एकांश 4. आधार-अंग, जिसे अँग्रेज़ी में यूनिट कहा जाता है 5. गणना में प्रथम अंक का स्थान 6. माप-तौल या नाप-जोख हेतु प्रयुक्त मात्रक।

इकारांत (सं.) [वि.] ऐसे शब्द जिनके अंत में 'इ' हो, जैसे- हरि, मुनि आदि।

इकौना [सं-पु.] जो अन्न छाँटा या बीना न गया हो। [वि.] बेजोड़; अनुपम।

इक्का [सं-पु.] 1. घोड़े द्वारा खींची जाने वाली एक गाड़ी 2. अकेले लड़ने वाला योद्धा 3. अपने समूह से अलग रहने वाला पशु 4. ताश के खेल का एक बूटीदार पत्ता 5. एक तरह की बाली। [वि.] 1. अकेला 2. अनुपम; बेजोड़।

इक्का-दुक्का [वि.] अकेला-दुकेला; एकाध; बहुत कम; एक या दो।

इक्की [सं-स्त्री.] 1. ताश का इक्का 2. एक बैल की गाड़ी।

इक्कीस (सं.) [वि.] संख्या '21' का सूचक।

इक्कीसवाँ [वि.] 1. इक्कीस होने की अवस्था, भाव या दशा 2. बीस से एक अधिक की संख्यावाला 3. संख्या में बीस के ठीक बाद आने वाली संख्या, वस्तु या व्यक्ति।

इक्केवान (हिं.+फ़ा.) [सं-पु.] इक्का चलाने वाला व्यक्ति।

इक्यानवे [वि.] संख्या '91' का सूचक।

इक्यावन [वि.] संख्या '51' का सूचक।

इक्यासी [वि.] संख्या '81' का सूचक।

इक्षु (सं.) [सं-पु.] गन्ना; ईख।

इक्षुमती (सं.) [सं-स्त्री.] फर्रूखाबाद के पास स्थित ईखन नदी का पुराना नाम। [वि.] 1. गन्ने के रसवाली 2. जल या प्रवाह से युक्त।

इक्ष्वाकु (सं.) [सं-पु.] 1. सूर्यवंश के एक प्रसिद्ध राजा जो राजा मनु के पुत्र कहे गए तथा जिनके वंश में श्रीराम का जन्म हुआ था 2. कड़वी लौकी।

इक्सक्लूसिव (अं.) [वि.] 1. एकमेव; अनन्य; विशिष्ट 2. केवल एक पत्र या पत्रिका में प्रकाशनार्थ भेजा गया समाचार या लेख; अनन्य समाचार।

इख़राज (अ.) [सं-पु.] 1. ख़र्च 2. निकाल देना; बाहर करना; बहिष्कार।

इख़लास (अ.) [सं-पु.] 1. सरलता; निश्छलता 2. सच्चा और निष्कपट प्रेम।

इख़्तियार (अ.) [सं-पु.] 1. काबू; नियंत्रण 2. सामर्थ्य; शक्ति 3. अधिकार 4. प्रभुत्व; स्वत्व।

इख़्तियारी (अ.) [वि.] अपनी मर्ज़ी का; अपने इख़्तियार का।

इख़्तिलात (अ.) [सं-पु.] 1. मेलजोल; मैत्री-दोस्ती 2. चुंबन-आलिंगन 3. अनुराग; प्रेम-भाव।

इख़्तिलाफ़ (अ.) [सं-पु.] 1. बिगाड़; अनबन; वैमनस्य 2. विरोध; मतभेद; मुख़ालफ़त 3. ख़िलाफ़ होने की क्रिया या भाव।

इख़्तिसार (अ.) [सं-पु.] संक्षेपण; मुख़्तसर; कम करना।

इचकना [क्रि-अ.] क्रोध करना।

इच्छा (सं.) [सं-स्त्री.] अभिलाषा; चाह; ख़्वाहिश; तमन्ना; कामना; इष्ट, प्रिय या सुखद वस्तु को प्राप्त करने की मनोवृत्ति; तृप्ति या संतोष के लिए मन में होने वाली चाह।

इच्छाचारी (सं.) [वि.] 1. सभी कार्य अपनी इच्छा के अनुसार करने वाला 2. अपनी इच्छा के अनुसार पृथ्वी के सभी भागों में विचरण करने वाला 3. स्वच्छंद; मनचाहा करने वाला; मनमौजी।

इच्छानुसार (सं.) [वि.] अपनी इच्छा या रुचि के अनुसार; इच्छा के आधार पर।

इच्छान्वित (सं.) [वि.] इच्छायुक्त; इच्छापूर्ण।

इच्छापत्र (सं.) [सं-पु.] वसीयतनामा; ऐसा पत्र जिसमें व्यक्ति अपनी इच्छानुसार मृत्यु के बाद अपनी संपत्ति आदि के बँटवारे की व्यवस्था के निर्देश देता है।

इच्छापूर्वक (सं.) [वि.] इच्छानुसार; इच्छा के अनुकूल।

इच्छामृत्यु (सं.) [सं-स्त्री.] अपनी इच्छा के अनुसार मृत्यु को वरण करने का अधिकार; अपनी इच्छा के अनुसार मरने का अधिकार।

इच्छार्थक (सं.) [वि.] जिससे इच्छा प्रकट हो।

इच्छाशक्ति (सं.) [सं-स्त्री.] 1. सोच-समझकर निर्णय लेने की क्षमता 2. किसी कार्य को करने की संकल्प शक्ति 3. इच्छा की दृढ़ता।

इच्छित (सं.) [वि.] वांछित; चाहा हुआ; जिसकी इच्छा या कामना की गई हो; अभीष्ट; अभिप्रेत।

इच्छुक (सं.) [वि.] किसी बात या वस्तु की इच्छा या कामना रखने वाला; अभिलाषी; चाहने वाला; आकांक्षी।

इजरा (अ.) [सं-पु.] 1. दीवानी न्यायालय द्वारा मिली डिग्री के अनुसार धन वसूल करने की विधिक प्रक्रिया या कार्रवाई 2. जारी या प्रचारित करने या कराने की क्रिया या भाव; शुरुआत।

इजलास (अ.) [सं-पु.] 1. अधिवेशन; बैठक; सभा 2. अदालत; न्यायालय; कचहरी 3. वह स्थान जहाँ अधिकारी या हाकिम बैठकर फ़ैसला करता है 4. अदालती काम के लिए बैठना 5. बहस-मुबाहिसे के लिए की गई बैठक।

इज़हार (अ.) [सं-पु.] 1. ज़ाहिर या प्रकट करना 2. निवेदन करना।

इजाज़त (अ.) [सं-स्त्री.] आज्ञा; अनुमति; स्वीकृति; परवानगी; मंज़ूरी।

इज़ाफ़ा (अ.) [सं-पु.] वृद्धि; बढ़ती; बढ़ोतरी; आय, मात्रा, मान आदि में होने वाली वृद्धि।

इज़ारबंद (फ़ा.) [सं-पु.] पाजामे के नेफे (पेटी) में डाला जाने वाला नाड़ा; पाजामे का नाड़ा या फीता।

इजारा (अ.) [सं-पु.] 1. किसी चीज़ को उजरत या किराये पर देना 2. ठेका; पट्टा; (कॉन्ट्रैक्ट) 3. इख़्तियार; अधिकार; स्वत्व।

इजारादार (अ.+फ़ा.) [सं-पु.] किसी ज़मीन आदि को इजारे या ठेके पर लेने वाला व्यक्ति; काश्तकार; ठेकेदार; पट्टेदार।

इजारानामा (अ.+फ़ा.) [सं-पु.] वह कागज़ जिसपर इजारे की शर्तें आदि दर्ज हों; अधिकार-पत्र; स्वत्व-पत्र।

इज़्ज़त (अ.) [सं-स्त्री.] 1. प्रतिष्ठा; मान-सम्मान 2. आदर। [मु.] **-उतारना** : अपमानित करना। **-रखना** : प्रतिष्ठा की रक्षा करना।

इज़्ज़तदार (अ.+फ़ा.) [वि.] सम्मानित; प्रतिष्ठित।

इज्या (सं.) [सं-स्त्री.] 1. यज्ञ 2. पूजा; उपासना; अर्चना।

इटेलिक्स (अं.) [सं-पु.] छपाई के तिरछे अक्षर। इन्हें सजावट के लिए प्रयोग किया जाता है तथा पंक्तियों की प्रमुखता दिखाने के लिए भी इसका उपयोग होता है।

इठलाना [क्रि-अ.] इतराना; ऐंठ दिखाना; ठसक दिखाना; मटक-मटककर चलना; अदा या नाज़-नखरा करना।

इठलाहट [सं-स्त्री.] इठलाने की क्रिया या भाव।

इडली (त.) [सं-स्त्री.] उड़द की दाल और चावल को पीसकर बनाया जाने वाला एक दक्षिण भारतीय व्यंजन।

इड़ा (सं.) [सं-स्त्री.] 1. भूमि; पृथ्वी 2. हठयोग की साधना में रीढ़ के बाईं ओर से नासिका मार्ग तक मानी गई एक कल्पित नाड़ी; इंगला 3. बुद्धि; तर्क 4. मनु की दूसरी पत्नी 5. (पुराण) दक्ष की पुत्री जिसका विवाह कश्यप ऋषि से हुआ था।

इतना [वि.] 1. परिमाण, मात्रा या संख्या सूचित करने वाला एक सार्वनामिक विशेषण जो मूलतः हिंदी 'इस' का विकारी रूप है- इस मात्रा का, जैसे- इतना सुनते ही सब लोग उठकर खड़े हो गए 2. अधिक परिमाण या मात्रा के सूचक के रूप में,

जैसे- इतना क्रोध! 3. सा, ही, तो आदि शब्दों से जुड़कर आने पर परिमाण या मात्रा की अल्पता का सूचक, जैसे- इतना-सा कहा तो नाराज़ हो गए।

इतमीनान (अ.) [सं-पु.] 1. संतोष; मन की शांति और स्थिरता; तसल्ली; समाधान 2. विश्वास; भरोसा।

इतर (सं.) [वि.] 1. अन्य; कोई और; दूसरा; भिन्न 2. हीन 3. साधारण।

इतराना [क्रि-अ.] 1. इठलाना; नखरा करना 2. अभिमान से युक्त आचरण करना।

इतराहट [सं-स्त्री.] अहंकार; गर्व; इठलाहट।

इतरी [सं-स्त्री.] चंचल स्वभाववाली गाय।

इतरेतर (सं.) [क्रि.वि.] परस्पर; आपस में; एक-दूसरे में। [वि.] पारस्परिक; आपस का।

इतरेतराभाव (सं.) [सं-पु.] (न्याय दर्शन) ऐसी स्थिति जब एक वस्तु या व्यक्ति के गुणों का दूसरे में अभाव हो; अन्योन्याभाव।

इतवार [सं-पु.] रविवार; सप्ताह का सातवाँ दिन।

इतस्ततः (सं.) [क्रि-वि.] इधर-उधर; यहाँ-वहाँ; बिखरी अवस्था में।

इति (सं.) [सं-स्त्री.] अंत; समाप्ति; पूर्णता। [अव्य.] समाप्ति सूचक शब्द।

इतिवृत्त (सं.) [सं-स्त्र.] 1. भूतकालिक घटनाओं का काल-क्रमानुसार लिखा हुआ विवरण; इतिहास 2. ऐतिहासिक बातों का कहानी आदि के रूप में वर्णन; आख्यान।

इतिवृत्तात्मक (सं.) [वि.] वर्णनात्मक या व्याख्यात्मक।

इतिश्री (सं.) [सं-स्त्री.] समाप्ति; अंत; पूर्णता।

इतिहास (सं.) [सं-पु.] 1. व्यक्ति, समाज या देश से संबंधित तथ्यात्मक घटनाओं का कालक्रमानुसार विवेचन 2. ऐतिहासिक घटनाओं का विवेचन करने वाला विषय या शास्त्र।

इतिहास-दर्शन (सं.) [सं-पु.] इतिहास की प्रक्रिया का विवेचन, मीमांसा और तद्विषयक पद्धतियों का निरूपण।

इतिहासकार (सं.) [सं-पु.] इतिहास लिखने वाला व्यक्ति; इतिहासज्ञ; इतिवृत्त लेखक।

इतिहासज्ञ (सं.) [सं-पु.] वह जो इतिहास का अच्छा ज्ञाता हो; इतिहासवेत्ता; इतिहास का विद्वान या विशेषज्ञ।

इतिहासबोध (सं.) [सं-पु.] इतिहास की समझ; संपूर्ण ऐतिहासिक स्थिति-परिस्थिति का आंतरिक ज्ञान या बोध।

इतिहासाश्रित (सं.) [वि.] इतिहास पर निर्भर।

इत्तफ़ाक (अ.) [सं-पु.] 1. भाव या विचारों का आपस में मिलना; मतैक्य; सहमति का भाव 2. अचानक से होने वाली कोई अनहोनी बात; संयोग।

इत्तफ़ाकन (अ.) [क्रि-वि.] इत्तफ़ाक से; संयोग से।

इत्तफ़ाकिया (अ.) [क्रि-वि.] इत्तफ़ाक से; संयोग से; अचानक से; आकस्मिक रूप से।

इत्तला (अ.) [सं-स्त्री.] सूचना; ख़बर; जानकारी।

इत्तलानामा (अ.) [सं-पु.] इत्तिला या सूचना दिए जाने के लिए दिया गया आधिकारिक पत्र; सूचनापत्र।

इत्तहाद (अ.) [सं-पु.] परस्पर होने वाला मेलजोल; दोस्ती; मित्रता 2. एका; एकता।

इत्तिला (अ.) [सं-स्त्री.] दे. इत्तला।

इत्तिहाद (अ.) [सं-पु.] दे. इत्तहाद।

इत्तिहादी (अ.) [वि.] एकतामूलक; मेल करने वाला।

इत्मीनान (अ.) [सं-पु.] दे. इतमीनान।

इत्यादि (सं.) [अव्य.] इसी प्रकार के अन्य; इसी तरह और; वगैरह।

इत्र (अ.) [सं-पु.] सुगंध या ख़ुशबू के लिए फूलों या कृत्रिम रसायनों से बनाया जाने वाला तरल पदार्थ।

इत्रदान (अ.+फ़ा.) [सं-पु.] इत्र रखने का पात्र; वह पात्र जिसमें इत्र रखकर ले जाया जाता है या लोगों के बीच सार्वजनिक उपयोग हेतु रखा जाता है।

इत्रदानी (अ.+फ़ा.) [सं-स्त्री.] इत्र रखने का छोटा सुराहीनुमा पात्र।

इधर [क्रि.वि.] 1. इस ओर; यहाँ; इस तरफ़ 2. आस-पास में; निकट।

इधर-उधर [क्रि.वि.] यहाँ-वहाँ; किसी अनिश्चित स्थान पर। [मु.] **-करना** : टालमटोल करना। **-की बातें करना** : व्यर्थ की बातें करना। **इधर की उधर करना** : चुगली करना।

इन [सर्व.] 'इस' का बहुवचन रूप।

इनकम (अं.) [सं-पु.] आय; आमदनी; अर्थागम।

इनकमटैक्स (अं.) [सं-पु.] आमदनी पर लगने वाला कर; आयकर।

इनकलाब (अ.) [सं-पु.] तीव्रता से घटित व्यापक परिवर्तन (व्यवस्था या सत्ता आदि में); क्रांति।

इनक़लाब (अ.) [सं-पु.] उर्दू उच्चारणानुसार वर्तनी (दे. इनकलाब)।

इनकलाबी (अ.) [वि.] 1. क्रांति लाने वाला; क्रांतिकारी; इनकलाब लाने वाला 2. इनकलाब संबंधी।

इनकार (अ.) [सं-पु.] 1. अस्वीकृति; नामंज़ूरी; 2. मुकरना; अपनी कही हुई बात से पीछे हट जाना।

इनकारी (अ.) [वि.] नकारात्मक; इनकार या अस्वीकृत करने वाला। [सं-स्त्री.] इनकार करने की क्रिया या भाव।

इनकिसार (अ.) [सं-पु.] अतिविनम्रता; ख़ाकसारी; विनयशीलता।

इनक्वाइरी (अं.) [सं-स्त्री.] 1. सामान्य जानकारी प्राप्त करने के लिए की जाने वाली पूछताछ 2. किसी आपराधिक विषय से संबंधित व्यक्ति या व्यक्तियों के बारे में की जाने वाली जाँच-पड़ताल।

इनपुट (अं.) [सं-पु.] 1. कंप्यूटर में संसाधन के लिए डाली जाने वाली सूचनाएँ 2. सूचनाएँ डालने का काम; निवेश 3. कंप्यूटर में संचित सामग्री।

इनफ़ार्मेशन (अं.) [सं-स्त्री.] सूचना; किसी विषय या घटना से संबंधित समाचार, विज्ञप्ति आदि।

इनफ़ेक्शन (अं.) [सं-पु.] किसी रोग आदि का संक्रमण।

इनफ़्लुएंज़ा (अं.) [सं-पु.] एक तीव्र संक्रमणकारी श्वासनली

का रोग; श्लेष्माज्वर।

इनबॉक्स (अं.) [सं-पु.] ऐसा बॉक्स जहाँ संदेश रखा गया हो।

इनरी [सं-स्त्री.] 1. पुरुष का जननांग 2. फेनसा से बनने वाला पदार्थ विशेष।

इनवर्टर (अं.) [सं-पु.] एक विद्युत परिवर्तक जो दिष्ट धारा को प्रत्यावर्ती धारा में परिवर्तित करता है। इससे प्राप्त प्रत्यावर्ती धारा किसी भी वोल्टता और आवृत्ति की हो सकती है।

इनवेस्ट (अं.) [सं-पु.] पूँजी या धन का निवेश; व्यापारिक लाभ या मुनाफे के लिए किसी कार्य में पूँजी लगाने की क्रिया।

इनवेस्टमेंट (अं.) [सं-पु.] निवेश; लागत; लाभ प्राप्ति की दृष्टि से लगाया हुआ पैसा।

इनसाइक्लोपीडिया (अं.) [सं-पु.] वह संदर्भ ग्रंथ जिसमें विभिन्न विषयों पर जानकारी उपलब्ध रहती है; ज्ञानकोश; विश्वकोश।

इनसान (अ.) [सं-पु.] मनुष्य; मानव; आदमी।

इनसानियत (अ.) [सं-स्त्री.] 1. मनुष्यता; मानवता; आदमियत 2. उदारता; भलमनसाहत।

इनसानी (अ.) [वि.] इंसान या मनुष्य संबंधी; इंसान का।

इनसाफ़ (अ.) [सं-पु.] 1. न्याय; अदल 2. न्यायोचित फ़ैसला।

इनाम (अ.) [सं-पु.] पुरस्कार; पारितोषिक; बख़्शीश; उपहार।

इनामदार (अ.+फ़ा.) [सं-पु.] माफ़ीदार; वह जिसे माफ़ी ज़मीन मिली हो।

इनामी (अ.+हिं.) [वि.] 1. इनाम पाया हुआ; पुरस्कार पाया हुआ व्यक्ति 2. व्यक्ति जिसपर इनाम लगा हो।

इनायत (अ.) [सं-स्त्री.] दया; कृपा; अनुग्रह; मेहरबानी; अहसान; उपकार।

इने-गिने [वि.] जो गिनती में बहुत कम हों; कुछ; कतिपय; थोड़े से; चंद; चुने-चुनाए।

इन्हीं [सार्व.वि.] इन ही।

इन्हें [सर्व.] इनको।

इफ़रात (अ.) [सं-स्त्री.] बहुतायत; विपुलता; प्राचुर्य; बाहुल्य। [वि.] बहुत अधिक।

इफ़लास (अ.) [सं-पु.] दरिद्रता; गरीबी; मुफ़लिसी; कंगाली।

इफ़ाका (अ.) [सं-पु.] मरीज़ की अवस्था में सुधार; स्वास्थ्य लाभ; रोगमुक्ति।

इफ़ेक्ट (अं.) [सं-पु.] 1. प्रभाव; असर 2. नतीजा; परिणाम।

इफ़्तार (अ.) [सं-पु.] दिन भर के रोज़े अर्थात उपवास के बाद शाम का खाना; रोज़ा खोलना।

इफ़्तारी (अ.) [सं-स्त्री.] रोज़ा खोलने या इफ़्तार के वक़्त खाई जाने वाली चीज़ें।

इबरानी (अ.) [सं-पु.] 1. इब्राहीम के वंश का व्यक्ति 2. यहूदी। [सं-स्त्री.] यहूदियों की भाषा। [वि.] यहूदी का; यहूदी संबंधी।

इबादत (अ.) [सं-स्त्री.] बंदगी; आराधना; पूजा; उपासना; वंदना।

इबादतख़ाना (अ.+फ़ा.) [सं-पु.] इबादत करने की जगह; इबादतगाह; मस्जिद-मंदिर आदि।

इबारत (अ.) [सं-स्त्री.] 1. लिखावट; वाक्यरचना 2. तहरीर; लेख; मज़मून 3. अक्षर विन्यास; लेखन शैली 4. श्रुतलेख।

इबारत-आराई (अ.+फ़ा.) [सं-स्त्री.] अलंकृत या लच्छेदार शैली में चित्रण; शब्दाडंबर; आलेख लिखने की क्रिया।

इब्तिदा (अ.) [सं-स्त्री.] आदिकाल; उत्पत्ति; आरंभ; शुरुआत।

इब्न (अ.) [सं-पु.] लड़का; बेटा; पुत्र।

इब्राहीम (अ.) [सं-पु.] यहूदियों के आदि पुरुष; इस्लाम धर्म के अनुसार एक पैगंबर।

इमदाद (अ.) [सं-स्त्री.] 1. सहायता; मदद; सहयोग 2. मदद के रूप में दिया जाने वाला धन या सामान।

इमदादी (अ.) [वि.] 1. मदद पाने वाला 2. इमदाद के रूप में होने वाला।

इमरजेंसी (अं.) [सं-स्त्री.] आपात स्थिति; आपातकाल; आकस्मिक संकट।

इमरती (सं.) [सं-स्त्री.] उड़द की दाल की पीठी से बनाई जाने वाली जलेबी की तरह की छल्लेदार एक मिठाई।

इमरतीदार (हिं.+फ़ा.) [वि.] जिसमें इमरती की तरह गोल-गोल घेरे या बल पड़े हों, जैसे- इमरतीदार कंगन।

इमला (अ.) [सं-पु.] 1. शब्दों को शुद्ध रूप में और क्रमवार लिखना; अनुलेख 2. किसी के द्वारा बोले गए शब्दों को शुद्ध वर्तनी में लिखते जाना; श्रुतलेख।

इमलाक (अ.) [सं-पु.] 1. संपत्ति; जायदाद; मिलकियत 2. किसी को किसी वस्तु का, संपत्ति का स्वामी या मालिक बनाना।

इमली (सं.) [सं-स्त्री.] एक खट्टा फल जिसकी चटनी बनाई जाती है; पकने पर यह खट्टा-मीठा हो जाता है। [सं-पु.] इमली का पेड़।

इमल्शन (अं.) [सं-पु.] मिश्रित न होने वाले द्रवों (जैसे- तेल और पानी) का मिश्रण या घोल।

इमाम (अ.) [सं-पु.] मुसलमानों में धार्मिक कृत्य कराने वाला व्यक्ति; पुरोहित; अगुआ; पथ-प्रदर्शक।

इमाम ज़ामिन (अ.) [सं-पु.] हज़रत अली के पुत्र इमाम के संरक्षण-प्रतीक के रूप में रूमाल में रुपया लपेटकर बनाया गया ताबीज़।

इमामत (अ.) [सं-स्त्री.] 1. नेतृत्व 2. नमाज़ पढ़ने का काम।

इमामदस्ता (फ़ा.) [सं-पु.] जड़ी-बूटी आदि को कूटने-पीसने के लिए प्रयोग किया जाने वाला धातु का खल-बट्टा।

इमामबाड़ा (अ.+हिं.) [सं-पु.] मुसलमानों का वह धार्मिक स्थान जहाँ ताज़िए दफ़नाए जाते हैं; शिया मुसलमानों का धार्मिक स्थल।

इमारत (अ.) [सं-स्त्री.] भवन; मकान; लकड़ी या ईंट का भव्य एवं विशाल भवन।

इमारती (अ.) [वि.] 1. इमारत संबंधी 2. इमारत के निर्माण आदि में काम आने वाली, जैसे- इमारती लकड़ी।

इमिरती [सं-स्त्री.] रमचरना; एक मिठाई।

इमुनिटी (अं.) [सं-पु.] 1. प्रतिरक्षा 2. मुक्ति 3. अधिकार 4. उन्मुक्ति 5. छुटकारा 6. बचाव।

इमेज (अं.) [सं-स्त्री.] 1. लोगों के समक्ष व्यक्ति या संगठन के विषय में बनी सामान्य धारणा 2. मानसिक चित्र या कल्पना 3. आकृति या बिंब 4. किसी पुस्तक, फ़िल्म या चित्रकारी में कोई दृश्य, चित्र या वर्णन 5. किसी वस्तु या व्यक्ति का प्रतिबिंब या चित्र।

इम्तहान (अ.) [सं-पु.] 1. परीक्षा 2. परख; जाँच; आज़माइश।

इम्तिनाई (अ.) [वि.] रोक लगाने वाला; निषेधक; प्रतिबंधक।

इम्तिनाय (अ.) [सं-पु.] मनाही; निषेध; रोक।

इम्तियाज़ (अ.) [सं-पु.] 1. भेद; अंतर 2. विवेक; तमीज़; समझ 3. विशेषता।

इयत्ता (सं.) [सं-स्त्री.] 1. हद; सीमा 2. परिमिति 3. सदस्यों की निश्चित संख्या जो सभा आदि के संचालन के लिए आवश्यक हो; गणपूर्ति; (कोरम)।

इयरफ़ोन (अं.) [सं-पु.] एक प्रकार का यंत्र जिसे कान में लगाकर संगीत, बातचीत आदि सुनते हैं; (हेडफ़ोन)।

इरफ़ान (अ.) [सं-पु.] 1. बुद्धि; विवेक; तमीज़ 2. ज्ञान 3. ब्रह्म ज्ञान।

इरशाद (अ.) [सं-पु.] 1. आज्ञा; आदेश 2. हिदायत या सलाह देना 3. किसी को ठीक रास्ता बतलाना; पथ प्रदर्शन 4. मुशायरों के दौरान गायक द्वारा शेर पेश करने के लिए श्रोताओं द्वारा प्रयुक्त अनुमति सूचक शब्द।

इरसाल (अ.) [सं-पु.] 1. किसी के पास कोई चीज़ भेजना 2. भेंट; तोहफ़ा 3. लगान या मालगुज़ारी को नियत समय पर पहुँचाना।

इरसी [सं-स्त्री.] पहिए की धुरी।

इरा (सं.) [सं-स्त्री.] 1. भूमि; पृथ्वी 2. वाणी 3. जल 4. अन्न 5. मदिरा; शराब 6. बृहस्पति की माता का नाम।

इराक (अ.) [सं-पु.] पूर्वी अरब का एक देश जिसकी राजधानी बगदाद है; पश्चिमी एशिया का एक प्रसिद्ध देश जिसे प्राचीन समय में मेसोपोटामिया के नाम से जाना जाता था।

इराकी (अ?.) [वि.] 1. इराक संबंधी 2. इराक में रहने वाला (व्यक्ति) 3. इराक में उत्पादित। [सं-स्त्री.] इराक की भाषा।

इरादतन (अ.) [क्रि.वि.] इरादा या विचार करके; विचारपूर्वक; संकल्पपूर्वक; जानबूझकर।

इरादा (अ.) [सं-पु.] विचार; संकल्प; ख़्वाहिश; इच्छा।

इरावत (सं.) [सं-पु.] 1. मेघ 2. (पुराण) एक पर्वत का नाम 3. नाग-कन्या उलूपी से उत्पन्न अर्जुन का एक पुत्र। [वि.] तृप्त करने वाला; सुखकर।

इरावती (सं.) [सं-स्त्री.] 1. ब्रह्म देश की एक नदी; रावी नदी का पुराना नाम 2. कश्यप की पत्नी का नाम जिससे ऐरावत उत्पन्न हुए थे।

इर्दगिर्द (फ़ा.) [क्रि.वि.] आस-पास; चारों ओर।

इलज़ाम (अ.) [सं-पु.] आरोप; अभियोग; दोषारोपण।

इलता [सं-पु.] मझोले आकार का एक प्रकार का बाँस जो प्रायः दक्षिण भारत में पाया जाता है, इसमें बहुत बड़े-बड़े फूल और फल लगते हैं। इसके छोटे-छोटे कल्लों से बहुत अच्छा कागज बनता है।

इलहाक (अ.) [सं-पु.] 1. जोड़ना; मिलाना 2. मूल पुस्तक में ऊपर से कुछ जोड़ देना; क्षेपक 3. किसी प्रदेश को राज्य में मिला लेना।

इलहाम (अ.) [सं-पु.] 1. ईश्वर का शब्द या वाणी 2. देववाणी; आकाशवाणी 3. आत्मा की आवाज़ 4. ईश्वरीय ज्ञान या प्रेरणा 5. आत्मिक दृष्टि।

इला (सं.) [सं-स्त्री.] 1. बुद्धिमान स्त्री 2. पार्वती 3. सरस्वती 4. गाय 5. पृथ्वी 6. (पुराण) वैवस्वत मनु की कन्या और पुरूरवा की माता का नाम।

इलाका (अ.) [सं-पु.] 1. क्षेत्र; प्रदेश; राज्य; रियासत 2. एक व्यक्ति के अधीन स्थित भूखंड या गाँव की ज़मींदारी 3. प्रभुत्व-क्षेत्र 4. गुंडों की गुंडागर्दी का निश्चित क्षेत्र।

इलाकाई (अ.) [वि.] प्रदेश या क्षेत्र से संबंधित, जैसे- इलाकाई ख़बरें आदि।

इलाचा [सं-पु.] एक कपड़ा जो रेशम और सूत मिलाकर बुना जाता है।

इलाज (अ.) [सं-पु.] चिकित्सा; उपचार; रोग निवारक उपाय।

इलायची (सं.) [सं-स्त्री.] 1. एक सदाबहार पेड़ जिसके फल के सुगंधित बीज मसाले आदि में पड़ते हैं 2. उक्त पेड़ के फल जिसके बीज सुगंधित व स्वादिष्ट होते हैं।

इलायचीदाना (सं.+ फ़ा.) [सं-पु.] चीनी या शक्कर से बनी एक प्रकार की मिठाई।

इलायचीपाग (सं.) [सं-पु.] इलायची से बनी मिठाई।

इलास्टिक (अं.) [सं-पु.] 1. रबड़ से बना हुआ एक प्रकार का पदार्थ जिसमें लचीलापन होता है 2. रबड़ और कपड़े से बनी हुई डोरी। [वि.] लचीला; मुलायम; लचकदार।

इलाहाबाद (अ.) [सं-पु.] 1. उत्तर प्रदेश के एक शहर का नाम 2. बादशाह अकबर ने इलाहीधर्म के आधार पर इस शहर का नाम इलाहाबाद रखा 3. प्रयाग; प्रयागराज 4. गंगा-यमुना का संगम जहाँ महाकुंभ का मेला लगता है।

इलाही (अ.) [सं-पु.] ईश्वर; परमेश्वर; भगवान; परमात्मा; अल्लाह। [वि.] 1. ईश्वरीय 2. ईश्वर से संबंधित; अल्लाह का।

इलेक्ट्रिक (अं.) [वि.] 1. विद्युत उत्पन्न करने वाला 2. बहुत उत्तेजक या उत्तेजनापूर्ण।

इलेक्ट्रिकल (अं.) [वि.] 1. बिजली का 2. बिजली से संबंधित।

इलेक्ट्रिशियन (अं.) [सं-पु.] विद्युत संबंधी काम करने वाला व्यक्ति।

इलेक्ट्रॉन (अं.) [सं-पु.] एक सूक्ष्म विद्युत कण; परमाणु का अवयव जो उसके नाभिक का चक्कर लगाता रहता है और जिसमें विद्युत का ऋणावेश होता है।

इलेक्ट्रॉनिक (अं.) [वि.] अनेक छोटे-छोटे विद्युत घटकों से परिचालित; विद्युतीय।

इलेक्ट्रॉनिक्स (अं.) [सं-स्त्री.] 1. भौतिक विज्ञान की एक शाखा जिसके अंतर्गत इलेक्ट्रान और उसके प्रभाव का अध्ययन किया जाता है 2. वह तकनीक जिसके द्वारा रेडियो, कंप्यूटर आदि विद्युतीय उपकरणों का निर्माण किया जाता है।

इलेक्शन (अं.) [सं-पु.] चुनाव; मतदान द्वारा किया गया निर्वाचन।

इल्ताफ़ (अ.) [सं-स्त्री.] कृपा; दया; करम।

इल्तिजा (अ.) [सं-स्त्री.] प्रार्थना; विनती; निवेदन; मिन्नत; दरख़्वास्त; दुहाई।

इल्म (अ.) [सं-पु.] जानकारी; ज्ञान; विद्या।

इल्मियत (अ.) [सं-स्त्री.] विद्वता; पांडित्य।

इल्मी (अ.) [वि.] इल्म; ज्ञान या विद्या संबंधी।

इल्लत (अ.) [सं-स्त्री.] 1. बुरी लत; बुरी आदत; दुर्व्यसन 2. सबब; कारण 3. अपराध; दोष 4. कमी; त्रुटि 5. संकट; बाधा; झंझट 6. रोग; बीमारी 7. रद्दी; वाहियात चीज़।

इल्लती (अ ?.) [वि.] जिसे कोई बुरी लत लग गई हो; दुव्यर्सनी।

इल्ला (सं.) [सं-पु.] चमड़ी पर उभरा हुआ मांस का छोटा दाना; मांसकील।

इल्ली (सं.) [सं-स्त्री.] 1. चींटियों, कीट-पतंगों, तितलियों आदि के अंडे से निकलने के बाद की अवस्था 2. रेंगकर चलने वाला एक छोटा, पतला, सफ़ेद कीड़ा।

इशरत (अ.) [सं-स्त्री.] ऐशो-आराम; सुख-भोग; आनंद-मंगल।

इशा (अ ?.) [सं-स्त्री.] 1. रात्रि का प्रथम पहर 2. रात का अँधेरा 3. रात के प्रथम पहर में पढ़ी जाने वाली नमाज़।

इशाअत (अ.) [सं-स्त्री.] 1. प्रकट करना; प्रकटन 2. प्रचार; प्रसार 3. प्रकाशित करना 4. संस्करण।

इशारतन (अ.) [क्रि.वि.] इशारे से; संकेत से।

इशारा (अ.) [सं-पु.] 1. संकेत; इंगित 2. सूचना संप्रेषण हेतु की गई मूक, आंगिक चेष्टा 3. संक्षिप्त कथन 4. गुप्त प्रेरणा 5. सूक्ष्म आधार।

इशारेबाज़ी (अ.) [सं-स्त्री.] आपस में इशारे करना।

इशू (अं.) [क्रि-स.] निर्गम; जारी करना, भेजना; देना। [सं-पु.] मुद्दा, वाद-पद (विधि) 3. संतान 4. अंक(पत्रिका)

इश्क (अ.) [सं-पु.] प्रेम; मुहब्बत; आशिकी; चाहत; अनुराग।

इश्कबाज़ (अ.+फ़ा.) [सं-पु.] इश्क करने वाला; इश्क की मौज में रहने वाला व्यक्ति; आशिक; प्रेमी।

इश्कबाज़ी (अ.+फ़ा.) [सं-स्त्री.] 1. इश्क की मौज; आशिकी 2. व्याभिचार।

इश्किया (अ.) [वि.] इश्क संबंधी; इश्क के अंदाज़ में।

इश्के मजाज़ी (फ़ा.) [सं-स्त्री.] सांसारिक प्रेम।

इश्के हकीकी (फ़ा.) [सं-स्त्री.] ईश्वरीय प्रेम।

इश्तहार (अ.) [सं-पु.] 1. सार्वजनिक सूचना 2. विज्ञापन 3. घोषणा; एलान।

इश्तहारी (अ.) [वि.] जिसका विज्ञापन निकला हो; विज्ञापित।

इश्तिआल (अ.) [सं-पु.] 1. भड़कना या उत्तेजित होना 2. भड़काना; उत्तेजित करना।

इश्तियाक (अ.) [सं-पु.] शौक; इच्छा; लालसा; उत्कंठा; ललक।

इश्तिराक (अ.) [सं-पु.] 1. साझेदारी; भागीदारी; शिरकत 2. साम्यवाद।

इश्तिहा (अ.) [सं-स्त्री.] 1. भूख; क्षुधा 2. कामना; इच्छा; ख़्वाहिश।

इषित (सं.) [वि.] 1. चलाया हुआ 2. प्रेषित 3. उत्तेजित 4. प्रेरित 5. प्रचंड; तीव्र।

इषु (सं.) [सं-पु.] 1. बाण; तीर 2. (ज्यामिति) वृत्त के अंदर जीवा के मध्य-बिंदु से परिधि तक खींची जाने वाली सीधी रेखा।

इष्ट (सं.) [सं-पु.] 1. किसी विशिष्ट कार्य या पदार्थ की सिद्धि या प्राप्ति के लिए मन में होने वाली तीव्र इच्छा, अभिलाषा या संकल्प 2. आराध्य देवता; ईश्वर 3. कुलदेव 4. हितकारी 5. श्रुति सम्मत या अग्निहोत्र आदि कर्म। [वि.] 1. वांछित; चाहा हुआ 2. पूजित; पूज्य; मान्य 3. इच्छित; अभिलाषित।

इष्टका (सं.) [सं-स्त्री.] 1. ईंट 2. यज्ञ कुंड बनाने की ईंट।

इष्टा (सं.) [सं-स्त्री.] प्रेमिका; प्रिया; महबूबा।

इष्टि (सं.) [सं-स्त्री.] 1. अभीष्ट काम या बात; अभिलाषा; आकांक्षा; चाह 2. प्राप्ति या सिद्धि के लिए होने वाला प्रयत्न 3. पशुओं, सोम आदि से भिन्न यज्ञ में की जाने वाली दूध, फल आदि की हवि।

इस [सर्व.] अन्य पुरुष निकटवर्ती 'यह' सर्वनाम का तिर्यक रूप या अर्थ; 'यह' का विभक्ति से पूर्व लगने वाला रूप। [सार्व.वि.] जब बतौर विशेषण 'इस' का प्रयोग हो, जैसे- इस बस में हम नहीं बैठे थे।

इसबगोल (फ़ा.) [सं-पु.] 1. औषधि के रूप में प्रयुक्त एक पौधा 2. उक्त पौधे के सफ़ेद बीजों से बनी हुई दवा जो उदर या पेट के विकारों को दूर करती है।

इसमाईल (अ.) [सं-पु.] 1. इब्राहीम का बेटा 2. सांबर तंत्र में एक योगी का नाम।

इसमाईली (अ.) [सं-पु.] शिया मुसलमानों का एक फ़िरका।

इसराईली (अ.) [सं-पु.] यहूदी।

इसराज [सं-पु.] सारंगी की तरह कमानी से बजाया जाने वाला एक प्रकार का बाजा।

इसराफ़ (अ.) [सं-पु.] अपव्यय; फ़िजूलखर्ची; धन की बर्बादी।

इसरार (अ.) [सं-पु.] आग्रह; हठ।

इसलामी (अ.) [वि.] 1. इसलाम संबंधी; इसलाम का 2. इसलाम धर्म में होने वाला।

इसलाह (अ.) [सं-पु.] गलती ठीक करना; सुधारना; रचना का संशोधन।

इसलिए [अव्य.] अतः; अतएव; इस कारण से।

इसहाल (अ.) [सं-पु.] पतले दस्त आना; अतिसार।

इसे (सं.) [सर्व.] 'इस' का कर्मकारक या संप्रदान कारक रूप, जैसे-इसे रोको मत; जाने दो।

इस्कात (अ.) [सं-पु.] चुप कर देने वाली बात करना; चुप कर देना।

इस्तकबाल (अ.) [सं-पु.] अगवानी; स्वागत।

इस्तगासा (अ.) [सं-पु.] फ़रियाद; न्याय की प्रार्थना; अभियोग; दावा; फ़ौजदारी का दावा।

इस्तमरार (अ.) [सं-पु.] 1. स्थायी होने का भाव; स्थायित्व 2. हमेशा रहने वाला अधिकार 3. वह निश्चित लगान जिसमें कमी-बेशी न हो सके।

इस्तमरारी (अ.) [वि.] 1. सदा एक-सा रहने वाला; स्थायी 2. जिसमें कमी-बेशी न हो सके; जो स्थायी रूप से निश्चित हुआ हो; दवामी; जो कभी न बदले।

इस्तमरारी पट्टा (अ.) [सं-पु.] स्थायी पट्टे की ज़मीन; दवामी-पट्टा।

इस्तमरारी बंदोबस्त (अ.) [सं-पु.] 1. भूमि के लगान की एक व्यवस्था 2. कृषि की स्थायी व्यवस्था; दवामी-बंदोबस्त।

इस्तरी [सं-स्त्री.] 1. कपड़े की सिलवटें निकालने और तह बैठाने का एक उपकरण 2. कपड़े की तह जमाने या बैठाने की क्रिया या कार्य।

इस्तिकलाल (अ.) [सं-पु.] 1. दृढ़ता; मज़बूती 2. दृढ़ निश्चय।

इस्तिलाह (अ.) [सं-स्त्री.] 1. किसी शब्द का साधारण से भिन्न विशेष अर्थ में प्रयोग 2. किसी विशेष विषय से संबंधित पारिभाषिक शब्दावली।

इस्तिलाही (अ.) [वि.] 1. लाक्षणिक 2. पारिभाषिक।

इस्तिसनाय (अ.) [सं-पु.] अलग करना (कथन आदि में); शामिल न करना।

इस्तीफ़ा (अ.) [सं-पु.] त्यागपत्र।

इस्तेमाल (अ.) [सं-पु.] उपयोग; प्रयोग; किसी वस्तु को काम में लाने का भाव।

इस्तेमाली (अ.) [वि.] उपयोग या उपभोग में आने वाली।

इस्त्री [सं-स्त्री.] दे. इस्तरी।

इस्पात (पु.) [सं-पु.] 1. साधारण लोहे को साफ़ कर तैयार किया गया उत्तम लोहा 2. फ़ौलाद।

इस्पाती (पु.+हिं.) [वि.] इस्पात का; इस्पात संबंधी; इस्पात का बना हुआ।

इस्म (अ.) [सं-पु.] 1. नाम 2. संज्ञा।

इस्मत (अ.) [सं-स्त्री.] स्त्री की इज़्ज़त-आबरू; सतीत्व; पातिव्रत्य।

इस्मतफ़रोश (अ.+फ़ा.) [वि.] इस्मत का सौदा करने वाली; वेश्या।

इस्माइली (अ.) [सं-पु.] शिया मुसलमानों की एक शाखा।

इस्मेशरीफ़ (अ.) [सं-पु.] शुभनाम।

इस्लाम (अ.) [सं-पु.] 1. मुसलमानों का धर्म; मुहम्मद साहब द्वारा चलाया गया धर्म 2. ईश्वर के आगे झुकना 3. ईश्वर के मार्ग में प्राण देने को प्रस्तुत होना।

इस्लामिक (अ.) [वि.] इस्लाम या मुसलमानों से संबंधित।

इस्लामी (अ.) [वि.] इस्लाम संबंधी; इस्लाम का।

इस्लाह (अ.) [सं-स्त्री.] 1. साहित्य या दूसरे रचनात्मक कार्यों में किया जाने वाला सुधार-संशोधन 2. गाल या ठोढ़ी पर के बाल।

इहलीला (सं.) [सं-स्त्री.] 1. इस संसार या लोक में बीतने वाला समय; जीवन 2. संसार में होने वाले सभी कार्य।

इहलोक (सं.) [सं-पु.] यह जगत; यह संसार; मृत्युलोक।

इहलौकिक (सं.) [वि.] 1. इस संसार या दुनिया का 2. इस संसार से संबंध रखने वाला।

इहाता (अ.) [सं-पु.] 1. चारदीवारी; प्राचीर 2. क्षेत्र; इलाका।

ई

ई हिंदी वर्णमाला का स्वर वर्ण। उच्चारण की दृष्टि से यह उच्चतर-उच्च, अग्र, अगोलित और दीर्घ स्वर है। यह 'इ' का दीर्घ रूप नहीं है, क्योंकि 'इ' और 'ई' में न केवल मात्रा का, वरन उच्चारण स्थान का भी अंतर है।

ई-बुक्स (अं.) [सं-स्त्री.] इलेक्ट्रॉनिक किताबें।

ई-मेल (अं.) [सं-पु.] 1. कंप्यूटर के माध्यम से इंटरनेट पर भेजी जाने वाली सूचना 2. सूचना भेजने की उक्त पद्धति 3. इलेक्ट्रॉनिक पत्र।

ई-व्यवसाय (अं.+सं.) [सं-पु.] 1. कंप्यूटर के माध्यम से किया गया इलेक्ट्रॉनिक व्यवसाय 2. व्यापारिक कार्य जिसमें तकनीक का प्रयोग हो 3. ऐसा व्यवसाय जो कंप्यूटर के माध्यम से किया जाए।

ईंगुर (सं.) [सं-पु.] सिंदूर; लाल, नारंगी या पीले रंग का बारीक खनिज चूर्ण (स्त्रियाँ जिसे मस्तक तथा माँग पर लगाती हैं)।

ईंट (सं.) [सं-स्त्री.] 1. मिट्टी का आयताकार साँचे में ढला टुकड़ा जो आग में पकाकर बनाया जाता है जिससे मकान आदि की पक्की दीवारें बनाई जाती हैं; इष्टका 2. धातु का चौकोर टुकड़ा, जैसे- सोने की ईंट। [मु.] **-से ईंट बजाना** : ध्वस्त करना, लड़ाई में परास्त करना।

ईंटपथा [सं-पु.] ईंट पाथने वाला।

ईंत [सं-स्त्री.] सान चढ़ाते समय उसके नीचे रखी जाने वाली ईंट।

ईंधन (सं.) [सं-पु.] 1. जलाने के काम आने वाला पदार्थ 2. जलाने की लकड़ी या कंडा 3. जलावन 4. वाहनों आदि में उपयोग किया जाने वाला डीज़ल; पेट्रोल आदि पदार्थ।

ईकर सरकंडा [सं-पु.] ढाँचे को थामने वाला (रोककर रखने या भार वहन करने वाला) डंडा; सरई।

ईकार (सं.) [सं-पु.] 'ई' स्वर या उसका सूचक वर्ण।

ईकारांत (सं.) [वि.] जिस शब्द का अंत 'ई' वर्ण या मात्रा से हो, जैसे- भाई और देवी ईकारांत शब्द हैं।

ईक्षक (सं.) [वि.] 1. देखने वाला 2. किसी कार्य या वस्तु की जाँच आदि करने वाला; विचार करने वाला।

ईक्षण (सं.) [सं-पु.] 1. दर्शन; देखना 2. आँख 3. विचार 4. विश्लेषण; विवेचन 5. जाँच-पड़ताल; खोजबीन 6. परख।

ईक्षणिक (सं.) [सं-पु.] 1. भविष्यवक्ता 2. हस्तरेखाओं का जानकार; ज्योतिषी।

ईक्षा (सं.) [सं-स्त्री.] 1. नज़र; दृष्टि 2. देखने की क्रिया; दर्शन 3. विचारना; विवेचन करना; पर्यालोचन।

ईक्षित (सं.) [वि.] देखा हुआ; विवेचित; परखा या जाँचा हुआ। [सं-स्त्री.] देखने की इंद्रिय; आँख।

ईख (सं.) [सं-स्त्री.] 1. शर जाति का एक पौधा जिससे मीठा रस निकलता है; उक्त रस से गुड़; चीनी और मिस्री आदि बनते हैं 2. गन्ना 3. ऊख; इक्षु।

ईछना [सं-पु.] गूँथे हुए आटे को लोई के रूप में तोड़ना।

ईजाद (अ.) [सं-स्त्री.] 1. अविष्कार; खोज 2. किसी नई चीज़ का बनाना; नवनिर्माण।

ईजादी (अ.) [वि.] 1. ईजाद से संबंधित; ईजाद का 2. नई वस्तु का निर्माण करने वाला।

ईज़ीचेयर (अं.) [सं-पु.] आरामकुरसी; एक बड़ी ढलवा आकार की कुरसी जिसमें आराम से बैठा या लेटा जा सकता है।

ईठी [सं-स्त्री.] 1. भाला; बरछा 2. दंड।

ईडा (सं.) [सं-स्त्री.] 1. तारीफ़; प्रशंसा 2. स्तुति।

ईडित (सं.) [वि.] जिसकी स्तुति या प्रशंसा की गई हो; प्रशंसित।

ईति (सं.) [सं-स्त्री.] 1. बाधा; विघ्न; विपत्ति; 2. खेती को नुकसान पहुँचाने वाली छह विपत्तियाँ- अतिवृष्टि, अनावृष्टि, टिड्डियाँ, चूहे, पक्षी और विदेशी आक्रमण।

ईथर (अं.) [सं-पु.] (रसायन शास्त्र) 1. एक कार्बनिक यौगिक जिसका रसायनिक नाम डाई-एथिल-ईथर है 2. उन्नीसवीं शताब्दी की एक अप्रमाणित परिकल्पना के अनुसार एक पारदर्शी सूक्ष्म तत्व जो सारे आकाश में व्याप्त है और जिससे होकर प्रकाश की किरणें पृथ्वी पर आती हैं।

ईद (अ.) [सं-स्त्री.] मुसलमानों का प्रसिद्ध त्योहार; ख़ुशी का दिन; रमज़ान मास के रोज़े समाप्त होने पर चाँद दिखाई देने के दूसरे दिन मुसलमानों द्वारा मनाया जाने वाला त्योहार। [मु.] **-का चाँद** : बहुत दिनों बाद दिखाई देना।

ईद-उल-जुहा (अ.) [सं-स्त्री.] मुसलमानों का एक प्रसिद्ध त्योहार; बकरीद।

ईद-उल-फ़ित्र (अ.) [सं-स्त्री.] मुसलमानों का एक प्रसिद्ध त्योहार; मीठी ईद; बड़ी ईद।

ईदगाह (अ.+फ़ा.) [सं-स्त्री.] वह स्थान जहाँ पर मुस्लिम लोग ईद के दिन एकत्र होकर नमाज़ पढ़ते हैं और ख़ुशियाँ मनाते हैं।

ईदी (अ.) [सं-स्त्री.] 1. ईद के मौके पर दिया जाने वाला उपहार; इस अवसर पर नौकरों या बच्चों को दी जाने वाली बख़्शीश 2. ईद के मौके पर प्रदत्त शुभकामना युक्त कविता 3. ईद संबंधी।

ईदृश (सं.) [क्रि.वि.] ऐसे; इस प्रकार। [वि.] ऐसा; इस प्रकार का।

ईनाम (अ.) [सं-पु.] दे. इनाम।

ईप्सा (सं.) [सं-स्त्री.] 1. किसी वस्तु को पाने की इच्छा या अभिलाषा 2. कोई कार्य करने के लिए मन में होने वाला विचार या उद्देश्य; इरादा।

ईप्सित (सं.) [वि.] जिसकी ईप्सा या इच्छा की गई हो; अभिलाषित; चाहा हुआ।

ईप्सु (सं.) [वि.] 1. ईप्सा या इच्छा करने वाला; इच्छुक 2. प्राप्त करने का प्रयत्न करने वाला।

ईमन (फ़ा.) [सं-पु.] (संगीत) एक प्रकार की रागिनी जिसे रात के पहले पहर में गाया जाता है।

ईमा (अ.) [सं-पु.] 1. संकेत; इशारा 2. हुक्म; आदेश 3. तात्पर्य; मतलब।

ईमान (अ.) [सं-पु.] 1. सत्य; न्याय और धर्म के बारे में होने वाली पूरी निष्ठा 2. सच्चाई 3. धर्म और ईश्वर के प्रति होने वाली आस्था; विश्वास।

ईमानदार (अ.+फ़ा.) [वि.] 1. विश्वास करने वाला; नेक नीयत 2. विश्वासपात्र 3. नियतदार 4. सच्चा 5. धर्मात्मा और सत्यनिष्ठ 6. ईमानवाला 7. न्याय एवं सत्य का पक्षधर।

ईमानदारी (अ.+फ़ा.) [सं-स्त्री.] 1. ईमानदार होने की क्रिया, भाव या गुण 2. धर्मनिष्ठता।

ईमानफ़रोश (अ.+फ़ा.) [वि.] जिसने अपना ईमान बेच दिया हो; विश्वासघाती; बेईमान।

ईमानफ़रोशी (अ.+फ़ा.) [सं-स्त्री.] ईमान बेचने की क्रिया या भाव; बेईमानी करना।

ईमाय (अ.) [सं-पु.] ध्वनि; संकेत; इशारा।

ईरण (सं.) [सं-पु.] 1. किसी को आगे ढकेलने या बढ़ाने की क्रिया या भाव 2. उत्तेजना या प्रेरणा 3. गमन; जाना 4. क्षुब्ध करने वाला।

ईरान (फ़ा.) [सं-पु.] एशिया का एक प्रसिद्ध देश; फ़ारस देश।

ईरानी (फ़ा.) [सं-पु.] ईरान देश के वासी। [सं-स्त्री.] ईरान की भाषा। [वि.] ईरान से संबंधित।

ईरित (सं.) [वि.] 1. आगे ढकेला या बढ़ाया हुआ 2. प्रेरित या प्रोत्साहित किया हुआ।

ईर्षा (सं.) [सं-स्त्री.] द्वेष; जलन; ईर्ष्या।

ईर्ष्या (सं.) [सं-स्त्री.] किसी की उन्नति, सुख आदि देखकर मन में होने वाला कष्ट; द्वेष; जलन; डाह।

ईर्ष्यालु (सं.) [वि.] 1. ईर्ष्या करने वाला; जलने वाला; डाह करने वाला 2. दूसरे की उन्नति से दुखी होने वाला।

ईल [सं-स्त्री.] एक बनैला जंतु।

ईश (सं.) [सं-पु.] 1. ईश्वर; प्रभु; शिव 2. पति 3. राजा 4. ईशोपनिषद 5. एक रुद्र का नाम। [वि.] सामर्थ्य; प्रभुत्वयुक्त; ऐश्वर्ययुक्त।

ईशता (सं.) [सं-स्त्री.] 1. ईश होने की अवस्था या भाव 2. प्रभुत्व; स्वामित्व।

ईशा (अ.) [सं-स्त्री.] 1. ऐश्वर्य 2. ऐश्वर्य से युक्त स्त्री; ऐश्वर्यशालिनी 3. दुर्गा।

ईशान (सं.) [सं-पु.] 1. अधिपति; स्वामी 2. शासक 3. ईश्वर 4. पूर्व और उत्तर के बीच का कोना 5. शिव की आठ मूर्तियों में से एक 6. शिव; महादेव 7. आर्द्रा नक्षत्र 8. विष्णु। [वि.] 1. ऐश्वर्ययुक्त 2. शासन करने वाला; आधिपत्ययुक्त 3. धनी।

ईशानी (सं.) [सं-स्त्री.] 1. दुर्गा 2. शाल्मली वृक्ष; सेमल का पेड़।

ईशिता (सं.) [सं-स्त्री.] 1. महत्ता; श्रेष्ठता 2. ईश्वरत्व 3. प्रभुत्व; स्वामित्व 4. प्राधान्य 5. आठ प्रकार की सिद्धियों में से एक जिससे साधक सब पर शासन कर सकता है।

ईश्वर (सं.) [सं-पु.] 1. भगवान; परमात्मा; प्रभु; परम पुरुष; स्वामी 2. विशिष्टाद्वैत के अनुसार तीन पदार्थों (ईश्वर; चित्त; अचित्त) में एक 3. {ला-अ.} धनी या बड़ा व्यक्ति। [वि.] 1. ऐश्वर्ययुक्त 2. शक्तिमान; समर्थ।

ईश्वरतत्व (सं.) [सं-पु.] 1. ईश्वर होने की अवस्था, गुण या भाव 2. प्रभुत्व; स्वामित्व 3. ऐश्वर्य; सामर्थ्य।

ईश्वरनिष्ठ (सं.) [वि.] 1. ईश्वर की सत्ता में विश्वास रखने वाला 2. जिसकी ईश्वर में आस्था या विश्वास हो 3. ईश्वरपरायण; ईश्वरभक्त।

ईश्वरवाद (सं.) [सं-पु.] 1. ईश्वर की सत्ता पर पूरा विश्वास करने का सिद्धांत 2. आस्तिकवाद; आस्तिकता।

ईश्वरवादी (सं.) [वि.] 1. ईश्वरवाद को मानने वाला; अनुयायी; ईश्वरवाद का समर्थक 2. आस्तिक।

ईश्वरी (सं.) [सं-स्त्री.] 1. देवी 2. दुर्गा; पार्वती; शक्ति 3. लक्ष्मी।

ईश्वरीय (सं.) [वि.] 1. ईश्वर संबंधी 2. ईश्वर का 3. दैवीय 4. ईश्वर की ओर से होने वाला।

ईष (सं.) [सं-पु.] 1. आश्विन मास 2. क्वार 3. शिव का एक गण।

ईषणा (सं.) [सं-स्त्री.] प्रबल इच्छा।

ईषत् (स) [क्रि.वि.] थोड़ा, कुछ; अल्प रूप में।

ईषिका (सं.) [सं-स्त्री.] 1. हाथी की आँख का गोलक 2. बाण 3. सींक 4. चित्र में रंग भरने की कलम; कूँची।

ईस [सं-पु.] हरिस।

ईसवी (फ़ा.) [वि.] ईसा संबंधी; ईसा से संबंध रखने वाला; मसीही। [सं-पु.] 1. ईसवी सन्; ईसा के जन्मकाल से चलने वाला सन 2. ईसवी सन का संक्षिप्त रूप।

ईसा (अ.) [सं-पु.] 1. ईसाई धर्म के प्रवर्तक या आचार्य 2. यहूद देश के एक प्रसिद्ध पैगंबर जिन्हें सूली पर चढ़ाया गया था 3. ईसा मसीह।

ईसाई (फ़ा.) [सं-पु.] 1. ईसा मसीह द्वारा प्रवर्तित धर्म 2. उक्त धर्म का अनुयायी। [वि.] 1. ईसा को मानने वाला 2. ईसा के धर्म पर चलने वाला 3. ईसा संबंधी।

ईसान [सं-पु.] 1. ईशान (उत्तर-पूर्व) कोण से चलने वाली हवा 2. एक दिशा (उत्तर-पूर्व)

ईसार (अ.) [सं-पु.] 1. दूसरे के हित के लिए अपनी हानि करना 2. स्वार्थत्याग।

ईस्टर (अं.) [सं-पु.] 1. एक त्योहार 2. मार्च-अप्रैल के दौरान आने वाला रविवार विशेष जिस दिन ईसाई प्रभु ईसा का

पुनरुत्थान मानते हैं।

ईहा (सं.) [सं-स्त्री.] 1. प्रयत्न; चेष्टा 2. वांछा; इच्छा।

ईहामृग (सं.) [सं-स्त्री.] 1. मृग; हिरन के समान अलभ्य वस्तु को पाने की चेष्टा 2. (नाट्यशास्त्र) रूपक का एक भेद जिसमें चार अंक होते हैं।

ईहार्थी (सं.) [वि.] 1. जो धन पाने के लिए प्रयत्नशील हो 2. जो उद्देश्यपूर्ति के लिए प्रयत्नशील हो।

ईहित (सं.) [वि.] 1. जिसकी इच्छा की गई हो; वांछित; अपेक्षित 2. जिसे पाने का प्रयास किया गया हो; चेष्टित।

उ

उ हिंदी वर्णमाला का स्वर वर्ण। उच्चारण की दृष्टि से यह निम्नतर-उच्च, पश्च, गोलित, ह्रस्व स्वर है।

उँगनी [सं-स्त्री.] गाड़ियों के पहियों में तेल डालने की क्रिया या भाव।

उँगलाना [क्रि-स.] तंग करना; परेशान करना; किसी कार्य के ठीक तरह से पूर्ण होने में बाधा उत्पन्न करना।

उँगली (सं.) [सं-स्त्री.] हाथ के आगे निकले हुए सामान्यतया पाँच अवयव जिन्हें क्रमश: अँगूठा, तर्जनी, मध्यमा, अनामिका तथा कनिष्ठा कहते हैं; अँगुली। [मु.] **-उठाना** : लांछन लगाना, दोषी ठहराना। **-पकड़कर पहुँचा पकड़ना** : हलका सहारा पाकर विशेष प्राप्ति के लिए अनुचित प्रयास करना। **-उँगलियों पर नचाना** : अपनी इच्छानुसार चलाना। **-पाँचों उँगलियाँ घी में होना** : सब प्रकार से लाभ होना।

उँघाई [सं-स्त्री.] 1. ऊँघने की क्रिया या भाव 2. झपकी 3. हलकी नींद में होने की अवस्था; ऊँघ।

उँचन [सं-स्त्री.] 1. एक पतली रस्सी 2. पतली रस्सी जो चारपाई के पैताने में बुनावट कसने के लिए लगाई जाती है।

उँचना [क्रि-स.] चारपाई की उनचन ढीली हो जाने पर उसे कसना।

उँदरी (सं.) [सं-स्त्री.] एक रोग जिसमें सिर के बाल झड़ जाते हैं।

उँदरू (सं.) [सं-पु.] 1. एक प्रकार की काँटेदार झाड़ी या बेल 2. उक्त बेल का परवल के समान खट्टा फल; कुंदरू।

उँह [अव्य.] 1. अस्वीकार, असहमति या उदासीनता का सूचक शब्द 2. घृणा आदि का सूचक शब्द 3. कष्ट या वेदना में कराहने का शब्द।

उँहूँ [अव्य.] 1. असहमति और अस्वीकार का सूचक शब्द 2. नहीं।

उंछ (सं.) [सं-पु.] फ़सल कट जाने के बाद खेत में गिरे हुए दाने को जीविका के लिए बीनने की क्रिया।

उंछवृति (सं.) [सं-स्त्री.] खेतों में गिरे हुए अनाज को बीनकर जीवन निर्वाह करना।

उंछशील (सं.) [वि.] उंछवृति से जीवन निर्वाह करने वाला।

उंडक (सं.) [सं-पु.] एक तरह का कुष्ठ रोग।

उंदुर (सं.) [सं-पु.] चूहा; मूसक।

उई [अव्य.] कष्ट या पीड़ासूचक शब्द।

उऋण (सं.) [वि.] 1. जिसने ऋण चुका दिया हो 2. ऋण-मुक्त 3. जो अपने कर्तव्यों आदि से मुक्त हो गया हो।

उकटना [क्रि-स.] 1. गुप्त बातों का भेद खोलना; प्रकट करना 2. किसी के दोषों और स्वयं के उपकारों का उल्लेख करते हुए भला-बुरा कहना; उघटना।

उकठ (सं.) [सं-पु.] 1. वह खेत, जिसमें पानी बिल्कुल न हो 2. सूखकर लकड़ी की तरह ऐंठा हुआ। [वि.] सूखा।

उकठना [क्रि-अ.] 1. सूखकर लकड़ी की तरह कड़ा होना 2. ऐंठना 3. उखड़ना 4. शुष्क होना, जैसे- वर्षा के न होने पर खेतों का उकठना।

उकठा (सं.) [वि.] 1. जो लकड़ी की तरह सूखकर ऐंठ गया हो 2. सूखा; शुष्क।

उकड़ (सं.) [सं-पु.] दे. उकड़ूँ।

उकड़ूँ (सं.) [सं-पु.] घुटने मोड़ कर तथा शरीर को समेट कर बैठने की अवस्था; पैर के तलवे और नितंब के बल बैठने की वह मुद्रा जिसमें घुटने, छाती (वक्ष) से लगे रहते हैं।

उकताना (सं.) [क्रि-अ.] 1. अनचाहे कार्य से ऊबना; बोर होना 2. अधीर होना 3. जल्दी मचाना 4. परेशान हो जाना।

उकताहट (सं.) [सं-स्त्री.] उकताने का भाव; जल्दबाज़ी; अधीरता; उकता जाना; ऊबन।

उकलना (सं.) [क्रि-अ.] 1. कपड़े आदि की तह या लपेट खुलना 2. उधड़ना।

उकवत (सं.) [सं-पु.] 1. एक प्रकार का चर्मरोग 2. त्वचा में खुजली और दाने पड़ने वाला एक रोग।

उकसना (सं.) [क्रि-अ.] 1. उभरना 2. नीचे से ऊपर को आना 3. निकलना 4. कसमसाना 5. शरीर के अग्रभाग को ऊपर उठाना 4. उगना; अंकुरित होना।

उकसाना [क्रि-स.] भड़काना; उत्तेजित करना; उभारना; (दीपक की बत्ती को) आगे सरकाना।

उकसाव [सं-पु.] किसी बात के लिए उकसाने या प्रेरित करने की क्रिया या भाव।

उकसावा [सं-पु.] उत्प्रेरणा के द्वारा उत्तेजित होने की स्थिति; उत्तेजित होने हेतु प्रेरित करना।

उकाब (अ.) [सं-पु.] 1. गिद्ध; गिद्ध जाति का एक बड़ा पक्षी 2. गरुड़।

उकारांत (सं.) [वि.] 1. वह शब्द जिसके अंत में उकार या 'उ' स्वर हो, जैसे- मधु और लघु।

उकीरना (सं.) [क्रि-स.] खोदकर उखाड़ना या निकालना।

उकेरना (सं.) [क्रि-स.] 1. लकड़ी, पत्थर आदि कड़ी चीज़ों पर किसी नुकीले औज़ार से नक्काशी करना 2. चित्र बनाना

3. बेलबूटे आदि बनाना 4. उत्कीर्ण करना।

उकेरी [सं-स्त्री.] 1. उकेरने या खोदकर बेलबूटे बनाने का कार्य 2. नक्काशी करने की क्रिया।

उकेलना [क्रि-स.] 1. लिपटी हुई चीज़ को छुड़ाना या अलग करना 2. तह या परत अलग करना; खोलना; उधेड़ना।

उक्त (सं.) [वि.] पहले कही गई; कहा गया; कथित; उल्लिखित; उपर्युक्त; ऊपर कहा गया।

उक्त-प्रत्युक्त (सं.) [सं-पु.] 1. बातचीत; कथोपकथन 2. (नृत्य) लास्य के दस अंगों में से एक।

उक्ति (सं.) [सं-स्त्री.] 1. कवित्वमय कथन; वचन; वाक्य 2. अनोखा व चमत्कारपूर्ण वाक्य 3. महत्वपूर्ण कथन 4. किसी की कही हुई बात।

उक्ति-युक्ति (सं.) [सं-स्त्री.] किसी समस्या को सुलझाने के लिए बताई जाने वाली तरकीब।

उक्थ (सं.) [सं-पु.] 1. कथन; उक्ति 2. स्तोत्र; सूक्ति 3. साम-विशेष 4. प्राण 5. ऋषभक नाम की औषधि।

उक्थी (सं.) [वि.] स्तोत्रों का पाठ करने वाला।

उक्षण (सं.) [सं-पु.] 1. जल छिड़कने की क्रिया या भाव 2. सींचना।

उक्षाल (सं.) [वि.] 1. बड़ा 2. उत्तम 3. भयंकर 4. तीव्र गति।

उखटना (सं.) [क्रि-अ.] 1. चलने में इधर-उधर पैर रखना; लड़खड़ाना 2. लड़खड़ाकर गिरना 3. कुतरना; खोंटना।

उखड़ना (सं.) [क्रि-अ.] 1. आधार या जड़ से अलग होना; जड़ से (समूल) निकल जाना 2. आधार पर जमी या टिकी हुई वस्तुओं का आधार से अलग होना 3. धरती के अंदर की चीज़ का ऊपर आ जाना 4. जोड़ से हट जाना, जैसे- अँगूठी का नग उखड़ना 5. {ला-अ.} भड़क जाना, जैसे- तुम तो ज़रा-सी बात पर उखड़ गए 6. अलग होना; हटना 8. टूटना (दम, साँस); उपटना (हड्डी आदि का)। [मु.] **उखड़ी-उखड़ी बातें करना** : अन्यमनस्क या उदासीन होकर बातें करना।

उखड़वाना [क्रि-स.] 1. उखाड़ने का काम किसी से कराना 2. किसी को उखाड़ने में प्रवृत्त करना।

उखड़ा [सं-पु.] एक फैलने वाली लतर।

उखबंधना [सं-पु.] ईख बाँधने वाला गतार (रस्सी के काम आने वाला)।

उखम (सं.) [सं-पु.] तपन; उष्णता; गरमी।

उखरा [सं-पु.] सूखे के कारण होने वाला एक रोग (गेहूँ-जौ में)।

उखरी [सं-पु.] हल का मुँह। [सं-स्त्री.] ओखली।

उखाड़ [सं-पु.] 1. उच्छेदन; उखाड़ने की क्रिया या भाव 2. कुश्ती में विरोधी पहलवान के दाँव को विफल करने वाला दाँव या पेंच 3. तर्क की काट।

उखाड़-पछाड़ [सं-स्त्री.] किसी कार्य या वस्तु को अस्त-व्यस्त या उलट-पुलट करने की क्रिया या भाव।

उखाड़ना [क्रि-स.] 1. किसी गड़ी, जमी, बैठी वस्तु को आधार से अलग करना; नष्ट करना 2. उन्मूलन 3. शरीर के किसी अंग को उसके स्थान से अलग करना 4. {ला-अ.} भड़काना; बिचकाना; तितर-बितर कर देना 5. टालना; हटाना 6. ध्वस्त या नष्ट करना 7. किसी समूह को छिन्न-भिन्न कर देना 8. किसी का रंग या प्रभाव न जमने देना। [मु.] **-जड़ से** : इस प्रकार दूर या नष्ट करना कि फिर अपने स्थान पर आकर ठहर या पनप न सके।

उखाड़ी [सं-स्त्री.] पैर उखड़ने की क्रिया।

उखाड़ू [वि.] 1. प्रायः उखाड़ने का काम करते रहने वाला 2. {ला-अ.} काम बिगाड़ने वाला।

उखारी [सं-पु.] गन्ने का खेत; उखाँव।

उखालिया (सं.) [सं-पु.] व्रत आरंभ करने से पहले किया जाने वाला भोजन जो कि रात के अंतिम पहर में किया जाता है; सरगही।

उखेड़ना [क्रि-स.] 1. पहले से गड़ी, जमी या बैठाई हुई चीज़ को उस स्थान से अलग करना 2. हटाना 3. नष्ट करना 4. किसी स्थान पर टिके या ठहरे व्यक्ति को उस स्थान से भगाना; खदेड़ना आदि।

उगना (सं.) [क्रि-अ.] 1. पैदा हो जाना; अंकुरण या जम जाना; उदय होना 2. अँखुआ निकलना।

उगरना[1] [सं-पु.] मिठाई रखने का बरतन।

उगरना[2] (सं.) [क्रि-अ.] 1. किसी वस्तु का अंदर से बाहर निकाला जाना 2. घर से बाहर होना। [क्रि-स.] उगलना।

उगराना (सं.) [क्रि-स.] फटकने (सूप से अनाज को साफ करने) की क्रिया।

उगलना (सं.) [क्रि-स.] 1. अपच या कड़वाहट की अवस्था में खाद्य वस्तु को मुँह से बाहर निकालना; बाहर निकालना, जैसे- सूर्य की तपन से धरती आग उगल रही थी 2. रहस्य प्रकट करना, जैसे- पुलिस के डर से उसने सारा भेद उगल दिया।

उगलवाना [क्रि-स.] किसी को उगलने में प्रवृत्त करना; उगलाना।

उगादि [सं-पु.] कर्नाटक का नव वर्ष।

उगाना [क्रि-स.] 1. उत्पन्न या अंकुरित करना 2. किसी बीज, पौधे या लता को पैदा करना 3. उगने में प्रवृत्त करना।

उगाल (सं.) [सं-पु.] 1. उगालने की क्रिया या भाव 2. उगली हुई चीज़; पीक; थूक; खखार।

उगालदान (सं.+फ़ा.) [सं-पु.] काँसे, पीतल आदि का एक प्रकार का पात्र जिसमें खखार, थूक आदि गिराया जाता है; पीकदान।

उगाला [सं-पु.] 1. एक प्रकार का कीड़ा जो फ़सल में लगता है 2. सदा पानी में तर रहने वाली भूमि; पनमार।

उगाहना (सं.) [क्रि-स.] 1. बकाया या ऋण वसूल करना; लोगों से निश्चित रकम वसूल करना, जैसे- चंदा इकट्ठा करना 2. प्रयत्नपूर्वक कुछ प्राप्त करना।

उगाही [सं-स्त्री.] 1. उगाहने की क्रिया या भाव 2. धन वसूलने का काम; वसूली 3. वसूली के रूप में प्राप्त धन; चंदा; दान 4. कर; लगान (भूमि) 5. सरकार द्वारा उत्पादकों से उत्पादित वस्तु के एक नियत अंश की वसूली।

उग्गाहा (सं.) [सं-पु.] आर्या छंद का एक भेद जिसके सम

चरणों में अठारह और विषम चरणों में बारह मात्राएँ होती हैं।

उग्र (सं.) [वि.] 1. भयानक 2. निष्ठुर 3. क्रूर 4. क्रोधी 5. जो शांत न हो 6. प्रचंड 7. उत्कट 8. तेज़; तीव्र 9. असह्य। [सं-पु.] 1. रुद्र; शिव 2. रौद्र रस 3. वत्सनाभ नामक विष।

उग्रगंधा (सं.) [सं-स्त्री.] 1. एक तीखा खाद्य पदार्थ; अजवायन 2. एक जड़ी बूटी; बच 3. अजमोदा (अजवायन का एक प्रकार) 4. नकछिकनी।

उग्रता (सं.) [सं-स्त्री.] 1. तेज़ी; प्रचंडता; उग्र होने की अवस्था या भाव 2. (काव्यशास्त्र) एक संचारी भाव जिसके कारण मन में स्नेह दया की भावना दब जाती है और क्रोध प्रबल हो जाता है।

उग्रधन्वा (सं.) [सं-पु.] 1. शिव; शंकर 2. इंद्र। [वि.] 1. बड़े धनुषवाला 2. बड़ा धनुर्धर।

उग्रपंथी (सं.) [वि.] उग्रवादी।

उग्रवाद (सं.) [सं-पु.] 1. उग्र विचारों और उग्र कार्यों की उपयोगिता मानने वाला सिद्धांत 2. उग्र मत का सिद्धांत।

उग्रवादी (सं.) [वि.] 1. उग्रवाद का समर्थक 2. उग्रवाद का अनुयायी या मानने वाला 3. क्रांतिकारी विचारोंवाला 3. उग्रपंथी; अतिवादी।

उग्रशेखरा (सं.) [सं-स्त्री.] शिव के मस्तक पर रहने वाली गंगा।

उग्रह (सं.) [सं-पु.] 1. बंधन से मुक्ति 2. सूर्य, चंद्र का ग्रहण से मुक्त होने की अवस्था या भाव 3. मोक्ष।

उग्रहना (सं.) [क्रि-स.] 1. त्यागना; छोड़ना 2. उगलना।

उघटना (सं.) [क्रि-अ.] 1. उघाड़ना; खोलना; प्रकट करना 2. दबी-दबाई बात उघाड़ देना 3. बोलना; कहना; ताना देना; भला-बुरा कहना 4. संगीत, नृत्य आदि के समय बराबर हर ताल पर कुछ आघात या शब्द करना 5. बीती या पुरानी बातों की नए सिरे से चर्चा करना।

उघटा [सं-पु.] उघटने की क्रिया या भाव। [वि.] 1. दबी या भूली हुई बातें कहकर भेद या रहस्य खोलने वाला 2. अपने उपकारों या भलाइयों और दूसरे के अपकारों या बुराइयों की चर्चा करने वाला अथवा ऐसी चर्चा करके ताना देते हुए दूसरे को नीचा दिखाने वाला 3. किए हुए उपकार को बार-बार कहने वाला, अहसान जताने वाला।

उघड़ना [क्रि-अ.] 1. उघरना; आवरण हट जाने पर, छिपी या दबी हुई वस्तु का प्रकट होना या सामने आना; प्रत्यक्ष; व्यक्त या स्पष्ट होना 2. आगे पड़ा हुआ आवरण हटना 3. भेद या रहस्य खुलना; भंडा फूटना।

उघड़ा [वि.] आवरणहीन; खुला; जो ढका न रहे।

उघरना [क्रि-अ.] 1. खुलना 2. किसी छिपी बात, वस्तु आदि का प्रत्यक्ष रूप से सामने आ जाना 3. अनावृत होना; नंगा होना 4. भेद खुलना; भंडाफोड़ होना 5. उचटना; विरक्त होना।

उघरनी [सं-स्त्री.] 1. किसी दूसरी वस्तु को खोलने वाली चीज़ 2. चाभी; ताली; कुंजी।

उघरारा [वि.] 1. जिसपर कोई आवरण न हो; खुला हुआ 2. नग्न; नंगा; अनावृत 3. जो बंद न हो। [सं-पु.] खुला हुआ स्थान; मैदान।

उघाड़ना [क्रि-स.] 1. आवरण हटाना 2. खोलना 3. नंगा करना; अनावृत करना 4. प्रकट करना 5. भंडा फोड़ना; गुप्त बात खोलना।

उघाड़ा [वि.] 1. जिसपर कोई आवरण या पर्दा न हो; खुला हुआ; आवरणहीन 2. जिसके शरीर पर वस्त्र न हो; नंगा।

उघारना (सं.) [क्रि-स.] 1. अनावृत करना; परदा हटाना या उठाना 2. पर्दाफाश करना 3. वस्त्रविहीन करना।

उचकन (सं.) [सं-पु.] 1. किसी वस्तु को ऊँचा करने के लिए उसके नीचे रखा जाने वाला कोई आधार 2. ईंट-पत्थर आदि का वह टुकड़ा जिसे नीचे रख कर किसी चीज़ को ऊँचा करते हैं।

उचकना (सं.) [क्रि-अ.] पंजे के बल खड़े होकर किसी ऊँची वस्तु को देखने या पकड़ने का प्रयत्न करना; पंजे के बल शरीर को थोड़ा ऊपर उठाना; उछलना। [क्रि-स.] उचक लेना; उठा लेना; लपककर ले लेना।

उचकाना [क्रि-स.] 1. किसी वस्तु, व्यक्ति आदि को ऊपर की ओर उठाना 2. ऊपर करना 3. उछालना 4. ऊँचा करना।

उचक्का [सं-पु.] 1. दूसरे की वस्तु आदि छीनकर भागने वाला आदमी 2. ठग; धूर्त 3. बदमाश 4. उठाईगीर 5. चोर।

उचक्कापन [सं-पु.] 1. उचक्का होने की अवस्था, भाव या गुण 2. चोर, बदमाश होने की अवस्था।

उचटना (सं.) [क्रि-अ.] 1. ऊबना (मन का न लगना); मन का उदासीन होना 2. मन का विरक्त होना।

उचटाना [क्रि-स.] 1. अलग करना; छुड़ाना 2. उखाड़ना; नोंचना 3. उदासीन या विरक्त करना 4. किसी उपाय या प्रयत्न से किसी का मन किसी चीज़ से हटाना; ध्यान बँटाना 5. किसी का मन या ध्यान किसी ओर से हटाने से लिए किया गया प्रयत्न; बिचकाना; भड़काना।

उचरना (सं.) [क्रि-स.] 1. उच्चारण करना 2. बोलना; कहना 3. लिखे हुए अक्षरों को सस्वर पढ़ा जाना; मुँह से शब्द निकालना।

उचराई [सं-स्त्री.] 1. उच्चारण करने की क्रिया; भाव या स्थिति 2. उच्चारण करने का पारिश्रमिक।

उचाट (सं.) [सं-पु.] ऊबना; विरक्ति (मन का न लगना); ऊबने की क्रिया। [वि.] 1. विरक्त 2. वह जो उचट गया हो।

उचाटना (सं.) [क्रि-स.] 1. ध्यान भंग करना; ध्यान तोड़ना 2. उच्चाटन करना 3. विरक्त करना 4. ध्यान हटाना।

उचाड़ना [क्रि-स.] 1. किसी लगी, सटी या चिपकी वस्तु को अलग करना 2. उखाड़ना 3. नोचना।

उचिंत [सं-पु.] लेन देन की वह परिपाटी जिसमें कुछ धन थोड़े समय के लिए इस रूप में लिया जाता है कि उसका हिसाब धन व्यय हो जाने के बाद में दिया जाएगा।

उचिंत खाता [सं-पु.] पंजी या बही का वह खाता जिसमें अस्थायी रूप से ऐसे धन के बारे में लिखा जाता है, जिसका पूरा हिसाब बाद में होने को हो।

उचित (सं.) [वि.] 1. ठीक; औचित्यपूर्ण 2. भली तरह; मुनासिब

3. आदर्श; न्याय आदि की दृष्टि से यथोचित।

उच्च (सं.) [वि.] 1. ऊँचा 2. बड़ा; श्रेष्ठ 3. लंबा 4. महान; कुलीन; उत्तम 5. प्रमुख; प्रधान 6. प्रभावशाली 7. जिसका विस्तार ऊपर की ओर बहुत दूर तक हो 8. जो अधिकार, पद आदि में सबसे बड़ा हो।

उच्च वर्ग (सं.) [सं-पु.] 1. समाज का सबसे अधिक धनी तथा समृद्ध वर्ग 2. अभिजात्य वर्ग।

उच्चक (सं.) [वि.] 1. सबसे अधिक ऊँचा 2. ऊँचाई के विचार से उस निश्चित सीमा तक पहुँचने वाला जिससे आगे बढ़ना या ऊपर चढ़ना वर्जित हो।

उच्चतम (सं.) [वि.] 1. सबसे ऊँचा; सबसे उच्च 2. जिससे बढ़कर ऊँचा न कोई हो न हो सकता हो 3. 'निम्नतम' का विलोम।

उच्चतर (सं.) [वि.] 1. उच्च के बाद तथा उच्चतम से पहले की स्थिति; (हायर) 2. उच्च और उच्चतम के मध्य की अवस्था, जैसे- उच्चतर माध्यमिक विद्यालय।

उच्चता (सं.) [सं-स्त्री.] 1. उच्च होने की अवस्था या भाव 2. श्रेष्ठता 3. ऊँचापन 4. उत्तमता।

उच्चयापचय (सं.) [सं-पु.] उन्नत्ति तथा अवनति; उत्थान तथा पतन।

उच्चरण (सं.) [सं-पु.] 1. बाहर आना 2. कंठ, तालू, जिह्वा आदि के प्रयत्न से शब्द का बाहर आना 3. मुँह से शब्द फूटना 4. गले से आवाज़ निकलना 5. उच्चारण; कहना; बोलना।

उच्चरित (सं.) [वि.] 1. जिसका उच्चारण किया गया हो 2. उच्चारित 3. बोला हुआ; कथित; कहा हुआ 4. अभिव्यक्त।

उच्चलन (सं.) [सं-पु.] 1. गमन 2. रवाना होना 3. जाना।

उच्चस्तरीय (सं.) [वि.] ऊँचे स्तर का; श्रेष्ठ कोटि का।

उच्चस्थ (सं.) [वि.] 1. ऊँचे स्थान या पद पर आसीन 2. ऊँचाई पर अवस्थित 3. जो ऊँचाई पर हो।

उच्चांक (सं.) [सं-पु.] उच्च अंक; उच्च मान।

उच्चांतरीय (सं.) [सं-पु.] सागर के मध्य तक निकला हुआ विस्तृत भू-भाग; शैल खंड या पर्वत।

उच्चांश (सं.) [सं-पु.] 1. (ज्योतिष) उन्नतांश 2. उन्नत कोण।

उच्चाकांक्षा (सं.) [सं-स्त्री.] 1. औरों से आगे बढ़ने की आकांक्षा 2. कोई बड़ा और महत्वपूर्ण कार्य करने की अभिलाषा; महत्वाकांक्षा।

उच्चाकांक्षी (सं.) [वि.] जिसके मन में उच्चाकांक्षा हो; महत्वाकांक्षी।

उच्चाटन (सं.) [सं-पु.] 1. एक तांत्रिक प्रयोग; तंत्र के अभिचारों में एक कर्म; तंत्र प्रक्रिया के द्वारा किसी के चित्त को किसी व्यक्ति, स्थान या भाव से हटाने का प्रयत्न करना 2. विराग; उदासीनता या विरक्ति होना 3. उचाड़ना।

उच्चाटित (सं.) [वि.] 1. जिसे उखाड़ा गया हो 2. जिसके ऊपर उच्चाटन का प्रयोग किया गया हो।

उच्चादर्श (सं.) [सं-पु.] उच्च आदर्श; उच्च मानदंड।

उच्चाधिकारी (सं.) [सं-पु.] वह अधिकारी जो किसी ऊँचे पद पर हो।

उच्चाभिलाषा (सं.) [सं-स्त्री.] उच्च आकांक्षा; ऊँची कामना।

उच्चाभिलाषी (सं.) [वि.] ऊँची अभिलाषावाला; उच्चाकांक्षी।

उच्चायुक्त (सं.) [सं-पु.] 1. राष्ट्रमंडल के सदस्य राज्यों में किसी राज्य की तरफ़ से दूसरे राज्य के पास भेजा जाने वाला राजनयिक प्रतिनिधि 2. उच्चायोग का प्रधान।

उच्चायोग (सं.) [सं-पु.] 1. राष्ट्र मंडल के सदस्यों का दूतावास 2. उच्चायुक्त का कार्यालय जो दूतावास के समान राजकीय संस्थान होता है 3. उच्चायुक्त और उसके सभी कर्मचारी।

उच्चार (सं.) [सं-पु.] 1. मूत्र 2. विष्ठा; मल 3. कहना; बोलना।

उच्चारण (सं.) [सं-पु.] 1. शब्दों या उसकी ध्वनियों को मुख से निकालने या बोलने का ढंग; शब्द को मुख से बोलना।

उच्चारणाभ्यास (सं.) [सं-पु.] 1. वर्ण, शब्द, पद, वाक्य या वाक्यांश के शुद्ध उच्चारण का अभ्यास 2. बोलने का अभ्यास।

उच्चारित (सं.) [वि.] उच्चरित।

उच्चालक (सं.) [सं-पु.] (किसी व्यक्ति या वस्तु को) ऊपर ले जाने वाला; पद या स्थान में ऊपर उठाने वाला।

उच्चावच (सं.) [सं-पु.] भूतल की ऊँच-नीच। [वि.] 1. ऊपर नीचे; ऊँचा-नीचा; विषम 2. छोटा बड़ा; विविध; विभिन्न।

उच्चासन (सं.) [सं-पु.] उच्च आसन या स्थल; उच्च पद; बड़ा पद।

उच्चित्र (सं.) [वि.] जिसपर बेल-बूटे या अन्य आकृतियाँ बनाई गई हों।

उच्चैः (सं.) [अव्य.] ऊँची आवाज में; ऊँचे स्वर में।

उच्चैःश्रवा (सं.) [सं-पु.] (पुराण) समुद्रमंथन के समय निकले रत्नों में से एक वह घोड़ा जो सात मुँहों और ऊँचे या खड़े कानोंवाला था तथा जिसे इंद्र ने अपने पास रखा था 2. इंद्र का सफ़ेद घोड़ा। [वि.] 1. जिसके कान लंबे हों 2. ऊँचा सुनने वाला।

उच्छन्न (सं.) [वि.] 1. मूल से उखड़ा हुआ; नष्ट 2. लुप्त।

उच्छ्रायसूचक (सं.) [सं-पु.] प्रगति सूचक; उत्थान सूचक।

उच्छल (सं.) [वि.] 1. लहराता हुआ; तरंगित 2. उछलता हुआ।

उच्छलित (सं.) [वि.] जो वेग से ऊपर उठता; उछलता या उमड़ता हो; तरंगित।

उच्छ्वासी (सं.) [वि.] कष्ट या दुख के कारण लंबी साँस भरने वाला; आह भरने वाला।

उच्छिन्न (सं.) [वि.] 1. कटा हुआ; खंडित 2. उखड़ा हुआ 3. काट; खोद या तोड़-फोड़कर नष्ट या ध्वस्त किया हुआ।

उच्छिष्ट (सं.) [वि.] 1 खाने के बाद बचाखुचा 2. परित्यक्त [सं-पु.] जूठन; जूठा अन्न।

उच्छुल्क [वि.] करमुक्त; जिसपर चुंगी न दी गई हो। [क्रि.वि.] बिना चुंगी या महसूल दिए।

उच्छू (सं.) [सं-पु.] गले में पानी आदि रुकने या अटकने से आने वाली खाँसी।

उच्छृंखल (सं.) [वि.] 1. मनमानी करने वाला; स्वेच्छाचारी 2. जो शृंखलाबद्ध या क्रम में न हो; अव्यवस्थित 3. जिसका अपने ऊपर नियंत्रण न हो 4. निरंकुश 5. किसी का दबाव न मानने वाला; अक्खड़; उद्दंड।

उच्छृंखलता (सं.) [सं-स्त्री.] उद्दंडता; स्वेच्छाचारिता; निरंकुशता।

उच्छेत्ता (सं.) [सं-पु.] नाशकर्ता; उच्छेद (नाश) करने वाला(व्यक्ति)। [वि.] नाश करने वाला; उच्छेदक।

उच्छेद (सं.) [सं-पु.] 1. जड़ से उखाड़ने की क्रिया या भाव 2. खंडन 3. उखाड़-पछाड़ 4. नष्ट करना; नाश।

उच्छवसन (सं.) [सं-पु.] 1. साँस लेना 2. गहरी; ठंडी या लंबी साँस लेना 3. आह भरना।

उच्छवास (सं.) [सं-पु.] 1. गहरी साँस; मन में कोई कष्ट या वेदना होने के कारण ली जाने वाली लंबी साँस 2. ग्रंथ का कोई अध्याय।

उछंग (सं.) [सं-पु.] 1. गोद; अंक 2. हृदय; दिल।

उछल-कूद [सं-स्त्री.] 1. बार-बार उछलने की क्रिया या भाव 2. हलचल 3. खेलकूद 4. चंचलता; अधीरता।

उछलना (सं.) [क्रि-अ.] 1. तेज़ी से कूद पड़ना; ऊपर कूदना 2. नीचे ऊपर होना 3. वेग से ऊपर उठना और गिरना 4. उतराना; उभरना 5. अत्यंत प्रसन्नता में बार-बार कूदना।

उछाँटना [क्रि-स.] 1. कई वस्तुओं में से एक या कुछ वस्तुओं को छाँटना या निकालना 2. उखाड़ना; उपाटना।

उछार [सं-पु.] 1. एक जगह काम समाप्त करके दूसरी जगह काम करने की स्थिति 2. बादल जब छट जाएँ। [सं-स्त्री.] उछाल।

उछाल (सं.) [सं-स्त्री.] 1. सहसा ऊपर उठने की क्रिया 2. उछलकर एक स्थान से दूसरे स्थान पर पहुँचने का भाव 3. छलाँग; चौकड़ी।

उछालना (सं.) [क्रि-स.] 1. ऊपर की ओर फेंकना 2. उछलने में प्रवृत्त करना 3. उजागर करना; प्रकाशित करना 4. {ला-अ.} किसी के नाम आदि को कलुषित करना; कलंकित करना।

उछाला [सं-पु.] 1. उल्टी; कै; वमन 2. उबाल।

उछाह (सं.) [सं-पु.] 1. उत्साह; उमंग; चाव।

उजका [सं-पु.] पक्षियों आदि को डराने के लिए खेत में खड़ा किया जाने वाला पुतला; धोखा।

उजड़ना (सं.) [क्रि-अ.] तबाह होना; बरबाद होना; वीरान हो जाना; बसे, हुए लोगों से खाली हो जाना।

उजड़वाना [क्रि-स.] 1. किसी को उजाड़ने में प्रवृत्त करना 2. नष्ट भ्रष्ट या तहस नहस करवाना 3. तबाह करवाना 4. वीरान करवाना।

उजड्ड (सं.) [वि.] 1. निरंकुश; उद्दंड 2. असभ्य; गँवार।

उज़बक (तु.) [वि.] उजड्ड; गँवार; मूर्ख। [सं-पु.] तातारियों की एक जाति।

उजरत (अ.) [सं-स्त्री.] 1. एवज़ी 2. पारिश्रमिक; मज़दूरी।

उजरा [सं-पु.] 1. बिना चरवाहे का ढोर (मवेशी) 2. दूसरे की फसल चरने वाला ढोर। [वि.] उजला।

उजला (सं.) [वि.] 1. सफ़ेद; श्वेत; स्वच्छ; शुभ्र; निर्मल 2. चमकता हुआ; प्रकाशयुक्त।

उजलाना [क्रि-स.] प्रकाशित होना; प्रकाशित करना; साफ़ या निर्मल करना।

उजागर (सं.) [वि.] 1. प्रकाशित 2. प्रकट करना; सामने लाना 3. कीर्तिशाली; प्रख्यात।

उजाड़ (सं.) [सं-पु.] 1. उजड़ने की क्रिया या भाव 2. उजड़ा हुआ निर्जन स्थान; सब कुछ नष्ट होना; ऐसा स्थान जहाँ के निवासी दैवीय आपदा के कारण स्थान त्याग कर कहीं अन्यत्र चले गए हों 3. ध्वस्त या गिरा हुआ भवन 4. जंगल; बियाबान। [वि.] 1. आबादी हीन (निर्जन) स्थल 2. उजड़ा हुआ।

उजाड़ना (सं.) [क्रि-स.] 1. बसे हुए स्थान को निर्जन, वीरान कर देना 2. तोड़ना; ध्वस्त करना; नष्ट-भ्रष्ट करना 3. उखाड़ना; गिराना 4. सौंदर्यहीन, संपत्तिहीन कर देना।

उजाड़ू [वि.] 1. उजाड़ने वाला 2. बर्बाद करने वाला।

उजालदान (अ.) [सं-पु.] रोशनदान; घर में रोशनी आने हेतु निर्मित सुराख़।

उजालना (सं.) [क्रि-स.] 1. प्रज्वलित करना; जलाना (दीपक आदि) 2. प्रकाशित करना 3. चमकाना; निखारना 4. (बरतन, आभूषण आदि) साफ़ करना।

उजाला (सं.) [सं-पु.] 1. प्रकाश रोशनी 2. सूर्य का प्रकाश; धूप 3. चाँदनी, ज्योत्स्ना, चंद्रिका।

उजास (सं.) [सं-पु.] 1. प्रकाश; उजाला 2. चमक 3. द्युति; कांति; आभा।

उजियारा (सं.) [सं-पु.] 1. प्रकाश 2. उजाला। [वि.] 1. उज्ज्वल 2. सफ़ेद 3. प्रकाशमान; चमकता हुआ।

उजेला [सं-पु.] प्रभात; सुबह।

उज्जल (सं.) [क्रि.वि.] 1. धारा या बहाव के प्रतिकूल 2. नदी के चढ़ाव की ओर; प्रवाह के उद्गम की ओर।

उज्जासन (सं.) [सं-पु.] 1. हत्या; वध 2. मारण।

उज्जीवन (सं.) [सं-पु.] 1. मरणासन्न होकर पुनः स्वस्थ होना 2. नवजीवन की प्राप्ति 3. मृत प्राय शरीर में पुनः प्राण संचारण।

उज्जीवी (सं.) [वि.] पुनः जीवन प्राप्त करने वाला; जिसे नवजीवन की प्राप्ति हुई हो।

उज्जैन (सं.) [सं-पु.] मध्य प्रदेश राज्य का एक प्राचीन शहर जहाँ विक्रमादित्य ने अपनी राजधानी बनाई थी; इस नगर से कवि कालिदास का संबंध था; उज्जैन में महाकालेश्वर का प्रसिद्ध और प्राचीन मंदिर है।

उज्ज्वल (सं.) [वि.] 1. साफ़; स्वच्छ; निर्मल 2. सफ़ेद 3. कांतिमान और सुंदर 4. जो जल कर प्रकाश दे रहा हो 5. चमकीला 6. प्रकाशमान; प्रदीप्त 7. खिला हुआ। [सं-पु.] 1. स्वर्ण; सोना 2. प्रेम; मुहब्बत।

उज्ज्वलन (सं.) [सं-पु.] 1. प्रज्वलित करने की क्रिया या भाव; जलाना 2. कीर्ति या प्रकाश से युक्त करना 3. अच्छी तरह से साफ़ करके चमकाना 4. अग्नि; आग 5. स्वर्ण (सोना)।

उज्झड़ [वि.] 1. मनमौजी 2. झक्की 3. मूर्ख; बेवकूफ़।

उज्झन (सं.) [सं-पु.] पूर्णतः अलग कर देना; परित्याग।

उज़्र (अ.) [सं-पु.] 1. विरोध; आपत्ति; एतराज़ 2. विरोध में विनयपूर्वक कुछ निवेदन करना 3. क्षमा याचना।

उज़्रदार (अ.+फ़ा.) [वि.] विरोध या उज़्र करने वाला;

आपत्तिकर्ता।

उज़्रदारी (अ.+फ़ा.) [सं-स्त्री.] 1. उज़्र या आपत्ति जताना 2. उज़्र जताने वाला मज़मून; आपत्तिपत्र।

उझकना [क्रि-अ.] 1. झाँकने, ताकने या देखने के लिए ऊँचा होना या सिर बाहर निकालना; उचकना 2. ऊपर उठना; उभरना; 3. चौंकना।

उझना (सं.) [क्रि-अ.] खुलना।

उझीना [सं-पु.] जलाने के लिए उपले जोड़ने की क्रिया।

उटंग (सं.) [वि.] 1. किसी वस्तु की उचित से कम लंबाई 2. ओछा कपड़ा 3. घुटने तक ही लंबा अधोवस्त्र।

उटकना [क्रि-स.] अटकल से पता लगाना; अनुमान करना।

उटज (सं.) [सं-पु.] घास-पात से निर्मित कुटी; पर्णकुटी; झोपड़ी।

उटड़पा [सं-पु.] गाड़ी का अग्रभाग टिकाने के लिए जुए के नीचे लगाई जाने वाली लकड़ी; थाम; संतुलन लकड़ी; टेक डंडा; आधरण लकड़ी; टिकान लकड़ी।

उटड़ा [सं-पु.] एक टेढ़ी लकड़ी जो गाड़ी के अगले भाग में, जहाँ हल से मिलते हैं, जुए के नीचे लगी रहती है। इसी के बल पर जुए से बल हटा लेने पर या गाड़ी खड़ी करने पर गाड़ी का अगला भाग जमीन पर टिकाया जाता है; उटहपा; उटहड़ा।

उट्ठी [सं-स्त्री.] लड़ाई-झगड़े, खेल आदि में अपनी हार मान लेने की क्रिया या भाव।

उट्रा [सं-स्त्री.] सगुनी के नीचे की एक मोटी खूँटी।

उठक-बैठक [सं-स्त्री.] 1. बार-बार उठने-बैठने की क्रिया 2. एक तरह का व्यायाम।

उठना (सं.) [क्रि-अ.] 1. ऊपर होना; ऊपर की ओर उठना (धूल या हवा का) 2. बैठने का विपरीत; खड़ा होना 3. जगना 4. मृत्यु होना 5. समाप्त होना (मेला या बाज़ार का) 6. प्रगति होना 7. उभरना (स्पष्ट छपाई) 8. नीचे से ऊपर की ओर बढ़ना 9. नीचे की स्थिति से ऊपर की स्थिति में होना। [मु.] **उठ जाना** : मर जाना या समाप्त होना।

उठल्लू [वि.] 1. एक स्थान पर स्थायी रूप से न रहने वाला 2. इधर-उधर जाते रहने वाला; उठौआ 3. व्यर्थ में इधर-उधर घूमने वाला; आवारा। [मु.] **-का चूल्हा होना** : व्यर्थ में इधर-उधर घूमते रहना; एक स्थान पर टिककर न रहना।

उठवाना [क्रि-स.] 1. उठाने के लिए किसी को तत्पर करना 2. उठाने का कार्य किसी दूसरे से कराना।

उठवैया [वि.] 1. उठवाने वाला 2. उठाने वाला।

उठा-पटक [सं-पु.] 1. इधर-उधर करना; अस्त-व्यस्त करना 2. {ला-अ.} कार्य पूर्ण करने के लिए तरकीब निकालना।

उठाईगीर (हि.+फ़ा.) [सं-पु.] 1. उचक्का 2. दूसरे की वस्तु उठाकर ले जाने वाला 3. नज़र बचाकर दूसरे का माल ले जाने वाला।

उठाऊ [वि.] जो उठाया जा सके; उठाए जाने योग्य, जैसे- उठाऊ चूल्हा।

उठान (सं.) [सं-स्त्री.] 1. उठने का ढंग या क्रिया 2. शारीरिक दृष्टि से विकास की स्थिति; वृद्धिक्रम 3. प्रगति 4. पौधे की वृद्धि या ऊँचाई।

उठाना [क्रि-स.] 1. सामान्य से उच्च स्थिति या अवस्था में ले जाना 2. मृत्यु होना 3. गोद लेना; धारण करना; अंगीकार करना 4. जगाना; खड़ा करना 5. (मकान आदि) निर्माण करना; किराए पर देना 6. ख़र्च करना; अंत करना 7. शपथ हेतु हाथ में द्रव्यादि लेना (तुलसी, गंगाजल, धातु आदि)।

उठाव [सं-पु.] 1. उठान 2. उठा 3. उभरा हुआ 4. संगीत में स्वरों से ऊँचे स्वरों का उच्चारण करना; आरोह।

उठावनी [सं-स्त्री.] मृत व्यक्ति के दाह-संस्कार के बाद दूसरे या तीसरे दिन अस्थियाँ उठाने का कृत्य या प्रथा; उठौनी।

उठौआ [वि.] 1. नियत स्थान पर न रहने वाला 2. जो हलका होने कारण सरलता से इधर-उधर ले जाया जा सकता हो, जैसे- उठौआ चूल्हा; उठौआ मशीन 3. जिसे रोज़ उठाया जाता हो।

उठौनी [सं-स्त्री.] 1. उठाने की क्रिया या भाव; उठाने की (मज़दूरी) 2. वह धन या अनाज जो किसी देवी-देवता की पूजा के लिए अलग रखा जाए 3. मृत व्यक्ति से संबंधित एक रीति या परंपरा; उठावनी।

उड़ंकू [वि.] उड़ने वाला; जो उड़ता हो।

उड़ंत [सं-पु.] 1. उड़ान 2. कुश्ती का एक पेंच। [वि.] उड़ने वाला।

उड़ंबरी (सं.) [सं-स्त्री.] एक प्रकार का तार वाला बाजा।

उड़चन [सं-पु.] खाट के पैताने की मोटी रस्सियों की बंधेज।

उड़तीख़बर [सं-स्त्री.] 1. किसी घटना के बारे में संभावित बातें 2. सुनी-सुनाई ख़बर; अपुष्ट ख़बर; अफ़वाह 3. बाज़ारू ख़बर।

उड़द [सं-पु.] 1. एक अनाज; उरद 2. एक प्रकार का पौधा जिसकी फलियों के अंदर दाने होते हैं और उनसे दाल बनती है।

उड़न [सं-स्त्री.] 1. उड़ने की क्रिया या भाव 2. उड़ान [वि.] उड़ने वाला।

उड़नखटोला [सं-पु.] 1. किस्से-कहानियों में वर्णित एक प्रकार का काल्पनिक उड़ने वाला खटोला या चौकी के आकार का विमान 2. आकाशयान।

उड़नछू [वि.] 1. अचानक गायब हो जाने वाला; अदृश्य हो जाना 2. अंतर्धान; लापता; चंपत। [मु.] **-होना** : भाग जाना; गायब हो जाना।

उड़नतश्तरी [सं-स्त्री.] 1. अज्ञात आकाशयान 2. एक प्रकार की रहस्यमय तश्तरी या थाल के आकार की वस्तु जो कभी-कभी आकाश में उड़ती हुई देखी गई है; उड़नथाल।

उड़नदस्ता (हिं.+फ़ा.) [सं-पु.] 1. वाहनों से युक्त पुलिस दल जो तत्काल घटना-स्थल पर पहुँच जाता है 2. गतिशील पुलिस दल 3. किसी भी कार्य का आकस्मिक निरीक्षण करने वाला दल।

उड़नपखेरू [सं-पु.] पंक्तिबद्ध उड़ते हुए पक्षियों की छाया। [वि.] उड़ने वाले पक्षी।

उड़ना (सं.) [क्रि-अ.] 1. परों या पंखों की सहायता से आधार छोड़कर आकाश या वायु में इधर-उधर आना-जाना 2. आकाश मार्ग से एक स्थान से दूसरे स्थान जाना 3. वायु में चीज़ों का

इधर-उधर जाना; छितराना; फैलना 4. पताका फ़हराना या फरफराना 5. (रंग का) फीका पड़ना। [मु.] **उड़ चलना** : सरपट भागना; गलत रास्ते पर चलना; अहंकार करना।

उड़प [सं-पु.] एक प्रकार का नाच; उडुप।

उड़री [सं-स्त्री.] एक प्रकार का छोटा उड़द।

उड़वाना [क्रि-स.] 1. उड़ाने में प्रवृत्त करना 2. किसी दूसरे से उड़ाने की क्रिया करवाना।

उड़ाई [सं-स्त्री.] 1. उड़ने की क्रिया या भाव 2. उड़ने या उड़ाने का पारिश्रमिक।

उड़ाऊ [वि.] 1. बहुत ख़र्च करने वाला; खर्चीला; फ़िज़ूलखर्ची 2. जो उड़ता हो; उड़ने वाला।

उड़ाका [वि.] 1. जो हवा में उड़ सकता हो 2. उड़ने वाला 3. उड़ाकू।

उड़ान (सं.) [सं-स्त्री.] 1. उड़ने की क्रिया या भाव 2. छलाँग; कुदान 3. एक स्थान से दूसरे स्थान तक पहुँचने का भाव 4. {ला-अ.} ऊँचा लक्ष्य।

उड़ाना [क्रि-स.] 1. किसी को उड़ने में प्रवृत्त करना 2. किसी वस्तु को लहराना; फैलाना; फहराना 3. {ला-अ.} हँसी उड़ाना; उपहास करना 4. {ला-अ.} ओझल करना 5. {ला-अ.} नष्ट करना (विस्फ़ोटक, गोली आदि द्वारा) 6. {ला-अ.} भगाना (पक्षी आदि को) 8. {ला-अ.} फ़िज़ूलख़र्च करना (धन आदि)।

उड़ाल [सं-स्त्री.] 1. कचनार की छाल 2. कचनार की छाल से निर्मित रस्सी।

उड़ासना (सं.) [क्रि-स.] 1. बिस्तर समेटना 2. नष्ट-भ्रष्ट या तहस-नहस करना; उजाड़ना 3. बैठने या सोने में विघ्न डालना।

उड़िया (सं.) [सं-पु.] ओड़िया का पुराना नाम। दे. ओड़िया।

उड़ियाना [सं-पु.] 22 मात्राओं का छंद।

उड़िल (सं.) [सं-पु.] वह भेड़ जिसके बाल न काटे गए हों।

उड़ीश [सं-पु.] एक प्रकार की बँवर जिससे बोझ बाँधते हैं और झूले का पुल और टोकरा बनाते हैं।

उड़ीसा (सं.) [सं-पु.] 1. ओडीशा राज्य का पुराना नाम 2. इस राज्य का प्राचीन नाम उत्कल था। [सं-स्त्री.] उड़ीसा प्रदेश की एक भाषा जो बंगला से कुछ मिलती जुलती है। [वि.] उड़ीसा का।

उडु (सं.) [सं-पु.] 1. नक्षत्र; तारा 2. जल; पानी 3. चिड़िया; पक्षी 4. मल्लाह; केवट।

उडुप (सं.) [सं-पु.] 1. शशि; चंद्रमा 2. नाव; नौका 3. बड़ा गरूड़।

उडुस [सं-पु.] मैले बिस्तर या कपड़ों में लगने वाला एक छोटा कत्थई कीड़ा; खटमल; खट्वामल; उड़िस।

उड़ैन [सं-पु.] छींटा।

उड्डयन (सं.) [सं-पु.] 1. आकाश में उड़ने की क्रिया या भाव 2. उड़ना; उड़ान।

उड्डयन-विभाग (सं.) [सं-पु.] राज्य का वह विभाग जो विमानों की व्यवस्था से संबंधित होता है।

उड्डीयन (सं.) [सं-पु.] उड़ने की क्रिया; उड़ान।

उढ़ [सं-पु.] बिजूखा; पुतला; स्थाणु।

उढ़कन [सं-पु.] 1. वह चीज़ जो किसी वस्तु के लुढ़कने के समय लगाई जाए 2. टेक; सहारा 3. ऐसी चीज़ जो रास्ते में पड़कर ठोकर लगाती हो।

उढ़कना [क्रि-अ.] 1. टेक या सहारा लेना; सहारा देकर खड़ा करना 2. ठोकर खाना 3. रुकना।

उढ़काना [क्रि-स.] भिड़ाना (दरवाज़ा, खिड़की आदि); बंद करना; सहारा देकर खड़ा करना।

उढ़रा [सं-पु.] 1. सगाई; ब्याह 2. परस्त्री को भगाने वाला या परस्त्री के साथ भागने वाला पुरुष।

उढ़ाना [क्रि-स.] तन ढकने के लिए वस्त्र या चादर आदि को किसी के ऊपर डालना, ओढ़ाना या लपेटना 2. ढाँकना।

उढ़ारना [क्रि-स.] 1. दूसरे की स्त्री को निकाल या भगा लाना 2. उद्धार करना।

उतना [वि.] 1. एक सार्वनामिक विशेषण जो मात्रा मान या संख्या का सूचक होता है; उस मात्रा का; इतना 2. उस कदर। [क्रि.वि.] उस परिमाण या मात्रा में, जैसे- जितना कहा गया उतना ही कार्य करो।

उतरंग (सं.) [सं-पु.] वह लकड़ी या पत्थर की पटरी जो दरवाज़े में चौखट के ऊपर लगी रहती है।

उतरन [सं-स्त्री.] 1. वह वस्त्र या कपड़ा जो किसी ने कुछ दिनों तक पहनने के बाद पुराना समझकर उतार या छोड़ दिया हो 2. उक्त प्रकार का कपड़ा जो किसी को दान के रूप में दिया जाए।

उतरना [क्रि-अ.] 1. नीचे आना 2. ह्रास होना; ढलना 3. अलग होना 4. निकलना; ढीला होना 5. फीका पड़ना 6. दूर होना या समाप्त होना (क्रोध, बुख़ार आदि का) 7. कुश्ती हेतु अखाड़े में पहलवान का आना 8. कसौटी पर खरा सिद्ध होना।

उतरवाना [क्रि-स.] 1. किसी को उतरने में मदद करना 2. प्रतिलिपि करवाना; नकल करवाना।

उतरा स्वर [सं-पु.] विषाद का स्वर।

उतराई [सं-स्त्री.] 1. उतरने या उतारने की क्रिया या भाव 2. ऊपर से नीचे आने की क्रिया 3. नाव द्वारा नदी पार करने का किराया या मज़दूरी 4. सेतु-कर (महसूल) 5. 'चढ़ाई' के विपरीत।

उतराना (सं.) [क्रि-अ.] 1. किसी वस्तु या मृत व्यक्ति का पानी के ऊपर तिर आना; तैरना 2. उबलाना; उफनाना 3. विपत्ति या संकट से छुटकारा पाना।

उतरायल [सं-पु.] उतरन। [वि.] अच्छी तरह पहन चुकने के बाद उतारा हुआ कपड़ा, गहना आदि।

उतराव [सं-पु.] रास्ते में पड़ने वाला उतार; ढाल।

उतरैया (सं.) [सं-पु.] उत्तरी; उत्तरही (हवा)।

उतार [सं-पु.] 1. उतरने की क्रिया या भाव 2. परिमाण, मान आदि की क्रमशः कम होने की स्थिति, जैसे- नदी, बाज़ार-भाव का उतार 3. ढलान 4. समाप्ति की ओर, जैसे- सरदी का उतार 5. वेग कम करने में सहायक, जैसे- भाँग का उतार खटाई है।

उतार-चढ़ाव [सं-पु.] 1. उतरना और चढ़ना; ढलान और चढ़ाई 2. तल की ऊँचाई-निचाई 3. {ला-अ.} भली-बुरी स्थितियाँ; अनुकूल-प्रतिकूल अवस्थाएँ 4. किसी वस्तु के मान या मूल्य में आने वाला परिवर्तन; कमी-वृद्धि।

उतारन [सं-पु.] 1. पहना हुआ पुराना कपड़ा जो किसी और को (भिक्षुक, निर्धन आदि को) पहनने के लिए दिया जाता है 2. न्योछावर 3. निकृष्ट वस्तु।

उतारना (सं.) [क्रि-स.] 1. ऊँचे स्थान से नीचे स्थान पर लाना 2. नदी के पार पहुँचाना 3. प्रतिलिपि या प्रतिरूप बनाना; नकल करना 4. पहनी हुई चीज़ अलग करना, जैसे- कमीज़ उतारना 5. जादू-टोने को तंत्र-मंत्र की शक्ति से हटाना 6. निकाल लेना (दही या दूध की मलाई) 7. लगी या चिपकी वस्तु को अलग करना; उचाड़ना।

उतारा [सं-पु.] 1. नदी आदि से पार उतरने की क्रिया या भाव 2. किसी स्थान पर उतर कर ठहरने की स्थिति; डेरा या पड़ाव।

उतारू [वि.] तुला हुआ; उद्यत; आमादा।

उतावला (सं.) [वि.] किसी कार्य को बिना समझे जल्दी से जल्दी करने को आतुर; बेसब्र; जल्दबाज़।

उतावलापन [सं-पु.] जल्दबाज़ी; हड़बड़ी।

उतावली (सं.) [सं-स्त्री.] किसी काम को जल्द करने की हड़बड़ी; बेचैनी; अधीरता; जल्दबाज़ी।

उतैला [सं-पु.] ऊर्ज; माष। [वि.] उतावला।

उत् (सं.) [पूर्वप्रत्य.] शब्दों के पहले लग कर ऊपर, अतिक्रमण, उत्कर्ष, प्राबल्य, प्राधान्य, अभाव, विकास, शक्ति तथा उत्साह आदि अर्थ की सूचना देता है।

उत्कंठ (सं.) [सं-पु.] 1. तीव्र इच्छा; तीव्र अभिलाषा; लालसा 2. रतिक्रिया का एक आसन। [वि.] 1. जो कंठ (गरदन) उपर उठाए हुए हो; उद्ग्रीव 2. उत्कंठायुक्त; तीव्र इच्छा से युक्त।

उत्कंठा (सं.) [सं-स्त्री.] 1. उत्सुकता; तीव्र इच्छा; तीव्र अभिलाषा; लालसा 2. कामशास्त्र में रतिक्रिया का एक आसन 3. प्रिय मिलन की उत्सुकता।

उत्कंठातुर (सं.) [वि.] हार्दिक इच्छा या तीव्र अभिलाषा को पूर्ण करने के लिए आतुर, व्याकुल या बेचैन।

उत्कंठित (सं.) [वि.] उत्सुक और अधीर; उत्कंठा या चाव से भरा हुआ; जिसके मन में कोई अभिलाषा हो; अतिउत्साहित।

उत्कंठिता (सं.) [सं-स्त्री.] प्रिय मिलन की तीव्र अभिलाषा वाली (उत्कंठातुर) नायिका; संकेत-स्थान पर प्रिय के न मिलने पर चिंतायुक्त नायिका।

उत्कंप (सं.) [सं-पु.] कँपकँपी; कंपन; थरथराहट।

उत्कच (सं.) [वि.] जिसके बाल खड़े हों; खड़े केशवाला।

उत्कट (सं.) [वि.] 1. जो परिमाण, मूल्य, गुण आदि की दृष्टि से अत्यधिक हो, जैसे- उत्कट विद्वान, उत्कट योद्धा आदि; प्रबल 2. जो प्रभाव, स्वभाव आदि की दृष्टि से बहुत उग्र या तीव्र हो, जैसे- उत्कट स्वभाव। [सं-पु.] 1.मूँज 2. गन्ना; ईख 3. तेजपात 4. दालचीनी।

उत्कर्ष (सं.) [सं-पु.] 1. ऊपर की ओर जाने या उठने की क्रिया या भाव 2. उन्नति; विकास; समृद्धि।

उत्कर्षक (सं.) [वि.] उत्कर्ष करने वाला; उन्नति या समृद्धि करने वाला; उन्नायक।

उत्कर्षता (सं.) [सं-स्त्री.] 1. श्रेष्ठता; उत्तमता 2. प्रचुरता; अधिकता; बढ़ती 3. समृद्धि।

उत्कर्षापकर्ष (सं.) [सं-पु.] उत्थान-पतन।

उत्कल (सं.) [सं-पु.] उड़ीसा राज्य का प्राचीन नाम; वर्तमान में ओड़िशा।

उत्कलन (सं.) [सं-पु.] 1. बंधन से मुक्त होना; छूटना 2. फूलों आदि का खिलना या विकसित होना 3. लहराना।

उत्कलिका (सं.) [सं-स्त्री.] 1. उत्कंठा; उत्सुकता 2. फूल की कलिका 3. तरंग; लहर 4. लंबे लंबे समासयुक्त गद्य।

उत्कलित (सं.) [वि.] 1. खुला हुआ; मुक्त 2. खिला हुआ; विकसित 3. लहराता हुआ।

उत्कारिका (सं.) [सं-स्त्री.] फोड़ों आदि को पकाने या पीब निकालने के लिए उस पर चढ़ाया जाने वाला अलसी, रेंड़ी (एरंड) आदि का मोटा लेप; पुलटिस।

उत्कासन (सं.) [सं-स्त्री.] खखार कर गले को साफ़ करना; खखारना; उत्कास; उत्कासिका।

उत्कीर्ण (सं.) [वि.] 1.लिखा हुआ 2. छिदा हुआ 3. फैला या बिखरा हुआ।

उत्कीर्ण छपाई (सं.) [सं-स्त्री.] खुदे अक्षर-मुखों से छपाई का काम; ठप्पे द्वारा छपाई।

उत्कीर्णन (सं.) [सं-पु.] खोद कर अंकित करना।

उत्कीर्णित (सं.) [वि.] उत्कीर्ण किया हुआ; खुदा हुआ; छिदा हुआ।

उत्कीर्तन (सं.) [सं-पु.] 1. किसी की प्रशंसा करना 2. चिल्लाना; शोर 3. घोषणा।

उत्कुण (सं.) [सं-पु.] 1. उडुस; खटमल 2. काले रंग का एक बहुत छोटा स्वेदज (पसीने से पैदा हुआ) कीड़ा जो सिर के बालों में पड़ जाता है; जूँ।

उत्कूज (सं.) [सं-पु.] 1. कोमल एवं मधुर ध्वनि वाला 2. कोयल की कुहुक।

उत्कृष्ट (सं.) [वि.] 1. श्रेष्ठ; उच्च कोटि का 2. उन्नत।

उत्कृष्टतम (सं.) [वि.] सबसे उत्तम या अच्छा; सर्वश्रेष्ठ; श्रेष्ठतम।

उत्कृष्टता (सं.) [सं-स्त्री.] उत्कृष्ट होने की अवस्था, गुण या भाव; अच्छापन; बड़प्पन।

उत्केंद्र (सं.) [वि.] 1. अपने केंद्र से हटा हुआ; जो अपने मूल स्थान पर न हो 2. अनियमित।

उत्केंद्रक (सं.) [वि.] केंद्र से अलग या निकाला हुआ; केंद्र से हटा हुआ।

उत्केंद्रता (सं.) [सं-स्त्री.] उत्केंद्र होने की अवस्था या भाव; केंद्र से अलग होना; च्युत होना; धुरी-हीनता।

उत्कोच (सं.) [सं-पु.] 1. घूस; रिश्वत 2. भ्रष्टाचार।

उत्कोचक (सं.) [वि.] घूस लेने वाला; रिश्वत खानेवाला।

उत्क्रम (सं.) [सं-पु.] 1. उलटा क्रम 2. क्रमभंग 3. विपर्यय 4. क्रमिक उन्नति 5. ऊपर जाना।

उत्क्रमणीय (सं.) [वि.] 1. जिसका उत्क्रमण हो सके, किया जा सके या किया जाने को हो; उन्नति की ओर अग्रसर होने वाला 2. जिसका अतिक्रमण किया जा सके 3. प्रस्थान योग्य।

उत्क्रांत (सं.) [वि.] 1. ऊपर की ओर चढ़ने वाला 2. जिसका अतिक्रमण हुआ हो।

उत्क्रांति (सं.) [सं-स्त्री.] 1. धीरे-धीरे उन्नति या पूर्णता की ओर बढ़ने की प्रवृत्ति 2. अतिक्रमण; उल्लंघन 3. देह से जीवात्मा का प्रस्थान; मृत्यु; मौत।

उत्क्रोश (सं.) [सं-पु.] 1. हल्लागुल्ला; शोरगुल 2. उद्घोषणा 3. कुररी नामक पक्षी।

उत्क्लेदन (सं.) [सं-पु.] तर या नम करने या होने की क्रिया या भाव।

उत्क्षिप्त (सं.) [सं-पु.] वे ध्वनियाँ जिनके उच्चारण में जिह्वा ऊपर की ओर उठकर उच्चारण स्थान को टक्कर मारकर झटके के साथ नीचे आती है, जैसे- ड़, ढ़। [वि.] 1. ऊपर की ओर फेंका या उछाला हुआ, जैसे- क़ै या वमन का बाहर निकलना 2. दूर फेंका हुआ।

उत्क्षेप (सं.) [सं-पु.] 1. ऊपर की तरफ़ उछालने या फेंकने की क्रिया या भाव 2. परित्याग करना; दूर करना 4. कै; वमन।

उत्क्षेपक (सं.) [वि.] ऊपर उछालने या फेंकने वाला; दूर करने या हटाने वाला।

उत्क्षेपण (सं.) [सं-पु.] 1. ऊपर की ओर फेंकना; उछालना 2. वमन।

उत्खनन (सं.) [सं-पु.] 1. गड़ी या जमी हुई चीज़ को खोदना; खुदाई 2. खोदकर बाहर निकालना।

उत्खात (सं.) [सं-पु.] 1. गड्ढा; छेद; बिल 2. ऊबड़-खाबड़ ज़मीन; जड़ों से उखाड़ा हुआ पेड़, पौधा आदि। [वि.] 1. खोदने वाला 2. उखाड़ने वाला 3. नष्ट किया हुआ।

उत्खाता (सं.) [वि.] 1. खोदने वाला 2. उखाड़ने वाला 3. समूल नष्ट करने वाला।

उत्तट (सं.) [वि.] किनारे से छलकता हुआ; तट का अतिक्रमण कर बहने वाला।

उत्तप्त (सं.) [सं-पु.] 1. तपा हुआ; तपाया हुआ 2. {ला-अ.} सताया हुआ; संतप्त; कुपित।

उत्तम (सं.) [वि.] जो गुण, विशेषता आदि में सबसे बढ़कर हो; बेहतर; श्रेष्ठ।

उत्तम पुरुष (सं.) [सं-पु.] 1. सबसे अच्छा व्यक्ति 2. वह सर्वनाम जो बोलने वाले पुरुष का सूचक होता है, प्रथम पुरुष, जैसे- **'मैं'** या **'हम'**।

उत्तमतया (सं.) [क्रि.वि.] अच्छी-तरह से; भली-भाँति।

उत्तमता (सं.) [सं-स्त्री.] उत्तम होने की अवस्था या भाव; उत्कृष्टता; श्रेष्ठता; ख़ूबी; भलाई।

उत्तमर्ण (सं.) [सं-पु.] वह व्यक्ति जो ऋण देता है; महाजन; (क्रेडिटर)।

उत्तमा (सं.) [सं-स्त्री.] 1. नेक तथा श्रेष्ठ स्त्री 2. दुग्धिका नामक पौधा; दूधी नामक जड़ी; शतमूली नामक झाड़दार बेल जिसकी जड़ और बीज औषधि के काम आते हैं; शतावरी। [वि.] नेक; भली।

उत्तमांग (सं.) [सं-पु.] सर्वश्रेष्ठ अंग; सिर।

उत्तमार्ध (सं.) [सं-पु.] उत्तम अर्थात श्रेष्ठ अर्धांश; उत्तरार्ध।

उत्तमोत्तम (सं.) [वि.] सर्वोत्तम; अच्छे से अच्छा।

उत्तमौजा (सं.) [सं-पु.] 1. एक राजा (उत्तमानुज पांचाल नरेश द्रुपद का पुत्र और धृष्टद्युम्न तथा द्रौपदी का भाई) जिसने महाभारत के युद्ध में पांडवों का साथ दिया था 2. मनु के एक पुत्र का नाम। [वि.] जो तेज और बल में दूसरों से बढ़कर हो।

उत्तर (सं.) [सं-पु.] 1. दक्षिण दिशा के सामने की दिशा, उदीची 3. किसी प्रश्न या बात को सुनकर उसके समाधान के रूप में कही गई बात, जवाब 4. किसी के कार्य या व्यवहार के बदले किया गया कार्य या व्यवहार 5. प्रतिकार, बदला 6. गणित आदि में हल किया गया अंतिम परिणाम, फल 6. (काव्यशास्त्र) एक प्रकार का अलंकार जिसे सुनते ही प्रश्न का अनुमान किया जा सके 7. राजा विराट का पुत्र।

उत्तरकल्प (सं.) [सं-पु.] (भू-विज्ञान) ऐसा दूसरा कल्प (आदि कल्प, उत्तर कल्प, मध्य कल्प और नवकल्प) जिसमें पृथ्वी पर पर्वतों, खनिज पदार्थों की सृष्टि हुई थी, अनुमानतः यह कल्प आज से लगभग सवा अरब वर्ष पहले हुआ था।

उत्तरकाल (सं.) [सं-पु.] 1. बाद का समय 2. भविष्यकाल।

उत्तरकालीन (सं.) [वि.] उत्तरकाल का; बाद के समय का; भविष्यकालीन।

उत्तरकाशी (सं.) [सं-पु.] उत्तराखंड राज्य का प्रसिद्ध शहर; एक स्थान जो हरिद्वार के दक्षिण में है।

उत्तरजात (सं.) [वि.] 1. बाद में उत्पन्न 2. पिता की मृत्यु के बाद उत्पन्न होने वाली (संतान)।

उत्तरजीवी (सं.) [वि.] वह जो दूसरे के संहार के बाद बचा हो; जिसमें उत्तरजीविता हो; किसी के मरने के बाद बचा रहने वाला।

उत्तरण (सं.) [सं-पु.] 1. पार उतरने की क्रिया या भाव 2. यान आदि से पृथ्वी पर उतरना 3. जलाशय पार करना।

उत्तरदान (सं.) [सं-पु.] वसीयत; उत्तराधिकार।

उत्तरदायित्व (सं.) [सं-पु.] जवाबदेही; ज़िम्मेदारी; किसी कार्य या बात के प्रति उत्तरदायी होने की स्थिति या भाव।

उत्तरदायिनी (सं.) [सं-स्त्री.] 1. वह जिसे काम बनने या बिगड़ने का फल भोगना पड़े 2. कार्यभार युक्त स्त्री; ज़िम्मेदार स्त्री।

उत्तरदायी (सं.) [वि.] 1. जिसपर किसी कार्य का उत्तरदायित्व हो; ज़िम्मेदार 2. उत्तर देने के लिए जो बाध्य हो; जवाबदेह।

उत्तरपद (सं.) [सं-पु.] 1. समस्त या यौगिक शब्द का अंतिम शब्द; समास का अंतिम पद 2. 'पूर्वपद' का विलोम।

उत्तरपश्चिम (सं.) [सं-पु.] वायव्य कोण।

उत्तरवर्ती (सं.) [वि.] बाद का।

उत्तरा (सं.) [सं-स्त्री.] (महाभारत) अर्जुन के पुत्र अभिमन्यु की पत्नी जिससे परीक्षित का जन्म हुआ था।

उत्तराधिकार (सं.) [सं-पु.] विरासत; किसी की मृत्यु के बाद संपत्ति प्राप्ति का अधिकार।

उत्तराधिकारिणी (सं.) [सं-स्त्री.] वह स्त्री, जो किसी के मरने या हटने पर उसकी संपत्ति, अधिकार आदि की स्वामिनी हो; उत्तराधिकार प्राप्त स्त्री।

उत्तराधिकारी (सं.) [सं-पु.] 1. उत्तराधिकार पाने वाला व्यक्ति 2. वह व्यक्ति जो कानून के अनुसार किसी की धन-संपत्ति आदि को पाने का अधिकारी हो; वारिस 3. किसी के हट जाने या न रहने पर उसके पद या स्थान का अधिकारी व्यक्ति।

उत्तरापथ (सं.) [सं-पु.] विंध्य के उत्तर में स्थित देश; भारत के प्राचीन ग्रंथों में जंबूद्वीप के उत्तरी भाग का नाम; पहले उत्तरापथ को उत्तरी राजपथ कहते थे जो पूर्व में ताम्रलिसिका (तामलुक) से लेकर पश्चिम में तक्षशिला और उसके आगे मध्य एशिया के बल्ख़ तक जाता था और अत्यधिक महत्व वाला व्यापारिक मार्ग था।

उत्तरापेक्षी (सं.) [वि.] वह जिसे उत्तर की अपेक्षा हो; उत्तराकांक्षी। [सं-पु.] उत्तर या जबाब चाहने वाला व्यक्ति।

उत्तराभास (सं.) [सं-पु.] ऐसा उत्तर जिसमें वास्तविकता या सत्यता न हो, उसका आभास मात्र हो; ऊपर से सत्य लगने वाला उत्तर; झूठा या मिथ्या उत्तर।

उत्तराभासी (सं.) [सं-पु.] उत्तर का आभास कराने वाला। [वि.] (प्रश्न) जिसमें उसके उत्तर का भी कुछ आभास हो।

उत्तराभिमुख (सं.) [वि.] जिसका मुँह उत्तर दिशा की ओर हो।

उत्तरायण (सं.) [सं-पु.] 1. मकर रेखा से उत्तर और कर्क रेखा की ओर होने वाली सूर्य की गति; वह छह महीने का समय जब सूर्य की गति बराबर उत्तर की ओर होती है।

उत्तरार्ध (सं.) [सं-पु.] 1. पिछला आधा; बाद का अर्ध भाग 2. ऊपरी ओर का आधा भाग।

उत्तरावस्था (सं.) [सं-स्त्री.] बाद की अवस्था या दशा।

उत्तरित (सं.) [वि.] जिसका उत्तर दिया जा चुका हो।

उत्तरी (सं.) [सं-स्त्री.] संगीत में कर्नाटकी पद्धति की एक रागिनी। [वि.] 1. उत्तर दिशा में होने वाला 2. उत्तर दिशा से संबंधित; उत्तर का।

उत्तरीय (सं.) [सं-पु.] 1. कंधे पर रखा जाने वाला वस्त्र जिसका एक सिरा कंधे के एक ओर से होकर सामने से कमर के हिस्से तक जाता है तो दूसरा सिरा पीठ की ओर से होते हुए कंधे के दूसरी ओर से निकलकर सामने की ओर लटका रहता है, जिसे पुराने समय में राजा-महाराजा ओढ़ा करते थे 2. ओढ़नी; चादर 3. दुपट्टा। [वि.] 1. उत्तर दिशा का; उत्तरी 2. ऊपर का; ऊपरवाला।

उत्तरोत्तर (सं.) [क्रि.वि.] आगे-आगे; क्रमशः आगे की ओर; अधिकाधिक; लगातार।

उत्तरोत्तरता (सं.) [सं-स्त्री.] एक के बाद एक होने की क्रिया या भाव।

उत्तल (सं.) [वि.] 1. जिसके तल के बीच का भाग कुछ ऊपर उठा हो; उन्नतोदर 2. जिसका आकार उलटे कटोरे की तरह हो, जैसे- चश्मे आदि का शीशा।

उत्तान (सं.) [वि.] 1. पीठ के बल लेटा हुआ; सीधा; चित्त 2. फैला या फैलाया हुआ 3. जिसका मुँह ऊपर की ओर हो 4. खुला हुआ; अनावृत; नग्न 5. स्पष्ट वक्ता।

उत्ताप (सं.) [सं-पु.] 1. सामान्य से अधिक गरमी 2. मन में होने वाला बहुत अधिक कष्ट या वेदना।

उत्तापन (सं.) [सं-पु.] 1. अति गरम करने की क्रिया; अत्यधिक गरम करना 2. अति कष्ट (दुख) पहुँचाना।

उत्तापित (सं.) [वि.] ख़ूब गरम किया हुआ; तपाया हुआ; तप्त।

उत्तापी (सं.) [वि.] 1. अति दुखदायी 2. अत्यधिक कष्ट देने वाला।

उत्तारक [सं-पु.] शिव। [वि.] उद्धार करने या उबारने वाला।

उत्तारण (सं.) [सं-पु.] 1. पार उतारना 2. किसी वस्तु का एक स्थान से दूसरे स्थान पर पहुँचाया जाना 3. संकट या मुसीबत में फँसे हुए व्यक्ति का उद्धार करना।

उत्तार्य (सं.) [वि.] 1. नाव आदि से पार उतारने योग्य 2. कै, वमन करने योग्य।

उत्ताल (सं.) [वि.] 1. ऊँची लहर 2. बहुत अधिक ऊँचा 3. प्रबल; भयानक; महाकाय 4. अति आविष्ट 5. कठिन; विकराल। [सं-पु.] वन मानुष।

उत्तावतल (सं.) [वि.] एक ओर उभरा तथा दूसरी ओर दबा हुआ।

उत्तीर्ण (सं.) [वि.] 1. किसी परीक्षा में सफ़ल; कृतकार्य 2. पार गया हुआ; पारित 3. पारंगत 4. मुक्त।

उत्तुंग (सं.) [वि.] 1. बहुत ऊँचा 2. यथेष्ट उन्नत।

उत्तू (फ़ा.) [सं-पु.] 1. कपड़े पर चुन्नट डालने या बेल-बूटे काढ़ने का एक औज़ार या उपकरण 2. उक्त उपकरण से कपड़े पर बनाए हुए बेल-बूटे या डाली हुई चुन्नट।

उत्तेजक (सं.) [वि.] 1. भड़काने वाला; उत्तेजित करने वाला 2. मनोवेग को उद्दीप्त करने वाला।

उत्तेजना (सं.) [सं-स्त्री.] 1. क्रोध, काम आदि भावों के तीव्र आवेग की वह स्थिति जिसके कारण प्राणी संयत न रह पाए 2. रोष; क्रोध 3. प्रेरणा 4. एक प्रकार का भावावेग 5. शरीर के किसी अंग विशेष में होने वाली असाधारण क्रियाशीलता।

उत्तेजनात्मक (सं.) [वि.] अति उत्साह भरने वाला; जोशीला; भड़कीला।

उत्तेजित (सं.) [वि.] 1. आवेश में आया हुआ; उत्तेजना से भरा हुआ 2. प्रेरित; प्रोत्साहित 3. क्षुब्ध 4. भड़का हुआ।

उत्तेजित हमला (सं.+अ.) [सं-पु.] आवेश में आकर किसी व्यक्ति को मारने के उद्देश्य से घातक हथियार द्वारा किया गया आक्रमण।

उत्तोलक (सं.) [सं-पु.] एक यंत्र जिसकी सहायता से चीज़ें एक स्थान से दूसरे स्थान पर ले जाई जाती हैं। [वि.] 1. ऊपर उठाने वाला 2. उत्तोलन करने वाला।

उत्तोलन (सं.) [सं-पु.] 1. ऊपर उठाने या ले जाने की क्रिया या भाव 2. ऊँचा करना; तानना 3. तौलना; वजन करना।

उत्थान (सं.) [सं-पु.] 1. उन्नत या समृद्ध स्थिति 2. ऊपर की ओर उठना; ऊँचा होना 3. किसी निम्न या हीन स्थिति से निकलकर उच्च या उन्नत हुई अवस्था।

उत्थानक (सं.) [सं-पु.] 1. किसी बहुमंज़िली इमारत में नीचे

से ऊपर या ऊपर से नीचे पहुँचाने वाला विद्युत यंत्र 2. किसी व्यक्ति के अचानक ऊपरी पद पर पहुँचने की क्रिया। [वि.] 1. उठाने वाला; उत्थान करने वाला 2. किसी को उन्नत और समृद्ध करने वाला।

उत्थापक (सं.) [सं-पु.] 1. उत्थान करने या ऊपर उठाने वाला (यंत्र) 2. प्रेरित करने वाला; प्रेरक। [वि.] उठाने वाला।

उत्थापन (सं.) [सं-पु.] 1. ऊपर उठाना 2. जगाना 3. उत्तेजित करना 2. प्रेरित या उत्साहित करना।

उत्थापित (सं.) [वि.] 1. ऊपर उठाया हुआ 2. जगाया हुआ 3. उत्तेजित किया हुआ।

उत्थित (सं.) [वि.] 1. उठता (उठा) हुआ 2. उद्धार किया हुआ; बचाया हुआ 3. वृद्धिशील; ऊँचा; फैलाया हुआ 4. घटित होने वाला 5. जागा हुआ 6. समृद्ध।

उत्पतन (सं.) [सं-पु.] 1. उड़ने की क्रिया या भाव 2. ऊपर की ओर उठना 3. उछालना 4. उत्पन्न करना; जन्म देना।

उत्पत्ति (सं.) [सं-स्त्री.] 1. उत्पन्न होने की अवस्था, क्रिया या भाव 2. उद्भव; आविर्भाव 3. पैदाइश; जन्म 4. आरंभ; शुरू 5. उद्गम।

उत्पथ (सं.) [सं-पु.] कुपथ; बुरा रास्ता। [वि.] कुमार्गी।

उत्पन्न (सं.) [वि.] 1. पैदा या जन्मा हुआ 2. उपजा हुआ 3. उद्भूत या घटित 4. निर्मित किया हुआ।

उत्परिवर्तन (सं.) [सं-पु.] पौधों तथा प्राणियों में होने वाला वह आकस्मिक परिवर्तन जिसमें उनमें अचानक ऐसे गुण उत्पन्न हो जाते हैं जिनका कोई संबंध उनके पूर्वजों से नहीं होता।

उत्पल (सं.) [सं-पु.] 1. कमल; नीरज; पंकज; अंबुज 2. पौधा। [वि.] जो बहुत दुबला-पतला हो; क्षीणकाय।

उत्पवन (सं.) [सं-पु.] 1. शुद्धीकरण; पवित्रीकरण; कुश से पूजन सामग्री पर जल तथा अग्नि में घी छिड़कना 2. जल छानने की क्रिया; स्वच्छ करने का यंत्र।

उत्पाटक (सं.) [सं-पु.] एक प्रकार का कर्ण रोग। [वि.] उखाड़ने वाला।

उत्पाटन (सं.) [सं-पु.] 1. उखाड़ना 2. उन्मूलन 3. जमे, ठहरे या टिके हुए को परेशान करके उसके स्थान से हटाना 4. किसी अंग को काटकर अलग करना; अंगविच्छेद (चिकित्सा में)।

उत्पाटित (सं.) [वि.] 1. जड़ से उखाड़ा हुआ; उन्मूलित 2. अपने स्थान से पीड़ित करके हटाया हुआ 3. बलात पदच्युत करना।

उत्पात (सं.) [सं-पु.] 1. ख़ुराफ़ात; उपद्रव, विपत्ति, आकस्मिक दुर्घटना 2. अचानक उछलना, छलाँग, ऊपर उठना।

उत्पाती (सं.) [वि.] 1. उत्पात या हुड़दंग मचाने वाला 2. मारपीट या दंगा-फ़साद करने वाला; उपद्रव 3. शरारती; नटखट 4. ख़ुराफ़ाती।

उत्पाद (सं.) [सं-पु.] 1. उपज 2. उत्पत्ति 3. उत्पन्न की हुई वस्तु 4. निर्मित वस्तु।

उत्पाद कर (सं.) [सं-पु.] किसी वस्तु के उत्पादन पर राज्य द्वारा लिया गया या लगाया जाने वाला कर या शुल्क; उत्पाद-शुल्क।

उत्पाद शुल्क (सं.) [सं-पु.] किसी निर्माण इकाई या फ़ैक्टरी में बनने वाली वस्तुओं पर राज्य द्वारा लिया गया कर या शुल्क; उत्पाद कर।

उत्पादक (सं.) [वि.] 1. उत्पादन करने वाला 2. जिससे कुछ उत्पादन हो।

उत्पादकता (सं.) [सं-स्त्री.] उत्पादन संबंधी कार्यक्षमता; उत्पादिता। [सं-पु.] 1. मूल कारण 2. शरभ नामक एक कल्पित जंतु।

उत्पादन (सं.) [सं-पु.] 1. उत्पन्न करना 2. पैदा करना 3. पैदावार; उपज 4. बनाना।

उत्पादित (सं.) [वि.] 1. पैदा किया हुआ; उत्पन्न 2. उपजाया हुआ 3. उद्योग या कारख़ाने से बन कर निकली या खान से निकाली गयी वस्तु।

उत्पादी (सं.) [वि.] उत्पन्न करने वाला या उपजाने वाला।

उत्पाद्य (सं.) [वि.] 1. जिसका उत्पादन किया जा सके 2. उत्पादन के योग्य 3. उपनिषदों के अनुसार ऐसा कर्म जिसके द्वारा कोई वस्तु उत्पन्न होती है।

उत्पीड़क (सं.) [वि.] 1. कष्ट देने वाला 2. दबाने वाला 3. अत्याचारी 4. त्रासप्रद 5. पीड़ा पहुँचाने वाला।

उत्पीड़न (सं.) [सं-पु.] 1. दबाना 2. तकलीफ़ देना 3. पीड़ा पहुँचाना 4. अत्याचार 5. पीड़ित करने की क्रिया या भाव।

उत्पीड़ित (सं.) [वि.] 1. जिसे दबाया गया हो 2. जिसे पीड़ा दी गई हो 3. सताया हुआ 4. जिसपर अत्याचार हुआ हो।

उत्प्रवास (सं.) [सं-पु.] 1. स्वदेशत्याग 2. विदेशगमन 3. अपना देश छोड़कर विदेश में जा बसना।

उत्प्रवासी (सं.) [सं-पु.] 1. प्रवासी 2. दूसरे देश में बसने वाला। [वि.] उत्प्रवास संबंधी।

उत्प्रेक्षक (सं.) [वि.] उत्प्रेक्षा करने वाला; देखने समझने वाला; वितर्क करने वाला।

उत्प्रेक्षण (सं.) [सं-पु.] 1. ऊपर की ओर देखना 2. सावधान होकर ऊपर की ओर देखना या सोचना 3. तुलना।

उत्प्रेक्षा (सं.) [सं-स्त्री.] 1. उद्भावना 2. संभावना; अनुमान 3. उपेक्षा 4. उदासीनता 5. (काव्यशास्त्र) एक अर्थालंकार जिसमें उपमेय में उपमान की संभावना की जाती है।

उत्प्रेरक (सं.) [वि.] 1. किसी घटना या क्रिया को बढ़ावा देने वाला; उद्दीपक 2. प्रोत्साहित करने वाला; प्रेरणा देने वाला 3. (रसायन विज्ञान) किसी रासायनिक क्रिया की गति को बढ़ाने वाला वह पदार्थ जो स्वयं अपरिवर्तित रहता है।

उत्प्रेरणा (सं.) [सं-पु.] प्रेरित करने की क्रिया या भाव।

उत्प्रेरित (सं.) [वि.] उत्साहित; क्रियाशील।

उत्प्लवन (सं.) [सं-पु.] 1. कूदना; उछलना; हवा में तैरना 2. तेल, घी आदि के ऊपर तैरते मैल को कुश के माध्यम से हटाने की क्रिया।

उत्फुल्ल (सं.) [वि.] 1. पूर्णतः विकसित; खिला हुआ 2. आनंद युक्त।

उत्स (सं.) [सं-पु.] 1. जल का स्रोत; जलमय स्थान; सोता 2.

निर्झर; झरना।

उत्संग (सं.) [सं-पु.] 1. गोद; अंक; क्रोड़ 2. योग; संपर्क 3. मध्य भाग 4. नितंब के ऊपर का भाग 5. घर के सबसे ऊपरी भाग का शिखर; चोटी 6. सतह 7. ढाल 8. प्राचीन भारत में राजकुमार के जन्मोत्सव पर राजाओं और प्रजावर्ग से उपहार स्वरूप लिया जाने वाला धन। [वि.] 1. विरक्त 2. निर्लिप्त।

उत्संगित (सं.) [वि.] 1. गोद में लिया हुआ 2. गले लगाया हुआ; आलिंगित 3. संपर्क में आया हुआ।

उत्सन्न (सं.) [वि.] 1. ऊपर की ओर उठाया हुआ; ऊँचा 2. उखाड़ा हुआ; उच्छिन्न 3. बढ़ा हुआ 4. पूरा किया हुआ।

उत्सर्ग (सं.) [सं-पु.] 1. त्यागना; छोड़ना 2. न्योछावर करना 3. समापन (अध्ययन आदि का) 4. सामान्य नियम 5. दान 6. व्यय।

उत्सर्गी (सं.) [वि.] दूसरे के लिए स्वयं का उत्सर्ग या त्याग करने वाला।

उत्सर्जन (सं.) [सं-पु.] 1. उत्सर्ग करने की क्रिया या भाव 2. त्याग; छोड़ना; दान 3. बलिदान।

उत्सर्जित (सं.) [वि.] 1. निकला हुआ; छोड़ा हुआ 2. उत्सर्ग किया हुआ 3. त्यागा हुआ।

उत्सर्पण (सं.) [सं-पु.] 1. ऊपर की ओर चढ़ने, जाने या बढ़ने की क्रिया या भाव; उठना 2. उल्लंघन करना 3. फूलना 4. फैलना।

उत्सर्पी (सं.) [वि.] 1. ऊपर की ओर चढ़ने, जाने या बढ़ने वाला 2. अति उत्तम।

उत्सव (सं.) [सं-पु.] 1. त्योहार; पर्व 2. आनंद और उत्साह के साथ मनाया जाने वाला शुभ मंगल कार्य, जैसे- विवाह आदि।

उत्सवप्रियता (सं.) [सं-स्त्री.] उत्सवधर्मिता; उत्सव के प्रति अनुराग।

उत्साह (सं.) [सं-पु.] 1. उमंग; जोश; उछाह 2. हौसला; साहस; हिम्मत; दृढ़ संकल्प 3. मन की वह वृत्ति जिसमें व्यक्ति प्रसन्नचित्त और किसी कार्य के लिए तत्पर होता है 4. क्षमता; योग्यता 5. 'वीर रस' का स्थायी भाव।

उत्साहक (सं.) [वि.] 1. उत्साह देने या उत्साहित करने वाला 2. कर्मठ; क्रियाशील; अध्यवसायी।

उत्साहपूर्वक (सं.) [क्रि.वि.] तहे दिल से; खुले मन से; ख़ुशी-ख़ुशी; उत्साह युक्त।

उत्साहवर्धक (सं.) [वि.] उत्साह से भरा हुआ; उत्साह में वृद्धि करने वाला।

उत्साहवर्धन (सं.) [सं-पु.] 1. उत्साह की वृद्धि 2. उत्साह का बढ़ना।

उत्साहहीन (सं.) [वि.] 1. जिसमें उत्साह न रह गया हो; जो उत्साही न हो; उत्साहरहित; हतोत्साहित।

उत्साहित (सं.) [वि.] 1. उत्साह से युक्त 2. तत्परतापूर्वक किसी काम में लगने वाला 3. आनंदपूर्वक कोई काम करने वाला 4. जिसके मन में हर काम के लिए और हर समय उत्साह रहता हो।

उत्साही (सं.) [वि.] 1. उत्साहयुक्त 2. आनंद तथा तत्परता के साथ काम में लगने वाला 3. हौसले वाला 4. उमंगवाला।

उत्सिक्त (सं.) [वि.] 1. जिसपर जल आदि छिड़का गया हो 2. अभिषिक्त 3. प्लावित।

उत्सुक (सं.) [वि.] 1. उत्कंठित; जिसमें उत्कट इच्छा हो; बहुत चाहने वाला; बेचैन 2. प्रयत्नशील।

उत्सुकता (सं.) [सं-स्त्री.] 1. उत्सुक होने का भाव 2. जिज्ञासा 3. आसक्ति; प्रेम 4. अधीरता 5. प्रबल इच्छा 6. उत्कंठा।

उत्सुकतावश (सं.) [क्रि.वि.] उत्सुकता या जिज्ञासा के साथ; प्रबल इच्छा के साथ; उत्कंठावश।

उत्सृष्ट (सं.) [वि.] 1. छोड़ा या त्यागा हुआ 2. उत्सर्ग किया हुआ; परित्यक्त 3. प्रयोग में लाया हुआ 4. उड़ेला हुआ।

उत्सेक (सं.) [सं-पु.] 1. उफनकर बहना 2. ऊपर की ओर उठना या बढ़ना 3. वृद्धि 4. अभिमान; घमंड 5. जल आदि का छिड़काव।

उत्सेकी (सं.) [वि.] 1. ऊपर से बहने वाला; उफनने वाला 2. प्लावित करने वाला।

उत्सेचन (सं.) [सं-पु.] 1. छिड़कने, सींचने या उफनने की क्रिया 2. उफान; उबाल।

उत्सेध (सं.) [सं-पु.] 1. ऊँचाई 2. वृद्धि 3. मोटाई; घनता 4. किसी वस्तु की कोई ऐसी आपेक्षिक ऊँचाई जो किसी विशिष्ट कोण, तल आदि के विचार से हो। [वि.] ऊँचा; बड़ा।

उथल-पुथल (सं.) [सं-स्त्री.] 1. भारी उलटफेर; उलट-पुलट; क्रमभंग 2. हलचल।

उथला [वि.] 1. कम गहरा; छिछला 2. कम ऊँचा 3. जिसके स्वभाव में गंभीरता न हो; ओछा।

उद (सं.) [सं-पु.] जल; पानी।

उदंचन (सं.) [सं-पु.] 1. कुएँ आदि से पानी को ऊपर खींचने का पात्र; बाल्टी 2. ऊपर की ओर फेंकने, ले जाने या खींचने की क्रिया 3. आरोहण।

उदंचु (सं.) [वि.] जिसकी प्रवृत्ति ऊपर की तरफ़ जाने की हो; ऊर्ध्वगमनशील।

उदंत[1] [सं-पु.] 1. किसी के अंत या सीमा तक पहुँचने का भाव; योग्य; श्रेष्ठ 2. सीमा तक पहुँचने वाला 3. बिना दाँत का दंतहीन बछड़ा आदि।

उदंत[2] (सं.) [सं-पु.] ख़बर; समाचार; वार्ता।

उदंत्य (सं.) [वि.] सीमा अथवा परिधि के बाहर रहने वाला।

उदक (सं.) [सं-पु.] जल; पानी।

उदक्य (सं.) [वि.] 1. उदक या जल में होने वाला 2. जल से युक्त; जलीय 3. जलस्थ। [सं-पु.] जल में होने वाला अन्न।

उदग्र (सं.) [वि.] 1. ऊपर की ओर उठा हुआ; उभरा हुआ; ऊँचा; उन्नत 2. विकसित; प्रवर्धित 3. प्रचंड; उग्र; प्रबल 4. भयंकर 5. विशाल।

उदजन (सं.) [सं-पु.] (रसायन शास्त्र) एक अदृश्य, गंधहीन और रंगहीन गैस जिससे पानी बनता है।

उदधि (सं.) [सं-पु.] 1. समुद्र; सागर 2. बादल 3. घड़ा।

उदन्य (सं.) [वि.] 1. जल संबंधी; जलीय 2. प्यासा।

उदबासना (सं.) [क्रि-स.] 1. किसी बसे हुए का घर उजाड़ना

2. बसे हुए स्थान से दूसरे स्थान पर भगा देना 3. तंग करके स्थान से हटाना; रहने में विघ्न डालना।

उदमान [वि.] उन्मत्त; मतवाला।

उदय (सं.) [सं-पु.] 1. प्रकट होना; प्रादुर्भाव; आविर्भाव; निकलने का भाव 2. अभ्युदय 3. कांति; ज्योति 4. आय; ब्याज 5. परिणाम 6. उद्गम स्थान।

उदयन (सं.) [सं-पु.] उगना; ऊपर की ओर बढ़ना। [वि.] 1. उगता हुआ 2. विकासशील 3. ऊपर उठता हुआ।

उदयाचल (सं.) [सं-पु.] 1. उदयगिरि; उदय पर्वत 2. वह पर्वत जिसके पीछे से सूर्य का उदय होना माना जाता है।

उदयास्त (सं.) [सं-पु.] 1. उदय और अस्त 2. उत्थान-पतन; चढ़ाव-उतार 3. बनना-बिगड़ना 4. तेज़ी-मंदी 5. नफ़ा-नुकसान।

उदयी (सं.) [वि.] 1. उगता हुआ 2. विकासशील; उन्नतिशील 3. ऊपर उठता हुआ।

उदर (सं.) [सं-पु.] 1. आमाशय; पेट 2. किसी वस्तु का आंतरिक भाग; अंतर 3. मध्य भाग।

उदरक (सं.) [वि.] उदर संबंधी; पेट से संबंधित।

उदरपोषण (सं.) [सं-पु.] पेट भरना; रोज़गार; पेट भरने हेतु आजीविका।

उदरवायु (सं.) [सं-पु.] पेट में उत्पन्न होने वाली गैस; एक प्रकार का रोग।

उदरशूल (सं.) [सं-पु.] 1. पेट के ऊपरी भाग में होने वाली तीव्र वेदना 2. वायु आदि के दूषित होने के कारण पेट में उत्पन्न होने वाली पीड़ा; पेट-दर्द।

उदरावरण (सं.) [सं-पु.] वह झिल्ली जो उदर यानि पेट को चारों तरफ़ से घेरे रहती है।

उदरावर्त (सं.) [सं-पु.] नाभि; केंद्र।

उदरी (सं.) [वि.] बड़ी तोंदवाला; बढ़े हुए पेट वाला।

उदर्य (सं.) [वि.] पेट संबंधी; उदर या पेट में रहने या उससे संबंध रखने वाला। [सं-पु.] पेट के भीतरी अंग।

उदस्त (सं.) [वि.] 1. फेंका हुआ 2. उजाड़ा हुआ 3. नीचा दिखाया हुआ 4. निकाला हुआ; निरस्त 5. नष्ट किया हुआ।

उदात्त (सं.) [वि.] 1. महान; श्रेष्ठ; उत्तम; ऊँचा 2. उदार 3. दयावान; दाता 4. वैदिक स्वरों के उच्चारण का एक भेद 5. समर्थ 6. स्पष्ट 7. (काव्यशास्त्र) अर्थालंकार का एक भेद 8. संगीत का एक स्वर 9. एक प्रकार का पुराना बाजा।

उदात्तीकरण (सं.) [सं-पु.] 1. उदात्त बनाने की क्रिया; किसी चीज़ को उसके श्रेष्ठ रूप में प्रस्तुत करना 2. पाश्चात्य काव्यशास्त्र का एक सिद्धांत जिसके अनुसार 'वर्णित अनुभूतियों को मनोवैज्ञानिक प्रक्रिया से उच्च स्तर (भूमि) पर ले जाने का प्रयत्न होता है'।

उदान (सं.) [सं-पु.] 1. ऊपर की ओर साँस खींचना 2. शरीर की पाँच प्राण वायुओं में से एक जिसका स्थान कंठ से भ्रू-मध्य तक माना जाता है; छींकों और डकारों को उद्भूत करने वाली प्राणवायु 3. एक तरह का साँप।

उदार (सं.) [वि.] विशाल हृदयवाला; दयालु; उदात्त; धीर; दानशील; भला; दूसरों में गुण देखने वाला 2. पक्षपात एवं संकीर्णता से दूर रह कर आत्मीय व्यवहार करने वाला। [सं-पु] 1. (योगशास्त्र) चार प्रकार के क्लेशों (अस्मिता, राग, द्वेष और अभिनिवेश) का एक भेद।

उदार चरित (सं.) [वि.] उदार, उदात्त या ऊँचे चरित्रवाला; सबके साथ खुले हृदय से सज्जनता का व्यवहार करने वाला।

उदार हृदय (सं.) [वि.] उदार मन का; उदारमना; संकीर्णता से परे बड़े मन वाला।

उदारचेता (सं.) [वि.] उदार मनवाला; उदार चित्त अथवा हृदयवाला; ऊँचे विचारों वाला।

उदारता (सं.) [सं-स्त्री.] 1. उदार होने की अवस्था, गुण या भाव; उदार स्वभाव 2. दानी स्वभाव; दानशीलता 3. दया भाव; दयालुता।

उदारतापूर्ण (सं.) [क्रि.वि.] उदारता से परिपूर्ण; उदारमना।

उदारतापूर्वक (सं.) [क्रि.वि.] 1. उदारता के साथ 2. खुले दिल से।

उदारतावाद (सं.) [सं-पु.] वह सिद्धांत जो सभी मनुष्यों की स्वतंत्रता और समता का पक्षधर है।

उदारतावादी (सं.) [वि.] उदारतावाद को मानने वाला; उदारतावाद का समर्थक; उदारतावाद का अनुयायी। [सं-पु.] वह जो उदारतावाद का अनुयायी और समर्थक हो।

उदारमना (सं.) [वि.] उदार मन का; बड़े दिलवाला।

उदारीकरण (सं.) [सं-पु.] वैश्विक स्तर पर अपनाई गई नई अर्थव्यवस्था जिसमें उद्योग-धंधों की उन्नति के लिए उनके पक्ष में आर्थिक नीतियों को उदार बनाया जाता है।

उदावर्त (सं.) [सं-पु.] बड़ी आँत का एक रोग जिसमें मल-मूत्र आदि रुक जाते हैं; गुद-ग्रह।

उदास (सं.) [वि.] 1. तटस्थ; निरपेक्ष 2. विरक्त 3. दुःखी 4. खिन्न 5. कांतिहीन 6. फीका 7. मुरझाया हुआ 8. जिसका मन उचटा रहता हो।

उदासी (सं.) [सं-स्त्री.] 1. उदास होने का भाव 2. मायूसी; खिन्नता; रंजीदगी 3. तटस्थता; निरपेक्षता। [सं-पु.] 1. गुरु नानक के पुत्र द्वारा चलाया गया एक साधु संप्रदाय उसका अनुयायी; त्यागी 2. वैरागी।

उदासीन (सं.) [वि.] 1. रुचि न लेने वाला 2. अनमना; अनासक्त; विरक्त 3. तटस्थ। [सं-पु.] 1. अज़नबी 2. तटस्थ व्यक्ति 3. किसी आरोप (अभियोग) से असंबद्ध व्यक्ति।

उदासीनता (सं.) [सं-स्त्री.] 1. खिन्नता; उदासीन होने की अवस्था या भाव 2. तटस्थता; विरक्ति; मायूसी।

उदाहरण (सं.) [सं-पु.] 1. दृष्टांत 2. मिसाल 3. नमूना 4. (काव्यशास्त्र) अर्थालंकार का एक भेद 5. सामान्य कथन के बाद नमूने के तौर पर कही जाने वाली कोई दूसरी बात; ऐसी बात या तथ्य जिससे किसी कथन या सिद्धांत की सत्यता सिद्ध होती हो।

उदाहरणयुक्त (सं.) [वि.] सोदाहरण; उदाहरण के साथ; उदाहरण सहित।

उदाहरणात्मक (सं.) [वि.] उदाहरण के तौर पर; उदाहरणस्वरूप;

जैसे।

उदाहरणार्थ (सं.) [अव्य.] उदाहरण के लिए; उदाहरणस्वरूप।

उदाहृत (सं.) [वि.] 1. जिसका दृष्टांत दिया गया हो; उदाहरण के रूप में प्रस्तुत किया गया हो 2. कथित; वर्णित।

उदाहृति (सं.) [सं-स्त्री.] 1. उदाहरण 2. (नाट्यशास्त्र) उत्कर्षयुक्त वचन का कथन; गर्भ संधि के तेरह अंगों में से एक।

उदिक (सं.) [वि.] 1. जल संबंधी 2. उस जल से संबंध रखने वाला जो नल आदि के द्वारा कहीं पहुँचता है। [सं-पु.] वीर्य।

उदित (सं.) [वि.] 1. उगा हुआ या निकला हुआ (प्रायः सूर्य, चंद्रमा या अन्य ग्रहों के संदर्भ में) 2. प्रकट; प्रकाशित 2. उत्पन्न।

उदितयौवना (सं.) [सं-स्त्री.] 1. (काव्यशास्त्र) मुग्धा नायिका के सात भेदों में एक भेद; अंकुरितयौवना 2. नवयुवती। [वि.] ऐसी नवयुवती जिसमें यौवन के शारीरिक लक्षण प्रकट हो गए हों और स्वभाव में बचपना हो।

उदिति (सं.) [सं-स्त्री.] 1. उदय 2. कथन; भाषण।

उदिया (सं.) [वि.] उदय होने वाली। [सं-स्त्री.] वह तिथि जो सूर्योदय के समय रहती है।

उदीची (सं.) [सं-स्त्री.] उत्तर दिशा।

उदीचीन (सं.) [सं-पु.] पश्चिम दिशा में होने वाली वस्तु।

उदीप (सं.) [वि.] जलमग्न; जल से भरा हुआ; जल प्लावित। [सं-पु.] बाढ़; जल प्लावन।

उदीयमान (सं.) [वि.] 1. उगता हुआ; उदित होता हुआ; उठता या उभरता हुआ 2. {ला-अ.} होनहार 3. विकासशील; प्रगतिशील; उन्नतिशील।

उदीरण (सं.) [सं-पु.] 1. कथन 2. उच्चारण 3. उद्दीपन 4. उत्पत्ति 4. जँभाई।

उदीर्ण (सं.) [वि.] 1. उदित; उत्पन्न 2. अभिमानी 3. प्रबल। [सं-पु.] विष्णु।

उदुंबर (सं.) [सं-पु.] 1. दरवाज़े के दोनों कपाटों के मध्य फ़र्श पर लगाई गई लकड़ी; देहरी; ड्योढ़ी; चौखट 2. नपुंसक; नामर्द 3. गूलर नाम का एक फल तथा उसका वृक्ष 4. एक प्राचीन जाति 5. एक प्रकार का कोढ़।

उदूल (अ.) [सं-पु.] अवज्ञा; उल्लंघन; अवहेलना; नाफ़रमानी; आज्ञा न मानना।

उदूलहुक्मी (अ.) [सं-स्त्री.] आदेश की अवहेलना; आज्ञा का उल्लंघन; नाफ़रमानी।

उद्गत (सं.) [वि.] 1. निकला हुआ; उद्भूत; निर्गत; उत्पन्न 2. प्रकट 3. ऊपर आया हुआ; फैला हुआ 4. प्राप्त 5. वमन किया हुआ।

उद्गम (सं.) [सं-पु.] 1. उत्पत्ति; उत्पत्ति स्थान; स्रोत; जन्म; वह स्थान जहाँ से कोई नदी निकलती हो 2. उठना 3. ऊपर आना 4. निकास 5. आविर्भाव 6. अँखुआ; अंकुर 7. दृष्टि।

उद्गम-स्थल (सं.) [सं-पु.] उत्पत्ति-स्थान; जन्म-स्थान; उद्भव-स्थली; वह स्थान जहाँ से कोई नदी निकलती हो।

उद्गमन (सं.) [सं-पु.] 1. आविर्भाव; मूलस्रोत; उद्भव; उत्पत्ति 2. ऊपर चढ़ने या जाने की क्रिया।

उद्गाढ़ (सं.) [वि.] 1. गहरा 2. तीव्र; प्रचंड 3. बहुत अधिक; अतिशय। [सं-पु.]अतिशय्य।

उद्गाता (सं.) [सं-पु.] गायन करने वाला; सामवेद का गान करने वाला ऋत्विज।

उद्गार (सं.) [सं-पु.] 1. भले विचार या भाव; भाव-विह्वलता में अभिव्यक्त बात; आंतरिक भावों की अभिव्यक्ति 2. आधिक्य; बाढ़ [सं-पु.] अतिशय ।

उद्गीर्ण (सं.) [वि.] 1. उगला हुआ; बाहर निकला हुआ 2. उद्गार के रूप में कहा हुआ 3. प्रतिबिंबित।

उद्ग्रंथ (सं.) [सं-पु.] 1. अध्याय 2. धारा। [वि.] खुला हुआ; मुक्त।

उद्ग्रहण (सं.) [सं-पु.] कर, ऋण आदि वसूल करने की क्रिया या भाव; ऋण वसूलना; ऋण उगाहना।

उद्ग्रहणीय (सं.) [वि.] जिसका उद्ग्रहण होने को हो; उद्ग्रहणयोग्य।

उद्ग्राह (सं.) [सं-पु.] 1. ऊपर उठाना या लाना 2. वसूली; उगाही 3. उत्तर आदि के संबंध में किया जाने वाला तर्क 4. डकार।

उद्ग्रीव (सं.) [वि.] 1. जो गला ऊपर की तरफ़ उठाए हो 2. जिसकी गरदन ऊपर उठी हो। [क्रि.वि.] गरदन ऊपर उठाए हुए।

उद्घट्टन (सं.) [सं-पु.] 1. खोलना 2. उन्मोचन 3. रगड़ 4. खंड; टुकड़ा।

उद्घाट (सं.) [सं-पु.] माल खोलकर दिखाने का स्थान; चुंगी चौकी।

उद्घाटक (सं.) [वि.] किसी कार्य विशेष को करने वाला। [सं-पु.] 1. कुएँ से पानी खींचने की चरखी 2. चाबी; कुंजी।

उद्घाटन (सं.) [सं-पु.] 1. किसी सम्मेलन, संस्था आदि के कार्य की किसी विशेष व्यक्ति द्वारा की जाने वाली औपचारिक शुरुआत 2. आवरण या परदा हटाना; खोलना; प्रकट करना।

उद्घाटनकर्ता (सं.) [वि.] उद्घाटन करने वाला; कार्यक्रम को औपचारिक रूप से प्रारंभ करने वाला।

उद्घाटित (सं.) [वि.] 1. अनावरित; आरंभ किया हुआ 2. उघाड़ा या खोला हुआ 3. ऊपर उठाया हुआ।

उद्घात (सं.) [सं-पु.] 1. आघात; धक्का 2. आरंभ 3. पुस्तक का अध्याय।

उद्घातक (सं.) [वि.] धक्का मारने वाला। [सं-पु.] नाटक में प्रस्तावना का वह प्रकार जिसमें सूत्रधार और नटी की कोई बात सुनकर कोई पात्र उसका कुछ दूसरा ही अर्थ समझकर नेपथ्य से उसका उत्तर देता है अथवा रंगमंच पर आकर अभिनय आरंभ करता है।

उद्घोष (सं.) [सं-पु.] 1. घोषणा 2. तेज़ आवाज़ में की गई पुकार 3. ऊँची आवाज़ में कुछ कहना 4. जनता में प्रसारित बात; मुनादी; डोंड़ी; डुग्गी।

उद्घोषक (सं.) [वि.] 1. किसी सूचना की घोषणा करने वाला 2. पुकारने वाला।

उद्घोषणा (सं.) [सं-स्त्री.] सार्वजनिक जानकारी के लिए दी जाने वाली सूचना; सरकारी तौर पर की जाने वाली घोषणा।

उद्घोषित (सं.) [वि.] 1. जिसके बारे में उद्घोषणा की गई हो 2. की गई घोषणा।

उद्दंड (सं.) [वि.] 1. जो अनुचित या मनमाना आचरण करता हो; स्वेच्छाचारी 2. जिसे दंड का भय न हो 3. अक्खड़ 4. दुस्साहसी 5. दुष्ट; उद्धत। [सं-पु.] दंडधर; द्वारपाल।

उद्दंडता (सं.) [सं-स्त्री.] 1. मनमानी करने का भाव; अक्खड़पन 2. दुस्साहस 3. किसी से न दबने वाला भाव 4. दुष्टता।

उद्दंडतापूर्वक (सं.) [क्रि.वि.] 1. अक्खड़ता या अड़ियलपन के साथ 2. स्वच्छंदता पूर्वक 3. दुष्टता से।

उद्दम (सं.) [सं-पु.] 1. पराभव; दमन 2. वश में करना; किसी को दबाना।

उद्दाम (सं.) [वि.] 1. प्रचंड; उग्र; असाधारण; असीम; विस्तृत 2. भयंकर 3. विशाल 4. निरंकुश; निर्बंध। [सं-पु.] 1. वरुण 2. (काव्यशास्त्र) दंडक वृत्त (छंद) का एक भेद जिसके प्रत्येक चरण में एक नगण और तेरह रगण होते हैं।

उद्दालक (सं.) [सं-पु.] 1. एक प्रसिद्ध ऋषि 2. एक प्रकार का व्रत जो ऐसे व्यक्ति को करना पड़ता है जिसे सोलह वर्ष की अवस्था हो जाने पर भी गायत्री की दीक्षा न मिली हो 3. वनकोदो।

उद्दिष्ट (सं.) [वि.] 1. बताया हुआ 2. चाहा या सोचा हुआ; अभिप्रेत 3. वादा किया हुआ 4. उद्देश्य के रूप में स्थिर किया हुआ 5. जिसकी ओर निर्देश या संकेत किया गया हो। [सं-पु.] 1. लाल चंदन 2. किसी सक्षम अधिकारी (वस्तु के स्वामी) की आज्ञा पाकर किसी वस्तु का किया जाने वाला उपभोग 3. (छंद शास्त्र) वह प्रक्रिया जिसमें मात्रा प्रस्तार के विचार से कोई पद्य किस छंद का कौन-सा प्रकार या भेद है यह जाना जाता है।

उद्दीप (सं.) [सं-पु.] 1. उद्दीपन; उत्तेजित करने की क्रिया या भाव 2. प्रज्वलित करने की क्रिया या भाव 3. गोंद की तरह का एक लसदार पदार्थ; गुग्गुल। [वि.] उद्दीपक।

उद्दीपक (सं.) [वि.] 1. मनोभावों को उत्तेजित करने वाला या भड़काने वाला 2. उत्प्रेरित करने वाला 3. प्रज्वलित करने वाला।

उद्दीपन (सं.) [सं-पु.] 1. उत्तेजित या जाग्रत करने की क्रिया या भाव; उकसाने या भड़काने की क्रिया या भाव 2. (भरतमुनि के अनुसार) रस की निष्पत्ति करने में सहायक वस्तु; विभाव का एक भेद 3. जलाना।

उद्दीप्त (सं.) [वि.] 1. भड़काया अथवा जगाया हुआ 2. उत्तेजित; प्रज्वलित 3. चमकता हुआ; चमकीला 4. जाग्रत किया हुआ।

उद्दीप्ति (सं.) [सं-स्त्री.] 1. उद्दीप्त होने का भाव या अवस्था 2. चमक; तेज।

उद्देशिका (सं.) [सं-स्त्री.] उद्देश्य बताने वाली भूमिका।

उद्देश्य (सं.) [सं-पु.] 1. प्रयोजन 2. लक्ष्य 3. अभिप्राय 4. वह मानसिक भाव या विचार जिससे प्रेरित होकर कुछ कहा जाए या किया जाए; जिसके विषय में कुछ कहा जाए 5. किसी वाक्य का कर्तृ पद जो उसके विधेय से भिन्न होता है। [वि.] इष्ट; लक्ष्य; अभिप्रेत।

उद्देश्यपूर्ण (सं.) [वि.] उद्देश्य से भरा; अभिप्राययुक्त।

उद्देश्यपूर्ति (सं.) [सं-स्त्री.] उद्देश्य की पूर्ति; लक्ष्य की प्राप्ति; किसी मकसद का हासिल हो जाना।

उद्देश्यहीन (सं.) [वि.] निरुद्देश्य; बिना किसी लक्ष्य का; निष्प्रयोजन; बिना मकसद।

उद्देश्यीय (सं.) [वि.] उद्देश्य संबंधी; उद्देश्य के लिए।

उद्देष्टा (सं.) [वि.] 1. इंगित करने वाला 2. लक्ष्य दृष्टि में रखकर काम करने वाला।

उद्धत (सं.) [वि.] उग्र; प्रचंड; अक्खड़; दुष्ट; उजड्ड; अविनीत। [सं-पु.] 1. नायक का एक भेद 2. एक प्रकार का छंद जिसमें चालीस मात्राएँ होती हैं।

उद्धतांश (सं.) [सं-पु.] 1. उद्धरण 2. किसी ग्रंथ, लेख, उदाहरण, प्रमाण, साक्षी आदि के रूप में लिया हुआ अंश।

उद्धरण (सं.) [सं-पु.] 1. किसी पुस्तक, नाटक, भाषण व आलेख आदि का वह वाक्यांश या पद्यांश जो प्रमाण के रूप में प्रस्तुत किया जाता है; (कोटेशन) 2. याद पाठ की पुनरावृत्ति; दोहराव 3. उद्धार करना; निकालना; ऊपर उठाना 4. कष्ट या संकट आदि से किसी को मुक्ति दिलाना; छुटकारा।

उद्धरणी (सं.) [सं-स्त्री.] 1. पढ़े हुए पाठ को बार-बार दुहराने की क्रिया 2. घटना का विवरण आदि फिर से कह सुनाना।

उद्धरणीय (सं.) [वि.] उदाहरण के रूप में प्रस्तुत किए जाने योग्य; उदाहरण देने योग्य।

उद्धर्ष (सं.) [सं-पु.] आनंद; प्रसन्नता।

उद्धव (सं.) [सं-पु.] 1. उत्सव; पर्व 2. यज्ञ की अग्नि 3. (पुराण) कृष्ण के मित्र तथा रिश्ते में मामा।

उद्धस्त (सं.) [वि.] हाथ ऊपर उठाए हुए।

उद्धार (सं.) [सं-पु.] 1. छुटकारा; मुक्ति 2. दुर्बल या हीन स्थिति से उबरना 3. विपत्ति या संकट से किसी को निकालना; मुक्ति 4. दुखनिवृत्ति; त्राण 5. अभ्युदय; उन्नति।

उद्धारक (सं.) [वि.] मुक्ति या छुटकारा दिलवाने वाला; उद्धार करने वाला।

उद्धारण (सं.) [सं-पु.] 1. उद्धार करने की क्रिया या भाव 2. उबारना; बचाना 3. ऊपर उठाना 4. वाक्य, शब्द आदि को कहीं से निकाल देना या अलग कर देना 5. भाग लेना।

उद्धित (सं.) [वि.] 1. ऊपर उठाया हुआ; उत्तोलित 2. अच्छी तरह रखा हुआ; स्थापित।

उद्धृत (सं.) [वि.] 1. (किसी निबंध, नाटक, उपन्यास आदि का वह अंश-विशेष) जो किसी मत की पुष्टि में प्रमाण या उदाहरण के रूप में प्रस्तुत किया गया हो 2. अपने कथन के समर्थन में लिया गया; (कोटेड) 3. जड़ से उखाड़ा हुआ।

उद्ध्वंस (सं.) [सं-पु.] 1. विनाश; ध्वंस; नाश 2. महामारी।

उद्ध्वस्त (सं.) [वि.] 1. नष्ट किया हुआ 2. गिरा हुआ।

उद्बुद्ध (सं.) [वि.] 1. जाग्रत बुद्धि वाला; विकसित 2. प्रबुद्ध; चैतन्य 3. उद्दीप्त 4. जगा या जगाया हुआ 5. याद आया या दिलाया हुआ।

उद्बोध (सं.) [सं-पु.] 1. जागना; जागरण 2. स्मरण 3. ज्ञान।

उद्बोधक (सं.) [वि.] 1. जगाने वाला 2. ज्ञान कराने वाला 3. कर्तव्य आदि का स्मरण कराने वाला; अनुस्मरण 4. उत्तेजित करने वाला। [सं-पु.] सूर्य।

उद्बोधन (सं.) [सं-पु.] 1. किसी बात का ज्ञान कराने की क्रिया या भाव 2. उत्तेजित करना 3. जागने या जगाने का भाव 4. विचार प्रकट करने की क्रिया या भाव।

उद्भट (सं.) [वि.] 1. बहुत बड़ा; श्रेष्ठ 2. प्रबल; प्रचंड 3. असाधारण 4. सर्वोत्तम। [सं-पु.] 1. सूप 2. कछुआ।

उद्भव (सं.) [सं-पु.] 1. उत्पत्ति; जन्म 2. मूल; उद्गम 3. उत्पत्ति स्थान 4. वृद्धि। [वि.] जो किसी से उत्पन्न हुआ हो।

उद्भावक (सं.) [वि.] 1. उत्पत्ति करने वाला; जन्मदाता 2. उद्भव करने वाला 3. उद्भावना करने वाला; कल्पना करने वाला

उद्भावना (सं.) [सं-स्त्री.] 1. मन में उत्पन्न कोई अनोखी बात (सूझ) या कल्पना 2. अस्तित्व में आना; उत्पन्न होना; उद्भव 3. उत्पत्ति।

उद्भावित (सं.) [वि.] 1. जिसकी उद्भावना हुई हो या की गई हो 2. जिसकी उत्पत्ति हुई हो।

उद्भाषित (सं.) [वि.] उद्भासित।

उद्भासित (सं.) [वि.] 1. अलंकृत 2. व्यक्त 3. प्रकाशित; चमकता हुआ 4. जो सुंदर रूप में प्रकट हुआ हो; सुशोभित।

उद्भिज्ज (सं.) [सं-पु.] 1. धरती फोड़कर बाहर निकलने वाले पेड़, पौधे या लताएँ आदि 2. अंकुर 3. उत्स; झरना। [वि.] जो भूमि फोड़कर निकला हो; भूमि से उत्पन्न होने वाला।

उद्भिद (सं.) [सं-पु.] दे. उद्भिज्ज।

उद्भिन्न (सं.) [वि.] 1. विभक्त किया हुआ 2. जो तोड़ा गया हो; खंडित 3. उत्पन्न 4. व्यक्त 5. जिसके प्रति विश्वासघात किया गया हो।

उद्भूत (सं.) [वि.] 1. जिसका जन्म हुआ हो; उत्पन्न 2. व्यक्त; बाहर आया हुआ; प्रकट 3. सृष्ट; गोचर।

उद्भूति (सं.) [सं-स्त्री.] 1. उत्पत्ति; जन्म; आविर्भाव 2. उन्नति; प्रगति 3. उद्भूत होने की अवस्था, क्रिया या भाव।.

उद्भेद (सं.) [सं-पु.] 1. बीज का अंकुरित होना; रती फोड़कर निकलना 2. प्रकट होना 3. उत्स 4. विश्वघात 5. एक अलंकार विशेष।

उद्भेदन (सं.) [सं-पु.] 1. तोड़ने या फोड़ने की क्रिया 2. फोड़कर या छेदकर किसी वस्तु का आर पार निकलने की क्रिया या भाव; उगना 3. निकलना 4. प्रकट होना। दे. उद्भेद।

उद्भ्रम (सं.) [सं-पु.] 1. ऊपर की ओर उठना 2. भ्रमण; पर्यटन 3. चक्कर काटना 4. ऐसा भ्रम जिसमें बुद्धि काम न करे; विभ्रम 5. मन का उद्वेग या विकलता 6. पश्चात्ताप।

उद्भ्रमण (सं.) [सं-पु.] 1. चक्कर लगाना या काटना 2. घूमना-फिरना; भ्रमण 3. उदय होना।

उद्भ्रांत (सं.) [वि.] 1. घूमता हुआ या चक्कर खाता हुआ 2. चकित; भौचक्का 3. भ्रम में पड़ा हुआ 4. पागल; उन्मत्त 5. विह्वल; विकल 6. भ्रांतियुक्त; भूला हुआ; भ्रांत। [सं-पु.] जो हाथ ऊँचा करके तलवार घुमाता हो।

उद्यत (सं.) [वि.] 1. तैयार; तत्पर 2. मुस्तैद; प्रस्तुत; आमादा 3. उठाया या ताना हुआ 4. तना या खिंचा हुआ 5. परिश्रमी 6. अनुशासित 7. शिक्षित।

उद्यम (सं.) [सं-पु.] 1. उद्योग; पेशा; धंधा 2. परिश्रम 3. तैयारी 4. कोई व्यापार या शारीरिक कार्य जो जीविकोपार्जन हेतु अथवा किसी उद्देश्य की सिद्धि हेतु किया जाता है 5. पुरुषार्थ।

उद्यमी (सं.) [वि.] परिश्रमी; मेहनती; उद्यम करने वाला; पुरुषार्थी।

उद्यान (सं.) [सं-पु.] बाग; उपवन; फुलवारी; वाटिका; बगीचा।

उद्यापन (सं.) [सं-पु.] 1. भली-भाँति कोई काम पूरा होना 2. विधिपूर्वक कार्य संपन्न करना 3. व्रत आदि की समाप्ति पर किया जाने वाला धार्मिक कृत्य, जैसे- हवन, भोजन।

उद्युक्त (सं.) [वि.] 1. उद्योग में लगा हुआ 2. किसी काम में लगा हुआ 3. तत्पर; तैयार।

उद्योग (सं.) [सं-पु.] 1. अध्यवसाय; व्यापार 2. किसी काम में अच्छी तरह लगना; उद्यम; प्रयत्न; प्रयास; श्रम 3. कारख़ाना; (इंडस्ट्री)।

उद्योगधंधा [सं-पु.] व्यापार या लाभ के लिए माल या सामान तैयार करने का काम; व्यापारिक संस्थान; कारखाने; (इंडस्ट्री)।

उद्योगपति (सं.) [सं-पु.] 1. उद्योग का स्वामी 2. बड़े कारखाने का मालिक; (इंडस्ट्रियलिस्ट)।

उद्योगशाला (सं.) [सं-पु.] 1. कच्चे माल से पक्का माल तैयार करने का स्थान; कारख़ाना; (फ़ैक्टरी) 2. उद्योग का स्थान; उद्योगालय।

उद्योगी (सं.) [वि.] 1. उद्योग करने वाला 2. मेहनती; प्रयत्नशील; परिश्रमी 3. अध्यवसायी।

उद्योत (सं.) [सं-पु.] 1. प्रकाश; उजाला 2. आभा; चमक; दीप्ति।

उद्योतन (सं.) [सं-पु.] 1. प्रकाशित करना या होना 2. चमकने या चमकाने का कार्य; प्रकाशन 3. सामने लाना; प्रकट करना 4. भाषाविज्ञान में वह नया शब्द जो अर्थ की द्योतकता को बढ़ाता है।

उद्रिक्त (सं.) [वि.] 1. उद्रेक से युक्त किया हुआ 2. बढ़ा हुआ 3. अतिशय; प्रचुर; अत्यधिक; बहुत ज़्यादा 4. प्रमुख; विशिष्ट 5. स्पष्ट 6. प्रत्यक्ष।

उद्रुज (सं.) [वि.] 1. तोड़ने वाला 2. नष्ट करने वाला 3. जड़ खोदने वाला।

उद्रेक (सं.) [सं-पु.] 1. अधिकता; प्रचुरता 2. बढ़ती; वृद्धि 3. आरंभ; उपक्रम 4. प्रमुखता 5. (काव्यशास्त्र) एक प्रकार का अलंकार जिसमें किसी वस्तु के गुण या दोष के आगे कई गुणों या दोषों के मंद पड़ने का वर्णन होता है।

उद्वपन (सं.) [सं-पु.] 1. दान 2. बाहर निकालना या फेंकना 3. उड़ेलना 4. हिलाकर गिराना।

उद्वर्त (सं.) [वि.] 1. काम में लेने के बाद जो शेष बचा रहे 2. अतिरिक्त; फालतू 3. अंश 4. जितना आवश्यक हो उससे अधिक 5. आय-व्यय का ऐसा ब्योरा जिसमें व्यय की अपेक्षा

आय अधिक दिखाई गई हो। [सं-पु.] 1. उबटन 2. उबटन की मालिश।

उद्वर्तन (सं.) [सं-पु.] 1. ऊपर उठाना 2. उत्थान 3. अभ्युदय 4. उबटन; लेप आदि लगाना 5. वृद्धि; वर्धन।

उद्वर्धन (सं.) [सं-पु.] 1. विस्तार; फैलना 2. बढ़ना; वृद्धि; वर्धन 3. दबायी हुई हँसी।

उद्वस (सं.) [वि.] 1. लुप्त 2. रिक्त 3. अवसित 4. मधु निकाला हुआ (छत्ता)। [सं-पु.] निर्जन स्थान।

उद्वहन (सं.) [सं-पु.] ऊपर की ओर उठाना; खींचना या ले जाना; सँभालना।

उद्वांत (सं.) [सं-पु.] उल्टी; कै; वमन। [वि.] वमन किया हुआ; उगला हुआ।

उद्वासन (सं.) [सं-पु.] 1. किसी स्थान पर बसे हुए व्यक्ति को कष्ट पहुँचाकर उससे उसका निवासस्थान छुड़ाना; खदेड़ना या भगाना; (डिस्प्लेसमेंट) 2. उजाड़ना 3. मारना; वध करना 4. यज्ञ के पहले आसन बिछाना।

उद्वासित (सं.) [वि.] 1. जिसे अपने निवास स्थान से मारपीट कर भगा दिया गया हो 2. जिसका निवास स्थान नष्ट कर दिया गया हो; (डिस्प्लेस्ड)।

उद्वाहन (सं.) [सं-पु.] 1. दूर करना 2. ऊपर की ओर उठाने या ले जाने का कार्य 3. जोते हुए खेत को फिर से जोतना 4. सँभालना।

उद्विग्न (सं.) [वि.] घबराया हुआ; परेशान; बेसब्र; अधीर; खिन्न; विचलित; आकुल; व्याकुल; चिंतित।

उद्विग्नता (सं.) [सं-स्त्री.] आकुलता; घबराहट; बेचैनी खिन्नता; व्याकुलता।

उद्वीक्षण (सं.) [सं-पु.] 1. ऊपर की ओर देखना 2. नज़र 3. आँख।

उद्वेग (सं.) [सं-पु.] 1. तेज़ गति; तीव्र वेग 2. चित्त की आकुलता; आवेश; जोश 3. विरह से उत्पन्न दुख; विकलता; चिंता 4. भय; परेशानी 5. (काव्यशास्त्र) संचारी भावों का एक प्रकार।

उद्वेगशील (सं.) [वि.] 1. बहुत जल्दी उद्विग्न या उत्तेजित होने वाला; (नर्वस) 2. किसी चिंताजनक घटना के कारण भय या घबराहट पैदा होने पर उससे बचने का उपाय करने वाला।

उद्वेगात्मक (सं.) [वि.] दुखी; चिंताजनक।

उद्वेलन (सं.) [सं-पु.] 1. छलक कर बाहर निकलना; उफनना; नदी आदि का धारा द्वारा किनारा तोड़कर बहना; बिखरना 2. सीमा का अतिक्रमण या उल्लंघन करना।

उद्वेलित (सं.) [वि.] 1. उफनता हुआ; ऊपर से छलककर बहता हुआ 2. आवेशित; उद्विग्न; अशांत 3. आलोड़ित होना 4. खाली भाग में किसी वस्तु के विधिवत भर जाने से वस्तु का इधर-उधर बिखरना।

उद्वेष्टन (सं.) [सं-पु.] 1. घेरने की क्रिया या भाव 2. घेरा; बाड़ा 3. नितंब या पृष्ठ भाग में होने वाली पीड़ा। [वि.] बंधनमुक्त।

उधर [क्रि.वि.] 1. उस ओर; उस तरफ़ 2. उस पक्ष में 3. 'इधर' का विलोम।

उधराना (सं.) [क्रि-अ.] 1. तितर-बितर होना; बिखरना 2. उद्दंड होकर उपद्रव या ऊधम मचाना 3. नष्ट-भ्रष्ट हो जाना। [क्रि-स.] किसी को उधरने में प्रवृत्त करना।

उधार (सं.) [सं-पु.] 1. कर्ज़ या ऋण; कोई वस्तु इस प्रकार ख़रीदना या बेचना कि उसका मूल्य कुछ समय बाद दिया या लिया जाए 2. वह अवस्था जिसमें धन या कोई वस्तु जो चुका देने के वायदे पर माँगकर लिया या दिया गया हो। [मु.] - **खाए बैठना** : किसी काम या बात के लिए ताक लगाए रहना।

उधारी (सं.) [सं-स्त्री.] उधार लेने या देने की क्रिया या भाव। [वि.] उधार माँगने वाला।

उधेड़ना (सं.) [क्रि-स.] 1. लगी हुई परतों को अलग-अलग करना; बिखेरना; उखाड़ना 2. सिलाई के टाँके खोलना; तोड़ना।

उधेड़बुन [सं-पु.] 1. कोई निर्णय लेने के पूर्व किया जाने वाला अनिर्णीत विचार-मंथन; बार-बार किया जाने वाला सोच-विचार; ऊहापोह; दुविधा की स्थिति; उलझन; असमंजस की स्थिति; चिंता।

उनंगा [वि.] नीचे की ओर झुका हुआ; नत।

उनइयाँ [सं-पु.] नीचे झुके हुए बरसने वाले बादल।

उनचन [सं-स्त्री.] चारपाई के पैताने की ओर बुनावट को कसने के लिए लगाई जाने वाली रस्सी।

उनचना [क्रि-स.] खाट या चारपाई की बुनावट ढीली हो जाने पर उनचन को इस प्रकार खींचना कि उसकी बनावट कस पाए।

उनचास (सं.) [वि.] संख्या '49' का सूचक; पचास से एक कम। [सं-पु.] चालीस और नौ की संख्या या अंक।

उनतालीस (सं.) [वि.] संख्या '39' का सूचक; चालीस से एक कम। [सं-पु.] तीस और नौ की संख्या या अंक।

उनतीस (सं.) [वि.] संख्या '29' का सूचक तीस से एक कम। [सं-पु.] बीस और नौ की संख्या या अंक।

उनमुना [वि.] मौन; शांत; चुप; ख़ामोश।

उनमेद (सं.) [सं-पु.] बरसात के आरंभ में तालाब आदि में उठने वाला एक प्रकार का विषाक्त फेन जिसे खा लेने से मछलियाँ मर जाती हैं; माँजा।

उनवना (सं.) [क्रि-अ.] 1. झुकना; लटकना 2. घिर जाना; छा जाना (बादल आदि) 3. टूटना; ऊपर पड़ना; गिरना 4. अचानक प्रकट होना।

उनसठ (सं.) [वि.] संख्या '59' का सूचक; साठ से एक कम। [सं-पु.] पचास और नौ की संख्या या अंक।

उनहत्तर (सं.) [वि.] संख्या '69' का सूचक; सत्तर से एक कम। [सं-पु.] साठ और नौ की संख्या या अंक।

उनासी (सं.) [वि.] संख्या '79' का सूचक।

उनींदा (सं.) [वि.] जो कुछ-कुछ नींद में हो; नींद से भरा हुआ; ऊँघता हुआ।

उनींदी रोशनी [सं-स्त्री.] फीकी रोशनी।

उनैकर [क्रि.वि.] लरजकर या नीचे लटककर।

उन्नत (सं.) [वि.] 1. उच्च; उठा हुआ 2. विद्या, कला आदि में आगे बढ़ा हुआ 3. श्रेष्ठ; सभ्य। [सं-पु.] उठान; ऊँचाई।

उन्नतांश (सं.) [सं-पु.] 1. किसी आधार स्तर या रेखा से ऊपर

की ओर का विस्तार; ऊँचाई 2. (ज्योतिष) चंद्रमा की एक दशा।

उन्नति (सं.) [सं-स्त्री.] 1. उन्नत होने की अवस्था; प्रगति; उत्थान; विकास 2. (पुराण) गरुड़ की पत्नी।

उन्नतिशील (सं.) [वि.] 1. उन्नति के लिए प्रयत्न करने वाला 2. जिसमें उन्नति करने की योग्यता हो 3. जो लगातार उन्नति कर रहा हो।

उन्नतोदर (सं.) [सं-पु.] 1. चाप; वृत्तखंड आदि का ऊपर उठा हुआ कोई अंश 2. वह वस्तु जिसका वृत्तखंड उभरा हुआ हो।

उन्नमित (सं.) [वि.] 1. उन्नत किया हुआ 2. बढ़ाया हुआ।

उन्नयन (सं.) [सं-पु.] 1. ऊपर की ओर ले जाना या उठाना 2. उन्नति की ओर ले जाना 3. उन्नति; (प्रमोशन)। [वि.] ऊपर की ओर उठे नेत्रों या आखों वाला।

उन्ना [सं-पु.] भेड़ का बहुत छोटा बच्चा।

उन्नाद (सं.) [सं-पु.] 1. शोरगुल; हो-हल्ला; कलरव; गुंजन 2. चिल्लाहट।

उन्नाब (अ.) [सं-पु.] आयुर्वेदिक औषधि में उपयोगी बेर की जाति का एक सूखा फल।

उन्नाबी [सं-स्त्री.] एक किस्म का रंग; सूखे बेर के रंग का 2. उन्नाब संबंधी।

उन्नायक (सं.) [वि.] ऊँचा करने वाला; उन्नति की ओर ले जाने वाला।

उन्नायन (सं.) [सं-पु.] 1. उठाना; उन्नत करना 2. सुधार। [वि.] जिसकी आँखें ऊपर उठी हों।

उन्नासी (सं.) [वि.] दे. उनासी।

उन्निद्र (सं.) [वि.] 1. निद्रारहित 2. जिसे नींद न आई हो 3. खिला हुआ; विकसित। [सं-पु.] 1. एक रोग जिसमें रोगी को नींद बहुत कम या बिलकुल नहीं आती है; (इंसॉमनिया)।

उन्नी [सं-स्त्री.] भेड़ का बहुत छोटा मादा बच्चा; उनियाँ।

उन्नीत (सं.) [वि.] 1. ऊपर चढ़ाया, पहुँचाया या उठाया हुआ 2. ऊपर की कक्षा में पहुँचाया हुआ 3. किसी बड़े पद पर पहुँचाया हुआ; (प्रमोटेड)।

उन्नीस (सं.) [वि.] संख्या '19' का सूचक; बीस से एक कम। [सं-पु.] दस और नौ की संख्या या अंक।

उन्मत्त (सं.) [वि.] 1. जिसकी बुद्धि में विकार पैदा हो गया हो 2. पागल; मतवाला; मदांध; सनकी; बावला। [सं-पु.] 1. धतूरा 2. मुचकुंद का पेड़। दे. - उन्मद।

उन्मत्तक (सं.) [वि.] वह जो नशे में चूर हो; मतवाला; पागल।

उन्मथन (सं.) [सं-पु.] 1. मथना; बिलोना; हिलाना 2. फेंकना 3. क्षुब्ध करना 4. मारण।

उन्मथित (सं.) [वि.] 1. जिसे मथा या बिलोया गया हो; हिलाया हुआ 2. मिलाया हुआ; मिश्रित 3. क्षुब्ध किया हुआ 4. मर्दित।

उन्मद (सं.) [वि.] 1. जिसकी बुद्धि या मति में कोई विकार हो गया हो; पागल; बावला 2. जो आपे में न हो; बेसुध 3. मादक पदार्थ के सेवन से जिसका मानसिक संतुलन बिगड़ गया हो 4. जो किसी प्रकार के आवेश से उक्त स्थिति में पहुँच गया हो। दे. उन्मत्त।

उन्मदिष्णु (सं.) [वि.] 1. जिसका मद बह या निकल रहा हो; (हाथी) 2. मतवाला; उन्मत्त।

उन्मन (सं.) [सं-पु.] (हठयोग) मन की वह अवस्था जो उसकी उन्मनी मुद्रा के साधन के समय प्राप्त होती है। [वि.] अनमना; अन्यमनस्क; उद्विग्न।

उन्मनस्क (सं.) [वि.] 1. व्यग्र; उत्कंठित 2. शोकांवित। दे? उन्मन।

उन्मनी (सं.) [सं-स्त्री.] (हठयोग) एक मुद्रा जिसमें भौहों को ऊपर चढ़ाकर नाक की नोक पर दृष्टि जमाई जाती है; हठयोग की पाँच मुद्राओं में से एक।

उन्मर्दन (सं.) [सं-पु.] 1. मलना; रगड़ना 2. वह तरल पदार्थ जो शरीर पर मला जाए 3. मलने का सुगंधित द्रव्य 4. वायु शुद्ध करने की क्रिया या भाव।

उन्माद (सं.) [सं-पु.] 1. अत्यधिक प्रेम (अनुराग) 2. पागलपन; सनक 3. एक संचारी भाव।

उन्मादक (सं.) [वि.] 1. उन्माद उत्पन्न करने वाला 2. पागल करने वाला 3. चित्त भ्रमित करने वाला 4. नशा करने वाला।

उन्मादन (सं.) [सं-पु.] 1. उन्माद उत्पन्न करना; उन्मत्त करना 2. (पुराण) कामदेव के पाँच बाणों में से एक।

उन्मादी (सं.) [वि.] जिसपर जुनून चढ़ा हो; सनकी; पागल; उन्मादग्रस्त।

उन्मान (सं.) [सं-पु.] 1. नापने या तौलने की क्रिया; नाप-तौल; माप 2. मूल्य।

उन्मार्ग (सं.) [सं-पु.] 1. कुमार्ग; उलटा या गलत रास्ता 2. कुचाल; ख़राब चाल-चलन।

उन्मार्गी (सं.) [वि.] कुमार्गी; पथभ्रष्ट।

उन्मार्जन (सं.) [सं-पु.] 1. रगड़कर साफ़ करना 2. मलना या मिटाना।

उन्मार्जित (सं.) [वि.] मलकर साफ़ किया हुआ; चमकाया हुआ।

उन्मित (सं.) [वि.] जिसकी नाप हो गई हो; नपा हुआ; तौला हुआ।

उन्मिष (सं.) [वि.] 1. खिला हुआ 2. खुला हुआ।

उन्मीलन (सं.) [सं-पु.] 1. आँख आदि का खुलना 2. फूल आदि का खिलना; विकसित होना।

उन्मीलित (सं.) [वि.] 1. खुला हुआ 2. विकसित; खिला हुआ 3. व्यक्त; जो प्रकट किया गया हो। [सं-पु.] (काव्यशास्त्र) अर्थालंकार का एक भेद जहाँ दो वस्तुओं मे बहुत सादृश्य होने के कारण, भेद करना कठिन होने पर भी किसी एक बात से भेद करना संभव हो सके।

उन्मुक्त (सं.) [वि.] जो बँधा न हो; मुक्त; स्वतंत्र; खुला।

उन्मुक्तता (सं.) [सं-स्त्री.] खुलापन; स्वतंत्रता; आज़ादी।

उन्मुक्ति (सं.) [सं-स्त्री.] छुटकारा; बंधनहीनता।

उन्मुख (सं.) [वि.] 1. ऊपर की ओर मुख या दृष्टिवाला 2. उत्सुक; उत्कंठित; उद्यत 3. किसी विशेष दिशा या स्थिति की ओर जाता हुआ, जैसे- विकासोन्मुख, पतनोन्मुख आदि।

उन्मुखर (सं.) [वि.] 1. बहुत बोलने वाला 2. अधिक शोरगुल

करने वाला।

उन्मुग्ध (सं.) [वि.] 1. जो किसी पर मुग्ध या मोहित हो; अत्यंत आसक्त 2. मूर्ख; जड़।

उन्मुद्र (सं.) [वि.] 1. जिसमें मुहर न लगी हो; बिना मुहर का 2. खुला या खिला हुआ।

उन्मूल (सं.) [वि.] जड़ से उखाड़ा हुआ; उन्मूलित।

उन्मूलक (सं.) [वि.] उन्मूलन करने वाला; जड़ से उखाड़ने वाला।

उन्मूलन (सं.) [सं-पु.] 1. जड़ से उखाड़ना; समूल नष्ट करना; मटियामेट करना; ध्वस्त करना 2. अंत; समाप्ति।

उन्मूलित (सं.) [वि.] 1. जिसका उन्मूलन हुआ हो; पूरी तरह से नष्ट या बरबाद; उखाड़ा या मिटाया हुआ 2. जिसके अस्तित्व को समाप्त कर दिया गया हो; (एबॉलिश्ड)।

उन्मेष (सं.) [सं-पु.] 1. (फूल का) खिलना; (आँख का) खुलना 2. मंद या हलका प्रकाश।

उन्मोचन (सं.) [सं-पु.] 1. मुक्त करना; ढीला करना; खोलना 2. कष्ट, संकट आदि से मुक्त करना या छुड़ाना।

उन्वान (अ.) [सं-पु.] शीर्षक।

उन्हारी [सं-पु.] गर्मी-बरसात वाली जुताई; भदई या कुआरी।

उप (सं.) [पूर्वप्रत्य.] 1. एक प्रत्यय जो संज्ञा और क्रिया के पहले लगकर उनमें अर्थों की विशेषता या परिवर्तन उत्पन्न करता है, जैसे- उपकार, उपवास आदि 2. पद, रूप आदि के समान होने पर भी उससे कुछ छोटा या निम्न कोटि का, जैसे- उपकुलपति, उपधातु आदि 3. निकट; पास।

उप-स्वत्व (सं.) [सं-पु.] 1. भूमि आदि पूँजी से होने वाली आय; लगान 2. ब्याज 3. ज़मीन-जायदाद से हुई आमदनी लेने का अधिकार या स्वत्व।

उपइया [सं-पु.] उपाय।

उपकंठ (सं.) [सं-पु.] 1. गाँव की सीमा का स्थान 2. सामीप्य। [वि.] जो समीप या नज़दीक हो; निकट।

उपकथा (सं.) [सं-स्त्री.] 1. मुख्य कथा के बीच में आने वाली गौणकथा; प्रासंगिक कथा 2. लघु आख्यायिका; छोटी कहानी।

उपकर (सं.) [सं-पु.] 1. विशेष परिस्थिति में वस्तुओं के ऊपर लगाया जाने वाला छोटा कर।

उपकरण (सं.) [सं-पु.] 1. साधन; औज़ार 2. प्रयोगशाला में काम आने वाले यंत्र।

उपकरणिका (सं.) [सं-स्त्री.] सूक्ष्म कलापूर्ण या वैज्ञानिक कार्यों में प्रयोग होने वाला उपकरण।

उपकर्ता (सं.) [सं-पु.] वह जो दूसरों का उपकार या भलाई करता है; उपकार के काम करने वाला व्यक्ति।

उपकर्षण (सं.) [सं-पु.] 1. अपनी ओर खींचना 2. अपने पास खींचकर लाना।

उपकला (सं.) [सं-स्त्री.] 1. एक प्रकार की बहुत चिकनी और महीन झिल्ली, जो शरीर के सभी भीतरी अंगों पर ऊपर से लिपटी रहती है; (एपिथीलियम) 2. जरायु।

उपकल्प (सं.) [सं-पु.] 1. धन-संपत्ति 2. सामान; सामग्री 3. आवश्यक वस्तुएँ।

उपकल्पन (सं.) [सं-पु.] किसी कार्य की तैयारी करना या योजना बनाना; पूर्व तैयारी; (प्रिपरेशन)।

उपकल्पना (सं.) [सं-स्त्री.] 1. परिकल्पना 2. तैयार करना 3. निश्चय।

उपकल्पित (सं.) [वि.] 1. परिकल्पित 2. तैयार किया हुआ 3. निश्चित।

उपकार (सं.) [सं-पु.] 1. मदद; सहायता 2. भलाई 3. बंदनवार; तोरण 4. लाभ।

उपकारक (सं.) [वि.] 1. जो उपकार या भलाई करे; सहायक (व्यक्ति) 2. जिससे उपकार या भलाई होती हो (वस्तु) 3. लाभदायक 4. अनुकूल।

उपकारिता (सं.) [सं-स्त्री.] 1. उपकारी होने की अवस्था या भाव 2. उपकार।

उपकारी (सं.) [वि.] उपकार या भलाई करने वाला; सहायक; अनुकूल। [सं-स्त्री.] राजमहल; शाही खेमा।

उपकार्य (सं.) [वि.] जिसका उपकार किया जा सकता हो या किया जाना हो; उपकार किए जाने योग्य; उपकार का अधिकारी या पात्र।

उपकिरण (सं.) [सं-पु.] 1. फैलाना; छितराना 2. गाड़ना 3. ढकना।

उपकीर्ण (सं.) [वि.] बिखेरा या छितराया हुआ 2. ढका हुआ।

उपकुल (सं.) [सं-पु.] किसी कुल के अंतर्गत उसका कोई छोटा विभाग; उपपरिवार।

उपकुलपति (सं.) [सं-पु.] पूर्व में वाइस-चांसलर के लिए उपकुलपति शब्द का प्रयोग होता था।

उपकुल्या (सं.) [सं-स्त्री.] 1. छोटी नहर 2. पिप्पली 3. खाई।

उपकूल (सं.) [सं-पु.] 1. तट; किनारा 2. नदी आदि के तट के समीप का स्थान; किनारे के समीप की भूमि। [अव्य.] किनारे के समीप; किनारे पर।

उपकृत (सं.) [वि.] जिसके साथ उपकार किया गया हो; कृतज्ञ; अहसानमंद।

उपकृति (सं.) [सं-स्त्री.] 1. भलाई; उपकार 2. सहायता; मदद।

उपकोषागार (सं.) [सं-पु.] किसी कोषागार के अंतर्गत उसकी शाखा के रूप में कार्य करने वाला कोई छोटा कोषागार; (सबट्रेज़री)।

उपक्रम (सं.) [सं-पु.] 1. पोषित प्रतिष्ठान; योजना 2. नियमित किए जाने वाले कार्य से संबंधित शुश्रूषा; चिकित्सा 3. धार्मिक; वेदारंभ पूर्व किया जाने वाला संस्कार; शास्त्र-विहित कर्म या अभीष्ट कार्य के लिए किसी देवता की आराधना या अनुष्ठान 4. लेख या भाषण की प्रस्तावना।

उपक्रमणिका (सं.) [सं-स्त्री.] अनुक्रमणिका; विषयसूची (पुस्तक)।

उपक्रांत (सं.) [वि.] 1. जो आरंभ किया जा चुका हो 2. तैयार 3. चिकित्सित 4. पूर्व कथित।

उपक्रोश (सं.) [सं-पु.] 1. बुराई; निंदा 2. अपवाद; तिरस्कार 3. गाली; दुर्वचन।

उपक्रोष्टा (सं.) [वि.] उपक्रोश करने वाला; निंदक।

उपक्षय (सं.) [सं-पु.] धीरे-धीरे होने वाला क्षय; ह्रास; हानि।

उपक्षेत्र (सं.) [सं-पु.] किसी बड़े क्षेत्र का छोटा भाग; छोटा क्षेत्र।

उपक्षेप (सं.) [सं-पु.] 1. किसी की ओर फेंकना; ले जाकर रखना या देना 2. किसी काम का ठेका पाने के लिए उसके व्यय के विवरण सहित दिया जाने वाला आवेदन-पत्र (टेंडर) 3. चर्चा; संकेत; आक्षेप (नाटक में) 4. अभिनय के आरंभ में कथावस्तु का संक्षेप में कथन।

उपखंड (सं.) [सं-पु.] 1. खंड का छोटा भाग या टुकड़ा 2. नियम, विधि आदि की किसी धारा या उपधारा के खंड का छोटा विभाग; (सबक्लॉज़)।

उपगत (सं.) [वि.] 1. किसी के पास पहुँचा हुआ 2. घटित; अनुभूत; ज्ञात; जाना हुआ 3. अंगीकृत; स्वीकृत 4. ख़र्च आदि के रूप में अपने ऊपर आया या लगा हुआ।

उपगति (सं.) [सं-स्त्री.] 1. किसी के पास आना या पहुँचना 2. स्वीकृति 3. प्राप्ति 4. जानना 5. अनुभूति; ज्ञान।

उपगम (सं.) [सं-पु.] 1. किसी के पास सहायता आदि के लिए पहुँचना 2. ज्ञान; जानना।

उपगिरि (सं.) [सं-पु.] बड़े पर्वत या पहाड़ के पास का भाग जहाँ से पहाड़ की चढ़ाई शुरू होती है; पहाड़ी।

उपगूढ़ (सं.) [वि.] 1. छिपाया हुआ 2. दबाया हुआ 3. आलिंगित।

उपगूहन (सं.) [सं-पु.] 1. गोपन; छिपाना 2. आलिंगन 3. विस्मयजनक; घटना का घटना।

उपग्रह (सं.) [सं-पु.] 1. किसी ग्रह की परिक्रमा करने वाला आकाशीय पिंड, जैसे- चंद्रमा; छोटा ग्रह; अप्रधान ग्रह 2. कृत्रिम यंत्र जो मौसम अथवा खगोलीय जानकारी प्राप्त करने के उद्देश्य से आकाश में छोड़ा जाता है; (सैटेलाइट) 3. पकड़ा जाना; गिरफ़्तारी 4. कैद; कारावास 5. बंदी; कैदी।

उपग्रहण (सं.) [सं-पु.] 1. पकड़ना; धरना 2. सँभालना 3. वेदों का अध्ययन।

उपघात (सं.) [सं-पु.] 1. धक्का; आघात 2. नाश 3. आक्रमण 4. हानि पहुँचाना।

उपघातक (सं.) [वि.] 1. आघात करने वाला 2. नाशक 3. पीड़क।

उपचय (सं.) [सं-पु.] 1. एकत्र या संचित करना 2. उन्नति; बढ़ती; सवृद्धि 3. राशि; ढेर 4. चयन; चुनना।

उपचयी (सं.) [वि.] 1. उपचय से संबंधित; उपचय का 2. उपचयवाला।

उपचरण (सं.) [सं-पु.] 1. किसी के पास जाना या पहुँचना 2. सेवा; पूजा 3. उपचार करना 4. आये हुए व्यक्ति का अच्छी तरह आदर-सत्कार करना।

उपचरित (सं.) [वि.] 1. जिसका उपचार किया गया हो 2. सेवित; पूजित।

उपचर्म (सं.) [सं-पु.] त्वचा का ऊपरी या बाहरी भाग।

उपचर्या (सं.) [सं-स्त्री.] रोगी की सेवा-सुश्रूषा; चिकित्सा; उपचार।

उपचार (सं.) [सं-पु.] 1. इलाज; निदान; चिकित्सा; उपचर्या 2. विधान पूजा या अनुष्ठान विधि 3. अभ्यास; व्यवहार 4. शिष्टाचार 5. चापलूसी 6. बहाना 7. दिखावटी व्यवहार।

उपचारक (सं.) [वि.] 1. उपचार करने वाला; सेवा करने वाला 2. चिकित्सा करने वाला 3. परिचर्या करने वाला; परिचारक।

उपचारगृह (सं.) [सं-पु.] अस्पताल; चिकित्सालय; उपचारालय; औषधालय।

उपचारात्मक (सं.) [वि.] इलाज़ या सुधारवाला।

उपचित (सं.) [वि.] 1. इकट्ठा किया हुआ; एकत्रित; संचित 2. अच्छी तरह खिला हुआ; विकसित 3. बढ़ा हुआ; समृद्ध।

उपचिति (सं.) [सं-स्त्री.] 1. इकट्ठा करना 2. राशि; ढेर 3. वृद्धि 4. संचय।

उपचुनाव (सं.) [सं-पु.] किसी विशेष कारणवश नियत अवधि पूर्व होने वाला चुनाव; (बाई इलेक्शन)।

उपचेतन (सं.) [सं-पु.] अवचेतन; (सब-कॉन्शस)।

उपच्छाया (सं.) [सं-स्त्री.] 1. मूल छाया से इतर पड़ने वाली छाया; आंशिक छाया 2. ग्रहण के समय चंद्रमा या पृथ्वी की छाया के निकट की आंशिक या हलकी छाया।

उपज [सं-स्त्री.] 1. पैदावार; उत्पत्ति 2. सूझ; कल्पना 3. संगीत में परंपरा के अतिरिक्त प्रयुक्त नई तानें जिनसे गीत में नवीनता उत्पन्न हो।

उपजना [क्रि-अ.] 1. उगना; उत्पन्न होना (अन्नादि) 2. मन में विचार का पैदा होना; सूझना।

उपजाऊ [वि.] उर्वर; अधिक अनाज पैदा करने वाली ज़मीन; (फ़र्टाइल)।

उपजाऊपन (सं.) [सं-पु.] अधिक उपज करने की शक्ति; उर्वरता; उपजाऊ होने का भाव; (प्रोडक्टिविटी)।

उपजाति (सं.) [सं-स्त्री.] 1. किसी जाति का कोई उपभेद 2. (काव्यशास्त्र) वर्णिक छंद का एक भेद।

उपजाना (सं.) [क्रि-स.] 1. उत्पन्न या पैदा करना; उगाना 2. कोई नई बात ढूँढ़ निकालना; सुझाना।

उपजीवक (सं.) [वि.] आश्रित; दूसरे पर निर्भर; उपजीवी।

उपजीवन (सं.) [सं-पु.] 1. रोज़ी; आजीविका 2. आजीविका का साधन।

उपजीविका (सं.) [सं-स्त्री.] 1. जीविका निर्वाह के मुख्य साधन के अतिरिक्त कोई गौण आर्थिक साधन 2. कहीं से मिलने वाली अतिरिक्त सहायता या वृत्ति।

उपजीवी (सं.) [वि.] दूसरे के सहारे जीवन बिताने वाला; जो दूसरे पर निर्भर रहे।

उपजीव्य (सं.) [वि.] जिसके सहारे जीवन चले; आश्रय।

उपज्ञा (सं.) [सं-स्त्री.] 1. ईजाद; खोज; आविष्कार; अन्वेषण 2. किसी नए पदार्थ, उपकरण और प्रक्रिया आदि को ढूँढ़ निकालने का कार्य 3. चिंतन द्वारा किसी नई बात का पता लगाना 4. वह ज्ञान जो परंपरा से प्राप्त न करके स्वयं प्राप्त किया गया हो।

उपज्ञात (सं.) [सं-पु.] प्राचीन भारत में किसी विशिष्ट आचार्य की उपज्ञा से आविर्भूत होने वाला कोई नया ग्रंथ, विषय या साहित्य जिसका पता लगाया गया हो; ईजाद किया हुआ;

आविष्कृत; आविर्भूत।

उपटन [सं-पु.] 1. शरीर पर उत्पन्न होने वाला आघात आदि का चिह्न या निशान। दे. उबटन।

उपटना (सं.) [क्रि-अ.] शरीर पर आघात, दाब या लिखने का चिह्न या निशान पड़ना; उखड़ना; उभरना।

उपताप (सं.) [सं-पु.] 1. आँच; ताप 2. पीड़ा; दुख; क्लेश 3. त्वरा; जल्दबाज़ी।

उपतापन (सं.) [सं-पु.] 1. अच्छी तरह गरम करना या तपाना 2. कष्ट, दुख या क्लेश पहुँचाने की क्रिया।

उपत्यका (सं.) [सं-स्त्री.] तराईघाटी; पर्वत के समीप की नीची भूमि।

उपदंश (सं.) [सं-पु.] 1. एक प्रकार का यौन रोग; आतशक; गरमी नामक रोग।

उपदर्शक (सं.) [सं-पु.] 1. मार्ग या राह दिखलाने वाला व्यक्ति 2. साक्षी 3 द्वारपाल।

उपदर्शन (सं.) [सं-पु.] 1. टीका या व्याख्या करना 2. अच्छी तरह बताना या समझाना।

उपदा (सं.) [सं-स्त्री.] 1. किसी बड़े अधिकारी को दी जाने वाली भेंट या उपहार 2. रिश्वत; घूस।

उपदान (सं.) [सं-पु.] 1. भेंट 2. किसी कर्मचारी को अवकाश ग्रहण करने के समय लंबी सेवा के बदले दी जाने वाली धनराशि 3. किसी संस्था या वाणिज्य संस्थान को कठिनाइयों से पार पाने के लिए दी जाने वाली आर्थिक सहायता; (सबसिडी)।

उपदित्सा (सं.) [सं-स्त्री.] वसीयतनामे के अंत में परिशिष्ट के रूप में लिखा हुआ विषय का स्पष्टीकरण।

उपदिशा (सं.) [वि.] दो दिशाओं के मध्य की दिशा; अंतर्दिशा; दिशाकोण; कोण।

उपदिष्ट (सं.) [वि.] 1. जिसे उपदेश दिया गया हो; जिसे सिखलाया गया हो 2. जो उपदेश के रूप में कहा या बताया गया हो; ज्ञापित (बात या विषय) 3. दीक्षा प्राप्त किया हुआ।

उपदेव (सं.) [सं-पु.] छोटा या गौण देवता, जैसे- यक्ष, गंधर्व, किन्नर आदि छोटे देव।

उपदेश (सं.) [सं-पु.] 1. सत्कर्म के लिए प्रेरित करने वाले वचन; नेक सलाह; सीख 2. विद्वानों द्वारा धर्म तथा नीति संबंधी बताई गई अच्छी-अच्छी बातें 3. आज्ञा; निर्देश 4. दीक्षा; गुरु मंत्र।

उपदेशक (सं.) [सं-पु.] 1. उपदेश देने वाला व्यक्ति; वह व्यक्ति जो जगह-जगह घूमकर उपदेश, व्याख्यान आदि देता है 2. शिक्षा देने वाला; शिक्षक।

उपदेशात्मक (सं.) [वि.] जिसमें कुछ उपदेश निहित हो; उपदेशगर्भित।

उपदेश्य (सं.) [वि.] 1. जो उपदेश के योग्य हो 2. जो उपदेश पाने या सुनने का अधिकारी हो।

उपद्रव (सं.) [सं-पु.] 1. उत्पात; ऊधम 2. सार्वजनिक विपदा (अकाल, बाढ़ आदि) 3. दंगा-फ़साद; झमेला।

उपद्रवी (सं.) [वि.] उत्पाती; उपद्रव करने वाला; ऊधम मचाने वाला।

उपद्रष्टा (सं.) [वि.] 1. जो दृश्य आदि देख रहा हो 2. निरीक्षण करने वाला 3. साक्षी; गवाह।

उपद्वीप (सं.) [सं-पु.] छोटा द्वीप या टापू; प्रायद्वीप।

उपधर्म (सं.) [सं-पु.] गौण धर्म; किसी धर्म के अंदर या अंतर्गत आने वाला कोई छोटा धर्म।

उपधा (सं.) [सं-स्त्री.] 1. किसी की निष्ठा, ईमानदारी आदि की परीक्षा 2. जालसाज़ी; छल; कपट 3. (व्याकरण) शब्द का अंतिम से पहला अक्षर (उपांताक्षर)।

उपधातु (सं.) [सं-स्त्री.] 1. ऐसी धातु जो या तो लोहे, ताँबे आदि के योग से बनती है या ख़ानों से निकलती है; अर्ध धातु; मिश्र धातु 2. शरीर में स्थित सात धातुओं से उत्पन्न गौण धातुएँ, जैसे- पसीना, रज, दूध आदि।

उपधान (सं.) [सं-पु.] 1. ऊपर रखना या ठहराना 2. तकिया 3. सहारा 4. प्रेम; प्रणय 5. वह वस्तु जिस पर कोई चीज रखी जाए।

उपधानी (सं.) [सं-स्त्री.] 1. पैर रखने की छोटी चौकी 2. तकिया।

उपधारण (सं.) [सं-पु.] 1. उतारना; रखना 2. लग्गी आदि से कोई फल खींचना 3. चित्त को एक विषय में लगाना।

उपधारा (सं.) [सं-स्त्री.] किसी धारा का छोटा भाग; किसी धारा से निकली छोटी या गौण-धारा।

उपधावन (सं.) [सं-पु.] 1. तेज़ी से किसी का पीछा करना 2. विचार या चिंतन करना। [वि.] पीछे चलने वाला; अनुगामी; अनुयायी।

उपधि (सं.) [सं-पु.] 1. जालसाज़ी; छल-कपट; धोखा; सही बात छिपाकर दूसरी बात कहना 2. धमकी।

उपधिक (सं.) [वि.] जालसाज़ी करने वाला; धोखेबाज़; छली।

उपध्मान (सं.) [सं-पु.] 1. होंठ 2. फूँकने की क्रिया या भाव।

उपध्मानीय (सं.) [सं-पु.] (व्याकरण) 'प' और 'फ' के पहले आने वाला विसर्ग। [वि.] उपध्मान संबंधी।

उपध्वस्त (सं.) [वि.] ध्वस्त; नष्ट किया हुआ।

उपनक्षत्र (सं.) [सं-पु.] छोटा या गौण नक्षत्र।

उपनगर (सं.) [सं-पु.] 1. नगर के आस-पास की बस्ती, नगर का बाहरी भाग 2. नगर के समीप स्थित नगर; छोटा नगर; (कॉलोनी; सबअर्ब)।

उपनत (सं.) [वि.] 1. झुका हुआ; नत 2. शरण में आया हुआ; शरणागत।

उपनति (सं.) [सं-स्त्री.] 1. झुकने की क्रिया या भाव 2. नमस्कार करना।

उपनदी (सं.) [सं-स्त्री.] वह छोटी या सहायक नदी जो किसी बड़ी नदी में जाकर मिल जाती है।

उपनयन (सं.) [सं-पु.] 1. जनेऊ; उपवीत 2. यज्ञोपवीत संस्कार 3. दीक्षा।

उपनहन (सं.) [सं-पु.] 1. गँठियाना; बाँधना 2. वह कपड़ा जिसमें कोई वस्तु लपेटी जाए।

उपनहर (सं.) [सं-स्त्री.] बड़ी नहर से निकली छोटी नहर।

उपनाम (सं.) [सं-पु.] पुकारने का नाम; गौण नाम; पदवी; तख़ल्लुस।

उपनायक (सं.) [सं-पु.] कहानियों, नाटकों आदि में नायक का साथी।

उपनायिका (सं.) [सं-स्त्री.] नायिका की प्रधान सहायिका; नायिका की सखी।

उपनिदेशक (सं.) [सं-पु.] वह जो निदेशक के बाद का प्रमुख अधिकारी हो; (डिप्टी डायरेक्टर)।

उपनिधान (सं.) [सं-पु.] 1. किसी के पास अपनी वस्तु धरोहर के रूप में रखना 2. अमानत।

उपनिधि (सं.) [सं-स्त्री.] 1. धरोहर; अमानत 2. किसी के पास रखी गई मुहरबंद धरोहर।

उपनिपात (सं.) [सं-पु.] 1. अचानक पास आना; एकाएक आ पहुँचना 2. अचानक होने वाला आक्रमण 3. अग्नि, वर्षा, चोर आदि के कारण होने वाली हानि।

उपनिबंधक (सं.) [सं-पु.] किसी निबंधक के अधीन रहकर या उसके सहायक के रूप में कार्य करने वाला व्यक्ति; (सबरजिस्ट्रार)।

उपनियम (सं.) [सं-पु.] 1. नियम के अंतर्गत छोटा नियम; नियम का एक अंग या भाग; गौण नियम; (सबरूल)।

उपनिर्वाचन (सं.) [सं-पु.] मृत्यु या अन्य कारण से किसी सत्र की अवधि पूरी होने से पहले निर्वाचित सदस्य का पद रिक्त हो जाने पर होने वाला निर्वाचन; उपचुनाव; (बाइइलेक्शन)।

उपनिविष्ट (सं.) [वि.] 1. सुशिक्षित 2. दूसरे स्थान पर आकर बसा हुआ 3. अनुभवी 4. खाते आदि में दर्ज किया हुआ।

उपनिवेश (सं.) [सं-पु.] 1. जीविका के लिए एक स्थान से हटकर कहीं दूर जा बसना 2. अन्य स्थान से आए हुए लोगों की बस्ती 3. एक देश के लोगों की दूसरे देश में आबादी; (कॉलोनी)।

उपनिवेशन (सं.) [सं-पु.] 1. उपनिवेश स्थापित करना 2. उपनिवेश के रूप में बस्ती बसाना।

उपनिवेशवाद (सं.) [सं-पु.] उपनिवेश बनाने और उन्हें अपने अधीन रखने की नीति; उपनिवेश का सिद्धांत।

उपनिवेशवादी (सं.) [वि.] उपनिवेश के सिद्धांत को मानने वाला; उपनिवेशवाद का अनुयायी।

उपनिवेशित (सं.) [सं-स्त्री.] 1. उपनिवेश के रूप में स्थापित या बसाया गया 2. दूसरे स्थान से लाकर बसाया गया।

उपनिषद् (सं.) [सं-स्त्री.] 1. वेदों के बाद लिखे गए ऐसे ग्रंथ जिनमें आत्मा, परमात्मा के आध्यात्मिक स्वरूप पर विचार किया गया है 2. वेदव्रत ब्रह्मचारी के चालीस संस्कारों में से एक जो केशांत संस्कार से पूर्व होता था 3. ब्रह्म-विद्या की प्राप्ति के लिए गुरु के पास जाकर बैठना 4. धर्म 5. निर्जन स्थान।

उपनिष्क्रमण (सं.) [सं-पु.] 1. नवजात शिशु को पहली बार बाहर निकालना 2. निष्क्रमण संस्कार 3. बाहर जाना 4. राजमार्ग।

उपनिहित (सं.) [वि.] अमानत के रूप में रखा हुआ।

उपनीत (सं.) [वि.] 1. जो किसी के सामने लाया गया हो 2. जिसका उपनयन संस्कार हो चुका हो 3. उपार्जित या प्राप्त किया हुआ 4. दान या भेंट के रूप में दिया हुआ।

उपनेता (सं.) [सं-पु.] नेता का नायब या सहकारी। [वि.] पास ले जाने वाला।

उपन्यस्त (सं.) [वि.] 1. पास रखा या लाया हुआ 2. धरोहर स्वरूप रखा हुआ 3. उल्लिखित या कथित।

उपन्यास (सं.) [सं-पु.] 1. वह कल्पित और लंबी कहानी जो अनेक पात्रों और घटनाओं से युक्त हो तथा जिसमें जीवन की विविध बातों का चित्रण किया गया हो 2. वाक्य का उपक्रम 3. अमानत; धरोहर 4. प्रमाण।

उपन्यासकार (सं.) [सं-पु.] वह साहित्यकार जो उपन्यास लिखता हो; उपन्यास-लेखक।

उपन्यासिका (सं.) [सं-स्त्री.] छोटा या लघु उपन्यास।

उपपत्ति (सं.) [सं-स्त्री.] 1. घटित या प्रत्यक्ष होना; सामने आना; प्रतिपादन 2. प्राप्ति; सिद्धि 3. कारण; हेतु 4. संगति; मेल मिलना 5. युक्ति; साधन 6. औचित्य; उपयुक्तता।

उपपद (सं.) [सं-पु.] 1. पूर्व में कहा हुआ या आया हुआ शब्द 2. (व्याकरण) समास का पहला पद 3. खिताब या उपाधि।

उपपन्न (सं.) [वि.] 1. पास आया हुआ 2. शरण में आया हुआ; शरणागत 3. सिद्ध किया हुआ; संभव 4. योग्य; उपयुक्त; उचित 5. मिला हुआ; प्राप्त 6. सुविधाजनक; लाभकारी 7. लगा हुआ; युक्त 5. जिसे संपन्न करना ज़रूरी हो; (एक्सपीडिएंट)।

उपपात (सं.) [सं-पु.] 1. अप्रत्याशित घटना; दुर्घटना 2. आपदा 3. विपत्ति; विनाश।

उपपादक (सं.) [वि.] 1. घटित करने वाला 2. पूरा या संपन्न करने वाला 3. सिद्ध करने वाला 4. भलीभाँति विचार करने वाला सुविचारित।

उपपादन (सं.) [सं-पु.] 1. किसी कार्य को पूरा या समाप्त करना 2. तर्क, प्रमाण, युक्ति आदि के द्वारा किसी बात को सिद्ध करना 3. प्रतिपादन; संपादन।

उपपादित (सं.) [वि.] तर्क द्वारा पूरा किया हुआ; सिद्ध किया हुआ; प्रमाणित।

उपपाद्य (सं.) [वि.] 1. जिसका उपपादन किया जाने को हो; उपपादन के योग्य 2. वह तथ्य या सिद्धांत जो स्वयं सिद्ध नहीं बल्कि तर्क, प्रमाण और प्रयोग से सिद्ध किया जाना हो।

उपपुराण (सं.) [सं-पु.] मुख्य पुराणों से भिन्न गौण पुराण; (अठारह) पुराणों के अतिरिक्त अन्य पुराण, जैसे- आदित्य पुराण, नरसिंह पुराण आदि।

उपपौरिक (सं.) [सं-पु.] उपनगर में रहने वाला व्यक्ति।

उपप्रदान (सं.) [सं-पु.] 1. देना या हस्तांतरित करना 2. रिश्वत; घूस 3. भेंट; उपहार।

उपप्रबंधक (सं.) [सं-पु.] पद के आधार पर प्रबंधक से छोटा या बाद का अधिकारी; (ब्रांच मैनेजर)।

उपप्रमेय (सं.) [सं-स्त्री.] प्रमेय या साध्य के साथ लगी हुई कोई ऐसी बात जो प्रमेय की सिद्धि के साथ-साथ स्वयं ही सिद्ध हो जाती है; (कॉरोलरी)।

उपप्लव (सं.) [सं-पु.] 1. प्राकृतिक उपद्रव या उत्पात 2. नदी आदि की बाढ़ 3. विद्रोह; विप्लव 4. अराजकता 4. विघ्न; बाधा।

उपप्लवी (सं.) [वि.] 1. डुबाने या बाढ़ लाने वाला 2. बगावत करने वाला 3. सरकश।

उपप्लुत (सं.) [वि.] 1. आक्रांत 2. पीड़ित 3. कष्ट या संकट में पड़ा हुआ।

उपबंध (सं.) [सं-पु.] 1. प्रावधान 2. संयोग 3. संबंध 4. किसी विधि अधिनियम आदि के वे उपबंध जिसमें किसी बात की संभावना से पहले से ही गुंजाइश रख दी जाए।

उपबाहु (सं.) [सं-पु.] कलाई से कुहनी तक का भाग।

उपबोधक (सं.) [सं-पु.] सहायक व्यक्ति; सलाह देने वाला व्यक्ति।

उपबोधन (सं.) [सं-पु.] 1. सहायता देना 2. सलाह देना 3. ज्ञान देना; समझाना।

उपभाग (सं.) [सं-पु.] 1. किसी बड़े भाग के अंतर्गत आने वाला छोटा भाग; गौण भाग; (सब-डिवीज़न)।

उपभाषा (सं.) [सं-स्त्री.] किसी भाषा का वह विशेष रूप जिसे एक क्षेत्र विशेष के लोग प्रयोग करते हैं; बोली, जैसे-मारवाड़ी, अंगिका, वज्जिका, खोरठा आदि।

उपभुक्त (सं.) [वि.] 1. जो काम में लाया जा चुका हो 2. जिसका उपभोग हुआ हो 3. जूठा; उच्छिष्ट 4. पुराना; प्रयुक्त।

उपभेद (सं.) [सं-पु.] 1. गौण भेद 2. उपविभाग।

उपभोक्ता (सं.) [सं-पु.] उपयोग या उपभोग करने वाला; काम में लाने वाला; ग्राहक; काबिज़; (कंज़्यूमर)।

उपभोक्तावाद (सं.) [सं-पु.] 1. ऐसी सामाजिक व्यवस्था जिसमें उपभोग करने की वरीयता दी जाती है 2. उक्त व्यवस्था पर आधारित एक आधुनिक सिद्धांत।

उपभोक्तावादी (सं.) [वि.] उपभोक्तावाद को मानने वाला, उपभोक्तावाद का समर्थक।

उपभोग (सं.) [सं-पु.] 1. किसी वस्तु का इस्तेमाल या व्यवहार 2. इस्तेमाल या व्यवहार का सुख; विषय-सुख 3. (अर्थशास्त्र) किसी वस्तु का ऐसा प्रयोग करना कि धीरे-धीरे उसकी उपयोगिता समाप्त होती जाए; (कंजंप्शन)।

उपभोग्य (सं.) [सं-पु.] भोग की वस्तु। [वि.] 1. जिसका उपभोग होने को हो या हो सकता हो 2. उपभोग के योग्य; आहार्य; उपयोगी; प्रयोग्य।

उपभोज्य (सं.) [सं-पु.] भोजन; आहार। [वि.] 1. खाने या भोजन के योग्य 2. व्यवहार में लाने के योग्य।

उपमंडल (सं.) [सं-पु.] 1. किसी मंडल का छोटा भाग 2. किसी जिले आदि का छोटा भाग या खंड, तहसील आदि।

उपमंत्रण (सं.) [सं-पु.] 1. आमंत्रण; न्योता 2. अनुरोध या आग्रह करना।

उपमंत्री (सं.) [सं-पु.] वह मंत्री जो प्रधान या बड़े मंत्री के नीचे हो; सहायक मंत्री।

उपमन्यु (सं.) [सं-पु.] एक गोत्र प्रवर्तक ऋषि। [वि.] 1. बुद्धिमान; मेधावी; तीक्ष्ण बुद्धिवाला 2. उत्साही; उद्यमी।

उपमर्दन (सं.) [सं-पु.] 1. दबाना; कुचलना; मसलना; रौंदना 2. उपेक्षा या तिरस्कार करना; अपमान करना 3. बरबाद करना 4. निंदा; खंडन।

उपमहाद्वीप (सं.) [सं-पु.] किसी महाद्वीप का एक बड़ा भाग जिसकी अपनी विशेषता हो।

उपमहापौर (सं.) [सं-पु.] महापौर अथवा मेयर के नीचे का अधिकारी; (डिप्टी मेयर)।

उपमा (सं.) [सं-स्त्री.] 1. (काव्यशास्त्र) अर्थालंकार का एक भेद जिसमें दो वस्तुओ में भेद होते हुए भी धर्मगत समानता दिखाई जाए; साधर्म्य 2. समता; तुलना।

उपमाता (सं.) [सं-स्त्री.] 1. सौतेली माता; विमाता 2. धाय; दाई 3. माता के समान आदरणीय स्त्री, जैसे- मौसी, चाची, ताई आदि।

उपमान (सं.) [सं-पु.] 1. वह वस्तु या व्यक्ति जिससे किसी की तुलना की जाए 2. वह जिसके समान कोई दूसरी वस्तु बतलाई जाए 3. (काव्यशास्त्र) उपमा अलंकार के चार तत्वों (अंगों) में एक।

उपमार्ग (सं.) [सं-पु.] किसी बड़े मार्ग से निकला हुआ या जुड़ा हुआ छोटा मार्ग; छोटा रास्ता; गौण मार्ग।

उपमित (सं.) [सं-पु.] (व्याकरण) उपमावाचक कर्मधारय समास का एक भेद। [वि.] जिसकी किसी अन्य वस्तु से उपमा दी गई हो।

उपमिति (सं.) [सं-स्त्री.] 1. उपमा; सादृश्य 2. समानता; तुलना 3. सादृश्य या उपमा से होने वाला ज्ञान।

उपमुख्यमंत्री (सं.) [सं-पु.] मंत्रिमंडल में मुख्यमंत्री से नीचे का पद; वह मंत्री जो मुख्यमंत्री की अनुपस्थिति में उनके कुछ कर्तव्यों का निर्वाह कर सकता है।

उपमेय (सं.) [सं-पु.] वह वस्तु जिसकी किसी से तुलना की जाए; वर्ण्य। [वि.] 1. जिसकी उपमा दी जाए या तुलना की जाए 2. उपमा दिए जाने के योग्य।

उपयुक्त (सं.) [वि.] जैसा होना चाहिए वैसा; योग्य; उचित; मुनासिब; अनुकूल, जैसे- बैठने के लिए यह स्थान उपयुक्त है।

उपयुक्तता (सं.) [सं-स्त्री.] उपयुक्त होने का अवस्था या भाव; योग्यता; औचित्य।

उपयोग (सं.) [सं-पु.] 1. किसी वस्तु, व्यक्ति अथवा स्थान को इस्तेमाल में लाना; प्रयोग में लाना 2. आवश्यकता की पूर्ति या प्रयोजन सिद्धि कराने वाला कार्य।

उपयोगकर्ता (सं.) [वि.] 1. उपयोग करने वाला 2. प्रयोग या व्यवहार करने वाला; प्रयोजन में लाने वाला।

उपयोगिता (सं.) [सं-स्त्री.] उपयोगी होने की दशा या अवस्था; उपयोग में आने की योग्यता; किसी आवश्यकता को पूरा करने की क्षमता।

उपयोगितावाद (सं.) [सं-पु.] एक सिद्धांत या मत जिसमें प्रत्येक वस्तु का महत्व केवल उपयोगिता की दृष्टि से आँका जाता है चाहे वह नैतिक दृष्टि से सही न हो; उपभोक्तावाद।

उपयोगितावादी (सं.) [सं-पु.] उपयोगितावाद का समर्थक,

अनुयायी या प्रतिपादक व्यक्ति; उपभोक्तावादी। [वि.] उपयोगितावाद संबंधी, उपयोगिता की दृष्टि से, जैसे- उपयोगितावादी विचारधारा।

उपयोगी (सं.) [वि.] 1. लाभकारी; लाभयुक्त 2. काम का; अनुकूल, जैसे- कपड़े धोने की मशीन बहुत उपयोगी उपकरण है।

उपयोजन (सं.) [सं-पु.] 1. उपयोग या काम में लाना 2. किसी दूसरे व्यक्ति के धन आदि को अनुचित रूप से प्रयोग में लाना; विनियोग; (अप्रोप्रिएशन)।

उपरक्षक (सं.) [सं-पु.] पहरा देने वाला व्यक्ति; चौकीदार।

उपरक्षण (सं.) [सं-पु.] 1. रक्षा करने का कार्य 2. पहरा; चौकीदारी।

उपरत (सं.) [वि.] 1. जो सांसारिकता में रत न हो; विरक्त; जिसका मन संसार और विषय-भोग से हट गया हो; रागरहित; उदासीन 2. जो किसी कार्य में न लगा हो।

उपरति (सं.) [सं-स्त्री.] 1. विषय भोग से विरक्ति 2. संसार से उदासीनता 3. यज्ञादि विहित कर्मों का त्याग 4. मृत्यु 5. बुद्धि; समझ।

उपरत्न (सं.) [सं-पु.] 1. सीप, मनके, शंख आदि सस्ती वस्तुएँ जिनसे मूल्यवान रत्नों की तरह ही आभूषण बनते हैं; गौण रत्न।

उपरना [सं-पु.] चुन्नी, दुपट्टा आदि वस्त्र जो शरीर के ऊपरी भाग पर ओढ़े जाते हैं।

उपरपाटी [सं-स्त्री.] लकड़ी के छोटे-छोटे टुकड़े; चैली।

उपरफट्टू [वि.] 1. अचानक ही आ टपकने वाला 2. बिलकुल व्यर्थ; बेकार या फालतू 3. निष्प्रयोजन, जैसे- उपरफट्टू बातें मत करो 4. बनावटी; दिखावटी।

उपरला [वि.] जो ऊपर की ओर हो; ऊपरी; ऊपरवाला, जैसे- आलमारी के उपरले खंड में किताबें हैं।

उपरांत (सं.) [अव्य.] बाद; अनंतर, जैसे- भोजन के उपरांत वह टहलने निकला।

उपराग (सं.) [सं-पु.] 1. रँगने वाली वस्तु; रंग 2. भोग-विलास में अनुरक्ति; विषयासक्ति 3. सूर्य या चंद्रमा का ग्रहण 3. समीप की वस्तु के प्रभाव से रंग-रूप में परिवर्तन।

उपराचढ़ी [सं-स्त्री.] परस्पर होड़; एक-दूसरे से आगे बढ़ जाने की कोशिश; प्रतिस्पर्धा।

उपराज (सं.) [सं-पु.] शासक या राजा का प्रतिनिधि जो किसी देश का राज-काज सँभाले; राजप्रतिनिधि; (वाइसरॉय)।

उपराजदूत (सं.) [सं-पु.] अन्य देशों में अपने राष्ट्र का कूटनीतिक प्रतिनिधित्व करने वाला वह राजनयिक जिसे अभी राजदूत का दर्जा प्राप्त न हुआ हो।

उपराजदूतावास (सं.) [सं-पु.] उपराजदूत के रहने का स्थान; (लिगेशन)।

उपराज्यपाल (सं.) [सं-पु.] भारत के किसी केंद्र शासित प्रदेश का संवैधानिक अध्यक्ष।

उपराना (सं.) [क्रि-अ.] 1. उत्पन्न या पैदा करना 2. रचना; बनाना 3. उपार्जन। [सं-पु.] 1. ऊपर करना या लाना 2. प्रकट या प्रत्यक्ष करना।

उपराम (सं.) [सं-पु.] 1. उपरति 2. विश्रांति।

उपराष्ट्रपति (सं.) [सं-पु.] गणतंत्र का निर्वाचित पदाधिकारी, जो राष्ट्रपति की अनुपस्थिति में राष्ट्रपति के कार्यों को देखता है; भारत में वह राज्यसभा का पदेन सभापति होता है।

उपरि (सं.) [वि.] ऊपर का; ऊँचाई पर स्थित। [अव्य.] 1. ऊपर 2. उपरांत; बाद।

उपरुद्ध (सं.) [वि.] 1. रोका हुआ; बाधित 2. घेरा हुआ 3. कैद किया हुआ; 4. बंधन में डाला या पड़ा हुआ; बद्ध।

उपरूपक (सं.) [सं-पु.] (नाट्यशास्त्र) नाट्यविधा में एक प्रकार का छोटा नाटक या गौण रूपक जिसके अट्ठारह भेद होते हैं।

उपरोक्त (सं.) [वि.] दे. उपर्युक्त।

उपरोध (सं.) [सं-पु.] 1. बाधा; रुकावट; रोक; वह बात जो किसी होते हुए काम को रोक दे 2. घेरना 3. फूट; कलह 4. आच्छादन; ढकना।

उपरोधक (सं.) [वि.] रोकने वाला; बाधा डालने वाला। [सं-पु.] भीतर का कमरा।

उपरोधन (सं.) [सं-पु.] 1. रोकने या बाधा डालने की क्रिया 2. बाधा; रुकावट 3. घेरा।

उपर्युक्त (सं.) [वि.] जिसका उल्लेख या चर्चा ऊपर की जा चुकी हो; पूर्वोक्त; पूर्वोल्लिखित।

उपल (सं.) [सं-पु.] 1. पत्थर 2. ओला 3. रत्न; जवाहर 4. बादल; मेघ।

उपलंभक (सं.) [वि.] 1. ज्ञान या अनुभव कराने वाला 2. प्राप्ति कराने वाला 3. लाभ कराने वाला।

उपलक्षक (सं.) [वि.] 1. अनुमान लगाने वाला; भाँपने वाला 2. निरीक्षण करने वाला; बोधक।

उपलक्षण (सं.) [सं-पु.] 1. ध्यान से देखना 2. किसी लक्षण के अंतर्गत आने वाला कोई गौण लक्षण 3. बोधक चिह्न।

उपलक्षित (सं.) [वि.] 1. अच्छी तरह देखा हुआ 2. अनुमानित; इशारे से जिसका संकेत मिला हो।

उपलक्ष्य (सं.) [सं-पु.] 1. उद्देश्य; निमित्त 2. वह बात जिसे ध्यान में रखकर कुछ कहा जाए या किया जाए 3. अनुमान; संकेत। [वि.] लक्ष्य करने योग्य; अनुमान करने योग्य।

उपलब्ध (सं.) [वि.] 1. सुलभ; जो मिल सकता हो, जैसे- यह दवा हर जगह उपलब्ध है 2. प्राप्त या हस्तगत किया हुआ; मिला हुआ 3. पाया हुआ; जाना हुआ।

उपलब्धता (सं.) [सं-स्त्री.] 1. उपलब्ध होने की अवस्था या भाव; सुलभता 2. प्राप्ति।

उपलब्धि (सं.) [सं-स्त्री.] 1. उपलब्धता; प्राप्ति, जैसे-ज्ञान की उपलब्धि 2. महत्वपूर्ण सफलता, जैसे- ओलंपिक खेलों में अभिनव बिंद्रा की शानदार उपलब्धि 3. अनुभव; प्रत्यक्ष ज्ञान, जैसे- कठोर तपस्या से गौतम को यह उपलब्धि हुई कि ज्ञान ऐसे नहीं मिलता 4. माँग के अनुसार पूर्ति, जैसे- बाज़ार में गेहूँ की उपलब्धि 5. कार्य के बदले वेतन, सुविधा आदि; प्रतिफल।

उपलभ्य (सं.) [वि.] 1. जो उपलब्ध या प्राप्त हो सकता हो 2. आदर या प्रशंसा के योग्य।

उपला (सं.) [सं-पु.] गाय, भैंस आदि के गोबर का सूखा हुआ कंडा जो चूल्हे में जलाने के काम आता है; गोबर पाथकर बनाया गया कंडा; गोइठा; गोहरा। [सं-स्त्री.] शर्करा।

उपलेप (सं.) [सं-पु.] 1. किसी वस्तु से फ़र्श, दीवारें आदि लीपना या पोतना 2. लेप सामग्री; ऐसी वस्तु जिससे घर पोता या लीपा जाए।

उपवन (सं.) [सं-पु.] 1. बाग; बगीचा; उद्यान 2. छोटा वन।

उपवर्ग (सं.) [सं-पु.] किसी वर्ग के अंतर्गत किया गया छोटा वर्ग; गौण वर्ग।

उपवसथ (सं.) [सं-पु.] 1. जिस स्थान पर बस्ती हो 2. ग्राम 3. यज्ञ से ठीक पहले का दिन।

उपवसन (सं.) [सं-पु.] 1. निकट बसना या रहना 2. उपवास करना।

उपवसित (सं.) [वि.] 1. जिसने उपवास किया हो 2. जो उपवास किए बैठा हो।

उपवाक्य (सं.) [सं-पु.] (व्याकरण) 1. किसी संयुक्त (कंपाउंड) या मिश्र (कॉम्प्लेक्स) वाक्य के अंतर्गत आने वाले स्वतंत्र और आश्रित वाक्य 2. संयुक्त या मिश्र वाक्य के वे भाग जिनमें उद्देश्य और विधेय हों; (क्लॉज़)।

उपवाणिज्यदूत (सं.) [सं-पु.] किसी देश के व्यापार-वाणिज्य संबंधी हितों की निगरानी के लिए अन्य देश में नियुक्त वाणिज्य दूत के अधीन काम करने वाला छोटा दूत जो प्रायः राजधानी के अतिरिक्त अन्य महत्वपूर्ण व्यापारिक केंद्रों में रहकर काम करता है।

उपवास (सं.) [सं-पु.] 1. एक व्रत जिसमें व्यक्ति निराहार रहता है; अनशन 2. किसी कारण से भोजन का त्याग; भूखा रहना।

उपवासी (सं.) [वि.] 1. जो उपवास कर रहा हो 2. निराहार और भूखा।

उपविद्या (सं.) [सं-स्त्री.] 1. किसी बड़ी विद्या या शास्त्र से संबद्ध अपेक्षाकृत गौण विद्या, जैसे- भाषा विज्ञान से संबद्ध वाक्य विज्ञान 2. वेदों से ग्रहण की गई लौकिक विद्याएँ; उपवेद।

उपविधि (सं.) [सं-स्त्री.] 1. किसी विधि या कानून के अंतर्गत आने वाली उससे संबद्ध कोई गौण विधि; (बाइ लॉ) 2. ऐसा कानून, अध्यादेश आदि, जो कोई संगठन, निगम आदि अपने आंतरिक मामलों के व्यवहार के लिए बनाए।

उपविभाग (सं.) [सं-पु.] किसी विभाग के अंतर्गत उसका कोई गौण या छोटा विभाग।

उपविष (सं.) [सं-पु.] हलका ज़हर या विष जो अधिक घातक नहीं होता है, जैसे- आक, अफ़ीम, धतूरा आदि।

उपविष्ट (सं.) [वि.] बैठा हुआ; जमकर बैठा हुआ।

उपवीत (सं.) [सं-पु.] 1. जनेऊ; यज्ञसूत्र 2. उपनयन संस्कार; यज्ञोपवीत संस्कार।

उपवेद (सं.) [सं-पु.] 1. चार वेदों से ग्रहण की गई लौकिक कलाओं या विद्याओं का सामूहिक नाम, जिसमें ऋग्वेद से आयुर्वेद, यजुर्वेद से धनुर्वेद, सामवेद से गंधर्ववेद और अथर्ववेद से स्थापत्यवेद निकले हैं 2. लौकिक विद्या।

उपवेधक (सं.) [सं-पु.] लफ़ंगा; मवाली; गुंडा; बदमाश।

उपवेश (सं.) [सं-पु.] 1. बैठना 2. सभा, समिति आदि की बैठक 3. किसी कार्य में जुट जाना 4. मल-त्याग।

उपवेशन (सं.) [सं-पु.] 1. सभा की बैठक जारी रहने की स्थिति 2. जमकर बैठ जाना।

उपवेष्टन (सं.) [सं-पु.] 1. लपेटने की क्रिया 2. चारों तरफ़ से लपेटना।

उपशम (सं.) [सं-पु.] 1. इंद्रियों या मनोविकारों को वश में रखने की क्रिया; इंद्रियनिग्रह 2. रोग, वेदना आदि की पीड़ा का शमन करना अर्थात घटाना 3. शांत होना; विश्रांति; शमन 4. उपद्रव आदि की शांति के लिए किया जाने वाला प्रयत्न।

उपशमन (सं.) [सं-पु.] 1. शांत करना; शमित करना 2. निवारण; दूर करना 3. दबाना; घटाना 4. तुष्टीकरण।

उपशमित (सं.) [वि.] 1. जिसका उपशमन कर दिया गया हो 2. दबाया हुआ; शांत किया हुआ 3. निवारित।

उपशाखा (सं.) [सं-स्त्री.] 1. वृक्ष की बड़ी शाखा से निकली कोई अन्य छोटी शाखा; शाखा की शाखा 2. किसी औद्योगिक प्रतिष्ठान, कंपनी, बैंक आदि के प्रमुख दफ़्तरों से भिन्न दूरस्थ क्षेत्रों में बने छोटे कार्यालय और उनकी शाखाएँ।

उपशामक (सं.) [वि.] जो उपशमन करे; शांत करे, जैसे- दर्द की उपशामक दवाएँ।

उपशाल (सं.) [सं-पु.] 1. घर के सामने की खुली जगह; दालान; सहन 2. मकान के पास उठने-बैठने का कमरा; बैठक।

उपशिक्षक (सं.) [सं-पु.] 1. सहायक शिक्षक 2. किसी विद्यालय आदि का सहयोगी अध्यापक।

उपशिष्य (सं.) [सं-पु.] शिष्य का शिष्य; चेले का चेला।

उपशीर्षक (सं.) [सं-पु.] 1. (पत्रकारिता) समाचार पत्र, पत्रिकाओं आदि में किसी बड़े शीर्षक के अंतर्गत आने वाला कोई छोटा शीर्षक; किसी बड़े समाचार या आलेख के बीच-बीच में दिए जाने वाले छोटे शीर्षक 2. एक रोग जिसमें सिर में छोटी-छोटी फुंसियाँ निकल आती हैं।

उपश्रुत (सं.) [वि.] 1. सुना हुआ 2. जाना हुआ 3. स्वीकृत।

उपश्रुति (सं.) [सं-स्त्री.] 1. सुनना; श्रवण करना 2. किसी ध्वनि के श्रवण की सीमा; वह हद जहाँ तक वह ध्वनि सुनाई दे 3. स्वीकृति।

उपश्लेष (सं.) [सं-पु.] 1. पास आकर देह से देह सटाना 2. आलिंगन।

उपसंक्षेप (सं.) [सं-पु.] किसी हिसाब, रपट, विवरण आदि का अति संक्षिप्त रूप; सार संक्षेप; (ऐब्स्ट्रैक्ट)।

उपसंचालक (सं.) [सं-पु.] किसी कार्य या कार्यक्रम के संचालक का सहायक; सह संचालक।

उपसंपदा (सं.) [सं-स्त्री.] घर-गृहस्थी छोड़कर (बौद्ध) भिक्षु बनना; (बौद्ध धर्म) भिक्षु के रूप में दीक्षा ग्रहण करना।

उपसंपादक (सं.) [सं-पु.] 1. किसी पत्र-पत्रिका के संपादक का सहयोगी जो उसके अधीन काम करता है; सहायक संपादक; (सब-एडिटर) 2. किसी अन्य कार्य को भी उसके मुख्य

कर्ता के सहायक के रूप में संपादित करने वाला व्यक्ति।

उपसंविदा (सं.) [सं-स्त्री.] 1. किसी बड़े ठेके के अंतर्गत किया गया छोटा ठेका; उप-ठेका 2. किसी संविदा के अंतर्गत किसी दूसरे व्यक्ति से किया गया आंशिक अनुबंध।

उपसंहार (सं.) [सं-पु.] 1. समापन; अंत पर आकर सारे कार्य को समेटना 2. अंत; समाप्ति 3. किसी कृति का अंतिम निष्कर्ष; सारांश; सार।

उपसचिव (सं.) [सं-पु.] किसी सचिव के बाद काम करने वाला सहयोगी सचिव; (डेप्युटी सेक्रेटरी)।

उपसभापति (सं.) [सं-पु.] किसी संस्था का वह अधिकारी जिसका पद सभापति के बाद आता है, और सभापति की अनुपस्थिति में जो उसका काम करता है; (वाइस प्रेसिडेंट)।

उपसमिति (सं.) [सं-स्त्री.] किसी बड़ी समिति या सभा के अंतर्गत किसी कार्य विशेष को निपटाने के लिए बनाई गई छोटी समिति; (सब-कमेटी)।

उपसरण (सं.) [सं-पु.] 1. किसी की ओर आना, जाना या पहुँचना 2. शरीर में रक्त का तेज़ी से हृदय की ओर बहना।

उपसर्ग (सं.) [सं-पु.] (व्याकरण) 1. वह शब्दांश जो किसी शब्द के पहले लगकर उसके अर्थ में परिवर्तन या किसी प्रकार की विशेषता उत्पन्न करता है, जैसे- प्रहार में 'प्र' और अन्याय में 'अ' उपसर्ग हैं 2. संप्रति इन्हें 'पूर्वप्रत्यय' के नाम से जाना जाता है।

उपसर्या (सं.) [सं-पु.] गर्भधारण की हुई गाय; ओसरि गाय।

उपसागर (सं.) [सं-पु.] 1. बड़े सागर का कोई छोटा अंश या भाग 2. समुद्र की खाड़ी।

उपसेनापति (सं.) [सं-पु.] सेना में सेनापति के बाद आने वाला पद।

उपसेव्य (सं.) [वि.] व्यवहार योग्य।

उपसैनिक (सं.) [सं-पु.] अर्धसैनिक; सहसैनिक; परासैन्य बल; (पैरामिलिटरी)।

उपस्कर (सं.) [सं-पु.] 1. जीवनयापन के लिए आवश्यक सामग्री 2. घर की सजावट का सामान, फ़र्नीचर आदि 3. कोई काम करने या कोई चीज़ बनाने के लिए उपयोग में आने वाली सारी सामग्री 4. सजने-सँवरने के साधन।

उपस्कार (सं.) [सं-पु.] 1. रिक्त स्थान की पूर्ति करने वाली चीज़; न्यूनतापूरक वस्तु 2. सजावट की सामग्री 3. आभूषण; गहना।

उपस्कृत (सं.) [वि.] 1. घर आदि स्थान जो उपस्करों से सज्जित हों; मेज़-कुरसी आदि सामानों से सजा हुआ 2. आभूषणों आदि से सज्जित 3. एकत्रित या संग्रह किया हुआ।

उपस्थ (सं.) [वि.] बैठा हुआ। [सं-पु.] 1. शरीर का मध्य भाग 2. पेड़ू 3. पुरुष अथवा स्त्री की जननेंद्रिय 4. गुदा।

उपस्थान (सं.) [सं-पु.] 1. किसी का पास या समीप आना 2. उपस्थिति; मौजूदगी 3. उपासनास्थल; देवालय; मंदिर; मठ 4. स्तुति या आराधना करने की क्रिया 5. सभा; समाज।

उपस्थापक (सं.) [सं-पु.] 1. किसी सभा या समिति के सामने विचार-विमर्श के लिए प्रस्ताव उपस्थित करने वाला व्यक्ति 2. वह व्यक्ति जो अदालत में मुकदमों से संबंधित कागज़ात न्यायकर्ता अधिकारी के सामने पेश करता है और उन पर आज्ञाएँ आदि लिखता है; पेशकार।

उपस्थापन (सं.) [सं-पु.] 1. कोई प्रस्ताव प्रस्तुत करने की क्रिया या भाव 2. उपस्थित करना; पेश करना।

उपस्थापित (सं.) [वि.] सभा या समिति के समक्ष कोई प्रस्ताव रखा हुआ; उपस्थित किया हुआ।

उपस्थित (सं.) [वि.] 1. विद्यमान; मौजूद; हाज़िर 2. समीप; पास बैठा हुआ 3. समक्ष; सामने स्थित 4. ध्यान या मन में आया हुआ।

उपस्थिति (सं.) [सं-स्त्री.] 1. उपस्थित होने की अवस्था; मौजूदगी; हाज़िरी; विद्यमानता; (अटेंडेंस) 2. किसी अवसर पर या किसी स्थान पर उपस्थित लोगों की संख्या।

उपस्थिति-पंजिका (सं.) [सं-स्त्री.] वह पंजिका या रजिस्टर जिसमें कर्मचारियों, विद्यार्थियों आदि की उपस्थिति या कार्य का ब्योरा दर्ज रहता है; हाज़िरी-रजिस्टर; (अटेंडेंस रजिस्टर)।

उपस्थिति-पत्र (सं.) [सं-पु.] 1. किसी अधिकारी के सामने निश्चित समय बाद उपस्थित होने के लिए किसी के द्वारा प्रस्तुत किया जाने वाला पत्र 2. किसी को किसी राजकीय अधिकारी के सामने किसी निश्चित समय पर उपस्थित होने के लिए भेजा हुआ आधिकारिक पत्र।

उपस्मृति (सं.) [सं-स्त्री.] हिंदुओं में, स्मृतियों के वर्ग में माने जाने वाले कुछ गौण विधायक ग्रंथ या गौण धर्मशास्त्र।

उपहत (सं.) [वि.] 1. नष्ट या बरबाद किया हुआ 2. बिगाड़ा हुआ; विकृत 3. जो संकट या कष्ट में हो; दुखी 4. जिसे चोट लगी हो; घायल 5. जिस वस्तु को अशुद्ध या दूषित किया गया हो 6. लांछित।

उपहरण (सं.) [सं-पु.] 1. निकट लाना या पहुँचाना 2. हरण करना 3. छीनना या लूटना 4. उपहार; भेंट।

उपहसित (सं.) [वि.] जिसका उपहास किया गया हो। [सं-पु.] 1. (नाट्यशास्त्र) नाक फुलाकर, आँख तिरछी करके और गरदन हिलाते हुए हँसना; कटाक्षभरी हँसी 2. (काव्यशास्त्र) हास्य का एक भेद।

उपहार (सं.) [सं-पु.] 1. भेंट; नज़र; नज़राना; सौगात; किसी विशेष अवसर पर मित्र, संबंधियों आदि को भेंट स्वरूप दी जाने वाली कोई वस्तु; (गिफ़्ट) 2. शैवों की उपासना के छह नियम।

उपहार-प्रति (सं.) [सं-स्त्री.] किसी पत्र-पत्रिका की महत्वपूर्ण व्यक्तियों को आदर-स्वरूप निःशुल्क प्रेषित की जाने वाली प्रति।

उपहास (सं.) [सं-पु.] 1. किसी की कमज़ोरियों को सामने लाने या उसे सबकी दृष्टि में गिराने वाली हँसी; व्यंग्यात्मक हँसी; खिल्ली 2. मज़ाक; दिल्लगी।

उपहासक (सं.) [वि.] दूसरों का उपहास करने वाला; जो दूसरे की खिल्ली उड़ाता हो।

उपहासास्पद (सं.) [वि.] उपहास के योग्य; जिसमें कोई ऐसी कमज़ोरी हो, जिसका उपहास किया जा सके। [सं-पु.] उपहास

का पात्र।

उपहास्य (सं.) [वि.] 1. उपहास के योग्य 2. जिसका उपहास किया जा सकता हो; हँसी का पात्र 3. निंदनीय।

उपहित (सं.) [वि.] 1. पास रखा या लाया हुआ 2. ऊपर रखा हुआ; स्थापित 3. धारण किया हुआ 4. किसी प्रकार की उपाधि से युक्त 5. मिला या मिलाया हुआ; सम्मिलित।

उपहृत (सं.) [वि.] 1. पास लाया हुआ 2. उपहार के रूप में दिया हुआ 3. अर्पण किया हुआ 4. परोसा हुआ।

उपांग (सं.) [सं-पु.] 1. किसी अंग का भाग; अवयव 2. ऐसा छोटा अंग जो किसी वस्तु के अंगों की पूर्ति करता हो; पूरक अंग, जैसे- पुराण आदि वेद के उपांग हैं 3. टीका; तिलक।

उपांत (सं.) [सं-पु.] 1. अंतिम से ठीक पहले का हिस्सा; अंत का भाग; आख़िरी हिस्सा 2. अंत के आस-पास का भाग या स्थान, जैसे- शहर का उपांत 3. सीमा; हद 4. नदी का तट या किनारा 5. कपड़े का आँचल 6. कागज़ पर कुछ लिखते समय दाहिनी या बाईं ओर छोड़ी गई जगह; हाशिया; (मार्जिन)।

उपांतसाक्षी (सं.) [सं-पु.] वह साक्षी या गवाह जिसने किसी दस्तावेज़ के उपांत या हाशिये पर हस्ताक्षर किया हो या अँगूठे का निशान लगाया हो।

उपांतस्थ (सं.) [वि.] 1. उपांत पर रहने या होने वाला 2. कागज़ के हाशिए पर लिखा हुआ; उपांतिक।

उपांतिक (सं.) [वि.] 1. पास या समीप का 2. पड़ोस में रहने वाला; समीपवर्ती।

उपांत्य (सं.) [वि.] 1. अंत के पास का 2. अंतिम से पहले का।

उपाकरण (सं.) [सं-पु.] 1. उपक्रम; कार्यारंभ की तैयारी 2. बलिप्रदान।

उपाकर्म (सं.) [सं-पु.] 1. विधि या संस्कारपूर्वक वेदों का अध्ययन आरंभ करना 2. उपक्रम; आरंभ 3. यज्ञोपवीत संस्कार।

उपाख्यान (सं.) [सं-पु.] 1. कोई पौराणिक कथा; पुरानी कथा या वृत्तांत 2. किसी बड़ी कथा के बीच आने वाली छोटी कथा; उपकथा 3. हाल; वृत्तांत।

उपागत (सं.) [वि.] 1. आया हुआ, पास आया हुआ 2. जो घटित हुआ हो 3. वादा किया हुआ।

उपागम (सं.) [सं-पु.] 1. निकट आना; समीप आना 2. घटना 3. वादा 4. कष्ट की अनुभूति।

उपाचार (सं.) [सं-पु.] परंपरा से चले आते हुए आचार संबंधी गौण नियम या प्रथाएँ।

उपाचार्य (सं.) [सं-पु.] किसी विश्वविद्यालय आदि में आचार्य (प्रोफ़ेसर) से नीचे का पद; (रीडर)।

उपात्यय (सं.) [सं-पु.] 1. विधि-विधान या परंपरा का परित्याग या उल्लंघन 2. किसी प्रथा या रीति-रिवाज का विरोध या परंपरा विरुद्ध आचरण।

उपादान (सं.) [सं-पु.] 1. प्राप्ति; ग्रहण 2. वह सामग्री जिससे कोई अन्य वस्तु तैयार हो, जैसे- दूध खोए का उपादान है 3. कारण; साधन 4. प्रयोग 5. ज्ञान; बोध 6. वैराग्य; भोग-विलास से विरक्ति।

उपादेय (सं.) [वि.] 1. लाभदायक; उपयोगी; काम आने योग्य 2. जिसे लिया जा सकता हो; ग्रहण करने योग्य 3. बहुत अच्छा; उत्तम; उत्कृष्ट।

उपाधि (सं.) [सं-स्त्री.] 1. किए गए श्रेष्ठ कार्य के लिए सम्मान के रूप में दिया जाने वाला लिखित अलंकरण; ख़िताब जैसे- (अँग्रेज़ों के समय में) रायबहादुर की उपाधि 2. प्रमाणपत्र; डिग्री, जैसे- स्नातक की उपाधि 3. कुलनाम; उपनाम; सरनेम 4. छल, धोखा 5. बखेड़ा, उपद्रव, कष्ट।

उपाधि-पत्र (सं.) [सं-पु.] ऐसा पत्र जिसमें उपाधि का लिखित उल्लेख हो, उपाधि-पत्रक; (सर्टिफ़िकेट)।

उपाध्यक्ष (सं.) [सं-पु.] 1. किसी संस्था, सभा आदि के अध्यक्ष के ठीक बाद वाले पद का अधिकारी 2. अध्यक्ष का सहयोगी जो अध्यक्ष की अनुपस्थिति में उसके कार्यों का निर्वहन करता है; (वाइस चेयरमैन)।

उपाध्याय (सं.) [सं-पु.] 1. वेद, वेदांग पढ़ाने वाला पंडित; शास्त्रज्ञ विद्वान 2. शिक्षक; अध्यापक; गुरु 3. ब्राह्मण समाज में एक कुलनाम या सरनेम।

उपानह (सं.) [सं-पु.] 1. खड़ाऊँ 2. जूता।

उपापचय (सं.) [सं-पु.] जैविक क्रियाओं के लिए आवश्यक ऊर्जा हेतु जीवों के शरीर में होने वाली रासायनिक क्रियाएँ जिनसे पदार्थ बनते और टूटते हैं; (मेटाबॉलिज़म)।

उपाय (सं.) [सं-पु.] 1. युक्ति; तरकीब; साधन 2. युद्ध-विजय हेतु व्यूह रचना 3. चिकित्सा 4. शासन-प्रबंध 5. वांछित फल-प्राप्ति के लिए प्रयत्न।

उपायन (सं.) [सं-पु.] 1. प्राचीन काल में किसी राजा द्वारा किसी अन्य राजा को दी जाने वाली भेंट 2. मित्रों आदि को दिया जाने वाला कुछ विलक्षण या सुंदर उपहार; सौगात 3. निकट जाना 4. शिष्य बनना; शिष्यत्व स्वीकार करना।

उपायुक्त (सं.) [सं-पु.] भारतीय प्रशासनिक सेवा का एक प्रमुख प्रशासनिक अधिकारी; आयुक्त से नीचे का पद; (डेप्युटी कमिश्नर)।

उपार[1] [क्रि-स.] अत्यधिक वर्षा होने पर की जाने वाली जुताई।

उपार[2] (सं.) [सं-पु.] 1. भूल; दोष 2. पाप 3. सामीप्य।

उपार्जक (सं.) [वि.] 1. कमाने वाला; उपार्जन करने वाला 2. पैदा करने वाला।

उपार्जन (सं.) [सं-पु.] परिश्रम और प्रयत्न से संग्रह अथवा अर्जन; कमाना; हासिल करना; पैदा करना।

उपार्जित (सं.) [वि.] 1. कमाया हुआ 2. पैदा किया हुआ।

उपार्जितगुण (सं.) [सं-पु.] व्यक्ति का ऐसा गुण जो उसका स्वयं का न होकर उसने किसी अन्य स्रोत से विकसित किया हो; अनुसरित गुण।

उपालंभ (सं.) [सं-पु.] किसी से उसके द्वारा किए गए किसी कार्य या व्यवहार की शिकायत; उलाहना; निंदा।

उपाश्रय (सं.) [सं-पु.] 1. लघु आश्रय; हलका-सा सहारा 2. ऐसा भवन, कमरा या स्थान जहाँ जैन लोग स्वाध्याय, उपासना या धर्मोपदेश श्रवण के लिए जाते हैं।

उपाश्रित (सं.) [वि.] 1. जो किसी दूसरे पर आश्रित हो 2. ऐसे कानून जो किन्हीं अन्य नियम-कानूनों के अधीन या आश्रित

हों।

उपासंग (सं.) [सं-पु.] 1. नज़दीकी; नैकट्य; सामीप्य 2. तरकश; निषंग।

उपासक (सं.) [वि.] उपासना करने वाला; आराधक; अनुयायी; भक्त। [सं-पु.] बुद्ध का पूजक गृहस्थ।

उपासना (सं.) [सं-स्त्री.] 1. किसी के पास बैठना 2. ईश्वर, देवता की आराधना; प्रार्थना; अर्चना; सेवा; भक्ति। [क्रि.-स.] पूजा-सेवा करना; आराधना करना। {ला.अ.} किसी वस्तु में होने वाली अत्यधिक अथवा उसी में बराबर लगे रहने की भावना।

उपासनीय (सं.) [वि.] 1. जो उपासना के योग्य हो 2. पूजनीय; पूज्य।

उपासा (सं.) [वि.] 1. जिसने उपवास कर रखा हो 2. जिसने कुछ भी न खाया हो 3. भोजन न मिलने के कारण जो भूखा हो। दे. उपवास।

उपासिका (सं.) [सं-स्त्री.] 1. उपासना या पूजा करने वाली स्त्री 2. बौद्ध धर्म की अनुयायी गृहस्थ स्त्री।

उपासी (सं.) [सं-स्त्री.] 1. जिस स्त्री ने उपवास कर रखा हो; निराहार 2. जिस स्त्री ने कुछ भी न खाया हो, जैसे- पति के भोजन करने की प्रतीक्षा में वह उपासी बैठी है।

उपास्थि (सं.) [सं-स्त्री.] 1. कोमल हड्डी; (कार्टिलेज) 2. एक नीले-सफ़ेद अथवा भूरे रंग का अर्धपारदर्शक तंतुमय संयोजी ऊतक।

उपास्य (सं.) [वि.] जिसकी पूजा की जाती हो; उपासना या आराधना करने योग्य; आराध्य; पूज्य।

उपाहार (सं.) [सं-पु.] हलका और थोड़ा भोजन; नाश्ता; जलपान; अल्पाहार।

उपेंद्र (सं.) [सं-पु.] 1. इंद्र के छोटे भाई का नाम 2. विष्णु 3. कृष्ण।

उपेक्षक (सं.) [वि.] 1. उपेक्षा करने वाला; अवहेलना करने वाला 2. विरक्त; अनुरागरहित; उदासीन।

उपेक्षणीय (सं.) [वि.] उपेक्षा के योग्य; उपेक्षा का पात्र; उपेक्ष्य।

उपेक्षा (सं.) [सं-स्त्री.] 1. किसी की इस प्रकार अवहेलना करना कि वह अपमानजनक प्रतीत हो; तिरस्कार; अनादर, जैसे- आलोचकों की उपेक्षा से दुखी साहित्यकार 2. जहाँ ध्यान देने की आवश्यकता हो, वहाँ ध्यान न देना; उदासीनता; लापरवाही, जैसे-स्वास्थ्य के नियमों की उपेक्षा।

उपेक्षित (सं.) [वि.] 1. उपेक्षा का शिकार; जिसकी उपेक्षा की गई हो; तिरस्कृत 2. जिसका समुचित आदर सम्मान न किया गया हो।

उपेक्ष्य (सं.) [वि.] उपेक्षणीय; उपेक्षा के योग्य।

उपोत्पाद (सं.) [सं-पु.] किसी पदार्थ के उत्पादन के क्रम में प्राप्त होने वाला अन्य उत्पादन; गौण उपज; उत्पाद से बचा उत्पाद; (बाइ-प्रॉडक्ट), जैसे- गन्ने को पेरकर रस निकालने की प्रक्रिया में निकले सूखे छिलके आदि जिनका उपयोग ईंधन के तौर पर होता है।

उपोद्घात (सं.) [सं-पु.] 1. पुस्तक के आरंभ का वक्तव्य; भूमिका; प्रस्तावना 2. (नव्य न्याय दर्शन) छह संगतियों में से एक।

उपोसथ (सं.) [सं-पु.] 1. निराहार व्रत या उपवास 2. वह व्रत जिसमें भोजन नहीं किया जाता मुख्यतः बौद्ध तथा जैन मतों में उपवास के लिए प्रयुक्त शब्द।

उफ़ (अ.) [अव्य.] 1. दुख; कष्ट; पछतावा या विस्मय जताने वाला उद्गार 2. हाय, आह, उह आदि की श्रेणी का विस्मय सूचक शब्द।

उफनना [क्रि-अ.] 1. दूध आदि का उबलकर ऊपर आना 2. {ला-अ.} व्यक्ति का आवेश में आना।

उफान [सं-पु.] 1. दूध आदि का उबाल; ऊपर उठना 2. {ला-अ.} किसी व्यक्ति के भावों का जोश में आना; भावातिरेक; उत्तेजन, जैसे- गुस्से का उफान।

उफ़ुक (अ.) [सं-पु.] दृष्टि की अंतिम सीमा पर का वह गोलाकार स्थान जहाँ आकाश और पृथ्वी दोनों मिले हुए जान पड़ते हैं; क्षितिज।

उबकना (सं.) [क्रि-अ.] जी मिचलाना; उबाक आना या होना।

उबकाई [सं-स्त्री.] मितली; मिचली; ऐसा महसूस होना कि उल्टी या कै होने ही वाली है।

उबटन (सं.) [सं-पु.] 1. आटा, बेसन, तेल, हल्दी, मलाई, चिरौंजी, बादाम आदि पदार्थों से बने विभिन्न प्रकार के लेप जो शरीर की मालिश के काम आते हैं 2. विवाह की एक रस्म जिसमें विवाह पूर्व वर-वधू दोनों को उबटन का लेप लगाया जाता है।

उबरना [क्रि-अ.] 1. किसी संकट या समस्या से मुक्त होना; छुटकारा पाना; मुक्ति पाना; निजात पाना 2. बाकी बचना; शेष रहना।

उबलना (सं.) [क्रि-अ.] 1. उबलने या खौलने की क्रिया; आग पर रखे हुए तरल पदार्थ का तेज़ गरम होने पर फेन के साथ ऊपर आना 2. उफनना; वेग से निकलना; उमड़ना 3. {ला-अ.} क्रोध, अभिमान आदि का आवेश होना।

उबसन (सं.) [सं-पु.] पत्ता या रस्सी से निर्मित वस्तु, जिससे बरतन साफ करते हैं; उकसन।

उबहन (सं.) [सं-पु.] कुएँ से पानी भरने की रस्सी।

उबहना (सं.) [क्रि-स.] 1. हथियार खींचना या उठाना 2. कहीं से पानी उलीचना 3. कुएँ से पानी खींचना 4. खेत जोतना। [क्रि-अ.] 1. ऊपर उठना; उभरना 2. प्रगट होना; खुलना।

उबाऊ [वि.] ऊब पैदा करने वाला; उबाने वाला।

उबाऊपन [सं-पु.] ऊबने की स्थिति या भाव; ऊबने की दशा।

उबाना [क्रि-स.] किसी के मन को अपनी बातों या व्यवहार से उकता देना; बोर करना।

उबारना [क्रि-स.] परेशानी या समस्या से बचाना, उद्धार करना।

उबारा [सं-पु.] पालतू पशुओं के पानी पीने के लिए कुओं के पास बनाया जाने वाला कुंड; चरही।

उबाल [सं-पु.] 1. उबलने की क्रिया 2. उफान; जोश 3. {ला-अ.} अभिमान, क्रोध आदि का आवेश।

उबालना (सं.) [क्रि-स.] 1. पानी, दूध आदि तरल पदार्थ को

आग पर रखकर इतना गरम करना कि वह फेन के साथ ऊपर उठ आए 2. खौलाना 3. चावल आलू आदि जैसे पदार्थों को पककर नर्म होने तक उबलने देना।

उबासी (सं.) [सं-स्त्री.] थकान, नींद आदि के कारण शरीर शिथिल होने पर मुँह फाड़कर ज़ोर से हवा अंदर खींचने की अनायास होने वाली क्रिया; जँभाई; जमुहाई।

उबेर [सं-पु.] 1. वर्षा के बाद आसमान का साफ होना 2. चारागाह; अड़ार; उबेरा; उमान।

उभय (सं.) [वि.] 1. दोनों 2. जिन दो का उल्लेख हो रहा हो।

उभय कथामुख (सं.) [सं-पु.] (पत्रकारिता) समाचार के भूत और भविष्य दोनों की चर्चा वाला कथामुख समाचार पत्र में शीर्षक का एक प्रकार।

उभयचर (सं.) [वि.] जल और स्थल दोनों में रहने वाला जीव, जैसे- कछुआ, मेढ़क आदि।

उभयतः (सं.) [क्रि.वि.] 1. दोनों प्रकार से 2. दोनों पक्षों से; दोनों ओर से।

उभयनिष्ठ (सं.) [वि.] 1. जिसकी निष्ठा दोनों पक्षों में हो 2. दोनों में सम्मलित होने वाला; (कॉमन)।

उभयमुखी (सं.) [वि.] 1. जिसके दोनों ओर मुख हों 2. जिस व्यक्ति की प्रवृत्ति या गति दो भिन्न दिशाओं में समान रूप से हो।

उभयलिंग (सं.) [सं-पु.] (व्याकरण) वह संज्ञा जिसका उपयोग स्त्रीलिंग और पुल्लिंग दोनों में होता है, हिंदी व्याकरण में उभय-लिंग नहीं होता।

उभयलिंगी (सं.) [वि.] ऐसे जीव ज़िनमें पुल्लिंग और स्त्रीलिंग दोनों के चिह्न या लक्षण हों, जैसे- केंचुआ।

उभयसंकट (सं.) [सं-पु.] 1. ऐसी स्थिति जिसमें दोनों ही ओर से संकट की संभावना या आशंका हो 2. जहाँ व्यक्ति के लिए दो विकल्पों में से एक चुनना कठिन हो; धर्मसंकट; (डायलेमा)।

उभयात्मक (सं.) [वि.] 1. दो पक्षों के योग से बना हुआ; जिसका संबंध दो पक्षों में दोनों से हो 2. दोनों प्रकारों या रूपों से युक्त।

उभयालंकार (सं.) [सं-पु.] ऐसा अलंकार जिसमें शब्दालंकार और अर्थालंकार दोनों का योग हो।

उभरना (सं.) [क्रि-अ.] 1. उकसना; नीचे के तल से उठ या निकलकर ऊपर आना 2. प्रकट होना; पैदा होना; उत्पन्न होना 3. दबी बातें खुलना; उजागर होना 4. विद्रोही प्रवृत्ति होना।

उभार [सं-पु.] 1. उभरने की क्रिया; उठान 2. उभरे हुए होने की अवस्था 3. फैलाव; उठाव 4. ऊँचाई; ऊँचापन 5. {ला-अ.} वृद्धि।

उभारदार (हिं.+फ़ा.) [वि.] 1. उभरा या उठा हुआ 2. फूला हुआ; सतह से उभरा हुआ।

उभारना [क्रि-स.] 1. किसी को उभरने के लिए प्रवृत्त करना; ऊपर लाना 2. बढ़ाना 3. उत्तेजित या उत्साहित करना; उकसाना।

उमंग (सं.) [सं-स्त्री.] 1. मन में होने वाला आनंद और उत्साह; उल्लास 2. चित्त का उभार; जोश; उल्लासपूर्ण आकांक्षा, जैसे- मन में आगे बढ़ने की उमंग 3. सुखदायक मनोवेग।

उमकना [क्रि-अ.] उल्लसित होना; उमंगना; जोश में आना। [क्रि-स.] उमगाना; उत्साहित करना; उमगने का कारण होना।

उमगना [क्रि-अ.] 1. उमंग से भरकर ऊपर उठना; उमड़ना 2. उल्लास में होना; हुलसना; जोश में आना।

उमड़-घुमड़ [क्रि.वि.] चारों ओर से घिरकर एकत्रित होना; छाना, जैसे- बादल उमड़-घुमड़ कर आ रहे हैं।

उमड़ना [क्रि-अ.] 1. नदी, तालाब आदि के पानी का आधिक्य के कारण ऊपर उठना, उतराकर बह चलना 2. उठकर फैलना; छाना; घेरना, जैसे- बादल उमड़ना 3. अधिक संख्या में आ जाना, जैसे- संगीत के कार्यक्रम में भीड़ उमड़ पड़ी। [मु.] - **घुमड़ना** : इधर-उधर चक्कर लगाना और छितराना।

उमदा (अ.) [वि.] दे. उम्दा।

उमर (अ.) [सं-स्त्री.] दे. उम्र।

उमरकैद (अ.) [सं-स्त्री.] दे. उम्रकैद।

उमरा (अ.) [सं-पु.] 'अमीर' का बहुवचन; अमीर या सरदार वर्ग के लोग; धनिक जन।

उमराव (अ.) [सं-पु.] ('अमीर' का बहुवचन) प्रतिष्ठित; अमीर; कुलीन समाज; धनिक; धनवान जन।

उमस (सं.) [सं-स्त्री.] वर्षा ऋतु की ऐसी गरमी जो हवा बंद हो जाने पर लगती है; बरसात की नमी युक्त गरमी।

उमसी [सं-स्त्री.] चने का रोग जिसमें फली नहीं आती।

उमा (सं.) [सं-स्त्री.] 1. हिमालय की पुत्री; पार्वती; गौरी; शिव की पत्नी 2. कांति; शोभा।

उमाकना [क्रि-स.] 1. उखाड़ या खोदकर फेंकना; उखड़ना 2. नष्ट करना।

उमाकांत (सं.) [सं-पु.] उमा अर्थात पार्वती के पति; उमेश; शंकर; शिव; महादेव।

उमासुत (सं.) [सं-पु.] 1. पार्वती के पुत्र 2. कार्तिकेय और गणेश।

उमाह [सं-पु.] मन में उत्पन्न होने वाला वह सुखदायक मनोवेग जो कोई प्रिय या अभीष्ट काम करने के लिए होता है; उमंग; तरंग; लहर।

उमेठना (सं.) [क्रि-स.] 1. कपड़े आदि किसी वस्तु को मरोड़ते हुए ऐंठना 2. वस्तु को इस प्रकार ऐंठना कि उसमें बल पड़ जाएँ 3. (किसी के कान) घुमाकर मरोड़ना।

उमेठवाँ [वि.] जिसमें उमेठन की तिरछी सलवटें पड़ी हों; ऐंठनदार।

उमेश (सं.) [सं-पु.] उमा अर्थात् पार्वती के पति; उमापति; उमाकांत; शंकर; महादेव; शिव।

उम्दगी (अ.+फ़ा.) [सं-स्त्री.] उम्दा या बढ़िया होने का गुण; ख़ूबी; श्रेष्ठता।

उम्दा (अ.) [वि.] 1. उत्तम; श्रेष्ठ; उमदा 2. अच्छा; बढ़िया।

उम्मत (अ.) [सं-स्त्री.] 1. किसी धर्म, ख़ास कर पैगंबरी धर्म के समस्त अनुयायी 2. धर्म समुदाय या समाज, जैसे- मुसलमान, यहूदी।

उम्मस [सं-स्त्री.] दे. उमस।

उम्मी (सं.) [सं-स्त्री.] जौ-गेहूँ की हरी बाली; हाबुस; उंबी।

उम्मीद (फ़ा.) [सं-स्त्री.] 1. आशा; अपेक्षा 2. आसरा; भरोसा;

सहारा।

उम्मीदवार (फ़ा.) [सं-पु.] 1. वह व्यक्ति जिसने किसी पद या नौकरी की आशा में उसके लिए अरज़ी दे रखी हो; नौकरी का प्रार्थी 2. चुनाव लड़ने वाला व्यक्ति; किसी पद पर चुने जाने का प्रत्याशी। [वि.] आशा या उम्मीद रखने वाला; आशान्वित।

उम्मीदवारी (फ़ा.) [सं-स्त्री.] उम्मीदवार होने का भाव; प्रत्याशी होना।

उम्मेद (फ़ा.) [सं-स्त्री.] दे. उम्मीद।

उम्र (अ.) [सं-स्त्री.] 1. वय; अवस्था, जैसे- इस बच्चे की उम्र पाँच वर्ष है 2. आयु; सारा जीवन-काल, जैसे- उन्होंने सारी उम्र काम किया 3. जन्म से लेकर अब तक का जीवन काल या बीता हुआ जीवन काल; उमर 4. वह अवधि जिसमें कोई वस्तु उपकरण आदि चालू हालत में या उपयोग में रहे, जैसे- इस मशीन की उम्र 15 वर्ष है, अर्थात् यह मशीन 15 वर्षों तक चलेगी।

उम्रदराज़ (अ.+फ़ा.) [वि.] लंबी उम्र वाला; वयोवृद्ध।

उयबाना [क्रि-अ.] जँभाना; जंभाई लेना।

उर (सं.) [सं-पु.] 1. हृदय; मन; चित्त, जैसे- उमंगें उर में लहराती हैं 2. छाती; सीना; वक्षस्थल, जैसे- उर पर लहराता उत्तरीय।

उरकुस्सी [सं-स्त्री.] पोस्ते के खेत में होने वाली एक प्रकार की घास; उखुस्सी।

उरग (सं.) [सं-पु.] साँप; सर्प; नाग; जो उर अर्थात छाती के बल चलता हो।

उरगारि (सं.) [सं-पु.] 1. साँपों का शत्रु; गरुड़ 2. एक अत्यंत सुंदर बड़ा पक्षी जिसकी पंखनुमा पूँछ लंबी होती है; मोर।

उरण (सं.) [सं-पु.] 1. भेड़ा; मेढ़ा 2. सौर मंडल का एक ग्रह; वरुण; (यूरेनस)।

उरद (सं.) [सं-पु.] 1. एक प्रकार की दाल; माष; माँह 2. वह पौधा जिसकी फलियों के दाने से यह दाल बनती है।

उरला [वि.] 1. इस तरफ़ का; इधर का 2. पीछे का; पिछला 3. 'परला' (उस तरफ़) का विलोम।

उरवारू [सं-पु.] दे. वार।

उरस्त्राण (सं.) [सं-पु.] युद्ध में छाती की रक्षा करने के लिए उस पर बाँधा जाने वाला कवच; बख़्तर।

उरहाना [वि.] नंगा; खुला; उबारा।

उरा (सं.) [सं-स्त्री.] सौर जगत का वह ग्रह जिसपर हम लोग निवास करते हैं; पृथ्वी; धरती।

उरु (सं.) [सं-पु.] कमर के नीचे और घुटनों के ऊपर का अंग; जंघा; जाँघ। [वि.] 1. लंबा-चौड़ा; विस्तृत 2. विशाल; बड़ा।

उरूज (अ.) [सं-पु.] 1. उन्नति; उत्थान 2. ऊपर उठना; चढ़ना 3. शीर्ष बिंदु, जैसे- उसकी तकदीर का सितारा अभी उरूज पर है 4. वृद्धि; बढ़ती।

उरेब (फ़ा.) [वि.] 1. टेढ़ा; तिरछा 2. धूर्तता और कपटपूर्ण।

उरेहना [क्रि-स.] 1. तस्वीर बनाना; चित्र आँकना 2. आलेखन।

उरोज (सं.) [सं-पु.] स्त्री की छाती; स्तन; वक्ष; कुच; पयोधर।

उरोस्थि (सं.) [सं-स्त्री.] उरोज या वक्ष के पास की हड्डी जो पसलियों को परस्पर जोड़ती है; (स्टर्नम)।

उर्दू (तु.) [सं-स्त्री.] भाषा; ऐसी हिंदी जिसमें अरबी-फ़ारसी भाषा के शब्द अधिक मात्रा में होते हैं और जो फ़ारसी लिपि में लिखी जाती है। [सं-पु.] 1. लश्कर या छावनी का बाज़ार; बाज़ार 2. सेनावास 3. फ़ौजी छावनी या पड़ाव।

उर्दू-ए-मुअल्ला (तु.+अ.) [सं-स्त्री.] 1. परिष्कृत-परिनिष्ठित उर्दू भाषा; टकसाली उर्दू 2. दरबार या कचहरी की भाषा।

उर्फ़ (अ.) [सं-पु.] 1. पुकारने का नाम; उपनाम 2. मुख्य नाम के अतिरिक्त दूसरा छोटा या चलतू नाम; उपाख्य, जैसे- 'दिनकर', 'निराला', 'उग्र' आदि।

उर्मि (सं.) [सं-स्त्री.] छोटी लहर; तरंग।

उर्मिल (सं.) [वि.] 1. जिस जल में छोटी-छोटी लहरें उठ रही हों 2. लहरदार; चुन्नटदार (वस्त्र)।

उर्मिला (सं.) [सं-स्त्री.] (रामायण) राजा जनक की पुत्री जिसका विवाह लक्ष्मण के साथ हुआ था।

उर्वर (सं.) [वि.] 1. उपजाऊ (भूमि); अधिक उत्पादन-शक्तिवाली (ज़मीन); (फ़र्टाइल) 2. {ला-अ.} जिस दिमाग में नए-नए और उपयोगी विचार आते हैं।

उर्वरक (सं.) [सं-पु.] 1. खाद जो खेतों की उपज बढ़ाती है 2. वे प्रकृतिदत्त वस्तुएँ जो खाद का काम करती हैं, जैसे- गोबर, सड़े पत्ते आदि।

उर्वरता (सं.) [सं-स्त्री.] उर्वर होने की अवस्था; उपजाऊपन।

उर्वरा (सं.) [वि.] उर्वर; उपजाऊ [सं-स्त्री.] 1. उर्वर भूमि; उपजाऊ भूमि 2. पृथ्वी; भूमि; ज़मीन 3. एक अप्सरा का नाम।

उर्वरीकरण (सं.) [सं-पु.] बंजर भूमि को उर्वर बनाने की प्रक्रिया।

उर्वशी (सं.) [सं-स्त्री.] 1. (पुराण) इंद्रलोक की एक अप्सरा जिसका विवाह राजा पुरूरवा से हुआ था 2. एक प्राचीन तीर्थ।

उर्वी (सं.) [सं-स्त्री.] 1. पृथ्वी; धरती; भूमि; ज़मीन 2. विस्तृत तल या क्षेत्र। [वि.] 1. विस्तृत; विशाल 2. सपाट।

उर्वीजा (सं.) [सं-स्त्री.] सीता; जानकी। [वि.] {अ-अ.} पृथ्वी से उत्पन्न; जिसका जन्म पृथ्वी से हुआ हो (केवल स्त्रीलिंग संज्ञा शब्दों के साथ)।

उर्वीश (सं.) [सं-पु.] पृथ्वी का स्वामी; राजा।

उर्स (अ.) [सं-पु.] 1. मुसलमानों में किसी संत की निधन-तिथि पर होने वाला समारोह; मुसलमान पीर का वार्षिकोत्सव 2. निधन की मजलिस या शादी वगैरह के मौकों पर दिया जाने वाला भोज।

उलंघना [क्रि-स.] 1. लाँघना 2. किसी आदेश या आज्ञा का उल्लंघन करना या उसके प्रतिकूल व्यवहार करना।

उलझन [सं-स्त्री.] 1. किन्हीं दो या अधिक वस्तुओं, एक वस्तु के विभिन्न अंगों या धागे जैसी एक वस्तु के विभिन्न हिस्सों के परस्पर लिपटने और फँसने से बनी गुत्थी या गाँठें; अटकाव 2. उलझने की क्रिया या भाव 3. झगड़े-झंझट की स्थिति 4. किसी निष्कर्ष पर न पहुँचने का भाव; असमंजस; दुविधा की स्थिति 5. बाधा; समस्या; कठिनाई 6. चिंता; फ़िक्र।

उलझना [क्रि-अ.] 1. अनावश्यक ही किसी घटना या विवाद में लिप्त होने की क्रिया; 'सुलझना' का विलोम 2. फँस जाना 3.

अटक जाना 4. आसक्त होना; लीन होना।

उलझा [सं-पु.] दे. उलझन।

उलझाना [क्रि-स.] 1. फँसाना; लगाए रखना, जैसे- बातों में उलझाना 2. लोगों को आपस में लड़ाना, जैसे- उसे लोगों को उलझाने में बड़ा मज़ा आता है।

उलझाव [सं-पु.] 1. बखेड़ा 2. उलझन।

उलझौंहाँ [वि.] 1. जिसकी प्रवृत्ति उलझने या उलझाने की हो 2. फँसाने वाला 3. लुभाने वाला 4. लड़ाई-झगड़ा करने या कराने वाला; झगड़ालू।

उलट-पलट [सं-स्त्री.] निश्चत स्थान या क्रम से इधर-उधर कर देने की क्रिया; अव्यवस्थित होना।

उलट-फेर [सं-पु.] परिवर्तन; बदलाव; क्रांति।

उलटकंबल [सं-पु.] एक पौधा या झाड़ी जो हिंदुस्तान के गरम भागों में पनीली भूमि में होती है।

उलटना [क्रि-अ.] 1. ऊपर का नीचे, नीचे का ऊपर होना; औंधा होना 2. ऊपर नीचे होना; घूमना; पलटना 3. पीछे की ओर पलटना; मुड़ना 4. लुढ़कना 5.सीधा का विपरीत दिशा या स्थिति में जाना या होना; स्थिति विपरीत होना।

उलटना-पुलटना [क्रि-स.] 1. किसी वस्तु या वस्तुओं को ऊपर-नीचे या इधर-उधर करना 2. अस्त-व्यस्त करना 3. गड़बड़ करना 4. परिवर्तन करना 5. पुस्तक आदि के पृष्ठों को आगे-पीछे करना।

उलटबाँसी [सं-स्त्री.] सीधी बात को टेढ़े ढंग से कहना; जिस कथन में असंभवता या अंतर्विरोध प्रतीत हो किंतु वास्तव में कोई गहरा अर्थ छिपा हो, जैसे- 'बरसै कंबल, भीजै पानी' (कबीरदास)।

उलटा [वि.] 1. जो सीधा न हो 2. औंधा 3. क्रम-विरुद्ध; इधर का उधर 4. विरुद्ध; विपरीत 5. विलोम; विपर्यय 5. अनुचित; अयुक्त। [क्रि.वि.] 1. विरुद्ध क्रम से 2. व्यवस्था के विपरीत।

उलटा-पुलटा [वि.] 1. बेसिर-पैर का; क्रमविहीन 2. इधर का उधर; अंडबंड।

उलटा-पुलटी [सं-स्त्री.] उलट-पलट।

उलटा धरवा [सं-पु.] पश्चिम से आने वाला बादल।

उलटाना [क्रि-स.] 1. पलटाना; लौटाना 2. उलट देना; औंधा करना 3. लुढ़काना 4. पीछे फेरना।

उलटाव [सं-पु.] 1. उलटने की क्रिया या भाव 2. पीछे की ओर पलटने या लौटने की क्रिया या स्थिति 3. फेर; बदलाव।

उलटी [सं-स्त्री.] 1. वमन; कै 2. पलटी; कलाबाज़ी [वि.] उलटा का स्त्रीलिंग रूप। [मु.] **-साँस चलना** : मरणासन्न होना। **-गंगा बहना** : अनहोनी होना। **-माला फेरना** : किसी का अहित करना। **-सीधी सुनाना** : भला-बुरा कहना।

उलटे [अव्य.] 1. विपरीत दिशा या स्थिति में 2. विपरीत व्यवस्था से; विरुद्ध न्याय से, जैसे- उसे मदद करनी चाहिए थी, उलटे उसने धोखा दिया 3. जैसा होना चाहिए उसका विपरीत; क्रम, नियम, प्रथा आदि के विपरीत।

उलथा [सं-पु.] 1. नृत्य में ताल के साथ उछल-उछल कर घूमने की क्रिया 2. कलाबाज़ी 3. करवट।

उलफ़त (अ.) [सं-स्त्री.] प्यार; मुहब्बत; स्नेह; प्रेम; प्रीति।

उलमा (अ.) [सं-पु.] (आलिम का बहुवचन) विद्वान जन।

उलरूवा [सं-पु.] 1. पीछे की ओर होने वाला झुकाव। [वि.] उलार; पीछे की ओर झुका हुआ।

उलवा [वि.] 1. उबाला या भूना हुआ 2. हल्की आँच पर भूनकर दला हुआ।

उलाँक [सं-पु.] बड़ी नाव, जिसमें एक लंबा नुकीला सिरा पानी के बाहर निकला रहता है।

उलाँघना [क्रि-स.] 1. आज्ञा का उल्लंघन करना; न मानना 2. लाँघना, जैसे- हनुमान समुद्र लाँघ गए।

उलार [सं-पु.] बोझ के कारण पीछे की ओर होने वाला झुकाव। [वि.] असंतुलित बोझ से पीछे की ओर झुका हुआ, जैसे- पीछे ज़्यादा लोगों के चढ़ जाने से ताँगा उलार हो गया।

उलावल [सं-स्त्री.] 1. उबाला या भूना हुआ अनाज 2.हलके भूनकर दली हुई दाल।

उलाहना [सं-पु.] उपालंभ; प्यार भरी शिकायत। [क्रि-स.] शिकवा करना; दोष देना।

उलिंद (सं.) [सं-पु.] 1. शिव 2. एक प्राचीन देश का नाम।

उलीचना (सं.) [क्रि-स.] जल भरे पात्र को हाथ, किसी पात्र या मशीन द्वारा खाली करना, जैसे- नाव से पानी उलीचना।

उलूक (सं.) [सं-पु.] 1. उल्लू नाम का पक्षी; घुग्घू 2. इंद्र 3. कणाद ऋषि का एक नाम।

उलूक दर्शन (सं.) [सं-पु.] कणाद ऋषि का दर्शन, जो वैशेषिक दर्शन कहलाता है।

उलूखल (सं.) [सं-पु.] 1. लकड़ी का बना एक लंबा गहरा बरतन जिसमें मूसल नामक मोटे लंबे सोंटे से अनाज मसाले आदि कूटे जाते हैं; ओखली; ऊखल 2. खल; खरल।

उलूम (अ.) [सं-पु.] (इल्म का बहुवचन) अनेक प्रकार के इल्म या शास्त्र; विद्याएँ।

उल्का (सं.) [सं-स्त्री.] 1. आकाशीय पिंडों से टूटकर धरती पर आ गिरने वाले पत्थरों या चट्टानों जैसे खंड जिनके धरती के वातावरण में प्रवेश करने पर घर्षण के कारण प्रकाश की लकीर-सी बन जाती है; टूटते हुए तारे 2. प्रकाश के लिए जलाई गई लकड़ी; मशाल 3. रोशनी 4. तेज 5. मशाल 6. दीपक; दीया।

उल्कापात (सं.) [सं-पु.] 1. आकाश से उल्काओं का गिरना 2. तारा टूटना 3. {ला-अ.} उत्पात; विघ्न बाधा।

उल्काश्म (सं.) [सं-पु.] पृथ्वी पर गिरी हुई उल्का जो पत्थरों जैसी दिखाई देती है।

उल्टा-सीधा [क्रि.वि.] अस्त-व्यस्त; इधर-उधर, जैसे- सारा कमरा उलटा-सीधा हो गया 2. बकवास; अनुचित ढंग से बोलना, जैसे- वह कुछ भी उलटा-सीधा बोलता रहता है।

उल्टामौरिया [सं-पु.] ऊपर जाकर मिले सींगों वाला बैल; मौरा।

उल्टी [सं-पु.] वह व्यक्ति जो नियम भंग करने के कारण खेल खेलने से वंचित कर दिया जाए।

उल्था [सं-पु.] एक भाषा से दूसरी भाषा में किया गया अनुवाद; भाषांतर; तरजुमा; (ट्रांसलेशन)।

उल्दी [सं-स्त्री.] काठ का कटोरा।

उल्फ़त (अ.) [सं-स्त्री.] 1. वह मनोवृत्ति जो किसी को बहुत अच्छा समझकर सदा उसके साथ या पास रहने की प्रेरणा देती है; प्रेम; प्यार; इश्क; प्रीति 2. दोस्तों या मित्रों में होने वाला पारस्परिक संबंध; मित्रता; दोस्ती; याराना।

उल्ल-उल्लू [सं-पु.] 1. बेवकूफ; मूर्ख 2. शर्मिला।

उल्ल-मेल्ह [सं-पु.] उद्विग्नता; बेचैनी।

उल्लंघन (सं.) [सं-पु.] 1. किसी निश्चित व्यवस्था, निर्देश, नियम या विधि के विरुद्ध जाना 2. अपने लिए हुए निश्चय या प्रतिज्ञा को तोड़ना 3. सीमा का अतिक्रमण करना; लाँघना।

उल्लंघित (सं.) [वि.] 1. जिस बात या आज्ञा का जान-बूझकर पालन न किया गया हो 2. वह अधिकार या कार्यक्षेत्र जिसमें अनुचित रूप से प्रवेश किया गया हो।

उल्लसन (सं.) [सं-पु.] 1. उल्लसित होना; अत्यधिक प्रसन्न होना 2. चमकना 3. सुशोभित होना 4. आनंद के कारण होने वाला रोमांच।

उल्लसित (सं.) [वि.] 1. मुदित; प्रफुल्लित; आनंदित 2. प्रकाशित; चमकता हुआ; निकला हुआ (खड्ग) 3. पुलकित; रोमांचित।

उल्लाप (सं.) [सं-पु.] 1. चापलूसी; चाटुकारी 2. अपमानकारक शब्द 3. चीख-पुकार; आर्तनाद 4. रोग या भावावेश के कारण परिवर्तित स्वर 5. ऊँचे स्वर से बुलाना; पुकारना 6. मुँह देखी बात करना।

उल्लापक (सं.) [वि.] 1. उल्लाप करने वाला 2. ख़ुशामदी; चाटुकार।

उल्लाला (सं.) [सं-पु.] (काव्यशास्त्र) एक मात्रिक छंद जिसके प्रत्येक चरण में 13-13 मात्राएँ होती हैं।

उल्लास (सं.) [सं-पु.] 1. हर्ष; प्रसन्नता; आनंद 2. प्रकाश; झलक; चमक 3. ग्रंथ का अध्याय, पर्व या प्रकरण 4. रोमांच; पुलक 5. एक अलंकार जिसमें एक के गुण-दोषों से दूसरे के गुण-दोषों को बतलाया जाता है 6. ग्रंथ का एक भाग।

उल्लासक (सं.) [वि.] 1. प्रसन्नता या ख़ुशी देने वाला 2. उल्लास या हर्ष उत्पन्न करने वाला।

उल्लिखित (सं.) [वि.] 1. जिसका उल्लेख पहले हो चुका हो 2. पत्थर या अन्य किसी कठोर सतह पर खोदकर चित्रित किया हुआ; उत्कीर्ण 3. लिखित; चित्रित।

उल्लू (सं.) [सं-पु.] 1. उलूक पक्षी जो प्राय: उजाड़ जगहों में रहता है तथा जिसे दिन में दिखाई नहीं देता; धन की देवी लक्ष्मी का वाहन 2. {ला-अ.} बहुत मूर्ख व्यक्ति; बेवकूफ़। [मु.] **-सीधा करना** : अपना स्वार्थ सिद्ध करना।

उल्लेख (सं.) [सं-पु.] 1. वर्णन; चर्चा; ज़िक्र 2. लिखने की क्रिया; लिखाई; लिखना 3. चित्र खींचना 4. (साहित्य) एक अलंकार जिसमें विषय या द्रष्टा के भिन्न होने पर एक ही वस्तु के भिन्न-भिन्न रूपों में दिखाई देने का वर्णन होता है।

उल्लेखन (सं.) [सं-पु.] 1. उल्लेख करना 2. लिखना या वर्णन करना 3. चित्र आँकना।

उल्लेखनीय (सं.) [वि.] 1. जिसका उल्लेख करना आवश्यक या उचित हो; उल्लेख करने योग्य 2. लिखे जाने के योग्य।

उल्लेख्य (सं.) [वि.] उल्लेखनीय।

उल्लोल (सं.) [वि.] अति चंचल। [सं-पु.] लहर; हिलोर; तरंग।

उल्व (सं.) [सं-पु.] 1. वह झिल्ली जिसमें बच्चा बँधा हुआ गर्भाशय से निकलता है, आँवल 2. गर्भाशय।

उवादा [सं-स्त्री.] विदाई-पुत्र (गौने हेतु)।

उवारी [सं-स्त्री.] कर; महसूल; मालगुजारी।

उशना (सं.) [सं-पु.] शुक्राचार्य।

उशीर (सं.) [सं-पु.] गाँड़र नामक एक प्रकार की घास की जड़ जो अत्यंत सुगंधित होती है और जिसे सुखाकर अनेक कामों में लाया जाता है; खस जिसकी चिलमन (चिक), शरबत आदि बनते हैं।

उषसी (सं.) [सं-स्त्री.] संध्या का समय; सांध्य वेला।

उषा (सं.) [सं-स्त्री.] 1. सुबह होने के कुछ पहले का मंद प्रकाश; भोर; प्रभात; तड़का; ब्रह्म वेला 2. अरुणोदय की लाली 3. बाणासुर की कन्या जिसका विवाह अनिरुद्ध से हुआ था।

उषाकाल (सं.) [सं-पु.] सुबह या भोर की बेला; प्रभात; तड़का; सवेरा।

उषागान (सं.) [सं-पु.] सुबह के समय होने वाला गायन; प्रभाती।

उष्ट्र (सं.) [सं-पु.] एक ऊँचा चौपाया जो सवारी औरं बोझ लादने के काम आता है और अधिकतर रेगिस्तान में पाया जाता है; ऊँट।

उष्ण (सं.) [वि.] 1. जो ताप उत्पन्न करे; गरम; तप्त 2. गरम तासीर वाला; तीखा 3. चतुर 4. जो क्रोध, प्रेम आदि भावों के प्रभाव में हो। [सं-पु.] 1. ग्रीष्म ऋतु 2. धूप 3. प्याज़ 4. गहरी लंबी साँस।

उष्ण-कटिबंध (सं.) [सं-पु.] पृथ्वी का वह भू-भाग जो कर्क और मकर रेखाओं के बीच में पड़ता है तथा जिसमें बहुत अधिक गरमी पड़ती है।

उष्णता (सं.) [सं-स्त्री.] तपन; गरमी; ताप; उष्ण होने का गुण या भाव।

उष्णांक (सं.) [सं-पु.] दे. उष्मांक।

उष्णीष (सं.) [सं-पु.] 1. पगड़ी; साफा 2. मुकुट; ताज।

उष्म (सं.) [सं-पु.] दे. उष्मा।

उष्मज (सं.) [सं-पु.] 1. गंदगी से पैदा होने वाले कीड़े, जैसे- खटमल, मच्छर 2. पसीने से उत्पन्न कीट, जैसे- जूँ। [वि.] गरमी से उत्पन्न।

उष्मा (सं.) [सं-स्त्री.] 1. ताप; गरमी 2. धूप।

उष्मांक (सं.) [सं-पु.] ताप की इकाई; कैलोरी।

उष्माघात (सं.) [सं-पु.] कड़ी धूप से होने वाला विकार; ग्रीष्माघात; लू-लगना; (हीटस्ट्रोक; सनस्ट्रोक)।

उस (सं.) [सर्व.] 1. (व्याकरण) 'वह' सर्वनाम का तिर्यक रूप अर्थात किसी परसर्ग के पहले आने वाला रूप, जैसे- उसने, उसका, उससे आदि 2. एक सार्वनामिक विशेषण।

उसकन (सं.) [सं-पु.] एक प्रकार की छाल या घास जिससे

बरतन माँजते हैं; जूना; कूचा।

उसकल [क्रि-अ.] 1. ऊपर की ओर उठना; उकसना 2. ऊँचा होना (दीपक की बत्ती) 3. अपने स्थान से आँतों का हट जाना।

उसकार [सं-पु.] 1. उत्प्रेरण 2. प्रारंभ (झगड़ा)।

उसठ [वि.] जिसमें रस न हो; नीरस।

उसनना [क्रि-स.] उबालना; पकाना।

उसरल [क्रि-अ.] किसी काम का पूरा होना 2. मेला या बाज़ार का समाप्त होना।

उसराऊँ [वि.] शीघ्र हो जाने वाला काम।

उसरौड़ी [सं-स्त्री.] 1. एक चिड़िया 2. ऊसर में उगने वाली एक प्रकार की घास जो सुख जाने के बाद कड़ी हो जाती है और पैरों में चुभती हैं।

उसाँस (सं.) [सं-पु.] 1. ऊपर को खींची गई गहरी साँस; उच्छ्वास; उसास 2. किसी मानसिक कष्ट के कारण ली गई गहरी साँस।

उसारना [क्रि-स.] 1. हटाना; दूर करना; टालना 2. बनाकर खड़ा या तैयार करना 3. बाहर निकालना।

उसाव [क्रि-स.] किसी काम को खत्म करना; कारोबार को समेटना।

उसास (सं.) [सं-स्त्री.] दे. उसाँस।

उसिना [वि.] उबाला हुआ (धान); उबाले धान का चावल या चूड़ा; उसना।

उसिल [सं-पु.] ढीला।

उसूल (अ.) [सं-पु.] सिद्धांत; नियम।

उसूलन (अ.) [क्रि.वि.] नियम या कायदे के अनुसार; सिद्धांततः।

उसूली (अ.) [वि.] 1. उसूल संबंधी; उसूल का 2. सैद्धांतिक 3. उसूल का पालन करने वाला।

उस्तरा (फ़ा.) [सं-पु.] बाल मूँड़ने का तेज़ धार वाला उपकरण; नाई की छुरी।

उस्ताद (फ़ा.) [सं-पु.] 1. फ़ारसी और उर्दू में गुरु के लिए प्रयोग किया जाने वाला शब्द 2. फ़न में प्रवीण; दक्ष; चतुर जैसे- वे अपने फ़न के उस्ताद हैं 3. गायन, नृत्य आदि कलाओं की शिक्षा देने वाला।

उस्तादी (फ़ा.) [सं-स्त्री.] 1. उस्ताद या गुरु होने की क़ाबिलियत 2. शिक्षण-वृत्ति 3. {व्यं-अ.} चतुराई; चालाकी; धूर्तता।

उस्तानी (फ़ा.) [सं-स्त्री.] 1. उस्ताद की पत्नी; गुरुआइन 2. शिक्षिका; अध्यापिका।

उस्त्रा [सं-पु.] ओसरि गाय।

उहूँ [अव्य.] मुँह लगभग बंद करके उच्चरित ध्वनि जिसका आशय असहमति या इनकार सूचक होता है।

ऊ

ऊ हिंदी वर्णमाला का स्वर वर्ण। उच्चारण की दृष्टि से यह उच्चतर-उच्च, पश्च, गोलित, दीर्घ स्वर है। यह 'उ' का दीर्घ रूप नहीं है, क्योंकि 'उ' तथा 'ऊ' में न केवल मात्रा का, वरन उच्चारण स्थान का भी अंतर है। [सं.पु.] 1. महादेव 2. चंद्रमा 3. ब्रह्मा 4. वाक्यारंभ 5. रक्षा 6. बंधन 7. मोक्ष 8. प्रधान (अव्यय) अभी (सर्व.) वह।

ऊंख [सं-पु.] दे. ऊख।

ऊँघ (सं.) [सं-स्त्री.] उँघाई; नींद आने जैसी तंद्रायुक्त अवस्था (ऊँघने की क्रिया) में होना; झपकी।

ऊँघना [क्रि-अ.] 1. झपकी लेना; उनींदा होना; नींद में झूमना 2. {ला-अ.} ढिलाई से काम करना।

ऊँच (सं.) [सं-पु.] वह जो उत्तम जाति या कुल का हो; कुलीन। [वि.] ऊपर उठा हुआ।

ऊँच-नीच (सं.) [सं-पु.] भला-बुरा; उचित-अनुचित, जैसे- सँभलकर रहो, कहीं कुछ ऊँच-नीच न हो जाए, या पिता ने पुत्र को व्यापार का सारा ऊँच-नीच समझा दिया।

ऊँचा (सं.) [वि.] 1. सामान्य से उन्नत; ऊपर उठा हुआ; वह जो दूर तक ऊपर की ओर गया हो 2. उठा हुआ; उन्नत 3. बुलंद 4. लंबा 5. पद, अधिकार, मान आदि के विचार से औरों से बढ़ा हुआ 6. उत्तम; श्रेष्ठ 7. उदात्त 8. ज़ोर का या तीव्र स्वर 9. संपन्न और प्रतिष्ठित। [मु.] **-ऊँचा सुनना** : कम सुनना; केवल ज़ोर की आवाज सुनना; **-(ची) दुकान फीकी पकवान** : नाम के अनुरूप काम, गुण आदि न होना।

ऊँचा-नीचा [वि.] 1. जो समतल न हो बल्कि कहीं ऊँचा और कहीं नीचा हो; ऊबड़-खाबड़ 2. हानि-लाभ या 'भले-बुरे से युक्त; ऊँच-नीच 3. खरा-खोटा।

ऊँचाई (सं.) [सं-स्त्री.] 1. उच्चता; बुलंदी 2. {ला-अ.} बड़ाई; बड़प्पन 3. {ला-अ.} गौरव।

ऊँचे [क्रि.वि.] ऊँचाई पर; ऊपर की ओर। [मु.] **-नीचे पैर पड़ना** : गलत काम में पड़ना; भ्रष्ट होना।

ऊँछना [क्रि-स.] बाल सुलझाना; बालों में कंघी करना; बाल सँवारना; ओंछना।

ऊँट (सं.) [सं-पु.] 1. उष्ट्र; रेगिस्तान में बहुतायत से पाया जाने वाला जानवर जो वहाँ आसानी से दौड़ सकता है 2. रेगिस्तान में सवारी करने या बोझा ढोने के काम में लिया जाने वाला पशु; रेगिस्तानी जहाज़; शुतुर। [मु.] **-किस करवट बैठता है** : देखिये, मामले का क्या नतीजा होता है। **-के मुँह में जीरा** : अधिक खाने वाले को या आवश्यकता वाले को थोड़ी चीज देना।

ऊँटनी [सं-स्त्री.] मादा ऊँट।

ऊँटवान [वि.] वह व्यक्ति जो ऊँट चलाता हो।

ऊँड़ेलना [क्रि-स.] 1. किसी पात्र को झुका कर उसके अंदर की ठोस या तरल वस्तु को बाहर निकालने की क्रिया; उलटना 2. पात्र या बरतन की चीज़ को जल्दी से नीचे गिरा देना।

ऊँहूँ [क्रि.वि.] दे. उहूँ।

ऊकारांत [वि.] जिस शब्द के अंत में 'ऊ' ध्वनि हो, जैसे- भालू, चाकू आदि।

ऊख (सं.) [सं-पु.] घास या सरकंडे की प्रजाति का एक पौधा जिसके रस से गुड़ और चीनी बनाई जाती है; ईख; गन्ना।

ऊखल (सं.) [सं-पु.] पत्थर, काठ आदि का बना एक पात्र जिसमें धान आदि मूसल से कूटते हैं; ओखली; उलूखल। [मु.] **-में सिर देना** : जानबूझकर किसी परेशानी या जोखिम के काम में पड़ना।

ऊज [सं-पु.] 1. उपद्रव 2. अंधेर।

ऊजड़ [वि.] वीरान; निर्जन; उजड़ा हुआ।

ऊटपटाँग [वि.] 1. असंगत; बेतुका 2. अटपटा; टेढ़ा-मेढ़ा; बेढंगा; बेमेल 3. उलटा-पुलटा; अनाप-शनाप; ऊल-जलूल 4. निरर्थक; व्यर्थ का 5. क्रमहीन 6. बे सिर-पैर का।

ऊड़ी [सं-स्त्री.] 1. पनडुब्बी नामक चिड़िया 2. एक प्रकार की चरखी; तकुआ जो सूत कातने के काम आता है 3. गोता।

ऊढ़ (सं.) [वि.] जिसका विवाह हुआ हो।

ऊढ़ा (सं.) [सं-स्त्री.] 1. विवाहित स्त्री; विवाहिता 2. (साहित्य) वह नायिका जो पर-पुरुष से प्रेम करती है; परकीया नायिका।

ऊत (सं.) [वि.] 1. संतानहीन; पुत्रहीन 2. मूढ़; उजड्ड; मूर्ख।

ऊतक (सं.) [सं-पु.] (जीवविज्ञान) वनस्पतियों या जंतुओं के शरीर में एक ही प्रकार की संरचना और कार्य करने वाली कोशिकाओं का समूह; (टिशू)।

ऊतकविज्ञान (सं.) [सं-पु.] 1. (जीवविज्ञान) कोशिकाओं और ऊतकों की सूक्ष्म रचना, कार्य तथा प्रकार आदि का अध्ययन करने वाला विज्ञान; औतिकी; (हिस्टोलॉजी)।

ऊति (सं.) [सं-स्त्री.] 1. बुनाई; सिलाई; सीने-पिरोने का काम 2. सिलाई का पारिश्रमिक 3. बुनावट 4. सहायता 5. अभिलाषा; इच्छा 6. रक्षा; हिफ़ाज़त 7. उन्नति 8. आनंद।

ऊद (अ.) [सं-पु.] 1. अगर नामक वृक्ष 2. उक्त वृक्ष की सुगंधित लकड़ी 2. एक वाद्य जिसे बरबत भी कहते हैं 4. ऊदबिलाव।

ऊदबिलाव (सं.) [सं-पु.] 1. जल में रहने वाला बिल्ली के

आकार का एक प्राणी, यह नदी, झील और समुद्र के किनारे पर छोटी-सी माँद बनाकर रहता है; जलमार्जार 2. {ला-अ.} बुद्धू; मूर्ख।

ऊदल [सं-पु.] 1. आल्हाखंड के अनुसार महोबा राज्य के राजा परमाल का एक वीर सेनापति जो वीर आल्हा का छोटा भाई था; उदय सिंह का लोकप्रिय नाम 2. एक प्रकार का पहाड़ी वृक्ष।

ऊदा (सं.) [सं-पु.] 1. बैंगनी रंग 2. बैंगनी रंग का घोड़ा। [वि.] ललाई लिए हुए बैंगनी या काले रंग का; जामुनी (जामुन के रंग जैसा)।

ऊधम (सं.) [सं-पु.] 1. हो-हल्ला; शोरगुल; धूम 2. बच्चों का उत्पात; उपद्रव 3. शरारत; हुल्लड़।

ऊधमी [वि.] 1. ऊधम मचाने वाला 2. उत्पाती; उपद्रवी 3. शरारती; नटखट; शैतान।

ऊधो (सं.) [सं-पु.] उद्धव; कृष्ण के एक सखा जो गोपियों को निर्गुण ब्रह्म का ज्ञान देने के लिए मथुरा से गोकुल भेजे गए थे।

ऊन (सं.) [सं-पु.] 1. भेड़ व अन्य जानवरों के कोमल बालों से तैयार एक प्रकार का धागा, जिससे गरम कपड़े तैयार किए जाते हैं 2. पशुओं के शरीर के नरम बाल; रोम। [वि.] 1. न्यून; छोटा 2. घटिया; कमतर; बुरा।

ऊनता (सं.) [सं-स्त्री.] 1. न्यूनता; कमी; त्रुटि 2. घाटा 3. अभाव।

ऊना [वि.] 1. कम; थोड़ा; न्यून 2. अपूर्ण; अधूरा 3. हीन; तुच्छ।

ऊनी [वि.] 1. ऊन से बना हुआ, जैसे- ऊनी कंबल 2. ऊन के धागे का बुना हुआ, जैसे- ऊनी स्वेटर।

ऊपर (सं.) [क्रि.वि.] 1. आकाश की ओर; ऊर्ध्व दिशा में 2. ऊँचे स्थान पर; ऊँचाई पर 3. पद, मर्यादा आदि के विचार से उच्च स्थिति 4. अधिक; ज़्यादा, जैसे- इस वस्तु का पाँच रुपये से ऊपर एक पैसा नहीं मिलेगा। 5. अतिरिक्त; सिवा, जैसे- सौ के ऊपर ग्यारह रुपए और दो 6. स्थान या स्थिति, जैसे- मेज़ के ऊपर रखी किताब 7. उत्तरदायित्व के रूप में, जैसे- तुम्हारे ऊपर पढ़ाई का दबाव है 8. वस्तु या व्यक्ति का बाहरी रूप, जैसे- ऊपर से सब अच्छे लगते हैं। [मु.] **-उठना** : विकास या तरक्की करना। **-चढ़ाना** : उन्नति कराना; सम्मान देना; झूठी बड़ाई करके किसी को मूर्ख बनाना। **-लेना** : जिम्मेदारी लेना। **-होना** : पद या अधिकार में बड़ा होना।

ऊपर-नीचे [क्रि.वि.] 1. परस्पर ऊपर और नीचे की स्थिति 2. आगे-पीछे पैदा हुए 3. ऊपर-तले; एक के पीछे एक।

ऊपरी [वि.] 1. ऊपर का 2. बाहर का; बाहरी 3. औपचारिक; दिखावे का, जैसे- ऊपरी शिष्टाचार 4. सतही; अगंभीर। [मु.] **-माल या आमदनी** : मासिक वेतन के अलावा अतिरिक्त आय; बेईमानी या रिश्वत से अर्जित की गई आय।

ऊब [सं-स्त्री.] 1. ऊबने का भाव; मन उचट जाने की स्थिति; उकताहट; बोरियत; उदासी 2. एकरसता से उपजी बेचैनी 3. खिन्नता।

ऊबड़-खाबड़ [वि.] 1. ऊँचा-नीचा; जो समतल न हो; असमान 2. अटपटा।

ऊबना (सं.) [क्रि-अ.] 1. उकताना; बोर होना 2. मन न लगना।

ऊभ-चूभ [सं-स्त्री.] 1. जल में डूबना-उतराना 2. {ला-अ.} आशा और निराशा की अवस्था या भाव।

ऊभासाँसी [सं-स्त्री.] 1. ठीक प्रकार से साँस न आने की अवस्था या भाव; दम घुटना; दम फूसना 2. घबराहट; बेचैनी; विकलता।

ऊमट [सं-पु.] क्षत्रियों का एक भेद।

ऊमना [क्रि-स.] 1. उमगना 2. उमड़ना।

ऊर [सं-पु.] पंजाब में धान बोने की एक रीति; जड़हन रोपना।

ऊरी [सं-स्त्री.] जुलाहों का एक औज़ार; दूतकला; सलाक।

ऊरुवा (सं.) [सं-पु.] उल्लू की जाति की एक प्रकार की चिड़िया; रुरुआ।

ऊर्जमान (सं.) [सं-पु.] ऊर्जा नापने का मानक; (वोल्टेज)।

ऊर्जस्वित (सं.) [वि.] 1. ऊर्जा से युक्त या संपन्न; ऊर्जस्वल; ऊर्जावान 2. तेजस्वी।

ऊर्जस्वी (सं.) [वि.] 1. तेजस्वी; शक्तिशाली 2. श्रेष्ठ 3. जिसमें यथेष्ट ऊर्जा हो 4. प्रतापी।

ऊर्जा (सं.) [सं-स्त्री.] 1. वह शक्ति जो किसी प्राणी या वस्तु को संचालन की क्षमता देती है 2. प्राणियों की वह शक्ति जो किसी भी प्रकार का काम करने में व्यय होती है 3. सूर्य, जल, परमाणु विखंडन आदि अनेक स्रोतों से प्राप्त वह शक्ति जो घरेलू उपकरणों से लेकर बड़े-बड़े कल-कारखानों को चलाती है; (एनर्जी) 4. बल; जोश 5. {ला-अ.} प्रेरक शक्ति।

ऊर्जायुक्त (सं.) [वि.] 1. जिसमें ऊर्जा हो; ऊर्जस्वी 2. शक्ति या बल से युक्त 3. सामर्थ्यवान; सक्षम।

ऊर्ण (सं.) [सं-पु.] 1. ऊन 2. ऊनी वस्त्र 3.मकड़ी का जाला।

ऊर्णनाभ (सं.) [सं-पु.] मकड़ा; रेशम की कीड़ा।

ऊर्णा (सं.) [सं-स्त्री.] 1. ऊन 2. भौंहों के मध्य बालों की भौंरी 3. चित्ररथ गंधर्व की पत्नी का नाम।

ऊर्ध्व (सं.) [सं-पु.] ऊपर की ओर गया हुआ। [सं-स्त्री.] 1. ठीक सिर के ऊपर की दिशा 2. संगीत में एक प्रकार की ताल। [वि.] 1. सीधा ऊपर की ओर गया हुआ; उदग्र; (वर्टिकल) 2. ऊँचा। [अव्य.] ऊपर की ओर; ऊपर।

ऊर्ध्वग (सं.) [वि.] 1. ऊपर की ओर जाने वाला; ऊर्ध्वगामी 2. {ला-अ.} उत्थानशील 3. {व्यं-अ.} स्वर्ग जाने वाला।

ऊर्ध्वगति (सं.) [सं-स्त्री.] 1. जो गति ऊपर की ओर ले जाती हो 2. {ला-अ.} वृद्धि की ओर जाना 3. {ला-अ.} मुक्ति; मोक्ष।

ऊर्ध्वगामी (सं.) [वि.] 1. ऊपर की ओर जाने वाला; ऊर्ध्वग 2. जिसने आध्यात्मिक दृष्टि से उन्नति की हो 3. जो मुक्ति के मार्ग पर आगे बढ़ रहा हो 4. {ला-अ.} विकासोन्मुख; उत्थानशील।

ऊर्ध्वरेता (सं.) [वि.] 1. कठोर ब्रह्मचर्य का पालन करने वाला; निष्ठावान ब्रह्मचारी 2. वीर्यपात न होने देने वाला। [सं-पु.] योगी।

ऊर्ध्वलोक (सं.) [सं-पु.] 1. धरती के ऊपर स्थित लोक 2. आकाश; नभ; गगन।

ऊर्ध्वश्वास (सं.) [सं-पु.] 1. ऊपर की ओर चढ़ने वाली साँस;

उलटी साँस 2. मरने या दम फूलने के समय श्वास की वह गति जो अधिकतर ऊपर की ओर होती है।

ऊर्ध्वांग (सं.) [सं-पु.] 1. शरीर का ऊपरी भाग या अंग 2. किसी भी वस्तु या प्राणी का ऊपरी भाग या अंग 3. मस्तक; सिर।

ऊर्ध्वायन (सं.) [सं-पु.] 1. ऊपर की ओर जाना; उड़ना 2. परलोक या स्वर्ग की ओर गमन।

ऊर्ध्वारोहण (सं.) [सं-पु.] 1. ऊपर चढ़ना 2. {ला-अ.} मरने के बाद स्वर्ग जाना; मृत्यु।

ऊर्मि (सं.) [सं-स्त्री.] 1. तरंग; हलकी लहर 2. प्रवाह 3. वेग 4. प्रकाश की रश्मि।

ऊर्मिल (सं.) [वि.] 1. लहरों से युक्त 2. जिसमें छोटी-छोटी तरंगें या लहरें उठती हों; तरंगित।

ऊर्विका (सं.) [सं-स्त्री.] (शरीर रचना विज्ञान) जाँघ की मोटी और चौड़ी हड्डी; (फ़ीमर)।

ऊलजलूल [वि.] 1. (काम या बात) जिसका कोई ठीक-ठिकाना या सिर-पैर न हो; अंड-बंड 2. व्यक्ति जिसमें बुद्धि, शिष्टता, सभ्यता आदि का पूरा अभाव हो; बेवकूफ और बेहूदा।

ऊलर [सं-स्त्री.] कश्मीर की बड़ी और प्रसिद्ध झील।

ऊलस [वि.] जूठा (भोजन)।

ऊवाबाई [अव्य.] ऊटपटाँग; व्यर्थ।

ऊषा (सं.) [सं-स्त्री.] सूर्य निकलने के पहले का समय जब सूर्य की लाली दिखाई देती है; प्रभात; तड़का; पौ फटने का समय।

ऊषाकाल (सं.) [सं-पु.] प्रभात; भोर।

ऊष्म (सं.) [वि.] गरम। [सं-पु.] 1. गरमी; ग्रीष्म ऋतु 2. वाष्प; भाप।

ऊष्मवर्ण (सं.) [सं-पु.] (व्याकरण) 'श', 'ष', 'स' तथा 'ह' के प्रतीक लिपि चिह्न या वर्ण।

ऊष्मा (सं.) [सं-स्त्री.] 1. ऊष्म या गरम होने की अवस्था; तपन; गरमी 2. ताप; ऊर्जा 3. गरमी का मौसम; गरमी के दिन 4. भाप।

ऊष्मासह (सं.) [वि.] जिस पदार्थ पर ताप या ऊष्मा का कोई प्रभाव न पड़ता हो; (हीटप्रूफ़)।

ऊसन [सं-पु.] एक पौधा जिससे तेल निकाला जाता है; तरमिरा नाम का पौधा; जेवा।

ऊसर [सं-पु.] 1. बंजर; जो ज़मीन उपजाऊ न हो 2. रेह अर्थात क्षार मिली हुई मिट्टी की मात्रा अधिक रहने के कारण जिस भूमि में पेड़-पौधे नहीं उगते। [वि.] ऐसी भूमि या क्षेत्र जिसमें कुछ पैदा या उत्पन्न न हो, जैसे- ऊसर खेत। [वि.]अनुपजाऊ भूमि; क्षारीय भूमि।

ऊह (सं.) [विस्म.] ओह, आह या उफ़ की तरह कष्ट या पीड़ासूचक शब्द। [सं-पु.] 1. (तर्कशास्त्र) तर्क या अनुमान का एक प्रकार 2. समझ; युक्ति।

ऊहन (सं.) [सं-पु.] 1. तर्क-वितर्क करना; ऊह करना 2. परिवर्तित करना; बदलना 3. सुधार या परिष्कार करना।

ऊहा (सं.) [सं-स्त्री.] 1. तर्क-वितर्क 2. कल्पना; अनुमान 3. काव्य में विरह का अतिशयोक्तिपूर्ण वर्णन।

ऊहापोह (सं.) [सं-पु.] 1. आंतरिक तर्क-वितर्क 2. द्वंद्व की स्थिति; असमंजस; दुविधा; अनिश्चतता की दशा में मन में होने वाली हलचल।

ऋ

ऋ 1. हिंदी वर्णमाला का एक वर्ण। संस्कृत में यह स्वर माना गया है। हिंदी में इसका ध्वनिगत मूल्य [रि] है। लेकिन यह एक विशिष्ट वर्ण है, क्योंकि 'ऋ' की मात्रा भी होती है और मात्रा केवल स्वर की होती है। इसलिए इसको स्वर वर्ण तो कहा जा सकता है जबकि इसका ध्वनिगत मूल्य [व्यंजन+स्वर] है। इसका उच्चारण स्थान मूर्धा है। [सं-स्त्री.] 1.अदिति; देवमाता 2. बुराई; निंदा; परिहास 3. वाक्य 4. विकार।

ऋकार (सं.) [सं-पु.] 'ऋ' अक्षर और उसकी ध्वनि।

ऋक् (सं.) [सं-स्त्री.] 1. स्तुति 2. वेद की ऋचा या मंत्र; ऋग्वेद का मंत्र। [सं-पु.] ऋग्वेद।

ऋक्-तंत्र (सं.) [सं-पु.] सामवेद का परिशिष्ट।

ऋक्-संहिता (सं.) [सं-स्त्री.] ऋग्वेद के मंत्रों का समुच्चय या संग्रह।

ऋक्ष (सं.) [सं-पु.] 1. रीछ; भालू 2. एक तारा-पुंज 3. नक्षत्र; राशि 4. कृतिका मंडल के वे सात तारे जिन्हें सप्तर्षि कहा जाता है।

ऋक्षपति (सं.) [सं-पु.] 1. रीछों के राजा जांबवान; ऋक्षनाथ; ऋक्षराज 2. चंद्रमा।

ऋक्षराज (सं.) [सं-पु.] ऋक्षपति; जांबवान।

ऋक्षवान (सं.) [सं-पु.] एक पर्वत; रैवतक नामक पर्वत का वह अंश जो नर्मदा नदी के किनारे-किनारे गुजरात तक चला गया है।

ऋग्वेद (सं.) [सं-पु.] चारों वेदों में प्रथम वेद; सबसे प्राचीन और पद्यमय वेद।

ऋग्वेदीय (सं.) [वि.] ऋग्वेद से संबद्ध।

ऋचा (सं.) [सं-स्त्री.] 1. पद्यमय अथवा गेय वेद-मंत्र 2. स्तोत्र।

ऋचीक (सं.) [सं-पु.] 1. (पुराण) भृगुवंश में जन्मे एक ऋषि; जमदग्नि के पिता 2. एक प्राचीन देश का नाम।

ऋच्छ (सं.) [सं-पु.] रीछ; भालू।

ऋजिमा (सं.) [सं-स्त्री.] सरलता; सीधापन।

ऋजु (सं.) [वि.] 1. सीधा; सरल 2. {ला-अ.} सरलहृदय; कुटिलता से रहित।

ऋजुकाय (सं.) [सं-पु.] 1. सीधी और सतर कायावाला; जिसका शरीर सीधा हो 2. सीधे खड़े होकर तपस्या करने वाले ऋषि-मुनियों के लिए प्रयुक्त शब्द 3. (पुराण) कश्यप ऋषि।

ऋजुकोण (सं.) [सं-पु.] (ज्यामिति) 180 अंश का कोण अर्थात वह कोण जो दो समकोण के बराबर हो 2. सरल रेखा।

ऋजुक्षेत्र (सं.) [सं-पु.] कई सीधी रेखाओं से घिरा क्षेत्र।

ऋजुता (सं.) [सं-स्त्री.] 1. सरलता; सीधापन 2. छल-कपटहीन प्रवृत्ति।

ऋजुरेखीय (सं.) [वि.] सीधा; सरल; ऋजु।

ऋण (सं.) [सं-पु.] 1. कर्ज़; उधार; उधारी; देनदारी 2. किसी से ब्याज पर लिया गया धन 3. कृतज्ञता; अहसान या उपकार 4. देय 5. गणित में घटाने का चिह्न (–)। [वि.] खाते, गणित आदि में जो ऋण के रूप में हो। [मु.] **-उतारना** : कर्ज चुकाना। **-चढ़ना** : कर्ज लेना। **-पटाना** : धीरे-धीरे कर्ज अदा करना।

ऋण-त्रय (सं.) [सं-पु.] तीन प्रकार के ऋणों का समूह- देवऋण, ऋषिऋण तथा पितृऋण।

ऋण-स्थगन (सं.) [सं-पु.] राज्य प्रशासन या न्यायालय के आदेश से बैंक आदि वित्तीय संस्थाओं द्वारा लोगों के ऋण या कर्ज की अदायगी अस्थायी रूप से बंद कर दिया जाना; (मॉरटॉरिअम)।

ऋणग्रस्त (सं.) [वि.] जिसे ऋण चुकाना हो; ऋणग्राही; देनदार; मकरूज़; कर्ज़ में डूबा हुआ।

ऋणदाता (सं.) [वि.] ऋण देने वाला; जिसने किसी को कर्ज़ दिया हो।

ऋणदास (सं.) [सं-पु.] वह व्यक्ति जिसका ऋण चुकाकर उसे बदले में अपना दास बना लिया गया हो।

ऋणदासता (सं.) [सं-स्त्री.] उधार या ऋण चुकाने के लिए ऋणदाता के यहाँ दास के रूप में काम करने की प्रथा।

ऋणपक्ष (सं.) [सं-पु.] बही खाते आदि में वह कॉलम या स्तंभ जिसमें किसी को दी हुई वस्तु का मूल्य, तिथि, विवरण आदि अंकित किया जाता है।

ऋणपत्र (सं.) [सं-पु.] 1. ऋण स्वीकृति का पत्र; ऋण ग्रहण सूचक-पत्र 2. रुक्का; (बॉन्ड)।

ऋणपरिसमापन (सं.) [सं-पु.] 1. पूरा ऋण चुकता कर देने की अवस्था 2. {ला-अ.} किसी की चुभती हुई बात का तपाक से ऐसा उत्तर देना कि वह अवाक हो जाए।

ऋणमुक्त (सं.) [वि.] जिसने ऋण चुका दिया हो; उऋण।

ऋणमुक्ति (सं.) [सं-स्त्री.] 1. ऋण से छुटकारा; कर्ज़ मुक्ति 2. उऋण होने का भाव।

ऋणमोक्ष (सं.) [सं-पु.] कर्ज़ से मुक्त होना; ऋण का चुकाया जाना।

ऋणविद्युत (सं.) [सं-पु.] 1. (भौतिकी) विकर्षण उत्पन्न करने

वाली बिजली; विकर्षक विद्युत; (नेगटिव चार्ज) 2. ऋण आवेश।

ऋणशोधन (सं.) [सं-पु.] ऋण वापस (अदा) करना; ऋण अदायगी।

ऋणात्मक (सं.) [वि.] 1. नकारात्मक; अभावात्मक; (नेगटिव)।

ऋणी (सं.) [वि.] 1. जिसने ऋण या कर्ज लिया हो; देनदार 2. {ला-अ.} जिसपर किसी का उपकार हो; उपकृत; अनुगृहीत। [मु.] **-होना** : किसी के उपकार या अहसान को मानना।

ऋत (सं.) [सं-पु.] 1. सत्य; सृष्टि का आदि तत्व 2. मोक्ष; मुक्ति 3. यज्ञ 4. कर्मों का फल 5. उंच्छवृत्ति अर्थात् अनाज की कटाई के बाद जो दाने खेतों में गिरे रह जाते हैं उन्हें एकत्र करके जीविका निर्वाह करना। [वि.] 1. सत्य; सच्चा 2. नैतिक; उचित 3. प्रकाशित; दीप्त।

ऋतंभर (सं.) [सं-पु.] सृष्टि का स्वामी; परमेश्वर। [वि.] सत्य का धारण एवं पालन करने वाला।

ऋतंभरा (सं.) [सं-स्त्री.] 1. सत्य को धारण और पुष्ट करने वाली एक चित्तवृत्ति 2. सदा एक समान रहने वाली सात्विक और निर्मल बुद्धि। [वि.] सत्य को धारण या पोषण करने वाली।

ऋति (सं.) [सं-स्त्री.] 1. समृद्धि; मंगल; कल्याण 2. अभ्युदय 3. अपवाद; निंदा; बदनामी 4. स्पर्धा।

ऋतु (सं.) [सं-स्त्री.] 1. मौसम; प्राकृतिक अवस्थाओं के अनुसार वातावरण में होने वाले परिवर्तन 2. वातावरण के अनुसार वर्ष के छह परिवर्तन- ग्रीष्म, वर्षा, शरद, हेमंत, शिशिर, बसंत 3. रजोदर्शन के अनुसार वह समय जिसमें स्त्रियाँ गर्भधारण के योग्य होती हैं।

ऋतुकर (सं.) [सं-पु.] वृक्ष; वन जो पर्यावरण के संतुलन को बनाए रखकर ऋतुचक्र को व्यवस्थित करते हैं।

ऋतुकाल (सं.) [सं-पु.] रजोदर्शन या मासिक धर्म के पश्चात सोलह दिन का वह समय जो स्त्रियों के गर्भ धारण करने योग्य माना जाता है।

ऋतुचर्या (सं.) [सं-स्त्री.] ऋतु के अनुसार आहार-विहार का पालन; गरमी, वर्षा आदि ऋतुओं के अनुसार अनुकूल आहार-विहार।

ऋतुदान (सं.) [सं-पु.] 1. गर्भाधान 2. ऋतुकाल बीतने पर संतान की इच्छा से किया जाने वाला संभोग।

ऋतुनाथ (सं.) [सं-पु.] ऋतुओं का नाथ (स्वामी) अर्थात् वसंत; ऋतुपति; ऋतुराज; मधुमास।

ऋतुपति (सं.) [सं-पु.] ऋतुओं का स्वामी वसंत; ऋतुराज; मधुमास।

ऋतुप्राप्त (सं.) [वि.] 1. जो ऋतु को प्राप्त हो, रजोदर्शनवाली (स्त्री) 2. फल देने के योग्य वृक्ष।

ऋतुफल (सं.) [सं-पु.] 1. विशिष्ट मौसम में उत्पन्न या होने वाला फल, जैसे- ककड़ी, आम आदि 2. मौसमी फल।

ऋतुमती (सं.) [वि.] 1. रजस्वला; पुष्पवती; जिस स्त्री का मासिकधर्म आरंभ हो गया हो 2. गर्भधारण के योग्य।

ऋतुराज (सं.) [सं-पु.] 1. वसंत ऋतु; मधुमास 2. ऋतुओं में सबसे सुखद ऋतु।

ऋतुवती (सं.) [वि.] दे. ऋतुमती।

ऋतुविज्ञान (सं.) [सं-पु.] वह विज्ञान जिसमें वायुमंडल में होने वाले परिवर्तनों के आधार पर मौसम में परिवर्तनों का अनुमान किया जाता है।

ऋतुविपर्यय (सं.) [सं-पु.] ऋतु विशिष्ट के विपरीत लक्षण का दिखाई देना; ऋतु के विपरीत घटना, जैसे-जाड़े में लू चलना।

ऋतुवेला (सं.) [सं-स्त्री.] दे. ऋतुकाल।

ऋतुसंधि (सं.) [सं-स्त्री.] दो ऋतुओं का मिलन; वह समय जब एक ऋतु समाप्त और अगली ऋतु आरंभ होती है।

ऋतुस्नाता (सं.) [सं-स्त्री.] मध्यकालीन प्रथा के अनुसार माहवारी के चौथे दिन स्नान करके शुद्ध हो जाने वाली स्त्री।

ऋतुस्नान (सं.) [सं-पु.] मध्यकालीन प्रथा के अनुसार माहवारी के पश्चात प्रायः चौथे दिन स्त्रियों द्वारा किया जाने वाला स्नान।

ऋत्विक (सं.) [सं-पु.] पुरोहित; यज्ञ का पुरोहित; यज्ञ कराने वाला (कुल सोलह ऋत्विक् होते हैं, जिनमें चार होता, अध्वर्यु, उद्गाता और ब्रह्मा मुख्य हैं)।

ऋद्ध (सं.) [वि.] 1. सुखी; संपन्न 2. जिसकी वृद्धि हो रही हो; वर्धमान।

ऋद्धि (सं.) [सं-स्त्री.] 1. समृद्धि; संपन्नता 2. विभूति 3. गणेश की एक परिचारिका 4. दवा हेतु प्रयुक्त एक लता का नाम; प्राणदा।

ऋद्धि-सिद्धि (सं.) [सं-स्त्री.] 1. (पुराण) गणेश की दो परिचारिकाएँ 2. समस्त प्रकार का वैभव।

ऋभु (सं.) [वि.] 1. देवता 2. समूह में विचरण करने वाले गणदेवताओं में से एक।

ऋषभ (स.) [सं-पु.] 1. वृषभ; बैल 2. श्रेष्ठ व्यक्ति; महापुरुष 3. भारतीय संगीत के सात स्वरों में दूसरा स्वर- 'रे' 4. विष्णु का एक अवतार। [वि.] उत्तम; श्रेष्ठ।

ऋषभकूट (सं.) [सं-पु.] दक्षिण भारत में स्थित एक पर्वत।

ऋषभदेव (सं.) [सं-पु.] 1. जैन धर्म के आदि तीर्थंकर 2. राजा नाभि के पुत्र जो विष्णु के चौबीस अवतारों में से एक माने जाते हैं।

ऋषभध्वज (सं.) [सं-पु.] शिव, जिनकी ध्वजा में ऋषभ (बैल) का चिह्न रहता है।

ऋषि (सं.) [सं-पु.] 1. वेद-मंत्रों का ज्ञाता तथा द्रष्टा; मंत्रद्रष्टा 2. आध्यात्मिक और भौतिक तत्वों का ज्ञाता 3. तपस्वी; मनस्वी; ज्ञानी; मुनि 4. सच्चरित्र और त्यागी 5. {ला-अ.} प्रकाश की किरण।

ऋषिऋण (सं.) [सं-पु.] (हिंदू धर्म) तीन प्रकार के ऋणों (देवऋण, ऋषिऋण तथा पितृऋण) में से एक, जिससे मुक्त होने के लिए शिक्षित और विद्वान होना अनिवार्य माना गया है।

ऋषिकल्प (सं.) [वि.] ऋषि के समान गुणोंवाला; ऋषि-तुल्य।

ऋषिकुल (सं.) [सं-पु.] ऋषि का आश्रम; गुरु-कुल; वह स्थान या आश्रम जहाँ ब्रह्मचारी विद्या अर्जन करते हैं।

ऋषिकेश (सं.) [सं-पु.] भारत के उत्तराखंड राज्य का एक

प्रसिद्ध तीर्थ स्थल; एक प्राचीन पर्वतीय स्थल जहाँ ऋषि, मुनि आदि तपस्या किया करते थे; हृषीकेश।

ऋषिपंचमी (सं.) [सं-स्त्री.] भादों महीने के शुक्ल पक्ष की पंचमी तिथि को स्त्रियों द्वारा रखा जाने वाला एक धार्मिक व्रत।

ऋषिपत्तन (सं.) [सं-पु.] वाराणसी के पास स्थित एक प्राचीन उपवन; वर्तमान सारनाथ।

ऋषीक (सं.) [सं-पु.] 1. एक प्राचीन पवित्र देश 2. ऋषीक देश के निवासी 3. ऋषिपुत्र 4. एक प्रकार का तृण या घास।

ऋष्यक (सं.) [सं-पु.] एक प्रकार का मृग; चित्तीदार सफ़ेद पैरों वाला बारहसिंघा।

ऋष्यमूक (सं.) [सं-पु.] (रामायण) वर्तमान कर्नाटक राज्य में स्थित एक पर्वत; राम ने वनवास में सुग्रीव के साथ इस पर्वत पर कुछ दिन बिताए थे।

ऋष्यशृंग (सं.) [सं-पु.] (रामायण) एक मुनि जिनसे अयोध्या के सूर्यवंशी राजा दशरथ की कन्या शांता ब्याही गई थी; विभांडक ऋषि के पुत्र; शृंगी ऋषि।

ए

ए 1. हिंदी वर्णमाला का स्वर वर्ण। उच्चारण की दृष्टि से यह उच्चतर-मध्य, अग्र, अगोलित, दीर्घ स्वर है 2. विष्णु।

एँड़ [सं-पु.] पैर का पिछला भाग; एड़ी।

एंगेजमेंट (अं.) [सं-पु.] आबंध; वचनबंध(विधि)।

एंज़ाइम (अं.) [सं-पु.] पौधों तथा जीवों द्वारा उत्पादित वह कार्बनिक पदार्थ जो रासायनिक परिवर्तन के घटित होने में सहायता करता है परंतु स्वयं परिवर्तित नहीं होता है।

एंटरप्राइज़ (अं.) [सं-पु.] 1. उद्यम; व्यवसाय 2. व्यवहार-कुशलता।

एक (सं.) [सं-पु.] 1. गणना की सबसे पहली संख्या का वाचक शब्द 2. परमात्मा; ख़ुदा। [वि.] 1. संख्या '1' का सूचक 2. जो क्रम या गिनती के अनुसार पहले स्थान पर पड़ता हो 3. अद्वितीय; बेजोड़; अनुपम, जैसे- वह अपनी तरह का एक है 4. अकेला 5. एकता के सूत्र में बँधा हुआ, जैसे- हम सब एक हैं 6. समान। [मु.] **-और एक ग्यारह होना** : संगठित या सम्मिलित होने पर शक्ति या प्रभाव बढ़ना। **-न चलना** : कोई सुझाव, तर्क या उपाय सफल न होना। **-होना** : किसी से सहमत होना; किसी से गहरा संबंध स्थापित होना। **-अनार सौ बीमार, -आँख न भाना, -आँख से सबको देखना**।

एक-एक [वि.] हर एक; प्रत्येक। [अव्य.] एक के बाद एक; बारी बारी से, जैसे- एक-एक करके गाड़ी में जाओ। [सर्व.] प्रत्येक व्यक्ति, जैसे- एक-एक को बुलाओ।

एक-सा [वि.] 1. समान; सदृश 2. पर्यायवाची 3. अपरिवर्तित।

एकक (सं.) [सं-पु.] एकांश; मात्रक; इकाई; (यूनिट)। [वि.] 1. एक से ही निर्मित या संबंधित 2. अकेला।

एककालिक (सं.) [वि.] 1. एक से अधिक घटनाएँ जो एक ही समय में हो रही हों; एक ही समय या काल का; समकालीन; (सिनक्रॉनिक) 2. केवल एक बार ही घटित होने वाला।

एककुंडल (सं.) [सं-पु.] 1. बलराम; बलभद्र 2. कुबेर 3. शेषनाग।

एककोशीय (सं.) [वि.] (जीवविज्ञान) एक ही कोशिकावाला; (प्राणी) जिसका शरीर एक ही कोशिका से बना हो, जैसे- अमीबा।

एकगव्य (सं.) [सं-पु.] परमात्मा; परमेश्वर।

एकगाछी [सं-स्त्री.] एक ही पेड़ के तने को खोखला कर बनाई गई नाव; एकठा।

एकचक्र (सं.) [सं-पु.] 1. सूर्य का रथ 2. सूर्य 3. साम्राज्य। [वि.] 1. एक ही राजा द्वारा शासित 2. चक्रवर्ती 3. एक ही पहिए वाला।

एकचक्रा (सं.) [सं-स्त्री.] (महाभारत) एक नगरी जहाँ भीम ने बकासुर का वध किया था।

एकचर (सं.) [वि.] अकेले विचरने वाला; एकाकी। [सं-पु.] 1. पशु अथवा जीवों की वे प्रजातियाँ जिनके सदस्य समूहों में न रहकर अकेले ही विचरण करते हैं, जैसे- साँप, गैंडा आदि 2. एकचारी।

एकचश्म (हिं.+फ़ा.) [वि.] एक आँखवाला; काना। [सं-पु.] वह चित्र या पेंटिंग जिसमें मनुष्य की आकृति इस प्रकार बनाई गई हो कि उसके चेहरे का एक ही रुख (पार्श्व) एवं एक ही आँख दिखाई दे; (प्रोफ़ाइल)।

एकचारिणी (सं.) [सं-स्त्री.] एक ही पुरुष के साथ संबंध रखने वाली स्त्री; एकनिष्ठा; पतिव्रता।

एकचारी (सं.) [वि.] दे. एकचर।

एकचित्त (सं.) [वि.] एकाग्रचित्त; तल्लीन।

एकचोबा (हिं.+फ़ा.) [सं-पु.] एक चोब अर्थात् बाँस के एक खंभे पर खड़ा किया जाने वाला खेमा; तंबू, (टेंट)।

एकछत्र (सं.) [वि.] जो (राज्य या साम्राज्य) एक ही शासक के अधीन हो; जिसमें किसी और का किसी प्रकार का प्रभुत्व या अधिकार न हो; जो (शासक) संपूर्ण राज्य या साम्राज्य का एकमात्र अधिकारी हो।

एकजात (सं.) [वि.] एक माता-पिता से उत्पन्न; सगे भाई-बहन; सहोदर।

एकजातीय (सं.) [वि.] 1. एक ही जाति, वंश, वर्ग या नस्ल का 2. एक ही प्रकार के।

एकजान (हिं.+फ़ा.) [वि.] 1. अभिन्न हृदय; अंतरंग; एकदिल 2. एकरूप; दो भिन्न-भिन्न वस्तुएँ घुल-मिलकर इस प्रकार एक हो गई हों कि उन्हें अलग-अलग करके न देखा जा सके, जैसे- खिचड़ी में चावल और दाल एकजान हो गए।

एकजीव [वि.] 1. अभिन्न 2. एकरूप। [सं-पु.] ऐसे दो या दो से अधिक प्राणी, जिनके रूप तथा अस्तित्व आदि में कोई अंतर न रह जाए।

एकजुट [अव्य.] एक साथ; इकट्ठा; साथ-साथ।

एकजुटता [सं-स्त्री.] 1. एकजुट होने की अवस्था; एकता 2. परस्पर संबद्धता।

एकटक [क्रि.वि.] बिना पलक झपकाए; निर्निमेष; अपलक (देखना); टकटकी लगाकर (देखना)।

एकठा [सं-स्त्री.] एक ही पेड़ के तने को खोखला कर बनाई गई

नाव; एकगाछी।

एकड़ (अं.) [सं-पु.] भूमि या खेत की 4840 वर्ग गज की एक माप; 4046.8564 वर्ग मीटर; 1-3/5 बीघा के बराबर की माप।

एकतंत्र (सं.) [सं-पु.] ऐसी सत्ता या व्यवस्था जिसमें किसी देश का शासन एक ही व्यक्ति (अधिनायक या राजा) के हाथ में हो तथा वही सर्वशक्तिमान हो। [वि.] 1. एकहत्था (शासन-प्रबंध, राज्य) 2. एक व्यक्ति द्वारा संचालित 3. एकछत्र।

एकतरफ़ा (हिं.+फ़ा.) [वि.] एक ही पक्ष से संबंधित; जिसमें किसी एक पक्ष का ही ध्यान रखा गया हो दूसरे पक्ष का नहीं; एकपक्षीय; पक्षपात से भरा हुआ।

एकतल्ला [वि.] (वह मकान) जिसमें दूसरी मंज़िल न हो; एक तलवाला (घर); एकमंज़िला।

एकता (सं.) [सं-स्त्री.] 1. एक होने की अवस्था या भाव; अविरोध 2. मिलकर एक होना; समूहबद्धता; संगठन; (यूनिटी) 3. उद्देश्य, विचार, भाव आदि में एकमत होना; इत्तफ़ाक अनन्यता।

एकतान (सं.) [वि.] 1. तन्मय; एकाग्रचित्त; तल्लीन 2. जो सब मिलकर एक हो गए हों 3. जिसमें उतार-चढ़ाव न हों 4. एकरस; अरुचिकर; बेमज़ा।

एकतारा [सं-पु.] छोटे आकार का एक वाद्य यंत्र जिसमें केवल एक तार लगा होता है, जिसे उँगलियों से छेड़कर बजाया जाता है।

एकत्र (सं.) [क्रि.वि.] 1. एक स्थान पर जमा; इकट्ठा 2. एक जगह संगृहीत।

एकत्रित (सं.) [वि.] 1. इकट्ठा किया हुआ; संगृहीत; संचित, जैसे- बड़े परिश्रम से एकत्रित सामग्री 2. एकजुट; केंद्रित।

एकत्रीकरण (सं.) [सं-पु.] एकत्रित करने की क्रिया; एकत्रित करना।

एकत्रीभूत (सं.) [वि.] 1. एकत्रित या एकजुट किया हुआ 2. इकट्ठा किया हुआ।

एकत्व (सं.) [सं-पु.] एकता; एक होने का भाव।

एकत्ववाद [सं-पु.] (समाजशास्त्र) मानव और प्रकृति के संबंध के विषय में एक सिद्धांत।

एकदंडिन (सं.) [सं-पु.] हाथ में एक डंडा या लाठी धारण करने वाले संन्यासियों या भिक्षुकों का एक समुदाय; 'हंस' पदवीधारी संन्यासी।

एकदंडी (सं.) [सं-पु.] शंकराचार्य द्वारा स्थापित दशनामी संन्यासियों में से प्रथम तीन (तीर्थ, आश्रम एवं सरस्वती)।

एकदंत (सं.) [सं-पु.] वह जिसके केवल एक दाँत हो; गणेश (पुराण के अनुसार परशुराम द्वारा फेंके गए परशु से गणेश का एक दाँत टूट गया, उसी समय से गणेश जी एकदंत कहलाए)।

एकदंता (सं.) [वि.] एक दाँतवाला। [सं-पु.] एक दाँत वाला हाथी।

एकदम [क्रि.वि.] 1. नितांत; बिलकुल; पूरी तरह, जैसे- एकदम तैयार 2. अचानक; अकस्मात्; अभी; एकबारगी, जैसे- वह एकदम आ पहुँचा 3. तत्काल; तुरंत, जैसे- एकदम चल दो।

एकदरा (हिं.+फ़ा.) [वि.] जो एक ही दर अर्थात् द्वारवाला हो; एक ही दरवाज़ेवाला (दालान, कमरा या बैठक)।

एकदलीय [वि.] एक ही दल का; सामान्यतः संख्या की दृष्टि से एक राजनीतिक दल के संदर्भ में प्रयुक्त, जैसे- एकदलीय सरकार; 'बहुदलीय' का विलोम।

एकदस्ती (हिं.+फ़ा.) [सं-स्त्री.] कुश्ती का एक दाँव (पेंच) जिसमें बाएँ हाथ से विरोधी पहलवान का एक हाथ कलाई के पास से पकड़ कर दाहिने हाथ से उसे ज़मीन पर गिराया जाता है।

एकदा (सं.) [अव्य.] 1. एक बार; एक समय 2. कभी; किसी समय 2. किसी बीते हुए समय में कभी।

एकदिल (हिं.+फ़ा.) [वि.] 1. अभिन्न; एक जैसे विचारवाला 2. वे पदार्थ जो एक दूसरे में मिलकर बिलकुल एक जैसे हो गए हों; एकरूप 3. एकचित्त 4. अंतरंग।

एकदिली (हिं.+फ़ा.) [सं-स्त्री.] 1. अभिन्नता; अंतरंगता 2. एकरूपता 3. एकदिल होने की अवस्था या भाव; एका।

एकदिश (सं.) [वि.] 1. एक दिशा में होने वाला 2. एक ही दिशा से संबंधित 3. रैखिक।

एकदृक (सं.) [वि.] 1. एक आँखवाला; काना 2. समदर्शी। [सं-पु.] 1. कौआ 2. (पुराण) शिव 3. {व्यं-अ.} दार्शनिक।

एकदृष्टि (सं.) [वि.] 1. एक आँखवाला; काना; एकदृक; एकदृश 2. समदर्शी [सं-पु.] 1. कौआ 2. (पुराण) शिव 3. {व्यं-अ.} दार्शनिक।

एकदेशीय (सं.) [वि.] 1. जिसका संबंध किसी एक देश अर्थात् क्षेत्र या विभाग से हो 2. वह नियम या सिद्धांत जिसका प्रयोग किसी विशेष क्षेत्र या पक्ष में ही होता है, जैसे- व्याकरण आदि के नियम।

एकदेशीय समास (सं.) [सं-पु.] (व्याकरण) षष्ठी तत्पुरुष समास का एक भेद।

एकदेह [सं-पु.] 1. (पुराण) चंद्रमा का पुत्र बुध 2. कुल; वंश; गोत्र 3. विवाहित युगल; दंपत्ति।

एकधर्मा (सं.) [वि.] समान धर्म, गुण या स्वभाव वाला, जैसे- (नायिका का) मुख और चाँद एकधर्मा हैं।

एकधर्मी (सं.) [वि.] दे? एकधर्मा।

एकनयन [वि.] 1. एक आँखवाला; काना; एकाक्ष 2. सबसे समान व्यवहार करने वाला। [सं-पु.] 1. (पुराण) शिव 2. कुबेर 3. कौआ 4. शुक्र ग्रह।

एकनाथ (सं.) [वि.] एक ही मुख्य मालिकवाला; एक स्वामीवाला।

एकनिष्ठ (सं.) [वि.] 1. एक के ही ऊपर श्रद्धा या अनुराग रखने वाला; अनन्योपासक 2. किसी एक ही कार्य को पूरी लगन से करने वाला, जैसे- एकनिष्ठ संगीत साधक 3. अटल; अडिग 4. दृढ़; कटिबद्ध।

एकनेत्र (सं.) [वि.] एक आँखवाला; काना। [सं-पु.] शिव।

एकपक्षी (सं.) [वि.] किसी एक ही पक्ष से संबंध रखने वाला (कार्य, फ़ैसला आदि); एकांगी; एकतरफ़ा।

एकपक्षीय (सं.) [वि.] एकपक्षी; एकतरफ़ा; केवल एक तरफ़

से होने या किया जाने वाला।

एकपद (सं.) [सं-पु.] 1. (वृहत्संहिता) एक प्राचीन देश 2. कैलास 3. मोक्ष लोक; वैकुंठ 4. कामशास्त्र में उल्लिखित एक बंध विशेष। [वि.] एक पैर से पंगु; लँगड़ा।

एकपदी [वि.] एक पदवाला; एक चरण वाला (छंद या पद्य)।

एकपर्णा (सं.) [सं-स्त्री.] (पुराण) भोजन के रूप में एक ही पत्ते पर निर्वाह करने वाली; दुर्गा; एकपर्णी; पार्वती।

एकपाटला (सं.) [सं-स्त्री.] दुर्गा का एक नाम; पाटलावती।

एकपाद (सं.) [सं-पु.] 1. शिव; महादेव 2. विष्णु। [वि.] 1. लँगड़ा 2. एक टाँग वाली (वस्तु)।

एकपार्श्विक (सं.) [वि.] 1. एक ओर का 2. एक पक्ष का 3. एक पहलू का।

एकपुष्पी (सं.) [वि.] (वनस्पतिविज्ञान) एक बीज या कोशवाला, जैसे- मक्का का पौधा जिसमें एक ही पुष्प में नर-मादा दोनों होते हैं।

एकपैर [सं-पु.] वह कुआँ जिस पर केवल एक पुर चले।

एकप्राण (सं.) [वि.] 1. एकाकार; एकदिल 2. जो मिलकर एक हो गए हों 3. घनिष्ठ; अंतरंग; अभिन्नहृदय।

एकफ़सला (फ़ा.) [वि.] वह (खेत या भूमि) जिसमें वर्ष भर में एक ही फ़सल होती है; एकफ़सली।

एकबंध्या (सं.) [सं-स्त्री.] एक ही बार ब्याने वाली गाय।

एकबरधा (सं.) [सं-पु.] एक बैल से खींची जाने वाली गाड़ी।

एकबाँझ (सं.) [सं-स्त्री.] वह स्त्री जिसके एक ही बच्चा पैदा हुआ हो; काकवंध्या।

एकबारगी (फ़ा.) [अव्य.] 1. एकाएक; अकस्मात्; अचानक 2. बिलकुल; निरा; पूरी तरह से 3. एक ही साथ; एक ही समय में।

एकभुक्त (सं.) [वि.] 1. एक के द्वारा भोग किया जाने वाला 2. दिन-रात में एक ही बार भोजन करने वाला; एकाहारी। [सं-पु.] एक बार भोजन करने का व्रत।

एकमंज़िला (हिं.+फ़ा.) [वि.] जिस (मकान) में एक ही तल या मंज़िल हो; एकतल्ला।

एकमत (सं.) [वि.] किसी विषय पर एक राय रखने वाले; समान विचार वाले; सहमत।

एकमात्र (सं.) [वि.] 1. केवल; सिर्फ़ 2. इकलौता; अकेला 3. अद्वितीय।

एकमात्रिक (सं.) [वि.] 1. (काव्यशास्त्र) जिस (छंद) में एक ही मात्रा हो; एक मात्रावाला 2. ह्रस्व।

एकमुखी (सं.) [वि.] एक मुखवाला, जैसे- एकमुखी रुद्राक्ष।

एकमुश्त (फ़ा.) [अव्य.] इकट्ठा; सारा का सारा; एक साथ; जो किस्तों में न हो।

एकमेक (सं.) [वि.] 1. जो किसी से मिलकर उसके जैसा हो गया हो; एकाकार; एकरस; अद्वैत 2. मिश्रित।

एकमेव (सं.) [क्रि.वि.] एक ही; एकमात्र।

एकरंग (सं.) [वि.] 1. एक ही रंग का; जिसमें सब जगह एक ही रंग हो 2. एक समान; एक सा; जिसमें वैविध्य न हो 3. {ला-अ.} सच्चा; निष्कपट।

एकरस (सं.) [वि.] 1. जो सदा एक सा रहे; जो कभी बदले नहीं; सदा एक ही रूप का 2. जो घुल-मिलकर एक हो गया हो; एकदिल 3. नीरस; उबाने वाला; बोर करने वाला।

एकरसता (सं.) [सं-स्त्री.] 1. एकरस होने का भाव या अवस्था 2. सामंजस्य 3. ऊब।

एकराय [वि.] सर्वसहमत; एकमत।

एकरूप (सं.) [वि.] 1. जहाँ एक से अधिक वस्तुएँ रूप, रंग, आकार, प्रकार आदि में बिलकुल मिलती-जुलती या एक जैसी हों 2. हर स्थिति में समान रहने वाला; जिसमें कोई विकार या परिवर्तन न आए।

एकरूपता (सं.) [सं-स्त्री.] 1. एकरूप होने की अवस्था या भाव 2. सादृश्य; समानता 3. ऐसी स्थिति जिसमें कोई परिवर्तन न हो।

एकरेखीय (सं.) [वि.] 1. सरल रेखा में होने वाला; एक ही रेखा में होने वाला 2. जो निरंतर उन्नति की ओर हो।

एकल (सं.) [वि.] 1. अकेला; जिसके साथ कोई दूसरा न हो; एकाकी 2. अनुपम; अद्वितीय; बेजोड़ 3. किसी खेल (टेनिस आदि) या कला (गायन, वादन, नृत्य, चित्रकला आदि) का वह प्रदर्शन जिसमें केवल एक व्यक्ति भाग लेता है, जैसे- महिला एकल मैच।

एकलव्य (सं.) [सं-पु.] भील या निषाद जाति का एक कुमार जिसने द्रोणाचार्य को गुरु मानकर धनुष चलाने में निपुणता प्राप्त की थी और बाद में द्रोणाचार्य द्वारा गुरुदक्षिणा में दाहिने हाथ का अँगूठा माँगने पर उन्हें अपना अँगूठा काट कर समर्पित कर दिया था।

एकलाई [सं-स्त्री.] एक तरह का दुपट्टा; ऐसी सादा साड़ी जिसकी किनारी में बेलबूटे बने हों; इकलाई; उत्तरीय वसन।

एकलिंग (सं.) [सं-पु.] 1. शिव के अनेक नामों में से एक नाम; मेवाड़ के राजवंश के कुलदेवता के रूप में शिव इसी नाम से पूजे जाते हैं 2. शिव के बारह ज्योतिर्लिंगों में से एक 3. (पुराण) आगम के अनुसार वह स्थान जहाँ पाँच कोस के भीतर केवल एक ही शिवलिंग हो। [वि.] वह जो सदा एक ही लिंग में प्रयुक्त होता है जैसे- अविकारी शब्द (अतः, किंतु, परंतु आदि)।

एकलिंगी (सं.) [वि.] (वनस्पतिविज्ञान) वह फूल या वनस्पति जिसमें दूसरा लिंग न हो अथवा अक्रिय और दबा हुआ हो।

एकवचन (सं.) [सं-पु.] (व्याकरण) वह शब्द या पद जिससे केवल एक व्यक्ति या वस्तु का बोध होता है; (सिंग्युलर)।

एकवर्ण (सं.) [वि.] 1. एक रंगवाला 2. एक जातिवाला; जाति-भेद रहित।

एकवर्षी (सं.) [वि.] मात्र एक वर्ष तक ही जीवित रहने वाला (पौधा); अपने जीवन काल में मात्र एक ही बार फूलने तथा फलने वाला (पौधा)।

एकवाक्यता (सं.) [सं-स्त्री.] 1. लोगों का किसी विषय पर एक मत हो जाना; एकमत; मतैक्य 2. (मीमांसा दर्शन) एकार्थता; विधि वाक्य तथा अर्थ वाक्य का एक ही अर्थ प्रकट करना।

एकवेणी (सं.) [सं-स्त्री.] वह स्त्री जो अपने केशों का श्रृंगार न करके उन्हें एक ही वेणी में बाँधकर रखती है। [वि.] 1.जिसका पति प्रवासी हो; वियोगिनी 2. विधवा।

एकशासन (सं.) [सं-पु.] एक व्यक्ति का शासन; एकतंत्र।

एकशेष (सं.) [सं-पु.] (व्याकरण) द्वंद्व समास का एक भेद, जहाँ दो में से एक ही शेष रह जाता है, जैसे- पितरौ शब्द में माता और पिता दोनों का समावेश है।

एकश्रुत (सं.) [वि.] एक ही बार सुना गया।

एकश्रुतधर (सं.) [वि.] जिसे कुछ भी एक ही बार सुन कर पूरी तरह से याद हो जाता हो।

एकश्रुति (सं.) [सं-स्त्री.] वेद पाठ का वह क्रम जिसमें स्वरों के उतार-चढ़ाव तथा उच्चारण प्रक्रिया आदि का विचार नहीं किया जाता।

एकसत्ताक (सं.) [वि.] एकतंत्र, जिसमें सारी सत्ता एक ही व्यक्ति के हाथ में हो; तानाशाही, जैसे- किसी व्यक्ति या दल की एकसत्ताक प्रकृति।

एकसत्तावाद (सं.) [सं-पु.] (दर्शनशास्त्र) वह सिद्धांत जिसके अनुसार समस्त सृष्टि में मात्र एक ही परम तत्व की सत्ता अर्थात् अस्तित्व है; अद्वैतवाद जो ब्रह्म या आत्म तथा भौतिक जगत की अभिन्नता या एकता का प्रतिपादन करता है; (मॉनिज़्म) 2. (राजनीतिशास्त्र) वह शासन तंत्र जिसमें राजसंचालन की संपूर्ण सत्ता एक ही व्यक्ति के हाथों में केंद्रित होती है; एकतंत्र; अधिनायकवाद; तानाशाही।

एकसदनात्मक (सं.) [वि.] जिस विधान मंडल में एक ही सदन (मात्र विधान सभा) हो; (यूनिकैमरल)।

एकसर (फ़ा.) [वि.] जिसके साथ कोई और न हो; अकेला। [क्रि.वि.] 1. एक सिरे से दूसरे सिरे तक 2. लगातार 3. बिलकुल; निरा।

एकसाँ (फ़ा.) [वि.] 1. किसी के तुल्य; समान या बराबर 2. समतल; हमवार; यकसाँ।

एकसार (सं.) [वि.] 1. एक समान 2. एक ही प्रकार का 3. समतल।

एकसाला [वि.] एक वर्ष का; एक वर्षी; जिसकी अवधि या व्याप्ति एक साल ही हो, जैसे-एकसाला पौधा।

एकसुरा [वि.] सदा एक ही तरह का स्वर उत्पन्न करने वाला; एक ही तरह की बात करने वाला; जिसकी बातों में वैविध्य न हो; (मॉनोटोनस)।

एकसूत्र (सं.) [वि.] जो एक ही सूत्र से जुड़ा हुआ हो; एक साथ एक रूप, विचारधारा, उद्‌देश्य या कार्य में परस्पर संबद्ध; एक्यबद्ध।

एकसूत्रता (सं.) [सं-स्त्री.] एक रूप, विचारधारा, उद्‌देश्य या कार्य में परस्पर संबद्ध होने की अवस्था या भाव; एकबद्धता।

एकसूत्री (सं.) [वि.] 1. जो एकसूत्र में परस्पर संबद्ध हों 2. एक ही कार्य या वस्तु से संबंधित, जैसे- एकसूत्री कार्यक्रम।

एकस्व (सं.) [सं-पु.] पंजीयन या निबंधन का वह प्रकार जिसमें किसी नई रचना, युक्ति, आविष्कार आदि पर उसके रचयिता या आविष्कर्ता को पूर्ण एकाधिकार प्राप्त हो जाता है और उसकी अनुमति के बिना कोई भी उसका किसी प्रकार उपयोग या अनुकरण नहीं कर सकता; एकाधिकार।

एकहत्था [वि.] 1. जिसका एक ही हाथ हो; लूला 2. एक ही व्यक्ति या संस्था के हाथ या नियंत्रण में रहने वाला; जिसपर किसी का एकाधिकार हो, जैसे- एकहत्था व्यवसाय।

एकहत्थी [सं-स्त्री.] 1. एक हाथ से चलाई जाने वाली भाथी 2. मालखंभ की एक कसरत।

एकहत्थो हुलूक [सं-पु.] कुश्ती का एक पेंच।

एकहरा (सं.) [वि.] 1. इकहरा; एक ही परतवाला (कपड़ा) 2. पैरों से पतला (मवेशी)।

एका (सं.) [सं-पु.] एकता; मेल; संधि; सम्मति; सहमति। [सं-स्त्री.] दुर्गा; भगवती।

एकांक (सं.) [वि.] जिसमें एक ही अंक हो (नाटक या रूपक)। दे- एकांकी।

एकांकी (सं.) [वि.] एक ही अंक में पूरा होने वाला (दृश्य काव्य या नाटक)। [सं-पु.] 1. दस प्रकार के रूपकों- नाटक, प्रकरण, प्रहसन आदि में से एक 2. छोटा नाटक जिसमें एक ही अंक हो; (वन ऐक्ट प्ले)।

एकांग (सं.) [वि.] 1. केवल एक अंगवाला 2. विकलांग। [सं-पु.] बुध ग्रह।

एकांगघात (सं.) [सं-पु.] अंगघात या लकवा रोग का एक प्रकार जिसमें कोई एक हाथ या पैर शून्य एवं क्रियाहीन हो जाता है।

एकांगवध (सं.) [सं-पु.] प्राचीन भारत में दिया जाने वाला एक दंड जिसमें अपराधी का एक अंग काट लिया जाता था।

एकांगी (सं.) [वि.] 1. एकपक्षीय; सीमित, जैसे- एकांगी दृष्टि 2. एकांग; जिसका केवल एक ही अंग हो।

एकांत (सं.) [सं-पु.] निर्जन स्थान; सूना स्थान; शांत या शोरगुल रहित ऐसा स्थान जहाँ कोई न हो; तनहाई। [वि.] 1. जो (स्थान) निर्जन या सूना हो 2. एक को छोड़ किसी और की तरफ़ ध्यान न देने वाला; एकनिष्ठ, जैसे- एकांत समर्पण, एकांत भक्ति।

एकांतप्रिय (सं.) [वि.] जिसे एकांत में रहना प्रिय हो।

एकांतर (सं.) [वि.] एक का अंतर देकर होने वाला या पड़ने वाला, जैसे- 2, 4, {, } सब एकांतर संख्याएँ हैं।

एकांतवास (सं.) [सं-पु.] निर्जन स्थान में रहना; अकेले में रहना।

एकांतवासी (सं.) [वि.] निर्जन स्थान में रहने वाला; एकांतवास करने वाला।

एकांतिक (सं.) [वि.] 1. ऐसा नियम जो किसी विशेष अवसर या स्थान के लिए ही हो, सब जगह लागू न होता हो; एकदेशीय; जो सर्वत्र न हो 2. पक्का; अवश्यंभावी 3. निश्चिंत।

एकांश (सं.) [सं-पु.] छोटी इकाई; किसी बड़े संस्थान का एक विभाग।

एकाउंट बुक (अं.) [सं-पु.] बही खाता; लेखा बही।

एकाउंट हेड (अं.) [सं-पु.] लेखा-शीर्ष।

एकाएक [क्रि.वि.] अकस्मात; सहसा; अचानक; यकायक;

एकदम।

एकाकार (सं.) [वि.] जो मिलजुल कर एक हो गया हो; एकरूप, जैसे- नीर और क्षीर का एकाकार होना; समान; एक आकार का; भेद रहित। [सं-पु.] एकमय होना।

एकाकी (सं.) [वि.] अकेला; जिसके साथ और कोई न हो; केवल एक।

एकाकीपन [सं-पु.] अकेला होने की अवस्था या भाव; विभिन्न परिस्थितियों में सब कुछ होते हुए भी संबंधों से विच्छिन्न या अकेला अनुभव करने की दशा।

एकाक्ष (सं.) [वि.] 1. एक आँखवाला 2. जिसकी एक ही आँख शेष हो; काना 3. एक ही अक्ष या धुरी पर घूमने वाला [सं-पु.] 1. शुक्राचार्य 2. कौआ 3. शिव।

एकाक्षर (सं.) [सं-पु.] मंत्र विशेष (?)। [वि.] एक अक्षरवाला।

एकाक्षरी (सं.) [वि.] जिसमें एक ही अक्षर हो, जैसे- एकाक्षरी मंत्र- ?।

एकाक्षरी-कोश (सं.) [सं-पु.] वह कोश जिसमें प्रविष्टि में केवल अक्षर हों और प्रत्येक अक्षर के अलग अलग अर्थ दिए गए हों, जैसे- 'क' अर्थात ब्रह्मा; विष्णु; कामदेव; अग्नि; वायु आदि।

एकाक्षी (सं.) [वि.] दे.- एकाक्ष।

एकाग्र (सं.) [सं-पु.] योगशास्त्र के अनुसार पाँच चित्तवृत्तियों में एक चित्तवृत्ति, जिसमें चित्त निरंतर किसी एक ही विषय या वस्तु में लगा रहता है। [वि.] किसी एक ही विषय या वस्तु पर दत्तचित्त होकर ध्यान करने वाला; अचंचल।

एकाग्रचित्त (सं.) [वि.] जो पूरी लगन से एक ही कार्य में संलग्न हो; स्थिरचित्त; जिसका ध्यान इधर-उधर नहीं भटकता।

एकाग्रता (सं.) [सं-स्त्री.] 1. चित्त के एकाग्र होने का भाव 2. (योगशास्त्र) चित्त की वह अवस्था जिसमें चित्त की चंचलता समाप्त हो जाती है; स्थिरचित्तता 3. विशेष सावधानी से ध्यान।

एकात्म (सं.) [वि.] 1. अभिन्न; एकप्राण; जो आत्मा की दृष्टि से किसी से मिलकर एक हो गया हो 2. वह जीवात्मा जो ब्रह्म से मिलकर एकाकार हो गई हो।

एकात्मवाद (सं.) [सं-पु.] जीव तथा ब्रह्म की एकता का सिद्धांत; अद्वैतवाद; ऐसा मत जिसमें अनेक आत्माएँ उस एक परमात्मा या ब्रह्म की ही अभिव्यक्तियाँ हैं।

एकादश (सं.) [वि.] 1. ग्यारह 2. दस से एक अधिक की संख्या। [सं-पु.] क्रिकेट, फुटबॉल या हॉकी आदि खेलों में दल के ग्यारह खिलाड़ियों का समूह।

एकादशाह (सं.) [सं-पु.] हिंदू धर्म विधियों में किसी की मृत्यु के बाद ग्यारहवें दिन किया जाने वाला कृत्य या कर्मकांड।

एकादशी (सं.) [सं-स्त्री.] चंद्र मास की ग्यारहवीं तिथि; पूर्णिमा या अमावस्या के बाद ग्यारहवीं तिथि 2. इस तिथि को रखा जाने वाला व्रत।

एकादिक्रम (सं.) [वि.] 1. वह क्रम जो एक की संख्या से आरंभ हुआ हो, जैसे- एक, दो, तीन, चार आदि 2. अनुक्रम; क्रमानुसार; क्रमिक।

एकाध (सं.) [वि.] एक या दो; इक्कादुक्का; गिनती में बहुत ही कम।

एकाधिक (सं.) [वि.] एक से अधिक; अनेक।

एकाधिकार (सं.) [सं-पु.] वह व्यवस्था जिसमें किसी वस्तु, क्षेत्र या व्यापार पर किसी निश्चित व्यक्ति या संस्था का पूर्ण नियंत्रण हो। एकाधिपत्य; (मॉनोपॉली)।

एकाधिकृत (सं.) [वि.] एकाधिकार प्राप्त।

एकाधिप (सं.) [सं-पु.] 1. एक मात्र स्वामी; अधिपत्य वाला अकेला व्यक्ति 2. सारे देश पर एकछत्र राज्य करने वाला; शासक।

एकाधिपति (सं.) [सं-पु.] एकाधिप।

एकाधिपत्य (सं.) [सं-पु.] किसी देश, क्षेत्र या संस्थान पर केवल एक व्यक्ति या संस्था का संपूर्ण स्वामित्व; एकाधिकार।

एकायन (सं.) [सं-पु.] 1. केवल एक व्यक्ति के चलने योग्य अयन या मार्ग; पगडंडी 2. एक ही मार्ग 3. वह मार्ग जिसपर केवल एक ही व्यक्ति चल सके 4. वह एकमात्र मार्ग जिसके सिवा अन्य कोई रास्ता न हो।

एकार्थक (सं.) [वि.] 1. एक ही अर्थ वाला 2. दो या दो से अधिक शब्द जिनका अर्थ एक ही हो, जैसे- जलज और नीरज एकार्थक शब्द हैं।

एकालाप (सं.) [सं-पु.] किसी एक व्यक्ति या नाटक के पात्र का अकेले ही बोलते जाना; जहाँ एक से अधिक लोगों का परस्पर संवाद न हो; नाटक का वह रूप जहाँ केवल एक ही व्यक्ति के कथन या स्वागत भाषण के माध्यम से पूरी कथा या स्थिति द्घाटित होती है; (मॉनॉलॉग)।

एकावलि (सं.) [सं-स्त्री.] दे. एकावली।

एकावली (सं.) [सं-स्त्री.] 1. एक ही लड़ की मोतियों की माला या हार 2. अर्थालंकार का एक भेद जिसमें पूर्व के प्रति उत्तरोत्तर वस्तुओं का विशेषण भाव से स्थापन अथवा निषेध दिखलाया जाए 3. छंद विशेष।

एकाशन (सं.) [सं-पु.] 1. थाली में एक बार परोसा गया भोजन ही खाने का नियम 2. एक व्रत जिसमें दिन में केवल एक बार भोजन किया जाता है।

एकाश्रित (सं.) [वि.] 1. जो किसी एक पर ही आश्रित हो 2. जो किसी एक आराध्य पर भरोसा करके केवल उसी का आश्रय ले; अनन्यगतिक; जो किसी अन्य के पास आश्रय माँगने न जाए।

एकाह (सं.) [वि.] 1. एक दिन का समय 2. एक ही दिन में पूरा होने वाला (धार्मिक कृत), जैसे- रामायण का एकाह पाठ 3. एक दिन में पूर्ण होने वाला (यज्ञ) 4. एक ही दिन जीने वाला (कीट)।

एकाहार (सं.) [सं-पु.] 1. एक ही चीज़ खाकर रहने का व्रत या प्रतिज्ञा 2. दिन या रात में एक ही बार भोजन करने का व्रत या नियम।

एकीकरण (सं.) [सं-पु.] 1. दो या दो से अधिक संस्थाओं, प्रतिष्ठानों या वस्तुओं को मिलाकर एक करने की प्रक्रिया या भाव 2. दो या दो से अधिक व्यक्तियों या दलों आदि में

मतैक्य स्थापित करने की क्रिया; (युनिफ़िकेशन)।

एकीकृत (सं.) [वि.] जिन दो या अधिक वस्तुओं, संस्थाओं आदि का एकीकरण हो चुका हो; मिलाकर एक किया हुआ।

एकीकृत परिपथ (सं.) [सं-पु.] 1. कंप्यूटर के मदरबोर्ड में प्रयोग होने वाला माइक्रोचिप जो इलेक्ट्रॉनिक सरकिट का काम करता है; संबद्ध परिपथ 2. एक ही चिप या अर्धचालक में समाहित कंप्यूटर सरकिट; (इंटिग्रेटिड सरकिट)।

एकीभूत (सं.) [वि.] जिसका एकीकरण हो गया हो; जो मिलकर एक हो गया हो; एकीकृत।

एकेंद्रिय (सं.) [सं-पु.] जो इंद्रियों को सभी प्रकार की बातों से हटा कर केवल मन की ओर प्रेरित करता है। [वि.] एक इंद्रियवाला (प्राणी); केंचुआ; जोंक।

एकेश्वरवाद (सं.) [सं-पु.] वह मत जो बहुदेववाद के विरुद्ध केवल एक ईश्वर को जगत का नियंता मानता है।

एकेश्वरवादी (सं.) [सं-पु.] एकेश्वरवाद का सिद्धांत मानने वाला व्यक्ति। [वि.] 1. एकेश्वरवाद संबंधी 2. जिस का विश्वास एकेश्वरवाद में हो।

एकैक [वि.] एक के बाद एक; प्रत्येक; हरेक।

एकोन्मुख (सं.) [वि.] जो किसी एक की ही ओर उन्मुख रहता हो; किसी एक के ही प्रति झुकाव रखने वाला।

एकौंछ [सं-स्त्री.] दे. एक बंध्या।

एक्की [वि.] 1. एक गाड़ी जिसे एक बैल खींचता है 2. एक बूटी वाली ताश की पत्ती; इक्का।

एक्चुअल (अं.) [वि.] असली; वास्तविक; यथार्थ।

एक्जिक्यूट [क्रि-स.] निष्पादित करना।

एक्ज़िट पोल (अं.) [सं-पु.] निर्गम मतानुमान।

एक्टिव (अं.) [वि.] कार्यरत; सक्रिय; क्रियाशील; मुस्तैद; फुर्तिला। [सं-पु.] कर्तृवाचक।

एक्टिविटी (अं.) [सं-स्त्री.] क्रियाकलाप; गतिविधि; हलचल।

एक्यूज़्ड (अं.) [सं-पु.] जिसपर आरोप या दोष लगाया गया हो; अभियुक्त; दोषी

एक्स-रे (अं.) [सं-पु.] (चिकित्सा शास्त्र) वह किरण जिसके सहारे रोग की जाँच के लिए शरीर के भीतरी अंगों के छाया-चित्र लिए जाते हैं।

एक्सचेंज (अं.) [सं-पु.] आदान-प्रदान; विनिमय; अदला-बदली।

एक्सटेंशन (अं.) [सं-पु.] विस्तार; फैलाव; प्रसार; विस्तारण; व्याप्ति।

एक्सपर्ट (अं.) [सं-पु.] 1. किसी विषय का विशेषज्ञ 2. किसी कार्य में प्रवीण; निपुण।

एक्सपेरिमेंट (अं.) [सं-पु.] परीक्षण; नई खोज, ज्ञान या प्रमाण के लिए किया गया वैज्ञानिक प्रयोग।

एक्सप्रेस (अं.) [सं-पु.] 1. अभिव्यक्त; प्रकट, जैसे- वे अपने भावों को बड़ी ख़ूबी से एक्सप्रेस करते हैं 2. निचोड़ना 3. तीव्रगामी रेल गाड़ी (द्रुतवाहन)। [वि.] द्रुतगामी, जैसे- एक्सप्रेस पत्र।

एक्साइजड्यूटी (अं.) [सं-स्त्री.] तंबाकू, शराब जैसी कुछ मादक वस्तुओं के उत्पादन पर लिया जाने वाला सरकारी कर; उत्पादन शुल्क; मादक वस्तुओं पर लगने वाला कर।

एक्सेप्ट (अं.) [क्रि-स.] स्वीकार करना; मानना।

एक्सेशन (अं.) [सं-पु.] 1. राज्यारोहण; पदारोहण 2. परिग्रहण।

एगमार्क (अं.) [सं-पु.] कृषि-उत्पादों, खाने की वस्तुओं आदि की गुणवत्ता एवं शुद्धता की प्रामाणिकता का सूचक चिह्न जो भारत सरकार की गुणवत्ता निर्धारक एवं नियंत्रक संस्था द्वारा दिया जाता है और उन उत्पादों पर अंकित होता है।

एग्रीमेंट (अं.) [सं-पु.] 1. करार; अनुबंध 2. सहमति; रजामंदी।

एजाज़ (अ.) [सं-पु.] अलौकिक शक्ति सूचक कार्य; चमत्कार; करिश्मा।

एजेंट (अं.) [सं-पु.] 1. अभिकर्ता 2. किसी व्यक्ति या संस्था के प्रतिनिधि के रूप में उनकी ओर से काम करने वाला व्यक्ति 3. लाभ लेकर कमीशन पर सामान बेचने वाला व्यक्ति।

एजेंडा (अं.) [सं-पु.] किसी सभा या मीटिंग में जिन मुद्दों पर विचार किया जाना हो उनकी सूची; कार्यसूची; कार्य योजना; कार्यावली।

एजेंसी (अं.) [सं-स्त्री.] 1. अभिकरण; वह संस्था (कार्यालय) जो किसी व्यक्ति, संस्था या प्रतिष्ठान के कार्यों को संचालित करती है तथा उसके प्रतिनिधि के रूप में लाभ के उद्देश्य से (कमीशन पर) उसका सामान बेचती है, जैसे- गैस एजेंसी।

एटलस (अं.) [सं-पु.] पृथ्वी के किसी देश-महादेश या स्थान विशेष के नक्शे की पुस्तक; मानचित्रावली।

एड़ (सं.) [सं-स्त्री.] 1. पैर के तलवे का पिछला हिस्सा 2. घुड़सवारी में घोड़े के पेट पर वेग में वृद्धि हेतु एड़ी से किया गया प्रहार 3. घुड़सवार के जूते की एड़ी में लगा धातु का टुकड़ा जिससे घोड़े को तेज़ चलने के लिए कोंचा जाता है।

एडका (सं.) [सं-स्त्री.] भेड़ी; मादा भेड़।

एडजर्न (अं.) [क्रि-स.] स्थगित करना; काम रोकना।

एडमिट (अं.) [क्रि-स.] 1. भरती करना; दाखिला देना 2. स्वीकार करना; स्वयं से हुई किसी भूल-चूक को मान लेना।

एडमिट कार्ड (अं.) [सं-पु.] प्रवेश पत्र; प्रवेश पत्रक।

एडवाइस (अं.) [सं-पु.] 1. परामर्श; सलाह 2. सूचना; संज्ञापन

एड़ा [सं-पु.] सिधवाई; अड़ानी (छुरा); छूरा।

एडाप्टेशन (अं.) [सं-पु.] 1. अनुकूलन 2. रूपांतर।

एड़ी (सं.) [सं-स्त्री.] पैर के पंजे का नीचे और पीछे वाला कुछ उभरा और फूला हुआ (मांसल, गद्देदार) भाग। [मु.] - **चोटी का ज़ोर लगाना** : पूरी ताकत लगा देना। **एड़ियाँ घिसना** : बहुत दौड़-धूप करना।

एड्रेस (अं.) [सं-पु.] 1. पता 2. अभिभाषण 3. संबोधन; संबोधित करना।

एड्स (अं.) [सं-पु.] वायरस जनित एक घातक रोग जो शरीर की प्रतिरोधक क्षमता समाप्त कर देता है; (एक्वायर्ड इम्युनो डिफ़िश्यंसी सिंड्रोम)।

एण (सं.) [वि.] 1. एक प्रकार का काला हिरण 2. कस्तूरी-मृग।

एण-अजिन (सं.) [सं-पु.] मृगचर्म; हिरण की खाल।

एणी (सं.) [सं-स्त्री.] काली हिरणी।

एत (सं.) [सं-पु.] सूर्य; आदित्य।

एतकाद (अ.) [सं-पु.] 1. श्रद्धा; आस्था 2. विश्वास; भरोसा; ऐतबार।

एतदर्थ (सं.) [अव्य.] इसके लिए, इसलिए; इस कारण।

एतदवधि (सं.) [क्रि.वि.] अब तक; इस अवधि तक; इस समय तक।

एतदविषयक (सं.) [वि.] इस विषय से संबद्ध।

एतद्देशीय (सं.) [वि.] इस देश की वस्तु; इस देश में पाया जाने या उत्पन्न होने वाला; इस देश से संबंधित।

एतमाद (अ.) [सं-पु.] भरोसा; विश्वास; निर्भरता।

एतराज़ (अ.) [सं-पु.] 1. उज्र; आपत्ति 2. शंका; संदेह 3. दोष निकालना; नुक्ताचीनी; विरोध।

एतराफ़ (अ.) [सं-पु.] मानना; इकरार करना; अपने अपराध को स्वीकार करना।

एतादृश (सं.) [वि.] ऐसा; इस प्रकार का; इसके समान।

एथलीट (अं.) [सं-पु.] दौड़; खेल-कूद आदि का खिलाड़ी; कसरती; व्यायामी।

एनी [सं-पु.] एक बहुत बड़ा पेड़ जो दक्षिण में पश्चिमी घाट पर होता है।

एनीमा (अं.) [सं-पु.] (चिकित्सा-शास्त्र) वस्ति कर्म; पेट साफ़ करने के लिए गुदा में पिचकारी देना; एक पात्र से जुड़ी नली वाला वह उपकरण जिससे यह क्रिया की जाती है।

एनोड (अं.) [सं-पु.] जस्ते की वह प्लेट जिसके द्वारा विद्युत अपघटन वाले पात्र के अंदर विद्युत धारा प्रवेश करती है; धनाग्र।

एपिसोड (अं.) [सं-पु.] 1. घटना; प्रसंग 2. कथांश; उपकथा 3. वृत्तांत; उपाख्यान 4. टीवी, रेडियो आदि के धारावाहिक का एक भाग।

एप्रन (अं.) [सं-पु.] पूरे वस्त्रों के ऊपर सिर्फ़ सामने की ओर पहना जाने वाला वह कपड़ा जो एक कमरपेटी द्वारा शरीर से बँधा रहता है और काम-काज के दौरान धूल, गंदगी, चिकनाई आदि से वस्त्रों को बचाता है।

एबिलिटी (अं.) [सं-स्त्री.] योग्यता; सामर्थ्य; क्षमता; निपुणता।

एबॉर्शन (अं.) [सं-पु.] गर्भपात।

एमन (सं.) [सं-पु.] भारतीय शास्त्रीय संगीत में राग कल्याण और राग केदार के मिश्रण से बना एक राग जिसे मिश्रित राग की श्रेणी में रखते हैं; सात स्वरों या संपूर्ण जाति का एक राग; यमन या ईमन राग।

एयरकंडीशनर (अं.) [सं-पु.] वातानुकूलक; शीत-ताप नियंत्रक।

एयरपोर्ट (अं.) [सं-पु.] हवाई जहाज़ के उतरने एवं उड़ने का स्थान; हवाईअड्डा; विमान-पत्तन स्थल।

एयरमेल (अं.) [सं-पु.] वह डाक जो वायु-मार्ग द्वारा आती-जाती है; हवाई-डाक।

एयरलाइन (अं.) [सं-पु.] वायु-मार्ग द्वारा यातायात-व्यवस्था का संचालन करने वाली संस्था (कंपनी), जैसे- इंडियन एयर लाइंस।

एरंड (सं.) [सं-पु.] बड़े-बड़े कटावदार पत्तों वाला एक छोटा वृक्ष जिसके पत्तों तथा फल में औषधीय गुण होते हैं; अंडी का पेड़; रेड़; रेड़ी।

एरंडा [सं-स्त्री.] पिप्पली; पीपल नाम की एक वनस्पतिक औषधि।

एरंडी (सं.) [सं-स्त्री.] चमड़ा सिझाने (पकाने) के काम आने वाली एक प्रकार की झाड़ी।

एरका (सं.) [सं-स्त्री.] एक प्रकार की गाँठविहीन घास।

एरा [परप्रत्य.] 1. वह प्रत्यय जो शब्दों के अंत में लगकर मान या मात्रा की अधिकता दर्शाता है, जैसे- (बहुत-बहुतेरा) और व्यवहार सूचक (लूट-लुटेरा)।

एरियल (अं.) [सं-पु.] धातु के तार द्वारा निर्मित वह यंत्र जिसके द्वारा रेडियो तरंगों का संग्रहण एवं प्रसारण किया जाता है।

एलची (तु.) [सं-पु.] 1. पत्रवाहक 2. राजदूत; एक देश में दूसरे देश का प्रतिनिधि।

एलवालु (सं.) [सं-पु.] 1. कैथ या कापित्थ वृक्ष की सुगंधित छाल 2. एक रवेदार या दानेदार सुगंधित द्रव्य जो औषधि या सुगंध के रूप में प्रयुक्त होता है।

एला (सं.) [सं-स्त्री.] 1. इलायची 2. इलायची का वृक्ष 3. (संगीत) शुद्ध राग का एक भेद।

एलान (अ.) [सं-पु.] उद्घोष; घोषणा; सार्वजनिक रूप से प्रसारित सूचना।

एलानिया (अ.) [क्रि.वि.] 1. घोषित रूप से 2. स्पष्ट रूप से 3. सार्वजनिक तौर पर; खुलेआम 4. बिना दुराव-छिपाव के; खुल्लमखुल्ला।

एलानेजंग (अ.+फ़ा.) [सं-पु.] जंग (युद्ध) आरंभ करने की घोषणा।

एलिफेंट फोलियो (अं.) [सं-पु.] सामान्य आकार के पन्ने से बड़ा पन्ना जिसका आकार 356 मि.मी. × 584 मि.मी. होता है।

एलीका (सं.) [सं-स्त्री.] छोटी इलायची।

एलुआ (सं.) [सं-पु.] घृतकुमारी या खारपा का जमाया हुआ रस।

एल्गॉरिथ्म (अं.) [सं-स्त्री.] कलनविधि।

एव (सं.) [अव्य.] 1. ही 2. भी; सा; इस प्रकार का; मात्र; केवल।

एवं (सं.) [क्रि.वि.] इसी प्रकार; ऐसे ही। [अव्य.] और भी; ऐसे ही।

एवंभूत (सं.) [वि.] इस प्रकार का; ऐसा।

एवज़ (अ.) [सं-पु.] 1. स्थानापन्न; किसी अन्य के बदले में काम करने वाला 2. प्रतिफल, जैसे- पहले मज़दूरों को काम के एवज़ में अनाज दिया जाता था।

एवज़ी (अ.) [वि.] किसी के स्थान पर या एवज़ में काम करने वाला; स्थानापन्न।

एवमस्तु (सं.) [अव्य.] 1. ऐसा ही हो। 2. किसी की मनोकामना की पूर्ति के लिए आशीर्वाद के रूप में प्रयुक्त पद।

एवमेव (सं.) [क्रि-अ.] ऐसा ही।

एविडेंस [सं-पु.] सबूत; साक्ष्य; गवाह; प्रमाण।

एषण (सं.) [सं-पु.] 1. कामना करना; इच्छा करना 2. लोहे का तीर 3. सलाई इत्यादि के द्वारा रोगों की जाँच करना 4. ढूँढ़ना; अन्वेषण करना।

एषणा (सं.) [सं-स्त्री.] 1. चाह; इच्छा; कामना; अभिलाषा 2. याचना; प्रार्थना।

एषणिका (सं.) [सं-स्त्री.] सुनार का तराज़ू, जिससे सोने-चाँदी का वज़न किया जाता है।

एषणी (सं.) [सं-स्त्री.] 1. सुनार का तराज़ू 2. लौहशलाका। [वि.] चाहने वाला (व्यक्ति)।

एषणीय (सं.) [वि.] वह जिसके संबंध में या जिसकी इच्छा की जाए।

एषा (सं.) [सं-स्त्री.] चाह; इच्छा।

एसेंस (अं.) [सं-पु.] 1. इत्र; सुगंध 2. सार; सत्त 3. पुष्पसार।

एस्किमो (अं.) [सं-पु.] उत्तरी ध्रुव के टुंड्रा प्रदेश में निवास करने वाली एक जनजाति।

एस्टिमेट (अं.) [सं-पु.] किसी कार्य के लिए होने वाले ख़र्च का अनुमान; तख़मीना; आकलन; आगणन; कूत; प्राक्कलन।

एस्पिरिन (अं.) [सं-पु.] सिर दर्द तथा ज्वर में आराम देने वाली एक अँग्रेज़ी दवा।

एस्पेरांतो (अं.) [सं-पु.] एक कृत्रिम अंतरराष्ट्रीय भाषा जो विभिन्न देशों के लोगों के परस्पर व्यवहार हेतु निर्मित की गई है।

एह (अ.) [सर्व.] दे. यहु।

एहतराम (अ.) [सं-पु.] आदर; इज़्ज़त; सम्मान।

एहतशाम (अ.) [सं-पु.] 1. शान-शौक़त 2. वैभव; ऐश्वर्य 3. प्रतिष्ठा।

एहतिमाम (अ.) [सं-पु.] 1. आयोजन 2. इंतज़ाम; प्रबंध; बंदोबस्त; व्यवस्था 3. निगरानी; निरीक्षण 4. तत्वावधान।

एहतिमाल (अ.) [सं-पु.] आशंका; शक; संदेह; शुबहा; आदेश।

एहतियाज (अ.) [सं-पु.] 1. अभाव 2. गरज़; आवश्यकता; ज़रूरत।

एहतियात (अ.) [सं-स्त्री.] सावधानी; ख़बरदारी; चौकसी; सतर्कता; बचाव के उपाय; परहेज।

एहतियातन (अ.) [वि.] एहतियात बरतते हुए; सतर्कता के लिहाज़ से; सावधानी या बचाव की दृष्टि से।

एहतियाती (अ.) [वि.] परहेज़ करने वाला; बचाव करने वाला।

एहतिलाम (अ.) [सं-पु.] स्वप्न में वीर्यपात होना; स्वप्नदोष।

ऐ

ऐ हिंदी वर्णमाला का स्वर वर्ण। उच्चारण की दृष्टि से यह निम्नतर-मध्य, अग्र, अगोलित, दीर्घ स्वर है, जैसे- बैल। 'य' के पूर्व संध्यक्षर [अइ] के रूप में भी उच्चरित होता है, जैसे- भैया, गैया, ऐयाश। कुछ शब्दों में इसका उच्चारण [अय्] भी है, जैसे- ऐतिहासिक।

ऐं [अव्य.] 1. एक आश्चर्यसूचक शब्द; उत्सुकतासूचक अव्यय 2. बात को ठीक से न सुन पाने का संकेत देने के लिए प्रयोग किया जाने वाला शब्द।

ऐंगल (अं.) [सं-पु.] शूट के दौरान कैमरे के अलग-अलग कोण।

ऐंच [सं-स्त्री.] ऐंचने या खींचने की क्रिया या भाव।

ऐंचकबैंची [सं-स्त्री.] बैलों को खिलाने की जगह; खोर; नाद 2. एक प्रकार की ईंट; दो-तीन जगह से टेढ़ी ईंट।

ऐंचना [क्रि-स.] 1. खींचना; तानना 2. बलपूर्वक कोई चीज़ अपनी ओर खींचना 3. अनाज को साफ़ करने के लिए सूप आदि में फटकना।

ऐंचा-ताना [वि.] जिसकी दोनों आँखों की पुतलियों में सामंजस्य न हो (व्यक्ति); दोनों पुतलियाँ भिन्न-भिन्न दिशाओं में देखती हों; भेंगा।

ऐंचीला [वि.] 1. खींचा जा सकने वाला 2. लचीला 3. खींचे जाने योग्य।

ऐंटी-क्लॉक (अं.) [सं-पु.] घड़ी की विपरीत दिशा में; दक्षिणावर्त।

ऐंटीबायोटिक (अं.) [सं-पु.] जीवाणुरोधी रसायन; प्रतिजैविक अर्थात सूक्ष्म जीवों का विनाश करने वाली औषधि। [वि.] जीवाणुरोधी; प्रतिजैविक।

ऐंटेना (अं.) [सं-पु.] (रेडियो, दूरदर्शन आदि में) तरंगों को भेजने या पकड़ने (प्रेषण या अभिग्रहण) के लिए प्रयुक्त तार 2. चींटी आदि कई छोटे जीवों में नाक के पास से आगे को निकले हुए बाल जैसे सूक्ष्म अंग जो आस-पास से संवेदन ग्रहण करते हैं।

ऐंठ [सं-स्त्री.] 1. ऐंठने की क्रिया या भाव 2. अकड़; ठसक; गर्व; घमंड 3. द्वेष; विरोध; हठ; दुराग्रह।

ऐंठन [सं-स्त्री.] 1. ऐंठने की अवस्था या भाव 2. किसी वस्त्र, कागज़ आदि को कसकर मरोड़ने या बल देने से बनी स्थिति 3. मरोड़; बल; घुमाव 4. लपेट; पेंच।

ऐंठना [क्रि-स.] 1. घुमाव देना; बल देना; मरोड़ना 2. तानना; खींचना; कसना 3. दबाव डालकर पैसे वसूल करना। [क्रि-अ.] 1. बल खाना; पेंच खाना 2. अकड़ना; तनना। [मु.] - **ऐंठकर रह जाना** : बहुत ही विवशता की दशा में चटपट मर जाना।

ऐंठा [सं-पु.] 1. जौ-गेहूँ की पत्तियों के सिकुड़ने का रोग 2. रस्सा या रस्सी बटने का उपकरण 3. घोघा। [वि.] ऐंठ या शेख़ी दिखाने वाला।

ऐंठाना [क्रि-स.] दे. ऐंठना।

ऐंठू [वि.] 1. अकड़बाज़; घमंड दिखाने वाला 2. दूसरों का माल ऐंठने वाला।

ऐंड़ [सं-पु.] 1. गर्व; ऐंठ; शान; घमंड; शेख़ी 2. पानी का भँवर। [वि.] 1. रद्दी; निकम्मा 2. जो डूब गया हो या वसूल न हो सके (धन)।

ऐंड़ना [क्रि-अ.] 1. बदन तोड़ना; अँगड़ाना; ऐंठना 2. इतराना 3. सूख कर कड़ा पड़ जाना। [क्रि-स.] बल देना; ऐंठना।

ऐंड़ा [सं-पु.] 1. बटखरा या बाट जो वज़न तौलने के लिए तराज़ू के साथ प्रयुक्त होता है 2. सेंध। [वि.] 1. ऐंठा हुआ या अकड़ा हुआ 2. टेढ़ा या तिरछा 3. अहंकारी।

ऐंड़ा-बैंड़ा (सं.) [वि.] 1. जो अपनी ठीक स्थिति में न हो 2. उलटा-पुलटा; आड़ा-तिरछा 3. ऊटपटाँग; अंडबंड।

ऐंड़ाना [क्रि-अ.] 1. ऐंठ दिखाना 2. अँगड़ाई लेना 3. इतराना।

ऐंढ़ा [सं-पु.] एक प्रकार का गँड़ासा।

ऐंतन [सं-पु.] बर्तन के पेंदे का गड्ढानुमा निशान।

ऐंदव (सं.) [वि.] इंदु अर्थात चंद्र संबंधी। [सं-पु.] 1. चंद्र मास 2. मृगशिरा नामक नक्षत्र 3. चंद्रायण व्रत।

ऐंद्र (सं.) [वि.] इंद्र से संबंधित। [सं-पु.] 1. इंद्र का पुत्र; जयंत; अर्जुन 2. ज्येष्ठा नक्षत्र 3. इंद्र का यज्ञांश।

ऐंद्रजालिक (सं.) [वि.] इंद्रजाल या सम्मोहन द्वारा किए गए जादू से संबंधित; इंद्रजाल द्वारा जादू दिखाने वाला।

ऐंद्रि (सं.) [सं-पुं] 1. इंद्र का पुत्र; जयंत; अर्जुन 2. कौवा।

ऐंद्रिय (सं.) [वि.] 1. इंद्रियों से संबंध रखने वाला; विषयी 2. इंद्रिय ग्राह्य; जिसका अनुभव इंद्रियों से हो सके 3. ज्ञानेंद्रियों का विषय।

ऐंद्री (सं.) [सं-स्त्री.] 1. दुर्गा का एक नाम 2. इंद्र-पत्नी; शची 3. इंद्र की स्तुति से संबंधित वैदिक मंत्र (ऋचा) 4. पूर्व दिशा 5. छोटी इलायची 6. एक प्रकार की ककड़ी।

ऐंपियर (अं.) [सं-पु.] विद्युत धारा की शक्ति मापने की इकाई या यूनिट।

ऐंप्लिफ़ाइअर (अं.) [सं-पु.] ध्वनिवर्धक तथा विस्तारक यंत्र;

आवाज़ को दूर तक गुँजाने वाला यंत्र।

ऐंबुलेंस (अं.) [सं-स्त्री.] घायल एवं मरीज को अस्पताल पहुँचाने वाली गाड़ी।

ऐकपत्य (सं.) [सं-पु.] 1. केवल एक व्यक्ति का पूर्ण प्रभुत्व; ऐकाधिपत्य 2. एकतंत्र शासन।

ऐकपदिक (सं.) [वि.] 1. एक पदवाला 2. लँगड़ा 3. यास्क के निघंटु का एक नैगम।

ऐकांतिक (सं.) [वि.] 1. एक ही विषय, वस्तु या व्यक्ति से संबंधित 2. सबसे भिन्न; अलग और निराला 3. बिना शर्त या अपवाद का; अकाट्य; पक्का 4. एकांत संबंधी।

ऐकांतिक-समाचार (सं.) [सं-पु.] (पत्रकारिता) वह समाचार जिसे किसी विशेष संवाददाता ने खोज निकाला हो तथा सबसे पहले अपने समाचार-पत्र को दिया हो; (स्कूप)।

ऐकाग्र (सं.) [वि.] दे. एकाग्र।

ऐकात्म्य (सं.) [सं-पु.] एक से अधिक वस्तुओं के परस्पर घुलमिलकर एकरूपत हो जाने की अवस्था; तादात्म्य; एकात्मता।

ऐकार्थ्य (सं.) [सं-पु.] 1. एक से अधिक शब्दों का एक ही अर्थ होने की अवस्था या भाव; अर्थ सामंजस्य 2. एक ही उद्देश्य या प्रयोजन का होना।

ऐकाहिक (सं.) [वि.] 1. जिसका जीवन केवल एक दिन का हो; क्षण स्थायी 2. एक दिन में संपन्न होने वाला (कार्य, यज्ञ आदि)।

ऐक्ट (अं.) [सं-पु.] 1. सरकार द्वारा बनाया गया क़ानून; अधिनियम 2. संगीत, नाटक आदि के विभाग; अंक 3. अभिनय 4. कार्य; कृत्य।

ऐक्टिंग (अं.) [सं-स्त्री.] 1. अभिनय; किसी नाट्य विद्या, फ़िल्म आदि में कोई किरदार निभाना 2. नकल करना। [वि.] कार्यकारी।

ऐक्य (सं.) [सं-पु.] एक का भाव; एकता मेल; समाहार।

ऐक्यूप्रेशर (अं.) [सं-पु.] शरीर के कुछ विशेष स्थानों पर किसी चीज़ से दबाकर चिकित्सा करने की एक पद्धति।

ऐक्शन (अं.) [सं-पु.] 1. (फ़िल्म) कलाकारों द्वारा किया गया कार्य तथा कैमरा मूवमेंट आदि 2. कार्रवाई 3. क्रिया।

ऐक्षव (सं.) [वि.] 1. ईख से उत्पन्न या ईख के रस से बना हुआ 2. ईख संबंधी। [सं-पु.] 1. गुड़; मिसरी; शक्कर 2. ईख के रस से बनी एक तरह की शराब।

ऐक्ष्वाक (सं.) [सं-पु.] 1. इक्ष्वाकु कुल में उत्पन्न 2. इक्ष्वाकुओं द्वारा शासित एक प्राचीन राज्य। [वि.] इक्ष्वाकु संबंधी।

ऐक्सिडेंट (अं.) [सं-पु.] 1. दुर्घटना; अप्रत्याशित घटना 2. इत्तफ़ाक; संयोग।

ऐच्छिक (सं.) [वि.] 1. स्वेच्छा पर अवलंबित 2. इच्छानुसार; मनमाना 3. वैकल्पिक; जो विकल्प अपनी इच्छानुसार चुना जा सकता हो।

ऐज़न (अ.) [अव्य.] 1. उसी तरह 2. उपर्युक्त; फिर वही; किसी अंक या शब्द को दुहराने से बचने की ख़ातिर प्रयुक्त चिह्न; इसका संकेत ऐसे (″) किया जाता है; डिट्टो (अं.) का चिह्न।

ऐज़ाज़ (अ.) [सं-पु.] इज़्ज़त; आदर; प्रतिष्ठा; सम्मान।

ऐटमबम (अं.) [सं-पु.] परमाणु बम; वह बम जो प्रक्षेपित होकर अपने अणुओं के विखंडन से अत्यंत शक्तिशाली (विनाशकारी) विस्फोट करता है।

ऐड (सं.) [सं-पु.] पुरखा; पूर्वज। [वि.] 1. भेड़ से संबंधित 2. ताज़गीयुक्त; स्फूर्तिदायक; शक्तिवर्धक।

ऐडक (सं.) [सं-पु.] भेड़ की एक जाति। [वि.] भेड़ का; भेड़ संबंधी।

ऐडजस्टमेंट (अं.) [सं-पु.] समंजन; समायोजन; सामंजस्य; अनुकूलन।

ऐडमिशन (अं.) [सं-पु.] किसी शैक्षणिक संस्था में प्रवेश, भरती, दाख़िला।

ऐडवर्टिज़मेंट (अं.) [सं-पु.] विभिन्न सूचना माध्यमों, जैसे- अख़बार, पत्र-पत्रिकाओं, पोस्टरों, पर्चियों आदि के द्वारा प्रसारित विज्ञापन; इश्तहार; प्रचार।

ऐडवांस (अं.) [सं-पु.] अग्रिम धन; पेशगी रकम।

ऐडहाक (अं.) [वि.] तदर्थ; किसी विशेष कार्य के लिए की गई सामयिक व्यवस्था।

ऐडिशनल (अं.) [वि.] 1. अतिरिक्त 2. ऊपर (पदनाम)।

ऐतबार (अ.) [सं-पु.] विश्वास; भरोसा।

ऐतरेय (सं.) [सं-पु.] 1. इतर ऋषि के वंशज 2. ऋग्वेद का एक ब्राह्मण (ऐतरेय ब्राह्मण) तथा आरण्यक (ऐतरेय आरण्यक) ग्रंथ 3. ऐतरेय द्वारा रचे गए ब्राह्मण ग्रंथ या उपनिषद।

ऐतिहासिक (सं.) [वि.] 1. इतिहास में उल्लिखित 2. इतिहास संबंधी 3. {ला-अ.} कोई बहुत महत्वपूर्ण तथा स्मरणीय घटना, जैसे- विश्व कप क्रिकेट में भारत की ऐतिहासिक जीत।

ऐतिहासिक समाजशास्त्र (सं.) [सं-पु.] समाज की सभ्यता तथा उसमें होने वाले परिवर्तन और विकास का विश्लेषण करने वाला विज्ञान।

ऐतिहासिकतावाद (सं.) [सं-पु.] 1. इतिहास से संबंधित एक सिद्धांत जो केवल इतिहास सिद्ध बातों में विश्वास करता है, अनुमान या संभावनाओं में नहीं।

ऐतिह्य (सं.) [वि.] अनुश्रुत; परंपरा से प्राप्त प्रमाण या उपदेश; जिसे बहुत दिनों से सुनते चले आ रहे हों।

ऐन-इनायत (अ.) [सं-स्त्री.] परम अनुग्रह; सच्ची कृपा; उपकार।

ऐन[1] (सं.) [सं-पु.] 1. अयन; चाल; गति 2. रास्ता; मार्ग 3. स्थान; घर; निवास।

ऐन[2] (अ.) [सं-पु.] 1. स्रोत; पानी का चश्मा या सोता 2. यथार्थ; वास्तविक; वाकई 3. नेत्र; नयन; आँख। [वि.] 1. जैसा होना चाहिए, ठीक वैसा ही 2. बिल्कुल नियत; सटीक, जैसे- ऐन उसी वक्त पर पुलिस आ गई।

ऐनक (अ.) [सं-स्त्री.] आँखों पर लगाने का चश्मा; स्पष्ट देखने (दृष्टि-दोष में) तथा नेत्र की सुरक्षा हेतु आँखों पर पहना जाने वाला उपकरण।

ऐनकसाज़ (अ.+फ़ा.) [सं-पु.] चश्मा निर्माता; चश्मा बनाने

वाला व्यक्ति।

ऐना [सं-पु.] 1. लकड़ी का अड्डा या अड़ार 2. दर्पण; आदर्श, आइना।

ऐनि (सं.) [सं-पु.] सूर्यपुत्र; इक्ष्वाकु।

ऐनिवंश (सं.) [सं-पु.] सूर्यवंश।

ऐपन (सं.) [सं-पु.] 1. चावल तथा हल्दी को एक साथ पीस कर बनाया गया लेप जो पूजा आदि मांगलिक कार्यों में प्रयुक्त पात्रों कलश आदि पर थापा या लगाया जाता है 2. शुभ अवसरों पर पिसे चावल के घोल से फ़र्श और दीवारों पर किया जाने वाला मंगल चिह्नों का अंकन।

ऐपरेटस (अं.) [सं-पु.] 1. औज़ार 2. साधन; उपकरण 3. प्रयोगशाला में काम आने वाले यंत्र।

ऐफ़िडेविट (अं.) [सं-पु.] शपथ-पत्र; हलफ़नामा।

ऐब (अ.) [सं-पु.] 1. दुर्गुण; खोट; दोष; बुराई 2. कसर त्रुटि; भूल। [मु.] **-निकालना** : दोष बताना। **-लगाना** : कलंक लगाना; लांछित करना।

ऐबगो (अ.+फ़ा.) [वि.] दूसरों में ऐब या दोष बताने या निकालने वाला; दूसरों की निंदा या नुक्ताचीनी करने वाला।

ऐबदार (अ.+फ़ा.) [वि.] 1. जिस व्यक्ति या वस्तु में कोई दोष या ऐब हो; दोषयुक्त 2. दूषित; ख़राब।

ऐबी (अ.) [वि.] 1. एब युक्त 2. जिसके शरीर में दोष हो; विकलांग 3. नटखट; शरारती 4. अधम; दुष्ट।

ऐब्सेंटी (अं.) [वि.] अनुपस्थित, गैरहाजिर।

ऐब्सेंस (अं.) [सं-पु.] 1. अनुपस्थिति; गैरहाजिरी 2. अभाव।

ऐब्स्ट्रैक्ट (अं.) [सं-पु.] सार; संक्षेप; सारांश। [वि.] भावात्मक; काल्पनिक।

ऐया (सं.) [सं-स्त्री.] 1. आर्या (शब्द) का विकृत स्वरूप; बूढ़ी दादी आदि के लिए प्रयुक्त पारंपरिक लोकभाषागत संबोधन; दादी 2. माँ। [परप्रत्य.] एक प्रत्यय जो क्रिया में लग कर उसके कर्ता का भाव प्रकट करता है, जैसे- नाचना से नचवैया।

ऐयार (अ.) [सं-पु.] 1. धूर्त; चालाक; छली 2. ऐसा चतुर व्यक्ति जो वेष बदलकर कठिन से कठिन काम भी पूरा कर सकता हो; पुराने ज़माने का जासूस; अय्यार।

ऐयारी (अ.) [सं-स्त्री.] 1. धूर्तता; चालाकी 2. वेश बदलकर काम निकालना; जासूसी करना; अय्यारी।

ऐयाश (अ.) [सं-पु.] भोगविलास में रत व्यक्ति; कामुक; विषयी; व्यभिचारी।

ऐयाशी (अ.) [सं-स्त्री.] 1. विलासिता; भोग-विलास 2. कामुकता; लंपटता; विषयासक्ति।

ऐरा-गैरा (अ.) [वि.] 1. तुच्छ और अपरिचित; इधर-उधर 2. जिससे किसी प्रकार का मेल-जोल या परिचय न हो 3. सामान्य; उपेक्षणीय। [मु.] **-ऐरा-गैरा नत्थु** : जिसकी कोई हैसियत न हो।

ऐरापति (सं.) [सं-पु.] इंद्र का हाथी ऐरावत।

ऐराब (अ.) [सं-पु.] अरबी-फारसी लिखावट में जेर, जबर और पेश (अ, इ, उ) की मात्राओं के चिह्न।

ऐरालू (अ.) [सं-पु.] एक प्रकार की ककड़ी जो पहाड़ों पर पाई जाती है।

ऐरावण (सं.) [सं-पु.] इंद्र का हाथी ऐरावत; जल से उत्पन्न।

ऐरावत (सं.) [सं-पु.] 1. सागर-मंथन से उत्पन्न श्वेत वर्ण एवं चार दातों वाला स्वर्ग का वह हाथी जो पूर्व दिशा का दिग्गज है तथा इंद्र का वाहन माना जाता है 2. एक प्रकार का इंद्र धनुष 3. पाताल निवासी नाग जाति का एक राजा 4. बिजली से चमकता हुआ बादल (मेघ) 5. वज्र 6. ऐरावण।

ऐरावती (सं.) [सं-स्त्री.] 1. बिजली 2. ऐरावत की हथिनी 3. पंजाब में बहने वाली रावी (इरावती) नदी 4. वटपत्री नामक पौधा 5. म्यांमार की एक प्रसिद्ध नदी।

ऐरेय (सं.) [सं-पु.] एक प्रकार की पुरानी शराब; मद्य विशेष।

ऐल (सं.) [वि.] इला (धरती) संबंधी। [सं-पु.] 1. इला का पुत्र; पुरूरवा 2. मंगल ग्रह 3. कोलाहल 4. आंदोलन; खलबली 5. अलई नीम की कँटीली लता।

ऐलबम (अं.) [सं-पु.] 1. वह ग्रंथनुमा फ़ाइल जिसमें छायाचित्र (फ़ोटोग्राफ़) संगृहीत किए जाते हैं 2. किसी एक कलाकार या किसी विशेष विषय या शैली के गीतों का रिकॉर्ड, कैसेट या सी.डी. पर निकाला गया संग्रह।

ऐलर्जी (अं.) [सं-स्त्री.] किसी विशेष वस्तु या पदार्थ जैसे कोई खाद्य पदार्थ, पराग कण, धूल आदि के प्रति शरीर के अतिसंवेदनशील होने के कारण उपजी बीमारी।

ऐलविल (सं.) [सं-पु.] 1. कुबेर 2. मंगल ग्रह।

ऐलान (अ.) [सं-पु.] दे. एलान।

ऐलोपैथ (अं.) [सं-पु.] पाश्चात्य चिकित्सा प्रणाली या पद्धति अर्थात् एलोपैथी द्वारा उपचार करने वाला डॉक्टर।

ऐवान (फ़ा.) [सं-पु.] 1. महल; राजभवन 2. परिषद; संसद।

ऐवेन्यू (अं.) [सं-पु.] वह चौड़ी सड़क जिसके दोनों ओर पेड़ लगे हों; हरियाली से सुसज्जित चौड़ी सड़क; वीथी।

ऐश (अ.) [सं-पु.] 1. मज़ा; मौज 2. भोग-विलास; विषयवासना; विषय-सुख 3. सुख-सुविधापूर्ण जीवन स्थिति।

ऐश ट्रे (अं.) [सं-पु.] बीड़ी-सिगरेट आदि बुझाने का पात्र; राखदानी।

ऐशगाह (अ.) [सं-पु.] विलास-गृह; वह स्थान जहाँ विषय-सुख प्राप्त किया जाता है; विलास-भवन; केलिभवन।

ऐशपरस्ती (अ.+फ़ा.) [सं-स्त्री.] ऐयाशी; विलासिता; विषयासक्ति।

ऐशपसंद (अ.+फ़ा.) [वि.] 1. विलास प्रिय; विलासी 2. आराम पसंद।

ऐशान (सं.) [वि.] 1. शिव से संबंध रखने वाला 2. उत्तर-पूर्व दिशा (ईशान कोण) संबंधी।

ऐशिक (सं.) [वि.] 1. शिव से संबंधित 2. ईश संबंधी।

ऐशोआराम (अ.+फ़ा.) [सं-पु.] सुख-चैन; भोग-विलास तथा सुख-सुविधाएँ।

ऐशोइशरत (अ.) [सं-स्त्री.] भोग-विलास; समृद्धि और सुख-चैन।

ऐश्वर (सं.) [वि.] 1. ईश्वरीय; दैविक 2. शिव संबंधी; शिव से

संबंध रखने वाला 3. शक्तिशाली 4. राजकीय 5. अनुपम 6. दिव्य 7. सर्वोपरि।

ऐश्वरी (सं.) [सं-स्त्री.] दुर्गा।

ऐश्वर्य (सं.) [सं-पु.] 1. ईश्वरीय संपदा; ईश्वरीय विभूति 2. वैभव; धन संपत्ति 3. अणिमा, महिमा आदि आठों सिद्धियों से प्राप्त अलौकिक शक्ति।

ऐश्वर्यवान् (सं.) [वि.] 1. वैभवशाली; संपन्न 2. संपत्तिशाली 3. प्रभुत्व संपन्न।

ऐश्वर्यशाली (सं.) [वि.] ऐश्वर्यवान; धन-संपत्ति युक्त; प्रभुत्व संपन्न; वैभवशाली; संपन्न।

ऐष्टक (सं.) [सं-पु.] ईंटों की जुड़ाई-चुनाई। [वि.] 1. ईंट से संबंध रखने वाला 2. ईंट निर्मित (भवन)।

ऐसन [वि.] इसी तरह का; इसके समान; ऐसा (अवधी)। [क्रि.वि.] ऐसे; इस तरह से; इस ढंग से।

ऐसा (सं.) [वि.] 1. इस प्रकार का; इस ढंग का 2. इसके समान; इस भाँति का।

ऐसिड (अं.) [सं-पु.] अम्ल; तेज़ाब।

ऐसेट (अं.) [सं-पु.] 1. धन तथा भू-संपत्ति; पूँजी 2. किसी व्यक्ति के उपयोगी गुण तथा विशेषताएँ।

ऐहलौकिक (सं.) [वि.] इस लोक या संसार से संबंध रखने वाला; सांसारिक।

ऐहिक (सं.) [वि.] भौतिक; सांसारिक; ऐहलौकिक।

ऐहिकतापरक (सं.) [वि.] जिसका संबंध सांसारिक बातों से हो।

ऑ

ऑ उच्चारण की दृष्टि से यह उच्चतर-निम्न, पश्च, गोलित, दीर्घ स्वर है। यह केवल इंग्लिश से आगत शब्दों में ही प्रयुक्त होता है, जैसे- बॉल, मॉडल आदि। हिंदी वर्णमाला में अभी तक इसको स्थान नहीं मिला है।

ऑक्सीकरण (अं.+सं.) [सं-पु.] 1. पदार्थ एवं ऑक्सीजन के संयोग की क्रिया 2. ऑक्साइड बनने की क्रिया; उपचयन।

ऑक्सीकृत (अं.+सं.) [वि.] जिसका ऑक्सीकरण हुआ हो; उपचित; (ऑक्सीडाइज़्ड)।

ऑक्सीजन (अं.) [सं-पु.] 1. एक रंगहीन, गंधहीन, स्वादहीन व जीवनदायिनी गैस जो जीवधारियों की श्वसन-प्रक्रिया के लिए आवश्यक है; प्राणवायु; ओषजन।

ऑटोग्राफ़ (अं.) [सं-पु.] स्वाक्षर; स्वहस्ताक्षर; किसी नामी-गिरामी हस्ती अथवा कलाकार आदि से उन्हीं की लिखावट में ली जाने वाली शुभाशंसा तथा दस्तख़त।

ऑटोमैटिक (अं.) [वि.] 1. स्वचालित, जैसे- ऑटोमैटिक घड़ी 2. यंत्रवत; अपने आप; स्वत: 3. यंत्रचालित; जिसका संचालन पूर्णत: यंत्रों के नियंत्रण में हो, जैसे- स्वचालित मुद्रा वितरण मशीन; (ऑटोमेटिड टेलर मशीन; ए.टी.एम)।

ऑडिट (अं.) [सं-पु.] लेखा-परीक्षा; किसी संस्थान के आय-व्यय की जाँच; खाता-बही की जाँच।

ऑडिटर (अं.) [सं-पु.] 1. हिसाब-किताब की आधिकारिक रूप से जाँच करने वाला व्यक्ति 2. लेखा परीक्षक।

ऑडिटोरियम (अं.) [सं-पु.] सभाभवन; प्रेक्षागृह।

ऑडिशन (अं.) [सं-पु.] 1. स्वर परीक्षण 2. किसी फ़िल्म या गायन आदि के लिए कलाकार के चयन के लिए परीक्षण की प्रक्रिया।

ऑडीअंस (अं.) [सं-स्त्री.] 1. दर्शक; श्रोतागण 2. सुहृदजन।

ऑन ड्यूटी (अं.) [क्रि.वि.] काम पर; ड्यूटी पर।

ऑनर्स (अं.) [सं-पु.] 1. उच्च शिक्षा में एक प्रकार की उपाधि, जैसे- बी.ए. (आनर्स) 2. प्रतिष्ठा; सम्मान।

ऑनलाइन (अं.) [अव्य.] कंप्यूटर/इंटरनेट से सीधे संचार संपर्क में होना।

ऑपरेट (अं.) [सं-पु.] परिचालन। [क्रि-स.] 1. किसी मशीन आदि का कार्य करना 2. शल्यक्रिया या ऑपरेशन करना 3. सैनिकों का सक्रिय होना, जैसे- हमारी टुकड़ी अमुक क्षेत्र में ऑपरेट कर रही है।

ऑपरेटर (अं.) [सं-पु.] 1. किसी मशीन या वस्तु को परिचालित करने वाला, जैसे- टेलीफ़ोन ऑपरेटर, मशीन ऑपरेटर 2. विशेष प्रकार का व्यापार करने वाला व्यक्ति या कंपनी।

ऑपरेशन (अं.) [सं-पु.] 1. शल्य चिकित्सा; चीरफाड़ करके इलाज करना; शल्योपचार 2. परिचालन; प्रचालन 3. सामरिक गतिविधि; कार्यवाही 4. संक्रिया।

ऑफ़र (अं.) [सं-पु.] पेशकश; प्रस्ताव। -करना [क्रि-स.] 1. पेश करना; प्रस्तुत करना 2. नौकरी आदि देने का प्रस्ताव करना।

ऑफ़लाइन (अं.) [अव्य.] 1. कंप्यूटर/इंटरनेट से सीधे नियंत्रित न हो 2. किसी उपकरण/यंत्र के प्रोसेसर से व्यक्ति का सीधे संचार संपर्क में न होना।

ऑफ़िस (अं.) [सं-पु.] 1. कार्यालय; दफ़तर 2. किसी संस्था आदि का वह स्थान जहाँ लेखा-जोखा तथा प्रशासनिक कार्य किए जाते हैं।

ऑफ़िसर (अं.) [सं-पु.] अधिकारी; अफ़सर।

ऑबजेक्शन (अं.) [सं-पु.] एतराज; विरोध; आपत्ति।

ऑरिजनल (अं.) [सं-पु.] 1. आदि; मूल 2. आदिम 3. मौलिक 4. अपूर्व; नया 5. सर्वप्रथम प्रस्तुत सिद्धांत, तकनीक, विधि या मत।

ऑर्गन (अं.) [सं-पु.] 1. शरीर का अंग, अवयव या इंद्रिय 2. हवा भर कर या फूँक कर बजाया जाने वाला बाजा, जैसे- माउथऑर्गन, हारमोनियम, पियानो आदि।

ऑर्डर (अं.) [सं-पु.] 1. क्रम; पूर्वापर क्रम 2. व्यवस्था; नियम; मर्यादा 3. अमन-चैन 4. काम करने की अनुकूल और व्यवस्थित स्थिति 5. आज्ञा; हुक्म; आदेश 6. किसी वस्तु के निर्माण या आपूर्ति की माँग करना 7. किसी रेस्तराँ में खाद्य या पेय पदार्थों को सेवन के लिए मँगाना।

ऑल राउंडर (अं.) [सं-पु.] वह जो सभी विषयों में थोड़ी-बहुत योग्यता रखता हो; हरफ़नमौला।

ओ

ओ[1] 1. हिंदी वर्णमाला का स्वर वर्ण 2. उच्चारण की दृष्टि से यह उच्चतर-मध्य, पश्च, गोलित, दीर्घ स्वर है 3. ब्रह्मा।

ओ[2] [अव्य.] 1. किसी को पुकारने में प्रयुक्त शब्द, जैसे-ओ भैया! 2. आश्चर्य या विस्मय में मुँह से निकलने वाली ध्वनि।

ओंका [सं-पु.] मछली पकड़ने के काम आने वाली टोकरी; टाप या गाज।

ओंकार (सं.) [सं-पु.] 1. परब्रह्म का वाचक शब्द 2. 'ओम' (ॐ) एकाक्षरी मंत्र या इसका उच्चारण।

ओंकारनाथ (सं.) [सं-पु.] द्वादश ज्योतिर्लिंगों में से एक ज्योतिर्लिंग का नाम।

ओंखर-पोंखर [सं-पु.] पैरे कुएँ (जिस कुएँ पर चरस, मोट या पुर चलते हैं) पर रखा जाने वाला लकड़ी का ठाठ।

ओंगन [सं-पु.] गाड़ी की धुरी में दिया जाने वाला तेल।

ओंगना (सं.) [क्रि-स.] गाड़ी की धुरी में तेल (चिकनाई) लगाना।

ओंटना [सं-पु.] टेंट में से रूई निकालने की प्रक्रिया।

ओंटनी [सं-स्त्री.] 1. वह चरखी जिससे कपास के बिनौले अलग किए जाते हैं 2. कपास से बिनौले निकालने की मजदूरी।

ओंठ (सं.) [सं-पु.] 1. ओष्ठ; होंठ 2. घड़े आदि के मुँह का किनारा; कोर। [मु.] **-ओंठ काटना या चबाना, ओंठ चाटना, ओंठ फड़कना इत्यादि**।

ओंठवन [सं-पु.] ओठों से।

ओंड़इसा [सं-स्त्री.] बैलगाड़ी के सफर में नाँद के काम में (पशुओं को चारा खिलाने में) लाई जाने वाली बाँस की बड़ी डलिया।

ओंथर [सं-पु.] एक बेलन जिस पर कंबल लपेटा जाता है।

ओआ [सं-पु.] हाथी फँसाने के लिए बनाया हुआ गड्ढा; ओप।

ओइँछना [क्रि-अ.] हाथ में द्रव्य लेकर किसी के सिर के चारों ओर तीन या पाँच बार घुमाने की क्रिया; नज़र उतारना।

ओई [सं-पु.] एक प्रकार का वृक्ष।

ओक (सं.) [सं-पु.] 1. निवास स्थान; घर 2. आश्रय 3. पक्षी 4. ग्रह-नक्षत्र आदि का समूह 5. ढेर; राशि 6. अंजलि।

ओकण (सं.) [सं-पु.] 1. खटमल 2. जूँ।

ओकना [क्रि-अ.] 1. ओ-ओ की ध्वनि निकालते हुए कै करना 2. रँभाना।

ओकपति (सं.) [सं-पु.] 1. नक्षत्रों का स्वामी 2. चंद्रमा 3. सूर्य।

ओकारांत (सं.) [वि.] वह (शब्द या पद) जिसके अंत में 'ओ' की मात्रा हो, जैसे- साधो।

ओखल[1] (सं.) [सं-पु.] खरल; ऊखल; ओखली।

ओखल[2] (सं.) [सं-पु.] परती भूमि; बहुत दिनों से न जोती गई भूमि; ऊसर भूमि।

ओखली (सं.) [सं-स्त्री.] 1. ऊखल; काठ या पत्थर का बना हुआ एक बरतन जिसमें धान आदि की कुटाई की जाती है। [मु.] **-में सिर देना** : जानबूझकर कोई समस्या अपने ऊपर ले लेना।

ओखा [सं-पु.] गुजरात राज्य के जामनगर ज़िले का एक तटीय शहर। [वि.] 1. रूखा-सूखा 2. कठिन (कार्य) 3. कुंद; जिसकी धार चोखी अर्थात् तेज़ न हो 4. हलका या साधारण 5. मिलावटी; अशुद्ध।

ओगल [सं-पु.] 1. ऊसर या परती भूमि 2. एक प्रकार का कुआँ।

ओगारना [क्रि-स.] 1. तरल पदार्थ (जल आदि) को उलीचकर बाहर फेंकना 2. पंक, कीचड़ आदि निकाल कर कुएँ की सफ़ाई करना 3. टपकना।

ओघ (सं.) [सं-पु.] 1. बहुत अधिक मात्रा; ढेर; राशि; समूह 2. पानी का बहाव या धार 3. सांख्य दर्शन के अनुसार एक तुष्टि का नाम-. काल तुष्टि।

ओछा [वि.] 1. तुच्छ; हीन; हलका 2. छिछोरा; जिसमें गंभीरता का अभाव हो 3. जिसमें शालीनता का अभाव हो 4. कम गहरा; छिछला 5. कम; छोटा।

ओछापन [सं-पु.] ओछा होने का भाव; क्षुद्रता; नीचता; छिछोरापन।

ओज (सं.) [सं-पु.] 1. दीप्ति; कांति 2. बल; प्रताप; तेज 3. उजाला; प्रकाश; रोशनी 4. कविता का वह गुण जिसे सुनकर लोगों में वीरता, उत्साह आदि का आवेश हो।

ओजना (सं.) [क्रि-स.] 1. झेलना; सहना (आघात या वार) 2. अंगीकरण या धारण करना; अपने ऊपर लेना (भार)।

ओजस्विता (सं.) [सं-स्त्री.] तेज; दीप्ति; प्रताप; ओजस्वी होने की अवस्था गुण या भाव।

ओजस्वी (सं.) [वि.] 1. जिसमें ओज हो; शक्तिशाली 2. शक्तिमान; तेजस्वी 3. प्रभावशाली; प्रतापी 4. ओजयुक्त; वीर्यवान 5. जोश पैदा करने वाला।

ओज़ोन (अं.) [सं-स्त्री.] वायुमंडल में विद्यमान नीले रंग की एक गैस। ओज़ोन के एक अणु में ऑक्सीजन के तीन परमाणु होते हैं। यह प्रबल ऑक्सीकारक एवं ऑक्सीजन का घनीभूत रूप है। यह सूर्य की पराबैंगनी किरणों से धरती की रक्षा करती

है।

ओझल (सं.) [वि.] 1. दृष्टि की सीमा से बाहर 2. छिपा हुआ 3. गायब।

ओझा (सं.) [सं-पु.] 1. सरयूपारी, मैथिल तथा गुजराती ब्राह्मणों में एक कुलनाम या सरनेम 2. उपाध्याय 3. भूत-प्रेत झाड़ने वाला व्यक्ति; तांत्रिक।

ओझाई [सं-स्त्री.] 1. ओझा का कार्य 2. झाड़-फूँक की क्रिया।

ओझैती [सं-स्त्री.] ओझा का कार्य; (अंधविश्वास) झाड़-फूँक द्वारा भूत, प्रेत, दैवबाधा आदि से मुक्ति दिलाना। (दे. ओझाई)।

ओट (सं.) [सं-स्त्री.] 1. आड़ 2. परदे के लिए निर्मित दीवार 3. सहारा देना (खंभे आदि के द्वारा) 4. शरणस्थल; पनाहगाह। [सं-पु.] एक पेड़, जिसमें ताड़ के फल के समान फल लगते हैं; कुसुमोदर। [मु.] **-में शिकार खेलना** : छुप कर वार करना।

ओटना (सं.) [क्रि-स.] 1. कपास के बीजों (बिनौलों) को रुई से अलग करना 2. केवल अपनी ही बात की पुनरावृत्ति करते रहना 3. ओढ़ना; ऊपर लेना।

ओटनी (सं.) [सं-स्त्री.] 1. कपास के बिनौले को उससे अलग करने के लिए लोहे या लकड़ी से निर्मित उपकरण; बेलनी; चरखी; ओटी।

ओटा [सं-पु.] 1. आड़ करने हेतु निर्मित दीवार 2. कपास ओटने का कार्य करने वाला 3. सुनारों का एक औज़ार 4. चक्की के पास निर्मित चबूतरा जिसपर बैठकर चक्की पीसी जाती है 5. ओटला; दरवाज़े के दोनों ओर निर्मित छोटा चबूतरा।

ओटी [सं-स्त्री.] दे. ओटनी।

ओठ [सं-पु.] ओंठ; ओष्ठ; होंठ; अधर। [मु.] **-चबाना** : अतिशय क्रोध के कारण होंठों का दाँतों तले दबाना; **-चाटना** : स्वादिष्ट भोजन के बाद होंठों पर जीभ फेरकर स्वाद लेना; **-फड़कना** : क्रोधावेश में होंठों का काँपना।

ओड़ [सं-पु.] एक जाति जिसका पारंपरिक कार्य गधे या खच्चर पर मिट्टी, बालू, ईंट आदि लादकर यथास्थान पहुँचाना है।

ओड़चा [सं-पु.] वह बर्तन जिससे खेत का पानी बाहर उलीचते हैं या बाहर का पानी खेत में भरते हैं; ओलचा।

ओड़न [सं-पु.] 1. ओड़ जाति का व्यवसाय; गधे या खच्चर आदि पर माल लाद कर पहुँचाने का पेशा 2. आघात, वार या प्रहार रोकने वाली वस्तु; ढाल।

ओडव (सं.) [सं-पु.] (संगीत शास्त्र) भारतीय संगीत में वे राग जिनमें सात स्वरों 'सा, रे, ग, म, प, ध, नि' में से केवल किन्हीं पाँच स्वरों का ही प्रयोग होता है; औडव।

ओड़व-षाड़व (सं.) [सं-पु.] (संगीतशास्त्र) भारतीय शास्त्रीय संगीत के ऐसे राग जिनके आरोह में सात में से केवल पाँच और अवरोह में केवल छह स्वर लगते हैं।

ओड़ा कुंड [सं-पु.] चंद्रकुंड (भंवर की जगह)।

ओडिका (सं.) [सं-स्त्री.] भूमि पर बिना बोए उत्पन्न धान; साँवाँ (वन में उत्पन्न धान); नीवार।

ओड़िया [सं-स्त्री.] 1. बोने के काम आने वाली टोकरी 2. उड़ीसा या ओड़ीसा राज्य में रहने वाले लोग 3. ओड़ीसा की भाषा। [वि.] 1. ओड़ीसा से संबंधित 2. ओड़ीसा का।

ओडिशा [सं-पु.] भारत के पूर्वी तट पर स्थित एक राज्य जिसे पहले उड़ीसा के नाम से जाना जाता था; प्राचीन काल का उत्कल।

ओडिसी (सं.) [सं-स्त्री.] 1. ओडिशा की एक शास्त्रीय नृत्यशैली जिसका जन्म मंदिरों में देवता के आगे पुज़ारियों के नृत्य से हुआ।

ओड़ैसा [सं-पु.] पशुओं को चारा खिलाने का एक पात्र।

ओड्र (सं.) [सं-पु.] 1. भारत के एक राज्य ओडिशा का पुराना नाम 2. ओडिशावासी; उड़िया 3. अड़हुल का झाड़ और उसका फूल।

ओढ़ना (सं.) [क्रि-स.] 1. शरीर के अंगों को किसी वस्त्र आदि से आच्छादित करना 2. {ला-अ.} किसी प्रकार का उत्तरदायित्व अपने जिम्मे लेना; अपने सिर लेना 3. पहनना; धारण करना। [सं-पुं.] 1. ओढ़ने की चादर 2. महिलाओं की पोशाक में शरीर के ऊपरी भाग पर पहना जाने वाला वस्त्र 3. शरीर ढकने हेतु शरीर के ऊपर से डाला जाने वाला वस्त्र। [मु.] **-उतारना** : अपमानित करना। **-बिछौना** : वह कार्य जिसके बिना व्यक्ति का निर्वाह न हो सके।

ओढ़नी [सं-स्त्री.] 1. स्त्रियों के ओढ़ने का दुपट्टा 2. स्त्रियों के शरीर के ऊपरी भाग पर ओढ़ी जाने वाली छोटी, हलकी (झीनी) चादर। [मु.] **-बदलना** : दो स्त्रियों का परस्पर ओढ़नी बदल कर सखियाँ बनाना (मित्रता करना)।

ओढ़ाना [क्रि-स.] 1. किसी के ऊपर वस्त्र (चादर आदि) डालना 2. किसी के चारों ओर वस्त्र लपेटना 3. ढाँकना; ढकवाना। [मु.] **-ओढूँ कि बिछाऊँ** : किस काम में लाऊँ।

ओत (सं.) [सं-पु.] कपड़े की बुनावट में लंबाई में लगा सूत; ताने का सूत; ताना। [वि.] गुँथा हुआ; तार सूत आदि द्वारा बुना हुआ।

ओत-प्रोत (सं.) [वि.] 1. जो ताने-बाने की तरह एक में एक बुना हुआ हो; गुँथा हुआ; मिलकर एक हो चुका 2. लबालब; ख़ूब भरा हुआ।

ओद (सं.) [वि.] 1. नमीवाला 2. भीगा 3. हरा।

ओदक (सं.) [सं-पु.] जलीय प्राणी; जल में निवास करने वाला प्राणी।

ओदन (सं.) [सं-पु.] 1. भात; पका हुआ चावल 2. दूध में पकाया हुआ अन्न 3. बादल; मेघ।

ओदनिका (सं.) [सं-स्त्री.] 1. बला नामक औषधि 2. औषधि निर्माण में प्रयुक्त एक पौधा जिसे बरियारा या बीजबंध (महासमंगा) कहते हैं।

ओदरना [क्रि-अ.] 1. फट जाना; उखड़ जाना; विदीर्ण होना; चिथड़े-चिथड़े हो जाना 2. गिरना; ढहना।

ओदला [सं-स्त्री.] तुरंत ब्यायी गाय।

ओदा (सं.) [वि.] तर; नम; गीला; आर्द्र।

ओदार [सं-पु.] कचरा।

ओदारना [क्रि-स.] फाड़ना; विदीर्ण करना; नष्ट-भ्रष्ट करना।

ओधा (सं.) [सं-पु.] 1. मालिक; स्वामी 2. अधिकारी 3.

(वल्लभ संप्रदाय) मंदिर का पुजारी।

ओनचन [सं-स्त्री.] उनचन; अदवान; खाट में पैताने (पैर की ओर) की रस्सी; (ओरचन) जिसे खींचकर खटिया की बुनावट को ताना जाता है।

ओनचना [क्रि-स.] उनचना; पैताने (पैर की ओर) की रस्सी खींचकर खटिया की बुनावट के ढीलेपन को दूर करना। (दे. ओनचन)।

ओना [सं-पु.] तालाब आदि से पानी निकलने का रास्ता; जल निकास मार्ग।

ओनाड़ [वि.] 1. जोरावर; बलवान 2. ऐंठने वाला; अकड़बाज़।

ओनामासी (सं.) [सं-स्त्री.] 1. बच्चों के अक्षरारंभ के समय उच्चारण कराए जाने वाले मंत्र 'ॐ नमः सिद्धम' का बिगड़ा हुआ रूप; अक्षर ज्ञान का आरंभ 2. किसी भी कार्य का प्रारंभ; शुरुआत।

ओप [सं-स्त्री.] 1. चमक; कांति; आभा; दीप्ति 2. किसी के मुख की शोभा; सुंदरता 3. वस्त्र आदि की फबन।

ओपना [क्रि-स.] 1. वस्तु में चमक बढ़ाने के लिए उसे माँजना; चमकाना; रगड़ना; पॉलिश करना 2. फबना; पहनने पर अच्छा दिखना। [क्रि-अ.] 1. ओप (चमक) आना 2. चमकना।

ओपनी [सं-स्त्री.] 1. पत्थर का वह टुकड़ा जिससे रगड़कर तलवार को साफ़ किया जाता है या उसमें धार दी जाती है 2. अकीक या यशब पत्थर का वह टुकड़ा जिससे रगड़कर किसी चित्र के सोने या चाँदी के काम को चमकाते हैं; बट्टी; मोहरा।

ओफ़ (अ.) [अव्य.] शारीरिक पीड़ा या मानसिक व्यथा सूचक एक अव्यय।

ओबरी [सं-स्त्री.] सँकरी, तंग कोठरी जिसमें प्रकाश एवं वायु पर्याप्त मात्रा में न आती हो; घर का भीतरी भाग; छोटा घर।

ओभी [सं-पु.] कड़ी खुदाई करने वाला यंत्र।

ओम[1] (सं.) [सं-पु.] प्रणव-मंत्र; ओंकार; मंत्र वाचन के शुरू में तथा वेद पाठ के आरंभ एवं अंत में उच्चारण किया जाने वाला शब्द (ॐ)।

ओम[2] (अं.) [सं-पु.] विद्युतधारा प्रतिरोध (रेज़िस्टेंस) मापने का मात्रक।

ओर [सं-पु.] छोर; सिरा। [सं-स्त्री.] 1. तरफ़ 2. दिशा 3. पक्ष। [मु.] **-निबाहना** : अपने पक्ष या शरण में आए हुए व्यक्ति का पूर्ण सहयोग करना; अंत तक कर्तव्य पूरा करना।

ओरहा [सं-पु.] 1. फलदार चने का हरा पौधा 2. चने का हरा दाना; होरहा 3. आग पर भूनी हुई जौ की बाली 4. मक्के का भुट्टा जिसे आग पर सेक कर खाया जाता है।

ओराँव [सं-पु.] एक जनजाति जो बिहार के चंपारण तथा झारखंड के राँची, पलामू आदि जिलों में पाई जाती है।

ओरी [सं-स्त्री.] ओलती; फूस या खपरैल के मकान के छाजन या छप्पर का वह स्थल जहाँ से वर्षा का जल नीचे गिरता है।

ओर्रा [सं-पु.] बाँस की एक प्रजाति जिसकी ऊँचाई 120 फुट तक होती है।

ओल [सं-पु.] 1. जिमीकंद; सूरन 2. गोद 3. शरण 4. ओट; आड़। [वि.] गीला; तर।

ओलंभा [सं-पु.] उलाहना; शिकायत; उपालंभ।

ओलती [सं-स्त्री.] 1. छप्पर का किनारा जहाँ से वर्षा का पानी नीचे गिरता है 2. ओरी; ओरौती।

ओलना [सं-पु.] 1. परदा; ओट; आड़ 2. भेद गुप्त; बात। [क्रि-स.] 1. ओट या परदा करना 2. ज़िम्मेदारी अपने ऊपर लेना 3. रोकना; ओड़ना 4. सहन करना; वहन करना।

ओला (सं.) [सं-पु.] वातावरणीय स्थितियों के कारण कभी-कभी वर्षा के साथ गिरने वाले बरफ़ के गोल-गोल खंड; उपल।

ओलि [सं-पु.] जैन धर्मावलंबियों का एक त्योहार।

ओलंपियड (अं.) [सं-पु.] 1. ओलंपिक खेल समारोह 2. पाठ्य विषयों से संबद्ध कई विश्वस्तरीय प्रतियोगिताएँ, जैसे- साइंस ओलिंपियड।

ओली [सं-स्त्री.] 1. गोद 2. झोली 3. आँचल; पल्ला।

ओवन (अं.) [सं-पु.] 1. एक डिब्बेनुमा बिजली से चलने वाला उपकरण जिसमें खाना पकाते और गरम करते हैं।

ओवर (अं.) [सं-पु.] 1. क्रिकेट के खेल में गेंदबाज़ द्वारा छह बार गेंद फेंकने का कार्य 2. छह बार गेंद डालने का एक समुच्चय।

ओवरकोट (अं.) [सं-पु.] 1. लबादे जैसा बड़े आकार का कोट जो सब वस्त्रों से ऊपर पहनते हैं 2. सर्दियों में पहना जाने वाला कोट।

ओवरटाइम (अं.) [सं-पु.] वह समय जिसमें निर्दिष्ट समय से अतिरिक्त काम किया जाए; नियमित समय से अतिरिक्त कार्यकाल।

ओवरब्रिज (अं.) [सं-पु.] उपरिगामी सेतु; ऊपरी पुल; सड़क आदि के ऊपर से पुल के रूप में गुज़रती दूसरी सड़क; (फ्लाइओवर)।

ओवरसियर (अं.) [सं-पु.] इमारत आदि के काम का निरीक्षक; जुनियर इंजीनियर।

ओष्ठ (सं.) [सं-पु.] होंठ; ओंठ; लब।

ओष्ठ्य (सं.) [वि.] 1. ओंठ संबंधी 2. ओंठ से उच्चारित होने वाली (ध्वनियाँ), जैसे- प्, फ्, ब्, भ्, म्।

ओस (सं.) [सं-स्त्री.] रात्रि में ठंडी हुई हवा की आर्द्रता या नमी जो जलकणों या छोटी बूँदों के रूप में तल पर जमी हुई दिखाई देती है; शबनम; तुहिन-कण।

ओसचदाव [सं-पु.] बहुत मामूली सी वर्षा।

ओसरी [वि.] गर्भ धारण करने योग्य गाय या भैंस।

ओसाई [सं-स्त्री.] 1. अनाज ओसाने की क्रिया या भाव 2. अनाज ओसाने का पारिश्रमिक।

ओसाना (सं.) [क्रि-स.] अनाज को हवा में उड़ाकर भूसे को अलग करना। (दे. ओसाई)।

ओसारा (सं.) [सं-पु.] मकानों में निर्मित बरामदा जो आँगन में या घर के बाहर खुलता हो; दालान; सायबान।

ओसौनी [क्रि-स.] धूल, भूसा आदि को हवा में उड़ाकर, उनसे अनाज को अलग करना। [सं-स्त्री.] 1. ओसाने की क्रिया

2. ओसाने की मज़दूरी।

ओह (सं.) [अव्य.] आश्चर्य, कष्ट, दुख, पश्चाताप, संताप आदि का सूचक शब्द।

ओहदा (अ.) [सं-पु.] किसी विभाग के किसी कर्मचारी या कार्यकर्ता का पद; स्थान; पदवी।

ओहदेदार (अ.+फ़ा.) [सं-पु.] किसी ओहदे या पद पर नियुक्त व्यक्ति; अपेक्षाकृत किसी अच्छे ओहदे या पद पर काम करने वाला पदाधिकारी।

ओहार (सं.) [सं-पु.] 1. वह कपड़ा जिससे पालकी, रथ आदि ढके जाते हैं 2. किसी वस्तु आदि को ढकने के उपयोग में आने वाला वस्त्र।

ओहारी [सं-स्त्री.] 1. पालकी आदि पर ढकने या उसकी शोभा हेतु डाला जाने वाला कपड़ा 2. परदा।

ओहो (सं.) [अव्य.] आश्चर्य या प्रसन्नता का सूचक शब्द।

औ

औ हिंदी वर्णमाला का स्वर वर्ण। उच्चारण की दृष्टि से यह निम्नतर-मध्य, पश्च, गोलित, दीर्घ स्वर है, जैसे- और। 'आ' या 'व्' के पूर्व संध्यक्षर [अउ] के रूप में भी उच्चरित होता है, जैसे- कौआ/कौवा, हौआ/हौवा। कुछ शब्दों में इसका उच्चारण [अव्] भी है, जैसे- गौरव, सौरभ।

औंचक [सं-स्त्री.] मृगमरीचिका।

औंटन (सं.) [सं-पु.] 1. लकड़ी का ठीहा जिसमें पशुओं को चारा दिया जाता है 2. वह ठीहा जिसपर ऊख या गन्ने की गड़ेरी काटी जाती है। [सं-स्त्री.] औंटने की क्रिया।

औंठ (सं.) [सं-स्त्री.] 1. परती पड़ी हुई ज़मीन; बंजर ज़मीन 2. कपड़े, बर्तन आदि का किनारा।

औंडला [क्रि-स.] अंतिम आँतर मारना।

औंधा (सं.) [वि.] 1. जिसका सिर या मुँह नीचे की ओर हो गया हो; पट; उलटा; नीचे की ओर झुका 2. पेट के बल लेटा हुआ 3. घड़े, पतीले आदि बरतनों का मुँह नीचे और पेंदा ऊपर होने की स्थिति। [मु.] **-(धे) मुँह गिरना** : बहुत ही बुरी तरह गिरना ।

औंधाना [क्रि-स.] उलटा कर देना; उलटना; झुकाना।

औन्हा [क्रि-स.] उलटना; औधा करना।

औंस (अं.) [सं-पु.] वज़न की अँग्रेज़ी माप जो सवा दो तोले के समतुल्य होती है; (आउंस)।

औकन [सं-स्त्री.] जिनसे पूर्ण दानों को नहीं निकाला जा सका है जैसे ज्वार या भुट्टे का ढेर अन्न राशि; ढेर।

औकल धौकल हार [सं-पु.] एक प्रकार का हार।

औकात (अ.) [सं-पु.] 1. समय; 'वक्त' का बहुवचन 2. वर्तमान समय की परिस्थितियाँ 3. {ला-अ.} शक्ति; सामर्थ्य; बिसात।

औकारांत [वि.] ऐसे शब्द जिनका अंत औकार से हो।

औखा [सं-पु.] 1. गाय का चर्म 2. गाय के चमड़े से बना चरसा या मोठ जो कुएँ से जल निकालने के काम आता है।

औगाहना [क्रि-अ.] नहाना; जल में डुबकी लगाना। [क्रि-स.] 1. देखना 2. पार करना 3. बिलोड़ना; हलचल करना 4. ग्रहण करना। (दे. अवगाहना)।

औगी [सं-स्त्री.] 1. पशुओं को हाँकने के काम आने वाली पैनी; छड़ी 2. रस्सी बटकर बनाया हुआ कोड़ा जो फटकारने पर आवाज़ करता है; चाबुक 3. कारचोबी जूते के ऊपर का चमड़ा 4. जंगली जानवर को पकड़ने के लिए खोदा हुआ गड्ढा।

औघ (सं.) [सं-पु.] पानी का भराव या प्लावन; बाढ़।

औघड़ (सं.) [सं-पु.] 1. अघोर मत का अनुयायी; अवधूत; अघोरी 2. फ़कीर; मनमौजी। [वि.] 1. बेडौल; अनगढ़; अटपटा 2. विलक्षण; अजीबोगरीब; विचित्र स्वभाव का।

औघी [सं-स्त्री.] 1. नए घोड़ों को प्रशिक्षित करने का स्थल 2. वह स्थान जहाँ नए घोड़ों को प्रशिक्षित करने के क्रम में चक्कर लगवाया जाता है।

औचक [सं-पु.] 1. अकस्मात कुछ घटित होने का भाव 2. मुश्किल 3. असमंजस की अवस्था। [वि.] अचानक; बिना सूचना के, जैसे- औचक निरीक्षण। [क्रि.वि.] एकदम से; अचानक।

औचट [सं-स्त्री.] विकट स्थिति; कठिनाई। [क्रि-अ.] अचानक; संयोग से; हैरत में पड़कर।

औचित्य (सं.) [सं-पु.] उचित होने की अवस्था या भाव; प्रासंगिकता।

औचित्य-स्थापन (सं.) [सं-पु.] 1. उचित अवस्था या भाव की स्थापना करना 2. किसी विचार या मत की तर्कसंगत स्थापना।

औछार [सं-पु.] हाथी आदि की पीठ पर डाला जाने वाला पकड़ा, आवरण, जो झूलता रहता है; ओहार; झूल।

औजस (सं.) [सं-पु.] स्वर्ण; सोना।

औजसिक (सं.) [वि.] ओज से युक्त; ओजस्वी; उत्साही; कार्य में मुस्तैद। [सं-पु.] वीर पुरुष।

औज़ार (अ.) [सं-पु.] कार्य में सहायक उपकरण जिससे कार्य सरलता व शीघ्रता से पूर्ण होता है; लुहार, बढ़ई आदि कामगारों के उपकरण, जैसे- आरी, हथौड़ा, फावड़ा, खुरपी, कैंची इत्यादि।

औझड़[1] [सं-पु.] 1. गुणी; सयाना 2. वीरान स्थल; उजाड़।

औझड़[2] (सं.) [वि.] 1. किसी बात की चिंता या परवाह न करके मनमाने ढंग से झक या पागलपन से काम या बातें करने वाला 2. मनमौजी 3. झक्की। [क्रि.वि.] निरंतर; लगातार।

औटना [क्रि-स.] दूध, रस या किसी तरल पदार्थ को आँच पर चढ़ाकर गाढ़ा करना; खौलाना; देर तक उबालना। [क्रि-अ.] उबलना; खौलना; गाढ़ा होना।

औटनी (सं.) [सं-स्त्री.] औटाने के लिए आँच पर चढ़ाए गए दूध या रस इत्यादि तरल पदार्थ को चलाने-हिलाने की कलछी; चमचा।

औटा [परप्रत्य.] वह प्रत्यय जो कुछ शब्दों के अंत में लगकर

उनके पात्र या आधान की जानकारी देता है, जैसे- काजल से कजलौटा, लाख से लखौटा। यह प्रत्यय इसी तरह अल्पार्थक का भाव भी प्रकट करता है और पशु के बच्चे का वाचक भी होता है, जैसे- बिल्ली से बिलौटा।

औटाना [क्रि-स.] दूध या रस जैसे किसी तरल पदार्थ को आँच पर ख़ूब उबालकर गाढ़ा करना; दूध को आँच पर रखकर खोआ या मावा बनाने की प्रक्रिया।

औटी [सं-स्त्री.] 1. पानी में गुड़, अजवायन और हल्दी वगैरह डालकर पकाया गया घोल जो गाय और भैंस को बच्चा जनने के बाद कमज़ोरी दूर करने के लिए दिया जाता है 2. ईख का औटाया हुआ रस।

औड़र [सं-पु.] जहाँ तैरना संभव न हो।

औढर (सं.) [वि.] 1. मनमाने तरीके से किसी भी तरफ़ झुक जाने या लुढ़क पड़ने वाला 2. ज़रा-सा ख़ुश होने पर कुछ भी दे देने वाला व्यक्ति; आशुतोष 3. मनमौजी।

औढरदानी [वि.] याचक को मनचाही चीज़ देकर निहाल कर देने वाला। [सं-पु.] शिव।

औतरना [क्रि-अ.] दे. अवतरना।

औतिक (सं.) [वि.] ऊतक से संबंधित; जिसका संबंध ऊतक से हो।

औतिकी (सं.) [सं-स्त्री.] विज्ञान की वह शाखा जिसमें जीवधारियों एवं वनस्पतियों का संघटन करने वाले सूक्ष्म ऊतकों का विश्लेषण-विवेचना होता है; (हिस्टोलॉजी)।

औत्सुक्य (सं.) [सं-पु.] उत्सुकता; जिज्ञासा; उत्सुक होने की अवस्था या भाव।

औदरिक (सं.) [वि.] 1. पेट या उदर संबंधी; उदर का 2. जो बहुत खाता है; पेटू।

औदार्य (सं.) [सं-पु.] 1. उदारता; सात्विक नायक का एक गुण 2. श्रेष्ठता; महत्ता 3. अर्थगांभीर्य।

औदीच्य (सं.) [वि.] उत्तर दिशा का; उत्तरी। [सं-पु.] गुजराती ब्राह्मणों में एक कुलनाम या सरनेम।

औदुंबर (सं.) [सं-पु.] 1. यज्ञपात्र जो गूलर की लकड़ी से बना होता है 2. (पुराण) चौदह यमों में से एक। [वि.] 1. उदुंबर या गूलर का बना हुआ 2. ताँबे का बना हुआ।

औद्धत्य (सं.) [सं-पु.] 1. उद्धत होने की अवस्था या भाव; अक्खड़पन; धृष्टता 2. चंचलता; छिछोरापन 3. उजड्डपन।

औद्योगिक (सं.) [वि.] उद्योग संबंधी; जिसका संबंध किसी उद्योग से हो; (सामग्री) जो उद्योगों में काम आती है; (इंडस्ट्रियल)।

औद्योगिकी (सं.) [सं-स्त्री.] उद्योगों का विकास करने तथा उन्हें सही तरीके से चलाने की रीति-नीति।

औद्योगीकरण (सं.) [सं-पु.] व्यवस्था को उद्योग प्रधान बनाने की प्रक्रिया; उद्योगों की वृद्धि।

औद्वाहिक (सं.) [सं-पु.] विवाह में उपहार स्वरूप मिला धन एवं आभूषण। [वि.] विवाह से संबद्ध।

औने-पौने [क्रि.वि.] तीन-चौथाई या उससे भी कुछ कम; अत्यंत कम मूल्य पर। [मु.] **-करना** : जितना दाम मिले, उतने पर बेच डालना।

औपक्रमिक (सं.) [वि.] 1. उपक्रम विषयक या उपक्रम संबंधी 2. उपक्रम की तरह होने वाला।

औपचारिक (सं.) [वि.] 1. उपचार के रूप में होने वाला 2. उपचार संबंधी 3. मात्र दिखावे के लिए किया जाने वाला (नियम, रीति या शिष्टाचार)।

औपचारिकता (सं.) [सं-स्त्री.] 1. औपचारिक होने की अवस्था, गुण या भाव 2. बँधे हुए सामाजिक नियमों, विधियों का ऐसा आचरण या पालन जिसमें अपनापा न हो और जो केवल दिखाने के लिए हो।

औपदेशिक (सं.) [वि.] 1. उपदेश संबंधी 2. उपदेश एवं शिक्षा देकर जीविका चलाने वाला। [सं-पु.] 1. वह जो दूसरों को उपदेश, शिक्षा आदि देकर अपनी जीविका चलाता हो 2. उक्त प्रकार की जीविका से प्राप्त किया हुआ धन।

औपनिधिक (सं.) [वि.] 1. उपनिधि या धरोहर से संबंध रखने वाला 2. धरोहर संबंधी 3. धरोहर के रूप में रखा हुआ।

औपनिवेशिक (सं.) [सं-पु.] उपनिवेश में रहने वाला व्यक्ति। [वि.] 1. उपनिवेश संबंधी 2. उपनिवेश का; (कॉलॉनिअल)।

औपनिवेशिक स्वराज्य (सं.) [सं-पु.] वह स्वराज या स्वायत्तता जो साम्राज्य के अधीनस्थ उपनिवेशों को प्राप्त होती है, जैसे- आस्ट्रेलिया, कनाडा आदि में।

औपनिवेशीकरण (सं.) [सं-पु.] 1. किसी देश द्वारा अन्य देशों को उपनिवेश बना लेना 2. उपनिवेश स्थापित करने की क्रिया।

औपनिषदिक (सं.) [वि.] 1. उपनिषद संबंधी 2. उपनिषदों के समान।

औपन्यासिक (सं.) [वि.] 1. उपन्यास से संबंधित 2. उपन्यास के लिए आवश्यक विशेषताओं से युक्त 3. अद्भुत।

औपन्यासिकता (सं.) [सं-स्त्री.] उपन्यास के लिए आवश्यक गुण या विशेषताएँ।

औपपत्तिक (सं.) [वि.] 1. तर्क या युक्ति के द्वारा सिद्ध होने वाला 2. उपपत्ति संबंधी।

औपम्य (सं.) [सं-पु.] 1. बराबरी या समानता का भाव 2. समता; सादृश्य।

और [वि.] अधिक। [अव्य.] दो शब्दों या वाक्यों को जोड़ने वाला शब्द। [सर्व.] अन्य; गैर।

औरंग (फ़ा.) [सं-पु.] 1. बुद्धिमत्ता; दानाई 2. राजसिंहासन; तख़्तेशाही।

औरंग-उटांग (मल.) [सं-पु.] 1. एक प्रकार का वनमानुष जो जावा, सुमात्रा आदि द्वीपों में पाया जाता है 2. बंदर की तरह का एक वनमानुष।

औरंगज़ेब (फ़ा.) [वि.] राजसिंहासन की शोभा। [सं-पु.] 1. वह जिससे राजसिंहासन की शोभा हो 2. एक प्रसिद्ध मुगल सम्राट।

औरत (अ.) [सं-स्त्री.] 1. महिला; नारी; स्त्री 2. पत्नी; भार्या; जोरू।

औरस (सं.) [सं-पु.] धर्मपत्नी से उत्पन्न पुत्र; वैध पुत्र।

औरेब (सं.) [सं-पु.] 1. वक्र या टेढ़ी गति 2. कपड़े की तिरछी काट 3. उलझन; संकट; झंझट 4. चाल; पेंच।

औला-दौला [वि.] 1. जिसे किसी बात की चिंता या ध्यान न हो; लापरवाह; मौजी 2. जो उदारता दिखाने के समय कुछ भी सोच-विचार न करे।

औलाद (अ.) [सं-स्त्री.] संतान; वंश; पुत्र; पुत्री; बेटा; बेटी।

औलिया (अ.) [सं-पु.] 1. 'वली' का बहुवचन 2. संत; महात्मा; सिद्ध पुरुष 3. पहुँचा हुआ फ़कीर।

औल्हा [सं-पु.] चार मुट्ठी फसल की गट्ठर; पांजा।

औषध (सं.) [सं-पु.] 1. वह द्रव्य जिससे रोग का नाश हो; दवा 2. रोग दूर करने वाली वस्तु; (मेडिसिन)।

औषधशाला (सं.) [सं-स्त्री.] वह स्थान जहाँ दवाएँ बनती हैं; दवाख़ाना; (फ़ार्मेसी)।

औषधालय (सं.) [सं-पु.] वह स्थान जहाँ दवाओं का निर्माण अथवा बिक्री होती है; दवाख़ाना।

औषधि (सं.) [सं-स्त्री.] 1. चिकित्सा के काम आने वाली जड़ी-बूटी या वनस्पति 2. रोगी के रोग का इलाज करने के लिए विधिपूर्वक बनाए हुए पदार्थों का मिश्रण; दवा।

औषधि-वर्ग (सं.) [सं-पु.] आयुर्वेद में औषधियों का निर्धारित वर्ग, जैसे- रस, भस्म, अरिष्ट, अवलेह, वटी, चूर्ण आदि।

औषधीय (सं.) [वि.] 1. दवा संबंधी 2. जिसमें रोग दूर करने के गुण हों (वनस्पति आदि)।

औषधोपचार (सं.) [सं-पु.] 1. दवा द्वारा चिकित्सा 2. ऐसा उपचार जिसमें औषधि का इस्तेमाल हो।

औसत (अ.) [सं-पु.] 1. कुछ संख्याओं का माध्य; मध्यमान 2. बराबर का परता 3. सामान्य; समष्टि का सम विभाग। [वि.] 1. सामान्य; मामूली; मध्यम 2. दरमियानी; बीच का; साधारण।

औसतन (अ.) [क्रि.वि.] अनुपात या औसत के हिसाब से।

औसान (फ़ा.) [सं-पु.] हवास; होश, संज्ञा; बुद्धि।

औसाफ़ (अ.) [सं-पु.] 1. खासियत 2. गुण; खूबियाँ।

औहरना [क्रि-अ.] गर्भ धारण करना।

क

क़ उच्चारण की दृष्टि से यह अलिजिह्वीय, अघोष, अल्पप्राण स्पर्श है। अरबी-फ़ारसी से आगत शब्दों में इस ध्वनि का प्रयोग किया जाता है। हिंदी वर्णमाला में यह अभी तक सम्मिलित नहीं किया गया है।

क ख ग [सं-पु.] {ला-अ.} किसी बात का आरंभिक या शुरुआती ज्ञान, जैसे- मुझे शास्त्रीय गायन का 'क ख ग' भी नहीं आता।

क[1] हिंदी वर्णमाला का व्यंजन वर्ण। उच्चारण की दृष्टि से यह कोमल तालव्य, अघोष, अल्पप्राण स्पर्श है। संस्कृत में इसे कंठ्य माना गया है।

क[2] [परप्रत्य.] यह प्रत्यय तत्सम क्रियाओं के बाद लगकर 'करने वाला' अर्थ देता है, जैसे- चालक, पालक, पाठक आदि।

कँकई [सं-स्त्री.] एक नदी का नाम।

कँकड़ीला [वि.] दे. कंकड़ीला

कँकना (सं.) [सं-पु.] चाँदी, सोने आदि का बना हुआ गोलाकार आभूषण, जो स्त्रियाँ कलाई पर पहनती हैं 2. सिखों के पहनने का लोहे का कड़ा या चक्र; कंगन; काँकन।

कँकरी [सं-स्त्री.] 1. एक कृषि लता जिसका फल खाया जाता है 2. सेमल का फल जिसकी रुई से तकिया बनाया जाता है।

कँकरीला [वि.] 1. कँकरी से युक्त; कँकड़ीला 2. जहाँ कंकड़ फैले हों।

कँकरीली [वि.] 1. पहाड़ी या पठारी मिट्टी 2. कंकड़ युक्त मिट्टी।

कँखवारी [सं-स्त्री.] 1. काँख में होने वाली फुंसी; कँखौरी 2. बगल।

कँखौरी [सं-स्त्री.] 1. काँख; कुक्षि; बगल 2. काँख या बगल में होने वाला एक प्रकार का फोड़ा; कँखवारी।

कँगना [सं-पुं.] 1. कलाई में पहना जाने वाला एक गहना; कंगन; कड़ा 2. विवाह में कंगन बाँधते समय गाया जाने वाला एक लोकगीत। [सं-स्त्री.] खरपतवार या घास।

कँगला [वि.] 1. अत्यंत निर्धन; कंगाल 2. भुखमरी से पीड़ित; दुर्भिक्ष-पीड़ित 3. जिसका सब कुछ लुट गया हो 4. पराश्रित; परावलंबी। [सं-पुं.] कंगाल।

कँगुनी [सं-स्त्री.] कँगनी।

कँगूरा (फ़ा.) [सं-पु.] 1. शिखर; चोटी 2. इमारत की दीवार पर बने हुए छोटे-छोटे बुर्ज 3. कँगूरे की तरह की नक्काशी, छपाई जो इमारतों आदि में की जाती है।

कँगूरेदार (फ़ा.) [वि.] जिसमें शिखर के आकार की बनावट; जिसमें कँगूरे या शिखर बने हों।

कँघेरा [सं-पुं.] कंघी बनाने वाला कारीगर। [सं-स्त्री.] कंघेरिन।

कँचेरा [सं-पुं.] 1. काँच की चूड़ियाँ आदि बेचने वाला व्यक्ति 2. काँच की चीज़ें बनाने वाला व्यक्ति।

कँजियाना [क्रि-अ.] 1. कंजई रंग का होना; कुछ नीलापन लिए काला हो जाना 2. अंगारों का बुझ जाना; झँवाना 3. मुरझाना 4. ठंडा होना।

कँटबाँस [सं-पुं.] पतला और मज़बूत काँटेदार बाँस जिससे लाठी बनाई जाती है।

कँटिया [सं-स्त्री.] 1. छोटी कील 2. काँटा 3. मछली फँसाने वाली नुकीली अँकुसी या बंसी 4. कुएँ में गिरी हुई चीज़ों (बाल्टी आदि) को निकालने के लिए बनाया गया अँकुसियों का गुच्छा। [मु.] **-लगाना** : मुख्य तार में कँटिया फँसाकर चोरी से या अवैध रूप से बिजली का उपयोग करना।

कँटीला [वि.] 1. जिसमें काँटे लगे हुए हों, जैसे- कँटीला तार 2. जो काँटों से युक्त हो, जैसे- कँटीला पेड़।

कँटेरी (सं.) [सं-स्त्री.] भटकटैया नामक कँटीला पौधा।

कँडुआ [सं-पु.] दे. कँडुवा।

कँडुवा [सं-पु.] अनाज की बालियों में होने वाला रोग; कंजुआ।

कँदैला [वि.] 1. गंदा; कीचड़ से लथपथ; गंदला 2. मलिन।

कँधेला [सं-पु.] स्त्रियों की साड़ी का वह भाग जो कंधे पर पड़ता है; पछेला।

कँधोड़ा [सं-पु.] एक पंख नीचे कर चलने वाला मुर्गा।

कँपकँपी [सं-स्त्री.] 1. क्रोध, भय या शीत आदि के कारण शरीर में होने वाला कंपन; काँपने की क्रिया, अवस्था या भाव; काँपना 2. संचलन 3. थरथराहट।

कँपना [क्रि-अ.] 1. काँपना 2. डरना 3. अकुलाना; थरथराना।

कँपाना [क्रि-स.] 1. काँपने के लिए प्रवृत्त करना 2. हिलाना; झकझोरना 3. डर दिखाना 4. कंप उत्पन्न करना 5. दहलाना 6. आंदोलित करना।

कँवल [सं-पुं.] 1. कमल 2. जल में पाया जाने वाला एक पौधा और उसका फूल; पद्म।

कँवल-दह [सं-पु.] कमल-कंद।

कँवल-पाँति [सं-पु.] कमल की पंक्ति; पद्मावली।

कँवलगट्टा [सं-पु.] कमल का बीज, जिससे सब्जी आदि भी बनाते हैं, कमल ककड़ी।

कँवासा [सं-पु.] लड़की के बेटे अर्थात् नाती; परनाती।

कँसुआ [सं-पु.] ईख के नए पौधों में लगने वाला एक कीड़ा जिससे उसकी कोंपलें सूखने लगती हैं।

कँसुला [सं-पु.] सुनारों द्वारा खोरिया (कटोरीनुमा) बनाने के लिए प्रयोग में लाया जाने वाला काँसे का चौकोर टुकड़ा।

कंक (सं.) [सं-पु.] 1. सफ़ेद रंग की चील; वह शिकारी पक्षी जिसके पंख तीर में लगाए जाते थे 2. बगुला; 3. यमराज; मृत्यु 4. अज्ञातवास के दौरान युधिष्ठिर इसी नाम से राजा विराट के महल में रहे थे 5. कंस का भाई।

कंकट (सं.) [सं-पु.] 1. शरीर का कवच; बख़्तर 2. अंकुश 3. हद; सीमा।

कंकड़ (सं.) [सं-पुं.] 1. ज़मीन पर मिलने वाले या चट्टान से टूटकर गिरे कठोर मिट्टी या पत्थर के नुकीले टुकड़े 2. सड़क बनाने की गिट्टी 3. पकी हुई ईंट या मिट्टी के बरतनों के टुकड़े 4. नदियों या झीलों के तल में मिलने वाले पत्थर के छोटे टुकड़े 5. सूखा हुआ तंबाकू का पत्ता जिसे गाँजे की तरह पिया जाता है।

कंकड़ी [सं-स्त्री.] 1. छोटा कंकड़; अँकटी; छर्री; रोड़ी 2. कण; छोटा टुकड़ा।

कंकड़ीला [वि.] 1. जिसमें कंकड़ पड़े या बिछे हुए हों 2. कंकड़ों से बना हुआ 3. कंकड़ों से भरा हुआ; कंकड़युक्त।

कंकण (सं.) [सं-पु.] 1. कलाई में पहनने का गोल आभूषण जो धातु का बना होता है; कंगन; सोने या चाँदी का कड़ा जो कलाई और टखने में पहना जाता है 2. वर- वधू के हाथ में विवाह के समय किसी देवी-देवता को मानते हुए बाँधा जाने वाला कलावा जिसमें गिरह के साथ लोहे का छल्ला, जायफल, सुपारी आदि बँधे होते हैं।

कंकणी (सं.) [सं-स्त्री.] 1. कमर में पहनने का घुँघरूदार गहना 2. चील नामक पक्षी।

कंकत (सं.) [सं-पु.] 1. एक ज़हरीला जीव 2. एक वृक्ष 3. कंघी।

कंकपत्र (सं.) [सं-पु.] 1. कंक पक्षी का पंख 2. ऐसा बाण जिसमें कंक पक्षी का पंख लगा हो।

कंकमुख (सं.) [वि.] बगुले के मुँह जैसा। [सं-पु.] एक प्रकार की चिमटी जिससे चुभा हुआ काँटा निकाला जा सके।

कंकाल (सं.) [सं-पु.] 1. मृत जीव-जंतुओं के शरीर का ढाँचा जो मांस के न रहने के बाद बचता है; ठठरी 2. अस्थिपंजर; हड्डियों का ढाँचा।

कंकालशेष (सं.) [वि.] 1. जो हड्डियों का ढाँचा मात्र रह गया हो 2. अतिकृश; अतिदुर्बल।

कंकालास्त्र (सं.) [सं-पु.] हड्डियों से बनाया जाने वाला एक प्राचीन अस्त्र।

कंकालिनी (सं.) [सं-स्त्री.] (पुराण) 1. काली माता 2. दुर्गा का एक रूप। [वि.] बुरे स्वभाव की या झगड़ालू; कर्कशा (स्त्री)।

कंकाली (सं.) [सं-स्त्री.] 1. कंकालिनी 2. प्रेतिनी 3. एक देवी; दुर्गा। [सं-पु.] भिक्षा माँगकर जीविका चलाने वाली जाति।

कंकु (सं.) [सं-पु.] एक अनाज; कँगनी (कम गुणवत्ता वाला अनाज)।

कंकूष (सं.) [सं-पु.] 1. भीतरी देह 2. शरीर का अंदरूनी भाग।

कंकेर [सं-पु.] 1. कड़ुवापन लिए हुए पान की एक किस्म या प्रजाति 2. एक प्रकार का कौआ।

कंकेलि (सं.) [सं-पु.] अशोक का पेड़।

कंख (सं.) [सं-पु.] 1. कर्मफल; फल का भोग 2. किए हुए अच्छे-बुरे कर्मों का परिणाम; पापभोग।

कंगन (सं.) [सं-पु.] कलाई में पहना जाने वाला सोने-चाँदी, काँच व अन्य धातु से निर्मित आभूषण; कड़ा।

कंगारू (अ.) [सं-पु.] 1. ऑस्ट्रेलिया, न्यूगिनी आदि देशों में पाया जाने वाला एक जानवर जो अपने छोटे बच्चों को पेट के पास बनी थैली में रखता है 2. {ला-अ.} ऑस्ट्रेलियाई क्रिकेट टीम व खिलाड़ियों के लिए प्रयुक्त संबोधन।

कंगाल (सं.) [वि.] 1. जिसके पास धन न हो; निर्धन 2. जिसके पास कुछ खाने को न हो; भुक्खड़ 3. दरिद्र।

कंगाली [सं-स्त्री.] 1. कंगाल होने का भाव; दरिद्रता 2. गरीबी; निर्धनता; मुफ़लिसी।

कंगु (सं.) [सं-पु.] साँवा की जाति का एक मोटा अन्न।

कंगूरा [सं-पु.] दे. कँगूरा

कंघा [सं-पु.] 1. सिर के बाल झाड़ने-सँवारने का दाँतेदार आला; प्रसाधनी; शाना 2. तागा कसने के लिए जुलाहों द्वारा प्रयोग किया जाने वाला एक औज़ार।

कंघी (सं.) [सं-स्त्री.] 1. छोटे आकार का कंघा 2. एक पौधा जिसकी पत्तियाँ औषधि बनाने के काम आती हैं; अतिबला 3. जुलाहों द्वारा प्रयोग किया जाने वाला एक उपकरण।

कंघीसाज़ (फ़ा.) [सं-पु.] कंघी बनाने वाला कारीगर।

कंचन (सं.) [सं-पु.] 1. स्वर्ण; सोना 2. धन-दौलत; धन-संपत्ति 3. लाल कचनार। [वि.] 1. स्वस्थ; निरोग 2. सुंदर और स्वच्छ; मनोहर 3. निर्मल 4. सोने के रंग का।

कंचनिया [सं-स्त्री.] 1. कचनार का पौधा 2. सोने का गहना या चीज़। [वि.] 1. कंचन या सोने से बना हुआ 2. कंचन या स्वर्ण के रंग का; पीली आभा वाला।

कंचनी (सं.) [सं-स्त्री.] 1. कंचन जाति की स्त्री 2. देह व्यापार करने वाली स्त्री; वेश्या 3. अप्सरा।

कंचिका (सं.) [सं-स्त्री.] 1. फुंसी; फुड़िया 2. बाँस की डाली या टहनी।

कंचुक (सं.) [सं-पु.] 1. घुटनों तक रहने वाला पुराना पहनावा; जामा; अचकन 2. स्त्रियों की चोली; अँगिया 3. अँगरखा; कवच 4. भूसा; ऊपरी परत; छिलका 5. साँप की केंचुली।

कंचुकित (सं.) [वि.] 1. कवच या वस्त्रों से ढका हुआ 2. बख़्तरदार; कवचित।

कंचुकी (सं.) [सं-स्त्री.] अँगिया; चोली। [सं-पु.] 1. प्राचीन काल में राजमहल के रनिवास के दास-दासियों का मुखिया 2. अंतःपुर का अध्यक्ष या रक्षक 3. द्वारपाल 4. संस्कृत नाटकों का एक वृद्ध पात्र जो कंचुक धारण करता था तथा राजा का विश्वस्त होता था और रनिवास में बेरोक-टोक आ-जा सकता था।

कंचुली (सं.) [सं-स्त्री.] 1. चोली; अँगिया 2. साँप की केंचुली।

कंछा [सं-पु.] 1. नई कोंपल वाली पतली डाल 2. पौधे का कल्ला; कोंपल।

कंज (सं.) [सं-पु.] 1. ब्रह्मा 2. कमल 3. अमृत 4. केश 5. पैर के तलवे में पाया जाने वाला एक चिह्न। [वि.] जल से पैदा होने वाला।

कंजई [वि.] 1. कंजे की फली अथवा धुएँ के रंग का 2. गहरा ख़ाकी।

कंजका (सं.) [सं-स्त्री.] कुँआरी लड़की; कुमारिका; कुमारी।

कंजकी (सं.) [वि.] कमल के समान; कमल जैसा।

कंजड़ [सं-पु.] एक घुमंतू जाति या समुदाय।

कंजड़ख़ाना (हिं.+फ़ा.) [सं-पु.] 1. कंजरों के रहने का स्थान 2. {ला-अ.} अशिष्टतापूर्ण शोरगुल से युक्त परिवेश; अनुशासनहीन स्थान।

कंजर (सं.) [सं-पु.] 1. हाथी 2. सूर्य 3. ब्रह्मा।

कंजल (सं.) [सं-पु.] एक प्रकार का पक्षी।

कंजा (सं.) [सं-पु.] एक कँटीली झाड़ी जिसकी फली से औषधि बनाई जाती है। [वि.] 1. जिसकी आँखें कंजी हों 2. ख़ाकी रंग का, कंजे की फली के रंग का 3. गहरा ख़ाकी।

कंजाभ (सं.) [सं-पु.] कमल जैसी आभा। [वि.] कमल के समान कांति वाला।

कंजावलि (सं.) [सं-स्त्री.] 1. एक वर्णिक छंद 2. पंकजवाटिका 3. एकावली।

कंजिका (सं.) [सं-स्त्री.] एक प्रकार का पौधा जिसकी पत्तियाँ दवा बनाने में प्रयुक्त होती हैं; भारंगी।

कंजी (सं.) [वि.] गहरे ख़ाकी रंग का।

कंजूस (सं.) [वि.] 1. धन होने पर भी ज़रूरत के समय ख़र्च न करने वाला व्यक्ति 2. जो हीन अवस्था में रहकर धन का संचय करता हो 3. कृपण 4. सूम 5. ख़सीस 7

कंजूसी [सं-स्त्री.] 1. कृपणता 2. कंजूस होने का गुण, भाव या अवस्था।

कंट (सं.) [सं-पु.] काँटा। [वि.] कँटीला।

कंटक (सं.) [सं-पु.] 1. काँटा 2. नुकीला तार; सुई 3. {ला-अ.} बाधा; विघ्न उत्पन्न करने वाली वस्तु या बात; त्रासद चीज़ 4. दुश्मन 5. मछली पकड़ने का काँटा।

कंटक द्रुम (सं.) [सं-पु.] काँटेदार वृक्ष, जैसे- सेमल वृक्ष।

कंटक फल (सं.) [सं-पु.] काँटेदार फल, जैसे- गोखरू, कटहल, धतूरा, सिंघाड़ा आदि।

कंटकरंज [सं-पु.] करंज।

कंटकाकीर्ण (सं.) [वि.] 1. काँटों से भरा हुआ (मार्ग); कँटीला 2. {ला-अ.} बाधाओं से युक्त; मुश्किल।

कंटकी (सं.) [सं-पु.] 1. काँटेदार वनस्पति 2. खैर का पेड़ 3. बेर का पेड़ 4. बाँस 5. गोखरू 6. एक प्रकार की छोटी मछली। [वि.] 1. कँटीला 2. काँटेदार; काँटों से युक्त 3. {ला-अ.} कष्टप्रद।

कंटर (अं.) [सं-पु.] काँच की बनी हुई सुराही जिसमें शरबत, शराब या गुलाबजल रखा जाता है; कनस्तर।

कंटल (सं.) [सं-पु.] बबूल वृक्ष।

कंटाप [सं-पु.] ऐसी चीज़ जिसका ऊपरी या सामने वाला सिरा भारी हो।

कंटालु (सं.) [सं-पु.] 1. कँटीला बाँस 2. कीकर 3. बबूल 4. भटकटैया।

कंटिका (सं.) [सं-स्त्री.] स्टील का नुकीला तार जिसका एक सिरा घुंडीदार या गोलाई में मुड़ा होता है और जो कागज़ या कपड़े में लगाया जाता है; (आलपीन)।

कंटिकाधार (सं.) [सं-पु.] लकड़ी आदि का बना वह गद्दीदार या स्पंजी ढाँचा जिसमें कंटिका या आलपीन खोंसकर रखी जाती है; पिनगद्दा; शूकधानी; (पिनकुशन)।

कंटोप [सं-पु.] ऐसी टोपी जिससे सिर और दोनों कान ढके रहते हैं।

कंट्रेक्चुअल (अं.) [वि.] संविदात्मक; संविदा संबंधी।

कंट्रोल (अं.) [सं-पु.] 1.अंकुश; नियंत्रण; 2.निर्बंध; 3.प्रभुत्व; अधिकार; शासन; 4.संयम।

कंठ (सं.) [सं-पु.] 1. गला; गरदन; गले का भीतरी हिस्सा; टेंटुआ 2. गले की वे नलियाँ जिससे आवाज़ निकलती है तथा भोजन निगला जाता है 3. गले से निकली आवाज़ अथवा स्वर। [मु.] **-फूटना** : मुँह से शब्द निकलना।

कंठगत (सं.) [वि.] 1. गले में आया हुआ 2. गले में स्थित या अटका हुआ।

कंठद्वार (सं.) [सं-पु.] मुख में स्वर रज्जुओं के बीच का स्थान।

कंठमणि (सं.) [सं-पु.] 1. गले में पहना गया रत्न 2. घोड़े की एक भँवरी जो कंठ के पास होती है 3. अत्यंत प्रिय वस्तु 4. टेंटुआ।

कंठमाला (सं.) [सं-स्त्री.] गले का एक रोग जिसमें जगह-जगह गाँठें या गिल्टियाँ निकलती हैं।

कंठरोध (सं.) [सं-पु.] 1. कंठ रुँधना; गला अवरुद्ध होना 2. साँस रुकना 3. मरणासन्न अवस्था।

कंठशालुक (सं.) [सं-पु.] गले के भीतर का फोड़ा।

कंठशोष (सं.) [सं-पु.] गले का संक्रमण; गला सूखना।

कंठश्री (सं.) [सं-स्त्री.] 1. गले में सुशोभित होने वाला जड़ाऊ हार 2. कंठी; माला।

कंठसंगीत (सं.) [सं-पु.] 1. मानव कंठ से निकलने वाली ध्वनि या संगीत 2. व्यक्ति द्वारा गाया जाने वाला गायन या आलाप।

कंठस्थ (सं.) [वि.] 1. गले में आकर ठहरा या रुका हुआ 2. ज़बानी याद किया हुआ 3. कंठगत; कंठाग्र।

कंठहार (सं.) [सं-पु.] 1. गले का हार या गहना 2. {ला-अ.} ऐसी वस्तु जो सदा साथ रहे और जिसका साथ कभी नहीं छोड़ने की इच्छा हो; बहुत प्रिय चीज़।

कंठा [सं-पु.] 1. बड़ी कंठी जिसमें बड़े-बड़े मनके होते हैं 2. सोने आदि के मनकों वाला गले का एक आभूषण 3. अँगरखे या कुरते आदि का गले के पास का भाग 4. कंठी की तरह पक्षियों के गले को घेरने वाली रेखाएँ, जैसे- तोता या कबूतर का कंठा।

कंठाग्र (सं.) [वि.] जो ज़बानी याद हो; कंठस्थ; बरज़बान।

कंठावरोध (सं.) [सं-पु.] गले में उत्पन्न होने वाली बाधा; श्वासरोध; दुख या पीड़ा से गला रुँधने की अवस्था।

कंठिका (सं.) [सं-स्त्री.] एक लड़ी से बनी माला; हार; कंठी।

कंठी (सं.) [सं-स्त्री.] 1. छोटे मनके या गुरियों की माला; छोटा कंठा 2. वैष्णवों द्वारा धारण की जाने वाली तुलसी के छोटे दानों की माला 3. कंठ; हँसली; पक्षियों के गले की धारी 4. घोड़े के गले में बाँधी जाने वाली रस्सी।

कंठील (सं.) [सं-पु.] 1. मथने का पात्र 2. ऊँट।

कंठ्य (सं.) [सं-पु.] (व्याकरण) ऐसे वर्ण जिनका उच्चारण कंठ से हो, संस्कृत में क्, ख्, ग्, घ, ङ; ह और विसर्ग को कंठ्य माना गया है, हिंदी में ये कोमल तालव्य हैं। [वि.] 1. कंठ संबंधी; गले से उत्पन्न 2. कंठ से उच्चरित 3. गले के लिए हितकारी औषधि।

कंडक्टर (अं.) [सं-पु.] 1. संवाहक; चालक; परिचालक 2. अधिनायक; पथ-प्रदर्शक 3. प्रबंधकर्ता; व्यवस्थापक 4. तड़ित चालक; विद्युत-संवाहक।

कंडनी (सं.) [सं-स्त्री.] धान, बाजरा आदि अन्न कूटने के लिए प्रयुक्त उपकरण; ओखली और मूसल।

कंडरा (सं.) [सं-स्त्री.] 1. रक्त का संचरण करने वाली मोटी नाड़ी 2. महास्नायु 3. मांस तंतुओं के गुच्छे जो मांसपेशियों को हड्डी से जोड़ते हैं।

कंडा (सं.) [सं-पु.] 1. गोबर को पाथकर बनाए गए गोल या तिकोने पिंड; गोयठा 2. उपला; गोसा 3. सूखा या सुखाया हुआ गोबर जो ईंधन आदि के रूप में प्रयोग किया जाता है।

कंडारी (सं.) [सं-पु.] जहाज़ का माँझी; नाव खेने वाला।

कंडाल[1] (सं.) [सं-पु.] 1. पानी भरकर रखने का पीतल या लोहे का गोल मुँह वाला गहरा बरतन 2. कैंची की तरह का जुलाहों का औज़ार।

कंडाल[2] (फ़ा.) [सं-पु.] तुरही जैसा एक वाद्य यंत्र।

कंडिका (सं.) [सं-स्त्री.] 1. वेद की ऋचाओं का समूह 2. नियमावली 3. वैदिक ग्रंथों का एक छोटा खंड या परिच्छेद 4. अनुच्छेद; (पैरा)।

कंडी [सं-स्त्री.] 1. गोबर के छोटे-छोटे कंडे; उपला; पथकनी 2. गोटा।

कंडील [सं-स्त्री.] 1. एक प्रकार का आधान जिसमें दीपक जलाया जाता है 2. दीपाधार 3. कंदील; लालटेन 4. कागज़ अथवा मिट्टी का बना लालटेन के आकार का वह लटकन जिसमें दिया जलाकर रखा जाता है या (वर्तमान में) बल्ब आदि लगाया जाता है।

कंडीशनर (अं.) [सं-पु.] 1. अनुकूलक 2. अवस्थापक 3. किसी वस्तु को अच्छी दशा में रखने वाला पदार्थ।

कंडु (सं.) [सं-पु.] सफ़ेद सरसों। [सं-स्त्री.] 1. खुजलाहट 2. खाज; खुजली।

कंडुर (सं.) [सं-पु.] सरकंडा। [वि.] खुजली पैदा करने वाला।

कंडूया (सं.) [सं-स्त्री.] खुजली का रोग।

कंडूल (सं.) [सं-पु.] एक खाद्य कंद; सूरन; ओल; ज़मींकंद। [वि.] खाज या खुजली पैदा करने वाला।

कंडेरा (सं.) [सं-पु.] प्राचीन काल में तीर-कमान बनाने वाली एक जाति जो अब रुई धुनने का काम करती है; धुनिया।

कंडोम (अं.) [सं-पु.] परिवार नियोजन तथा सुरक्षित यौन संबंध के लिए पुरुषों व स्त्रियों द्वारा प्रयोग की जाने वाली एक तरह की थैली; एक गर्भनिरोधक उपकरण।

कंडोल (सं.) [सं-पु.] 1. बेंत या बाँस का बना टोकरा 2. भंडारघर।

कंडौरा [सं-पु.] 1. कंडा या उपला पाथने की जगह; पथवारा 2. कंडों की ढेरी 3. सूखे हुए कंडे या उपले रखने की जगह।

कंत (सं.) [सं-पु.] 1. प्रियतम; स्वामी; किसी स्त्री का पति; नाथ 2. (रहस्य संप्रदाय में) ईश्वर। [वि.] 1. सुंदर; मनोहर 2. प्रिय।

कंतु (सं.) [सं-पु.] 1. अन्न का भंडार 2. कामदेव; मानव हृदय। [वि.] उल्लसित; प्रसन्न।

कंथा (सं.) [सं-स्त्री.] 1. कथरी; पुराने वस्त्रों को सिलकर बनाई गई ओढ़ने की चादर; गुदड़ी 2. योगियों का परिधान।

कंथाधारी (सं.) [सं-पु.] कंथा धारण करने वाला योगी या तपस्वी।

कंथारी (सं.) [सं-स्त्री.] कंथा; कथरी; गुदड़ी।

कंद[1] (सं.) [सं-पु.] गूदेदार और बिना रेशे की गाँठदार जड़ जो ज़मीन के अंदर या कभी-कभी बाहर भी निकली रहती है तथा खाने में प्रयोग होती है, जैसे- आलू, गाजर, मूली, शलजम आदि।

कंद[2] (फ़ा.) [सं-पु.] सफ़ेद शक्कर; जमाई हुई चीनी; मिस्री।

कंदक (सं.) [सं-पु.] पालकी।

कंदन (सं.) [सं-पु.] क्षय; विनाश; ध्वंस।

कंदमूल (सं.) [सं-पु.] 1. ऐसा पौधा जिसकी जड़ को भूनकर या उबालकर खाया जाता है; वन के यायावरों का भोजन 2. आलू; शकरकंद इत्यादि।

कंदरा (सं.) [सं-स्त्री.] 1. ज़मीन या पहाड़ में मानव निर्मित अथवा प्राकृतिक रूप से बना हुआ कोई बड़ा और गहरा गड्ढा 2. गुफा; खोह 3. घाटी 4. पर्वत की सुरंग।

कंदराकर (सं.) [सं-पु.] पर्वत; पहाड़।

कंदर्प (सं.) [सं-पु.] 1. कामदेव 2. संगीत में रुद्रताल का एक प्रकार।

कंदल (सं.) [सं-पु.] 1. विवाद; झगड़ा; कलह 2. अंकुर; अँखुआ 3. स्वर्ण; सोना 4. युद्ध 5. एक तरह का केला 6. कपाल 7. कलध्वनि; मधुर ध्वनि।

कंदला (सं.) [सं-पु.] 1. सोने या चाँदी का तार 2. चाँदी की छड़ या गुल्ली जिससे धातु को खींचकर तार बनाए जाते हैं 3. कचनार वृक्ष की एक प्रजाति 4. पासा।

कंदलित (सं.) [वि.] 1. अंकुरित 2. प्रस्फुटित।

कंदली (सं.) [सं-स्त्री.] 1. केला 2. पताका 3. कमलगट्टा; कमल का बीज 4. एक हिरन 5. एक पौधा जिसमें सफ़ेद रंग के पुष्प लगते हैं।

कंदसार (सं.) [सं-पु.] नंदन वन।

कंदा [सं-पु.] 1. अरुई 2. शकरकंद 3. कंद।

कंदालु [सं-पु.] जंगली कंद।

कंदु (सं.) [सं-पु.] 1. ईंट का भट्ठा 2. भाड़।

कंदुक (सं.) [सं-पु.] 1. गेंद 2. गोलाकार तकिया 3. सुपारी 4. कंद नाम का एक वर्णवृत्त।

कंदुपक्व (सं.) [वि.] भाड़ में भुनी हुई चीज़ या अनाज।

कंदूरी[1] (सं.) [सं-स्त्री.] एक प्रकार की बेल जिसमें परवल के आकार के फल लगते हैं; कुँदरू।

कंदूरी[2] (फ़ा.) [सं-पु.] मुस्लिम धर्म में वह भोजन जो सामने रखकर फ़ातिहा पढ़ने के बाद बाँटा जाता है।

कंदोट (सं.) [सं-पु.] सफ़ेद रंग का कमल; नीलोत्पल; कंदोत।

कंदोरा [सं-पु.] कमर में पहनने का तागा; करधनी; कटिडोरा।

कंधर (सं.) [सं-पु.] 1. गरदन 2. मोथा (एक जड़ी); मुस्तक 3. बादल; मेघ 4. एक प्रकार का शाक।

कंधा (सं.) [सं-पु.] 1. मानव शरीर में बाँह का वह ऊपरी भाग या जोड़, जो गरदन के नीचे धड़ से जुड़ा रहता है 2. स्कंध; मोढ़ा 3. बैल अथवा भैंसे की गरदन का ऊपरी भाग जिसपर जुआ रखा जाता है। [मु.] **-लगना** : जुए की रगड़ से बैल आदि के कंधे पर घाव हो जाना।

कंधावर [सं-स्त्री.] 1. कंधे पर डाला जाने वाला छोटा दुपट्टा 2. जुए का वह हिस्सा, जो गाड़ी या हल में जोते जाने वाले बैलों के कंधे पर रखा जाता है 3. ताशे (वाद्ययंत्र) की वह रस्सी जिसके सहारे वह गले में लटकाई जाती है।

कंप (सं.) [सं-पु.] 1. शीत, क्रोध, भय आदि के कारण शरीर में उत्पन्न होने वाला कंपन 2. थर्राहट; प्राकृतिक कारणों से पृथ्वी के अंदर उत्पन्न हलचल; भूकंप।

कंपति (सं.) [सं-पु.] समुद्र; सागर; जलधि।

कंपन (सं.) [सं-पु.] 1. काँपने या थरथराने की क्रिया या भाव 2. कँपकँपी; कंप; थरथराहट 3. तरंगों की प्रवृत्ति 4. एक प्राचीन अस्त्र 5. भूचाल; भूडोल; (वाइब्रेशन)।

कंपनी (अं.) [सं-स्त्री.] 1. व्यापारियों या व्यवसायियों का समूह जो मिलकर व्यापार करता हो; समवाय 2. मंडली 3. व्यापारिक संस्था 4. सेना का एक विभाग।

कंपमापी (सं.) [सं-पु.] 1. कंपन की तरंगों को मापने का यंत्र 2. भूकंप मापक यंत्र।

कंपलीट (अं.) [वि.] 1. पूर्ण; संपूर्ण; पूरा 2. समाप्त 3. मुकम्मल; उत्कृष्ट 4. पक्का।

कंपा [सं-पु.] 1. वह फंदा जो शिकारियों द्वारा चिड़िया इत्यादि पकड़ने के लिए बाँस की तीलियों में गोंद या लेई लगाकर बनाया जाता है 2. {ला-अ.} वह फंदा या जाल जिसमें कोई फँसाया जाए।

कंपाउंड (अं.) [सं-पु.] 1. प्रांगण; घेरा; अहाता 2. मिश्रण; यौगिक।

कंपाउंडर (अं.) [सं-पु.] चिकित्सक का वह सहायक जो रोगियों के परीक्षण तथा दवा देने-मिलाने में मदद करता है; औषधयोजक; सम्मिश्रक।

कंपायमान (सं.) [वि.] 1. जो काँप रहा हो; काँपता हुआ 2. हिलती-डुलती (चीज़) 3. डरा हुआ; भयभीत 4. थरथराता हुआ।

कंपार्टमेंट (अं.) [सं-पु.] 1. संविभाग; विभाग; उपखंड 2. रेलगाड़ी का डिब्बा, कक्ष अथवा कमरा।

कंपास (अं.) [सं-स्त्री.] 1. दिशा का ज्ञान कराने वाला यंत्र; दिग्दर्शक यंत्र; दिक्सूचक यंत्र; कुतुबनुमा 2. वृत्त खींचने का परकार।

कंपित (सं.) [वि.] 1. हिलता हुआ; काँपता हुआ 2. कँपाया हुआ 3. डरा हुआ; भयभीत।

कंपिल (सं.) [सं-पु.] 1. सफ़ेद नौसादर 2. रोचनी 3. उत्तर प्रदेश में स्थित फ़र्रूख़ाबाद जनपद का एक पुराना नगर जो पहले पांचाल (बुद्ध कालीन सोलह महाजनपदों में से एक) की राजधानी था तथा लोक मान्यताओं के अनुसार द्रौपदी का स्वयंवर यहीं हुआ था।

कंपोस्ट (अं.) [सं-स्त्री.] किसी गड्ढे में हरी पत्तियों, पशुओं का गोबर एवं मूत्र तथा कूड़ा इत्यादि सड़ाकर बनाई गई खाद; वानस्पतिक खाद।

कंप्यूटर (अं.) [सं-पु.] 1. एक इलेक्ट्रॉनिक उपकरण जो निर्देशों के अनुसार अथवा इनपुट डाटा और सूचनाओं के आधार पर तथ्यों को क्रमबद्ध करके अर्थपूर्ण और उपयोगी आँकड़ों में रूपांतरित करता है 2. परिकलक; परिकलित्र 3. संगणक।

कंब (सं.) [सं-स्त्री.] छड़ी या छोटा डंडा।

कंबल (सं.) [सं-पु.] 1. ऊनी धागों से बुना हुआ मोटा चादर; कामरी; कमली 2. एक कीड़ा जो बरसात में दिखाई देता है; कमला 3. गाय या बैल के गले में नीचे की ओर लटकने वाली मोटी खाल; गलकंबल।

कंबलक (सं.) [सं-पु.] कंबल; ऊन से बने वस्त्र।

कंबली (सं.) [वि.] 1. कंबल धारण करने वाला; कंबल वाला 2. कंबल से ढकी हुई चीज़।

कंबु (सं.) [सं-पु.] 1. शंख 2. शंख से बनी हुई चूड़ी 3. सीपी; घोंघा।

कंबुक (सं.) [सं-पु.] 1. घोंघा; सीपी 2. शंख; शंख की बनी हुई चूड़ियाँ।

कंबुकंठी (सं.) [सं-स्त्री.] शंख जैसी सुंदर-सुडौल गरदन वाली स्त्री।

कंबुकाष्ठा (सं.) [सं-स्त्री.] अश्वगंधा; एक आयुर्वेदिक औषधि।

कंबुपुष्पी (सं.) [सं-स्त्री.] शंखपुष्पी; एक स्मृतिवर्धक औषधि।

कंबोज (सं.) [सं-पु.] 1. अफ़गानिस्तान का एक पुराना जनपद (बुद्धकालीन सोलह महाजनपदों में से एक) जो गांधार के पास था; सोवियत रूस के एक क्षेत्र का प्राचीन नाम जिसमें अब पामीर और बदख्शाँ हैं 2. कंबोज का निवासी 3. एक प्रकार का राग।

कंभारी (सं.) [सं-स्त्री.] गँभारि नामक वृक्ष जिसकी छाल व फल दवा के काम आते हैं।

कंस (सं.) [सं-पु.] 1. काँसा 2. कटोरा 3. प्राचीन भारत में आढ़क नामक तौल या माप 4. सुराही 5. मँजीरा; झाँझ 6. (पुराण) प्राचीन काल में मथुरा के राजा उग्रसेन का पुत्र,

जिसका वध श्रीकृष्ण ने किया था।

कंस-ताल (सं.) [सं-पु.] मँजीरा; झाँझ।

कंसक (सं.) [सं-पु.] 1. काँसा 2. काँसे का बरतन।

कंसिक (सं.) [वि.] काँसे से संबंधित; काँसे का।

कंसेशन (अं.) [सं-पु.] रियायत; अनुमोचन; छूट; सुविधा।

कइकाँण [सं-स्त्री.] केकाण; अश्व; घोड़ा।

कई [वि.] 1. एक से अधिक 2. अनेक; कुछ 3. अनिश्चित किंतु अल्प मात्रा या छोटी संख्या का सूचक।

ककइया [सं-स्त्री.] पैजावे की छोटी ईंट; पुरानी ईंट।

ककड़ी (सं.) [सं-स्त्री.] 1. ग्रीष्म ऋतु में ज़मीन पर फैलने वाली एक बेल जिसपर खीरे की प्रजाति का एक लंबा फल लगता है 2. उक्त बेल का फल।

ककड़ौर [सं-स्त्री.] चावल के आटे से बना एक खाद्य पदार्थ, जिसे दुल्हन के साथ उसकी ससुराल भेजा जाता है।

ककना [सं-पु.] 1. कंगन; स्त्रियों के हाथ का एक गहना 2. विवाह में यज्ञ कराने वाले पंडित का मंत्र द्वारा वर-कन्या के हाथ में बांधा हुआ आम का पल्लव 3. फसल को हानि पहुँचाने वाली एक घास।

ककरा [सं-स्त्री.] वह जमीन जिसमें उपजाऊपन न हो। [वि.] ऊसर; अनुर्वर।

ककराली (सं.) [सं-स्त्री.] कँखौरी; काँख में होने वाली फुंसी या फोड़ा।

ककरेजा [सं-पु.] 1. काकरेज रंग का कपड़ा 2. गहरे काले रंग में नीला रंग मिला हुआ; ककरेजी रंग।

ककरेठा [वि.] कंकड़ी मिला हुआ; कंकड़ी युक्त।

ककरौल (सं.) [सं-पु.] एक प्रकार की सब्ज़ी; ककोड़ा; खेखसा।

ककहरा [सं-पु.] 1. हिंदी वर्णमाला में 'क' से 'ह' तक के वर्णों का समूह 2. बारहखड़ी 3. वर्णमाला 4. किसी विषय का आरंभिक या ज़रूरी ज्ञान।

ककही (सं.) [सं-स्त्री.] 1. कंघी 2. एक प्रकार की कपास, जिसकी रुई कुछ लाल होती है 3. रीढ़।

ककाटिका (सं.) [सं-स्त्री.] सिर का पिछला हिस्सा।

ककुंजल (सं.) [सं-पु.] चातक पक्षी; पपीहा; सारंग (ऐसी किंवदंती प्रचलित है कि चातक केवल स्वाति नक्षत्र में होने वाली वर्षा का ही जल ग्रहण करता है।

ककुंदर (सं.) [सं-पु.] नितंबों का गड्ढा; जघन-कूप।

ककुद (सं.) [सं-पु.] 1. पर्वत शिखर; पर्वत की चोटी 2. साँड़ या बैल के कंधे का डिल्ला; कूबड़ 3. राज-चिह्न। [वि.] 1. श्रेष्ठ; सर्वोत्तम 2. मुख्य; प्रधान।

ककुद्मान (सं.) [वि.] कूबड़वाला। [सं-पु.] 1. बैल 2. ऋषभ नामक दवा 3. एक प्राचीन पर्वत।

ककूना [सं-पु.] कीटों द्वारा सुरक्षा के लिए बनाया गया महीन धागों का खोल या कोया जिसमें रेशम कीट बंद रहता है; कृमि कोश।

ककेरुक (सं.) [सं-पु.] आमाशय-कृमि; उदर-कृमि।

ककैया [सं-स्त्री.] लखौरिया ईंट। [वि.] कंघी के आकार की प्राचीन ईंट।

ककोड़ा (सं.) [सं-पु.] 1. एक प्रकार की लता एवं उस पर लगने वाली तरकारी या फल 2. ककोड़ा की सब्ज़ी 3. ककेड़ा; खेखसा।

ककोरा [सं-पु.] दे. ककोड़ा।

कक्कड़ (सं.) [सं-पु.] 1. सुखाई गई सुरती या तंबाकू का चूरा, जिसे चिलम में सुलगाकर पिया जाता है 2. पंजाबी समाज में एक कुलनाम या सरनेम।

कक्का (सं.) [सं-पु.] 1. कश्मीर राज्य में स्थित प्राचीन केकय प्रदेश, जिसके निवासी कक्कड़ कहलाते हैं 2. सिख जो पाँच ककार- कंघा, कृपाण, केश, कड़ा और कच्छ (जाँघिया) रखते हैं।

कक्की[1] [सं-स्त्री.] एक प्रकार का छोटा वृक्ष जिसकी पत्तियाँ चारे के काम आती हैं। [वि.] कठ सेमल नाम का वृक्ष।

कक्की[2] (सं.) [सं-पु.] गाँसीदार बाण।

कक्कुल (सं.) [सं-पु.] बकुल वृक्ष; मौलसिरी वृक्ष।

कक्कोल (सं.) [सं-पु.] कनखजूरा। [सं-स्त्री.] एक फलदार पेड़; कक्कोली।

कक्खट (सं.) [वि.] 1. ठोस; कठोर 2. जटिल; मुश्किल; कठिन।

कक्खटी (सं.) [सं-स्त्री.] खड़िया मिट्टी; सफ़ेद एवं मुलायम मिट्टी जिसका प्रयोग लिखने के लिए किया जाता है।

कक्ष (सं.) [सं-पु.] 1. किसी इमारत का भीतरी कमरा; घर; कोठरी 2. रनिवास; अंतःपुर 3. जंगल का अंदरूनी भाग 4. सूखी घास 5. नाव का एक भाग 6. काँख; काँछ 7. कखौरी 8. तराज़ू का पलड़ा 9. पाप; दोष 10. धोती, चादर, दुपट्टा आदि का आँचल 11. दलदली ज़मीन 12. कमरबंद 13. काछ; कछोटा; लाँग 14. कछार।

कक्षपट (सं.) [सं-पु.] 1. कौपीन 2. कमर में पहनने का वस्त्र 3. लाँग।

कक्षा (सं.) [सं-स्त्री.] 1. परिधि; घेरा; दायरा 2. अंतरिक्ष में ग्रहों के परिभ्रमण का गोलाकार पथ; (ऑरबिट) 3. विद्यार्थियों का वर्ग या श्रेणी जिसमें एक साथ बैठाकर शिक्षा दी जाती है; दर्जा 4. घर की दहलीज़ 5. नाभिक की परिक्रमा करने वाले इलेक्ट्रॉन का परिभ्रमण मार्ग।

कक्षीय (सं.) [वि.] कक्षा से संबंधित; कक्षा का।

कक्षोत्था (सं.) [सं-स्त्री.] 1. एक सुगंधित जड़ी; नागरमोथा।

कखवाली [सं-स्त्री.] काँख; काँख में होने वाली फुंसी या फोड़ा।

कगार [सं-पु.] 1. ऊँचा किनारा 2. कोई ऊँचा और ढलुवाँ भू-खंड 3. नदी का किनारा।

कगिरी [सं-पु.] एक वृक्ष जिसके तने से निकले तरल पदार्थ से रबर बनता है।

कगोड़ी [सं-पु.] एक पेड़ का नाम जो हिंदुस्तान में प्रायः सब जगह होता है, इसकी लकड़ी इमारतों में नहीं लगती।

कघुती [सं-स्त्री.] अरैली; वह झाड़ी जिसके डंठलों और पत्तियों से कागज़ बनाया जाता था।

कच (सं.) [सं-पु.] 1. केश; सिर के बाल 2. किसी नाज़ुक चीज़ में कुछ धँसने या चुभने का शब्द, जैसे- चाकू या कील

चुभना 3. मल्लयुद्ध या कुश्ती का दाँव 4. (पुराण) एक पात्र जो देवताओं के गुरु बृहस्पति के पुत्र माने जाते हैं।

कचकच [सं-स्त्री.] 1. आपस में तू-तू मैं-मैं होना 2. व्यर्थ का विवाद, कलह या झगड़ा 3. परिवार में होने वाली कहासुनी।

कचकड़ा [सं-पु.] 1. कछुए का खोपड़ा या बाह्य आवरण 2. कछुए या ह्वेल की हड्डी जिससे चीन व जापान में खिलौने बनते हैं।

कचकना [क्रि-अ.] 1. किसी अंग या चीज़ का कुचल जाना या दबना 2. दरार पड़ना 3. फूटना 4. ठेस लगना 5. मुकरना; फिरना।

कचकोल (फ़ा.) [सं-पु.] 1. एक प्रकार का भिक्षापात्र 2. दरियाई नारियल का बना एक पात्र।

कचनार (सं.) [सं-पु.] एक वृक्ष जिसकी कलियाँ सब्ज़ी बनाने तथा फूल और तने की छाल औषधि के काम आती है।

कचपच [सं-स्त्री.] 1. कम जगह में बहुत-सी वस्तुओं या व्यक्तियों का भर जाना 2. गिचपिच 3. अशांति 4. लड़ाई-झगड़ा।

कचपेंदिया [वि.] 1. जिसका भरोसा न किया जा सके; बात का कच्चा 2. {ला-अ.} निष्ठाहीन; विचलनशील 3. कच्ची तली या पेंदी का 4. ओछा; ढुलमुल।

कचर-पचर [सं-पु.] 1. कोलाहल; शोर-शराबा 2. किचकिच; गिचपिच।

कचरघान [सं-पु.] 1. कई तरह की छोटी-छोटी वस्तुओं का ढेर 2. छोटे बच्चों का समूह 3. अनेक वस्तुओं के इकट्‌ठा होने से गड़बड़ी होना 4. घमासान; जमकर होने वाली लड़ाई या मार-पीट; कोलाहल; कचपच 5. कीचड़।

कचरना [क्रि-स.] 1. दबाना; पैरों से कुचलना; मसलना या रगड़ना 2. रौंदना।

कचरस [वि.] 1. (गन्ने का) ताजा रस 2. जो किंचित कच्चा हो; कचरसाह; कच्चा रहने का भाव।

कचरा [सं-पु.] 1. सफ़ाई के बाद फेंकी गई गंदगी; कूड़ा-करकट; कबाड़ 2. कपास का बिनौला 3. फूट का कच्चा फल 4. समुद्र में पाई जाने वाली एक प्रकार की सेवार।

कचराना [क्रि-स.] ढोढ़ियाना।

कचरापेटी [सं-स्त्री.] बेकार वस्तुओं को रखने का पात्र; कूड़ा डालने का पात्र।

कचरिया [सं-स्त्री.] चावल के आटे का बना खाद्य पदार्थ।

कचरी [सं-स्त्री.] 1. ककड़ी की प्रजाति की बेल तथा उसका फल, जिसे सुखाकर, तलकर खाया जाता है तथा सब्ज़ी भी बनाई जाती है 2. पेंहटा या पहुँटा के सुखाए टुकड़े 3. सूखी कचरी की सब्ज़ी।

कचरूआ [सं-पु.] कपास का डंठल; कच्ची रुई; बाँगा।

कचलहू [सं-पु.] घाव से निरंतर निकलने वाला रक्त।

कचलोन [सं-पु.] एक तरह का नमक; काला नमक।

कचवाँसी [सं-स्त्री.] खेत नापने की एक इकाई; ज़मीन के माप बिस्वांसी का बीसवाँ हिस्सा।

कचहरी (सं.) [सं-स्त्री.] 1. न्यायालय; अदालत; इजलास; दरबार; वह स्थान जहाँ न्यायाधिकारी बैठकर वाद-विवादों पर निर्णय लेते हैं 2. {ला-अ.} गोष्ठी; जमावड़ा।

कचाई [सं-स्त्री.] 1. कच्चे होने की अवस्था; कच्चापन; अनुभवहीनता 2. अपरिपक्वता; अपूर्णता 3. दोष; ख़ामी; कमी; त्रुटि।

कचाकु (सं.) [सं-पु.] साँप। [वि.] 1. बुरे स्वभाव का; कुटिल; दुष्ट 2. असाध्य 3. असह्य 4. दुष्प्राप्य।

कचाटुर (सं.) [सं-पु.] जंगली मुरगा; बनमुरगा; बनमुरगी।

कचाना [क्रि-अ.] 1. साहस छोड़ना; पीछे हटना; कमतर सिद्ध होना 2. कचियाना।

कचायँध [सं-स्त्री.] 1. कच्चेपन की गंध 2. किसी फल अथवा अन्य खाद्य-पदार्थ के कच्ची अवस्था में रहने पर निकलने वाली गंध अथवा महक।

कचायन [सं-स्त्री.] 1. विवाद; झगड़ा 2. किचकिच।

कचारना [क्रि-स.] 1.पछारना; पटक-पटककर किसी चीज को साफ करना 2. पैरों से मसलना; रौंदना। {ला-अ.} किसी की पिटाई करना।

कचालू [सं-पु.] 1. एक प्रकार की सब्ज़ी; बंडा (अरवी); कंद 2. उबले हुए आलू, अमरूद, बंडा आदि पर नमक और मसाला लगाकर बनाया जाने वाला एक व्यंजन।

कचाहट [सं-स्त्री.] कच्चेपन का भाव; कचाई।

कचिया [सं-स्त्री.] फसल काटने का उपकरण (हँसिया); फसल काटने की दाँतदार हसिया; दाँती।

कचु (सं.) [सं-स्त्री.] 1. एक प्रकार का खाद्य कंद 2. घुइयाँ 3. बंडा।

कचूमर [सं-पु.] 1. किसी वस्तु का कुचला हुआ रूप 2. मलीदा; घुटा हुआ खाद्य 3. भरता; भुरता 4. कच्चे आम के गूदे को कुचलकर बनाया हुआ अचार। [मु.] **-निकलना** : दुर्दशा होना। **-निकालना** : बुरी तरह पीटना, दुर्दशा करना।

कचूर (सं.) [सं-पु.] हल्दी की जाति का एक पौधा जिसकी जड़ औषधि के काम आती है। [वि.] उक्त जड़ की तरह गहरा हरा या लाल।

कचेल (सं.) [सं-पु.] 1. वह डोरी जिसमें किसी ग्रंथ के पन्ने बँधे हों 2. ग्रंथ को लपेटने का कागज़।

कचोका [सं-पु.] किसी नुकीली चीज़ को गड़ाने या चुभाने की क्रिया।

कचोट [सं-स्त्री.] 1. कचोटने का भाव 2. रह-रह कर मन में दुख का अनुभव होना; टीस पहुँचना। [मु.] **-उठना** : व्यथित हो उठना।

कचोटना [क्रि-अ.] 1. चुभना; पीड़ा देना; गड़ना 2. किसी दुखद घटना का बार-बार स्मरण होना 3. टीस उठना 4. किसी की याद में तड़पना।

कचोना [क्रि-स.] 1. चुभाना 2. गड़ाना 3. धँसाना।

कचोहा [सं-पु.] तंबाकू का एक रोग, जिसके कारण फसल अधपकी ही तैयार हो जाती है।

कचौड़ी [सं-स्त्री.] मसालेदार आलू, बेसन या उड़द दाल की पीठी भरकर बनाई गई पूड़ी; आटे या मैदे की छोटी-छोटी

लोई के अंदर विभिन्न मसालों को भरकर बनाई गई पूड़ी जैसी खाद्य वस्तु ; कचौरी।

कच्चक [सं-पु.] छेनी; छेदने का उपकरण।

कच्चर (सं.) [वि.] 1. बुरी प्रकृति का इंसान; दुष्ट 2. मैला-कुचैला; गंदा।

कच्चा (सं.) [वि.] 1. जो पका न हो; अधपका, हरा (फल) 2. जो आँच पर पूरी तरह पका या पकाया न गया हो 3. प्राकृतिक या मूल रूपवाला 4. अपरिपक्व; अनुभवहीन; अर्धविकसित; अनाड़ी 5. जिसमें धैर्य, दृढ़ता, साहस आदि का अभाव हो 6. असुरक्षित; अस्थिर 7. अप्रशिक्षित। [मु.] **-चिट्ठा खोलना** : असलियत प्रकट करना या खोलना। **-होना** : किसी विद्या, हुनर आदि में निपुण न होना।

कच्चा-पक्का [वि.] 1. जल्दबाज़ी में किया गया काम 2. सिझा-अनसिझा (अन्न, सब्ज़ी आदि) 3. आधा-अधूरा (कार्य)।

कच्चा कागज़ (हिं.+अ.) [सं-पु.] 1. वह लेख या दस्तावेज़ जिसका पंजीकरण (रजिस्ट्री) न हुआ हो; मसौदा; प्रालेख 2. तेल आदि तरल पदार्थ छानने का कागज़।

कच्चा काम [सं-पु.] 1. किसी चीज़ या काम हेतु खड़ा किया हुआ आरंभिक ढाँचा 2. कच्चे गोटे या कलाबत्तू (रेशम पर सुनहले तार लपेटकर बनाया हुआ डोरा या फ़ीता) इत्यादि का काम।

कच्चा घड़ा [सं-पु.] 1. मिट्टी का घड़ा जो आँवें पर पका न हो, केवल धूप में सुखाया गया हो 2. {ला-अ.} नौसिखिया; जिसे अनुभव न हो; अकुशल 3. {ला-अ.} संस्कार लेने वाला बालक। [मु.] **कच्चे घड़े में पानी भरना** : श्रम और अर्थ दोनों व्यर्थ जाना, दोहरी हानि होना।

कच्चा चिट्ठा [सं-पु.] 1. वह विवरण या वृत्तांत जिसमें किसी के बारे में गोपनीय तथ्य या किसी कमज़ोरी का पता चलता हो; किसी के दोषों का उद्घाटन 2. वह ब्योरा जिसमें सब कुछ ज्यों-का-त्यों कह दिया जाए; संपूर्ण विवरण; सत्य-कथा 3. किसी संस्थान के आय-व्यय का बिना सत्यापित किया हुआ लेखा।

कच्चा टाँका [सं-पु.] 1. राँगे या मुलायम धातु का जोड़; कच्चा जोड़ 2. धागे से हाथ द्वारा की गई सिलाई।

कच्चा तागा [सं-पु.] 1. वह धागा जो बटा न हो 2. {ला-अ.} कमज़ोर या नाज़ुक चीज़।

कच्चा माल [सं-पु.] वे कृषि उत्पाद या खनिज पदार्थ जो अपने आरंभिक या प्राकृतिक रूप में हों और जिनसे मशीनी या औद्योगिक प्रक्रिया के पश्चात कोई उत्पाद बनाया जाता हो।

कच्चा लोहा [सं-पु.] 1. वह लोहा जिससे अन्य वस्तुएँ बनाई जाती हैं 2. वह अपरिष्कृत लोहा जिससे इस्पात और पिटवाँ लोहा बनाया जाता है।

कच्चा हाथ [सं-पु.] अप्रशिक्षित या अनभ्यस्त व्यक्ति।

कच्ची कली [सं-स्त्री.] 1. अनखिली कली 2. वह स्त्री जो पूर्णरूप से युवा न हुई हो; किशोरी।

कच्ची कुर्की (हिं.+तु.) [सं-स्त्री.] किसी मुकदमे का फ़ैसला होने से पहले की जाने वाली कुर्की (कब्ज़ा) ताकि प्रतिवादी अपना सामान हटा न ले।

कच्ची गोटी [सं-स्त्री.] चौसर के खेल में वह गोटी जिसने अभी आधा रास्ता पार न किया हो; कच्ची गोली। [मु.] **-खेलना** : गैर समझदारी से किया गया काम जिसमें आगे चलकर धोखा खाना पड़े।

कच्ची चीनी [सं-स्त्री.] गन्ने के रस या राब (गाढ़ी चाशनी) से बनाई जाने वाली चीनी; थोड़े गहरे रंग की चीनी; अशुद्ध शक्कर; खाँड़।

कच्ची नकल [सं-स्त्री.] किसी कार्यालय या विभाग के किसी दस्तावेज़ की वह प्रतिलिपि जो अनाधिकारिक या व्यक्तिगत तौर पर ली गई हो तथा जिसपर सक्षम अधिकारी के हस्ताक्षर या मुहर इत्यादि न लगे हों।

कच्ची पेशी [सं-स्त्री.] किसी अभियोग की वह पहली पेशी जिसमें निर्णय नहीं होता।

कच्ची फुलवार [सं-स्त्री.] जिन पौधों से कुछ ही समय तक फूल मिलते हों।

कच्ची बही [सं-स्त्री.] 1. वह बही जिसमें कच्चा हिसाब लिखा जाता है 2. याददाश्त के लिए लिख कर रखा गया हिसाब।

कच्ची रसोई [सं-स्त्री.] केवल पानी में पका हुआ भोजन; वह व्यंजन जो दूध, घी, तेल आदि में न पकाया गया हो।

कच्ची सड़क [सं-स्त्री.] 1. वह सड़क जो कंकड़-पत्थर, गिट्टी आदि से बनी हुई न हो; ऊबड़-खाबड़ सड़क 2. निर्माणाधीन मार्ग।

कच्ची सिलाई [सं-स्त्री.] 1. बखिया करने से पहले के अस्थायी टाँके जो कपड़े के जोड़ के लिए लगाए जाते हैं और बाद में खोल दिए जाते हैं 2. पुस्तकों की जिल्दसाज़ी के पहले की गई सिलाई।

कच्चू (सं.) [सं-पु.] 1. अरवी या घुइयाँ नामक कंद 2. बंडा नामक कंद 3. अरुई।

कच्छ (सं.) [सं-पु.] 1. कछार; बड़े जलस्रोत के किनारे की ज़मीन; दलदल ज़मीन 2. भारत के गुजरात प्रदेश का प्रसिद्ध अंतरीप अर्थात भूमि का सँकरा विस्तार जो समुद्र में दूर तक गया हो 3. तुन का पेड़ जिसकी लकड़ी शीघ्रता से जलती है।

कच्छप (सं.) [सं-पु.] 1. कछुआ 2. (पुराण) विष्णु के दस अवतारों में से एक 3. कुबेर की नौ निधियों में से एक 4. वह भबका अर्थात अर्क खींचने का यंत्र जिससे शराब बनाई जाती है 5. छंद का एक भेद जिसमें आठ गुरु और बत्तीस लघु होते हैं 6. एक रोग जिसमें तालु में गाँठ निकल आती है; बतौड़ी।

कच्छपी (सं.) [सं-स्त्री.] 1. मादा कछुआ 2. सरस्वती की वीणा।

कच्छा (सं.) [सं-पु.] 1. जाँघिया; निकर; (अंडरवियर) 2. वह चौड़ी और बड़ी नाव जिसमें दो पतवारें लगती हैं 3. कई बड़ी नावों को एक साथ जोड़कर बनाया गया बेड़ा।

कच्छार (सं.) [सं-पु.] कच्छ प्रदेश।

कच्छी [सं-पु.] 1. कच्छ देश का निवासी 2. कच्छ देश के घोड़े की वह प्रजाति जिसकी पीठ मध्य में कुछ गहरी होती है।

[सं-स्त्री.] कच्छ क्षेत्र की भाषा। [वि.] कच्छ देश का या उससे संबंधित।

कच्छु (सं.) [सं-स्त्री.] खुजली की बीमारी; खारिश।

कच्छुमती (सं.) [सं-पु.] खुजली पैदा करने वाले पौधे; केवाँच।

कच्छुर (सं.) [वि.] 1. जिसे खुजली का रोग हो 2. कंगाल 3. लंपट।

कच्छुरा (सं.) [सं-स्त्री.] शुकशिवी और दुरालभा आदि वनस्पतियाँ।

कछनी [सं-स्त्री.] 1. घुटने तक या उससे ऊपर बाँधी जाने वाली धोती जिसमें दोनों तरफ़ लाँग, काँछ अर्थात चुन्नट बनाया हुआ पट्टा होता है 2. छोटी धोती 3. घुटने तक रहने वाला घाघरा या लहँगा।

कछरा [सं-पु.] कमोरा; चौड़े मुँह वाला मटका; घड़े जैसा मिट्टी का पात्र जिसमें पानी, दूध-दही आदि रखा जाता है।

कछराली [सं-स्त्री.] काँख में होने वाला एक प्रकार का फोड़ा; कँखौरी; कखराली।

कछरी [सं-स्त्री.] कमोरी; छोटा कछरा।

कछवाया [वि.] 1. दो पल्ला 2. चपटा और किनारीदार।

कछवाहा (सं.) [सं-पु.] 1. क्षत्रिय समाज में एक कुलनाम या सरनेम 2. राजस्थान में माली समाज में एक कुलनाम या सरनेम।

कछार (सं.) [सं-पु.] 1. नदी या समुद्र के किनारे की नम और उपजाऊ ज़मीन; (ऐल्युवियल लैंड) 2. असम राज्य का एक प्रदेश।

कछारी [सं-स्त्री.] छोटा कछार। [वि.] कछार से संबंधित; कछार की।

कछियाना [सं-पु.] 1. वह क्षेत्र जहाँ काछी जाति के लोग रहते हैं 2. वह खेत जिसमें सब्ज़ियाँ बोई जाती हैं।

कछुआ (सं.) [सं-पु.] कच्छप; एक जल जंतु जो जल और स्थल दोनों में समान रूप से रह सकता है; कूर्म।

कछुआ चाल [सं-स्त्री.] 1. कछुए के चलने की गति 2. {ला-अ.} धीमी गति; मंद गति।

कछुआ धर्म [सं-पु.] 1. कछुए की वह आंगिक स्थिति जिसमें वह अपने मुख, गरदन, पैरों को अपनी पीठ के नीचे अंदर की ओर सिकोड़ लेता है 2. {ला-अ.} बचाव की मुद्रा में रहना 3. {ला-अ.} विपत्ति काल में स्वयं की रक्षा या तटबंदी करने की स्थिति।

कछौटा [सं-पु.] 1. कमर में बाँधने का काछा 2. स्त्री की कछनी की तरह पहनी जाने वाली धोती 3. धोती पहनने का एक ढंग।

कज (फ़ा.) [सं-पु.] 1. वक्रता; टेढ़ापन 2. त्रुटि; कमी; दोष; ऐब 3. छल; धोखा। [वि.] वक्र; झुका हुआ; टेढ़ा।

कज अदा (फ़ा.) [वि.] बेमुरौवत; बेवफ़ा।

कजक (फ़ा.) [सं-पु.] 1. हाथी को काबू करने वाला अंकुश 2. नियंत्रण; रोक।

कजकोल (फ़ा.) [सं-पु.] 1. मुस्लिम फ़कीरों द्वारा भिक्षायाचन के लिए प्रयुक्त भिक्षापात्र; भिक्षाग्रहण के लिए भिक्षुओं द्वारा प्रयोग किया जाने वाला खप्पर या कपाल 2. वह पुस्तक जिसमें दूसरों की उक्तियों या उपदेशों का संग्रह हो।

कजनी [सं-स्त्री.] ताँबा या पीतल के बरतन को खुरचकर साफ़ करने का उपकरण; खरदनी।

कजपूती [सं-स्त्री.] कयपूती।

कजफ़हम (फ़ा.) [वि.] 1. मूर्ख; नासमझ 2. उलटे दिमाग का; हर बात का उलटा अर्थ लगाने वाला; वक्रबुद्धिवाला।

कजबहस (फ़ा.+अ.) [सं-स्त्री.] बेमतलब की बहस या हुज्जत। [वि.] 1. बिना मतलब की बहस या हुज्जत करने वाला; मूर्खतापूर्ण बहस करने वाला 2. कठहुज्जती; कुतर्की।

कजमिज़ाज (फ़ा.+अ.) [वि.] टेढ़े मिज़ाज या स्वभाव वाला; सीधी बात में भी शंका करने वाला।

कजरघर [सं-पु.] एक मोटा धान।

कजरफ़्तार (फ़ा.) [वि.] वक्र गति वाला; टेढ़ी चाल चलने वाला; कुटिल।

कजरफ़्तारी (फ़ा.) [सं-स्त्री.] वक्र गति; टेढ़ी-मेढ़ी चाल।

कजरा [सं-पु.] काजल; सुरमा। [वि.] 1. काली आँखोंवाला; 2. काजल के रंग का; कजरारा।

कजराई [सं-स्त्री.] कालापन; काजल या काले रंग का होने का भाव, अवस्था अथवा गुण।

कजरारा [वि.] 1. जिसमें काजल लगा हो या जो काजल युक्त हो; अंजनयुक्त, जैसे- कजरारी आँखें 2. काजल के रंग का; काला।

कजरारी [सं-स्त्री.] जिसमें काजल लगा हो (आँखें); श्यामलता; श्यामली। [वि.] काजलवाली; अंजनयुक्त; श्यामल।

कजरियाना [क्रि-स.] 1. बच्चों को बुरी नज़र से बचाने के लिए उनके माथे पर काजल का टीका लगाना 2. नेत्रों में काजल लगाना 3. चित्रकला में अँधेरा या रात दिखाने के लिए चित्र में काला रंग लगाना 4. काला करना।

कजरी [सं-पु.] धान की एक प्रजाति जिसका रंग हलका काला होता है।

कजरौटा [सं-पु.] 1. काजल रखने का डंडीदार लोहे का पात्र 2. गोदने की स्याही रखने का पात्र।

कजरौटी [सं-स्त्री.] छोटा कजरौटा; काजल रखने की डंडीदार छोटी डिबिया।

कजलबाश (तु.) [सं-पु.] मुगलों की एक बेहद लड़ाकू जाति।

कजला [सं-पु.] 1. काजल 2. काले रंग का पक्षी; मटिया 3. खरबूजे की एक जाति 4. वह बैल जिसकी आँखों पर काला घेरा हो। [वि.] 1. जिसकी आँखों में काजल लगा हो 2. काली आँखोंवाला।

कजलाना [क्रि-अ.] 1. काला पड़ना या होना; स्याह होना 2. आग या अंगारों का बुझना या झँवाना। [क्रि-स.] 1. काजल लगाना 2. काला करना।

कजली [सं-स्त्री.] 1. दीपक जलाकर उसके ऊपर किसी पात्र आदि में जमाई गई कालिख जो काजल बनाने के काम आती है 2. काजल के रंग की आँखों वाली गाय 3. ऐसी भेड़ जिसकी आँखों के चारों ओर काले बालों का घेरा होता है 4. हिंदी प्रदेशों खासकर उत्तर प्रदेश या बिहार में चौमासे या वर्षा

ऋतु में गाया जाने वाला एक लोकगीत 5. भादों कृष्णपक्ष की तीज को मनाया जाने वाला एक त्योहार 6. जौ के नए हरे अंकुर जो उक्त त्योहार पर स्त्रियाँ सखियों तथा रिश्तेदारों में बाँटती हैं।

कजली तीज [सं-स्त्री.] भादों कृष्णपक्ष की तीज को होने वाला सुहागन स्त्रियों का त्योहार जिसमें रात में नाच-गाना होता है।

कजलौटा [सं-पु.] दे. कजरौटा।

कज़ा (अ.) [सं-स्त्री.] 1. मृत्यु; मौत 2. न्याय; इनसाफ़ 3. आदेश 4. नियति; भाग्य 5. जो इबादत अपने ठीक समय पर अदा न की गई हो।

कज़ाक (तु.) [सं-पु.] दे. कज्ज़ाक।

कजावा (फ़ा.) [सं-पु.] ऊँट की पीठ पर रखी जाने वाली काठी जो बैठने अथवा सामान लादने के उपयोग में लाई जाती है; ऊँट का हौदा जिसमें दोनों ओर आदमी बैठते हैं।

कजाहल [सं-पु.] अपाहिज (बैल)।

कज़िन (अं.) [सं-पु.] 1. चचेरा भाई या बहन 2. फुफेरा भाई या बहन 3. ममेरा भाई या बहन 4. मौसेरा भाई या बहन। विशेष- भारतीय परिप्रेक्ष्य में 'कज़िन' शब्द अकेला पर्याप्त नहीं समझा जाता, अतः कज़िन ब्रदर, कज़िन सिस्टर शब्द प्रचलन में हैं।

कज़िया (अ.) [सं-पु.] विवाद; झगड़ा; लड़ाई; बखेड़ा।

कजी (फ़ा.) [सं-स्त्री.] 1. तिरछापन; टेढ़ेपन का भाव 2. त्रुटि; कमी 3. ऐब; दोष।

कज्जक [सं-पु.] छेनी।

कज्जल (सं.) [सं-पु.] 1. काजल; सुरमा 2. दीये की कालिख 3. बादल 4. (काव्यशास्त्र) चौदह मात्राओं का एक छंद जिसके अंत में एक गुरु और एक लघु होता है।

कज्जल ध्वज (सं.) [सं-पु.] दीया; चिराग; दीपक।

कज्जल रोचक (सं.) [सं-पु.] दीपक रखने का आधार; दीवट।

कज्जलित (सं.) [वि.] 1. काजल या कज्जल से युक्त; आँजा हुआ 2. काला; कालिख पुता हुआ।

कज्जली (सं.) [सं-स्त्री.] 1. एक तरह की मछली 2. पारे और गंधक के योग से बना पदार्थ 3. रोशनाई; स्याही।

कज्ज़ाक (तु.) [सं-पु.] 1. कज़ाकिस्तान की एक तुर्क जाति 2. उक्त जाति का व्यक्ति 3. {ला-अ.} लूटमार करने वाला; डाकू; लुटेरा।

कज्ज़ाकी (तु.) [सं-स्त्री.] 1. राहजनी 2. छल-कपट; धोखेबाज़ी। [वि.] 1. कज्ज़ाक का; कज्ज़ाक से संबंधित 2. लुटेरों जैसा।

कट (सं.) [सं-पु.] 1. हाथी का गंडस्थल 2. श्रोणी; कमर; कटिप्रदेश 3. नरकट, सरकंडा आदि वनस्पति एवं उनसे निर्मित चटाई। [वि.] उग्र; उत्कट। [परप्रत्य.] काटने वाला, जैसे- गिरहकट।

कट-कट [सं-स्त्री.] 1. सरदी या डर या किसी अन्य कारण से दाँतों के आपस में बजने से उत्पन्न शब्द 2. दो पक्षों में होने वाली लड़ाई या तू-तू मैं-मैं; मनमुटाव; अनबन।

कट आउट (अं.) [सं-पु.] 1. किसी चीज़ से उसका कुछ अंश काट देना; हटाना 2. किसी प्रसिद्ध व्यक्ति की प्रचार इत्यादि कार्य के लिए लकड़ी या कार्ड बोर्ड से बनाई गई आदमकद या बहुत बड़ी तस्वीर।

कट चाय (अं.+हिं.) [सं-स्त्री.] दुकानों पर चाय की प्रचलित मात्रा में कटौती करके दी जाने वाली चाय; आधा कप चाय।

कट पेस्ट (अं.) [सं-पु.] 1. कंप्यूटर में किसी सूचना या चित्र को एक फ़ाइल से काटकर दूसरी फ़ाइल में पेस्ट करने की तकनीक 2. {ला-अ.} तिकड़म; युक्ति।

कटंब (सं.) [सं-पु.] 1. संगीत का एक वाद्य 2. तीर; बाण।

कटंभर (सं.) [सं-पु.] कटभी पेड़।

कटंभरा (सं.) [सं-स्त्री.] रोहिणी, मूर्वा और नागबला आदि वनस्पतियाँ।

कटक (सं.) [सं-पु.] 1. राजा का शिविर; सैनिक छावनी; फ़ौज 2. स्वर्ण; सोने का कड़ा 3. पहाड़ का मध्य भाग 4. समुद्री नमक 5. ओडिशा राज्य का एक शहर 6. शृंखला; ज़ंजीर 7. पैर का कड़ा 8. गाड़ी का पहिया 9. चटाई 10. कंकड़ 11. हाथी के दाँत पर लगाया जाने वाला छल्ला।

कटकई (सं.) [सं-स्त्री.] 1. फ़ौज; सेना 2. सेना का अभियान; दलबल के साथ चलने की तैयारी।

कटकटाना [क्रि-अ.] क्रोध में दाँतों का भींचना या पीसना; दाँत पीसते हुए कटकट की आवाज़ करना।

कटकटिया [वि.] 1. लड़ाई-झगड़ा करने वाला 2. 'कट-कट' आवाज़ करने वाला। [सं-स्त्री.] बुलबुल विशेष।

कटकीना [सं-पु.] चालाकी से युक्त कोई तरकीब; हथकंडा।

कटखना [वि.] 1. काट खाने वाला; अक्सर काटने वाला, जैसे- कोई कुत्ता, मुरगा आदि 2. उग्र; चिड़चिड़ा; क्रोधी 3. {ला-अ.} खीजा हुआ; बात-बात पर भड़क उठने वाला।

कटखादक (सं.) [वि.] खाद्य-अखाद्य या भक्ष्याक्ष्य का विचार न करने वाला; अशुद्ध वस्तु को भी खा लेने वाला; सर्वभक्षी।

कटड़ा (सं.) [सं-पु.] भैंस का नर बच्चा; पाड़ा।

कटत [सं-स्त्री.] 1. कटने या कम होने की स्थिति 2. किसी चीज़ की बाज़ार में होने वाली खपत या बिक्री।

कटती [सं-स्त्री.] 1. कटौती; कमी 2. बिक्री; खपत 3. छँटाई।

कटन [सं-स्त्री.] 1. कटने अथवा काटे जाने की क्रिया या भाव 2. मकान की छत।

कटना [क्रि-अ.] 1. धारदार अस्त्र से किसी चीज़ का दो या अधिक भागों में विभाजित होना; काटा जाना 2. फ़सल की कटाई होना 3. समय का गुज़रना, बीतना या समाप्त होना 4. मिट जाना; नष्ट होना 5. दुराव रखना 6. किसी से मिलने से बचना या किसी का सामना न करना।

कटनास [सं-पु.] नीलकंठ; एक पक्षी जिसके डैने और कंठ नीले होते हैं।

कटनी [सं-स्त्री.] 1. काटने का यंत्र 2. फ़सल, वृक्ष, लकड़ी आदि काटने का पारिश्रमिक।

कटपीस (अं.) [सं-पु.] दाग या किसी अन्य ख़राबी के कारण कपड़े के नए थान में काँट-छाँट करने से थान से अलग हुए छोटे-छोटे नए टुकड़े।

कटभी (सं.) [सं-स्त्री.] ज्योतिष्मती अर्थात मालकँगनी नामक लता जिसके दानों का तेल दवा के काम आता है।

कटर (सं.) [सं-स्त्री.] एक प्रकार की घास।

कटरा [सं-पु.] 1. कोई छोटा चौकोर बाज़ार 2. भैंस का नर बच्चा; कटड़ा।

कटरिया [सं-पु.] धान की एक प्रजाति। [सं-स्त्री.] छोटी कटार या कटारी।

कटरी [सं-स्त्री.] 1. नदी के किनारे की वह दलदल जिसमें नरकट अर्थात पतली लंबी पत्तियों और गाँठयुक्त डंठल वाले पौधे उत्पन्न होते हैं 2. धान की फ़सल का एक रोग।

कटलरी (अं.) [सं-स्त्री.] चाकू, छुरी, काँटा आदि वस्तुएँ।

कटलेट (अं.) [सं-पु.] 1. तले हुए मांस के टुकड़े 2. मांस के कीमे का बना हुआ कबाब 3. मछली की टिकिया 4. उबले आलू में प्याज़, धनिया, हरी मिर्च आदि डालकर तवे पर थोड़े तेल में बनाई जाने वाली टिकिया।

कटल्लू [सं-पु.] बुचड़; कसाई।

कटवा [सं-पु.] 1. गले का गहना 2. एक तरह की मछली।

कटवाँ [वि.] 1. जो किसी पदार्थ या वस्तु से कटकर बना हो; जिसमें कटाई का काम हुआ हो; वह चीज़ जिसमें कटाव हो 2. वह सूद या ब्याज जो मूलधन देने पर शेष राशि पर लगे।

कटवाना [क्रि-स.] (सकर्मक क्रिया का द्वितीय प्रेरणार्थक रूप); किसी दूसरे को कोई चीज़ काटने को प्रेरित करना; कटाना।

कटशर्करा (सं.) [सं-स्त्री.] 1. छोटी चटाई या चटाई का टुकड़ा 2. एक तरह का पौधा।

कटसरैया [सं-स्त्री.] अड़से की प्रजाति का वह कँटीला पौधा जिसपर रंग-बिरंगे फूल लगते हैं।

कटहरा [सं-स्त्री.] एक प्रकार की छोटी मछली।

कटहल (सं.) [सं-पु.] 1. एक प्रसिद्ध वृक्ष जिसपर लगने वाले फल लंबे गोलाईदार होते हैं तथा उनका छिलका कड़ा और काँटेदार होता है 2. उक्त वृक्ष का फल जिससे सब्ज़ी और अचार बनाया जाता है।

कटहा [वि.] 1. कटखना; जिसे काटने की आदत हो (जानवर) 2. काटने वाला 3. {ला-अ.} जल्दी भड़क उठने वाला (व्यक्ति)।

कटा [सं-स्त्री.] 1. काटने की क्रिया या भाव 2. हत्या; वध 3. हमला; चोट; मारकाट 4. आपस की भयंकर लड़ाई 5. सामूहिक नरसंहार।

कटाई [सं-स्त्री.] 1. पकी हुई फ़सल को काटने की क्रिया 2. काटने की मज़दूरी 3. किसी चीज़ के कटने या काटने का भाव।

कटाकट [सं-पु.] 'कटकट' की ध्वनि या आवाज़।

कटाकटी [सं-स्त्री.] 1. आपस की मार काट 2. हत्या; ख़ूनख़राबा।

कटाकु (सं.) [सं-पु.] पक्षी विशेष।

कटाक्ष (सं.) [सं-पु.] 1. तिरछी नज़र से देखने का भाव; चितवन 2. किसी के संदर्भ में कही जाने वाली व्यंग्योक्ति; आक्षेप; तंज़; 3. आँखों के नीचे सुंदरता के लिए खींची जाने वाली काली धारियाँ।

कटाक्षिक (सं.) [वि.] कटाक्ष से युक्त; कटाक्षपूर्ण; जिसमें कटाक्ष हो।

कटाग्नि (सं.) [सं-स्त्री.] कट या सरकंडे की अग्नि; तिनके या घास-फूस की आग।

कटान [सं-स्त्री.] 1. काटने की क्रिया; कटाई 2. काटने का ढंग।

कटाना [क्रि-स.] 1. किसी को कोई वस्तु काटने के काम में प्रवृत्त करना; काटने का कार्य किसी और से कराना।

कटाफटा [वि.] 1. जो कटा भी हो और फटा भी हो 2. बहुत पुराना और जर्जर; जीर्ण-शीर्ण।

कटार (सं.) [सं-स्त्री.] छोटी तलवार; कृपाण; दुधारा हथियार; खंजर।

कटारी (सं.) [सं-स्त्री.] कृपाण; छोटी कटार।

कटाव [सं-पु.] 1. किसी वस्तु के कटने या काटे जाने की अवस्था, ढंग, भाव या रूप 2. काट-छाँट; कतर-ब्योंत 3. किसी नदी आदि के पानी से भूमि के कट जाने की अवस्था; क्षरण; काट 4. विलगाव; विसंयोग 5. पच्चीकारी, कसीदाकारी आदि में बेल-बूटे बनाने के लिए की जाने वाली काट-छाँट।

कटावदार [वि.] 1. जिसके किनारे कटे हुए हों 2. जिसपर कटाव का काम किया हुआ हो; बेलबूटेदार 3. आरी के दाँतों की शक्ल का।

कटास [सं-पु.] एक प्रकार का बनबिलाव। [सं-स्त्री.] काटने की इच्छा, रुचि या प्रवृत्ति।

कटाह (सं.) [सं-पु.] 1. कड़ाहा; बड़ी कड़ाही 2. कछुए की पीठ का कठोर आवरण 3. भैंस का बच्चा जिसके सींग निकलने लगे हों 4. टूटे हुए घड़े का टुकड़ा।

कटि (सं.) [सं-स्त्री.] 1. मानव शरीर का वह भाग जो पेट और नितंब के मध्य में होता है; कमर 2. हाथी का गंडस्थल 3. पीपल 4. देव-मंदिर का द्वार 5. किसी वस्तु का मध्य भाग।

कटिबंध (सं.) [सं-पु.] 1. कमरबंद; नाड़ा 2. करधनी; कमर पर बाँधा जाने वाला आभूषण 3. जलवायु या गरमी-सरदी के विचार से किए गए पृथ्वी के पाँच भागों में से एक, जैसे- उष्ण कटिबंध; (ट्रॉपिक)।

कटिबंधीय (सं.) [वि.] कटिबंध से संबंधित; कटिबंध का।

कटिबद्ध (सं.) [वि.] 1. (किसी कार्य को करने के लिए) तैयार; तत्पर; उद्यत; मुस्तैद; उतारू; आमादा 2. सन्नद्ध; कृतसंकल्प; प्रतिबद्ध।

कटिबद्धता (सं.) [सं-स्त्री.] कटिबद्ध होने की अवस्था या भाव; किसी कार्य को करने के लिए दृढ़प्रतिज्ञ होना; वचनबद्धता; प्रतिबद्धता; सन्नद्धता।

कटिभाग (सं.) [सं-पु.] कटि का भाग या अंग; कमर के पास का भाग या स्थल; नितंब; चूतड़।

कटिया [सं-स्त्री.] 1. रत्नों, नगीनों आदि को काट-छाँट कर सुडौल करने वाला शिल्पी; कारीगर 2. स्त्रियों का एक आभूषण 3. भैंस का मादा बच्चा; पड़िया; कटड़ी 4. छोटे-छोटे टुकड़ों में कटा हुआ पशुओं का चारा।

कटिसूत्र (सं.) [सं-पु.] 1. नाड़ा; कमरबंद 2. सूत की डोरी जो

कमर में पहनी जाती है; सूत करधनी 3. कमर का एक आभूषण; तगड़ी।

कटी-फटी [वि.] जर्जर; क्षतिग्रस्त।

कटील [सं-स्त्री.] एक प्रकार की कपास, जिसे बरदी, निमरी तथा बँगई आदि नामों से पुकारा जाता है।

कटीला [वि.] 1. गड़ने या चुभने वाला 2. काटने वाला 3. धारदार; तेज़ 4. अच्छी काट, तराश, बनावट या सज्जावाला।

कटु (सं.) [वि.] 1. तीक्ष्ण; तीखा; कड़वा; चरपरा 2. अप्रिय; बुरा लगने वाला 3. कटुभाषी; कर्कश; कुभाषी 4. दुखद; कष्टकारी। [सं-पु.] कड़वापन।

कटुआ [वि.] 1. जिसे काटकर टुकड़े किए गए हों 2. जिसके किनारे कटे हुए हों 3. जिसका कुछ अंश काटकर निकाल लिया गया हो 4. काटने वाला।

कटुक (सं.) [वि.] 1. कड़वा; कटु 2. जो चित्त को न भाए; जो बुरा लगे।

कटुता (सं.) [सं-पु.] 1. कटु होने की अवस्था या भाव 2. वैमनस्य, विरोध आदि के कारण एक दूसरे के प्रति होने वाली दुर्भावना।

कटुभाषी (सं.) [वि.] कड़वी बात बोलने वाला; अप्रिय बात बोलने वाला; कष्टदायक बातें कहने वाला।

कटुवचन (सं.) [सं-पु.] अप्रिय वचन; कड़वी बात; तीखी बात।

कटुवादी (सं.) [वि.] कटु वचन कहने वाला; दुर्वचनी।

कटुव्यवहार (सं.) [सं-पु.] बुरा व्यवहार या बरताव।

कटुशब्द (सं.) [सं-पु.] कठोर वचन; अप्रिय बात।

कटूक्ति (सं.) [सं-स्त्री.] ऐसी उक्ति या कथन जो सुनने में कष्टदायक हो; अप्रिय कथन; कड़वी बात; कटु वचन।

कटेली [सं-स्त्री.] कपास की एक जाति या प्रकार जो बंगाल में अधिक पाई जाती है।

कटैला [सं-पु.] एक रत्न जो शनि की शांति हेतु धारण किया जाता है; जमुनिया; (एमैथिस्ट)।

कटैलिया [सं-पु.] कट्टी; बेकार भैंस जो ना दूध देती हो न ब्याती हो।

कटोरदान [सं-पु.] एक ढक्कनदार बरतन जिसमें तैयार भोजन आदि रखा जाता है; ढक्कन युक्त कटोरा; डिब्बा।

कटोरा (सं.) [सं-पु.] 1. चौड़े पेंदे और खुले मुँह वाला वह पात्र जिसका किनारा थोड़ा उठा होता है; प्याला; संपुट 2. काँसे, पीतल आदि धातु का बना प्यालेनुमा पात्र; ख़ासतौर से तरल पदार्थों को हिफ़ाज़त से रखने के लिए मिट्टी, पत्थर, लकड़ी, धातु आदि का बना विभिन्न आकार-प्रकार का पात्र।

कटोरी [सं-स्त्री.] 1. खुले मुँह और चौड़ी पेंदी का एक छोटा बरतन; छोटा कटोरा 2. ब्लाउज़ का वह भाग जिसमें स्तन रहते हैं 3. (वनस्पति विज्ञान) हरी पत्तियों का कटोरी के आकार का वह भाग जिसमें फूलों के दल या पत्तियाँ निकलती रहती हैं 4. तलवार, कटार आदि की मूठ का ऊपर का गोल भाग 5. घुटने के जोड़ पर ऊपर की गोल चपटी हड्डी।

कटौती [सं-स्त्री.] 1. काटे जाने या कटने की क्रिया या भाव 2. किसी धनराशि, वेतन आदि में से किसी कारणवश कुछ अंश कम करना 3. उक्त प्रकार से काटा गया धन 4. घटोत्तरी; कमी।

कट्टर [वि.] अपने मत या विश्वास पर दृढ़ रहने वाला और उसके विरुद्ध कोई बात न सुनने वाला; दुराग्रही, रूढ़िवादी; मतांध; अनुदार विचारवाला।

कट्टरपंथी [वि.] जो किसी मत या विचारधारा के प्रति बहुत अधिक आग्रही हो; जो किसी तर्क को स्वीकार न करते हुए अपने ही पंथ को श्रेष्ठ मानने की हठधर्मिता पालता हो।

कट्टरपन [सं-स्त्री.] कट्टर होने की अवस्था या भाव; असहिष्णुता; हठधर्मिता, मतांधता।

कट्टा [सं-पु.] 1. छोटी देसी पिस्तौल; तमंचा 2. अनाज की छोटी बोरी। [वि.] 1. बलवान; बलिष्ठ; बली 2. मोटा-ताज़ा (हट्टा के साथ प्रयुक्त, जैसे- हट्टा-कट्टा)।

कट्ठा [सं-पु.] 1. खेत या ज़मीन नापने हेतु एक इकाई जिसकी लंबाई और चौड़ाई पाँच हाथ चार अंगुल की होती है 2. धातु गलाने की भट्ठी; दबका 3. अन्न कूटने का एक बरतन जिसमें पाँच सेर अन्न आता है 4. एक पेड़ जिसकी लकड़ी बहुत कड़ी होती है 5. लाल रंग का गेहूँ जो मध्यम श्रेणी का माना जाता है।

कठ (सं.) [सं-पु.] 1. एक ऋषि 2. एक यजुर्वेदीय उपनिषद जिसमें यम और नचिकेता के संवाद हैं 3. कृष्ण यजुर्वेद की एक शाखा 4. कठ का अनुगामी और शिष्य वर्ग 5. काठ; लकड़ी 6. एक पुराना बाजा जो काठ का बना होता है।

कठंगर [वि.] 1. काठ की तरह मोटा और कड़ा 2. {ला-अ.} मज़बूत, दृढ़ अंगोंवाला।

कठगुलाब [सं-पु.] एक प्रकार का जंगली गुलाब जिसके फूल छोटे-छोटे होते हैं।

कठघरा [सं-पु.] 1. काठ का जँगलेदार घेरा; कटहरा; (बैरियर) 2. जंगली पशुओं या कैदियों को रखने के लिए बनाया गया लकड़ी या लोहे का बना हुआ मज़बूत पिंजड़ा 3. न्यायालय में बना हुआ काठ का वह घेरा जिसमें वादी, प्रतिवादी, अपराधी या कैदी को खड़ा किया जाता है।

कठजीवी (सं.) [वि.] काठ की तरह शुष्क हृदयवाला; निष्ठुर; निर्मम।

कठपुतला [सं-पु.] 1. काठ का पुतला 2. {ला-अ.} ऐसा व्यक्ति जो दूसरों के निर्देश पर चलता हो।

कठपुतली [सं-स्त्री.] 1. काठ की पुतली या गुड़िया जो डोरे या तार की सहायता से नचाई जाती है; (पपेट) 2. {ला-अ.} ऐसा व्यक्ति जो दूसरे के इशारे पर नाचता हो; जिसे अपनी कोई सूझ-बूझ न हो।

कठफोड़वा [सं-पु.] मैना के आकार की एक छोटी चिड़िया; ख़ाकी रंग की चिड़िया जिसकी चोंच नुकीली और लंबी होती है।

कठफोड़ा [सं-पु.] दे. कठफोड़वा।

कठमलिया [सं-पु.] कंठी पहनने का दिखावा करने वाला साधु; बनावटी या ढोंगी साधु। [वि.] कंठी (काठ की माला) धारण

करने वाला।

कठमस्त [सं-पु.] वह व्यक्ति जो आस-पास की बातों के प्रति उदासीन रहता है [वि.] 1.मस्तमौला; संडमुसंड 2.बलिष्ठ।

कठमाँथी [वि.] हाथ से चलाई जाने वाली भाथी; सुपौआ; दुहत्थी; दुहाथी।

कठमुल्ला [सं-पु.] 1. वह मुल्ला या मौलवी जो काठ के मनकों की माला फेरता हो 2. दुराग्रही व्यक्ति 3. {ला-अ.} मूर्ख, अनपढ़ और कट्टर मुल्ला या मौलवी। [वि.] 1. मूर्ख 2. अल्पज्ञ 3. रूढ़िवादी; अंधविश्वासी।

कठमुल्लापन [सं-पु.] 1. रूढ़िवाद; कट्टरपन 2. अंधविश्वास; दुराग्रह।

कठरा [सं-पु.] 1. चौड़े मुँह तथा ऊँची दीवार वाला काठ का बना एक बड़ा पात्र; कठौता 2. काठ का संदूक।

कठरी [सं-स्त्री.] छोटे आकार का कठरा।

कठरेंगनी [सं-स्त्री.] अनजुते खेतों में फैलने वाली एक प्रकार की जंगली पोस्ता।

कठरेती [सं-स्त्री.] काठ या लकड़ी रेतने का औज़ार।

कठला (सं.) [सं-पु.] 1. सोने-चाँदी के बूँदे या मनके जड़ा हुआ गले में पहनने का आभूषण 2. बच्चों की वह माला जिसमें चाँदी की चौकियाँ, छोटा-सा बघनखा (बाघ के नख), बजरबट्टू (एक पेड़ के फल का काला गोल बीज) और तावीज़ आदि पिरो दिए जाते हैं।

कठवाना [क्रि-अ.] शरीर के किसी अंग का शीत आदि से कड़ा, संवेदनहीन या सुन्न हो जाना।

कठार [सं-स्त्री.] ज्यादा खुराक होने पर भी कम दूध देने वाली गाय।

कठारी [सं-स्त्री.] काठ या लकड़ी का बरतन; कमंडल।

कठिका [सं-स्त्री.] सफ़ेद खड़िया; एक प्रकार का चूना पत्थर जो लिखने और सफ़ेदी के काम आता है; खड़िका।

कठिन (सं.) [वि.] दुरूह; मुश्किल; जटिल; विकट; क्लिष्ट; चुनौतीपूर्ण; जोखिम से भरा हुआ; पेचीदा; अबोधगम्य।

कठिना (सं.) [सं-स्त्री.] 1. चीनी से बनाई गई मिठाई 2. भोजन पकाने का मिट्टी का बरतन।

कठिनाई (सं.) [सं-स्त्री.] कठिन होने का भाव; जटिलता; झंझट; दिक्कत; संकट; परेशानी; बाधा।

कठिनी (सं.) [सं-स्त्री.] 1. छिगुनी; हाथ की सबसे छोटी उँगली; कानी उँगली 2. खड़िया मिट्टी।

कठिया [सं-पु.] लाल रंग का गेहूँ। [सं-स्त्री.] भाँग की एक किस्म। [वि.] काठा; कड़े छिलके वाली चीज़।

कठुआना [क्रि-अ.] 1. कड़ापन आना 2. सूखकर काठ जैसा कड़ा और संवेदनहीन हो जाना 3. क्षीण होना। [क्रि-स.] लकड़ी की तरह कड़ा करना।

कठुली [सं-स्त्री.] कुँआ खोदने का औजार।

कठूमर [सं-पु.] गूलर की जंगली प्रजाति।

कठेर [सं-पु.] निर्धन; रंक; मुफ़लिस। [वि.] संकटग्रस्त; पीड़ित; मुसीबत में फँसा हुआ।

कठेल [सं-पु.] 1. धुनियों की वह कमान जिसमें रुई आदि धुनते समय धुनकी को बाँधकर लटकाया जाता है; धुनकी 2. कसेरों अर्थात पीतल के बरतन बनाने वालों का एक उपकरण।

कठैल [सं-पु.] कटहल।

कठैला [सं-पु.] काठ का पात्र; कठौता।

कठोदर (सं.) [सं-पु.] पेट का कड़ा होकर फूल जाना; एक प्रकार का उदर रोग।

कठोपनिषद (सं.) [सं-पु.] आचार्य कठ द्वारा रचित कृष्ण यजुर्वेद शाखा का एक उपनिषद, दो अध्याय वाले इस उपनिषद के प्रथम अध्याय में प्रसिद्ध यम-नचिकेता संवाद मिलता है।

कठोर (सं.) [वि.] 1. कड़ा; ठोस; सख़्त 2. निष्ठुर; दयाहीन 3. जिसका अनुसरण या पालन करना कठिन हो, जैसे- कठोर नियम।

कठोर जल (सं.) [सं-पु.] (रसायन विज्ञान) ऐसा पानी जिसमें कैल्शियम, मैग्नीशियम, आयरन आदि यौगिकों की मात्रा साधारण पानी से अधिक होती है तथा जो साबुन के साथ कठिनाई से घुलता या झाग देता है।

कठोरता (सं.) [सं-स्त्री.] 1. कठोर होने का गुण, भाव या अवस्था 2. व्यवहार में सख़्ती; कड़ापन; कड़ाई।

कठोरतावाद (सं.) [सं-पु.] प्रोटेस्टैंट ईसाइयों का कठोर जीवन को श्रेष्ठ एवं आदर्श मानने का सिद्धांत; शुद्धाचारवाद; (प्युरिटैनिज़म)।

कठोरपन [सं-पु.] कठोरता; कड़ापन; निर्दयता।

कठौत [सं-स्त्री.] लकड़ी का कटोरे जैसा बड़ा और चौड़ा बरतन जिसमें खाने की चीज़ें रखी जाती हैं; कठरा; कठैला; कठौता; काष्ठपात्र; कूँड़ा।

कठौता [सं-पु.] लकड़ी का कटोरे जैसा कम गहरा एवं चौड़ा बरतन जिसमें खाने की चीज़ें रखी जाती हैं; कठैला; कठौत; काष्ठपात्र; कूँड़ा।

कठौती [सं-स्त्री.] लकड़ी का एक पात्र; कठैती; छोटा कठौता।

कठौवा [सं-पु.] 1. आभा 2. एक हथियार; कठौआ।

कडंगर [सं-पु.] 1. तिनका; तृण 2. मूँग आदि के थोड़े कड़े डंठल।

कडंगा [वि.] 1. मज़बूत अंगोंवाला; हट्टा-कट्टा 2. उद्दंड; अक्खड़ स्वभाव का।

कड़ंजी [सं-स्त्री.] सफेद पुतली वाली गाय।

कड़क [वि.] 1. कठोर; सख़्त 2. करारा, जैसे- कड़क पराँठा 3. तेज़, जैसे- कड़क चाय 4. {ला-अ.} रोबदार या सख़्त मिजाज़ (व्यक्ति)। [सं-स्त्री.] कड़-कड़ की ध्वनि; कड़कड़ाहट, जैसे- बिजली की कड़क। [सं-पु.] लड़ाई में दुश्मन को ललकारने वाला योद्धा।

कड़कड़ [सं-पु.] 1. कड़ी चीज़ के टूटने-फूटने या जलने आदि से उत्पन्न ध्वनि 2. दो वस्तुओं के टकराने से होने वाला शब्द 3. लकड़ी के चिटकने का शब्द 4. गरम तेल में पानी की बूँद गिरने पर उत्पन्न आवाज़।

कड़कड़ाना [क्रि-अ.] 1. किसी चीज़ का 'कड़-कड़' शब्द उत्पन्न करना, जैसे- बिजली का कड़कड़ाना 2. किसी वस्तु को इस प्रकार तोड़ना कि वह 'कड़-कड़' ध्वनि करने लगे 3.

घी-तेल का बहुत अधिक गरम होने पर 'कड़-कड़' करना।

कड़कड़ाहट [सं-स्त्री.] कड़कड़ाने की क्रिया या भाव; कड़-कड़ की आवाज़।

कड़कदार [वि.] रोबदार; दमदार।

कड़कना [क्रि-अ.] 1. 'कड़-कड़' की ध्वनि होना 2. किसी चीज़ का चिटकना या टूटना-फूटना 3. बिजली कौंधने की ध्वनि होना 4. क्रोध में गरजकर बोलना; डाँटना 5. रेशमी वस्त्र का तह से फट जाना।

कड़कनाल [सं-स्त्री.] पुराने समय की चौड़े मुँह वाली वह तोप जो दागे जाने पर ज़ोर से आवाज़ करती थी।

कड़का [सं-पु.] वस्तुओं के आपस में टकराने या टूटने-फूटने से उत्पन्न तेज़ ध्वनि; कड़ाके की आवाज़।

कड़खा (सं.) [सं-पु.] 1. युद्ध के दौरान योद्धाओं को उत्साहित करने के लिए गाया जाने वाला ओजस्वी गीत; विजय-गान 2. (काव्यशास्त्र) सैंतीस मात्राओं का एक छंद। [वि.] तेज।

कड़खैत [सं-पु.] युद्ध में कड़खा गाने वाला; भाट; चारण।

कड़छी [सं-स्त्री.] सब्ज़ी या दाल चलाने वाला लंबी डंडी की गहरी चम्मच; कलछी।

कड़बड़ा [सं-पु.] ऐसा व्यक्ति जिसकी दाढ़ी के कुछ बाल सफ़ेद हो गए हों। [वि.] चितकबरा।

कड़वा [वि.] 1. कटु और अप्रिय स्वाद का 2. {ला-अ.} नागवार; अप्रिय; जो भला न लगे, जैसे- कड़वा वचन। [मु.] **-लगना** : अप्रिय लगना। **-घूँट** [सं-पु.] कष्टप्रद बात; अप्रिय वचन; कोई बुरा अनुभव। **-तेल** [सं-पु.] सरसों का तेल।

कड़वापन [सं-पु.] 1. कड़वा होने का गुण या भाव; कड़वाहट 2. वैमनस्य; कटुता।

कड़वाहट [सं-स्त्री.] 1. कड़वा होने का गुण; कड़वापन; कसैलापन; कटु स्वादवाला 2. {ला-अ.} वैमनस्य; कटुता; दुश्मनी; वैर; रंजिश।

कड़वी [सं-स्त्री.] पशुओं का एक प्रकार का चारा; ज्वार के पौधे या डंठल जो पशुओं के चारे के रूप में प्रयोग में लाए जाते हैं।

कड़वी रोटी [सं-स्त्री.] (प्रथा) मृत व्यक्ति के परिजनों या कुटुंबियों के लिए उनके निकट संबंधियों द्वारा भेजा जाने वाला खाना।

कड़हड़ी [सं-स्त्री.] 1. गाड़ी में ठोकी हुई पट्टियाँ; फरी 2. धार; कुर्धा; कुदाल की धार।

कड़हन [सं-स्त्री.] 1. एक तरह का मोटा धान 2. उक्त धान का चावल।

कड़ा (सं.) [सं-पु.] 1. हाथ या पैर में पहनने का एक वृत्ताकार आभूषण 2. कड़ाही, कंडाल (लोहे, पीतल आदि से बना बड़ा गहरा पात्र) आदि को उठाने और पकड़ने के लिए उसमें लगा हुआ छल्ला 3. एक प्रकार का कबूतर। [वि.] 1. सख़्त; मज़बूत 2. जिसमें नमी या लचीलापन न हो 3. जो नरम न हो, जैसे- कड़ा आटा। [मु.] **-पड़ना** : कठोरता बरतना या अपनाना।

कड़ाई [सं-स्त्री.] 1. कड़ा होने की अवस्था, गुण या भाव 2. सख़्ती; कड़ापन; कठोरता।

कड़ाका [सं-पु.] 1. किसी कठोर चीज़ के टूटने से उत्पन्न होने वाला तीव्र शब्द 2. उपवास; फ़ाका।

कड़ाकेदार (हिं.+फ़ा.) [वि.] बहुत ही बढ़िया या अच्छा; ज़बरदस्त।

कड़ापन [सं-स्त्री.] 1. कड़ा होने की अवस्था, गुण या भाव; सख़्ती; कठोरता; ठोसपन 2. किसी वस्तु के अधिक सूखकर कठोर हो जाने की स्थिति।

कड़ावा [सं-पु.] आड़ी पटरियों या बल्लियों को थामने वाली थून्ही।

कड़ाह (सं.) [सं-पु.] गोल आकार तथा चौड़े खुले मुँह वाला लोहे, पीतल आदि का बना एक बड़ा पात्र, जो अधिक मात्रा में भोज्य सामग्री पकाने या तलने के काम आता है; लोहे की बनी हुई बड़ी कड़ाही; कड़ाहा।

कड़ाहा (सं.) [सं-पु.] दे. कड़ाह।

कड़ाही (सं.) [सं-स्त्री.] लोहे, पीतल आदि धातु का छोटे आकार का कड़ाहा।

कड़ियल [वि.] 1. कड़ा; हट्टा-कट्टा 2. साहसी; कठोर।

कड़ी (सं.) [सं-स्त्री.] 1. ज़ंजीर या करधनी की लड़ी का एक छल्ला 2. छोटा छल्ला जो किसी वस्तु को लटकाने के काम आता है 3. छत में लगने वाली लकड़ी जिसे आधार बनाकर छप्पर अथवा खप्पर की छत बनाई जाती है 4. {ला-अ.} क्रम से घटित कुछ घटनाओं में से प्रत्येक 5. {ला-अ.} जोड़ने वाली बात।

कड़ुआ [वि.] कड़वा।

कड़ेरा [सं-पु.] एक विशेष प्रकार का जाल।

कढ़ना [क्रि-अ.] 1. बाहर निकलना 2. उदय होना 3. अन्य की अपेक्षा आगे निकल जाना; बढ़ जाना 4. दूध आदि तरल पदार्थों का खौलकर गाढ़ा होना।

कढ़ाई [सं-स्त्री.] 1. कपड़े पर बेल-बूटे (कसीदा) काढ़ने की क्रिया, ढंग या भाव 2. काढ़ने की मज़दूरी।

कढ़ाव [सं-पु.] कशीदे या बेलबूटे का काम; कपड़े पर कढ़े हुए बेल-बूटों का उभार।

कढ़ी [सं-स्त्री.] बेसन, दही, पानी आदि को उबालकर बनाया जाने वाला एक प्रसिद्ध हलका गाढ़ा व्यंजन।

कढ़ुआ [सं-पु.] बड़े तथा गहरे पात्रों में से चीज़ें निकालने के लिए प्रयुक्त बरतन। [वि.] 1. काढ़ा या निकाला हुआ 2. कढ़ा या औटाया हुआ 3. जिसपर बेल-बूटे आदि काढ़े या बनाए गए हों।

कढ़ुई [सं-स्त्री.] किसी बड़े तथा गहरे पात्र में से चीज़ें निकालने के लिए प्रयुक्त मिट्टी का छोटा पात्र; पुरवा।

कण (सं.) [सं-पु.] 1. किसी पदार्थ का अंश या दाना 2. प्राणी शरीर में किसी जैविक संरचना का सूक्ष्म अंश, जैसे- रक्तकण 3. अनाज़ का छोटा दाना।

कणकच (सं.) [सं-पु.] 1. करंज; कंजा 2. केवाँच; कौंछ; कपिकच्छु।

कणाद (सं.) [सं-पु.] वैशेषिक दर्शन के प्रणेता उलूक मुनि (कणाद के नामकरण के विषय में यह मान्यता है कि वे खेत

से अन्न कणों को चुनकर जीवन निर्वाह करते थे इसीलिए इन्हें कणाद या कणभुक कहते हैं)।

कणाद सूत्र (सं.) [सं-पु.] वैशेषिक दर्शन का आधार ग्रंथ ('वैशेषिक सूत्र' को ही कणाद सूत्र कहते हैं)।

कणिक (सं.) [सं-पु.] 1. कण 2. गेहूँ का आटा 3. अनाज की बाली।

कणिका (सं.) [सं-स्त्री.] 1. बहुत छोटा कण; कनी 2. रक्त में प्रसरणशील छोटे कण जो लाल और सफ़ेद रंग के होते हैं।

कणिकामय (सं.) [वि.] कणमय; दानेदार।

कणिकायित (सं.) [वि.] कण से युक्त।

कणिश (सं.) [सं-पु.] अनाज (जैसे- जौ, गेहूँ आदि) की बाल।

कण्व (सं.) [सं-पु.] 1. ऋग्वेद के आठवें मंडल में उल्लिखित तथा शुक्ल यजुर्वेद की एक शाखा के प्रवर्तक वैदिक ऋषि 2. शकुंतला के धर्मपिता।

कत (सं.) [सं-पु.] 1. रीठे या निर्मली का पेड़ 2. सरकंडे की कलम का वह भाग जो लिखने के लिए तिरछा काटा जाता है।

कतई (अ.) [क्रि.वि.] बिलकुल; कदापि; हरगिज़।

कतना [क्रि-अ.] सूत आदि का काता जाना। [क्रि-स.] कातना।

कतर [सं-पु.] स्त्रियों की चोटी बाँधने की डोरी।

कतरन [सं-स्त्री.] 1. कागज़, कपड़े आदि को काटने के उपरांत शेष बचे अनुपयोगी टुकड़े; धज्जियाँ।

कतरना (सं.) [क्रि-स.] कैंची या सरौते आदि से किसी चीज़ को काटना; काट-छाँट करना।

कतरनाल [सं-स्त्री.] एक प्रकार की दोहरी गड़ारी वाली चरखी।

कतरनी (सं.) [सं-स्त्री.] कतरने का औज़ार; कैंची।

कतरब्योंत [सं-स्त्री.] 1. अपनी आवश्यकता के अनुसार किसी चीज़ में काट-छाँट करने की क्रिया या भाव 2. हेरफेर; उलटफेर 3. सोच-विचार; उधेड़बुन 4. जोड़-तोड़; युक्ति।

कतरवाँ [वि.] 1. जो कतरकर या काटकर बनाया गया हो 2. घुमाव-फिराव वाला; तिरछा।

कतरवाना [क्रि-स.] किसी को कोई चीज़ काटने में प्रवृत्त करना।

कतरा (अ.) [सं-पु.] किसी भी तरल अर्थात द्रव पदार्थ की बूँद, जैसे- ख़ून का क़तरा, पानी का क़तरा।

क़तरा (अ.) [सं-पु.] उर्दू उच्चारणानुसार वर्तनी (दे. कतरा)।

कतराना [क्रि-अ.] 1. किसी कार्य को करने से बचना 2. किसी की निगाह बचाकर चुपके से निकल जाना।

कतरी[1] [सं-स्त्री.] 1. धान के पौधे में लगने वाला एक रोग, जिसके कारण पौधा पनप नहीं पाता है 2. कोल्हू में लगा तख़्ता जिस पर बैठकर बैल हाँका जाता है 3. वह यंत्र जिसकी सहायता से जहाज पर नावें रखी जाती हैं।

कतरी[2] (सं.) [सं-स्त्री.] 1. हाथ का एक आभूषण 2. दीवारों में कारनीस बनाने का एक उपकरण 3. एक प्रकार की बरफी, जो चीनी के शीरे में गरी, तरबूज के बीजादि डालकर बनाई जाती है।

कतरोही [सं-स्त्री.] कतरा, टुकड़ा।

कतला (सं.) [सं-पु.] किसी खाद्य पदार्थ का कटा हुआ तिकोन या चौकोर टुकड़ा, जैसे- बरफ़ी का कतला।

कतली [सं-स्त्री.] 1. चीनी की चाशनी में खोआ, गरी के बुरादे, खरबूजे के बीज, बादाम आदि डालकर जमाई हुई मिठाई; बरफ़ी 2. उक्त प्रकार से निर्मित मिठाई या पकवान का कटा हुआ चौकोर टुकड़ा।

कतवार (सं.) [सं-पु.] 1. घर से निकलने वाला कूड़ा-करकट 2. {ला-अ.} अनुपयोगी या व्यर्थ वस्तुओं का जमघट।

कता (अ.) [सं-स्त्री.] 1. किसी वस्तु के बनने-बनाने का ढंग; तर्ज़; बनावट; आकार; शैली; तराश; काट 2. पहनने के कपड़ों की कतर-ब्योंत; काट-छाँट 3. अरबी, फ़ारसी या उर्दू का कोई छोटा पद्य अथवा उसका चरण।

कताई [सं-स्त्री.] 1. कातने की क्रिया, ढंग या भाव 2. कातने का पारिश्रमिक या मज़दूरी 3. सूत्रकर्म।

कतान (फ़ा.) [सं-पु.] 1. उच्च कोटि का रेशमी कपड़ा जिससे साड़ियाँ या दुपट्टे आदि बनाए जाते हैं 2. प्राचीन काल में अलसी के रेशे या छाल से बनाया जाने वाला एक प्रकार का मुलायम कपड़ा।

कतानबाइ [सं-पु.] घोड़े के अंडकोष का एक रोग; कपोतीबाइ।

कतार (अ.) [सं-स्त्री.] 1. पंक्ति; श्रेणी; पाँत 2. शृंखला; क्रम; सिलसिला 3. समूह; झुंड।

क़तार (अ.) [सं-स्त्री.] उर्दू उच्चारणानुसार वर्तनी (दे. कतार)।

कतारा (सं.) [सं-पु.] 1. एक प्रकार का लंबा एवं मोटा गन्ना जो लाल रंग का होता है 2. इमली की फली।

कतिका (सं.) [सं-पु.] कार्तिक मास में तैयार होने वाली नई फसल। [वि.] कार्तिक मास का; कार्तिक मास में तैयार होने वाली; कतिकी।

कतिधा (सं.) [वि.] अनेक प्रकार का; भाँति-भाँति का; कई क़िस्म का। [क्रि.वि.] कई तरह से; अनेक प्रकार से; भाँति-भाँति से।

कतिपय (सं.) [वि.] कुछ; थोड़े से; जिनकी संख्या कम हो।

कतीरा [सं-पु.] गूल नामक वृक्ष की गोंद जो औषधि के रूप में प्रयुक्त होती है।

कत्तल [सं-पु.] छिनाई से निकला पत्थर का तोले-दो-तोले का टुकड़ा।

कत्ता (सं.) [सं-पु.] 1. एक औज़ार जिससे लोग बाँस वगैरह काटते या चीरते हैं; बाँका; बाँक 2. छोटी टेढ़ी तलवार 3. पासा।

कत्तिन [सं-स्त्री.] चरखा से सूत कातने वाली स्त्री।

कत्ती[1] [सं-पु.] चरखा से सूत कातने वाला पुरुष।

कत्ती[2] (सं.) [सं-स्त्री.] 1. छोटे आकार की तलवार; कटार 2. चाकू; छुरी 3. सुनारों की कतरनी 4. बत्ती की तरह बटकर अर्थात लपेटकर बाँधी जाने वाली एक प्रकार की पगड़ी।

कत्थई (सं.) [सं-पु.] एक प्रकार का रंग। [वि.] कत्थे अथवा खैर के रंग का; खैरा।

कत्थक (सं.) [सं-स्त्री.] उत्तर भारत की एक शास्त्रीय नृत्यशैली; कथक।

कत्था (सं.) [सं-पु.] 1. खैर की लकड़ियों को उबालकर निकाला

हुआ गाढ़ा और सुखाया गया अर्क या सार जो पान में खाया जाता है 2. खैर का वृक्ष।

कत्ल [सं-पु.] हत्या; वध।

क़त्ल (अ.) [सं-पु.] उर्दू उच्चारणानुसार वर्तनी (दे. कत्ल)।

क़त्लगाह (अ.+फ़ा.) [सं-स्त्री.] वधस्थल; कसाईख़ाना; बूचड़ख़ाना।

कत्लेआम (अ.) [सं-पु.] जनसंहार; सार्वजनिक हत्या; जनसाधारण की हत्या; बड़े पैमाने पर किया जाने वाला जुनूनी कत्ल।

क़त्लेआम (अ.) [सं-पु.] उर्दू उच्चारणानुसार वर्तनी (दे. कत्लेआम)।

कथक (सं.) [सं-पु.] 1. उत्तर भारत का एक प्रकार का शास्त्रीय नृत्य; कत्थक 2. किस्से-कहानियाँ सुनाने का काम करने वाला व्यक्ति; किस्सागो 3. रंगमंच का वह पात्र जो नाटक के आरंभ में उसकी पूरी कथा का वर्णन करता है; कथा उद्घोषक या सूत्रधार।

कथकली (म.) [सं-पु.] दक्षिण भारत की एक नृत्यशैली; केरल का एक लोकनृत्य।

कथन (सं.) [सं-पु.] 1. कोई बात कहने की क्रिया या भाव; कहना; बोलना 2. वह जो कहा गया हो; कही गई बात; उक्ति; वचन; वाक्य 3. वर्णन 4. उपन्यास का एक भेद।

कथनी (सं.) [सं-स्त्री.] कोई बात, कथन या उक्ति; कहने की क्रिया या भाव।

कथनीय (सं.) [वि.] 1. कहे जाने योग्य 2. वर्णन किए जाने योग्य; वर्णनीय।

कथरी (सं.) [सं-स्त्री.] पुराने चिथड़े कपड़ों को जोड़कर तथा सिलकर बनाया गया बिछावन; गुदड़ी।

कथा (सं.) [सं-स्त्री.] 1. कहानी; बीते हुए जीवन की घटनाओं का क्रम; वर्णन; किस्सा 2. वह जो कही जाए, जैसे- धर्मविषयक आख्यान, किसी घटना की चर्चा 3. हाल; ख़बर।

कथा वार्ता (सं.) [सं-स्त्री.] 1. पौराणिक और धार्मिक कथाओं की चर्चा 2. किसी समसामयिक विषय पर होने वाली चर्चा या बात-चीत।

कथांतर (सं.) [सं-पु.] किसी कथा के अंतर्गत की गई अन्य गौण कथा।

कथांश (सं.) [सं-पु.] कथा का अंश, खंड या भाग।

कथाकार (सं.) [सं-पु.] कथा लिखने वाला; कहानीकार; उपन्यासकार; कथावाचक।

कथानक (सं.) [सं-पु.] छोटी कथा, कहानी या उपन्यास की आधारकथा; कथावस्तु; (प्लॉट)।

कथामुख (सं.) [सं-पु.] 1. कथा की भूमिका 2. पत्रकारिता के क्षेत्र में पहले के सभी आमुखों के बदले दिया गया एक नया आमुख।

कथावस्तु (सं.) [सं-स्त्री.] किसी रचना, लेख आदि में कार्य-व्यापार की योजना; विषयवस्तु; (प्लॉट)।

कथावाचक (सं.) [सं-पु.] 1. कथा कहने या सुनाने वाला; कथा-द्घोषक 2. पूजा आदि में कथा सुनाने वाला।

कथाशिल्प (सं.) [सं-पु.] कथा लिखने का कलात्मक पक्ष; उपन्यासकार या कथाकार के लिखने की शैली।

कथाशिल्पी (सं.) [सं-पु.] कथा लिखने वाला; शिल्प वैविध्य के साथ कथा लिखने वाला; कथाकार; उपन्यासकार।

कथित (सं.) [वि.] जो कहा गया हो; कहा हुआ; भाषित; जिसका उल्लेख या कथन हुआ हो। [सं-पु.] (संगीत) मृदंग के बारह प्रबंधों में से एक प्रबंध।

कथीर (सं.) [सं-पु.] राँगा नामक धातु।

कथोपकथन (सं.) [सं-पु.] 1. वार्तालाप; बातचीत; संवाद 2. किसी कथा, कहानी, उपन्यास आदि के पात्रों का आपस में होने वाला संवाद।

कथ्य (सं.) [वि.] कही जाने वाली कोई बात।

कद (फ़ा.) [सं-पु.] 1. किसी वस्तु या व्यक्ति की लंबाई या ऊँचाई 2. पद; ओहदा 3. {ला-अ.} प्रतिष्ठा; हैसियत।

क़द (फ़ा.) [सं-पु.] उर्दू उच्चारणानुसार वर्तनी (दे. कद)।

कदंब (सं.) [सं-पु.] 1. कदम नामक वृक्ष 2. कदम के फल 3. समूह; झुंड 4. राशि; ढेर।

कदंश (सं.) [सं-पु.] बुरा या निकृष्ट अंश।

कदक्षर (सं.) [सं-पु.] बुरी लिखावट या लिपि।

कदन (सं.) [सं-पु.] 1. वध; हिंसा 2. युद्ध 3. विनाश 4. पाप 5. दुख।

कदन्न (सं.) [सं-पु.] मोटा या घटिया किस्म का अनाज।

कदम (अ.) [सं-पु.] 1. पैर; पाँव; डग 2. {ला-अ.} कोई काम करने की पहल; कोशिश। [मु.] **-उठाना** : किसी काम को करने के लिए आगे बढ़ना। **-बढ़ाना** : उन्नति करना। **-चूम लेना** : पूरा मान-सम्मान देना। **-पर क़दम रखना** : पूरी तरह नकल करना; अनुकरण करना।

क़दम (अ.) [सं-पु.] उर्दू उच्चारणानुसार वर्तनी (दे. कदम)।

कदमताल (अ.+सं.) [सं-पु.] कदम से कदम मिलाकर चलने की स्थिति।

कदमबोसी (अ.) [सं-स्त्री.] बड़ों के पैर चूमना; सम्मान प्रकट करने का भाव; गुरुजनोचित सम्मान-प्रदर्शन; सम्मानित व्यक्तियों की मुलाकात।

कदर (अ.) [सं-स्त्री.] 1. मान; सम्मान; आदर; प्रतिष्ठा 2. महत्व।

कदरदाँ (अ.+फ़ा.) [वि.] कदर जानने, करने या समझने वाला; महत्व समझने वाला; गुणग्राहक; कद्रदान।

कदरदान (अ.+फ़ा.) [वि.] कदरदाँ।

कदर्थ (सं.) [वि.] 1. बुरे अर्थवाला 2. निकम्मा; निरर्थक; रद्दी 3. कुत्सित; बुरा।

कदर्थना (सं.) [सं-स्त्री.] 1. सताना; कष्ट या पीड़ा पहुँचाना 2. हीन दशा 3. दुर्गति; दुर्दशा 4. निंदा; तिरस्कार।

कदर्थित (सं.) [वि.] जिसकी बुरी दशा की गई हो; दुर्गतिप्राप्त; पीड़ित।

कदर्य (सं.) [वि.] 1. जो धन का भोग या व्यय न करे और न ही किसी को दे; कंजूस 2. जिसके मन में डर हो या जो कोई काम आदि करने से डरता हो; कायर; डरपोक 3. बुरा; ख़राब;

निकृष्ट।

कदल (सं.) [सं-पु.] कदली वृक्ष; केला।

कदली (सं.) [सं-स्त्री.] 1. केला 2. हाथी पर रखा जाने वाला झंडा 3. हिरन की एक प्रजाति।

कदलीवन (सं.) [सं-पु.] 1. केले का जंगल 2. असम का वह वन क्षेत्र जहाँ हाथी बहुत पाए जाते हैं।

कदा (फ़ा.) [परप्रत्य.] यौगिक शब्दों के अंत में आलय के अर्थ में प्रयुक्त होने वाला एक प्रत्यय, जैसे- मैकदा (मदिरालय), बुतकदा (मंदिर)।

कदाकार (सं.) [वि.] बुरे या भद्दे आकारवाला; कुरूप; बेडौल; भोंड़ा; बेढब।

कदाख्य (सं.) [वि.] जिसे लोग बुरा कहते हों या जिसे कुख्याति मिली हो; कुख्यात; बदनाम।

कदाचार (सं.) [सं-पु.] कुत्सित आचार; दूषित अथवा बुरा आचार; ख़राब चाल-चलन; बदचलनी।

कदाचारी (सं.) [वि.] 1. जिसे बुरा आचरण करने के लिए अपराधी माना गया हो; बुरा आचरण करने वाला; दुराचारी; अपराधी; दुर्जन 2. घोटालेबाज़; भ्रष्टाचारी 3. पापी 4. लंपट।

कदाचित (सं.) [अव्य.] 1. संभवतः; शायद; कभी 2. किसी कार्य या बात की संभावना को अनिश्चित रूप से सूचित करने वाला एक अव्यय।

कदापि (सं.) [क्रि.वि.] किसी कार्य के संबंध में निषेध के रूप में प्रयुक्त; कभी (नहीं); हरगिज़; किसी भी अवस्था में।

कदाशय [वि.] अनुचित आशयवाला; अनुचित उद्देश्यवाला; बुरे इरादेवाला।

कदाशयता [सं-स्त्री.] कदाशय होने की अवस्था या भाव; बुरा आशय, उद्देश्य या इरादा।

कदाहार (सं.) [सं-पु.] 1. दूषित या निकृष्ट भोजन 2. अनियमित समय का भोजन; जब-तब किया गया भोजन।

कदीम (अ.) [वि.] 1. जो आदि से हो; अनादि 2. पुरातन; प्राचीन; पुराना।

क़दीम (अ.) [वि.] उर्दू उच्चारणानुसार वर्तनी (दे. कदीम)।

कदीमा [सं-पु.] कुम्हड़ा; कुष्मांड; कोहड़ा, कद्दू।

कदीमी (अ.) [वि.] पुराना; प्राचीन; पारंपरिक; पुरातन; पुराने समय का; कदीम।

कदीर (अ.) [सं-पु.] 1. मज़बूत; ताकतवर; शक्तिशाली; बलवान 2. सर्वशक्तिमान; ईश्वर 3. समर्थ।

कदुष्ण (सं.) [वि.] इतना गरम कि जिसको छूने से त्वचा न जले; थोड़ा गरम; कुनकुना।

कदूरत (अ.) [सं-स्त्री.] 1. मैलापन; गंदापन 2. दुर्भाव; वैमनस्य; मनमुटाव।

कद्दावर (हिं.+फ़ा.) [वि.] लंबे-चौड़े आकारवाला; बड़े डील-डौल का; विशालकाय।

कद्दू (फ़ा.) [सं-पु.] लौकी की तरह का प्रसिद्ध गोल फल जिसकी सब्ज़ी बनती है।

कद्दूकश (फ़ा.) [सं-पु.] 1. एक उपकरण जिससे कद्दू आदि के छोटे-छोटे लच्छे बनाते हैं 2. कद्दू कसने, घिसने का एक उपकरण।

कद्र (अ.) [सं-स्त्री.] 1. गुण की परख; आदर 2. कीमत; मूल्य 3. आदर-सत्कार 4. इज़्ज़त; प्रतिष्ठा; सम्मान 5. महत्व।

क़द्र (अ.) [सं-स्त्री.] उर्दू उच्चारणानुसार वर्तनी (दे. कद्र)।

कद्रदाँ (अ.+फ़ा.) [सं-स्त्री.] कद्र या मान बढ़ाने वाला; इज़्ज़त करने वाला; गुणग्राहक।

कन (सं.) [सं-पु.] 1. कान का संक्षिप्त रूप जो कुछ यौगिक शब्दों के आरंभ में लगता है, जैसे- कनकटा, कनफटा 2. अनाज के दाने का छोटा टुकड़ा।

कनइली [सं-स्त्री.] 1. कान का एक गोल आभूषण 2. कनेर का पेड़ 3. कनेर का फूल।

कनई [सं-स्त्री.] 1. कनवा का सोलहवाँ भाग 2. पछखी 3. कीच; कीचड़।

कनक (सं.) [सं-पु.] 1. स्वर्ण; सोना 2. धतूरा 3. टेसू 4. पलाश; ढाक 5. नागकेसर 6. खजूर 7. गेहूँ का आटा 8. अनाज।

कनकचूर [सं-पु.] एक प्रकार का बारीक श्रेष्ठ सुगंधित धान।

कनकजीर [सं-पु.] एक प्रकार का बारीक श्रेष्ठ जीरे जैसा महीन धान।

कनकटी [सं-स्त्री.] कटे कानों वाली स्त्री/महिला। [वि.] कान कटी हुई।

कनकना [वि.] 1. हलके आघात से भी टूट जाने वाला 2. चुनचुनाने वाला; हलकी खुजली उत्पन्न करने वाला 3. तुनकमिज़ाज; चिड़चिड़ा।

कनकनाना [क्रि-अ.] 1. किसी पदार्थ विशेष के स्पर्श से शरीर में खुजली या चुनचुनाहट होना 2. अरुचिकर या अप्रिय लगना; नागवार लगना 3. चौकन्ना या सतर्क होना 4. रोमांचित होना।

कनकनी [सं-स्त्री.] कनकनाने का भाव; हल्की खुजली; कनकनाहट। [सं-पु.] घोड़े की एक जाति।

कनकपुरिया [सं-पु.] सफेद आलू। [वि.] कनकपुर का।

कनकलसौंहा [सं-पु.] कोइल (बैल)।

कनका (सं.) [सं-पु.] 1. कोई छोटा कण; कनकी 2. किसी अनाज के दाने का छोटा टुकड़ा।

कनकिल्ली [सं-स्त्री.] कनैल; फूल; कनेर।

कनकी (सं.) [सं-स्त्री.] 1. चावलों के टूटे हुए छोटे-छोटे टुकड़े 2. छोटा कण।

कनकूत (सं.) [सं-पु.] 1. आँकने या अनुमान करने की क्रिया या भाव 2. खेत में खड़ी फ़सल को देखकर उपज के विषय में किया जाने वाला अनुमान।

कनकौआ [सं-पु.] 1. कागज़ की बड़ी पतंग; गुड्डी 2. एक प्रकार की घास जो बारिश के मौसम में होती है।

कनखजूरा [सं-पु.] 1. एक ज़हरीला कीड़ा जिसके अनेक पैर होते हैं 2. रेंगकर चलने वाला एक जीव; गोजर।

कनखा (सं.) [सं-पु.] 1. कोंपल 2. छोटी शाखा; टहनी 3. डाल।

कनखियाना [क्रि-स.] 1. कनखियों से देखना; तिरछी नज़र से देखना 2. आँख से इशारा करना; कनखी मारना।

कनखिली [सं-स्त्री.] पिछली खूँटी।

कनखी (सं.) [सं-स्त्री.] 1. आँख की कोर 2. दूसरों की निगाह बचाकर किया जाने वाला संकेत 3. तिरछी निगाह से देखने की क्रिया 4. आँख का इशारा। [मु.] **-मारना** : आँख से इशारा करना।

कनखोदनी [सं-स्त्री.] कान का मैल साफ़ करने के लिए प्रयुक्त एक छोटा और तार के जैसा पतला उपकरण।

कनगुज्झा [सं-पु.] चपेटा; थप्पड़।

कनगोजर [सं-पु.] 1. एक प्रकार का अनेक पैरों वाला लंबा कीड़ा, जो विषैला होता है 2. नई फिलसी।

कनचिपकी [सं-स्त्री.] कान के पीछे चिपके सींगों वाली गाय।

कनछी [सं-स्त्री.] छोटी शाखा।

कनछेदन [सं-पु.] हिंदुओं के सोलह संस्कारों में से एक जिसमें बालक के कान में छेद किया जाता है; कर्णवेध।

कनटोप [सं-पु.] एक ऐसी टोपी जिससे सिर के साथ-साथ दोनों कान भी पूरी तरह ढक जाते हैं।

कनपटी [सं-स्त्री.] 1. मनुष्य के शरीर का वह अंग जो माथे के छोर पर कान के आगे स्थित है; कान और आँख के बीच का स्थान 2. गंडस्थल।

कनपट्टी [सं-स्त्री.] 1. आँखों और कान के बीच सफेद धारी वाली भैंस 2. कनपटी।

कनपेड़ा [सं-पु.] एक रोग जिसमें कान के नीचे सूजन होती है तथा गिल्टियाँ निकल आती हैं; गलसुआ।

कनफटा [सं-पु.] गोरखपंथी साधु जिनके कान बिल्लौर के बाले पहनने के लिए फाड़े जाते हैं।

कनफुँका [वि.] 1. कान में मंत्र फूँककर दीक्षा देने का व्यवसाय करने वाला 2. जिसने उक्त प्रकार के व्यक्ति से दीक्षा ली हो।

कनफूल [सं-पु.] 1. कान में पहनने वाला फूल के आकार का एक आभूषण; तरवन 2. कर्णफूल।

कनमनाना [क्रि-अ.] 1. किसी की आहट मिलने पर शरीर में अचानक हरकत होना 2. किसी बात के विरुद्ध हलका प्रतिकार करना या करने की चेष्टा करना 3. सोने की अवस्था में कुछ हिलना-डुलना।

कनरई [सं-स्त्री.] गुलू नाम का पेड़, जिससे कतीरा (गोंद) निकलता है।

कनरस [सं-पु.] 1. एकाग्रचित्त होकर गीत-संगीत या भाषण आदि सुनने की प्रवृत्ति 2. उक्त से प्राप्त आनंद।

कनरसिया [सं-पु.] 1. वह व्यक्ति जिसे गीत-संगीत सुनने का शौक हो 2. गीत-संगीत प्रिय व्यक्ति।

कनवाँ [सं-पु.] 1. धान के खेत में उगने वाली एक घास 2. सात ढोली पान।

कनविक्ट (अं.) [सं-पु.] अपराधी। [वि.] दोषी; बंदी।

कनसन [सं-पु.] फसल को हानि पहुँचाने वाली घास; कोसो।

कनसार [सं-पु.] ताम्रपत्र पर बेल-बूटे या लेख आदि खोदने वाला व्यक्ति।

कनसाल [सं-पु.] चारपाई के पायों के वे छेद जो छेदते समय कुछ तिरछे हो जाएँ और जिनके तिरछेपन के कारण चारपाई में कनेव या तिरछापन आ जाए।

कनस्तर (अं.) [सं-पु.] टीन का बना हुआ चौकोर आकार का एक पात्र जिसमें घी, तेल, आटा आदि रखा जाता है; पीपा।

कनागत (सं.) [सं-पु.] अश्विन (क्वार) माह का कृष्णपक्ष जिसमें हिंदू अपने पितरों का श्राद्ध करते हैं; पितृपक्ष।

कनाठा [सं-पु.] बहँगी।

कनात (तु.) [सं-स्त्री.] मोटे कपड़े का वह परदा जिससे किसी स्थान को ढका और घेरा जाता है।

कनाना [क्रि-स.] सीना लगाना।

कनार [सं-पु.] ठंड या सर्दी लगने से घोड़ों को होने वाला एक रोग; घोड़ों का जुकाम।

कनारी [सं-स्त्री.] 1. काँटा 2. सुनहला गोटादि जो वस्त्रादि के किनारे पर लगाई जाती है; किनारी 3. कनार की भाषा; कन्नड़ 4. कनार का निवासी; कन्नड़ी। [वि.] कनार का; कनार से संबंधित।

कनासी [सं-स्त्री.] एक उपकरण, जिससे लकड़ी चीरने वाले आरा की धार तेज़ की जाती है; कतरा; रेती; पेटेला।

कनाहना [सं-पु.] रताना।

कनिक (सं.) [सं-स्त्री.] 1. गेहूँ 2. गेहूँ का आटा।

कनियाना [क्रि-अ.] 1. आँख बचाकर निकल जाना; कतराना 2. पतंग का एक ओर झुकना; कन्नी खाना। [क्रि-स.] शिशु को गोद में लेकर उसका सिर अपने कंधे से लगाना।

कनिष्क [सं-पु.] कुषाण वंश के एक प्रसिद्ध राजा।

कनिष्ठ (सं.) [वि.] 1. वय या उम्र में छोटा 2. पद, मर्यादा आदि में छोटा; (जूनियर) 3. 'ज्येष्ठ' का विलोम 4. तुच्छ; हीन।

कनिष्ठा (सं.) [सं-स्त्री.] 1. कानी उँगली; हाथ की सबसे छोटी उँगली 2. कई पत्नियों में से वह जो सबसे अंत में ब्याही गई हो।

कनी (सं.) [सं-स्त्री.] 1. किसी चीज़ का बहुत छोटा टुकड़ा; कणिका 2. हीरे का छोटा टुकड़ा 3. चावल का टुकड़ा 4. पकाए हुए चावल का वह अंश जो पूरी तरह से पका न हो।

कनीज़ (फ़ा.) [सं-स्त्री.] 1. दासी; लौंडी 2. परिचारिका; सेविका; नौकरानी।

कनीली [सं-स्त्री.] दूध एवं घी दोनों में समृद्ध गाय; गुनीली गाय।

कनेक्शन (अं.) [सं-पु.] 1. दो वस्तुओं या तारों का संयोजन बिंदु; जोड़ 2. दो या अधिक व्यक्तियों या वस्तुओं में संबंध; मेल; संयोजन।

कनेठी [सं-स्त्री.] 1. कान मरोड़ने की क्रिया या भाव 2. कान मरोड़ने की सज़ा।

कनेर (सं.) [सं-पु.] 1. नुकीली तथा लंबी पत्तियों वाला एक प्रसिद्ध वृक्ष 2. उक्त वृक्ष में लगने वाले सफ़ेद, पीले, लाल आदि रंग के फूल।

कनेरी [वि.] कनेर के फूल सा रंग; कनेर से संबंधित; कनेर का।

कनेवा [सं-पु.] कर्णवेध।

कनैल [सं-पु.] 1. समइल; सैला; पछखी; खूँटी 2. प्रतिद्वंदी तीतर को कनपटी पर चोंच मारना।

कनैली [सं-स्त्री.] खूँटी।

कनोई [सं-स्त्री.] कान का मैल; खूँट।

कनोखा [वि.] कुछ तिरछा देखने वाला; कनखियों से देखने वाला।

कनोजर [सं-पु.] पछखी।

कनौजिया [सं-पु.] 1. कन्नौज का रहने वाला व्यक्ति; कन्नौज का निवासी 2. कान्यकुब्ज ब्राह्मण। [वि.] कन्नौज का; कन्नौज से संबंधित।

कनौड़ [सं-स्त्री.] 1. खंडित होने की अवस्था या भाव 2. संकोच; लज्जा 3. कलंक 4. तुच्छता; हीनता।

कनौड़ा [वि.] 1. जिसकी एक आँख ख़राब हो; काना 2. जिसका कोई अंग खंडित हो; अपंग 3. कलंकित; निंदित 4. लज्जित; संकुचित 5. अहसानमंद; दबैल 6. तुच्छ; हीन 7. दुर्बल; असमर्थ।

कनौती [सं-स्त्री.] 1. कान में पहनने की बाली 2. पशुओं के कान 3. घोड़ों के कान उठाए रखने का ढंग।

कनौसी [सं-स्त्री.] जुए का सिरा; खाँड़ी।

कन्ना (सं.) [सं-पु.] 1. छोर; किनारा; कोर 2. पतंग के बीच में बाँधा जोने वाला डोरा 3. चावल के बहुत छोटे टुकड़े 4. पौधों में लगने वाला एक रोग।

कन्नी [सं-स्त्री.] 1. सिरा; किनारा 2. पतंग का किनारा 3. पतंग में बाँधी जाने वाली धज्जी 4. कोंपल; पेड़ों का नया कल्ला 5. दीवार पर गारा या मसाला लगाने-फैलाने का औज़ार। [मु.] **-खाना** : उड़ते समय पतंग का एक ओर झुकते जाना।

कन्नौजी [सं-स्त्री.] कन्नौज में बोली जाने वाली भाषा का नाम। [वि.] कन्नौज संबंधी; कन्नौज की।

कन्या (सं.) [सं-स्त्री.] 1. क्वाँरी या अविवाहित लड़की 2. बेटी; पुत्री 3. बारह राशियों में से छठी राशि विशेष।

कन्याकुमारी (सं.) [सं-स्त्री.] दक्षिण का रामेश्वरम के निकट का एक अंतरीप; कुमारी अंतरीप।

कन्यादान (सं.) [सं-पु.] 1. (हिंदू) विवाह में वर को कन्या देने की एक रीति, रस्म या प्रथा 2. माता-पिता द्वारा विवाह में वर को कन्या सौंपना।

कन्हाई (सं.) [सं-पु.] 1. कृष्ण 2. कन्हैया; कान्हा।

कन्ही [सं-स्त्री.] छीरा; एक कीड़ा।

कन्हैया (सं.) [सं-पु.] 1. कृष्ण 2. बहुत सुंदर व्यक्ति 3. प्रिय व्यक्ति 4. एक पहाड़ी वृक्ष।

कप (अं.) [सं-पु.] 1. प्याला; चषक 2. काँच, चीनी-मिट्टी आदि का बना हुआ चाय, दूध और कॉफ़ी आदि पीने का प्याला 3. खात; कोटर 4. प्रतियोगिता या स्पर्धा में खिलाड़ी या टीम को दिया जाने वाला प्रतीक चिह्न, जैसे- विश्वकप।

कपट (सं.) [सं-पु.] 1. मन में होने वाला दुराव; छिपाव 2. छिपाने की दूषित मनोवृत्ति 3. छल; दंभ; धोखा 4. मिथ्या और छलपूर्ण आचरण 5. मन का वह कलुषित भाव जिसमें धोखा देने या हानि पहुँचाने का विचार छिपा रहता है।

कपटजाल (सं.) [सं-पु.] वह काम जो किसी को धोखे में रखकर कोई स्वार्थ साधने के लिए किया जाए; जालसाज़ी।

कपटवेश (सं.) [सं-पु.] 1. छद्मवेश 2. बनावटी वेश 3. दूसरों को छलने के लिए बनाया गया नकली वेश; कृत्रिम वेश।

कपटशील (सं.) [वि.] कपट करने वाला; कपटी; छली; धोखेबाज़; धूर्त।

कपटा (सं.) [सं-पु.] 1. तंबाकू के पत्तों में लगने वाला एक प्रकार का कीड़ा 2. धान की फ़सल को नुकसान पहुँचाने वाला एक कीड़ा।

कपटी (सं.) [वि.] 1. जिसके मन में कपट हो 2. कपट करने वाला 3. बुरे विचारवाला 4. छली; धोखेबाज़ 5. धूर्त; दगाबाज़।

कपड़-कोट [सं-पु.] तंबू; खेमा; डेरा।

कपड़गंध [सं-स्त्री.] कपड़ा जलने से होने वाली दुर्गंध।

कपड़छान [सं-पु.] पिसी हुई या बूकी हुई काष्ठौषधि को कपड़े से चालना या छानना।

कपड़ा (सं.) [सं-पु.] 1. रुई, रेशम, ऊन आदि से बना हुआ वस्त्र 2. पोशाक; पहनावा 3. पट; वस्त्र। [मु.] **-लत्ता** : पहनने के वस्त्र; व्यवहार में लाए जाने वाले कपड़े।

कपरनी [सं-स्त्री.] जुलाहे द्वारा कपड़ा बुनने का उपकरण; ढरकी।

कपर्दक (सं.) [सं-पु.] 1. शिव की जटा; जटाजूट 2. घोंघे की तरह के एक समुद्री कीड़े का कड़ा अस्थि आवरण; कौड़ी; काकिणी।

कपल (अं.) [सं-पु.] 1. विवाहित युग्म; जोड़ा; दंपति 2. किसी वस्तु का जोड़ा 3. संपूरक होना।

कपसा [सं-पु.] गन्ने में मक्खियों के चिपकने का रोग।

कपाई [सं-पु.] पशुओं को खिलाने के लिए जालीदार झोला; जल्ला।

कपाची [सं-स्त्री.] बाती; दीपक में सूत या कपास का विशेष आकार जो तेल सोखकर जलता है।

कपाट (सं.) [सं-पु.] 1. दरवाज़ा; किवाड़ 2. दरवाज़े में लगे हुए पल्ले।

कपार (सं.) [सं-पु.] दे. कपाल।

कपाल (सं.) [सं-पु.] 1. खोपड़ी; सिर 2. मस्तक; ललाट; माथा 3. भिक्षुओं का मिट्टी का बना भिक्षा-पात्र; खप्पर 4. वह पात्र जिसमें यज्ञ का पुरोडाश (खीर) पकाया जाता है 5. मिट्टी के घड़े का टूटा हुआ अर्धगोलाकार भाग; खपड़ा 6. एक प्रकार का कोढ़ 7. ढाल 8. {ला-अ.} भाग्य।

कपाल-क्रिया (सं.) [सं-स्त्री.] 1. हिंदू रीति के अनुसार शवदाह में शव का अधिकांश भाग जल चुकने के उपरांत खोपड़ी को बाँस या लकड़ी से तोड़ने-फोड़ने की क्रिया 2. {ला-अ.} किसी वस्तु को पूरी तरह नष्ट करना।

कपालक् (सं.) [सं-पु.] मस्तक।

कपालभाती (सं.) [सं-स्त्री.] 1. प्राणायाम का एक प्रकार 2. एक प्रकार की श्वाँसक्रिया।

कपालिका (सं.) [सं-स्त्री.] 1. खोपड़ी 2. घड़े का टूटा हुआ भाग 3. एक प्रकार का दंतरोग जिसमें दाँत पर पपड़ी जम जाती है 4. रणचंडी; काली।

कपाली (सं.) [सं-पु.] 1. महादेव; शिव 2. भैरव 3. कपाल या ठीकरा लेकर भीख माँगने वाला भिक्षुक।

कपास (सं.) [सं-स्त्री.] 1. एक प्रकार का पौधा जिसके फल से रुई निकलती है 2. इस पौधे के फल के तंतुओं से सूत काता जाता है।

कपासी (सं.) [सं-स्त्री.] कपास का रंग। [वि.] कपास के रंग सा।

कपि (सं.) [सं-पु.] 1. बंदर; मर्कट 2. हाथी 3. करंज; कंजा 4. सूर्य 5. शिलारस नामक सुगंधित औषधि 6. एक ऋषि।

कपिंजल (सं.) [सं-पु.] 1. पपीहा; चातक 2. गौरा या चटक 3. भरदूल; भरुही 4. तीतर 5. एक प्राचीन मुनि।

कपित्थ (सं.) [सं-पु.] 1. कैथ का पेड़ और उसका फल 2. नृत्य में एक प्रकार की मुद्रा।

कपिल (सं.) [सं-पु.] 1. सांख्य दर्शन के प्रणेता मुनि 2. महादेव 3. अग्नि 4. सूर्य। [वि.] 1. भूरा; बादामी 2. ताँबे जैसे रंग का 3. भोला-भाला।

कपिला (सं.) [सं-स्त्री.] 1. भूरे या सफ़ेद रंग की गाय 2. सीधी गाय 3. अग्निकोण अर्थात दक्षिण-पूर्व के दिग्गज पुंडरीक की पत्नी 4. दक्ष प्रजापति की एक कन्या 5. रेणुका नामक गंधद्रव्य 6. जोंक 7. एक प्रकार का चींटा; माटा।

कपिश (सं.) [सं-पु.] 1. भूरा या बादामी रंग 2. धूप। [वि.] 1. जिसमें काला-पीला रंग मिला हुआ हो; मटमैला; भूरा 2. भूरा रंग जिसमें कुछ लाली हो।

कपीश (सं.) [सं-पु.] 1. कपि अर्थात बंदरों के राजा; कपींद्र 2. बाली; सुग्रीव; हनुमान।

कपूत (सं.) [वि.] 1. चरित्रहीन पुत्र; नालायक बेटा; बुरे चाल-चलन वाला पुत्र 2. कुल को कलंकित करने वाला पुत्र।

कपूती [सं-स्त्री.] 1. कपूत होने की अवस्था; नालायकी; कपूतपन 2. वह स्त्री जिसका पुत्र दुश्चरित्र हो।

कपूर (सं.) [सं-पु.] सफ़ेद रंग का एक सुगंधित पदार्थ जिसे जलाने पर लौ निकलती है; कर्पूर; काफ़ूर; (कैंफ़र)।

कपूर-कचरी [सं-स्त्री.] एक सुगंधित लता जिसकी जड़ औषधि बनाने के काम आती है; गंधमूली; गंधपलाशी।

कपूरकंद (सं.) [सं-पु.] घीयाकस, मिठाई विशेष।

कपूरा [सं-पु.] 1. एक प्रकार का धान और उसका चावल 2. बकरे का अंडकोश। [वि.] सफ़ेद (चौपायों के रंग के लिए)।

कपूरी [सं-पु.] 1. एक रंग जो कुछ हलका पीला होता है 2. एक प्रकार का पान जो बहुत लंबा और चौड़ा होता है। [सं-स्त्री.] एक प्रकार की बूटी जो पहाड़ों पर होती है। [वि.] 1. कपूर का बना हुआ 2. हलके पीले रंग का।

कपोत (सं.) [सं-पु.] 1. कबूतर 2. पंडुक; परेवा 3. चिड़िया; पक्षी 4. भूरे रंग का कच्चा सुरमा।

कपोती (सं.) [सं-स्त्री.] 1. कबूतरी 2. पेंडुकी 3. कुमरी। [वि.] 1. कपोत के रंग का; ख़ाकी; फाख्ताई 2. कबूतर की शकल का 3. कबूतर रखने वाला।

कपोल (सं.) [सं-पु.] 1. गाल 2. नाट्य एवं नृत्य में एक भाव-भंगिमा।

कपोल-कल्पना (सं.) [सं-स्त्री.] 1. मन से गढ़ी हुई बात जिसका वास्तविकता से कोई संबंध न हो 2. बनावटी बात।

कपोल-कल्पित (सं.) [वि.] 1. मनगढ़ंत; बनावटी 2. कल्पनाधारित।

कप्तान (अं.) [सं-पु.] 1. खिलाड़ी दल का नायक; नेता; अधिपति; (कैप्टिन) 2. सेनानायक 3. जहाज़ का प्रधान अधिकारी।

कफ (सं.) [सं-पु.] गाढ़ा और लसीला तरल पदार्थ जो खाँसने पर मुँह से बाहर निकलता है; बलगम।

कफ़ (फ़ा.) [सं-पु.] 1. फेन; झाग 2. हथेली; तलवा; पंजा।

कफगीर [सं-पु.] लकड़ी का बड़ा चम्मच; कफचा; डाभा।

कफचा [सं-पु.] लकड़ी का बड़ा चम्मच।

कफ़न (अ.) [सं-पु.] मृतक को लपेटने वाला सफ़ेद कपड़ा; शववस्त्र; शवाच्छादन; मृतचेल। [मु.] **-फाड़कर बोल उठना** : अचानक ज़ोर से चिल्लाने लगना। **-को कौड़ी न होना** : अत्यंत गरीब होना।

कफ़न-खसोट (अ.) [वि.] 1. शव के ऊपर डाला गया कपड़ा तक उतार लेने वाला 2. {ला-अ.} अत्यंत लोभी; दूसरे के माल पर जबरदस्ती अधिकार करने वाला।

कफ़नी (अ.) [सं-स्त्री.] 1. वह कपड़ा जो इस्लाम धर्म में मुर्दे के गले में डाला जाता है 2. बिना सिला कपड़ा जिसे साधुओं द्वारा पहना जाता है।

कफ़श (फ़ा) [सं-पु.] नालदार जूता।

कफ़स (अ.) [सं-पु.] 1. पिंजरा जिसमें पक्षी रखे जाते हैं; वितंस 2. कारागार; कैदख़ाना 3. तंग जगह 4. देह का पिंजर 5. {ला-अ.} देह; शरीर।

कफ़ालत (अ.) [सं-स्त्री.] 1. किसी कार्य, विषय या बात का लिया जाने वाला भार; ज़िम्मेदारी 2. किसी व्यक्ति या कार्य की वह ज़िम्मेदारी जो ज़बानी, कुछ लिखकर अथवा कुछ रुपए जमा करके अपने ऊपर ली जाती है; ज़मानत।

कफ़ील (अ.) [सं-पु.] 1. ज़मानत करने वाला व्यक्ति; ज़ामिन 2. जिसपर कोई उत्तरदायित्व हो; ज़िम्मेदार।

कफोणी [सं-पु.] केहुनी।

कब (सं.) [क्रि.वि.] 1. काल संबंधी प्रश्नवाची शब्द 2. किस समय; कदा।

कबंध (सं.) [सं-पु.] 1. बिना सिर का धड़; रुंड 2. (पुराण) राहु नामक ग्रह जिसका सिर कट चुका था 3. बादल; धूमकेतु 4. उदर; पेट 5. जल 6. पीपा; कंडाल 7. (पुराण) एक दानव जो देवी का पुत्र था और जिसका मुँह उसके पेट में था तथा जिसको राम ने दंडक वन में मारा था।

कबड्डी [सं-स्त्री.] 1. एक प्रसिद्ध भारतीय खेल जिसमें दो दल होते हैं 2. शक्ति, साहस और फुर्ती से भरा एक खेल।

कबरा [सं-पु.] काले और सफेद रंग की धारियोंवाला बैल।

कबरिस्तान (फ़ा.) [सं-पु.] 1. वह स्थान जहाँ मृत शरीर अथवा शव गाड़े या दफ़नाए जाते हैं 2. जहाँ अनेक कब्रें हों।

कबरी (सं.) [सं-स्त्री.] दे. कवरी।

कबला [सं-स्त्री.] ढिबरी।

कबली [सं-स्त्री.] एक प्रकार की मटर; कबिली।

कबाड़ [सं-पु.] 1. व्यर्थ वस्तुओं का ढेर 2. रद्दी चीज़ें 3.

अंगड़-खंगड़ 4. तुच्छ वस्तुएँ।

कबाड़ख़ाना (हिं.+फ़ा.) [सं-पु.] 1. कबाड़ रखने का स्थान 2. वह स्थान जहाँ अनेक प्रकार की बहुत-सी व्यर्थ वस्तुएँ रखी हों 3. ऐसा स्थान जहाँ तमाम वस्तुएँ बिखरी पड़ी हों 4. कबाड़घर।

कबाड़घर [सं-पु.] 1. वह घर जहाँ बेकार की वस्तुएँ रखी जाती हों 2. रद्दी चीज़ों के रखने का स्थान 3. कबाड़ख़ाना।

कबाड़ा [सं-पु.] 1. कूड़ा-करकट 2. बखेड़ा; झंझट 3. व्यर्थ का काम।

कबाड़ी [सं-पु.] 1. वह व्यक्ति जिसका व्यवसाय कबाड़ बेचने और ख़रीदने का हो 2. पुरानी, रद्दी या टूटी-फूटी वस्तुएँ ख़रीदने तथा बेचने वाला आदमी।

कबाब (अ.) [सं-पु.] 1. सीकों पर भूनकर पकाया हुआ मांस 2. मांस की तली हुई टिकिया। [मु.] **-होना** : क्रोध से जल-भुन जाना।

कबाबदानी [सं-स्त्री.] सींक का आधार; हिच्छा; छिच्छा।

कबाबी (अ.) [वि.] 1. कबाब बनाने तथा बेचने वाला 2. कबाब खाने वाला; मांसाहारी।

कबायली (अ.) [सं-पु.] 1. कबीलों या फिरकों में रहने वाले लोग 2. किसी कबीले का सदस्य 3. पश्चिमी पाकिस्तान में कुछ फिरकों या समुदाय के लोग। [वि.] कबीले में रहने वाले।

कबार [सं-पु.] 1. एक प्रकार की झाड़ी या छोटा पेड़ 2. व्यापार; रोजगार 3. कबाड़; रद्दी 4. तुच्छ व्यवसाय; व्यर्थ का व्यापार।

कबारना [क्रि-स.] उखाड़ना।

कबाला (अ.) [सं-पु.] 1. वह दस्तावेज़ जिसके द्वारा किसी की ज़ायदाद पर दूसरे को अधिकार मिलता हो 2. बैनामा 3. विक्रय-पत्र 4. अधिकार-पत्र।

कबाहत (अ.) [सं-स्त्री.] 1. बुराई; ख़राबी 2. अनिष्ट 3 आपत्ति 4. कठिनता; दिक्कत; मुश्किल; झंझट 5. बाधा; ख़लल।

कबिली [सं-स्त्री.] मटर का एक प्रकार।

कबीर (अ.) [सं-पुं.] 1. एक प्रसिद्ध निर्गुण ज्ञानमार्गी संत 2. होली में गाया जाने वाला एक प्रकार का अश्लील गीत। [वि.] 1. श्रेष्ठ; उत्तम; महान; सम्मानित 2. बड़ा; बुज़ुर्ग।

कबीर-पंथ (अ.+सं.) [सं-पु.] कबीर द्वारा चलाया गया पंथ या संप्रदाय।

कबील (अ.) [सं-पु.] 1. मनुष्य 2. समुदाय; जाति; वर्ग; दल; गिरोह।

कबीला (अ.) [सं-पु.] 1. जनजातीय या आदिवासी लोगों का समूह या झुंड जिसका कोई सर्वसम्मत मुखिया होता है 2. किसी एक कुल के समस्त सदस्य 3. कुटुंब; परिवार 4. वंश; गोत्र; ख़ानदान।

कबुलवाना [क्रि-स.] 1. दबाव डालकर किसी से कोई बात कहलवाना 2. किसी को कोई बात स्वीकार करने या कबूलने में प्रवृत्त करना 3. किसी से कोई बात स्वीकार कराना।

कबूतर (फ़ा.) [सं-पु.] 1. झुंड में रहने वाला एक पक्षी 2. परेवा की एक जाति 3. कपोत 4. पारावत।

कबूतरख़ाना (फ़ा.) [सं-पु.] 1. कबूतर रखने या पालने का स्थान; कावुक 2. वह अड्डा जहाँ कबूतर पाले और उड़ाए जाते हैं 3. एक प्रकार की कई ख़ानों का दरबा जिसमें बहुत से कबूतर पाले या रखे जाते हैं।

कबूतरबाज़ [सं-पु.] दे. कबूतरबाज़ी।

कबूतरबाज़ी (फ़ा.) [सं-स्त्री.] 1. कबूतर पालने, उड़ाने तथा लड़ाने का शौक; कपोत-क्रीड़ा 2. गैरकानूनी तरीके से व्यक्तियों को विदेश भेजने की क्रिया।

कबूतरी (फ़ा.) [सं-स्त्री.] 1. मादा कबूतर 2. कपोती 3. {ला-अ.} सुंदर स्त्री; नर्तकी 4. एक प्रकार की गाली।

कबूद (फ़ा.) [वि.] नीला; आसमानी। [सं-पु.] 1. नीला रंग 2. बंसलोचन का एक भेद; नीलकंठी।

कबूदी (फ़ा.) [वि.] नीले रंग का; आसमानी।

कबूल (अ.) [सं-पु.] 1. कबूलने की क्रिया या भाव; स्वीकार; स्वीकृत; मंज़ूर।

कबूलना (अ.) [क्रि-स.] स्वीकार करना; इकरार करना; मान लेना।

कबूलसूरत (अ.) [वि.] 1. सुमुख; सुंदर चेहरे-मोहरे वाला 2. लावण्याननः प्रियदर्शन 3. निर्दोष रूप; मान्य रूप से सुंदर।

कबूलियत (अ.) [सं-स्त्री.] 1. स्वीकृति; मंजूरी 2. वह दस्तावेज़ जो पट्टा लेने वाला पट्टा देने वाले को उसकी शर्तों की स्वीकृति के रूप में देता है।

कबूली (अ.) [सं-स्त्री.] 1. चने की दाल और चावल से बनी हुई खिचड़ी 2. काजू, किशमिश और हरी सब्जियाँ डालकर बनाया गया पुलाव।

कब्ज़ (अ.) [सं-पु.] 1. अधिकार 2. अवरोध 3. पकड़ 4. मल का आँतों में रुकना; पेट साफ़ न होना; कोष्ठबद्धता 5. अजीर्ण; अनाह।

कब्ज़ा (अ.) [सं-पु.] 1. अधिकार; दख़ल 2. पकड़; काबू; वश 3. दस्ता; मूठ 4. बाज़ू 5. कुश्ती का एक पेंच 6. लोहे या पीतल का वह पुरज़ा जिससे किवाड़ चौखट या इसी तरह की दो चीज़ें आपस में जोड़ी जाती हैं, फिर भी जोड़ के बिंदु से इधर-उधर घूम सकती हैं।

कब्ज़ादारी (अ.+फ़ा.) [सं-स्त्री.] कब्जे में होने की अवस्था।

कब्ज़ाना (अ.) [क्रि-स.] 1. किसी दूसरे की संपत्ति आदि पर अधिकार करना; इख़्तियार करना 2. किसी को अपने वश में करना; काबू में करना 3. किसी को पकड़ना; गिरफ़्तार करना।

कब्ज़ियत (अ.) [सं-स्त्री.] कब्ज होने की अवस्था; पेट साफ़ न होने की स्थिति; कोष्ठबद्धता।

कब्ज़ुलवसूल (अ.) [सं-पु.] वह कागज़ जिसपर वेतन पाने वाले की भरपाई लिखी हुई हो; प्राप्तिपत्र; रसीद।

कब्र (अ.) [सं-स्त्री.] 1. वह गड्ढा जो शव को गाड़ने के लिए खोदा जाता है 2. उक्त गड्ढे के ऊपर स्मृति स्वरूप बनाया गया चबूतरा 3. समाधि भवन। [मु.] **-में पैर लटके होना** : मृत्यु के समीप होना।

कब्रगाह (अ.) [सं-स्त्री.] 1. वह स्थान जहाँ शव गाड़े जाते हैं; कब्रिस्तान 2. समाधि स्थल।

कब्रघर (अ.+हिं.) [सं-पु.] 1. ऐसा घर जहाँ अनेक कब्रें हों 2. शवों को रखने का स्थान; कब्रगाह 3. कब्रिस्तान।

कब्रिस्तान (अ.+फ़ा.) [सं-पु.] 1. जहाँ बहुत से मुर्दे गड़े हों अथवा गाड़े जाते हों 2. समाधि स्थल अथवा क्षेत्र 3. श्मशान।

कभी-कभार [अव्य.] यदा-कदा; कभी-कभी; एकाध-बार।

कभी-कभी [अव्य.] रह-रह कर; किसी समय; किसी अवसर पर; कुछ समयांतराल पर।

कम (फ़ा.) [वि.] 1. अल्प; थोड़ा; जो अधिक न हो 2. न्यून; तनिक।

कमंगर (फ़ा.) [सं-पु.] 1. कमान या धनुष बनाने वाला कारीगर; कमानसाज़ 2. खिसकी हुई हड्डियों को बैठाने वाला 3. चित्रकार; चितेरा; मुसौवर।

कमंगरी (फ़ा.) [सं-स्त्री.] 1. कमान बनाने का पेशा या हुनर 2. खिसकी हुई हड्डियों को बैठाने का काम 3. चित्रकारी; मुसौवरी 4. कार्यकुशलता; कारीगरी।

कमंचा (फ़ा.) [सं-पु.] बढ़ई के कमान की तरह का एक टेढ़ा औज़ार जिसमें बँधी रस्सी को बरमे में लपेटकर घुमाया जाता है।

कमंडल (सं.) [सं-पु.] ताँबे, पीतल आदि का बना ऐसा लोटेनुमा पात्र जिसे साधु-संन्यासी जल भरने के लिए प्रयोग करते हैं।

कमंडली [वि.] कमंडल रखने वाला; साधु; वैरागी 2. पाखंडी; आडंबरी।

कमंद (फ़ा.) [सं-स्त्री.] 1. फंदा; पाश 2. एक फंदेदार रस्सी जिसे फेंककर जंगली जानवर फँसाए जाते हैं 3. वह रस्सी जिसके सहारे चोर ऊँचे मकानों पर चढ़ते हैं।

कमअक्ल (फ़ा.) [वि.] जो अक्ल से कमज़ोर हो; बुद्धिहीन; बेवकूफ़; नासमझ; अल्पबुद्धि; मूर्ख; निर्बुद्धि।

कमअसल (फ़ा.) [वि.] 1. कमीना; नीच 2. दोगला।

कमउम्र (फ़ा.) [वि.] अल्पवयस्क; कम उम्र का।

कमकर [सं-पु.] 1. एक जाति 2. वह जो दूसरों के लिए शारीरिक श्रम का कार्य करके अपना पेट पालता हो; श्रमिक 3. वह जो कोई विशेष कार्य करता है; कार्यकर्ता।

कमकस [वि.] 1. काम से जी चुराने वाला; काहिल; कामचोर 2. सुस्त।

कमकीमत (फ़ा.) [वि.] कम कीमत का; अल्पमूल्य; सस्ता।

कमख़ाब (फ़ा.) [सं-पु.] सिल्क या रेशम के कपड़े पर किया जाने वाला सोने-चाँदी के तारों या कलाबत्तू से बेलबूटाकारी का काम। इसे ज़री का काम भी कहते हैं।

कमची (सं.) [सं-स्त्री.] 1. बाँस आदि की पतली लचीली धज्जी या तीली जिससे टोकरी बनाई जाती है 2. पतली लचदार छड़ी; साँटी 3. लकड़ी आदि की पतली फट्टी 4. कच्चे लोहे या टीन आदि से निर्मित तलवार जो खेल-तमाशे में प्रयोग की जाती है 5. कोड़ा; चाबुक।

कमज़ात (फ़ा.) [सं-पु.] 1. नस्ली या वर्ण-व्यवस्था वाली हिकारत की दृष्टि से दी जाने वाली एक गाली; अपशब्द 2. नीच और कमीना व्यक्ति।

कमज़ोर (फ़ा.) [वि.] अशक्त; दुर्बल; बलहीन; शक्तिहीन; कम ताकत वाला।

कमज़ोरी (फ़ा.) [सं-स्त्री.] 1. शक्ति, बल और ज़ोर के कम हो जाने कि स्थिति या भाव 2. दुर्बलता; अशक्तता।

कमठ (सं.) [सं-पु.] 1. कछुआ 2. बाँस 3. साधुओं का तूँबा 4. कमंडल 5. सलई का पेड़ 6. चमड़े में मढ़ा हुआ पुराने प्रकार का एक वाद्य यंत्र।

कमठा (सं.) [सं-पु.] 1. कछुआ; कच्छप 2. बड़ी छड़ी या लाठी 3. बाँस का धनुष।

कमठी (सं.) [सं-स्त्री.] बाँस की पतली लचीली फट्टी जिससे टोकरी या पंखे आदि बनाए जाते हैं।

कमतर (फ़ा.) [वि.] 1. अपेक्षाकृत अधिक कम; अधिक छोटा; लघुतर 2. अल्पतर।

कमतरीन (फ़ा.) [वि.] 1. कम से कम; अल्पतम 2. छोटे से छोटा; लघुतम।

कमनसीब (फ़ा.+अ.) [वि.] नसीब का खोटा; अभागा; बदनसीब।

कमनीय (सं.) [वि.] 1. जिसकी कामना की जाए; काम्य 2. सुंदर; आकर्षक; मनोहर; चाहने योग्य 3. कामना योग्य।

कमफ़हम (फ़ा.+अ.) [वि.] कमअक्ल; नासमझ; मूर्ख; अल्पबुद्धि।

कमबख़्त (फ़ा.) [वि.] भाग्यहीन; अभागा; हतभाग्य; बदकिस्मत।

कमबख़्ती (फ़ा.) [सं-स्त्री.] 1. बदकिस्मती; भाग्यहीनता 2. शामत 3. बदनसीबी।

कमर (फ़ा.) [सं-स्त्री.] पेट और पेड़ू के मध्य का भाग; कटि; लंक; मध्यदेश। [मु.] **-कसना** : तैयार होना; तैयारी करना। **-टूटना** : कुछ करने के योग्य न रहना।

क़मर (अ.) [सं-पु.] चाँद; चंद्रमा; चंद्र; शशि; राकेश।

कमरकस (फ़ा.) [सं-पु.] 1. करधनी 2. पेटी; कमरबंद 3. फेंटा 4. पलाश का गोंद; चुनिया गोंद।

कमरख (सं.) [सं-पु.] 1. एक प्रकार का वृक्ष जिसमें पीले लंबोतरे खट्टे फल लगते हैं; कमरंग 2. उक्त वृक्ष में लगने वाले फल।

कमरतोड़ (फ़ा.+हिं.) [सं-पु.] 1. कुश्ती का एक दाँव या पेंच 2. एक प्रकार की औषधि। [वि.] 1. कमर तोड़ देने वाला 2. {ला-अ.} श्रमसाध्य; कष्टसाध्य।

कमरबंद (फ़ा.) [सं-पु.] 1. कमर पर बाँधने का कपड़ा; पटुका 2. पेटी 3. इज़ारबंद; नाड़ा।

कमरबल्ला (फ़ा.+हिं.) [सं-पु.] 1. खपरैल की छाजन के मध्यभाग में रहने वाली लकड़ी; कमरबडेरा; कमरबस्ता 2. किला आदि के ऊपर निर्मित वह छोटी दीवार जिसमें कँगूरे और झरोखे होते हैं 3. किसी बड़ी और ऊँची दीवार के सहारे के लिए उसके निचले भाग में सटाकर बनाई गई छोटी ढालू दीवार; पुश्ता।

कमरसायर [सं-पु.] बढ़ईखाना।

कमरसारी [सं-पु.] लोहगार।

कमरा [सं-पु.] चारों ओर से दीवारों से घिरी छायादार बड़ी कोठरी; कक्ष।

कमरी [सं-स्त्री.] 1. छोटा कंबल 2. साधु-फ़क़ीरों का ओढ़ने वाला लबादा 3. औरतों की कमर तक पहुँचने वाली ख़ास तरह की कुरती।

कमल (सं.) [सं-पु.] 1. जल में पाया जाने वाला एक पौधा और उसका फूल; पद्म 2. ब्रह्मा 3. सारस 4. औषधि।

कमलककड़ी (सं.) [सं-स्त्री.] कमल का डंठल जो तरकारी के रूप में खाया जाता है; भसींडा।

कमलनयन (सं.) [वि.] 1. जिसकी आँखें कमल की पंखुड़ी जैसी सुंदर हों; कमल की तरह आँखों वाला 2. {ला-अ.} जिसके नेत्र बहुत सुंदर हों।

कमलनयनी (सं.) [सं-स्त्री.] 1. वह स्त्री जिसकी आँखें कमल की पंखुड़ी जैसी सुंदर हों 2. सुंदर नेत्रों वाली स्त्री।

कमलनाभ (सं.) [सं-पु.] विष्णु।

कमलनाल (सं.) [सं-स्त्री.] कमल की नाल या डंडी जिसकी सब्ज़ी बनती है; भसींड; मृणाल।

कमलपुँच्छा [सं-पु.] कमल की तरह पूँछ वाला मुर्गा। [वि.] कमल की तरह पूँछवाला।

कमला (सं.) [सं-स्त्री.] 1. विष्णु की पत्नी; लक्ष्मी 2. उत्तम स्त्री 3. गंगा। [सं-पु.] 1. संतरा; नारंगी 2. एक प्रकार का रेंगने वाला रोएँदार कीड़ा जिसके काटने से खुजली होती है 3. अनाज या सड़े फल आदि में पड़ने वाला लंबा सफ़ेद रंग का कीड़ा; ढोला।

कमलाकर (सं.) [सं-पु.] 1. कमलों से भरा हुआ जलाशय 2. कमलों का समूह।

कमलाकांत (सं.) [सं-पु.] विष्णु; नारायण।

कमलाकार (सं.) [सं-पु.] छप्पय नामक छंद का एक भेद। [वि.] कमल के आकार का।

कमलाक्ष (सं.) [वि.] जिसकी आँखें कमल के समान हों; कमलनयन।

कमलानाथ (सं.) [सं-पु.] कमला अर्थात लक्ष्मी के पति; विष्णु।

कमलासन (सं.) [सं-पु.] 1. ब्रह्मा 2. एक योगासन; पद्मासन।

कमलिनी (सं.) [सं-स्त्री.] 1. छोटा कमल 2. कमल का पौधा।

कमली [सं-स्त्री.] गाय के गले में स्थित (लटकती त्वचा) गोकंबल; सास्ना; ललरी।

कमवाना [क्रि-स.] 1. किसी को कमाने में प्रवृत्त करना 2. कमाने का काम किसी दूसरे से कराना।

कमसिन (फ़ा.) [वि.] 1. अवयस्क; नाबालिग; सुकुमार 2. कम आयुवाला; अल्पवयस्क।

कमसुख़न (फ़ा.) [वि.] कम बोलने वाला; अल्पवादी; मितभाषी।

कमहँड़ा [सं-पु.] हत्था (कमहँड़)।

कमहर [सं-पु.] ओखर।

कमांड (अं.) [सं-पु.] 1. प्रभुत्व; वश; शक्ति; अधिकार 2. हुक्म; समादेश; आदेश; आज्ञा 3. सैन्य आदेश।

कमाई [सं-स्त्री.] 1. कार्य के बदले प्राप्त होने वाला धन; पारिश्रमिक 2. श्रम-फल 3. उद्यम से अर्जित द्रव्य 4. करतूत 5. पैसा कमाने का धंधा।

कमाऊ [वि.] धनोपार्जन करने वाला; कमाने वाला; कमासुत।

कमाच [सं-पु.] एक प्रकार का रेशमी कपड़ा।

कमाची [सं-स्त्री.] 1. झुकी हुई तीली 2. छोटी पतली छड़ी 3. सारंगी बजाने की कमानी।

कमान (फ़ा.) [सं-स्त्री.] 1. धनुष 2. इंद्रधनुष 3. क्षितिज से किसी तारे की ऊँचाई नापने अथवा दो तारों के कोणांश नापने का यंत्र 4. मेहराब 5. मालखंभ की एक कसरत 6. तोप 7. बंदूक। [मु.] **-चढ़ना** : क्रोध में होना।

कमानक [सं-पु.] कमानी।

कमाना [क्रि-स.] 1. अर्जित करना; उपार्जित करना 2. कुछ उद्योग करके लाभ प्राप्त करना जिससे जीविका चले 3. पत्थर, चमड़े आदि को सुडौल बनाना 4. सेवा संबंधी छोटे कार्य करना।

कमानिया (फ़ा.+हिं.) [सं-पु.] कमान या धनुष चलाने वाला व्यक्ति; तीरंदाज़। [वि.] कमानीदार; कमानी से युक्त।

कमानी (फ़ा.) [सं-स्त्री.] 1. तार, लोहा, पत्थर आदि की कोई लचीली वस्तु जो दाब पड़ने पर दब जाए और दाब हटने पर ऊपर उठ जाए 2. वह वस्तु जिसका रूप कमान की तरह हो 3. झुकाई हुई लोहे की लचीली तीली 4. रोगी की कमर में बाँधने की एक पेटी; (स्प्रिंग)।

कमानीदार (फ़ा.) [वि.] 1. जिसमें कमानी लगी हो; कमानी वाला 2. कमानीयुक्त।

कमार [सं-पु.] 1. बढ़ई 2. लोहार।

कमाल (अ.) [सं-पु.] 1. अनोखापन; अद्भुत; चमत्कारक कार्य 2. कौशल; निपुणता 3. समाप्ति; पूर्णता 4. पराकाष्ठा 5. गुण; जौहर 6. कबीर का बेटा। [वि] 1. अतिशय; अत्यधिक 2. सर्वोत्तम 3. पूर्ण।

कमालियत (अ.) [सं-स्त्री.] 1. अनोखे काम या चमत्कार करने का भाव 2. दक्षता; पूर्णता।

कमिया (फ़ा.+हिं.) [सं-पु.] मज़दूरी करने वाला व्यक्ति; मज़दूर; श्रमिक।

कमिशनर (अं.) [सं-पु.] 1. आयुक्त; मंडल का अधिकारी 2. वह अधिकारी जिसके अधिकार में कई जिले हों 3. वह अधिकारी जिसको कोई कार्य करने का अधिकार मिला हो।

कमिशनरी (अं.) [सं-स्त्री.] 1. मंडल 2. वह भूभाग जो किसी आयुक्त के अधीन हो 3. कमिशनर की कचहरी 4. कमिशनर का काम या पद; (डिवीज़न)।

कमी (फ़ा.) [सं-स्त्री.] 1. कम होने की अवस्था, गुण या भाव 2. अभाव 3. त्रुटि 4. न्यूनता; अल्पता 5. हानि; घाटा; नुकसान 6. कोताही 7. कम किए जाने की क्रिया या भाव; ह्रास।

कमी-बेशी [सं-स्त्री.] 1. कमी और अधिकता 2. मात्रात्मक परिणाम जो घट या बढ़ सकता है।

कमीज़ (अ.) [सं-स्त्री.] 1. आगे से खुला हुआ कुरते की तरह का कालरदार पहनावा 2. कफ़ और कालरदार कुरता 3. एक पहनावा जिसमें कुरते से भिन्न कॉलर और सामने पूरी लंबाई में बटन लगे होते हैं; (शर्ट)।

कमीन (अ.) [सं-स्त्री.] घात, शिकार या वार के लिए ओट।

कमीनगाह (अ.+फ़ा.) [सं-पु.] वह स्थान जिसकी ओट में

खड़े होकर तीर या बंदूक चलाई जाती है; आड़; गुप्त स्थान।

कमीनगी (फ़ा.) [सं-स्त्री.] 1. कमीना होने की अवस्था या भाव 2. नीचता; दुष्टता।

कमीना (फ़ा.) [वि.] 1. नीच; खोटा; क्षुद्र 2. तुच्छ या हीन विचारों वाला 3. दूसरों से अशिष्ट व्यवहार करने वाला।

कमीनापन (फ़ा.) [सं-पु.] नीचता; क्षुद्रता; ओछापन; घटियापन।

कमीशन (अं.) [सं-पु.] 1. आयोग 2. दलाली; दस्तूरी; आढ़त 3. जनसमूह; दल 4. कार्यभार 5. शासन-पत्र; आदेश।

कमुआ [सं-पु.] कम्मा, एक प्रकार का चिकना कीड़ा।

कमून (अ.) [सं-पु.] जीरा; जीरक; अजाजी।

कमेंट (अं.) [सं-पु.] 1. भाष्य; टीका; वृत्ति 2. उक्ति; टिप्पणी 3. आलोचना; समालोचना 4. समीक्षा; विवेचना।

कमेंटेटर (अं.) [सं-पु.] 1. भाष्यकार; टीकाकार; वृत्तिकार 2. व्याख्याकार; समालोचक 3. समीक्षक; कमेंट करने वाला व्यक्ति।

कमेला [सं-पु.] पशुओं के वध करने का स्थान; कसाईबाड़ा; बूचड़ख़ाना।

कमोड (अं.) [सं-पु.] मल-मूत्र त्याग का पात्र; शौचासन।

कमोदी [सं-पु.] एक प्रकार का महीन धान।

कमोबेश (फ़ा.) [वि.] थोड़ा-बहुत; कम-अधिक।

कमोरा [सं-पु.] मिट्टी का बना वह बड़ा पात्र जिसमें दूध, दही, पानी या आवश्यकता पड़ने पर अनाज आदि रखा जाता है।

कम्मा [सं-पु.] ताड़पत्र पर लिखा हुआ लेख। [सं-स्त्री.] एक चिकनी गिड़ार।

कम्युनिस्ट (अं.) [वि.] 1. साम्यवादी 2. साम्यवाद का समर्थक; साम्यवाद का अनुयायी 3. मार्क्सवादी।

कयाम (अ.) [सं-पु.] 1. किसी स्थान पर रुकने, ठहरने या विश्राम करने का भाव 2. ठहरना; ठहराव 3. ठिकाना; ठौर-ठिकाना 4. पड़ाव; डेरा; ठहरने की जगह 5. निश्चय; स्थिरता 6. खड़ा होना; उठना।

कयामत (अ.) [सं-स्त्री.] 1. मुसलमानों, ईसाइयों और यहूदियों के विश्वास के मुताबिक सृष्टि का आख़िरी दिन जब प्राणियों के कर्मों का लेखा-जोखा किया जाएगा 2. प्रलय 3. हलचल; हंगामा; खलबली 4. {ला-अ.} विपत्ति; आफ़त।

कयास (अ.) [सं-पु.] 1. अनुमान; अटकल 2. कल्पना 3. सोच-विचार; ध्यान।

कयासी (अ.) [वि.] 1. कयास के आधार पर निर्धारित किया हुआ; अनुमानित 2. काल्पनिक; कल्पित; माना हुआ 3. अटकलपच्चू।

कय्यूम (अ.) [वि.] 1. स्थायी; दृढ़ 2. पक्का; मज़बूत 3. ख़ुदा का एक विशेषण।

कर (सं.) [सं-पु.] 1. हाथ 2. सूर्य, चंद्रमा आदि की किरण 3. हाथी की सूँड़ 4. राज्य द्वारा उगाहा गया धन; राजस्व; महसूल; मालगुजारी; (टैक्स) 5. हस्त नक्षत्र 6. ओला। [वि.] देने, करने या बनाने वाला। [क्रि.वि.] 1. करके 2. पूर्वकालिक क्रिया की पूर्णता का सूचक।

कर-निर्धारण (सं.) [सं-पु.] किसी संपत्ति के मूल्य या उससे होने वाली आय आदि के आधार पर निर्धारित किया जाने वाला कर।

कर-व्यवस्था (सं.) [सं-स्त्री.] 1. राजस्व, कर या टैक्स की व्यवस्था 2. जनता से राजस्व के रूप में धन वसूलने की व्यवस्था।

करंक (सं.) [सं-पु.] 1. सिर का ऊपरी और सामने वाला भाग; मस्तक 2. संन्यासियों का जलपात्र जो धातु, लकड़ी या दरियाई नारियल आदि का होता है 3. शरीर के अंदर हड्डियों का ढाँचा; अस्थि-पंजर।

करंज (सं.) [सं-पु.] 1. एक प्रकार की वनस्पति जिसका फल औषधि बनाने के काम आता है; कंजा 2. एक जंगली झाड़ी 3. मुरगा 4. आतिशबाज़ी।

करंजा [सं-पु.] 1. करंज की फली; सोमवल्क 2. एक रंग; करंजोई 3. एक कँटीली झाड़ी जिसकी फलियाँ औषधि के काम आती हैं; करंजास। [वि.] भूरे या सामान्य से हलके रंग की आँखोंवाला।

करंजुआ (सं.) [सं-पु.] खाकी रंग; करंज जैसा रंग। [वि.] 1. करंज के रंग का 2. खाकी रंगवाला।

करंजुवा [सं-पु.] 1. एक प्रकार के अंकुर जो बाँस, ईख या उसी जाति के अन्य पौधे में होते हैं और उनको हानि पहुँचाते हैं; घमोई 2. जौ के पौधे का एक रोग।

करंट (अं.) [सं-पु.] 1. विद्युत प्रवाह; विद्युत धारा 2. बहाव; धारा; प्रवाह 3. वेग; गति; रुख। [वि.] वर्तमान; प्रचलित; विद्यमान; आधुनिक।

करंड (सं.) [सं-पु.] 1. मधुमक्खी का छत्ता 2. तलवार 3. कारंडव नामक हंस 4. बाँस की बनी हुई टोकरी या पिटारी 5. यकृत 6. एक तरह की चमेली 7. कुरुल पत्थर जिसपर रगड़कर हथियार आदि की धार को तेज़ किया जाता है।

करंडक (सं.) [सं-पु.] बाँस की पट्टियों का बना टोकरा जिसमें साँप रखे जाते हैं।

करंद [सं-पु.] बिना भोजन किए न टलने वाला व्यक्ति; कंगला।

करंब (सं.) [सं-पु.] मिश्रण; मिलावट।

करंबित (सं.) [वि.] 1. मिश्रित; मिला हुआ 2. बना हुआ; गढ़ा हुआ 3. सजा कर पिरोया या बाँधा हुआ।

करंसी (अं.) [सं-स्त्री.] 1. मुद्रा 2. प्रत्येक देश में व्यापक रूप से प्रचलित मुद्रा।

करइल [सं-स्त्री.] काली (मिट्टी)।

करई [सं-स्त्री.] 1. छोटा करवा 2. एक छोटी चिड़िया जो गेहूँ के पौधों को काट-काट कर गिराया करती है।

करकच [सं-पु.] समुद्री पानी से तैयार किया गया नमक।

करकट [सं-पु.] 1. कूड़ा; कचरा; घास-फूस 2. रद्दी और टूटी-फूटी चीज़ें।

करकरा (सं.) [सं-पु.] सारस की जाति की एक चिड़िया। [वि.] 1. जो छोटे-छोटे महीन कणों के रूप में हो 2. खुरदरा 3. करारा 4. कड़ा 5. दृढ़।

करकराना [क्रि-अ.] 1. 'करकर' ध्वनि उत्पन्न होना 2. पीड़ा होना; चुभना; कड़कना।

करकराहट [सं-स्त्री.] 1. करकरा या कड़क होने की अवस्था, गुण या भाव 2. आँख में किरकिरी पड़ने की-सी पीड़ा 3. कोई करारी चीज़ खाने से होने वाली 'करकर' की ध्वनि।

करकस [सं-पु.] सफेद रंग का घोड़ा।

करका (सं.) [सं-पु.] ओला; पत्थर।

करकुट [सं-स्त्री.] रद्दी किस्म की कपास।

करखा [सं-पु.] बड़े फूल की छाया।

करख़्त (फ़ा.) [वि.] कठोर; कड़ा; सख़्त; कर्कश।

करगत (सं.) [वि.] हाथ में आया हुआ; हस्तगत।

करगता (सं.) [सं-स्त्री.] कमर में पहना जाने वाला एक आभूषण; करधनी।

करगह [सं-पु.] करघा।

करगी (सं.) [सं-पु.] चीनी के कारखाने में जमी हुई चीनी को खुरचने वाला एक उपकरण; खुरचनी।

करघा (फ़ा.) [सं-पु.] 1. हाथ से कपड़ा बुनने का एक प्रसिद्ध यंत्र 2. खड्डी; (हैंडलूम)।

करचंग [सं-पु.] करताल की तरह का एक वाद्य यंत्र।

करची [सं-स्त्री.] 1. लच्छी 2. कच्चे बाँस से निकली पतली शाखा।

करछिया [सं-स्त्री.] पानी के किनारे रहने वाली एक सफ़ेद चिड़िया जिसकी चोंच और पैर काले होते हैं।

करछुल [सं-स्त्री.] 1. कलछुल 2. बड़ी कलछुल; दाल, सब्ज़ी आदि चलाने वाली चम्मच।

करछुली [सं-स्त्री.] लंबी डंडी वाला बड़े चम्मच के आकार का एक पात्र जिससे व्यंजन चलाए एवं निकाले जाते हैं।

करज (सं.) [सं-पु.] 1. नाखून 2. उँगली 3. करंज; कंजा 4. नख नामक सुगंधित द्रव्य। [वि.] कर से उत्पन्न होने वाला।

करट (सं.) [सं-पु.] 1. कौआ 2. हाथी की कनपटी 3. केसर का फूल 4. निम्न कोटि का व्यवसाय या धंधा करने वाला व्यक्ति 5. नास्तिक 6. मृत व्यक्ति के दसवें दिन किया जाने वाला श्राद्ध 7. एक वाद्य यंत्र।

करटक (सं.) [सं-पु.] 1. कौआ 2. कर्णीरथ, जिन्होंने चोरी की कला और उसके शास्त्र का प्रवर्तन किया।

करण (सं.) [सं-पु.] 1. कोई काम करने की क्रिया, आचरण या कुछ करना 2. काम को पूरा करना 3. कार्य; वह जो किया जाए 4. काम करने के साधन 5. व्याकरण का एक कारक, जिसमें 'से' परसर्ग जुड़ता है 6. विधिक क्षेत्र में वह लेख जो किसी कार्य, प्रक्रिया, संविदा आदि का सूचक हो; साधन-पत्र 7. गणित में वह संख्या जिसका पूरे अंकों में वर्गमूल न निकलता हो 8. देह 9. इंद्रिय 10. स्थान 11. हेतु।

करणाधिप (सं.) [सं-पु.] 1. इंद्रियों का स्वामी; आत्मा 2. कार्याधिकारी।

करणी (सं.) [सं-स्त्री.] 1. करण नामक जाति की स्त्री 2. (गणित) वह संख्या जिसका पूरा-पूरा वर्गमूल न निकल सके।

करणीय (सं.) [वि.] 1. जो किए जाने योग्य हो 2. जो किया जाना हो 3. जो कर्तव्य स्वरूप हो।

करतब (सं.) [सं-पु.] 1. कार्य; कर्म; काम 2. कमाल; कौशल; करामात 3. कला; गुण; हुनर 4. {व्यं-अ.} दूषित कार्य; निंदनीय कार्य; करतूत।

करतबी [वि.] 1. अच्छा काम करने वाला; गुणी; निपुण 2. कठिन कार्य को संपादित करने वाला; पुरुषार्थी 3. भिन्न-भिन्न करतब दिखाने वाला।

करतल (सं.) [सं-पु.] 1. हाथ की हथेली 2. मात्रिक छंदों में चार मात्राओं के गण का एक रूप 3. छप्पय छंद का एक भेद।

करतलध्वनि (सं.) [सं-स्त्री.] ताली; थपोड़ी।

करतली (सं.) [सं-स्त्री.] कैंची।

करतार (सं.) [सं-पु.] 1. इस संसार का सृजन करने वाला 2. सृष्टिकर्ता 3. ब्रह्मा; विधाता 4. रचयिता; कर्ता।

करतारी (सं.) [सं-स्त्री.] 1. हाथ से बजाई जाने वाली ताली; थपोड़ी 2. कर-ताल।

करताल (सं.) [सं-पु.] 1. दोनों हथेलियों के टकराने या आघात से उत्पन्न ध्वनि; ताली 2. लकड़ी, काँसे आदि का बना हुआ एक वाद्य; मजीरा; झींका; झाँझ।

करतू [सं-स्त्री.] खेत सींचने की दौरी की रस्सियों के सिरे पर लगी हुई लकड़ी, जो हाथ में रहती है।

करतूत [सं-स्त्री.] 1. कर्म; काम; करनी 2. {ला-अ.} निंदनीय काम 3. कला; गुण; हुनर।

करतूती [वि.] करतूत करने वाला।

करद (सं.) [सं-पु.] 1. अपने से बड़े राजा या राज्य को कर देने वाला राजा या राज्य; करदाता 2. कर या मालगुज़ारी अदा करने वाला किसान। [वि.] 1. कर अदा करने वाला 2. सहायता देने वाला।

करदा [सं-पु.] 1. बिक्री के अनाज आदि में मिला हुआ कूड़ा-करकट 2. कूड़ा-करकट के कारण उक्त प्रकार की वस्तुओं के मूल्य में होने वाली कमी; कटौती 3. वस्तु की वह मात्रा जो ग्राहक को तौल से कुछ अधिक दी जाती है 4. किसी वस्तु को कूटने या पीसने पर बचे हुए कुछ मोटे रवे 5. बट्टा।

करदाता (सं.) [सं-पु.] 1. राज्य या सरकार को कर देने वाला व्यक्ति; (टैक्स पेई) 2. मालगुज़ारी देने वाला किसान।

करधई [सं-स्त्री.] झाड़ीदार वृक्ष विशेष।

करधनी (सं.) [सं-स्त्री.] 1. सोने-चाँदी आदि से निर्मित एक आभूषण जो कमर में पहना जाता है 2. सूत या रेशम से बनी मेखला।

करन (सं.) [सं-पु.] 1. करने की क्रिया या भाव 2. करने योग्य काम; कर्तव्य।

करनफूल (सं.) [सं-पु.] कान में पहनने का फूल जैसा एक आभूषण; कर्णफूल; लौंग; काँप; तरौना।

करना (सं.) [क्रि-स.] 1. किसी कार्य या क्रिया को आगे बढ़ाना; समाप्त करना 2. किसी कार्य में सक्रिय होना 3. भोजन पकाना 4. सजाना; सँवारना 5. पति या पत्नी के रूप में ग्रहण करना 6. भाड़े पर सवारी ठहराना 7. एक रूप से दूसरे रूप में लाना; बनाना।

करनाई (अ.) [सं-स्त्री.] फूँककर बजाया जाने वाला एक प्रकार का लंबा बाजा; तुरही।

करनाल [सं-पु.] 1. हाथ से चलाई जाने वाली तोप 2. भोंपा 3. बड़ा ढोल।

करनी [सं-स्त्री.] 1. वह जो कुछ किया गया हो; कर्म; कार्य; करतब 2. कार्य करने की कला, विद्या या शक्ति 3. अंत्येष्टि क्रिया 4. {ला-अ.} अनुचित या हीन आचरण; करतूत 5. राजमिस्त्री का दीवार पर गारा लगाने का औज़ार; कन्नी।

करपरी [सं-स्त्री.] 1. पीठी की पकौड़ी 2. पीठी की बरी।

करपल्लव (सं.) [सं-पु.] उँगली; हाथ की अंगुली।

करपल्लवी (सं.) [सं-स्त्री.] उँगलियों के संकेत से भाव प्रकट करने की कला या विद्या।

करपान [सं-पु.] एक चर्मरोग, जिससे देह या शरीर पर लाल-लाल दाने निकल आते हैं।

करफ़्यू (अं.) [सं-पु.] विशेष प्रकार की राजकीय निषेधाज्ञा जिसमें घर से बाहर निकलना या किसी विशेष मार्ग या स्थान पर जाना निषिद्ध होता है।

करब [सं-पु.] मक्के का कटा पौधा।

करबला (अ.) [सं-स्त्री.] 1. अरब का वह मैदान जहाँ इमाम हुसैन अपने साथियों सहित मारे और दफ़नाए गए थे 2. वह स्थान जहाँ मुहर्रम में ताजिए दफ़न किए जाते हैं 3. ऐसी उजाड़ जगह जहाँ पानी भी न मिले।

करबस [सं-पु.] दरियाई घोड़े की खाल से बनाया हुआ चाबुक।

करबूस [सं-पु.] घोड़े की जीन में लगी हुई रस्सी या तसमा जिसमें हथियार लटकाए जाते हैं।

करभ (सं.) [सं-पु.] 1. हथेली का पिछला हिस्सा 2. हाथी का बच्चा 3. ऊँट का बच्चा 4. कमर 5. नख नामक सुगंधित द्रव्य।

करभीर (सं.) [सं-पु.] शेर; सिंह।

करभोरु (सं.) [सं-पु.] हाथी की सूँड़ जैसी सुडौल जाँघ। [वि.] जिसकी जाँघ हाथी की सूँड़ जैसी सुडौल एवं सुंदर हो; सुंदर जाँघोंवाली।

करम[1] (सं.) [सं-पु.] 1. कर्म; काम 2. कर्मफल 3. भाग्य; किस्मत। [मु.] -**फूटना** : भाग्य का साथ न देना। -**भोगना** : अपने किए हुए कर्मों का फल पाना।

करम[2] (अ.) [सं-पु.] 1. कृपा; अनुग्रह; दया; मेहरबानी 2. क्षमा 3. उदारता।

करमकल्ला (अ.+हिं.) [सं-पु.] एक प्रकार की गोभी जिसमें केवल कोमल पत्तों का बँधा हुआ संपुट होता है और जिसकी सब्ज़ी बनती है; बंदगोभी; पत्तागोभी; पातगोभी।

करमजला [वि.] अभागा; दुर्भाग्यशाली।

करमभोग (सं.) [सं-पु.] 1. किए हुए कर्मों का फल; कर्मफल 2. कर्मफल के रूप में मिलने वाला सुख-दुख; प्रारब्ध।

करमा [सं-पु.] 1. एक प्रकार का दंभ; कैमा 2. एक जनजातीय पर्व; कील-भीलों के नृत्य-गीत की एक शैली 3. भादों में मनाया जाने वाला एक जनजातीय त्योहार।

करमाला (सं.) [सं-स्त्री.] 1. वह माला जिसे हाथ में लेकर जप किया जाता है 2. उँगलियों के पोर जिन पर उँगली रखकर जप की गिनती करते हैं।

करमाली (सं.) [सं-पु.] सूर्य।

करमुआ [सं-पु.] पानी में होने वाला एक शाक।

करमुक्त (सं.) [वि.] कर से मुक्त; (टैक्स-फ़्री)।

करमुही [सं-स्त्री.] भट्टे के मुँह के पास की ईंटें। [वि.] 1. जिसकी मुँह काली हो; काले मुँहवाली 2. जिसके मुँह पर कालिख लगी हो 3. जिस पर कलंक या लांछन लगा हो; कलमुही 4. अशुभ या अमांगलिक बातें कहने वाला।

करमूली [सं-पु.] एक पहाड़ी पेड़, जिसकी लकड़ी भवन निर्मित करने के काम आती है।

करमेस [सं-पु.] करगह की एक लकड़ी; कुलवांसा; कूलर; अभैर; सुतुर।

करया [सं-पु.] उड़द की सूखी हुई गोठ।

करवँट [सं-स्त्री.] एक प्रकार की लता जो अवध, बंगाल, दक्षिण भारत और श्रीलंका में पाई जाती है।

करवंचन (सं.) [सं-पु.] शासन को उचित कर से वंचित करना; कर की चोरी; करापवंचन।

करवट (सं.) [सं-स्त्री.] 1. हाथ या पार्श्व के बल सोने या लेटने की एक स्थिति 2. बाज़ू 3. पहलू। [सं-पु.] 1. लकड़ी चीरने का आरा 2. एक वृक्ष जिसका गोंद विषैला होता है; जसूँद। [मु.] -**बदलना** : बिस्तर पर बेचैन तड़पना; नींद न आना। -**लेना** : किसी चीज़ का एक तरफ़ झुकना या लुढ़कना।

करवा (सं.) [सं-पु.] 1. धातु या मिट्टी का बना हुआ लोटे के आकार का एक पात्र; टोंटीदार लोटा 2. जहाज़ में लगाने की लोहे की कोनिया 3. एक प्रकार की मछली।

करवाचौथ (सं.) [सं-स्त्री.] 1. कार्तिक कृष्ण चतुर्थी; करक चतुर्थी 2. उक्त तिथि को विवाहित स्त्रियाँ अपने सौभाग्य की वृद्धि हेतु व्रत रखती हैं 3. करवा चतुर्थी व्रत।

करवानक (सं.) [सं-पु.] गौरैया या चटक नामक पक्षी; चिड़ा।

करवाना [क्रि-स.] 1. किसी को किसी कार्य में प्रवृत्त करना 2. कोई कार्य किसी अन्य से कराना।

करवाल (सं.) [सं-पु.] नाखून; तलवार।

करवी [सं-स्त्री.] पशुओं का चारा।

करवीर (सं.) [सं-पु.] 1. कनेर का पेड़ एवं उसका फूल 2. तलवार।

करसंपुट (सं.) [सं-पु.] 1. हथेली की अंजुली 2. विनीत भाव से हाथ जोड़ने की मुद्रा।

करसर (अं.) [सं-पु.] **कंप्यूटर, मोबाइल** आदि की स्क्रीन पर दिखाई देनेवाला एक छोटा चिह्न जो यह दिखाता है कि प्रयोगकर्ता किस स्थान बिंदु पर है; प्रसंकेतक।

करसिंगी [सं-स्त्री.] सींग वाली भैंस।

करसी (सं.) [सं-स्त्री.] 1. उपला; कंडा 2. सूखा गोबर 3. उपले की आग 4. उपले की राख।

करह (सं.) [सं-पु.] पुष्पकलिका; फूल की कली।

करहनी [सं-पु.] अगहन में होने वाला एक प्रकार का धान।

करहाई [सं-स्त्री.] एक प्रकार की बेल; लता।

करहाट (सं.) [सं-पु.] 1. कमल की नाल; भसींड़ 2. कमल का छत्ता।

करही [सं-स्त्री.] वह दाना जो पीटने के बाद बाल में लगा रह जाता है।

कराँकुल (सं.) [सं-पु.] जलाशयों के किनारे रहने वाला कूँज नामक पक्षी; क्रौंच पक्षी।

कराँत (सं.) [सं-पु.] लकड़ी चीरने का आरा।

कराँती [सं-पु.] कराँत या आरा चलाने वाला व्यक्ति। [सं-स्त्री.] लकड़ी चीरने की छोटी आरी।

कराई [सं-स्त्री.] 1. काम करने या कराने की क्रिया या भाव 2. पारिश्रमिक 3. अरहर, उड़द आदि की भूसी।

कराघात (सं.) [सं-पु.] हाथ से किया हुआ आघात; हाथ का प्रहार; वार।

कराधिकारी (सं.) [सं-पु.] कर वसूलने वाला अधिकारी।

कराना [क्रि-स.] 1. किसी से कोई काम लेना 2. ऐसा उपाय करना जिससे कि कोई व्यक्ति कुछ काम करे 3. निपटाना; करवाना।

कराबत (अ.) [सं-स्त्री.] 1. नज़दीकी; समीपता 2. नाता; रिश्ता; संबंध।

कराबा (अ.) [सं-पु.] 1. काँच का बना हुआ सुराही के आकार का पात्र जिसमें अर्क आदि तरल पदार्थ रखे जाते हैं 2. शराब की सुराही 3. बहुत बड़ी बोतल।

कराबीन (तु.) [सं-स्त्री.] एक प्रकार की छोटी बंदूक।

करामत (अ.) [सं-स्त्री.] 1. बड़प्पन; बुज़ुर्गी; प्रतिष्ठा 2. महत्ता 3. अनुग्रह; कृपा; नवाज़िश 4. चमत्कार; सिद्धि।

करामात (अ.) [सं-स्त्री.] 1. कोई अद्भुत या अलौकिक कार्य; अचरज भरी बात; सिद्धि 2. चमत्कार।

करामाती (अ.) [सं-पु.] 1. जादूगर; ऐंद्रजालिक 2. सिद्ध पुरुष। [वि.] 1. करामात संबंधी 2. करामात दिखलाने वाला; चमत्कार करने वाला 3. जिसमें करामात हो।

करायल (सं.) [सं-पु.] तेल मिली हुई राल। [सं-स्त्री.] कलौंजी; किरायता; मँगरैला। [वि.] जिसका रंग थोड़ा काला हो।

करार (अ.) [सं-पु.] 1. ठहराव; स्थिरता 2. प्रतिज्ञा; वायदा; इकरार 3. धीरज; तसल्ली; संतोष 4. चैन; आराम।

क़रार (अ.) [सं-पु.] उर्दू उच्चारणानुसार वर्तनी (दे. करार)।

करारा [वि.] 1. तेज़; तीक्ष्ण 2. कड़ा; कठोर, जैसे- करारा जवाब 3. तीखा 4. दृढ़ 5. अधिक सिका हुआ; कुरकुरा।

करारी (अ.) [वि.] जिसके संबंध में करार हुआ हो, जैसे- मकान ख़रीदने या बेचने की करारी।

करारोप (सं.) [सं-पु.] कर या टैक्स लगाना।

कराल (सं.) [सं-पु.] 1. राल मिला हुआ तेल 2. दाँतों का एक रोग। [वि.] 1. बड़े-बड़े दाँतों वाला 2. भीषण और डरावनी आकृति वाला 3. बहुत ऊँचा।

कराला (सं.) [सं-स्त्री.] 1. (पुराण) दुर्गा या चंडी का एक नाम 2. अनंत मूल; सारिवा।

करालिका (सं.) [सं-स्त्री.] 1. कराला 2. चंडी या दुर्गा।

कराली (सं.) [सं-स्त्री.] 1. दुर्गा; चंडी 2. अग्नि की एक जिह्वा।

कराव [सं-पु.] विधवा स्त्री से किया जाने वाला विवाह; विधवा विवाह।

करावल (तु.) [सं-पु.] 1. घुड़सवार सैनिक 2. पहरेदार; संतरी 3. विपक्षी का भेद लाने वाला सैनिक या सैन्य दल।

करावा [सं-पु.] एक प्रकार का विवाह या सगाई; विधवा स्त्री से किया जाने वाला विवाह।

कराह [सं-स्त्री.] 1. कराहने की क्रिया या भाव 2. कराहने से उत्पन्न होने वाली ध्वनि 3. पीड़ा में निकलने वाली तीखी आह।

कराहत (अ.) [सं-स्त्री.] वीभत्स दृश्य या वस्तु को देखने के उपरांत होने वाली नफ़रत; घृणा।

कराहना [क्रि-अ.] 1. आंतरिक पीड़ा में मुँह से ध्वनि का निकलना 2. आह-आह करना।

करिंगा [सं-पु.] अनुसूचित जाति (चमार) के एक नाच का विदूषक।

करिका (सं.) [सं-स्त्री.] नाखून की खरोंच से शरीर में होने वाला घाव।

करिक्की [सं-स्त्री.] काली भेड़; करिखहिया; करियई; कारी। [वि.] करिखा (कालिख) युक्त; काली।

करिक्यलम (अं.) [सं-पु.] 1. किसी व्यक्ति की शैक्षिक योग्यता एवं कार्य अनुभव आदि का विवरण 2. महाविद्यालय या विश्वविद्यालय में पढ़ाए जाने वाले विषयों की सूची 3. पाठ्यक्रम; पाठ्यचर्या; पाठ्यविषय।

करिगह [सं-पु.] करघा।

करिणी (सं.) [सं-स्त्री.] मादा हाथी।

करियर (अं.) [सं-पु.] व्यक्ति की नौकरी या रोज़गार संबंधी स्थिति।

करिया [सं-पु.] 1. ईख का एक रोग जिससे वह काला पड़ जाता है तथा उसके रस को सूखा देता है 2. काले रंग वाला बैल। [वि.] 1. काले रंग का 2. तीखा।

करिवदन (सं.) [सं-पु.] हाथी के समान जिसका मुख हो; गणेश; अष्टविनायक।

करिश्मा (फ़ा.) [सं-पु.] विलक्षण कार्य; अद्भुत कृत्य; चमत्कार; करामात।

करी[1] (सं.) [सं-पु.] हाथी। [सं-स्त्री.] चौपाई नामक छंद।

करी[2] (सं.) [वि.] 1. करने वाली 2. प्राप्त करने वाली 3. उत्पन्न करने वाली।

करीन (अ.) [वि.] 1. पास का; निकट का; साथ बैठने वाला 2. संगत 3. मिला हुआ 4. समान; तुल्य।

करीना (अ.) [सं-पु.] 1. तरतीब; क्रम 2. ढंग; तर्ज़; तरीका; कायदा 3. सलीका; शऊर 4. मेल; समानता।

करीब (अ.) [क्रि.वि.] 1. निकट; पास; समीप; नज़दीक 2. लगभग; प्राय:।

करीब-करीब (अ.) [क्रि.वि.] लगभग; तकरीबन।

करीबी (अ.) [वि.] 1. नज़दीकी या निकट संबंधी 2. पास या निकट का।

करीम (अ.) [वि.] 1. कृपालु; दयालु 2. करम करने वाला 3. उदार; नेक; क्षमाशील।

करीर (सं.) [सं-पु.] 1. बाँस का नया कल्ला या अँखुआ 2. घड़ा।

करील (सं.) [सं-पु.] एक प्रकार की काँटेदार झाड़ी।

करीश (सं.) [सं-पु.] बहुत बड़ा हाथी; गजराज; गजेंद्र।

करीष (सं.) [सं-पु.] बिना पाथा हुआ सूखा गोबर; कंडा; उपला।

करुआ [वि.] जो स्वाद में कड़वा हो; कडुआ तेल।

करुआर [सं-पु.] नाव खेने के लिए प्रयुक्त हल्का बाँस; पतवार।

करुआरी [सं-स्त्री.] पनिहारी, नाव खेने के लिए प्रयुक्त हल्का बाँस।

करुण (सं.) [वि.] 1. करुणायुक्त 2. करुणा उत्पन्न करने वाला। [सं-पु.] (काव्यशास्त्र) काव्य के शृंगार, वीर, रौद्र आदि नौ रसों में एक जिसका स्थायी भाव शोक है।

करुणा (सं.) [सं-स्त्री.] 1. मन में उत्पन्न वह भाव जो दूसरों का कष्ट देखकर उसे दूर करने हेतु उत्पन्न होता है 2. दया; अनुकंपा; रहम।

करुणाकर (सं.) [वि.] 1. अति दयालु 2. करुणा से भरा हुआ।

करुणानिधि (सं.) [वि.] 1. करुणा या दया से परिपूर्ण 2. जिसका हृदय करुणा से भरा हो; दयालु।

करुणामय (सं.) [वि.] 1. जिसमें बहुत अधिक करुणा हो 2. दयावान 3. करुणा से भरा हुआ।

करुणार्द्र (सं.) [वि.] जिसका हृदय करुणा से आर्द्र या द्रवित हो जाता है।

करुल [सं-पु.] जलाशयों के पास रहने वाली एक प्रकार की बड़ी चिड़िया।

करुवार [सं-पु.] नाव खेने का एक प्रकार का डाँड़; पतवार।

करूई [वि.] सरसों के तेल से तैयार किया गया। [सं-स्त्री.] मूँज से निर्मित टोकरी; सिकहुती।

करेंगा [सं-पु.] एक मोटा धान।

करेंट अफ़ेयर्स (अं.) [सं-पु.] समसामयिकी या ताज़ा घटनाचक्र।

करेणु (सं.) [सं-पु.] 1. हाथी 2. कर्णिकार का पेड़; कनेर।

करेणुका (सं.) [सं-स्त्री.] हथिनी; मादा हाथी।

करेरुवा [सं-पु.] एक प्रकार की काँटेदार लता।

करेल [सं-पु.] 1. एक प्रकार का बड़ा मुगदर जो दोनों हाथों से घुमाया जाता है 2. करेल घुमाने की कसरत।

करेलनी [सं-स्त्री.] लकड़ी की वह फरुही जिससे घास का अटाला लगाते हैं।

करेला (सं.) [सं-पु.] 1. एक प्रसिद्ध लता जिसके फलों से सब्ज़ी बनाई जाती है 2. उक्त लता के लंबे आकार के फल।

करेवा [सं-पु.] कुछ जातियों में विधवा स्त्री को पत्नी के रूप में रखने की प्रथा; धरेवा; धरीचा।

करैत [सं-पु.] एक प्रकार का बहुत जहरीला काला साँप।

करैल[1] [सं-स्त्री.] 1. काली मिट्टी जो गीली होने पर लसदार हो जाती है 2. काली मिट्टी की भूमि।

करैल[2] (सं.) [सं-पु.] 1. बाँस का नरम कल्ला 2. डोम कौआ।

करोड़ (सं.) [सं-पु.] 1. सौ लाख की संख्या 2. उक्त संख्या का सूचक अंक (10000000)। [वि.] 1. जो गिनती में सौ लाख हो 2. {ला-अ.} असंख्य या अत्यधिक का आभास देने वाला।

करोड़पति [सं-पु.] 1. वह व्यक्ति जिसके पास कई करोड़ की संपत्ति हो 2. धनपति। [वि.] बहुत बड़ा धनी।

करोड़ी [सं-पु.] 1. करोड़पति 2. रोकड़िया 3. मध्य काल में लगान आदि एकत्र करने वाला अधिकारी।

करौंदा (सं.) [सं-पु.] 1. एक कँटीला पौधा जिसमें गोल आकार के छोटे और खट्टे फल लगते हैं 2. उक्त पौधे का फल।

करौत[1] [सं-स्त्री.] ऐसे स्त्री-पुरुष जिन्होंने एक-दूसरे को बिना शादी किए अपने साथ रख लिया हो।

करौत[2] (सं.) [सं-पु.] लकड़ी चीरने का आरा।

करौली (सं.) [सं-स्त्री.] एक प्रकार की सीधी मूठदार छुरी।

कर्क (सं.) [सं-पु.] 1. कर्कट; केकड़ा 2. (ज्योतिष) बारह राशियों में एक राशि; (कैंसर) 3. अग्नि; आग 4. घड़ा 5. दर्पण।

कर्कट (सं.) [सं-पु.] 1. आठ पैरों वाला एक जलीय जंतु; केकड़ा 2. कमल नाल; भसींड 3. सारस की एक प्रजाति; करकरा 4. किसी वृत्त की त्रिज्या 5. कर्क राशि 6. सँड़सी 7. तराज़ू की डंडी का कोई छोर 8. काँटा 9. एक रतिबंध 10. नृत्य में एक प्रकार का हस्तक।

कर्कटी (सं.) [सं-स्त्री.] 1. एक बेल जिसमें लंबे फल लगते हैं; ककड़ी 2. मादा कछुआ 3. एक बेल जिसके लंबे फलों की सब्ज़ी बनाई जाती है; तुरई 4. सेमल का फल 5. काकड़ा सिंगी; एक फल या सब्ज़ी।

कर्कर (सं.) [सं-पु.] 1. कंकड़ 2. कुरंड पत्थर 3. एक प्रकार का नीलम 4. दर्पण; आईना 5. अस्थि 6. खोपड़ी का टुकड़ा 7. चमड़े की पट्टी 8. हथौड़ा।

कर्करेखा (सं.) [सं-स्त्री.] पृथ्वी पर उत्तरी अक्षांश की एक कल्पित रेखा।

कर्कश (सं.) [वि.] 1. कर्णकटु (ध्वनि) 2. कटु एवं अप्रिय बोलने वाला; झगड़ालू प्रवृत्ति का 3. खुरदरा; कठोर; तीव्र 4. निर्दय; दुराचारी 5. अचिंत्य।

कर्कशता (सं.) [सं-स्त्री.] 1. कर्कश होने की अवस्था, गुण या भाव 2. कड़ापन; खुरदरापन।

कर्कशा (सं.) [वि.] 1. झगड़ालू; झंझटी 2. कटुभाषिणी; झगड़ा करने वाली।

कर्केतन (सं.) [सं-पु.] एक मणि जो लाल, पीली, हरी, श्वेत या काले रंग की होती है; घृतमणि।

कर्ची [सं-स्त्री.] एक प्रकार की चिड़िया।

कर्ज़ (अ.) [सं-पु.] ऋण; उधार लिया हुआ धन; कर्ज़ा। [मु.] **-पाटना/पाट देना** : कर्ज़ चुकाना। **-उतारना** : ऋण चुकाना।

कर्ज़ख़्वाह (अ.) [वि.] कर्ज़ लेने वाला; ऋणेच्छुक।

कर्ज़दार (अ.+फ़ा.) [वि.] कर्ज़ लेने वाला; जिसपर कर्ज़ या ऋण हो; जो उधार लिए हुए हो; ऋणी।

कर्ज़दारी (अ.+फ़ा.) [सं-स्त्री.] कर्ज़दार होने की अवस्था या भाव।

कर्ण (सं.) [सं-पु.] 1. सुनने की इंद्रिय; कान 2. नाव की

पतवार 3. (पुराण) कुंती का बड़ा पुत्र जो सूर्य के अंश से उत्पन्न हुआ था 4. (ज्यामिती) एक रेखा जो चतुर्भुज के आमने-सामने के कोणों को मिलाती हो 5. (काव्यशास्त्र) छप्पय छंद का एक भेद।

कर्णकटु (सं.) [वि.] 1. जो कानों को अप्रिय या कटु प्रतीत हो 2. कानों में खटकने वाला।

कर्णकुहर (सं.) [सं-पु.] कान का छेद।

कर्णगुहा (सं.) [सं-स्त्री.] कान का आंतरिक छेद।

कर्णगूथ (सं.) [सं-पु.] कान का मैल या गंदगी; खूँट।

कर्णगोचर (सं.) [वि.] कान को सुनाई देने वाला।

कर्णधार (सं.) [सं-पु.] 1. सूत्रधार 2. पार लगाने वाला; पतवार पकड़ने वाला; माँझी; मल्लाह 3. सहायता करने वाला 4. सहारा 5. काम सँभालने वाला। [वि.] दुख, संकट आदि को दूर करने वाला।

कर्णनाद (सं.) [सं-स्त्री.] 1. कान में सुनाई देने वाली नाँद या गूँज 2. आवाज़ जो कानों में गूँजे 3. कान का एक रोग।

कर्णपटल (सं.) [सं-पु.] 1. कान का परदा 2. कान की नली के अंत में स्थित एक चमकदार परदा।

कर्णपटह (सं.) [सं-पु.] कान का परदा; कर्णमृदंग।

कर्णपल्लव (सं.) [सं-पु.] कान का बाहरी भाग; बाह्यकर्ण।

कर्णपाली (सं.) [सं-स्त्री.] 1. कान का एक रोग; जंबुल; कर्णपाल 2. कान में पहनने का एक गहना; बाली 3. कान के नीचे का लटकता हुआ भाग; कर्णलता; कर्णलतिका।

कर्णपुटी (सं.) [सं-स्त्री.] कान का सुराख़; कर्ण कोष्ट।

कर्णप्रिय (सं.) [वि.] 1. जो कानों को प्रिय लगे 2. सुनने में प्रिय या अच्छा लगने वाला।

कर्णफूल (सं.) [सं-पु.] 1. कान का एक आभूषण 2. करनफूल।

कर्णभेदी (सं.) [वि.] कान को भेदने वाला।

कर्णमृदंग (सं.) [सं-पु.] कान के भीतर की चमड़े की वह झिल्ली जो मृदंग के चमड़े की तरह हड्डियों पर कसी रहती है; कान का परदा; कर्णपटह।

कर्णलता (सं.) [सं-स्त्री.] कान के नीचे का लटकता हुआ भाग; कर्णपाली; कर्णलतिका।

कर्णवेध (सं.) [सं-पु.] हिंदुओं में प्रचलित सोलह संस्कारों में से एक; कान में आभूषण पहनने तथा स्वास्थ्य रक्षा के लिए किया जाने वाला एक संस्कार जिसमें कान छेदा जाता है; कर्णछेदन।

कर्णहीन (सं.) [वि.] जो बिना कानों का हो; कर्णरहित। [सं-पु.] साँप।

कर्णातीत (सं.) [वि.] जिसे सुना न जा सके।

कर्णाभूषण (सं.) [सं-पु.] कान में पहना जाने वाला आभूषण; कुंडल।

कर्णावर्त (सं.) [सं-पु.] कान के अंदर का एक अंग जो सर्पाकार होता है।

कर्णिका (सं.) [सं-स्त्री.] 1. कान में पहनने का एक आभूषण; कर्णफूल 2. हाथ के बीच की उँगली 3. कमल का छत्ता 4. लेखनी; कलम 5. अरनी का पेड़ 6. सफ़ेद गुलाब; सेवती 7. हाथी की सूँड़ की नोक 8. एक प्रकार का योनि रोग।

कर्णिकार (सं.) [सं-पु.] 1. कनकचंपा का पेड़ और फूल 2. एक तरह का अमलतास।

कर्णी (सं.) [सं-स्त्री.] फल वाला बाण या तीर। [वि.] 1. कान वाला 2. बड़े-बड़े कान वाला 3. जिसमें पतवार लगी हो।

कर्णेजप (सं.) [सं-पु.] चुगली करने वाला व्यक्ति। [वि.] 1.चुगलख़ोर 2. भेद बताने वाला।

कर्तक (सं.) [सं-पु.] किसी चीज़ को काटने का उपकरण। [वि.] काटने या कतरने वाला।

कर्तन (सं.) [सं-पु.] 1. काटने या कतरने की क्रिया या भाव; काटना या कतरना 2. सूत कातना 3. किसी समाचार को आवश्यकतानुरूप काटना अथवा छोटा करना; (क्लिप)।

कर्तनी (सं.) [सं-स्त्री.] काटने या कतरने का उपकरण; कतरनी; कैंची।

कर्तरी (सं.) [सं-स्त्री.] 1. कतरनी; कैंची 2. छुरी 3. कटार 4. नृत्य का एक प्रकार 5. ताल देने का एक प्रकार का पुराना वाद्य यंत्र 6. (ज्योतिष) एक प्रकार का योग 7. बाण का वह भाग जहाँ पंख लगाया जाता है।

कर्तव्य (सं.) [सं-पु.] 1. वह कार्य जो किया जाना चाहिए; करने योग्य कार्य 2. कार्य जो नैतिक और धार्मिक रूप से आवश्यक हो 3. कानून या विधि की दृष्टि से आवश्यक कार्य 4. उचित कर्म; फ़र्ज़।

कर्तव्यच्युत (सं.) [वि.] 1. कर्तव्य नहीं करने वाला 2. जो अपने कर्तव्य से हट चुका हो।

कर्तव्यनिष्ठ (सं.) [वि.] 1. कर्तव्य करने में निपुण 2. कर्तव्य निभाने की निष्ठावाला।

कर्तव्यपरायण (सं.) [वि.] कर्तव्य के प्रति आदर-भाव।

कर्तव्यपालन (सं.) [सं-पु.] 1. ज़िम्मेदारी का निर्वाह करना 2. कर्तव्य पूरा करना।

कर्तव्यविमूढ़ (सं.) [वि.] 1. जिसे अपने कर्तव्य का ज्ञान न हो 2. जो घबराहट या उलझन के कारण अपना कर्तव्य निश्चित न कर पा रहा हो।

कर्ता (सं.) [सं-पु.] 1. काम करने वाला 2. सब कुछ रचने वाला 3. ईश्वर; विधाता। [वि.] 1. करने या बनाने वाला 2. क्रिया करने वाला; जिससे क्रिया का संबंध हो।

कर्ताधर्ता (सं.) [सं-पु.] 1. सब कुछ करने-धरने वाला व्यक्ति 2. सब कुछ करने के लिए अधिकार प्राप्त व्यक्ति 3. किसी कार्य का पूर्ण ज़िम्मेदारी से संचालन करने वाला व्यक्ति।

कर्तार (सं.) [सं-पु.] 1. कर्ता 2. ईश्वर; विधाता 3. करतार।

कर्तित (सं.) [वि.] 1. कटा हुआ 2. विसंयुक्त; वियुत 3. वियोजित 4. संक्षिप्त।

कर्तृक (सं.) [सं-पु.] कर्मचारियों या कार्यकर्ताओं का समूह; (स्टाफ़)। [वि.] 1. निर्मित किया हुआ 2. पूर्ण या संपादित किया हुआ।

कर्तृत्व (सं.) [सं-पु.] 1. कर्ता होने की अवस्था, गुण, धर्म या भाव 2. कार्य 3. क्रिया।

कर्तृवाचक (सं.) [वि.] (व्याकरण) कर्ता का बोध कराने वाला (शब्द या पद)।

कर्तृवाच्य (सं.) [सं-पु.] व्याकरण में क्रिया के विचार से वाच्य के तीन रूपों में से एक जो इस बात का सूचक है कि जो कुछ कहा गया है, वह कर्ता की प्रधानता के विचार से है; (ऐक्टिव वॉयस), जैसे- राम पुस्तक पढ़ता है।

कर्दम (सं.) [सं-पु.] 1. कीच; कीचड़ 2. मैल; कूड़ा 3. {ला-अ.} पाप 4. छाया।

कर्दमित (सं.) [वि.] कीचड़युक्त; कीचड़ से लथपथ।

कर्नल (अं.) [सं-पु.] 1. सेना का एक बड़ा अफ़सर 2. सैनिक अधिकारी का एक पद।

कर्पट (सं.) [सं-पु.] 1. पुराना, चिथड़ा या फटा हुआ कपड़ा 2. कपड़े का टुकड़ा या पट्टी 3. मटीला या लाल रंग का परिधान 4. (पुराण) एक पर्वत।

कर्पटी (सं.) [सं-पु.] 1. जो फटे-चिथड़े कपड़े पहनता हो 2. भिखारी।

कर्पर (सं.) [सं-पु.] 1. खोपड़ी; कपाल 2. कछुए की खोपड़ी 3. खप्पर 4. गूलर 5. कड़ाह; कड़ाही 6. ठीकरा 7. प्राचीन कालीन एक हथियार।

कर्पूर (सं.) [सं-पु.] 1. कपूर; काफ़ूर 2. एक सुगंधित पदार्थ जो जलने के बाद वायु में विलीन हो जाता है।

कर्फर (सं.) [सं-पु.] दर्पण; आरसी; शीशा; आईना।

कर्बुर (सं.) [सं-पु.] 1. स्वर्ण; सोना 2. धतूरा 3. जल 4. पाप 5. राक्षस 6. कचूर। [वि.] जो कई रंग से रँगा हो; रंग-बिरंगा; चितकबरा।

कर्म (सं.) [सं-पु.] 1. कार्य; काम 2. आचरण 3. भाग्य 4. ऐसे धार्मिक कार्य जिन्हें करने का शास्त्रीय विधान हो 5. मृतात्मा की शांति हेतु किया गया कार्य। [मु.] **-ठोंकना** : भाग्य को कोसना। **-फूटना** : भाग्य का साथ न देना।

कर्मकांड (सं.) [सं-पु.] 1. शास्त्रविहित धार्मिक कर्म 2. वेद का वह भाग जिसमें नित्य-नैमित्तिक आदि कर्मों का विधान है 3. वह शास्त्र जिसमें यज्ञ, संस्कार आदि कर्मों का विधान हो 4. उक्त विधानों के अनुरूप होने वाला धार्मिक कृत्य।

कर्मकांडी (सं.) [सं-पु.] 1. कर्मकांड का विद्वान 2. यज्ञ, पूजा आदि धार्मिक कृत्य संपन्न करने वाला; पुरोहित 3. कर्मकांड के अनुसार पूजा आदि कराने वाला ब्राह्मण।

कर्मकार (सं.) [सं-पु.] 1. कारीगर 2. जिससे बलपूर्वक और बिना पारिश्रमिक दिए काम कराया जाए; बेगार 3. सेवक; नौकर 4. लुहार।

कर्मक्षेत्र (सं.) [सं-पु.] 1. कार्य करने का स्थान; कार्य-क्षेत्र 2. कर्मभूमि 3. ऐसा स्थान जहाँ कर्म किया जाए।

कर्मगुण (सं.) [सं-पु.] 1. कौटिल्य मत से काम की अच्छाई-बुराई 2. कार्यक्षमता।

कर्मचारी (सं.) [सं-पु.] 1. किसी काम के लिए नियमित वेतन या मज़दूरी पर नियुक्त व्यक्ति 2. कार्य संपादन के लिए नियुक्त व्यक्ति; कार्यकर्ता 3. काम करने वाला।

कर्मजन्य (सं.) [सं-पु.] कर्मफल; अच्छा या बुरा फल। [वि.] कर्म से उत्पन्न।

कर्मठ (सं.) [वि.] 1. कुशलतापूर्वक काम करने वाला; कर्मनिष्ठ 2. शास्त्रविहित कर्मों को ठीक प्रकार से करने वाला 3. जिसने कई प्रशंसनीय और स्तुत्य कार्य किए हों।

कर्मणि-वाच्य (सं.) [वि.] (व्याकरण) वह कार्य जो कर्म से संबंधित हो।

कर्मणि प्रयोग (सं.) [सं-पु.] (व्याकरण) वह अवस्था जिसमें किसी वाक्य में क्रियापद कर्म के लिंग-वचन के अनुसार निर्धारित होता है।

कर्मधारय (सं.) [सं-स्त्री.] (व्याकरण) समास का एक भेद जिसके दोनों पदों में विशेषण-विशेष्य का संबंध होता है।

कर्मनाशा (सं.) [सं-स्त्री.] उत्तर भारत की एक नदी का नाम।

कर्मनिष्ठ (सं.) [वि.] 1. कर्तव्यपालन में लगा रहने वाला; कर्तव्य का पालन करने वाला 2. कर्म में आस्था रखने वाला 3. सक्रिय; कर्मशील।

कर्मप्रधान (सं.) [वि.] 1. जिसमें कर्म की प्रधानता हो 2. भौतिक पदार्थों, उनके कार्यों तथा उनसे होने वाली अनुभूतियों से संबंध रखने वाला।

कर्मफल (सं.) [सं-पु.] 1. किए हुए कर्मों का फल 2. पूर्वजन्म में किए हुए कर्मों का फल; दुख-सुख आदि।

कर्मबंध (सं.) [सं-पु.] अच्छे बुरे कर्मों के अनुसार जन्म और मृत्यु का बंधन या चक्र।

कर्मभूमि (सं.) [सं-स्त्री.] 1. कर्म करने का स्थान; कर्म-क्षेत्र 2. कर्मों या कृत्यों के लिए उपयुक्त भूमि।

कर्मभोग (सं.) [सं-पु.] किए हुए कर्मों का फल; कर्मफल; प्रारब्ध।

कर्ममार्ग (सं.) [सं-पु.] विहित कर्मों द्वारा मोक्षप्राप्ति का मार्ग।

कर्ममास (सं.) [सं-पु.] वर्षा ऋतु का श्रावण मास जो तीस दिनों का होता है; सावन मास।

कर्मयुग (सं.) [सं-पु.] चार युगों में से अंतिम और वर्तमान युग जिसमें पाप और अनीति की प्रधानता मानी जाती है; तिष्य।

कर्मयोग (सं.) [सं-पु.] 1. फलाफल का विचार किए बिना अपने कर्तव्य-पालन में सदैव लगे रहने का नियम अथवा व्रत 2. फल से निर्लिप्त रहते हुए किया जाने वाला कर्म 3. कर्म-पथ की साधना।

कर्मयोगी (सं.) [सं-पु.] 1. कर्म मार्ग की साधना करने वाला व्यक्ति 2. निष्काम भाव से कर्म करने वाला व्यक्ति।

कर्मरेख (सं.) [सं-स्त्री.] कर्म या भाग्य की रेखा; कर्मलेख; तकदीर; किस्मत।

कर्मवाच्य (सं.) [सं-स्त्री.] (व्याकरण) क्रिया की दृष्टि से वाक्य का वह रूप जिसमें कर्म की प्रधानता हो।

कर्मवाद (सं.) [सं-पु.] (मीमांसा दर्शन) ऐसा सिद्धांत जिसमें कर्म प्रधान माना गया है।

कर्मवान (सं.) [वि.] 1. अच्छा या प्रशंसनीय कार्य करने वाला 2. शास्त्रविहित कर्मों में निष्ठा रखने वाला; संध्या, अग्निहोत्र आदि करने वाला; कर्मनिष्ठ।

कर्मवीर (सं.) [वि.] 1. कर्मशील; कर्मवान; मेहनती; परिश्रमी

2. लोकहित में कर्म करने में निपुण 3. विघ्न-बाधाओं को नष्ट करते हुए कर्तव्य-पालन करने वाला; कर्मठ; पुरुषार्थी 4. जिसने स्तुत्य कार्य किए हों 5. काम करने में बहादुर।

कर्मशाला (सं.) [सं-स्त्री.] वह स्थान जहाँ कारीगर या शिल्पी किसी वस्तु का निर्माण करते हैं; कारख़ाना; (वर्कशॉप)।

कर्मशील (सं.) [सं-पु.] 1. वह व्यक्ति जो फल की अभिलाषा छोड़कर स्वाभाविक रूप से का र्य करे; कर्मवान 2. सदैव कामों में लगा रहने वाला व्यक्ति। [वि.] 1. परिश्रमी 2. उद्योगी।

कर्मशूर (सं.) [वि.] वह जो साहस और दृढ़ता के साथ कर्म करने में प्रवृत्त हो; उद्योगी; कर्मवीर।

कर्मसाक्षी (सं.) [सं-पु.] 1. (पुराण) वे देवता जो प्राणियों के कर्मों को देखते रहते हैं और उनके साक्षी रहते हैं 2. चश्मदीद गवाह। [वि.] कर्मों को देखने वाला।

कर्महीन (सं.) [वि.] 1. जिससे कोई अच्छा कार्य न हो या न कर सकता हो 2. अभागा; हतभाग्य; भाग्यहीन।

कर्मा (सं.) [वि.] यौगिक शब्दों के अंत में जुड़कर 'करने वाला' अर्थ देता है, जैसे- पुण्यकर्मा, विश्वकर्मा।

कर्मांत (सं.) [सं-पु.] 1. कार्य का अंत; काम की समाप्ति 2. जोती हुई धरती 3. अन्न भंडार।

कर्मार (सं.) [सं-पु.] 1. कारीगर 2. कर्मकार; लुहार 3 कमरख 4. एक प्रकार का बाँस।

कर्मिष्ठ (सं.) [वि.] 1. कार्य करने में निपुण; कर्मकुशल 2. कर्मनिष्ठ।

कर्मी (सं.) [वि.] 1. कर्म करने वाला 2. क्रियाशील; सक्रिय 3. यज्ञादि कर्म करने वाला। [सं-पु.] 1. कारीगर 2. मज़दूर।

कर्मीर (सं.) [सं-पु.] 1. नारंगी रंग; किर्मीर 2. चितकबरा रंग।

कर्मेंद्रिय (सं.) [सं-स्त्री.] शरीर के वे अंग जिनसे कोई कार्य किया जाता है- हाथ, पैर, वाणी, गुदा और उपस्थ।

कर्रा[1] [वि.] कठोर; कड़ा।

कर्रा[2] (सं.) [सं-पु.] जुलाहों का सूत फैलाकर तानने का काम।

कर्ला [सं-पु.] कुल्हा; अंकुर।

कर्वट (सं.) [सं-पु.] 1. बाज़ार; मंडी; पैठ 2. जिले का मुख्य स्थान 3. नगर; गाँव 4. पहाड़ की ढाल।

कर्ष (सं.) [सं-पु.] 1. खींचना 2. जोतना 3. लकीर खींचना 4. मनमुटाव 5. रोष; क्रोध 6. सोलह माशे की एक प्राचीन तौल 7. एक प्राचीन सिक्का।

कर्षक (सं.) [सं-पु.] किसान; खेतिहर। [वि.] 1. खींचने वाला 2. घसीटने वाला 3. हल जोतने वाला।

कर्षण (सं.) [सं-पु.] 1. किसी वस्तु को घसीटने, खींचने की क्रिया या भाव 2. खिंचाई 3. खरोंचकर लकीर बनाना 4. हल जोतना; जुताई 5. खेती-किसानी का काम; कृषि कर्म।

कर्षफल (सं.) [सं-पु.] 1. बहेड़ा; विभीतक वृक्ष 2. आँवला।

कर्षिणी (सं.) [सं-स्त्री.] 1. खिरनी का पेड़; क्षीरिणी वृक्ष 2. घोड़े की लगाम।

कर्षित (सं.) [वि.] 1. खींचा हुआ; आकृष्ट किया हुआ 2. सताया हुआ; पीड़ित 3. क्षीण किया हुआ 4. जोता हुआ।

कर्षी (सं.) [सं-पु.] 1. किसान 2 हल चलाने वाला व्यक्ति। [वि.] 1. खींचने वाला; कर्षक 2. खेत जोतने वाला।

कर्समिया [सं-पु.] कड़े बालों और अबालों वाला घोड़ा।

कल (सं.) [सं-पु.] 1. आने वाला दिन 2. बीता हुआ दिन 3. [पूर्वप्रत्य.] जब सामासिक शब्द के प्रत्यय के रूप में आता है, तो इसका अर्थ 'यंत्र', 'मशीन' आदि होता है, जैसे- कलपुरज़ा, कल-कारख़ाना।

कल-कल (सं.) [सं-पु.] 1. नदी या झरने के प्रवाह की कोमल और मधुर ध्वनि 2. मृदुल और मिठासभरी ध्वनि या आवाज़।

कल-पुरज़ा [सं-पु.] मशीन और उसके पुरज़े।

कलंक (सं.) [सं-पु.] 1. लांछन; अपयश; बदनामी 2. धब्बा; दाग 3. त्रुटि; दोष 4. ऐसा कार्य जिससे मर्यादा, प्रतिष्ठा या ख्याति धूमिल हो। [मु.] **-धोना/धो डालना** : अपयश का कुप्रभाव दूर करना।

कलंकित (सं.) [वि.] 1. जिसपर कलंक लगा हो 2. अपयशी; कुख्यात 3. बदनाम 4. कलंकी।

कलंकुर (सं.) [सं-पु.] पानी का भँवर।

कलंदर (अ.) [सं-पु.] 1. मुसलमान साधुओं की एक जमात या उस जमात का कोई सदस्य 2. मस्त; फ़क्कड़; आज़ाद-तबियत व्यक्ति 3. रीछ, बंदर नचाने वाला मदारी।

कलंदरी (अ.) [वि.] कलंदर से संबंधित; कलंदर का।

कलंब (सं.) [सं-पु.] 1. कदंब का पेड़ 2. सरपत 3. साग का डंठल।

कलई (अ.) [सं-स्त्री.] 1. राँगा 2. राँगे का वह लेप जो ताँबा-पीतल आदि से निर्मित वस्तुओं-बरतनों पर लगाया जाता है 3. मुलम्मा 4. लेप 5. छत, दीवार आदि पर होने वाली चूने की पुताई 6. {ला-अ.} वास्तविक तथ्य को छिपाने के लिए उस पर चढ़ाया हुआ आकर्षक मिथ्यावरण; दिखावटी आवरण। [मु.] **-खुलना** : भेद खुलना।

कलईगर (अ.+फ़ा.) [सं-पु.] 1. पीतल आदि की वस्तुओं पर कलई करने वाला कारीगर 2. जो राँगे का लेप या मुलम्मा चढ़ाता हो।

कलईदार (अ.+फ़ा.) [वि.] जिसपर कलई की गई हो।

कलक[1] (सं.) [सं-पु.] एक तरह की मछली; गद्य की एक शैली।

कलक[2] (अ.) [सं-पु.] 1. दुख; तकलीफ़ 2. अफ़सोस 3. घबराहट।

कलकँटिया [सं-पु.] काले रंग के काँटों वाला मुर्गा।

कलकंठ (सं.) [सं-पु.] 1. कोयल 2. कबूतर 3. हंस। [वि.] 1. जिसका गला सुंदर हो 2. जिसका स्वर मधुर हो।

कलकतिया [वि.] 1. कलकत्ता में रहने वाला 2. एक विशेष प्रकार का पान।

कलकलाना [क्रि-अ.] 1. कलकल की आवाज़ होना 2. शरीर में गरमी की अनुभूति होना 3. कुलबुलाना (शरीर का)।

कलकांक (सं.) [सं-पु.] 1. जिस व्यक्ति के अंग में दाग लगा हो 2. चाँद में लगा धब्बा।

कलकूजक (सं.) [वि.] जो मीठा बोलता है; मधुरभाषी;

मृदुभाषी।

कलगा (तु.) [सं-पु.] मरसे की तरह का एक पौधा; मुर्गकेश; जटाधारी।

कलगी (तु.) [सं-स्त्री.] 1. कुछ पक्षियों के सिर पर बने परों, बालों आदि का गुच्छा 2. टोपी, पगड़ी या ताज पर लगाए जाने वाले सुंदर एवं कोमल गुच्छे 3. मुरगे या मोर के सिर पर की चोटी 4. मोती और सोने से बना सिर पर का गहना 5. ऊँची इमारत का शिखर 6. (नृत्य) लावनी का एक प्रकार।

कलघोष (सं.) [सं-पु.] कोयल। [वि.] प्रिय तथा मधुर बोलने वाला।

कलछा (सं.) [सं-पु.] 1. बड़ी कलछी 2. लोहे आदि धातुओं का बना हुआ करछुल; बड़ी डाँडी या चम्मच।

कलछी [सं-स्त्री.] लंबी डंडी वाला बड़े चम्मच के आकार का एक पात्र जो भोजन चलाने एवं परोसने के काम आता है।

कलत्र (सं.) [सं-पु.] 1. पत्नी; भार्या 2. दुर्ग; किला।

कलदार (सं.+फ़ा.) [सं-पु.] वह रुपया जो टकसाल की कल में बना हो; सरकारी रुपया। [वि.] जिसमें कल हो; पेंचदार।

कलधूत (सं.) [सं-पु.] एक सफ़ेद, चमकीली धातु जिसके सिक्के, गहने, बरतन आदि बनते हैं; चाँदी।

कलध्वनि (सं.) [सं-पु.] 1. कबूतर 2. मोर। [सं-स्त्री.] 1. मधुर और कोमल आवाज़ 2. सुरीली ध्वनि।

कलन (सं.) [सं-पु.] 1. गणना करना; हिसाब लगाना 2. ग्रहण करना 3. जानना; समझना 4. व्यवस्थित रूप से स्थापित करना 5. गर्भ में प्रथम बार शुक्रशोणित संयोग के ठीक बाद की अवस्था 6. संबंध 7. आचरण।

कलना (सं.) [सं-स्त्री.] 1. ग्रहण करने या धारण करने की क्रिया या भाव 2. ज्ञान 3. सुंदर रचना।

कलनाद (सं.) [वि.] 1. मधुर स्वर वाला 2. मंद स्वर वाला। [सं-पु.] 1. मधुर ध्वनि; कोमल ध्वनि 2. हंस।

कलप (सं.) [सं-पु.] 1. कलफ़; माँड़ी 2. ख़िज़ाब 3. कल्प।

कलपना (सं.) [सं-स्त्री.] अत्यधिक दुख होने पर तड़पने या विकल होने की अवस्था या भाव। [क्रि-अ.] 1. किसी प्रिय के वियोग में विलाप करना 2. मनस्ताप या अंतर्वेदना को शब्दों में व्यक्त करते हुए रोना 3. दुखी होकर चुपचाप रोना; बिसूरना।

कलपाना (सं.) [क्रि-स.] 1. किसी के कलपने का कारण होना 2. किसी को कलपने में प्रवृत्त करना 3. किसी के साथ निर्दयतापूर्ण व्यवहार करना; सताना; रुलाना।

कलफ़ (अ.) [सं-पु.] धुले कपड़े में इस्त्री से पहले कड़ापन और चिकनाई लाने के लिए लगाई जाने वाली लेई या माँड़ी।

कलफा [सं-स्त्री.] मालाबार की दालचीनी की छाल। [सं-पु.] कल्ला; कोपल; नव अंकुर।

कलब [सं-पु.] टेसू के फूलों को उबालकर बनाया जाने वाला एक प्रकार रंग।

कलबूत (फ़ा.) [सं-पु.] 1. वह साँचा जिसपर चढ़ाकर जूता, टोपी या पगड़ी आदि तैयार किए जाते हैं।

कलब्बु [सं-पु.] तीतर की लड़ाई में प्रयुक्त एक दाँव, जिसमें एक तीतर दूसरे तीतर की बगल में चोंच गड़ाकर पटक देता है।

कलभ (सं.) [सं-पु.] 1. हाथी का बच्चा 2. किसी पशु का बच्चा।

कलम (अ.) [सं-स्त्री.] 1. लेखनी 2. किलक; सरकंडे; नरसल आदि का टुकड़ा जो लिखने के काम आता है 3. चित्र बनाने या रंग भरने की कूँची 4. पेड़ की डालियाँ काट कर तैयार किए गए नए पौधे। [मु.] **-चलाना** : लिखना। **-तोड़ना** : रचना कौशल की पराकाष्ठा कर देना।

क़लम (अ.) [सं-स्त्री.] उर्दू उच्चारणानुसार वर्तनी (दे. कलम)।

कलमकश (अ.+फ़ा.) [वि.] 1. लिखने वाला; कलम से काम करने वाला 2. लेखन से जीविकोपार्जन करने वाला 3. काट देने वाला; मिटा देने वाला 4. कलम के बूते जीने वाला; मसिजीवी।

कलमकार (अ.+फ़ा.) [सं-पु.] 1. लेखक; कलाम से काम करने वाला 2. चित्रकार 3. नक़्क़ाशी करने वाला 4. चित्रों की रेखाओं में रंग भरने वाला 5. एक प्रकार का बुना या नक्काशी किया हुआ कपड़ा; बाफ़ता।

कलमकारी (अ.+फ़ा.) [सं-स्त्री.] 1. कलम से नक्काशी करना; कलम की कारीगरी 2. बेल-बूटे बनाना 3. लेखन।

कलमज़द (अ.+फ़ा.) [वि.] 1. कलम से रद्द किया हुआ 2. काटा हुआ 3. निरस्त।

कलमतराश (अ.+फ़ा.) [सं-पु.] कलम बनाने एवं तराशने का चाकू।

कलमदस्त (अ.+फ़ा.) [वि.] 1. कलम से काम करने वाला; लिखने वाला 2. चित्रकार।

कलमदान (अ.+फ़ा.) [सं-पु.] कलम-दवात रखने के लिए लकड़ी; पीतल आदि की बनी छोटी संदूकची या खुला स्टैंड।

कलमबंद (अ.+फ़ा.) [वि.] 1. लिखित; लिपिबद्ध 2. दर्ज 3. पूरा; ठीक 4. चित्र की कूँची बनाने वाला।

कलमबंदी (अ.+फ़ा.) [सं-स्त्री.] 1. किसी पौधे में दूसरे पौधे की कलम लगाने का काम करना 2. कलम से लिखना; लेखबद्ध करना 3. एक प्रकार की हड़लात जिसमें कर्मचारी लिखने-पढ़ने का काम बंद कर देते हैं; (पेन-डाउन स्ट्राइक)।

कलमशालि [सं-पु.] जड़हन; अगहनी धान।

कलमा (अ.) [सं-पु.] 1. सार्थक शब्द; वचन; बात 2. वाक्य; उक्ति 3. इस्लाम धर्म का मूल मंत्र (ला इलह इल्लिल्लाह, मुहम्दुईसूलिल्लाह=उस ईश्वर के सिवा कोई और ईश्वर नहीं; और मुहम्मदसाहब उस ईश्वर के रसूल या पैगम्बर हैं); मुसलमान होने के लिए अनिवार्य रूप से उच्चारित किया जाने वाला वाक्य या मंत्र।

कलमी (अ.) [वि.] 1. कलम से लिखा हुआ; लिखित; दर्ज 2. कलम काट कर लगाया गया (पौधा)।

कलमुँहा [वि.] 1. जिसे कलंक या लांछन लगा हो 2. अशुभ या अमांगलिक बातें कहने वाला 3. काले मुँह वाला।

कलयिता [सं-पु.] हिसाब लगाने वाला; गणना करने वाला; गणित संबंधी सवालों को हल करने वाला।

कलर ब्लाइंडनेस (अं) [सं-पु.] वर्णांधता; रंग अंधता।

कलरव (सं.) [सं-पु.] 1. मधुर शब्द; मधुर और मंद ध्वनि 2. चिड़ियों, पक्षियों के चहकने की आवाज़।

कलरिन [सं-स्त्री.] कल्लर जाति की स्त्री जो प्राय: जोंक लगाने का काम करती है; कीड़ी लगाने वाली स्त्री।

कलरिया [सं-पु.] अरहर में लगने वाला एक कीड़ा।

कलल (सं.) [सं-पु.] 1. रज और वीर्य के संयोग से गर्भाशय में बनने वाली पतली झिल्ली।

कलवरिया [सं-स्त्री.] कलवार की दुकान; वह स्थान जहाँ मदिरा की बिक्री होती है; मदिरालय।

कलवार (सं.) [सं-पु.] 1. एक जाति विशेष जिसका व्यवसाय शराब बनाना और बेचना है; कलाल 2. उक्त जाति का व्यक्ति।

कलश (सं.) [सं-पु.] 1. मिट्टी या किसी धातु का बना घड़ा; गगरा 2. मंदिर आदि का शिखर; कँगूरा 3. सर्वोच्च सिरा; चोटी 4. नृत्य की एक भंगिमा।

कलशी (सं.) [सं-स्त्री.] 1. छोटी कलसी; गगरी 2. छोटा कलश 3. एक पुराना बाजा।

कलसही [सं-पु.] पाँच कलश लाकर रखने वाली सुहागिनों के लिए धोतियाँ।

कलसा (सं.) [सं-पु.] 1. पानी रखने का बड़ा घड़ा; जो मिट्टी या धातु का बना होता है 2. कँगूरा।

कलसी (सं.) [सं-स्त्री.] 1. छोटा घड़ा 2. कलश का छोटा रूप 3. वास्तुशिल्प आदि में छोटे-छोटे कँगूरों आदि की बनावट।

कलह (सं.) [सं-पु.] 1. विवाद; लड़ाई; झगड़ा 2. युद्ध 3. तलवार की म्यान।

कलहंतरिता (सं.) [सं-स्त्री.] दे. कलहांतरिता।

कलहंस (सं.) [सं-पु.] 1. हंस; राजहंस 2. परमात्मा; ईश्वर 3. एक समवर्णिक छंद 4. श्रेष्ठ राजा।

कलहकारी (सं.) [वि.] 1. दूसरों से अनायास लड़ाई-झगड़ा करने वाला 2. झगड़ालू।

कलहांतरिता (सं.) [सं-स्त्री.] (काव्यशास्त्र) नायक या पति का अपमान करने के बाद पछताने वाली नायिका।

कलहार [वि.] झगड़ालू; लड़ाका; कलही; उपद्रवी।

कलहिनी (सं.) [सं-स्त्री.] शनि की पत्नी का नाम। [वि.] लड़ने वाली; झगड़ालू।

कलही (सं.) [वि.] कलह करने वाला; झगड़ा-झंझट करने वाला; झगड़ालू; लड़ाकू।

कला (सं.) [सं-स्त्री.] 1. चित्रकारी; चित्रकला; (आर्ट) 2. किसी कार्य को अच्छी तरह से करने का कौशल; हुनर; निपुणता 3. अभिनय; लेखन; खेल; करतब 4. शिल्प; कलाकृति 5. खंड; अंश; घटक; भाग 6. चंद्रमंडल का सोलहवाँ भाग 7. संस्कृति; साहित्य; लीला 8. काल या समय का एक छोटा मान।

कला-कर्म (सं.) [सं-पु.] (पत्रकारिता) आवरण, चित्रांकन, सज्जा और शीर्षकों की कलात्मक प्रस्तुति।

कला-कौशल (सं.) [सं-पु.] 1. कला विशेष में निपुणता; दक्षता; कारीगरी 2. हुनर 3. शिल्प।

कलाँ (फ़ा.) [वि.] 1. आकार आदि में बड़ा; दीर्घाकार; वृहत 2. उम्र या वय में बड़ा।

कलांतर (सं.) [सं-पु.] 1. सूद; ब्याज 2. दूसरी या अन्य कला 3. लाभ।

कलाई (सं.) [सं-स्त्री.] 1. हथेली से कोहनी के बीच का वह भाग जिसमें घड़ी या चूड़ी आदि पहनी जाती है; पहुँचा; मणिबंध 2. सिले हुए कपड़े का वह भाग जो कलाई पर पड़ता है 3. सूत का लच्छा 4. घास आदि का पूला।

कलाकंद (फ़ा.) [सं-पु.] 1. खोए की बरफ़ी 2. एक प्रसिद्ध मिठाई।

कलाकार (सं.) [सं-पु.] 1. किसी कला में निपुण व्यक्ति 2. कलाकर्मी; कलावंत; कला-मर्मज्ञ 3. किसी कला से अपनी जीविका चलाने वाला व्यक्ति 4. कला और संस्कृति के क्षेत्र से जुड़े लोग 5. कृति सृजन करने वाला लेखक; रचनाकार; चित्रकार 6. चालाक; चतुर; निपुण 7. अभिनेता; नट; (आर्टिस्ट)।

कलाकारिता (सं.) [सं-स्त्री.] 1. कलाकार का काम अथवा भाव; कलाकारी; कला; अभिनय।

कलाकृति (सं.) [सं-स्त्री.] 1. ऐसी रचना जो कलापूर्ण हो; कलामयी कृति 2. रचना; कला 3. सर्जना 4. वस्तु; चीज़ 5. सृष्टि।

कलात्मक (सं.) [वि.] 1. कला से युक्त; कला संबंधी; कलापूर्ण 2. कलामय; अच्छा; अलंकारपूर्ण 3. उत्तम; उत्कृष्ट 4. कल्पनापूर्ण; अभिरूप 5. ललित; सरस 6. मनोरम; मनोहर; सुंदर 7. सौंदर्यात्मक; सुनिर्मित; सुगढ़।

कलात्मक लिपि (सं.) [सं-स्त्री.] 1. अक्षरों को सुंदर लिखने की कला 2. प्राचीन काल में पत्थरों, धातुपत्रों, पांडुलिपियों आदि पर ऐसे ही कलात्मक ढंग से अक्षर लिखे या उत्कीर्ण किए जाते थे।

कलादक (सं.) [सं-पु.] सोने के आभूषण बनाने वाली एक जाति; सुनार; स्वर्णकार। [वि.] सोने के आभूषण बनाने वाला।

कलादर्श (सं.) [सं-पु.] कला का प्रारूप या नमूना।

कलाधर (सं.) [सं-पु.] 1. चंद्रमा 2. शिव 3. कलाओं का ज्ञाता; कलाविद।

कलानाथ (सं.) [सं-पु.] 1. कलाकार; कला का स्वामी 2. कला का ज्ञाता; कलाधर 3. चंद्रमा।

कलानिधि (सं.) [सं-पु.] 1. अनेक कलाओं का ज्ञाता या भंडार; कलाकार 2. चंद्रमा 3. गुणज्ञ।

कलाप (सं.) [सं-पु.] 1. एक प्रकार की वस्तुओं, बातों का समूह या समुदाय, जैसे- कार्यकलाप, केशकलाप 2. गट्ठा; गट्ठर 3. मोर की पूँछ 4. तरकश; तूणीर 5. बाण 6. चंद्रमा 7. कमरबंद; करधनी 8. कलावा 9. वेद की एक शाखा।

कलापक (सं.) [सं-पु.] 1. समूह 2. पूला; गट्ठा 3. हाथी के गले का रस्सा 4. चार श्लोकों का समूह जिनका अन्वय एक में होता है 5. वह ऋण जो मयूरों के नाचने पर अर्थात वर्षा ऋतु में चुकाया जाए 6. मोतियों की लड़ी 7. मेखला; करधनी।

कलापिनी (सं.) [सं-स्त्री.] 1. रात; रात्रि 2. नागरमोथा (एक

जड़ी)।

कलापी (सं.) [सं-पु.] 1. मोर 2. कोयल 3. बरगद; वटवृक्ष 4. मोरों के नृत्य का समय। [वि.] 1. प्रायः समूह में रहने वाला 2. तरकशधारी।

कलाबत्तू (तु.) [सं-पु.] 1. रेशम के धागे पर चढ़ाया या लपेटा जाने वाला महीन सुनहला तार या ज़री 2. रेशम पर सुनहले तार लपेटकर बनाया हुआ फ़ीता या डोरा।

कलाबाज़ (हिं.+फ़ा.) [वि.] 1. कलाबाज़ी करने वाला 2. नट-क्रिया करने वाला; नट; करतब दिखाने वाला; बाज़ीगर 3. कलैया लगाने वाला।

कलाबाज़ी (हिं.+फ़ा.) [सं-स्त्री.] 1. किसी कलाबाज़ की कोई क्रिया या खेल 2. सिर नीचे और पैर ऊपर करके उलट जाना; ढेकली; कलैया; लौटनियाँ 3. नट-विद्या; (स्टंट)।

कलाबीन [सं-पु.] असम प्रदेश का एक बहुत ऊँचा वृक्ष जिसके फल चाल मूंगरा या मूंगरा चाल कहलाते हैं (इसके फूलों का तेल चर्म रोंगों का नाशक माना गया है)।

कलाभिरुचि (सं.) [सं-स्त्री.] कला के प्रति मन की अभिरुचि; इच्छा।

कलाम (अ.) [सं-पु.] 1. वाणी; बोली; वाक्य; वचन 2. कथन 3. वार्तालाप; बातचीत; गुफ़्तगू 4. उज़्र; एतराज़; आपत्ति 5. वादा; प्रतिज्ञा 6. मीमांसा; इल्मेकलाम 7. रचना।

कलामुल्लाह (अ.) [सं-पु.] **कुरान**; ईश्वर की वाणी; ख़ुदा का कलाम; कुरानशरीफ़।

कलामे पाक (अ.) [सं-पु.] कुरान शरीफ़; कलामे मजीद।

कलार [सं-पु.] कलाल। दे. कलवार ।

कलाल [सं-पु.] शराब बनाने और बेचने वाली एक प्रसिद्ध जाति; कलवार; मंडहारक; शौंडिक; आबकार। [वि.] जो मद्य बनाता और बेचता हो।

कलावंत (सं.) [सं-पु.] 1. किसी कला विशेष का विशेषज्ञ 2. कलापूर्ण ढंग से काम करने वाला व्यक्ति 3. विधिवत शिक्षा प्राप्त गायक; गवैया 4. गाने-बजाने का काम करने वाली एक प्राचीन जाति। [वि.] कला मर्मज्ञ; कलाविद; कलाकार।

कलावती (सं.) [सं-स्त्री.] 1. कलाकार स्त्री 2. कलाओं की ज्ञाता; विदुषी 3.तुंबरू नामक गंधर्व की वीणा का नाम 4. गंगा का एक नाम। [वि.] शोभावाली और छविवाली।

कलावा (सं.) [सं-पु.] 1. सूत का लच्छा 2. ऐसा सूत का लच्छा जो मांगलिक अवसरों पर कलाई पर बाँधा जाता है 3. हाथी के गले में पड़ी रस्सी जिससे महावत हाथी को काबू में करता है 4. हाथी की गरदन।

कलावान (सं.) [वि.] विविध कलाओं का ज्ञाता; कला-कुशल।

कलाविद (सं.) [सं-पु.] 1. कला का जानकार 2. एक अथवा एकाधिक कलाओं का मर्मज्ञ।

कलासी [सं-पु.] 1. दो तख़्तों के जोड़ की लकीर 2. जोड़-तोड़ बैठाने या करने की युक्ति।

कलि (सं.) [सं-पु.] 1. (पुराण) चार युगों में से अंतिम युग; कलियुग का अधिष्ठाता असुर; पापबुद्धि 2. (पुराण) क्रोध का पुत्र 3. (पुराण) गंधर्व जाति।

कलिंग (सं.) [सं-पु.] 1. एक मटमैले रंग की चिड़िया; कुलंग 2. प्राचीन भारत का एक गणराज्य; उड़ीसा का प्राचीन नाम 3. उक्त प्रदेश का निवासी; चतुर; धूर्त 4. सिरिस और पीपल का पेड़ 5. कुटज; कुरैया 6. तरबूज़।

कलिंद (सं.) [सं-पु.] 1. यमुना नदी का उद्गम स्थल; यमुनोत्री 2. सूर्य 3. बहेड़ा 4. तरबूज़।

कलिंदजा (सं.) [सं-स्त्री.] 1. कलिंद पर्वत से निकली हुई; यमुना नदी 2. (पुराण) सूर्य की पुत्री।

कलिंदी (सं.) [सं-स्त्री.] कालिंदी; यमुना नदी; सूर्य पुत्री। दे.- कालिंदी

कलिका (सं.) [सं-स्त्री.] 1. कली; कोंपल; मुकुल; (बड) 2. कला; अंश 3. एक छंद 4. वीणामूल।

कलिकाल (सं.) [सं-पु.] (पुराण) चार युगों में चौथा युग; कलियुग।

कलित (सं.) [वि.] 1. विदित; ख्यात; उक्त 2. प्राप्त; गृहीत 3. सजाया हुआ; सुसज्जित; शोभित; युक्त 4. सुंदर; मधुर।

कलिप्रिय (सं.) [सं-पु.] 1. नारद मुनि 2. बंदर 3. बहेड़े का पेड़। [वि.] झगड़ालू; दुष्ट।

कलिमल (सं.) [सं-पु.] पाप; कलुष।

कलिया (अ.) [सं-पु.] पकाया हुआ रसदार मांस; सालन।

कलियाना [क्रि-अ.] 1. पौधों में नई कली लगना; कलियों से युक्त होना 2. चिड़ियों के नए पंख निकलना।

कलियुग (सं.) [सं-पु.] 1. (पुराण) भारतीय काल गणना में चार युगों (सतयुग, त्रेता, द्वापर, कलियुग) में चौथा युग 2. वर्तमान युग 2. यंत्रों का युग।

कलिल (सं.) [सं-पु.] समूह; ढेर; राशि। [वि.] 1. मिला-जुला; ओत-प्रोत; मिश्रित 2. गहन; घना 3. दुर्गम।

कली (सं.) [सं-स्त्री.] 1. फूल का आरंभिक स्वरूप जिसमें पंखुड़ियाँ अभी पूरी तरह खिली न हों 2. बिना खिला फूल; कलिका; बोंड़ी 3. वैष्णवों का एक प्रकार का तिलक जो कली के आकार-प्रकार का होता है 4. चिड़ियों के नए निकले हुए छोटे पंख 5. वह तिकोना कटा हुआ कपड़ा जो कुरते, अँगरखे और पायजामे आदि में लगाया जाता है।

कलींदा (सं.) [सं-पु.] 1. तरबूज़ 2. कलिंद।

कलीम (अ.) [सं-पु.] 1. बात करने वाला; वक्ता 2. घायल; जख़्मी 3. हज़रत मूसा की उपाधि।

कलीमुल्लाह (अ.) [सं-पु.] ख़ुदा से बातें करने वाला; हज़रत मूसा की उपाधि।

कलील (अ.) [सं-पु.] 1. थोड़ा; कम 2. छोटा।

कलीस (अ.) [सं-पु.] कृपण; कंजूस।

कलीसा (ग्री.) [सं-पु.] ईसाइयों और यहूदियों का प्रार्थना मंदिर या उपासना-गृह; गिरजाघर।

कलीसिया (फ़ा) [सं-पु.] 1. ईसाई संप्रदाय 2. मसीही लोगों का धार्मिक समुदाय।

कलुआ [वि.] 1. काले रंग का; काला 2. गंदा; मलिन 3. निंदित।

कलुष (सं.) [सं-पु.] 1. दूषित अथवा मलिन होने की अवस्था

या भाव; मैल; मलिनता; गंदगी 2. पाप; पातक 3. गुस्सा; क्रोध 4. कलंक; अपयश; बदनामी 5. अपवित्रता 6. कालिमा 7. विकार। [वि.] 1. मैला; गंदा 2. पापी 3. निंदनीय; गर्हित; बुरा 4. क्रुद्ध।

कलुषित (सं.) [वि.] 1. कलुष से युक्त; गंदा; मैला 2. अपवित्र 3. निंदित; बुरा; ख़राब 4. दुखी 5. क्षुब्ध 6. काला।

कलुषी (सं.) [वि.] 1. पापी 2. दोषी 3. मलिन।

कलूटा [वि.] जिसका वर्ण काला हो; अत्यंत काले रंग का; अधिक काला।

कलूना [सं-पु.] पंजाब में होने वाला एक प्रकार का धान।

कलेंडर (अं.) [सं-पु.] 1. तिथिपत्र; पंचांग 2. सत्र।

कलेऊ [सं-पु.] 1. निहारी; बासी मुँह किया जाने वाला जलपान 2. दोपहर या सबेरे का भोजन।

कलेक्टर (अं.) [सं-पु.] 1. ज़िलाधीश 2. समाहर्ता 3. संग्राहक; संग्राही; अभिग्राहक; 4. संकलनकर्ता; संकलक।

कलेक्टरी (अं.+हिं.) [सं-स्त्री.] 1. ज़िले में माल के मुकदमों की कचहरी या न्यायालय 2. कलेक्टर का पद। [वि.] कलेक्टर से संबंध रखने वाला।

कलेक्ट्रेट (अं.) [सं-पु.] 1. कलेक्टर का कार्यालय; ज़िलाधिकारी का कार्यालय 2. ज़िले की कचहरी 3. कलेक्टरी।

कलेजा [सं-पु.] 1. प्राणियों के शरीर का वह भीतरी अवयव जो छाती के अंदर बाईं ओर रहता है और जिसका काम शरीर में रक्त संचार करना है; जिगर; हृदय; दिल 2. छाती; वक्षस्थल; उर 3. {ला-अ.} हिम्मत; साहस; जीवट 4. अतिप्रिय व्यक्ति या वस्तु। [मु.] **-फटना** : अत्यंत कष्ट होना। **-मुँह को आना** : बहुत घबरा जाना। **-कलेजे पर साँप लोटना** : बहुत ज़्यादा दुख अनुभव करना। **-काँपना** : बहुत डर लगना। **-जलना** : बहुत अधिक कष्ट होना। **-जलाना** : कष्ट पहुँचाना। **-ठंडा होना** : इच्छा पूर्ण होने पर तृप्त या संतुष्ट होना। **-धड़कना** : भय या शंका से साँस तेज़ होना। **-कलेजे से लगाना** : गले लगाना। **-कलेजे का टुकड़ा होना** : बहुत प्रिय होना।

कलेजी [सं-स्त्री.] 1. कलेजे का मांस 2. पशु-पक्षियों के कलेजे का मांस जो खाया जाता है 3. उक्त मांस का बना हुआ सालन।

कलेवर (सं.) [सं-पु.] 1. देह; शरीर; चोला 2. आकार; डील; ढाँचा।

कलेवा (सं.) [सं-पु.] 1. सुबह का जलपान; नाश्ता; उपाहार 2. यात्रा के दौरान खाने के लिए लिया गया खाद्य पदार्थ; पाथेय 3. विवाह की एक रस्म।

कलैया [सं-स्त्री.] 1. मणिबंध; कलाई 2. सिर नीचा करके उलट जाना; कलाबाज़ी 3. गुलाँटी।

कलोआ [सं-पु.] दोपहर का भोजन।

कलोर (सं.) [सं-स्त्री.] जवान बछिया; (गाय) जो गाभिन न हुई हो।

कलोल (सं.) [सं-स्त्री.] 1. क्रीड़ा; केलि; आमोद-प्रमोद 2. लहर; तरंग।

कलौंछ [सं-स्त्री.] 1. कालिमा; कालापन 2. कलंक 3. धुएँ की कालिख 4. स्याही। [वि.] जो कालापन लिए हो।

कलौंजी [सं-स्त्री.] 1. करेला, बैगन, परवल आदि सब्ज़ी में मसाला भरकर तथा उसे तेल में तल कर निर्मित व्यंजन 2. मँगरैला नाम का मसाला जो अचार आदि में डाला जाता है; किरायता।

कलौंस [सं-स्त्री.] 1. हलकी कालिमा; हलका कालापन 2. स्याही 3. धुएँ की कालिख 4. कलंक। [वि.] जो कालापन लिए हो।

कल्क (सं.) [सं-पु.] 1. किसी चीज़ का महीन चूर्ण; बुकनी 2. तेल आदि के नीचे जमने वाला मैल; तलछट 3. अवलेह; चटनी 4. पीठी 5. गूदा।

कल्कि (सं.) [सं-पु.] (पुराण) विष्णु का दसवाँ अवतार जो कलियुग में होगा।

कल्प (सं.) [सं-पु.] 1. मांगलिक और शुभ कर्मों का विधि-विधान 2. वेद के छह अंगों में से एक जिसमें यज्ञ, बलि आदि संस्कारों की विधियाँ बताई गई हैं 3. ब्रह्मा की काल संकल्पना का एक दिन जो चौदह मन्वंतरों वाला काल विशेष या चार अरब बत्तीस करोड़ मानव वर्ष का कहा गया है 4. ग्रंथ आदि का प्रकरण 5. (आयुर्वेद) ऐसी चिकित्सा जिसमें शरीर या उसके किसी अंग को पुनः नया व निरोग करने की युक्ति हो, जैसे- काया कल्प, केश कल्प।

कल्पक (सं.) [सं-पु.] 1. नाई; हज्जाम 2. कचूर 3. एक संस्कार। [वि.] 1. कल्पना संबंधी 2. कल्पना करने वाला 3. रचने वाला 4. काटने वाला।

कल्पतरु (सं.) [सं-पु.] 1. कल्पवृक्ष; कल्पद्रुम 2. पारिजात।

कल्पद्रुम (सं.) [सं-पु.] 1. कल्पवृक्ष 2. कल्पतरु।

कल्पना (सं.) [सं-स्त्री.] 1. रचनाशीलता की मानसिक शक्ति; कल्पित करने का भाव 2. मन की वह शक्ति जो अप्रत्यक्ष विषयों का रूप, चित्र सामने ला देती है; उद्भावना 3. एक वस्तु में दूसरी का आरोप 4. सोचना 5. मान लेना।

कल्पनातीत (सं.) [वि.] 1. जिसकी कल्पना न की जा सके; कल्पना से परे 2. अगणनीय 3. आश्चर्यजनक; चमत्कारपूर्ण 4. वर्णनातीत।

कल्पनालोक (सं.) [सं-पु.] ख़याली दुनिया; कल्पना का संसार।

कल्पनाशील (सं.) [वि.] 1. नई-नई कल्पनाएँ करने वाला 2. भविष्यवादी 3. सृजनशील 4. भावुक।

कल्पनाश्रित (सं.) [वि.] 1. कल्पना पर निर्भर; कल्पना पर आधारित; मायावी 2. कल्पना पर आश्रित।

कल्पनीय (सं.) [वि.] जिसकी कल्पना की जा सके; कल्पना किए जाने योग्य; (इमेजिनेबल)।

कल्पलता (सं.) [सं-स्त्री.] 1. कल्पवृक्ष 2. कल्पवृक्ष की शाखा।

कल्पवास (सं.) [सं-पु.] पूरे माघ मास (महीने) भर गंगा के तट पर संयमपूर्वक निवास करना।

कल्पवृक्ष (सं.) [सं-पु.] 1. इच्छा पूरी करने वाला वृक्ष; काल्पनिक वृक्ष; कल्पतरु; कल्पद्रुम; पारिजात 2. एक वृक्ष जो ऊँचा, घेरदार और दीर्घजीवी होता है 3. {ला-अ.} उदार

पुरुष; बहुत बड़ा दानी।

कल्पांत (सं.) [सं-पु.] कल्प का अंत जिसमें सृष्टि नष्ट हो जाती है; प्रलय।

कल्पित (सं.) [वि.] 1. जिसकी कल्पना की गई हो; जो वास्तविक न हो 2. अनुमानित; मन से गढ़ा हुआ; मनगढ़ंत; तथ्यहीन 3. असत्य; मिथकीय 4. बनावटी; नकली।

कल्पितार्थ (सं.) [सं-पु.] 1. परिकल्पना; (हाइपोथीसिस) 2. केवल तर्क के उद्देश्य से किसी बात को कुछ समय के लिए मानना।

कल्ब (अ.) [सं-पु.] 1. हृदय; दिल 2. मन 3. सेना का मध्य भाग 4. सत्रहवाँ नक्षत्र 5. खोटी चाँदी या सोना।

कल्बी (अ.) [वि.] 1. हृदय संबंधी 2. नकली; झूठा; खोटा।

कल्मष (सं.) [सं-पु.] 1. ऐसा कार्य जिससे किसी कार्य की महत्ता नष्ट हो; अघ; पाप 2. मैल; गंदगी 3. बुराई; दोष; पाप 4. मवाद; पीब 5. एक नरक। [वि.] 1. पापी 2. दुष्ट 3. गंदा।

कल्माष (सं.) [सं-पु.] 1. राक्षस 2. अग्नि का एक रूप 3. एक प्रकार का सुगंधित चावल। [वि.] 1. चितकबरा; चित्तवर्ण 2. काला रंग।

कल्य (सं.) [सं-पु.] 1. प्रात:काल 2. आने वाला कल 3. बीता हुआ कल 4. शुभ समाचार; सुसंवाद 5. बधाई; शुभकामना 6. स्वास्थ्य 7. उपाय 8. प्रशंसा 9. मधु 10. शराब 11. क्षेपण। [वि.] 1. स्वस्थ; निरोग 2. तैयार; प्रस्तुत 3. चतुर 4. शुभ; मंगलकारक।

कल्यपाल (सं.) [सं-पु.] मदिरा बनाने या बेचने वाला व्यक्ति; मद्यव्यवसायी; कलवार।

कल्यब्द (सं.) [सं-पु.] कलियुग।

कल्यवर्त (सं.) [सं-पु.] प्रात:काल का लघु भोजन; जलपान; कलेवा।

कल्या (सं.) [सं-स्त्री.] 1. वह बछिया जो बरदाने (माँ बनने) के योग्य हो गई हो; कलोर 2. मदिरा; शराब 3. हरीतकी 4. बधाई; शुभकामना।

कल्याण (सं.) [सं-पु.] 1. भलाई; इष्ट; क्षेम; कुशलता 2. अभ्युदय 3. मंगल; लाभ 4. शुभ कर्म 5. अक्षति; सलामती; ख़ैर 6. सुख; श्रेय; 7. बेहतरी 8. एक राग।

कल्याणकारी (सं.) [वि.] शुभ या कल्याण करने वाला; कल्याणकारक; कल्याणकर।

कल्याणी (सं.) [सं-स्त्री.] 1. कामधेनु 2. गौ; गाय 3. एक देवी का नाम 4. जंगली उड़द। [वि.] 1. कल्याण या मंगल करने वाली 2. सुंदरी; रूपवती 3. भाग्यशालिनी।

कल्ला[1] (सं.) [सं-पु.] 1. अंकुर; अँखुआ 2. नई टहनी 3. वह कुआँ जिसके पानी से पान का भीटा सींचा जाता है।

कल्ला[2] (फ़ा.) [सं-पु.] 1. जबड़ा; गाल का भीतरी भाग 2. जबड़े से गले तक का भाग 3. दाढ़।

कल्ला[3] (अ.) [अव्य.] सत्य है; यथार्थ है; ठीक है।

कल्लातोड़ (फ़ा.+हिं.) [वि.] 1. प्रबल रूप से प्रहार या आघात करने वाला 2. मुँहतोड़ जवाब देने वाला 3. पूरी तरह से दबा लेने वाला; प्रबल; विकट; ज़बरदस्त।

कल्लादराज़ (फ़ा.) [वि.] 1. बहुत बढ़-चढ़ कर बोलने वाला 2. जिसकी ज़बान तेज़ी से चले; मुँहज़ोर 3. लड़ाका 4. वाचाल।

कल्लू [वि.] 1. जिसका रंग काला हो 2. किसी साँवले व्यक्ति के लिए प्रयोग किया जाने वाला उपेक्षापूर्ण एवं व्यंग्यात्मक शब्द।

कल्लोल (सं.) [सं-पु.] 1. जल की ऊँची और आवाज़ करने वाली लहर; तरंग; हिलोर 2. मन की लहर; आमोद-प्रमोद; मौज 3. क्रीड़ा।

कल्लोलित (सं.) [वि.] लहराता हुआ; तरंगित।

कल्लोलिनी (सं.) [सं-स्त्री.] वह नदी जिसमें लहरें या तरंगें ख़ूब उठती हों।

कल्हक [सं-स्त्री.] कबूतर के आकार की लाल रंग की एक प्रकार की चिड़िया।

कल्हण (सं.) [सं-पु.] संस्कृत के प्रसिद्ध पंडित और इतिहासकार व कश्मीरी कवि, जो राजतरंगिणी नामक ग्रंथ के लेखक।

कल्हरा [सं-पु.] करघे की वह लकड़ी जिसे चक कहते हैं।

कल्हराना [क्रि-स.] 1. भोजन को हल्का गर्म करना 2. बिना पानी डाले सब्जी आदि को कढ़ाई में पकाना (फल्हारना) 3. कलछुल में घी रखकर तपाना।

कल्हार (सं.) [सं-पु.] 1.काल्हारने की क्रिया 2. एक प्रकार का पौधा और उसके फूल 3. पीले रंग का कमल पुष्प।

कवक (सं.) [सं-पु.] 1. भोजन का कौर; ग्रास 2. कुकुरमुत्ता; छत्रक; फफूँद; (फंगस)।

कवच (सं.) [सं-पु.] 1. बाह्य आक्रमण से सुरक्षा हेतु बना पहनावा 2. युद्ध के दौरान सैनिकों द्वारा पहना जाने वाला लोहे आदि का बना आवरण 3. बख़्तर; बर्म 4. फल, वनस्पति आदि का छिलका 5. तांत्रिक साधना में आपत्तियों में स्वरक्षार्थ पढ़े जाने वाले मंत्र 6. उक्त मंत्र से बना ताबीज़; यंत्र।

कवचधारी (सं.) [वि.] 1. जिसने कवच धारण किया हो; कवच धारण करने वाला 2. कवची; बख़्तरबंद; बख़्तरपोश 3. कवचयुक्त।

कवचित (सं.) [वि.] जो कवच धारण करता हो या किया हो; कवचधारी।

कवची (सं.) [सं-पु.] 1. शिव 2. धृतराष्ट्र का एक पुत्र। [वि.] 1. कवच धारण करने वाला 2. कवचयुक्त।

कवयित्री (सं.) [सं-स्त्री.] 1. वह स्त्री जो कविताएँ रचती हो 2. स्त्री-कवि।

कवर (सं.) [सं-पु.] 1. केशपाश; बालों का गुच्छा 2. फूलों का गुच्छा। [वि.] 1. मिला हुआ; गुथा हुआ 2. चितकबरा; रंगबिरंगा।

कवरी (सं.) [सं-स्त्री.] 1. बालों को गूँथकर बनाई हुई चोटी 2. वन तुलसी।

कवरेज़ (अं.) [सं-पु.] 1. किसी क्षेत्र के समाचारों का संग्रह कर बनाई गई रिपोर्ट 2. किसी पूरे क्षेत्र में समाचारपत्र की प्रतियाँ पहुँचाने की क्रिया 3. किसी बात या सूचना का विस्तार।

कवल (सं.) [सं-पु.] 1. कौर; निवाला; ग्रास 2. जल की उतनी मात्रा जितनी एक बार कुल्ला करने के लिए मुँह में ली जाती

है 3. कौआ नामक मछली 4. कर्ष नामक एक प्राचीन तौल।
कवलन (सं.) [सं-पु.] 1. किसी चीज़ को खाने या चबाने की क्रिया; ग्रसन 2. निगलना।
कवला [सं-पु.] 1. कमल 2. गहूआ; सड़सी।
कवलिका (सं.) [सं-स्त्री.] कपड़े या पत्ते की वह गद्दी जो घाव या फोड़े के ऊपर बाँधी जाती है।
कवलित (सं.) [वि.] 1. जिसे खाने, चबाने के लिए मुँह में रख लिया गया हो 2. जो खाया या निगला गया हो; भक्षित 3. गृहीत।
कवाट (सं.) [सं-पु.] 1. कपाट; दरवाज़े का पल्ला 2. दरवाज़ा।
कवाम (अ.) [सं-पु.] दे. किमाम।
कवायद (अ.) [सं-पु.] 1. कार्यविधि; नियमावली; (कायदा का बहुवचन) 2. (किसी काम या बात के) विविध नियम या कायदे 3. व्याकरण 4. पुलिस अथवा सेना को कराया जाने वाला युद्ध-नियमों का अभ्यास; (ड्रिल)।
कवि (सं.) [सं-पु.] 1. कविता रचने वाला; काव्य-सर्जक; काव्यकार 2. ललित साहित्य का रचयिता 3. छंदकार; शायर 4. गीतकार।
कविकर्म (सं.) [सं-पु.] 1. काव्यरचना की क्रिया; काव्योद्भावन 2. कविता का सृजन।
कविका (सं.) [सं-स्त्री.] 1. लगाम; नियंत्रण का साधन; अवरोध 2. केवड़ा 3. कवई मछली।
कविता (सं.) [सं-स्त्री.] 1. भावपूर्ण रसात्मक तथा लयात्मक रचना; छंदबद्ध रसात्मक रचना 2. काव्य; शायरी; गीत।
कविताई (सं.) [सं-स्त्री.] 1. कविता; काव्य 2. कविता की रचना।
कवित्त (सं.) [सं-पु.] 1. कविता; काव्य 2. इकतीस अक्षरों का एक वृत्त; घनाक्षरी छंद का एक नाम 3. {ला-अ.} कल्पना या अतिशयोक्तिपूर्ण कथन।
कवित्व (सं.) [सं-पु.] 1. काव्य रचना की क्रिया, गुण या शक्ति 2. काव्य का गुण या विशिष्ट रूप।
कविराज [सं-पु.] 1. कवियों का राजा अर्थात श्रेष्ठ कवि 2. चारण या भाट 3. वैद्यों की एक उपाधि (बंगाल)।
कवींद्र [सं-पु.] कवियों का राजा अर्थात जो कवियों में श्रेष्ठ हो; कविश्रेष्ठ।
कवेला[1] [सं-पु.] कौए का बच्चा।
कवेला[2] (अ.) [सं-पु.] दिग्दर्शक यंत्र की वह कील जिसपर सुई रहती है।
कवोष्ण (सं.) [वि.] हलका गरम; गुनगुना; कुनकुना; कोंसा।
कव्य (सं.) [सं-पु.] 1. (कर्मकांड) वह अन्न जो पितरों को दिया जाए 2. वह द्रव्य जिससे पिंडदान, पितृयज्ञ आदि किया जाए।
कव्वाल (अ.) [सं-पु.] कव्वाली गाने वाला।
कव्वाली (अ.) [सं-स्त्री.] 1. मज़ार आदि पर विशिष्ट शैली में गाए जाने वाले सूफ़ियाना गज़ल या गीत; हक्कानी गाने 2. इस धुन में गाई जाने वाली कोई अन्य गज़ल 3. संगीत में एक ताल।
कश[1] (सं.) [सं-पु.] चाबुक; कशा।
कश[2] (फ़ा.) [सं-पु.] 1. तंबाकू; सिगरेट आदि के धुएँ का घूँट; दम; फूँक; खींच 2. खींचने की क्रिया या भाव। [परप्रत्य.] 1. खींचने वाला, जैसे- दिलकश 2. सहन करने वाला, जैसे- सितमकश 3. करने वाला, जैसे- मेहनतकश।
कशमकश (फ़ा.) [सं-स्त्री.] 1. खींचा-तानी; आपाधापी 2. धक्कमधक्का; भीड़-भाड़ 3. आंतरिक संघर्ष; असमंजस; दुविधा; सोच-विचार; पसोपेश 4. दौड़-धूप 5. वैमनस्य; कशीदगी 6. प्रतिस्पर्धा।
कशा (सं.) [सं-स्त्री.] 1. चाबुक; कोड़ा 2. रस्सी।
कशाघात (सं.) [सं-पु.] 1. कोड़े और चाबुक से किया जाने वाला आघात; चाबुक की मार। 2. {ला-अ.} ऐसी तीव्र प्रेरणा जो कोई काम करने को विवश कर दे।
कशिश (फ़ा.) [सं-स्त्री.] 1. आकर्षण; खिंचाव 2 खींचने की शक्ति 3. प्रवृत्ति; झुकाव; मनोवृत्ति; रुझान।
कशीदगी (फ़ा.) [सं-स्त्री.] मनमुटाव; तनाव; वैमनस्य; नाराज़गी।
कशीदा (फ़ा.) [सं-पु.] सुई-धागे से कपड़े पर की जाने वाली बारीक कढ़ाई; बेल-बूटे का काम; गुलकारी।
कशीदाकारी (फ़ा.) [सं-स्त्री.] कपड़े पर कढ़ाई करना की क्रिया; सुई धागे से बेल-बूटे बनाना या काढ़ना।
कशीश (तु.) [सं-पु.] ईसाइयों का धर्मगुरू; पादरी।
कशेरु (सं.) [सं-पु.] 1. (शरीर रचना विज्ञान) रीढ़ की हड्डी 2. एक प्रकार की घास 3. जंबू-द्वीप के नौ खंडों में से एक।
कशेरुका (सं.) [सं-स्त्री.] (शरीर रचना विज्ञान) मेरुदंड की हड्डी की गुर्री; हड्डी का खंड या मनका (जो मनके लंबाई में एक के ऊपर एक जुड़कर रीढ़ की हड्डी की रचना करते हैं)।
कशेरुकी (सं.) [सं-पु.] ऐसे प्राणी जिनके शरीर में कई खंडों वाला मेरुदंड पाया जाता है; रीढ़ वाले जीव-जंतु।
कश्का (अ.) [सं-पु.] चंदन आदि से माथे पर बनाया जाने वाला तिलक; चित्रक।
कश्ती (फ़ा.) [सं-स्त्री.] 1. नाव; नौका; डोंगी; तरणी 2. पान या मिठाई (बायन) बाँटने का छिछला पात्र जो लकड़ी या धातु का बना होता है।
कश्तीबान (फ़ा.) [सं-पु.] नाव चलाने वाला; नाविक; मल्लाह; कर्णधार।
कश्तीबानी (फ़ा.) [सं-स्त्री.] 1. नाव खेना; नाव चलाना 2. मल्लाही का पेशा।
कश्मल (सं.) [सं-पु.] 1. बेहोशी 2. मोह; आसक्ति 3. उत्साहहीनता 4. पाप। [वि.] गंदा; मलिन।
कश्मीर (सं.) [सं-पु.] भारत के उत्तर-पश्चिम में स्थित एक राज्य, जो अपने प्राकृतिक सौंदर्य के लिए विश्वप्रसिद्ध है।
कश्मीरी (सं.) [सं-पु.] कश्मीर का निवासी। [सं-स्त्री.] कश्मीर की भाषा। [वि.] 1. कश्मीर संबंधी; कश्मीर का 2. कश्मीर में उत्पन्न।
कश्य (सं.) [सं-पु.] चाबुक मारने के योग्य; जहाँ चाबुक मारा जाए। [सं-स्त्री.] शराब; मदिरा।

कश्यप (सं.) [सं-पु.] 1. (पुराण) एक प्रजापति का नाम 2. एक वैदिककालीन ऋषि का नाम 3. एक वंश; गोत्र; कुलनाम; सरनेम 4. कच्छप; कछुआ 5. सप्तर्षि मंडल के एक तारे का नाम।

कष (सं.) [सं-पु.] 1. परीक्षण के लिए कसने की क्रिया; परीक्षा 2. कसौटी 3. सान चढ़ाने का पत्थर; कुरुंड।

कषाय (सं.) [वि.] 1. कसैले स्वाद वाला; कसैला 2. गंधयुक्त 3. गंदा 4. गेरू के रंग वाला 5. मधुर स्वर वाला। [सं-पु.] 1. कसैला स्वाद 2. गेरुआ रंग 3. अंगराग; लेप 4. क्वाथ; काढ़ा 5. सोनापाढ़ा नामक वृक्ष 6. वे दुष्प्रवृत्तियाँ जो आत्मा को बंधन में डालती हैं- क्रोध, मान, माया और लोभ।

कषित (सं.) [वि.] 1. जिसे आघात लगा हो; जिसे कष्ट पहुँचा हो 2. कसौटी पर कसा हुआ; रगड़ा हुआ; क्षतिग्रस्त 3. खींचा हुआ।

कष्ट (सं.) [सं-पु.] 1. पीड़ा; तकलीफ़; वेदना 2. दुख; व्यथा; क्लेश 3. मन में होने वाला अप्रिय अनुभव 4. आपत्ति; मुसीबत।

कष्टकर (सं.) [वि.] 1. कष्ट देने वाला; तकलीफ़देह; पीड़ादायी; दुखदायी 2. जिसे करने में कष्ट हो।

कष्टकारक (सं.) [वि.] तकलीफ़ या कष्ट देने वाला; दुखदायी; कष्टकर; तकलीफ़देह।

कष्टसाध्य (सं.) [वि.] जिसे करना कठिन हो; मुश्किल से होने वाला; श्रमसाध्य।

कष्टार्तव (सं.) [सं-पु.] स्त्री को कष्ट से रजोधर्म (आर्तव) का होना।

कष्टार्थ (सं.) [सं-पु.] (साहित्य) उक्ति का वह दोष (काव्य-दोष) जिसके कारण शब्दों में स्थित अर्थ जल्दी प्रकट या स्पष्ट नहीं ही पाता; ऐसा अर्थ जिसे जानने या समझने में विशेष कष्ट या परिश्रम करना पड़ता है; क्लिष्टत्व दोष।

कस (सं.) [सं-पु.] 1. ज़ोर; बल 2. सार; तत्व 3. अर्क; आसव।

कसक (सं.) [सं-स्त्री.] 1. दुखद अनुभव के स्मरण से होने वाली पीड़ा; टीस 2. खटक 3. हलका मीठा दर्द 4. पुराना द्वेष; वैर।

कसकना [क्रि-अ.] 1. पीड़ा होना 2. टीसना; कसक होना; सालना।

कसकुट [सं-पु.] ताँबे और जस्ते के मिश्रण से बनी एक प्रसिद्ध धातु जिससे बरतन आदि बनाए जाते हैं; काँसा।

कसगर (फ़ा.) [सं-पु.] एक जाति जिसका पारंपरिक व्यवसाय मिट्टी के छोटे-छोटे बरतन बनाना है।

कसन [सं-स्त्री.] 1. कसने की क्रिया 2. कसने के उपरांत आया कसाव 3. कसने के लिए प्रयुक्त रस्सी 4. कसने का ढंग 5. घोड़े की जीन कसने का तस्मा।

कसना [क्रि-स.] 1. अधिक खींचकर बाँधना; मज़बूती से जकड़कर बाँधना 2. स्थिर करना 3. पेंच या पुरज़ों को दृढ़ करके बैठाना 4. पहनना; बाँधना 5. परखने के लिए सोना आदि धातुओं को कसौटी पर घिसना 6. किसी फल या सब्ज़ी आदि को कद्दूकस पर रगड़कर लच्छे बनाना 7. कटाक्ष करना; ताना देना। [क्रि-अ.] 1. तंग या चुस्त होना 2. बंधन, फंदे आदि का कड़ा होना 3. खिंचना 4. कसा या जकड़ा जाना।

कसनी [सं-स्त्री.] 1. कसने की क्रिया या भाव 2. जिससे कोई चीज़ कसी या बाँधी जाए; रस्सी 3. वह कपड़ा जिसमें कोई चीज़ बाँधी जाती है; बेठन 4. अँगिया; चोली 5. कसौटी 6. कसेरों की एक प्रकार की हथौड़ी।

कसब (अ.) [सं-पु.] 1. हुनर; कौशल 2. मेहनत; परिश्रम 3. पेशा; धंधा; व्यवसाय 4. कमाना; अर्जन 5. वेश्यावृत्ति।

कसबाती (अ.) [वि.] 1. कसबे का रहने वाला; नगरवासी; नागरिक 2. कसबे के रहन-सहन वाला।

कसबी (अ.) [सं-स्त्री.] देह-व्यापार से जीविका निर्वाह करने वाली स्त्री; वेश्या।

कसम (अ.) [सं-स्त्री.] 1. शपथ; सौगंध 2. शपथपूर्वक की गई प्रतिज्ञा।

कसमसाना (अ.) [क्रि-अ.] 1. बंधनमुक्त होने के लिए नाम-मात्र का हिलना-डुलना; कुलबुलाना 2. घबराना; बेचैन होना 3. किसी कार्य हेतु थोड़ी-सी चेष्टा करना; हिचकना; किसी कार्य के लिए थोड़ा उत्सुक या सक्रिय होना।

कसमसाहट [सं-स्त्री.] 1. कुलबुलाहट; जुंबिश 2. बेचैनी; व्याकुलता; घबराहट।

कसमिरा [सं-पु.] सन (पटुआ) की एक प्रजाति।

कसर (अ.) [सं-पु.] 1. त्रुटि; कमी; न्यूनता 2. किसी चीज़ या बात में होने वाला अभाव या कमी जिसकी पूर्ति आवश्यक हो 3. घाटा; टोटा 4. द्वेष; वैर 5. ऐब; दोष।

कसरत (अ.) [सं-स्त्री.] 1. व्यायाम; वर्जिश 2. मेहनत; परिश्रम।

कसरती (अ.) [वि.] 1. व्यायाम या कसरत करने वाला 2. कसरत करने से पुष्ट; कसरत करके बनाया हुआ (बदन)।

कसरहट्टा [सं-पु.] कसेरों का बाज़ार जहाँ बरतन बनते और बिकते हैं।

कसरीली [सं-स्त्री.] अच्छा एवं अधिक दूध देने वाली भैंस।

कसहँड़ी [सं-पु.] काँसे का बना हुआ चौड़े मुँह का एक पात्र।

क़साई (अ.) [सं-पु.] उर्दू उच्चारणानुसार वर्तनी (दे. कसाई[2])।

कसाई[1] [सं-स्त्री.] 1. कसने की क्रिया या भाव 2. कसने की मज़दूरी।

कसाई[2] (अ.) [सं-पु.] 1. बकरा, गाय, भैंस आदि जानवरों का वध करके मांस बेचने वाला व्यक्ति; बूचड़। [वि.] {ला-अ.} बेरहम; निर्दय; निष्ठुर।

कसाईख़ाना (हिं.+फ़ा.) [सं-पु.] 1. वह स्थान जहाँ मांस विक्रय के उद्देश्य से पशुओं को मारा जाता है; कसाईघर; बूचड़ख़ाना।

कसाना [क्रि-अ.] 1. स्वाद कसैला होना 2. धातु का कसाव मिल जाने से स्वाद कसैला होना। [क्रि-स.] कसवाना (किसी से कुछ कसने का काम करवाना)।

कसाफ़त (अ.) [सं-स्त्री.] 1. मैलापन; गंदगी 2. गाढ़ापन 3. मोटाई; स्थूलता।

कसाबा (अ.) [सं-पु.] स्त्रियों का सिर पर बाँधने वाला रूमाल।

कसार (सं.) [सं-पु.] 1. घी में भुना हुआ चीनी मिश्रित आटा; पँजीरी; चूरन 2. घी में भुने हुए चावल के आटे में शक्कर एवं मेवा आदि मिलाकर तैयार किया हुआ लड्डू।

कसालत (अ.) [सं-स्त्री.] 1. आलस्य; शैथिल्य 2. थकावट 3. काम करने में अनुत्साह; काहिली।

कसाला (सं.) [सं-पु.] 1. परिश्रम; मेहनत; कठिनाई 2. कष्ट; तकलीफ़ 3. वह खटाई जिसमें रखकर सुनार गहने साफ़ करते हैं।

कसाव [सं-पु.] 1. कसे जाने की क्रिया, भाव या स्थिति 2. तनाव; खिंचाव 3. कसैलापन।

कसावट [सं-स्त्री.] 1. कसने, कसाने या कसे हुए होने की अवस्था या भाव; तनाव; खिंचाव 2. अच्छी गठन और बनावट 3. शक्ति; कस-बल।

कसिया [सं-स्त्री.] पतली (तेज़) धार वाली कुदाली।

कसीदा (अ.) [सं-पु.] उर्दू या फ़ारसी की क्रमिक रूप से सत्रह चरणों वाली कविता या गज़ल जिसमें किसी की प्रशंसा, निंदा अथवा उपदेश का भाव हो (इसमें क्रम से 17 पंक्तियों का होना अनिवार्य है)। [वि.] 1. खिंचा हुआ; आकृष्ट 2. अप्रसन्न।

कसीदाख़्वाँ (अ.+फ़ा.) [वि.] 1. कसीदा पढ़ने वाला 2. भाट; बंदी 3. {ला-अ.} चापलूस; ख़ुशामदी।

कसीदागो (अ.+फ़ा.) [वि.] कसीदा लिखने वाला।

कसीर (अ.) [वि.] 1. मात्रा, संख्या आदि के विचार से बहुत अधिक 2. प्रचुर (मात्रा)।

कसीला [सं-पु.] सगुनी बैल।

कसीस (सं.) [सं-पु.] एक खनिज पदार्थ जो लोहे का विकारी रूप होता है; लोहे से उत्पन्न एक पदार्थ।

कसूर (अ.) [सं-पु.] 1. त्रुटि; भूल; गलती 2. दोष; अपराध।

क़सूर (अ.) [सं-पु.] उर्दू उच्चारणानुसार वर्तनी (दे. कसूर)।

कसूरवार (अ.+फ़ा.) [वि.] जिसने कसूर किया हो; अपराधी; दोषी।

कसेरा [सं-पु.] काँसे आदि के बरतन बनाने एवं बेचने का व्यवसाय करने वाला व्यक्ति।

कसेरू (सं.) [सं-पु.] 1. एक प्रकार की घास 2. एक प्रकार के मोथे की गाँठदार जड़ जो मीठी तथा स्वादिष्ट होने के कारण खाई जाती है 3. एक औषधीय वनस्पति।

कसैया [सं-पु.] 1. कसकर बाँधने वाला; जकड़ने वाला 2. कसौटी आदि पर कसने वाला; जाँच या कठिन परीक्षा करने वाला; परखने वाला।

कसैला (सं.) [वि.] 1. जिसका स्वाद आँवले और सुपारी जैसा हो 2. कषाय स्वादवाला 3. जो खाने में अच्छा न हो।

कसैलापन [सं-पु.] 1. कसैला अथवा कड़वा होने की अवस्था 2. {ला-अ.} किसी के व्यवहार या परस्पर संबंधों में आई कटुता।

कसैली [सं-स्त्री.] सुपारी; पुंगी फल।

कसोरा [सं-पु.] 1. काँसे का बना हुआ चौड़े मुँह का छिछला कटोरा या प्याला 2. पकाकर बनाया गया मिट्टी का कटोरी जैसा पात्र; मिट्टी का प्याला।

कसौटी (सं.) [सं-स्त्री.] 1. काला पत्थर जिसपर सोने को रगड़कर जौहरी उसकी शुद्धता की परख करता है; निकष 2. {ला-अ.} किसी वस्तु को जाँचने-परखने का मानदंड।

कसौली [सं-पु.] शिमले के पास 6000 (छह हजार) फीट की ऊंचाई पर पहाड़ में एक स्थान जहाँ कुत्ते, सियार आदि के विष को समाप्त करने के लिए दवा के रूप में प्रयोग की जाती है।

कस्टडी (अं.) [सं-पु.] 1. हिरासत; कैद; गिरफ़्तारी 2. संरक्षण; परिरक्षा; निगरानी; पालन; रखवाली।

कस्टर्ड (अं.) [सं-पु.] मकई या गेहूँ के निशास्ते (स्टार्च) से बना रबड़ी जैसा एक व्यंजन जिसे फल, मेवे आदि मिलाकर तैयार किया जाता है।

कस्तूर (सं.) [सं-पु.] वह हिरण जिसकी नाभि में कस्तूरी होती है; कस्तूरी-मृग।

कस्तूरा (सं.) [सं-पु.] 1. कस्तूरी मृग 2. कबूतर से कुछ छोटा एक काला पक्षी जिसके सिर, कंधों और बाकी शरीर में भी कहीं-कहीं नीले रंग की चमक होती है 3. लोमड़ी जैसा एक पशु।

कस्तूरिया [सं-पु.] कस्तूरी मृग। [वि.] 1. कस्तूरी से युक्त 2. कस्तूरी के रंग का; मुश्की।

कस्तूरी (सं.) [सं-स्त्री.] एक प्रसिद्ध सुगंधित पदार्थ जो हिरन की जाति के एक पशु की नाभि में पाया जाता है तथा औषधि बनाने में प्रयुक्त होता है।

कस्तूरी मृग (सं.) [सं-पु.] 1. मध्य एशिया में पाया जाने वाला एक प्रकार का बिना सींग वाला हिरन जिसकी नाभि में कस्तूरी पैदा होती है; (मस्क डीयर) 2. गंध मार्जार; मुश्क बिलाव।

कस्द (अ.) [सं-पु.] 1. इरादा; संकल्प; निश्चय 2. कामना; इच्छा; ख़्वाहिश।

कस्दन (अ.) [क्रि.वि.] इरादतन; जानबूझकर; सोच-समझकर; निश्चयपूर्वक।

कस्बा (अ.) [सं-पु.] 1. छोटा शहर या नगर 2. नगर से छोटी और गाँव से बड़ी बस्ती।

क़स्बा (अ.) [सं-पु.] उर्दू उच्चारणानुसार वर्तनी (दे. कस्बा)।

कस्सा [सं-पु.] फावड़ा; कुदाल।

कस्साब (अ.) [सं-पु.] मांस-विक्रेता; कसाई; पशुवध करने वाला।

कहकशाँ (फ़ा.) [सं-स्त्री.] आकाश में दूरस्थ तारों का ऐसा समूह जो धुँधले बादल जैसा दिखाई देता है; आकाशगंगा; छायापथ; (मिल्की वे)।

कहकहा (अ.) [सं-पु.] अट्टहास; ठहाका; खिलखिलाकर हँसना; ज़ोर की हँसी।

कहगिल (फ़ा.) [सं-स्त्री.] दीवार में लगाने का मिट्टी का गारा जो मिट्टी में घास फूस सड़ाकर बनाया जाता है।

कहत (अ.) [सं-पु.] 1. अकाल; दुर्भिक्ष; सूखा 2. किसी चीज़ का बहुत अधिक अभाव; दुष्प्राप्यता; टोटा।

कहतरी [सं-स्त्री.] दही जमाने का पात्र।

कहन [सं-स्त्री.] 1. कथन; उक्ति; वचन 2. कहनूत; कहावत 3. लोक प्रसिद्ध कोई पद्य या पद्य का चरण।

कहना [क्रि-स.] 1. संबोधित करना; बोलना 2. अपने भाव, विचार या उद्देश्य को शब्दों के माध्यम से व्यक्त करना 3. सूचना या समाचार देना 4. बताना या बयान करना 5. आज्ञा

देना 6. पुकारना 7. कविता रचना। [सं-पु.] 1. कथन; उक्ति; बात 2. आदेश; आज्ञा 3. प्रार्थना; अनुरोध।

कहर (अ.) [सं-पु.] 1. आफ़त; विपत्ति; आपत्ति; संकट 2. प्रकोप। [मु.] **-ढाना** : अत्याचार करना।

कहरवा [सं-पु.] आठ मात्राओं की एक ताल, जो तबला आदि वाद्यों पर बजाई जाती है।

कहलवाना [क्रि-स.] 1. किसी अन्य को कुछ कहने के लिए प्रेरित करना 2. संदेश भेजना 3. उच्चारण कराना।

कहलाना [क्रि-स.] 1. कहने का काम किसी दूसरे से कराना 2. किसी के द्वारा संदेश भेजना। [क्रि-अ.] किसी नाम से पुकारा जाना, जैसे- वे नेताजी कहलाते हैं।

कहवा (अ.) [सं-पु.] चाय की तरह का एक पेय पदार्थ; एक झाड़ी का बीज जिसके चूरे को चाय की तरह इस्तेमाल किया जाता है; कॉफ़ी।

कहवाखाना (अ.+फ़ा.) [सं-पु.] दे. कहवाघर।

कहवाघर (अ.+हिं.) [सं-पु.] वह स्थान जहाँ कहवा बिकता हो; कहवाख़ाना; (कॉफ़ी हाउस)।

कहवैया [वि.] जो किसी से कुछ कहे या सुनाए; कहने वाला; सुनाने वाला।

कहाँ [अव्य.] 1. स्थान विषयक प्रश्नवाचक अव्यय 2. अवधि, सीमा या स्थिति विषयक प्रश्नवाचक अव्यय 3. तिरस्कार, उपेक्षा आदि के प्रसंगों में किसी अज्ञात या अनिश्चित स्थान का वाचक अव्यय।

कहानी [सं-स्त्री.] 1. कथा; किस्सा; (स्टोरी) 2. कोई काल्पनिक (झूठी या मनगढ़ंत) बात 3. वृत्तांत 4. लिखित या मौखिक गद्य या गद्य-पद्य रूप में प्रस्तुत कोई वास्तविक या काल्पनिक घटना जिसका उद्देश्य पाठकों या श्रोताओं का मनोरंजन करना अथवा कोई शिक्षा देना या किसी वस्तु-स्थिति से परिचित कराना होता है।

कहानीकार [सं-पु.] किस्सागो; कथाकार; किस्साख़्वाँ। [वि.] कहानी कहने या लिखने वाला।

कहार [सं-पु.] परंपरा से पानी भरने तथा डोली या पालकी आदि ढोने वाली एक जाति।

कहारिन [सं-स्त्री.] कहार का स्त्रीवाची रूप; पानी भरने वाली स्त्री; कहारी; किसी समय महरी या घरेलू नौकरानी के लिए प्रयुक्त शब्द।

कहाल [सं-पु.] एक प्रकार का वाद्य यंत्र।

कहावत [सं-स्त्री.] 1. जन सामान्य में प्रचलित लोकोक्ति; मसल; कहनूत 2. कथन; उक्ति 3. संबंधियों को मृतक कर्म आदि की सूचना देने के लिए भेजा जाने वाला संदेशा अथवा पत्र।

कहासुनी [सं-स्त्री.] वाद-विवाद; उत्तर-प्रत्युत्तर; तकरार; कहा-कही; परस्पर अनुचित एवं अशिष्ट बातों का प्रयोग।

कहीं [अव्य.] 1. अनजान या अनिश्चित जगह 2. अन्यत्र; दूसरी जगह 3. नहीं; कदापि नहीं; कभी नहीं, जैसे- ऐसा भी कहीं होता है? 4. शायद; संभवतः।

कहू [सं-पु.] अर्जुन।

का (सं.) [पर.] संबंध सूचक परसर्ग जो पुल्लिंग एकवचन के साथ संबंध का द्योतन करता है, जैसे- मीरा का घर।

काँइया [वि.] बहुत अधिक चालाक; धूर्त; शातिर; काइयाँ।

काँक नुकाना [क्रि-स.] ओटना।

काँकर [सं-पु.] कछौटा।

काँकरेजी [सं-स्त्री.] एक प्रकार का बैल।

काँकेट [सं-पु.] एक प्रकार का पान।

काँख (सं.) [सं-स्त्री.] धड़ और बाँह के बीच का गड्ढेनुमा स्थान; भुजामूल के नीचे का गड्ढा; कखरी; बगल।

काँखना [क्रि-अ.] 1. किसी कष्ट या आह के कारण गले से खाँसने जैसी कराहने की ध्वनि निकलना 2. भारी वस्तु उठाने पर या कुश्ती में गले से निकलने वाली ध्वनि 3. बहुत कठिन परिश्रम करने, ज़ोर लगाने या पीड़ा की स्थिति में कराहना।

काँखासोती [सं-स्त्री.] दुपट्टा लेने का एक तरीका जिसमें उसे बाएँ कंधे के ऊपर एवं दाहिनी बगल के नीचे से ले जाकर पुनः बाएँ कंधे पर डालते हैं।

काँगड़ा (सं.) [सं-पु.] 1. भारत के हिमाचल प्रदेश प्रांत का एक जिला 2. उक्त क्षेत्र में में ज्वाला देवी का प्रसिद्ध मंदिर है 3. काँगड़ा अपनी चित्र शैली के लिए प्रसिद्ध है 4. मटमैले रंग का एक पक्षी जिसकी चोटी काले रंग की होती है।

काँगड़ी [सं-स्त्री.] एक प्रकार की कश्मीरी अँगीठी जिसे गले में लटकाया जाता है।

काँच (सं.) [सं-पु.] 1. अकार्बनिक पदार्थों से बना हुआ वह पारदर्शक अथवा अपारदर्शक पदार्थ जिससे शीशी बोतल आदि बनती हैं; वे ठोस पदार्थ जो द्रव अवस्था से ठंडे होकर ठोस अवस्था में आने पर क्रिस्टलीय संरचना नहीं प्राप्त करते; एक प्रकार का मिश्र धातु; शीशा; (ग्लास) 2. आईना; दर्पण। [सं-स्त्री.] 1. धोती का वह छोर जिसे दोनों जाँघों के बीच में से निकालते हुए कमर में खोंसा जाता है; काछ; लाँग 2. गुदेंद्रिय का भीतरी भाग; गुदावर्त; गुदाचक्र 3. गुदा संबंधी एक रोग।

काँचू [वि.] 1. काँच जैसा भंगुर 2. काँच का रोगी 3. {ला-अ.} विकट स्थिति में काँच खोल देने वाला; डरपोक; कायर।

काँजी (सं.) [सं-स्त्री.] 1. पानी, गन्ने के रस या सिरके में राई, नमक, जीरा, मिरची आदि मिलाकर तैयार किया गया एक खट्टा एवं पाचक पेय पदार्थ 2. मठ्ठे या छाछ में राई, नमक आदि मिलाकर बनाया गया पेय पदार्थ।

काँजीहौद (अ.) [सं-पु.] वह सरकारी बाड़ा जिसमें लावारिस पशु बंद किए जाते हैं; सरकारी मवेशीख़ाना।

काँटा (सं.) [सं-पु.] 1. वृक्ष की टहनियों, पत्तों आदि पर उगने वाली सुई जैसी पैनी नुकीली चीज़; नुकीला भाग या शूल; कंटक 2. लोहे की नोकदार कील 3. अँकुसों का गुच्छा जिससे कुएँ में गिरे हुए सामान, बालटी आदि को निकाला जाता है 4. मछली पकड़ने की कँटिया 5. मछली की पतली हड्डियाँ जो खाते समय गले में चुभती हैं 6. तराज़ू के डंडे के मध्य में लटकती हुई कील जैसी काँटी 7. सोना, चाँदी, हीरा जवाहरात आदि तौलने का छोटा तराज़ू 8. घड़ी की सुई 9. किसानों का एक पंजे के आकार का औज़ार जिससे वे घास-भूसा इधर-

उधर करते हैं 10. उक्त प्रकार का धातु का बना चम्मच जिससे उठाकर खाना खाया जाता है 11. पेड़ से फल आदि तोड़ने की अँकुसी। [मु.] -**निकालना** : बाधा दूर करना। **काँटे बोना** : अड़चन डालना। **काँटों में घसीटना** : परेशानी में घसीटना।

काँटी (सं.) [सं-स्त्री.] 1. शूल; छोटा काँटा 2. अँकुड़ी; छोटी कँटिया 3. साँप पकड़ने के लिए प्रयुक्त अँकुड़ी युक्त लकड़ी।

काँटेदार [वि.] जिसमें काँटे लगे हों; कंटकयुक्त।

काँठर [सं-पु.] बाती।

काँठा (सं.) [सं-पु.] 1. गला 2. गले में पहना जाने वाला एक आभूषण; कंठा 3. नदी आदि का किनारा; तट 4. बगल; पार्श्व 5. जलाने की लकड़ी; ईंधन 6. तोते के गले की मंडलाकार रेखा। दे ?- कंठ

काँड़ी (सं.) [सं-स्त्री.] 1. छाजन आदि में प्रयुक्त बाँस या बल्ली 2. अरहर की सूखी लकड़ी 3. हाथी के तलवे में होने वाला एक रोग 4. मछलियों का झुंड 5. जहाज़ों या नावों आदि के लंगर में लगने वाला लंबा डंडा 6. भारी वस्तुओं को ढकेलने में प्रयुक्त किया जाने वाला डंडा।

काँद [सं-पु.] टिटिहरी की बोली।

काँदला [वि.] मैला; गँदला; गंदा। [सं-पु.] कीचड़; मैल।

काँदू [सं-पु.] बनियों की एक उपजाति।

काँधना [क्रि-स.] 1. कंधे पर उठाना 2. ठानना; मचाना 3. सँभालना 4. {ला-अ.} अंगीकार करना; ग्रहण करना 5. {ला-अ.} सहन करना।

काँप (सं.) [सं-स्त्री.] 1. कान का एक आभूषण; कर्णफूल 2. बाँस की लचीली तीली 3. सुअर का बाहर निकला हुआ दाँत; खाँग 4. हाथी का दाँत 5. कलई का चूना।

काँपना (सं.) [क्रि-अ.] 1. हिलना 2. शीत, ठंड आदि के कारण शरीर के अंगों का हिलना 3. भय या क्रोध आदि से थर्राना 4. बहुत भयभीत होना; डरना।

काँव-काँव [सं-पु.] 1. कौए के बोलने का शब्द 2. अप्रिय और कर्कश ध्वनि; काँय-काँय; व्यर्थ या बेकार की बातें 3. {ला-अ.} झगड़ा; विवाद। [मु.] -**करना** : शोर करना।

काँवर [सं-स्त्री.] बाँस का फट्टा जिसे कंधे पर रखकर तथा उसके दोनों सिरों पर बँधी पिटारियों में सामान रखकर ढोया जाता है; उक्त प्रकार के बाँस के फट्टे में बँधी छोटी पिटारियों में तीर्थयात्री गंगाजल आदि लेकर तीर्थ-यात्रा के लिए निकलते हैं; बहँगी।

काँवरिया [सं-पु.] 1. काँवर लेकर चलने वाला व्यक्ति 2. कामना पूर्ति के उद्देश्य से कंधे पर काँवर उठाकर तीर्थयात्रा के लिए जाने वाला व्यक्ति।

काँवाँरथी (सं.) [सं-पु.] 1. अपनी मनोकामना पूरी कराने के उद्देश्य से कंधे पर काँवर लेकर तीर्थयात्रा पर जाने वाला शिवभक्त 2. काँवरिया; बहँगिया।

काँस (सं.) [सं-पु.] वर्षा ऋतु में उगने तथा शरद ऋतु में फूलने वाली एक प्रकार की लंबी घास जिसे बटकर टोकरे, रस्सियाँ आदि बनाए जाते हैं; काश; कास।

काँसा (सं.) [सं-पु.] 1. ताँबे और जस्ते या ताँबे और टीन के योग से बनी हुई एक मिश्र धातु; कसकुट 2. भीख माँगने का खप्पर या ठीकरा; भिक्षापात्र।

काँसार [सं-पु.] काँसे का बरतन बनाने वाला; कसेरा; ठठेरा।

कांक्रीट (अं.) [सं-स्त्री.] पत्थर के छोटे टुकड़ों या कंकड़ों के साथ सीमेंट और रेत मिलाकर बनाया गया मिश्रण जो मकान के स्तंभ, फ़र्श या छत; (लिंटर) आदि बनाने के काम आता है; कंकरीट।

कांचन (सं.) [सं-पु.] 1. सोना; स्वर्ण 2. धन-संपदा 3. दीप्ति; चमक 4. वैभव; ऐश्वर्य 5. धतूरा 6. कचनार का वृक्ष 7. चंपा का वृक्ष 8. गूलर का वृक्ष 9. नागकेसर नामक वृक्ष तथा उसके फूल। [वि.] 1. स्वर्ण निर्मित 2. सुंदर; सुनहरा 3. श्रेष्ठ।

कांचनार (सं.) [सं-पु.] कचनार का वृक्ष तथा पुष्प।

कांचनी (सं.) [सं-स्त्री.] 1. हल्दी 2. गाय के पित्त से उत्पन्न एक सुगंधित पीला पदार्थ; गोरोचन।

कांची (सं.) [सं-स्त्री.] 1. स्त्रियों द्वारा कमर में धारण की जाने वाली करधनी; मेखला 2. प्राचीन भारत की सप्तपुरियों में से एक; कांजीवरम 3. घुँघची; गुंजा 4. कपड़ों पर टाँका जाने वाला गोटा-पट्टा।

कांजिक (सं.) [सं-पु.] 1. काँजी 2. चावल का ऐसा माँड़ जिससे ख़मीर उठने लगा हो। [वि.] सिरका, काँजी आदि से संबंध रखने वाला; खट्टा।

कांट्रैक्ट (अं.) [सं-पु.] 1. ठेका; अनुबंध; करार 2. संविदा; संधि; इकरारनामा 3. वचनबद्धता 4. पूर्वनिर्धारित शर्तों पर काम करने का अनुबंध-पत्र।

कांड (सं.) [सं-पु.] 1. बड़ी दुर्घटना; कोई अप्रिय या अशुभ घटना 2. किसी पुस्तक का कोई अध्याय, प्रकरण अथवा परिच्छेद 3. ईख, नरकट आदि की पोर 4. वृक्ष का तना; वृक्ष-स्कंध 5. किसी कार्य या विषय का विभाग या अंश 6. प्रपंच 7. धनुष के मध्य का मोटा भाग।

कांडिका (सं.) [सं-स्त्री.] 1. एक प्रकार का अन्न 2. कुम्हड़ा 3. अनुच्छेद; पैराग्राफ़ 4. ग्रंथ का खंड।

कांत (सं.) [सं-पु.] 1. जो व्यक्ति किसी के प्रति प्रेम या अनुराग रखता हो; प्रेमी 2. पति; शौहर। [वि.] 1. मनोहर; सुंदर 2. रुचिकर; प्रिय।

कांता (सं.) [सं-स्त्री.] 1. पत्नी; भार्या 2. प्रेमिका 3. सुंदर स्त्री।

कांतार (सं.) [सं-पु.] 1. घना वन या जंगल; भयानक स्थान 2. दुरूह या विकट पथ 3. ईख; गन्ना 4. बाँस 5. छिद्र; छेद, दरार।

कांति (सं.) [सं-स्त्री.] 1. छवि; शोभा; सौंदर्य 2. दीप्ति; चमक; आभा 3. आंतरिक प्रसन्नता तथा स्वास्थ्य से बढ़ा-चढ़ा शारीरिक सौंदर्य 4. चंद्रमा की सोलह कलाओं में से एक 5. सुंदर स्त्री।

कांतिमान (सं.) [वि.] 1. कांतियुक्त; चमकीला; दीप्तिमान 2. सुंदर।

कांतिसार (सं.) [सं-पु.] एक अच्छी किस्म का लोहा।

कांदविक (सं.) [सं-पु.] भाड़ या भट्ठी पर काम करने वाला; भड़भूजा, हलवाई, रोटीवाला, नानबाई आदि।

कांस्टेबल (अं.) [सं-पु.] पुलिस विभाग में एक पद; सिपाही; आरक्षी; आरक्षक।

कांस्य (सं.) [सं-पु.] ताँबे तथा टीन के मिश्रण से निर्मित एक धातु; काँसा; कसकुट। [वि.] 1. काँसे का बना हुआ; काँसे का 2. काँसे से संबंधित।

कांस्य युग (सं.) [सं-पु.] इतिहास का वह युग जिसमें मनुष्य हथियार, बरतन आदि के लिए काँसे का प्रयोग करने लगा था; पाषाण युग तथा लौह युग के मध्य का युग।

कांस्यकार (सं.) [सं-पु.] काँसे के बरतन बनाने और बेचने वाला; कसेरा; ठठेरा।

काइनेटोस्कोप (अं.) [सं-पु.] गतिशील चित्रों को दिखाने का एक प्रारंभिक उपकरण।

काइयाँ [वि.] चंट; चालाक और धूर्त; चतुर और कुटिल।

काई (सं.) [सं-स्त्री.] 1. जल और सीलन में उत्पन्न होने वाली एक वनस्पति 2. स्थिर अथवा अवरुद्ध पानी के ऊपर उगने वाली गोल पत्तियों की एक घास 3. ऐसा मैल जो जम गया हो 4. {ला-अ.} मन में उत्पन्न एवं एकत्रित दुर्भाव, पाप, कलुष आदि।

काउंटर (अं.) [सं-पु.] 1. शुल्क अदा करके किसी मद या मनोरंजन आदि के लिए टिकट या कूपन ख़रीदने की खिड़की 2. गणक; गणनाकार 3. गणना करने की मशीन; गणित्र 4. दुकान या बैंक आदि व्यापारिक स्थानों में वह समतल पटल जहाँ ग्राहकों से व्यवहार होता है 5. तख़्ता। [वि.] 1. प्रतिकूल; विपरीत; विरुद्ध; विरोधी 2. दोहरा; द्विगुणित; दूना।

काउंटिंग (अं.) [सं-पु.] गणना; हिसाब।

काउंसिल (अं.) [सं-स्त्री.] 1. किसी विषय पर विचार-विमर्श के लिए निर्मित सभा; परिषद 2. विचार सभा; परामर्श-सभा।

काऊ [सं-पु.] कौआ; काग।

काक (सं.) [सं-पु.] 1. कौआ नामक पक्षी 2. माथे पर एक विशेष आकृति का तिलक 3. {ला-अ.} अधिक चालाक और धूर्त व्यक्ति।

काक-गोलक (सं.) [सं-पु.] कौए की आँख की पुतली।

काकपक्ष (सं.) [सं-पु.] कनपटियों पर लटकने वाले बालों के पट्टे; लट; ज़ुल्फ़; गलमुच्छे।

काकपद (सं.) [सं-पु.] 1. किसी वाक्य में छूटे हुए शब्द का स्थान बताने के लिए पंक्ति के नीचे बनाया जाने वाला चिह्न; हंसपद; त्रुटिका (^) 2. कौए के पद का परिमाण जो शिखा का शास्त्रविहित परिमाण है 3. एक रतिबंध 4. हीरे का एक दोष।

काकभुशुंडि (सं.) [सं-पु.] (रामायण) एक राम भक्त जो लोमश ऋषि के शाप से कौआ हो गए थे।

काकरेज़ (फ़ा.) [सं-पु.] बैंगनी, लाल एवं काले रंग के मेल से बना रंग।

काकरेज़ा (फ़ा.) [सं-पु.] काकरेज़ रंग का कपड़ा; नीलापन और लाली लिए हुए काले रंग का कपड़ा।

काकरेज़ी (फ़ा.) [सं-पु.] लाल और काले रंग के मिश्रण से बना एक प्रकार का रंग जिसमें नीलेपन की झलक मिलती है; काकरेज़ रंग। [वि.] काकरेज़ रंग का।

काकल (सं.) [सं-पु.] 1. गले के अंदर की घंटी; कौआ; अलिजिह्वा 2. पहाड़ी कौआ।

काकली (सं.) [सं-स्त्री.] 1. मधुर ध्वनि; अस्फुट ध्वनि; कुहुक 2. (संगीत) ऐसा मंद तथा मधुर स्वर जो यह जानने के लिए उत्पन्न किया जाता है कि कोई जाग रहा है या सो रहा है 3. एक वाद्य 4. कैंची 5. गुंजा या घुँघुची का पौधा।

काकल्य (सं.) [वि.] स्वरतंत्रियों के मध्य स्थित वायुमार्ग 'काकल' कहलाता है तथा 'काकल' स्थान से उच्चारित ध्वनि काकल्य कहलाती हैं, जैसे- विसर्ग (:) तथा 'ह्'।

काका (फ़ा.) [सं-पु.] 1. चाचा; पिता का छोटा भाई 2. छोटा बच्चा 3. घर के बड़े-बूढ़े सेवक या अपरिचित-अल्पपरिचित बुज़ुर्गों के लिए सम्मानसूचक संबोधन।

काकातुआ [सं-पु.] एक प्रकार का बड़ा तोता जिसके सिर पर चोटी होती है; किंकिरात।

काकी (फ़ा.) [सं-स्त्री.] चाची; चाचा या काका की पत्नी; कुछ बड़ी उम्र की अपरिचित-अल्पपरिचित महिलाओं के लिए सम्मान जनक संबोधन।

काकु (सं.) [सं-पु.] 1. कंठ ध्वनि विशेष; भाव या अर्थ भेद से ध्वनि में भेद होना 2. (काव्यशास्त्र) वक्रोक्ति अलंकार का एक भेद जिसमें कहने का ढंग बदलने से अर्थ बदल जाता है; व्यंग्यपूर्ण कथन 3. नकार का ऐसा प्रयोग जिससे 'हाँ' का भाव या अर्थ निकलता है।

काकुद (सं.) [सं-पु.] मुख विवर के अंदर ऊपर की दंतपंक्ति से लेकर अलिजिह्वा या काकल तक का भाग; तालु।

काकुल (फ़ा.) [सं-स्त्री.] बालों की लट; केशपाश; माथे या कनपटी पर लटकते हुए बाल; ज़ुल्फ़; अलक।

काकोल (सं.) [सं-पु.] 1. एक प्रकार का विष 2. सर्प; साँप 3. काला कौआ 4. सुअर 5. कुम्हार 6. एक नरक।

काकोलूकीय (सं.) [सं-पु.] कौवे तथा उल्लू का सामान्य वैर।

काग (सं.) [सं-पु.] 1. कौआ; वायस 2. श्राद्ध आदि में कौओं के लिए निकाला जाने वाला अंश।

कागज़ (अ.) [सं-पु.] सन, पटुए, रुई, बाँस आदि की लुगदी से बना महीन पत्र जिसपर लिखावट या छपाई की जाती है। [मु.] **-काला करना** : बेकार में लिखना।

कागज़ात (अ.) [सं-पु.] 1. ('कागज़' का बहुवचन) कागज़पत्र; दस्तावेज़ 2. किसी विषय से संबंधित लिखित सामाग्री।

कागज़ी (अ.) [वि.] 1. कागज़ का बना हुआ 2. लिखत-पढ़त में किया गया 3. कागज़ से संबंधित 4. जिसका छिलका कागज़ की तरह पतला हो, जैसे- कागज़ी नीबू, कागज़ी बादाम 5. अव्यावहारिक; उलझाने वाला; औपचारिक मात्र, जैसे- कागज़ी योजना। [मु.] **-घोड़े दौड़ाना** : विशेष प्रयास न करके केवल लिखा-पढ़ी करना।

कागरी [वि.] 1. कागज़ के समान पतला और हलका 2. तुच्छ; हेय; निम्न।

कागा [सं-पु.] काग का संबोधन कारक में होने वाला रूप; कौआ।

कागारोल [सं-पु.] कौओं की तरह मचाया जाने वाला शोर; हो-हल्ला; हुल्लड़; शोरगुल।

काच (सं.) [सं-पु.] 1. शीशा; काँच 2. काला नमक 3. आँख की एक बीमारी 4. मोम।

काछ (सं.) [सं-पु.] 1. पेड़ू, जाँघ तथा उसके नीचे का स्थान 2. परिधान; पहनावा 3. धोती की लाँग 4. कच्छा; जाँघिया 5. अभिनय में नटों का धारण किया हुआ वेश। [मु.] **-काछना** : वेष (भेष) बनाना (अभिनय में)। **-लगना** : जाँघों के चमड़े का रगड़ कर छिल जाना।

काछना [क्रि-स.] 1. वस्त्र पहनना; वेश धारण करना 2. सजाकर तैयार करना 3. बनाना; सँवारना 4. धोती की लाँग पीछे खोंसना 5. शोभित होना; शोभा देना।

काछनी [सं-स्त्री.] 1. घुटनों तक कसकर धोती पहनने का एक ढंग जिसमें दोनों ओर की लाँगें पीछे की ओर खोंसी जाती हैं 2. उक्त प्रकार से पहनी गई धोती 3. घाघरे की तरह का एक प्रकार का पहनावा जो प्रायः घुटनों तक का होता है।

काछा [सं-पु.] 1. काछ 2. पेडू और जाँघ का जोड़ 3. घुटनों तक कस कर धोती पहनने का एक तरीका जिसमें दोनों ओर की लाँगें पीछे की ओर खोंसी जाती हैं; लाँग।

काछी [सं-पु.] सब्ज़ी उगाने तथा बेचने का व्यापार करने वाला समुदाय; कोयरी; मरार।

काछीमाली [सं-पु.] बगीचों में पेड़-पौधे लगाने और उनकी देखरेख करने वाला; उद्यान पाल।

काज (सं.) [सं-पु.] 1. कार्य; काम; रोज़गार; धंधा; व्यापार; व्यवसाय 2. कारण; प्रयोजन; हेतु 3. विवाह आदि कोई शुभ कार्य 4. कपड़े में बटन लगाने का छेद।

काजल (सं.) [सं-पु.] आँखों में लगाई जाने वाली वह कालिख जो तेल, घी के दीपक से निकले धुएँ को जमाकर तैयार की जाती है; अंजन। [मु.] **-चुराना** : अति चतुराई से चोरी करना।

काज़ी (अ.) [सं-पु.] 1. मुस्लिम धर्म अर्थात शरीअत के मुताबिक धर्म-अधर्म संबंधी विवादों पर न्याय करने वाला; न्यायकर्ता; मुंसिफ; विचारक 2. निकाह पढ़ाने वाला मौलवी।

क़ाज़ी (अ.) [सं-पु.] उर्दू उच्चारणानुसार वर्तनी (दे. काज़ी)।

काजू (कों.) [सं-पु.] 1. एक वृक्ष जिसके फलों की गणना सूखे मेवों में होती है 2. उक्त वृक्ष के फल का एक भाग जो बादाम के आकार का किंतु सफ़ेद रंग का होता है तथा उसकी गिरी मेवे के तौर पर खाई जाती है।

काट [सं-स्त्री.] 1. काटने की क्रिया या भाव 2. काटने का काम 3. कपड़े को सिलाई के लिए काटने का प्रकार; कटाव 4. किसी के प्रहार या षड्यंत्र को विफल करने के लिए किया जाने वाला उपाय; पेंच का तोड़; चाल 5. कपट; विश्वासघात 6. गणित में कलम या लकीर से कोई अंक, लेख आदि काटने की क्रिया 7. अंक, लेख आदि को रद्द करने के लिए खींची जाने वाली लकीर।

काट-छाँट [सं-स्त्री.] 1. काटने और छाँटने की क्रिया या ढंग; कतर-ब्योंत 2. किसी चीज़ के निर्माण का वह तरीका जिसमें अनावश्यक अंश काट या छाँट कर अलग कर लिए जाते हों तथा आवश्यक अंश को रख लिया जाता हो।

काट भरना [क्रि-अ.] मोड़ पर जलधारा के वेग से नदी कटाव करती है एवं जल एकत्र होने लगता है।

काटकपट [सं-पु.] 1. कपटपूर्ण युक्ति 2. गलत ढंग से काटना।

काटकूट [सं-स्त्री.] 1. लिखावट में संशोधन, परिवर्तन 2. काटना; मार-काट।

काटन [सं-स्त्री.] कपड़े की कतरन या कटा हुआ अंश।

काटना (सं.) [क्रि-स.] 1. शस्त्र आदि से किसी वस्तु के दो या अधिक भाग करना 2. घाव या ज़ख़्म करना 3. किसी कड़ी या भारी चीज़ को नया रूप देने के लिए उस पर आघात करना, जैसे- गुफा या मंदिर बनाने के लिए पहाड़ काटना 4. युद्ध में मारना; वध करना 5. किसी वस्तु में दाँत गड़ाना; कुतरना 6. दूर करना 7. रास्ता पार करना 8. खंडन करना 9. किसी छोटी संख्या से बड़ी संख्या में भाग देना।

काटा [सं-पु.] घास-पात खखोरने का औजार।

काटू [वि.] 1. काटने वाला; काट खाने वाला; कटखना; कटहा 2. जल्दी क्रोधित होने वाला; चिड़चिड़ा 3. तीक्ष्ण; तीखा; तेज़।

काठ (सं.) [सं-पु.] 1. वृक्ष का कोई स्थूल अंग जो कटकर सूख गया हो; लकड़ी; काष्ठ 2. जलाने की लकड़ी; ईंधन 3. लकड़ी की बेड़ी; कलंदरा। [मु.] **-का उल्लू** : बहुत बड़ा मूर्ख। **-काठ की हाँड़ी** : ऐसी वस्तु जिससे एक से अधिक बार काम न लिया जा सके। **-मार जाना** : चकित या हतप्रभ होना; बहुत हैरान होना; स्तब्ध हो जाना।

काठ-कोयला [सं-पु.] लकड़ियाँ जलाकर तैयार किया जाने वाला कोयला।

काठ कबाड़ [सं-पु.] 1. लकड़ी की बनी हुई परंतु टूटी-फूटी या अनावश्यक सामग्री 2. काठ से बनी रद्दी या बेकार चीज़ें।

काठघर (सं.) [सं-पु.] काष्ठ निर्मित घर; लकड़ी का बना मकान।

काठा [वि.] 1. लकड़ी या काठ से निर्मित 2. जिसका छिलका मोटा और कड़ा हो 3. जिसका गूदा कड़ा हो।

काठी [सं-स्त्री.] 1. ऊँट, घोड़े आदि की पीठ पर कसने की जीन जिसमें नीचे लकड़ी लगी होती है 2. देह की गठन या बनावट 3. काठ का बना म्यान 4. काष्ठ; लकड़ी।

काड़ा [सं-पु.] एक प्रकार का आभूषण; कड़ा।

काड़ी [सं-स्त्री.] 1. भैंस का मादा बच्चा; पड़िया 2. अरहर के सूखे डंठल; मजबूत कंडी 3. उपला; गोइठा।

काढ़ [सं-पु.] बरही।

काढ़ना (सं.) [क्रि-स.] 1. आधार या पात्र से कोई चीज़ बाहर निकालना 2. सुई-धागे से किसी कपड़े पर बेल-बूटे बनाना 3. तेल, घी आदि में कोई चीज़ तलना 4. आवरण हटाकर दिखाना; सामने लाना।

काढ़ल [क्रि-स.] 1. निकालना 2. कपड़े पर बेलबूटा बनाना 3. कर्ज लेना।

काढ़ा [सं-पु.] औषधीय वनस्पतियों को उबालकर निकाला गया सत्त; क्वाथ; जोशाँदा।

काण (सं.) [सं-पु.] कौआ। [वि.] 1. काना; एकाक्ष 2. छेद किया हुआ।

कात (सं.) [सं-पु.] 1. भेड़ों के बाल काटने की क़ैंची 2. मुरगे के पैर में निकलने वाला काँटा।

कातना (सं.) [क्रि-स.] 1. चरखे, तकली आदि से ऊन या रुई से धागा तैयार करना 2. धागा बटना 3. मूँज, सन आदि से रस्सी बनाना।

कातर (सं.) [वि.] 1. व्याकुल; अधीर; परेशान; उद्विग्न 2. कष्ट से आकुल; आर्त; दुखी 3. डरा हुआ; भयभीत 4. भीरु; डरपोक 5. विवश। [सं-पु.] 1. कोल्हू की कतरी या पाट 2. घड़े आदि को बाँधकर बनाया हुआ बेड़ा; घड़नैल; घड़नई।

कातरता (सं.) [सं-स्त्री.] 1. कातर होने की अवस्था अथवा भाव; अधीरता 2. दुख या कष्ट में होने वाली बेचैनी; विकलता; व्याकुलता।

कातरोक्ति (सं.) [सं-स्त्री.] 1. कष्ट या दुख में कही गई बात 2. दुखसूचक आग्रह; दीनतापूर्वक की जाने वाली प्रार्थना।

कातल (सं.) [सं-पु.] एक प्रकार की मछली; कतला मछली।

काता [सं-पु.] 1. बाँस छीलने की अर्धचंद्राकार छुरी; बाँक 2. काता हुआ सूत; डोरा; तागा 3. एक मिठाई, जो कते हुए सूत के लच्छे जैसी होती है।

कातिब (अ.) [सं-पु.] 1. लेख आदि की प्रतिलिपि करने वाला व्यक्ति 2. लिखने वाला; लेखक 3. मुंशी; मुहर्रिर 4. लीथो प्रेस पर छपने के लिए एक विशेष कागज़ पर विशेष स्याही से लिखने का काम करने वाला व्यक्ति।

कातिल (अ.) [वि.] कत्ल करने वाला; वध करने वाला; वधिक; हत्यारा।

क़ातिल (अ.) [वि.] उर्दू उच्चारणानुसार वर्तनी (दे. कातिल)।

कातिलाना (अ.+फ़ा.) [वि.] जानलेवा; बहुत अधिक घातक।

काती (सं.) [सं-स्त्री.] 1. कैंची 2. चाकू; छुरी 3. छोटी तलवार।

कात्यायनी (सं.) [सं-स्त्री.] 1. (पुराण) दुर्गा का एक रूप 2. कत गोत्र में उत्पन्न कन्या 3. ऋषि कात्यायन की पत्नी।

कादंबरी (सं.) [सं-स्त्री.] 1. कोयल; कोकिल 2. मैना पक्षी 3. कदंब के फूलों की शराब; मदिरा 4. वाणी, विद्या की देवी; सरस्वती 5. बाणभट्ट की लिखी हुई प्रसिद्ध कथा 6. उक्त कथा की नायिका।

कादंबिनी (सं.) [सं-स्त्री.] 1. बादलों का समूह; मेघमाला 2. (संगीत) मेघ राग की एक रागिनी।

कादर (सं.) [वि.] 1. भीरु; डरपोक 2. उद्विग्न; व्याकुल; परेशान 3. आर्त 4. अधीर 5. विवश।

कान[1] [सं-स्त्री.] वह खाट या चारपाई जिसके कोने निकले हों; कोनचड़।

कान[2] (सं.) [सं-पु.] 1. श्रवणेंद्रिय; कर्ण; श्रुति 2. श्रवण-शक्ति; सुनने की शक्ति 3. चारपाई का टेढ़ापन; कनेव 4. तराज़ू का पसँगा 5. सितार आदि की खूँटी 6. बंदूक की रंजकदानी जिसमें बारूद रखी जाती है 7. नाव की पतवार। [मु.] **-उमेठना** : सावधान या दंडित करने के लिए किसी का कान मसलना। **-पर जूँ न रेंगना** : कुछ भी परवाह न करना। **-फूँकना** : दीक्षा देना; सिखाना। **-भरना** : किसी के विरुद्ध किसी के मन में कोई बात बैठा देना। **-में डाल देना** : जानकारी देना। **-कानों कान ख़बर न होना** : किसी को पता न चलना।

कानक (सं.) [वि.] 1. सोने का बना हुआ 2. कनक संबंधी; कनक का 3. सुनहरा। [सं-पु.] जमालगोटा नामक बीज जो विरेचक होता है।

कानन (सं.) [सं-पु.] 1. वन; जंगल 2. घर; मकान; निवासस्थान।

काना (सं.) [वि.] 1. जिसकी कोई आँख ख़राब या विकृत हो गई हो; एकाक्ष 2. टेढ़ा; तिरछा 3. दोषयुक्त 4. कीड़े आदि के द्वारा खाया गया या दागी (फल)।

काना-कानी [सं-स्त्री.] कानाफूसी; बात का एक कान से दूसरे कान तक पहुँचना; कर्णपरंपरा।

कानाफूसी [सं-स्त्री.] 1. किसी के कान में धीरे से कही जाने वाली बात जो किसी अन्य को न सुनाई दे 2. उक्त प्रकार से की जाने वाली बातचीत; फुसफुसाहट।

कानि [सं-स्त्री.] 1. लोकलज्जा 2. बड़ों का अदब, लिहाज या संकोच।

कानी [वि.] 1. एक आँखवाली 2. छिद्रयुक्त; दोषयुक्त, जैसे- कानी भिंडी।

कानी-उँगली [सं-स्त्री.] हाथ या पैर की सबसे छोटी उँगली; कनिष्ठिका; छिगुनी।

कानी-कौड़ी [सं-स्त्री.] 1. ऐसी कौड़ी जिसके बीच में माला पिरोने के लिए छेद किया गया हो; फूटी कौड़ी 2. {ला-अ.} नगण्य या नाम मात्र का धन।

कानीन (सं.) [सं-पु.] अविवाहित स्त्री के गर्भ से उत्पन्न पुत्र, जैसे- पुराणों में उल्लिखित वेद व्यास, कर्ण आदि।

कानून (अ.) [सं-पु.] 1. देश में व्यवस्था कायम करने के लिए शासन द्वारा बनाए गए नियम जिनका पालन करना उस देश के सभी नागरिकों के लिए अनिवार्य होता है; राजनियम; विधि; विधान; आईन; (लॉ) 2. सामान्य व्यवस्थागत नियम; कायदा-कानून 3. उक्त प्रकार से निर्मित नियमों का सामूहिक रूप।

क़ानून (अ.) [सं-पु.] उर्दू उच्चारणानुसार वर्तनी (दे. कानून)।

कानूनगो (अ.+फ़ा.) [सं-पु.] माल या राजस्व महकमे का वह क्षेत्रीय अधिकारी जो पटवारियों या लेखपालों के कागज़ात एवं काम-काज की जाँच करता है।

कानूनदाँ (अ.+फ़ा.) [सं-पु.] 1. विधिवेत्ता; कानून का जानकार; विधिज्ञ; विधानज्ञ 2. अभिभाषक; अभिवक्ता; वकील।

कानूनन (अ.) [क्रि.वि.] कानून के मुताबिक; विधान के अनुसार; नियमत:।

कानूनी (अ.) [वि.] 1. कानून संबंधी; कानून का 2. बात-बात पर कायदे-कानून की दुहाई देने वाला; कानून बघारने वाला; नुक्स निकालने वाला; हुज्जती।

कान्यकुब्ज (सं.) [सं-पु.] 1. वर्तमान कन्नौज के आस-पास विस्तृत एक प्राचीन प्रांत 2. कान्यकुब्ज क्षेत्र का निवासी 3. उक्त क्षेत्र में रहने वाले ब्राह्मणों का एक वर्ग।

कापटिक (सं.) [वि.] 1. कपटी; दुष्ट 2. जालसाज; बईमान।

कापालिक (सं.) [सं-पु.] 1. शैव संप्रदाय की एक शाखा 2.

उक्त शाखा का अनुयायी 3. भैरव या शक्ति के उपासक; एक प्रकार के तांत्रिक जो अपने हाथ में कपाल या मनुष्य की खोपड़ी लिए रहते हैं 4. बंगाल में रहने वाली एक पुरानी वर्ण संकर जाति। [वि.] कपालसंबंधी; खोपड़ी का।

कापिल (सं.) [वि.] 1. कपिल संबंधी 2. कपिल द्वारा प्रतिपादित सांख्य मत का अनुयायी 3. भूरा रंग।

कापुरुष (सं.) [सं-पु.] 1. कायर या भीरु व्यक्ति 2. तुच्छ या हीन पुरुष।

कापोत (सं.) [वि.] 1. कबूतर के रंग जैसा; धूसर रंग का 2. कबूतर संबंधी।

काफ़ (अ.) [सं-पु.] 1. उर्दू वर्णमाला का एक व्यंजन जो 'क' ध्वनि के लिए प्रयुक्त होता है 2.शिगाफ़ का लघु रूप।

क़ाफ़ (फ़ा.) [सं-पु.] एक उर्दू अक्षर; कोहे काफ, पश्चिम रशिया में काकेशस नामक स्थान।

काफ़िया (अ.) [सं-पु.] तुक; अंत्यानुप्रास।

काफ़िर (अ.) [सं-पु.] 1. सत्य को छिपाने वाला 2. ख़ुदा या ईश्वर को न मानने वाला; नास्तिक 3. दुष्ट; उत्पाती व्यक्ति 4. अफ़गानिस्तान की सरहद पर बसने वाली एक जाति 5. अफ्रीका के मूल निवासियों का एक कबीला। [वि.] 1. ईश्वर को न मानने वाला; नास्तिक 2. उपद्रवी 3. दुष्ट; निर्दय।

काफ़िराना (फ़ा.) [वि.] काफ़िरों की तरह के व्यवहारवाला; काफ़िरों का-सा।

काफ़िरी (अ.) [सं-स्त्री.] 1. काफ़िर होने की अवस्था या भाव; काफ़िरपन 2. काफ़िर जाति की बोली या भाषा। [वि.] 1. काफ़िर संबंधी 2. काफ़िरों जैसा।

काफ़िरे नेमत (अ.) [सं-पु.] अहसान फ़रामोश; कृतघ्न; अकृतज्ञ।

काफ़िला (अ.) [सं-पु.] 1. एक क्षेत्र से दूसरे क्षेत्र में माल आदि ले जानेवाले व्यापारियों का समूह 2. मुसाफ़िरों की जमाअत; यात्रियों का समूह; यात्रीदल।

काफ़ी (अ.) [वि.] 1. जितना ज़रूरी हो उतना; पूरा; पर्याप्त 2. अत्यधिक; बहुत ज़्यादा।

काफ़ूर (फ़ा.) [सं-पु.] कपूर; कर्पूर। [मु.] -होना : गायब हो जाना; अदृश्य होना।

काफ़ूरी (फ़ा.) [वि.] 1. कपूर संबंधी; कपूर का 2. कपूर के रंग का; कपूरी; सफ़ेद 3. कपूर की बनी हुई या कपूर पड़ी हुई (वस्तु)।

काबक [सं-पु.] कबूतरों के रहने का लकड़ी से बना घर, जिसमें छोटे-छोटे खाने बने रहते हैं।

काबर [सं-स्त्री.] एक प्रकार की भूमि जिसकी मिट्टी में रेत भी मिली रहती है; दोमट मिट्टी; खाभर।

काबा (अ.) [सं-पु.] 1. अरब के मक्का शहर की वह चौकोर इमारत जिसकी नींव हजरत इब्राहीम के द्वारा रखी हुई मानी जाती है और उक्त इमारत को मुसलमान ईश्वर का घर मानते हैं; पवित्र तीर्थस्थल 2. उक्त जगह जहाँ मुसलमान लोग हज करने जाते हैं 3. चौकोर चीज़ 4. पासा।

काबिज़ (अ.) [वि.] 1. कब्ज़ा या अधिकार रखने वाला; (व्यक्ति या संस्था) जिसका कब्ज़ा हो 2. कब्ज पैदा करने वाला; मलरोधक।

काबिल (अ.) [वि.] 1. काबिलियत या योग्यता रखने वाला; योग्य; लायक 2. किसी विषय का विशेषज्ञ; विद्वान; ज्ञाता; पंडित; इल्मदाँ 3. उचित; मुनासिब 4. दक्ष; निपुण; होशियार 5. पढ़ा-लिखा; सुयोग्य 6. मुस्तहक; (उन्नति का) अधिकारी।

क़ाबिल (अ.) [वि.] उर्दू उच्चारणानुसार वर्तनी (दे. काबिल)।

काबिलीयत (अ.) [सं-स्त्री.] 1. काबिल होने का भाव; योग्यता; पात्रता; कुशलता 2. विद्वता; पांडित्य 3. महारत; दक्षता; निपुणता; होशियारी।

काबिले तारीफ़ (अ.) [वि.] प्रशंसा के योग्य; प्रशंसनीय; श्लाघ्य; तारीफ़ के काबिल।

काबिस [सं-पु.] 1. एक प्रकार का लाल रंग जिससे मिट्टी के कच्चे बरतन रँगे जाते हैं 2. लाल रंग की मिट्टी।

काबीना (अ.) [सं-पु.] मंत्रिमंडल; मंत्रिपरिषद; वज़ीरों की मजलिस; (कैबिनेट)।

काबुक (फ़ा.) [सं-स्त्री.] 1. कबूतरों के रहने का दरबा; कपोत पालिका 2. वह गद्‌देदार कपड़ा जिसपर रोटियाँ रखकर तंदूर में डालते हैं।

काबुली [सं-पु.] एक तरह का चना जो सफ़ेद और आकार में बड़ा होता है। [वि.] 1. काबुल का 2. काबुल संबंधी 3. काबुल का रहने वाला 4. काबुल में उत्पन्न।

काबू (तु.) [सं-पु.] 1. इख़्तियार; वश; ज़ोर; नियंत्रण 2. अधिकार; कब्ज़ा।

काबूची (तु.) [वि.] 1. दरबान; द्वारपाल 2. ख़ुदगर्ज़; स्वार्थ-साधक।

काम-धंधा [सं-पु.] रोज़गार; व्यवसाय; कारोबार; कामकाज।

काम-पिपासा (सं.) [सं-स्त्री.] 1. संभोग की तीव्र इच्छा; यौन-तृप्ति की आकांक्षा; कामवासना 2. विषय-भोग की इच्छा या कामना।

काम क्रीड़ा (सं.) [सं-स्त्री.] संभोग; रतिक्रीड़ा; कामकेलि।

काम[1] [सं-पु.] 1. वह जो किया जाए; कार्य; कर्म 2. वेद विहित अथवा धार्मिक दृष्टि से किए जाने वाले कार्य; कृत्य 3. प्रयोजन; गरज़ 4. रोज़गार; आजीविका; नौकरी 5. उपयोग 6. (कपड़ों पर) बेलबूटे; (लकड़ी, पत्थर आदि पर) नक्काशी। [मु.] -**आना** : उपयोग में आना; मारा जाना। -**निकालना** : अपना उद्‌देश्य पूरा करना। -**से काम रखना** : मात्र अपने प्रयोजन से संबंध रखना। -**में लाना** : व्यवहार (प्रयोग) में लाना।

काम[2] (सं.) [सं-पु.] 1. इच्छा; कामना; मनोरथ; ख़्वाहिश 2. इंद्रिय या विषय-सुख की कामना; वासना 3. चार पुरुषार्थ में से एक 4. संभोग की इच्छा 5. कामदेव; प्रद्युम्न।

कामकला (सं.) [सं-स्त्री.] 1. पूर्ण संभोग या रति सुख प्राप्त करने की कला 2. कामदेव की पत्नी; रति 3. काम का उद्‌दीपन 4. तंत्रोपचार में शिव और शक्ति के संयोग का प्रतीक।

कामकाज [सं-पु.] 1. विभिन्न प्रकार के कार्य 2. जीविका के साधन; कारोबार; काम-धंधा; कार्य-कलाप।

कामकाजी [वि.] काम-काज अथवा उद्योग-धंधे में लगा रहने वाला; जिसके हाथ में अनेक काम रहते हों; उद्यमी।

कामगार (फ़ा.) [सं-पुं.] 1. मज़दूर; श्रमिक 2. कामदार; कार्याधिकारी। [वि.] जिसकी इच्छा पूर्ण हो गई हो; सफलमनोरथ; कामयाब; प्राप्तकाम; सफल।

कामचलाऊ [वि.] 1. जिससे फ़िलहाल आवश्यकता की पूर्ति हो जाए; जैसे-तैसे कुछ काम चला देने वाला; काम चलाने भर का 2. ऐसी वस्तु जो टिकाऊ न होने पर भी कुछ समय तक काम में आ सके।

कामचोर [वि.] आलसी; अपने काम या कर्तव्य से जी चुराने वाला।

कामज (सं.) [वि.] काम या वासना से उत्पन्न; कामजन्य। [सं-पु.] 1. यौन मनोविकार 2. व्यसन।

कामत (अ.) [सं-स्त्री.] 1. आकार; कद 2. शरीर; जिस्म।

कामतरु (सं.) [सं-पु.] 1. कल्पवृक्ष; सुरद्रुम; अमरपुष्प 2. बंदाल या बाँदा नामक एक लता।

कामद (सं.) [वि.] कामना पूरी करने वाला; इच्छाओं की पूर्ति करने वाला; इच्छापूरक।

कामदानी [सं-स्त्री.] 1. कपड़े आदि पर ज़री के बेल-बूटों का काम 2. वह कपड़ा जिसपर ज़री, कलाबत्तू आदि से सितारे आदि काढ़े गए हों।

कामदार (हिं.+फ़ा.) [सं-पु.] 1. प्रधान कर्मचारी; कारिंदा 2. जायदाद का प्रबंध करने वाला अधिकारी; प्रबंधकर्ता; व्यवस्थापक। [वि.] जिस परिधान पर कलाबत्तू, सलमा, सितारे, कशीदे आदि का काम किया गया हो, जैसे- कामदार टोपी, कामदार जूता।

कामदी (ग्री.) [सं-पु.] (काव्यशास्त्र) पाश्चात्य काव्यशास्त्र के अनुसार वह नाटक जो सुखांत हो; सुखांतकी; (कॉमेडी)।

कामदेव [सं-पु.] एक पौराणिक देवता जो काम और वासना के उत्प्रेरक माने जाते हैं; कंदर्प; मदन; अनंग; मन्मथ।

कामधेनु (सं.) [सं-स्त्री.] 1. (पुराण) एक प्रसिद्ध चमत्कारी गाय जो समुद्र से निकले चौदह रत्नों में से एक थी, जिसमें दैवीय शक्तियाँ थीं और जिसके दर्शन मात्र से ही लोगों के दुख व पीड़ा दूर हो जाते थे 2. वशिष्ठ की शबला या नंदिनी नाम की गाय 3. दान के लिए सोने की बनाई गई गौ मूर्ति।

कामना (सं.) [सं-स्त्री.] 1. हार्दिक इच्छा; मनोरथ 2. ऐसी इच्छा जिसकी पूर्ति होने पर आनंद की प्राप्ति होती हो।

कामभाव (सं.) [सं-पु.] सहवास या मैथुन की इच्छा; कामेच्छा।

कामयाब (फ़ा.) [वि.] 1. जिसका अभिप्राय या मनोरथ सिद्ध हो गया हो; सफल; बामुराद 2. परीक्षा में उत्तीर्ण।

कामयाबी (फ़ा.) [सं-स्त्री.] वांछित लक्ष्य की प्राप्ति; सफलता; उद्देश्य की सिद्धि; (सक्सेस)।

कामरान (फ़ा.) [वि.] जिसे अपने उद्देश्य में सफलता मिल चुकी हो; सफल; कामयाब।

कामरिपु (सं.) [सं-पु.] कामदेव के शत्रु अर्थात शिव।

कामरूप (सं.) [सं-पु.] 1. एक देवता 2. असम प्रांत का प्राचीन नाम 3. एक प्राचीन अस्त्र, जिससे शत्रु के फेंके हुए अस्त्र विफल हो जाते हैं 4. बरगद के वृक्ष जैसा एक बड़ा पेड़। [वि.] इच्छानुकूल रूप धारण करने वाला।

कामरेड (अं.) [सं-पु.] 1. साथी; सहयोगी; दोस्त 2. किसी संगठन (साम्यवादी दल) का सदस्य।

कामला (सं.) [सं-पु.] एक प्रकार का रोग जिसमें मनुष्य की आँखें और शरीर का रंग पीला हो जाता है; पीलिया; (जॉन्डिस)।

कामलिप्सा (सं.) [सं-स्त्री.] 1. कामभावना का विकृत या असंयमित रूप; कामोन्माद 2. कामुकता; विषयासक्ति; विषयवासना 3. देहासक्ति।

कामवासना (सं.) [सं-स्त्री.] 1. संभोग की तीव्र इच्छा 2. विषय भोग की कामना।

कामशास्त्र (सं.) [सं-पु.] काम कला की शिक्षा देने वाला शास्त्र; रतिशास्त्र; ऐसा शास्त्र जिसमें स्त्री-पुरुष के संभोग के प्रकारों और आसनों-रीतियों का वर्णन हो।

कामाक्षी (सं.) [सं-स्त्री.] 1. (पुराण) दुर्गा का एक नाम 2. तमिलनाडु के कांचीपुरम (काँजीवरम) में स्थित मंदिर में पूजित रूप।

कामाग्नि (सं.) [सं-स्त्री.] उत्कट या तीव्र काम-वासना; प्रबल विषय-भोग की कामना; संभोग की प्रबल इच्छा।

कामातुर (सं.) [वि.] काम-वासना के कारण जो बहुत विकल हो; काम-पीड़ित; कामांध।

कामायनी (सं.) [सं-स्त्री.] 1. कामगोत्र में उत्पन्न स्त्री 2. पुराण के अनुसार कामदेव और रति की कन्या जिसका विवाह वैवस्त्र मनु से हुआ 3. जयशंकर प्रसाद विरचित एक प्रसिद्ध हिंदी महाकाव्य।

कामित (सं.) [वि.] अभिलषित; इच्छित।

कामिनी (सं.) [सं-स्त्री.] 1. वह सुंदर स्त्री जिसकी कामना की जाए 2. प्रेम करने वाली स्त्री 3. स्नेहमयी स्त्री 4. ऐसी स्त्री जिसके मन में कामवासना हो; कामवती 5. रसिक व कामी नारी।

कामिल (अ.) [वि.] 1. पूरा; पूर्ण; कुल; सब; समूचा; संपूर्ण 2. पूर्ण ज्ञाता; दक्ष; निपुण; होशियार।

कामी (सं.) [वि.] 1. जिसके मन में कोई कामना हो 2. कामनायुक्त 3. इच्छुक; अभिलाषी 4. कामासक्त; विषयी। [सं-पु.] 1. विष्णु का एक नाम 2. चंद्रमा 3. सारस 4. चकवा पक्षी।

कामुक (सं.) [वि.] 1. कामना या इच्छा करने वाला 2. चाहने वाला 3. कामी; विषयी 4. लंपट। [सं-पु.] 1. अशोक वृक्ष 2. माधवीलता 3. गौरैया पक्षी।

कामुकता (सं.) [सं-स्त्री.] 1. कामुक होने की अवस्था या भाव 2. कामासक्ति 3. लंपटता 4. विषयासक्ति।

कामेच्छा (सं.) [सं-स्त्री.] 1. काम या रति की प्रबल इच्छा 2. मैथुन या सहवास की इच्छा।

कामोद्दीपक (सं.) [वि.] 1. सहवास की इच्छा बढ़ाने वाला 2. कामभावना को तीव्र करने वाला; कामवर्धक।

कामोद्दीपन (सं.) [सं-पु.] काम-वासना को तीव्र या उद्दीप्त करना।

कामोद्दीप्त (सं.) [वि.] जिसकी वासना की उत्तेजना भड़काई गई हो।

कामोन्मत्त (सं.) [वि.] 1. कामपीड़ित 2. कामोन्माद से ग्रस्त 3. विषय-भोग में उन्मत्त।

कामोन्माद (सं.) [सं-पु.] वह अवस्था जिसमें रति की प्रबल इच्छा हो; कामातुर; कामोन्मत; कामोत्तेजित।

काम्य (सं.) [वि.] 1. जिसकी कामना की जाए; जो कामना के योग्य हो 2. जो इच्छा के अनुकूल हो 3. कमनीय; सुंदर 4. जो कामना की सिद्धि के लिए हो।

काम्या (सं.) [सं-स्त्री.] 1. प्रयोजन; उद्देश्य 2. कामना; इच्छा।

काम्येष्टि (सं.) [सं-स्त्री.] वह यज्ञ जिसे अपनी इच्छानुसार फल प्राप्ति के लिए किया जाता है।

काय (सं.) [सं-पु.] 1. शरीर; देह; काया; जिस्म 2. बाहरी ढाँचा; बाह्य रूप 3. संघ; समुदाय 4. वृक्ष का तना 5. मूल धन।

काय-चिकित्सा (सं.) [सं-पु.] आयुर्वेद में उल्लिखित चिकित्सा के आठ प्रकारों में से तीसरा जिसमें सर्वांगव्यापी रोगों का विवेचन और उनकी चिकित्सा का विधान है।

कायक (सं.) [वि.] 1. शरीर संबंधी 2. कायिक।

कायज़ा (अ.) [सं-पु.] 1. घोड़े की लगाम में बँधी हुई वह डोरी जो दुम में फँसाई जाती है 2. डोरी आदि का फंदा जिसे कहीं भी फँसाया जा सकता है।

कायदा (अ.) [सं-पु.] 1. तौर-तरीका; ढंग; रीति-रिवाज; दस्तूर; चाल 2. नियम; कानून; विधि; विधान 3. क्रम; व्यवस्था 4. सलीका; करीना।

कायदादाँ (अ.+फ़ा.) [वि.] कायदा या नियम जानने वाला।

कायदे-आज़म (अ.) [वि.] 1. महान नेता 2. बड़ा नेता; भारतीय स्वतंत्रता सेनानी 3. मुहम्मद अली जिन्ना के लिए प्रयुक्त संबोधन।

क़ायदे-आज़म (अ.) [वि.] उर्दू उच्चारणानुसार वर्तनी (दे. कायदे-आज़म)।

कायनात (अ.) [सं-स्त्री.] 1. सृष्टि 2. जगत; ब्रह्मांड; संसार; विश्व।

कायफल (सं.) [सं-पु.] 1. एक प्रसिद्ध वृक्ष जिसकी मटमैली भूरी छाल औषधि बनाने के काम आती है 2. एक उत्तेजक, संकोचक, कृमिनाशक, छाती में जमे हुए वात व कफ को दूर करने वाली तथा अतिसार एवं नपुंसकता को दूर करने वाली औषधि; (बाक्स मर्टल)।

कायम (अ.) [वि.] 1. नियत स्थान पर ठहरा हुआ; स्थिर 2. निश्चित; मुकर्रर; निर्धारित 3. स्थायी; दृढ़; बरकरार 4. स्थापित; प्रचलित; निर्मित 5. यथावत।

कायम मिज़ाज (अ.) [वि.] जिसका मिज़ाज शांत हो; शांत स्वभाववाला; जिसके स्वभाव में चंचलता का अभाव हो; स्थिरचित्त।

कायम मुकाम (अ.) [वि.] 1. किसी के स्थान पर अस्थायी रूप से काम करने वाला; स्थानापन्न 2. स्थिर।

कायर (सं.) [वि.] 1. डरपोक; भीरु 2. जिसमें उत्साह, बल या साहस का अभाव हो 3. सामर्थ्य होने पर भी किसी बड़े काम से पीछे हटने वाला।

कायरता (सं.) [सं-स्त्री.] 1. कायर होने की अवस्था या भाव; भीरुपन 2. साहसहीनता।

कायल (अ.) [वि.] 1. तर्क-वितर्क से सिद्ध बात को मान लेने वाला; कबूल करने वाला 2. किसी सिद्धांत या मत को मानने वाला 3. मुरीद; प्रशंसक 4. उत्तर देने में असमर्थ होने पर चुप हो जाने वाला।

कायस्थ (सं.) [सं-पु.] 1. एक हिंदू जाति, जो ख़ुद को चित्रगुप्त का वंशज मानती है 2. उक्त जाति का व्यक्ति। [वि.] शरीर अथवा काया में रहने वाला।

काया (सं.) [सं-स्त्री.] 1. किसी जीव का शरीर; तन; देह; (बॉडी) 2. किसी वस्तु का बाह्य रूप 3. वृक्ष का तना 4. संघ; समुदाय 5. विधानानुसार निर्मित संस्था।

कायांतरण (सं.) [सं-पु.] 1. रूपांतरण 2. रचनापरिवर्तन 3. देहपरिवर्तन।

कायाकल्प (सं.) [सं-पु.] 1. शरीर का पूर्णरूप से निरोगी हो जाना 2. वैद्यक में इस तरह से प्रयोग की गई विधि या औषधि जिससे वृद्ध शरीर में भी नई शक्ति या नया यौवन आ जाता है 3. व्यर्थ पड़ी वस्तु का मरम्मत के बाद कार्य योग्य हो जाना।

कायापलट [सं-पु.] 1. आकार-प्रकार में होने वाला बड़ा परिवर्तन; रूपांतरण 2. किसी व्यक्ति या संस्था की संरचना में होने वाला मूलभूत परिवर्तन; कायाकल्प।

कायिक (सं.) [वि.] 1. काया या शरीर में होने वाला; शरीर से संबंधित 2. शरीर के द्वारा किया जाने वाला 3. शारीरिक; दैहिक।

कायिका (सं.) [सं-स्त्री.] मूलधन अर्थात काय पर मिलने वाला सूद या ब्याज।

कायिकी (सं.) [सं-स्त्री.] जीव विज्ञान की एक शाखा जिसमें जीवों के विभिन्न अंगों की आंतरिक क्रियाओं एवं उनके परिणामों का अध्ययन किया जाता है; (फ़िज़ियोलॉजी)।

कार[1] [परप्रत्य.] फ़ारसी, संस्कृत आदि भाषाओं के शब्दों के अंत में जुड़ने वाला प्रत्यय जो 'करने वाला' अर्थ देता है, जैसे- पेशकार, कशीदाकार, काश्तकार, ग्रंथकार, चित्रकार आदि।

कार[2] (अं.) [सं-स्त्री.] 1. एक प्रकार का आरामदायक सवारी वाहन 2. मोटरगाड़ी।

कारंड (सं.) [सं-पु.] हंस या बत्तख की जाति का एक पक्षी।

कारंधमी (सं.) [सं-पु.] रासायनिक क्रिया द्वारा ताँबे, लोहे आदि को सोने में परिवर्तित करने वाला व्यक्ति; कीमियागर; कीमियासाज़।

कारआमद (फ़ा.) [वि.] काम में आने वाला; उपयोगी; उपयुक्त।

कारक (सं.) [सं-पु.] संज्ञा या सर्वनाम की वह स्थिति जो वाक्य में क्रिया के साथ उसके संबंध को स्पष्ट करती है। [वि.] करने वाला (प्रायः समासांत में प्रयुक्त)।

कारकीय (सं.) [वि.] कारक संबंधी; कारक का।

कारकुन (फ़ा.) [सं-पु.] 1. किसी के प्रतिनिधि के रूप में काम करने वाला व्यक्ति; अभिकर्ता; गुमाश्ता; (एजेंट) 2. किसी की संपत्ति का प्रबंध करने वाला अधिकारी; प्रबंधकर्ता;

इंतज़ामकार; कारिंदा 3. कार्यकर्ता; काम करने वाला 4. ओहदेदार; कर्मचारी।

कारख़ाना (फ़ा.) [सं-पु.] 1. वह स्थान या इमारत जहाँ व्यापार के लिए किसी वस्तु का उत्पादन होता हो; (फ़ैक्टरी) 2. कारबार; व्यवसाय 3. कार्यालय 4. मामला; घटना; दृश्य 5. क्रिया।

कारख़ानादार (फ़ा.) [सं-पु.] कारख़ाने का मालिक।

कारगर (फ़ा.) [वि.] 1. ठीक ढंग से काम करके अपना गुण, प्रभाव या परिणाम दिखाने वाला; प्रभावकारी; प्रभावी; गुणकारी; परिणामकारी; असरअंदाज़ 2. लाभदायक; उपयोगी; फलप्रद।

कारगाह (फ़ा.) [सं-स्त्री.] 1. कारख़ाना 2. करघा 3. जुलाहों का बैठकर कपड़ा बुनने का स्थान।

कारगुज़ार (फ़ा.) [वि.] 1. अपने कर्तव्य का अच्छी तरह पालन करने वाला; कार्यकुशल; काम में चतुर; कार्यपटु 2. दुष्कर एवं दुःसाध्य कार्य को भी संपन्न करने वाला; कार्यक्षम।

कारगुज़ारी (फ़ा.) [सं-स्त्री.] 1. कर्तव्यपालन 2. किसी कठिन कार्य को भी मुस्तैदी और होशियारी से पूरा करना; कार्यपटुता; कर्मठता; कर्मण्यता; कार्य-कौशल 3. उक्त प्रकार से संपन्न कार्य 4. कारनामा 5. किसी महत्वपूर्ण कार्य का सरंजाम 6. किसी वांछित-अवांछित काम की ज़िम्मेदारी।

कारचोब (फ़ा.) [सं-पु.] 1. लकड़ी का ढाँचा जिसपर कपड़ा कसकर कशीदे, ज़रदोज़ी या गुलकारी का काम किया जाता है 2. उक्त प्रकार के चौखटे पर तैयार होने वाला काम 3. ज़रदोज़ी का काम करने वाला; ज़रदोज़।

कारचोबी (फ़ा.) [सं-स्त्री.] 1. कशीदा; गुलकारी 2. ज़रदोज़ी 3. कशीदे का काम; कशीदाकारी। [वि.] ज़रदोज़ से संबंधित; ज़रदोज़ का।

कारटूनिस्ट (अं.) [सं-पु.] 1. हास्य चित्र बनाने वाला; कारटून बनाने वाला 2. व्यंग्यचित्रकार।

कारण (सं.) [सं-पु.] 1. वजह; सबब; हेतु 2. काम; कार्य 3. साधन 4. मूल तत्व 5. प्रमाण।

कारणमाला (सं.) [सं-स्त्री.] 1. कारणों अथवा हेतुओं की श्रृंखला 2. (साहित्य) एक अर्थालंकार जिसमें किसी कारण से उत्पन्न कार्य का स्वयं कारण की भूमिका में आने का वर्णन होता है।

कारणवश (सं.) [क्रि.वि.] वजह; कारण से।

कारणिक (सं.) [सं-पु.] 1. जो किसी विषय पर विचार करता हो; विचारक 2. जो किसी विषय की परीक्षा करता हो; परीक्षक 3. विधिक क्षेत्र में प्रार्थनापत्र या आवेदन आदि लिखने वाला लिपिक; अर्ज़ीनवीस; मुहर्रिर। [वि.] 1. कारण से संबंधित; कारण का 2. कारण के रूप में घटित होने वाला।

कारणिकता (सं.) [सं-स्त्री.] 1. कारण होने की अवस्था या भाव 2. कारण-कार्य संबंध (कॉज़ेलिटी) 3. कारणभूतता; हेतुता 4. उपलक्ष्यता; निमित्तता; उद्देश्यता।

कारतूस (पु.) [सं-पु.] बंदूक, रिवाल्वर या तमंचे आदि में रखकर चलाई जाने वाली धातु, दफ़्ती आदि की बनी हुई खोली जिसमें बारूद एवं धातु की गोली भरी होती है; (कारट्रिज)।

कारनामा (फ़ा.) [सं-पु.] 1. अदभुत कार्य; किया हुआ कोई बड़ा और अच्छा कार्य; यादगार काम 2. किसी के किए हुए अच्छे कार्यों का उल्लेख अथवा लिखित विवरण।

कारबार (फ़ा.) [सं-पु.] कामकाज; रोज़गार; पेशा; धंधा; व्यापार; व्यवसाय।

कारबारी (फ़ा.) [वि.] 1. कामकाजी; व्यवसायी; व्यापारी; रोज़गारी 2. किसी धंधे या पेशे में लगा हुआ; जो कुछ काम करता हो; काम-धंधा करने वाला; कारिंदा।

कारवाँ (फ़ा.) [सं-पु.] 1. वाहनों या व्यक्तियों का समूह जो किसी यात्रा या प्रवास पर हो 2. चलता हुआ काफ़िला; देशांतर जाने वाले यात्रियों या व्यापारियों का दल।

कारसाज़ (फ़ा.) [वि.] 1. काम बनाने अथवा सवाँरने वाला 2. युक्तिपूर्वक काम करने वाला।

कारसाज़ी (फ़ा.) [सं-स्त्री.] 1. काम बनाना या सँवारना; सलीके से काम संपन्न करना 2. छिपी हुई कार्रवाई; चालबाज़ी; कारस्तानी।

कारसेवक (फ़ा+.हिं) [सं-पु.] किसी संस्था आदि के लिए बिना पारिश्रमिक लिए काम करने वाला व्यक्ति; स्वयंसेवक; कार्यकर्ता; (वालंटियर)।

कारसेवा (फ़ा+.हिं) [सं-स्त्री.] 1. किसी धार्मिक या सामाजिक कार्य में किया जाने वाला निशुल्क शारीरिक श्रम 2. समाजसेवा।

कारस्तानी (फ़ा.) [सं-स्त्री.] दे. कारिस्तानी।

कारा (सं.) [सं-स्त्री.] 1. बंधन; कैद 2. कैदख़ाना; कारागार; कारागृह।

कारागार (सं.+फ़ा.) [सं-पु.] जेल; बंदीगृह; कारागृह; कैदख़ाना।

कारागृह (सं.) [सं-पु.] वह स्थान जहाँ अपराधियों को सजा की अवधि समाप्त होने तक रखा जाता है; बंदीगृह; जेलख़ाना; कारागार।

कारादंड (सं.) [सं-पु.] कारागार में बंद रखने के रूप में दी गई सजा; कारावास की सजा।

काराबंदी (सं.) [सं-पु.] जो कैद में हो; कैदी; बंदी; कारावासी।

कारामद (फ़ा.) [वि.] 1. उपयोगी 2. उपादेय; अर्थकर 3. जो काम का हो।

कारावास (सं.) [सं-पु.] 1. कारागार में रहने की अवस्था, क्रिया अथवा भाव 2. कैद या बंदी होने की स्थिति; (इंप्रिज़नमेंट)।

कारिंदा (फ़ा.) [सं-पु.] 1. कर्मचारी; कारकुन; गुमाश्ता; सेवक; नौकर 2. वह व्यक्ति जो किसी के प्रतिनिधि के रूप में उसका काम करता हो।

कारिका (सं.) [सं-स्त्री.] 1. किसी सूत्र की श्लोकबद्ध व्याख्या 2. नाचने वाली स्त्री; नर्तकी 3. व्यवसाय; व्यापार 4. (संगीत) एक प्रकार का राग।

कारिणी (सं.) [परप्रत्य.] करने वाली, जैसे- कार्यकारिणी।

कारिता (सं.) [सं-स्त्री.] 1. सूद की वह दर जो उचित या विधिक दर से अधिक हो 2. ब्याज की वह दर जिसे ऋणी ने देना स्वीकार किया हो।

कारिस्तानी (फ़ा.) [सं-स्त्री.] 1. किसी के साथ छलपूर्वक चली गई चाल; चालबाज़ी 2. कार्रवाई 3. अनुचित काम।

कारी (सं.) [परप्रत्य.] शब्दों के अंत में जुड़ने वाला प्रत्यय जो कार्य करने वाले का अर्थ देता है, जैसे- आज्ञाकारी, विध्वंसकारी आदि।

कारीगर (फ़ा.) [सं-पु.] 1. लकड़ी, पत्थर, धातु आदि से विभिन्न वस्तुओं का निर्माता या किसी मशीनरी के मरम्मत कार्य में निपुण व्यक्ति; शिल्पकार; दस्तकार; शिल्पी 2. दक्ष; कुशल; होशियार 3. हुनरमंद; गुणवान।

कारीगरी (फ़ा.) [सं-स्त्री.] 1. कारीगर का पेशा; दस्तकारी; शिल्पकर्म 2. बारीक एवं सुंदर काम करने की कला; निर्माण-कला 3. हुनरमंदी; दक्षता; होशियारी 4. मनोहर रचना।

कारु (सं.) [सं-पु.] 1. शिल्पकार; शिल्पी; कारीगर; दस्तकार 2. विश्वकर्मा 3. शिल्प। [वि.] 1. निर्माण करने वाला; बनाने वाला।

कारुणिक (सं.) [वि.] 1. करुणा से भरा हुआ; करुणा युक्त 2. जिसमें करुणा हो; जिसमें दया हो; दयावान; दयाशील 3. जिसे देखकर मन में दया या करुणा उत्पन्न हो; करुणा उत्पन्न करने वाला।

कारुण्य (सं.) [सं-पु.] करुण होने की अवस्था या भाव; दया; करुणा।

कारूँ (अ.) [सं-पु.] 1. वह व्यक्ति जो धनवान के साथ-साथ कंजूस भी हो 2. मुसलमानी कथाओं में एक धनवान और कंजूस मिथकीय चरित्र जो हजरत मूसा का चचेरा भाई था।

कारूकार्य [सं-पु.] शिल्प।

कारूती (अ.) [सं-स्त्री.] हकीमों द्वारा बनाया जाने वाला एक प्रकार का मलहम।

कारूनी [सं-स्त्री.] घोड़ों की एक जाति।

कारूरा (अ.) [सं-पु.] 1. रोगी का पेशाब जो चिकित्सक को दिखाने के लिए शीशी में रखा जाता है 2. मूत्र; पेशाब 3. शत्रु पर फेंकी जाने वाली बारूद की कुप्पी।

कारोंछ [सं-स्त्री.] 1. कलौंछ 2. वह काला अंश जो धुएँ के जमने से बन जाता है; कालिख।

कारोबार (फ़ा.) [सं-पु.] कामकाज; रोज़गार; पेशा; धंधा; व्यापार; व्यवसाय।

कारोबारी (फ़ा.) [वि.] 1. कामकाजी; व्यवसायी; व्यापारी; रोज़गारी 2. किसी धंधे या पेशे में लगा हुआ; जो कुछ काम करता हो; काम-धंधा करने वाला; कारिंदा।

कार्टून (अं.) [सं-पु.] 1. हास्य चित्र; व्यंग्य चित्र 2. किसी ऐतिहासिक पात्र या घटना अथवा समसामयिक घटना या व्यक्ति को हास्यजनक रूप में प्रस्तुत करने वाला चित्र या फ़िल्म 3. बच्चों को गुदगुदाने के लिए जीव-जंतुओं या मानव को हँसते-बोलते और विभिन्न करतबों के साथ प्रदर्शित करने वाला चित्र।

कार्टून पट्टी (अं.+हिं.) [सं-स्त्री.] एक पूरी कथा का बोध कराने वाली व्यंग्यात्मक या हास्यप्रद रेखाचित्रों की पट्टी।

कार्ड (अं.) [सं-पु.] 1. दफ़्ती; गत्ता; मोटे कागज़ का टुकड़ा 2. आमंत्रण या निमंत्रण पत्र; सूचना पत्र 3. ताश का पत्ता।

कार्डियोग्राम (अं.) [सं-पु.] हृदयगति लेख।

कार्डियोलॉजिस्ट (अं.) [सं-पु.] हृदयरोग विशेषज्ञ; हृदय विशेषज्ञ।

कार्तयुगीन (सं.) [सं-पु.] सतयुग; कृतयुग। [वि.] कृतयुग से संबंध रखने वाला।

कार्तिक (सं.) [सं-पु.] 1. एक चंद्र मास जो क्वार और अगहन के बीच पड़ता है 2. वह संवत्सर जिसमें बृहस्पति कृत्तिका और रोहिणी नक्षत्र में हों।

कार्तिकी (सं.) [सं-स्त्री.] कार्तिक माह की पूर्णिमा।

कार्तिकेय (सं.) [सं-पु.] 1. (पुराण) कृत्तिका नक्षत्र में उत्पन्न शिव के बड़े पुत्र जो युद्ध के देवता कहे जाते हैं 2. स्कंद; षडानन; मयूरकेतु; क्रौंचारि।

कार्तूस (पु.) [सं-पु.] बंदूक की गोली; कारतूस।

कार्दमिक (सं.) [वि.] 1. कीचड़ से संबंधित 2. कीचड़ से सना हुआ।

कार्नफ़्लोर (अं.) [सं-पु.] मकई का आटा जिसे प्रायः चटनी, रस आदि को गाढ़ा करने के लिए प्रयोग किया जाता है।

कार्पण्य (सं.) [सं-पु.] 1. कृपण होने की अवस्था या भाव 2. कंजूसी; कंजूसपन; तंगदिली।

कार्पास (सं.) [सं-पु.] सूती कपड़ा। [वि.] कपास का; कपास संबंधी।

कार्बन (अं.) [सं-पु.] 1. भौतिक जगत का एक मूलभूत तत्व; कारबन 2. यह कार्बोनिक एसिड, कोयला, हीरा आदि में होता है 3. प्रांगार; अंगारक।

कार्बोहाइड्रेट (अं.) [सं-पु.] 1. एक प्रकार का कार्बनिक यौगिक 2. भोजन के लिए ऊर्जा का आधार तत्व।

कार्म (सं.) [वि.] कर्मशील; परिश्रमी; मेहनती।

कार्मिक (सं.) [सं-पु.] 1. काम करने वाला व्यक्ति 2. वह वस्त्र जिसकी बुनावट में ही शंख, चक्र, स्वस्तिक आदि के चिह्न बनाए गए हों। [वि.] जो काम या कर्म में लगा हुआ हो।

कार्मुक (सं.) [सं-पु.] 1. धनुष 2. किसी वृत्ताकार परिधि का कोई भाग; चाप 3. रुई धुनने का उपकरण; धुनकी 4. धनुराशि 5. योगसाधना में एक प्रकार का आसन 6. बाँस 7. एक प्रकार का शहद। [वि.] 1. लकड़ी या बाँस से निर्मित 2. काम करने योग्य; भलीभाँति काम करने वाला; कर्मशील।

कार्य (सं.) [सं-पु.] 1. वह जो कुछ किया जा चुका है या किया जाना है; काम; कर्म 2. जीविकोपार्जन आदि के उद्देश्य से किया जाने वाला काम 3. किसी उद्देश्य विशेष की पूर्ति के लिए किया जाने वाला प्रयत्न 4. परिणाम 5. कर्तव्य।

कार्यकर्ता (सं.) [सं-पु.] 1. किसी संस्था, सभा आदि का प्रबंध अधिकारी 2. किसी कार्य में विशेष रूप से अग्रसर होकर काम करने वाला कर्मचारी।

कार्यकलाप (सं.) [सं-पु.] 1. सक्रियता 2. बहुत से कार्य।

कार्यकारिणी (सं.) [सं-स्त्री.] किसी संस्था आदि का काम चलाने वाली या काम करने वाली समिति।

कार्यकारी (सं.) [वि.] किसी पदाधिकारी के अवकाश के अवसर

पर उसके स्थान पर अस्थायी रूप से काम करने के लिए नियुक्त (व्यक्ति)।

कार्यकाल (सं.) [सं-पु.] 1. काम करने का समय 2. किसी पद पर रहने की नियत अवधि; पदावधि 3. कार्य का उपयुक्त समय; सुअवसर।

कार्यकुशल (सं.) [वि.] कार्य को करने में दक्ष; कुशल; चतुर; काम करने में होशियार; कार्य-निपुण।

कार्यकुशलता (सं.) [सं-स्त्री.] कार्य करने की निपुणता।

कार्यक्रम (सं.) [सं-पु.] 1. संपन्न होने वाले कार्यों की क्रमिक सूची 2. उक्त सूची के अनुरूप संपन्न कार्यक्रम 3. मनोविनोद के लिए आयोजित गतिविधियाँ।

कार्यक्षम (सं.) [वि.] 1. जो किसी निर्दिष्ट कार्य को करने में सक्षम हो 2. जो किसी उत्तरदायित्व के निर्वहन के योग्य एवं समर्थ हो।

कार्यक्षमता (सं.) [सं-स्त्री.] 1. कार्यक्षम होने की अवस्था, गुण या भाव 2. किसी कार्य को ठीक ढंग से संपन्न करने की योग्यता या सामर्थ्य 3. कार्यकुशलता।

कार्यक्षेत्र (सं.) [सं-पु.] 1. कार्य करने की अधिकार सीमा 2. (पत्रकारिता) किसी समाचारदाता के लिए निर्धारित कार्यस्थल जहाँ वह समाचार एकत्र करने के लिए नियमित रूप से जाता है।

कार्यदिवस (सं.) [सं-पु.] 1. काम का दिन 2. दिन का वह भाग जिसमें कर्मियों को कार्य करना पड़ता है।

कार्यनीति (सं.) [सं-स्त्री.] 1. किसी कार्य के संपादन के संबंध में अपनाई गई नीति 2. योजना; युक्ति।

कार्यपद्धति (सं.) [सं-स्त्री.] कार्य करने का सलीका या ढंग; कार्य प्रणाली।

कार्यपालिका (सं.) [सं-स्त्री.] शासन का वह अंग जिसका संबंध विधि और राजकीय आदेशों को कार्यान्वित करने से है; (एक्ज़क्यूटिव)।

कार्यप्रणाली (सं.) [सं-स्त्री.] किसी कार्य के संपादन का स्वीकृत ढंग या प्रणाली; कार्यपद्धति; कार्यविधि।

कार्यभार (सं.) [सं-पु.] 1. काम का बोझ 2. किसी कार्य या पद का उत्तरदायित्व 3. प्रभार; (चार्ज)।

कार्यभारी (सं.) [सं-पु.] 1. वह व्यक्ति जिसपर किसी कार्य आदि के निर्वहन का उत्तरदायित्व हो 2. प्रभारी 3. भारसाधक; (इनचार्ज)।

कार्यवाह (सं.) [वि.] 1. कार्यवाहक 2. स्थानापन्न; कार्यकारी।

कार्यवाहक (सं.) [वि.] किसी पदाधिकारी के अवकाश आदि पर होने की स्थिति में उसके स्थान पर अस्थायी रूप से काम करने वाला; कार्यकारी।

कार्यवाही (सं.) [सं-स्त्री.] कार्य संपादन में की जाने वाली आवश्यक क्रियाएँ।

कार्यविधि (सं.) [सं-स्त्री.] किसी काम को करने का तरीका; कार्यप्रणाली; कार्यपद्धति; (प्रोसिज़र)।

कार्यविवरण (सं.) [सं-पु.] 1. किसी सभा या समिति द्वारा निष्पादित कार्यों का विवरण या लेखा; (प्रोसीडिंग) 2. बैठक विवरण 3. कार्रवाई।

कार्यवृत्त (सं.) [सं-पु.] किसी बैठक या अधिवेशन में जो कुछ हुआ हो उसका विवरण; (मिनट्स)।

कार्यवृत्त पंजी (सं.) [सं-स्त्री.] वह रजिस्टर या पंजी जिसमें किसी सभा आदि में हुई कार्रवाई का संक्षिप्त विवरण अर्थात कार्यवृत्त लिखा जाता है; विवरणपंजी; (मिनट्स बुक)।

कार्यशाला (सं.) [सं-स्त्री.] 1. किसी यंत्र आदि की मरम्मत करने वाला संस्थान या स्थान; कारख़ाना; शिल्पशाला 2. अकादमिक गतिविधियों को व्यवहारिक रूप से संपन्न करने हेतु बुलाई गई संगोष्ठी; (वर्कशॉप)।

कार्यशैली (सं.) [सं-स्त्री.] काम करने की शैली; काम करने का ढंग या तरीका।

कार्यसमय (सं.) [सं-पु.] 1. किसी कार्यालय या विद्यालय आदि के खुले रहने हेतु निर्धारित अवधि 2. वह अवधि जिसमें कोई कर्मचारी या अधिकारी नियोक्ता द्वारा निर्देशित कार्यों को करता है; (वर्किंग आवर्स)।

कार्यसमिति (सं.) [सं-स्त्री.] 1. किसी विशिष्ट कार्य के निर्वहन या संचालन हेतु बनाई गई समिति 2. किसी संस्था या सभा की प्रबंधकारिणी या कार्यकारिणी समिति; (वर्किंग कमेटी)।

कार्यसूची (सं.) [सं-स्त्री.] 1. किसी सभा, समिति आदि की बैठक के लिए उन विषयों की सूची जिन पर चर्चा या निर्णय करना हो 2. किए जाने वाले कार्यों की सूची 3. विचारणीय विषयसूची; (एजेंडा)।

कार्याक्षम (सं.) [वि.] जिसमें किसी कार्य को करने की शक्ति या योग्यता का अभाव हो।

कार्याधिकारी (सं.) [सं-पु.] किसी विशेष कार्य के निर्वहन एवं संचालन के लिए नियुक्त अधिकारी; (फ़ंक्शनरी)।

कार्याध्यक्ष (सं.) [सं-पु.] 1. किसी संस्था का प्रधान अधिकारी जो प्रशासनिक कार्यों की देख-रेख करता है; प्रबंधकर्ता 2. कार्यान्वयक 3. सभापति 4. विभागाध्यक्ष।

कार्यानुक्रम (सं.) [सं-पु.] किसी कार्य का क्रमबद्ध ब्योरा।

कार्यानुसार (सं.) [वि.] कार्य के अनुसार या हिसाब से।

कार्यान्वयन (सं.) [सं-पु.] 1. कार्य के रूप में परिणत करने की क्रिया 2. किसी आदेश या प्रस्ताव आदि का कार्यरूप में परिणत किया जाना अथवा उन पर अमल किया जाना।

कार्यान्वित (सं.) [वि.] 1. कार्य रूप में लाया हुआ; क्रियान्वित 2. जो कार्य रूप में परिणत किया जा चुका हो; निष्पादित; निर्वाहित।

कार्यार्थी (सं.) [वि.] 1. कार्य की सिद्धि चाहने वाला 2. नियुक्ति के लिए आवेदन करने वाला; निवेदन करने वाला 3. मुकदमें की पैरवी करने वाला।

कार्यालय (सं.) [सं-पु.] वह स्थान या भवन जहाँ प्रशासनिक, व्यावसायिक आदि कार्य होते हैं; दफ़्तर।

कार्यालयाध्यक्ष (सं.) [सं-पु.] कार्यालय का मुख्य अधिकारी।

कार्यावधि (सं.) [सं-स्त्री.] 1. कार्यकाल 2. पदावधि।

कार्यावली (सं.) [सं-स्त्री.] किसी सभा या समिति के किसी अधिवेशन में विचारार्थ रखे जाने वाले कार्यों की सूची;

कार्यसूची; (एजेंडा)।

कार्यावस्था (सं.) [सं-स्त्री.] 1. कार्य करने की स्थिति 2. (नाट्यशास्त्र) नायक द्वारा आरंभ किए गए कार्य की पाँच अवस्थाओं में प्रत्येक- आरंभ, यत्न, प्राप्त्याशा, नियताप्ति और फलागम।

कार्येक्षण (सं.) [सं-पु.] कार्य का निरीक्षण; काम की निगरानी या देखभाल।

कार्रवाई (फ़ा.) [सं-स्त्री.] 1. कृत्य; काम; करतूत 2. कर्मण्यता; कार्यतत्परता 3. चाल; गुप्त प्रयत्न या गुप्त हरकत 4. किसी घटना या किसी व्यक्ति की हरकत पर आधिकारिक तौर पर कदम उठाना; विधिक प्रक्रिया। (दे. कार्यवाही)।

कार्षापण (सं.) [सं-पु.] प्राचीन भारत में प्रचलित एक प्रकार का सिक्का जो ताँबे, सोने या चाँदी से बनता था।

कार्ष्ण (सं.) [वि.] 1. कृष्ण का; कृष्ण संबंधी 2. कृष्णमृग संबंधी 3. काला।

काल (सं.) [सं-पु.] 1. दो घटनाओं के मध्य का अवकाश जिसकी गणना वर्ष, मास, दिन, घंटा आदि के द्वारा की जाती है; समय; अवधि; (टाइम) 2. अवसर 3. अंतसमय 4. मृत्यु 5. यमराज 6. महाकाल; शिव 7. शनि। [मु.] **-के गाल में जाना (समाना)** : मर जाना।

काल-कवलित (सं.) [वि.] जो काल का ग्रास बन चुका हो; मृत; मरा हुआ।

काल-निरपेक्ष (सं.) [वि.] जो काल से परे हो।

काल-बंजर (सं.) [सं-पु.] 1. वह भूमि जिसपर लंबे समय से कृषि न की गई हो 2.जिस भूमि पर सहजता से कृषि नहीं की जा सकती हो।

काल-यापन (सं.) [सं-पु.] 1. समय व्यतीत करना; समय गुजारना; दिन काटना 2. जान-बूझ कर किसी कार्य के संपादन में विलंब करना।

कालका (सं.) [सं-स्त्री.] (पुराण) दक्ष प्रजापति की एक कन्या जिसका विवाह कश्यप से हुआ था और जिससे नरक व कालक नाम के दो पुत्र उत्पन्न हुए थे।

कालकूट (सं.) [सं-पु.] 1. (पुराण) समुद्र मंथन के समय निकला हुआ विष जिसका शिव ने पान किया था 2. हलाहल; विष 3. विषाक्त जड़वाला सींगिया जाति का एक पौधा 4. उत्तर भारत का एक पर्वत 5. उक्त पर्वत के समीपवर्ती क्षेत्र जिसमें वर्तमान में देहरादून एवं कालसी आदि क्षेत्र आते हैं।

कालकोठरी [सं-स्त्री.] 1. संगीन अपराधियों को रखने के लिए कारावास में बनी बहुत छोटी और अँधेरी कोठरी 2. {ला-अ.} बहुत छोटा और अँधेरा कमरा।

कालक्रम (सं.) [सं-पु.] 1. काल या समय की गति 2. घटनाओं, तथ्यों आदि का क्रम; (क्रोनोलॉजी)।

कालक्रमिक (सं.) [वि.] जो कालक्रम के अनुसार हो; कालक्रम संबंधी।

कालक्षेप (सं.) [सं-पु.] काल या समय बिताना; दिन काटना या गुज़ारना।

कालखंड (सं.) [सं-पु.] समय का कोई अंश अथवा भाग; अवधि।

कालगति (सं.) [सं-स्त्री.] समय का उलटफेर; कालचक्र; भाग्य चक्र।

कालचक्र (सं.) [सं-पु.] 1. समय का बराबर पलटते या बदलते रहना जो एक पहिए के घूमने के समान है 2. समय का फेर; जीवन का उतार-चढ़ाव 3. युग।

कालजयी (सं.) [वि.] 1. शाश्वत 2. जो काल को जीत चुका हो 3. जो काल की सीमा में बद्ध न हो 4. जो सदैव प्रासंगिक हो।

कालज्ञ (सं.) [सं-पु.] 1. वह व्यक्ति जिसे भूत, वर्तमान एवं भविष्य तीनों काल का ज्ञान हों; ज्योतिषी 2. वह व्यक्ति जो समय की गति, स्थिति आदि ठीक तरह से पहचानता हो; समय विज्ञानी 3. मुरगा।

कालज्ञान (सं.) [सं-पु.] 1. काल की गति, स्थिति आदि की जानकारी और उसकी पहचान 2. अनुकूल-प्रतिकूल समय की पहचान।

कालदोष (सं.) [सं-पु.] 1. तथ्यों या घटनाओं को सही कालक्रम में न रखने का दोष 2. किसी तथ्य या घटना को उसके वास्तविक समय से पूर्व या पश्चात रखने से उत्पन्न दोष; कालदूषण; कालभ्रम।

कालपुरुष (सं.) [सं-पु.] 1. समय का कल्पित मानवीय रूप; ईश्वर का विराट रूप 2. मृत्यु का देवता; कालदेवता; काल 3. आकाश का एक नक्षत्र मंडल 4. लोहे की वह मूर्ति जो संकट टालने के लिए दान की जाती है।

कालबोस [सं-पु.] एक प्रकार की मछली।

कालरात्रि (सं.) [सं-स्त्री.] 1. अँधेरी एवं भयावह रात 2. प्रलय की रात 3. मृत्यु की रात 4. दीपावली की रात 5. दुर्गा का एक नाम 6. यमराज की बहन।

कालवाची (सं.) [वि.] 1. जिससे समय का बोध हो 2. समय बताने वाला; समय का ज्ञान कराने वाला; समय का प्रबोधक।

कालसर्प (सं.) [सं-पु.] 1. अत्यधिक ज़हरीला साँप जिसके काटने से प्राणी की तुरंत मृत्यु हो जाती है 2. {ला-अ.} ऐसा व्यक्ति जो अपने विरोधियों को बहुत हानि पहुँचा सकता है।

काला [वि.] 1. काले रंग का 2. काजल या कोयले के रंग का; स्याह; श्याम; कृष्ण 3. कलुषित 4. जिसमें प्रकाश न हो; प्रकाशरहित 5. कपटी 6. निंदनीय; अनुचित; बुरा 7. जिसपर कोई लांछन लगा हो 8. मलिन; अस्वच्छ 9. विकट; भीषण; अनर्थकारी। [मु.] **-अक्षर भैंस बराबर** : अनपढ़।

काला चोर [सं-पु.] 1. बहुत बड़ा और चालाक चोर; कुख्यात चोर 2. बहुत बुरा आदमी; निकृष्ट आदमी।

काला नमक [सं-पु.] एक प्रकार का पाचक नमक जो काले रंग का होता है।

काला नाग [सं-पु.] 1. विषधर; सर्प; काला साँप 2. {ला-अ.} दुष्ट व्यक्ति; कुटिल; धूर्त।

काला भँवर [सं-पु.] बादलों की घटाओं के साये में पड़ा जाल।

काला भुजंग [वि.] बहुत अधिक काला; अत्यंत काला। [सं-पु.] काला नाग।

कालांतर (सं.) [सं-पु.] 1. उल्लिखित समय के बाद का समय; कुछ समय के उपरांत 2. अंतराल 3. अन्य काल; दूसरा समय।

कालांतरित (सं.) [वि.] 1. पुराना 2. वह वस्तु जिसकी उपयोग तिथि गुजर गई हो 3. बीता हुआ समय।

कालाअज़ार [सं-पु.] एक घातक ज्वर जो मक्खियों से फैलता है; काला-ज्वर।

कालाकलूटा [वि.] जिसका रंग बहुत अधिक काला हो; कुरूप।

कालाक्षर (सं.) [सं-पु.] 1. जो पढ़ने योग्य न हो 2. जो पढ़ा न जा सके; अपाठ्य।

कालाक्षरी (सं.) [वि.] वह व्यक्ति जो रहस्यपूर्ण, गुप्त या अस्पष्ट आलेख आदि पढ़कर अर्थ समझ लेता हो।

कालाग्नि (सं.) [सं-स्त्री.] प्रलयकाल की अग्नि; सृष्टि का नाश करने वाली अग्नि। [सं-पु.] 1. अग्नि के अधिष्ठाता देवता रुद्र; शिव 2. पंचमुखी रुद्राक्ष।

कालाजाम [सं-पु.] गुलाब जामुन; छेने की एक विशेष मिठाई।

कालातिक्रमण (सं.) [सं-पु.] 1. निश्चित समय का बीतना 2. देर; विलंब 3. गुज़रा हुआ समय।

कालातीत (सं.) [वि.] 1. जो काल से परे हो; कालनिरपेक्ष 2. जिसका समय बीत गया हो 3. जिसकी अवधि बीत गई हो और जिसकी वैधता समाप्त हो गई हो।

कालात्मा (सं.) [सं-पु.] 1. परमात्मा 2. ईश्वर।

कालापन [सं-पु.] काला होने का भाव।

कालापानी [सं-पु.] 1. अंडमान नामक द्वीप जहाँ ब्रिटिश शासन काल में वे कैदी रखे जाते थे जिन्हें आजीवन कारावास का दंड मिला हो 2. देश-निकाले या द्वीपांतरवास का दंड।

कालाबाज़ार (हिं.+फ़ा.) [सं-पु.] वह व्यापार जिसमें अनुचित लाभ उठाने के उद्देश्य से वस्तुओं का क्रय-विक्रय उचित या निर्धारित मूल्य से अधिक मूल्य पर लुक-छिपकर किया जाता है।

कालावधि (सं.) [सं-स्त्री.] 1. किसी कार्य के संपादन हेतु निर्धारित अवधि 2. दो घटनाओं के मध्य की अवधि 3. किसी एक नियत समय से दूसरे नियत समय तक के बीच का काल; समयकाल; (पीरियड)।

कालास्त्र (सं.) [सं-पु.] वह बाण जिसके प्रहार से प्राणी की मृत्यु निश्चित है; काल के मुख में पहुँचाने वाला बाण।

कालिंग (सं.) [सं-पु.] 1. कलिंग देश का राजा या प्रजा 2. साँप 3. हाथी। [वि.] कलिंग का; कलिंग से संबंधित। (दे. कलिंग)।

कालिंदी (सं.) [सं-स्त्री.] 1. कलिंद पर्वत से निकली यमुना नदी 2. संगीत में ओड़व जाति की एक रागिनी। [सं-पु.] ओडिशा का एक वैष्णव संप्रदाय।

कालिक (सं.) [सं-पु.] 1. क्रौंच पक्षी 2. काला चंदन 3. नाक्षत्र मास। [वि.] 1. किसी विशिष्ट काल से संबंधित 2. नियत या उपयुक्त समय पर होने वाला; सामयिक 3. एक निश्चित अंतराल पर होने वाला; मौसमी; (पीरिऑडिक)।

कालिका (सं.) [सं-स्त्री.] 1. (पुराण) दुर्गा का एक रूप; कंकालिनी; चंडकाली 2. चार वर्ष की बालिका जो कुमारी पूजन में दुर्गा रूप मानी जाती है 3. कालापन 4. कालारंग 5. काली स्याही 6. मेघ-माला 7. काली मिट्टी 8. आँख के बीच का काला भाग 9. मादा कौवा 10. एक छोटा काला पक्षी; श्यामा; कृष्णसारिका 11. जटामासी।

कालिख (सं.) [सं-स्त्री.] 1. किसी चीज़ पर धुआँ आदि के जमने से निर्मित काला मैल; स्याही 2. {ला-अ.} बदनामी; कलंक।

कालिब (अ.) [सं-पु.] 1. किसी चीज़ का साँचा या ढाँचा 2. शरीर; देह।

कालिमा (सं.) [सं-स्त्री.] 1. काला होने की अवस्था, गुण या भाव; कालापन 2. अँधेरा; अंधकार 3. {ला-अ.} लांछन; कलंक 4. कालिख।

कालिय (सं.) [सं-पु.] 1. यमुना नदी में रहने वाला एक भीषण साँप जिसका दमन कृष्ण ने किया था 2. कलियुग। [वि.] काल या समय संबंधी; सामयिक।

काली (सं.) [सं-स्त्री.] 1. दुर्गा; चंडी; कालिका 2. हिमालय से निकली एक नदी का नाम 3. दस महाविद्याओं में से एक 4. अँधेरी रात।

काली ज़बान (हिं.+फ़ा.) [सं-स्त्री.] ऐसी ज़बान जिससे निकली हुई अमांगलिक या अशुभ बातें प्रायः सत्य घटित होती हैं।

काली मिर्च [सं-स्त्री.] एक लता जिसके तिक्त, काले, छोटे तथा गोल दाने व्यंजनों में मसाले की तरह उपयोग होते हैं; गोल मिर्च।

काली रात [सं-स्त्री.] 1. कृष्ण पक्ष की रात जिसमें चारों तरफ़ अँधेरा छाया रहता है 2. अंधरात्रि; तमिस्रा; अँधेरी रात 3. {ला-अ.} वह समय जब कोई घोर विपत्ति आ जाए।

काली सूची [सं-स्त्री.] 1. ऐसे लोगों की सूची जिन्होंने कुछ अवैधानिक, नियम विरुद्ध या निंदनीय कार्य किए हों 2. ऐसे लोगों की सूची जो किसी दृष्टि या विचार से परित्यक्त माने गए हों 3. अपराधी या दंडित व्यक्तियों की सूची; (ब्लैक लिस्ट)।

कालीदह (सं.) [सं-पु.] लोकमान्यता के अनुसार वृंदावन में यमुना का एक कुंड जिसमें कालिया नाग रहता था।

कालीन (अ.) [सं-पु.] 1. ऊन, सूत आदि का बना हुआ मोटा बिछावन जिसमें बेलबूटे बने होते हैं 2. गलीचा।

कालुष्य (सं.) [सं-पु.] 1. काले होने की अवस्था या भाव 2. कालिख 3. मलिनता 4. गंदगी।

क़ालू [सं-स्त्री.] सीप के अंदर रहने वाला कीड़ा। [वि.] काला।

कालौंछ [सं-स्त्री.] कालिख; कालिमा; कालापन।

काल्पनिक (सं.) [वि.] 1. कल्पना से संबंधित 2. जो हकीकत न हो; कल्पित; मनगढ़ंत।

काल्या [सं-स्त्री.] कलोर गाय; बाछी।

कावँच [सं-स्त्री.] दे. केवाँच।

कावर [सं-पु.] नाविकों की एक प्रकार की छोटी बरछी जिससे वे बड़ी-बड़ी मछलियों का शिकार करते हैं। [अव्य.] ओर; तरफ़।

कावा (फ़ा.) [सं-पु.] घोड़े का एक वृत्त अथवा दायरे में चक्कर

देने की क्रिया या भाव।

काव्य (सं.) [सं-पु.] 1. (साहित्य) कविता; कवि-कर्म 2. ऐसी वाक्य रचना जिससे चित्त किसी रस या मनोवेग से पूर्ण हो जाए 3. पद्यात्मक और लयात्मक साहित्यिक रचना 4. सरस रचना 5. सर्जनात्मक ललित साहित्य 6. रोला छंद का एक भेद।

काव्यत्व (सं.) [सं-पु.] काव्यगुण।

काव्यदोष (सं.) [सं-पु.] 1. काव्यास्वाद के विघातक तत्व 2. वह दोष जिससे काव्य के रसास्वादन में बाधा उत्पन्न होती हो।

काव्यप्रयोजन (सं.) [सं-पु.] 1. काव्य का उद्देश्य 2. कविता लिखने के पीछे निहित उद्देश्य, जैसे- यशप्राप्ति, धनप्राप्ति, व्यवहार ज्ञान आदि।

काव्यमय (सं.) [वि.] काव्यगुण से परिपूर्ण।

काव्यरस (सं.) [सं-पु.] किसी काव्य से उत्पन्न रस; गीत एवं कविता से उत्पन्न ख़ुशी; काव्य को पढ़ने से मन में होने वाली रसानुभूति।

काव्यरसिक (सं.) [वि.] जो काव्य पढ़कर, सुनकर आनंद की अनुभूति करे; काव्य रस में तल्लीन रहने वाला; काव्य प्रेमी; काव्य अनुरागी।

काव्यशास्त्र (सं.) [सं-पु.] 1. वह शास्त्र जिसमें काव्यांगों का विवेचन किया गया है 2. ऐसा शास्त्र जिसमें भावपक्ष व कलापक्ष का विस्तृत विवेचन हो; काव्य की समीक्षा।

काव्यांग (सं.) [सं-पु.] काव्य के अंग, जैसे- रस, छंद, अलंकार, रीति, गुण आदि।

काव्याचार्य (सं.) [सं-पु.] काव्य का विद्वान; काव्य का ज्ञाता।

काव्यात्मक (सं.) [वि.] काव्यगुण से परिपूर्ण; काव्यगत।

काव्यादर्श (सं.) [सं-पु.] 1. काव्य का प्रतिमान 2. उत्कृष्ट रचना के मानदंड 3. दंडी द्वारा रचित एक ग्रंथ।

काव्यानुवाद (सं.) [सं-पु.] काव्य के रूप में किया जाने वाला अनुवाद।

काव्यास्वादन (सं.) [सं-पु.] 1. काव्यरस का आस्वाद करना; काव्य रस में मग्न होना 2. गीत एवं कविता का सस्वर आनंद लेना।

काश[1] (फ़ा.) [अव्य.] 1. इच्छा आदि की सूचना के लिए प्रयुक्त शब्द, जैसे- 'यदि ऐसा करता या होता' का व्यंजक, 'ख़ुदा करता या करे' आदि 2. दुख और चाह व्यक्त करने वाला शब्द। [सं-पु.] काँच, काच, शीशा ।

काश[2] (तु) [सं-स्त्री.] लंबी फाँक, खंड, टुकड़ा।

काशिक (सं.) [वि.] 1. प्रकाश से युक्त; प्रदीप्त; प्रकाशमान 2. प्रकाश करने वाला।

काशिका (सं.) [सं-स्त्री.] 1. काशीपुरी 2. काशी की भाषा 3. पाणिनीय व्याकरण पर लिखी गई एक वृत्ति।

काशिफ़ (अ.) [वि.] 1. प्रकट करने वाला, खोलने वाला 2. नंगा करने वाला 3. पर्दा उठाने वाला, उद्घाटक।

काशी (सं.) [सं-स्त्री.] 1. उत्तर भारत की एक प्रसिद्ध धार्मिक एवं सांस्कृतिक नगरी जिसे वाराणसी अथवा बनारस के नाम से भी जाना जाता है।

काशी फल (सं.) [सं-पु.] एक प्रकार का फल जिसकी तरकारी बनाई जाती है; कुम्हड़ा; कद्दू; सीताफल; कुष्मांड।

काश्त (फ़ा.) [सं-स्त्री.] 1. खेती-बाड़ी का काम; कृषि; खेती 2. खेती की भूमि; जोत।

काश्तकार (फ़ा.) [सं-पु.] 1. किसान; खेतिहर; कृषक 2. वह जिसने ज़मींदार को लगान देकर उसकी ज़मीन पर खेती करने का अधिकार प्राप्त किया हो।

काश्तकारी (फ़ा.) [सं-स्त्री.] 1. किसानी; खेती-बाड़ी 2. वह ज़मीन जिसपर काश्तकार का हक हो 3. काश्तकार का उक्त अधिकार। [वि.] 1. काश्तकार का; काश्तकार संबंधी 2. खेती-बाड़ी से संबंधित।

काश्मीरा [सं-पु.] 1. एक प्रकार का ऊनी कपड़ा 2. एक प्रकार का अंगूर।

काश्मीरी [वि.] कश्मीर से संबंधित; कश्मीर का। [सं-स्त्री.] कश्मीर देश की भाषा।

काषाय (सं.) [वि.] 1. कसैला 2. गेरू के रंग में रँगा हुआ; गेरुआ।

काष्ठ (सं.) [सं-पु.] 1. लकड़ी; काठ 2. लट्ठा; शहतीर 3. ईंधन।

काष्ठपीठिका (सं.) [सं-पु.] काठ या लकड़ी का पीढ़ा।

काष्ठवत (सं.) [वि.] काठ के समान; कड़ा।

काष्ठा (सं.) [सं-स्त्री.] 1. मार्ग; रास्ता; पथ 2. दिशा; ओर; तरफ़ 3. चरम सीमा या स्थिति; उत्कर्ष 4. ऊँचाई।

काष्ठागार (सं.) [सं-पु.] काठ का मकान; लकड़ी का घर।

काष्ठीय (सं.) [वि.] काठ या लकड़ी का बना हुआ; जिसका संबंध काठ से हो।

काष्ठोत्कीर्ण (सं.) [वि.] काठ पर खुदा हुआ।

कार्ष्ण्य (सं.) [सं-पु.] कालापन।

कास (सं.) [सं-पु.] 1. खाँसी 2. छींक 3. सहिजन (शोभांजन) का पेड़।

कास चटाई [सं-पु.] कास नामक घास से बनी चटाई।

कासगरेह [सं-पु.] झगड़ा; झंझट।

कासनी (फ़ा.) [सं-स्त्री.] 1. एक पौधा 2. उक्त पौधे के बीज जो दवा के काम आते हैं। [वि.] कासनी के फूल के रंग जैसा (नीला)। [सं-पु.] 1. नीला रंग 2. नीले रंग का कबूतर।

कासर[1] [सं-स्त्री.] काली भेड़, जिसके पेट के रोएँ लाल रंग के होते हैं।

कासर[2] (सं.) [सं-पु.] भैंसा; महिष।

कासा (फ़ा.) [सं-पु.] 1. कटोरा; प्याला 2. भिक्षापात्र 3. भोजन; आहार 4. थाली; काँसे का पात्र।

कासार (सं.) [सं-पु.] तालाब; झील; सरोवर; ताल।

कासिका (सं.) [सं-स्त्री.] 1. काशी में बोली जाने वाली बोली का नाम; काशिका 2. कफ; श्लेष्मा; खाँसी।

कासिद (अ.) [वि.] 1. इरादा या विचार करने वाला 2. सीधे रास्ते जाने वाला 3. अप्रचलित; खोटा। [सं-पु.] 1. हरकारा; पत्रवाहक; एलची; (पोस्टमैन) 2. दूत।

कासिब [वि.] थारुओं में प्रचलित कश्यप गोत्र के लिए प्रयुक्त शब्द।

कासिम (अ.) [वि.] 1. बाँटने वाला या तकसीम करने वाला; वितरक 2. विभाजन करने वाला; विभाजक; विभाजनकर्ता।

कासिर (अ.) [वि.] 1. कसर रखने वाला; कमी करने वाला; जिसमें कोई कमी या कमज़ोरी हो; त्रुटि 2. अक्षम; असमर्थ; नाकाम 3. तोड़ने वाला भंजक; एक दर्द।

काह[1] (फ़ा.) [सं-स्त्री.] 1. तिनका 2. सूखी हुई घास; तृण।

काह[2] (अ.) [सं-पु.] आज्ञाकारिता, फर्माबरदारी।

काहकशाँ (फ़ा.) [सं-स्त्री.] आकाशगंगा; छायापथ।

काहल (सं.) [सं-पु.] 1. मुरगा 2. नर बिल्ली; बिल्ला; बिलार 3. अव्यक्त या अस्पष्ट शब्द 4. ज़ोर का शब्द; हुंकार 5. एक प्रकार का बड़ा ढोल। [वि.] 1. सूखा 2. मुरझाया हुआ 3. हानिकारक 4. गंदा; पंकिल।

काहलि (सं.) [सं-पु.] शिव।

काहली (सं.) [सं-स्त्री.] युवती।

काहिर (अ.) [सं-पुं.] विजयी; विजेता। [वि.] कहर ढाने वाला; प्रकोप करने वाला; बहुत बड़ा अत्याचारी; अत्यधिक क्रोध करने वाला।

काहिल (अ.) [वि.] कामचोर; आलसी; सुस्त; मंद।

काहिली (अ.) [सं-स्त्री.] 1. काहिल होने की अवस्था अथवा भाव; आलस्य; सुस्ती; ढिलाई 2. कामचोरी।

काही (फ़ा.) [वि.] 1. घास से निर्मित; घास का 2. हरी घास के रंग का; कालिमा लिए हुए हरा।

काहू [सं-पु.] 1. एक तरह का लेटूस भाग 2. अर्जुन का वृक्ष।

कि (सं.) [अव्य.] 1. एक योजक शब्द 2. या; अथवा।

किंकर (सं.) [सं-पु.] 1. सेवक; नौकर; गुलाम; दास 2. राक्षसों की एक जाति या वर्ग 3. रोगियों की सेवा करने वाला अस्पताल का कर्मी; (वार्ड ब्वाय)।

किंकर्तव्यविमूढ़ (सं.) [वि.] 1. दुविधा भरी स्थिति; पसोपेश या असमंजस में पड़ना; भौचक या अवाक हो जाना 2. जो यह न समझ सके कि उसे अब क्या करना चाहिए।

किंकिणी (सं.) [सं-स्त्री.] 1. करधनी; ज़ेवर 2. छोटी घंटी 3. एक प्रकार का खट्टा अंगूर 4. कंटाय का वृक्ष।

किंकिरात (सं.) [सं-पु.] 1. कामदेव 2. अशोक का पेड़ 3. तोता 4. कोयल 5. कटसरैया।

किंगरी (सं.) [सं-स्त्री.] 1. सारंगी जैसा एक छोटा बाजा जिसे बजाकर जोगी भीख माँगते हैं; छोटा चिकारा 2. रहस्य संप्रदाय में काया या शरीर।

किंचन (सं.) [सं-पु.] पलाश; असाकल्य।

किंचित (सं.) [वि.] थोड़ा; अल्प; कुछ। [क्रि.वि.] कम या अल्प मात्रा में; कुछ ही; बहुत थोड़ा।

किंचिन्मात्र (सं.) [वि.] बहुत ही थोड़ा; अल्प मात्रा में; अत्यल्प।

किंजल्क (सं.) [सं-पु.] 1. कमल का केसर; पद्मकेसर 2. नागकेसर 3. कमल का पराग। [वि.] कमल के केसर के रंग का; पीला।

किंतु (सं.) [अव्य.] लेकिन; परंतु; वरन्; बल्कि।

किंपुरुष (सं.) [सं-पु.] 1. मनुष्यों की एक प्राचीन जाति 2. उक्त जाति के रहने का स्थान; जंबूद्वीप का एक खंड 3. किन्नर 4. नीच व्यक्ति। [वि.] वर्णसंकर; दोगला।

किंभूत (सं.) [वि.] 1. किस प्रकार या किस ढंग का; कैसा 2. विलक्षण; अद्भुत 3. भद्दा; भौंडा।

किंवदंती (सं.) [सं-स्त्री.] 1. ऐसी बात जिसे परंपरा से सुनते चले आए हों 2. जनश्रुति; लोकापवाद।

किंवा (सं.) [अव्य.] या; या तो; अथवा।

किंशुक (सं.) [सं-पु.] 1. पलाश का पौधा 2. उक्त पौधे का लाल फूल जो चैत्र माह में खिलता है।

किक (अं.) [सं-स्त्री.] पैर से मारना; पैर से ठुकराना।

किकियाना [क्रि-अ.] 1. कीं-कीं या कें-कें शब्द करना 2. रोना 3. चिल्लाना।

किकुरना [क्रि-स.] ठंडक के कारण शरीर के अंगों का सिकुड़ना या समेटना।

किकोरना [क्रि-अ.] खुरचना।

किचकिच [सं-स्त्री.] 1. वाद-विवाद; तू-तू मैं-मैं 2. व्यर्थ की बातें; बकवाद 3. झगड़ा 4. उलझने की स्थिति 5. अशांति।

किचकिचाना [क्रि-अ.] 1. क्रोध में आकर दाँत पीसना 2. अधिक बल लगाने के उद्देश्य से दाँत पर दाँत रखना।

किचकिचाहट [सं-स्त्री.] 1. किचकिचाने का भाव 2. खिन्न 3. झुँझलाहट; खिजलाहट।

किचड़ना [क्रि-अ.] कीचड़ युक्त होना; आँख आदि में कीचड़ का भरना।

किचन (अं.) [सं-स्त्री.] रसोईघर; पाकशाला; बावर्चीख़ाना; रसवती; रंधनशाला; महानस।

किचपिच [सं-स्त्री.] 1. कीचड़; फिसलन 2. भीड़-भाड़ 3. उलझन; दुविधा 4. व्यर्थ का विवाद। [वि.] क्रमविहीन; क्रमरहित; अस्पष्ट।

किचर-पिचर [सं-स्त्री.] 1. फिसलन 2. गिचपिच। [वि.] 1. अस्पष्ट 2. क्रम के बिना; क्रमविहीन।

किचल [सं-पु.] कीट; कीड़ा।

किट (अं.) [सं-स्त्री.] 1. खेल या किसी गतिविधि के लिए उपकरणों, औज़ारों या कपड़ों का सेट 2. वस्तुएँ बनाने में प्रयुक्त पुरज़ों का बंडल।

किट-किट [सं-स्त्री.] 1. विवाद; झगड़ा 2. किचकिच।

किटकिटाना [क्रि-अ.] 1. क्रोध से दाँत पीसना 2. किसी कारण से निचले और ऊपरी दाँतों के स्पर्श से किटकिट या कटकट शब्द उत्पन्न होना 3. व्यर्थ की बहस।

किट्ट (सं.) [सं-पु.] 1. तलछट के रूप में जमा मैल; गाद 2. धातु का मैल; कीट 3. किसी व्यक्ति या वस्तु के ऊपर जमा मैल 4. पुराने ढंग का एक प्रकार का ऊनी कपड़ा।

किड़कना [क्रि-अ.] 1. चुपके से गायब होना 2. खिसक लेना।

किडनी (अं.) [सं-पु.] गुर्दा; वृक्क।

किड़ा जाना [क्रि-अ.] कीड़ा उत्पन्न होना; सड़ जाना।

किण्व (सं.) [सं-पु.] 1. ख़मीर 2. खमीर उठाने वाला एक द्रव्य ।

किण्वन (सं.) [सं-पु.] 1. कार्बनिक पदार्थों में बैक्टीरिया आदि से हुआ रासायनिक परिवर्तन 2. ख़मीर उठना; उबाल आना।

कितना (सं.) [वि.] संज्ञाओं के पूर्व लगने वाला परिमाण विषयक प्रश्नवाचक सार्वनामिक विशेषण, जैसे- किस मात्रा का, किस दरजे का।

कितव (सं.) [सं-पु.] 1. जुआरी 2. चालाक; धूर्त 3. दुष्ट; पाजी 4. पागल; बावला; उन्मत्त; सनकी 5. धतूरा 6. गोरोचन 7. एक प्राचीन जाति।

किता (अ.) [सं-पु.] 1. टुकड़ा; खंड 2. ज़मीन का टुकड़ा 3. ज़मीन के किसी टुकड़े पर बना मकान 4. मकान आदि की संख्या बताने वाला शब्द; अदद 5. कम से कम दो चरणों का एक उर्दू पद्य जिसमें मतला न हो और सम चरणों में अनुप्रास हो। (दे.-कता)।

किताब (अ.) [सं-स्त्री.] 1. पुस्तक; ग्रंथ 2. कापी, मियाज़ 3. बहीख़ाता।

किताबत (अ.) [सं-स्त्री.] लिखने या कापीनवीसी का पेशा, लीथो प्रेस के लिए लिखाई का काम।

किताबी (अ.) [वि.] 1. किताब संबंधी; पुस्तकीय; किताब जैसी 2. किताब में लिखी हुई 3. किताब के आकार या रंग रूप का।

किताबी कीड़ा (अ.) [सं-पु.] सदैव पुस्तकों के अध्ययन में लगा रहने वाला व्यक्ति।

किधर (सं.) [क्रि.वि.] किस ओर; किस दिशा में; किस तरफ़।

किन [सर्व.] 'किस' का बहुवचन।

किनक [सं-पु.] मंद वर्षा की बूँदें।

किनका [सं-पु.] 1. कण 2. अनाज का टुकड़ा।

किनकिनाहट [सं-स्त्री.] भोजन में अखाद्य पदार्थ जैसे बालू या मिट्टी का अंश जो स्वाद विकृति उत्पन्न करे 2. तीखे व कसैले का मिश्रित स्वाद।

किनवारिया [सं-पु.] केन नदी के आस-पास के बैल।

किनाठी [क्रि-स.] बर्तन का मुँह बनाना; किनार।

किनारदार (फ़ा.) [वि.] जिसमें किनारी बनी हो; किनारी से युक्त।

किनारा (फ़ा.) [सं-पु.] 1. तट; छोर 2. तीर 3. किसी बहुत लंबी और कम चौड़ी वस्तु के वे दोनों भाग जहाँ चौड़ाई समाप्त होती है; (बॉर्डर) 4. किसी ओर का अंतिम सादा सिरा 5. बगल; पार्श्व 6. हाशिया। [मु.] **-किनारे लगना** : समाप्त होना। **-किनारे लगा देना** : ख़तम कर देना। **-करना** : पृथक हो जाना; दूर हो जाना।

किनाराकश (फ़ा.) [वि.] 1. किनारा कर लेने वाला; अलग या दूर रहने वाला; कोई संबंध न रखने वाला 2. एकांत में रहने वाला; एकांतवासी।

किनाराकशी (फ़ा.) [सं-स्त्री.] किनारा कर लेना; संबंध तोड़ लेना।

किनारी (फ़ा.) [सं-स्त्री.] रुपहला-सुनहला गोटा जो कपड़ों के किनारे पर लगाया जाता है।

किनारीदार [सं-स्त्री.] वह मर्दानी धोती, जिसमें किनारे पर रंगीन पट्टी होती है। [वि.] किनारावाला।

किन्नर[1] [सं-पु.] तकरार; विवाद; दरभीज।

किन्नर[2] (सं.) [सं-पु.] 1. (पुराण) देवलोक का एक उपदेवता जो एक प्रकार का गायक था और उसका मुँह घोड़े के समान होता था 2. वर्तमान समय में 'हिजड़ा' के लिए शिष्टोक्ति 3. गुफ़ा; खोह।

किन्नरी (सं.) [सं-स्त्री.] 1. किन्नर जाति की स्त्री 2. छोटे आकार का तंबूरा 3. छोटी सारंगी; किंगरी।

किफ़ायत (अ.) [सं-स्त्री.] 1. कमख़र्ची 2. मितव्यय 3. थोड़े या अल्प में काम चलाने की क्रिया 4. बचत। [क्रि.वि.] 1. थोड़े या अल्प व्यय से 2. कम मूल्य पर।

किफ़ायती (अ.) [वि.] 1. कम ख़र्च करने वाला; सँभल कर ख़र्च करने वाला 2. कम मूल्य पर मिलने वाला।

किबला (अ.) [सं-पु.] 1. मक्का में वह स्थान जहाँ हजरे अस्वद (काला पत्थर) स्थापित है और जिसकी ओर (पश्चिम दिशा) मुँह करके मुसलमान नमाज़ पढ़ते हैं 2. बाप-दादा एवं अन्य प्रतिष्ठित और सम्मानित व्यक्तियों के लिए संबोधन का शब्द।

क़िबला (अ.) [सं-पु.] उर्दू उच्चारणानुसार वर्तनी (दे. किबला)।

किबलानुमा (अ.+फ़ा.) [सं-पु.] एक दिशासूचक यंत्र जिसकी सुई सदैव पश्चिम दिशा की ओर रहती है; कुतुबनुमा; दिग्दर्शक यंत्र।

किमपि (सं.) [क्रि.वि.] 1. कुछ भी; तनिक भी 2. किसी सीमा तक; किसी हद तक।

किमाकार (सं.) [वि.] 1. अनिश्चित आकार या रूपवाला 2. जिसका रूप बदलता रहता हो; बहुरूपिया 3. भद्दा; भोंडा; कुरूप।

किमाम (अ.) [सं-पु.] 1. शहद के समान गाढ़ा किया हुआ शरबत 2. गाढ़ा किया गया रस; अवलेह, जैसे- सुरती का किमाम 3. ख़मीर (कवाम)।

किमार (अ.) [सं-पु.] जुआ, शर्त आदि का खेल।

किमाश (अ.) [सं-पु.] ढंग; तर्ज़; नियम।

कियत (सं.) [वि.] 1. कितना 2. जो गुण, मर्यादा, सीमा आदि के विचार से बहुत बड़ा हो।

किया [क्रि-स.] 'करना' का भूतकालिक रूप।

कियारी [सं-स्त्री.] 1. खेतों का छोटा टुकड़ा 2. क्यारी।

कियाह (सं.) [सं-पु.] 1. लाल रंग का घोड़ा 2. किरमिजी रंग।

किरका [सं-पु.] 1. कंकड़ 2. छोटा टुकड़ा 3. किरकिरी।

किरकिटी [सं-स्त्री.] किरकिरी; छोटा टुकड़ा।

किरकिन [सं-पु.] घोड़े या गधे का चमड़ा। [वि.] पशुओं के चमड़े से बना हुआ।

किरकिरा [सं-पु.] लोहे में छेद करने के लिए प्रयुक्त लुहारों का बरमा। [वि.] बालू के कण और कंकड़ मिला हुआ; कंकरीला।

किरकिराना [क्रि-अ.] 1. खाद्य पदार्थ में धूल या रेत के कण मिलने से मुँह में किरकिराहट का आभास होना 2. आँख में किरकिरी पड़ने से पीड़ा होना 3. अप्रिय शब्द कहना।

किरकिराहट [सं-स्त्री.] 1. किरकिरा होने का गुण, भाव या

अवस्था 2. किरकिरी पड़ने का अहसास; ककड़ीलापन।

किरकिरी [सं-स्त्री.] 1. किसी वस्तु, जैसे- कंकड़, धूल आदि का बहुत छोटा टुकड़ा या कण 2. {ला-अ.} अप्रिय अनुभव; हेठी; अपमान।

किरकिल [सं-पु.] गिरगिट।

किरकी[1] [सं-स्त्री.] 1. किनकि; जरा-सा कण 2. तिनका; तिनके का टुकड़ा।

किरकी[2] (सं.) [सं-स्त्री.] एक प्रकार का आभूषण या गहना।

किरच [सं-स्त्री.] 1. नोंक की ओर से भोंकी जाने वाली सीधी तलवार; बरछी 2. किसी कड़ी चीज़ का छोटा नुकीला टुकड़ा।

किरण (सं.) [सं-स्त्री.] प्रकाश की लकीर या रेखा; ज्योति की वे अति सूक्ष्म रेखाएँ जो प्रवाह के रूप में सूर्य, चंद्र, दीपक आदि प्रज्वलित पदार्थों में से निकलकर फैलती हुई दिखाई देती हैं; रश्मि।

किरणमाली (सं.) [सं-पु.] सूर्य; अंशुमाली।

किरदार (अ.) [सं-पु.] 1. किसी रचना का वह पात्र जिसके लिए अभिनय किया जाए 2. कार्य; काम 3. शैली; ढंग 4. चरित्र; आचरण।

किरनारा [वि.] 1. जिससे किरणें निकलती हों या निकल रहीं हों 2. किरणोंवाला; किरणों से युक्त।

किरम [सं-पु.] 1. कीड़ा; कीट 2. किरमिज नामक कीड़ा।

किरमिच [सं-पु.] रुई, पटसन आदि से बना एक प्रकार का मोटा और अच्छा कपड़ा जिससे जूते, बैग आदि बनाए जाते हैं; (कैनवस)।

किरमिची [वि.] चिकने मोटे कपड़े का बना हुआ।

किरमिज़ (सं.) [सं-पु.] 1. एक प्रकार का मटमैला लाल रंग 2. मटमैले रंग का घोड़ा 3. किरिमदाने का चूर्ण; बुकनी किया हुआ किरिमदाना।

किरमिज़ी (सं.) [वि.] 1. किरमिज़ के रंगवाला 2. मटमैले लाल रंगवाला।

किरराना [क्रि-अ.] 1. किर्र-किर्र की आवाज़ निकालना 2. दाँत पीसना 3. क्रोध दिखाना।

किराँची [सं-स्त्री.] 1. सामान ढोने वाली बैलगाड़ी 2. बड़ी बैलगाड़ी।

किराएदार (अ.+फ़ा.) [सं-पु.] किराया देने वाला; किसी वस्तु या स्थान के उपयोग के बदले उसका मूल्य अदा करने वाला।

किराएदारी (अ.+फ़ा.) [सं-स्त्री.] 1. किराएदार होने की अवस्था या भाव; भाड़ेदारी 2. किराए पर लिए गए स्थान या किसी चीज़ का प्रयोग करना।

किराएनामा (अ.+फ़ा.) [सं-पु.] किसी वस्तु या स्थान आदि को किराए पर लेने से संबंधित इकरारनामा; भाटकपत्र।

किरात[1] (सं.) [सं-पु.] 1. पूर्वी हिमालय तथा उसका समीपवर्ती क्षेत्र 2. उक्त प्रदेश में रहने वाली एक प्राचीन जाति 3. बौना 4. किरात-पति-शिव, महादेव।

किरात[2] (अ.) [सं-स्त्री.] 1. लगभग चार जौ के बराबर की एक तौल जो जवाहरात आदि तौलने के काम आती है 2. प्राचीन काल में प्रचलित एक छोटा सिक्का।

किराना [सं-पु.] 1. पंसारी की दुकान पर मिलने वाली वस्तुएँ 2. दाल, चावल, मेवा, मसाले आदि जो बनिए या व्यापारी के यहाँ बिकते हों। [क्रि-स.] 1. किसी वस्तु को बिखेरना या गिराना 2. सूप में चावल, दाल आदि के दानों को हिला-हिलाकर नीचे गिराना।

किरानी (अं.) [सं-पु.] 1. ईसाई; मसीही 2. जिसके माता-पिता में से कोई एक भारतीय और दूसरा यूरोपियन हो 3. कार्यालय में काम करने वाला लिपिक।

किराया (अ.) [सं-पु.] 1. भाड़ा; वह धन जो किसी की कोई वस्तु काम में लाने के बदले उस वस्तु के मालिक को दिया जाए; (रेंट) 2. रेल, बस आदि में यात्रा करने से पहले चुकाया जाने वाला भाड़ा; (फ़ेयर)।

किरावल (तु.) [सं-पु.] 1. सेना की वह टुकड़ी जो सेना के आगे-आगे चलती है तथा शत्रु सेना के आगमन की टोह लेती है 2. वह सैन्य टुकड़ी जो युद्ध का मैदान साफ़ करने के लिए सेना के आगे-आगे जाती है 3. बंदूक से शिकार खेलने वाला शिकारी 4. दूसरों को शिकार खिलाने वाला व्यक्ति।

किरीट (सं.) [सं-पु.] 1. राजा या विजेता के माथे पर बाँधा जाने वाला एक आभूषण; मुकुट 2. (काव्यशास्त्र) एक वर्णवृत्त (छंद), जिसके प्रत्येक चरण में आठ-आठ भगण होते हैं 3. व्यापारी।

किरीटी (सं.) [सं-पु.] 1. अर्जुन 2. इंद्र 3. राजा। [वि.] जिसके सिर पर किरीट (मुकुट) हो।

किरोलना [क्रि-स.] 1. कुरेदना 2. खुरचना।

किरौना [सं-पु.] एक प्रकार की मक्खी।

किर्रकिर्र [सं-स्त्री.] 1. पहियों के घिसने से धुरे से निकलने वाली आवाज़ 2. कीट-पतंगों की ध्वनि।

किलक [सं-स्त्री.] 1. किलकने की क्रिया या भाव 2. हर्षध्वनि; आनंदसूचक शब्द; किलकार।

किलकना [क्रि-अ.] बच्चों या बंदरों आदि का प्रसन्न होने पर ज़ोर-ज़ोर से की-की शब्द करना; किलकारना; किलकारी मारना।

किलकार [सं-पु.] 1. बहुत प्रसन्न होकर चिल्लाने की क्रिया 2. बंदरों के द्वारा प्रसन्न होने पर की-की शब्द करना 3. ज़ोर की हर्ष ध्वनि।

किलकारना [क्रि-अ.] हर्ष या आनंद की स्थिति में ज़ोर से किंतु अस्पष्ट ध्वनि करना; हर्षध्वनि करना; किलकारी मारना; किलकना; किलकिलाना; चहचहाना।

किलकारी [सं-स्त्री.] अत्यंत हर्षित होने की अवस्था में बच्चों एवं बंदरों के मुख से निकलने वाली अस्पष्ट ध्वनि अथवा चिल्लाना।

किलकिंचित (सं.) [सं-पु.] (साहित्य) संयोग शृंगार के अंतर्गत ग्यारह भावों में से एक जिसमें नायिका की एक ही भावभंगिमा से कई भाव एक साथ प्रकट होते हैं।

किलकिल [सं-स्त्री.] 1. झगड़ा; कलह; तकरार 2. बेकार की किचकिच। [सं-पु.] 1. किलकारी 2. ख़ुशी की ध्वनि।

किलकिला (सं.) [सं-पु.] 1. जलाशय के आस-पास रहने

वाला एक मध्यम आकार का, बड़े सिर और छोटी पूँछ वाला पक्षी जो मछलियाँ आदि पकड़कर खाता है; कौड़िल्ला; जलवायस; चित्तल 2. समुद्र की लहरों के टकराने से उत्पन्न शब्द 3. प्राचीन कवियों के अनुसार एक समुद्र का नाम।

किलकिलाना [क्रि-अ.] 1. आनंदसूचक अस्पष्ट शब्द करना; की-की करना 2. ज़ोर से चिल्लाना या आवाज़ करना।

किलटा [सं-पु.] बेंत का टोकरा।

किलना (सं.) [क्रि-अ.] दे.- कीलना।

किलनी [सं-स्त्री.] 1. पशुओं के शरीर में चिपटने वाला छोटे आकार का एक कीड़ा; किल्ली; (टिक) 2. बड़ा जूँ।

किलवाई [सं-स्त्री.] 1. लकड़ी का बना कुदाल 2. फरुई।

किलवाना [क्रि-स.] 1. कीलने का काम किसी और से कराना 2. कील ठुकवाना।

किला (अ.) [सं-पु.] 1. बड़ी इमारत जो ऊँची दीवारों और गहरी खाइयों आदि से घिरी रहती है, जिसमें सेनाएँ सुरक्षित रहकर युद्ध लड़ा करती थीं; दुर्ग; गढ़; (फ़ोर्ट) 2. {ला-अ.} बहुत बड़ी, मज़बूत और सुरक्षित इमारत।

क़िला (अ.) [सं-पु.] उर्दू उच्चारणानुसार वर्तनी (दे. किला)।

किलाबंदी (अ.+फ़ा.) [सं-स्त्री.] 1. शत्रुओं के आक्रमण के समय की जाने वाली किले की व्यवस्था, सुरक्षात्मक कार्रवाई 2. व्यूह रचना; मोरचाबंदी 3. किसी आक्रमण से रक्षा की योजना।

किलावा (फ़ा.) [सं-पु.] 1. चरखा या तकली पर लिपटा हुआ सूत का लच्छा 2. हाथी के गले में पड़ी हुई रस्सी जिसमें पैर फँसाकर महावत हाथी को चलाता है 3. हाथी के शरीर का वह भाग जहाँ महावत बैठता है 4. सुनारों का एक औज़ार।

किलिक (फ़ा.) [सं-स्त्री.] एक प्रकार का नरकट का पौधा जिसकी देशी कलम बनाई जाती है।

किलेदार (अ.+फ़ा.) [सं-पु.] 1. किले का मालिक; गढ़पति; दुर्गपति 2. क़िले में रहने वाली सेना का प्रधान नायक; दुर्ग-रक्षक।

किलोग्राम (अं.) [सं-पु.] 1. तौल की एक अंतरराष्ट्रीय माप 2. एक हज़ार ग्राम की तौल।

किलोमीटर (अं.) [सं-पु.] 1. लंबाई या दूरी मापने की एक अंतरराष्ट्रीय माप 2. एक हज़ार मीटर की माप।

किलोल (सं.) [सं-पु.] 1. आमोद-प्रमोद 2. ख़ुशी का भाव; उल्लास।

किलोलीटर (अं.) [सं-पु.] 1. तरल पदार्थ का आयतन मापने की एक अंतरराष्ट्रीय माप 2. एक हज़ार लीटर की माप।

किलोवाट (अं.) [सं-पु.] 1. बिजली मापने की एक अंतरराष्ट्रीय माप 2. एक हज़ार वाट की माप।

किलौटा [सं-पु.] एक कीड़ा।

किल्लत (अ.) [सं-स्त्री.] 1. किसी वस्तु के कम होने या कम मिलने की अवस्था या भाव 2. अभाव; कमी 3. तंगी; कष्ट 4. कठिनाई; दिक्कत।

किल्ला (सं.) [सं-पु.] 1. ज़मीन में गाड़ा हुआ लकड़ी, लोहे आदि का खूँटा जिसमें गाय, भैंस आदि बाँधे जाते हैं; कीला 2. लकड़ी की वह मेख जो जाँते के बीच में गड़ी रहती है।

किल्ली [सं-स्त्री.] 1. कीला; मेख 2. दीवारों में गाड़ी हुई खूँटी 3. सिटकिनी 4. किसी कल या पेंच का मुठिया। [मु.] - **घुमाना** : कोई तरकीब लगाना।

किल्विष (सं.) [सं-पु.] 1. पाप 2. दोष; अपराध 3. धोखा 4. रोग 5. विपत्ति।

किल्विषी (सं.) [वि.] 1. छली 2. पापी 3. दोषयुक्त 4. दोषी; अपराधी।

किल्हा [सं-पु.] कुल्हा, मानव शरीर का एक भाग।

किवाड़ (सं.) [सं-पु.] 1. लकड़ी, लोहा, शीशा या टिन का बना हुआ दरवाज़े का पल्ला जो चौखट के साथ कब्ज़े से जकड़ा होता है 2. कपाट; द्वार-पट 3. दरवाज़ा।

किशन (सं.) [सं-पु.] कृष्ण; श्याम।

किशमिश (फ़ा.) [सं-स्त्री.] 1. सुखाया हुआ अंगूर; दाख 2. एक प्रकार का मेवा।

किशमिशी (फ़ा.) [वि.] किशमिश के रंग का। [सं-पु.] किशमिश जैसा रंग।

किशोर (सं.) [सं-पु.] 1. ऐसा बालक जिसकी अवस्था अभी अठारह वर्ष से कम हो 2. बाल और युवा अवस्थाओं के बीच की अवस्था 3. पशु का छोटा बच्चा 4. सूर्य।

किशोर न्यायालय (सं.) [सं-पु.] वह न्यायालय जो बच्चों के द्वारा किए गए गैरकानूनी कार्यों पर सुनवाई करता है।

किशोरावस्था (सं.) [सं-स्त्री.] बारह से अठारह वर्ष तक की आयु; किशोर होने की अवस्था या आयु।

किशोरी (सं.) [वि.] 1. बारह से अठारह वर्ष की अवस्था की बालिका 2. बालिका; बेटी; लड़की 3. कुंआरी लड़की 4. सुन्दर युवती।

किश्तज़ार (फ़ा.) [सं-पु.] खेती; हरा-भरा खेत; कृषि योग्य भूमि।

किश्ती (फ़ा.) [सं-स्त्री.] 1. नाव; नौका; डोंगी 2. एक प्रकार की छिछली तश्तरी।

किश्तीनुमा (फ़ा.) [वि.] जो किश्ती की तरह लंबोतर हो और जिसके दोनों सिरे नुकीले हों।

किष्किंध (सं.) [सं-पु.] किष्किंध प्रदेश की एक पर्वतश्रेणी।

किष्किंधा (सं.) [सं-स्त्री.] 1. मैसूर एवं उसके समीपवर्ती क्षेत्र का प्राचीन नाम 2. किष्किंध प्रदेश की राजधानी।

किस (सं.) [सर्व.] **'कौन'** का तिर्यक रूप, जो व्यक्ति, काल, स्थान, घटना आदि विषयक एकवचन प्रश्न का बोध कराता है।

किसबत (अ.) [सं-स्त्री.] 1. कई खानों वाली वह थैली जिसमें नाई अपने औज़ार रखते हैं 2. वर्तनी रूप वस्त्र, वसन, लिबास, पोशाक; नाई की पेटी।

किसलय (सं.) [सं-पु.] 1. पौधों में निकलने वाले नए पत्ते; कोंपल; नवपल्लव; कल्ला 2. अँखुआ; अंकुर।

किसान (सं.) [सं-पु.] 1. वह जो खेती-बारी का काम करता हो; खेतिहर; कृषक; काश्तकार 2. खेतों को जोतने, बीज बोने तथा फ़सल काटने वाला व्यक्ति।

किसानी [सं-स्त्री.] खेती; कृषि कार्य।

किस्त (अ.) [सं-स्त्री.] 1. अंश; भाग 2. खंड; टुकड़ा 3. ऋण आदि के भुगतान का निश्चित अवधि के अंतर पर चुकाया जाने वाला निश्चित अंश; (इंस्टालमेंट)।

किस्तबंदी (अ.+फ़ा.) [सं-स्त्री.] 1. किस्त के रूप में ऋण चुकाना तथा प्रत्येक किस्त के लिए समय निश्चित करना 2. कई बार में थोड़ा-थोड़ा करके निर्धारित समय पर धन आदि चुकाने या वसूल करने की प्रणाली।

किस्तवार (अ.+फ़ा.) [सं-पु.] पटवारियों का लेखा-बही या खाता जिसमें खेतों के क्षेत्रफल आदि का विवरण लिखा रहता है।

किस्म (अ.) [सं-स्त्री.] 1. प्रकार; कोटि 2. नस्ल; जाति 3. तर्ज़; ढंग; चाल; तरीका 4. भेद; भाँति।

किस्मत (अ.) [सं-स्त्री.] भाग्य; तकदीर; नसीब; प्रारब्ध।

किस्मत आज़माई (अ.) [सं-स्त्री.] 1. भाग्य की परीक्षा लेना 2. किसी कठिन परीक्षा की तैयारी।

किस्मतवर (अ.+फ़ा.) [वि.] भाग्यशाली; भाग्यवान; ख़ुशनसीब।

किस्सा (अ.) [सं-पु.] 1. कथा; आख्यान; दास्ताँ; कहानी 2. हाल; समाचार; वृत्तांत 3. मामला; प्रसंग 4. तकरार; कांड; झगड़ा।

क़िस्सा (अ.) [सं-पु.] उर्दू उच्चारणानुसार वर्तनी (दे. किस्सा)।

किस्सागो (अ.+फ़ा) [सं-पु.] 1. किस्से-कहानियाँ सुनाने वाला 2. कहानी लेखक।

की-बोर्ड (अं.) [सं-पु.] 1. बहुत सारी कुंजियों से बना एक उपकरण या बोर्ड जिससे संगणक (कंप्यूटर) पर टंकण (टाइपिंग) संबंधी काम किया जाता है 2. वह उपकरण जो संगणक के साथ हार्डवेयर के रूप में उपयोग किया जाता है 3. टाइपराइटर का कुंजीपटल।

की[1] [पर.] संबंध सूचक परसर्ग जो स्त्रीलिंग वाचक शब्द से संबंध का द्योतन करता है, जैसे- समर की गाड़ी; 'का' का स्त्रीलिंग रूप।

की[2] (अं.) [सं-स्त्री.] कुंजी।

कींच [सं-पु.] कीचड़; पंक; कीच।

कीक [सं-पु.] 1. चीख; चीत्कार; चिल्लाहट 2. शोरगुल; हल्ला।

कीकट (सं.) [सं-पु.] 1. मगध का वैदिक कालीन नाम 2. उक्त देश की एक प्राचीन अनार्य जाति 3. घोड़ा। [वि.] 1. गरीब; निर्धन 2. कंजूस; कृपण 3. लोभी; लालची।

कीकना [क्रि-अ.] 1. कोयल, मोर आदि का मीठे स्वर में बोलना 2. 'कू-कू' या 'की-की' शब्द करना 3. कूकना; कुहुकना।

कीकर (सं.) [सं-पु.] मध्यम आकार का एक कँटीला पेड़; बबूल का पेड़; सोमसार।

कीकस [सं-पु.] हड्डी।

कीका (सं.) [सं-पु.] 1. एक प्रकार का घोड़ा 2. कीकान प्रदेश का घोड़ा।

कीकान (सं.) [सं-पु.] 1. पश्चिमोत्तर का केकाण प्रदेश 2. उक्त प्रदेश का घोड़ा।

कीच [सं-स्त्री.] कीचड़; पंक; पानी मिली हुई धूल या मिट्टी।

कीचक (सं.) [सं-पु.] 1. सुराख़दार बाँस 2. पोला बाँस 3. राजा विराट का साला, जो उसका सेनापति भी था और जिसने अज्ञातवास कर रही सैरन्ध्री बनी द्रौपदी का अपमान किया।

कीचड़ [सं-पु.] 1. किसी स्थान पर जमा मिट्टी और पानी का गाढ़ा घोल 2. पंक; कर्दम 3. आँख की गंदगी 4. {ला-अ.} विपत्ति या संकट की स्थिति; निंदा। [मु.] **-उछालना** : बदनाम करना; दोषारोपण करना।

कीट (सं.) [सं-पु.] 1. ज़मीन पर रेंगने वाले छोटे-छोटे जीव; कीड़े 2. किसी वस्तु पर ज़मा मैल 3. {ला-अ.} दुष्ट और तुच्छ व्यक्ति।

कीटनाशक (सं.) [सं-पु.] 1. कीड़ों को मारने वाली दवा 2. फ़सल आदि में छिड़काव के लिए प्रयुक्त की जाने वाली दवा। [वि.] कीटाणुओं या कीड़ों को मारने वाला।

कीटभक्षी (सं.) [सं-पु.] ऐसे जीव-जंतु या पौधे जो कीड़ों-मकोड़ों का भक्षण करते हों। [वि.] कीड़े-मकोड़े खाने वाला; कीटाहारी।

कीटभोजी (सं.) [सं-पु.] कीड़े-मकोड़े खाकर पेट भरने वाला जीव; कीटभक्षी।

कीटविज्ञान (सं.) [सं-पु.] प्राणिविज्ञान की वह शाखा जिसके अंतर्गत कीटों अथवा षट्पादों की उत्पत्ति, स्वरूप, विशेषताओं आदि का अध्ययन किया जाता है; (एंटोमॉलॉजी)।

कीटाणु (सं.) [सं-पु.] अति सूक्ष्म कीड़े जो अनेक रोगों के वाहक या कारण माने जाते हैं; रोगाणु।

कीटिका (सं.) [सं-स्त्री.] 1. हीन या तुच्छ प्राणी 2. छोटा कीड़ा।

कीड़ा (सं.) [सं-पु.] 1. पतिंगा; कीड़ा-मकोड़ा; कीट 2. ज़मीन पर रेंगने वाले छोटे प्राणी 3. वस्तुओं के सड़ने से उत्पन्न छोटे जंतु 4. साँप।

कीड़ा-मकोड़ा [सं-पु.] अत्यंत छोटे जीव-जंतु जो सामान्यतः परजीवी होते हैं; छोटे-बड़े कीड़े; कीट-पतंग।

कीप [सं-स्त्री.] 1. एक पात्र जिसकी सहायता से किसी सँकरे पात्र में कोई तरल पदार्थ भरा जाता है 2. कल-कारख़ानों की चिमनी जो उक्त प्रकार की होती है।

कीमत (अ.) [सं-स्त्री.] 1. किसी वस्तु को क्रय करने के लिए दिया जाने वाला धन; मूल्य; दाम 2. प्रतिष्ठा; महत्व 3. योग्यता; गुण।

क़ीमत (अ.) [सं-स्त्री.] उर्दू उच्चारणानुसार वर्तनी (दे. कीमत)।

कीमती (अ.) [वि.] 1. अधिक कीमतवाला; महँगा 2. मूल्यवान; महत्वपूर्ण।

कीमा (अ.) [सं-पु.] 1. कुटा हुआ मांस 2. मांस के छोटे-छोटे टुकड़े 3. मांस का एक व्यंजन।

कीमिया (अ.) [सं-स्त्री.] 1. रसायन विद्या 2. रासायनिक क्रिया; रसायन 3. कृत्रिम (नकली) सोना-चाँदी बनाने की विद्या 4. कार्य-साधक युक्ति।

कीमियागर (अ.+फ़ा) [सं-पु.] 1. रसायन बनाने वाला और इस विद्या में प्रवीण व्यक्ति; रसायनविद 2. सीसे जैसी निकृष्ट

धातु से सोना-चाँदी बनाने वाला अथवा नाभिक संरचना में फेरबदल करके नए तत्व बनाने वाला व्यक्ति 3. बारीक युक्तियों से कोई अनूठा काम करने वाला व्यक्ति।

कीमियागरी (अ.+फ़ा) [सं-स्त्री.] 1. रसायनशास्त्र; रसायनविज्ञान 2. कृत्रिम (नकली) सोना-चाँदी बनाना।

कीर (सं.) [सं-पु.] 1. शुक; तोता; सुग्गा 2. बहेलिया।

कीरा [सं-पु.] दे. कीड़ा।

कीरी (सं.) [सं-स्त्री.] 1. कीर (व्याध) बहेलिया की स्त्री 2. पेट की कृमि 3. बहुत छोटे कीड़े 4. चींटी।

कीर्ण (सं.) [वि.] 1. बिखरा हुआ; फैला हुआ 2. ढका हुआ; छाया हुआ 3. ठहरा हुआ; स्थित 4. पकड़ा हुआ 5. घायल; आहत।

कीर्तन (सं.) [सं-पु.] 1. वर्णन; कथन 2. देवता, ईश्वर के नाम व यश का बार-बार विशेषत:गाते-बजाते हुए किया जाने वाला कथन।

कीर्तनघर (सं.) [सं-पु.] कीर्तन करने का स्थान; कीर्तनगृह।

कीर्तनियाँ [सं-पु.] 1. कीर्तन करने वाला व्यक्ति 2. वह व्यक्ति जो वाद्य यंत्र के साथ ईश्वर का कीर्तन करता हो।

कीर्ति (सं.) [सं-स्त्री.] 1. ख्याति; बड़ाई 2. यश; प्रसिद्धि; नेकनामी 3. शोहरत 4. (पुराण) प्रजापति दक्ष की कन्या और धर्म की पत्नी 5. छंद का एक प्रकार 6.राधा की माँ का नाम 7. शब्द 8. विस्तार 9. प्रसाद।

कीर्तित (सं.) [वि.] 1. प्रशंसित 2. ख्यात 3. वर्णित; कथित।

कीर्तिदा [सं-स्त्री.] नंद की पत्नी एवं कृष्ण का पालन करने वाली यशोदा।

कीर्तिमान (सं.) [सं-पु.] 1. यश का सूचक 2. अभूतपूर्व उपलब्धि 3. कारनामा 4. सफलता।

कीर्तिस्तंभ (सं.) [सं-पु.] 1. किसी उल्लेखनीय घटना के स्मरणार्थ एवं उसे स्थायी करने के उद्देश्य से निर्मित स्तंभ 2. यश अथवा कीर्ति कायम रखने वाली वस्तु।

कील (सं.) [सं-स्त्री.] 1. धुरी 2. लोहे आदि का गोलाकार पतला एवं नुकीला लंबा टुकड़ा 3. नाक में पहनने का एक आभूषण 4. मुँहासे एवं फोड़े की कील।

कील-काँटा [सं-पु.] 1. किसी कार्य के संपादन हेतु आवश्यक समस्त सामग्री 2. औज़ार; साज़ो-सामान।

कीलक (सं.) [सं-पु.] 1. कील; खूँटी 2. किसी मंत्र के प्रभाव को नष्ट कर देने वाला मंत्र 3. एक तंत्रोक्त देवता 4. यंत्र का मध्य भाग।

कीलन (सं.) [सं-पु.] 1. बाँधने या रोकने की क्रिया या भाव 2. किसी क्रिया या गति को पूर्णत: निष्फल करना 3. किसी मंत्र की शक्ति को नष्ट करना।

कीलना (सं.) [क्रि-स.] 1. किसी वस्तु या स्थान में कील या कील जैसी कोई नुकीली चीज़ गाड़ना 2. एकाधिक वस्तुओं को परस्पर जोड़ने या बाँधने के लिए उनमें कील ठोंकना 3. तोप आदि का मुँह बंद करने के लिए उसमें कील ठोंकना 4. किसी की गति अथवा शक्ति को अवरुद्ध कर देना 5. वश या नियंत्रण में करना।

कीला (सं.) [सं-पु.] 1. बड़ी और मोटी खूँटी अथवा कील 2. चक्की की खूँटी।

कीलाक्षर (सं.) [सं-पु.] ईरान, बेबीलोन आदि देशों में प्रचलित एक प्राचीन लिपि।

कीलाल (सं.) [सं-पु.] 1. (पुराण) देवताओं का अमृत सदृश पेय 2. मधु 3. जल 4. रक्त; रुधिर 5. जानवर; पशु 6. अमृत। [वि.] बंधन समाप्त करने वाला 5. मानवर, पशु 6. अमृत।

कीलित (सं.) [वि.] 1. मंत्र से बँधा हुआ, जड़ा हुआ 2. निरुद्ध; बद्ध।

कीली (सं.) [सं-स्त्री.] 1. छोटी खूँटी या कील 2. चक्राकार घूमने वाली वस्तु की धुरी; (ऐक्सिस) 3. किसी चीज़ को बाँधने या रोकने वाली कोई वस्तु 4. कुश्ती का एक दाँव।

कीवर्ड (अं.) [सं-पु.] 1. संकेत शब्द 2. सार तत्व।

कीश (सं.) [सं-पु.] 1. बंदर 2. पक्षी; चिड़िया 3. सूर्य। [वि.] नग्न; नंगा।

कीसा (फ़ा.) [सं-पु.] 1. जेब 2. खलीता; झोला; थैली।

कु (सं.) [पूर्वप्रत्य.] संज्ञाओं के पूर्व लगने वाला एक प्रत्यय जो हीनता, दुष्टता, नीचता, अल्पता आदि से संबंधित अर्थ देता है, जैसे- कुख्यात, कुचक्र, कुगति आदि।

कुँअर (सं.) [सं-पु.] 1. राजा का लड़का; राजकुमार 2. कुमार; लड़का 3. अविवाहित किशोर या युवक 4. पुत्र; बेटा।

कुँआ [सं-स्त्री.] पक्षियों की 'कूँ-कूँ' की आवाज़।

कुँआरा (सं.) [वि.] (लड़का) जो अविवाहित हो; कुँवारा।

कुँआरी (सं.) [सं-स्त्री.] अविवाहिता कन्या। [वि.] जिसकी शादी न हुई हो; कुँमारी।

कुँई [सं-स्त्री.] कमल जैसा एक पौधा जिसमें सफ़ेद फूल लगते हैं और रात में खिलते हैं; कुमुदिनी।

कुँजड़ा (सं.) [सं-पु.] 1. सब्ज़ी एवं फल आदि बोने तथा बेचने का व्यवसाय करने वाली एक जाति 2. सब्ज़ी एवं फल आदि बेचने वाला व्यापारी या दुकानदार।

कुँजड़िन [सं-स्त्री.] सब्ज़ी बेचने वाली औरत; कुँजड़ी।

कुँड़नी [सं-स्त्री.] मिट्टी का एक बर्तन; पानी रखने का एक बर्तन।

कुँदेरना [क्रि-स.] 1. खुरचना; खरादना 2. छीलना।

कुँदेरा [सं-पु.] खुरचने वाला; खरादी।

कुँवर (सं.) [सं-पु.] 1. राजा का पुत्र; राजकुमार 2. बेटा; पुत्र; लड़का 3. अविवाहित पुरुष।

कुँवारा [वि.] जिसका विवाह न हुआ हो; कुँआरा; अविवाहित।

कुँवारापन [सं-पु.] अविवाहित होने की अवस्था; विवाह होने के पहले की अवस्था।

कुँवारी [सं-स्त्री.] अविवाहित; अपरिणीता; कुमारी लड़की; कुँआरी।

कुंकुमफूल [सं-पु.] दुपहरिया का फूल।

कुंग-फू (ची.) [सं-पु.] चीन देश की एक प्रसिद्ध मार्शल आर्ट; बिना हथियार के लड़ाई की एक शैली।

कुंचन (सं.) [सं-पु.] 1. सिकुड़ने या संकुचित होने की अवस्था या भाव 2. बाल आदि का घुँघराला होना 3. आँख का एक

रोग।

कुंचिका (सं.) [सं-स्त्री.] 1. कुंजी; ताली; चाबी 2. गुंजा 3. बाँस की छोटी टहनी।

कुंचित (सं.) [वि.] 1. घुँघराले (बाल) 2. छल्लेदार टेढ़ा; घुमावदार।

कुंज (सं.) [सं-पु.] 1. झाड़ियों, लताओं आदि से घिरा स्थान; वह जगह जहाँ लताएँ छाई हों 2. हाथी का दाँत 3. कोना 4. चादरों, दुशालों आदि के बेलबूटे।

कुंजगली (सं.) [सं-स्त्री.] 1. झाड़ियों या लताओं आदि से आच्छादित संकीर्ण पथ अथवा पगडंडी 2. तंग गली।

कुंजबिहारी (सं.) [सं-पु.] 1. कुंजों में विहार या विचरण करने वाला पुरुष 2. कृष्ण का एक नाम।

कुंजर (सं.) [सं-पु.] 1. हाथी 2. हस्त नक्षत्र 3. बाल; कच 4. पीपल 5. (काव्यशास्त्र) छप्पय के छंद का इक्कीसवाँ भेद 6. पाँच मात्राओं वाले छंदों के प्रस्तार में प्रथम प्रस्तार। [वि.] श्रेष्ठ; उत्तम।

कुंजरी (सं.) [सं-स्त्री.] हथिनी; मादा हाथी।

कुंजल (सं.) [सं-पु.] काँजी।

कुंजी (सं.) [सं-स्त्री.] 1. वह उपकरण जिससे ताला खुलता है; चाभी 2. ऐसी सहायक पुस्तक जिससे किसी कठिन पुस्तक का भेद या अर्थ खुले 3. {ला-अ.} कोई सरल साधन जिससे कोई उद्देश्य सहजता से पूरा होता है।

कुंठ (सं.) [वि.] 1. जो तेज या तीक्ष्ण न हो; भोथरा 2. सुस्त 3. कमज़ोर 4. मंदबुद्धि 5. कुंठित।

कुंठ-नृत्य (सं.) [वि.] सुस्त नृत्य; भोथरा नृत्य।

कुंठा (सं.) [सं-स्त्री.] निराशाजन्य अतृप्त भावना; (फ़्रस्ट्रेशन)।

कुंठित (सं.) [वि.] खिन्न; असफलताओं से निराश; हताश; (फ़्रस्टेटेड)।

कुंड (सं.) [सं-पु.] 1. छोटा तालाब; पानी के लिए खोदा हुआ गड्ढा 2. हवन के लिए बनाया गया गड्ढा।

कुंडक (सं.) [सं-पु.] 1. मटका 2. छोटा घड़ा 3. धृतराष्ट्र का एक पुत्र 4. मूर्ख।

कुंडरा [सं-पु.] 1. कुंडा; घड़ा 2. गेंडुरी 3. एक प्रकार का कवच; रक्षा के लिए खींची गई मंडलाकार रेखा।

कुंडल (सं.) [सं-पु.] 1. कान में पहनने का एक आभूषण 2. सोने, चाँदी का बना हुआ मंडलाकार आभूषण; मुरकी 3. सूर्य या चंद्र के चारों ओर बादलों का गोल घेरा 4. किसी प्रकार की मंडलाकार आकृति; मेखला 5. रस्सी आदि का गोल फंदा 6. मंडल; फेटी।

कुंडलाकार (सं.) [वि.] गोलाकार; मंडलाकार; वर्तुल; कुंडल की तरह गोल।

कुंडलिका (सं.) [सं-स्त्री.] 1. गोल रेखा या आकार 2. कुंडलिया छंद।

कुंडलित (सं.) [वि.] 1. जो कुंडल जैसा गोल घेरे के रूप में स्थित हो 2. जो गोल घेरे या चक्कर के रूप में लपेटा हुआ हो 3. जो कुंडली मारे हुए हो।

कुंडलिनी (सं.) [सं-स्त्री.] 1. नाभि के नीचे मूलाधार चक्र में स्थित वह शक्ति जिसे हठयोग में साधक जगाकर ब्रह्मरंध्र में लगाने का प्रयत्न करता है 3. शक्ति की अधिष्ठात्री दुर्गा का एक रूप।

कुंडलिया (सं.) [सं-स्त्री.] दोहे और रोले के योग से बनने वाला एक मात्रिक छंद; कुंडलिका।

कुंडली (सं.) [सं-स्त्री.] 1. जन्मपत्री; जातक के जन्म के समय ग्रहों, नक्षत्रों, चक्रादि की स्थिति के बारे में बताने वाला विवरण 2. साँप के गोलाकार बैठने की मुद्रा।

कुंडा (सं.) [सं-पु.] दरवाज़े आदि को बंद करने के लिए लगाया जाने वाला अवरोधक; दरवाज़े को मज़बूती से बंद करने का उपकरण।

कुंडी (सं.) [सं-स्त्री.] 1. ज़ंजीर की कड़ी 2. किवाड़ में लगी हुई साँकल।

कुंत (सं.) [सं-पु.] 1. भाला; बरछी 2. गवेधुक नामक पक्षी; कौड़िल्ला 3. जूँ 4. क्रोध 5. वासना 6. एक अन्न।

कुंतल (सं.) [सं-पु.] 1. केश; सिर के बाल; ज़ुल्फ़ 2. हल 3. बहुरूपिया।

कुंतलन (सं.) [सं-पु.] 1. सिर के बालों को घुँघराला बनाना; (हेयर कर्लिंग) 2. केश संवरण।

कुंतला (सं.) [सं-स्त्री.] वह स्त्री जिसके केश लंबे हो।

कुंती (सं.) [सं-स्त्री.] 1. (महाभारत) युधिष्ठिर, अर्जुन, भीम की माता; पृथा 2. भाला; बरछी 3. कंजे की जाति एक पेड़।

कुंद[1] (सं.) [सं-पु.] 1. जूही की तरह का एक पौधा 2. कनेर का पेड़ 3. एक प्रकार की घास जो दूब की तरह होती है 4. कमल।

कुंद[2] (फ़ा.) [वि.] मंद; भोथरा।

कुंदन (सं.) [सं-पु.] 1. अच्छे और साफ़ सोने का पतला पत्तर जिसकी सहायता से गहनों में नगीने जड़े जाते हैं 2. शुद्ध और निखालिस सोना। [वि.] 1. कुंदन के समान चोखा 2. सुंदर और स्वस्थ।

कुंदरू [सं-पु.] एक बेल जिसमें परवल जैसे फल लगते हैं जिनकी सब्ज़ी बनती है; बिंबा फल।

कुंदा[1] [सं-पु.] भुना हुआ खोआ [क्रि-स.] पक्षियों के आसमान से नीचे उतरने की क्रिया।

कुंदा[2] (फ़ा.) [सं-पु.] 1. लकड़ी का बड़ा, मोटा और बिना चीरा हुआ टुकड़ा 2. बंदूक का पिछला, चौड़ा भाग।

कुंदीगर (हिं.+फ़ा.) [सं-पु.] कपड़ों की कुंदी करने वाला कारीगर; इस्तिरीकर्मी।

कुंदुर (सं.) [सं-पु.] सलई के वृक्ष से प्राप्त एक प्रकार का सुगंधित पीले रंग का गोंद।

कुंभ (सं.) [सं-पु.] 1. मिट्टी या धातु आदि से निर्मित कलश; घड़ा; घट 2. मंदिर आदि के शिखर पर होने वाली उलटे घड़े की आकृति 3. प्रति बारहवें वर्ष पड़ने वाला एक पर्व 4. बारह राशियों में से एक राशि जो दसवें क्रम पर आती है 5. संगीत में एक राग का नाम 6. एक जंगली वृक्ष जिसे कुंभी कहते हैं 7. मस्तक; सिर।

कुंभक (सं.) [सं-पु.] प्राणायाम में नाक-मुँह बंद करके साँस

अंदर लेकर रोकने की क्रिया।

कुंभकार (सं.) [सं-पु.] 1. मिट्टी के बरतन आदि बनाने वालों की एक जाति; कुम्हार 2. कुक्कुट; मुरगा 3. साँप।

कुंभज (सं.) [वि.] जिसकी उत्पत्ति कुंभ या घड़े से हुई हो। [सं-पु.] 1. ऋषि अगस्त्य 2. वशिष्ठ 3. द्रोणाचार्य।

कुंभिका (सं.) [सं-स्त्री.] 1. मटका; छोटा घड़ा 2. जलकुंभी।

कुंभी (सं.) [सं-पु.] 1. हाथी 2. मगर; घड़ियाल 3. एक प्रकार की मछली 4. गुग्गल का पेड़ और उसका गोंद 5. कुंभीपाक नामक नरक 6. एक प्रकार का जहरीला कीड़ा। [सं-स्त्री.] 1. छोटे आकार का घड़ा या कुंभ 2. अन्न का एक परिमाण 3. सलई, कायफल, गनियारी, दंती, पांडर आदि के पेड़ 4. एक जलीय वनस्पति; जलकुंभी। [वि.] 1. जिसके पास घड़ा हो 2. घड़े के आकार-प्रकार वाला।

कुंभीनस (सं.) [सं-पु.] 1. कुंभी जैसी नासिका वाला एक ज़हरीला साँप 2. एक प्रकार का ज़हरीला कीड़ा 3. (रामायण) एक राक्षस जो लंका का राजा था; रावण।

कुंभीपाक (सं.) [सं-पु.] 1. (पुराण) एक प्रसिद्ध नरक 2. एक प्रकार का सन्निपात रोग जिसमें नाक से काला ख़ून आता है 3. हाँड़ी में पकाई गई कोई चीज़।

कुंभीर (सं.) [सं-पु.] 1. घड़ियाल की प्रजाति का एक जलीय जंतु 2. एक छोटा कीड़ा 3. एक यक्ष।

कुअंक (सं.) [सं-पु.] 1. दूषित अंक 2. दुर्भाग्य; बदकिस्मती।

कुआँ (सं.) [सं-पु.] 1. पानी निकालने के लिए ज़मीन में खोदा हुआ गहरा गड्ढा; कूप 2. बहुत गहरी और अँधेरी जगह 3. रहस्य संप्रदाय में हृदय रूपी कमल। [मु.] **-खोदना** : किसी को हानि पहुँचाना। **कुएँ में गिरना** : मुश्किल में पड़ना। **कुएँ में बाँस डालना** : बहुत खोज करना। **कुएँ में भाँग पड़ी होना** : बुद्धि भ्रमित होना; सभी का पागल हो जाना।

कुआरी [वि.] कुआर में होने वाली फसल; कुआरी फसल; कुआरी अनाज।

कुइयाँ [सं-स्त्री.] छोटा कुआँ।

कुक (अं.) [सं-पु.] ख़ानसामा; रसोइया।

कुकटी (सं.) [सं-स्त्री.] एक प्रकार की कपास जो थोड़ी ललाई लिए होती है।

कुकड़ना [क्रि-अ.] 1. ठंड या डर से सिमटना 2. चिमटना 3. मुरगे की तरह सिकुड़ जाना।

कुकड़ी (सं.) [सं-स्त्री.] 1. कच्चे सूत का लच्छा 2. मदार का फल या डोडा 3. अंडे देने वाली एक पालतू मादा पक्षी; मुरगी।

कुकड़ूँ कूँ [सं-स्त्री.] मुरगे की ध्वनि; मुरगे की बाँग।

कुकर (अं.) [सं-पु.] दाल-सब्ज़ी या चावल आदि पकाने का एक आधुनिक बरतन; भाप के दबाव से दाल-चावल या अन्य व्यंजन पकाने-उबालने का एक विशेष बरतन; (प्रेशर कुकर)।

कुकरखाँसी (सं.) [सं-स्त्री.] वह सूखी खाँसी जिसमें कफ़ न गिरे; ढाँसी।

कुकरी [सं-स्त्री.] 1. घाव के ऊपर जमने वाली झिल्ली; झिल्ली 2. दर्द; पीड़ा 3. खुखड़ी।

कुकर्म (सं.) [सं-पु.] 1. बुरा काम 2. परगमन; बलात्कार 3. कुत्सित, निंदनीय और अशोभनीय कार्य।

कुकर्मी (सं.) [वि.] कुत्सित कर्म करने वाला; दुष्कर्मी।

कुकुढ़ी [सं-स्त्री.] गुलाबी रंग का एक गिड़ार (कीड़ा) जो कपास को खराब कर देती है।

कुकुर [सं-पु.] 1. यदुवंशी क्षत्रियों की एक शाखा 2. राजपूताने के अंतर्गत एक प्राचीन प्रदेश, जहाँ उक्त जाति के क्षत्रिय रहते थे 3. कुत्ता 4. गठिवन या शालपर्णी नामक वृक्ष।

कुकुरमुत्ता [सं-पु.] एक छोटा जंगली पौधा जिससे दुर्गंध आती है; खुंबी; क्षत्रक; (मशरूम)।

कुकुरी (सं.) [सं-स्त्री.] 1. कुकुड़ी 2. कुतिया।

कुकुरौंछी [सं-स्त्री.] कुकुर-माछी।

कुकुही [सं-स्त्री.] बाजरे के फसल में होने वाला एक रोग।

कुकृत्य (सं.) [सं-पु.] 1. अनुचित कार्य 2. अपराध।

कुक्कुट (सं.) [सं-पु.] 1. मुरगा 2. बनमुरगा 3. मुर्गकेश या जटाधारी नामक पौधा 4. आग की लपट 5. आग की चिनगारी।

कुक्कुर (सं.) [सं-पु.] 1. कुत्ता 2. एक प्राचीन ऋषि का नाम 3. यदुवंशी क्षत्रियों की कुकुर नाम की शाखा 4. एक वनस्पति; ग्रंथिपर्णी।

कुक्ष (सं.) [सं-पु.] 1. उदर; पेट 2. स्त्रियों के पेट का वह स्थान जिसमें गर्भ या बच्चा रहता है; कोख।

कुक्षि (सं.) [सं-पु.] 1. राजा बलि का एक नाम 2. इक्ष्वाकु के एक पुत्र का नाम 3. एक प्राचीन देश। [सं-स्त्री.] 1. उदर; पेट 2. कोख 3. किसी वस्तु का मध्य भाग 4. पेट से उत्पन्न; संतान 5. गुहा; गुफा 6. म्यान 7. खाड़ी।

कुख्यात (सं.) [वि.] 1. बदनाम; अपयशवाला; जघन्य अपराध करने वाला 2. बहुत बड़ा अपराधी।

कुख्याति (सं.) [सं-स्त्री.] बदनामी; अपयश; बुरी ख्याति; अपकीर्ति

कुगति (सं.) [सं-स्त्री.] दुर्गति; दुर्दशा; बुरी गति।

कुघात [सं-पु.] 1. छल या कपटपूर्ण चाल 2. अनुचित रूप से किया गया प्रहार 3. कुअवसर पर किया गया प्रबल आघात 4. कुठाँव।

कुच (सं.) [सं-पु.] स्त्रियों की छाती; स्तन; उरोज। [वि.] 1. संकुचित; सिकुड़ा हुआ 2. कृपण; कंजूस।

कुचकुचाना [क्रि-स.] बार-बार कोंचना; किसी नुकीली चीज़ से बार-बार कोंचना; चुभाना।

कुचक्र (सं.) [सं-पु.] 1. किसी को हानि पहुँचाने के उद्देश्य से बनाई गई योजना; साज़िश; षड्यंत्र 2. रणनीति 3. मिलीभगत 4. छलपूर्ण रहस्यमय योजना; खुराफ़ात 5. मिलीभगत।

कुचक्री (सं.) [सं-पु.] 1. कुचक्र रचने वाला व्यक्ति 2. किसी के साथ छल करने या धोखा देने के उद्देश्य से गुप्त योजना बनाने वाला व्यक्ति। [वि.] षड्यंत्रकारी।

कुचलना [क्रि-स.] 1. किसी वस्तु को मसलना; रगड़ना 2. कूटकर नरम करना 3. पैरों से रौंदना 4. पैर से दबाकर पीड़ित या विकृत करना 5. दमन करना।

कुचला (सं.) [सं-पु.] 1. एक प्रकार का वृक्ष जिसके बीज विषैले होते हैं जो औषधि बनाने के काम आते हैं 2. कुपीलु 3.

कुचलकर तैयार की गई कोई खाद्य सामग्री।

कुचली [सं-स्त्री.] वह दाँत जिनसे खाने की चीज़ें कुचली जाती है; (मोलर)।

कुचाल [सं-स्त्री.] 1. दुष्टता 2. दुराचार 3. कपटपूर्ण चाल 4. पाजीपन 5. बुरा और निंदनीय आचरण।

कुचालक (सं.) [सं-पु.] ऐसा पदार्थ जिसमें विद्युत एवं ताप प्रवाहित न हो; कुसंवाहक; (बैड कंडक्टर)।

कुचाली [सं-पु.] 1. बुरे चाल-चलन वाला व्यक्ति; कुमार्गी 2. धोखेबाज़ या दुष्ट व्यक्ति।

कुचाह [सं-स्त्री.] 1. अनुचित चाह या इच्छा; कुत्सित अभिलाषा 2. अशुभ या अमंगल चाह।

कुचित (सं.) [वि.] 1. सिकुड़ा हुआ 2. थोड़ा; अल्प।

कुचिपुड़ि (ते.) [सं-स्त्री.] एक दक्षिण भारतीय नृत्य; आंध्र का एक शास्त्रीय नृत्य।

कुचिया [सं-स्त्री.] 1. छोटी टिकिया 2. छोटी रोटी (आकार में)।

कुचेष्टा (सं.) [सं-स्त्री.] बुरी चेष्टा; गलत प्रयत्न।

कुचैन (सं.) [सं-स्त्री.] कष्ट; दुख; व्याकुलता।

कुचैला (सं.) [वि.] 1. जिसने गंदे और मैले कपड़े पहन रखे हों; मैले कपड़ेवाला 2. मलिन; मैला; गंदा।

कुछ [वि.] 1. थोड़ी संख्या या मात्रा का 2. ज़रा; थोड़ा-सा 3. मान्य; प्रतिष्ठित। [सर्व.] 1. कोई (वस्तु) 2. बड़ी या अच्छी बात 3. काम की वस्तु; सार की चीज़। [सं-पु.] कोई वस्तु।

कुछेक [वि.] थोड़ा-सा; कुछ।

कुजंत्र (सं.) [सं-पु.] 1. बुरा यंत्र 2. अभिचार; टोटका; टोना।

कुजोग (सं.) [सं-पु.] 1. प्रतिकूल अवसर 2. बुरा समय 3. बुरा संयोग 4. कुसंग।

कुज्झटिका (सं.) [सं-स्त्री.] 1. कुहरा; कोहरा 2. कुज्झटी।

कुट (सं.) [सं-पु.] 1. घर; गृह 2. दुर्ग; गढ़ 3. कलश 4. वृक्ष 5. पहाड़ 6. हथौड़ा।

कुटंत [सं-स्त्री.] 1. कूटने या कूटे जाने की क्रिया या भाव 2. मार पड़ना; पिटाई।

कुटक [सं-पु.] 1. मथानी का डंडा 2. हल का फाल 3. एक पेड़ 4. एक प्राचीन देश।

कुटका [सं-पु.] 1. छोटा टुकड़ा 2. सिंघाड़ा 3. तिकोना बूटा जिसे कशीदे में काढ़ा जाता है।

कुटकी (सं.) [सं-स्त्री.] 1. एक वनस्पति जिसके जड़ का उपयोग औषधि निर्माण में किया जाता है 2. कँगनी, काकुन अथवा चेना नामक कदन्न 3. एक छोटी चिड़िया जिसके शरीर का रंग ऋतु के अनुसार परिवर्तित होता रहता है 4. मच्छर जैसा एक छोटा कीड़ा जो काटता है 5. किसी चीज़ का छोटा टुकड़ा, जैसे- सुपारी की कुटकी।

कुटज (सं.) [सं-पु.] 1. एक प्रकार का जंगली पौधा; कुरैया 2. बनचमेली 3. कमल 4. इंद्रजौ 5. महर्षि अगस्त्य 6. द्रोणाचार्य।

कुटनपन (सं.) [सं-पु.] 1. कुटनी का काम या पेशा 2. दो व्यक्तियों में झगड़ा लगाने का काम।

कुटना [सं-पु.] 1. ऐसा व्यक्ति जो स्त्रियों को बहकाकर परपुरुषों के पास ले जाता है; भड़ुआ 2. दो व्यक्तियों या दलों के बीच फूट डालने वाला व्यक्ति।

कुटनी (सं.) [सं-स्त्री.] 1. स्त्रियों को बहकाकर परपुरुषों के पास ले जाने वाली स्त्री 2. झगड़ा कराने वाली स्त्री।

कुटम्मस [सं-स्त्री.] किसी को मारने-पीटने की क्रिया या भाव; कुटाई।

कुटवाना [क्रि-स.] 1. कूटने की क्रिया दूसरे से कराना 2. पिटवाने का काम किसी दूसरे व्यक्ति के द्वारा कराना।

कुटाई [सं-स्त्री.] 1. किसी वस्तु को कूटने की क्रिया या भाव 2. किसी वस्तु को कूटने का कार्य करने की मज़दूरी 3. मारने-पीटने या मारे-पीटे जाने की क्रिया या भाव।

कुटाई-पिसाई [सं-स्त्री.] 1. कूटने और पीसने का कार्य 2. शोधन; शुद्धिकरण।

कुटिया (सं.) [सं-स्त्री.] छोटी झोपड़ी; कुटीर; कुटी।

कुटिल (सं.) [वि.] 1. टेढ़ा 2. मन में कपट व द्वेष रखने वाला; चंट; कपटी 3. दुष्ट 4. {ला-अ.} दिल का काला; चालाक।

कुटिलगति (सं.) [वि.] 1. एक वृत्त 2. वक्रगामी 3. टेढ़ी चाल 4. छलने वाला; छली।

कुटिलता (सं.) [सं-स्त्री.] 1. चालाकी 2. दुष्टता।

कुटिलतापूर्ण (सं.) [सं-पु.] धूर्ततापूर्ण।

कुटिला (सं.) [सं-स्त्री.] 1. पंजाब की एक प्राचीन नदी; सरस्वती नदी 2. एक प्राचीन भारतीय लिपि 3. असबर्ग नामक औषधि और गंध द्रव्य 4. (पुराण) राधिका की ननद जो आयान घोष की बहन थी।

कुटी (सं.) [सं-स्त्री.] 1. झोपड़ी; छप्पर; मड़ई; पर्णशाला 2. ऋषियों, साधुओं आदि के रहने का स्थान।

कुटीर (सं.) [सं-पु.] घास-फूस का बना छोटा घर; कुटी; झोपड़ी।

कुटीरउद्योग (सं.) [सं-पु.] 1. घरेलू स्तर पर चलाया जाने वाला व्यवसाय 2. छोटे स्तर का उद्योग।

कुटुंब (सं.) [सं-पु.] 1. एक ही कुल या परिवार के वे लोग जो सब मिलकर एक साथ रहते हों 2. कुनबा 3. ख़ानदान 4. परिवार।

कुटुंबी (सं.) [वि.] 1. बाल-बच्चे वाला; कुनबेवाला 2. एक ही परिवार के सभी लोग 3. रिश्तेदार; नातेदार।

कुटेक [सं-स्त्री.] 1. अपना कथन या मत ठीक न होने पर भी ज़िद करते हुए उसे ठीक कहते या मानते रहने की अवस्था या भाव 2. किसी काम के लिए किया जाने वाला अनुचित आग्रह या हठ; किसी काम या बात के लिए ऐसा आग्रह जो उचित या उपयुक्त न हो; दुराग्रह।

कुटेव [सं-स्त्री.] बुरी आदत; बुरी लत; बान; कुव्यसन; दुर्व्यसन; हवस; इल्लत; ऐब।

कुटौनी [सं-स्त्री.] 1. अनाज आदि कूटने की क्रिया 2. अनाज आदि कूटने की मज़दूरी या पारिश्रमिक; कुटाई।

कुट्टा (सं.) [सं-पु.] 1. वह पक्षी जिसका पर कटा हो 2. पक्षियों को आकर्षित करने के लिए जाल में छोड़ा हुआ उक्त प्रकार का पक्षी जिसके पर या पैर बँधे होते हैं; चारा पक्षी 3.

मुल्लह।

कुट्टी [सं-स्त्री.] 1. बच्चों द्वारा एक-दूसरे से रूठ जाने पर बोलचाल या दोस्ती ख़त्म होने का इशारा करने वाली क्रिया, इसमें कभी एक-दूसरे की तरफ़ ऊपर के दाँतों को अँगूठे से छुआ जाता है तो क़भी एक-दूसरे की कानी उंगली को छूकर चूम लिया जाता है 2. कट्टी 3. छोटे-छोटे टुकड़ों में कटा हुआ चारा 4. कूट कर सड़ाया हुआ कागज़, जिससे खिलौने आदि बनाए जाते हैं।

कुठ (सं.) [सं-पु.] वृक्ष; पेड़।

कुठला (सं.) [सं-पु.] अनाज रखने का पात्र; खत्ती; बखार; अंगनाश; कोठार।

कुठाँव [सं-स्त्री.] 1. घातक या भयप्रद स्थान 2. शरीर का कोमल या सुकुमार अंग; मर्मस्थल 3. अनुपयुक्त स्थान; बुरा स्थान 4. अनुपयुक्त अवसर।

कुठार (सं.) [सं-पु.] 1. कुल्हाड़ा 2. फरसा; परशु 3. अन्न गोदाम 4. (पुरातत्व) धारदार सिरे वाला एक प्राचीन औज़ार जिसमें अलग से हत्था लगाया जाता है और उसकी धार हत्थे के समानांतर होती है 5. अनाज रखने का बड़ा बरतन; कोठिला। [वि.] नाश करने वाला; सत्यानाशी।

कुठार हथौड़ा (सं.) [सं-पु.] (पुरातत्व) लकड़ी, पत्थर, लोहा या अन्य किसी धातु आदि को ठोकने-पीटने, काटने जैसे काम में आने वाला औज़ार।

कुठाराघात (सं.) [सं-पु.] 1. कुल्हाड़ी लगने से होने वाला आघात 2. {ला-अ.} बहुत हानि पहुँचाने वाला कार्य; सर्वनाश।

कुठारिक (सं.) [सं-पु.] लकड़ी काटने का काम करने वाला व्यक्ति; लकड़हारा। [वि.] लकड़ी काटने वाला।

कुठारी (सं.) [सं-स्त्री.] कुल्हाड़ी।

कुठाली (सं.) [सं-स्त्री.] सोना, चाँदी आदि गलाने के लिए सुनारों द्वारा प्रयोग किया जाने वाला मिट्टी का बना हुआ घरिया जैसा छोटा पात्र; संगलन पात्र।

कुठिया [सं-स्त्री.] 1. अनाज रखने के लिए बना मिट्टी का बरतन; कोठी 2. छोटा कुठला।

कुठौर [सं-पु.] 1. अनुचित जगह; बुरा स्थान 2. अनुपयुक्त अवसर।

कुड़ [सं-पु.] कुट नामक औषधि। [सं-स्त्री.] हल की अगवाँसी (लकड़ी) जिसमें फाल लगा रहता है।

कुडंडी [सं-स्त्री.] बाँस के लग्गों की फँसान।

कुड़क [सं-स्त्री.] ऐसी मुरगी जिसने अंडे देने बंद कर दिए हों।

कुड़किन [सं-स्त्री.] वह मुर्गी जो अंडा देना बंद कर चुकी है।

कुड़की (फ़ा.) [सं-स्त्री.] सरकार द्वारा संपत्ति जब्त करने का आदेश; कुर्की।

कुड़कुड़ाना [क्रि-अ.] झुँझलाना; मन ही मन खीझना; भीतर-भीतर कुढ़ना; खीझकर कुछ बोलना।

कुड़कुड़ी [सं-स्त्री.] 1. पेट का गुड़गुड़ाना 2. किसी चीज़ को जानने की विकलता।

कुड़बुड़ाना [क्रि-अ.] खिन्न या रुष्ट होने पर मन ही मन कुछ शब्द कहना; बड़बड़ाना।

कुड़माई (पं.) [वि.] 1. सगाई 2. शादी के पूर्व रिश्ता पक्का करने के लिए की जाने वाली रस्म।

कुड़ल [सं-स्त्री.] 1. शरीर की ऐंठन 2. नस चढ़ना 3. तनाव या कष्ट।

कुड़व (सं.) [सं-पु.] 1. अन्न मापने का एक पुराना माप जो लगभग बारह मुट्ठी या एक पाव के बराबर होता है 2. उक्त मान का पात्र।

कुड़ा (सं.) [सं-पु.] 1. इंद्रजौ नामक एक औषधीय वृक्ष 2. उक्त पेड़ का बीज; कुरैया; वत्सक।

कुडेरना [क्रि-स.] राब के बोरों को एक दूसरे पर इस प्रकार रखना कि उनमें से जूसी बहकर निकल जाए।

कुडौल [वि.] जो सुडौल न हो; बेडौल; कुगठित; अनगढ़; बेढंगा; बेढब; भद्दा; कुरूप।

कुडौलता [सं-स्त्री.] 1. बेढंगापन; बेडौलता 2. कुरूपता 3. अशोभनीय।

कुढंग [सं-पु.] 1. अनुचित या बुरा ढंग 2. बुरी चाल 3. अनीति। [वि.] बुरे ढंग या प्रकार का।

कुढंगा [वि.] 1. जिसकी बनावट का ढंग ठीक न हो; बेढंगा 2. जो ठीक ढंग से काम न करता हो; बेशऊर; उजड्ड 3. कुरूप; भद्दा 4. जिसका आचरण या व्यवहार ठीक न हो; असभ्य।

कुढंगी [वि.] 1. कुमार्गी; कुपथगामी 2. आचरणहीन; बुरे चाल-चलन वाला।

कुढ़न [सं-स्त्री.] 1. कुढ़ने की क्रिया या भाव 2. विपत्ति, कष्ट के समय होने वाला संताप 3. मन में होने वाला दुख; खीज; चिढ़।

कुढ़ना [क्रि-अ.] 1. मन ही मन दुखी और विकल होना 2. किसी व्यक्ति या बात की ओर से मन में दुख और विरक्ति होना 3. खीजना; ईर्ष्या करना; चिढ़ना 4. अंदर ही अंदर जलना; डाह करना।

कुढब [वि.] 1. बुरे ढंग का; बेढब 2. कठिन; दुस्तर; विकट।

कुढ़ाना [क्रि-स.] 1. किसी को कुढ़ने में प्रवृत्त करना 2. किसी को दुखी करना 3. चिढ़ाना; खिझाना।

कुतका [सं-पु.] 1. डंडा; सोंटा 2. पैंतरा खेलने का वह डंडा जिसके ऊपर चमड़ा मढ़ा रहता है; गतका; गदका 3. भाँग घोंटने का डंडा 4. दाहिने हाथ का अँगूठा।

कुतना [क्रि-अ.] कूतने की क्रिया; कूता जाना।

कुतप (सं.) [सं-पु.] 1. दिन का आठवाँ पहर 2. कुश 3. एक प्रकार का बाजा 4. श्राद्ध में उपयोग की जाने वाली चीज़ें।

कुतबा (अ.) [सं-पु.] लेख; आलेख।

कुतरन [सं-पु.] कुतरा हुआ अंश या टुकड़ा।

कुतरना [क्रि-स.] 1. दाँतों से किसी चीज़ का थोड़ा अंश काटना 2. किसी वस्तु के छोटे-छोटे टुकड़े करना।

कुतर्क (सं.) [सं-पु.] 1. अनुचित, बुरा और गलत तर्क; वाक्छल 2. असंगत तर्क; अयुक्ति 3. बुरा विचार; कुविचार 4. किसी विचार को पुष्ट करने के लिए दी गई असंगत दलील।

कुतर्की (सं.) [सं-पु.] अनुचित या व्यर्थ का तर्क करने वाला व्यक्ति; वितंडावादी; निरर्थक दलील; बकवादी; मगजचट।

[वि.] कुतर्क करने वाला; हैतुक; कठहुज्जती।

कुतिया [सं-स्त्री.] 1. कुत्ते की मादा; कुत्ती; कुकरी 2. {ला-अ.} नीच प्रकृति की स्त्री; बदचलन, दुष्ट, दुराचारी स्त्री 3. गाली के रूप में प्रयुक्त।

कुतुक (सं.) [सं-पु.] कौतुक; कुतूहल; उत्सुकता।

कुतुब (अ.) [सं-पु.] 1. किताबें; पुस्तकें 2. ध्रुवतारा।

कुतुबख़ाना (अ.+फ़ा.) [सं-पु.] 1. पुस्तकालय; वाचनालय; ग्रंथालय 2. किताबों की दुकान; किताबघर।

कुतुबनुमा (अ.+फ़ा.) [सं-पु.] एक यंत्र जिससे दिशा का ज्ञान होता है; दिग्दर्शक यंत्र।

कुतुबफ़रोश (अ.+फ़ा.) [सं-पु.] पुस्तक-विक्रेता; किताब बेचने वाला व्यक्ति।

कुतूहल (सं.) [सं-पु.] 1. जानने और सीखने की प्रबल इच्छा; कौतूहल; किसी अद्भुत या विलक्षण विषय के प्रति होने वाली जिज्ञासा; उत्सुकता 2. आश्चर्य; अचंभा 3. कौतुक-क्रीड़ा।

कुतूहलता (सं.) [सं-स्त्री.] जिज्ञासु होने की क्रिया या भाव; कौतूहल होने की अवस्था; कुतूहलशीलता।

कुतूहली (सं.) [वि.] 1. जिसे नई या अनोखी वस्तु देखने की तीव्र इच्छा हो 2. उत्कंठावाला 3. जिसका मन कौतुक में रमता हो; कौतुकी।

कुत्ता (सं.) [सं-पु.] 1. भेड़िए की जाति का एक प्रसिद्ध पालतू जानवर; कुक्कूर; कुकुर; श्वान 3. {ला-अ.} लोभी और तुच्छ व्यक्ति; नीच मनुष्य 4. गाली के रूप में प्रयुक्त।

कुत्तामूतनी [सं-स्त्री.] एक पाये की छोटी खाट।

कुत्ती [सं-स्त्री.] 1. कुत्ते की मादा 2. कुतिया 3. गाली के रूप में प्रयुक्त।

कुत्तेखसी [सं-स्त्री.] 1. अत्यंत तुच्छ और गंदा कार्य 2. कुत्तों की तरह नोचने-खसोटने की क्रिया। [वि.] व्यर्थ और निम्न।

कुत्सन [सं-पु.] निंदा करना; भर्त्सना या बुराई करना।

कुत्सा (सं.) [सं-स्त्री.] निंदा; बुराई; गर्हणा।

कुत्सित (सं.) [वि.] 1. गंदा; घिनौना 2. अधम, नीच 3. निंदित।

कुत्स्य (सं.) [वि.] निंदा के योग्य; निंदा का पात्र; जिसकी निंदा की जानी चाहिए।

कुदकना [क्रि-अ.] प्रसन्न होने की अवस्था में बार-बार उछलते हुए चलना; कूदना।

कुदक्कड़ [सं-पु.] 1. कूदने वाला 2. थोड़ा-थोड़ा उछलने वाला।

कुदरत (अ.) [सं-स्त्री.] 1. प्रकृति 2. निसर्ग 3. ईश्वरीय शक्ति; सामर्थ्य 4. रचना 5. दैवी शक्ति; माया; महिमा।

क़ुदरत (अ.) [सं-स्त्री.] उर्दू उच्चारणानुसार वर्तनी (दे. कुदरत)।

कुदरती (अ.) [वि.] 1. प्राकृतिक 2. स्वाभाविक 3. नैसर्गिक।

कुदरा [सं-पु.] दे. फावड़ा।

कुदर्शन (सं.) [वि.] 1. जो देखने में सुंदर न हो; कुरूप; बदसूरत; भद्दा 2. जिसे देखना अशुभ माना जाता हो।

कुदाँई [वि.] 1. अनुचित ढंग से स्वार्थ साधने वाला 2. विश्वासघाती।

कुदाँव [सं-पु.] 1. किसी को हानि पहुँचाने के उद्देश्य से किया गया घात 2. विश्वासघात 3. कुघात 4. अनुपयुक्त स्थान या अवसर 5. मर्मस्थल।

कुदाना [क्रि-स.] 1. किसी को कूदने के लिए प्रेरित करना 2. किसी निर्जीव वस्तु को उछलने में प्रेरित करना।

कुदाम [सं-पु.] खोटा या जाली सिक्का; खोटा या जाली रुपया।

कुदारी [सं-स्त्री.] गूदरी।

कुदाल (सं.) [सं-पु.] 1. मिट्टी खोदने का एक उपकरण 2. लकड़ी के बेंत लगा हुआ एक फावड़ेनुमा उपकरण।

कुदाली (सं.) [सं-स्त्री.] छोटी कुदाल।

कुदिन (सं.) [सं-पु.] बुरे दिन; ख़राब वक्त।

कुदृष्टि (सं.) [सं-स्त्री.] बुरी नज़र; पाप दृष्टि।

कुद्दूस (अ.) [वि.] 1. शुद्ध 2. पवित्र।

कुद्रव (सं.) [सं-पु.] कोदों।

कुनकुना (सं.) [वि.] थोड़ा या हलका गरम; कुछ गरम; गुनगुना (पानी)।

कुनना (सं.) [क्रि-स.] 1. किसी वस्तु को चिकना या चमकीला बनाने के लिए खरादना 2. छीलना; खरोचना।

कुनबा (सं.) [सं-पु.] 1. परिवार; कुटुंब 2. ख़ानदान 3. वे समस्त परिवारी जन जो एक साथ रहते हों।

कुनबी [सं-पु.] कुर्मी; खेती किसानी का कार्य करने वाली जाति।

कुनमुनाना [क्रि-अ.] 1. हलकी नींद का भाव 2. हलका विरोध।

कुनरी [सं-स्त्री.] ग्वार फली; एक तरकारी।

कुनवा [सं-पु.] 1. खरादी 2. खरादने वाला व्यक्ति 3. लकड़ी या लोहे को छीलने, खरादने या सुडौल बनाने वाला व्यक्ति।

कुनह (फ़ा.) [सं-पु.] 1. पुरानी शत्रुता या वैर 2. अमर्ष; खुन्नस; द्वेष।

कुनही (फ़ा.) [वि.] 1. वैर रखने वाला 2. द्वेषी 3. जिसके मन में किसी के प्रति द्वेष हो।

कुना [सं-पु.] प्याज और लहसुन के रोपे जाने वाले पौधे।

कुनाई [सं-स्त्री.] 1. किसी वस्तु को खराद कर सुडौल बनाने की क्रिया या भाव 2. किसी वस्तु को छीलने या खरादने की मज़दूरी 3. किसी लकड़ी या लोहे आदि को छीलने या खरादने से प्राप्त होने वाले महीन कण; बुरादा 4. कोयले का चूरा।

कुनाम (सं.) [सं-पु.] बदनामी; अपयश।

कुनीति (सं.) [सं-पु.] बुरी नीति; दुर्नीति।

कुनेरा [सं-पु.] 1. खराद का काम करने वाला व्यक्ति 2. लकड़ी या लोहे आदि की कुनाई करने वाला व्यक्ति।

कुनैन (अं.) [सं-स्त्री.] सिनकोना नामक पेड़ की छाल के रस से बनाई जाने वाली एक औषधि जो शरीर में मलेरिया के कीटाणुओं का नाश करती है; कुनाइन।

कुन्ना [सं-पु.] बोइया; कुनिया।

कुन्नी [सं-स्त्री.] मुड़ी और गोल सींग वाली भैंस।

कुप [सं-पु.] घास, भूसे आदि की ढेर।

कुपंथ (सं.) [सं-पु.] 1. कुमार्ग; बुरा मार्ग या रास्ता 2. अधर्म या अनीति का रास्ता 3. अनुचित मत 4. दुराचरण; बुरा आचरण।

कुपथ (सं.) [सं-पु.] 1. अधर्म या अनीति का मार्ग; कुमार्ग 2.

निषिद्ध आचरण।

कुपथगामी (सं.) [वि.] 1. अधर्म या अनीति के मार्ग पर चलने वाला 2. कुमार्गी 3. निषिद्ध आचरण करने वाला।

कुपथ्य (सं.) [सं-पु.] वह आहार जो शरीर को नुकसान पहुँचाए; अनुपयुक्त आहार; अपथ्य; कुपथ्याहार; अपचार; स्वास्थ्यहर; अनाहार्य। [वि.] अहितकर आहार; स्वास्थ्यनाशक।

कुपाठ (सं.) [सं-पु.] किसी को अनुचित या बुरा कर्म करने के लिए दिया जाने वाला परामर्श; बुरी सलाह; कुमंत्रणा; कुपरामर्श।

कुपात्र (सं.) [सं-पु.] दान आदि प्राप्त करने में अयोग्य और अनधिकारी व्यक्ति। [वि.] 1. अयोग्य; नालायक 2. अनधिकारी 3. जो किसी चीज़ का पात्र न हो।

कुपित (सं.) [वि.] जो कोप से युक्त हो; जो क्रोध से भरा हो; क्रुद्ध; खफ़ा; नाराज़; अप्रसन्न।

कुपुत्र (सं.) [सं-पु.] अयोग्य पुत्र; आज्ञा न मानने वाला पुत्र; कपूत।

कुपोषण (सं.) [सं-पु.] वह अवस्था या स्थिति जब शरीर को संतुलित और पर्याप्त भोजन नहीं मिलता है; शरीर में होने वाली आवश्यक और पोषक तत्वों की कमी; अपर्याप्त पोषण; (मैलन्यूट्रिशन)।

कुपोषित (सं.) [वि.] जिसके शरीर में पोषक तत्वों की कमी हो; जिसे पर्याप्त मात्रा में या संतुलित भोजन न मिलता हो।

कुप्पा (सं.) [सं-पु.] 1. घी, तेल आदि रखने का तिकोना या गोल बरतन; मध्यकाल में तेल आदि रखने का चमड़े का बना हुआ पात्र 2. बड़ा दीपक 3. {ला-अ.} मोटा-ताज़ा व्यक्ति। [मु.] **-लुढ़कना** : किसी बड़े आदमी का मरना। **-सा मुँह करना** : रुष्ट होकर मुँह फुलाना। **-होना** : फूल जाना; हृष्ट-पुष्ट होना।

कुप्पी [सं-स्त्री.] 1. छोटा कुप्पा 2. एक बरतन से दूसरे छोटे मुँह वाले बरतन में किसी तरल पदार्थ को स्थानांतरित करने के लिए इस्तेमाल किया जाने वाला पात्र या उपकरण 3. छोटा दीया।

कुप्रथा (सं.) [सं-स्त्री.] समाज का अहित करने वाली प्रथा; बुरी प्रथा; कुरीति; व्यक्ति और समाज के लिए हानिकर रीति-रिवाज।

कुप्रबंध (सं.) [सं-पु.] दोषपूर्ण प्रबंध; अव्यवस्था; गड़बड़ी; बदइंतज़ामी; दुर्व्यवस्था।

कुप्रभाव (सं.) [सं-पु.] दुष्प्रभाव; बुरा असर।

कुफल (सं.) [सं-पु.] किसी गलत कार्य या बात के परिणामस्वरूप मिलने वाला बुरा फल या नतीजा; दुष्परिणाम।

कुफ़्र (अ.) [सं-पु.] 1. इस्लाम धर्म या मत के अनुसार उससे भिन्न अन्य धर्म या मत 2. एकमात्र ख़ुदा को न मानते हुए अनेक देवी-देवताओं की उपासना करना 3. इस्लाम धर्म की मान्यताओं एवं आज्ञाओं के विरुद्ध कोई सिद्धांत, आचरण या बात।

कुफ़्ल (अ.) [सं-पु.] धातु का बना एक उपकरण जो खास कुंजी या चाबी से बंद होता और खुलता है; ताला; (लॉक)।

कुबड़ा (सं.) [सं-पु.] ऐसा व्यक्ति जिसकी पीठ पर कूबड़ निकल आया हो; वह जो पीठ के टेढ़ी होकर पीछे की ओर निकल जाने वाले रोग से पीड़ित हो। [वि.] 1. टेढ़ा; वक्र; झुका हुआ; विनत 2. कुब्ज; कूबड़वाला।

कुबड़ी (सं.) [सं-स्त्री.] दे. कुबड़ा

कुबानी [सं-स्त्री.] 1. अभद्र या बुरी भाषा; कुवचन; गाली-गलौज 2. अशुभ वचन।

कुबुद्धि (सं.) [सं-स्त्री.] 1. अनुचित या अनुपयुक्त कार्यों के लिए प्रेरित करने वाली बुद्धि; कुटिलता 2. मूर्खता; बेवक़ूफ़ी 3. कुमंत्रणा; बुरी सलाह। [वि.] जिसकी बुद्धि ग़लत मार्ग पर चलती हो।

कुबूलना (अ.) [क्रि-स.] 1. स्वीकार करना 2. ग्रहण करना; अपनाना।

कुबेर (सं.) [सं-पु.] 1. (पुराण) धन का स्वामी या देवता 2. {ला-अ.} धनी; धनपति।

कुबेला (सं.) [सं-स्त्री.] 1. अनुपयुक्त या बुरा समय; अमांगलिक काल 2. दुर्दिन।

कुबोल (सं.) [सं-पु.] अनुचित बात या वचन; बुरी बात; गाली-गलौज।

कुब्ज (सं.) [सं-पु.] 1. वह व्यक्ति जिसकी पीठ पर कूबड़ हो 2. खड्ग; तलवार। [वि.] 1. जिसकी पीठ टेढ़ी हो या पीछे की ओर उभर गई हो; कुबड़ा 2. वक्र; टेढ़ा।

कुब्जक (सं.) [सं-पु.] मालती नामक पुष्पलता। [वि.] कुबड़ा।

कुब्जा (सं.) [सं-स्त्री.] 1. वह स्त्री जिसकी पीठ पर कूबड़ हो; कुबड़ी स्त्री 2. (पुराण) कंस की एक कुबड़ी दासी जिसे कृष्ण के प्रति अनुराग था।

कुभा (सं.) [सं-स्त्री.] 1. पृथ्वी की छाया 2. काबुल नदी का प्राचीन नाम।

कुभाषा (सं.) [सं-स्त्री.] बुरी भाषा या बोली; अशिष्ट बोलचाल; गाली-गलौज।

कुमंत्रणा (सं.) [सं-स्त्री.] हानि पहुँचाने वाली या गलत मार्ग पर ले जाने वाली मंत्रणा या सलाह; कुपरामर्श; बुरी सलाह।

कुमक (तु.) [सं-पु.] 1. युद्धरत सेना अथवा सैनिक कार्यवाहियों की सहायता के लिए भेजी जाने वाली अतिरिक्त सैनिकों और रसद आदि की आपूर्ति; अनुपूर्ति 2. मदद; सहायता; कुमुक।

कुमकुम (सं.) [सं-पु.] 1. केसर 2. लाल रंग का एक महीन चूर्ण जिससे मस्तक पर तिलक लगाया जाता है; रोली।

कुमकुमा (तु.) [सं-पु.] 1. लाख या मोम से बनाया गया खोखला गोला जिसमें अबीर-गुलाल भरकर होली खेलते हुए लोग एक-दूसरे पर मारते हैं 2. सँकरे या छोटे मुँह का लोटा 3. काँच का छोटा रंगीन हंडा जिससे छत की सजावट की जाती है; बिजली का बल्ब।

कुमति (सं.) [वि.] जिसकी मति या बुद्धि भ्रष्ट हो गई हो; कुबुद्धि; दुर्बुद्धि। [सं-स्त्री.] ऐसी बुद्धि जो सही राह पर न ले जाती हो।

कुमरी (अ.) [सं-स्त्री.] पंडुक जाति की एक छोटी चिड़िया; बनमुरगी; भरत पक्षी।

कुमही [सं-स्त्री.] बटुरी मटर।

कुमाऊँनी [सं-स्त्री.] 1. उत्तराखंड राज्य के कुमाऊँ क्षेत्र में बोली जाने वाली एक बोली 2. कुमाऊँ में बनी कोई चीज़।

कुमाच (अ.) [सं-पु.] 1. एक प्रकार का रेशमी कपड़ा 2. मोटी और बेडौल रोटी 3. केवाँच नामक लता।

कुमार (सं.) [सं-पु.] 1. युवावस्था या उससे कुछ पहले की अवस्था का पुरुष; युवा 2. पुत्र; बेटा 3. राजा का पुत्र; राजकुमार; युवराज 4. (पुराण) सनक, सनंदन, सनातन और सनत्कुमार नामक ऋषि जो सदा बालक ही रहते हैं 5. (पुराण) पार्वती के पुत्र कार्तिकेय 6. (पुराण) मंगल नामक ग्रह। [वि.] अविवाहित; कुँआरा।

कुमारत्व (सं.) [सं-पु.] 1. कुमार होने की अवस्था या भाव; नवयौवन 2. कौमार्य।

कुमारामात्य (सं.) [सं-पु.] (राजनीतिशास्त्र) प्राचीन भारतीय राजतंत्र-व्यवस्था का वह अधिकारी जो किसी मंत्री या दंडनायक के अधीन या सहायक रूप में काम करता था और प्रायः राजवंश से होता था।

कुमारिका (सं.) [सं-स्त्री.] जिसका कौमार्य भंग न हुआ हो; अक्षतयोनि या कुँआरी कन्या; कुमारी।

कुमारिलभट्ट (सं.) [सं-पु.] एक प्रसिद्ध दार्शनिक तथा शाबर भाष्य के रचयिता एवं श्रौत सूत्रों के प्रसिद्ध टीकाकार; सुप्रसिद्ध मीमांसक और भाष्यकार जो शंकराचार्य के समकालीन माने जाते हैं।

कुमारी (सं.) [सं-स्त्री.] 1. अविवाहित कन्या; कुँवारी लड़की 2. राजकुमारी 3. (पुराण) दुर्गा; पार्वती 4. अविवाहित लड़कियों या महिलाओं के नाम से पहले संक्षिप्त रूप में लगाया जाने वाला शब्द, जैसे- कु. मीरा, कु. रीना आदि।

कुमारीत्व (सं.) [सं-पु.] कुमारी होने की अवस्था या भाव, कुँवारापन; कौमार्य।

कुमारीपूजन (सं.) [सं-पु.] नवरात्रि आदि उत्सव के दिनों में कुँवारी कन्याओं का देवी के रूप में पूजन करने की प्रथा या रिवाज।

कुमार्ग (सं.) [सं-पु.] 1. अनुचित या ख़राब चाल-चलन; किसी अनैतिक या समाजविरोधी कार्य में लिप्तता; कुपथ 2. {व्यं-अ.} दुराचार; अपराध; अधर्म।

कुमार्गी (सं.) [वि.] 1. जो अनीति और अपराध के मार्ग पर चल रहा हो; कुमार्ग पर चलने वाला 2. बुरे या निंदनीय चरित्रवाला; दुश्चरित्र; बदचलन; दुराचारी।

कुमुक (तु.) [सं-स्त्री.] 1. युद्ध अथवा सैनिक कार्यवाहियों में सैनिकों तथा रसद आदि के रूप में भेजी जाने वाली अतिरिक्त सहायता; इमदाद; कुमक 2. किसी कार्य आदि में की गई ऐसी सहायता कि वह कार्य शीघ्र या ठीक तरह से हो।

कुमुख (सं.) [सं-पु.] 1. सुअर; शूकर 2. (रामायण) रावण की सेना का एक योद्धा। [वि.] बुरे मुख वाला।

कुमुद (सं.) [सं-पु.] 1. कमल के समान सफ़ेद फूलों वाला एक जलीय पौधा जिसके फूल रात को खिलते हैं; कोका; कुईं; (वाटरलिली) 2. चाँदी 3. (पुराण) एक नाग का नाम।

कुमुदिनी (सं.) [सं-स्त्री.] 1. कमल की तरह का एक जलीय पौधा जिसमें सफ़ेद रंग के फूल लगते हैं जो रात के समय खिलते हैं; कुमुद; कुईं 2. वह स्थान जहाँ बहुत से कुमुद हों; तालाब।

कुमेरु (सं.) [सं-पु.] पृथ्वी का दक्षिणी सिरा; दक्षिणी ध्रुव; (साउथ पोल)।

कुमैत (अ.) [सं-पु.] 1. कालिमा लिए हुए लाल रंग 2. उक्त रंग का घोड़ा; कुम्मैद 3. अंगूर की लाल मदिरा। [वि.] कालापन लिए हुए लाल रंगवाला।

कुम्हड़ा [सं-पु.] एक लता अथवा उसका फल जिससे सब्ज़ी, मिठाई आदि बनाई जाती है; काशीफल; कद्दू; पेठा।

कुम्हड़ौरी [सं-स्त्री.] दाल आदि की पीठी में सफ़ेद कुम्हड़े के छोटे-छोटे टुकड़ों को मिलाकर तैयार की जाने वाली बड़ी।

कुम्हरगढ़ा [सं-पु.] कुम्हार के मिट्टी लाने का गड्ढा।

कुम्हरौटी [सं-स्त्री.] 1. काली मिट्टी जिसका उपयोग कुम्हार बर्तन बनाने के लिए करता है 2. वह इलाका (मुहल्ला) जहाँ कुम्हार लोग रहते हैं।

कुम्हलाना [क्रि-अ.] 1. पानी या नमी आदि की कमी से मुरझा जाना; सूखने लगना 2. {ला-अ.} ताज़गी या प्रफुल्लता का न रहना; मंद होना; प्रभाहीन होना; कांति या चमक का न रहना 3. {ला-अ.} दुबलाना या कमज़ोर होना।

कुम्हार (सं.) [सं-पु.] 1. मिट्टी के बरतन आदि बनाने और बेचने वाला व्यक्ति; कुंभकार 2. मिट्टी के बरतनों का व्यवसाय करके आजीविका चलाने वाली एक जाति 3. उक्त जाति का व्यक्ति।

कुम्हारी [सं-स्त्री.] 1. कुम्हार का कार्य या भाव; मिट्टी के बरतन बनाने का काम; कुंभकारी; (पॉटरी) 2. कुम्हार जाति की स्त्री 3. कुम्हार की पत्नी 4. बर्रे की तरह का एक कीड़ा जो मिट्टी के खोल में रहता है।

कुम्हेड़ी [सं-स्त्री.] नथुने से पानी गिरना।

कुयश (सं.) [सं-पु.] अपयश; बदनामी; कुख्याति; कलंक।

कुरंग (सं.) [वि.] बदरंग; बुरे रंग का। [सं-पु.] 1. जो रंग अच्छा न हो 2. बादामी रंग का हिरन; सारंग; सुलोचन 3. (काव्यशास्त्र) बरवै नामक छंद का एक नाम 4. {ला-अ.} बुरे हालात या अवस्था।

कुरंगनयना (सं.) [सं-स्त्री.] वह स्त्री जिसकी आँखें कुरंग या हिरण के समान हों; सुनयना; कुरंगनेत्रा।

कुरंगिनी (सं.) [सं-स्त्री.] 1. हिरण या मृग की मादा 2. {ला-अ.} सुंदर नेत्रों वाली स्त्री; कुरंगनयना, सुनयना।

कुरंट (सं.) [सं-पु.] 1. बहुत कड़ा पत्थर 2. पीली कटसरैया।

कुरंड (सं.) [सं-पु.] 1. एक तरह का कड़ा पत्थर या खनिज पदार्थ जिसके चूर्ण से धारदार हथियार आदि को तेज़ करने की सान बनाई जाती है 2. उक्त पत्थर से बनाई गई सान; (ह्वेट स्टोन) 3. साकुरुंड का वृक्ष; 4. अखरोट का पेड़; अक्षोट वृक्ष 5. (महाभारत) कर्णपर्व में उल्लिखित एक देश जिसे केरल के निकट स्थित माना जाता है।

कुरआन (अ.) [सं-पु.] अरबी के मूल उच्चारण के अधिक निकट, अर्थ के लिए दे. कुरान।

कुरकुंड [सं-पु.] कनखुरा या रिहा नामक घास।

कुरकुरा [सं-पु.] 1. वह खाद्य पदार्थ जो कुरकुर ध्वनि के साथ टूटता हो, जैसे- कुरकुरे बिस्कुट 2. वह सिंकी या तली हुई कुरकुरी चीज़ जिसे चबाने पर कुरकुर की आवाज़ निकलती है; करारा। [वि.] 1. जिसमें कड़ापन हो और जिसे तोड़ने पर कुरकुर की ध्वनि होती हो; (क्रिस्प)।

कुरकुराहट [सं-स्त्री.] कुरकुरी चीज़ के टूटने की आवाज़।

कुरकुरी [सं-स्त्री.] 1. पतली, मुलायम तथा लचीली हड्डी 2. घोड़ों को होने वाला एक रोग जिसके कारण उसका पाखाना और पेशाब बंद हो जाता है।

कुरता (तु.) [सं-पु.] पूरी या आधी बाँहोंवाला बिना कॉलर का एक ढीला-ढाला परिधान जो शरीर के ऊपरी भाग को ढकता है; एक प्रकार की कमीज़।

कुरती (तु.) [सं-स्त्री.] स्त्रियों का ऊपरी शरीर को ढकने वाला एक पहनावा; अँगिया या चोली।

कुरदा [सं-पु.] गरी।

कुरबान (अ.) [वि.] जिसके प्राणों की भेंट दी गई हो; जो न्योछावर किया गया हो; बलि चढ़ाया हुआ (पशु आदि)। [मु.] **-जाना** : न्योछावर होना, बलिहारी जाना। **-होना** : किसी उद्देश्य आदि के लिए समर्पित होना।

क़ुरबान (अ.) [वि.] उर्दू उच्चारणानुसार वर्तनी (दे. कुरबान)।

कुरबानगाह (अ.+फ़ा.) [सं-स्त्री.] कुरबानी करने का स्थान; बलिस्थान; वेदी।

कुरबानी (अ.) [सं-स्त्री.] 1. बक़रीद के अवसर पर मुसलमानों द्वारा ऊँट, बकरा आदि पशु की बलि चढ़ाने की एक प्रथा; पशुबलि 2. {ला-अ.} किसी सामाजिक या महान उद्देश्य की पूर्ति के लिए किया जाने वाला आत्मत्याग; आत्मबलिदान।

क़ुरबानी (अ.) [सं-स्त्री.] उर्दू उच्चारणानुसार वर्तनी (दे. कुरबानी)।

कुरमी [सं-पु.] एक जाति; कुनबी; कुर्मी।

कुरर (सं.) [सं-पु.] 1. क्रौंच या कराँकुल नामक पक्षी 2. एक प्रकार का गिद्ध पक्षी; वज्रचंचु; वज्रतुंड 3. टिटिहरी नामक पक्षी; टिट्टिभ।

कुररी (सं.) [सं-स्त्री.] 1. (काव्यशास्त्र) आर्या छंद का एक भेद 2. पानी के समीप रहने वाला सलेटी रंग तथा लंबी चोंच वाला एक प्रसिद्ध पक्षी; क्रौंच।

कुरलना [क्रि-अ.] पक्षियों आदि का मधुर आवाज़ में बोलना; कलरव करना।

कुरला (सं.) [सं-पु.] लाल फलों वाली एक वनस्पति; कुरव; कटसरैया।

कुरलाना [क्रि-स.] कुरलने या मीठी आवाज़ में बोलने को प्रेरित करना; मधुर स्वर में बुलवाना।

कुरव (सं.) [सं-पु.] 1. कर्कश स्वर 2. एक प्रकार का वृक्ष जिसमें लाल रंग के फूल लगते हैं; कटसरैया 3. {ला-अ.} गीदड़। [वि.] कर्कश स्वरवाला; जिसकी आवाज़ मधुर न हो।

कुरसी (अ.) [सं-स्त्री.] 1. घर या कार्यालय में बैठने के लिए प्रयोग की जाने वाली चार पायोंवाली एक प्रकार की ऊँची चौकी या आसन जिसमें पीठ टिकाने के लिए लकड़ी या गद्दी लगी रहती है; (चेयर) 2. ज़मीन पर बनाया जाने वाला चबूतरे की तरह का वह ऊँचा आधार जिसपर इमारत आदि बनाई जाती है 3. पीढ़ी; पुश्त 4. {ला-अ.} वह स्थान जहाँ कोई अधिकारी बैठता हो; पद; ओहदा 5. {ला-अ.} प्रशासनिक या राजनीति अधिकार; प्रभुत्व; सत्ता। [मु.] **-तोड़ना** : बेकार बैठे रहना। **-देना** : किसी का सम्मान करना; इज़्ज़त करना।

कुरसीनशीन (अ.+फ़ा.) [वि.] 1. जिसे कोई पद या अधिकार आदि प्राप्त हो; पदासीन; पदस्थ 2. {ला-अ.} सम्मानित; प्रतिष्ठित।

कुरसीनामा (अ.+फ़ा.) [सं-पु.] 1. किसी कुल या परिवार की लिखित वंश परंपरा; वंशवृक्ष; शजरा; (फ़ैमिली ट्री) 2. वंशपरंपरा का लिखित इतिहास 3. (व्यंग्य) किसी राजनेता आदि की सत्ता या पद हासिल करने की कथा।

कुरान (अ.) [सं-पु.] 1. इस्लाम धर्म का आधार धर्मग्रंथ; माना जाता है कि इसमें मुहम्मद साहब द्वारा संकलित ख़ुदा के आदेश और इच्छाएँ हैं; कुरान मज़ीद; कुरान शरीफ़; कलामेपाक; कलामे मज़ीद।

क़ुरान (अ.) [सं-स्त्री.] उर्दू उच्चारणानुसार वर्तनी (दे. कुरान)।

कुरारी [सं-स्त्री.] टिटिहरी नामक पक्षी; कुररी।

कुराह (सं.+फ़ा.) [सं-स्त्री.] कुमार्ग; समाज विरोधी क्रियाकलाप; दुराचार।

कुरियाल (सं.) [सं-स्त्री.] चिड़ियों आदि का पंख खुजलाना; फुरहरी लेना।

कुरी (सं.) [सं-पु.] 1. चेना नामक अन्न 2. अरहर की फलियाँ 3. घर; मकान; आवास। [सं-स्त्री.] 1. किसी चीज़ का ढेर; टीला 2. टुकड़ा; हिस्सा 3. एक प्रकार की जंगली झाड़ी जिसमें फूलों के दुरंगे गुच्छे खिलते हैं; (लैंटाना)।

कुरीति (सं.) [सं-स्त्री.] समाज या व्यक्ति को हानि पहुँचाने वाली अनुचित रीति; कुप्रथा; निंदनीय प्रथा।

कुरु (सं.) [सं-पु.] 1. (महाभारत) आर्यों का एक प्राचीन कुल या वंश; कुरुवंश 2. (महाभारत) एक प्रसिद्ध राजा जिसके वंश में पांडु और धृतराष्ट्र हुए 3. उक्त वंश में उत्पन्न पुरुष 4. एक प्राचीन प्रदेश जिसे वर्तमान में हरियाणा राज्य के अंतर्गत माना जाता है।

कुरुई (सं.) [सं-स्त्री.] मूँज नामक घास सुखाकर बनाई गई छोटी डलिया; बाँस की छोटी डलिया।

कुरुक्षेत्र (सं.) [सं-पु.] 1. (महाभारत) कुरुवंशीय राजाओं का राज्य या क्षेत्र; वह स्थान जहाँ महाभारत का प्रसिद्ध युद्ध हुआ था 2. वर्तमान में हरियाणा राज्य में पानीपत नगर के पास तीर्थस्थल के रूप में प्रसिद्ध एक नगर 3. {ला-अ.} लड़ाई का मैदान; वह स्थान जहाँ कलह मचा हो।

कुरुचि (सं.) [सं-स्त्री.] 1. घटिया या सस्ती अभिरुचि; जिस रुचि में परिष्कार का अभाव हो 2. अभद्रता; अश्लीलता।

कुरुविंद (सं.) [सं-पु.] 1. माणिक या नीलम के समान एक बहुमूल्य रत्न 2. दर्पण; शीशा 3. वह लाल पदार्थ जिसका

प्रयोग स्त्रियाँ माथे पर बिंदी लगाने में करती हैं; ईंगुर 4. काला नमक।

कुरूप (सं.) [वि.] 1. जो देखने में अच्छा न लगता हो; अनाकर्षक; विकर्षक; विद्रूप; बदसूरत 2. बेडौल; बेढंगा।

कुरूपता (सं.) [सं-स्त्री.] 1. कुरूप होने की अवस्था या भाव; बदसूरती; रूपहीनता 2. भद्दापन।

कुरेच [सं-पु.] पक्षियों के पुराने पंख गिरने की स्थिति।

कुरेदना (सं.) [क्रि-स.] 1. किसी पदार्थ या चीज़ में नीचे की तरफ़ से कुछ निकालने के लिए ऊपर की परत को हटाना; खुरचना 2. किसी कठोर सतह पर कुछ उत्कीर्ण करना; खरोंचना; उकेरना; उभारना 3. लकड़ी, कोयले आदि की राख झाड़कर आग को दहकाना 4. {ला-अ.} किसी रहस्य आदि की जानकारी के लिए किसी को बहलाकर जानकारी लेना; किसी से कोई बात जानने की कोशिश करना।

कुरेदनी [सं-स्त्री.] एक नोकदार और लंबी छड़ जिससे भट्ठी की आग आदि को कुरेदा और पलटा जाता है; खोदनी; शलाका 2. दांत में फंसे भोजन कणों को निकालने वाली धातु की छड़।

कुरेल [सं-पु.] चोंच से पंखों को कुरेदना या खुजलाना।

कुरेला [सं-पु.] कुरेल करने वाला पक्षी।

कुरैया (सं.) [सं-स्त्री.] 1. लंबी लहरदार पत्तियों तथा सुंदर फूलों वाला एक जंगली पौधा; गिरिमल्लिका; कुटज; यवकलश 2. उक्त पौधे के बीज जिन्हें इंद्रजौ कहते हैं और जो औषधि के रूप में प्रयुक्त होते हैं।

कुरैल [सं-पु.] मछली पकड़ने के लिए छह डंडियों वाला जाल, जिसे एक ही आदमी संभालता है।

कुरैश (अ.) [सं-पु.] अरब का एक प्रतिष्ठित वंश या कबीला जिसमें हज़रत मुहम्मद का जन्म हुआ था।

कुरैशी (अ.) [वि.] कुरैश समुदाय से संबंध रखने वाला। [सं-पु.] मुसलमानों में एक कुलनाम या सरनेम।

कुर्क (तु.) [वि.] न्यायालय के आदेशानुसार अथवा राज्य या शासन द्वारा ज़ब्त किया हुआ (माल या संपत्ति) 2. निषिद्ध; मना किया हुआ; रोका हुआ; वर्जित; देखभाल; निगरानी; रोकना; अलग रखना।

क़ुर्क़ (तु.) [वि.] उर्दू उच्चारणानुसार वर्तनी (दे. कुर्की)।

कुर्कअमीन (तु.+अ.) [सं-पु.] 1. शासन का कर्मचारी जो न्यायालय के आदेशानुसार बकायादारों आदि का माल ज़ब्त करता हो 2. संपत्ति कुर्क करने वाला अधिकारी।

कुर्की (तु.) [सं-स्त्री.] 1. किसी देनदारी या जुर्माने आदि की वसूली के लिए माल-जायदाद आदि की ज़ब्ती 2. किसी की जायदाद, या धन-संपत्ति कुर्क करने की क्रिया।

कुर्कुट (सं.) [सं-पु.] 1. मुरगा; कुक्कुट 2. कूड़ा।

कुर्ता (तु.) [सं-पु.] दे. कुरता।

कुर्ती (तु.) [सं-स्त्री.] दे. कुरती।

कुर्बत (अ.) [सं-स्त्री.] 1. नज़दीकी; निकटता; बहुत निकट का संबंध 2. सहवास; संभोग।

कुर्मी [सं-पु.] 1. मुख्यत: खेती-किसानी से आजीविका चलाने वाली एक जाति या समुदाय 2. उक्त समुदाय का व्यक्ति 3. उक्त जाति के व्यक्ति का कुलनाम या सरनेम; कुनबी।

कुर्री [सं-स्त्री.] जुते हुए खेत में मिट्टी के ढेले को तोड़ने या खेत को समतल करने का एक उपकरण; हेंगा; पाटा; सोहागा; पटेला; पटरा।

कुर्सी (अ.) [सं-स्त्री.] दे. कुरसी।

कुर्सीनशीं (फ़ा.) [वि.] दे. कुरसीनशीं।

कुल[1] (सं.) [सं-पु.] 1. वंश; ख़ानदान; घराना 2. समूह; झुंड 3. जाति 4. तंत्र की साधना करने वाला मार्ग; वाममार्ग 5. (संगीत) एक प्रकार की ताल।

कुल[2] (अ.) [वि.] 1. मान या मात्रा के विचार से जितना हो उतना सब, जैसे- कुल बीस आदमी आए थे 2. सारा; संपूर्ण; तमाम; (टोटल)।

कुलँगड़ा [सं-पु.] पैंजनी के पीछे की ओर वाली रस्सी।

कुलंग (फ़ा.) [सं-पु.] 1. मटमैले रंग का एक पक्षी 2. मुरगा; कुक्कुट 3. एक हथियार जिसमें लोहे के डंडे में दूसरा टेढ़ा और नुकीला डंडा लगा रहता है।

कुलक[1] [सं-पु.] छोटे भू-स्वामी या समृद्ध किसान।

कुलक[2] (सं.) [सं-पु.] 1. एक साथ एक ही स्थान पर बनने या काम आने वाली वस्तुओं का समूह; (सेट) [वि.] अच्छे कुल या ख़ानदान का।

कुलकलंक (सं.) [सं-पु.] बुरे आचरण से अपने कुल की प्रतिष्ठा नष्ट करने वाला व्यक्ति; अपने कुल को कलंकित करने वाला; कुलबोरन; कुलांगार।

कुलकानि (सं.) [सं-स्त्री.] कुल की प्रतिष्ठा; कुल की मर्यादा।

कुलकुलाना [क्रि-अ.] 1. कुलकुल की आवाज़ उत्पन्न होना 2. व्यथित होना; विकल होना। [क्रि-स.] 1. कुलकुल शब्द उत्पन्न करना 2. व्यथित और विकल करना।

कुलक्षण (सं.) [सं-पु.] 1. (मान्यता) किसी के शरीर पर दिखने वाला कोई बुरा चिह्न या लक्षण 2. {ला-अ.} बदचलनी; कुचाल। [वि.] जो बुरे या अशुभ लक्षणों से युक्त हो।

कुलक्षणी (सं.) [सं-स्त्री.] 1. उस स्त्री के लिए प्रयुक्त शब्द जिसमें अच्छे लक्षण न हों 2. कुल को बदनाम करने वाली स्त्री; कुल को लांछन लगाने वाली 3. {व्यं-अ.} समाज के विहित नियमों को तोड़ने वाली स्त्री 4. स्त्रियों के लिए प्रयुक्त एक प्रकार की गाली। [वि.] बुरे लक्षणों से युक्त।

कुलगुरु (सं.) [सं-पु.] 1. किसी कुल या परिवार का पुरोहित; वंश या कुल के सदस्यों को दीक्षा या ज्ञान देने वाला गुरु 2. गुरुकुल का अधिष्ठाता।

कुलगौरव (सं.) [सं-पु.] कुल या परिवार का गौरव तथा प्रतिष्ठा बढ़ाने वाला (पुत्र या पुत्री); कुलभूषण; कुलतिलक।

कुलचा (फ़ा.) [सं-पु.] 1. आटा, दूध और मक्खन आदि मिलाकर बनाई जाने वाली एक प्रकार की ख़मीरी रोटी; ख़मीरी टिकिया 2. तंबू या खेमे के डंडे के ऊपर लगा हुआ गोल लट्टू 3. औरों से छिपाकर इकट्ठा किया गया धन।

कुलज (सं.) [सं-पु.] 1. वह जो किसी प्रसिद्ध या उत्तम माने जाने वाले कुल में उत्पन्न हुआ हो; कुलीन; शरीफ़ 2. एक

लता जिससे प्राप्त फल की सब्ज़ी बनती है; परवल; राजफल; पटुक।

कुलट (सं.) [सं-पु.] वैवाहेत्तर संबंध से उत्पन्न संतान; अनौरस संतान; जारज संतान। [वि.] बुरे चरित्रवाला; व्यभिचारी; बदचलन।

कुलटा (सं.) [सं-स्त्री.] 1. समाज की मान्यताओं एवं नीति-नियमों के अनुसार न चलकर बुरे आचरण वाली स्त्री; सामाजिक रूप से अनैतिक संबंध बनाने वाली स्त्री; दुराचारिणी 2. वह नायिका जो अनेक पुरुषों से संबंध स्थापित करती है 3. स्त्रियों के लिए प्रयुक्त एक प्रकार की अशिष्ट गाली।

कुलतंत्र (सं.) [सं-पु.] 1. प्राचीन काल में प्रचलित वह शासन प्रणाली जिसमें कोई विशिष्ट कुल या समूह ही शासन किया करता था 2. ऐसी शासन प्रणाली जिसके अंतर्गत सभी कार्य उच्च कुल के व्यक्तियों के एक समूह द्वारा ही चलाए जाते हैं; कुलीनतंत्र; वर्गतंत्र; (ऑलिगार्की)।

कुलतारन (सं.) [सं-पु.] कुल या वंश को तारने वाला व्यक्ति; वह जिसके कार्यों या उपलब्धियों से परिवार या कुल का यश बढ़ता हो। [वि.] कुल या वंश को तारने वाला; कुल की प्रतिष्ठा बढ़ाने वाला।

कुलथी (सं.) [सं-स्त्री.] उड़द के समान एक मोटा अन्न जो चौपायों को खिलाया जाता है और जिसकी दाल भी बनती है; कालवृंत; खुरथी।

कुलदीप (सं.) [सं-पु.] 1. वह पुत्र जो परिवार की प्रतिष्ठा या यश को बढ़ाता हो; कुलदीपक 2. {ला-अ.} किसी परिवार में इकलौती और होनहार संतान।

कुलदीपक (सं.) [सं-पु.] कुलदीप।

कुलदेवता (सं.) [सं-पु.] वह देवता जिसकी पूजा किसी कुल या परिवार में परंपरागत रूप से होती आ रही हो; कुलदेव; इष्टदेव; अधिदेव।

कुलदेवी (सं.) [सं-स्त्री.] वह देवी जिसकी पूजा किसी परिवार या कुल में परंपरागत रूप से होती आई हो।

कुलद्रुम (सं.) [सं-पु.] दस प्रमुख वृक्ष- बेल, बरगद, पीपल, गूलर, नीम, आँवला, लसोड़ा, इमली, करंज और कदंब।

कुलधर्म (सं.) [सं-पु.] ऐसा आचरण, रीति या कर्तव्य जिसका पालन या अनुसरण किसी कुल या परिवार के सभी लोग परंपरा से करते चले आ रहे हों; किसी कुल में अनिवार्य माने जाने वाले नियम या कानून।

कुलन [सं-स्त्री.] दर्द; कष्ट; पीड़ा; टीस।

कुलना [क्रि-अ.] दर्द या पीड़ा होना; टीसना।

कुलनाम [सं-पु.] 1. व्यक्ति के नाम के साथ जुड़ा हुआ कुल या गोत्र का नाम; उपनाम; (सरनेम) 2. वह नाम जिससे व्यक्ति की जाति अथवा अन्य बातों का पता चलता हो।

कुलनार [सं-पु.] एक प्रकार का खनिज जिसका रंग सुरमई होता है; जिप्सम नामक पदार्थ; सेलखड़ी; संगजराहत।

कुलपति (सं.) [सं-पु.] 1. किसी विश्वविद्यालय का प्रधान अधिकारी; (वाइस चांसलर) 2. पितृसत्तात्मक व्यवस्था के अंतर्गत किसी कुल या परिवार का स्वामी; मुखिया 3. प्राचीन काल में गुरुकुल का प्रधान अधिकारी जो छात्रों की शिक्षा और भोजन आदि की व्यवस्था करता था।

कुलपूज्य (सं.) [वि.] 1. किसी कुल या परिवार में जिसकी पूजा परंपरागत रूप से होती चली आ रही हो 2. जिसकी पूजा किसी कुल के सभी लोग करते हों।

कुलफ [सं-पु.] एक तीतर का दूसरे तीतर की चोंच में चोंच डालकर पटक देना।

कुलफा (अ.) [सं-पु.] ताला।

कुलफ़ा (फ़ा.) [सं-पु.] 1. एक प्रकार का शाक जिसके पत्ते दलदार डंठल के पास नुकीले और सिरे पर चौड़े होते हैं।

कुलफ़ी (अ.) [सं-स्त्री.] 1. औटा हुआ दूध और मेवा मिलाकर बरफ़ में रखकर जमाया गया ठंडा खाद्य पदार्थ; (आइसक्रीम) 2. वह साँचा जिसमें चीनी, मलाई आदि भरकर बरफ़ में रखकर जमाया जाता है 3. हुक्के में नैचे और निगाली को जोड़ने वाली पीतल या ताँबे की पतली नली।

कुलबंधु (सं.) [सं-पु.] एक ही कुल या परिवार के लोग; स्वजन; भाई-बंधु; भाईबंद।

कुलबी [सं-पु.] चाक के बीच में नीचे की ओर जमा हुआ पत्थर का छोटा गोल पहिया।

कुलबुलाना [क्रि-अ.] 1. बहुत से छोटे-छोटे जीवों का धीरे-धीरे एक साथ हिलना-डुलना 2. साँप आदि जंतुओं का इधर-उधर रेंगना 3. {ला-अ.} कुछ कहने के लिए बहुत व्यग्र होना; परेशान या बेचैन होना।

कुलबुलाहट [सं-स्त्री.] 1. कुलबुलाने की अवस्था, क्रिया या भाव 2. इधर-उधर रेंगना 3. {ला-अ.} व्याकुलता।

कुलबोरन [वि.] बुरे आचरण या कुकृत्य से कुल या परिवार को कलंकित करने वाला; अपने कुल की मर्यादा नष्ट करने वाला; नालायक।

कुलमर्यादा (सं.) [सं-स्त्री.] 1. किसी कुल या ख़ानदान के आचरण संबंधी नियम जिनके पालन की अपेक्षा परंपरानुसार सभी वंशजों से की जाती है 2. परिवार की नेकनामी; वंश की प्रतिष्ठा।

कुलमुख़्तार (सं.+अ.) [सं-पु.] वह जिसे परिवार, धन-संपत्ति आदि सारी बातों पर निर्णय का पूरा-पूरा अधिकार दिया गया हो।

कुलवंत (सं.) [वि.] जो किसी प्रसिद्ध कुल में जन्मा हो; कुलीन; अच्छे वंश का।

कुलवधू (सं.) [सं-स्त्री.] किसी कुल या परिवार की बहू; गुणवान स्त्री; परिवार के नीति-निर्देशों का पालन करने वाली या मर्यादा से रहने वाली स्त्री; कुलांगना।

कुलश्रेष्ठ (सं.) [सं-पु.] कायस्थ समाज में एक कुलनाम या सरनेम। [वि.] कुल में सबसे श्रेष्ठ या उत्तम।

कुलसचिव (सं.) [सं-पु.] विश्वविद्यालय का उच्च व्यवस्थापक अधिकारी; (रजिस्ट्रार)।

कुलह (फ़ा.) [सं-स्त्री.] 1. एक प्रकार की गोल टोपी 2. शिकारी चिड़ियों की आँखें ढक कर रखने के लिए प्रयोग की जाने वाली एक प्रकार की टोपी; अँधियारी; शिश्न; लिंग।

कुलाँच (तु.) [सं-स्त्री.] 1. छलाँग; चौकड़ी; उछाल 2. दोनों हाथों के बीच की दूरी। [मु.] **-कुलाँचें मारना** : बहुत तेज़ दौड़ना।

कुलाँचना [क्रि-अ.] चौकड़ी भरना; छलाँग लगाना।

कुलांगना (सं.) [सं-स्त्री.] अच्छे कुल या घर की स्त्री; गुणवान स्त्री; कुलवधू।

कुलांगार (सं.) [सं-पु.] अपने कुल का नाश करने वाला व्यक्ति; कुल पर कलंक लगाने वाला व्यक्ति।

कुलाचार (सं.) [सं-पु.] 1. किसी कुल या परिवार द्वारा परंपरा से व्यवहृत रीति-नीति या आचार; कुल-धर्म 2. वाममार्गियों का धर्म; कौल धर्म।

कुलाचार्य (सं.) [सं-पु.] 1. किसी कुल का गुरु या आचार्य 2. मठाधीश; पुरोहित; धर्माधिकारी।

कुलाधिपति (सं.) [सं-पु.] विश्वविद्यालय में एक मानद और सम्मानित पद जो कुलपति से उच्च स्थान पर होता है; (चांसलर)।

कुलाध्यक्ष (सं.) [सं-पु.] किसी केंद्रीय विश्वविद्यालय का सर्वोच्च अधिकारी; (विज़िटर)।

कुलानुशासक (सं.) [सं-पु.] विश्वविद्यालय का अनुशासनाधिकारी; (प्रॉक्टर)।

कुलाबा (अ.) [सं-पु.] 1. किवाड़ को चौखट से जकड़ने वाला काँटा; पायचा 2. मछली पकड़ने का काँटा 3. नाली; मोरी।

कुलाल (सं.) [सं-पु.] 1. मिट्टी के बरतन आदि बनाने वाला व्यक्ति; कुम्हार 2. बनमुरगा 3. उल्लू।

कुलावे जुलफी [सं-पु.] सटैनी।

कुलाह (फ़ा.) [सं-स्त्री.] 1. ईरान-अफगानिस्तान आदि देशों में पगड़ी के नीचे पहनी जाने वाली ऊँची नोकदार टोपी 2. राजमुकुट; ताज।

कुलिंग (सं.) [सं-पु.] 1. एक प्रकार का पक्षी; गौरैया 2. एक प्रकार का चूहा।

कुलिक (सं.) [सं-पु.] 1. शिल्पकार; कलाकार 2. किसी कुल का श्रेष्ठ या प्रधान व्यक्ति 3. (पुराण) आठ महानागों में से एक 4. एक प्रकार का कँटीदार पौधा; घुँघची 5. एक ही कुल से संबंधित व्यक्ति; स्वजन।

कुलिया [सं-पु.] नहर आदि से निकला हुआ छोटा नाला।

कुलिश (सं.) [सं-पु.] 1. इंद्र का वज्र; धरती पर गिरने वाली बिजली; गाज 2. हीरा 3. कुठार; कुल्हाड़ी।

कुली (तु.) [सं-पु.] 1. बस अड्डे या रेलवे स्टेशन आदि पर यात्रियों का सामान ढोने वाला व्यक्ति; हम्माल; (पोर्टर) 2. सेवक; दास; नौकर 3. भारत की आज़ादी से पहले कुछ ब्रिटिश अधिकारियों द्वारा भारतीयों के लिए हीनार्थक संबोधन।

कुलीगिरी [सं-स्त्री.] कुली का काम; पल्लेदारी; मजूरी; ढुलाई।

कुलीन (सं.) [वि.] उत्तम या प्रसिद्ध कुल में उत्पन्न; ख़ानदानी; अभिजात। [सं-पु.] 1. किसी प्रसिद्ध कुल का व्यक्ति 2. उत्तम नस्ल का पशु।

कुलीनतंत्र (सं.) [सं-पु.] वह शासन प्रणाली या व्यवस्था जिसमें किसी देश या राज्य का शासन उच्च कुल के लोगों की एक समिति चलाती है; कुलतंत्र; (ऑलीगार्की)।

कुलीनता (सं.) [सं-स्त्री.] कुलीन होने की अवस्था या भाव; शालीनता और आभिजात्य।

कुलुफ़ (अ.) [सं-पु.] 1. ताला 2. किसी चीज़ को फँसाने के लिए लोहे आदि धातु का बना एक प्रकार का हुक; अँकुड़ी।

कुलू[1] [सं-पु.] ज़िससे कतीरा नामक गोंद निकलता है; गुलू।

कुलू[2] (सं.) [सं-पु.] कांगड़े के समीप का एक प्रसिद्ध पहाड़ी प्रदेश; प्राचीन कुल्हू।

कुलेल (सं.) [सं-स्त्री.] आनंदक्रीड़ा; प्रसन्नता भरा खिलवाड़; कलोल।

कुल्माष (सं.) [सं-पु.] 1. वह खाद्यान्न या दाल जिसका बीज दो दलों वाला होता है, जैसे- चना, अरहर, मटर आदि 2. मोटा अनाज; कुलथी।

कुल्या (सं.) [सं-स्त्री.] 1. कुलीन स्त्री 2. छोटी नदी या नहर; नाला; (चैनल) 3. जीवंती नामक एक औषधि 4. प्राचीन काल में प्रचलित एक तौल।

कुल्ला (सं.) [सं-पु.] 1. मुँह या दाँत साफ़ करने के लिए मुँह में पानी भरने और तेज़ी से बाहर फेंकने की क्रिया 2. कुल्ला करने के लिए पानी की वह मात्रा जो एक बार में मुँह के अंदर आ सके।

कुल्लियात (अ.) [सं-पु.] 1. किसी शायर या रचनाकार की समस्त प्रकार की रचनाओं (ग़ज़लों; मस्नवियों; मुसद्दस; मुखम्मस; नज़्मों आदि) का संग्रह (जबकि दीवान में सिर्फ़ ग़ज़लें ही रखी जाती हैं) 2. किसी रचनाकार की समस्त कृतियों का संग्रह।

कुल्ली[1] [सं-स्त्री.] 1. मुँह को साफ़ करने के लिए मुँह में पानी भरकर और इधर-उधर घुमाकर बाहर फेंकने की क्रिया; कुल्ला 2. पानी की वह मात्रा जिसे एक बार में मुँह में लिया जा सके।

कुल्ली[2] (अ.) [वि.] कुल से संबंध रखने वाली वस्तु; पूरी तौर पर; समग्र; समस्त; सब।

कुल्हड़ (सं.) [सं-पु.] 1. मिट्टी का पकाया हुआ छोटा पात्र या चुक्कड़ जिसमें चाय, दूध आदि पिया जाता हैं; कसोरा; प्याला; पुरवा; कूजा 2. गिलासनुमा एक छोटा पात्र।

कुल्हाड़ा (सं.) [सं-पु.] 1. पेड़ काटने तथा लकड़ी फाड़ने का एक प्रसिद्ध औज़ार; कुठार; टाँगा; (ऐक्स) 2. परशु; फरसा।

कुल्हाड़ी [सं-स्त्री.] छोटा कुल्हाड़ा; परशु की तरह का हथियार; कुठार; कुठारी; टाँगी।

कुल्हिया [सं-स्त्री.] 1. छोटा कुल्हड़; चुक्कड़ 2. छोटा कसोरा 3. छोटी हाँड़ी। [मु.] **-में गुड़ फोड़ना** : छिपाकर कोई काम करना।

कुवचन (सं.) [सं-पु.] बुरे वचन; दुर्वचन; कुवाक्य; गाली-गलौज।

कुवलय (सं.) [सं-पु.] 1. नीली कुईं; कोका; इंदीवर 2. पृथ्वी; भूमंडल।

कुवाच्य (सं.) [सं-पु.] वह बात जिसे कहना अनुचित हो; न कहने लायक बात; कटु या कठोर शब्द; दुर्वचन; गाली। [वि.]

जो कहने योग्य न हो।

कुविंद (सं.) [सं-पु.] वस्त्र बुनने वाला व्यक्ति; जुलाहा; बुनकर।

कुविचार (सं.) [सं-पु.] बुरा या गलत विचार; दुर्विचार; निंदनीय या कुत्सित विचार।

कुव्वत (अ.) [सं-स्त्री.] शक्ति; बल; ताकत; सामर्थ्य; कूवत; इंद्रिय।

क़ुव्वत (अ.) [सं-स्त्री.] उर्दू उच्चारणानुसार वर्तनी। (दे. कुव्वत)।

कुश (सं.) [सं-पु.] 1. कड़ी और नुकीली पत्तियों वाली एक प्रसिद्ध घास जिसकी पत्तियाँ हिंदुओं की पूजा, यज्ञ आदि में काम आती हैं; दर्भ 2. (रामायण) राम और सीता के एक पुत्र का नाम 3. हल का फाल; कुसी। [वि.] 1.कुत्सित, नीच 2. उन्मत्त, पागल।

कुशन (अं.) [सं-पु.] कुरसी, सोफ़े, दीवान आदि पर बैठते समय कमर को सहारा देने के लिए लगाया जाने वाला गदेला या गद्दी।

कुशल (सं.) [सं-पु.] 1. स्वस्थ और सुखी रहने की अवस्था या भाव; मंगल; कल्याण; सलामती; क्षेम 2. (पुराण) कुश द्वीप का निवासी। [वि.] जो किसी काम को करने में दक्ष हो; जो किसी काम को श्रेष्ठ तरीके से करता हो; प्रशिक्षित; योग्य।

कुशलकामना (सं.) [सं-स्त्री.] किसी का कुशल या भला चाहने की कामना; कल्याणकामना।

कुशलक्षेम (सं.) [सं-पु.] कुशलमंगल; कुशलता, सुख-संपन्नता तथा स्वास्थ्य।

कुशलता (सं.) [सं-स्त्री.] 1. कुशल होने की अवस्था या भाव; ख़ैरियत 2. योग्यता; प्रवीणता; निपुणता।

कुशलपूर्वक (सं.) [क्रि.वि.] कुशलमंगल से; ख़ैरियत से; आराम से; अच्छी तरह।

कुशलप्रश्न (सं.) [सं-पु.] किसी से उसका या उसके परिवार के सुख-स्वास्थ्य की कुशल-मंगल पूछना; कुशलक्षेम पूछना; हाल-चाल मालूम करना; खोज-ख़बर; मिजाज़पुरसी।

कुशलमंगल (सं.) [सं-स्त्री.] किसी के परिवार जनों और स्वास्थ्य आदि की कुशलक्षेम; ख़ैरियत; सलामती।

कुशवाहा [सं-पु.] 1. क्षत्रिय समाज में एक कुलनाम या सरनेम 2. सब्ज़ी पैदा करने एवं उसका व्यापार करने वाली एक जाति; काछी।

कुशा[1] (सं.) [सं-पु.] 1. कुश नामक वनस्पति या घास 2. रस्सी।

कुशा[2] (फ़ा.) [परप्रत्य.] खोलने वाला; फैलाने या बढ़ाने वाला; सुलझाने वाला, जैसे- मुश्किलकुशा।

कुशाग्र (सं.) [वि.] 1. कुश की नोक जैसा नुकीला और तीखा; नुकीला; अति तीक्ष्ण 2. {ला-अ.} जिसकी बुद्धि बहुत तेज़ हो; चतुर; होशियार। [सं-पु.] कुशा का अगला नुकीला भाग।

कुशाग्रबुद्धि (सं.) [सं-स्त्री.] प्रखर बुद्धि; तेज़ बुद्धि। [वि.] जो बहुत जल्दी सब बातें समझ लेता है; तीक्ष्ण बुद्धिवाला; प्रखर मस्तिष्कवाला; शीघ्रता से सीखने वाला।

कुशादा (फ़ा.) [वि.] चारों ओर से खुला हुआ; लंबा-चौड़ा; विस्तारित; फैला हुआ।

कुशावती (सं.) [सं-स्त्री.] (रामायण) राम के पुत्र कुश की राजधानी।

कुशासन (सं.) [सं-पु.] 1. वह राज्य या शासन जिसमें अव्यवस्था और भ्रष्टाचार हो; ऐसा राज्य-प्रबंध जिसमें जनता के कल्याण या सुख-सुविधाओं का कोई प्रावधान या व्यवस्था न हो 2. कुश नामक घास का आसन; कुश की बनी हुई चटाई।

कुशीनगर (सं.) [सं-पु.] उत्तर प्रदेश राज्य में वह स्थान जहाँ बुद्ध का निर्वाण हुआ था।

कुशीलव (सं.) [सं-पु.] 1. कवि 2. चारण; भाट 3. गवैया; गायक 4. नाटक खेलने वाला; नट; अभिनेता 5. एक प्राचीन संत जिन्हें रामायण ग्रंथ का रचयिता और आदिकवि माना जाता है; वाल्मीकि।

कुशेशय (सं.) [सं-पु.] 1. कमल; पद्म; कुईं 2. कनकचंपा; कनिआरी 3. सारस 4. (पुराण) कुश द्वीप में स्थित एक पर्वत।

कुश्ती (फ़ा.) [सं-स्त्री.] एक प्रसिद्ध खेल या प्रतियोगिता जिसमें दो व्यक्तियों द्वारा एक-दूसरे को बलपूर्वक पछाड़ने या पटकने के लिए ज़ोर लगाया जाता है; पहलवानी; अखाड़ेबाज़ी; जोड़; मल्लयुद्ध; बाहुयुद्ध; (रेसलिंग)।

कुश्तीबाज़ (फ़ा.) [वि.] जो कुश्ती में भाग लेता हो; जो कुश्ती लड़ने का शौक़ीन हो; कुश्ती लड़ने वाला व्यक्ति; पहलवान; अखाड़िया दंगली, पट्ठा; (रेसलर)।

कुष्ठ (सं.) [सं-पु.] 1. एक रोग जिसमें शरीर की त्वचा सड़ने-गलने लगती है; कोढ़; (लेप्रॉसी) 2. कुट नामक औषधि।

कुष्ठाश्रम (सं.) [सं-पु.] वह आश्रम जहाँ कुष्ठ रोगियों को रखा जाता है; कुष्ठ रोगियों के रहने तथा उपचार कराने का स्थान।

कुष्मांड (सं.) [सं-पु.] 1. कुम्हड़ा; कद्दू 2. गर्भस्थ शिशु के चारों ओर लिपटी झिल्ली; जरायु।

कुस [सं-पु.] कुशा; दर्भ।

कुसंग (सं.) [सं-पु.] असामाजिक या बुरे आचरण वाले लोगों की संगत या साथ; कुसंगति; बुरी सोहबत।

कुसंगति (सं.) [सं-स्त्री.] बुरे आचरण वाले लोगों के साथ उठना-बैठना; बुरे लोगों की संगति; कुसंग।

कुसंस्कार (सं.) [सं-पु.] मन में पड़े हुए दूषित संस्कार जो मन को गलत मार्ग पर ले जाते हैं; दुष्प्रवृत्ति।

कुसगुन [सं-पु.] ऐसी घटनाएँ या स्थितियाँ जो भावी अनिष्ट की सूचक मानी जाती हैं; अपशकुन।

कुसनटना [सं-पु.] कुसियाना।

कुसमय (सं.) [सं-पु.] 1. कष्ट या विपत्ति के दिन; बुरा वक्त या दौर 2. अनुपयुक्त समय 3. नियत समय से पहले या बाद का समय।

कुसाइत (सं.+अ.) [सं-स्त्री.] 1. वह साइत या मुहूर्त जो शुभ कार्य के लिए अनुकूल न माना जाता हो; बुरी साइत 2. (ज्योतिष) अशुभ मुहूर्त।

कुसियाना [सं-पु.] रोपे हुए धान का कुस की तरह बढ़ना।

कुसिहार [सं-पु.] बौनी और सख़्त नस्ल की ईख।

कुसी (सं.) [सं-स्त्री.] हल का अगला नुकीला भाग; फार।

कुसीद (सं.) [सं-पु.] 1. ब्याज या सूद पर रुपए देने का काम; सूदख़ोरी; महाजनी 2. ब्याज पर दिया हुआ ऋण 3. मूलधन का ब्याज या सूद। [वि.] सूदख़ोर।

कुसुंभ (सं.) [सं-पु.] 1. एक पौधा जिसमें लाल फूल लगते हैं; कुसुम; अग्निशिखा 2. ठंडे प्रदेश में होने वाला एक पौधा जिसका रेशा उत्कृष्ट सुगंध के लिए प्रयोग किया जाता है; केसर; ज़ाफ़रान।

कुसुंभा (सं.) [सं-पु.] 1. कुसुम या कुसुंभ का लाल रंग 2. भाँग और अफीम के योग से बना हुआ एक मादक पेय पदार्थ। [सं-स्त्री.] आषाढ़ महीने के शुक्ल पक्ष की छठी तिथि।

कुसुंभी (सं.) [वि.] कुसुंभ या कुसुम के रंग का; लाल।

कुसुम (सं.) [सं-पु.] 1. पुष्प; फूल 2. एक प्रकार का लाल पुष्प।

कुसुमचाप (सं.) [सं-पु.] (पुराण) वह जिनका धनुष कुसुम या पुष्प का माना जाता है; कामदेव।

कुसुमशर (सं.) [सं-पु.] कामदेव; मदन।

कुसुमांजलि (सं.) [सं-स्त्री.] 1. फूलों से भरी हुई अंजली; पुष्पांजलि 2. पूजा में पुष्प अर्पण करने की विधि।

कुसुमाकर (सं.) [सं-पु.] 1. वसंत; ऋतुराज 2. बाग; बगीचा; फुलवारी; पुष्पवाटिका 3. (काव्यशास्त्र) छप्पय छंद का एक भेद।

कुसुमायुध (सं.) [सं-पु.] पुष्प ही जिसके आयुध हों; कामदेव; मदन।

कुसुमित (सं.) [वि.] 1. जिसमें पुष्प लगे हों; खिला हुआ; पुष्पित 2. {ला-अ.} जो उमंग या उल्लास से फूला हुआ हो; उल्लसित; प्रसन्न।

कुसूर (अ.) [सं-पु.] दे. कसूर।

कुसूरवार (अ.) [वि.] दे. कसूरवार।

कुस्वप्न (सं.) [सं-पु.] बुरा स्वप्न या ख़्वाब; डराने वाला सपना।

कुहक [सं-स्त्री.] दे. कुहुक।

कुहकना [क्रि-अ.] 1. कूकना; कूजना; कुहुकना; कुहू-कुहू की आवाज़ करना 2. कोयल, मोर आदि पक्षियों का बोलना।

कुहकाच्छन्न (हिं+सं.) [सं-स्त्री.] कुहासे से ढँकी चाँदनी; चाँदनी।

कुहन[1] (सं.) [वि.] 1.ईर्ष्यालु 2. घमंडी 3. पाखंडी। [सं-पु.] 1. चूहा 2. साँप 3. मिट्टी या शीशे का पात्र।

कुहन[2] (फ़ा.) [वि.] पुराना; बहुत पहले का, जैसे- नक्शेकुहन (पुराने निशान, पुरानी छाप), दागेकुहन (पुराने दाग)।

कुहनी [सं-स्त्री.] बाँह और भुजा का संधिस्थल, जहाँ से हाथ मुड़कर दोहरा हो जाता है; कोहनी।

कुहर (सं.) [सं-पु.] 1. गुफ़ा 2. गड्ढा 3. बिल 4. कान या गले का छेद; छिद्र 5. एक प्रकार का सर्प 6. कंठ का स्वर 7. शून्य या नीरव स्थान।

कुहरा [सं-पु.] 1. हवा में मिले हुए जलवाष्प के अत्यंत सूक्ष्म कण जो वायुमंडल में फैलकर बादल की तरह अदृश्यता या धुँधलापन पैदा करते हैं तथा ठंड के कारण संघनित होकर नीचे गिरते रहते है; धुंध; कोहरा; कुहासा; (फॉग) 2. पर्यावरण में फैले हुए या हवा में घुले-मिले रासायनिक प्रदूषकों के संघनन से उत्पन्न बादल की तरह का वातावरण।

कुहराम (अ.) [सं-पु.] 1. कोलाहल; बावेला; कोहराम 2. बहुत सारे लोगों द्वारा एक साथ किया जाने वाला रुदन; रोना-पीटना; विलाप; मातम 3. {ला-अ.} किसी विपत्ति के समय होने वाली भागदौड़; हलचल।

कुहासा (सं.) [सं-पु.] हवा में मिले हुए या वातावरण में मौजूद जलवाष्प के अत्यंत सूक्ष्म कण जो बादल की तरह अदृश्यता या धुँधलापन पैदा करते हैं; धुंध; कोहरा; नीहार।

कुही (सं.) [सं-स्त्री.] 1. एक प्रकार की शिकारी चिड़िया जो बाज़ से छोटी और कौए से बड़ी होती है; बहरी; कुहर; शाही; शाहीन।

कुहुक (सं.) [सं-स्त्री.] 1. ध्वनि; आवाज़ 2. कुहू-कुहू करने या कुहकने की क्रिया या भाव 3. कोयल या मोर की आवाज़ या बोल; कूक।

कुहुकना (सं.) [क्रि-अ.] कोयल आदि पक्षियों का मधुर स्वर में बोलना; कुह-कुह की आवाज़ करना; कूकना; कुहकना।

कुहू (सं.) [सं-स्त्री.] 1. कोयल की कूक या बोली; मोर की केका-ध्वनि 2. (पुराण) अमावस्या की अधिष्ठात्री देवी या शक्ति; अमावस्या की रात।

कुहूरव (सं.) [सं-पु.] मीठी आवाज़ में बोलने वाला या कुहू-कुहू की आवाज़ करने वाला पक्षी; कोयल।

कुहेल [सं-स्त्री.] कंजी आँखों वाली भैंस।

कुहेलिका (सं.) [सं-पु.] हवा में संघनित या फैले हुए जलवाष्प आदि के सूक्ष्म कण जो वातावरण में धुँधलापन उत्पन्न करते हैं; कोहरा; कुहासा।

कू (फ़ा.) [सं-पु.] गली; कूचा।

कूँच [सं-स्त्री.] 1. वह ब्रश जिससे जुलाहे ताने का सूत साफ़ करते हैं 2. लुहारों की सँड़सी 3. एड़ी के ऊपर की एक नस; घोड़ा नस।

कूँचना [क्रि-स.] कूटना; माँड़ना; रौंदना; कुचलना।

कूँचा (सं.) [सं-पु.] 1. मूँज को कूटकर या सींकों को इकट्ठा करके बनाई गई झाड़ू; बुहारी 2. भड़भूँजे का करछा; कलछा।

कूँची [सं-स्त्री.] 1. चित्रकार की तूलिका; कूची 2. छोटा झाड़ू या कूचा 3. दीवार आदि पोतने का ब्रश।

कूँज [सं-पु.] तालाब आदि के किनारे रहने वाला बगुले की जाति का एक पक्षी; कराँकुल।

कूँड़ (सं.) [सं-स्त्री.] 1. सिर की रक्षा करने की लोहे की एक ऊँची टोपी; खोद 2. मिट्टी या लोहे का बड़ा बरतन 3. चमड़ा मढ़कर बनाया गया मिट्टी या लोहे का पात्र जिससे तबले का बायाँ बनाया जाता है 4. हल जोतने से खेत में बनी हुई गहरी लकीर; कुण 5. कुएँ से पानी निकालने का लोहे आदि धातु का बड़ा या गहरा पात्र।

कूँडभराऊ [सं-पु.] पानी से गड्ढे का भर जाना।

कूँड़मिलौनी [सं-स्त्री.] 1. खेतों में कूँड़ों को मिलाना; खेतों में घनी घास-फूस हटाने की क्रिया 2. उक्त के बदले दी जाने

वाली मजदूरी।

कूँड़ा (सं.) [सं-पु.] 1. मिट्टी या काठ का बना पानी भरने का पात्र 2. गहरे आकार का कोई पात्र 3. वह पात्र जिसमें मिट्टी भरकर पौधे लगाए जाते हैं; गमला।

कूँड़ी [सं-स्त्री.] 1. पत्थर की बनी छोटी गोल कटोरी; प्याली; पथरी 2. छोटे आकार की नाँद 3. कोल्हू के बीच का ऊखल जैसा वह गड्ढा जिसमें तिलहन कुचलने का मोटा बल्ला या जाठ रखा जाता है।

कूईं [सं-स्त्री.] जल में होने वाला एक पौधा जिसके पत्ते और फूल कमल के समान किंतु आकार में छोटे होते हैं; कुमुदिनी।

कूक [सं-स्त्री.] 1. लंबी सुरीली ध्वनि 2. कोयल या मोर आदि पक्षियों की बोली।

कूकना (सं.) [क्रि-अ.] कोयल आदि पक्षी का मधुर स्वर में बोलना; कुहू-कुहू करना; सुरीली आवाज़ निकालना।

कूकस [सं-पु.] अनाज के दाने से अन्न निकालने के बाद बचा अंश; अनाज की भूसी।

कूकुर [सं-पु.] कुत्ता; श्वान।

कूच (फ़ा.) [सं-पु.] 1. किसी स्थान के लिए किया जाने वाला प्रस्थान; रवानगी; यात्रा की शुरुआत 2. सेना का किसी मोर्चे के लिए होने वाला प्रयाण। [मु.] **-कर जाना** : मर जाना; चले जाना। **-करना** : जाना; प्रस्थान करना।

कूचा (फ़ा.) [सं-पु.] मकानों के बीच की गली; छोटा रास्ता; सँकरा मार्ग।

कूची (सं.) [सं-स्त्री.] 1. दीवारों पर पुताई करने में प्रयोग किया जाने वाला मूँज या प्लास्टिक का ब्रश 2. चित्रकार की चित्रों में रंग भरने की कलम; तूलिका 3. छोटा झाड़ू या कूचा।

कूज [सं-स्त्री.] 1. शब्द; ध्वनि; आवाज़; कूजन 2. पक्षियों का कलरव या चहचहाहट 3. कूजने की क्रिया; कू-कू ध्वनि।

कूज़ (फ़ा.) [वि.] 1. टेढ़ा-मेढ़ा; वक्र 2. कुबड़ा।

कूजन (सं.) [सं-स्त्री.] पक्षियों की मधुर आवाज़; चहक; कलरव; कूज।

कूजना (सं.) [क्रि-अ.] 1. कोमल और मधुर आवाज़ करना 2. पक्षियों का कलरव करना; चहचहाना।

कूज़ा (फ़ा.) [सं-पु.] 1. मिट्टी का कुल्हड़; कसोरा; सकोरा 2. कुल्हड़ में जमाई हुई उसी के आकार की मिसरी।

कूट (सं.) [सं-पु.] 1. गूढ़ोक्ति या पहेली; कोई रहस्यपूर्ण बात 2. मिथ्या; असत्य; झूठ 3. कपट; धोखा; छल; फ़रेब 4. पर्वत शिखर; चोटी 5. (काव्यशास्त्र) वह पद या कविता जिसमें श्लिष्ट और सांकेतिक शब्द या वाक्य की प्रधानता हो और जिसका अर्थ शीघ्र समझ में न आता हो, जैसे- सूर के कूट पद 6. दुर्ग; किला 7. हथौड़ा 8. जाल। [वि.] 1. झूठा; मिथ्यावादी 2. छली; फ़रेबी; धोखेबाज़ 3. बनावटी; नकली; जाली।

कूटक (सं.) [सं-पु.] 1. दूसरों के साथ किया जाने वाला छल या कपट; धोखा; धूर्तता 2. हल का फाल 3. वेणी; कबरी; जूड़ा 4. बाहर की ओर निकला हुआ भाग; उठान; उभार। [वि.] किसी को धोखा देने के लिए बनाया या कहा गया, जैसे- कूटक आख्यान।

कूटकर्म (सं.) [सं-पु.] 1. दूसरों के साथ किया जाने वाला छल-कपट या धोखा; फ़रेब 2. जुआ खेलते समय की जाने वाली बेईमानी।

कूटकृति (सं.) [सं-स्त्री.] किसी वस्तु की नकल पर बनाई गई दूसरी वस्तु; अनुकृति; प्रतिकृति; जालसाज़ी; नकल।

कूटचाल (सं.) [सं-स्त्री.] 1. किसी को हानि पहुँचाने के लिए बनाई गई योजना; षड्यंत्र; साज़िश; कूटयुक्ति; जाल 2. दाँवपेंच; तिकड़म; झाँसा।

कूटता (सं.) [सं-स्त्री.] 1. कूट या जटिल होने की अवस्था या भाव 2. छल; कपट; धोखा।

कूटना (सं.) [क्रि-स.] 1. किसी वस्तु पर हथौड़ी आदि भारी चीज़ से इस प्रकार निरंतर आघात करना कि उसके छोटे-छोटे टुकड़े हो जाएँ; चूरा करना; पीटना; 2. धान आदि खाद्यान्न को खाने लायक बनाने के लिए मूसल से प्रहार करके छिलका उतारना 3. किसी व्यक्ति को सज़ा देने के लिए मारना; ठोकना।

कूटनीति (सं.) [सं-स्त्री.] 1. लोगों को ठेस पहुँचाए या नाराज़ किए बिना अपने व्यवहार के कौशल से अपने हितों की रक्षा की नीति; व्यवहार कुशलता 2. राष्ट्रों के आपसी व्यवहार में दाँव-पेंच की छिपी हुई नीति; राजनय; (डिप्लोमेसी) 3. {ला-अ.} छिपी हुई चाल।

कूटनीतिक (सं.) [वि.] जिसमें कूटनीति का समावेश हो; कूटनीति से संबंधित; कूटनीतियुक्त; (डिप्लोमैटिक)।

कूटनीतिज्ञ (सं.) [वि.] 1. कूट नीति से काम लेने वाला; राजनयिक; (डिप्लोमेट) 2. किसी कार्य को पूर्ण करने के लिए व्यूह रचने वाला।

कूटपाश (सं.) [सं-पु.] 1. पक्षियों को फँसाने का जाल; फंदा; कूटयंत्र 2. {ला-अ.} किसी को फँसाने की चाल; षड्यंत्र।

कूटप्रश्न (सं.) [सं-पु.] ऐसा प्रश्न जिसका उत्तर सहजता से न दिया जा सके; पहेली; बुझौवल; प्रहेलिका।

कूटबुद्धि (सं.) [वि.] छल या दाँव-पेच की नीति चलने वाला; कूटनीतिज्ञ; चालबाज़।

कूटमुद्रा (सं.) [सं-स्त्री.] 1. खोटा या जाली सिक्का 2. जाली मुहर या परवाना।

कूटयुद्ध (सं.) [सं-पु.] वह युद्ध जिसमें शत्रु को धोखा दिया जाए; धोखे की लड़ाई; नकली या दिखावटी युद्ध।

कूटलेख (सं.) [सं-पु.] कूटलिपि; कूटभाषा या कोड में लिखी गई कोई बात या लेख; जाली दस्तावेज।

कूटशब्द (सं.) [सं-पु.] 1. वह शब्द जिसमें कोई बात या रहस्य छिपा हो; (कोडवर्ड; पासवर्ड) 2. संकेत शब्द; कूटसंकेत; (कोड)।

कूटस्थ (सं.) [वि.] 1. जो कूट अर्थात सबसे ऊँचे स्थान पर स्थित हो; जिसकी स्थिति सर्वोपरि हो; आला दर्जे का; उच्चतम 2. जिसमें कुछ अदल-बदल न हो सके; अटल; अचल 3. विकार रहित; निर्विकार 4. अविनाशी; विनाशरहित 5. छिपा हुआ; गुप्त।

कूटा जाना [क्रि-स.] बधिया किया जाना। [क्रि-अ.] किसी से पिटा जाना।

कूटाख्यान (सं.) [सं-पु.] कल्पित कथा या आख्यान; ऐसे वाक्यों में रची हुई कहानी जिनका अर्थ समझना कठिन हो।

कूटायुध (सं.) [सं-पु.] ऐसा आयुध या हथियार जो किसी चीज़ के अंदर छिपा रहता है, जैसे- गुप्ती जिसमें छोटी लाठी के अंदर कटार छिपी रहती है।

कूटार्थ (सं.) [सं-पु.] किसी वाक्य या रचना आदि का रहस्यपूर्ण या गूढ़ अर्थ। [वि.] जिसका अर्थ सरलता से समझ में न आता हो; जो कूट भाषा में लिखा गया हो।

कूटू [सं-पु.] एक पौधा जिसके बीजों का आटा फलाहार के रूप में उपयोग किया जाता है; फाफर; कोटू।

कूठाकु [सं-पु.] कठफोड़वा पक्षी।

कूड़ा [सं-पु.] 1. झाड़ने-पोंछने के बाद निकला व्यर्थ का सामान या गंदगी; सारहीन या रद्दी वस्तु; धूल-राख; कतवार; बुहारन 2. व्यर्थ और बेकाम की चीज़ 3. {ला-अ.} किसी अरुचिकर वस्तु या बेस्वाद खाद्य पदार्थ के लिए प्रयोग किया जाने वाला शब्द। [मु.] **-करकट समझना** : तुच्छ समझना। **-करना** : किसी वस्तु या कार्य को बिगाड़ देना।

कूड़ा-करकट [सं-पु.] 1. किसी स्थान पर सफ़ाई करने के बाद निकली गंदी और प्रयुक्त की जा चुकी चीज़ें; कचरा; धूल-गंदगी 2. कृषि, उद्योग आदि से निकलने या उत्पन्न होने वाले अवशिष्ट पदार्थ 3. रद्दी और अनुपयोगी वस्तुएँ।

कूड़ाख़ाना (हिं.+फ़ा.) [सं-पु.] ऐसा स्थान जहाँ कूड़ा-कचरा डाला जाता है।

कूड़ादान (हिं.+फ़ा.) [सं-पु.] कूड़ा जमा करने या रखने का पात्र; वह पात्र जिसमें कूड़ा फेंका जाता है; कूड़ेदान; (डस्टबिन)।

कूढ़ (सं.) [सं-पु.] 1. हल का एक भाग; जाँघा 2. नली के द्वारा बीज बोने का एक प्रकार। [वि.] बुद्धिहीन; मूर्ख।

कूढ़मगज़ (हिं.+फ़ा.) [वि.] मूर्ख; बेवकूफ़; बहुत बड़ा नासमझ; मंदबुद्धि; कुंदज़ेहन।

कूणिका (सं.) [सं-स्त्री.] वीणा, सितार आदि वाद्य यंत्रों की वह खूँटी जिसमें तार बँधे होते हैं।

कूत [सं-पु.] 1. आँकने की क्रिया या भाव; अँकाई; तखमीना; अटकल 2. वस्तु को बिना गिने, नापे या तौले उसकी संख्या, मूल्य या परिमाण का किया जाने वाला अनुमान; अंदाज़ा; कयास।

कूतना [क्रि-स.] किसी वस्तु के परिमाण, मूल्य, महत्व आदि को अटकल या अनुमान से आँकना; अंदाज़ा लगाना।

कूद [सं-स्त्री.] कूदने या उछलने की क्रिया या भाव; कुदान।

कूदना (सं.) [क्रि-अ.] 1. उछलना 2. चबूतरे या छत से छलाँग लगाकर नीचे की ओर आना। [क्रि-स.] 1. फाँदना; लाँघना; टापना 2. {ला-अ.} किसी बात या काम में दख़ल या हस्तक्षेप करना; बिना अधिकार या अनुमति के किसी काम के बीच में अचानक आ जाना।

कूदफाँद [सं-स्त्री.] 1. उछलने और कूदने की क्रिया; धमा-चौकड़ी; उछल-कूद; हुड़दंग 2. {ला-अ.} निरर्थक या व्यर्थ का प्रयत्न।

कूप (सं.) [सं-पु.] 1. कुआँ; कुइयाँ; इनारा 2. छेद; छिद्र; सुराख़ 3. तेल आदि रखने का पात्र या कुप्पा 4. गहरा गड्ढा।

कूपक (सं.) [सं-पु.] 1. छोटा कुँआ 2. नाव बाँधने का खूँटा 3. तरल पदार्थ या तेल आदि रखने की कुप्पी।

कूपकार (सं.) [सं-पु.] कुआँ बनाने या कुआँ खोदने वाला आदमी।

कूपन (अं.) [सं-पु.] 1. नियंत्रित या सीमित मात्रा में कोई वस्तु या अनाज आदि प्राप्त करने का कागज़ का टुकड़ा या पुरज़ा, जैसे- राशन का कूपन 2. वह कागज़ की चिट जिससे इनाम आदि प्राप्त होता है, जैसे- लॉटरी का कूपन 3. चिट; परची; (स्लिप; टिकट; टोकन) 4. किसी समारोह या कार्यक्रम आदि में भोजन प्राप्त करने का पत्र 5. किसी रेस्तराँ या भोजनालय में खाद्य पदार्थों के लिए अग्रिम राशि चुकाने की रसीद जिसके आधार पर सेवा मिलती है।

कूपमंडूक (सं.) [सं-पु.] 1. कुएँ में रहने वाला मेढक 2. {ला-अ.} वह मनुष्य जो अपना स्थान छोड़कर कहीं बाहर न गया हो या जिसे बाहरी दुनिया या समाज का अनुभव या जानकारी न हो; जिसका ज्ञानक्षेत्र बहुत सीमित हो; अज्ञानी; अल्पज्ञ।

कूपमंडूकता (सं.) [सं-स्त्री.] 1. कुएँ के मेढक की तरह एक ही जगह रहने या सीमित स्थान को ही दुनिया समझ लेने की अवस्था या भाव 2. {ला-अ.} बाहर की दुनिया की जानकारी की कमी; अल्पज्ञता।

कूब (सं.) [सं-पु.] पीठ की हड्डी का मुड़ कर टेढ़ा हो जाना; कूबड़; ककुद; कुब्ज।

कूबड़ (सं.) [सं-पु.] पीठ पर बनी हुई बड़ी गाँठ जिसके कारण आदमी झुककर चलता है; पीठ की हड्डी के बढ़ जाने से पीठ का उभार या टेढ़ापन।

कूबड़ा (सं.) [सं-पु.] दे. कुबड़ा।

कूरियर (अं.) [सं-पु.] गैरसरकारी स्तर पर पत्र आदि लाने और ले जाने का कार्य या सेवा; संदेशवाहक।

कूरी [सं-पु.] 1. चेना नामक कदन्न 2. अरहर की फलियाँ।

कूर्च (सं.) [सं-पु.] 1. रंग आदि भरने की कूँची 2. मुट्ठी भर घास; पूला; मुट्ठा; गट्ठा 3. मोर का पंख 4. दाढ़ी।

कूर्पट [सं-पु.] केहुनी।

कूर्म (सं.) [सं-पु.] 1. एक जंतु जिसकी पीठ पर ढाल की तरह का कड़ा कवच होता है; कच्छप; कछुआ 2. भगवान विष्णु के चौबीस अवतारों में से एक; कच्छपावतार 3. (हठयोग) शरीर में मानी जाने वाली दस प्राणवायुओं में से एक जिससे पलकें खुलती और बंद होती हैं 4. पृथ्वी।

कूल (सं.) [सं-पु.] तालाब या नदी का किनारा; तट; छोड़।

कूलर (अं.) [सं-पु.] ठंडी हवा देकर किसी स्थान या पदार्थ के तापमान को कम करने वाला विद्युत उपकरण; शीतलक; अनुशीतक; (एअरकूलर; वाटरकूलर)।

कूलवती (सं.) [सं-स्त्री.] नदी; सरिता।

कूलही [सं-स्त्री.] पीतल (सोनारों की बोली)।

कूला [सं-पु.] पानी का कृत्रिम साधन; छोटी नहर; नाला।

कूली [सं-स्त्री.] एक प्रकार की छोटी मछली।

कूल्हा (सं.) [सं-पु.] धड़ और जाँघ का जोड़; नितंब।

कूवत (अ.) [सं-स्त्री.] सामर्थ्य; क्षमता; शक्ति; ताकत।

कूह [सं-स्त्री.] 1. चीख; चीत्कार 2. हाथी की चिंघाड़। [सं-पु.] शोर; कोलाहल।

कूही [सं-स्त्री.] एक प्रकार की शिकारी चिड़िया, जिसका आकार-प्रकार बाज़ जैसा होता है।

कृंतक (सं.) [सं-पु.] काटने के दाँत; जबड़े में सामने के चार दाँत; कीला; कर्तनक; (इनसाइज़र)।

कृकाट (सं.) [सं-पु.] (शरीर रचना विज्ञान) कंधे और गले का जोड़।

कृच्छ्र (सं.) [वि.] कष्टमय; कठिन, जैसे- कृच्छ्र साधना। [सं-पु.] 1. कष्ट; पीड़ा; दुख; कठिनाई 2. प्रायश्चित।

कृत[1] (सं.) [वि.] 1. संपन्न या पूर्ण किया हुआ; संपादित 2. रचित; सृष्ट; बनाया हुआ, जैसे- तुलसीकृत रामचरितमानस 3. क्रियान्वित; निर्वाहित; निष्पादित 4. सिद्ध; चरितार्थ। [सं-पु.] काम; कर्मफल।

कृत[2] (सं.) [सं-पु.] (व्याकरण) धातु के साथ मिलकर संज्ञा और विशेषण बनाने वाले प्रत्ययों का वर्ग जिनसे जुड़कर बना शब्द कृदंत कहलाता है।

कृतकार्य (सं.) [वि.] जो अपना कार्य या प्रयोजन सिद्ध कर चुका हो; कामयाब; सफल-मनोरथ।

कृतकृत्य (सं.) [वि.] 1. अनुगृहीत; कृतज्ञ 2. जिसे कार्य में पूरा सहयोग मिला हो; संतुष्ट; सफलमनोरथ।

कृतघ्न (सं.) [वि.] किसी के द्वारा किए गए उपकारों को न मानने वाला; अहसानफ़रामोश; अकृतज्ञ; नाशुक्रा।

कृतघ्नता (सं.) [सं-स्त्री.] उपकार या सहायता को न मानने का भाव; अहसान फ़रामोशी; नमकहरामी; अकृतज्ञता।

कृतज्ञ (सं.) [वि.] जो उपकार या नेकी को मानता हो; अनुगृहीत; शुक्रगुज़ार; आभारी।

कृतज्ञता (सं.) [सं-स्त्री.] अनुग्रह या उपकार मानने का भाव; किसी का आभार; अहसानमंदी; शुक्रगुज़ारी।

कृतनिश्चय (सं.) [वि.] जिसने किसी कार्य का संकल्प कर लिया हो; संकल्पशील; दृढ़प्रतिज्ञ; कृतप्रतिज्ञ; पक्के इरादेवाला।

कृतयुग (सं.) [सं-पु.] (पुराण) चारों युगों में पहला युग; सतयुग।

कृतविद्य (सं.) [वि.] जिसे किसी विद्या का बहुत अच्छा ज्ञान या अभ्यास हो; विद्वान।

कृतवीर्य (सं.) [वि.] शक्तिशाली; वीर्यवान; ताकतवर। [सं-पु.] (महाभारत) कृतवर्मा का भाई।

कृतसंकल्प (सं.) [वि.] जिसने दृढ़ निश्चय कर लिया हो; जो संकल्प ले चुका हो; दृढ़प्रतिज्ञ; कृतनिश्चय।

कृतांजलि (सं.) [वि.] जो हाथ जोड़े या बाँधे हुए हो; जो दोनों हथेलियों की अंजली बनाए हुए हो।

कृतांत (सं.) [वि.] 1. समाप्त या पूर्ण करने वाला 2. अंत या नाश करने वाला 3. निश्चय करने वाला। [सं-पु.] 1. (पुराण) यम; धर्मराज 2. (पारंपरिक मान्यतानुसार) पूर्व जन्म में किए हुए शुभाशुभ कर्मों का फल; प्रारब्ध 3. मृत्यु।

कृताकृत (सं.) [वि.] आधा-अधूरा; आंशिक रूप से किया हुआ; करके छोड़ा हुआ।

कृतात्मा (सं.) [वि.] विशुद्ध आत्मावाला; उच्चाशय; पवित्र काम या पुण्य करने वाला।

कृतापराध (सं.) [वि.] जिसने कोई अपराध या जुर्म किया हो; अपराधी; दोषी।

कृतार्थ (सं.) [वि.] 1. जिसका कार्य सिद्ध हो गया हो; जो उद्देश्य सिद्धि के कारण संतुष्ट या प्रसन्न हो; कृतकार्य; सफल 2. कृतज्ञ।

कृति (सं.) [सं-स्त्री.] 1. किया हुआ कार्य; क्रिया; निर्मिति 2. कोई बहुत प्रशंसनीय कार्य; किसी के द्वारा किया गया लेखन या चित्रांकन आदि रचनात्मक कार्य; रचना 3. बौद्धिक संपत्ति।

कृतिका (सं.) [सं-स्त्री.] दे. कृत्तिका।

कृतिकार (सं.) [सं-पु.] साहित्यिक या कलात्मक कृति का रचयिता; रचना करने वाला व्यक्ति; रचनाकार; लेखक।

कृतित्व (सं.) [सं-पु.] 1. किसी लेखक आदि के द्वारा किया गया रचनात्मक कार्य; किसी रचनाकार की समस्त कृतियाँ 2. कारयित्री प्रतिभा 3. कारनामा।

कृती (सं.) [वि.] 1. वह जो उल्लेखनीय कार्य करता है; कृतकार्य; कुशल; निपुण; दक्ष 2. पुण्यात्मा।

कृते (सं.) [अव्य.] (किसी और) की तरफ़ से (हस्ताक्षर करना); के वास्ते; के लिए।

कृत्ति (सं.) [सं-स्त्री.] 1. चर्म; त्वचा; खाल 2. मृगचर्म; हिरण की खाल 3. भोजपत्र।

कृत्तिका (सं.) [सं-स्त्री.] 1. सत्ताईस नक्षत्रों में से तीसरा नक्षत्र 2. छकड़ा; शकट; बैलगाड़ी।

कृत्तिवास (सं.) [सं-पु.] (पुराण) शिव; महादेव।

कृत्य (सं.) [सं-पु.] 1. धार्मिक दृष्टि से किए जाने वाले कार्य या अनुष्ठान; कर्तव्य; कार्य 2. आचरणीय; शास्त्रविहित कर्म 3. बुरे या हिंसक कार्य, जैसे- जघन्य कृत्य।

कृत्यवाह (सं.) [सं-पु.] 1. किसी पद पर रहकर कार्य निर्वाह करने वाला 2. वह जो कार्यभार संभालने के लिए नियुक्त हुआ हो।

कृत्या (सं.) [सं-स्त्री.] 1. (तांत्रिक मिथक) एक राक्षसी जिसे तांत्रिक लोग अपने अनुष्ठान से उत्पन्न करके किसी शत्रु को विनष्ट करने के लिए भेजते हैं 2. जादूगरनी; दुष्टा या कर्कशा स्त्री 3. तंत्र-मंत्र के द्वारा किए जाने वाले मारक या विनाशक कर्म; अभिचार।

कृत्रिम (सं.) [वि.] 1. जो प्राकृतिक न हो; बनाया हुआ; मानव-निर्मित; (आर्टिफ़िशल), जैसे- कृत्रिम अंग 2. नकली, जैसे- कृत्रिम रेशम 3. असहज; बनावटी; दिखावटी (व्यवहार), जैसे- कृत्रिम मुस्कान।

कृत्रिमता (सं.) [सं-स्त्री.] कृत्रिम होने की अवस्था या भाव; छद्म; दिखावा; बनावटीपन।

कृदंत (सं.) [सं-पु.] 1. धातु या क्रियाओं के अंत में कृत प्रत्यय के जुड़ने से बने संज्ञा या विशेषण शब्द जो कर्तृवाचक (वाला- पढ़ने वाला), कर्मवाचक (न- बंधन), भाववाचक (आई- चढ़ाई) या क्रियावाचक (ना- दौड़ना) हो सकते हैं।

कृपण (सं.) [वि.] जिसका लक्ष्य केवल धन का संग्रह करना हो और जो जरूरत पड़ने पर भी ख़र्च न करता हो; धन का घोर लोभी या लालची व्यक्ति; कंजूस; सूम।

कृपणता (सं.) [सं-स्त्री.] कृपण होने की अवस्था या भाव; कंजूसी।

कृपणबुद्धि (सं.) [वि.] जो हर समय धन संग्रह करने के बारे में सोचता हो; कंजूस; छोटे दिल का; संकुचित सोच का।

कृपया (सं.) [अव्य.] कृपा या मेहरबानी करके; कृपापूर्वक; अनुग्रहपूर्वक; (प्लीज़)।

कृपा (सं.) [सं-स्त्री.] 1. निःस्वार्थ भाव से किया जाने वाला उपकार; उदारतापूर्वक दूसरों की भलाई करने की वृत्ति 2. दया; अनुग्रह; मेहरबानी।

कृपाण (सं.) [सं-पु.] एक प्रकार का धारदार हथियार; बहुत छोटी तलवार; कटार।

कृपाणी (सं.) [सं-स्त्री.] 1. छोटी तलवार, कटारी या बरछी 2. कतरनी; कैंची।

कृपानिधान (सं.) [सं पु.] 1. ईश्वर 2. कृपा का सागर; अति कृपालु 3. बहुत दयालु व्यक्ति। [वि.] सब पर कृपा करने वाला।

कृपापात्र (सं.) [सं-पु.] ऐसा व्यक्ति जिसपर कोई कृपा करता हो; कृपा-भाजन; अनुग्रह का पात्र। [वि.] कृपा का अधिकारी; जो कृपा के लायक हो।

कृपालु (सं.) [वि.] 1. कृपा करने वाला; दयालु 2. कृपा करना जिसका स्वभाव हो।

कृपालुता (सं.) [सं-स्त्री.] 1. कृपालु होने की अवस्था या भाव 2. कृपा या दया का भाव; मेहरबानी; दयालुता।

कृमि (सं.) [सं-पु.] छोटा कीड़ा; कीट; (वर्म)।

कृमिक (सं.) [सं-पु.] छोटा कीड़ा। [वि.] 1. कृमि से संबंधित 2. कृमि सदृश।

कृमिरोग (सं.) [सं-पु.] 1. कृमि से होने वाले रोग 2. आमाशय और पक्वाशय में केंचुए के समान कीड़े उत्पन्न होने का रोग।

कृश (सं.) [वि.] 1. दुबला-पतला; क्षीणकाय 2. कमज़ोर; दुर्बल 3. गरीब; अकिंचन 4. अल्प; छोटा; सूक्ष्म।

कृशकाय (सं.) [वि.] दुबले-पतले शरीर वाला; कंकालमात्र।

कृशता (सं.) [सं-स्त्री.] 1. कृश अर्थात दुबला होने की अवस्था या भाव; दुर्बलता; दुबलापन 2. पतलापन; क्षीणता।

कृशांगी (सं.) [सं-स्त्री.] कृशकाय या दुबली-पतली स्त्री; छरहरे बदन की स्त्री।

कृशानु (सं.) [सं-पु.] 1. अग्नि; आग 2. चीता।

कृशित (सं.) [वि.] 1. जो कृश या क्षीणकाय हो; दुबला-पतला 2. दुर्बल; कमज़ोर।

कृषक (सं.) [सं-पु.] 1. खेतों को जोतने-बोने एवं अन्न उपजाने वाला व्यक्ति; किसान; खेतिहर; हलवाहा; काश्तकार; (फ़ार्मर) 2. हल का फाल [वि.] खींचने वाला।

कृषि (सं.) [सं-स्त्री.] अनाज आदि पैदा करने के लिए खेतों को जोतने-बोने का काम; खेती; कृषक-कर्म; काश्तकारी; खेतीबाड़ी; काश्त; किसानी; जोत।

कृष्ण (सं.) [सं-पु.] 1. (पुराण) वसुदेव और देवकी के पुत्र जिन्हें विष्णु का अवतार माना जाता है 2. परब्रह्म 3. काला रंग; कालिख 4. {ला-अ.} कोयल; कौआ 5. चांद्र मास का अँधेरा पक्ष। [वि.] 1. काला; श्याम; स्याह 2. नीला या आसमानी।

कृष्णपक्ष (सं.) [सं-पु.] 1. पूर्णिमा और अमावस्या के बीच के पंद्रह दिन 2. अँधेरा पाख; चांद्र मास का अंधकार पक्ष।

कृष्णपक्षीय (सं.) [वि.] कृष्णपक्ष से संबंधित; कृष्णपक्ष में होने वाला।

कृष्णपर्णी (सं.) [वि.] काली पत्तियों वाली। [सं-स्त्री.] काली पत्तियों वाली तुलसी।

कृष्णसखा (सं.) [सं-पु.] कृष्ण का मित्र; सुदामा; अर्जुन।

कृष्णसार (सं.) [सं-पु.] 1. काले रंग का हिरन; काला मृग 2. सेंहुड़ 3. शीशम का वृक्ष 4. खैर का वृक्ष।

कृष्णा (सं.) [सं-स्त्री.] 1. दक्षिण भारत की एक प्रसिद्ध नदी; कृष्णगंगा 2. काले पत्तों वाली तुलसी; श्यामा तुलसी 3. काली या गहरे रंग की किशमिश 4. काला जीरा 5. राई 6. आँख की पुतली 7. द्रौपदी 8. काली 9. एक योगिनी।

कृष्णाभिसारिका (सं.) [सं-स्त्री.] (काव्यशास्त्र) अँधेरी रात में अभिसार करने वाली नायिका; वह नायिका जो अँधेरी रात में अभिसार करने के लिए अपने प्रेमी के पास संकेत स्थान पर जाती है।

कृष्णाष्टमी (सं.) [सं-स्त्री.] कृष्ण की जन्मतिथि; भाद्रपद महीने के कृष्ण पक्ष की अष्टमी; जन्माष्टमी।

कृष्णिमा (सं.) [सं-स्त्री.] काला होने की अवस्था या भाव; कालापन; श्यामता; कृष्णता; कालिमा।

कृष्य (सं.) [वि.] जिसमें खेती की जा सके; जोतने-बोने के लायक; कृषि योग्य (भूमि)।

के (सं.) [पर.] संबंधवाचक 'का' का तिर्यक रूप; संबंध सूचक परसर्ग जो पुल्लिंग बहुवचन शब्द या आदरार्थक शब्द से संबंध का द्योतन करता है, जैसे- समर के बेटे, समर के पिता।

कें-कें [सं-स्त्री.] 1. पक्षियों द्वारा की जाने वाली ध्वनि 2. पिल्ले की आवाज़ 3. कष्टसूचक आवाज़ 4. {ला-अ.} बकवास; व्यर्थ की बातचीत।

केंचुआ (सं.) [सं-पु.] 1. सूत की तरह पतला और लंबा एक बरसाती कीड़ा जो जमीन पर रेंग कर चलता है तथा मिट्टी खाता है 2. सफ़ेद रंग के वे छोटे कीड़े जो आंतों में पहुँचकर अंडे और बच्चे देते हैं तथा मल के साथ बाहर निकलते हैं।

केंचुल [सं-स्त्री.] साँपों के पूरे शरीर की वाह्य त्वचा जो एक निश्चित समय के बाद मृत होकर शरीर से अलग हो जाती है; केंचुली।

केंचुली (सं.) [सं-स्त्री.] साँप के शरीर की वह त्वचा जो प्रतिवर्ष स्वतः उतर जाती है; केंचुल।

केंद्र (सं.) [सं-पु.] 1. किसी वृत्त के अंदर का वह बिंदु जिससे परिधि के सभी बिंदु समान दूरी पर हों; नाभि 2. किसी वस्तु का मध्य भाग या बीच का बिंदु 3. किसी उपकरण का वह बिंदु जिसके चारों ओर कोई वस्तु घूमती है 4. वृत्त का मूल बिंदु 5. किसी कार्य या गतिविधि (शिक्षा, व्यापार, कला,

लेखन, शोध आदि) का स्थान; (सेंटर), जैसे- ललितकला केंद्र; विज्ञान केंद्र।

केंद्रक (सं.) [सं-पु.] 1. कोशिका का मुख्य भाग; नाभिक; (न्यूक्लियस) 2. केंद्र बिंदु।

केंद्रग (सं.) [वि.] केंद्र की ओर जाने वाला; केंद्रगामी; केंद्राभिसारी।

केंद्रगामी (सं.) [वि.] 1. जो केंद्र की ओर जा रहा हो या बढ़ रहा हो 2. केंद्र से हो कर जाने वाला।

केंद्रण (सं.) [सं-पु.] किसी वस्तु का केंद्र की ओर आना; केंद्रीकरण।

केंद्रस्थ (सं.) [वि.] जो केंद्र में स्थित हो; केंद्रीय।

केंद्रापसारी (सं.) [वि.] किसी शक्ति की प्रेरणा से केंद्र से दूर हटने की प्रवृत्ति वाला; केंद्र से दूर ले जाने वाला; केंद्र से चारों ओर फैलने वाला।

केंद्राभिमुख (सं.) [वि.] केंद्र की ओर मुख करने वाला; केंद्राभिमुखी; केंद्र की ओर जाने वाला।

केंद्राभिसारी (सं.) [वि.] 1. केंद्र की ओर जाने वाला 2. केंद्र का समर्थन करने वाला।

केंद्रिक (सं.) [वि.] केंद्र में बनने, होने या रहने वाला।

केंद्रित (सं.) [वि.] 1. केंद्र में स्थित; केंद्र में लाया हुआ 2. किसी निश्चित स्थान में एकत्रित 3. केंद्र के अधीन; केंद्रीकृत; केंद्रीभूत।

केंद्री (सं.) [वि.] केंद्र से संबंधित; केंद्र में रहने या होने वाला; केंद्र में स्थित।

केंद्रीकरण (सं.) [सं-पु.] 1. केंद्र में लाने की क्रिया या भाव; केंद्रित करना; केंद्रीय नियंत्रण में लाना 2. सत्ता या अधिकारों को किसी एक व्यक्ति या संस्था के अधीन करना; (सेंट्रलाइज़ेशन)।

केंद्रीकृत (सं.) [वि.] 1. केंद्रित किया हुआ; किसी केंद्र में इकट्ठा किया हुआ 2. एक स्थान पर लाया या आया हुआ।

केंद्रीभूत (सं.) [वि.] केंद्र में स्थित या एकत्रित; केंद्रित।

केंद्रीय (सं.) [वि.] 1. केंद्र संबंधी; केंद्र या मध्यभाग का 2. किसी देश, राज्य आदि के केंद्र या राजधानी से संबंध रखने वाला, जैसे- केंद्रीय मुख्यालय 3. मुख्य; श्रेष्ठ या प्रधान 4. केंद्रस्थ; (सेंट्रल)।

केंद्रोन्मुखी (सं.) [वि.] जो केंद्र की तरफ़ उन्मुख हो; केंद्राभिसारी।

केओचा [सं-पु.] पानी का कृत्रिम साधन; कुल्या।

केक (अं.) [सं-पु.] मैदा, दूध-अंडा आदि से बनाया जाने वाला एक मीठा स्पंजी व्यंजन या उसका टुकड़ा।

केकड़ा (सं.) [सं-पु.] आठ टाँगों और दो पंजों का एक जलीय कीड़ा; कर्क; (क्रैब)।

केकय (सं.) [सं-पु.] 1. आधुनिक कक्का अर्थात कश्मीर का प्राचीन नाम 2. उक्त प्रदेश का निवासी 3. उक्त देश का राजा, जिसकी बेटी केकैयी अयोध्या के राजा दशरथ के साथ ब्याही थी और जिससे भरत नामक पुत्र उत्पन्न हुआ था।

केका (सं.) [सं-स्त्री.] 1. मयूर की बोली 2. मोर की कूक या पुकार।

केकी (सं.) [सं-पु.] सुंदर पंखों वाली लंबी पूँछ का एक प्रसिद्ध पक्षी; नर मयूर या मोर।

केड़ा (सं.) [सं-पु.] 1. कोंपल; कल्ला; अंकुर 2. नया पौधा 3. कटी फ़सल का गट्ठर 4. {ला-अ.} नवयुवक।

केत (सं.) [सं-पु.] 1. घर; आवास; भवन 2. स्थान; जगह 3. अन्न 4. सलाह; परामर्श।

केतक (सं.) [सं-पु.] केवड़ा। [वि.] 1. कितने; किस कदर 2. बहुत; अनेक; कई।

केतकी (सं.) [सं-स्त्री.] 1. एक प्रसिद्ध पौधा जिसकी पत्तियाँ नुकीली और चिकनी होती हैं; केवड़ा 2. एक प्रकार की रागिनी।

केतन (सं.) [सं-पु.] 1. निमंत्रण; आह्वान 2. झंडा; ध्वजा; परचम 3. चिह्न; प्रतीक 4. घर 5. स्थान; जगह।

केतरा [क्रि-स.] पतली और लंबी नस्ल की ईख रोपना; केतार; केराना।

केतली (अं.) [सं-स्त्री.] 1. चाय देने के लिए प्रयोग किया जाने वाला एक ढक्कनदार पात्र 2. पानी गरम करने का टोंटीदार बरतन जिसमें प्रायः चाय के लिए पानी गरम किया जाता है; (केटल)।

केतित (सं.) [वि.] 1. बसा हुआ 2. बुलाया हुआ; आमंत्रित 3. आहूत।

केतु (सं.) [सं-पु.] 1. दीप्ति; प्रकाश; चमक 2. ज्ञान 3. ध्वजा; पताका 4. निशान; चिह्न 5. (पुराण) राहु नामक राक्षस का कबंध या धड़ 6. (ज्योतिष) नवग्रहों में से एक, जिसको छाया ग्रह कहा जाता है। वैज्ञानिक दृष्टि से यह काल्पनिक है।

केथीड्रल (अं.) [सं-पु.] किसी नगर या जिले का सबसे महत्वपूर्ण गिरजाघर; प्रार्थना भवन; (चर्च)।

केदार (सं.) [सं-पु.] 1. वह खेत जिसमें धान बोया या रोपा जाता है; क्यारी 2. वृक्ष के नीचे या वृक्ष रोपने के लिए बना हुआ थाला 3. हिमालय पर्वत का एक शिखर और वहाँ स्थित एक शिवलिंग का नाम जिसे तीर्थ स्थल के रूप में जाना जाता है 4. शिव का एक नाम।

केन (सं.) [सं-स्त्री.] उत्तर प्रदेश के बाँदा जिले की एक नदी जो यमुना में मिल जाती है। [सं-पु.] एक उपनिषद का नाम।

केनार (सं.) [सं-पु.] 1. खोपड़ी; सिर; कपाल 2. संधि; जोड़ 3. एक नरक का नाम; कुंभीपाक नरक।

केबल (अं.) [सं-पु.] 1. उच्च वोल्टेज की विद्युत वितरण के लिए प्रयुक्त होने वाला मोटा तार 2. टेलीफोन या टीवी आदि इलेक्ट्रॉनिक उपकरणों का तार 3. लोहे के तारों से बना रस्सा 4. उपग्रह प्रसारण में टीवी को विभिन्न चैनलों से जोड़ने वाला तार; (केबल कनेक्शन)7

केबल ऑपरेटर (अं.) [सं-पु.] सैटेलाइट से कैच करने वाले और टीवी के बीच तारों को प्रबंधित करने वाले; कार्यक्रमों को ग्राहकों तक पहुँचाने वाला।

केबिन (अं.) [सं-पु.] 1. किसी भवन या रेस्तराँ आदि में बनाया हुआ छोटा कक्ष 2. लकड़ी से बना छोटा मकान 3. विमान में यात्रियों के बैठने का स्थान।

केमिकल (अं.) [सं-पु.] 1. रासायनिक पदार्थ 2. रसायन।

केमिस्ट (अं.) [सं-पु.] 1. रसायनी; रसायनज्ञ; प्रयोगशाला में रसायनों द्वारा निरीक्षण-परीक्षण या अनुसंधान करने वाला व्यक्ति 2. दवाई विक्रेता; औषधि विक्रेता।

केयूर (सं.) [सं-पु.] 1. बाँह में पहनने का एक आभूषण; बिजायठ; अंगद; बाज़ूबंद; भुजबंद; भुजभूषण 2. रतिक्रिया का एक आसन।

केरल (सं.) [सं-पु.] भारत के दक्षिण में स्थित एक राज्य का नाम।

केरा [सं-स्त्री.] एक प्रकार की बत्तख; पतारी।

केराव [सं-पु.] कच्चा मटर (हरा मटर); मटर।

केरोसिन (अं.) [सं-पु.] एक खनिज तेल; मिट्टी का तेल।

केला [सं-पु.] एक प्रसिद्ध वृक्ष और उस वृक्ष पर लगने वाला फल; कदली।

केलास (सं.) [सं-पु.] स्फटिक; रवा; (क्रिस्टल)।

केलासीय (सं.) [वि.] केलास संबंधी; सफ़ेद एवं पारदर्शक क्रिस्टल वाला।

केलि (सं.) [सं-स्त्री.] 1. खेल; क्रीड़ा 2. रति; आनंदक्रीड़ा; काम-व्यापार; संभोग 3. मौजमस्ती; विनोद; लीला।

केलिकला (सं.) [सं-स्त्री.] 1. मैथुन; संभोग 2. सरस्वती की वीणा।

केवका [सं-पु.] एक प्रकार का मसाला जो प्रसूता को दिया जाता है।

केवट (सं.) [सं-पु.] 1. एक जाति जो नाव खेने का काम करती है; नाविक 2. उक्त जाति का व्यक्ति 3. मल्लाह।

केवटी [सं-स्त्री.] 1. कई प्रकार की दालों को मिलाकर पकाई गई दाल 2. एक प्रकार का छोटा कीड़ा।

केवड़ई [सं-पु.] केवड़े के रंग जैसा; हलका पीला रंग। [वि.] 1. जिसमें केवड़ा डाला गया हो; जिसमें केवड़े की महक हो 2. केवड़े के रंग का।

केवड़ा (सं.) [सं-पु.] 1. एक पौधा जिसके पत्ते तलवार के समान लंबे और पुष्प सुगंधित होते हैं 2. उक्त पौधे का सफ़ेद, सुगंधित, काँटेदार फूल 3. उक्त फूल का उतारा हुआ सुगंधित जल या आसव।

केवल [अव्य.] सिर्फ़; मात्र; अकेला; बस; कुल; खाली; निपट; फ़क़त। [सं-पु.] आध्यात्मिक ज्ञान, विशुद्ध ज्ञान।

केवलहा [सं-पु.] छोटे दाने वाला गेहूँ।

केवली (सं.) [सं-पु.] 1. केवलज्ञानी; साधु जिसने मुक्ति प्राप्त कर ली हो 2. जैन तीर्थंकर।

केवा (सं.) [सं-पु.] 1. कमल कली 2. बहाना; संकोच।

केवाँच (सं.) [सं-स्त्री.] 1. एक प्रकार की बेल जिसमें सेम जैसी फलियाँ लगती हैं; कौंछ 2. उक्त बेल का फली जिसको छूने से खुजली होती है।

केवाही [सं-पु.] एक प्रकार की ईख; केवाँली।

केश (सं.) [सं-पु.] 1. सिर के बाल; अलक; कुंतल 2. सिंह और घोड़े की गरदन पर होने वाले बाल; अयाल।

केशकीट (सं.) [सं-पु.] गंदे बालों में उत्पन्न होने वाला कीड़ा; जूँ।

केशनली (सं.) [सं-स्त्री.] केश के समान बहुत पतले छेद वाली नली; केशिका।

केशव (सं.) [वि.] जिसके बाल बहुत लंबे और सुंदर हों; बहुत घने केशों वाला। [सं-पु.] (पुराण) कृष्ण; विष्णु।

केशवालय (सं.) [सं-पु.] पीपल का वृक्ष; वासुदेव वृक्ष।

केशविन्यास (सं.) [सं-पु.] सिर के बालों को ठीक तरह से सजा-सँवारकर जूड़े आदि के रूप में बाँधने की क्रिया; कंघी से बनाई गई माँग; केशभूषा; (हेयर स्टाइल)।

केशांत (सं.) [सं-पु.] 1. बाल का सिरा 2. सोलह संस्कारों में से एक; मुंडन संस्कार।

केशाकेशी (सं) [सं-स्त्री.] दो स्त्रियों का एक दूसरे के बाल पकड़कर खींचना या परस्पर लड़ना; झोटा-झोटी।

केशिका (सं.) [सं-स्त्री.] 1. प्राणियों के शरीर में धमनी आदि से जुड़ी हुई सूक्ष्म नलिकाएँ 2. केश के समान सूक्ष्म और पतली वस्तु; केशनली 3. किसी वस्तु के ऊपर के बहुत छोटे-छोटे रोएँ।

केशिनी (सं.) [सं-स्त्री.] 1. सुंदर बालों वाली स्त्री 2. (पुराण) राजा सगर की एक रानी 3. एक अप्सरा 4. जटामासी 5. चोर पुष्पी (एक औषधि)।

केशी (सं.) [सं-पु.] 1. सिंह; शेर 2. घोड़ा; अश्व। [सं-स्त्री.] 1. नील का पौधा 2. भूतकेश नामक औषधि 3. केवाँच; कौंछ 4. एक वृक्ष जिसकी पत्तियाँ खजूर की पत्तियों से मिलती-जुलती हैं 5. चोटी। [वि.] सुंदर और घने बालोंवाला।

केस (अं.) [सं-पु.] 1. मुकदमा; अदालत में पेश किया गया मामला 2. किसी वस्तु या सामान आदि को रखने-सहेजने का डिब्बा; (बॉक्स) 3. कोई विशेष घटना या प्रकरण।

केस स्टडी (अं.) [सं-स्त्री.] 1. किसी प्रकरण विशेष की छानबीन 2. किसी समूह, समस्या या परिस्थिति आदि का समयावधि विशेष में अध्ययन।

केस हिस्ट्री (अं.) [सं-पु.] किसी व्यक्ति की पृष्ठभूमि या बीमारी आदि से संबंधित विवरण।

केसर (सं.) [सं-पु.] ठंडे प्रदेशों में होने वाला एक प्रसिद्ध पौधा जो सुगंध के लिए प्रसिद्ध है; ज़ाफरान।

केसरबाटी [सं-पु.] बेसन की एक मिठाई।

केसरिया (सं.) [सं-पु.] केसर की तरह पीला रंग; नारंगी रंग। [वि.] 1. केसर के रंग में रँगा हुआ 2. उक्त रंग का; नारंगी रंग का 3. जिसमें केसर पड़ा हो।

केसरी (सं.) [सं-पु.] 1. सिंह 2. घोड़ा 3. नागकेसर 4. पुन्नाग 5. बिजौरा नीबू 6. (रामायण) हनुमान के पिता का नाम 7. एक प्रकार का बगुला 8. {ला-अ.} अपने वर्ग में कोई उत्तम वस्तु या व्यक्ति। [वि.] सिंह जैसा पराक्रमी जैसे- पंजाब केसरी।

केसौड़ा [सं-पु.] नहछू।

केहटी [सं-स्त्री.] पतली कम और मटमैल रंग का घोड़ा।

केहर (सं.) [सं-पु.] केशरी; केहरी; सिंह।

केहा (सं.) [सं-पु.] 1. मोर 2. तीतर की प्रजाति का एक जंगली

पक्षी।

केहु (सं.) [सर्व.] कोई।

केहुनी [सं-स्त्री.] कोहनी।

कै (अ.) [सं-स्त्री.] उलटी; वमन; उद्गार।

कैंकची [वि.] कोनही; कोनेवाली।

कैंकर्य (सं.) [सं-पु.] किंकर होने की अवस्था या भाव; नौकरी; सेवा-टहल; दासत्व।

कैंचा[1] [वि.] जिसकी एक आँख की पुतली एक ओर खिंची हुई हो; भेंगा; ऐंचाताना।

कैंचा[2] (तु.) [सं-पु.] बड़े आकार की कैंची।

कैंची (तु.) [सं-स्त्री.] कपड़ा, कागज़ आदि काटने का एक उपकरण।

कैंट (अं.) [सं-पु.] सैन्य छावनी (कैंटोनमेंट का संक्षिप्त रूप)।

कैंटीन (अं.) [सं-स्त्री.] 1. कारखानों या व्यापारिक प्रतिष्ठानों आदि में नाश्ते, भोजन इत्यादि के लिए बनाया गया जलपानगृह 2. वह जगह जहाँ सेना के जवान ज़रूरत का सामान किफ़ायती दाम पर ख़रीद सकते हैं।

कैंडल मार्च (अं.) [सं-पु.] जनसमूह द्वारा किसी दुखद अथवा राष्ट्र या समाज विरोधी घटना के विरुद्ध प्रतिक्रिया एवं प्रतिरोधस्वरूप सायंकाल अंधेरा होने पर सड़क पर जलती हुई मोमबत्ती हाथों में लेकर किया जाने वाला पैदल मार्च या आंदोलन।

कैंड़ा (सं.) [सं-पु.] 1. कोई काम कुशलतापूर्वक करने का ढंग या प्रकार; कौशल 2. ढब; चाल; तर्ज़ 3. किसी वस्तु का विस्तार आदि नापने का पैमाना; मान 4. खाका खीचने का उपकरण 5. चतुराई; चालबाज़ी।

कैंडिडेट (अं.) [सं-पु.] 1. उम्मीदवार; राजनीति में किसी दल द्वारा निर्वाचन के लिए चुनाव में खड़ा किया गया प्रत्याशी; आवेदक 2. सदस्य 3. परीक्षार्थी।

कैंडी (अं.) [सं-स्त्री.] चीनी से बनाई गई मीठी गोली; टॉफ़ी।

कैंप (अं.) [सं-पु.] 1. किसी अभियान पर जाते समय सैनिकों का अस्थायी निवास या पड़ाव; छावनी 2. किसी कार्य या चीज़ के विस्तार, प्रचार या जागरूकता आदि के लिए लगाया गया शिविर, जैसे- मेडिकल कैंप; सांस्कृतिक कैंप 3. यात्रियों के ठहरने का स्थान या पड़ाव।

कैंपस (अं.) [सं-पु.] 1. विश्वविद्यालय या महाविद्यालय का परिसर; वह मैदान या क्षेत्र जहाँ विश्वविद्यालय, कॉलेज के मुख्य भवन स्थापित हो 2. अहाता।

कैंसर (अं.) [सं-पु.] 1. शरीर में कोशिका की अनियंत्रित वृद्धि से होने वाला घातक रोग; कर्क रोग 2. केकड़ा 3. (ज्योतिष) कर्क राशि और उसका चिह्न 4. {ला-अ.} कोई लाइलाज़ समस्या या उसके उन्मूलन की जटिलता को प्रकट करने का भाव, जैसे- उपभोक्तावाद और पूँजीवाद समाज का कैंसर है।

कैकस (सं.) [सं-पु.] एक राक्षस।

कैकसी (सं.) [सं-स्त्री.] रावण की माँ का नाम।

कैकेयी (सं.) [सं-स्त्री.] 1. अयोध्या के राजा दशरथ की पत्नी एवं भरत की माता 2. केकय गोत्र में उत्पन्न स्त्री 3. केकय नरेश की पुत्री।

कैकेयी हठ (सं.) [सं-पु.] वह जिद्द या हठ जो किसी प्रकार से अपनी बात मनवाने के लिए की जाती है।

कैक्टस (अं.) [सं-पु.] काँटेदार मरुस्थलीय पौधा; थूहड़।

कैच (अं.) [सं-पु.] 1. पकड़ने या जकड़ने की क्रिया; गिरफ़्त करना 2. {ला-अ.} किसी चीज़ से आकर्षित होना; किसी बात को समझना।

कैज़ुअल (अं.) [वि.] 1. आकस्मिक; कभी-कभार होने वाला 2. अवसरपरक, जैसे- कैज़ुअल ड्रेस 3. लापरवाह; नियम-विरुद्ध 4. अनियमित; अनियत।

कैटभ (सं.) [सं-पु.] (पुराण) मधु नाम के दैत्य का छोटा भाई जिसका विष्णु ने वध किया था।

कैटरर (अं.) [सं-पु.] वह व्यक्ति या समूह जो भोजन बनाने-परोसने आदि की व्यवस्था करता हो।

कैटरिंग (अं.) [सं-स्त्री.] 1. खानपान की व्यवस्था 2. विवाह या समारोह आदि में खान-पान से संबंधित सेवाएँ प्रदान करने का व्यवसाय।

कैटलॉग (अं.) [सं-स्त्री.] (पुस्तक आदि का) सूचीपत्र; पत्रक।

कैटवॉक (अं.) [सं-पु.] नए रिवाज या फ़ैशन को ध्यान में रखकर बनाए या डिज़ाइन किए हुए तरह-तरह के परिधानों और आभूषणों आदि के प्रदर्शन के लिए स्त्री या पुरुष मॉडलों द्वारा एक-एक करके या समूह में अवसर या स्थान विशेष में की जाने वाली फ़ैशन परेड।

कैडेट (अं.) [सं-पु.] 1. सैन्य छात्र; रंगरूट; प्रशिक्षु सैनिक 2. भारत में राष्ट्रीय कैडेट कोर (एनसीसी) का सदस्य।

कैद्यमलक [सं-पु.] घुँघराले बाल।

कैतव (सं.) [सं-पु.] 1. छल; धोखा 2. जुआ या जुए में लगाया जाने वाला दाँव 3. ठगी। [वि.] 1. धोखा देने वाला; छलने वाला 2. जुआ खेलने वाला; जुए में दाँव लगाने वाला।

कैतवापह्नुति (सं.) [सं-स्त्री.] (काव्यशास्त्र) अपह्नुति अलंकार का वह भेद जिसमें किसी वास्तविक विषय या यथार्थ का निषेध अथवा गोपन प्रत्यक्ष रूप से न करके किसी अन्य रूप में किया जाता है, जैसे - वह क्या आए, उनके बहाने साक्षात् ईश्वर ही वहाँ आ गया।

कैतून (तु.) [सं-स्त्री.] वस्त्रों के किनारों पर टाँकी जाने वाली सुनहरी रेशमी पट्टी; गोटा या लैस।

कैथ [सं-पु.] बेल के समान कड़े आवरण वाला बहुत खट्टा फल तथा उसका वृक्ष; कैथा; कपित्थ।

कैथा (सं.) [सं-पु.] 1. कठोर आवरण वाले और बहुत खट्टे फलों का एक वृक्ष; कैथ 2. उक्त वृक्ष का फल; कपित्य।

कैथी [सं-स्त्री.] 1. बिहार राज्य में प्रचलित एक पुरानी लिपि जिसमें शिरोरेखा नहीं होती 2. छोटी जाति का कैथ।

कैथोलिक (अं.) [सं-पु.] 1. एक ईसाई संप्रदाय 2. कैथोलिक विचारधारा या मत का अनुयायी।

कैद (अ.) [सं-स्त्री.] 1. बंधन; बंधन की अवस्था 2. कारावास 3. {ला-अ.} प्रतिबंध; शर्त।

क़ैद (अ.) [सं-स्त्री.] उर्दू उच्चारणानुसार वर्तनी (दे. कैद)।

कैदख़ाना (अ.+फ़ा.) [सं-पु.] कारागार; जेलख़ाना; बंदीगृह; (जेल)।

कैदी (अ.) [सं-पु.] जिसे कैद किया गया हो; बंदी; सज़ा प्राप्त व्यक्ति; कैद में सज़ा भुगतने वाला; (प्रिज़नर)।

क़ैदी (अ.) [सं-पु.] उर्दू उच्चारणानुसार वर्तनी (दे. कैदी)।

कैन [सं-पु.] बाँस की एक छरन; बेंत की कैन।

कैनवस (अं.) [सं-पु.] 1. एक प्रकार का मज़बूत, मोटा और भारी कपड़ा जिसका उपयोग पाल, जूते आदि बनाने में किया जाता है 2. वह सफ़ेद कपड़ा या पटल जिसपर चित्रकार चित्र बनाते हैं 3. (साहित्य व कला) किसी सिद्धांत या अवधारणा की समाज के संदर्भ में स्थिति; वैचारिक परिदृश्य।

कैना [सं-पु.] एक प्रकार का छोटा पौधा, जिसकी पत्तियों का साग और पकौड़े बनाते हैं।

कैप्शन (अं.) [सं-पु.] किसी चित्र के ऊपर या नीचे चित्र के संबंध में दी जाने वाली लिखित जानकारी; किसी भी लिखित या अंकित कृति की शीर्षक पंक्ति; चित्र शीर्षक; चित्र परिचय।

कैप्सूल (अं.) [सं-पु.] 1. दवा के पावडर को भरकर पैक करने की पुटिका या छोटे खोखे 2. अंतरिक्ष यान की कोई यांत्रिक इकाई।

कैफ़ (अ.) [सं-पु.] 1. नशा; मद; सुरूर; मस्ती 2. मादक या नशीला पदार्थ 3. लुत्फ़; आनंद 4. हाल; ब्योरा।

कैफ़ियत (अ.) [सं-स्त्री.] 1. हाल; समाचार 2. वर्णन 3. ब्योरा; विवरण 4. हालत; दशा 5. विलक्षण और सुखद घटना 6. नशा; सुरूर 7. कारण। [मु.] **-तलब करना** : नियमानुसार कारण पूछना।

क़ैफ़ियत (अ.) [सं-स्त्री.] उर्दू उच्चारणानुसार वर्तनी (दे. कैफ़ियत)।

कैफ़ी (अ.) [सं-पु.] शराब पीने वाला व्यक्ति; शराबी। [वि.] मतवाला; मदहोश; मत्त; मदोन्मत्त।

कैफे (अं.) [सं-पु.] 1. कॉफी या शीतल पेय इत्यादि मिलने की जगह; जलपानगृह; कॉफ़ी हाउस 2. वह स्थान या कक्ष जहाँ इंटरनेट संबंधी काम होता है, जैसे- साइबरकैफ़े।

कैफ़ेटिरिया (अं.) [सं-पु.] जलपानगृह; कॉफ़ी शॉप; छोटा रेस्तराँ।

कैबरे (अं.) [सं-पु.] उत्तेजक हाव-भाव के साथ किया जाने वाला एक प्रकार का यूरोपीय नृत्य।

कैबिनेट (अं.) [सं-पु.] 1. सरकार में महत्वपूर्ण मंत्री समूह; मंत्रिमंडल; मंत्रिपरिषद 2. उच्चस्तरीय समिति 3. घर या कार्यालय आदि में वह अलमारी जिसमें कई दराज या खाने बने होते हैं।

कैमरा (अं.) [सं-पु.] फ़ोटो या चित्र खींचने, वीडियो बनाने और उन्हें संशोधित-परिवर्धित करने का उपकरण।

कैमा [सं-पु.] कदंब की प्रजाति का एक वृक्ष जिसकी लकड़ी हलके पीले रंग की और बहुत मज़बूत होती है तथा इमारतों में लगती है; करमा।

कैर (सं.) [सं-पु.] एक प्रसिद्ध कँटीदार झाड़ी जिसमें पत्तियाँ नहीं होतीं; करील।

कैरव (सं.) [सं-पु.] 1. कुमुद; कुईं 2. कमल 3. धोख़ेबाज़; शत्रु 4. जुआरी।

कैरवाली (सं.) [सं-स्त्री.] 1. कैरवों का समूह 2. वह स्थान जहाँ बहुत से कुमुद खिले हों।

कैरवी (सं.) [सं-स्त्री.] 1. चाँदनी रात 2. ज्योत्स्ना 3. मेथी।

कैरा (सं.) [सं-पु.] 1. भूरा रंग 2. कुछ लालिमा लिए हुए सफ़ेद रंग 3. वह बैल जिसका चमड़ा कुछ लाल रंग का होता है; सोकन। [वि.] 1. मिट्टी के रंग का; धूसर; मटमैला; ख़ाकी 2. कैरे के रंग का 3. जिसकी आँखें भूरी हों; कंजा।

कैरिअर (अं.) [सं-पु.] 1. वाहक; ले जाने वाला 2. साइकिल पर पीछे बैठने या हलके-फुलके सामान आदि रखने का उपकरण।

कैरीहार [सं-पु.] अमिया के आकार की लटकने वाला हार।

कैरेक्टर (अं.) [सं-पु.] 1. चरित्र; आचरण 2. चारित्रिक दृढ़ता; चरित्र बल 3. गुण; गुणधर्म 4. लक्षण 5. रूप; स्वरूप 6. लिपि चिह्न; वर्ण 7. फ़िल्म आदि के विभिन्न पात्र।

कैरेट (अं.) [सं-पु.] 1. सोने की बनी हुई चीज़ों में विशुद्ध सोने का अंश, मान या मात्रा 2. साढ़े तीन ग्रेन की एक तौल 3. रत्नों के तौल की इकाई।

कैलकुलेटर (अं.) [सं-पु.] 1. गणना या हिसाब करने वाला 2. गणना करने वाला यंत्र; गणक।

कैलशियम (अं.) [सं-पु.] सफ़ेद रंग का एक रासायनिक तत्व; चूना।

कैलास (सं.) [सं-पु.] 1. हिमालय की एक चोटी जो तीर्थस्थल के रूप में विख्यात है 2. (पुराण) शिव का वासस्थान।

कैलासनाथ (सं.) [सं-पु.] शिव; महादेव।

कैलासवास (सं.) [सं-पु.] मृत्यु; मरण।

कैलिग्राफ़ी (अं.) [सं-स्त्री.] सुलेखन; सुलेख।

कैलिया [सं-पु.] एक प्रकार का कीड़ा; कोढ़िया।

कैलेंडर (अं.) [सं-पु.] 1. अँग्रेज़ी तिथिपत्र; दिनपत्र 2. वह पंचांग जिसमें दिन, तारीख़ एवं महीनों आदि का विवरण छपा रहता है 3. वर्ष भर में एक विशेष कार्यक्षेत्र में होने वाले आयोजनों तथा उनसे संबंधित तिथियों का विवरण देने वाला पत्र।

कैलोरी (अं.) [सं-स्त्री.] 1. उष्मा की इकाई; उष्मांक 2. भोजन से प्राप्त ऊर्जा की मापक इकाई 3. (भौतिक विज्ञान) उष्मा की वह मात्रा जो एक ग्राम जल के तापमान को एक डिग्री सेल्सियस बढ़ाने के लिए आवश्यक होती है।

कैवर्त (सं.) [सं-पु.] केवट; नाविक।

कैवल्य (सं.) [सं-पु.] 1. मोक्ष 2. निर्लिप्त या विशुद्ध होने का भाव; अनासक्ति भाव।

कैविटी (अं.) [सं-स्त्री.] किसी ठोस पदार्थ में बना हुआ छिद्र या खाली स्थान; गुहा; छेद; खोल, जैसे- दाँतों की कैविटी।

कैश (अं.) [सं-पु.] 1. नगद 2. रुपया-पैसा; रोकड़। [वि.] 1. जिसे नगद देकर ख़रीदा गया हो 2. जिसका दाम नगद दिया गया हो।

कैश क्रॉप (अं.) [सं-स्त्री.] बाज़ार की माँग को ध्यान में

रखकर लाभ अर्जित करने के उद्देश्य से उगाई जाने वाली फ़सल; नकदी फ़सल, जैसे- कपास, तंबाकू आदि।

कैश बुक (अं.) [सं-स्त्री.] रोकड़ बही।

कैश मेमो (अं.) [सं-पु.] नकदपर्ची; नक़दी रसीद; कैश मेमो।

कैशिक (सं.) [सं-पु.] 1. केश समूह 2. शृंगार। [वि.] 1. केशवाला; बड़े-बड़े बालोंवाला 2. बाल के समान।

कैशिकी (सं.) [सं-स्त्री.] नाटक की मुख्य चार वृत्तियों में से एक वृत्ति जिसमें स्त्री पात्र अधिक होते हैं तथा नृत्य, गीत, भोग-विलास आदि का अधिक वर्णन होता है।

कैशियर (अं.) [सं-पु.] ख़ज़ानची; रोकड़िया।

कैशोर्य (सं.) [सं-पु.] किशोरावस्था; युवावस्था और बाल्यावस्था के बीच की अवस्था।

कैसर (अ.) [सं-पु.] शहंशाह; सम्राट; जर्मनी व आस्ट्रिया के शासकों की पदवी।

कैसरे-हिंद [सं-पु.] भारत-सम्राट के रूप में ब्रिटेन के नरेश की उपाधि।

कैसा [वि.] 1. किस प्रकार का; किस आकार या रंग-रूप का 2. कोई विशेषता जानने के लिए प्रश्न के रूप में, जैसे- भाई वाह! कैसा जवाब दिया।

कॉउंसिल (अं.) [सं-स्त्री.] प्रशासन या प्रबंध आदि के लिए निर्वाचित सदस्य समूह या समिति; परिषद; सभा।

कॉकटेल (अं.) [सं-स्त्री.] 1. नशीले पेय तथा फलों के रस से बनाया जाने वाला एक पेय; एकाधिक मदिराओं का मिश्रित पेय 2. मद्य मिश्रित पेय 3. वह आयोजन, सभा या पार्टी जिसमें उक्त प्रकार का पेय चलता हो, जैसे- कॉकटेल पार्टी।

कॉकपिट (अं.) [सं-पु.] वायुयान का अगला हिस्सा जिसमें चालक बैठता है; चालक-स्थान।

कॉन्टैक्ट (अं.) [सं-पु.] 1. संबंध; संपर्क 2. इंटरनेट या फ़ोन आदि से किया जाने वाला संपर्क।

कॉन्टैक्ट नंबर (अं.) [सं-पु.] मोबाइल सेवा प्रदाता कंपनी द्वारा अपने उपभोक्ताओं को प्रदत्त वह विशेष अंक जिसपर एक उपभोक्ता अन्य उपभोक्ता से संपर्क करता है; मोबाइल नंबर, फ़ोन नंबर।

कॉन्फ़्रेंस (अं.) [सं-स्त्री.] 1. किसी महत्वपूर्ण विषय पर विचार-विवेचन करने के लिए आयोजित की जाने वाली सभा; सम्मेलन; अधिवेशन 2. मंत्रणा; परामर्श 3. बात-चीत; वार्तालाप।

कॉन्वेंट (अं.) [सं-पु.] ईसाई साध्वियों का आश्रम; विहार; मठ।

कॉपी (अं.) [सं-स्त्री.] 1. नकल; प्रतिलिपि; प्रतिरूप 2. किसी चित्र, पुस्तक आदि की प्रतिलिपि 3. कोरी या सादी अभ्यास-पुस्तिका 4. प्रेस में छपने के लिए भेजी जाने वाली पांडुलिपि (एक-एक पृष्ठ या पूरी पांडुलिपि को कॉपी कहते है) 5. कंप्यूटर या मोबाइल आदि में किसी फ़ाइल या डॉक्यूमेंट की प्रतिकृति तैयार करने का विकल्प।

कॉपीराइट (अं.) [सं-पु.] वह कानूनी एकाधिकार जो किसी कृति या गीत आदि के रचयिता को अपनी रचना के प्रकाशन, प्रसार या प्रतिलिपि तैयार करने के लिए प्राप्त होता है; स्वत्वाधिकार; प्रकाशनाधिकार; छापने या प्रकाशित करने का अधिकार; स्वामित्व।

कॉफ़ी (अं.) [सं-स्त्री.] कहवा; एक पेय पदार्थ।

कॉफ़ी हाउस (अं.) [सं-पु.] 1. कॉफ़ी घर; कैफ़े 2. प्रमुख नगरों में वह स्थान जहाँ लेखकों या बुद्धिजीवियों द्वारा चाय-काफ़ी पीने के साथ साहित्यिक और राजनीतिक बहस या विचार-विमर्श किया जाता है।

कॉमनरूम (अं.) [सं-पु.] शिक्षा संस्थानों या छात्रावास आदि में वह कमरा जहाँ सभी छात्र या अध्यापक एकत्रित होते या मिलते हैं या विश्राम कर सकते हैं; विनोदकक्ष।

कॉमनवेल्थ (अं.) [सं-पु.] कई ऐसे राष्ट्रों का मंडल (समूह) जो कभी ब्रिटिश साम्राज्य के उपनिवेश रहे थे; राष्ट्रमंडल।

कॉमरेड (अं.) [सं-पु.] 1. साथी; सहकर्मी; सहचर; सखा 2. भारत में वामपंथियों के लिए एक संबोधन जिसका प्रयोग उनके द्वारा नाम से पूर्व (जैसे- श्री के स्थान पर) भी किया जाता है।

कॉमर्स (अं.) [सं-पु.] वाणिज्य; व्यापार।

कॉमा (अं.) [सं-पु.] लेखन में अल्पविराम का चिह्न, (,); अर्थबोध के लिए किसी शब्द के बाद थोड़ा ठहरने का संकेत।

कॉमिक्स (अं.) [सं-पु.] चित्रकथा; पाठकों के मनोरंजन के लिए पत्र-पत्रिकाओं में प्रकाशित रंगीन या इकरंगी चित्रकथाएँ।

कॉमेडी (अं.) [सं-पु.] 1. विनोदप्रियता; हँसी-मज़ाक 2. मनोरंजक, हास्यप्रधान और सुखांत नाटक या फ़िल्म।

कॉम्पलेक्स (अं.) [वि.] 1. पेंचीदा; दुर्बोध; जटिल 2. अनेक वस्तुओं या तत्वों से निर्मित। [सं-पु.] संकुल।

कॉम्बिनेशन (अं.) [सं-पु.] 1. संयोजन; संयोग; मेल 2. वस्तुओं या व्यक्तियों का समुच्चय 3. सम्मिश्रण; सम्मिलन।

कॉर्ड (अं.) [सं-पु.] 1. डोरी; रज्जु; तंतु 2. बिजली उपकरणों में लगा हुआ तार।

कॉर्नफ़्लेक्स (अं.) [सं-पु.] सूखे मक्के को कूट कर बनाया गया भोज्य पदार्थ जिसे दूध में मिलाकर खाया जाता है, जैसे- चिप्स, खस्ता आदि।

कॉल (अं.) [सं-स्त्री.] 1. पुकार; बुलाबा; आह्वान 2. मोबाइल या टेलीफ़ोन आदि से किसी से बात करने की क्रिया 3. मुलाकात; भेंट।

कॉल डिटेल (अं.) [सं-पु.] किसी व्यक्ति द्वारा अवधि विशेष में की गई बातचीत का ब्योरा।

कॉल लेटर (अं.) [सं-पु.] नौकरी आदि में योग्यता परीक्षा के लिए या साक्षात्कार में उपस्थित होने के लिए भेजा गया सूचना-पत्र; बुलावा-पत्र।

कॉल सेंटर (अं.) [सं-पु.] कंपनियों, व्यापारिक संस्थाओं द्वारा उपभोक्ताओं की समस्या समाधान के लिए बनाए गए वे केंद्र जहाँ से फ़ोन द्वारा संपर्क करके जानकारी प्राप्त की जाती है या शिकायत दर्ज की जाती है।

कॉलगर्ल (अं.) [सं-स्त्री.] गोपनीय रूप से धन लेकर वेश्यावृत्ति करने वाली स्त्री।

कॉलम (अं.) [सं-पु.] 1. पत्थर या सीमेंट-कंक्रीट से बना

स्तंभ 2. समाचारपत्र या पत्रिकाओं में नियमित रूप से छपने वाली शृंखला का एक भाग 3. ऊपर से नीचे की ओर लिखे आँकड़ों का क्रम 4. दो खड़ी लाइनों के बीच का भाग या स्तंभ।

कॉलर (अं.) [सं-पु.] 1. कोट, कमीज़ आदि का वह पट्टीदार अंश जो गले के चारों ओर रहता है 2. कुत्ते के गले की पट्टी।

कॉलरा (अं.) [सं-पु.] हैजा; अतिसार; कै और दस्त होने का रोग।

कॉलेज (अं.) [सं-पु.] महाविद्यालय; विद्यापीठ; उच्च शिक्षण संस्था।

कॉलोनी (अं.) [सं-पु.] 1. उपनगर; बस्ती 2. एक ही तरह के प्राणियों या पौधों का रहवास 3. उपनिवेश।

कॉशनमनी (अं.) [सं-पु.] 1. सुरक्षा राशि 2. शिक्षण संस्थानों में विद्यार्थियों से ली जाने वाली सुरक्षा राशि।

कॉस्मेटिक (अं.) [सं-पु.] प्रसाधन सामग्री; अंगराग; उबटन। [वि.] प्रसाधक; कांतिवर्धक।

को [पर.] कर्म या संप्रदान का संबंध प्रकट करने वाला परसर्ग।

कोंकणी (सं.) [सं-पु.] कोंकण प्रदेश का व्यक्ति। [सं-स्त्री.] कोंकण प्रदेश की भाषा।

कोंकना [क्रि-अ.] मोर आदि पक्षी का आवाज़ करना।

कोंचना (सं.) [क्रि-स.] 1. किसी नुकीली चीज़ को चुभाना या धँसाना; गोदना 2. {ला-अ.} किसी को अप्रिय बात कहकर दुखी करना; बार-बार तंग करना।

कोंचा [सं-पु.] 1. कोंचने के कार्य में प्रयुक्त नुकीली चीज़ 2. बहेलियों की वह लंबी लग्घी जिससे वृक्ष आदि पर बैठे हुए पक्षी को कोंचकर फँसाया जाता है 3. भड़भूजे का वह कलछा जिससे बालू निकाला जाता है।

कोंछना [क्रि-स.] 1. साड़ी के आँचल में कोई चीज़ बाँधकर कमर में खोंसना 2. साड़ी का कुछ भाग चुनकर पेंडू पर खोंसना; फुबती चुनना।

कोंढ़ा (सं.) [सं-पु.] धातु निर्मित वह छोटा छल्ला जो किसी वस्तु को अटकाने के लिए लगाया जाए; कड़ी; कुंडा।

कोंपल [सं-स्त्री.] 1. कल्ला 2. नई मुलायम पत्ती।

कोआ (सं.) [सं-पु.] 1. रेशम के कीड़ों का आवरण; खोल 2. टसर नामक कीड़ा 3. आँख का कोना 4. कटहल के पके हुए बीज 5. महुए का फल।

कोइड़ार [सं-पु.] घर के पीछे का छोटा खेत जहाँ साग-सब्जी उगाई जाती है।

कोइना [सं-पु.] महुए का पका फल; कोईंदाँ।

कोइया [सं-पु.] बखार में रखे अनाज को खाने वाला कीड़ा।

कोइरी [सं-पु.] कोइरी नाम की जाति; काछी; कोरी।

कोइल [सं-पु.] काले बालोंवाला बैल; मरायल।

कोइलखो [सं-पु.] गोरखुल।

कोइलासी [सं-पु.] आम का छोटा फल जिसे कोयल/कौए ने काट खाया है।

कोइली [सं-स्त्री.] 1. वह कच्चा आम जिसमें रगड़ के कारण काला दाग पड़ गया हो 2. आम की गुठली।

कोई [सर्व.] 1. अज्ञात; अमुक; अनिर्दिष्ट वस्तु या व्यक्ति 2. किसी प्रकार का। [सं-स्त्री.] एक प्रकार की मछली। [अव्य.] लगभग।

कोकई (तु.) [सं-पु.] ऐसा नीला रंग जिसमें गुलाबी की झलक हो; कोड़ियाला रंग। [वि.] उक्त प्रकार के रंग का; कोड़ियाला।

कोकटी [वि.] लहसुन रंग की रुईवाली; फीका गेरुआ रंग का। [सं-स्त्री.] 1. कपास की एक प्रजाति 2. मिथिला क्षेत्र में पहने जाने वाली एक प्रकार की धोती।

कोकनद (सं.) [सं-पु.] लाल कमल; लाल कुईं या कुमुद।

कोकना [क्रि-स.] 1. लंगर डालना 2. कच्ची सिलाई करना।

कोकाबेली [सं-स्त्री.] नीले फूलों वाली एक वनस्पति जो पुरानी झीलों या तालाबों में उगती है; नीली कुमुदिनी।

कोकाह (सं.) [सं-पु.] सफ़ेद रंग का घोड़ा।

कोकिल (सं.) [सं-पु.] 1. कोयल 2. नीलम की एक छाया 3. एक ज़हरीला चूहा 4. एक प्रकार का साँप 5. मधुर भाषण या मीठा बोल 6. एक छंद।

कोकिला (सं.) [सं-स्त्री.] कोयल; पिक।

कोकी (सं.) [सं-स्त्री.] मादा चकवा।

कोको [सं-स्त्री.] एक कल्पित पक्षी का नाम जिसका प्रयोग छोटे बच्चों को बहलाने-फुसलाने के लिए किया जाता है।

कोख (सं.) [सं-स्त्री.] 1. उदर; पेट; जठर 2. पसलियों के नीचे पेट के दोनों बगल का स्थान 3. गर्भाशय। [मु.] **-ठंडी होना** : स्त्री का संतान सुख प्राप्त करना। **-उजड़ जाना** : संतान का मर जाना; गर्भपात हो जाना। **-बंद होना** : बाँझ होना। **-खुलना** : बाँझपन दूर होना, संतान होना।

कोखजली [सं-स्त्री.] स्त्रियों को दी जाने वाली एक प्रकार की गाली। [वि.] जिसकी संतानें मर जाती हों; बंध्या।

कोखी [वि.] पाँच अंगोंवाला; पाँच में खरीदा हुआ। [सं-पु.] 1. पाँच का समूह; पचखा नामक खराब मुहूर्त 2. युद्ध क्षेत्र।

कोगी [सं-पु.] प्रायः झुंड में रहने वाला तथा लोमड़ी से मिलता-जुलता एक जानवर।

कोच (अं.) [सं-पु.] 1. एक गद्देदार लंबी और बड़ी कुरसी; सोफ़ा 2. चार पहियों की एक गाड़ी; बग्घी 3. रेलगाड़ी का सवारी डिब्बा 4. निजी शिक्षक; प्रशिक्षक।

कोचना [क्रि-स.] 1. तंग करना; कोंचना 2. कोई नुकीली चीज़ चुभोना।

कोचनी [सं-स्त्री.] 1. लोहे का एक प्रकार का दाँतेदार औज़ार जिससे तरकारियाँ, फल आदि कोंचे (छेदे) जाते हैं 2. वह छड़ी जिससे बैल हाँके जाते हैं।

कोचवान [सं-पु.] घोड़ागाड़ी हाँकने वाला व्यक्ति; ताँगेवाला; बग्घीचालक।

कोचा [सं-पु.] 1. तलवार, कटार आदि का हलका घाव जो पार न हुआ हो 2. चुभती हुई बात; कटु वचन; चुटीली बात; ताना; व्यंग्य।

कोचिंग (अं.) [सं-पु.] 1. अध्यापन; अनुशिक्षण 2. व्यापारिक रूप से धन लेकर पढ़ाना 3. प्रतियोगी परीक्षाओं की तैयारी के लिए व्यक्तिगत रूप से किया जाने वाला शैक्षिक मार्गदर्शन।

कोची [सं-पु.] 1. बबूल की जाति का एक जंगली पेड़ 2. बनरीठा; शिकाकाई।

कोजागर (सं.) [सं-पु.] अश्विन मास की पूर्णिमा; शरद पूर्णिमा।

कोज्या (सं.) [सं-पु.] (त्रिकोणमिति) अनुपात; समकोण त्रिभुज में आधार और कोण का अनुपात; कोटिज्या; (कोसाइन)।

कोट[1] (सं.) [सं.पु.] 1. दुर्ग; गढ़ 2. प्राचीर; परकोटा 3. राजमहल; राजप्रासाद।

कोट[2] (अं.) [सं-पु.] एक प्रकार का वस्त्र जो शरीर के ऊपरी हिस्से में धारण किया जाता है।

कोटपाल (सं.) [सं-पु.] मध्यकाल में किले की रक्षा व्यवस्था का प्रमुख अधिकारी; दुर्गपाल; किलेदार।

कोटर (सं.) [सं-पु.] 1. पेड़ के तने का खोखला भाग जिसमें प्राय: पक्षी और साँप आदि रहते हैं; खोल 2. किले की रक्षा के लिए लगाया गया उसके आसपास का वन।

कोटा (अं.) [सं-पु.] किसी योजना या सहायता में वह अनुपातिक अंश या भाग जो एक या प्रत्येक सदस्य को नियत रूप से मिलता हो; यथांश; निश्चित अंश; भाग।

कोटि (सं.) [सं-स्त्री.] 1. एक ही प्रकार की वस्तुओं का वर्ग या श्रेणी; किस्म; (ग्रेड) 2. धनुष का सिरा 3. अस्त्र की नोक या धार 4. उत्कृष्टता 5. आख़िरी सीमा या सिरा। [वि.] सौ लाख; करोड़।

कोटिक (सं.) [वि.] 1. करोड़ 2. अनगिनत; अत्यधिक 3. चरमोत्कर्ष या पराकाष्ठा को प्राप्त।

कोटिच्युत (सं.) [वि.] जिसे अपने वर्तमान पद, श्रेणी या कोटि से निम्न पद, श्रेणी या कोटि पर भेज दिया गया हो; जिसकी किसी कोटि से अवनति हुई हो; (डिग्रेडेड)।

कोटिबद्ध (सं.) [वि.] किसी विशिष्ट कोटि में रखा हुआ; अनेक कोटियों में वर्गीकृत; (ग्रेडेड)।

कोटिशः (सं.) [क्रि.वि.] 1. अनेक प्रकार से 2. असंख्य बार; अनेक बार 3. करोड़ों प्रकार से। [वि.] अगणित; करोड़ों; असंख्य।

कोटू [सं-पु.] एक पौधा जिसके बीजों का आटा फलाहार के रूप में प्रयुक्त होता है; कूटू; फाफरा।

कोटेशन (अं.) [सं-पु.] 1. कोई प्रसिद्ध उक्ति 2. प्रमाण स्वरूप कही गई बात; उद्धरण 3. संविदा भाव 4. किसी ग्रंथ का प्रमाण।

कोठ [सं-पु.] वह स्थान जहाँ बहुत अधिक बाँस उगे हों।

कोठरा [सं-पु.] 1. बड़े आकार की कोठरी 2. रहस्य संप्रदाय में देह या शरीर।

कोठरी [सं-स्त्री.] छोटा कमरा; घर के भीतर का छोटा कमरा।

कोठा [सं-पु.] 1. ऊपर की मंजिल का कमरा 2. बड़ा कमरा; भंडार 3. तवायफ़ के निवास स्थान का प्रतीक शब्द।

कोठार (सं.) [सं-पु.] 1. अन्न, धन आदि रखने का स्थान 2. भंडार 3. कोष्ठागार।

कोठारी [सं-पु.] 1. भंडारघर का प्रबंधकर्ता; भंडारी 2. एक कुलनाम या सरनेम।

कोठी (सं.) [सं-स्त्री.] 1. विशाल भवन 2. बहुत बड़ा, ऊँचा, पक्का तथा खुला हुआ मकान 3. वह मकान जिसमें बड़ा कारोबार होता हो 4. अनाज रखने का स्थान; कोठार 5. किसी वस्तु का भंडार 6. बाँसों का समूह जो एक साथ घेरा बाँधकर उगता है।

कोठीवाल [सं-पु.] 1. रुपए-पैसे का लेन-देन करने वाला व्यक्ति; बड़ा व्यापारी; साहूकार; धनिक; महाजन 2. एक प्रकार का कुलनाम या सरनेम।

कोठेवाली [सं-स्त्री.] धन लेकर संभोग करने वाली स्त्री; वेश्या; गणिका; तवायफ़।

कोड (अं.) [सं-पु.] 1. कूट भाषा 2. किसी संदेश को गुप्त भाषा में परिवर्तित करना 3. नियमावली; आचार संहिता 4. कंप्यूटर में प्रोग्राम लिखने की पद्धति विशेष।

कोड़ना (सं.) [क्रि-स.] खेत की मिट्टी खोदकर ऊपर नीचे करना; गोड़ना; गुड़ाई।

कोड़ा [सं-पु.] 1. चमड़े या बटे सूत से बना हुआ मोटा चाबुक जिससे जानवरों और कैदियों को पीटा जाता है; साँटा; दुर्रा 2. एक प्रकार का बाँस 3. कुश्ती का एक दाँव 4. {ला-अ.} फटकार; उत्तेजक या मर्मस्पर्शी बात।

कोड़ाई [सं-स्त्री.] 1. खेत आदि कोड़ने की क्रिया या भाव 2. खेत कोड़ने की मज़दूरी।

कोड़िया [सं-पु.] गोड़ाई।

कोड़ी [सं-स्त्री.] 1. बीस वस्तुओं का वर्ग या समूह; बीसी 2. किसी तालाब में निर्मित वह पक्का निकास जिससे उसका अतिरिक्त पानी निकल जाता है।

कोढ़ (सं.) [सं-पु.] एक त्वचा संबंधी रोग जिसके कारण शरीर के किसी अंग में चकत्ते पड़ने लगते हैं और वह अंग गलने लगता है; (लेप्रॉसी)।

कोढ़ा [सं-पु.] खेत का वह स्थान जहाँ गोबर आदि एकत्र करने के लिए पशुओं को बाँधते हैं।

कोढ़िन [सं-स्त्री.] 1. वह स्त्री जिसे कोढ़ हुआ हो 2. कोढ़ी स्त्री।

कोढ़िया [सं-पु.] एक रोग जो तंबाकू के पत्तों में होता है।

कोढ़िया मेह [सं-पु.] बादल बरसते रहने पर धूप निकलना।

कोढ़ी [सं-पु.] 1. वह जो कोढ़ रोग से पीड़ित हो; जिसे कोढ़ हुआ हो 2. {ला-अ.} जो बहुत निकम्मा और आलसी हो; घृणित स्वभाव वाला व्यक्ति।

कोण (सं.) [सं-पु.] 1. वह आकृति जो भिन्न दिशाओं से आई हुई दो सीधी रेखाओं के एक बिंदु पर मिलने से बनती है; कोना 2. सारंगी की कमानी 3. (ज्यामिति) दो सरल रेखाओं या समतलों के परस्पर झुकाव की माप (ऐंगल)।

कोणमापक (सं.) [सं-पु.] कोण मापने का उपकरण; चाँदा। [वि.] कोण नापने या मापने वाला।

कोणिक (सं.) [वि.] कोणीय; कोण से युक्त; कोण संबंधी।

कोणीय (सं.) [वि.] 1. कोणिक; कोणसंबंधी; जिसमें कोण हो 2. नुकीला; नोकदार।

कोतल (तु.) [सं-पु.] 1. बिना सवार का सजा-सजाया घोड़ा 2. जुलूसी घोड़ा 3. राजा की सवारी के लिए सजाया गया

घोड़ा। [वि.] रिक्त; खाली।

कोतवाल (सं.) [सं-पु.] 1. पुलिस का प्रधान अधिकारी जिसके अधीन कई थाने और सिपाही होते हैं 2. मध्ययुग में किले का प्रमुख अधिकारी; दुर्गपाल।

कोतवाली [सं-स्त्री.] 1. कोतवाल का कार्यालय 2. कोतवाल का पद और कार्य 3. नगर का केंद्रीय थाना।

कोताह (फ़ा.) [वि.] 1. थोड़ा; कम 2. छोटा 3. तंग।

कोताही (फ़ा.) [सं-स्त्री.] 1. कमी; अल्पता 2. न्यूनता 3. कोर-कसर 4. कंजूसी।

कोथ [सं-पु.] 1. एक रोग जिसमें अंग गलने और सड़ने लगते हैं; गैंगरीन 2. आँखों का एक रोग जिसमें आँखें सूज जाती हैं।

कोथली [सं-स्त्री.] रुपए रखने की चमड़े या कपड़े की थैली।

कोदंड (सं.) [सं-पु.] 1. धनुष 2. भौंह; भ्रू 3. बारह राशियों में से एक; धनु राशि 4. एक प्राचीन देश।

कोदों (सं.) [सं-पु.] एक प्रकार का मोटा अन्न जिसके दाने उबालकर लोग खाते हैं; गोल चावल की तरह का एक अन्न।

कोन (सं.) [सं-पु.] 1. कोना 2. कोण।

कोनसिला [सं-पु.] 1. कोनिया 2. कोनिया की छाजन में बंड़ेर के सिरे से दीवार के कोने तक तिरछी गई छोटी लकड़ी।

कोना (सं.) [सं-पु.] 1. कमरे, चारदीवारी आदि का वह स्थान जहाँ खड़ी और आड़ी दिशा से दो दीवारें आकर मिलती हों और एक कोण बनाती हों; वह स्थान जहाँ इसी प्रकार दो सड़कें आकर मिलती हों; कोण; गोशा 2. {ला-अ.} एकांत स्थान [मु.] **-झाँकना** : मुँह छिपाना। **-कोने में फँसाना** : असहाय या लाचार बना देना।

कोनिया [सं-स्त्री.] 1. दीवारों, छतों आदि का कोना या किनारा 2. चित्रकला में काम आने वाला एक उपकरण 3. लोहे, लकड़ी आदि का कोणाकार टुकड़ा जो दो वस्तुओं के जोड़ पर जड़ा रहता है 4. सजावटी वस्तुएँ रखने के लिए दीवारों के कोनों पर लगाया गया पटिया।

कोप (सं.) [सं-पु.] 1. क्रोध; गुस्सा 2. वैद्यक में पित्त आदि का विकार।

कोपभवन (सं.) [सं-पु.] वह घर या कक्ष जिसमें कोई रूठी हुई स्त्री या नायिका जा कर बैठ जाए; मानगृह।

कोपल (सं.) [सं-पु.] पेड़ या वृक्ष की नई या कोमल पत्ती; किसलय।

कोपी (सं.) [वि.] कोप करने वाला; क्रोधी; गुस्सैल।

कोफ़्त (फ़ा.) [सं-स्त्री.] 1. कुढ़न 2. मन में होने वाला दुख; रंज 3. हैरानी; परेशानी 4. लोहे पर की जाने वाली सोने या चाँदी की पच्चीकारी; ज़रनिशाँ।

कोफ़्ता (फ़ा.) [सं-पु.] 1. कूटे हुए मांस अथवा उबली-मसली या किसी हुई कुछ ख़ास सब्जियों से बना एक लज़ीज़ व्यंजन।

कोमल (सं.) [वि.] 1. मुलायम; नाज़ुक; सुकुमार 2. जिसको देखने, स्पर्श करने, सुनने आदि से सुखद और मधुर अनुभूति हो 3. जो सरलता से काटा, मोड़ा और तोड़ा जा सकता हो 4. वह (स्वर) जो साधारण से नीचा हो 5. {ला-अ.} उदारता, दया और प्रेम आदि सरल भावों से परिपूर्ण (हृदय)।

कोमल तालव्य अलिजिह्वा (कौवा) तथा मूर्धा के बीच का स्थान कोमल तालु है, तथा जिह्वापश्च द्वारा कोमल तालु स्पर्श किए जाने से उच्चरित ध्वनियाँ कोमल तालव्य हैं, जैसे- 'क़, ख़, ग़, घ़' आदि। इन ध्वनियों को संस्कृत में कंठ्य माना गया है।

कोमलता (सं.) [सं-स्त्री.] कोमल होने की अवस्था या भाव; मृदुलता; नरमी; (सॉफ़्टनेस)।

कोमला (सं.) [सं-स्त्री.] 1. (काव्यशास्त्र) लेखन की वह वृत्ति या अक्षर योजन जिसमें कोमल तथा छोटे-छोटे पद हों; पांचाली वृत्ति 2. खिरनी का पेड़ तथा फल।

कोमलांग (सं.) [वि.] जिसके अंग कोमल हों; सुकुमार; नाज़ुक।

कोमा (अं.) [सं-पु.] किसी गहरी चोट या गंभीर बीमारी के कारण उत्पन्न गहरी बेहोशी या संपूर्ण अचेतनता की स्थिति जो लंबी अवधि तक चल सकती है।

कोयल (सं.) [सं-स्त्री.] 1. काले रंग की एक प्रसिद्ध बड़ी चिड़िया जो वसंत ऋतु में कूकती है; कोकिला; कोइली 2. एक प्रकार की लता।

कोयला (सं.) [सं-पु.] 1. एक काला खनिज पदार्थ जो आग जलाने और बिजली उत्पन्न करने के काम आता है 2. लकड़ी के जल चुकने के बाद बचा काले रंग का ठोस अंश जो आग जलाने के काम आता है।

कोया (सं.) [सं-पु.] 1. रेशम के कीड़े का कोश या घर; कुसियारी 2. महुए का पका फल; गोलैंदा 3. पके हुए कटहल का बीजकोश 4. आँख का वह सफ़ेद उभरा हुआ भाग जिसमें पुतली रहती है; आँख का डेला; आँख का कोना।

कोर (सं.) [सं-पु.] 1. किनारा; किसी वस्तु की किनारी 2. धार; नुकीला किनारा 3. कोना; गोशा 4. गोद 5. वैर। [मु.] **-दबना** : किसी प्रकार के दबाव में आना।

कोर-कसर (हिं.+फ़ा.) [सं-स्त्री.] 1. साधारण कमी या त्रुटि 2. कमी-बेशी।

कोरई [सं-स्त्री.] 1. वह ढाँचा जिस पर लतर चढ़ाई जाती है 2. एक प्रकार की घास, जो हिमालय की ऊँची पहाड़ियों पर होती है।

कोरक (सं.) [सं-पु.] 1. कली; मुकुल 2. फूल या कली का वह बाहरी निचला भाग जो प्राय: हरा होता है और जिसके अंदर पंखुड़ियाँ रहती हैं; फूलों की कटोरी 3. कमल की नाल या डंडी; मृणाल 4. चोरक नामक गंधद्रव्य 5. मिर्च की जाति का एक गोल फूल जिसका मसाले के रूप में उपयोग होता है; कबाबचीनी; शीतलचीनी।

कोरना [क्रि-स.] लकड़ी या पत्थर पर खुदाई करके या खरोंच कर चित्र या आकृतियाँ उभारना।

कोरनिश (तु.) [सं-स्त्री.] दरबारी तहज़ीब के मुताबिक़ झुककर सलाम या बंदगी करना।

कोरबास [सं-पु.] दो साँचों के बीच का अंतर।

कोरमा (तु.) [सं-पु.] घी में भूना या पकाया गया बिना रसे का मसालेदार मांस; बिना शोरबे का मांस।

कोरमार [सं-पु.] टाल।

कोरवा [सं-पु.] 1. पान की खेती का दूसरा वर्ष 2. कोर 3. कोरा; गोद।

कोरस (अं.) [सं-पु.] 1. सहगान; वृंदगान 2. समूह में गाने वाले गायक; गायकों का दल।

कोरसूत [सं-पु.] खतकस।

कोरा (सं.) [वि.] 1. बिलकुल ताज़ा और नया, जो काम में न लाया गया हो, जैसे- कोरा कपड़ा, कोरी मटकी 2. सादा; जिसपर अभी तक कुछ न लिखा गया हो (काग़ज़) 3. सब प्रकार के गुणों से रहित 4. निर्लिप्त। [सं-पु.] 1. बिना किनारे की एक रेशमी धोती 2. जलाशयों के पास रहने वाली एक चिड़िया।

कोराई [सं-स्त्री.] 1. चावल का भीतरी छिलका 2. कोरापन।

कोरापन [सं-पु.] 1. कोरा होने की अवस्था या भाव 2. अनुभवहीनता 3. ख़ालीपन।

कोरी[1] [वि.] 1. जो प्रयोग या काम में न लाई गई हो; अछूती; नवीन 2. जिसपर रंग न चढ़ा हो (स्त्रीलिंग शब्द के साथ प्रयुक्त) 3. जिसपर कुछ न लिखा गया हो (स्त्रीलिंग शब्द के साथ प्रयुक्त)।

कोरी[2] (सं.) [सं-पु.] हिंदुओं की एक जाति जो सादे और मोटे कपड़े बुनती है; जुलाहा।

कोरो [सं-पु.] 1. खपरैल या फूस के मकान की छजनी में प्रयुक्त लकड़ी 2. पान के भीटे का ऊपरी छाजन 3. रेंड़ का सूखा पेड़।

कोरोनी मठा [सं-पु.] छाछ।

कोर्ट (अं.) [सं-पु.] 1. कचहरी; न्यायालय; अदालत 2. राज दरबार 3. {ला-अ.} न्यायाधीशों के लिए प्रयुक्त शब्द, जैसे- कोर्ट का मानना है...।

कोर्ट-कचहरी (अं.+सं.) [सं-स्त्री.] सरकार की ओर से निर्धारित वह जगह जहाँ न्यायाधीशों के द्वारा मुक़दमों की सुनवाई करके न्याय किया जाता है; न्यायालय; न्यायाधिकरण।

कोर्स (अं.) [सं-पु.] 1. पाठ्यक्रम 2. घुड़दौड़ का मैदान।

कोल (सं.) [सं-पु.] 1. एक जनजाति 2. सूअर 3. वाराह नामक अवतार 4. गोंद 5. काली मिर्च।

कोलटारा [सं-पु.] अँकुरा।

कोलतार (अं.) [सं-पु.] एक काला और गाढ़ा द्रव जो कोयले से बनाया जाता है; तारकोल; डामर।

कोलन (अं.) [सं-पु.] एक विराम चिह्न; उपविराम जिसे ऊपर नीचे दो बिंदुओं द्वारा दिखलाया जाता है, (:)।

कोला [सं-स्त्री.] 1. बेढ़ा 2. छोटी पीपल; पिप्पली 3. बेर का पेड़ 4. चब्य। [सं-पु.] गीदड़।

कोलाहट (सं.) [सं-पु.] नृत्य में निपुण वह व्यक्ति जो तलवार की धार पर नृत्य कर सकता है और अंगों को तोड़-मरोड़कर कई तरह के करतब दिखा सकता है।

कोलाहल (सं.) [सं-पु.] 1. अनेक लोगों के बोलने, चीखने-चिल्लाने से होने वाला शब्द, ध्वनि या शोर 2. हलचल।

कोलिआर [सं-पु.] एक प्रकार का घना और काँटेदार वृक्ष।

कोलिक [सं-पु.] वह व्यक्ति जो कपड़े बुनता हो; जुलाहा; तंतुवाय।

कोलियरी (अं.) [सं-स्त्री.] वह स्थान जहाँ खान से कोयला निकाला जाता है; कोयला खदान।

कोली [सं-पु.] महाराष्ट्र में समुद्र तट के पास बसने वाली एक जाति जिसका मुख्य धंधा मछली पकड़ना और बेचना है।

कोलैबरेशन (अं.) [सं-पु.] दो या अधिक व्यक्तियों या संस्थानों का किसी विशेष क्षेत्र में मिलकर काम करना; सहयोग, जैसे- किसी ग्रंथ के लिखने में दो लेखकों का कोलैबरेशन या कोई बड़ा कारख़ाना खोलने के लिए दो औद्योगिक संस्थानों का या किसी महत्वपूर्ण परियोजना में दो सरकारों का कोलैबरेशन।

कोल्हाड़ [सं-पु.] वह स्थान जहाँ गन्ना पेरकर रस निकाला जाता है और उसे उबालकर गुड़ बनाया जाता है।

कोल्हू [सं-पु.] 1. ईख या गन्ना पेरने का यंत्र 2. सरसों और अन्य तिलहनों की पिराई करके तेल निकालने का यंत्र।

कोवा [सं-पु.] कटहल का बीज जिस कोश में रहता है; कोया; साँप के छोटे बच्चे।

कोविद (सं.) [वि.] पंडित; विद्वान; ज्ञानवान; प्रबुद्ध।

कोविदार (सं.) [सं-पु.] 1. कांचनार या कचनार का पेड़ 2. उक्त पेड़ का फूल।

कोश (सं.) [सं-पु.] 1. भंडार; ख़जाना; निधि 2. डिब्बा 3. फूलों की बँधी कली 4. वह ग्रंथ जिसमें एक विशेष क्रम से शब्द और उनके अर्थ आदि दिए जाते हैं (शब्दकोश) 5. तलवार आदि की म्यान।

कोशकार (सं.) [सं-पु.] 1. शब्दकोश के लिए शब्दों का संग्रह तथा उनका संपादन करने वाला विद्वान; शब्दकोश बनाने वाला व्यक्ति 2. तलवार, कटार आदि के लिए म्यान बनाने वाला व्यक्ति। [वि.] 1. शब्दकोश बनाने वाला 2. म्यान बनाने वाला।

कोशरचना (सं.) [सं-स्त्री.] शब्दकोश निर्माण करने का काम; (लेक्सिकोग्राफ़ी)।

कोशल (सं.) [सं-पु.] 1. सरयू या घाघरा नदी के दोनों तटों पर स्थित क्षेत्र 2. उपर्युक्त क्षेत्र में बसने वाली क्षत्रिय जाति 3. अयोध्या नगर।

कोशा (सं.) [सं-स्त्री.] (प्राणी विज्ञान) प्राणियों के शरीर की संरचनात्मक इकाई; कोशिका।

कोशाणु (सं.) [सं-पु.] सभी प्राणियों की मूल संरचनात्मक एवं कार्यात्मक इकाई जिससे प्राणियों का निर्माण हुआ है; (सेल)।

कोशिका (सं.) [सं-स्त्री.] 1. (प्राणी विज्ञान) जीवधारियों के शरीर की संरचनात्मक इकाई; कोश; कोशा; (सेल) 2. कटोरा; प्याला।

कोशिश (फ़ा.) [सं-स्त्री.] 1. कोई काम करने के लिए किया जाने वाला प्रयत्न; प्रयास; चेष्टा 2. उद्योग; श्रम।

कोष (सं.) [सं-पु.] 1. धन संचित करने का स्थान; ख़ज़ाना; भंडार 2. म्यान।

कोषागार (सं.) [सं-पु.] ख़ज़ाना; भंडार; धन-दौलत रखने की जगह।

कोषाधिकारी (सं.) [सं-पु.] कोष की देखभाल करने वाला अधिकारी; कोषाध्यक्ष; ख़ज़ानची।

कोषाध्यक्ष (सं.) [सं-पु.] कोषाधिकारी; ख़ज़ानची; रोकड़िया।

कोष्ठ (सं.) [सं-पु.] 1. चारों ओर से घिरा स्थान; कोठा 2. अन्न-भंडार 3. घेरे की दीवार; चारदीवारी 4. शरीर के अंदर में आमाशय, पक्वाशय आदि वाला वह भाग जिसमें विशेष क्रिया शक्ति होती है 5. उदर; पेट।

कोष्ठक (सं.) [सं-पु.] 1. परस्परोन्मुख चिह्नों का जोड़ा जिनके घेरे के अंदर अंक, शब्द, पद आदि विशेष स्पष्टीकरण के लिए रखे जाते हैं 2. कोष्ठक का चिह्न, जैसे- [ ], { }, ( )।

कोष्ठबद्ध (सं.) [वि.] 1. कोष्ठ में बंद 2. जो कोष्ठ अर्थात उदर में बद्ध या रुका हुआ हो (मल)।

कोष्ठबद्धता (सं.) [सं-स्त्री.] वह रोग जिसमें पेट में मल रुका रहता है और बाहर निकलने में कठिनाई होती है; कब्ज़; मलावरोध।

कोष्ठाग्नि (सं.) [सं-पु.] पेट के अंदर का वह ताप जिससे भोजन पचता है; जठराग्नि।

कोष्ठी (सं.) [सं-स्त्री.] जन्मपत्री; वह पत्रक जिसमें किसी व्यक्ति का जन्मकाल, ग्रह, नक्षत्र आदि दिए गए हों; कुंडली।

कोस [सं-पु.] दूरी मापने की प्राचीन भारतीय पद्धति का एक पैमाना; दो किलोमीटर से कुछ अधिक की दूरी।

कोसना (सं.) [क्रि-स.] 1. किसी के लिए अशुभ कामना करना; बददुआ देना 2. निंदा करना; बुरा-भला कहना। [मु.] **-पानी पी-पी कर** : शाप और गालियाँ देना।

कोसा [सं-पु.] 1. मुख्यतः मध्य प्रदेश में बनने वाला एक प्रकार का रेशम 2. एक प्रकार का गाढ़ा रस या अवलेह जो चिकनी सुपारी बनाते समय सुपारियों को उबालने पर तैयार होता है 3. मिट्टी का बड़ा और छिछला कटोरा जो घड़ा ढकने या खाने-पीने की वस्तुएँ रखने के काम में आता है; कसोरा।

कोसा-खोलाई [सं-स्त्री.] कोसा खोलने की विधि।

कोसाकाटी [सं-स्त्री.] किसी को कोसने की क्रिया या भाव; शाप के रूप में दी जाने वाली गाली या बददुआ।

कोसिली [सं-स्त्री.] पिराक या गुझिया नामक पकवान।

कोसी [सं-स्त्री.] 1. बिहार प्रदेश की एक प्रसिद्ध नदी 2. एक लंबा खर जो क्वार मास में फूलता है और प्रायः नदी या तालाब के किनारे उत्पन्न होता है 3. अनाज के वे दाने जो बाल या फली में लगे रह जाते हैं; गूड़ी; चंचरी।

कोहकन (फ़ा.) [वि.] पहाड़ खोदने वाला; पर्वतभेदी। [सं-पु.] शीरीं के प्रेमी फ़रहाद का उपनाम जिसने शीरीं के पिता के कहने पर पहाड़ खोद कर नहर बनाई।

कोहनाना [क्रि-अ.] कोप या क्रोध करने का स्वाँग रचना।

कोहनी [सं-स्त्री.] 1. हाथ के ऊपर और निचले आधे-आधे हिस्से के बीच का जोड़ जहाँ से हाथ मुड़ता है; कुहनी 2. हुक्के की निगाली में लगाई जाने वाली धातु की टेढ़ी नली।

कोहबर (सं.) [सं-पु.] वह स्थान या घर जहाँ विवाह के समय कुलदेवता स्थापित किए जाते हैं तथा विवाह से संबद्ध कई प्रकार की रस्में संपन्न की जाती हैं।

कोहरा [सं-पु.] छोटे-छोटे वाष्प कण जो शीत के कारण वातावरण में भाप बनकर जम जाते हैं; धुंध; कुहासा; कुहरा।

कोहराम (अ.) [सं-पु.] 1. हंगामा 2. किसी अनर्थकारी, दुखद या शोकजनक घटना को देखकर होने वाला रोना-पीटना; विलाप; हाहाकार।

कोहान (फ़ा.) [सं-पु.] ऊँट की पीठ पर का कूबड़ या डिल्ला।

कोहिनूर (फ़ा.) [सं-पु.] 1. एक विश्वप्रसिद्ध हीरा जो भारत की मुगल सल्तनत से नादिरशाह के पास गया और अब ब्रिटिश सम्राट के ताज में जड़ा है; कोहेनूर; कोहिनूर 2. आभा या रोशनी का पर्वत।

कोहिल [सं-पु.] नर शाही बाज।

कोही [वि.] क्रोध करने वाला; क्रोधी; गुस्सेवर।

कौंच (सं.) [सं-पु.] 1. कराँकुल नामक जल पक्षी; क्रौंच 2. केवाँच नामक लता; कौंछ।

कौंछ (सं.) [सं-स्त्री.] 1. एक प्रकार की बेल; केवाँच; कौंच 2. उक्त बेल की सेम जैसी फलियाँ जिनको छूने से खुजली होती है।

कौंतेय (सं.) [सं-पु.] कुंती का पुत्र।

कौंध [सं-स्त्री.] 1. चमक; आकाशीय विद्युत की चमक 2. {ला-अ.} एकाएक आई याद।

कौंधना (सं.) [क्रि-अ.] बिजली का कुछ क्षणों के लिए चमककर छिप जाना; कुछ क्षणों के लिए ऐसे चमकना कि आँखें चौंधिया जाएँ।

कौंधनी [सं-स्त्री.] 1. करधनी 2. अतरामन; अंतर देना।

कौआ [सं-पु.] 1. एक प्रकार का पक्षी जिसका रंग काला होता है; काग; काक 2. गले के भीतर लटकने वाली छोटी जीभ; अलिजिह्वा; उपजिह्वा 3. {ला-अ.} धूर्त व्यक्ति। [मु.] **कौए उड़ाना** : बेकार के काम करना।

कौआझँपान [सं-स्त्री.] जौ-गेहूँ के पौधों की छह इंच तक की वृद्धि।

कौआबँधाव [सं-पु.] तिनचुटिया बँधाव।

कौआलुकान [वि.] बहुत कम ऊँचा।

कौआसाँतिया [सं-पु.] एक प्रकार का स्वस्तिक चिह्न।

कौटिल्य (सं.) [सं-पु.] अर्थशास्त्र के रचयिता और कूटनीति के आचार्य चाणक्य जिनके मार्गदर्शन में मगध में मौर्यवंश की स्थापना हुई; चंद्रगुप्त मौर्य के गुरु और महामंत्री।

कौटुंबिक (सं.) [वि.] कुटुंब का; कुटुंब संबंधी; पारिवारिक।

कौड़ा [सं-पु.] 1. बूई नाम का पौधा जिसे जलाकर सज्जीखार निकालते हैं 2. एक प्रकार का जंगली प्याज़ 3. बड़ी कौड़ी 4. जाड़े के दिनों में तापने के लिए किसी गड्ढे में खरपतवार फूँककर जलाई हुई आग; अलाव।

कौड़ियाकूबड़ [सं-पु.] कुबड़ा; कुंज; कूबड़।

कौड़ियाला (सं.) [सं-पु.] 1. एक प्रकार का विषैला साँप जिसपर कौड़ी के रंग और आकार की चित्तियाँ पड़ी रहती हैं 2. एक पौधा जो ऊसर भूमि में होता है 3. कृपण धनाढ्य; कंजूस अमीर।

कौड़िल्ला [सं-पु.] 1. जलाशय के आस-पास रहने वाला एक

पक्षी जो मछली पकड़ कर खाता है; किलकिला; (किंगफ़िशर) 2. कसी नामक पौधा जिसे संस्कृत में कशुक और गवेधुक कहते हैं।

कौड़ी (सं.) [सं-स्त्री.] 1. शंख की तरह का एक समुद्री कीड़ा जो अस्थिकोश में रहता है 2. उक्त अस्थिकोश जो प्राचीन काल में सबसे छोटे सिक्के के रूप में प्रचलित था 3. छाती के बीचोंबीच की एक छोटी हड्डी जिसपर पसलियाँ आकर मिलती हैं 4. {ला-अ.} द्रव्य; धन; रुपया।

कौतुक (सं.) [सं-पु.] 1. कुतूहल; आश्चर्य; अचंभा 2. विनोद; हँसी-मज़ाक 3. खेल-तमाशा 4. उत्सुकता; आवेग 5. जिज्ञासा।

कौतुकगृह (सं.) [सं-पु.] कोहबर।

कौतुकी (सं.) [वि.] 1. कौतुक करने वाला; विनोदशील 2. खेल तमाशा करने वाला।

कौतूहल (सं.) [सं-पु.] किसी वस्तु को देखने या जानने की इच्छा या चाहत; कुतूहल; जिज्ञासा।

कौन (सं.) [सर्व.] एक प्रश्नवाचक सर्वनाम जो किसी व्यक्ति के संबंध में जिज्ञासा करता है।

कौपीन (सं.) [सं-पु.] लँगोट, जिसे संन्यासी और ब्रह्मचारी पहनते हैं; काछा।

कौम (अ.) [सं-स्त्री.] 1. जाति; बिरादरी 2. वंश; नस्ल 3. राष्ट्र; (नेशन)।

क़ौम (अ.) [सं-स्त्री.] उर्दू उच्चारणानुसार वर्तनी (दे. कौम)।

कौमारभृत्य (सं.) [सं-पु.] आयुर्वेद का एक अंग जिसमें शिशुओं के लालन-पालन और चिकित्सा आदि से संबंधित विद्या का वर्णन है; धात्रीविद्या।

कौमार्य (सं.) [सं-पु.] कुमार होने की अवस्था; कौमार; कुँआरापन।

कौमार्यव्रत (सं.) [सं-पु.] आजीवन कौमार्य का निर्वाह करने की प्रतिज्ञा; ब्रह्मचर्य व्रत।

कौमी (अ.) [वि.] 1. किसी कौम या जाति से संबंधित; जातीय 2. राष्ट्रीय; राष्ट्र से संबंधित, जैसे- कौमी तराना (राष्ट्रगान)।

कौमुदी (सं.) [सं-स्त्री.] 1. ज्योत्स्ना; चाँदनी 2. प्राचीन भारत में कार्तिक पूर्णिमा को होने वाला कार्तिकोत्सव; शरदोत्सव 3. व्याख्या; विवेचन; टीका (ग्रंथ के नाम के अंत में प्रयुक्त), जैसे- लघु सिद्धांत कौमुदी।

कौमोदकी (सं.) [सं-स्त्री.] विष्णु की गदा का नाम; कौमोदी।

कौर [सं-पु.] 1. एक बार में मुँह में डाला जाने वाला भोजन; एक ग्रास भोजन 2. उतना अन्न जितना एक बार चक्की में पीसने के लिए डाला जाता है।

कौरव (सं.) [सं-पु.] राजा कुरु के वंशज या संतान; (महाभारत) कुरुवंशी धृतराष्ट्र के सौ पुत्र- दुर्योधन, दुःशासन आदि सामूहिक रूप से इसी नाम से जाने जाते थे। [वि.] कुरु संबंधी।

कौरा [सं-पु.] 1. दरवाजे के इधर-उधर का भाग जिससे दरवाजा खोलने पर किवाड़ों का पिछला भाग सटा रहता है 2. पशुओं, कुत्तों, अंत्यजों आदि को दिया जाने वाला भोजन का अंश 3. कीड़ा।

कौरायी [सं-स्त्री.] भोर।

कौरी [सं-स्त्री.] 1. चावल के आटे की बनी रोटी 2. अँकवार; गोद 3. अँकवार भर अनाज, जो खेत के मजदूरों में बाँटा जाता है।

क़ौल (अ.) [सं-पु.] उर्दू उच्चारणानुसार वर्तनी (दे. कौल2)।

कौल-व-करार (अ.) [सं-पु.] परस्पर प्रतिज्ञा; कौलोकरार।

कौल[1] (सं.) {सं-पु.] 1. कुलीन व्यक्ति 2. वाममार्गी कौल संप्रदाय का व्यक्ति 3. कमल 4. कश्मीरी पंडितों की एक शाखा का कुलनाम या सरनेम।

कौल[2] (अ.) [सं-पु.] 1. वचन; वायदा 2. प्रण; प्रतिज्ञा।

कौलमार्ग (सं.) [सं-पु.] वाममार्ग; तंत्र साधना की एक पद्धति; शक्ति और शिव के बीच संबंध सिद्ध करने वाला मार्ग।

कौला (सं.) [सं-पु.] 1. एक प्रकार का संतरा जो बहुत अच्छा और स्वादिष्ट होता है; कमला 2. द्वार के इधर-उधर का वह भाग जिनसे किवाड़ खुलने पर सटे रहते हैं। [वि.] कोमल।

कौलाचार (सं.) [सं-पु.] कौलमार्ग या वाममार्ग के विहित आचार तथा आचरण।

कौशल (सं.) [सं-पु.] 1. निपुणता; कार्य दक्षता 2. होशियारी; चतुराई।

कौशल्या (सं.) [सं-स्त्री.] (रामायण) राजा दशरथ की ज्येष्ठ पत्नी और राम की माता।

कौशांबी (सं.) [सं-पु.] 1. उत्तर प्रदेश का एक बहुत प्राचीन और ऐतिहासिक नगर; लोकप्रसिद्धि के अनुसार उक्त नगर को कुश के पुत्र कौशांब ने बसाया था।

कौशिक (सं.) [सं-पु.] 1. इंद्र 2. कुशिक का वंशज 3. विश्वामित्र 4. उल्लू 5. साँप पकड़ने तथा साँप का खेल दिखाने वाला व्यक्ति; मदारी। [वि.] कुशिक वंश का।

कौशिकी (सं.) [सं-स्त्री.] 1. चंडिका; दुर्गा 2. पूर्वी उत्तर प्रदेश तथा बिहार राज्य से होकर बहने वाली कोसी नामक नदी 3. (पुराण) राजा कुशिक की पोती और ऋचीक मुनि की पत्नी, जो अपने पति के साथ सदेह स्वर्ग गई थीं 4. (काव्यशास्त्र) काव्य में चार प्रकार की वृत्तियों में से पहली वृत्ति।

कौषेय (सं.) [सं-पु.] रेशम से बना हुआ वस्त्र; रेशमी वस्त्र; अंशुक; पाटंबर। [वि.] रेशम से संबंध रखने वाला; रेशम का; रेशमी।

कौसर (अ.) [सं-पु.] स्वर्ग का कुंड या हौज़।

कौस्तुभ (सं.) [सं-पु.] 1. (पुराण) समुद्र मंथन से प्राप्त एक मणि जिसे विष्णु अपने हृदयस्थल पर धारण करते हैं 2. उँगुलियों की एक प्रकार की तांत्रिक मुद्रा 3. वैद्यक में प्रयुक्त एक प्रकार का तेल।

कौहा [सं-पु.] छाजन में बाँडेरी के सहारे के लिए लगाई जाने वाली लकड़ी।

क्या [सर्व.] 1. प्रश्नसूचक सर्वनाम 2. कौन-सी बात; कौन-सी चीज़।

क्यारी [सं-स्त्री.] 1. खेतों में छोटी-छोटी मेड़ों से घिरे हुए वे स्थान, जिनमें फ़सल उगाई जाती है तथा पौधे लगाए जाते हैं 2. नमक बनाने के लिए समुद्री जल के ज्वार के क्षेत्र में मेड़ों को बनाकर घेरा गया चौकोर या आयताकार स्थान जिसमें

ज्वार उतरने के समय समुद्र का जल रुक जाता है और जल वाष्पीकृत होने पर नमक बच जाता है; नमक की क्यारियाँ।

क्यूट (अं.) [वि.] 1. आकर्षक; लुभावना 2. अति सुंदर।

क्यूब (अं.) [सं-पु.] 1. छह समान पार्श्वों वाली ऐसी ठोस संरचना जिसमें लंबाई, चौड़ाई और ऊँचाई तीनों आयाम हों; घन 2. किसी संख्या का अपने आपसे दो बार गुणा करने से निकला गुणनफल; घनफल, जैसे- 2×2×2 = 8।

क्यों [अव्य.] 1. प्रश्नवाचक शब्द 2. कारण संबंधी प्रश्नात्मक जिज्ञासा।

क्योंकि [अव्य.] 1. कारण यह कि; इसलिए कि 2. चूँकि।

क्यौंचो [सं-स्त्री.] दाहा; दाब 2. डाब।

क्रंदन (सं.) [सं-पु.] असहाय स्थिति में होने वाला भावविह्वल विलाप; रुदन।

क्रतु (सं.) [सं-पु.] 1. एक प्रकार का यज्ञ; अश्वमेध यज्ञ 2. विष्णु 3. ब्रह्मा के एक मानस पुत्र 4. कृष्ण के एक पुत्र का नाम।

क्रम (सं.) [सं-पु.] 1. सिलसिला 2. अनुक्रम; एक के बाद एक की स्थिति 3. नियमित व्यवस्था; निश्चित पद्धति या योजना।

क्रम-भंग (सं.) [सं-पु.] 1. क्रम टूट जाना; क्रम में होने वाली उलटफेर 2. व्यतिक्रम।

क्रम-संख्या (सं.) [सं-स्त्री.] क्रम के अनुसार लिखी जाने वाली संख्या; क्रमांक; (सीरियल नंबर)।

क्रम-सूचक (सं.) [वि.] जिससे किसी वस्तु, व्यक्ति, घटना आदि का क्रम सूचित होता हो, जैसे- पहला, दूसरा, ... दसवाँ आदि (शब्द); क्रमसंख्या-वाचक; (ऑर्डिनल)।

क्रम परिवर्तन (सं.) [सं-पु.] क्रम में पीछे से आगे अथवा आगे से पीछे होना; क्रम में बदलाव; विपर्यय; क्रमचय।

क्रमबद्ध (सं.) [वि.] एक क्रम में रखे गए; एक के बाद एक रखे हुए; क्रमिक।

क्रमशः (सं.) [अव्य.] 1. नियत क्रम के अनुसार; क्रमानुसार; सिलसिलेवार 2. बारी-बारी से; एक-एक कर के 3. धीरे-धीरे; थोड़ा-थोड़ा कर के।

क्रमांक (सं.) [सं-पु.] क्रम को व्यक्त करने वाली संख्या या सिलसिला; क्रमसंख्या; (सीरियल नंबर)।

क्रमागत (सं.) [वि.] 1. ठीक क्रम या बारी से आया हुआ; क्रमानुसार 2. जो धीरे धीरे होता आया हो 3. जो परंपरा से होता आया हो; परंपरागत; पारंपरिक।

क्रमानुसार (सं.) [अव्य.] जो क्रम के अनुसार हो; यथाक्रम; बारी-बारी से।

क्रमिक (सं.) [वि.] एक के बाद एक; क्रम से।

क्रमेलक (सं.) [सं-पु.] रेगिस्तानी इलाकों में रहने वाला एक पशु जिससे सवारी और बोझ ढोने का काम लिया जाता है; ऊँट; शुतुर; उष्ट्र।

क्रय (सं.) [सं-पु.] कुछ ख़रीदने या मोल लेने का कार्य; रुपयों के बदले किसी से कोई वस्तु लेने का कार्य।

क्रय-विक्रय (सं.) [सं-पु.] ख़रीदना और बेचना।

क्रयमूल्य (सं.) [सं-पु.] वह मूल्य जिसपर कोई वस्तु ख़रीदी या क्रय की गई हो।

क्रयशक्ति (सं.) [सं-स्त्री.] किसी देश की जनता की वह आर्थिक शक्ति जिससे वह जीवन-निर्वाह हेतु आवश्यक वस्तुएँ ख़रीदता है; (परचेज़िंग पावर)।

क्रयी (सं.) [वि.] कोई वस्तु ख़रीदनेवाला। [सं-पु.] ख़रीददार; ग्राहक; क्रेता; (कस्टमर)।

क्रश (अं.) [सं-पु.] 1. किसी के प्रति मन में जागा हुआ अल्पकालिक प्रेम भाव; किशोर उम्र की प्रेमासक्ति 2. फलों के गूदे में शक्कर या चाशनी मिलाकर तैयार किया गया खाद्य पदार्थ। -करना [क्रि-स.] तोड़ने के लिए ज़ोर से दबाना।

क्रांत (सं.) [वि.] 1. दबा या दबाया हुआ 2. लाँघा या पार किया हुआ 3. जिसपर आक्रमण हुआ हो; आक्रांत; ग्रस्त 4. जो अतीत हो चुका हो।

क्रांतदर्शी (सं.) [सं-पु.] 1. वह व्यक्ति जिसकी दृष्टि स्थान और समय के पार देख सकती हो; सर्वज्ञ; त्रिकालदर्शी; परमेश्वर। [वि.] सब कुछ जानने वाला।

क्रांति (सं.) [सं-स्त्री.] 1. वह बहुत भारी परिवर्तन या उलटफेर जिससे किसी व्यवस्था या स्थिति का स्वरूप बिल्कुल बदल जाए; भारी उलटफेर; इनक़लाब; (रेवलूशन) 2. राजनीतिक परिदृश्य में वह स्थिति जिसमें विद्रोह द्वारा शासन में परिवर्तन हो जाए 3. {ला-अ.} किसी भी क्षेत्र में भारी परिवर्तन, जैसे- इस नई खोज से चिकित्सा की दुनिया में **क्रांति आ गई है।**

क्रांतिकारी (सं.) [वि.] 1. क्रांति करने वाला 2. किसी प्रकार का कोई बड़ा परिवर्तन चाहने वाला 3. किसी बदलाव की कोशिश करने वाला।

क्रांतिदर्शी (सं.) [वि.] क्रांति का स्वप्न देखने वाला; क्रांति की योजनाएँ बनाने वाला।

क्रांतिधर्मा (सं.) [वि.] क्रांति जिसका धर्म हो; क्रांतिकारी; परिवर्तनकामी; इनक़लाबी।

क्रांतिवादी (सं.) [वि.] किसी विद्यमान व्यवस्था में व्यापक परिवर्तन का हिमायती; जो क्रांति का पक्षधर हो।

क्रांतिवृत्त (सं.) [सं-पु.] सूर्य का दैनिक भ्रमण-पथ; क्रांतिमंडल; क्रांति-वलय।

क्राइम (अं.) [सं-पु.] अपराध; जुर्म।

क्राफ़्ट (अं.) [सं-पु.] शिल्पकर्म; हस्तकला।

क्रिएटिव (अं.) [वि.] सर्जनात्मक।

क्रिकेट (अं.) [सं-पु.] बल्ले और गेंद से खेला जाने वाला एक लोकप्रिय खेल।

क्रिटिकल (अं.) [वि.] 1. संकटपूर्ण; गंभीर, जैसे- रोगी की हालत क्रिटिकल है 2. आलोचनात्मक; विवेचनात्मक।

क्रिमिनल (अं.) [सं-पु.] अपराधी व्यक्ति। [वि.] अपराध करने वाला; जिसने कोई जुर्म किया हो।

क्रियमाण (सं.) [वि.] 1. जो हो रहा हो; जो किया जा रहा हो 2. सक्रिय; क्रियाशील।

क्रिया (सं.) [सं-स्त्री.] 1. (व्याकरण) वह शब्द जिससे किसी कार्य के किए जाने या होने की अवस्था या भाव प्रकट हो 2.

ऐसा कार्य जो किया जाता हो या किया जा रहा हो 3. कर्म 4. नित्य या नैमित्तिक कर्म; नियम और विधि से होने वाला कार्य 5. अध्यापन, चिकित्सा आदि के रूप में होने वाले कार्य।

क्रियाकर्म (सं.) [सं-पु.] किसी व्यक्ति की मृत्यु के उपरांत परिजनों द्वारा धार्मिक नियम के अनुसार किया जाने वाला कार्य; मृतक की अंत्येष्टि क्रिया।

क्रियाकलाप (सं.) [सं-पु.] 1. शास्त्रानुसार किए जाने वाले कर्म 2. किसी की चाल-ढाल या उसके द्वारा किए जाने वाले कार्य; गतिविधि।

क्रियात्मक (सं.) [वि.] जिसे क्रिया अथवा कार्य के रूप में किया जा सकता हो; जिसपर अमल किया जा सकता हो; व्यावहारिक; (प्रैक्टिकल)।

क्रियार्थक संज्ञा (सं.) [सं-स्त्री.] (व्याकरण) क्रिया का अर्थ देने वाली वह संज्ञा जो क्रिया के मूल रूप में होती है अर्थात क्रिया का अर्थ देने वाला शब्द क्रिया के रूप में होते हुए भी संज्ञा का अर्थ देता है, जैसे- चलना स्वास्थ्य के लिए लाभदायक है।

क्रियाविशेषण (सं.) [सं-पु.] (व्याकरण) जो शब्द क्रिया की विशेषता बताते हैं उन्हें क्रिया विशेषण कहते हैं, जैसे- मोहन धीरे धीरे चलता है। इसमें 'धीरे-धीरे' क्रिया विशेषण है क्योंकि यह 'चलने' (क्रिया) की विशेषता बता रहा है।

क्रियाशील (सं.) [वि.] 1. सक्रिय 2. सक्रियता से काम करने वाला।

क्रियाशून्य (सं.) [वि.] निष्क्रिय; शिथिल; कर्महीन।

क्रिश्चियन (अं.) [वि.] ईसाई धर्म को मानने वाला; ईसाई; मसीही।

क्रिसमस (अं.) [सं-पु.] ईसाइयों का एक त्योहार जो पच्चीस दिसंबर को ईसा मसीह के जन्मदिन के रूप में मनाया जाता है।

क्रीज़ (अं.) [सं-पु.] 1. सिलवट; चुन्नट; पोशाकों में इस्तिरी करने से बन जाने वाली सिलवट 2. क्रिकेट में गेंद फेंकने एवं बल्लेबाज़ी का नियत स्थान।

क्रीड़ा (सं.) [सं-स्त्री.] 1. खेलकूद; किलोल; मन बहलाने या मनोरंजन के लिए किया जाने वाला काम 2. ताल के प्रमुख भेदों में से एक 3. आमोद-प्रमोद।

क्रीड़ा-वन (सं.) [सं-पु.] क्रीड़ा या मनोविनोद के लिए बनाया गया उद्यान; क्रीड़ा-कानन।

क्रीड़ास्थल (सं.) [सं-पु.] 1. वह स्थान जहाँ किसी ने क्रीड़ाएँ की हों, जैसे- लोकमान्यता के अनुसार ब्रजभूमि कृष्ण का क्रीड़ास्थल रही है 2. खेलने की जगह या मैदान; क्रीड़ाभूमि; (प्लेग्राउंड)।

क्रीत (सं.) [वि.] जिसके लिए धन दिया गया हो (वस्तु, व्यक्ति या सेवा); क्रय किया हुआ; ख़रीदा हुआ।

क्रीतदास (सं.) [सं-पु.] ख़रीदा हुआ दास; गुलाम।

क्रीम (अं.) [सं-स्त्री.] 1. मलाई 2. चेहरे की त्वचा मुलायम रखने के लिए प्रयुक्त एक उत्पाद 3. {ला-अ.} सर्वश्रेष्ठ अंश।

क्रुद्ध (सं.) [वि.] क्रोधित; जो गुस्से में हो।

क्रूर (सं.) [वि.] 1. निर्दय 2. हिंसक कार्य करने वाला 3. दूसरों को कष्ट पहुँचाकर सुखी होने वाला।

क्रूरता (सं.) [सं-स्त्री.] निर्दयता; कठोर व्यवहार; हिंसक व्यवहार

क्रूस (अं.) [सं-पु.] 1. क्रॉस 2. ईसा के बलिदान का प्रतीक; ईसाइयों का पवित्र चिह्न।

क्रेंकार [सं-पु.] सारस की बोली।

क्रेज़ी (अं.) [वि.] 1. उत्तेजित 2. पागल; सनकी 3. किसी कार्य या व्यक्ति को लेकर हद से ज़्यादा उत्साहित; दीवाना, जैसे- आजकल लोग क्रिकेट को लेकर क्रेज़ी हो रहे हैं।

क्रेडिट (अं.) [सं-पु.] 1. खाते में जमा धन 2. श्रेय, जैसे- इस विजय का क्रेडिट अमुक व्यक्ति को जाता है 3. विश्वास; साख।

क्रेता (सं.) [सं-पु.] 1. ग्राहक; माल ख़रीदने वाला; ख़रीदार 2. किसी साधन या सेवा के उपयोग के बदले धन देने वाला व्यक्ति।

क्रेन (अं.) [सं-पु.] 1. सारस नामक पक्षी 2. भारी सामान उठाकर स्थानांतरित करने वाली मशीन।

क्रैश (अं.) [सं-पु.] 1. दो गाड़ियों की टक्कर 2. किसी भारी वस्तु का अनायास नीचे गिरकर चूर-चूर हो जाना, जैसे- हवाई जहाज़ का क्रैश।

क्रॉनिकल (अं.) [सं-पु.] 1. इतिवृत्त 2. अतीत में हुई बातों या घटनाओं का क्रमबद्ध लेखा-जोखा 3. कोई किस्सा या ब्योरा।

क्रॉप (अं.) [सं-पु.] प्रकाशन योग्य चित्र को इधर-उधर से काटकर अपेक्षित आकार देना।

क्रॉस (अं.) [सं-पु.] 1. क्रूस; ईसाइयों का पवित्र चिह्न 2. लिखे हुए को काटने का निशान। [मु.] **-करना** [क्रि-स.] पार करना, जैसे- सड़क क्रॉस करना।

क्रॉस वेंटिलेशन (अं.) [सं-पु.] कमरे या मकान में हवा के आर-पार प्रवाह के लिए बनी खिड़कियों की व्यवस्था।

क्रॉसिंग (अं.) [सं-स्त्री.] 1. वह स्थान जहाँ से रेल लाइन को सुरक्षित रूप से पार किया जा सकता है 2. सड़क, नदी आदि पार करने का स्थान।

क्रोड (सं.) [सं-पु.] 1. गोद; गोदी 2. आलिंगन में दोनों बाँहों के बीच का भाग; अँकवार।

क्रोध (सं.) [सं-पु.] कोई अनुचित या प्रतिकूल कार्य होने पर मन में उत्पन्न उग्र या तीक्ष्ण मनोविकार; गुस्सा; कोप; रोष।

क्रोधवश (सं.) [क्रि.वि.] क्रोध में या क्रोध के कारण।

क्रोधावेश (सं.) [सं-पु.] क्रोध का आवेश; क्रोध में आने के पश्चात कुछ भी कर डालने की मन:स्थिति।

क्रोधित (सं.) [वि.] जिसे क्रोध दिलाया गया हो; क्रोधी; क्रुद्ध।

क्रोधी (सं.) [वि.] जिसे जल्दी या शीघ्र ही गुस्सा आता हो; गुस्सैल; प्राय: क्रोध करने के स्वभाव वाला।

क्रोश (सं.) [सं-पु.] दूरी मापने की एक प्राचीन माप; कोस।

क्रोशिया (अं.) [सं-पु.] लोहे, प्लास्टिक आदि का आगे से मुड़ी हुई नोक वाली तीली जैसी वह सलाई जो धागे से लेस, मेज़पोस, टोपी आदि बुनने के काम आती है; (क्रोशे)।

क्रौंच (सं.) [सं-पु.] 1. जलाशयों के किनारे रहने वाला एक

प्रकार का पक्षी; कराँकुल 2. (पुराण) सात द्वीपों में से एक 3. (पुराण) मय नामक दानव का पुत्र जो स्कंद के हाथों मारा गया।

क्लच (अं.) [सं-पु.] गाड़ियों में गियर बदलने से पहले दबाया जाने वाला यंत्र।

क्लब (अं.) [सं-पु.] 1. वह संस्था जहाँ समान रुचि वाले लोग मनोरंजन, समाज सेवा आदि के उद्देश्य से एकत्र होते हैं 2. वह स्थान जहाँ उक्त उद्देश्यों से संबंधित कार्य होते हैं।

क्लर्क (अं.) [सं-पु.] 1. किसी कार्यालय में बाबू; लिपिक 2. न्यायालय का पेशकार 3. मुंशी; मुहर्रिर।

क्लांत (सं.) [वि.] थका हुआ; श्रांत; शिथिल।

क्लांति (सं.) [सं-स्त्री.] शिथिलता; थकावट।

क्लाइंट (अं.) [सं-पु.] किसी भी प्रकार के व्यवसायी या सेवा प्रदाता की सेवा का लाभ लेने वाला व्यक्ति, जैसे- दुकानदार का ग्राहक, वकील का मुवक्किल आदि।

क्लास (अं.) [सं-स्त्री.] 1. शैक्षणिक संस्थानों में विभिन्न पाठ्यक्रमों की कक्षा; वर्ग 2. सामाजिक या आर्थिक श्रेणी 3. स्तर; दरजा 4. गुणवत्ता।

क्लासिक (अं.) [वि.] उच्चकोटि का; उत्कृष्ट; श्रेष्ठ [सं-पु.] 1. उच्च कोटि का प्राचीन साहित्य 2. उत्कृष्ट कला या कलाकारों की कृतियाँ 3. कोई ऐसा प्रसिद्ध ग्रंथ जो मानव जीवन के विराट आयामों को छूता हो।

क्लासिकल (अं.) [वि.] 1. शास्त्रीय 2. प्राचीन; चिरप्रतिष्ठित 3. उत्कृष्ट; उच्चकोटि का।

क्लिक (अं.) [क्रि-स.] 1. कैमरे का बटन दबाकर फ़ोटो खींचना 2. कंप्यूटर की स्क्रीन में देखकर माउस या की-बोर्ड की सहायता से ज़रूरत के अनुसार किसी बटन या स्थान को दबाना।

क्लिनिक (अं.) [सं-पु.] 1. वह स्थान जहाँ डॉक्टर रोगियों को देखते और सामयिक चिकित्सा करते हैं; चिकित्सालय; रोग या व्याधि के निवारण का केंद्र 2. निदानालय।

क्लिपिंग (अं.) [सं-स्त्री.] संपादकीय लेख, टिप्पणियाँ आदि तैयार करने हेतु विभिन्न पत्र-पत्रिकाओं से एकत्र की गई सामग्री।

क्लिष्ट (सं.) [वि.] जिसे समझना मुश्किल हो; कठिन; दुरूह; दुर्बोध।

क्लिष्टता (सं.) [सं-स्त्री.] क्लिष्ट होने की अवस्था या भाव; कठिनाई; दुर्बोधता; दुर्ग्राह्यता।

क्लीन चिट (अं.) [सं-स्त्री.] किसी के दोषमुक्त होने का अभिप्रमाणन; न्यायालय द्वारा पूर्णत: निर्दोष करार दिया जाना।

क्लीव (सं.) [वि.] 1. कायर; कापुरुष 2. नपुंसक; पुरुषत्वहीन।

क्लेद (सं.) [सं-पु.] 1. गीलापन; आर्द्रता; नमी 2. स्वेद; पसीना 3. मवाद; पीप 4. दुख; कष्ट।

क्लेम (अं.) [सं-पु.] किसी वस्तु पर स्वामित्व के अधिकार का दावा; हक़ देने की माँग।

क्लेश (सं.) [सं-पु.] 1. कष्ट; वेदना 2. कलह; झगड़ा।

क्लोक रूम (अं.) [सं-पु.] यात्रियों की सुविधा के लिए बस स्टैंड या रेलवे स्टेशन आदि पर बनाया गया अमानती सामान घर।

क्लोन (अं.) [सं-पु.] बिना नर-मादा के संयोग के किसी वनस्पति या प्राणी की कोशिका को प्रयोगशाला में विकसित करके बनाई गई उसकी हूबहू प्रतिकृति।

क्लोम (सं.) [सं-पु.] (शरीर रचना विज्ञान) दाहिनी तरफ़ का फेफड़ा या फुफ्फुस।

क्लोरीन (अं.) [सं-स्त्री.] (रसायनविज्ञान) हैलोजन समूह का अधात्विक तत्व; हरे-पीले रंग की तीव्र गंधवाली गैस जो पानी की अशुद्धियों को दूर करती है।

क्लोरोफ़ार्म (अं.) [सं-पु.] एक रंगहीन, भारी और वाष्पशील द्रव जो स्वाद में मीठा होता है। यह क्लोरीन का एक यौगिक है और किसी को बेहोश करने वाले पदार्थ के रूप में इस्तेमाल किया जाता है।

क्वचित (सं.) [अव्य.] कदाचित ही कोई; बहुत कम; शायद ही कोई। [वि.] कभी-कभी या कहीं-कहीं लेकिन बहुत कम मिलने वाला।

क्वण (सं.) [सं-पु.] 1. वीणा की झंकार 2. घुँघरू का शब्द 3. ध्वनि; आवाज़।

क्वणित (सं.) [सं-पु.] 1. शब्द; ध्वनि 2. किसी वाद्य, घुँघरू या आभूषण आदि की ध्वनि। [वि.] 1. जो बजा या बजाया गया हो 2. झंकृत; ध्वनित; शब्दायमान।

क्वथन (सं.) [सं-पु.] किसी तरल पदार्थ को ताप पर उबालने या औटाने की क्रिया; काढ़ा पकाना; उबालना।

क्वथनांक (सं.) [सं-पु.] वह तापमान जिसपर कोई द्रव उबलने लगे; क्वथन बिंदु; (ब्वायलिंग प्वाइंट)।

क्वाँरा [वि.] जिसका विवाह न हुआ हो; जिसने विवाह न किया हो; कुमार; कुँआरा।

क्वाथ (सं.) [सं-पु.] 1. औषधियों आदि को पानी में उबालकर बनाया हुआ गाढ़ा रस; काढ़ा; जोशाँदा; अरिष्ट; अर्क 2. कष्ट; क्लेश 3. व्यसन।

क्वार्टर (अं.) [सं-पु.] 1. चौथाई (हिस्सा) 2. छोटा कमरा या आवास।

क्विंटल (अं.) [सं-पु.] 1. सौ किलोग्राम की एक तौल 2. सौ किलोग्राम का परिमाण या बटखरा।

क्वेरी (अं.) [सं-स्त्री.] 1. पूछताछ; प्रश्न 2.अनुयोग।

क्ष हिंदी वर्णमाला में 'क्+ष्' का संयुक्त वर्ण। हिंदी वर्णमाला में इसे 'ह' के बाद स्थान दिया गया है।

क्षंतव्य (सं.) [वि.] 1. क्षमा किए जाने योग्य; क्षम्य 2. सहन करने के योग्य।

क्षण (सं.) [सं-पु.] 1. पल; काल की अत्यंत छोटी इकाई 2. अवसर; मौक़ा 3. एक बार पलक झपकने भर का समय।

क्षणजीवी (सं.) [वि.] कम अवधि तक जीवित रहने वाला।

क्षणदा (सं.) [सं-स्त्री.] 1. रात; रात्रि 2. हल्दी।

क्षणभंगुर (सं.) [वि.] 1. क्षण भर में नष्ट हो जाने वाला; क्षणिक 2. अल्पकालिक या अस्थायी।

क्षणभंगुरता (सं.) [सं-स्त्री.] क्षण भर में नष्ट हो जाने का भाव;

नश्वरता।

क्षणांश (सं.) [सं-पु.] अत्यंत छोटा पल; क्षण मात्र; पल भर।

क्षणिक (सं.) [वि.] 1. क्षण से संबंधित 2. मात्र एक क्षण ठहरने वाला 3. अनित्य।

क्षत (सं.) [वि.] 1. जिसे क्षति या हानि पहुँची हो 2. जिसे चोट लगी हो; घायल 3. जिसका कोई भाग या अंग टूट चुका हो; खंडित; क्षतिग्रस्त। [सं-पु.] घाव; ज़ख्म।

क्षत-विक्षत (सं.) [वि.] 1. जिसका शरीर घावों से भरा हुआ हो; घायल; लहूलुहान 2. जो चोट या आघातों से विकृत हो गया हो 3. जिसे अधिक चोट लगी हो।

क्षतज (सं.) [वि.] क्षत या आघात से उत्पन्न होने वाला। [सं-पु.] 1. रक्त; ख़ून 2. पीव; मवाद 3. घायलावस्था में अधिक रक्त स्राव के कारण लगने वाली प्यास।

क्षतजात (सं.) [सं-पु.] खून; रक्त।

क्षति (सं.) [सं-स्त्री.] हानि; नुकसान।

क्षतिपूर्ति (सं.) [सं-स्त्री.] 1. हानि या घाटे की पूर्ति होना 2. क्षति को पूर्ण कराने का कार्य 3. वह धन जो घाटे की पूर्ति के लिए दिया जाए।

क्षत्रप (सं.) [सं-पु.] 1. राज्य का प्रमुख; राजा 2. प्राचीन भारतीय शक राजाओं की उपाधि 3. राजा की ओर से किसी प्रांत में शासन के लिए नियुक्त प्रधान अधिकारी; प्रांताधिपति; राज्यपाल।

क्षत्रपति (सं.) [सं-पु.] किसी क्षत्र अर्थात राज्य का स्वामी; राजा।

क्षत्रिय (सं.) [सं-पु.] 1. मध्यकाल में युद्ध करने के लिए वर्गीकृत जाति 2. हिंदुओं के चार वर्णों में से एक वर्ण; राजपूत।

क्षपणक (सं.) [सं-पु.] 1. पंचतंत्र में उल्लिखित भिक्षु जो अपना सर मुंड़ा कर रहते हैं 2. बौद्ध भिक्षु। [वि.] नंगा, निर्लज्ज।

क्षम (सं.) [सं-पु.] 1. शिव 2. युद्ध 3. औचित्य; उपयुक्तता 4. एक प्रकार का गौरा पक्षी। [वि.] 1. सहन करने में समर्थ; सहनशील; सहिष्णु 2. क्षमा करने वाला 3. समर्थ; सशक्त 4. चुप रहने वाला।

क्षमता (सं.) [सं-स्त्री.] सामर्थ्य; शक्ति; कूव्वत।

क्षमतावान (सं.) [वि.] क्षमतावाला; योग्यतावाला; समर्थवान।

क्षमा (सं.) [सं-स्त्री.] 1. माफ़ी 2. किसी अपराधी या दोषी को बिना किसी प्रतिकार के छोड़ देने का भाव।

क्षमावान (सं.) [सं-पु.] दंडित करने का सामर्थ्य होने के बावजूद अपराधी या दोषी को दयापूर्वक छोड़ देने वाला व्यक्ति। [वि.] 1. क्षमा करने वाला 2. सहनशील।

क्षमाशील (सं.) [वि.] 1. क्षमावान; क्षमा करने वाला 2. शांत प्रकृति का 3. जो प्राय: सब को क्षमा करता रहता हो 4. दयालु और उदार।

क्षमाशीलता (सं.) [सं-स्त्री.] क्षमाशील होने की स्थिति या भाव; उदारता; दयालुता।

क्षम्य (सं.) [वि.] 1. जो क्षमा किए जाने के योग्य हो 2. क्षमितव्य 3. जो दंडनीय न हो; अदंडनीय।

क्षय (सं.) [सं-पु.] 1. धीरे-धीरे घटना या नष्ट होना; ह्रास 2. अपचय; नाश 3. यक्ष्मा नामक रोग; तपेदिक 4. समाप्ति; अंत 5. प्रलय; कल्प का अंत।

क्षयकारक (सं.) [वि.] क्षय करने वाला।

क्षयकारी (सं.) [वि.] हानिप्रद या नुकसानदायक।

क्षयग्रस्त (सं.) [वि.] 1. यक्ष्मा या तपेदिक नामक रोग से ग्रसित 2. चोट खाया हुआ; पीड़ित।

क्षयमास (सं.) [सं-पु.] दो संक्रांतियों वाला चांद्र मास जो प्रति 141 वें वर्ष में आता है तथा इसके तीन माह पूर्व एवं तीन माह पश्चात एक-एक अधिमास भी पड़ता है।

क्षयरोग (सं.) [सं-पु.] एक रोग; तपेदिक; यक्ष्मा।

क्षया-तिथि (सं.) [सं-स्त्री.] वह तिथि जो दिन में सूर्यास्त के बाद शुरू होकर दूसरे दिन सूर्योदय के पूर्व ही समाप्त हो जाती है।

क्षयिष्णु (सं.) [वि.] जिसका क्षय होने वाला हो या हो रहा हो; नश्वर; नाशकारी।

क्षर (सं.) [सं-पु.] 1. जीवात्मा 2. शरीर 3. जल 4. मेघ 5. अज्ञान 6. रूप, वस्तु या द्रव्य जो क्षण-क्षण परिवर्तित होता है। [वि.] नष्ट होने वाला; नाशवान।

क्षरण (सं.) [क्रि-स.] 1. नुकसान; हानि 2. किसी पदार्थ के कणों का धीरे-धीरे गिरना।

क्षरित (सं.) [वि.] 1. जिसका क्षरण हुआ हो 2. टपका हुआ; चुआ हुआ; स्रवित।

क्षांत (सं.) [सं-पु.] 1. शिव; महादेव 2. एक ऋषि का नाम। [सं-स्त्री.] पृथ्वी; भूमि। [वि.] 1. क्षमा करने वाला; क्षमाशील 2. सहनशील; सहिष्णु।

क्षात्र (सं.) [सं-पु.] क्षत्रियत्व; क्षत्रीपन। [वि.] क्षत्रिय संबंधी; क्षत्रियों का।

क्षाम (सं.) [सं-पु.] 1. विष्णु का एक नाम 2. क्षय; नाश। [वि.] 1. क्षीण; कृश 2. दुर्बल; बलहीन; कमज़ोर 3. अल्प; थोड़ा।

क्षार (सं.) [सं-पु.] 1. दाहक या जारक औषधियों अथवा खनिज पदार्थों से रासायनिक प्रक्रिया द्वारा तैयार की हुई राख जो औषधियों के रूप में प्रयोग की जाती है; खार 2. शोरा 3. सोहागा; सुहागा 4. भस्म; राख 5. जल 6. काँच 7. धूर्त; ठग 8. वह पदार्थ जो किसी अम्ल के साथ अभिक्रिया कर लवण बनाता है।

क्षारक (सं.) [सं-पु.] 1. क्षार करने या जलाने वाला; दाहक 2. सज्जी 3. कलिका 4. चिड़ियों का पिंजरा। [वि.] क्षारीय बनाने वाला।

क्षारोद (सं.) [सं-पु.] 1. समुद्र 2. क्षार अंश वाले पदार्थ; क्षारीय पदार्थ।

क्षालन (सं.) [सं-पु.] 1. पानी आदि से किसी चीज़ को धोने की क्रिया या भाव; धुलाई 2. निर्मल करना; धोना; साफ़ करना।

क्षिति (सं.) [सं-स्त्री.] भू; पृथ्वी।

क्षितिज (सं.) [सं-पु.] वह स्थान जहाँ पृथ्वी और आकाश

मिलते दिखाई दें।

क्षितिधर (सं.) [सं-पु.] पर्वत; पहाड़; भूधर।

क्षितिपति (सं.) [सं-पु.] राजा; भूपति।

क्षिप्त (सं.) [सं-पु.] योग में पाँच चित्तभूमियों में से एक। [वि.] 1. त्यागा हुआ; त्यक्त 2. फेंका हुआ 3. विकीर्ण 4. अवज्ञात; अपमानित 5. पतित 6. वात रोग से ग्रस्त; पागल 7. स्थापित।

क्षिप्र (सं.) [वि.] 1. तेज़; जल्दी 2. चंचल। [क्रि.वि.] 1. शीघ्र; जल्दी 2. तत्क्षण; तुरंत। [सं-पु.] 1. सुश्रुत के अनुसार शरीर के एक सौ सात मर्म स्थानों में से एक जो अँगूठे और दूसरी उँगली के बीच में है 2. एक मुहूर्त का पंद्रहवाँ भाग।

क्षिप्रता (सं.) [वि.] 1. शीघ्रता 2. तेज़ी।

क्षीण (सं.) [वि.] 1. जिसका क्षय हुआ हो; क्षयप्राप्त; क्षतिग्रस्त। 2. घटा हुआ या घटने वाला 3. सूक्ष्म 4. दुबला-पतला 5. दुर्बल; कमज़ोर 6. समाप्त।

क्षीणक (सं.) [वि.] क्षीण करने वाला; नष्ट करने वाला।

क्षीणक रोग (सं.) [सं-पु.] वह रोग जिसमें शरीर की शक्ति दिन पर दिन क्षीण होती जाती है।

क्षीणतर (सं.) [वि.] 1. अल्पतर 2. हीनतर।

क्षीणता (सं.) [सं-स्त्री.] 1. क्षीण होने की अवस्था या भाव 2. दुर्बलता 3. सूक्ष्मता।

क्षीर (सं.) [सं-पु.] 1. दूध 2. किसी वृक्ष आदि का सफ़ेद रस 3. कोई तरल पदार्थ 4. खीर 5. जल।

क्षीरधि (सं.) [सं-पु.] 1. समुद्र 2. क्षीरसागर; दूध का समुद्र।

क्षीरनिधि (सं.) [सं-पु.] समुद्र; सागर।

क्षीरनिधिशायी (सं.) [सं-पु.] विष्णु।

क्षीरसागर (सं.) [सं-पु.] 1. (पुराण) सात समुद्रों में से एक समुद्र 2. (पुराण) दूध से भरा हुआ समुद्र जिसमें नारायण शेषशय्या पर सोते हैं; क्षीरनिधि।

क्षुण्ण (सं.) [वि.] 1. टुकड़े-टुकड़े या चूर्ण किया हुआ 2. कुचला या रौंदा हुआ 3. जिसका कोई अंग टूट या कट गया हो; खंडित 4. अभ्यस्त 5. अनुगत 6. पराजित।

क्षुद्र (सं.) [वि.] 1. नगण्य; महत्वहीन 2. दरिद्र।

क्षुद्रता (सं.) [सं-स्त्री.] तुच्छता; टुच्चापन।

क्षुद्रबुद्धि (सं.) [वि.] 1. दुष्ट या नीच बुद्धि वाला 2. नासमझ; मूर्ख।

क्षुद्राशय (सं.) [वि.] तुच्छ प्रकृति वाला; नीच; कमीना; क्षुद्र।

क्षुधा (सं.) [सं-स्त्री.] 1. भूख 2. लालसा 3. आवश्यकता 4. महत्वाकांक्षा।

क्षुधानाश (सं.) [सं-पु.] अमाशय में सूजन होने या उसकी पेशियों के दुर्बल होने आदि के कारण भूख न लगने संबंधी रोग।

क्षुधार्त्त (सं.) [वि.] क्षुधा या भूख से बेचैन; अत्यधिक भूखा।

क्षुधित (सं.) [वि.] जिसे भूख लगी हो; बुभुक्षित; भूखा।

क्षुप (सं.) [सं-पु.] 1. छोटी तथा घनी डालियों वाला पौधा; झाड़ी 2. (पुराण) सत्यभामा के गर्भ से उत्पन्न कृष्ण का पुत्र 3. राजा इक्ष्वाकु के पिता।

क्षुब्ध (सं.) [वि.] 1. क्रुद्ध 2. चिंतित 3. भयभीत।

क्षुब्धता (सं.) [सं-स्त्री.] 1. क्रोध 2. खिन्नता।

क्षुभित (सं.) [वि.] 1. अशांत 2. डरा हुआ; भयभीत 3. क्रुद्ध।

क्षुर (सं.) [सं-पु.] 1. छुरा; उस्तरा 2. वह बाण जिसकी गाँसी की धार छुरे के सदृश होती है 3. गोखरू 4. पशुओं के पाँव का खुर 5. शय्या का पाया; चारपाई का गोड़ा।

क्षेत्र (सं.) [सं-पु.] 1. स्थान 2. भूखंड 3. इलाक़ा; (एरिया) 4. प्रभाग 5. कार्यक्षेत्र 6. थल 7. नगर खंड 8. खेत 9. प्रदेश 10. कार्य के लिए संभावना अवकाश 11. रेखाओं से घिरा स्थान 12. मैदान; भूमि।

क्षेत्रगणित (सं.) [सं-पु.] गणित की वह शाखा जिसमें क्षेत्रों के नापने और उनके क्षेत्रफल निकालने की विधि का वर्णन रहता है।

क्षेत्रज (सं.) [वि.] खेत से उत्पन्न होने वाला।

क्षेत्रपति (सं.) [सं-पु.] खेत का मालिक; स्वामी; खेतिहर; काश्तकार।

क्षेत्रपाल (सं.) [सं-पु.] 1. खेत की रक्षा करने वाला व्यक्ति 2. पश्चिम दिशा के भैरव द्वारपाल 3. किसी स्थान का प्रबंधकर्ता; व्यवस्थापक।

क्षेत्रफल (सं.) [सं-पु.] 1. किसी क्षेत्र या आकृति के पृष्ठीय विस्तार की माप 2. किसी क्षेत्र की लंबाई और चौड़ाई को गुणन करने से निकलने वाला वर्गात्मक परिमाण; रकबा; (एरिया)।

क्षेत्रमिति (सं.) [सं-स्त्री.] गणित की वह शाखा जिसमें रेखाओं की लंबाई, धरातल का क्षेत्रफल तथा ठोस पदार्थों का घनफल ज्ञात करने की विधि का विवेचन किया जाता है।

क्षेत्ररक्षण (सं.) [सं-पु.] क्रिकेट के खेल में गेंद को पकड़ने तथा वापस भेजने का कार्य; (फ़ील्डिंग)।

क्षेत्रसंन्यास (सं.) [सं-पु.] संन्यास का एक प्रकार जिसमें किसी क्षेत्र विशेष के बाहर न जाने की प्रतिज्ञा की जाती है।

क्षेत्राधिकार (सं.) [सं-पु.] 1. अधिकार-क्षेत्र 2. न्यायाधीश का किसी विशेष क्षेत्र के विशेष प्रकार के मुकदमें सुनने का अधिकार; (जूरिस्डिक्शन)।

क्षेत्राधिप (सं.) [सं-पु.] 1. खेत का स्वामी 2. ज्योतिष में किसी राशि का देवता या स्वामी; भावेश।

क्षेत्रिक (सं.) [सं-पु.] खेत वाला कृषक; किसान। [वि.] क्षेत्र या खेत संबंधी।

क्षेत्री (सं.) [सं-पु.] 1. खेत का स्वामी; किसान 2. पति; स्वामी 3. परमात्मा 4. जीवात्मा।

क्षेत्रीय (सं.) [वि.] 1. जगह विशेष का 2. क्षेत्रस्तरीय; जनपदीय 3. सीमित स्थान के भीतर का।

क्षेत्रीयता (सं.) [सं-स्त्री.] किसी क्षेत्र-विशेष का गुण अथवा गुणों का समाहार।

क्षेप (सं.) [सं-पु.] 1. फेंकने की क्रिया; फेंकना 2. पीछे करना या बिताना 3. आघात 4. विलंब; देर 5. अतिक्रमण 6. निंदा 7. अपमान।

क्षेपक (सं.) [वि.] 1. ऊपर या नीचे से मिलाया हुआ अंश; मिश्रित 2. फेंकने वाला; प्रक्षेप्ता 3. मूलकथा का प्रक्षिप्त अंश

4. नाविक।

क्षेपण (सं.) [सं-पु.] 1. कोई चीज़ फेंकने की क्रिया या भाव; फेंकना 2. गिराना 3. बिताना; काटना; गुज़ारना 4. निंदा 5. फेंकने की वस्तु; फेंकने का साधन 6. विस्मृत करना; भूलना।

क्षेपास्त्र (सं.) [सं-पु.] फेंककर प्रहार करने वाला अस्त्र; प्रक्षेपास्त्र।

क्षेम (सं.) [सं-पु.] 1. कुशल-मंगल 2. सुख; चैन 3. ख़ैरियत।

क्षेमंकर (स) [वि.] भलाई करने वाला; मंगलकारी; कल्याणकारी।

क्षैतिज (सं.) [वि.] 1. जो क्षितिज के समान अंतर पर हो; आड़ा; अनुप्रस्थ 2. क्षितिज संबंधी; क्षितिज का।

क्षोणी (सं.) [सं-स्त्री.] पृथ्वी; धरती।

क्षोभ (सं.) [सं-पु.] 1. शांति, स्थिरता आदि में पड़ने वाली बाधा 2. पछतावा; पश्चाताप 3. हलचल; खलबली 4. व्याकुलता।

क्षोभपूर्ण (सं.) [वि.] क्षोभयुक्त; क्षोभ से भरा हुआ।

क्षोभी (सं.) [वि.] उद्वेगशील; व्याकुल; चंचल।

क्षौम (सं.) [सं-पु.] 1. अलसी या सन आदि के रेशों से बुना हुआ कपड़ा 2. अलसी 3. रेशमी या ऊनी वस्त्र 4. घर या अटारी के ऊपर का कमरा। [वि.] अलसी आदि से बना हुआ।

क्षौर (सं.) [सं-पु.] उस्तरे से बाल मूँड़ने का कार्य; हजामत।

ख

ख़ उच्चारण की दृष्टि से यह कोमल तालव्य, अघोष संघर्षी है। अरबी-फ़ारसी से आगत शब्दों में इस वर्ण का प्रयोग किया जाता है। हिंदी वर्णमाला में यह अभी तक सम्मिलित नहीं किया गया है।

ख[1] हिंदी वर्णमाला का व्यंजन वर्ण। उच्चारण की दृष्टि से यह कोमल तालव्य, अघोष, महाप्राण स्पर्श है।

ख[2] (सं.) [सं-पु.] 1. खगोल; आकाश; ब्रह्मांड; शून्य 2. विवर; छेद; बिल 3. खाली जगह 4. निकास 5. बिंदी 6. श्वाँसनलिका 7. नगर; क्षेत्र; पुर 8. ज्ञान; ज्ञानेंद्रिय।

खँखरा [सं-पु.] तांबे का बड़ा देग जिसमें चावल आदि पकाया जाता है 2. बाँस का टोकरा। [वि.] जिसमें बहुत सारे छेद हों; सूराखदार।

खँखार [सं-पु.] 1. खर-खर की आवाज़ के साथ गले से बलगम निकालने की स्थिति 2. बलगम; खखार।

खँखारना [क्रि-अ.] 1. गले से खर-खर की ध्वनि के साथ थूक या बलगम निकालना 2. संकेत रूप में खाँसना।

खँखोरी [सं-स्त्री.] दूध को कड़ाही में जलाने पर उसमें पड़ी पपड़ी; खुरचन।

खँगहा [वि.] 1. जिसके दाँत आगे को निकले हों (पशु); खंगैल; खाँगवाला। [सं-पु.] 1. गैंडा 2. जंगली सुअर।

खँगार [सं-पु.] क्षत्रियों की एक गुजरातवासी शाखा तथा उसका राजा।

खँगालना (सं.) [क्रि-स.] 1. साफ़ करना 2. बरतन या कपड़ों को साफ़ करने के लिए पानी में डुबोकर तेज़ी से हिलाना-डुलाना 3. ख़ाली करना 4. किसी बात की जानकारी के लिए की गई छानबीन 5. सब कुछ ले लेना; सफ़ाया करना।

खँगैल [वि.] 1. खाँग या लंबे दाँतों वाला जानवर जैसे- गैंडा, हाथी इत्यादि 2. खुरपका रोग से पीड़ित (पशु)।

खँचिया [सं-स्त्री.] 1. खाँची; छोटा खाँचा 2. शहतूत या अरहर की लचकदार टहनियों से बनाई गई टोकरी जो भूसा व घास इत्यादि रखने के काम आती है।

खँचोली [सं-स्त्री.] 1. छोटी खाँची; खँचिया 2. भूसा आदि ढोने का पात्र।

खँड़रु (सं.) [सं-पु.] 1. ज़मीन पर बिछाने की दरी 2. जाजिम।

खँड़विला [सं-पु.] एक प्रकार का धान और उसका चावल।

खँड़सारी [सं-स्त्री.] एक प्रकार की चीनी; देशी चीनी; शक्कर।

खँदेल [वि.] गड्ढेदार कंधेवाली (भैंस)।

खँभिया [सं-स्त्री.] 1. छोटे और पतले आकार का खंभ 2. मवेशी बाँधने का खूँटा।

खँहन [सं-पु.] नाह में लगा सन का वाशर; खांगन।

खंख (सं.) [वि.] 1. खाली और उजाड़ जगह 2. सूनसान इलाका 3. बदहाल व गरीब आदमी।

खंखणा (सं.) [सं-स्त्री.] घंटी या घुँघरू बजने की ध्वनि; खनखनाहट।

खंखर [वि.] 1. उजाड़ 2. वीरान 3. गरीब।

खंखोड़ना [क्रि-स.] किसी चीज़ को उलट-पुलटकर हिलाना; मिलाना।

खंग (सं.) [सं-पु.] 1. तलवार 2. गैंडा।

खंगड़ीवा [वि.] पत्ते वाली तंबाकू।

खंगनखार [सं-पु.] सज्जीखार बनाने में काम आने वाला एक पेड़।

खंगर [सं-पु.] 1. अत्यंत दुर्बल शरीर 2. ऐसी ईंटें या उनके टुकड़े जो पकाने पर सिकुड़कर चिपक गए हों; झाँवा। [वि.] 1. शुष्क 2. क्षीण।

खंगार [सं-पु.] 1. तलवार चलाने में माहिर बुंदेलखंड की एक योद्धा जाति 2. खंग चलाने वाला व्यक्ति 3. जनश्रुति है कि किसी ज़माने में खंगार नामक व्यक्ति ने किसी नवविवाहित दंपति की प्राणरक्षा की थी, जिसकी वीरता के कारण बाद में यह नाम एक जाति के रूप में स्वीकार कर लिया गया।

खंगालना [क्रि-स.] दे. खँगालना।

खंज (सं.) [सं-पु.] पैर और जाँघ में जकड़न पैदा कर देने वाला एक वात रोग। [वि.] 1. जो खंज रोग से पीड़ित हो 2. लँगड़ा या पंगु (व्यक्ति)।

खंजक (सं.) [वि.] 1. जो खंज रोग से पीड़ित हो 2. लँगड़ा।

खंजखेट (सं.) [सं-पु.] खंजन पक्षी के लिए संबोधन।

खंजड़ी [सं-स्त्री.] 1. डफली के आकार का चमड़ा मढ़ा हुआ छोटा वाद्य जो लोक शैली के गायन में प्रयोग होता है 2. खंजरी; खँजरी।

खंजन (सं.) [सं-पु.] काले-मटमैले रंग की एक प्रसिद्ध चिड़िया जो बहुत चंचल होती है; खंडरिच; विशेष- चंचलता के कारण कवियों ने इसकी उपमा चंचल नेत्रों से दी है, जैसे- खंजन नयन।

खंजन रति (सं.) [सं-पु.] 1. खंजन की तरह का ऐसा संभोग जो छिपकर किया जाता हो 2. संन्यासियों का गुप्त मैथुन।

खंजनक (सं.) [वि.] 1. खंज रोग से पीड़ित होकर लँगड़ाकर चलने वाला 2. लँगड़ा।

खंजना (सं.) [सं-स्त्री.] 1. दलदली जगह पर रहने वाली खंजन जैसी एक चिड़िया; खंजनिका 2. सरसों।

खंजनासन (सं.) [सं-पु.] तांत्रिक उपासना में लगाया जाने वाला एक आसन।

खंजनिका (सं.) [सं-स्त्री.] दलदली जगह पर रहने वाली खंजन जाति का एक पक्षी; खंजना।

ख़ंजर (अ.) [सं-पु.] 1. छोटी तलवार; कटार 2. छुरी।

ख़ंजरी (अ.) [सं-स्त्री.] दे. खंजड़ी

खंजरीट (सं.) [सं-पु.] 1. खंजन पक्षी के लिए प्रयुक्त शब्द 2. संगीत में एक ताल।

खंजा (सं.) [सं-स्त्री.] एक अर्धसम वर्णिक छंद जिसके विषम चरणों में तीस लघु और एक गुरु तथा सम चरणों में अट्ठाईस लघु और एक गुरु होता है।

खंड (सं.) [सं-पु.] 1. हिस्सा; छोटा टुकड़ा, जैसे- पत्थर के खंड 2. किसी संयुक्त वस्तु का कोई एक हिस्सा 3. कोई प्रदेश या प्रांत 4. किसी इमारत या भवन का कोई विशिष्ट भाग, जैसे- पुस्तकालय की इमारत दूसरे खंड में है।

खंडक (सं.) [वि.] 1. खंड या विभाजन करने वाला 2. खंडन करने वाला; काटने वाला।

खंडकंद (सं.) [सं-पु.] मीठा कंद; शकरकंद।

खंडकथा (सं.) [सं-स्त्री.] 1. अनेक खंडों में विभाजित कथा 2. कथा का एक उपभेद 3. वर्तमान उपन्यासों का एक भेद जिसमें प्रत्येक खंड में अलग कथा होती है 4. प्राचीन भारतीय साहित्य में करुण रस या विरह-प्रधान कथा जिसमें ब्राह्मण या मंत्री नायक हुआ करता था।

खंडकालिक (सं.) [वि.] 1. पूरी अवधि में न होकर कम समय या उसके कुछ अंश में किया जाने वाला (काम) 2. जो थोड़े समय ही कार्य करने के लिए नियुक्त किया गया हो।

खंडकाव्य (सं.) [सं-पु.] 1. ऐसी पद्यबद्ध रचना या प्रबंधकाव्य जिसमें महाकाव्य के समस्त लक्षणों का निर्वाह न किया गया हो, जैसे- मेघदूत 2. किसी महापुरुष या विशिष्ट व्यक्ति के जीवन पर आधारित कथात्मक पद्य रचना, जैसे- रश्मिरथी, हल्दीघाटी 3. लघु प्रबंधकाव्य।

खंडग्रहण (सं.) [सं-पु.] ऐसा ग्रहण जिसमें सूर्य और चंद्रमा के पूरे हिस्से पर पृथ्वी की छाया न पड़े।

खंडज (सं.) [सं-पु.] 1. कोल्हू में बड़े-बड़े ढेलों की शक्ल में बनने वाला गुड़ 2. खाँड़ या एक तरह की शक्कर 3. खंड से पैदा हुई चीज़।

खंडतरि [सं-स्त्री.] फटी चटाई।

खंडताल [सं-पु.] संगीत में रुक-रुककर लगाई जाने वाली एक ताल।

खंडधारा (सं.) [सं-स्त्री.] दो धारदार हिस्सों को जोड़कर बनाई गई कैंची; कतरनी।

खंडन (सं.) [सं-पु.] 1. विभाजन करने की क्रिया 2. खंड-खंड या टुकड़े-टुकड़े करना 3. तर्क से काटना 4. कार्य की सिद्धि में होने वाली बाधा।

खंडन-मंडन (सं.) [सं-पु.] 1. किसी मत, विचार या तर्क आदि का विरोध अथवा समर्थन; तर्कों द्वारा किसी विचारधारा, बात आदि में उचित का समर्थन व अनुचित का विरोध 2. बहस; विवाद।

खंडनकर्ता (सं.) [वि.] खंडन करने वाला।

खंडनी (सं.) [सं-स्त्री.] 1. मध्यकाल में राजाओं या ज़मींदारों से लिया जाने वाला कर 2. मालगुज़ारी की किस्त।

खंडनीय (सं.) [वि.] 1. जिसका खंडन किया जा सके 2. जिसे तर्क से काटा जा सके 3. कोई नियम या धारा जिसको अनेक उपनियमों में बाँटा जा सके।

खंडपरशु (सं.) [सं-पु.] 1. त्रिशूलधारी शिव के लिए प्रयुक्त शब्द 2. विष्णु 3. परशुराम 4. टूटे हुए दाँतों वाला हाथी।

खंडपाल (सं.) [सं-पु.] खाँड़ या शक्कर के पकवान, मिठाई आदि बनाने वाला हलवाई।

खंडपीठ (सं.) [सं-पु.] उच्च न्यायालय की शाखा; (बेंच)।

खंडपूरी [सं-स्त्री.] मेवा भरकर बनाई गई मीठी पूरी; खँडपूरी।

खंडप्रलय (सं.) [सं-पु.] 1. (पुराण) ब्रह्मा का एक दिन अर्थात एक चतुर्युग बीत जाने पर होने वाला प्रलय 2. किसी प्रदेश या प्रांत में होने वाला विनाश।

खंडबरा [सं-पु.] 1. एक तरह का मीठा बड़ा; खँडबरा 2. मिसरी का लड्डू।

खंडर [सं-पु.] 1. खंडहर या किसी इमारत के भग्नावशेष 2. कतवारख़ाना या कूड़ा-करकट फेंकने की जगह 3. उजाड़।

खंडरना (सं.) [क्रि-स.] 1. किसी चीज़ को तोड़ना 2. खंड-खंड करने की क्रिया 3. बात काटना।

खंडरा (सं.) [सं-पु.] 1. मीठे स्वाद वाला बड़ा; खँडरा 2. बेसन से बना एक मीठा पकवान।

खंडरिच [सं-पु.] खंजन पक्षी।

खंडलवण (सं.) [सं-पु.] बड़े-बड़े टुकड़ों वाला काला नमक।

खंडला (सं.) [सं-पु.] किसी चीज़ का टुकड़ा; कतला।

खंडवानी [सं-स्त्री.] 1. बारातियों के पास मीठा शरबत और जलपान भेजने की एक रस्म 2. खांड घोलकर तैयार किया जाने वाला शरबत; खँडवानी।

खंडवृष्टि (सं.) [सं-स्त्री.] रुक-रुककर या सीमित प्रदेश में होने वाली वर्षा।

खंडशः (सं.) [क्रि.वि.] खंड-खंड करके; खंडों के रूप में; अनेक खंड या भागों में बाँटकर।

खंडशर्करा (सं.) [सं-स्त्री.] 1. मिसरी 2. खंडसारी या चीनी।

खंडशीला (सं.) [सं-स्त्री.] 1. ऐसी युवती जिसका कौमार्य भंग हो चुका हो 2. वेश्या 3. बुरे आचरण वाली स्त्री।

खंडसार [सं-पु.] ऐसा कारख़ाना जहाँ पुराने ढंग से खाँड़ या चीनी बनाई जाती है।

खंडसारी [सं-स्त्री.] 1. खाँड़ या खाँड़ के पदार्थ 2. खंडसार में बनी चीनी 3. खाँड़सारी उद्योग।

खंडहर (सं.) [सं-पु.] 1. पुरानी इमारत के अवशेष या किसी ध्वस्त मकान का बचा-खुचा हिस्सा 2. चित्रकला में, किसी चित्र में भूल से खाली छूट गई वह जगह जहाँ उत्कृष्टता के विचार से कुछ अंकित करना आवश्यक हो 3. काव्य में, ऐसा

व्यक्ति जिसका यौवन बीत चुका हो।

खंडाभ्र (सं.) [सं-पु.] 1. बिखरे हुए बादल 2. दाँतों का एक प्रकार का रोग।

खंडाली (सं.) [सं-स्त्री.] 1. छोटा तालाब; ताल 2. तेल मापने के एक परिमाण 3. कामुक व्यक्ति की पत्नी।

खंडिका (सं.) [सं-स्त्री.] 1. निश्चित समय पर देय किसी राशि का हिस्सा; किस्त; (इंस्टालमेंट) 2. पत्थरों या खंडों से बनी हुई कोई दीवार 3. किसी पुस्तक का एक अध्याय 4. सीढ़ियों में लगे हुए डंडे या सोपान।

खंडित (सं.) [वि.] 1. जिसे तोड़ा गया हो 2. जो कई जगह से टूटा हुआ हो; भग्न 3. जिसकी कोई पूर्ण आकृति न हो, जैसे- खंडित प्रतिमा।

खंडिता (सं.) [सं-स्त्री.] (काव्यशास्त्र) नायिका का एक भेद; किसी अन्य स्त्री से संबंध बनाने वाले प्रेमी के शरीर पर संभोग के चिह्न मिलने से दुखी नायिका।

खंडिनी (सं.) [सं-स्त्री.] खंडों या द्वीपों-महाद्वीपों में बँटी हुई पृथ्वी।

खंडी (सं.) [सं-स्त्री.] 1. गाँव के आस-पास के वृक्षों का समूह 2. लगान या किराए की किस्त 3. राज कर 4. मराठों द्वारा वसूला जाने वाला चौथ नामक कर।

खंडेश्वर (सं.) [सं-पु.] किसी खंड या प्रदेश का स्वामी; राजा।

खंडोद्भव (सं.) [सं-पु.] खंड से उत्पन्न।

खंडोष्ठ (सं.) [सं-पु.] 1. कटे-फटे होठ वाला व्यक्ति 2. होठों का रोग।

खंडौरा [सं-पु.] 1. खाँड़ या मिसरी से बनाया गया लड्डू 2. ओला।

खंतरा (सं.) [सं-पु.] 1. छोटा गड्ढा 2. दरार 3. अंतराल।

खंति[1] [सं-स्त्री.] 1. तलवार का बीडन; कसा 2. खोदने का उपकरण।

खंति[2] (सं.) [सं-स्त्री.] 1. लगन; पूर्ति 2. इच्छा; आकांक्षा।

खंती [सं-स्त्री.] 1. खोदने का काम करने वाला; खनिक 2. मिट्टी खुदाई का औज़ार 3. मिट्टी खोदने का काम करने वाली जाति।

ख़ंदक (अ.) [सं-स्त्री.] 1. बड़ा गड्ढा 2. किले या शहर के चारों तरफ़ बाहरी आक्रमण से रक्षा के लिए बनाई जाने वाली गहरी चौड़ी खाईं 3. दो मतों के बीच का अंतर।

खंदा[1] [सं-पु.] गड्ढा खोदने वाला व्यक्ति। [वि.] खोदने वाला।

खंदा[2] (फ़ा) [सं-पु.] 1. हँसी; खिलखिलाहट 2. मुस्कान।

खंदोली [सं-स्त्री.] बच्चों के लिए बिछावन।

खंबायची [सं-स्त्री.] राग मालकोस में एक तरह की रागिनी।

खंभ (सं.) [सं-पु.] 1. स्तंभ 2. किसी इमारत में छत को टिकाए रखने वाले गोल, चौकोर, ठोस व मज़बूत आधारस्तंभ 3. किसी पुल या ओवरब्रिज को थामने वाले स्तंभ।

खंभा (सं.) [सं-पु.] 1. गोल या चौकोर लकड़ी, धातु या सीमेंट का लंबा स्तंभ; खंबा 2. विद्युत वितरण के लिए लगाया जाने वाला खंभा; (इलेक्ट्रिक पोल) 3. किसी भारी चीज़ को रोके रहने वाला सहारा या टेक।

खंभात (सं.) [सं-पु.] अरब सागर की खाड़ी के पास गुजरात राज्य का हिस्सा।

खंभार [सं-पु.] 1. भय या अकुलाहट का होना 2. चिंता 3. शोक।

खंभिया [सं-स्त्री.] दे. खँभिया

खइनहार [सं-पु.] मुँहज़ोर (गाय)।

खककदना [क्रि-स.] उबलना।

खक्खट (सं.) [वि.] 1. कर्कश 2. मुश्किल; कठिन 3. कड़क 4. कठोर। [सं-पु.] खड़िया।

खक्खा (अ.) [सं-पु.] 1. अट्टहास 2. कहकहा लगाने की क्रिया।

खखड़ा [वि.] शुष्क; नीरस 2. खोखला; छूछा।

खखड़ी [सं-स्त्री.] फसलों का एक रोग जिसमें फसलों में दाने नहीं पड़ते हैं।

खखरा [सं-पु.] 1. बाँस का टोकरा 2. खाना बनाने का बड़ा देग या पात्र 3. खँखरा। [वि.] झीना।

खखरिया [सं-स्त्री.] गुजरात में प्रचलित मैदे और बेसन संबंधी पापड़ की तरह की हल्की पतली पूरी।

खखार [सं-पु.] खखारने पर मुँह से निकलने वाला बलगम; (क.फ़)।

खखारना [क्रि-अ.] 1. खखार निकालने की क्रिया 2. किसी बात का इशारा करने के लिए खाँसना 4. थूकना।

खखेटना [क्रि-स.] 1 दबाना 2. पीछा करना 3. घायल करना 4. भागना।

खखेना [क्रि-स.] दे. खखेटना।

खखेरा [सं-पु.] कलंक; उपहास; लांछन।

खखोरना [क्रि-स.] 1.बरतन में पड़ी पपड़ी को किसी उपकरण से रगड़ रगड़ कर निकालना 2. किसी वस्तु को खोजना 3. चारों तरफ खोजते फिरना 4. छानबीन करना 5.{ला-अ.} अपनी बातों से किसी को परेशान कर देना या उबा देना।

खग (सं.) [सं-पु.] 1. आकाश में उड़ने वाले पक्षी, जैसे- कौआ, चिड़िया, बाज़ इत्यादि 2. अंतरिक्ष या हवा में विचरण करने वाला।

खगकेतु (सं.) [सं-पु.] गरुड़ पक्षी।

खगनाथ (सं.) [सं-पु.] पक्षियों का स्वामी; गरुड़।

खगपति (सं.) [सं-पु.] 1. गरुड़ 2. सूर्य।

खगवार (सं.) [सं-पु.] गले में पहनने का आभूषण; हँसुली।

खगहा [सं-पु.] 1. गैंडा 2. सुअर 3. मुरगा।

खगासन (सं.) [सं-पु.] 1. पक्षियों के बैठने की जगह 2. योगासन का एक भेद 3. उदयगिरि नामक पहाड़ जो ओडिशा में स्थित है 4. विष्णु।

खगेंद्र (सं.) [सं-पु.] पक्षियों का राजा गरुड़; खगेश।

खगेश (सं.) [सं-पु.] पक्षियों का राजा गरुड़ या बाज़; खगेंद्र।

खगोल (सं.) [सं-पु.] 1. आकाश-मंडल; नभमंडल 2. ग्रह-नक्षत्र।

खगोलमिति (सं.) [सं-स्त्री.] गणितीय ज्योतिष की वह शाखा जिसमें ग्रहों-नक्षत्रों की नाप-जोख, दृश्यता, स्थिति और गति

आदि का अध्ययन होता है।

खगोलविद्या (सं.) [सं-स्त्री,] अंतरिक्ष में पिंडों की गतिविधि का विवेचन करने वाला विज्ञान; ग्रहों-नक्षत्रों आदि का ज्ञान प्राप्त करने की विद्या या कला; ज्योतिष शास्त्र; (ऐस्ट्रोनॉमी)।

खगोलीय (सं.) [वि.] खगोल से संबंधित; खगोल का; आकाशीय।

खग्रास (सं.) [सं-पु.] 1. सूर्य और चंद्रमा के बिंब को पूरी तरह ढक देने वाला ग्रहण 2. सर्वग्रास।

खचना (सं.) [क्रि-अ.] 1. जड़ा जाना 2. अंकित होना 3. ठीक तरह से भरा जाना 4. अटकना; फँसना।

खचाक [सं-स्त्री.] 1. किसी धारदार वस्तु की कोमल वस्तु में तेज़ी से घुसने की ध्वनि 2. तेज़ी से चल रहे वाहन को अचानक रोकने से होने वाली ध्वनि।

खचाखच [क्रि.वि.] 1. ठूँस-ठूँस कर भरा होना; ठसाठस 2. किसी जगह पर निर्धारित मात्रा या आवश्यकता से अधिक व्यक्ति या सामान का होना, जैसे- बस या रेलगाड़ी में यात्री खचाखच भरे थे।

खचाना [क्रि-स.] कुछ अंकित करना या चिह्न बनाना; खचित करना।

खचावट [सं-स्त्री.] 1. गठाव 2. बुनावट (वस्तु या शिल्प में) 3. वस्त्र या किसी पटल पर रत्न या सितारे टाँकना।

खचित (सं.) [वि.] 1. बनाया या चिह्नित किया हुआ 2. जड़ा हुआ 3. चित्रित।

खचिया [सं-स्त्री.] खाँची; छोटा खाँचा।

खच्चर [सं-पु.] दे. ख़च्चर।

ख़च्चर [सं-पु.] 1. गधे और घोड़ी के संयोग से पैदा हुआ जानवर 2. {ला-अ.} व्यवहार में दोगला व्यक्ति। [वि.] 1. दोगला; वर्णसंकर 2. दुष्ट या पाजी 3. एक गाली।

खज (सं.) [वि.] खाने योग्य (पदार्थ)। [सं-पु.] 1. मथानी 2. संघर्ष 3. युद्ध।

खजमज [वि.] 1. तबीयत का ख़राब होना 2. गड्ड-मड्ड होना।

खजला [सं-पु.] मैदे और शक्कर से तैयार की गई एक प्रकार की मिठाई; खाजा।

खजलिया [सं-पु.] अंगूर का एक रोग जिसमें उसके पत?ते सड़ने लगते हैं।

खजहजा [सं-पु.] 1. खाने की ज़ायकेदार चीज़ 2. मिष्ठान 3. खाने योग्य उत्तम फल; मेवा 4. खाजा नामक पकवान।

खजा (सं.) [सं-स्त्री.] 1. मथानी 2. कलछी 3. युद्ध 4. प्रतियोगिता।

ख़ज़ांची [सं-पु.] दे. ख़ज़ानची।

खजाक (सं.) [सं-पु.] चिड़िया; पक्षी।

ख़ज़ानची (फ़ा.) [सं-पु.] 1. वह व्यक्ति जो किसी संस्था, समिति आदि के कोष या ख़ज़ाने का अधिकारी हो; कोषाध्यक्ष 2. वह व्यक्ति जिसके पास रोकड़ या आय-व्यय का हिसाब रहता है; रोकड़िया; (कैशियर)।

ख़ज़ाना (अ.) [सं-पु.] 1. सोना, चाँदी के आभूषण और रुपए इत्यादि संचित करके रखने की जगह; कोष 2. संचित धनराशि 3. राजस्व, कर जमा करने का स्थान 4. बाहुल्य; आधिक्य 5. वह स्थान जहाँ कोई वस्तु अधिकता से पाई जाती है; भंडार 6. धन-संपत्ति।

ख़जालत (अ.) [सं-स्त्री.] 1. शर्मिंदगी; लज्जा 2. संकोच 3. पश्चाताप।

ख़जिल (फ़ा.) [वि.] लज्जित होने का भाव; शर्मिंदगी।

ख़ज़ीना (फ़ा.) [सं-पु.] 1. ख़ज़ाना; कोश; आगार 2. किसी पदार्थ की बहुतायत मात्रा।

खजुआ [सं-पु.] 1. खाजा या खजला 2. स्वादिष्ट पकवान या मिठाई।

खजुरहट [सं-स्त्री.] 1. खजूर का बाग या जंगल 2. नेपाल की तराई में वह वन जहाँ चटाई बनाने वाले खजूर के वृक्ष मिलते हैं।

खजुराहो (सं.) [सं-पु.] मध्यप्रदेश का एक प्रमुख ऐतिहासिक स्थान। उक्त नगर में चंदेलों ने एक भव्य मंदिर स्थापित किया था जो अपनी सुंदरता और भित्तिचित्र के लिए विश्व प्रसिद्ध है।

खजुला [सं-पु.] दे. खजुआ।

खजूर (सं.) [सं-पु.] 1. एक प्रकार का पेड़ जिसका फल मीठा होता है 2. छुहारे की तरह का फल 3. मैदे और शक्कर की बनी एक मिठाई।

खजूर बँधाव [सं-स्त्री.] दस चोटी वाला एक विशेष बँधाव; स्त्रियों की केश विन्यास की एक विशिष्ट शैली।

खजूरिया [सं-पु.] सफेद पंख, पीला सिर और काली देह वाला मुर्गा।

खजूरी [वि.] 1. खजूर की तरह का; खजूर संबंधी 2. महिलाओं द्वारा चार लड़ों में गूँथी गई (चोटी); खजूरी चोटी।

खजोहरा (सं.) [सं-पु.] खाज पैदा करने वाला ऐसा कीड़ा जिसके रोएँ के स्पर्श से खुजली होती है।

खट [सं-पु.] 1. धातु या लकड़ी की ठोस चीज़ों के टकराने से उत्पन्न ध्वनि 2. ठोकने-पीटने से पैदा होने वाली आवाज़ 3. किसी चीज़ के गिरने या टूटने से उत्पन्न ध्वनि या शब्द। [वि.] खट्टा का समास में व्यवहृत रूप, जैसे- खटमिट्ठा।

खट-खट [सं-स्त्री.] 1. ठोंकने-पीटने का शब्द 2. झंझट 3. किसी वस्तु पर लगातार एक से अधिक बार ठोकर मारने पर उत्पन्न ध्वनि।

खट-मिट्ठा [वि.] जिसमें खट्टापन और मिठास दोनों हों; खट्टा और मीठा।

खटक [सं-स्त्री.] 1. खटकने की क्रिया या भाव 2. आशंका; खटका 3. खट की आवाज़। [सं-पु.] 1. घटक 2. आधी खुली मुट्ठी।

खटकना (अ.) [क्रि-अ.] 1. मन में किसी गड़बड़ी या अनहोनी का डर 2. किसी चीज़ के टकराने-टूटने का शब्द 3. रह-रहकर कोई बात याद आना 4. किसी व्यक्ति से ईर्ष्या-द्वेष का भाव 5. जानकारी के अभाव में किसी सवाल पर ध्यान जाना 6. बार-बार होने वाली पीड़ा।

खटकनी [सं-स्त्री.] खूँटे से लड़ने वाली भैंस।

खटकरम (सं.) [सं-पु.] 1. ऐसा काम जो झंझटों से भरा हो 2. लंबे और जटिल विधि-विधान से किया जाने वाला अनुष्ठान या कर्मकांड।

खटकरमी [वि.] 1. फालतू के कामों में उलझा रहने वाला व्यक्ति 2. खटराग फैलाने वाला 3. रोड़े अटकाने वाला।

खटका [सं-पु.] 1. अंदेशा; डर 2. सिटकनी।

खटकाना [क्रि-स.] 1. किसी सतह पर चोट करना; खट-खट बजाना, जैसे- दरवाज़ा खटकाना 3. किसी व्यक्ति को कुछ याद दिलाना 4. भड़काना 5. झगड़ा या अनबन करवाना।

खटकामुख (सं.) [सं-पु.] 1. शास्त्रीय नृत्य करते समय हाथों की एक मुद्रा 2. बैठकर बाण चलाने का एक आसन।

खटकीड़ा [सं-पु.] एक कीड़ा जो मैली खाटों, कुरसियों आदि में रहता है; खटमल।

खटखटा [सं-पु.] 1. दरवाज़े पर किसी वस्तु से की जाने वाली आवाज़; दस्तक 2. पक्षियों को भगाने के लिए वृक्षों में बाँधा जाने वाला बाँस का टुकड़ा।

खटखटाना [क्रि-स.] 1. किसी चीज़ पर रुक-रुककर चोट करना 2. ठोकना 3. किसी को कोई बात याद दिलाना 4. दस्तक।

खटखटिया [सं-स्त्री.] वह खड़ाऊँ जिसमें पैर फँसाने के लिए खूँटी की जगह रस्सी लगी रहती है; पौला।

खटखादक (सं.) [सं-पु.] 1. जानवर 2. कौआ 3. सियार 4. शीशे का पात्र।

खटना (सं.) [क्रि-अ.] 1. बहुत अधिक परिश्रम करना; आवश्यकता से अधिक परिश्रम करना 2. धनोपार्जन करना।

खटपट [सं-स्त्री.] 1. दो वस्तुओं के आपस में टकराने का शब्द या ध्वनि 2. अनबन; वैर-विरोध; झगड़ा 3. आपस की फूट; द्वेष।

खटपटिया [वि.] 1. झगड़ालू स्वभाव वाला (व्यक्ति) 2. लोगों में तकरार पैदा करने वाला। [सं-पु.] खड़ाऊँ।

खटपापड़ी [सं-स्त्री.] अमली या करमाई नाम का पेड़।

खटबुना [सं-पु.] ऐसा व्यक्ति जो खाट बुनने का काम करता है।

खटभिलावाँ [सं-पु.] चिरौंजी का पेड़; पयाल या पियाल नामक वृक्ष।

खटभेमल [सं-पु.] छोटे कद तथा छोटी-छोटी पत्तियों वाला एक पेड़ जिसमें पीले फूल तथा दानेदार छोटी फलियाँ लगती हैं।

खटमल [सं-पु.] खाट, पलँग और कुर्सियों की दरारों में रहने वाला मटमैले रंग का कीड़ा जो खून पीता है; खटकीड़ा।

खटमुता [वि.] जो सोते समय खाट पर पेशाब कर देता हो (बच्चा)।

खटर-पटर [सं-पु.] 1. वस्तुओं के इधर से उधर होने का शब्द 2. कुछ ढूँढ़ने से होने वाली आवाज़।

खटराग (सं.) [सं-पु.] 1. दैनिक जीवन की परेशानियाँ 2. व्यर्थ के झगड़े 3. झंझट या बखेड़ा 4. इधर-उधर फैला हुआ कबाड़ या कूड़ा-करकट।

खटरिया [सं-स्त्री.] एक प्रकार का कीड़ा।

खटलर [सं-पु.] सान लगाने का एक औज़ार जो लकड़ी का होता है।

खटला [सं-पु.] 1. कान के नीचे का वह भाग जहाँ कुंडल पहने जाते हैं 2. बाल-बच्चे वाला परिवार।

खटाई [सं-स्त्री.] 1. खट्टे स्वाद की चीज़ 2. खट्टा होने की अवस्था 3. खटास पैदा करने वाली चीज़, जैसे- इमली, टार्टरिक एसिड, अमचूर आदि 4. {ला-अ.} किसी काम में आने वाली रुकावट। [मु.] **-में पड़ना** : अनिर्णय की स्थिति में होना।

खटाक [सं-पु.] किसी चीज़ को पटकने पर या टूटने पर उत्पन्न होने वाली आवाज़।

खटाखट [क्रि-वि.] तेज़ी से; तुरंत। [सं-पु.] 'खटखट' का शब्द।

खटाना [क्रि-अ.] 1. खाद्य पदार्थ में खट्टापन आना 2. खट्टा होना 3. जैसे-तैसे गुज़ारा करना [क्रि-स.] जी-तोड़ मेहनत करवाना।

खटारा [वि.] 1. जर्जर हालत में पहुँचा हुआ या रुक-रुककर काम करने वाला कोई वाहन या मशीन 2. टूटी-फूटी हालत में पड़ी हुई गाड़ी।

खटाल [सं-पु.] वह स्थान जहाँ गाय, भैंस आदि रखी जाती हैं।

खटाव [सं-पु.] 1. काम में जुटे रहने की क्रिया 2. खटने की क्रिया 3. मामूली तनख़्वाह में गुज़ारा करना 3. नाव को किनारे बाँधने का खूँटा।

खटास [सं-स्त्री.] 1. खट्टापन; तुर्शी 2. {ला-अ.} संबंधों में होने वाला बिगाड़; आपसी अनबन। [मु.] **-आना** : परस्पर भेद पैदा हो जाना।

खटिक (सं.) [सं-पु.] 1. हिंदुओं की एक जाति 2. उक्त जाति का व्यक्ति 3. आधी खुली हुई खिड़की।

खटिका (सं.) [सं-स्त्री.] 1. पुताई के काम आने वाली खड़िया 2. कान में आभूषण पहनने का छेद।

खटिया [सं-स्त्री.] बाध (पतली रस्सी) से बुनी हुई खाट; चारपाई। [मु.] **-खड़ी करना** : बहुत अधिक परेशान या तंग करना।

खटोलना [सं-पु.] 1. छोटी खाट; खटोला 2. एक प्राचीन देश का नाम जो बुंदेलखंड के अंतर्गत था, वर्तमान में मध्य प्रदेश के सागर; दमोह आदि जिले उसी के अंतर्गत है।

खटोला [सं-पु.] बच्चे के लेटने की छोटे आकार की खाट; छोटी चारपाई।

खटोली [सं-स्त्री.] छोटी चारपाई या खाट।

खट्टन (सं.) [वि.] ठिंगना; छोटे कदवाला (व्यक्ति)।

खट्टा (सं.) [वि.] 1. आम, इमली, नीबू आदि के स्वादवाला 2. तुर्श; अम्ल 3. नीबू की तरह का एक बड़ा फल; गलगल।

खट्टा-मीठा [वि.] जिसमें खटास और मिठास दोनों हो; खटमीठा। [सं-पु.] संसार का दुख-सुख या ऊँच-नीच।

खट्टि (सं.) [सं-स्त्री.] शव को अंतिम संस्कार के लिए ले जाने वाली अरथी; खटिया; टिकठी।

खट्टिटक (सं.) [सं-पु.] 1. मांस का व्यवसाय करने वाला; कसाई 2. जानवरों का शिकार करने वाला बहेलिया।

खट्टू [वि.] कमाने वाला; खटने वाला।

खट्वांग (सं.) [सं-पु.] 1. खाट के अवयव, जैसे- पाया 2. साधु-संतों द्वारा उपयोग की जाने वाली वह लकड़ी जिसपर कलाई रखकर जप-तप आदि किया जाता है और इसे एक खड़ी लकड़ी पर आड़ी लकड़ी ठोककर बनाया जाता है; आधारी; टेकनी 3. एक प्राचीन संस्कार के अनुसार पश्चाताप के दौरान भिक्षा माँगने का पात्र।

खट्वांगी (सं.) [सं-पु.] 1. खट्वांग पर तप करने वाला 2. शिव।

खड (सं.) [सं-पु.] 1. काटकर बिछाया गया धान और पुआल 2. धातुओं पर पॉलिश करने में काम आने वाला सोने-चाँदी का चूर्ण।

खड़ंजा [सं-पु.] खड़े या ऊँचाई के क्रम में बैठाई गई ईंटें; रास्ते या फ़र्श में बिछाई गई ईंटें।

खड़कना [क्रि-अ.] 1. खड़-खड़ की ध्वनि होना 2. पेड़ के सूखे पत्तों के दबने या आपस में टकराने से आने वाली खड़खड़ की आवाज़ 3. युद्ध में भालों और तलवारों के टकराने से उत्पन्न ध्वनि 4. खटकना।

खड़काना [क्रि-स.] 1. किसी चीज़ पर चोट करके आवाज़ पैदा करना, जैसे- कुंडी खड़काना 2. खट-खट की आवाज़ पैदा करना 3. हलचल उत्पन्न करना।

खड़खड़ [सं-स्त्री.] 1. खड़ की लगातार ध्वनि होना 2. सूखे पत्तों के आपस में टकराने की ध्वनि।

खड़खड़ाना [क्रि-अ.] खड़खड़ शब्द होना। [क्रि-स.] खड़खड़ शब्द करना; खटखटाना।

खड़खड़ाहट [सं-स्त्री.] 1. खड़खड़ होने की क्रिया, भाव या शब्द 2. बार-बार होने वाली खड़-खड़ की ध्वनि, जैसे- पेड़ के पत्तों की खड़खड़ाहट।

खड़खड़िया [सं-स्त्री.] 1. वह पुरानी गाड़ी जो चलते समय खड़खड़ की आवाज़ करती हो 2. घोड़ों को गाड़ी खींचने का प्रशिक्षण देने के लिए काम आने वाली लकड़ी की एक गाड़ी या उसका ढाँचा।

खड़गी (सं.) [वि.] खड़ग या खड्ग धारण करने वाला। [सं-पु.] गैंडा।

खड़बड़ [सं-स्त्री.] 1. खलबली 2. चीज़ों को उलट-पलट देने का भाव 3. चीज़ों के आपस में टकराने से पैदा हुई आवाज़ 4. शांत माहौल का भंग होना 5. भीड़ में होने वाली गहमा-गहमी 6. आपस का झगड़ा 7. पशुओं के चलने पर खुरों से होने वाली ध्वनि 8. उलटफेर 9. खलबली; हलचल।

खड़बड़ाना [क्रि-अ.] 1. अस्त-व्यस्त करना; क्रम बिगाड़ देना 2. विचलन पैदा कर देना 3. ऐसी स्थिति में करना या होना कि शांति या स्थिरता न रहे।

खड़बड़ाहट [सं-स्त्री.] खड़बड़ करने या होने की अवस्था।

खड़बड़ी [सं-स्त्री.] 1. गड़बड़ी 2. चीज़ों का अस्त-व्यस्त या बेतरतीब हो जाना 3. बेचैनी या घबराहट 4. हलचल।

खड़मंडल (सं.) [सं-पु.] 1. बेतरतीब या उलटा-पलटा हुआ 2. किसी व्यक्ति या समूह द्वारा किया गया घोटाला या गोलमाल 3. वर्ग या समाज की अव्यवस्था।

खड़सिंगा [सं-पु.] खड़ी नुकीली सींगोंवाला (बैल)।

खड़ा [वि.] 1. ज़मीन से सीधा ऊपर को उठा या लंबवत 2. अपने पैरों के सहारे स्थिर 3. ठहरा हुआ 4. जो झुका न हो 5. नींव के सहारे सीधी खड़ी दीवार 6. (खेत की फ़सल) जो काटी न गई हो 7. बाकी या मौजूद 8. कच्चा या अपरिपक्व, जैसे- खड़ा चावल 9. तत्पर 10. {ला-अ.} प्रतीक्षारत।

खड़ा दसरंग [सं-पु.] कुश्ती का एक पेंच जिसे हनुमंत बंध भी कहते हैं।

खड़ाऊँ (सं.) [सं-स्त्री.] 1. लकड़ी के तले वाली पादुका जो अक्सर धार्मिक कर्मकांडों में पहनी जाती हैं, इसमें अँगूठे के लिए खूँटी लगी होती है 2. खटपटिया।

खड़ाका [सं-पु.] 1. चीज़ों के टकराने से उत्पन्न खड़कने की ध्वनि 2. धमाका 3. बहुत तेज़ अचानक हुई खड़-खड़ की ध्वनि 4. खटका। [क्रि.वि.] चटपट; तुरंत।

खड़िया (सं.) [सं-स्त्री.] 1. सफ़ेद रंग की चिकनी मुलायम मिट्टी जो पुताई और लिखने के काम आती है 2. चिह्न बनाने के काम आने वाली मिट्टी 3. चूना पत्थर की एक क़िस्म 4. अरहर का वह डंठल जो फलियों और पत्तियों को झाड़ लेने पर शेष रहता है; खाड़ी; रहठा।

खड़ी [सं-स्त्री.] 1. खड़िया मिट्टी का एक पर्याय 2. पहाड़ी 3. हिंदी में मात्राओं का ज्ञान कराने के लिए सिखाई जाने वाली बारहखड़ी। [वि.] खड़ा का स्त्रीलिंग रूप।

खड़ी चढ़ाई [सं-स्त्री.] 1. ऊपर की ओर सीधी चढ़ाई 2. ढलान वाले पहाड़ या चट्टान की चढ़ाई।

खड़ी तैराकी [सं-स्त्री.] पानी में सीधे खड़े होकर केवल पैर चलाकर तैरने की क्रिया।

खड़ी नियाज़ (फ़ा.) [सं-स्त्री.] मनोकामना पूरी होने पर दी जाने वाली नियाज़।

खड़ी पाई [सं-स्त्री.] नागरी लिपि में अक्षरों या वाक्य के बाद लगाई जाने वाली सीधी रेखा जो वाक्य समाप्त होने पर लगती है; पूर्ण विराम (।)।

खड़ी फ़सल [सं-स्त्री.] फ़सल या उपज जो पक चुकी हो और कटाई के लिए तैयार हो, जैसे- धान की खड़ी फ़सल; (स्टैंडिंग क्रॉप)।

खड़ी बोली [सं-स्त्री.] 1. पश्चिमी उत्तरप्रदेश और उससे सटे हरियाणा के जिलों की वह बोली जिससे आधुनिक हिंदी का विकास हुआ है 2. उक्त बोली का विस्तृत, परिष्कृत, संवर्धित और सांस्कृतिक-साहित्यिक रूप जो वर्तमान में हिंदी कहलाती है।

खड़ीणा [सं-स्त्री.] खड्ड की सूखी हुई वह जमीन जो हल से जोती बोई जाती है।

खड्डुआ [सं-पु.] 1. पैर का एक आभूषण 2. दुहरी धारी।

खड्डू (सं.) [सं-स्त्री.] काठ, बाँस आदि का ढाँचा या तख्ता जिसपर शव रखकर श्मशान तक ले जाते हैं; अरथी।

खड़े-खड़े [क्रि.वि.] बिना देर किए; तुरंत; तत्काल; शीघ्र; अविलंब; तत्क्षण।

खड्ग (सं.) [सं-पु.] 1. तलवार की तरह का एक प्राचीन शस्त्र; खाँडा; खंग 2. तलवार 3. गैंडा नामक प्राणी।

खड्गकोश (सं.) [सं-पु.] खड्ग या तलवार रखने का खोल; म्यान; कोश।

खड्गदान (सं.) [सं-पु.] युद्ध में वीरतापूर्वक तलवार चलाने के लिए प्रयुक्त शब्द।

खड्गधारा (सं.) [सं-स्त्री.] 1. तलवार की धार या फल 2. ऐसा कठिन काम जो तलवार की धार पर चलने के समान हो।

खड्गफल (सं.) [सं-पु.] खड्ग या तलवार का तेज़ धारवाला हिस्सा।

खड्गहस्त (सं.) [वि.] 1. ऐसा व्यक्ति जिसके हाथ में तलवार हो 2. युद्ध के लिए तत्पर रहने वाला (वीर)।

खड्गारीट (सं.) [सं-पु.] 1. ढाल 2. तलवार की धार।

खड्गी (सं.) [वि.] तलवार या खड्ग धारण करने वाला। [सं-पु.] 1. गैंडा 2. शिव।

खड्ड (सं.) [सं-पु.] 1. प्राकृतिक रूप से या मानव द्वारा निर्मित बहुत बड़ा व गहरा गड्ढा 2. पहाड़ या मैदान के किसी तरफ़ गहरी खाई।

खड्डा [सं-पु.] मछलियाँ फँसाने का गड्ढा; डबरा।

खड्ढा [सं-पु.] समतल ज़मीन में कहीं पर गहरा भाग; गड्ढा।

खणक (सं.) [वि.] जो खोदने का काम करता है। [सं-पु.] चूहा।

ख़त (अ.) [सं-पु.] 1. पत्र; चिट्ठी 2. रेखा, लकीर या कोई चिह्न 3. तहरीर 4. भाषा में अक्षरों को लिखने का ढंग 5. यौवन के आरंभ में व्यक्ति की कनपटी और दाढ़ी पर उगने वाले बाल या रोएँ।

ख़तकश (अ.+फ़ा.) [सं-पु.] लकड़ी पर रेखा खींचने का बढ़ई का औज़ार।

ख़तकशी (अ.+फ़ा.) [सं-स्त्री.] 1. चित्र बनाने के लिए रेखाएँ खींचने की क्रिया 2. चित्र बनाने का कार्य 3. अक्षरों को सजा-सजाकर लिखने का तरीका।

खतकस [सं-पु.] दे. खतकश।

ख़तना (अ.) [सं-पु.] मुसलमानों की एक रस्म या रिवाज जिसमें बच्चों के लिंग के अगले भाग का चमड़ा काट दिया जाता है; सुन्नत; मुसलमानी।

ख़तम (अ.) [वि.] 1. समाप्त; पूर्ण 2. जिसका नामोनिशान न रहा हो 4. अस्तित्वहीन 5. नष्ट; मृत 6. अनवशिष्ट 7. बीच में ही रुकने या रोक दिए जाने का भाव 8. हत; मारा हुआ 9. अंत या मृत्यु को प्राप्त।

खतमी (अ.) [सं-स्त्री.] गुलखेरू जाति का पौधा जो दवा बनाने का काम आता है।

ख़तरनाक (अ.) [वि.] 1. ख़तरा पैदा करने वाला; जो ख़तरे से भरा हो; ख़तरे से युक्त 2. भयजनक; डरावना 3. आशंकामय 4. जान जोखिम में डालने वाला (कार्य)।

ख़तरा (अ.) [सं-पु.] 1. जीवन को संकट में डालने वाली स्थिति या वातावरण 2. अनिष्ट की संभावना 3. भय; डर; त्रास 4. जोखिम 5. आफ़त। [मु.] **-उठाना** : ऐसा काम करना जिससे हानि की संभावना हो। **-ख़तरे की घंटी** : किसी अनहोनी की पूर्वसूचना।

खतरेटा [सं-पु.] खत्री।

ख़ता (अ.) [सं-स्त्री.] 1. किसी व्यक्ति से होने वाला अपराध; कसूर 2. भूल; चूक; दोष; ग़लती; धोखा।

ख़तावार (अ.+फ़ा.) [वि.] 1. जिसपर अपराध सिद्ध हो चुका हो; दोषी; अपराधी; मुजरिम 3. जिससे गलती हुई हो।

खतिया [सं-स्त्री.] 1. खोदी हुई ज़मीन 2. खंती 3. गड्ढा 4. छोटा तालाब।

ख़तियाना [क्रि-स.] 1. ख़ाते में लिखना या चढ़ाना 2. अनेक मदों को बही या ख़ाते में दर्ज करना।

खतियौनी [सं-स्त्री.] ऐसी बही जिसमें विभिन्न मदों के लिए अलग-अलग ख़ाते बनाए जाते हैं; खतौनी।

ख़तीब (अ.) [वि.] 1. मुसलमानों में ख़ुतबा पढ़ने वाला या धर्मोपदेश देने वाला 2. प्रवचन देने वाला।

खतैला [सं-पु.] निरावर।

ख़तोकिताबत (अ.) [सं-स्त्री.] चिट्ठियों का आदान-प्रदान; पत्राचार; पत्र-व्यवहार।

खतौनी [सं-स्त्री.] वह बही या रजिस्टर जिसमें पटवारी हर काश्तकार की जोत का क्षेत्र, प्रकार और लगान इत्यादि लिखता है; पटवारी बही; खतियौनी।

खत्ता (सं.) [सं-पु.] 1. ज़मीन में कोई चीज़ रखने या बनाने के लिए खोदा गया गड्ढा, जैसे- शोरा तैयार करने का खत्ता 2. अनाज रखने के लिए कोठा या बखार 3. कोई स्थान या प्रांत।

खत्ती [सं-स्त्री.] छोटा गड्ढा या अनाज रखने का बखार।

ख़त्म [वि.] दे. ख़तम।

खत्री (सं.) [सं-पु.] 1. क्षत्रियों के अंतर्गत व्यापार करने वाली एक जाति 2. एक कुलनाम या सरनेम।

ख़दंग (फ़ा.) [सं-पु.] 1. चिनार का पेड़ 2. वह वृक्ष जिसकी लकड़ी से तीर बनाए जाते थे 3. बाण या तीर।

खदकाना [क्रि-स.] पकाना; उबालना।

खदखदाना [क्रि-अ.] तरल पदार्थों के उबलते समय खद-बद की आवाज़ होना।

खदबदाना [क्रि-अ.] 1. पकते या उबलते समय किसी तरल पदार्थ का खदबद शब्द या ध्वनि करना 2. उबलना या पकना।

खदरा [सं-पु.] घास का एक भेद; खदी।

खदान [सं-स्त्री.] 1. ज़मीन या पहाड़ में वह स्थान जहाँ खुदाई की जाती है 2. खनिज पदार्थों की खुदाई की जगह; खान 3. खुदाई के बाद बनने वाला गड्ढा।

खदिका (सं.) [सं-स्त्री.] ज़मीन के अंदर से निकला हुआ लावा।

खदिर (सं.) [सं-पु.] 1. एक पेड़ जिससे कत्था बनाया जाता है; खैर का वृक्ष 2. खैर; कत्था 3. चंद्रमा।

खदिर-सार (सं.) [सं-पु.] खैर के पेड़ से निकला रस या कत्था; खैर।

खदिरी (सं.) [सं-स्त्री.] 1. छुई-मुई या लाजवंती का पौधा 2. वराहक्रांता।

खदी [सं-स्त्री.] जल के स्थान जैसे ताल तलैया आदि में उत्पन्न होने वाली एक प्रकार की घास।

ख़दीजा (अ.) [सं-स्त्री.] मुहम्मद साहब की पहली बीवी जो इस्लाम कबूल करने वाली पहली स्त्री और फ़ातिमा की माँ थी।

खदेड़ना [क्रि-स.] 1. किसी व्यक्ति या जानवर का पीछा करते हुए भगाना 2. बलपूर्वक हटाना।

खद्दड़ [सं-पु.] 1. सूत, रेशम, ऊन आदि का हाथ से बना हुआ कपड़ा 2. खूब खाकर भी काम न करने वाला 3. खद्दर।

खद्दर [सं-पु.] हाथ से कते हुए ऊन, सूत या रेशम का कपड़ा; खादी।

खद्दरधारी (सं.) [सं-पु.] 1. खद्दर पहनने वाला व्यक्ति 2. {ला-अ.} नेता।

खद्योत (सं.) [सं-पु.] 1. रात्रि के समय चमकने वाला जुगनू 2. सूर्य।

ख़दशा (अ.) [सं-पु.] 1. चिंता; भय; किसी बात का डर 2. आशंका।

खन-खन [सं-पु.] 1. खन-खन की निरंतर ध्वनि; खनक 2. तलवारों आदि के टकराने की ध्वनि।

खनक (सं.) [सं-पु.] 1. चूहा 2. ज़मीन खोदने का काम करने वाला व्यक्ति 3. खान खोदने वाला मज़दूर। [सं-स्त्री.] धातुओं या बरतनों के आपस में टकराने से होने वाली ध्वनि।

खनकना [क्रि-अ.] 1. 'खन-खन' कर बजना 2. धातुओं के खंडों का आपस में टकराना 3. खनखनाना।

खनकाना [क्रि-स.] 1. सिक्कों या मोहरों को बजाना या उछालना 2. धातुओं का आपस में टकराकर ध्वनि पैदा करना 3. खनकाकर जाँच-परख करना 4. बजाना।

खनकार [सं-स्त्री.] खन-खन या खनकार होने की क्रिया या भाव; खनक; झंकार।

खनखना [वि.] खनखन करने वाली चीज़। [सं-पु.] एक प्रकार का झुनझुना जिससे बच्चे खेलते हैं।

खनखनाना [क्रि-अ.] धातु या किसी चीज़ से खनखन ध्वनि होना। [क्रि-स.] 1. खनकाना 2. सिक्कों आदि को बजाना।

खनखनाहट [सं-स्त्री.] खन-खन की ध्वनि; झंकार; टंकार।

खनन (सं.) [सं-पु.] ज़मीन आदि खोदने की क्रिया या भाव; खोदना; खुदाई; उत्खनन।

खनयित्री (सं.) [सं-स्त्री.] खुदाई में काम आने वाले औज़ार; खंती।

खनवाना [क्रि-स.] खुदाई का काम कराना; खनाना।

खनसारी [सं-स्त्री.] 1. मछली पकड़ने का एक जाल 2. बिसारी।

खनाई [सं-स्त्री.] खुदाई के लिए दिया जाने वाला शुल्क या मेहनताना; खनन करने की मज़दूरी।

खनाना [क्रि-स.] खोदने का काम कराना; खुदवाना। [सं-स्त्री.] ईंट बनाने के लिए मिट्टी खोदने की जगह।

खनिक [सं-पु.] 1. खुदाई करने वाला 2. खान में काम करने वाला श्रमिक 3. ज़मीन के खोखले भाग में छत्ता बनाने वाली मधुमक्खी 4. खान का मालिक।

खनिज (सं.) [सं-पु.] पहाड़ या ज़मीन से खोदकर निकाले गए बहुमूल्य पदार्थ, जैसे- लोहा, ताँबा, जिंक आदि।

खनिज-तेल (सं.) [सं-पु.] प्राकृतिक रूप में भूगर्भ से प्राप्त होने वाला तेल; (पेट्रोलियम)।

खनिज-विज्ञान [सं-पु.] 1. खनिजों तथा खानों का अन्वेषण या विश्लेषण करने वाला विज्ञान 2. खनिज से संबंधित विज्ञान की शाखा; (मिनरॉलॉजी)।

खनिज नमक [सं-पु.] प्राकृतिक रूप से बड़े-बड़े खंडों में बना नमक; सेंधा नमक; काला नमक; (रॉक साल्ट)।

खनित्र (सं.) [सं-पु.] 1. खोदने वाला यंत्र 2. खुदाई का उपकरण 3. गैंती।

खनियाना [क्रि-स.] 1. किसी जगह को खोदना 2. ख़ाली कराना।

खनी [वि.] 1. खान खोदने वाला 2. खान से निकला हुआ (खनिज)। [सं-स्त्री.] 1. गुफ़ा; 2. गड्ढा 3. खान।

खनूकी [सं-स्त्री.] निश्चित समय से अथवा निश्चित मात्रा में दूध न देने वाली (भैंस)।

खन्ना (सं.) [सं-पु.] 1. खत्री समाज की एक शाखा और उनका कुलनाम या सरनेम 2. वह स्थान जहाँ पशुओं का चारा काटा जाता है।

खपच [सं-स्त्री.] 1. बाँस को चीरकर बनाया गया पतला व थोड़ा चौड़ा टुकड़ा 2. बाँस की पतली सींकें जो पर्दे व चटाई बनाने के काम आती हैं।

खपचा [सं-पु.] 1. लकड़ी या बाँस की खपची या कड़छी; कलछी 2. बाँस काटकर निकाला गया नोकदार टुकड़ा।

खपची [सं-स्त्री.] 1. बाँस के तने से काटकर निकाला गया पतला टुकड़ा 2. वैद्य या हकीम द्वारा हड्डी टूटने पर हिलने-डुलने से रोकने के लिए हड्डी पर बाँधी जाने वाली बाँस की पतली पट्टी 3. बाँस की फट्टी; चौड़ी तीली 4. कबाब भूनने के लिए प्रयुक्त होने वाली सींक 5. पकड़ 6. कमची।

खपच्ची [सं-स्त्री.] बाँस की तीली या कमची।

खपड़ा[1] [सं-पु.] गेहूँ में होने वाला एक प्रकार का कीड़ा।

खपड़ा[2] (सं.) [सं-पु.] 1. मिट्टी का पकाया हुआ निश्चित आकार का टुकड़ा जिससे मकान छाया जाता है 2. मिट्टी का खप्पर 3. घड़े के नीचे का आधा भाग 4. कछुए की पीठ का आवरण 5. वह तीर जिसका फल चौड़ा हो।

खपड़ी (सं.) [सं-स्त्री.] 1. कढ़ाई की तरह की मिट्टी की नाँद या कुंडी जिसमें भड़भूँजे अनाज भूनते हैं 2. फूटा हुआ बरतन; ठीकरा 3. खोपड़ी।

खपड़ैल [सं-स्त्री.] 1. मकान या झोंपड़ी छाने के लिए मिट्टी के बने चौड़े टुकड़े; खपड़ा 2. वह छाजन जिसपर खपड़ा बिछा हुआ हो 3. खपड़े से बनाई गई घर की छाजन 4. खपरैल।

खपड़ोइया [सं-स्त्री.] नारियल में रेशे के भीतर का कड़ा आवरण।

खपत [सं-स्त्री.] 1. खपने या खपाने की क्रिया या भाव 2. उपभोग 3. व्यय; ख़र्च 4. माल की बिक्री 5. नाश, अंत या समाप्ति।

खपना [क्रि-अ.] 1. ख़र्च हो जाना या समाप्त हो जाना (मात्रा के संबंध में) 2. कम होना 3. मर जाना 4. किसी काम में जुटना।

खपरट [सं-पु.] खपड़े का टूटा हुआ अंश या टुकड़ा; ठीकरा।

खपरिया [सं-स्त्री.] 1. वैद्यों द्वारा इलाज के लिए उपयोग की जाने वाली दवाई 2. सोना-चाँदी वगैरह गलाने का पात्र 3. छोटे आकार का खपड़ा 4. चने की फ़सल का एक कीड़ा।

खपरैल [सं-स्त्री.] दे. खपड़ैल।

खपाच [सं-स्त्री.] रेशम से कपड़ा बनाने वाले कारीगरों का दो खपची बाँधकर बनाया गया हत्था या औज़ार।

खपाट [सं-पु.] धौंकनी के मुहाने पर लगाई गई खपची या डंडे जिन्हें खोलने या बंद करने पर भट्ठी या चूल्हे में हवा का प्रवाह होता है।

खपाना [क्रि-स.] 1. ख़तम या समाप्त किए जाने की क्रिया; लीन करना 2. अवकाश या गुंजाइश निकालना 3. काम में लिया जाना 4. (सामान या माल को) बेच दिया जाना।

खपियार [सं-पु.] फेंकने वाला जाल।

खपुर (सं.) [सं-पु.] 1. (पुराण) आकाश में ब्रह्मा द्वारा बनाया गया नगर 2. सुपारी का पेड़ 3. बघनखा नामक वनस्पति।

खपुष्प (सं.) [सं-पु.] 1. आकाश-कुसुम 2. असंभव बात; अनहोनी घटना।

खप्पड़ (सं.) [सं-पु.] मिट्टी का बरतन।

खप्पर [सं-पु.] 1. मिट्टी का बना कड़ाही जैसा बरतन 2. वह पात्र जिसमें किंवदंती अनुसार काली देवी राक्षसों का रक्त पीती थी 3. भीख माँगने का पात्र 4. खोपड़ी या कपाल।

ख़फ़क़ान (अ.) [सं-पु.] 1. दिल की धड़कन का रोग 2. वहमी व्यक्ति।

ख़फ़गी (फ़ा.) [सं-स्त्री.] नाराज़ होने या ख़फ़ा होने का भाव; क्रोध; रोष।

ख़फ़ा (अ.) [वि.] अप्रसन्न; रुष्ट; नाराज़; क्रुद्ध।

ख़फ़ीफ़ (फ़ा.) [वि.] 1. छोटा; थोड़ा; कम 2. क्षुद्र 3. हलका; तुच्छ; अन्य की तुलना में कम होना 4. कमीना; अधम 5. लज्जित; शर्मिंदा।

ख़फ़ीफ़ा (अ.) [सं-स्त्री.] वह दीवानी अदालत जिसमें छोटे लेन-देन या छोटे मुकदमों पर सुनवाई होती है।

खफ्फा [सं-पु.] कुश्ती का एक दाँव।

खबक [सं-पु.] घोड़े के मुँह का एक रोग।

ख़बर (अ.) [सं-स्त्री.] 1. किसी घटना का विवरण या वृत्तांत; हाल 2. समाचार; जानकारी; सूचना; पता; खोज 3. चेतना 4. किसी से हाल मालूम करना 5. पैग़ाम; संदेश 6. समाचार-पत्रों या टीवी में प्रकाशित-प्रसारित होने वाली घटनाओं का ब्योरा। [मु.] **-उड़ना** : अफ़वाह फैलना। **-लेना** : प्रताड़ित करना।

ख़बरगीर (अ.+फ़ा.) [वि.] 1. हाल-चाल पूछने वाला या जानकारी देने वाला 2. पालन-पोषण करने वाला; संरक्षक 3. देखरेख करने वाला 4. सहायक। [सं-पु.] भेदिया; जासूस।

ख़बरदार (फ़ा.) [वि.] 1. सचेत; जागरूक 2. सावधान रहने वाला; चौकन्ना; होशियार 3. किसी को हुकुम देना, जैसे- ख़बरदार! आगे मत बढ़ना 4. परिचित; जानने वाला; जानकार।

ख़बरदारी (फ़ा.) [सं-स्त्री.] ख़बरदार होने की अवस्था या भाव; सावधानी; होशियारी; चौकसी; सतर्कता।

ख़बरनवीस (फ़ा.) [सं-पु.] समाचार लिखने या देने वाला; पत्रकार; संवाददाता।

ख़बरपालिका [सं-स्त्री.] पत्रकारिता में विधिपालिका, कार्यपालिका और न्यायपालिका की तर्ज़ पर प्रेस के लिए निर्मित शब्द।

ख़बररसाँ (अ.+फ़ा.) [सं-पु.] संदेशवाहक; सूचना-वाहक।

ख़बरी (फ़ा.) [सं-पु.] ख़बर या संदेश लाने वाला; संदेशवाहक; दूत।

ख़बीस (अ.) [वि.] 1. बदमाश या दुष्ट स्वभाव का; निकृष्ट या बुरे कर्म करने वाला 2. दुष्टात्मा; धूर्त 3. निर्दयी।

खबौनी [सं-स्त्री.] गेहूँ की मीठी रोटी; गेहूँ की मिस्सी रोटी; खबैनी।

ख़ब्त (अ.) [सं-पु.] 1. सनक; आवेग; धुन; जुनून 2. बुद्धि-विकार; पागलपन, जैसे- उसे आजकल शायरी करने का ख़ब्त चढ़ा हुआ है।

ख़ब्ती (अ.) [वि.] 1. जिसे किसी बात का ख़ब्त हो; झक्की; सनकी 2. पागल।

ख़ब्तुल-हवास (अ.) [वि.] 1. जिसका दिमाग ठिकाने न हो 2. होश-हवाश खो चुका (व्यक्ति) 3. जिसका ध्यान भटका हुआ हो।

खब्बर [सं-पु.] दूब नाम की घास; खब्बल।

खब्बा [वि.] 1. बाएँ हाथ से काम करने वाला 2. उलटा चलने वाला 3. बायाँ।

खभड़ना [क्रि-स.] 1. उथल-पुथल मचाने की क्रिया 2. मिलाना; खलबली मचाना।

ख़म (फ़ा.) [वि.] 1. टेढ़ा या झुका हुआ 2. वक्र। [सं-पु.] 1. घुमाव; तिरछापन; झुकाव 2. वक्रता; टेढ़ापन 3. गाने के समय लय के अनुसार रुकना; खींचना। [मु.] **-ठोंकना** : ललकारना।

खमकरा [सं-पु.] मकड़ा नाम की घास जो पशुओं के लिए बहुत पुष्टिकारक मानी जाती है।

खमखम [वि.] टाप की आवाज। [क्रि.वि.] एक के बाद एक शीघ्रतापूर्वक दूसरे के आने की स्थिति।

ख़मदम (फ़ा.) [सं-पु.] ताकत; हिम्मत; जोश।

ख़मदार (फ़ा.) [वि.] 1. टेढ़ा-मेढ़ा; झुका हुआ 2. घुँघराला।

ख़मसा (अ.) [वि.] पाँच की संख्या से संबंधित; पंचक। [सं-पु.] 1. पाँच उँगलियाँ 2. संगीत में एक ताल।

ख़मियाज़ा (फ़ा.) [सं-पु.] 1. नतीजा; परिणाम; प्रतिफल 2. दंड 3. हानि।

ख़मी (फ़ा.) [सं-स्त्री.] वक्रता; कुटिलता; टेढ़ापन; झुकाव।

ख़मीदगी (फ़ा.) [सं-स्त्री.] 1. टेढ़ापन; वक्रता 2. झुकने का भाव।

ख़मीदा (फ़ा.) [वि.] जो झुका हुआ हो; टेढ़ा या ख़म खाया हुआ।

ख़मीर (अ.) [सं-पु.] 1. वह पदार्थ जो गूँथे हुए आटे या मैदे को स्पंजी बनाने के काम आता है 2. यीस्ट या एक कोशीय कवक (फंगस), जिससे बना जाइमेज़ नामक एंजाइम आसव

(बेवेरेजेस) तथा बेकरी उत्पादों के लिए अनिवार्य तत्व है 3. किसी पदार्थ या व्यक्ति की मूल प्रवृत्ति।

ख़मीरा (फ़ा.) [सं-पु.] 1. खमीर मिला हुआ सुगंधित तंबाकू 2. शीरे में मिलाकर या पकाकर बनी औषधियाँ।

ख़मीरी (अ.) [वि.] 1. ख़मीर से बनी चीज़, जैसे- ख़ास रोटी 2. ख़मीर से संबंधित।

खमो [सं-पु.] एक प्रकार का छोटा सदाबहार पेड़।

खम्माच [सं-स्त्री.] रात में गाया जाने वाला राग; मालकोस की एक रागिनी।

ख़यानत (अ.) [सं-स्त्री.] 1. अमानत या धरोहर के रूप में रखी वस्तु को हड़प लेना या चुरा लेना; बुरी नीयत से किसी दूसरे की संपत्ति का गबन कर लेना 2. बेईमानी या भ्रष्टाचार 3. विश्वासघात।

ख़याल[1] [सं-पु.] 1. गायन की एक विशिष्ट शैली जिसमें किसी राग को विस्तार देकर गाया जाता है 2. नौटंकी की तरह का एक लोकनाट्य जिसमें कलाकारों द्वारा लय में संवाद किया जाता है।

ख़याल[2] (अ.) [सं-पु.] 1. किसी भूली हुई बात की स्मृति; याद; स्मरण 2. मन में उपजी कोई नई बात; कल्पना 3. मत; मनोवृत्ति; विचार; राय 4. भ्रम; अनुमान 5. वहम 6. सोच-विचार; चिंता; ध्यान। [मु.] **-से उतरना** : भूल जाना।

ख़याली (फ़ा.) [वि.] 1. ख़याल संबंधी 2. सोचा या माना हुआ; कल्पित। [मु.] **-पुलाव पकाना** : केवल कल्पना के आधार पर मंसूबे बाँधना।

ख़य्याम (अ.) [सं-पु.] 1. फ़ारसी के मधुवादी कवि 2. शराब प्रेमी या शराब पीने वाला व्यक्ति। [वि.] ख़ेमे या डेरे-तंबू सिलने वाला।

खर (सं.) [सं-पु.] 1. गधा; खच्चर 2. कौआ 3. बगुला 4. पंचवटी में राम के साथ युद्ध करते मारा गया एक राक्षस 5. अमंगलकारी, जैसे- खरमास। [वि.] 1. तीक्ष्ण; पैना 2. कड़ा; घना; मोटा 3. हानिकारक 4. वेदी जहाँ यज्ञ का पात्र रखते हैं; कुरकुरी चीज़।

खर-खर [सं-स्त्री.] 1. कर्कश ध्वनि 2. रगड़ की ध्वनि 3. खर्राटे भरने का शब्द।

खरंजा [सं-पु.] दे. खड़ंजा।

खरक (सं.) [सं-पु.] 1. लकड़ी और बाँस-बल्लियों से बना पशुओं का बाड़ा 2. जानवरों या मवेशियों के चरने की जगह; चारागाह।

खरकता [सं-पु.] लटोरे की प्रजाति का एक पक्षी।

खरकना [क्रि-अ.] 1. खटकना; खिसक जाना 2. धीरे से निकल जाना।

खरका [सं-पु.] 1. बाँस को काटकर-छीलकर बनाई गई सींक जो पान में खोंसी जाती है 2. सूखा हुआ या कड़ा तिनका 3. एक प्रकार की घास, जो अफीम के पौधे के लिए हानिकारक होती है।

खरकूटी (सं.) [सं-स्त्री.] गदहों का निवास स्थान 2. नाई का निवास या दुकान 3. नाई का चमोटा जिसमें नाई औज़ार रखते हैं 4. खर और पत्ते आदि से बनी झोपड़ी 5. खरकौट (लकड़ी के खूँटे में जड़ी हुई लकड़ी)।

खरखराहट [सं-पु.] 1. खराब गले की आवाज 2. गले में कफ आदि जमा होने पर गले से निकलने वाली आवाज़।

ख़रख़शा (फ़ा.) [सं-पु.] 1. विवाद या बखेड़ा 2. बेवजह का झंझट 3. किसी काम या बात में आने वाली अड़चन।

खरखी [सं-स्त्री.] गोह जैसी एक मछली।

खरखुरा [सं-पु.] 1. गदहे की खुरवाला (बैल) 2. जिसके ऊपरी तल पर ऐसे कण या रवे हों, जो छूने पर गड़े।

खरगटार [सं-स्त्री.] निश्चित समय से अथवा निश्चित मात्रा में दूध न देने वाली (गाय या भैंस); खनूकी।

ख़रगोश (फ़ा.) [सं-पु.] 1. नर्म लंबे बाल तथा लंबे कान वाला चौपाया जंतु; शशक; शश 2. चौगड़ा; खरहा 3. बड़े खूँटों तथा बल्लियों को गाड़कर बनाया हुआ बाड़ा।

ख़रच (फ़ा.) [सं-पु.] 1. वस्तु, धन और शक्ति का होने वाला उपभोग 2. व्यय; ख़र्च 3. लागत।

ख़रचना (फ़ा.) [क्रि-स.] ख़र्च करना; व्यय करना।

ख़रचा (फ़ा.) [सं-पु.] 1. ख़र्च करने के लिए मिलने वाला धन 2. दैनिक ज़रूरतों, जैसे खाना-कपड़ा इत्यादि के लिए दी जाने वाली धनराशि।

ख़रचीला (फ़ा.) [वि.] 1. बहुत ख़र्च करने वाला 2. जो आवश्यकता से अधिक व्यय करता हो 3. मौज-मस्ती करने वाला।

खरतर [वि.] 1. कठोर और तेज़ चीज़ 2. ज़्यादा उग्र स्वभाव वाला।

खरथुआ [सं-स्त्री.] बथुआ (एक साग)।

खरदंड (सं.) [सं-पु.] कमल; जलज।

खरदनी [सं-स्त्री.] 1. खरादने का औज़ार 2. बनावट; गठन।

खरदा [सं-पु.] अंगूरों की बेल पर लगने वाला रोग।

ख़रदिमाग (फ़ा.) [वि.] 1. हठी 2. मूर्ख या नासमझ।

खरदुक [सं-पु.] पुराने ज़माने का पहनावा।

खरदूषण (सं.) [सं-पु.] 1. धतूरे का पौधा 2. (रामायण) खर और दूषण नामक राक्षस जो रावण के भाई थे।

खरधार (सं.) [वि.] तेज़ धार वाली चीज़; प्रखर।

खरनाद (सं.) [सं-पु.] गधे का बोलना या रेंकना। [वि.] गधे जैसी आवाज़वाला।

खरपत [सं-पु.] धोगर नाम का एक वृक्ष।

खरपतवार [सं-स्त्री.] 1. खेत में फ़सल के साथ उगने वाली अन्य वनस्पति या घास-पात 2. खरपात; (वीड)।

खरपात [सं-पु.] घास; पात; घास-फूस।

खरपुष्प (सं.) [सं-पु.] मरवा का पौधा; मरुआ।

खरब (सं.) [वि.] सौ अरब का सूचक।

खरबिरइया [सं-स्त्री.] 1. घास-पात या जड़ी-बूटी की दवा जो प्रायः गाँव में प्रयुक्त होती है 2. वनौषधि।

ख़रबूज़ा (फ़ा.) [सं-पु.] 1. ककड़ी की जाति की एक बेल जो ग्रीष्म ऋतु में फल देती है 2. गरमी के मौसम का एक प्रसिद्ध मीठा फल।

खरभराना [क्रि-स.] 1. व्यर्थ हंगामा 2. क्षुब्ध करना 3. घबराहट में डालना।

ख़रमस्त (फ़ा.) [वि.] 1. सदैव मस्त रहने वाला; मतवाला 2. दुष्ट; शरारती 3. कामुक।

ख़रमस्ती [सं-स्त्री.] 1. खरमस्त होने की अवस्था या भाव 2. हँसी में की जाने वाला शरारत 3. मस्ती या चुहलबाज़ी 4. कामुकतापूर्ण व्यवहार।

खरमास (सं.) [सं-पु.] पूस और चैत के महीने जिसमें हिंदू कोई शुभ काम नहीं करते; तीक्ष्ण महीना।

खरमिटाव [सं-पु.] प्रातराश; कलेवा।

खरल (सं.) [सं-पु.] 1. लोहे अथवा पत्थर का पात्र 2. ऐसा पात्र जिसमें दवाइयाँ पीसकर उसका चूर्ण बनाया जाता है।

खरवट [सं-स्त्री.] रेती लगाने का काठ का बना तिकोना उपकरण।

खरस [सं-पु.] 1. भालू 2. कलंदरों की बोली अथवा भाषा।

खरसा[1] [सं-स्त्री.] एक प्रकार की मछली।

खरसा[2] (सं.) [सं-पु.] 1. गरमी के दिन; ग्रीष्म ऋतु 2. एक प्रकार का पकवान 3. अकाल।

खरसान [सं-स्त्री.] 1. एक प्रकार की बढ़िया सान जिसपर हथियार रगड़ने से तेज और चमकीले हो जाते हैं 2. झाला; आभूषण, तंबाकू का तना, डंडी या डाँठ, सूखे पत्ते और डंठल।

खरसैला [वि.] (ऐसा प्राणी) जो खुजली रोग से ग्रस्त हो।

खरस्कंध (सं.) [सं-पु.] चिरौंजी का वृक्ष।

खरहर [सं-पु.] हिमालय के तराई वाले क्षेत्र में होने वाला बलूत जाति का एक पेड़।

खरहरा [सं-पु.] 1. लोहे से बनाई जाने वाली चौकोर आकार की कंघी जिससे घोड़े के शरीर की धूल साफ़ की जाती है 2. अरहर के डंठलों से बनी झाड़ू 3. झंखरा।

खरहरी [सं-स्त्री.] एक प्रकार का मेवा; खजूर।

खरहा [सं-पु.] खरगोश।

खरही [सं-स्त्री.] 1. सरई; ढाँचे को थाम्हे वाला डंडा 2. घास या अन्न आदि का ढेर।

खरहो (खूँटी) [सं-स्त्री.] एक प्रकार की खूँटी।

खरा (सं.) [वि.] 1. सच्चा 2. जिसमें किसी प्रकार का खोट या मैल न हो 3. छल-कपट से रहित; निष्कपट 4. ईमानदार। [मु.] **रुपए खरे होना** : रुपए मिलने का निश्चय होना। **खरी-खरी सुनाना** : कठोर वचन बोलना।

खरांडक (सं.) [सं-पु.] (पुराण) भगवान शिव के अनुचर का नाम।

खरांशु (सं.) [सं-पु.] सूर्य।

खराई [सं-स्त्री.] 1. किसी चीज़ का बेहतर होना; श्रेष्ठता 2. सच्चाई।

खरागरी (सं.) [सं-स्त्री.] देवताड़ नाम का एक वृक्ष।

ख़राज (फ़ा.) [सं-पु.] 1. भूमिकर; राजस्व; ख़िराज; लगान 2. चौथ।

ख़राद (फ़ा.) [सं-पु.] एक प्रकार का यंत्र जो लकड़ी अथवा धातु की बनी हुई वस्तुओं के बेडौल अंग छीलकर उन्हें सुडौल और चिकना बनाता है। [सं-स्त्री.] 1. ख़रादने की क्रिया या भाव 2. ख़रादी गई वस्तु का रूप 3. बनावट का ढंग; गढ़न।

खरादना (फ़ा.) [क्रि-स.] दे. ख़रादना।

ख़रादना (फ़ा.) [क्रि-स.] 1. किसी वस्तु को ख़राद पर चढ़ाकर या छीलकर सुंदर और सुडौल बनाना 2. वस्तुओं को चिकना और विशिष्ट आकार देना 3. काट-छाँटकर ठीक और दुरुस्त करना।

खरादी (फ़ा.) [सं-पु.] दे. ख़रादी।

ख़रादी (फ़ा.) [सं-पु.] 1. वह व्यक्ति जो ख़रादने का काम करता हो; ख़रादने वाला व्यक्ति 2. ख़रादने का यंत्र।

खरापन [सं-पु.] 1. खरे अर्थात निर्मल, शुद्ध अथवा निश्छल होने की अवस्था, गुण या भाव 2. सत्यता 3. तथ्यपरक और निडर होकर बात कहने की कला।

ख़राब (अ.) [वि.] 1. विकृत; बिगड़ा हुआ; बुरा; निकृष्ट 2. दूषित; अपवित्र 3. धूर्त; बदमाश 4. जिसका चाल-चलन अच्छा न हो; पतित; दुश्चरित्र; मर्यादाभ्रष्ट 5. दुर्दशाग्रस्त 6. जो प्रीतिकर न हो। [मु.] **-होना**: बिगड़ जाना; विकारग्रस्त होना।

ख़राबात (फ़ा.) [सं-पु.] 1. दारू का अड्डा 2. जुए का अड्डा।

ख़राबाती (फ़ा.) [वि.] 1. दारूबाज़ 2. जुआरी।

ख़राबी (फ़ा.) [सं-स्त्री.] 1. ख़राब होने की अवस्था या भाव 2. दोष; विकार; कमी 3. दुर्दशा; दुरवस्था 4. अनिष्ट; हानि।

ख़राश (फ़ा.) [सं-स्त्री.] 1. खरोंच; छिलन 2. किसी अंग के छिल जाने या रगड़ने पर होने वाला घाव 3. खुजली।

खराह्वा (सं.) [सं-स्त्री.] अजवाइन; अजमोदा।

खरिक [सं-पु.] 1. गोठ 2. पशुओं के चरने की जगह 3. वह ईख जो ख़रीफ़ की फ़सल के बाद बोई जाती हो।

खरिका [सं-पु.] 1. चरागाह 2. वह ईख जो खरीफ़ की फ़सल के बाद बोई जाती हो 3. दाँत खोदने का तिनका।

खरिया [सं-स्त्री.] 1. झोली अथवा थैली 2. भूसा ले जाने के लिए रस्सी की बनी हुई जाली 3. राँची व उसके आस-पास के क्षेत्रों में रहने वाली एक जंगली जाति।

खरी-खोटी [वि.] 1. भली-बुरी; अच्छी-बुरी 2. कड़वी-कसैली।

खरी[1] [सं-स्त्री.] 1. एक ब्यात से दूसरे ब्यात तक दूध देने वाली भेड़ 2. तेलहन से तेल निकालने के बाद बचा अंश; खल्ली; तेलहन की खली 3. एक प्रकार की ईख।

खरी[2] (सं.) [सं-स्त्री.] गधी।

खरीक[1] [सं-पु.] भेड़ बकरियों को बंद करने का बाड़ा; खरीका; खीरक।

खरीक[2] (सं.) [सं-पु.] तिनका।

ख़रीता (अ.) [सं-पु.] 1. थैली; जेब 2. बड़ा लिफ़ाफ़ा जिसमें राजा या किसी अधिकारी का पत्र हो 3. सुई धागा रखने की थैली।

ख़रीद (फ़ा.) [सं-स्त्री.] 1. ख़रीदने की क्रिया या भाव; क्रय; ख़रीददारी 2. वह जिसपर कोई वस्तु ख़रीदी जाए।

ख़रीद फ़रोख़्त (फ़ा.) [सं-स्त्री.] क्रय-विक्रय।

ख़रीददार (फ़ा.) [सं-पु.] 1. वह व्यक्ति जो वस्तुएँ आदि ख़रीदता हो; ग्राहक; ख़रीदने वाला; क्रेता 2. चाहने वाला।

ख़रीददारी (फ़ा.) [सं-स्त्री.] वस्तु ख़रीदने की क्रिया या भाव;

ख़रीदने का काम; क्रय; ख़रीद।
ख़रीदना (फ़ा.) [क्रि-स.] क्रय करना; मोल लेना।
ख़रीदार (फ़ा.) [सं-पु.] दे. ख़रीददार।
ख़रीदारी (फ़ा.) [सं-स्त्री.] दे. ख़रीददारी।
ख़रीफ़ (अ.) [सं-स्त्री.] 1. ग्रीष्म ऋतु या वर्षा काल में बोई जाने वाली फ़सल, जैसे- धान, बाजरा इत्यादि 2. फ़सली साल की दो ऋतुओं में से एक 3. कार्तिक में काटी जाने वाली फ़सल 4. आषाढ़ से कार्तिक मास तक की अवधि।
खरील [सं-पु.] सिर पर पहनने की एक प्रकार की बेंदी (गहना)।
खरूका [सं-पु.] 1. जाला 2. खरथुआ; बथुआ (एक साग)।
खरे [सं-पु.] एक प्रकार का कुलनाम या सरनेम।
खरेई [अव्य.] 1. वस्तुतः 2. बहुत अधिक; अत्यंत।
खरैंटी [सं-स्त्री.] एक पौधा जिसकी जड़ दवा के काम आती है; बला; बरियारा।
खरैल [सं-पु.] एक आदमी की सँभाल में आने वाला छह डंडियों वाला जाल (मछली पकड़ने के लिए); कुरैल।
खरोंच (सं.) [सं-स्त्री.] किसी चीज़ के रगड़ जाने से या छिलने से बनने वाला चिह्न या निशान; खराश।
खरोंचना (सं.) [क्रि-स.] 1. छीलना 2. किसी चाकू से किसी वस्तु को खुरचना।
खरोंट [सं-स्त्री.] 1. किसी चीज़ के रगड़ जाने से या छिलने से बनने वाला चिह्न या निशान; खरोंच 2. ख़राश।
खरोरी [सं-स्त्री.] बैलगाड़ी में लगे दोनों तरफ़ के वे दो खूँटे जिनको थामने के लिए बाँस दिए जाते हैं।
ख़रोश (फ़ा.) [सं-पु.] ज़ोर की आवाज़; कोलाहल; शोरगुल।
खरोष्ठी (सं.) [सं-स्त्री.] एक प्राचीन लिपि जो दाहिनी ओर से बाईं ओर लिखी जाती है।
खरौरी [सं-पु.] खरपात उगने का स्थान।
ख़र्च (फ़ा.) [सं-पु.] 1. व्यय 2. उपभोग; इस्तेमाल 3. समाप्त।
ख़र्चना (फ़ा.) [क्रि-स.] 1. व्यय करना 2. ख़र्च करना 3. काम में लाना 4. खरचना।
खर्चरी [सं-पु.] चरागाह के मालिक को दिया जाने वाला शुल्क; खर्चराई।
ख़र्चा (फ़ा.) [सं-पु.] 1. लागत 2. व्यय 3. ख़रचा।
ख़र्चीला [वि.] अत्यधिक ख़र्च करने वाला; ख़रचीला।
खर्जन (सं.) [सं-पु.] 1. खुजली 2. खुजलाना।
खर्जिका (सं.) [सं-स्त्री.] एक प्रकार की बीमारी अथवा रोग; उपदंश नामक रोग।
खर्जु (सं.) [सं-स्त्री.] 1. धतूरे का पौधा 2. एक प्रकार का कीड़ा 3. जंगली खजूर।
खर्जू (सं.) [सं-स्त्री.] 1. कलकलाना; खुजली 2. एक प्रकार का कीड़ा।
खर्जूर (सं.) [सं-पु.] 1. एक प्रकार का वृक्ष; खजूर 2. उक्त वृक्ष का फल।
खर्जूरी (सं.) [सं-स्त्री.] खजूर; खर्जूर।
खर्पर (सं.) [सं-पु.] 1. खप्पर नाम का पात्र 2. खोपड़ा; खोपड़ी 3. मिट्टी का फूटा हुआ बरतन।
खर्परिका (सं.) [सं-स्त्री.] छतरी; मंडप; गुंबद।
खर्परी (सं.) [सं-स्त्री.] खपरिया; छोटा खपड़ा।
खर्बट (सं.) [सं-पु.] 1. पहाड़ पर बसी हुई बस्ती 2. बाज़ार।
खर्रा [सं-पु.] 1. लंबा पत्र 2. विवरण 3. एक प्रकार का चर्मरोग जिसमें चमड़ा कड़ा हो जाता है 4. कत्था, तंबाकू आदि का चूर्ण जिसका सेवन नशे के रूप में किया जाता है।
ख़र्रांच (फ़ा.) [वि.] बहुत ख़र्च करने वाला; ख़रचीला।
खर्रांट [वि.] 1. बुद्धिमान 2. वृद्ध 3. अनुभवी।
खर्राटा [सं-पु.] सोते समय ज़ोर से साँस लेने पर मुँह से निकलने वाली खर-खर की ध्वनि। [मु.] **-खर्राटे भरना** : बेसुध होकर सोना।
खर्रात (अ.) [वि.] दे. ख़र्राद।
ख़र्राती (अ.) [सं-स्त्री.] ख़रादी का पेशा या काम।
ख़र्राद (फ़ा.) [सं-पु.] 1. ख़राद का काम करने वाला व्यक्ति 2. एक प्रकार का यंत्र जिससे लकड़ियों को छीलकर उन्हें सुडौल बनाया जाता है; रंदा।
खर्व (सं.) [वि.] 1. बौना; ठिंगना 2. विकलांग।
खर्वट (सं.) [सं-पु.] 1. पहाड़ पर बसी हुई बस्ती 2. बाज़ार।
खर्वित (सं.) [वि.] 1. आकार में छोटा किया हुआ 2. लघु; छोटा।
खर्विता (सं.) [सं-स्त्री.] 1. चतुर्दशी युक्त अमावस्या 2. वह तिथि जिसका काल-मान पिछली या बीती हुई तिथि से कुछ कम हो।
खल (सं.) [वि.] 1. दुष्ट; दुर्जन 2. क्रूर 3. बेहया 4. नीच; अधम 5. धोखेबाज़। [सं-पु.] खलिहान।
ख़लक (अ.) [सं-पु.] दे. ख़ल्क़।
ख़लकत (अ.) [सं-स्त्री.] भीड़; जन समूह; मजमा।
खलखल [सं-स्त्री.] 1. किसी तरल पदार्थ को बोतल से उँड़ेलने अथवा उबालने पर होने वाली ध्वनि 2. खिलखिलाकर हँसने से होने वाली आवाज़।
खलना (सं.) [क्रि-अ.] अप्रिय या बुरा लगना; चुभना; अखरना; खटकना।
खलनायक (सं.) [सं-पु.] 1. किसी नाटक, फ़िल्म या उपन्यास में दुष्टप्रवृत्तियों के प्रतीक के रूप में उभरा हुआ वह पात्र जो नायक के कार्यों में बाधा उत्पन्न करता है 2. काम बिगाड़ने वाला दुष्ट प्रवृत्तियों का व्यक्ति; (विलेन)।
खलबलाना [क्रि-अ.] 1. खौलना; उबलना 2. खलबल शब्द करना 3. कुलबुलाना 4. बेचैन होना 5. हलचल उत्पन्न करना।
खलबलाहट [सं-स्त्री.] खलबलाने का भाव; खलबली; बेचैनी।
खलबली [सं-स्त्री.] 1. घबराहट; भय 2. हलचल 3. हड़बड़ी 4. क्षोभ। [मु.] **-मचना** : क्षोभ या आतंक फैलना।
खलभलाहट [सं-स्त्री.] खलबलाने का भाव।
ख़लल (अ.) [सं-पु.] 1. रुकावट; बाधा; अड़चन; बिगाड़ 2. रोग।
खलसा [सं-स्त्री.] एक बड़े आकार की मछली।
खलाधारा (सं.) [सं-स्त्री.] तिलचट्टा।
ख़लाल (अ.) [सं-पु.] 1. छोटा तिनका या टुकड़ा जिससे दाँतों

में फँसे भोजन को खोद कर निकालते हैं 2. ताश के खेल में हार जाना 3. उक्त प्रकार की हार।

ख़लास (अ.) [वि.] 1. जो बंधन में न हो; बंधनमुक्त 2. ग़रीब; निर्धन; दरिद्र 3. समाप्त; ख़तम; ख़ाली 4. संभोग के समय जिसका वीर्यपात हो चुका हो। [सं-पु.] छुटकारा, मृत्यु।

ख़लासी (अ.) [सं-पु.] जहाज़ों, रेलों और बसों आदि में काम करने वाला श्रमिक। [सं-स्त्री.] मुक्ति; छुटकारा।

खलिन (सं.) [सं-पु.] 1. घोड़े की लगाम 2. लगाम का काँटा।

खलियान [सं-पु.] खलिहान।

खलियाना [क्रि-स.] मृत पशुओं या जानवरों आदि की खाल को धारदार औज़ार की सहायता से उधेड़ना या उतारना।

ख़लिश (फ़ा.) [सं-स्त्री.] 1. कसक; टीस 2. चुभने का भाव; चुभन 3. चिंता; फ़िक्र; उलझन।

खलिहान [सं-पु.] 1. वह जगह जहाँ किसान अपनी फ़सल काटकर रखता है और मड़ाई आदि करता है 2. अव्यवस्थित रूप से रखी गई फ़सल का ढेर।

खली (सं.) [सं-स्त्री.] तेल निकल जाने पर तिलहन की बची हुई सीठी जो जानवरों को खिलाई जाती है।

ख़लीज (अ.) [सं-स्त्री.] समुद्र का वह टुकड़ा जो तीन ओर से स्थल से घिरा हो; खाड़ी।

खलीता [सं-पु.] 1. थैली 2. जेब।

ख़लीफ़ा (अ.) [सं-पु.] 1. इस्लाम के प्रवर्तक के उत्तराधिकारी का पद 2. शासक; राजा 3. मुसलिम राष्ट्र में एक सर्वोच्च पद जिसपर मुहम्मद साहब का उत्तराधिकारी नियुक्त होता था और संसार भर के मुसलमानों का नेता माना जाता था 4. दक्ष व्यक्ति; विशेषज्ञ 5. प्रधान अधिकारी; अध्यक्ष 6. {ला-अ.} बहुत बड़ा चालाक और धूर्त व्यक्ति।

खलूरिका (सं.) [सं-स्त्री.] 1. वह स्थान जहाँ सैनिक-शिक्षा दी जाती है 2. सैनिकों के व्यायाम करने की जगह।

खलूरी (सं.) [सं-स्त्री.] खलूरिका; अखाड़ा; व्यायामशाला।

खलेल [सं-पु.] तेल में रह जाने वाला खली का वह अंश जो छानने या निथारने पर निकलता है; खल।

ख़ल्क़ (अ.) [सं-पु.] 1. संसार; जगत; दुनिया 2. सृष्टि के प्राणी या जीवधारी 3. जन समूह; भीड़।

खल्या (सं.) [सं-स्त्री.] खलियानों का समूह।

खल्ल (सं.) [सं-पु.] 1. खाल; चमड़ा 2. गडढ़ा 3. चमड़े की बनी हुई मशक 4. चातक पक्षी 5. जलप्रणाली 6. नहर।

खल्लड़ (सं.) [सं-पु.] 1. मरे हुए पशु की उतारी हुई खाल 2. चमड़े का थैला 3. मसाले अथवा औषधि कूटने का खरल।

खल्लिका (सं.) [सं-स्त्री.] कड़ाही।

खल्लीट (सं.) [सं-पु.] एक प्रकार का रोग जिसमें सिर के बाल झड़ जाते हैं; गंज नाम का रोग; गंजापन। [वि.] गंजा।

खल्वाट (सं.) [वि.] जिसके सिर के बाल झड़ गए हों; गंजा; केशविहीन। [सं-पु.] गंजापन।

खवा (सं.) [सं-पु.] भुजा का मूल; कंधा।

खवाई [सं-स्त्री.] 1. खाने खिलाने की क्रिया या भाव 2. भोजन के निमित्त खिलाने के बाद दिया जाने वाला पारितोषिक (धनादि) 3. नाव का वह गड्ढ़ा जिसमें मस्तूल खड़ा किया जाता है।

ख़वास (अ.) [सं-पु.] 1. ख़ास लोग; चुने हुए लोग, विशिष्ट वर्ग ('अवाम' का विलोम) 2. वह नौकर जो अंगरक्षक का भी काम करता हो 3. राजाओं और रईसों का ख़ास ख़िदमतगार 4. राजस्थानी राजाओं का विशेष सेवक वर्ग और उस वर्ग का कोई व्यक्ति 5. सखा, दोस्त 6. तासीर, गुण।

ख़वासी (अ.) [सं-स्त्री.] 1. ख़वास का पद, काम या भाव 2. नौकरी; चाकरी 3. गाड़ी, बग्घी आदि में ख़वास के बैठने का स्थान 4. सहेली; सखी 5. ब्लाउज़ में बगल की तरफ़ लगने वाला जोड़।

खवैया [सं-पु.] खाने वाला व्यक्ति।

खशी (सं.) [सं-पु.] हलका आसमानी रंग। [वि.] 1. हलका आसमानी 2. पोस्ते के फूल के रंग का।

ख़श्का (फ़ा.) [सं-पु.] बिना किसी चिकनाई के पके हुए चावल; भात; सादा चावल।

खश्म (अ.) [सं-पु.] क्रोध; कोप; रोष; गुस्सा।

खष्य (सं.) [सं-पु.] 1. निष्ठुरता 2. क्रोध 3. हिंसा।

खस (सं.) [सं-पु.] 1. वर्तमान गढ़वाल और उसके उत्तरी प्रदेश का पुराना नाम 2. इस प्रदेश में रहने वाली एक प्राचीन जाति।

ख़स (फ़ा.) [सं-स्त्री.] गाँडर नामक घास की जड़ें जो सुगंधित होती हैं और जिनकी टट्टियाँ बनाई जाती हैं; उशीर।

खसखस (सं.) [सं-स्त्री.] पोस्ते का दाना या बीज; ख़सख़ाश; अफ़ीम के सूखे बीज।

खसखसा [वि.] 1. खसखस के दानों की तरह का; बहुत छोटा, जैसे- खसखसी दाढ़ी 2. दरदराया हुआ; भुरभुरा।

ख़सख़ाना (फ़ा.) [सं-पु.] ख़स की टट्टियों से घिरा हुआ कमरा या घर।

ख़सख़ाश (फ़ा.) [सं-पु.] पोस्ते का पौधा और उसका बीज या दाना; खसखस।

खसना (अ.) [क्रि-स.] 1. काट या तोड़कर अलग करना 2. नष्ट करना।

खसम (सं.) [वि.] 1. शून्य के समान 2. निर्लिप्त 3. आकाश के समान।

ख़सम (अ.) [सं-पु.] 1. पति; शौहर; ख़ाविंद 2. {अ-अ.} मालिक; स्वामी 3. दुश्मन; शत्रु।

ख़समखानी [सं-स्त्री.] {अशि.} एक प्रकार की गाली।

ख़समपीटी (अ.) [सं-स्त्री.] 1. एक प्रकार की गाली जो समाज में अशिष्ट समझी जाती है 2. {शा-अ.} वह स्त्री जिसका पति मर गया हो; विधवा।

खसरा [सं-पु.] 1. एक प्रकार का संक्रामक रोग; छोटी चेचक (मसूरिका) 2. एक तरह की खुजली।

ख़सरा (अ.) [सं-पु.] 1. हिसाब का कच्चा चिट्ठा; खर्रा 2. पटवारी या लेखपाल का वह कागज़ या बही जिसमें खेती संबंधी हिसाब-किताब लिखा जाता हो।

ख़सलत (अ.) [सं-स्त्री.] आदत; गुण; स्वभाव।

खसाना [क्रि-स.] नीचे की ओर ढकेलना, फेंकना या गिराना।

ख़सारा (अ.) [सं-पु.] हानि; नुकसान; घाटा; टोटा।

ख़सासत (अ.) [सं-स्त्री.] 1. ख़सीस होने की अवस्था या भाव; ख़सीसपन 2. कृपणता; कंजूसी 3. नीचता; क्षुद्रता; अधमता।

खसिया[1] [सं-पु.] असम की एक पहाड़ी और उसके आसपास का क्षेत्र।

खसिया[2] (अ.) [वि.] 1. (पशु) जिसके अंडकोश निकाल लिए गए हों, बधिया 2. खस्सी (बकरा) 3. नपुंसक; हिजड़ा।

खसियाना [क्रि-स.] खसी करना।

ख़सी (अ.) [सं-पु.] दे. ख़स्सी।

ख़सीस (अ.) [वि.] कंजूस; सूम; कृपण।

खसोट [सं-स्त्री.] 1. लूटने या छीनने की क्रिया या भाव 2. उखाड़ने, नोचने या खसोटने की क्रिया या भाव।

खसोटना [क्रि-स.] 1. झटके से या बलपूर्वक उखाड़ना 2. छीन लेना; नोच लेना।

खसोटा [सं-पु.] 1. नोच-खसोट करने वाला व्यक्ति 2. कुश्ती का पेंच 3. लुटेरा।

खसोटी [सं-स्त्री.] खसोट।

ख़स्तगी (फ़ा.) [सं-स्त्री.] खस्तापन; कुरकुरापन; भुरभुरापन।

ख़स्ता (फ़ा.) [सं-पु.] मोयनदार, कुरकुरा कचौरी जैसा खाद्य पदार्थ। [वि.] 1. टूटा हुआ, भग्न; टूटा-फूटा; जीर्ण-शीर्ण 2. थोड़े से दबाव से टूट जाने वाला; भुरभुरा; कुरकुरा 3. जो खाने में कुरकुरा और मुलायम हो 4. घायल 5. उदास; दुखी; खिन्न।

ख़स्ताहाल (फ़ा.) [वि.] 1. अकिंचन; दरिद्र 2. दुर्दशाग्रस्त।

ख़स्ताहाली (फ़ा.) [सं-स्त्री.] दरिद्रता; गरीबी; कंगाली।

खस्वस्तिक (सं.) [सं-पु.] वह कल्पित बिंदु जो सिर के ऊपर आकाश में माना गया है; शीर्षबिंदु; खमध्य।

ख़स्सी (अ.) [सं-पु.] 1. बधिया किया गया पशु; ख़सी 2. हिजड़ा; नपुंसक 3. बकरा। [वि.] बधिया किया हुआ।

खहेला [सं-पु.] सूत का रंगीन बाज़ूबंद।

ख़ाँ (फ़ा.) [सं-पु.] 1. ख़ान 2. एक कुलनाम या सरनेम।

खाँखर [सं-पु.] रेहार; रह वाली मिट्टी; रेहयुक्त; रेहदार।

खाँग (सं.) [सं-पु.] 1. काँटा; कंटक 2. कुछ पक्षियों के पैरों में निकला हुआ काँटा, जैसे- तीतर 3. जंगली सुअर का बाहर की ओर निकलता हुआ बड़ा दाँत 4. कुछ पशुओं के सिर पर का सींग, जैसे- गेंडे की खाँग 5. खुरपका रोग। [सं-स्त्री.] 1. कमी; छीजन 2. गलती; त्रुटि; कसर।

खाँगड़ [वि.] 1. जिसे खाँग रोग हो 2. हथियारबंद; जिसके पास शस्त्र-अस्त्र हो 3. ताकतवर; बलवान।

खाँगड़ा [वि.] खाँगड़।

खाँगन [सं-पु.] नाह में लगा सन का वाशर।

खाँगी [सं-स्त्री.] 1. कमतरी; कमी 2. घाटा।

खाँचा [सं-पु.] 1. बड़ा पिंजरा 2. अरहर या उसके जैसी पतली टहनी या डंठल से बना बड़ा टोकरा; झाबा।

खाँची [सं-स्त्री.] खँचिया; छोटा खाँचा।

खाँटी [वि.] 1. साफ़; सच्चा 2. बिना मिलावट का 3. बिलकुल; पूर्णतया; निरा।

खाँड़ (सं.) [सं-स्त्री.] 1. कोल्हू में बनी लाल रंग की चीनी या बुरादा; राब 2. बिना साफ़ की हुई चीनी; कच्ची चीनी या शक्कर 3. गड्ढा।

खाँड़ा (सं.) [सं-पु.] 1. खड्ग नामक शस्त्र 2. सीधी एवं चौड़ी तलवार।

खाँड़ी [सं-स्त्री.] 1. खुट्टी 2. जुए का सिरा।

खाँप [सं-स्त्री.] 1. टुकड़ा 2. फाँक।

खाँभना [क्रि-स.] 1. लिफ़ाफ़े में बंद करना 2. आटे आदि से घड़े का मुँह बंद करना।

खाँवाँ [सं-पु.] दे. खावाँ।

खाँसगलसुरा [सं-पु.] घोड़े के मुँह का एक रोग।

खाँसना (सं.) [क्रि-अ.] 1. गले में फँसे बलगम को निकालने के लिए फेफड़े से झटके और आवाज़ के साथ हवा का बाहर निकलना 2. खखारना।

खाँसी (सं.) [सं-स्त्री.] 1. खाँसने की क्रिया 2. खाँसने से होने वाला शब्द 3. एक रोग जिसमें मनुष्य एवं पशुओं में बार-बार यह क्रिया होती है।

खांड (सं.) [सं-पु.] 1. अलग या विभक्त होने की क्रिया 2. खाँड़ से बनी चीज़ 3. मिसरी।

खांडव (सं.) [सं-पु.] 1. (महाभारत) एक वन जो वर्तमान में दिल्ली के आसपास का क्षेत्र है जिसे अर्जुन ने जलाकर रहने लायक बनाया था 2. खाँड़ से बनी खाने की चीज़ 3. मिठाई 4. मिसरी।

खांडविक (सं.) [सं-पु.] खाने के मीठे पदार्थ बनाने वाला; हलवाई।

खांडिक (सं.) [सं-पु.] हलवाई।

ख़ाइन (अ.) [वि.] पैसे खा जाने वाला; बेईमान।

खाई (सं.) [सं-स्त्री.] 1. खंदक; सुरंग; खड्ड 2. सुरक्षा की दृष्टि से किले के चारों ओर खोदी जाने वाली नहर 3. युद्ध में खोदा जाने वाला वह गड्ढा जिसमें छुपकर सैनिक बंदूक चलाते हैं। [मु.] **-में ढकेलना** : मुसीबत में डालना।

खाऊ [वि.] 1. बहुत खाने वाला; पेटू 2. घूस लेने वाला; रिश्वतख़ोर 3. अनुचित रूप से दूसरों का धन लेने वाला अथवा हड़पने वाला 4. {ला-अ.} स्वार्थी या लोभी।

ख़ाक (फ़ा.) [सं-स्त्री.] 1. धूल; मिट्टी; राख; सिफ़र 2. तुच्छ वस्तु। [वि.] 1. तुच्छ; छोटा 2. दीन; विनीत 3. नष्ट। [अव्य.] कुछ नहीं। [मु.] **-छानना** : मारा-मारा फिरना; गलियों में भटकना। **-में मिलना** : सब कुछ ख़त्म होना; बरबाद होना। **-उड़ाना** : आवारागर्दी करना। **-डालना** : भूल जाना; (ऐब पर) पर्दा डालना या छिपाना।

ख़ाकअंदाज़ (अ.) [सं-पु.] 1. किले की दीवार का वह छेद जिसमें से दुश्मन पर गोली दागी जाती है 2. चूल्हे से राख निकालने के लिए प्रयोग में लाया जाने वाला बरतन।

ख़ाकदान (अ.) [सं-पु.] कूड़ा, धूल-मिट्टी आदि फेंकने की जगह।

ख़ाकशी (फ़ा.) [सं-स्त्री.] खाकसीर।

ख़ाकसार (फ़ा.) [वि.] बहुत अधिक विनीत या दीन; तुच्छ;

नाचीज़ (प्रायः नम्रता दिखलाने के उद्देश्य से अपने लिए प्रयुक्त शब्द)।

ख़ाकसारी (फ़ा.) [सं-स्त्री.] 1. बहुत अधिक विनम्रता 2. गरीबी; दीनता।

खाकसीर [सं-स्त्री.] खूबकला नामक वनस्पति का दाना अथवा बीज जो दवा के काम आता है।

ख़ाका (फ़ा.) [सं-पु.] 1. किसी चित्र या योजना का प्रारूप; ढाँचा; नमूना 2. नक्शा; मानचित्र 3. चिट्ठा; तख़मीन; मसौदा; आलेख 4. कच्चा चिट्ठा; (ड्राफ़्ट) 5. परिकल्पना 6. शब्दचित्र।

ख़ाक़ान (तु.) [सं-पु.] 1. सम्राट; राजा 2. चीन के पुराने सम्राटों की उपाधि।

ख़ाकी (फ़ा.) [सं-पु.] 1. मटियाला या धूसर रंग 2. मिट्टी जैसे रंग का कपड़ा 3. सेना तथा पुलिस की वर्दी जो भूरे या मटियाले रंग की होती है 4. बिना सींचा हुआ खेत। [वि.] 1. मिट्टी से संबंध रखने वाला; मिट्टी का 2. मिट्टी का बना हुआ 3. मिट्टी के रंग का; मटमैला; भूरा।

खाखरा [सं-पु.] 1. सूखी और कड़ी रोटी 2. आटे को मोयन देकर घी में पकाया हुआ एक प्रकार का सूखा और कड़ा खाद्य पदार्थ 3. एक प्रकार का बाजा।

खाज [सं-स्त्री.] 1. त्वचा में खुजली होने का रोग; ख़ारिश 2. {ला-अ.} कष्ट। [मु.] **-कोढ़ में खाज** : एक कष्ट में आकर मिलने वाला दूसरा बड़ा कष्ट।

खाजा (सं.) [सं-पु.] 1. मैदे से बनी एक प्रकार की प्रसिद्ध मिठाई 2. एक जंगली वृक्ष और उसका फूल 3. पक्षियों का खाद्य पदार्थ।

खाजिक (सं.) [सं-पु.] 1. भूना हुआ धान 2. अन्न का लावा।

खाजी [सं-पु.] सींका; सिकहर। [सं-स्त्री.] खाद्य पदार्थ।

खाट (सं.) [सं-स्त्री.] खटिया; चारपाई।

खाटिन [सं-पु.] एक प्रकार का धान जो अगहन में तैयार होता है।

खाटी (सं.) [सं-स्त्री.] शव ले जाने का लकड़ी का बनाया गया चौकोर ढाँचा; अरथी।

खाड़व (सं.) [वि.] (संगीत) छह स्वरों वाला राग; षाड़व।

खाड़ी (सं.) [सं-स्त्री.] 1. समुद्र का वह भाग जो तीन ओर से ज़मीन से घिरा हुआ हो; उपसागर 2. गड्ढ़ा; खड्ड; गर्त।

खाढ़ी [सं-पु.] वृक्ष पर स्थित कोटर; खोढ़ा।

खात (सं.) [सं-पु.] 1. खोदने का काम; खुदाई 2. खोदी हुई ज़मीन; गड्ढा; खत्ती 3. तालाब 4. कुआँ 5. खाई 6. वह गड्डा जिसमें कूड़ा-करकट भरकर खाद तैयार की जाती है।

खातक (सं.) [वि.] खोदने वाला। [सं-पु.] 1. खाई 2. छोटा तालाब 3. ऋणी; कर्ज़दार।

ख़ातम (अ.) [सं-पु.] 1. अँगूठी 2. मुहर।

ख़ातमा (अ.) [सं-पु.] 1. समाप्त होने की अवस्था या भाव 2. अंत; नाश; मृत्यु 3. सफ़ाया; हत्या।

खाता [सं-पु.] 1. किसी कार्य, विभाग आदि के आय-व्यय तथा लेन-देन का लेखा-जोखा 2. हिसाब-किताब लिखने की बही 3. लेखा शीर्षक 4. मद; विभाग। [सं-स्त्री.] अनाज भरकर रखने का गड्ढा।

ख़ातिम (अ.) [वि.] 1. ख़तम या समाप्त करने वाला 2. सबसे पीछे या बाद का।

ख़ातिमा (अ.) [सं-पु.] 1. अंत; समाप्ति 2. मृत्यु; मरण 3. नतीजा; परिणाम; फल 4. पुस्तक का अंतिम अध्याय 4. सफ़ाया।

ख़ातिर (अ.) [सं-स्त्री.] 1. सत्कार; आव-भगत; सम्मान 2. आदर; लिहाज़; ध्यान 3. इच्छा; मरज़ी। [अव्य.] लिए; वास्ते; कारण।

ख़ातिरजमा (अ.) [सं-स्त्री.] संतोष; तसल्ली; इतमीनान।

ख़ातिरदार (अ.+फ़ा.) [सं-पु.] आवभगत या आदर-सत्कार करने वाला व्यक्ति।

ख़ातिरदारी (अ.+फ़ा.) [सं-स्त्री.] ख़ातिर करने की क्रिया या भाव; आदर-सत्कार; आवभगत।

ख़ातिरन (अ.) [अव्य.] 1. वास्ते 2. प्रसन्नता के लिए।

खातिरी [सं-स्त्री.] वह फ़सल जो नदी के किनारे खाद के सहारे या हाथ से पानी सींच-सींचकर पैदा की जाए।

ख़ातिरी (फ़ा.) [सं-स्त्री.] 1. सम्मान; आदर; आवभगत 2. संतोष; तसल्ली; इतमीनान।

खाती (सं.) [सं-स्त्री.] 1. खोदी हुई भूमि; खत्ती; गड्ढा 2. छोटा तालाब। [सं-पु.] 1. ज़मीन खोदने का काम करने वाले मज़दूर 3. एक जाति जो प्रायः ज़मीन खोदने का काम करती है; खतिया जाति 2. बढ़ई।

ख़ातून (तु.) [सं-स्त्री.] 1. शिष्ट या विवाहित स्त्री के लिए प्रयोग में लाया जाने वाला संबोधन 2. बीबी; श्रीमती 3. कुलीन महिला।

खातेदार (हिं.+फ़ा.) [सं-पु.] 1. वह किसान जिसकी ज़मीन पटवारी के खाते में दर्ज हो 2. जिसके नाम से हिसाब-किताब हो।

ख़ात्मा (फ़ा.) [सं-पु.] दे. ख़ातमा।

खात्र (सं.) [सं-पु.] 1. फावड़ा 2. सूत 3. जंगल 4. तालाब 5. डर।

खाद[1] (सं.) [सं-स्त्री.] 1. ज़मीन का उपजाऊपन बढ़ाने के लिए गोबर, पेड़-पौधे आदि को सड़ा-गलाकर तैयार किया गया जैविक उर्वरक 2. रासायनिक खाद; उर्वरक।

खाद[2] (सं.) [सं-पु.] खाना, भक्षण।

खादक (सं.) [वि.] 1. खाने वाला; भक्षक 2. ऋणी; कर्ज़दार।

खादन (सं.) [सं-पु.] 1. खाने की क्रिया; भक्षण 2. भोजन।

खादर [सं-पु.] 1. नदी के पास की निचली ज़मीन जहाँ वर्षा का पानी जमा हो 2. नदी के पास की वह जगह जहाँ वर्षा होने पर बाढ़ आती हो; कछार; तराई 3. तंग घाटी।

खादित (सं.) [वि.] भक्षित; खाया हुआ।

ख़ादिम (अ.) [सं-पु.] 1. वह जो ख़िदमत या सेवा करता हो; नौकर; सेवक 2. मुसलमानों में दरगाह का अधिकारी या रक्षक।

ख़ादिमा (अ.) [सं-स्त्री.] ख़िदमत करने वाली; नौकरानी; मज़दूरनी; सेविका; दासी।

खादिर (सं.) [सं-पु.] कत्था; खैर। [वि.] खादिर से बनने वाला।

खादी [सं-स्त्री.] 1. हाथ का बुना मोटा कपड़ा; खद्दर 2. करघे पर बुना हुआ कपड़ा।

खादुक (सं.) [वि.] 1. कष्ट देने वाला 2. हानिकारक 3. हिंसक 4. बुराई करने वाला।

खाद्य (सं.) [सं-पु.] खाने की वस्तु; भोजन। [वि.] खाने योग्य; भोज्य; भक्ष्य।

खाद्यान्न (सं.) [सं-पु.] खाने में प्रयुक्त होने वाले अन्न, जैसे- गेहूँ, चावल, चना, मटर आदि।

खाद्योज [सं-पु.] प्राकृतिक खाद्य पदार्थों में पाए जाने वाले सूक्ष्म तत्व; जीवन-तत्व; पोषक तत्व; (विटामिन)।

खाधु (सं.) [सं-पु.] भक्षक; खाने वाला।

खान (सं.) [सं-स्त्री.] 1. ज़मीन के अंदर खोदा गया गहरा गड्ढा जहाँ से धातु, कोयला आदि निकाले जाते हैं; खदान; (माइन) 2. ख़ज़ाना; भंडार।

ख़ान (तु.) [सं-पु.] 1. तुर्की के पुराने राजाओं या सरदारों की उपाधि; स्वामी; सरदार; मालिक 2. कई गाँवों का मुखिया 3. रईस; अमीर 4. पठानों में एक कुलनाम या सरनेम।

खान-पान (सं.) [सं-पु.] 1. खाने और पीने की क्रिया या भाव 2. खाने-पीने का ढंग या रीति-रिवाज।

खानक (सं.) [सं-पु.] वह मज़दूर जो ज़मीन या खान खोदता है।

ख़ानक़ाह (अ.) [सं-स्त्री.] 1. मुसलमान फ़क़ीरों, धर्म-प्रचारकों के ठहरने या रहने का स्थान 2. दरगाह; मठ।

ख़ानख़ानान (तु.) [सं-पु.] 1. सेना का प्रधान 2. सरदारों का सरदार।

ख़ानगी (फ़ा.) [वि.] 1. आपस का; निजी 2. घरेलू। [सं-स्त्री.] वेश्या; कसबी।

ख़ानदान (फ़ा.) [सं-पु.] वंश; कुल; घराना; कुटुंब।

ख़ानदानी (फ़ा.) [वि.] पुश्तैनी; पैतृक; अच्छे कुल या वंश का।

खानदेश [सं-पु.] महाराष्ट्र के दक्षिण पठार के उत्तरी-पश्चिमी कोने पर स्थित प्रसिद्ध ऐतिहासिक क्षेत्र; 18वीं शताब्दी में महत्वपूर्ण ऐतिहासिक घटनाओं के लिए प्रसिद्ध।

ख़ानबहादुर (तु.+सं.) [सं-पु.] भारत में ब्रिटिश सरकार की एक उपाधि जो मुसलमानों या पारसियों को दी जाती थी।

ख़ानम (तु.) [सं-स्त्री.] 1. बेगम, बीवी 2. कुलीन या प्रतिष्ठित स्त्री 3. ख़ान की पत्नी।

ख़ानसामाँ (फ़ा.) [सं-पु.] 1. राजा या नवाबों के महल में रसोई का काम करने वाला; खाना बनाने वाला; बावर्ची; रसोइया 2. भंडारी।

खाना (सं.) [सं-पु.] खाद्य-पदार्थ; आहार; भोजन। [क्रि-स.] 1. आहार को दाँत से चबाकर निगलना 2. भक्षण करना; भोजन करना 3. ख़र्च करना 4. नष्ट करना 5. खोखला करना; कमज़ोर करना 6. विषैले जंतुओं का डँसना या काटना 7. तंग या परेशान करना 8. हड़पना 9. {ला-अ.} किसी से घूस या रिश्वत लेना। [मु.] **-कमाना :** काम-धंधा करके जीविकोपार्जन करना। **-न पचना :** चैन न पड़ना; बेचैन रहना।

ख़ाना (फ़ा.) [सं-पु.] 1. मकान; घर; भवन 2. छोटा बक्सा या डिब्बा 3. दीवार, मेज़, अलमारी आदि का वह भाग जहाँ वस्तुएँ रखी जाती हैं; दराज़ 4. स्थान; जगह; वर्गीकृत स्थान 5. रेलगाड़ी का डिब्बा।

ख़ाना आबाद (फ़ा.) [सं-पु.] एक दुआ जिसका अर्थ है घर में ख़ुशहाली रहे; घर बसा रहे।

ख़ाना आबादी (फ़ा.) [सं-स्त्री.] 1. घर की तरक्की या समृद्धि 2. विवाह; घर बसना।

ख़ाना तलाशी (फ़ा.) [सं-स्त्री.] चुराकर या छिपाकर रखी हुई किसी चीज़ के लिए किसी के घर की तलाशी; घर-तलाशी।

ख़ानाजंगी (फ़ा.) [सं-स्त्री.] 1. पारिवारिक कलह 2. आपसी रंजिश; लड़ाई; गृहयुद्ध।

ख़ानाज़ाद (फ़ा.) [वि.] 1. दास या दासी का पुत्र 2. जो बाल्यावस्था से घर में रखकर पाला-पोसा गया हो।

ख़ानादामाद (फ़ा.) [सं-पु.] ससुराल में पत्नी के घर जाकर रहने वाला व्यक्ति; ससुर के घर रहने वाला दामाद; घरजमाई।

ख़ानादार (फ़ा.) [वि.] बाल-बच्चोंवाला; गृहस्थ।

ख़ानानशीन (फ़ा.) [वि.] जिसे कामधाम न हो; बेकार; घर में ही पड़ा रहने वाला; निठल्ला; कामचोर; अकर्मण्य।

ख़ानापूरी (फ़ा.) [सं-स्त्री.] 1. किसी सारणी या हिसाब के ख़ानों को भरना; ख़ानों या कोष्ठों को भरना 2. {ला-अ.} औपचारिक कार्रवाई; केवल दिखावे के लिए किया गया कार्य।

ख़ानाबदोश (फ़ा.) [सं-पु.] गृहस्थी का सामान साथ में लेकर आजीविका के लिए भ्रमण करते रहने वाला समुदाय, जैसे- घुमंतू नट, मिरासी, बंजारा आदि। [वि.] जो एक जगह टिककर न रहे या न रहने पाए; जिसके रहने का कोई ठिकाना न हो और इधर-उधर घूमता हो; यायावर।

ख़ानाबदोशी (फ़ा.) [सं-स्त्री.] आदिम युग में यहाँ-वहाँ घूमकर जीवन बिताने की स्थिति; यायावरी।

ख़ानाबरबाद (फ़ा.) [वि.] पारिवारिक प्रतिष्ठा को ठेस लगाने वाला; घर उजाड़ने वाला; उड़ाऊ।

ख़ानासाज़ (फ़ा.) [वि.] घर का बना हुआ; गृह निर्मित। [सं-पु.] खाना बनाने वाला व्यक्ति।

खानिक (सं.) [सं-पु.] 1. दरार; छेद 2. सेंध। [वि.] खान से निकलने वाला; खनिज।

खानिल (सं.) [सं-पु.] सेंध लगाकर चोरी करने वाला व्यक्ति।

खानोदक (सं.) [सं-पु.] नारियल का वृक्ष।

खाप [सं-स्त्री.] 1. जातीय पंचायत का वह रूप जो प्राचीन परंपराओं, मान्यताओं और रूढ़ियों का पक्षधर तथा प्रगतिशीलता विरोधी होता है 2. प्राचीन काल से प्रचलित सामाजिक प्रशासन की एक सामंती पद्धति जो भारत के उत्तर-पश्चिमी प्रदेशों, जैसे- राजस्थान, हरियाणा, पंजाब और उत्तर प्रदेश में प्रचलित है।

खापगा (सं.) [सं-स्त्री.] आकाशगंगा; खगंगा; मंदाकिनी; दुग्ध-मेखला।

खापट [सं-स्त्री.] ऐसी ज़मीन जिसमें लोहे का अंश ज़्यादा हो।

खाभा [सं-पु.] कोल्हू के नीचे के बरतन में से तेल निकालने का मिट्टी का छोटा पात्र।

खाम [सं-पु.] 1. स्तंभ; खंभा 2. चिट्ठी रखने का लिफ़ाफ़ा 3. संधि; जोड़ 4. जोड़ पर लगाया जाने वाला टाँका। [वि.] कम होने वाला।

ख़ाम (फ़ा.) [वि.] 1. कच्चा; जो पकाया न गया हो; जो परिपक्व न हुआ हो 2. जिसे अनुभव न हो; अनुभवहीन; अप्रौढ़ 3. जो दृढ़ या पुष्ट न हो; निराधार 4. बुरा; ख़राब 5. अनुचित; असंगत; अयुक्त 6. पक्के से कम; छोटा (बाट या तौल)।

ख़ामख़याल (फ़ा.+अ.) [सं-पु.] 1. व्यर्थ के विचार; गलत विचार 2. अनुचित अवधारणा। [वि.] 1. गलत सोचने वाला 2. नासमझ; बेवकूफ़।

ख़ामख़याली (फ़ा.+अ.) [सं-स्त्री.] झूठी या फ़र्ज़ी सोच; व्यर्थ मान्यता; अनुचित या व्यर्थ के विचार।

ख़ामख़ाह (फ़ा.) [क्रि.वि.] 1. बिना आवश्यकता के; व्यर्थ ही 2. बिना इच्छा के; बिना कारण।

ख़ामख़्वाह (फ़ा.) [क्रि.वि.] दे. ख़ामख़ाह।

खामना (सं.) [क्रि-स.] 1. आटे आदि से घड़े आदि का मुँह बंद करना 2. गोंद लगाकर लिफ़ाफ़ा बंद करना।

ख़ामा (फ़ा.) [सं-पु.] जिससे लिखा जाता हो; लेखनी; कलम।

ख़ामियाज़ा (फ़ा.) [सं-पु.] 1. किसी अपराध या गलती के लिए मिलने वाली सज़ा; दंड 2. किसी कार्य के फलस्वरूप होने वाली हानि 3. प्राचीन काल में अपराधी के अंगों को शिकंजे में कसकर दी जाने वाली सज़ा 4. किसी भूल-चूक का परिणाम; क्षति 5. बदला; प्रतिफल; नतीजा 6. कष्ट।

ख़ामी (फ़ा.) [सं-स्त्री.] 1. कमी; दोष; ख़राबी 2. कच्चे होने का भाव; कच्चापन; अपरिपक्वता 3. कमज़ोरी 4. अनुभव, ज्ञान आदि की अपूर्णता; अनुभवहीनता; नादानी।

ख़ामोश (फ़ा.) [वि.] जो कुछ बोल न रहा हो; मौन; चुप; शांत।

ख़ामोशी (फ़ा.) [सं-स्त्री.] 1. मौन; चुप्पी; शांति 2. {ला-अ.} किसी घटना या भ्रष्टाचार के बाद जनता में व्याप्त भय और उदासीनता।

खार (सं.) [सं-पु.] 1. वनस्पतियों आदि से रासायनिक क्रिया द्वारा निकाला जाने वाला खारा पदार्थ; क्षार; अच्छी मिट्टी 2. धूल 3. भस्म; राख।

ख़ार (फ़ा.) [सं-पु.] 1. काँटा; फाँस 2. कुछ पक्षियों के पैरों में निकलने वाला काँटा; खाँग 3. जलन; द्वेष 4. गहरा मनोमालिन्य; मन में दबा हुआ रोष; द्वेष। [मु.] **-खाना** : किसी के प्रति मन में द्वेष भाव रखना।

ख़ारदार (अ.) [वि.] काँटेदार; कँटीला।

खारना [क्रि-स.] किसी चीज़ को क्षार आदि के घोल में डालकर सुंदर और स्वच्छ बनाना; निखारना।

खारवा [सं-पु.] खलासी; मल्लाह; जहाजी।

खारा (सं.) [वि.] 1. अधिक नमक वाला; जिसमें क्षार या खार का अंश हो; क्षारयुक्त; नमकीन 2. {ला-अ.} अप्रिय या अरुचिकर।

ख़ारा (फ़ा.) [सं-पु.] 1. कड़ा या भारी पत्थर; चट्टान 2. एक प्रकार का रेशमी कपड़ा।

खारि (सं.) [सं-स्त्री.] सोलह द्रोण की एक पुरानी तौल।

ख़ारिक (फ़ा.) [सं-पु.] 1. छुहारा; खजूर 2. फ़ारस की खाड़ी का एक टापू।

ख़ारिज (अ.) [वि.] 1. बहिष्कृत; बाहर किया हुआ; निकाला हुआ 2. हटा दिया गया 3. अस्वीकृत किया गया; रद्द 4. भिन्न; पृथक; अलग 5. (अभियोग) जिसकी सुनवाई न हो।

ख़ारिजा (अ.) [वि.] 1. ख़ारिज किया या बाहर निकाला हुआ 2. परराष्ट्र संबंधी 3. बाह्य।

ख़ारिजी (अ.) [वि.] 1. बाहरी; बाह्य 2. परराष्ट्र संबंधी; विदेशी। [सं-पु.] मुसलमानों का एक संप्रदाय जो अली की खिलाफ़त करने वाले अनुयायियों को बहिष्कृत समझ लेते हैं।

ख़ारिश (फ़ा.) [सं-स्त्री.] 1. एक रोग जिसमें शरीर पर छोटे-छोटे दाने निकल जाते हैं और खुजलाहट होती है; खाज 2. खुजली की बीमारी।

ख़ारिश्त (फ़ा.) [सं-स्त्री.] खारिश।

ख़ारिश्ती (फ़ा.) [वि.] जिसे खुजली रोग हो; खारिश से पीड़ित।

ख़ारिस्तान (फ़ा.) [सं-पु.] 1. काँटों का जंगल; काँटों से भरी झाड़ी; ख़ारज़ार 2. कँटीली जगह।

खारी (सं.) [सं-स्त्री.] एक प्रकार का क्षार या नमक। [वि.] खारा।

खारुआ (सं.) [सं-पु.] 1. एक तरह का गहरा लाल रंग 2. एक प्रकार का मोटा लाल कपड़ा जिसकी थैलियाँ बनती हैं।

खारेजा [सं-पु.] 1. जंगली कुसुम 2. बर्रे।

खार्कार (सं.) [सं-पु.] गधे का रेंकना।

खार्जूर (सं.) [सं-पु.] खजूर से निकाली गई दारू या शराब। [वि.] खजूर से संबंधित।

खार्वा (सं.) [सं-स्त्री.] (पुराण) त्रेता युग।

खाल (सं.) [सं-स्त्री.] 1. त्वचा; चमड़ा; चाम 2. मृत देह की चमड़ी 3. छिलका 4. चरसा; मोट 5. धौंकनी; भाथी 6. आवरण। [मु.] **-उधेड़ना** : कड़ा दंड देना; बहुत अधिक मारना-पीटना; अधमरा करना। **-खींचना** : बहुत मारना-पीटना।

ख़ालसा (अ.) [सं-पु.] 1. वह ज़मीन जिसपर राज्य का अधिकार हो 2. बिना मिलावट का; शुद्ध 3. जिसपर किसी एक का ही अधिकार हो 4. सिक्खों का एक संप्रदाय।

खाला [सं-स्त्री.] नीची जगह। [वि.] नीचा।

ख़ाला (फ़ा.) [सं-स्त्री.] माँ की बहन; मौसी।

खालिक (सं.) [सं-पु.] खेत-खलिहान जैसा; जहाँ फ़सल काट कर रखी जाती है।

ख़ालिक़ (अ.) [वि.] 1. सृष्टि की रचना करने वाला; सृष्टिकर्ता; ईश्वर 2. उत्पत्ति करने वाला; बनाने वाला।

ख़ालिस (अ.) [वि.] 1. जिसमें कोई दूसरी चीज़ न मिलाई गई हो; मिलावट रहित; पूरी तरह शुद्ध; विशुद्ध 2. जिसमें किसी प्रकार का दोष न हो 3. खरा; सच्चा।

ख़ालिसाना [अव्य.] 1. बिना किसी स्वार्थ के; निःस्वार्थ 2. नेकनीयती से।

ख़ाली (अ.) [वि.] 1. जिसके अंदर कोई चीज़ न हो; जिसमें

अंदर की जगह रिक्त हो; रीता 2. जिसमें कुछ भरा न हो 3. जिसपर कुछ स्थित न हो 4. जिसमें आवश्यक पदार्थ न हो 5. विहीन; रहित 6. जो इस समय उपयोग में न आ रहा हो 7. जो निष्फल या व्यर्थ सिद्ध हुआ हो।

ख़ालू (अ.) [सं-पु.] ख़ाला अर्थात मौसी का पति; मौसा।

खाव (सं.) [सं-स्त्री.] खाली जगह; अवकाश 2. जहाज में माल रखने का स्थान।

खावाँ [सं-पु.] 1. गहरी खाई जो कम चौड़ी हो 2. खेत के चारों तरफ़ खोदा हुआ गड्ढा या मेड़।

ख़ाविंद (फ़ा.) [सं-पु.] 1. पति; ख़सम; शौहर 2. स्वामी; मालिक।

ख़ाविंदी [सं-स्त्री.] 1. पति होने की अवस्था; पतित्व 2. ईश्वर की ओर से होने वाली कृपा 3. अनुग्रह।

ख़ाशाक (फ़ा.) [सं-पु.] 1. कचरा; कूड़ा-करकट 2. निरुपयोगी वस्तु।

ख़ास (अ.) [वि.] 1. किसी विशिष्ट वस्तु या व्यक्ति से संबंध रखने वाला; विशेष 2. जो साधारण या आम न हो 3. महत्वपूर्ण; 'आम' का विलोम 4. किसी के पक्ष में होने वाला; निज का; आत्मीय 5. विशेष; विशिष्ट; जो नितांत अभिन्न एवं विश्वसनीय हो 6. ठेठ; विशुद्ध 7. मुख्य; प्रधान।

ख़ासकर [क्रि.वि.] विशेष रूप से; विशेषतः; ख़ासतौर से।

ख़ासकलम (अ.) [सं-पु.] वह लेखक या सहायक जिसे लोग अपने निजी कामों के लिए रखते हैं; ख़ासनवीस; निजी मुंशी; (प्राइवेट सेक्रेटरी)।

ख़ासगी (अ.) [सं-स्त्री.] 1. विशेषता; ख़ासियत 2. स्वभाव; प्रकृति 3. रखैल के रूप में रहने वाली नौकरानी। [वि.] 1. राजा या मालिक आदि का 2. निजी; निज का।

ख़ासदान (फ़ा.) [सं-पु.] पान, कत्था आदि रखने का डिब्बा; पानदान।

खासन [सं-पु.] एक वृक्ष जिसके बीज और पत्ते औषधि के रूप में काम में आते हैं।

ख़ासनवीस (अ.) [सं-पु.] वह लेखक या सहायक जिसे लोग अपने निजी कामों के लिए रखते हैं; ख़ासक़लम; निजी मुंशी; (प्राइवेट सेक्रेटरी)।

ख़ासा [वि.] 1. अच्छा; भला; बढ़िया 2. भरपूर; काफ़ी; ख़ूब। [सं-पु.] 1. राजा या किसी विशिष्ट अमीर व्यक्ति के लिए बनने वाला भोजन या खाना 2. राजा की सवारी का साधन (घोड़ा या हाथी)।

ख़ासियत (अ.) [सं-स्त्री.] 1. विशेषता; अच्छाई; ख़ूबी 2. किसी तरह का हुनर या विशेषज्ञ 3. किसी वस्तु या व्यक्ति में होने वाला कोई विशिष्ट गुण; विशेषज्ञता 4. प्रकृति; स्वभाव 5. प्रभाव; असर।

खासिया (सं.) [सं-पु.] 1. असम के जंगलों में रहने वाली एक जाति जो खस भी कहलाती है 2. असम प्रांत की एक पहाड़ी।

खासियाना [सं-पु.] एक प्रकार की मँजीठ।

ख़ास्तई (फ़ा.) [सं-पु.] 1. कबूतर का रंग 2. ख़ास्तई रंग का कबूतर।

ख़ास्सा (अ.) [सं-पु.] 1. किसी व्यक्ति या वस्तु में होने वाला कोई विशेष गुण 2. स्वभाव; आदत।

ख़्वाहमख़्वाह (फ़ा.) [अव्य.] 1. बेवज़ह, अकारण 2. बिना आवश्यकता के; चाहे आवश्यकता या इच्छा हो या न हो; बिना इच्छा के; प्रायः व्यर्थ।

खिंकिर (सं.) [सं-पु.] लोमड़ी।

खिंखिर (सं.) [सं-पु.] 1. एक तरह का गंधपूर्ण पदार्थ 2. चारपाई का पाया।

ख़िंग (फ़ा.) [सं-पु.] 1. नुकरा 2. बिल्कुल सफ़ेद रंग का घोड़ा।

खिंगरी [सं-स्त्री.] मैदे आदि का बना हुआ पूरी की तरह का एक सूखा पकवान; मठरी।

खिंचना [क्रि-अ.] 1. किसी वस्तु या व्यक्ति का बलपूर्वक एक स्थान से दूसरे स्थान पर जाना; घसीटना 2. किसी स्थान या वस्तु आदि में से किसी चीज़ का बाहर निकलना 3. किसी वस्तु के एक या दोनों छोरों का एक या दोनों ओर बढ़ना; तनना 4. किसी एक व्यक्ति का किसी दूसरे व्यक्ति के पास उसकी शक्ति, सुंदरता, प्रेरणा आदि के द्वारा चले आना या उसे पसंद करने लगना; आकर्षित होना; प्रवृत्त होना 5. सोखा जाना; खपना; चुसना 6. चित्रित होना 7. भभके आदि से अर्क या शराब आदि तैयार होना।

खिंचवाना [क्रि-स.] 1. खींचने में प्रवृत्त करना; किसी से खींचने का काम करवाना 2. तनवाना; कसवाना; बँधवाना 3. भभके द्वारा शराब आदि बनाना।

खिंचाई [सं-स्त्री.] 1. खींचने का काम 2. खींचने की मज़दूरी 3. डाँट-डपट।

खिंचाना [क्रि-स.] 1. खींचने में प्रवृत्त करना; खिंचवाना 2. तनवाना; कसवाना; बँधवाना 3. भभके द्वारा शराब आदि बनाना।

खिंचाव [सं-पु.] 1. खींच; तनाव; कसाव 2. सौंदर्य; आकर्षण 3. नाराज़गी; अप्रसन्नता 4. विरक्ति 5. मोच; खिंचावट।

खिंचावट [सं-स्त्री.] 1. खींच; तनाव; कसाव 2. आकर्षण 3. नाराज़गी; अप्रसन्नता 4. विरक्ति 5. खिंचाव; मोच।

खिंडाना (सं.) [क्रि-स.] इधर-उधर फैलाना; बिखेरना; बिखराना; छितराना।

खिंवना [क्रि-अ.] चमकना।

खिकरी [सं-स्त्री.] चोटी पतली पूड़ी।

खिखियाना [क्रि-अ.] 1. 'खी-खी' ध्वनि करना 2. 'खी-खी' ध्वनि करते हुए हँसना।

खिखोरनी [सं-स्त्री.] सूत की गाँठ बराबर करने के लिए लकड़ी की एक कूँची।

खिच-खिच [सं-स्त्री.] 1. गले में होने वाली खराश; खाँसी 2. गला साफ़ करने पर निकलने वाली ध्वनि 3. {ला-अ.} मनमुटाव; अनबन; तकरार।

खिचड़वार [सं-पु.] मकर संक्रांति; चौदह या पंद्रह जनवरी को सूर्य के मकर राशि में प्रवेश करने पर तिल या खिचड़ी दान करने का दिन।

खिचड़ा [सं-पु.] 1. कई दालों और गेहूँ को मिलाकर बनाई

जाने वाली खिचड़ी 2. ऐसा खाद्य पदार्थ जो विशेष रूप से मुहर्रम और लंगर में बाँटा जाता है।

खिचड़ी (सं.) [सं-स्त्री.] 1. दाल और चावल को मिलाकर पकाने पर बनने वाला भोज्य पदार्थ 2. मकर-संक्रांति 3. विवाह की एक रस्म जिसे 'भात' भी कहते हैं 4. बयाना; साई 5. {ला-अ.} दो या अधिक वस्तुओं, रंगों आदि की मिलावट। [वि.] आपस में मिला हुआ; मिश्रित। [मु.] **-ढाई चावल की खिचड़ी अलग पकाना** : सबसे अलग होकर कोई काम करना।

खिचना [क्रि-अ.] दे. खिंचना।

खिजना [क्रि-अ.] खिजलाना; चिड़चिड़ाना।

ख़िज़र (अ.) [सं-पु.] दे. ख़िज़्र।

खिजलाना [क्रि-अ.] चिढ़ना; झुँझलाना। [क्रि-स.] परेशान करना; तंग करना; चिढ़ाना।

ख़िज़ाँ (फ़ा.) [सं-स्त्री.] 1. पतन या ह्रास का समय 2. बुढ़ापा 3. पतझड़ की ऋतु।

ख़िज़ाब (अ.) [सं-पु.] सफ़ेद बालों को काला करने की दवा या रसायन लेप; केशकल्प।

ख़िज़ाबी (अ?.) [वि.] 1. (बाल) जिसपर ख़िज़ाब लगा हो 2. ख़िज़ाब संबंधी। [सं-पु.] ख़िज़ाब लगाने वाला व्यक्ति।

ख़िज़ालत (अ.) [सं-स्त्री.] लाज; लज्जा; शर्मिंदगी।

ख़िज़्र (अ.) [सं-पु.] 1. वनों और जंगलों के स्वामी माने जाने वाले एक पैगंबर जिनके बारे में यह धारणा है कि वे वनों के स्वामी तथा भूले-भटकों के मार्गदर्शक हैं 2. पथ-प्रदर्शक; नेता।

खिझना [क्रि-अ.] खिजलाना; चिड़चिड़ाना; खिजना।

खिझाना [क्रि-स.] 1. गुस्सा दिलाना; चिढ़ाना 2. उत्तेजित या क्रुद्ध करना 3. गुस्सा दिलाने वाली बात करना।

खिझौना [वि.] 1. खिजाने वाला; चिढ़ाने वाला 2. जल्दी खीजने या क्रुद्ध होने वाला।

खिड़काना [क्रि-स.] 1. हटाना; टालना; अलग करना 2. आधे से कम मूल्य में चुपचाप बेच देना।

खिड़की (सं.) [सं-स्त्री.] 1. कमरे या दीवार में बना वह स्थान जिससे स्वच्छ एवं ताज़ी हवा एवं रोशनी आती हो; वातायन; झरोखा; दरीचा 2. नगर, किले या मकान में आने-जाने का चोर दरवाज़ा 3. खिड़की की तरह का खुला स्थान।

खिड़कीदार (सं.+फ़ा.) [वि.] जिसमें खिड़कियाँ बनाई गई हों। [सं-पु.] खिड़की वाला मकान या दीवार।

ख़िताब (अ.) [सं-पु.] 1. उपाधि; पदवी 2. पुरस्कार; इनाम 3. बात-चीत में किसी की ओर मुँह करना; मुख़ातिब होना।

ख़िताबत (अ.) [सं-स्त्री.] 1. संबोधित करना 2. भाषण देना।

ख़िताबी (अ.) [वि.] 1. जिसे कोई उपाधि या पदवी मिली हो 2. ख़िताब संबंधी।

ख़ित्ता (अ.) [सं-पु.] 1. भूभाग; भूखंड 2. देश; प्रदेश 3. प्रांत; इलाका।

ख़िदमत (फ़ा.) [सं-स्त्री.] 1. टहल; सेवा; चाकरी; सुश्रुषा 2. कार्य 3. पद 4. ख़ातिरदारी।

ख़िदमतगार (अ.) [सं-पु.] 1. ख़िदमत करने वाला 2. किसी की व्यक्तिगत सेवा करने वाला सेवक; नौकर; टहलुआ; टहल करने वाला।

ख़िदमतगारी (अ.) [सं-स्त्री.] 1. ख़िदमतगार का काम या पद 2. टहल; सेवा।

ख़िदमतगुज़ार (अ.) [सं-पु.] स्वामिभक्त व्यक्ति; स्वामिनिष्ठ सेवक।

ख़िदमती (अ.) [वि.] 1. अच्छी तरह ख़िदमत करने वाला; ख़िदमतगार 2. जो ख़ूब सेवा-टहल करे; सेवक; नौकर 3. ख़िदमत या सेवा संबंधी 4. जो सेवा या ख़िदमत के बदले प्राप्त हुआ हो, जैसे- ख़िदमती जागीर।

खिदिर (सं.) [सं-पु.] 1. इंद्र 2. चंद्रमा 3. दरिद्र 4. तपस्वी।

खिधोरना [क्रि-स.] खिरखोरनी।

खिनौरी [सं-पु.] पुराना हल।

खिन्न (सं.) [वि.] 1. दुखी 2. उदास; चिंतित 3. क्षुब्ध।

खिन्नता (सं.) [सं-स्त्री.] खिन्न होने का भाव; उदासी; चिंता; विकलता।

खियाना (सं.) [क्रि-अ.] 1. रगड़ से या काम में आते-आते किसी वस्तु का क्षीण होना; घिस जाना 2. कमज़ोर या दुर्बल होना।

खिर [सं-स्त्री.] करघे की ढरकी।

ख़िरका (अ.) [सं-पु.] 1. फ़कीरों के ओढ़ने का कपड़ा; कंथा; गुदड़ी 2. पुराना कपड़ा।

खिरची [सं-स्त्री.] लकड़ी में गोल खाना बनाने के लिए एक औज़ार; गलता।

ख़िरद (फ़ा.) [सं-स्त्री.] 1. बुद्धि; अक़्ल; चतुराई 2. मेधा। [वि.] बुद्धिमान; अक्लमंद।

खिरनी (सं.) [सं-स्त्री.] 1. एक ऊँचा, घना सदाबहार वृक्ष जिसका फल छोटा, पीला तथा मीठा होता है।

ख़िरमन (फ़ा.) [सं-पु.] 1. खलिहान; अंबार; ढेर 2. काटकर रखी या जमा की गई फ़सल।

ख़िरस (फ़ा.) [सं-पु.] भालू; रीछ।

ख़िराज (अ.) [सं-पु.] 1. सरकार द्वारा लिया जाने वाला कर; राजस्व 2. अधीन राज्यों या राजाओं से प्राप्त धनराशि; मालगुजारी।

ख़िराजी भूमि (अ.) [सं-स्त्री.] ऐसी भूमि जो निश्चित और नियत रूप से खिराज देने की व्यवस्था के लिए अधिगृहीत की गई हो।

ख़िराम (फ़ा.) [सं-पु.] 1. आनंदपूर्वक धीरे-धीरे चलना 2. टहलने की क्रिया या भाव 2. मस्त या धीमी चाल 3. गति; चाल।

ख़िरामाँ (फ़ा.) [वि.] मटक-मटककर या नाज़-नखरे के साथ चलने वाला; मस्ती की चाल से धीरे-धीरे चलने वाला।

खिरावर [सं-पु.] जिस खेत में खाद अधिक मिली हो।

खिरौदा [सं-पु.] 1. चावल के आटे की रोटी 2. चावल के आटे की मिठाई।

खिरौरा [सं-पु.] कत्थे को उबालकर या पकाकर तैयार की गई

सुगंधित टिकिया।

खिल (सं.) [सं-पु.] 1. पूरक; परिशिष्ट 2. ऊसर; परती ज़मीन; खाली जगह 3. शेषांश।

खिलंदरा [वि.] खिलवाड़ करने वाला; खिलवाड़ी मानसिकता का; खिलाड़ी।

ख़िलअत (अ.) [सं-स्त्री.] 1. वह वस्त्र जो किसी राजा की ओर से सम्मानपूर्वक दिया जाता है; खिलत।

ख़िलकत (अ.) [सं-स्त्री.] 1. सृष्टि; संसार जगत; 2. भीड़-भाड़; जनसमूह 3. उत्पन्न या सृजन करना 4. प्राकृतिक संघटन।

खिलखिलाना [क्रि-अ.] 1. खिल-खिल ध्वनि करते हुए हँसना 2. खुलकर हँसना; ज़ोर से हँसना; प्रफुल्लित होना।

खिलखिलाहट [सं-स्त्री.] 1. खिलखिलाने की क्रिया या भाव 2. उन्मुक्त हास; ज़ोर की हँसी 3. खिलखिलाने से उत्पन्न होने वाली ध्वनि।

ख़िलजी (अ.) [सं-पु.] 1. भारत-अफ़गानिस्तान की सीमा पर रहने वाली एक पठान जाति 2. हिंदुस्तान का एक पठान राजवंश।

खिलत [सं-स्त्री.] वह वस्त्र जो किसी राजा की ओर से सम्मानपूर्वक दिया जाता है; खलिअत।

खिलती (अ.) [सं-स्त्री.] वह वस्त्रादि, जो राजा द्वारा किसी के सम्मान में उसे सम्मानित करने के लिए दिया जाता है।

खिलना (सं.) [क्रि-अ.] 1. कली का फूल के रूप में विकसित होना 2. भला या सुंदर लगना; फबना 3. भूनने पर चावल का फूल या फट जाना (खील या मुरमुरा बनना) 4. {ला-अ.} किसी सुखद समाचार से प्रसन्न होना।

ख़िलवत (अ.) [सं-स्त्री.] 1. ऐसी जगह जहाँ कोई न हो; जनशून्य; तनहाई; एकांतवास 2. गुप्त मंत्रणा की जगह 3. शयन कक्ष।

खिलवाड़ [सं-पु.] 1. खेलने का भाव; खेल; क्रीड़ा 2. आनंदक्रीड़ा; दिल्लगी; शरारत 3. उदासीन होकर किया जाने वाला काम 4. साधारण या तुच्छ काम 5. मन बहलाने हेतु किया जाने वाला कर्म; मनबहलाव; मनोरंजन 6. साधारण रूप से किया गया कार्य 7. चकल्लस 8. बचकाना व्यवहार 9. {ला-अ.} किसी की भावनाओं का अनादर करना।

खिलवाड़ी [वि.] खिलवाड़ में ही जिसका मन अधिक लगता हो।

खिलवाना [क्रि-स.] 1. किसी को भोजन कराना 2. किसी दूसरे से भोजन परसवाना 3. किसी दूसरे के हाथों से भोजन करवाना।

खिलाई [सं-स्त्री.] 1. खाने या खिलाने का कार्य 2. दाई को बच्चे खिलाने पर दिया जाने वाला पारिश्रमिक 3. कुछ खिलाने का नेग या बख़्शीश।

खिलाड़ी [वि.] 1. खेलने वाला 2. खिलवाड़ करने वाला 3. खेल में निपुण या कुशल 4. दक्ष; करतबी; बाज़ीगर 5. विनोदी। [सं-पु.] 1. खेलने वाला व्यक्ति; (प्लेयर; स्पोर्ट्समैन; एथलीट) 2. तरह-तरह के खेल-तमाशे दिखाने वाला व्यक्ति; करतब आदि दिखाने वाला व्यक्ति; बाज़ीगर 3. खेल प्रदर्शक।

खिलाना [क्रि-स.] 1. भोज्य पदार्थ को ग्रहण कराना; भोजन कराना 2. भोज या दावत देना 3. मैदान में खेल, क्रीड़ा आदि कराना 3. पुष्पित कराना; विकसित कराना 4. ख़ुश करना।

ख़िलाफ़ (अ.) [वि.] 1. जो किसी व्यक्ति, मत या विचार का विरोधी हो 2. जो किसी बात, सिद्धांत या व्यक्ति से तालमेल न बिठाता हो 3. विपरीत; विरुद्ध; उलटा 4. अन्यथा। [अव्य.] तुलना में; मुक़ाबले में; सामने।

ख़िलाफ़त (अ.) [सं-स्त्री.] 1. ख़लीफ़ा का पद या भाव 2. पैगंबर के उत्तराधिकारी का पद 3. विरोध करने की क्रिया या भाव; शिकायत।

ख़िलाफ़ी [सं-स्त्री.] विरोध; मुख़ालफ़त; विद्रोह।

ख़िलाल (अ.) [सं-स्त्री.] 1. खेल आदि में होने वाली पराजय 2. ताश के खेल में पूरी बाज़ी की हार या मात 3. दो वस्तुओं के मध्य का फ़ासला, दूरी या अंतर 4. दाँत खोदने का धातु का टुकड़ा।

खिलौना [सं-पु.] 1. खेलने की वस्तु या साधन 2. मनबहलाव या मनोरंजन की चीज़ 3. रबड़, मिट्टी, लकड़ी आदि से बनी मूर्ति जिससे बच्चे खेलते हैं 4. शिशु-क्रीड़ा एवं शिशु-जन्म के लिए गाए जाने वाले गीत।

ख़िल्त (अ.) [सं-पु.] 1. ऐसी स्थिति जिसमें कई चीज़ें एक-दूसरे में मिली होती हैं; मिलावट 2. यूनानी चिकित्सा पद्धति में चार धातुओं- सफ़रा, सौदा, बलगम तथा खून में से एक 3. बलगम; कफ़ 4. प्रकृति।

खिल्य (सं.) [सं-पु.] 1. खारी नमक 2. रेगिस्तान; मरुस्थल। [वि.] कथित; अंत या परिशिष्ट में वर्णित।

खिल्ली [सं-स्त्री.] 1. उपहास; मज़ाक; दिल्लगी; हँसी 2. हँसने-हँसाने के लिए की जाने वाली हास्यास्पद बात 3. कील 4. लगे हुए पान का बीड़ा। [मु.] **-उड़ाना** : किसी का उपहास करना या मज़ाक उड़ाना।

खिवाही [सं-स्त्री.] एक प्रकार की ईख।

ख़िश्त (फ़ा.) [सं-स्त्री.] 1. ईंट; (ब्रिक) 2. छोटा नेज़ा 3. शक्ति।

ख़िश्तक (फ़ा.) [सं-स्त्री.] 1. कुरते की बगल में लगाया जाने वाला कपड़ा; चौबगला 2. पायजामा 3. खोंगी; छोटी ईंट।

खिसकना (सं.) [क्रि-अ.] 1. चुपके से अथवा धीरे से दूसरे की नज़र बचाकर बाहर निकल जाना; सरकना 2. चूतड़ के बल बैठे-बैठे किसी ओर थोड़ा-सा बढ़ना या हटना 3. धँसना 4. फिसलना; रेंगना।

खिसकाना [क्रि-स.] 1. चुपके से कोई वस्तु या चीज़ उठाकर चल देना 2. किसी वस्तु को हटाना या परे करना।

ख़िसारा (अ.) [सं-पु.] हानि; क्षति; टोटा; नुकसान; घाटा। [वि.] खीसोंवाला।

खिसारी [सं-स्त्री.] दे. खेसारी।

खिसियाना [क्रि-अ.] 1. लज्जित होना 2. उग्र होना 3. नाराज़ होना; रुष्ट या खफ़ा होना 4. कुढ़ जाना; बिगड़ना। [वि.] खिसियाया हुआ; लज्जित। [लोको.] **खिसियानी बिल्ली खंभा नोचे** : खिसियाया हुआ व्यक्ति अपनी खीझ या गुस्सा दूसरों पर निकालता है।

खिसियाहट [सं-स्त्री.] 1. खीझना; खिसियाने की क्रिया अथवा भाव 2. ख़फ़ा होना।

खींच [सं-स्त्री.] 1. खिंचे हुए होने की स्थिति; कर्षण; कसावट; तान 2. नोंक-झोंक 3. खपत 4. खींचतान 5. बलपूर्वक अपनी ओर लाने की क्रिया 6. सुंदरता या वस्त्र आदि से होने वाला आकर्षण।

खींचतान [सं-स्त्री.] 1. किसी वस्तु को विभिन्न दिशाओं की ओर से खींचने की क्रिया या प्रयास 2. {ला-अ.} कार्य-सिद्धि के लिए दो व्यक्तियों या पक्षों में एक-दूसरे के विरुद्ध किया गया उपक्रम 3. ज़बरदस्ती किया जाने वाला।

खींचना (सं.) [क्रि-स.] 1. किसी वस्तु को बलपूर्वक अपनी ओर लाना; तानना; कसना 2. किसी को अपने साथ लेते हुए आगे बढ़ना 3. किसी कोष, थैले आदि से कोई वस्तु बाहर निकालना 4. आकर्षित करना; बलपूर्वक किसी वस्तु को किसी अन्य दिशा या तरफ़ ले जाना 5. किसी ओर प्रवृत्त करना 6. सोखना; चूसना 7. भभके से अर्क तैयार करना।

खींचातानी [सं-स्त्री.] 1. कहासुनी; तकरार 2. कशमकश 3. ज़बरदस्ती 4. आपाधापी; धक्का-मुक्की।

खींची [सं-.स्त्री.] पशुओं के द्वारा ख़राब कर दी गई फसल; धँगठी।

खीच्चर [सं-पु.] देशी मादा और दोगले नर से उत्पन्न; तीतर।

खीज [सं-स्त्री.] 1. खीजने की क्रिया या भाव; अप्रसन्नता; अरुचि 2. कुढ़न; क्रोध; झुँझलाहट 3. ख़फ़गी 4. चिड़चिड़ाहट; खुंदक 5. झल्लाहट; तुनक 6. बेचैनी।

खीजना [क्रि-अ.] 1. क्रोधित होना; झुँझलाना 2. किसी बात या घटना पर रुष्ट होना; कुढ़ना 3. कलपना 4. चिढ़ना; झल्लाना; तमकना; तनतनाना 5. बुरा मानना।

खीझ [सं-स्त्री.] 1. खीजने की अवस्था, क्रिया या भाव 2. वह क्रोध जो मन-ही-मन रहे; झुँझलाहट; कुढ़न; भड़ास; खुंदक।

खीझना (सं.) [क्रि-अ.] किसी अप्रिय या अरूचिकर बात, व्यवहार आदि का प्रतिकार न कर सकने की स्थिति में उससे खिन्न होकर झुंझलाना; खीजना।

खीप [सं-पु.] 1. एक प्रकार का वृक्ष जिसके रेशों से रस्सी बनती हो 2. गँधैली 3. लजाधुर; लज्जालु 4. गंध-प्रसारिणी लता।

खीर (सं.) [सं-स्त्री.] उबलते दूध में चावल, मेवा, चीनी आदि डालकर बनाया गया मीठा खाद्य पदार्थ; क्षीर।

खीरकदम [सं-पु.] छेने की एक मिठाई।

खीरमोहन [सं-पु.] 1. मूंग की दाल से बना व्यंजन 2. एक मिठाई।

खीरा (सं.) [सं-पु.] ककड़ी जाति का एक प्रकार का फल; बहुफला; सुगर्भक। [मु.] **खीरा-ककड़ी समझना** : किसी को बहुत तुच्छ या हेय समझना। **खीरे-ककड़ी की तरह काटना** : तेज़ी से और बिना कोशिश के काटना।

खीरी (सं.) [सं-स्त्री.] गाय-भैंस आदि मादा पशुओं के थन का ऊपरी हिस्सा जिसमें दूध बनता या रहता है।

खील (सं.) [सं-स्त्री.] 1. भुना हुआ धान; लाई; लाही 2. बहुत छोटा नुकीला टुकड़ा 3. बाँस की पतली तीली 4. मवाद का कील जैसा अंश 5. चाक की खूँटी।

खील-लावा [सं-पु.] लाजा; धान से बनने वाला खाद्य पदार्थ जो विवाह संस्कार में प्रयुक्त होता है।

खीलना [क्रि-स.] 1. पत्तों में लकड़ी की तीलियाँ लगाकर पत्तल या दोना बनाना 2. पान के बीड़े में तिनका गोदना 3. खील लगाना।

खीली [सं-स्त्री.] 1. पान का बीड़ा 2. खिल्ली।

खीवन [सं-स्त्री.] मतवालापन; मस्ती; मत्तता।

खीष्ट (सं.) [वि.] 1. नीच; बहुत नीच 2. किसी राशि के विशेष अंश में पहुँचा हुआ।

खीस[1] [सं-स्त्री.] 1. नई ब्याई हुई गाय, भैंस आदि का वह दूध जो पीने योग्य नहीं होता; पेउस 2. उक्त पशुओं के स्तन के अंदर की मांस-कील।

खीस[2] [सं-स्त्री.] 1. लज्जा; शर्म 2. खीझ 3. नुकीला लंबा दाँत; हँसते समय बाहर निकले हुए दाँत। [मु.] **-निकालना या निपोरना** : किसी भूल पर बेशर्मी से हँसना।

खीसना [क्रि-अ.] 1. नष्ट अथवा बरबाद होना 2. ख़राब होना। [क्रि-स.] 1. नष्ट अथवा बरबाद करना 2. ख़राब करना।

खीसा (फ़ा.) [सं-पु.] 1. जेब; खलीता 2. थैली; बटुआ।

खुँटपुत्ती [सं-स्त्री.] तकुली का पूरा साँचा; पँचकठिया।

खुँटरा [सं-पु.] खंभा।

खुँटहा [सं-पु.] खाकर दूध देने वाली गाय; पिटिया।

खुँटा [सं-पु.] पानी का पता लगाने का साधन।

खुँटार [सं-पु.] वह खेत जिसमें खूँटियाँ आदि हों।

खुँटिया [सं-पु.] 1. तंबाकू की पत्ती तोड़ लेने पर उसमें से दूसरी पत्ती निकलती है; दोंजी 2. पेड़ी (गन्ने की पुरानी खेती)।

खुँदाना [क्रि-स.] 1. खूँदने के लिए प्रवृत्त करना 2. घोड़ा कुदाना।

खुंगाह (सं.) [सं-पु.] काले रंग का घोड़ा।

खुंड [सं-पु.] 1. एक मोटी घास 2. पहाड़ी घोड़ों की एक जाति।

खुंदकार (फ़ा.) [सं-पु.] नौकर; सेवा करने वाला।

खुंदर [सं-पु.] पहले दौंगरे के बाद की जुताई।

खुंभी [सं-स्त्री.] कान में पहनने का एक प्रकार का गहना।

खुक्ख [वि.] खोखला; रिक्त; निस्सार; खाली; छूँछा।

खुक्खा [वि.] जिसके पास कुछ न हो; छुंछा; खाली; खोखला, अधमरा, अनाज, एक कीड़ा, ऐसी फसल जिसमें दाने न हो; पड़या।

खुखंड [सं-पु.] एक प्रकार की राई।

खुखड़ी [सं-स्त्री.] 1. तकुए पर लपेट कर सूत का बनाया हुआ पिंड; ऊन 2. कुकड़ी 3. नेपाली कटार; एक तरह का बड़ा छुरा 4. छोटा खुखड़ा।

ख़ुगीर (फ़ा.) [सं-पु.] 1. घोड़े की ज़ीन के नीचे बिछाया जाने वाला ऊनी कपड़ा; नमदा 2. रद्दी, व्यर्थ की चीज़ें या सामान।

खुचड़ [सं-स्त्री.] 1. किसी अच्छी बात में कमी निकालना; दोष निकालना 2. छिद्रान्वेषण।

खुचड़ी [वि.] 1. किसी बात में आपत्ति दिखाने वाला 2. दोष निकालने वाला।

खुजलाना [क्रि-अ.] 1. खुजली होना; चिरमिराना 2. किसी काम के लिए बेचैन होना; फड़फड़ाना। [क्रि-स.] खुजली मिटाने के लिए नाख़ूनों से शरीर को रगड़ना; खरोंचना।

खुजलाहट [सं-स्त्री.] 1. खाज 2. खुजली होने की स्थिति 3. सुरसुराहट 4. कंडु।

खुजली [सं-स्त्री.] एक रोग जिसमें शरीर बहुत खुजलाता है; खारिश; खुजलाहट।

खुजाना [क्रि-अ.] दे. खुजलाना।

खुज्जा [सं-पु.] 1. किसी फल, सब्जी आदि का वह रेशेदार भाग जिसे खाया नहीं जाता है; रेशा 2. सूत, रेशम आदि के तंतुओं या धागों का उलझा हुआ भाग जो जल्दी काम मे नहीं आता है। 3. किवाड़ या पल्ले में लगाई जाने वाली बाँस की कील।

खुटकना (सं.) [क्रि-स.] 1. किसी पौधे या वस्तु का ऊपरी भाग दाँत या नाख़ून से नोचना अथवा तोड़ना 2. पौधे की फुनगी नोचना; खोंटना।

खुटचाल [सं-स्त्री.] 1. दुष्टता; पाज़ीपन 2. पतित आचरण; ख़राब चालचलन 3. उपद्रव; बखेड़ा; टंटा।

खुटचाली [वि.] 1. दूसरों को परेशान करने वाला 2. चिढ़ाने वाला 3. सताने वाला 4. दुष्ट।

खुटपन [सं-पु.] 1. खोटे या दुष्ट होने की अवस्था, गुण या भाव 2. खोटापन; दोष; ऐब।

खुटला [सं-पु.] कान में पहना जाने वाला एक प्रकार का आभूषण; कर्णफूल।

खुटहरा [सं-पु.] पुराना हल।

खुटाई [सं-स्त्री.] खोटाई; दोष; अवगुण।

खुटिला [सं-पु.] कान में पहनने वाला आभूषण; कर्णफूल।

खुटी [सं-स्त्री.] साँकल; जंजीर; सिकड़ी।

खुट्टी [सं-स्त्री.] 1. तिल और गुड़ या चीनी से बनने वाली एक प्रकार की मिठाई; रेवड़ी 2. ओखर जिन दो खूँटियों पर टिकी रहती है, वे खूँटियाँ 3. बच्चों का परस्पर नाराज़ होकर संबंध विच्छेद करना।

खुट्ठी [सं-स्त्री.] 1. घाव के सूखने पर पड़ने वाली पपड़ी; खुरंड; खुरंट 2. रेवड़ी।

खुठमेरा [सं-पु.] एक प्रकार का मोटा धान।

खुड़ला [सं-पु.] वह खानेदार आलमारी या दरबा जिसमें मुर्गे एवं मुर्गियाँ बंद की जाती हैं; चिड़ियाखाना।

खुड्डी [सं-स्त्री.] वह गड्ढा जहाँ लोग मल का त्याग करते है; कदमचा; पाखाना करने का चूल्हा; संडास।

खुड्ढा [वि.] खुरदुरा; रुक्ष; दानेदार।

ख़ुतबा (अ.) [सं-पु.] 1. व्याखान; भाषण 2. इमाम भाषण 3. धर्मोपदेश 4. तारीफ़; प्रशंसा 5. नए राजा (ख़ासकर मुसलमान राज्यों के) की गद्दी पर बैठने की घोषणा।

खुत्थी [सं-स्त्री.] पेड़ों की जड़ और वह ऊपरी भाग जो पेड़ काटने पर बचता है।

ख़ुद [अव्य.] स्वयं; आप; मैं।

ख़ुद-ब-ख़ुद [क्रि.वि.] अपने आप; स्वतः।

ख़ुदकाश्त (फ़ा.) [सं-स्त्री.] 1. वह ज़मीन जिसे उसका मालिक ख़ुद जोते-बोए 2. घरजोत; सीर। [वि.] अपनी ज़मीन में स्वयं खेती या काश्त करने वाला।

ख़ुदकुशी (फ़ा.) [सं-स्त्री.] आत्मघात की क्रिया या भाव; आत्महत्या; (सुसाइड)।

ख़ुदगरज़ (फ़ा.) [वि.] 1. अपना हित चाहने वाला; अपना काम निकालने वाला 2. स्वार्थी; मतलबी 3. आत्मकेंद्रित।

ख़ुदगरज़ी (फ़ा.) [सं-स्त्री.] ख़ुदगर्ज़ होने की अवस्था या भाव; स्वार्थपरता।

खुदना [क्रि-अ.] 1. किसी चीज़ को निकालने के लिए ज़मीन आदि खोदा जाना 2. मिट्टी हटाकर गहरा गड्ढा करना; खनना 3. खुदने के रूप में अंकित या चिह्नित होना।

खुदनी [सं-स्त्री.] खोदने का छोटा औज़ार; खुसी।

ख़ुदनुमाई (फ़ा.) [सं-स्त्री.] अपने रूप, गुण और श्रेष्ठता का अहंकार तथा उसका प्रदर्शन।

ख़ुदपरस्त (फ़ा.) [वि.] 1. ख़ुद को महत्व देने वाला; ख़ुद को बड़ा समझने वाला 2. घमंडी; स्वार्थी।

ख़ुदफ़रामोश (फ़ा.) [वि.] स्वयं को भूला हुआ; अचेत।

खुदबुद [सं-पु.] चावल को राँधे या पकाए जाते हुए वर्तन से निकलने वाली अनाज की आवाज।

ख़ुदमुख़्तार (फ़ा.) [वि.] 1. जिसपर किसी और का बस न चले 2. जिसपर किसी अन्य का प्रभुत्व न हो 3. स्वतंत्र 4. स्वावलंबी।

ख़ुदमुख़्तारी (फ़ा.) [सं-स्त्री.] 1. ख़ुदमुख़्तार होने का भाव 2. आज़ादी; स्वतंत्रता।

खुदर [सं-पु.] पटार (धान का सूखा पौधा) के साथ चिपके कुछ सूखे छोटे डंठल; गूदरी।

खुदरा (फ़ा.) [सं-पु.] 1. छोटी और साधारण वस्तु 2. किसी चीज़ का छोटा अंश, भाग या टुकड़ा; फ़ुटकल 3. खुले पैसे या रुपए 4. 'थोक' का विलोम। [वि.] जो टुकड़ों-टुकड़ों में या अंशों में हो।

ख़ुदराई (फ़ा.) [सं-स्त्री.] 1. निरंकुशता या स्वेच्छाचारिता 2. मनमानी करने वाला।

खुदवाई [सं-स्त्री.] 1. खुदवाने की क्रिया; खोदने की मज़दूरी; खुदाई 2. उत्कीर्णन; उत्खनन 3. गुड़ाई।

खुदवाना [क्रि-स.] खोदने का काम किसी और से करवाना।

ख़ुदसरी (फ़ा.) [वि.] 1. जिद्दीपन; हठीलापन 2. ख़ुदमुख़्तारी; स्वेच्छाचारी।

ख़ुदसाख़्ता (फ़ा.) [वि.] 1. ख़ुद का गढ़ा हुआ; स्वनिर्मित; स्वयंभू 2. कपोल-कल्पित; मनगढ़ंत।

ख़ुदसिताई (फ़ा.) [सं-स्त्री.] आत्मकेंद्रित व्यवहार; अपने मुँह मियाँ मिट्ठू होना; अपनी प्रशंसा आप करना।

ख़ुदा (फ़ा.) [सं-पु.] 1. ईश्वर; भगवान; परमात्मा; परमेश्वर 2. स्वयंभु; मालिक; स्वामी।

ख़ुदा न ख़्वास्ता (फ़ा.) [अव्य.] ख़ुदा या ईश्वर न करे; शुभकामनापरक तथा अमंगल से दूर रखने की कामना का एक आशीर्वाद वाक्य।

खुदाई [सं-स्त्री.] 1. खोदने की क्रिया 2. खोदने की मज़दूरी 3. ज़मीन से मिट्टी निकालने का काम।

ख़ुदाई (फ़ा.) [सं-स्त्री.] 1. ईश्वर-कृपा; ईश्वर-महिमा; ईश्वरत्व 2. सृष्टि; जगत; दुनिया 3. विभूति 4. ख़ुदा का रहम 2. दया-दृष्टि। [वि.] 1. ईश्वरीय 2. सृष्टि या दुनिया 3. ईश्वर प्रदत्त 4. अपौरुषेय 5. नैसर्गिक।

ख़ुदातर्स (फ़ा.) [वि.] 1. ख़ुदा या ईश्वर से डरने वाला 2. धर्मभीरू 3. कृपालु; दयालु।

ख़ुदादाद (फ़ा.) [वि.] 1. ख़ुदा का दिया हुआ; ईश्वर प्रदत्त 2. जो परिश्रम से न प्राप्त हो बल्कि ईश्वर कृपा से प्राप्त हुआ हो।

ख़ुदापरस्त (फ़ा.) [वि.] 1. ख़ुदा या ईश्वर को मानने और पूजने वाला; ईश्वर-भक्त 2. आस्तिक 3. दयालु 4. धार्मिक; धर्मनिष्ठ।

ख़ुदापरस्ती (फ़ा.) [सं-स्त्री.] 1. ख़ुदा या ईश्वर पर विश्वास; धर्मनिष्ठा; भक्ति 2. आस्तिकता; दयालुता।

खुदाव [सं-पु.] 1. किसी पत्थर या वस्तु के ऊपर आकृति, रूप आदि खुदे होने का ढंग 2. किसी वस्तु पर किया हुआ खुदाई का काम।

ख़ुदावंद (फ़ा.) [सं-पु.] 1. अल्लाह; ईश्वर 2. राजा; स्वामी। [अव्य.] (संबोधन में) जी मालिक; हुज़ूर; महोदय।

ख़ुदाहाफ़िज़ (फ़ा.) ईश्वर ही निगहबान है; ईश्वर आपकी रक्षा करे (प्रायः अलग होने या विदा होने के समय बोला जाने वाला शब्द)।

खुदिगर [सं-पु.] दे. खुद्दी।

ख़ुदी (फ़ा.) [सं-पु.] 1. 'ख़ुद' का भाव; अहंभाव; आपा 2. घमंड; गर्व; अभिमान 3. शेखी।

खुद्दा [सं-पु.] फार, हल का एक अंग, पनिहारी के ऊपर लोहे की एक नुकीली पटिया, फावड़े का लोहे वाला हिस्सा।

खुद्दी [सं-स्त्री.] 1. चावल; दाल आदि के छोटे-छोटे टुकड़े; अनाज के कण 2. किनकी 3. तरल पदार्थ की तलछट या गाध।

ख़ुनक (फ़ा.) [वि.] शीतल; बहुत ठंडा।

ख़ुनकी (फ़ा.) [सं-स्त्री.] ठंडक; हलकी सरदी।

खुनखुना [सं-पु.] बच्चों का खिलौना; झुनझुना; घुनघुना।

खुनस [सं-स्त्री.] क्रोध; कोप; रोष।

खुनसाना [क्रि-अ.] गुस्से में बिगड़ना; क्रोधित होना।

खुनसी [वि.] गुस्सैल; क्रोधी।

ख़ुफ़िया (फ़ा.) [वि.] 1. छिपकर रहने वाला; छिपकर काम करने वाला 2. छुप्त; छिपा हुआ 3. छलपूर्ण। [क्रि.वि.] गुप्त रूप से; छिपकर।

ख़ुफ़ियाख़ाना (फ़ा.) [सं-पु.] वह स्थान जहाँ गुप्त काम किए जाते हैं; गुप्त स्थान।

ख़ुफ़ियागिरी (फ़ा.) [सं-स्त्री.] जासूसी; मुख़बिरी।

ख़ुफ़ियानवीस (फ़ा.) [सं-पु.] 1. गोपनीय जानकारी देने वाला; मुख़बिर 2. खुफ़िया रिपोर्ट या रपट लिखने वाला।

ख़ुबानी (फ़ा.) [सं-स्त्री.] 1. आड़ू, आलू बुख़ारा आदि की जाति का एक गुठलीदार रसीला फल या मेवा 2. वह पेड़ जिसपर उक्त फल लगता है।

खुभाना [क्रि-स.] किसी बड़ी चीज़ को बलपूर्वक दबाते या गड़ाते हुए धँसाना।

खुभी [सं-स्त्री.] कान का गहना; कान की लौंग [वि.] हाथी के दाँत पर चढ़ाया जाने वाला धातु का खोल।

ख़ुम (फ़ा.) [सं-पु.] 1. शराब रखने का पात्र 2. दारू की भट्टी 3. मटका; घड़ा।

ख़ुमख़ाना (फ़ा.) [सं-पु.] शराबघर; मदिरालय।

ख़ुमरा (फ़ा.) [सं-पु.] फ़कीरों का एक समुदाय (मुसलमानों में)।

खुमान [वि.] लंबी उम्र का; दीर्घजीवी। [सं-पु.] शिवाजी की एक उपाधि।

ख़ुमार (फ़ा.) [सं-पु.] 1. मदहोशी; नशा; (हैंगओवर) 2. शरीर में नशे की थकावट 3. कच्ची नींद में उठने पर आँखों और सिर का भारीपन 4. वह शिथिलता जो रात भर जागने से होती है।

ख़ुमारी (फ़ा.) [सं-स्त्री.] 1. नशा; मद 2. आँखों में छाया मद 3. नशा उतरते समय होने वाली सुस्ती।

ख़ुमी (अ.) [सं-स्त्री.] कुकुरमुत्ता वर्ग की वनस्पतियाँ; मशरूम; भुइँ-फोड़।

खुर (सं.) [सं-पु.] 1. चौपायों के पैर का निचला भाग जो बीच से फटा होता है; सुम; टाप 2. चारपाई के पाए का निचला भाग 3. नख नामक गंध द्रव्य 4. उस्तुरा।

खुर-खार [सं-पु.] हलका-फुलका काम; अपेक्षाकृत कम परिश्रमवाला साधारण काम।

खुरंड (सं.) [सं-पु.] घाव के सूखने के बाद उस पर जमने वाली पपड़ी।

खुरक (सं.) [सं-पु.] 1. नृत्य की एक शैली 2. तिल। [सं-स्त्री.] अंदेशा; खटका।

खुरखिया [सं-पु.] खुर घिसते हुए चलने वाला (बैल)।

खुरखुर [सं-पु.] साँस लेते समय कफ़ आदि के कारण गले या नाक से होने वाला शब्द; घरघराहट।

खुरखुरा [वि.] खुरदरा; रूखी सतह का।

खुरखुराना [क्रि-अ.] 1. खुरखुर शब्द होना 2. छूने में ऊबड़-खाबड़ या खुरखुरा लगना। [क्रि-स.] खुरखुर शब्द उत्पन्न करना।

खुरखुराहट [सं-स्त्री.] 1. साँस लेते समय गले से निकलने वाली खुरखुर या घुरघुर की ध्वनि 2. घरघराहट 3. खुरखुरापन; खुरदरापन।

खुरचन [सं-स्त्री.] 1. बरतन से खाना निकालने के बाद सूखकर रह गई खाने की परत 2. खुरचने का काम 3. कढ़ाई में खौलते दूध की मलाई खुरचकर बनाई गई मिठाई या रबड़ी 4. किसी चीज़ का बचा-खुचा अंश 5. कड़ाही खुरचने का पलटा।

खुरचना [क्रि-स.] 1. बरतन में सूखकर जमी परत को खुरचकर निकालना 2. किसी चीज़ को कुरेदना 3. छुड़ाना; उतारना 4. उकेरना; खरोंचना 5. छीलना; रेतना।

खुरचनी [सं-स्त्री.] खुरचने का उपकरण।

ख़ुरजी (फ़ा.) [सं-स्त्री.] 1. सामान भरकर ले जाने के लिए घोड़े या बैल की पीठ पर रखा जाने वाला बड़ा थैला जो बीच में खुला या चौड़ा होता है 2. कपाट के पल्ले में लगने वाली चौड़ी लकड़ी।

खुरट (सं.) [सं-पु.] पशुओं के खुर पकने का एक रोग; खुरपका।

खुरतार [सं-स्त्री.] 1. पशुओं के चलने से होने वाली खुरों की आवाज़ 2. टापों की ध्वनि।

खुरदरा [वि.] 1. जिसकी सतह रूखी या दानेदार हो 2. जो चिकना न हो; खुरखुरा।

खुरदरापन [सं-पु.] जिसमें चिकनापन न हो; ऊबड़-खाबड़।

ख़ुरदा (फ़ा.) [वि.] 1. छोटा; लघु 2. खाया हुआ 3. खुदरा। [सं-पु.] 1. टुकड़ा 2. रेज़ा; रेज़गारी; छोटे सिक्के 3. किसी सामान या वस्तु की थोड़ी मात्रा 4. बिसातखाने का सामान 5. छोटा-मोटा सामान। [अव्य.] तोड़कर; थोड़ी मात्रा में; फुटकर।

खुरदायाँ [सं-पु.] अच्छी तरह रुँदा हुआ डाँठ (तैयार फसल की राशि)।

खुरपका [सं-पु.] पशुओं में खुर पकने का संक्रामक रोग।

खुरपा [सं-पु.] 1. लोहे का मुठियादार एक छोटा उपकरण जिससे जमीन खोदी तथा गोड़ी जाती है 2. घास काटने का छोटा औज़ार; खुरपी।

खुरपी [सं-पु.] 1. खेत में निराई-गुड़ाई करने का औज़ार 2. घास छीलने का लोहे का मूठदार छोटा यंत्र।

खुरफटा [सं-पु.] फटे खुर वाला बैल।

खुरबंदी (फ़ा.) [सं-स्त्री.] घोड़े, बैल आदि के खुरों में नाल जड़ने का काम; नालबंदी।

खुरमा (अ.) [सं-पु.] दे. ख़ुरमा।

ख़ुरमा (अ.) [सं-पु.] 1. खजूर या छुहारा नामक सूखा फल 2. आटे या मैदे का एक मीठा और नमकीन व्यंजन 3. एक प्रकार की बालूशाही।

खुरली (सं.) [सं-स्त्री.] सैनिकों के युद्ध प्रशिक्षण की जगह; शस्त्राभ्यास।

खुरहरा [वि.] 1. खुरदरा; जिसकी सतह चिकनी न हो 2. जिसपर बिस्तर न बिछा हो और सुतली शरीर में गड़ती हो।

खुरहा [सं-पु.] जानवरों को होने वाला एक रोग।

खुरहेड़ी [सं-स्त्री.] जमीन पर बना खुर का निशान।

खुरा [सं-पु.] 1. पशुओं में खुरपका रोग 2. हल के फाल की मज़बूती के लिए लगाया जाने वाला काँटा।

खुराई [सं-स्त्री.] पशुओं के अगले या पिछले पैर बाँधने की रस्सी जिससे वे दौड़ नहीं पाते।

ख़ुराक (फ़ा.) [सं-पु.] 1. व्यक्ति एक बार में जितना खा सके 2. वह जो कुछ खाया जाए 3. भोजन; खाद्य पदार्थ 4. बीमारी में ली जाने वाली दवा की मात्रा।

ख़ुराकी (फ़ा.) [वि.] 1. ख़ूब खाने वाला 2. अच्छी खुराकवाला। [सं-स्त्री.] 1. भोजन आदि की सामग्री 2. ख़ुराक के एवज़ में दिया गया पैसा 3. भोजन का कक्ष।

ख़ुराफ़ात (अ.) [सं-स्त्री.] 1. बेकार या व्यर्थ की बातें; भद्दी बातें; गाली-गलौज; बकवास 2. शरारत; उपद्रव; हुड़दंग 3. अनाप-शनाप के काम; असंगत कर्म 4. विवाद; झगड़ा।

ख़ुराफ़ाती (अ.) [वि.] वह जो प्रायः कोई न कोई ख़ुराफ़ात करता रहता हो। [वि.] 1. ख़ुराफ़ात करने वाला 2. ख़ुराफ़ात से संबंधित 3. ख़ुराफ़ात के रूप में होने वाला।

खुरालिक (सं.) [सं-पु.] 1. लोहे का तीर 2. तकिया 3. कैंची आदि रखने की नाई की थैली।

ख़ुरासान (फ़ा.) [सं-पु.] 1. अफगानिस्तान का मध्यकालीन नाम 2. फ़ारस देश का प्रदेश या भूभाग; ईरान के पूर्व में एक प्रदेश या सूबा।

ख़ुरासानी (फ़ा.) [सं-पु.] ख़ुरासान का निवासी। [सं-स्त्री.] ख़ुरासान की भाषा या बोली। [वि.] 1. ईरान देश के ख़ुरासान प्रदेश से संबंधित 2. ख़ुरासान प्रदेश में होने वाला; ख़ुरासान का रहने वाला।

खुरी [सं-स्त्री.] खुर के नीचे का हिस्सा; खुर का निशान।

खुरू [सं-पु.] 1. खुर से मिट्टी खोदना 2. उपद्रव; झगड़ा 3. तबाही।

खुरूरू [सं-स्त्री.] नारियल या खोपरे की गिरी।

खुरैरा [सं-पु.] खरहरा; लोहे का ब्रश जिससे घोड़े के शरीर की सफाई की जाती है।

ख़ुर्द (फ़ा.) [वि.] 1. लघु; छोटा 2. अल्पवयस्क; उम्र में छोटा।

ख़ुर्द-बुर्द (फ़ा.) [क्रि.वि.] 1. धरोहर राशि को हड़प जाना 2. गबन; खयानत 3. गोलमाल 4. खा-पीकर नष्ट-भ्रष्ट कर देना।

ख़ुर्दनी (फ़ा.) [वि.] खाने योग्य। [सं-स्त्री.] खाद्य पदार्थ।

ख़ुर्दबीन (फ़ा.) [सं-स्त्री.] ऐसा उपकरण जिससे अत्यंत सूक्ष्म चीज़ें भी देखी जा सकती हों; अनुवीक्षण यंत्र; (माइक्रोस्कोप)।

ख़ुर्दा (फ़ा.) [सं-पु.] साधारण वस्तु; टुकड़ा; रेज़गारी। [वि.] जिसका भक्षण किया गया हो; खाई गई चीज़।

ख़ुर्दी (फ़ा.) [सं-स्त्री.] लघुता; छोटापन।

ख़ुर्रम (फ़ा.) [वि.] 1. ख़ुशमिजाज़; प्रसन्न; बहुत ख़ुश 2. प्रसन्नचित्त 3. ताज़ा।

खुर्राट [वि.] 1. चतुर; होशियार 2. चंट; सयाना 3. चालाक; धूर्त; काइयाँ।

खुर्राटा [सं-पु.] दे. खर्राटा।

खुलकर (सं.) [क्रि.वि.] धड़ल्ले से; सरे-आम; स्पष्टतः; प्रकट रूप में।

खुलता [वि.] 1. जिसके आगे कोई रोक न हो 2. आगे से खुला हुआ 3. (रंग) जो चटक हो और उभरता हुआ महसूस हो।

खुलना [क्रि-अ.] 1. किसी चीज़ से रुकावट का हटना 2. आवरण हटना 3. बंधन का न होना 4. गाँठ का खुलना; मशीन के पुर्ज़ों का खुलना; शुरुआत होना 5. सिलाई खुलना; काम शुरू होना 6. दिल मिलना; मन की बात कहना 7. संकोच ख़त्म होना 8. प्रकट होना; निकलना।

खुलवा [सं-पु.] धातु को गलाकर साँचों में ढालने वाला व्यक्ति।

खुलवाना [क्रि-स.] 1. झिझक दूर करवाना 2. खोलने का काम कराना।

खुला [वि.] 1. मुक्त; बंधनहीन; स्वतंत्र 2. जिसपर रोक-टोक न हो 3. प्रकट हो चुका 4. जो ख़ूब फैला हुआ हो; लंबा-

चौड़ा 5. जो सँकरा न हो।

खुलाई [सं-स्त्री.] 1. खुलने, खुलवाने या खोलने की क्रिया या भाव 2. खोलने या खुलवाने की मज़दूरी या पारिश्रमिक 3. किसी चित्र की आकार रेखाओं का रंग मंद पड़ जाने पर उन पर फिर से रंग चढ़ाकर उन्हें चमकाना; उन्मीलन; तहरीर।

खुलासगी (अ.) [सं-स्त्री.] खुलासा होने की अवस्था या भाव।

ख़ुलासा (अ.) [सं-पु.] निष्कर्ष; सार; निचोड़; संक्षेप [वि.] संक्षिप्त; स्पष्ट।

खुली छूट [सं-स्त्री.] पूरी आज़ादी; पूर्ण स्वतंत्रता।

खुले आम [क्रि.वि.] बिना किसी डर के; सबके सामने 2. प्रत्यक्ष रूप से।

खुलेड़ना [क्रि-स.] 1. चीज़ों को उलट-पलट देना 2. बिखराना; कुरेदना।

खुल्लम (सं.) [सं-पु.] राह; मार्ग; सड़क।

खुल्लम-खुल्ला [क्रि.वि.] 1. बिना किसी से छिपाए हुए 2. सबके सामने; खुले रूप में; खुलेआम 3. सबको सूचित करते हुए।

ख़ुश (फ़ा.) [वि.] 1. प्रसन्न; आनंदित; हर्षित; पूर्णतया संतुष्ट 2. जो अपने या किसी के द्वारा किए हुए कार्य से सुख तथा संतोष का अनुभव कर रहा हो 3. प्रफुल्लित।

ख़ुशआमदीद (फ़ा.) [सं-पु.] किसी के आगमन पर होने वाली प्रसन्नता के लिए प्रयुक्त किया जाने वाला शब्द; स्वागत।

ख़ुशकिस्मत (फ़ा.) [वि.] जिसका भाग्य तेज़ हो; भाग्यवान; सौभाग्यशाली।

ख़ुशकिस्मती (फ़ा.) [सं-स्त्री.] 1. सौभाग्य; अच्छा भाग्य 2. अच्छी किस्मत।

ख़ुशकी (फ़ा.) [सं-स्त्री.] दे. ख़ुश्की।

ख़ुशख़त (फ़ा.) [वि.] 1. सुलेखक 2. सुंदर अक्षर लिखने वाला।

ख़ुशख़बरी (फ़ा.) [सं-स्त्री.] शुभ समाचार; अच्छी ख़बर; मन को प्रसन्न करने वाली सूचना।

ख़ुशगवार (फ़ा.) [वि.] 1. प्रसन्नता प्रदान करने योग्य; सुखद; प्रिय 2. स्वादिष्ट; रुचिकर।

ख़ुशज़ायका (फ़ा.) [वि.] 1. बेहतर स्वाद वाला 2. स्वादिष्ट; लज़्ज़तदार; मज़ेदार।

ख़ुशनवीस (फ़ा.) [वि.] सुंदर एवं कलात्मक तरीके से अक्षरों या हर्फ़ों को लिखने वाला व्यक्ति; सुलेखक; ख़ुशख़त।

ख़ुशनसीब (फ़ा.) [वि.] जिसका भाग्य या नसीब अच्छा हो।

ख़ुशनुमा (फ़ा.) [वि.] सुंदर; मोहक; मन को भाने वाला।

ख़ुशपोश (फ़ा.) [वि.] जो हमेशा अच्छे कपड़े पहनता हो; जो अच्छे कपड़े पहनने का शौकीन हो।

ख़ुशबू (फ़ा.) [सं-स्त्री.] अच्छी गंध; महक; सुगंध; सुवास।

ख़ुशबूदार (फ़ा.) [वि.] सुगंध से भरा हुआ; सुगंधित।

ख़ुशमिज़ाज (फ़ा.) [वि.] हँसमुख; ख़ुश रहने वाला; प्रसन्नचित।

ख़ुशहाल (फ़ा.) [वि.] 1. रुपए-पैसेवाला; संपन्न; समृद्ध 2. सभी प्रकार के सुखों से परिपूर्ण; सुखी; सुखमय।

ख़ुशहाली [सं-स्त्री.] 1. सब प्रकार के सुख संपन्नता से परिपूरित; समृद्धि 2. वह अनुकूल और प्रिय अनुभव जिसके सदा होते रहने की कामना हो; सुख; चैन; आराम।

ख़ुशामद (फ़ा.) [सं-स्त्री.] 1. किसी की झूठी प्रशंसा करना; किसी की बड़ाई करना 2. चापलूसी; आदर-सत्कार; आवभगत। [मु.] **-करना** : चापलूसी करना।

ख़ुशामदी (फ़ा.) [वि.] 1. किसी की बड़ाई करके काम निकालना 2. चापलूस स्वभाव का आदमी 3. जी-हुज़ूरी 4. हलुआ नामक व्यंजन।

ख़ुशी (फ़ा.) [सं-स्त्री.] 1. प्रसन्नता; मन में होने वाली सुखद अनुभूति 2. उत्साह बढ़ाने वाला भाव 3. इच्छा; प्रफुल्लता; हर्ष।

ख़ुश्क (फ़ा.) [वि.] 1. जिसमें नमी शेष न रही हो; सूखा; शुष्क; रसहीन 2. रूखा; बेरौनक 3. जिसमें चिकनाई न लगी हो 4. नीरस या रूखे स्वभाववाला 5. जिसके हृदय में कोमलता, रसिकता आदि का अभाव हो; निष्ठुर स्वभाव का (व्यक्ति)।

ख़ुश्की (फ़ा.) [सं-स्त्री.] 1. ख़ुश्क या सूखे होने की अवस्था या भाव 2. शुष्कता; सूखापन 3. नीरसता 4. सूखा; वर्षा का अभाव; अकाल; अनावृष्टि 5. ऐसी ज़मीन जो जल से परे हो; स्थल 6. रोटी बनाते समय लगाया जाने वाला पलोथन 7. शरीर की त्वचा की नमी घटना।

खुसफुसाना [क्रि-अ.] दे. फुसफुसाना।

ख़ुसिया (अ.) [सं-पु.] नर के अंडकोश; फोता।

खुसी [सं-स्त्री.] खोदने का छोटा औज़ार; खुदनी।

खुसुरफुसुर [सं-स्त्री.] 1. कान के पास मुँह ले जाकर धीमी आवाज़ में की जाने वाली बातें; धीरे-धीरे बात करना; फुसफुसाना 2. कानाबाती; कानाफूसी। [क्रि.वि.] बहुत धीमी आवाज़ से।

ख़ुसूमत (अ.) [सं-स्त्री.] 1. दुश्मनी; विवाद; झगड़ा 2. अदावत; वैर।

खुही (सं.) [सं-स्त्री.] इस प्रकार का लपेटकर बनाया हुआ कंबल या कपड़ा जिसे सिर पर डाल लेने से शरीर का ऊपरी भाग शीत या वर्षा से बचा रहता है; खोही; घोघी; खुड़आ।

ख़ूँ (फ़ा.) [सं-पु.] 1. 'ख़ून' का संक्षिप्त रूप; रक्त; ख़ून; रुधिर; (ब्लड) 2. पूर्वप्रत्यय के रूप में भी प्रयुक्त, जैसे- ख़ूँख़ार आदि।

ख़ूँख़्वार (फ़ा.) [वि.] 1. ख़ून पीने या पान करने वाला; रक्तपायी 2. हिंसक 3. क्रूर; निर्दयी; अत्याचारी 2. घातक; डरावना।

खूँट [सं-पु.] 1. धोती या साड़ी का छोर 2. मकान का कोई कोना; सिरा 3. दिशा; ओर; तरफ़ 4. हिस्सा, खंड 5. कान का आभूषण।

खूँटना [क्रि-स.] 1. किसी पत्तीदार शाक को नाखूनों की सहायता से तोड़ना 2. फल-फूल तोड़ना 3. किसी दबी हुई बात का सामने आना 4. टोकना; रोकना 5. छेड़छाड़ करना। [क्रि-अ.] घट जाना; चूकना।

खूँटा [सं-पु.] 1. ज़मीन में लकड़ी आदि का लंबवत गाड़ा गया वह लंबा भाग जो ज़मीन के ऊपर भी डेढ़-दो फीट निकला रहता है तथा जिसमें पालतू जानवरों या पशुओं को बाँधा जाता

है 2. लकड़ी, पत्थर आदि का टुकड़ा जो ज़मीन में खड़ा गाड़ा गया हो; मेख 3. वह गड़ी हुई लकड़ी जिससे नाव को किनारे पर रोककर रखने के लिए बाँध दिया जाता है।

खूँटाजोर [सं-पु.] खूँटे से लड़ने वाली भैंस; खटकनी।

खूँटाडोल [सं-पु.] हल्लना (बैल)। [वि.] वह बैल जो खूँटे पर डोलता हो; झूमना।

खूँटातोड़ [सं-पु.] खूँटा तोड़ने वाला (पशु)।

खूँटी [सं-स्त्री.] 1. कपड़ा या थैला आदि टाँगने के लिए दीवार में गाड़ी गई कील 2. खूँटा का स्त्रीलिंग रूप 3. जाँते या चक्की की किल्ली 4. सितार, सारंगी, खड़ाऊँ आदि में जड़ी छोटी मेख 5. फ़सल काटने के बाद तने या डंठल का बचा रह गया ठूँठ 6. दाढ़ी के बालों की जड़ जो हज़ामत के बाद रह जाए।

खूँटीबिलैया [सं-पु.] धुरौटी और टेकानी को जोड़ने वाली खूँटी।

खूँड़ा [सं-पु.] जुलाहों की ताना कसने की लोहे की पतली चपटी छड़।

खूँद [सं-स्त्री.] खड़े हुए घोड़े का खूँदने अर्थात ज़मीन पर बार-बार पैर पटकने की क्रिया या भाव।

खूँद जाना [क्रि-स.] गभा जाना; गर्भ धारण।

खूँद मचाना [क्रि-स.] घोड़े का टापों से जमीन खोदना।

खूँदना [क्रि-अ.] 1. रौंदना 2. पशु का एक ही जगह बँधे-बँधे चक्कर काटना या पैर पटकना 3. घोड़े का ज़मीन पर पैर इस प्रकार पटकना कि उसका कुछ अंश कट जाए।

ख़ूँरेज़ (फ़ा.) [वि.] ख़ूनी; ख़ून बहाने वाला; मार-काट मचाने वाला।

ख़ूँरेज़ी (फ़ा.) [सं-स्त्री.] ख़ून बहाना; रक्तपात; मार-काट।

खूख [सं-स्त्री.] दे. खुखी।

खूखी [सं-स्त्री.] गेंहू आदि रबी की फ़सल में लगने वाला कीट; गेरुई; कूकी।

ख़ूगीर (फ़ा.) [सं-पु.] 1. घोड़े की जीन के नीचे बिछाया जाने वाला ऊनी कपड़ा 2. रद्दी सामान।

खूच [सं-स्त्री.] जल-डमरू मध्य।

ख़ून (फ़ा.) [सं-पु.] 1. शरीर की नसों में बहने वाला लाल रंग का तरल पदार्थ; रक्त; लहू 2. कत्ल; हत्या। [मु.] **-उबलना या खौलना** : अत्यधिक क्रोध आना। **-सूखना** : बहुत डर जाना। **-पीना** : बहुत परेशान करना। **-का घूँट पीकर रह जाना** : क्रोध को सायास नियंत्रित कर लेना या क्रोध को प्रकट न होने देना। **-पसीना एक करना** : कड़ी मेहनत करना। **-सफ़ेद हो जाना** : मोह-ममता समात हो जाना।

ख़ून-ख़राबा [सं-पु.] ऐसा लड़ाई-झगड़ा जिसमें शरीर से खून बहने लगे; रक्तपात; मार-काट; भयंकर हिंसा।

ख़ूनाब (फ़ा.) [सं-पु.] 1. ख़ून मिला हुआ पानी 2. रक्त मिले आँसू 3. लाल रंग।

ख़ूनी (फ़ा.) [वि.] 1. रक्त संबंधी 2. जो ख़ून जैसा हो; ख़ून के रंग का 3. रक्त-मिश्रित 4. मारक; घातक [सं-पु.] हत्यारा; कातिल।

ख़ूब (फ़ा.) [वि.] 1. बहुत; काफ़ी; अधिक 2. बढ़िया; श्रेष्ठ; उत्तम।

ख़ूबसूरत (फ़ा.) [वि.] जिसकी सूरत अच्छी हो; सुंदर; रूपवान।

ख़ूबसूरती (फ़ा.) [सं-स्त्री.] 1. ख़ूबसूरत होने का भाव 2. सुंदरता; सौंदर्य 3. रूप; लावण्य।

ख़ूबानी (फ़ा.) [सं-स्त्री.] एक प्रकार का प्रसिद्ध फल; ज़रदालू।

ख़ूबी (फ़ा.) [सं-स्त्री.] 1. ख़ूब होने की अवस्था या भाव 2. अच्छाई; भलाई 3. विशेषता; गुण 4. सौंदर्य; सुंदरता।

ख़ूलंजान (अ.) [सं-पु.] पान के पौधे की जड़; कुलंजन।

खूसट [वि.] 1. शुष्क हृदयवाला; अ-रसिक; रसहीन 2. जराजीर्ण 3. अति मूर्ख 4. अशुभ; मनहूस। [सं-पु.] उल्लू।

खूह जाना [क्रि-स.] 1. साँड़ न मिलने पर गाय का उछिटना 2. पलट जाना।

खेई [सं-स्त्री.] झाड़ियाँ; झाड़-झंखाड़; बेरी का झाड़।

खेऊ [सं-पु.] एक प्रकार का जंगली पेड़, जो बर्मा, स्याम और मणिपुर में होता है, जिसकी लकड़ी बहुत अच्छी होती है।

खेकसा [सं-पु.] दे. खेखसा।

खेखसा [सं-पु.] 1. ककोड़ा; पड़ोरा 2. पीले फूलों वाली एक लता 2. परवल जाति की एक सब्ज़ी।

खेचर (सं.) [सं-पु.] 1. वायु; हवा 2. मेघ 3. खग; पक्षी; चिड़िया 4. (काल्पनिक) भूत-प्रेत; बेताल और राक्षस आदि 5. आकाश में उड़ने की सिद्धि 6. आकाशयान 7. शिव 8. पारा 9. सूर्य; चंद्र। [वि.] आकाश में चलने या विचरण करने वाला; नभचर।

खेचरान्न (सं.) [सं-पु.] चावल की खिचड़ी; भात।

खेचरी (सं.) [सं-स्त्री.] 1. आकाश में उड़ने वाले की शक्ति जो एक सिद्धि मानी जाती है 2. अप्सरा 3. चिड़िया 4. देवी 5. राक्षसिनी; भूतनी आदि।

खेजड़ी [सं-स्त्री.] एक प्रकार का वृक्ष जो अधिकांशत: पश्चिमी राजस्थान में पाया जाता है और इसे राजस्थान का शमी वृक्ष भी कहा जाता है।

खेट (सं.) [सं-पु.] 1. छोटा गाँव; ग्राम; खेड़ा; किसानों का डेरा; पहाड़ या नदी से घिरा हुआ गाँव 2. घोड़ा 3. ढाल 4. लाठी; छड़ी 5. तिनका 6. खाल; चर्म; चमड़ा 7. शिकार; आखेट; मृगया 8. (पुराण) बलराम की गदा 9. कफ़ 10. तिनका 11. ग्रह; नक्षत्र। [वि.] 1. नीच 2. शस्त्र धारण करने वाला।

खेटक (सं.) [सं-पु.] 1. खेट 2. खेड़ा; गाँव; किसानों का डेरा 2. आखेट; शिकार।

खेटकी (सं.) [सं-पु.] 1. शिकारी; आखेटजीवी 2. वधिक; हत्यारा; ज़ल्लाद 3. भविष्य का अनुमान करने वाला; ज्योतिषी; भड्डर 4. पाखंडी।

खेटी (सं.) [वि.] 1. नगरवासी 2. कामुक; लंपट 3. गुंडा।

खेड़ (सं.) [सं-पु.] 1. छोटा गाँव; ग्राम 2. खेड़ा; खेट।

खेड़ा (सं.) [सं-पु.] 1. किसानों की बस्ती; छोटा गाँव 2. कच्चा मकान 3. कबूतरों, चिड़ियों आदि को खिलाया जाने वाला रद्दी अन्न 4. काँटी।

खेड़ापति (सं.) [सं-पु.] 1. गाँव का प्रमुख; मुखिया 2. पुरोहित।

खेड़ी [सं-स्त्री.] 1. जीवों के गर्भाशय से उत्पन्न नवजात बच्चों की नाल के छोर पर लगा मांस-खंड 2. धातुओं को गलाने पर उनसे निकलने वाला धातुमल 3. बढ़िया लोहे की एक किस्म; इस्पात।

खेढ़ा[1] [सं-पु.] पनारी हरिस के ऊपरी सिरे की खूँटी, मेड़ने के बीच की छोटी-सी नाली; गूल।

खेढ़ा[2] [सं-पु.] 1. समूह 2. साधुओं की ज़मात या जमावड़ा।

खेत (सं.) [सं-पु.] 1. वह ज़मीन जिसपर फ़सल उगाई जाती है; जोतने-बोने की ज़मीन; कृषिक्षेत्र 2. जोत; पाटीर 3. खेत में खड़ी हुई फ़सल 4. समतल भूमि; मैदान 5. युद्धभूमि; रणक्षेत्र। [मु.] **-रहना** : युद्ध में मारा जाना।

खेत गोबरा ओल [क्रि-स.] खेत में भेड़ रखाना।

खेत भागना [क्रि-स.] खेत की सरसता समाप्त होना; खेत की नमी, आर्द्रता का समाप्त होना।

खेत रखाई [क्रि-स.] किसान का अपने खेत में रात को भेड़ रखवाना; रहटान, रहौनी।

खेतिहर (सं.) [सं-पु.] 1. किसान; कृषक 2. खेती करने वाला व्यक्ति या समाज।

खेती (सं.) [सं-स्त्री.] 1. खेती करने की क्रिया; फ़सल उगाने की कला; अनाज उगाना; कृषि 2. बुआई-कटाई 3. खेतों का श्रम 4. किसानी का काम 5. काश्त; फ़सल।

खेतीबारी (सं.) [सं-स्त्री.] 1. खेती-किसानी 2. कृषि-कर्म 3. सब्ज़ी इत्यादि उगाने का काम।

खेद (सं.) [सं-पु.] 1. किसी अपराध या त्रुटि पर होने वाला दुख या पश्चाताप 2. अफ़सोस; अनुताप; पछतावा 3. रंज; उदासी; कोफ़्त 4. किसी को ठेस पहुँचाने से उत्पन्न ग्लानि; व्यथा; गम 5. निर्धनता 6. रोग 7. शिथिलता; थकावट।

खेदजनक (सं.) [वि.] 1. खेद उत्पन्न करने वाला; अफ़सोसजनक; दुखद 2. क्लेशकारी 3. करुणाजनक; दुखी करने वाला।

खेदन (सं.) [सं-पु.] 1. पछतावा; अफ़सोस 2. ग्लानि 3. दुख; व्यथा 4. पीड़ा।

खेदना [क्रि-स.] 1. किसी स्थान से बलपूर्वक भगाना; खदेड़ना 2. हाथियों या जंगली जानवरों को घेरना; शिकार का पीछा करना।

खेदा [सं-पु.] 1. हाँका; शिकार; आखेट 2. जंगली जानवर को घेरकर किसी ऐसी जगह पर दूर भगा कर फँसा देना जहाँ उसे पकड़ना या मार देना आसान हो।

खेदाई [सं-स्त्री.] 1. खेदने की क्रिया या भाव 2. किसी जानवर या पशु आदि को दूर भगा कर अन्यत्र पहुँचाने के एवज़ में दी जाने वाली मज़दूरी।

खेदित [वि.] 1. जिसे खेद हो; जिसको खेद पहुँचाया गया हो; व्यथित 2. पीड़ित; आहत 3. खिन्न 4. थका हुआ।

खेदिनी (सं.) [सं-स्त्री.] 1. एक प्रकार का पौधा जिसकी छाल से रस्सी बनायी जाती है; पटसन 2. अशनपर्णी नामक लता।

खेदी (सं.) [वि.] 1. जो खेद प्रकट करे 2. थका हुआ; क्लांत 3. पश्चात्तापी।

खेना (सं.) [क्रि-स.] 1. नाव को आगे की तरफ़ चलाने के लिए डाँड़ या पतवार द्वारा जल को पीछे की ओर ढकेलना या पतवार चलाना। 2. {ला-अ.} कष्ट में समय बिताना; अभावों में **दिन** गुज़ारना।

खेप (सं.) [सं-स्त्री.] 1. किसी सामान या पदार्थ की एक बार में ले जाने लायक मात्रा 2. सामान की वह नियत मात्रा जो एक बार में ढोई जा सके 3. बोझ या सामान ढोनेवाले आदमी का एक बार का फेरा 4. घान; घानी।

खेपना (सं.) [क्रि-स.] 1. परेशानी या कष्टों में जीना 2. सहन करना 3. विदा करना।

खेम (सं.) [सं-पु.] 1. कुशल 2. क्षेम; कल्याण।

खेमटा [सं-पु.] 1. (संगीत) बारह मात्राओं का एक ताल 2. उक्त ताल पर गाया जानेवाला गीत।

खेमा (अ.) [सं-पु.] 1. शिविर; डेरा 2. रावटी 3. बाँस गाड़कर खड़ा किया गया तंबू।

खेय (सं.) [वि.] जिसकी खुदाई हो सके; खनन के योग्य; खननीय। [सं-पु.] 1. पुल 2. खंदक।

खेरी [सं-स्त्री.] 1. एक जंगली घास 2. बंगाल क्षेत्र के गेंहू की एक किस्म 3. एक जलपक्षी।

खेल (सं.) [सं-पु.] 1. वह कार्य जिससे मनबहलाव होता हो; क्रीड़ा; उछल-कूद 2. केलि; आनंदक्रीड़ा 3. प्रतियोगिता 4. नाटक; तमाशा 5. मनोरंजन 6. बहुत आसान या तुच्छ काम के लिए प्रयुक्त होने वाला शब्द। [मु.] **-खेलाना** : व्यर्थ की बातों में फँसाए रखना। **-समझना** : तुच्छ समझना। **-खेल में** : अनायास ही।

खेलकूद (सं.) [सं-पु.] 1. विभिन्न प्रकार के खेल; उछल-कूद 2. धमाचौकड़ी 3. आनंदक्रीड़ा 4. मनोरंजन।

खेलन (सं.) [सं-पु.] खेल के साधन; खेल, क्रीड़ा; खेलना।

खेलना (सं.) [क्रि-अ.] 1. फुरती से उछलना-कूदना; क्रीड़ा करना 2. हिस्सा लेना; शामिल होना 3. साहस या चतुराई से कोई कार्य करना; दाँव लगाना 4. {ला-अ.} किसी के प्रति अनुचित आचरण या व्यवहार करना 5. चुनौती देना; मैदान में आना।

खेला (सं.) [सं-पु.] 1. खेल; मनोरंजन 2. आमोद-प्रमोद; आनंदक्रीड़ा 3. नाटक 4. जादू।

खेला-खाया [वि.] जिसने किसी के साथ संभोग सुख का अनुभव कर लिया हो; अनुभवी; जिसे जानकारी हो।

खेव [सं-पु.] एक प्रकार की घास, जो वर्षा ऋतु में पहली वर्षा के जल से स्वत: उग आती है; पलंजी या ऊसर की घास।

खेवक [वि.] 1. खेने वाला; नाव चलाने वाला 2. पार लगाने वाला। [सं-पु.] नाविक; मल्लाह; माझी; केवट।

खेवट [सं-पु.] 1. नाविक; मल्लाह 2. पटवारियों या लेखपालों का वह दस्तावेज़ जिसमें गाँव के काश्तकार की ज़मीन, पट्टे या मालगुज़ारी का विवरण रहता है।

खेवटदार (हिं.+फ़ा.) [सं-पु.] 1. पट्टेदार या खेत का हिस्सेदार 2. बटाईदार।

खेवड़ा (सं.) [सं-पु.] 1. बौद्ध भिक्षु 2. तांत्रिक साधु।

खेवनहार [सं-पु.] मल्लाह। [वि.] 1. नाव खेने वाला; नाविक 2. पार लगाने वाला 3.{ला-अ.} विपत्ति के समय उससे उबारने वाला।

खेवनाव [सं-पु.] एक प्रकार का ऊँचा पेड़, जिसके गूदे से रेशे निकलते हैं।

खेवरियाना [क्रि-स.] एकत्र या इकट्ठा करना; संग्रह करना; बटोरना।

खेवा [सं-पु.] 1. नाव को चलाने या खेने की मज़दूरी 2. नाव का किराया; उतराई 3. नाव से सामान ढोने की क्रिया 4. नाव द्वारा एक बार में ढोने लायक सामान; खेप 5. धार्मिक मत या मार्ग; एक ही तरह से किसी वाद का अनुकरण करने वाले लोगों का दल 6. लदी हुई नाव 7. नाव का डाँड़ 8. बार; दफ़ा; अवसर।

खेवाई [सं-स्त्री.] 1. नाव खेने की क्रिया 2. नाव खेने का किराया या मज़दूरी 3. डाँड़ को नाव से बांधे रखने वाली रस्सी।

खेवैया [सं-पु.] 1. केवट; मल्लाह 2. नाव को खेने वाला; नाविक; खलासी 3. संकट से मुक्त करने वाला।

खेस (फ़ा.) [सं-पु.] 1. हाथ से काते हुए सूत की मोटी चादर 2. खेश 3. करघे का बना मोटा कपड़ा।

खेसारी (सं.) [सं-स्त्री.] 1. एक प्रकार की दाल; दलहन 2. लतरी; मटर जाति की दाल।

खेह (सं.) [सं-स्त्री.] 1. क्षार; धूल 2. राख; धूल-मिट्टी।

खेहा [सं-पु.] बटेर की तरह का एक पक्षी।

खैंचा [सं-पु.] 1. एक बड़ा टोकरा, जो भूसा रखने या ढ़ोने के काम आता है; खाँचा 2. ठीक पकी किन्तु ताप से बही ईंट।।

खैका [सं-पु.] दोपहर का भोजन; खैया।

खैनी [सं-स्त्री.] 1. चूने के साथ खाई जाने वाली तंबाकू या सुरती 2. तंबाकू के कूटे हुए पत्ते का चूरा जो चूने के साथ रगड़कर नशे के लिए खाया जाता है।

ख़ैबर (अ.) [सं-पु.] 1. भारत व अफगानिस्तान के बीच हिमालय क्षेत्र की एक घाटी जिसे पश्चिम से भारत में आने का अहम रास्ता भी माना जाता रहा है 2. एक दर्रा 3. अरब का एक दुर्ग जिसे हज़रत अली ने जीता था।

ख़ैयात (अ.) [सं-पु.] कपड़े सिलने वाला या सिलाई करने वाला व्यक्ति; दरज़ी; सूचिक।

ख़ैयाम (अ.) [सं-पु.] 1. तंबू बनाने वाला; ख़ैमादोज़ 2. ख़ेमा सिलने वाला व्यक्ति 3. रुबाइयाँ लिखने वाले फ़ारसी के प्रसिद्ध शायर उमर ख़ैयाम जो वैद्य तथा ज्योतिषी भी थे।

खैर (सं.) [सं-पु.] 1. खैर वृक्ष जिसकी लकड़ी से कत्था बनाया जाता है 2. एक तरह का बबूल; कीकर 3. कत्था; खदिर 4. भूरे रंग का एक पक्षी।

ख़ैर (फ़ा.) [सं-स्त्री.] 1. कुशल; मंगल; ख़ैरियत; शुभ 2. सलामती 3. नेकी; परोपकार 4. पुण्य; सबाब 5. उम्दा; श्रेष्ठ 6. उपकार; भलाई। [अव्य.] 1. कोई बात नहीं 2. जो भी हो; कुछ चिंता नहीं 3. देखा जाएगा (उपेक्षा भाव में) 4. अच्छा; अस्तु।

ख़ैर-ख़बर (फ़ा.) [अव्य.] 1. कुशल मंगल की जानकारी या हाल-चाल 2. दूसरे के बारे में जानकारी।

ख़ैरख़्वाह (फ़ा.) [वि.] 1. भलाई चाहने वाला; ख़ैर या सलामती चाहने वाला 2. हितैषी; शुभचिंतक; शुभेच्छु।

ख़ैरख़्वाही (फ़ा.) [सं-स्त्री.] शुभेच्छा; मंगलकामना; कल्याणकामना।

खैरभैर [सं-पु.] 1. हो-हल्ला; कोलाहल 2. चहल-पहल; रौनक 3. हलचल।

खैरवाल [सं-पु.] कोलियार का वृक्ष।

खैरा [सं-पु.] 1. कत्थई रंग 2. कत्थई रंग के खुरों वाला बैल 3. कत्थई रंग का पशु 2. धान की फ़सल में लगने वाला एक रोग। [वि.] खैर या कत्थे के रंग का; कत्थई।

खैरागढ़ी [सं-पु.] बैल की एक किस्म।

ख़ैरात (अ.) [सं-स्त्री.] 1. दान; भिखारियों को दिया जाने वाला पैसा या सामान 2. मुफ़्त में मिली हुई चीज़ 3. धार्मिक कामकाज 4. भिक्षा।

ख़ैरातख़ाना (अ.+फ़ा.) [सं-पु.] 1. जहाँ अपाहिजों व दरिद्रों को मुफ़्त में दवा या भोजन इत्यादि दिया जाता है 2. मोहताज़ख़ाना; अनाथाश्रम 3. लंगर; अन्नसत्र।

ख़ैराती (अ.) [वि.] 1. ख़ैरात या दान के रूप में मिलने वाली 2. ख़ैरात संबंधी।

ख़ैरियत (फ़ा.) [सं-स्त्री.] 1. कुशलक्षेम; राजी-ख़ुशी; सलामती 2. भलाई; सुरक्षा 3. मंगल; कल्याण।

खैरी [सं-स्त्री.] लोही (भैंस)।

खैला (सं.) [सं-पु.] जवान बछड़ा या बैल, जो अभी हल में न जुता हो।

ख़ैला (फ़ा.) [वि.] अभद्र (स्त्री); मूर्ख; फूहड़।

खो-खो [सं-पु.] एक प्रकार का खेल जो दो टीमों द्वारा खेला जाता है, जिसमें कुछ खिलाड़ी एक निश्चित क्रम में बैठते हैं तथा खेल शुरू होने पर एक पक्ष का खिलाड़ी दौड़ता है और उसके पीछे दौड़ने वाले दूसरे पक्ष के प्रतिद्वंद्वी खिलाड़ी को अपने अंक बनाने के लिए एक निश्चित जगह पर बैठने से पूर्व पहले पक्ष के खिलाड़ी को तेज़ दौड़कर छूना पड़ता है।

खों-खों (सं.) [सं-पु.] खाँसने की ध्वनि; खाँसने की आवाज़।

खोंगाह [सं-पु.] हलका पीलापन या भूरापन लिए सफ़ेद रंग का घोड़ा।

खोंच (सं.) [सं-स्त्री.] 1. कपड़े का किसी नोकदार चीज़ या काँटे आदि में उलझकर फट जाना; कपड़े का थोड़ा-सा फटा हुआ या चिरा हुआ भाग 2. खरोंच 3. झोली। [सं-पु.] मुट्ठी भर अनाज।

खोंचकिल [सं-पु.] चिड़ियों का घोंसला; नीड़।

खोंची [सं-स्त्री.] 1. किसान या दुकानदारों द्वारा अपने सेवादारों या मंगतों को दिया जाने वाला अनाज या कोई अन्य सामान 2. मकान के किसी ओर निकला हुआ अतिरिक्त हिस्सा, जो मकान में वास्तुदोष उत्पन्न करता है।

खोंचीदार [सं-पु.] अँकुसीदार।

खोंजड़ा [सं-पु.] बिना दना की बाली; पइया।

खोंटना (सं.) [क्रि-स.] 1. किसी शाक, जैसे-चना, मेथी या पालक आदि के छोटे पौधों के ऊपरी हिस्से को उँगलियों की नोक या चुटकी से दबाकर तोड़ना 2. कोंपल या फुनगी नोंचना 3. टुकड़े करना।

खोंड़र (सं.) [सं-पु.] 1. वृक्ष के तने या मोटी डाल में बना हुआ खोखला हिस्सा, जहाँ जंगली पशु या पक्षी रहने का ठिकाना या घोंसला बना लेते हैं 2. कोटर।

खोंड़ा (सं.) [वि.] 1. जिसके आगे के दो-तीन दाँत टूटे हों; टूटे हुए दाँतवाला 2. अपाहिज; जिसका कोई अंग टूटा हो; अंग-भंगवाला 3. जिसमें धार न हो 4. पेड़ का खोखला भाग 5. खंडित।

खोंढर [सं-पु.] 1. वृक्ष के तने में बना गड्ढा 2. खोखला।

खोंता [सं-पु.] चिड़ियों का घोंसला; नीड़।

खोंप [सं-स्त्री.] 1. किसी चीज़ के चुभने से लगी हुई खरोंच 2. चीरा 3. दरार 4. दूर-दूर लगे हुए टाँकों की सिलाई।

खोंपा [सं-पु.] 1. हल की वह लकड़ी जिसमें नुकीला फाल लगा होता है 2. भूसा रखने की छान 3. स्त्रियों के बालों का जूड़ा 4. छाजन या छप्पर का कोना।

खोंपाबधाव [सं-स्त्री.] 1. छल्ली बधाव (केश सज्जा) 2. बालों को घुंघराले तरीके से बाँधना।

खोंसना (सं.) [क्रि-स.] 1. किसी चीज़ को दूसरी चीज़ में फँसाना या अटकाना 2. घुसेड़ना; ठूसना; भरना।

खोइया [सं-पु.] 1. छिलका; सीठी 2. रस निकल जाने पर बचा गन्ने का डंठल 3. गुठलीदार कच्चे आम की खटाई 4. बोकला।

खोई [सं-स्त्री.] 1. कोल्हू की पिराई के बाद गन्ने का रसविहीन अंश 2. रस निकालने के बाद गन्ने का सुखाया हुआ डंठल या तना जिसको ईंधन के रूप में उपयोग किया जाता है 3. भुना हुआ चावल; लाई 4. सिर पर बँधा कंबल या चादर 5. सट्टे में होने वाला नुकसान।

खोकंद (फ़ा.) [सं-पु.] तुर्किस्तान या तुर्की का एक प्रसिद्ध नगर।

खोखर [सं-पु.] एक प्रकार का राग।

खोखला [वि.] 1. पोला; रिक्त 2. जिसके भीतर कुछ भी न हो 3. निरर्थक; सारहीन 4. भावशून्य 5. शक्तिहीन; दुर्बल। [सं-पु.] 1. खोखली जगह; पोली जगह 2. कोटर 2. विवर; बड़ा छेद।

खोखलापन [सं-पु.] 1. खोखले होने का भाव 2. खालीपन 3. थोथा; पोला 4. {ला-अ.} आदर्शहीनता (व्यक्ति या समाज की)।

खोखा [सं-पु.] 1. खोल; कोटर 2. डिब्बा 3. हुंडी लिखा हुआ कागज़ 4. वह हुंडी जिसका रुपया अदा किया जा चुका हो 5.बालीवुड सिनेमा में प्रचलित एक करोड़ की राशि।

ख़ोगीर (फ़ा.) [सं-पु.] 1. ज़ीन; चारजामा 2. रद्दी या व्यर्थ वस्तु 3. नमदा; घोड़े की ज़ीन के नीचे बिछाया जाने वाला ऊनी कपड़ा।

खोज (सं.) [सं-स्त्री.] 1. खोजने की क्रिया या भाव 2. आविष्कार; तथ्यान्वेषण 3. पता; निशान 4. तलाश; पीछा 5. अनुसंधान; शोध; अन्वेषण 6. यत्न; प्रयास 7. गाड़ी के पहिए की लीक 8. मनुष्यों या पशुओं के ज़मीन पर चलने से बनने वाला चिह्न; निशान।

खोजख़बर (सं.+अ.) [सं-स्त्री.] 1. हाल-चाल; ख़ैरियत 2. कुशल-प्रश्न 2. जानकारी; तलाश 4. गुप्तचर्या।

खोजना (सं.) [क्रि-स.] 1. ढूँढ़ना; तलाश करना 2. किसी छिपी वस्तु का पता लगाना; तलाशना 3. शोध या अनुसंधान करना 4. टटोलना; टोहना 5. प्राप्त करने की कोशिश करना।

खोजपूर्ण (सं.) [वि.] 1. खोज से प्राप्त; गवेषणात्मक 2. अन्वेषणात्मक; अनुसंधानपरक।

खोजबीन [सं-स्त्री.] 1. खोज; किसी चीज़ का पता लगाना 2. जाँच-पड़ताल; गुप्तचर्या 3. अपराध अनावरण 4. तथ्यान्वेषण।

खोजवाना [क्रि-स.] 1. खोजने का काम दूसरे से कराना 2. दूसरे को खोजने के लिए प्रवृत्त करना 3. शोध करवाना 4. ढुँढ़वाना; तलाश करवाना।

ख़ोजा (फ़ा.) [सं-पु.] 1. हिजड़ा; जनखा 2. मुसलमान बादशाहों के हरमों में रहने वाले सेवक या रक्षक, जो नपुंसक होते थे 3. दास; नौकर; सेवक 4. गुजराती मुसलमानों की एक जाति या समुदाय।

खोजी [वि.] 1. अन्वेषक 2. खोजने वाला; ढूँढ़ने वाला; जासूस 3. गवेषक 4. टोहिया 5. तलाश करनेवाला 6. जिसे खोज के लिए चुना जाए 7. गुप्तचर; पता लगाने वाला।

खोजी पत्रकारिता [सं-स्त्री.] पत्रकारिता की वह शाखा जिसमें खोजबीन करके तथ्यों के माध्यम से असामाजिक तत्वों तथा अपराधों का खुलासा किया जाता है।

खोट (सं.) [सं-पु.] 1. किसी चीज़ या पदार्थ में विद्यमान दोष; अवगुण 2. कमी; गिरावट; विकृति 3. किसी पदार्थ में मिला हुआ अन्य निकृष्ट पदार्थ; मिलावट 4. कमज़ोरी; कमी 5. दुष्टतापूर्ण व्यवहार या कुटिल मानसिकता; दुर्भावना 6. बुराई; कपट 7. पाप; कसूर 8. सोने-चाँदी के गहनों में मिश्रित घटिया धातु।

खोटना [क्रि-स.] 1. लोहे को पीट-पीटकर पतला बनाना 2. साग आदि को खेत से उखाड़ना।

खोटा (सं.) [वि.] 1. जिसमें कोई विकृति या खोट हो 2. जो अपने मूल स्वरूप में न हो 3. दोषपूर्ण; घटिया; बुरा 4. मिलावटी; नकली, जैसे- खोटा सिक्का 5. खल; दुष्ट; पापी 6. जो खरा न हो 7. अनुचित 8. 'खरा' का विलोम 9. नीच; दुराचारी 10. दुर्गुणी।

खोटाई [सं-स्त्री.] 1. खोटा होना; खोटेपन का भाव; अवगुण; बुराई 2. कुटिलता 3. छल; कपट; धोखा 4. दोष; ऐब; कमी।

खोटापन [सं-पु.] 1. खोटे होने की अवस्था, गुण या भाव 2. कमी; दोष; ऐब 3. कमज़ोरी 4. कुटिलता।

खोटी (सं.) [सं-स्त्री.] 1. नकली वस्तु 2. मिलावटी चीज़ 3. कसौटी पर न उतरने वाली।

खोड (सं.) [वि.] 1. अपाहिज; विकलांग; लँगड़ा 2. खोंड़ा।

खोड़ [सं-पु.] 1. किसी तरह का दोष 2. देवों या पितरों का कोप 3. प्रेत का कोप; ऊपरी हवा। [सं-पु.] खोखला।

खोड़र (सं.) [सं-पु.] 1. गुहा; कोटर 2. पेड़ का खोखला भाग 3. खोखला दाँत।

खोड़ी [सं-स्त्री.] खूँड़ी।

खोद [सं-पु.] 1. खोदने की क्रिया; खनन 2. तह तक जाने की क्रिया 2. छानबीन; पड़ताल।

खोदई [सं-स्त्री.] हिमालय की तराई में प्राप्त एक छोटा पेड़, जिसका उपयोग रंगने में और दवा में होता है।

खोदना [क्रि-स.] 1. फावड़ा या कुदाल से बीज बोने के लिए खेत या ज़मीन को भुरभुरा बनाना; गड्ढा बनाना 2. जमी हुई चीज़ उखाड़ना; कुरेदना 3. धातु, पत्थर या लकड़ी पर छेनी या मशीन से चित्र या डिजाइन बनाना; नक्काशी करना 4. खुरचना 5. कुछ चुभो देना 6. उभारना; उकेरना।

खोदनी [सं-स्त्री.] 1. खोदने का उपकरण 2. गैंती; कुदाल 3. दंतखोदनी; कनखोदनी 4. कुरेदनी।

खोदवाना [क्रि-स.] 1. खोदने का काम कराना; खोदने में प्रवृत्त करना 2. खुदाई के लिए उकसाना।

खोनचा (फ़ा.) [सं-पु.] ऐसा थाल जिसमें मिठाइयाँ आदि रखकर फेरीवाले बेचते हैं।

खोना (सं.) [क्रि-स.] 1. किसी चीज़ का न मिलना; गुम हो जाना 2. किसी वस्तु से वंचित होना 3. भारी क्षति होना 4. कोई चीज़ कहीं गिरा देना या गुम कर देना 5. गँवाना; छोड़ देना 6. ख़त्म करना; नष्ट करना, जैसे-रोज़गार का अवसर खोना 7. बिगाड़ देना। [क्रि-अ.] 1. कल्पना करना या सपनों की दुनिया में खो जाना; अन्यमनस्क होना 2. सोच में डूबना; किसी को याद करना।

खोन्हा [सं-पु.] अनाज आदि रखने योग्य मिट्टी का पात्र।

खोपटा [सं-पु.] चीएँ की ऊपरी पर्त।

खोपड़ा (सं.) [सं-पु.] 1. सिर; खोपड़ी 2. कपाल 3. नारियल या नारियल की गरी का खोल 4. भिखारियों का खप्पर।

खोपड़ी (सं.) [सं-स्त्री.] 1. व्यक्ति या पशुओं का सिर 2. सिर की हड्डी; कपाल 3. दिमाग; मस्तिष्क 4. सिर का कंकाल 5. किसी गोल वस्तु का बहुत कठोर ऊपरी आवरण, जैसे-नारियल का खोल। [मु.] **-खा जाना** : बहुत बातें करके परेशान कर देना। **-चाट जाना** : बकवास करके परेशान कर देना।

खोपड़े [सं-पु.] छाल (फल की)।

खोपा (सं.) [सं-पु.] 1. छप्पर का कोई कोना 2. नारियल की गरी; गोला 3. स्त्रियों की गूँथी हुई चोटी की तिकोनी बनावट; जूड़ा।

खोभ [सं-स्त्री.] 1. किसी सतह पर उभरी हुई नुकीली चीज़ 2. फ़र्श या दीवार में गड़ी हुई वह चीज़ जो चुभती हो 3. कटी हुई फ़सल के खेत में बचे रहनेवाले डंठल, जैसे-सरसों या अरहर की खोभ।

खोभना (सं.) [क्रि-स.] 1. किसी नरम चीज़ में कोई कठोर चीज़ धँसाना 2. चुभोना; गड़ाना।

खोभरना [क्रि-अ.] 1. बीच में आ घुसना 2. बाधा बनना 3. आड़ा-तिरछा आना।

खोभार [सं-पु.] 1. सुअरबाड़ा; मवेशियों की कोठरी 2. कूड़ा-करकट फेंकने का गड्ढा।

खोभिया [सं-स्त्री.] लाई चावल का भूजा।

खोम (सं.) [सं-पु.] किले का बुर्ज।

खोमचेवाला [सं-पु.] वह व्यक्ति जो खोमचे में मिठाई, चाट, पकौड़ी आदि रखकर बेचता है।

खोया[1] (सं.) [सं-पु.] 1. आँच पर चढ़ाकर गाढ़ा किया गया दूध 2. ईंट पाथने का गारा।

खोया[2] [वि.] 1. जो गुम हो; अनुपलब्ध; अप्राप्त 2. गायब; गुम; गुमशुदा 3. बिछुड़ा 4. लापता 5. विलुप्त; नष्ट।

खोर [सं-स्त्री.] 1. गाय, भैंस व अन्य पशुओं को चारा खिलाने की सीमेंट या पत्थर की नाँद 2. सँकरी गली; कूचा 3. घास डालना या सानी करने की जगह 4.नटखट।

ख़ोर (फ़ा.) [परप्रत्य.] 1. खाने वाला, जैसे-आदमख़ोर 2. प्राप्त करके उपयोग करने वाला, जैसे-रिश्वतख़ोर, नशाख़ोर 3. अपमानित होने वाला, जैसे-हरामख़ोर, जूताख़ोर।

खोरनी [सं-स्त्री.] भट्टी या भाड़ में ईंधन झोंकने की लकड़ी।

खोरा [सं-पु.] 1. कटोरा; बेला 2. पानी पीने का बरतन; आदरखोरा; गिलास।

खोरिया [सं-स्त्री.] 1. छोटी कटोरी या बिलिया 2. छोटी चमकीली बिंदियाँ जिन्हें स्त्रियाँ या अभिनय करने वाले (रामलीलावाले) सुंदर दिखने के लिए मुँह पर लगाते हैं।

ख़ोरी (फ़ा.) [परप्रत्य.] खाने की क्रिया या भाव, जैसे-रिश्वतख़ोरी, हवाख़ोरी।

खोल[1] [सं-पु.] टोप; शिरस्त्राण; खोद।

खोल[2] (सं.) [सं-पु.] 1. किसी चीज़ का बाहरी आवरण या कवच; गिलाफ़; (कवर) 2. कुछ ख़ास तरह के कीटों के शरीर का सुरक्षात्मक आवरण 3. कपड़े के झोले या थैले जैसी कोई चीज़ 4. मोटे कपड़े की बनी हुई दोहरी चादर।

खोलक (सं.) [सं-पु.] 1. सिर का कवच 2. फल का छिलका; सुपारी का कड़ा आवरण 3. कड़ाह 4. साँप की बाँबी।

खोलनइया [सं-पु.] एक प्रकार की नाव।

खोलना [क्रि-स.] 1. बंधनमुक्त करना; ग्रंथिमुक्त करना 2. सुलझाना; समझाना 3. छोड़ना 4. छिपे हुए भेद या तथ्य को प्रकट करना; बताना 5. मशीन आदि को मरम्मत आदि के लिए खोलना 6. उघाड़ना; उधेड़ना 7. निखारना 8. बिछाना 9. उतारना।

खोलि (सं.) [सं-स्त्री.] बाणों का तरकश; तूणीर।

खोलिया [सं-स्त्री.] बढ़इयों का एक उपकरण, जिससे वे लकड़ी पर बेल-बूटे आदि खोदते हैं।

खोली [सं-स्त्री.] 1. छोटा खोल या कक्ष; कोठरी 2. महानगरों में रहने के लिए बनाई गई छोटी और तंग कोठरी के लिए प्रयुक्त शब्द 3. सामान रखने की थैली 4. तकिए या रजाई पर चढ़ाने का गिलाफ़ या खोल।

खोवा [सं-पु.] दूध को औंटाकर बनाया गया गाढ़ा पदार्थ; खोआ; मावा; खोया।

ख़ोशा (फ़ा.) [सं-पु.] 1. गेंहू, जौ या धान की बाल 2. मंजरी; गुच्छा 3. घौद।

ख़ोशाचीं (फ़ा.) [वि.] 1. खेत में गिरी हुई बालें चुगने या इकट्ठा करने वाला 2. दूसरे की विद्या से लाभ हासिल करने वाला।

खोसना [क्रि-स.] 1. छीनना; झटकना 2. खोंसना; किसी वस्तु को इस तरह किसी दूसरी वस्तु में डालना या लगाना कि वह उसमें अटक या फँस जाए।

खोह (सं.) [सं-स्त्री.] 1. खाई; कंदरा; गुफा 2. पहाड़ों के बीच का सँकरा रास्ता या गड्ढा 3. दर्रा।

खोहिया [सं-पु.] दे. खोइया।

खोही (सं.) [सं-स्त्री.] 1. पत्तों से बनी छतरी 2. पहाड़ों के बीच का गहरा गड्ढा या खाई; घाटी 3. घोघी।

खौं (सं.) [सं-स्त्री.] 1. खत्ता; गड्ढा 2. किसानों द्वारा अनाज संचित करके रखने का गड्ढा।

खौंच [सं-पु.] किसी वस्तु के बाहर निकले या असमतल बाहरी नुकीले किनारे।

खौंट [क्रि-स.] 1. चोंच से ठोकने पर निकली आवाज़ 2. खोटने की क्रिया; खरोंच।

खौंतर [सं-पु.] पेड़ के तने का छेद; खौंलर।

खौज़ (अ.) [सं-पु.] गंभीर चिंतन; मनन।

ख़ौफ़ (अ.) [सं-पु.] 1. किसी बात का ख़तरा 2. भय; डर 3. आशंका 4. घबराहट; 5. आतंक 6. खटका। [मु.] **-खाना** : किसी बात से डर जाना।

ख़ौफ़ज़दा (अ.) [वि.] 1. डरा हुआ; भयभीत 2. जो आशंकित हो।

ख़ौफ़नाक (अ.) [वि.] 1. ख़ौफ़ या डर पैदा करने वाला; डरावना; भयानक 2. भयभीत कर देने वाला 3. जिससे ख़तरा महसूस हो; भीषण।

खौर (सं.) [सं-पु.] 1. माथे पर लगाया जाने वाला चंदन का टीका; त्रिपुंड 2. माथे का एक गहना 3. मछली फँसाने का जाल।

खौरना [क्रि-स.] तिलक या टीका लगाने के बाद उस पर लहरिया बनाना; खौर करना।

खौरा (सं.) [सं-पु.] 1. सिर के बाल झड़ने का रोग; रूसी 2. कुत्तों को होनेवाली खुजली।

खौरी [सं-स्त्री.] राख (सुनारों द्वारा किसी धातु का भस्म बनाने के क्रम में प्रयुक्त शब्द), जैसे- खौरी करना।

खौरू [सं-पु.] बैल या साँड़ की डकार या बोली।

खौलना (सं.) [क्रि-अ.] 1. आग पर गरम होकर या तपकर किसी तरल पदार्थ का उबलना 2. अत्यधिक क्रोध करना।

खौलाना [क्रि-स.] 1. किसी तरल पदार्थ को गरम करके ख़ूब उबालना; औटाना 4. जलाना 5. {ला-अ.} क्रोधित करना।

खौलाव [सं-पु.] 1. उबाल आना 2. खौल उंठना 3. क्रुद्ध होना।

खौहा [वि.] 1. जो बहुत खाता हो; भुक्खड़; पेटू 2. दूसरे की कमाई पर आश्रित।

ख्यात (सं.) [सं-पु.] किसी वीर योद्धा या नायक के यश का बखान करने वाला काव्य। [वि.] 1. मशहूर; समाज में चर्चित; लोकप्रिय; प्रसिद्ध 2 प्रचारित; प्रशंसित; वर्णित 3. नामी।

ख्याति (सं.) [सं-स्त्री.] 1. प्रसिद्धि; लोकप्रियता 2. प्रशंसा 3. यश; कीर्ति।

ख्यापक (सं.) [वि.] 1. घोषणा करने वाला 2. प्रकट या प्रकाशित करने वाला 3. भूल स्वीकार करने वाला।

ख़्यालिया (फ़ा.) [सं-पु.] ख़्याल शैली में गान करने वाला गायक।

ख़्याली (फ़ा.) [वि.] 1. ख़्याल संबंधी; कल्पित; सोचा हुआ 2. अयथार्थ; काल्पनिक 3. सनकी; ख़ब्ती 4. खेल; खिलवाड़ी।

ख़्वाजा (फ़ा.) [सं-पु.] 1. स्वामी; मालिक 2. सरदार; हाकिम; नेता 3. त्यागी और पहुँचा हुआ फ़कीर; महात्मा 4. हाकिम 5. खोजा नामक जाति 6. मुसलमान समुदाय में एक पदवी 7. हिजड़ा।

ख़्वाजासरा (तु.) [सं-पु.] 1. पुराने समय में रनिवास का हिजड़ा नौकर 2. शाही महल में अंतःपुर का दरोगा जो प्रायः नपुंसक हुआ करता था।

ख़्वान (फ़ा.) [सं-पु.] भोजन करने की थाली; थाल; परात; बड़ी तश्तरी।

ख़्वाब (फ़ा.) [सं-पु.] 1. सपना; स्वप्न 2. नींद में होना 3. सोने की अवस्था।

ख़्वाबगाह (फ़ा.) [सं-पु.] सोने का कमरा, शयनागार, शयनकक्ष।

ख़्वार (फ़ा.) [वि.] 1. अपमानित; बेइज़्ज़त; तिरस्कृत 2. तबाह; बदहाल; नष्ट 3. परेशान।

ख़्वारी (फ़ा.) [सं-स्त्री.] 1. अपमान; बेइज़्ज़ती 2. दुर्दशा; बदहाली; ख़राबी 3. बरबादी 4. ज़िल्लत।

ख़्वास्त (फ़ा.) [सं-स्त्री.] 1. मनोकामना 2. चाह; इच्छा 3. ख़्वाहिश।

ख़्वास्तगार (फ़ा.) [वि.] 1. इच्छुक; माँगने वाला 2. प्रार्थी 3. अपील करने वाला।

ख़्वास्ता (फ़ा.) [वि.] 1. जिसकी कामना हो 2. जिसे चाहा गया हो।

ख़्वाह (फ़ा.) [अव्य.] 1. चाहे 2. अथवा; या 3. या तो।

ख़्वाहमख़्वाह (फ़ा.) [क्रि.वि.] 1. अनावश्यक; बेवजह 2. न चाहते हुए भी, ज़बरदस्ती 3. मज़बूरी के साथ; बेकार ही।

ख़्वाहाँ (फ़ा.) [वि.] 1. याचक; इच्छुक 2. माँगने वाला 3. प्रेमी; चाहने वाला; जिसमें चाह हो।

ख़्वाहिश (फ़ा.) [सं-स्त्री.] 1. अभिलाषा; कामना; इच्छा 2. लालसा; तलब 3. आकांक्षा; चाहत 4. महत्वाकांक्षा।

ख़्वाहिशमंद (फ़ा.) [वि.] 1. ख़्वाहिश रखने वाला 2. अभिलाषी; आकांक्षी 3. इच्छुक।

ग

ग हिंदी वर्णमाला का व्यंजन वर्ण। उच्चारण की दृष्टि से यह कोमल तालव्य, सघोष, अल्पप्राण स्पर्श है।

ग़ उच्चारण की दृष्टि से यह कोमल तालव्य, सघोष संघर्षी है। अरबी-फ़ारसी से आगत शब्दों में इस वर्ण का प्रयोग किया जाता है। हिंदी वर्णमाला में यह अभी तक सम्मिलित नहीं किया गया है।

गँगरी [सं-स्त्री.] एक प्रकार की कपास जिसको बनी भी कहते हैं।

गँगवा [सं-पु.] एक पेड़ का नाम जो दक्षिण भारत में सागर के किनारे तथा बर्मा, अंडमान और श्रीलंका में होता है।

गँगेटी (सं.) [सं-स्त्री.] दवा के काम आने वाली एक प्रकार की जड़ी-बूटी या वनौषधि।

गँगेरुवा (सं.) [सं-पु.] एक प्रकार का पहाड़ी वृक्ष।

गँगौटी [सं-स्त्री.] गंगा के किनारे की बालू या मिट्टी।

गँजना [क्रि-अ.] 1. ढेर लगना 2. भरा जाना 3. इकट्ठा होना।

गँजाई [सं-स्त्री.] ढेर लगाने की क्रिया या भाव।

गँजेड़ी [वि.] 1. गाँजा पीने वाला 2. गंजी।

गँठबंधन [सं-पु.] दे. गठबंधन।

गँठीली (सं.) [वि.] 1. गठी हुई 2. जिसमें गाँठे हो; गाँठदार 3. मज़बूत; दृढ़।

गँड़कसा [सं-पु.] वह रस्सी जिससे एक पतवार बंधा रहता है।

गँड़दार (सं.+फ़ा.) [सं-पु.] महावत; हाथीवान; पीलवान।

गँड़रा (सं.) [सं-पु.] 1. मूँज की तरह की एक घास जो तर ज़मीन में होती है 2. धान की एक प्रजाति।

गँड़ारी [सं-स्त्री.] क्यारी।

गँड़ासा [सं-पु.] 1. घास काटने का एक धारदार औज़ार 2. हँसिए की तरह का एक औज़ार जिससे पशुओं का चारा काटा जाता है।

गँड़ेरी [सं-स्त्री.] 1. ईख या गन्ने का छोटा टुकड़ा जो चूसने के काम आता है 2. कोल्हू में पेरने के लिए काटे गए गन्ने के छोटे टुकड़े 3. किसी चीज़ का छोटा टुकड़ा।

गँदला [वि.] 1. (पानी) जो स्वच्छ न हो; दूषित 2. गंदा; मैला 3. जिसमें धूल-मिट्टी मिली हुई हो।

गँधिया [सं-पु.] दे. गंधिया।

गँधीला [वि.] अप्रिय या बुरी गंधवाला; दुर्गंधयुक्त; बदबूदार।

गँधेल [सं-पु.] बालियाँ काटकर खेत में चारे के लिए छोड़ा गया ज्वार-बाजरा।

गँवाऊ [वि.] गँवाने वाला; धन-संपत्ति नष्ट करने वाला।

गँवाना (सं.) [क्रि-स.] 1. खोना; कोई चीज़ हाथ से निकल जाना देना 2. नष्ट करना 3. दूर करना; हटा देना।

गँवार [वि.] 1. जो शिष्ट न हो 2. अनजान; अनाड़ी 3. अशिक्षित; असभ्य।

गँवारपन [सं-पु.] 1. गँवार होने की अवस्था या भाव 2. देहातीपन 3. अनाड़ीपन; मूर्खता।

गँवारू [वि.] 1. गँवार जैसा 2. असभ्य; अशिष्ट; बेअक्ल 3. भोंदू; भौंडा; बेढंगा।

गँसीला [वि.] 1. तीर के समान नोंकदार 2. चुभने वाला 3. गफ; गसा हुआ।

गंग (सं.) [सं-पु.] 1. एक मात्रिक छंद 2. भक्तिकाल के एक प्रसिद्ध हिंदी कवि।

गंगई [सं-स्त्री.] मैना की जाति की गहरे भूरे रंग की एक चिड़िया; गलगलिया।

गंगजा [सं-पु.] एक प्रकार का कंद; शलजम।

गंगबरार (हिं.+फ़ा.) [सं-पु.] गंगा या किसी अन्य नदी की धारा के पीछे हटने से निकली ज़मीन।

गंगला [सं-पु.] 1. एक प्रकार के शलजम का पौधा 2. उक्त पौधे से प्राप्त शलजम।

गंगा (सं.) [सं-स्त्री.] भारत की एक प्रसिद्ध तथा पवित्र नदी जो हिमालय से निकलकर बंगाल की खाड़ी में मिलती है; जाह्नवी; भागीरथी। [मु.] **-नहाना** : किसी कार्य से मुक्ति पाना; किसी दायित्व को पूर्ण करना।

गंगा-जमुनी [सं-स्त्री.] 1. कान का एक गहना 2. वह दाल जिसमें अरहर और उड़द की दाल मिली हो; केवटी दाल 3. ज़रदोज़ी का ऐसा काम जिसमें सुनहले और रुपहले दोनों रंग के तार हों। [वि.] 1. मिलाजुला; संकर; दुरंगा 2. जिसमें सामाजिक और सांस्कृतिक सद्भाव हो; समन्वय वाली।

गंगा मैया (सं.) [सं-स्त्री.] 1. गंगा नदी 2. (पुराण) गंगा नामक देवी 3. सामाजिक, सांस्कृतिक और धार्मिक महत्व के कारण भारत में गंगा नदी को माता या देवी स्वरूप माना गया है।

गंगांबु (सं.) [सं-पु.] गंगा नदी का जल; गंगाजल; गंगोदक; ब्रह्मद्रव।

गंगागति (सं.) [सं-स्त्री.] 1. मृत्यु 2. मोक्ष; मुक्ति।

गंगाजमुनी [सं-पु.] सोने चाँदी का मिश्रण; मिश्रित धातु।

गंगाजल (सं.) [सं-पु.] 1. गंगा नदी का पानी; गंगोदक 2. एक प्रकार का रेशमी कपड़ा। [मु.] **-उठाना** : शपथपूर्वक कहना।

गंगाजली (सं.) [सं-स्त्री.] 1. एक प्रकार का गेहूँ जो भूरे रंग का और कड़ा होता है 2. काँच या धातु की बनी हुई सुराही या शीशी जिसमें यात्री गंगाजल भरकर ले जाते हैं; सुमेर 3. धातु की बनी हुई सुराही जिसमें पीने के लिए पानी रखा जाता है 4. लोटे जैसा एक पात्र जिसमें कड़ीदार ढक्कन लगा रहता है।

गंगाधर (सं.) [सं-पु.] 1. शिव; महादेव 2. समुद्र 3. एक वर्णिक छंद; खंजन छंद।

गंगापाट [सं-पु.] घोड़े की पीठ या पेट पर पड़ने वाली भौंरी जो उसकी जीन के नीचे होती है।

गंगापुत्र (सं.) [सं-पु.] 1. (महाभाष्य) भीष्म 2. पवित्र नदियों के तट पर या तीर्थस्थानों में रहने वाली ब्राह्मणों की एक उपजाति।

गंगापूजा (सं.) [सं-स्त्री.] विवाह के बाद की एक रीति जिसमें वर-वधू को लेकर गाजे-बाजे के साथ गंगा एवं अन्य देवताओं की पूजा की जाती है; कंगन छोड़ना; बरनवार।

गंगाफल [सं-पु.] 1. कद्दू 2. तरबूज।

गंगायात्रा (सं.) [सं-स्त्री.] 1. मरणासन्न व्यक्ति का गंगा के तट पर मरने के लिए गमन 2. मृत्यु; स्वर्गवास।

गंगाल [सं-पु.] पानी रखने का धातु निर्मित चौड़े मुँह का एक बड़ा बरतन; कंडाल।

गंगालाभ (सं.) [सं-पु.] 1. गंगा की प्राप्ति 2. मृत्यु 3. गंगातट पर दाह संस्कार का होना।

गंगावतरण (सं.) [सं-पु.] स्वर्ग से गंगा का पृथ्वी पर आना।

गंगावासी (सं.) [वि.] गंगा के तट पर रहने वाला।

गंगासागर (सं.) [सं-पु.] 1. बंगाल की खाड़ी में कोलकाता से अस्सी मील दक्षिण में स्थित एक द्वीप 2. गंगा नदी तथा सागर का संगम स्थल 3. उक्त के पास का वह स्थान जहाँ गंगा नदी समुद्र में मिलती है जिसे एक तीर्थ माना जाता है 4. पानी परोसने का एक टोंटीदार बरतन 5. खद्दर की छापेदार ज़नानी धोती।

गंगासुत (सं.) [सं-पु.] गंगापुत्र; भीष्म।

गंगेश (सं.) [सं-पु.] शिव; महादेव।

गंगोत्री (सं.) [सं-स्त्री.] गढ़वाल में हिमालय पर्वत पर एक स्थान जहाँ से गंगा निकलती है; गंगा नदी का उद्गम स्थल।

गंगोदक (सं.) [सं-पु.] 1. गंगाजल 2. चौबीस अक्षरों का एक वर्णवृत्त।

गंगोद्भेद (सं.) [सं-पु.] 1. गंगा का उद्गमस्थल; गंगोत्री 2. प्रयाग में जिस स्थान से गंगा तथा यमुना की धारा अलग हुई वह स्थल।

गंगोल (सं.) [सं-पु.] एक प्रसिद्ध मणि या रत्न; गोमेद।

गंगौटी [सं-स्त्री.] गंगा के किनारे की रेत या मिट्टी।

गंगौलिया [सं-पु.] एक प्रकार का नीबू जो बहुत ही खट्टा होता है।

गंज[1] [सं-पु.] 1. बाल झड़ने वाला एक रोग 2. सिर में निकलने वाली छोटी-छोटी फुंसियाँ 3. बालखोरा रोग 4. गंजापन 5. भगौना; खाना पकाने का बरतन।

गंज[2] (फ़ा.) [परप्रत्य.] कुछ नामों के अंत में लगकर बस्तियों या बाज़ारों का अर्थ देता है, जहाँ व्यापारी रहते और व्यापार करते हैं, जैसे- किशनगंज।

गंजगोला [सं-पु.] तोप का एक प्रकार का गोला जिसमें बहुत-सी छोटी-छोटी गोलियाँ भरी होती हैं।

गंजचाकू [सं-पु.] एक प्रकार का चाकू जिसमें फल के अतिरिक्त कई अन्य उपकरण कैंची आदि लगे होते हैं।

गंजन (सं.) [सं-पु.] 1. तिरस्कार; अवज्ञा 2. दुर्दशा; दुर्गति 3. नष्ट या परास्त करने की क्रिया या भाव। [वि.] 1. नष्ट करने वाला 2. तिरस्कार या अवज्ञा करने वाला।

गंजनी [सं-स्त्री.] एक प्रकार की घास जो सुगंध बनाने के काम में आती है, जिसकी महक नींबू से मिलती-जुलती है।

गंजा [सं-पु.] 1. वह व्यक्ति जिसके सिर के बाल झड़ गए हों 2. गंज रोग से ग्रसित व्यक्ति।

गंजिका (सं.) [सं-स्त्री.] मदिरालय; शराबख़ाना।

गंजी [सं-स्त्री.] 1. शकरकंद; कंदा; सकरकंदी 2. बर्तन (भगोना) 3. ढेर; समूह 4. बनियान [वि.] गाँजा पीने वाला।

गंजीफ़ा (फ़ा.) [सं-पु.] 1. एक खेल जो आठ रंग के छियानवे पत्तों से खेला जाता था 2. उक्त तरीके से खेला जाने वाला खेल 3. ताश का खेल।

गंझा [सं-पु.] पेट का फूलना; बैलों को होने वाला एक रोग।

गंड (सं.) [सं-पु.] 1. गाल; कपोल 2. कनपटी 3. गले में पहनने का काला धागा; गंडा 4. फोड़ा; फुंसी 5. चिह्न; निशान; दाग 6. घेंघा 7. गाँठ 8. मंडलाकार रेखा 9. नाटक का कोई अंगविशेष 10. (ज्योतिष) एक अनिष्ट योग 11. वह रोग जिसमें शरीर के अंदर की छोटी गोल ग्रंथियाँ सूज जाती हैं; गिलटी।

गंडक (सं.) [सं-पु.] 1. गले में पहनने का गंडा या जंतर 2. गाँठ 3. निशान; चिह्न; लकीर; दाग 4. गैंडा 5. बिहार और नेपाल में बहने वाली एक नदी।

गंडमंडल (सं.) [सं-पु.] कान और आँख के बीच का स्थान; कनपटी; कर्णपटी; गंडस्थल।

गंडमाला (सं.) [सं-स्त्री.] कंठमाला नामक रोग।

गंडमाली (सं.) [वि.] कंठमाला का रोगी।

गंडस्थल (सं.) [सं-पु.] कान और आँख के बीच का स्थान; कनपटी; कर्णपटी।

गंडा (सं.) [सं-पु.] 1. (लोकमान्यता) मंत्र पढ़कर गाँठ लगाया हुआ वह धागा जो रोग या प्रेतबाधा दूर करने के लिए गले या हाथ में बाँधते हैं 2. रस्सी, कपड़े आदि में विशेष प्रकार से फेरा देकर बनाया हुआ बंधन या गाँठ 3. पशुओं के गले में बाँधा जाने वाला कौड़ियों और घुँघरू लगा पट्टा 4. तोते, चिड़ियों आदि के ऊपर पाई जाने वाली आड़ी या गोलाकार धारी।

गंडिका (सं.) [सं-स्त्री.] 1. एक प्रकार का छोटा पत्थर 2. एक पेय पदार्थ।

गंडु (सं.) [सं-पु.] 1. ग्रंथि; गाँठ 2. हड्डी; अस्थि।

गंडूल (सं.) [वि.] 1. गाँठदार; जिसमें गाँठें हों 2. वक्र; टेढ़ा 3. झुका हुआ।

गंडूष (सं.) [सं-पु.] 1. हथेली का गड्ढा; चुल्लू 2. पानी का कुल्ला 3. हाथी की सूँड़ का अगला भाग।

गंडेरी (सं.) [सं-स्त्री.] दे. गँड़ेरी।

गंतव्य (सं.) [सं-पु.] 1. मंज़िल; लक्ष्य 2. ठिकाना; घर 3. पता; दिशा। [वि.] 1. जहाँ कोई जा रहा हो; गम्य 2. गमन योग्य।

गंतुक [वि.] जाने वाला।

गंत्रिका [सं-स्त्री.] बैलों से खींची जाने वाली गाड़ी; बैलगाड़ी।

गंद (फ़ा.) [सं-स्त्री.] 1. गँदलापन; मटमैलापन 2. मलिनता; मैलापन 3. अपवित्रता 4. दुर्गंध; बदबू 5. दोष; ख़राबी 6. अशुद्धि 7. बुरी चीज़; बुरी बात।

गंदगी (फ़ा.) [सं-स्त्री.] 1. गंदा होने का भाव; कूड़ाकचरा 2. मैलापन; मलिनता 3. अशुद्धता; मैल 4. मल; विष्ठा 5. अपवित्रता; नापाकी 6. सड़ाँध; बदबू 7. प्रदूषण 7. {ला-अ.} कोई गलत बात या कार्य।

गंदम [सं-पु.] एक प्रकार की चिड़िया, जो जाड़े में पंजाब से लेकर उत्तर प्रदेश तक के इलाके में मिलती है।

गंदला [वि.] दे. गँदला।

गंदा (फ़ा.) [वि.] 1. जिसमें मैल लगा हो; गंदगी से युक्त; मलिन; मैला 2. अशुद्ध; विषाक्त 3. जिसकी धुलाई न हुई हो 4. अश्लील 5. प्रदूषित; अशुद्ध 6. नापाक; बुरा; निंदनीय 6. रोगकारक 7. संक्रामक 8. {ला-अ.} जो शिष्ट न हो, जैसे- गंदी बात।

गंदापन (फ़ा.) [सं-पु.] 1. गंदा होने की अवस्था या भाव 2. मलिन होने की अवस्था या भाव 3. अपवित्रता; अशुद्धि; अस्वच्छता 4. अघोरीपन।

गंदुम (फ़ा.) [सं-पु.] गेहूँ; गोधूम।

गंदुमी (फ़ा.) [वि.] 1. गेहूँ के रंग का; गेहुआँ 2. गेहूँ या उसके आटे का बना हुआ।

गंध (सं.) [सं-स्त्री.] 1. महक; ख़ुशबू; सुगंध 2. बास; बू 3. पृथ्वी तत्व का गुण 4. सूँघने पर होने वाली अनुभूति 5. चंदन, केशर आदि का लेप 6. ख़ुशबूदार पदार्थ; इत्र 7. बहुत थोड़ा या नाम मात्र का अंश; लेशमात्र।

गंधक (सं.) [सं-स्त्री.] 1. पीले रंग का और कुछ तीव्र गंध वाला एक प्रसिद्ध ज्वलनशील पदार्थ जिसका प्रयोग रसायन और वैद्यक में होता है 2. वैद्यक के अनुसार एक उपधातु।

गंधकारी (सं.) [वि.] गंध उत्पन्न करने वाला।

गंधकी [सं-पु.] एक रंग जो कुछ सफ़ेदी लिए पीला होता है। [वि.] 1. गंधक के रंग का 2. हलका पीला।

गंधद्रव्य (सं.) [सं-पु.] सुगंध देने वाला पदार्थ; सुगंधित पदार्थ।

गंधपत्र (सं.) [सं-पु.] 1. बेल; श्रीफल; सदाफल 2. सफ़ेद तुलसी 3. मरुआ नामक एक औषधीय पौधा 4. वन तुलसी।

गंधबंधु (सं.) [सं-पु.] आम का वृक्ष और उसका फल।

गंधबिलाव (सं.) [सं-पु.] जंगली बिल्ली की प्रजाति का एक जीव जिसके अंडकोश से एक प्रकार का सुगंधित तरल पदार्थ निकलता है; गंधमार्जार।

गंधमादन (सं.) [सं-पु.] 1. (पुराण) एक पर्वत जिसकी अवस्थिति इलावृत्त और भद्राश्व खंडों के मध्य मानी गई है 2. उक्त पर्वत पर लगा हुआ सुगंधित औषधियों से युक्त जंगल 3. एक सुगंधित द्रव्य 4. गंधक 5. भौंरा 6. (रामायण) राम की सेना का प्रधान बंदर 7. रावण का एक नाम। [वि.] गंध से उन्मत्त करने वाला।

गंधमादनी (सं.) [सं-स्त्री.] मदिरा; मद्य; दारू; सुरा; शराब।

गंधमार्जार (सं.) [सं-पु.] बिल्ली के आकार-प्रकार का किंतु उससे भिन्न प्रजाति का एक स्तनधारी मांसाहारी जीव जिसके अंडकोश से सुगंधित द्रव निकलता है; गंधबिलाव; कस्तूरीबिलाव।

गंधराज (सं.) [सं-पु.] 1. चंदन 2. मोगरा; बेला 3. नख नामक सुगंध द्रव्य।

गंधर्व (सं.) [सं-पु.] 1. (पुराण) एक देवता जो स्वर्ग में गाने-बजाने का कार्य करते हैं 2. वर्तमान में एक जाति 3. हिरण; मृग; घोड़ा 4. संगीत में एक ताल।

गंधर्वविद्या (सं.) [सं-स्त्री.] संगीत; गान विद्या।

गंधर्वविवाह (सं.) [सं-पु.] 1. हिंदू विवाह के आठ प्रकारों में एक 2. प्रेम विवाह; वह विवाह जिसे वर-कन्या परस्पर प्रेम से प्रेरित होकर करते हैं।

गंधर्ववेद (सं.) [सं-पु.] 1. चार उपवेदों में से एक 2. संगीत का उपवेद।

गंधर्वसार (सं.) [सं-पु.] चंदन; संदल; महागंध।

गंधर्वी (सं.) [सं-स्त्री.] 1. गंधर्व जाति की स्त्री 2. (पुराण) घोड़ों की आदि माता जो सुरभी की पुत्री थी। [वि.] गंधर्व संबंधी; गंधर्वों का।

गंधवह (सं.) [सं-पु.] 1. वायु 2. जिससे गंध का ज्ञान होता है; घ्राणेंद्रिय; नाक। [वि.] 1. गंध वहन करने वाला 2. सुगंधित।

गंधवाह (सं.) [सं-पु.] 1. वायु; पवन; हवा 2. कस्तूरी-मृग।

गंधसफ़ेदा (सं.) [सं-पु.] 1. सफ़ेद छाल वाला एक प्रकार का काफी लंबा और पतला पेड़ 2. उक्त वृक्ष की पत्तियों से प्राप्त होने वाले तेल का उपयोग औषधि और अन्य रूप में किया जाता है।

गंधसार (सं.) [सं-पु.] 1. चंदन 2. मोगरा; बेला 3. कपूर।

गंधहारक (सं.) [वि.] गंध दूर करने वाला।

गंधहीन (सं.) [वि.] 1. जिसमें कोई गंध न हो 2. गंधरहित।

गंधा (सं.) [वि.] गंधवाली; गंधयुक्त।

गंधाना [सं-पु.] रोला छंद का एक नाम। [क्रि-अ.] 1. गंध फैलना 2. गंध छोड़ना या देना। [क्रि-स.] दुर्गंध देना; बसाना; गंध फैलाना।

गंधाबिरोजा [सं-पु.] चीड़ या साल नामक वृक्ष का हलके पीले रंग की गोंद जिससे निर्मित औषधि को फोड़े-फुंसियों पर लगाया जाता है; चंद्रस; चितागंध।

गंधार (सं.) [सं-पु.] भारत के पश्चिमोत्तर प्रदेश का पुराना नाम; गांधार प्रदेश (वर्तमान अफ़गानिस्तान में एक स्थल)।

गंधालु (सं.) [वि.] 1. गंधयुक्त 2. चूहे की तरह का एक जंतु; छछूँदर।

गंधाष्टक (सं.) [सं-पु.] आठ प्रकार की गंधों के मेल से बनी हुई गंध; अष्ट गंध।

गंधिया [सं-पु.] 1. एक बरसाती कीड़ा जिससे दुर्गंध आती है 2. धान आदि की फ़सल को नुकसान पहुँचाने वाला एक कीड़ा। [सं-स्त्री.] 1. गांधी नामक एक बरसाती घास 2. गंध प्रसारिणी नामक लता।

गंधी (सं.) [सं-पु.] 1. सुगंधित तेल, इत्र आदि बनाने और बेचने वाला व्यक्ति; अत्तार 2. गँधिया घास।

गंधेंद्रिय (सं.) [सं-स्त्री.] नाक; नासिका; प्राणग्रह; सूँघने की इंद्रिय; घ्राणेंद्रिय।

गंधेल (सं.) [सं-पु.] एक छोटा वृक्ष या झाड़ जिसकी पत्तियाँ मसाले तथा जड़ और छाल दवाई के काम आती है।

गंधैला [वि.] बदबूदार; जिससे दुर्गंध आती हो [सं-पु.] 1. गंध देने वाली लता 2. एक प्रकार की चिड़िया 3. {ला-अ.} नीच; तुच्छ।

गंधोत्तमा (सं.) [सं-स्त्री.] द्राक्षामधु; द्राक्षासव; अंगूरी शराब।

गंधोली (सं.) [सं-स्त्री.] 1. ततैया 2. इंद्राणी 3. सोंठ।

गंध्य (सं.) [वि.] गंधयुक्त; महकदार; गंधित; जिसमें गंध हो।

गंभीर (सं.) [वि.] 1. कम बोलने और हँसी-मज़ाक से दूर रहने वाला; शांत; धीर 2. जो ख़ुश न हो; चिंतित 3. जिसको समझना कठिन हो; जटिल; दुरूह; गूढ़ 4. गहरा; घना; गहन 5. जिसका निराकरण या समाधान करना मुश्किल हो; कठिन 6. भारी; विकट 7. जिसकी थाह न मिले 8. जिसके मर्म को समझना कठिन हो 9. संयमित; विचारशील।

गंभीरता (सं.) [सं-स्त्री.] 1. गंभीर होने की स्थिति या भाव; मन की स्थिरता 2. चिंतनशीलता; सोच-विचार का भाव 3. गांभीर्य; उदात्तता 4. अचंचलता; शांति 5. गहराई; गहनता 6. संजीदगी।

गंभीरतापूर्वक (सं.) [क्रि.वि.] गंभीरता के साथ; सोच-समझकर; गंभीर होते हुए।

गऊ (सं.) [सं-स्त्री.] गौ; गाय। [वि] {ला-अ.} 1. सीधा; सरल 2. जो हानि न पहुँचाए।

गऊघाट [सं-पु.] गाय आदि पशुओं के पानी पीने के लिए बनाया हुआ बिना सीढ़ियों का ढलुआ घाट।

गऊदान (सं.) [सं-पु.] 1. गाय का दान 2. (पुराण) मृत्यु के पहले या बाद में ब्राह्मण को दिया जाने वाला गाय का दान।

गऊशाला (सं.) [सं-स्त्री.] 1. गायों के चरने तथा रहने के लिए बनाया गया स्थान 2. गायों की शाला या घर।

गगन (सं.) [सं-पु.] 1. आसमान; आकाश; नभ; व्योम 2. अंतरिक्ष।

गगन वाटिका (सं.) [सं-स्त्री.] आकाश की वाटिका अर्थात असंभव बात।

गगनगिरा (सं.) [सं-स्त्री.] आकाशवाणी।

गगनचर (सं.) [सं-पु.] 1. आकाश में उड़ने वाले पक्षी 2. नक्षत्र। [वि.] आकाशचारी।

गगनचुंबी (सं.) [वि.] 1. बहुत ऊँचा 2. जो आकाश को चूमता या छूता प्रतीत हो; गगनभेदी; गगनस्पर्शी 3. अंबरलेखी।

गगनधूलि (सं.) [सं-पु.] 1. कुकुरमुत्ते का एक भेद 2. केवड़े या केतकी के फूल पर की धूल।

गगनभेड़ [सं-स्त्री.] प्रायः जलाशयों के पास रहने वाली कराँकुल या कूँज नामक चिड़िया।

गगनमंडल (सं.) [सं-पु.] 1. पृथ्वी के ऊपर का आकाश का घेरा, परिधि या विस्तार 2. अंतरिक्ष।

गगनस्पर्शी (सं.) [वि.] इतना ऊँचा जो आकाश को चूमता या छूता जान पड़े; बहुत ऊँचा; गगनचुंबी।

गगरा (सं.) [सं-पु.] 1. घड़ा; कलशा 2. लोहा, पीतल या मिट्टी का बना हुआ कलश जैसा पात्र।

गगरी (सं.) [सं-स्त्री.] पानी रखने का छोटा घड़ा; छोटा गगरा; मटका।

गगली [सं-पु.] एक प्रकार का अगर या अगरू।

गगोरी [सं-पु.] एक प्रकार का छोटा कीड़ा, जो जमीन के अंदर बिल बनाकर रहता है।

गच [सं-स्त्री.] 1. किसी मुलायम या नरम वस्तु में कोई धारदार या पैनी चीज़ के धँसने से होने वाला शब्द 2. चूने, सुरखी आदि से मिला मसाला 3. पक्का फ़र्श 4. पक्की छत।

गचकारी (हिं.+फ़ा.) [सं-स्त्री.] 1. चूने, सुरखी को मिलाकर तैयार मसाले से पक्की छत या फ़र्श बनाना 2. उक्त कार्य हेतु गच पीटने का काम।

गचगर (फ़ा.) [सं-पु.] गच बनाने वाला कारीगर।

गचगीरी [सं-स्त्री.] दे. गचकारी।

गचना [क्रि-स.] बहुत अधिक कसकर या ठूँसकर भरना।

गचाका [सं-पु.] गच से गिरने या बोलने का शब्द। [क्रि.वि.] 1. भरपूर; पूरी तरह से 2. सहसा; एकदम।

गच्चा [सं-पु.] 1. गर्त; गड्ढा 2. हानि या ज़ोखिम आदि की संभावना या उसका स्थल 3. धोखा; भ्रम; वंचना। [मु.] **-खाना** : धोखे में अपना नुकसान करना।

गज (सं.) [सं-पु.] 1. हाथी 2. दिग्गज 3. दीवार के नीचे का पुश्ता 4. आठ की संख्या 5. महिषासुर का पुत्र।

गज़ (फ़ा.) [सं-पु.] 1. एक प्रकार की मापक इकाई; तीन फीट अथवा छत्तीस इंच की माप 2. इस माप के लिए बनाई गई लकड़ी या लोहे की छड़ 3. सारंगी बजाने की कमानी 4. पुराने समय में तोप भरने की छड़।

गज बाग (सं.+फ़ा.) [सं-पु.] हाथी को चलाने का अंकुश।

गजक [सं-पु.] दे. गज़क।

गज़क (फ़ा.) [सं-पु.] तिल में गुड़ या चीनी मिलाकर बनाई जाने वाली एक मिठाई।

गजकुंभ (सं.) [सं-पु.] हाथी के माथे पर दोनों ओर के उठे हुए भाग या हाथी के मस्तक का उभार।

गजगति (सं.) [सं-स्त्री.] 1. हाथी की चाल 2. हाथी जैसी धीमी और मस्त चाल 3. मृगशिरा, रोहिणी और आर्द्रा नक्षत्रों में शुक्र ग्रह की स्थिति 4. एक वर्णवृत्त। [वि.] हाथी की तरह मस्ती भरी चालवाला।

गज़गती (फ़ा.+हिं.) [सं-स्त्री.] गज़ से नापकर होने वाली कपड़े की फुटकर बिक्री।

गजगमन (सं.) [सं-पु.] हाथी जैसी मंद और मस्त चाल।

गजगा (सं.) [सं-पु.] हाथियों का एक प्रकार का आभूषण।

गजगामिनी (सं.) [वि.] हाथी के समान मंद गतिवाली (नायिका); गजगवनी।

गजगामी (सं.) [वि.] हाथी के समान झूम-झूमकर चलने वाला।

गजगाह (सं.) [सं-पु.] 1. हाथी या घोड़े पर डाली जाने वाली झूल 2. पाखर; झूल।

गज़ट (अं.) [सं-पु.] 1. शासन संबंधी सूचनाएँ प्रकाशित करने का एक राजकीयपत्र; राजपत्र 2. सरकारी समाचार-पत्र।

गज़टेड (अं.) [वि.] राजपत्रित।

गजदंत (सं.) [सं-पु.] 1. हाथी का दाँत 2. वह खूँटी जो दीवार में कपड़े आदि लटकाने के लिए गाड़ी जाती है 3. दाँत के ऊपर निकला हुआ दाँत 4. एक प्रकार का घोड़ा जिसके दाँत हाथी के दाँतों की तरह मुँह के बाहर ऊपर की ओर निकले रहते हैं 5. गणपति का एक विशेषण 6. नृत्य में एक प्रकार का भाव प्रकट करने की मुद्रा।

गजदंती [वि.] हाथी दाँत का बना हुआ।

गजदान (सं.) [सं-पु.] 1. हाथी का दान 2. हाथी के गंडस्थल से बहने वाला मद।

गज़धर (फ़ा.+हिं.) [सं-पु.] मकान बनाने वाला मिस्त्री; राजगीर; कारीगर।

गज़नवी (फ़ा.) [वि.] 1. गज़नी नगर का रहने वाला 2. गज़नी से संबंधित। [सं-पु.] एक तुर्क राजवंश जिसमें प्रसिद्ध विजेता महमूद गजनवी हुआ।

गजनाल (सं.) [सं-स्त्री.] 1. वह तोप जो हाथियों पर रखकर चलाई जाती थी 2. वह बड़ी तोप जिसे हाथी खींचते थे।

गजनिमीलिका (सं.) [सं-स्त्री.] 1. अनजान बनना; बहाना बनाना 2. लापरवाही; असावधानी।

गज़नी (फ़ा.) [सं-पु.] अफ़गानिस्तान का एक नगर जिसे महमूद ने अपनी राजधानी बनाया था।

गजपति (सं.) [सं-पु.] 1. वह राजा जिसके पास बहुत से हाथी हों 2. (इतिहास) कलिंग देश के राजाओं की उपाधि 3. बहुत बड़ा हाथी।

गजपत्ता [सं-पु.] एक प्रकार का मोटा धान।

गज़ब (अ.) [सं-पु.] 1. विपदा; आफ़त 2. कोप; क्रोध; गुस्सा 3. ज़ुल्म; अन्याय; अंधेर 4. भारी हानि 5. असाधारण 6. कुछ विशेष घटना; विलक्षण बात। [मु.] **-होना** : कुछ अद्‌भुत होना; विलक्षण (बात) होना। **-ढाना** : अत्याचार करना।

गजबाँक [सं-पु.] दो मुँह वाला भाला सदृश वह अंकुश जिससे हाथी चलाया और वश में रखा जाता है; गजबाग।

गजमणि (सं.) [सं-स्त्री.] गजमुक्ता।

गजमुक्ता [सं-स्त्री.] 1. एक प्रकार का कल्पित मोती जो हाथी के मस्तक में स्थित माना जाता है 2. गजमणि; गजमोती; गजगौहर।

गजमुख (सं.) [सं-पु.] 1. जिसका मुख हाथी के समान हो अर्थात गणेश 2. गजवदन।

गजमोती [सं-पु.] गजमुक्ता।

गजर (सं.) [सं-पु.] 1. प्रत्येक पहर पर समय-सूचक घंटा या घड़ियाल बजने का शब्द 2. प्रातःकाल में बजने वाले घंटे या घड़ियाल का शब्द 3. पारा।

गजरथ (सं.) [सं-पु.] वह रथ जिसमें हाथी जुता हो; हाथी के द्वारा खींचा जाने वाला रथ।

गजरा [सं-पु.] 1. फूलों की छोटी माला जो गहने के रूप में कलाई पर पहनी जाती है या चोटी में बाँधी जाती है 2. पुष्पमाला; फूलों की गुँथी हुई माला; हार 3. एक प्रकार का रेशमी कपड़ा 4. गाजर के पत्ते जो पशुओं को खिलाए जाते हैं।

गजराज (सं.) [सं-पु.] बहुत बड़ा हाथी; गजेंद्र; ऐरावत।

गजरी [सं-स्त्री.] 1. एक गहना जो स्त्रियाँ कलाई मंच पहनती हैं 2. एक प्रकार की छोटी गाजर।

गजरौट [सं-स्त्री.] गजरा; गाजर के पत्ते।

गज़ल (फ़ा.) [सं-स्त्री.] 1. उर्दू, हिंदी या फ़ारसी में मुख्यत: प्रेमविषयक काव्य जिसमें प्राय: पाँच से ग्यारह शेर होते हैं और सभी शेर एक ही रदीफ़ और काफ़िया में होते हैं अर्थात दूसरी कड़ी में अनुप्रास होता है 2. प्रेमिका से वार्तालाप 3. पद्य या मुक्तक काव्य का वह रूप जिसमें प्रतीकात्मकता और गीतात्मकता के साथ अनुभूति की तीव्रता की प्रधानता होती है।

ग़ज़ल (फ़ा.) [सं-स्त्री.] उर्दू उच्चारणानुसार वर्तनी (दे. गज़ल)।

गज़लगो (फ़ा.) [वि.] 1. बेहतरीन ग़ज़ल का रचयिता 2. अच्छी ग़ज़ल कहने वाला।

ग़ज़लगो (फ़ा.) [वि.] उर्दू उच्चारणानुसार वर्तनी (दे. गज़लगो)।

गजवीथी (सं.) [सं-स्त्री.] 1. हाथियों की कतार या पंक्ति 2. गज समूह।

गजशाला (सं.) [सं-स्त्री.] वह स्थान जहाँ हाथी बाँधे जाते हों; फीलख़ाना।

गजशुंड (सं.) [सं-पु.] हाथी की सूँड़।

गजस्नान (सं.) [सं-पु.] 1. हाथियों की भाँति किया जाने वाला स्नान; हाथीस्नान 2. {ला-अ.} व्यर्थ परिश्रम; निरर्थक काम।

गजही [सं-स्त्री.] दूध मथकर मक्खन निकालने की मथानी।

गजा [सं-पु.] 1. ढोल या नगाड़ा बजाने का डंडा 2. नगाड़े की चोट।

गजाड़ा [सं-पु.] इससे पानी का पता लगाया जाता है।

गजाधिप (सं.) [सं-पु.] (पुराण) इंद्र का हाथी जो पूर्व दिशा का दिग्गज है; ऐरावत।

गजानन (सं.) [सं-पु.] गणेश, जिनका मुँह हाथी की तरह है; गजवदन।

गजारना [क्रि-स.] पानी में फसल को जोतकर दबा देना।

गजारि (सं.) [सं-पु.] 1. हाथी का शत्रु अर्थात शेर; सिंह 2. साल का वृक्ष।

गजारोह (सं.) [सं-पु.] हाथी पर चढ़ने वाला व्यक्ति; महावत।

गजाल [सं-पु.] 1. एक प्रकार की मछली 2. खूँटी या खूँटा।

गज़ाला (अ.) [सं-पु.] हिरन का बच्चा; मृगशावक।

गजाशन (सं.) [सं-पु.] 1. पीपल का पेड़ 2. कमल की जड़।

गजासुर (सं.) [सं-पु.] (पुराण) एक दैत्य जिसका वध शिव ने किया था।

गजी (सं.) [सं-स्त्री.] मादा हाथी; हथिनी; कुंजरी; हस्तिनी।

[वि.] वह जो गज पर सवार हो; गजारोही; मतंगी।

गज़ी (फ़ा.) [सं-पु.] एक प्रकार का मोटा देशी कपड़ा; गाढ़ा; सल्लम।

गजुर [सं-पु.] भिंगोए अन्न से निकला अंकुर; नया अंकुर; पौधे का दुपतिया होना; डीभी।

गजेंद्र (सं.) [सं-पु.] 1. हाथियों का राजा; ऐरावत 2. गजराज; बड़ा हाथी 3. (पुराण) वह हाथी जिसे जल में ग्राह (घड़ियाल) ने पकड़ लिया था और बाद में विष्णु ने आकर छुड़ाया था।

गजेंद्रगुरु (सं.) [सं-पु.] (संगीत) रुद्रताल का एक भेद।

गज्जर [सं-पु.] 1. दलदल 2. ऐसी भूमि जिसमें कीचड़ होने के कारण पैर धँसते हों।

गट (सं.) [सं-पु.] 1. समूह; राशि; ढेर 2. झुंड; जत्था 3. किसी तरल पदार्थ को पीते समय होने वाला शब्द।

गटकना [क्रि-स.] 1. किसी तरल पदार्थ को गले के नीचे उतारना; निगलना; पीना 2. सटकना; कुछ खाना या पीना 3. {ला-अ.} किसी की धन-संपत्ति को हड़पना।

गटकीला [वि.] 1. जिसे गटका या निगला जा सके 2. जिसे गटकने की इच्छा करे।

गटगट [सं-पु.] तरल पदार्थ पीने के समय गले से होने वाला शब्द। [क्रि.वि.] 1. जल्दी-जल्दी और तेज़ी के साथ 2. शीघ्रता के साथ।

गटगटाना [क्रि-स.] कोई तरल पदार्थ पीने के समय गले से ध्वनि उत्पन्न करना; गट-गट शब्द या ध्वनि के साथ पीना।

गटरमाला [सं-स्त्री.] 1. बड़े दानोंवाली माला 2. एक आभूषण; हार।

गटागट [क्रि.वि.] 1. जल्दी-जल्दी 2. गट-गट की ध्वनि करते हुए।

गटी (सं.) [सं-स्त्री.] 1. गाँठ; ग्रंथि 2. समूह या ढेर।

गट्टा (सं.) [सं-पु.] 1. गाँठ; ग्रंथि 2. हथेली और पहुँचे के बीच का जोड़; हाथ की कलाई 3. टखना; टाँग और पैर का जोड़ 4. किसी चीज़ का मोटा और कड़ा बीज।

गट्टी [सं-स्त्री.] 1. जहाज़ या नाव में पाल बाँधने के खंभे के नीचे की चूल 2. नदी का किनारा।

गट्ठर [सं-पु.] 1. छोटी-छोटी चीज़ों को बाँधकर बनाई गई गठरी; गट्ठा; (बंडल) 3. रस्सियों आदि से बँधा हुआ सामान।

गट्ठा [सं-पु.] 1. गट्ठर; गाँठ; (बंडल) 2. घास या लकड़ी का बोझा 3. बड़ी गठरी 4. ज़रीब का बीसवाँ भाग; कट्ठा।

गट्ठी [सं-स्त्री.] 1. गाँठ 2. गठरी।

गठजोड़ [सं-पु.] 1. गठबंधन 2. गाँठ बाँधने की क्रिया; आपसी संबंध 3. {ला-अ.} किसी ध्येय या मकसद के लिए किया जाने वाला मेल-मिलाप 4. सत्ता प्राप्ति के लिए दो या दो से अधिक दलों को मिलाकर बनाया गया संगठन।

गठजोड़ा [सं-पु.] 1. गाँठ का बँधना या बाँधा जाना 2. हिंदू विवाह में वर-वधू के दुपट्टों में गाँठ बाँधने की एक रस्म।

गठडंड [सं-पु.] एक प्रकार की डंड बैठक; एक व्यायाम।

गठन (सं.) [सं-स्त्री.] 1. गठे होने की अवस्था या भाव 2. रचना; बनावट 3. दृढ़ता 4. निर्माण 5. शरीर का कसाव 6. संस्थापना।

गठना [क्रि-अ.] 1. दो वस्तुओं का मिलना, सटना या जुड़ना 2. मोटी सिलाई होना; टाँके लगना 3. मित्रता होना 4. कोई गुप्त विचार या कुचक्र होना।

गठबंधन (सं.) [सं-पु.] 1. मिलाप; गठजोड़ 2. गाँठ का बँधना या बाँधा जाना 3. हिंदू विवाह में वर-वधू के दुपट्टों में गाँठ बाँधने की एक रस्म 4. राजनीति मंस दो या दो से अधिक दलों का सत्ता हासिल करने के लिए बनाया हुआ संयुक्त दल।

गठरी [सं-स्त्री.] 1. कपड़े में गाँठ लगाकर बाँधा हुआ सामान; बड़ी पोटली 2. गट्ठर 3. बोझ 4. इकट्ठी की गई धन-दौलत; माल; बड़ी रकम। [मु.] **-मारना** : अनुचित रूप से किसी का धन लेना।

गठवाँसी [सं-स्त्री.] कट्ठे का बीसवाँ भाग; बिस्वांसी।

गठवाई [सं-स्त्री.] 1. गठवाने की क्रिया या भाव 2. गाँठने की मज़दूरी।

गठवाना [क्रि-स.] 1. सिलवाना; गठाना 2. टाँका लगवाना; मोटी सिलाई कराना 3. जुड़वाना; जोड़ मिलवाना।

गठा [वि.] 1. जिसकी बनावट सघन हो तथा जो कम जगह घेरता हो, जैसे- गठा बदन 2. सुगठित; हृष्ट-पुष्ट 3. मज़बूत।

गठानी [सं-स्त्री.] एक प्रकार का पुराना देहाती कर।

गठाव [सं-पु.] 1. बनावट 2. गठे होने का भाव; गठन।

गठित [वि.] 1. गठा हुआ; बना हुआ 2. निर्मित 3. बलिष्ठ 4. व्यवस्थित 5. संस्थापित।

गठिया [सं-स्त्री.] 1. बोझ लादने का बोरा या थैला; खुरजी 2. बड़ी गठरी 3. एक रोग जिसमें जोड़ों में सूजन, अकड़न और पीड़ा होती है।

गठियाना [क्रि-स.] 1. गाँठ में बाँधना; गाँठ लगाना 2. हथियाना; अधिकार में करना।

गठिवन (सं.) [सं-पु.] एक पहाड़ी पेड़ जिसकी पत्तियों में जगह-जगह गाँठें होती हैं और इसकी कलियाँ औषधि के काम आती हैं।

गठीला [वि.] 1. जिसकी बनावट या गठन सुंदर हो; गठा हुआ; कसा हुआ; सुगठित काय 2. मज़बूत; हृष्ट-पुष्ट 3. जिसमें बहुत-सी गाँठें पड़ी हों; गाँठवाला।

गठौंद [सं-स्त्री.] 1. गाँठ बाँधने की क्रिया या भाव 2. धरोहर; थाती।

गठौत [सं-स्त्री.] 1. गठबंधन 2. मेल-मिलाप; संग-साथ 3. परस्पर विचार-विमर्श के बाद निश्चित की गई गुप्त बात।

गड (सं.) [सं-पु.] 1. ऐसी रोक जिससे सामने की वस्तु दिखाई न पड़े; आड़; ओट 2. चारदीवारी 3. घेरा; आवरण; मंडल 4. लंबा और गहरा गड्ढा; खाई 5. वह गड्ढा जो किले के चारों ओर सुरक्षा के लिए खोदा जाता था।

गडंग[1] [सं-पु.] अस्त्र-शस्त्र, बारूद आदि रखने का स्थान।

गडंग[2] (सं.) [सं-पु.] 1. शेखी; घमंड 2. आत्मश्लाघा।

गड़ंत [सं-स्त्री.] 1. (अंधविश्वास) अभिचार या टोटके के लिए मंत्र आदि पढ़कर किसी चीज़ को गाड़ने की क्रिया 2. उक्त प्रकार से गाड़ी गई चीज़।

गडक [सं-पु.] एक प्रकार की मछली।

गड़कना [क्रि-अ.] 1. 'गड़-गड़' शब्द होना 2. गरजना।

गड़काना [क्रि-स.] 1. गड़-गड़ शब्द उत्पन्न करना 2. गड़गड़ाना।

गड़गड़ [सं-स्त्री.] 1. 'गड़' की निरंतर ध्वनि 2. बादल के गरजने की आवाज़, ध्वनि 3. तोप, बंदूक के दागने की ध्वनि।

गड़गड़ा [सं-पु.] लंबी नली वाला बड़ा हुक्का।

गड़गड़ाना [क्रि-स.] 1. गड़-गड़ की आवाज़ करना 2. हुक्का पीना। [क्रि-अ.] 1. गड़-गड़ की ध्वनि होना 2. बादलों का गरजना 3. तोप छूटना।

गड़गड़ाहट [सं-स्त्री.] 1. गड़गड़ाने या गरजने की क्रिया या भाव; गरज 2. बादल गरजने का शोर 3. मशीन या हुक्के से निकलने वाली गड़गड़ की ध्वनि 4. तेज़ आवाज़।

गड़गड़ी [सं-स्त्री.] 1. गड़गड़ाहट 2. छोटा नगाड़ा या बड़ी डुग्गी।

गड़च्चा [सं-पु.] 1. धमकी; घुड़की 2. दबोच 3. चकमा।

गड़दार (हिं.+फ़ा.) [सं-पु.] महावत; मस्त हाथी के साथ भाला लेकर चलने वाला व्यक्ति।

गड़ना [सं-पु.] चरखी का डंडा।

गड़प [सं-स्त्री.] 1. पानी में गिरने, डूबने का शब्द 2. निगल जाने की क्रिया या भाव।

गड़पंख (सं.) [सं-पु.] 1. एक बड़ी चिड़िया 2. लड़कों का एक प्रकार का खेल।

गड़पना [क्रि-स.] 1. खा लेना; निगलना 2. जल्दी में खा जाना 3. अनुचित रूप से दबा जाना; हड़पना।

गड़प्पा [सं-पु.] 1. भारी गड्ढा जिसमें कोई वस्तु गिर पड़े 2. धोखे की जगह।

गड़बड़ [सं-पु.] कुप्रबंध। [सं-स्त्री.] गोलमाल; ख़राबी; अव्यवस्था। [वि.] 1. अव्यवस्थित; अनुचित; ख़राब; बुरा 2. अस्त-व्यस्त; विशृंखल 3. जो सामान्य न हो; असामान्य; असहज 4. ऊँचा-नीचा।

गड़बड़झाला [सं-पु.] 1. अव्यवस्था; गड़बड़ी 2. अफ़रा-तफ़री।

गड़बड़ाना [क्रि-अ.] 1. भूल करना; भ्रम में पड़ना; चूक जाना 2. अव्यवस्थित होना; क्रमभ्रष्ट होना। [क्रि-स.] 1. गड़बड़ी या चक्कर में डालना 2. भुलवाना; भ्रमित करना 3. ख़राबी या गड़बड़ी करना।

गड़बड़िया [वि.] गड़बड़ करने वाला; उपद्रवी; व्यवस्था बिगाड़ने वाला; अशांति फैलाने वाला।

गड़बड़ी [सं-स्त्री.] गड़बड़।

गड़माल [सं-पु.] घोड़े की नाक का एक रोग।

गड़रिया [सं-पु.] 1. भेड़-बकरी पालने वाला व्यक्ति 2. भेड़ों की ऊन से जीविकोपार्जन करने वाली जाति।

गड़री [सं-स्त्री.] चेपुआ। [सं-पु.] गड़ेरिया।

गड़वाई [सं-स्त्री.] 1. गड़वाने की क्रिया या भाव 2. गड़वाने का पारिश्रमिक या मज़दूरी।

गड़वात [सं-स्त्री.] 1. गाड़ियों के चलने से कच्ची सड़क पर बने निशान; लीक 2. गड्ढा खोदने का काम 3. किसी वस्तु को ज़मीन में गाड़ने की क्रिया।

गड़वाना [क्रि-स.] गाड़ने का काम किसी अन्य से कराना; किसी को गाड़ने में प्रवृत्त करना।

गड़सार [सं-स्त्री.] पनारी।

गड़स्थली [सं-पु.] कनपटी।

गड़हर [सं-पु.] गाँड़र।

गड़हा [सं-पु.] गड्ढा।

गड़हिया [सं-स्त्री.] वह छोटा गड्ढा जहाँ बरसाती पानी इकट्ठा होता है।

गड़ही [सं-स्त्री.] छोटा गड़हा; छोटा गड्ढा।

गड़ा [सं-पु.] 1. राशि; ढेर 2. कटी हुई फ़सल के डंठलों का ढेर; खरही। [वि.] जिसे गाड़ा गया हो।

गड़ाना [क्रि-स.] 1. धँसाना; चुभाना 2. दृष्टि या ध्यान केंद्रित करना 3. गाड़ने का काम कराना।

गड़ाप [सं-पु.] पानी आदि में किसी भारी चीज़ के डूबने का शब्द। [क्रि.वि.] सहसा; अचानक।

गड़ापा [सं-पु.] 1. गड़ाप से डूबने लायक स्थान 2. गहरा स्थान।

गड़ायत [वि.] 1. चुभने वाला 2. गड़ने वाला; धँसने वाला।

गड़ारी (सं.) [सं-स्त्री.] 1. गोल लकीर; मंडलाकर रेखा 2. घेरा; वृत्त; मंडल 3. गोल धारी या चिह्न; तिरछी रेखाएँ 4. घिरनी; (पुली) 5. एक प्रकार की घास।

गड़ासा [सं-पु.] गँड़ासा; चौपायों के खाने के लिए चारे या घास के टुकड़े करने का हथियार।

गड़ुआ (सं.) [सं-पु.] 1. वह लोटा जिसमें टोंटी लगी हो 2. झारी; गड्डूक। [सं-स्त्री.] गडुई।

गड़ुई [सं-स्त्री.] पानी रखने का एक छोटा पात्र जिसमें टोंटी लगी रहती है; छोटा गडुआ; झारी।

गड़ुक (सं.) [सं-पु.] टोंटीदार लोटा; गडुआ।

गड़ुल (सं.) [सं-पु.] वह व्यक्ति जिसका कूबड़ निकला हो। [वि.] कुबड़ा; कूबड़वाला।

गडेर (सं.) [सं-पु.] दे. गड़ेर।

गड़ेर [सं-पु.] एक प्रकार का मोटा धान। [सं-स्त्री.] मेघ; बादल।

गड़ेरनी [सं-स्त्री.] गड़ेरिए की स्त्री; गड़ेन्नी; गड़ेरिन।

गड़ेरिया (सं.) [सं-पु.] दे. गड़रिया।

गड़ेरी [सं-पु.] भेड़िहार; भेड़ों को चराने वाला; भेड़ें पालने वाली एक प्रसिद्ध जाति; गड़ेरिया।

गड़ेली [सं-स्त्री.] दाने पड़ने के लिए तैयार मक्का।

गड्ड (सं.) [सं-पु.] 1. एक ही आकार की ऐसी वस्तुओं का समूह जो एक के ऊपर एक जमाकर रखी हों; गंज 2. ताश के पत्तों या कागज़ आदि का ढेर 3. लागत या मूल्य आदि की दृष्टि से समवर्गीय वस्तुओं का समूह।

गड्डमड्ड [वि.] 1. मिली-जुली; अव्यवस्थित; घालमेल 2. बिना किसी क्रम के 3. बेमेल 4. बेतरतीब।

गड्डर (सं.) [सं-पु.] मेढ़ा; मेष; रोमश; भेड़।

गड्डरिका (सं.) [सं-स्त्री.] 1. भेड़ों की पंक्ति या पाँत 2. अविच्छिन प्रवाह। [सं-पु.] अंधानुकरण।

गड्डा [सं-पु.] 1. गट्ठा; गट्ठर 2. बड़ी गठरी; बोदा।

गड्डी [सं-स्त्री.] 1. ढेर; समूह 2. एक पर एक रखी हुई वस्तुओं का समूह 3. नोटों, ताश के पत्तों, पान के पत्तों आदि का ढेर।

गड्डुक (सं.) [सं-पु.] 1. पानी रखने का लोटा; विशेष प्रकार का जलपात्र 2. टोंटीदार लोटा; काँसे का लोटा 3. गड्डुआ।

गड्ढा [सं-पु.] 1. गर्त; गढ़ा 2. वह स्थान जिसमें लंबाई, चौड़ाई और गहराई हो। [मु.] **-खोदना** : अनिष्ट या हानि पहुँचाने के लिए उपाय करना।

गढ़ (सं.) [सं-पु.] 1. दुर्ग; किला; कोट 2. अड्डा; केंद्र 3. वह जगह जहाँ किसी वस्तु या व्यक्ति विशेष का प्रभाव हो। [मु.] **-जीतना** : कठिन कार्य पूर्ण करना; युद्ध में विजय होना।

गढ़ंत (सं.) [वि.] कल्पित; बनाया या गढ़ा हुआ; बनावटी। [सं-स्त्री.] गढ़ी हुई बात।

गढ़न [सं-स्त्री.] 1. गढ़ने या गढ़े जाने की क्रिया, ढंग या भाव 2. बनावट; गठन 3. आकृति।

गढ़ना (सं.) [क्रि-स.] 1. रचना; निर्माण करना; तराशना; बनाना 2. किसी साहित्यिक कृति या पुस्तक की रचना करना 3. शिल्पविद्या 4. सँवारना; सुडौल करना 5. कारीगरी से निर्मित करना 6. {ला-अ.} कल्पना में कुछ मान लेना; मन में बना लेना 7. मरम्मत करना 8. काट-छाँटकर काम की चीज़ बनाना।

गढ़पति [सं-पु.] 1. किलेदार; गढ़पाल 2. राजा; सरदार।

गढ़बंदी (सं.+फ़ा.) [सं-स्त्री.] किले को चारों ओर से घेरना।

गढ़रक्षा (सं.) [सं-स्त्री.] किले या दुर्ग की रक्षा।

गढ़रो [सं-स्त्री.] गेड़हरुआ; एक प्रकार की घास।

गढ़वा [सं-पु.] चारण; राजादि के गुणगान करने वाले।

गढ़वाना [क्रि-स.] 1. गढ़ने का कार्य करवाना 2. कलाकृति, चित्र आदि का अच्छी तरह निर्माण करवाना।

गढ़वाल [सं-पु.] 1. गढ़ का मालिक; राजा 2. गढ़ या किले का प्रधान अधिकारी।

गढ़ा [सं-पु.] 1. गड्ढा; गर्त 2. छोटा किला 3. धँसी या बैठी हुई जगह।

गढ़ाई [सं-स्त्री.] 1. गढ़ने, निर्मित करने या बनाने की क्रिया, ढंग या भाव; वस्तु बनाने का तरीका 2. गढ़ने की मज़दूरी।

गढ़िया[1] [सं-पु.] वस्तुओं को गढ़कर सुडौल करने वाला; गढ़ने वाला व्यक्ति।

गढ़िया[2] [वि.] स्थिर; दृढ़; सत्य।

गढ़ी [सं-स्त्री.] 1. छोटा किला या गढ़ 2. किले या कोट के ढंग का मज़बूत मकान 3. छोटा गढ़ा।

गढ़ैया [सं-पु.] गढ़ने वाला; बनाने वाला; रचने वाला। [सं-स्त्री.] छोटा गड्ढा या गड़ही।

गण (सं.) [सं-पु.] 1. दल; समूह; जत्था 2. गिरोह; टोली 3. वर्ग; श्रेणी 4. अनुचर; सेवक 5. किसी समान उद्देश्य वाले लोगों का समूह 6. शिव के दूत या सेवकों का दल 7. समानता के आधार पर किसी व्यक्ति, जीवों या वस्तुओं का वह विभाग जिसके और उपविभाग किए जा सकते हों 8. (छंदशास्त्र) तीन वर्णों का वर्ग एवं समूह, जैसे- जगण; तगण; नगण; भगण; यगण और सगण आदि।

गणक (सं.) [वि.] गिनने वाला; गणना करने वाला। [सं-पु.] मुनीम; लेखाकार।

गणतंत्र (सं.) [सं-पु.] 1. ऐसी शासनप्रणाली जिसमें परंपरागत राजा या रानी के शासन के बजाए जनता द्वारा ही चुनाव प्रक्रिया के द्वारा शासक या प्रतिनिधि चुने जाते हैं 2. वह देश या राज्य जिसकी सत्ता जनसाधारण में निहित होती है।

गणतंत्र दिवस (सं.) [सं-पु.] भारत में गणतंत्र स्थापित होने की स्मृति में मनाया जाने वाला उत्सव। (26 जनवरी); संविधान लागू होने के उपलक्ष्य में मनाया जाने वाला राष्ट्रीय पर्व।

गणतंत्री (सं.) [वि.] 1. प्रजातंत्र संबंधी या प्रजातंत्र का; प्रजातांत्रिक; लोकतांत्रिक; गणतांत्रिक; 2. जो प्रजातंत्र के सिद्धांत के अनुसार हो 3. (देश) जिसमें गणतंत्र हो।

गणदेवता (सं.) [सं-पु.] समूह में रहने वाले देवता, जैसे- रुद्र, आदित्य, मरुत।

गणद्रव्य (सं.) [सं-पु.] 1. वर्ग या समुदाय विशेष की संपत्ति 2. पंचायती धन।

गणना (सं.) [सं-स्त्री.] 1. गिनने की क्रिया; गिनती 2. लेखा; हिसाब।

गणना सोधना [क्रि-स.] विवाह के लिए आवश्यक गुण-दोषों आदि का निश्चय कर वर-कन्या के विवाह का मेलापन करना।

गणनाकार (सं.) [वि.] 1. गिनती या गणना करने वाला 2. हिसाब-किताब करने वाला।

गणनाध्यक्ष (सं.) [सं-पु.] 1. मुनीम 2. हिसाब रखने वाला व्यक्ति 3. वह जो हिसाब करने में दक्ष हो।

गणनायक (सं.) [सं-पु.] हिंदुओं के एक प्रधान एवं अग्रपूज्य देवता; गणेश; गजानन।

गणनीय (सं.) [वि.] 1. जिसकी गणना की जा सके; गिनने लायक 2. जिसकी गिनती होना हो 3. मान्य; स्वीकृत 4. जिसको महत्व दिया जाए; प्रतिष्ठित वर्ग में आने के काबिल 5. लिहाज़ करने योग्य।

गणपति (सं.) [सं-पु.] 1. गणेश 2. गण का स्वामी।

गणपाठ (सं.) [सं-पु.] (व्याकरण) एक नियम के अंतर्गत आने वाले शब्दों का समूह।

गणपूर्ति (सं.) [सं-स्त्री.] कोरम; इयत्ता; किसी सभा या कार्य के संचालन के लिए आवश्यक सदस्यों की कम से कम नियत संख्या।

गणमान्य (सं.) [वि.] 1. श्रेष्ठ; अभिजन 2. प्रतिष्ठित; महत्वपूर्ण।

गणमुख्य (सं.) [सं-पु.] गण का प्रधान व्यक्ति; मुखिया।

गणराज्य (सं.) [सं-पु.] 1. राज्यों के गण (समूह) 2. प्राचीन भारत में वह शासनप्रणाली जिसमें राज्य का शासन किसी राजा के बजाए कुछ चुने हुए प्रतिनिधियों द्वारा किया जाता था, जैसे- प्रसिद्ध वैशाली गणराज्य 3. वह राज्य जिसमें शासनप्रणाली गणतंत्रीय हो।

गणाचल (सं.) [सं-पु.] 1. (पुराण) वह पर्वत जहाँ शिव के गण रहते हैं; गण पर्वत 2. कैलाश पर्वत 3. भारत के उत्तर में एक पर्वत जिसे गण कहते हैं।

गणाधिपति (सं.) [सं-पु.] 1. गणेश 2. गण का अधिपति या स्वामी 3. सेनानायक 4. जैनी साधुओं का प्रधान।

गणाध्यक्ष (सं.) [सं-पु.] गण का अध्यक्ष; गणपति।

गणिका (सं.) [सं-स्त्री.] 1. वेश्या 2. धन के लिए जो लोगों

का मनोरंजन करती हो 3. गनियारी का वृक्ष 4. हथिनी।

गणित (सं.) [सं-पु.] 1. गणितशास्त्र (इसके तीन अंग हैं- अंकगणित, बीजगणित और ज्यामिति) 2. आकलन; किसी चीज़ का हिसाब-किताब।

गणित सिद्ध (सं.) [सं-पु.] गणित के नियमों द्वारा सत्यापित; आँकड़ों द्वारा प्रमाणित।

गणितज्ञ (सं.) [वि.] 1. गणितशास्त्री 2. वह जो गणित में प्रवीण हो।

गणितीय (सं.) [वि.] गणित से संबंधित; गणित के हिसाब से होने वाला।

गणेश (सं.) [सं-पु.] 1. (पुराण) भगवान शिव और पार्वती के पुत्र 2. एक प्रसिद्ध हिंदू देवता 3. गणनायक।

गण्य (सं.) [वि.] 1. गिनने योग्य; गणनीय 2. गण संबंधी 3. प्रतिष्ठित।

गण्यमान (सं.) [वि.] सम्मानित; प्रतिष्ठित।

गत (सं.) [वि.] 1. बीता हुआ; पिछला 2. स्थित; प्राप्त 3. मृत। [सं-स्त्री.] 1. हालत; दशा 2. गति; ढंग; रूप 3. सितार पर बजाए जाने वाले राग की सरगम 4. नृत्य में अंगों की चेष्टा।

गतक (सं.) [सं-पु.] 1. गति 2. गमन 3. चाल; रफ़्तार।

गतका (सं.) [सं-पु.] 1. पैंतरा खेलने में प्रयुक्त लकड़ी का डेढ़-दो हाथ लंबा चमड़ा मढ़ा मुठियादार डंडा 2. वह खेल जो फरी और गतके से खेला जाता है।

गतरात्रि (सं.) [सं-स्त्री.] बीती हुई रात।

गतसंग (सं.) [वि.] उदासीन; परस्पर विरोधी पक्षों से अलग रहने वाला।

गतांक (सं.) [सं-पु.] समाचार-पत्र, पत्रिका आदि का पिछला अंक; संख्या। [वि.] {ला-अ.} जो व्यक्ति निकम्मा या गया बीता हो।

गतांत (सं.) [वि.] जिसका अंत समीप आ गया हो; जिसका अंत होने वाला हो।

गताक्ष (सं.) [वि.] 1. अंधा; नेत्रहीन 2. जिसकी आँखें न हों।

गतागत (सं.) [सं-पु.] 1. आने-जाने की क्रिया या भाव; आवागमन 2. जन्म-मरण 3. पैंतरा; कावा। [वि.] 1. आया-गया 2. आने-जाने वाला।

गतात्मा (सं.) [सं-स्त्री.] मृत व्यक्ति की आत्मा।

गताधि (सं.) [वि.] 1. चिंताविहीन 2. बेफ़िक्र 3. निश्चिंत।

गतानुगतिक (सं.) [वि.] 1. आँख मूँदकर दूसरों का अनुसरण करने वाला; अंधानुयायी 2. पुरातन परंपराओं का अंधानुसरण करने वाला; नकलची।

गतायु (सं.) [वि.] 1. बेजान 2. जिसकी आयु समाप्त होने वाली हो 3. कमज़ोर।

गतार (सं.) [सं-स्त्री.] 1. बोझ बाँधने की रस्सी 2. वह रस्सी जिससे बैल की गरदन को जुए से बाँधा जाता है 3. जुए में लगी हुई दोनों लकड़ियाँ।

गतार्थ (सं.) [वि.] 1. अर्थहीन; निरर्थक 2. निर्धन; जिसके पास धन न हो या धन की कमी हो 3. बेकार; अनुपयोगी; फ़ालतू।

गति (सं.) [सं-स्त्री.] 1. रफ़्तार; चाल; गमन 2. जाने की अवस्था; प्रवाह 3. पहुँच; प्रयत्न; हरकत 4. माया; लीला 5. बुरी अवस्था; हालत; दशा 6. अंगों की चेष्टा; स्पंदन; हरकत 7. रंग-रूप 8. (पुराण) सद्गति; मोक्ष; मृत्यु के पश्चात आत्मा की भली या बुरी दशा; मुक्ति 9. उपाय; ज्ञान 10. (खगोलशास्त्र) ग्रहों की चाल।

गतिक (सं.) [सं-पु.] 1. चलने की क्रिया 2. रास्ता; मार्ग 3. अवस्था 4. चाल; गमन।

गतिकी (सं.) [सं-स्त्री.] वह विज्ञान जिसमें गति का वर्णन हो। [वि.]1. भौतिक गति या चाल से संबंध रखने वाला 2. गति संबंधी।

गतिज (सं.) [वि.] जिसकी उत्पत्ति गति से हुई हो; गत्यात्मक; गति संबंधी।

गतिज ऊर्जा (सं.) [सं-स्त्री.] गति के कारण उत्पन्न होने वाली ऊर्जा।

गतिपथ (सं.) [सं-पु.] मार्ग; राह; जाने का रास्ता; तेज़ गति से जाने का रास्ता।

गतिभंग (सं.) [सं-पु.] 1. गाने की लय का टूट जाना 2. कविता-पाठ, संगीत आदि की लय का बीच में भंग या विकृत होना।

गतिमत्ता (सं.) [सं-स्त्री.] 1. गतिमान होने की अवस्था या गुण 2. गतिशीलता 3. चाल।

गतिमय (सं.) [वि.] जिसमें गति हो; गति से युक्त; गतिमान।

गतिमान (सं.) [वि.] 1. जो गति में हो; गतिशील; रफ़्तारवाला 2. गतियुक्त 3. आगे बढ़ने वाला 4. जो चल रहा हो 5. जो अपना कार्य सुचारु रूप से कर रहा हो 6. परिवर्तनीय 7. हरकत करने वाला; चलायमान।

गतिमापक (सं.) [वि.] गति मापने वाला।

गतिरुद्ध (सं.) [वि.] जिसकी गति में बाधा उत्पन्न हुई हो।

गतिरोध (सं.) [सं-पु.] 1. गति अवरुद्ध होने की स्थिति या दशा 2. किसी प्रकार की बाधा या अड़चन उत्पन्न हो जाने के कारण चलते हुए काम या वार्ता आदि का बीच में ही रुक जाना 3. बाधा; अड़ंगा।

गतिवाहक (सं.) [वि.] गति प्रदान करने वाला।

गतिविज्ञान (सं.) [सं-पु.] विभिन्न पदार्थों और पिंडों की गतियों का अध्ययन।

गतिविधि (सं.) [सं-स्त्री.] 1. रहने-सहने का ढंग; आचरण 2. चाल-ढाल; चेष्टा 3. क्रिया-कलाप।

गतिशास्त्र (सं.) [सं-पु.] विभिन्न पदार्थों और पिंडों की गतियों का अध्ययन; गतिविज्ञान।

गतिशील (सं.) [वि.] 1. तेज़ चालवाला; चलने वाला 2. उन्नतिशील; क्रियाशील; सक्रिय 3. जिसमें गति हो।

गतिशीलता (सं.) [सं-स्त्री.] गतिशील रहने की अवस्था या भाव; चलने-बढ़ने का भाव; गतियुक्तता।

गतिशून्य (सं.) [वि.] जिसमें गति न हो; रुका हुआ; स्थिर; ठहरा हुआ।

गतिहीन (सं.) [वि.] 1. जो स्थिर हो; ठहरा या रुका हुआ; गतिरुद्ध 2. जिसकी गति समाप्त हो गई हो 3. {ला-अ.}

जिसके लिए कोई उपाय शेष न हो; निश्चल; विकल्पहीन 4. असहाय; दीन।

गतौरा [सं-पु.] उखबंधना।

गत्ता (सं.) [सं-पु.] 1. मोटा कागज़; कागज़ की दफ़्ती 2. कागज़ की कई परतों को चिपका कर बनाई गई दफ़्ती।

गत्यवरोध (सं.) [सं-पु.] 1. गति अवरुद्ध होने की स्थिति या दशा; गतिरोध 2. किसी प्रकार की बाधा या अड़चन उत्पन्न हो जाने के कारण चलते हुए काम या वार्ता आदि का बीच में ही रुक जाना।

गत्यात्मक (सं.) [वि.] 1. चलने वाला 2. उन्नतिशील 3. गतिमान।

गत्वर (सं.) [वि.] 1. गतिमान 2. गमनशील 3. नश्वर 4. चलने वाला 5. गति में रहने वाला।

गद (सं.) [सं-पु.] 1. मेघ-ध्वनि 2. अस्पष्ट भाषण 3. एक असुर 4. कृष्ण के छोटे भाई का नाम 5. कड़ी चीज़ पर नरम या नरम चीज़ पर कड़ी चीज़ के गिरने की आवाज़।

गदका [सं-पु.] 1. पैंतरा खेलने में प्रयुक्त लकड़ी का डेढ़-दो हाथ लंबा चमड़ा मढ़ा मुठियादार डंडा; गतका 2. वह खेल जो फरी और गतके से खेला जाता है।

गदकारा [वि.] 1. मुलायम और दबाने से दब जाने वाला; गुदगुदा; नरम 2. मांसल।

गदगद [वि.] 1. हर्ष, प्रेम और श्रद्धा आदि के आवेग से इतना आह्लादित कि स्पष्ट न बोल सके 2. बहुत अधिक ख़ुश; ख़ुशी से फूला न समाने वाला 3. पुलक की स्थिति में अवरुद्ध (कंठ); अति आनंदित।

गदगदा [सं-पु.] रत्ती नामक पौधा।

गदन (सं.) [सं-पु.] 1. वर्णन 2. कथन।

गदना (सं.) [क्रि-स.] 1. कहना; बोलना; वाणी से व्यक्त करना 2. वर्णन करना।

गदबदा [वि.] 1. भरे हुए शरीरवाला 2. कोमल; मुलायम।

गदर (अ.) [सं-पु.] 1. क्रांति; विद्रोह; बलवा 2. किसी जनविरोधी या अत्याचारी शासन या शासक के खिलाफ़ होने वाला विद्रोह 3. बगावत; विप्लव 4. अराजकता।

गदरा [सं-पु.] कच्चा धान; भदरा।

गदराना [क्रि-अ.] 1. जवानी के समय अंगों का भरना 2. फलों आदि के पकने की स्थिति होना 3. खिलना 4. आँखों में कीचड़ आना।

गदला [वि.] मैला; मिट्टी मिला हुआ (पानी); गँदला।

गदहपूरना [क्रि-स.] दुधियाना; दूध आने की स्थिति। [सं-स्त्री.] एक प्रकार का साग; पुनर्नवा नामक पौधा जो औषध के काम में आता है।

गदहरा [सं-पु.] 1. गधा 2. मोटा गद्दा।

गदहा (सं.) [सं-पु.] 1. घोड़े की तरह का लेकि
छोटा एक प्रसिद्ध चौपाया जो प्रायः मटमैले र
गधा; गर्दभ; खर; वैशाखनंदन 2. {ला-अ.}
नासमझ।

गदा (सं.) [सं-स्त्री.] 1. प्राचीन अस्त्र; धातु

हथियार जिसके एक सिरे पर नुकीला लट्टू लगा होता था; गुर्ज 2. लोढ़ 3. डंडे में लगाया हुआ पत्थर का गोला जिसे मुगदर की तरह भाँजते हैं 4. विष्णु द्वारा धारण किया जाने वाला अस्त्र।

गदांबर (सं.) [सं-पु.] बादल; मेघ।

गदाई (फ़ा.) [सं-स्त्री.] भिखमंगा होने की अवस्था या भाव; भिक्षुकी; भिखमंगापन; फ़कीरी। [वि.] 1. नीच; क्षुद्र; तुच्छ 2. वाहियात; रद्दी।

गदाग्रज (सं.) [सं-पु.] गद के अग्रज; कृष्ण।

गदाधर (सं.) [सं-पु.] विष्णु; नारायण। [वि.] गदा धारण करने वाला।

गदाना [क्रि-स.] दानों से युक्त होना; दाना भर जाना।

गदाराति (सं.) [सं-स्त्री.] औषधि; दवा।

गदाला[1] [सं-पु.] हाथी की पीठ पर कसा जाने वाला गद्दा।

गदाला[2] (सं.) [सं-पु.] रंबा या बड़ी कुदाल।

गदाह्वय (सं.) [सं-पु.] एक प्रकार का रोग जिसमें शरीर पर सफ़ेद दाग हो जाते हैं; कुष्ठ।

गदेला [सं-पु.] 1. रुई आदि से भरा मोटा गद्दा 2. गद्दीदार बिछौना 3. हाथी की पीठ पर रखा जाने वाला मोटा बिछावन।

गदेली [सं-स्त्री.] हथेली; करतल; ताल; हाथ का कलाई के आगे का वह ऊपरी चौड़ा हिस्सा जिसके आगे उँगलियाँ होती हैं।

गदेहा [सं-पु.] गद्दा; रुई आदि से बनाया हुआ मोटा बिछौना।

गदोली [सं-स्त्री.] हथेली; गदोरी; गदेली।

गद्द [सं-पु.] 1. मुलायम जगह या चीज़ पर किसी भारी वस्तु के गिरने से उत्पन्न शब्द 2. किसी गरिष्ठ चीज़ को खाने या अधिक मात्रा में भोजन कर लेने के कारण होने वाला पेट का भारीपन।

गद्दम [सं-पु.] एक प्रकार की छोटी चिड़िया, जिसका रंग पीला, पैर सफ़ेद और पेट लाल होता है।

गद्दर [वि.] 1. जो अच्छी तरह पका न हो; अधपका 2.
हुआ।

गद्दा [सं-पु.] 1. रुई का बिछौना; कृत्रिम
बना हुआ बिछौना 2. मोटा तोशक
4. नरम चीज़ की चोट 5.
बिछावन।

गद्दार (अ.) [
4. राष्ट्
क

द का
ा का ढेर
के नीचे की
; बागी 3. विद्रोही
कर उसे हानि पहुँचाने
न या हानि पहुँचाने वाला।
ने संगठन, दल या देश का
चाने का भाव 2. विश्वास जमा
; विश्वासघात।
टा गद्दा 2. रुई भरा हुआ कपड़ा 3.
के मालिक आदि के बैठने का स्थान 4.
त व्यक्ति को बैठने के लिए लगाया हुआ
ड़ा पद।
व.] 1. जिसमें गद्दे लगे हों; गुदगुदा; गदीला 2. कई

तह किया हुआ (कपड़ा) 3. रुई भरा हुआ (कपड़ा)।

गद्दीनशीन (हिं.+फ़ा.) [सं-पु.] 1. जिसे राज्याधिकार मिला हो; सिंहासनारूढ़; सत्तारूढ़ 2. उत्तराधिकारी।

गद्य (सं.) [सं-पु.] 1. वह लेखन जिसमें अलंकार, वर्णों की संख्या, मात्रा, लय और क्रम आदि का विचार न होता हो 2. 'पद्य' का विलोम; नस्र; इबारत 3. बोलचाल की भाषा में लिखने का लेखन प्रकार 4. बनावट रहित सीधी सरल भाषा। [वि.] कहने योग्य; कथनीय।

गद्यकाव्य (सं.) [सं-पु.] वह गद्य जिसमें कुछ भाव या भावनाएँ ऐसी कवित्वपूर्ण सुंदरता से व्यक्त की गई हों कि उसमें काव्य की-सी संवेदनशीलता तथा सरसता आ जाए।

गद्यगीत (सं.) [सं-पु.] 1. ऐसी गद्य रचना जिसमें सरस ढंग से विचारों को व्यक्त किया गया हो 2. गद्य की सरस और लालित्य पूर्ण रचना जिसमें छंद और तुक का बंधन नहीं होता।

गद्यरूप (सं.) [वि.] 1. गद्य के रूप वाला 2. गद्य के आकार, प्रकार, स्वरूप का 3. गद्य जैसा।

गद्यांश (सं.) [सं-पु.] किसी गद्य रचना का कोई अंश; गद्य लेख का बहुत संक्षिप्त भाग; अनुच्छेद।

गद्यानुवाद (सं.) [सं-पु.] किसी कृति या रचना का गद्य में होने वाला अनुवाद।

गधा (सं.) [सं-पु.] 1. गदहा; गर्दभ; खर; वैशाखनंदन 2. घोड़े की तरह का एक छोटा चौपाया पशु जिसे धोबी, कुम्हार आदि बोझ ढोने के लिए पालते हैं। [वि.] {ला-अ.} मूर्ख; नासमझ।

गधापन (सं.) [सं-पु.] मूर्खता; नासमझी।

गधीला [सं-पु.] एक जंगली जाति।

गधूल [सं-पु.] एक प्रकार का फूल।

गधेला [सं-पु.] गदही का बच्चा।

गनगनाना [क्रि-अ.] 1. जाड़े से काँपना 2. शरीर के रोओं का ठंड आदि के कारण खड़े हो जाना 3. रोमांचित होना।

गनगौर (सं.) [सं-स्त्री.] चैत्र शुक्ल तृतीया।

...नना [सं-स्त्री.] 1. गिनती; गणना 2. विवाह के पूर्व वर-वधू ...कुंडली के नक्षत्र के आधार पर यह देखना कि विवाह ...देगा।

...] 1. धनवान; पैसेवाला 2. अनिच्छुक; निस्पृह

गनीम ...

गनीमत ...

2. युद्ध ... लुटेरा; डाकू 2. दुश्मन; शत्रु; वैरी।

गनेल [सं-स्त्री. ... बड़ी बात; संतोष करने योग्य बात आती है। ... [सं-पु.] ...या माल; लूट।

गन्ना (सं.) [सं-स्त्री.] ...जो छप्पर छाने के काम में

गप (सं.) [सं-स्त्री.] ... झूठी बा... बातचीत 3. झूठी बा...

गपकना [क्रि-स.] 1. झ... झूठ बोलना। 2. ...राजयोजनरहित

गपतू [सं-पु.] 1. औरंग 2. ... बकवा... गल्प।

गपबाज़ (फ़ा.) [सं-पु.] ...ना

गपशप [सं-स्त्री.] 1. मनबहलाव की बातें; सरस वार्तालाप; रोचक बातचीत 2. मनोरंजन; तफ़रीह 3. बकवाद; झूठ से भरी बातचीत 4. समय काटने की बातें।

गपागप [क्रि.वि.] 1. झट से निगलने की क्रिया 2. शीघ्रता से या जल्दी-जल्दी 3. गप-गप शब्द करते हुए।

गपिया [वि.] गप हाँकने वाला; गपोड़िया; गप्पी।

गपोड़ा [वि.] 1. बढ़ा-चढ़ाकर बातें करने वाला 2. कपोल-कल्पित किस्से सुनाने वाला 3. गपिया 4. मिथ्यावादी।

गपोड़ेबाज़ी [सं-स्त्री.] व्यर्थ की बातों में समय बिताने की क्रिया या भाव; बकवाद।

गप्प [सं-स्त्री.] 1. व्यर्थ की बातचीत; डींग 2. मिथ्यावाद 3. झूठी बात।

गप्पी [वि.] 1. गप मारने वाला 2. व्यर्थ की कपोल-कल्पित बातें करने वाला 3. गपोड़िया।

गप्फा [सं-पु.] 1. बड़ा कौर 2. बहुत बड़ा आर्थिक लाभ; नफ़ा।

गफ़र (अ.) [सं-पु.] 1. दाढ़ी के दोनों ओर के बाल 2. सफ़ेद बालों को ख़िज़ाब से छिपाना 3. छोटी घास 4. गरदन और गुद्दी के बाल।

गफ़लत (अ.) [सं-स्त्री.] 1. भूल; चूक; असावधानी; लापरवाही 2. बेख़बरी; असतर्कता 3. त्रुटि 4. आलस्य; काहिली 5. निश्चेष्टा; बेहोशी; संज्ञाहीनता; चेत या सुध का अभाव।

गफ़ूर (अ.) [वि.] 1. क्षमा करने वाला 2. ईश्वर का एक विशेषण 3. बहुत अधिक क्षमावान।

गफ़्फ़ार (अ.) [वि.] 1. क्षमा करने वाला 2. मोक्षदाता 3. ईश्वर का एक विशेषण 4. बहुत अधिक दयालु।

गबचा [सं-पु.] 1. थाल 2. मिठाई रखने का पीतल का थालनुमा पात्र।

गबदी [सं-पु.] एक प्रकार का छोटा पेड़।

गबद्द [वि.] 1. मूर्ख; जड़ 2. वह (व्यक्ति) जिसमें बुद्धि न हो या कम हो।

गबन (अ.) [सं-पु.] 1. दूसरे का धन अनुचित रूप से हड़पना 2. गोलमाल 3. सरकारी धन की चोरी।

गबर [सं-पु.] जहाज़ में सब पालों के ऊपर लगाया जाने वाला पाल।

गबरगंड [वि.] बहुत बड़ा मूर्ख; जड़ बुद्धि।

गबरू (फ़ा.) [वि.] 1. नौजवान; युवा 2. उभरती जवानी का 3. भोला-भाला।

गबीना [सं-पु.] कतीरा (गोंद); कटीला।

गब्बर (सं.) [वि.] 1. घमंडी; अभिमानी; अहंकारी 2. बहुमूल्य; कीमती 3. धनी; मालदार 4. ढीठ; हठी 5. सुस्त।

गभरा [सं-पु.] एक प्रकार का कीड़ा।

गभस्ति (सं.) [सं-पु.] 1. किरण; रश्मि; ज्योति 2. हिंदू धर्मग्रंथों में वर्णित एक देवता; सौर जगत का वह सबसे बड़ा और ज्वलंत पिंड जिससे सब ग्रहों को गरमी और प्रकाश मिलता है; सूर्य 3. बाँह; बाहु; हाथ। [सं-स्त्री.] (पुराण) अग्नि की स्त्री; स्वाहा।

...स्तिमान (सं.) [सं-पु.] 1. सूर्य 2. (पुराण) एक द्वीप का

नाम 3. एक पाताल का नाम। [वि.] किरणयुक्त; प्रकाशयुक्त; चमकीला।

गभीरिका (सं.) [सं-स्त्री.] बड़े आकार का ढोल।

गभुआर (सं.) [वि.] 1. गर्भ या जन्म के समय का 2. जिसका मुंडन न हुआ हो 3. नादान; नासमझ; अनजान; बहुत छोटा।

ग़म (अ.) [सं-पु.] उर्दू उच्चारणानुसार वर्तनी (दे. गम[2])।

गम[1] (सं.) [सं-पु.] 1. चलना या जाना; गमन 2. मार्ग; रास्ता 3. गति; चाल 4. पहुँच; पैठ।

गम[2] (अ.) [सं-पु.] 1. दुख; रंज; क्षोभ 2. मातम; शोक 3. चिंता; परवाह; फ़िक्र 4. क्लेश; मुसीबत। [वि.] सहनशील। [मु.] **-खाना** : धैर्य रखना।

गमक[1] [सं-स्त्री.] 1. महक; सुगंध; गंध 2. तबले की गंभीर आवाज़ 3. (संगीत) एक श्रुति या स्वर से दूसरी श्रुति या स्वर पर जाने का ढंग।

गमक[2] (सं.) [वि.] बोधक; अचूक।

गमकना [क्रि-अ.] 1. सुगंध देना; महकना; महमहाना 2. गूँज पैदा होना 3. ख़ुशी या उत्साह से भरना।

गमकौआ [वि.] सुगंधित; महकने वाला; गमकीला।

गमख़ोर (फ़ा.) [वि.] 1. अत्याचार, अन्याय आदि को चुपचाप सहने वाला; सहनशील; सहिष्णु 2. दुख बटाने वाला; सहानुभूति रखने वाला; हमदर्द।

गमगीन (अ.+फ़ा.) [वि.] 1. जिसे गहरा दुख हो; गम में डूबा हुआ 2. उदास; दुखी; शोकसंतप्त 3. खिन्न।

गमछा [सं-पु.] 1. देह पोंछने का एक सूती छोटा कपड़ा 2. अँगोछा।

गमज़दा (अ.+फ़ा.) [वि.] दुखी; रंजीदा; गमगीन; शोकसंतप्त।

गमथ (सं.) [सं-पु.] 1. मार्ग; राह 2. राह चलने वाला; पथिक; राहगीर; मुसाफ़िर 3. व्यापार; पेशा 4. आमोद-प्रमोद।

गमन (सं.) [सं-पु.] 1. प्रस्थान; जाना 2. विजययात्रा करना।

गमनपत्र (सं.) [सं-पु.] वह पत्र जिसके द्वारा किसी को एक स्थान से दूसरे स्थान पर जाने अथवा ले जाने का अधिकार मिलता हो; चालान।

गमनपथ (सं.) [सं-पु.] आने-जाने का रास्ता या पथ।

गमनागमन (सं.) [सं-पु.] 1. एक स्थान से दूसरे स्थान पर आने-जाने की क्रिया या भाव 2. आना-जाना; आवाजाही; आवक-जावक; आवागमन।

गमनीय (सं.) [वि.] 1. गमन करने योग्य 2. जाने योग्य 3. प्रवेश होने योग्य।

गमला [सं-पु.] पौधे लगाने का लकड़ी, धातु सीमेंट या मिट्टी का बना चौड़ा या बड़े आकार का बालटी जैसा पात्र।

गमागम (सं.) [सं-पु.] 1. गमन-आगमन 2. आना-जाना।

गमी (अ.) [सं-स्त्री.] 1. मृत्युशोक; मातम 2. मृत्यु 3. वह शोक जो किसी के मरने पर होता है।

गम्य (सं.) [वि.] 1. गमन करने योग्य; जाने योग्य 2. जिसके अंदर पैठ या प्रवेश हो सके 3. साध्य; जिसका साधन हो सके 4. जिसके साथ संभोग किया जा सके 5. वाद्य 6. लभ्य; प्राप्य 7. समझाने योग्य 8. सरल; सहज।

गम्यता (सं.) [सं-स्त्री.] गम्य होने की अवस्था या भाव।

गय (सं.) [सं-पु.] 1. घर; मकान 2. अंतरिक्ष; आकाश 3. (रामायण) एक वानर का नाम जो रामचंद्र की सेना का एक सेनापति था 4. (महाभारत) एक राजर्षि का नाम जिनकी कथा द्रोण पर्व में है 5. एक असुर का नाम 6. गया नामक तीर्थ।

गयंद (सं.) [सं-पु.] 1. हाथी 2. दोहे का एक प्रकार।

गयवली [सं-पु.] एक प्रकार का छोटा या मझोले कद का पेड़ जिसका फल खाने में तथा लकड़ी गाड़ी बनाने में प्रयुक्त होती है।

गयवा [सं-स्त्री.] एक प्रकार की मछली, जिसे मोहेली भी कहते हैं।

गया-गुज़रा (सं.+फ़ा.) [वि.] 1. बेकार; ख़राब; हीन दशा को प्राप्त; जो किसी लायक न हो 2. निकृष्ट; तुच्छ 3. बीता हुआ; भूतपूर्व 4. दुर्दशाग्रस्त।

गया[1] [क्रि-अ.] जाना का भूतकालिक रूप।

गया[2] (सं.) [सं-पु.] 1. बिहार राज्य का एक नगर 2. बिहार का एक प्रसिद्ध तीर्थ जहाँ हिंदू पिंडदान करते हैं।

गयारी [सं-स्त्री.] किसी काश्तकार के मरने पर लावारिस छूट गई खेती में भूमि जोत।

गयाल[1] [सं-स्त्री.] किसी व्यक्ति के मरने पर उसकी छोड़ी गई ऐसी संपत्ति जिसका कोई उत्तराधिकारी न हो; गलंश।

गयाल[2] (बं.) [सं-पु.] असम में पाया जाने वाला एक पशु जिसका मांस खाया जाता है और जिसकी मादा का दूध पिया जाता है।

गर[1] (सं.) [सं-पु.] 1. रोग; बीमारी 2. कोई बहुत कड़वा पदार्थ; विष। [वि.] 1. धंधा करने वाला 2. रोगी।

गर[2] (फ़ा.) [अव्य.] अगर का संक्षिप्त रूप; यदि; जो।

गर[3] [परप्रत्य.] एक शब्द जो प्रत्यय के रूप में शब्दों के अंत में जुड़कर 'बनाने' या 'करने वाले' का अर्थ देता है, जैसे- जादूगर, कारीगर आदि।

गरँउँ [सं-पु.] चक्की के चारों ओर बना हुआ मिट्टी का घेरा जिसमें पिसा हुआ आटा आदि गिरता है।

गरंड [सं-पु.] आटा चक्की के चारों तरफ़ आटा गिरने के लिए बना हुआ घेरा।

गरई [सं-स्त्री.] एक प्रकार की छोटी मछली।

गरक (अ.) [वि.] 1. डूबा हुआ; निमग्न 2. मग्न; लीन 3. तन्मय 4. नष्ट।

गरकना (अ.) [क्रि-अ.] 1. डूब जाना; निमग्न हो जाना 2. नष्ट हो जाना; बरबाद या तबाह हो जाना।

गरकाब (अ.) [सं-पु.] 1. डूबने की क्रिया या भाव 2. डुबाव। [वि.] डूबा हुआ।

गरकिया [सं-पु.] 1. गलकी 2. अच्छी बारिश।

गरकी (अ.) [सं-स्त्री.] 1. डूबने की क्रिया या भाव 2. डूबना; डुबाव 3. अत्यधिक वर्षा या पानी की बाढ़; अतिवृष्टि 3. पानी में डूबी हुई ज़मीन 4. वह नीची भूमि जो बाढ़ में प्रायः डूब जाती हो।

गरग [वि.] 1. डूबा हुआ; निमग्न 2. जो नदी आदि में डूबकर मर गया हो 3. नष्ट; बर्बाद 4. मग्न; लीन 5. खाली खेत में जब पानी भरा गया हो।

गरगज [सं-पु.] 1. किले का बुर्ज 2. नाव की छत 3. वह ऊँची भूमि या टीला जहाँ से शत्रु का पता लगाया जाता है 4. फाँसी की टिकठी।

गरगवा [सं-पु.] 1. नर गोरैया; चिड़ा 2. एक प्रकार की घास।

गरचे (अ.) [अव्य.] 1. अगरचे; यद्यपि 2. हालाँकि।

गरज़ (अ.) [सं-स्त्री.] 1. उद्देश्य; प्रयोजन 2. चाह; ख़्वाहिश; इच्छा; स्वार्थ 3. आशय; मतलब 4. ज़रूरत; आवश्यकता 5. संबंध; ताल्लुक।

गरजना (सं.) [क्रि-अ.] 1. तेज़ और भीषण आवाज़ होना; बहुत ऊँचा और कर्कश शब्द करना 2. क्रोध में कड़ककर बोलना 3. शेर का दहाड़ना 4. मोती का चटकना; तड़कना।

गरज़मंद (अ.+फ़ा.) [वि.] 1. जिसे आवश्यकता हो; ज़रूरतवाला; 2. इच्छुक; चाहने वाला 3. ज़रूरतमंद।

गरज़ू [वि.] 1. गरज़मंद; गरज़वाला; मतलब रखने वाला 2. चाहने वाला; इच्छा करने वाला; ग्राहक।

गरट्ट [सं-पु.] 1. समूह; झुंड 2. अत्यधिक घना; सघन।

गरडा [सं-पु.] एक प्रकार का मोटा चावल।

गरण (सं.) [सं-पु.] 1. निगलने की क्रिया या भाव 2. छिड़कना 3. गरल; विष।

गरद[1] (सं.) [सं-पु.] विष; ज़हर; (पॉइज़न)। [वि.] 1.विष देने वाला 2. अस्वास्थ्यकर।

गरद[2] (फ़ा.) [सं-स्त्री.] मटमैले रंग का एक रेशमी कपड़ा।

गरदन (फ़ा.) [सं-स्त्री.] 1. गला; ग्रीवा 2. प्राणियों के धड़ और सिर के बीच का अंग 3. घड़े, सुराही आदि के मुँह के नीचे का तंग भाग।

गरदनी [सं-स्त्री.] 1. घोड़े की पीठ पर डाला जाने वाला कपड़ा जो एक ओर उसकी गरदन में बँधा रहता है 2. सिले हुए कपड़े का वह अंश जो गले के चारों ओर पड़ता है 3. गले में पहना जाने वाला एक आभूषण; हँसली 4. कारनिस 5. गरदन पर लगाया जाने वाला घस्सा 6. गरेबान 7. गरदनियाँ।

गरदा (फ़ा.) [सं-पु.] धूल; गर्द; मिट्टी।

गरदाँव [सं-पु.] मवेशियों के गले की रस्सी; गिराँव।

गरदान (फ़ा.) [सं-पु.] वह जो घूम-फिर कर अपने ही स्थान पर आता हो। [सं-स्त्री.] 1. घूमना; लौटना; मुड़ना 2. शब्दों का रूप साधन। [वि.] 1. घूमकर एक ही स्थान पर आने वाला 2. बिंदु के चारों ओर घूमने वाला।

गरनाल [सं-स्त्री.] चौड़े मुँह की तोप; घननाल।

गरबखिला [सं-स्त्री.] 1. दो पटरियों को जोड़ने के काम आने वाली कौरी, जिसमें दोनों ओर नोक हो 2. बैलगाड़ी के हर पुट्टी के दोनों ओर रहने वाली चूल; चोंही।

गरबा [सं-पु.] गुजरात राज्य का प्रसिद्ध लोकनृत्य जिसमें स्त्रियाँ कमर या सिर पर घड़ा रखकर या घेरा बनाकर नाचती हैं।

गरभाना (सं.) [क्रि-अ.] 1. गर्भ धारण करना; गर्भवती होना 2. गेहूँ, जौ, धान आदि के पौधों में बाल लगना।

गरम (फ़ा.) [वि.] 1. जिसे छूने पर ताप की अनुभूति हो; उष्ण; गरमी 2. ऊँचे तापमानवाला; जलता हुआ 3. तीखा; तेज़ 4. क्रोधित; शीघ्र ही उत्तेजित होने वाला 5. उष्णवीर्य; जोश से भरा हुआ 6. तप्त 7. वह क्षेत्र जहाँ गरमी अधिक पड़ती हो।

गरम मसाला [सं-पु.] 1. मिर्च, धनियाँ, लौंग, दालचीनी, तेजपत्ता, इलायची, जीरा, आदि मसालों का मिश्रण 2. उष्ण प्रकृति का मसाला।

गरमा [सं-पु.] 1. ग्रीष्म ऋतु में पैदा होने वाली फसल 2. गर्मी के महीने में खेत में दिया जाने वाला पानी।

गरमाइश [सं-स्त्री.] गरमी; उष्णता; गरमाहट।

गरमाई (फ़ा.) [सं-स्त्री.] 1. गरम होने का भाव; उष्णता 2. ग्रीष्म ऋतु 3. ऐसी वस्तु जिसके उपयोग या सेवन से शारीरिक शक्ति बढ़ती हो 4. ज्वर; ताप 5. हरारत 6. तीव्रोन्माद 7. उत्तेजना 8. साधारण या हलका ताप 9. क्रोध 10. जोश 11. उपदंश रोग।

गरमागरम [वि.] 1. तुरंत का पका हुआ; तेज़ गरम 2. ऐसा गरम जिसमें अभी ठंडक न आई हो 3. बिलकुल ताज़ा, जैसे- गरमागरम भोजन, गरमागरम चाय 4. {ला-अ.} जोशीला; उत्साही 5. {ला-अ.} जिसमें उत्तेजना या विवाद हो, जैसे- गरमागरम बहस।

गरमागरम ख़बर [सं-स्त्री.] 1. ताज़ा, रोचक समाचार 2. सनसनीख़ेज़ या महत्वपूर्ण समाचार 3. किसी के संबंध में चटपटी या उत्तेजित करने वाली बात।

गरमागरमी [सं-स्त्री.] 1. आवेशपूर्ण कहा-सुनी 2. मुस्तैदी; तत्परता 3. अनबन या झगड़ा होने की स्थिति।

गरमाना [क्रि-अ.] 1. गरम या उष्ण होना 2. आवेश में आना; क्रुद्ध होना 3. मस्त होना; उल्लसित होना। [क्रि-स.] 1. गरम करना; तपाना 2. किसी को आवेशित करना; गरमी पहुँचाना।

गरमाहट [सं-स्त्री.] 1. साधारण या हलका ताप; उष्णता; गरमी 2. गरम होने का भाव।

गरमी [सं-स्त्री.] 1. गरम होने का भाव; उष्णता; ताप 2. ग्रीष्म ऋतु 3. आवेश; तेज़ी; उग्रता 4. उमंग; उत्साह 5. घमंड; अहंकार; गर्व 6. यौन रोग; आतशक; उपदंश 7. हाथी या घोड़ों में होने वाला एक रोग। [मु.] **-खाना** : गुस्सा करना। **-निकालना** : घमंड नष्ट कर देना।

गररा [सं-पु.] घोड़ों की एक जाति; गर्रा।

गरराना [क्रि-अ.] 1. गरजना 2. घनघोर ध्वनि करना 3. भीषण आवाज़ करना 4. जोश में आना।

गररी [सं-स्त्री.] एक पक्षी; सिरोही या किलँहटी नामक चिड़िया।

गरल (सं.) [सं-पु.] 1. विष; ज़हर 2. साँप का ज़हर 3. घास का बँधा हुआ पूला।

गरलधर (सं.) [सं-पु.] 1. साँप; सरीसृप वर्ग का एक रेंगने वाला पतला और लंबा जीव जिसकी कई जातियाँ पाई जाती हैं 2. शिव; महादेव। [वि.] विष धारण करने वाला।

गरहन [सं-पु.] 1. काली तुलसी; बबरी 2. एक प्रकार की मछली 3. ग्रहण।

गराँव [सं-स्त्री.] 1. छोटा गाँव 2. एक बटी हुई दोहरी रस्सी जो

पशुओं के गले में बाँधी जाती है; पगहा।

गराज (अं.) [सं-पु.] 1. गाड़ियों, मोटरों आदि के रखने का स्थान; मोटरख़ाना; (गैरेज) 2. मोटर गाड़ी या इसी प्रकार की कोई सवारी रखने का घिरा हुआ स्थान।

गराड़ी [सं-स्त्री.] 1. घिरनी; चरखी; (पुली) 2. रगड़ से पड़ी हुई लकीर 3. अर्धवृत्ताकार गड्ढा जो कुछ दूर तक गया हो 4. पास-पास रहने वाली आड़ी रेखाओं की शृंखला; गंडा।

गरानी (फ़ा.) [सं-स्त्री.] 1. भारीपन 2. अजीर्ण 3. पेट का भारी होना 4. महँगी।

गराब [सं-पु.] 1. 14 वीं शताब्दी में बंगाल और आस-पास की खाड़ियों में परिचालन में काम आने वाली बड़ी नाव; तीन मस्तूलों वाला जहाज 2. साधारण नाव।

गरामी (फ़ा.) [वि.] 1. सम्मानित; पूज्य 2. बुज़ुर्ग 3. प्रसिद्ध; नामी।

गरारा[1] [सं-पु.] 1. पायजामे आदि की ढीली मोहरी 2. ढीली मोहरी का पाजामा; मुस्लिम समाज में स्त्रियों द्वारा पहना जाने वाला अधोवस्त्र।

गरारा[2] (अ.) [सं-पु.] 1. मुँह में पानी भरकर किया जाने वाला गर-गर शब्द 2. कुल्ला करना 3. नमक या दवा मिले गुनगुने पानी को गले में भरकर गर-गर शब्द करके बाहर निकाल देना 4. चौपायों का एक रोग जिसमें उनके गले में घुर-घुर शब्द होता है।

गरावा [सं-पु.] ऐसी भूमि जो अधिक उर्वर न हो; कम उपजाऊ ज़मीन; हलकी ज़मीन।

गरासना (सं.) [क्रि-स.] 1. निगलना 2. ग्रसना 3. खा जाना।

गरिका (सं.) [सं-स्त्री.] नारियल की गरी; नारिकेल।

गरित (सं.) [वि.] 1. ज़हर 2. विषयुक्त; विषाक्त।

गरिमा (सं.) [सं-स्त्री.] 1. गुरुत्व; भारीपन 2. महत्व; गौरव 3. गर्व 4. शेखी; आत्मश्लाघा 5. आठ सिद्धियों में से एक, जिसके द्वारा साधक अपना शरीर भारी कर सकता है।

गरियल [सं-पु.] एक प्रकार का पक्षी, जिसका सिर भूरे रंग का होता है।

गरिया [सं-पु.] दक्षिण और मध्य भारत में होने वाला एक प्रकार का वृक्ष।

गरियाना [क्रि-अ.] 1. गालियाँ बकना या देना; अपशब्द कहना 2. डाँटना 3. दुर्वचन कहना।

गरियार [वि.] 1. अड़ियल 2. वह चौपाया जो सुस्त हो 3. मट्ठर (बैल) 4. जो चलने में धीमा हो।

गरिष्ठ (सं.) [सं-पु.] 1. दानव 2. एक तीर्थ। [वि.] 1. जो मुश्किल से पचे; बहुत भारी (भोजन) 2. कब्ज़ करने वाला 2. गुरु; बहुत सम्मानित।

गरी [सं-स्त्री.] 1. नारियल का खोपरा 2. नारियल के फल के अंदर का मुलायम गूदा 3. कड़े बीज के अंदर की गिरी; मगज।

गरीब (अ.) [वि.] 1. निर्धन; दरिद्र; कंगाल 2. विनम्र; दीनहीन 3. बेचारा; निरुपाय 4. मुफ़लिस; लाचार 5. अकिंचन।

ग़रीब (अ.) [वि.] उर्दू उच्चारणानुसार वर्तनी (दे. गरीब)।

गरीब-निवाज़ (फ़ा.) [वि.] 1. गरीबों पर दया करने वाला; दयालु 2. दीनवत्सल; दीनदयाल।

ग़रीब-निवाज़ (फ़ा.) [वि.] उर्दू उच्चारणानुसार वर्तनी (दे. गरीब-निवाज़)।

गरीबख़ाना (अ.+फ़ा.) [सं-पु.] 1. अपने घर, मकान या निवास के लिए किसी के सामने कहा जाने वाला नम्रतासूचक शब्द 2. दीन की कुटिया; साधारण घर।

ग़रीबख़ाना (अ.+फ़ा.) [सं-पु.] उर्दू उच्चारणानुसार वर्तनी (दे. गरीबख़ाना)।

गरीबपरवर (फ़ा.) [वि.] 1. गरीबों का पालन करने वाला 2. दीन प्रतिपालक 3. गरीबों की परवरिश करने वाला।

गरीबान (फ़ा.) [सं-पु.] 1. कुरते या अँगरखे का वह भाग जो गले के पास या छाती के ऊपर रहता है 2. गिरेबान; गला।

गरीबी (अ.) [सं-स्त्री.] 1. गरीब होने की अवस्था या भाव; दरिद्रता; निर्धनता; लाचारी 2. दीनता; मुफ़लिसी; कंगाली।

ग़रीबी (अ.) [सं-स्त्री.] उर्दू उच्चारणानुसार वर्तनी (दे. गरीबी)।

गरीयस (सं.) [वि.] 1. बहुत भारी या महान 2. गुरुतर 3. सबसे प्रबल 4. महत्वपूर्ण।

गरु (सं.) [वि.] 1. गंभीर व्यक्तित्व वाला 2. शांत 3. भारी; वजनी 4. गौरवशाली 5. धैर्यशाली।

गरुअट [सं-पु.] रोली; मस्तक पर टीका करने वाली सामग्री।

गरुआ [वि.] 1. अभिमानी; अहंकारी; घमंडी 2. भारी; वजनी।

गरुड़ (सं.) [सं-पु.] 1. गिद्ध की जाति का एक प्रकार का बहुत बड़ा पक्षी 2. उकाब 3. सफ़ेद रंग का एक प्रकार का जल पक्षी जिसे पड़वा ढेक भी कहते हैं 3. (पुराण) विनता के गर्भ से उत्पन्न कश्यप के पुत्र पक्षीराज गरुड़ जो विष्णु के वाहन माने जाते हैं 4. (पुराण) चौदहवाँ कल्प।

गरुड़ध्वज (सं.) [सं-पु.] 1. विष्णु 2. प्राचीनकाल के बने हुए ऐसे स्तंभ जिन पर गरुड़ की आकृति बनी होती थी 3. वह स्तंभ या खंभा जिसपर गरुड़ की आकृति हो।

गरुड़सिंह (सं.) [सं-पु.] प्राचीन भारतीय वास्तु में एक कल्पित आकृति जिसका आगे का भाग गरुड़ के समान और पिछला भाग सिंह के समान होता था।

गरुत (सं.) [सं-पु.] 1. पंख; पक्ष; पर 2. निगलना; भक्षण।

गरूर (अ.) [सं-पु.] 1. अभिमान; घमंड; गर्व 2. गुमान 3. नखरा।

ग़रूर (अ.) [सं-पु.] उर्दू उच्चारणानुसार वर्तनी (दे. गरूर)।

गरेरा [सं-पु.] घेरा। [वि.] जिसमें घुमाव-फिराव हो; चक्करदार।

गरेरी [सं-स्त्री.] गड़ारी।

गर्क (अ.) [वि.] 1. विचारमग्न; तल्लीन 2. मग्न; डूबा हुआ।

गर्ग (सं.) [सं-पु.] 1. ज्योतिष शास्त्र के एक प्राचीन आचार्य 2. धर्मशास्त्र के प्रवर्तक एक प्राचीन ऋषि 3. केंचुआ 4. बैल; साँड़ 5. एक पर्वत का पुराना नाम 6. (संगीत) एक प्रकार का ताल 7. गगोरी नाम का छोटा कीड़ा 8. बिच्छू 9. ब्रह्मा के मानस पुत्र जिनकी सृष्टि गया में यज्ञ के लिए हुई थी।

गर्गरी (सं.) [सं-स्त्री.] 1. दही जमाने की मटकी 2. घड़ा; कलसी; गगरी 3. दहेड़ी।

गर्ज (सं.) [सं-पु.] 1. गर्जन 2. हाथी का चिंघाड़ना 3. बादलों का गरजना।

गर्जक (सं.) [सं-पु.] एक प्रकार की मछली। [वि.] गरजने या ज़ोर से बोलने वाला।

गर्जन (सं.) [सं-पु.] 1. गरजने की क्रिया; गरजना 2. घोर ध्वनि करने या होने की क्रिया या भाव 3. बादलों की गड़गड़ाहट 4. गुस्सा 5. युद्ध 6. फटकार; भर्त्सना।

गर्जना (सं.) [सं-स्त्री.] 1. दहाड़; तेज़ आवाज़ 2. भीषण ध्वनि करने या होने की क्रिया।

गर्त (सं.) [सं-पु.] 1. गड्ढा; गढ़ा; बिल 2. छेद; दरार 3. घर 4. (पुराण) एक नरक का नाम 5. नहर 6. समाधि; कब्र।

गर्द-गुबार (फ़ा.) [सं-पु.] धूल और मिट्टी जो हवा के कारण इधर-उधर बिखर जाती है।

गर्द[1] (फ़ा.) [सं-स्त्री.] 1. राख; धूल; रज 2. मिट्टी; खाक 3. सूर्य 4. खेद; रंज 5. फ़ायदा। [सं-पु.] पिसा हुआ कोयला।

गर्द[2] (फ़ा.) [परप्रत्य.] शब्दों के अंत में जुड़कर 'घूमने-फिरने वाले' का अर्थ देता है, जैसे- आवारागर्द आदि।

गर्दन (फ़ा.) [सं-स्त्री.] दे. गरदन।

गर्दना [सं-पु.] 1. मोटी गर्दन 2. गर्दन पर किया जाने वाला आघात 3. गर्दन पर का माँस 4. छाजने के नीचे पट्टी।

गर्दभ (सं.) [सं-पु.] 1. गधा; गदहा 2. गदहिला नामक कीड़ा 3. सफ़ेद कुमुदिनी।

गर्दालू (फ़ा.) [सं-पु.] आलूबुख़ारा।

गर्दिश (फ़ा.) [सं-स्त्री.] 1. दुर्भाग्य; विपत्ति; संकट 2. फिराव; कालचक्र 3. भ्रमण; चारों ओर घूमना-फिरना 4. परिभ्रमण।

गर्भ (सं.) [सं-पु.] 1. पेट के अंदर का भाग; गर्भाशय; कोख 2. मादा प्राणियों के शरीर का वह भीतरी भाग जिसमें शुक्र व डिंब के संयोग से नए प्राणी पनपते और अंत में जन्म लेते हैं 3. घर-मंदिर का भीतरी केंद्रवर्ती भाग 4. नाटक की पाँच संधियों में से एक।

गर्भक (सं.) [सं-पु.] 1. दो रातों और उनके बीच के दिन की अवधि 2. बालों में खोंसा जाने वाला फूलों का गुच्छा।

गर्भकाल (सं.) [सं-पु.] 1. गर्भाधान के लिए उपयुक्त समय; ऋतुकाल 2. गर्भवती होने की अवधि; गर्भधारण से प्रसव तक का समय।

गर्भक्षय (सं.) [सं-पु.] गर्भपात; चार महीने से कम का गर्भ गिरने या गिराने की क्रिया।

गर्भगृह (सं.) [सं-पु.] 1. आँगन; घर का मुख्य भाग 2. प्राचीन समय में मंदिरों का वह गुप्त भाग जिसमें केवल मंदिर के पुरोहित ही प्रवेश कर सकते थे 3. वह कोठरी जिसमें प्रसव कराया जाता है; सौरी 4. पेट के अंदर का वह भाग जिसमें बच्चा बनता है।

गर्भनिरोध (सं.) [सं-पु.] 1. गर्भ न ठहरने देने की क्रिया 2. परिवार नियोजन।

गर्भनिरोधक (सं.) [सं-पु.] 1. वह साधन या उपाय जिससे गर्भधारण को रोका जाता है 2. स्त्री या पुरुष द्वारा बच्चा न होने देने के लिए प्रयोग किए जाने वाले कृत्रिम साधन 3. परिवार नियोजन का साधन। [वि.] गर्भ स्थापना या गर्भधारण को रोकने वाला।

गर्भपत्र (सं.) [सं-पु.] 1. कोंपल; कल्ला 2. फूल की पंखुड़ियाँ।

गर्भपात (सं.) [सं-पु.] 1. जन्म लेने से पहले ही बच्चे का गर्भ से गिर जाना; गर्भ का नष्ट होना; (एबॉर्शन) 2. शल्यक्रिया या सर्जरी से गर्भ को गिरा देना।

गर्भमोक्ष (सं.) [सं-पु.] प्रसव; आसुति; बच्चा जनने की क्रिया।

गर्भवती (सं.) [सं-स्त्री.] स्त्री जिसके गर्भ या पेट में बच्चा हो; गर्भवाली; गर्भिणी; हामिला।

गर्भविज्ञान (सं.) [सं-पु.] 1. चिकित्सा विज्ञान की एक शाखा 2. गर्भ-स्थापना तथा भ्रूण के वृद्धि-विकास आदि का विवेचन करने वाला शास्त्र 3. भ्रूण-विज्ञान 4. ऐसा विज्ञान जिसमें इस बात का विवेचन किया जाता है कि गर्भ में जीवन का संचार और उसकी वृद्धि या विकास कैसे होता है।

गर्भस्थ (सं.) [वि.] 1. गर्भ में स्थित; गर्भ में आया हुआ (बच्चा) 2. अंदर का; भीतरी।

गर्भस्थापन (सं.) [सं-पु.] गर्भाशय में वीर्य पहुँचाकर गर्भधारण कराना; गर्भाधान कराना।

गर्भस्राव (सं.) [सं-पु.] 1. गर्भपात 2. गर्भ के गिरने या नष्ट होने की वह अवस्था जब वह जीव बनने से पहले बहुत-कुछ तरल रूप में रहता है।

गर्भांक (सं.) [सं-पु.] 1. नाटक के अंक का एक अंश जिसमें सिर्फ़ एक घटना का दृश्य होता है 2. नाटक के एक दृश्य में ही स्थित दूसरा दृश्य 3. रूपक में अंक के अंतर्गत अंक या दृश्य-विशेष।

गर्भागार (सं.) [सं-पु.] 1. घर का मध्य या बीच का भाग 2. आँगन 3. घर के बीचो-बीच का कमरा 4. मंदिर की वह कोठरी जिसके बीच में किसी देवता मूर्ति रखी हो 5. शयनागार 6. गर्भाशय; गर्भगृह।

गर्भाधान (सं.) [सं-पु.] 1. गर्भ रहना; गर्भ धारण कराना 2. मादा प्राणी के गर्भ में उसके अंडाणु एवं नर प्राणी के शुक्राणु से जीव की सृष्टि का आरंभ 3. हिंदुओं के सोलह संस्कारों में से एक।

गर्भावधि (सं.) [सं-स्त्री.] जीव के गर्भ में रहने की अवधि।

गर्भावस्था (सं.) [सं-स्त्री.] 1. गर्भ रहने की अवस्था; गर्भावधि 2. पेट या गर्भाशय में शिशु या गर्भ के विकसित होने का समय; (प्रेगनेंसी)।

गर्भाशय (सं.) [सं-पु.] 1. स्त्री या मादा जाति के शरीर में गर्भ ठहरने का स्थान; बच्चादानी; कोख; (यूटरस) 2. पेट।

गर्भिणी (सं.) [वि.] 1. (स्त्री या कोई मादा प्राणी) जिसे गर्भ हो; गर्भवती; (प्रेगनेंट)। [सं-स्त्री.] 1. खिरनी का पेड़ 2. प्राचीन भारत में चलने वाली एक प्रकार की नाव।

गर्भीला (सं.) [वि.] 1. जिसके गर्भ अथवा भीतरी भाग में कोई चीज़ स्थित हो 2. (रत्न) जिसके अंदर आभा झलकती हो।

गर्म (फ़ा.) [वि.] गरम।

गर्मजोशी (फ़ा.) [सं-स्त्री.] 1. गहरे प्रेम का भाव; उत्साह; मिलनसारिता 2. सरगरमी; उल्लास।

गर्रा (सं.) [सं-पु.] 1. लाखी रंग 2. लाखी रंग का घोड़ा 3. लाखी रंग का कबूतर। [वि.] 1. लाख के रंग जैसा 2. लाख के रंग का; लाखी।

गर्री [सं-स्त्री.] 1. खलिहान में लगाई हुई डंठलों की गौज 2. तागा या तार लपेटने का औज़ार।

गर्व (सं.) [सं-पु.] 1. घमंड; शेखी; अहंकार; गरूर; नाज़ 2. रूप, धन, विद्या आदि में अपने को दूसरों से बढ़कर समझने का भाव 3. अपने किसी काम या बात के संबंध में होने वाली सुखद और संतोषप्रद भावना 4. रसशास्त्र में वर्णित एक संचारी भाव।

गर्वमय (सं.) [वि.] गौरव या गर्व सहित; अहंकारयुक्त; गौरवपूर्ण।

गर्विणी (सं.) [सं-स्त्री.] 1. गर्व या घमंड करने वाली स्त्री 2. मान करने या रूठने वाली स्त्री; मानिनी।

गर्वित (सं.) [वि.] 1. जिसे गर्व हो; गर्व करने वाला 2. गौरवमय 2. घमंडी; अहंकारी।

गर्विता (सं.) [सं-स्त्री.] 1. अपने रूप, गुण पर घमंड करने वाली स्त्री 2. (साहित्य) नायिका के लिए प्रयुक्त शब्द। [वि.] 1. गर्व से युक्त 2. अभिमान करने वाली।

गर्विष्ठ (सं.) [वि.] 1. जो गर्व या घमंड करने वाला हो; गर्वीला 2. जो अभिमान से भरा हो 3. जो गर्व या अहंकार से भरा हो 4. जो अपने सामने दूसरे को तुच्छ समझता हो।

गर्वीला (सं.) [वि.] 1. गर्व करने वाला; अभिमानी 2. घमंडी 3. गर्व या तेज से परिपूर्ण।

गर्हण (सं.) [सं-पु.] 1. निंदा; शिकायत 2. दोष लगाना 3. भर्त्सना। [सं-स्त्री.] गर्हणा।

गर्हणा (सं.) [सं-स्त्री.] 1. किसी को बहुत बुरा समझकर की जाने वाली बुराई; निंदा 2. दोष का पात्र 3. भर्त्सना।

गर्हणीय (सं.) [वि.] 1. गर्हण का पात्र 2. जिसका गर्हण या निंदा करना उचित हो; निंदा करने योग्य 3. निंद्य; निंदनीय।

गर्हित (सं.) [वि.] 1. ख़राब 2. बहुत अधिक दूषित या निंदित कि उसे देखने पर मन में घृणा उत्पन्न होती हो 3. जिसकी निंदा की गई हो।

गल (सं.) [सं-पु.] 1. कंठ; गरदन; गला 2. एक पुराना बाजा 3. रस्सी 4. साल वृक्ष का गोंद 5. 'गला' का संक्षिप्त रूप जो यौगिक शब्दों के आरंभ में लगने पर प्राप्त होता है, जैसे- गलकंबल, गलफाँसी।

गलक (सं.) [सं-पु.] 1. गला 2. गड़ाकू मछली 3. मोती।

गलकंबल (सं.) [सं-पु.] 1. गाय के गले का नीचे का भाग जो लटकता रहता है 2. झालर 3. लहर।

गलका [सं-पु.] 1. हाथ की उँगलियों के अगले सिरे पर होने वाला फोड़ा 2. एक प्रकार की चाबुक।

गलगंजन [सं-पु.] हो-हल्ला; शोर-गुल।

गलगंड (सं.) [सं-पु.] घेंघा; घेंघ; गला सूजने का एक रोग।

गलगल [सं-पु.] 1. चकोतरे की तरह का एक खट्टा फल 2. सुर्ख़ी लिए हुए काले रंग की मैना की जाति की चिड़िया; गलगलिया; सिरगोटी 3. लकड़ियों को जोड़ने या छेद बंद करने का एक प्रकार का मसाला।

गलगलाना [क्रि-अ.] 1. बढ़-चढ़कर बातें करना 2. डींग मारना 3. गीला या तर होना; भीगना 4. कठोर पदार्थ का कोमल या नरम हो जाना 5. दयालु होना 6. हर्षित होना।

गलगलिया [सं-स्त्री.] किलहँटी या सिरोही नाम की एक चिड़िया।

गलग्रह (सं.) [सं-पु.] 1. आई हुई ऐसी विपत्ति जो बहुत कठिनता से टले 2. सामने पड़ा हुआ कष्टदायक बंधन 3. गला पकड़ना; गला घोंटना 4. गले में कफ़ की अधिकता से होने वाला एक प्रकार का रोग 5. वह वस्तु जिससे जल्दी छुटकारा मिले 6. मछली का काँटा।

गलचौर [सं-पु.] एक रोग।

गलजँदड़ा (सं.) [सं-पु.] 1. वह व्यक्ति जो लगातार पीछे लगा रहे; पिछलग्गू 2. गले में लटकाई जाने वाली पट्टी जो हाथ में चोट लगने पर हाथ को सहारा देने के लिए बाँधी जाती है।

गलजोत [सं-स्त्री.] 1. वह रस्सी जिससे एक बैल का गला दूसरे बैल के गले में बाँधा जाता है; गलजोड़ 2. गले में पड़ा किसी भी प्रकार का कष्टदायक बंधन।

गलझंप [सं-पु.] हाथी के गले में बाँधी जाने वाली लोहे की ज़ंजीर।

गलत (अ.) [वि.] 1. अशुद्ध; बिगड़ा हुआ 2. जो सही या ठीक न हो; अनुचित 3. जिसमें गणन या कलन संबंधी त्रुटि हो 4. जो वर्तनी, व्याकरण आदि की दृष्टि से शुद्ध न हो 5. जो तथ्य के अनुरूप न हो; असत्य; मिथ्या; झूठ 6. दूषित; बुरा 7. नादुरुस्त; भ्रममूलक।

गलतंस (सं.) [सं-पु.] 1. ऐसी संपत्ति जिसका कोई वारिस न हो; लावारिस जायदाद 2. ऐसे व्यक्ति की संपत्ति जो अपने पीछे किसी को छोड़ न गया हो; निःसंतान मृत व्यक्ति।

गलतनामा (फ़ा.) [सं-पु.] अशुद्धि-पत्र; गलतियों या अशुद्धियों की सूची।

गलतफ़हमी (अ.+फ़ा.) [सं-स्त्री.] 1. बोधभ्रम; बदगुमानी; मुगालता; कुधारणा; वहम; भ्रांति 2. कोई बात समझने में होने वाला धोखा 3. किसी के बारे में गलत धारणा बना लेने की स्थिति 4. किसी की कही हुई बात का अर्थ या आशय कुछ का कुछ समझ लेना।

गलतबयानी (अ.) [सं-स्त्री.] 1. झूठ बोलना; बरगलाना 2. भ्रम पैदा करने वाला कथन 3. अयथार्थ कथन।

गलता (फ़ा.) [सं-पु.] 1. एक प्रकार का बहुत चमकीला, मोटा कपड़ा जिसका ताना रेशम का और बाना सूत का होता है 2. दीवार में बनी हुई कंगनी या छज्जी; कारनिस 3. लकड़ी का बना एक गोल औजार जो रसोई में काम आता है।

गलती (अ.) [सं-स्त्री.] 1. गलत होना 2. अशुद्धि; त्रुटि 3. भूल-चूक 4. नियम, रीति, व्याकरण, सिद्धांत आदि की दृष्टि से होने वाली कोई भूल।

गलथनियाँ (सं.) [सं-स्त्री.] वे थैलियाँ जो विशेष प्रकार की बकरियों की गर्दन के दोनों ओर लटकती रहती हैं; डभका।

गलदश्रु (सं.) [वि.] 1. रोता हुआ, जिसके आँसू बह रहे हों 2. भावुक।

गलन (सं.) [सं-पु.] 1. गलना 2. गलने की अवस्था; क्रिया या

भाव 3. अत्यधिक सरदी जिसमें हाथ-पैर गलने-सा प्रतीत होते हैं; ठिठुरन।

गलनबिंदु (सं.) [सं-पु.] गलनांक; द्रवण-बिंदु।

गलना (सं.) [क्रि-अ.] 1. ताप के प्रभाव से किसी ठोस पदार्थ का तरल में परिवर्तित होना; पिघलना, जैसे- भट्टी में सोने का गलना; बरफ़ का गलना 2. द्रवित होना; पिघलना 3. ठिठुरना 4. कड़ी चीज़ का आँच पर पककर नरम होना 5. सीझना; अधिक पक जाना 6. जीर्ण होना; दुबला होना; शरीर का कमज़ोर होना 7. सड़ना।

गलनांक (सं.) [सं-पु.] किसी पदार्थ का वह निश्चित तापक्रम जिसपर कोई पदार्थ गलने लगता है।

गलफड़ा (सं.) [सं-पु.] 1. पानी में रहने वाले जीवों का वह अंग जिससे वे पानी में साँस लेते हैं 2. गाल का चमड़ा।

गलफाँसी [सं-स्त्री.] 1. ऐसा बड़ा संकट जिससे छुटकारा मिलना संभव न हो; कष्टदायक बात 2. मालखंभ की एक प्रकार की कसरत 3. गले की फाँसी या फंदा।

गलबल [सं-पु.] दे. गलबली।

गलबली [सं-स्त्री.] 1. कोलाहल; ऊँची आवाज़ में बोलने या चिल्लाने आदि से उत्पन्न शोरगुल 2. गड़बड़।

गलबहियाँ [सं-स्त्री.] 1. गले में बाँहें डालकर आलिंगन करने की अवस्था या भाव 2. गले मिलना।

गलमुच्छा [सं-पु.] गालों तक बढ़ी हुई मूँछें।

गलशुंडी (सं.) [सं-स्त्री.] 1. जीभ के आख़िरी छोर के पास की घंटी; जीभी; कौआ 2. एक रोग जिससे तालु की जड़ में सूजन आ जाती है।

गलसुआ [सं-पु.] 1. कनपेड़; कनफेड़ा 2. एक प्रकार का रोग जिसमें गले की ग्रंथियाँ सूज जाती हैं और उनमें पीड़ा होती है।

गलही [सं-स्त्री.] नाव का वह अगला और ऊपर का भाग, जहाँ उसके दोनों पार्श्व समाप्त होते हैं।

गला (सं.) [सं-पु.] 1. धड़ के ऊपर और सिर के नीचे का भाग; ग्रीवा; गरदन 2. उच्चारण या गायन का अंग; स्वर-नली; कंठ; हलक 3. कंठ का स्वर; सुर 4. द्रवित; पिघला हुआ 5. बहुत पका हुआ 6. कुरते या अँगरखे का गिरेबान 7. लोटे या घड़े के मुँह से नीचे का हिस्सा। [मु.] **-काटना** : बहुत हानि पहुँचाना। **-घुटना** : साँस रुकना। **-घोंटना** : ज़बरदस्ती करना, ज़ोर से गला दबाना। **गले का हार होना** : बहुत प्रिय होना। **गले लगाना** : आलिंगन करना। **-फाड़ना** : ज़ोर से चिल्लाना।

गलाऊ [वि.] 1. गलने वाला 2. जिसे गलाया जा सके; गलनशील।

गलाना [क्रि-स.] 1. पिघलाना 2. किसी ठोस पदार्थ को पिघलाना 3. बहुत अधिक चिंता या श्रम करके अपने शरीर को क्षीण और दुर्बल बनाना।

गलि (सं.) [सं-पु.] बछड़ा; सुस्त बैल।

गलित (सं.) [वि.] 1. गला हुआ 2. क्षय प्राप्त 3. जीर्ण 4. जो पुराना होने के कारण रस, सार आदि से रहित हो गया हो, जैसे- गलित यौवन; गलित अंग।

गलित कुष्ठ (सं.) [सं-पु.] ऐसा कोढ़ जिसमें अंग गल-गलकर गिरने लगते हैं।

गलिया [सं-स्त्री.] चक्की आदि का वह छेद जिसमें पीसने के लिए अनाज डालते हैं। [वि.] जो बहुत सुस्त हो; आलसी।

गलियारा [सं-पु.] 1. गली की तरह का सीधा रास्ता; सँकरा रास्ता; (कॉरिडोर) 2. गली जैसा छोटा; तंग रास्ता।

गलियारी [सं-स्त्री.] दे. गलियार।

गली (सं.) [सं-स्त्री.] 1. सँकरा रास्ता 2. बस्ती या मुहल्ले की तंग और पतली सड़क, जिसपर दोनों तरफ़ घर बने हों 3. कूचा; खोरी।

गलीचा (फ़ा.) [सं-पु.] 1. कालीन; कारपेट 2. ऊन या सूत आदि का बना हुआ मोटा बिछावन या चादर जिसपर बेलबूटे बने रहते हैं 3. ऊन या सूत के धागे से बुना हुआ मोटा बिछौना।

गलीछाप [वि.] 1. सड़कछाप; आवारा; लफ़ंगा 2. जो बिना काम के इधर-उधर गलियों में घूमता रहता है 3. ऐरा-गैरा 4. बेकार; नाकारा।

गलीज़ (अ.) [वि.] गंदा; मैला; मलिन; नापाक; अशुद्ध; अपवित्र।

गलुआ [वि.] गलने या झरने वाला। [सं-पु.] गर्दन के नीचे बालों के गुच्छे वाला मुर्गा।

गलेबाज़ी (हिं.+फ़ा.) [सं-स्त्री.] 1. बहुत अधिक बात करने की क्रिया या भाव 2. गाते समय अधिक तान छेड़कर गायिकी का दिखाया जाने वाला कौशल।

गल्प (सं.) [सं-स्त्री.] 1. गप; मिथ्या प्रलाप 2. कहानी 3. भावपूर्ण या विचार-प्रधान कोई छोटी कहानी 4. मृदंग के बारह प्रबंधों में से एक।

गल्ला (फ़ा.) [सं-पु.] 1. अन्न; अनाज का ढेर 2. चक्की में एक बार में डालने लायक अनाज 3. खेत की उपज; पैदावार 4. गुल्लक; संदूक या बक्सा जिसमें दुकानदार रुपया-पैसा रखते हैं 5. पेड़-पौधों आदि की उपज या पैदावार।

गल्लाचोर [सं-पु.] अनाज की चोरी करने वाला व्यक्ति।

गल्लाफ़रोश (फ़ा.) [सं-पु.] अनाज बेचने वाला व्यापारी।

गल्ह (सं.) [सं-पु.] गाल; कपोल; रुख। [सं-स्त्री.] बात; कथन; वचन। [वि.] धृष्ट; ढीठ

गवर्नर (अं.) [सं-पु.] 1. राज्यपाल 2. राज्य का वह संवैधानिक व्यक्ति जो राष्ट्रपति द्वारा मनोनीत किया जाता है 3. शासक।

गवा [सं-स्त्री.] गाय। [सं-पु.] रेड़, एरंड या अंडी का फल।

गवाक्ष (सं.) [सं-पु.] 1. खिड़की; दीवार में बना हुआ झरोखा 2. राम की सेना का एक बंदर।

गवारा (फ़ा.) [वि.] 1. जो मान्य हो; अंगीकार करने योग्य; सहने लायक 2. मनोनुकूल; पसंद 3. सह्य; स्वीकार्य 4. पचने वाला।

गवाह (फ़ा.) [सं-पु.] 1. किसी बात या घटना का प्रत्यक्षदर्शी; साक्षी 2. वह व्यक्ति जो अदालत में न्यायाधीश के सामने तथ्यों या अभियुक्त के सत्यापन या समर्थन करने के लिए बुलाया जाता है 3. जो दो पक्षों में होने वाले व्यवहार, समझौते या लेन-देन का आवश्यकता पड़ने पर सत्यापन करे।

गवाही (फ़ा.) [सं-स्त्री.] 1. साक्ष्य 2. साक्षी 3. गवाह का कथन या बयान।

जिसके लिए कोई उपाय शेष न हो; निश्चल; विकल्पहीन 4. असहाय; दीन।

गतौरा [सं-पु.] उखबंधना।

गत्ता (सं.) [सं-पु.] 1. मोटा कागज़; कागज़ की दफ़्ती 2. कागज़ की कई परतों को चिपका कर बनाई गई दफ़्ती।

गत्यवरोध (सं.) [सं-पु.] 1. गति अवरुद्ध होने की स्थिति या दशा; गतिरोध 2. किसी प्रकार की बाधा या अड़चन उत्पन्न हो जाने के कारण चलते हुए काम या वार्ता आदि का बीच में ही रुक जाना।

गत्यात्मक (सं.) [वि.] 1. चलने वाला 2. उन्नतिशील 3. गतिमान।

गत्वर (सं.) [वि.] 1. गतिमान 2. गमनशील 3. नश्वर 4. चलने वाला 5. गति में रहने वाला।

गद (सं.) [सं-पु.] 1. मेघ-ध्वनि 2. अस्पष्ट भाषण 3. एक असुर 4. कृष्ण के छोटे भाई का नाम 5. कड़ी चीज़ पर नरम या नरम चीज़ पर कड़ी चीज़ के गिरने की आवाज़।

गदका [सं पु.] 1. पैंतरा खेलने में प्रयुक्त लकड़ी का डेढ़-दो हाथ लंबा चमड़ा मढ़ा मुठियादार डंडा; गतका 2. वह खेल जो फरी और गतके से खेला जाता है।

गदकारा [वि.] 1. मुलायम और दबाने से दब जाने वाला; गुदगुदा; नरम 2. मांसल।

गदगद [वि.] 1. हर्ष, प्रेम और श्रद्धा आदि के आवेग से इतना आह्लादित कि स्पष्ट न बोल सके 2. बहुत अधिक ख़ुश; ख़ुशी से फूला न समाने वाला 3. पुलक की स्थिति में अवरुद्ध (कंठ); अति आनंदित।

गदगदा [सं-पु.] रत्ती नामक पौधा।

गदन (सं.) [सं-पु.] 1. वर्णन 2. कथन।

गदना (सं.) [क्रि-स.] 1. कहना; बोलना; वाणी से व्यक्त करना 2. वर्णन करना।

गदबदा [वि.] 1. भरे हुए शरीरवाला 2. कोमल; मुलायम।

गदर (अ.) [सं-पु.] 1. क्रांति; विद्रोह; बलवा 2. किसी जनविरोधी या अत्याचारी शासन या शासक के खिलाफ़ होने वाला विद्रोह 3. बगावत; विप्लव 4. अराजकता।

गदरा [सं-पु.] कच्चा धान; भदरा।

गदराना [क्रि-अ.] 1. जवानी के समय अंगों का भरना 2. फलों आदि के पकने की स्थिति होना 3. खिलना 4. आँखों में कीचड़ आना।

गदला [वि.] मैला; मिट्टी मिला हुआ (पानी); गँदला।

गदहपूरना [क्रि-स.] दुधियाना; दूध आने की स्थिति। [सं-स्त्री.] एक प्रकार का साग; पुनर्नवा नामक पौधा जो औषध के काम में आता है।

गदहरा [सं-पु.] 1. गधा 2. मोटा गद्दा।

गदहा (सं.) [सं-पु.] 1. घोड़े की तरह का लेकिन उससे कुछ छोटा एक प्रसिद्ध चौपाया जो प्रायः मटमैले रंग का होता है; गधा; गर्दभ; खर; वैशाखनंदन 2. {ला-अ.} मूर्ख; बेवकूफ़; नासमझ।

गदा (सं.) [सं-स्त्री.] 1. प्राचीन अस्त्र; धातु से निर्मित वह हथियार जिसके एक सिरे पर नुकीला लट्टू लगा होता था; गुर्ज 2. लोढ़ 3. डंडे में लगाया हुआ पत्थर का गोला जिसे मुगदर की तरह भाँजते हैं 4. विष्णु द्वारा धारण किया जाने वाला अस्त्र।

गदांबर (सं.) [सं-पु.] बादल; मेघ।

गदाई (फ़ा.) [सं-स्त्री.] भिखमंगा होने की अवस्था या भाव; भिक्षुकी; भिखमंगापन; फ़कीरी। [वि.] 1. नीच; क्षुद्र; तुच्छ 2. वाहियात; रद्दी।

गदाग्रज (सं.) [सं-पु.] गद के अग्रज; कृष्ण।

गदाधर (सं.) [सं-पु.] विष्णु; नारायण। [वि.] गदा धारण करने वाला।

गदाना [क्रि-स.] दानों से युक्त होना; दाना भर जाना।

गदाराति (सं.) [सं-स्त्री.] औषधि; दवा।

गदाला[1] [सं-पु.] हाथी की पीठ पर कसा जाने वाला गद्दा।

गदाला[2] (सं.) [सं-पु.] रंबा या बड़ी कुदाल।

गदाह्वय (सं.) [सं-पु.] एक प्रकार का रोग जिसमें शरीर पर सफ़ेद दाग हो जाते हैं; कुष्ठ।

गदेला [सं-पु.] 1. रुई आदि से भरा मोटा गद्दा 2. गद्दीदार बिछौना 3. हाथी की पीठ पर रखा जाने वाला मोटा बिछावन।

गदेली [सं-स्त्री.] हथेली; करतल; ताल; हाथ का कलाई के आगे का वह ऊपरी चौड़ा हिस्सा जिसके आगे उँगलियाँ होती हैं।

गदेहा [सं-पु.] गद्दा; रुई आदि से बनाया हुआ मोटा बिछौना।

गदोली [सं-स्त्री.] हथेली; गदोरी; गदेली।

गद्द [सं-पु.] 1. मुलायम जगह या चीज़ पर किसी भारी वस्तु के गिरने से उत्पन्न शब्द 2. किसी गरिष्ठ चीज़ को खाने या अधिक मात्रा में भोजन कर लेने के कारण होने वाला पेट का भारीपन।

गद्दम [सं-पु.] एक प्रकार की छोटी चिड़िया, जिसका रंग पीला, पैर सफ़ेद और पेट लाल होता है।

गद्दर [वि.] 1. जो अच्छी तरह पका न हो; अधपका 2. गदराया हुआ।

गद्दा [सं-पु.] 1. रुई का बिछौना; कृत्रिम रुई या फोम आदि का बना हुआ बिछौना 2. मोटा तोशक 3. मुलायम चीज़ों का ढेर 4. नरम चीज़ की चोट 5. हाथी की पीठ पर हौदा के नीचे की बिछावन।

गद्दार (अ.) [वि.] 1. विश्वासघाती 2. द्रोही; बागी 3. विद्रोही 4. राष्ट्र, संस्था या शासन के विरुद्ध होकर उसे हानि पहुँचाने वाला 4. किसी संगठन को नष्ट करने या हानि पहुँचाने वाला।

गद्दारी (अ.) [सं-स्त्री.] 1. अपने संगठन, दल या देश का अहित कर शत्रु को लाभ पहुँचाने का भाव 2. विश्वास जमा कर अहित करने का भाव; विश्वासघात।

गद्दी [सं-स्त्री.] 1. छोटा गद्दा 2. रुई भरा हुआ कपड़ा 3. दुकान, व्यवसाय के मालिक आदि के बैठने का स्थान 4. अधिक सम्मानित व्यक्ति को बैठने के लिए लगाया हुआ आसन 5. बड़ा पद।

गद्दीदार [वि.] 1. जिसमें गद्दे लगे हों; गुदगुदा; गदीला 2. कई

तह किया हुआ (कपड़ा) 3. रुई भरा हुआ (कपड़ा)।

गद्दीनशीन (हिं.+फ़ा.) [सं-पु.] 1. जिसे राज्याधिकार मिला हो; सिंहासनारूढ़; सत्तारूढ़ 2. उत्तराधिकारी।

गद्य (सं.) [सं-पु.] 1. वह लेखन जिसमें अलंकार, वर्णों की संख्या, मात्रा, लय और क्रम आदि का विचार न होता हो 2. 'पद्य' का विलोम; नस्र; इबारत 3. बोलचाल की भाषा में लिखने का लेखन प्रकार 4. बनावट रहित सीधी सरल भाषा। [वि.] कहने योग्य; कथनीय।

गद्यकाव्य (सं.) [सं-पु.] वह गद्य जिसमें कुछ भाव या भावनाएँ ऐसी कवित्वपूर्ण सुंदरता से व्यक्त की गई हों कि उसमें काव्य की-सी संवेदनशीलता तथा सरसता आ जाए।

गद्यगीत (सं.) [सं-पु.] 1. ऐसी गद्य रचना जिसमें सरस ढंग से विचारों को व्यक्त किया गया हो 2. गद्य की सरस और लालित्य पूर्ण रचना जिसमें छंद और तुक का बंधन नहीं होता।

गद्यरूप (सं.) [वि.] 1. गद्य के रूप वाला 2. गद्य के आकार, प्रकार, स्वरूप का 3. गद्य जैसा।

गद्यांश (सं.) [सं-पु.] किसी गद्य रचना का कोई अंश; गद्य लेख का बहुत संक्षिप्त भाग; अनुच्छेद।

गद्यानुवाद (सं.) [सं-पु.] किसी कृति या रचना का गद्य में होने वाला अनुवाद।

गधा (सं.) [सं-पु.] 1. गदहा; गर्दभ; खर; वैशाखनंदन 2. घोड़े की तरह का एक छोटा चौपाया पशु जिसे धोबी, कुम्हार आदि बोझ ढोने के लिए पालते हैं। [वि.] {ला-अ.} मूर्ख; नासमझ।

गधापन (सं.) [सं-पु.] मूर्खता; नासमझी।

गधीला [सं-पु.] एक जंगली जाति।

गधूल [सं-पु.] एक प्रकार का फूल।

गधेला [सं-पु.] गदही का बच्चा।

गनगनाना [क्रि-अ.] 1. जाड़े से काँपना 2. शरीर के रोओं का ठंड आदि के कारण खड़े हो जाना 3. रोमांचित होना।

गनगौर (सं.) [सं-स्त्री.] चैत्र शुक्ल तृतीया।

गनना [सं-स्त्री.] 1. गिनती; गणना 2. विवाह के पूर्व वर-वधू की कुंडली के नक्षत्र के आधार पर यह देखना कि विवाह कैसा रहेगा।

गनी (अ.) [वि.] 1. धनवान; पैसेवाला 2. अनिच्छुक; निस्पृह 3. संतुष्ट।

गनीम (अ.) [सं-पु.] 1. लुटेरा; डाकू 2. दुश्मन; शत्रु; वैरी।

गनीमत (अ.) [सं-स्त्री.] 1. बड़ी बात; संतोष करने योग्य बात 2. युद्ध में शत्रु पक्ष से लूटा गया माल; लूट।

गनेल [सं-स्त्री.] एक प्रकार की घास जो छप्पर छाने के काम में आती है।

गन्ना (सं.) [सं-पु.] ईख; ऊख।

गप (सं.) [सं-स्त्री.] 1. इधर-उधर की बात 2. प्रयोजनरहित बातचीत 3. झूठी बात या तारीफ़; डींग 4. कल्पित बात; गल्प।

गपकना [क्रि-स.] 1. झटके से कुछ खा जाना; चटपट निगलना 2. झूठ बोलना।

गपतू [सं-पु.] 1. औरंग 2. राज-सिंहासन 3. बुद्धिमत्ता; समझदारी।

गपबाज़ (फ़ा.) [सं-पु.] बकवादी; गप्पी; शेखीख़ोर; डींगिया।

गपशप [सं-स्त्री.] 1. मनबहलाव की बातें; सरस वार्तालाप; रोचक बातचीत 2. मनोरंजन; तफ़रीह 3. बकवाद; झूठ से भरी बातचीत 4. समय काटने की बातें।

गपागप [क्रि.वि.] 1. झट से निगलने की क्रिया 2. शीघ्रता से या जल्दी-जल्दी 3. गप-गप शब्द करते हुए।

गपिया [वि.] गप हाँकने वाला; गपोड़िया; गप्पी।

गपोड़ा [वि.] 1. बढ़ा-चढ़ाकर बातें करने वाला 2. कपोल-कल्पित किस्से सुनाने वाला 3. गपिया 4. मिथ्यावादी।

गपोड़ेबाज़ी [सं-स्त्री.] व्यर्थ की बातों में समय बिताने की क्रिया या भाव; बकवाद।

गप्प [सं-स्त्री.] 1. व्यर्थ की बातचीत; डींग 2. मिथ्यावाद 3. झूठी बात।

गप्पी [वि.] 1. गप मारने वाला 2. व्यर्थ की कपोल-कल्पित बातें करने वाला 3. गपोड़िया।

गप्फा [सं-पु.] 1. बड़ा कौर 2. बहुत बड़ा आर्थिक लाभ; नफ़ा।

गफ़र (अ.) [सं-पु.] 1. दाढ़ी के दोनों ओर के बाल 2. सफ़ेद बालों को ख़िज़ाब से छिपाना 3. छोटी घास 4. गरदन और गुद्दी के बाल।

गफ़लत (अ.) [सं-स्त्री.] 1. भूल; चूक; असावधानी; लापरवाही 2. बेख़बरी; असतर्कता 3. त्रुटि 4. आलस्य; काहिली 5. निश्चेष्टा; बेहोशी; संज्ञाहीनता; चेत या सुध का अभाव।

गफ़ूर (अ.) [वि.] 1. क्षमा करने वाला 2. ईश्वर का एक विशेषण 3. बहुत अधिक क्षमावान।

गफ़्फ़ार (अ.) [वि.] 1. क्षमा करने वाला 2. मोक्षदाता 3. ईश्वर का एक विशेषण 4. बहुत अधिक दयालु।

गबचा [सं-पु.] 1. थाल 2. मिठाई रखने का पीतल का थालनुमा पात्र।

गबदी [सं-पु.] एक प्रकार का छोटा पेड़।

गबद्द [वि.] 1. मूर्ख; जड़ 2. वह (व्यक्ति) जिसमें बुद्धि न हो या कम हो।

गबन (अ.) [सं-पु.] 1. दूसरे का धन अनुचित रूप से हड़पना 2. गोलमाल 3. सरकारी धन की चोरी।

गबर [सं-पु.] जहाज़ में सब पालों के ऊपर लगाया जाने वाला पाल।

गबरगंड [वि.] बहुत बड़ा मूर्ख; जड़ बुद्धि।

गबरू (फ़ा.) [वि.] 1. नौजवान; युवा 2. उभरती जवानी का 3. भोला-भाला।

गबीना [सं-पु.] कतीरा (गोंद); कटीला।

गब्बर (सं.) [वि.] 1. घमंडी; अभिमानी; अहंकारी 2. बहुमूल्य; कीमती 3. धनी; मालदार 4. ढीठ; हठी 5. सुस्त।

गभरा [सं-पु.] एक प्रकार का कीड़ा।

गभस्ति (सं.) [सं-पु.] 1. किरण; रश्मि; ज्योति 2. हिंदू धर्मग्रंथों में वर्णित एक देवता; सौर जगत का वह सबसे बड़ा और ज्वलंत पिंड जिससे सब ग्रहों को गरमी और प्रकाश मिलता है; सूर्य 3. बाँह; बाहु; हाथ। [सं-स्त्री.] (पुराण) अग्नि की स्त्री; स्वाहा।

गभस्तिमान (सं.) [सं-पु.] 1. सूर्य 2. (पुराण) एक द्वीप का

गवेषक (सं.) [सं-पु.] 1. शोध-छात्र 2. शोध या अनुसंधान कार्य में लगा हुआ कोई व्यक्ति। [वि.] 1. शोध करने वाला 2. गवेषणा करने वाला।

गवेषण (सं.) [सं-पु.] 1. खोजना; ढूँढ़ना 2. चाहना 3. खोई हुई गाय को ढूँढ़ने का कार्य।

गवेषणा (सं.) [सं-स्त्री.] 1. किसी बात या विषय का मूल रूप या वास्तविक स्थिति जानने के लिए उस बात या विषय का किया जाने वाला अध्ययन और अनुसंधान 2. छानबीन; किसी विषय का अच्छी तरह अनुशीलन करके उसके संबंध में नए तथ्यों का पता लगाना।

गवेषणापूर्ण (सं.) [वि.] खोज से भरा हुआ; अन्वेषण युक्त।

गवेषणाशाला [सं-स्त्री.] गवेषणा संस्था; अन्वेषण करने का स्थान।

गवेषित (सं.) [वि.] खोज किया हुआ; तलाश किया हुआ; अन्वेषित।

गवेषी (सं.) [वि.] 1. छानबीन करने वाला 2. खोजी 3. शोध करने वाला।

गवैया [सं-पु.] गाने वाला; गायक; वह जो संगीत-शास्त्र का ज्ञाता हो और पूरी लय के साथ गाता हो।

गव्य (सं.) [सं-पु.] 1. गोरोचन 2. गायों का झुंड। [वि.] गाय से प्राप्त, जैसे- दही, दूध, घी, गोबर, गोमूत्र आदि।

गश (अ.) [सं-पु.] 1. बेहोशी; मूर्च्छा; चक्कर 2. अच्छी वस्तु में घटिया वस्तु मिलाना 3. जो मन में हो उसके ख़िलाफ़ कहना 4. शोषण। [मु.] **-खाना** : बेहोश हो जाना।

गश्त (फ़ा.) [सं-स्त्री.] 1. पहरा; सुरक्षा के लिए चक्कर लगाना; पुलिसकर्मी या सैनिकों की आवाजाही 2. घूमना; फिरना; भ्रमण; चक्कर; टहलना; दौरा 3. दंगा आदि को रोकने के लिए किसी अधिकारी का किसी क्षेत्र में अथवा उसके चारों ओर घूमना।

गश्ती (फ़ा.) [वि.] 1. चारों ओर घूमने वाला 2. जगह-जगह गश्त लगाने वाला 3. चलता-फिरता हुआ। [सं-पु.] पहरेदार।

गसना (सं.) [क्रि-स.] 1. कसकर या जकड़कर बाँधना 2. ग्रसित करना; गोथना 2. पकड़ना 3. कपड़ा आदि बनाने के लिए बाने के तागों को आपस में अच्छी तरह मिलाकर बैठाना।

गस्सा (सं.) [सं-पु.] 1. कौर; ग्रास 2. निवाला।

गह (सं.) [सं-स्त्री.] 1. पकड़ने की क्रिया या भाव 2. दस्ता 3. हथियार या शस्त्र की मूठ 4. टेक।

गहकना (सं.) [क्रि-अ.] 1. आवेश में होना 2. लालसा में होना; प्रबल चाह में होना; ललकना 5. उमंग में आना।

गहकी [सं-पु.] ग्राहक; खरीदने वाला व्यक्ति।

गहगड्ड [वि.] 1. गहरा 2. भारी 3. घोर 4. बहुत कड़ा नशा 5. उमंगपूर्वक भोग-विलास।

गहगह (सं.) [वि.] 1. ख़ुशी या आनंद से भरा हुआ 2. प्रफुल्लित 3. उमंग से भरा हुआ 4. समृद्ध; भरा-पूरा 5. उत्साहपूर्ण 6. लहलहाता हुआ 7. प्रसन्नचित्त।

गहगहा (सं.) [वि.] 1. प्रफुल्ल 2. आनंद-उल्लास से पूर्ण 3. गाढ़ा 4. गंभीर। [अव्य.] हर्ष-उत्साह के साथ; धूमधाम से।

गहगहाना [क्रि-अ.] 1. अत्यधिक प्रसन्न हो जाना 2. आनंद से फूले न समाना 3. फ़सल आदि का लहलहाना 4. प्रफुल्लित होना।

गहन (सं.) [वि.] 1. कठिन; दुरूह 2. निविड़; घना 3. दुर्भेद्य; दुर्गम 4. गंभीर। [सं-पु.] 1. लेना; पकड़ना 2. ग्रहण 3. बंधक 4. कलंक 5. कष्ट; विपत्ति; पीड़ा 6. गहराई 7. गुफ़ा 8. दुर्गम स्थान 9. जंगल 10. जल 11. परमेश्वर। [सं-स्त्री.] 1. गहने या पकड़ने का भाव; पकड़ 2. ज़िद; हठ।

गहनतम (सं.) [वि.] सबसे गहरा; सबसे घना।

गहनता (सं.) [सं-स्त्री.] 1. गहराई; गहन होने की अवस्था 2. गंभीरता; दुर्गम होने का भाव।

गहना (सं.) [सं-पु.] 1. पहनने या धारण करने का आभूषण; अलंकार; जेवर 2. रेहन; बंधक। [क्रि-स.] 1. पकड़ना या ग्रहण करना 2. धारण करना 3. थामना। [मु.] **गहने रखना** : आभूषण रेहन रखना।

गहनी [सं-स्त्री.] 1. मसालों से नाव के छेद भरने की क्रिया 2. चौपायों का एक रोग जिसमें उनके दाँत हिलने लगते हैं 3. गहना नामक उपकरण या औज़ार।

गहमागहमी [सं-स्त्री.] रौनक; चहलपहल; धूमधाम।

गहरा (सं.) [वि.] 1. जिसका तल बहुत नीचा हो; गहराईवाला 2. जिसकी थाह लेना मुश्किल हो; गंभीर; 'उथला' का विलोम 3. घनिष्ठ; भारी; गाढ़ा 4. निम्नगामी 5. गूढ़; जिसे समझना जटिल हो 6. बहुत चटकीला (रंग) 7. विकट; जिसका परिणाम बहुत तीव्र हो।

गहराई [सं-स्त्री.] 1. गहरापन 2. गहरे होने की अवस्था।

गहाना [क्रि-स.] 1. पकड़ाना 2. हाथ से कसकर या अच्छी तरह से पकड़ाना।

गहिला [वि.] 1. उन्मत्त; मतवाला; पागल; विक्षिप्त 2. अभिमानी; अभिमान या दर्प से भरा हुआ; घमंडी; मगरूर; अहंकारी।

गहीर [वि.] 1. गहरा 2. गंभीर।

गहुआ [सं-पु.] सँड़सी; गरम बरतन को पकड़ने का उपकरण।

गहुम [सं-पु.] लाल ज्वार; ज्वार की एक किस्म।

गहुमा [सं-पु.] एक प्रकार का मोटा धान।

गहेड़ [सं-पु.] भेड़ बकरियों का समूह।

गहैया [वि.] 1. पकड़ने या गहने वाला 2. अंगीकार करने वाला; स्वीकार या ग्रहण करने वाला।

गह्वर (सं.) [सं-पु.] 1. गड्ढा; बिल, विवर 2. गुफा; अँधेरा एवं गहरा स्थान 3. देवालय; मंदिर। [वि.] गहरा; घना; दुर्गम।

गाँज [सं-पु.] 1. गाँजने या ढेर लगाने की क्रिया या भाव 2. राशि; समूह; ढेर।

गाँजना [क्रि-स.] 1. ढेर लगाना; एक के ऊपर एक चीज़ रखना 2. भरा जाना 3. नष्ट करना; तोड़ना।

गाँजा [सं-पु.] 1. भाँग की जाति का पौधा जिसकी पत्तियाँ या कलियाँ चिलम में रखकर नशे के लिए प्रयोग होती हैं 2. एक प्रकार का नशीला पदार्थ।

गाँठ (सं.) [सं-स्त्री.] 1. ग्रंथि; गिरह 2. कपड़े या रस्सी आदि के दो सिरों को आपस में फँसाकर या घुमाकर बनाई गई गुत्थी

या बंधन 3. गट्ठा 4. एक साथ बाँधकर रखी चीज़ों का समूह 5. अंग का जोड़ या संधि, जैसे- उँगली की गाँठ 6. शरीर में किसी विकार के कारण बनने वाला कुछ ठोस व गोल उभार; गिल्टी। [मु.] -**खुलना** : कमज़ोरी सामने आना। -**खोलना** : मन की इच्छा प्रकट करना। -**पड़ना** : मन-मुटाव होना। -**में बाँधना** : हमेशा याद रखना।

गाँठगोभी [सं-स्त्री.] गोभी की जाति की एक तरकारी जो ठोस गोलाकार पिंड के रूप में होती है।

गाँठजोड़ [सं-पु.] विवाह वेदी पर बनाया गया चौक।

गाँठना (सं.) [क्रि-स.] 1. बाँधना; गाँठ देना या लगाना 2. दो चीज़ों को जोड़ने के लिए सिलाई करना या डोरी आदि से जोड़ना 3. गूँथना 4. क्रम लगाना 5. अनुचित रूप से किसी से काम निकालना 6. ज़बरदस्ती छीनकर किसी वस्तु को अपने वश में करना 7. मनचाही बात करने को तैयार करना।

गाँड़ [सं-स्त्री.] 1. गुदा; मलत्याग करने की इंद्रिय 2. समाज में अश्लील माना जाने वाला एक शब्द।

गाँड़र [सं-स्त्री.] 1. एक प्रकार की घास जिसकी जड़ सुगंधित होती है; जिसे खस कहते हैं 2. एक दूब 3. गंडदूर्वा नामक घास।

गाँडू [वि.] 1. समाज में अश्लील माना जाने वाला एक शब्द 2. {ला-अ.} गुदा मैथुन करने वाला 3. गुदा-भंजन कराने वाला 4. मूर्ख; निकम्मा और कायर 5. जिसमें हिम्मत न हो; डरपोक; बुजदिल; असाहसी।

गाँती [सं-स्त्री.] 1. गाती 2. चादर आदि ओढ़ने का एक ख़ास ढंग।

गाँथना [क्रि-स.] 1. कसना; जकड़ना 2. अच्छी तरह पकड़ना 3. गूँथना; पिरोना 4. गूँधना; गूँठना।

गाँव (सं.) [सं-पु.] 1. ग्राम; छोटी बस्ती 2. शहर से दूर स्थित खेतीबारी पर अवलंबित किसानों-खेतिहरों का निवास; देहात 3. रहस्य संप्रदाय में काया 4. खेड़ा।

गाँवटी [वि.] 1. गाँव में रहने वाला; गाँव का 2. देहाती।

गाँववासी (सं.) [सं-पु.] 1. गाँव में रहने वाला 2. खेती करने वाला किसान 3. ग्रामीण; गाँव में रहने वाला व्यक्ति; देहाती।

गाँस [सं-स्त्री.] 1. गँसने या गाँसने का भाव 2. रुकावट 3. द्वेष 4. तीर, बरछी, भाले आदि की नोक 5. काँटे का वह टुकड़ा जो शरीर के अंदर रह गया हो और बहुत कष्ट देता हो 6. चुभन 7. मनोमालिन्य 8. संकट।

गाँसना [क्रि-स.] 1. गूँथना 2. दो चीज़ों को एक में मिलाने के लिए अच्छी तरह फँसाना; सटाना 3. किसी चीज़ में नुकीली चीज़ या गाँसी घुसाना 4. सालना; छेदना 5. किसी को वश या शासन में करना 6. तेज़ी से दबोचना 7. किसी वस्तु को कसकर ठूँसना।

गांग (सं.) [सं-पु.] 1. गंगा का किनारा या तट 2. वर्षा का विशेष प्रकार का जल 3. बड़ा तालाब 4. भीष्म 5. हिलसा मछली। [वि.] गंगा का; गंगा संबंधी।

गांगेय (सं.) [सं-पु.] 1. भीष्म 2. एक राजवंश 3. हिलसा मछली। [वि.] 1. गंगा से उत्पन्न 2. गंगा तट पर स्थित।

गांडीव (सं.) [सं-पु.] 1. (महाभारत) अर्जुन का धनुष जो उन्हें अग्नि से मिला था 2. धनुष।

गांधर्व (सं.) [सं-पु.] 1. संगीत शास्त्र; गान विद्या 2. गंधर्व विद्या 3. गंधर्व जाति 4. हिंदू धर्मशास्त्रों के अनुसार आठ विवाहों में से एक 5. भारतवर्ष का एक उपद्वीप 6. घोड़ा। [वि.] 1. गंधर्व संबंधी 2. गंधर्व का 3. गंधर्व देश में उत्पन्न।

गांधर्ववेद (सं.) [सं-पु.] सामवेद का उपवेद जिसमें सामगान के स्वर, लय आदि का विवेचन है; संगीतशास्त्र।

गांधार (सं.) [सं-पु.] 1. सात स्वरों में से तीसरा स्वर 2. एक राग 3. एक गंधद्रव्य 4. गंधार नामक राग का दूसरा नाम 5. सिंदूर 6. भारतवर्ष का एक प्राचीन जनपद।

गांधारी (सं.) [सं-स्त्री.] 1. (महाभारत) धृतराष्ट्र की पत्नी और दुर्योधन की माता 2. गांधार की राजकुमारी 3. बाईं आँख की एक नाड़ी 4. षाडव संपूर्ण जाति की एक रागिनी जो दिन के दूसरे पहर में गाई जाती है। [सं-पु.] 1. जैनों के एक शासन देवता 2. गाँजा 3. जवासा।

गांधिक (सं.) [सं-पु.] गंधी; इत्रफ़रोश; गंधद्रव्य; सुगंधित पदार्थ।

गांधी (सं.) [सं-पु.] 1. गुजराती वैश्यों में एक कुलनाम या सरनेम 2. गँधिया कीड़ा 3. गंधी 4. गँधिया घास।

गांधी टोपी [सं-स्त्री.] खादी की किश्तीनुमा टोपी।

गांधीवाद [सं-पु.] गांधी द्वारा अपनाए गए सिद्धांतों और आदर्शों का सामूहिक रूप जिसमें उन्होंने सामाजिक और राजनीतिक जीवन में सत्य, अहिंसा, शुचिता और सादगी आदि को अपनाने पर बल दिया है। इसमें उन्होंने साधन और साध्य की शुचिता और नैतिकता का पालन करने को आवश्यक कहा है।

गांधीवादी [वि.] वह जो गांधीवाद को मानता हो या गांधी जी का अनुयायी; गांधीवाद से संबंधित।

गांभीर्य (सं.) [सं-पु.] 1. गंभीर होने की अवस्था या गुण; गंभीरता 2. गहराई; जटिलता 3. चित्त की स्थिरता; अचंचलता।

गाइड (अं.) [सं-पु.] 1. मार्गदर्शक; पथदर्शक 2. वह पुस्तक जिसमें किसी नगर के महत्वपूर्ण या दर्शनीय स्थानों का विवरण हो; संदर्शिका 3. निर्देशक।

गागर (सं.) [सं-स्त्री.] मिट्टी या धातु का ऊँची गरदन वाला घड़ा; गगरी; कलसा। [मु.] -**में सागर भरना** : थोड़े शब्दों या वाक्य में अधिक बात कहना अथवा ऐसी वाक्य योजना जो बहुत गहरे भावों से युक्त हो।

गाछ (सं.) [सं-पु.] 1. पेड़; वृक्ष 2. उत्तरी बंगाल के पान की एक किस्म।

गाछी [सं-स्त्री.] 1. छोटा बागीचा 2. छोटा पेड़ 3. खजूर की नरम कोंपल जिसे सुखाकर तरकारी बनाई जाती है 4. वह स्थान जहाँ पेड़ों की अधिकता हो।

गाज[1] [सं-पु.] पानी आदि का फ़ेन; झाग।

गाज[2] (सं.) [सं-स्त्री.] 1. गर्जन 2. बिजली की कड़क 3. बिजली 4. गूँजने की क्रिया, भाव या ध्वनि। [मु.] -**गिरना** : बिजली गिरना; आफ़त आना।

गाजना (सं.) [क्रि-अ.] 1. गरजना; दहाड़ना 2. शोर करना; ऊँची आवाज़ में बोलने या चिल्लाने आदि से उत्पन्न आवाज़

3. ख़ूब प्रसन्न होना।

गाजर (सं.) [सं-स्त्री.] लाल या बैंगनी रंग का एक प्रसिद्ध लंबा और मीठा कंद जो सब्ज़ी, अचार, मुरब्बे या सलाद के रूप में खाया जाता है। [मु.] **-मूली समझना** : किसी को बहुत कमतर या तुच्छ समझ लेना।

गाजा [सं-स्त्री.] मछली पकड़ने की एक विशेष प्रकार की टोकरी।

गाज़ा (फ़ा.) [सं-पु.] एक प्रकार का सुगंधित पाउडर या लेप जिसे सौंदर्य बढ़ाने के लिए स्त्रियाँ गालों पर मलती हैं।

गाज़ी (अ.) [सं-पु.] 1. मुसलमानों में वह वीर योद्धा जो धर्म या मज़हब आदि के लिए युद्ध करता है 2. उक्त युद्ध में प्राण देने वाला व्यक्ति 3. बहादुर; वीर 4. विजेता 5. शूरवीर।

गाटर [सं-पु.] 1. गाड़ी या हल के जुए की लकड़ी जिसके दोनों ओर बैल जोते जाते हैं 2. गाटा।

गाटा [सं-पु.] 1. भूमि या खेत का छोटा टुकड़ा 2. उक्त प्रकार का खेत जो पूरी इकाई के रूप में माना जाता है।

गाड़ना [क्रि-स.] 1. दफ़न करना; गड्ढे में रखकर शव आदि को मिट्टी से ढकना 2. टेंट या तंबू खड़ा करना।

गाडव (सं.) [सं-पु.] बादल; मेघ।

गाड़ा [सं-पु.] 1. गाड़ी 2. छकड़ा 3. बैलगाड़ी 4. बच्चों के चलाने के लिए बनी तीन पहिए की लकड़ी की खिलौना गाड़ी 5. वह गड्ढा जिसके आगे लोग छिपकर बैठे रहते थे और चोर, शत्रु, डाकू आदि का पता लगाते थे 6. वह खत्ता या गड्ढा जो कोल्हू के नीचे रहता है और जिसमें तेल या रस जमा करने का बर्तन रखा जाता है।

गाड़ी [सं-स्त्री.] 1. यात्रियों को लाने-ले जाने या भार आदि ढोने वाला वाहन; शकट; यान; यात्रा-वाहन 2. रेलगाड़ी; मोटरकार।

गाड़ीख़ाना (हिं.+फ़ा.) [सं-पु.] 1. गाड़ी रखने का स्थान 2. वह कमरा जहाँ गाड़ी खड़ी की जाती है।

गाड़ीवान [सं-पु.] 1. बैलगाड़ी चलाने या हाँकने वाला व्यक्ति; चालक 2. वह जिसके पास गाड़ी हो।

गाढ़ (सं.) [सं-पु.] करघा [वि.] 1. दृढ़; पक्का; मज़बूत 2. बहुत अधिक; अतिशय 3. गंभीर; गहरा 4. दुरूह या दुर्गम। [सं-स्त्री.] संकट; कठिनाई; विकट या विपत्ति का समय।

गाढ़ता (सं.) [सं-स्त्री.] कठिनता; दुरूहता 2. गाढ़ा या गहन होने का भाव या अवस्था; गाढ़ापन।

गाढ़ा (सं.) [वि.] 1. मोटा; जिसमें तरल का अंश कम हो; जो पतला न हो; सघन; अविरल, जैसे-गाढ़ा शोरबा 2. घनिष्ठ; गहरा 3. कठिन (श्रम) 4. विकट, जैसे- गाढ़े दिन 6. जो ख़ूब गहरा हो (रंग आदि) 7. आत्मीय 8. प्रचंड; उग्र 9. घना; ठस और मोटा (कपड़ा)। [सं-पु.] खादी का मोटा कपड़ा।

गाढ़ापन [सं-पु.] 1. गाढ़ा या घना होने की अवस्था 2. प्रगाढ़ता 3. अविरलता।

गाढ़ी कमाई [सं-स्त्री.] कड़ी मेहनत से अर्जित धन या संपत्ति।

गाणपत (सं.) [वि.] 1. गणपति संबंधी; गणपति का 2. गणेश की उपासना करने वाला (एक प्राचीन संप्रदाय)।

गाणपत्य (सं.) [सं-पु.] गणेश का उपासक; गणेश का भक्त या पुजारी।

गाणितिक (सं.) [सं-पु.] गणितज्ञ; गणितशास्त्री; गणित शास्त्र का ज्ञाता। [वि.] गणित संबंधी।

गात (सं.) [सं-पु.] 1. शरीर; काया; जिस्म; बदन; देह; तन 2. स्त्रियों का यौवन काल।

गाती (सं.) [सं-स्त्री.] 1. ऐसा चादर जिसे गले में बाँधते हैं 2. बच्चों को सरदी से बचाने के लिए उनके शरीर पर लपेटकर गले में बाँधा जाने वाला छोटा कपड़ा 3. उक्त प्रकार से ओढ़ी जाने वाली चादर।

गात्र (सं.) [सं-पु.] 1. देह 2. अंग 3. शरीर 4. गात 5. हाथी के अगले पैरों का ऊपरी भाग।

गात्ररुह [सं-पु.] बदन के रोएँ; शरीर के बहुत छोटे और पतले बाल।

गात्रावरण (सं.) [सं-पु.] 1. लोहे आदि का बना वह आवरण जो लड़ाई के समय हथियारों से योद्धा को सुरक्षा प्रदान करता है; कवच 2. तलवार आदि का वार रोकने का एक उपकरण; ढाल; ज़िरह-बख़्तर।

गाथ (सं.) [सं-पु.] 1. यश; प्रसिद्धि; कीर्ति 2. कथा; कहानी 3. विस्तारपूर्वक किया जाने वाला वर्णन 4. प्रशंसा; तारीफ़ 5. स्तुति 6. गाना; गान।

गाथक (सं.) [सं-पु.] गाथा कहने वाला एवं लिखने वाला व्यक्ति।

गाथा (सं.) [सं-स्त्री.] 1. कथा; वृतांत; प्राचीन काल की ऐतिहासिक कथाएँ जिनमें लोगों के गौरव का वर्णन होता था; छंदबद्ध कथा 2. स्तुति; प्रशंसा; श्लोक 3. प्रशंसा गीत 4. प्राकृत भाषा का एक छंद; गीत 5. सत्यकथाओं पर आधारित छोटे-छोटे पद्यों में कही जाने वाली कथा।

गाद (सं.) [सं-स्त्री.] 1. तरल पदार्थ के नीचे बैठी हुई तलछट; मैल 2. तेल की कीट 3. कोई गाढ़ी चीज़।

गादड़ [सं-पु.] 1. गीदड़ 2. डरपोक 3. कायर 4. गरियार बैल 5. मेढ़ा। [सं-स्त्री.] भेड़। [वि.] सुस्त; मट्ठर।

गादा (सं.) [सं-पु.] 1. अधपकी फ़सल 2. खेत में खड़ी फ़सल जो पकी न हो 3. महुए का फल जो पेड़ से टपका हो।

गादी [सं-स्त्री.] 1. गद्दी; बिछौना 2. छोटी टिकिया के आकार का एक प्रकार का पकवान।

गादुर [सं-पु.] चूहे की शक्ल का स्तनधारी जीव जो चिड़ियों की तरह उड़ सकता है; चमगादड़; बादुर।

गाधि (सं.) [सं-पु.] (पुराण) राजा कुशिक के पुत्र जो विश्वामित्र के पिता थे।

गान (सं.) [सं-पु.] 1. गाने की क्रिया या भाव; गीत; गाना 2. वह जो गाने योग्य हो 3. किसी की बड़ाई करना; स्तवन; बखान 4. शब्द 5. गमन; प्रस्थान।

गानविद्या (सं.) [सं-स्त्री.] 1. गीत गाने की कला; गायन 2. संगीत-विद्या।

गाना (सं.) [सं-पु.] 1. लय, ताल, राग आदि के साथ कविता, पद्य आदि का उच्चारण करने (गाने) की क्रिया या भाव 2. गाई जाने वाली रचना; गीत; गान। [क्रि-स.] 1. लय और ताल के साथ शब्दों का उच्चारण करना 2. सुर व ताल के साथ

गीत गाना; आलाप के साथ ध्वनि निकालना 3. विस्तार से बखान करना; वर्णन करना 4. स्तुति करना; प्रशस्ति करना 5. मीठे वचन कहना।

गाफ़िल (अ.) [वि.] 1. गफ़लत करने वाला; बेफ़िक्र 2. असावधान; बेख़बर 3. बेपरवाह; लापरवाह 3. अचेत; बेसुध।

ग़ाफ़िल (अ.) [वि.] उर्दू उच्चारणानुसार वर्तनी (दे. गाफ़िल)।

गाब [सं-पु.] एक प्रकार का पेड़ जिसका रस या गोंद नाव के पेंदे की लकड़ियों पर उन्हें सड़ने-गलने से बचाने के लिए लगाया जाता है।

गाबलीन [सं-स्त्री.] जहाज़ पर पाल चढ़ाने की एक प्रकार की चरख़ी या गराड़ी।

गाभा (सं.) [सं-पु.] 1. नया निकला हुआ कोमल पत्ता; कोंपल; कल्ला 2. पौधों, वृक्षों आदि की शाखाओं के अंदर का नरम भाग 3. कच्चा अनाज 4. खड़ी खेती 5. डाल 6. रजाई आदि से निकली हुई रुई।

गाभिन (सं.) [वि.] वह मादा पशु जिसके पेट में बच्चा हो।

गामा किरण [सं-स्त्री.] एक प्रकार का विद्युत चुंबकीय विकिरण जिसकी आवृत्ति उप-आण्विक कणों के आपसी टकराव से निकलती है।

गामिनी (सं.) [सं-स्त्री.] प्राचीन काल की एक बड़ी समुद्री नाव 2. जाने वाली (स्त्री)।

गामी (सं.) [परप्रत्य.] शब्दों के अंत में जुड़कर निम्नलिखित अर्थ देता है- 1. किसी दिशा में गमन करने, चलने या जाने वाला, जैसे- उर्ध्वगामी; पश्चगामी 2. गमन या संभोग करने वाला, जैसे- वेश्यागामी।

गाय (सं.) [सं-स्त्री.] 1. दूध देने वाली मादा पशु, जो हिंदूधर्म में पूज्य मानी जाती है; गऊ 2. धेनु; साँड़ की मादा 3. {ला-अ.} भोली; सरल; बहुत सीधी (स्त्री)।

गायक (सं.) [सं-पु.] 1. गाने वाला, गवैया 2. वह जो गीत गाकर अपनी जीविका का निर्वाह करता हो।

गायकवाड़ [सं-पु.] बड़ौदा के पुराने नरेशों की उपाधि जो मराठों के उत्तराधिकारी थे।

गायकी (सं.) [सं-स्त्री.] 1. गान-विद्या 2. गाने की उच्च कला 3. गान-विद्या का पूरा ज्ञान और उसके अनुसार होने वाला गाना 4. गाने का पेशा।

गायताल [सं-पु.] 1. निम्न कोटि का बैल; निकम्मा चौपाया 2. रद्दी चीज़; बेकार; फालतू।

गायत्री (सं.) [सं-स्त्री.] 1. सावित्री 2. गंगा 3. दुर्गा 4. एक प्रकार का वैदिक छंद 5. उक्त छंद में रचित एक वैदिक मंत्र। [सं-पु.] 1. खैर का पेड़ 2. सामगायक।

गायन (सं.) [सं-पु.] 1. गाने की क्रिया या भाव 2. गाना।

गायब (अ.) [वि.] 1. अदृश्य; लुप्त; अंतर्धान; लापता 2. आँखों से ओझल; छिपा हुआ 3. खोया हुआ 4. अनुपस्थित।

ग़ायब (अ.) [वि.] उर्दू उच्चारणानुसार वर्तनी (दे. गायब)।

गायबाना (फ़ा.) [क्रि.वि.] 1. पीठ पीछे; अनुपस्थिति में 2. गुप्त रीति से; चोरी से।

गायिकी (सं.) [सं-स्त्री.] दे. गायकी।

गार[1] (अ.) [सं-पु.] 1. गुफा; कंदरा; खोह; 2. गड्ढा; गर्त 3. नीची ज़मीन 4. जंगली जानवर का बिल; माँद।

गार[2] (फ़ा.) [परप्रत्य.] शब्दों के अंत में जुड़कर 'करने वाला' का अर्थ देता है, जैसे- ख़िदमतगार, गुनहगार।

गारंटी (अं.) [सं-स्त्री.] 1. आश्वासन 2. प्रत्याभ 3. प्रतिभू 4. ज़ामिन 5. ज़मानत; प्रत्याभूति।

गारंटेड (अं.) [वि.] गारंटी; प्रत्याभूतिदाता।

गारत (अ.) [सं-स्त्री.] 1. लूटमार 2. तबाही; बरबादी। [सं-पु.] 1. लूटमार करने वाला 2. तबाह करने वाला। [वि.] ध्वस्त; नष्ट; बरबाद; मटियामेट; तबाह।

गारना (सं.) [क्रि-स.] 1. निचोड़ना 2. पानी के साथ घिसकर, रगड़कर किसी चीज़ का सार या रस निकालना 3. पानी के साथ चंदन घिसना 4. गलाना 5. प्रवाहित करना; बहाना 6. निकालना 7. त्यागना।

गारबेज (अं.) [सं-पु.] कूड़ा-करकट; कचरा।

गारा (सं.) [सं-पु.] 1. चूना, सीमेंट या मिट्टी को पानी में सानकर तैयार किया गया गाढ़ा घोल 2. दीवार आदि में ईंट-पत्थरों को जोड़ने के लिए मिट्टी या चूने का लेप या मसाला; गाढ़ा कीचड़ 3. मछली के खाने का वह चारा जो मछली को फँसाने के लिए वंशी में लगाया जाता है। [वि.] 1. तर; गीला 2. उदासीन।

गारुड़ (सं.) [सं-पु.] 1. वह मंत्र जिसका देवता गरुड़ हो 2. पन्ना 3. गरुड़व्यूह 4. सोना 5. साँप का जहर दूर करने वाला मंत्र 6. एक प्रकार का प्राचीन अस्त्र। [वि.] गरुड़ संबंधी; गरुड़ का।

गारुड़ी (सं.) [सं-पु.] 1. मंत्र से साँप आदि का विष उतारने वाला व्यक्ति 2. साँप को पकड़ने तथा उसे वश में करने वाला व्यक्ति 3. सँपेरा।

गारुत्मत (सं.) [सं-पु.] 1. फिरोज़ी या हरे रंग का एक रत्न; पन्ना 2. गरुड़ का अस्त्र।

गार्गी (सं.) [सं-स्त्री.] 1. गर्ग ऋषि की पुत्री 2. गर्ग गोत्र की एक प्रसिद्ध विदुषी, याज्ञवल्क्य की पत्नी जिसकी कथा वृहदारण्यक उपनिषद में है।

गार्जियन (अं.) [सं-पु.] 1. अभिभावक; संरक्षक 2. किसी नाबालिग या शारीरिक रूप से चुनौती प्राप्त बालक या उसकी संपत्ति आदि का अभिरक्षक; रक्षक; परिपालक 3. उत्तरदायित्व ग्रहण करने वाला।

गार्ड (अं.) [सं-पु.] 1. रक्षक 2. पहरा देने वाला व्यक्ति 3. रेलवे का वह अधिकारी जो रेलगाड़ी के साथ उसकी देखरेख और व्यवस्था करने के लिए रहता है।

गार्हपत (सं.) [सं-पु.] गृहपति; गृहस्वामी; परिवार का प्रमुख; घरवाला; घर का मालिक। [वि.] गृहपति संबंधी।

गार्हपत्य (सं.) [सं-पु.] गृहपति होने की अवस्था या भाव।

गार्हस्थ्य (सं.) [सं-पु.] 1. गृहस्थ होने की अवस्था या भाव 2. गृहस्थाश्रम 3. गृहकार्य 4. गृहस्थ के लिए कर्तव्य; पंचयज्ञ।

गाल (सं.) [सं-पु.] 1. चेहरे पर मुख विवर और नाक के दोनों ओर ठुड्डी और कनपटी के बीच का कोमल अंग; कपोल 2.

मुँह के अंदर का वह भाग जिससे खाने-पीने और बोलने में मदद मिलती है 3. बीच; मध्य 4. ग्रास; कौर 5. मुँहज़ोरी; बहुत बढ़ा-चढ़ाकर बात कहने की आदत। [मु.] **-फुलाना** : रूठना। **-बजाना** : बढ़-चढ़कर बातें करना।

गालगूल [सं-पु.] इधर-उधर की बातें; गपशप; अनाप-शनाप की बात या अनौपचारिक बातचीत।

गालन (सं.) [सं-पु.] 1. गलाने की क्रिया या भाव 2. किसी तरल पदार्थ को दूसरे पात्र में इस तरह से निकालना कि उसका मैल या तलछट पहले पात्र या बरतन में ही रह जाए 3. निचोड़ना।

गालमसूरी [सं-स्त्री.] 1. बेसन और मैदा के मिश्रण से बना खाद्य पदार्थ 2. एक विशेष प्रकार की मिठाई।

गालव (सं.) [सं-पु.] 1. पाणिनी के पूर्ववर्ती एक वैयाकरण 2. एक प्राचीन ऋषि का नाम जो विश्वामित्र के शिष्य थे 3. एक प्राचीन स्मृतिकार आचार्य 4. तेंदू का पेड़।

गाला [सं-पु.] 1. धुनी हुई रुई का पहल जो चरखे पर सूत कातने के लिए बनाया जाता है; पूनी 2. रुई का टुकड़ा जो हलके होने के कारण हवा में इधर-उधर उड़ जाता है।

गालित (सं.) [वि.] 1. गलाया हुआ; पिघलाया हुआ 2. निचोड़ा हुआ।

गालिब (अ.) [सं-पु.] उर्दू के एक प्रख्यात कवि (शायर) का उपनाम। [वि.] 1. विजयी 2. प्रबल 3. ज़बरदस्त; बलवान 4. जिसकी संभावना हो; संभावित 5. दूसरों को दबाने या दमन करने वाला।

ग़ालिब (अ.) [सं-पु.] उर्दू उच्चारणानुसार वर्तनी (दे. गालिब)।

गालिबन (अ.) [क्रि.वि.] संभवतः; बहुत संभव है कि; संभावना है कि।

गाली (सं.) [सं-स्त्री.] 1. रोष में आकर कही गई अपमानजनक उक्ति; अपशब्द; अशिष्ट बात; दुर्वचन 2. शादी-विवाह आदि के अवसर पर महिलाओं द्वारा गाए जाने वाले (गाली से युक्त) लोकगीत; परिहास गीत 3. कलंक या निंदा की बात। [मु.] **-खाना** : गाली सुनना; अपमानित होना।

गाली-गलौज [सं-स्त्री.] 1. विवाद में एक-दूसरे को गाली देने की स्थिति 2. तू-तू-मैं-मैं; झगड़ा 3. अपशब्द; दुर्वचन।

गाली-गुफ़्ता (फ़ा.) [सं-पु.] किसी दूसरे को अपशब्द कहना; गाली-गलौज।

गाली खूँटा [सं-पु.] छपेटन को टिकाए टिकाए रखने वाला दाएँ बाजू वाला खूँटा; जभेला।

गालू [वि.] गाल बजाने वाला; बढ़-चढ़कर बातें करने वाला; शेखी बघारने वाला।

गाव (फ़ा.) [सं-पु.] 1. बैल 2. वृष राशि 3. गाय की शक्ल का शराब का प्याला। [सं-स्त्री.]- गाय।

गाव-ज़बान [सं-पु.] एक प्रसिद्ध औषधि जो जंगलों में पाई जाती है।

गाव तकिया (फ़ा.) [सं-पु.] 1. मसनद 2. बड़ा तकिया 3. एक प्रकार का लंबा, गोल तथा मोटा तकिया जिसके सहारे लोग गद्दी पर बैठते हैं।

गावकुशी (फ़ा.) [सं-स्त्री.] गोवध; गोहत्या; गाय की हत्या।

गावख़ाना (फ़ा.) [सं-पु.] गोशाला; गोवारी; गोठ; गायों के रहने का स्थान।

गावख़ुर्द (फ़ा.) [वि.] 1. लापता; गायब; फ़रार 2. नष्ट-भ्रष्ट।

गावदी (फ़ा.) [वि.] 1. नासमझ; मूर्ख; जड़; बुद्धू 2. अबोध; सीधा-सादा 3. कुंठित दिमागवाला 4. बेवकूफ़।

गावदुम (फ़ा.) [वि.] 1. जो गाय की पूँछ की तरह एक ओर मोटा तथा दूसरी ओर पतला हो; ऊपर से नीचे की ओर पतली होती जाती चीज़ 2. ढालू; ढलुवाँ 3. उतार-चढ़ाव वाला।

गावा [सं-पु.] 1. उंगलियों के जोड़; उंगलियों में बने निशानों के बीच की दूरी 2. एक बार में रोपे जाने वाले धान के खिजड़े का समूह।

गाशिया (फ़ा.) [सं-पु.] 1. घोड़े की जीन पर बिछाने का एक विशेष प्रकार का कपड़ा; घोड़े का जीनपोश 2. महाप्रलय 3. नरक की आग 4. आंतरिक रोग।

गासी [सं-स्त्री.] चाभी।

गाह-ब-गाह (फ़ा.) [क्रि.वि.] 1. कभी-कभी 2. यदा-कदा; जब-तब।

गाह[1] (सं.) [सं-पु.] गहनता; गहराई। [सं-स्त्री.] गाथा।

गाह[2] (फ़ा.) [परप्रत्य.] शब्दों के अंत में जुड़कर किसी स्थान विशेष का अर्थ देता है, जैसे- आरामगाह, इबादतगाह, शिकारगाह आदि।

गाहक (सं.) [सं-पु.] 1. ख़रीददारी करने वाला व्यक्ति; ग्राहक 2. सामान मोल लेने वाला; क्रेता 3. अवगाहन करने वाला व्यक्ति 4. कद्रदाँ।

गाहकी [सं-स्त्री.] 1. ख़रीदारी 2. ग्राहक के हाथ वस्तु बेचने की क्रिया; बिक्री।

गाहन (सं.) [सं-पु.] 1. पकड़ने की क्रिया या भाव 2. ग्रहण 3. पानी में धँसना; पैठना; गोता लगाना; निमज्जन 4. थाह लेना 5. छानना 6. बिलोड़ना।

गाहना (सं.) [क्रि-स.] 1. डूबकर या पानी में गोता लगाकर थाह लेना 2. किसी की अंदर की बात की गहराई को जानना 3. पानी में पैठना या धँसना 4. मथना; बिलोना 5. धान आदि के डंठल झाड़ना।

गाही [सं-स्त्री.] 1. पाँच वस्तुओं का समूह 2. फल आदि गिनने का पाँच-पाँच का मान।

गाहे-बगाहे (फ़ा.) [क्रि.वि.] कभी-कभी; थोड़े-थोड़े समय पर; बीच-बीच में।

गिंजना [क्रि-अ.] 1. गींजा जाना 2. किसी वस्तु को बार-बार हाथ से स्पर्श किए जाने के कारण ख़राब होना 3. दबाकर या मरोड़कर ख़राब कर देना।

गिंजाई [सं-स्त्री.] 1. गींजने की क्रिया या भाव 2. एक प्रकार का छोटा बरसाती कीड़ा; घिनौरी; ग्वालिन 2. ऐसा लाल कीड़ा जो बारिश के समय निकलता है।

गिंड़नी [सं-स्त्री.] एक पौधा जिसकी छोटी किंतु लंबोतरी पत्तियों का साग बनता है; पोई।

गिंदौरा [सं-पु.] मोटी रोटी के जैसी जमाई हुई चीनी की परत।

गिचड़ा [सं-पु.] मछली को काटने पर पेट से निकलने वाला वह

हिस्सा जिसे खाया नहीं जाता है; गिच्च; गिलचा; मछली के पेट का कचड़ा।

गिचपिच [वि.] 1. अस्पष्ट 2. पास-पास लिखा हुआ 3. एक-दूसरे में भद्दी तरह से मिला हुआ।

गिचिर-पिचिर [वि.] गिचपिच।

गिजगिज़ा [वि.] 1. गीला 2. जो मुलायम तथा गीला हो 3. पिलपिला 4. गुदगुदा या मांसल।

गिजा [सं-पु.] दे. गिज़ा।

गिज़ा (अ.) [सं-स्त्री.] 1. खाद्य पदार्थ; पौष्टिक आहार 2. ख़ुराक; भोजन। [सं-पु.] धर्म-युद्ध; गजा।

गिज़ाई (अ.) [वि.] भोजन संबंधी; अन्न संबंधी। [सं-स्त्री.] ग्वालिन,एक बरसाती कीड़ा।

गिटकिरी [सं-स्त्री.] (संगीत) तान लेते समय मधुरता लाने के लिए विशेष प्रकार से स्वर को कँपाना।

गिटपिट [सं-स्त्री.] 1. अर्थहीन शब्दावली 2. किसी के द्वारा व्यक्त ऐसे शब्द या बातें जो सहसा श्रोताओं की समझ में न आती हों। [मु.] **-करना** : टूटी-फूटी या अशुद्ध भाषा में बातें करना।

गिट्टक [सं-स्त्री.] 1. चुगल; चिलम के छेद पर रखने का कंकड़ 2. गिट्टी, पत्थर, धातु, लकड़ी आदि का छोटा टुकड़ा 3. फलों की गुठली। [सं-पु.] गिटकिरी लेने में तान का सबसे छोटा भाग जो एक रुप में निकलता है; संगीत।

गिट्टा (सं.) [सं-पु.] 1. चिलम के छेद पर रखा जाने वाला छोटा ईंट या पत्थर का टुकड़ा 2. कंकड़ी; कंकड़; पत्थर आदि का छोटा टुकड़ा 3. पैर के पंजे और पिंडली के बीच की मोटी उभरी हुई हड्डी; टखना।

गिट्टी [सं-स्त्री.] 1. पत्थर या ईंट के प्राकृतिक रूप से बने हुए या तोड़कर बनाए गए छोटे-छोटे टुकड़े; कंकड़-पत्थर 2. सड़क या इमारतों के निर्माण में प्रयोग की जाने वाली गिट्टी 3. मिट्टी के बरतन के टुकड़े 4. चिलम की गिट्टक।

गिट्टू [सं-पु.] छल्ले (लोहे के)।

गिड़गिड़ाना [क्रि-अ.] 1. अत्यंत दीनतापूर्वक विनती करना 2. सहायता हेतु याचना करना 3. मदद माँगना 4. आजिज़ी करना।

गिड़गिड़ाहट [सं-स्त्री.] 1. गिड़गिड़ाने की क्रिया भाव; विनती 2. गिड़गिड़ाकर कही गई बात।

गिड़रियाई [सं-पु.] गिड़ारों द्वारा नष्ट कर दी गई फसल।

गिड़ाना [क्रि-स.] पोराना।

गिड़ार [सं-पु.] एक कीड़ा।

गिड्डा [वि.] नाटा; आकार या लंबाई के विचार से ठिंगना।

गिदी [सं-स्त्री.] कलसी; छोटा घड़ा।

गिद्ध (सं.) [सं-पु.] 1. एक लुप्तप्राय बड़ा पक्षी जो मृत प्राणियों-जंतुओं का मांस खाता है 2. एक तरह की बड़ी पतंग 3. छप्पय छंद का एक भेद 4. {ला-अ.} चालाक या धूर्त; काइयाँ।

गिनती [सं-स्त्री.] 1. गिनने की क्रिया; गणना 2. संख्या; तादाद 3. मूल्य; महत्व 3. एक से सौ तक के अंक 4. {ला-अ.} महत्व; प्रतिष्ठा 5. हाज़िरी।

गिनना (सं.) [क्रि-स.] 1. गिनती करने की क्रिया; किसी क्रम विशेष में अंकों का उच्चारण; संख्या जानना 2. हिसाब लगाना; गणना करना 3. {ला-अ.} किसी को महत्व देना या महत्वपूर्ण समझना।

गिनवाना [क्रि-स.] गिनने का कार्य दूसरे से कराना; गणना कराना।

गिना-चुना [वि.] 1. विशिष्ट; जो किसी विशेषता से युक्त हो 2. थोड़ा-सा।

गिनाना [क्रि-स.] 1. गिनने का कार्य दूसरे से कराना 2. किए हुए कार्यों की संख्या बताना।

गिन्नी [सं-स्त्री.] चक्कर।

गियर (अं.) [सं-पु.] 1. वाहन को आगे-पीछे करने या गति में सहायता करने वाला कलपुरज़ा, जैसे- मोटरसाइकिल का गियर 2. किसी मशीन में विशिष्ट कार्य के लिए बनाया गया कोई समेकित उपकरण।

गिरई [सं-स्त्री.] एक प्रकार की छोटी मछली।

गिरगिट [सं-पु.] 1. छिपकली की प्रजाति का एक जंतु जो समयानुसार रंग बदलता है 2. {ला-अ.} आवश्यकतानुसार अपना रंग (बात या चाल-ढाल) बदलने वाला व्यक्ति। [मु.] **-की तरह रंग बदलना** : आचरण या व्यवहार में आवश्यकता के अनुसार परिवर्तन करना।

गिरगिरी [सं-स्त्री.] चिकारे या सारंगी की तरह का एक प्रकार का खिलौना।

गिरजा[1] [सं-पु.] एक प्रकार का पक्षी जो कीड़े-मकोड़े खाता है। [सं-स्त्री.] (पुराण) पर्वतराज हिमालय की कन्या; गिरिजा; पार्वती (भगवान शिव की पत्नी)।

गिरजा[2] (पु.) [सं-पु.] ईसाइयों का प्रार्थना-मंदिर।

गिरजाघर [सं-पु.] ईसाइयों का उपासना-गृह।

गिरदा (फ़ा.) [सं-पु.] 1. चक्कर 2. गोल टिकिया 3. काठ की गोल थाली या तश्तरी 4. तकिया; गेंदुआ 5. एक प्रकार का पकवान 6. हुक्के के नीचे रखा जाने वाला कपड़े का गोल टुकड़ा 7. फरी 8. खंजरी, ढोल आदि का मेंडरा 9. जो दूसरों को अपने जाल या चक्कर में फँसाता हो।

गिरना (सं.) [क्रि-अ.] 1. ऊपर से नीचे की ओर आ जाना; ज़मीन पर आ पड़ना 2. छीजना; अवनति या घटाव पर होना; बुरी दशा में होना 3. (इमारत या दीवार आदि का) उखड़ना; ढहना 4. मारा जाना; घायल होकर गिरना 5. पतन होना 6. किसी चीज़ के लिए लालायित होना 7. किसी नदी या जलस्रोत आदि का किसी समुद्र आदि में मिलना 8. फैलना 9. झड़ना 10. चरित्र का पतन होना 11. उत्साहहीन होना 12. (आकाश में तारे आदि का) टूटना 13. (पेड़ आदि से फल-फूल का) टपकना 14. व्यवसाय या कारोबार का मंद पड़ना (बाज़ार गिरना)।

गिरनार (सं.) [सं-पु.] गुजरात में स्थित रैवंतक नामक एक पर्वत जो जैनियों का तीर्थ है।

गिरफ़्त (फ़ा.) [सं-स्त्री.] 1. किसी चीज़ को अच्छी तरह पकड़ना; पकड़; चंगुल 2. त्रुटि या भूल का पता लगाना; दोष 3. एतराज़ 4. मूठ 5. दस्ता; पंजा 6. अधिकार; कब्ज़ा 7. हथियारों का

वह अंग जहाँ से वे पकड़े जाते हैं 8. ख़ास ढंग या हथाकंडा जिससे अपराध, दोष, भूल आदि का पता लगाया जाता है।

गिरफ़्तार (फ़ा.) [वि.] 1. गिरफ़्त में लिया हुआ; कैद किया हुआ; बंदी; मुब्तला 2. किसी अपराध या दोष में अधिकारियों द्वारा पकड़ा गया (व्यक्ति) 3. कष्ट या मुसीबत में उलझा हुआ 4. फँसा या बँधा हुआ; पकड़ा हुआ 5. आशिक; आसक्त 6. ग्रसा हुआ; ग्रस्त।

गिरफ़्तारी (फ़ा.) [सं-स्त्री.] 1. गिरफ़्तार होने की अवस्था क्रिया या भाव; बंदी होना; कैद 2. पुलिस द्वारा पकड़ा जाना; फँसना 3. ग्रस्त होना।

गिरमिट (अं.) [सं-पु.] 1. लकड़ी, लोहे आदि में छेद करने का बड़ा बरमा 2. संविदा-पत्र 3. इक़रारनामा; प्रतिज्ञापत्र।

गिरमिटिया [सं-पु.] किसी उपनिवेश में गया हुआ शर्तबंद हिंदुस्तानी मज़दूर।

गिरवाना [क्रि-स.] 1. किसी को कोई चीज़ गिराने में प्रवृत्त करना 2. किसी के द्वारा तोड़ने-फोड़ने या गिराने का काम करवाना, जैसे- मकान या दीवार गिरवाना।

गिरवी (फ़ा.) [वि.] 1. जो रेहन रखा गया हो; बंधक; गिरवी रखा हुआ 2. बंधक रखी हुई (चीज़)।

गिरवीदार (फ़ा.) [सं-पु.] 1. रेहनदार; वह व्यक्ति जो रुपए उधार देने के बदले में उसका सामान अपने पास बंधक रखता हो 2. बंधक रखने वाला।

गिरह (फ़ा.) [सं-स्त्री.] 1. गाँठ; गुत्थी; ग्रंथि 2. बंधन; उलझन 3. समस्या; मसला 4. खीसा; खरीता; जेब; टेंट 5. ईख में पोरों का जोड़ 6. गज़ का सोलहवाँ अंश (माप); सवा दो इंच के बराबर की नाप 7. शरीर के अंगों का जोड़ या संधि-स्थान 8. कुश्ती का एक दाँव 9. कलाबाज़ी; कलैया 10. मन का दुर्भाव; बुराई। [मु.] **-बाँधना** : अच्छी तरह याद रखना।

गिरहकट (फ़ा.) [सं-पु.] गिरह या गाँठ में बँधा हुआ धन काटने वाला व्यक्ति; पाकिटमार; जेबकतरा।

गिरहबाज़ (फ़ा.) [सं-पु.] कबूतर जाति का पक्षी जो उड़ते-उड़ते कलैया खा जाता है; कलाबाज़।

गिरा (सं.) [सं-स्त्री.] 1. वाक शक्ति 2. सरस्वती 3. वाणी 4. वाक्य 5. बोली; ज़बान।

गिराँ (फ़ा.) [वि.] 1. कीमती; बहुमूल्य; मूल्यवान 2. महँगा; जिसका मूल्य बहुत अधिक हो 3. भारी; वज़नी; वज़नदार 4. अरुचिकर; नापसंद; अप्रिय।

गिराँव [सं-पु.] 1. पशुओं के गले की रस्सी 2. गाँव का अनुकरणवाचक शब्द।

गिराना [क्रि-स.] 1. किसी उच्च स्थान पर स्थित वस्तु को नीचे उतारना; प्रतिष्ठा क्षय करना 2. ढहाना 3. ज़मीन पर लुढ़का देना 4. किसी वस्तु को तोड़-फोड़ कर उसका नाश करना 5. महत्व, मूल्य शक्ति आदि घटाना या कम करना 6. लड़ाई में मार डालना 7. गिरने का उपाय करना।

गिरानी (फ़ा.) [सं-स्त्री.] 1. महँगी; महँगाई 2. पेट का भारी होना; भारीपन।

गिरापति (सं.) [सं-पु.] सृष्टि की रचना करने वाला देवता; ब्रह्मा।

गिराव [सं-पु.] तोप का वह गोला जिसमें छोटी-छोटी गोलियाँ और छर्रे भरे रहते हैं। [सं-स्त्री.] गिरने की अवस्था या भाव।

गिरावट [सं-स्त्री.] 1. गिरने की अवस्था या भाव; पतन 2. अवमूल्यन; ह्रास 3. मूल्य या माँग में होने वाली कमी 4. अवनति; अपकर्ष 5. चरित्र या व्यवहार में आने वाला दोष।

गिरावी [सं-पु.] 1. गिरावट 2. लंगर।

गिरि (सं.) [सं-पु.] 1. पर्वत; पहाड़ 2. आँख का एक रोग 3. पारे का एक दोष 4. संन्यासियों का एक भेद या वर्ग।

गिरिका (सं.) [सं-स्त्री.] 1. छोटी पहाड़ी; उपगिरि 2. नारी 3. मादा चूहा; मूषिका; चुहिया 4. छोटा चूहा।

गिरिजा (सं.) [सं-स्त्री.] 1. पार्वती 2. गंगा 3. पहाड़ी केला 4. चकोतरा 5. चमेली।

गिरिताल (सं.) [सं-पु.] पहाड़ों या पर्वतों में स्थित जलाशय, तालाब आदि।

गिरिद्वार (सं.) [सं-पु.] 1. घाटी; दर्रा; वादी 2. दो पर्वतों के बीच की भूमि या संकरा रास्ता।

गिरिधर (सं.) [सं-पु.] गिरि अर्थात पर्वत को धारण करने वाले; श्रीकृष्ण।

गिरिनाथ (सं.) [सं-पु.] 1. हिमालय पर्वत 2. गोवर्धन पर्वत।

गिरिपथ (सं.) [सं-पु.] 1. दो पहाड़ों के बीच का तंग मार्ग; पहाड़ी रास्ता 2. दर्रा 3. घाटी।

गिरिपाद (सं.) [सं-पु.] पहाड़ के नीचे का समतल क्षेत्र; पहाड़ के नीचे का मैदानी भाग; तराई।

गिरिमाला (सं.) [सं-स्त्री.] पहाड़ों तथा पहाड़ियों का ऐसा क्रम जिसमें कई शिखर, कटक, घाटियाँ आदि सम्मिलित हों; पर्वतश्रेणी।

गिरिराज (सं.) [सं-पु.] 1. पर्वतों का राजा; हिमालय 2. ब्रजभूमि में स्थित गोवर्धन पर्वत को भी गिरिराज कहा जाता है।

गिरिवर (सं.) [सं-पु.] पर्वतराज; गिरिराज; हिमालय; वह पर्वत जो बहुत बड़ा (श्रेष्ठ) हो।

गिरिव्रज (सं.) [सं-पु.] 1. प्राचीनकाल में केकय देश की राजधानी 2. प्राचीन मगध के राजा जरासंध की राजधानी जिसे बाद में राजगृह कहते थे।

गिरिशिखर (सं.) [सं-पु.] गिरिकूट; पहाड़ की चोटी; पर्वत शिखर।

गिरिसुत (सं.) [सं-पु.] (पुराण) एक पर्वत जो हिमालय का पुत्र माना जाता है; मैनाक पर्वत।

गिरिसुता (सं.) [सं-स्त्री.] पार्वती; गौरी।

गिरी [सं-स्त्री.] 1. बीज के अंदर का गूदा 2. गरी; तरबूज़ के बीजों की गिरी (मगज), जैसे- बादाम की गिरी।

गिरींद्र (सं.) [सं-पु.] 1. हिमालय 2. बड़ा पर्वत या पहाड़ 3. शिव।

गिरीश [सं-पु.] 1. हिमालय पर्वत 2. सुमेरु पर्वत 3. कैलास पर्वत 4. गोवर्धन पर्वत 5. शिव; महादेव 6. पर्वतों का राजा।

गिरेबान (फ़ा.) [सं-पु.] 1. कमीज़ या कुरते का गला 2. किसी सिले हुए कपड़े का वह अंश जो गले के चारों ओर पड़ता है;

गरेबान 3. सिरा; दामन 4. गला; गरदन।

गिरेह [सं-पु.] दे. गिरह।

गिरो (फ़ा.) [सं-पु.] 1. किसी के पास कोई चीज़ ज़मानत के रूप में रखकर उसके बदले में रुपया उधार लेना; रेहन 2. गिरवी; बंधक।

गिरोह (फ़ा.) [सं-पु.] 1. समूह; टोली; दल 2. जमात; समुदाय 3. झुंड; हुजूम।

गिरोहबंदी (फ़ा.) [सं-स्त्री.] गुट बनाने की क्रिया; दलबंदी; गुटबंदी।

गिरोही [सं-पु.] 1. दल या समूह का आदमी 2. संगी; साथी 3. सदस्य 4. अंग 5. सहयोगी।

गिर्दाब (फ़ा.) [सं-पु.] जल के बहाव में वह स्थान जहाँ पानी की लहर एक केंद्र पर चक्कर खाती हुई घूमती है; भँवर।

गिर्दावर (फ़ा.) [सं-पु.] 1. वह अधिकारी जो अनुशासनिक हो 2. ऐसा अधिकारी जो कर्मचारियों के कामों का निरीक्षण करता हो 3. मालविभाग का एक अधिकारी जो पटवारियों के कामों का निरीक्षण करता है। [वि.] चारों ओर घूमने वाला।

गिर्दोपेश (फ़ा.) [क्रि.वि.] आसपास; चारों ओर; नज़दीक में।

गिर्रा [सं-पु.] हल या गाड़ी में जुतने पर लेट जाने वाला बैल।

गिल (फ़ा.) [सं-स्त्री.] 1. गीली मिट्टी 2. मिट्टी 3. गारा। [सं-पु.] 1. मगरमच्छ 2. जँबीरी नीबू। [वि.] निगलने या खाने वाला।

गिलकार (फ़ा.) [वि.] 1. मकान आदि में गारा या पलस्तर करने वाला 2. पलस्तर तथा बेलबूटे आदि बनाने वाला; कारीगर।

गिलकारी (फ़ा.) [सं-स्त्री.] गारे या चूने से मकान में पलस्तर करने का काम।

गिलकिया [सं-स्त्री.] नेनुवाँ या घियातोरी नामक तरकारी।

गिलगिला [वि.] 1. गीला और नरम; आर्द्र और कोमल 2. करुणा, रोष आदि के कारण रोमांचित। [सं-पु.] एक प्रकार का पक्षी।

गिलगिली [सं-पु.] घोड़ों की एक जाति। [सं-स्त्री.] एक चिड़िया जिसे गिलगिलिया या सिरोही कहते हैं।

गिलट (अं.) [सं-पु.] 1. सफ़ेद रंग की एक घटिया धातु 2. एक धातु विशेष; पीतल लोहे आदि की बनी हुई ऐसी वस्तु जिसपर सोने-चाँदी आदि का पानी चढ़ा हुआ हो 3. उक्त प्रकार से सोने या चाँदी का पानी चढ़ाने की क्रिया या भाव।

गिलटी (सं.) [सं-स्त्री.] 1. ग्रंथि; गाँठ 2. शरीर के अंदर की गाँठ जो फूलकर बाहर की तरफ़ आ जाती है 3. शरीर में रक्त विकार होने के कारण गाँठ निकलने का रोग।

गिलन (सं.) [सं-पु.] 1. निगलने की क्रिया या भाव 2. निगलना।

गिलना (सं.) [क्रि-स.] 1. निगलना; ग्रसना 2. मन में छिपाकर रखना।

गिलम (फ़ा.) [सं-स्त्री.] 1. मुलायम और चिकना ऊनी कालीन 2. मोटा गद्दा; बिछौना। [वि.] कोमल; नरम; मुलायम।

गिलहरा [सं-पु.] 1. एक प्रकार का मोटा सूती कपड़ा।

गिलहरी [सं-स्त्री.] 1. पीठ पर तीन सफ़ेद धारियों वाला चूहे जैसा एक छोटा जंतु जो पेड़ों पर या बगीचों में रहता है 2. गिलाई 3. चिखुरी।

गिला (फ़ा.) [सं-पु.] 1. शिकायत; निंदा; गिला-शिकवा 2. उलाहना; उपालंभ।

गिला-शिकवा (फ़ा.) [सं-पु.] उलाहना; शिकायत।

गिलाफ़ (अ.) [सं-पु.] 1. ख़ोल; लिहाफ़ 2. रजाई या तकिए को मैला होने से बचाने के लिए एक बड़े थैले की तरह का आवरण 3. तलवार की म्यान; कोष 3. सितार आदि का ख़ोल।

गिलाबा (फ़ा.) [सं-पु.] 1. गारा 2. गीली मिट्टी; जो घर बनाने के काम आती है 3. मिट्टी और पानी का गाढ़ा घोल; गिलावा।

गिलोय (फ़ा.) [सं-स्त्री.] गुरुच या गुडूची; एक प्रकार की कड़वी बेल जिसके पत्ते दवा के काम आते हैं।

गिलौरा [सं-पु.] दे. गिलौरी।

गिलौरी [सं-स्त्री.] पान का तिकोना या चौकोना बीड़ा। [सं-पु.] 1. ज्ञान की बातें; ज्ञान चर्चा 2. मन-बहलाव के लिए की जाने वाली बातचीत।

गिलौरीदान [सं-पु.] पानदान; पान रखने का डिब्बा।

गिल्टी[1] [सं-स्त्री.] दे. गिलटी।

गिल्टी[2] (अं.) [सं-स्त्री.] अपराधी; दोषी; मुजरिम।

गिल्लई पड़ना [क्रि-स.] 1. बिजली गिरना 2. वज्रपात होना 3. अनहोनी होना।

गिल्ली [सं-स्त्री.] 'गिल्ली-डंडा' के खेल में छोटी बेलनाकार लकड़ी को गिल्ली कहते हैं जो किनारों से थोड़ी नुकीली या घिसी हुई होती है; गुल्ली।

गिष्णु (सं.) [सं-पु.] 1. सस्वर मंत्रोच्चारण करने वाला (गानेवाला) व्यक्ति 2. सामगायक; सामगान करने वाला व्यक्ति 3. गायक; गवैया।

गींजना (सं.) [क्रि-स.] किसी कोमल पदार्थ या चिकनी वस्तु को हाथ से दबा, मरोड़ या मसलकर ख़राब करना।

गीत (सं.) [सं-पु.] 1. गाना 2. सस्वर गाया जाने वाला छंद; गान 3. वह पद्यात्मक रचना जिसे गाया जा सके 4. {ला-अ.} बड़ाई; प्रशंसा। [वि.] 1. गाया हुआ 2. गान के रूप में आया हुआ 3. वर्णित; कथित। [मु.] -गाना : ख़ूब बड़ाई करना।

गीतक (सं.) [सं-पु.] 1. गान; स्तोत्र 2. प्रशंसा; बड़ाई। [वि.] 1. गीत बनाने वाला 2. गीत गाने वाला।

गीतकार (सं.) [सं-पु.] 1. गीत लिखने या रचने वाला रचनाकार 2. वह जो लोगों के गाने के लिए गीत लिखता हो 3. नगमाकार।

गीतप्रिया (सं.) [सं-स्त्री.] कार्तिकेय की मातृका। [वि.] गीतों की अनुरागिनी या शौकीन स्त्री।

गीतभार (सं.) [सं-पु.] संगीत में किसी गीत का पहला पद; टेक।

गीता (सं.) [सं-स्त्री.] 1. श्रीमद् भगवद्गीता नामक ग्रंथ 2. एक राग 3. छब्बीस मात्राओं का एक छंद जिसमें चौदह और बारह मात्राओं पर विराम होता है।

गीतांजलि (सं.) [सं-स्त्री.] 1. गीतों की अंजलि; गीतों का उपहार (भेंट) 2. विश्वप्रसिद्ध नोबेल पुरस्कार प्राप्त बंगला कवि रवींद्रनाथ ठाकुर की कविताओं का संग्रह।

गीतातीत (सं.) [वि.] 1. जो गाया न जा सके 2. जिसका वर्णन न किया जा सके; अवर्णनीय; अकथनीय।

गीतात्मक (सं.) [वि.] (ऐसी पद्य रचना) जिसे लय में गाया जा सके; संगीतमय; गीत-वाद्ययुक्त।

गीतायन (सं.) [सं-पु.] गीत के साधन (उपकरण) वीणा, मृदंग, बाँसुरी, ढोल आदि।

गीति (सं.) [सं-स्त्री.] 1. गान 2. गाकर पढ़ने वाला 3. आर्या छंद का एक भेद; उद्गाथा।

गीतिका (सं.) [सं-स्त्री.] 1. छोटा गीत 2. एक मात्रिक छंद जिसके प्रत्येक चरण में छब्बीस मात्राएँ होती हैं।

गीतिकाव्य (सं.) [सं-पु.] 1. काव्य का एक भेद 2. गीत के रूप में बना हुआ काव्य जो मुख्यतः गाए जाने के उद्देश्य से ही बना हो।

गीतिनाट्य (सं.) [सं-पु.] अभिनय जो मुख्यतः गीतों के सहारे होता है।

गीतिरूपक (सं.) [सं-पु.] एक प्रकार का रूपक जिसमें गद्य कम और पद्य अधिक हो।

गीदड़ (सं.) [सं-पु.] 1. सियार; श्रृंगाल; भेड़िया या कुत्ते की जाति का जानवर 2. {ला-अ.} डरपोक; कायर। [मु.] - **भभकी देना** : झूठ का डराना; डराने का अभिनय करना।

गीदड़भभकी [सं-स्त्री.] किसी को डराने के लिए झूठी धमकी देना; बनावटी क्रोध।

गीदी (फ़ा.) [वि.] 1. कायर; बुज़दिल; डरपोक 2. मूर्ख; बेवकूफ़; वह व्यक्ति जिसमें बुद्धि न हो या कम हो 3. निर्लज्ज 4. नपुंसक; शुक्रहीन; वीर्यरहित।

गीध (सं.) [सं-पु.] 1. एक बड़ा दिनचर शिकारी पक्षी जो प्रायः मरे हुए पशु-पक्षियों के मांस का भक्षण करता है; गिद्ध 2. दीर्घदर्शी; दूर तक देखने वाला प्राणी 3. {ला-अ.} चतुर; चालाक; लालची; लोभी।

गीर (फ़ा.) [परप्रत्य.] एक प्रत्यय जो कुछ शब्दों के अंत में लगकर 'पकड़ने वाला' अर्थ देता है, जैसे- राहगीर; दामनगीर।

गीर्ण (सं.) [वि.] 1. कथित; कहा हुआ; उल्लिखित 2. विस्तारपूर्वक बतलाया हुआ; वर्णित 3. निगला हुआ।

गीर्देवी (सं.) [सं-स्त्री.] विद्या और वाणी की अधिष्ठात्री देवी; शारदा; सरस्वती; वीणापाणि।

गीर्वाण (सं.) [सं-पु.] देवता; सुर।

गीर्वाणी (सं.) [सं-स्त्री.] देवताओं की भाषा; देवभाषा; देववाणी; संस्कृत।

गीला [वि.] 1. पानी में भीगा हुआ; तर; नम 2. जो सूखा हुआ न हो 3. अश्रुयुक्त (चेहरा)।

गीलापन [सं-पु.] गीले होने की अवस्था; आर्द्रता; नमी; तरी।

गीव [सं-स्त्री.] गरदन; ग्रीवा; कंधर।

गुँजिया [सं-स्त्री.] कान में पहनने का एक प्रकार का गहना; कर्णाभूषण।

गुँडली (सं.) [सं-स्त्री.] घेरे के रूप में बनाई गई गोल आकृति; कुंडली; इँडुरी; गेंडुरी; फेंटा।

गुँथना (सं.) [क्रि-अ.] गूँथा जाना; गुँधना 2. डोरे आदि में पिरोना; गुंफन 3. मोटे टाँकों से सिलना 4. उलझना।

गुँदाई [सं-स्त्री.] दे. गुँधाई।

गुँधना (सं.) [क्रि-अ.] 1. गूँधा या माँड़ा जाना 2. तागों, बालों की लटों को पिरोया जाना; गूँथा जाना।

गुँधावट [सं-स्त्री.] गूँधने की क्रिया, ढंग या भाव।

गुंची [सं-स्त्री.] गुंजा; घुँघची।

गुंज (सं.) [सं-स्त्री.] 1. भौरों के गुंजार करने का शब्द; गुंजार 2. कलरव; आनंद-ध्वनि।

गुंजक (सं.) [सं-पु.] एक पौधा। [वि.] गूँजने वाला या गुंजन करने वाला।

गुंजन (सं.) [सं-पु.] 1. गुंजार; गूँजने का शब्द 2. गुनगुनाना 3. भौरों के गूँजने की क्रिया।

गुंजना (सं.) [क्रि-अ.] 1. भौंरों आदि का मधुर ध्वनि करना; गुनगुनाना 2. गुंजार करना।

गुंजा [सं-स्त्री.] घुमची नामक लता और उसके बीज।

गुंजाइश (फ़ा.) [सं-स्त्री.] 1. क्षमता; सामर्थ्य 2. जगह; वह ख़ाली स्थान जिसमें कुछ अँट जाए; किसी चीज़ में मौजूद ख़ालीपन; अवकाश; सुभीता; समाई 3. संभावना 4. उदारता; प्रेम 5. कुछ होने की संभावना।

गुंजान (फ़ा.) [वि.] घना; सटा हुआ; सघन।

गुंजायमान (सं.) [वि.] गूँजता हुआ।

गुंजार (सं.) [सं-पु.] भौरों की भनभनाहट; भौंरों आदि की गूँज; गुनगुनाहट।

गुंजित (सं.) [वि.] 1. भौरों के गुंजार से युक्त 2. किसी प्रकार की गूँज से युक्त 3. (स्थान आदि) जो गूँज से भर गया हो।

गुंठन (सं.) [सं-पु.] 1. किसी वस्तु को छिपाने, ढकने, लपेटने आदि की क्रिया या भाव 2. लेप लगाना।

गुंड (सं.) [सं-पु.] 1. चूर्ण; किसी पदार्थ आदि का टूटा या पिसा हुआ बारीक कण 2. फूलों का पराग 3. कसेरू का पौधा 4. मलार राग का भेद। [वि.] पीसा हुआ; चूरा किया हुआ।

गुंडई [सं-स्त्री.] 1. गुंडा होने की अवस्था; गुण या भाव 2. गुंडागर्दी 3. दुष्टता।

गुंडा (सं.) [सं-पु.] 1. उद्दंडतापूर्वक आचरण करने वाला व्यक्ति 2. बदमाश; लोगों से लड़ने झगड़ने या मारपीट करने वाला व्यक्ति; आपराधिक प्रवृत्ति का व्यक्ति। [वि.] ख़राब चाल-चलनवाला।

गुंडागर्दी [सं-स्त्री.] 1. गुंडापन; गुंडई 2. बदमाशी 3. डराने-धमकाने की क्रिया।

गुंडापन (सं.) [सं-पु.] गुंडा होने की अवस्था या भाव; गुंडई।

गुंडाशाही (फ़ा.) [वि.] गुंडागर्दी; गुंडाराज।

गुंपपाक [सं-पु.] गोंदपाक; एक मिठाई।

गुंफ (सं.) [सं-पु.] 1. कई चीज़ों के आपस में उलझने की क्रिया, भाव या दशा 2. फूलों का गुच्छा 3. मूँछ; दाढ़ी; गलमुच्छा।

गुंफन (सं.) [सं-पु.] 1. गूँथना 2. भरने का काम; भराई 3. सजाना; तरतीब देना।

गुंफित (सं.) [वि.] 1. जड़ा हुआ; गूँथा हुआ 2. सुंदरतापूर्वक एक-दूसरे में मिलाकर या लगाकर रखा हुआ; गुच्छेदार 3.

सजाया हुआ 4. उलझा हुआ।

गुंबद (फ़ा.) [सं-पु.] 1. इमारत का अर्धगोलाकार शिखर भाग; गुंबज 2. वास्तु रचना में वह शिखर जो गोल आकार का हो और जिसमें आवाज़ गूँजे।

गुंबदी (फ़ा.) [वि.] गुंबद की शक्ल का।

गुंबा (फ़ा.) [सं-पु.] गूमट; गुमड़ा; माथे या सिर पर चोट लगने से उभर आने वाली गोल सूजन; गुलमा।

गुइयाँ [सं-स्त्री.] सखी; सहेली; सहचरी।

गुग्गुल (सं.) [सं-पु.] 1. धूप अर्थात हवन सामग्री और गोंद प्रदान करने वाला सलई का काँटेदार वृक्ष, इसके गोंद को सुगंध के लिए जलाते हैं 2. राल व वार्निश के लिए दक्षिण भारत में लगाया जाने वाला पेड़।

गुच्ची [सं-स्त्री.] 1. छोटा गड्ढा 2. गुल्ली डंडा खेलने के लिए बनाया जाने वाला गड्ढा।

गुच्छ (सं.) [सं-पु.] 1. गुच्छा 2. गुलदस्ता 3. झाड़ी 4. मोतियों की माला 5. एक ही प्रकार की बहुत-सी चीज़ों या बातों का समूह; कलाप 6. बत्तीस लड़ों का हार।

गुच्छा (सं.) [सं-पु.] 1. एक ही प्रकार के फल-फूल या पत्तियों का समूह, जैसे- अंगूर या केले का गुच्छा 2. एक जगह बँधे हुए फल या सब्ज़ी 3. एक जगह बँधी हुई छोटी-छोटी वस्तुएँ, जैसे- चाभियों का गुच्छा 4. फुँदना; झब्बा।

गुच्छी (सं.) [सं-स्त्री.] 1. कंजा; करंज 2. एक प्रकार की खुंभी जिसकी सब्ज़ी बनती है।

गुज़र (फ़ा.) [सं-पु.] 1. रास्ता; घाट; राह; किसी स्थान से होकर आना-जाना अथवा निकलना 2. पहुँच; प्रवेश; पैठ 3. आमद; आगमन 4. गति; जाना 5. गुज़ारा; जीवनचर्या 6. बीतना (समय का)। [सं-पु.]1.निर्वाह; गुज़रबसर; जीविका 2. रोगी। [मु.] **-होना** : किसी तरह जीवन व्यतीत होना। **-जाना** : मर जाना।

गुज़रना (अ.) [क्रि-अ.] 1. बीतना; कटना; किसी जगह से आगे बढ़ना 2. पहुँचना; एक स्थिति से दूसरी में जाना; पेश होना 3. (कहीं होते हुए) जाना; निकलना 4. निभना; निर्वाह होना 5. पार होना 6. घटित होना 7. (भावों-विचारों का) आना 8. मृत्यु होना।

गुज़रबसर (अ.) [सं-पु.] निर्वाह; गुज़ारा।

गुजरात (सं.) [सं-पु.] भारत के दक्षिण-पश्चिम में स्थित एक राज्य।

गुजराती [सं-पु.] गुजरात का रहने वाला। [सं-स्त्री.] गुजराती भाषा। [वि.] गुजरात का; गुजरात संबंधी।

गुजरिया [सं-स्त्री.] 1. गूजर जाति की स्त्री 2. एक रागिनी 3. पैर में पहना जाने वाला एक प्रकार का गहना।

गुजरी (सं.) [सं-स्त्री.] 1. कलाई पर पहनने की एक पहुँची 2. गूजरी नाम की एक रागिनी 3. कनकटी भेड़।

गुज़श्ता (फ़ा.) [वि.] 1. अतीत; बीता हुआ 2. पिछला।

गुज़ारना (फ़ा.) [क्रि-स.] 1. काटना या बिताना; व्यतीत करना 2. अदा करना 3. पेश करना।

गुज़ारा (फ़ा.) [सं-पु.] 1. निर्वाह; गुज़र 2. गुज़रने या गुज़ारने की क्रिया या भाव 3. घाट 4. रास्ता 5. नदी या पुल से पार जाना 5. आर्थिक सहायता; जीवनयापन के लिए दी जाने वाली धनराशि; वृत्ति।

गुज़ारिश (फ़ा.) [सं-स्त्री.] निवेदन; प्रार्थना; अर्ज़।

गुज़ारिशनामा (फ़ा.) [सं-पु.] प्रार्थना-पत्र।

गुजुवा [सं-पु.] गोबरैला नाम का कीड़ा या गुबरैला जो बरसात में पैदा होता है। यह गोबर के नीचे बिल बनाकर रहता है।

गुजेना [सं-पु.] पानी में उगने वाली एक घास।

गुझरौट [सं-स्त्री.] 1. साड़ी या कपड़े का चुन्नट किया हुआ भाग 2. स्त्रियों की नाभि के आसपास का भाग।

गुझिया [सं-स्त्री.] 1. खोए की बनी एक मिठाई 2. पकवान 3. कुसली 4. पिराक 5. मैदा की कुसली में मावा तथा मेवा भर कर बनाया जाने वाला पकवान।

गुट (सं.) [सं-पु.] 1. समूह; यूथ; दल 2. किसी उद्देश्य, मत या सिद्धांत विशेष के लिए कुछ लोगों का समूह।

गुटकना [क्रि-अ.] कबूतर का गुटकना; गुटरगूँ; गुट-गुट शब्द करना। [क्रि-स.] निगलना; सटकना।

गुटका (सं.) [सं-पु.] 1. गुटिका; वटी; गोली 2. रेशम का कोया 3. मोती 4. पॉकेट साइज़ की (छोटे आकार की) पुस्तक 3. फुंसी; फुड़िया 5. गोली 6. पानमसाला; चबाने का तंबाकू 7. लकड़ी का छोटा टुकड़ा।

गुटकी [सं-स्त्री.] छोटी टिकिया या गोली।

गुटखा [सं-पु.] 1. पानमसाला 2. खैनी; चबाने का तंबाकू 3. तंबाकू, कत्था और चूने के मिश्रण से बनाया जाने वाला चबाने का पदार्थ जो नशे के साथ मुँह या गले के गंभीर रोग पैदा करता है।

गुटबंदी (हिं.+फ़ा.) [सं-स्त्री.] 1. दल बनाना 2. आपस में कुछ लोगों के साथ मिलकर अलग गुट या दल बनाने की क्रिया या भाव 3. आपसी मतभेद के कारण किसी समुदाय या संस्था के सदस्यों का छोटे-छोटे गुट या दल बनाना।

गुटबाज़ (हिं.+फ़ा.) [सं-पु.] वह जो दल के लोगों को अपने साथ मिलाता है; गुट निर्माण करने वाला; दल बनाने वाला।

गुटबाज़ी [सं-स्त्री.] 1. गुट बनाने की क्रिया या भाव 2. गुटों के मध्य होने वाली प्रतिद्वंद्विता।

गुटयुद्ध [सं-पु.] गुटबंदी के कारण आपस में होने वाला संघर्ष; दो गुटों के बीच संघर्ष।

गुटरगूँ [सं-स्त्री.] 1. कबूतरों के बोलने का शब्द 2. {ला-अ.} दो प्रेमियों की एकांत में होने वाली बातचीत।

गुटिका (सं.) [सं-स्त्री.] 1. गोली 2. वटी; मोती; वटिका 3. (मिथक या अंधविश्वास) योग की एक प्रकार की सिद्धि से प्राप्त होने वाली वह गोली जिसके संबंध में यह प्रवाद है कि इसे मुँह में रख लेने पर आदमी जहाँ चाहे वहाँ तत्काल अदृश्य होकर पहुँच सकता है।

गुटिया [सं-स्त्री.] 1. वह भेड़ जिसका आकार छोटा हो 2. लोहे के छल्ले (गिट्टू)।

गुट्ठल [वि.] 1. गाँठ 2. गुठलीवाला; गुठली के आकार का और कठोर या कड़ा। [सं-पु.] 1. गिलटी 2. रुई आदि के

दबने से बनी हुई गाँठ 3. जिसकी समझ में जल्दी कोई बात न आती हो; मूढ़; मूर्ख।

गुट्ठा [सं-पु.] 1. लाख की बनी वह चौकोर गोटी जिससे लड़कियाँ खेला करती हैं 2. गेंदे का पौधा या फूल 3. डौल झौड़ने के काम आने वाला यंत्र।

गुट्ठी [सं-स्त्री.] 1. मोटी गाँठ 2. पैर का टखना।

गुठन (सं.) [सं-स्त्री.] 1. गाँठ; ग्रंथि 2. गुठली।

गुठला[1] [सं-पु.] 1. बड़ी गुठली 2. गुठली की तरह की कोई चीज़। [वि.] गुठलियों से भरा।

गुठला[2] (सं.) [वि.] 1. जिसकी धार ख़राब हो गई हो 2. कुंठित; भोथरा।

गुठलाना [क्रि-अ.] 1. गुठली की तरह गोल या सख्त हो जाना, जैसे- मांस गुठलाना 2. खटाई के असर से दाँतों का काटने या चबाने लायक न रहना 3. अस्त्र-शस्त्र की धार का कुंद होना।

गुठली (सं.) [सं-स्त्री.] 1. किसी फल का वह बीज जो आकार में थोड़ा बड़ा और कड़ा हो, जैसे- आम की गुठली 2. फल के अंदर का कठोर भाग जो फल का बीज भी होता है; कुसली 3. गुलथी; गिलटी।

गुठाना [क्रि-अ.] 1. गुठली-सी बँध जाना 2. निकम्मा हो जाना।

गुड़ (सं.) [सं-पु.] 1. ईख, ऊख या खजूर आदि के रस को गाढ़ा करके बनाई हुई बट्टी या भेली 2. रहस्य संप्रदाय में मन, ईश्वर-स्मरण और गुरु उपदेश का समन्वय। [मु.] **-खाना गुलगुले से परहेज करना** : बड़े-बड़े गलत कार्य करना और छोटे कार्यों से बचना। **-गोबर करना** : नष्ट करना; चौपट करना।

गुड़ंबा [सं-पु.] गुड़ के शीरे में पकाया गया कच्चा आम।

गुड़गुड़ [सं-पु.] 1. जल में से वायु के तेजी से बाहर निकलने पर होने वाली आवाज़, जैसे- कुएँ या तालाब में घड़ा या लोटा डुबाने पर होने वाली गुड़गुड़ की ध्वनि 2. हुक्का पीने से उत्पन्न ध्वनि 3. आँतों में हवा के दबाव या संचार से होने वाली गुड़गुड़।

गुड़गुड़ाना [क्रि-अ.] गुड़गुड़ शब्द होना। [क्रि-स.] गुड़गुड़ शब्द करना, जैसे- हुक्का पीना।

गुड़गुड़ाहट [सं-स्त्री.] गुड़गुड़ की आवाज़ होने या करने की क्रिया या भाव।

गुड़गुड़ी [सं-स्त्री.] 1. बार-बार गुड़गुड़ शब्द होने की अवस्था; गुड़गुड़ाहट 2. हुक्का; फरशी।

गुड़धनिया [सं-पु.] 1. गुड़ में मिलाए हुए धनिए के बीज जो शुभ अवसरों पर थोड़े-थोड़े खिलाए जाते हैं 2. भुने हुए गेहूँ या अन्य खाद्यान्नों के साथ गुड़ को मिलाकर बनाया गया विशेष खाद्य पदार्थ।

गुड़धानी [सं-स्त्री.] भुने हुए गेहूँ को गुड़ में मिलाकर बनाया गया लड्डू।

गुड़हर [सं-पु.] दे. गुड़हल।

गुड़हल [सं-पु.] 1. अड़हुल का पेड़ या फूल 2. जवा कुसुम।

गुड़ाई [सं-पु.] दे. गोड़ाई।

गुड़ाकू [सं-पु.] 1. एक प्रकार का दंतमंजन 2. गुड़ मिला हुआ पीने का तंबाकू।

गुड़ाकेश (सं.) [सं-पु.] 1. शिव; महादेव 2. अर्जुन।

गुड़िया [सं-स्त्री.] 1. कपड़े, प्लास्टिक, रबर, मिट्टी आदि की बनी लड़की की आकृति का खिलौना; पुतली 2. {ला-अ.} सुंदरता और सजधज में खोई रहने वाली निकम्मी लड़की 3. छोटी बालिका या बेटी के लिए एक संबोधन 4. एक खेल विशेष।

गुड़ी (सं.) [सं-स्त्री.] सिलवट; सिकुड़न।

गुड़ी [सं-स्त्री.] 1. महाराष्ट्र का नव वर्ष 2. कोई गोल कड़ी चीज; गांठ; गुट्ठी 3. मन में छिपा हुआ द्वेष।

गुडूची (सं.) [सं-स्त्री.] गुरुच; गिलोय।

गुड्डा [सं-पु.] मिट्टी, प्लास्टिक, रबर आदि से बना लड़के की आकृति वाला खिलौना।

गुड्डी [सं-स्त्री.] 1. पतंग; छोटा कनकौआ 2. घुटने की हड्डी।

गुढ़ना [क्रि-अ.] ओट या आड़ में होना; छिपना।

गुढ़ा (सं.) [सं-पु.] 1. छिपने की जगह 2. गुप्त स्थान।

गुढ़ी (सं.) [सं-स्त्री.] 1. गाँठ 2. गुत्थी।

गुण (सं.) [सं-पु.] 1. किसी विषय या क्षेत्र में प्राप्त की जाने वाली निपुणता या प्रवीणता 2. प्रभाव; असर 3. लाभ; फ़ायदा 4. किसी वस्तु की निजी विशेषता; वह विशिष्टता जो किसी पदार्थ को दूसरों से भिन्न करती है 5. धागा 6. डोरी; प्रत्यंचा 7. वीणा आदि का तार 8. (काव्यशास्त्र) रस का प्रधान धर्म (माधुर्य, ओज, प्रसाद आदि); काव्य का एक तत्व 9. किसी व्यक्ति की स्वभावगत विशेषता। [मु.] **-गाना** : प्रशंसा करना।

गुण-दोष (सं.) [सं-पु.] 1. किसी व्यक्ति या वस्तु की ख़ूबियाँ और कमियाँ; किसी की अच्छी और बुरी बातें 2. भलाई-बुराई; भले और बुरे दोनों पक्ष या अंग।

गुणक (सं.) [सं-पु.] 1. वह अंक जिससे किसी अंक को गुणा करें; (मल्टिप्लायर) 2. लिखाई, छापे आदि में एक प्रकार का चिह्न जिसे इस प्रकार लिखा जाता है (×)।

गुणकारक (सं.) [वि.] फ़ायदा करने वाला; गुणकारी; लाभदायक।

गुणकीर्ति (सं.) [सं-स्त्री.] गुणगान; प्रशंसा करना; गुणकथन।

गुणगत (सं.) [वि.] गुण संबंधी; गुण विषयक।

गुणगान (सं.) [सं-पु.] 1. किसी की प्रशंसा में गाया जाने वाला गीत; किसी की अच्छाइयों या गुणों का वर्णन 2. यश का बखान या वर्णन; प्रशंसा; तारीफ़।

गुणगौरी (सं.) [सं-स्त्री.] 1. गौरी के समान गुणवाली; पतिव्रता; सौभाग्यवती स्त्री 2. स्त्रियों का एक व्रत 3. गणगौर।

गुणग्राम (सं.) [सं-पु.] गुणों का समूह। [वि.] गुणनिधान; गुणज्ञ।

गुणग्राहक (सं.) [सं-पु.] 1. तत्वज्ञ; ज्ञानी 2. परखने वाला व्यक्ति; पारखी 3. विद्वानों का सम्मान करने वाला व्यक्ति; कदरदान 4. गुण समझने या गुणों का आदर करने वाला व्यक्ति 5. मर्मज्ञ; रसिक 6. सहृदय।

गुणग्राहकता (सं.) [सं-स्त्री.] 1. गुण या खूबियों की स्वीकार्यता का भाव 2. गुणवान या कलाकार का सम्मान करने की स्थिति

3. कदरदानी।

गुणग्राही (सं.) [वि.] गुणग्राहक।

गुणज (सं.) [वि.] (अंक) जिसका गुणा किसी विशेष दृष्टि या प्रकार से हो सकता हो।

गुणज्ञ (सं.) [वि.] 1. गुणी 2. गुणों का पारखी; गुणों को पहचानने वाला 3. जिसमें बहुत से गुण हों।

गुणता (सं.) [सं-स्त्री.] गुण संबंधी विशिष्टता।

गुणधर्म (सं.) [सं-पु.] किसी वस्तु या पदार्थ में विशेष रूप से पाई जाने वाली विशेषता।

गुणन (सं.) [सं-पु.] 1. (गणित) एक संख्या को दूसरी संख्या से गुणा करना 2. पहाड़ा 3. अनुमान या विचार करना 4. मनन करना; सोचना 5. रटना। [वि.] गुणित; गुणीय; गुण्य।

गुणनखंड (सं.) [सं-पु.] किसी संख्या को विभाजित करने वाली संख्या; गुणक; (फ़ैक्टर)

गुणनफल (सं.) [सं-पु.] एक अंक को दूसरे अंक से गुणा करने पर प्राप्त संख्या।

गुणना (सं.) [क्रि-स.] 1. गुणा करना; ज़रब देना 2. मन में सोचना; समझना; गुनना।

गुणनिधान (सं.) [वि.] जिसमें बहुत से गुण हों; गुणसागर; गुणवान।

गुणवंत (सं.) [वि.] जिसमें बहुत-सी ख़ूबियाँ हों; जिसमें गुण हों; गुणों से युक्त; गुणवाला।

गुणवत्ता (सं.) [सं-स्त्री.] विशिष्टता या गुण संबंधी उत्कृष्टता।

गुणवाचक (सं.) [वि.] 1. जो किसी बात या चीज़ की विशेषता या गुण दर्शाए, जैसे- गुणवाचक विशेषण 2. गुणों का वर्णन या बखान करने वाला।

गुणवान (सं.) [वि.] 1. ख़ूबियों या अच्छाइयोंवाला 2. जिसमें अनेक गुण हो; गुणी; प्रतिभाशाली 3. योग्य।

गुणशक्ति (सं.) [सं-स्त्री.] 1. गुण विशेष की सामर्थ्य 2. गुण का प्रभाव; शक्ति।

गुणसंधि (सं.) [सं-स्त्री.] (व्याकरण) स्वर संधि का एक प्रकार।

गुणसागर (सं.) [वि.] जो गुणों का ख़जाना हो; अत्यधिक गुणी। [सं-पु.]- गुणी व्यक्ति; ब्रह्मा ।

गुणसूत्र (सं.) [सं-पु.] सभी वनस्पतियों और प्राणियों की कोशिकाओं में पाए जाने वाले वे तंतु जो उनके सभी आनुवांशिक गुणों के निर्धारक और वाहक होते हैं।

गुणहीन (सं.) [वि.] 1. गुणरहित; निर्गुण 2. जिसमें किसी प्रकार का गुण या विशेषता न हो 2. अशिष्ट।

गुणा (सं.) [सं-पु.] (गणित) वह क्रिया जिससे किसी संख्या का गुणनफल जाना जा सके; (मल्टीप्लिकेशन)।

गुणांक (सं.) [सं-पु.] (गणित) वह संख्या जिससे किसी दूसरी संख्या का गुणा किया जाता है।

गुणांकन (सं.) [सं-पु.] गुणा करना; एक संख्या को दूसरी संख्या से गुणा करने की क्रिया।

गुणाकर (सं.) [वि.] जो गुणों की खान हो; अत्यधिक गुणी; गुणसागर; गुणराशि।

गुणाढ्य (सं.) [वि.] 1. सद्गुणशाली 2. बहुत गुणोंवाला 3. गुणयुक्त। [सं-पु.] पैशाची भाषा के एक प्रसिद्ध प्राचीन कवि।

गुणातीत (सं.) [वि.] 1. जिसके गुणों को कहा न जा सके; अपरिभाषेय 2. इंद्रियातीत 3. गुणों से परे 4. जिसका सत्त्व, रज आदि गुणों से कोई संबंध न हो। [स-पु.] परमेश्वर या ब्रह्म।

गुणात्मक (सं.) [वि.] 1. गुणों पर आधारित 2. गुणवत्तापरक।।

गुणानुवाद (सं.) [सं-पु.] 1. प्रशंसा; तारीफ़ 2. गुणगान; गुणकथन 3. किसी के अच्छे गुणों का वर्णन।

गुणान्वित (सं.) [वि.] गुणों से युक्त; गुणी; उस्ताद।

गुणार्थ (सं.) [सं-पु.] गुणों का सूचक अर्थ।

गुणावगुण (सं.) [सं-पु.] किसी के गुण और दोष; अच्छाई-बुराई; ख़ूबी और कमज़ोरी।

गुणिका (सं.) [सं-स्त्री.] 1. शरीर पर होने वाली सूजन 2. अर्बुद; गाँठ; (ट्यूमर)।

गुणित (सं.) [वि.] 1. जिसकी गणना की गई हो 2. जिसका गुणन किया गया हो; राशिकृत।

गुणी (सं.) [वि.] 1. जिसमें अनेक गुण हो; गुणसंपन्न 2. कोई विशेष कला या विद्या जानने वाला 3. योग्य। [सं-पु.] 1. हुनरमंद व्यक्ति 2. वह व्यक्ति जो कला-कुशल हो।

गुणीभूत (सं.) [वि.] 1. गौण बना हुआ 2. मुख्य अर्थ से रहित 3. काव्य में व्यंग का एक भेद।

गुणेश्वर (सं.) [सं-पु.] 1. परमेश्वर; धर्मग्रंथों द्वारा मान्य वह सर्वोच्च सत्ता जो सृष्टि की स्वामिनी है 2. तीन गुणों का स्वामी 3. चित्रकूट पर्वत।

गुत्ता [सं-पु.] 1. लगान पर खेत जोतने- बोने आदि के लिए खेतिहर को देने का व्यवहार 2. लगान।

गुत्थमगुत्था [सं-पु.] 1. भिड़ंत; द्वंद्वयुद्ध; मल्लयुद्ध 2. उलझाव; फँसाव।

गुत्थी [सं-स्त्री.] 1. तागे या धागे आदि में पड़ी हुई गाँठ; उलझन 2. कठिनाई; समस्या। [मु.] **-सुलझाना** : किसी समस्या को हल करना।

गुथना (सं.) [क्रि-अ.] 1. कई वस्तुओं का एक में उलझ जाना 2. किसी से लड़ने के लिए उससे लिपट जाना 3. भद्दी तरह से सिला जाना। [सं-पु.] गुलेल में लगी हुई वह रस्सी जिसकी सहायता से ढेला फेंका जाता है।

गुथली [सं-स्त्री.] थैली; झोली; खीसा; घूघी।

गुथवाना [क्रि-स.] गूथने का काम दूसरे से करवाना।

गुद (सं.) [सं-स्त्री.] दे. गुदा।

गुदकारा [वि.] 1. मुलायम; लचीला 2. गुदगुदा 3. गूदे से भरा हुआ 4. फूला हुआ।

गुदकील (सं.) [सं-पु.] बवासीर नाम का रोग।

गुदगुदा [वि.] 1. मांसल; गद्देदार 2. नरम 3. भरा हुआ 4. गुलगुला।

गुदगुदाना [क्रि-अ.] 1. हँसाने या बहलाने के लिए किसी व्यक्ति के बगल (काँख) या तलवे को उँगली से छूना या सहलाना; मनबहलाना; हँसी-विनोद के लिए छेड़छाड़ करना; गुदगुदी

करना 2. किसी के मन में किसी चीज़ की इच्छा या उत्कंठा उत्पन्न करना; उभारना।

गुदगुदापन [सं-पु.] 1. गुदगुदा या मुलायम होने का गुण 2. नरमी; मांसलता।

गुदगुदाहट [सं-स्त्री.] 1. गुदगुदाने की क्रिया या भाव 2. गुदगुदी 3. मन में होने वाली किसी बात की हलकी इच्छा जिससे रोमांच हो।

गुदगुदी [सं-स्त्री.] 1. वह अनुभूति जो शरीर के कोमल अंगों या बगल आदि को छूने-सहलाने से हो 2. उमंग; उल्लास 3. वासना; कामना।

गुदग्रह (सं.) [सं-पु.] वह रोग जिसमें पेट में मल रुका रहता है और जल्दी बाहर नहीं निकलता; कब्ज़; मलावरोध।

गुदड़ी [सं-स्त्री.] 1. फटे-पुराने, रंग-बिरंगे कपड़ों को सिलकर बनाया हुआ ओढ़ना; बिछावन 2. गुदड़ी बाज़ार 3. टूटी-फूटी चीज़ों का ढेर। [मु.] **-का लाल** : साधारण घर में जन्मा असाधारण गुणी या प्रतिभावान बालक।

गुदना [क्रि-अ.] 1. गोदा जाना 2. गोदना।

गुदभ्रंश (सं.) [सं-पु.] गुदा से काँच निकलने का रोग।

गुदमी [सं-पु.] एक प्रकार का मोटा और मुलायम कंबल जो ठंडे पहाड़ी देशों में बुना जाता है।

गुदलइया [सं-पु.] डुग्गी/डुगी से छोटी शाखा।

गुदवाना [क्रि-स.] गोदने का काम दूसरे से कराना; गुदाना।

गुदा (सं.) [सं-स्त्री.] 1. गुद 2. वह इंद्रिय जिससे प्राणी मल त्याग करते हैं; मलद्वार।

गुदाज़ (फ़ा.) [वि.] 1. मांसल 2. गूदेदार 3. गदराया हुआ 4. नरम 5. गुदगुदा।

गुदाना [क्रि-स.] गुदवाना।

गुदाम [सं-पु.] वह स्थान या घर जहाँ बिक्री के लिए या किसी कार्य के लिए वस्तुएँ जमा करके रखी जाती हैं; गोदाम।

गुदारना [क्रि-स.] 1. सेवा में उपस्थित रहना 2. ध्यान न देना; उपेक्षा करना 3. निवेदन करना 4. गुज़ारना; बिताना।

गुदारा (फ़ा.) [सं-पु.] 1. नाव पर नदी पार करने की क्रिया; उतारा 2. वह स्थान जहाँ लोग नाव में सवार होते हैं या उतरते हैं।

गुदी [सं-स्त्री.] नदी के किनारे का वह स्थान जहाँ टूटी-फूटी नावों की मरम्मत तथा नई नावें बनाई जाती हैं।

गुद्दा [सं-पु.] 1. गूदा 2. पेड़ की मोटी डाल 3. लकड़ी का मोटा कुंदा।

गुद्दी [सं-स्त्री.] 1. बीज के अंदर का गूदा; गिरी 2. सिर का पिछला भाग।

गुनगुन [सं-स्त्री.] भौंरे का शब्द या गुंजार।

गुनगुना [वि.] 1. हलका गरम; कुनकुना 2. जो नाक से बोलता हो।

गुनगुनाना [क्रि-अ.] 1. बहुत धीरे-धीरे और अस्पष्ट रूप में गाना 2. नाक से बोलना 3. भौंरों का गुन-गुन शब्द करना।

गुनगुनाहट [सं-स्त्री.] गुनगुनाने की क्रिया या भाव।

गुनना [क्रि-अ.] 1. मन में सोच-विचार करना; मनन करना 2. किसी को महत्व देना। [क्रि-स.] 1. गुणा करना 2. वर्णन करना।

गुनरखा [सं-पु.] 1. नाव का मस्तूल जिसमें गोन बाँधकर उसे खींचते हैं; गुटखा 2. उक्त मस्तूल में रस्सी बाँधकर खींचने वाला मजदूर।

गुनवाह [सं-पु.] नाव की रस्सी खींचने वाला।

गुनहगार (फ़ा.) [वि.] 1. अपराधी; दोषी; कसूरवार 2. पापी।

गुना (सं.) [सं-पु.] (गणित) गुणन करने की क्रिया; गुणन। [परप्रत्य.] प्रत्यय के रूप में प्रयोग होने वाला शब्द जो किसी संख्या के अंत में लगने पर उसका उतनी ही बार होना सूचित करता है, जैसे- तिगुना, चौगुना इत्यादि। [वि.] गुणित।

गुनाह (फ़ा.) [सं-पु.] 1. अपराध; पाप; क़सूर; दोष 2. दुष्कर्म 3. प्रचलित व्यवस्था, धर्म, विधि अथवा शासन इत्यादि के विरुद्ध किया गया आचरण।

गुनाहगार (फ़ा.) [वि.] गुनहगार।

गुनिया [सं-पु.] वह जिसमें कोई विशिष्ट गुण हो; गुणवान; गुणी। [सं-स्त्री.] वह उपकरण या औजार जिससे बढ़ई या राज कोने की सीधा नापते हैं।

गुनीला [वि.] जिसमें गुण हो; गुणवान 2. गुणन या गुणा करनेवाला 3. अपने गुणों द्वारा लाभ पहुँचाने या हित पहुँचानेवाला।

गुनीली [सं-स्त्री.] वह गाय जो अधिक दूध देती हो।

गुनोबर (फ़ा.) [सं-पु.] देवदार या सनोबर की जाति का एक पेड़।

गुन्ना (अ.) [सं-पु.] अनुस्वार का वह आधा उच्चारण जो हिंदी में अर्द्धचंद्र से सूचित होता है।

गुन्नी (सं.) [सं-स्त्री.] रस्सी को बटकर बनाया हुआ एक प्रकार का कोड़ा।

गुपचुप [क्रि.वि.] 1. चुपचाप; छिपकर 2. गुप्त रीति से। [सं-स्त्री.] 1.पानी-पूरी नामक व्यंजन; गोलगप्पा 2. खिलौना; लड़कों का एक खेल।

गुप्त (सं.) [सं-पु.] 1. वैश्य समाज में एक कुलनाम या सरनेम 2. भारत का एक प्राचीन राजवंश। [वि.] 1. छिपा या छिपाया हुआ; अदृश्य 2. रक्षित 3. जिसके संबंध में लोग परिचित न हों।

गुप्तक (सं.) [वि.] 1. छिपाकर रखने वाला 2. रक्षक 3. सँभालकर रखने वाला।

गुप्तघाती (सं.) [वि.] 1. छिपकर हमला करने वाला 2. विश्वासघाती 3. छल से हत्या करने वाला।

गुप्तचर (सं.) [सं-पु.] जासूस; भेदिया; छिप कर टोह लेने वाला।

गुप्तदान (सं.) [सं-पु.] 1. वह दान जिसका दाता प्रकट न हो 2. छिपा कर दिया जाने वाला दान 3. वह दान जिसे देने वाले के सिवा और कोई न जान सके।

गुप्तमत (सं.) [सं-पु.] 1. गोपनीय मत; अप्रकट मत 2. गोपनीय तरीके से व्यक्त विचार।

गुप्तलिपि (सं.) [सं-स्त्री.] गुप्तकालीन लिपि।

गुप्ता (सं.) [सं-पु.] वैश्य समाज में एक कुलनाम या सरनेम।

गुप्तांग (सं.) [सं-पु.] 1. पुरुष या स्त्री के गुप्त अंग; जननेंद्रिय 2.

गुह्यांग; गूढ़ांग 3. कौपीन 4. लिंग; उपस्थ।

गुप्ती [सं-स्त्री.] वह छड़ी जिसमें किरच या पतली तलवार छिपी हो।

गुफा (सं.) [सं-स्त्री.] 1. ज़मीन के अंदर और चट्टानों में प्राकृतिक रूप से बने अथवा मनुष्य द्वारा खोद-काट कर बनाया गया लंबा-चौड़ा गड्ढा 2. अँधेरा गड्ढा; गोह; गुहा; कंदरा; खोह 3. भारत में मानव-निर्मित मशहूर गुफाएँ- उदयगिरि, बाघ, अजंता, एलोरा आदि।

गुफ़्त (फ़ा.) [सं-स्त्री.] 1. कथन, उक्ति 2. बोल (केवल समास में व्यवहृत)। [वि.] कहा हुआ।

गुफ़्तगू (फ़ा.) [सं-स्त्री.] 1. बोलचाल; बातचीत 2. दो पक्षों में होने वाली साधारण बातें।

गुफ़्तार (फ़ा.) [सं-स्त्री.] बातचीत करने का ढंग; बोलचाल।

गुबरैला [सं-पु.] सड़े हुए गोबर में पलने या रहने वाला एक कीड़ा।

गुबरौटी [सं-पु.] वह स्थान जहाँ गोबर इकट्ठा किया जाता हो; वह स्थान जहाँ गुबरैला जैसे कीड़े उत्पन्न हो।

गुबार (अ.) [सं-पु.] 1. धूल; गर्द 2. आँखों की वह स्थिति जिसमें चीज़ें धुँधली नजर आती हैं 3. {ला-अ.} मन में दबा हुआ दुर्भाव या क्रोध; शिकायत; मैल 4. {ला-अ.} दुख; द्वेष। [मु.] -**निकालना** : मन में भरी बातें कह डालना।

गुब्बारा (फ़ा.) [सं-पु.] 1. रबर, प्लास्टिक या नायलॉन की वह गोल थैली जिसमें हवा भरकर आकाश में उड़ाते हैं; बच्चों का खिलौना; (बैलून) 2. गोले के आकार की आतिशबाज़ी जो ऊपर आकाश में जाकर फटती है 3. हवाई जहाज़ से कूदने के लिए सैनिकों द्वारा प्रयोग की जाने वाली थैली; (पैराशूट)।

गुभ [सं-पु.] समुद्र की खाड़ी।

गुम (फ़ा.) [वि.] 1. अप्रकट; गुप्त 2. खोया हुआ; गायब; लापता 3. जो आँखों के सामने न हो।

गुमटा (सं.) [सं-पु.] 1. वह सूजन जो माथे पर चोट लगने से होती है; गुलमी 2. कोई गोलाकार उभार।

गुमटी [सं-स्त्री.] 1. मकान के ऊपरी हिस्से में बनी सीढ़ियों की छत जो अन्य कमरों की छत से ऊँची निकली होती है 2. रेलवे लाइन के चौकीदार के लिए लाइन के किनारे बना छोटा-सा कमरा 3. लकड़ी या टिन की अस्थायी दुकान; खोखा।

गुमटीदार (फ़ा.) [सं-पु.] जिसमें गुंबद बना हो; छतनार।

गुमनाम (फ़ा.) [वि.] 1. जिसका नाम कोई न जानता हो, जैसे- गुमनाम बस्ती 2. अज्ञात; अप्रसिद्ध 3. बिना नाम का (लेख या पत्र) जिसपर लिखने या भेजने वाले का नाम न हो, जैसे- गुमनाम ख़त; गुमनाम शिकायत।

गुमर (फ़ा.) [सं-पु.] 1. शेखी; घमंड 2. कानाफ़ूसी 3. मन का गुबार; मन में छिपा हुआ दुर्भाव या द्वेष।

गुमराह (फ़ा.) [वि.] 1. भटका हुआ; राह भूला हुआ 2. कुमार्ग पर चलने वाला; पथभ्रमित; पथभ्रष्ट।

गुमशुदा (फ़ा.) [वि.] 1. जो खो गया हो; खोया या भूला हुआ 2. भटका हुआ।

गुमसुम (फ़ा.) [वि.] 1. जो चुपचाप हो या हिल-डुल न रहा हो; निश्चेष्ट 2. खोए-खोए या खिन्न रहने की स्थिति 3. अनमना; उदास; चिंतित 4. ख़यालों में खोया हुआ; खोया-खोया-सा 5. निराश। [क्रि.वि.] चुपचाप और बिना आहट किए; बिना किसी को ख़बर लगाए।

गुमान (फ़ा.) [सं-पु.] 1. अभिमान; अहंकार; गर्व 2. कल्पना 3. अनुमान के आधार पर किया जाने वाला शक या संदेह।

गुमानी (फ़ा.) [वि.] घमंडी; अभिमानी।

गुमाश्ता (फ़ा.) [सं-पु.] बड़े व्यापारी की ओर से ख़रीदने-बेचने के लिए नियुक्त कोई व्यक्ति; (एजेंट)।

गुम्मट [सं-पु.] 1. इमारत की गोल छत 2. ऐसी बनावट की छत जिसमें आवाज़ गूँजती हो; गुंबद।

गुम्मबाइ [सं-पु.] घोड़े के मुँह का एक रोग।

गुम्मर [सं-पु.] गाँठ हो जाना।

गुम्मा [सं-पु.] बड़ी और मोटी ईंट। [वि.] चुप्पा; गुमसुम रहने वाला; उदास रहने वाला।

गुर (सं.) [सं-पु.] 1. किसी काम को करने की युक्ति; तरकीब; उपाय 2. मूलमंत्र।

गुरखा [सं-पु.] दे. गुनरखा।

गुरगा (सं.) [सं-पु.] 1. गुरु का अनुगामी; शिष्य; चेला 2. जासूस; भेदिया 3. सेवक; दास; टहलुआ 4. अनुचर।

गुरगाँठ [सं-पु.] बहुत कड़ी गाँठ; दुहरी गाँठ।

गुरचना [क्रि-अ.] 1. बल या सिकुड़न पड़ना 2. उलझना।

गुरची [सं-स्त्री.] 1. बल; सिकुड़न 2. उलझन; गुत्थी।

गुरचों [सं-स्त्री.] कानाफूसी; धीरे-धीरे होने वाली बातचीत।

गुरटी [सं-पु.] कचरा।

गुरदम [सं-पु.] 1. लकड़ी की छोलनी, जिससे ईख का रस या गुड़ चलाया जाता है 2. मिठाई मोड़ने का एक औज़ार।

गुरदा (फ़ा.) [सं-पु.] मूत्र का शोधन करने वाला शरीर का अंग; वृक्क; (किडनी)।

गुरबत (अ.) [सं-पु.] 1. विदेश प्रवास 2. निरुपाय या गरीब होने की अवस्था; निस्सहाय होने की अवस्था 3. परदेस या किसी यात्रा में व्यक्ति को होने वाले कष्ट; यात्रा में यात्री की दीन स्थिति 4. विवशता; परवशता।

गुरबरा [सं-पु.] गुड़ डाल कर या गुड़ के घोल में 'बड़ा' डुबाकर बनाया हुआ व्यंजन।

गुराई [सं-स्त्री.] गोरापन; सुंदरता; गोराई।

गुराब [सं-पु.] तोप लादने की गाड़ी।

गुराव [सं-पु.] 1. गँड़ासा 2. चारा काटने का उपकरण; चारा काटने की क्रिया।

गुरिया (सं.) [सं-स्त्री.] 1. माला का दाना; मनका 2. चौकोर या गोल कटा हुआ टुकड़ा 3. (मछली के) मांस का छोटा टुकड़ा; बोटी।

गुरिल्ला (सं.) [सं-पु.] 1. गोरिल्ला; अफ्रीका में पाया जाने वाला एक प्रकार का वनमानुष 2. छापामार दस्ते का सैनिक।

गुरिल्लायुद्ध (सं.) [सं-पु.] 1. छापामार युद्ध 2. ऐसा युद्ध जिसमें सैनिक छोटी-छोटी टुकड़ियों में बँटे होते हैं और मौका पाकर शत्रु पर हमला करते हैं।

गुरु (सं.) [वि.] 1. आचार्य; गुरु; बड़ा; बुज़ुर्ग 2. {ला-अ.} चालाक; बहुत बड़ा धूर्त।

गुरुकुल (सं.) [सं-पु.] 1. प्राचीन समय में किसी गुरु के सान्निध्य में शिक्षा प्राप्त करने का स्थान; गुरु-गृह 2. गुरु का कुल 3. प्राचीन पद्धति पर आधारित शिक्षा देने के लिए बनाया गया आधुनिक विद्यापीठ।

गुरुग्रंथ साहब (सं.+अ.) [सं-पु.] सिखों का एक प्रसिद्ध धार्मिक ग्रंथ।

गुरुघंटाल [सं-पु.] 1. दुर्जन; चालाक या धूर्त व्यक्ति 2. मक्कार। [वि.] 1. कुचाल चलने वाला 2. धोखा देने वाला।

गुरुच (सं.) [सं-स्त्री.] एक प्रकार की कड़वी बेल जो दवा के काम आती है; गिलोय।

गुरुडम [सं-पु.] साहित्य आदि क्षेत्र में किसी रचनाकार या गुरु का वर्चस्व फैलाने का यत्न।

गुरुतर (सं.) [वि.] भारी; उससे बड़ा (तुलनात्मक)।

गुरुता (सं.) [सं-स्त्री.] 1. गुरु का पद 2. गौरव 3. गुरुत्वाकर्षण 4. भारीपन; बोझ 5. महत्व।

गुरुतुल्य (सं.) [वि.] गुरु के समान; गुरु जैसा; गुरुवत।

गुरुत्व (सं.) [सं-पु.] 1. गुरु होने की अवस्था या भाव; गुरुता 2. बड़प्पन; महत्ता 3. भारीपन।

गुरुत्वाकर्षण (सं.) [सं-पु.] 1. (भौतिक विज्ञान) भार के कारण वस्तु का पृथ्वी के केंद्र की ओर खींचा जाना 2. पिंडों की एक-दूसरे को आकृष्ट करने की वृत्ति।

गुरुदक्षिणा (सं.) [सं-स्त्री.] अध्ययन (शिक्षा ग्रहण) के बाद शिष्य द्वारा गुरु को दी जाने वाली दक्षिणा।

गुरुद्वारा (सं.) [सं-पु.] 1. सिखों का मंदिर या मठ 2. आचार्य या गुरु के रहने का स्थान 3. सिखों का वह पवित्र स्थान जहाँ सिख लोग गुरुग्रंथसाहब का पाठ करने जाते हैं।

गुरुपूर्णिमा (सं.) [सं-स्त्री.] व्यासपूर्णिमा; आषाढ़ मास की पूर्णिमा।

गुरुभाई (सं.) [सं-पु.] 1. एक ही गुरु के शिष्य 2. एक ही गुरु से दीक्षित हुए दो या दो से अधिक व्यक्ति।

गुरुमंत्र (सं.) [सं-पु.] 1. वह मंत्र जो कोई गुरु किसी को अपना शिष्य बनाते समय देता है 2. कोई काम करने की सबसे बड़ी युक्ति जो किसी अनुभवी के द्वारा बताई जाती है।

गुरुमुख (सं.) [वि.] जिसने धार्मिक दृष्टि से किसी गुरु से दीक्षा ली हो; दीक्षाप्राप्त; दीक्षित।

गुरुमुखी [सं-स्त्री.] ब्राह्मी लिपि से विकसित एक लिपि जिसमें पंजाबी लिखी जाती है।

गुरुरत्न (सं.) [सं-पु.] एक प्रकार का बहुमूल्य पीला रत्न; पुष्पराग; पुष्पराज; पुखराज।

गुरुवाणी (सं.) [सं-स्त्री.] गुरु की वाणी; गुरु का कथन; उपदेश।

गुरुवार (सं.) [सं-पु.] बृहस्पतिवार; बृहस्पति का दिन; वीरवार।

गुरूजखाय [सं-पु.] बढ़इयों का रंदे की तरह का एक औजार जिससे लकड़ी गोल की जाती है।

गुरेज़ (फ़ा.) [सं-पु.] 1. बचना; दूर रहना 2. नुकसानदेह कार्य या बात से किया जाने वाला बचाव 3. भागना 4. नफ़रत; घृणा 5. (कविता में) एक विषय को छोड़कर किसी दूसरे विषय पर चले जाना।

गुर्ग (फ़ा.) [सं-पु.] भेड़िया; वृक; सियार; गीदड़।

गुर्ज़ (फ़ा.) [सं-पु.] 1. गदा नामक अस्त्र 2. सोंटा; मोटा डंडा।

गुर्जर (सं.) [सं-पु.] 1. गुजरात देश 2. गुजरात का निवासी 3. गुजरात देश में रहने वाली एक प्राचीन जाति जो अब गूजर कहलाती है।

गुर्जरी (सं.) [सं-स्त्री.] 1. गुर्जर या गूजर जाति की स्त्री 2. गुजरात देश की स्त्री 3. एक रागिनी जो भैरव राग की भार्या कही गई है।

गुर्राना [क्रि-अ.] 1. कुत्ते का गुर्र-गुर्र की आवाज़ करना 2. क्रोध में मुँह बंद करके भारी आवाज़ निकालना 3. क्रोधपूर्वक बोलना।

गुर्राहट [सं-स्त्री.] गुर्राने की क्रिया या भाव।

गुर्विणी (सं.) [सं-स्त्री.] 1. गुरु की स्त्री; गुरु-पत्नी 2. श्रेष्ठ स्त्री 3. गर्भवती स्त्री।

गुल[1] (अ.) [सं.पु.] शोर; हल्ला।

गुल[2] (फ़ा.) [सं-पु.] 1. पुष्प; फूल 2. गुलाब 3. गोल निशान 4. जलने या दागने का निशान 5. वह गड्ढा जो हँसने के समय गालों पर बनता है 6. दीपक की लौ का जला हुआ अंश। [मु.] **-खिलाना** : आशा के विपरीत गलत कार्य करना; बखेड़ा खड़ा करना। **-कर देना** : बुझा देना।

गुलंच (सं.) [सं-पु.] एक प्रकार की बहुवर्षीय, मांसल और ऊँचे वृक्षों पर चढ़ने वाली औषधीय लता; गुडूची; गुरुच; गुडुच या गिलोय; (टिनॉसपोरा)।

गुलकंद (फ़ा.) [सं-पु.] गुलाब की पंखुड़ियों और चीनी से तैयार किया जाने वाला एक प्रकार का मीठा लोचयुक्त खाद्य पदार्थ जो दवा के रूप में काम आता है।

गुलकारी (फ़ा.) [सं-स्त्री.] 1. कशीदाकारी 2. किसी चीज़ पर बनाए हुए बेल-बूटे या फूल-पत्तियाँ 3. कपड़ों पर फूल-पत्तियाँ बनाने का काम।

गुलगपाड़ा (अ.+हिं.) [सं-पु.] 1. शोरगुल; हो-हल्ला 2. बहुत सारे लोगों का एक साथ बोलने तथा हँसने से होने वाली आवाज़।

गुलगुला [सं-पु.] 1. आटे और गुड़ या खांड को मिलाकर तेल या घी में तलकर बनाया जाने वाला एक पकवान; छोटा गोला जैसा पकवान 2. कनपटी [वि.] नरम; मुलायम; कोमल; गुदाज़।

गुलगुलाना [क्रि-स.] गूदेदार चीज़ को बार-बार दबाकर मुलायम करना; पिलपिलाना।

गुलगूँ (फ़ा.) [वि.] गुलाबी; गुलाब के रंग का।

गुलचा [सं-पु.] 1. प्रेमपूर्वक किसी के गालों पर हलके से किया गया आघात 2. छोटी, गोल, मुलायम चीज़।

गुलची [सं-स्त्री.] बढ़ई लोगों का एक औज़ार।

गुलछर्रा [सं-पु.] 1. स्वच्छंदतापूर्वक की जाने वाली मौज-मस्ती; रमण 2. चैन; ऐश; मौज; 3. अनुचित भोग-विलास। [मु.] **-उड़ाना** : ख़ूब मौज करना; असंयत रूप से भोग-विलास

करना।

गुलज़ार (फ़ा.) [वि.] 1. आनंद और शोभा से युक्त 2. हरा-भरा 3. खिला हुआ; प्रफुल्ल 4. आवासित; आबाद। [सं-पु.] पुष्पवाटिका; कुसुमोद्यान; फूलों का बगीचा।

गुलटप्पा [सं-पु.] गप्प; बातचीत; बतकही।

गुलतराश (फ़ा.) [सं-पु.] 1. बाग के पौधों को सुंदर आकार देने के लिए उनकी काट-छाँट करने वाला माली 2. गुलगीर।

गुलती [सं-स्त्री.] गुलेल।

गुलथी [सं-स्त्री.] 1. किसी तरल पदार्थ के गाढ़े हो जाने से बनी हुई गुठली 2. मांस की जमी हुई गाँठ।

गुलदस्ता (फ़ा.) [सं-पु.] 1. कई प्रकार के फूल और कलियों को सजाकर बाँधा गया गुच्छा; पुष्पगुच्छ 2. वह पात्र जिसमें फूल-पत्तियाँ सजाकर रखी जाती हैं 3. {ला-अ.} सुंदर व उत्कृष्ट वस्तुओं का समूह या पद्य इत्यादि का संग्रह; चयनिका।

गुलदाउदी [सं-स्त्री.] 1. गुलदावदी 2. शरद ऋतु में फूलने वाला एक फूल 3. एक पौधा जिसके फूल गुच्छों में खिलते हैं।

गुलदान (फ़ा.) [सं-पु.] फूलों का गुच्छा रखने का पात्र; फूलदान।

गुलदाना (फ़ा.) [सं-पु.] 1. चीनी या शक्कर से बने दाने 2. उड़द की दाल से बनी पोली जैसी मिठाई।

गुलदार (फ़ा.) [वि.] 1. बेल-बूटोंवाला 2. जिसमें फूल लगे हों; फूलदार।

गुलदुपहरिया (फ़ा.+हिं.) [सं-स्त्री.] एक छोटा-सा पौधा जिसमें लाल रंग के सुगंधित फूल लगते हैं।

गुलदइयाँ [सं-पु.] शाखाएँ।

गुलनार (फ़ा.) [सं-पु.] 1. अनार का फूल 2. एक प्रकार का गहरा लाल रंग जो अनार के फूल की तरह का होता है।

गुलफा [सं-पु.] कुलफा; एक प्रकार का साग।

गुलफ़ाम (फ़ा.) [वि.] 1. बहुत सुंदर 2. सुकुमार 3. जिसका रंग गुलाब के फूल जैसा हो।

गुलफी [सं-स्त्री.] मूठ; किसी चीज को पकड़ने का दस्ता।

गुलबकावली (फ़ा+सं.) [सं-स्त्री.] हल्दी की जाति का एक पौधा जिसमें सुंदर, सफ़ेद, सुगंधित फूल लगते हैं।

गुलबदन (फ़ा.) [सं-पु.] एक प्रकार का धारीदार रेशमी कपड़ा। [वि.] 1. परम सुंदर 2. वह जिसकी फूलों के समान रंगत और कोमल देह हो; सुंदर स्त्री।

गुलबर्ग (फ़ा.) [सं-पु.] गुलाब नामक पौधे की पत्ती।

गुलमेंहदी (फ़ा.+हिं.) [सं-स्त्री.] 1. एक छोटा पौधा जिसके फूलों में सुगंध नहीं होती 2. एक प्रकार का छोटा पौधा जिसके तने में कई रंगों के फूल लगते हैं।

गुलरोगन (फ़ा.) [सं-पु.] गुलाब की पत्तियों से बनाया हुआ तेल।

गुलशन (फ़ा.) [सं-पु.] 1. बाग 2. वह छोटा बगीचा जिसमें अनेक प्रकार के फूल खिले हों; फुलवारी; उद्यान 3. पुष्प वाटिका।

गुलशब्बो (फ़ा.) [सं-पु.] 1. राजनीगंधा का पौधा या फूल 2. सुगंधिराज 3. लहसुन से मिलता-जुलता एक पौधा जिसमें सफ़ेद फूल लगते हैं 4. रात के समय अँधेरे में खेला जाने वाला एक खेल जिसमें एक-दूसरे को चपत लगाते हैं।

गुलाब (फ़ा.) [सं-पु.] 1. एक काँटेदार पौधा जिसमें बहुत सुंदर और सुगंधित फूल लगते हैं 2. उक्त पौधे का सुंदर और सुगंधित फूल।

गुलाब गजूर [सं-पु.] गिजा जैसी एक मिठाई।

गुलाबजल (फ़ा.+सं.) [सं-पु.] गुलाब के फूलों का अर्क।

गुलाबजामुन (फ़ा.+हिं.) [सं-पु.] खोए की एक प्रसिद्ध मिठाई जो घी में हलकी आँच में तलकर चाशनी में डुबोकर बनाई जाती है।

गुलाबपाश (फ़ा.) [सं-पु.] गुलाबजल छिड़कने का एक लंबा पात्र जिसमें गुलाबजल भरकर शुभ अवसरों पर लोगों पर छिड़कते हैं।

गुलाबपाशी (फ़ा.) [सं-स्त्री.] गुलाबपाश से जल छिड़कने की क्रिया।

गुलाबबाड़ी (फ़ा.+हिं.) [सं-स्त्री.] वह स्थान जहाँ गुलाब के पौधे लगाए गए हों; गुलाबवाटिका।

गुलाबी (फ़ा.) [वि.] 1. गुलाब के फूलों जैसा रंगवाला; गुलाब का 2. सुहाना; आनंददायक; अच्छा लगने वाला 3. थोड़ा या हलका 4. गुलाब या गुलाब जल से सुगंधित किया हुआ। [सं-स्त्री.] 1. गुलाब की पंखुड़ियों से बनी मिठाई 2. मैना की एक प्रजाति 3. शराब पीने की प्याली। [सं-पु.] गुलाब के फूल जैसा रंग।

गुलाबी-जाड़ा [सं-पु.] हल्का जाड़ा; फागुन में पड़ने वाला हल्का-सहनीय जाड़ा।

गुलाम (अ.) [सं-पु.] 1. धन चुकाकर ख़रीदा गया सेवक; दास; नौकर 2. पराधीन व्यक्ति 3. वशवर्ती; अधीन 4. ताश का एक पत्ता जिसपर गुलाम की आकृति बनी रहती है 5. साधारण सेवक।

ग़ुलाम (अ.) [सं-पु.] उर्दू उच्चारणानुसार वर्तनी (दे. गुलाम)।

गुलाम-गर्दा [सं-पु.] घर के आगे निकला हुआ हिस्सा; अहाता जैसा हिस्सा।

गुलामगर्दिश (अ.+फ़ा.) [सं-स्त्री.] 1. मध्यकाल में महल या जनानख़ाने आदि के सदर फाटक में अंदर की ओर बनी हुई छोटी दीवार जिसके कारण बाहर के आदमी दरवाज़ा खुला रहने पर भी अंदर के लोगों को नहीं देख सकते थे 2. किसी बड़ी कोठी के आस-पास बने हुए वे छोटे मकान जिनमें सेवक या नौकर-चाकर रहते हैं।

गुलामज़ादा (अ.+फ़ा.) [सं-पु.] गुलाम या दास की संतान।

गुलाममाल (अ.) [सं-पु.] 1. बढ़िया, टिकाऊ व सस्ती चीज़, जैसे- दरी; कंबल 2. सस्ती चीज़ जो बहुत दिनों तक चले।

गुलामी (अ.) [सं-स्त्री.] 1. अधीनता; दासता 2. किसी व्यक्ति का किसी अन्य व्यक्ति के नियंत्रण या स्वामित्व में रहकर उसकी सेवा करने की अवस्था या भाव 2. किसी देश के अधीन रहकर काम करने की स्थिति; दासत्व 3. चाकरी; पराधीनता 4. नौकरी; बहुत ही तुच्छ सेवा। [वि.] गुलाम से संबंधित; गुलाम की तरह का।

ग़ुलामी (अ.) [सं-स्त्री.] उर्दू उच्चारणानुसार वर्तनी (दे. गुलामी)।

गुलाल (फ़ा.) [सं-पु.] एक प्रकार की रंगीन बुकनी या चूर्ण जिसे होली पर्व या फाग में एक-दूसरे पर लगाया जाता है; अबीर।

गुलिया [सं-स्त्री.] 1. मैना 2. कुम्हार के चाक के किनारे बना छोटा गड्ढा, जिसमें चाक घुमाने के लिए डंडे को फँसाया जाता है।

गुलिस्ताँ (फ़ा.) [सं-पु.] 1. फुलवारी; फूलों का बाग 2. बगीचा; उद्यान 3. शेखशादी द्वारा रचित फ़ारसी का प्रसिद्ध ग्रंथ।

गुलू (फ़ा.) [सं-पु.] गला; कंठ।

गुलूबंद (फ़ा.) [सं-पु.] 1. सरदी में सिर, कान या गरदन में लपेटने का चौड़ा पट्टीनुमा ऊनी वस्त्र; मफ़लर 2. गले में पहनने का पट्टीनुमा या चौड़ा गहना; ज़ेवर।

गुलेंदा [सं-पु.] महुए का पका हुआ फल; कोलेंदा।

गुलेटन [सं-पु.] सिकलीगरों का मसाला रगड़ने का पत्थर।

गुलेनार [सं-पु.] अनार का फूल; गुलनार।

गुलेल (फ़ा.) [सं-स्त्री.] वह छोटा उपकरण जिससे कंकड़ या मिट्टी की गोलियाँ चलाई जाती हैं।

गुलेलची [वि.] गुलेल चलाने में निपुण; गुलेल चलाने वाला।

गुलेला (फ़ा.) [सं-पु.] मिट्टी की गोली जिसको गुलेल से फेंककर मारा या चलाया जाता है।

गुल्गा [सं-पु.] जलाशयों के किनारे होने वाली एक प्रकार की लता।

गुल्फ (सं.) [सं-पु.] 1. टखना 2. एड़ी के ऊपर की गाँठ।

गुल्म (सं.) [सं-पु.] 1. एक ही जड़ से कई तनों के रूप में निकलने वाला पौधा, जैसे- बाँस, ईख आदि 2. तिल्ली; पेट का रोग जिसमें वायु के कारण गाँठ या गोला-सा बन जाता है 3. शरीर पर उभर आने वाली गाँठ 4. दुर्ग; किला 5. प्राचीन काल में भारत में सेना का वह दस्ता जिसमें नौ हाथी, नौ रथ, सत्ताईस घोड़े और पैंतालीस पैदल होते थे।

गुल्मवात (सं.) [सं-पु.] प्लीहा में होने वाला एक रोग।

गुल्मी (सं.) [सं-स्त्री.] 1. झाड़ी 2. आँवले का पेड़ 3. इलायची का पेड़। [वि.] 1. गुल्म रोग से परेशान 2. गुल्म या गाँठ के रूप में होने वाला।

गुल्मोदर (सं.) [सं-पु.] प्लीहा का एक रोग।

गुल्य (सं.) [सं-पु.] मीठा स्वाद; मिठास।

गुल्लक (सं.) [सं-पु.] थोड़ा-थोड़ा करके रुपए-पैसे संचित करने का पात्र; गोलक।

गुल्ला (अ.) [सं-पु.] शोर; हो-हल्ला।

गुल्लाला (फ़ा.) [सं-पु.] एक पौधा जिसमें लाल फूल होते हैं। [वि.] उक्त फूल के रंग की तरह गहरा लाल।

गुल्लियाँ [सं-स्त्री.] 1. चरखी के चौखटे की चौड़ाई पर लगी दोनों ओर की लकड़ियाँ 2. लकड़ी के छोटे टुकड़े, जिन्हें विभिन्न कार्यों में उपयोग में लाते हैं।

गुल्ली (सं.) [सं-स्त्री.] 1. धातु या लकड़ी का वह छोटा टुकड़ा जो दोनों ओर से नुकीला हो 2. सोने या चाँदी का डला 3. मक्के का वह बाल जिसके दाने निकाल लिए गए हों 4. मधुमक्खी के छत्ते का वह भाग जहाँ शहद जमा होता है 5. फल के अंदर की गुठली।

गुल्ली-डंडा [सं-पु.] एक प्रसिद्ध खेल जिसमें गुल्ली और हाथ भर लंबे डंडे का प्रयोग होता है।

गुवाक (सं.) [सं-पु.] 1. सुपारी 2. पुंगीफल।

गुसल (अ.) [सं-पु.] नहाने की क्रिया; स्नान।

गुसलख़ाना (अ.+फ़ा.) [सं-पु.] स्नानागार; नहाने का कमरा; (बाथरूम)।

गुसार (फ़ा.) [परप्रत्य.] प्रत्यय के रूप में किसी शब्द के बाद प्रयुक्त होकर 'सहन करने वाला', 'खाने वाला' का अर्थ देता है, जैसे- 'मयगुसार' (शराब पीने वाला); 'गमगुसार' (गम रखने वाला, धैर्य रखने वाला) आदि।

गुस्तर (फ़ा.) [वि.] 1. देने या व्यवस्था करने वाला 2. फैलाने वाला। [परप्रत्य.] प्रत्यय के रूप में किसी शब्द के बाद प्रयुक्त होकर 'देने वाला', 'फैलाने वाला' का अर्थ देता है, जैसे- करमगुस्तर (यश फैलाने वाला)।

गुस्ताख़ (फ़ा.) [वि.] जो शिष्ट न हो; बेअदबी करने वाला; बदतमीज़; ढीठ; अविनीत; उद्दंड; जो कहना न माने; उद्धत; अवज्ञाकारी; बड़ों का सम्मान व संकोच न करने वाला।

गुस्ताख़ाना (फ़ा.) [क्रि.वि.] 1. गुस्ताख़ी से; गलती से 2. ढिठाई के साथ; अशिष्टतापूर्वक। [वि.] (व्यवहार) जिसमें गुस्ताख़ी हो; धृष्टता या उद्दंडता से भरा हुआ।

गुस्ताख़ी (फ़ा.) [सं-स्त्री.] 1. गुस्ताख़ होने की अवस्था या भाव; ढिठाई; अशिष्टता; उद्दंडता; बेअदबी; मुँहज़ोरी अवज्ञा; धृष्टता 2. गलती।

गुस्ल (अ.) [सं-पु.] स्नान; पूरे शरीर को धोना; नहाना।

गुस्लख़ाना (अ.+फ़ा.) [सं-पु.] नहाने का घर; स्नानागार; (बाथरूम)।

गुस्सा (अ.) [सं-पु.] 1. क्रोध; कोप; रोष 2. प्रकोप 3. गज़ब 4. द्वेष। [मु.] **-थूक देना** : क्षमा कर देना। **-उतरना** : क्रोध शांत होना; क्रोध न करना।

गुस्साना (अ.) [क्रि-अ.] क्रोधित होना; नाराज़ होना।

गुस्सावर (अ.+फ़ा.) [वि.] क्रोधी; जिसे जल्दी गुस्सा आए; गुस्सैल।

गुस्सैल (अ.+हिं.) [वि.] जिसे बात-बात पर गुस्सा आता हो; गुस्सावर; जो क्रोधी स्वभाव का हो; क्रोधी।

गुह (सं.) [सं-पु.] 1. मल; विष्ठा; मैला 2. नदियों के किनारे बसने वाली एक जाति जो लोगों को नाव से एक ओर से दूसरी ओर पार उतार कर अपनी जीविका चलाती हैं; निषाद; केवट।

गुहना [सं-पु.] दे. गुथना।

गुहा (सं.) [सं-स्त्री.] 1. माँद; गुफा; खोह; कंदरा 2. चोरों के छिपकर रहने की जगह 3. {ला-अ.} अंतःकरण 4. {ला-अ.} बुद्धि 5. {ला-अ.} शालपर्णी।

गुहा-कला (सं.) [सं-स्त्री.] प्राकृतिक गुफाओं और शैलाश्रयों की दीवारों और छतों पर बनी अथवा उत्कीर्ण आदिम कला; उत्तर पुरा-पाषाणकाल के आरंभ से ऐसी कला में बहुधा पशुओं, मानवों, हथियारों और आखेट के रेखाचित्र मिलते हैं।

गुहा-मंदिर (सं.) [सं-पु.] गुफाओं को काट-छाँट कर बनाए गए प्राचीन मंदिर।

गुहा मानव (सं.) [सं-पु.] प्रागैतिहासिक अथवा पाषाणकालीन मानव जो गुफाओं में निवास करते थे, शिकार करना तथा शिकार करके खाद्य-संग्रह करना ही उनके जीवन-यापन के साधन थे।

गुहाँजनी (सं.) [सं-स्त्री.] आँख की पलक के ऊपर होने वाली फुंसी; बिलनी।

गुहाभिलेख (सं.) [सं-पु.] पत्थरों एवं गुफाओं की दीवारों पर खुदा हुआ लेख।

गुहार (सं.) [सं-स्त्री.] 1. रक्षा के लिए आर्त पुकार; दुहाई 2. प्राचीन काल में गायों के हरण अथवा लूट लिए जाने या छीन लिए जाने पर रक्षा हेतु मचाई जाने वाली पुकार या चिल्लाहट 3. चीखकर लोगों को एकत्र करना 4. शोर; चिल्लाहट; हल्ला।

गुहेरा [सं-पु.] 1. डोरों आदि से गहने गूँथने वाला व्यक्ति 2. पटवा 3. गोह नामक जंतु।

गुह्यदीपक (सं.) [सं-पु.] एक उड़ने वाला बरसाती कीड़ा जिसका पिछला भाग रात को ख़ूब चमकता है; जुगनू।

गुह्यद्वार (सं.) [सं-पु.] मलद्वार; गुदा।

गुह्य (सं.) [वि.] 1. गुप्त 2. गूढ़ 3. गुप्त रखने या छिपाए जाने योग्य 4. रहस्यमय 5. कठिनता से समझ में आने वाला। [सं-पु.] छल; कपट 2. रहस्य; भेद 3. गुप्त अंग; उपस्थ।

गुह्यक (सं.) [सं-पु.] 1. किन्नर 2. गंधर्व 3. कुबेर के खजाने की रक्षा करने वाले यक्षों की तरह की एक देव-योनि।

गू [सं-पु.] मल; टट्टी; पाख़ाना।

गूँ (फ़ा.) [सं-पु.] 1. रंग 2. ढंग; प्रकार 3. वर्ग।

गूँगा (फ़ा.) [सं-पु.] वह जो स्पष्ट बोल न पाता हो। [वि.] जिसमें बोलने की शक्ति न हो; जिसमें वाणी न हो; मूक।

गूँगा-बहरा (फ़ा.) [सं-पु.] वह व्यक्ति जो न सुन सके और न बोल सके।

गूँगापन (फ़ा.) [वि.] 1. गूँगा होने का भाव 2. चुप्पी; मौन।

गूँछ [सं-पु.] गहरे पानी में रहने वाली एक प्रकार की बड़ी मछली; बूँछ।

गूँज (सं.) [सं-स्त्री.] 1. किसी तल से टकराकर सुनाई पड़ने वाली आवाज़; प्रतिध्वनि; गुंजार 2. भँवरों की गुनगुन; गुंजन 3. मक्खियों के भिनभिनाने से उत्पन्न ध्वनि 4. किसी कार्य की प्रतिक्रिया 5. किसी जगह पर किसी चीज़ की विस्तृत चर्चा या प्रचार 6. लट्टू के नीचे की कील जिसपर वह घूमता है।

गूँजना (सं.) [क्रि-अ.] 1. किसी ध्वनि या आवाज़ का चारों ओर फैलना; प्रतिध्वनित होना; किसी जगह में किसी आवाज़ का व्याप्त हो जाना 2. गुंजन करना; भौंरों या मधुमक्खी का मधुर ध्वनि में गुँजारना 3. किसी बात की ख़ूब चर्चा या प्रचार होना।

गूँठा [सं-पु.] 1. ईख का गैड़ा 2. एक टेढ़ा सिरा; गूँज।

गूँथना (सं.) [क्रि-स.] 1. चीज़ों को सुई-धागे से एक जगह बाँधना या पिरोना, जैसे- माला गूँथना 2. किसी चीज़ या कपड़े आदि को जोड़ने के लिए मोटे टाँके लगाना 2. माड़ना; मसलना, जैसे- आटा गूँथना।

गूँथी (सं.) [वि.] 1. उलझी हुई; पिरोई हुई; सिली हुई 2. बँधी हुई 3. नत्थी।

गूँदी [सं-स्त्री.] गँधेला नामक वृक्ष जिसकी जड़, छाल और पत्तियाँ औषधि के काम में आती है।

गूँधना (सं.) [क्रि-स.] 1. किसी चूर्ण में पानी मिलाकर गाढ़े अवलेह के रूप में लाना 2. आटे आदि में पानी डालकर हाथों से मलना या दबाना; माँड़ना; सानना 3. पिरोना 4. चोटी करना 5. बालों या धागों की लड़ी बनाना 6. गूँथना।

गूगुल [सं-पु.] 1. गुग्गुल 2. एक कँटीला पेड़ 3. दक्षिण भारत में उगाया जाने वाला एक पेड़ जिसकी छाल से वार्निश बनाया जाता है 4. उस पेड़ का गोंद जो गंधद्रव्य है और दवा के भी काम आता है।

गूजर (सं.) [सं-पु.] 1. गुर्जर क्षेत्र में रहने वाली एक प्राचीन जाति 2. अहीरों और क्षत्रियों का एक भेद 3. अहीर; ग्वाला।

गूजरी (सं.) [सं-स्त्री.] 1. गूजर जाति की स्त्री; ग्वालिन 2. एक प्रकार का आभूषण।

गूझा (सं.) [सं-पु.] बड़ी गुझिया; पकवान।

गूटी [सं-स्त्री.] 1. लीची का पेड़ लगाने का एक ढंग या प्रकार 2. चौपायों का एक रोग।

गूढ़ (सं.) [वि.] 1. जिसमें बहुत गहरा अभिप्राय छिपा हो; अर्थगर्भित 2. ऐसी बात या विषय जिसको समझना आसान न हो 3. जटिल; गहन; मुश्किल; कठिन 4. ढका हुआ; गुप्त; छिपा हुआ 5. पेंचीदा; दुरूह; उलझा हुआ 6. गूढ़ोक्ति अलंकार।

गूढ़जीवी (सं.) [सं-पु.] वह व्यक्ति जो गुप्त रूप से अपनी आजीविका चलाता हो।

गूढ़ता (सं.) [सं-स्त्री.] 1. गूढ़ होने की अवस्था या भाव; गंभीरता 2. गहनता; गोपनीयता।

गूढ़पथ (सं.) [सं-पु.] 1. गुप्त रास्ता; अज्ञात रास्ता 2. अंतःकरण; हृदय; अंतर्मन 3. सोचने, समझने और निश्चय करने की वृत्ति या मानसिक शक्ति; बुद्धि।

गूढ़पुरुष (सं.) [सं-पु.] 1. जासूस; गुप्तचर 2. भेदिया।

गूढ़लेख (सं.) [सं-पु.] लिखने या संदेश भेजने की गुप्त लिपि-प्रणाली; (साइफर)।

गूढ़ा [सं-पु.] नाव के माप के हिसाब से डेढ़-दो हाथ की दूरी पर लगाई जाने वाली लकड़ी।

गूढ़ांग (सं.) [सं-पु.] 1. गुप्तांग 2. कछुआ।

गूढ़ार्थक (सं.) [वि.] 1. जिसे समझना कठिन हो; गहरे अभिप्रायवाला 2. क्लिष्ट; जिसका अर्थ गूढ़ हो 3. कूटबद्ध आशयवाला 4. जटिल; पेचीदा 5. विद्वतापूर्ण।

गूढ़ाशय (सं.) [सं-पु.] 1. वह व्यक्ति जिसके हाव-भाव गूढ़ हों 2. जासूस; गुप्तचर।

गूढ़ोक्ति (सं.) [सं-स्त्री.] 1. गूढ़ बात; गूढ़ कथन 2. अलंकार का एक भेद जिसमें कोई व्यंग्यपूर्ण बात किसी दूसरे व्यक्ति को सुनाने के लिए किसी उपस्थित आदमी से कही जाती है।

गूथना (सं.) [क्रि-स.] 1. बहुत-सी चीज़ों को धागे या तागे में

पिरोना; (मनका, मोती या पुष्प की) लड़ी बनाना, जैसे- माला गूथना 2. गुंफन; टाँकना 3. किसी चीज़ या बालों को समेटकर बाँधना, जैसे- चोटी गूथना 4. आपस में जोड़ने के लिए मोटे-मोटे टाँके लगाना; मोटी सिलाई करना।

गूदड़ [सं-पु.] फटा-पुराना कपड़ा जो उपयोग के योग्य न हो; चीथड़ा।

गूदड़ी (सं.) [सं-स्त्री.] 1. फटे-पुराने कपड़ों को खोल के अंदर भरकर तथा टाँके लगाकर बनाई गई बिछावन 2. फटे-पुराने वस्त्रों को जोड़कर बनाया गया बिछौना।

गूदरी [सं-स्त्री.] पटार के साथ चिपके कुछ सूखे छोटे डंठल।

गूदा (सं.) [सं-पु.] 1. फल के अंदर का कोमल खाद्य अंश 2. मींगी; गिरी 3. खोपड़ी का सार भाग; भेजा।

गूदेदार (हिं.+फ़ा.) [वि.] 1. जिसके अंदर गूदा हो 2. गुदाज़ 3. भरा हुआ 4. रसीला।

गूधना [सं-पु.] दे. गूँधना।

गून (सं.) [सं-स्त्री.] 1. नाव खींचने की रस्सी 2. एक प्रकार की घास।

गूमड़ा [सं-पु.] सिर में चोट लगने के कारण होने वाली गोल सूजन।

गूमा (सं.) [सं-पु.] 1. द्रोणपुष्पी 2. एक छोटा पौधा जिसकी गाँठों पर सफ़ेद फूलों के गुच्छे लगते हैं।

गूरी [सं-स्त्री.] कूटी हुई जौ।

गूल [सं-पु.] गुल्म (सेना का)। [सं-स्त्री.] 1. ऊपरी सिरे की खूँटी 2. मेडों के बीच की छोटी-सी नाली।

गूलर (सं.) [सं-पु.] 1. बरगद और पीपल की जाति का एक प्रसिद्ध वृक्ष और उसका फल जो सब्ज़ी तथा औषधि के काम आता है; उदुंबर; ऊमर 2. अंजीर जैसा फल।

गूला [सं-पु.] कपास के फूल के बाद निकलने वाला सख्त नोकदार फल; गूलर।

गूह (सं.) [सं-पु.] दे. गुह।

गृंजन (सं.) [सं-पु.] शलजम; पीतमूलक; एक पौधा जिसका कंद गोल होता है और खाया जाता है।

गृध्र (सं.) [सं-पु.] 1. गिद्ध पक्षी 2. जटायु। [वि.] लोभी; लालची।

गृष्टि (सं.) [सं-स्त्री.] 1. वह गाय जिसे एक ही बच्चा हुआ हो 2. वह स्त्री जिसे एक ही संतान हुई हो।

गृह (सं.) [सं-पु.] 1. घर; मकान; निवासस्थान 2. वह प्रदेश या क्षेत्र जहाँ कोई निवास करता है 3. राष्ट्र या राज्य के आंतरिक कार्यों का क्षेत्र। [वि.] 1. घर से संबंधित 2. राष्ट्र के आंतरिक भागों से संबंधित।

गृह-पत्रिका (सं.) [सं-स्त्री.] किसी संस्थान अथवा समुदाय के उद्देश्य विशेष के लिए प्रकाशित की जाने वाली पत्रिका।

गृहउद्योग (सं.) [सं-पु.] वह उद्योग जिसे लोग अपने घर में करते हैं और जिसके लिए कल-कारखानों में नहीं जाना पड़ता; घरेलू उद्योग; कुटीर उद्योग।

गृहकन्या (सं.) [सं-स्त्री.] घृतकुमारी नामक एक औषधीय पौधा; घीकुवार; ग्वारपाठा; अमरा; (एलोवेरा)।

गृहकलह (सं.) [सं-पु.] 1. घर के लोगों का आपस में होने वाला लड़ाई-झगड़ा 2. देश के अंदर होने वाला लड़ाई-झगड़ा।

गृहकार्य (सं.) [सं-पु.] 1. घरेलू कामकाज 2. घर का कार्य।

गृहगोधा (सं.) [सं-स्त्री.] 1. छिपकली; हेमल 2. एक रेंगने वाला जंतु जो प्राय: दीवारों पर दिखाई देता है।

गृहजन (सं.) [सं-पु.] 1. घर-परिवार के लोग; घर में रहने वाला 2. कुटुंबी; परिजन; भाई-बंधु; भाई-भतीजे; अपने कुल के लोग।

गृहज्ञानी (सं.) [वि.] 1. वह जिसका ज्ञान घर तक ही सीमित हो 2. वह जो घर में ही पांडित्य दिखला सकता हो 3. अज्ञानी; मूर्ख; बेवकूफ़।

गृहणी (सं.) [सं-स्त्री.] 1. प्याज 2. काँजी।

गृहदाह (सं.) [सं-पु.] 1. घर में आग लगना या लगाना; घर में आग लगाने या भस्म करने की क्रिया 2. गृह कलह; आपसी कलह 3. कुटुंब कलह; भ्रातृयुद्ध 4. ऐसा लड़ाई-झगड़ा जिसमें सब कुछ ख़त्म हो जाए।

गृहदीप्ति (सं.) [सं-स्त्री.] 1. गुणवान स्त्री 2. घर की शोभा।

गृहदेवता (सं.) [सं-पु.] (पुराण) अग्नि से ब्रह्मा तक पैंतालीस देवता जो ग्रह के भिन्न-भिन्न अनुष्ठानों से संबंधित हैं।

गृहदेवी (सं.) [सं-स्त्री.] 1. गृहिणी; घरवाली; गृहस्थ की पत्नी 2. (पुराण) जरा नाम की राक्षसी।

गृहनगर (सं.) [सं-पु.] 1. वह नगर जहाँ किसी का जन्म हुआ हो या बचपन व्यतीत हुआ हो 2. माता-पिता के निवासस्थान वाला शहर 3. वह स्थान जो किसी का पैतृक निवास हो।

गृहनिर्माण (सं.) [सं-पु.] 1. घर बनाने की क्रिया 2. भवन-निर्माण।

गृहपति (सं.) [सं-पु.] 1. घर का मालिक 2. घर या परिवार का मुखिया 3. आग; अग्नि।

गृहपरता (सं.) [सं-स्त्री.] 1. घर तथा घरवालों के प्रति होने वाली आसक्ति 2. घर के प्रति लगाव।

गृहपशु (सं.) [सं-पु.] 1. पालतू जानवर; घर में पाला हुआ जानवर 2. गाय, बैल आदि मवेशी 3. कुत्ता।

गृहपाल (सं.) [सं-पु.] 1. घर का रक्षक; चौकीदार; पहरू; वह जो पहरा देता हो 2. कुत्ता।

गृहप्रबंध (सं.) [सं-पु.] गृह या घर का संचालन या व्यवस्था; घर-गृहस्थी का इंतजाम।

गृहप्रवेश (सं.) [सं-पु.] नए घर में विधिपूर्वक पूजन आदि करके पहले-पहल सपरिवार प्रवेश करना; पदार्पण; प्रवेशोत्सव; उद्घाटन।

गृहभूमि (सं.) [सं-स्त्री.] वह भूमि जिसपर मकान बना हो; जो भूमि मकान बनाने के लिए उपयुक्त हो।

गृहभेद (सं.) [सं-पु.] 1. घर के लोगों में झगडा होना; विभाजन; बँटवारा 2. घर में सेंध लगना।

गृहभेदी (सं.) [वि.] 1. घर में झगडा कराने वाला 2. घर में सेंध लगाने वाला।

गृहमंत्रालय (सं.) [सं-पु.] वह मंत्रालय जिसमें किसी राज्य के गृह संबंधी या आंतरिक मामले से संबंधित कार्यों की देखभाल

करने वाले लोग काम करते हैं।

गृहमंत्री (सं.) [सं-पु.] वह मंत्री जो राज्य या राष्ट्र के भीतरी मामलों की व्यवस्था करता है।

गृहमणि (सं.) [सं-पु.] दीपक; चिराग़; दीया; दीप।

गृहयुद्ध (सं.) [सं-पु.] 1. किसी देश के निवासियों या विभिन्न वर्गों की आपसी लड़ाई 2. घर का आपसी झगड़ा।

गृहरक्षक (सं.) [सं-पु.] 1. एक प्रकार का अर्धसैनिक संगठन जो स्वतंत्र भारत में स्थानीय शांति और सुरक्षा के उद्देश्य से बनाया गया है 2. उक्त संगठन; (होमगार्ड)।

गृहलक्ष्मी (सं.) [सं-स्त्री.] 1. घर की स्वामिनी या मालकिन 2. सुशील और गुणवान स्त्री।

गृहविच्छेद (सं.) [सं-पु.] घर का बरबाद होना; परिवार का बँटवारा।

गृहविहीन (सं.) [वि.] बिना घर का; बे-घरबार।

गृहशिल्प (सं.) [सं-पु.] दस्तकारी; भवन निर्माण कला।

गृहसंघर्ष (सं.) [सं-पु.] 1. वह युद्ध जो एक ही देश या राज्य के निवासियों में आपस में हो 2. अंत:कलह 3. गृह का कलह।

गृहसज्जा (सं.) [सं-स्त्री.] घर की साज-सँवार; असबाब; घर की सजावट और उसकी सामग्री।

गृहस्थ (सं.) [सं-पु.] 1. पत्नी और बाल-बच्चों वाला आदमी 2. हिंदू धार्मिक ग्रंथों के अनुसार वह जो ब्रह्मचर्य का पालन समाप्त करके और विवाह करके दूसरे आश्रम में प्रविष्ट हुआ हो; ज्येष्ठाश्रमी 3. गृही। [वि.] गृहवासी।

गृहस्थ-धर्म (सं.) [सं-पु.] परिवार के उत्तरदायित्वों के निर्वाह करने की स्थिति; परिवार के लिए समर्पण की भावना।

गृहस्थाश्रम (सं.) [सं-पु.] आश्रम-व्यवस्था में दूसरा आश्रम; हिंदू धर्मशास्त्र के अनुसार ब्रह्मचर्य आश्रम के बाद का आश्रम।

गृहस्थी (सं.) [सं-स्त्री.] 1. परिवार; परिवार के लोग; बाल-बच्चे 2. जीवन यापन के लिए घर में प्रयोग किया जाने वाला सामान; घरेलू सामग्री; माल-असबाब 3. खेती-बारी; घर का कामकाज 4. परिवार का दायित्व।

गृहस्वामिनी (सं.) [सं-स्त्री.] 1. गृहिणी; घर की मालकिन 2. पत्नी; भार्या; जोरू।

गृहस्वामी (सं.) [सं-पु.] गृहस्थी सँभालने वाला व्यक्ति; घर का मालिक।

गृहाक्ष (सं.) [सं-पु.] खिड़की; गवाक्ष।

गृहागत (सं.) [वि.] अतिथि; घर आया हुआ व्यक्ति; मेहमान।

गृहासक्त (सं.) [वि.] बाल-बच्चों से बहुत प्रेम रखने वाला; घर के प्रति गहरा लगाव रखने वाला।

गृहिणी (सं.) [सं-स्त्री.] 1. घर पर रहने वाली विवाहित स्त्री; घर की कर्ता-धर्ता स्त्री; गृहस्वामिनी 2. पत्नी; भार्या।

गृही (सं.) [सं-पु.] 1. घर-बारवाला; गृहस्थ 2. तीर्थ में आया हुआ व्यक्ति; यात्री।

गृहीत (सं.) [वि.] 1. जो ग्रहण किया गया हो; प्राप्त; स्वीकृत 2. पकड़ा या रखा हुआ; लिया हुआ; समझा या जाना हुआ 3. संगृहीत 4. मनोविकार से ग्रसित व्यक्ति।

गृहीतार्थ (सं.) [सं-पु.] किसी वाक्य का गृहीत या प्रचलित अर्थ। [वि.] अर्थ समझ लेने वाला।

गृहोद्यान (सं.) [सं-पु.] घर से सटा हुआ बाग; गृह-वाटिका; बहुत बड़े मकान के सामने या अगल-बगल की वाटिका।

गृहोद्योग (सं.) [सं-पु.] गृह-उद्योग; लघु उद्योग; वे उद्योग जो घर पर रहकर किए जाएँ।

गृहोपकरण (सं.) [सं-पु.] घर-गृहस्थी के उपयोग में आने वाला सामान।

गृह्य (सं.) [सं-पु.] 1. घर-बार से संबंध रखने वाला व्यक्ति, जंतु या वस्तु 2. दीपक। [वि.] 1. घर में किया जाने वाला 2. आश्रित 3. पालतू 4. ग्रहण करने योग्य।

गृह्यसूत्र (सं.) [सं-पु.] 1. विवाह आदि संस्कारों की वैदिक पद्धति 2. एक वैदिक ग्रंथ जिसमें समस्त गृहाकर्मों तथा संस्कारों आदि के बारे में विधान किया गया है।

गेंड़ [सं-पु.] 1. गन्ने का बड़ा टुकड़ा; ईख के ऊपर का पत्तियों सहित हिस्सा 2. डंठलों, पत्तियों आदि से बनाया हुआ वह घेरा जिसमें खेतिहर अपना अनाज रखते हैं 3. घेरा; मंडल।

गेंड़ली (सं.) [सं-स्त्री.] 1. घेरा; चक्कर 2. कुंडली; मंडलाकार घेरा।

गेंड़ा (सं.) [सं-पु.] 1. ईख के छोटे-छोटे टुकड़े 2. ईख; गन्ना।

गेंड़ी (सं.) [सं-स्त्री.] बाँस के दो डंडे जिनमें से प्रत्येक पर खड़ाऊँ के समान एक-एक पावदान लगा रहता है।

गेंडु (सं.) [सं-पु.] 1. खेलने का गेंद 2. गेंडूक; कंदुक।

गेंडुरी (सं.) [सं-स्त्री.] कुंडली; ईंडुरी; गेंडुली।

गेंद (सं.) [सं-पु.] 1. रबर, काठ, कपड़े, चमड़े आदि की बनी गोल वस्तु जिससे बच्चे खेलते हैं 2. कंदुक 3. टोपी बनाने या पगड़ी बाँधने का कालिब।

गेंद-तड़ी [सं-स्त्री.] एक खेल जिसमें लड़के एक-दूसरे को गेंद से मारते हैं।

गेंद-बल्ला [सं-पु.] 1. क्रिकेट खेलने की सामग्री 2. गेंद और बल्ले से खेला जाने वाला एक खेल 3. क्रिकेट का खेल।

गेंदबाज़ [सं-पु.] क्रिकेट के खेल में वह खिलाड़ी जो बल्लेबाज़ के सामने गेंद फेंकने का काम करे; (बॉलर)।

गेंदबाज़ी [सं-स्त्री.] गेंदबाज़ द्वारा बल्लेबाज को गेंद फेंकने की क्रिया।

गेंदा [सं-पु.] 1. पीले, लाल या नारंगी रंग के फूल 2. उक्त फूलों का पौधा।

गेंदुआ [सं-पु.] 1. गेंद 2. गोल तकिया 3. गेंदुवा।

गेगला [सं-पु.] मसूर की जाति का एक प्रकार का जंगली पौधा।

गेठा [सं-पु.] मोका नाम का वृक्ष जिसकी लकड़ी सजावट के समान बनाने के काम में आती है।

गेड़ना (सं.) [क्रि-स.] 1. घेरने के लिए लकीर या रेखा बनाना 2. किसी चीज़ के चारों ओर घूमना 3. परिक्रमा करना।

गेड़हरूआ [सं-पु.] जौ तथा गेहूँ के खेत में उगने वाली एक घास।

गेड़ी (सं.) [सं-स्त्री.] 1. गेड़ने की क्रिया या भाव 2. लड़कों का एक खेल जिसमें किसी मंडलाकार रेखा के बीच में लकड़ी का टुकड़ा रखकर उस पर चोट या आघात करके उसे रेखा से

बाहर करने का प्रयास किया जाता है।

गेदा [सं-पु.] चिड़िया का वह छोटा बच्चा जिसके पंख न निकले हों।

गेय (सं.) [वि.] 1. जो गाया जा सके 2. प्रशंसनीय; श्रेष्ठ।

गेयात्मक (सं.) [वि.] जो गेय हो; जो गाया जा सकता हो।

गेयात्मकता (सं.) [सं-स्त्री.] गेयात्मक होने की अवस्था या भाव; गेयता।

गेरुआ [वि.] 1. गेरु के रंग का; मटमैलापन लिए लाल रंग का 2. गेरू में रँगा हुआ 3. गैरिक; जोगिया; भगवा। [सं-पु.] 1. वह रंग जो गेरू से तैयार किया जाता है; जोगिया रंग 2. फ़सल को नुकसान करने वाला गेरू के रंग का कीड़ा 3. गेहूँ की फ़सल का रोग।

गेरुई [सं-स्त्री.] गेहूँ, जौ आदि की फ़सल में लगने वाला एक रोग जिसमें पूरी बाल गहरी लाल हो जाती है।

गेरू (सं.) [सं-पु.] 1. रँगने और दवा के काम आने वाली खनिज लाल मिट्टी 2. एक प्रकार का रंग जिसे गोबर और मिट्टी आदि में मिलाकर लीपा जाता है।

गेल्हा [सं-पु.] तेल रखने का चमड़े का बड़ा कुप्पा।

गेष्ण (सं.) [सं-पु.] 1. गायक; गवैया 2. अभिनेता।

गेसू (फ़ा.) [सं-पु.] 1. स्त्रियों के बालों की लट; ज़ुल्फ़ 2. काकुल; पट्टा।

गेस्ट हाउस (अं.) [सं-पु.] अतिथिगृह।

गेस्टरूम (अं.) [सं-पु.] 1. अतिथियों को ठहराने का कमरा 2. किसी घर में आए हुए मेहमानों को ठहराने के लिए बनाया गया कमरा।

गेह (सं.) [सं-पु.] 1. घर; मकान 2. रहने की जगह।

गेहुँअन [सं-पु.] गेहूँ के रंग का एक बहुत ज़हरीला साँप।

गेहुँआ [वि.] 1. गेहूँ के रंग जैसा; हलका बादामी 2. गोरे और साँवले के बीच का (शरीर का रंग)।

गेहूँ [सं-पु.] 1. रबी की फ़सल का एक प्रसिद्ध अनाज; खाद्यान्न 2. एक अनाज जिसके आटे की रोटी बनाई जाती है; कनक; गंदुम; (व्हीट)।

गैंटा [सं-पु.] दे. गैंता।

गैंड़ा [सं-पु.] 1. वह जंगली जानवर जिसका चमड़ा बहुत मोटा होता है और प्राचीन समय में उसके चमड़े की ढाल बनाई जाती थी 2. भैंसे की शक्ल एवं आकार का एक जंगली शाकाहारी पशु जिसकी नाक पर एक या दो सींग निकले होते हैं।

गैंता [सं-पु.] 1. एक यंत्र जो मिट्टी खोदने के काम आता है 2. गोन; कुल्हाड़ी 3. बेलचा; सरीखा 4. कुदाल; फरसा।

गैंती [सं-स्त्री.] 1. ज़मीन खोदने का एक उपकरण; कुदाल; कुदाली 2. एक वृक्ष जिसकी लकड़ी का रंग लाल होता है।

गैज़ (अ.) [सं-पु.] कोप; बहुत क्रोध।

गैताल [सं-पु.] 1. निकृष्ट पशु 2. निम्न कोटि का बैल 3. बेकार चीज़; रद्दी वस्तु।

गैब (अ.) [सं-पु.] 1. परोक्ष 2.पीठ पीछे 3.परलोक, देवताओं का स्थान।

गैबत (अ.) [सं-स्त्री.] 1. चुगली 2. किसी के पीछे की जाने वाली शिकायत।

गैबदाँ (अ.) [वि.] 1. भूत-भविष्य की बातों का ज्ञाता (जानने वाला) 2. परोक्षदर्शी।

गैबी (अ.) [वि.] 1. गुप्त; छिपा हुआ 2. अपरिचित; अज़नबी 3. ईश्वरीय या अप्रत्यक्ष शक्तिवाला।

गैया (सं.) [सं-स्त्री.] गाय; गौ।

गैर (अ.) [वि.] 1. पराया; बेगाना; अन्य; दूसरा 2. कोई और; अपने परिवार से बाहर का 3. बदला हुआ 4. जिसके साथ आत्मीयता का संबंध न हो। [पूर्वप्रत्य.] एक प्रत्यय जो शब्दों के आरंभ में जुड़कर निषेधसूचक या अभाव से संबंधित अर्थ देता है, जैसे- गैरहाज़िर, गैरज़रूरी आदि।

ग़ैर (अ.) [वि.] उर्दू उच्चारणानुसार वर्तनी (दे. गैर)।

गैर-मजरुआ [सं-पु.] 1. वह जमीन जिस पर जमींदार का अधिकार रहता है 2. सार्वजनिक उपयोग की जमीन जिस पर राज्य का अधिकार रहता है 3. उपजाऊ होने के बावजूद भी जो भूमि खेती के उपयोग में न लाई जा सके।

गैरआबाद (अ.) [वि.] 1. जो बसा न हो (स्थान) 2. जो जोती-बोई न गई हो; परती; उजाड़ (ज़मीन)।

गैरकानूनी (अ.) [वि.] 1. जो कानून के विरुद्ध हो; अवैधानिक; अवैध 2. जो विधि के प्रतिकूल हो; आपराधिक; दंडनीय।

गैरज़मानती [वि.] 1. जिसमें ज़मानत की मनाही हो 2. वह अपराध जो जमानत के योग्य न हो।

गैरज़िम्मेदारी (अ.+फ़ा.) [सं-स्त्री.] 1. दायित्वहीनता; लापरवाही 2. जवाबदेह न होने की स्थिति।

गैरत (अ.) [सं-स्त्री.] 1. स्वाभिमान; आन 2. लज्जा; शर्म; हया।

गैरतमंद (अ.+फ़ा.) [वि.] 1. लज्जाशील 2. जिसे गैरत हो; गैरतदार 3. स्वाभिमानी।

गैरदखीलकार (अ.+फ़ा.) [सं-पु.] वह आसामी या खेतिहर जिसे दखीलकारी (अपनी ज़मीन पर क़ब्ज़े का हक़) वाले अधिकार प्राप्त न हों।

गैरदुनियाबी (अ.+फ़ा.) [वि.] 1. जो दुनियादारी से अलग हो; असांसारिक 2. जो व्यवहार में अकुशल हो।

गैरमनकूला (अ.) [वि.] 1. (संपत्ति) जिसे एक स्थान से दूसरे स्थान पर न ले जा सकें 2. अचल; स्थावर।

गैरमामूली (अ.) [वि.] 1. जो ख़ास हो; जो मामूली न हो; असाधारण; विशिष्ट 2. प्रचलित परंपरा से भिन्न।

गैरमुनासिब (अ.) [वि.] जो मुनासिब न हो; अनुचित।

गैरमुमकिन (अ.) [वि.] न हो सकने वाला; असंभव; अशक्य; नामुमकिन।

गैरमुल्की (अ.) [वि.] 1. जो अपने मुल्क का न हो; दूसरे देश का; परराष्ट्रीय 2. विदेशी; विदेशीय; वैदेशिक; जो दूसरे राष्ट्र से संबंध रखता हो।

गैरमौज़ूदगी (अ.+फ़ा.) [सं-स्त्री.] अनुपस्थिति; मौजूद या विद्यमान न होने की स्थिति; गैरहाज़िरी।

गैरवाज़िब (अ.) [वि.] 1. अनुचित; जो वाज़िब या मुनासिब न

हो 2. दंडनीय; गलत।

गैरसरकारी (अ.) [वि.] 1. जो सरकारी न हो; अराजकीय 2. जिसके लिए शासन जवाबदेह न हो 3. जनता द्वारा स्थापित या संचालित, जैसे- गैरसरकारी संस्था।

गैरहाज़िर (अ.) [वि.] 1. जो मौजूद या हाज़िर न हो; अनुपस्थित 2. कक्षा या कार्यालय में उपस्थित न होना।

गैरहाज़िरी (अ.) [सं-स्त्री.] उपस्थित या हाज़िर न होने की अवस्था; नामौजूदगी; अनुपस्थिति।

गैरिक (सं.) [सं-पु.] 1. गेरू; गेरुआ 2. सोना; स्वर्ण। [वि.] गेरू रंग में रँगा हुआ; गेरूए रंग का।

गैरेय (सं.) [सं-स्त्री.] शिलाजीत; गेरू। [वि.] गिरि पर पैदा होने वाला; पर्वतीय।

गैल [सं-स्त्री.] 1. गली 2. मार्ग; रास्ता।

गैलन (अं.) [सं-पु.] तरल पदार्थ मापने का एक अँग्रेज़ी मानक।

गैलरी (अं.) [सं-स्त्री.] 1. दो अलग कमरे के बीच का रास्ता; बरामदा; बालकनी 2. चित्रशाला; नाट्यशाला; रंगमहल 3. किसी बड़े कमरे या व्याख्यान भवन में सीढ़ियों की तरह की बनावट जहाँ बहुत से लोग बैठ सकते हों 4. किसी कलात्मक चीज़ का प्रदर्शन करने का स्थान या बरामदा; वीथिका; गलियारा।

गैली (सं.) [सं-स्त्री.] प्रेस या छापेख़ाने में कंपोज़ की गई सामग्री रखने के लिए निर्मित धातु की एक लंबी आयताकार तश्तरी।

गैस (अं.) [सं-स्त्री.] 1. किसी पदार्थ का अत्यंत विरल या वायु रूप जो तीव्रता से फैल सकता है, जैसे- ऑक्सीजन, हाइड्रोजन आदि गैसें 2. हवा; वायु 3. खाना पकाने की गैस; (एल.पी.जी)।

गॉलब्लैडर (अं.) [सं-पु.] पित्त का स्राव करने वाला यकृत से जुड़ा हुआ अंग; पित्ताशय।

गो-पालन (सं.) [सं-पु.] गायों या मवेशियों को पालने का काम।

गो[1] (सं.) [सं-स्त्री.] 1. गाय; गौ 2. किरण; रश्मि 3. आँख 4. इंद्रिय 5. वाणी; सरस्वती 6. माता 7. धरती 8. दिशा। [सं-पु.] 1. चंद्रमा 2. बैल 3. घोड़ा 4. वज्र 5. स्वर्ग 6. तीर; बाण 7. आकाश 8. जल; पानी 9. शब्द 10. हीरा 11. तारे।

गो[2] (फ़ा.) [परप्रत्य.] वह शब्द जो प्रत्यय के रूप में 'कहने वाला' अर्थ देता है, जैसे- बदगो (बुराई करने वाला), ग़ज़लगो (ग़ज़ल कहने वाला) आदि।

गोंइजी [सं-स्त्री.] साँप की तरह की लंबी-पतली और चिकनी मछली जिसका मुँह और पूँछ नुकीला होता है।

गोंगवाल [सं-पु.] वैश्यों की एक जाति।

गोंछ [सं-स्त्री.] 1. बहुत बड़ी-बड़ी मूँछें 2. गलमुच्छा।

गोंठ (सं.) [सं-स्त्री.] धोती की वह लपेट जो कमर पर बाँधी जाती है; मुर्री।

गोंठना (सं.) [क्रि-स.] 1. किसी अस्त्र की नोक या धार को गोठिल या कुंठित करना 2. गुझिया या मालपुए की कोर मोड़ना 3. चारों ओर से घेरना।

गोंड (सं.) [सं-पु.] 1. वन में निवास करने वाली एक जाति जो प्राय: गोंडवाना प्रदेश में रहती थी अब सभी तरफ़ फैल गई है 2. वर्षा ऋतु में गाया जाने वाला एक राग 3. गौड़ देश; गोठ।

गोंड़रा (सं.) [सं-पु.] 1. चरसे का मँड़रा 2. गोल आकार की कोई वस्तु 3. गोल घेरा।

गोंड़ाव [सं-पु.] छान।

गोंडी [सं-स्त्री.] गोंडवाना समाज की बोली; गोंडों की बोली; गोंडवानी।

गोंद [सं-पु.] 1. पेड़ से निकलने वाला एक लसदार गाढ़ा तरल जो सूखकर कड़ा हो जाता है जिसका प्रयोग चिपकाने में किया जाता है।

गोंददानी (हिं.+फ़ा.) [सं-स्त्री.] वह पात्र या बरतन जिसमें गोंद भिगोकर रखते हैं।

गोंदपँजीरी [सं-स्त्री.] गोंद मिली हुई पँजीरी जो प्रसूता स्त्रियों को खिलाई जाती है।

गोंदपाग [सं-पु.] गोंद को भूनकर खाँड़ व खोया मिलाकर बनाई गई मिठाई; पपड़ी; पापड़ी।

गोंदरी (सं.) [सं-स्त्री.] एक प्रकार की मुलायम लंबी घास जो पानी में होती है, जिससे चटाई भी बनाई जाती है।

गोंदला (सं.) [सं-पु.] 1. नागरमोथा घास की एक जाति 2. एक तृण जिससे चटाई बनाई जाती है 3. गोनरा या गोनी नामक घास।

गोंदा [सं-पु.] 1. भुने चने का आटा जो पानी से गूँधकर पिंड की तरह बनाया जाता है 2. मकान बनाने के लिए मिट्टी को गीला करके बनाया गया लोंदा।

गोंदी [वि.] गोंद संबंधी; गोंद का।

गोंदीला [वि.] (वृक्ष) जिससे गोंद निकले।

गोंपड़ [सं-पु.] गाँव की बस्ती से सटी जमीन; जानवरों के चरने के काम आने वाली जमीन; किरा।

गोआस [सं-पु.] गायों के रहने का स्थान, जो घर के बाहर होता है; मीठा; बधान; बथान; गोष्ठ।

गोइँठा [सं-पु.] गाय या भैंस के गोबर से बनाया गया उपला, जो ईंधन के रूप में प्रयोग किया जाता है; गोहरा; कंडा; काड़ी।

गोइंदा (फ़ा.) [सं-पु.] जासूस; गुप्तचर; भेदिया।

गोइन [सं-पु.] एक प्रकार का हिरन।

गोइयाँ [सं-पु.] 1. बराबर साथ रहने वाला संगी; सखा; साथी; दोस्त 2. खेल का साथी। [सं-स्त्री.] सखी; सहेली।

गोई[1] [सं-स्त्री.] 1. बैलों की वह जोड़ी जो हल या बैलगाड़ी में जोती जाए 2. रुई की पूनी।

गोई[2] (फ़ा.) [परप्रत्य.] शब्दों के अंत में जुड़कर 'कहने का ढंग' या 'कहना' अर्थ देता है, जैसे- किस्सागोई आदि।

गोकर्ण (सं.) [सं-पु.] 1. मालाबार का एक शैव क्षेत्र 2. उक्त स्थान की शिवमूर्ति। [वि.] गौ या गाय के-से कानों वाला।

गोका (सं.) [सं-स्त्री.] 1. नील गाय 2. छोटी गाय।

गोकि (फ़ा.) [अव्य.] यद्यपि; हालाँकि।

गोकुल (सं.) [सं-पु.] 1. (पुराण) मथुरा के पास का एक प्रसिद्ध गाँव जो कृष्ण के बचपन से संबंधित है; 2. गायों का झुंड; गो-समूह 3. गोशाला।

गोकुलसार [सं-पु.] एक महीन किस्म का धान।

गोकुलस्थ (सं.) [सं-पु.] वल्लभी गोस्वामियों या तैलंग ब्राह्मणों का एक भेद। [वि.]- गोकुलवासी।

गोकुला [सं-पु.] एक किस्म की घास; गोरखुल।

गोकुशी (फ़ा.) [सं-स्त्री.] मांस के लिए गाय को मारने का काम; गोवध; गोहत्या।

गोक्ष [सं-पु.] पानी में पाया जाने वाला एक थोड़ा लंबा कीड़ा जो जीवों के शरीर में लगकर उनका खून चूसता है; जोंक।

गोखरू (सं.) [सं-पु.] 1. एक छोटी झाड़ी जिसमें चने के बराबर छोटे कँटीले फल लगते हैं जो दवा बनाने के काम आते हैं 2. हाथियों को पकड़ने के लिए उनके रास्ते में बिछाए जाने वाले धातु के गोल काँटेदार टुकड़े 3. कड़े के आकार का गहना 4. काँटा चुभने से उभरा गोलाकार उभार।

गोखले [सं-पु.] 1. एक कुलनाम या सरनेम 2. महाराष्ट्र में ब्राह्मणों का एक भेद या उपनाम।

गोगा [सं-पु.] छोटा काँटा; मेख।

गोग्रास (सं.) [सं-पु.] पके हुए अन्न या भोजन का वह अंश जो श्राद्ध आदि के लिए गाय के लिए निकाला जाता है।

गोचना [सं-पु.] ऐसा गेहूँ जिसमें आधे के लगभग चना मिलाया जाता है। [क्रि. स.] 1. किसी चीज को उछालकर फेंकना 2. रोकना; छेकना।

गोचर (सं.) [सं-पु.] 1. वह विषय या वस्तु जिनका ज्ञान इंद्रियों द्वारा संभव हो 2. वह मैदान जहाँ गाय या मवेशी चरते हैं; चरी; चरागाह 2. प्रांत; प्रदेश 3. (ज्योतिष) किसी व्यक्ति के नाम के आधार पर की जाने वाली ग्रहों की चाल की गणना।

गोचरभूमि (सं.) [सं-स्त्री.] गायों या मवेशियों के चरने के लिए खाली छोड़ी गई ज़मीन; चरागाह; (पास्चर लैंड)।

गोज (सं.) [वि.] 1. गाय से उत्पन्न 2. गाय के दूध से निर्मित। [सं-पु.] 1. गाय के दूध से बना हुआ खाद्यपदार्थ 2. मध्यकाल में क्षत्रियों का एक वर्ग।

गोज़ (फ़ा.) [सं-पु.] 1. अखरोट 2. चिलगोज़ा 3. अपान वायु; पाद।

गोजई [सं-स्त्री.] जौ मिला हुआ गेहूँ।

गोजर (सं.) [सं-पु.] कनखजूरा।

गोजा[1] [सं-पु.] वह लकड़ी जो चरवाहे अपने साथ पशुओं को हाँकने के लिए रखते हैं।

गोजा[2] (सं.) [सं-पु.] 1. चावल 2. धान 3. छोटे पौधों का नया कल्ला 4. सेहुँड़ का कल्ला।

गोझनौटा [सं-स्त्री.] साड़ी का आँचल; पल्लू।

गोझा (सं.) [सं-पु.] 1. गुज्झा 2. गुझिया नामक पकवान 3. जेब; खलीता 4. जोंक।

गोट (सं.) [सं-स्त्री.] 1. चुनरी; धोती 2. लिहाफ़ आदि के ऊपर लगाई जाने वाली कपड़ों की दुहरी पट्टी जो सुंदरता के लिए कपड़ों के किनारे लगाते हैं 3. मगजी; झालर; किनारी 4. उद्यान 5. गोष्ठी; मंडली 6. गोठ; गोशाला।

गोटा [सं-पु.] 1. सुनहले या रुपहले तारों से बना वह चमकीला फीता या पट्टी जो कपड़ों के किनारों पर टाँका या सिला जाता है 2. नारियल का गोला या गरी 3. इलायची, सुपारी और बादाम की गिरी का मिश्रण जो भोजन के बाद चबाया जाता है।

गोटाना [क्रि-स.] बहुत जल्दी-जल्दी खाना; हबसना।

गोटी (सं.) [सं-स्त्री.] 1. कंकड़, पत्थर आदि का छोटा टुकड़ा जिससे बच्चे कई प्रकार के खेल खेलते हैं 2. नरद; मोहरा 3. युक्ति; उपाय।

गोठ (सं.) [सं-स्त्री.] 1. गोशाला 2. गोष्ठी नामक श्राद्ध 3. सैर-सपाटा।

गोठी [सं-स्त्री.] रुई की चुनी ढेरी।

गोठौला [सं-पु.] उपले रखने की जगह; गोइंठा की ढेरी।

गोड़ (सं.) [सं-पु.] 1. पैर; गोड़ा; पाँव 2. जहाज़ के लंगर का वह भाग जिससे वह तल पर टिकता है 3. भड़भूजों की एक जाति।

गोड़ना [क्रि-स.] खोदना; खेत आदि की मिट्टी को खोदना तथा उसे उलट-पुलट करना कि वह मुलायम और भुरभुरी हो जाए।

गोड़र [सं-पु.] सरसों का वह नव विकसित पौधा जो एक हाथ तक बढ़ा हो।

गोड़हरा [सं-पु.] पैर में पहनने का आभूषण, जैसे- कड़ा, पाज़ेब आदि।

गोड़ा [सं-पु.] लकड़ी का वह टुकड़ा जिस पर बखारी खड़ी की जाती है; पलंग, चौकी आदि में लगे लकड़ी के चार टुकड़े; बाँस की खंभिया; चूक; पाया।

गोड़ाई [सं-स्त्री.] 1. गोड़ने की क्रिया या भाव 2. गोड़ने की मज़दूरी 3. कुदाल या फावड़े आदि से उपजाऊ बनाने के उद्‌देश्य से खेत को गोड़ना या भुरभुरा करना।

गोड़ारी [सं-स्त्री.] 1. खाट, पलंग आदि का वह भाग जिस ओर पैर रखे जाते हैं; पैताना 2. जूता 3. तुरंत खोदकर निकाली गई घास।

गोड़िया [सं-स्त्री.] 1. छोटा गोड़ा। 2. छोटा पैर।

गोतना [क्रि-स.] पानी में डुबाना।

गोता (अ.) [सं-पु.] 1. डूबने की क्रिया 2. गहरे नदी या तालाब में शरीर को इस प्रकार डुबाना की कोई भी अंग बाहर न रह जाए। [मु.] **-खाना** : धोखा खाना। **-मारना** : अनुपस्थित रहना।

गोताख़ोर (अ.+फ़ा.) [सं-पु.] 1. जलाशय में गोता या डुबकी लगाने वाला व्यक्ति 2. वह व्यक्ति जो गहरे पानी में गोता लगाकर नीचे की चीज़ें निकालने का काम या व्यवसाय करता हो।

गोती (सं.) [वि.] 1. गोत्र से संबंधित 2. जो अपने ही गोत्र का हो 3. एक ही जाति का।

गोत्र (सं.) [सं-पु.] 1. वंश, कुल का आरंभ करने वाले ऋषियों की संतति-परंपरा; संतान 2. कुल के आदिपुरुष के नाम से प्राप्त वंश का नाम, जैसे- काश्यप, शांडिल्य, भारद्वाज आदि गोत्र 3. राजा का छत्र 4. संघ 5. गोष्ठ 6. समूह।

गोत्रोच्चार (सं.) [सं-पु.] 1. विवाह के समय वर और कन्या

के वंश, गोत्र आदि का दिया जाने वाला परिचय 2. किसी के परिजनों को दी जाने वाली गालियाँ।

गोद (सं.) [सं-स्त्री.] 1. अंक; क्रोड़; उछंग 2. वक्षस्थल व उदर के बीच का वह भाग, जो एक या दोनों हाथों का घेरा बनाने से बनता है जिसमें प्राय: शिशु को लिया जाता है 3. घुटने के ऊपर जाँघों का वह भाग जहाँ किसी को बैठाया जा सकता हो। [मु.] **-पसारना** : माँगने के लिए पल्ला फैलाना। **-लेना** : दत्तक पुत्र बनाना। **-भरना** : संतानोत्पत्ति होना; संतान प्राप्त करना या होना।

गोदनहर [सं-स्त्री.] गोदना गोदने वाली स्त्री; गोदनहारी।

गोदनहारी [सं-स्त्री.] 1. गोदना गोदने का व्यवसाय करने वाली स्त्री 2. नट जाति की स्त्री; नटी।

गोदना [क्रि-स.] 1. गड़ाना; चुभाना; कोंचना 2. शरीर में सुई चुभोकर और सुराख़ में नील का पानी आदि भरकर सुंदरता के लिए बिंदी, फूल आदि बनाना। [सं-पु.] 1. खेत गोड़ने का उपकरण 2. सुई चुभाकर शरीर पर बनाई गई बिंदी या फूल 3. गूँदना।

गोदा [सं-पु.] 1. नई डाल या शाखा 2. बड़, पीपल या पाकड़ का पका फल। [सं-स्त्री.] गोदावरी नदी।

गोदान (सं.) [सं-पु.] हिंदू परंपरानुसार किसी व्यक्ति के देहांत के पहले या किसी प्रायश्चित आदि के लिए शास्त्रीय विधि से संकल्प करके ब्राह्मण को गाय का दान करने की क्रिया।

गोदाम (अं.) [सं-पु.] वह बड़ा कमरा या स्थान जिसमें बिक्री का माल रखा जाता है; (गोडाउन)।

गोदावरी (सं.) [सं-स्त्री.] दक्षिण भारत की एक प्रमुख नदी जो नासिक के पास से निकलकर बंगाल की खाड़ी में गिरती है।

गोदी [सं-स्त्री.] 1. गोद; क्रोड़; आगोश 2. समुद्र के किनारे पर स्थित वह स्थान जहाँ मालवाहक जहाज़ों पर माल उतारने-चढ़ाने का काम होता है। [सं-पु.]- एक प्रकार का बबूल जो किनारे बाधों पर पाया जाता है।

गोध (सं.) [सं-स्त्री.] एक प्रकार का सरीसृप जिसका शरीर छिपकली के सदृश, लेकिन उससे बहुत बड़ा होता है; गोह।

गोधन (सं.) [सं-पु.] 1. गायों का समूह 2. गाय के रूप में होने वाली संपत्ति 3. प्राय: तालाबों के समीप रहने वाला एक ऐसा पक्षी जिसके पैर हरे, सिर भूरा और चोंच लाल होती है तथा जो सारे एशिया, यूरोप और अफ़्रीका में पाया जाता है।

गोधिका (सं.) [सं-स्त्री.] 1. गिरगिट; छिपकली 2. मादा घड़ियाल।

गोधी [सं-स्त्री.] एक प्रकार का गेहूँ जो दक्षिण भारत में अधिकता से होता है और जिसकी भूसी जल्दी नहीं छूटती है।

गोधूम (सं.) [सं-पु.] 1. गेहूँ 2. नारंगी।

गोधूलि (सं.) [सं-स्त्री.] 1. सूर्यास्त का समय 2. संध्या का वह समय जब गायों के खुरों से धूल उड़ती है 3. गायों के चलने या दौड़ने से उठने वाली धूल।

गोधूलिक (सं.) [वि.] 1. गोधूलि संबंधी 2. सांध्यकालिक।

गोन (सं.) [सं-स्त्री.] 1. एक दोहरा बोरा जो अनाज भरकर बैलों की पीठ पर लादा जाता है 2. अनाज भरने का बड़ा बोरा; बड़ा थैला 3. वह रस्सी जो नाव खींचने के लिए मस्तूल में बाँधते हैं।

गोनरखा [सं-पु.] 1. नाव का वह मस्तूल जिसमें रस्सी बाँधकर उसे खींचते हैं 2. उक्त मस्तूल में रस्सी बाँधकर खींचने वाला मज़दूर या मल्लाह।

गोनी [सं-स्त्री.] 1. पाट; सन 2. बोरा; टाट का थैला।

गोप (सं.) [सं-पु.] 1. ग्वाला; अहीर 2. गौओं का पालन करने वाला 3. राजा 4. रक्षक; सहायक 5. बोल या मुर नाम की औषधि 6. गले में पहनने का एक गहना।

गोपति (सं.) [सं-पु.] 1. गायों का मालिक; गोस्वामी 2. पृथ्वीपति; राजा 3. बैल या साँड़ 4. शिव; विष्णु 5. कृष्ण 6. सूर्य 7. नौ उपनंदों में से एक।

गोपन (सं.) [सं-पु.] 1. छुपाने की क्रिया या भाव 2. रक्षा; संरक्षण 3. भय 4. घबड़ाहट 5. द्वेष 6. भर्त्सना; निंदा।

गोपनीय (सं.) [वि.] 1. छुपाने के लायक; जो छुपा हुआ हो 2. रक्षणीय 3. रहस्य 4. दूसरों के समक्ष प्रकट न करने योग्य।

गोपबाला (सं.) [सं-स्त्री.] 1. गोपिका; गोपी 2. गाय पालने वाले या ग्वाले की पुत्री।

गोपांगना (सं.) [सं-स्त्री.] 1. गोपी; ग्वालिन 2. गोप-वधू 3. अनंतमूल नाम की औषधि।

गोपाचल (सं.) [सं-पु.] ग्वालियर नगर के पास का पुराना पर्वत।

गोपाल (सं.) [सं-पु.] 1. गाय पालने वाला; गोरक्षक और गोस्वामी 2. अहीर; ग्वाला 3. कृष्ण।

गोपाल-भोग [सं-पु.] एक महीन धान।

गोपाष्टमी (सं.) [सं-स्त्री.] कार्तिक शुक्ला अष्टमी।

गोपिका (सं.) [सं-स्त्री.] 1. ग्वाला जाति की स्त्री; गोपी; गोपा 2. अहीरिन; ग्वालिन 3. गोप-वधू।

गोपित (सं.) [वि.] 1. जिसे गुप्त रखा गया हो; छिपा या छिपाया हुआ 2. रक्षित।

गोपी (सं.) [सं-स्त्री.] 1. गाय पालने वाली 2. ग्वाले की स्त्री; गोप पत्नी 3. ब्रज की स्त्रियाँ जो कृष्ण से प्रेम करती थीं 4. छिपने वाली 5. सारिवा नामक औषधि। [वि.] 1. रक्षा करने वाला 2. छिपाने वाला; गोपनकर्ता।

गोपी-चंदन (सं.) [सं-पु.] एक प्रकार की पीली मिट्टी जिसका तिलक प्राय: वैष्णव लोग लगाते हैं।

गोपुर (सं.) [सं-पु.] 1. नगर का मुख्य द्वार 2. बड़े किले, नगर, मंदिर आदि का ऊँचा तथा बड़ा द्वार 3. फाटक 4. गोलोक; स्वर्ग।

गोपेंद्र (सं.) [सं-पु.] 1. गोपों या ग्वालों का राजा 2. कृष्ण।

गोप्ता (सं.) [वि.] 1. छिपाने वाला 2. रक्षक।

गोप्य (सं.) [वि.] 1. गोपनीय 2. गुप्त रखने या छिपाने लायक। [सं-पु.] 1. दास; सेवक 2. दासी से उत्पन्न की हुई संतान।

गोफन (सं.) [सं-पु.] एक ऐसा जाल जो छींके की तरह का होता है, जिसमें ढेले आदि भर कर शत्रुओं पर चलाते हैं; ढेलवाँस।

गोफा [सं-पु.] 1. नया निकला हुआ पत्ता; अरूई, केले, सूरन

आदि का नया मुँहबंधा कल्ला 2. एक हाथ की उँगलियों को दूसरे हाथ की उँगलियों में फँसाने से बनने वाली मुद्रा। [क्रि-स.] जोड़ना।

गोबर (सं.) [सं-पु.] गाय-भैंस आदि पशुओं का मल जिसे पाथकर कंडे या उपले बनाए जाते हैं।

गोबरगणेश [वि.] 1. मूर्ख; बेवकूफ़ 2. कुरूप 3. जो आकार-प्रकार या रूप-रंग में बहुत ही भद्दा हो।

गोबरी [सं-स्त्री.] 1. गोबर से फ़र्श या दीवारों पर की जाने वाली लिपाई 2. उपला; कंडा; गोहरा।

गोबरैला [सं-पु.] एक छोटा काला कीड़ा जो गोबर में उत्पन्न होता है और उसी में रहता है; गुबरैला।

गोभ (सं.) [सं-पु.] पौधों का एक ऐसा रोग जिसमें उनकी जड़ों से नए-नए अंकुर निकलने के कारण उनकी बाढ़ रुक जाती है।

गोभना [सं-पु.] एक यंत्र जिससे पानी का पता लगाया जाता है।

गोभी (सं.) [सं-स्त्री.] 1. एक प्रसिद्ध पौधा जिसकी सब्ज़ी बनती है और जिसकी तीन प्रमुख किस्में होती हैं- फूलगोभी, गाँठगोभी और पत्तागोभी 2. एक जंगली घास; बनगोभी; गोजिया 3. पौधों का एक रोग।

गोमती (सं.) [सं-स्त्री.] 1. उत्तर प्रदेश की एक नदी जो गंगा में मिलती है 2. (लोक मान्यता) एक देवी जिसका प्रधान स्थान गोमंत पर्वत पर है।

गोमय (सं.) [सं-पु.] गाय का मल; गोबर।

गोमांस (सं.) [सं-पु.] 1. गाय या बैल का मांस या गोश्त 2. गाय प्रजाति का मांस।

गोमुख (सं.) [सं-पु.] 1. गंगा नदी का उद्गम स्थल 2. गाय का मुँह 3. गाय के मुँह जैसा विशेष अलंकरण, जिसमें गाय या बैल का मुखौटा पट्टियों या मालाओं के साथ बना और सजा होता है 4. गाय के मुँह की आकृति का शंख 5. नरसिंगा नामक बाजा।

गोमुखी (सं.) [सं-स्त्री.] 1. वह थैली जिसमें हाथ डालकर माला फेरी जाती है; जपमाली 2. वास्तु कला की दृष्टि से भवन या घर का एक प्रकार जिसमें घर आगे सँकरा और पीछे चौड़ा होता है, शुभसूचक भवन।

गोमूत्र (सं.) [सं-पु.] गाय का मूत्र जो अनेक रोगों की औषधि माना जाता है।

गोमूत्रिका (सं.) [सं-स्त्री.] 1. एक विशेष प्रकार का चित्रकाव्य जो लचकीली या लहरिएदार रेखा के रूप में होता है 2. अंकन, चित्रण आदि में बेल की लता के समान खींची गई लचीली टेढ़ी-मेढ़ी रेखा 3. सुगंधित बीजों वाली एक प्रकार की घास।

गोमेद (सं.) [सं-पु.] 1. एक बहुमूल्य रत्न या पत्थर जो कई रंगों का होता है, राहु-रत्न 2. पत्रक नामक साग 3. कबाबचीनी 4. काकोल नामक विष।

गोमेध (सं.) [सं-पु.] (पुराण) अश्वमेध की तरह का एक यज्ञ जिसमें गाय के मांस से हवन किया जाता था।

गोया (फ़ा.) [अव्य.] 1. जैसे; मानो 2. गोया कि। [वि.] 1. वक्ता; बोलने वाला 2. सदृश।

गोर (अ.) [सं-पु.] फ़ारस देश का एक प्रांत। [सं-स्त्री.] कब्र; समाधि।

गोरख [सं-पु.] 1. गोरक्ष 2. गोरखनाथ नामक एक प्राचीन हठयोगी अवधूत या संत।

गोरखधंधा (सं.) [सं-पु.] 1. जल्दी समझ में न आने वाली बात; पहेली 2. कोई जटिल काम जिसका निराकरण करना सहज न हो 3. घपला; अनियमितता 4. तारों, कड़ियों और लकड़ी के टुकड़ों की वह बनावट जिसे जोड़ने या अलग करने में बुद्धि कौशल की ज़रूरत पड़ती हो।

गोरखनाथ (सं.) [सं-पु.] पंद्रहवीं शती के एक प्रसिद्ध हठयोगी संत (अवधूत) जिन्होंने अपना संप्रदाय चलाया; गोरक्षनाथ।

गोरखपंथ [सं-पु.] संत गोरखनाथ द्वारा चलाया गया संप्रदाय।

गोरखपंथी [वि.] 1. गोरखनाथ द्वारा चलाए गए पंथ मार्ग का अनुयायी 2. गोरखपंथ संबंधी।

गोरखफंदा [सं-पु.] 1. पेंचदार गाँठ 2. बहुत कसी हुई गाँठ।

गोरखा [सं-पु.] 1. गोरखा क्षेत्र का निवासी; नेपाली 2. भारतीय सेना का एक रेजिमेंट।

गोरखुल [सं-पु.] 1. एक प्रकार का पौधा, जिसमें काँटा होता है 2. पैर में काँटा चुभने से होने वाला घाव। [सं-स्त्री.] धान की खेत में उड़ने वाली घास।

गोरज (सं.) [सं-पु.] 1. गाय के पैर की धूल 2. झुंड में चलने वाली गायों के खुर से उड़ने वाली धूल।

गोरण (सं.) [सं-पु.] 1. अध्यवसाय 2. उद्यम।

गोरदार [सं-पु.] कोर वाला औजार।

गोरस (सं.) [सं-पु.] 1. गाय का दूध 2. दही; मट्ठा या छाछ 3. इंद्रियों के सुख-भोग का आनंद।

गोरसा (सं.) [सं-पु.] गाय का दूध पीकर पला बच्चा।

गोरसी (सं.) [सं-स्त्री.] दूध को गरम करने या औटाने के लिए मिट्टी की एक प्रकार की छोटी अँगीठी।

गोरा (सं.) [वि.] 1. श्वेत या गौर वर्ण वाला; साफ़ रंग वाला 2. जिसकी त्वचा का रंग साफ़ या सफ़ेद हो 3. गोरा-चिट्टा।

गोरा पत्थर [सं-पु.] एक प्रकार का सफ़ेद रंग का पत्थर जो चिकना और मुलायम होने के कारण साबुन के लिए भी प्रयुक्त होता है; घीया पत्थर।

गोराई (सं.+हिं) [सं-स्त्री.] गोरे होने का भाव; गोरापन।

गोराचिट्टा [वि.] ख़ूब गोरे रंग वाला; जो गोरा हो।

गोराटी (सं.) [सं-स्त्री.] मैना पक्षी।

गोरापन [सं-पु.] 1. गोराई 2. सुंदरता; सौंदर्य 3. गौरवर्ण।

गोरिल्ला [सं-पु.] 1. अफ़्रीका के जंगलों में रहने वाला बनमानुस 2. छापामार दस्ते का सैनिक।

गोरिल्लायुद्ध [सं-पु.] किसी संगठन के द्वारा परिस्थिति के अनुरूप चलाया जाने वाला अनियमित युद्ध।

गोरी (सं.) [वि.] गौर वर्ण वाली; सुंदर (स्त्री)।

गोरू (सं.) [सं-पु.] 1. गाय, बैल या बकरी जैसे सींग वाले पशु 2. चौपाया; मवेशी।

गोरोचन (सं.) [सं-पु.] पीले रंग का एक सुगंधित रसायन जो

गाय के पित्त से निकलता है।

गोल (सं.) [सं-पु.] 1. वृत्त या गेंद के आकार की रचना 2. मदन या मैनफल नामक वृक्ष 3. मुर नामक औषधि। [वि.] 1. जिस वस्तु की गोलाई वृत्त के समान हो 2. जिसके बाहरी तल का प्रत्येक बिंदु उसके केंद्र से बराबर दूरी पर हो।

गोलंदाज़ (फ़ा.) [सं-पु.] तोपची; तोप में गोला भर कर चलाने वाला व्यक्ति।

गोलंदाज़ी (फ़ा.) [सं-स्त्री.] 1. तोप से गोले चलाने का काम या कला 2. तोपची का काम।

गोलंबर [सं-पु.] 1. गोलाई 2. गुंबद 3. गुंबद के आकार की कोई अर्धगोलाकार रचना; कलाकृति 4. बाग में बना हुआ गोल चबूतरा 5. कलबूत जिसपर रखकर जूता, टोपी आदि सीते हैं; कालिब।

गोलक (सं.) [सं-पु.] 1. कोई गोलाकार पिंड; ढेला; डला 2. बड़ा घड़ा; मिट्टी का बना कुंडा; मटका 3. आँख का डेला; आँख की पुतली 4. विधवा स्त्री की वह संतान, जो उसके पुरुष मित्र से उत्पन्न हो 5. गुंबद या गुंबद जैसी कोई गोल बनावट 6. कई ग्रहों का योग 7. काठ की गेंद।

गोलकीपर (अं.) [सं-पु.] फुटबॉल, हॉकी आदि खेलों में गोल रक्षा पंक्ति पर नियुक्त खिलाड़ी जो गेंद को लक्ष्य-रेखा या गोल लाईन पार करने से रोकता है; गोलची; गोल-रक्षक।

गोलगप्पा [सं-पु.] 1. छोटी और ख़ूब फूली हुई गोल कुरकुरी पूरी जो मसाला मिश्रित खट्टे पानी या रस में डुबाकर खाई जाती है; पानी-बताशा; गुपचुप; फुलकी; पानी-पूरी 2. {ला-अ.} जो गोलगप्पे के समान गोलाकार और फूला हुआ हो।

गोलचा [सं-पु.] लकड़ी का एक औजार जिसका प्रयोग राज-मिस्त्री खंभे को चिकनाने के लिए करते हैं।

गोलची [सं-पु.] 1. तोप में गोला-बारूद डालने-दागने वाला; तोपची 2. फुटबाल के खेल में गोलपोस्ट की रक्षा करने वाला खिलाड़ी 3. गोला खींचने का परकार।

गोलभंटा [सं-पु.] बैंगन की एक किस्म जिसमें फल गोलाकार होता है; गोलबैंगन।

गोलमटोल [वि.] 1. तंदुरुस्त; हृष्ट-पुष्ट 2. गोल आकार का 3. भारी शरीर का नाटा व्यक्ति।

गोलमाल [सं-पु.] ऐसी गड़बड़ी जो जान-बूझकर और गलत नीयत से की गई हो; घपला; गड़बड़।

गोलमिर्च [सं-स्त्री.] एक प्रकार का मसाला; काली मिर्च; मरिचपिप्पली।

गोलमेज़ (हिं.+फ़ा.) [सं-पु.] वह गोल मेज़ जिसके चारों तरफ़ बैठकर किसी मुद्दे पर विचार-विमर्श किया जाता है, जैसे- गोलमेज़ सम्मेलन आदि।

गोलमोल [वि.] वह बात जिससे कोई साफ़ अर्थ न निकले; अस्पष्ट उत्तर; किसी बात का सीधा जवाब न देना; घुमा-फिराकर कही गई (बात)।

गोला (सं.) [सं-पु.] 1. वृत्त 2. कोई गोल पिंड या वस्तु 3. लोहे और बारूद का बना वह पिंड जो तोप या टैंक से चलाया जाता है 4. पेट में वायु का गोला 5. गुबार 6. रस्सी, ऊन या सूत के धागों को लपेटकर बनाया गया गोल पिंड 7. नारियल की गरी।

गोला-बारूद (हिं.+फ़ा.) [सं-स्त्री.] 1. युद्ध सामग्री 2. गोला और बारूद 3. अस्त्र-शस्त्र।

गोला रुखानी [सं-स्त्री.] 1. बढ़ई द्वारा प्रयुक्त लोहे का एक औजार 2. संगतराशों की टाँकी 3. साहूकारों द्वारा प्रयुक्त एक उपकरण।

गोलाई [सं-स्त्री.] 1. गोल होने का भाव; गोल वस्तु का बाहरी घेरा 2. परिधि; परिधि की माप 2. घेरा।

गोलाकार (सं.) [वि.] जिसकी आकृति गोल हो; गोलाकृति; पिंडाकार; गोल।

गोलाकृति (सं.) [वि.] गोलाकार; पिंडाकार।

गोलाबारी (हिं.+फ़ा.) [सं-स्त्री.] तोप से की जाने वाली गोलों की वर्षा।

गोलार्ध (सं.) [सं-पु.] 1. पृथ्वी का आधा भाग जो एक ध्रुव से दूसरे ध्रुव तक काल्पनिक रेखा खींचने से बनता है 2. किसी प्रकार के गोले का आधा भाग।

गोलावा [वि.] 1. लाल रंग का पशु 2. कुलफा।

गोलित (सं.) [वि.] ध्वनियों के उच्चारण करते समय होठों के गोल हो जाने की अवस्था।

गोली (सं.) [सं-स्त्री.] 1. छोटे आकार का गोलाकार पिंड; वटिका; वटी; टिकिया 2. गोल आकार की दवा, जैसे- हाजमे की गोली; आटे की गोली 3. बंदूक या रिवाल्वर में चलाने का कारतूस। [मु.] **-मारना** : हत्या के उद्देश्य से किसी पर गोली चलाना; ठुकरा देना; उपेक्षापूर्वक त्याग देना।

गोलीकांड [सं-पु.] 1. गोली चल जाने की घटना; (फ़ायरिंग) 2. गोली चलाकर किया गया अपराध।

गोलीय (सं.) [वि.] 1. खगोल, भूगोल आदि से संबंध रखने वाला 2. गोल संबंधी।

गोलैंदा [सं-पु.] महुए का फल; कोइंदा।

गोलोक (सं.) [सं-पु.] 1. (पुराण) विष्णु का लोक 2. (मिथक) कृष्ण का निवास-स्थान जो अन्य लोकों से बड़ा और श्रेष्ठ माना गया है 3. ब्रजमंडल 4. स्वर्ग।

गोल्फ़ (अं.) [सं-पु.] खुले क्षेत्र में खेला जाने वाला एक खेल जिसमें नौ या अठारह छेद बने होते हैं और इन छेदों में गेंद को डाला जाता है।

गोवर्धन (सं.) [सं-पु.] (पुराण) उत्तर प्रदेश के मथुरा जिले के अंतर्गत एक पर्वत जिसे कृष्ण ने इंद्र के कोप से ब्रज भूमि की रक्षा करने के लिए अपनी कनिष्ठा उँगली पर उठा लिया था; गिरिराज।

गोविंद (सं.) [सं-पु.] 1. कृष्ण 2. परब्रह्म; परमात्मा 3. बृहस्पति 4. शंकराचार्य के गुरु का नाम 5. गोशाला का मालिक।

गोश (फ़ा.) [सं-पु.] कान; सुनने की इंद्रिय।

गोशम [सं-पु.] कोसम नामक पेड़।

गोशमाली (फ़ा.) [सं-स्त्री.] 1. किसी को दंड देने के लिए उसके कान उमेठना; कनैठी; कान मलना 2. ताड़ना।

गोशवारा (फ़ा.) [सं-पु.] 1. खंजन नामक पेड़ का गोंद 2. बड़ा

मोती जो सीप में होता है 3. कान का बड़ा कुंडल 4. तुर्रा; कलगी 5. रजिस्टर आदि के खानों का शीर्षक 6. हिसाब का ख़ुलासा।

गोशा (फ़ा.) [सं-पु.] 1. कोण; कोना; अंतराल 2. कमान की नोक; धनुष की कोटि 3. दिशा 4. एकांत स्थान।

गोशानशीन (फ़ा.) [वि.] घर-गृहस्थी छोड़ कर एकांत में रहने वाला; एकांतवासी।

गोशाला (सं.) [सं-स्त्री.] 1. गाय आदि को रखने और पालने का स्थान; गायों के रहने का स्थान 2. दूध-दही तथा घी आदि निकालने और बेचने का स्थान; गौशाला।

गोश्त (फ़ा) [सं-पु.] 1. शरीर का मांस 2. मारे हुए पशु का वह मांस जो खाया जाता है 3. गूदा; सालन।

गोष्ठ (सं.) [सं-पु.] 1. गायों के रहने का स्थान; गोशाला 2. एक ही प्रकार के जानवरों के एक साथ रहने का स्थान 3. एक प्रकार का प्राचीन श्राद्ध जो बहुत से लोग मिलकर करते थे 4. परामर्श; सलाह; मशविरा 5. मंडली; दल।

गोष्ठी (सं.) [सं-स्त्री.] 1. मंडली; सभा 2. औपचारिक रूप से होने वाली बैठक जिसमें सामाजिक, राजनीतिक, सांस्कृतिक तथा साहित्यिक उद्देश्यों के लिए विचार-विमर्श किया जाता है 3. मनोरंजन के लिए परिचितों या मित्रों का साथ बैठना 4. सलाह; परामर्श; बातचीत।

गोस (सं.) [सं-पु.] 1. सुबह; भोर 2. ग्रीष्म ऋतु 3. एक प्रकार की झाड़ी जिसमें से गोंद निकलती है; लोबान।

गोसई [सं-स्त्री.] कपास के पौधों का एक रोग जिसके कारण उनमें फूल नहीं लगते।

गोसा (सं.) [सं-पु.] कंडा; उपला।

गोसी [सं-स्त्री.] समुद्र में चलने वाली एक प्रकार की नाव जिसमें कई मस्तूल होते हैं।

गोस्वामी (सं.) [सं-पु.] 1. गायों का मालिक या स्वामी 2. ईश्वर 3. वह जिसने इंद्रियों को जीत लिया हो; जितेंद्रिय 4. हिंदुओं में एक कुलनाम या सरनेम।

गोह (सं.) [सं-स्त्री.] छिपकली की जाति का एक बड़ा जंगली जानवर जो नेवले के बराबर होता है और उसकी फुफकार विषैली होती है।

गोहन (सं.) [सं-पु.] 1. संग; साथ 2. संगी; साथी 3. ढकना 4. छिपाना।

गोहरा (सं.) [सं-पु.] गीले गोबर को पाथ कर धूप में सुखाया हुआ उसका गोलाकार पिंड जो ईंधन का काम करता है; कंडा; उपला।

गोहरौर [सं-पु.] 1. उपलों को रखने का एक ढंग 2. उपलों का सजाकर लगाया हुआ ढेर 3. उपलों का ढेर सँजोकर रखने की जगह।

गोहार [सं-स्त्री.] 1. गुहार; बुलावा 2. कष्ट, संकट, हानि आदि के समय सहायता के लिए की जाने वाली पुकार 2. शोरगुल 3. गुहार सुनकर एकत्र होने वाली भीड़। [मु.] **-मारना** : सहायता के लिए पुकारना।

गोहिर (सं.) [सं-पु.] एड़ी; पैरों का तलवा; पादमूल।

गोही [सं-स्त्री.] 1. गुप्त बात 2. छिपाव 3. आम आदि फलों की गुठली।

गौ (सं.) [सं-स्त्री.] गाय; गऊ।

गौं (सं.) [सं-स्त्री.] 1. अपना हित साधने की प्रबल इच्छा 2. प्रयोजन; मतलब; उद्देश्य 3. गर्ज़; स्वार्थ 4. तरह; प्रकार 5. ढंग; ढब।

गौंखा [सं-पु.] 1. गोल सूराखों वाली ओट 2. छोटी शाखा कनछी।

गौंछी [सं-स्त्री.] एक प्रकार की गुबरैल; एक कीड़ा।

गौंद [सं-पु.] 1. गीली मिट्टी 2. कुम्हारों द्वारा बर्तन बनाने के लिए तैयार की गई मिट्टी।

गौंदा [सं-पु.] गीली मिट्टी का लोंदा।

गौगा (अ.) [सं-पु.] 1. शोरगुल; कोलाहल; हल्ला 2. अफ़वाह; जनश्रुति।

गौच [सं-पु.] गोलक।

गौचरी [सं-स्त्री.] 1. किसी क्षेत्र विशेष में गाय चराने के बदले में लिया या दिया जाने वाला कर 2. मध्ययुग का एक प्रकार का कर जो ज़मींदार द्वारा चरवाहों से खेत में पशु चराने के बदले में लिया जाता था।

गौजल (सं.) [सं-पु.] गाय का पेशाब; गौमूत्र।

गौड़ (सं.) [सं-पु.] 1. बंगाल का पुराना नाम 2. ब्राह्मणों का एक वर्ग 3. कायस्थों की एक उपजाति 4. राजपूतों की एक शाखा 5. (संगीत) एक राग जो तीसरे पहर तथा संध्या के समय गाया जाता है।

गौड़ी (सं.) [सं-स्त्री.] 1. गुड़ से बनाई गई शराब 2. एक रागिनी 3. काव्य में एक रीति या वृत्ति जिसमें संयुक्त अक्षर और समास अधिक आते हैं।

गौड़ीय (सं.) [सं-पु.] चैतन्य महाप्रभु का चलाया हुआ एक प्रसिद्ध वैष्णव संप्रदाय। [सं-स्त्री.] गौड़ देश की बोली या भाषा। [वि.] गौड़ देश का।

गौण (सं.) [वि.] 1. जिसका महत्व कम हो; साधारण; अप्रधान; अप्रचलित 2. दूसरे दर्जे का; (सेकेंडरी) 3. जो मुख्य या मूल अर्थ से अलग हो 4. गुणों से संबंधित।

गौतम (सं.) [सं-पु.] 1. क्षत्रियों का एक वंश या वर्ग 2. गोतम ऋषि के वंशज; एक गोत्र का नाम 3. (पुराण) एक ऋषि जिन्होंने अपनी पत्नी अहिल्या को शाप देकर पत्थर बना दिया था 4. बुद्ध का एक नाम 5. कृपाचार्य।

गौतमी (सं.) [सं-स्त्री.] 1. गौतम ऋषि की पत्नी अहिल्या 2. कृपाचार्य की स्त्री 3. गोदावरी नदी 4. गौतम ऋषि की बनाई हुई स्मृति 5. दुर्गा।

गौदुम्मा [सं-पु.] गाय की पूँछ जैसी पूँछ वाला घोड़ा।

गौध [सं-पु.] 1. फल-राशि 2. ज्योतिष की गणना से प्राप्त परिणाम; फल प्राप्ति।

गौनहर [सं-स्त्री.] गाने का पेशा करने वाली स्त्री।

गौना (सं.) [सं-पु.] विवाह के बाद की वह रस्म जिसमें वर ससुराल से पहली बार वधू को अपने साथ घर लाता है; द्विरागमन; वधू-प्रवेश।

गौमुखी (सं.) [सं-स्त्री.] 1. गौ के मुँह के आकार का शंख 2. एक तीर्थ जहाँ से गंगा निकलती है; गोमुख।

गौर[1] (सं.) [वि.] 1. गोरा 2. साफ़; स्वच्छ 3. सफ़ेद। [सं-पु.] 1. गोरा या सफ़ेद रंग 2. पीतिमा या लालिमा लिए हुए गोरा रंग 3. सोना 4. चंद्रमा 5. चैतन्य महाप्रभु 6. पद्मकेसर 7. बृहस्पति ग्रह 8. जाफ़रान 9. पीली सरसों।

गौर[2] (अ.) [सं-पु.] 1. चिंतन; सोच-विचार 2. ध्यान।

गौरतलब (अ.) [वि.] 1. विचारणीय; ध्यान देने योग्य 2. जिसपर गौर करना या विचार करना ज़रूरी हो।

गौरव (सं.) [सं-पु.] 1. सम्मान; आदर; इज़्ज़त 2. भारीपन; गुरुता 3. प्रतिष्ठा; मर्यादा 4. महिमा; गरिमा 5. श्रेष्ठता; प्रभुता 6. महानता; बड़प्पन 7. वर्चस्व।

गौरव-भाव (सं.) [सं-पु.] गर्व अथवा सम्मान की भावना; अभिमान; गुरूर।

गौरवमय (सं.) [वि.] 1. जो गौरव से युक्त हो; जिसपर गर्व हो 2. सम्मानजनक; प्रतिष्ठित।

गौरवर्ण (सं.) [वि.] जिसका रंग गोरा हो; सफ़ेद रंग का; गोरा; गोरी।

गौरवशाली (सं.) [वि.] 1. सम्मानित 2. गौरवयुक्त।

गौरवान्वित (सं.) [वि.] 1. सम्मानित 2. गौरवयुक्त; महिमायुक्त।

गौरवासन (सं.) [सं-पु.] सम्मानित पद; गौरवयुक्त आसन।

गौरशाक [सं-पु.] 1. मधूक; पहाड़ी महुआ 2. उक्त महुआ का फल।

गौरा (सं.) [सं-पु.] नर गौरैया पक्षी। [सं-स्त्री.] 1. गोरे रंग की स्त्री 2. पार्वती; गौरी 3. (संगीत) एक रागिनी 4. हल्दी।

गौरांग (सं.) [वि.] गोरे वर्ण (रंग) वाला। [सं-पु.] चैतन्य महाप्रभु।

गौरिया [सं-पु.] 1. मिट्टी का बना हुआ छोटा हुक्का 2. एक प्रकार का मोटा कपड़ा।

गौरी (सं.) [सं-स्त्री.] 1. गोरे रंग की स्त्री 2. पार्वती 3. वाणी 4. (पुराण) वरुण की पत्नी 5. गोरोचन 6. हल्दी 7. सफ़ेद दूब।

गौरीशंकर [सं-पु.] 1. शिव का वह रूप जिसमें उनके साथ पार्वती भी रहती हैं 2. हिमालय पर्वत की एक ऊँची चोटी।

गौरैया [सं-स्त्री.] एक छोटी चिड़िया।

गौशाला (सं.) [सं-पु.] गायों को रखने का स्थान; गोशाला।

गौसुम्मा [सं-पु.] वह घोड़ा जिसके सुम (खुर जो बीच से फटा नहीं होता) गाय के खुरों जैसे होते हैं।

गौहर (फ़ा.) [सं-पु.] 1. मोती; रत्न 2. बुद्धिमत्ता 3. किसी वस्तु की प्रकृति।

ग्यारस [सं-स्त्री.] चंद्रमास के कृष्ण या शुक्ल पक्ष की ग्यारहवीं तिथि; एकादशी।

ग्यारह [वि.] संख्या '11' का सूचक।

ग्रंथ (सं.) [सं-पु.] 1. पुस्तक; किताब 2. अनुष्टुप छंद में रचा गया श्लोक 3. कोई प्रसिद्ध रचना, जैसे- महाभारत, बाइबिल, कुरान आदि।

ग्रंथकार (सं.) [सं-पु.] ग्रंथ रचने वाला या लिखने वाला।

ग्रंथन (सं.) [सं-पु.] 1. किसी वस्तु को गाँठ देकर बाँधना; गठियाना 2. गूँथना 3. ग्रंथ या पुस्तक की रचना करना।

ग्रंथसाहब (सं.+अ.) [सं-पु.] सिक्खों का धर्म-ग्रंथ जिसमें नानक, कबीर आदि गुरुओं की वाणियाँ संगृहीत हैं।

ग्रंथालय (सं.) [सं-पु.] 1. वह भवन या घर जिसमें अध्ययन और संदर्भ के लिए पुस्तकें रखी गई हों 2. उक्त प्रकार का भवन जहाँ से सर्वसाधारण को पढ़ने के लिए पुस्तकें मिलती हों; पुस्तकालय; ग्रंथागार; पुस्तकागार; (लाइब्रेरी)।

ग्रंथावली (सं.) [सं-स्त्री.] ग्रंथमाला; ग्रंथसंग्रह; ग्रंथसमूह।

ग्रंथावलोकन (सं.) [सं-पु.] किताब, पुस्तक आदि का अध्ययन।

ग्रंथि (सं.) [सं-स्त्री.] 1. गाँठ के आकार की कोई कड़ी गोलाकार रचना 2. गुठली 3. शरीर का वह विशेष अंग जो शारीरिक क्रियाओं को जारी रखने के लिए आवश्यक रासायनिक यौगिकों का निर्माण करके उसे शरीर के सभी अंगों में भेजता है 4. अंगों का जोड़।

ग्रंथित (सं.) [वि.] 1. (वस्तु) जिसमें गाँठ लगाई गई हो 2. गाँठ लगाकर बाँधा हुआ 3. गूँथा हुआ।

ग्रंथिबंधन (सं.) [सं-पु.] 1. वर-वधू के कपड़ों के छोर में गाँठ लगाकर बाँधने की रस्म; गठबंधन 2. गाँठ बाँधकर या ऐसी ही और किसी क्रिया से दो या अधिक चीज़ें एक साथ करना या लगाना।

ग्रंथिमूल (सं.) [सं-पु.] ऐसी वनस्पतियाँ जो गाठों के रूप में उत्पन्न होती हैं; कंद, जैसे- गाजर, मूली, शलजम, लहसुन आदि।

ग्रंथिसंधि [सं-स्त्री.] ग्रंथ का कोई विभाग, जैसे- अध्याय, सर्ग, परिच्छेद, अंक, पर्व आदि।

ग्रंथी (सं.) [सं-पु.] 1. ग्रंथ का पाठ करने वाला व्यक्ति 2. ग्रंथकर्ता। [वि.] 1. विद्वान 2. जिसने बहुत से ग्रंथ पढ़े हों 3. जिसके पास बहुत से ग्रंथ हों।

ग्रसन (सं.) [सं-पु.] 1. निगलना; भक्षण करना; खाना 2. ग्रसने या पकड़ने की क्रिया या भाव; पकड़ 3. ग्रहण 4. बहुत ही बुरे तरीके से अपने चंगुल में फँसाना।

ग्रसना (सं.) [क्रि-स.] 1. किसी वस्तु या व्यक्ति को इस तरह पकड़ना कि वह छूटकर भाग न पाए 2. अपना काम निकालने के लिए किसी को बहुत तंग करना।

ग्रस्त (सं.) [वि.] 1. पीड़ित; प्रभावित 2. ग्रहण लगा हुआ 3. खाया हुआ; निगला हुआ 4. पकड़ा या ग्रसा हुआ।

ग्रस्तास्त (सं.) [वि.] चंद्रमा या सूर्य का ग्रहण लगे रहने की दशा में ही अस्त हो जाना।

ग्रस्तोदय (सं-पु.) चंद्रमा या सूर्य का ग्रहण लगे हुए ही उदय होना।

ग्रह (सं.) [सं-पु.] 1. सूर्य के चारों ओर चक्कर लगाने वाले विशाल आकाशीय पिंड, जैसे- पृथ्वी, मंगल, बुध, बृहस्पति, शुक्र, शनि, वरूण, हर्षल एवं यम (आजकल कुछ वैज्ञानिक यम को पूर्ण ग्रह नहीं मानते) 2. भारतीय ज्योतिष के अनुसार नौ ग्रह हैं- सूर्य, चंद्र, मंगल, बुध, बृहस्पति, शुक्र, शनि, राहु और केतु। वैज्ञानिक दृष्टि से सूर्य तारा है जो अपनी धुरी पर ही घूमता है जबकि अन्य ग्रह सूर्य के चारों ओर परिक्रमा करते हैं

तथा चंद्रमा पृथ्वी का उपग्रह है जो पृथ्वी के चारों ओर चक्कर लगाता है। राहु और केतु काल्पनिक हैं।

ग्रहण (सं.) [सं-पु.] 1. कोई चीज़ लेने या पकड़ने की क्रिया या भाव 2. किसी चीज़ की स्वीकृति 3. कोई बात ठीक समझकर मान लेना 4. सूर्य या चंद्रमा पर क्रमशः चंद्रमा या पृथ्वी की छाया पड़ने की वह स्थिति जिसमें कुछ बिंब या पूरा बिंब अँधेरे में पड़ जाता है 5. लांछन; आरोप।

ग्रहणांत (सं.) [सं-पु.] अध्ययन की समाप्ति।

ग्रहणी (सं.) [सं-स्त्री.] 1. अतिसार; संग्रहणी 2. पक्काशय और आमाशय के बीच की एक नाड़ी जो अग्नि या पित्त का मुख्य आधार मानी गई है।

ग्रहदशा (सं.) [सं-स्त्री.] 1. (ज्योतिष) ग्रहों की विशेष स्थिति 2. गोचर में ग्रहों की स्थिति 3. दुर्भाग्य; अभाग्य 4. ग्रहों की स्थिति के अनुसार किसी मनुष्य की अच्छी और बुरी अवस्था 5. उक्त का व्यक्ति, विश्व आदि पर होने वाला प्रभाव।

ग्रहनायक (सं.) [सं-पु.] सूर्य।

ग्रहराज (सं.) [सं-पु.] सूर्य।

ग्रहवेध (सं.) [सं-पु.] शास्त्रीय विधि से देखकर ग्रहों की स्थिति आदि का ठीक-ठीक पता लगाना।

ग्रहिल (सं.) [वि.] 1. जिसे किसी ने ग्रस्त किया हो 2. किसी विषय का अनुरागी या रसिक 3. हठी; दुराग्रही 4. (काल्पनिक) जो किसी ग्रह या भूत-प्रेत की बाधा से पीड़ित हो; भूताविष्ट।

ग्रहीता (सं.) [सं-पु.] 1. कर्ज़ लेने वाला 2. ग्रहण करने वाला 3. ग्राहक।

ग्रांटेड (अं.) [वि.] स्वीकृत।

ग्राफ़ (अं.) [सं-पु.] 1. चार्ट; बिंदुरेख 2. किसी बात, घटना या व्यवसाय के उतार-चढ़ाव के संबंध में कोई आँकड़ा।

ग्राम (सं.) [सं-पु.] 1. गाँव; बस्ती 2. मनुष्यों का समूह या उनके रहने का स्थान 3. ढेर; राशि; समूह 4. स्वर-सप्तक।

ग्राम-नगरीकरण (सं.) [सं-पु.] 1. गाँवों और नगरों के परस्पर संपर्क से नगरों के निकट के गाँवों का रहन-सहन प्रभावित होना 2. गाँवों में नगरों की संस्कृति का मिश्रण होना; ग्राम संक्रमण।

ग्राम-भित्तिक (सं.) [वि.] गाँव से जुड़ा हुआ; जिसमें गाँव की संस्कृति हो; ग्रामीण चेतना से पुष्ट।

ग्राम-वधू (सं.) [सं-स्त्री.] गाँव की स्त्री या बहू।

ग्राम-सुधार (सं.) [सं-पु.] 1. गाँव के विकास तथा पिछड़ेपन को दूर करने के लिए चलाया गया अभियान 2. गाँव की हालत या अवस्था सुधारने का काम; (रूरल अपलिफ़्ट)।

ग्राम समुदाय (सं.) [सं-पु.] 1. ग्रामीण क्षेत्र में रहने वाले व्यक्तियों का वह समुदाय जिनके व्यवहारों में बहुत कुछ समानता होती है 2. गाँव के लोगों का समूह।

ग्रामणी (सं.) [सं-पु.] 1. गाँव का मुखिया या मालिक 2. लोगों का नेता या प्रधान व्यक्ति 3. विष्णु 4. यक्ष 3. नाई; हज्जाम।

ग्रामदेवता (सं.) [सं-पु.] (लोकमान्यता) गाँव का वह देवता जिसे गाँव के सभी सदस्य अपना रक्षक मानते हैं और पूजा करते हैं।

ग्रामवासी (सं.) [सं-पु.] गाँव में रहने वाला; देहाती।

ग्रामसेवक (सं.) [सं-पु.] 1. एक सरकारी पद 2. ग्राम जीवन में सुधार का कार्य करने वाला एक सरकारी कर्मचारी 3. गाँव में रहने वाले लोगों की सेवा करने वाला व्यक्ति।

ग्रामिक (सं.) [वि.] ग्रामीण; देहाती; गाँव का या गाँव से संबंधित।

ग्रामीण (सं.) [वि.] गाँव में रहने वाला; ग्रामवासी; गाँव से संबंधित। [सं-पु.] किसान; खेतिहर।

ग्रामीण समाजशास्त्र (सं.) [सं-पु.] 1 समाजशास्त्र की एक शाखा 2. ग्रामीण समाज की घटनाओं, प्रक्रियाओं तथा संबंधों का वैज्ञानिक सिद्धातों के आधार पर अध्ययन और विश्लेषण करने वाली समाजशास्त्र की एक शाखा।

ग्रामोफ़ोन (अं.) [सं-पु.] 1. वह यंत्र जिसमें ध्वनि रिकार्ड की जा सकती है और ज़रूरत पड़ने पर पुनः सुना भी जा सकता है 2. वह यंत्र, जो एक सुई के दोलनों से ध्वनि पैदा करता है, सुई एक घूमते हुए रिकार्ड में बने घुमावदार खाँचों के संपर्क में होती है।

ग्राम्य (सं.) [वि.] 1. गाँव-देहात से संबंध रखने वाला; गाँव का; ग्रामीण 2. ठेठ; प्रकृत 3. गाँव में मिलने वाला 4. ग्रामीणों की प्रकृति, रीति-रिवाज और रहन-सहन से संबंधित 5. ग्रामवासियों के स्वभाव तथा व्यवहार से समानता रखने वाला।

ग्राव (सं.) [सं-पु.] 1. पत्थर 2. पहाड़ 3. बादल 4. ओला। [वि.] कड़ा; कठोर; सख़्त।

ग्रास (सं.) [सं-पु.] 1. आहार; निवाला; कौर 2. ग्रसने अर्थात दाँतों से कसकर पकड़ने या दबाने की क्रिया या भाव 3. (अंधविश्वास) चंद्रमा या सूर्य को लगने वाले ग्रहण की स्थिति जो उसके ग्रस्त अंश के विचार से कही जाती है 4. अस्पष्ट उच्चारण 5. ग्रहण।

ग्रासक (सं.) [वि.] 1. बुरी तरह से पकड़ने वाला 2. भक्षक 3. दबाने वाला।

ग्राह (सं.) [सं-पु.] 1. ग्रहण करने, पकड़ने या लेने की क्रिया या भाव 2. चंद्रमा आदि को लगने वाला ग्रहण 3. मगर; घड़ियाल 4. रोग 5. निश्चय 6. समझ; बोध 7. कैदी।

ग्राहक (सं.) [सं-पु.] 1. ख़रीदने वाला; ख़रीददार; सौदा लेने वाला 2. कद्र करने वाला; गुणग्राही 3. चाहने वाला; आदरपूर्वक कुछ ग्रहण करने का इच्छुक 4. ग्रहण करने वाला व्यक्ति।

ग्राहकी [सं-स्त्री.] ग्राहकों द्वारा की गई ख़रीद।

ग्राही (सं.) [वि.] 1. ग्रहण या स्वीकार करने वाला 2. आदरपूर्वक मानने या लेने वाला 3. मल रोकने वाला; कब्ज़ करने वाला (खाद्य पदार्थ या औषधि)।

ग्राह्य (सं.) [वि.] 1. मान्य योग्य; समझने लायक; लेने या पकड़ने योग्य 2. ग्रहण करने योग्य 3. जो देखा सुना और पहचाना जा सकता हो।

ग्रीज (अं.) [सं-स्त्री.] 1. एक प्रकार का चिकना पदार्थ जिसका उपयोग मशीन के कलपुर्ज़ों की सुरक्षा के लिए किया जाता है 2. चिकनी वस्तु।

ग्रीवा (सं.) [सं-स्त्री.] सिर व धड़ को जोड़ने वाला शरीर का

भाग; गला; गरदन; गरदन।

ग्रीष्म (सं.) [सं-स्त्री.] 1. गरमी का महीना 2. छह ऋतुओं में से एक ऋतु जिसमें गरमी पड़ती है 3. ताप; गरमी; उष्णता; निदाघ। [वि.] गरम; तप्त; उष्ण।

ग्रीष्मावकाश (सं.) [सं-पु.] गरम प्रदेशों में तेज़ गरमी के कारण होने वाला अवकाश; गरमी की छुट्टियाँ (शिक्षण संस्थानों, न्यायालयों आदि में); (समर वेकेशन)।

ग्रुप (अं.) [सं-पु.] समूह; झुंड।

ग्रेड (अं.) [सं-पु.] श्रेणी; दर्जा; पदक्रम; वर्ग; कोटि; समूह; गुट।

ग्रेनाइट (अं.) [सं-पु.] एक प्रकार का बहुत कठोर पत्थर; आग्नेय पत्थर।

ग्रैजुएट (अं.) [सं-पु.] 1. स्नातक; (बैचलर) 2. विद्यास्नातक 3. जिसने स्नातक उपाधि-परीक्षा उत्तीर्ण की हो।

ग्रोथ रेट (अं.) [सं-पु.] संवृद्धि दर।

ग्लान (सं.) [वि.] 1. जो किसी रोग से पीड़ित हो; रोगी; बीमार 2. शिथिल; धीमा; मंद; थका हुआ 3. कमज़ोर; जिसमें बल या शक्ति न हो; जो दृढ़ न हो।

ग्लानि (सं.) [सं-स्त्री.] 1. पश्चाताप; अपनी हीन दशा अथवा किसी बात पर होने वाला खेद; संताप; मानसिक खेद 2. मानसिक या शारीरिक शिथिलता 3. किसी गलती पर मन में होने वाला खेद या दुख 4. अनुत्साह 5. (काव्यशास्त्र) रस सिद्धांत में वर्णित एक संचारी भाव।

ग्लास (अं.) [सं-पु.] 1. शीशा; काँच 2. दूध, चाय या पानी आदि पीने का काँच का पात्र 3. आईना 4. काँच का सामान 5. चश्मा; दूरबीन; (लेंस) 6. क्षारीय लवणों तथा खनिज पदार्थों को पिघलाकर बनाया गया अतिशीतित पारदर्शी द्रव।

ग्लिसरीन (अं.) [पु.] एक रासायनिक यौगिक जो औषधियों तथा सौंदर्य प्रसाधनों आदि के निर्माण में प्रयोग किया जाता है; (ग्लिसरोल)।

ग्लूकोज़ (अं.) [सं-पु.] 1. अंगूर की शर्करा; (डेक्सट्रोज़; डी-ग्लूकोज़) 2. शक्कर का विशेष रूप 2. कार्बोहाइड्रेट विघटन से शरीर को तुरंत ऊर्जा प्रदान करने वाला पदार्थ 4. पौधों में पाया जाने वाला साधारण मोनोसैकेराइड।

ग्लेशियर (अं.) [सं-पु.] हिमनदी; हिमनद; हिमानी; बर्फ की नदी।

ग्लैमर (अं.) [सं-पु.] 1. लुभानेवाला व्यक्तित्व; मोहकता 2. सिनेमा जगत में किसी कलाकार की प्रतिष्ठा; वैभव 3. सौंदर्य; आकर्षण 5. चमक-दमक 6. तड़क-भड़क 7. लावण्य।

ग्लैमरस (अं.) [वि.] 1. सुंदर; मोहक 2. आकर्षक 3. जिसमें ग्लैमर हो।

ग्लोब (अं.) [सं-पु.] 1. पृथ्वी; धरा; धरती 2. गोला; गोल चीज़ 3. बंडल 4. विश्व; संसार 5. वह गोलाकार वस्तु या मॉडल जिसपर संपूर्ण पृथ्वी ग्रह का नक्शा बना होता है।

ग्लोबल (अं.) [वि.] 1. विश्वव्यापी; वैश्विक 2. भूमंडलीय 3. सार्वभौमिक 3. विश्वस्तर पर होने वाला।

ग्वार (सं.) [सं-स्त्री.] एक ऐसा पौधा जिसकी फलियों की सब्ज़ी बनाई जाती है।

ग्वारपाठा [सं-पु.] घीक्वार; घृतकुमारी; (एलोवेरा)।

ग्वाल (सं.) [सं-पु.] 1. गायों को पालने और उनका व्यवसाय करने वाला व्यक्ति 2. अहीर।

ग्वाल-गीत (सं.) [सं-पु.] ऐसे गीत जो चरवाहों द्वारा गाए जाते हैं।

ग्वाला (सं.) [सं-पु.] 1. गाय चराने वाली या दूध-दही बेचने वाली एक जाति; अहीर; ग्वाल 2. मुलायम लकड़ी वाला एक वृक्ष जिसपर चित्र आदि की खुदाई की जाती है।

ग्वालिन [सं-स्त्री.] 1. अहीरिन; ग्वाल जाति की स्त्री; दोग्धा 2. बरसाती कीड़ा; गिंजाई 3. एक तरकारी (ग्वार नामक पौधा)।

घ

घ हिंदी वर्णमाला का व्यंजन वर्ण। उच्चारण की दृष्टि से यह कोमल तालव्य, सघोष, महाप्राण स्पर्श है।

घँघोलना [क्रि-स.] 1. पानी में हिलाकर घोलना या मिलाना 2. पानी को मथकर मैला या गंदा करना।

घंट (सं.) [सं-पु.] 1. घड़ा 2. अंधविश्वास के कारण प्रेतक्रिया में पीपल से लटकाया जाने वाला घड़ा।

घंटा (सं.) [सं-पु.] 1. धातु का एक बाजा जो केवल ध्वनि उत्पन्न करने के लिए होता है, राग बजाने के लिए नहीं; पीतल या काँसा धातु से बना वह गोल पट्ट जिसको लकड़ी या धातु की हथौड़ी से मंदिरों में पूजा के समय बजाया जाता है; घड़ियाल 2. घंटा बजाकर दी जाने वाली समय की जानकारी 3. घड़ी में लगा वह यंत्र जो हर साठ मिनट बाद बजता है 4. समय मापने की इकाई 5. साठ मिनट का समय; दिन और रात का चौबीसवाँ भाग।

घंटाघर (सं.) [सं-पु.] वह ऊँची मीनार या टॉवर जिसपर बड़ा घंटा लगाया जाता है, जो चारों ओर से दूर तक दिखाई देता है और जिसका घंटा दूर तक सुनाई देता है।

घंटानाद (सं.) [सं-पु.] 1. घंटे की ध्वनि; टनटन; समयघोष 2. कुबेर का एक मंत्री।

घंटिका (सं.) [सं-स्त्री.] 1. छोटी घंटी 2. कमर में पहनने की करधनी 3. घुँघरू 4. वे छोटे-छोटे घड़े जो रहँट में बाँधे जाते हैं; क्षुद्र घंटिका।

घंटी (सं.) [सं-स्त्री.] 1. पीतल या किसी अन्य धातु से बनी छोटी-सी शंकु के आकार की वस्तु, जिसे हिलाने पर एक विशेष प्रकार की टिन-टिन की ध्वनि उत्पन्न होती है; छोटा घंटा 2. घंटी बजने की ध्वनि 3. घुँघरू 4. थोड़ी आगे निकली रहने वाली गले की हड्डी 5. गले के अंदर की जीभ की जड़ के पास लटकी मांस की छोटी पिंडी, कौवा।

घंटील [सं-स्त्री.] पशुओं को खिलाने के काम आने वाली घास; चारा।

घई (सं.) [वि.] 1. बहुत अधिक गहरा; जिसकी थाह न लग सके; अथाह 2. एक कुलनाम या सरनेम। [सं-स्त्री.] गंभीर भँवर; पानी का चक्कर।

घग्घा [सं-पु.] डर के मारे आवाज का रूंध जाना; घिग्घी।

घघरा [सं-पु.] कमर के नीचे पहना जाने वाला स्त्रियों का (लंबा और गोल घेरेवाला) एक पहनावा; लहँगा।

घघाई [सं-पु.] जरूरत से ज्यादा फैलाव, प्रायः फसल हेतु प्रयुक्त।

घघाना [क्रि-स.] बबरना; जरूरत से ज्यादा बढ़ना।

घच-घच [सं-स्त्री.] 1. ध्वनि विशेष 2. कीचड़ में किसी वस्तु के धँसने से उत्पन्न ध्वनि।

घचघचाना [क्रि-स.] 1. घच-घच की ध्वनि करना 2. कचोटना।

घचाघच [सं-स्त्री.] नरम चीज में किसी धारदार या नुकीली वस्तु के चुभने, घुसने या धँसने का बोधक शब्द।

घट (सं.) [सं-पु.] 1. कलश; घड़ा; जलपात्र 2. हृदय; मन 3. कुंभक 4. हाथी का कुंभ 5. अंतर 6. कुंभ राशि 7. पिंड; देह; शरीर 8. किनारा। [वि.] घटा हुआ; कम; थोड़ा; छोटा।

घट-बढ़ [वि.] 1. कमी-बेशी; अपेक्षा से अधिक या कम। [सं-स्त्री.] 1.उतार-चढ़ाव 2. कुछ घटा या बढ़ाकर रूप बदलने की क्रिया; परिवर्तन।

घट-स्थापन (सं.) [सं-पु.] मांगलिक कार्य या किसी पूजा के समय रखा जाने वाला पानी से भरा घड़ा।

घटक (सं.) [सं-पु.] 1. किसी घटना, रचना या किसी परिणाम में अहम भूमिका निभाने वाला आधार तत्व; अंग; (फ़ैक्टर) 2. शादी तय कराने वाला बिचौलिया; दलाल 3. काम पूरा करने वाला चतुर व्यक्ति 4. घड़ा 5. वंशावली का लेखाजोखा रखने और बताने वाला 6. ऐसा वृक्ष जिसपर बिना फूलों के फल लगते हों। [वि.] 1. घटित करने वाला; बनाने वाला; रचना करने वाला 2. मिलाने वाला; योजक; साधक 3. चतुर; होशियार।

घटका (सं.) [सं-पु.] 1. मरने के करीब व्यक्ति की रुक-रुककर चलने वाली साँस; मरने के समय होने वाली घर-घर की आवाज़ 2. गले में कफ़ की अधिकता से साँस का अवरुद्ध होना।

घटती [सं-स्त्री.] 1. घटने अथवा कम होने की क्रिया या भाव 2. कमी; न्यूनता 3. उच्च स्तर से निम्न स्तर पर आने की स्थिति 4. मात्रा, परिणाम, मान आदि में घटने या कम होने की अवस्था। [वि.] 1. जिसमें कुछ न्यूनता या कमी हो 2. जिसमें आय की अपेक्षा व्यय अधिक दिखाया गया हो; (डेफ़िशिट)।

घटदासी (सं.) [सं-स्त्री.] 1. गुप्त संदेश लाने और ले जाने का काम करने वाली दूती 2. कुटनी।

घटन (सं.) [सं-पु.] 1. किसी वस्तु के बनने या गढ़े जाने की क्रिया या भाव; रूप या आकार देना 2. मिलाना; जोड़ना 3. कोई घटना एकाएक उपस्थित होने या सामने आने की क्रिया या भाव 4. सृजन; बनना 5. गढ़ना।

घटना[1] [क्रि-अ.] 1. कम होना; छीजना; तौल में कम होना 2. घटित होना; अस्तित्व में आना 3. किसी बात या उक्ति का

सच हो जाना 4. लगना; ठीक बैठना।

घटना[2] (सं.) [सं-स्त्री.] 1. अचानक होने वाली बात; वाकया; हादसा 2. कोई अप्रत्याशित या विलक्षण बात जो हो जाए 3. विधि या व्यवहार के विरुद्ध बात; वारदात; (इंसीडेंट)।

घटनाकलन (सं.) [सं-पु.] किसी घटना या सूचना का यथातथ्य समीक्षात्मक वर्णन; घटना की विवेचना।

घटनाक्रम (सं.) [सं-पु.] एक के बाद एक घटनाएँ होते रहने का क्रम या भाव; घटनाओं का सिलसिला।

घटनाचक्र (सं.) [सं-पु.] घटनाओं का सिलसिला; घटनाक्रम।

घटनात्मक (सं.) [वि.] घटना या घटनाओं से जुड़ा या भरा हुआ; घटनामय।

घटनास्थल (सं.) [सं-पु.] वह स्थान जहाँ कोई घटना हुई हो; मौका-ए-वारदात।

घटपल्लव (सं.) [सं-पु.] (वास्तुशास्त्र) वह खंभा जिसका सिरा घड़े और पल्लव के आकार का बना हो।

घटयोनि (सं.) [सं-पु.] (पुराण) अगस्त्य मुनि जो कुंभज के नाम से प्रसिद्ध हैं।

घटवादन (सं.) [सं-पु.] (संगीत) घड़े को औंधा करके तबले की तरह बजाने की क्रिया या विद्या।

घटवाना [क्रि-स.] कम करने को उत्प्रेरित करना; कम कराना।

घटवार [सं-पु.] 1. मल्लाह; केवट 2. घाट का कर लेने वाला।

घटवाह [सं-पु.] घाट का मालिक; घाट का ठेकेदार।

घटवाही [सं-पु.] यात्रियों से घाट का कर वसूलने वाला अधिकारी। [सं-स्त्री.] यात्रियों से घाट पर वसूल किया जाने वाला कर; घटवाई।

घटवैया [वि.] घटाने वाला।

घटहा [सं-पु.] 1. घाट का ठेकेदार; घटवाह 2. वह नाव जो घाट पर से सवारियाँ लेकर दूसरी जगह या उस पार ले जाती है [वि.] घाट पर का; घटवाला।

घटहा [सं-पु.] 1. घाट का ठेकेदार; घटवाह 2. वह नाव जो घाट पर से सवारियाँ लेकर दूसरी जगह या उस पार ले जाती है [वि.] घाट पर का; घटवाला।

घटा (सं.) [सं-स्त्री.] 1. काले बादलों का समूह 2. सभा; गोष्ठी 3. प्रयत्न 4. एक प्रकार का ढोल। [मु.] **-छाना** : बादलों का आकाश में छा जाना।

घटाई [सं-स्त्री.] 1. घटने या घटाने की क्रिया 2. हीनता 3. {ला-अ.} अप्रतिष्ठा, बेइज़्ज़ती।

घटाकाश (सं.) [सं-पु.] 1. आकाश का वह अंश जो पानी भरे घड़े के भीतर दिखे 2. (न्यायशास्त्र) घड़े के अंदर का खाली स्थान।

घटाटोप (सं.) [सं-स्त्री.] 1. सघन बादलों का घेरा; घनघोर घटा 2. गाड़ी या पालकी का परदा 3. चारों तरफ़ से घेर लेने वाला समूह। [वि.] चारों ओर से घिरा हुआ।

घटाना [क्रि-स.] 1. (गणित) किसी बड़ी राशि में से छोटी राशि को घटाना 2. कम करना 3. {ला-अ.} मान-प्रतिष्ठा गिराना 4. उच्च स्तर से निम्न स्तर पर लाना, जैसे- मान घटाना। [मु.] **-बढ़ाना** : 1. कम-ज़्यादा करना; कमीबेशी होना 2. कोई परिवर्तन करना; बदलना।

घटाव [सं-पु.] पहले की तुलना में कम होने की अवस्था या भाव; कमी; न्यूनता।

घटित (सं.) [वि.] 1. जो घटना के रूप में हुआ हो; घटा हुआ; गुज़रा; बीता हुआ 2. निर्मित; रची हुई 3. अर्थ आदि के विचार से पूरा उतरा हुआ।

घटिया [वि.] 1. जो दूसरों की तुलना में हीन हो; ख़राब; सस्ता 2. जो श्रेष्ठ न हो; तुच्छ; जो गुण या धर्म की कसौटी पर मानक न हो 3. 'बढ़िया' का विलोम 4. नीच; अधम।

घटियापन [सं-पु.] घटिया होने की अवस्था; नीचता; दुष्टता; ख़राबी।

घटिहन [सं-पु.] सस्ता एवं रूखा अनाज।

घटी [सं-स्त्री.] 1. नुकसान; हानि 2. 24 घंटों या दिन रात का समय जो {0 भागों में बाँटा गया है। इसके एक भाग को एक घटी कहते हैं।

घटोत्कच (सं.) [सं-पु.] 1. घड़े से उत्पन्न 2. हिडिंबा के गर्भ से उत्पन्न भीम का पुत्र।

घट्ठा (सं.) [सं-पु.] 1. उभारदार व कड़ी गाँठ जो शरीर में चोट, रगड़ आदि से बन जाती है 2. वह उभरा हुआ मांसल भाग, जिसको छूने या सहलाने से किसी तरह की संवेदना महसूस न हो, जैसे- पैरों या हाथों के घट्ठे।

घड़-घड़ [सं-पु.] 1. बादल के गरजने की आवाज़ 2. रेल के गुज़रने से होने वाली ध्वनि।

घड़घड़ाना [क्रि-अ.] 1. गड़गड़ाना 2. घड़-घड़ की आवाज़ होना।

घड़घड़ाहट [सं-स्त्री.] 1. 'घड़-घड़' आवाज़ होने का भाव 2. गाड़ी चलने का स्वर।

घड़नई [सं-स्त्री.] बाँसों में घड़े बाँधकर बनाया हुआ ढाँचा, जिसपर चढ़कर लोग छोटी-छोटी नदियाँ, नाले पार करते हैं।

घड़ा (सं.) [सं-पु.] 1. मिट्टी या धातु का बना गोल पात्र; पानी भरने हेतु मिट्टी या धातु से बना एक पात्र; कलशा; घट; बड़ी गगरी; कलसा 2. पानी या अनाज रखने का बरतन 3. {ला-अ.} पेट; तोंद। [मु.] **-घड़ों पानी पड़ जाना** : बहुत शर्मिंदा होना।

घड़िया (सं.) [सं-स्त्री.] 1. छोटा घड़ा; गगरी 2. मिट्टी का वह बरतन जिसमें सोनार लोग सोना-चाँदी रखकर गलाते हैं 3. शहद का छत्ता 4. मिट्टी की नाँद जिसमें लुहार लोहा गलाते हैं।

घड़ियाल [सं-पु.] 1. पानी एवं स्थल पर रहने वाला छिपकली की तरह का एक विशालकाय जंतु; मगरमच्छ; ग्राह; मगर 2. वह बड़ा घंटा जो पूजा या किसी सूचना के लिए बजाया जाता है।

घड़ियाली [सं-पु.] समय की सूचना देने के लिए घड़ियाल बजाने वाला व्यक्ति। [सं-स्त्री.] 1. पूजा के समय बजाने का एक तरह का घंटा; झालर 2. विजय घंट। [वि.] घड़ियाल संबंधी; नकली; मिथ्या।

घड़ियाली आँसू [सं-पु.] 1. नकली आँसू 2. झूठ-मूठ का दुख;

बनावटी करुणा।

घड़ी (सं.) [सं-स्त्री.] 1. समय देखने का उपकरण 2. समय; बेला; वक्त; मुहूर्त 3. काल का वह प्राचीन मान जो दिन-रात का बत्तीसवाँ और साठ पलों का होता है, वर्तमान में इसे चौबीस मिनट का माना जाता है; घटी 4. किसी घटना या कार्य के घटित होने का अवसर 5. पानी का छोटा घड़ा। [मु.] - **घड़ियाँ गिनना** : मृत्यु के निकट होना; उत्सुकतापूर्वक प्रतीक्षा करना।

घड़ी-घड़ी [क्रि.वि.] थोड़ी-थोड़ी देर बाद; बार-बार; रह-रहकर।

घड़ीसाज़ (सं.+फ़ा.) [सं-पु.] घड़ी की मरम्मत व सफ़ाई आदि करने वाला कारीगर।

घड़ौंची [सं-स्त्री.] लकड़ी, मिट्टी या सीमेंट से बनी हुई चौकी जिसपर पानी से भरे हुए घड़े रखे जाते हैं।

घन (सं.) [सं-पु.] 1. लोहा पीटने का हथौड़ा 2. घन 3. छह वर्गफल की ठोस आकृति 4. मेघ; बादल 5. किसी संख्या का तीसरा घात 6. समूह; झुंड 7. कपूर 8. नृत्य का एक प्रकार 9. श्लेष्मा; कफ 10. बजाने का बड़ा घंटा। [वि.] 1. घना; गझिन (गाढ़ा और मोटा कपड़ा या उसकी बुनावट) 2. ठोस या भरा हुआ।

घन-घन [सं-पु.] 1. घंटे की आवाज 2. भारी- तीखी आवाज।

घनक (सं.) [सं-स्त्री.] 1. गड़गड़ाहट; गरजन 2. चोट; प्रहार।

घनकना [क्रि-अ.] ज़ोर की आवाज़ करना; गरजना। [क्रि-स.] चोट करना; प्रहार करना।

घनकारा [वि.] ऊँची आवाज़ करने वाला; क्रोध में गरजन करने वाला।

घनक्षेत्र (सं.) [सं-पु.] किसी चीज़ की गहराई, चौड़ाई और लंबाई आदि का वर्णन; लंबाई, चौड़ाई और गहराई का विस्तार।

घनगरज [सं-स्त्री.] 1. बादल की गड़गड़ाहट; बादल के गरजने की ध्वनि 2. एक प्रकार की तोप 3. खुंभी जाति का एक छोटा पौधा जो कुकुरमुत्ता की तरह होता है, जिसकी सब्ज़ी बनती है; (मशरूम)।

घनघटा (सं.) [सं-स्त्री.] काली घटा; बादलों की गहरी या घनी घटा।

घनघनाना [क्रि-अ.] 1. घंटे की-सी ध्वनि निकलना 2. घन-घन की आवाज़ निकलना। [क्रि-स.] घन-घन शब्द करना।

घनघनाहट [सं-स्त्री.] 1. घंटे की ध्वनि 2. 'घन-घन' की आवाज़।

घनघोर (सं.) [वि.] 1. सघन; गहरा 2. बहुत घना 3. भयंकर; ज़बरदस्त। [सं-पु.] 1. भीषण आवाज़; तुमुलनाद; भय उत्पन्न करने वाली गड़गड़ाहट।

घनघोर घटा (सं.) [सं-स्त्री.] 1. घने और काले रंग के बादल; घनघटा 2. वेग से आँधी-पानी बरसाने वाले काले मेघ या बादल।

घनचक्कर [वि.] 1. नासमझ; मूर्ख; बेवकूफ़ 2. आवारागर्द; निठल्ला। [सं-पु.] 1. वह व्यक्ति जिसकी बुद्धि सदैव चंचल रहे; चंचल बुद्धि का व्यक्ति 2. वह जो व्यर्थ इधर-उधर घूमा-फिरा करे 3. एक प्रकार की आतिशबाज़ी; चकरी; चरखी 4. सूर्यमुखी का फूल एवं पौधा 5. गर्दिश; चक्कर 6. जंजाल।

घनता (सं.) [सं-स्त्री.] 1. घने होने की अवस्था या भाव; घनापन 2. किसी पदार्थ की लंबाई, चौड़ाई और मोटाई का समूह 3. अणुओं आदि का ठोस गठन; ठोसपन 4. दृढ़ता; मज़बूती।

घनतोल (सं.) [सं-पु.] एक पक्षी का नाम; चातक; पपीहा।

घनत्व (सं.) [सं-पु.] 1. घना होने की अवस्था; घनापन; ठोसपन; मज़बूती 2. अणुओं का आपसी ठोस गठन 3. किसी पदार्थ की लंबाई, चौड़ाई तथा मोटाई का परिमाण। घनत्व=द्रव्यमान/आयतन, इसे 'ग्राम प्रति घन सेमी' से मापा जाता है; (डेंसिटी)।

घनफल (सं.) [सं-पु.] 1. किसी संख्या को उसी संख्या से दो बार गुणा करने पर प्राप्त गुणनफल 2. लंबाई, चौड़ाई, मोटाई का गुणनफल।

घनबान [सं-पु.] 1. एक प्रकार का बाण 2. (पुराण) ऐसा एक कल्पित बाण जिसके प्रयोग से बादल छा जाते थे।

घनबेली [सं-स्त्री.] एक प्रकार का बेला (मोगरा) का पौधा और उसका फूल।

घनमुद्दी [सं-पु.] इकवाई; पानी पटाने की एक चौड़ी लंबी नाली।

घनमूल (सं.) [सं-पु.] (गणित) किसी घन राशि का मूल अंक, जैसे- आठ का घनमूल दो है।

घनवर्धन (सं.) [सं-पु.] धातुओं को हथौड़े आदि से पीटकर बढ़ाना।

घनश्याम [सं-पु.] 1. काले बादल 2. कृष्ण। [वि.] ऐसा बादल जो श्याम रंग लिए हो; बादल जो हलके काले रंग का हो।

घनसार (सं.) [सं-पु.] 1. कपूर 2. जल 3. चंदन 4. घने छाए हुए बादल।

घना (सं.) [वि.] 1. सघन; गझिन; जो पास-पास हो 2. जो पास-पास बसा हुआ हो 3. बहुत ज़्यादा; अतिशय 4. जिसमें बहुत गाढ़ापन हो 5. जिसमें निकटता या घनिष्ठता हो। [सं-स्त्री.] 1. एक प्राचीन बाजा 2. रुद्रजटा; मासपर्णी नामक वनस्पति। [सं-पु.]- पेड़ों का समूह; जंगल।

घनाकर (सं.) [सं-पु.] 1. वर्षा ऋतु; पावस 2. घनागम (वर्षाऋतु का आरंभ)।

घनाक्षरी (सं.) [सं-स्त्री.] 1. (काव्यशास्त्र) एक छंद जिसके प्रत्येक चरण में इकतीस वर्ण होते हैं और अंत में प्रायः गुरु वर्ण होता है 2. कवित्त नामक छंद; दंडक छंद।

घनागम (सं.) [सं-पु.] वर्षा का आरंभ; वर्षा ऋतु; बरसात।

घनाघन (सं.) [सं-पु.] 1. (पुराण) देवताओं का राजा इंद्र 2. मस्त हाथी 3. बरसने वाला बादल। [क्रि.वि.] निरंतर घन-घन की आवाज़ करते हुए।

घनात्मक (सं.) [वि.] जिस पदार्थ की लंबाई, चौड़ाई और मोटाई (ऊँचाई या गहराई) बराबर हो; घनाकार।

घनामय (सं.) [सं-पु.] खजूर; खर्जूर; (डेट)।

घनाली (सं.) [सं-स्त्री.] बादलों की पंक्ति या समूह; मेघावली।

घनिष्ठ (सं.) [वि.] 1. निकट का; समीप का 2. अंतरंग (मित्रता); गाढ़ा; गहरे संबंधोंवाला।

घनिष्ठता (सं.) [सं-स्त्री.] 1. बहुत घनिष्ठ या आत्मीय होने की

अवस्था 2. संबंध प्रगाढ़ होना; अत्यधिक निकटता 3. मित्रता की वह स्थिति जिसमें दूसरे के सुख-दुख को अपना सुख-दुख समझा जाता है; (इंटिमेसी)।

घनीकरण (सं.) [सं-पु.] 1. घना होना; गहरा होना 2. गाढ़ा होना 3. जमना 4. ठोस होना 5. केंद्रित होना।

घनीभूत (सं.) [वि.] 1. गहरा; ठोस 2. जो जमकर घना या ठोस हो गया हो; गाढ़ा 3. केंद्रीभूत 4. जो विस्तार करके उग्र हो गया हो।

घनेरा [वि.] 1. बहुत घना 2. संख्या या मान की दृष्टि से बहुत सारा।

घनैली [सं-स्त्री.] मछली पकड़ने का एक छोटा जाल।

घपचिआना [क्रि-अ.] 1. असमंजस में पड़ना; सिटपिटाना 2. घबराना 3. चक्कर में आना।

घपची [सं-स्त्री.] दोनों हाथों की मज़बूत पकड़।

घपला [सं-पु.] 1. गड़बड़ी; गोलमाल; हेरफेर 2. ऐसी मिलावट या व्यवस्था, जिसमें कोई क्रम न हो 3. भ्रष्टाचार 4. किसी काम में होने वाली गड़बड़; अव्यवस्था।

घपलेबाज़ (हिं.+फ़ा.) [वि.] घपला करने वाला।

घपलेबाज़ी (हिं.+फ़ा.) [सं-स्त्री.] घपला या गड़बड़ी पैदा करने की क्रिया, अवस्था या भाव।

घपुआ [वि.] उल्लू किस्म का; मूर्ख, जड़; नासमझ; भकुआ।

घप्पू [वि.] उल्लू किस्म का; मूर्ख, जड़; नासमझ; भकुआ।

घबराना [क्रि-अ.] 1. भय या चिंता से अस्थिर होना; डरना; बिदकना 2. भय से मन में धुकधुकी होना; उद्विग्न होना 3. हक्का-बक्का होना 4. सकुचाना; हिचकना; लजाना 5. कोई काम करते-करते उससे ऊब जाना।

घबराहट [सं-स्त्री.] 1. घबराने की अवस्था; परेशानी; बेचैनी; अधीरता 2. आशंका; चिंता; भय 3. संकोच; हिचक; हड़बड़ी 4. व्याकुलता; उद्विग्नता।

घम (सं.) [सं-पु.] वह शब्द जो कोमल तल पर कड़ा आघात लगने से होता है।

घमंका (सं.) [सं-पु.] 1. घूँसा; मुष्टिकाप्रहार 2. वह प्रहार या चोट जिसके पड़ने से 'धम' शब्द हो; घमका।

घमंड (सं.) [सं-पु.] 1. अहंकार; अभिमान 2. दर्प; दंभ 3. शेखी।

घमंडी [वि.] 1. जिसे घमंड हो; अहंकारी; अभिमानी; मगरूर; अकड़बाज़ 2. शेखीबाज़; डींग मारने वाला।

घमकना [क्रि-अ.] 1. 'घम-घम' शब्द होना 2. तेज़ आवाज़ करना; गरजना। [क्रि-स.] 1. ज़ोर का घूँसा मारना 2. ऐसा आघात करना जिसमें घम-घम शब्द हो।

घमका (सं.) [सं-पु.] दे. घमंका।

घमघमा [सं-पु.] लंबी प्रतीक्षा के बाद निकलने वाली धूप।

घमघमाना [क्रि-अ.] 1. घम-घम शब्द होना 2. किसी को मुक्के, घूँसे आदि मारना।

घमर [सं-पु.] 1. नगाड़े, ढोल आदि का भारी-भरकम शब्द 2. गंभीर ध्वनि 3. गंभीर तान।

घमस [सं-स्त्री.] 1. उमस; गरमी 2. घनापन; घनता।

घमाका [सं-पु.] 1. हथौड़े, गदे या घूँसे का प्रहार 2. भारी आघात से होने वाला शब्द।

घमाघम [क्रि.वि.] 1. 'घम-घम' शब्द के साथ 2. भारी आघात करते हुए। [सं-स्त्री.] धूम-धाम; चहल-पहल।

घमाघमी [सं-स्त्री.] 1. घमासान 2. मारपीट।

घमाना [क्रि-अ.] सरदी से बचने के लिए धूप में बैठना; धूप सेकना; धूप खाना। [क्रि-स.] सुखाने के उद्देश्य से कोई चीज़ धूप में रखना; धूप दिखाना।

घमायल [वि.] धूप या घाम की गरमी से पका हुआ (प्रायः फल के लिए)।

घमासान [सं-पु.] 1. घोर और भीषण युद्ध 2. मार-काट या युद्ध 2. भयंकर लड़ाई। [वि.] भीषण और विकट, जैसे- घमासान युद्ध।

घमौरी [सं-स्त्री.] तेज़ गरमी और पसीने से उत्पन्न होने वाली छोटी-छोटी फुंसियाँ; अँभौरी।

घर (सं.) [सं-पु.] 1. वह स्थान जहाँ कोई व्यक्ति निवास करता है; गृह; मकान; कमरा 2. स्वदेश; जन्मभूमि 3. घर में रहने वालों की पूरी सामाजिक इकाई 4. गृहस्थी; परिवार की चीज़ें 5. कुल; वंश; घराना 6. चारों तरफ़ रेखा खींचकर बना आरेख; कोठा; ख़ाना 7. म्यान; कोश 8. अटने या समाने का स्थान 9. भंडार 10. किसी समस्या की वजह, जैसे- प्रदूषण रोग का घर है 11. जहाँ किसी चीज़ की अधिकता हो 12. जन्मकुंडली में किसी ग्रह का स्थान 13. छेद 14. चौखटा; फ्रेम। [मु.] -**करना** : किसी बात को बहुत पसंद करना; किसी स्त्री का परपुरुष के घर में उसकी पत्नी के रूप में रहना।

घर-गृहस्थी [सं-स्त्री.] 1. घर का काम-काज 2. घर की ज़िम्मेदारी; परिवार की ज़िम्मेदारी 3. परिवार के लोग; गृहस्थी।

घर-घर [अव्य.] हर घर में; प्रत्येक घर में; सब परिवारों में; सबके यहाँ।

घर-घालक [वि.] 1. दूसरों का घर बिगाड़ने वाला 2. किसी के व्यवहार या पूरे व्यक्तित्व को दूसरे के सामने गलत ठहराने वाला 3. कुल या वंश में दाग लगाने वाला।

घर-फोरा [सं-पु.] 1. वह व्यक्ति जो दूसरे के घर में कलह पैदा करता है 2. अपने ही परिवार के सदस्यों को आपस में लड़ाने वाला व्यक्ति।

घरघराना [क्रि-अ.] गले से घरघर की आवाज़ निकलना या होना।

घरघराहट [सं-स्त्री.] घर्र-घर्र की आवाज़; घर्र-घर्र शब्द होने की अवस्था।

घरघुसना [वि.] 1. वह व्यक्ति जो हमेशा स्त्रियों के पास बैठा रहता हो; घरघुसरा 2. गृहप्रिय 3. जो हमेशा घर में घुसा रहे 4. पर्यटन न करने वाला।

घरघुसरा [सं-पु.] 1. सदैव घर में रहने वाला व्यक्ति 2. घरबसा 3. गृहप्रिय; घरघुसना।

घरजँवाई [सं-पु.] 1. ससुराल में स्थायी रूप से रहने वाला दामाद; घरजमाई 2. वह व्यक्ति जिसे सास-ससुर अपने घर रख लें; घर-दामाद।

घरजाया [सं-पु.] 1. गुलाम 2. प्राचीन या मध्यकाल में गृहस्वामी के घर में दासी से उत्पन्न होने वाला पुत्र; दासीपुत्र 3. गृहदास।

घरदारी (हिं.+फ़ा.) [सं-स्त्री.] घर में रह कर किया जाने वाला घर-गृहस्थी का काम-काज।

घरनई [सं-पु.] घड़ों को बाँस जोड़कर बनाई गई नाव; घड़नई।

घरनाल [सं-स्त्री.] एक प्रकार की प्राचीन तोप।

घरनी (सं.) [सं-स्त्री.] पत्नी; गृहणी; घर की मालकिन; भार्या।

घरपरना (सं.) [सं-पु.] वह कच्ची मिट्टी का गोल पिंडा जिसपर ठठेरे घरिया बनाते हैं।

घरबार [सं-पु.] 1. घर 2. गृहस्थी 3. घर और घर के सब काम-काज।

घरबारी [सं-पु.] 1. गृहस्थ 2. स्त्री, बाल-बच्चों और परिवार के अन्य सदस्यों का भरण-पोषण करने वाला व्यक्ति।

घरबैठौनी [सं-स्त्री.] 1. विवाह की एक प्रथा जिसमें दूसरे की परित्यक्ता या विधवा स्त्री अथवा स्वयंवरा कन्या को पारंपरिक रस्में पूरी किए बिना केवल भोज-भात देकर पत्नी बना लिया जाता है 2. उपपत्नी 3. रखैली 4. घरबैसी।

घररना [क्रि-अ.] पिसना; रगड़ खाना।

घरवाला [सं-पु.] 1. स्त्री की दृष्टि से उसका पति 2. गृहस्वामी; घर का मालिक।

घरवाली [सं-स्त्री.] 1. पत्नी; अर्धांगिनी 2. घर में रहने वाली स्त्री।

घरसा (सं.) [सं-पु.] रगड़; घिस्सा।

घरहाया [वि.] घर में फूट डालने वाला; घर फोड़ने वाला; घर में लड़ाई-झगड़ा कराने वाला।

घराँव [सं-पु.] 1. घनिष्ठता; परस्पर मेलजोल का भाव 2. घर का सा संबंध।

घराऊ [वि.] घर से संबंध रखने वाला; घरेलू; घर का; घरु।

घराड़ी [सं-स्त्री.] ऐसा स्थान जहाँ कोई परिवार कई पीढ़ियों से रहता चला आ रहा हो; डीह।

घराती [सं-पु.] 1. विवाह में लड़की पक्ष के लोग 2. 'बराती' का विलोम।

घराना [सं-पु.] 1. वंश; ख़ानदान; कुल 2. गुरु-शिष्य परंपरा के अंतर्गत पीढ़ी दर पीढ़ी चलने वाली गायन या वादन की विशिष्ट परंपरा, जैसे- लखनऊ घराना 3. किसी कला या विद्या का प्रसिद्ध कुल।

घरानी [सं-पु.] 1. घर छाने वाला 2. छप्पर बनाने वाला 3. छाजन करने वाला; छवइया।

घरिया [सं-स्त्री.] 1. मिट्टी का प्याला 2. सुनारों की कुल्हिया या घरिया जिसमें सोना-चाँदी गलाते हैं।

घरियाना [क्रि-स.] कपड़े को तह लगाकर रखना; घरी लगाना।

घरी [सं-स्त्री.] परत; तह; लपेट।

घरुआ [सं-पु.] 1. घर का अच्छा प्रबंध; गृहस्थी का ठीक-ठीक निर्वाह 2. वह व्यक्ति जो गृहस्थी का प्रबंध समझबूझ से करे; घरुआदार।

घरू [वि.] घर का; घर से संबंध रखने वाला; घरेलू; खानगी।

घरेलू [वि.] 1. पारिवारिक; घर में रखा जाने वाला; जो घर में रहे 2. घर संबंधी 3. घर का बना हुआ 4. जो घर या आपसदारी से संबंधित हो; निजी 5. (पालतू) जिसे घर में पाला-पोसा गया हो (पशु आदि)।

घरैतिन [सं-स्त्री.] 1. कुलवधू 2. पत्नी।

घरौंदा [सं-पु.] 1. छोटा घर 2. मिट्टी-रेत आदि का छोटा घर जिससे बच्चे खेलते हैं 3. {ला-अ.} नश्वर वस्तु।

घर्घर (सं.) [सं-पु.] 1. चक्की या मशीन से होने वाली कर्कश ध्वनि 2. जलते समय लकड़ी से होने वाली आवाज़; घरघराहट 3. हास्य 4. पर्वतद्वार 5. दर्रा 6. मथानी।

घर्म (सं.) [सं-पु.] 1. धूप 2. अग्नि या सूर्य का ताप; गरमी 3. ग्रीष्मकाल 4. स्वेद; पसीना।

घर्माक्त (सं.) [वि.] पसीने से भरा; पसीने से लथपथ।

घर्र-घर्र [सं-पु.] 1. एक आवाज 2. सोते समय नाक से निकलने वाली आवाज; सीने में कफ जमा होने पर साँस लेने पर निकलने वाली आवाज 3. दूध दुहने पर निकलने वाली आवाज।

घर्रा [सं-पु.] 1. एक प्रकार का अंजन जो आँख आने पर लगाया जाता है 2. खाँसी या कफ होने पर गले में होने वाली घरघराहट।

घर्राटा [सं-पु.] 'घर्र-घर्र' का शब्द; वह ध्वनि जो गहरी नींद में साँस लेते समय नाक से निकलती है; खर्राटा।

घर्रामी [सं-पु.] छप्पर छाने का काम करने वाला; छपरबंद।

घर्ष (सं.) [सं-पु.] 1. घर्षण; रगड़ 2. संघर्ष 3. टक्कर।

घर्षण (सं.) [सं-पु.] 1. रगड़ने या घिसने की क्रिया या भाव 2. माँजना 3. पीसना 4. {ला-अ.} दो विचारधाराओं में होने वाला पारस्परिक विरोधजन्य संघर्ष।

घर्षणी (सं.) [सं-स्त्री.] हल्दी; हरिद्रा।

घर्षित (सं.) [वि.] 1. रगड़ा हुआ 2. घिसा; पिसा हुआ 3. अच्छी तरह धुला हुआ; माँजा हुआ।

घलना [क्रि-अ.] 1. किसी पर शस्त्र का चल जाना 3. मार-पीट या लड़ाई-झगड़ा हो जाना।

घलाघल [सं-स्त्री.] 1. तीव्र घात-प्रतिघात 2. मार-पीट।

घलुआ [सं-पु.] 1. वह वस्तु जो किसी दुकानदार द्वारा ग्राहक को प्रसन्न करने के लिए ज़्यादा मात्रा में दी जाती है 2. ख़रीददारी में तौल से अधिक मिला सामान।

घसियारा [सं-पु.] 1. घास छीलने और बेचने वाला व्यक्ति 2. अत्यंत हीन व्यक्ति।

घसीट [सं-स्त्री.] 1. घसीटने की क्रिया या भाव 2. जल्दी में लिखे हुए अक्षर जिनकी सुंदरता और शुद्धि का ख़याल न रखा गया हो; गंदी लिखावट।

घसीटना (सं.) [क्रि-स.] 1. ज़मीन से रगड़ते हुए खींचना 2. {ला-अ.} किसी को उसकी इच्छा के विरुद्ध या किसी साज़िश से किसी मसले में उलझा देना; फँसाना।

घसुई [सं-स्त्री.] बिना तली हुई पूड़ी या पराठा।

घहघड्ड [सं-पु.] बहुत जोर की वर्षा।

घहनाना [क्रि-स.] घंटा आदि बजाना; बजाकर ध्वनि उत्पन्न करना।

घहरना [क्रि-अ.] गरजने जैसा शब्द होना; गड़गड़ाना।

घहराना [क्रि-अ.] 1. भारी आवाज़ के साथ गिरना 2. वेगपूर्वक

तेज़ आवाज़ करते हुए कहीं आ धमकना या गिरना 3. चारों ओर से घिरना। [क्रि-स.] 1. भीषण शब्द करना 2. घेरना या छाना; सहसा आकर उपस्थित होना; टूट पड़ना।

घाँटी (सं.) [सं-स्त्री.] 1. गले के अंदर की घंटी; कौआ 2. गला; कंठ।

घाँटो [सं-पु.] एक प्रकार का लोक-गीत जो पूरब में चैत-बैसाख में गाया जाता है।

घाई (सं.) [सं-स्त्री.] 1. दो उँगलियों के बीच का जोड़; अंटी 2. अँगीठी के ऊपरी सिरे का उभार 3. ऐसा कोना जहाँ दो रेखाएँ मिलती हों, जैसे- पौधे की पेड़ी और डाल के बीच की घाई 4. संधि; जोड़ 5. पाँच वस्तुओं का समूह।

घाऊघप [वि.] 1. चुपचाप किसी का माल उड़ाने या हजम करने वाला 2. सब कुछ खा-पीकर बरबाद करने वाला 3. चालाक; धूर्त 4. जिसका भेद जल्दी न खुले।

घागही [सं-स्त्री.] पटसन; सनई।

घाघ [वि.] 1. कुटिल व चालाक; काइयाँ; स्वार्थी 2. जिसके मन की बात को जानना बहुत कठिन है 3. खेतीबारी तथा गाँव संबंधी कहावतों के लिए भोजपुरी बोली के एक प्रसिद्ध कवि तथा लोकमर्मज्ञ 4. जादूगर; बाज़ीगर 5. अनुभवी और नीतिज्ञ विद्वान।

घाघरा [सं-पु.] 1. लहँगा; एक प्रकार का बड़े घेरे वाला पहनावा जो स्त्रियाँ अधोवस्त्र के रूप में पहनती हैं और जिससे कमर से एड़ी तक अंग ढके रहते हैं 2. एक प्रकार का पौधा 3. एक प्रकार का कबूतर। [सं-स्त्री.] सरयू नदी का स्थानिक नाम।

घाघसा [सं-पु.] नरम बालों और ऊँचे कद का मुर्गा।

घाघास [सं-पु.] बड़े कद की मुर्गी।

घाघी (सं.) [सं-स्त्री.] मछली फँसाने का बड़ा जाल।

घाट (सं.) [सं-पु.] 1. नदी, सरोवर या तालाब का वह किनारा जहाँ लोग पानी भरते, नहाते-धोते एवं नावों पर चढ़ते उतरते हैं 2. नदी, झील आदि का वह किनारा जहाँ पानी में उतरने के लिए सीढ़ियाँ बनी होती हैं 3. वह पहाड़ी मार्ग जिसमें उतार-चढ़ाव हो। [मु.] **-घाट का पानी पीना** : तरह-तरह के अनुभव प्राप्त करना या जगह-जगह के अनुभव होना।

घाट-खेवा [सं-पु.] घाट का महसूल; घाट का किराया।

घाटा [सं-पु.] 1. नुकसान; हानि 2. घटने या कम होने का भाव 3. वह चीज़ जो कम हो जाए 4. व्यापार में होने वाली आर्थिक क्षति; टोटा।

घाटिका (सं.) [सं-स्त्री.] गले का पिछला हिस्सा; गरदन।

घाटिताई [सं-स्त्री.] कमी; त्रुटि।

घाटिया (सं.) [सं-पु.] 1. नदी के तट पर रहने वाला व्यक्ति 2. घाट का स्वामी 3. वह ब्राह्मण जो घाट पर बैठकर नहाने वालों से दान-दक्षिणा लेता हो।

घाटी [सं-स्त्री.] 1. दो पर्वतों के बीच का सँकरा रास्ता 2. पहाड़ों से घिरी हुई समतल भूमि; दर्रा 3. पर्वतीय प्रदेशों के बीच का मैदान 4. पहाड़ का ढाल 5. दो नदियों के बीच का क्षेत्र, जैसे- नर्मदा घाटी।

घात (सं.) [सं-पु.] 1. आघात; प्रहार; चोट 2. धोखे में रखकर की जाने वाली बुराई या अहित 3. वध; हत्या 4. बाण 5. (गणित) किसी संख्या को उसी संख्या से गुणा करने से निकलने वाला गुणनफल; (पावर)। [सं-स्त्री.] 1. अपना स्वार्थ सिद्ध करने का उपयुक्त अवसर; ताक 2. छल करने का रंग-ढंग; तौर-तरीका; दाँव-पेंच। [मु.] **-पर चढ़ना** : वश में आना; दाँव पर चढ़ना।

घात-नक्षत्र (सं.) [सं-पु.] अशुभ नक्षत्र, जो जन्म नक्षत्र से सातवाँ, सोलहवाँ या पच्चीसवाँ माना जाता है।

घात-प्रतिघात (सं.) [सं-पु.] आक्रमण-प्रत्याक्रमण; आक्रमण का उत्तर।

घातक (सं.) [वि.] 1. घात या प्रहार करने वाला 2. हत्यारा; कत्ल करने वाला; वध करने वाला 3. भारी नुकसान पहुँचाने वाला। [सं-पु.] घात करने वाला व्यक्ति।

घाता [सं-पु.] ग्राहक को गिनती या माप से अधिक दिया जाने वाला पदार्थ; फाव; घाल।

घातिनी [वि.] 1. किसी का विनाश करने वाली; विनाशिनी 2. मार डालने वाली; नष्ट करने वाली।

घाती (सं.) [वि.] 1. समय देखकर योजनानुसार किसी को बरबाद करने वाला 2. घात या प्रहार करने वाला 3. मार डालने वाला; वध करने वाला 4. नाश करने वाला 5. धोखेबाज़; छली।

घात्य (सं.) [वि.] 1. घात करने या मारने योग्य 2. नष्ट करने योग्य।

घान (सं.) [सं-पु.] 1. उतनी मात्रा जितना एक बार में पेरने या पीसने के लिए चक्की में डाला जाए 2. उतना अंश जितना एक बार में बनाया या पकाया जाए 3. कठोर प्रहार; चोट।

घानी (सं.) [सं-स्त्री.] 1. घान 2. तेल आदि पेरने का कोल्हू 3. ढेर।

घाम (सं.) [सं-पु.] 1. सूर्य का ताप; धूप; गरमी 2. कठिनाई; विपत्ति; संकट 3. पसीना।

घामड़ [वि.] 1. घाम या धूप से व्याकुल (पशु) 2. आलसी 3. मूर्ख।

घामरी [सं-स्त्री.] 1. धूप आदि न सह सकने के कारण होने वाली बेचैनी; व्याकुलता 2. प्रेम के कारण होने वाली विह्वलता।

घायल [वि.] 1. आहत; चोट खाया हुआ; ज़ख्मी 2. {ला-अ.} किसी के दुर्व्यवहार से पीड़ित।

घारी [सं-पु.] 1. वह ईख (ऊख) जो खरीफ की फसल के बाद बोई जाए 2. गोठ।

घाल [सं-पु.] 1. आघात; प्रहार 2. सौदे की उतनी वस्तु जितनी ग्राहक को तौल या गिनती के ऊपर दी जाए; घलुआ।

घालक [वि.] 1. मारने या वध करने वाला 2. नाश करने वाला 3. प्रहार या वार करने वाला 4. किसी का बहुत अधिक नुकसान करने वाला; हानि करने वाला।

घालना [क्रि-स.] 1. किसी वस्तु को एक बर्तन से दूसरे बर्तन में उड़ेलना 2. बिगाड़ना 3. फेंकना 4. कोई चीज़ किसी के अंदर डालना या रखना 5. वध या हत्या करना; मार डालना 6. पहनाना; रखना या लगाना 7. कोई वस्तु किसी वस्तु पर

बैठाना 8. अस्त्र आदि चलाना, छोड़ना या फेंकना।

घालमेल [सं-पु.] 1. विभिन्न प्रकार के पदार्थों या वस्तुओं की मिलावट; गड्ड-मड्ड 2. बातचीत या चर्चा में अनेक विषयों को जोड़ लेना 3. मेल-जोल 4. अनुचित रिश्ता।

घाव (सं.) [सं-पु.] 1. शरीर पर चोट या किसी धारदार वस्तु से बना ज़ख़्म; व्रण; क्षत 2. {ला-अ.} मन की दुखद स्थिति। [मु.] **-पर नमक छिड़कना** : कष्ट की हालत में दुख पहुँचाना।

घास (सं.) [सं-स्त्री.] 1. ज़मीन पर उगी हुई छोटी वनस्पतियाँ; दूब; खरपतवार; तृण 2. पशुओं को काटकर डाला जाने वाला चारा। [सं-पु.] 1. एक तरह का रेशमी वस्त्र 2. ताजिए में लगाए जाने वाले कागज़ या पन्नी के टुकड़े। [मु.] **-छीलना** : तुच्छ या व्यर्थ के काम करना।

घास-पात (सं.) [सं-पु.] 1. वनस्पति; तृण 2. कूड़ा-करकट।

घास-फूस (सं.) [सं-पु.] 1. खर-पतवार 2. कूड़ा-करकट।

घासलेट (अं.) [सं-पु.] 1. मिट्टी का तेल 2. {ला-अ.} तुच्छ या अग्राह्य वस्तु।

घासलेटी [वि.] 1. हलके किस्म का 2. तुच्छ; नगण्य 3. निंदनीय और निम्न कोटि का 4. अश्लील; गंदा; रद्दी।

घिआँड़ा [सं-पु.] घी रखने का पात्र।

घिग्घी [सं-स्त्री.] 1. वह स्थिति जिसमें ज़्यादा रोने से साँस में रुकावट के कारण घी-घी जैसी आवाज़ होती है; अधिक रोने से साँस का रुकने लगना 2. डर के कारण मुँह से बोल न निकल पाना। [मु.] **-बँधना** : मुँह से आवाज़ न निकलना।

घिघियाना [क्रि-अ.] 1. रोते हुए विनती करना; किसी के सामने गिड़गिड़ाना 2. करुण स्वर में प्रार्थना करना; असहाय या दीन बनकर बोलना।

घिचपिच (सं.) [सं-स्त्री.] 1. अपेक्षाकृत थोड़ी जगह में अधिक वस्तुओं के बिना क्रम से रखे जाने की स्थिति 2. व्यक्तियों का जमा हो जाना 3. वह लिखावट जिसके अक्षर आपस में सटे होने के कारण पढ़े न जा सकें। [वि.] 1. गिच-पिच; अस्पष्ट 2. मिला-जुला।

घिटोरा [सं-पु.] भेड़ का बच्चा; मेमना; घेटी।

घिन (सं.) [सं-स्त्री.] 1. घृणा; नफ़रत 2. किसी गंदी या सड़ी-गली वस्तु को देखने से मन में होने वाली घृणा।

घिनौना [वि.] 1. घृणित 2. किसी व्यक्ति या वस्तु को देखने के बाद मन में होने वाली घिन।

घिनौनापन [सं-पु.] 1. घृणा का भाव 2. गंदगी का भाव।

घिन्नी [सं-स्त्री.] दे. घिरनी।

घिया [सं-स्त्री.] 1. एक प्रसिद्ध लता जिसमें लंबे-लंबे फल लगते हैं और जिसकी सब्जी बनाई जाती है 2. उक्त लता का फल 3. कद्दू।

घियार [सं-स्त्री.] वह गाय या भैंस जिसके दूध से अधिक घी निकले।

घियौड़ा [सं-पु.] आटे से बना व्यंजन।

घिरना (सं.) [क्रि-अ.] 1. चारों तरफ़ से घेरा या रोका जाना; आवृत्त होना 2. घेरे में आना; घेरा जाना 3. सब दिशाओं का किसी वस्तु से ढँका जाना, जैसे- बादलों से आकाश का घिरना।

घिरनी (सं.) [सं-स्त्री.] 1. चरखी; गराड़ी 2. चक्कर; फेरा 3. लट्टू नामक खिलौना 4. रस्सी बटने की चरखी।

घिराई [सं-स्त्री.] 1. घेरने की क्रिया या अवस्था 2. जानवरों को चराने का कार्य या उसकी मज़दूरी।

घिराव [सं-पु.] 1. घेरने की क्रिया या भाव 2. घेरा।

घिरोला [सं-पु.] दे. थाल।

घिर्री [सं-स्त्री.] 1. गोल घेरे में बार-बार घूमने या चक्कर लगाने की क्रिया 2. घिरनी। [सं-स्त्री.] एक प्रकार की घास।

घिस-पिस [सं-स्त्री.] 1. अनिश्चय 2. सुस्ती; ढिलाई।

घिसघिस [सं-स्त्री.] 1. किसी कार्य में जान-बूझकर विलंब या शिथिलता दिखाना 2. काम में उचित से ज़्यादा समय लगाना 3. धीरे-धीरे या रुक-रुककर काम करने की क्रिया या प्रवृत्ति।

घिसना [क्रि-स.] 1. किसी वस्तु को ज़ोर लगाकर किसी कड़ी चीज़ पर इस प्रकार रगड़ना कि उसका कुछ अंश घिसता जाए 2. किसी बरतन आदि पर जमी हुई गंदगी हटाना; छुड़ाना; माँजना। [क्रि-अ.] छीजना; रगड़ से कटना।

घिसवाना [क्रि-स.] घिसने का काम किसी दूसरे से करवाना; रगड़वाना।

घिसा-पिटा [वि.] 1. पुराना 2. वह वस्तु जिसका उपयोग बहुत दिनों से किया जा रहा हो।

घिस्सम-घिस्सा [सं-पु.] 1. बार-बार रगड़ने की क्रिया 2. धक्कम-धक्का; रेलम-पेल।

घिस्सा [सं-पु.] 1. रगड़ 2. टक्कर 3. धक्का 4. चकमा; धोखा 5. कलाई या कोहनी से गरदन पर किया जाने वाला आघात।

घी (सं.) [सं-पु.] मक्खन को आग पर पका कर तैयार गया चिकना पदार्थ। [मु.] **-के दीये जलाना** : ख़ुशियाँ मनाना।

घीकुँआर [सं-पु.] ग्वारपाठा; घृतकुमारी; (एलोवेरा)।

घीया [सं-पु.] लौकी।

घीयाकस [सं-पु.] लौकी के लच्छे, जिससे हलुआ आदि बनाया जाता है।

घीयातोरी [सं-स्त्री.] एक प्रकार की लता का फल जिसकी सब्जी बनाई जाती है; गिल्की; नैना तोरई; तुरई।

घीवर [सं-पु.] आटे से बना व्यंजन।

घुँघची [सं-स्त्री.] 1. एक प्रकार की बेल, जिसमें लाल और सफ़ेद रंग के बीज होते हैं 2. गुंजा।

घुँघनी [सं-स्त्री.] भिगोकर उबाला हुआ चना, मटर या और कोई अन्न।

घुँघराला [वि.] 1. छल्लेदार (केश) 2. कुंचित 3. जिसमें कई घुमाव या घूँघर पड़े हो।

घुँघरू [सं-पु.] 1. धातु की बनी हुई गोल और पोली गुरिया जिसमें कंकड़, लोहे के कण आदि भरे रहते हैं तथा जिसके हिलने पर ध्वनि उत्पन्न होती है 2. चने का ऊपर का खोल।

घुँघरुआ [सं-पु.] पाँव में पहनने का एक आभूषण; पायल जैसा एक आभूषण जिसमें घुँघरू लगे रहते हैं।

घुंघुरी [सं-स्त्री.] एक कीड़ा।

घुंट [सं-पु.] घुटना।

घुंडी (सं.) [सं-स्त्री.] 1. कपड़े का गोल बटन 2. कपड़े की छोटी, नोकदार गाँठ जिसे कुरते, अंगरखे आदि का पल्ला बंद करने के लिए टाँकते हैं।

घुंडीदार (हिं.+फ़ा.) [वि.] 1. जिसमें घुंडी टँकी, बनी या लगी हो 2. घुंडीवाला 3. पेचीला।

घुंसा [सं-पु.] वह लकड़ी जिसके सहारे जाठ (कोल्हू के बीच घूमने वाला लकड़ी का छोटा खंभा जिसके घूमने और दबाव डालने से रस या तेल निकलता है) उठाकर कोल्हू में डालते हैं।

घुइयाँ [सं-स्त्री.] एक कंद जिसकी सब्ज़ी बनाई जाती है; अरुई या अरवी।

घुगुरी [सं-स्त्री.] आटे से बना व्यंजन।

घुग्घी [सं-स्त्री.] पंडुक या फ़ाख़्ता नाम का पक्षी।

घुग्घू [सं-पु.] 1. उल्लू 2. {ला-अ.} मूर्ख व्यक्ति।

घुघरी [सं-स्त्री.] दे. घुँघनी।

घुघुआना [क्रि-अ.] 1. उल्लू का बोलना 2. उल्लू की तरह बोलना 3. बिल्ली की तरह गुर्राना।

घुघुनी [सं-स्त्री.] दे. घुँघनी।

घुटकना [क्रि-स.] 1. निगलना 2. 'घुट-घुट' की आवाज़ करते हुए पीना।

घुटकी [सं-स्त्री.] गले की नली जिससे होकर भोज्य पदार्थ अमाशय में पहुँचता है।

घुटन [सं-स्त्री.] 1. दम घुटने की अवस्था या भाव 2. साँस लेने में कठिनाई महसूस करना 3. कष्ट और घबराहट की अवस्था।

घुटनमय [वि.] घुटनयुक्त; घुटन से भरा हुआ।

घुटना (सं.) [सं-पु.] टाँग और जाँघ के बीच का जोड़। [क्रि-अ.] 1. साँस रुकने की अवस्था 2. किसी गाँठ के बंधन का दृढ़ हो जाना; फँसना 3. रगड़कर चिकना हो जाना 4. अच्छी तरह पीसा जाना; पिसकर महीन या पतला होना 5. आपस में मेल जोल होना। [क्रि-स.] बाँधने या जकड़ने के लिए भली प्रकार से कसना; बंधन कड़ा करना। [मु.] **घुट-घुट कर मरना** : अनावश्यक कष्ट झेलना।

घुटन्ना [सं-पु.] 1. तंग मोहरी वाला पाजामा जो घुटने से ऊपर तक होता है 2. घुटने तक का पाजामा; निकर; बरमूडा।

घुटरू [सं-पु.] छोटा घुटना; बच्चों का घुटना; पाँव के बीच का जोड़।

घुटरूँ [क्रि.वि.] घुटने के बल चलना; घिसटकर चलना जिस प्रकार छोटे बच्चे चलते हैं।

घुटवाना [क्रि-स.] 1. घोटने का काम दूसरे से कराना 2. बाल मुँड़ाना।

घुटाई [सं-स्त्री.] 1. घोटने की क्रिया या भाव; घोंटाई 2. रगड़कर चिकना और चमकीला बनाने का भाव या क्रिया 3. रगड़ कर चिकना और चमकीला करने की मज़दूरी।

घुटाना [क्रि-स.] 1. घोटने का काम कराना; घुटवाना 2. कोई चीज़ घिसवाकर चमकीला और बेहतर बनवाना 3. सिर या दाढ़ी के बाल मुँड़ाना 4. पिसवाना; रगड़वाना।

घुटिका [सं-पु.] घुटना।

घुट्टी [सं-स्त्री.] नवजात या छोटे बच्चों को पिलाई जाने वाली आयुर्वेदिक पाचक दवा; जन्म-घुट्टी।

घुड़कना [क्रि-स.] 1. ज़ोर से बोलकर डरा देना; ऊँची आवाज़ में बोलकर सामने वाले को डराना; घुड़की देना 2. प्यार भरे स्वर में धीमें से डाँटना; डपटकर बोलना।

घुड़की [सं-स्त्री.] 1. घुड़कने की क्रिया या भाव; धमकी भरी डाँट; डाँट-डपट; फटकार 2. गुस्से में किसी को कही गई बात।

घुड़चढ़ा [सं-पु.] घोड़े की सवारी करने वाला व्यक्ति; घुड़सवार।

घुड़चढ़ी [सं-स्त्री.] 1. हिंदुओं में विवाह की एक रीति जिसमें दूल्हा घोड़े पर चढ़कर शादी करने के लिए जाता है 2. घोड़े की पीठ पर रखकर चलाई जाने वाली एक प्रकार की तोप; घुड़नाल।

घुड़दौड़ [सं-स्त्री.] 1. घोड़ों की दौड़ 2. वह प्रतियोगिता जिसमें घोड़ों को बहुत तेज़ दौड़ाया जाता है और सबसे तेज़ दौड़ने वाले घोड़े को पुरस्कृत किया जाता है 3. एक प्रकार की बड़ी नाव जिसके अग्र भाग पर घोड़े का मुँह बना होता है।

घुड़नाल [सं-स्त्री.] घोड़े की पीठ पर रखकर चलाई जाने वाली पुराने समय की तोप।

घुड़बहल [सं-पु.] वह सवारी गाड़ी जिसमें घोड़े जुते हों।

घुड़मक्खी [सं-स्त्री.] प्रायः घुड़साल में पाई जाने वाली भूरे रंग की मक्खी जो घोड़ों को काटती है।

घुड़सवार [सं-पु.] वह व्यक्ति जो घोड़े पर सवार हो; अश्वारोही।

घुड़सवारी [सं-स्त्री.] घोड़े पर चढ़ कर दौड़ाने की क्रिया या भाव।

घुड़साल [सं-स्त्री.] अस्तबल; अश्वशाला।

घुणाक्षर (सं.) [सं-पु.] लिखे हुए अक्षरों की तरह वे चिह्न जो लकड़ी आदि पर घुन लगने से बन जाते हैं।

घुणाक्षर न्याय (सं.) [सं-पु.] 1. एक प्रकार का न्याय जिसका प्रयोग उस अवस्था में होता है जिसमें कोई घटना संयोगवश वैसे ही हो जाती है, जैसे लकड़ी आदि पर घुन लगने से यों ही कुछ अक्षर बन जाते हैं 2. बिना किसी प्रयास के ही किसी काम का बन जाना; बिना किसी बात या प्रयत्न के किसी घटना का घटित होना 3. संयोगवश किसी काम का होना; संयोगवश किसी बात का हो जाना।

घुत्कार [सं-पु.] 1. उल्लू की आवाज 2. अपशकुन।

घुन (सं.) [सं-पु.] 1. अनाज के दानों के भीतरी भाग को खाकर उन्हें खोखला करने वाला लाल रंग का कीड़ा 2. लकड़ी आदि में लगने वाला सफ़ेद रंग का कीड़ा।

घुनघुना [सं-पु.] हिलाने से बजने वाला खिलौना; झुनझुना।

घुनना [क्रि-अ.] 1. घुन नामक कीड़े के द्वारा लकड़ी आदि का खाया जाना 2. चिंता, रोग आदि के कारण मनुष्य के शरीर का लगातार क्षीण होते जाना 3. किसी दोष के कारण अंदर ही अंदर ख़तम होना 4. अंदर से छीजना।

घुन्ना [वि.] 1. अपने मन के भावों को छिपाए रखने वाला 2. वह व्यक्ति जो अपने क्रोध, दुख, द्वेष आदि के भाव प्रकट न करता हो।

घुप (सं.) [वि.] घनघोर; घना; निविड़।

घुमंतू [वि.] दे. घुमक्कड़।

घुमक्कड़ [वि.] 1. बहुत अधिक घूमने वाला 2. परिभ्रमक 3. घूर्णक 4. सोद्देश्य या निरुद्देश्य घूमने वाला; घुमंतू।

घुमक्कड़ी [सं-स्त्री.] घूमने-फिरने की क्रिया; सैर-सपाटा।

घुमटा [सं-पु.] 1. सिर में एकाएक चक्कर आने का एक रोग; ऐसा रोग जिसमें चक्कर आने के साथ-साथ आँखों के सामने अँधेरा छा जाता है 2. सिर घूमना।

घुमड़ना [क्रि-अ.] 1. बादलों का उमड़-उमड़ कर इधर-उधर जमा होना; बादलों का छा जाना 2. गहरे बादल छाना।

घुमड़ी [सं-स्त्री.] 1. एक स्थान पर केंद्रित रहकर चारों ओर फिरने की क्रिया 2. उक्त क्रिया से सिर में आने वाला चक्कर 3. जल की भँवर 4. पशुओं का एक रोग जिसमें वे चक्कर खाकर गिर जाते हैं 5. परिक्रमा।

घुमाई [सं-पु.] घूमने की क्रिया। घूमना; घुमाना।

घुमाना [क्रि-स.] 1. चक्कर या फेरा देना 2. एक तरफ़ से हटा कर दूसरी तरफ़ ध्यान लगाना 3. किसी को घूमने में प्रवृत्त करना 4. मोड़ना 5. सैर कराना; टहलाना 6. लौटाना; वापिस करना।

घुमाव [सं-पु.] 1. घूमने या घुमाने की अवस्था या भाव 2. चक्कर; फेरा 3. मार्ग का घुमाव 4. किसी वाक्य या बातचीत में होने वाली जटिलता।

घुमाव-फिराव [सं-पु.] 1. घूमने या फिरने की क्रिया या भाव 2. व्यवहार में ऐसी जटिलता जिसमें कुछ छल-कपट हो।

घुमावदार (हिं.+फ़ा.) [वि.] जिसमें घुमाव हो; चक्करदार; पेचदार।

घुमौआ [सं-पु.] 1. एक विशेष प्रकार का जाल 2. वह जाल जिसे मछली पकड़ने के लिए घुमाकर फेंका जाता है।

घुर-घुर [सं-पु.] 1. खाँसी या गले में कफ होने के बाद साँस लेने पर होने वाली आवाज़ 2. सुअर, बिल्ली आदि के गले से निकलने वाली आवाज़।

घुर-बिनिया [सं-स्त्री.] कूड़े-करकट के ढेर से खाने की या टूटी-फूटी वस्तुएँ एकत्र करने की क्रिया या भाव। [सं-पु.] 1. खाने की वस्तुओं को बीनकर जीवन निर्वाह करने वाला व्यक्ति 2. अत्यंत निर्धन व्यक्ति।

घुरघुराना [क्रि-अ.] गले से 'घुर-घुर' आवाज़ निकलना। [क्रि-स.] गले से 'घुर-घुर' आवाज़ उत्पन्न करना।

घुरघुराहट [सं-स्त्री.] 'घुर-घुर' की ध्वनि।

घुरना [क्रि-अ.] घुर-घुर शब्द होना। [क्रि-स.] 1. शब्द उत्पन्न करना 2. बजना या बोलना।

घुर्रा [सं-पु.] दे. अंटा।

घुलनशील (सं.) [वि.] जो घुल सके; घुलने वाला।

घुलनशीलता [सं-स्त्री.] किसी द्रव पदार्थ में दूसरे पदार्थ का घुलमिल जाने का गुण विलेयता।

घुलना [क्रि-अ.] 1. किसी वस्तु में पिघलकर मिल जाना 2. गलना 3. किसी के साथ या किसी में ख़ूब अच्छी तरह मिल जाना 4. किसी रोग, शोक या बुढ़ापे के कारण दुर्बल या क्षीण हो जाना। [मु.] **-घुल-घुल कर मरना** : अत्यंत कष्ट भोगकर मरना।

घुलनीय (सं.) [वि.] घुलनशील; घुलनेयोग्य।

घुलवाना [क्रि-स.] घोलने का कार्य किसी अन्य से कराना।

घुला-मिला [वि.] मिला-जुला; मिश्रित।

घुलाना [क्रि-स.] 1. किसी द्रव पदार्थ में किसी कठोर वस्तु को हिला-डुला कर या गरम कर मिलाना 2. गलाना; पिघलाना 3. नरम या मुलायम करना 4. शरीर क्षीण या दुर्बल करना 5. यंत्रणा देना।

घुलावट [सं-स्त्री.] 1. घुलने या घुलाने की क्रिया या भाव 2. परस्पर मैत्री भाव या स्नेह भरा माहौल 3. बहुत अधिक प्रेम; घनिष्ठता।

घुल्य (सं.) [वि.] घुलने योग्य; जो घुलने में सक्षम हो।

घुसना (सं.) [क्रि-अ.] 1. प्रवेश करना; अंदर जाना 2. भीतर जाना; ज़बरदस्ती घुसना 3. किसी काम में दख़ल देना 4. ध्यान देना; बात की तह तक जाना 5. अनधिकार किसी के बीच में बोलना 6. चुभना; गड़ना।

घुसपैठ [सं-स्त्री.] 1. घुसने की क्रिया या भाव; बिना अनुमति के प्रवेश 2. पहुँच; प्रवेश; रसाई 3. किसी जगह प्रयत्न द्वारा या ज़बरदस्ती घुसकर प्रभाव स्थापित कर लेना 4. बलपूर्वक कहीं पहुँच कर अपने लिए स्थान बनाने की अवस्था या भाव।

घुसपैठिया [सं-पु.] घुसपैठ करने वाला; कहीं पर ज़बरदस्ती घुस जाने वाला।

घुसर-पुसर [सं-स्त्री.] अत्यंत धीमी आवाज़ में बातें करना; कानाफूसी।

घुसाना [क्रि-स.] 1. कोई चीज़ धँसाना, गड़ाना या चुभाना 2. किसी को घुसने में प्रवृत्त करना 3. दाखिल करना 4. प्रवेश कराना।

घुसेड़ना [क्रि-स.] 1. धँसाना 2. प्रवेश कराना 3. ठूँसना।

घूँघट (सं.) [सं-पु.] 1. साड़ी, दुपट्टे या किसी ओढ़ने वाले कपड़े का वह हिस्सा जिससे स्त्रियाँ अपने चेहरे को ढक लेती है 2. ओट; पर्दा 3. गुलाम-गर्दिश।

घूँघर [सं-पु.] बालों में पड़ा हुआ छल्ला या मरोड़।

घूँट [सं-पु.] 1. एक बार में मुँह में भरकर पी जा सकने वाली मात्रा 2. एक छोटा पेड़, कठबेर 3. किसी तरल पदार्थ की थोड़ी मात्रा 4. पहाड़ी टट्टुओं की एक जाति जिसे गूँठ या गुंठा भी कहते हैं।

घूँटना [क्रि-स.] पानी या कोई और तरल पदार्थ धीरे-धीरे गले के नीचे उतारना; पीना।

घूँसा [सं-पु.] 1. बँधी हुई मुट्ठी जो मारने के लिए उठाई जाए; मुक्का 2. मुट्ठी बाँधकर किया गया प्रहार।

घूँसेबाज़ (हिं.+फ़ा.) [वि.] 1. घूँसा मारने वाला 2. घूँसेबाज़ी का खेल खेलने वाला।

घूँसेबाज़ी (हिं.+फ़ा.) [सं-स्त्री.] 1. वह खेल जिसमें घूँसों या मुक्कों से प्रहार कर दूसरे खिलाड़ी को परास्त किया जाता है 2. एक प्रकार का खेल जिसमें घूँसों या मुक्कों से खिलाड़ी प्रहार करता है।

घूंघरा [सं-पु.] 1. एक प्रकार का बाजा 2. सहरदार।

घूआ [सं-पु.] 1. कीचड़, मिट्टी में होने वाला एक प्रकार का कीड़ा 2. काँस, मूँज आदि के फूल 3. कपास, सेमल आदि के फूलों में से निकलने वाला अंश 4. दरवाज़े के पास का वह छेद जिसमें किवाड़े की चूलें धँसी रहती हैं।

घूका [सं-पु.] सँकरे मुँह वाली बाँस की टोकरी।

घूघ [सं-स्त्री.] सिर की रक्षा हेतु बनी लोहे या पीतल की टोपी। [सं-पु.] उल्लू।

घूघरी [सं-पु.] भिगोए हुए चने, मटर, गेहूँ या मक्का को उबालकर बनाया जाने वाला खाद्य।

घूघी [सं-स्त्री.] 1. थैली 2. जेब; घीसा 3. घुग्घी; पंडुक; पेडुकी।

घूनस [सं-स्त्री.] पाग (ब्याह की पगड़ी) में लटकने वाला झब्बा या झालर।

घूना [वि.] 1. घुन्ना; अपने मन के भावों को गुप्त रखने वाला 2. चतुर; अनुभवी; खुर्राट।

घूम [सं-स्त्री.] 1. घूमने की क्रिया या भाव 2. चक्कर; घुमाव; फेरा 3. सड़क का मोड़ 4. उनींदापन; मतवालापन 5. कपड़े आदि का घेरा।

घूमना [क्रि-अ.] 1. किसी बिंदु के चारों ओर चक्कर लगाना 2. भ्रमण करना; यात्रा करना 3. परिक्रमा करना; एक दिशा से दूसरी दिशा में जाना 4. किसी वस्तु का दूसरी वस्तु के चारों ओर चक्कर लगाना।

घूमना-फिरना [क्रि-अ.] 1. भ्रमण करते रहना 2. मौज-मस्ती के उद्देश्य से इधर-उधर घूमना।

घूमर [वि.] दे. घूमरा।

घूमरा [वि.] 1. नशा करने वाला 2. मदयुक्त 3. मतवाला; मस्त; मत्त 4. घूमने या चक्कर लगाने वाला।

घूर (सं.) [सं-पु.] 1. कूड़ा-करकट फेंकने की जगह; घूरा 2. कूड़े का ढेर 3. सुनारों द्वारा पोले गहनों को भारी करने के लिए भरा जाने वाला रेत या सुहागा आदि।

घूरना (सं.) [क्रि-अ.] 1. किसी भाव से आँख गड़ाकर एकटक देखना; तिरछी निगाह से देखना 2. काम या क्रोध के विचार से देखना।

घूरा [सं-पु.] दे. घूर।

घूर्ण (सं.) [सं-पु.] घूमना; चक्कर खाना। [वि.] घूमता हुआ।

घूर्णन (सं.) [सं-पु.] 1. घूमने या चक्कर लगाने की अवस्था या भाव 2. चक्कर खाना 3. भ्रमण।

घूर्णमान (सं.) [वि.] घूमता हुआ; चक्कर खाता हुआ।

घूर्णित (सं.) [वि.] 1. घूमता हुआ 2. भ्रमित।

घूर्ण्य (सं.) [वि.] घूमने योग्य।

घूस [सं-स्त्री.] 1. अपना कार्य कराने के लिए अनुचित रूप से दिया जाने वाला धन या वस्तु; रिश्वत; उत्कोच 2. किसी के कार्य को अवैध या अनुचित रूप से करने के लिए लिया जाने वाला धन। [सं-पु.] चूहे की तरह का एक जीव।

घूसख़ोर (हिं.+फ़ा.) [वि.] घूस खाने वाला; रिश्वतख़ोर।

घूसख़ोरी (हिं.+फ़ा.) [सं-स्त्री.] घूस लेने की अवस्था या भाव; घूस या रिश्वत लेने की प्रवृत्ति।

घृणा (सं.) [सं-स्त्री.] 1. नफ़रत 2. अनुचित कार्य या कृति के प्रति स्वाभाविक अरुचि; घिन 3. वीभत्स रस का स्थायी भाव।

घृणास्पद (सं.) [वि.] घृणा करने लायक; घृणित।

घृणित (सं.) [वि.] 1. जिससे घृणा की जाए 2. घृणा का पात्र; घृणा करने योग्य 3. निंदित 4. तिरस्कृत।

घृणी (सं.) [वि.] घृणा करने वाला।

घृण्य (सं.) [वि.] घृणा करने योग्य या घृणा का पात्र; घृणित।

घृत (सं.) [सं-पु.] मक्खन को गरम कर बनाया हुआ खाद्य पदार्थ; घी।

घृताक्त (सं.) [वि.] घी में सना हुआ; घी चुपड़ा हुआ।

घृतान्न (सं.) [सं-पु.] घृतयुक्त अन्न; घी मिला खाद्यान्न।

घृष्ट (सं.) [वि.] घिसा हुआ।

घृष्य (सं.) [वि.] घिसने योग्य; रगड़ने लायक।

घेंघा [सं-पु.] दे. घेघा।

घेंटा [सं-पु.] सुअर का बच्चा।

घेंटी [सं-स्त्री.] चने की फली जिसके भीतर दाना रहता है।

घेंटुला [सं-पु.] सुअर का छोटा बच्चा।

घेंड़ी [सं-स्त्री.] मिट्टी, पीतल या स्टील का वह बरतन जिसमें घी रखा जाता है; घियाँड़ी।

घेघा [सं-पु.] 1. गले की नली जिससे होकर खाद्य पदार्थ पेट में पहुँचता है; गला 2. एक प्रकार का रोग, जिसमें गले के चारों ओर बहुत अधिक सूजन हो जाता है और मांस हो जाता है।

घेन्नी [सं-स्त्री.] चर्खी को चलाने वाली घिर्री।

घेपना [क्रि-स.] 1. हाथ पैर से रौदकर मिलाना; एक में लथपथ करना 2. खुरचना; छीलना।

घेबली [सं-स्त्री.] एक प्रकार की बड़ी एवं सफेद मटर।

घेर [सं-पु.] 1. घेरने या फैलने की क्रिया; फैलाव; घेराव 2. चारों ओर से अपने नियंत्रण में करना 3. घेरा; मंडल 4. परिधि।

घेर-घार [सं-स्त्री.] 1. चारों ओर से घेरने की क्रिया या भाव 2. फैलाव; घेरा 3. विस्तार 4. किसी पर चारों तरफ़ से दबाव डालकर काम करने के लिए विवश करना 5. ख़ुशामद भरी विनती।

घेरना [क्रि-स.] 1. अवरोध करना 2. छेंकना 3. रोकना 4. किसी कार्य के लिए चारों तरफ़ से दबाव बनाकर विवश करना।

घेरनी [सं-स्त्री.] घिरनी; घेन्नी।

घेरा [सं-पु.] 1. घेरने की क्रिया या भाव 2. चारों ओर का फैलाव; निर्धारित सीमा; परिधि; परिधि का माप 3. घेरने वाली चीज़, जैसे- रेखा या दीवार आदि 4. सेना या पुलिस द्वारा किसी जगह पर बनाया गया ऐसा घेरा या कब्ज़ा, जिसमें आना और जाना कठिन हो 5. गोलाई में खड़ा होकर बना वृत्त 6. घिरी हुई जगह 7. कमीज़ या कुरते का घेरा 8. किसी ठोस पदार्थ की चौड़ाई और मोटाई का विस्तार।

घेराई [सं-स्त्री.] घिराई; घेरना।

घेराबंदी [सं-स्त्री.] चारों तरफ़ घेरा डालने की अवस्था या भाव।

घेराव [सं-पु.] 1. घेरने की क्रिया या भाव 2. किसी उच्चाधिकारी

से अपनी बात मनवाने के लिए कर्मचारियों और विद्यार्थियों द्वारा उसे घेरना।

घेल्ला [सं-पु.] गोल; गोलाकार आकृति।

घेवड़ा [सं-पु.] एक सब्जी; नेनुआ।

घेवर [सं-पु.] मैदे और दूध के मिश्रण को घी में तलकर बनाई जाने वाली प्रसिद्ध मिठाई, जैसे- सावन के महीने में हरियाणा, उत्तर प्रदेश और राजस्थान में बहन की ससुराल में भाई द्वारा घेवर और कपड़े आदि ले जाने का रिवाज है।

घैया [सं-स्त्री.] 1. गाय के थन से निकली हुई दूध की धार जिसे मुँह लगाकर पिया जाए 2. ताज़े और बिना मथे हुए दूध के ऊपर उतराते मक्खन को छानकर इकट्ठा करने की क्रिया।

घैला (सं.) [सं-पु.] मिट्टी का घड़ा; छोटा मटका।

घोंखना [क्रि-स.] किसी बात या पाठ को याद रखने के लिए बार-बार दोहराना; रटना।

घोंगा [सं-पु.] 1. घोंघा; शंबुक 2. गेहूँ की बाल की कोक्ष जिसमें दाना रहता है। [वि.] 1. सारहीन 2. मूर्ख; बेवकूफ।

घोंघ [सं-पु.] एक प्रकार की पक्षी।

घोंघड़ी [सं-स्त्री.] एक कीड़ा; घौघरी।

घोंघा (सं.) [सं-पु.] 1. शंख की तरह का नदी-तालाबों में पाए जाने वाला एक कीड़ा 2. अनाजों में छिलके का वह कोश जिसमें दाना होता है 3. धीरे चलने वाला व्यक्ति 4. {ला-अ.} बेवकूफ़; मूर्ख; निस्सार।

घोंघा-बसंत [वि.] परम मूर्ख।

घोंघी [सं-स्त्री.] शंख की तरह का एक कीड़ा जो प्राय: बरसात के मौसम, नदियों या तालाबों में पाया जाता है।

घोंचवा [सं-पु.] एक प्रकार का बैल, जिसके सींग मुड़कर कान से जा लगे हों।

घोंचहा [वि.] 1. आगे की ओर निकलकर घूमे हुये सींगवाला (बैल) 2. टेढ़े सींगोंवाला (बैल)।

घोंचा [सं-पु.] गुच्छा; घौद।

घोंचाह [वि.] टेढ़ा।

घोंची [सं-स्त्री.] वह गाय जिसके सींग नीचे की ओर मुड़े हों।

घोंचुआ [सं-पु.] घोंसला; नीड़; खोता।

घोंचू [सं-पु.] बेवकूफ़ या नासमझ व्यक्ति। [वि.] मूर्ख; बेवकूफ़।

घोंट [सं-पु.] 1. एक प्रकार का बहुत बड़ा जंगली वृक्ष जिसकी लकड़ी खेती के औज़ार बनाने के काम में आती है; घूँट नामक वृक्ष 2. घोटने का काम।

घोंटी [सं-स्त्री.] एक प्रकार का छोटा जाल।

घोंटू [वि.] 1. घोंटने वाला; गला दबाने वाला 2. रटने वाला।

घोंट्ठ [सं-पु.] घिरावर; गोठ।

घोंपना [क्रि-स.] 1. घुसेड़ना या भोंकना 2. गड़ाना; चुभाना; धँसाना।

घोंसला (सं.) [सं-पु.] 1. घास-फूस और तिनकों से बना हुआ पक्षियों के रहने और अंडे देने का स्थान; नीड़ 2. तिनको की जटिल बुनावट; खोता, जैसे- बया का घोंसला 3. किसी के रहने की जगह (कमतर या तुच्छता भाव में प्रयुक्त किया जाने वाला शब्द)।

घोखना (सं.) [क्रि-स.] दे. घोंखना।

घोखवाना [क्रि-स.] घोंखने के लिए प्रेरित करना।

घोखू [वि.] रटने वाला; रट्टू।

घोघा [सं-पु.] खड़ी फ़सल (चने आदि की फ़सल को) नुकसान पहुँचाने वाला एक छोटा कीड़ा।

घोट (सं.) [सं-पु.] 1. घोड़ा 2. ऐसा पुरुष जिसमें घोड़े की-सी शक्ति हो।

घोटक (सं.) [सं-पु.] अश्व; घोड़ा; हय।

घोटना (सं.) [क्रि-स.] 1. रगड़कर या पीसकर बारीक करना 2. पत्थर पर या पात्र विशेष में किसी चीज़ को इतना रगड़ना कि वह पतला हो जाए, जैसे- भाँग घोटना 3. माँजना; रगड़ना 4. कुछ सीखने के लिए अभ्यास करना; हल करना (गणित आदि के प्रश्न) 5. कंठस्थ करना 6. उस्तरे या रेज़र से सिर के बालों को मूँड़ना। [सं-पु.] घोटने का उपकरण।

घोटा [सं-पु.] 1. घोटने, पीसने या रगड़ने की क्रिया या भाव 2. वह उपकरण जिससे कोई चीज़ घोटी जाए 3. पशुओं को दवा आदि पिलाने के लिए उपयुक्त बाँस का चोंगा 4. किसी चीज़ को चमकीला करने का एक औज़ार 5. हजामत; केशों और दाढ़ी, मूँछ को पूरी तरह कटवा लेने की क्रिया।

घोटाई [सं-स्त्री.] 1. घोटने की क्रिया या भाव; मज़दूरी 2. घोटने की उजरत।

घोटाला [सं-पु.] 1. कपट या धोखे से किसी व्यक्ति या समाज की धन-संपदा को हड़पने या दुरुपयोग करने का काम; घपला; बेईमानी 2. हिसाब में गड़बड़ी; गोलमाल 3. किसी योजना, काम या बात की बड़े स्तर पर दुष्प्रभाव डालने वाली अव्यवस्था।

घोड़मुहा [वि.] जिसका मुख घोड़े की तरह लंबा हो। [सं-पु.] एक कल्पित मनुष्य जाति जिसका धड़ मनुष्य का और मुँह घोड़े का होता है, तयवरन।

घोड़राई [सं-स्त्री.] घोड़ों को खिलाया जाने वाला एक प्रकार का अनाज़।

घोड़ही [सं-स्त्री.] 1. खिराबर 2. उपजाऊ।

घोड़ा (सं.) [सं-पु.] 1. बहुत तेज़ दौड़ने के लिए चार पैरों वाला प्रसिद्ध जानवर; अश्व; (हॉर्स) 2. बंदूक और रिवाल्वर इत्यादि का वह खटका या ट्रेगर जिसे दबाने से गोली चलती है 3. शतरंज का एक मोहरा 4. छज्जे का वज़न सँभालने के लिए दीवार में लगाई जाने वाली लकड़ी का घोड़े के मुँह के आकार का टोंटा। [मु.] **-कसना** : घोड़े पर जीन डालना। **-बेच कर सोना** : बेफ़िक्र होना।

घोड़ा-गाड़ी [सं-स्त्री.] ताँगा; एक प्रकार की सवारी जिसको घोड़े खींचते हैं; टम-टम; इक्का।

घोड़िया [सं-स्त्री.] 1. घोड़ी 2. छोटी घोड़ी 3. दीवार में कपड़ा आदि टाँगने के लिए लगाई गई खूँटी 4. जुलाहों का एक उपकरण।

घोड़ी (सं.) [सं-स्त्री.] 1. घोड़े की मादा 2. शादी-विवाह में वर पक्ष की तरफ़ से गाया जाने वाला विशेष गीत व रस्म 3. धोबियों की अलगनी 4. पानी के घड़े रखने के लिए खंभों के सहारे लगायी हुई पटरी 5. जुलाहों का एक उपकरण।

घोर (सं.) [वि.] 1. भयावह; विकराल; डरावना 2. कठिन; कठोर 3. बहुत ज़्यादा, जैसे- घोर अकाल, घोर वर्षा 4. घना; दुर्गम; सघन, जैसे- घोर जंगल 5. जघन्य; बहुत बुरा। [सं-पु.] शिव का एक नाम, विष, भय।

घोरजाउर [सं-पु.] मठजाउर, एक प्रकार का भोजन।

घोरना (सं.) [क्रि-अ.] 1. भारी शब्द करना 2. गरजना।

घोरारा [सं-पु.] एक प्रकार का गन्ना।

घोरू [वि.] जो आकार, प्रकार, प्रभाव की दृष्टि से अत्यधिक हो।

घोल (सं.) [सं-पु.] 1. वह तरल पदार्थ जिसमें कोई अन्य पदार्थ घोला या मिलाया गया हो; किसी द्रव में कोई दूसरी वस्तु मिलाकर बनाया हुआ मिश्रण 2. मथा हुआ दही जिसमें पानी न मिलाया गया हो; लस्सी; छाछ 3. पानी में नमक या चीनी घोलकर बनाया गया मिश्रण।

घोलक [सं-पु.] एक ऐसा द्रव जिसमें दूसरा पदार्थ डालने पर पूरी तरह मिश्रित हो जाए। [वि.] 1. विलायक 2. घुलाने वाला।

घोलना (सं.) [क्रि-स.] किसी वस्तु को पानी आदि द्रव में इस प्रकार मिलाना की वह उसमें घुल जाए।

घोला [सं-पु.] 1. घोलकर बनाई गई वस्तु 2. खेतों में पानी पहुँचाने की नाली।

घोलुवा [वि.] घोला हुआ; जो घोलकर बना हुआ हो। [सं-पु.] 1. घोली हुई पतली दवा; अर्क 2. रसा; शोरबा 3. पानी में घोली हुई अफ़ीम।

घोष (सं.) [सं-पु.] 1. शब्द; नाद; ध्वनि 2. घोर शब्द; गर्जना; चिल्लाकर किसी को ज़ोर से पुकारना 3. वर्णों के उच्चारण का एक वाह्य प्रयत्न 4. अहीर; ग्वाला; चरवाहा 5. अहीरों की बस्ती 6. गोशाला 7. जन-समर्थन के लिए किसी दल या पक्ष का पद; नारा; (स्लोगन) 8. संगीत में ताल का एक भेद 9. बंगाली कायस्थों की एक उपाधि।

घोषण (सं.) [सं-पु.] घोषणा।

घोषणा (सं.) [सं-स्त्री.] 1. एलान करना 2. सार्वजनिक रूप से निकला हुआ राजकीय आदेश।

घोषणा-पत्र (सं.) [सं-पु.] 1. वह पत्र जिसमें कोई राजकीय आदेश लिखा हो 2. वह पत्र जिसपर कोई व्यक्ति शपथ लेता हो 3. वह पथ जिसपर कोई व्यक्ति किसी बात की सत्यता घोषित करता हो; (प्रक्लोवेशन)।

घोषा (सं.) [सं-स्त्री.] 1. सौंफ 2. काकड़ासींगी।

घोषित (सं.) [वि.] 1. जिसकी घोषणा की गई हो 2. जो जानकारी में हो।

घोसा [सं-पु.] घोसला; पक्षियों के रहने का स्थान।

घोसी (सं.) [सं-पु.] अहीर या ग्वाला।

घोहा [वि.] खेत में कुछ ऊँची कर दी गई कतार; झौरा।

घौद [सं-पु.] 1. फलों का गुच्छा 2. एक डंठल में एक साथ फलने वाले बहुत से फलों का गुच्छ, जैसे- केलों का घौद।

घ्राण (सं.) [सं-स्त्री.] 1. गंध 2. नाक 3. सूँघने की शक्ति 4. सूँघना।

घ्राणेंद्रिय (सं.) [सं-स्त्री.] नासिका; नाक।

घ्रात (सं.) [वि.] सूँघा हुआ।

घ्रातव्य (सं.) [वि.] सूँघने योग्य; सुगंध लेने लायक।

घ्राता (सं.) [वि.] सूँघने वाला; सुगंध लेने वाला।

ङ

व्यंजन वर्ण का पाँचवाँ और क वर्ग का अंतिम अक्षर या वर्ण। यह स्पर्श वर्ण है इसका उच्चारण स्थान कंठ और नासिका है। इसमें संवार, नाद, घोष और अल्पप्राण नामक प्रयत्न लगते हैं।

च

च हिंदी वर्णमाला का व्यंजन वर्ण। उच्चारण की दृष्टि से यह अग्रतालव्य, अघोष, अल्पप्राण स्पर्शसंघर्षी है।

चँग (सं.) [वि.] 1. प्रवीण; दक्ष; कुशल 2. तंदुरुस्त; स्वस्थ 3. सुंदर।

चँगेर (सं.) [सं-स्त्री.] 1. बाँस की बनी डलिया जिसमें फूल, फल, मिठाई आदि रखते हैं 2. मशक; पखाल 3. पालने की तरह का वह झूला जो टोकरी और रस्सी से बनाया जाता है।

चँगेरी (सं.) [सं-स्त्री.] चँगेर।

चँगेल [सं-पु.] दो बहादरियों को मिलाने वाली पटरी के नीचे की जगह [सं-स्त्री.] खंडहरों आदि में होने वाली एक प्रकार की घास।

चँगोर [सं-पु.] बोइया।

चँचरी [सं-स्त्री.] 1. माझियों की भाषा में पत्थर के ऊपर से होकर बहने वाला पानी 2.एक भारतीय चिड़िया जो जमीन पर घास आदि में छिपाकर घोसला बनाती है तथा प्राय: तीन अंडे देती है 3. वह अन्न (मूंग, ज्वार आदि) जो दाना पीटने पर भी बाल में लगा रहे; गौरी; कोसी; करही; मुड़री।

चँदराना [क्रि-अ.] जान-बूझकर अनजान बनना। [क्रि-स.] 1. धोखे में डालना; चकमा देना; बहकाना 2. किसी को झूठा बनाना; झुठलाना।

चँदला [वि.] जिसके सर के बाल झड़ गए हों; गंजा; खल्वाट।

चँदवा (सं.) [सं-पु.] 1. देवमूर्तियों, राजगद्दी, या विशेष व्यक्तियों के आसन के ऊपर ताना जाने वाला छोटा-सा मंडप या शामियाना; वितान 2. छत्र, छतरी, तंबू आदि के ऊपरी सिरे पर लगाई जाने वाली कपड़े की गोल चकती 3. मोर पंख की अर्धचंद्र की आकृति या चंद्रिका 4. एक प्रकार की मछली; चाँदा।

चँदिया [सं-स्त्री.] 1. खोपड़ी; सिर का मध्य भाग 2. छोटी सी रोटी; बचे आटे की टिकिया; पिछली रोटी 3. किसी भी ताल का वह स्थान जहाँ सबसे ज्यादा गहराई हो 4. चाँद।

चँदोवा (सं.) [सं-पु.] दे. चँदवा।

चँपना (सं.) [क्रि-अ.] 1. चाप अर्थात दबाव पड़ने से नमित होना; झुकना; दबना 2. किसी के अनुग्रह या उपकार के कारण उसके आगे दबना।

चँबरी [सं-स्त्री.] सफेद पूँछ वाली गाय।

चँवर [सं-पु.] 1. घोड़े आदि के सिर पर लगाई जाने वाली कलगी 2. चमरी गाय की पूँछ के बालों का गुच्छा जो डंडी में बाँधकर राजाओं या देवमूर्तियों से मक्खियों आदि को दूर रखने के लिए हिलाया-डुलाया जाता है।

चँहूली [सं-स्त्री.] टिकरी गाय।

चंक्रमण (सं.) [सं-पु.] (बौद्ध) 1. धीरे-धीरे टहलना; घूमना; सैर करना 2. बहुत अधिक घूमना 3. घूमने, चलने या सैर करने का स्थान।

चंग[1] [वि.] 1. कुशल; दक्ष; निपुण 2. स्वस्थ; तंदुरुस्त 3. सुंदर। [सं-स्त्री.] पतंग। [मु.] **-पर चढ़ना** : जोश में आ जाना। **-पर चढ़ाना** : किसी को जोश में लाना, उकसाना।

चंग[2] (फ़ा.) [सं-स्त्री.] 1. डफ़ की तरह का एक बाजा 2. सितार का एक सुर।

चंगा [वि.] 1. निरोग; स्वस्थ; तंदुरुस्त 2. निर्विकार; पवित्र 3. अच्छा; निर्मल 4. जिसपर कोई आघात न लगा हो; अनाहत।

चंगुल [सं-पु.] 1. पकड़; गिरफ़्त 2. शिकंजा; काबू 3. शिकारी चिड़ियों का पंजा जिससे वे शिकार को पकड़ पाती हैं 4. हाथ की उँगलियों को मोड़कर शिकारी जीवों के पंजे की तरह बनाई गई आकृति 5. {ला-अ.} किसी व्यक्ति, मत या विचारधारा के प्रभाव में होने की वह अवस्था जिससे निकलना आसान न हो। [मु.] **-में फँसना** : मज़बूरीवश किसी के वश में आना।

चंचरी (सं.) [सं-स्त्री.] 1. भ्रमरी; भौंरी 2. होली पर गाया जाने वाला चाँचरि नामक गीत 3. (काव्यशास्त्र) छियालिस मात्राओं वाला एक प्रकार का छंद 4. (काव्यशास्त्र) एक वर्णवृत्त।

चंचरीक (सं.) [सं-पु.] भौंरा; भ्रमर।

चंचल (सं.) [वि.] 1. जो चलायमान या गतिशील हो; चपल; जिसमें स्थायित्व न हो 2. जो किसी एक स्थिति या एक स्थान पर न रहता हो; जो स्थिर न हो, जैसे- चंचल पवन; चंचल नयन 3. नटखट; शरारती; खिलंदड़ा 4. जो शांत न हो; विकल; अधीर 5. अंगभीर। [सं-पु.] 1. पवन; हवा 2. कामी या कामुक व्यक्ति।

चंचलता (सं.) [सं-स्त्री.] 1. चपल होने का भाव; चपलता; अस्थिरता 2. शरारत; नटखटपन; खिलंदड़पन 3. अगंभीरता।

चंचला (सं.) [सं-स्त्री.] 1. लक्ष्मी 2. बादलों में चमकने वाली बिजली; मेघविद्युत 3. (काव्यशास्त्र) एक प्रकार का छंद या वर्णवृत्त 4. अपने हाव-भाव से आकर्षित करने वाली स्त्री।

चंचु (सं.) [सं-स्त्री.] 1. चोंच 2. किसी वस्तु के आगे की नोक 3. बरसात में होने वाली एक वनस्पति; चेंच। [सं-पु.] 1. एरंड का पेड़ 2. हिरन। [वि.] 1. चतुर 2. प्रसिद्ध।

चंचु-प्रवेश (सं.) [सं-पु.] 1. किसी विषय का बहुत थोड़ा

ज्ञान; अल्पज्ञान 2. किसी विषय का आरंभिक ज्ञान 3. किसी ज्ञान-क्षेत्र में प्रवेश; संपर्क।

चंट [वि.] चालाक; चतुर; धूर्त।

चंड (सं.) [वि.] 1. उग्र; तीव्र; तीक्ष्ण; प्रखर 2. गरम; उष्ण 3. हानिकर 4. जिसका दमन करना कठिन हो; प्रबल; दुर्दमनीय 5. कलहप्रिय; उत्तेजित। [सं-पु.] 1. (पुराण) एक दानव जो दुर्गा के हाथों मारा गया 2. कार्तिकेय।

चंडकर (सं.) [सं-पु.] सूर्य। [वि.] तेज़ किरणोंवाला।

चंडविक्रम (सं.) [वि.] 1. वीर; प्रतापी 2. प्रचंड शक्ति या पराक्रमवाला।

चंडा (सं.) [वि.] जिसका स्वभाव उग्र हो (स्त्री); क्रोधी (स्त्री); विद्रोहिणी। [सं-स्त्री.] 1. दुर्गा नामक देवी 2. सौंफ 3. सफ़ेद दूब।

चंडांशु (सं.) [सं-पु.] वह ग्रह जिसकी किरणें प्रचंड हों; सूर्य।

चंडाल (सं.) [सं-पु.] 1. मध्यकाल में अंत्यज मानी जाने वाली एक जाति या उसका सदस्य; चांडाल 2. {ला-अ.} क्रूरतापूर्ण कार्य करने वाला व्यक्ति; आपराधिक प्रवृत्ति का व्यक्ति 3. एक प्रकार की गाली।

चंडालचौकड़ी [सं-स्त्री.] 1. उद्दंड या शरारती लड़कों का समूह जो आपस में दोस्त हों 2. मित्र-मंडली।

चंडालिका (सं.) [सं-स्त्री.] 1. (पुराण) दुर्गा के एक उग्र रूप का नाम; चंडकाली; काली 2. प्राचीन काल की एक प्रकार की वीणा 3. एक प्रकार का वृक्ष जिसकी पत्तियाँ दवा के काम आती हैं।

चंडावल (सं.) [सं-पु.] 1. सेना के पीछे का भाग; पीछे चलने वाले सिपाही 2. वीर योद्धा; महान योद्धा 3. संतरी।

चंडाह [सं-पु.] गाढ़े की तरह का एक मोटा कपड़ा।

चंडिका (सं.) [सं-स्त्री.] 1. दुर्गा का एक रूप 2. गायत्री (देवी)। [वि.] {ला-अ.} उग्र स्वभाववाली; दुष्टा; लड़ने-झगड़ने वाली।

चंडी (सं.) [सं-स्त्री.] 1. दुर्गा; काली 2. {ला-अ.} बहुत ही उग्र स्वभाव वाली स्त्री।

चंडीकुसुम (सं.) [सं-पु.] कनेर के झाड़ की वह प्रजाति जिसमें लाल रंग के फूल लगते हैं; लाल कनेर।

चंडीपति (सं.) [सं-पु.] चंडी के पति अर्थात शिव; चंडीश।

चंडीश (सं.) [सं-पु.] चंडी का स्वामी अर्थात शिव; चंडीपति।

चंडू [सं-पु.] अफ़ीम का एक रूप जिसे तंबाकू की तरह पिया जाता है।

चंडूख़ाना (हिं.+फ़ा.) [सं-पु.] 1. चंडू पीने का स्थान 2. नशेड़ियों का अड्डा 3. {ला-अ.} वह स्थान जहाँ मूर्ख बैठते हों। [मु.] **-चंडूख़ाने की गप** : निराधार ख़बर; अफ़वाह।

चंडूबाज़ (हिं.+फ़ा.) [सं-पु.] वह व्यक्ति जो हमेशा चंडू पीता हो; जिसे चंडू पीने की लत लगी हो।

चंडूल [सं-पु.] 1. बहुत बेवकूफ़ या मूर्ख आदमी; दिमाग चाटने वाला व्यक्ति 2. मीठे स्वर में बोलने वाली ख़ाकी रंग की एक चिड़िया।

चंद[1] (सं.) [सं-पु.] 1. चंद्रमा 2. कपूर।

चंद[2] (फ़ा.) [वि.] थोड़े-से; कुछ; अपर्याप्त; दो-चार।

चंदक (सं.) [सं-पु.] 1. चंद्रमा 2. ज्योत्स्ना; चाँदनी 3. चाँदा नामक छोटी मछली 4. सिर पर पहना जाने वाला एक अर्द्धचंद्राकार गहना; चंद्रक।

चंदन (सं.) [सं-पु.] 1. एक वृक्ष जिसकी लकड़ी से घिसने पर सुगंध आती है; गंधसार; मलय 2. चंदन को घिस कर बनाया गया लेप या चूर्ण।

चंदनगोह [सं-स्त्री.] 1.चंदन वृक्ष पर रहने वाली गोह 2. छोटी गोह।

चंदनसार (सं.) [सं-पु.] 1. पानी के साथ घिसकर तैयार किया हुआ चंदन 2. नौसादर (एक प्रकार का रासायनिक यौगिक); वज्रक्षार।

चंदनहार [सं-पु.] एक प्रकार का हार; चाँद की आकृतियों के टुकड़ों से बना हार।

चंदनी (सं.) [वि.] 1. चंदन का; चंदन संबंधी 2. चंदन की लकड़ी का रंग।

चंदरोज़ा (फ़ा.) [वि.] जो कम समय के लिए हो; अल्पजीवी; कुछ ही दिनों तक का।

चंदा (फ़ा.) [सं-पु.] 1. किसी की सहायतार्थ या किसी अच्छे काम के लिए इकट्ठी की गई रकम या कोई वस्तु; दान; भेंट 2. अवधि विशेष तक के लिए किसी पत्र-पत्रिका का ग्राहक बनने के लिए दी जाने वाली सदस्यता राशि; (सब्सक्रिप्शन) 3. लोगों से उगाही करके इकट्ठा किया गया रुपया 4. किसी विशेष उद्देश्य के लिए एकत्रित की जाने वाली रकम में अंशदान; अंशदेय; योगदान 5. चाँद।

चंदामामा [सं-पु.] 1. लोककथाओं तथा बालगीतों में चाँद के लिए प्रयोग किया जाने वाला एक संबोधन 2. परिवार में या बाल कहानियों में बच्चों को बहलाने-रिझाने के लिए चंद्रमा को मामा के रूप में चित्रित किया जाता है।

चंदावत [सं-पु.] 1. एक कुलनाम या सरनेम 2. क्षत्रियों की एक जाति।

चंदेल [सं-पु.] 1. एक कुलनाम या सरनेम 2. क्षत्रियों की एक जाति।

चंद्र (सं.) [सं-पु.] 1. चंद्रमा 2. चंद्रमा की आकृति वाले चिह्न, जैसे- अनुनासिक चिह्न (ँ)। [वि.] {ला-अ.} सुंदर; उज्ज्वल।

चंद्रक (सं.) [सं-पु.] 1. चंद्रमा 2. चाँदनी; चंद्रिका 3. कपूर 4. नाख़ून 5. चंद्रमा की आकृति वाले चिह्न, जैसे- चंद्रबिंदु में बिंदु के नीचे का चंद्रक और मोरपंख पर बनी चंद्राकार आकृतियाँ।

चंद्रकला (सं.) [सं-स्त्री.] 1. चंद्रमा की सोलह कलाएँ या भाग जिनके नाम इस प्रकार हैं- अंगिरा, अंशुमालिनी, अमृता, तुष्टि, धृति, मरीचि, पूषा, प्राप्ति, यशा, रति, शशिनी, छाया, संपूर्णमंडला, सुमनसा, सौम्या और ऋद्धि 2. चंद्रमा की किरण 3. शरीर पर नाख़ूनों से बने चिह्न 4. एक आभूषण जो माथे पर पहना जाता है।

चंद्रकांत (सं.) [सं-पु.] 1. एक प्रकार की कल्पित मणि जो चाँदनी के स्पर्श से पसीज जाती है 2. कुमुद; कुमुदिनी 3. चंदन 4. (रामायण) लक्ष्मण के पुत्र चंद्रकेतु की राजधानी का

नाम।

चंद्रकांता (सं.) [सं-स्त्री.] 1. रजनी; यामिनी 2. (पुराण) चंद्रमा की पत्नी 3. एक वर्णवृत्त या छंद 4. मल्ल प्रदेश की प्राचीन नगरी।

चंद्रगुप्त [सं-पु.] 1. मौर्यवंश का संस्थापक; मगध राज्य का प्रथम मौर्यवंशी शासक 2. प्राचीन काल में गुप्तवंश का प्रतापी राजा जिसने विक्रमादित्य की उपाधि ग्रहण की थी।

चंद्रग्रहण (सं.) [सं-पु.] वह खगोलीय स्थिति जिसमें सूर्य और चंद्रमा के बीच में पृथ्वी के आ जाने से उसकी छाया पड़ने के कारण चंद्रमा दिखाई नहीं देता है।

चंद्रचूड़ (सं.) [सं-पु.] जिन्होंने चूड़ा अर्थात मस्तक पर चंद्रमा को धारण कर रखा है; शिव।

चंद्रधनु (सं.) [सं-पु.] चाँदनी में दिखाई देने वाला इंद्रधनुषी आभा का वृत्त जो चंद्रमा को घेरे रहता है।

चंद्रधर (सं.) [सं-पु.] चंद्रमा को धारण करने वाला अर्थात शिव; महादेव।

चंद्रपुड़ी [सं-स्त्री.] चावल के आटे की लुचई (पूड़ी)।

चंद्रप्रभ (सं.) [वि.] चाँद की-सी प्रभा या चमकवाला। [सं-पु.] जैनों के आठवें तीर्थंकर,जो महासेन के पुत्र थे।

चंद्रप्रभा (सं.) [सं-स्त्री.] 1. चाँदनी 2. सुंदर स्त्री 3. औषधीय पौधे बकुची और कचूर 4. अर्श और भगंदर जैसे रोगों में ही जाने वाली गुटिका।

चंद्रबाण (सं.) [सं-पु.] प्राचीन समय का एक प्रकार का बाण जिसके सिरे पर चंद्रमा की आकृति का लोहा लगा रहता था।

चंद्रबिंदु (सं.) [सं-पु.] स्वर के अनुनासिक होने का चिह्न जिसमें नीचे चंद्रक और उसके ऊपर एक बिंदु होता है, जैसे- (ँ)।

चंद्रबिंब (सं.) [सं-पु.] 1. चंद्रमा का प्रकाशमय वर्तुलाकार रूप 2. दोपहर के पहले गाया जाने वाला एक राग।

चंद्रभागा [सं-स्त्री.] चनाब नदी का पुराना नाम, जो चंद्र भाग नामक हिमालय के शिखर से निकलने के कारण पड़ा।

चंद्रभाल (सं.) [वि.] जिसके मस्तक पर चंद्रमा हो। [सं-पु.] (पुराण) के अनुसार शिव; महादेव।

चंद्रमंडल (सं.) [सं-पु.] 1. चंद्रमा का पूरा बिंब 2. चंद्रमा के चारों ओर कभी-कभी दिखाई देने वाली गोल परिधि।

चंद्रमा (सं.) [सं-पु.] 1. सौरमंडल में पृथ्वी का उपग्रह जिसका व्यास 3,476 किलोमीटर एवं पृथ्वी से औसत दूरी 384,403 किलोमीटर है; चाँद; मयंक; महताब; राकेश; शशि 2. शीतलता देने वाला कपूर नामक पदार्थ।

चंद्रमुखी (सं.) [वि.] चंद्रमा के समान मुखवाली; परम रूपवती। [सं-स्त्री.] 1. चंद्रमा के समान सुंदर मुखवाली स्त्री; विधुवदनी 2. रूपवती स्त्री।

चंद्रमौलि (सं.) [सं-पु.] शिव; महादेव।

चंद्रयान (सं.) [सं-पु.] चंद्रमा पर भेजा जाने वाला अंतरिक्ष यान; वह यान जो शोध आदि के लिए मनुष्यों को चंद्रमा तक ले जाता है।

चंद्रलेखा (सं.) [सं-स्त्री.] 1. चंद्रकला; चंद्रकिरण 2. (पुराण) एक अप्सरा 3. (काव्यशास्त्र) एक वर्णवृत्त या छंद।

चंद्रलोक (सं.) [सं-पु.] 1. चाँद की दुनिया 2. चंद्रमा का वातावरण।

चंद्रवंश (सं.) [सं-पु.] क्षत्रियों का एक प्राचीन वंश जिसके आदि पुरुष पुरूरवा थे।

चंद्रवदन (सं.) [वि.] चंद्रमा जैसे सुंदर वदन अर्थात मुख वाला; उज्ज्वल; धवल; मोहक।

चंद्रवार (सं.) [सं-पु.] सोमवार।

चंद्रशेखर (सं.) [सं-पु.] शिव।

चंद्रसुत (सं.) [सं-पु.] चंद्रमा का पुत्र बुध।

चंद्रहार (सं.) [सं-पु.] 1. एक प्रकार का काफ़ी भारी कंठहार जिसमें अनेक लड़ियाँ होती हैं; चंदनहार 2. एक प्रकार की आतिशबाज़ी।

चंद्रहास (सं.) [सं-पु.] 1. चंद्रमा की उज्ज्वल आभा 2. चमकती हुई तलवार या खड्ग 3. (रामायण) रावण के खड्ग का नाम।

चंद्रा (सं.) [सं-स्त्री.] 1. चँदोवा 2. खुला दालान 3. छोटी इलायची 4. मरने के समय के कुछ पहले की अवस्था जब टकटकी बँध जाती है।

चंद्रातप (सं.) [सं-पु.] 1. चाँदनी; चंद्रिका; कौमुदी 2. चँदोवा; वितान।

चंद्रिका (सं.) [सं-स्त्री.] 1. चाँदनी; चंद्रमा का प्रकाश; कौमुदी 2. सफ़ेद भटकटैया नामक एक जंगली औषधीय पौधा 3. स्त्रियों के मस्तक पर पहनने का एक आभूषण; टीका।

चंद्रिकोत्सव (सं.) [सं-पु.] शरद पूर्णिमा को होने वाला एक प्राचीन पर्व जिसका उल्लेख संस्कृत साहित्य में भी मिलता है; शरदोत्सव।

चंद्रोदय (सं.) [सं-पु.] 1. चंद्रमा के उदय होने की क्रिया; चंद्रमा के उदय होने का समय 2. एक प्रसिद्ध आयुर्वेदिक औषधि।

चंपई [वि.] चंपा के फूल के रंग का। [सं-पु.] हलका पीलापन लिए उज्ज्वल वर्ण जिससे सुंदरी नायिका के गौर वर्ण की उपमा दी जाती है।

चंपक (सं.) [सं-पु.] 1. एक प्रसिद्ध सुगंधित फूल का वृक्ष; चंपा 2. इस वृक्ष के फूल 3. रात्रि के दूसरे पहर में गाया जाने वाला एक राग।

चंपकारण्य (सं.) [सं-पु.] एक प्राचीन तीर्थस्थल, जो वर्तमान बिहार राज्य में स्थित चंपारन का पुराना नाम।

चंपत [वि.] 1. अनुपस्थित; गैरहाज़िर; नदारद 2. भागा हुआ; गायब; फ़रार। [मु.] **-करना** : कोई सामान चुराना या गायब करना; **-होना** : बिना कहे-सुने नदारद हो जाना।

चंपा (सं.) [सं-पु.] 1. हलका पीलापन लिए मक्खन के-से रंग का फूल जो अपनी तीव्र सुगंध के लिए प्रसिद्ध है 2. उक्त फूल का वृक्ष 3. एक प्रकार का केला जिसका छिलका एकदम पीला होता है 4. घोड़े की एक जाति 5. रेशम के कीड़े की एक प्रजाति।

चंपाकली (सं.) [सं-स्त्री.] गले में पहनने का एक गहना जिसमें सोने से चंपा की कलियों जैसी आकृति के खंड बनाकर रेशमी धागे में पिरो दिए जाते हैं।

चंपी [सं-स्त्री.] सिर या किसी अंग की मालिश; अंग को मालिश करते हुए दबाना।

चंपू (सं.) [सं-पु.] (काव्यशास्त्र) गद्य-पद्य मिश्रित काव्य; ऐसा नाटक या काव्य जिसका कुछ अंश गद्य में हो और कुछ अंश पद्य में।

चंबल[1] [सं-स्त्री.] 1. एक नदी जो भारत में विंध्याचल से निकलकर इटावा के पास यमुना नदी में मिलती है 2. पानी की बाढ़।

चंबल[2] (फ़ा.) [सं-पु.] 1. भीख माँगने का प्याला 2. चिलम के ऊपर का ढक्कन।

चंबी [सं-स्त्री.] कपड़े की छपाई में जिन जगहों पर रंग न चढ़ाना हो, उन्हें बचाने के लिए उपयोग किया जाने वाला कागज़ या मोमजामा; पट्टी।

चउक पुराई [सं-पु.] 1. चौक (अल्पना) बनाने के एवज में दिया गया द्रव्य 2. यज्ञादि के स्थान पर पीले चावल-आटे आदि से बनाई गई आकृति (अल्पना)।

चक[1] (सं.) [सं-पु.] 1. चकवा; चक्रवाक पक्षी 2. पहिया; चक्र 3. चाक जिसपर मिट्टी के बरतन बनते हैं 4. चकई या चकरी नामक खिलौना 5. लकड़ी का एक उपकरण जो करघे में लगता है 6. गोल और उभार वाला एक गहना।

चक[2] (फ़ा.) 1. ज़मीन का बड़ा खंड 2. पुरवा; छोटा गाँव 3. आदेशपत्र 4. दस्तावेज़; लेख्य 5. सीमा; हद 6. वृत्ति; वजीफ़ा।

चकई [सं-स्त्री.] 1. मादा चकवा; चकवी 2. लकड़ी का एक चक्राकार खिलौना जिसमें मोटी डोरी लगी होती है जिससे वह ऊपर-नीचे चढ़ता-उतरता है; चकरी; फिरकी; (यो-यो)।

चककरिया [सं-पु.] 1. मुर्गियों के टापों जैसा डोरियों से बुना एक जाल 2. मछली रखने की टोकरी।

चकडोर [सं-पु.] 1. लट्टू घुमाने और चकई आदि नचाने की डोरी 2. जुलाहों के करघे की एक ख़ास डोरी, जिससे खेसर बंधी होती है।

चकडोरी [सं-स्त्री.] वह डोरी जिससे चकई ऊपर-नीचे आती-जाती है; चकई की डोरी।

चकती (सं.) [सं-स्त्री.] कपड़े, चमड़े आदि का बना गोल या चौकोर टुकड़ा जो वैसी ही किसी दूसरी चीज़ के कटे-फटे स्थान पर लगाया जाता है; चँदिया; पैबंद; थिगली।

चकत्ता (सं.) [सं-पु.] 1. शरीर या त्वचा पर पड़ा गोल दाग या निशान; किसी रोग के कारण कुछ हिस्सों में त्वचा का लाल होकर उभर आना; ददोरा; पित्ती 2. दाँत से काटने का निशान।

चकनाचूर [वि.] 1. जो टूट-टूट कर चूर हो गया हो; चूर्णित; चूर-चूर 2. {ला-अ.} बहुत अधिक थका हुआ; पस्त और शिथिल।

चकपकाना [क्रि-अ.] 1. चकित होना; चौंकना; बहुत अधिक विस्मित होना 2. भय या शंका से परेशान होना।

चकफेरी [सं-स्त्री.] किसी चीज़ के चारों ओर गोल चक्कर में घूमने की क्रिया; परिक्रमा; भँवरी।

चकबंदी (फ़ा.) [सं-स्त्री.] 1. बहुत बड़े चक या भूमि खंड को छोटे-छोटे भागों में बाँटने की क्रिया 2. छोटे-छोटे भूमि खंडों को मिलाकर उनके बड़े विभाग या चक बनाने की क्रिया; चकतराशी 3. क्षेत्रांकन; सीमांकन; पुनर्सीमांकन; मेंड़बंदी।

चकबस्त (फ़ा.) [वि.] वह भूमि जिसका चकों में विभाजन हो चुका हो। [सं-पु.] कश्मीरी ब्राह्मणों का एक वर्ग।

चकमक (तु.) [सं-पु.] एक प्रकार का चमकीला कड़ा पत्थर जिसपर चोट पड़ने से चिनगारी निकलती है, आदिम युग में इसी पत्थर से आग जलाई जाती थी; अग्निप्रस्तर।

चकमा (सं.) [सं-पु.] 1. किसी का ध्यान बँटाकर दिया जाने वाला धोखा; भुलावा; छल 2. बच्चों का एक प्रकार का खेल। [मु.] **-देना** : धोखा देना; छल करना। **-खाना** : धोखे में आ जाना; छला जाना।

चकमेबाज़ (सं.+फ़ा.) [वि.] धोखा या छल करने वाला; चकमा देने वाला; कपटी; छली; ठग; बेईमान।

चकराना (सं.) [क्रि-अ.] 1. हैरान या चकित होना; सकपकाना 2. सिर का चक्कर खाना; सिर घूमना। [क्रि-स.] 1. चकित या स्तंभित करना 2. चक्कर देना; भरमाना 3. करतब दिखाकर अभिभूत करना; चमत्कृत करना।

चकरी (सं.) [सं-स्त्री.] 1. छोटी चक्की 2. बच्चों के खेलने का चकई नामक खिलौना।

चकरेटी [सं-पु.] मिट्टी के बर्तन जिस पहिए या चाक पर बनते हैं, उसे घुमाने का डंडा।

चकला[1] [सं-पु.] 1. रोटी बेलने के लिए लकड़ी या पत्थर का पाट या चौकी 2. वह समतल भूखंड जो दूर तक फैला हो और जिसमें कई गाँव हों। [वि.] चौड़ा।

चकला[2] (तु.) [सं-पु.] वेश्याओं का मुहल्ला या बस्ती; वेश्यालय।

चकलदार (हिं.+फ़ा.) [सं-पु.] वह अधिकारी जो चकले अर्थात विस्तृत भू-भाग की मालगुज़ारी आदि वसूल करता है; किसी भू-खंड या चकले का कर संग्रह करने वाला व्यक्ति।

चकल्लस [सं-स्त्री.] 1. मित्रों के बीच परस्पर की जाने वाली चुहलबाज़ी; छेड़छाड़; हँसी-मज़ाक; ठिठोली 2. झगड़ा-बखेड़ा; टंटा; झंझट।

चकवँड़ (सं.) [सं-पु.] 1. बरसात के मौसम में पनपने वाला एक प्रकार का जंगली पौधा, जिसका उपयोग दवा के लिए भी किया जाता है; चक्रमर्द 2. कुम्हारों का पात्र जो बरतन बनाते समय हाथ तथा मिट्टी को गीला रखने के लिए पानी भरकर चाक के पास रखा जाता है।

चकवा [सं-पु.] काव्य में प्रेम के प्रतिमान के रूप में प्रसिद्ध एक जलपक्षी; चक्रवाक; सुरखाब।

चकवाना [क्रि-अ.] चकपकाना; हैरान होना; चकित होना।

चका [सं-पु.] 1. पहिया; चक्का; चाक 2. परवाह; प्रतीक्षा 3. चक्रवात; चकवा 4. फार का हिस्सा जो बेंट के भीतर घुसा रहता है।

चकाचक [वि.] 1. साफ़-सुथरा; व्यवस्थित 2. ठीक; अच्छा।

चकाचौंध (सं.) [सं-स्त्री.] 1. ऐसी तेज़ रोशनी या चौंध जिसमें आँखें झपकने या चौंधियाने लगें; कौंध; चमक 2. आँख का तेज़ी से झपकना 3. जगमगाहट 4. {ला-अ.} किसी बात से

होने वाली हैरानी।

चकित (सं.) [वि.] 1. विस्मित; अचंभित; आश्चर्यचकित; भौंचक; हैरान 2. उद्‌भ्रांत; भ्रमित; विमूढ़ 3. स्तंभित; स्तब्ध 4. मुग्ध; मोहित चमत्कृत।

चकेरना [सं-पु.] चाक बनाने का एक औजार।

चकैड़ी [सं-स्त्री.] मिट्टी का एक बर्तन।

चकोट [सं-पु.] 1. हाथ के अँगूठे और एक अँगुली के सिरों के बीच किसी की चमड़ी को दबाकर कुचलने या चकोटने की क्रिया; चिकोटी 2. चकोटने से होने वाला घाव 3. गाड़ी के पहिए से ज़मीन पर पड़ने वाली लकीर।

चकोटना [क्रि-स.] 1. चुटकी से मांस खींचना 2. चिकोटी काटना।

चकोतरा (सं.) [सं-पु.] 1. एक प्रकार का वृक्ष जिसपर नीबू की जाति के बड़े आकार और मोटे, हरे छिलके वाले खट्टे-मीठे फल लगते हैं 2. उक्त वृक्ष का फल; जँभीर।

चकोतरी [सं-स्त्री.] दे. कुलबी।

चकोर (सं.) [सं-पु.] 1. तीतर जाति का एक पक्षी जिसे काव्य में चंद्रमा का प्रेमी माना गया है; बटेर; चकोरक 2. सवैया छंद का एक प्रकार।

चकोरी [सं-स्त्री.] 1. मादा चकोर 2. {ला-अ.} किसी के प्रेम में मग्न लड़की या स्त्री।

चक्क (सं.) [सं-पु.] कष्ट; पीड़ा; दर्द।

चक्कर (सं.) [सं-पु.] 1. किसी के चारों ओर मंडलाकार घूमना; परिक्रमा; आवृत्ति; फेरा 2. मंडल; घेरा 3. पहिए की तरह अक्ष पर घूमना 4. घुमावदार या गोलाकार मार्ग 5. लकड़ी या लोहे का पहिया या पहिए जैसी चीज़; कुम्हार का चाक; चक्र 6. किसी रोग आदि के कारण सिर में होने वाला घुमाव 7. हैरानी; परेशानी; झंझट; बखेड़ा 8. रहस्य; गड़बड़ 9. भँवर।

चक्करदार (सं.+फ़ा.) [वि.] 1. घुमावदार; चक्राकार; पेच या फेरवाला; (स्पाइरल) 2. {ला-अ.} फँसाने या उलझन में डालने वाला।

चक्कस [सं-पु.] 1. कबाबदानी; हिच्छा 2. बुलबुल आदि के बैठने का अड्डा।

चक्का [सं-पु.] 1. पहिया; चक्र 2. पहिए की आकृति की गोल वस्तु 3. जमा हुआ टुकड़ा; थक्का, जैसे- दही का चक्का 4. पत्थरों या ईंटों का क्रम से लगाया गया ढेर 5. कुम्हार का चाक।

चक्का जाम [सं-पु.] 1. किसी विरोध या प्रदर्शन के समय मार्ग पर यातायात बाधित होने की अवस्था 2. ऐसी हड़ताल जिसमें सड़क पर वाहनों का यातायात रोक दिया जाता है।

चक्की [सं-स्त्री.] 1. पत्थर के दो गोल पाटों को एक-दूसरे के ऊपर रखकर बनाया जाने वाला अनाज पीसने का यंत्र; जाँता; चाकी 2. अनाज या साबुत मसालों को पीसने की मशीन 3. घुटने की गोल हड्डी।

चक्खी [सं-स्त्री.] 1. चटपटी और नमकीन चीज़; चाट 2. चखने या किसी मादक पेय के साथ थोड़ा खाने के लिए कोई स्वादिष्ट खाद्य पदार्थ; चिखौना।

चक्र (सं.) [सं-पु.] 1. घूमने वाली वस्तु; पहिया 2. वृत्ताकार पथ; परिधि 3. परिक्रमा; चक्कर 4. समय व समाज के संदर्भ में वह अवधि जिसमें कुछ घटित हो और भविष्य में उसकी पुनरावृत्ति हो 5. (पुराण) एक प्राचीन अस्त्र या हथियार, जैसे- विष्णु का चक्र; सुदर्शनचक्र 6. गोल दायरा; गिरदा; वृत्त 7. नदी या समुद्र में उठने वाली भँवर 8. वीरतापरक कार्यों एवं अदम्य साहस के लिए सैनिकों को दिया जाने वाला पदक, जैसे- परमवीरचक्र, अशोकचक्र आदि 9. बंदूक द्वारा गोली चलाने का चरण; (राउंड) 10. (हठयोग) शरीर में विशिष्ट सात स्थान जिन्हें साधना के दौरान साधक की कुंडलिनी पार करती है- मूलाधार, स्वाधिष्ठान, मणिपूर, अनाहत, विशुद्ध, आज्ञा और सहस्त्रार 11. हथेलियों और पदतल की वृत्ताकार रेखाएँ 12. साज़िश; छल; षड्‌यंत्र 13. (ज्योतिष) मीन, मेष, तुला आदि बारह राशियों का समूह।

चक्रक (सं.) [वि.] जो चक्र या पहिए के आकार का हो; गोल; वृत्ताकार। [सं-पु.] 1. मध्यकाल में युद्ध का एक तरीका 2. साँप की एक जाति।

चक्रगति (सं.) [सं-स्त्री.] चक्राकार गति; गोल-गोल घूमना; केंद्र के चारों तरफ़ घूमने की अवस्था, जैसे- चक्र प्रति मिनट।

चक्रण (सं.) [सं-पु.] 1. चक्कर या किसी वृत्त में घूमना 2. घेरा; परिक्रमा।

चक्रधर (सं.) [सं-पु.] 1. (पुराण) सुदर्शन चक्र धारण करने वाले विष्णु; कृष्ण 2. साँप। [वि.] चक्र धारण करने वाला; चक्रधारी।

चक्रनाभि (सं.) [सं-स्त्री.] चक्र या वृत्त का केंद्रबिंदु; मध्यबिंदु।

चक्रपाणि (सं.) [सं-पु.] वह जो हाथ में चक्र धारण करता हो; विष्णु।

चक्रपूजा (सं.) [सं-स्त्री.] तांत्रिकों द्वारा की जाने वाली एक प्रकार की पूजा।

चक्रवर्ती (सं.) [वि.] 1. जिसका राज्य चारों दिशाओं में फैला हुआ हो। [सं-पु.] 1. समुद्र पर्यंत पृथ्वी का स्वामी; सम्राट 2. किसी समूह या दल का अधिपति।

चक्रवाक (सं.) [सं-पु.] चकवा पक्षी; सारस।

चक्रवात (सं.) [सं-पु.] ऐसा तूफ़ान या आँधी जिसमें घुमावदार तेज़ हवा चलती है; बवंडर; (साइक्लोन)।

चक्रवाती (सं.) [वि.] 1. चक्रवात से उत्पन्न 2. चक्रवात से संबंधित 3. तूफ़ानी।

चक्रवृद्धि (सं.) [सं-स्त्री.] कर्ज़ का वह प्रकार जिसमें मूलधन के ब्याज पर भी ब्याज दिया या लिया जाता है; सूद-दर-सूद।

चक्रव्यूह (सं.) [सं-पु.] 1. प्राचीन काल में युद्धक्षेत्र में किसी रणनीति या योजना के तहत बनाई गई सेना की चक्करदार या कुंडलाकार स्थिति; सैनिक मोरचाबंदी 2. भूलभुलैया 3. {ला-अ.} किसी व्यक्ति को फँसाने या हानि पहुँचाने के लिए बिछाया गया जाल; साज़िश 4. {ला-अ.} घेराबंदी।

चक्रांक (सं.) [सं-पु.] वैष्णवों द्वारा शरीर के किसी अंग पर दगवाया गया विष्णु के सुदर्शन चक्र का निशान।

चक्राकार (सं.) [वि.] जो चक्र या पहिए की आकृति का हो;

वृत्ताकार; मंडलाकार; चक्रिल।

चक्रायुध (सं.) [सं-पु.] (पुराण) विष्णु जिनका आयुध चक्र है।

चक्रावर्त [सं-पु.] भँवर।

चक्री (सं.) [सं-पु.] 1. वह जो चक्र धारण करे; विष्णु 2. कुम्हार 3. कुंडली मारकर बैठने वाला साँप 4. चकवा पक्षी 5. चक्रवर्ती राजा।

चक्रीय (सं.) [वि.] 1. चक्र संबंधी 2. चक्र के अनुसार; (साइक्लिक)।

चक्षु (सं.) [सं-पु.] 1. आँख; नेत्र; नयन 2. दृष्टि; नज़र।

चक्षुःश्रवा (सं.) [वि.] नेत्रों से सुनने या अनुभूति करने वाला। [सं-पु.] सर्प; साँप।

चक्षुगोचर (सं.) [वि.] जो आँखों से दिखाई देता हो; दृष्टिगोचर; दृश्यमान।

चख़चख़ (फ़ा.) [सं-स्त्री.] 1. दो पक्षों में होने वाली तकरार; कलह 2. झगड़ा 3. दो व्यक्तियों में होने वाली कहा-सुनी।

चखना (सं.) [क्रि-स.] 1. स्वाद लेने के उद्देश्य से किसी चीज़ को थोड़ा-सा लेकर खाना; स्वाद लेना; ज़ायका लेना 2. आस्वादन करना; रसास्वादन करना 3. {ला-अ.} किसी चीज़ का अनुभव करना, जैसे- लड़ाई का मज़ा चखना।

चख़ाचख़ी (फ़ा.) [सं-स्त्री.] 1. बहुत अधिक लड़ाई-झगड़ा या तकरार 2. ज़ोरों की बहस 3. बहुत ज़्यादा वैर-विरोध या लाग-डाँट।

चखाना [क्रि-स.] स्वाद का परिचय देने के लिए खाद्य पदार्थ किसी को अल्प मात्रा में खिलाना; किसी को कुछ चखने के लिए प्रवृत्त करना।

चघूसगाड़ी [सं-पु.] बच्चों को चलना सिखाने में मददगार गाड़ी; गाड़ा।

चचरा [सं-पु.] एक प्रकार का वृक्ष। [वि.] (स्थानीय) चचेरा।

चचा [सं-पु.] 1. चाचा; पिता का छोटा भाई 2. बड़ी आयु के किसी व्यक्ति के लिए आत्मीयता भरा संबोधन।

चचिया [वि.] संबंध में चाचा या चाची, जैसे- चचिया ससुर, चचिया सास अर्थात पति या पत्नी का चाचा या चाची।

चचींड़ा [सं-पु.] 1. एक प्रकार की लता 2. उक्त लता पर लगने वाला ककड़ी की तरह का फल जिसकी सब्ज़ी बनाई जाती है।

चचुआ [सं-पु.] चका; चक्का; पहिया।

चचेरा [वि.] चाचा या चाची से संबंधित, जैसे- चचेरा भाई (चाचा का बेटा)।

चचोड़ना [क्रि-स.] कोई चीज़ दाँत से खींच-खींचकर या लगभग नोंचकर खाना; चिचोड़ना, जैसे- शेर अपने शिकार को चचोड़ रहा है।

चट [सं-स्त्री.] किसी कड़ी वस्तु के टूटने-चटकने से होने वाली ध्वनि। [वि.] चट्ट; खा-पीकर ख़तम कर दिया गया; चाट-पोंछकर साफ़ कर दिया गया। [मु.] **-कर जाना** : सब खा जाना; हड़पना। [क्रि.वि.] 1. चट की ध्वनि के साथ 2. झट से; शीघ्रता से; तुरंत।

चटक (सं.) [वि.] 1. चटकीला; चमकीला; भड़कीला 2. चटपटा; तीखा 3. खिलता हुआ; ख़ुशरंग; शोख़ 4. {ला-अ.} फुरतीला; तेज़। [क्रि.वि.] जल्दी से; तुरंत; चटपट। [सं-स्त्री.] 1. चंचलता; शोख़ी; फुरती 2. चमक; कांति; चमक-दमक।

चटक-मटक [सं-स्त्री.] 1. नाज़-नख़रा; ठसक 2. सज-धज।

चटकदार (हिं.+फ़ा.) [वि.] 1. चटकीला; तेज; शोख़ 2. जिसमें चमक-दमक हो; शोख़; ख़ुशरंग 3. {ला-अ.} फुरतीला।

चटकना [क्रि-अ.] 1. 'चट-चट' ध्वनि के साथ टूटना या फूटना; तड़कना 2. काँच आदि में दरार पड़ना 3. कपास आदि की बोरी का फटना 4. कलियों का खिलना 5. आपस में झगड़ा होना। [वि.] जल्दी टूटने या चटकने वाला।

चटकल [सं-स्त्री.] कच्चे पाट से पटसन या जूट और जूट की वस्तुएँ निर्मित करने वाला कारख़ाना।

चटका [सं-पु.] 1. आँच से चटक कर टूटी हुई ईंट 2. ताप या शीत से किसी वस्तु का टूटना 3. कपास की फसल को लगने वाला रोग, जिससे फूल झड़ जाते हैं।

चटकाना [क्रि-स.] 1. चट की ध्वनि उत्पन्न करना 2. उँगलियों को खींचते हुए चट की ध्वनि उत्पन्न करना 3. तोड़ना; दूर करना 4. {ला-अ.} चिढ़ाना। [मु.] **-जूतियाँ चटकाना** : निरर्थक इधर-उधर घूमना; आवारागर्दी करना।

चटकीला [वि.] 1. जिसका रंग तेज़ या भड़कीला हो 2. कांतियुक्त; चमकीला; चटकदार 3. छबीला; शोख़; बढ़िया साज-सज्जावाला 4. सुंदर और आकर्षक।

चटकोहा [सं-पु.] पटकी।

चटख [वि.] चटकीला; शोख़।

चटखना [क्रि-अ.] दे. चटकना।

चटखारना [क्रि-अ.] चटखारे भरना; स्वादिष्ट और चटपटे व्यंजन चटखारे लेकर खाना।

चटखारा [सं-पु.] 1. स्वादिष्ट और चटपटी चीज़ खाते समय मुँह से निकलने वाली आवाज़ 2. चटपटी चीज़ों के स्वाद को याद करके उन्हें फिर से खाने की ललक 3. स्वाद का आनंद या लुत्फ़। [मु.] **-चटखारे भरना** : स्वाद ले-लेकर खाना; होठ चाटना।

चटचटाना [क्रि-अ.] (लकड़ियों का) चट-चट की ध्वनि के साथ टूटना, फूटना, जलना।

चटनी [सं-स्त्री.] धनिए, पुदीने की पत्तियों या अन्य भी कई वस्तुओं में तरह-तरह के मसाले तथा स्वाद बढ़ाने वाली सामग्रियाँ मिलाकर तैयार किया गया खट्टा, चरपरा या खटमिट्ठा गाढ़ा घोल जो स्वादवर्धक के रूप में भोजन के साथ खाया जाता है।

चटपट [क्रि.वि.] 1. तुरंत; जल्दी; शीघ्र 2. कम समय में।

चटपटा [वि.] मज़ेदार; मिर्च-मसालेदार; चरपरा। [सं-पु.] चटपटी वस्तु, जैसे- कुछ चटपटा खाने का मन है।

चटपटी [वि.] चटपटा का स्त्रीलिंग रूप। [सं-स्त्री.] 1. उतावली; हड़बड़ी 2. घबड़ाहट; व्याकुलता; व्यग्रता; बेचैनी 3. शीघ्रता; जल्दी।

चटरी [सं-स्त्री.] 1. खेसारी नाम का अन्न; एक चिपटा अन्न; चिपटैया; लतरी 2. रबी की फसल के साथ उगने वाली एक वनस्पति।

चटर्जी [सं-पु.] बंगाली ब्राह्मणों में एक कुलनाम या सरनेम; 'चट्टोपाध्याय' का अँग्रेज़ीकृत रूप।

चटशाला [सं-स्त्री.] पुराने समय में प्रचलित छोटे बच्चों की पाठशाला जहाँ वे गुरु से प्रारंभिक शिक्षा ग्रहण करते थे।

चटाई [सं-स्त्री.] 1. घास, ताड़ के पत्तों अथवा बेंत आदि से तैयार बिछावन या आसन 2. प्लास्टिक के तारों से तैयार बिछावन या आसन।

चटाक [क्रि.वि.] 1. चट शब्द करते हुए 2. झट से; तत्क्षण; तुरंत।

चटाक-पटाक [क्रि.वि.] 1. झटपट; तुरंत 2. शीघ्र; तत्काल।

चटाचट [सं-स्त्री.] 1. वस्तुओं के टूटने-फूटने से निरंतर होने वाली आवाज़ 2. फुर्ती से; फटाफट; झटाझट। [क्रि.वि.] निरंतर; एक के बाद एक।

चटाना [क्रि-स.] 1. अपने हाथ से किसी के मुख तक चाटने की वस्तु पहुँचाना; चाटने की क्रिया कराना 2. तलवार आदि की धार रगड़कर तेज़ करना 3. {ला-अ.} घूस या रिश्वत देना

चटियल [वि.] ऐसा समतल मैदानी स्थान जहाँ पेड़-पौधे आदि बिल्कुल न हों; उजाड़।

चटुल (सं.) [वि.] 1. चपल; चंचल 2. सुंदर; कांतिवान; चमक-दमकवाला।

चटोरा [वि.] चटपटी चीज़ें पसंद करने वाला; जिसे स्वादिष्ट चीज़ें खाने की लत हो; जो चटपटा खाने की कामना करे; स्वादलोलुप; स्वादलोभी।

चटोरापन [सं-पु.] 1. स्वादलोलुपता; चटोरपन 2. भोजनप्रेम।

चट्ट [वि.] ऐसा खाद्य-पदार्थ जिसे अच्छी तरह चाट या खा लिया गया हो; चट; जो खा-पीकर ख़तम कर दिया गया हो (माल)।

चट्टा-बट्टा [सं-पु.] 1. शिशु के लिए काठ के खिलौनों का सेट जिसमें गोले, झुनझुने, चट्टू नामक खिलौने आदि सहित कई चीज़ें रहती हैं 2. बाज़ीगर की थैली से निकलने वाले गोले या गोटी; गोलियाँ। [मु.] **एक ही थैली के चट्टे-बट्टे** : एक जैसे या एक ही तरह के लोग; एक जैसी आदत के लोग।

चट्टा[1] [सं-पु.] 1. ईंटों, बालू, मिट्टी आदि को गिनने या नापने के लिए लगाया गया व्यवस्थित ढेर 2. उजाड़ चटियल मैदान 3. शरीर पर किसी बीमारी के कारण पड़ने वाला चकत्ता; ददोरा।

चट्टा[2] (सं.) [सं-पु.] 1. चेला; शिष्य 2. दास; सेवक।

चट्टान [सं-स्त्री.] 1. पत्थर का बहुत बड़ा और विशाल खंड; पाषाणशिला; शिलाखंड 2. {ला-अ.} चट्टान जैसी मज़बूत, स्थिर और दृढ़ वस्तु।

चट्टानी [वि.] 1. चट्टानों से भरा हुआ स्थान, जैसे- चट्टानी भूखंड 2. {ला-अ.} चट्टान जैसा; मज़बूत; अविचल; अडिग; अटूट, जैसे- चट्टानी इरादे।

चट्टी [सं-स्त्री.] 1. मुख्यतः पर्वतीय यात्रा में मिलने वाले पड़ाव; यात्रियों के ठहरने की जगह 2. एड़ी की तरफ़ का खुला जूता; चप्पल; (स्लीपर)।

चट्टू [वि.] चटोरा; मज़े लेकर खाने वाला। [सं-पु.] काठ का खिलौना जिसे दाँत निकलने के दिनों में छोटे बच्चे मुँह में डालकर चबाते और चूसते हैं।

चट्टोपाध्याय [सं-पु.] बंगाली ब्राह्मण समाज में एक कुलनाम या सरनेम जो अंग्रेज़ों द्वारा उच्चारण में कठिनाई के कारण संक्षिप्त रूप 'चटर्जी' दिया गया।

चटठी [सं-स्त्री.] 1. परसन से तैयार की गई वस्तु जो मवेशियों के ओढ़ने के काम आती है 2. गाँव के नाम से जुड़ा शब्द; स्थानबोधक 3. एक प्रकार का झरना।

चठइल [सं-पु.] एक प्रकार की लता जिसका फल सब्जी बनाने के काम आता है; खेखसा।

चड़चड़ाहट [सं-पु.] आग में जलती लकड़ियों से निकलने वाली आवाज।

चड़ौसा [सं-पु.] वामण्य कोण से बहने वाली हवा (बयार); सुअरा (चंड़वर्षक बयार)।

चड्डा [सं-पु.] जाँघ की जड़; जंघे का ऊपरी भाग। [वि.] मूर्ख।

चड्डी [सं-स्त्री.] कच्छा; जाँघिया; (अंडरवियर)।

चड्ढी [सं-स्त्री.] 1. पीठ की सवारी 2. बच्चों का एक खेल जिसमें वे एक दूसरे की पीठ की सवारी करते हैं।

चढ़के विवाह [सं-पु.] विवाह का एक प्रकार जिसमें बारात जाती है, व्यय भार कन्या पक्ष पर पड़ता है।

चढ़ता [वि.] 1. ऊपर उठता; उभरता; प्रबल होता, जैसे- चढ़ता सूरज 2. बढ़ता, जैसे- चढ़ती नदी या चढ़ती कीमतें।

चढ़ना (सं.) [क्रि-अ.] 1. चढ़ाई या ऊँचाई की तरफ़ जाना; नीचे से ऊपर जाना 2. ऊँचा होना 3. आरोहण करना; सवार होना, जैसे- घोड़े पर चढ़ना 4. ऊपर की ओर उठना 5. नदी आदि में पानी का तल ऊपर होना 6. तेज़ या महँगा होना; (भाव या दाम) बढ़ना 7. दल-बल के साथ कहीं धावा बोलना या पहुँचना; चढ़ाई करना 8. देवता आदि को भेंट देना, जैसे- इस मंदिर में हर साल करोड़ों रुपए चढ़ते हैं 9. {ला-अ.} तरक्की या प्रगति करना; बड़ा ओहदा पाना।

चढ़वाना [क्रि-स.] 1. चढ़ने या चढ़ाने का काम दूसरे से करवाना, जैसे- बेईमान व्यापारी अनाज दबाकर उसके दाम चढ़वा देते हैं 2. किसी को चढ़ने में प्रवृत्त करना।

चढ़ा-ऊपरी [सं-स्त्री.] 1. एक-दूसरे से आगे बढ़ने या निकलने का प्रयत्न करना; प्रतिस्पर्धा; होड़ 2. आर्थिक क्षेत्र में, कोई चीज़ ख़रीदने के समय उसके ख़रीददारों का एक दूसरे से बढ़-चढ़कर मूल्य देने को प्रस्तुत होना।

चढ़ाई [सं-स्त्री.] 1. चढ़ने या ऊँचाई की तरफ़ जाने की क्रिया या भाव 2. ऊपर या ऊँचाई की ओर जाने वाली भूमि 3. आक्रमण; धावा 4. {ला-अ.} उत्थान।

चढ़ाना [क्रि-स.] 1. नीचे से ऊपर की ओर ले जाना; ऊपर जाने को प्रेरित करना 2. प्रविष्ट कराना; घुसाना, जैसे- रोगी को ख़ून चढ़ाना 3. (देवता को) अर्पित करना; चढ़ावे के रूप में देना

4. (शराब) पीना 5. किसी के ऊपर कुछ भार रखना 6. (बही या रजिस्टर में) लिखना; दर्ज करना 7. (धनुष की प्रत्यंचा) खींचना; कसना; तानना 8. किसी वस्तु का मान या मूल्य आदि बढ़ाना; तेज़ करना; तीखा करना 9. {ला-अ.} झूठी प्रशंसा करके किसी के अहंकार को उकसाना।

चढ़ाव [सं-पु.] 1. नीचे से ऊपर की ओर जाती भूमि; 'उतार' का विलोम; चढ़ाई 2. चढ़ावा।

चढ़ावा [सं-पु.] 1. मंदिर या किसी अन्य पूजास्थल पर चढ़ाई जाने वाली सामग्री 2. विवाह के दिन वर पक्ष की ओर से वधू को दिए जाने वाले कपड़े-गहने आदि 3. बढ़ावा; उत्तेजन 4. चौराहे पर रख दी जाने वाली टोटके की सामग्री।

चणक (सं.) [सं-पु.] 1. चना; एक दलहन 2. गोत्र का प्रवर्तन करने वाले एक ऋषि।

चतुःशाल [सं-पु.] चौफड़ा।

चतुर (सं.) [वि.] 1. जिसकी बुद्धि प्रखर हो; होशियार; बुद्धिमान 2. सोच-समझकर एवं सलीके से काम करने वाला; दक्ष 3. दूरदर्शी; विवेकी 4. व्यवहारकुशल।

चतुरंग (सं.) [सं-पु.] 1. चतुरंगिणी सेना के चार अंग- पदाति, अश्व, गज और रथ 2. शतरंज के खेल का प्राचीन भारतीय नाम।

चतुरंगिणी (सं.) [सं-स्त्री.] ऐसी सेना जिसमें हाथी, घोड़े, रथ और पैदल ये चारों अंग हों।

चतुराई (सं.) [सं-स्त्री.] 1. चतुरता; होशियारी 2. विवेकशीलता; बुद्धिमत्ता।

चतुरानन (सं.) [वि.] जिसके चार मुख हों; चार मुखोंवाला। [सं-पु.] ब्रह्मा, पुराणों में जिनके चार मुँह माने जाते हैं।

चतुराश्रम (सं.) [सं-पु.] प्राचीन भारतीय परंपरा के अनुसार मानव जीवन के चार आश्रम या अवस्थाएँ- ब्रह्मचर्य, गार्हस्थ्य, वानप्रस्थ और संन्यास।

चतुरी [सं-स्त्री.] एक प्रकार की पतली लंबी नाव, जो एक ही पेड़ के तने को खोदकर बनाई जाती है।

चतुर्थ (सं.) [वि.] चौथा; गिनती या क्रम में चार की संख्या पर पड़ने वाला, जैसे- चतुर्थ श्रेणी। [सं-पु.] एक ताल।

चतुर्थांश (सं.) [सं-पु.] किसी चीज़ के चार बराबर भागों में से एक; चौथाई।

चतुर्थी (सं.) [सं-स्त्री.] 1. चंद्र मास के किसी पक्ष की चौथी तिथि; चौथ 2. (संस्कृत व्याकरण) संप्रदान कारक या उसमें लगने वाली विभक्ति।

चतुर्दश (सं.) [वि.] चौदह; चौदहवाँ।

चतुर्दशपदी (सं.) [सं-स्त्री.] पाश्चात्य शैली की एक कविता जिसमें कुछ विशिष्ट नियमों के अनुसार केवल चौदह पंक्तियाँ होती हैं और प्रत्येक पंक्ति में प्रायः दस अक्षर होते हैं। हिंदी में कवि त्रिलोचन ने विशेष रूप से इस शैली को अपनाया है; (सॉनेट)।

चतुर्दशी (सं.) [सं-स्त्री.] चंद्र मास के किसी पक्ष की चौदहवीं तिथि।

चतुर्दिक (सं.) [क्रि.वि.] चारों दिशाओं में; चारों ओर; हर ओर। [सं-स्त्री.] चार दिशाएँ- पूरब, पश्चिम, उत्तर तथा दक्षिण।

चतुर्दिश [सं-पु.] 1. पूरब, पश्चिम, उत्तर तथा दक्षिण- चारों दिशाओं का समाहार। [क्रि.वि.] हर ओर; चारों तरफ़।

चतुर्धाम (सं.) [सं-पु.] हिंदू धर्म के प्रमुख चार तीर्थ; चारों धाम- द्वारिका (द्वारका), रामेश्वरम, पुरी और बद्रिकाश्रम।

चतुर्भुज (सं.) [सं-पु.] 1. (ज्यामिति) चतुष्कोण क्षेत्र; वह आकार जिसकी चार भुजाएँ हों 2. विष्णु।

चतुर्भुजी [सं-पु.] 1. एक वैष्णव संप्रदाय 2. इस संप्रदाय के सदस्य।

चतुर्मास (सं.) [सं-पु.] 1. आषाढ़ माह के शुक्ल पक्ष की एकादशी से कार्तिक माह के शुक्ल पक्ष की एकादशी तक की अवधि जिसमें विवाह आदि मंगल कार्य वर्जित हैं 2. बौद्ध भिक्षुओं तथा जैन मुनियों की यात्रा-निषेध की अवधि; चातुर्मास।

चतुर्मुख (सं.) [सं-पु.] 1. ब्रह्मा 2. संगीत में एक प्रकार का चौताला ताल। [वि.] चार मुँहों वाला।

चतुर्युग (सं.) [सं-पु.] 1. चार युग- सतयुग, त्रेता, द्वापर और कलियुग 2. इन चार युगों का समूह।

चतुर्युगी (सं.) [सं-स्त्री.] 1. चार युगों का समूह 2. तैंतालीस लाख बीस हज़ार वर्ष का समय।

चतुर्वर्ग (सं.) [सं-पु.] भारतीय परंपरा के अनुसार मानव जीवन के चार पुरुषार्थ- धर्म, अर्थ, काम और मोक्ष।

चतुर्वर्ण (सं.) [सं-पु.] प्राचीन भारतीय परंपरानुसार मनुष्यों के चार वर्ण- ब्राह्मण, क्षत्रिय, वैश्य और शूद्र जिनके कार्य और कर्तव्य भी बँधे हुए थे।

चतुर्विध (सं.) [वि.] 1. चार प्रकार का 2. चारों तरफ़ का।

चतुर्वेदी (सं.) [वि.] चारों वेदों का ज्ञाता। [सं-पु.] ब्राह्मण समाज में एक कुलनाम या सरनेम।

चतुष्कोण (सं.) [वि.] (ज्यामिति) चार कोणोंवाला; चौकोर; चौकोना। [सं-पु.] चार कोणों वाला आकार।

चतुष्टय (सं.) [सं-पु.] 1. चार की संख्या 2. चार चीज़ों का वर्ग या समूह, जैसे- पुरुषार्थ चतुष्टय।

चतुष्पद (सं.) [वि.] 1. चतुष्पाद; चार पैरोंवाला; चौपाया; चौपद 2. चार पदोंवाला (पद्य)। [सं-पु.] वह पशु या वस्तु जिसके चार पैर हों।

चतुष्पदी (सं.) [सं-स्त्री.] 1. ऐसा गीत या पद्य जिसमें चार चरण या पद हों 2. चौपाई नामक छंद 3. चार पंक्तियों का पद्य जिसमें दूसरी और चौथी पंक्तियाँ तुकांत होती हैं; अँग्रेज़ी का 'क्वाट्रेन' छंद।

चतुष्पाद (सं.) [वि.] चार पैरोंवाला। [सं-पु.] चौपाया जानवर।

चत्वर (सं.) [सं-पु.] 1. जहाँ चारों ओर से चार सड़कें आकर मिलती हों; चौमुहानी; चौराहा 2. चौकोर क्षेत्र या स्थान 3. हवन की वेदी या चबूतरा।

चदरिया [सं-स्त्री.] दे. चादर।

चद्दर (फ़ा.) [सं-स्त्री.] 1. ओढ़ने और बिछाने का कपड़ा; चादर 2. लोहे, पीतल आदि धातुओं का लंबा-चौड़ा पतला

पत्तर; पतरा; (शीट)।

चनकना [क्रि-अ.] 1. 'चट-चट' शब्द करते हुए टूटना; चिटकना; तड़कना 2. {ला-अ.} खीझना।

चनवर [सं-पु.] कौर; ग्रास।

चनसुर [सं-पु.] 1. एक प्रकार का साग जिसका दाना औषधि के रूप में प्रयोग में आता है 2. एक प्रकार का पौधा जिसके पत्तों को पीस कर चटनी बनाई जाती है।

चना (सं.) [सं-पु.] 1. चैत में पकने वाला दलहन समूह का एक प्रसिद्ध पौधा; होला 2. इस पौधे से प्राप्त दाना जो भूनकर, पीसकर तथा दाल के रूप में खाया जाता है; छोला; बूट।

चनाचूर [सं-पु.] चने से बना चटपटा, नमकीन, कुरकुरा खाद्य पदार्थ।

चनौरी [सं-स्त्री.] एक प्रकार की मिठाई।

चन्नातारहं [सं-स्त्री.] हथेली की एक प्रकार की मेंहदी-रचाई।

चपकन [सं-स्त्री.] 1. एक प्रकार का अंगा; अँगरखा 2. किवाड़, संदूक आदि में लोहे, पीतल आदि का बना हुआ दोहरा साज या कुंडी जिसमें ताला लगाकर बंद किया जाता है।

चपकुलश (तु.) [सं-स्त्री.] 1. झंझट; अड़चन या कठिनाई की स्थिति 2. लड़ाई; झगड़ा 3. भीड़-भाड़ की अधिकता।

चपटना [सं-स्त्री.] धान में लगने वाली एक प्रकार की हरी मक्खी [क्रि-अ.] चिपकना; चिमटना।

चपटा [वि.] 1. जो दबा हुआ हो; जिसकी सतह उठी हुई न हो; जिसमें उतार-चढ़ाव न हो 2. समतल; मैदानी।

चपटासिंगी [सं-स्त्री.] चिपटे सींगों वाली भैंस।

चपड़-चपड़ [सं-स्त्री.] 1. कुत्ते, बिल्ली तथा शेर आदि द्वारा पानी या तरल पदार्थ पीते समय होने वाली आवाज़ 2. बहुत ज़्यादा और बेमतलब की बात; चबर-चबर।

चपड़ा [सं-पु.] 1. साफ़ की हुई लाख का पत्तर 2. लाल रंग का एक प्रकार का पतंगा जो गंदे या सीलन वाले स्थानों में रहता है 3. जहाज़ के मस्तूल में बाँधी जाने वाली रस्सी।

चपत (सं.) [सं-स्त्री.] 1. हाथ से किसी के सिर पर धीरे से मारना; स्नेह से लगाया जाने वाला हलका थप्पड़ 2. तमाचा 3. {ला-अ.} आर्थिक नुकसान; क्षति।

चपना [क्रि-अ.] 1. नीचे की ओर धँसना 2. दबाव में पड़ना; दबना 3. कुचल जाना 4. किसी के सामने लज्जित भाव से चुप रहना।

चपनी [सं-स्त्री.] 1. सामान ढकने का छोटा कटोरा; छिछली कटोरी 2. बरतनों का ढक्कन 3. घुटने की हड्डी; चक्की।

चपरगट्टू [वि.] 1. विपत्ति से ग्रसित; दुख का मारा; अभागा 2. चारों ओर से दबोचा हुआ।

चपरनी [सं-स्त्री.] वेश्याओं का गाना (वेश्याओं की बोली); मुजरा।

चपराना [क्रि-स.] किसी को झूठा बनाना; झुठलाना।

चपरास (फ़ा.) [सं-स्त्री.] चौकीदार, अरदली आदि कर्मियों द्वारा कमरपेटी या परतले में लगाकर पहना जाने वाला पीतल या किसी अन्य धातु का बिल्ला जिसपर उनके कार्यालय का नाम, चिह्न आदि खुदे होते हैं।

चपरासी (फ़ा.) [सं-पु.] 1. कार्यालय में पत्र आदि लाने या ले जाने तथा साफ़-सफ़ाई करने वाला कर्मचारी 2. चौकीदार; सिपाही 3. अरदली।

चपरैला [सं-पु.] एक प्रकार की घास; कूरी।

चपल (सं.) [वि.] 1. चंचल; कहीं न टिकने वाला; चुलबुला 2. शांत या स्थिर न रहने वाला; उतावला। [सं-पु.] 1. पारा जो कभी स्थिर नहीं हो पाता; पारद 2. मछली।

चपलता (सं.) [सं-स्त्री.] 1. चंचलता; अस्थिरता 2. शीघ्रता; जल्दी; जल्दबाज़ी 3. धूर्तता; चालाकी 4. ढिठाई; अशिष्टता।

चपला (सं.) [सं-स्त्री.] 1. बादलों में चमकने वाली बिजली 2. लक्ष्मी 3. चंचल स्त्री 4. पिप्पली नामक औषधि 5. भाँग 6. मदिरा।

चपाती [सं-स्त्री.] गेंहू के आटे की पतली रोटी; फुलका; फुलकी।

चपाना [क्रि-स.] 1. किसी को दबाना 2. रस्सी या सूत के दो टुकड़ों को बटकर जोड़ना।

चपेट (सं.) [सं-स्त्री.] 1. लपेट; घेरा 2. धक्का; झोंका 3. प्रहार; आघात; टक्कर 4. थप्पड़; तमाचा 5. कठिनाई या संकट की स्थिति, जैसे- अमेरिका में पूरा शहर चक्रवात की चपेट में।

चपेटना (सं.) [क्रि-स.] 1. अचानक आक्रमण या प्रहार करके दबाना; दबोचना 2. अचानक संकट में डालना 3. डाँटना; फटकारना।

चपेटा [सं-पु.] 1. चपेट; चपेटने की क्रिया, परिणाम या भाव 2. धक्का; झोंका 3. प्रहार; आघात; टक्कर 4. थप्पड़; तमाचा 5. कठिनाई या संकट की स्थिति।

चपोट [सं-पु.] 1. कुदाल 2. कुदाल की धार; फरी।

चप्पल [सं-स्त्री.] रबर या चमड़े की पट्टी लगा खड़ाऊँ जैसा खुली एड़ी का जूता जिसमें पंजा प्रायः खुला रहता है।

चप्पा (सं.) [सं-पु.] 1. चार अंगुल जितनी जगह; बहुत थोड़ा-सा स्थान 2. चौथाई हिस्सा; चतुर्थांश।

चप्पी [सं-स्त्री.] 1. चंपी; मालिश 2. सेवाभाव से धीरे-धीरे हाथ-पैर दबाने की क्रिया।

चप्पू [सं-पु.] नाव को खेने या चलाने की डाँड़; वह डाँड़ जो पतवार का काम भी करती है।

चबर-चबर [सं-स्त्री.] चपड़-चपड़; बकवास; व्यर्थ की बात-चीत।

चबला [सं-पु.] पशुओं के मुँह में होने वाला एक रोग; लाल रोग।

चबाना (सं.) [क्रि-स.] 1. किसी चीज़ को मुँह में लेकर दाँतों से कुचलना; काटना; चाबना 2. खाना 3. {ला-अ.} मारना या नष्ट करना।

चबूतरा [सं-पु.] 1. ईंट या पत्थर से बनी ऊँची जगह; (प्लेटफ़ार्म) 2. घर के सामने की ओर बना हुआ बैठने का ऊँचा और चौरस स्थान; चौंतरा; ओटला 3. किसी उपदेव या देवी का चौरा 4. समाधि-स्थल पर बनाई गई ऊँची उठी हुई आयताकार रचना।

चबेना [सं-पु.] चबाकर खाने के लिए सूखा भुना हुआ अन्न;

दाना, भूँजा, मुरमुरा, नमकीन, चिवड़ा, खील आदि।

चबैनी [सं-स्त्री.] सीरा में पगे मीठे सेव; जलपान की सामग्री; वह धन या रकम जो जलपान आदि के लिए दी जाए।

चभुकी [सं-स्त्री.] कोड़ा; चाबुक।

चभोरना [क्रि-स.] 1. तरल पदार्थ में कोई चीज़ डुबाना; तर करना 2. किसी को ज़बरदस्ती गहरे पानी में गोता दिला देना।

चमक [सं-स्त्री.] 1. चमकने की क्रिया या भाव; चमचमाहट; तेज; दीप्ति; दमक 2. चमकीलापन; आभा; कांति; ओप; उजास 3. रोशनी 4. शरीर के किसी भी अंग में होने वाली आकस्मिक पीड़ा; झटका लगने से होने वाला दर्द; चिलक 5. चौंकने की क्रिया; चौंक; भड़क। [मु.] **उठना** : ख़ूब प्रसन्न होना या ख़ुशी प्रकट करना।

चमक-दमक [सं-स्त्री.] 1. चमचमाहट; तड़क-भड़क 2. दीप्ति; आभा 3. चमकने और दमकने की क्रिया, गुण या भाव।

चमकचूँड़ी [सं-स्त्री.] काड़ा का एक प्रकार।

चमकदार (हिं.+फ़ा.) [वि.] 1. जिसमें चमक हो; चमकीला 2. जगमग; आलोकित; उजला; ज्योतिर्मय; कांतिमान; उज्ज्वल 3. आकर्षक; भव्य; पॉलिशदार; स्वच्छ।

चमकना [क्रि-अ.] 1. जगमगाना; प्रदीप्त होना; दमकना 2. कौंधना; दिपदिपाना 3. आनंद से किसी के चेहरे का उज्ज्वल होना 4. चौंकना 5. {ला-अ.} तरक्की हासिल करना; प्रसिद्ध होना। [वि.] 1. ख़ूब चमक देने वाला 2. जल्दी बिदकने या चौंकने वाला, जैसे- बैल, हिरन आदि।

चमकनी [सं-स्त्री.] लाल-पीली चीज को देखकर भड़कने वाली गाय [वि.] 1. चमक या भड़क जाने वाली 2. हाव- भाव करने वाली।

चमकवाना [क्रि-स.] किसी वस्तु को साफ़ करके चमक उत्पन्न कराना; चमकाने का काम करवाना।

चमका [सं-पु.] जौ-गेहूँ के फूल मर जाने का रोग।

चमकाऊ [सं-पु.] 1. चमकाने वाला 2. (पत्रकारिता) पृष्ठ को अधिक रोचक और आकर्षक बनाने के उद्देश्य से प्रकाशित किया जाने वाला संक्षिप्त और रोचक समाचार या शीर्षक।

चमकाना [क्रि-स.] 1. किसी बरतन, फ़र्नीचर आदि में (पॉलिश आदि द्वारा) चमक लाना; चमकदार बनाना; उज्ज्वल करना 2. चौंकाना 3. प्रकाशित करना 4. उभारना 5. {ला-अ.} कीर्ति, वैभव, सफलता आदि से युक्त करना।

चमकी [सं-स्त्री.] 1. ज़री के चमकीले छोटे टुकड़े; ज़री की कतरन 2. कपड़ों पर ज़री से बेल-बूटे बनाने में काम आने वाले सितारे।

चमकीला [वि.] 1. चमकने वाला; चमकदार; प्रकाशमान 2. भड़कीला 3. पालिशदार; चिकना।

चमगादड़ [सं-स्त्री.] 1. केवल रात में बाहर निकल कर उड़ने वाला चूहे की शक्ल का एक स्तनधारी जीव 2. {ला-अ.} ऐसा व्यक्ति जिसका कोई अपना मत या सिद्धांत न हो और जो स्वार्थवश किसी भी पक्ष से मिल जाता हो।

चमचम [सं-स्त्री.] छेने से बनने वाली रसगुल्ले जैसी एक बंगाली मिठाई। [वि.] ख़ूब चमकता हुआ; चमकीला; भव्य; पॉलिशदार।

चमचमाना [क्रि-स.] चमकाना; इतना साफ़ करना कि चमकने लगे। [क्रि-अ.] चमकना; प्रकाशमान होना; जगमगाना।

चमचा (तु.) [सं-पु.] 1. पकाते समय खाना हिलाने-चलाने का डंडीदार पात्र; बड़ा चम्मच 2. नाव में डाँड़ का अग्रभाग 3. {व्यं-अ.} चापलूस; ख़ुशामद करने वाला व्यक्ति।

चमड़भेट [सं-पु.] बकरे का कटा कान।

चमड़ा (सं.) [सं-पु.] 1. प्राणियों (विशेषकर चौपायों) के मृत शरीर पर से उतारा हुआ चर्म जिससे जूते, बैग आदि चीज़ें बनती हैं; चर्म; खाल 2. प्राणियों के शरीर का ऊपरी आवरण; त्वचा; चर्म। [मु.] **-उधेड़ना या खींचना** : बहुत पिटाई करना या मारना; कड़ा दंड देना।

चमड़िया टंट-घंट [सं-पु.] चमड़भेंट संबंधी पूजा या कर्मकांड।

चमड़ी [सं-स्त्री.] त्वचा; चर्म।

चमत्कार (सं.) [सं-पु.] 1. ऐसा अद्भुत कार्य जिससे आश्चर्य की अनुभूति हो; करामात; करिश्मा 2. अलौकिकता का भ्रम पैदा करने वाली घटना; (मिरकल) 3. (साहित्य) विषय-विविधता या प्रस्तुति के कौशल द्वारा पाठक को चमत्कृत या आनंदित करने की क्रिया, जैसे- कविता या कहानी का चमत्कार।

चमत्कारी (सं.) [वि.] 1. विलक्षण काम करने वाला; चमत्कार दिखाने वाला 2. जिसमें कोई चमत्कार या करामात हो; चमत्कारयुक्त; करामाती।

चमत्कृत (सं.) [वि.] चमत्कार देखकर अभिभूत; आश्चर्यचकित; विस्मित; चकित; चौंका हुआ; जिसे अचंभा हुआ हो।

चमन (फ़ा.) [सं-पु.] 1. उपवन; फुलवारी; फूलों का बगीचा 2. {ला-अ.} हरा-भरा आनंदपूर्ण वातावरण।

चमर (सं.) [सं-पु.] 1. चमरी गाय या सुरागाय की पूँछ का बना हुआ चँवर 2. सुरागाय 3. एक दैत्य का नाम।

चमरख [सं-स्त्री.] चरखे में लगी हुई चमड़े की चकती जिसमें तकला या तकुआ पहनाया जाता है।

चमरबरहा [सं-पु.] फागुन महीने की बारिश (इस महीने की बारिश अहितकर होती है, इसमें पशु मरते हैं, इसलिए इसे चमरबरहा कहा जाता है)

चमरस [सं-पु.] चमड़े के नए जूते की रगड़ से पैर में होने वाला घाव।

चमाइन [सं-स्त्री.] एक अनुसूचित जाति (चमार) की स्त्री; चमारिन।

चमाचम [वि.] चमकदार; चमचमाता हुआ; अत्यंत साफ़-सुथरा; स्वच्छ।

चमार (सं.) [सं-पु.] 1. एक जाति या समाज जिसके सदस्य प्राचीन समय में चमड़े की चीज़ों को बनाने तथा बेचने का व्यवसाय करते थे; चर्मकार 2. उक्त समुदाय या जाति का सदस्य।

चमू (सं.) [सं-स्त्री.] 1. फ़ौज; सेना 2. प्राचीनकाल की चतुरंगिणी सेना।

चमेठी [सं-स्त्री.] पालकी के कहारों की एक प्रकार की बोली।

चमेली (सं.) [सं-स्त्री.] एक प्रकार की लता या झाड़ी तथा उसका ख़ुशबूदार सफ़ेद फूल; मल्लिका; गुल यासमीन; (जैसमीन)।

चमोटा (सं.) [सं-पु.] चमड़े का एक टुकड़ा जिसपर रगड़कर छुरे आदि में धार दी जाती है।

चमोटी [सं-स्त्री.] 1. कोड़ा; चाबुक; कशा 2. पतली छड़ी; कमची; बेंत 3. वह चमड़ा जो पैरों को लोहे की रगड़ से बचाने के लिए बेड़ियों के भीतरी भाग में लगाया जाता है 4. छोटा चमोटा।

चम्मच (तु.) [सं-पु.] 1. खाना पकाने में काम आने वाला करछुल जैसा एक डंडीदार पात्र; एक प्रकार की छोटी हलकी कलछी; खाने-पीने के पदार्थों को मिलाने और निकालने का पात्र 2. तरल या गाढ़ी भोजन सामग्री उठाकर मुँह तक लाने वाला छोटा डंडीदार पात्र; (स्पून)।

चम्मोरानी [सं-पु.] बच्चों का एक प्रकार का खेल; सात समुंदर।

चय (सं.) [सं-पु.] 1. समूह; ढेर; राशि 2. टीला; ढूह 3. किला; गढ़ 4. किले की चहारदीवारी; दुर्ग की प्राचीर।

चयन (सं.) [सं-पु.] 1. चुनना; इकट्ठा करना 2. फूल चुनना 3. चुनने का काम; (सिलेक्शन) 4. चुनी हुई चीज़ों का संग्रह; संचय; संकलन 5. एकत्रित वस्तुओं में से अनावश्यक वस्तुओं का पृथक्करण करके आवश्यक वस्तुओं को रखना; छँटाई 6. किसी पद पर नियुक्ति के लिए निर्वाचन।

चयनकर्ता (सं.) [वि.] चयन करने वाला; कई में से चुनकर अलग करने वाला; चयनक।

चयनिका (सं.) [सं-स्त्री.] 1. एक ऐसा संग्रह जिसमें कविताओं, कहानियों या लेखों का समुच्चय हो 2. पत्र-पत्रिकाओं आदि का वह स्तंभ जिसमें दूसरी पत्र-पत्रिकाओं से लिए गए अच्छे लेख, टिप्पणियाँ या उनके सारांश हों।

चयनित (सं.) [वि.] 1. जो चुना गया हो; जिसका चयन हुआ हो; निर्वाचित 2. किसी प्रवेश परीक्षा में उत्तीर्ण या सफल।

चया [सं-पु.] पर्त।

चयित (सं.) [वि.] 1. चयन किया हुआ; चुना हुआ 2. जिसका संग्रह किया गया हो; चुनकर एकत्रित किया हुआ।

चर (सं.) [वि.] 1. जो अचल न हो; गतिमान; चलने वाला; विचरण करने वाला, जैसे- जलचर, नभचर आदि प्राणी 2. चल; जंगम 3. जो अपनी जगह से इधर-उधर होता हो, जैसे- चर नक्षत्र। [सं-पु.] 1. भेदिया; गुप्तदूत; जासूस; तथ्यान्वेषक 2. कार्यकर्ता; नौकर; परिचारक 3. नदी किनारे की भूमि।

चरई (सं.) [सं-स्त्री.] 1. पशुओं को चारा देने-खिलाने के लिए पत्थर आदि का बना हुआ हौज; नाँद; चरनी 2. जुलाहों के कार्य के संदर्भ में वह स्थान जहाँ ताने के सूत छोटे तागों से बाँधे जाते हैं।

चरकटा [सं-पु.] 1. वह व्यक्ति जो पशुओं के लिए चारा, घास आदि काटने का काम करता हो 2. गाली के रूप में भी प्रयुक्त शब्द।

चरकहा [सं-पु.] छाँटीकट्टा।

चरका [सं-पु.] गड्डुआ नाम का एक अन्न।

चरख (फ़ा.) [सं-पु.] 1. पहिए के आकार का घूमने वाला गोल चक्का 2. ऐसी गाड़ी जिसपर तोप रखी रहती है 3. चरखा; चरखी; घिरनी 4. लकड़बग्घा नामक वन्य प्राणी।

चरखा (फ़ा.) [सं-पु.] 1. हाथ से खादी का सूत कातने का एक यंत्र 2. तारकशों का तार खींचने का औज़ार 3. सूत लपेटकर लच्छी बनाने का यंत्र 4. रहट; घिरनी 5. कुश्ती में विपक्षी पहलवान को चित्त करने का पेंच 6. {ला-अ.} झंझट भरा काम।

चरखी [सं-स्त्री.] 1. छोटा चरखा; सूत लपेटने की फिरकी 2. पहिए की तरह घूमने वाली कोई वस्तु 3. कपास से बिनौले अलग करने वाली ओटनी 4. चक्कर खाकर छूटने वाली एक आतिशबाज़ी 5. गराड़ी या घिरनी जिसपर से कुएँ से पानी निकालने वाले डोल की रस्सी गुजरती है।

चरगोड़ी [सं-पु.] चार बैलों द्वारा संभलने वाला पाटा।

चरचराना [क्रि-अ.] 1. 'चर-चर' ध्वनि के साथ टूटना या जलना 2. घाव के आस-पास के चमड़े का सूखने के कारण चर्राना 3. कच्चे घाव पर कोई तेज़ दवा लगने पर जलना।

चरण (सं.) [सं-पु.] 1. पैर; पाँव; पग; कदम; डग 2. किसी काम को पूरा करने के विभिन्न दौर, जैसे- पहले चरण या दूसरे चरण का काम 3. विकास की अवस्था; सिलसिला; क्रम 4. श्लोक का चौथा भाग; किसी छंद का एक निश्चित अंश या पाद।

चरण-धूलि (सं.) [सं-स्त्री.] पूज्य व्यक्तियों के चरणों की धूल या चरणरज, जो लोकमान्यतानुसार पवित्र मानी जाती है।

चरण-पादुका (सं.) [सं-स्त्री.] 1. खड़ाऊँ; पाँवड़ी 2. पत्थर पर बना हुआ पैर का चिह्न 3. किसी धातु या पत्थर पर उकेरे हुए किसी देवता के पैर।

चरण-स्पर्श (सं.) [सं-पु.] पूज्यजनों के अभिवादन के लिए प्रयुक्त होने वाली उक्ति; श्रद्धा और आदर के साथ पैर छूना; नमन।

चरणकमल (सं.) [सं-पु.] 1. कमल के समान सुंदर पैर या चरण; पादपद्म 2. {ला-अ.} किसी ज्ञानी, आदरणीय या गुरु सदृश व्यक्ति के चरणों के लिए प्रयोग किया जाने वाला शब्द।

चरणचिह्न (सं.) [सं-पु.] 1. पैरों के निशान; पदचिह्न 2. {ला-अ.} किसी प्रसिद्ध या आदर्श व्यक्ति के गुणों या स्वभाव के स्थापित प्रतिमान या आदर्श।

चरणदास (सं.) [वि.] 1. चरणों की सेवा करने वाला; दास 2. अठारहवीं-उन्नीसवीं शताब्दी के एक संत जिन्होंने चरणदासी संप्रदाय का प्रवर्तन किया।

चरणरज (सं.) [सं-स्त्री.] किसी पूज्य व्यक्ति के चरणों की धूल; चरण-धूलि। [मु.] **-पड़ना** : किसी प्रसिद्ध व्यक्ति का आगमन होना।

चरणसेवा (सं.) [सं-स्त्री.] किसी बुज़ुर्ग या पूज्य व्यक्ति की चरण दबाकर सेवा; ख़िदमत।

चरणामृत (सं.) [सं-पु.] 1. पूजन-हवन आदि कर्मकांड में प्रयोग किया जाने वाला दूध, दही, घी, चीनी, शहद आदि का

मिश्रण जिसे पवित्र समझकर प्रसाद के रूप में ग्रहण किया जाता है; पंचामृत 2. चरणोदक।

चरणोदक (सं.) [सं-पु.] 1. प्राचीन रीति के अनुसार वह पानी जिससे किसी देव मूर्ति के चरण धोकर उसे अमृत मानकर पिया जाता है 2. दूध, दही, घी, चीनी, शहद आदि का मिश्रण जिससे देव मूर्तियों को स्नान कराया जाता है और जिसे पवित्र मानकर पिया जाता है; चरणामृत।

चरन [सं-पु.] दे. चरनी।

चरना (सं.) [क्रि-स.] पशुओं का मैदानों, खेतों आदि में उगे घास-पौधे इत्यादि खाना। [क्रि-अ.] 1. पशुओं का घास आदि खाने के लिए चरागाह या मैदानों में फिरना 2. इधर-उधर घूमना-फिरना; चलना; विचरण करना। [सं-पु.] सुनारों का गहनों पर सीधी लकीर बनाने का औज़ार।

चरनामिरती [सं-पु.] 1. देवमूर्ति को स्नान कराने में प्रयुक्त जल; चरणामृत 2. कुछ सफेद खुर वाली गाय।

चरनी [सं-स्त्री.] 1. पशुओं के चरने का स्थान; चरी; चरागाह 2. वह नाँद या हौज जिसमें पशुओं को खाने के लिए चारा दिया जाता है 3. मवेशियों का चारा।

चरपतिया [सं-स्त्री.] पानी में उगने वाली चार पत्तियों वाली घास।

चरपरा [वि.] 1. ऐसा खाद्य पदार्थ जिसमें खटाई, मिर्च आदि अधिक मात्रा में मिला हुआ हो; चटपटा; मसालेदार 2. तीखे स्वादवाला; झालदार; तीता।

चरपराहट [सं-स्त्री.] 1. (स्वाद का) तीखापन 2. घाव आदि के सूखने की अवस्था में होने वाली चरचराहट।

चरबा (फ़ा.) [सं-पु.] 1. हिसाब, लेखे आदि का लिखा हुआ पूर्वरूप; ख़ाका; मसौदा 2. वह बारीक कागज़ जिसे ऊपर रखकर नीचे रखे चित्र या नक्शे का अक्स उतारते हैं 3. नक़ल; प्रतिलिपि।

चरबी (फ़ा.) [सं-स्त्री.] 1. वसा; सफ़ेदी लिए हुए पीले रंग का एक चिकना गाढ़ा पदार्थ जो प्राणियों के शरीर में पाया जाता है; मेद 2. {ला-अ.} मोटापा; मोटाई। [मु.] **-चढ़ना** : घमंडी होना। **-आँखों पर चरबी छाना** : अहंकार या मद में किसी की बात पर ध्यान न देना।

चरम (सं.) [वि.] 1. आख़िरी हद या पराकाष्ठा पर पहुँचा हुआ, जैसे- चरम सुख 2. अत्यधिक; परम 3. सबसे ऊँचा या ऊपर का। [सं-पु.] सुख या उत्तेजना की अधिकतम ऊँचाई; (क्लाइमैक्स)।

चरमपंथी [सं-पु.] वह जो सामाजिक बुराइयों को शक्ति प्रयोग द्वारा ख़तम करने के पक्ष में हो; चरमवादी; उग्रपंथी।

चरमराना [क्रि-अ.] 1. किसी वस्तु का चरमर ध्वनि करना, जैसे- चारपाई का चरमराना 2. मचकना; जोड़ ढीले पड़ जाना 3. {ला-अ.} कमज़ोर होना; टूटने के कगार पर होना, जैसे- राजनीतिक ढाँचे का चरमराना। [क्रि-स.] 1. किसी वस्तु से चरमर ध्वनि उत्पन्न करना 2. किसी वस्तु पर इतना दबाव डालना या झटके देना कि वह चरमरा जाए।

चरमराहट [सं-स्त्री.] 1. दरवाज़ा आदि खुलने पर होने वाली चर-चर की आवाज़; चरमराने की आवाज़; चरमर 2. चरमराने या मचकने की स्थिति।

चरमरी [सं-स्त्री.] चर्र-मर्र की आवाज करने वाली खाट।

चरमसीमा (सं.) [सं-स्त्री.] किसी बात या कार्य की अंतिम अवस्था; चरम अवस्था; पराकाष्ठा; हद (क्लाइमैक्स)।

चरमोत्कर्ष (सं.) [सं-पु.] विकास या उन्नति की उच्चतम अवस्था; पराकाष्ठा; पारमिता।

चरवा [सं-पु.] एक प्रकार का बढ़िया मुलायम चारा जो बारहों महीने अधिकता से उत्पन्न होता है; एक पौष्टिक चारा, जो जानवरों में दूध बढ़ाता है; धम्मन।

चरवाना [क्रि-स.] किसी से पशुओं को चराने का काम करवाना।

चरवाहा [सं-पु.] मवेशियों को चराने वाला व्यक्ति; बरेदी; दूसरों के पशु चराकर रोज़ी-रोटी चलाने वाला; गड़रिया; चरवैया।

चरवाही [सं-स्त्री.] 1. मवेशी चराने का काम 2. मवेशी चराने की मज़दूरी।

चरवी [सं-स्त्री.] कहारों के एक सांकेतिक शब्द, जो इस बात का सूचक होता है कि रास्ते में आगे गाड़ी, एक्का आदि हैं।

चरस (सं.) [सं-स्त्री.] 1. गाँजे के पौधों से प्राप्त होने वाला हलका पीला रस, जिसका धुँआ पीने से नशा होता है 2. चमड़े का बड़ा थैला या डोल जिससे सिंचाई के लिए कुएँ से पानी निकाला जाता है।

चरसा (सं.) [सं-पु.] 1. भैंस, बैल आदि का चमड़ा 2. चमड़े का बना बड़ा थैला जिससे पानी खींचकर खेत सींचा जाता था; चरस; पुरा; मोट 3. ज़मीन का एक नाप।

चरसी (सं.) [सं-पु.] 1. वह जो चरस की सहायता से खेत में पानी सींचता हो 2. वह जो गाँजे, तंबाकू आदि की तरह चरस पीता हो; जिसे चरस के नशे की लत हो।

चराँट [सं-पु.] चारागाह के लिए छोड़ी गई जमीन।

चराई [सं-स्त्री.] 1. चराने की क्रिया 2. पशु आदि चराने की मज़दूरी।

चरागाह (फ़ा.) [सं-पु.] वह मैदान जहाँ पशु घास चरते हैं; गोचर; चरनी; खरक।

चराचर (सं.) [वि.] जड़ और चेतन पदार्थ। [सं-पु.] संपूर्ण जगत; विश्व।

चराना [क्रि-स.] 1. पशुओं को मैदान आदि में ले जाकर चरने के लिए छोड़ देना 2. {ला-अ.} धोखा देना; बेवकूफ़ बनाना; ठगना।

चरिंदा (फ़ा.) [सं-पु.] 1. चरने वाला पशु, जीव या प्राणी 2. घास, पत्ते आदि खाने वाले मवेशी।

चरित (सं.) [सं-पु.] 1. जीवन-चरित्र; जीवन-वृत्त; लीला 2. आचरण; कर्म; स्वभाव 3. {व्यं-अ.} करतूत।

चरितनायक (सं.) [सं-पु.] वह व्यक्ति जिसके जीवन-चरित्र के आधार पर कोई ग्रंथ, नाटक, काव्य आदि लिखा गया हो।

चरितार्थ (सं.) [वि.] 1. सार्थक; जो अपने सही अर्थ में पूर्ण हो; ठीक उतरने वाला 2. जिसका अभिप्राय और उद्देश्य सिद्ध हो गया हो; कृतार्थ 3. संतुष्ट; सफल।

चरितावली (सं.) [सं-स्त्री.] वह ग्रंथ या पुस्तक जिसमें अनेक

मनीषियों के जीवन चरित्र दिए गए हों।

चरित्तर (सं.) [सं-पु.] खोटा या हीन चरित्र; छलपूर्ण या अनुचित व्यवहार।

चरित्र (सं.) [सं-पु.] 1. चाल-चलन; आचरण; (कैरेक्टर) 2. व्यवहार; कार्य-कलाप 3. प्रकृति स्वभाव; शील 4. कथा-कहानी, नाटक, फ़िल्म आदि में कोई पात्र 5. कोई महान व्यक्तित्व 6. जीवन चरित्र; जीवनी 7. {ला-अ.} छलपूर्ण व्यवहार; करतूत।

चरित्रनायक (सं.) [सं-पु.] वह व्यक्ति जिसके जीवन-चरित्र के आधार पर कोई ग्रंथ, नाटक, काव्य आदि लिखे गए हों।

चरित्रवान (सं.) [वि.] अच्छे चाल-चलनवाला; सदाचारी।

चरित्रहीन (सं.) [वि.] बुरे चरित्रवाला; ख़राब या निंदनीय चाल चलनवाला; दुष्चरित्र; बदचलन।

चरित्रा (सं.) [सं-स्त्री.] इमली का वृक्ष।

चरिष्णु (स) [वि.] चलने वाला; चर; जंगम।

चरी [सं-स्त्री.] 1. ज्वार के हरे पौधे जो पशुओं को खिलाए जाते हैं 2. वह ज़मीन जो किसानों को अपने पशुओं के चारे के लिए ज़मींदार से बिना लगान मिलती है 3. वह स्थान जो पशुओं के खाने के लिए खुला छोड़ा जाता है; चरागाह; चरोखर।

चरु (सं.) [सं-पु.] 1. यज्ञ आदि के लिए अन्न पकाने का पात्र 2. हवन, यज्ञ आदि के लिया पकाया हुआ अन्न; हविष्यान्न 3. ऐसा भात जिसका माँड़ न निकाला गया हो 4. पशुओं के चरने की ज़मीन पर लगने वाला महसूल।

चरेरा [सं-पु.] हिमालय की तराई में पाया जाने वाला एक वृक्ष जिसकी लकड़ी बहुत मज़बूत होती है। [वि.] 1. खुरदरा; रूखा 2. कर्कश।

चरैला [सं-पु.] एक प्रकार का चार मुँहों वाला चूल्हा जिसपर एक साथ चार चीज़ें पकाई जा सकती हैं।

चरोखर [सं-स्त्री.] 1. पशुओं के चरने की जगह; चरागाह; चरनी; गोचर 2. मिट्टी आदि का घेरा जिसमें नाँद रखी जाती है।

चरोतर (सं.) [सं-पु.] वह भूमि जो किसी व्यक्ति को अपने जीवन काल भर उपयोग करने के लिए दी गई हो।

चर्ख़ (फ़ा.) [सं-पु.] 1. आकाश; आसमान 2. सूत कातने का चरखा 3. कुम्हार का चाक।

चर्च (अं.) [सं-पु.] 1. ईसाइयों का प्रार्थना गृह; गिरजाघर 2. मसीही धर्म का कोई विशेष संप्रदाय, जैसे- कैथलिक चर्च या प्रेस्बिटेरियन चर्च आदि।

चर्चरिका (सं.) [सं-स्त्री.] 1. नाटक के दो अंकों के बीच के रिक्त समय को भरने वाले गीत 2. आमोद-प्रमोद; उत्सव 3. दो कवियों का बारी-बारी से होने वाला कविता पाठ।

चर्चरी (सं.) [सं-स्त्री.] 1. होली पर गाया जाने वाला एक प्रकार का गीत; चाँचर; फाग 2. एक प्रकार का वर्णवृत्त 3. ताल का एक भेद 4. ताली बजाना 5. आमोद-प्रमोद; रँगरेली।

चर्चा (सं.) [सं-स्त्री.] 1. वार्तालाप; बातचीत; विचार-विमर्श; परिचर्चा 2. बहस; वाद-विवाद 3. बयान; ज़िक्र 4. अफ़वाह; किंवदंती; बहुत से लोगों में फैली हुई बात।

चर्चित (सं.) [वि.] 1. जो चर्चा में हो; विचारित; जिसकी चर्चा की गई हो 2. प्रचारित; उल्लेखनीय; प्रसिद्ध; विख्यात; मशहूर 3. लेप के रूप में शरीर पर लगाया जाने वाला, जैसे- चंदन चर्चित देह।

चर्पट (सं.) [सं-पु.] 1. हाथ की खुली हथेली 2. चपत।

चर्म (सं.) [सं-पु.] 1. शरीर की त्वचा; खाल; स्पर्शेंद्रिय 2. प्राचीन काल में चमड़े से बनाई जाने वाली ढाल।

चर्मकार (सं.) [सं-पु.] चमड़े का काम करने वाला व्यक्ति; मोची।

चर्मचक्षु (सं.) [सं-पु.] ज्ञान चक्षु या अंतर्दृष्टि के विपरीत भौतिक अर्थात शरीर में स्थित नेत्र जिनसे मनुष्य बाहरी जगत को देखता और समझता है।

चर्मचित्रक (सं.) [सं-पु.] श्वेत कुष्ठ नामक रोग।

चर्मज (सं.) [वि.] चमड़े से उत्पन्न। [सं-पु.] रोआँ; रोम।

चर्मण्वती (सं.) [सं-स्त्री.] चंबल नदी का प्राचीन नाम।

चर्मपुटक (सं.) [सं-पु.] 1. चमड़े का बना हुआ कुप्पा या थैला 2. धौंकनी।

चर्मरोग (सं.) [सं-पु.] 1. खुजली, दाद आदि जैसी त्वचा के ऊपर होने वाली बीमारी 2. त्वचा पर होने वाला संक्रमण।

चर्मवाद्य (सं.) [सं-पु.] ऐसा वाद्य यंत्र जिसपर चमड़ा मढ़ा हो, जैसे- ढोल, नगाड़ा, तबला आदि।

चर्मशोधन (सं.) [सं-पु.] वह प्रक्रिया जिससे चमड़े को मुलायम बनाया जाता है; चमड़े को विशेष प्रकार के घोलों में डुबा कर पकाने की क्रिया; (टैनिंग)।

चर्या (सं.) [सं-स्त्री.] 1. दैनिक कार्यक्रम; अभ्यास; गतिविधि; आचरण 2. परिचर्या; सेवा 3. जीविका या वृत्ति।

चर्राना [क्रि-अ.] 1. टूटने के समय लकड़ी आदि में चर-चर की आवाज़ होना 2. सिकुड़ने या सूखने से लकड़ियों का चटकना या फटना 3. त्वचा में सूखेपन से तनाव या खिंचाव होना।

चर्वण (सं.) [सं-पु.] 1. चबाने की क्रिया; मुँह में भोज्य पदार्थ डालकर दाँतों से उसे कुचलना 2. चबाकर खाया जाने वाला खाद्य पदार्थ; दाना; चबेना; भुना हुआ अन्न।

चर्वित (सं.) [वि.] 1. चबाया हुआ 2. खाया हुआ; भक्षित।

चल (सं.) [वि.] 1. चलता हुआ; जो स्थिर न हो; चलायमान; गतिमान; जंगम 2. जो एक स्थान से दूसरे पर जा सके, जैसे- चल संपत्ति, चल प्रदर्शनी। [सं-पु.] 1. चलने-हिलने या काँपने की क्रिया 2. पारा 3. गणित में वह संख्या जिसके कई मान व मूल्य हों। [मु.] **-बसना** : मृत्यु हो जाना; मर जाना।

चलक (सं.) [सं-पु.] 1. (अंक गणित) जिस संख्या या राशि के कई भिन्न-भिन्न मान और मूल्य हों 2. (अंक गणित) इस प्रकार की संख्या का प्रतीक चिह्न 3. माल; असबाब 4. ढोया जाने वाला माल।

चलचित्र (सं.) [सं-पु.] 1. सिनेमा; फ़िल्म; बाइसकोप 2. चित्र तथा ध्वनि के साथ प्रस्तुत की जाने वाली कथा या कहानी; कथाचित्र; (मूवी)।

चलचित्रण (सं.) [सं-पु.] छाया-चित्रण के द्वारा फ़िल्म बनाना;

फ़िल्मांकन।

चलता (सं.) [वि.] 1. जो गतिमान हो; जो चल रहा हो 2. जो प्रचलन या व्यवहार में आ रहा हो 3. जो ठीक प्रकार से काम करने की स्थिति में हो 4. जो अधिक चतुर या होशियार हो। [मु.] **-करना** : रवाना करना या भगाना। **-बनना** : चल देना या खिसक लेना। **-पुर्जा** : चालाक तथा धूर्त व्यक्ति।

चलता बटाम [सं-पु.] एक प्रकार का औजार।

चलताऊ भाषा [सं-स्त्री.] ऐसी भाषा जो साहित्य और तकनीक से अलग बोलचाल की भाषा हो और जिसमें उच्चारण तथा व्याकरण के नियमों का सख़्ती से पालन नहीं होता; ऐसी भाषा जिसे साधारण आदमी भी समझ लेता हो।

चलतू [वि.] 1. जो अधिक प्रचलन में हो; चल रहा हो 2. ठीक से न किया हुआ (कार्य); कामचलाऊ।

चलते-चलते [क्रि.वि.] 1. चलते हुए; कहीं जाते हुए; 2. काम के अंतिम दौर में; अंत में।

चलदल (सं.) [सं-पु.] पीपल का वृक्ष जिसके पत्ते अधिकतर हिलते रहते हैं।

चलन (सं.) [सं-पु.] 1. रिवाज; रीति; (फ़ैशन; ट्रेंड) 2. ऐसी प्रथा जो आचार-व्यवहार से संबद्ध हो; परंपरा; परिपाटी; व्यवहार; प्रचलन।

चलनसार [वि.] 1. जिसका चलन या व्यवहार हो; प्रचलित 2. टिकाऊ।

चलना (सं.) [क्रि-अ.] 1. एक स्थान से दूसरे स्थान पर जाना; गतिशील होना 2. गमन करना; प्रस्थान करना; विदा होना 3. चर्चा या बात का शुरू होना 4. प्रचलित होना; चलन में होना 5. गोली आदि का छूटना 6. कायम रहना। [सं-पु.] 1. बड़ी छलनी या चलनी 2. बड़ी-सी चपटी कलछी जिसमें छेद बने होते हैं; झारा।

चलनी (सं.) [सं-स्त्री.] अनाज, दालें, आटा आदि छानने का उपकरण; छलनी।

चलपत्र (सं.) [सं-पु.] 1. पीपल का पेड़, जिसके पत्ते हमेशा थोड़ा-बहुत हिलते रहते हैं 2. कागज़ के रूप में प्रतिदिन चलने वाली मुद्रा या बैंक नोट; (करंसी)।

चलमुद्रा (सं.) [सं-स्त्री.] वह मुद्रा जिसका चलन किसी देश में सब जगह समान रूप से होता है; (करंसी)।

चलवाना [क्रि-स.] किसी को चलने के कार्य में प्रवृत्त करना; चलने का काम दूसरे से कराना या करवाना, जैसे- आज रोगी को कुछ दूर चलवाया गया।

चलसंपत्ति (सं.) [सं-स्त्री.] ऐसी संपत्ति जिसे एक स्थान से दूसरे स्थान पर आसानी से ले जाया जा सके, जैसे- कार, फर्नीचर आदि; (मूवेबल प्रॉपर्टी)।

चलाई [सं-स्त्री.] 1. चलने की क्रिया 2. अनाज या दूसरी वस्तुओं को चलने से छानकर साफ करने की क्रिया।

चलाऊ [वि.] 1. अधिक समय तक टिकने या ठहरने वाला; टिकाऊ 2. चलने या चलाने लायक 3. जैसे-तैसे काम चलाने वाला।

चलाचली [सं-स्त्री.] 1. रवानगी; प्रस्थान 2. चलने की तैयारी 3. {ला-अ.} इस लोक से प्रस्थान की तैयारी अर्थात मृत्यु का समय।

चलान [सं-पु.] 1. माल या सामान को एक स्थान से दूसरे स्थान पर भेजे जाने का कार्य 2. सामान को व्यापार के लिए कहीं भेजना 3. अभियुक्त को पकड़कर न्यायालय में विचार के लिए भेजे जाने की क्रिया 4. किसी की सूचना के लिए भेजी हुई चीज़ों की सूची या धन का विवरण; रवन्ना; भेजी हुई चीज़ों की चुंगी की रसीद।

चलाना [क्रि-स.] 1. चलने की क्रिया कराना, जैसे- बच्चे को अँगुली पकड़कर चलाना 2. गति या हरकत देना, जैसे- नया फ़ैशन चलाना 3. आरंभ करना 4. हिलाना-डुलाना, जैसे- कड़ाही में सब्ज़ी चलाना 5. हथियार काम में लाना 6. प्रचलन; प्रवर्तन करना; जारी करना, जैसे- नई व्यवस्था चलाना 7. शरीर को सक्रिय करना, जैसे- हाथ-पैर चलाना 8. संचालन करना, जैसे- गृहस्थी या दफ़्तर चलाना। [मु.] **-किसी की** : किसी की बात या मत को प्रकट करना। **-मुँह** : ख़ूब खाना। **-हाथ** : मारपीट करना।

चलानी [सं-स्त्री.] बिक्री के लिए माल बाहर भेजने का काम या व्यवसाय। [वि.] 1. चलान संबंधी; चलान का 2. दूसरे स्थान से बिकने के लिए आया हुआ (माल)।

चलायमान (सं.) [वि.] 1. जो चल रहा हो 2. चंचल; अस्थिर 3. ध्यान या संकल्प से विचलित चित्त।

चलाव [सं-पु.] 1. प्रस्थान; रवानगी 2. छोटी उम्र के विवाह के बाद मायके में रह जाने वाली वधू का ससुराल में स्थायी रूप से रहने के लिए प्रथम बार जाना; चलावा; द्विरागमन; गौना।

चलावा [सं-पु.] 1. चलन; रीति; रस्म; प्रथा 2. द्विरागमन; गौना।

चलित (सं.) [वि.] 1. चलता हुआ; गतिमान 2. अस्थिर; कंपित 3. जिसका प्रचलन सभी जगह या सब लोगों में होता हो; (यूज़ुअल)। [सं-पु.] नृत्य में एक प्रकार का आंगिक अभिनय जिसके द्वारा क्षोभ या क्रोध प्रकट किया जाता है।

चलौना [सं-पु.] 1. वह कलछा या लकड़ी का डंडा जिससे दूध, पानी या कोई अन्य द्रव्य चलाया जाता है 2. वह लकड़ी का टुकड़ा जिससे चरखा चलाया जाता है।

चल्ली [सं-स्त्री.] तकले पर लपेटा हुआ सूत या ऊन आदि; कुकड़ी।

चवन्नी [सं-स्त्री.] रुपए का चौथाई हिस्सा; चार आने मूल्य का सिक्का।

चवर्ग [सं-पु.] हिंदी वर्णमाला के 'च' से 'ञ' तक के वर्णों का समूह।

चव्हाण [सं-पु.] महाराष्ट्र वासियों के एक वर्ग का कुलनाम या सरनेम।

चश्म (फ़ा.) [सं-स्त्री.] आँख; नेत्र; नयन।

चश्मदीद (फ़ा.) [वि.] 1. आँखों से देखा हुआ; आँखों देखी 2. जिसने कोई घटना स्वयं देखी हो; प्रत्यक्षदर्शी।

चश्मपोशी (फ़ा.) [सं-स्त्री.] किसी की गलती देखते हुए भी उसे शर्मिंदा न करने की ख़ातिर आँखें फेर लेना; किसी बात को दरगुज़र कर देना या टाल जाना।

चश्मा (फ़ा.) [सं-पु.] 1. आँखों पर लगने वाली ऐनक 2. पानी का स्रोत; नाला; सोता।

चषक (सं.) [सं-पु.] 1. शराब या मद्य पीने का प्याला; मद्यपात्र 2. शहद; मधु।

चसकना [क्रि-अ.] शरीर के किसी अंग में हलकी पीड़ा होना; दुखना; टीसना; कसकना।

चस्का (सं.) [सं-पु.] 1. लत; व्यसन 2. किसी काम या बात से मिलने वाले सुख या तृप्ति के कारण होने वाली लालसा 3. आदत (प्राय: अवगुण के अर्थ में), जैसे- उसे तो जुए का चस्का लग गया है।

चस्पाँ (फ़ा.) [वि.] चिपका हुआ; लगा हुआ, जैसे- दीवार पर पोस्टर चस्पाँ है।

चह (सं.) [सं-पु.] 1. नदी के किनारे बना हुआ ऐसा चबूतरा जिसपर पैर रखकर नाव पर चढ़ा जाता है 2. नदी पर पीपों आदि से बना अस्थायी पुल।

चहक [सं-स्त्री.] 1. चिड़िया की चहचहाहट या चहचह; पक्षियों का कलरव 2. {ला-अ.} चहकने या प्रसन्नता का भाव; हर्ष सूचक ध्वनि।

चहकना [क्रि-अ.] 1. चिड़ियों का चहचहाना 2. {ला-अ.} किसी व्यक्ति का ख़ुशी से खिलकर बोलना।

चहका[1] [सं-पु.] 1. लकड़ी, जिसका कुछ अंश जल रहा हो; जलती हुई लकड़ी; लुआठी; लूका 2. बनेठी 3. होली के अवसर पर गाया जाने वाला एक प्रकार का गाना।

चहका[2] [सं-पु.] 1. ईंट या पत्थर का बना हुआ फ़र्श।

चहकार [सं-स्त्री.] 1. वैशाख-जेठ मास की टहकी हुई चाँदनी 2. चहकने का भाव; लगातार होने वाला पक्षियों का मधुर स्वर; चिड़ियों की चहचह आवाज।

चहचह [सं-स्त्री.] छोटी चिड़िया की बोली।

चहचहाना [क्रि-अ.] 1. पक्षियों का उमंग में आकर चहचह ध्वनि उत्पन्न करना; चहकना; कलरव करना 2. {ला-अ.} हुलसकर या हर्षित होकर कुछ बोलना।

चहचहाहट [सं-स्त्री.] 1. पक्षियों का चहकना; कलरव; कूजन 2. हर्षमिश्रित और मधुर आवाज़ें।

चहबच्चा (फ़ा.) [सं-पु.] 1. पानी भरकर रखने का छोटा गड्ढा या हौज़ 2. धन गाड़ने या छिपाकर रखने का छोटा तहख़ाना 3. गंदा पानी जमा होने के लिए खोदा हुआ गड्ढा।

चहलकदमी (फ़ा.) [सं-स्त्री.] धीरे-धीरे इधर-उधर चलना या टहलना; विचरण।

चहलपहल [सं-स्त्री.] 1. किसी स्थान पर किसी वजह से बहुत से लोगों का आना-जाना 2. हलचल; रौनक़; धूमधाम।

चहार (फ़ा.) [वि.] चार।

चहारदीवारी (फ़ा.) [सं-स्त्री.] मकान या मैदान के चारों ओर बनी हुई दीवार; चारदीवारी; घेरा; परकोटा।

चहारुम (फ़ा.) [वि.] चौथा; चतुर्थ।

चहुँपल [क्रि-अ.] पहुँचना।

चहुँमुखी (सं.) [वि.] चारों ओर का; चारों तरफ़ से सबकुछ अपने में समाविष्ट कर लेने वाला, जैसे- चहुँमुखी प्रतिभा।

चहुआँ [सं-पु.] माथे पर गोल सफ़ेदी वाला (बैल)।

चहेता [वि.] जिसे कोई बहुत ज़्यादा चाहता हो; प्यारा; प्रिय; आत्मीय; प्रेमपात्र।

चहोरा [सं-पु.] जड़हन धान जिसे रोपुवा धान भी कहते हैं।

चाँई [सं-पु.] 1. चोरी और छिनैली का कार्य करने वाला व्यक्ति 2. एक जाति विशेष जो डाका डालती थी। [सं-स्त्री.] सिर में होने वाली एक प्रकार की फुंसियाँ, जिनमें बाल झड़ जाते हैं। [वि.] 1.जिसके बाल झड़ गए हो; गंजा 2. दक्ष 3. चतुर 4. ठग; उचक्का 5. छली; चालाक।

चाँकना [क्रि-स.] 1. अन्न के ढेर के चारों ओर गोबर आदि से घेरा बनाना 2. निशान लगाना।

चाँगड़ा [सं-पु.] तिब्बत में पाए जाने वाला एक प्रकार का बकरा।

चाँचर[1] [सं-स्त्री.] 1. वह ज़मीन जो एक वर्ष तक या कई वर्षों तक बिना जोते-बोए छोड़ दी जाए; परती छोड़ी हुई जमीन 2. एक प्रकार की मटियारी भूमि।

चाँचर[2] [सं-स्त्री.] 1. होली के अवसर पर गाया जाने वाला एक राग; चाँचरि; चाँचरी 2. द्वार पर लगाने की टट्टी या परदा।

चाँटा [सं-पु.] थप्पड़; तमाचा।

चाँड़ (सं.) [सं-स्त्री.] ऊपर के भार को सँभालने के लिए नीचे लगाई गई थूनी या खंभा; छत आदि को गिरने से रोकने के लिए लगाई गई टेक।

चाँड़ना [क्रि-स.] 'खोदना' खोदकर गिराना; खोदकर गहरा करना 2. उखड़ता; उजाड़ना।

चाँद (सं.) [सं-पु.] 1. पृथ्वी का एक उपग्रह; चंद्रमा; चंद्र 2. दूज के चाँद की आकृति जैसा गहना 3. चाँदमारी में वह गोल निशान जिसपर निशाना लगाया जाता है 4. पशुओं के माथे पर सफ़ेद रंग का गोल दाग। [सं-स्त्री.] सपाट सिर जिसपर से सारे बाल गिर गए हों; गंज। [मु.] **-निकलना** : बहुत दिन बाद दिखाई देना। **-पर थूकना** : किसी की निंदा करना या लांछन लगाना जिसका विपरीत प्रभाव स्वयं निंदक पर पड़े। **-गंजी होना** : बहुत मार पड़ना।

चाँदतारा [सं-स्त्री.] एक प्रकार का कनकौआ या पतंग जिसपर चाँद और तारे की आकृतियाँ बनी होती हैं।

चाँदना [सं-पु.] प्रकाश; उजाला।

चाँदनी (सं.) [सं-स्त्री.] 1. चाँद की रोशनी; ज्योत्स्ना 2. बिछाने की बड़ी सफ़ेद चादर 3. शामियाने के ऊपर ताना जाने वाला सफ़ेद कपड़ा 4. गुलचाँदनी नामक पौधा एवं उसका फूल।

चाँदबाला [सं-पु.] कान में पहनने का एक प्रकार का आभूषण जिसका निचला भाग अर्द्धचंद्राकार होता है।

चाँदशाही [सं-पु.] सबौनी की तरह एक मिठाई।

चाँदी [सं-स्त्री.] 1. एक सफ़ेद एवं मुलायम धातु जो गहने, बरतन आदि बनाने के काम आती है; रजत; रूपा; (सिल्वर) 2. एक छोटी मछली। [मु.] **-काटना** : ख़ूब कमाई करना या धन अर्जित करना। **-होना** : बहुत लाभ होना। **-का जूता** : रिश्वत या घूस।

चाँपना (सं.) [क्रि-स.] दबाना; चापना।

चाँयँ-चाँयँ [सं-स्त्री.] 1. चिड़ियों जैसा शोर; चहचहाहट 2.

बकबक।

चांचल्य (सं.) [सं-पु.] चंचल होने की अवस्था या भाव; चपलता; चंचलता।

चांडाल (सं.) [सं-पु.] 1. एक प्रकार की जाति; मातंग 2. गाली के रूप में भी प्रयुक्त।

चांडाल चौकड़ी (सं.) [सं-पु.] 1. दुष्ट लोगों का समूह 2. शरारत या उद्दंडता करने वाले किसी दल या टोली को व्यंग्य में चांडाल चौकड़ी कहा जाता है।

चांडालिनी (सं.) [सं-स्त्री.] चांडालिन; चांडाल जाति की स्त्री।

चांडाली (सं.) [सं-स्त्री.] 1. चांडाल जाति की स्त्री; मातंगी 2. चांडाल की पत्नी; चांडालिनी 3. चांडाल का कार्य 4. लिंगिनी नामक लता 5. (पुराण) दुर्गा का एक रूप 6. {अशि.} एक प्रकार की गाली।

चांदनिक (सं.) [वि.] 1. चंदन का; चंदन संबंधी 2. चंदन से सुवासित 3. चंदन से होने या बनने वाला।

चांद्र (सं.) [सं-पु.] 1. चांद्रायण व्रत 2. मृगशिरा नक्षत्र 3. अदरक। [वि.] चंद्रमा संबंधी; चंद्रमा का, जैसे- चांद्र मास।

चांद्रमास (सं.) [सं-पु.] 1. वह मास या महीना जो चंद्रमा की गति के अनुसार निश्चित होता है 2. उतने दिन जितने चंद्रमा को पृथ्वी की एक बार परिक्रमा करने में लगते हैं 3. कृष्णपक्ष की प्रतिपदा से शुक्लपक्ष की पूर्णिमा तक का समय।

चांद्रायण (सं.) [सं-पु.] एक मास में पूरा होने वाला व्रत; महीने भर का एक व्रत जिसमें चंद्रमा के घटने-बढ़ने के अनुसार आहार के कौर घटाने-बढ़ाने पड़ते हैं।

चांद्रायणिक (सं.) [वि.] चांद्रायण व्रत करने वाला।

चाई [सं-पु.] नेपाल की एक जंगली जाति 2. इमली का बीज। [सं-स्त्री.]1. एक रोग जिससे सिर पर बहुत सारी फुंसियाँ निकल जाती है और सर के बाल झड़ जाते हैं 2. उक्त प्रकार की फुंसियाँ। [वि.] जिसके सर से बाल झड़ गए हों; गंजा।

चाक[1] (सं.) [सं-पु.] 1. मिट्टी के बरतन बनाने का उपकरण; कील पर घूमने वाली लकड़ी का वह चक्राकार ढाँचा जिसपर कुम्हार बरतन बनाते हैं 2. गाड़ी का पहिया; चरखी 3. मंडलाकार निशान 4. हथियारों पर सान तेज़ करने का चक्कर।

चाक[2] (फ़ा.) [सं-पु.] 1. आस्तीन का खुला हुआ भाग 2. दरार 3. चीर।

चाक[3] (तु.) [वि.] 1. चौकस; सतर्क 2. मज़बूत; दृढ़ 3. चुस्त; स्वस्थ।

चाकचौबंद (तु.) [वि.] 1. चारों ओर से ठीक एवं दुरुस्त 2. चुस्त; फुरतीला।

चाकट [सं-पु.] हाथ में पहनने का एक प्रकार का कड़ा।

चाकना [क्रि-स.] 1. वृत्ताकार रेखा खींचना 2. पहचान हेतु निशान लगाना 3. चीरना।

चाकर (फ़ा.) [सं-पु.] 1. नौकर; सेवक 2. दास; भृत्य।

चाकरी (फ़ा.) [सं-स्त्री.] नौकरी; सेवा; टहल।

चाकसू (सं.) [सं-पु.] 1. निर्मली या बनकुलथी का पौधा 2. उक्त पौधे का बीज जिनका चूर्ण आँखों में डाला जाता है।

चाकी [सं-स्त्री.] 1. नदी के बीच उभरी हुई जमीन 2. नदी के बीच की वह जमीन जहाँ नदी ने पानी छोड़ दिया हो।

चाकू (फ़ा.) [सं-पु.] फल या सब्ज़ी काटने का छोटा उपकरण; छोटी छुरी।

चाक्रिक (सं.) [सं-पु.] स्तुति गाने वाला व्यक्ति; चारण; भाट। [वि.] 1. चक्र संबंधी 2. चक्र की आकृति का 3. मंडली में होने वाला।

चाक्षुष (सं.) [सं-पु.] 1. नेत्रों से मिलने वाला ज्ञान 2. छठा मन्वंतर। [वि.] 1. आँख से संबंधित; आँख का 2. जिसे नेत्रों से देखा या जाना जा सके; चक्षु-ग्राह्य; जिनका ज्ञान या बोध नेत्रों से हो 3. दिखाई देने वाला; दृश्य; (विज़ुअल)।

चाचपुट (सं.) [सं-पु.] (संगीत) ताल का एक प्रकार।

चाचर (सं.) [सं-स्त्री.] 1. रणभूमि; युद्धभूमि 2. होली का खेल-तमाशा या हुड़दंग।

चाचरी (सं.) [सं-स्त्री.] 1. होली के अवसर पर गाया जाने वाला एक प्रकार का गीत; चर्चरी 2. हल्ला-गुल्ला 3. (योगशास्त्र) एक प्रकार की मुद्रा।

चाचा (सं.) [सं-पु.] 1. पिता का छोटा भाई; (अंकल) 2. पुरुषों के लिए प्रयोग किया जाने वाला सम्मानसूचक एक संबोधन।

चाची [सं-स्त्री.] चाचा की पत्नी या स्त्री; काकी; (आंटी)।

चाट [सं-स्त्री.] 1. मिर्च-मसालों से तैयार की जाने वाली चटपटी चीज़, जैसे- दही-बड़ा, गोलगप्पे आदि 2. चटपटी चीज़ खाने की कामना; चाह; चस्का 3. शौक; बुरी आदत; लत 4. प्रबल इच्छा। [मु.] **-लगना या पड़ना** : चस्का लगना।

चाटना [क्रि-स.] 1. चटनी जैसे किसी अवलेह पदार्थ को जीभ से उठाकर खाना 2. स्वाद लेना 3. पशुओं का प्रेमपूर्वक किसी के शरीर पर लगातार जीभ फेरना 4. कीड़ों द्वारा किसी वस्तु का खा जाना 5. {ला-अ.} व्यर्थ बोलकर तंग करना।

चाटा [सं-पु.] 1. वह बर्तन जिसमें कोल्हू का पेरा हुआ रस इकट्ठा होता है; नाँद 2. मिट्टी का बड़ा और मोटे तल का मटका।

चाटुकार (सं.) [सं-पु.] 1. ख़ुशामद करने वाला व्यक्ति; चापलूस 2. आगे-पीछे लगा रहने वाला व्यक्ति 3. सोने के तार में पिरोई हुई माला।

चाटुकारिता (सं.) [सं-स्त्री.] चाटुकार होने की अवस्था; ख़ुशामद; जी-हुज़ूरी; चापलूसी।

चाटुकारी (सं.) [सं-स्त्री.] झूठी प्रशंसा करने का काम; चापलूसी; ख़ुशामद।

चाटू (सं.) [वि.] 1. झूठी प्रशंसा; ख़ुशामद; चापलूसी 2. किसी को ठगने के लिए बोले गए मधुर वचन।

चाटूक्ति (सं.) [सं-स्त्री.] चापलूसी भरी बात; ख़ुशामद की बात।

चाणक्य (सं.) [सं-पु.] 1. अर्थशास्त्र और राजनीति के प्रसिद्ध आचार्य और चंद्रगुप्त मौर्य के प्रधानमंत्री विष्णुगुप्त (कौटिल्य) का एक नाम 2. वह जो चणक ऋषि के वंश का हो।

चातक (सं.) [सं-पु.] 1. पपीहा या सारंग नामक पक्षी 2. रहस्य संप्रदाय में मन।

चातकानंदन (सं.) [सं-पु.] 1. बादल; मेघ 2. वर्षाकाल; बरसात।

चातर [सं-पु.] 1. मछली पकड़ने का बड़ा जाल; महाजाल 2. षड्यंत्र; साज़िश।

चातुर (सं.) [सं-पु.] 1. चार पहियों की गाड़ी 2. मसनद। [वि.] जो आँखों से दिखाई दे; दृष्टि गोचर।

चातुराश्रमिक (सं.) [वि.] चारों आश्रमों (ब्रह्मचर्य, ग्रहस्थ्य, वानप्रस्थ और संन्यास) से संबंधित।

चातुरी (सं.) [सं-स्त्री.] 1. चतुर होने की क्रिया या भाव; चतुराई 2. होशियारी 3. दक्षता; निपुणता।

चातुर्भद्र (सं.) [सं-पु.] चारों पुरुषार्थ (अर्थ, धर्म, काम और मोक्ष)।

चातुर्मासिक (सं.) [वि.] चार महीनों में होने वाला (यज्ञ, कर्म आदि)।

चातुर्मास्य (सं.) [सं-पु.] 1. चार महीनों में होने वाला एक वैदिक यज्ञ 2. वर्षा ऋतु के चार महीनों में होने वाला एक प्राचीन व्रत; चौमासा।

चातुर्य (सं.) [सं-पु.] चातुरी; चतुरता।

चातुर्वर्ण्य (सं.) [सं-पु.] 1. चारों वर्ण (ब्राह्मण, क्षत्रिय, वैश्य, शूद्र) 2. चारों वर्णों के पालन के लिए बनाए गए नियम। [वि.] 1. चारों वर्णों में होने वाला 2. चारों वर्णों से संबंध रखने वाला।

चातुर्विद्य (सं.) [सं-पु.] चारों वेद। [वि.] चारों वेदों का ज्ञाता।

चादर (फ़ा.) [सं-स्त्री.] 1. पहने हुए वस्त्रों के ऊपर ओढ़ने वाला कपड़ा; शॉल 2. बिस्तर या गद्दों के ऊपर बिछाया जाने वाला कपड़ा 3. लोहे पीतल आदि का पतला और चौड़ा पत्तर 4. चादर की शक्ल में गुँथे हुए फूल जो मज़ार आदि पर चढ़ाए जाते हैं।

चादरा [सं-पु.] पुरुषों के ओढ़ने-बिछाने की बड़ी चादर; मरदानी चादर।

चाप (सं.) [सं-पु.] 1. धनुष; कमान 2. दो खंभों या दीवारों पर आधारित चापाकार ढाँचा जिसपर छत टिकी हों; मेहराब 3. वृत की परिधि का कोई भाग; (आर्क)। [सं-स्त्री.] पैरों की आहट।

चापट [सं-स्त्री.] 1. चोकर 2. भूसी। [वि.] समतल; चपटा।

चापड़ [सं-स्त्री.] चोकर। [वि.] 1. समतल; चपटा 2. सब तरह से बरबाद; मटियामेट; चौपट 3. जो दबकर चपटा हो गया हो।

चापना (सं.) [क्रि-स.] 1. दबाना 2. आलिंगन करते समय किसी को दबाना 3. अधिकार में करना।

चापलूस (फ़ा.) [वि.] किसी के सामने उसकी झूठी प्रशंसा कर काम निकालने वाला; चाटुकार; ख़ुशामदी।

चापलूसी (फ़ा.) [सं-स्त्री.] झूठी प्रशंसा या बड़ाई; चाटुकारिता; ख़ुशामद।

चापल्य (सं.) [सं-स्त्री.] 1. चंचलता; चपलता; शोखी 2. उतावलापन; अस्थिरता।

चाफंद [सं-पु.] मछली पकड़ने का जाल।

चाब[1] [सं-स्त्री.] 1. चाबने की क्रिया या भाव 2. दाढ़; चौभड़।

चाब[2] (सं.) [सं-स्त्री.] गजपिप्पली की जाति का एक पौधा जिसकी लकड़ी और जड़ औषधि के काम में आती है। [सं-पु.] एक प्रकार का बाँस।

चाबना (सं.) [क्रि-स.] 1. कोई कड़ी चीज़ खाते समय दाँतों से दबाना; चबाना 2. भरपेट भोजन करना 3. {ला-अ.} अनुचित रूप से किसी का धन इस्तेमाल करना।

चाबी [सं-स्त्री.] 1. कुंजी; ताली 2. किसी यंत्र का वह हिस्सा जिसे घुमाकर उसको चलते रहने लायक बनाया जाता है, जैसे- घड़ी की चाबी 3. {ला-अ.} तरकीब; युक्ति।

चाबुक (फ़ा.) [सं-पु.] 1. चमड़े या रस्सी आदि से बना कोड़ा; (हंटर) 2. {ला-अ.} किसी कार्य को करने की प्रेरणा पैदा करने वाली बात। [वि.] जिसमें फुरती हो; तेज़; चुस्त।

चाबुक-सवार (फ़ा.) [सं-पु.] घोड़े पर सवार होकर उसे विविध प्रकार की चालें सिखाने अथवा उसकी चाल दुरुस्त करने वाला व्यक्ति।

चाबुकदस्त (फ़ा.) [वि.] 1. निपुण; दक्ष 2. शिल्पकुशल।

चाबुका [सं-पु.] कांटा मारने में तेज मुर्गा 2. वह मुर्गा जो बहुत तेज आक्रमण करता है।

चाम [सं-पु.] चमड़ा; खाल।

चामर (सं.) [सं-पु.] 1. चँवर; मोरछल 2. एक प्रकार का छंद।

चामरी (सं.) [सं-स्त्री.] सुरागाय; याक।

चामीकर (सं.) [सं-पु.] 1. सोना; स्वर्ण 2. कनक; धतूरा। [वि.] 1. सोने का बना हुआ; सोने जैसा 2. सोने जैसे रंग का; सुनहरा।

चामुंडा (सं.) [सं-स्त्री.] (पुराण) एक देवी जिन्होंने चंड-मुंड नामक दो दैत्यों का वध किया था; कापालिनी; भैरवी।

चाय (ची.) [सं-स्त्री.] 1. एक प्रकार का प्रसिद्ध पौधा जिसकी सुखाई गई पत्तियों को पानी, चीनी, दूध या नीबू आदि के साथ उबालकर गरम पेय तैयार किया जाता है 2. चाय की पत्तियों से बना पेय।

चायदान (हिं.+फ़ा.) [सं-पु.] एक प्रकार का बरतन जिसमें चाय बनाकर रखी जाती है।

चायदानी (हिं.+फ़ा.) [सं-स्त्री.] वह बरतन जिसमें चाय बनाई या बनाकर रखी जाती है।

चायपानी [सं-पु.] अतिथि स्वागत हेतु जलपान जिसमें चाय भी हो; अल्पाहार के साथ चाय।

चार (सं.) [वि.] 1. संख्या '4' का सूचक 2. {ला-अ.} कई; अनेक; कुछ; कतिपय। [मु.] **-आँसू बहाना** : अत्यधिक विलाप करना। **-चाँद लगना** : प्रतिष्ठा बढ़ जाना। **-दिन का मेहमान** : अल्प समय का। **-चारों खाने चित गिरना** : पूरी तरह से पस्त होना। **-चारों फूटना** : धर्म चक्षुओं और ज्ञान चक्षुओं का नष्ट होना। **-पाई पकड़ना** : गंभीर रूप से बीमार होना।

चार-चास [सं-पु.] चौथी बार जुताई करना; चौबारा जुताई।

चारआईना (फ़ा.) [सं-पु.] एक प्रकार का कवच या बख़्तर जिसमें लोहे की चार पटरियाँ जुड़ी रहती है।

चारख़ाना (फ़ा.) [सं-पु.] 1. चार ख़ानों वाली कोई वस्तु 2. वह कपड़ा जिसमें धारियों के चौकोर ख़ाने पड़ते हैं।

चारजामा (फ़ा.) [सं-पु.] चमड़े या कपड़े का वह टुकड़ा जो सवारी करने से पहले घोड़े की पीठ पर कसा जाता है।

चारण (सं.) [सं-पु.] 1. मध्ययुगीन (विशेषकर राजपूताने में) राजाओं के दरबारों में उनकी वीरता आदि का गुणगान करने वाली एक जाति; भाट; वंदीजन 2. उक्त जाति का व्यक्ति 3. वंश की कीर्ति गाने वाला व्यक्ति 4. भ्रमणकारी।

चारदीवारी (फ़ा.) [सं-स्त्री.] 1. किसी मकान या स्थान के चारों ओर बनाई जाने वाली ऊँची दीवार 2. परकोटा; प्राचीर।

चारपाई [सं-स्त्री.] वह छोटा-सा पलंग जो रस्सी या निवाड़ से बुना जाता है और जिसमें चार पाए होते हैं; खटिया; खाट।

चारबाग (फ़ा.) [सं-पु.] 1. चौकोर बागीचा 2. विशाल और सुंदर उद्यान 3. ऐसा बाग या बागीचा जिसमें फलों वाले वृक्ष हों 4. ऐसा चौकोर बड़ा रूमाल जो कंधों पर फैलाकर ओढ़ा जाता है और जिसके चारों बराबर भाग अलग-अलग रंगों के और अलग-अलग प्रकार के बेल-बूटों से युक्त होते हैं।

चारयारी (हिं.+फ़ा.) [सं-स्त्री.] 1. चार मित्रों का दोस्ताना 2. चार मित्रों की गोष्ठी या मंडली 3. मुसलमानों में सुन्नियों का एक संप्रदाय।

चारा [सं-पु.] 1. पशुओं का खाद्य पदार्थ, जैसे- घास-भूसा, डंठल आदि 2. मछली पकड़ने के लिए काँटे में लगा केंचुआ आदि 3. {ला-अ.} उपाय; विकल्प 4. {ला-अ.} किसी को फँसाने के लिए दिया जाने वाला लालच। [मु.] **-फेंकना** : किसी को लोभ में फँसाने का प्रयास करना।

चाराजोई (फ़ा.) [सं-स्त्री.] 1. दूसरे से होने वाली हानि के बचाव के लिए न्यायालय या हाकिम से की जाने वाली याचना; नालिश; फ़रियाद 2. कोशिश; प्रयत्न।

चारिणी (सं.) [सं-स्त्री.] 1. करुणी नामक पौधा 2. चारण जाति की स्त्री।

चारित (सं.) [वि.] 1. जो चलाया गया हो; गतिमान किया हुआ 2. भभके से उतारा या खींचा गया हो। [सं-पु.] लकड़ी चीरने का आरा।

चारितार्थ्य (सं.) [सं-पु.] चरितार्थता; चरितार्थ होने की अवस्था।

चारित्र (सं.) [सं-पु.] 1. चरित्र; चाल-चलन; सदाचार 2. शील; स्वभाव 3. किसी कुल या देश में परंपरा से चला आया हुआ आचार-व्यवहार या रीति-रिवाज।

चारित्रिक (सं.) [वि.] चरित्र से संबंधित; चरित्र का।

चारित्रिकता (सं.) [सं-स्त्री.] 1. चरित्र-निर्माण (चित्रण) की कला या कौशल 2. अच्छा चरित्र।

चारित्र्य (सं.) [सं-पु.] चरित्र; आचरण।

चारी (सं.) [परप्रत्य.] 1. चलने वाला; विचरण करने वाला, जैसे- व्योमचारी 2. कोई विशिष्ट आचरण करने वाला, जैसे- व्यभिचारी 3. पालन करने वाला, जैसे- ब्रह्मचारी।

चारु (सं.) [वि.] 1. सुंदर; मनोहर 2. प्रिय। [सं-पु.] 1. बृहस्पति 2. केसर; कुंकुम।

चारु दर्शन (सं.) [वि.] जो देखने में बहुत सुंदर हो; रूपवान।

चारु फला (सं.) [सं-स्त्री.] अंगूर की लता।

चारुता (सं.) [सं-स्त्री.] 1. चारु या सुंदर होने की अवस्था, गुण या भाव; सुंदरता; मनोहरता 2. प्रियता।

चारुशिला (सं.) [सं-स्त्री.] एक प्रकार का रत्न।

चारुहासिनी (सं.) [सं-स्त्री.] सुंदर रूप से हँसने वाली स्त्री।

चारुहासी (सं.) [वि.] 1. जो हँसने पर सुंदर लगे 2. मनोहर मुस्कानवाला। [सं-पु.] (काव्यशास्त्र) वैताली छंद का एक भेद।

चार्ज (अं.) [सं-पु.] 1. कार्यभार; दायित्व; प्रभार; पदभार 2. किसी पर लगाया जाने वाला अभियोग; आरोप; इल्ज़ाम 3. किसी कार्य का पारिश्रमिक; शुल्क; कीमत 4. (विद्युत का) आवेश 5. अधिकार। [मु.] **-करना** [क्रि-स.] विद्युत, सौर ऊर्जा आदि से किसी उपकरण या वस्तु को आवेशित करना।

चार्जर (अं.) [सं-पु.] 1. आवेशित करने वाला उपकरण 2. बैटरी चार्ज करने का उपकरण।

चार्जशीट (अं.) [सं-स्त्री.] 1. अभियोग-पत्र; आरोप-पत्र 2. दायर-जुर्म 3. प्रभार-पत्र।

चार्ट (अं.) [सं-पु.] 1. तालिका; सारणी 2. रेखाचित्र; विवरणपट; (ग्राफ़; डायग्राम) 3. मानचित्र; नक्शा।

चार्म (सं.) [वि.] 1. चमड़े का बना हुआ 2. चर्म का; चर्म संबंधी 3. चमड़े से मढ़ा हुआ।

चार्वाक (सं.) [सं-पु.] 1. एक भौतिकवादी दर्शन के प्रवर्तक 2. एक भौतिकवादी दर्शन, जो वेदों या शास्त्रों में आस्था नहीं रखता है; लोकायत।

चाल-चलन [सं-पु.] 1. व्यक्ति के व्यवहार का ढंग 2. नैतिकता संबंधी आचरण या व्यवहार; चरित्र।

चाल-ढाल [सं-स्त्री.] 1. (किसी व्यक्ति के) चलने-फिरने का तरीक़ा; रहन-सहन का ढंग 2. ऊपरी व्यवहार; चाल-चलन; तौर-तरीका; आचरण 3. किसी वस्तु की रचना का ढंग।

चाल[1] (सं.) [सं-स्त्री.] 1. चलने की क्रिया या गति 2. चलने का ढंग; चलन 3. व्यवहार; बरताव 4. आचरण; रीति-रिवाज 5. बनावट; ढब; ढंग 6. बाज़ी; पारी 7. छल; कपट; धूर्तता; धोखा देने वाली बात 8. ताश या शतरंज में पत्ते या मुहरे को चलना या चलने की बारी।

चाल[2] (म.) [सं-पु.] इमारत या बहुत बड़ा लेकिन कम चौड़ा मकान जिसमें कई छोटे-छोटे कमरे होते हैं (मुंबई, कोलकाता आदि बड़े शहरों में)।

चालक (सं.) [सं-पु.] वह व्यक्ति जो वाहन, इंजनों आदि को चलाता हो; (ड्राइवर)। [वि.] चलाने वाला; चालित या प्रवाहित करने वाला।

चालक-मंडल (सं.) [सं-पु.] यान या इंजनों को चलाने वाला व्यक्तियों का समूह।

चालन (सं.) [सं-पु.] 1. चलाने या चलने की क्रिया; परिचालन 2. गति; हिलना-डुलना 3. किसी वस्तु को छानने के उपरांत बचा हुआ अनुपयोगी पदार्थ; चोकर; भूसी 4. चलनी; छलनी।

चालबाज़ (हिं.+फ़ा.) [वि.] धूर्तता या चालाकी से अपना काम निकाल लेने वाला; चालें चलने वाला; छलिया।

चालबाज़ी (हिं.+फ़ा.) [सं-स्त्री.] व्यवहार में छलपूर्ण चालें चलने की क्रिया; धोखाधड़ी; कपट; धूर्तता; चालाकी; छल।

चाला [सं-पु.] 1. चलने या प्रस्थान करने की क्रिया; प्रस्थान; गमन 2. वह दिन या समय जो किसी दिशा में जाते समय शुभ समझा जाता है 3. एक प्रकार का औपचारिक कार्य जो किसी व्यक्ति की मृत्यु के बाद दसवें या ग्यारहवें दिन रात के समय किया जाता है 4. यात्रा का मुहूर्त 5. नववधू का प्रथम बार मायके से ससुराल या ससुराल से मायके जाना।

चालाक (फ़ा.) [वि.] 1. चालबाज़; धूर्त; छलिया 2. चतुर; होशियार; दक्ष 3. फुरतीला 4. व्यवहार-कुशल।

चालाकी (फ़ा.) [सं-स्त्री.] 1. चालबाज़ी; धूर्तता; छल 2. चतुराई; होशियारी; दक्षता 3. व्यवहार कुशलता 4. चतुराई से भरी युक्ति या तरकीब।

चालान (अं.) [सं-स्त्री.] 1. भेजे हुए माल की सूची; विवरण; बीजक 2. व्यापारिक क्षेत्र में कोई वस्तु या माल भेजने या रवाना करने की क्रिया या भाव 3. वह कागज़ जिसमें भेजे हुए माल की सूचना रहती है 4. अभियुक्त का विचार के लिए जज के पास भेजा जाना 5. यातायात नियम के उल्लंघन पर किया गया जुरमाना 6. किसी भुगतान की आधिकारिक रसीद 7. कर विभाग, सरकारी दफ़्तर आदि को किया गया नकद भुगतान या चेक जमा करने का प्रपत्र।

चालिया [वि.] चालबाज़; छलिया।

चाली [वि.] 1. चालबाज 2. नटखट; पाजी 3. चंचल। [सं-पु.] 1. केंचुआ 2. व्यक्तियों का वह समूह जो काम से अलग कर दिया गया हो। [सं-स्त्री.] 1. नाव के ऊपर का छप्पर या छाजन 2. नाव की पेंदी के ऊपर की जड़ाई फरी 3. घोड़े की जीन।

चालीस [वि.] संख्या '40' का सूचक।

चालीसवाँ [सं-पु.] मुसलमानों में मृत व्यक्ति के चालीसवें दिन का कर्म; चेहलुम का फ़ातिहा।

चालीसा [सं-स्त्री.] 1. वह पुस्तक या संकलन जिसमें चालीस छंद या पद हो, जैसे- दुर्गा चालीसा 2. चालीस चीज़ों का संकलन जैसे चालीसा चूरन 3. चालीस दिन का समय; चिल्ला।

चालुक्य [सं-पु.] दक्षिण भारत का एक प्रसिद्ध राजवंश जिसने पाँचवीं शताब्दी से बारहवीं शताब्दी तक राज्य किया था।

चालू [वि.] 1. जो काम कर रहा हो; जो चल रहा हो; चलता हुआ, जैसे- चालू घड़ी 2. जो रिवाज में हो; प्रचलित; जिसका चलन रुका न हो, जैसे- चालू प्रथा 3. जो सयाना या चालाक हो; तिकड़मी; छलिया, जैसे- चालू आदमी 4. जो नियमित हो; सक्रिय; गतिशील 5. जो वर्तमान में प्रयोग हो रहा हो।

चालूखाता [सं-पु.] बैंक का वह खाता जिसमें लेन-देन का क्रम लगातार बना रहता है और जमा रकम से भी अधिक रकम ब्याज पर उधार के रूप में लेने की सुविधा रहती है; (करंट अकाउंट)।

चाव [सं-पु.] 1. तीव्र कामना; अभिलाषा; चाह 2. प्रेम; प्रीति; अनुराग 3. रुचि; शौक 4. उत्साह; उमंग से भरी ख़ुशी। [मु.] **-निकालना** : अभिलाषाएँ या लालसाएँ जी भर के पूरी करना।

चावड़ी [सं-स्त्री.] 1. यात्रियों के टिकने या ठहरने का स्थान; पड़ाव 2. चट्टी।

चावल [सं-पु.] 1. धान के बीज से भूसी अलग करने पर निकलने वाला भाग, जिसकी गिनती प्रसिद्ध अनाजों में होती है 2. पकाया हुआ चावल; भात।

चाशनी (फ़ा.) [सं-स्त्री.] 1. चीनी, गुड़ या मिश्री आदि को आँच पर चढ़ाकर बनाया गया गाढ़ा घोल; शीरा 2. खाने की चीज़ से चखने के लिए निकाला गया अंश; चखने की चीज़; चास।

चाशनीगीर (फ़ा.) [सं-पु.] मध्यकाल में वह कर्मचारी जो नवाबों और बादशाहों के यहाँ उनके खाद्य पदार्थ चखकर देखने के लिए नियुक्त होता था।

चाष (सं.) [सं-पु.] 1. नीलकंठ पक्षी 2. चाहा पक्षी।

चास (फ़ा.) [सं-स्त्री.] किसी वस्तु की जाँच या परख के लिए निकाला गया भाग; चाशनी।

चासा [सं-पु.] 1. हल चलाने या जोतने वाला व्यक्ति; किसान; खेतिहर; हलवाहा 2. ओडिशा की एक जाति जो खेती करती है।

चाह (सं.) [सं-स्त्री.] 1. इच्छा; कामना; अभिलाषा 2. आवश्यकता; गरज़; ज़रूरत 3. आदर; कदर; पूछ 4. प्यार; प्रेम।

चाहत [सं-स्त्री.] 1. किसी को अनुराग पूर्वक चाहने की अवस्था या भाव; चाह; प्रेम; अनुराग 2. आसक्ति; आकांक्षा; इच्छा।

चाहना [क्रि-स.] 1. ऐसे कार्य की इच्छा करना जिससे सुख और संतोष मिल सकता हो 2. किसी के प्रति प्रेम, स्नेह या अनुराग का भाव होना; दुलारना 3. कोई चीज़ लेने या कोई कार्य कर देने की विनयपूर्ण प्रार्थना करना; माँगना।

चाहा[1] [वि.] अभिलाषित; इच्छित; चाहा हुआ।

चाहा[2] (सं.) [सं-पु.] एक ऐसा जल-पक्षी जिसका शरीर फूलदार और पीठ सुनहरी होती है। मांस खाने के उद्देश्य से इसका शिकार होता है।

चाही (फ़ा.) [सं-स्त्री.] वह ज़मीन जो कुएँ के पानी से सींची जाती हो।

चाहे [अव्य.] 1. 'यदि मन चाहे तो' का संक्षिप्त रूप, जैसे- चाहे पढ़ो या चाहे खेलो 2. (दो या अनेक में से) जो चाहते हो 3. जो कुछ हो सकता हो; वह सब या उनमें से कुछ, जैसे- चाहे जो हो, तुम सफल ज़रूर होगे।

चिंगड़ा [सं-पु.] झींगा मछली।

चिंगता [सं-पु.] दे. चिंगना।

चिंगना [सं-पु.] 1. चूज़ा; मुरगी का छोटा बच्चा 2. नवजात पक्षी 3. छोटा बच्चा।

चिंगपोटा [सं-पु.] काले रंग की नर बटेर।

चिंगारी (सं.) [सं-स्त्री.] चिनगारी।

चिंगुड़ना [क्रि-अ.] 1. सूखने या नमी न होने से ऊपर की परत (तल) में झुर्रियाँ या शिकन पड़ जाना, जैसे- शरीर का चमड़ा चिंगुड़ना 2. तनाव या दबाव से नसों का तन जाना या सिकुड़ना 3. संकुचित होना, जैसे- कपड़ा चिंगुड़ना 4. देर तक एक ही अवस्था में रहने से अंगों का न फैलना।

चिंगुला [सं-पु.] 1. बच्चा; बालक 2. अंडे से निकला बिना रोएँ

का बच्चा।

चिंघाड़ (सं.) [सं-स्त्री.] 1. हाथी के चीखने की आवाज़ 2. अचानक उत्तेजित होकर चिल्लाने की ध्वनि; चीत्कार।

चिंघाड़ना (सं.) [क्रि-अ.] 1. हाथी का ज़ोर से चिल्लाना या आवाज़ निकालना 2. एकाएक ज़ोर की ध्वनि या शब्द करना; चीखना; चिल्लाना।

चिंचा (सं.) [सं-स्त्री.] 1. इमली 2. इमली का बीज।

चिंड (सं.) [सं-पु.] नृत्य का एक प्रकार या भेद।

चिंतक (सं.) [वि.] 1. चिंतन करने वाला; ध्यान करने वाला; विचारक 2. सोचने वाला; विचार करने वाला 3. चाहने वाला; चिंता करने वाला, जैसे- शुभचिंतक।

चिंतन (सं.) [सं-पु.] 1. गहराई से सोचने का भाव; सोचना-विचारना 2. कोई बात समझने या सोचने के लिए बार-बार किया जाने वाला उसका ध्यान; मन ही मन किया जाने वाला विवेचन; मनन 3. ध्यान; बार-बार होने वाला स्मरण।

चिंतनधारा (सं.) [सं-स्त्री.] 1. विचार-मनन करने का ढंग; विचारधारा 2. चिंतन की शैली, मत या सिद्धांत।

चिंतनशील (सं.) [वि.] 1. चिंतन करने वाला 2. जिसमें विचारने की शक्ति हो; विचारशील।

चिंतनीय (सं.) [वि.] 1. चिंतन या ध्यान करने योग्य; विचारणीय 2. फ़िक्र करने योग्य; चिंता करने योग्य; शोचनीय।

चिंता (सं.) [सं-स्त्री.] 1. व्यथित या विचलित करने वाली कोई भावना 2. फ़िक्र; सोच 3. किसी बात के महत्व का विचार, परवाह; बेचैनी 4. किसी विषय के संबंध में मन में बार-बार होने वाला स्मरण; चिंतन 5. (काव्यशास्त्र) काव्य में एक संचारी भाव।

चिंताकुल (सं.) [वि.] चिंता से परेशान; उद्विग्न।

चिंताग्नि (सं.) [सं-स्त्री.] चिंता रूपी आग अर्थात वह चिंता जो शरीर को क्षति पहुँचाए।

चिंताग्रस्त (सं.) [वि.] जिसे चिंता हो; चिंतित; फ़िक्रमंद; चिंता से व्याकुल; चिंताकुल।

चिंताजनक (सं.) [वि.] 1. चिंतित कर देने वाला 2. जो गंभीर या शोचनीय हो; गंभीर 3. ख़तरनाक; जोखिमपूर्ण 4. दुखद 5. विकट; नाज़ुक।

चिंतातुर (सं.) [वि.] 1. चिंता से व्याकुल या उद्विग्न; चिंताकुल; चिंतित 2. चिंता से घबराया हुआ।

चिंतामग्न (सं.) [वि.] 1. सोच में डूबा हुआ 2. चिंता में लीन; चिंतित; चिंताकुल; चिंतातुर।

चिंतामणि (सं.) [सं-पु.] 1. एक कल्पित रत्न जो मनचाही वस्तु देने की सामर्थ्य रखता है; पारस पत्थर; मणि 2. ऐसी वस्तु या व्यक्ति या देवता जो किसी की सभी आवश्यकताओं एवं कामनाओं को तत्काल पूरा कर दे।

चिंतामय (सं.) [वि.] चिंता से आपूरित; चिंतापूर्ण।

चिंतामुक्त (सं.) [वि.] चिंता से मुक्त; बेफ़िक्र।

चिंतित (सं.) [वि.] 1. जिसे चिंता हो; चिंतायुक्त; फ़िक्रमंद; जो सोच में पड़ा हो 2. बेचैन; विकल।

चिंत्य (सं.) [वि.] 1. चिंता करने योग्य; विचारणीय; चिंतनीय 2. जिसके बारे में चिंता या फ़िक्र करना ज़रूरी हो, जैसे- देश में गाँवों की उपेक्षा एक चिंत्य विषय है 3. प्रामाणिकता, औचित्य आदि के विचार से संदिग्ध।

चिंदी [सं-स्त्री.] किसी चीज़ के छोटे-छोटे टुकड़े; धज्जी। [मु.] **-चिंदी करना** : किसी वस्तु को तोड़कर या काटकर टुकड़े-टुकड़े करना।

चिंधी [सं-स्त्री.] चेंदी; चकई।

चिंपानज़ी (अं.) [सं-पु.] अफ़्रीका में पाया जाने वाला जानवर; वनमानुष।

चिउड़ा [सं-पु.] धान को कूटकर बनाया हुआ चिपटा चावल; चिवड़ा; चूरा

चिउरी [सं-स्त्री.] 1. अधपका भुना हुआ जौ 2. बाजरे आदि को कूटकर तैयार किया गया खाद्य पदार्थ।

चिक-चिक [सं-स्त्री.] 1. चिड़ियों के बोलने की आवाज़ 2. बंदरों के बोलने की ध्वनि 2. {ला-अ.} छोटी-सी बात पर होने वाला झगड़ा 4. {ला-अ.} बेकार की बातचीत; बकबक।

चिक[1] [सं-स्त्री.] कमर या पीठ में झटके आदि की वजह से अचानक से होने वाली पीड़ा; चिलक; चमक।

चिक[2] (तु.) [सं-स्त्री.] 1. बाँस की तीलियों आदि का बना हुआ झीना परदा; चिलमन। [सं-पु.] पशुओं को मारकर मांस बेचने वाला व्यक्ति, जिसकी दुकान पर चिक का परदा रहता है; बकरकसाब; कसाई।

चिकटना [क्रि-अ.] 1. मैल या गंदगी जमने के कारण चिपचिपा होना 2. बहुत मैला या गंदा होना।

चिकन[1] (फ़ा.) [सं-पु.] सूती कपड़े पर किया हुआ कढ़ाई का काम जो उभरा हुआ हो।

चिकन[2] (अं.) [सं-पु.] मुरगे का मांस और उससे बनने वाला एक प्रकार का व्यंजन।

चिकना (सं.) [वि.] 1. तैलीय; स्निग्ध; घी या तेल लगा या मिला हुआ 2. जो छूने पर खुरदरा न लगे 3. जिसपर कोई फिसल सकता हो; फिसलन-भरा 4. जिसका ऊपरी तल रगड़कर समतल या रंदा किया गया हो; चमकीला 5. {ला-अ.} जिसका व्यवहार बनावटी हो; ख़ुशामदी; चाटुकार 6. {ला-अ.} स्वस्थ; मोटा-ताज़ा।

चिकनाई [सं-स्त्री.] 1. चिकने होने की अवस्था या भाव; चिकनापन; स्निग्धता। 2. घी, तेल आदि चिकने पदार्थ 3. {ला-अ.} मन या आचरण की सरसता।

चिकनाना [क्रि-स.] 1. चिकना करना 2. तेल या घी आदि लगाना 3. खुरदरापन दूर करना।

चिकनापन [सं-पु.] चिकना होने की अवस्था या भाव; चिकनाई; चिकनाहट।

चिकनाहट [सं-स्त्री.] चिकना होने का भाव; चिकनापन; चिकनाई।

चिकनिया [वि.] जो सदा या प्रायः तेल-फुलेल आदि लगाकर ख़ूब बना-ठना रहे; छैला; बाँका।

चिकनी-चुपड़ी [वि.] 1. जिसमें कृत्रिमता या खोखलापन हो; ख़ुशामद भरी; चाटुकारिता से युक्त, जैसे- चिकनी-चुपड़ी

बातें 2. अच्छी सजावटवाली।

चिकहारा [सं-स्त्री.] चिचोर; एक प्रकार की घास।

चिकार [सं-पु.] 1. चीत्कार; चिल्लाहट 2. चिंघाड़।

चिकारा [सं-पु.] 1. एक तरह की सारंगी 2. हिरण की जाति का एक जानवर जिसके नेत्र बहुत सुंदर होते हैं।

चिकित्सक (सं.) [सं-पु.] चिकित्सा करने वाला; वैद्य; हकीम; (डॉक्टर)।

चिकित्सा (सं.) [सं-स्त्री.] 1. बीमारी ठीक करने का उपाय; इलाज; उपचार 2. वैद्य का काम या व्यवसाय।

चिकित्सा विज्ञान (सं.) [सं-पु.] वह विज्ञान या शास्त्र जिसमें बीमारियों के कारण, लक्षण या इलाज एवं शोध की विवेचना की जाती है; (मेडिकल साइंस)।

चिकित्साधिकारी (सं.) [सं-पु.] वह अधिकारी जो किसी राजकीय विभाग या नगर-पालिका आदि में लोगों की चिकित्सा की व्यवस्था करता हो; (मेडिकल ऑफ़िसर)।

चिकित्सालय (सं.) [सं-पु.] 1. अस्पताल 2. दवाख़ाना।

चिकित्सावकाश (सं.) [सं-पु.] वह अवकाश या छुट्टी जो किसी रोगी कर्मचारी को चिकित्सा कराने के लिए मिलती है; (मेडिकल लीव)।

चिकित्सित (सं.) [वि.] जिसकी चिकित्सा अथवा जाँच हुई हो।

चिकित्स्य (सं.) [वि.] 1. जो चिकित्सा करने से अच्छा हो सके (रोग) 2. जिसकी चिकित्सा या उपाय हो सके।

चिकुट [सं-पु.] दे. चिकुर।

चिकुर (सं.) [सं-पु.] 1. सिर के बाल; केश 2. रेंगकर चलने वाला जीव; सरीसृप 3. गिलहरी 4. बालों की लट, ज़ुल्फ़। [वि.] चंचल; चपल।

चिकोटी [सं-स्त्री.] हाथ की उँगलियों से किसी के शरीर की त्वचा को पीड़ित करने या सचेत करने के लिए दबाना; चिकुटी।

चिक्क (सं.) [वि.] चपटी नाकवाला [सं-पु.] छछूँदर।

चिक्कचाक [वि.] चमक-दमकवाला; चटकीला; चमकीला।

चिक्कट [वि.] 1. बहुत गंदा; मैला; चिकनाहट और मैल से भरा हुआ 2. चिपचिपा; लसीला। [सं-पु.] गर्द, तेल आदि की मैल जो कहीं जम गई हो।

चिक्कण (सं.) [सं-पु.] 1. सुपारी का वृक्ष 2. उक्त वृक्ष का फल 3. हरड़; हर्र। [वि.] चिकना।

चिक्कस [सं-पु.] 1. जौ का आटा 2. जौ के आटे का उबटन 3. जौ के आटे से बनी हुई रोटी 4. लोहे, पीतल आदि की छड़ का बना हुआ वह अड्डा जिसपर पालतू पक्षियों को बैठाया जाता है।

चिक्कार [सं-पु.] चीत्कार; चीखना।

चिक्की [सं-स्त्री.] मसालेदार मीठी-मोटी पपड़ी।

चिखुरन [सं-स्त्री.] लगाए गए पौधों के आस-पास उग आने वाली घास।

चिखुरना [क्रि-स.] 1. पौधों या बगीचे से घास निकालना 2. निराना; जोतना।

चिखुरा [सं-पु.] नर गिलहरी।

चिखुराई (सं.) [सं-स्त्री.] 1. पौधों के आस-पास उगी हुई घास को निकालना 2. चिखुरने की मज़दूरी।

चिखौना [सं-पु.] शराब आदि के साथ चखकर खाया जाने वाला चटपटा पदार्थ; चाट।

चिखौनी [सं-स्त्री.] 1. चखने या स्वाद देखने की क्रिया 2. शराब आदि के साथ खाई जाने वाली चीज़।

चिचड़ी [सं-स्त्री.] ऐसा छोटा कीड़ा जो गाय, बैल आदि के शरीर में पाया जाता है; किलनी।

चिचिंडा [सं-पु.] एक लता जिसमें गोल लंबोतरे फल लगते हैं और यह फल सब्ज़ी के काम आता है।

चिचिड़ा [सं-पु.] 1. तरोई की तरह की एक बेल जिसमें दो ढ़ाई - अंगुल के फल लगते हैं; 2. अपामार्ग; चिचड़ा; चिचूका।

चिचोर [सं-स्त्री.] यह घास तालों में होती है और धान की फसल को अधिकतर दबा देती है।

चिट [सं-स्त्री.] 1. कागज़ का छोटा टुकड़ा जिसपर कुछ लिखा हो; पुरज़ा; रुक्का 2. छोटा पत्र 3. कपड़े की धज्जी।

चिटकना [क्रि-अ.] 1. लकड़ी के जलते समय 'चिट-चिट' ध्वनि करते हुए चिनगारियाँ निकलना 2. सूखकर फटना 3. चिढ़ना; खीझना।

चिटकनी [सं-स्त्री.] दरवाज़े को बंद करने के लिए लोहे या पीतल का उपकरण; सिटकनी।

चिटकाना [क्रि-स.] 1. किसी चीज़ को चिटकने में प्रवृत्त करना 2. किसी व्यक्ति को चिढ़ाना या खिझाना।

चिटनवीस (हिं.+फ़ा.) [सं-पु.] 1. चिट्ठी-पत्री या हिसाब-किताब लिखने वाला कर्मचारी; मुहर्रिर 2. लिपिक; लेखक।

चिटनीस [सं-पु.] दे. चिटनवीस।

चिट्टा [सं-पु.] गोरा, सफ़ेद (गोरा-चिट्टा)।

चिट्ठा [सं-पु.] 1. वर्ष भर की लाभ-हानि का दस्तावेज़ 2. आय-व्यय का लेखा-जोखा 3. खाता 4. ऐसा कागज़ जिसपर कुछ लिखा गया हो 5. वह धन जो मज़दूरी के लिए बाँटा जाए 6. किसी काम में लगने वाले धन का ब्योरा 7. किसी बात का विस्तृत विवरण 8. सूची; फ़ेहरिस्त।

चिट्ठी [सं-स्त्री.] 1. पत्र; ख़त; पुरज़ा 2. निमंत्रण-पत्र 3. आज्ञा-पत्र; रुक्का।

चिट्ठी-पत्री [सं-स्त्री.] 1. एक स्थान से दूसरे स्थान पर आने-जाने वाला ख़त; पत्र 2. आपस में चिट्ठियाँ या पत्र भेजने-मँगाने आदि का व्यवहार; पत्र-व्यवहार; पत्राचार; (कॉरस्पॉन्डेंस)।

चिट्ठीरसाँ [सं-पु.] डाकख़ाने में आई हुई चिट्ठियाँ बाँटने वाला कर्मचारी; डाकिया; (पोस्टमैन)।

चिड़चिड़ा [वि.] 1. बात-बात पर क्रुद्ध हो जाने वाला; तुनकमिजाज 2. जिसमें चिड़चिड़ापन हो। [सं-पु.] एक छोटा पक्षी।

चिड़चिड़ाना [क्रि-अ.] 1. नाराज़ होना 2. ज़रा सी बात पर चिढ़ जाना 3. चिढ़ना; झुँझलाना।

चिड़चिड़ापन [सं-पु.] 1. चिड़चिड़ाने की अवस्था 2. ज़रा-सी बात पर नाराज़ होने या बिगड़ने की आदत; तुनकमिज़ाजी।

चिड़चिड़ाहट [सं-स्त्री.] 1. चिड़चिड़ाने की क्रिया या भाव 2. झुँझलाहट; खीजने का भाव।

चिड़ा [सं-पु.] गौरैया पक्षी का नर; गौरा।

चिड़िया (सं.) [सं-स्त्री.] 1. पंख और चोंच वाला पक्षी; पखेरू; उड़ने वाला जीव 2. गोरैया 3. चोली की कटोरी के बीच की सिलाई 4. ताश के पत्तों का एक रंग; चिड़ी 5. डोली या पालकी आदि को रोकने के लिए उसके डंडों के सिरों पर लगाई जाने वाली चिड़िया जैसी लकड़ी जो बैसाखी की तरह टेक या सहारा देती है 6. लहँगे या पायजामे का नेफ़ा जिसमें नाड़ा डाला जाता है।

चिड़ियाख़ाना (हिं.+फ़ा.) [सं-पु.] वह स्थान जहाँ सभी प्रकार के पशु और पक्षी देखने के लिए रखे जाते हैं; चिड़ियाघर; (ज़ू)।

चिड़ियाघर [सं-पु.] वह स्थान या घर जिसमें अनेक प्रकार के पक्षी और पशु देखने के लिए रखे जाते हैं; (ज़ू)।

चिड़िहार [सं-पु.] पक्षियों का शिकार करने वाला व्यक्ति; बहेलिया।

चिड़ी [सं-स्त्री.] 1. चिड़िया; पक्षी 2. ताश के पत्ते में चिड़ी नामक आकृति का पत्ता 3. बैडमिंटन की गुड़िया।

चिड़ीमार [सं-पु.] 1. चिड़िया मारने या पकड़ने वाला; बहेलिया 2. व्यंग्य या अपशब्द के रूप में कही जाने वाली उक्ति 3. {ला-अ.} लड़कियों, महिलाओं को अपनी बातों में फाँसकर मनबहलाव करने वाला व्यक्ति।

चिढ़ [सं-स्त्री.] 1. चिढ़ने की अवस्था; खीझ; झुँझलाहट 2. नाराज़गी 3. वह बात या शब्द जिससे किसी को बुरा लगे 4. नफ़रत; घृणा।

चिढ़ना [क्रि-अ.] 1. ज़रा-सी बात पर क्रुद्ध हो जाना; खीझना; झुँझलाना 2. नाराज़ होना 3. बुरा मानना 4. द्वेष रखना 5. घृणा करना।

चिढ़वाना [क्रि-स.] किसी से चिढ़ाने का कार्य कराना।

चिढ़ाना (सं.) [क्रि-स.] 1. किसी को जान-बूझकर कुछ कहना जिससे वह चिढ़े या नाराज़ हो 2. नाराज़ करना; क्रुद्ध करना 3. चिढ़ पैदा करने वाली बात कहना 4. उपहास करना; नकल उतारना 5. मुँह बनाना 6. छेड़ना।

चित [वि.] पीठ के बल सीधा पड़ा हुआ; जिसका मुँह-पेट ऊपर की ओर हो। [अव्य.] पीठ के बल। [मु.] **-करना** : हराना।

चित-पट [सं-पु.] 1. बाज़ी लगाकर खेला जाने वाला खेल 2. सिक्के के दो पहलू 3. कुश्ती; मल्लयुद्ध।

चितकबरा (सं.) [वि.] धब्बेवाला; सफ़ेद रंग पर लाल-काले दागोंवाला; रंग-बिरंगा। [सं-पु.] उक्त प्रकार का रंग।

चितकबरी [सं-स्त्री.] सफेद रंग पर काले, लाल या पीले दागों वाली गाय; बकरी।

चितचोर [वि.] 1. चित्त या मन को चुराने वाला 2. लुभाने वाला; मोहित करने वाला 3. आकर्षक; मनोहर 4. प्यारा; प्रिय।

चितमन [सं-पु.] पीठ पर भौंरी वाला घोड़ा।

चितला [वि.] चितकबरा; रंग-बिरंगा।

चितवन [सं-स्त्री.] 1. किसी की ओर प्रेम या अनुराग से देखने या ताकने की अवस्था, भाव या ढंग 2. दृष्टि; अवलोकन; निगाह 3. कटाक्ष।

चितवा [सं-पु.] मूँगफली का एक रोग।

चिता (सं.) [सं-स्त्री.] लकड़ियों का वह ढेर जिसपर मृत शरीर को जलाया जाता है।

चिताना [क्रि-स.] 1. याद दिलाना 2. ज्ञानोपदेश करना 3. सावधान करना।

चिति (सं.) [सं-स्त्री.] 1. चिता 2. ढ़ेर; राशि 3. चयन; चुनाई 4. चेतना 5. अग्नि का एक वैदिक संस्कार।

चितियाना [सं-पु.] एक प्रकार का रोग, जिसमें पत्तियों पर चकते पड़ जाते हैं और वे पीली पड़ जाती है।

चितेरा (सं.) [सं-पु.] चित्रकार; चित्र अंकित करने या बनाने वाला; मुसौवर।

चितैया [सं-पु.] मेहँदी रचना।

चितौनी [सं-स्त्री.] 1. किसी को ताकने या देखने का भाव या ढंग; चितावनी 2. अवलोकन दृष्टि; चितवन 3. किसी की ओर प्रेम या अनुराग के साथ देखने की अवस्था 4. निगाह; नज़र।

चित्त (सं.) [सं-पु.] 1. मन; अंतःकरण 2. चितवन; दृष्टि। [वि.] 1. अनुभूत; विचारित 2. इच्छित 3. गोचर। [मु.] **-चुराना** : मन मोहना। **-पर चढ़ना** : याद आना; मन में ध्यान बना रहना। **-बँटना** : चित्त का एकाग्र न होना। **-में बैठना** : समझ में आना। **-लगाना** : मन लगाना; **-से उतारना** : भूल जाना।

चित्तभूमि (सं.) [सं-स्त्री.] 1. योग के समय चित्त की भिन्न-भिन्न वृत्तियाँ 2. चित्त की सहज स्वाभाविक अवस्था। विशेष- योगशास्त्र में पाँच चित्तभूमियाँ मानी गई हैं- क्षिप्त, मूढ़, विक्षिप्त, एकाग्र और निरुद्ध। इनमें अंतिम दो चित्तभूमि योग साधना के अनुकूल मानी जाती हैं।

चित्तविक्षेप (सं.) [सं-पु.] 1. चित्त की अस्थिरता या चंचलता; उद्विग्नता 2. अनेक विषयों में भटकते रहना।

चित्तविभ्रम (सं.) [सं-पु.] 1. मन में होने वाला भ्रम या भ्रांति 2. धोखा 3. उन्माद।

चित्तवृत्ति (सं.) [सं-स्त्री.] 1. प्रवृत्ति; झुकाव 2. चित्त या मन की वह अवस्था जिससे मनुष्य विचार करता है। विशेष- पाँच मुख्य चित्तवृत्तियाँ मानी गई हैं- प्रमाण, विपर्यय (मिथ्या ज्ञान), विकल्प, निद्रा और स्मृति।

चित्तशुद्धि (सं.) [सं-स्त्री.] चित्त का निर्मल और शुद्ध होना; कुवासनाओं से रहित होना।

चित्ताकर्षक (सं.) [वि.] 1. मोहित करने या लुभाने वाला 2. जो चित्त या मन को अपनी ओर आकृष्ट करता हो।

चित्ताभोग (सं.) [सं-पु.] पूर्ण चेतनता; आसक्ति।

चित्तायुक्त (सं.) [वि.] 1. चेतनापूर्ण 2. चित्त या मन को अपनी ओर आकृष्ट करने की भावना वाला 3. चित्त से किसी कार्य में लगा हुआ।

चित्ती (सं.) [सं-स्त्री.] 1. किसी रंग वाली वस्तु पर भिन्न रंग का चिह्न; छोटा दाग 2. रोटी पर जल जाने के कारण पड़ने वाला दाग 3. कुम्हार के चाक के किनारे का गड्ढा 4. मुनिया

नामक चिड़िया।

चित्य (सं.) [सं-पु.] 1. अग्नि 2. समाधि। [वि.] 1. चयनीय 2. चिता संबंधी; चिता का।

चित्र (सं.) [सं-पु.] 1. किसी कागज़ या वस्त्र पर रेखाओं एवं रंगों से बनी किसी व्यक्ति या वस्तु की आकृति; तस्वीर 2. कैमरे की सहायता से बनाई गई किसी वस्तु या व्यक्ति की हूबहू प्रतिकृति; (फ़ोटो) 3. मन में सोचा गया या कल्पना द्वारा देखा गया रूप 4. आश्चर्यपूर्ण दृश्य।

चित्र-कथा (सं.) [सं-स्त्री.] पाठकों के मनोरंजन के लिए पत्र-पत्रिकाओं में प्रकाशित रंगीन या इकरंगी चित्रों वाली कथा; (कॉमिक)।

चित्र-परिचय (सं.) [सं-पु.] (पत्रकारिता) चित्र के विषय में उसके नीचे लिखी गई पंक्ति अथवा पंक्तियाँ; (कैप्शन)।

चित्र-संपादन (सं.) [सं-पु.] (पत्रकारिता) पत्र-पत्रिकाओं में प्रकाशनार्थ चित्रों में आवश्यक काट-छाँट करने अथवा उन्हें कोई नया रूप देने का कार्य; (फ़ोटो एडिटिंग)।

चित्रक (सं.) [सं-पु.] 1. चीता; बाघ 2. चीता नामक वृक्ष 3. चित्रकार 4. बहादुर।

चित्रकला (सं.) [सं-स्त्री.] चित्र बनाने की कला; चित्रकारी; (पेंटिंग)।

चित्रकार (सं.) [सं-पु.] चित्र बनाने वाला व्यक्ति; चितेरा।

चित्रकारी [सं-स्त्री.] 1. चित्र बनाने की कला या विद्या; चित्रकला 2. बनाए हुए चित्रों का संयोजन; संकलन 3. चित्रकार का पद, काम या भाव।

चित्रकाव्य (सं.) [सं-पु.] (साहित्य) ऐसा काव्य जिसमें शब्दों और वाक्यों का ऐसा संयोजन होता है कि पूरा अर्थ एक चित्र या बिंब के रूप में मानस पटल पर उपस्थित होता है; चित्र के आकार में लिखित काव्य।

चित्रकूट (सं.) [सं-पु.] 1. (रामायण) एक प्रसिद्ध रमणीक पर्वतीय स्थान जहाँ वनवास के समय राम-लक्ष्मण और सीता ने निवास किया था 2. हिमालय की एक चोटी का नाम।

चित्रगुप्त [सं-पु.] (पुराण) चौदह यमराजों में से एक जो प्राणियों के पाप और पुण्य का लेखा-जोखा रखने वाले कहे गए हैं।

चित्रण (सं.) [सं-पु.] 1. चित्र बनाने की क्रिया या भाव 2. किसी घटना, व्यक्ति या वस्तु का शाब्दिक वर्णन 3. चित्र में रंग भरने का भाव।

चित्रपट (सं.) [सं-पु.] 1. सिनेमा का परदा 2. चलचित्र; सिनेमा 3. पुराने समय में वह कपड़ा, कागज़ आदि जिसपर चित्र बनाया जाता हो; चित्राधार; (ऐलबम)।

चित्रबर्ह [सं-पु.] 1. मोर; मयूर 2. गरुड़ के एक पुत्र का नाम।

चित्रमय (सं.) [वि.] चित्रों से भरा हुआ; सचित्र, जैसे- चित्रमय किताब।

चित्रल (सं.) [वि.] चितकबरा; चितला।

चित्रलिपि (सं.) [सं-स्त्री.] वह लिपि जिसमें अक्षरों की जगह सांकेतिक चित्रों द्वारा वस्तुओं, क्रियाओं भावों की अभिव्यक्ति की जाती है।

चित्रलेखनी (सं.) [सं-स्त्री.] चित्र अंकित करने की कलम; कूँची; तूलिका।

चित्रलेखा (सं.) [सं-स्त्री.] 1. चित्र बनाने की कूँची 2. (पुराण) बाणासुर नामक दैत्य के मंत्री की कन्या 3. एक प्रकार का छंद।

चित्रवत (सं.) [वि.] 1. चित्र जैसा; चित्रलिखित 2. {ला-अ.} गति रहित; स्थिर; स्तब्ध।

चित्रशीर्ष (सं.) [सं-पु.] (पत्रकारिता) चित्र के ऊपर दिया गया शीर्षक।

चित्रसंपादक (सं.) [सं-पु.] (पत्रकारिता) पत्र-पत्रिकाओं में छपने वाले चित्रों को आवश्यकतानुसार काट-छाँट कर अथवा कोई नया रूप देकर संपादित करने वाला व्यक्ति; (फ़ोटो एडीटर)।

चित्रसारी (सं.) [सं-स्त्री.] 1. चित्रों का संग्रहालय चित्रशाला 2. विलास-भवन; रंग-महल 3. भित्ति-चित्रों से भरा भवन।

चित्रस्थ (सं.) [वि.] 1. चित्र में अंकित व्यक्ति जैसा निश्चल या स्तब्ध 2. चित्र में बनाया हुआ; चित्रलिखित।

चित्रा (सं.) [सं-स्त्री.] 1. (ज्योतिष) सत्ताईस नक्षत्रों में से चौदहवाँ नक्षत्र जिसमें तीन तारे हैं, इसमें गृह प्रवेश, गृहारंभ और यानों, वाहनों आदि का व्यवहार शुभ माना जाता है 2. (काव्यशास्त्र) पंद्रह अक्षरों का एक छंद, जिसमें पहले तीन नगण फिर दो यगण होते हैं 3. (काव्यशास्त्र) एक प्रकार की चौपाई जिसके प्रत्येक चरण में सोलह मात्राएँ होती हैं और अंत में एक लघु गुरु होता है।

चित्रांकन (सं.) [सं-पु.] 1. चित्र बनाना; चित्रण 2. चित्र अंकित करने या हाथ से बनाने का काम (पेंटिंग्स)।

चित्रांग (सं.) [वि.] 1. जिसके शरीर पर चित्ती या धब्बे हों 2. धारीदार। [सं-पु.] 1. चीतल नामक साँप 2. चित्रसर्प 3. ईंगुर; सिंदूर।

चित्रांगदा (सं.) [सं-स्त्री.] 1. (महाभारत) अर्जुन की पत्नी जो मणिपुर के राजा की पुत्री थी 2. रावण की एक पत्नी जिसके गर्भ से वीरबाहु का जन्म हुआ था और जो बभ्रुवाहन की माँ थी।

चित्रांगी (सं.) [सं-स्त्री.] मँजीठ; कनखजूरा।

चित्राक्ष (सं.) [वि.] सुंदर और कलात्मक आँखोंवाला।

चित्राक्षर (सं.) [सं-पु.] चित्र के रूप में लिखा जाने वाला अक्षर।

चित्रात्मक (सं.) [वि.] चित्र के रूप में; चित्रमय; चित्रयुक्त।

चित्राधार (सं.) [सं-पु.] वह पुस्तक जिसमें अनेक प्रकार के चित्र संगृहीत किए जाते हैं; फ़ोटो आदि को सुरक्षित रखने की किताब; चित्रपट; (ऐलबम)।

चित्रालय (सं.) [सं-पु.] चित्रशाला; चित्रवीथी।

चित्रावली (सं.) [सं-स्त्री.] चित्रों के संग्रह की पंजिका; (ऐलबम)।

चित्रिणी (सं.) [सं-स्त्री.] (कामशास्त्र तथा साहित्य) चार प्रकार की नायिकाओं में से एक जो अनेक प्रकार की कलाओं और बनने-ठनने या बनाव-शृंगार में निपुण हो।

चित्रित (सं.) [वि.] 1. चित्र के रूप में उकेरा या खींचा हुआ;

चित्रांकित 2. जिसे चित्र के माध्यम से दिखाया गया हो; चित्रयुक्त 3. (साहित्य) जो शब्दों के रूप में बहुत सुंदर ढंग से लिखा गया हो।

चित्रोक्ति (सं.) [सं-स्त्री.] 1. अलंकृत भाषा में कही गई बात; अलंकृत उक्ति 2. अलंकारयुक्त कविता।

चित्रोत्तर (सं.) [सं-पु.] एक प्रकार का शब्दालंकार जिसमें प्रश्न के शब्दों में ही उसका उत्तर होता है।

चित्रोत्पला (सं.) [सं-स्त्री.] (पुराण) ऋक्षपाद पर्वत से निकली हुई एक नदी।

चित्रोपम (सं.) [वि.] 1. चित्र के समान 2. (काव्यशास्त्र) शब्दों में प्रस्तुत चित्र-सा; जो चित्र के समान सजीव हो उठा हो।

चिथड़ा (सं.) [सं-पु.] 1. फटा-पुराना कपड़ा; गूदड़ 2. कपड़े की धज्जी। [मु.] **-लपेटना** : फटे-पुराने कपड़े पहनना।

चिथाड़ना (सं.) [क्रि-स.] 1. किसी कपड़े के टुकड़े-टुकड़े करना; चिथड़ा कर देना; धज्जी-धज्जी करना 2. लथेड़ना 3. (किसी को) जलील करना; अपमानित करना।

चिनक [सं-स्त्री.] 1. चुनचुनाहट; खुजली 2. जलन के साथ होने वाली पीड़ा 3. चिनगारी।

चिनग [सं-स्त्री.] 1. जलन लिए हुए हल्की पीड़ा; चुनचुनाहट 2. मूत्रनली की पीड़ा या जलन जो सुजाक में होती है 3. घोड़े की मूत्र का एक रोग।

चिनगारी (सं.) [सं-स्त्री.] 1. आग का छोटा कण या टुकड़ा, जो जलती हुई किसी चीज़ से निकल पड़ता है; अग्निकण 2. जलते हुए कोयले या अन्य पदार्थ का बहुत छोटा टुकड़ा 3. दो कड़ी एवं ठोस वस्तुओं की रगड़ से पैदा होने वाली अग्नि 4. {ला-अ.} ऐसी बात जिसका प्रभाव आगे चलकर बहुत उग्र एवं परिवर्तनकारी हो।

चिनगी [सं-पु.] बाज़ीगरों और मदारियों के साथ रहने वाला वह छोटा लड़का जो अनेक प्रकार के खेल को दक्षता पूर्वक दिखलाता है।

चिनचिनाहट [सं-स्त्री.] 1. त्वचा में होने वाली एक किस्म की खुजली 2. ठंडी के तुरंत बाद हल्की गर्मी की प्रतिक्रिया।

चिनाब [सं-स्त्री.] पंजाब की पाँच प्रधान नदियों में से एक; चंद्रभागा नदी।

चिनार [सं-पु.] एक प्रकार का बड़ा वृक्ष।

चिनिग [सं-स्त्री.] छोटे कद की बटेर।

चिनिया [वि.] 1. चीनी के रंग का; सफेद 2. चीन देश का; चीनी 3. मीठी ईख।

चिन्मय (सं.) [वि.] चेतनासंपन्न; पूर्ण ज्ञानमय; ज्ञानस्वरूप।

चिप (अं.) [सं-पु.] 1. सिलिकॉन का बना हुआ एक छोटा-सा टुकड़ा या उपकरण जिसका उपयोग कंप्यूटर, मोबाइल आदि इलेक्ट्रॉनिक यंत्रों में होता है 2. सूक्ष्म इलेक्ट्रॉनिक परिपथ 3. टुकड़ा।

चिपकना [क्रि-अ.] 1. गोंद जैसे किसी लसदार पदार्थ से किसी वस्तु का दूसरी वस्तु से सटना या मिलना 2. लिपटना 3. {ला-अ.} व्यक्तियों का आपस में सटकर बैठना; आलिंगन करना।

चिपकाना (सं.) [क्रि-स.] 1. गोंद आदि की सहायता से दो चीज़ों को आपस में जोड़ देना 2. किसी चीज़ को स्थान विशेष पर किसी अन्य पदार्थ की सहायता से स्थिर कर देना 3. गले लगाना; लिपटाना 4. किसी को काम-धंधे या रोज़गार से जोड़ना।

चिपकाव [सं-पु.] चिपकी हुई अवस्था; जोड़।

चिपकू [वि.] 1. चिपकने वाला; जो आगे-पीछे लगा रहे 2. पीछा न छोड़ने वाला।

चिपचिपा [वि.] 1. जो चिपकता हो; चिपकने वाला 2. जो गाढ़ा और लसीला हो।

चिपचिपाना [क्रि-अ.] लसदार होना; चिपचिपा होना। [क्रि-स.] किसी चीज़ को चिपचिपा या लसदार करना।

चिपटना [क्रि-अ.] 1. जुड़ना; पकड़ना 2. किसी का गले या छाती से लग जाना; चिपकना 3. मिल जाना; लग जाना; सट जाना 4. किसी के पीछे पड़ जाना 5. गुँथना; लिपटना।

चिपटा (सं.) [वि.] 1. जो उभरा हुआ न हो 2. जिसकी सतह उठी हुई न हो; जिसकी सतह बहुत कुछ दबी हुई या सम हो 3. बैठा या धँसा हुआ।

चिपटाना (सं.) [क्रि-स.] 1. सटाना; चिपकाना 2. आलिंगन करना; लिपटाना।

चिपड़ा [वि.] जिसकी आँख में अधिक चीपड़ या कीचड़ रहता हो। [सं-पु.] कंडा; गोंइठा; उपला।

चिपरी [सं-स्त्री.] चिपड़ी; उपली (छोटा उपला); गोइठी; छोटा कंडा।

चिप्पड़ [सं-पु.] लकड़ी, पत्थर आदि का छोटा टुकड़ा; खपच्ची; अपखंड।

चिप्पी [सं-स्त्री.] 1. लकड़ी, धातु आदि का छोटा चपटा टुकड़ा 2. कंडा; उपली 3. अन्न तौलने का बटखरा 4. कागज़ का छोटा टुकड़ा जो कहीं चिपका दिया जाए।

चिबुक (सं.) [सं-पु.] ठुड्डी।

चिमटना [क्रि-अ.] 1. चिपकना 2. किसी जीव का दूसरे जीव या पदार्थ को अच्छी तरह पकड़कर उसके साथ सटना; लिपटना 3. बहुत बुरी तरह से किसी के पीछे पड़ना और जल्दी उसका पिंड न छोड़ना।

चिमटा [सं-पु.] 1. गरम या जलते हुए कोयले आदि को पकड़ने का उपकरण; दस्तपनाह 2. साँप पकड़ने का उपकरण 3. चिमटे जैसा एक वाद्य-यंत्र। [मु.] -गाड़ना : अधिकार कर लेना; कब्ज़ा कर लेना।

चिमटाना [क्रि-स.] 1. चिपकाना; लिपटाना 2. आलिंगन करना; गले लगाना।

चिमटी [सं-स्त्री.] 1. छोटा चिमटा 2. सौंदर्य प्रसाधन का एक उपकरण जो बालों में लगाया जाता है; (क्लिप)।

चिमनी (अं.) [सं-स्त्री.] 1. मकान या रसोई में धुआँ निकलने का आला; धुआँला 2. कारख़ानों में सीमेंट, लोहा अथवा स्टील आदि का बनाया गया बहुत ऊँचा मोटा पाइप जिससे धुआँ निकलता है 3. लैंप या लालटेन में लगाया जाने वाला

काँच।

चियारना [क्रि-स.] फैलाना; खोलना, जैसे- दाँत चियारना।

चिर (सं.) [वि.] जो बहुत दिनों से हो; बहुत दिनों तक चलता रहे; दीर्घ कालव्यापी। [क्रि.वि.] 1. बहुत दिनों तक; बहुत समय तक, जैसे- चिरायु 2. सदा; हमेशा।

चिरंजीव (सं.) [अव्य.] छोटों के लिए आशीर्वाद के रूप में प्रयुक्त होने वाला संबोधन, जिसका अर्थ होता है- बहुत दिनों तक जीवित रहो। [सं-पु.] पुत्र; बेटा।

चिरंजीवी (सं.) [वि.] चिरजीवी; बहुत दिनों तक जीवित रहने वाला।

चिरंतन (सं.) [वि.] 1. बहुत दिनों से चला आने वाला; पुरातन 2. प्राचीन; पुराना।

चिरइया [सं-स्त्री.] छोटे कद की मादा चिड़िया।

चिरई [सं-स्त्री.] पक्षी; चिड़िया।

चिरई चिरौंटा [सं-पु.] 1. पक्षियों के व्यापक समूह को संबोधित करने वाला समूह बोधक शब्द 2. पक्षियों के चित्रोंवाली ओढ़नी।

चिरई मंगार [सं-पु.] 1. चित्रकारी का एक प्रकार 2. चिड़िया और डालीयुक्त बेल-रचना।

चिरकना [क्रि-अ.] एकाएक थोड़ा-सा या कई बार थोड़ा-थोड़ा पाख़ाना करना।

चिरकाल (सं.) [सं-पु.] दीर्घकाल; लंबा अरसा; बहुत समय। [अव्य.] बहुत दिनों से; बहुत दिनों तक।

चिरकालिक (सं.) [वि.] 1. जो बहुत दिनों से चला आ रहा हो 2. बहुत दिनों तक बना रहने वाला 3. जीर्ण; पुराना।

चिरकुट (सं.) [सं-पु.] 1. बहुत फटा हुआ कपड़ा; चिथड़ा 2. {ला-अ.} तुच्छ और हीन व्यक्ति।

चिरगामी (सं.) [सं-पु.] बहुत दिनों तक चलने या बना रहने वाला।

चिरजीवक [सं-पु.] जीवक नामक पेड़। [वि.] चिरजीवी; बहुत दिनों तक जीवित रहने वाला।

चिरजीवी (सं.) [वि.] 1. दीर्घ काल तक जीवित रहने वाला; दीर्घजीवी 2. जिसकी आयु लंबी हो।

चिरना [क्रि-अ.] 1. लकीर के रूप में घाव होना 2. सीधा कट जाना 3. फटना।

चिरनिद्रा (सं.) [सं-स्त्री.] कभी न समाप्त होने वाली नींद अर्थात मृत्यु या मौत।

चिरपरिचित (सं.) [वि.] 1. जिससे पुराना परिचय हो; बहुत गहरी जान-पहचानवाला 2. जाना-पहचाना हुआ।

चिरपाकी (सं.) [वि.] 1. बहुत देर में पकने वाला 2. बहुत देर में पचने वाला।

चिरप्रसिद्ध (सं.) [वि.] जो बहुत दिनों से प्रसिद्ध या मशहूर हो।

चिरम (सं.) [सं-स्त्री.] 1. एक प्रकार की जंगली बेल जिसमें लाल-लाल रंग के छोटे-छोटे बीज होते हैं 2. उक्त बेल के बीज 3. गुंजा; घुँघची।

चिरमिटी [सं-स्त्री.] गुंजा; घुँघची।

चिररोगी [वि.] 1. सदा बीमार (रोगी) बना रहने वाला 2. जो बहुत दिनों से बीमार हो।

चिरवाई [सं-स्त्री.] 1. चिरवाने का काम 2. चिरवाने की मज़दूरी 3. पानी बरसने के बाद की पहली जुताई।

चिरवाना [क्रि-स.] (चीरना क्रिया का द्वितीय प्रेरणार्थक रूप) चीरने का काम कराना।

चिरशत्रु [वि.] 1. पुराना दुश्मन 2. हमेशा शत्रु बना रहने वाला।

चिरशांति [सं-स्त्री.] 1. लंबे समय तक बनी रहने वाली शांति; स्थायी शांति 2. मृत्यु।

चिरसंगिनी (सं.) [सं-स्त्री.] सदा की साथी; सदैव साथ में रहने वाली; जीवन संगिनी; पत्नी।

चिरसुप्त (सं.) [वि.] बहुत समय से सोई हुई; दबी हुई, जैसे- पलाश की ज्वाला में मानो उसकी चिरसुप्त कामनाएँ सुलग उठी थीं।

चिरस्थ (सं.) [वि.] चिरस्थायी; बहुत दिनों तक बना रहने वाला।

चिरस्थायी (सं.) [वि.] 1. हमेशा रहने वाला; शाश्वत 2. लंबे समय तक रहने वाला; टिकाऊ।

चिरस्मरणीय (सं.) [वि.] 1. जो जल्दी भुलाया या भूला न जा सके 2. जिसे लोग बहुत दिनों तक याद करते रहें; सदा याद किया जाने वाला।

चिराई [सं-स्त्री.] 1. चीरने की क्रिया 2. कोई वस्तु चीरने की मज़दूरी।

चिराग (फ़ा.) [सं-पु.] 1. दीपक; दिया; (लैंप) 2. {ला-अ.} बेटा।

चिरागदान (फ़ा.+हिं.) [सं-पु.] दीपाधार; दीवट; दीयट; शमादान; वह आधार जिसपर दीया रखा जाता है।

चिरागाह [सं-पु.] दे. चरागाह।

चिरागी [सं-स्त्री.] 1. दीया-बत्ती का ख़र्च 2. मज़ार पर दिया जलाने वाले को दी जाने वाली भेंट 3. जुए के अड्डे पर दिया जलाने वाले को दिया जाने वाला पैसा।

चिराना [क्रि-स.] किसी से चीरने का काम करवाना।

चिरायंध (सं.) [सं-स्त्री.] ऐसी दुर्गंध जो चमड़े या मांस आदि के जलने से फैलती है; चिराँदा।

चिरायता (सं.) [सं-पु.] कड़वे स्वाद का छोटा पौधा जो दवा के काम आता है।

चिरायु (सं.) [वि.] जिसकी उम्र लंबी हो; बड़ी आयुवाला; दीर्घायु; चिरजीवी।

चिराव [सं-पु.] 1. चीरने का भाव 2. चीरे जाने के कारण होने वाला घाव; चीरा।

चिरैया [सं-स्त्री.] 1. चिड़िया; पक्षी 2. पुष्य नक्षत्र परिहत का सिरा।

चिरैला [सं-पु.] आयताकार बड़े छेदों वाला एक जाल।

चिरौंजी [सं-स्त्री.] पियाल के बीज की गिरी जो मेवों में गिनी जाती है।

चिरौंटा [सं-पु.] चिड़िया का बच्चा।

चिरौरी (सं.) [सं-स्त्री.] दीनता के साथ की जाने वाली प्रार्थना; विनती; मिन्नत।

चिर्क (फ़ा.) [सं-पु.] 1. गंदगी 2. मल; गू 3. पीव; मवाद।

चिर्रा [सं-पु.] वह बैल जिसके सींगों के ऊपरी हिस्सो पर चीरा

होता है।

चिलक [सं-स्त्री.] 1. चमक या कांति 2. एकाएक दिखने वाला बिजली जैसा प्रकाश 3. हड्डियों आदि में सहसा होने वाली पीड़ा; टीस।

चिलकना [क्रि-अ.] 1. चमकना 2. टीसना; चीखना 3. चमचमाना 4. चिलक मारना।

चिलगोज़ा (फ़ा.) [सं-पु.] 1. चीड़ या सनोबर का फल 2. एक प्रकार का मेवा।

चिलचिल [सं-स्त्री.] 1. बुलबुल के आकार की एक चिड़िया 2. अभ्रक; अबरक; भोंडल।

चिलचिलाना [क्रि-अ.] 1. चमकना 2. तीखे प्रकार से युक्त होना।

चिलचिलाहट (फा.) [सं-स्त्री.] 1. चमकना 2. धूप की गर्मी से बदन में खुजली होना।

चिलचिली [वि.] तेज धूप; चमक मारने वाली (धूप)।

चिलड़ा [सं-पु.] रोटी के आकार का एक व्यंजन; चीला।

चिलता (फ़ा.) [सं-पु.] एक प्रकार का कवच या बख़्तर।

चिलबाँस [सं-पु.] चिड़िया फँसाने का एक फंदा।

चिलबिल [सं-पु.] 1. एक प्रकार का जंगली वृक्ष 2. एक बरसाती पौधा।

चिलबिला (सं.) [वि.] चंचल; शरारती; नटखट; चपल।

चिलबिल्ला (सं.) [वि.] चंचल; शरारती; नटखट; चपल; शोख।

चिलम (फ़ा.) [सं-स्त्री.] हुक्के के ऊपर रखा जाने वाला मिट्टी का नलीदार पात्र जिसमें तंबाकू रखकर तथा अँगारों से सुलगाकर पीते हैं; गाँजा और चरस पीने का पात्र।

चिलमचट (फ़ा.+हिं.) [वि.] तंबाकू का अधिक सेवन करने वाला।

चिलमची (फ़ा.) [सं-स्त्री.] चौड़े मुँह का बरतन जिसमें हाथ-मुँह धोते हैं।

चिलमन (फ़ा.) [सं-पु.] एक प्रकार का परदा जो बाँस की तीलियों से बनाया जाता है; चिक।

चिलमिलिका (सं.) [सं-स्त्री.] 1. खद्योत; जुगनू 2. एक प्रकार की माला या कंठी 3. विद्युत; बिजली।

चिलोही [सं-स्त्री.] सब्जी काटने का उपकरण; दाहा।

चिल्लड़ [सं-पु.] जूँ जैसा एक कीड़ा जो गंदे कपड़ों में होता है; चीलर।

चिल्लपों [सं-स्त्री.] चीख-पुकार; आर्तनाद; शोर-गुल; चिल्लाहट।

चिल्लर [सं-पु.] 1. रेज़गारी; बहुत सारे सिक्के 2. बख़्शीश 3. {ला-अ.} फालतू या बेकार व्यक्ति।

चिल्लवाना [क्रि-स.] 1. किसी को चिल्लाने में प्रवृत्त करना 2. चिल्लाने के लिए विवश करना।

चिल्ला जाड़ा (फा.) [सं-पु.] 1. अतिशय ठंड 2. चालीस दिन तक लगातार पड़ने वाली सख्त ठंड।

चिल्ला[1] [सं-पु.] 1. धनुष की डोरी; प्रत्यंचा 2. चने, मूँग आदि की घी या तेल लगाकर सेकी गई रोटी; उलटा; चीला 3. एक प्रकार का जंगली पेड़ 4. पगड़ी का सिरा जिसपर कलाबत्तू का काम हुआ हो।

चिल्ला[2] (फ़ा.) [सं-पु.] 1. चालीस दिनों का काल 2. चालीस दिनों का व्रत; अनुष्ठान।

चिल्लाना [क्रि-अ.] 1. चीखना; ज़ोर से बोलना 2. शोर करना; हल्ला करना।

चिल्लाहट [सं-स्त्री.] 1. चिल्लाने की क्रिया 2. शोर-शराबा; हो-हल्ला।

चिल्लिका (सं.) [सं-स्त्री.] 1. झींगुर 2. झिल्ली नामक कीड़ा 3. छोटी पत्तियों का बथुआ नामक साग 4. दोनों भौंहों के बीच का स्थान।

चिल्ली (सं.) [सं-स्त्री.] 1. झिल्ली नाम का कीड़ा 2. झींगुर 3. बथुआ का शाक।

चिवड़ा [सं-पु.] धान को भून और कूटकर बनाया हुआ चपटा दाना; चिउड़ा; चूड़ा।

चिविट (सं.) [सं-पु.] भिगोए हुए धान को भून और कूटकर चपटा किया हुआ एक खाद्य पदार्थ; चिड़वा।

चिहुँकना (सं.) [क्रि-अ.] 1. चौंकना 2. बिदकना 3. भड़कना 4. अचानक किसी ध्वनि या आहट सुनकर उत्तेजित या विकल हो जाना।

चिहुँटना [क्रि-स.] 1. चिकोटी काटना 2. मर्मांतक पीड़ा पहुँचाना 3. लिपटना 4. दबोच लेना।

चिह्न (सं.) [सं-पु.] 1. निशान; छाप 2. पहचान; लक्षण; दाग; धब्बा 3. झंडा; पताका 4. निशानी; कोई वस्तु या भेंट जिसे देखकर उससे जुड़ी बातें या कोई घटना याद आ जाए।

चिह्नांकन [सं-पु.] 1. चिह्न बनाने या लगाने का काम 2. किसी रचना, वाक्य, प्रस्तर आदि में विराम-चिह्न लगाना।

चिह्नांकित (सं.) [वि.] चिह्नित किया हुआ; निशान लगाया हुआ।

चिह्नित (सं.) [वि.] 1. जिसपर चिह्न या निशान लगा हो; चिह्नयुक्त; अंकित 2. लक्षित 3. जिस वस्तु या व्यक्ति के नाम पर निश्चय करके निशान लगा दिया गया हो।

चीं-चपड़ [सं-स्त्री.] 1. कार्य या शब्द द्वारा हलका विरोध; विरोध में कुछ बोलना 2. हलका विरोध का भाव।

चीं-चीं [सं-स्त्री.] 1. 'चीं-चीं' की ध्वनि 2. छोटी चिड़ियों की 'चीं-चीं' की आवाज़।

चींटा [सं-पु.] एक कीड़ा; नर पिपीलिका।

चींटी [सं-स्त्री.] एक छोटा कीड़ा जो मीठे की गंध मात्र से उसके पास आ जाता है; पिपीलिका।

चीआ [सं-पु.] 1. अंड़ी का बीज 2. इमली का बीज।

चीकट [वि.] 1. जिसपर चिकनाईयुक्त मैल हो 2. बहुत मैला। [सं-पु.] 1. तेल का मैल 2. लसदार मिट्टी; सलार 3. चिकनाई के साथ मैल लगा कपड़ा 4. कीचड़।

चीकर [सं-पु.] कुएँ के ऊपर बना वह गड्ढा या हौज जिसमें मोठ या चरस आदि से निकाला हुआ पानी गिराया जाता है।

चीकू [सं-पु.] एक प्रकार का गूदेदार मीठा फल; गुडालू।

चीख (सं.) [सं-स्त्री.] 1. भय अथवा क्रोध में तेज़ चिल्लाने की आवाज़; चिल्लाहट; हृदय-विदारक चीत्कार 2. तेज़ और कर्कश आवाज़।

चीख-पुकार [सं-स्त्री.] शोर मचाकर या चिल्ला-चिल्लाकर की जाने वाली फ़रियाद; शोर-गुल।

चीखना (सं.) [क्रि-अ.] 1. ज़ोर से चिल्लाना; शोर मचाना 2. क्रोध में तेज़ बोलना।

चीखुर [सं-पु.] गिलहरी।

चीज़ (फ़ा.) [सं-स्त्री.] 1. वस्तु; पदार्थ; द्रव्य 2. व्यवहार में आने वाला सामान 3. अत्यंत महत्व की वस्तु; विलक्षण बात; काम 4. आभूषण; गहना 5. विचारणीय तथ्य 6. कला और साहित्य की वस्तु (रचना)।

चीजल (अं) [सं-पु.] छेनी।

चीड़ (सं.) [सं-पु.] 1. पहाड़ी प्रदेशों में पाया जाने वाला एक सुंदर सदाबहार पेड़ जो गंधद्रव्य माना जाता है तथा इसका तना बहुत लंबा होता जिसकी लकड़ी संदूक आदि बनाने के काम आती है 2. एक प्रकार का देशी लोहा।

चीड़ा[1] [सं-पु.] काँच की बनी हुई छोटी गुरिया या मनका।

चीड़ा[2] (सं.) [सं-स्त्री.] चीड़ नामक पेड़।

चीतना [क्रि-स.] गहनों पर वस्तुओं को चित्रित करना; तस्वीर या बेल बूटे बनाना।

चीतल (सं.) [सं-पु.] 1. एक प्रकार का प्रसिद्ध हिरन या बारहसिंघा; जिसकी खाल पर सफ़ेद चित्तियाँ होती हैं 2. चित्तीदार अजगर साँप 3. एक पुराना सिक्का।

चीता [सं-पु.] 1. शेर या बिल्ली की प्रजाति का एक हिंसक जंगली पशु जिसके शरीर पर काली-पीली धारियाँ होती है और गरदन पर बाल नहीं होते हैं 2. छोटी डालियों वाला एक छोटा वृक्ष जिसकी जड़ और छाल दवा के काम आती है।

चीत्कार (सं.) [सं-पु.] 1. तेज़ आवाज़ में चिल्लाना; घोर दुख में निकलने वाली चीख; चिल्लाहट 2. चिंघाड़; कराह 3. हल्ला; शोर-गुल।

चीथना [क्रि-स.] दाँतों से फाड़ना; टुकड़े-टुकड़े करना; धज्जी-धज्जी करना; क्षत-विक्षत कर देना।

चीनांशुक (सं.) [सं-पु.] चीन में बनने या चीन से आयातित रेशमी कपड़ा; एक प्रकार का लाल ऊनी कपड़ा जो पहले चीन से आता था।

चीनियाँ [सं-पु.] सफ़ेद रंग का वह घोड़ा, जिसके शरीर पर लाल रंग के छींटे होते हैं।

चीनी मिट्टी [सं-स्त्री.] पकाई हुई सफ़ेद मिट्टी जिससे बरतन, खिलौने आदि बनते हैं।

चीनी[1] [सं-स्त्री.] गन्ने के रस, चुकंदर आदि से बनाया जाने वाला एक दानेदार सफ़ेद रंग का मीठा पदार्थ; शक्कर; खाँड़।

चीनी[2] (ची.) [सं-स्त्री.] चीन देश की भाषा। [सं-पु.] चीन में रहने वाला व्यक्ति। [वि.] चीन संबंधी; चीन का।

चीप[1] [सं-स्त्री.] 1. चार अंगुल की एक लकड़ी जो कलबूत में सबसे पीछे चढ़ाई जाती है 2. जमीन में से निकली हुई मिट्टी का वह भाग, जो फावड़ा चलाने से एक बार में खुदकर बाहर आए। [क्रि.स.] ऊपर से इस प्रकार भार रखना, जिसमें कोई चीज नीचे की ओर धँसे या इधर उधर हट न सके 3. बाँस का बल्ला।

चीप[2] (अं.) [वि.] 1. अल्प-मूल्य; सस्ता 2. घटिया 3. लिजलिजे स्वभाव वाला; चिरकुट 4. अव्यवहारिक।

चीपड़ [सं-पु.] आँख का कीचड़ या आँख से निकलने वाला सफ़ेद रंग का लसदार मैल।

चीपा [सं-पु.] खेत की मिट्टी का बड़ा टुकड़ा।

चीमड़ [वि.] 1. जो चमड़े की तरह कड़ी हो और लचीली न हो (वस्तु) 2. जो किसी के पीछे इस कदर पड़ा हो कि पिंड न छोड़ता हो 3. जो बिना टूटे या खींचे मोड़ा जा सके। [सं-पु.] एक पौधा जिसके बीज औषधि के काम आते हैं; चाकसू।

चीयाँ [सं-पु.] दे. चीआ।

चीर (सं.) [सं-पु.] 1. छोटा वस्त्र खंड 2. पट्टी; धज्जी 3. कपड़ा; वस्त्र 4. बौद्ध भिक्षुओं का पहनावा 5. पेड़ की छाल 6. गाय का थन 7. लकीर; रेखा। [सं-स्त्री.] 1. चीरने की क्रिया या भाव 2. कुश्ती का एक दाँव।

चीर-फाड़ [सं-स्त्री.] 1. चीरने-फाड़ने का कार्य 2. फोड़े आदि में चीरा लगाने की क्रिया; शल्यक्रिया; जर्राही।

चीर-हरण (सं.) [सं-पु.] 1. (पुराण) कृष्ण की बाल लीला के अंतर्गत गोपियों के वस्त्रों को चुरा लेने की कथा 2. कपड़ों को ज़बरदस्ती उतारकर नंगा करने की क्रिया 3. (महाभारत) पांडवों की सभा में दुःशासन द्वारा द्रोपदी की साड़ी खींचकर उसे बेइज़्ज़त करने का वृतांत।

चीरक (सं.) [सं-पु.] 1. कागज़ के टुकड़े पर की गई सार्वजनिक घोषणा 2. लिखने की शैली या एक ढंग 3. गोलाकार लपेटा हुआ लंबा कागज़; खर्रा।

चीरघर [सं-पु.] वह स्थान जहाँ दुर्घटनाओं आदि से मरने वालों के शव की चीर-फाड़ होता है।

चीरना [क्रि-स.] 1. फाड़ना (लकड़ी, कागज़, कपड़ा आदि को); टुकड़े करना 2. तेज़ धार वाले हथियार से विभक्त या विदीर्ण करना।

चीरा [सं-पु.] 1. फोड़े आदि को चीरने के बाद बना हुआ निशान 2. चीरने की क्रिया या भाव 3. पगड़ी बनाने के काम आने वाला लहरियादार या धारीदार कपड़ा 4. गाँव की सीमा सूचक खंभा या पत्थर।

चीराबंदी [सं-स्त्री.] 1. चीरा या घाव को बाँधने की क्रिया या भाव 2. एक प्रकार की कढ़ाई जो पगड़ी बनाने के लिए ताश के कपड़े पर कारचोबी के साथ की जाती है।

चीरि [सं-स्त्री.] आँख पर बाँधी जाने वाली पट्टी; झींगुर।

चीरी (सं.) [सं-पु.] 1. झींगुर; झिल्ली 2. एक प्रकार की छोटी मछली। [सं-स्त्री.] चिट्ठी; पत्र। [वि.] चिथड़े लपेटने वाला; वल्कलधारी।

चीर्ण (सं.) [वि.] 1. चीरा-फाड़ा हुआ 2. संपादित।

चील (सं.) [सं-स्त्री.] बाज़ या गिद्ध की जाति का एक बड़ा पक्षी, जो तेज़ उड़ता है और झपट्टा मारकर शिकार करता है।

चील-सपट्टा [क्रि-स.] छीना-झपटी।

चील-झपट्टा [सं-पु.] 1. किसी चीज़ को चील की तरह झपट्टा मारकर छीनना 2. बच्चों का एक प्रकार का खेल।

चीलर [सं-पु.] जूँ के आकार का एक कीड़ा।

चीला [सं-पु.] 1. आटे या बेसन के घोल से बनाया गया मीठा या नमकीन पकवान; चिल्ला; उलटा।

चीवर (सं.) [सं-पु.] 1. पहनावा; वस्त्र 2. योगियों या भिक्षुओं के पहनने का वस्त्र या आवरण।

चीवरी (सं.) [सं-पु.] चीवर पहनने वाला व्यक्ति अर्थात साधु; भिक्षुक।

चीस [सं-स्त्री.] 1. पीड़ा; टीस 2. चीख।

चीस-चीस [सं-पु.] 1. तेलिया मैना की आवाज 2. लकड़ी आदि।

चुँदरी [सं-स्त्री.] ओढ़ने का छोटा कपड़ा; ओढ़नी; दुपट्टा; चुनरी।

चुंग [सं-पु.] सिर का आभूषण।

चुंगी [सं-स्त्री.] 1. बाहरी माल पर लगने वाला कर; माल बेचने वालों से लिया जाने वाला कर या महसूल 2. बाज़ार में जिस जगह पर कर वसूल किया जाता है 3. चुटकी या चंगुल भर चीज़।

चुंगीख़ाना (हिं.+फ़ा.) [सं-पु.] वह दफ़्तर जहाँ चुंगी वसूल की जाती है; चुंगीघर।

चुंदी [सं-स्त्री.] 1. चुटिया; चोटी; शिखा 2. कुटनी 3. दूती।

चुंध [वि.] अधिक तेज।

चुंधा [वि.] 1. जिसे कुछ दिखाई न देता हो; अंधा; क्षीण दृष्टि का 2. अपेक्षाकृत छोटी आँखोंवाला।

चुंबक (सं.) [सं-पु.] 1. एक प्रकार की धातु जो लोहे के टुकड़े को अपनी ओर खींचती है, वह फंदा जो घड़े के गले में कुएँ से पानी भरते समय लगाया जाता है 2. {ला-अ.}किसी को भी अपनी ओर आकृष्ट करने वाला धूर्त व्यक्ति; चुंबन करने वाला। [वि.] कामुक।

चुंबकत्व (सं.) [सं-पु.] 1. चुंबक पत्थर का गुण या भाव 2. पदार्थ की आकर्षण शक्ति।

चुंबकीय (सं.) [वि.] 1. जिसमें चुंबक या उसके समान गुण हो 2. चुंबक संबंधी।

चुंबन (सं.) [सं-पु.] 1. चूमना; चुम्मा; बोसा 2. स्पर्श।

चुंबा[1] [सं-पु.] 1. लोहे में छेद करने का छोटा सा औज़ार 2. सुंबा; लकड़ी में छेद करने का औज़ार; बरमा।

चुंबा[2] (सं.) [सं-पु.] चुंबन; चुम्मा।

चुंबी (सं.) [वि.] 1. चुंबन करने वाला; चूमने वाला 2. छूने वाला; बहुत ऊँचा जैसे- गगनचुंबी।

चुआई [सं-स्त्री.] 1. चुआने अथवा टपकाने की क्रिया 2. चुआने की मज़दूरी।

चुआना [क्रि-स.] 1. टपकाना 2. बूँद-बूँद गिराना 3. भभके आदि की सहायता से अर्क, आसव आदि तैयार करना।

चुकंदर (फ़ा.) [सं-पु.] शलजम की तरह का एक मीठा गोलाकार कंद जो सलाद के काम आता है एवं जिसके रस से चीनी भी बनती है।

चुकता [वि.] 1. चुकाया हुआ 2. लेन-देन पूरा किया हुआ; बेबाक; बाकी रहना।

चुकना [क्रि-अ.] 1. समाप्त होना; बाकी न रहना 2. अदा कर दिया जाना। [वि.] चूकने वाला; भुलक्कड़।

चुकवाना [क्रि-स.] 1. दिलवाना 2. अदा करवाना।

चुकाना [क्रि-स.] 1. चुकता करना 2. धन या ऋण आदि वापस करना 3. निपटाना 4. तय करना 5. अदा करना।

चुक्क [वि.] अतिशय खट्टा; खटाई।

चुक्कड़ [सं-पु.] कुल्हड़; पुरवा; मिट्टी का पकाया गया छोटा बरतन जिसमें चाय, पानी आदि पिया जाता है।

चुखेटा [सं-पु.] गाय का नवजात बछड़ा।

चुखेटी [सं-स्त्री.] दूध पीती बछिया।

चुगद (फ़ा.) [सं-पु.] 1. उल्लू; उलूक 2. उल्लू की एक छोटी प्रजाति 3. डुंडुल नामक पक्षी। [वि.] महामूर्ख; बहुत बड़ा बेवक़ूफ़।

चुगना (सं.) [क्रि-स.] 1. पक्षियों का चोंच से चुन-चुनकर एक-एक करके कीड़े-मकोड़े या दाने उठा-उठाकर खाना 2. बहुत थोड़ा-थोड़ा खाना।

चुगल (अ.) [सं-पु.] चिलम पीते समय चिलम के छेद पर रखा जाने वाला कंकड़ या गिट्टक। [वि.] मुख़बिर।

चुगलख़ोर (अ.) [सं-पु.] 1. चुगली खाने वाला; शिकायत करने वाला 2. लुतरा; पीठ पीछे निंदा करने वाला।

चुगलख़ोरी (अ.) [सं-स्त्री.] चुगली या बुराई करने की क्रिया या भाव; चुगली का काम।

चुगली (फ़ा.) [सं-स्त्री.] किसी के पीठ पीछे की हुई निंदा; शिकायत; बुराई। [मु.] **-करना** : पीठ पीछे निंदा या बुराई करना।

चुगा [सं-पु.] 1. चिड़ियों के आगे डाले जाने वाले अनाज के दाने 2. चिड़ियों के द्वारा अपने बच्चों को चोंच के माध्यम से दिया जाने वाला चारा या दाना।

चुगा-पल्टी [क्रि-स.] बच्चे का चिड़िया की चोंच में दाने को वापस करना।

चुगाना [क्रि-स.] पक्षियों को दाना खिलाना; चिड़ियों को दाना चुनने में प्रवृत्त करना।

चुग्गा [सं-पु.] पक्षियों को खिलाने हेतु अनाज का दाना; चुगा।

चुचकना [क्रि-अ.] 1. सूखकर सिकुड़ना 2. अंदर की हवा या किसी भी पदार्थ के बाहर निकल जाने से एकदम पिचक जाना 3. पिचकना 4. मुरझाना।

चुचुआना [क्रि-अ.] 1. छप्पर आदि से पानी का टपकना 2. चूना।

चुचुहिया [सं-स्त्री.] एक प्रकार का पक्षी; मरियल।

चुटकना [क्रि-स.] 1. चाबुक मारना 2. चुटकी से पकड़कर उखाड़ना या तोड़ना 3. चिकोटी काटना 4. साँप का किसी को काटना 5. 'चुट-चुट' शब्द करना।

चुटका [सं-पु.] 1. बड़ी चुटकी 2. चुटकीभर चीज़।

चुटकी (सं.) [सं-स्त्री.] 1. अँगूठे और तर्जनी के सिरे को मिलाने से बनी हुई मुद्रा 2. किसी चीज़ को पकड़ने या उठाने के लिए अँगूठे और तर्जनी को मिलाना; चुटकी में पकड़ी गई चीज़, जैसे- एक चुटकी नमक 3. मध्यमा तथा अँगूठे को छटकाकर ध्वनि निकालना, जैसे- चुटकी बजाना 4. किसी के शरीर की खाल को भींचना; चिकोटी 5. पाँव की उँगलियों में

पहनने का गहना 6. भिखारी को दिया जाने वाला मुट्ठी भर आटा 7. वह गाँठ जो कपड़े में रंग न चढ़ने देने के लिए लगाई जाती है 8. कागज़ आदि को पकड़ कर रखने का क्लिप। [मु.] **-माँगना** : भिक्षा माँगना। **-लेना** : उपहास करना; हँसी उड़ाना। **-भरना** : चुभती हुई बात करना।

चुटकीला [वि.] मज़ाक भरा; विनोद भरा।

चुटकुला [सं-पु.] 1. हँसी-विनोद की कोई बढ़िया और मज़ेदार बात 2. छोटी-सी पर मनोरंजक उक्ति; लतीफ़ा; अनूठी बात। [मु.] **-छोड़ना** : मनोरंजक, कुतूहलजनक बात कहना।

चुटिया [सं-स्त्री.] 1. शिखा; चोटी; चुंदी 2. चोरों या ठगों का सरदार।

चुटियाना [क्रि-स.] चोट पहुँचाना; घायल करना; मारना।

चुटीला [वि.] 1. जो आहत हो; घायल; जिसे चोट लगी हो; ज़ख़्मी 2. चोट करने वाला 3. चोटी या ऊपर का सबसे अच्छा 4. भड़कीला; ठाट-बाटवाला।

चुटैल [वि.] 1. जो चोट खाकर घायल हुआ हो 2. ज़ख़्मी 3. चोट करने वाला।

चुड़िहारा [सं-पु.] चूड़ियाँ बनाने, बेचने या पहनाने वाला।

चुड़िहारिन [सं-स्त्री.] 1. चूड़ियाँ बनाने, बेचने या पहनाने वाली स्त्री 2. चुड़िहार की स्त्री।

चुड़ैल (सं.) [सं-स्त्री.] 1. बुरे या क्रूर स्वभाव की स्त्री; लड़ाकू या कुरूप स्त्री; 2. भूतनी; पिशाचिनी।

चुदक्कड़ [वि.] अतिकामी; अत्यधिक संभोग या मैथुन करने वाला।

चुदना [क्रि-अ.] 1. पुरुष द्वारा संभोग किया जाना 2. समागम करना।

चुदवाई [सं-स्त्री.] चुदाई; संभोग की क्रिया या भाव; स्त्री-प्रसंग।

चुदवाना [क्रि-अ.] 1. मैथुन कराना 2. स्त्री का पुरुष से संभोग कराना।

चुदाई [सं-स्त्री.] 1. संभोग की क्रिया 2. संभोग करने या कराने के बदले मिलने वाला धन।

चुदाना [क्रि-स.] संभोग कराना; स्त्री का पुरुष से संयुक्त होना।

चुदास [सं-स्त्री.] संभोग की प्रबल इच्छा; कामेच्छा।

चुनचुना [सं-पु.] पेट में उत्पन्न होने वाले एक प्रकार के सफ़ेद रंग के कीड़े जो मलद्वार से मल के साथ बाहर निकलते हैं। [वि.] 1. चुनचुनाहट पैदा करने वाला 2. जिसके स्पर्श से हलकी जलन होती है।

चुनचुनाना [क्रि-अ.] 1. हलकी जलन होना 2. छोटे बच्चों का ठिनकना; चूँ-चूँ करते हुए रोना।

चुनचुनाहट [सं-स्त्री.] 1. कुछ जलने के साथ होने वाली खुजली 2. हलकी जलन।

चुनचुनी [सं-स्त्री.] 1. चुनचुनाने की अवस्था 2. हलकी जलन 3. हलकी खुजली।

चुनट [सं-स्त्री.] कपड़े आदि पर पड़ने वाली सिलवट; शिकन।

चुनना (सं.) [क्रि-स.] 1. बहुत चीज़ों में से एक या कुछ का चयन करना; पसंद करना 2. बीनना; छाँट कर अलग करना 3. क्रम से रखना; तरतीब से लगाना; सजाना 4. तोड़ना; चुगना 5. जोड़ना; एक पर एक रखना; चुनाई करना।

चुनरी [सं-स्त्री.] 1. स्त्रियों के ओढ़ने का पतला कपड़ा; चुन्नी; चुँदड़ी 2. अनेक रंग की बिंदियों वाला लाल कपड़ा 3. छोटा-सा रंगीन कपड़ा।

चुनवाना [क्रि-स.] चुनने का काम दूसरे से कराना; किसी को चुनने में प्रवृत्त करना।

चुनांचे (फ़ा.) [अव्य.] 1. इसलिए; अतः 2. इस तरह; इस वास्ते 3. फलस्वरूप; नतीजन।

चुनाई [सं-स्त्री.] 1. चुनने का कार्य 2. चुनने की मज़दूरी 3. चुनने का तरीका।

चुनाव (सं.) [सं-पु.] 1. चुनने की क्रिया; चयन 2. किसी कार्य विशेष या पद के लिए बहुमत के आधार पर किसी व्यक्ति को चुनना; निर्वाचन; (इलेक्शन) 3. वह कार्य या प्रणाली जिसमें किसी वस्तु या व्यक्ति को चुना जाता है।

चुनावक्षेत्र [सं-पु.] 1. चुनाव से संबंधित स्थान 2. किसी का पद या कार्यविशेष के लिए पसंद किया जाने वाला स्थान 3. विभिन्न राजनैतिक प्रत्याशियों के चुनाव लड़ने का क्षेत्र।

चुनावी [वि.] चुनाव का; चुनाव से संबंधित।

चुनिंदा (फ़ा.) [वि.] 1. बढ़िया; अच्छा; चुना हुआ 2. छाँटा हुआ; चयनित 3. श्रेष्ठ; गणमान्य।

चुनियाना [क्रि-स.] 1. दीवार बनाना 2. धोती को परत लगाकर तह करना 3. मिट्टी पीसना।

चुनौटी [सं-स्त्री.] पान या तंबाकू के लिए गीला चूना रखने की डिबिया।

चुनौती [सं-स्त्री.] 1. बढ़ावा; भड़कावा; उकसावा 2. लड़ाई अथवा शास्त्रार्थ आदि के लिए किया गया आह्वान 3. किसी कथन या निर्णय के संबंध में प्रतिपक्ष द्वारा दी गई ललकार।

चुन्नट-रँगाई [सं-स्त्री.] चुन्नट बाँध कर रंगने की क्रिया।

चुन्नटदार [वि.] जिसमें सिकुड़न या शिकन हो; जिसमें सिलवट हो, जैसे- लहँगा या चुनरी इत्यादि।

चुन्नी (सं.) [सं-स्त्री.] 1. मानिक रत्न का बहुत छोटा टुकड़ा या नग 2. चमकी 3. कुनाई 4. ओढ़नी।

चुप [सं-स्त्री.] चुप्पी; मौन। [वि.] 1. मौन; ख़ामोश 2. जिसके मुँह से कोई ध्वनि न निकले।

चुपचाप [क्रि.वि.] 1. शांत भाव से; बिना बोले हुए; बिना कुछ कहे-सुने; मौन रहकर 2. छिपकर 3. बिना कोई प्रयत्न किए।

चुपड़ना [क्रि-स.] 1. पोतना; रोटी आदि में तेल या घी लगाना 2. {ला-अ.} चापलूसी करना।

चुपाना [क्रि-अ.] 1. शांत हो जाना; मौन रहना 2. कुछ न बोलना। [क्रि-स.] चुप कराना; शांत कराना।

चुप्पा [वि.] 1. मन की बात मन में ही रखने वाला; मौनी; घुन्ना 2. अकसर मौन रहने वाला; बहुत कम बोलने वाला।

चुप्पी [सं-स्त्री.] मौन; चुप रहने का भाव; ख़ामोशी।

चुभन (सं.) [सं-स्त्री.] 1. चुभने की क्रिया; खटक; टीस 2. चुभने से होने वाला दर्द 3. कष्ट देने वाली बात।

चुभना (सं.) [क्रि-अ.] 1. गड़ना; धँसना 2. किसी नुकीली या

धारदार चीज़ का नरम चीज़ में घुसना 3. {ला-अ.} बुरा लगना; सालना; मन में खटकना।

चुभलाना [क्रि-स.] किसी चीज़ को मुँह में रखकर चूसना या मुँह के अंदर इधर-उधर हिलाना-डुलाना।

चुभवाना [क्रि-स.] किसी को कुछ चुभाने में प्रवृत्त करना या प्रेरित करना।

चुभाना [क्रि-स.] किसी चीज़ में नुकीली चीज़ या उसका सिरा गड़ाना अथवा घुसाना; धँसाना।

चुमकार [सं-स्त्री.] 1. चुमकारने की आवाज़, पुचकार 2. चूमते समय मुँह से निकलने वाला चुम शब्द।

चुमकारना [क्रि-स.] 1. दुलार या प्रेम करना 2. पुचकारना 3. अनुरक्त, आकृष्ट या शांत करने के लिए प्यार से चुम-चुम ध्वनि उत्पन्न करना।

चुमकारी [सं-स्त्री.] चुमकार; पुचकार; प्यार से चुमकारने या मुँह से चुम-चुम करके प्यार करने की क्रिया या भाव।

चुमवाना [क्रि-स.] चूमने का काम कराना, चुंबन करवाना।

चुमाना (सं.) [क्रि-स.] चूमने में प्रवृत्त करना; चूमने का काम कराना।

चुमावन [सं-पु.] हिंदुओं के विवाह की एक रस्म जो अक्षतों के चूमने से संपन्न होती है।

चुम्मा (सं.) [सं-पु.] 1. चुंबन 2. चूमने की क्रिया।

चुम्मा-चाटी [सं-स्त्री.] किसी को बार-बार चूमने और उसके अंगों को चाटने या उन पर मुँह रखने की क्रिया या भाव।

चुर[1] [सं-पु.] 1. सूखे पत्तों के टूटने से उत्पन्न शब्द 2. हिंसक पशुओं के रहने का स्थान; माँद।

चुर[2] (सं.) [वि.] चोरी करने वाला।

चुरकी [सं-स्त्री.] सर के मध्य भाग्य में स्थित कुछ बाल; चोटी; शिखा।

चुरकुट [वि.] 1. चकनाचूर 2. घबराया, डरा या सहमा हुआ।

चुरचुरा [वि.] 1. ख़स्ता 2. जो टूटने पर चुर-चुर ध्वनि करे।

चुरचुराना [क्रि-अ.] 'चुर-चुर' ध्वनि उत्पन्न होना। [क्रि-स.] 'चुर-चुर' ध्वनि उत्पन्न करना।

चुरमुर [सं-पु.] कुरकुरी चीज़ों के टूटने की ध्वनि।

चुरमुरा [वि.] चुरमुर ध्वनि के साथ टूटने वाला। [सं-पु.] एक प्रकार का नमकीन खाद्य पदार्थ।

चुरमुराना [क्रि-अ.] चुरमुर ध्वनि करते हुए टूटना। [क्रि-स.] चुरमुर ध्वनि करते हुए तोड़ना।

चुराना (सं.) [क्रि-स.] 1. किसी की वस्तु को बिना अनुमति या जानकारी के लेना; चोरी करना 2. कब्ज़े में करना; वश में करना 3. बचाना; किसी से मन के भावों को छिपाना, जैसे- नज़रें चुराना 4. किसी काम को करने या देने में कसर रखना 5. उचित से कम देना या करना, जैसे- गाय का अपने थन से दूध चुराना 6. छिपाना; आड़ में काम करना।

चुरुट [सं-पु.] तंबाकू के पत्तों के चूरे से बनी बत्ती, जिसका धुँआ लोग पीते हैं; सिगार; सिगरेट।

चुल [सं-स्त्री.] 1. खुजलाहट; खुजली 2. तीव्र काम-वासना; संभोग की प्रबल कामना या इच्छा।

चुलचुलाना [क्रि-अ.] 1. चुलचुली या हलकी खुजली होना 2. नटखटी करना 3. संभोग की उत्कट इच्छा होना 4. चंचलतापूर्वक इधर-उधर हाथ-पैर मारना।

चुलचुलाहट [सं-स्त्री.] 1. खुजली 2. चुलचुलाने की क्रिया या भाव।

चुलचुली [सं-स्त्री.] 1. हलकी खुजली 2. काम-वासना 3. चुल।

चुलबुल [सं-स्त्री.] 1. चंचलता; चपलता 2. चुलबुलाने की क्रिया, अवस्था या भाव 3. नटखट।

चुलबुला [वि.] 1. चंचल; चपल; जिसमें स्थिरता न हो 2. नटखट; मसख़रा 3. पाजी; चालाक; दुष्ट।

चुलबुलाना [क्रि-अ.] 1. चुलबुलाहट करना 2. चंचलता या चपलता दिखलाना 3. शांत न रह सकना 4. रह-रह कर हिलना-डुलना।

चुलबुलापन [सं-पु.] 1. चंचलता; चपलता; शोखी 2. चुलबुले होने की अवस्था, क्रिया या भाव।

चुलबुलाहट [सं-स्त्री.] 1. चुलबुला होने की अवस्था; चंचलता; चपलता 2. उमंग या यौवन के कारण अंगों की हलचल।

चुलबुलिया [वि.] चुलबुला; चंचल; चपल; नटखट।

चुलहाया [वि.] काम-वासना से पीड़ित; अत्यधिक कामातुर।

चुलाव [सं-पु.] बिना मांस का पुलाव।

चुल्लू [सं-पु.] उँगलियों को थोड़ा मोड़कर गहरी की हुई हथेली; अंजलि। [मु.] **-भर पानी में डूब मरना** : अत्यंत लज्जाजनक स्थिति में होना।

चुवा [सं-पु.] 1. हड्डी की नली के अंदर का मांस; मज्जा; भेजा 2. एक प्रकार का पहाड़ी गेहूँ 3. चौपाया पशु।

चुसकी [सं-स्त्री.] 1. होंठों से कोई तरल पदार्थ थोड़ा-थोड़ा तथा धीरे-धीरे करके पीने की क्रिया का भाव, जैसे- चुसकी भर चाय 2. घूँट 3. धीरे-धीर सुड़कने की क्रिया या भाव, जैसे- चाय की चुसकी लेना।

चुसना [क्रि-अ.] 1. चूसा जाना 2. सोखा जाना 3. {ला-अ.} धन-धान्य, बल-वीर्य आदि से रहित हो जाना; किसी दूसरे के द्वारा शोषण किया जाना।

चुसनी [सं-स्त्री.] 1. चूसने की क्रिया या भाव 2. बच्चों को दूध पिलाने की शीशी 3. वह खिलौना जिसे बच्चे मुँह में लेकर चूसते हैं।

चुसवाना [क्रि-स.] 1. चुसाना 2. {ला-अ.} दूसरों से अपना शोषण करवाना; चूसने में प्रवृत्त करना।

चुसाई [सं-स्त्री.] 1. चूसने की अवस्था, क्रिया या भाव 2. चुसाने का पारिश्रमिक।

चुसाना [क्रि-स.] 1. चुसवाना 2. चूसने का काम दूसरे से कराना।

चुस्की [सं-स्त्री.] दे. चुसकी।

चुस्त[1] (सं.) [सं-पु.] 1. भूना हुआ मांस 2. छाल 3. भूसी।

चुस्त[2] (फ़ा.) [वि.] 1. कसा हुआ; तंग 2. फुर्तीला; मुस्तैद 3. मज़बूत; दृढ़ 4. उपयुक्त; ठीक; फबता हुआ 5. होशियार; दक्ष 6. जिसमें किसी प्रकार की त्रुटि या गलती न हो।

चुस्ती (फ़ा.) [सं-स्त्री.] 1. चुस्त होने की अवस्था या भाव; कसावट 2. तेज़ी; फ़ुरती 3. मज़बूती; दृढ़ता 4. चालाकी।

चुहँटी [सं-स्त्री.] चुटकी।

चुहचुहाता [वि.] 1. रंगीला; रसीला; मज़ेदार 2. फड़कता हुआ।

चुहचुहाना [क्रि-अ.] 1. रस से बहुत अधिक ओत-प्रोत होना 2. रस के टपकने की स्थिति होना; चिड़ियों का बोलना।

चुहटना [क्रि-स.] 1. कुचलना 2. रौंदना 3. मसलना 4. चिकोटी काटना।

चुहल [सं-स्त्री.] हँसी-दिल्लगी; ठिठोली; मज़ाक; विनोद।

चुहलबाज़ (हिं.+फ़ा.) [वि.] चुहल करने वाला; हँसी ठिठोली करने वाला; विनोदशील; मसख़रा।

चुहलबाज़ी (हिं.+फ़ा.) [सं-स्त्री.] 1. बार-बार हँसी-दिल्लगी करने की क्रिया या भाव 2. ठिठोली।

चुहिया [सं-स्त्री.] 1. चूहे का बच्चा 2. मादा चूहा 3. छोटा चूहा।

चुहुकना (सं.) [क्रि-स.] 1. गाय आदि के बछड़े का स्तनपान करना; चूसना।

चूँ [सं-स्त्री.] 1. चिड़ियों के बच्चों के बोलने की ध्वनि 2. विरोध आदि में कही हुई छोटी या हलकी बात। [मु.] **-तक न करना** : एकदम शांत रहना; एकदम विरोध न करना।

चूँ-चूँ [सं-स्त्री.] चिड़ियों और उनके बच्चों के बोलने की आवाज़; विरोध में धीरे से कही हुई कोई बात।

चूँकि (फ़ा.) [अव्य.] क्योंकि; कारण यह है कि; इसलिए कि।

चूक [सं-स्त्री.] 1. असावधानी या उदासीनता के कारण होने वाली भूल; त्रुटि 2. भूलने की क्रिया 3. भूल या चूक से शेष रह गया काम। [सं-पु.] 1. खट्टे फलों के रस से तैयार किया गया एक बेहद खट्टा पदार्थ 2. खट्टा साग। [वि.] बहुत खट्टा। [मु.] **-जाना** : अवसर का हाथ से निकल जाना।

चूकना [क्रि-अ.] 1. अवसर खो देना या गँवाना 2. भूल करना; गलती करना 3. उद्देश्य से भटक जाना 4. समाप्त होना 5. निशाना लक्ष्य पर न लगना; वार खाली जाना 6. किसी बात या दलील को न रख पाना।

चूका (सं.) [सं-पु.] एक तरह का खट्टा साग।

चूची [सं-स्त्री.] 1. स्तन का अग्र भाग; चूचुक 2. स्तन; कुच।

चूचुक (सं.) [सं-पु.] स्तन के अग्र भाग की घुंडी।

चूज़ा (फ़ा.) [सं-पु.] मुरगी का बच्चा। [वि.] जिसकी आयु अधिक न हो।

चूड़ (सं.) [सं-पु.] 1. शिखा; चोटी 2. मुरगे आदि की कलगी।

चूड़ा (सं.) [सं-पु.] 1. शिखा; सिर के बालों की चोटी; शिखर 2. मोर या मुरगे के सिर की चुरकी या चोटी 3. पहाड़ की चोटी 4. किसी चीज़ का सबसे ऊँचा भाग; माथा 5. कलाई का एक गहना; कड़ा 6. प्रधान या मुख्य व्यक्ति।

चूड़ांत (सं.) [सं-पु.] चोटी का अंतिम सिरा। [वि.] 1. पराकाष्ठा को प्राप्त; चरम सीमा तक पहुँचा हुआ 2. अत्यधिक; अत्यंत।

चूड़ाकर्म (सं.) [सं-पु.] बालक के सिर का पहले-पहल मुंडन करने का कर्म; मुंडन-संस्कार; चूड़ाकरण।

चूड़ामणि (सं.) [सं-पु.] 1. सिर पर पहनने का एक गहना 2. घुँघची; गुंजा 3. बीज 4. शीशफूल। [वि.] सर्वश्रेष्ठ; अग्रगण्य।

चूड़ी [सं-स्त्री.] 1. स्त्रियों की कलाई पर पहनने का आभूषण जो काँच, लाख, सोने, हाथी दाँत आदि के बने होते हैं 2. चूड़ी की शकल का वृत्ताकार गहना 3. पाइप आदि पर कसने के लिए घुमावदार उभरा हुआ घेरा। [मु.] **-चूड़ियाँ पहनना** : कायर बनना। **-चूड़ियाँ ठंडी करना** : विधवा होने पर चूड़ियाँ तोड़ डालना।

चूड़ीदार (हिं.+फ़ा.) [वि.] 1. जिसमें चूड़ियाँ या छल्ले पड़ें हों 2. जिसमें पास-पास धारियाँ या रेखाएँ बनी हों। [सं-पु.] लंबी मोहरी वाला एक तंग पाजामा जिसमें सिलवट पड़ती हो।

चूत (सं.) [सं-स्त्री.] भग; योनि।

चूतड़ [सं-पु.] मनुष्य के शरीर का कमर के नीचे और पीठ की ओर का मांसल भाग; नितंब।

चूतिया [वि.] 1. एक प्रकार की गाली जो समाज में अशिष्ट व अश्लील समझी जाती है 2. {ला-अ.} मूर्ख; बुद्धू; बेवकूफ़।

चूतियापंथी [सं-स्त्री.] बेवकूफ़ी; मूर्खता; बुद्धूपन।

चून (सं.) [सं-पु.] 1. गेहूँ, जौ आदि का आटा 2. चूर्ण; चूरा।

चूनर [सं-स्त्री.] चुँदरी; चुनरी।

चूना (सं.) [सं-पु.] कुछ विशिष्ट प्रकार के कंकड़-पत्थरों, शंख, सीप आदि को फूँककर बनाया जाने वाला एक प्रसिद्ध तीक्ष्ण और दाहक क्षार जिसका उपयोग दीवारों पर सफ़ेदी करने, पान या तंबाकू के साथ खाने के लिए किया जाता है। [क्रि-अ.] 1. टपकना 2. पके हुए फल का झड़ना।

चूनापत्थर [सं-पु.] ऐसी चट्टान जिसमें मुख्य रूप से कैल्शियम-कार्बोनेट मौजूद रहता है; (लाइम स्टोन)।

चूनी [सं-स्त्री.] 1. लकड़ी काटने के बाद उससे निकले छोटे-छोटे टुकड़े; बुरादा 2. अन्न कण।

चूनेदार (हिं.+फ़ा.) [वि.] चूने से युक्त; चूना मिला हुआ; चूनेवाला।

चूमना[1] [क्रि-स.] होंठों से किसी प्रिय के गालों, होंठों आदि का स्पर्श करना; चुंबन करना।

चूमना[2] (सं.) [सं-पु.] हिंदुओं में विवाह की एक रस्म जिसमें वर या वधू अथवा दोनों की अंजलि में चावल और जौ भरकर पाँच सुहागिन औरतें मंगल गीत गाती हुई उनके माथे, कंधे और घुटने आदि पाँच अंगों को हरी दूब से छूती हैं और तब उस दूब को चूमकर फेंक देती हैं।

चूर (सं.) [सं-पु.] 1. किसी पदार्थ के कूटने-पीसने से हुए बहुत छोटे टुकड़े; चूरा 2. चूर्ण; धूल; बुकनी। [वि.] 1. टूटा-फूटा; टुकड़ों में बँटा हुआ 2. तन्मय; लीन 3. डूबा हुआ; निमग्न; मस्त; आवेग या उमंग में बेसुध, जैसे- जीत के नशे में चूर 4. परिश्रम से शिथिल; थका हुआ; पस्त।

चूरन (सं.) [सं-पु.] 1. पीसकर या कूटकर महीन किया गया कोई पदार्थ; चूर्ण 2. हाज़मे या पाचन की दवा; बुकनी।

चूरमा [सं-पु.] बाटी, बाजरे की मोटी रोटी आदि को मसलकर घी-चीनी मिलाकर बनाया हुआ व्यंजन।

चूरमूर [सं-पु.] जौ, गेहूँ की वे खूँटियाँ जो फ़सल कट जाने पर खेत में बची रह जाती हैं।

चूरा [सं-पु.] 1. चूर्ण; बुरादा 2. किसी वस्तु के बारीक टुकड़े।

चूरी (सं.) [सं-स्त्री.] 1. बारीक चूरा या चूर्ण 2. चूरमा 3. रोटी को तोड़कर घी और चीनी मिलाया हुआ एक प्रकार का खाद्य पदार्थ।

चूर्ण (सं.) [सं-पु.] 1. चूरा; बुकनी 2. सफ़ूफ़ 3. अबीर 4. धूल; गर्दा 5. चूना 6. कौड़ी।

चूर्णक (सं.) [सं-पु.] 1. सत्तू 2. सुगंधित चूर्ण 3. एक प्रकार का वृक्ष 4. एक शालिधान्य।

चूर्णयोग (सं.) [सं-पु.] बहुत से सुगंधित पदार्थ को पीसकर एक में मिलाया हुआ मिश्रण।

चूर्णि (सं.) [सं-स्त्री.] 1. चूर्णक 2. सौ कौड़ियों का समूह; पतंजलि का रचा भाष्य।

चूर्णित (सं.) [वि.] 1. चूर किया हुआ 2. नष्ट; ध्वस्त।

चूर्णी (सं.) [वि.] चूर्णि।

चूल (सं.) [सं-पु.] बाल; चोटी; शिखा। [सं-स्त्री.] बाँस या लकड़ी आदि का पतला सिरा जो दूसरी लकड़ी या बाँस के छेद में ठोंका जाए। [मु.] **-चूलें ढीली करना** : बहुत कमज़ोर कर देना।

चूलिका (सं.) [सं-पु.] लूची; लुचुई; मैदे की पूरी। [सं-स्त्री.] 1. चूलक 2. हाथी की कनपटी 3. (नाटक) वह स्थिति जिसमें नेपथ्य से किसी घटना के होने की सूचना पात्रों द्वारा दी जाए 4. मुरगे की चोटी।

चूली [सं-पु.] एक प्रकार का वृक्ष।

चूल्हा (सं.) [सं-पु.] 1. मिट्टी या लोहे आदि का वह पात्र या उपकरण जिसमें लकड़ी या कंडे की आग जलाकर खाना पकाया जाता है; अँगीठी 2. स्टील या पीतल आदि का गैस से खाना बनाने का उपकरण; (स्टोव)। [मु.] **-जलाना** : भोजन बनाना।

चूसना (सं.) [क्रि-स.] 1. होंठ और जीभ की सहायता से किसी रस या तरल पदार्थ को अंदर खींचना या पीना 2. होंठों से भींचकर या दबाकर फल आदि का रस पीना 3. {ला-अ.} किसी से अनुचित धन आदि वसूल करके उसे कंगाल कर देना; अवैध तरीके से किसी का सबकुछ हड़प लेना।

चूहड़ [सं-पु.] 1. जोहड़; 2. हिंदू विवाह के समय कूएँ पर निभाई जाने वाली एक रस्म 3. कुएँ की एक किस्म।

चूहा [सं-पु.] घरों, खेतों आदि में बिल बनाकर रहने वाला एक चार पैरों का जंतु जिसके दाँत बहुत तेज़ होते हैं; मूषक।

चूहादंती [सं-स्त्री.] सोने, चाँदी की एक प्रकार की पहुँची (गहना) जिसे स्त्रियाँ पहनती हैं।

चूहेदंती [सं-स्त्री.] दे. चूहादंती।

चूहेदानी (हिं.+फ़ा.) [सं-स्त्री.] चूहे पकड़ने या फँसाने का एक प्रकार का पिंजड़ा।

चें-चें [सं-स्त्री.] 1. बक-बक; बकवाद 2. चीं-चीं; चिड़ियों, बच्चों आदि के बोलने का शब्द।

चेंगवा [सं-पु.] दे. बैगन।

चेंगी [सं-स्त्री.] गाड़ियों के पहिए में लगने वाली चमड़े की चकती या सन का घेरा, जिससे दोनों एक दूसरे से रगड़ न खाएँ।

चेंघी [सं-स्त्री.] दे. चेंगी।

चेंच (सं.) [सं-पु.] बरसात के दिनों में उगने वाला एक साग।

चेंचुला [सं-पु.] एक प्रकार का पकवान।

चेंटुआ [सं-पु.] चिड़िया का बच्चा; चूज़ा।

चेंपा [सं-पु.] 1. कुदाल या हल से उखाड़ा हुआ मिट्टी का ढेला 2. मछली फँसाने के लिए कंटियाँ में लगाई गई आटे की गोली या केंचुआ।

चेंफ [सं-पु.] ऊख का छिलका; गन्ने का छिलका।

चेंबर (अं.) [सं-पु.] 1. कक्ष; कोठरी; कोठा 2. चौबारा 3. न्यायालय 4. सभागृह।

चेक (अं.) [सं-पु.] 1. किसी बैंक के नाम वाहक को रुपया देने का लिखित आदेश प्रपत्र या कागज़ 2. चौकोर ख़ाने वाला कपड़ा।

चेकअप (अं.) [सं-पु.] 1. परीक्षण 2. जाँच।

चेकबुक (अं.) [सं-स्त्री.] चेकों की पुस्तिका या गड्डी; लेखा-बही; चेक-बही।

चेकिंग (अं.) [सं-पु.] 1. परीक्षण; जाँच 2. मिलान। [सं-स्त्री.] जाँच-पड़ताल।

चेचक (फ़ा.) [सं-स्त्री.] विषाणु से होने वाली एक संक्रामक और घातक बीमारी जिसमें ज्वर के साथ शरीर पर छोटे-छोटे दाने निकल आते हैं; माता या शीतला नामक रोग।

चेट (सं.) [सं-पु.] 1. सेवक; दास; टहलुआ 2. दलाल 3. एक प्रकार की मछली; पति, माँड़।

चेटक (सं.) [सं-पु.] 1. सेवक; दास 2. दूत 3. जल्दी; फुरती 4. इंद्रजाल; बाज़ीगरी 5. खेल-तमाशा 6. जादू।

चेटकी (सं.) [सं-पु.] 1. बाज़ीगर 2. जादू का खेल दिखाने वाला 3. कौतुकी 4. तमाशा दिखाने वाला।

चेटिका (सं.) [सं-स्त्री.] नौकरानी; सेविका; दासी।

चेटी (सं.) [सं-स्त्री.] 1. दासी; नौकरानी; सेविका 2. संस्कृत नाटकों की निम्न (स्त्री) पात्र।

चेत (सं.) [सं-पु.] 1. चेतना; ज्ञान; बोध; होश 2. मन; चित्त 3. स्मृति; याद; सुध 4. जागरूकता; सावधानी; चौकसी।

चेतक (सं.) [सं-पु.] महाराणा प्रताप के प्रसिद्ध ऐतिहासिक घोड़े का नाम। [वि.] सचेत करने वाला।

चेतकी (सं.) [सं-स्त्री.] 1. हड़; हर्र 2. चमेली का पौधा 3. (संगीत) एक प्रकार की रागिनी।

चेतन (सं.) [सं-पु.] 1. आत्मा 2. जीव 3. मनुष्य; आदमी। [वि.] जिसमें चेतना हो; चेतनायुक्त।

चेतनकी (सं.) [सं-स्त्री.] 1. हरीतकी या हड़ नामक पेड़ 2. उक्त पेड़ का फल।

चेतनता (सं.) [सं-स्त्री.] 1. चेतन होने की अवस्था या गुण; सज्ञानता 2. चैतन्य 3. सजीवता।

चेतना (सं.) [सं-स्त्री.] 1. ज्ञान 2. बुद्धि 3. याद; स्मृति 4. चेतनता 5. जीवन। [क्रि-स.] 1. सोचना 2. समझना। [क्रि-अ.] 1. होश में आना 2. सावधान होना।

चेतनाशून्य (सं.) [वि.] जिसे कुछ भी न स्मरण हो; संज्ञाहीन।

चेतनाहीन (सं.) [वि.] जिसे सब कुछ विस्मृत हो गया हो;

संज्ञाशून्य।

चेतनीय (सं.) [वि.] 1. जानने योग्य; ज्ञेय 2. जो चेतन करने योग्य हो।

चेताना [क्रि-स.] 1. सावधान करना; ख़बरदार करना 2. ध्यान दिलाना; चेतावनी देना; धमकी देना।

चेतावनी [सं-स्त्री.] 1. किसी को सावधान करने के लिए कही जाने वाली बात; सतर्क करने का भाव या कर्म 2. उपदेश; सीख; तंबीह 3. किसी ख़तरे से पहले दी जाने वाली सूचना।

चेत्य (सं.) [वि.] 1. जो चेतना या ध्यान का विषय हो 2. जो जानने योग्य हो।

चेन (अं.) [सं-स्त्री.] 1. ज़ंजीर 2. सिकड़ी।

चेनी [सं-स्त्री.] नाह के बाहर लगा सन का एक वाशर।

चेप [सं-पु.] 1. लसीला द्रव्य; लट्ठा 2. चिड़ियों को फँसाने हेतु फैलाया जाने वाला लासा।

चेपना [क्रि-स.] चेप लगाकर चिपकाना या सटाना।

चेपुआ [सं-पु.] 1. गड़री 2. एक प्रकार की मछली।

चेयरमैन (अं.) [सं-पु.] 1. अध्यक्ष 2. कमेटी या बोर्ड आदि का सभापति।

चेरना [सं-पु.] नक्काशों की एक प्रकार की छेनी जिससे वे काठ, धातु, पत्थर आदि पर सीधी रेखा खींचते हैं।

चेरा (सं.) [सं-पु.] 1. दास; गुलाम; सेवक; नौकर 2. चेला; शिष्य; शागिर्द; विद्यार्थी।

चेरुई [सं-स्त्री.] घड़े के आकार जैसा मिट्टी का बड़ा बरतन।

चेला (सं.) [सं-पु.] 1. शिष्य; शागिर्द 2. वह जो धार्मिक आस्था से किसी गुरु से मंत्र लेकर उसका अनुयायी या शिष्य बना हो 3. किसी के मत या सिद्धांत का अनुकरण करने वाला व्यक्ति।

चेले-चाटे [सं-पु.] चेलों, अनुयायियों आदि का समूह।

चेष्टक (सं.) [सं-पु.] (काम-शास्त्र) एक प्रकार का आसन; एक तरह का रतिबंध। [वि.] चेष्टा अथवा प्रयत्न करने वाला।

चेष्टन (सं.) [सं-पु.] चेष्टा अथवा प्रयत्न करने की क्रिया या भाव।

चेष्टा (सं.) [सं-स्त्री.] 1. प्रयास; कोशिश; प्रयत्न 2. मन के भाव बताने वाली अंगों की गति 3. भाव या विचार उत्पन्न होने पर शरीर पर होने वाली उसकी प्रतिक्रिया; शारीरिक व्यापार; मुद्रा 3. भावभंगिमा 4. इच्छा 5. कार्य 6. परिश्रम।

चेष्टावान (सं.) [वि.] 1. जिसमें चेष्टा हो; जिज्ञासु; प्रयत्नशील 2. जिसमें इच्छा हो; लगनशील।

चेहरा (फ़ा.) [सं-पु.] 1. मुख; मुखड़ा 2. मुखमंडल; शकल 3. कागज़ या मिट्टी का बना हुआ मुखौटा 4. {ला-अ.} किसी चीज़ का अगला या सामने का हिस्सा; आगा। [मु.] **-उतरना** : चेहरा मुरझा जाना।

चेहलुम (फ़ा.) [सं-पु.] 1. मुसलमानों में किसी की मृत्यु के उपरांत का चालीसवाँ दिन 2. मुहर्रम में ताज़िया दफ़न होने के दिन से चालीसवाँ दिन तथा उस दिन होने वाला करबला के शहीदों का फ़ातिहा।

चैंपा [सं-पु.] एक काला कीड़ा।

चैंपियन (अं.) [सं-पु.] खेलविजेता; खेल में सभी प्रतियोगियों को हरा देने वाला व्यक्ति।

चैत (सं.) [सं-पु.] चैत्र मास।

चैतन्य (सं.) [सं-पु.] 1. चेतन होने का भाव; चेतना; ज्ञान 2. ब्रह्म; ईश्वर 3. सजग 4. बंगाल के एक प्रसिद्ध वैष्णव भक्त चैतन्य महाप्रभु 5. प्रकृति; निसर्ग 6. न्याय-दर्शन के अनुसार प्राणियों में होने वाला ज्ञान। [वि.] सचेत; जो सोचता-समझता हो; जिसे होश हो।

चैतन्यभैरवी (सं.) [सं-स्त्री.] 1. तांत्रिकों की एक भैरवी देवी 2. (संगीत) एक प्रकार की रागिनी।

चैता [सं-पु.] 1. चैत्र मास में गाया जाने वाला एक लोकगीत 2. एक पक्षी जो काले रंग का होता है।

चैती [सं-स्त्री.] चैत माह में होने वाली फ़सल; रबी की फ़सल। [वि.] चैत माह में होने वाला।

चैतुआ [सं-पु.] चैत में फ़सल आदि काटने वाला मज़दूर।

चैत्त (सं.) [सं-पु.] बौद्ध दर्शन में विज्ञान-स्कंध के अलावा अन्य सभी स्कंध। [वि.] 1. चित्त संबंधी 2. चित्त का।

चैत्य (सं.) [सं-पु.] 1. घर 2. मंदिर; देवालय 3. किसी देवी-देवता के नाम पर अथवा किसी की मृत्यु या शवदाह के स्थान पर बना हुआ चबूतरा 4. बौद्ध भिक्षुओं के रहने के लिए मठ या विहार 5. पीपल 6. बेल 7. चिता 8. यज्ञशाला।

चैत्यक (सं.) [सं-पु.] 1. पीपल 2. राजगृह के पास का पुराना पर्वत।

चैत्यतरु (सं.) [सं-पु.] 1. अश्वत्थ; पीपल 2. गाँव या बस्ती का पूज्य व पवित्र बड़ा वृक्ष।

चैत्यपाल (सं.) [सं-पु.] 1. चैत्य का रक्षक या प्रबंधक 2. मंदिर, मठ आदि का अधिकारी।

चैत्यविहार (सं.) [सं-पु.] बौद्ध व जैनों का मठ।

चैत्यवृक्ष (सं.) [सं-पु.] 1. पीपल 2. चैत्य-तरु।

चैत्यस्थान (सं.) [सं-पु.] 1. कोई पवित्र स्थान 2. वह स्थान जहाँ बुद्धदेव की मूर्ति स्थापित हो।

चैत्र (सं.) [सं-पु.] 1. हिंदी पंचांग का पहला माह; संवत्सर के प्रथम मास का नाम 2. फागुन के बाद आने वाला महीना 3. वह भूमि जहाँ यज्ञ होता है; बौद्ध-भिक्षु, देवालय, मंदिर।

चैत्रावली (सं.) [सं-स्त्री.] 1. चैत माह के शुक्ल पक्ष की त्रयोदशी 2. चैत माह की पूर्णिमा।

चैन (सं.) [सं-पु.] 1. आराम; सुख; मानसिक शांति 2. राहत 3. सुख का भोग।

चैनल (अं.) [सं-पु.] 1. जोड़ने का काम 2. टीवी पर विभिन्न कार्यक्रमों के चैनल 3. माध्यम 4. नाला; परनाला; नहर 5. खाड़ी, नहर या बंदरगाह का गहरा भाग; समुद्री मार्ग।

चैला [सं-पु.] कुल्हाड़ी से फाड़ा गया लकड़ी का बड़ा टुकड़ा।

चैलिक (सं.) [सं-पु.] कपड़े का टुकड़ा।

चैली [सं-स्त्री.] 1. गरमी के कारण नाक से निकलने वाला जमा हुआ ख़ून 2. छोटा चैला।

चॉक (अं.) [सं-स्त्री.] एक प्रकार का सफ़ेद नरम पत्थर; खड़िया मिट्टी।

चॉकलेट (अं.) [सं-पु.] 1. कोको के बीजों से बनी एक प्रकार की मिठाई 2. गहरा भूरा रंग।

चोंइयाँ [सं-पु.] छिलका।

चोंगा (सं.) [सं-पु.] बाँस का वह खोखला टुकड़ा जिसका मुँह एक तरफ़ गाँठ के कारण बंद हो 2. टेलीफ़ोन-यंत्र का ऊपर वाला वह हिस्सा जिसे कान में लगाकर दूसरे बोलने वाले व्यक्ति की बात सुनी जाती है तथा उससे बात-चीत की जाती है; (टेलीफ़ोन रिसीवर) 3. कुछ रखने के लिए कागज़, टीन आदि का डिब्बा।

चोंच (सं.) [सं-स्त्री.] 1. पक्षियों के मुँह का नुकीला और आगे निकला हुआ भाग, जैसे- कौआ, चील, तोता और गोरैया की चोंच 2. टोंट; ठोर 3. मुँह। [मु.] **-बंद करना** : चुप हो जाना।

चोंचिया [सं-पु.] नोकदार।

चोंथना [क्रि-स.] नोच-खसोटकर निकालना; ज़बरदस्ती ले लेना।

चोंप [सं-पु.] ताड़ की रस्सी।

चोआ [सं-पु.] 1. कई सुगंधित वस्तुओं का रस 2. राब का रस 3. जल संग्रह का पात्र स्थान।

चोई [सं-स्त्री.] 1. मछली के शरीर का छिलका 2. दाल जैसे अनाज का छिलका।

चोक[1] (सं.) [सं-पु.] भड़भाँड़ की जड़ जो दवा के काम आती है।

चोक[2] (अं.) [सं-स्त्री.] कीचड़ आदि के कारण नाली में जल-प्रवाह का अवरुद्ध हो जाना।

चोकनी [सं-स्त्री.] 1. खाद (गेहूँ, जौ आदि का छिलका) 2. गेहूँ के आटे में मिली हुई मोटी भूसी।

चोकर [सं-पु.] गेहूँ, जौ आदि का छिलका जो दरदरा और मोटे कणों के रूप में छलनी से छानने पर निकलता है।

चोका [सं-स्त्री.] 1. गाय के थान से सीधे मुँह में जाने वाली दूध की धारा 2. घृणित वस्तु 3. साँचा।

चोक्ष (सं.) [वि.] 1. शुद्ध; पवित्र 2. तीक्ष्ण; तेज़ 3. दक्ष; चतुर 4. तीखा।

चोखना [क्रि-स.] 1. स्तनपान किया जाना (बच्चों द्वारा) 2. दुहा जाना (गाय आदि का) 3. धार तेज़ किया जाना।

चोखा[1] [सं-पु.] भरता; भुरता; एक प्रकार का चटपटा व्यंजन जो आलू या बैगन को उबाल कर बनाया जाता है।

चोखा[2] (सं.) [वि.] 1. तेज़ धार वाला 2. व्यवहार में खरा और साफ़ 3. सभी प्रकार से ठीक 4. जिसमें किसी प्रकार की मिलावट न हो।

चोखाना [क्रि-स.] 1. स्तनपान कराना (बच्चों द्वारा) 2. गाय आदि का दूध दुहना।

चोगा (तु.) [सं-पु.] घुटनों तक लंबा एक ढीला-ढाला पहनावा; लबादा।

चोचला [सं-पु.] 1. ऐसा काम जो कोई व्यक्ति अपनी आन-बान या शान के प्रदर्शन के लिए करता है; दिखावा, जैसे- रईसों का चोचला 2. जवानी और अल्हड़पन का व्यवहार; खिझाने-रिझाने के उद्देश्य से की जाने वाली चेष्टा 3. नख़रा 4. निकृष्ट हाव-भाव।

चोचलेबाज़ी (हिं.+फ़ा.) [सं-स्त्री.] 1. नख़रेबाज़ी 2. चोचलापन।

चोट (सं.) [सं-स्त्री.] 1. शरीर के किसी अंग के कट-फट कर या छिल जाने से होने वाला घाव; आघात; प्रहार 2. वार 3. {ला-अ.} क्लेश; व्यथा 4. व्यंग्य।

चोटा [सं-पु.] राब का वह पसेव जो कपड़े में रखकर दबाने या छानने से निकलता है; चोआ; माठ; छोआ।

चोटिका (सं.) [सं-स्त्री.] 1. साया 2. लहँगा।

चोटी (सं.) [सं-स्त्री.] 1. स्त्रियों के सिर के बालों की गूँथी हुई लटें या वेणी; केशगुच्छ 2. रंगीन या काले सूतों का गुच्छा जो चोटी में बाँधा जाता है 3. पुरुषों के सिर पर पीछे थोड़े से बढ़ाए गए बाल; चुंदी; शिखा 4. चिड़ियों के सिर की कलगी 5. पहाड़ का सबसे ऊँचा भाग; शिखर। [मु.] **-दबाना** : विवश होना। **-हाथ में होना** : वश में होना।

चोटीदार [वि.] चोटीवाला; जिसकी चोटी हो।

चोट्टा [सं-पु.] 1. चोर 2. एक प्रकार की गाली जो समाज में अशिष्ट समझी जाती है।

चोट्टी [सं-स्त्री.] 1. चोरी करने वाली स्त्री 2. बछड़े के लिए दूध बचाकर रखने वाली गाय।

चोथ [सं-पु.] गाय, भैंस आदि के द्वारा एक बार में गिराए गए गोबर की मात्रा।

चोद (सं.) [सं-पु.] 1. चाबुक 2. वह लंबी लकड़ी जिसके सिरे पर कोई तेज़ और नुकीला लोहा लगा हो।

चोदना [क्रि-स.] पुरुष का स्त्री के साथ संभोग करना।

चोदू [सं-पु.] सामान्य से अधिक संभोग करने वाला [वि.] एक प्रकार की गाली जो समाज में अशिष्ट व अश्लील समझी जाती है।

चोप [सं-पु.] आम के ढेंपी पर लगा रस; आम से निकलनेवाला एक प्रकार का द्रव पदार्थ जो खाते समय निचोड़कर निकाल दिया जाता है।

चोपड़ा [सं-पु.] पंजाबियों में प्रचलित एक कुलनाम या सरनेम।

चोब (फ़ा.) [सं-स्त्री.] 1. शामियाना खड़ा करने का बड़ा खंभा 2. नगाड़ा या ताशा बजाने की लकड़ी 3. सोने या चाँदी से मढ़ा हुआ डंडा 4. छड़ी; सोंटा; डंडा।

चोबदार (फ़ा.) [सं-पु.] 1. द्वारपाल; दरबान; प्रतिहारी 2. वह दरबान जो हाथ में चोब या मोटा डंडा लेकर खड़ा होता है 3. भाला या लाठी लेकर किसी के आगे चलने वाला व्यक्ति।

चोभी [सं-पु.] करुआर।

चोर (सं.) [सं-पु.] 1. चोरी करने वाला व्यक्ति; दूसरे की वस्तु या धन को छिपकर हथिया लेने वाला व्यक्ति 2. छिपकर काम करने वाला 3. तस्कर; बेईमान 4. मन में छिपा बैर-भाव या कुटिलता 5. ज़रूरत से कम काम करने वाला 6. खटका; वहम 7. तौल में कम सामान देने वाला व्यक्ति। [वि.] 1. जो मन के भाव प्रकट न करता हो 2. जो छिपा हुआ हो; गुप्त।

चोर बाज़ारी (सं.+फ़ा.) [सं-स्त्री.] 1. अवैधानिक तरीके से सामान बेचने और ख़रीदने का काम 2. कर बचाने के लिए नाजायज़ तरीके से माल ख़रीदने और बेचने का धंधा 3.

नियंत्रित मूल्य की चीज़ को खुले बाज़ार में चोरी से अधिक दाम पर बेचना।

चोरकट [सं-पु.] चोर; उचक्का; चोट्टा।

चोरख़ाना (हिं.+फ़ा.) [सं-पु.] 1. संदूक या अलमारी में छिपा ख़ाना या खंड जहाँ कोई वस्तु छिपाकर रखी जाए 2. घर का वह विभाग जो देखने पर सहसा न दिखाई देता हो।

चोरनाव [सं-पु.] एक प्रकार का उपकरण, जिससे चिड़ियों का शिकार किया जाता है।

चोरनी [सं-स्त्री.] दे. चोट्टी।

चोरबत्ती [सं-स्त्री.] हाथ में रखने की बिजली की वह बत्ती जो बटन दबाने पर ही जलती है।

चोरबाज़ार (सं.+फ़ा.) [सं-पु.] 1. वह बाज़ार जहाँ चोरी का सामान ख़रीदा और बेचा जाता है 2. वह स्थान जहाँ नियंत्रित वस्तुएँ अधिक दामों पर बेची जाती हैं; (ब्लैक मार्केट)।

चोरी [सं-स्त्री.] 1. चुराने की क्रिया या भाव; चोर का काम; छुपकर दूसरे का धन या सामान चुराना 2. ठगी; धोखेबाज़ी 3. किसी से बात छुपाना; दुराव।

चोल (सं.) 1. दक्षिण भारत के एक प्राचीन देश का नाम 2. उक्त देश का निवासी 3. स्त्रियों के पहनने की एक प्रकार की अँगिया; चोली 4. कुरते के ढंग का एक प्रकार लंबा पहनावा जिसे चोला कहते हैं 5. मंजीठ 6. छाल; वल्कल 7. कवच। [वि.] मंजीठ का रंग।

चोलकी (सं.) [सं-पु.] 1. बाँस का कल्ला 2. नारंगी का पेड़ 3. हाथ की कलाई 4. करील का पेड़।

चोला (सं.) [सं-पु.] 1. वह लंबा और ढीला-ढाला पहनावा या कुरता जो मुल्ला और फ़कीर पहनते हैं 2. शरीर; तन 3. अँगरखे का ऊपरी हिस्सा 4.बच्चों को पहली बार सिला हुआ नया कपड़ा पहनाने की रस्म। [मु.] **-छोड़ना** : शरीर का त्याग करना।

चोली (सं.) [सं-स्त्री.] 1. स्त्रियों द्वारा पहना जाने वाला वह पहनावा जो शरीर के ऊपरी भाग (वक्षस्थल) को ढँकने के लिए प्रयुक्त होता था तथा जिसमें नीचे की ओर लगी हुई तनियाँ या बंद पीठ की ओर खींचकर बाँधे जाते थे; अँगिया की तरह का स्त्रियों का एक पहनावा 2. अँगरखे आदि का वह ऊपरी भाग जिसमें बंद लगे रहते हैं 3. साधु-संतों आदि के पहनने का छोटा चोला। [मु.] **-दामन का साथ** : अभिन्न, घनिष्ठ तथा अत्यंत गहरा संबंध; सदा बना रहने वाला साथ।

चोहीं [सं-स्त्री.] पुट्ठी के दोनों ओर रहने वाली चूल; बछड़े या बछिया के लिए दूध रोककर रखने वाली गाय।

चौ (सं.) [वि.] चार। 1. मोती तौलने का एक मान 2. जौहरियों का एक तौल।

चौंहें [क्रि.वि.] चारों ओर; चारों तरफ।

चौंक [सं-स्त्री.] वह चंचलता जो भय, आश्चर्य या पीड़ा के सहसा उपस्थित होने पर हो जाती है; एकाएक डर जाने या आश्चर्य में पड़ जाने के कारण शरीर का झटके के साथ हिल उठना और चित्त का उचट जाना।

चौंकना [क्रि-अ.] 1. अचंभित होना; विस्मय या पीड़ा की अनुभूति से अस्थिर हो उठना; उत्तेजित होना 2. भड़कना; बिदक जाना 3. सहम या काँप जाना 4. कोई अनहोनी बात या सूचना मिलने पर चौकन्ना होना 5. किसी स्वप्न के कारण घबराकर जाग जाना।

चौंकाना [क्रि-स.] 1. एकाएक कोई ऐसी बात या घटना का हाल कहना जिसे सुनकर लोग आश्चर्यचकित हो उठें 2. अहित, क्षति या हानि आदि की किसी को अचानक सूचना देना जिससे सूचित व्यक्ति सहसा अचंभित हो उठे।

चौंटना [क्रि-स.] चुटकी के सहारे से तोड़ना; खूंटना; चोंटना; कुतरना।

चौंटिया [सं-स्त्री.] छोटी बेनी।

चौंतीस [वि.] संख्या '34' का सूचक।

चौंध (सं.) [सं-स्त्री.] 1. वह तेज़ व क्षणिक चमक जो आँखों को सहन न हो और थोड़ी देर के लिए बंद हो जाए; चकाचौंध; कौंध 2. चौंधियाने की अवस्था या भाव।

चौंधियाना [क्रि-अ.] 1. तेज़ चमक से आँखों का न खुलना; दृष्टि धुँधली हो जाना; चकाचौंध होना 2. दिखाई न देना; आश्चर्यचकित हो जाना; हैरत में पड़ना। [क्रि-स.] किसी की आँखों पर तेज़ प्रकाश डालकर चौंध उत्पन्न करना।

चौंरा (सं.) [सं-पु.] अनाज रखने का गड्ढा; गाड़।

चौंराना [क्रि-स.] 1. चँवर डुलाना; चँवर करना 2. झाड़ू देना; बुहारना।

चौंरी [सं-स्त्री.] 1. चँवर 2. घोड़ी के पूँछ के बालों का गुच्छा 3. चोटी बाँधने की डोरी 4. सफ़ेद पूँछ वाली गाय।

चौंसठ [वि.] संख्या '64' का सूचक।

चौआ (सं.) [सं-पु.] गाय, बैल, भैंस आदि पशु; चौपाया। [वि.] चार से युक्त।

चौक (सं.) [सं-पु.] 1. घर के बाहर खुली चौकोर जगह; चबूतरा 2. मकान के अंदर चारों ओर से घिरी बिना किसी छत की जगह; सहन; आँगन 3. शहर या गाँव का बीचों-बीच का मुख्य स्थान; चौराहा 4. शहर का मुख्य बाज़ार 5. चौसर की बिसात 6. शुभ अवसरों पर पूजन के लिए आटा आदि से बनाया गया छोटा चौकोर क्षेत्र या अल्पना; बड़ी वेदी 7. रसोई के बाहर का स्थान जहाँ बैठ कर भोजन आदि किया जाता है 8. चार चीज़ों का समूह। [मु.] **-पूरना** : ज़मीन पर चित्रांकन करना या बनाना।

चौकड़ [वि.] दुरुस्त; बढ़िया; अच्छा।

चौकड़ा [सं-पु.] 1. कान में पहनने की बाली जिसमें दो- दो मोती हों 2. फ़सल की एक प्रकार की बँटाई जिसमें से जमींदार को चौथाई मिलता है।

चौकड़ी [सं-स्त्री.] 1. चार चीज़ों का समूह 2. हिरन की वह चाल जिसमें वह चारों पैरों से एक साथ कूदता या छलाँग मारता है 3. छोटा चौकड़ा 4. चार आदमियों की मंडली 5. चार घोड़ों की गाड़ी 6. चार युगों का समूह 7. जाँघें और घुटने ज़मीन पर टेककर बैठने की मुद्रा 8. चारपाई की वह बुनावट जिसमें सुतली या बान की चार-चार लड़ियाँ एक साथ हों। [मु.] **-भूल जाना** : घबरा जाना।

चौकनारन [सं-पु.] बरही।

चौकन्ना [वि.] 1. चारों ओर की आहट लेता हुआ; सतर्क; चौकस 2. सावधान; होशियार 3. चौंका हुआ; सशंकित परंतु सशर्त 4. हर तरह से, किसी प्रकार की विपत्ति, संकट आदि का सामना करने के लिए सजग।

चौकस (सं.) [वि.] 1. जागरूक; सचेत; सावधान 2. जो चारों ओर से भली प्रकार से कसा हो 3. दुरुस्त; ठीक।

चौकसी [सं-स्त्री.] 1. चौकस होने की अवस्था या भाव; सावधानी; रखवाली 2. किसी की रक्षा के उद्देश्य से उस पर सूक्ष्म दृष्टि रखने का कार्य या भाव।

चौका (सं.) [सं-पु.] 1. एक ही प्रकार की चार चीज़ों का समूह 2. चौखुँटी सिल; पत्थर का चौकोर टुकड़ा 3. चौकोर ज़मीन; चौकोर कटा हुआ कोई ठोस या भारी टुकड़ा 4. वह स्थान जहाँ भोजन तैयार किया जाता है; रसोई 5. क्रिकेट के खेल में चार रन; ताश में चौआ 6. पूजा की बेदी 7. रोटी बेलने का चकला 8. पवित्र करने के उद्देश्य से धरती पर किया जाने वाला मिट्टी-गोबर का लेप 9. चौक में बिछाया जाने वाला मोटा कपड़ा 10. अलग-अलग चीज़ रखने के लिए खानों में बँटा हुआ पात्र, जैसे- नमक, मिर्च और मसाले रखने का पात्र 11. सीसफूल।

चौका-बरतन (सं.) [सं-पु.] बरतनों व रसोई की साफ़-सफ़ाई का काम; घर का काम-काज।

चौकी [सं-स्त्री.] 1. लकड़ी, धातु या पत्थर का आयताकार आसन जिसमें चार पाए होते हैं; पटरी 2. छोटा तख़्त 3. ताश का चार बूटियों वाला पत्ता 4. पुलिस थाने का उपकेंद्र; वह स्थान जहाँ सुरक्षा के लिए पुलिस या सेना के कुछ जवान तैनात किए जाते हैं; 5. रखवाली; पहरा 6. नगर के बाहर या किसी सीमा क्षेत्र में वह स्थान जहाँ पहरेदार मुस्तैद रहते हैं 7. राहगीरों के ठहरने का स्थान; पड़ाव; अड्डा 8. मंदिर के मंडप के खंभों के बीच की जगह 9. देवी-देवता को चढ़ाई जाने वाली भेंट 10. महल के प्रवेशद्वार या फाटक के ऊपर वह जगह जहाँ नौबत बजाई जाती है 11. चुंगी वसूली करने वाले दल के रुकने-बैठने का स्थान 12. रोटी या पूरी बनाने का चकला 13. किसी महत्वपूर्ण व्यक्ति का आसन 14. शहनाई और उसके साथ बजने वाले वाद्य।

चौकी घर [सं-पु.] पहरेदार या प्रहरी को धूप, वर्षा आदि से बचाने के लिए बनाया गया छोटा-सा कमरा।

चौकीदार (हिं.+फ़ा.) [सं-पु.] 1. पहरा देने वाला; (गार्ड) 2. गाँव में पहरा देने के लिए नियुक्त कर्मचारी।

चौकीदारी (हिं.+फ़ा.) [सं-स्त्री.] 1. चौकीदार का काम; रखवाली; पहरा 2. चौकीदारी करने के लिए चौकीदार को दी जाने वाली मासिक धनराशि; चौकीदार को दिया जाने वाला वेतन या मज़दूरी।

चौकोना (सं.) [वि.] 1. चार कोनों वाला; चौखूँटा 2. जिसके या जिसमें चार कोण हो 3. चौकोर; चतुष्कोण।

चौकोर (सं.) [वि.] 1. जिसके चारों कोने या पार्श्व बराबर हों; चौखूँटा; चौकोना 2. जो हर तरह से ठीक हो।

चौखट [सं-स्त्री.] 1. लकड़ी या लोहे का वह चौकोर ढाँचा या फ्रेम जिसमें किवाड़ के पल्ले लगाए जाते हैं; देहली; देहरी 2. {ला-अ.} मर्यादा; सीमा।

चौखटजड़ा [सं-पु.] वह स्थान जिसमें चौखट लगा हो। [वि.] चौखटयुक्त।

चौखटा [सं-पु.] 1. चित्र या दर्पण जड़ने का चौकोर ढाँचा; (फ्रेम) 2. किसी संक्षिप्त समाचार के चारों ओर की रेखा या चौखटा; (बॉक्स)।

चौखा [सं-पु.] वह स्थान जहाँ चार गाँवों की सीमा मिलती हो।

चौख़ाना (हिं.+फ़ा.) [सं-पु.] चार ख़ाना। [वि.] चार ख़ानों वाला।

चौखूँट [सं-पु.] 1. चारों दिशाएँ 2. भूमंडल। [क्रि.वि.] चारो ओर। [वि.] जिसमें चार कोना हो; चौकोना; चतुष्कोण।

चौखूँटा [वि.] जिसमें चार कोने हों; चौकोर; चतुष्कोण।

चौगड़ा [सं-पु.] खरहा; खरगोश।

चौगड्डा [सं-पु.] 1. चार चीज़ों का समूह 2. चौहद्दी; चौखा।

चौगान (फ़ा.) [सं-पु.] 1. एक प्रकार का गेंद-बल्ले का खेल 2. वह मैदान जहाँ उक्त प्रकार का खेल खेला जाता है 3. नगाड़ा बजाने की लकड़ी 4. किसी प्रकार की प्रतियोगिता का स्थान।

चौगानी (फ़ा.) [सं-स्त्री.] हुक्के की सीधी नली जिससे धुआँ खींचते हैं; निगाली; सटक। [वि.] चौगान संबंधी।

चौगिर्द (फ़ा.) [क्रि.वि.] चारों ओर; चारों तरफ़।

चौगुना [वि.] 1. किसी वस्तु का चार गुना 2. किसी वस्तु आदि की तुलना में उस जैसी चार के समान 3. जितना हो उतना ही चार बार; चतुर्गुण।

चौगोड़ा [वि.] 1. जिसके चार पैर हों; चौपाया 2. पशु।

चौगोड़िया [सं-स्त्री.] 1. एक प्रकार की ऊँची चौकी जिसके पायों में चढ़ने के लिए सीढ़ियों की तरह डंडे लगे रहते हैं 2. बाँस की तीलियों का बना हुआ एक ढाँचा या फंदा जिसके चारों पल्लों में तेल व पकाया हुआ पीपल का गोंद लगा रहता है।

चौगोशिया (हिं.+फ़ा.) [सं-पु.] तुरकी घोड़ा। [सं-स्त्री.] पुरानी चाल की एक प्रकार की टोपी जो चार तिकोने टुकड़े को सिलकर बनाई जाती थी। [वि.] चार कोनों वाला; जिसके चार कोने या सिरे हों।

चौघड़ [सं-पु.] जबड़ों के चारों सिरों पर होने वाले एक-एक चिपटे तथा चौड़े दाँतों का समूह; चौभड़।

चौघड़ा [सं-पु.] 1. पान-इलायची रखने का चार ख़ानों का डिब्बा 2. वह दीवट जिसमें चारों ओर जलाने के लिए चार दिए या बत्तियाँ रखी जाती हैं 3. चौडोल नाम का बाजा 4. चार ख़ानों का बरतन।

चौघड़िया [वि.] चार घड़ियों का; चार घड़ी संबंधी। [सं-स्त्री.] एक प्रकार की छोटी ऊँची चौकी, जिसमें चार पाए होते हैं।

चौघड़ी [वि.] चार तह की; चार परत की।

चौघर [वि.] घोड़ों की सपाट चाल; चौफाल; पोइयाँ; सरपट।

चौघरिया [सं-स्त्री.] शहनाई; रोशनचौकी।

चौचर [सं-पु.] वह घोड़ा, जिसके सुम फटे हों।

चौड़ा (सं.) [वि.] 1. चौड़ाई वाला; फैला हुआ 2. जिसके दोनों पार्श्वों के बीच में अधिक विस्तार हो 3. जो सँकरा न हो 4. जिसमें चौड़ाई हो; विस्तृत।

चौड़ाई [सं-स्त्री.] 1. चौड़े होने की अवस्था या भाव; चौड़ापन 2. विस्तार; फैलाव 3. लंबाई के दोनों छोरों के बीच का विस्तार; पाट 4. वह मान जिससे यह पता चलता हो कि कोई वस्तु कितनी चौड़ी है।

चौड़ान [सं-स्त्री.] 1. चौड़ा होने की अवस्था या भाव 2. विस्तार; फैलाव 3. वह मान जिससे पता चलता हो कि कोई वस्तु कितनी चौड़ी है।

चौतनी [सं-स्त्री.] 1. पुराने समय में बच्चों को पहनाई जाने वाली एक प्रकार की टोपी जिसमें चार तनियाँ या बंद लगे होते थे 2. अँगिया; चोली।

चौतरफ़ा (सं.+फ़ा.) [क्रि.वि.] चारों ओर; चारों तरफ़; चारों दिशाओं में; चौगिर्द।

चौतरा [सं-पु.] चार तारों वाला सारंगी की तरह का वाद्य।

चौताल [सं-पु.] 1. मृदंग बजाने का एक ताल जिसमें चार आघात और दो खाली होते हैं 2. उक्त ताल पर गाया जाने वाला गीत।

चौतुका [सं-पु.] एक प्रकार का छंद जिसके चारों चरणों में अनुप्रास हो। [वि.] जिसमें चारों पंक्तियाँ तुकांत हों।

चौथ (सं.) [सं-स्त्री.] 1. चौथाई अंश या भाग; चतुर्थांश 2. चंद्रमास के प्रत्येक पक्ष की चतुर्थी तिथि; चतुर्थी 3. आमदनी का चतुर्थांस जो मराठे कर के रूप में लेते थे। [मु.] **-वसूल करना** : उगाही करना; हफ़्ता वसूलना।

चौथा (सं.) [सं-पु.] मृतक के चौथे दिन होने वाला सामाजिक कार्य जिसमें उसी बिरादरी के लोग एकत्र होकर मृतक के पुत्र आदि को कुछ धन या वस्त्र देते हैं। [वि.] 1. क्रम में चौथे स्थान पर आने वाला; चतुर्थ 2. तीसरे के बाद वाला।

चौथा खंभा [सं-पु.] लोकतंत्र के तीन अहम स्तंभों (विधायिका, न्यायपालिका तथा कार्यपालिका) के अलावा जनपक्षधरता के लिए उपादेय सिद्ध हुए एक और स्तंभ अर्थात प्रेस के लिए एक गौरवपूर्ण संबोधन।

चौथाई (सं.) [सं-पु.] किसी चीज़ के चार बराबर भागों में से कोई एक भाग; चौथा भाग; चतुर्थांश।

चौथिया [सं-पु.] 1. वह ज्वर जो प्रति चौथे दिन आए; चौथिया बुख़ार 2. चौथाई का हकदार; चतुर्थांश का अधिकारी।

चौथी [सं-स्त्री.] 1. विवाह की एक रीति जो विवाह हो जाने पर चौथे दिन होती है 2. विवाह तथा गौने के चौथे दिन वधू के घर से वर के घर आने वाला उपहार 3. मुसलमानों की एक प्रथा, जिसमें शादी के बाद लड़का अपनी पत्नी से मिलने के लिए ससुराल आता है 4. फ़सल की बाँट, जिसमें जमींदार चौथाई लेता है; चौकुर। [वि.] चौथा।

चौथैया [वि.] चौथाई भाग; चतुर्थांश। [सं-स्त्री.] छोटी नाव जिसमें थोड़ा- बहुत बोझ लद सके।

चौदंता [सं-पु.] एक प्रकार का हाथी। [वि.] 1. चार दाँतोंवाला 2. अल्हड़ 3. उद्दंड 4. छोटी उम्र का।

चौदंती [सं-स्त्री.] अल्हड़पन; उद्दंडता; धृष्टता; ढिठाई। [वि.] चौदंता।

चौदस (सं.) [सं-स्त्री.] वह तिथि जो किसी पक्ष में चौदहवें दिन होती हैं; चतुर्दशी।

चौदह [वि.] संख्या '14' का सूचक।

चौदहवाँ [वि.] क्रम या गिनती में चौदह के स्थान पर पड़ने वाला।

चौदा [सं-पु.] वह ढलवाँ स्थान जहाँ चरस या मोठ से पानी डाला जाता है। [वि.] चौदह (संख्या)।

चौदानी [सं-स्त्री.] 1. एक प्रकार की बाली जिसमें चार पत्तियाँ लगी होती हैं 2. कान की वह बाली जिसमें मोती के चार दाने लगे हों।

चौधराहट [सं-स्त्री.] चौधरी का काम या भाव; चौधरी होने का गुण।

चौधरी (सं.) [सं-पु.] 1. एक जाति विशेष 2. किसी वर्ग, समुदाय या समाज का मुखिया, प्रधान या श्रेष्ठ 3. किसी बिरादरी या मंडली का प्रधान जो प्रायः झगड़े आदि निपटाता है 4. {ला-अ.} वह व्यक्ति जो अगुआ होकर हर काम में हाथ डालता हो।

चौपट [वि.] 1. जो नष्ट हो चुका हो 2. बरबाद; तबाह 3. चारों तरफ़ से खुला हुआ और असुरक्षित (घर इत्यादि); बरबाद हो चुकी वस्तु 4. वह जो बुरी संगत में फँसा हो।

चौपटा [वि.] चौपट करने वाला; नाश करने वाला; काम बिगाड़ने वाला; सत्यानाशी।

चौपड़ (सं.) [सं-स्त्री.] 1. चौसर नामक खेल जो बिसात पर गोटियों से खेला जाता है 2. खाट, पलंग आदि की बुनावट का वह प्रकार जिसमें चौसर की आकृति बनी होती है 3. घर, महल, मंदिर आदि में उक्त प्रकार की बनी हुई बनावट।

चौपत [वि.] 1. चार तहों या परतों में लपेटा हुआ 2. जिसमें या जिसकी चार तहें हो। [सं-पु.] पत्थर का वह टुकड़ा जिसमें एक कील लगी रहती है और जिसपर कुम्हार का चाक रहता है।

चौपतिया [सं-स्त्री.] 1. एक प्रकार की घास जो गेहूँ के खेत में उत्पन्न होकर फ़सल को बहुत हानि पहुँचाती है 2. एक साग; उटगन 3. कशीदे आदि में वह बूटी जिसमें चार पत्तियाँ हों 4. चार पन्नों की पोथी या पुस्तिका। [वि.] 1. चार पत्तियों वाला 2. जिसमें चार पत्तियाँ दिखलाई गई हो।

चौपदा [सं-पु.] 1. चार पैरों वाला पशु; चौपाया 2. एक प्रकार का छंद।

चौपहरा [वि.] 1. चार पहर का; चार पहर संबंधी 2. चार-चार पहर के अंतर का 3. हर समय होता रहने वाला।

चौपहल [सं-पु.] चार पहल या पार्श्व। [वि.] जिसके चार पहल या पार्श्व हों; जिसमें लंबाई, चौड़ाई और मोटाई हो; वर्गात्मक।

चौपहिया [सं-पु.] चार पहियों वाली गाड़ी [वि.] चार पहियों वाला; जिसमें चार पहिए हों।

चौपाई (सं.) [सं-स्त्री.] (काव्यशास्त्र) चार चरण का मात्रिक छंद जिसके प्रत्येक चरण में सोलह-सोलह मात्राएँ होती हैं।

चौपाया (सं.) [सं-पु.] 1. चार पैरों वाला पशु, जैसे- गाय, घोड़ा, बकरी 2. ऐसा पशु जो चारों पैरों से चलता हो। [वि.] जिसमें चार पाए हों।

चौपारा [सं-पु.] वह कुँआ जिस पर चार पुर चलें।

चौपाल [सं-पु.] 1. गाँवों में वह स्थान जहाँ पर लोग एकत्रित होकर बातचीत व मनोरंजन करते हैं 2. छतदार चबूतरा 3. ग्रामीण घरों के सामने की दालान 4. चारों ओर से खुली छायादार पालकी।

चौपुरा [सं-पु.] वह कुआँ जिसपर चार पुर या मोट एक साथ चल सके; वह कुआँ जिसपर चार चरसे एक साथ चलते हों।

चौपैली [सं-स्त्री.] पुरानी ईंट।

चौबड़ा [सं-पु.] चतुःशाल; बड़ा कमरा।

चौबरघा [सं-पु.] चरगोड़ी (गाड़ी)।

चौबारा [सं-पु.] घर के ऊपर या छत पर बना खुला कमरा 2. वह कमरा जिसमें चार दरवाज़े हों। [क्रि.वि.] चौथी बार।

चौबीस [वि.] संख्या '24' का सूचक।

चौबीसवाँ [वि.] क्रम में चौबीसवें स्थान पर आने वाला।

चौबे (सं.) [सं-पु.] ब्राह्मणों में एक कुलनाम या सरनेम।

चौबोला [सं-पु.] एक मात्रिक छंद जिसके प्रत्येक चरण में आठ और सात के विश्राम से पंद्रह मात्राएँ होती हैं तथा अंत में लघु गुरु होता है।

चौभड़ [सं-पु.] दाढ़ का वह चौड़ा, चिपटा और गड्ढेदार दाँत जिससे आहार कुचलते या चबाते हैं; चौघड़।

चौभरा [सं-पु.] पीछे का दाँत।

चौमसिया [सं-स्त्री.] चार माशे का बटखरा। [वि.] 1. चौमासे में होने वाला 2. चौमासे से संबंध रखने वाला।

चौमाप [सं-स्त्री.] 1. किसी चीज़ की लंबाई, चौड़ाई, ऊँचाई तथा काल मापने के चार अंग 2. उक्त चारों अंगों का समन्वित रूप; चारों आयाम।

चौमापी [वि.] चार आयामों वाला।

चौमास [सं-पु.] चौमासा।

चौमासा (सं.) [सं-पु.] 1. वर्षा-ऋतु के आषाढ़, श्रावण, भाद्रपद और आश्विन इन चार महीनों का समवेत नाम; चतुर्मास 2. वर्षा-ऋतु संबंधी गीत या कविता 3. किसी स्त्री के गर्भवती होने पर चौथे महीने में मनाया जाने वाला उत्सव। [वि.] 1. चार महीनों में होने वाला 2. चतुर्मास में होने वाला।

चौमासी [सं-स्त्री.] एक प्रकार का श्रृंगारिक गीत जो प्रायः बरसात में गाया जाता है।

चौमुख [क्रि.वि.] चारों ओर; चारों तरफ़; चतुर्दिक।

चौमुखा [वि.] 1. जिसके चारों ओर चार मुख हों 2. जो सब ओर उन्मुक्त या प्रवृत्त हो। [मु.] **-दीया जलाना** : अपने को दिवालिया घोषित करना।

चौमुहानी (हिं.+फ़ा.) [सं-स्त्री.] वह स्थान जहाँ चारों ओर से आकर चार रास्ते मिलते हों; चौराहा; चौरास्ता।

चौर (सं.) [सं-पु.] 1. दूसरों की वस्तु चुराने वाला व्यक्ति; चोर 2. एक गंध द्रव्य 3. चौरपुष्पी।

चौरंग [सं-पु.] तलवार चलाने का वह ढंग जिससे भारी से भारी और कड़ी से कड़ी चीज़ एक हाथ से ही कट जाती है। [वि.] 1. चार रंगों वाला; चौरंगा 2. चारों ओर समान रूप से होने वाला 3. तलवार से पूरी तरह कटा हुआ 4. सब प्रकार से एक जैसा।

चौरंगा [वि.] चार रंगोंवाला; सुंदर।

चौरंगी [सं-स्त्री.] चौमुहानी; चौराहा। [वि.] चार रंगों वाली।

चौरठ [सं-पु.] चावल को महीन पीस-पीसकर बनाया जाने वाला चूर्ण (आटा) जो कई तरह के पकवान बनाने के काम आता है; भीगे चावलों को पीसकर तैयार की गई पीठी।

चौरपट्टा [सं-पु.] गेहूँ के खेत में उगने वाली एक खर-घास; खरपतवार।

चौरस (सं.) [वि.] 1. जो हर ओर से एक जैसा या एक रस हो 2. जो एक समान ऊँचाई पर हो; बराबर 3. समतल; जो ऊबड़-खाबड़ न हो, जैसे- चौरस खेत। [सं-पु.] 1. ठठेरों का औज़ार जिससे बरतनों को सही किया जाता है 2. एक वर्णवृत्त जिसके प्रत्येक चरण में एक तगण और एक यगण होता है।

चौरसा [वि.] जिसमें चार प्रकार के रस हो; चार रसों वाला। [सं-पु.] 1. मंदिर में देवता की शय्या पर बिछाने की चादर 2. सीधे और चौड़े छेद करने का एक औज़ार 3. समतल स्थान।

चौरसाना [क्रि-स.] 1. समतल बनाना 2. चौरस करना 3. किसी वस्तु का तल बराबर करना या बनाना।

चौरसिया [सं-पु.] 1. एक जाति विशेष 2. वैश्यों का एक कुलनाम और सरनेम।

चौरस्ता (हिं.+फ़ा.) [सं-पु.] वह स्थान जहाँ चार रास्ते मिलते हों; चौराहा; चौमुहानी।

चौरा (सं.) [सं-पु.] 1. चबूतरा; वेदी 2. मिट्टी आदि से बना वह चबूतरा जहाँ किसी कल्पित देवी-देवता, भूत-प्रेत, महात्मा आदि की स्थापना करके पूजा की जाती है 3. चौपाल; चौबारा।

चौराई [सं-स्त्री.] 1. एक प्रकार का साग; चौलाई 2. एक प्रकार की चिड़िया, जिसके पंख चितकबरे, पूंछ ऊपर से लाल नीचे से सफेद गला मटमैला और पैर पीले रंग के होते हैं 3. एक रीति जिसमें किसी व्यक्ति को निमंत्रण देते समय उसके घर के द्वार पर हल्दी से रंगे चावल रखे या छिड़के जाते हैं।

चौरानवे [वि.] संख्या '94' का सूचक।

चौरासी [वि.] संख्या '84' का सूचक। [मु.] **-में पड़ना** : अनेक योनियों में जन्म लेना और मरना।

चौरासी घूँघुर [सं-पु.] पैरों में पहनने का एक आभूषण।

चौराहा [सं-पु.] वह स्थान जहाँ चार रास्ते मिलते हों; चौरास्ता; चौमुहानी।

चौरी [सं-स्त्री.] 1. छोटा चौरा 2. एक पेड़ जिसकी छाल से रंग बनाया जाता है 3. एक ऐसा पेड़ जो हिमालय के आस-पास होता है और जिसकी छाल दवा के काम में आती है।

चौलड़ा [वि.] जिसमें चार लड़ी या मालाएँ हो।

चौलरी [सं-स्त्री.] चार लड़ोंवाला हार।

चौला [सं-पु.] एक लता और उसके बीज; बोड़ा; लोबिया।

चौलाई [सं-स्त्री.] एक प्रकार का हरा साग।

चौवन [वि.] संख्या '54' का सूचक।

चौवाई [सं-स्त्री.] 1. चारों ओर बहनेवाली हवा 2. चारों ओर फैलनेवाली खबर या होने वाली धूम-धाम 3. चारों ओर फैलनेवाली निंदा या बदनामी।

चौस [सं-पु.] 1. चार बार जोता हुआ खेत 2. खेत को चौथी बार जोतने की क्रिया।

चौसट्टी (सं.) [सं-स्त्री.] चौंसठ योगनियों का समूह।

चौसर [सं-पु.] 1. एक प्रकार का खेल जो बिसात पर चार रंगों की चार-चार गोटियों और तीन पासों से खेला जाता है; चौपड़; नर्दबाजी 2. उक्त खेल की बिसात 3. चार लड़ों वाला हार 4. खेल में लगातार चार बार होने वाली जीत।

चौसरा [सं-पु.] दालान; बरामदा।

चौहट्टा [सं-पु.] 1. वह हाट या बाज़ार जिसके चारों तरफ़ दुकानें हों; चौमुहानी; चौरस्ता 2. उक्त प्रकार का बाज़ार।

चौहड़ी [सं-स्त्री.] सीमा; चौहद्दी।

चौहत्तर [वि.] संख्या '74' का सूचक।

चौहद्दी [सं-स्त्री.] 1. किसी स्थान, क्षेत्र की चारों दिशाओं की सीमा 2. {ला-अ.} चार दीवारी।

चौहान [सं-पु.] क्षत्रिय समाज में एक कुलनाम या सरनेम।

च्यवन (सं.) [सं-पु.] 1. बूँद-बूँद करके टपकना या चूना 2. एक प्राचीन ऋषि।

च्यावन (सं.) [सं-पु.] 1. बूँद-बूँद करके टपकाने की क्रिया या भाव 2. निकाल देना।

च्युत (सं.) [वि.] 1. गिरा या टपका हुआ 2. चुआ या झड़ा हुआ 3.नष्ट-भ्रष्ट; विमुख।

च्युति (सं.) [सं-स्त्री.] 1. उन्नत अवस्था, वैभव, ऊँचे पद मर्यादा आदि से गिरकर बहुत नीचे स्तर पर आने की क्रिया; पतन; अवनति 2. तत्परतापूर्वक कोई कार्य न करने की स्थिति।

च्योना [सं-पु.] 1. घरिया; छोटा घड़ा 2. मिट्टी का प्याला या हाँड़ी 3. घड़िया (विशेष प्रकार का मिट्टी का बर्तन)।

छ

छ हिंदी वर्णमाला का व्यंजन वर्ण। उच्चारण की दृष्टि से यह अग्रतालव्य, अघोष, महाप्राण स्पर्शसंघर्षी है।

छँटना [क्रि-अ.] 1. छाँटा जाना 2. किसी वस्तु अथवा उसके किसी अंश का कटकर अलग होना 3. छिन्न-भिन्न या तितर-बितर होना 4. किसी का अपने वर्ग या समूह से अलग होना 5. चुना जाना 6. बिखरना।

छँटनी [सं-स्त्री.] 1. छाँटने की क्रिया या भाव; अनेक वस्तुओं या व्यक्तियों में से कुछ का चयन कर उन्हें अलग करना; छँटाई 2. किसी कार्यालय या कार्य आदि में नियुक्त आवश्यकता से अधिक कर्मचारियों को निकालकर अलग करने या सेवा से हटाने का काम।

छँटल [वि.] 1. कुख्यात; छँटा हुआ 2. बेजोड़।

छँटवाना [क्रि-स.] 1. छाँटने का कार्य दूसरे से करवाना 2. वस्तु विशेष को किसी आकार में लाने के लिए कतरना या काटना 3. अनाज को कूटकर या फटककर साफ़ करना 4. अच्छी चीज़ों को चुनना 5. अलग करना।

छँटाई [सं-स्त्री.] 1. छाँटने या चुनकर अलग करने का काम या भाव 2. उक्त कार्य की मज़दूरी या पारिश्रमिक।

छँटैल [वि.] 1. जो बहुत धूर्त या छँटा हुआ हो; छँटुआ 2. छाँटा या चुना हुआ।

छंद (सं.) [सं-पु.] 1. वर्ण तथा यति (विराम) के नियमों के अनुरूप वाक्य या पद्यात्मक रचना 2. छंदशास्त्र में वर्ण या मात्राओं का वह निश्चित मान जिसके आधार पर पद्य लिखा जाता है 3. इच्छा; अभिलाषा 4. नियंत्रण 5. रुचि 5. अभिप्राय 6. तरकीब; उपाय; युक्ति 7. बंधन; गाँठ 8. स्वेच्छाचार; मन।

छंदन (सं.) [सं-पु.] 1. ख़ुश करना; प्रसन्न करना; आनंदित करना 2. रिझाना।

छंदशास्त्र (सं.) [सं-पु.] वह शास्त्र जिसमें छंदों के लक्षण, भेदोपभेद तथा उदाहरण विषयक विवरण प्राप्त होते हैं; छंद-रचना विषयक शास्त्र।

छंदाघात (सं.) [सं-पु.] छंद के शब्दों पर डाला गया संगीतात्मक बल, स्वराघात।

छंदात्मक (सं.) [वि.] जो छंद पर आधारित हो; छंद से सुसज्जित; छंद के रूप में रचित; पद्यमय।

छंदानुवृत्ति (सं.) [सं-स्त्री.] 1. किसी को छल या किसी बहाने से प्रसन्न करने की क्रिया या भाव 2. स्वार्थपरता 3. चापलूसी; ख़ुशामद।

छंदित (सं.) [वि.] 1. जिसे छल आदि से प्रसन्न किया गया हो; आनंदित किया हुआ 2. संतुष्ट किया हुआ।

छंदोगति (सं.) [सं-स्त्री.] ऐसी छंद योजना जिसे पढ़ने पर शब्दों में एक प्रकार की लय या गति का अनुभव हो।

छंदोबद्ध (सं.) [वि.] 1. जो छंद के नियमों पर आधारित हो; श्लोकबद्ध 2. वह जिसमें वर्णों और मात्राओं के एक निश्चित क्रम या आवृत्ति का पालन किया गया हो; पद्य रूप में रचित।

छंदोभंग (सं.) [सं-पु.] 1. छंद-रचना में नियम पालन की वह त्रुटि जिससे उसमें ठीक गति या यति का अभाव आ जाता है; छंद में यति-गति का अभाव 2. वर्ण, मात्रा आदि के नियम का पूर्ण पालन न होना।

छक [सं-स्त्री.] तृप्ति; परिपूर्णता 2. नशा; मद 3. आकांक्षा; लालसा। [अव्य.] ख़ूब, अच्छी तरह से, जैसे- छक कर पीना (ख़ूब मद्यपान करना)।

छकड़ा (सं.) [सं-पु.] माल ढोने की वह छोटी गाड़ी जिसे आदमी या बैल खींचते हैं; सग्गड़; छोटी बैलगाड़ी। [वि.] धीमे चलने वाली (गाड़ी)।

छकड़ी [सं-स्त्री.] 1. छह का समूह; छह की राशि 2. वह पालकी जिसे छह कहार उठाते हैं।

छकना (सं.) [क्रि-अ.] 1. किसी चीज़ से संतुष्ट होना; तृप्त होना; अघाना 2. किसी की चातुरी से परेशान होना; हैरान होना 3. हारना 4. चकराना 5. नशे में चूर होना। [क्रि-स.] किसी चीज़ को तृप्ति मिलने तक खाना।

छकनी [सं-स्त्री.] छड़ी।

छकाछक [क्रि.वि.] 1. भलीभाँति; भरपूर; पूरी तरह से; परिपूर्ण 2. अघाया हुआ; संतुष्ट।

छकाना [क्रि-स.] 1. तृप्त करना; पेट भरकर खिलाना-पिलाना; कुछ देकर संतुष्ट करना 2. परेशान करना 3. हैरान करना 4. चक्कर में डालना।

छक्का (सं.) [सं-पु.] 1. छह का समूह 2. छह अंगों वाली वस्तु 3. क्रिकेट के खेल में बल्लेबाज़ द्वारा गेंद को इस तरह उछाल कर मारना कि गेंद ज़मीन का स्पर्श किए बिना सीधे सीमा रेखा के बाहर चली जाए। [वि.] हिजड़ा; नपुंसक। [मु.] - **छक्के छूटना** : कोई उपाय न सूझना; बुद्धि काम न करना।

छक्केबाज़ (हिं.+फ़ा.) [वि.] 1. अत्यंत धूर्त और चालाक 2. चालबाज़ 3. क्रिकेट के खेल में छक्का मारने में सिद्धहस्त बल्लेबाज़।

छक्केबाज़ी (हिं.+फ़ा.) [सं-स्त्री.] धूर्तता; चालाकी; चालबाज़ी।

छगड़ी (सं.) [सं-स्त्री.] बकरी; छेर; छेरी; छेली।

छगन (सं.) [वि.] 1. छोटे बालक के लिए प्रयुक्त प्यार का शब्द। [सं-पु.] 1.छोटा बच्चा 2. छोटा बालक।

छगल (सं.) [सं-पु.] 1. बकरा; छाग 2. वृद्धदारक नामक पेड़।

छछर [वि.] छह दाँतों वाला बछड़ा।

छछिया [सं-स्त्री.] छाछ पीने या रखने का मिट्टी का एक छोटा बरतन या पात्र।

छछूँदर (सं.) [सं-पु.] 1. चूहे की प्रजाति का एक जंतु जिसके शरीर से बहुत दुर्गंध आती है 2. {ला-अ.} अनावश्यक इधर-उधर टहलने वाला और हर किसी से रार या झगड़ा करने वाला व्यक्ति।

छजली [सं-स्त्री.] 1. छोटा और पतला छज्जा 2. छज्जे के आकार की वास्तुरचना; (कारनिस)।

छज्जा [सं-पु.] 1. दीवार के आगे बाहर निकला हुआ छत का भाग; दीवार से बाहर निकली पत्थर की पट्टी 2. ओलती; बारजा; बालकनी; अलिंद 3. टोप या हैट का आगे निकला हुआ भाग।

छज्जेदार (हिं.+फ़ा.) [वि.] 1. जिसमें किनारा आगे की ओर निकला हुआ हो 2. जिसमें छज्जे निकले हों।

छटंकी [सं-स्त्री.] छटाँक भर तौल का एक बाट या बटखरा। [वि.] बहुत हलका और छोटा।

छटकना [क्रि-अ.] 1. किसी भार या धक्के से वस्तु का वेग से दूर जाना 2. दूर या अलग रहना 3. बंधन से निकल जाना 4. कूदना; उछलना 5. किसी व्यक्ति या जंतु का अपने वर्ग, समूह, झुंड आदि से दूर रहना या अलग हो जाना।

छटकाना [क्रि-स.] 1. झटके से किसी चीज़ को दूर गिरा देना; फेंकना 2. छटकने में प्रवृत्त करना 3. खोलना; मुक्त करना; छोड़ देना।

छटपट [सं-पु.] छटपटाने की क्रिया या भाव। [वि.] 1. चंचल 2. फुरतीला; तेज़।

छटपटाना [क्रि-अ.] 1. पीड़ा के कारण हाथ-पैर पटकना, फेंकना; कराहना; तड़फड़ाना; तड़पना 2. दुख आदि के कारण व्याकुल होना; बेचैन होना; अधीर होना।

छटपटाहट [सं-स्त्री.] 1. तड़प; छटपटाने का भाव या क्रिया 2. आकुलता; बेचैनी; घबराहट 3. उत्तेजना।

छटपटी [सं-स्त्री.] 1. छटपटाने की अवस्था या भाव 2. घबराहट 3. मन में उत्पन्न होने वाली उत्कंठा; आकुलता।

छटा (सं.) [सं-स्त्री.] 1. शोभा; छवि; सौंदर्य 2. दीप्ति; प्रकाश; चमक; झलक 3. बिजली 4. लुभाने या मुग्ध करने वाला सौंदर्य।

छटाँक [सं-स्त्री.] 1. पुरानी तौल जो एक सेर के सोलहवें भाग के बराबर होती है 2. छटाँक का बाट।

छटाभा (सं.) [सं-स्त्री.] 1. बिजली; क्षणप्रभा; बिजली की चमक; दीप्ति 2. चेहरे की कांति; मुखकांति।

छटूँद [सं-पु.] राजस्व या कर के रूप में लिया जाने वाला आय का छठा भाग।

छट्ठी [सं-स्त्री.] 1. जन्म से छह दिन बाद होने वाली पूजा 2. प्रसव के बाद का छठा दिन 3. भाग्य; नियति; तकदीर 4. एक देवी जिनकी पूजा छठी के दिन होती है।

छट्ठ [सं-स्त्री.] दे. छठ।

छठ [सं-स्त्री.] 1. शुक्ल या कृष्ण पक्ष की छठी तिथि 2. बच्चे के जन्म से छठे दिन की रस्म 3. कार्तिक तथा चैत्र मास के शुक्ल पक्ष की षष्ठी (छठ) तिथि को मनाया जाने वाला एक पर्व।

छठवाँ [वि.] 1. छठा 2. छह के स्थान पर आने वाला।

छठा [वि.] गिनती में छह के स्थान पर पड़ने वाला; छठवाँ।

छठी [सं-स्त्री.] 1. चांद्रमास के कृष्ण या शुक्ल पक्ष की छठवीं तिथि 2. बच्चे के जन्म के छठे दिन होने वाला उत्सव या कृत्य 3. छठी के दिन (छठ पर्व में) पूजी जाने वाली एक देवी।

छड़ (सं.) [सं-पु.] 1. लकड़ी या लोहे का पतला गोल या चौकोर डंडा 2. धातु का दंड।

छड़ना [क्रि-स.] 1. ख़ूब मारना या पीटना 2. अनाज की भूसी अलग करना 3. ओखली में अनाज रख कर कूटना; छाँटना।

छड़ा [सं-पु.] 1. पैर में पहनने का एक प्रकार का चूड़ी जैसा गहना 2. मोतियों की लड़ियों का गुच्छा। [वि.] अकेला; एकाकी।

छड़ापन [सं-पु.] 1. कुँवारापन; बिना घर-गृहस्थी की अवस्था 2. अकेलापन; एकाकीपन।

छड़िया [वि.] जिसके हाथ में छड़ी हो। [सं-पु.] ड्योढ़ीदार; द्वारपाल।

छड़ी [सं-स्त्री.] 1. हाथ में लेकर चलने के लिए प्रयोग की जाने वाली सीधी लकड़ी 2. बाँस, बेंत या लकड़ी आदि का छोटा और पतला डंडा 3. कब्र या पीरों के मज़ार पर चढ़ाई जाने वाली सजावटी झंडी 4. कुछ इलाकों में विवाह के अगले दिन की एक रस्म जिसमें वर-वधू एक-दूसरे को फूलदार छड़ी से पीटते हैं 4. कपड़े पर बनी सीधी रेखाएँ।

छत [सं-स्त्री.] 1. सीमेंट, ईंट या लकड़ी से बनी घर की छाजन; छत पर डली हुई मिट्टी 2. पाटन; घर की छत के ऊपर का ढका भाग 3. रहने की जगह; आश्रय; ठिकाना 4. किसी बनावट को ऊपर से ढकने वाला भाग।

छतगीर [सं-स्त्री.] 1. कमरे में ऊपर वाली छत को प्रायः ढकने के लिए तानी जाने वाली चाँदनी 2. पलंग के पायों से बाँधकर खड़े किए हुए डंडों आदि पर तानी जाने वाली चाँदनी।

छतनार [वि.] 1. (वृक्ष) जिसकी शाखाएँ छितरी या बिखरी हुई हों; जो छत्र की तरह विस्तृत हो; जिसकी डालियाँ और टहनियाँ दूर तक फैली हों; घना 2. फैला हुआ।

छतरी (सं.) [सं-स्त्री.] 1. धूप और वर्षा से बचाव हेतु प्रयोग में आने वाली एक वस्तु; छाता 2. चिता या समाधि-स्थल के ऊपर बना हुआ मंडप 3. चँदोवा 4. घास और पत्तों से बनी मँड़ई 5. कुकुरमुत्ता; खुम; (मशरूम) 6. कबूतरों के बैठने के लिए किसी खंभे पर बनाया गया बाँस का टट्टर 7. हवाई जहाज़ से कूदने के लिए प्रयोग किया जाने वाला बड़ा छाता; (पैराशूट) 8. घर की छत पर बनाई गई छत्रनुमा सजावटी बनावट।

छतियाना [क्रि-स.] 1. छाती से लगाना; सटाना 2. छाती पर या उसके पास लाना या लाकर रखना।

छत्ता [सं-पु.] 1. छत्र; छाता; छतरी 2. मधुमक्खी का मोम का घर जो इनके द्वारा निर्मित वह रचना है जिसमें वे स्वयं रहती, अंडे देती और शहद जमा करती हैं 3. कमल का बीजकोश।

छत्तीस (सं.) [वि.] संख्या '36' का सूचक।

छत्तीसगढ़ी [सं-स्त्री.] छत्तीसगढ़ की बोली। [वि.] छत्तीसगढ़ का रहने वाला।

छत्तीसा [वि.] 1. धूर्त; चालक; चतुर; मक्कार 2. व्यभिचारी; ढोंगी।

छत्तीसी [सं-स्त्री.] चालाक और धूर्त स्त्री।

छत्तेदार (हिं.+फ़ा.) [वि.] 1. जिसके ऊपर छत्र या छत्ता हो 2. मधुमक्खियों के छत्ते के आकार का।

छत्र (सं.) [सं-पु.] 1. राजचिह्न के रूप में राजाओं के ऊपर लगाया जाने वाला छाता 2. छतरी; छाता।

छत्रक (सं.) [सं-पु.] 1. छाता; छतरी 2. कुकुरमुत्ता; खुमी; खुंभी।

छत्रछाया (सं.) [सं-स्त्री.] 1. संरक्षण; पनाह 2. शरण; रक्षा 3. छाते की तरह सुरक्षा देने वाला स्थान 4. छत्र की छाया; आश्रय।

छत्रधर (सं.) [सं-पु.] छत्र धारण करने वाला व्यक्ति।

छत्रधारी (सं.) [वि.] छत्र धारण करने वाला।

छत्रपति (सं.) [सं-पु.] 1. राजा 2. चक्रवर्ती सम्राट।

छत्रबंध [सं-पु.] (काव्यशास्त्र) एक प्रकार का चित्रकाव्य जिसमें कविता के अक्षर विशिष्ट प्रकार से सजाने से छत्र या छाते की आकृति बन जाती है।

छत्राक (सं.) [सं-पु.] खुंभी, कुकुरमुत्ते आदि की सामूहिक संज्ञा।

छत्री [सं-पु.] क्षत्रिय। [सं-स्त्री.] छाता; छतरी। [वि.] छत्रयुक्त; छत्र धारण करने वाला।

छद (सं.) [सं-पु.] 1. आवरण 2. ढकने वाली चीज़ 3. चिड़िया का पंख 4. पत्ता 5. खाल 6. छाल 7. गिलाफ़; खोल।

छदंता (सं.) [वि.] छह दाँतोंवाला (बछड़ा); छछर।

छदाम [सं-पु.] पुराने पैसे का चौथाई भाग।

छद्म (सं.) [सं-पु.] 1. छल; कपट; धोखा 2. छिपाव; गोपन। [वि.] 1. छलपूर्ण; कपटपूर्ण 2. मिथ्या; झूठा 3. जाली; कृत्रिम।

छद्म लेखक (सं.) [सं-पु.] 1. ऐसा लेखक जो किसी अन्य व्यक्ति के लिए लिखता हो; (गोस्ट राइटर) 2. नाम बदलकर रचना करने वाला लेखक।

छद्मभाव (सं.) [सं-पु.] कपटपूर्ण आचरण; ढोंगयुक्त हावभाव; कृत्रिम भाव।

छद्मयुद्ध (सं.) [सं-पु.] नकली लड़ाई; झूठी लड़ाई; ऐसा युद्ध जो देखने में लगे कि वास्तव में भयंकर लड़ाई लड़ी जा रही है परंतु वह मात्र दिखावा भर ही होती है।

छद्मवेश (सं.) [सं-पु.] 1. बनावटी परिधान; कृत्रिम वेश 2. कपटवेश।

छद्मवेशधारी (सं.) [वि.] 1. जिसने कृत्रिम परिधान पहना हो; नकली वेश धारण करने वाला; कपटवेशधारी 2. जो प्राय: छद्मवेश धारण करके दूसरों को छलता, धोखा देता अथवा उनका मनोरंजन करता है।

छद्मवेशी (सं.) [वि.] बनावटी या कृत्रिम वेश वाला; जो वेश बदले हो।

छद्मावरण (सं.) [सं-पु.] 1. किसी चीज़ को ढकने के लिए प्रयुक्त नकली आवरण या खोल 2. कृत्रिम या बनावटी आवरण।

छद्मी (सं.) [वि.] कृत्रिम रूप धारण करने वाला; छद्मवेशी; छलवेशी; छली; कपटी।

छन [सं-पु.] पल; क्षण। [सं-स्त्री.] झनकार; घुँघरू आदि की ध्वनि।

छनक [सं-स्त्री.] छन-छन की ध्वनि होना; झनकार, जैसे- पायल की छनक। [सं-पु.] एक क्षण। [वि.] क्षणिक। [क्रि.वि.] क्षणभर।

छनक-मनक [सं-स्त्री.] 1. वह शब्द जो गहनों के टकराने से उत्पन्न होता है; गहनों की झनकार 2. ठसक 3. चोचला; नख़रा।

छनकना [क्रि-अ.] 1. छनछन शब्द होना 2. भड़कना; चौंकना 3. सहसा दूर हट जाना।

छनकाना [क्रि-स.] 1. पानी को खौलाकर उसका परिमाण कम करना 2. गरम किए हुए बरतन में पानी डालना 3. भड़काना; चौंकाना।

छनगाह [वि.] दूध निकालते समय कूदने वाली (गाय); छनकने वाली; अधिक कूदने वाली।

छनछन [सं-स्त्री.] 'छन' ध्वनि की आवृत्ति। [क्रि.वि.] 1. क्षण-क्षण; प्रति क्षण 2. छनकर।

छनछनाना [क्रि-अ.] 1. गरम (खौलते हुए) घी या तेल में कोई वस्तु डालने पर छन-छन की ध्वनि उत्पन्न होना 2. तपी हुई धातु की पर्त पर पानी की बूँदें डालने से होने वाला शब्द 3. क्रोधित होना।

छनछनाहट [सं-स्त्री.] छन-छन की आवाज़।

छनन-मनन [सं-पु.] 1. खौलते हुए तेल, घी आदि में कुछ डालने पर होने वाला शब्द 2. घुँघरू आदि के बजने से होने वाला शब्द।

छनना (सं.) [क्रि-अ.] 1. किसी चूर्ण या तरल पदार्थ का कपड़े या छलनी आदि से इस प्रकार गिरना कि मैल आदि ऊपर ही रह जाए 2. कड़ाही में पूरी, पकवान आदि निकलना 3. छलनी से साफ़ होना। [मु.] **गहरी छनना** : गहरी मित्रता होना; ख़ूब मेल जोल होना।

छनवाना [क्रि-स.] 1. छानने का काम दूसरे से कराना 2. नशा आदि करवाना।

छनाका [सं-पु.] 1. छन की ध्वनि या आवाज़ 2. झनकार।

छनाना [क्रि-स.] 1. छनवाना 2. किसी को कुछ खिलाना या पिलाना।

छनिया [सं-स्त्री.] एक आभूषण।

छनी [सं-स्त्री.] मड़वा।

छनौटा [सं-पु.] बहुत से छिद्रों वाला एक उपकरण जिसका प्रयोग भोज्य पदार्थ को तलने के समय छानने में होता है; एक प्रकार का झरना।

छन्न [सं-पु.] 1. छन्न की ध्वनि 2. तपी हुई चीज़ पर पानी आदि

पड़ने का शब्द 3. झनकार। [वि.] ढका हुआ, लुप्त।

छन्ना [सं-पु.] 1. ऐसा कपड़ा जिससे कोई चीज़ छानी जाए 2. चलनी; छलनी।

छप [सं-स्त्री.] 1. किसी तरल पदार्थ में किसी चीज़ के आ गिरने से होने वाला शब्द 2. ज़ोर से छींटा पड़ने का शब्द 3. छपाक।

छप-छप [सं-स्त्री.] 1. छप की ध्वनि बार-बार होना; पानी में जाने या कूदने पर होने वाली ध्वनि 2. पानी या उसकी धारा पर किसी चीज़ को गिराने या फेंकने पर होने वाली ध्वनि 3. पानी को तेज़ी से छींटने-फैलाने पर होने वाली आवाज़।

छपकना [क्रि-स.] 1. किसी चीज़ से आघात करना 2. किसी को मारना 3. पतली छड़ी आदि से प्रहार करना।

छपका [सं-पु.] 1. पानी का छींटा 2. बाँस आदि की कमाची 3. पतली छड़ी।

छपछपाना [क्रि-अ.] छप-छप शब्द होना। [क्रि-स.] छप-छप शब्द करना।

छपटा [सं-पु.] धान के पौधे को काटने या खराब करने वाला एक कीड़ा; धान के पौधे में लगने वाला तोता नामक कीड़ा।

छपते-छपते [सं-पु.] दैनिक समाचार पत्र में किसी नियत स्थान पर दिए जाने वाले समाचार जो आख़िरी समय में मिलते हैं और जिन्हें किसी दूसरे समाचार को हटाकर दिया जाता है।

छपद (सं.) [सं-पु.] भौंरा; भ्रमर।

छपना [क्रि-अ.] 1. छापे के यंत्र या ठप्पे आदि से छापा जाना 2. मुद्रित होना 3. चिह्नित या अंकित होना।

छपरी [सं-स्त्री.] 1. छोटा छप्पर 2. झोपड़ी (जिसका छोटा-सा छप्पर होता है)।

छपवाना [क्रि-स.] दूसरे से छपवाने का काम करवाना।

छपा (सं.) [वि.] 1. जो छप चुका हो; जो प्रकाशित हो 2. मुद्रित।

छपाई [सं-पु.] मशीन के द्वारा होने वाली छपाई के लिए प्रयुक्त किया जाने वाला व्यापक शब्द; मुद्रण कार्य; (प्रिंटिंग)। [सं-स्त्री.] 1. छापने की क्रिया या भाव 2. छापने की मज़दूरी या पारिश्रमिक।

छपाक [सं-स्त्री.] छप ध्वनि; छपाका।

छपाका [सं-पु.] 1. पानी गिरने की ध्वनि 2. ज़ोर से उछाला हुआ पानी का छींटा 3. धारा के किसी वस्तु से टकराने के बाद उत्पन्न होने वाला शब्द; छपाछप।

छपाछप [सं-स्त्री.] 1. पानी पर हाथ-पैरों से की जाने वाली छप-छप की आवाज़; पानी पर कुछ गिरने से होने वाला छपाका; फच-फच 2. भाला या तलवार इत्यादि के टकराने से उत्पन्न ध्वनि।

छपाना [क्रि-स.] छापने का काम दूसरे से कराना।

छप्पन [वि.] संख्या '56' का सूचक।

छप्पनभोग [सं-पु.] 1. छप्पन प्रकार की खाने की चीज़ें 2. तरह-तरह के स्वादिष्ट खाद्य पदार्थ 3. एक धार्मिक अनुष्ठान जिसमें भगवान को छप्पन प्रकार के भोग चढ़ाए जाते हैं।

छप्पय (सं.) [सं-पु.] (काव्यशास्त्र) छह चरणों वाला एक मात्रिक छंद, जिसके पहले चरण में रोला के और फिर दो चरण उल्लाला के होते हैं।

छप्पर (सं.) [सं-पु.] 1. बाँस-लकड़ियों तथा फूस से बने कच्चे मकानों व झोपड़ियों की छत; आश्रय; झोपड़ी 2. पशु आदि के रहने के लिए घास-फूस या पत्तों से बनाई गई छाजन या छत 3. किसी जगह के बचाव के लिए बनाई गई छत। [मु.] -**फाड़कर देना** : अचानक या अकस्मात अपेक्षा से अधिक देना।

छबइया [सं-पु.] छप्पर छाने वाला व्यक्ति; छवैया।

छबड़ा [सं-पु.] 1. झाबा 2. टोकरा 3. खोंचा; बड़ी छबड़ी; डाला; छितना।

छबड़ी [सं-स्त्री.] 1. छोटी डलिया; टोकरी 2. खैंचा; खोंचा।

छबीना [सं-पु.] पड़ाव; डेरा।

छबीला [वि.] 1. सुंदर; छवियुक्त 2. छैला; बाँका; सज-धजकर रहने वाला; जो बन-ठन कर रहता हो।

छबीली [सं-स्त्री.] 1. सुंदर स्त्री 2. छवियुक्त स्त्री।

छब्बीस [वि.] संख्या '26' का सूचक।

छम (सं.) [सं-पु.] 1. क्षमता 2. शक्ति; सामर्थ्य। [सं-स्त्री.] 1. घुँघरू आदि के बजने का शब्द; छन 2. तेज़ वर्षा का शब्द।

छम-छम [सं-स्त्री.] 1. पैर में पहने हुए गहनों, घुँघरूओं, पायलों आदि के बजने से होने वाली ध्वनि 2. पानी बरसने का शब्द। [क्रि.वि.] छम-छम शब्द करते हुए।

छमक [सं-स्त्री.] छमकने की क्रिया या भाव।

छमकना [क्रि-अ.] 1. घुँघरू आदि बजने की छम ध्वनि होना 2. आभूषणों की झनकार का होना 3. ठसक दिखाना; इतराना 4. चमकते-मटकते हुए इधर-उधर आना-जाना।

छमछमाना [क्रि-अ.] 1. छमछम शब्द होना 2. चमकना। [क्रि-स.] छमछम शब्द उत्पन्न करना।

छमाछम [क्रि.वि.] ज़ोर से आभूषणों का छम-छम शब्द करते हुए।

छमाशी [सं-स्त्री.] छह माशे की तौल का बटखरा।

छमासी [सं-स्त्री.] किसी व्यक्ति की मृत्यु के छह महीने बाद किया जाने वाला श्राद्ध। [वि.] छमाही।

छमाही [वि.] प्रति छह महीने पर होने वाला; अर्धवार्षिक।

छरका [सं-पु.] बाँस की पतली करची; सटकनी।

छरछराना (सं.) [क्रि-अ.] 1. घाव में चुनचुनाहट या जलन का होना 2. घाव में नमक आदि लगने पर जलन होना। [क्रि-स.] चुनचुनाहट या जलन उत्पन्न करना।

छरछराहट [सं-स्त्री.] 1. जलन; पीड़ा 2. छर-छर ध्वनि के साथ गिरने की आवाज़ 3. चुनचुनी।

छरन (सं.) [वि.] छलनेवाला। [सं-पु.] 1. छप्पर में लगाया जाने वाला सरकंडा; बारी के ऊपर बाँस की कैन 2. विनाश; नाश; क्षरण।

छरना (सं.) [क्रि-स.] सूप में अनाज आदि छाँटना या फटकना। [क्रि-अ.] 1. अनाज आदि का छाँटा जाना 2. दूर होना 3. तरल पदार्थ का कहीं से निकलकर धीरे-धीरे बहना; टपकना; रिसना।

छरहरा (सं.) [वि.] 1. जो इकहरे शरीर का हो; जो मोटा न हो;

दुबला-पतला 2. चुस्त; फुरतीला।

छरा [सं-पु.] 1. हार की लड़ी; माला 2. इज़ारबंद।

छर्रा [सं-पु.] 1. मशीनों के बेयरिंग में डालने वाला गोल उपकरण 2. सीसे और लोहे के छोटे टुकड़े 3. पत्थर आदि का छोटा टुकड़ा; कंकड़ी।

छर्री [सं-स्त्री.] कई रंगोंवाली गाय; रंग-बिरंगी गाय [वि.] कई रंगोंवाली।

छल (सं.) [सं-पु.] 1. धोखा; कपटपूर्ण व्यवहार; वास्तविकता को छिपाना 2. बहाना; धूर्तता; ढोंग 3. दुश्मन पर नियम विरुद्ध हमला करना 4. किसी को हानि पहुँचाने के लिए बुना गया जाल 5. दूसरों को ठगने वाली बात 6. बहस में प्रतिपक्षी की बात का विपरीत अर्थ निकालना 7. (प्रवृत्ति के कारण) व्यापार। [वि.] छल से बना हुआ; नकली; (फ्रॉड)।

छल-छद्म (सं.) [सं-पु.] छलपूर्ण व्यवहार; चालबाज़ी; धोखेबाज़ी।

छल-छल [वि.] 1. आँसुओं से भरा; अश्रु-पूर्ण 2. कल-कल; जलधारा की ध्वनि।

छल-छिद्र [सं-पु.] कपट या छलपूर्ण व्यवहार या आचरण।

छलक [सं-स्त्री.] 1. छलकने की क्रिया या भाव 2. किसी द्रव आदि का बरतन से बाहर गिरने की क्रिया या भाव 3. उमड़ने की क्रिया या भाव।

छलकना [क्रि-अ.] 1. मुँह तक भरा होने के कारण पानी या किसी तरल पदार्थ का बरतन से बाहर गिरना या उछलना 2. पूरी तरह भर जाने या भरपूर होने के कारण उमड़ना, जैसे- आँखों से स्नेह छलकना 3. किसी तरल पदार्थ का हिलने-डुलने के कारण किसी पात्र से उछलकर बाहर गिरना।

छलकपट [सं-पु.] 1. यथार्थ का गोपन 2. धोखा; कपट; ठगी 3. धूर्तता 4. बहाना 5. युद्ध नियमों के विरुद्ध किया गया प्रहार।

छलकाना [क्रि-स.] 1. तरल पदार्थ को किसी पात्र से बाहर गिराना; उछालना 2. {ला-अ.} व्यक्त करना; प्रकट करना।

छलकारी [वि.] छली; कपटी; छल करने वाला।

छलछलाना [क्रि-अ.] 1. 'छल-छल' शब्द होना; किसी पात्र से पानी का थोड़ा-थोड़ा करके गिरना 2. आँखों का भर आना; नम हो जाना; आर्द्र होना।

छलन (सं.) [सं-पु.] छलने की क्रिया या भाव।

छलना (सं.) [क्रि-स.] 1. धोखा देना; अपना स्वार्थ सिद्ध करने के लिए कपट करना 2. भुलावे में डालना 3. मोहित करना; फ़रेब करना 4. दगा देना; ठगना। [सं-स्त्री.] वंचना; धोखा; छल।

छलनी (सं.) [सं-स्त्री.] 1. आटा आदि छानने का धातु या प्लास्टिक का पात्र; चलनी 2. छानने का झीना कपड़ा 3. ऐसी चीज़ जिसमें बहुत छिद्र हों। [वि.] 1. जिसमें छेद हों; जिसे छलनी किया गया हो 2. जो विदीर्ण या कूटा-पीटा गया हो। [मु.] **कलेजा छलनी हो जाना** : दुख सहते-सहते दिल टूट जाना या जार-जार हो जाना।

छलनीदार (सं.+फ़ा.) [वि.] 1. जिसमें छोटे-छोटे छेद हों 2. जो जालीदार हो।

छलबल (सं.) [सं-पु.] 1. चालबाज़ी; कपट; ठगी 2. काम निकालने के लिए दबाव के साथ या बलपूर्वक किया गया धोखा या दुर्व्यवहार; ज़ोर-ज़बरदस्ती 3. ढोंग।

छलाँग [सं-स्त्री.] उछलकर आगे की ओर कूदना; चौकड़ी; उछाल; फलाँग।

छलावरण (सं.) [सं-पु.] 1. सही बात या वास्तविक बात को छिपाने के लिए उसे कोई ऐसा रूप देना जिससे देखने वाले धोखे में पड़ जाएँ 2. युद्ध-क्षेत्र में अपनी तोपों आदि को छिपाने के लिए वृक्षों की पत्तियों आदि से ढकना।

छलावा [सं-पु.] धोखा; छल।

छलित (सं.) [वि.] 1. जिसे छला गया हो 2. धोखा खाया हुआ।

छलिया (सं.) [वि.] दूसरों को छलने वाला; छली; कपटी; प्रपंची।

छली (सं.) [वि.] दूसरों से कपटपूर्ण आचरण करने वाला; दूसरों को छलने वाला।

छलौरी [सं-स्त्री.] एक रोग जिसमें उँगलियों के नाख़ून के भीतर छाला पड़ जाता है।

छल्ला [सं-पु.] 1. सोने, चाँदी आदि किसी धातु से बनाई गई अँगूठी 2. पैर में पहनने का एक आभूषण; बिछुआ 3. कोई वृत्ताकार या मंडलाकार छोटी वस्तु; कड़ा; वलय।

छल्लि (सं.) [सं-स्त्री.] 1. वृक्ष की छाल 2. लता 3. संतति 4. एक प्रकार का फूल 5. वृक्ष आदि की टहनियों से बनी हुई बड़े आकार की डलिया या दौरी।

छल्ली (सं.) [सं-स्त्री.] 1. कच्ची दीवार की रक्षा के लिए उससे लगाकर उठाई हुई पक्की दीवार 2. लता 3. छाला 4. अनाज के बोरों की पंक्ति।

छल्लेदार [वि.] 1. जिसमें छल्ले हों 2. छल्ले की तरह गोल 3. घुँघराले 4. जिसकी आकृति छल्ले की तरह घेरदार हो।

छवाई [सं-स्त्री.] 1. छाने या छवाने का काम 2. उक्त कार्य के बदले दी जाने वाली मज़दूरी या पारिश्रमिक।

छवाटी [सं-स्त्री.] पेड़-पौधों को पाला-धूप से बचाने का छप्पर; छावटी।

छवाना [क्रि-स.] छाजन या छाने का काम दूसरे से कराना; धूप आदि से बचने के लिए किसी से घास-फूस या सरसों के सूखे तनों से ऊपर आवरण डलवाना या उसे फैला देना जिससे नीचे छाया हो जाए।

छवि (सं.) [सं-स्त्री.] 1. आभामंडल; प्रभाव; स्वरूप (व्यक्तित्व) 2. सौंदर्य-चित्र; सुंदरता 3. शोभा; आकर्षक रूप 4. प्रभा; कांति; चमक 5. चित्र; फ़ोटो; प्रतिकृति 6. प्रकाश की किरण।

छवि पत्रकार [सं-पु.] (पत्रकारिता) पत्र-पत्रिकाओं में प्रकाशनार्थ समाचारपरक घटनाओं के चित्र खींचने वाला; छायाकार; (फ़ोटो जर्नलिस्ट)।

छविनाथ (सं.) [सं-पु.] 1. कृष्ण का एक नाम 2. सुंदर छवि वाला व्यक्ति। [वि.] सुंदर रूप सज्जावाला।

छह (सं.) [वि.] संख्या '6' का सूचक।

छहरना [क्रि-अ.] छितराना; बिखरना; चारों ओर फैलना।

छही [सं-स्त्री.] वह मादा पक्षी विशेषत: कबूतरी, जो अन्य पक्षियों को बहकाकर अपने अड्डे पर या दल में लाए।

छाँगना [क्रि-स.] 1. कुल्हाड़ी आदि से पेड़ की डाल, टहनी आदि काटना या छाँटना 2. अलग करना या छिन्न करना।

छाँगुर [सं-पु.] वह मनुष्य जिसके पंजे में छह उँगलियाँ हों। [वि.] छह उँगलियोंवाला; छंगा।

छाँछ [सं-स्त्री.] दे. छाछ।

छाँट [सं-स्त्री.] 1. छाँटने की क्रिया या भाव; चुनकर अलग करने का ढंग 2. छाँटकर या काटकर अलग की गई ख़राब या अनुपयोगी चीज़; कतरन; रद्दी; बची-खुची वस्तु 3. बहुत में से चुनी गई कोई विशेष वस्तु 4. कै; उलटी; वमन 5. अनाज में से छाँटी गई भूसी इत्यादि 6. मांस के छिछड़े। [मु.] **-देना** : किसी को कपटपूर्वक अलग कर देना।

छाँटन [सं-स्त्री.] 1. वह वस्तु जो छाँट दी जाए; कतरन 2. छाँट कर अलग की हुई निकम्मी या रद्दी वस्तु।

छाँटना (सं.) [क्रि-स.] 1. छाँटने का काम या भाव 2. चुनना; बिलगाना 3. फालतू अंश काटकर अलग करना; कतरना 4. अनाज आदि को साफ़ करना; फटकना 5. निकालना; हटाना; दूर करना 6. अपना ज्ञान बघारना; पांडित्य का प्रदर्शन करना 7. लेख आदि के आवश्यक अंश लेना तथा फालतू छोड़ना 8. कपड़े आदि साफ़ करना 9. अलंकृत करना; सजाना (काट-छाँट करना)।

छाँटा [सं-पु.] 1. किसी को छल से किसी मंडली, सभा अथवा उसकी सदस्यता से अलग करना 2. छाँटने की क्रिया या भाव।

छाँटी [सं-स्त्री.] 1. पुआल आदि का बना चारा 2. एक प्रकार का जाल।

छाँद (सं.) [सं-स्त्री.] 1. छोटी रस्सी जिससे चौपायों के दो पैरों को एक दूसरे से सटाकर बाँध देते हैं ताकि वे दूर तक भाग न सकें, केवल कूद फाँदकर इधर-उधर चरते रहें 2. वह रस्सी जिससे गाय दुहते समय गाय के पैर बाँध दिए जाते हैं; नोई; नोइड़ा 3. छाँदने की क्रिया या भाव।

छाँदना [क्रि-स.] 1. रस्सी से बाँधना 2. पशु के पिछले पैर को सटाकर इसलिए बाँधना कि वह भाग न सके।

छाँदा [सं-पु.] वह पकवान या भोजन जो भोज या ज्योनार आदि से कपड़े में बाँधकर घर लाया जाए; किसी भोज में सम्मिलित न हो पाने वाले व्यक्ति के लिए घर भेजी जाने वाली खाद्य-सामग्री; परोसा।

छाँव [सं-स्त्री.] दे. छाँह।

छाँवदार [वि.] दे. छाँहदार।

छाँस [सं-स्त्री.] 1. अनाज छाँटने से निकला हुआ भूसी या कन 2. कूड़ा करकट।

छाँह (सं.) [सं-स्त्री.] 1. छाया; ऊपर से छाई या ढकी हुई जगह 2. शरण स्थान; आश्रय स्थान 3. सुरक्षा देने या बचाव करने वाली जगह 4. वह स्थान जहाँ आड़ या रोक के कारण धूप या चाँदनी सीधी न पड़ती हो 5. परछाईं; प्रतिबिंब।

छाँहदार (सं.+फ़ा.) [वि.] 1. जहाँ आड़ या रोक के कारण धूप न आती हो; जहाँ छाया रहती हो 2. छाया देने वाला 3. जहाँ शरण मिलती हो।

छाँही [सं-स्त्री.] प्रकाश की कमी; छाया; प्रतिबिंब; परछाँही।

छाक [सं-स्त्री.] 1. छकने की क्रिया या भाव 2. वह भोजन जो दोपहर के समय खेत पर काम करने वाले व्यक्ति के लिए भेजा जाता है; दोपहर का भोजन 3. शराब पीने के समय खाई जाने वाली चटपटी चीज़ें; चाट 4. नशा; मद; मत्तता; मस्ती 5. नशीली चीज़; मादक पदार्थ।

छाकन [सं-स्त्री.] छकनी; छड़ी।

छागल[1] [सं-स्त्री.] 1. पाँव में पहनने का एक आभूषण; घुँघरूदार पायल; झाँजन 2. चमड़े का डोल या छोटी मशक जिसमें पानी भरा या रखा जाता है।

छागल[2] (सं.) [सं-पु.] 1. बकरा 2. बकरे की खाल की बनी हुई चीज़ 3. एक प्रकार की मछली।

छागी (सं.) [सं-स्त्री.] बकरी; अजा।

छाछ (सं.) [सं-स्त्री.] मट्ठा; लस्सी; वह पनीला या पतला दही जिसमें से मक्खन निकाला गया हो।

छाज (सं.) [सं-पु.] 1. छप्पर 2. छज्जा 3. छत का दीवार के बाहर निकला हुआ भाग; बारजा 4. अनाज फटकने के लिए सींकों से निर्मित एक उपकरण; सूप 5. किसी को छलने या ठगने के लिए बनाया जाने वाला रूप; स्वाँग 6. सजावट; सज्जा; साज 7. छजने या सजने की क्रिया या भाव।

छाजन (सं.) [सं-स्त्री.] 1.छाने की क्रिया, भाव या मज़दूरी; छवाई 2. छप्पर 3. छाया के लिए ऊपर की बनावट 4. त्वचा का एक रोग जिसमें जलन होती है [सं-पु.] 1. कपड़ा; वस्त्र 2. ठगने के लिए धारण किया जाने वाला वेश।

छाजना [क्रि-अ.] 1. शोभा देना; अच्छा लगना; भला लगना; फबना; उपयुक्त जान पड़ना 2. शोभा सहित विद्यमान होना; विराजना; सुशोभित होना। [क्रि-स.] 1. सजाना; सुंदर बनाना 2. सुशोभित करना।

छात [सं-स्त्री.] छत। [सं-पु.] 1. छत्र 2. छाता।

छात नवाई [सं-स्त्री.] हिंदुओं में विवाह की एक रस्म।

छाता (सं.) [सं-पु.] छतरी; धूप और वर्षा से बचाव के लिए प्रयोग में आने वाली एक वस्तु।

छाता देखाई [सं-पु.] बारात को द्वार पर बुलाने की रस्म।

छाती (सं.) [सं-स्त्री.] 1. पेट और गरदन के मध्य का भाग 2. सीना; वक्ष 3. कुच; स्तन 4. हृदय; मन 5. {ला-अ.} हिम्मत; साहस; जीवट; हौसला। [मु.] **-पर मूँग दलना** : पास रहकर कष्ट देना। **-पर पत्थर रखना** : दुख सहने के लिए दिल को कड़ा करना। **-पर साँप लोटना** : ईर्ष्या से दुखी होना। **-फटना** : बहुत अधिक दुखी होना। **-जलना** : ईर्ष्या या क्रोध से दुखी होना। **-ठंडी होना** : मन को शांति मिलना।

छात्र (सं.) [सं-पु.] 1. विद्यार्थी; शिष्य 2. अंतेवासी 3.मधु 4. सरघा 5.सरथा नामक मधुमक्खी का मधु।

छात्रक (सं.) [सं-पु.] 1. छात्र या सरघा नामक मधुमक्खी का बनाया हुआ मधु 2. विद्यार्थी, छात्र।

छात्रवृत्ति (सं.) [सं-स्त्री.] 1. वज़ीफ़ा 2. विद्यार्थी को सहायतार्थ मिलने वाली आर्थिक सहायता या वृत्ति; (स्कॉलरशिप)।

छात्रसंघ (सं.) [सं-पु.] विद्यार्थियों द्वारा छात्र हित में निर्मित संगठन; छात्रों की समस्याओं के निराकरण हेतु बनाया गया संघ।

छात्रा (सं.) [सं-स्त्री.] शिष्या; विद्याध्ययन करने वाली स्त्री; अध्येत्री।

छात्राध्यापक (सं.) [सं-पु.] अध्यापन का प्रशिक्षण प्राप्त करने वाला विद्यार्थी; प्रशिक्षु अध्यापक; शिक्षक।

छात्रावास (सं.) [सं-पु.] 1. किसी स्कूल, कॉलेज से संबंधित वह भवन या इमारत जिसमें विद्यार्थी रहते हैं; छात्रालय 2. वह स्थान जहाँ विद्यार्थी रहते हैं; (हॉस्टल)।

छाद (सं.) [सं-पु.] 1. छाजन; छप्पर 2. छत।

छादक (सं.) [वि.] 1. आच्छादित करने या छाने वाला 2. खपरैल या छप्पर छाने वाला; छपरबंद 3. ढकने वाला 4. कपड़ा आदि देने वाला।

छादन (सं.) [सं-पु.] 1. आच्छादन करने या छाने की क्रिया या भाव; ढकाव; छिपाव 2. आवरण; आच्छादन 3. छाने या ढकने का काम 4. कपड़ा।

छादित (सं.) [वि.] ढका हुआ; छाया हुआ; आच्छादित।

छादिनी (सं.) [सं-स्त्री.] खाल; चमड़ी।

छाद्मिक (सं.) [वि.] 1. वह जिसने वेश बदला हो; बहुरूपिया; छद्मवेषधारी 2. ढोंगी; मक्कार। [सं-पु.] ठग।

छान [सं-स्त्री.] 1. पशुओं के पैरों में बाधी जाने वाली रस्सी। 2. छानने की क्रिया या भाव 3. छप्पर।

छानना (सं.) [क्रि-स.] 1. मिली-जुली चीज़ों को अलग करना; बिलगाना 2. आटे आदि का मोटा अंश चलनी से निकालना 3. पानी आदि को साफ़ करने के लिए बारीक कपड़े या चलनी के पार निकालना 4. जाँच-पड़ताल करना 5. ढूँढ़ना; खोजना 6. ऐसी रासायनिक क्रिया करना जिससे एक धातु में मिला हुआ दूसरी धातु का अंश अलग हो जाए, जैसे तेज़ाब में सोना छानना।

छानबीन [सं-स्त्री.] 1. छानने या बीनने की क्रिया या भाव 2. अनुसंधान; जाँच-पड़ताल; गहरी खोज।

छाना (सं.) [क्रि-स.] 1. ढकना; आच्छादित करना 2. आवास के प्रसंग में निर्मित करना 3. छाया के लिए ऊपर से कोई वस्तु तानना; फैलाना [क्रि-अ.] 1. फैलना; पसरना 2. डेरा डालकर कहीं रहना।

छाप [सं-स्त्री.] 1. चिह्न; निशान; मुहर का निशान 2. छापने की क्रिया या भाव 3. ऐसा साँचा जिससे कोई चीज़ छापी जाए 4. ऐसी अँगूठी जिसपर छापने के लिए कोई अंक या चिह्न बना हो; मुद्रा 5. किसी कथन, घटना, दृश्य आदि का मन पर पड़ने वाला प्रभाव 6. विभिन्न कारखानों में बनी हुई वस्तुओं पर पहचान के लिए छपा हुआ शब्द या चित्र; (मार्का) 7. असर; प्रभाव 8. कविता के अंत में रहने वाला कवि का उपनाम।

छापना (सं.) [क्रि-स.] 1. ठप्पे आदि से निशान लगाना; मोहर से अंकित करना 2. पुस्तक आदि मुद्रित करना 3. छापकर प्रकाशित करना 4. टीका लगाना 5. स्याही आदि की सहायता से एक वस्तु को दूसरी वस्तु पर दबाकर उसकी आकृति उतारना।

छापा [सं-पु.] 1. मोहर; मुद्रा और उसकी छाप 2. उक्त उपकरण की छाप 3. शत्रु या शिकार पर आचानक किया जाने वाला हमला 4. मंगल अवसरों पर हथेली और पाँचों उँगलियों का वह चित्र जो हल्दी आदि की सहायता से दीवारों आदि पर लगाया जाता है 5. पुस्तकें, समाचार-पत्र आदि छापने की कला या यंत्र 6. किसी की तलाशी लेने के लिए, पकड़ने के लिए अचानक या अप्रत्याशित रूप से कहीं पहुँचकर सब चीज़ें देखना-भालना।

छापाखाना (हिं.+फ़ा.) [सं-पु.] जहाँ यंत्रों से छपाई का काम होता है; मुद्रणालय; (प्रिंटिंग प्रेस)।

छापामार [सं-पु.] वह व्यक्ति जो आक्रमण करता हो। [वि.] 1. अचानक या एकाएक किसी पर आक्रमण करने वाला 2. छापा मारने वाला।

छाबड़ी [सं-स्त्री.] ऐसी टोकरी या थाल जिसमें खाने-पीने की चीज़ें रखकर बेची जाती हैं; खोंचा।

छायल [सं-स्त्री.] 1. स्त्रियों द्वारा पहना जाने वाला शरीर के ऊपरी भाग का पहनावा 2. स्त्रियों की एक प्रकार की कुरती।

छाया (सं.) [सं-स्त्री.] 1. किसी प्रकाश स्रोत के मार्ग में किसी वस्तु या आड़ से होने वाला अंधकार; परछाईं; छाँव; अँधेरा 2. धूप और बारिश से रक्षा करने वाली चीज़ 3. ऐसी जगह जहाँ रोशनी न आती हो 4. (काल्पनिक) भूत-प्रेत के कारण होने वाली बाधा 5. प्रतिबिंब; अक्स 6. किसी वस्तु के अनुकरण पर बनाई गई वैसी ही महसूस होने वाली प्रतिकृति; सादृश्य 7. आश्रय 8. सौंदर्य; चेहरे का रंग; कांति 9. किसी बात या पदार्थ का क्षीण अवशेष जो उस बात या पदार्थ का आभास देता हो; तत्वहीन और निस्सार चीज़ 10. {ला-अ.} किसी के आगे-पीछे या हमेशा साथ रहने वाला व्यक्ति।

छायांक (सं.) [सं-पु.] पृथ्वी के चारों ओर चक्कर लगाने वाला एक उपग्रह; चंद्रमा; चाँद।

छायांकन (सं.) [सं-पु.] फ़ोटो खींचने की क्रिया या छायाचित्र बनाने का काम; छायाचित्रण; (फ़ोटोग्राफ़ी)।

छायांकित (सं.) [वि.] जिसका छायांकन किया गया हो; फ़ोटो या अक्स बनाया हुआ।

छायाकृति (सं.) [सं-स्त्री.] परछाईं की तरह की आकृति; कल्पित आकृति।

छायाचित्र (सं.) [सं-पु.] 1. किसी व्यक्ति या वस्तु का बनाया हुआ चित्र; कैमरे से लिया गया चित्र; (फ़ोटो) 2. वह चित्र जो हलके रंग का अथवा अस्पष्ट हो; तस्वीर।

छायाचित्रण (सं.) [सं-पु.] वह कला या क्रिया जिससे किसी वस्तु की छाया या प्रतिबिंब एक प्रकार के शीशे पर ले लिया जाता है और उसके द्वारा एक विशेष प्रकार के कागज़ पर उसका चित्र छापा जाता है; (फ़ोटोग्राफ़ी)।

छायादार (सं.+फ़ा.) [वि.] जो छाँह या छाया देता हो; छाँहदार।

छायानुवाद (सं.) [सं-पु.] किसी कृति की मूलभावना का लक्ष्य भाषा (दूसरी भाषा) में रूपांतरण; कविताओं की मूल भावनाओं को यथावत रखकर नए शब्दों में पिरोना; किसी कृति का वह

अनुवाद जो शब्दानुवाद की तरह मूल भावना के शब्दों का अनुकरण न करे, न भावानुवाद की तरह मूल के भावों का अनुकरण करे, अपितु दोनों ही दृष्टियों से मूल से (शब्दतः, भावतः) मुक्त होकर अर्थात बिना मूल से **विशेष**-बँधे उसकी छाया लेकर चले।

छायापथ (सं.) [सं-पु.] असंख्य नक्षत्रों का विशिष्ट समूह जो हमें उत्तर से दक्षिण की ओर फैला हुआ दिखाई देता है; आकाशगंगा; (गैलेक्सी)।

छायाभ (सं.) [वि.] 1. जो छाया से युक्त हो 2. जिसपर छाया पड़ी हो।

छायाभास (सं.) [सं-स्त्री.] 1. छाया का आभास 2. हलका आभास।

छायालोक (सं.) [सं-पु.] 1. प्रतिबिंब या छाया का संसार 2. अदृश्य जगत 3. वह कल्पित लोक जो इस लोक से परे माना जाता है; स्वप्न-लोक।

छायावाद [सं-पु.] (साहित्य) 1. वह सिद्धांत जिसके अनुसार अव्यक्त और अज्ञात को विषय या लक्ष्य बनाकर उसके प्रति प्रणय, विरह आदि के भाव प्रकट करते हैं 2. आधुनिक साहित्य में आत्म अभिव्यक्ति का वह नया ढंग या उससे संबंध रखने वाला सिद्धांत जिसके अनुसार किसी सौंदर्यमय प्रतीक की कल्पना करके ध्वनि, लक्षणा आदि के द्वारा उसके संबंध में अपनी अनुभूति या आंतरिक भाव प्रकट किए जाते हैं।

छायावादी [वि.] छायावाद संबंधी (साहित्य या रचना); छायावाद का। [सं-पु.] छायावाद का अनुयायी।

छायिता [वि.] छायायुक्त।

छार (सं.) [सं-पु.] 1. भस्म; राख 2. धूल; मिट्टी 3. जली हुई वस्तु का अंश 4. खारा नमक।

छाल (सं.) [सं-स्त्री.] पेड़ के तने, शाखा आदि पर का कड़ा छिलका; वल्कल; ऊपरी खाल या चर्म।

छालटी [सं-स्त्री.] 1. छाल का बना हुआ वस्त्र 2. अलसी, सन या पाट का बना हुआ एक प्रकार का चिकना और फूलदार कपड़ा जो देखने में रेशम की तरह जान पड़ता है।

छालना (सं.) [क्रि-स.] 1. आटा आदि को चलनी में रखकर साफ़ करना; चालना; छानना 2. छेद करना; छलनी की तरह छिद्रमय करना; झँझरा करना 3. धोना; साफ़ करना; पखारना।

छाला [सं-पु.] जलने, रगड़ खाने या किसी अन्य कारण से त्वचा पर उभर आने वाला उभार जिसमें पानी होता है; फफोला; फुंसी।

छालित (सं.) [वि.] धोया हुआ; धोकर साफ़ किया हुआ; प्रक्षालित।

छावन (सं.) [सं-पु.] 1. छाजन; छप्पर 2. डेरा; आवास; निवास।

छावनी [सं-स्त्री.] 1. डेरा; पड़ाव 2. छप्पर आदि छाने की क्रिया या भाव; छप्पर 3. वह स्थान जहाँ सेना रखी जाए; शिविर 4. वह मकान जिसमें ज़मींदार महसूल या कर वसूली के लिए आकर ठहरें या उसके कारिंदे आदि रहें।

छि [अव्य.] घृणा, तिरस्कार आदि का सूचक शब्द।

छि-छि [अव्य.] घृणा, तिरस्कार आदि की सूचक-ध्वनि।

छिंगा [सं-पु.] भूड़िया पकड़ने का जाल।

छिउला [सं-पु.] 1. टेसू; पलाश; छीउल 2. छोटा पेड़; पौधा।

छिकना [क्रि-अ.] 1. स्थान आदि का घेरा जाना 2. मार्ग में अवरुद्ध किया या रोक लिया जाना 3. (नाम पड़ी हुई रकम) काटा या मिटाया जाना।

छिक्का (सं.) [सं-स्त्री.] छींक; छीका।

छिगुनी [सं-स्त्री.] सबसे छोटी उँगली; कनिष्ठिका; कनिष्ठा; कानी उँगली।

छिछड़ी [सं-स्त्री.] लिंगेंद्रिय के ऊपर का वह अगला आवरण जो बाहर की ओर कुछ बढ़ा हुआ होता है।

छिछला (सं.) [वि.] 1. जिसमें गहराई न हो; कम गहरा; उथला 2. जो कम जानता हो; अल्पज्ञान वाला (व्यक्ति) 3. तुच्छ; ओछा।

छिछलापन [सं-पु.] 1. छिछला होने की अवस्था या भाव 2. कम गहरा; उथलापन 3. अल्पज्ञानी।

छिछली [वि.] 1. ओछी; संकीर्ण; तुच्छ 2. जिसमें गहराई न हो।

छिछुआ [सं-पु.] बाँस की खूँटियों के सामने वाली सरकी।

छिछोरा [वि.] 1. ओछा; कमीना; मामूली; निम्न स्तर का 2. जो गंभीर या सौम्य न हो; नीच।

छिछोरापन [सं-पु.] 1. ओछापन; क्षुद्रता 2. छिछोरे का काम।

छिटकना (सं.) [क्रि-अ.] 1. फैलना; बिखरना 2. रोशन होना; चाँदनी आदि का फैलना 3. किसी पदार्थ कण का बिखरना 4. छींटे उड़ाना 5. अस्त-व्यस्त होना; विस्थापित होना।

छिटकाना [क्रि-स.] 1. चारों ओर फैलाना; इधर-उधर डालना; बिखराना 2. अलग करना; दूर करना।

छिटकी [सं-स्त्री.] किसी चीज के छिटकने के कारण पड़ा हुआ उसका चिह्न या कण।

छिटपुट [क्रि.वि.] 1. छितराया हुआ 2. कुछ एक जगह कुछ दूसरी जगह 3. थोड़ी मात्रा में और इधर-उधर बिखरा हुआ 4. अलग-अलग समय या स्थान पर। [वि.] गिनती या मान में कम।

छिटवा [सं-पु.] बाँस की फट्टियों आदि का टोकरा; झाबा।

छिट्टा [सं-पु.] कठौआ।

छिड़कना [क्रि-स.] 1. पानी आदि के छींटे डालना 2. जल या दूसरे द्रव के छींटे फेंकना 3. न्योछावर करना।

छिड़कवाना [क्रि-स.] छिड़कने का काम किसी अन्य से कराना।

छिड़काई [सं-स्त्री.] 1. छिड़कने की क्रिया या भाव; छिड़काव 2. छिड़कने की मज़दूरी।

छिड़काना [क्रि-स.] 1. कोई तरल पदार्थ फैलाना 2. छींटों से तर करना।

छिड़काव [सं-पु.] छिड़कने की क्रिया या भाव।

छिड़ना (सं.) [क्रि-अ.] 1. शुरू होना; आरंभ होना, जैसे- जंग छिडना 2. छेड़ा जाना; संगीत का बजना, जैसे- राग छिड़ना 3. छेड़ने पर बिगड़ना 4. चल पड़ना।

छितनी [सं-स्त्री.] एक प्रकार की छिछली या कम गहरी टोकरी; टोकरी का पेंदा।

छितर-बितर [वि.] 1. अपने क्रम या स्थान से हटा हुआ;

अव्यवस्थित; अस्त व्यस्त 2. जो इधर उधर हो गया हो; छितराया हुआ; बिखरा हुआ; तितर-बितर।

छितराना [क्रि-अ.] 1. चारों ओर बिखरना; फैलना 2. अलग-अलग होना। [क्रि-स.] 1. चारों ओर बिखेरना; गिराना 2. फैलाना 3. दूर-दूर या विरल कर देना, जैसे- सामान छितराना 4. तितर-बितर करना।

छितराव [सं-पु.] छितरे या छितराए हुए होने की अवस्था या भाव।

छितरी [सं-स्त्री.] दे. छितनी।

छिदना [क्रि-अ.] 1. छेदा जाना 2. घायल होना 3. चुभना 4. छेद होना 5. घावों से भर जाना 6. छलनी होना 7. सुराख़ होना 8. नुकीली वस्तु के धँसने या धँसाए जाने के कारण किसी वस्तु में आर-पार छेद होना।

छिदरा [वि.] 1. जो सघन न हो; विरल; छितराया हुआ 2. झँझरीदार; छेददार 3. फटा हुआ; जर्जर 4. ओछा।

छिदवाना [क्रि-स.] छेदने का काम किसी अन्य से कराना; सुराख़ करवाना।

छिद्र (सं.) [सं-पु.] 1. छेद; सुराख़; रंध्र 2. गड्ढा; बिल; विवर 3. दोष; ऐब 4. अंतर; फ़र्क 5. अंतराल; अवकाश 6. दरार; जगह 7. दुर्बलता; कमज़ोरी 8. बाधक वस्तु या व्यक्ति।

छिद्रक (सं.) [वि.] 1. छेद या सुराख़ करने वाला 2. दोष या ऐब ढूँढ़ने वाला।

छिद्रण (सं.) [सं-पु.] किसी नुकीली चीज़ से छेद करने का कार्य; अंतर्वेधन; रंध्रण; छेदना; छेद बनाना।

छिद्रपूर्ण (सं.) [वि.] 1. जिसमें अनेक छिद्र हों 2. छिद्र से भरा हुआ 3. {ला-अ.} कमज़ोर; दोषयुक्त।

छिद्रयुक्त (सं.) [वि.] 1. छिद्र सहित 2. छिद्रों या सुराख़ों से भरा हुआ। {ला-अ.} बुराइयों से भरा हुआ।

छिद्रल (सं.) [वि.] 1. जिसमें पास-पास बहुत छेद हों; छेद या छेदों से युक्त; छिद्रित 2. (शरीर या वानस्पतिक तल) जिसमें ऐसे बहुत से छोटे-छोटे छेद हों, जिनके द्वारा तरल पदार्थ अंदर और बाहर आ-जा सकते हों।

छिद्रात्मा (सं.) [वि.] 1. खल स्वभाव का; कुटिल 2. अपनी त्रुटि कहने वाला; दूसरों से अपना दोष व्यक्त करने वाला 3. छिद्रान्वेषण करने वाला; दूसरों के कार्य में दोष या ऐब निकालने वाला।

छिद्रान्वेषण (सं.) [सं-पु.] 1. छिद्र निकालना 2. किसी कार्य, बात या व्यक्ति में त्रुटियाँ या दोष ढूँढ़ने का काम।

छिद्रान्वेषी (सं.) [वि.] 1. वह जो छिद्रान्वेषण करता हो 2. दूसरे के कार्यों में से त्रुटियाँ या दोष खोजने वाला।

छिद्रित (सं.) [वि.] जिसमें छेद हो; सुराख़दार।

छिद्रीकरण (सं.) [सं-पु.] छेद बनाना; छेदना; रंध्रण; अंतर्वेधन।

छिनक [सं-पु.] एक क्षण; क्षण मात्र। [क्रि.वि.] क्षण भर; थोड़ी देर।

छिनकना [क्रि-स.] नाक में से इस प्रकार ज़ोर से हवा बाहर निकालना कि नाक के अंदर का बलगम बाहर निकल जाए; सिनकना; छिरकना।

छिनना [क्रि-अ.] किसी अधिकार या वस्तु आदि का छीन लिया जाना; हरण होना।

छिनरा [वि.] {अशि.} 1. जिसका संबंध बहुत-सी स्त्रियों से हो; परस्त्रीगामी 2. लंपट। [सं-पु.] पुरुषों को दी जाने वाली एक प्रकार की गाली।

छिनवाना[1] [क्रि-स.] किसी को छीनने की क्रिया में प्रवृत्त करना; छीनने का काम दूसरे से कराना।

छिनवाना[2] (सं.) [क्रि-स.] 1. पत्थर को छेनी से कटवाना 2. सिल, चक्की आदि को छेनी से खुरदरी कराना; कुटाना।

छिनाना[1] [क्रि-अ.] छीन लिया जाना। [क्रि-स.] छीनने का काम कराना।

छिनाना[2] [क्रि-स.] 1. टाँकी या छेनी से पत्थर आदि कटाना 2. टाँकी या छेनी से सिल, चक्की आदि को खुरदुरी कराना।

छिनाल [सं-स्त्री.] 1. {अशि.} व्यभिचारिणी; कुलटा 2. महिलाओं को दी जाने वाली एक प्रकार की गाली। [वि.] {अशि.} जिसका संबंध बहुत से पर-पुरुषों से हो।

छिनुईदही [सं-पु.] मलाई निकाली हुई दही।

छिन्न (सं.) [वि.] 1. कटा हुआ 2. काटकर अलग किया हुआ; खंडित 3. नष्ट किया हुआ; क्षीण; क्लांत।

छिन्न-भिन्न (सं.) [वि.] 1. टूटा-फूटा; नष्ट-भ्रष्ट 2. खंडित; कटा हुआ 3. जो तितर-बितर हो गया हो; इधर-उधर बिखरा हुआ; छितराया हुआ।

छिन्नक (सं.) [वि.] जिसका कुछ अंश कटकर अलग हो गया हो; अंशतः कटा हुआ।

छिन्नमूल (सं.) [वि.] जो जड़ से उखाड़ा गया हो; जड़ से कटा हुआ।

छिन्ना [सं-स्त्री.] गुडुच; गिलोय; गुर्च।

छिन्नांग (सं.) [वि.] 1. जिसके शरीर का कोई अंग कट गया हो; विकलांग 2. विकारयुक्त (शरीर); विकृत 3. कटी-फटी (देह)।

छिन्नाधार (सं.) [वि.] 1. जिसका आधार कट या टूट चुका हो 2. असहाय; निस्सहाय।

छिपकली [सं-स्त्री.] एक प्रसिद्ध चार पैरों और लंबी दुम वाली सरीसृप जो कीड़े-मकोड़े पकड़कर खाती है और प्रायः दीवारों पर दिखाई देती है।

छिपना [क्रि-अ.] 1. दृष्टि से ओझल होना; दिखाई न पड़ना 2. आड़ में होना; ओट में होना; किसी गुप्त स्थान पर चले जाना 3. मुख ढकना; मुखौटा धारण करना 4. अस्त होना 5. प्रकट या प्रत्यक्ष न होना।

छिपा [वि.] गुप्त; अदृश्य।

छिपाना [क्रि-स.] 1. किसी व्यक्ति या वस्तु को आड़ या परदे में करना; प्रकट न करना 2. किसी बात या तथ्य की जानकारी न देना; किसी बात का पता न चलने देना 3. आँख से ओझल करना; ढकना।

छिपाव [सं-पु.] छिपने या छिपाने की क्रिया या भाव; दुराव।

छिभिहन [सं-पु.] फली वाली फसल। [वि.] फलीयुक्त।

छिमउर [सं-पु.] चना, अरहर, मटर आदि अनाजों का भूसा।

छिया [सं-स्त्री.] गुह; मल।

छियाज [सं-पु.] मूलधन के ब्याज पर भी लगने वाला ब्याज; चक्रवृद्धि ब्याज; कटुआँ ब्याज।

छियानवे (सं.) [वि.] संख्या '96' का सूचक।

छियालीस (सं.) [वि.] संख्या '46' का सूचक।

छियासठ (सं.) [वि.] संख्या '66' का सूचक।

छियासी (सं.) [वि.] संख्या '86' का सूचक।

छिलका (सं.) [सं-पु.] 1. फल या सब्ज़ी आदि की बाहरी सतह 2. फल की त्वचा 3. ऊपरी आवरण या परत 4. छाल; चमड़ा 5. पपड़ी 6. कवच।

छिलन [सं-स्त्री.] 1. छीलने की क्रिया या भाव 2. रगड़ आदि के कारण शरीर के किसी अंग की त्वचा के छिल जाने से होने वाला घाव।

छिलना [क्रि-अ.] 1. फल या सब्ज़ी आदि का छिलका अलग होना 2. घर्षण या रगड़ से त्वचा पर खरोंच आना 3. वृक्ष की छाल उतरना।

छिलवाना [क्रि-स.] 1. छीलने के कार्य के लिए किसी को प्रेरित करना 2. छीलने का काम किसी अन्य से कराना।

छिलाई [सं-स्त्री.] 1. छिलने या छीलने की क्रिया या भाव 2. छीलने की मज़दूरी।

छिलाना [क्रि-स.] 1. छीलने का कार्य किसी अन्य से कराना 2. छीलने के लिए किसी को प्रेरित करना।

छिहत्तर [वि.] संख्या '76' का सूचक।

छी [अव्य.] घृणासूचक शब्द; घिन प्रकट करने का शब्द; अनादर या अरुचि व्यंजक शब्द।

छी-छी [सं-स्त्री.] बच्चों का मल [मु.] **-करना** : घृणा करना।

छींक [सं-स्त्री.] 1. छींकने की क्रिया 2. मुँह और नाक से तेज़ आवाज़ के साथ तीव्रता के साथ हवा का निकलना।

छींकना [क्रि-अ.] नथुनों में खुजली के कारण ज़ोर से साँस बाहर आना जिससे ज़ोर की ध्वनि हो; चुनचुनाहट पैदा करने वाली या श्वाँसक्रिया में बाधक तत्व को निकालने के लिए भीतर की वायु का वेग और आवाज़ के साथ बाहर आना।

छींका [सं-पु.] 1. रस्सियों या तारों का वह जाल जो खाने-पीने की चीज़ें रखने के लिए छत में या दीवार से लटकाया जाता है; सिकहर 2. झूला 3. बैलों के मुँह पर बाँधी जाने वाली रस्सियों की जाली।

छींट [सं-स्त्री.] 1. पानी या किसी तरल की किसी तल से टकराकर बिखरने वाली बूँद; जलकण; महीन बूँद 2. किसी वस्तु, वस्त्र या शरीर पर किसी तरल की बूँद से लगने वाला दाग; धब्बा 3. वह सूती कपड़ा जिसपर रंग-बिरंगे बेलबूटे और फूल आदि छपे हों।

छींटा [सं-पु.] 1. किसी तरल पदार्थ की बिखरी या उछली हुई बूँद; किसी चीज़ पर पड़ने वाली पानी की बूँद; सीकर 2. वस्त्र आदि पर पड़ने वाला किसी चीज़ का दाग 3. बौछार; हलकी बारिश 4. मुट्ठी में भरकर खेत में बिखेरा गया अनाज या बीज; बुवाई का एक तरीका 5. कलंक 6. कोई व्यंग्यपरक बात 7. चंडू (अफ़ीम से बनाया गया अवलेह) या मदक आदि की एक मात्रा। [मु.] **-कसना** : व्यंग्य करना।

छींटाकशी (फ़ा.) [सं-स्त्री.] 1. किसी को कही गई चुभने या विचलित करने वाली बात; व्यंग्य या ताना मारने की क्रिया या भाव 2. उपहास।

छींटी [सं-स्त्री.] कुँआ खोदने का एक औजार।

छींबी (सं.) [सं-स्त्री.] 1. पौधे की फली जिसमें बीज रहते हैं 2. मटर की फली 3. गाय या बकरी का स्तन जो फली की तरह नीचे लटकता रहता है।

छीका (सं.) [सं-पु.] दे. छींका।

छीछ [वि.] क्षीण; अल्प; थोड़ा।

छीछड़ा [सं-पु.] 1. कटे हुए मांस का व्यर्थ टुकड़ा 2. जानवरों की अँतड़ी का वह भाग जिसमें मल भरा होता है; मल की थैली।

छीछालेदर [सं-स्त्री.] फ़ज़ीहत; दुर्दशा; गड़बड़; दुर्गति।

छीजन [सं-स्त्री.] 1. किसी वस्तु का नष्ट किया गया अंश 2. ह्रास; घटाव; घाटा; कमी।

छीजना [क्रि-अ.] 1. किसी चीज़ का क्षीण होना या घिस जाना; समाप्त होना; ख़राब होना 2. उपयोग के कारण किसी वस्तु का कम होना; घटना 3. हानि होना; नष्ट होना 4. मिटना।

छीटा [सं-पु.] 1. बाँस आदि की तीलियों का बना टोकरा 2. चिलमन; चिक।

छीता [सं-पु.] बहू के मायके या ससुराल जाने की साइत (समय)।

छीदा (सं.) [वि.] 1. जिसमें बहुत से छेद हों; जिसके तंतु दूर-दूर हों; जिसकी बुनावट घनी न हो; झाँझरा; छिदरा 2. जो दूर-दूर हो; जो घना न हो; विरल।

छीन [सं-स्त्री.] छीनने की क्रिया या भाव।

छीनना [क्रि-स.] 1. दूसरे से कोई वस्तु ज़बरदस्ती ले लेना; उचक लेना 2. काटकर अलग करना 3. अनुचित रूप से किसी की वस्तु अपने अधिकार में कर लेना 4. किसी को दिया हुआ अधिकार या सुविधा वापस ले लेना 5. हरण करना 6. ऐंठ लेना।

छीना-झपटी [सं-स्त्री.] 1. झपट्टा मारकर छीनने की क्रिया 2. एक-दूसरे के हाथ से कोई वस्तु छीनने की कोशिश।

छीप [सं-स्त्री.] 1. छाप; चिह्न; दाग 2. वह दाग या धब्बा जो छोटी-छोटी बिंदियों के रूप में शरीर पर पड़ जाता है; सेहुआँ; एक प्रकार का चर्म रोग 3. वह छड़ी जिसमें डोरी बाँधकर मछली फँसाने की कँटिया लगाई जाती है; डगन; बंसी 4. एक पेड़ का नाम जिसके फल की तरकारी होती है, इसे खीप और चीप भी कहते हैं। [सं-पु.] आक्रमण, नाश, विनाश।

छीपना [क्रि-स.] कँटिया में मछली फँसने पर उसे बंसी के द्वारा खींचकर बाहर निकालना।

छीपा [सं-पु.] 1. बाँस आदि की खमाचियों का बना हुआ छिछला एवं गोलाकार पात्र 2. धातु आदि की छोटी तश्तरी या थाली।

छीपी [सं-पु.] 1. कपड़ों पर बेलबूटे या छींट छापने वाला व्यक्ति; रंगरेज़ 2. दरज़ी। [सं-स्त्री.] 1. वह लंबी छड़ी जिससे लोग कबूतर आदि उड़ाते हैं 2. धातु आदि की छोटी तश्तरी।

छीबर [सं-स्त्री.] 1. मोटी छींट नामक कपड़ा 2. वह कपड़ा

जिसपर बेल-बूटे छपे हों; छींटदार चुनरी।

छीबा [सं-पु.] डगरा।

छीमी [सं-स्त्री.] 1. पौधे की फली जिसमें बीज रहते हों 2. मटर की फली।

छीर (सं.) [सं-पु.] 1. कपड़े आदि का वह किनारा जहाँ लंबाई समाप्त हो; छोर 2. उक्त किनारे पर की पट्टी या धारी 3. वह चिह्न जो कपड़ों पर डाला जाए 4. कपड़े के फटने का चिह्न।

छीरा [सं-पु.] तंबाकू और कपास के पौधों पर लगनेवाला कीड़ा।

छीलन [सं-स्त्री.] 1. छीलने की क्रिया या भाव 2. किसी वस्तु आदि का उतारा हुआ छिलका; छोलन।

छीलना [क्रि-स.] 1. किसी वस्तु या फल-सब्ज़ी आदि का छिलका या आवरण हटाना; उतारना 2. खुरचना; ऊपरी परत अलग करना 3. खराश या चुनचुनाहट पैदा करना 4. मूड़ना; समतल करना, जैसे- लकड़ी पर रंदा करना 5. पेंसिल आदि को तेज़ करना।

छीलर [सं-पु.] 1. कुएँ की जगत पर निर्मित एक छोटा गड्ढा जिसमें मोट का पानी डाला जाता है 2. छोटा छिछला गड्ढा; तलैया।

छुअन [सं-स्त्री.] 1. हलका स्पर्श; संपर्क 2. कोमल अनुभूति।

छुआई [सं-स्त्री.] 1. छूने या छुआने की क्रिया या भाव 2. लेश; स्पर्श; लगाव।

छुआछूत [सं-स्त्री.] 1. अस्पृश्यता; अस्पृश्य मानने की प्रथा; एक सामाजिक बुराई 2. हिंदुओं में जन्म के आधार पर ऊँच-नीच का भेद करने का विचार 3. एक प्रकार का रोग।

छुईमुई [सं-स्त्री.] 1. एक कँटीला पौधा जिसकी पत्तियाँ बबूल की तरह होती हैं और स्पर्श करने पर मुरझा जाती हैं; लाजवंती या छुईमुई नामक संवेदनशील पौधा; लज्जावती 2. {ला-अ.} कोमल या नाज़ुक मिज़ाज का व्यक्ति; कोई कमज़ोर वस्तु या व्यक्ति।

छुक-छुक [सं-स्त्री.] 1. रेलगाड़ी का एक नाम जो प्रायः बच्चों द्वारा प्रयुक्त होता है 2. बच्चों द्वारा खेला जाने वाला एक खेल।

छुच्छी [सं-स्त्री.] 1. पतली पोली छोटी नली 2. बुनाई में प्रयुक्त जुलाहों की नरी 3. नाक में पहनने का एक आभूषण; नाक की कील या लौंग 4. एक बरतन से दूसरे बरतन में तेल आदि डालने के लिए प्रयुक्त कीप।

छुछमछली [सं-स्त्री.] मेंढक आदि कई जलीय जंतुओं के बच्चों का आरंभिक रूप जो लंबी पूँछ वाले कीड़े या मछली के बच्चे जैसा होता है।

छुछुआना [क्रि-अ.] 1. छछूँदर की तरह छू-छू करते हुए घूमना 2. व्यर्थ इधर-उधर घूमना या भटकना।

छुटकारा [सं-पु.] 1. छूटने या छुड़ाए जाने की अवस्था या भाव; मुक्त होने या कराए जाने की अवस्था या भाव 2. किसी बंधन से स्वतंत्र होने की स्थिति; मुक्ति; रिहाई 3. किसी मुसीबत या कष्ट से बचने का भाव, जैसे- बीमारी से छुटकारा 4. निस्तार; छुट्टी।

छुटपन [सं-पु.] 1. बचपन; कम उम्र की अवस्था; लड़कपन 2. लघुता; छोटापन; छोटाई।

छुटभैया [सं-पु.] 1. ऐसा व्यक्ति जिसकी गिनती बड़े आदमियों में न होकर छोटे या साधारण लोगों में होती है 2. बड़ों की तुलना में अपेक्षाकृत निम्न स्तर का व्यक्ति।

छुटहा [सं-पु.] बिना देख-रेख के छोड़ दिया गया पशु; छुट्टा।

छुटाई [सं-स्त्री.] छोटे होने की अवस्था या भाव; लघुता।

छुटौती [सं-स्त्री.] 1. वह सूद या लगान जो छोड़ दिया जाए 2. छोड़ने या छुड़ाने के कार्य के एवज में दिया गया धन।

छुट्टल [वि.] 1. जो बंधा हुआ न हो (मवेशी) 2. ऐसा पान का पत्ता जिसका बीड़ा नहीं बना हो 3. सांड बनाने के लिए छोड़ा हुआ जवान बछड़ा।

छुट्टा [वि.] 1. जो बँधा न हो 2. एकाकी; अकेला 3. जो बंधन से मुक्त होकर स्वतंत्र रूप से विचरण कर रहा हो 4. जंतु या जीव जो अपने दल से निकलकर अलग हो गया हो 5. फुटकर 6. बिना बाल-बच्चे का।

छुट्टी [सं-स्त्री.] 1. काम कर चुकने पर मिलने वाला खाली समय; अवकाश; फ़ुरसत 2. छूटने या छोड़े जाने की क्रिया या भाव; छुटकारा 3. पद से हटाया जाना; पदच्युति 4. कहीं से चलने या जाने की अथवा इसी प्रकार के और किसी काम की अनुमति या आज्ञा। [मु.] **-पाना** : फ़ुरसत मिलना। **-पा जाना** : ज़िम्मेदारी से मुक्त हो जाना।

छुड़वाना [क्रि-स.] 1. छोड़ने का काम दूसरे से कराना 2. किसी को कुछ छोड़ने में प्रवृत्त करना; (छोड़ना क्रिया का प्रेरणार्थक रूप)।

छुड़ाई [सं-स्त्री.] 1. छोड़ने या छुड़ाने की क्रिया अथवा भाव 2. किसी को बंधन से मुक्त करने या कराने के लिए माँगा या दिया जाने वाला धन 3. पतंग को उड़ाने के लिए कुछ दूर ले जाकर ऊपर उछालना; छुड़ैया।

छुड़ाना [क्रि-स.] 1. किसी को मुक्त करना 2. बँधी, चिपकी या उलझी हुई वस्तु को अलग करना; सुलझाना 3. किसी का उधार लौटाकर अपनी चीज़ को वापस लेना 4. अपहृत को मुक्त कराना 5. किसी लत या प्रवृत्ति से दूर करना 6. दाग-धब्बे आदि साफ़ करना 7. सेवा या नौकरी से हटाना।

छुड़ाव [सं-पु.] 1. छुड़ाने की क्रिया; परित्याग; बिलगाव 2. मुक्ति।

छुड़ौती [सं-स्त्री.] किसी को बंधन से मुक्त करने के लिए लिया या दिया गया धन; फिरौती; छुड़ाई।

छुतहा [वि.] 1. (रोग) जो छूत से फैलता या बढ़ता हो; छूतवाला; संक्रामक 2. जिसे किसी के संक्रमण के कारण से छूना निषिद्ध हो।

छुन-मुन [सं-पु.] छुनन-मुनन।

छुनछुनाना [क्रि-अ.] 'छुन-छुन' आवाज़ पैदा होना।

छुनन-मुनन [सं-पु.] बच्चों के पैर के आभूषण का शब्द।

छुपना [क्रि-अ.] छिपना।

छुपाना [क्रि-स.] छिपाना।

छुरा (सं.) [सं-पु.] 1. लंबे फल वाला बड़ा चाकू 2. बाल मूँड़ने वाला उस्तरा 3. बड़ी छुरी।

छुरी (सं.) [सं-स्त्री.] 1. छोटा छुरा 2. काटने या चीरने आदि का एक छोटा औज़ार; चाकू 3. कमलतराश चाकू।

छुरेबाज़ (हिं.+फ़ा.) [वि.] 1. छुरा द्वारा किसी की हत्या करने वाला 2. छुरा चलाने में निपुण।

छुरेबाज़ी (हिं.+फ़ा.) [सं-स्त्री.] 1. छुरे की लड़ाई 2. दंगे आदि में छुरा भोंकने की क्रिया।

छुलकना [क्रि-अ.] थोड़ा-थोड़ा करके पानी आदि का छलकना या बहना।

छुलछुलाना [क्रि-अ.] थोड़ा-थोड़ा करके मूतना।

छुलाना [क्रि-स.] 1. स्पर्श कराना 2. एक वस्तु को दूसरी वस्तु से सटाना।

छुवन [सं-स्त्री.] दे. छुअन।

छुहारा [सं-पु.] खजूर की जाति का एक सूखा मेवा; ख़ुरमा।

छुहियाना [क्रि-स.] हल्के हाथ से फैलाया जाना।

छू [सं-पु.] मंत्र पढ़कर फूँक मारने की ध्वनि या आवाज़; मंत्र की फूँक। [मु.] -**छूमंतर होना** : गायब हो जाना।

छू-मंतर [सं-पु.] 1. मंत्र पढ़कर फूँकना 2. मंत्र 3. जादू 4. गायब हो जाना।

छूँछरी [सं-स्त्री.] 1. डूंडरी 2. टेढ़ी 3. बगुची।

छूँछी [सं-स्त्री.] 1. नाक का आभूषण 2. छड़ या नली का मुँह बंद करने के लिए लगाया गया ढक्कन 3. भाथी की नली।

छूछा [वि.] 1. खाली; रिक्त 2. साररहित 3. खोखला 4. जिसके पास कुछ न हो 5. निर्धन 6. तत्वहीन; निस्सार।

छूट [सं-स्त्री.] 1. छूटने का भाव, अवस्था या क्रिया 2. नियम, मर्यादा आदि से मिली हुई स्वतंत्रता 3. लगान, मालगुज़ारी या ऋण की माफ़ी 4. खुला अश्लील परिहास 5. फक्कड़बाज़ी 6. कर्तव्य, कर्म करने में चूक; नागा 7. दयापूर्वक की जाने वाली कोई रिआयत; (कंसेशन) 8. किसी प्राप्य धन का पूरा अथवा कुछ अंश छोड़ दिया जाना; (रिमिशन; रिबेट) 9. असावधानी के कारण कार्य के किसी अंग पर ध्यान न जाने या उसके छूट अथवा रह जाने का भाव; चूक; (ओमिशन)।

छूटना [क्रि-अ.] 1. रवाना होना; गमन करना; चलना 2. बंधन खुल जाना 3. अलग होना; बिछड़ना 4. तेज़ी से फेंका जाना 5. दूर होना; पीछे रह जाना 6. रिहा होना; मुक्त होना 7. पानी निचुड़ना; रिस-रिसकर निकलना 8. बाकी रहना; बचना 9. किसी काम का शेष रहना 10. चूक होना 11. काम या नौकरी आदि से निकाला जाना 12. दाग या रंग आदि का मिट जाना; हटना 13. पशु आदि का भागना 14. अस्त्र का दगना, जैसे- गोली का छूटना 15. नियम का भंग होना 16. छींटे या चिंगारी उड़ना, जैसे- आतिशबाज़ी छूटना; फुहारा छूटना। [मु.] -**शरीर छूटना** : मर जाना; मृत्यु होना। -**नाड़ी छूटना** : नाड़ी की गति बंद होना (मरने का लक्षण)।

छूत [सं-स्त्री.] 1. छूने का भाव; स्पर्श; संसर्ग 2. गंदी, अशुचि या रोगसंचारक वस्तु का स्पर्श; अस्पृश्य का संसर्ग 3. धार्मिक क्षेत्र में अशुद्ध वस्तु के छूने का दोष या दूषण 4. (अंधविश्वास) किसी व्यक्ति पर पड़ने वाली भूत-प्रेत की छाया; भूत आदि लगने का बुरा प्रभाव।

छूना [क्रि-स.] 1. किसी वस्तु से अंग लगाना या सटाना; स्पर्श करना 2. उँगली या हाथ लगाना 3. दौड़ या खेल की बाज़ी में जा पकड़ना 4. दान के लिए कोई वस्तु स्पर्श करना 5. बहुत हलकी चपत लगाना। [क्रि-अ.] दो वस्तुओं के बीच व्यवधान का अभाव होना; एक का दूसरी से सट जाना। [मु.] **आकाश छूना** : बहुत ऊँचा होना; बहुत उन्नति कर लेना।

छेंकना [क्रि-स.] 1. रोकना; घेरना; किसी का रास्ता रोकना 2. स्थान लेना; आच्छादित करना 3. मिटाना; काटना 4. लकीरों से किसी जगह को घेरना।

छेंकल [क्रि-स.] 1. जगह घेरना 2. रास्ता रोकना 3. पशुओं को रोककर रखना। [वि.] जिसकी सगाई हो चुकी हो।

छेंका [सं-पु.] 1. विवाह तय हो जाने पर वर के हाथ में पान, कसैली एवं द्रव्य रखने की प्रथा, जिससे समझा जाता है कि विवाह की बात पक्की हो गई; वर- रक्षा; वरिक्षा; फलदान 2. छेंकने की क्रिया या भाव।

छेउआ [सं-पु.] चाक से बर्तन काटने का धागा; छेना; छैना।

छेक (सं.) [सं-पु.] 1. पालतू पशु-पक्षी 2. नागर व्यक्ति 3. (काव्यशास्त्र) अनुप्रास अलंकार का एक भेद 4. मधुमक्खी। [वि.] 1. पालतू; घरेलू 2. नागर।

छेका [सं-पु.] मवेशियों के चरने के लिए सुरक्षित परती भूमि।

छेकानुप्रास (सं.) [सं-पु.] (काव्यशास्त्र) अनुप्रास अलंकार का एक भेद; कविता में प्रयुक्त एक अलंकार; जब वर्णों की आवृत्ति एक से अधिक बार होती है तो वह छेकानुप्रास कहलाता है, जैसे- मुद मंगलमय संत समाजू। जो जग जंगम तीरथराजू।

छेकापह्नुति (सं.) [सं-स्त्री.] (काव्यशास्त्र) अपह्नुति अलंकार का एक भेद, जिसमें प्रस्तुत अर्थ को अस्वीकार कर अप्रस्तुत अर्थ को स्थापित किया जाता है।

छेकोक्ति (सं.) [सं-स्त्री.] (साहित्य) एक अलंकार जिसमें कोई बात सिद्ध करने के लिए उसके साथ किसी लोकोक्ति या कहावत का भी उल्लेख किया जाता है।

छेड़ [सं-स्त्री.] 1. छेड़ने की क्रिया या भाव 2. अपनी बात या व्यवहार से किसी को चिढ़ाना 3. झगड़ा; लड़ाई 4. किसी कार्य का आरंभ 5. पहल।

छेड़खानी [सं-स्त्री.] 1. किसी को कष्ट देने के लिए छेड़ना; छेड़ने वाली बात या क्रिया 2. किसी के प्रति किया जाने वाला अनुचित व्यवहार; किसी को परेशान करना 3. हँसी-ठिठोली; छेड़छाड़; नोक-झोंक 4. रोककर कोई अशिष्ट बात या अपशब्द कहना।

छेड़छाड़ [सं-स्त्री.] छेड़खानी।

छेड़ना [क्रि-स.] 1. परेशान करना; तंग करना 2. आरंभ करना; कुछ करने की ठानना 3. व्यवधान डालना 4. किसी को चिढ़ाना; विरोधी पर व्यंग्य करना 5. किसी वाद्य से स्वर निकालना या बजाना शुरु करना 6. चुटकी लेना; मज़ाक करना 7. खोदना; कोंचना।

छेड़वाना [क्रि-स.] 1. छेड़ने की क्रिया में किसी को प्रवृत्त करना 2. छेड़ने का काम किसी और से कराना।

छेड़ी [सं-स्त्री.] बकरी या भेड़ का बच्चा। [वि.] तुच्छ; नगण्य।

छेद (सं.) [सं-पु.] 1. किसी तल या पदार्थ में होने वाली खुली जगह; सुराख़; छिद्र 2. बिल; विवर 3. दोष 4. छेदन; काटना 5. विनाश 6. छोटे मुँह वाला गहरा गड्ढा 7. वह छिद्र जो किसी चीज़ के आर-पार हो गया हो।

छेदक (सं.) [सं-पु.] छेदनकर्ता। [वि.] 1. छेद करने वाला (यंत्र) 2. काटकर अलग करने वाला।

छेदन (सं.) [सं-पु.] 1. छेदने की क्रिया या भाव 2. काटना 3. दो टुकड़े करना 4. निराकरण करना 5. छाँटने का अस्त्र 6. छेदने का औज़ार 7. विभाजन।

छेदना (सं.) [क्रि-स.] 1. छेद करना; बेधना; भेदना 2. क्षत या घाव करना 3. छिन्न करना; काटना 4. किसी तल में नुकीली वस्तु धँसाकर उसमें सुराख़ करना।

छेदा [सं-पु.] 1. घुन नामक कीड़ा 2. अन्न में वह विकार जो इस कीड़े के कारण पैदा होता है; घुन द्वारा खाए जाने के कारण अनाज के खोखले होने का दोष।

छेदिका (सं.) [सं-स्त्री.] 1. वक्र रेखा को कई भागों में काटने वाली रेखा 2. छेद करने वाली वस्तु; चीज या रेखा।

छेदित (सं.) [वि.] 1. कटा हुआ; छिन्न 2. जिसमें छेद किया गया हो; छेदा हुआ।

छेदी (सं.) [वि.] 1. काटने वाला; विभाजन करने वाला 2. नष्ट करने वाला; हटाने वाला।

छेना (सं.) [सं-पु.] फाड़े हुए दूध का गाढ़ा अंश जिसका पानी निकाल दिया जाए; रसगुल्ले बनाने का पदार्थ।

छेनाखीर [सं-स्त्री.] छेने की मिठाई।

छेनावड़ी [सं-स्त्री.] दे. छेनाखीर।

छेनिया [सं-स्त्री.] दे. छेनाखीर।

छेनी [सं-स्त्री.] 1. पत्थर को काटने, गढ़ने अथवा तराशने का लोहे का औज़ार 2. धार बनाने के लिए प्रयुक्त नुकीला औज़ार; टाँकी।

छेर [सं-स्त्री.] 1. बकरी 2. बीट।

छेरना [क्रि-अ.] बार-बार पतला मल त्याग करना। [क्रि-स.] छेड़ना (पद्य में प्रयुक्त)

छेरा [सं-पु.] 1. बकरा 2. पतला मल या दस्त।

छेरी [सं-स्त्री.] बकरी; अजा।

छेव (सं.) [सं-पु.] 1. किसी वस्तु को काटने या छीलने की क्रिया या भाव 2. उक्त उद्देश्य से किया गया आघात; वार; चोट 2. काटने या छीलने से पड़ने वाला चिह्न; जख़्म; घाव 3. विपत्ति; दुख 4. किसी दुष्कर्म या क्रूर ग्रह आदि के प्रभाव से होने वाला अनिष्ट 5. कपटपूर्ण व्यवहार।

छेवना (सं.) [क्रि-स.] 1. काटना 2. चिह्न लगाना 3. फेंकना; डालना 4. किसी चीज़ में छेव लगाना 5. आघात; प्रहार या वार करना 6. चोट पहुँचाना 7. कष्ट देना।

छैना [सं-पु.] करताल या जोड़ी की तरह का एक बाजा; झाँझ। [क्रि-अ.] क्षय होना, नष्ट करना, क्षीण करना।

छैल-छबीला [वि.] 1. बना-ठना सुंदर युवक 2. बाँका नौजवान।

छैलचड़ी [सं-पु.] एक प्रकार का आभूषण।

छैला [सं-पु.] 1. बन-सँवरकर रहने वाला व्यक्ति; फ़ैशनेबुल व्यक्ति 2. बाँका; रंगीला पुरुष। [वि.]1. जो रसिक अथवा रंगीली प्रवृत्ति का हो 2. रूपवान; सुंदर 3. सज-धज वाला।

छैलापन [सं-पु.] 1. छैला होने का भाव 2. बाँकपन; रसिकपन।

छोआ [सं-पु.] 1. रस निकल जाने पर बची हुई गन्ने के टुकड़ों की सीठी 2. भुने हुए धान आदि की खील; लावा 3. एक प्रकार के दाने जिनसे लड्डू आदि बनते हैं।

छोकरा [सं-पु.] 1. लड़का; लौंडा 2. कच्ची उम्र का लड़का; नासमझ बालक 3. {ला-अ.} आवारागर्दी करने वाले लड़कों के लिए प्रयुक्त शब्द।

छोकरी [सं-स्त्री.] (छोकरा का स्त्रीवाची रूप); छोटी उम्र की लड़की।

छोटा [वि.] 1. लंबाई और ऊँचाई या विस्तार में कम; छोटे कद का 2. जिसकी उम्र कम हो 3. जो योग्यता, पद और प्रतिष्ठा में कम हो; तुच्छ; हीन 4. क्षुद्र; निम्न; कमीना; ओछा 5. कनिष्ठ 6. अवयस्क; नाबालिग 7. मातहत 8. नगण्य; साधारण; महत्वरहित।

छोटा-मोटा [वि.] साधारण; मामूली; तुच्छ; नगण्य।

छोटा परदा [सं-पु.] टीवी के लिए प्रयुक्त शब्द; टीवी का परदा।

छोटाई [सं-स्त्री.] 1. छोटे होने की अवस्था या भाव; छोटापन; लघुता 2. नीचता; क्षुद्रता।

छोटापन [सं-पु.] 1. ओछापन; क्षुद्रता 2. छोटाई; बचपन।

छोटू [सं-पु.] एक संबोधन; छोटे बच्चों या लड़कों को पुकारने के लिए प्रयुक्त शब्द।

छोड़ना [क्रि-स.] 1. मुक्त करना; पकड़ से अलग करना; छुटकारा देना 2. रवाना करना; जाने देना 3. किसी वस्तु आदि पर से अपना अधिकार, प्रभुत्व या स्वामित्व हटा लेना 4. पहुँचाना; ले जाना 5. विदा होना; प्रस्थान करना 6. स्वीकार न करना; न लेना; त्यागना 7. किसी को पीछे छोड़ना 8. बाकी रखना; उपयोग में न लेना 9. वेग से गिराना; बाहर निकालना 10. डालना 11. शेष रहना 12. पीछे लगाना; नियुक्त करना 13. माफ़ करना 14. कथन या लेख आदि में से किसी आवश्यक बात को न लेना 15. दूरगामी अस्त्रों को चलाना, जैसे- मिसाइल या रॉकेट छोड़ना 16. कार्य को अधूरा रहने देना; ज़िम्मेदारी न निभाना 17. त्याग-पत्र देना 18. किसी आरोप या अभियोग से मुक्त करना 19. चलाना; दौड़ाना; गति में लाना।

छोड़ल [क्रि-अ.] सटी हुई वस्तु से अलग होना। [क्रि-स.] 1. बंधन से मुक्त करना 2. परित्याग करना 3. साथ में नहीं लाना 4. यथावत् रहने देना।

छोपना [क्रि-स.] 1. बहुत गाढ़ी वस्तु या सानी हुई वस्तु को किसी दूसरी चीज़ पर थोपना 2. ढकना 3. दबोचना।

छोपा [सं-पु.] पाल के कोनों पर बँधी हुई रस्सियाँ जिनसे वह ऊपर चढ़ाया जाता है।

छोर [सं-पु.] 1. किसी चीज़ का अंतिम सिरा; किनारा; साहिल 2. किसी वस्तु का भाग या विस्तार; सीमा 3. कोना; नोक।

छोरा [सं-पु.] 1. लड़का; छोकरा 2. पुत्र; बेटा; बालक।

छोरी [सं-स्त्री.] 1. लड़की; कन्या 2. बेटी; पुत्री।

छोलदारी (हिं.+फ़ा.) [सं-स्त्री.] एक प्रकार का छोटा ख़ेमा या छोटा तंबू; कलंदरी; रावटी।

छोलना [सं-पु.] लोहे का एक औज़ार जिससे कोई चीज़ छीली जाए; हथियारों का मोरचा (जंग) छुड़ाने का एक उपकरण। [क्रि-स.]1. छीलना 2. छिलका उतारना 3. छाँटना।

छोलनी [सं-स्त्री.] 1. छीलने का औज़ार 2. हलवाइयों की कड़ाही खुरचने का खुरपी जैसा एक औज़ार; खुरचनी।

छोला [सं-पु.] 1. काबुली चना 2. उक्त चने से निर्मित खाद्य पदार्थ।

छोहगर [वि.] छोह या प्रेम करने वाला; प्रेमी।

छोहनार [वि.] अल्प; कम; थोड़ा।

छौंक [सं-स्त्री.] 1. छौंकने की क्रिया; बघार 2. वह चीज़ जिससे कोई वस्तु छौंकी जाए।

छौंकना [क्रि-स.] 1. दाल आदि खाद्य पदार्थ को सुगंधित या स्वादिष्ट बनाने के लिए हींग, मिर्च आदि को मिलाकर तेल या घीमें गरम करके डालना 2. बघारना।

छौंड़ा [सं-पु.] 1. ज़मीन में खोदा हुआ वह गड्ढा जिसमें अनाज रखते हैं; खत्ता 2. बालक; लड़का।

छौना [सं-पु.] 1. पशु का बच्चा 2. बालक; बच्चा 3. शावक।

ज

ज हिंदी वर्णमाला का व्यंजन वर्ण। उच्चारण की दृष्टि से यह अग्रतालव्य, सघोष, अल्पप्राण स्पर्शसंघर्षी है।

ज़ उच्चारण की दृष्टि से यह वर्त्स्य, सघोष संघर्षी है। अरबी-फ़ारसी और अंग्रेजी से आगत शब्दों में ही इसका प्रयोग होता है। हिंदी वर्णमाला में यह अभी तक सम्मिलित नहीं किया गया है।

जँगरा [सं-पु.] 1. उर्द, मूँग आदि के वे डंठल जो दाना निकाल लेने के बाद शेष रह जाते हैं; जेंगरा 2. शारीरिक बल या शक्ति।

जँगरैत [वि.] 1. किसी कार्य के निष्पादन में अपनी पूरी क्षमता लगाने वाला; जाँगरवाला 2. परिश्रमी; मेहनती।

जँगला [सं-पु.] 1. बरामदे, छज्जे आदि के किनारे निर्मित वह रचना जिसमें एक पंक्ति में लकड़ी या लोहे के छड़ लगे होते हैं 2. खिड़की का वह चौखट जिसमें लोहे के छड़ लगे हुए हों 3. खिड़की 4. वह चित्रण या नक्काशी जिसमें एक दूसरे को काटती हुई बेलें आदि बनी हों, जैसे- जंगले।

जँचना [क्रि-अ.] 1. जाँचने का काम होना; जाँचा जाना; परखा जाना 2. जाँच में ख़रा उतरना 3. उचित तथा अच्छा ठहरना; सुंदर या अच्छा लगना; शोभना; शोभित होना 4. रुचि के अनुकूल होना 5. मेल खाना 6. उचित या अच्छा प्रतीत होना; ठीक या अच्छा जान पड़ना 7. प्रतीत होना; निश्चय होना; मन में बैठना।

जँचा [वि.] 1. जँचा हुआ; सुपरीक्षित 2. जो जाँच करने में अभ्यस्त हो या जिसे जाँच का अभ्यास हो 3. सटीक; अचूक।

जँतसर [सं-पु.] वह गीत जो जाँता में गेहूँ पीसते समय स्त्रियाँ गाती हैं; जाँते का गीत।

जँतसार [सं-स्त्री.] वह स्थान जहाँ पर जाँता या चक्की गड़ी रहती है।

जँभाई (सं.) [सं-स्त्री.] वह शारीरिक क्रिया जिसमें मुँह खोलकर अंदर की ओर गहरी साँस लेते हैं; निद्रा या आलस्य के कारण होने वाली उबासी; ऊँघ; ऊब।

जँभाना (सं.) [क्रि-अ.] 1. जँभाई लेना 2. निद्रा या आलस्य के कारण मुँह खोल कर गहरी साँस लेना; उबासी लेना।

जँवाई (सं.) [सं-पु.] दामाद; जामाता; बेटी का पति।

जंक्शन (अं.) [सं-पु.] 1. वह रेलवे स्टेशन जहाँ दो से अधिक दिशाओं से गाड़ियाँ आती-जाती हों 2. दो या दो से अधिक रेलमार्गों, सड़कों, रास्तों के मिलने का स्थान 3. संधि; जोड़।

जंग (फ़ा.) [सं-पु.] 1. हवा और नमी आदि के प्रभाव से लोहे आदि पर जमने वाला काला अंश; मोरचा 2. अफ़्रीका का जंजीबार प्रदेश। [सं-स्त्री.] 1. शत्रुतावश दो दलों के बीच हथियारों से की जाने वाली लड़ाई; युद्ध 2. वह जो ख़तरनाक हो, उसकी समाप्ति के लिए एक सम्मिलित अभियान 3. विकट और विपरीत परिस्थितियों से निकलकर आगे बढ़ने के लिए होने वाला प्रयत्न या प्रयास; संघर्ष।

जंगम (सं.) [सं-पु.] 1. लिंगायत शैव संप्रदाय के गुरुओं की उपाधि 2. एक प्रकार के साधु। [वि.] 1. चलने-फिरने वाला; चर 2. जो एक स्थान से चलकर दूसरे स्थान पर जाता हो; 'स्थावर' का विलोम।

जंगल (सं.) [सं-पु.] 1. वह स्थान, जहाँ घने पेड़, लता-झाड़ियों के साथ जीव-जंतुओं की बहुतायत होती है 2. वन; अरण्य; कानन 3. जीवन का स्रोत 4. झाड़-झंखाड वाला प्रदेश; अविकसित और निर्जन क्षेत्र 5. एकांत या उजाड़ स्थान। [वि.] 1. जो पिछड़ा और असभ्य हो (क्षेत्र विशेष) 2. जो उजाड़ और वीरान हो।

जंगला (पु.) [सं-पु.] 1. खिड़की; जालीदार झरोखा 2. वह दरवाज़ा जिसमें लोहे की पतली छड़ें लगी होती हैं; वह शोभावर्धक रचना या नक्काशी जिसमें एक दूसरे को काटती हुई बेलें आदि बनी होती हैं।

जंगली (सं.) [सं-पु.] 1. जो जंगल का हो; जंगल से संबंधित 2. असभ्य; अशिष्ट; उजड्ड 3. जो जंगल से प्राप्त होता हो 4. जंगल में निवास करने वाला 5. जो पालतू न हो। [वि.] 1.वनवासी; जंगल में रहने वाला 2. अशिष्ट।

जंगलीपन [वि.] जंगली पशुओं की तरह का व्यवहार; असभ्यता; क्रूरता; विवेकहीन क्रिया-कलाप।

ज़ंगार (फ़ा.) [सं-पु.] 1. ताँबे का कसाव; तूतिया 2. जंग से निर्मित एक प्रकार की औषधि; मंडूर 3. एक रंग।

ज़ंगारी (फ़ा.) [वि.] 1. जिसमें ज़ंगार पड़ा हो; ज़ंगारयुक्त 2. ज़ंगार डालकर बनाई गई औषधि 3. ज़ंगार के रंग का।

ज़ंगाल (फ़ा.) [वि.] दे. ज़ंगार।

जंगी (फ़ा.) [वि.] 1. युद्ध संबंधी 2. सेना संबंधी; सैनिक 3. बहुत बड़ा; दीर्घकाय 4. लड़ने-झगड़ने वाला; झगड़ालू।

जंघा (सं.) [सं-पु.] 1. जाँघ 2. पिंडली। [सं-स्त्री.] 1. पैर के घुटने और पेडू के बीच का भाग 2. कैंची का दस्ता।

जंघाल (सं.) [सं-पु.] 1. धावन; धावक 2. दूत 3. मृग; हिरण।

जंघिल (सं.) [वि.] 1. तेज़ दौड़ने वाला 2. फुरतीला।

जंजबील (अ.) [सं-स्त्री.] सोंठ।

जंजाल [सं-पु.] 1. सांसारिक व्यापार जिसमें मनुष्य फँसा रहता है 2. झंझट; प्रपंच; बखेड़ा 3. उलझन 4. पानी का भँवर 5. मछलियाँ पकड़ने का बड़ा जाल।

जंजालिया [वि.] दे. जंजाली।

जंजाली [वि.] 1. सांसारिक बंधनों में फँसा हुआ; जंजाल में फँसा हुआ 2. जंगजाल या जंजाल रचने वाला; बखेड़ा करने वाला 3. झगड़ालू; उपद्रवी; फ़सादी।

ज़ंजीर (फ़ा.) [सं-स्त्री.] 1. धातु की बहुत-सी कड़ियों को आपस में जोड़कर बनाई गई लड़ी 2. कैदियों के पैरों में बाँधी जाने वाली लोहे की बेड़ी 3. दरवाज़े की साँकल; कुंडी; सिकड़ी 4. गले में पहना जाने वाला एक प्रकार का आभूषण 5. शृंखला 6. {ला-अ.} वह बात जो घटनाओं को मिलाती है 7. {ला-अ.} बंधन।

ज़ंजीरा (फ़ा.) [सं-पु.] 1. ज़ंजीर की शकल में बँटा हुआ डोरा 2. कशीदे की सिलाई जिसमें कपड़े आदि पर काढ़ी या निकाली गई ज़ंजीर की बनावट; लहरिया 3. लहरियादार कपड़ा।

ज़ंजीरी (फ़ा.) [वि.] 1. कैदी; बंदी 2. पागल 3. ज़जीर से संबंधित। [सं-पु.] 1. गले में पहनने की सिकड़ी; माला 2. हथेली के पिछले भाग पर पहना जाने वाला एक प्रकार का गहना; जेवर।

जंड [सं-पु.] एक जंगली पेड़ जिसकी फलियों का अचार डाला जाता है; सागर।

जंत [सं-पु.] पैंजनी को आगे की ओर से बांधने वाली रस्सी।

जंतर (सं.) [सं-पु.] 1. यंत्र; तावीज़ 2. गले आदि में पहनने का धातु का वह छोटा आधान जिसके अंदर कोई तांत्रिक यंत्र यानी झाड़-फूँक का या टोटके की वस्तु भरी रहती है 3. ऐसा यंत्र जिससे तेल या आसव आदि तैयार किया जाता है 4. वाद्य-यंत्र; बाजा।

जंतर-मंतर (सं.) [सं-पु.] 1. जादू-टोना; टोना-टोटका; तंत्र-मंत्र 2. वेधशाला 3. आकाशलोचन, जहाँ तारों-नक्षत्रों की गति और स्थिति आदि का निरीक्षण करते हैं।

जंतरा (सं.) [सं-स्त्री.] वह रस्सी जो गाड़ी के ढाँचे पर कसी, तानी या बाँधी जाती है।

जंतरी (सं.) [सं-स्त्री.] 1. सुनारों द्वारा तैयार किया हुआ एक उपकरण जिससे तार खींचकर लंबा और पतला किया जाता है 2. पंचांग; तिथिपत्र 3. तावीज़ 4. वाद्य यंत्र; छोटा बाजा।

जंता (सं.) [सं-पु.] 1. यंत्र; कल 2. सुनारों का तार खींचने का उपकरण। [वि.] 1. दंड देने वाला 2. यंत्रणा देने वाला।

जंती [सं-स्त्री.] छोटा जंता जिससे सोनार बारीक तार खींचते हैं; जंतरी।

जंतु (सं.) [सं-पु.] 1. वह जिसका जन्म हुआ हो; जीवात्मा; प्राणी 2. पशु; जानवर 3. कीड़े-मकोड़े।

जंतुघ्न (सं.) [वि.] (औषधि या पदार्थ) जंतुओं को नष्ट करने वाला। [सं-पु.] हींग।

जंतुमती (सं.) [सं-स्त्री.] धरती।

जंतुला (सं.) [सं-स्त्री.] काँस नामक घास; क़ाशतृण।

जंतुविज्ञान (सं.) [सं-पु.] वह विज्ञान जिसमें जीव-जंतुओं या प्राणियों की उत्पत्ति, विकास, स्वरूप और विभागों आदि का विवेचन होता है; प्राणिविज्ञान; (ज़ूलॉजी)।

जंत्र (सं.) [सं-पु.] 1. यंत्र 2. तावीज़ 3. ताला।

जंत्रित (सं.) [वि.] 1. यंत्र द्वारा बाँधा या रोका हुआ 2. बंद किया या बँधा हुआ 3. जो किसी के वश में हो; परवश।

ज़ंद (फ़ा.) [सं-पु.] 1. पारसियों का प्रसिद्ध धर्मग्रंथ 2. वह भाषा जिसमें यह धर्मग्रंथ है; जंदअवेस्ता। [सं-स्त्री.] आर्यों की ईरानी शाखा की प्राचीन भाषा जो वैदिक संस्कृत से बहुत मिलती है।

जंपालू [सं-पु.] कटहल।

जंबीर (सं.) [सं-पु.] 1. जँबीरी नीबू 2. मरुवा; वनतुलसी।

ज़ंबील (फ़ा.) [सं-स्त्री.] साधुओं या फ़कीरों की झोली जिसमें वे भिक्षा से प्राप्त वस्तुएँ रखते हैं; पिटारी।

जंबु (सं.) [सं-पु.] दे. जंबू।

जंबुक (सं.) [सं-पु.] 1. बड़ा जामुन; फरेंदा 2. शृगाल; गीदड़ 3. केवड़ा 4. वरुण 5. नीच या धूर्त आदमी।

जंबुद्वीप (सं.) [सं-पु.] दे. जंबूद्वीप।

जंबुमान (सं.) [सं-पु.] पहाड़।

जंबुल (सं.) [सं-पु.] 1. जामुन 2. केतकी का पेड़ 3. कर्णपाली नामक रोग जिसमें कान की लौ पक जाती है; सुपकनवा।

जंबू (सं.) [सं-पु.] 1. जामुन का वृक्ष 2. जामुन का फल।

जंबूका (सं.) [सं-स्त्री.] सुखाया हुआ अंगूर; किशमिश।

जंबूद्वीप (सं.) [सं-पु.] (पुराण) सात द्वीपों में से एक जिसमें भारतवर्ष की भी स्थिति मानी गई है।

ज़ंबूरक (फ़ा.) [सं-स्त्री.] 1. छोटे आकार की तोप 2. भँवर कली।

ज़ंबूरची (अ.+फ़ा.) [सं-पु.] तोपची।

ज़ंबूरा (फ़ा.) [सं-पु.] 1. एक प्रकार की छोटी तोप 2. भँवर कली 3. मस्तूल पर आड़ा बँधा रहने वाला डंडा 4. सँड़सी।

जंभ (सं.) [सं-पु.] 1. जबड़ा 2. दाढ़ 3. जँभाई 4. तरकश 5. जँबीरी नीबू 6. महिषासुर का पिता जिसका वध इंद्र ने किया था।

जंभका (सं.) [सं-स्त्री.] निद्रा या आलस्य के कारण मुँह के खुलने की एक स्वाभाविक क्रिया; जँभाई; उबासी।

जंभन (सं.) [सं-पु.] 1. जँभाना 2. खाना; भक्षण 3. रति; मैथुन।

जई [सं-स्त्री.] 1. जौ की तरह का एक अनाज जो अक्सर घोड़ों को खिलाया जाता है 2. खीरे, कुंहड़े आदि की फूल लगी बतिया 3. किसी पौधे का नया अंकुर 4. जौ का छोटा अंकुर।

ज़ईफ़ (अ.) [वि.] 1. बुड्ढा; बूढ़ा; वृद्ध 2. दुर्बल।

ज़ईफ़ी (अ.) [सं-पु.] 1. ज़ईफ़ अर्थात वृद्ध होने की अवस्था या भाव 2. बुढ़ापा; वृद्धावस्था।

जक[1] [सं-स्त्री.] 1. ज़िद; हठ; अड़ 2. रट; धुन। [मु.] -**पकड़ना** : जिद या हठ करना।

ज़क[2] (अ.) [सं-स्त्री.] चैन; आराम; सुख।

ज़कंद (फ़ा.) [सं-स्त्री.] उछाल; छलांग।

जकड़ [सं-पु.] 1. कड़ा बंधन 2. पकड़ 3. तनाव। [सं-स्त्री.]

1. जकड़ने की क्रिया, ढंग या भाव 2. चारोंओर से दृढ़ बंधन में होने की अवस्था या स्थिति।

जकड़न [सं-स्त्री.] 1. बँधने की अवस्था 2. संकीर्णता 4. तंगी; तनाव 5. कसावट; सघनता 6. सरदी आदि से होने वाला कष्ट।

जकड़ना [क्रि-स.] 1. कसकर बाँधना या पकड़ना 2. इस प्रकार से नियम, बंधन आदि का बनाना या लागू करना कि उनसे किसी का बच सकना संभव न हो। [क्रि-अ.] 1. जकड़ा जाना 2. चारों-ओर से कसकर बाँधा जाना 3. शीत आदि के कोप से शरीर अथवा शरीर के किसी अंग का इस प्रकार ऐंठ या तन जाना कि वह हिल-डुल न सके 4. शरीर में तनाव या सूजन आना 5. नियमों या बंधनों से घिर जाना।

जकड़बंद [वि.] 1. कसकर बाँधा हुआ 2. किसी की जकड़ में आया हुआ।

जकना [क्रि-अ.] 1. भौचक्का होना; चकित या स्तंभित होना 2. व्यर्थ बोलना; बकना 3. रटना।

ज़कर (अ.) [सं-पु.] 1. पुरुषेंद्रिय; लिंग 2. नर।

जकाजक [सं-पु.] ज़ोरों की लड़ाई; घोर युद्ध। [क्रि.वि.] ख़ूब ज़ोरों से; वेगपूर्वक।

ज़कात (अ.) [सं-स्त्री.] 1. कर; महसूल (यातायात से संबंधित) 2. ख़ैरात; दान 3. वार्षिक आय का वह चालीसवाँ भाग जिसे दान करना मुस्लिम समाज में ज़रूरी माना जाता है।

ज़काती (अ.) [वि.] 1. कर या महसूल उगाहने वाला 2. ज़कात वसूल करने वाला।

जकी [वि.] 1. ज़िद्दी; हठी 2. चकित; स्तंभित।

जकुट (सं.) [सं-पु.] 1. मलयाचल 2. बैंगन के पौधे में लगने वाला फूल 3. जोड़ा; युग्म 4. कुत्ता।

जक्षण (सं.) [सं-पु.] 1. भक्षण; खाना 2. भोजन।

ज़ख़नी (सं.) [सं-स्त्री.] 1. यक्ष की स्त्री 2. यक्षिणी 3. दुर्गा की एक अनुचरी।

ज़ख़म (फ़ा.) [सं-पु.] दे. ज़ख़्म।

ज़ख़ीरा (अ.) [सं-पु.] 1. वह स्थान जहाँ एक ही प्रकार की बहुत सी चीज़ों का संग्रह हो; कोष; ख़ज़ाना; भंडार 2. संग्रह; ढेर; समूह; अंबार 3. बीज का काम देने वाले पौधों की क्यारी या खेत 4. वह स्थान जहाँ बिक्री के लिए विभिन्न प्रकार के पेड़-पौधे और बीज आदि मिलते हों 5. वह प्रदेश जहाँ कोई वस्तु बहुतायत से प्राप्त होती है।

ज़ख़ीरेबाज़ (अ.+फ़ा.) [वि.] 1. ज़ख़ीरेबाज़ी करने वाला 2. अन्न आदि का अपसंचय करने वाला; ज़माख़ोर।

ज़ख़ीरेबाज़ी (अ.+फ़ा.) [सं-स्त्री.] उपयोग में आने वाली और बिकने वाली वस्तुओं का इस विचार से संचय करना कि जब ये महँगी होंगीं तब इसे बेचेंगे।

ज़ख़्म (फ़ा.) [सं-पु.] 1. वह चोट जिसमें शरीर का कोई अंग कट-फट जाए; घाव; क्षत; फोड़ा 2. हानि 3. मानसिक ठेस या आघात 4. पुराना दुख। [मु.] **-हरा हो आना** : पिछला कष्ट याद आना।

ज़ख़्मी (फ़ा.) [वि.] जिसे ज़ख़्म लगा हो; घायल; चुटैला।

जग (सं.) [सं-पु.] 1. संसार; जगत; दुनिया; विश्व 2. चैतन्य सृष्टि; संसृति 3. दुनिया के लोग 4. पानी भरने का लंबा पात्र। [वि.] जाग्रत।

जगजगाना [क्रि-अ.] कांति या आभा से युक्त होना; चमकना; जगमगाना; दमकना।

जगजगाहट [सं-स्त्री.] जगमगाने की अवस्था या भाव।

जगजाहिर (सं.) [वि.] 1. जिसे संसार जानता हो; जगत प्रसिद्ध 2. सर्वविदित।

जगज्जननी (सं.) [सं-स्त्री.] आदि शक्ति; परमेश्वरी; मातेश्वरी।

जगज्जयी (सं.) [वि.] जिसने जगत या विश्व को जीत लिया हो; विश्वविजेता।

जगझंप [सं-पु.] 1. एक प्राचीन बाजा 2. युद्ध क्षेत्र में बजाया जाने वाला एक प्रकार का ढोल।

जगडोरी [सं-पु.] बरही।

जगण (सं.) [सं-पु.] (काव्यशास्त्र) पिंगल में एक गण जिसमें मध्य का अक्षर गुरु और आदि तथा अंत के अक्षर लघु होते हैं।

जगत (सं.) [सं-पु.] 1. संसार; विश्व; दुनिया 2. पृथ्वी का वह खंड जिसमें जीव निवास करते हैं; चेतना-संपन्न सृष्टि 3. किसी विशिष्ट प्रकार के कार्य-क्षेत्र से संबद्ध जीवों का समूह या वर्ग। [वि.] 1. चेतन; जागता हुआ; सचेत 2. जो गतिमान हो या जो चलता-फिरता हो। [सं-स्त्री.] कुएँ के ऊपर का चबूतरा।

जगतपिता (सं.) [सं-पु.] जगत का पालक या रखवाला; ईश्वर; परमेश्वर।

जगतप्रसिद्ध (सं.) [वि.] जो पूरे विश्व में विख्यात हो; विश्वविख्यात; विश्वप्रसिद्ध; लोकप्रसिद्ध; जगज़ाहिर।

जगतप्राण (सं.) [सं-पु.] 1. जगत को जीवित रखने वाला तत्व 2. समीर; वायु; हवा 3. ईश्वर।

जगतारण (सं.) [वि.] 1. जगत या संसार को तारने वाला 2. जगत की रक्षा करने वाला।

जगती (सं.) [सं-स्त्री.] 1. धरती; पृथ्वी 2. दुनिया; संसार 3. जीवन 4. (काव्यशास्त्र) एक वैदिक छंद जिसके प्रत्येक चरण में बारह अक्षर होते हैं 5. जंबुयुक्त स्थान।

जगत्साक्षी (सं.) [सं-पु.] भानु; सूर्य।

जगदंतक (सं.) [सं-पु.] 1. वह जो जगत का नाश करता हो; मृत्यु; काल 2. यमराज 3. शिव।

जगदंबा (सं.) [सं-स्त्री.] (पुराण) जगत की माता; दुर्गा।

जगदगौरी (सं.) [सं-स्त्री.] दुर्गा, मनसादेवी।

जगदात्मा (सं.) [सं-पु.] ईश्वर; परमात्मा।

जगदीश (सं.) [सं-पु.] जगत का स्वामी; भगवान; ईश्वर।

जगद्गुरु (सं.) [सं-पु.] 1. व्यक्ति जो संसार में गुरु या श्रेष्ठ माना जाए 2. परमेश्वर 3. शंकराचार्य की गद्दी पर बैठने वाले धर्मगुरु की उपाधि 4. नारद 5. त्रिदेव; शिव।

जगद्वंद्य (सं.) [वि.] जिसकी वंदना सारा जगत करे; संसार भर में पूज्य।

जगद्व्यापी (सं.) [वि.] 1. संसार भर में व्याप्त; हर जगह मिलने वाला 2. वैश्विक; जो सर्वत्र हो।

जगना (सं.) [क्रि-अ.] 1. जागना; नींद से उठना 2. जाग्रत

होना; सावधान या सचेत होना 3. अग्नि आदि का प्रज्वलित होना या जलना 4. चमकना 5. आवेशित या उत्तेजित होना 6. साहस का परिचय देना 7. उभरना; उत्पन्न होना।

जगनु (सं.) [सं-पु.] 1. अग्नि 2. कीड़ा 3. जंतु।

जगन्नाथ (सं.) [सं-पु.] 1. ईश्वर; जगत के नाथ 2. ओडीशा के पुरी नामक शहर में स्थापित मूर्ति।

जगन्नाथी [सं-पु.] धान की एक प्रजाति; पान की एक प्रजाति।

जगन्माता (सं.) [सं-स्त्री.] दुर्गा; लक्ष्मी।

जगबीती [सं-स्त्री.] 1. जग में घटित कोई बात या घटना का ब्योरा 2. संसार या सुख-दुख का अनुभव 2. लोकवृत्त 3. किस्सा; कथा-कहानी।

जगमग [सं-स्त्री.] जगमगाहट। [वि.] 1. जो प्रकाश पड़ने पर चमकता हो; चमकीला 2. जहाँ बहुत से दीपक या चमकते हुए पदार्थ हों।

जगमगाना [क्रि-अ.] 1. किसी चीज़ का प्रकाश में चमकना; जगमग होना; प्रकाशित होना 2. दमकना; दीप्त होना; चमचमाना 2. वैभवयुक्त होना; शान दिखाना 3. मेधावी या प्रतिभावान होना। [क्रि-अ.] 1. प्रकाश से ख़ूब चमकाना; प्रज्वलित करना 2. वैभव प्रदान करना; तेजोमय करना।

जगमगाहट [सं-स्त्री.] 1. जगमगाने की अवस्था या भाव; दमक 2. प्रकाश में होने वाली चमक; चमचमाहट।

जगर (सं.) [सं-पु.] ज़िरह; कवच।

जगवाना [क्रि-स.] 1. किसी को जाग्रत करना 2. जगाने का काम कराना।

जगह (फ़ा.) [सं-स्त्री.] 1. किसी वस्तु या व्यक्ति विशेष का नियत स्थान; स्थल 2. इलाका; क्षेत्र 3. अवसर; मौका 2. पद; नौकरी; ओहदा 5. गुंजाइश; समाई 7. अवकाश का अंश विशेष। [क्रि.वि.] स्थान पर। [मु.] **-देना** : सम्मिलित करना।

जगह-जगह [अव्य.] स्थान-स्थान पर।

जगा देना [क्रि-अ.] गाँठों-घुटनों में दर्द उभरना।

जगाना [क्रि-स.] 1. सोते से उठाना 2. जागने को प्रेरित करना 3. सजग; सावधान करना 4. होश या चेत में लाना 5. उत्पन्न करना 6. तंबाकू, गाँजा आदि सुलगाना 7. ऐसा साधन करना कि यंत्र-मंत्र अपना प्रभाव दिखलाए।

जगीला [वि.] जागने के कारण थका और आलस्य से भरा हुआ; उनींदा।

जघन (सं.) [सं-पु.] 1. पेड़ू (विशेषत: स्त्रियों का) 2. चूतड़; नितंब 3. जंघा, जाँघ 4. सेना का पिछला हिस्सा।

जघन्य (सं.) [वि.] 1. नितंब के पास का (भाग) 2. घृणित; घिनौना; अत्यंत बुरा 3. अधम; क्षुद्र; नीच 4. सबसे पीछे का; अंतिम सीमा पर का; चरम 5. हेय; निंदनीय 6. गर्हित।

जघ्नि (सं.) [सं-पु.] 1. वध करने या मारने का अस्त्र 2. हत्या करने वाला व्यक्ति।

जघ्रि (सं.) [वि.] सूँघने वाला।

ज़चगी (फ़ा.) [सं-स्त्री.] 1. प्रसव 2. प्रसव की अवस्था।

ज़च्चा (फ़ा.) [सं-स्त्री.] वह स्त्री जिसको हाल ही में बच्चा हुआ हो; प्रसूता।

ज़च्चाख़ाना (फ़ा.) [सं-पु.] प्रसवगृह; सूतिकागृह; सौरी।

जज (अं.) [सं-पु.] 1. किसी प्रकार का निर्णय करने वाला; निर्णायक 2. वह अधिकारी जिसे मुकदमे सुनकर उनका फ़ैसला करने का अधिकार हो 3. न्यायाधीश 4. विचारक।

जजमनिहाँ बाभन [सं-पु.] यजमानी का कार्य करने वाला ब्राह्मण।

जजमान (सं.) [सं-पु.] धार्मिक अनुष्ठान कराने वाला व्यक्ति; यजमान।

जजमानी (सं.) [सं-स्त्री.] 1. यजमान होने की अवस्था पद या भाव 2. ऐसी वृत्ति जो यजमानों के कृत्य कराने से चलती हो।

जजमेंट (अं.) [सं-पु.] फ़ैसला; निर्णय।

जज़ा (अ.) [सं-स्त्री.] 1. बदला; प्रतिकार 2. मान्यतानुसार परलोक में मिलने वाला अच्छा या बुरा फल।

जजामलार [सं-पु.] सम्पूर्ण जाति का एक राग जिसमें सब शुद्ध स्वर लगते हैं; इसे जाजमलार भी कहते हैं।

जज़िया (अ.) [सं-पु.] 1. दंड 2. इस्लामी हुकूमत में रहने वाले अन्य धर्मावलम्बियों पर लगने वाला कर।

जज़ीरा (अ.) [सं-पु.] जल से घिरा स्थल; टापू; द्वीप।

जज़्ब (अ.) [सं-पु.] 1. बर्दाश्त या सहन करना; शोषण; सोखना 2. आकर्षण; खिंचाव; कशिश 3. गबन। [वि.] 1. जो सोखा गया हो 2. जो हड़पा गया हो 3. शोषित।

जज़्बा (अ.) [सं-पु.] 1. भावना; आवेग; मनोविकार 2. उत्साहपरक भाव; कुछ कर गुज़रने का विचार; उमंग; जोश; हौसला 3. चेतना; बोध।

जज़्बात (अ.) [सं-पु.] भाव; भावनाएँ।

जज़्बाती (अ.) [वि.] 1. भाव संबंधी; भावात्मक 2. भावुक।

जट [सं-पु.] एक प्रकार का गोदना, जो झाड़ी के आकार का होता है।

जटना (सं.+हिं.) [क्रि-स.] 1. धोखा देकर किसी की कोई चीज़ ले लेना; ठगना 2. जड़ना।

जटा (सं.) [सं-स्त्री.] 1. सिर के बहुत लंबे, उलझे, आपस में चिपके या गुथे हुए बाल; लट 2. बालों की बनावट वाली गूथी हुई चीज़ 3. पेड़-पौधों की जड़; पेड़ों की जड़ों के आपस में मिले हुए रेशों का समूह; जड़ के पतले सूत, जैसे- बरगद की जड़; झकरा 4. पटसन; जूट 5. केवाँच 6. शतावर 7. जटामासी 8. वेद का पाठ करने की एक पद्धति।

जटाजूट (सं.) [सं-पु.] लंबे बालों या जटा को समेटकर बनाया जाने वाला जूड़ा।

जटाधारी (सं.) [वि.] जिसके सिर पर जटा हो। [सं-पु.] शिव; महादेव।

जटाना [क्रि-अ.] जटा जाना; ठगाना। [क्रि-स.] जटने के लिए प्रेरित करना।

जटामासी (सं.) [सं-स्त्री.] 1. औषधि के काम आने वाली एक प्रकार की सुगंधित वनस्पति; बालछड़।

जटायु (सं.) [सं-पु.] (रामायण) एक गिद्ध जिसने सीता को हरकर ले जाते हुए रावण से युद्ध किया था।

जटाल (सं.) [वि.] जटा से युक्त; जटाधारी। [सं-पु.] 1. बरगद 2. कचूर; मोखा।

जटाव [सं-स्त्री.] कुम्हारों की बोली में वह मिट्टी जिससे वे बरतन आदि बनाते हैं।

जटित (सं.) [वि.] जड़ा या मढ़ा हुआ।

जटिल (सं.) [वि.] 1. उलझा हुआ; कठिन; दुर्बोध; जो आसानी से सुलझ न सके 2. जो जटादार हो; जटाधारी 3. जिसमें हेर-फेर हो 4. क्रूर; दुष्ट 5. पेचीदा; दुरूह।

जटिलता (सं.) [सं-स्त्री.] 1. जटिल होने की अवस्था या भाव 2. पेचीदगी; दुरूहता 3. कठिनाई 4. उलझन।

जटिला (सं.) [सं-स्त्री.] 1. ब्रह्मचारिणी 2. जटामासी 3. पिप्पली; पीपल 4. दौना।

जटुल (सं.) [सं-पु.] 1. त्वचा पर पड़ा हुआ पैदाइशी दाग; लच्छन 2. शरीर के किसी भी हिस्से में होने वाले चिह्न जो सामुद्रिक शास्त्र के अनुसार शुभ और अशुभ फलदायक माने जाते हैं।

जट्ट [सं-पु.] एक प्रसिद्ध खेतिहर जाति।

जट्टी [सं-स्त्री.] जला हुआ तंबाकू।

जठर (सं.) [सं-पु.] 1. पेट 2. पेट का भीतरी भाग 3. कुक्षि 4. जरायु 5. एक पुराणोक्त पर्वत 6. महाभारत आदि प्राचीन ग्रंथों में वर्णित एक देश। [वि.] 1. वृद्ध; बूढ़ा 2. कठिन 3. बँधा या बाँधा हुआ।

जठराग्नि (सं.) [सं-स्त्री.] 1. पेट की अग्नि या ताप; पेट में खाने को पचाने वाली अग्नि 2. जठर या पेट के अंदर की वह शारीरिक अवस्था जिससे खाया हुआ अन्न पचता है।

जठरामय (सं.) [सं-पु.] 1. अतिसार रोग 2. जलोदर।

जड़ (सं.) [सं-स्त्री.] 1. पेड़-पौधों का वह भाग जो ज़मीन के अंदर रहता है; मूल 2. आधार स्थल; बुनियाद; नींव 3. आश्रय 4. किसी चीज़ का नीचे वाला भाग 5. वह भाग जिसमें कोई वस्तु गड़ी या फँसी होती है 6. किसी समस्या या विवाद की मुख्य वजह, कारण या सबब 7. वह अवस्था अथवा स्थिति जिसमें कोई स्पंदन न हो; अचेतन अवस्था। [सं-पु.] 1. पर्वत 2. जल 3. सीसा 4. बरफ़। [वि.] 1. जिसमें जीवन के लक्षण न हों; निर्जीव 2. जिसमें कोई स्पंदन न हो; स्थिर; अचेतन; निश्चेष्ट 3. जिसमें व्यवहारिक समझ न हो 4. (काव्यशास्त्र) एक संचारी भाव (आश्चर्य एवं भय के कारण होने वाली स्तब्धता) 5. जो वेद न पढ़ सकता हो 6. ठंडा; सरदी में ठिठुरा या अकड़ा हुआ 7. गूँगा; बहरा 8. मूर्ख; मूढ़; अनजान। [मु.] **-उखाड़ना** : समूल नष्ट करना; **-काटना** : तबाह करने या भारी हानि पहुँचाने की कोशिश करना; **-में मट्ठा डालना** : समूल नष्ट करना।

जड़-पदार्थ (सं.) [सं-पु.] 1. अचेतन पदार्थ 2. भौतिक जगत का उपादान रूप द्रव्य।

जड़कट्टा [सं-पु.] जड़ से काटने की क्रिया। [वि.] जड़ से कटा हुआ।

जड़ता (सं.) [सं-स्त्री.] 1. जड़, निर्जीव या स्थिर होने की अवस्था, गुण या भाव; चेतनता का विपरीत भाव; अचेतनता 2. बहुत अधिक मूर्ख होने का भाव 3. चेष्टा न करने या स्तब्ध रहने की दशा 4. (काव्यशास्त्र) एक संचारी भाव।

जड़ताई [सं-स्त्री.] जड़ होने की अवस्था, गुण या भाव; जड़ता।

जड़त्व (सं.) [सं-पु.] 1. जड़ या स्थिर होने की अवस्था, गुण या भाव; जड़ता; स्थिरता 2. {ला-अ.} अकर्मण्यता।

जड़ना (सं.) [क्रि-स.] 1. किसी वस्तु को दूसरी वस्तु में बिठाने की क्रिया; स्थिर करना; जमाना; ठोंकना; पच्ची करना 3. आघात या प्रहार करना; मारना; लगाना 4. किसी से कोई बात चोरी से करना; चुगली करना; किसी के कान भरना 5. एक चीज़ को दूसरी चीज़ के साथ इस तरह जोड़ना कि वह अपने स्थान से इधर-उधर न हो सके; ठोंककर बिठाना, जैसे- नाल आदि को जड़ना।

जड़बँधना [सं-पु.] मोजर।

जड़वत (सं.) [वि.] 1. चेतनाशून्य; स्थिर 2. चेतनारहित; बेहोश 3. कठोर 4. निश्चल; स्पंदनहीन।

जड़वाद (सं.) [सं-पु.] (दार्शनशास्त्र) एक सिद्धांत जिसके अनुसार चेतन आत्मा का अस्तित्व नहीं माना जाता और सब कुछ जड़ता का ही विकार माना जाता है।

जड़हन [सं-पु.] 1. धान की एक प्रजाति 2. वह धान जिसके पौधे को एक जगह से उखाड़कर दूसरी जगह पर रोपा जाता है; अगहनी धान।

जड़ाई [सं-स्त्री.] जड़ने का काम, भाव या मज़दूरी।

जड़ाऊ [वि.] 1. जिसमें नग, रत्न और मोती इत्यादि जड़ें हों 2. जो गढ़ा गया हो; टुका हुआ 3. जड़ाववाला; पच्चीकारी किया हुआ।

जड़ाना [क्रि-स.] 1. जड़ने या नक्काशी का काम कराना 2. किसी वस्तु, फर्नीचर आदि को नक्काशी, अभिकल्प तथा चित्र के जरिए सजाना या सुंदर बनाना। [क्रि-अ.] सरदी अनुभव करना; जाड़ा लगना; ठिठुरना।

जड़ाव [सं-पु.] 1. जड़ने की क्रिया या भाव 2. ऐसा काम या चीज़ जिसपर दूसरी छोटी चीज़ें जड़ी हुई हों; जड़ाऊ काम; पच्चीकारी।

जड़ावट [सं-स्त्री.] 1. जड़ने की क्रिया या भाव 2. ऐसा काम या चीज़ जिसपर दूसरी छोटी चीज़ें जड़ी हुई हों; जड़ाऊ काम; पच्चीकारी।

जड़ावर [सं-पु.] 1. जाड़े में पहनने का वस्त्र 2. वे वस्त्र जो जाड़े के दिनों में कर्मचारी और मज़दूरों को पहनने के लिए दिए जाता हैं।

जड़ित (सं.) [वि.] 1. अच्छी तरह बैठाया या जड़ा हुआ 2. जकड़ा हुआ 3. जिसमें नगीने जड़े हों।

जड़िमा (सं.) [सं-स्त्री.] 1. जड़ता; जड़त्व 2. ऐसी अवस्था जिसमें मनुष्य किसी स्थिति के कारण इस तरह जड़वत हो जाता है कि उसे अच्छे-बुरे का ख़याल ही नहीं रहता।

जड़िया [सं-पु.] वह सुनार जो गहनों पर नग आदि जड़ने का काम करता हो; कुंदनसाज़।

जड़ियागिरी [सं-स्त्री.] नग जड़ने का कार्य।

जड़ी [सं-स्त्री.] 1. वनौषधि; बूटी 2. वह औषधि जिसकी जड़ दवा के काम लाई जाए।

जड़ी-बूटी [सं-स्त्री.] विभिन्न प्रकार की वनस्पतियाँ उनकी जड़

या कंद जिनका प्रयोग औषधियों में होता है; आयुर्वेदिक औषधि।

जड़ीभूत (सं.) [वि.] 1. जो जड़ की तरह स्थिर या अचेतन हो; निश्चल; सुन्न 2. चकित; स्तंभित 3. जो हिलने-डुलने लायक न हो; निस्पंद।

जड़ूला [सं-पु.] मारवाड़ में बच्चे के मुंडन संस्कार को जड़ूला कहते हैं।

जड़ैया [वि.] गहनों पर नगीने जड़ने का काम करने वाला; जड़िया। [सं-स्त्री.] जाड़ा देकर आने वाला ज्वर; जूड़ी; मलेरिया।

जत (सं.) [सं-पु.] ढोलक, तंबले आदि में एक प्रकार का ठेका या ताल। [वि.] जितना; जिस मात्रा का। [क्रि.वि.] जिस मात्रा में।

जतन [सं-पु.] कोशिश; प्रयास; यत्न।

जतरा (सं.) [सं-स्त्री.] यात्रा; यात्रा का मुहूर्त।

जतलाना [क्रि-स.] 1. किसी को किसी बात की जानकारी देना 2. बताना या आगाह करना; अवगत कराना 3. पूर्व सूचना देना।

जताना (सं.) [क्रि-स.] 1. अवगत कराना; अहसास कराना; व्यक्त करना 2. ज्ञात कराना 3. परिचित कराना 4. बतलाना; पहले से सूचित करना 5. सचेत करना; चेताना 6. आगाह करना।

जतुक (सं.) [सं-पु.] 1. हींग 2. लाख 3. त्वचा पर का जन्मजात चिह्न।

जत्था (सं.) [सं-पु.] 1. एक ही वर्ग, संप्रदाय या विचार के लोगों का समूह, जैसे- सेवादारों का जत्था 2. संगठित दल; समूह; झुंड 3. गिरोह; वर्ग 4. फ़िरका।

जत्थेदार [सं-पु.] 1. किसी संगठित दल या समूह का प्रमुख, मुखिया या दलनायक 2. सिख धर्म की उपाधि या ओहदा 2. वह व्यक्ति जो जत्था तैयार करता है।

जत्थेबंदी [सं-स्त्री.] 1. जत्था बनाने की क्रिया; दलबंदी 2. समूह में होने की अवस्था; गिरोहबंदी 3. किसी धार्मिक यात्रा के लिए एकत्र होना।

जत्रु (सं.) [सं-पु.] धड़ के ऊपरी भाग में गले के नीचे और छाती के ऊपर दोनों ओर की अर्द्ध-चंद्राकार हड्डियाँ; हँसली।

जद (सं.) [अव्य.] 1. यदि 2. जिस समय 3. जब कभी।

ज़द (फ़ा.) [सं-स्त्री.] 1. आघात; चोट 2. लक्ष्य; निशाना 3. हानि; नुकसान।

जदनी [सं-स्त्री.] दे. अजवायन।

ज़दनी (फ़ा.) [सं-स्त्री.] मारने की क्रिया या भाव। [वि.] मारने के काबिल; बाध्य।

ज़दल (अ.) [सं-पु.] 1. युद्ध; लड़ाई 2. झगड़ा; बखेड़ा।

ज़दवार (अ.) [सं-पु.] निर्विषी नामक औषधि; एक प्रकार की घास जिसके सेवन से साँप बिच्छू का ज़हर दूर होता है; निर्विसी।

ज़दा (फ़ा.) [वि.] जिसपर किसी प्रकार का ज़द या आघात हुआ हो। [परप्रत्य.] किसी शब्द के अंत में जुड़कर किसी मनोभाव को व्यक्त करता है, जैसे- गमज़दा, दहशतज़दा आदि।

जदीद (अ.) [वि.] 1. नया; नवीन; नूतन 2. आधुनिक; हाल का 3. पाश्चात्य; प्रतीच्य।

ज़द्द (फ़ा.) [वि.] प्रचंड; प्रबल।

जद्द-बद्द [सं-पु.] 1. बुरी बात; ख़राब बात 2. किसी से न कहने योग्य बात; अकथनीय या अश्लील बात।

जद्दी (अ.) [वि.] 1. (वह अधिकार या संपत्ति) जो बाप-दादाओं से उत्तराधिकार में मिलती हो 2. बाप-दादाओं के समय से चला आने वाला। [सं-स्त्री.] कोशिश; प्रयत्न।

जद्दोजेहद (अ.) [सं-स्त्री.] 1. प्रयत्न; संघर्ष 2. दौड़-धूप 3. आंदोलन।

जन (सं.) [सं-पु.] 1. व्यक्ति; मनुष्य 2. सर्वसाधारण लोग; मनुष्य समूह; लोक; जनता; प्रजा 3. अनुचर; अनुयायी 4. दास; नौकर 5. कल्पित सात लोकों में पाँचवाँ लोक।

ज़न (फ़ा.) [सं-स्त्री.] 1. स्त्री; नारी 2. पत्नी; बीवी; जोरू।

जन आंदोलन (सं.) [सं-पु.] 1. व्यवस्था परिवर्तन हेतु जनता द्वारा जारी अभियान 2. किसी उद्देश्य की सिद्धि के लिए जनता द्वारा चलाया गया आंदोलन।

जनक (सं.) [सं-पु.] 1. पिता; बाप 2. (रामायण) सीता के पिता 3. मिथिला राज्य में रामायणकालीन राजवंश की उपाधि 4. एक वृक्ष का नाम। [वि.] जनने वाला; जन्म देने वाला; जन्मदाता; उत्पादक; स्रष्टा।

जनकजा (सं.) [सं-स्त्री.] सीता; जानकी।

जनकपुर [सं-पु.] (रामायण) प्राचीन काल में मिथिला की राजधानी।

ज़नख़ा (फ़ा.) [सं-पु.] 1. हिजड़ा; नपुंसक 2. वह व्यक्ति जिनमें शारीरिक अक्षमता के कारण बच्चे उत्पन्न करने की शक्ति न हो 3. वह व्यक्ति जिसका हाव-भाव, क्रिया-कलाप स्त्रियों जैसा हो।

जनगणना (सं.) [सं-स्त्री.] 1. एक निश्चित अवधि में होने वाली लोगों की गिनती 2. किसी देश या राष्ट्र के समस्त जनों की गणना; (सेंसस) 3. किसी राज्य या क्षेत्र के समस्त निवासियों की गिनती की प्रकिया।

जनजाति (सं.) [सं-स्त्री.] 1. आदिवासी 2. आदिम संस्कारों को बचाकर रखने वाली मानव जाति 3. संविधान में उल्लिखित कुछ विशेष जातियों के समूह जो आदिमानव के वंशज हैं और आज भी आधुनिक सभ्यता से लगभग दूर हैं 4. जंगलों, पहाड़ों आदि पर रहने वाली मनुष्य जाति 5. ऐसे लोगों का समूह जो शिक्षा, सभ्यता आदि में समीपवर्ती स्थानों के लोगों से कुछ पिछड़े हुए हों।

जनजीवन (सं.) [सं-पु.] 1. लोगों की रोज़मर्रा की ज़िंदगी 2. सार्वजनिक जीवन 3. समाज की गतिविधियाँ 4. जनता के रहन-सहन का ढंग।

जनतंत्र (सं.) [सं-पु.] ऐसी शासन प्रणाली जिसमें देश या राज्य का शासन जनता द्वारा चुने हुए प्रतिनिधियों द्वारा चलाया जाता है; लोकतंत्र; प्रजातंत्र; जनता का शासन।

जनता (सं.) [सं-स्त्री.] 1. आम नागरिक; सर्वसाधारण; जन; (पब्लिक) 2. लोक; जनसमूह 3. किसी देश या क्षेत्र के समस्त निवासी 4. जन का भाव।

जनतांत्रिक (सं.) [वि.] जनतंत्र संबंधी; जनतंत्र का।

जनधर्म (सं.) [सं-पु.] 1. जनता में प्रचलित आचार, लोकाचार 2. प्रत्येक मनुष्य का कर्तव्य।

जनन (सं.) [सं-पु.] 1. उत्पत्ति; उद्‌भव 2. जन्म 3. आविर्भाव 4. कुल; वंश।

जननगति (सं.) [सं-स्त्री.] किसी एक वर्ष में किसी एक स्थान पर बसे हुए एक हजार व्यक्तियों के पीछे जन्मे हुए बच्चों की संख्या; (बथरिट)।

जनना (सं.) [क्रि-स.] 1. बच्चे को जन्म देना; प्रसव करना; गर्भ से बाहर करना 2. पैदा करना; उत्पन्न करना 3. ब्याना (पशुओं का)।

जननांग (सं.) [सं-पु.] शरीर के वे अंग जो संतान को जनने या जनाने का कार्य करते हैं; गुप्तांग, जैसे- योनि, लिंग।

जननिर्देश (सं.) [सं-पु.] 1. आधुनिक राजनीति में जनता के प्रतिनिधियों, विधान सभाओं आदि के द्वारा प्रस्तावित कार्यों आदि के संबंध में की जाने वाली वह व्यवस्था जिसके द्वारा यह जाना जाता है कि मतदाता वर्ग उस बात के पक्ष में है या नहीं 2. जनता की आज्ञा 3. निर्वाचन में जनता के मतदान से ज्ञात किसी विषय में जनता की इच्छा; जनमत संग्रह 4. सत्ता द्वारा जनता के लिए जारी निर्देश।

जननी (सं.) [सं-स्त्री.] 1. जन्म देने वाली स्त्री; उत्पन्न करने वाली; माँ; माता 2. दया; कृपा 3. चमगादड़ 4. जूही नामक लता 5. मजीठ 6. कुटकी 7. जटामासी 8. पपड़ी।

जननेंद्रिय (सं.) [सं-स्त्री.] 1. संतान की उत्पत्ति करने वाली (पुरुष या स्त्री की) इंद्रिय; जननांग 2. उपस्थ।

जनपद (सं.) [सं-पु.] किसी राज्य या मंडल का निश्चित सीमा वाला वह भाग या खंड जो किसी प्रशासनिक अधिकारी के अधीन होता है।

जनपाल (सं.) [सं-पु.] 1. राजा 2. सेवक 3. मनुष्यों का पालन करने वाला व्यक्ति।

जनप्रिय (सं.) [वि.] 1. सबका प्यारा; लोकप्रिय 2. जिसे जनसाधारण उचित या वांछनीय समझते हों (वस्तु, बात या विचार)।

जनप्रियता (सं.) [सं-स्त्री.] 1. समाज या जनता में प्रिय होने का भाव या स्थिति 2. सर्वप्रियता; लोकप्रियता; लोगों की पसंद होना।

जनबल (सं.) [सं-पु.] जनता की शक्ति; समूह का आवेग।

जनभाषा (सं.) [सं-स्त्री.] 1. जनसाधारण की भाषा; लोकभाषा 2. आमजन द्वारा बोली जाने वाली भाषा 3. वह भाषा जो जन को रुचिकर हो।

जनम (सं.) [सं-पु.] दे. जन्म। [मु.] **-हारना** : सारा जीवन बेकार बिताना।

जनमत (सं.) [सं-पु.] 1. आम लोगों की राय या विचार 2. लोकमत; लोकवाणी; जनवाणी 3. किसी राजनीतिक निर्णय या शासन की स्थिति के संबंध में किसी स्थान या प्रदेश के वयस्क निवासियों का मत।

जनमानस (सं.) [सं-पु.] जनता का मन; आम व्यक्ति की धारणा या मन:स्थिति।

ज़नमुरीद (फ़ा.) [वि.] अपनी पत्नी से बहुत प्यार करने वाला (व्यक्ति)।

जनमेजय (सं.) [सं-पु.] (पुराण) राजा परीक्षित के पुत्र जिन्होंने सर्प-यज्ञ किया था।

जनयिता (सं.) [सं-पु.] पिता; बाप।

जनयित्री (सं.) [सं-स्त्री.] माता; जननी।

जनरव (सं.) [सं-पु.] 1. लोगों का कोलाहल; शोर 2. लोकापवाद; अफ़वाह 3. जनश्रुति 4. जनवाद।

जनरेटर (अं.) [सं-पु.] बिजली उत्पन्न या पैदा करने वाला यंत्र।

जनलोक (सं.) [सं-पु.] (पुराण) सात लोकों में से एक।

जनवरी [सं-स्त्री.] 1. ईसवी सन का पहला माह 2. अँग्रेज़ी कलेंडर का पहला महीना।

जनवाई [सं-स्त्री.] 1. जनवाने अर्थात प्रसव में मदद करने की क्रिया या भाव 2. प्रसव में सहायक होने का पारिश्रमिक या नेग।

जनवाद (सं.) [सं-पु.] 1. जनता में फैली बात; जनरव; लोकापवाद; कहावत 2. जनता की इच्छा को सर्वोपरि मानने वाला सिद्धांत।

जनवादिक (सं.) [वि.] जनवाद संबंधी; जनवाद का।

जनवादी (सं.) [वि.] 1. जनता को महत्व देने वाला 2. जनवाद का समर्थक या अनुयायी।

जनवाना [क्रि-स.] 1. बच्चा जनाना; जनने में सहायता करना 2. जानने या ज्ञान प्राप्त करने में सहायक होना।

जनवास (सं.) [सं-पु.] दे.जनवासा।

जनवासा (सं.) [सं-पु.] 1. बारातियों के ठहरने का स्थान; वह स्थान जहाँ बरात टिकती है 2. कई लोगों के एक साथ ठहरने का स्थान।

जनवृत (सं.) [सं-पु.] किसी स्थान विशेष में बसे लोगों का समूह; जनसंकुल; (सेक्टर)।

जनश्रुति (सं.) [सं-स्त्री.] 1. वह बात जिसे लोग परंपरा से सुनते चले आ रहे हों 2. कहावत; किंवदंती; प्रवाद।

जनसंकुल (सं.) [सं-पु.] किसी स्थान विशेष में बसे लोगों का समूह; जनवृत; (सेक्टर)।

जनसंख्या (सं.) [सं-स्त्री.] 1. किसी निश्चित भौगोलिक क्षेत्र में रहने वाले कुल व्यक्ति 2. उक्त स्थान में रहने वाले लोगों का संख्या; आबादी 3. किसी देश की समस्त जनता।

जनसंघ (सं.) [सं-पु.] 1. जनसमुदाय; लोगों का समूह 2. भारत में एक राजनीतिक दल।

जनसंचार (सं.) [सं-पु.] 1. लोगों तक पहुँचने वाले संचार के साधन 2. जन-जन तक समाचार और सूचना को पहुँचाने के माध्यम; (मासमीडिया), जैसे- पत्र-पत्रिकाएँ, रेडियो, दूरदर्शन, फ़िल्म, नाटक आदि।

जनसंपत्ति (सं.) [सं-स्त्री.] 1. जनता की संपत्ति; सार्वजनिक संपत्ति 2. प्राकृतिक संपदा।

जनसंपर्क (सं.) [सं-पु.] 1. जनता और किसी संस्थान के बीच

सूचनाओं का आदान-प्रदान 2. सरकार या शासकों द्वारा जनता से होने वाला संपर्क 3. संचार माध्यमों और विज्ञापन के सहयोग से उत्पादक और उपभोक्ता के बीच पारस्परिक सहयोग और विश्वास उत्पन्न करने का माध्यम; (पब्लिक रिलेशन)।

जनसभा (सं.) [सं-स्त्री.] लोगों की सभा; एकत्रित जनसमुदाय।

जनसमुदाय (सं.) [सं-पु.] भीड़; मजमा।

जनसेवक (सं.) [सं-पु.] 1. जनता की सेवा करने वाला व्यक्ति; सामाजिक कार्यकर्ता 2. वह जो जन साधारण या जनता के काम आता हो।

जनसेवा (सं.) [सं-स्त्री.] ऐसा काम जो जन साधारण या जनता के हित अथवा उपकार के लिए हो।

जनसेविका (सं.) [सं-स्त्री.] 1. जनता की सेवा करने वाली स्त्री; समाजसेविका 2. लोगों को जागरूक करने वाली स्त्री।

जनस्थान (सं.) [सं-पु.] 1. वर्तमान नासिक का प्राचीन नाम 2. दंडकारण्य या दंडकवन का एक पुराना प्रदेश।

जनांकिकी (सं.) [सं-स्त्री.] जनता के विभिन्न वर्गों की आर्थिक और सामाजिक स्थिति से संबंधित आँकड़ों का संकलन या अध्ययन करने वाली विधा; मानव जनसंख्या की विशेषताओं का जनसांख्यिकीय अध्ययन या विश्लेषण; (डेमोग्राफ़ी)।

जनांत (सं.) [सं-पु.] 1. वह स्थान जहाँ मनुष्य न रहते हों 2. वह प्रदेश जिसकी सीमा निश्चित हो 3. यम। [वि.] मनुष्यों का अंत या नाश करने वाला।

जनांतिक (सं.) [सं-पु.] 1. (नाटक) ऐसी सांकेतिक बात-चीत जिसका आशय औरों की समझ में न आता हो 2. मनुष्य का सामीप्य।

जनाई [सं-स्त्री.] 1. प्रसव कराने की क्रिया या भाव 2. प्रसव कराने का नेग या मज़दूरी 3. बच्चा जनाने का काम करने वाली स्त्री; दाई।

जनाउ [सं-पु.] जनाव; जनाने की क्रिया; सूचना।

जनाकीर्ण (सं.) [वि.] 1. लोगों से भरा हुआ 2. अत्यधिक घनी आबादीवाला।

जनाज़ा (अ.) [सं-पु.] 1. शव; लाश 2. अरथी या वह संदूक जिसमें शव रखकर कब्रिस्तान या श्मशान घाट गाड़ने या जलाने के लिए ले जाते हैं 3. शवयात्रा।

जनाधार (सं.) [सं-पु.] 1. लोकतांत्रिक व्यवस्था में किसी राजनेता या दल की जनता में छवि 2. किसी प्रसिद्ध व्यक्ति का समर्थक वर्ग।

जनाधिकार (सं.) [सं-पु.] 1. जनता का मूल अधिकार 2. लोकतांत्रिक व्यवस्था में जनता को प्राप्त होने वाले अधिकार।

ज़नानख़ाना (फ़ा.) [सं-पु.] घर का वह भाग जहाँ प्राय: स्त्रियाँ रहती हैं; अंत:पुर; हरम; ज़नाना।

जनाना (सं.) [क्रि-स.] 1. जानने में प्रवृत्त करना 2. किसी बात या घटना की जानकारी किसी को देना 3. जताना; ज्ञात कराना; अवगत कराना 4. बच्चा जनाने का काम कराना; प्रसव कराना।

ज़नाना (फ़ा.) [वि.] 1. स्त्रियों का-सा; स्त्रियों जैसा हाव-भाव; स्त्रियोचित 2. स्त्री संबंधी, स्त्री का, जैसे- ज़नाना अस्पताल 3. स्त्रियों में होने वाला 4. केवल स्त्रियों के लिए प्रयुक्त होने वाला, जैसे- ज़नाना रूप। [सं-स्त्री.] 1. स्त्री 2. पत्नी; जोरू। [सं-पु.] 1. ज़नानख़ाना; अंत:पुर; हरम 2. डरपोक आदमी 3. नपुंसक; हिजड़ा।

ज़नानी (फ़ा.) [सं-स्त्री.] 1. स्त्री; औरत 2. पत्नी; बीवी। [वि.] 1. जिसमें ज़नानापन हो; स्त्रियोचित 2. केवल स्त्रियों द्वारा प्रयुक्त होने वाला।

जनाब (अ.) [सं-पु.] बड़ों के लिए आदरसूचक शब्द; महाशय; श्रीमान; माननीय; महोदय।

जनाब-आली (अ.) [सं-पु.] 1. श्रीमान; महोदय; हुज़ूर 2. सम्माननीय; महाशय; महापुरुष।

जनार्दन (सं.) [सं-पु.] 1. सभ्य मनुष्य 2. उचित आचरण या व्यवहार करने वाला व्यक्ति 3. (पुराण) विष्णु; परमात्मा।

जनाशन (सं.) [सं-पु.] भेड़िया। [वि.] मनुष्यों का भक्षण करने वाला।

जनाश्रय (सं.) [सं-पु.] 1. मनुष्यों को आश्रय देने वाला स्थान 2. धर्मशाला 3. सराय 4. घर; मकान 5. किसी विशेष कार्य के लिए बनाया हुआ मंडप।

जनि (सं.) [सं-स्त्री.] 1. उत्पत्ति; जन्म; पैदाइश 2. स्त्री; नारी 3. माता 4. पत्नी 5. पुत्र-वधू।

जनिक (सं.) [वि.] 1. जन्म देने वाला 2. उत्पादक।

जनित (सं.) [वि.] 1. पैदा या जना हुआ 2. उपजा हुआ 3. किसी कारण या परिणामस्वरूप उत्पन्न होने वाला।

जनित्र (सं.) [सं-पु.] 1. जन्मस्थान 2. स्रोत 3. वह यंत्र जो एक प्रकार की ऊर्जा को दूसरे प्रकार की ऊर्जा में बदलता है; (जेनरेटर)।

जनित्री (सं.) [सं-स्त्री.] 1. माता; माँ 2. वह जो किसी को जन्म दे; जननी।

जनित्व (सं.) [सं-पु.] पिता; बाप।

जनी (सं.) [सं-स्त्री.] 1. प्रकृति 2. जन्म देने वाली माता 3. दासी; अनुचरी 4. बेटी 5. स्त्री। [वि.] 1. जिसे जना गया हो 2. पैदा की हुई।

जनून (अ.) [सं-पु.] पागलपन; उन्माद।

जनूब (अ.) [सं-पु.] दक्षिण दिशा; दक्खिन।

जनेऊ (सं.) [सं-पु.] 1. सूत के धागे की माला 2. हिंदुओं में किया जाने वाला बालकों का यज्ञोपवीत संस्कार 3. उक्त संस्कार में पहनने का सूत का तेहरा धागा; यज्ञोपवीत; ब्रह्मसूत्र।

जनेरा [सं-पु.] मकई; मक्का; जोन्हरी।

जनेश (सं.) [सं-पु.] 1. ईश्वर 2. राजा।

जनेष्ठा (सं.) [सं-स्त्री.] 1. हल्दी 2. वृद्धि नामक औषधि 3. चमेली का पेड़ 4. पपड़ी।

जनोक्ति (सं.) [सं-पु.] 1. लोगों के द्वारा कही गई उक्ति; लोकोक्ति 2. लोक में प्रचलित बात।

जनोत्तेजक (सं.) [वि.] 1. जनता को उत्तेजित करने वाला 2. लोकोत्तेजक।

जनोन्मुख (सं.) [वि.] जन की ओर रुख किए हुए।

जनोपयोगी (सं.) [वि.] 1. जन के लिए उपयोगी; लोकोपयोगी 2. जनसाधारण के लिए हितकर।

जनौध (सं.) [सं-पु.] 1. मनुष्यों का मजमा 2. भीड़।

जन्नत (अ.) [सं-पु.] 1. स्वर्ग; बहिश्त 2. {ला-अ.} उद्यान; वाटिका; बाग 4. {ला-अ.} वह स्थान जहाँ हर प्रकार की सुख-सुविधा हो।

जन्नती (अ.) [वि.] 1. जन्नत या स्वर्ग में रहने वाला; स्वर्गवासी 2. जन्नत या स्वर्ग संबंधी; स्वर्ग का।

जन्म (सं.) [सं-पु.] 1. गर्भ से उत्पन्न होने की क्रिया; गर्भ से निकलकर जन्म लेना 2. उत्पत्ति; पैदाइश 3. अस्तित्व में आना 4. आविर्भाव।

जन्म-संस्कार (सं.) [सं-पु.] 1. जातकर्म 2. शिशु के जन्म पर किए जाने वाले धार्मिक अनुष्ठान।

जन्म प्रमाणक (सं.) [सं-पु.] इस बात का आधिकारिक प्रमाण-पत्र कि अमुक व्यक्ति का जन्म अमुक तिथि को अमुक स्थान पर हुआ था।

जन्मकुंडली (सं.) [सं-स्त्री.] ज्योतिष में वह चक्र जिसमें जन्मकाल के ग्रहों की स्थिति बताई जाती है।

जन्मजात (सं.) [वि.] 1. पैदाइशी; जन्म से ही, जैसे- जन्मजात गायक 2. किसी के जन्म के समय से उसके साथ लगा हुआ, जैसे- शरीर का कोई जन्मजात चिह्न या निशान 3. जन्म से ही प्राप्त।

जन्मतः (सं.) [क्रि.वि.] जन्म से।

जन्मतिथि (सं.) [सं-स्त्री.] जन्मदिन; जन्म लेने की तारीख़।

जन्मदाता (सं.) [वि.] 1. जन्म देने वाला; जनक; पिता 2. जीवन देने वाला; उत्पन्न करने वाला।

जन्मना (सं.) [क्रि.वि.] 1. जन्म की दृष्टि से 2. जन्म के विचार से।

जन्मपत्रिका (सं.) [सं-स्त्री.] दे. जन्मपत्री।

जन्मपत्री (सं.) [सं-स्त्री.] किसी के जन्म-काल के समय के ग्रहों की स्थिति, दशा, अंतर्दशा आदि का विस्तार से उल्लेख करने वाला पत्र; जन्मपत्रिका।

जन्मभूमि (सं.) [सं-स्त्री.] वह स्थान, प्रदेश या देश जहाँ किसी का जन्म हुआ हो; जन्मस्थान।

जन्मा (सं.) [सं-पु.] वह जिसका जन्म हुआ हो; उत्पन्न; पैदा हुआ।

जन्मांतर (सं.) [सं-पु.] 1. परलोक 2. पिछला जन्म; पूर्वजन्म 3. अगला जन्म; भावी जन्म।

जन्मांतरवाद (सं.) [सं-पु.] पुनर्जन्म, परलोक आदि में विश्वास रखने वाला मत या सिद्धांत; पुनर्जन्मवाद।

जन्मांध (सं.) [वि.] जो जन्म से ही अंधा हो; पैदाइशी अंधा।

जन्माधिप (सं.) [सं-पु.] 1. जन्म राशि का स्वामी 2. जन्म लग्न का स्वामी 3. (पुराण) शिव का एक नाम।

जन्माष्टमी (सं.) [सं-स्त्री.] कृष्ण के जन्म की याद में मनाया जाने वाला पर्व; भाद्रपद मास के कृष्णपक्ष की अष्टमी का त्योहार; कृष्ण-जन्माष्टमी।

जन्मोत्सव (सं.) [सं-पु.] 1. किसी के जन्म लेने की ख़ुशी में मनाया जाने वाला उत्सव 2. जन्मदिन पर होने वाला उल्लासपूर्ण आयोजन या उत्सव।

जन्य (सं.) [वि.] 1. जन संबंधी 2. जातीय; राष्ट्रीय 3. जो किसी से उत्पन्न हुआ हो।

जप (सं.) [सं-पु.] 1. जपने की क्रिया 2. किसी पद या वाक्य का भक्तिभाव से किया जाने वाला बारंबार उच्चारण 3. पूजा-पाठ इत्यादि में मंत्रों का संख्यापूर्वक पाठ।

जप-तप [सं-पु.] 1. जप और तप 2. अर्चना; उपासना; पूजा-पाठ।

जपजी [सं-पु.] 1. सिक्खों का प्रसिद्ध ग्रंथ 2. सिक्ख-समुदाय में पढ़ा जाने वाला ग्रंथ।

जपना (सं.) [क्रि-स.] 1. श्रद्धापूर्वक बार-बार किसी देवता आदि का नाम लेना; जप करना 2. यज्ञ करना 3. {ला-अ.} किसी की कोई चीज़ हजम करना; हड़पना।

जपनी [सं-स्त्री.] 1. वह माला जिसे जप करते समय फेरा जाता है; जपमाला 2. वह थैली जिसमें माला रखकर जपा जाता है; गोमुखी; गुप्ती 3. जपने की क्रिया या भाव 4. किसी बात को बार-बार आग्रहपूर्वक कहना।

जपनीय (सं.) [वि.] जपे जाने योग्य।

जपमाला (सं.) [सं-स्त्री.] जप करने के लिए प्रयुक्त माला; जपनी।

जपा [सं-पु.] जप करने वाला व्यक्ति। [सं-स्त्री.] जवा; गुड़हल।

जपित [क्रि-स.] 1. ओंठ के भीतर बुदबुदाना 2. किसी मंत्र आदि का निःशब्द निरंतर उच्चारण।

जप्य (सं.) [सं-पु.] जपा जाने वाला मंत्र। [वि.] 1. जपने योग्य; जपनीय 2. जपा जाने वाला।

ज़फ़र[1] (अ.) [सं-पु.] 1. विजय; जीत 2. सफलता; कामयाबी।

ज़फ़र[2] (फ़ा.) [सं-पु.] तावीज़, यंत्र आदि बनाने की कला या काम।

ज़फ़रयाब (अ.+फ़ा.) [वि.] 1. जिसे विजय प्राप्त हुई हो 2. विजयी; विजेता।

जफ़ा (फ़ा.) [सं-स्त्री.] 1. अन्यायपूर्ण कार्य या व्यवहार 2. अत्याचार; ज़ुल्म; सितम 3. अनीति।

जफ़ाकश (फ़ा.) [वि.] 1. अन्याय सहन करने वाला; सहनशील 2. देह पर कष्ट उठाने वाला 3. मेहनती; कर्मठ; परिश्रमी।

जफ़ातलब (फ़ा.) [वि.] परिश्रमी; कर्मठ।

ज़फ़ीर (अ.+फ़ा.) [सं-पु.] 1. कठोरता 2. सख़्ती 3. बला; कोप 4. गधे की आवाज़।

ज़फ़ीरी (अ.) [सं-स्त्री.] 1. मुँह से सीटी या उससे किया जाने वाला शब्द 2. मुँह में दो उँगलियाँ रखकर बजाई जाने वाली सीटी 3. मिस्र देश में पैदा होने वाली एक प्रकार की कपास।

जब (सं.) [अव्य.] 1. जिस समय; जिस वक्त 2. जिस अवस्था में; जिस हालत में 3. यदा।

जबकि [अव्य.] जैसे ही; यदि; यद्यपि।

जबड़ा (सं.) [सं-पु.] मुँह में नीचे-ऊपर की हड्डी जिसमें दाँत जमे होते हैं; कल्ला।

ज़बर (अ.) [सं-पु.] अरबी-फ़ारसी लिखावट में ह्रस्व आकार का चिह्न। [वि.] 1. बलवान; बली 2. पक्का; दृढ़ 3. मज़बूत।

ज़बरजद (फ़ा.) [सं-पु.] 1. एक तरह का रत्न 2. पुखराज।

ज़बरदस्त (फ़ा.) [वि.] 1. प्रभावी; ज़ोरदार 2. जो बहुत शक्तिशाली और स्वभाव से कठोर हो 3. मज़बूत; दृढ़ 4. ताकतवर; शक्तिशाली; बली 5. अत्यधिक 6. प्रचंड; अति तीव्र; बहुत तेज़ 7. बहुत कठिन।

ज़बरदस्ती (फ़ा.) [सं-स्त्री.] 1. बलपूर्वक; बलात 2. ज़बरदस्त होने की अवस्था या भाव 3. ज़ुल्म; अत्याचार 4. बलात्कार 5. ज्यादती; सीनाजोरी 6. बलप्रयोग; ऐसा काम जिसमें सख़्ती की जाए। [क्रि.वि.] 1. बलपूर्वक; ताकत का इस्तेमाल करते हुए 2. दबाव पड़ने पर; इच्छा के विरुद्ध।

जबरन (अ.) [अव्य.] 1. बलपूर्वक; ज़बरदस्ती; बलात 2. दबाव देकर 3. विवश होकर; मजबूरन।

जबर्रा [सं-पु.] एक प्रकार का पक्षी; जुर्रा पक्षी।

ज़बह (अ.) [सं-पु.] 1. गला काटकर जान या प्राण लेने का कार्य 2. मंत्र पढ़ते हुए पशु-पक्षियों का गला काटने की क्रिया 3. कत्ल; हत्या 4. हिंसा।

जबहा [सं-पु.] साहस; जीवट।

ज़बाँ (फ़ा.) [सं-स्त्री.] 1. जिह्वा; जीभ; रसना 2. किसी को दिया हुआ वचन 3. किसी देश की बोली-भाषा 4. करार; कथन 5. प्रतिज्ञा।

ज़बाँज़द (फ़ा.) [वि.] 1. जो लोगों की ज़बान पर रहे 2. लोकप्रसिद्ध।

ज़बाँदराज़ (फ़ा.) [वि.] 1. बहुत बोलने वाला 2. बदज़बान 3. गुस्ताख़ 4. दुर्मुख 5. न कहने वाली बातें भी बढ़-चढ़कर बोलने वाला।

ज़बाँबंदी (फ़ा.) [सं-स्त्री.] 1. भाषण-प्रतिबंध 2. बोलने की मनाही 3. मौन; चुप्पी 4. चुप रहने की आज्ञा 5. किसी घटना के संबंध में लिखी जाने वाली किसी साक्षी या गवाह की गवाही।

ज़बान (फ़ा.) [सं-स्त्री.] 1. जीभ; जिह्वा; रसना 2. भाषा; बोली 3. बोल; वाणी 4. बोलचाल; बात 5. वचन; प्रण; वादा; कौल। [मु.] **-खींच लेना** : ऐसा कठोर दंड देना की व्यक्ति बोलने लायक न रह जाए। **-पर आना** : मुँह से निकलना। **-पर लगाम देना** : सोच-समझ कर बोलना।

ज़बानदराज़ (फ़ा.) [वि.] 1. अनुचित बातों को बढ़ा-चढ़ाकर कहने वाला 2. अशिष्टता या धृष्टता के साथ बड़ों से बातें करने वाला।

ज़बानदराज़ी (फ़ा.) [सं-स्त्री.] 1. बदज़बानी 2. व्यर्थ में बहस करना 3. वाचालता; बहस 4. धृष्टता; अशिष्टता 7. गुस्ताख़ी।

ज़बानी (फ़ा.) [वि.] 1. जो केवल मुँह या ज़बान से कहा गया हो लेकिन व्यवहृत न हो; जो आचरण में न हो 2. मौखिक; (ओरल) 3. ज़बान संबंधी; ज़बान का 4. कंठस्थ 5. मुखाग्र 6. अलिखित।

जबीं (फ़ा.) [सं-स्त्री.] 1. माथा; ललाट 2. भाल; पेशानी।

ज़बीह (अ.) [वि.] 1. वधित 2. ज़बह या गला काटकर वध किया हुआ।

ज़बीहा (अ.) [सं-पु.] 1. वह पशु जिसका ज़बह या वध किया गया हो 2. ज़बह; वध।

ज़ब्त (अ.) [सं-पु.] 1. बरदाश्त; सहनशीलता 2. सरकारी आज्ञा से किसी वस्तु के विक्रय आदि का निषेध या उपलब्ध वस्तुओं पर कब्ज़ा 3. राज्य द्वारा किया गया अधिकार। [वि.] 1. दबाया या रोका हुआ 2. जिसपर राज्य का कब्ज़ा हो 3. सरकार द्वारा छीना हुआ 4. अपनाया हुआ।

ज़ब्तशुदा (अ.+फ़ा.) [वि.] 1. ज़ब्त किया हुआ 2. सरकार द्वारा छीना हुआ।

ज़ब्ती (अ.) [सं-स्त्री.] 1. ज़ब्त होने की अवस्था, क्रिया या भाव 2. किसी चीज़ का ज़ब्त किया जाना; कुर्की।

जब्बार (अ.) [वि.] 1. ज़बरदस्ती करने वाला 2. यातनाएँ देने वाला 3. अत्याचार करने वाला 4. बलवान; शक्तिशाली।

जब्र (अ.) [सं-पु.] 1. किसी बात के लिए मजबूर करना; हठ 2. ज़बरदस्ती; बलप्रयोग 3. सख़्ती 4. ज़ुल्म; अत्याचार।

जब्रीया (अ.) [सं-पु.] मुसलमानों का एक फ़िरका जो मानता है कि मनुष्य अपने कर्मों में सर्वथा नियति या ईश्वरेच्छा के अधीन है। [क्रि-अ.] मजबूर करके; ज़बरदस्ती।

जभा [सं-पु.] जबड़ा।

जभेला [सं-पु.] छपेटन को टिकाए रखने वाला दायें बाज़ू का खूँटा।

जमकातर (सं.) [सं-पु.] पानी का भँवर। [सं-स्त्री.] 1. एक प्रकार की तलवार; खाँड़ा 2. यम का खाँड़ा।

जमघट [सं-पु.] 1. लोगों का जमावड़ा; मजमा 2. भीड़; समूह; ठट्ट।

ज़मज़म (अ.) [सं-पु.] मक्का या काबा के पास का एक कुआँ जिसका पानी बहुत पवित्र माना जाता है; उक्त कुएँ का पानी।

ज़मज़मा (फ़ा.) [सं-पु.] 1. गाना; राग 2. संगीत; गीत 3. पक्षियों की चहचहाहट; कलरव।

जमडाढ़ (सं.) [सं-स्त्री.] शरीर में भोंकने का कटारी की तरह का एक हथियार।

जमदग्नि (सं.) [सं-पु.] (पुराण) एक ऋषि जो सप्तर्षियों में गिने जाते हैं और परशुराम के पिता माने जाते हैं।

जमना [क्रि-अ.] 1. तरल पदार्थ का ठोस रूप में परिवर्तित हो जाना या ठोस रूप में आना 2. दृढ़ता के साथ स्थिर होना 3. काम करने का पूरा अभ्यास होना 4. किसी कार्य में उत्तमता हासिल होना; किसी काम में स्थापित होना, जैसे- रोज़गार जमना 5. जमा होना; इकट्ठा होना 6. ख़ूब चोट पड़ना, जैसे- थप्पड़ या लाठी जमना 7. स्थापित होना, जैसे- धाक जमना 8. पसंद होना। [क्रि-स.] 1. उगना; उपजना 2. उत्पन्न करना। [सं-स्त्री.] यमुना नदी। [सं-पु.] पहली वर्षा के बाद पैदा होने वाली घास।

जमनिका (सं.) [सं-स्त्री.] 1. यवनिका 2. परदा 3. काई।

जमराजी [सं-स्त्री.] पुरवाई हवा का एक प्रकार, जिसके कारण सूखा पड़ता है।

जमवट (सं.) [सं-स्त्री.] जामुन की लकड़ी का वह चक्कर या घिर्री जो कुआँ बनाने के समय उसके तल में रखी जाती है।

जमहूर (अ.) [सं-पु.] 1. लोक; जनता; रियाया 2. जन-समूह; लोग-बाग 3. राष्ट्र; देश।

जमहूरियत (अ.) [सं-स्त्री.] लोकतंत्र; जनतंत्र; प्रजातंत्र; (डेमोक्रेसी)।

जमहूरी (अ.) [वि.] 1. जिसका संबंध संपूर्ण राष्ट्र या सभी लोगों से हो 2. लोकतंत्र या प्रजातंत्र संबंधी; लोकतांत्रिक; प्रजातांत्रिक।

जमा (अ.) [वि.] 1. संग्रह किया हुआ (धन अथवा वस्तु); जोड़कर रखा गया रुपया-पैसा 2. इकट्ठा; एकत्र 3. किसी खाते के आय पक्ष में लिखा गया धन। [सं-स्त्री.] 1. पूँजी; मूलधन 2. किसी व्यक्ति के पास का रुपया-पैसा 3. लगान; मालगुज़ारी; ज़मीन का कर 4. किसी खाते में आयपक्ष में किसी के द्वारा लिखाया गया या जमा किया गया धन 5. (गणित) जोड़।

ज़माँ (अ.) [सं-पु.] जमाना का वह संक्षिप्त रूप जो उसे यौगिक शब्दों के अंत में प्राप्त होता है।

जमाअंदाज़ (फ़ा.) [वि.] 1. लक्ष्यभेदी; निशानची 2. बहुत अच्छा निशाना लगाने वाला।

जमाई[1] [सं-स्त्री.] जमने या जमाने की क्रिया, भाव या मज़दूरी।

जमाई[2] (सं.) [सं-पु.] दामाद; जामाता।

जमाख़र्च (फ़ा.) [सं-पु.] 1. आय और व्यय; आमदनी और ख़र्च 2. आय-व्यय का हिसाब और ब्योरा 3. किसी के यहाँ से आई हुई रकम जमा करके उसके नाम पड़ी हुई रकम का पूरा हिसाब करना।

जमाखाता (फ़ा.+हिं.) [सं-पु.] वह खाता जिसमें रुपया जमा हो।

जमाख़ोर (फ़ा.) [सं-पु.] अवैध माल जमा करने वाला व्यक्ति।

जमाख़ोरी (फ़ा.) [सं-स्त्री.] 1. अवैध माल जमा करना 2. काला बाज़ारी।

जमात (अ.) [सं-स्त्री.] 1. कक्षा; दरजा; श्रेणी (विद्यार्थियों की) 2. मनुष्यों का समूह, गिरोह या दल 3. नमाज़ियों की पंक्ति 4. संघ; समुदाय।

जमाती [सं-पु.] 1. जमात या कक्षा में साथ रहने वाला; सहपाठी 2. साधुओं की संगति में रहने वाला व्यक्ति।

जमाद (अ.) [सं-स्त्री.] 1. चेतन रहित या जड़ पदार्थ; निर्जीव 2. वह स्थान जहाँ वर्षा न हो; मरुस्थल 3. कंजूस या लोभी व्यक्ति।

जमादार (अ.+फ़ा.) [सं-पु.] 1. सैनिकों या सफ़ाई कर्मियों का सरदार; (हेडकांस्टेबल) 2. छोटे कर्मचारियों के कार्यों का निरीक्षक या अधिकारी 3. सफ़ाई करने वाला कर्मचारी।

जमादारनी (अ.+फ़ा.) [सं-स्त्री.] 1. जमादार की स्त्री 2. साफ़-सफ़ाई करने वाली स्त्री; मेहतरानी।

जमादारिन (अ.+फ़ा.) [सं-स्त्री.] जमादारनी।

जमादारी (अ.+फ़ा.) [सं-स्त्री.] 1. जमादार का पद 2. साफ़-सफ़ाई का कार्य।

ज़मानत (अ.) [सं-स्त्री.] 1. किसी व्यक्ति या कार्य की विश्वसनीयता 2. मुहज़बानी या रुपए जमा करके किसी व्यक्ति के संबंध में ली गई ज़िम्मेदारी 3. वह रकम जो किसी की ज़िम्मेदारी लेते समय अधिकारी के पास जमा की जाती है; (सिक्योरिटी)।

ज़मानतदार (अ.+फ़ा.) [सं-पु.] ज़मानत लेने वाला।

ज़मानतनामा (अ.+फ़ा.) [सं-पु.] 1. वह कागज़ या पत्र जो किसी की ज़मानत पर लिखा जाता है 2. ज़ामिन होने की लिखित स्वीकृति।

ज़मानती (अ.) [सं-पु.] 1. वह जो ज़मानत करे 2. ज़िम्मेदार 3. ज़ामिन। [वि.] 1. ज़मानत संबंधी 2. जो ज़मानत के रूप में हो।

जमाना [क्रि-स.] 1. स्थापित करना; किसी वस्तु को दूसरी वस्तु पर मज़बूती से टिकाना 2. तरल पदार्थ को ठोस में परिवर्तित करना 3. मन में बैठाना 4. चुनाई करना; बैठाना 5. सजाकर रखना 6. चलने लायक बनाना; स्थापित करना 7. अच्छी तरह चोट करना; प्रहार करना 8. असरदार ढंग से काम कराना 9. उगाना; उपजाना।

ज़माना (अ.) [सं-पु.] 1. युग; दौर 2. समय; काल; वक्त 3. मुद्दत; बहुत ज़्यादा समय; अरसा 4. अवधि 5. दुनिया; संसार 6. उत्कर्ष या गौरव के दिन; राज्यकाल 7. सौभाग्यकाल; उन्नति का दौर 8. कार्यकाल।

ज़मानासाज़ (अ.+फ़ा.) [वि.] 1. समय और परिस्थितियों के अनुकूल व्यवहार करने वाला; अवसरवादी; दुनियासाज़ 2. बनावटी प्रेम दिखाने वाला 4. चालाक; धूर्त।

जमापूँजी [सं-स्त्री.] इकट्ठा किया गया धन; संचित धन या निधि।

जमाबंदी (अ.+फ़ा.) [सं-स्त्री.] 1. पटवारी का बही-खाता जिसमें काशतकारों के लगान का हिसाब और ब्योरा लिखा जाता है 2. ज़मीन के कर या लगान का हिसाब।

जमामार [वि.] दूसरों की संपत्ति अनुचित रूप से हड़पने वाला।

जमाल (अ.) [सं-पु.] 1. ख़ूबसूरती; सौंदर्य 2. बहुत सुंदर रूप 3. शोभा 4. छवि 5. माधुर्य 6. ऐश्वर्य।

जमालगोटा (सं.) [सं-पु.] 1. एक पौधे का बीज जो बहुत दस्तावर होता है 2. जयपाल; दंतीफल; तिंतिड़ीफल।

जमालिस्तान (अ.+फ़ा.) [सं-पु.] 1. सौंदर्य स्थल; परीलोक; सौंदर्यलोक 2. वह जो सुंदरता की खान हो।

जमाली (अ.) [वि.] 1. सुंदर रूपवाला; सौंदर्ययुक्त; स्वरूपवान 2. रूप से संबंधित।

जमालीयात (अ.) [सं-पु.] रूप या सौंदर्य संबंधी बातें।

जमाव [सं-पु.] 1. एक स्थान पर बहुत-सी वस्तुओं या व्यक्तियों के इकट्ठे या जमा होने की अवस्था या भाव; मजमा; भीड़ 2. जमने या जमाने की क्रिया; जमे होने की अवस्था या भाव 3. संकुलन।

जमावट [सं-स्त्री.] 1. जमने या जमाने की क्रिया या भाव; जमाव 2. जमा या इकट्ठे होने की क्रिया।

जमावड़ा [सं-पु.] 1. एक स्थान पर इकट्ठा हुए लोगों का समूह; भीड़; मजमा 2. एकत्रीकरण।

जमी (सं.) [सं-स्त्री.] यम की बहन; यमी। [वि.] इंद्रियनिग्रही।

ज़मीं (फ़ा.) [सं-पु.] 1. ज़मीन; भूमि 2. देश; मुल्क 3. पृथ्वी; धरा 4. पेशबंदी 5. ग़ज़ल की रदीफ़।

ज़मींकंद (फ़ा.+सं.) [सं-पु.] एक कंद जो शाक के रूप में खाया जाता है; सूरन; ओल।

ज़मींदार (फ़ा) [सं-पु.] 1. वह व्यक्ति जिसे किसी विशेष भूमि पर स्वामित्व प्राप्त हो; ज़मीन का मालिक; भू-स्वामी 2. अँग्रेज़ी राज्य में ज़मीन का स्वामी जो छोटे किसानों या काश्तकारों को लगान के आधार पर ज़मीन जोतने-बोने को देता था।

ज़मींदारी (फ़ा) [सं-स्त्री.] 1. ज़मीदार होने की अवस्था या भाव 2. ज़मीदार का पद या पेशा 3. ज़मीदार की वह भूमि जिसका लगान वह काश्तकारों से वसूल करता है 4. ज़मीन को छोटे काश्तकारों को लगान पर देने की प्रथा।

ज़मींदोज़ (फ़ा.) [वि.] 1. ज़मीन पर गिरा हुआ 2. जो उखड़कर या गिरकर ज़मीन के बराबर हो गया हो 3. ज़मीन के भीतर का; ज़मीन के नीचे से संबंधित। [सं-पु.] एक प्रकार का खेमा।

ज़मीन (फ़ा.) [सं-स्त्री.] 1. भूमि; खेत 2. पृथ्वी; धरती 3. धरातल का कोई भाग; ठोस तल 4. भूमि का टुकड़ा; भूखंड 5. वह तेल जिसमें किसी इत्र को तैयार किया जाता है 6. आधार 7. नदी और तालाब का तल 8. वह कागज़, कपड़ा, आभूषण आदि का तल जिसपर चित्रकारी, छपाई, नक्काशी आदि की जाए 9. किसी कार्य की पहले से तय की हुई प्रणाली; उपक्रम; आयोजन; डौल 10. ग़ज़ल के रदीफ़, क़ाफ़िया और छंद। [मु.] **-आसमान एक करना** : घोर प्रयत्न करना। **-बाँधना** : आधार तैयार करना। **नई ज़मीन तोड़ना** : किसी नए क्षेत्र में महत्वपूर्ण काम करना।

ज़मीनी (फ़ा.) [वि.] 1. भूमि या ज़मीन संबंधी; ज़मीन का 2. देश संबंधी; देश का 3. ज़मीन पर होने वाला 4. यथार्थ से परिचित; व्यवहारिक 5. जो स्पष्ट रूप से दिखाई पड़े।

ज़मीनेरज़्म (फ़ा.) [सं-स्त्री.] लड़ाई का मैदान; युद्धस्थल; रणभूमि।

ज़मीमा (अ.) [सं-पु.] 1. पूरक 2. परिशिष्ट 3. अतिरिक्त पत्र; क्रोड़पत्र।

ज़मीर (अ.) [सं-पु.] 1. अंतरात्मा; अंत:करण; मन; दिल 2. सर्वनाम (व्याकरण) 3. विवेक।

जमील (अ.) [वि.] अत्यधिक सुंदर; ख़ूबसूरत।

जमुनियाँ [सं-पु.] 1. जामुन का रंग 2. काला रंग 3. यम का भय; यमपाश। [वि.] जामुन के रंग का; काला।

जमुरी (फ़ा.) [सं-स्त्री.] 1. चिमटी के आकार का नाल-बंदों का एक औज़ार जिससे वे घोड़ों के नाल काटते हैं 2. सँड़सी 3. घोड़ों के नाख़ून काटने का यंत्र या उपकरण।

ज़मुर्रद (अ.) [सं-पु.] पन्ना नामक रत्न।

ज़मुर्रदी (फ़ा.) [वि.] 1. नीलापन लिए हरे रंग का 2. पन्ना के रंग का। [सं-पु.]- नीलापन लिए हुये हरा रंग।

जमुवट [सं-स्त्री.] दे. जमवट।

जमूरा (फ़ा.) [सं-पु.] 1. तमाशा दिखाने वाले का शागिर्द या सहायक 2. घोड़े या ऊँट पर चलने वाली पुराने समय की एक तोप।

जमैयत (अ.) [सं-स्त्री.] 1. समुदाय 2. सभा; परिषद; गोष्ठी 3. दल; समूह; जमात।

जमैला [सं-पु.] जमे बादलों की घटा (कादंबिनी)।

जमोग [सं-पु.] 1. जमोगने अर्थात स्वीकार करने की क्रिया 2. किसी दूसरे की बात का किसी तीसरे के द्वारा समर्थन 3. चित्रकला में बेल-बूटे आदि को एक-दूसरे से नियत दूरी और अपने-अपने ठीक स्थान पर बैठाने की क्रिया या भाव 4. सामने का निश्चय; तसदीक 5. ऋण चुकाने की एक प्रथा जिसमें ऋणी व्यक्ति अपने ऋण का भार किसी और पर डाल देता है।

जमोगना [क्रि-स.] 1. आय-व्यय का हिसाब लगाना 2. ब्याज को मूलधन में जोड़ना 3. ऋण का भार दूसरे पर सौंपकर ऋणमुक्त करने की स्वीकृति दिलाना; (एसाइन्मेंट) 4. किसी बात का दूसरे से समर्थन कराना।

जमोट [सं-पु.] काठ के छह हिस्सों के जोड़ से बना गोल घेरा; कुएँ की जोड़ाई के समय सबसे नीचे का घेरा, जो काठ, ईंट आदि का होता है। ।

जम्हाई (सं.) [सं-स्त्री.] दे. जँभाई।

जम्हार [सं-पु.] घास की किस्म, जो बहुत सख्त होती है और यह बंजर व सूखी जमीन पर उगती है।

जम्हूरा [सं-पु.] कांटी-कील आदि निकालने का एक औजार।

जय (सं.) [सं-पु.] 1. विजय; जीत 2. लाभ 3. इंद्र का पुत्र 4. अरणी या अग्निमंथ नामक एक वृक्ष 5. विष्णु के एक पार्षद का नाम 6. महाभारत नामक महाकाव्य का पुराना नाम 7. संगीत में एक प्रकार का ताल 8. मार्ग 9. वशीकरण 10. एक नाग। [सं-स्त्री.] 1. विवाद आदि में विपक्षियों का पराभव 2. किसी बड़े कार्य में मिलने वाली महत्वपूर्ण सफलता। [मु.] **-बोलना** : विजय या समृद्धि की कामना करना।

जय जयकार (सं.) [सं-स्त्री.] जयकार; सामूहिक रूप से बार-बार प्रशंसा करने की क्रिया।

जयंत (सं.) [सं-पु.] 1. (पुराण) रुद्र, इंद्र के पुत्र, कार्तिकेय, अक्रूर के पिता, दशरथ के मंत्री आदि लोगों का नाम 2. संगीत में ध्रुवक जाति का एक ताल 3. (ज्योतिष) एक योग जिसमें युद्ध के समय यात्रा करने पर विजय निश्चित मानी जाती है। [वि.] 1. जय प्राप्त करने वाला; विजयी 2. भिन्न-भिन्न वेश बनाने वाला; बहुरूपिया।

जयंतिका (सं.) [सं-स्त्री.] वह स्त्री जिसने विजय प्राप्त कर ली हो; जयंती।

जयंती (सं.) [सं-स्त्री.] 1. वह स्त्री जिसने विजय प्राप्त कर ली हो 2. दुर्गा; पार्वती 3. ध्वजा; पताका 4. हल्दी 5. एक बड़ा पेड़ जिसे जैंत या जैंता कहते हैं 6. ज्योतिष का एक योग 7. किसी महापुरुष की जन्मतिथि पर मनाया जाने वाला उत्सव। [वि.] विजय प्राप्त करने वाली; विजयनी।

जयकंकण (सं.) [सं-पु.] विजय का सूचक कंकण जो प्राचीन समय में विजयी व्यक्ति को पहनाया जाता था।

जयकरी (सं.) [सं-स्त्री.] (काव्यशास्त्र) चौपाई नामक एक छंद का दूसरा नाम।

जयकार (सं.) [सं-पु.] 1. किसी की जय कहने की क्रिया या

भाव 2. वह वाक्य या पद जिसमें किसी की जय बोली जाए या संकेतित हो 3. जयघोष; जयध्वनि।

जयगान (सं.) [सं-पु.] 1. जय या विजय का गीत 2. युद्ध आदि में विपक्षियों के पराभव के बाद गाया जाने वाला गीत।

जयगीत (सं.) [सं-पु.] 1. विजय कामना के लिए गाया जाने वाला गान 2. जीत के उल्लास का गीत 3. किसी की प्रतिष्ठा या ख्याति का वृत्तांत।

जयघोष (सं.) [सं-पु.] 1. ज़ोर से कही जाने वाली किसी की जय 2. जय ध्वनि 3. विजय का ढिंढोरा।

जयचंद (सं.) [सं-पु.] 1. कन्नौज का एक प्रसिद्ध राजा 2. {ला-अ.} देशद्रोही।

जयजीव [सं-पु.] 1. एक प्रकार का अभिवादन जिसका अर्थ है- तुम चिरंजीवी हो, तुम्हारी विजय हो 2. आशीर्वाद के रूप में प्रयुक्त वाक्य।

जयति (सं.) [सं-पु.] एक संकर राग जिसे कुछ लोग गौरी और ललित तथा कुछ लोग पूरिया और कल्याण के योग से बना हुआ मानते हैं।

जयतु (सं.) [क्रि-वि.] जय हो; आशीर्वाद।

जयत्कल्याण (सं.) [सं-पु.] एक संकर राग जो रात्रि के पहले पहर में गाया जाता है।

जयत्सेन (सं.) [सं-पु.] (महाभारत) विराट नगर में अज्ञातवास करते समय नकुल ने अपना नाम रखा था।

जयदेव (सं.) [सं-पु.] संस्कृत के एक प्रसिद्ध कवि; गीतगोविंद के रचयिता। [वि.] 1. देवों को जीतने वाला 2. जिसकी भक्ति से देवता जीत लिए गए हों।

जयद्रथ (सं.) [सं-पु.] (महाभारत) सिंधुसौवीर या सौराष्ट्र का राजा जो दुर्योधन का बहनोई था।

जयन (सं.) [सं-पु.] 1. जय; जीत 2. जय करना 3. घोड़े आदि पर बाँधने का जिरह। [वि.] विजयी।

जयनी (सं.) [सं-स्त्री.] इंद्र की कन्या।

जयपत्र (सं.) [सं-पु.] 1. न्यायालय द्वारा दिया गया मुकदमें की जीत से संबंधित पत्र 2. वह राजाज्ञा जो अर्थी-प्रत्यर्थी के बीच विवाद के निबटारे के लिए लिखी जाए 3. अश्वमेघ के घोड़े के माथे पर बँधा हुआ विजय-पत्र।

जयपुरिया [सं-पु.] पतली रेखाओं की आकृति बनी चुनरी। [वि.] जयपुर से संबंधित या जयपुर का।

जयफर [सं-पु.] एक प्रकार का सुगंधित फल जो मसाले या औषधि निर्माण में प्रयुक्त होता है।

जयमाल (सं.) [सं-स्त्री.] 1. विजेता को पहनाई जाने वाली माला; विजयहार 2. विवाह के समय वधू द्वारा वर को पहनाई जाने वाली माला; वरमाला।

जयमाला (सं.) [सं-स्त्री.] 1. विजेता को पहनाई जाने वाली माला या हार 2. वह माला जो विवाह में वर और वधू एक-दूसरे के गले में पहनाते हैं; मांगलिक माला।

जयश्री (सं.) [सं-स्त्री.] 1. विजय की अधिष्ठात्री देवी 2. विजय 3. एक रागिनी।

जयस्तंभ (सं.) [सं-पु.] 1. किसी देश पर विजय के स्मारक रूप में संस्थापित स्तंभ 2. विजय सूचक स्तंभ 3. विजय स्मृति में बनाई गई वास्तु रचना।

जयहिंद [सं-पु.] 1. भारतीयों द्वारा आपस में किया जाने वाला अभिवादन 2. एक नारा।

जया (सं.) [सं-स्त्री.] 1. दुर्गा 2. ध्वजा; पताका 3. भाँग 4. हरी दूब 5. शमी 6. अड़हुल का फूल 7. एक प्राचीन बाजा जिसमें बजाने के लिए तार लगे होते हैं। [वि.] जय दिलाने वाली; विजय दिलाने वाली।

जयाजय (सं.) [सं-स्त्री.] जीत और हार; विजय और पराजय।

जयावती (सं.) [सं-स्त्री.] 1. एक संकर रागिनी जो धवलश्री, विलावल और सरस्वती के योग से बनती है 2. कार्तिकेय की एक मातृका का नाम।

जयावह (सं.) [वि.] जय प्राप्त कराने वाला।

जयावहा (सं.) [सं-स्त्री.] भद्रदंती का वृक्ष।

जयाश्रया (सं.) [सं-स्त्री.] जरडी नामक घास।

जयिष्णु (सं.) [वि.] 1. जय दिलाने वाला 2. जयशील 3. जो जीतता हो 4. जो बराबर जीतता रहता हो।

जर (सं.) [सं-पु.] 1. वृद्धावस्था; क्षीण या नष्ट होने की अवस्था या भाव 2. जिस कर्म से शुभाशुभ कर्मों का क्षय होता है। [वि.] 1.वृद्ध होने वाला 2. क्षीण होने वाला।

ज़र (फ़ा.) [सं-पु.] 1. सोना; स्वर्ण 2. धन; दौलत।

जरई [सं-स्त्री.] बोए हुए बीज में से निकलने वाला नया अंकुर; अंकुरित धान।

जरकटी [सं-स्त्री.] एक शिकारी चिड़िया।

ज़रकश (फ़ा.) [सं-पु.] 1. कलाबत्तू के तार खींचने वाला 2. वह कपड़ा जिसपर सुनहले या रूपहले तार, ज़री आदि लगे हों या उनसे बेल-बूटे बने हों। [वि.] जिसपर जरी का काम हुआ हो।

ज़रकशी (फ़ा.) [सं-स्त्री.] 1. सोने-चाँदी के तारों का काम 2. ज़री या कलाबत्तू का काम 3. ज़री की कशीदाकारी।

ज़रकोब (फ़ा.) [वि.] 1. सोने-चाँदी के पत्तर बनाने वाला; वरकसाज़ 2. वह चीज़ जिसपर सोने के पत्र चढ़े हों।

ज़रख़रीद (फ़ा.) [वि.] 1. नकद दाम देकर ख़रीदा हुआ या मोल लिया हुआ; क्रीत (ज़मीन या गुलाम) 2. जिसपर ख़रीददार का पूरा अधिकार हो।

जरखा [सं-पु.] चरखा।

ज़रख़ेज़ (फ़ा.) [वि.] उपजाऊ; उर्वरा (भूमि)।

ज़रख़ेज़ी (फ़ा.) [सं-स्त्री.] उपजाऊपन।

ज़रगर (फ़ा.) [सं-पु.] सोने-चाँदी के ज़ेवर बनाने वाला व्यक्ति; सुनार।

ज़रगरी (फ़ा.) [सं-स्त्री.] 1. सोने-चाँदी का काम करना; सुनारगीरी; सुनारी 2. सोने-चाँदी के ज़ेवर बनाना।

जरगली [सं-स्त्री.] अधिक वर्षा से फसलों में होने वाला एक रोग।

जरगा[1] (फ़ा.) [सं-स्त्री.] एक प्रकार की घास जो क्यारियों आदि में लगाई जाती है तथा जिसे पशु खाते हैं।

जरगा[2] (तु.) [सं-पु.] 1. जनसमूह; भीड़; मजमा 2. पठानों का

वह दल या वर्ग जो जाति के रूप में होता है 3. इस प्रकार के दलों की सामूहिक सभा या बैठक।

ज़रगूनी (अ.) [सं-स्त्री.] एक यूनानी दवा।

जरछोरा [सं-पु.] दे. जड़कट्टा।

जरठ (सं.) [सं-पु.] बुढ़ापा। [वि.] 1. वृद्ध; बुड्ढा 2. जीर्ण 3. कठोर; कठिन 4. निर्दय।

जरडा (सं.) [सं-स्त्री.] एक प्रकार की घास।

जरण (सं.) [सं-पु.] 1. बुढ़ापा 2. हींग 3. जीरा 4. काला नमक। [वि.] 1. पुराना 2. जीर्ण।

जरणा (सं.) [सं-स्त्री.] 1. वृद्धावस्था 2. काला जीरा 3. मोक्ष; मुक्ति 4. स्तुति।

जरतई [सं-स्त्री.] 1. किसी के प्रति उत्पन्न ईर्ष्या 2. डाह; जलन।

जरतिका (सं.) [सं-स्त्री.] 1. बूढ़ी स्त्री 2. जीर्ण स्त्री।

जरती (सं.) [सं-स्त्री.] बूढ़ी महिला।

ज़रद (फ़ा.) [वि.] 1. पीला; पीत 2. पीले रंग का।

ज़रदक (फ़ा.) [सं-पु.] ज़रदा या पीलू नाम का एक पक्षी।

जरदष्टि (सं.) [सं-स्त्री.] 1. वृद्धावस्था; बुढ़ापा 2. दीर्घ जीवन। [वि.] 1. दीर्घजीवी 2. बुड्ढा; वृद्ध।

ज़रदा (फ़ा.) [सं-पु.] 1. पान के साथ खाया जाने वाला सुगंधित तंबाकू 2. पीलापन; पीलिया 3. केसर के साथ पकाए गए मीठे चावल 4. एक प्रकार की स्वर्णमुद्रा; मोहर 5. पीले रंग का घोड़ा 6. पीलू नाम का पक्षी जिसके पैर और कनपटी पीले होते हैं।

ज़रदार (फ़ा.) [वि.] 1. जिसके पास धन हो 2. अमीर; धनवान 3. दौलतमंद; मालदार।

ज़रदारी (फ़ा.) [सं-स्त्री.] 1. ज़रदार होने की अवस्था या भाव 2. धनसंपन्नता; अमीरी 3. मालदारी; दौलतमंदी।

ज़रदालू (फ़ा.) [सं-पु.] 1. ख़ूबानी नाम की मेवा 2. एक प्रकार का फल 3. आम की एक प्रजाति।

ज़रदी (फ़ा.) [सं-स्त्री.] 1. ज़रद अर्थात पीले होने की अवस्था या भाव 2. अंडे का पीला अंश 3. पिलाई; पीलापन।

ज़रदुश्त (फ़ा.) [सं-पु.] फ़ारस देश के प्राचीन पारसी धर्म के प्रवर्तक तथा आचार्य।

ज़रदोज़ (फ़ा.) [वि.] ज़रदोजी का काम करने वाला; सलमा-सितारा और ज़री का काम करने वाला; कारचोब।

ज़रदोज़ी (फ़ा.) [सं-स्त्री.] 1. कपड़ों पर सलमा-सितारों का काम या कसीदाकारी 2. सोने-चाँदी के तारों से वस्त्रों पर बेल-बूटे बनाने का काम। [वि.] वह जिसपर ज़रदोज़ी का काम हुआ हो।

ज़रदोस्त (फ़ा.) [वि.] 1. धन का लोभी या लोलुप 2. कंजूस; कृपण; लोभी; लालची।

ज़रनिगार (फ़ा.) [वि.] 1. जिसपर सोने का पानी चढ़ा हो 2. सोने के काम से सजा हुआ 3. सुनहरे रंग का 4. स्वर्णखचित; स्वर्णमंडित।

ज़रपरस्त (फ़ा.) [वि.] 1. धन का उपासक; केवल धन को सब कुछ समझने वाला; रुपए की पूजा करने वाला; अर्थपिशाच 2. अत्यंत कंजूस; लोभी; लोलुप।

ज़रब (अ.) [सं-स्त्री.] 1. चोट; आघात 2. प्रहार; हमला 3. तबले, मृदंग आदि पर किया जाने वाला आघात 4. कपड़े आदि पर छपी हुई बेल।

ज़रबफ़्त (फ़ा.) [सं-पु.] एक रेशमी कपड़ा जिसपर कलाबत्तू के बेल-बूटे का काम किया गया हो।

ज़रबाफ़ (फ़ा.) [सं-पु.] 1. वह व्यक्ति जो कपड़े पर ज़रबफ़्त का काम करता हो 2. ज़रदोज़ या ज़रबफ़्त बनाने वाला व्यक्ति।

ज़रबाफ़ी (फ़ा.) [सं-स्त्री.] सोने-चाँदी के तारों से कपड़ा बनाना; ज़रदोज़ी। [वि.] ज़रबाफ़ के काम का; जिसपर ज़रबाफ़ का काम बना हो।

जरबीला [वि.] 1. भड़कीला; चमक-दमकवाला 2. चकाचौंध उत्पन्न करने वाला 3. आकर्षक।

ज़रर (अ.) [सं-पु.] 1. नाश; क्षति; हानि 2. आघात; चोट 3. क्लेश; पीड़ा।

ज़रवारा (फ़ा.+हिं.) [वि.] संपन्न; धनी; समृद्ध।

जरसी (अं.) [सं-स्त्री.] 1. गाय की एक नस्ल जो अधिक दूध देती है 2. एक प्रकार का ऊनी स्वेटर 3. चुस्त ऊनी पहनावा।

जरा (सं.) [सं-स्त्री.] वृद्धावस्था; बुढ़ापा।

ज़रा (अ.) [अव्य.] 1. तनिक; थोड़ा; बिलकुल कम 2. अदना; मामूली 3. हेय; तुच्छ 4. किसी बात की न्यूनता या अल्पता पर बल देने में प्रयोग होने वाला शब्द।

जराग्रस्त (सं.) [वि.] 1. बूढ़ा; वृद्ध 2. कमज़ोर; जीर्ण।

जरातुर (सं.) [वि.] 1. जरा से जर्जर; जराग्रस्त 2. बूढ़ा; वृद्ध।

ज़राफ़त (अ.) [सं-स्त्री.] 1. परिहास; हास्य; हँसी-मज़ाक 2. व्यंग्य; तंज 3. विनोदप्रियता 4. हँसोड़पन; मसखरी।

ज़राब (फ़ा.) [सं-पु.] 1. सोने का पानी; पानी की शक्ल में सोना 2. पीले रंग की मदिरा।

जराबोध (सं.) [सं-पु.] वह अग्नि जो स्तुति करके प्रज्वलित की गई है; वैदिक अग्नि।

जरायम (अ.) [सं-पु.] 1. अनेक प्रकार के अपराध या गुनाह 2. दोष; पाप।

जरायु (सं.) [सं-पु.] 1. वह पारदर्शी झिल्ली जिसमें माँ के गर्भ में या जन्म के समय बच्चा लिपटा रहता है; एक प्रकार की पारदर्शी झिल्ली जिसमें कोई जीव या उसका अंशविशेष लिपटा रहता है; खेड़ी; आँवल 2. गर्भाशय 3. केंचुली 4. समुद्र फल।

जरायुज (सं.) [सं-पु.] वह प्राणी जिसका जन्म गर्भाशय से हो; वह प्राणी जो खेड़ी या जरायु में लिपटा हुआ पैदा हो; पिंडज।

ज़रारत (अ.) [सं-स्त्री.] 1. नुकसान करना 2. हानि पहुँचाना 3. अंधा होना।

जरासंध (सं.) [सं-पु.] (महाभारत) मगध देश का एक पराक्रमी राजा।

ज़रासीम (अ.) [सं-पु.] 1. छोटे-छोटे कीड़े 2. कीटाणु समूह।

जरासूर [सं-पु.] आलू की जड़ में लगा छोटा रेशा; जरौंदा।

ज़रिया (अ.) [सं-पु.] 1. कारण; सबब; हेतु 2. साधन; तदबीर; उपाय 3. लगाव; संबंध।

जरिश्क (फ़ा.) [सं-पु.] दारुहल्दी; एक हल्दी जो दवा के काम आती है।

ज़री (फ़ा.) [सं-स्त्री.] 1. सोने का पानी चढ़ाया हुआ चाँदी का तार 2. ताश नामक कपड़ा जो बादले से बुना जाता है। [वि.] 1. सोने का बना हुआ; स्वर्णिम 2. सुनहरे तारों का बना हुआ।

ज़रीफ़ (अ.) [वि.] 1. परिहास या मज़ाक करने वाला; दिल्लगीबाज़; हँसोढ़; मसखरा; ख़ुश मिज़ाज; विनोदप्रिय 2. प्रतिभाशाली; बुद्धिमान।

जरीब (अ.) [सं-स्त्री.] 1. खेत या भूमि नापने की ज़ंजीर या डोरी जो लगभग साठ गज़ लंबी होती है 2. रेशम की वह रस्सी जिससे शाही जुलूस के साथ रास्ता नापा करते थे।

ज़रीबाफ़ (फ़ा.) [वि.] 1. ज़री के कपड़े आदि बुनने वाला 2. सुनहरी गोट बनाने वाला (कारीगर)।

ज़रीबाफ़ी (फ़ा.) [सं-स्त्री.] ज़री के कपड़े आदि बुनने का काम।

ज़रूर (अ.) [वि.] 1. अवश्य; निश्चित रूप से 2. बेशक; निश्चित ही 3. निस्संदेह।

ज़रूरत (अ.) [सं-स्त्री.] 1. आवश्यकता; चाह; आकांक्षा 2. सबब; कारण; प्रयोजन 3. हाजत 4. तंगी।

ज़रूरतमंद (अ.+फ़ा.) [वि.] 1. जिसे आवश्यकता हो 2. अभावग्रस्त; दीन; दरिद्र 3. इच्छुक; आकांक्षी 4. भिखारी; भिक्षुक।

ज़रूरी (अ.) [वि.] 1. जो आवश्यक हो; महत्वपूर्ण 2. प्रयोजनीय; अनिवार्य 3. जो अवश्य होना चाहिए; जिसकी अवहेलना न की जा सके; जिसके बिना काम न चले।

ज़रूरीयात (अ.) [सं-स्त्री.] 1. (ज़रूरी का बहुवचन) ज़रूरतें; आवश्यकताएँ 2. आवश्यक वस्तुएँ।

जरौट [वि.] जिसमें नग आदि जड़े गए हों या बैठाया गया हो; जड़ा हुआ; जड़ने योग्य; जड़ाऊ।

जर्जर (सं.) [वि.] 1. जीर्ण-शीर्ण; टूटा-फूटा 2. जो पुराना होने के कारण उपयोगी न रह गया हो 3. खंडित; क्षत 4. {ला-अ.} जिसका सामयिक महत्व न रह गया हो, जैसे- पारंपरिक मान्यताएँ। [सं-पु.] इंद्र की ध्वजा।

जर्जरता (सं.) [सं-स्त्री.] जर्जर होने की अवस्था या भाव; जीर्णता; पुरानापन।

जर्जरित (सं.) [वि.] 1. जो जर्जर हो गया हो; जीर्ण 2. वृद्ध 3. टूटा फूटा हुआ; खंडित 4. अभिभूत।

जर्जरीक (सं.) [वि.] 1. अनेक छिद्रवाला 2. बहुत वृद्ध; बुड्ढा 3. पुराना।

जर्तिल (सं.) [सं-पु.] जंगली तिल।

ज़र्द (फ़ा.) [वि.] पीत वर्ण (रंग) का; पीला।

ज़र्दरू (फ़ा.) [वि.] 1. लज्जित; शर्मिंदा 2. दुबला; कमज़ोर; अल्परक्त।

ज़र्दा (फ़ा.) [सं-पु.] दे. ज़रदा।

ज़र्दी (फ़ा.) [सं-स्त्री.] 1. ज़र्द या पीले होने की अवस्था या भाव; पीलापन; पीतिमा 2. अंडे के अंदर का पीला भाग। [मु.] **-छाना** : बीमारी आदि से पीला पड़ना।

जर्नल (अं.) [सं-पु.] विभिन्न विषयों में प्रकाशित होने वाले शोध पत्र-पत्रिकाएँ।

ज़र्फ़ (अ.) [सं-पु.] 1. बरतन; भाजन; पात्र 2. सहनशीलता; गंभीरता; समाई 3. काबिलियत; योग्यता।

ज़र्ब (अ.) [सं-स्त्री.] 1. प्रहार; चोट; आघात 2. तबले या मृदंग आदि पर किया जाने वाला आघात।

ज़र्रा (अ.) [सं-पु.] 1. किसी वस्तु का बहुत छोटा अंश; अणु 2. तौल की पुरानी प्रणाली में एक जौ का सौवाँ भाग 3. धूल आदि का कण जो प्रकाश में उड़ता दिखाई देता है।

जर्राह (अ.) [सं-पु.] 1. चीरफाड़ करने वाला व्यक्ति 2. विकृत अंगों की शल्य-चिकित्सा करने वाला चिकित्सक; (सर्जन)।

जल (सं.) [सं-पु.] 1. पानी; नीर 2. पूजा-अर्चना के लिए लाया जाने वाला किसी नदी-सरोवर आदि का पानी।

जलंधर (सं.) [सं-पु.] 1. (पुराण) एक प्रसिद्ध राक्षस जिसका वध विष्णु ने किया था 2. नाथ संप्रदाय के एक योगी 3. एक प्रकार का रोग जिसमें सूजन के साथ पेट में पानी भर जाता है; जलोदर।

जलक (सं.) [सं-पु.] शंख; कौड़ी।

जलकंडु (सं.) [सं-पु.] ज़्यादा समय तक पानी में रहने के कारण पैरों में उत्पन्न होने वाला खुजली का रोग।

जलकर (सं.) [सं-पु.] 1. स्थानीय निकाय द्वारा दैनिक उपयोग के लिए उपलब्ध कराये गय जल पर लगने वाला कर 2. वह कर जो किसानों से नहर या नलकूप आदि से सिंचाई के लिए जल देने के बदले लिया जाता है 3. जलाशय में उत्पन्न होने या की जाने वाली चीज़ों पर लगने वाला कर।

जलकल (सं.) [सं-स्त्री.] पानी का नल; वह पाईप जिससे दैनिक उपयोग का पानी आता है; शहर में घर-घर पानी पहुँचाने वाला एक विभाग।

जलकुंभी [सं-स्त्री.] तालाबों या नदियों के रुके हुए पानी में पैदा होने वाली एक वनस्पति, जलकुकुही; समुद्रसोख।

जलकुकुही [सं-स्त्री.] जल में होने वाला एक प्रकार का पौधा; समुद्रसोख; जलकुंभी।

जलक्रीड़ा (सं.) [सं-स्त्री.] नदी, समुद्र या ताल के पानी में होने वाले खेल; जलाशय में नहाते समय एक-दूसरे पर पानी के छींटे उछालना तथा नहाना आदि क्रियाएँ; जल-विहार।

जलखई [सं-स्त्री.] सबेरे का भोजन; कलेवा; जलपान।

जलखरी [सं-स्त्री.] रस्सी या मोटे धागे के जाल से बनाई जाने वाली थैली या झोली जिसमें लोग फल आदि रखकर एक स्थान से दूसरे स्थान तक ले जाते हैं।

जलखोरना [क्रि-स.] मूँज का फटना। [सं-पु.] बैलों को होने वाला एक रोग।

जलचर (सं.) [सं-पु.] जल में रहने वाले प्राणी; जलजंतु।

जलज (सं.) [वि.] जो जल से उत्पन्न हो; जल में जन्म लेने वाला। [सं-पु.] 1. कमल; जलकुंभी 2. मोती; शंख 3. मछली।

जलजंतु (सं.) [सं-पु.] पानी में रहने वाले जीव-जंतु; जलचर।

जलजमाव [सं-पु.] आस-पास के स्थान की तुलना में किसी नीची भूमि या गड्ढों में वर्षा, बाढ़ आदि के जल का एकत्र होना; जलभराव।

ज़लज़ला (अ.) [सं-पु.] भूकंप; भूचाल; सैलाब; तूफ़ान; भूडोल।

जलडमरूमध्य (सं.) [सं-पु.] (भूगोल) दो समुद्रों या खाड़ियों आदि को मिलाने वाली जल की धारा या जलप्रणाली।

जलतरंग (सं.) [सं-स्त्री.] पानी की लहर या धारा। [सं-पु.] (संगीत) एक वाद्ययंत्र या बाजा जिसमें जल से भरी हुई प्यालियों पर छड़ी से आघात करके सात स्वर निकाले जाते हैं।

जलत्रास (सं.) [सं-पु.] कुत्ते आदि के काटने से होने वाला घातक रोग; जलातंक; (हाइड्रोफ़ोबिया)।

जलद (सं.) [सं-पु.] 1. बादल; मेघ 2. {ला-अ.} वह वंशज जो पितरों को जल देकर तृप्त करता है। [वि.] जल प्रदान करने वाला।

जलदस्यु (सं.) [सं-पु.] समुद्र में रहने वाले डाकू; समुद्री लुटेरे; (पाइरेट)।

जलदेवता (सं.) [सं-पु.] (पुराण) वरुण देवता।

जलद्वार (सं.) [सं-पु.] नहर, नदी आदि में बनाया गया द्वार जिससे धारा को नियंत्रित किया जा सके; (वाटर गेट)।

जलधर (सं.) [सं-पु.] 1. मेघ; बादल 2. सागर; समुद्र 3. तालाब; जलाशय।

जलधरी (सं.) [सं-स्त्री.] पत्थर या धातु से बना वह आधान जिसमें शिवलिंग स्थापित रहता है; अर्घा; जलहरी।

जलधारा (सं.) [सं-स्त्री.] किसी स्थान पर जल का प्रवाह या स्रोत; पृथ्वी तल पर प्रवाहवान कोई जलराशि; किसी नदी या झरने का तेज़ी से बहने वाला जल।

जलधि (सं.) [सं-पु.] सागर; समुद्र; अंबुधि।

जलन (सं.) [सं-स्त्री.] 1. जलने की अवस्था या भाव; जलने पर होने वाली पीड़ा या कष्ट 2. रोग आदि के कारण शरीर के किसी अंग में होने वाली चुनचुनाहट 3. {ला-अ.} मानसिक वेदना या ताप; ईर्ष्या; डाह।

जलना (सं.) [क्रि-अ.] 1. आग प्रज्वलित होना; दग्ध होना 2. किसी वस्तु या पदार्थ का आग पकड़ना; बलना; धधकना; भस्म होना 3. झुलसना; सूखना; मुरझा जाना, जैसे- पानी की कमी से फ़सल जल गई 4. बुख़ार आदि के कारण शरीर का तपना 5. किसी गरम चीज़ से शरीर के किसी अंग को कष्ट पहुँचना 6. {ला-अ.} किसी से द्वेष करना; कुढ़ना; नफ़रत करना। [मु.] **-जल मरना** : जलने से मृत्यु होना। **-जले पर नमक छिड़कना** : किसी दुखी को और दुखी करना।

जलनाथ (सं.) [सं-पु.] 1. जलदेवता; वरुण; इंद्र 2. समुद्र।

जलनिधि (सं.) [सं-पु.] समुद्र; सागर।

जलपक्षी (सं.) [सं-पु.] वह पक्षी जो जल के आस-पास रहता हो।

जलपति (सं.) [सं-पु.] 1. जल के देवता 2. वरुण 3. समुद्र।

जलपान (सं.) [सं-पु.] नाश्ता; कलेवा; हलका भोजन।

जलपूर्ति (सं.) [सं-स्त्री.] गाँव, नगर आदि में की जाने वाली जल की आपूर्ति; (वाटर सप्लाई)।

जलपोत (सं.) [सं-पु.] पानी का जहाज़; जलयान; (शिप)।

जलप्रदूषण (सं.) [सं-पु.] जल का गंदा या अशुद्ध हो जाना; जलस्रोतों या नदियों आदि का कारखानों, दैनिक उपयोग से निकले अवशिष्ट, मलमूत्र तथा रासायनिक पदार्थों आदि से दूषित हो जाना।

जलप्रपात (सं.) [सं-पु.] 1. पहाड़ या किसी ऊँचे स्थान से गिरती हुई जल की विशाल धारा 2. नदी आदि के जल का ऊँचे पहाड़ या चट्टान से नीचे स्थान पर गिरना।

जलप्रवाह (सं.) [सं-पु.] 1. पानी का बहाव; ऊँचे स्थान से नीचे की ओर तेज़ी से बहता हुआ पानी 2. किसी चीज़ को नदी में बहाना 3. शव को नदी में प्रवाहित करना।

जलप्लावन (सं.) [सं-पु.] 1. आस-पास की भूमि का बाढ़ आदि के जल में डूब जाना 2. बहुत बड़े क्षेत्र में भरा हुआ जल; बाढ़; जलप्रलय।

जलभराव (सं.) [सं-पु.] किसी स्थान या क्षेत्र में पानी भरे होने की अवस्था; जलजमाव; जलप्लावन।

जलभीति (सं.) [सं-स्त्री.] जल से उत्पन्न होने वाला भय; वह घातक रोग जिसमें पानी देख कर डर लगता है; (हाइड्रोफ़ोबिया)।

जलभीरु (सं.) [वि.] पानी से डरने वाला।

जलभू (सं.) [सं-पु.] 1. मेघ 2. एक प्रकार का कपूर 3. जलचौलाई नामक पौधा। [वि.] जलीय; जल में उत्पन्न।

जलभृत (सं.) [सं-पु.] 1. वह पात्र जिसमें जल रखा जाता हो 2. बादल; मेघ 3. एक प्रकार का कपूर।

जलभौंरा [सं-पु.] पानी पर चलने वाला एक प्रकार का काले रंग का कीड़ा; भौंतुआ।

जलमग्न (सं.) [वि.] (स्थान) जो पानी में डूबा हो; जलप्लावित; जो अपार जलराशि में स्थित हो।

जलमय (सं.) [वि.] जल से पूर्ण या जलनिर्मित। [सं-पु.] 1. चंद्रमा 2. शिव की मूर्ति।

जलमापक (सं.) [सं-पु.] पानी पहुँचाने वाले नलों में पानी की मात्रा की जानकारी देने का यंत्र; (हाइड्रोमीटर)।

जलमार्ग (सं.) [सं-पु.] नहर, नदी, समुद्र आदि में निर्धारित किया गया वह मार्ग या रास्ता जिसमें नाव, जहाज़ या पोत आते-जाते हैं; (वाटरवेज़)।

जलयान (सं.) [सं-पु.] पानी पर चलने वाला यान या नाव, जलपोत; जहाज़।

जलराशि (सं.) [सं-पु.] 1. किसी स्थान पर संचित या एकत्रित अथाह जल 2. समुद्र; सागर 3. (ज्योतिष) कर्क, मकर, कुंभ और मीन राशियाँ।

जलरोधी (सं.) [वि.] जल को रोकने वाला; जिसमें पानी न जा सके; (वाटरप्रूफ़)।

जलवा [सं-पु.] 1. शोभा; दीप्ति 2. तड़क-भड़क; सौंदर्य 3. छवि; छटा।

जलवाँसी [सं-पु.] जलने से राख की ही तरह की ५..लिख लग जाना।

जलवाना [क्रि-स.] 1. जलने में प्रवृत्त करना; किसी वस्तु में आग लगवाना; जलाना; सुलगाना; दहकाना 2. किसी चीज़ को झुलसवाना 3. आग पर चढ़ाकर भाप आदि के रूप में पानी को सुखाना 4. प्रज्वलित करवाना (दीपक आदि)।

जलवायु (सं.) [सं-पु.] किसी स्थान या क्षेत्र विशेष की प्राकृतिक

स्थिति जिसमें वहाँ प्राणियों और पेड़-पौधों का विकास होता है; गरमी-सरदी को सूचित करने वाली प्राकृतिक दशा जिसका प्रभाव जीवों-वनस्पतियों पर पड़ता है; आबोहवा; मौसम; (क्लाइमेट)।

जलवास (सं.) [सं-पु.] 1. उशीर; खस नामक वनस्पति 2. विष्णुकंद।

जलवाह (सं.) [सं-पु.] 1. मेघ; बादल 2. वह व्यक्ति जो जल ढोता हो 3. एक प्रकार का कपूर।

जलविज्ञान (सं.) [सं-पु.] पृथ्वी तल पर मौजूद जलराशियों या उनमें प्रवाहित होने वाले जल से संबंधित विज्ञान; (हाइड्रोलॉजी)।

जलविद्युत (सं.) [सं-पु.] जल की शक्ति से उत्पन्न की गई विद्युत; (हाइड्रोइलेक्ट्रिसिटी)।

जलविहार (सं.) [सं-पु.] 1. नाव से नदी, तालाब आदि में की जाने वाली सैर या मौजमस्ती 2. जल में किया जाने वाला हास-परिहास और स्नान।

जलशायी (सं.) [सं-पु.] (पुराण) वह जो जल या समुद्र में शयन करता है अर्थात विष्णु; लक्ष्मीपति।

जलशाला (सं.) [सं-स्त्री.] वह स्थान जहाँ जल में उत्पन्न होने वाले (जलीय) पौधों तथा जीवों का पालन-पोषण किया जाता है।

जलशुक्ति (सं.) [सं-स्त्री.] पानी में रहने वाली सीप।

जलसंत्रास (सं.) [सं-पु.] एक घातक रोग जिसमें जल से भय लगता है; जलभीति; जलातंक; (हाइड्रोफ़ोबिया)।

जलसमाधि (सं.) [सं-स्त्री.] 1. स्वेच्छा से जल में प्रवेश कर प्राण त्याग देना 2. नदी आदि के जल में मुद्रा विशेष में बैठने की क्रिया 3. पानी में डूबने से हुई मौत 4. नदी या समुद्र में किसी वस्तु या स्थान आदि का डूब जाना।

जलसा (अ.) [सं-पु.] 1. आनंद और उल्लास से मनाया जाने वाला समारोह; उत्सव; आयोजन 2. खान-पान और नाच-गान की महफ़िल 2. किसी संस्था या संगठन आदि का अधिवेशन; बैठक; गोष्ठी 4. नमाज़ पढ़ने के बाद सिजदा करके समूह में एक साथ बैठना।

जलसागाह (अ.+फ़ा.) [सं-पु.] 1. वह स्थान जहाँ जलसा होता है 2. {ला-अ.} दुनिया; जहान।

जलसारी [सं-स्त्री.] लुग्सी या लग्गी।

जलसेना (सं.) [सं-स्त्री.] किसी राष्ट्र की सेना का वह विभाग जो समुद्री सीमा की निगरानी तथा रक्षा का कार्य करता है; सागर में रह कर जलपोत से युद्ध करने वाली सेना; नौसेना; (नेवी)।

जलस्रोत (सं.) [सं-पु.] 1. वह स्थान जहाँ से पानी की आपूर्ति होती है; सोता (झील, तालाब आदि) 2. जलप्रवाह; जलधारा।

जलहली [सं-स्त्री.] पानी की कुंडी जिसमें लोहार लोहे के गरम टुकड़ों या औजारों को बुझाते हैं।

जलहोर [सं-पु.] एक किस्म का बढ़िया महीन धान।

जलांजलि (सं.) [सं-स्त्री.] 1. जल से भरी हुई हाथों की अंजुली 2. पितरों के तर्पण के उद्देश्य से धार्मिक अनुष्ठान आदि में दी जाने वाली जल की अंजलि।

जलाऊ [वि.] 1. जिसे जलाया जा सकता हो; जिसे जलाना हो, जैसे- जलाऊ लकड़ी 2. जो जला सकता हो।

जलाकाश (सं.) [सं-पु.] 1. जल में प्रतिबिंबित आकाश 2. जल का ऐसा रूप जिससे आकाश जुड़ा हुआ दिखता हो।

जलाक्षी (सं.) [सं-स्त्री.] जलपीपल या जलपिप्पली।

जलाजल (सं.) [वि.] जल में डूबा हुआ; जलमय; जलमग्न।

जलातंक (सं.) [सं-पु.] एक प्रकार का घातक रोग जिसमें कुत्ते आदि के काटने के बाद जल से भय लगने लगता है; जलभीति; (हइड्रोफ़ोबिया)।

जलाना [क्रि-स.] 1. किसी वस्तु या पदार्थ को आग में झोंकना; किसी वस्तु को जलने में प्रवृत्त करना; आग लगाना; दहकाना 2. ताप या आँच पैदा करने के लिए ईंधन को सुलगाना; प्रज्वलित करना; बालना 3. भस्म करना 4. {ला-अ.} किसी के मन में द्वेष या संताप उत्पन्न करना; किसी को चुभने या अपमानित करने वाली बात कहना; व्यथित या संतप्त करना।

जलार्णव (सं.) [सं-पु.] समुद्र; वर्षाकाल।

जलार्द्र (सं.) [वि.] पानी से भीगा हुआ; गीला; तर।

जलाल (अ.) [सं-पु.] 1. गौरव; रौब; प्रभाव 2. तेज; प्रकाश 3. महत्ता 4. प्रभाव; ताकत; अख़्तियार 5. दबदबा; आतंक।

ज़लालत (अ.) [सं-स्त्री.] 1. बेइज़्ज़ती; अपमान; अनादर 2. दुर्गति 3. तिरस्कार।

जलाली (अ.) [वि.] जिसमें जलाल हो; रौबीला; गौरवशाली। [सं-पु.] 1. मुसलमान फ़कीरों में एक संप्रदाय 2. ईश्वर के जलाली रूप का उपासक; जलालिया।

जलालुका (सं.) [सं-स्त्री.] जोंक।

जलावतरण (सं.) [सं-पु.] 1. जल में उतरने की क्रिया 2. निर्माण के बाद जलयान आदि को पानी में उतारना।

जलावन [सं-पु.] 1. लकड़ी, कंडे आदि जो जलाने के काम आते हैं; ईंधन 2. किसी वस्तु का वह अंश जो जलकर विकृत या नष्ट हो गया हो।

जलावर्त (सं.) [सं-पु.] 1. जल में उत्पन्न होने वाला भँवर; नाल 2. एक प्रकार का बादल; मेघ।

जलाशय (सं.) [सं-पु.] 1. वह स्थान जहां बहुत सारा पानी एकत्र हो; तालाब, झील 2. वर्षा जल को संरक्षित करने के लिए बनाया गया बड़ा गड्ढा।

जलाश्रय (सं.) [सं-पु.] 1. जलाशय 2. वह जो जल पर आश्रित हो; सारस; बक।

जलाहल [वि.] जल से भरा हुआ; जलमय।

जलिया [सं-पु.] 1. मल्लाह 2. गँड़ासी के फलक के ऊपर लगी हुई लकड़ी की भारी बेंत। [वि.] 1. जाल फ़रेब करने वाला 2. धोखेबाज।

जली-कटी [वि.] अपशब्दों से भरी हुई या जो क्रोध में कही जाए (बात)। **-सुनाना** : ईर्ष्या या क्रोध के कारण कड़वी बातें कहना।

जलीय (सं.) [वि.] 1. जल में उपजने, रहने या होने वाला, जैसे- जलीय जीव-जंतु या वनस्पति 2. जिसमें जल का अंश

हो, जैसे- जलीय लवण 3. जल से संबंधित।

जलील (अ.) [वि.] पूज्य; महान; गौरवशाली; बड़ा; प्रतिष्ठित।

ज़लील (अ.) [वि.] 1. जिसका अपमान हुआ हो; बेइज़्ज़त; तिरस्कृत 2. तुच्छ; नीच; अधम 3. जिसकी बेकद्री की गई हो।

जलीस (अ.) [सं-पु.] 1. पार्श्ववर्ती; बगल का 2. सखा; पास बैठने वाला।

ज़लूम (अ.) [वि.] बहुत बड़ा ज़ालिम; निर्दयी; अत्याचारी।

जलूस (अ.) [सं-पु.] 1. प्रचार, प्रदर्शन आदि के लिए गलियों या सड़कों आदि पर लोगों का समूह में निकलना 2. किसी सवारी आदि से निकाली जाने वाली शोभायात्रा; जनयात्रा।

जलेंद्र (सं.) [सं-पु.] 1. जल का स्वामी; जलदेवता 2. महासागर।

जलेबी (फ़ा.) [सं-स्त्री.] 1. एक प्रसिद्ध मिठाई जो खमीर उठी हुई मैदा से बनाई जाती है 2. एक प्रकार की आतिशबाज़ी।

जलेश्वर (सं.) [सं-पु.] 1. समुद्र 2. (पुराण) वरुण; इंद्र।

जलोका (सं.) [सं-स्त्री.] पानी में पाया जाने वाला एक मोटा कीट जो जीवों के शरीर में चिपक कर उनका खून चूसता है; जोंक।

जलोढ़ (सं.) [सं-स्त्री.] 1. (भूगोल) मिट्टी का एक प्रकार; बाढ़ आदि के द्वारा बहा कर लाई गई मिट्टी 2. कछारी भूमि।

जलोदर (सं.) [सं-पु.] एक रोग ज़िसमें पेट में पानी जमा हो जाता है।

जल्द (अ.) [क्रि.वि.] 1. फुरती से; तेज़ी से; अविलंब 2. त्वरित; शीघ्र; झटपट 3. तुरंत; फ़ौरन।

जल्दबाज़ (फ़ा.) [वि.] 1. उतावला; आतुर 3. किसी काम में आवश्यकता से अधिक जल्दबाज़ी करने वाला; हर काम या बात में जल्दी मचाने वाला।

जल्दबाज़ी (फ़ा.) [सं-स्त्री.] 1. जल्दबाज़ होने की अवस्था या भाव; उतावलापन 3. शीघ्रता; तेज़ी 4. तुरंत काम हो जाने की इच्छा।

जल्दी (अ.) [सं-स्त्री.] 1. शीघ्रता; फुरती; तेज़ी; उतावलापन। [अव्य.] 1. जल्द; शीघ्रता से 2. कम समय में; आसानी से।

जल्ला [सं-पु.] 1. झील 2. ताल 3. हौज 4. वह स्थान जहाँ जल अधिक होता या ठहरता है 5. पशुओं को खिलाने के लिए जालीदार झोला।

जल्लाद (अ.) [सं-पु.] 1. कानून व्यवस्था से मृत्युदंड पाए अपराधी को फाँसी देने वाला व्यक्ति 2. किसी को निर्दयता से मारने वाला व्यक्ति; वधिक; हत्यारा 3. मध्यकाल में अपराधियों का सिर काटने वाला कर्मचारी 4. क्रूर व्यक्ति। [वि.] बेरहम; निर्दयी।

जल्वत (अ.) [सं-स्त्री.] 1. अपने आपको लोगों के सामने प्रकट करना; आत्म-प्रदर्शन 2. भीड़; जमाव।

जव (सं.) [सं-पु.] 1. एक प्रसिद्ध अनाज; जौ 2. अंतरिक्ष 3. ज़मीन और आसमान के बीच की जगह; क्षितिज 4. वेग; तेज़ी; फुरती। [वि.] वेगवान; जल्दी या शीघ्रता करने वाला।

जवन (सं.) [सं-पु.] 1. वेग; तेज़ी; फुरती 2. युद्ध की शिक्षा पाया हुआ घोड़ा; फुरतीला घोड़ा। [वि.] वेगवान; तेज़; फुरतीला।

जवसधा [सं-स्त्री.] यशोदा; दरसूधा।

जवा (सं.) [सं-पु.] 1. जौ के आकार का दाना 2. लहसुन की कली।

जवाँ (फ़ा.) [सं-पु.] 1. जवान; युवक 2. वयस्क; बालिग। [वि.] यौगिक पदों के आरंभ में लगने वाला 'जवान' शब्द का संक्षिप्त रूप, जैसे- जवाँमर्द, जवाँदिल।

जवाँबख़्त (फ़ा.) [वि.] बहुत भाग्यशाली; किस्मतवाला।

जवाँमर्द (फ़ा.) [वि.] 1. वीर; शूर; बहादुर; मर्दाना 2. साहसी; हिम्मतवाला।

जवाँमर्दी (फ़ा.) [सं-स्त्री.] 1. जवान होने की अवस्था या भाव 2. शूरता; बहादुरी; साहस; हिम्मत।

जवाइन [सं-स्त्री.] अजवायन; अजवाइन।

जवाज़ (अ.) [सं-पु.] 1. औचित्यपूर्ण; जायज़; ठीक 2. पारपत्र।

जवान (फ़ा.) [वि.] 1. युवा; तरुण 2. जो अपने पूर्ण विकास या यौवन पर हो, जैसे- उत्सव के दिनों में रात जवान हो जाती है 3. {ला-अ.} बलवान; बहादुर; वीर। [सं-पु.] 1. पुरुष; युवा व्यक्ति 2. सिपाही; सैनिक।

जवानी (फ़ा.) [सं-स्त्री.] 1. युवावस्था; तरुणाई; यौवन 2. {ला-अ.} सुंदरता; लावण्य; मस्ती 3. युवावस्था का जोश; उत्साह।

जवाब (अ.) [सं-पु.] 1. किसी बात या प्रश्न का उत्तर; समाधान; हल 2. पत्र लिखने वाले को उत्तर में लिखा गया पत्र 3. इनकार; मनाही; मना करना, जैसे- रोगी को डॉक्टर ने जवाब दे दिया 4. ऐसा कार्य जो बदला चुकाने के लिए किया जाए, जैसे- हमले का जवाब दिया जाएगा 5. मुकाबले या बराबरी की चीज़, जोड़ 6. किसी वस्तु के सामने रखी जाने वाली उसी की तरह की दूसरी वस्तु 7. अभियोग के खिलाफ़ या उत्तर में कही गई बात 8. नौकरी आदि से निकाल दिया जाना। [मु.] **-तलब करना** : किसी से आधिकारिक तौर पर जवाब माँगना।

जवाबदार (फ़ा.) [वि.] 1. जवाब देने वाला; जवाबदेह; उत्तरदायी 2. {ला-अ.} जिसपर किसी बात की पूरी जिम्मेदारी हो; ज़िम्मेदार।

जवाबदावा (अ.) [सं-पु.] वह लिखित पत्र जो वादी के अभियोगों के उत्तर में प्रतिवादी न्यायालय में देता है; प्रतिवादी द्वारा न्यायालय में प्रस्तुत किया गया प्रत्युत्तर।

जवाबदेह (अ.+फ़ा.) [वि.] 1. जवाब देने वाला; जवाबदार; उत्तरदायी 2. {ला-अ.} जिसपर किसी बात की पूरी ज़िम्मेदारी हो; ज़िम्मेदार।

जवाबदेही (अ.+फ़ा.) [सं-स्त्री.] किसी बात, कार्य या उसके परिणाम के प्रति जवाब देने की स्थिति, उत्तरदायित्व; ज़िम्मेदारी; जवाबदारी।

जवाबी (फ़ा.) [वि.] जवाब संबंधी; जिसका जवाब देना हो; जो किसी के जवाब के रूप में हो।

जवार (अ.) [सं-पु.] 1. आस-पास का स्थान; पड़ोस 2. मार्ग; रास्ता।

जवारा [सं-पु.] 1. जौ का नया निकला हुआ अंकुर 2. नवरात्र

की नवमी को होने वाला एक उत्सव 3. जौ के हरे-हरे छोटे पौधे जिन्हे लोग दशहरे के दिन अपने बंधु-बाँधवों या परिचितों के कानों पर खोंसते हैं।

जवारी [सं-स्त्री.] 1. एक प्रकार की माला जो जौ, छुहारे और तालमखाने के बीज आदि को गूँथ कर बनाई जाती है 2. रेशम या ऊन का वह धागा जो तंबूरे के तार के नीचे उस अंश पर लपेटा जाता है जो घोड़ी पर रहता है। [वि.] प्रतिवेशी; पड़ोसी।

ज़वाल (अ.) [सं-पु.] 1. अवनति; उतार; ह्रास 2. आफ़त; समस्या 3. जंजाल; झंझट।

जवाशीर (फ़ा.) [सं-पु.] एक प्रकार का गंधाविरोजा (चीड़ या शाल नामक वृक्ष से निकलने वाला गोंद)।

जवासा (सं.) [सं-पु.] एक प्रकार का औषधीय गुणों वाला पौधा जिसके बीजों से खाद्य तेल निकाला जाता है।

जवाहर (अ.) [सं-पु.] रत्न; मणि।

जवाहरात (अ.) [सं-पु.] हीरे-मोती आदि रत्नों की राशि, समूह, ढेर।

जवाहिरनिगार (अ.+फ़ा.) [वि.] रत्नजटित; रत्न जड़ा हुआ।

जवी (सं.) [सं-पु.] घोड़ा; ऊँट। [वि.] वेगयुक्त; वेगवान।

जश्न (फ़ा.) [सं-पु.] 1. बहुत ख़ुशी का अवसर; उत्सव; समारोह; जलसा 2. किसी महफ़िल आदि की धूमधाम; गाना-बजाना; नाच 3. {ला-अ.} हर्ष; आनंद।

जस (सं.) [अव्य.] जैसा; यथा, जैसे- जस का तस (जैसा पहले था वैसा ही)।

ज़साना [क्रि-स.] बिछाना; किसी वस्तु को फैलाना।

जसामत (अ.) [सं-स्त्री.] 1. किसी वस्तु की लंबाई, चौड़ाई, मोटाई और गहराई 2. शरीर का आकार-प्रकार; डौल 3. स्थूलता।

जसीम (अ.) [वि.] भारी-भरकम शरीरवाला; स्थूल देहवाला; मोटा-ताज़ा।

जसूँद [सं-पु.] एक प्रकार का वृक्ष; नताउल।

जसूठनी [सं-स्त्री.] वर के जूठे दोने उठाने पर मिलने वाला द्रव्य (उपहार स्वरूप)।

जस्टिस (अं.) [सं-पु.] 1. न्याय; इंसाफ़ 2. वह जिसे न्याय करने के लिए नियुक्त किया गया हो; न्यायाधीश; न्यायमूर्ति।

जस्टीफ़ाई (अं.) [क्रि-स.] औचित्य; तर्कसंगति; न्यायोचित ठहराना; सफाई देना; न्यायसंगत; उचित सिद्ध करना।

जस्ता (सं.) [सं-पु.] एक नरम धातु जो मटमैले रंग की होती है और जिसे ताँबे के साथ मिलाने पर पीतल बनता है; (जिंक)।

ज़ह (फ़ा.) [सं-पु.] 1. भ्रूण 2. वीर्य 3. बच्चा; शिशु।

जहका (सं.) [सं-स्त्री.] नेवले की तरह का एक जंतु।

जहद (अ.) [सं-स्त्री.] 1. उद्योग; प्रयत्न 2. परिश्रम; मेहनत।

जहद्दम (अ.) [सं-पु.] नरक; दोज़ख; जहन्नुम।

ज़हन (अ.) [सं-पु.] समझ; बुद्धि।

ज़हनियत (अ.) [सं-स्त्री.] समझदारी; बुद्धिमानी; अकलमंदी।

जहन्नुम (अ.) [सं-पु.] 1. इस्लाम धर्म के अनुसार पहला नरक; दोज़ख 2. {ला-अ.} यंत्रणा देने वाली परिस्थितियाँ या स्थान; बहुत कष्टप्रद या गंदी जगह 3. बहुत गहरा कुआँ। [मु.] **-में जाना** : बहुत कष्ट में पड़ना बरबाद होना।

जहन्नुमी (अ.) [वि.] नरक संबंधी; नरक में जाने वाला; नारकीय।

ज़हब (अ.) [सं-पु.] सोना; कुंदन; कनक।

ज़हमत (अ.) [सं-स्त्री.] 1. विपत्ति; मुसीबत; कष्ट 2. झंझट; बखेड़ा।

ज़हर (फ़ा.) [सं-पु.] 1. वह पदार्थ या रसायन जिसका सेवन प्राणियों के लिए घातक होता है; विष; गरल; (पॉइज़न) 2. {ला-अ.} बहुत अप्रिय अनुभूति कराने वाली बात या काम। [वि.] 1. विषैला; अत्यंत कटु 2. ख़राब; घातक। [मु.] **-उगलना** : बहुत कड़वी बातें करना। **-का घूँट पीकर रह जाना** : बहुत ज़्यादा क्रोध आने पर भी चुप रह जाना। **-पीना** : अपमान को सह लेना। **-का बुझा** : बहुत दुष्ट व्यक्ति।

ज़हरबाद (फ़ा.) [सं-पु.] बहुत ज़हरीला फोड़ा।

ज़हरी [वि.] वह जिसमें ज़हर हो; ज़हरवाला; विषैला।

ज़हरीला (फ़ा.+हिं.) [वि.] 1. जिसमें ज़हर हो; विषयुक्त; विषैला 2. जिसके डंक या दंश में ज़हर हो 3. {ला-अ.} बहुत अप्रिय बात करने वाला; दुष्ट; कटु।

जहाँ-तहाँ (सं.) [अव्य.] 1. यहाँ-वहाँ; इधर-उधर; अनेक स्थानों पर 2. जगह-जगह; प्रायः हर जगह।

जहाँ[1] (सं.) [अव्य.] जिस जगह पर; जिस स्थान पर।

जहाँ[2] (फ़ा.) [सं-पु.] संसार; दुनिया; जहान; लोक।

जहाँगीर (फ़ा.) [वि.] दुनिया पर हुकूमत या शासन करने वाला; विश्वविजेता। [सं-पु.] एक प्रसिद्ध मुगल बादशाह।

जहाँगीरी (फ़ा.) [सं-स्त्री.] 1. भूमंडल का शासन या राजत्व; विश्वविजय 2. कलाई पर पहना जाने वाला एक प्रकार का गहना। [वि.] जहाँगीर से संबंद्ध; जहाँगीर का।

जहाँदार (फ़ा.) [वि.] बादशाह; राजा; सम्राट।

जहाँपनाह (फ़ा.) [वि.] वह जो सारे संसार को शरण देता हो; शरणदाता। [सं-पु.] 1. मध्यकाल में मुगल बादशाहों के लिए प्रयोग किया जाने वाला एक संबोधन 2. ईश्वर।

जहाज़ (अ.) [सं-पु.] समुद्र या गहरी नदी आदि में इंजन द्वारा चलने वाली बड़ी नाव; जलपोत।

जहाज़रान (अ.) [सं-पु.] जहाज चलाने वाला व्यक्ति।

जहाज़रानी (अ.+फ़ा.) [सं-स्त्री.] जहाज़ चलाने का काम।

जहाज़ी (अ.) [सं-पु.] 1. जहाज़ का कर्मचारी; खलासी; लश्करी 2. जहाज़ पर यात्रा करने वाला व्यक्ति। [सं-स्त्री.] पुराने ढंग की तलवार। [वि.] जहाज़ संबंधी; जहाज़ का; जहाज़ से होने वाला (व्यवसाय)।

जहाज़ी बेड़ा [सं-पु.] समुद्र में एक साथ चलने वाले समुद्री जहाज़ों का समूह।

ज़हादत (अ.) [सं-स्त्री.] संयम; निग्रह।

जहान (फ़ा.) [सं-पु.] संसार; जगत; दुनिया; लोक।

जहालत (अ.) [सं-स्त्री.] जाहिलपन; अज्ञान; मूर्खता; नासमझी।

ज़हीन (अ.) [वि.] जिसका ज़ेहन तेज़ हो; तीक्ष्णबुद्धि; मेधावी; प्रतिभावान; समझदार; बुद्धिमान।

ज़हीर (अ.) [वि.] सहायक; मददगार; मित्र।

जह्नु (सं.) [सं-पु.] (पुराण) एक ऋषि जिन्होंने गंगा नदी का

पान कर लिया था और राजा भगीरथ की प्रार्थना पर बाहर निकाल दिया था इसी कारण गंगा को जाह्नवी कहा गया।

जह्नुतनया (सं.) [सं-स्त्री.] गंगा नदी; भागीरथी; जाह्नवी।

जा[1] (सं.) [परप्रत्य.] 1. उत्पन्न करने वाली 2. किसी से या किसी में उत्पन्न, जैसे- आत्मजा। [सं-स्त्री.] माता; अम्मा।

जा[2] (फ़ा.) [सं-स्त्री.] स्थान; जगह। [वि.] सही; ठीक; मुनासिब।

जाँ (फ़ा.) [सं-स्त्री.] जान; प्राण; ज़िंदगी।

जाँग [सं-पु.] घोड़ों की एक प्रजाति।

जाँगर [सं-पु.] 1. श्रमशीलता; शरीर का बल 2. पौरुष 3. शरीर; देह।

जाँगरा [सं-पु.] राजाओं की स्तुति करने वाला; बंदी; भाट; चारण।

जाँगी [सं-पु.] 1. डाँठ; हवारोधी ढक्कन 2. नगाड़ा।

जाँघ (सं.) [सं-स्त्री.] मनुष्य या पशुओं में घुटने एवं कमर के बीच का भाग; जंघा; रान; उरु। [मु.] **-अपनी जाँघ उघाड़ना** : अपनी बदनामी स्वयं करना।

जाँघिया [सं-स्त्री.] जाँघों तक पहनने का वस्त्र; नेकर; लँगोट; कच्छा।

जाँघिल [वि.] 1. बहुत तेज़ दौड़ने वाला 2. जिसका पैर चलने पर कुछ लचक खाता हो। [सं-स्त्री.] मटमैला या खाकी रंग की एक चिड़िया।

जाँघिला [सं-पु.] एक प्रकार की चिड़िया।

जाँच (सं.) [सं-स्त्री.] जाँचने की क्रिया; किसी बात या विषय से संबंधित तथ्यों का पता लगाने का कार्य; निरीक्षण-परीक्षण; परख; परीक्षा; मूल्यांकन; पूछताछ; छानबीन; तहकीकात; (इनवेस्टिगेशन)।

जाँच-पड़ताल [सं-स्त्री.] छानबीन; तफ़्तीश।

जाँच आयोग [सं-पु.] किसी बात, घटना या भ्रष्टाचार आदि की जाँच करने वाला आयोग; तथ्यों का अन्वेषण करने वाला आयोग; (इनक्वायरी कमीशन)।

जाँचक [वि.] जाँच करने वाला; परीक्षा या आलोचना करने वाला।

जाँचकर्ता (सं.) [सं-पु.] जाँच करने वाला व्यक्ति; मूल्यांकन कर्ता।

जाँचना (सं.) [क्रि-स.] 1. किसी बात या लेख आदि के गुण-दोषों का पता लगाना; परखना 2. सिद्धांत की सत्यता का पता लगाना; अनुसंधान करना 3. पूछताछ करना 4. किसी व्यक्ति की योग्यता, क्षमता का पता लगाना 5. काट-छाँट करना।

जाँचसमिति [सं-स्त्री.] 1. किसी विषय की गहन जाँच-पड़ताल करने वाला दल 2. तहकीकात करने वाली समिति।

जाँचा-परखा [वि.] अच्छी तरह से परखा हुआ; देखा-भाला हुआ; कसौटी पर खरा; निरीक्षण-परीक्षण किया हुआ।

जाँत [सं-स्त्री.] गेहूँ आदि अनाज पीसने की चक्की।

जाँता [सं-पु.] 1. गेहूँ, चना आदि अनाज या मसाले पीसने की हाथ से चलाई जाने वाली बड़ी चक्की 2. सुनारों, तरकशों आदि का जंती नामक औज़ार।

जाँनवाज़ (फ़ा.) [वि.] 1. जान बख़्शने वाला; प्राणों पर दया करने वाला; दयालु; कृपालु 2. मन को ख़ुश करने वाला; मनोरम।

जाँनिसार (फ़ा.) [वि.] जान कुरबान या निसार करने वाला; मर-मिटने वाला; जान की बाज़ी लगाने वाला।

जाँपनाह (फ़ा.) [वि.] जान बचाने वाला; प्राणों का रक्षक।

जाँफ़िज़ा (फ़ा.) [सं-पु.] 1. अमृत 2. किसी तत्व का सार। [वि.] जीवन-शक्ति या प्राणों को बढ़ाने वाला; आयुवर्धक।

जाँबलब (फ़ा.) [वि.] जिसके प्राण होठों तक आ गए हों; मरणासन्न; मरणोन्मुख।

जाँबव (सं.) [सं-पु.] जामुन का वृक्ष और उसका फल। [वि.] जामुन संबंधी; जामुन के रस से बना हुआ।

जाँबाज़ (फ़ा.) [वि.] 1. जान पर खेल जाने वाला; जान देने तक को तैयार रहने वाला; वीर; योद्धा 2. बहुत अधिक परिश्रम करने वाला; जुझारू।

जाँबाज़ी (फ़ा.) [सं-स्त्री.] किसी महान कार्य या उद्देश्य के लिए लगाई जाने वाली प्राणों की बाज़ी; वीरता; बहादुरी; हिम्मत।

जांगल (सं.) [सं-पु.] 1. मांस; गोश्त 2. तीतर। [वि.] जंगली।

जांगलिक (सं.) [वि.] जो जंगल से संबंध रखता हो; जंगली। [सं-पु.] साँप पकड़ने वाला व्यक्ति।

जांतव (सं.) [वि.] 1. प्राणी संबंधी; जीव-जंतु संबंधी 2. जीव-जंतुओं में मिलने वाला या उत्पन्न होने वाला (कस्तूरी, विष आदि)।

जांबवान (सं.) [सं-पु.] (रामायण) राम की सहायता करने वाला सुग्रीव का एक मंत्री।

जांबीर (सं.) [सं-पु.] जंबीरी नीबू।

ज़ाइद (अ.) [वि.] ख़ूब सारा; प्रचुर; अधिक; फालतू।

ज़ाइरीन (अ.) [सं-पु.] ज़ियारत या हज करने वाले व्यक्ति (ज़ाइर का बहुवचन)।

जाउर [सं-पु.] 1. ईख के रस में पकाई गई खीर; बखीर 2. कद्दू के साथ पकाया हुआ चावल।

जाकड़ [सं-पु.] 1. ख़रीदारी करने का एक तरीका; दुकान से कोई सामान या माल इस शर्त पर लाना कि पसंद न आने पर उसे वापस किया जा सके 2. शर्त पर लाया हुआ माल।

ज़ाकिर (अ.) [वि.] 1. ज़िक्र करने वाला; चर्चा या वर्णन करने वाला 2. (इस्लाम) इमाम हुसैन की शहादत का हाल बयान करने वाला।

जाखन [सं-स्त्री.] पहिए के आकार का गोल चाक या चक्कर जिसे कुएँ की नींव में रखा जाता है; जमवट।

जाखिन [सं-पु.] उड़द, मूँग आदि का तना।

जाग [सं-स्त्री.] जागने की क्रिया, भाव या दशा; जागरण।

जागता [वि.] 1. जागा हुआ; जो जाग रहा हो 2. {ला-अ.} सावधान; सतर्क 3. जो अपने अस्तित्व, शक्ति आदि का परिचय दे रहा हो।

जागतिक (सं.) [वि.] 1. संसार से संबंध रखने वाला; जगत संबंधी; संसार का 2. जगत के रूप में होने वाला।

जागना (सं.) [क्रि-अ.] 1. मनुष्य तथा पशु आदि का निद्रा

त्यागना; सोकर उठना 2. {ला-अ.} जाग्रत या सावधान होना; चेतन होना; उदय होना; बढ़ना; उठना 3. {ला-अ.} उत्तेजित होना; प्रदीप्त होना।

जागनौल [सं-स्त्री.] प्राचीन काल का एक प्रकार का हथियार।

जागर (सं.) [सं-पु.] 1. जाग जाने की क्रिया 2. अंत:करण की वह अवस्था जिसमें उसकी सब वृत्तियाँ (मन, बुद्धि, अहंकार आदि) प्रकाशित या जाग्रत हो जाते हैं।

जागरण (सं.) [सं-पु.] 1. जागते रहने की अवस्था या भाव; नींद न आना; जागना 2. किसी उत्सव, पर्व आदि के अवसर पर रात भर जागते रहने की अवस्था या भाव; रतजगा 3. {ला-अ.} रूढ़ियों या पिछड़ेपन से मुक्त होने के लिए किया गया प्रयास; आगे बढ़ने की आकांक्षा।

जागरूक (सं.) [वि.] 1. जागता हुआ; जो जाग्रत अवस्था में हो; जागरणशील 2. {ला-अ.} जिसे अपने कर्तव्य, अधिकार या दायित्व आदि का बोध हो; सचेत; सावधान।

जागरूकता (सं.) [सं-स्त्री.] 1. जागरूक होने की अवस्था या भाव 2. सतर्कता; सावधानी 3. किसी विषय में सचेत या चौकन्ना होने की स्थिति या भाव।

जागीर (फ़ा.) [सं-स्त्री.] 1. मध्यकाल में राजा या राज्य की ओर से विशेष सेवा के बदले या पुरस्कार स्वरूप मिलने वाली भूमि या प्रदेश 2. संपत्ति 3. {अ-अ.} पुराने समय में गाँव में नाई, कुम्हार और कहार आदि को जोतने-बोने के लिए दी जाने वाली ज़मीन।

जागीरदार (फ़ा.) [सं-पु.] 1. वह जिसके पास जागीर हो; जागीर का मालिक 2. सामंत; सरदार; अमीर।

जागीरदारी (फ़ा.) [सं-स्त्री.] जागीरदार का पद या जागीरदार होने का भाव; रईसी।

जागृति (सं.) [सं-स्त्री.] 1. जाग्रत होने की अवस्था या भाव 2. {ला-अ.} पिछड़ेपन की स्थिति, दोषों या कमियों आदि का होने वाला अहसास; अपने अवगुणों या कमज़ोरियों से मुक्त होने के लिए किया गया प्रयास।

जाग्रत (सं.) [सं-पु.] वह अवस्था जिसमें समस्त तथ्यों या बातों का ज्ञान हो। [वि.] 1. जो जाग रहा हो; जागा हुआ 2. जो क्रियाशील हो (शक्ति, गुण आदि) 3. {ला-अ.} सावधान; सजग; सचेत।

जाजरी [सं-पु.] चिड़ीमार; बहेलिया।

जाज़िब (अ.) [वि.] 1. जज़्ब करने या सोखने वाला; अपने अंदर मिला लेने वाला 2. जो किसी में जज़्ब हो जाता हो; घुलनशील 3. {ला-अ.} आत्मसात करने वाला।

जाज़िबीयत (अ.) [सं-स्त्री.] आकर्षण; कशिश।

जाजिम (तु.) [सं-स्त्री.] फ़र्श आदि पर बिछाने का छपा हुआ सूत का मोटा और रंगीन बिछावन; मोटीदरी।

जाज्वल्यमान (सं.) [वि.] 1. प्रज्वलित; दीप्तिमान; प्रकाशित; प्रकाशमान 2. {ला-अ.} तेजपूर्ण; तेजोमंडित; तेजस्वी 3. जिसे सब देख सकते हों।

जाट [सं-पु.] 1. उत्तर-पश्चिम भारत की एक प्रसिद्ध जाति या समुदाय जिसका प्रमुख व्यवसाय खेती है 2. उक्त जाति या समुदाय का व्यक्ति।

जाटलि (सं.) [सं-स्त्री.] पलाश की जाति का एक वृक्ष जिसे मोरवा या ढाक भी कहते हैं।

जाटू [सं-स्त्री.] हरियाणा राज्य के करनाल, रोहतक, हिसार आदि जिलों में जाटों की प्रमुख बोली; बाँगड़ू; हरियाणवी।

जाठ (सं.) [सं-पु.] 1. तालाब के बीच में गाड़ा गया लकड़ी का खंभा 2. ईख, तिलहन आदि की पिराई करने वाले कोल्हू के बीच घूमने वाला लकड़ी का छोटा खंभा।

जाठर (सं.) [सं-पु.] 1. पेट; उदर 2. पेट की वह अग्नि जिसकी सहायता से खाया हुआ अन्न पचता है; जठराग्नि। [वि.] जठर या पेट संबंधी; जठर का।

जाठराग्नि (सं.) [सं-स्त्री.] दे. जठराग्नि।

जाठि (सं.) [सं-स्त्री.] 1. बेलन 2. कोल्हू की कुंडी में लगा लकड़ी का मोटा लट्ठा 3. किसी चीज विशेषत: तालाब आदि के बीच में गाड़ा हुआ लकड़ी का ऊँचा, मोटा लट्ठा।।

जाड़ा (सं.) [सं-पु.] 1. छह ऋतुओं में से एक जिसमें ठंड पड़ती है; शीत ऋतु; सरदी का मौसम; हेमंत और शिशिर ऋतुओं का काल 2. आधे कातिक से आधे फागुन तक का समय।

जाड्य (सं.) [सं-पु.] 1. जड़ता; निश्चेष्टता; कठोरता 2. {ला-अ.} बुद्धि की मंदता; मूर्खता।

जात (सं.) [सं-पु.] 1. जीव; प्राणी 2. पुत्र; बालक 3. वर्ग; समूह। [वि.] 1. उत्पन्न; जन्मा हुआ; जनन या प्रसव से संबंध रखने वाला 2. व्यक्त; प्रकट 3. जो घटना के रूप में हुआ हो; घटित 4. एकत्र किया हुआ; संगृहीत।

ज़ात (अ.) [सं-स्त्री.] 1. कुल; वंश; नस्ल; कौम 2. व्यक्तित्व 4. अस्तित्व 5. शरीर।

जातक (सं.) [सं-पु.] 1. नवजात शिशु; बच्चा; बालक 2. बौद्धभिक्षु 3. जातकर्म 4. महात्मा बुद्ध के पूर्वजन्मों की कथाओं पर आधारित एक प्रसिद्ध बौद्धग्रंथ 5. (ज्योतिष) वह शाखा जिसमें शिशु का भविष्य देखा जाता है।

जातकर्म (सं.) [सं-पु.] 1. हिंदुओं में बालक के जन्म के समय किया जाने वाला एक संस्कार 2. सोलह संस्कारों में से एक।

जातपाँत (सं.) [सं-स्त्री.] किसी समाज में जातियों और उपजातियों की व्यवस्था; जातिगत भेदभाव।

जातरूप (सं.) [वि.] सुंदर; रूपवान। [सं-पु.]1. सोना; स्वर्ण 2. धतुरा।

जाता (सं.) [सं-स्त्री.] कन्या; पुत्री; बेटी।

जाति (सं.) [सं-स्त्री.] 1. जन्म; पैदाइश; जन्म के अनुसार अस्तित्व का रूप 2. समाज व्यवस्था में वह श्रेणी जो जन्म के आधार पर निश्चित होती है; समुदाय; समूह 3. जन्म के आधार पर किया जाने वाला सामाजिक विभाग; (कास्ट) 4. राष्ट्र, भौगोलिक परिस्थितियों, वंश-परंपरा आदि के विचार से किया गया मानव समाज का विभाग 5. स्वभाव, रंग-रूप, संस्कृति और आकृति आदि की समानता रखने वाला मानव समूह; (रेस), जैसे- मंगोल जाति 6. भाषा, संस्कृति और इतिहास आदि की समानता रखने वाला मानव समुदाय; देश; (नेशन)

7. पदार्थों या जीवों की आकृति, गुण-धर्म आदि की समानता के आधार पर किया हुआ विभाजन; वर्ग; कोटि; श्रेणी; (क्लास) 8. एक ही प्रकार की आजीविका से जुड़े लोग या समुदाय 9. (काव्यशास्त्र) मात्रिक छंद का एक प्रकार।

जाति-संहार (सं.) [सं-पु.] किसी जाति या समुदाय विशेष को मारने या समूल नाश करने की क्रिया; सामूहिक संहार।

जाति परिवर्तन (सं.) [सं-स्त्री.] एक जाति से दूसरी जाति में जाना; जाति में किया जाने वाला बदलाव।

जाति व्यवस्था (सं.) [सं-स्त्री.] 1. जाति के आधार पर बनाई गई वह सामाजिक व्यवस्था जिसमें किसी व्यक्ति को उसी जाति का माना जाता है जिसमें उसने जन्म लिया हो 2. वह व्यवस्था जिसमें सामाजिक-सांस्कृतिक मान्यताएँ एवं आदर्श जाति के आधार पर तय किए जाते हैं।

जातिगत (सं.) [वि.] जाति के आधार पर; जाति संबंधी।

जातिच्युत (सं.) [वि.] वर्ण व्यवस्था के आधार पर निश्चित की गई जाति विशेष से अलग किया हुआ; जाति से बहिष्कृत (व्यक्ति)।

जातिपाँति [सं-स्त्री.] किसी समाज का जाति और उपजाति के रूप में किया गया विभाजन; जातपाँत।

जातिवर्ग (सं.) [सं-पु.] एक जाति विशेष का वर्ग; जातियों का वर्ग या समूह।

जातिवाचक (सं.) [वि.] जाति या नस्ल को बताने वाला; जाति का सूचक, जैसे- जातिवाचक संज्ञा।

जातिवाद (सं.) [सं-स्त्री.] 1. जाति को महत्व या स्वीकृति देने का सिद्धांत या मत 2. किसी जाति विशेष को दूसरी जातियों से श्रेष्ठ बताने या मानने की पारंपरिक संस्कृति या अवैज्ञानिक विचारधारा 3. किसी जाति विशेष का पक्ष लेने की क्रिया, प्रवृत्ति या मानसिकता 4. जाति विशेष के उत्थान या समृद्धि के लिए प्रतिबद्धता।

जातिवादी (सं.) [वि.] 1. जातिवाद का समर्थक; जाति के आधार पर भेदभाव करने वाला; ऊँच-नीच का समर्थक 2. जाति विशेष के पक्ष में प्रवृत्ति, विचारधारा और मान्यता आदि पर बल देने वाला।

जाती[1] (सं.) [सं-स्त्री.] 1. एक प्रकार का पुष्प; चमेली; मालती 2. छोटा आंवला 3. जायफल।

जाती[2] (अ.) [वि.] 1. निज का; अपना; व्यक्तिगत; (प्राइवेट) 2. वस्तुगत; वास्तविक।

जातीपत्री (सं.) [सं-स्त्री.] जावित्री; जायफल।

जातीय (सं.) [वि.] 1. जाति संबंधी; जाति का 2. अंतरराष्ट्रीय संदर्भों में राष्ट्र या समाज विशेष का; (नेशनल) 3. जाति के अंतर्गत।

जातीयता (सं.) [सं-स्त्री.] 1. जाति विशेष से संबंधित होने का भाव; कौमियत 2. जातीय संस्कृति, आदर्शों आदि का सामूहिक भाव 3. जाति विशेष का होने का अभिमान 4. राष्ट्रीयता।

जातुज (सं.) [सं-पु.] गर्भवती स्त्री के मन में उठने वाली इच्छा; दोहद।

जातुधानी (सं.) [वि.] 1. राक्षसों का-सा; राक्षसी स्वभाववाला 2. आसुरी।

जातुष (सं.) [वि.] 1. जातु या लाख का बना हुआ; लाख संबंधी 2. चिपकने वाला; लसदार।

जातोक्ष (सं.) [सं-पु.] 1. छह दाँतों वाला जवान बछड़ा; छदंता 2. कम उम्र का बछड़ा। [वि.] जिसे छोटी अवस्था में ही बधिया किया गया हो।

जात्य (सं.) [वि.] 1. रिश्तेदार; नातेदार; सजातीय 2. उत्तम; श्रेष्ठ 3. {ला-अ.} सुंदर; सुरूप; मनोहर।

जात्यंध (सं.) [वि.] जो जन्म से ही अंधा हो; जन्मांध।

जात्रा (सं.) [सं-स्त्री.] तीर्थयात्रा; धार्मिक उद्देश्य से किया जाने वाला सैर-सपाटा; भ्रमण; पर्यटन।

ज़ाद (फ़ा.) [परप्रत्य.] किसी से उत्पन्न; किसी के द्वारा जन्मा हुआ; जात, जैसे- परीज़ाद; आदमज़ाद। [सं-पु.] पीढ़ी; संतति।

ज़ादा (फ़ा.) [परप्रत्य.] 1. उत्पन्न; जात 2. संतान रूप में किसी से उत्पन्न, जैसे- साहबज़ादा; रईसज़ादा आदि।

जादुई [वि.] 1. जिसमें जादू हो; जादू-टोना संबंधी 2. जो तेज़ी से या जादू की तरह असर करती हो, जैसे- जादुई औषधि 3. चमत्कारी।

जादुई छड़ी [सं-स्त्री.] 1. जादूगरों द्वारा प्रयोग की जाने वाली एक छड़ी; करिश्माई छड़ी 2. {ला-अ.} वह युक्ति या तरकीब जिससे कोई कठिन काम भी सरलता से हो जाए।

जादू (फ़ा.) [सं-पु.] 1. हाथ की सफ़ाई; ऐसा काम या खेल जिसका रहस्य दर्शक न समझ कर आश्चर्यचकित हों; अलौकिक या अमानवीय समझा जाने वाला कार्य; बाज़ीगरी; नज़रबंदी; इंद्रजाल; (मैजिक) 2. दूसरों को मोहित करने या लुभाने की शक्ति; वशीकरण; मोहिनी; माया; जंतर-मंतर; टोना। [मु.] **-करना** : किसी को चमत्कृत करना; वश में करना। **-चलना** : जादू का प्रभाव होना; किसी बात का असर होना। **-डालना** : जादू करना; मोहित करना; प्रभाव डालना।

जादू-टोना (फ़ा.+हिं) [सं-पु.] 1. तंत्र-मंत्र या जादुई तरकीबों द्वारा किया जाने वाला कोई काम; जादू करने की कला 2. (अंधविश्वास) टोटका; झाड़-फूँक।

जादूगर (फ़ा.) [सं-पु.] 1. जादू का खेल दिखाने वाला व्यक्ति; बाज़ीगर; मदारी; (मैजिशियन) 2. {ला-अ.} ऐसा व्यक्ति जो आश्चर्यजनक रूप से कोई कठिन या विलक्षण कार्य कर दिखाता हो। [वि.] जादू करने वाला; मायावी; दृष्टिबंधक; ऐंद्रजालिक।

जादूगरनी (फ़ा.) [सं-स्त्री.] 1. जादू दिखाने वाली स्त्री 2. {ला-अ.} मायावी स्त्री; मोहित करने या लुभाने वाली स्त्री।

जादूगरी (फ़ा.) [सं-स्त्री.] 1. जादूगर का काम या वृत्ति 2. किसी को बहलाने की रीति-नीति; मायाजाल; जादू का काम; दृष्टिबंध 3. {ला-अ.} लुभाने वाली बात या कार्य।

जादूमंतर (फ़ा.+सं.) [सं-पु.] जादू का काम या खेल; जंतर-मंतर।

ज़ादेराह (फ़ा.) [सं-स्त्री.] रास्ते का खाना और ख़र्च; मार्ग व्यय; पाथेय।

जान-पहचान [सं-स्त्री.] दो या अधिक व्यक्तियों का आपसी

परिचय या मेलमिलाप; परस्पर मैत्री; पहचानना; परिचय।

जान-बूझकर [अव्य.] 1. सब कुछ जानते हुए; अच्छी तरह समझते हुए; संज्ञान में रखकर; सोच-समझकर 2. निश्चयपूर्वक; संकल्पपूर्वक।

जान-माल (फ़ा.+अ.) [सं-पु.] 1. लोगों की ज़िंदगी और धन-संपत्ति आदि 2. जन-धन।

जान[1] [सं-स्त्री.] 1. जानकारी; ज्ञान; समझ 2. परिचय 3. अनुमान; ख़याल; राय।

जान[2] (फ़ा.) [सं-स्त्री.] 1. किसी प्राणी या वस्तु को गतिमान या संचालित करने वाला तत्व या शक्ति; प्राणशक्ति; शारीरिक क्षमता; जीवन; प्राण 2. जीवंतता; प्रेरणा; स्फूर्ति 3. शक्ति; बल; सामर्थ्य; दम; बूता 4. आधारभूत गुण 5. {ला-अ.} सौंदर्य; लालित्य; रस का गुण 6. किसी प्रिय के लिए किया जाने वाला संबोधन; 'जाँ' के रूप में समासांत में भी प्रयुक्त 7. प्रेयसी; प्रिय; प्रेमी; पत्नी 8. बहुत प्यारी चीज़ 9. किसी वस्तु या कृति आदि की शोभा बढ़ाने वाला तत्व; सार-तत्व, जैसे- अलंकारिकता और मुहावरेदार भाषा इस ग्रंथ की जान है। [मु.] **-के लाले पड़ना** : जान संकट में फँसना। **-खाना** : तंग करना या परेशान करना। **-छुड़ाना** : किसी झंझट से पीछा छुड़ाना। **-देना** : अत्यधिक प्यार करना। **-में जान आना** : मुसीबत से निकलने पर निश्चिंत होना। **-पर खेलना** : अपना जीवन संकट में डालना। **-साँसत में रहना** : किसी चिंता या परेशानी से दुखी रहना। **-से जाना** : मरना। **-आना** : मन खिल उठना।

जानकार [वि.] जानने वाला; ज्ञाता; विज्ञ; चतुर।

जानकार सूत्र [सं-पु.] 1. किसी घटना या बात के संबंध में सही सूचना देने वाला कोई व्यक्ति या संस्था 2. किसी घटना या आयोजन की जानकारी देने वाला अधिकारी या नागरिक।

जानकारी [सं-स्त्री.] 1. जानकार होने की अवस्था; गुण या भाव; भिज्ञता 2. ज्ञान; बोध; समझ 3. सूचना।

जानकी (सं.) [सं-स्त्री.] (रामायण) जनक की पुत्री; सीता।

जानदार (फ़ा.) [वि.] 1. जिसमें जीवन हो; प्राणवान; सजीव 2. हिम्मतवाला; शक्तिशाली; प्रबल 3. बहुत अहम; महत्वपूर्ण।

जानना (सं.) [क्रि-अ.] 1. किसी कार्य की विधि या पद्धति को समझना; किसी विषय का ज्ञान प्राप्त करना; जानकार होना; सीखना 2. पहचानना; परिचित होना 3. अनुमान करना; मालूम करना; सूचना या ख़बर रखना; अवगत होना।

जाननिसारी (फ़ा.) [सं-स्त्री.] 1. जान निसार करने या जान देने की भावना 2. {ला-अ.} वफ़ादारी; समर्पण।

जानलेवा (फ़ा+हिं.) [वि.] 1. जो जान लेने पर आमादा हो; मार डालने वाला; जानीदुश्मन; घातक; मारक; कष्टदायक 2. जिसका इलाज न होता हो; लाइलाज, जैसे- जानलेवा रोग।

जानवर (फ़ा.) [सं-पु.] 1. मानव के अलावा समस्त जीव; पशु; चौपाया 2. जिसमें जान हो; जीव; प्राणी 3. {ला-अ.} असभ्य या निर्दयी व्यक्ति; उजड्ड या मूर्ख व्यक्ति 4. {ला-अ.} जानवरों जैसा व्यवहार करने वाला; हैवान; बर्बर व्यक्ति; जंगली।

जानशीन (फ़ा.) [सं-पु.] 1. जो किसी की जगह पर बैठा हो; स्थानापन्न 2. उत्तराधिकारी; वारिस।

जाना (सं.) [क्रि-अ.] 1. एक स्थान से दूसरे स्थान के लिए रवाना होना; गमन करना; हरकत करना 2. यात्रा करना; कहीं अग्रसर होना; किसी ओर बढ़ना 3. नष्ट होना; मरना; समाप्त होना 4. दूर होना; विदा होना 5. जगह छोड़कर परे होना 6. गुजर होना 7. मुद्दे पर आना; विश्वास करना 8. अधिकार या प्रभुत्व से निकल जाना 9. उन्मुख होना; आकर्षित होना; प्रवृत्त होना, जैसे- बगीचे की तरफ़ ध्यान जाना 10. प्रसारित या संचारित होना, जैसे- टीवी या मोबाइल गाँवों तक जा चुका है 11. बहना या रिसाव होना, जैसे- आँखों से पानी जाना 12. खोना; चोरी होना, जैसे- भीड़भाड़ में जेब से रुपए निकल जाना। [मु.] **जा पहुँचना** : संयोगवश कहीं उपस्थित होना।

जाना-पहचाना [वि.] 1. जिसके बारे में जानकारी हो; परिचित 2. प्रसिद्ध; लोकप्रिय।

जाना-माना [वि.] 1. प्रसिद्ध; ख्यात; मशहूर; जिसको आम जनता अच्छी तरह से जानती हो; प्रतिष्ठित 2. स्थापित; प्रमाणित।

जानाँ (फ़ा.) [सं-पु.] 1. माशूक 2. प्रिय; प्रेमी 3. प्रेमपात्र। [सं-स्त्री.] प्रेमिका; प्रेयसी; महबूबा; माशूका।

जानिब (अ.) [सं-स्त्री.] 1. ओर; तरफ़; दिशा 2. पार्श्व; पहलू; पक्ष।

जानिबदार (अ.+फ़ा.) [वि.] तरफ़दारी करने वाला; पक्षपात करने वाला; पक्षपाती।

जानी (फ़ा.) [वि.] 1. जान या प्राणों से संबंध रखने वाला 2. {ला-अ.} जान या प्राणों के समान परम प्रिय; घनिष्ठ; गहरा 3. जान का, जैसे- जानीदोस्त, जानीदुश्मन। [सं-पु.] जान से प्यारा व्यक्ति; प्रियतम; प्रेमी। [सं-स्त्री.] प्रिया; प्रेयसी; महबूबा।

जानी-बूझी [वि.] जानी-समझी; परिचित।

जानीदुश्मन (फ़ा.) [सं-पु.] 1. वह जो जान लेने या मार डालने पर उतारू हो; प्राण घातक 2. मरने का-सा कष्ट देने वाला शत्रु।

जानीदोस्त (फ़ा.) [सं-पु.] 1. जान की तरह प्यारा दोस्त; घनिष्ठ मित्र 2. परम प्रिय स्त्री या पुरुष।

ज़ानू (फ़ा.) [सं-पु.] जाँघ।

जाने-अनजाने [क्रि.वि.] जान कर या बिना जाने हुए, जैसे- जाने-अनजाने में जो गलती हुई उसे माफ़ कीजिए।

जाने-जहाँ (फ़ा.) [सं-पु.] 1. सारी दुनिया का प्राण; विश्वजनीन 2. ईश्वर 3. प्रेयसी; नायिका।

जाने-जाँ (फ़ा.) [सं-पु.] 1. जीवन का सहारा; प्राणाधार 2. प्रेयसी।

जाने-जाना (फ़ा.) [सं-पु.] 1. जीवन का सहारा; जाने-जाँ 2. (संबोधन में प्रयुक्त) मेरे प्यार।

जानेमन (फ़ा.) [सं-पु.] प्रिय; जीवनसाथी; प्राण। [सं-स्त्री.] 1. प्रिया; माशूका; जीवनसंगिनी 2. प्रिय के लिए एक संबोधन।

जानो [क्रि.वि.] मानो; जैसे।

जाप (सं.) [सं-पु.] किसी शब्द या मंत्र का बार-बार किया जाने वाला उच्चारण; जप। [सं-स्त्री.] नाम, मंत्र आदि जपने

की माला; जपमाला।

जापक (सं.) [वि.] जाप करने वाला; जपने वाला।

जापा (सं.) [सं-पु.] 1. स्त्री का संतान उत्पन्न करना; प्रसव 2. प्रसूति कराने का स्थान; सौरी।

जाप्य (सं.) [वि.] जप के योग्य; जो जपा जाने वाला हो।

ज़ाफ़ (अ.) [सं-स्त्री.] 1. बेहोशी; मूर्छा; चक्कर 2. बुढ़ापा; वृद्धावस्था।

ज़ाफ़त (अ.) [सं-स्त्री.] 1. दावत; भोजन आदि से किया जाने वाला सत्कार; सगे-संबंधियों, मित्रों आदि को दिया जाने वाला प्रीतिभोज 2. आतिथ्य; ज़ियाफ़त।

जाफ़र (अ.) [सं-पु.] 1. नहर; नदी 2. सिंदूरी लाल रंग के फूलों वाला एक पौधा; केसर 3. (इस्लाम) चौदह इमामों में से एक।

ज़ाफ़रानी (अ.) [वि.] 1. ज़ाफ़रान या केसर मिला हुआ; केसरिया 2. केसर संबंधी; केसर का।

ज़ाफ़री (अ.) [सं-स्त्री.] 1. चीरे हुए बाँसों की बनाई हुई टट्टी या परदा 2. एक प्रकार का गेंदा फूल। [वि.] पीला।

ज़ाब (अ.) [सं-पु.] थूहड़ के समान एक वृक्ष। [वि.] प्यासा; पिघला हुआ।

जाबर [सं-पु.] 1. सब्ज़ी के साथ पकाया गया चावल 2. घीए (लौकी) के महीन टुकड़ों के साथ पका हुआ चावल। [वि.] वृद्ध; बुड्ढा।

ज़ाबह (अ.) [वि.] ज़िबह या वध करने वाला; वधिक।

जाबा [सं-पु.] पतली रस्सी की बनी हुई जाली जो बैलों आदि के मुँह पर पहनाई जाती है; मुसका; मुसीका।

जाबालि (सं.) [सं-पु.] (रामायण) 1. महाराज दशरथ के एक मंत्री का नाम जो उनके गुरु भी थे 2. एक उपस्मृतिकार मुनि।

ज़ाबित (अ.) [वि.] 1. ज़ब्त करने वाला; रखने वाला 2. नियामक; रक्षक; प्रबंधक; मुंतज़िम।

ज़ाबिता (अ.) [सं-पु.] विधि; पद्धति; नियम; कायदा; दस्तूर; व्यवहार।

ज़ाबिता दीवानी (अ.) [सं-पु.] दीवानी अदालत का आर्थिक व्यवहार या लेन-देन से संबंध रखने वाला कानून; दीवानी अदालतों की कार्यविधि।

ज़ाबिता फ़ौजदारी (अ.) [सं-पु.] फ़ौजदारी अदालत का दंडनीय अपराधों से संबंध रखने वाला विधान; फ़ौजदारी अदालत की कार्यविधि।

जाबिर (अ.) [वि.] 1. जब्र करने वाला; अत्याचारी; अनीतिकर; अनुचित दबाव डालने वाला; ज़ालिम; ज़बरदस्ती करने वाला 2. प्रचंड; उग्र।

जाबी [सं-स्त्री.] बैलों के मुँह पर बाँधने की एक छोटी जाली जो पतली रस्सी से बनी होती है; छोटा जाबा।

ज़ाबेज़ (फ़ा.) [सं-स्त्री.] जलती हुई लकड़ी से निकली हुई बूँद।

ज़ाब्ता (अ.) [सं-पु.] दे. ज़ाबिता।

जाम[1] (अं.) [सं-पु.] भीड़भाड़, वाहनों आदि की अधिकता और अव्यवस्था के कारण होने वाला मार्ग-अवरोध; रुका हुआ या बाधित रास्ता, जैसे- वह जाम में फँसा है।

जाम[2] (फ़ा.) [सं-पु.] 1. शराब पीने का पात्र; प्याला; कटोरा 2. एक प्रकार का अच्छा स्वादिष्ट फल, अमरूद; जामफल। [मु.] **-चलना** : शराब पीना।

जामगी (फ़ा.) [सं-स्त्री.] 1. बंदूक का तोड़ा 2. तोप में आग देने का फलीता।

जामदग्न्य (सं.) [सं-पु.] 1. जमदग्न्य ऋषि 2. उक्त ऋषि के पुत्र परशुराम। [वि.] जमदग्नि ऋषि से संबंधित; जमदग्न्य का।

जामदानी (फ़ा.) [सं-स्त्री.] 1. पहनने के कपड़े रखने की पेटी या बॉक्स; संदूकची 2. ऐसी पेटी जिसमें बच्चों का सामान रखा जाता है 3. कपड़े पर की गई एक प्रकार की कढ़ाई।

जामन [सं-पु.] 1. दही जमाने के लिए दूध में डाला जाने वाला थोड़ा दही या खट्टा पदार्थ; जावन 2. आलूबुखारे की जाति का एक वृक्ष।

जामा (फ़ा.) [सं-पु.] 1. कमीज़ या कुरते की तरह का शरीर के ऊपरी भाग पर पहनने का वस्त्र; पहनावा; पोशाक 2. दूल्हे को पहनाई जाने वाली घुटनों तक लंबी पोशाक जिसका घेरा चुन्नटदार होता है।

जामा मस्जिद (अ.) [सं-स्त्री.] किसी नगर की सबसे बड़ी और प्रमुख मस्जिद।

जामाता (सं.) [सं-पु.] पुत्री या भतीजी आदि का पति; दामाद।

जामिआ (अ.) [सं-स्त्री.] विश्वविद्यालय; (यूनिवर्सिटी)।

जामिईयत (अ.) [सं-स्त्री.] योग्यता; विद्वत्ता; काबिलियत।

जामिक (सं.) [सं-पु.] पहरेदार; पहरुआ; चौकीदार।

ज़ामिन (अ.) [सं-पु.] 1. वह व्यक्ति जो अभियुक्त की ज़मानत करे 2. ज़िम्मा लेने वाला व्यक्ति 3. वह पदार्थ जो किसी चीज़ को सहेजने के लिए साथ में रखा जाता है। [वि.] ज़मानत करने वाला; प्रतिभू।

जामुन (सं.) [सं-पु.] 1. जामुन का वृक्ष 2. उक्त वृक्ष पर लगने वाला एक प्रकार का खट्टा-मीठा तथा गुठलीदार फल; जंबूफल।

जामुनी [सं-पु.] जामुन के फल की तरह का नीलापन लिए काला रंग। [वि.] 1. जामुन का वृक्ष या फल से संबंध रखने वाला; जामुन के रंग का 2. कालापन लिए बैंगनी।

जामे-शराब (फ़ा.) [सं-पु.] शराब पीने का प्याला; शराब से भरा हुआ प्याला।

जामेवार [सं-पु.] 1. एक प्रकार का दुशाला जिसपर बेल-बूटे कढ़े रहते हैं 2. उक्त प्रकार की छपी हुई छींट।

ज़ायका (अ.) [सं-पु.] 1. किसी वस्तु का वह गुण जिसके कारण खाए जाने वाले पदार्थ स्वादिष्ट या रुचिकर लगते हैं; ऐसा स्वाद जो विशेषत: खाने-पीने की चीज़ों का होता है 2. रसेंद्रिय की शक्ति।

ज़ायकेदार (अ.+फ़ा.) [वि.] जिसमें अच्छा स्वाद या ज़ायका हो; स्वादिष्ट; मज़ेदार।

जायचा (फ़ा.) [सं-पु.] जन्मपत्री; रमल में बनाई गई कुंडली।

जायज़ (अ.) [वि.] उचित; मुनासिब; विहित; जो नियम या विधान से सही हो; ठीक; वाज़िब; वैध; मानने लायक; मान्य;

अधिकृत।

जायज़ा (अ.) [सं-पु.] 1. निरीक्षण; परख 2. हिसाब-किताब की पड़ताल; परीक्षा 3. निपटाए गए कामों का ब्योरा; कैफ़ियत 4. रोजाना लिखाई जाने वाली हाज़िरी; उपस्थिति 5. किसी चीज़ का अनुमान।

ज़ायद (फ़ा.) [वि.] 1. जो ज़्यादा हो; फ़ाज़िल; अधिक; अतिरिक्त 3. निरर्थक; व्यर्थ का।

ज़ायद फ़सल (फ़ा.) [सं-स्त्री.] वर्ष की दो प्रमुख फ़सलों रबी और ख़रीफ़ के बीच उगाई जाने वाली अतिरिक्त फ़सल, जैसे- तरबूज़, खरबूज़ा आदि।

जायदाद (फ़ा.) [सं-स्त्री.] 1. संपत्ति; मिल्कियत; (प्रॉपर्टी) 2. चल और अचल संपत्ति; माल-असबाब 3. जगह; ज़मीन।

जायपत्री [सं-स्त्री.] जायफल (जातीफल) के ऊपर का सुगंधित छिलका जो मसाले के रूप में प्रयोग किया जाता है; जावित्री।

जायफल (सं.) [सं-पु.] ऐसा फल जो औषधि और मसाले के रूप में प्रयोग किया जाता है; जावित्री।

जायरी [सं-पु.] नदियों के किनारे की पथरीली भूमि में होने वाली एक प्रकार की लता।

ज़ायल (फ़ा.) [वि.] जो नष्ट हो चुका हो; विनष्ट; बरबाद।

जायस [सं-पु.] उत्तर प्रदेश राज्य के रायबरेली जिले के प्रसिद्ध कवि जायसी का गाँव।

जायसी [वि.] 1. जायस से संबंधित; जायस का 2. भक्तिकालीन निर्गुण धारा की प्रेममार्गी शाखा के प्रमुख कवि जिन्हें लोग जायसी के नाम से जानते हैं।

जाया (सं.) [सं-स्त्री.] 1. पत्नी; शादीशुदा स्त्री; जोरू 2. वह स्त्री जिसने बच्चे को जन्म दिया हो। [सं-पु.] 1. पुत्र; बेटा 2. जो प्रसव द्वारा उत्पन्न किया गया हो।

ज़ाया (अ.) [क्रि.वि.] 1. बेकार; व्यर्थ; वृथा; बरबाद; नष्ट 2. जो उपयोग या उपभोग में ठीक प्रकार से न लाया गया हो।

जायु (सं.) [सं-पु.] औषधि; दवा। [वि.] जीतने वाला; विजेता।

जाये (फ़ा.) [क्रि.वि.] व्यर्थ; बेकार; बरबाद। [वि.] ठीक; उचित; वाज़िब। [सं-स्त्री.] स्थान; जगह।

जार (सं.) [सं-पु.] 1. परस्त्री से प्रेम करने वाला व्यक्ति 2. किसी अन्य स्त्री के साथ अनुचित संबंध रखने वाला व्यक्ति; आशना।

ज़ार (फ़ा.) [सं-पु.] वह स्थान जहाँ कोई चीज़ बहुतायत में हो, जैसे- गुलज़ार; सब्ज़ज़ार।

ज़ार-ज़ार (फ़ा.) [अव्य.] अत्यधिक; बहुत ज़्यादा, जैसे- ज़ार-ज़ार रोना।

जारक (सं.) [वि.] 1. जलाने वाला 2. क्षीण या नष्ट करने वाला 3. क्षय करने वाला 4. पाचक शक्ति बढ़ाने वाला।

जारकर्म (सं.) [सं-पु.] किसी स्त्री या पुरुष द्वारा किया जाने वाला व्यभिचार; अवैध रूप से बनाया जाने वाला यौनसंबंध।

जारज (सं.) [सं-पु.] वह संतान जो विवाहेतर संबंधों से उत्पन्न हुई हो; जार से उत्पन्न संतान।

जारजेट (अं.) [सं-पु.] एक प्रकार का बढ़िया महीन कपड़ा।

जारणी (सं.) [सं-स्त्री.] सफ़ेद जीरा।

जारशाही (रू.+फ़ा) [सं-स्त्री.] 1. रूस में जार की उपाधि धारक राजाओं का शासन 2. {ला-अ.} क्रूर तथा निर्दय शासन।

जारा [सं-पु.] 1. हत्था 2. सोनार आदि की भट्टी का वह भाग जिसमें आग रहती है, यही पर नीचे छोटा छेद होता है, जिससे होकर भाठी की हवा आती है।

जारिणी (सं.) [सं-स्त्री.] वह स्त्री जो किसी अन्य पुरुष से प्रेम करती हो।

ज़ारी (फ़ा.) [सं-स्त्री.] रोना-धोना; विलाप; रुदन। [सं-पु.] मुहर्रम में ताज़ियों के सामने गाया जाने वाला गीत।

जारी[1] [सं-पु.] 1. झरबेरी का पौधा 2. जाली।

जारी[2] (सं.) [वि.] जार की क्रिया या भाव; परस्त्री गमन।

जारी[3] (अ.) [वि.] 1. जो चलन में हो; चलता हुआ; संचालित; प्रचलित; निरंतर होता हुआ 2. बहता हुआ; जिसका प्रवाह बराबर हो रहा हो 3. लागू; चालू (नियम, कानून आदि) 4. क्रियाशील; जो प्रयोग में हो; बना हुआ। [मु.] **-करना** : निकालना या प्रकाशित करना (आदेश आदि)।

जारोब (फ़ा.) [सं-स्त्री.] झाड़ू; बुहारी।

जारोबकश (फ़ा.) [सं-पु.] झाड़ू लगाने या सफ़ाई करने वाला व्यक्ति।

जाल[1] (सं.) [सं-पु.] 1. आपस में गुँथे तथा फैले हुए सूत या धागों का समूह 2. सूत, पटसन या प्लास्टिक की जालीदार वस्तु जिसका प्रयोग मछली आदि पकड़ने में होता है 3. जालीदार खिड़की; जाली; झरोखा 4. फैलाव; किसी बनावट या संरचना का देश या राज्यव्यापी विस्तार, जैसे- सड़कों, रेल की पटरियों अथवा नहरों का जाल 5. झूठी कार्रवाई 6. गलतफ़हमी; भ्रांति 7. किसी संस्था या संगठन की शाखाओं का व्यापक विस्तार; समूह 8. मकड़ी का जाला 9. आँखों का एक रोग।

जाल[2] (अ.) [सं-पु.] 1. षड्यंत्र; धोखा; फ़रेब; छल 2. किसी को ठगने या फँसाने की तरकीब। [मु.] **-बिछाना** : किसी को फँसाने की कोशिश करना। **-में फँसना** : धोखे में आना।

जालंधर (सं.) [सं-पु.] 1. एक ऋषि; एक दैत्य का नाम 3. एक योग मुद्रा 4. पंजाब राज्य का एक जिला।

जालसाज़ (अ.+फ़ा.) [वि.] 1. वह जो दूसरे को धोखा देने के उद्देश्य से असली चीज़ की जगह वैसी ही नकली चीज़ तैयार कर देता है; धोखेबाज़; कूटकार 2. जाली या नकली दस्तावेज़ बनाने वाला; फ़रेबी।

जालसाज़ी (फ़ा.) [सं-स्त्री.] नकली दस्तावेज़ या हस्ताक्षर आदि के माध्यम से किसी को ठगने का कार्य; धोखाधड़ी।

जाला (सं.) [सं-पु.] 1. मकड़ी द्वारा बनाया गया पतले तंतुओं का जाल जिसमें वह कीड़े-मकोड़ों को फँसाती है 2. घास-भूसा आदि बाँधने की जाली 3. आँख की पुतली के सामने झिल्ली पड़ जाने का रोग।

जालाक्ष (सं.) [सं-पु.] झरोखा; गवाक्ष।

जालिक (सं.) [सं-पु.] 1. पक्षियों को जाल में फँसाने वाला व्यक्ति; बहेलिया 2. मदारी 3. मछुआरा 4. मकड़ा 5. बाज़ीगर; इंद्रजालिक।

जालिका (सं.) [सं-स्त्री.] 1. जाली का बना हुआ कवच 2.

चेहरे पर डालने वाली जाली 3. पाश; फंदा।

ज़ालिम (अ.) [वि.] ज़ुल्म करने वाला; निर्दयी; आततायी; अत्याचारी; क्रूर; दुष्ट।

जालिया[1] [सं-पु.] वह व्यक्ति जो जाल में जीव-जंतुओं को फँसाकर अपनी जीविका चलाता हो; शिकारी; जालसाज़; ठग।

जालिया[2] (अ.) [सं-पु.] जो नकली दस्तावेज़ बनाकर जालसाजी करता हो और दूसरों की संपत्ति छीनता हो; जालसाजी।

जाली [सं-स्त्री.] 1. किसी चीज़ में बने हुए छेद या कटाव, जैसे- दीवार आदि में बनी जाली 2. बहुत से छोटे-छोटे छेदों वाला कपड़ा 3. कच्चे आम की गुठली का रेशा। [वि.] 1. नकली; बनावटी; झूठा; जो धोखा देने के लिए रचा गया हो 2. जिसमें जाल हो।

जालीदार [वि.] 1. जिसमें जाली बनी हुई हों 2. जिसमें जाली कटी हुई हो 3. जिसमें छोटे-छोटे छेद बने हों।

जाल्य (सं.) [वि.] जो जाल में फँसाए जाने योग्य हो।

जावक (सं.) [सं-पु.] 1. किसी विभाग या कार्यालय से किसी अन्य कार्यालय आदि में भेजे जाने वाले पत्र 2. मेहँदी; आलता; महावर; अलक्तक।

जावन [सं-पु.] 1. खट्टा दही जो दूध को जमाने के लिए डाला जाता है 2. जन्म लेने की क्रिया या भाव 3. आलूबुखारे की जाति का एक वृक्ष।

जावर [सं-पु.] 1. गन्ने के रस में चावल को पकाकर तैयार की जाने वाली खीर 2. चावल के साथ पकाए हुए कद्दू के टुकड़े।

जावा [सं-पु.] पूर्वी एशिया का एक बड़ा द्वीप।

जावित्री (सं.) [सं-स्त्री.] जायफल का सुगंधित छिलका जो दवा या मसाले आदि बनाने के काम आता है।

जावेद (फ़ा.) [वि.] शाश्वत; नित्य।

जासू [सं-पु.] वे पान जो मादक बनाने के लिए अफीम में मिलाये जाते हैं।

जासूस (अ.) [सं-पु.] 1. भेदिया; गुप्तचर 2. वह व्यक्ति जो प्राय: प्रतिपक्षियों आदि की बात छिपकर सुनता है या गतिविधियों का पता लगाता है 3. अपराध आदि का पता लगाने वाला व्यक्ति।

जासूसी (अ.) [सं-स्त्री.] 1. गुप्त रूप से किसी वस्तु या बात आदि का पता लगाना 2. जासूस का काम; मुख़बिरी। [वि.] जासूस संबंधी; जिसमें जासूसों का किस्सा हो, जैसे- जासूसी उपन्यास।

जाह (फ़ा.) [सं-पु.] 1. प्रतिष्ठा; पद; प्रभाव 2. इज़्ज़त 3. सत्कार 4. कद्र 5. मर्यादा।

जाहक (सं.) [सं-पु.] 1. जोंक 2. घोंघा 3. गिरगिट 4. बिछौना; बिस्तर।

ज़ाहिद (अ.) [सं-पु.] 1. सांसारिक प्रपंचों से दूर नियम से जप-तप करने वाला व्यक्ति 2. जितेंद्रिय 3. विरक्त 4. संयमी।

ज़ाहिर (अ.) [वि.] 1. ज्ञात; विदित 2. प्रकट 3. जो स्पष्ट रूप से सामने हो; प्रत्यक्ष 4. उज्ज्वल; प्रकाशमान 5. बुलंद; ऊँचा 6. प्रसिद्ध; मशहूर।

ज़ाहिरदार (अ.+फ़ा.) [वि.] अवसरवादी; दिखावटी।

ज़ाहिरन (अ.) [वि.] 1. देखने में 2. प्रकट रूप में; प्रकटत: 3. ज़ाहिर में।

ज़ाहिरा (अ.) [क्रि.वि.] प्रत्यक्ष में; प्रकटत:; बाहर से देखने में।

ज़ाहिरी (अ.) [वि.] 1. जो प्रत्यक्ष हो 2. ऊपर या बाह्य रूप में दिखाई देने वाला 3. दिखावटी; बनावटी।

जाहिल (अ.) [वि.] 1. मूर्ख; अज्ञानी; बेइल्म; नासमझ 2. अपढ़; निरक्षर; अशिक्षित 3. उद्दंड; अक्खड़ 4. गँवार; असभ्य 5. अशिष्ट; बदमिज़ाज।

जाहिली (अ.) [सं-स्त्री.] 1. अज्ञानता; मूर्खता 2. निरक्षरता 3. उद्दंडता; अक्खड़ता 4. गँवारपन; असभ्यता 5. अशिष्टता; बदमिज़ाजी।

जाहिलीयत (अ.) [सं-स्त्री.] 1. मूर्खता; मूढ़ता; अज्ञान 2. जाहिल होना 3. अरब में इस्लाम की स्थापना के पहले का काल।

जाह्नवी (सं.) [सं-स्त्री.] 1. जह्नु ऋषि से उत्पन्न 2. गंगा नदी।

जिंक (अं.) [सं-स्त्री.] एक धात्विक तत्व जो नीलापन लिए हुए सफ़ेद होता है; जस्ता; श्वेतपटल; (लोहे और इस्पात को ज़ंग से बचाने वाली धातु)।

जिंद[1] [सं-स्त्री.] जिंदगी; जीवन। [सं-पु.] जंद; परसियों का एक धर्म ग्रंथ।

जिंद[2] (अ.) [सं-पु.] जिन्न (भूत-प्रेत)।

ज़िंदगानी (फ़ा.) [सं-स्त्री.] 1. जीवन; प्राण 2. जीवनकाल; आयु 3. जीवित होना 4. सजीवता 5. जीवित रहने की अवस्था।

ज़िंदगी (फ़ा.) [सं-स्त्री.] 1. जीवन; जीवन-काल 2. सजीवता; जीवंतता 3. आयु; उम्र। [मु.] **-के दिन पूरे करना** : जैसे-तैसे कष्ट से जीवन बिताना।

ज़िंदा (फ़ा.) [वि.] 1. जीवित; सजीव; जीता हुआ 2. जिसमें जीवनशक्ति हो 3. सक्रिय; क्रियाशील 4. हरा-भरा; प्रफुल्लित 5. {ला-अ.} जो अभी काम में न लिया गया हो, जैसे- ज़िंदा बम या कारतूस।

ज़िंदादिल (फ़ा.) [वि.] 1. ख़ुशमिज़ाज; प्रसन्नचित 2. हँसमुख; हँसने-हँसाने वाला 3. उत्साही 4. शौकीन; रसिक 5. सहृदय।

ज़िंदादिली (फ़ा.) [सं-स्त्री.] 1. ज़िंदादिल होना; ख़ुशमिज़ाजी; सहृदयता 2. उत्साह; प्रसन्नता 3. रसिकता 4. हँसोड़पन 5. विनोदप्रियता।

जिंस (अ.) [सं-स्त्री.] 1. वर्ग; किस्म; लिंग; जाति 2. वस्तु; पदार्थ; चीज़ 3. गल्ला; अन्न।

जिंसवार (फ़ा.) [सं-पु.] पटवारी का वह कागज़ जिसमें खेतों में बोई हुई फ़सलों का विवरण लिखा जाता है।

जिंसी (फ़ा.) [वि.] 1. जिंस संबंधी; जिंस का 2. जिंस या अनाज के रूप में होने वाला।

जिंसी लगान [सं-पु.] खेत का वह लगान जो रुपए-पैसे के रूप में नहीं बल्कि गेहूँ, चावल आदि पैदावारों के रूप में हो।

जिउतिया [सं-स्त्री.] 1. आश्विन-कृष्णा अष्टमी को होने वाला एक व्रत 2. जीवित्पुत्रिका व्रत।

जिकड़ी [सं-स्त्री.] ब्रज में गाया जाने वाला एक गीत जिनमें दो दल में प्राय: होड़ करके एक दूसरे के प्रश्नों का उत्तर देते हैं।

ज़िक्र (अ.) [सं-पु.] 1. चर्चा; वर्णन; उल्लेख 2. ईश्वर का नाम लेते हुए स्मरण 3. किसी घटना या विषय का विवेचनात्मक वर्णन 4. भाषण, लेख आदि में होने वाला किसी असंबद्ध या गौण घटना या विषय का उल्लेख; संक्षिप्त कथन।

जिगर (फ़ा.) [सं-पु.] 1. यकृत; कलेजा; (लीवर) 2. साहस; हिम्मत; जीवट 3. किसी चीज़ का सार 4. गूदा 5. बहुत प्रिय; लाडला। [मु.] **-का टुकड़ा** : अत्यंत प्रिय (संतान के लिए प्रयुक्त)।

जिगरबंद (फ़ा.) [सं-पु.] {ला-अ.} बेटा।

जिगरसोज़ी (फ़ा.) [सं-स्त्री.] 1. गम उठाना; हृदय जलाना 2. सहानुभूति प्रकट करना।

जिगरा [सं-पु.] 1. साहस 2. वह मनोभाव जिसके कारण मनुष्य बिना डरे बहुत बड़ा, विकट काम करने के लिए उद्यत होता है 3. कठिन काम करने का हौसला; जीवट।

जिगरी (फ़ा.) [वि.] 1. गहरा; बेहद करीबी; अंतरंग (मित्र) 2. जिगर संबंधी; जिगर का 3. हार्दिक; दिली 4. अभिन्न; घनिष्ठ।

जिगीषा (सं.) [सं-स्त्री.] 1. प्रयत्न; उद्योग 2. लड़ने-भिड़ने या युद्ध करने की इच्छा 3. जीतने की इच्छा 4. जय की अभिलाषा 5. उद्यम; प्रकर्ष 6. किसी को अपने अधीन और वशीभूत करने की चाहत।

जिगीषु (सं.) [वि.] 1. जय की इच्छा रखने वाला 2. विजय का इच्छुक 3. युद्ध की चाहत रखने वाला; युयुत्सु।

जिघत्नु (सं.) [वि.] वध का इच्छुक; शत्रु।

जिघत्सा (सं.) [सं-स्त्री.] भूख; भोजन की इच्छा।

जिघत्सु (सं.) [वि.] भोजन की इच्छा करने वाला; भूखा।

जिघांसक (सं.) [वि.] 1. क्रूरतापूर्वक मारने वाला 2. अमानवीय कार्य करने वाला।

जिघांसा (सं.) [सं-स्त्री.] मार डालने की इच्छा; प्रतिहिंसा।

जिच (फ़ा.) [सं-स्त्री.] 1. मज़बूरी; बेबसी 2. शतरंज के खेल की वह अवस्था जिसमें किसी एक पक्ष को कोई मोहरा चलने की जगह न मिले।

जिजीविषा (सं.) [सं-स्त्री.] 1. जीने की इच्छा या उत्कट कामना; जीवटता 2. जीवन की चाह।

जिजीविषु (सं.) [वि.] जो अधिक समय तक जीना चाहता हो।

जिज्ञासा (सं.) [सं-स्त्री.] 1. उत्सुकता; जानने की इच्छा 2. ज्ञान की चाह 2. कौतूहल 3. खोज; पूछताछ।

जिज्ञासु (सं.) [वि.] 1. जो जानना चाहता हो; जिज्ञासा रखने वाला; मुमुक्षु; ज्ञानार्थी 2. खोजी; अनुसंधान करने वाला; अनुसंधाता 3. उत्सुक।

जिठानी [सं-स्त्री.] पति के बड़े भाई की पत्नी; जेठानी।

जित (सं.) [वि.] 1. जिसने किसी को जीत लिया हो 2. जेता; जीतने वाला।

जितना [वि.] 1. जिस कदर; जिस तरह 2. जिस मात्रा या परिणाम का।

जितवाना [क्रि-स.] 1. जीत में समर्थ होना 2. दूसरे को जितवाना 3. जीतने का कारण होना।

जितवैया [वि.] जीतने वाला; विजय प्राप्त करने वाला।

जिताऊ [वि.] जिताने वाला।

जितात्मा (सं.) [वि.] 1. जिसने अपने ऊपर विजय प्राप्त कर ली हो 2. जिसने इंद्रियों पर विजय प्राप्त कर ली हो; जितेंद्रिय।

जिताना [क्रि-स.] जितवाना।

जितुम (सं.) [सं-पु.] मिथुन राशि।

जितेंद्रिय (सं.) [वि.] जिसने अपनी इंद्रियों पर विजय प्राप्त कर ली हो।

जितैया [वि.] जीतने या विजय प्राप्त करने वाला।

जित्य (सं.) [सं-पु.] 1. बड़ा हल 2. पाटा; हेंगा। [वि.] जेय; जीतने योग्य।

जित्वर (सं.) [वि.] जयशील; जीतने वाला; विजयी।

ज़िद (अ.) [सं-स्त्री.] 1. किसी बात पर अड़े रहने का भाव; हठ 2. किसी अनुचित बात के लिए किया जाने वाला दुराग्रह; अड़ 3. दृढ़ता; अवस्थिति 4. प्रयास। [सं-पु.] विपरीत गुणों वाली वस्तु। [वि.] उलटा।

जिद्दत (अ.) [सं-स्त्री.] 1. आविष्कार; खोज 2. नयापन; नवीनता 3. अनोखापन; अद्भुतता।

ज़िद्दन (अ.) [वि.] 1. हठ से; हठ के कारण 2. ज़िद की वजह से।

ज़िद्दी (अ.) [वि.] 1. ज़िद करने वाला; हठी; आग्रही 2. जिसने ठान लिया हो 3. स्वेच्छाचारी; दुराग्रही; अड़ियल 3. दृढ़।

ज़िद्दीपन (फ़ा.) [सं-स्त्री.] 1. ज़िद्दी होने की अवस्था या भाव 2. हठीपन।

जिधर [अव्य.] जहाँ; जिस ओर; जिस तरफ़।

जिन[1] (सं.) [सं-पु.] 1. जैनों के तीर्थंकर 2. बहुत बुज़ुर्ग आदमी। [वि.] 1. जय करने वाला 2. राग-द्वेष को जीतने वाला 3. वृद्ध। [सर्व.] 'जिस' शब्द का बहुवचन रूप (जिनको; जिनसे), जैसे- जिन छात्रों को; जिन लोगों को।

जिन[2] (फ़ा.) [सं-पु.] भूत या प्रेतात्मा; दैत्य।

ज़िना (अ.) [सं-पु.] 1. व्यभिचार 2. परपुरुष या परस्त्री से होने वाला अनैतिक संबंध।

ज़िनाकार (अ.+फ़ा.) [सं-पु.] ज़िना या व्यभिचार करने वाला व्यक्ति।

जिनेंद्र (सं.) [सं-पु.] एक जैन तीर्थंकर।

जिन्न (अ.) [सं-पु.] भूत-प्रेत जैसा एक प्राणी जिसकी उत्पत्ति अग्नि से मानी जाती है; दैत्य।

जिन्नात (अ.) [सं-पु.] 1. भूत-प्रेत और जिन्न आदि; दैत्य; असुर 2. 'जिन्न' का बहुवचन 2. जिन्नों की दुनिया।

जिन्नाती (अ.) [वि.] जिन्न या जिन्नात का; जिन्न संबंधी।

जिन्नी (अ.) [वि.] जिन्न या भूत-प्रेत संबंधी। [सं-पु.] जिन्न को वश में करने वाला; जिन्न का साधक।

जिन्हें (सं.) [अव्य.] जिसे; जिसको।

जिन्होंने (सं.) [सर्व.] जिन लोगों ने।

जिप (अं.) [सं-स्त्री.] कपड़े आदि के दो भागों को आपस में मिलाने और अलग करने वाला एक छोटा उपकरण; (चेन)।

जिप्सी (अं.) [सं-पु.] 1. भारतीय मूल की एक भ्रमणशील

जाति जो पहले मिस्र देश में पाई जाती थी और अब संसार के अनेक हिस्सों में पाई जाती है 2. उक्त जाति का व्यक्ति।

ज़िबह (अ.) [सं-पु.] 1. पशु-पक्षियों को हलाल करना 2. गला काटना।

जिबाल (अ.) [सं-पु.] 1. पर्वतमाला 2. बहुत से पहाड़।

जिब्रील (अ.) [सं-पु.] मान्यतानुसार ख़ुदा का एक फ़रिश्ता।

जिब्रील (अ.) [सं-पु.] मान्यतानुसार ख़ुदा का एक फ़रिश्ता।

जिभला [वि.] चटोरा; जिह्वालोलुप।

जिम (अं.) [सं-पु.] व्यायामशाला; जिमख़ाना।

जिमख़ाना (अं.+फ़ा.) [सं-पु.] वह स्थान जहाँ खिलाड़ी इकट्ठा होकर व्यायाम करते हैं एवं खेलों का अभ्यास करते हैं; व्यायामशाला।

जिमनास्टिक (अं.) [सं-पु.] 1. खेलों का वह वर्ग जिसमें शारीरिक लोच, फुरती और संतुलन का प्रदर्शन किया जाता है 2. व्यायाम; कसरत का एक प्रकार।

ज़िम्मा (अ.) [सं-पु.] 1. उत्तरदायित्व; कार्यभार; ज़िम्मेदारी 2. किसी के संरक्षण का भार; देखरेख; संरक्षा; प्रतिज्ञा 3. सुपुर्दगी 4. किसी परिणाम के प्रति जवाबदेही का भाव 5. ज़मानत।

ज़िम्मेदार (अ.+फ़ा.) [सं-पु.] ऐसा व्यक्ति जिसके ऊपर किसी कार्य या वस्तु की जवाबदेही हो। [वि.] 1. जो उत्तरदायी हो; अपने दायित्व को भली-भाँति निभाने वाला 2. जवाबदेह।

ज़िम्मेदारी (अ.+फ़ा.) [सं-स्त्री.] उत्तरदायित्व; जवाबदेही।

ज़िम्मेवार (अ.+फ़ा.) [वि.] दे. ज़िम्मेदार।

ज़िम्मेवारी (अ.+फ़ा.) [सं-स्त्री.] ज़िम्मेदार होने की अवस्था या भाव।

जिय (सं.) [सं-पु.] चित्त; मन; जी; जीव।

जियरा [सं-पु.] हृदय; जीव; मन; जी।

ज़िया (अ.) [सं-स्त्री.] 1. चमक; प्रकाश; आभा; ज्योति 2. रत्न की कांति 3. सूर्य का प्रकाश।

ज़ियादत (अ.) [सं-स्त्री.] 1. बहुतायत; अधिकता 2. ज़ुल्म; ज़बरदस्ती 3. अत्याचार; अनीति 4. हठधर्मिता।

ज़ियादती (अ.) [सं-स्त्री.] दे. ज़ियादत।

ज़ियाफ़त (अ.) [सं-स्त्री.] 1. भोजन से सत्कार 2. आतिथ्य 3. अतिथि की पूजा; मेहमानदारी 4. दावत।

ज़ियारत (अ.) [सं-स्त्री.] 1. किसी मज़ार (कब्र) आदि के दर्शनार्थ किया जाने वाला सफ़र या यात्रा 2. तीर्थयात्रा 3. धार्मिक रूप से पवित्र माने जाने वाले किसी स्थान की यात्रा 4. किसी बुज़ुर्ग का रोज़ा आदि।

जिरगा (तु.) [सं-पु.] 1. झुंड; समूह; मंडली; जमात 2. सरहदी पठानों की सभा या पंचायत 3. उक्त प्रकार के लोगों की सामूहिक सभा या सम्मेलन।

जिरण (सं.) [सं-पु.] जीरा।

जिरह (अ.) [सं-स्त्री.] 1. बहस; दलील 2. तकरार; हुज्जत; व्यर्थ का तर्क 3. किसी बात या तथ्य की सत्यता के लिए की जाने वाली पूछताछ; न्यायालय में प्रतिपक्षी और वकील के बीच होने वाले सवाल-जवाब।

ज़िरह (फ़ा.) [सं-स्त्री.] लोहे की कड़ियों से बना कवच जो युद्ध के समय पहना जाता है; वर्म; बख़्तर।

ज़िरहपोश (फ़ा.) [वि.] जो कवच पहने हो; कवचधारी।

ज़िरही (फ़ा.) [सं-पु.] कवचधारी सैनिक। [वि.] कवचधारी।

ज़िराअत (अ.) [सं-स्त्री.] खेती; कृषि; किसानी।

ज़िराफ़तन (अ.) [सं-पु.] हँसी में; मज़ाक में; दिल्लगी से।

ज़िराफ़ा (अ.) [सं-पु.] दे. ज़िराफ़।

जिर्म (अ.) [सं-पु.] देह; पिंड; आकाशीय अथवा जड़ पदार्थों के लिए प्रयुक्त शब्द।

जिला (अ.) [सं-स्त्री.] 1. रगड़कर या माँजकर चमकाना 2. पॉलिश या रोगन आदि से चमकाने की क्रिया 3. चमक-दमक।

ज़िला (अ.) [सं-पु.] 1. राज्य या प्रांत की एक प्रशासनिक इकाई जिसका प्रशासन ज़िलाधिकारी (क्लेक्टर) या उपायुक्त (डिप्टी कमिश्नर) की देखरेख में होता है; एक ज़िले में कई तहसीलें होती हैं 2. जनपद; (डिस्ट्रिक्ट) 3. प्रदेश; प्रांत 4. किसी प्रदेश का छोटा विभाग।

ज़िला जज (अ.+अं.) [सं-पु.] न्याय विभाग का वह अधिकारी जिसे ज़िले भर की दीवानी और फ़ौजदारी मुकदमों की अपील सुनने का अधिकार होता है; (डिस्ट्रिक्ट जज़)।

ज़िला बोर्ड (अ.+अं.) [सं-पु.] किसी ज़िले के चुने हुए प्रतिनिधियों का वह बोर्ड या संस्था जिसके जिम्मे पूरे ज़िले के देहातों की शिक्षा, स्वास्थ्य, यातायात आदि की व्यवस्था रहती है; (डिस्ट्रिक्ट बोर्ड)।

जिलाट (सं.) [सं-पु.] प्राचीनकाल का एक बाजा।

ज़िलादार (अ.+फ़ा.) [सं-पु.] दे. ज़िलेदार।

ज़िलाधिकारी (अ.+सं.) [सं-पु.] वह जिसके ऊपर ज़िले का भार हो; ज़िले का अधिकारी; (कलेक्टर); डी.एम. (डिस्ट्रिक्ट मजिस्ट्रेट)।

ज़िलाधीश (अ.+सं.) [सं-पु.] दे. ज़िलाधिकारी।

जिलाना [क्रि-स.] 1. जीवन देना; जीवित रहने में सहायता करना 2. पालना; पोसना 3. किसी को मरने से बचाना; मृतप्राय प्राणी को जीवित करना 4. वह प्रयास या उपाय जिससे किसी को जीवित रखा जा सके।

ज़िलेदार (अ.+फ़ा.) [सं-पु.] 1. किसी ज़िले का अधिकारी या कर्मचारी 2. मध्यकाल में राजा या बड़े ज़मींदार का वह अधिकारी या कर्मचारी जो किसी ज़िले या इलाके से कर या लगान वसूल करता था; ज़मींदार का कारिंदा 3. नहर विभाग का कर्मचारी।

ज़िलेवार [वि.] ज़िलों के अनुसार होने वाला।

जिल्द (अ.) [सं-स्त्री.] 1. पुस्तक या दस्तावेज़ों के ऊपर लगाया जाने वाला मोटे कागज़, प्लास्टिक या चमड़े का आवरण; जिल्द की गई पुस्तक की दफ़्ती 2. किसी पुस्तक का कोई पृथक भाग; खंड; (वॉल्यूम) 3. पुस्तक की प्रति, जैसे- यह पुस्तक चार जिल्दों मंच है 4. खाल; चमड़ा 5. ऊपर की त्वचा।

जिल्दबंद (अ.+फ़ा.) [सं-पु.] जिल्द बाँधने वाला।

जिल्दसाज़ (अ.+फ़ा.) [सं-पु.] 1. पुस्तक की जिल्द बाँधने

वाला 2. कारीगर।

जिल्दसाज़ी (अ.+फ़ा.) [सं-स्त्री.] पुस्तक की जिल्द बनाने का काम।

जिल्दी (अ.) [वि.] त्वचा या खाल का (रोग)।

ज़िल्लत (अ.) [सं-स्त्री.] 1. दुर्गति 2. अपमानित, तिरस्कृत और तुच्छ या दुर्दशाग्रस्त होने का भाव 3. हीनता; बेइज़्ज़ती 4. पतन; चूक; त्रुटि।

जिल्ली [सं-पु.] एक प्रकार का बाँस।

जिल्होर [सं-पु.] एक प्रकार का धान जो अगहन में काटा जाता है।

जिष्णु (सं.) [सं-पु.] 1. सूर्य 2. विष्णु 3. इंद्र 4. अर्जुन। [वि.] विजय पाने वाला; विजयी।

जिस (सं.) [वि.] हिंदी विशेषण 'जो' का वह रूप जो उसे विभक्ति से युक्त विशेष्य के पहले लगने पर प्राप्त होता है।

जिसिम (अ.) [सं-पु.] जिसमें लंबाई, चौड़ाई, ऊँचाई या मोटाई हो।

जिसे [सर्व.] 1. जिसको 2. संबोधन के लिए प्रयुक्त शब्द।

जिस्म (अ.) [सं-पु.] देह; शरीर; काया; बदन।

जिस्मानी (अ.) [वि.] 1. शारीरिक; जिस्म की; जिस्म से संबंधित 2. शरीर में होने वाली; दैहिक (पीड़ा, भूख आदि)।

जिस्मी (अ.) [वि.] जिस्मानी; शारीरिक।

ज़िह (फ़ा.) [सं-स्त्री.] धनुष का किनारा; कोना; चिल्ला।

ज़िहनीयत (अ.) [सं-स्त्री.] 1. आदत 2. धारणा; गुमान 3. स्वभाव; प्रकृति।

ज़िहमत (अ.) [सं-स्त्री.] असहनीय दुर्गंध।

जिहाद (अ.) [सं-पु.] 1. नैतिक मूल्यों के संरक्षण के लिए की जाने वाली ज़द्दोज़हद या संघर्ष 2. किसी जायज़ माँग के लिए भरपूर कोशिश करने वाला या आंदोलन करने वाला व्यक्ति 3. धर्मयुद्ध।

जिहादी (अ.) [वि.] 1. जिहाद करने वाला 2. जिहाद संबंधी।

जिहालत (अ.) [सं-स्त्री.] अज्ञानता; मूर्खता।

जिहासा (सं.) [सं-स्त्री.] त्याग की इच्छा।

जिहासु (सं.) [वि.] त्याग की इच्छा रखने वाला।

जिहेज़ (फ़ा.) [सं-पु.] दहेज।

जिह्म (सं.) [सं-पु.] 1. तगर का फूल 2. अधर्म। [वि.] 1. दुष्ट; पाजी 2. टेढ़ा; वक्र 3. निर्दय; क्रूर 4. मंद; धीमा 5. दुखी; खिन्न।

जिह्माक्ष (सं.) [वि.] 1. भेंगा; ऐंचा 2. टेढ़ी या तिरछी आँख वाला व्यक्ति।

जिह्मित (सं.) [वि.] 1. टेढ़ा 2. चकित; विस्मित 3. घूमा हुआ।

जिह्वल (सं.) [वि.] जिभला; चटोरा।

जिह्वा (सं.) [सं-स्त्री.] 1. जीभ; ज़बान 2. रसना 3. आग की लपट।

जिह्वामूलीय (सं.) [वि.] 1. (वर्ण) जिसका उच्चारण जिह्वा के मूल से किया जाता है 2. जो जिह्वा के मूल से संबंध रखता हो।

जी (सं.) [सं-पु.] 1. चित्त; मन; दिल; हृदय 2. साहस; बहादुरी; जीवट 3. जीव; जान; अंतर्मन 4. तबियत; मनोदशा 5. विचार 6. संकल्प। [अव्य.] 1. किसी के नाम, पदवी, अल्ल या धार्मिक स्थानों के साथ जोड़ा जाने वाला आदरसूचक शब्द 2. किसी वरिष्ठ या सम्मानित व्यक्ति के कथन या प्रश्न के उत्तर में संक्षिप्त प्रतिसंबोधन 3. किसी के बुलाने या पूछने पर उत्तर में कहा जाने वाला स्वीकृतिपरक शब्द 4. जीवन और प्राण से संबंधित शब्द। [मु.] **-दहलना** : मन में कुछ भय का संचार होना। **-अच्छा होना** : शरीर स्वस्थ होना। **-खट्टा होना** : विरक्त होना। **-चलना** : इच्छा होना। **-चुराना** : कुछ करने से भागना। **-पर आ बनना** : प्राणों पर संकट आना। **-पर खेलना** : ख़तरनाक काम करना। **-बहलना** : चिंता से मुक्त होकर प्रसन्न होना। **-मिचलाना** : उलटी महसूस करना। **-में आना** : मन में विचार पैदा होना। **-रखना** : किसी को प्रसन्न करने के लिए उसके मन के अनुकूल काम करना।

जी-तोड़ [क्रि.वि.] 1. कठिन मेहनत करना 2. श्रम करना।

ज़ीक (अ.) [वि.] 1. कठिनता; अड़चन 2. तंगी; संकीर्णता 3. मानसिक कष्ट।

जीजा [सं-पु.] बड़ी बहन का पति; बहनोई।

जीजी (सं.) [सं-स्त्री.] 1. दीदी 2. जेठानी 3. बड़ी बहन।

जीत (सं.) [सं-स्त्री.] 1. प्रतियोगिता आदि जीतने का भाव या अवस्था 2. विजय; जय; फ़तह 3. युद्ध; मुकदमा या किसी बाज़ी में जीत हासिल करने की क्रिया या भाव 4. किसी प्रतियोगिता में मिलने वाली सफलता 5. फ़ायदा; लाभ।

जीतना [क्रि-स.] 1. विजयी होना; शत्रु या विपक्षी को हराना 2. लाभ प्राप्त करना; हासिल करना 3. दमन करना; अधिकार करना 4. वश में करना (मन या इंद्रियों आदि को)।

जीता [वि.] 1. जिसमें जीवन या जान हो; जीवित; ज़िंदा 2. नाप, तौल आदि के प्रसंग में जो आवश्यकता से थोड़ा अधिक हो।

जीता-जागता [वि.] 1. जीवंत; जीवित 2. सजीव; सचेत; जीवन-शक्ति से युक्त 3. भला-चंगा 4. तेजवान; सशक्त।

जीति [सं-स्त्री.] एक लता जिसके तने से धनुष की डोरी बनती है।

जीन (अं.) [सं-पु.] (जीवविज्ञान) कोशिका केंद्रक में गुणसूत्र पर स्थित तथा डी.एन.ए. निर्मित वह अति सूक्ष्म रचनाएँ जो अनुवांशिक लक्षणों का धारण एवं एक पीढ़ी से दूसरी पीढ़ी में उनका स्थानांतरण करती हैं।

ज़ीन (फ़ा.) [सं-पु.] 1. घोड़े की पीठ पर रखी जाने वाली गद्दी; चारजामा; काठी 2. एक प्रकार का मोटा और बढ़िया सूती कपड़ा।

ज़ीनत (फ़ा.) [सं-स्त्री.] 1. श्रृंगार; सजावट 2. शोभा।

ज़ीनपोश (फ़ा.) [सं-पु.] घोड़े के ज़ीन के नीचे बिछाया जाने वाला कपड़ा।

ज़ीनसाज़ (फ़ा.) [सं-पु.] घोड़े की ज़ीन आदि बनाने वाला।

जीना (सं.) [क्रि-अ.] 1. जीवित रहना; जिंदा होना 2. शरीर में प्राण होना 3. किसी मनचाही वस्तु के प्राप्त होने पर हर्षित होना; ख़ुश होना 4. किसी रोग आदि से मुक्त होना 5. अस्तित्व बनाए रखना।

ज़ीना (फ़ा.) [सं-पु.] सीढ़ी; सोपान; (स्टेयर्स)।

जीप (अं.) [सं-स्त्री.] एक तरह की हलकी मोटरगाड़ी जो कच्चे मार्ग पर भी आसानी से चलती है।

जीभ (सं.) [सं-स्त्री.] 1. मुँह में तालू के नीचे का वह चपटा, लंबा तथा लचीला टुकड़ा जिससे रसों का आस्वादन और ध्वनियों का उच्चारण होता है 2. जीभ के आकार की कोई लंबी वस्तु। [मु.] **-चलना** : स्वाद लेने की इच्छा होना; अनावश्यक बढ़-चढ़कर बातें करना। **-हिलाना** : कुछ कहना।

जीभी [सं-स्त्री.] 1. धातु का पतला पत्तर जिससे जीभ साफ़ करते हैं 2. कलम की निब 3. छोटी जीभ।

जीमट (सं.) [सं-पु.] पेड़-पौधों का धड़ या टहनी का गूदा।

जीमना (सं.) [क्रि-स.] कहीं बैठकर अच्छी तरह भोजन करना।

जीमनी गिड़ार [सं-स्त्री.] मक्के के तने को खाने या नष्ट करने वाली गिड़ार।

जीमलेट [सं-पु.] लकड़ी की वस्तुओं में छेद करने का औजार।

जीमूत (सं.) [सं-पु.] 1. पर्वत 2. इंद्र 3. बादल 4. सूर्य 5. विराट की सभा का एक मल्ल 6. नागरमोथा।

जीर (सं.) [सं-पु.] 1. जीरा 2. तलवार 3. फूलों का केसर। [वि.] जल्दी या तेज़ चलने वाला।

ज़ीर (फ़ा.) [सं-पु.] (संगीत) बहुत धीमा या मंद स्वर।

जीरक (सं.) [सं-पु.] जीरा।

ज़ीरक (फ़ा.) [वि.] समझदार; बुद्धिमान।

जीरा (सं.) [सं-पु.] 1. एक प्रकार का पौधा जिसके सुगंधित और छोट-छोटे बीज मसालों तथा औषधि में काम आते हैं 2. फूल का केसर 3. जीरे के आकार की कोई चीज़।

जीरिका (सं.) [सं-स्त्री.] वंशपत्री नामक घास।

जीर्ण (सं.) [वि.] 1. बदहाल; अत्यधिक पुराना 2. फटा-पुराना; टूटा-फूटा और पुराना 3. ठीक प्रकार से पचा हुआ; हज़म 4. बूढ़ा 5. जर्जर; क्षीण; जरायुक्त; बहुत दिनों का। [सं-पु.] 1. बुढ़ापा 2. जीरा 3. बूढ़ा आदमी।

जीर्ण-शीर्ण (सं.) [वि.] 1. जर्जर; फटा-पुराना 2. जो क्षीण अवस्था में हो 3. सड़ा-गला।

जीर्णक (सं.) [वि.] 1. सूखा या मुरझाया हुआ 2. जो प्रयोग में लाया न जा सके।

जीर्णता (सं.) [सं-स्त्री.] 1. बुढ़ापा 2. जीर्ण होने की अवस्था या भाव।

जीर्णावस्था (सं.) [सं-पु.] वृद्ध या बूढ़े होने की अवस्था।

जीर्णोद्धार (सं.) [सं-पु.] 1. सुधार या मरम्मत 2. किसी वास्तु-रचना का फिर से किया जाने वाला सुधार 3. टूटी हुई चीज़ को फिर से उपयोग लायक बनाना 4. पुरानी चीज़ों को दुरुस्त कर फिर से नया बनाना।

जील (फ़ा.) [सं-स्त्री.] 1. संगीत में नीचा या मध्यम स्वर 2. धीमी या हलकी ध्वनि 3. तबले आदि के बाएँ भाग की आवाज़।

जीलानी (अ.) [सं-पु.] 1. एक प्रकार का लाल रंग। [वि.] लाल रंगवाला।

जीव (सं.) [सं-पु.] 1. प्राणी; जीवधारी 2. प्राणियों को चेतन करने वाला तत्व 3. वह जिसमें चेतना और प्राण हो 4. जीवन; प्राण; जान 5. आत्मा; देह स्थित चैतन्य; जीवात्मा 6. बकायन का वृक्ष 7. कौल-साधना में स्वीकृत छत्तीस तत्वों में से तेरहवाँ तत्व।

जीवंत (सं.) [वि.] 1. सजीव; जीता-जागता 2. जिसमें प्राण हो। [सं-पु.] 1. जीवनी शक्ति 2. जीवन; प्राण 3. औषधि 4. जीव नामक वनस्पति।

जीवंतक (सं.) [सं-पु.] जीवशाक; जीव नामक साग।

जीवंतता (सं.) [सं-स्त्री.] 1. जीवंत होने की स्थिति या भाव 2. सजीवता।

जीवंतिका (सं.) [सं-स्त्री.] 1. ऐसी वनस्पति जो दूसरे वृक्षों पर रहकर उसी के संसर्ग से विकसित होती है 2. गुडूची; गुरुच 3. जीव नामक साग 4. जीवंती लता 5. शमी वृक्ष।

जीवंती [सं-स्त्री.] 1. डोडी 2. एक लता, जिसकी पत्तियाँ औषधि के काम आती हैं 3. एक ताल, जिसके फूलों में मीठा, मधु या मकरंद होता है 4. बाँदा 5. गुडूची 6. शमी।

जीवंती [सं-स्त्री.] 1. डोडी 2. एक लता, जिसकी पत्तियाँ औषधि के काम आती हैं 3. एक ताल, जिसके फूलों में मीठा, मधु या मकरंद होता है 4. बाँदा 5. गुडूची 6. शमी।

जीवक (सं.) [सं-पु.] 1. प्राणी; जीव 2. भिक्षु 3. सूद-ब्याज के भरोसे जीने वाला व्यक्ति; महाजन 4. सपेरा 5. सेवक 6. मनुष्य द्वारा किए गए वे सभी काम जो उसकी उन्नति और अवनति के सूचक होते हैं।

जीवट (सं.) [सं-पु.] 1. साहस; हिम्मत; दम 2. दृढ़ता; पराक्रम।

जीवड़ा (सं.) [सं-पु.] 1. जीव 2. जीवन; जीवट 3. नाई, धोबी आदि को उनके कार्य सेवाओं के बदले दिया जाने वाला अनाज।

जीवथ (सं.) [सं-पु.] 1. प्राण; जीवनीशक्ति 2. मेघ; बादल 3. मोर 4. कछुआ। [वि.] 1. दीर्घजीवी 2. धर्मनिष्ठ।

जीवदान (सं.) [सं-पु.] 1. अपने वश में आए हुए शत्रु या अपराधी को बिना उसके प्राण लिए छोड़ देना; प्राणदान 2. किसी मरते हुए प्राणी की रक्षा करके उसे मरने से बचाना।

जीवद्रव्य (सं.) [सं-पु.] 1. ऑक्सीजन, हाइड्रोजन कार्बन तथा नाइट्रोजन से बना उदजन, कार्बन के मेल से बना अत्यंत जटिल संरचना का कोलाइडी पदार्थ जिसमें प्रोटीन सदृश यौगिक मौजूद होते हैं 2. उक्त द्रव्य सभी प्रकार की कोशिकाओं में अनिवार्य रूप से पाया जाता है; (प्रोटोप्लाज़्म)।

जीवधातु (सं.) [सं-स्त्री.] विशिष्ट रासायनिक तत्वों से बना हुआ पारदर्शी तत्व या धातु जिसमें जीवनी शक्ति होती है और जो जंतुओं, वनस्पतियों आदि के भौतिक स्वरूप का मूलाधार है; (प्रोटोप्लाज़्म)।

जीवधारी (सं.) [सं-पु.] प्राणी। [वि.] जिसमें जीव अर्थात जीवनीशक्ति हो; जीव युक्त।

जीवन (सं.) [सं-पु.] 1. ज़िंदगी; जीवित दशा 2. जन्म और मृत्यु के बीच का भाग; जीवनचक्र 3. जीवित रखने वाली आधारभूत चीज़ें, जैसे- हवा, पानी, अनाज आदि 4. अस्तित्व। [वि.] प्राणदायक; जीवनदाता।

जीवन-दृष्टि (सं.) [सं-स्त्री.] जीवन के प्रति सोच या विचार;

जीवनदर्शन।

जीवनकथा (सं.) [सं-पु.] जीवन की कथा या कहानी; जीवनचरित; जीवनी।

जीवनकाल (सं.) [सं-पु.] 1. जन्म से मरण तक की अवधि 2. जीना-मरना 3. ज़िंदगी-मौत।

जीवनक्रम (सं.) [सं-पु.] नित्य किए जाने वाले कार्यों का क्रम।

जीवनगत (सं.) [वि.] जीवन से मिला हुआ; जीवन से अर्जित; जीवन से संबंधित।

जीवनचरित (सं.) [सं-पु.] पूरे जीवन में किसी के किए हुए कार्यों आदि का वर्णन; ज़िंदगी भर का हाल; (बायोग्राफ़ी)।

जीवनचर्या (सं.) [सं-स्त्री.] 1. जीवन या ज़िंदगी जीने की शैली 2. रहन-सहन का तरीका।

जीवनदाता (सं.) [सं-पु.] 1. जीवन देने वाला व्यक्ति 2. प्राण बचाने वाला व्यक्ति।

जीवनदान (सं.) [सं-पु.] 1. नया जीवन मिलना 2. जिंदा छोड़ना; जान बख़्श देना 3. किसी शत्रु या अपराधी को मृत्युदंड से मुक्त करना; माफ़ी देना 4. देश या समाज के लिए जीवन अर्पित करना 5. किसी संस्था या उद्देश्य के लिए पूरी तरह से समर्पित होने का भाव; सेवा में जीवन समर्पित कर देना।

जीवनदायिनी (सं.) [सं-स्त्री.] माँ; माता; जन्म अथवा जीवन देने वाली स्त्री। [वि.] 1. जीवन देने वाली; जान बचाने वाली 2. जिसमें जीवनी शक्ति हो 3. मानव समाज का कल्याण करने वाली।

जीवनधन (सं.) [सं-पु.] सबसे प्रिय वस्तु; प्रिय व्यक्ति। [वि.] प्राणप्रिय; प्राणाधार।

जीवनधर (सं.) [वि.] 1. जीवनदायक 2. जीवनदाता 3. जीवन का आधार। [सं-पु.] जलधर; बादल।

जीवननौका (सं.) [सं-स्त्री.] वह छोटी नौका जो बड़े जहाज़ों पर इसलिए रखी रहती है कि जब जहाज़ डूबने लगे तब लोग उस पर चढ़कर अपनी जान बचा सकें।

जीवनपरक (सं.) [वि.] जीवन से प्रेरित; जीवन से संबंधित।

जीवनपर्यंत (सं.) [क्रि.वि.] 1. जीवन भर; उम्र भर 2. जीवित रहने तक; जीते जी।

जीवनप्रद (सं.) [वि.] जीवन देने वाला।

जीवनप्रमाणक (सं.) [सं-पु.] इस बात का प्रमाण-पत्र कि अमुक व्यक्ति अमुक दिन या तिथि तक जीवित था अथवा इस समय जीवित है।

जीवनबीमा [सं-पु.] 1. ठेके के रूप में होने वाली वह व्यवस्था जिसमें बीमा कराने वाले को कुछ समय तक किस्त के रूप में धन देना पड़ता है 2. ऐसी धन व्यवस्था जिसमें बीमा करने वाले व्यक्ति के मरने के बाद उसके उत्तराधिकारी को अथवा उसके जीवित रहने पर नियत धन उसे प्राप्त होता है; (लाइफ़ इंश्योरेंस)।

जीवनबूटी (सं.) [सं-स्त्री.] 1. वह कल्पित जड़ी-बूटी जिसके संबंध में प्रसिद्ध है कि वह मरे हुए इंसान को जीवित कर देती है 2. पुनर्जीवित करने वाली बूटी; संजीवनी बूटी 3. {ला-अ.} वह चीज़ जो किसी के जीवन का आधार हो 4. प्राणप्रिय वस्तु।

जीवनबोध (सं.) [वि.] जीवन के बारे में ज्ञान; जीवन से संबंधित चिंतन।

जीवनमुक्त (सं.) [वि.] 1. (जीव) जिसने आत्मज्ञान प्राप्त कर लिया हो 2. जो जन्म-मरण के आवागमन के बंधन से मुक्त हो गया हो।

जीवनयापन (सं.) [सं-पु.] 1. जीवन का निर्वाह 2. जीवन बिताने या गुज़ारने की क्रिया।

जीवनवृत्त (सं.) [सं-पु.] 1. जीवन का वृत्तांत; जीवन संबंधी विवरण; जीवन कथा 2. जीवन चरित 3. किसी व्यक्ति विशेष के जीवन भर के क्रियाकलापों का वर्णन; (बायोग्राफ़ी)।

जीवनवृत्तांत (सं.) [सं-पु.] 1. जीवनचरित; जीवनी 2. किसी जीव या प्राणी की घटनाओं का वर्णन या इतिहास; (लाइफ़ हिस्ट्री)।

जीवनशैली (सं.) [सं-स्त्री.] जीवनचर्या; जीवन पद्धति।

जीवनसंगिनी (सं.) [सं-स्त्री.] ज़िंदगी भर साथ निभाने वाली स्त्री; पत्नी।

जीवनसंघर्ष (सं.) [सं-पु.] किसी विकट या प्रतिकूल परिस्थितियों में जीवित बने रहने या जीविका उपार्जन करने के लिए किया जाने वाला कठिन प्रयत्न।

जीवनसाथी (सं.) [सं-पु.] जीवन भर साथ निभाने वाला पुरुष; पति।

जीवनांत (सं.) [सं-पु.] जीवन का अंत अर्थात मृत्यु।

जीवनाई (सं.) [सं-पु.] 1. अन्न 2. दूध।

जीवनी (सं.) [सं-स्त्री.] 1. जीवन का वृत्तांत; ज़िंदगीनामा 2. किसी के जन्म से मृत्युपर्यंत तक के कार्यों और उपलब्धियों का पूरा विवरण 3. साहित्य की एक प्रसिद्ध विधा 4. जीवन; जिंदगी 5. जीवंती नामक वनस्पति। [वि.] 1. जीवन से संबंधित 2. जीवन की प्रेरक।

जीवनीय (सं.) [सं-पु.] जल; ताजा दूध। [वि.] 1. जी सकने वाला 2. जीवनी शक्ति देने वाला 3. अपनी जीविका स्वयं चलाने वाला।

जीवनीशक्ति (सं.) [सं-स्त्री.] 1. जीवों की वृद्धि और विकास में निहित विशेष शक्ति 2. जीवित रहने की शक्ति।

जीवनोपयोगी (सं.) [वि.] जीवन के लिए उपयोगी।

जीवनोपाय (सं.) [सं-पु.] 1. जीवन के निर्वाह और रक्षा का उपाय या साधन; जीविका 2. रोज़ी-रोटी का प्रबंध।

जीवमंडल (सं.) [सं-पु.] 1. जीवों का परिसर 2. जीवों का घेरा।

जीवरसायन (सं.) [सं-पु.] रसायन विज्ञान की वह शाखा जिसमें जीवित वस्तुओं में होने वाले रासायनिक प्रक्रमों और वस्तुओं का अध्ययन होता है।

जीवलोक (सं.) [सं-पु.] 1. संसार 2. मर्त्यलोक 3. प्राणीजगत।

जीवविज्ञान (सं.) [सं-पु.] 1. ऐसा विज्ञान जिसमें जीवों की उत्पत्ति, विकास उसकी शारीरिक रचना तथा उसके रहन-सहन के संबंध में विचार किया जाता है 2. वनस्पति विज्ञान

तथा प्राणिविज्ञान का संयुक्त अध्ययन; (बायोलॉजी)।

जीवा (सं.) [सं-स्त्री.] 1. (ज्यामिति) एक छोर से दूसरे छोर तक जाने वाली सीधी रेखा 2. जीविका 3. जीवन 4. धनुष की डोरी 5. जीवंती नामक लता 6. भूमि ज़मीन।

जीवांतक (सं.) [सं-पु.] 1. वधिक; ज़ल्लाद 2. बहेलिया; चिड़ीमार। [वि.] 1. जीवनाशक 2. जीवों या उनके जीवन का अंत करने वाला।

जीवाणु (सं.) [सं-पु.] 1. अतिसूक्ष्म; एककोशीय तथा विभिन्न आकृतियों वाले आसाधारण जीव 2. ऐसे सूक्ष्म जीव जो जल, मिट्टी, वायु, प्राणियों और पादपों में पाए जाते हैं 3. जीवयुक्त अणु जो प्राय: अनेक प्रकार के रोग उत्पन्न करते हैं; (बैक्टीरिया) 4. जीवों का वह सूक्ष्म रूप जो विकसित होकर एक नए जीव का रूप धारण करता है।

जीवात्मा (सं.) [सं-पु.] 1. प्राण 2. वह तत्व जो प्राणियों की चेतनवृत्ति या जीवन का मूल कारण हो 3. वह शक्ति जिसके कारण प्राणी जीवित रहते हैं 4. हृदय।

जीवादान (सं.) [सं-पु.] मूर्छा; बेहोशी।

जीवाधार (सं.) [सं-पु.] हृदय जो आत्मा का आधार या आश्रय माना जाता है।

जीवावशेष (सं.) [सं-पु.] प्राचीन काल के जीव-जंतुओं, वनस्पतियों आदि के वे अवशिष्ट रूप जो ज़मीन खोदने पर उसके भीतरी स्तरों में दबे हुए मिलते हैं; (फ़ॉसेल)।

जीवाश्म (सं.) [सं-पु.] बहुत प्राचीन काल के जीव-जंतुओं, वनस्पतियों आदि के वे अवशिष्ट रूप जो ज़मीन की खुदाई पर निकलते हैं; पुराजीव।

जीवाश्म विज्ञान (सं.) [सं-पु.] वह विज्ञान जिसमें इस बात का विवेचन होता है कि भिन्न-भिन्न प्राचीन युगों में कहाँ-कहाँ और किस प्रकार के जीव होते थे; पुराजैविकी; (पैलिऑन्टॉलॉजी)।

जीवास्तिकाय (सं.) [सं-पु.] 1. जीव या आत्मा का एक प्रकार 2. जीवों का समूह 3. जीव-राशि 4. (जैन दर्शन) विशिष्ट कर्म करने और उनके फल भोगने वाले जीवों का एक वर्ग।

जीविका (सं.) [सं-स्त्री.] 1. भरण-पोषण का साधन; जीवन के लिए आवश्यक साधन या धन जुटाने की क्रिया या काम-धंधा; रोज़ी; वृत्ति 2. जीवन निर्वाह के लिए किया जाने वाला काम; वह व्यापार जिससे जीवन निर्वाह हो 3. पेशा; व्यवसाय।

जीविकाप्राय (स) [सं-पु.] जिसे जीविका मिल गई हो।

जीविकोपार्जन (सं.) [सं-पु.] 1. जीविका चलाने के लिए धन अर्जित करना 2. रोज़ी कमाने की प्रक्रिया।

जीवित (सं.) [वि.] 1. ज़िंदा; प्राणयुक्त 2. जिसमें श्वाँस हो 3. जीवनयुक्त; जीवंत 4. जिसमें क्रियात्मक शक्ति हो; (एलाइव) 5. जिसे फिर से जीवन मिला हो।

जीवितेश (सं.) [सं-पु.] 1. जीवन का स्वामी 2. पति या प्रेमी 3. यमराज 4. सूर्य 5. इंद्र 6. एक जीवनदायक औषधि।

जीवी (सं.) [सं-पु.] जीवधारी; प्राणी। [वि.] 1. जीवित; जीने वाला 2. किसी विशेष प्रकार की जीविकावाला।

जीवीय (सं.) [वि.] जीवसंबंधी।

जीवेश (सं.) [सं-पु.] 1. जीवों का स्वामी 2. परमप्रिय व्यक्ति।

जीवेषणा (सं.) [सं-स्त्री.] जीवन की इच्छा; जिजीविषा।

जीवोपाधि (सं.) [सं-स्त्री.] जीव की तीन उपाधियाँ- स्वप्न, सुषुप्ति और जाग्रत।

ज़ुंद (अ.) [सं-पु.] फ़ौज; सेना।

जुंबाँ (फ़ा.) [वि.] जुंबिश करने वाला; काँपता हुआ; हिलता हुआ।

जुंबिश (फ़ा.) [सं-स्त्री.] 1. हिलना-डुलना; हरकत; इधर-उधर होने की क्रिया 2. गति; चाल; स्पंदन।

जुआ[1] [सं-पु.] गाड़ी के आगे की वह लकड़ी जो बैलों के कंधे पर रहती है।

जुआ[2] (सं.) [सं-पु.] 1. वह खेल जिसमें हारने वाले को कुछ धन देना पड़ता है; (गैंबलिंग) 2. हार-जीत का खेल; द्यूत क्रीड़ा।

जुआँ [सं-स्त्री.] ऐसा सूक्ष्म जीव जो कपड़ों और बालों में अक्सर पाया जाता है; जूँ।

जुआख़ाना (हिं.+फ़ा.) [सं-स्त्री.] जहाँ जुआ होता है; जुआघर; जुए का अड्डा जहाँ पर लोग शर्त में धन आदि लगा कर खेल खेलते हैं।

जुआघर [सं-पु.] वह स्थान जहाँ बैठकर जुआ खेलने वाले जुआ खेलते हैं; जुआ खेलने का अड्डा; द्यूतशाला; जुआख़ाना।

जुआठा [सं-पु.] गाय, बैल, भैंस आदि के मुँह पर बाँधी जाने वाली जाली।

जुआर [वि.] 1. जुए के खेल में लिप्त रहने वाला 2. जुआ खेलने वाला।

जुआरी [सं-पु.] वह व्यक्ति जो जुआ खेलने का व्यसनी हो।

जुई [सं-स्त्री.] 1. बहुत छोटी जूँ (कीड़ा) या उसका बच्चा 2. मटर, सेम आदि की फलियों में लगने वाला छोटा कीड़ा।

ज़ुकाम (अ.) [सं-पु.] ऐसा रोग जिसमें नाक और गले से कफ़ निकलता है; प्रतिश्याय; सर्दी।

जुग (सं.) [सं-पु.] 1. जोड़ा; युग्म 2. चौसर के खेल में दो गोटियों का एक ही घर में बैठ जाना 3. ताने के सूत को अलग-अलग रखने के लिए करघे में प्रयुक्त होने वाला डोरा 4. पीढ़ी; पुश्त।

जुगजुगाना [क्रि-अ.] 1. रुक-रुककर चमकना; टिमटिमाना 2. अपना अस्तित्व दिखाना 3. हीन दशा से उबरना।

जुगजुगी [सं-स्त्री.] 1. शकरखोरा नामक एक चिड़िया 2. जुगनूँ जैसा आभूषण जो गले में पहना जाता है 3. ऐसा गहना जो पान के पत्ते के आकार का होता है।

जुगत (सं.) [सं-स्त्री.] 1. किसी काम को करने की तरकीब; युक्ति; उपाय; तदबीर 2. चतुराई 3. जुगाड़; ढब 4. आचार-व्यवहार का कौशल 5. हथकंडा।

जुगतबंदी (हिं.+फ़ा.) [सं-स्त्री.] जुगत या उक्ति लगाने की क्रिया।

जुगती [सं-पु.] 1. अनेक प्रकार से तरह-तरह की युक्तियाँ निकालने वाला व्यक्ति 2. किफ़ायत से घर का ख़र्च चलाने वाला व्यक्ति। [वि.] ज़ोड़-तोड़ लगाने वाला; चतुर; चालाक।

जुगनी [सं-स्त्री.] 1. खद्योत; जुगनूँ 2. पंजाब में गाया जाने वाला एक प्रकार का गीत।

जुगनू [सं-पु.] दे. जुगनूँ।

जुगनूँ [सं-पु.] 1. एक ऐसा कीड़ा जिसका पिछला भाग रात्रि में चमकता है और यह प्राय: बरसात में ज़्यादा मात्रा में पाया जाता है; खद्योत 2. गले में पहनने वाले आभूषण के नीचे लटकने वाला खंड।

जुगल (सं.) [सं-पु.] युगल; जोड़ा।

जुगवना (सं.) [क्रि-स.] 1. किसी चीज़ को बहुत अच्छे ढंग से संचित करना; जोड़ना 2. सँभालकर रखना 3. युक्तिपूर्वक बचाकर रखना।

जुगाड़ [सं-पु.] 1. किसी कठिन कार्य की सिद्धि के लिए अपनाई जाने वाली युक्ति 2. साधन; तरकीब 3. विधि; तरीका।

जुगालना (सं.) [क्रि-अ.] 1. चौपाए पशुओं का पागुर किया जाना 2. जुगाली करना 3. नष्ट करना।

जुगाली [सं-स्त्री.] सींग वाले मवेशियों द्वारा खाए या निगले गए चारे को गले से निकालकर फिर से मुँह में लाकर थोड़ा-थोड़ा चबाने की क्रिया; पागुर।

जुगुप्सक (सं.) [वि.] दूसरे की निंदा करने वाला; निंदक।

जुगुप्सा (सं.) [सं-स्त्री.] 1. बुराई; निंदा 2. घृणा; अश्रद्धा; अरुचि 3. वीभत्स रस का स्थायी भाव 4. घृणास्पद कार्य 5. उपेक्षापूर्वक की जाने वाली बात।

जुगुप्सित (सं.) [वि.] 1. जो निंदा के योग्य हो; निंदनीय 2. घृणित 3. जिसकी जुगुप्सा हुई हो।

जुझाऊ [वि.] 1. युद्धसंबंधी; युद्ध का 2. प्राय: किसी से जूझने और लड़ते रहने वाला; लड़ाका 3. लड़ाई में काम आने वाला।

जुझाना [क्रि-स.] किसी को जूझने की क्रिया में प्रवृत्त करना।

जुझारू [वि.] 1. संघर्षशील 2. जूझने वाला; लड़ने वाला; योद्धा 3. वीर; बहादुर; लड़ाका।

जुट [सं-पु.] 1. दल; मंडली; जत्था; समूह; गुट 2. किसी के मुकाबले वैसी ही दूसरी चीज़; जोड़ा 3. एक साथ काम आने वाली कई वस्तुएँ 4. एक साथ बँधी हुई चीज़ों का समूह या गुच्छा।

जुटना (सं.) [क्रि-अ.] 1. बहुत समीप या मिला हुआ होना; जुड़ना 2. किसी काम में पूर्णतया मन लगाना 3. एक या एक से अधिक वस्तुओं या व्यक्तियों का एक जगह इकट्ठा होना 4. लिपटना; गुथना 5. मिलना।

जुटाना [क्रि-स.] 1. इकट्ठा करना 2. जुटने में प्रवृत्त करना 3. बहुत पास से मिलाना; सटाना।

जुट्टा [सं-पु.] गट्ठर; आपस में बंधा हुआ सामान; ढेर; गुच्छा। [वि.] आपस में मिले या सटे हुए पदार्थ।

जुठारना [क्रि-स.] 1. बहुत थोड़ा खाकर छोड़ देना 2. जूठा करके छोड़ देना।

जुड़ना [क्रि-अ.] 1. जोड़ना का अकर्मक रूप; जोड़ा जाना 2. इकट्ठा होना; एकत्र होना 3. ठंडा होना 4. संचित होकर एक ही जगह पर मिलना 5. गाड़ी, घोड़े, बैल आदि के संबंध में जोता जाना 6. एक-दूसरे से संबद्ध होना।

जुड़वाँ [वि.] 1. एक माता से एक साथ जन्मे हुए बच्चे 2. जिनका जन्म एक ही समय कुछ आगे-पीछे हुआ हो 3. जो आपस में एक साथ सटे, जुड़े या लगे हों।

जुड़वाना [क्रि-स.] 1. एक वस्तु को दूसरी वस्तु से मिलवाना 2. किसी वस्तु को ठंडा या शीतल करना 3. किसी संतप्त या असंतुष्ट को शांत करना।

जुड़ा [वि.] 1. गुँथा हुआ 2. मिला हुआ।

जुड़ाई [सं-स्त्री.] 1. ठंडे होने की क्रिया या भाव; शीतलता; ठंडक 2. तृप्ति।

जुड़ाना [क्रि-स.] 1. जुड़ने या जोड़ने में प्रवृत्त करना 2. (ज्योतिष) योग और फल का मिलान करना 3. ठंडा करना 4. शीतल करना 5. शांत करना 6. संतुष्ट करना। [क्रि-अ.] 1. ठंडा होना 2. शांत और सुखी होना 3. तृप्त होना।

जुड़ाव [सं-पु.] जुड़ने की क्रिया या भाव।

जुतना (सं.) [क्रि-अ.] 1. बैल, घोड़े आदि पशुओं का हल, गाड़ी आदि में लगना; नथना; जोता जाना 2. किसी काम में लगन और परिश्रमपूर्वक लगना 3. खेत आदि का जोता जाना।

जुतवाना [क्रि-स.] 1. जोतने का काम करवाना 2. ऐसा काम करना जिससे घोडे, बैल आदि के द्वारा खेत जोतने का काम हो।

जुताई [सं-स्त्री.] खेत जोतने की क्रिया; जोतने की मज़दूरी।

जुताना [क्रि-स.] 1. जोतने का काम दूसरे से करवाना 2. ऐसा काम करना जिसमें घोड़े, बैल आदि के द्वारा खेत जोता जाए।

जुतियाना [क्रि-स.] 1. जूते लगाना 2. बुरी तरह अपमानित करना 3. किसी को बहुत खरी-खोटी सुनाकर लज्जित करना।

जुदा (फ़ा.) [वि.] 1. अलग; पृथक 2. भिन्न; निराला 3. आकार, गुण, महत्व, रंग-रूप आदि की दृष्टि से भिन्न प्रकार का 4. अन्य; दूसरा।

जुदाई (फ़ा.) [सं-स्त्री.] 1. जुदा या अलग होने का भाव 2. वियोग; विछोह 3. अलगाव; भिन्नता; पृथकता।

जुनून (अ.) [सं-पु.] 1. पागलपन; उन्माद; विक्षिप्तता 2. नशा; लगन।

जुनूनी (अ.) [वि.] 1. पगलाया हुआ 2. उन्मत्त; पागल।

जुनेरी [सं-स्त्री.] बेंती।

जुन्ना [सं-पु.] सरपत या पुवाल- पटार को ऐंठकर बनाई गई रस्सी, जिससे फसलों आदि का बोझ-ढेर बाँधते हैं।

ज़ुन्नार (अ.) [सं-पु.] 1. जनेऊ; यज्ञोपवीत 2. ऐसा डोरा जो अमूमन कमर और गले में बाँधा जाता है।

ज़ुन्नारदार (अ.+फ़ा.) [वि.] जनेऊ धारण करने वाला; यज्ञोपवीतधारी।

जुन्हाई (सं.) [सं-स्त्री.] चाँदनी; चंद्रिका; चाँद का प्रकाश।

जुफ़्त (फ़ा.) [सं-पु.] 1. जोड़ा; युग्म 2. ऐसी संख्या जो दो से बँट जाए; समसंख्या 3. जूता; पादुका। [वि.] 1. कंजूस 2. बुरे स्वभाव वाला।

जुफ़्ता (फ़ा.) [सं-पु.] 1. बल; शिकन; रेखा 2. कपड़े के सूतों का अपने स्थान से बढ़ जाना; जिस्ता।

जुबली (अं.) [सं-स्त्री.] 1. उत्सव; जयंती 2. वर्षगाँठ का उत्सव

3. किसी महापुरुष या संस्था की जन्मतिथि या वार्षिक तिथि पर होने वाला आयोजन।

जुबाद (अ.) [सं-पु.] 1. एक तरह की कस्तूरी 2. एक तरह का तरल गंध द्रव्य जो गंधमार्जार या मुश्कबिलाव के अंडकोश से निकलता है।

ज़ुबान (फ़ा.) [सं-स्त्री.] ज़बान।

ज़ुबाह (अ.) [सं-स्त्री.] लोमड़ी की आवाज़।

जुमना [क्रि-स.] खेत में उगी या पड़ी हुई झड़ियों को जलाकर उनकी खाद बनाना।

जुमला (अ.) [सं-पु.] 1. कुल जोड़; सारी जमा 2. पूरा वाक्य। [वि.] कुल; सब; पूरा।

जुमा (अ.) [सं-पु.] शुक्रवार।

जुमिल [सं-पु.] एक प्रकार का घोड़ा।

जुमूद (अ.) [सं-पु.] 1. खिन्नता; उदासी 2. गतिरोध 3. जमना।

जुमेरात (अ.) [सं-स्त्री.] गुरुवार या बृहस्पतिवार।

जुयाँग [सं-पु.] सिंहभूमि के पास पाई जाने वाली एक जंगली जाति जो कोलों से मिलती-जुलती है।

जुराब (तु.) [सं-स्त्री.] जुर्राब; मोजा।

जुरैठी [सं-स्त्री.] जुड़े हुए थन वाली भैंस। [वि.] जुड़े हुए थनवाली।

जुर्म (अ.) [सं-पु.] 1. अपराध 2. वह अनुचित काम या हरकत जिसमें राजकीय विधान से दंड का प्रावधान हो 3. वह गलती जिसके लिए सजा मिलती हो 4. त्रुटि; भूल।

जुर्माना (अ.) [सं-पु.] 1. ऐसा दंड जिसमें अपराधी द्वारा अपने रिहाई के लिए धन देना पड़ता है 2. अर्थदंड; (फ़ाइन)।

जुर्रत (अ.) [सं-स्त्री.] 1. दुस्साहस; धृष्टता 2. साहस; बहादुरी; हिम्मत।

जुर्रा (फ़ा.) [सं-पु.] नर बाज़ जो प्राय: पक्षियों का शिकार करने के लिए पाला जाता है।

जुर्राब (तु.) [सं-स्त्री.] 1. धागों आदि से बना हुआ पैरों का पहनावा; मोजा 2. पायताबा।

जुल (सं.) [सं-पु.] 1. धोखा देने वाली बात 2. झाँसा 3. चकमा 4. धोखे से काम निकलवाने वाली बात।

जुलजुल [वि.] अत्यंत जर्जर; जीर्ण-शीर्ण।

जुलना [क्रि-अ.] 1. मेल-मिलाप करना या रखना 2. (मिलना के साथ प्रयुक्त शब्द) मिलना-जुलना।

जुलपित्ती [सं-स्त्री.] 1. एक ऐसा रोग जिससे शरीर में लाल-लाल चकत्ते पड़ जाते हैं 2. ऐसा रोग जिससे शरीर में खुजली के बाद चकत्ते पड़ते हैं 3. पित्ती।

जुलाब (फ़ा.) [सं-पु.] 1. दस्त; रेचन 2. दस्त लाने वाली दवा 3. विरेचक औषधि।

जुलाहा (फ़ा.) [सं-पु.] 1. करघे पर कपड़ा बुनने वाला शिल्पी 2. तंतुवाय 3. योग साधना में साधक 4. पानी पर तैरने वाला एक कीड़ा 5. बरसाती कीड़ा।

जुलूस (अ.) [सं-पु.] 1. उत्सव या समारोह के लिए निकलने वाली यात्रा; जनयात्रा; (रैली) 2. लोगों का वह विशाल समूह जो विरोध या उल्लास प्रदर्शित करने के लिए निकलता हो 3. किसी अवसर पर धूमधाम की सवारी 4. किसी मंत्री या राजनेता की शोभायात्रा या नगर-भ्रमण।

ज़ुल्फ़ (फ़ा.) [सं-स्त्री.] 1. केशों की लट; अलक 2. सिर के वे लंबे बाल जो पीठ पर और इधर-उधर लटों के रूप में लटकते रहते हैं 3. कनपटी के साथ वाले बाल; काकुल 4. पट्टा 5. गेसू।

ज़ुल्फ़िकार (अ.) [सं-स्त्री.] एक तलवार का नाम।

ज़ुल्म (अ.) [सं-पु.] 1. अत्याचार; प्रताड़ना; अन्याय 2. कठोर आचरण; दुर्व्यवहार 3. शोषण; ज़बरदस्ती 4. अंधेरगर्दी; आफ़त।

ज़ुल्मत (अ.) [सं-स्त्री.] 1. अंधकार; अँधेरा 2. अंधकार की कालिमा 3. तम; तिमिर।

ज़ुल्मपेशा (अ.) [वि.] ज़ुल्म करने वाला।

ज़ुल्मी (अ.) [वि.] 1. ज़ुल्म करने वाला 2. बहुत अधिक उग्र; तीव्र; विकट 3. प्रबल; प्रचंड 4. ज़ालिम; अत्याचारी।

ज़ुल्मो-सितम (अ.) [सं-पु.] 1. अत्याचार; यातना 2. उत्पीड़न; अन्याय 3. शोषण 4. गज़ब।

जुवार [सं-स्त्री.] ज्वार नामक अनाज।

जुष्ट (सं.) [सं-पु.] 1. जूठन; उच्छिष्ट 2. किसी के खाने के बाद बचा हुआ भोजन। [वि.] प्रसन्न; सेवित; जूठा।

जुष्य (सं.) [वि.] 1. पूजक 2. सेव्य।

जुसाँदा (सं.) [सं-पु.] छालों, जड़ों आदि से बना काढ़ा।

जुस्तजू (फ़ा.) [सं-स्त्री.] 1. खोज; तलाश; ढूँढ़ 2. अन्वेषण।

जुहद (अ.) [सं-पु.] 1. विरक्ति 2. संसार के सब सुखों का त्याग 2. परहेज़गीरी।

जुहाना (सं.) [क्रि-स.] 1. एकत्र करना; संचित करना 2. इमारत आदि के निर्माण के लिए लकड़ी, पत्थर आदि यथास्थान बैठाना 3. इकट्ठा करना; संयोजन करना 4. चित्र आदि में प्रभाव लाने के लिए आकृतियों को उचित और सटीक जगह बैठाना।

जुहार (सं.) [सं-स्त्री.] 1. एक प्रकार का प्रचलित अभिवादन 2. प्रणाम।

जुहारना [क्रि-अ.] 1. जुहार या अभिवादन करना 2. प्रणाम करना।

जुही (सं.) [सं-स्त्री.] 1. चमेली की तरह का एक प्रसिद्ध पौधा 2. उक्त पौधे का फूल 3. ऐसा पौधा जिसका फूल छोटा, सुकुमार और भीनी गंध वाला होता है 4. एक आतिशबाज़ी 5. मटर आदि में लगने वाला एक कीड़ा।

जुहू (सं.) [सं-पु.] 1. पलाश की लकड़ी का बना हुआ एक प्रकार का अर्धचंद्राकार यज्ञ-पात्र 2. पूर्व दिशा।

ज़ुहूर (अ.) [सं-पु.] 1. प्रकट या प्रत्यक्ष होने की क्रिया अवस्था या भाव 2. आविर्भाव; अवतार 3. ज़ाहिर होना 4. उत्पत्ति; पैदाइश।

जुहूवान (सं.) [सं-पु.] अग्नि।

जू[1] [अव्य.] 1. एक निरर्थक शब्द जो बैलों या भैंसों को खड़ा करने के लिए बोला जाता है 2. एक आदर सूचक शब्द 3. संबोधन का शब्द; जी।

जू² (सं.) [सं-स्त्री.] 1. सरस्वती 2. वातावरण; वायुमंडल 3. घोड़े, बैल आदि पशुओं के मस्तक पर का टीका।

जू³ (फ़ा.) [सं-स्त्री.] 1. नदी; दरिया 2. जलाशय; नहर।

जूँ (सं.) [सं-स्त्री.] काले रंग का सूक्ष्म कीड़ा जो बालों में हो जाता है। [मु.] **कानों पर जूँ तक न रेंगना** : कुछ भी प्रभाव न पड़ना।

जूअड़ [सं-पु.] जुआ; द्यूत।

जूजी [सं-स्त्री.] कर्णपाली; कान की ललरी या लौर।

जूजू [सं-पु.] 1. एक कल्पित जीव जिसका नाम लेकर बच्चों को डराया जाता है 2. हौआ।

जूझना (सं.) [क्रि-अ.] 1. डटकर मुकाबला करना; संघर्ष करना 2. लड़ना; लड़ते हुए मरना 3. विषम परिस्थितियों का सामना करना 4. तकरार करना 5. ताकत लगाकर कुछ करने की कोशिश करना।

जूट¹ (सं.) [सं-पु.] 1. उलझे हुए और आपस में चिपटे, घने और बड़े बालों की जटा 2. गाँठ; जूड़ा 3. लट।

जूट² (अं.) [सं-पु.] 1. पटसन 2. पटसन का बना कपड़ा।

जूठ [वि.] दे. जूठा।

जूठन [सं-स्त्री.] 1. खाकर छोड़ा हुआ भोजन 2. बचा हुआ; उच्छिष्ट 3. इस्तेमाल की हुई चीज़।

जूठा (सं.) [वि.] 1. ऐसी चीज़ या भोजन इत्यादि जो किसी ने खाकर या चखकर छोड़ दिया हो; खाने का बचा हुआ भाग 2. भोग किया हुआ; भुक्त 3. जिसमें खाया गया हो (बरतन आदि) 4. जिसमें जूठन लगी हो 5. जिसको अपवित्र कर दिया गया हो 6. प्रयोग की गई चीज़।

जूड़ा (सं.) [सं-पु.] 1. सिर के बाल जो लपेटकर गोलाई में बाँधे गए हों; खोपा; जूट 2. मूँज का पूला 4. कलगी।

जूड़ी [सं-स्त्री.] तेज़ कँपकँपी के साथ होने वाला ज्वर; विषम ज्वर; शीत ज्वर।

जूडो (अं.) [सं-पु.] कुश्ती की तरह का एक खेल।

जूता (सं.) [सं-पु.] 1. जूतों का जोड़ा 2. पैरों की रक्षा के लिए कपड़े, चमड़े आदि का बना पैरों का पहनावा; पदत्राण; पनही। [मु.] **-उठाना** : किसी की सेवा करना, ख़ुशामद करना। **-चलना** : मारपीट होना, झगड़ा होना। **-खाना** : अपमानित होना, मार सहना।

जूताख़ोर (हिं.+फ़ा.) [वि.] जो बार-बार अपमानित और तिरस्कृत होने पर भी अपना निंदनीय आचरण न छोड़ता हो; बुरे आचरणवाला; बेशर्म; बेहया; लतख़ोर।

जूताछिपाई [सं-स्त्री.] 1. विवाह की एक रस्म जिसमें वधू की बहनें और सहेलियाँ वर से मज़ाक करने के लिए जूता छिपा देती हैं 2. उक्त रस्म के बाद मिलने वाला धन।

जूतिका (सं.) [सं-स्त्री.] एक प्रकार का कपूर।

जूती [सं-स्त्री.] 1. एक प्रकार का हलका जूता 2. जनाना जूता। [मु.] **जूतियाँ चटकाना** : इधर-उधर मारा-मारा फिरना।

जूती-पैज़ार (हिं.+फ़ा.) [सं-स्त्री.] 1. आपस में होने वाली जूतों की मारपीट 2. बहुत ही अनुचित शब्दों का प्रयोग करके होने वाली लड़ाई।

जून (सं.) [सं-पु.] 1. बेला; वक्त 2. दिन का अर्धभाग 3. तृण; घास।

जूना (सं.) [सं-पु.] 1. नरम और रेशेदार घास या फूस की बटकर तैयार की गई मोटी रस्सी; उबसन 2. घास का पूला 3. बरतन माँजने के लिए प्रयोग में लाई जाने वाली मूँज; फूस; प्लास्टिक की झीनी बुनावट का पुलिंदा। [वि.] 1. पुराना; फटा हुआ 2. जो घिस गया हो 3. वृद्ध।

जूनियर (अं.) [वि.] 1. कनिष्ठ; छोटा 2. पद आदि में छोटा (सहकर्मी या अधिकारी)।

जूप (सं.) [सं-पु.] 1. जुआ; द्यूत 2. विवाह के बाद एक रस्म जिसमें वर-वधू द्वारा जुआ खेला जाता है 3. खंभा; स्तंभ।

जूमना (अ.) [क्रि-अ.] 1. इकट्ठा होना 2. जुटना। [क्रि-स.]1. इकट्ठा करना 2. जुटाना।

ज़ूमानी (अ.) [वि.] 1. दो अर्थ रखने वाला; द्वयर्थक 2. श्लेषात्मक; श्लिष्ट।

जूर [सं-पु.] संचय की हुई चीज़ों का समूह या ढेर; राशि।

ज़ूर (अ.) [सं-पु.] 1. अभिमान; दंभ 2. मिथ्या तत्व; झूठापन 3. छल; कपट 4. फ़रेब 5. ठगी; धोखा।

जूरी [सं-स्त्री.] 1. घास या पत्तों का पूला; जुट्टी 2. एक प्रकार का पकवान।

जूर्ण (सं.) [सं-पु.] एक प्रकार का तृण या तिनका।

जूर्णि (सं.) [सं-पु.] 1. सूर्य 2. ब्रह्मा। [सं-स्त्री.] 1. देह; शरीर 2. वेग; तेज़ी 3. स्त्रियों का एक रोग। [वि.] 1. वेगवान 2. स्तुतिकुशल 3. ख़ुशामद करने वाला 4. तपाने वाला।

जूल (अं.) [सं-पु.] 1. विद्युत ऊर्जा की एक इकाई; ऊर्जा का मात्रक 2. एक भौतिकविज्ञानी जिन्होंने थर्मोडायनमिक्स के प्रथम नियम की खोज की थी।

जूषण (सं.) [सं-पु.] 1. धाय का पेड़ जो फूलों के लिए लगाया जाता है 2. उक्त पेड़ का फूल।

जूस (अं.) [सं-पु.] 1. पके हुए फल का निचोड़ा हुआ रस 2. दाल या सब्ज़ी को उबालकर उसमें से निकाला गया पानी 3. रोगी को दिया जाने वाला हलका पेय पदार्थ 4. पथ्य; रसा।

जूसी [सं-स्त्री.] ईख के रस को उबालकर गाढ़ा करते समय उसमें से निकलने वाली गाढ़ी तलछट; चोटा।

जूही-बंगाल [सं-पु.] एक विशिष्ट किस्म का धान।

जृंभ (सं.) [सं-पु.] 1. जँभाई; आलस्य 2. फैलाव; खिलना।

जृंभक (सं.) [सं-पु.] 1. रुद्र या शिव का एक गण 2. एक प्राचीन अस्त्र। [वि.] 1. जँभाई लेने वाला 2. सुस्त रहने वाला।

जृंभण (सं.) [सं-पु.] 1. जँभाई लेना 2. खिलना; फैलना।

जृंभा (सं.) [सं-स्त्री.] 1. जँभाई 2. आलस्य 3. (साहित्य) एक सात्विक अनुभाव जो आलस्य से उत्पन्न माना जाता है।

जृंभिका (सं.) [सं-स्त्री.] आलस्य; जम्हाई (जँभाई)।

जृंभित (सं.) [वि.] 1. वह जिसने जँभाई ली हो 2. प्रसारित 3. प्रस्फुटित 4. चेष्टित।

जेंगना [सं-पु.] एक बरसाती कीड़ा जिसका पिछला भाग रात को ख़ूब चमकता है; जुगनूँ; खद्योत; भगजोगनी।

जेंगरा [सं-पु.] 1. उरद, मूँग, मोथी, ज्वार, बाजरे आदि के डंठल, जो दाना निकाल लेने के बाद शेष रह जाते हैं; जंगरा 2. भैंस का सद्योजात बच्चा।

जेंगरी [सं-स्त्री.] दे. जेंगरा।

जेट[1] (सं.) [सं-स्त्री.] 1. समूह; ढेर; संचयन 2. एक ही प्रकार की चीज़ों को एक के ऊपर एक रख कर बनाई गई तह, जैसे- मिट्टी के बरतन या कसोरों-हाँड़ियों की जेट।

जेट[2] (अं.) [सं-पु.] 1. जेट सिद्धांत पर आधारित इंजन 2. एक प्रकार का जहाज़; जेट विमान 3. किसी चीज़ या द्रव की तीव्र धारा।

जेटी (अं.) [सं-पु.] समुद्र तट पर पानी के ऊपर बना लकड़ी का वह चबूतरा या स्थान जहाँ जहाज़ों पर माल लादा और उतारा जाता है।

जेठ (सं.) [सं-पु.] 1. बैसाख और आषाढ़ के बीच का माह 2. पति का बड़ा भाई। [वि]1.बड़ा 2. मुख्य 3. उत्तम।

जेठरा (सं.) [वि.] 1. जेठा; अग्रज; बड़ा 2. सर्वोत्तम; सबसे अच्छा।

जेठा (सं.) [वि.] जेठरा।

जेठाई [सं-स्त्री.] 1. ज्येष्ठ या बड़ा होने का भाव; जेठा 2. बड़प्पन; महत्व।

जेठानी [सं-स्त्री.] पति के बड़े भाई की पत्नी।

जेठी [सं-स्त्री.] एक तरह का कपास। [वि.] 1. जेठ संबंधी; ज्येष्ठ मास का 2. जेठ मास में होने वाला।

जेठीमधु (सं.) [सं-स्त्री.] एक औषधीय वनस्पति; यष्टिमधु; मुलेठी।

जेठुआ [सं-पु.] 1. तंबाकू की एक किस्म 2. वह फसल जो जेठ मास में होती है। [वि.] 1. जेठ मास में उत्पन्न होनेवाला 2. जेठा; बड़ा।

जेठौत [सं-पु.] जेठ का पुत्र; पति के बड़े भाई का पुत्र।

जेनेरेशन (अं.) [सं-पु.] 1. पीढ़ी 2. जनन; प्रजनन।

जेन्य (सं.) [वि.] कुलीन; अभिजात्य।

जेब (अ.) [सं-पु.] 1. पहनने के कपड़े में रुपए-पैसे, घड़ी, रूमाल या ऐसी ही छोटी-मोटी वस्तुएँ रखने की थैली; खीसा; (पॉकेट) 2. कैरमबोर्ड के तख़्ते या बिलियर्ड की मेज़ में लगी छोटी थैली।

ज़ेब (फ़ा.) [सं-स्त्री.] सुंदरता; शोभा; सौंदर्य; सजावट।

जेबकट (अ.+हिं.) [सं-पु.] जेब काटकर धन आदि की चोरी करने वाला व्यक्ति; जेबकतरा; गिरहकट; जेबतराश; पॉकेटमार।

ज़ेबकतरा (फ़ा.) [वि.] जेब काटने वाला; पॉकेटमार।

जेबख़र्च (अ.+फ़ा.) [सं-पु.] 1. निजी ख़र्च 2. भोजन के अतिरिक्त निजी कार्यों में व्यय के लिए मिलने वाली धनराशि।

जेबघड़ी (अ.+हिं.) [सं-स्त्री.] जेब में रखने की छोटी घड़ी।

जेबरा [सं-पु.] बैल के गले में पड़ने वाली रस्सी।

ज़ेबाइश (फ़ा.) [सं-स्त्री.] सजावट; सुंदरता; शोभा।

जेबी (फ़ा.) [वि.] 1. जेब संबंधी 2. जो जेब में रखा जा सके 3. वह जिसका आकार-प्रकार सामान्य से छोटा हो।

जेय (सं.) [वि.] जीतने योग्य; जिसे जीता जा सके, जैसे- अजेय, अपराजेय आदि।

जेर [सं-स्त्री.] वह मज़बूत झिल्ली जो मादा पशुओं के बच्चे के जन्म के समय उनकी नाभि से जुड़ी होती है; आँवल; खेड़ी।

ज़ेर (फ़ा.) [सं-स्त्री.] अरबी-फ़ारसी लिखावट 'इ', 'ई' और 'ए' की मात्रा। [वि.] 1. दबा हुआ; कमज़ोर 2. निर्धन; निर्बल 3. परास्त; पराजित 4. बेकस; अधीन 5. निःसहाय; निराश्रय। [क्रि-अ.] नीचे; तले।

ज़ेरअंदाज़ (फ़ा.) [सं-पु.] 1. किसी चीज़ की सुरक्षा के लिए उसके नीचे बिछाया जाने वाला कपड़ा 2. फ़र्श पर बिछाया जाने वाला कालीन।

ज़ेरजामा (फ़ा.) [सं-पु.] 1. कमर से नीचे पहनने का कपड़ा; अधोवस्त्र 2. वह कपड़ा जो ज़ीन के नीचे घोड़े की पीठ पर डाला जाता है

ज़ेरदस्त (फ़ा.) [वि.] 1. अधीन; मातहत 2. पराजित; परास्त।

ज़ेरबंद (फ़ा.) [सं-पु.] घोड़े के पेट में बाँधा जाने वाला पट्टा या बंद।

ज़ेरबार (फ़ा.) [वि.] 1. दुखी; परेशान; तंग 2. ऋण या व्यय के भार से दबा हुआ 3. कर्ज़दार; ऋणी 4. अहसानमंद; आभारी 5. परास्त 6. विपत्ति में फँसा हुआ।

ज़ेरबारी (फ़ा.) [सं-स्त्री.] 1. ऋण या व्यय के भार से दबे होने की अवस्था या भाव 2. कृतज्ञता; अहसान का बोझ 3. अधिक व्यय या आर्थिक हानि।

जेरी [सं-स्त्री.] 1. आँवल; खेड़ी (नाल) 2. खेती का एक औज़ार 3. चरवाहे का डंडा।

ज़ेरीं (फ़ा.) [वि.] 1. नीचेवाला; निम्नगत 2. निचला; अधोवर्ती।

ज़ेरेनज़र (फ़ा.) [वि.] विचाराधीन; जिसपर विचार किया जा रहा हो।

ज़ेरेहुकूमत (फ़ा.) [क्रि.वि.] शासनाधीन; अधीन।

ज़ेरोज़बर (फ़ा.) [सं-पु.] 1. संसार का ऊँच-नीच 2. ज़माने का उलटफेर। [वि.] 1. अस्त-व्यस्त; उलट-पुलट 2. तहोंवाला। [अव्य.] नीचे-ऊपर।

जेल (अं.) [सं-पु.] 1. कैदख़ाना; कारागार; बंदीगृह; ऐसी जगह जहाँ किसी को बंधक बना कर रखा जाए 2. ऐसा स्थान जहाँ कोई बँधा हुआ-सा महसूस करे।

जेलख़ाना (अं.+फ़ा.) [सं-पु.] कारागार; बंदीगृह; अपराधियों आदि को रखने की जगह; (जेल)।

जेलर (अं.) [सं-पु.] जेल का प्रमुख अधिकारी या प्रबंधक।

जेवड़ा [सं-पु.] मोटा रस्सा।

जेवड़ी [सं-स्त्री.] रस्सी; ऐंठा या बटा हुआ मोटा सूत; जीवा।

जेवर [सं-पु.] 1. एक प्रकार का पक्षी; महोस या सिंध मोनाल 2. रस्सी।

ज़ेवर (फ़ा.) [सं-पु.] आभूषण; गहना; अलंकार।

ज़ेवरात (फ़ा.) [सं-पु.] 1. आभूषणों का समूह 2. गहने या ज़ेवर।

जेवरी [सं-स्त्री.] रस्सी।

ज़ेह (फ़ा.) [सं-स्त्री.] 1. धनुष की डोरी; प्रत्यंचा 2. तट; किनारा; कूल 3. सिरा 4. पार्श्व।

ज़ेहन (अ.) [सं-पु.] 1. जानने-समझने की क्षमता; समझ; दिमाग 2. बुद्धि; प्रतिभा; कौशल 3. समझने-बूझने की योग्यता; धारणाशक्ति 4. स्मरणशक्ति; याददास्त।

ज़ेहनी (अ.) [वि.] ज़ेहन संबंधी; बुद्धि विषयक; बौद्धिक।

जेहर [सं-स्त्री.] एक प्रकार का पैर में पहना जाने वाला ज़ेवर; पाज़ेब।

जेहादी (अ.) [वि.] जेहाद करने वाला; जेहाद संबंधी।

जै [सं-स्त्री.] दे. जय।

जैकेट (अं.) [सं-स्त्री.] कमीज या सदरी की तरह का एक प्रकार का अँग्रेज़ी पहनावा; आस्तीनदार छोटा कोट।

जैत (सं.) [सं-स्त्री.] 1. जय; जीत 2. जयंती वृक्ष। [सं-पु.] जैतुन।

जैतवार [सं-पु.] वह जो जीत गया हो। [वि.] जीतने वाला; विजयी।

ज़ैतून (अ.) [सं-पु.] एक सदाबहार वृक्ष जिसके फल औषधि के काम आते हैं और उनका तेल स्वास्थ्यवर्धक माना जाता है।

जैतूनी (अ.) [वि.] जैतून से बना हुआ; जैतून संबंधी।

जैत्र (सं.) [सं-पु.] 1. विजय 2. श्रेष्ठता; उत्कृष्टता 3. औषधि। [वि.] 1. विजयी 2. जयशील 3. श्रेष्ठ; उत्कृष्ट।

जैन (सं.) [सं-पु.] 1. एक धार्मिक संप्रदाय 2. उक्त धर्म का अनुयायी व्यक्ति। [वि.] जिन से संबंधित; जिन का।

जैनी (सं.) [सं-पु.] जैन धर्म का अनुयायी। [वि.] 1. जैन धर्म से संबंधित 2. जैन व्यक्तियों का; जैनों से संबंधित।

जैमा [सं-पु.] सिक्का।

जैमिनी (सं.) [सं-पु.] 1. एक प्रसिद्ध ऋषि और आचार्य 2. पूर्वमीमांसा के प्रवर्तक।

जैयद (अ.) [वि.] 1. मज़बूत; बलवान 2. बड़ा; विशाल 3. उपजाऊ 4. अच्छा; उत्तम।

ज़ैल (अ.) [सं-पु.] 1. पल्ला; दामन 2. नीचे का अंश; भाग 3. आगे का अंश या भाग।

जैली (अ.) [वि.] 1. अधीनस्थ 2. जो किसी के साथ हो।

जैव (सं.) [वि.] 1. जीव से संबंधित; जीवन से संबंधित 2. जीवों और उनके शरीर के अंगों से संबंध रखने वाला 3. जिसमें जीवनीशक्ति हो 4. जिसमें इंद्रियाँ हों; (ऑर्गेनिक)।

जैवप्रौद्योगिकी [सं-स्त्री.] जीवविज्ञान की वह शाखा जिसमें सूक्ष्मजीवों का विशेष औद्योगिक प्रक्रिया के संपादन में उपयोग पर अध्ययन किया जाता है; अभियांत्रिकी की वह शाखा जिसमें कर्मचारी तथा उनके वातावरण के संबंध का अध्ययन करने के लिए जीव विज्ञान का उपयोग किया जाता है; (बायोटेक्नॉलॉजी)।

जैवभौतिकी [सं-स्त्री.] भौतिक विज्ञान के सिद्धांतों के आधार पर जीवविज्ञान की व्याख्या करने वाला विज्ञान; (बायोफ़िज़िक्स)।

जैविक (सं.) [वि.] 1. जीव संबंधित 2. जीव संबंधी; जीवों का।

जैविकी (सं.) [सं-स्त्री.] ऐसा विज्ञान जिसमें जीव-जंतुओं का अध्ययन किया जाता है; जीवविज्ञान; (बायोलॉजी)।

जैविकीय (सं.) [वि.] 1. जो जीवों से संबंधित हो 2. जीव का, जैसे- जैविकीय प्रजनन।

जैसा (सं.) [वि.] 1. जिस तरह का; जिस प्रकार का; जिस आकार या रंग-रूप का 2. समान; समतुल्य; सदृश; बराबर 3. जितना; जिस कदर 4. सरीखा। [क्रि.वि.] जितना; जिस परिमाण या मात्रा में।

जैसी (सं.) [वि.] 1. जिस तरह की 2. जितनी।

जैसे [अव्य.] 1. मानो; जिस तरह; जिस रीति से; जिस प्रकार 2. उदाहरण के लिए; यथा 3. ज्यों।

जैसे-जैसे [अव्य.] 1. जिस क्रम से 2. ज्यों-ज्यों।

जैसे-तैसे [अव्य.] 1. किसी भी तरह; मुश्किल से या कठिनाई के साथ 2. बहुत साधारण रूप में।

जॉइंट (अं.) [सं-पु.] 1. संधि; जोड़; संयुक्त; मिलाप 2. गाँठ 3. कब्ज़ा; चूल 4. चौपाल। [वि.] जोड़ा हुआ; मिलाया हुआ; संलिप्त।

जॉकी (अं.) [सं-पु.] 1. व्यावसायिक रूप में घुड़दौड़ में भाग लेने वाला घुड़सवार 2. क्लब आदि में संगीत कार्यक्रम पेश करने वाला व्यक्ति; (डीजे) 3. उद्घोषक; (एंकर)।

जॉगिंग (अं.) [सं-स्त्री.] 1. कूदकर चलना 2. कूद चाल; हलकी गति से होने वाली दौड़।

जॉन्डिस (अं.) [वि.] पीलिया; पांडु रोग।

जो (सं.) [सर्व.] एक संबंधवाचक सर्वनाम जिसका प्रयोग पहले कही हुई किसी बात अथवा पहले आई हुई संज्ञा, सर्वनाम या पद के संबंध में कुछ और कहने से पहले किया जाता है। [अव्य.] यदि; यद्यपि।

जोंक (सं.) [सं-स्त्री.] 1. नदी या तालाब का एक कीड़ा जो जीवों के शरीर में लगकर ख़ून चूसता है 2. चीनी साफ़ करने की सेवार की चलनी 3. {ला-अ.} वह जो अपना स्वार्थ साधने के लिए किसी के पीछे पड़ जाए।

जोंका [सं-पु.] हल के फाल को गिरने से बचाने के लिए हल में ठोंका जाने वाला टेढ़ा और पतला लोहा; कनछी; कड़ी खूरा।

जोंग [सं-पु.] अगर या अगरु नाम की सुगंधित लकड़ी।

जोंगा [सं-पु.] एक किस्म का मोटा धान।

जोंधरी (सं.) [सं-स्त्री.] एक तरह की ज्वार जिसके दाने कुछ छोटे होते हैं।

जोकर (अं.) [सं-पु.] सरकस में हास्यास्पद क्रियाकलाप करके हँसाने वाला व्यक्ति। [वि.] 1. हास्यास्पद क्रियाकलाप करके हँसाने वाला 2. हँसने-हँसाने वाला 3. उपहास करने वाला।

जोख [सं-स्त्री.] जोखने या तौलने की क्रिया या भाव।

जोखना (सं.) [क्रि-स.] 1. तौलना 2. भार मापना 3. वज़न करना।

जोखा [सं-पु.] 1. वज़न करने या तौलने की क्रिया या भाव 2. लेखा; हिसाब।

जोखिम (सं.) [सं-स्त्री.] 1. किसी कार्य या व्यापार में नुकसान या घाटे की संभावना; अनिष्ट; हानि 2. विपदा की आशंका 3. ख़तरा 4. ऐसी वस्तु या काम जो संकट या विपत्ति का कारण बन सकता हो।

जोखिमपूर्ण [वि.] 1. जिसमें जोखिम या ख़तरा हो; ख़तरनाक; हानिकारक; असुरक्षित 2. चिंताजनक; विकट; संकटप्रद; अनिश्चित; अस्थिर; कठिन।

जोग (सं.) [सं-पु.] 1. योग 2. संयोग; मिलाप 3. जोड़ 4. एक प्रकार का गीत जो कन्या और वर दोनों पक्षों में विवाह के समय गाया जाता है। [वि.] योग्य।

जोगड़ा [सं-पु.] 1. जोगी; योगी 2. बना हुआ; नकली योगी 3. पाखंडी व्यक्ति।

जोगन [सं-स्त्री.] 1. स्त्री योगी 2. योगियों की तरह संसार से विरत रहने वाली स्त्री।

जोगा[1] [सं-पु.] अफीम छानने पर उसमें से निकलने वाली मैल; खूदड़।

जोगा[2] (सं.) [वि.] किसी काम के लिए उपयुक्त, योग्य या लायक।

जोगिन (सं.) [सं-स्त्री.] 1. योगसाधना करने वाली विरक्त स्त्री; योगिनी 2. जोगियों या योगियों की तरह आचार-विचार, गेरुए वस्त्र पहनने और नियम, व्रत आदि का पालन करते हुए संयमपूर्वक रहने वाली स्त्री 3. एक प्रकार की रण देवी 4. एक प्रकार का झाड़ीदार पौधा जिसमें नीले रंग के फूल लगते हैं।

जोगिनिया [सं-स्त्री.] जोगिन। [सं-पु.] 1. एक प्रकार का आम 2. एक प्रकार की धान 3. ज्वार का एक प्रकार।

जोगिया [वि.] 1. जोगी संबंधी 2. गेरू के रंग में रँगा हुआ; गैरिक।

जोगी (सं.) [सं-पु.] 1. संन्यासी 2. सारंगी आदि बजाकर माँगने-खाने वाला साधु; योगी।

जोगीड़ा [सं-पु.] 1. उत्तर प्रदेश और बिहार राज्य में होली के दिनों में मस्ती और उन्मुक्तता से गाए जाने वाले भदेस गीत और नाच-गान। इन सारे नाच-गानों के बीच-बीच में टेक की तरह 'जोगीड़ा सारा.. रारा.. रारा.. रारा.. रारा... रा रा' आता है 2. वसंत ऋतु में गाया जाने वाला चलता गाना 3. जोगीड़ा गाने वालों का दल या समाज।

जोगीया [सं-पु.] दे. जोगिया।

जोगेश्वर (सं.) [सं-पु.] शिव; सिद्ध साधु; योगियों में श्रेष्ठ योगी; योगींद्र।

जोट (सं.) [सं-पु.] 1. नर और मादा का युग्म 2. राजनीतिक गठबंधन 3. दो व्यक्ति, वस्तु आदि जो एक-दूसरे के सहयोगी या संबद्ध हों 4. साथी 5. प्रतियोगिता। [वि.] बराबरी का; जो समप्रतियोगी हो।

जोटा (सं.) [सं-पु.] 1. दो वस्तुओं का युग्म (जोड़ा) 2. संगी; साथी 3. गोन या गोनी; पशुओं की पीठ पर लादा जाने वाला दोहरा थैला या बोरा।

जोड़ (सं.) [सं-पु.] 1. जुड़ाव की अवस्था या भाव 2. योग; मिलान 3. दो या दो से अधिक चीज़ों के हिस्से जुड़ने का स्थान; संधिस्थान; संधि; गाँठ 4. दो वस्तुओं का इस प्रकार जुड़ना कि वे एक ही प्रतीत हों 5. अनेक संख्याओं के जोड़ने से निकलने वाली संख्या; योगफल; (टोटल) 6. वह टुकड़ा या भाग जो कहीं जोड़ा जा सके 7. ऐसा मेल-मिलाप या संयोग जो उपयुक्त और सुंदर जान पड़े 8. वह जो किसी के समतुल्य या बराबर हो; मेल; जोड़ा 9. समानता; बराबरी 10. खेल में एक घर में आने वाली दो गोटें या मोहरे 11. सिर से पाँव तक पहनने के सब कपड़े; पूरा पहनावा या पोशाक 12. कुश्ती आदि खेल में मुकाबले के लिए तैयार दो पहलवान 13. दाँवपेंच; छल।

जोड़-तोड़ [सं-पु.] 1. दाँवपेंच 2. गुणा-भाग 3. कार्य साधन की विशेष युक्ति 4. छल-कपट।

जोड़जामा [सं-पु.] हिंदुओं में विवाह के समय वर द्वारा पहनने हेतु वस्त्र।

जोड़ना (सं.) [क्रि-स.] 1. दो चीज़ों या उनके टुकड़ों को एक-दूसरे के साथ मिलाकर एक करना 2. संख्याओं का योग करना 3. किसी प्रकार का संबंध स्थापित करना, जैसे- दो संस्थाओं या परिवारों को संगठित करके एक करना; नाता या रिश्ता बनाना 4. संबद्ध करना; गाँठ लगाना 5. किसी पुस्तक, शोध या लेख आदि में वाक्य, अध्याय या परिशिष्ट आदि बढ़ाना 6. किसी वस्तु या पदार्थ के टुकड़ों को क्रम में लगाना; सलीके से रखना 7. (साहित्य) वाक्यों या पदों की रचना करना; कविता करना 8. प्रज्वलित करना; जलाना (दीपक या आग) 9. किसी वस्तु का कोई टूटा हुआ हिस्सा या अंश फिर से लगाना; बैठाना; तरतीब से लगाना 10. वृद्धि करना; बढ़ाना 11. एकत्र या संगृहीत करना 12. किसी काम के लिए पैसे आदि बचाना 13. बटोरना; संचय करना 14. मन में बना लेना; गढ़ना 15. बोगी, हल या गाड़ी आदि में बैल या घोड़े को आगे बाँधना; जोतना।

जोड़वाना [क्रि-स.] 1. जोड़ने का कार्य किसी अन्य से कराना 2. जोड़ने में किसी को प्रवृत्त करना।

जोड़ा [सं-पु.] 1. एक ही प्रकार की दो वस्तुएँ; जोड़ी; युगल; युग्म 2. एक साथ पहनी जाने वाली दो पोशाकें; साथ पहने जाने वाले दो कपड़े, जैसे- कुरता-पाजामा या लहँगा-दुपट्टा आदि 3. एक साथ काम में आने वाली दो वस्तुएँ 4. एक ही प्रकार के जीव-जंतुओं या पशु-पक्षियों में नर और मादा 5. स्त्री-पुरुष; वर-कन्या 6. ब्याह में दुल्हन के लिए ससुराल पक्ष से भेजा जाने वाला कपड़ा-लहँगा।

जोड़ी [सं-स्त्री.] 1. एक ही तरह की दो चीज़ें; जोड़ा 2. एक साथ जोते जाने वाले दो बैलों के युग्म या घोड़ों की जोड़ी 3. काँसे, पीतल आदि का बना हुआ एक प्रकार का बाजा जो दो छोटी कटोरियों के रूप में होता है और जिसमें एक कटोरी से दूसरी कटोरी पर आघात करके संगीत के समय ताल देते हैं; मँजीरा। [मु.] **-मिलाना** : तुलना करना; उपमा देना; बराबरी की चीज़ को सामने रखना।

जोड़ीदार [सं-पु.] जो सदा किसी के साथ रहता हो; सहयोगी। [वि.] ताकत, शानोशौकत आदि में बराबरी का।

जोड़ू [वि.] 1. (धन या वस्तु को) जोड़ने वाला; जोड़-जोड़ कर रखने वाला 2. जमाख़ोर; परिग्रही।

जोत[1] [सं-स्त्री.] 1. ज़मीन को जोतने की क्रिया या भाव; काश्त 2. जोतने-बोने के एवज़ में असामी को उस ज़मीन पर मिलने

वाला विशिष्ट अधिकार; (होल्डिंग) 3. वह ज़मीन जिसपर कोई काश्तकार या किसान जोतने-बोने और फ़सल उगाने का काम करता है 4. चमड़े का वह तस्मा जो जानवरों के गले में बाँधा जाता है; चमड़े की चौड़ी पट्टी या रस्सी जो एक तरफ़ जोते जाने वाले जानवर के गले में और दूसरा सिरा खींची जाने वाली चीज़, जैसे- हल या गाड़ी आदि में बँधा होता है जिससे खींचने वाला पशु उस चीज़ को चलाता है 5. तराज़ू के पलड़ों को डाँड़ी से बाँधने वाली रस्सी।

जोत[2] (सं.) [सं-स्त्री.] 1. ज्योति; रोशनी 2. देवी-देवता की मूर्ति के सामने जलाया जाने वाला दीया 3. चित्र में किसी महापुरुष या देवी-देवता के चेहरे के चारों ओर दिखाया जाने वाला प्रभामंडल; (ओरा) 4. शरीर या देह में रहने वाली आत्मा जो ईश्वर का अंश मानी जाती है।

जोतदार (हिं.+फ़ा.) [सं-पु.] वह असामी जो दूसरों की भूमि पर खेतीबारी करता हो; काश्तकार; कृषक; हलवाहा।

जोतनहार [सं-पु.] खेत जोतने वाला व्यक्ति; हलवाहा; जोतदार।

जोतना (सं.) [क्रि-स.] 1. खेत में हल चलाने के लिए बैलों को जुए में बाँधना 2. ज़बरदस्ती किसी को काम में लगाना 3. गाड़ी, कोल्हू आदि को चलाने के लिए घोड़े, बैल आदि बाँधना।

जोता [सं-पु.] 1. हल जोतने वाला व्यक्ति; हलवाहा 2. बैल की गरदन फँसाने हेतु जुए से लगी रस्सी 3. बड़ा शहतीर।

जोतिहा [सं-पु.] 1. वह मज़दूर जो खेत जोतता हो 2. किसान; कृषक; खेतिहर।

जोती [सं-स्त्री.] 1. घोड़े, बैल आदि की लगाम; रास 2. वह रस्सी जिससे तराज़ू के पल्ले बँधे रहते हैं 3. वह रस्सी जो खेत सींचने की दौरी में बँधी रहती है 4. चक्की की वह रस्सी जो उसके बीच वाली कीली और हत्थे में बँधी रहती है।

जोधा [सं-पु.] 1. योद्धा; वीर; साहसी 2. कुश्तीबाज़।

जोन (अं.) [सं-पु.] अंचल; जोन।

ज़ोनल (अं.) [वि.] 1. क्षेत्र से संबंधित; क्षेत्रीय; मंडल स्तरीय; मंडल या क्षेत्र का 2. आंचलिक।

जोनल ऑफ़िस (अं.) [सं-पु.] आंचलिक कार्यालय।

जोन्हरी [सं-स्त्री.] मकई; ज्वार नामक अन्न।

ज़ोफ़ (अ.) [सं-पु.] 1. कमज़ोरी; निर्बलता 2. बेबसी; दीनता।

ज़ोम (अ.) [सं-पु.] 1. उत्साह; उमंग 2. जोश; आवेश 3. घमंड 4. तीव्रता; तीक्ष्णता।

ज़ोर (फ़ा.) [सं-पु.] 1. शरीर का बल; शक्ति; ताकत 2. किसी चीज़ का दबाव 3. धन या पद के कारण होने वाला दबदबा; रुतबा 4. उन्नति; बढ़त 5. प्रबलता; तेज़ी; वेग 6. बल-प्रयोग; ज़बरदस्ती शारीरिक बल के कारण प्रदर्शित किया जाने वाला उत्साह या सामर्थ्य आदि 7. वश; अधिकार; इख़्तियार 8. भरोसा; आसरा; सहारा 9. श्रम; मेहनत 10. व्यायाम; कसरत। [क्रि.वि.] 1. कार्य या परिणाम के विचार से बहुत अधिक 2. ख़ूब; काफ़ी। [मु.] **-आज़माना** : अपनी ताकत का प्रयोग करके देखना; भिड़ना; मुकाबला करना; ज़ोर लगाना या डालना- दबाव डालना। **-देना** : किसी बात को बहुत महत्वपूर्ण बताना। **-लगाना** : (किसी काम हेतु) पूरी कोशिश (पूर्ण प्रयास) करना।

ज़ोर-ज़ुल्म (फ़ा.+अ.) [सं-पु.] 1. घोर अत्याचार; अन्याय 2. दमन; दबाव 3. शोषण।

ज़ोरदार (फ़ा.) [वि.] 1. जिसमें ज़ोर या शक्ति हो; ज़ोरवाला; बलशाली 2. तेज़; प्रबल; तीव्र 3. ज़बरदस्त; उत्साहवर्धक 4. आग्रहयुक्त, जैसे- ज़ोरदार अनुशंसा।

जोरन [सं-पु.] 1. जोड़ने की क्रिया या भाव 2. वह दही या कोई खट्टा पदार्थ जिसे दूध में डालकर दही जमाया जाता है; जामन।

ज़ोरशोर (फ़ा.) [सं-पु.] 1. किसी काम को पूरा करने के लिए लगाया जाने वाला ज़ोर और दिखाया जाने वाला उत्साह तथा प्रयास 2. प्रबलता, तीव्रता या तेज़ी।

जोराजोरी (फ़ा.) [सं-स्त्री.] ज़बरदस्ती। [क्रि.वि.] बलात; बलपूर्वक।

ज़ोरावर (फ़ा.) [वि.] बलवान; शक्तिशाली।

जोरू [सं-स्त्री.] 1. पत्नी; घरवाली; भार्या 2. स्त्री; औरत।

जोलहा [सं-पु.] दे. जुलाहा।

जोली [वि.] 1. साथी; दोस्त; संगी, जैसे- हमजोली 2. जिसके साथ मेलजोल हो 3. समवयस्क; बराबरी का।

जोवारी [सं-स्त्री.] मैना पक्षी की एक प्रजाति।

जोश (फ़ा.) [सं-पु.] 1. अति उत्साह; आवेश; उत्तेजना 2. गरमी; उबाल; उफान 3. किसी आत्मीय या पारिवारिक रिश्ते के प्रति होने वाला उत्कट प्रेम या तत्परता; मनोवेग 4. क्रोध 5. तीव्रता।

जोश-ख़रोश (फ़ा.) [सं-पु.] अत्यधिक उत्साह; धूम; आवेश; शोरगुल।

जोशन (फ़ा.) [सं-पु.] 1. एक प्रकार का आभूषण जो बाँह में पहनते हैं; बाज़ूबंद; केयूर 2. कवच 3. ज़िरहबख़्तर।

जोशाँदा (फ़ा.) [सं-पु.] 1. यूनानी चिकित्सा पद्धति से जड़ी-बूटियों को उबालकर बनाया गया काढ़ा; क्वाथ (सरदी या कफ़ रोगों के लिए) 2. काढ़ा बनाने के लिए एक साथ मिलाकर दी जाने वाली औषधियाँ।

जोशी [सं-पु.] 1. जोषी; भारत और नेपाल में अपने मूल के साथ एक कुलनाम या सरनेम 2. ब्राह्मण समाज में एक कुलनाम या सरनेम 3. ज्योतिषी।

जोशीला (फ़ा.) [वि.] 1. जिसमें अधिक जोश हो; उत्साह से भरा हुआ; ओजपूर्ण 2. जिसे जल्दी जोश आता हो 3. ऊर्जा या आवेश से युक्त; आवेगपूर्ण 4. जोश में आकर किया हुआ, जैसे- जोशीला गान।

जोषी (सं.) [सं-पु.] 1. गुजराती, महाराष्ट्री आदि ब्राह्मण समाज में एक कुलनाम या सरनेम 2. ज्योतिषी।

जोहड़ [सं-पु.] बावली; बावड़ी; कच्चा तालाब।

जोहना (सं.) [क्रि-स.] 1. प्रतीक्षा करना 2. देखना 3. पहरा देना 4. पता लगाना।

जोहार [सं-स्त्री.] 1. प्रणाम; अभिवादन; जुहार 2. क्षत्रियों में प्रचलित एक प्रकार का अभिवादन।

जोहारना [क्रि-अ.] जुहार या अभिवादन करना; नमस्ते करना।

जोहारी [सं-स्त्री.] नमस्कार; सलाम।

जौ (सं.) [सं-पु.] 1. गेहूँ की तरह का एक प्रसिद्ध खाद्यान्न जिसका आटा बनाकर उपयोग किया जाता है 2. यज्ञ तथा अन्य कर्मकांडों में प्रयोग किया जाने वाला हविष्यान्न; यव 3. छह राई की मात्रा या तौल 4. एक पौधा जिससे टोकरियाँ बनाई जाती हैं।

जौंड़री [सं-स्त्री.] ज्वार।

जौंराभौंरा [सं-पु.] 1. किले या राजमहल का वह तहख़ाना जिसमें प्राचीन काल में राजे, नवाब आदि सुरक्षा की दृष्टि से सोना-चाँदी, हीरे-मोती रखते थे 2. एक साथ पैदा होने वाले दो बालक यमक; जुड़वा 3. प्राय: या बराबर साथ रहनेवाले दो व्यक्ति।

ज़ौक (अ.) [सं-पु.] 1. स्वाद; मज़ा 2. लुत्फ़ लेना; रसानुभव 3. मज़ाक; रसिकता; आनंद 4. शौक; रुचि।

जौतुक (सं.) [सं-पु.] 1. दहेज 2. यौतुक 3. विवाह में मिला हुआ धन 4. वह संपत्ति जो कन्या के पितृवर्ग की ओर से वरपक्ष को दी जाती है 5. चढ़ावा 6. उपहार।

जौदत (अ.) [सं-स्त्री.] 1. नेकी; अच्छाई 2. पवित्रता 3. मनोविनोद।

जौनाल [सं-स्त्री.] 1. जौ के पौधे का डंठल और बाल 2. वह भूमि जिसमें जौ की बुआई की जाए 3. रबी की कोई फ़सल उगाने का खेत।

जौफ़ (अ.) [सं-पु.] 1. भीतर का खाली भाग 2. पेट; उदर।

जौमाल [सं-स्त्री.] दे. जयमाला।

जौर (फ़ा.) [सं-पु.] अत्याचार; जुल्म।

जौशन (फ़ा.) [सं-पु.] 1. बाँह में पहनने का एक गहना 2. कवच; जिरहबख़्तर।

जौहर[1] (सं.) [सं-पु.] 1. मध्यकाल में राजपूतों में प्रचलित एक प्रथा जिसमें अपने राज्य या गढ़ की पराजय तथा शत्रु की विजय निश्चित होने पर स्त्रियाँ अपमान से बचने के लिए जलती हुई एक विशाल चिता में सामूहिक रूप से भस्म हो जाया करती थीं 2. जौहर करने के लिए बनाई गई बड़ी चिता 3. किसी स्त्री द्वारा आत्मसम्मान की रक्षा के लिए किया जाने वाला आत्मदाह; आत्महत्या।

जौहर[2] (अ.) [सं-पु.] 1. रत्न; बहुमूल्य पत्थर, जैसे- हीरा, नीलम, पुखराज आदि 2. सार-तत्व; सारांश 3. गुणवत्ता; विशेषता; ख़ूबी 4. किसी वस्तु या व्यक्ति में निहित गुण-दोषों से संबंधित मौलिक गुण; श्रेष्ठता 5. धारदार शस्त्र जैसे तलवार की धारियाँ जिससे लोहे की उत्तमता का पता चलता है 6. दर्पण की चमक।

जौहरी (फ़ा.) [सं-पु.] 1. रत्न बेचने वाला; रत्न परखने वाला; रत्न व्यवसायी 2. किसी वस्तु के गुण-दोष जानने वाला; पारखी 3. मणिकर 4. कुछ जातियों में प्रचलित कुलनाम या सरनेम।

ज्ञ यद्यपि यह संस्कृत में 'ज्+ञ' का संयुक्त वर्ण है। आजकल हिंदी में इसका उच्चारण [ग्य] होता है।

ज्ञपित (सं.) [वि.] 1. जाना हुआ या जताया हुआ; ज्ञात 2. तृप्त या संतुष्ट किया हुआ 3. मारा हुआ; हत 4. प्रशंसित या स्तुत 5. शस्त्र आदि तेज़ किया हुआ।

ज्ञप्त (सं.) [वि.] ज्ञपित; सूचित; संप्रेषित।

ज्ञप्ति (सं.) [सं-स्त्री.] 1. कोई बात जानने या जनाने की क्रिया या भाव 2. जानकारी; वह बात जो किसी को जतलाई या बतलाई जाए; (इनफ़ॉरमेशन) 3. प्रशंसा; स्तुति 4. मार डालना; मारण 5. जलाना।

ज्ञात (सं.) [वि.] 1. जिसके विषय में सब जानकारी हो; विदित 2. जो जाना हुआ हो। [सं-पु.] ज्ञान।

ज्ञातयौवना (सं.) [सं-स्त्री.] 1. (साहित्य) वह मुग्धा नायिका जिसमें लज्जा और भय पहले से कम हो गया हो और जो प्रेमी की ओर कुछ-कुछ आकृष्ट होने लगी हो; नवोढ़ा 2. वह नायिका जिसे अपने पूर्णयौवनागम का भान हो।

ज्ञातव्य (सं.) [वि.] 1. जो जाना जा सके; बोधगम्य 2. जो दूसरों को जतलाया जाने को हो 3. जानने योग्य; ज्ञेय।

ज्ञाता (सं.) [सं-पु.] 1. चतुर या जानकार व्यक्ति 2. परिचित 3. ज़मानत देने वाला व्यक्ति। [वि.] 1. ज्ञान रखने वाला; ज्ञानवान 2. जिसे किसी विषय का पूरा ज्ञान हो; जानकार।

ज्ञाति (सं.) [सं-पु.] 1. गोत्र; जाति; वर्ण 2. एक ही गोत्र में उत्पन्न मनुष्य; गोती; भाई-बंधु; बांधव।

ज्ञान (सं.) [सं-पु.] 1. वस्तुओं या विषयों की वह जानकारी जो मन या विवेक को होती है; बोध; 2. लोकव्यवहार में, शरीर की वह चेतना-शक्ति जिसके द्वारा जीवों, प्राणियों आदि को अपनी आवश्यकताओं और स्थितियों के अनुसार अनेक प्रकार की अनुभूतियाँ और सब बातों का परिचय होता है; आत्मसाक्षात्कार।

ज्ञानचक्षु (सं.) [सं-पु.] 1. अंतर्दृष्टि 2. विद्वान 3. ज्ञानरूपी नेत्र 4. ज्ञानदृष्टि रखने वाला व्यक्ति।

ज्ञानतत्व (सं.) [सं-पु.] 1. संकेत रूप में जगत के वस्तुनिष्ठ गुणों और संबंधों, प्राकृतिक और मानवीय तत्त्वों के विषय में विचारों की अभिव्यक्ति व अनुभूति 2. निर्विकल्पात्मक बुद्धि का सार रूप 3. यथार्थ रूप; सत्यसार; स्वयं के स्वरूप स्थिति का बोध।

ज्ञानद (सं.) [सं-पु.] गुरु। [वि.] ज्ञान कराने या देने वाला; ज्ञानप्रद; ज्ञानदाता; बोधप्रद।

ज्ञानमय (सं.) [वि.] 1. ज्ञान से युक्त 2. ज्ञान से भरा हुआ 3. ज्ञानरूप। [सं-पु.] ईश्वर।

ज्ञानमीमांसा (सं.) [सं-स्त्री.] ज्ञान का गंभीर मनन; ज्ञान की विवेचना।

ज्ञानयज्ञ (सं.) [सं-पु.] 1. ज्ञान रूपी यज्ञ 2. उत्तम ज्ञान के आदान-प्रदान का कार्य।

ज्ञानयोग (सं.) [सं-पु.] 1. ब्रह्म प्राप्ति के लिए की गई ज्ञाननिष्ठा वाली साधना 2. ब्रह्म के वास्तविक स्वरूप को जानने का योग।

ज्ञानराशि (सं.) [सं-स्त्री.] ज्ञानधाम; ज्ञान का भंडार; ज्ञानतीर्थ।

ज्ञानवर्धक (सं.) [वि.] ज्ञान बढ़ाने वाला; जानकारी देने वाला।

ज्ञानवान (सं.) [वि.] 1. जिसने आत्मज्ञान प्राप्त कर लिया हो;

ज्ञानी 2. योग्य तथा समझदार।

ज्ञानशून्य (सं.) [वि.] 1. ज्ञान से रहित; अज्ञानी 2. जिसे कुछ भी ज्ञान न हो; ज्ञानरहित।

ज्ञानसाधन (सं.) [सं-पु.] 1. इंद्रियाँ जिनकी सहायता से ज्ञान की प्राप्ति की जाती है; ज्ञान प्राप्त करने का साधन 2. ज्ञान प्राप्ति का प्रयत्न।

ज्ञानस्वरूप (सं.) [वि.] जिसका अपना स्वरूप ही ज्ञानयुक्त हो; ज्ञानमय; चिन्मय।

ज्ञानहीन (सं.) [वि.] 1. ज्ञान से रहित 2. जिसे ज्ञान प्राप्त न हुआ हो 3. मूर्ख; अज्ञानी।

ज्ञानाकर (सं.) [वि.] 1. ज्ञान का भंडार 2. महान ज्ञानी।

ज्ञानातीत (सं.) [वि.] जो ज्ञान की सीमा से परे हो; अज्ञेय।

ज्ञानात्मक (सं.) [वि.] 1. ज्ञान प्रदान करने वाला; बोधप्रद 2. ज्ञान संबंधी।

ज्ञानार्जन (सं.) [सं-पु.] ज्ञान प्राप्त करना; अध्ययन; ज्ञानोपलब्धि।

ज्ञानार्थी (सं.) [सं-पु.] जिज्ञासु; सीखने वाला व्यक्ति; अध्ययन करने वाला व्यक्ति; छात्र; शिष्य।

ज्ञानालय (सं.) [सं-पु.] 1. ज्ञान प्राप्त करने का स्थान या घर; शिक्षण संस्थान; विद्यालय 2. वह स्थान जहाँ ज्ञान संबंधी चर्चा हो।

ज्ञानालोक (सं.) [सं-पु.] 1. ज्ञान की उत्पत्ति की अवस्था या भाव; बोधोदय; ज्ञान का प्रकाश 2. संसार से या किसी व्यक्ति वस्तु के मूल स्वरूप को जान कर उससे मोहभंग।

ज्ञानावरण (सं.) [सं-पु.] 1. वह चीज़ या परदा जो ज्ञान की प्राप्ति में बाधा उत्पन्न करता है 2. वह पाप जिसका उदय होने पर ज्ञान प्राप्त नहीं होता; ज्ञान प्राप्ति में बाधक कर्म या मानसिकता।

ज्ञानाश्रयी (सं.) [वि.] 1. ज्ञान पर आश्रित 2. ज्ञान संबंधी 3. ज्ञान से ब्रह्म को प्राप्त करने के सिद्धांत पर बल देने वाला।

ज्ञानी (सं.) [सं-पु.] 1. ज्ञानवान व्यक्ति; समझदार; योग्य 2. ऋषि; दैवज्ञ 3. आत्मा और ब्रह्म के संबंध में ज्ञान प्राप्त कर चुका व्यक्ति। [वि.] 1. जिसे ज्ञान हो; ज्ञानवान; जानकार 2. आत्मज्ञानी; ब्रह्मज्ञानी।

ज्ञानेंद्रिय (सं.) [सं-स्त्री.] 1. आँख, कान, नाक, जीभ और त्वचा नामक पाँच इंद्रियाँ जिनसे भौतिक विषयों का ज्ञान होता है 2. चेतन मन; विषय बोधन का साधन।

ज्ञानोदय (सं.) [सं-पु.] 1. किसी प्रकार के ज्ञान का चेतना में होने वाला उदय 2. ज्ञान का प्रकटीकरण।

ज्ञानोदीप्ति (सं.) [सं-स्त्री.] ज्ञान का प्रकाश; ज्ञानालोक।

ज्ञानोपदेश (सं.) [सं-पु.] ज्ञान का उपदेश; शिक्षा।

ज्ञानोपार्जन (सं.) [सं-पु.] ज्ञान अर्जित करने का कार्य; ज्ञानार्जन।

ज्ञाप (सं.) [सं-पु.] 1. जताना; बताना; प्रकट करना 2. वह पत्र जिसमें याद दिलाने के लिए बातें संक्षेप में लिखी जाती हों; ज्ञापन; (मेमोरेंडम) 3. किसी घटना का वह संक्षिप्त अभिलेख जो बाद में प्रयोग में लिया जा सकता हो; स्मरण-पत्र; स्मारक।

ज्ञापक (सं.) [वि.] 1. ज्ञान प्राप्त कराने वाला; बोधक 2. बतलाने, जतलाने या परिचय देने वाला 3. सूचक या व्यंजक। [सं-पु.] गुरु या स्वामी।

ज्ञापन (सं.) [सं-पु.] 1. जतलाने, बतलाने या सूचित करने की क्रिया या भाव 2. बोधन 3. किसी घटना या सूचना को लिखकर दिया जाने वाला औपचारिक पत्र।

ज्ञापयिता (सं.) [वि.] ज्ञापन देने वाला; ज्ञापक; सूचना देने वाला; प्रवक्ता; संवाददाता।

ज्ञापित (सं.) [वि.] 1. जिसका ज्ञान या परिचय दिया गया हो 2. जिसकी जानकारी किसी को दी गई हो 3. बतलाया या जतलाया हुआ 4. प्रकाशित 5. सूचित।

ज्ञाप्य (सं.) [वि.] 1. जानने या जताने योग्य 2. जिसका ज्ञान प्राप्त किया या कराया जा सकता हो।

ज्ञेय (सं.) [वि.] 1. जानने के योग्य 2. जिसे जाना जा सके 3. जिसे जानना आवश्यक हो।

ज्या (सं.) [सं-स्त्री.] 1. धनुष की डोरी; प्रत्यंचा 2. माता; जननी 3. पृथ्वी 4. (ज्यामिति) वह रेखा जो किसी वृत्त के व्यास तक गई हो।

ज़्यादती (फ़ा.) [सं-स्त्री.] 1. ज़्यादा या अधिक होने की अवस्था या भाव; अधिकता; अतिरेक 2. ज़ुल्म 3. ज़बरदस्ती; अत्याचार; कठोर व्यवहार।

ज़्यादा (फ़ा.) [वि.] 1. मान या मात्रा में ज़रूरत से अधिक 2. अधिक; अतिरिक्त 3. बहुत; प्रचुर।

ज़्यादातर (फ़ा+सं.) [वि.] 1. अधिकतर; अधिकांशतः 2. प्रायः; बहुधा 3. अपेक्षाकृत अधिक।

ज्यामिति (सं.) [सं-स्त्री.] गणित की वह शाखा जिसमें पिंडों की नाप-जोख, रेखा, कोण, तल आदि का विवेचन होता है; रेखागणित; (ज्योमेट्री)।

ज्यामितिक (सं.) [वि.] ज्यामितीय; ज्यामिति विषयक।

ज्यामितीय (सं.) [वि.] ज्यामिति से संबंधित; ज्यामिति का।

ज्यारना [क्रि-स.] 1. जिलाना; जीवित करना 2. जीवित रहने में मदद करना 3. पालना-पोसना 4. साहस देना 5. सुधारना; बनाना; नया करना।

ज्यूरी (अं.) [सं-स्त्री.] 1. विधिक क्षेत्र में जन-साधारण में से चुने हुए वे लोग जो कुछ विशिष्ट फ़ौजदारी अभियोगों में न्यायाधीश के साथ बैठकर गवाहियाँ आदि सुनते और न्यायालय को अभियुक्त के दोषी अथवा निर्दोष होने के संबंध में अपना मत देते हैं 2. चुने हुए विशेषज्ञों का दल, जो खेलों आदि में हार-जीत का निर्णय करते और विजेता के लिए पुरस्कार आदि का निर्णय करते हैं। [सं-पु.] ज्यूरी के सदस्य।

ज्येष्ठ (सं.) [वि.] 1. अवस्था आदि में सबसे बड़ा 2. अधिक उम्रवाला; वृद्ध; बुड्ढा 3. पद, मर्यादा आदि में बढ़कर; (सीनियर)। [सं-पु.] 1. जेठ का महीना 2. परमेश्वर 3. एक प्रकार का सामगान 4. (ज्योतिष) ऐसा वर्ष जिसमें बृहस्पति का उदय ज्येष्ठा नक्षत्र मं होता है।

ज्येष्ठक (सं.) [सं-पु.] प्राचीन काल में नगर का प्रधान अधिकारी।

ज्येष्ठता (सं.) [सं-स्त्री.] 1. ज्येष्ठ होने की अवस्था या भाव 2. वरिष्ठता; श्रेष्ठता।

ज्येष्ठा (सं.) [सं-स्त्री.] 1. बड़ी बहन 2. (पुराण) लक्ष्मी की बड़ी बहन 3. एक प्रकार का नायिका भेद 4. मध्यमा उँगली 5.

अठारहवाँ नक्षत्र जो तीन तारों का है।

ज्येष्ठी (सं.) [सं-स्त्री.] एक सरीसृप प्राणी जिसका छोटे-छोटे शल्कों से ढका शरीर सिर, गरदन, धड़ और पूँछ चार भागों में बँटा होता है; छिपकली; भित्तिका।

ज्यों (सं.) [अव्य.] 1. जैसे; जिस प्रकार 2. जिस तरह से 3. किसी और की तरह; दूसरे जैसा 4. किसी के अनुकरण पर 5. जिस पल या क्षण। [क्रि.वि.] 1. जिस प्रकार; जैसे 2. जिस तरह से या जिस ढंग से। [मु.] **-का त्यों** : 1. जैसा है वैसे ही; उसी तरह; उसी रूप में 2. पहले जैसा; पूर्ववत 3. जिसमें बदलाव न हुआ हो; अपरिवर्तित 4. ठीक; यथार्थ।

ज्योति (सं.) [सं-स्त्री.] 1. प्रकाश; उजाला; रोशनी; द्युति 2. पथ प्रशस्त करने वाला; आलोक 3. दृष्टि 4. किसी चीज़ के प्रज्वलित होने से उत्पन्न दीप्ति या चमक 5. आँख की पुतली के बीच का बिंदु 6. सूर्य 7. अग्नि 8. लपट; लौ 9. नक्षत्र 10. आत्मा; परमात्मा 11. चैतन्य।

ज्योतित (सं.) [वि.] 1. ज्योति से भरा हुआ 2. चमकता हुआ; प्रकाशमान 3. द्युतिमान।

ज्योतिपिंड (सं.) [सं-पु.] अनेक किरणों से निर्मित पुंज; प्रकाश पुंज; प्रकाश का गोला।

ज्योतिमान (सं.) [वि.] प्रकाश वाला; प्रकाशमान; ज्योतिष्मान; ज्योतिर्मय।

ज्योतिर्मंडल (सं.) [सं-पु.] अंतरिक्ष में तारों, नक्षत्रों आदि का मंडल या लोक; तारा मंडल; ज्योतिश्चक्र।

ज्योतिर्मय (सं.) [वि.] 1. ज्योति से युक्त; प्रकाशमय; प्रकाश से युक्त 2. जो आलोकित हो; चमकता हुआ; रोशन 3. परम प्रकाशमान।

ज्योतिर्लिंग (सं.) [सं-पु.] 1. शिव; महादेव 2. शिव के मुख्य बारह लिंग जो भारत के विभिन्न भागों में स्थापित हैं।

ज्योतिर्विज्ञान (सं.) [सं-पु.] 1. आकाश में ग्रहों, नक्षत्रों की गति, स्थिति आदि का विचार करने वाला विज्ञान या शास्त्र; ज्योतिर्विद्या; ज्योतिष 2. ग्रह-नक्षत्रों के परिणाम बताने वाला शास्त्र।

ज्योतिर्विद (सं.) [सं-पु.] 1. ज्योतिष शास्त्र का विशेषज्ञ; ज्योतिषी; खगोलविद 2. आधुनिक फलित ज्योतिष का जानकार।

ज्योतिर्विद्या (सं.) [सं-स्त्री.] 1. अंतरिक्ष में ग्रहों, नक्षत्रों की गति, स्थिति आदि का विवेचन करने वाला विज्ञान या शास्त्र; ज्योतिर्विज्ञान; ज्योतिष 2. ग्रह-नक्षत्रों के परिणाम बताने वाला शास्त्र।

ज्योतिश्चक्र (सं.) [सं-पु.] अंतरिक्ष में तारों, नक्षत्रों तथा राशियों आदि का मंडल या लोक; तारामंडल; ज्योतिर्मंडल; राशिचक्र।

ज्योतिश्चुंबी (सं.) [वि.] 1. आकाश स्थित ज्योति को चूमने वाला या उसके पास पहुँचने वाला; गगनचुंबी 2. बहुत ऊँचा।

ज्योतिष (सं.) [सं-पु.] 1. एक प्रसिद्ध विद्या या शास्त्र जिसमें आकाशीय ग्रह, नक्षत्रों आदि का विवेचन होता है 2. उक्त के आधार पर मनुष्यों आदि पर होने वाले शुभ-अशुभ प्रभावों का अध्ययन करने वाला शास्त्र।

ज्योतिषाचार्य (सं.) [सं-पु.] ज्योतिष का ज्ञाता; ज्योतिर्विद।

ज्योतिषिक (सं.) [सं-पु.] ज्योतिष जानने या पढ़ने वाला व्यक्ति। [वि.] ज्योतिष से संबंधित; ज्योतिष का।

ज्योतिषी (सं.) [सं-पु.] 1. ज्योतिष (फलित) की जानकारी देने वाला व्यक्ति; ज्योतिष का ज्ञाता; ज्योतिर्विद; गणक 2. भविष्य का अनुमान करने वाला; शुभाशुभ बताने वाला; दैवज्ञ।

ज्योतिष्क (सं.) [सं-पु.] 1. ग्रह, तारे, नक्षत्र आदि आकाश में रहने वाले पिंड जो रात के समय चमकते हुए दिखाई देते हैं 2. मेरु पर्वत की एक चोटी 3. चित्रक वृक्ष 4. चीता 5. मेथी 6. गनियारी।

ज्योतिष्का (सं.) [सं-स्त्री.] मालकंगनी नामक एक लता।

ज्योतिष्टोम (सं.) [सं-पु.] एक वैदिक यज्ञ जिसमें सोलह ऋत्विक होते हैं।

ज्योतिष्पथ (सं.) [सं-पु.] आकाश; अंतरिक्ष।

ज्योतिष्पिंड (सं.) [सं-पु.] ग्रह; नक्षत्र; तारा।

ज्योतिष्मती (सं.) [सं-स्त्री.] 1. रात्रि 2. मालकंगनी नामक लता। [वि.] ज्योतिर्मयी।

ज्योतिष्मान (सं.) [वि.] 1. जिसमें ज्योति हो; ज्योतिर्मय 2. अत्यंत चमकदार; कांतिमान।

ज्योतिस्तंभ (सं.) [सं-पु.] 1. वह जो जीवन को आलोकित करता हो 2. ज्योति प्रदान करने वाला आधार 3. प्रकाश या उजाला करने वाली वस्तु।

ज्योत्स्ना (सं.) [सं-स्त्री.] 1. चाँदनी; चंद्रिका 2. चंद्रमा का प्रकाश 3. शुक्ल पक्ष की चाँदनी रात 4. दुर्गा 5. सौंफ।

ज्योत्स्नी (सं.) [सं-स्त्री.] पूर्णिमा; पूनम।

ज्योत्स्नेश (सं.) [सं-पु.] चंद्रमा; शशि।

ज्योनार (सं.) [सं-स्त्री.] 1. भोज; दावत; बहुत से निमंत्रित लोगों का एक साथ बैठकर होने वाला भोजन 2. पका हुआ खाना; रसोई।

ज्योरा [सं-पु.] गाँवों में, अनुसूचित जातियों को उनकी सेवाओं के बदले दिया जाने वाला अन्न।

ज्यौनार (सं.) [सं-पु.] दे. ज्योनार।

ज्वर (सं.) [सं-पु.] 1. अनेक प्रकार के शारीरिक विकारों के कारण होने वाला एक रोग जिसमें शरीर का तापमान सामान्य से बहुत बढ़ जाता है; बुख़ार; ताप 2. {ला-अ.} ऐसी स्थिति जिसमें मानसिक अंशाति, उत्तेजना और आवेग हो।

ज्वरघ्न (सं.) [वि.] ज्वर का अंत करने वाला; ज्वरनाशक।

ज्वरनाशक (सं.) [वि.] ज्वर का नाश करने वाला; ज्वर को दूर करने वाला।

ज्वरांकुश (सं.) [सं-पु.] 1. कुश की जाति की एक घास जिसकी जड़ में नीबू की-सी सुगंध होती है 2. वैद्यक में ज्वर की एक दवा जो गंधक, पारे आदि के योग से बनती है।

ज्वरांतक (सं.) [सं-पु.] 1. चिरायता (एक औषधि) 2. अमलतास 3. नीम की एक प्रजाति। [वि.] ज्वर का अंत या नाश करने वाला।

ज्वल (सं.) [सं-पु.] 1. ज्वाला; आग; अग्नि 2. प्रकाश; उजाला। [वि.] जलता हुआ; दीप्त; प्रकाशित।

ज्वलंत (सं.) [वि.] 1. चमकता हुआ; प्रकाशित; जलता हुआ 2. देदीप्यमान 3. स्पष्ट; साफ़; अच्छी तरह दिखाई देने वाला।

ज्वलका (सं.) [सं-स्त्री.] ज्वाला; आग की लपट; अग्निशिखा।

ज्वलन (सं.) [सं-पु.] 1. जलने की क्रिया या भाव; जलना; दहन 2. जलन; दाह। [वि.] 1. आसानी से जल उठने वाला 2. दहकता हुआ।

ज्वलनशील (सं.) [वि.] जो आसानी से जल जाए; जल्दी आग पकड़ने वाला; दहनशील; ज्वलनीय।

ज्वलनशीलता (सं.) [सं-स्त्री.] 1. ज्वलनशील होने की अवस्था, गुण या भाव 2. किसी पदार्थ का वह गुण है जिसके अनुसार वह पदार्थ कितनी आसानी से जल या सुलग कर आग अथवा दहन उत्पन्न कर सकता है।

ज्वलित (सं.) [वि.] 1. जलता या जलाया हुआ 2. अति चमकता हुआ 3. जला हुआ; दग्ध 4. स्पष्ट रूप से सामने दिखाई देने वाला 5. प्रकाशमान; दीप्ति 6. उज्ज्वल।

ज्वाइंट एकाउंट (अं.) [सं-पु.] संयुक्त खाता।

ज्वार (सं.) [सं-स्त्री.] 1. ख़रीफ़ की फ़सल में होने वाला एक मोटा अनाज; एक प्रसिद्ध पौधा और उसके दाने या बीज, जिनकी गिनती अनाज में होती है 2. चंद्रमा के आकर्षण के कारण समुद्र के जल का ऊपर उठना 3. 'भाटा' का विलोम।

ज्वार-भाटा [सं-पु.] समुद्र में लहरों का वेगपूर्वक बहुत ऊँचे उठना और बराबर नीचे गिरना; (टाइडल वाटर्स)।

ज्वाल (सं.) [सं-पु.] 1. ज्वाला 2. मशाल। [वि.] जलता हुआ।

ज्वालक (सं.) [सं-पु.] दीपक, लैंप आदि का वह भाग जो बत्ती के जलने वाले अंश के नीचे रहता है और जिसके कारण दीपशिखा बत्ती के नीचे वाले अंश तक नहीं पहुँच पाती; (बर्नर)। [वि.] प्रज्वलित करने या जलाने वाला।

ज्वाला (सं.) [सं-स्त्री.] 1. आग की लपट या लौ; अग्निशिखा 2. ताप; गरमी; दाह 3. {ला-अ.} दुख आदि से होने वाली मानसिक पीड़ा; संताप।

ज्वालामुखी (सं.) [सं-पु.] 1. वह विशिष्ट स्थान या पहाड़ जिसकी चोटी से समय-समय पर धुआँ, राख और लावा निकलता है; (वोल्केनो) 2. आग का दहकता हुआ गोला। [वि.] 1. जिसमें से ज्वाला निकलती हो; जो दहकता (धधकता) हो 2. {ला-अ.} सदा क्रोधयुक्त मुखमुद्रा वाली (स्त्री)। ।

झ

झ हिंदी वर्णमाला का व्यंजन वर्ण। उच्चारण की दृष्टि से यह अग्रतालव्य, सघोष, महाप्राण स्पर्शसंघर्षी है।

झँकिया [सं-स्त्री.] 1. झरोखा; छोटी खिड़की; रोशनदान 2. जाली; झँझरी।

झँगुला [सं-पु.] शिशुओं या बच्चों के पहनने का ढीला कुरता; झगा; झँगा।

झँझरी [सं-स्त्री.] 1. जाली, लकड़ी या लोहे आदि की किसी वस्तु में बनाए गए छिद्रों का समूह 2. झरोखा; दीवार की जालीदार खिड़की 3. वह चादर जिसमें जाली बनी हो 4. चूल्हे की वह जाली जिसपर कोयला रहता है 5. सूराख़; छेद 6. आटा छानने की छलनी; छाननी; चलनी 7. एक प्रकार की जल-क्रीड़ा जिसमें छोटी नावों पर बैठकर उन्हें चक्कर देते हैं। [वि.] जिसमें छेद हों; छिद्रित।

झँझरीदार [वि.] जिसमें बहुत से सूराख़ हों; छिद्रिल; जालीदार।

झँझोड़ना (सं.) [क्रि-स.] 1. किसी चीज़ को झटके से हिलाना; तेज़ी से हिलाना; झकझोरना 2. किसी वस्तु को टूटने-फूटने तक ज़ोर-ज़ोर से हिलाना 3. खींचना और फाड़ना 4. किसी को बेदम होने तक झटकना या हिलाना, जैसे- शिकारी जानवर द्वारा शिकार को मुँह से पकड़कर झँझोड़ना।

झँझोरा [सं-पु.] कचनार का पेड़।

झँडूला [सं-पु.] 1. वह बच्चा जिसके सिर पर गर्भ के बाल हों; वह बालक जिसका मुंडन संस्कार न हुआ हो 2. घने पत्तों वाला वृक्ष। [वि.] 1. जिसका मुंडन संस्कार न हुआ हो 2. घनी पत्तियों वाला।

झँपकना [क्रि-अ.] 1. झपकना 2. कूदना 3. उछलना 4. एकदम से आ पहुँचना; टूट पड़ना 5. झेंपना 6. पलकों का गिरना या बंद होना 7. आड़ में होना; छिपना 8. सो जाना।

झँपना (सं.) [क्रि-अ.] 1. आड़ में होना; छिपना 2. झपटना 3. उछलना; कूदना 4. एकदम से टूट पड़ना 5. झेंपना 6. सो जाना 7. पलकों का गिरना या बंद होना 8. ढकना; बंद होना।

झँपिया [सं-स्त्री.] 1. पिटारी; टोकरी 2. छोटा झाँपा।

झँपोला [सं-पु.] 1. छोटा झाँपा 2. पिटारा।

झँवरना [क्रि-अ.] 1. साँवला पड़ना; काला पड़ना; झँवना 2. मुरझाना; कुम्हलाना 3. बुझना; मंद होना 4. दुबला होना। [क्रि-स.] 1. काला करना 2. कुम्हलाने में प्रवृत्त करना; बुझाना।

झँवराना [क्रि-अ.] 1. कुम्हलाना; मुरझाना 2. झाँवला या कुछ काला पड़ना।

झँवाना [क्रि-अ.] 1. ताप आदि के कारण झाँवे के रंग का कुछ काला हो जाना 2. कुम्हलाना; मुरझाना 3. फीका पड़ना 4. आग का जलते-जलते बुझने को होना 5. निर्जीव या बेदम होना। [क्रि-स.] 1. कुम्हलाने या मुरझाने में प्रवृत्त करना 2. चमक या आभा घटाना 3. झाँवे से रगड़ना या रगड़वाना।

झँसना [क्रि-स.] 1. झाँसा देना; धोखा देकर धन लेना; ठगना; बेवकूफ़ बनाना 2. सिर या तलवे में तेल मलना 3. रगड़े हुए मलना।

झंकना [क्रि-अ.] 1. झींखना; दुखी होना; दुखड़ा 2. रोना; कुढ़ना।

झंकार (सं.) [सं-स्त्री.] 1. झन-झन की ध्वनि; झनझनाहट 2. धातु की किसी चीज़ पर चोट करने से उससे उत्पन्न होने वाली झनझनाहट 3. झींगुर आदि कीटों के बोलने का शब्द 4. झाँझ या पायल के बजने का शब्द 5. सितार या वीणा आदि की ध्वनि; अनुनाद 6. प्रतिध्वनि; गूँज।

झंकारना (सं.) [क्रि-स.] 1. झन-झन ध्वनि उत्पन्न करना 2. झंकार करना; झनकारना। [क्रि-अ.] झन-झन शब्द उत्पन्न होना।

झंकारिणी (सं.) [सं-स्त्री.] गंगा; भागीरथी।

झंकारी (सं.) [वि.] 1. झंकार करने वाला 2. झंकार युक्त।

झंकृत (सं.) [वि.] जिससे झन-झन की ध्वनि उत्पन्न हुई हो; झंकार युक्त।

झंकृति (सं.) [सं-स्त्री.] 1. झनझनाहट; झनझन की आवाज़; झंकार 2. झींगुर आदि की आवाज़।

झंखना [सं-पु.] वह कथन या बात जो उक्त प्रकार से कुढ़-कुढ़कर कही जाती हो। [क्रि-अ.] 1. झीखना; मानसिक कष्ट, चिंता आदि से व्यथित होकर बहुत ही दुखी भाव से रह-रहकर और समय-कुसमय उसकी चर्चा करते रहना; कुढ़-कुढ़कर अपना दुखड़ा रोते रहना 2. झाँकना।

झंखाड़ [सं-पु.] 1. घनी और काँटेदार झाड़ियों का समूह; वन में पौधों-लताओं का घना समूह 2. वृक्ष जिसपर पत्तियाँ न हो 3. बेकार या रद्दी चीज़ों का समूह या ढेर। [वि.] जिसके पत्ते झड़ चुके हों।

झंगरा [सं-पु.] बाँस की खपच्चियों का बना हुआ जालीदार बड़ा टोकरा।

झंझ [सं-स्त्री.] 1. झाल; झाँझ; 2. क्रोध; गुस्सा 3. वर्षा युक्त तेज आँधी; झंझा 4. खोई हुई वस्तु। [वि.] 1. प्रचंड; तीखा 2. खाली; रिक्त।

झंझट [सं-स्त्री.] 1. झगड़ा; प्रपंच; बखेड़ा 2. मुसीबत; परेशानी;

कष्ट 3. ऐसा काम जिसे करने में बहुत-सी अड़चनें आती हों 4. चिंता।

झंझटी [वि.] 1. जिस कार्य या बात को संपादित करने में अनेक प्रकार की झंझटें खड़ी होती हों 2. जो हर बात को उलझाता तथा झगड़े का रूप देता हो; झगड़ालू 3. झंझटवाला 4. किसी काम में बाधाएँ डालने वाला।

झंझनाना [क्रि-अ.] झंकारना।

झंझर (सं.) [सं-स्त्री.] एक प्रकार का मिट्टी का छोटा पात्र (बरतन) जिसमें पानी रखा जाता है; मज्झर; सुराही; झज्झर।

झंझरा [वि.] जिसमें बहुत से छोटे-छोटे छेद हों; झीना; खखरा।

झंझरित (सं.) [वि.] जर्जर; क्षतविक्षत।

झंझा (सं.) [सं-स्त्री.] 1. वर्षा के साथ चलने वाली तेज़ हवा 2. वह तेज़ आँधी जिसके साथ बारिश भी हो; अंधड़; तूफ़ान।

झंझानिल (सं.) [सं-पु.] वह तेज़ आँधी जिसके साथ बारिश भी हो; झंझावात; तूफ़ान।

झंझार (सं.) [सं-पु.] 1. आग की ऊँची और बड़ी लपट 2. बड़ी ज्वाला।

झंझावात (सं.) [सं-पु.] 1. तेज़ आँधी; अंधड़; प्रचंड वायु; आँधी 2. वह तेज़ आँधी जिसके साथ बारिश भी हो; झंझानिल।

झंझी [सं-स्त्री.] वह वस्तु जिसमें बहुत से छेद हों। [वि.] बहुत छेद वाला; बेकार।

झंटी [सं-स्त्री.] 1. छोटे और उठे हुए बाल; झोंटा।

झंडा (सं.) [सं-पु.] 1. ध्वज; पताका 2. किसी राष्ट्र, राज्य, संप्रदाय या समाज से संबंधित विशिष्ट रंग और आकार का कपड़े का वह प्रतीक-चिह्न जो बाँस या लोहे के डंडे के ऊपरी सिरे पर बाँधकर फहराया जाता है 3. डंडे के ऊपर कपड़ा लगाकर बनाया गया उत्सव या सत्ता आदि का कोई संकेतक; निशान। [मु.] **-गाड़ना** : किसी स्थान पर अपना अधिकार कायम करना (जताना)। **-के नीचे आना** : किसी की अधीनता स्वीकार करना; (किसी विशेष उद्देश्य से) एकमत होना; किसी विचारधारा को स्वीकार करना।

झंडाबरदार (सं.+फ़ा.) [सं-पु.] झंडा ले चलने वाला व्यक्ति; ध्वजवाहक।

झंडाभिवादन (सं.) [सं-पु.] झंडे का सम्मान तथा उसे प्रणाम (अभिवादन) करने की क्रिया; झंडे को सलामी।

झंडी (सं.) [सं-स्त्री.] 1. छोटा झंडा; पताका; ध्वजा 2. किसी अभियान इत्यादि में सूचना देने या संकेत करने का छोटा झंडा 3. उत्सव या समारोह में सजावट के लिए लगाया जाने वाला कागज़ या पॉलीथिन का छोटा झंडा या पताका।

झंडोत्तोलन (सं.) [सं-पु.] झंडा फहराने की क्रिया या परंपरा।

झंप (सं.) [सं-पु.] 1. घोड़े के गले में पहनाया जाने वाला एक प्रकार का गहना 2. उछलने की क्रिया या भाव; उछाल 3. फाँदने की क्रिया; फलाँग; छलाँग 4. कूदने की क्रिया या भाव; कुदान।

झंपन (सं.) [सं-पु.] 1. झोंका; उछाल 2. झोंका।

झंपाक (सं.) [सं-पु.] बंदर; वानर।

झंपान (सं.) [सं-पु.] झंपान या डाँड़ी नाम की पहाड़ी सवारी; पहाड़ी डोली; झप्पान।

झंपित (सं.) [वि.] 1. ढका हुआ; आच्छादित 2. छिपा हुआ।

झंपी (सं.) [सं-पु.] बंदर; वानर।

झक [सं-स्त्री.] 1. विशेष प्रकार की ज़िद 2. मन की वह वृत्ति जिसके फलस्वरूप मनुष्य बिना समझे-बूझे और प्राय: हठवश किसी काम में प्रवृत्त होता है 3. हलका पागलपन। [वि.] 1. चमकदार; चमकीला 2. स्वच्छ तथा उज्ज्वल।

झकझक [सं-स्त्री.] 1. व्यर्थ की तकरार; किचकिच 2. बकवाद; हुज्जत; कहासुनी।

झकझकाहट [सं-स्त्री.] चमक।

झकझोर [सं-स्त्री.] 1. झकझोरने की क्रिया या भाव 2. हवा का झकोरा या झोंका 3. झटका।

झकझोरना [क्रि-स.] 1. किसी व्यक्ति को इस तरह से हिलाना कि वह घबरा जाए; बहुत तेज़ी से हिलाना-डुलाना 2. पेड़ को इस प्रकार हिलाना कि उसकी पत्तियाँ और फल नीचे गिर जाएँ 3. उत्तेजित करना; कुछ करने के लिए किसी को उकसाना; झँझोड़ना; आंदोलित करना 4. {ला-अ.} किसी बात या विचार द्वारा मन को कंपित कर देना।

झकझोरा [सं-पु.] 1. धक्का; झटका 2. झोंका; झकझोर।

झकझोरी [सं-स्त्री.] झँझोड़; छीना-झपटी; झटकार।

झकड़ा [सं-स्त्री.] सूत सी निकली हुई जड़।

झकड़ी [सं-स्त्री.] दूध दुहने का बरतन।

झकना [क्रि-अ.] 1. झकझक या बकवास करना; झख मारना 2. मचलना; बड़बड़ाना 3. झगड़ा करना।

झकाझक [वि.] 1. चमकीला; चमकता हुआ; स्वच्छ तथा उज्ज्वल 2. उम्दा; शानदार; व्यवस्थित।

झकोर [सं-स्त्री.] 1. झकोरने की क्रिया या भाव 2. तेज़ हवा चलने की स्थिति।

झकोरना [क्रि-अ.] हवा का झोंका मारना। [क्रि-स.] झकझोरना।

झकोरा [सं-पु.] 1. हवा का झोंका 2. झकझोरने का भाव; तेज़ हवा से वृक्ष आदि का हिलना; झूमना 3. तेज़ फुहार; बड़ी लहर या तरंग 4. {व्यं-अ.} उमंग; आनंद 5. {व्यं-अ.} उत्तेजना; भावावेग।

झकोला [सं-पु.] 1. लहर; हवा का झोंका 2. मद या नशे में होने वाली झूम; झूमना 3. झकझोरा; झकोरा 4. हिचकोला 5. पेड़ों का हवा के झोंके से हिलना।

झक्क [सं-पु.] हठ; पागलों की तरह धुन; झक।

झक्कड़ [सं-पु.] तेज़ आँधी; झंझावात। [वि.] जिसे किसी बात की झक हो; झकवाला; सनकी; झक्की; अड़ियल; हठीला।

झक्का [सं-पु.] तेज़ आँधी; झक्कड़; हवा का तेज़ झोंका।

झक्की [वि.] 1. जिसे किसी बात की सनक या झक हो; सनकी 2. बक्की; बकवादी।

झख [सं-स्त्री.] 1. झीखने की क्रिया या भाव 2. मछली। [मु.] **-मारना** : 1. व्यर्थ कार्य में समय नष्ट करना; तुच्छ काम को करने के लिए मज़बूर होना; ख़ाली या बेकार होना।

झखना [सं-पु.] वह कथन या बात जो उक्त प्रकार से कुढ़-कुढ़कर कही जाती हो। [क्रि-अ.] 1. झीखना 2. कुढ़-कुढ़कर

अपना दुखड़ा रोते रहना 3. मानसिक कष्ट।

झगड़ना [क्रि-स.] 1. झगड़ा करना 2. आपस में कहासुनी या हाथापाई करना।

झगड़ा [सं-पु.] 1. दो पक्षों में होने वाली कहासुनी; विवाद; हुज़्ज़त 2. तकरार; लड़ाई 3. वह चीज़ या बात जो झगड़े की वजह हो 4. मुकदमा।

झगड़ा-फ़साद (हिं.+फ़ा.) [सं-पु.] लड़ाई-झगड़ा; आपस की तकरार; विवाद।

झगड़ालू [सं-पु.] लड़ने-झगड़ने वाला व्यक्ति। [वि.] 1. झगड़ा करने वाला; लड़ाका 2. उग्र 3. कलहप्रिय; जो झगड़ा करवाता हो 4. मुकदमेबाज़; विवादी।

झगड़ालूपन [सं-स्त्री.] 1. झगड़ालू होने की स्थिति या भाव 2. लड़ाकूपन।

झगड़ू [वि.] कलह करने वाला; झगड़ा करने वाला; कलह करने के स्वभाव वाला।

झगला [सं-पु.] ढीला-ढाला कुरता; छोटे बच्चों का कुरता; अँगरखा; झगा।

झगा [सं-पु.] बच्चों का एक पहनावा; ढीला कुरता; अँगरखा।

झज्झर [सं-स्त्री.] पानी रखने का लंबी गरदन वाला एक छोटा बरतन; सुराही; झंझर।

झज्झी [सं-स्त्री.] 1. झंझी 2. जिसमें बहुत से छेद हों 3. फूटी कौड़ी।

झझक [सं-स्त्री.] 1. झझकने की क्रिया या भाव 2. क्रोध में आकर पागलों की तरह या झुँझलाते हुए बिगड़ खड़े होने की अवस्था या भाव 3. कभी-कभी होने वाला पागलपन जैसा हलका दौरा 4. किसी पदार्थ में से रह-रहकर निकलने वाली हलकी दुर्गंध; भभक।

झझकना [क्रि-अ.] 1. झझक में आकर बिदक कर खड़े होना 2. झक या सनक में झुँझलाना 3. भड़क जाना।

झझकार [सं-स्त्री.] 1. झझकारने की क्रिया या भाव; क्रोध में बिगड़ उठना; झझक 2. फटकार 3. हल्की दुर्गंध।

झझकारना [क्रि-स.] 1. दुतकारना 2. डाँटना 3. दुरदुराना।

झट (सं.) [क्रि.वि.] 1. बहुत तेज़ी से; तत्काल; फुरती से; झटपट 2. उसी समय; तुरंत; शीघ्र; चटपट।

झटकना [क्रि-स.] 1. ज़ोर से झटका देना; हिला देना या गिरा देना 2. ज़बरदस्ती ले लेना; ऐंठना 3. धोखे से हड़प लेना। [क्रि-अ.] किसी बात की चिंता या बीमारी आदि से क्षीण होना; झटक जाना; दुर्बल होना।

झटका [सं-पु.] 1. झटकने की क्रिया या भाव 2. ऐसा आघात जिससे गति रुक जाए 3. हलका धक्का 4. तेज़ी से आने वाला झोंका 5. मांस खाने के लिए पशु-पक्षी की गरदन को किसी धारदार हथियार के एक ही वार से काटना 6. किसी आपदा, रोग या दुख का आकस्मिक आघात 7. हानि; नुकसान; घाटा 8. अचानक आया हुआ संकट।

झटकारना [क्रि-स.] 1. ज़ोर से झटका देना 2. चीज़ों को इस तरह से झटका देना कि उस पर पड़ी हुई धूल आदि उड़ जाए 3. झकझोरना।

झटपट (सं.) [अव्य.] 1. जल्दी; अति शीघ्र; तुरंत 2. फ़ौरन; तेज़ी से।

झटहा [सं-पु.] छोटा डंडा; लकड़ी का वह छोटा डंडा जिसे फेंक-फेंक कर फल तोड़ते हैं; झटेहरा।

झटाका [सं-पु.] झड़प; झड़ाका। [क्रि.वि.] चटपट; झट से; बहुत जल्दी से।

झटिका (सं.) [सं-स्त्री.] 1. झाड़ 2. झाड़ी।

झटोला [सं-पु.] वह खाट जिसकी बुनावट टूटकर ढीली हो गई हो; ढीला खटोला।

झड़ [सं-स्त्री.] 1. झड़ी; किसी वस्तु का लगातार झड़ना या गिरना 2. लगातार बातों का सिलसिला 3. लगातार होने वाली हल्की वर्षा 4. ताले के भीतर का खटका।

झड़कना [क्रि-स.] तिरस्कारपूर्वक बातें करना; झिड़कना; डपटना; डाँटना।

झड़झड़ाना [क्रि-स.] 1. झड़-झड़ शब्द करना 2. झँझोड़ना 3. झटकारना 4. झिड़कना 5. फटकारना।

झड़न [सं-स्त्री.] 1. झड़ने की क्रिया या भाव 2. झड़ने या झाड़ने से गिरी हुई चीज़।

झड़ना (सं.) [क्रि-अ.] 1. किसी चीज़ का स्वत: टूटकर गिरना 2. किसी वस्तु के हिस्सों का कटकर या टूटकर गिरना 3. छोटे-छोटे कणों का अलग होना, जैसे-धूल झड़ना 4. बजना 5. {अशि.} वीर्य स्खलित होना।

झड़प [सं-स्त्री.] 1. झड़पने की क्रिया या भाव ; झगड़ा; कहासुनी; तकरार 2. आवेश और क्रोध में की जाने वाली अप्रिय गाली-गलौज; कटु बातचीत 3. लड़ाई; दंगा; उपद्रव 4. लात-घूँसे चलने की स्थिति।

झड़पना [क्रि-अ.] 1. आवेश और क्रोधपूर्वक डाँट देना 2. किसी पर आक्रमण कर देना 2. टूट पड़ना 3. झटकना।

झड़पाना [क्रि-स.] 1. झड़प कराना; आपस में लड़ाना 2. लड़ने के लिए उकसाना।

झड़बेरी [सं-स्त्री.] 1. जंगली बेर के वृक्ष जो बहुत छोटे-छोटे होते हैं 2. उक्त वृक्ष के छोटे-छोटे फल।

झड़वाना [क्रि-स.] 1. किसी से झाड़-फूँक करवाना 2. झड़वाने अर्थात सफ़ाई का कार्य करवाना; किसी को झाड़ने के काम में लगाना।

झड़ाई [सं-स्त्री.] 1. झाड़ने की क्रिया या भाव 2. झाड़ने की मज़दूरी 3. झड़ने की क्रिया या भाव।

झड़ाक [क्रि.वि.] 1. बहुत जल्दी से 2. झट से; चटपट 3. शीघ्र; तत्काल।

झड़ाका [क्रि.वि.] 1. बहुत जल्दी से 2. झट से; चटपट।

झड़ाझड़ [क्रि.वि.] 1. एक के बाद एक; निरंतर; लगातार 2. बहुत जल्दी-जल्दी या तेज़ी से।

झड़ी (सं.) [सं-स्त्री.] 1. झड़ने की क्रिया या भाव 2. लगातार झड़ने की क्रिया 3. लगातार होने वाली वर्षा 4. लगातार होती रहने वाली कोई क्रिया या किसी कार्य की निरंतरता।

झन [सं-स्त्री.] किसी धातु के टुकड़े पर आघात होने से उत्पन्न होने वाला शब्द; झनक; झंकार; झनझनाहट।

झनक [सं-स्त्री.] 1. झनझनाने की ध्वनि; झनझनाहट; झनकार 2. धातु की चीज़ों के आपस में टकराने से उत्पन्न आवाज़ 3. घंटी बजने का भाव 4. पैर को झटके के साथ उठाकर चलना।

झनक-मनक [सं-स्त्री.] 1. पहने हुए आभूषणों के परस्पर टकराने से उत्पन्न होने वाली ध्वनि 2. घुँघरू की आवाज़।

झनकना [क्रि-अ.] 1. धातु आदि पर आघात होने से झनकार की ध्वनि उत्पन्न होना 2. क्रोध आदि में हाथ-पैर पटकना 3. बकना-झकना।

झनकार (सं.) [सं-स्त्री.] 1. झन ध्वनि होने की अवस्था, क्रिया या भाव 2. आभूषणों (नूपुरों आदि) के बजने की मधुर ध्वनि; झंकृति 3. झींगुरों आदि कुछ कीट-पतंगों के बोलने की ध्वनि।

झनकारना (सं.) [क्रि-स.] दे. झंकारना।

झनझन [सं-स्त्री.] झन-झन शब्द; झंकार।

झनझनाना [क्रि-अ.] 1. झन-झन की ध्वनि होना; झंकार होना 2. घंटी बजना 3. प्रतिध्वनि होना 4. दो वस्तुओं के टकराने से शब्द होना 5. टकराव होना; खनखनाना 6. झुँझलाना; नाराज़ होना। [क्रि-स.] झनझन शब्द करना या निकालना।

झनझनाहट [सं-स्त्री.] 1. झनझन शब्द होने की अवस्था; कंपन 2. झंकार; झुनझुनी।

झनस [सं-पु.] पुरानी चाल का एक प्रकार का बाजा जिसपर चमड़ा मढ़ा होता है।

झनाझन [सं-स्त्री.] झन-झन शब्द; झंकार। [क्रि.वि.] झन-झन करते हुए।

झन्नाटेदार (हिं.+फ़ा.) [वि.] 1. झन-झन ध्वनि करता हुआ 2. ख़ूब तेज़ चलने या दौड़ने वाला।

झन्नाहट [सं-स्त्री.] झन-झन की ध्वनि उत्पन्न होने की क्रिया या भाव; झनझनाहट; झंकार; झुनझुनी।

झप (सं.) [सं-स्त्री.] अचानक किसी चीज़ के ऊँचाई पर से गिर पड़ने की अवस्था या भाव।

झपक [सं-स्त्री.] 1. पलकें खोलने और बंद करने की क्रिया; अल्पनिद्रा; तंद्रा 2. आँख बंद करने और खोलने भर का समय 3. झपकी; नींद आने से पहले की स्थिति में पलक मूँदना 4. ऊँघ।

झपकना (सं.) [क्रि-अ.] 1. पलकें गिरना 2. पलकों का उठना और गिरना या खुलना और बंद होना 3. झपकी लेना; ऊँघना।

झपका [सं-पु.] हवा का झोंका; तेज़ हवा का झटका या धक्का; हल्की नींद।

झपकाना (सं.) [क्रि-स.] 1. बार-बार पलक गिराना 2. आँखों को खोलना और बंद करना; पलकें उठाना और गिराना।

झपकी [सं-स्त्री.] 1. आँख झपकने या झपकाने की क्रिया या भाव 2. हलकी नींद।

झपट (सं.) [सं-स्त्री.] 1. झपटने अर्थात तेज़ी से आगे बढ़कर आक्रमण करने की क्रिया या भाव 2. टूट पड़ना।

झपटना [क्रि-अ.] 1. किसी चीज़ को पकड़ने या हमला करने के लिए तेज़ी से उसकी तरफ़ बढ़ना; झपट्टा मारना; लपकना 2. आक्रामक होकर किसी पर कूदना; टूटना; पंजा मारना (हिंसक जानवरों का) 3. कुछ छीन लेने के लिए हमला करना; धावा बोलना 4. छीनना; चुराना। [क्रि-स.] झपटकर या तेज़ी से बढ़कर कोई चीज़ ले लेना।

झपटाना [क्रि-स.] 1. झपटने की क्रिया कराना 2. किसी को बलपूर्वक झपटने में प्रवृत्त करना।

झपट्टा [सं-पु.] 1. झपटने की क्रिया 2. कुछ छीन लेने के लिए अचानक किया जाने वाला आक्रमण 3. किसी प्रेरणा या आवेग की प्रबलता।

झपड़ियाना [क्रि-अ.] लगातार कई झापड़ या थप्पड़ लगाना।

झपना [क्रि-अ.] 1. आँखों की पलकों का गिरना या बंद होना 2. किसी वस्तु का ऊपर से नीचे की ओर एकाएक आना।

झपनी [सं-स्त्री.] 1. वह जिससे कोई चीज़ ढकी जाए; ढकना; ढक्कन 2. छोटी ढक्कनदार पिटारी।

झपवाना [क्रि-स.] पलकें मुँदवाना; किसी को झपाने या पलकें मूँदने में प्रवृत्त करना।

झपसना [क्रि-अ.] पेड़-पौधों और लताओं का चारों तरफ़ फैलना; पौधों की टहनियों का बढ़ना।

झपाका [सं-पु.] जल्दी; शीघ्रता। [क्रि.वि.] 1. बहुत जल्दी या तेज़ी से 2. तत्काल; तुरंत।

झपाटा [सं-पु.] 1. थप्पड़; तमाचा 2. झपट; झपट्टा।

झपाना [क्रि-स.] 1. पलकें गिराना या मूँदना; झपकाना 2. झुकाना। [क्रि-अ.] झेंपना; लज्जित होना।

झपित [वि.] 1. झेंपा हुआ; लज्जित 2. मुँदा हुआ 3. बार-बार बंद होता हुआ।

झपेट [सं-स्त्री.] 1. झपेटे जाने की अवस्था या भाव 2. झपेटने की क्रिया या भाव।

झपेटना [क्रि-स.] 1. झपटकर किसी से कुछ छीन लेना अथवा किसी को पकड़ या दबोच लेना 2. सहसा आक्रमण करना; झपटना।

झपेटा [सं-पु.] 1. झपेटे जाने या किसी की झपट में आने की अवस्था, क्रिया या भाव 2. हवा का झोंका; झकोरा।

झबदा [सं-पु.] रोगग्रस्त फसल ।

झबरा [वि.] जिसके शरीर में लंबे-लंबे बाल हों; बड़े-बड़े बालों वाला, जैसे- झबरा कुत्ता।

झबिया [सं-स्त्री.] 1. जोशन, बाजूबंद आदि गहनों में लगाई जाने वाली छोटी कटोरी 2. छोटा झब्बा; छोटा फुँदना।

झब्बा [सं-पु.] 1. धागे के छोटे-छोटे टुकड़ों को बीच में एक साथ बाँधकर बनाया जाने वाला गुच्छा या फुँदना जो कपड़ों, गहनों आदि में शोभा के लिए लगाया जाता है 2. गुच्छा।

झब्बार [सं-पु.] कुआर (आश्विन) मास में चलने वाली पुरवैया हवा।

झम [सं-स्त्री.] 1. किसी धातु पर आघात होने पर होने वाली झनझनाने की ध्वनि 2. तेज़ वर्षा की आवाज़ या ध्वनि।

झमक [सं-स्त्री.] 1. झमकने की क्रिया या भाव; इतराहट; ठसक 2. तीव्र उजाला या प्रकाश 3. झमझम के रूप में होने वाला शब्द।

झमकना [क्रि-अ.] 1. रह-रह कर चमकना 2. झमझम शब्द

होना 3. झमझम करते हुए उछलना-कूदना 4. अकड़ या ठसक दिखाना 5. लड़ाई में हथियारों का चमकना।

झमकाना [क्रि-स.] 1. चमकाना 2. ऐसा काम करना कि कोई चीज़ ख़ूब झमके या अपनी चमक-दमक दिखाए 3. झमझम शब्द उत्पन्न करना।

झमकीला [वि.] 1. चमकीला 2. अकड़ या ऐंठ दिखाने वाला 3. चंचल।

झमझम [सं-स्त्री.] 1. घुँघरू आदि बजने से उत्पन्न एक प्रकार की ध्वनि; छमछम 2. जीवंतता; चमक-दमक; झलक 3. वर्षा में बूँदों के गिरने की ध्वनि 4. उत्साह 5. आभूषणों की झनझनाहट। [वि.] 1. झमझम करने वाला 2. ख़ूब दमकता हुआ। [अव्य.] झमझम करते हुए, जैसे-सावन का झमझम बरसना; झमाझम।

झमझमाना [क्रि-अ.] 1. झमझम शब्द होना 2. चमचमाना। [क्रि-स.] 1. चमक-दमक दिखलाना 2. झमझम शब्द उत्पन्न करना।

झमना [क्रि-अ.] 1. झपकना; पलकों का गिरना 2. किसी के आगे झुकना; दबना 3. चारों तरफ़ एकत्र होना 4. लज्जित होना।

झमाका [सं-पु.] 1. झम झम की ध्वनि 2. नख़रा; अदा; ठसक।

झमाझम [क्रि.वि.] 1. झमझम की ध्वनि के साथ; मूसलाधार 2. चमचमाते हुए 3. चमक-दमक या कांति के साथ। [वि.] 1. झमाझम करता हुआ 2. ख़ूब चमकता हुआ।

झमाना [क्रि-अ.] 1. पलकों का गिरना या झपकना 2. कुंठित या लज्जित होना। [क्रि-स.] कोई चीज़ झमने में प्रवृत्त करना।

झमूरा [सं-पु.] 1. घने और घुँघराले बालों वाला बालक 2. नटों-बाज़ीगरों के साथ रहने वाला तथा खेल दिखाने वाला लड़का; जमूरा 3. भालू। [वि.] झबरा; जिसके सारे शरीर पर घने बाल हों।

झमेला [सं-पु.] 1. समस्या; मुसीबत; झगड़ा, उपद्रव 2. ऐसा विवाद जिसका निपटारा सरल न हो; बखेड़ा 3. गड़बड़ी; उलझन 4. मुसीबत; तकलीफ़ 5. वह काम जिसके पूरा होने में अड़चन हो 6. लोगों की भीड़; बिखरा या अव्यवस्थित जनसमूह।

झमेलिया [वि.] 1. झमेला करने वाला 2. झगड़ालू।

झर (सं.) [सं-स्त्री.] 1. पानी का झरना; निर्झर 2. सोता 3. समूह 4. वेग; तेज़ी 5. लगातार वृद्धि; वर्षा की झड़ी 6. आग की लपट।

झर-झर [सं-स्त्री.] 1. तेज़ हवा चलने से होने वाला शब्द 2. वर्षा की झड़ी लगने की ध्वनि 3. झरने का जल गिरने का शब्द।

झरँगा [सं-पु.] झारंग; झड़ा धान।

झरका [सं-पु.] झँगरा; पतली डाल।

झरझराना [क्रि-अ.] 1. झर-झर शब्द होना 2. झर-झर शब्द के साथ चलना, बहना या गिरना। [क्रि-स.] इस प्रकार किसी वस्तु को गिराना कि झर-झर की ध्वनि हो।

झरन [सं-स्त्री.] 1. झरने की क्रिया या भाव 2. झर कर निकलने वाली या निकली हुई चीज़ 3. ऊपरी आमदनी 4. ख़ुरचन।

झरना (सं.) [सं-पु.] 1. वह सोता जहाँ से पानी लगातार गिरता है 2. किसी चीज़ का लगातार गिरना 3. लगातार बहने वाली छोटी जल-धारा 4. अनाज छानने की एक छलनी 5. लंबी डंडी की एक झँझरीदार चपटी कलछी; पौना।

झराझर [क्रि.वि.] 1. झर-झर शब्द करते हुए 2. निरंतर; लगातार 3. जल्दी-जल्दी।

झरी (सं.) [सं-स्त्री.] 1. निर्झर; पानी का झरना 2. सोता 3. वह धन जो हाट या बाज़ार में बैठकर सौदा बेचने वाले छोटे दुकानदारों से नित्य प्रति कर के रूप में उगाहा जाता है 4. दो तख़्तों, पत्थरों आदि के बीच में पड़ने वाला थोड़ा-सा अवकाश; दरज।

झरोखा [सं-पु.] 1. खिड़की; गवाक्ष 2. रोशनी और हवा के लिए बनाई गई जालीदार छोटी खिड़की 3. बचाव का रास्ता।

झरोखेदार (हिं.+फ़ा.) [वि.] जिसमें झरोखे हों; झरोखायुक्त; खिड़की या गवाक्षयुक्त।

झर्झर (सं.) [सं-पु.] 1. एक प्रकार का पुराना बाजा 2. झाँझ 3. पैर में पहनने का झाँझन।

झर्झरक (सं.) [सं-पु.] कलियुग।

झर्झरा (सं.) [सं-स्त्री.] 1. तारादेवी का एक नाम 2. वेश्या; रंडी।

झर्झरी (सं.) [सं-पु.] शिव; महादेव। [सं-स्त्री.] झाँझ।

झर्झरीक (सं.) [सं-पु.] 1. देश 2. शरीर; देह 3. तस्वीर; चित्र।

झर्रा [सं-पु.] 1. एक छोटी चिड़िया 2. बया नामक पक्षी।

झर्राटा [सं-पु.] कपड़ा फाड़ने या फटने पर होने वाली ध्वनि। [क्रि.वि.] झटपट; तुरंत।

झल (सं.) [सं-पु.] 1. ज्वाला; लपट; आग 2. स्वाद आदि की तीक्ष्णता; झाल 3. काम-वासना; प्रबल कामना 4. क्रोध 5. सनक; पागलपन 6. समूह।

झल-झल (सं.) [सं-स्त्री.] 1. गहनों आदि की चमक-दमक 2. चमचमाहट। [वि.] ख़ूब चमकता-दमकता हुआ; दैदीप्यमान। [क्रि.वि.] चमक-दमक से; प्रकाश से युक्त होकर।

झलक (सं.) [सं-स्त्री.] 1. झलकने की क्रिया, अवस्था या भाव 2. चमक; दमक; आभा 3. आकृति का आभास या प्रतिबिंब 4. ऐसा क्षणिक दर्शन या प्रत्यक्षीकरण जिससे किसी वस्तु के रंग-रूप का आभास मिल जाए 5. वह आभा या रंगत जो किसी समूचे चित्र में व्याप्त हो; प्रतिबिंब।

झलकदार (हिं.+फ़ा.) [वि.] जिसमें आभा या चमक हो; चमकीला।

झलकना [क्रि-अ.] 1. दिखाई पड़ना; चमकना 2. आभास होना 3. आंशिक रूप से सामने आना; प्रकट होना 4. {ला-अ.} किसी बात का अनुमान होना।

झलका [सं-पु.] 1. फफोला; त्वचा के जलने पर पड़ने वाला सफ़ेद झिल्ली से युक्त वह छाला जिसमें पानी भरा होता है 2. शारीरिक विकार के कारण होने वाला उक्त प्रकार का छाला।

झलकाना [क्रि-स.] 1. ऐसी क्रिया करना जिससे कोई चीज़ झलके; झलक दिखाना 2. चमकाना 3. झलकदार बनाना 4.

व्यवहार आदि से अस्पष्ट रूप में प्रकट करना 5. आभास देना।

झलकी [सं-स्त्री.] 1. झलक; झाँकी 2. किसी वस्तु का नमूना 3. रेडियो नाटिका 4. शब्द-चित्र।

झलझलाना [क्रि-अ.] ख़ूब चमकना। [क्रि-स.] ख़ूब चमकाना।

झलझलाहट [सं-स्त्री.] 1. झलझलाने अर्थात चमकने की अवस्था, क्रिया या भाव 2. तेज़ चमक।

झलना [क्रि-स.] 1. हवा करने के लिए पंखा या कोई चीज़ हिलाना-डुलाना 2. धक्का देकर आगे करना; ढकेलना 3. झुलाना; तरंगित करना। [क्रि-अ.] 1. हिलना 2. किसी चीज़ का इधर-उधर डोलना।

झलमल [सं-स्त्री.] 1. अँधेरे में रह-रहकर होने वाला हलका प्रकाश 2. अंधकार; अँधेरा 3. चमक-दमक। [वि.] 1. चमकीला 2. वह जिसमें अंधकार के साथ-साथ कुछ-कुछ प्रकाश भी हो।

झलमलाना [क्रि-अ.] 1. रह-रहकर चमकना; चमचमाना 2. (दीपक का) रह-रहकर कभी तीव्र और कभी मंद प्रकाश देना। [क्रि-स.] 1. रह-रहकर चमकाना 2. ऐसी क्रिया करना जिससे कभी कुछ तीव्र और कभी कुछ मंद प्रकाश निकले; प्रकाश को हिलाना-डुलाना।

झलराना [क्रि-स.] 1. झालर का रूप देना; झालर के रूप में बनाना 2. झालर टाँकना या लगाना। [क्रि-अ.] झालर के रूप में या यों ही फैलकर छाना या छितराना।

झलरिया [सं-पु.] ज्वार।

झलवाना [क्रि-स.] 1. झलने का काम दूसरे से कराना, जैसे- पंखा झलवाना 2. झालने का काम किसी अन्य से कराना।

झलहाया [वि.] जिसे झल या सनक हो 2. डाह करने वाला; ईर्ष्यालु।

झला (सं.) [सं-पु.] 1. हलकी वर्षा; झरी 2. पंखा जो झला जाता है 3. झालर। [सं-स्त्री.] 1. चमक; कांति 2. धूप 3. कन्या।

झलाई [सं-स्त्री.] 1. झालने की क्रिया या भाव 2. उक्त कार्य का पारिश्रमिक या मज़दूरी।

झलाऊ [वि.] 1. जिसमें झोल हो; लहराता हुआ झोलदार 2. ढीला-ढाला।

झलाझल [वि.] अत्यंत चमकदार बहुत चमकीला; चमक-दमक वाला; चमकता हुआ। [क्रि.वि.] चमकते हुए; प्रकाश के साथ।

झलाझली [सं-स्त्री.] झलाझल या चमकीला होने की अवस्था या भाव। [वि.] अत्यंत चमकदार बहुत चमकीला; चमक-दमक वाला; चमकता हुआ। [क्रि.वि.] चमकते हुए; प्रकाश के साथ।

झलाना [क्रि-स.] 1. झलाने का काम दूसरे से कराना; झलवाना 2. झलाने में प्रवृत्त करना।

झलाबोर [सं-पु.] 1. जरी आदि के बने हुए दुपट्टों या साड़ियों का आँचल 2. कोई ऐसी वस्तु जिसपर जरी का काम किया जाता हो 3. एक प्रकार की आतिशबाज़ी 4. चमक-दमक 5. कँटीली झाड़ी। [वि.] ख़ूब चमक-दमक वाला।

झलारा [वि.] तीखे स्वादवाला; झालदार।

झल्ल [सं-पु.] 1. भाँड़; एक प्राचीन वर्ण संकर जाति 2. ज्वाला 3. हुडुक नामक बाजा। [सं-स्त्री.] पागलपन।

झल्ला [सं-पु.] 1. वृक्ष की लचकदार टहनियों से बना हुआ बड़ा टोकरा; झाबा 2. तेज़ हवा के साथ बारिश की झड़ी; बौछार; झंझा 3. तंबाकू की पत्तियों के चकत्ते। [वि.] 1. पागल; मूर्ख 2. जल्दी भड़कने वाला; गुस्सैल।

झल्लाना [क्रि-अ.] 1. क्रोध में खीजकर बोलना; गुस्सा दिखाना; झुँझला जाना 2. किसी पर बिगड़ना या क्रुद्ध होना; खिन्न होकर बोलना। [क्रि-स.] 1. चिढ़ाने वाला काम करना 2. किसी को झुँझला देना।

झल्लाहट [सं-स्त्री.] खीज; क्रोध; नाराज़गी; झुँझलाहट।

झल्ली [सं-स्त्री.] 1. चमड़े में मढ़ा हुआ बाजा 2. टोकरी; टोकरा; झाबा; छोटा झाला।

झष (सं.) [सं-पु.] 1. मछली 2. मगर 3. मकर राशि 4. तप।

झषकेतु (सं.) [सं-पु.] कामदेव; मदन; अनंग।

झषांक (सं.) [सं-पु.] कामदेव; मदन।

झहनाना [क्रि-स.] 1. झनकार पैदा करना; झनझनाना; बजाना 2. रोमांच उत्पन्न करना 3. हैरत में डालने वाला काम करना।

झा (सं.) [सं-पु.] 1. मैथिल ब्राह्मणों में एक कुलनाम या सरनेम 2. गुजराती ब्राह्मणों में एक वर्ग विशेष की उपाधि।

झाँई (सं.) [सं-स्त्री.] 1. किसी रोग या रक्तविकार के कारण चेहरे या शरीर पर पड़ने वाले हलके काले धब्बे या दाग 2. काली छाया; परछाईं 3. झलक; आभा 4. अंधकार 5. छल; धोखा 6. प्रतिध्वनि। [मु.] **-देना** : इधर-उधर की बातें कह कर धोखा देना।

झाँक [सं-स्त्री.] 1. झाँकने की क्रिया या भाव (ताक-झाँक में प्रयुक्त होने वाला शब्द) 2. जासूसी 3. झलक; झरोखा।

झाँकना [क्रि-अ.] 1. आड़ से, खिड़की आदि से बाहर की वस्तु को चुपके से देखना या ताकना 2. इधर-उधर देखना 3. कोई काम करने के लिए उसकी ओर प्रवृत्त होना।

झाँका [सं-पु.] 1. झरोखा, जिसमें से झाँककर देखते हैं 2. खाँचा (रहठे आदि का दौरा)।

झाँकी [सं-स्त्री.] 1. देखने के उद्देश्य से कम समय के लिए उपस्थित हुआ कोई दृश्य 2. दर्शन के लिए सजाकर रखी गई किसी देवी-देवता या महापुरुष की मूर्ति 3. किसी प्रिय वस्तु या व्यक्ति का स्नेहिल अवलोकन; दर्शन 4. कोई मनोरम दृश्य 5. किसी बात का किया जाने वाला संक्षिप्त परिचय या परिज्ञान 6. खिड़की; झरोखा।

झाँख [सं-पु.] जंगली हिरन की एक प्रजाति।

झाँखना [क्रि-अ.] 1. झींखने की क्रिया या भाव 2. दुख का वर्णन; दुखड़ा।

झाँखर [सं-पु.] 1. झाड़-झंखाड़ 2. अरहर की वे खूटियाँ जो फ़सल काटने के बाद खेत में रह जाती हैं।

झाँझ [सं-स्त्री.] 1. धातु की मोटी चादर की बनी हुई कम गहरी कटोरियों का जोड़ा जिसे वाद्य यंत्र के रूप में प्रयोग किया जाता है; छैना; झाल 2. कास्य ताल; झलरी; झाँझरी 3. शराब

या भाँग का नशा 4. क्रोध; तिलमिलाहट 5. शरारत; उद्दंडता।

झाँझड़ी [सं-स्त्री.] झाँझन; चाँदी आदि का बना हुआ नक्काशीदार कड़ा जिसे स्त्रियाँ पैरों में पहनती हैं और जिससे झनझन ध्वनि निकलती है; पायल।

झाँझण [सं-पु.] मारवाड़ में गाया जाने वाला खुशी का एक गीत।

झाँझन [सं-स्त्री.] झाँझड़ी; पायल; पैजनी।

झाँझर [सं-स्त्री.] 1. पायल; पैजनी; झाँझन 2. छलनी। [वि.] 1. जर्जर; पुराना 2. झँझरा 3. बहुत खिन्न और दुखी।

झाँझरी [सं-स्त्री.] 1. झाल; झाँझ नाम का बाजा 2. झाँझन या पैजनी नाम का पैर में पहनने का एक आभूषण।

झाँझा [सं-पु.] 1. वह खेत जिसमें पानी सूख जाए 2. फसल में लगने वाला कीड़ा 3. घी और चीनी के साथ भुनी हुई भांग का फंकी (चूर्ण) 4. झंझट 5. बखेड़ा।

झाँझी [सं-स्त्री.] 1. लोक जीवन का एक पारंपरिक उत्सव, जिसमें बालिकाएँ रात के समय झँझरीदार (चारों ओर से छिद्रयुक्त) हाँडी में दीपक रखकर गीत गाती हुई घर-घर जाती हैं और वहाँ से पैसे या अनाज पाती हैं 2. उक्त अवसर पर गाए जाने वाले गीत।

झाँट (सं.) [सं-स्त्री.] 1. स्त्री या पुरुष के जननेंद्रियों पर के बाल; शष्प; पशम 2. {ला-अ.} बहुत तुच्छ या निकम्मी वस्तु।

झाँटा [सं-पु.] 1. झंझट 2. झाड़ू 3. थप्पड़; झापड़।

झाँप [सं-स्त्री.] 1. ढक्कन; वह चीज़ जिससे कोई दूसरी चीज़ झाँपी या ढकी जाती हो; ऊपरी आवरण 2. वास्तु कला में, खिड़की, दरवाज़े आदि के ऊपर दीवार से बाहर निकली हुई रचना जो धूप, वर्षा के जल आदि को कमरे के अंदर आने में रुकावट उत्पन्न करती है; छाजन 3. टट्टी 4. परदा 5. मस्तूल का झुकाव 6. कान का एक आभूषण 7. घोड़े को गले में पहनाई जाने वाली एक प्रकार की हुमेल या हैकल जो सिक्कों जैसी गोल वस्तुओं की बनी होती है। [सं-स्त्री.] 1. झपकी 2. परदा 3. चिक।

झाँपना [क्रि-स.] 1. ऊपर से आवरण डाल कर ढकना; ढाँकना 2. मलना; रगड़ना 3. पकड़कर दबाना या दबोचना।

झाँपा [सं-पु.] 1. वह टोकरी या दौरी जिससे दही, दूध आदि ढँके जाते हैं 2. मूँज की बनी हुई विशेष प्रकार की पिटारी। [सं-स्त्री.] झपकी।

झाँपी [सं-स्त्री.] 1. खंजन पक्षी 2. दुश्चरिता 3. ढकने की टोकरी 4. झपकी; ऊँघ 5. मूँज की बनी पिटारी 6. पुत्री को विवाह में माता की ओर से दिया जाने वाला विशेष उपहार वाला बक्सा या पिटारी।

झाँय-झाँय [सं-स्त्री.] निर्जन या सुनसान जगह में होने वाली झन-झन की ध्वनि।

झाँव-झाँव [सं-स्त्री.] 1. हुज्जत 2. बकबाद; बकबक।

झाँवर [वि.] 1. काला; साँवला 2. मलिन; गंदा 3. मुरझाया हुआ; कुम्हलाया हुआ। [सं-स्त्री.] नीची भूमि जिसमें बरसात का पानी एकत्र हो जाता है; धान के लिए उपयुक्त ज़मीन; खादर; डाबर।

झाँवला [वि.] 1. मुरझाया हुआ; कुम्हलाया हुआ 2. झाँवे के रंग का; कुछ कालापन लिए हुए 3. मलिन; मैला 4. मंद; धीमा।

झाँवली [सं-स्त्री.] 1. थोड़े समय के लिए कोई वस्तु दिखने की अवस्था या भाव 2. झलक 3. झाँई 4. आँख के कोने से देखना; कनखी।

झाँवाँ (सं.) [सं-पु.] 1. भट्ठे में पकी हुई वह ईंट जो अधिक ताप के कारण काली पड़ गई हो और टेढ़ी भी हो गई हो 2. उक्त ईंट का या पत्थर का खुरदुरा टुकड़ा जिसका प्रयोग चीज़ों पर से दाग छुड़ाने तथा विशेषत: पाँवों को रगड़ने के लिए किया जाता है।

झाँसना [क्रि-स.] 1. झाँसा या धोखा देना 2. चकमा देना 3. झाँसा या धोखा देकर किसी से कुछ ले लेना।

झाँसा [सं-पु.] 1. किसी को छलपूर्वक या कपटपूर्ण युक्ति से (बात से) बहकाकर दिया जाने वाला धोखा 2. अपना काम निकालने के लिए कही जाने वाली कोई छलयुक्त बात।

झाँसापट्टी [सं-स्त्री.] झूठी मनगढ़ंत बातें कर के किसी को अपने अनुकूल बना कर दिया जाने वाला धोखा।

झाँसिया [सं-पु.] झाँसा देने वाला; ठग; छली; झाँसू।

झाँसी [सं-पु.] तंबाकू, दाल आदि की फ़सल में लगने वाला एक गुबरैला कीड़ा।

झाँसू [सं-पु.] दे. झाँसिया।

झाऊ (सं.) [सं-पु.] 1. मोरपंखी की जाति का एक प्रसिद्ध पौधा जिसकी पत्तियाँ दवा के काम आती हैं 2. वह क्षुप या वृक्ष जिससे टोकरियाँ और झाड़ू बनाए जाते हैं।

झाग [सं-पु.] 1. फेन; गाज 2. साबुन को पानी से रगड़ने पर उठने वाले बुलबुलों का समूह 3. रोग या विष के प्रभाव से मुँह से निकलने वाला थूक।

झाट [सं-पु.] 1. झाड़ी 2. कुंज 3. घाव धोकर साफ़ करना।

झाड़-झंखाड़ [सं-पु.] 1. झाड़ियाँ 2. कटीले पेड़ और झाड़ियों का समूह 3. टूटा-फूटा या रद्दी सामान; बेकार की चीज़ें।

झाड़-फानूस [सं-पु.] कमरे में छत की शोभा तथा रोशनी बढ़ाने के लिए लगाया गया रंगीन, चमकदार शीशे आदि का बना हुआ फानूस।

झाड़[1] [सं-स्त्री.] 1. झाड़ने की क्रिया या भाव 2. गलती हो जाने पर मिलने वाली फटकार; डाँट-डपट 3. प्रेतबाधा या साँप के ज़हर को उतारने के लिए मंत्र पढ़ते हुए झाड़ने-फूँकने की क्रिया [सं-पु.] झटका (कुश्ती)।

झाड़[2] (सं.) [सं-पु.] 1. झाड़ी का एक रूप; वह वृक्ष जिसकी डालियाँ ज़मीन के पास चारों ओर फैलती हैं; कँटीदार क्षुप; गुच्छा; लच्छा; गुंजान 2. उजाले के लिए प्रयोग किया जाने वाला काँच से बनाया हुआ झाड़ की आकृति का फानूस जो छत या शामियाने में लटकाकर जलाया जाता है; उक्त आकार का रोशनी करने का शीशे का वह उपकरण जो छत पर सजावट के लिए लटकाया जाता है 3. एक प्रकार की समुद्री घास; जरस 4. एक आतिशबाज़ी।

झाड़खंड [सं-पु.] 1. वन; जंगल 2. वन प्रदेश; वनांचल।

झाड़दार (हिं.+फ़ा.) [सं-पु.] 1. एक प्रकार का कसीदा जिसमें

पौधों और बेल-बूटों की आकृतियाँ कढ़ी होती हैं 2. उक्त प्रकार के बेल-बूटों वाला कालीन या गलीचा। [वि.] 1. जिसमें बहुत सी घनी डालियाँ लगती हों घना; सघन 2. काँटेदार; कँटीला 3. जिसपर झाड़ों (पेड़-पौधों) की आकृतियाँ बनी हों।

झाड़न [सं-स्त्री.] 1. झाड़ने पर निकलने वाली धूल अथवा रद्दी चीज़ें या उनके टुकड़े; गर्द; कूड़ा 2. वह कपड़ा जिससे चीज़ें झाड़ी या साफ़ की जाती हैं; मार्जक।

झाड़ना (सं.) [क्रि-स.] 1. झाड़ू; झाड़न आदि की सहायता से किसी चीज़ के ऊपर पड़ी हुई धूल आदि साफ़ करना 2. किसी वस्तु को इस तरह ज़ोर से झटकना कि उसकी धूल हट जाए 3. बुहारना 4. मंत्र पढ़कर फूँकना 5. आघात करके वृक्ष पर लगे फल गिराना 6. अपनी श्रेष्ठता सिद्ध करने के लिए या त्रुटि हेतु खरी खोटी सुनाना; फटकारना 7. किसी से धन ऐंठना; झटकना 8. ज़ोर का प्रहार करना 9. कंघी करना 10. दूर करना; भगाना; झिड़कना 11. पक्षियों का पंख तोड़ना।

झाड़फूँक [सं-स्त्री.] 1. मंत्र-बल के द्वारा किसी का रोग दूर करने की क्रिया या भाव 2. प्रेतबाधा दूर करने की क्रिया या भाव 3. झाड़ना-फूँकना।

झाड़ा [सं-पु.] 1. झाड़-फूँक या मंत्रोच्चार 2. मल त्याग करने की क्रिया।

झाड़ी [सं-स्त्री.] 1. छोटा झाड़ 2. छोटे झाड़ों का समूह; झुरमुट 3. कूची; बलौंछी 4. एक प्रकार के घने उगे हुए कँटीले छोटे वृक्षों या पौधों का समूह।

झाड़ीदार (हिं.+फ़ा.) [वि.] 1. झाड़ीयुक्त 2. आकार रूप आदि में छोटे झाड़ की तरह 3. कँटीला; काँटेदार 4. (स्थान) जहाँ झाड़ियाँ अधिक हों।

झाड़ू [सं-पु.] लंबी सींकों या रेशों का बना हुआ झाड़ने या कूड़ा साफ़ करने का उपकरण जिसे कूचा, बुहारी, बढ़नी भी कहा जाता है; फ़र्श, दीवारों आदि को साफ़ करने का सीकों आदि का बना हुआ उपकरण।

झापड़ [सं-पु.] हाथ से खींचकर मारा गया ज़ोर का थप्पड़; तमाचा।

झाबर [सं-पु.] 1. कीचड़ वाली दलदली ज़मीन 2. बड़ा टोकरा 3. खाँचा।

झाबा [सं-पु.] 1. बड़ा टोकरा; झब्बा; खाँचा 2. कुप्पा 3. पंजाब में आटा छानने के लिए प्रयोग किया जाने वाला चमड़े का गोल थाल।

झाम [सं-पु.] 1. गुच्छा 2. समूह 3. तुर्रा; झब्बा 4. कुदाल 5. छल-कपट; धोखेबाज़ी 6. डाँट-फटकार; घुड़की 7. मिट्टी खोदकर निकालने वाला एक यंत्र।

झामक [सं-पु.] झाँवा; पकाने पर जली हुई ईंट।

झामा [सं-पु.] फावड़ा; कुदाल। [वि.] साँवला।

झाय [सं-पु.] गर्मी की तेज हवा; लू।

झार [सं-पु.] 1. झुंड; दल; समूह 2. रसोई का झरना या पौना नामक उपकरण 3. एक प्रकार का पेड़। [सं-स्त्री.] 1. स्वाद में तीखे होने की अवस्था या भाव; झाल 2. आग की ज्वाला; लपट; ताप 3. जलन; मन-संताप। [अव्य.] 1. निपट; निरा; केवल 2. एक सिरे से; एकदम से।

झारंग [सं-पु.] दे. झारन।

झारखंड [सं-पु.] 1. उजाड़ जगह 2. जंगल 3. बिहार राज्य से कटकर बने एक नए प्रदेश का नाम।

झारन [सं-स्त्री.] 1. झाड़ से मिला अनाज 2. धान के पौधे से गिरकर अगले वर्ष पुनः स्वयं उगा हुआ धान; लमेरा; झरँगा।

झारी [सं-स्त्री.] 1. पानी रखने का एक प्रकार का टोंटीदार बरतन; लंबी गरदन वाली एक प्रकार की टोंटीदार लुटिया जिससे जल बँधी हुई धार के रूप में निकलता है 2. पानी में अमचूर, जीरा, नमक आदि मिलाकर बनाया जाने वाला एक प्रकार का स्वादिष्ट पेय। [वि.] झार।

झाल1 [सं-स्त्री.] 1. अनवरत वर्षा; वर्षा की झड़ी 2. उमड़े मेघ के कारण होने वाला अँधेरा 3. लहर 4. ज्वाला।

झाल2 (सं.) [सं-पु.] एक प्रकार का बाजा; झाँझ। [सं-स्त्री.] 1. झालने (अर्थात धातु की चीज़ों को टाँका लगाकर जोड़ने) की क्रिया या भाव 2. गंध, स्वाद आदि की तीव्रता; स्वाद का चरपरापन या तीक्ष्णता 3. जलन; ताप लपट; लौ।

झालना [क्रि-स.] 1. धातु की बनी हुई चीज़ों के भिन्न-भिन्न अंगों को टाँका लगाकर उन्हें आपस में जोड़ना 2. पेय पदार्थों की बोतलें आदि बरफ़ या शोरे में रखकर ख़ूब ठंडी करना 3. किसी पात्र का मुँह धातु का टाँका लगाकर चारों ओर से अच्छी तरह बंद करना।

झालर (सं.) [सं-स्त्री.] 1. किसी चीज़ के किनारे पर सजावट के लिए बनाई गई लटकन; शोभा के लिए किसी वस्तु पर लगाया जाने वाला लहरदार किनारा या लटकन 2. छोर; किनारा; सिरा 3. किसी उत्सव या समारोह आदि में इमारतों पर लगाई जाने वाली बिजली के छोटे छोटे बल्बों की शृंखला 4. देवताओं की पूजा के समय बजाई जाने वाला झाँझ।

झाला [सं-पु.] 1. कान में पहनने का गहना 2. मकड़ी का जाला 3. गुजरात और मेवाड़ आदि क्षेत्रों की एक राजपूत जाति 4. सितार के वादन से उत्पन्न होने वाली विशिष्ट झंकार।

झावा [सं-पु.] पैर साफ़ करने का पत्थर; झामक।

झिंगनी [सं-स्त्री.] खर-तरोई; एक प्रकार का घेंवड़ा।

झिंगारना [क्रि-अ.] झींगुर का बोलना। [क्रि-स.] झींगुर की तरह आवाज़ पैदा करना।

झिंगुली [सं-स्त्री.] एक प्रकार का वस्त्र; छोटा झग्गा (बच्चों का कुरता)।

झिंझी (सं.) [सं-स्त्री.] झिल्ली; झींगुर।

झिंझोटी [सं-स्त्री.] (संगीत) दिन के चौथे पहर में गाई जाने वाली एक रागिनी।

झिकझिक [सं-स्त्री.] 1. दो व्यक्तियों में होने वाली कहासुनी; तू-तू मैं-मैं 2. अप्रसन्नता तथा क्रोध में निरंतर कही हुई बातें।

झिक्का [सं-पु.] भयानक युद्ध; ज़ोरों की लड़ाई।

झिझक [सं-स्त्री.] 1. झिझकने की क्रिया या भाव 2. किसी कार्य में लज्जा या भय आदि के कारण होने वाला संकोच 3. हिचक। [मु.] **-खुलना :** संकोच दूर होना।

झिझकना [क्रि-अ.] 1. संकोच करना 2. भय, लज्जा आदि के कारण कुछ कहने या करने से इनकार करना 3. पीछे हटना या आनाकानी करना 4. हिचकना; ठिठकना।

झिझकारना [क्रि-स.] झिड़कना; दुतकारना; झझकारना।

झिट्टी [सं-स्त्री.] 1. वह विधि जिससे लकड़ी या अन्य भारी वस्तु आसानी से उठाया या ढोया जा सकता है 2. पाँव में पाँव से हल्की चोट करना, जिससे दौड़ता व्यक्ति गिर जाए; लंगड़ी मारना 3. चाबुक; कोड़ा।

झिड़क [सं-स्त्री.] 1. झिड़कने की क्रिया या अवस्था 2. हलकी डाँट या फटकार 3. तिरस्कारपूर्वक या बिगड़कर कोई बात कहना।

झिड़कना [क्रि-स.] 1. डाँटना; फटकारना 2. अपमान करते हुए कठोर बात कहना 3. तिरस्कार करते हुए झटका देना।

झिड़की [सं-स्त्री.] 1. वह बात जो झिड़क कर कही जाए 2. फटकार; डाँट 3. असंतोष या रोष प्रकट करने के लिए अधीनस्थ या छोटे कर्मचारी को क्रोधपूर्वक कही गई बात।

झिन [वि.] 1. झीना; बहुत महीन (बारीक); झाँझर 2. कमज़ोर; दुर्बल।

झिनवा [सं-पु.] धान की एक प्रजाति या उसका चावल।

झिपना [क्रि-अ.] 1. किसी विशेष प्रकार की बात पर किसी का झेंपना 2. बंद होना।

झिपाना [क्रि-स.] झेंपने में प्रवृत्त करना; लज्जित करना; शर्मिंदा करना।

झिमिटना [क्रि-अ.] एकत्र होना।

झिरझिर [क्रि.वि.] 1. धीरे-धीरे 2. कलकल 3. थोड़ा-थोड़ा करके; मंद गति से झिरझिर की ध्वनि के साथ, जैसे- झिरझिर झरना।

झिरझिरा [वि.] झीना; पतला; जिसमें छेद हों।

झिरना [सं-पु.] 1. झरना 2. छिद्र; छेद। [क्रि-अ.] झरने की क्रिया।

झिरिया [सं-स्त्री.] छोटा झरना।

झिरी [सं-स्त्री.] 1. एक प्रकार का छोटा छेद जिसमें से कोई चीज़ निकल या बह जाए 2. संधि; दरज़; झरी 3. वह गड्ढा जिसमें आस-पास का पानी रिसकर इकट्ठा हो जाता है; पानी का छोटा सोता 4. पाला; तुषार 5. पाला पड़ने से ख़राब हुई फ़सल।

झिरुआ [सं-पु.] 1. धान के खेत में होने वाली एक प्रकार की घास 2. जंगला; खिड़की।

झिलँगा [वि.] 1. झीना 2. ढीलाढाला 3. ढीले अंगोंवाला 4. बेढंगा; कुवेशित 5. झीनी बुनावट वाला 6. दुबला-पतला। [सं-पु.] ढीली बुनी हुई हलकी चारपाई; टूटी-फूटी और ढीली बुनाई वाली खाट।

झिलगा [सं-पु.] छोटे दाने वाला गेहूँ।

झिलना [सं-पु.] झिल्ली; झींगुर।

झिलम [सं-स्त्री.] प्राचीन काल में युद्ध के समय सिर पर पहनी जाने वाली एक प्रकार की टोपी जिसमें लगी हुई सिकड़ियों की झालर मुख तथा गरदन पर लटकी रहती थी; शिरस्त्राण।

झिलमिल [सं-स्त्री.] 1. झिलमिलाने की क्रिया, अवस्था या भाव; झिलमिलाहट 2. रह-रह कर घटता-बढ़ता हुआ प्रकाश 3. संध्या और सवेरे का वह समय जब कुछ प्रकाश हो और कुछ अँधेरा भी 4. पुरानी चाल की एक प्रकार की मलमल की साड़ी। [वि.] झिलमिलाता हुआ; चमकता हुआ।

झिलमिला [वि.] 1. जिसमें से झिलमिलाते हुए रोशनी निकले; झीना 2. (समय या बेला) जिसमें अँधेरा और उजाला मिला-जुला हो 3. चमकने वाला; जो रह-रह कर चमकता हो 4. जो बहुत स्पष्ट न हो।

झिलमिलाना [क्रि-अ.] 1. हिलते रहने के कारण रह-रहकर चमकना 2. कभी चमकना और कभी न चमकना 3. रोशनी का हिलना या टिमटिमाना। [क्रि-स.] 1. किसी वस्तु को हिलाकर बार-बार चमकाना 2. हिलना।

झिलमिलाहट [सं-स्त्री.] 1. झिलमिलाने की क्रिया, अवस्था या भाव 2. प्रकाश का रह-रह कर चमकना।

झिलमिली [सं-स्त्री.] 1. एक प्रकार की जाली जिससे छन कर प्रकाश आता है 2. खिड़की आदि में लगने वाला आड़ी पटरियों का ढाँचा जो पीछे लगी हुई खड़ी लकड़ियों के खुलने से खुलता है 3. एक प्रकार का कर्णाभूषण 4. चिलमन 5. चिक 6. झिलमिलाहट।

झिलिया [सं-पु.] खजूर; एक किस्म का मेवा।

झिल्लड़ [वि.] जिसकी बुनावट सघन न हो; झीना।

झिल्लन [सं-स्त्री.] दरी बुनने की करघे की वह कड़ी लकड़ी जिसमें बाय का बाँस लगा रहता है; गुरिया।

झिल्ला [वि.] 1. बारीक; महीन; पतला 2. दूर-दूर बुनावट वाला (कपड़ा) 3. झँझरा; झीना; झिरझिरा।

झिल्लिका (सं.) [सं-स्त्री.] 1. झिल्ली 2. झींगुर; झींगुर की झंकार 3. सूर्य का प्रकाश।

झिल्ली (सं.) [सं-स्त्री.] 1. एक पतला और पारदर्शक आवरण; परत; तह 2. फलों आदि के ऊपर का उक्त प्रकार का बहुत पतला छिलका 3. झींगुर 4. दीप्ति 5. दिये की बाती 6. सूर्य की रोशनी 7. मलाई की पतली-सी परत 8. नेत्रों का जाला नामक रोग 9. उबटन आदि लगाने से शरीर से छूटी मैल की परत 10. रंग लगाने का कपड़ा 11. एक प्रकार का बाजा।

झिल्लीक (सं.) [सं-पु.] झींगुर; झीं-झीं की तेज़ ध्वनि करने वाला बरसाती कीट।

झिल्लीदार (हिं.+फ़ा.) [वि.] जिसमें या जिसके ऊपर झिल्ली लगी हो; झिल्लीवाला; झिल्ली से युक्त।

झींकना [क्रि-स.] 1. फेंकना; पटकना 2. सज्जित करना। [क्रि-अ.] मंडित या सज्जित होना।

झींका [सं-पु.] पीसे जाने वाले अन्न की उतनी मात्रा जितनी एक बार चक्की में डाली जाती है।

झींख [सं-स्त्री.] खीझने या कुढ़ने की क्रिया या भाव।

झींखना [क्रि-अ.] दे. झीखना।

झींगट [सं-पु.] मल्लाह; माँझी। [वि.] पतवार थामने वाला।

झींगा (सं.) [सं-पु.] 1. नदियों-तालाबों में पाई जाने वाली एक प्रकार की छोटी मछली जिसके मुँह और पूँछ में बाल होते हैं

2. कपास की फ़सल में लगने वाला एक प्रकार का कीड़ा 3. धान की एक उत्तम प्रजाति।

झींगुर [सं-पु.] एक छोटा बरसाती कीड़ा जो झीं-झीं ध्वनि करने के लिए प्रसिद्ध है; झिल्ली।

झींटना [क्रि-स.] ठगना।

झींपना [क्रि-अ.] 1. झेंपना; शरमाना; लजाना 2. ढँपना; ढँकने की वस्तु; ढक्कन।

झींसी [सं-स्त्री.] 1. हलकी वर्षा; बूँदा-बाँदी 2. बहुत महीन बूँदों के रूप में बरसता हुआ पानी; फुहार।

झीका (सं.) [सं-पु.] सिकहर; छीका।

झीखना [क्रि-अ.] 1. दुखी होना 2. दुखड़ा रोना 3. मानसिक कष्ट या चिंता आदि से व्यथित होकर बड़बड़ाना; कुढ़ना 4. खीजना 5. झींकना 6. शिकायत करना।

झीझा [वि.] मंद; धीमा।

झीना [वि.] 1. महीन; बारीक; पतला (कपड़ा आदि) 2. जो दूर-दूर या ढीला बुना गया हो 3. जिसमें बहुत छेद हो; झँझरा 4. दुर्बल; कमज़ोर; दुबला-पतला 5. धीमा; मंद।

झीम [सं-स्त्री.] झूम।

झीमना [क्रि-अ.] 1. झूमना; झोंके खाना; लहराना 2. ऊँघना।

झील (सं.) [सं-स्त्री.] 1. बड़ा प्राकृतिक जलाशय 2. बड़ा ताल; सरोवर।

झीलर [सं-पु.] छोटी झील; ताल।

झीली [सं-स्त्री.] 1. दूध, दही के ऊपर आने वाली मलाई; छाली 2. प्राकृतिक रूप से बना हुआ किसी चीज़ के ऊपर का आवरण; झिल्ली 3. फलों का छिलका।

झीवर [सं-पु.] मल्लाह; माँझी; झीमर।

झुँझलाना [क्रि-अ.] 1. क्रुद्ध या व्यथित होकर कोई बात कहना; खिजलाना; खीजना 2. चिड़चिड़ाना; चिढ़ना 3. उकताना 4. बिगड़ना।

झुँझलाहट [सं-स्त्री.] 1. झुँझलाने की अवस्था; क्रिया या भाव 2. चिड़चिड़ाहट।

झुँझाई [सं-स्त्री.] निंदा; चुगली; चुगलखोरी।

झुंड [सं-पु.] 1. बहुत से मनुष्यों या पशु-पक्षियों आदि का समूह या वर्ग; वृंद 2. गिरोह; गिल्ला; दल।

झुंडी [सं-स्त्री.] 1. वह खूँटी जो पौधों को काट लेने के बाद खेतों में खड़ी रह जाती है 2. चिलमन या परदा लटकाने का कुलाबा जो प्रायः कुंदे में लगा रहता है।

झुकटी [सं-स्त्री.] झाड़ी।

झुकना [क्रि-अ.] 1. ऊपरी भाग का नीचे की ओर कुछ लटक आना; नत होना; नवना 2. किसी वस्तु का कोई सिरा किसी ओर दबना; टेढ़ा होना 3. मुड़ना 4. हार स्वीकार करना 5. किसी ओर पक्षपात करना 6. नम्र होना 7. {ला-अ.} मन का किसी ओर लगना; आकर्षित या प्रवृत्त होना 8. मान जाना; हामी भरना।

झुकमुक [सं-पु.] अस्पष्ट; धुँधला; धूमिल।

झुकराना [क्रि-अ.] वायु, वेग आदि के कारण इधर-उधर झुकना; झोंका खाना।

झुकवाना [क्रि-स.] 1. झुकाने का काम करना 2. किसी के द्वारा ऐसा काम करना जिससे कोई दूसरा झुके।

झुकाई [सं-स्त्री.] 1. झुकाने की क्रिया या भाव 2. झुकाने की मज़दूरी।

झुकाना [क्रि-स.] 1. किसी सीधी खड़ी वस्तु को प्रयास करके नीचे की ओर लाना 2. अपना कोई अंग किसी ओर कुछ नीचे करना या ले जाना 3. आँख, नेत्र या दृष्टि को नीचे की ओर करना 4. किसी को किसी प्रकार दबाते हुए अथवा उसका अभिमान, विरोध, हठ आदि दूर करते हुए उसे नम्र या विनीत बनाना।

झुकामुखी [सं-स्त्री.] 1. ज़िद या हठ करना; अड़ना 2. मान, रोष आदि के कारण होठों से बुदबुदाना। [सं-स्त्री.] झुटपुटा।

झुकार [सं-पु.] हवा का झोंका; झकोरा; हिलोरा।

झुकाव [सं-पु.] 1. झुकने की क्रिया या भाव 2. किसी ओर कुछ झुके हुए या प्रवृत्त होने का भाव 3. नति 4. ढाल 5. {ला-अ.} चाह।

झुग्गी [सं-स्त्री.] 1. बाँस, खर-पतवार आदि से बना छोटा घर 2. छोटा मकान 3. प्लास्टिक या लोहे की चादर या पत्तों आदि से बनाई गई सोने-बैठने या सिर छुपाने की जगह।

झुटपुटा [सं-पु.] सुबह या शाम का ऐसा समय जब कुछ अँधेरा और कुछ प्रकाश हो।

झुटुंग [वि.] 1. जिसके सिर पर बहुत बाल हो; झोंटेवाला 2. जटाधारी।

झुठकाना [क्रि-स.] 1. झूठ-मूठ कोई बात कहकर किसी को धोखे या भ्रम में डालना 2. झूठी बात कहकर किसी को धोखा देना।

झुठलाना [क्रि-स.] 1. किसी बात को झूठा ठहराना या बनाना 2. झूठ-मूठ की बात फैलाकर भ्रम पैदा करना 3. झूठी बात कहकर धोखा देना; फुसलाना।

झुठाई [सं-स्त्री.] झूठे होने की अवस्था या भाव; मिथ्यात्व; झूठापन।

झुठाना [क्रि-स.] 1. (किसी विषय या बात को) झूठा प्रामाणित करना 2. झुठलाना।

झुन-झुन [सं-स्त्री.] घुँघरुओं आदि के बजने से होने वाली ध्वनि।

झुनक [सं-पु.] झन-झन की ध्वनि उत्पन्न करने वाले नूपुर; पायल; पाज़ेब।

झुनझुना [सं-पु.] एक प्रकार का बच्चों का खिलौना जो हिलाने पर झुन-झुन की ध्वनि करता है; घुनघुना।

झुनझुनाना [क्रि-अ.] 1. 'झुन-झुन' शब्द निकलना या होना 2. शरीर के किसी अंग में झुनझुनी होना। [क्रि-स.] झुनझुन शब्द निकालना या उत्पन्न करना।

झुनझुनियाँ [सं-स्त्री.] 1. पैरों में पहनने का घुँघरूदार आभूषण 2. झुनझुना; छनकना 3. पैरों में पहनाई जाने वाली बेड़ी 4. सनई का पौधा।

झुनझुनी [सं-स्त्री.] हाथ-पाँव के एक अवस्था में होने और दबने की वजह से होने वाली सनसनाहट।

झुनी [सं-स्त्री.] जलाने की पतली लकड़ी; जलावन की लकड़ी।

झुप्पा [सं-पु.] 1. एक स्थान पर मुँह नीचे किए बैठे हुए पक्षियों का झुंड 2. झब्बा।

झुबझुबी [सं-स्त्री.] एक प्रकार का कर्णाभूषण; झुपझुपी।

झुमका [सं-पु.] 1. कान में पहनने का एक गहना 2. एक प्रकार का पौधा जिसमें उक्त आकार के फूल लगते हैं।

झुमरि (सं.) [सं-स्त्री.] 1. एक रागिनी 2. एक पारंपरिक राग; लोकगीत का एक प्रकार।

झुमरी [सं-स्त्री.] 1. छत, दीवार का पलस्तर आदि पीटने की काठ की छोटी मुंगरी 2. गच पीटने का औज़ार।

झुमाऊ [वि.] 1. झूमने वाला 2. झूमने को प्रेरित करने वाला।

झुमाना [क्रि-स.] 1. किसी को झूमने में प्रवृत्त करना 2. ऐसी क्रिया करना जिससे कोई झूमने लगे।

झुरकुट [वि.] 1. सूखा या मुरझाया हुआ 2. दुबला-पतला; कृषकाय; क्षीण शरीर वाला।

झुरकुटिया [सं-पु.] एक प्रकार का बढ़िया पक्का लोहा जिसे खेड़ी भी कहते हैं। [वि.] दुबला-पतला; कृश।

झुरकुन [सं-पु.] 1. किसी वस्तु के छोटे टुकड़े 2. झड़कर निकली हुई चीज़ 3. चूर; चूर्ण; चूरा।

झुरना [क्रि-अ.] 1. दुख या चिंता से सूख जाना; क्षीण होना 2. किसी व्यक्ति, घटना या बात से अत्यधिक खिन्न होना।

झुरमुट (सं.) [सं-पु.] 1. पास-पास उगे हुए कई पेड़ या झाड़ियाँ जिनकी डालियाँ आपस में मिली हुई हों 2. बहुत लोगों का समूह; गिरोह 3. चादर या किसी कपड़े से शरीर को पूरी तरह ढक लेने की क्रिया 4. बच्चों का एक खेल जिसमें वे घेरा बनाकर नाचते हैं।

झुरसना [क्रि-अ.] 1. आग की लपट से सहसा स्पर्श होने पर किसी अंग की त्वचा का कुछ-कुछ जल जाने के कारण काला पड़ना 2. अति ताप के कारण किसी वस्तु के ऊपरी या बाहरी परत का सूखकर काला पड़ जाना। [क्रि-स.] किसी वस्तु को इस तरह जलाना या गरम करना कि उसके बाहरी आवरण या त्वचा का रंग काला पड़ जाए।

झुरहुरी [सं-स्त्री.] जूड़ी-बुख़ार की कँपकँपी; झुरझुरी।

झुराना [क्रि-अ.] 1. झुरना 2. किसी का कमज़ोर हो जाना 3. सूखना।

झुर्रा [सं-पु.] मिट्टी में दबे (उगे) आलुओं का गुच्छा।

झुर्री [सं-स्त्री.] 1. शरीर की चमड़ी या त्वचा की सिकुड़न या शिकन 2. फल आदि के सूखने पर पड़ने वाली सिलवट।

झुर्रीदार (हिं.+फ़ा.) [वि.] झुर्रियों से भरा हुआ; जिसमें झुर्रियाँ हों।

झुलवा [सं-पु.] 1. एक प्रकार की कपास जिसे जेठवा भी कहते हैं 2. झूला; झूलता हुआ पल।

झुलवाना [क्रि-स.] 1. झुलाने में प्रवृत्त करना 2. हिलाने का काम कराना।

झुलवी [सं-स्त्री.] एक किस्म का आभूषण।

झुलसन [सं-स्त्री.] 1. झुलसने की क्रिया या भाव 2. शरीर को झुलसाने वाली गरमी; दाहकता।

झुलसना (सं.) [क्रि-अ.] 1. किसी वस्तु के केवल ऊपरी भाग का जलकर सूख जाना या काला पड़ना 2. आग की लपट या तेज़ गरमी से जलकर त्वचा का काला पड़ जाना 3. अधजला होना 4. पौधे का धूप, लू आदि से सूखना; मुरझाना।

झुलसवाना [क्रि-स.] झुलसाने का काम कराना; किसी चीज़ की ऊपरी सतह को जलवाना।

झुलसा [वि.] 1. झुलसकर काला पड़ा हुआ; अधजला 2. मुरझाया या सूखा हुआ 3. पेड़-पौधों के सूखते जाने का एक रोग।

झुलसाना (सं.) [क्रि-स.] 1. किसी वस्तु के केवल ऊपरी भाग को जलाना; ऊपर की सतह को काली होने तक गरम करना 2. अधजला कर देना।

झुलाना [क्रि-स.] 1. लटकी या टँगी हुई चीज़ को बार-बार हिलाना; दोलन; धकेलना 2. किसी को झूलने की क्रिया में प्रवृत्त करना 3. कुछ देने या करने का प्रलोभन देकर किसी को अपने आगे-पीछे दौड़ाना; अटकाए रखना; आजकल करते रहना।

झुलिया [सं-स्त्री.] बच्चों का कुरता; झँगुलिया।

झुल्ला [सं-पु.] स्त्रियों के पहनने का एक प्रकार का पुरानी चाल का कुरता।

झूँक [सं-पु.] 1. झोंक 2. झोंका; हवा का झोंका; झकोरा 3. पानी का हिलोरा; लहर 4. झटका।

झूँकटी [सं-स्त्री.] छोटी झाड़ी।

झूँका [सं-पु.] 1. हवा का झोंका; झकोरा 2. पानी का हिलोरा; लहर 3. झटका।

झूँझल [सं-स्त्री.] किसी अप्रसन्नताकारक कार्य या बात से उत्पन्न चिढ़; झुँझलाहट; खीज।

झूँसा [सं-पु.] एक प्रकार की घास।

झूक [सं-पु.] दे. झूँक।

झूठ [सं-पु.] ऐसा कथन या ऐसी बात जो वस्तुतः यथार्थ या सत्य न हो फिर भी सत्य के रूप में कही गई हो; मिथ्या वचन; असत्य; जो सच न हो। [मु.] **-का पुल बाँधना** : एक पर एक झूठ बोलते चलना।

झूठ-मूठ [अव्य.] 1. बिना किसी वास्तविक सत्य या आधार के; अकारण 2. यों ही; बेकार; व्यर्थ 3. नकली; बनावटी।

झूठा [वि.] 1. झूठ बोलने वाला; मिथ्याभाषी 2. नकली; बनावटी 3. वास्तविकता से भिन्न 4. जो वास्तव में विश्वसनीय और सत्यनिष्ठ न हो पर स्वार्थ साधने के लिए अपने आपको विश्वसनीय बतलाता हो।

झूम [सं-स्त्री.] 1. झूमने की क्रिया या भाव 2. तंद्रा; ऊँघने की क्रिया या भाव 3. मद में झूमना 4. नृत्य 5. कृषि की एक प्राचीन पद्धति जो अब क्रमशः चलन से बाहर हो रही है।

झूमक [सं-पु.] 1. एक प्रकार का गीत जो अधिकांशतः फाल्गुन के समय गाया जाता है 2. झूमर के साथ होने वाला नृत्य 3. गुच्छा 4. मांगलिक अवसरों पर गाया जाने वाला गीत 5. कान का एक प्रकार का आभूषण; झुमका। [सं-स्त्री.] कामदार साड़ी जिसमें झूमक या मोती आदि की झालर लगी हो।

झूमका [सं-पु.] 1. झूम-झूमकर होने वाला नाच; गीतों के साथ

होने वाला झूमर नृत्य; झूमक 2. कानों में पहनने का आभूषण; झुमका।

झूमना (सं.) [क्रि-अ.] 1. बार-बार आगे-पीछे, ऊपर-नीचे या इधर-उधर हिलना 2. झोंके खाना 3. मस्ती या नशे में शरीर को आगे-पीछे और इधर-उधर हिलाना 4. लहराना।

झूमर [सं-पु.] 1. एक प्रकार का आभूषण जो सिर पर पहना जाता है 2. एक प्रकार का नृत्य गीत 3. होली, विवाह आदि के अवसर पर गाया जाने वाला गीत 4. कानों में पहना जाने वाला झुमका 5. काठ से बना एक प्रकार का खिलौना 6. मस्ती में सिर या धड़ हिलाना 7. एक ही तरह की बहुत-सी चीज़ों का समूह; जमघट 8. नावों का समूह।

झूमरा [सं-पु.] संगीत का एक ताल।

झूमरी [सं-स्त्री.] शालक राग के पाँच भेदों में से एक।

झूर [वि.] 1. सूखा हुआ; शुष्क 2. रिक्त; ख़ाली।

झूल [सं-स्त्री.] 1. झूलने की क्रिया या भाव 2. चौपायों की पीठ पर डाला जाने वाला कपड़ा 3. पेड़ की डाल या छत आदि में लटकाई हुई मज़बूत रस्सी आदि से बँधी पटरी जिसपर बैठकर झूलते हैं; झूला 4. वह कपड़ा जो पहनने के बाद ढीला-ढाला और भद्दा लगे।

झूलन [सं-पु.] 1. सावन मास में होने वाला झूलनोत्सव; हिंडोला 2. एक प्रकार का गाना।

झूलना (सं.) [क्रि-अ.] 1. किसी वस्तु या मोटी रस्सी के सहारे लटककर बार-बार आगे-पीछे या इधर-उधर होना; पेंग लेना 2. किसी कार्य या उद्देश्य के लिए इधर-उधर दौड़ना; आना-जाना 3. झूले पर बैठकर पेंग बढ़ाना 4. लटका रहना 5. मात्रिक सम दंडक छंदों का एक भेद जिसे प्राकृत में झुल्लण कहते हैं। [वि.] 1. जो हिलता-डुलता हो 2. झूलता रहने वाला; झूलता हुआ।

झूला (सं.) [सं-पु.] 1. वृक्ष की शाखाओं या छत की कड़ियों से रस्सी के सहारे लटकता हुआ खटोला, हिंडोला, पट्टी आदि जिसके सहारे मनोविनोद के लिए लोग झूलते हैं 2. ज़ंजीरों आदि का बना बिना खंभे का पुल 3. हवा का ऐसा झटका या झोंका जिससे चीज़ें इधर-उधर झूलने या हिलने-डुलने लगें।

झूसा [सं-पु.] एक प्रकार की बरसाती घास; गुलमुला; पालंजी; बड़ा मुरमुरा।

झेंप [सं-स्त्री.] 1. किसी कार्य या व्यवहार पर लज्जित होने का भाव या अवस्था; शर्मिंदगी 2. किसी बात पर आँखें नीची करना; लजाना।

झेंपना [क्रि-अ.] 1. शर्मिंदा होना; शरमाना; लजाना 2. संकोच करना 3. कोई बात सुनकर लज्जित होना।

झेंपाना [क्रि-स.] 1. लज्जित करना; उलझन में डालना 2. छेड़ना।

झेंपू [वि.] 1. झेंपने वाला 2. शरमाने वाला; लज्जाशील।

झेर [सं-स्त्री.] 1. झगड़ा; बखेड़ा 2. उलझन; पेंच 3. विलंब; देर।

झेल [सं-स्त्री.] 1. झेलने की क्रिया या भाव 2. बरदाश्त करने की क्रिया या भाव 3. पानी की लहर; हिलोरा 4. हलका धक्का या झोंका; सुखद आघात 5. लहर के कारण किनारों पर होने वाली पानी की टक्कर।

झेलना [क्रि-स.] 1. ज़बरदस्ती सहन करना; बरदाश्त करना 2. जूझना; पार करना 3. पानी को हाथ-पाँव से हटाना 4. ठेलना; ढकेलना 5. किसी बात पर ध्यान देते हुए मान लेना 6. हज़म करना; पचाना। [क्रि-अ.] पानी में उतरना।

झेलनी [सं-स्त्री.] सोने-चाँदी या किसी अन्य धातु की ज़ंजीर जो कान में पहने जाने वाले गहनों का वज़न सँभालने और यथास्थान रोके रखने के लिए बालों में अटकाई जाती है, जैसे- नथ की झेलनी।

झों-झों [सं-स्त्री.] नोक-झोंक; कहासुनी; परस्पर विवाद।

झोंक [सं-स्त्री.] 1. झोंकने की क्रिया या भाव 2. अचानक किसी बात की ओर मन का वेगपूर्ण झुकाव या प्रवृत्ति 3. नशा, मनोविकार, रोग आदि की अवस्था में मन में आने वाला वह भाव जिसमें भले-बुरे का ध्यान नहीं रह जाता 4. गति की ऐसी तीव्रता या वेग जो सहसा रुक न सकता हो अथवा जिसे सँभालना प्रायः कठिन होता हो 5. आघात; धक्का; चोट 6. किसी चीज़ के यों ही अथवा वेगपूर्वक किसी ओर झुकने की क्रिया, प्रवृत्ति या भाव 7. उक्त प्रकार के झुकाव या नति के कारण किसी ओर अथवा किसी चीज़ पर पड़ने वाला बोझ या भार 8. बैलगाड़ी के वे दोनों लट्ठे जो दोनों ओर उसका झुकाव और भार रोकने के लिए लगे रहते हैं।

झोंकना [क्रि-स.] 1. वेग से एक चीज़ को किसी दूसरी चीज़ में गिराना, डालना या फेंकना 2. कोई वस्तु जैसे लकड़ी आदि जलाने के लिए आग में फेंकना या लगाना 3. किसी काम में अंधाधुंध ख़र्च करना 4. किसी प्रकार का कार्य या भार ज़बरदस्ती किसी पर रखना या लादना। [मु.] **-भाड़ झोंकना** : बेकार के काम करना।

झोंकवा [सं-पु.] भाड़ या भट्टे आदि में ईंधन झोंकने का काम करने वाला व्यक्ति; वह व्यक्ति जो झोंकने के काम के लिए लगाया गया हो।

झोंकवाना [क्रि-स.] 1. झोंकने का काम कराना 2. किसी को कुछ झोंकने में प्रवृत्त करना।

झोंका [सं-पु.] 1. हवा का तीव्र प्रवाह 2. शांत या स्तब्ध वातावरण में थोड़े समय के लिए सहसा तथा वेगपूर्वक चलने वाली वायुलहरी 3. पानी की लहर; हिलोर 4. थोड़े समय के लिए परंतु झटके से आने वाली नींद 5. कुश्ती का एक पेंच जिसमें विपक्षी की बाँह के नीचे से हाथ ले जाकर उसके कंधे पर रखते और तब उसे झटके या झोंके से नीचे गिरा देते हैं।

झोंकाई [सं-स्त्री.] 1. झोंकने की क्रिया या भाव 2. झोंकने की मज़दूरी।

झोंकिया [सं-पु.] भाँड़ या भट्टे आदि में ईंधन झोंकने का काम करने वाला व्यक्ति; वह व्यक्ति जो झोंकने के काम में लगाया गया हो; झोंकवा।

झोंकी [सं-स्त्री.] 1. जोखिम 2. ज़िम्मेदारी; जवाबदेही; उत्तरदायित्व।

झोंख [सं-स्त्री.] झीकने की अवस्था, क्रिया या भाव।

झोंझ [सं-पु.] 1. पक्षियों का घोंसला; नीड़ 2. कुछ विशिष्ट

प्रकार के पक्षियों के गले में लटकने वाली मांस की थैली 3. उदर 4. कोलाहल; हल्ला 5. खुजली; चुल।

झोंझल [सं-स्त्री.] झुँझल; झुँझलाहट।

झोंट [सं-पु.] 1. झाड़ी; झुरमुट 2. बालों का जूड़ा; जुट्टी 3. पौधों या झाड़ियों का झुरमुट 4. घास-फूस का पूला; जूरी 5. समूह; झुंड 6. झोंटा।

झोंटा (सं.) [सं-पु.] 1. सिर पर के बढ़े हुए बालों का समूह 2. पतली और लंबी वस्तुओं का इतना बड़ा समूह जो एक बार में ही हाथ में आ जाए 3. झूले की पेंग। [मु.] **-झोंटी** : एक दूसरे का बाल पकड़कर खींचना और झगड़ा करना।

झोंपड़ा (सं.) [सं-पु.] 1. घास-फूस से छाया हुआ छोटा कच्चा घर; मिट्टी से बना हुआ घर 2. तृण कुटीर; पर्णशाला; झोपड़ा।

झोंपड़ी [सं-स्त्री.] 1. कुटिया; कुटी; मड़ई 2. घास-फूस से बनी छत का छोटा कच्चा घर; झोपड़ी।

झोंपा [सं-पु.] 1. झब्बा; फुँदना 2. गुच्छा।

झोझर [सं-पु.] 1. अमाशय 2. ओझर।

झोरना [क्रि-स.] 1. इस प्रकार किसी चीज़ को हिलाना या झटकारना कि उसपर पड़ी या लगी हुई दूसरी चीज़ें गिर जाएँ 2. सहसा ज़ोर से हिलाकर गति में लाना 3. झकझोरना 4. बलात या धोखे से धन ऐंठना 5. अच्छी तरह तृप्त होकर खाना 6. इकट्ठा या एकत्र करना; बटोरना।

झोल [सं-पु.] 1. तरकारी आदि का गाढ़ा रस; शोरबा 2. निस्सार या तत्वहीन बात 3. झंझट; बखेड़े या धोखे की बात 4. कपड़े का अंश जो ढीला होने के कारण झूल या लटक जाए 5. दोष; त्रुटि 6. थैली के आकार की वह झिल्ली जिसमें गर्भ से निकलने के समय बच्चे या अंडे बंद रहते हैं 7. गर्भ।

झोलदार (हिं.+फ़ा.) [वि.] 1. (वस्त्र) जिसमें झोल पड़ता हो 2. (धातु) जिसपर मुलम्मा चढ़ा हुआ हो 3. (सब्ज़ी या तरकारी) जिसमें झोल अर्थात रसा हो; रसयुक्त; रसेदार 4. लटकता या लहराता हुआ 5. झुका हुआ या ढीला।

झोलना [क्रि-स.] 1. जलाना; तपाना 2. दुखी करना; संताप देना 3. झुलाना 4. झकझोरना।

झोला [सं-पु.] 1. कपड़े या टाट आदि का बना थैला; झोली 2. खोली; गिलाफ़ 3. साधुओं का ढीला कुरता; चोला 4. एक वात रोग जिसमें कोई अंग काम न करके झूलने लगता है; लकवा 5. पाला या लू आदि के कारण पेड़-पौधों के सूख जाने का रोग 6. झोंका 7. लहर; हिलोर 8. बाधा 9. दुविधा; असमंजस 10. चंचलता।

झोलाई [सं-स्त्री.] गरम हवा से झुलसी फसल।

झोली [सं-स्त्री.] 1. कपड़े की थैली; छोटा झोला 2. घास बाँधने का जाला 3. पुर; मोट; चरसा 4. राख; भस्म 5. एक प्रकार का सफ़री बिस्तर।

झौंर (सं.) [सं-पु.] 1. फूलों या फलों का गुच्छा 2. समूह; झुंड 3. झब्बा नामक एक प्रकार का आभूषण।

झौंरना [क्रि-अ.] गुज़ारना; गूँजना। [क्रि-स.] झपट कर पकड़ना।

झौंरा [सं-पु.] 1. गुच्छा (फूलों का) 2. समूह; झुंड (वृक्षों, व्यक्तियों या भौरों आदि का) 3. रेशम आदि का गुच्छा या झब्बा।

झौंराना [क्रि-अ.] 1. झूमना; इधर-उधर हिलना 2. त्वचा का ख़ुश्क और काला पड़ जाना; झँवराना।

झौंसना [क्रि-अ.] किसी वस्तु या त्वचा की ऊपरी सतह का हलका-सा जलना; झुलसना।

झौगा [सं-पु.] टेढ़े और आगे की ओर झुकी सींग वाला बैल।

झौड़ना [क्रि-अ.] डौल की सफाई की क्रिया।

झौरा [सं-पु.] 1. मेड़ 2. झंझट; विवाद; तकरार 3. समूह; झुंड; झौंरा; गुच्छा 4. एक गहना।

झौरार [सं-पु.] 1. सींग झारने वाला बैल; मरखना।

झौरी [सं-स्त्री.] 1. एक मिठाई 2. वह झिल्ली या थैली, जिसमें गर्भ से निकले हुए बच्चे या अंडे रहते हैं।

झौहाना [क्रि-अ.] 1. झल्लाते हुए बोलना; चिड़चिड़ाना 2. क्रोधित होना।

ञ

हिंदी वर्णमाला व्यंजन वर्ण। उच्चारण की दृष्टि से यह तालव्य, सघोष नासिक्य है।

ट

ट हिंदी वर्णमाला का व्यंजन वर्ण। उच्चारण की दृष्टि से यह पश्च-वर्त्स्य मूर्धन्य, अघोष, अल्पप्राण स्पर्श है।

टँकना [क्रि-अ.] 1. किसी वस्त्र पर सजावट के लिए चमकीले सितारे आदि टाँका जाना; टाँका लगाकर किसी चीज़ का कपड़े पर अटकाया जाना 2. धातु खंडों या पात्रों का टाँके के योग से जोड़ा जाना 3. टाँकी आदि के द्वारा चक्की, सिल आदि में छोटे-छोटे गड्ढे बनाए जाना; टँचना।

टँकवाना [क्रि-स.] 1. वस्त्रों पर टाँके लगवाकर सितारे, लेस आदि चिपकवाना 2. सिल आदि पर टाँके लगवाना; टँचवाना 3. बही में अंकित करवाना (हिसाब या लेन-देन का ब्योरा)।

टँकाई [सं-स्त्री.] 1. टाँकने की क्रिया 2. टाँकने की मज़दूरी या पारिश्रमिक।

टँकोरी [सं-स्त्री.] सोना-चाँदी आदि तौलने का छोटा तराज़ू; छोटी तुला।

टँगड़ी [सं-स्त्री.] 1. मनुष्य या पशु-पक्षी के पैर; टाँग 2. {ला-अ.} अड़ंगा; रोक। [मु.] **-मारना** : बाधा डालना; बाधा उत्पन्न करना।

टँगड़ीबाज़ (हिं.+फ़ा.) [वि.] अड़ंगा लगाने वाला; काम बिगाड़ने वाला।

टँगना (सं.) [सं-पु.] 1. दो स्थिर सिरों पर बँधी हुई रस्सी या तार जिसपर कपड़े आदि टाँगे जाते हैं; अलगनी 2. कपड़े आदि टाँगने के लिए बना लकड़ी का ढाँचा। [क्रि-अ.] 1. किसी चीज़ का टाँगा या लटकाया जाना 2. लटकना 3. फाँसी चढ़ना।

टँगरी [सं-स्त्री.] घुटने से लेकर एड़ी तक का भाग; पैर के नीचे का हिस्सा; टाँग; पैर; टँगड़ी।

टँगा [सं-पु.] मूँज।

टँगारी [सं-स्त्री.] लकड़ी काटने का एक उपकरण; टाँगी; कुल्हाड़ी।

टँगुली [सं-स्त्री.] दे. टँगारी।

टँडुलिया [सं-स्त्री.] एक औषधीय पौधा; वन-चौलाई।

टंक (सं.) [सं-पु.] 1. भारत में नाप-तौल की पुरानी पद्धति के अनुसार चार माशे की एक तौल 2. चार माशे वज़न का बाट या बटखरा 3. चाँदी का पुराना सिक्का जिसका वज़न चार माशे के बराबर होता है 4. पत्थर काटने या गढ़ने की टाँकी; नक्काशी छेनी।

टंकक (सं.) [सं-पु.] 1. टंकण कार्य या टाइप करने वाला व्यक्ति 2. चाँदी का सिक्का।

टंकण (सं.) [सं-पु.] 1. धातु की किसी चीज़ में टाँका या जोड़ लगाना 2. टाइपराइटर या टंकण यंत्र पर चिट्ठी-पत्री आदि छापने का काम 3. एक प्रकार का क्षार; सुहागा।

टंकशाला (सं.) [सं-स्त्री.] सिक्के ढालने का कारख़ाना; टकसाल।

टंका [सं-पु.] 1. टंक नामक प्राचीन तौल 2. टका (ताँबे का प्राचीन सिक्का)।

टंकार (सं.) [सं-स्त्री.] 1. धनुष की प्रत्यंचा या डोरी को खींचकर सहसा छोड़ने पर उत्पन्न ध्वनि; किसी कसे हुए तार पर चोट करने से होने वाली झनकार 2. किसी धातु के टुकड़े पर आघात करने से उत्पन्न शब्द; टनाका।

टंकारना (सं.) [क्रि-स.] 1. धनुष की डोरी या प्रत्यंचा को खींचकर उससे शब्द उत्पन्न करना 2. धातु के किसी पात्र पर आघात करके टन-टन शब्द करना।

टंकिका (सं.) [सं-स्त्री.] लोहे की छोटी टाँकी या छेनी जिससे चक्की, सिल आदि टाँके जाते हैं।

टंकी (अं.) [सं-स्त्री.] 1. पानी रखने का छोटा या बड़ा कुंड 2. धातु, प्लास्टिक या फ़ाइबरग्लास का बड़ा बरतन; टाँका 3. कुंड; हौज़।

टंकोर [सं-स्त्री.] दे. टंकार।

टंग (सं.) [सं-पु.] 1. कुल्हाड़ी; टाँगी 2. चार माशे का एक तौल; टंक।

टंगउघार [सं-पु.] वह बैल या दूसरा पशु जिसकी टाँगें शरीर के अनुपात से अधिक लंबी हों [वि.] लंबी टांगोंवाला।

टंगपुच्छा [सं-पु.] छोटी पूँछ वाला बैल। [वि.] छोटी पूँछवाला।

टंग्स्टन (अं.) [सं-पु.] एक बहुत कठोर और दुर्लभ धातु जिसका उपयोग विद्युत बल्ब या ट्यूब में प्रकाश करने वाले तंतु के रूप में होता है।

टंच [वि.] 1. कंजूस; कृपण 2. चंट; चालाक; धूर्त 3. निर्दय; निष्ठुर 4. हृष्ट-पुष्ट।

टंट-घंट [सं-पु.] 1. पूजा-पाठ आदि से जुड़े अनावश्यक आडंबर; धार्मिक दिखावे की सामग्री, घड़ी-घंटा आदि 2. व्यर्थ, फालतू तथा रद्दी चीज़ें।

टंटा [सं-पु.] 1. बेमतलब का झगड़ा या बखेड़ा 2. बिना बात की लड़ाई; वैर-विरोध।

टकटकी [सं-स्त्री.] 1. देर तक अपलक देखने की क्रिया या भाव 2. नज़र गड़ाकर लगातार देखते रहने की अवस्था; स्थिर दृष्टि। [मु.] **-लगाना** : लालसापूर्वक लगातार देखते रहना।

टकटोरना [क्रि-स.] 1. अंधकार में अथवा स्पष्ट दिखाई न देने

पर किसी चीज़ के आकार-प्रकार, रूप आदि का पता लगाने के लिए उस पर उँगलियाँ या हाथ फेरना; किसी आवरण में रखी हुई वस्तु का अनुमान करने के लिए उसे बाहर से छूना, दबाना या हिलाना 2. {ला-अ.} किसी के मन की थाह लेने के लिए विशेष प्रकार से बात-चीत करना।

टकतंत्री (सं.) [सं-स्त्री.] सितार की तरह का एक वाद्य या बाजा।

टकराना [क्रि-अ.] 1. दो व्यक्तियों या वस्तुओं का आपस में भिड़ना; ज़ोर से टक्कर होना; व्यक्ति का किसी वस्तु से टक्कर खाना 2. दो व्यक्तियों के विचार या सिद्धांत में विरोध या मतभेद होना। [क्रि-स.] एक वस्तु को दूसरी पर मारना; टक्कर लगवाना।

टकराव [सं-पु.] 1. टक्कर; भिड़ंत; टकराहट 2. विरोध; प्रतिरोध 3. कलह; झगड़ा।

टकराहट [सं-स्त्री.] 1. टक्कर; टकराव; भिड़ंत 2. ठोकर 3. {ला-अ.} (साहित्य) एक मत जो किसी लेखक की संवेदना का उसके अपने परिवेश, मूल्य और परिस्थितियों से संघर्ष को ज़रूरी मानता है।

टकरी [सं-स्त्री.] एक प्रकार का पेड़।

टकसाल (सं.) [सं-स्त्री.] वह स्थान जहाँ सिक्के ढलते हों; सिक्के तैयार करने की आधुनिक यंत्र-शाला।

टकसाली (सं.) [वि.] 1. टकसाल से संबंधित; टकसाल का 2. टकसाल में ढला या बना हुआ 3. सब प्रकार से परीक्षित और प्रमाणित; प्रामाणिक।

टकहा [वि.] रद्दी और सस्ता; सामान्य स्तर का; निम्न स्तर का।

टका (सं.) [सं-पु.] उन्नीसवीं शताब्दी में प्रचलित ताँबे का एक सिक्का जिसका मूल्य आधा आना होता था; अधन्ना।

टकासी [सं-स्त्री.] 1. एक रुपए पर प्रतिमास दो पैसे का सूद या ब्याज देने-लेने का एक पुराना ढंग 2. मध्यकाल में प्रति व्यक्ति पर एक टके के हिसाब से लगाया गया कर; टकाही।

टकाही [सं-स्त्री.] 1. मध्यकाल में प्रत्येक व्यक्ति पर एक टके की दर से लगने वाला कर; टकासी 2. {अशि.} प्राचीन काल में बहुत ही निम्न स्तर वाली वेश्या के लिए प्रयुक्त, जिसकी सेवा का मूल्य एक टके की तुच्छ राशि हो।

टकुआ [सं-पु.] 1. चरखे का तकला जिसपर कता हुआ सूत लिपटता जाता है; तकुआ 2. छोटे तराज़ू के पलड़े में लगा हुआ तागा 3. ओटनी का एक पुरज़ा।

टकुली [सं-स्त्री.] 1. पत्थर तराशने की छेनी; नक्काशी करने वालों का एक औज़ार 2. छोटा टकुआ।

टकैत [वि.] जिसके पास टके हों अर्थात धनी; धनवान।

टकोर [सं-स्त्री.] 1. शरीर के चोटिल या दुखते हुए स्थान पर दवा की पोटली से हलका-हलका सेक 2. डंके पर हलकी-सी चोट; टंकोर 3. हलकी चोट; ठेस।

टकोरना [क्रि-स.] 1. हलका सेक करना 2. हलकी चोट पहुँचाना 3. ऐसी बात कहना जिससे दुखी व्यक्ति और अधिक दुखी हो 4. डंके आदि पर चोट करना।

टकोरा [सं-पु.] 1. सिल या चक्की के पाट को खोंटने का औजार 2. डंके की चोट 3. आघात।

टक्कर [सं-स्त्री.] 1. दो वस्तुओं का तेज़ी से आपस में भिड़ जाने पर होने वाला आघात; भिड़ंत 2. ज़ोर की ठोकर 3. दो विरोधी पक्षों में होने वाला मुकाबला 4. पशुओं का आपस में सींग भिड़ाना। [सं-पु.] 1. पाट की धार की चौड़ाई 2. पटिया की मोटाई का रूख।[मु.] **-खाना** : भिड़ना। **-मारना** : बेकार प्रयत्न करना।

टखना (सं.) [सं-पु.] 1. एड़ी के ऊपर और पिंडली के नीचे की उभरी हुई हड्डी 2. उक्त हड्डी के आस-पास का भाग।

टगण (सं.) [सं-पु.] (साहित्य शास्त्र) छंदों में छह मात्राओं के गणों की सामूहिक संज्ञा; छह मात्राओं का एक गण।

टटका [वि.] 1. ताज़ा (फूल, फल, सब्ज़ी आदि) 2. अभी का; हाल का (घटना, समाचार आदि)।

टटड़ा [सं-पु.] टट्टी; टटिया; टाटी।

टटिया [सं-स्त्री.] 1. बाँस और कंडे को परस्पर जोड़कर बनाया गया ढाँचा, जिसका उपयोग दरवाजे के रूप में किया जाता है; टट्टी; टाटी 2. शौच; पखाना।

टटुआ [सं-पु.] छोटे कद का देसी घोड़ा; टट्टू। [मु.] **भाड़े का टट्टू** : अपने पद, मर्यादा, नैतिकता आदि का विचार छोड़कर धन के लोभ में दूसरे के काम या मत का समर्थन करना।

टटोल [सं-स्त्री.] टटोलने की क्रिया या भाव; तलाश।

टटोलना [क्रि-स.] 1. अँधेरे में किसी चीज़ के आकार-प्रकार की जानकारी लेने के लिए या कुछ ढूँढ़ने के लिए उँगलियाँ या हाथ फेरना 2. ढकी या छिपी वस्तु का पता करने के लिए बाहर से छूकर या दबाकर देखना।

टट्टर (सं.) [सं-पु.] 1. गाँवों, देहातों आदि में ओट या रक्षा के लिए बाँस की पट्टियाँ जोड़कर बनाया हुआ ढाँचा 2. बाँस का जालीदार परदा।

टट्टरी (सं.) [सं-स्त्री.] 1. ढोल, नगाड़े आदि के बजने का शब्द 2. लंबी-चौड़ी बात का ब्योरा 3. हँसी-मज़ाक; ठट्ठा।

टट्टी (सं.) [सं-स्त्री.] 1. तिनकों, तीलियों आदि को मोटे धागे में गूँथकर बनाया गया परदा; चिलमन; चिक 2. बाँस की पट्टियों का बनाया गया हलका टट्टर 3. ख़स की सुगंधित जड़ का इसी प्रकार बनाया हुआ परदा 4. बाँस की उक्त टट्टी से घेर कर बनाया गया स्थान जो शौच आदि के लिए नियत होता है; शौचालय 5. पाख़ाना; मल; गू। [मु.] **-की आड़ में शिकार खेलना** : छिपकर बुरा काम करना या कोई चाल चलना।

टट्टू [सं-पु.] छोटे या नाटे कद का घोड़ा; टाँगन।

टठिया [सं-स्त्री.] एक प्रकार की भांग।

टढ़िया [सं-पु.] 1. ठढ़िया 2. चतुर्भुजाकार खेत की लंबाई अथवा चौड़ाई की ओर से की जाने वाली सीधी-सीधी जुताई।

टन[1] [सं-पु.] घंटा बजने का शब्द, टंकार। [वि.] नशे में धुत्त; टन्न।

टन[2] (अं.) [सं-पु.] पाश्चात्य तौल की एक माप; एक हज़ार (1000) किलोग्राम की तौल।

टनकना [क्रि-अ.] 1. घंटे या घंटी का टन-टन शब्द होना; बजना 2. धूप, गरमी आदि के कारण सिर में दर्द होना; सिर

धमकना 3. रह-रहकर टीस होना।

टनटनाना [क्रि-स.] घंटे पर आघात करके 'टनटन' शब्द उत्पन्न करना। [क्रि-अ.] किसी चीज़ से 'टनटन' शब्द या ध्वनि निकलना।

टनमन (सं.) [सं-पु.] तंत्र-मंत्र; जादू-टोना।

टनमना (सं.) [वि.] 1. निरोग; स्वस्थ; चंगा 2. प्रसन्नचित्त; मगन; मस्त।

टनाटन [सं-स्त्री.] लगातार घंटा बजने के कारण होने वाली ध्वनि। [क्रि.वि.] अच्छी तथा ठीक अवस्था में।

टपक [सं-स्त्री.] 1. टपकने की क्रिया 2. बूँदों के टपकने या गिरने की ध्वनि; टप-टप की आवाज़ 3. रुक-रुककर तेज़ होने वाली टीस या पीड़ा।

टपकना [क्रि-अ.] 1. ऊँचाई से सहसा गिर पड़ना; पेड़ से फल आदि का पककर गिरना 2. पानी या किसी अन्य तरल पदार्थ का बूँद-बूँद गिरना; चूना; रिसना 3. पानी आदि के इस प्रकार गिरने की टप-टप ध्वनि 4. दर्द का रुक-रुक कर होना 5. {ला-अ.} किसी का अप्रत्याशित रूप से अचानक सामने आ जाना या हाज़िर होना।

टपका [सं-पु.] 1. तरल पदार्थ के बूँद-बूँद गिरने का भाव 2. टपकी हुई वस्तु 3. पककर अपने आप गिरा हुआ फल 4. रह-रहकर होने वाली पीड़ा; टीस 5. चौपायों के खुर का एक रोग।

टपकाना [क्रि-स.] 1. किसी चीज़ को बूँद-बूँद करके गिराना; चुआना 2. भभके के द्वारा आसवन विधि से चुआकर आसव या अर्क तैयार करना 3. (अपराध जगत की भाषा में) मार देना; हत्या करना।

टपकेबाज़ (हिं.+फ़ा.) [सं-पु.] लोगों को ठगने वाला; मूर्ख बनाकर धन वसूलने वाला; धूर्त।

टपना [क्रि-अ.] उछलना-कूदना; उचकना। [क्रि-स.] लाँघना।

टपरना [क्रि-स.] दीवार या फ़र्श में मसाला भरने से पहले उनकी दरारों को कुछ खोदकर चौड़ी या बड़ी करना।

टपरा [सं-पु.] 1. घास-फूस या टीन से बनाया हुआ छोटा घर 2. छोटी-सी कुटी या झोपड़ी।

टपाटप [क्रि.वि.] 1. लगातार टप-टप शब्द के साथ गिरना 2. शीघ्रता से।

टपाना [क्रि-स.] 1. कुदाना; लँघाना 2. निष्प्रयोजन बैठाए रखना 3. व्यर्थ हैरान करना।

टप्पर [सं-पु.] फूस का छप्पर; छाजन।

टप्पा [सं-पु.] 1. वह फ़ासला जहाँ तक कोई उछाली हुई चीज़ एक बार में पहुँचे 2. उछलती हुई वस्तु का बीच-बीच में पृथ्वी छूना 3. एक तरह का उपशास्त्रीय गायन जिसमें तान की प्रधानता होती है और सुर अलग-अलग स्पष्ट सुनाई देते हैं। [मु.] **-खाना** : उछल कर ज़मीन छूना।

टब (अं.) [सं-पु.] 1. पानी रखने का खुला बड़ा पात्र जिसमें बैठकर स्नान आदि भी किया जा सकता है 2. कंडाल।

टमकी (सं.) [सं-स्त्री.] छोटा नगाड़ा जिसे बजाकर किसी प्रकार की घोषणा की जाती है; डुग्गी; डुगडुगी।

टमटम (अं.) [सं-पु.] दो पहियों की एक खुली गाड़ी जिसे एक घोड़े द्वारा खींचा जाता है।

टमठी [सं-स्त्री.] एक प्रकार का बर्तन।

टमाटर (अं.) [सं-पु.] कच्चा रहने पर हरा और पकने पर लाल रंग का खट्टा-मीठा फल जो सब्ज़ी और सलाद के रूप में प्रयुक्त होता है।

टर-टर [सं-स्त्री.] मेंढक की ध्वनि। [मु.] **-करना** : व्यर्थ बोलना; बेकार बोलते रहना।

टरकना [क्रि-अ.] 1. किसी काम से आए हुए व्यक्ति का बिना अपना काम पूरा किए चुपके से चले जाना; टलना; प्रस्थान करना 2. ज़िम्मेदारी निभाने से बचने के लिए कार्यस्थल से चुपचाप खिसक जाना 3. किसी चीज़ का अपने स्थान से कुछ खिसकना, सरकना या हटना।

टरकनी [सं-स्त्री.] खेत (विशेषत: गन्ने के खेत) की दुबारा होने वाली सिंचाई।

टरकाऊ [वि.] टालने वाला; किसी कार्य को आगे खिसकाने वाला।

टरकाना [क्रि-स.] बहाना करके किसी आए हुए व्यक्ति को लौटा देना; चलता करना।

टरकी [सं-पु.] 1. एक देश जिसका कुछ भाग एशिया में और कुछ भाग यूरोप में है; तुर्की 2. मुर्गे की एक प्रजाति; एक ऐसा पक्षी जिसके गले के नीचे मांस की लाल झालर होती है।

टरगी [सं-स्त्री.] एक प्रकार की घास।

टरटराना [क्रि-अ.] 1. 'टर-टर' शब्द करना; टर्राना 2. बकवास करना 3. ज़ोर-ज़ोर से बोलना; उद्दंडतापूर्वक बोलना 4. अनावश्यक अंड-बंड बकना।

टरना (सं.) [क्रि-अ.] टलना; अपने स्थान से अलग होना; हटना; खिसकना।

टरबाइन (अं.) [सं-पु.] वायु, जल या गैस के दबाव से घूमने वाले पहिए से संचालित होने वाली एक मशीन या इंजन जिसमें पहिए की गतिज ऊर्जा यांत्रिक ऊर्जा में बदल जाती है।

टर्नओवर (अं.) [सं-पु.] किसी निश्चित समयावधि में किसी कंपनी की कुल बिक्री; इस बिक्री से प्राप्त रकम जैसे- इस कंपनी का सालाना टर्नओवर करोड़ों में है।

टर्र-टर्र [सं-स्त्री.] दे. टर-टर।

टर्रा [वि.] 1. कटुभाषी 2. उद्दंडता से बोलने वाला; ऐंठकर बोलने वाला।

टर्राना [क्रि-अ.] 1. मेंढक द्वारा टर-टर की आवाज़ करना 2. सीधे बात न करना; ऐंठकर बातें करना; कटु वचन कहना 3. उद्दंडतापूर्वक उत्तर देना।

टलन (सं.) [सं-पु.] घबड़ाहट; बेचैनी; क्षुब्धता।

टलना (सं.) [क्रि-अ.] 1. किसी काम का अपने नियत समय पर न होना; स्थगित हो जाना 2. अपने महत्वपूर्ण काम, निश्चय, विचार, सिद्धांत आदि को छोड़ना या उससे हटना 3. किसी दुर्घटना या विपत्ति का होते-होते रह जाना 4. अपने स्थान से हटना; खिसकना। [मु.] **-अपनी बात से** : कहकर मुकरना; वादा पूरा न करना।

टलमल [वि.] हिलता हुआ या कंपित (तरल पदार्थ)।

टलाटली [सं-स्त्री.] टाल-मटोल; ना-नुकर करना; कार्य को आगे के लिए स्थगित करते जाना; खिसकाते जाना।

टलुआ [वि.] लकड़ी, कोयले आदि की टाल संबंधी। [सं-पु.] टाल का मालिक।

टल्ला [सं-पु.] 1. बहानेबाज़ी; टालमटोल 2. ठोकर या धक्का। [वि.] निठल्ला; ठलुआ। [मु.] **-मारना** : बेमकसद घूमना-फिरना।

टल्ली [सं-पु.] 1. एक प्रकार का बाँस, जिसे टोली भी कहते हैं 2. आधार 3. भरपूर नशे की अवस्था।

टल्लेनवीसी (हिं.+फ़ा.) [सं-स्त्री.] 1. टालने की क्रिया; टालमटोल; बहानेबाज़ी 2. व्यर्थ का काम; इधर-उधर के काम 3. ठलुआपन।

टल्लेबाज़ी (हिं.+फ़ा.) [सं-स्त्री.] बहानेबाज़ी; टालमटोल।

टवर्ग (सं.) [सं-पु.] हिंदी की व्यंजन व्यवस्था में पाँच वर्णों- ट्, ठ्, ड्, ढ् तथा ण् का वर्ग।

टस [सं-स्त्री.] 1. किसी भारी वस्तु के खिसकने से होने वाली आवाज़ 2. कपड़े आदि के फटने की आवाज़। [मु.] **-से मस न होना** : अपनी बात पर अड़े रहना; हठ न छोड़ना; किसी भारी चीज़ का अपने स्थान से न हिलना।

टसक [सं-स्त्री.] 1. टसकने की क्रिया या अवस्था; हलकी-हलकी कराह 2. टीस; हूक; कसक।

टसकना [क्रि-अ.] 1. धीरे-धीरे कराहना 2. रह-रहकर दर्द करना; टीस उठना 3. किसी वस्तु का अपने स्थान से खिसकना; टलना; थोड़ा हटना।

टसकाना [क्रि-स.] किसी भारी चीज़ को अपने स्थान से खिसकाना; हटाना।

टसना [क्रि-अ.] खिंच जाने के कारण कपड़े का फटना; मसकना।

टसर (सं.) [सं-पु.] 1. एक प्रकार का मोटा रेशम 2. उक्त रेशम से बना कपड़ा।

टसरी [वि.] 1. टसर से निर्मित 2. टसर जैसे रंग का; पीलापन लिए मटमैला।

टसुई [सं-स्त्री.] 1. हल में लगा एक उपकरण, जिसमें हलवाहा बीज डालकर बोआई करता है 2. गेहूँ और ईख की जड़ में लगनेवाला एक हरा कीड़ा।

टहकार [वि.] गाढ़े रंग का चमकीला; चमकदार।

टहटह [वि.] बहुत अधिक अर्थ में प्रयुक्त गाढ़ा, जैसे- टहटह लाल। (मु.) **-टहटह चाँदनी** : श्वेत चाँदनी; निर्मल चाँदनी।

टहनी (सं.) [सं-स्त्री.] 1. पेड़ की मोटी डाल से निकलने वाली पतली और लचीली डाली; प्रशाखा 2. वृक्ष की पतली या छोटी शाखा जिसमें पत्तियाँ लगती हैं।

टहनीदार (हिं.+फ़ा.) [वि.] जिसमें टहनी लगी हो; टहनीयुक्त; डाल सहित।

टहल [सं-स्त्री.] 1. सिर-पैर दबाने, मालिश आदि करने जैसी छोटी-मोटी सेवा 2. ख़िदमत; सेवा-शुश्रूषा; चाकरी 3. टहलने की क्रिया या भाव।

टहलना [क्रि-अ.] व्यायाम या मन बहलाने के लिए धीरे-धीरे चलना; चहलकदमी।

टहलनी [सं-स्त्री.] 1. टहल (सेवा) करने वाली सेविका; नौकरानी; दासी 2. दीपक या चिराग की बत्ती को उकसाने या ऊपर करने वाली तीली।

टहलाना [क्रि-स.] किसी को धीरे-धीरे चलाना; सैर कराना; घुमाना-फिराना।

टहलुआ [सं-पु.] किसी की सेवा या टहल करने वाला व्यक्ति; सेवक; ख़िदमतगार; चाकर।

टहाका [वि.] दे. टहटह।

टहाटहा [वि.] निर्मल; चटकीला।

टहुआटारी [सं-स्त्री.] इधर की उधर करना; चुगलखोरी।

टहूका [सं-पु.] चुटकुला; पहेली।

टहोका [सं-पु.] मौन संकेत के रूप में हाथ या पैर से दिया गया हलका धक्का।

टाँक (सं.) [सं-स्त्री.] 1. तीन या चार माशे की एक पुरानी तौल 2. लगभग तीस किलो वज़न का एक पुराना बाट जिसकी सहायता से धनुष की शक्ति की परीक्षा की जाती थी 3. कलम की नोक।

टाँकना (सं.) [क्रि-स.] 1. सुई-धागे से लेस, सितारे, गोटा आदि जैसी किसी वस्तु को पहले से निर्मित वस्तु पर सिलना 2. दो चीज़ों को आपस में जोड़ने के लिए टाँका लगाना 3. किसी क्रिया से कोई चीज़ किसी दूसरी चीज़ के साथ अटकाना 4. आरी, रेती आदि धारदार औज़ारों को किसी क्रिया से तेज़ करना 5. याद रखने के लिए किसी बात, हिसाब-किताब आदि के विवरण को पंजी, बही, कॉपी आदि में लिख लेना 6. पत्थर की सिल, चक्की आदि को छेनी से खुरदुरा बनाना।

टाँका (सं.) [सं-पु.] 1. वह वस्तु जो दो चीज़ों को जोड़कर एक करती हो; सुई-धागे से कपड़ों की सिलाई या राँगे से धातु के दो पत्तरों की झलाई का काम 2. टँकी हुई चकती या टुकड़ा; पैबंद 3. पानी रखने का छोटा कुंड या बड़ी टंकी।

टाँकी (सं.) [सं-स्त्री.] 1. चीज़ों को परस्पर जोड़ने वाला छोटा टाँका 2. पत्थर को तराशने या उन पर नक्काशी करने की छेनी; नक्काशी 3. ख़रबूज़ा, पपीता, तरबूज़ आदि फलों के स्वाद और गुणवत्ता की परख के लिए उन पर लगाया जाने वाला कटाव 4. टंकी।

टाँग (सं.) [सं-स्त्री.] प्राणी की जाँघ से लेकर एड़ी तक का भाग; वह अंग जिससे प्राणी चलते-फिरते और दौड़ते हैं; पाँव [मु.] **-अड़ाना** : दख़ल देना। **-फँसना** : झमेले में पड़ना। **-तले से निकलना** : हार मानना।

टाँगन (सं.) [सं-पु.] टट्टू; छोटे कद का घोड़ा।

टाँगना [क्रि-स.] 1. किसी चीज़ को ऊँचे आधार, खूँटी आदि पर इस तरह बाँधना, अटकाना या लगाना जिससे वह लटकती रहे; लटकाना 2. फाँसी पर चढ़ाना।

टाँगा [सं-पु.] 1. एक प्रकार की दो पहियों की गाड़ी जो घोड़े द्वारा खींची जाती है; ताँगा 2. बड़ी कुल्हाड़ी।

टाँगी [सं-स्त्री.] कुल्हाड़ी।

टाँगुन [सं-स्त्री.] बाजरे जैसा छोटे दाने का एक अनाज जो सावन-भादों में तैयार होता है।

टाँच [सं-स्त्री.] 1. हाथ पैर का सुन्न पड़ जाना 2. टाँका; डोभ; सिलाई 2. टँकी हुई चकती 3. दूसरे का काम बिगाड़ने वाली बात; भांजी।

टाँट [सं-स्त्री.] खोपड़ी; सिर।

टाँड़ [सं-स्त्री.] 1. कमरे, दालान आदि की दीवार पर कुछ ऊँचाई पर लकड़ी की बनाई हुई ऐसी पटरी जिसपर सामान रखा जाता है 2. मचान, जिसपर बैठकर खेत की रखवाली की जाती है 3. गुल्ली डंडे के खेल में गुल्ली पर किया गया आघात। [सं-पु.] 1. व्यापार के सामान से लदे पशुओं का झुंड 2. एक जगह से दूसरी जगह ले जाया जाने वाला माल; माल की खेप 3. टाँड़ा; कुटुंब; परिवार।

टाँड़ा[1] [सं-पु.] 1. व्यापार के उद्देश्य से अनाज आदि सामग्री से लदे हुए बैलों या पशुओं का समूह 2. उक्त प्रकार से ढोया जाने वाला माल 3. व्यापारियों का समूह 4. एक प्रकार का हरा कीड़ा जो फ़सलों को नुकसान पहुँचाता है 5. कुटुंब।

टाँड़ा[2] [सं-स्त्री.] 1. कंकड़ मिली मिट्टी; कंकरीली मिट्टी 2. स्त्रियों का एक आभूषण; टँड़िया।

टाँड़ा[3] (सं.) [सं-स्त्री.] 1. परछत्ती 2. मचान 3. गुल्ली डंडे के खेल में गुल्ली पर डंडे का आघात 4. ढेर; टाल; अन्न राशि 5. घरों की पंक्ति 6. समूह; पंक्ति।

टाँड़ी [सं-स्त्री.] दे. टसुई।

टाँय-टाँय [सं-स्त्री.] 1. अप्रिय शब्द; कर्कश शब्द; कड़वी बोली 2. बक-बक; प्रलाप 3. तोते का शब्द; टें-टें।

टांसिल (अं.) [सं-पु.] मुख विवर के एकदम पिछले भाग में, गले के ऊपरी भाग में स्थित कोमल मांसपिंड जिनमें कभी-कभी संक्रमण के कारण सूजन भी आ जाती है या टॉन्सिलाइटिस नामक बीमारी हो जाती है।

टाइटल (अं.) [सं-स्त्री.] 1. पुस्तक, साहित्यिक रचनाओं, चित्र आदि का शीर्षक 2. उपाधि; ख़िताब; पदवी।

टाइप (अं.) [सं-पु.] 1. कंप्यूटर या टाइपराइटर पर होने वाली लिखाई या टंकण 2. छपाई में काम आने वाले सीसे के ढले हुए अक्षर जो कंपोज़िंग और प्रिंटिंग में काम आते हैं 3. धातु या लकड़ी का टुकड़ा जिसके एक सिरे पर अक्षर खुदा होता है 4. प्रकार, जैसे- इस टाइप की फ़िल्में मुझे पसंद नहीं हैं।

टाइपफ़ेस (अं.) [सं-पु.] 1. (प्रकाशन) मुद्रण के समय किसी मुद्राक्षर, प्लेट अथवा ब्लॉक का स्याही के संपर्क में आने वाला ऊपरी भाग 2. मुद्रित होने वाले अक्षर का कोई विशेष रूप, आकार अथवा वर्ग।

टाइपराइटर (अं.) [सं-पु.] एक मशीन जिसमें धातु की पट्टियों पर अक्षर उभरे रहते हैं जिन्हें दबाकर कागज़ पर ये अक्षर छापे जाते हैं; टंकण यंत्र।

टाइपिस्ट (अं.) [सं-पु.] टाइपराइटर या संगणक के की-बोर्ड पर टंकण करने वाला व्यक्ति; टंकक।

टाइफ़ॉइड (अं.) [सं-पु.] एक प्रकार का बुख़ार या ज्वर जो एक निश्चित अवधि के बाद ही उतरता है; मियादी बुख़ार।

टाइल (अं.) [सं-स्त्री.] 1. मकानों के फ़र्श एवं दीवारों पर लगने वाले चिकने, रंग-बिरंगे तथा सजावटी चपटे चौकोर खंड 2. छतों, छज्जों आदि में छावन के तौर पर इस्तेमाल होने वाले मिट्टी के खपड़े; खपरैल।

टाई (अं.) [सं-स्त्री.] पाश्चात्य परिधानों में कमीज़ के कॉलर को गले में फ़िट रखने के लिए उसके ऊपर बाँधी जाने वाली सजावटी पट्टी; (नेकटाइ)।

टाउनहॉल (अं.) [सं-पु.] नगर के मध्य का वह हॉल जिसमें सार्वजनिक गोष्ठियाँ, सभाएँ आदि होती हैं।

टाकोली [सं-स्त्री.] भेंट; नज़राना।

टाट [सं-पु.] 1. सन या पटसन का बना हुआ मोटा कपड़ा जिससे बोरे, परदे या बिछावन आदि बनते हैं 2. पुराने समय में एक ही बिरादरी के वे लोग जो पंचायत में एक साथ एक बिछावन पर बैठते थे 3. उक्त आधार पर कोई बिरादरी या जाति 4. पुरानी महाजनी बोलचाल में एक हजार रुपए की राशि जो टाट की एक थैली में आती थी। [सं-स्त्री.] गंजा सिर। [मु.] **-उलटना** : दिवाला निकलना। **-बाहर होना** : बिरादरी से बाहर होना।

टाडर [सं-स्त्री.] एक प्रकार की चिड़िया।

टाड़ा [सं-पु.] 1. सीना लगाना 2. मिट्टी का तेल रखने का बर्तन 3. टाँड़ी।

टान (सं.) [सं-स्त्री.] 1. तानने की क्रिया या भाव 2. तनाव; खिंचाव या फैलाव।

टानना [क्रि-स.] 1. खींचना 2. तानना।

टाप (सं.) [सं-स्त्री.] 1. घोड़े या गधे के पैर का निचला भाग जो ज़मीन पर पड़ता है; सुम 2. घोड़े के चलने पर उसके सुम से होने वाली आवाज़ 3. किसी खंभे या चारपाई के पाए का ज़मीन पर टिका हुआ भाग 4. मुरगियों को बंद करके रखने का टोकरा या खाँचा।

टापना [क्रि-अ.] 1. घोड़े का खड़े खड़े पैर पटकते जाना; ज़मीन खूँदना 2. लाँघना; छलाँगना; कूदना 3. किसी कार्य या सेवा का प्रतिफल न मिलना; विवश होकर देखते रह जाना। [मु.] **टापते रह जाना** : वंचित रह जाना।

टापर [सं-पु.] 1. ओढ़ने का मोटा कपड़ा, चादर 2. टट्टू, टांघन या ऐसे ही किसी और चौपाये की सवारी 3. तिरपाल 4. झोपड़ा 5. घोड़े आदि को ठंड में ओढ़ाने का मोटा कपड़ा।

टापरा [वि.] 1. सिकहुता 2. सरसों या तोरी से तैयार किया गया 3. करुई।

टापा [सं-पु.] 1. टाप 2. ऊसर मैदान 3. भूमि का विस्तार 4. बेकार उछल-कूद; मुर्गियों के टापों जैसा डोरियों से बुना एक जाल 5. मछली रखने की टोकरी।

टापू [सं-पु.] चारों ओर से जल से घिरा स्थल; द्वीप।

टाबर (पं.) [सं-पु.] 1. छोटा बालक 2. संतान; बाल-बच्चे 3. परिवार।

टाबू [सं-पु.] पशुओं के मुँह पर बाँधी जाने वाली जाली; जाब।

टायर (अं.) [सं-पु.] साइकिल, कार, ट्रक आदि विभिन्न प्रकार के वाहनों के धातु निर्मित पहियों के ऊपर चढ़ाए जाने वाले मोटे और मज़बूत रबर के खोल।

टार [सं-पु.] 1. घोड़ा 2. लौंडा; गांड़ 3. कुटना; दलाल; भँडुआ।

टार्गेट (अं.) [सं-पु.] लक्ष्य।

टाल (सं.) [सं-स्त्री.] 1. वह दुकान जहाँ लकड़ी, भूसे आदि वस्तुओं का एक के ऊपर एक तह लगाकर ऊँचा ढेर या अटाला बना रहता है 2. उक्त प्रकार से बनाया गया ढेर या राशि।

टाल-मटोल [सं-स्त्री.] 1. किसी काम को पूरा न करके आगे के लिए स्थगित करने या टालने की क्रिया 2. टालने के लिए किया जाने वाला बहाना 3. किसी आवश्यक काम के लिए आए व्यक्ति को टालने या टरकाने की क्रिया।

टालना [क्रि-स.] 1. किसी कार्य को भविष्य में करने के लिए स्थगित या मुलतवी करना 2. किसी अवांछित व्यक्ति या कार्य से पीछा छुड़ाना; टरकाना 3. किसी युक्ति द्वारा भावी समस्या या संकट से बचना 4. किसी अधिकारी आदि के आदेश को अनसुना करना; उल्लंघन करना; (अनुरोध) न मानना।

टाली [सं-स्त्री.] 1. पशुओं के गले में बाँधी जाने वाली घंटी 2. दो-तीन वर्ष की बछिया।

टालू [वि.] जो बात या काम को टालता रहे; टालने वाला।

टावर (अं.) [सं-पु.] 1. (स्थापत्य) एक बहुत ऊँची और सँकरी संरचना जिसमें अंदर से ऊपर जाने के लिए सीढ़ियाँ भी बनी होती है; मीनार 2. बुर्ज 3. टेलीविज़न, मोबाइल फ़ोन आदि की प्रसारण प्रक्रिया संचालित करने के लिए बनाया गया ऊँचा खंभा।

टास्क (अं.) [सं-पु.] नियत किया हुआ और अवश्य करणीय कार्य; काम, जैसे- बच्चों को स्कूल से मिला होमटास्क।

टिंडा (सं.) [सं-पु.] 1. एक लता जिसपर गरमी के मौसम में गोल हरे फल लगते हैं 2. उक्त लता के फल जिनकी सब्ज़ी बनाई जाती है; टिंडी।

टिक-टिक [सं-स्त्री.] 1. घड़ी आदि यंत्रों की विशेष ध्वनि 2. बैल या घोड़ा हाँकने के लिए बोला जाने वाला शब्द; टिटकारी।

टिकई [वि.] जिसमें या जिस पर तिलक लगा हुआ हो अथवा तिलक के आकार के चिह्न बने हुए हों। [सं-स्त्री.] 1. वह गाय जिसके माथे पर दूसरे रंग के ऐसे बाल होते हैं जो लगाए हुए तिलक की तरह जान पड़ते हैं 2. एक छोटी चिड़िया।

टिकट (अं.) [सं-स्त्री.] 1. सिनेमा, खेलकूद आदि मनोरंजन के साधनों के उपभोग या रेल, बस आदि किसी सेवा या सुविधा के उपयोग के लिए उपयुक्त मूल्य चुकाकर प्राप्त किया हुआ अधिकार-पत्र जो कागज़, गत्ते, प्लास्टिक आदि के एक छोटे टुकड़े या पर्ची के रूप में होता है 2. डाक सेवा लेने के महसूल के रूप में पत्रों या लिफ़ाफ़ों पर चिपकाया जाने वाला टिकट; (स्टैंप) 3. चुनाव लड़ने के लिए किसी राजनीतिक दल द्वारा अपने सदस्यों को दिया गया अधिकार पत्र 4. लॉटरी में धन निवेश के प्रमाण स्वरूप मिला नंबर वाला पर्चा। [मु.] **-कटना** : (किसी को) निकाल दिया जाना।

टिकटघर (अं.+हिं.) [सं-पु.] वह स्थान जहाँ सेवा विशेष के टिकट बनते या बिकते हों।

टिकठी (सं.) [सं-स्त्री.] 1. फाँसी का तख़्ता 2. लकड़ियों का वह ढाँचा जिसपर अपराधियों के हाथ पैर बाँध कर उन्हें कोड़ा लगाया जाता है 3. बाँस का बना ढाँचा जिसपर शव को अंतिम संस्कार के लिए ले जाते हैं; अरथी।

टिकड़ा [सं-पु.] 1. गले में पहने जाने वाले आभूषणों में लटकता रहने वाला नगयुक्त लॉकेट 2. आँच पर सेंककर पकाई हुई छोटी, चपटी, मोटी रोटी 3. प्रसूता स्त्रियों को खिलाई जाने वाली वह रोटी जिसके आटे में अजवाइन, सोंठ आदि मसाले मिले रहते हैं।

टिकना (सं.) [क्रि-अ.] 1. कुछ समय तक कहीं ठहरना, जैसे- पर्यटक या मुसाफ़िर का सराय में टिकना 2. किसी के यहाँ अतिथि के रूप में ठहरना 3. किसी आधार पर खड़ा या स्थित रहना; किसी चीज़ का सहारा लेना 4. किसी चीज़ का ख़राब न होना जैसे- दूध की चीज़ें सरदी में ज़्यादा टिकती हैं।

टिकरा [सं-पु.] 1. चहुआ 2. वह बैल जिसके माथे पर उजला चिह्न रहता है 3. टीला; भिंटा।

टिकरी [सं-स्त्री.] 1. मैदा, आटे या बेसन से बनने वाला एक प्रकार का नमकीन व्यंजन 2. टिकिया।

टिकली [सं-स्त्री.] 1. छोटी गोल आकृति वाली काँच, पन्नी या धातु की बनी हुई छोटी बिंदी जिसे स्त्रियाँ ललाट पर लगाती हैं 2. टीका या बेंदा नामक एक आभूषण जो स्त्रियाँ माथे पर पहनती हैं।

टिकाऊ [वि.] 1. (चीज़) जो अधिक समय तक टिके अर्थात उपयोग या व्यवहार में आती रहे या आ सके 2. अधिक समय तक बना रहने वाला।

टिकाना [क्रि-स.] 1. किसी चीज़ को किसी आधार पर खड़ा करना या ठहराना; टिकने में प्रवृत्त करना; सहारा देना 2. किसी को अपने यहाँ या होटल आदि में अतिथि रूप में ठहराना 3. किसी को किसी बात पर जमाए रखना; अस्थिर न होने देना।

टिकाव [सं-पु.] 1. टिके होने की अवस्था या भाव; स्थायित्व 2. स्थिरता से टिकने की जगह; पड़ाव।

टिकिया (सं.) [सं-स्त्री.] 1. किसी पदार्थ का गोल या चपटा टुकड़ा; कड़ी, चपटी तथा गोल वस्तु, जैसे-दवा की टिकिया, साबुन की टिकिया आदि 2. गोल आकार की एक मिठाई 3. आलू या विभिन्न सब्ज़ियों आदि को मिलाकर तवे पर तला हुआ चपटा तथा गोल आकार का मसालेदार, चटपटा व्यंजन 4. कोयले के चूरे से बनाया गया गोल टुकड़ा जिसे सुलगाकर तंबाकू पिया जाता है।

टिकुली [सं-स्त्री.] 1. स्त्रियों द्वारा माथे पर पहना जाने वाला एक आभूषण 2. बिंदी 3. तकली।

टिकैत [सं-पु.] 1. राजा का उत्तराधिकारी; युवराज 2. नेतृत्व करने वाला सरदार।

टिकोरा [सं-पु.] आम के बौर में आने वाले छोटे-छोटे फल; बहुत छोटे-छोटे कच्चे आम; अँबिया।

टिक्कड़ [सं-पु.] 1. अंगारों पर सेकी गई मोटी रोटी; अंगाकड़ी; अंगाकरी 2. बाटी; बड़ी टिकिया।

टिक्का [सं-पु.] 1. मुरगे, पनीर के टुकड़े या तरह-तरह की सब्ज़ियों आदि को मसाले में लपेटकर अंगारों या तवे पर सेका जाने वाला एक व्यंजन 2. मूँगफली की फ़सल में होने

वाला एक रोग 3. तिलक; टीका 4. स्मरण; सुध; याद।

टिक्की [सं-स्त्री.] 1. छोटी टिकिया 2. छोटी पूड़ी या रोटी 3. ताश के पत्ते पर की बूटी; बुँदकी 4. काली सरसों 5. गोल टीका 6. बाती; लिट्टी; अंगाकड़ी।

टिचन [वि.] प्रस्तुत; तैयार; मुस्तैद।

टिटकारना [क्रि-स.] टिक-टिक शब्द करते हुए घोड़े आदि को हाँकना; घोड़े को चलने के लिए प्रेरित करना।

टिटकारी [सं-स्त्री.] 1. टिटकारने की क्रिया 2. मुँह से निकलने वाला टिक-टिक शब्द 3. दबाते-दबाते फूट पड़ने वाली हँसी की आवाज़।

टिटिहरी (सं.) [सं-स्त्री.] जलाशयों के किनारे रहने वाली एक छोटी चिड़िया जिसकी पीठ भूरी, गरदन, सिर और छाती काली और शरीर का निचला भाग सफ़ेद होता है; कुररी।

टिट्टिभ (सं.) [सं-पु.] 1. ज़मीन पर घोंसला बनाने वाला एक पक्षी; टिटिहरी 2. टिड्डी।

टिड़ीबिड़ी [वि.] तितर-बितर; छितराया हुआ; अस्त-व्यस्त; तिड़ीबीड़ी।

टिड्डा (सं.) [सं-पु.] एक प्रकार का उड़ने वाला बड़ा पतंगा जो खेतों में तथा छोटे पेड़ों या पौधों पर दिखाई पड़ता है।

टिड्डी (सं.) [सं-स्त्री.] लाल रंग के पंखयुक्त कीड़े जो दल बनाकर उड़ते हैं और फ़सल को हानि पहुँचाते हैं।

टिड्डी-दल (सं.) [सं-पु.] 1. टिड्डी नामक कीटों का समूह जो आक्रमण करके सारी फ़सल और हरियाली को चट कर जाता है 2. {ला-अ.} मनुष्यों या जीव-जंतुओं का बहुत बड़ा समूह या दल।

टिपकरी [सं-पु.] दीवालों के जोड़ों को मसाले से भरने की क्रिया।

टिपका [सं-पु.] दे. टपका।

टिपाई [सं-स्त्री.] 1. टीपने की क्रिया या मज़दूरी 2. चित्रकला में, आकृतियों आदि की आरंभिक रूपरेखा अंकित करने या बनाने की क्रिया 3. परीक्षा में नकल करने की क्रिया।

टिपारा (हिं.+फ़ा.) [सं-पु.] मुकुट के आकार की एक प्रकार की तिकोनी टोपी जो किसी समय मुसलमान फ़कीर पहना करते थे।

टिप्पण (सं.) [सं-पु.] अधीनस्थ कर्मचारियों द्वारा पेश की गई फ़ाइल के कागज़ों पर उच्च अधिकारी द्वारा संक्षेप में दिए गए सुझाव, सलाह या आदेश।

टिप्पणी (सं.) [सं-स्त्री.] 1. किसी व्यक्ति, विषय या घटना के संबंध में प्रकट किया जाने वाला संक्षिप्त विचार या राय; उपकथन 2. पत्र-पत्रिकाओं और पुस्तकों में किसी संदर्भ में नए तथ्य, तर्क या विचारों को द्घाटित करने वाला लेख 3. किसी विषय पर अभिप्राय स्पष्ट करने के लिए जोड़ी जाने वाली संक्षिप्त टीका 4. किसी अधिकारी या कर्मचारी के प्रस्ताव के संबंध में अन्य अधिकारी द्वारा संक्षेप में प्रकट की गई राय, सम्मति, सुझाव या आपत्ति 5. किसी घटना के संबंध में प्रतिक्रिया देते हुए किसी समाचार-पत्र में प्रकाशित संपादक का लेख 6. किसी देखी-सुनी गई बात या घटना को याद रखने के लिए संक्षिप्त रूप में लिखना।

टिप्पस [सं-स्त्री.] अपना काम या मतलब निकालने के लिए की जाने वाली छोटी-मोटी युक्ति। [मु.] **-भिड़ाना** : कोई उपाय करना।

टिप्पी [सं-स्त्री.] 1. उँगली में रंग आदि लगाकर बनाया हुआ चिह्न 2. ताश के पत्तों पर बनी संख्या सूचक बूटी।

टिफ़िन (अं.) [सं-पु.] 1. एक डिब्बा जिसमें भोजन आदि रखा जाता है 2. दोपहर के समय छात्रों या कार्यालयों के कर्मचारियों आदि द्वारा किया जाने वाला जलपान या भोजन।

टिबरी [सं-स्त्री.] 1. पहाड़ की छोटी चोटी 2. रेगिस्तान में मिट्टी का टीला।

टिमकना [क्रि-अ.] 1. रुकना; ठहरना; 2. चमकना; प्रकाशयुक्त होना।

टिमटिमाना [क्रि-अ.] 1. रुक-रुक कर चमकना; किसी चीज़ से रह-रह कर प्रकाश आना 2. दीपक का धीमी या मंद रोशनी के साथ जलना; बहुत कम प्रकाश देना 3. दीपक का बुझने से पहले रह-रहकर जलना।

टिमिला [सं-पु.] लड़का; छोकरा।

टिमिली [सं-स्त्री.] लड़की; छोकरी।

टिम्मा [वि.] छोटे डील डौल का; नाटा; ठिगना; बौना।

टिरिया [वि.] छोटा और कुत्सित नस्ल का बैल।

टिलिया [सं-स्त्री.] 1. छोटी मुर्गी 2. मुर्गी का बच्चा।

टिलेहू [सं-पु.] एक प्रकार का नेवला जिसके शरीर से दुर्गंध निकलती है।

टिहुक [सं-स्त्री.] 1. ठिठक; रुकाव 2. चौंकने का भाव 3. चमक 4. रूठना 5. रोना; रुदन 6. कोयल की कूक।

टिहुकना [क्रि-अ.] दे. टिहुक।

टिहुकार [सं-स्त्री.] कोयल की कूक।

टिहुनी [सं-स्त्री.] 1. घुटना 2. कोहनी।

टींड़ा [सं-पु.] 1. जाँता घुमाने का खूँटा 2. जाँते का जुआ।

टीका-टिप्पणी (सं.) [सं-स्त्री.] कोई प्रसंग छिड़ने या बात सामने आने पर उसके गुण-दोष आदि के संबंध में प्रकट किए जाने वाले विचार; किसी के कार्यों या स्वभाव-चरित्र पर आलोचनात्मक विचार प्रकट करना।

टीका[1] [सं-पु.] 1. माथे पर रोली, चंदन, केसर, हल्दी-चावल आदि से बनाया जाने वाला चिह्न; तिलक 2. कन्यापक्ष की तरफ़ से वर के मस्तक पर तिलक लगाकर विवाह तय करना; तिलक की रस्म 3. राज्याभिषेक की एक रस्म; राजतिलक 4. स्त्रियों के सिर पर पहना जाने वाला एक गहना; बेना; बेंदी 5. शिशु या बच्चों को संक्रामक रोगों से बचाने के लिए प्रतिरोधक शक्ति पैदा करने वाली दवा का इंजेक्शन 6. {ला-अ.} श्रेष्ठ व्यक्ति; मानवों में श्रेष्ठ।

टीका[2] (सं.) [सं-स्त्री.] 1. किसी गूढ़ अर्थ वाली पुस्तक या लेख के अर्थ को स्पष्ट करने वाला लेख या ग्रंथ; व्याख्या 2. किसी विषय के संबंध में प्रकट किया जाने वाला मत।

टीकाकरण (सं.) [सं-पु.] बच्चों को किसी रोग से बचाने के लिए प्रतिरोधक औषधि का टीका लगाने की क्रिया।

टीकाकार (सं.) [सं-पु.] 1. किसी दुर्बोध या गूढ़ ग्रंथ का अर्थ स्पष्ट करने के लिए टीका लिखने वाला व्यक्ति 2. भाष्यकार; भाष्य लिखने वाला व्यक्ति 3. कठिन पदों या वाक्यों आदि की सरल भाषा में व्याख्या लिखने वाला व्यक्ति।

टीकाधारी (सं.) [वि.] 1. माथे पर टीका या तिलक लगाने वाला; ब्राह्मण पंडित; पुजारी 2. {ला-अ.} धर्म का ढोंग या दिखावा करने वाला।

टीन (अं.) [सं-पु.] 1. लोहे की चद्दर जिसपर राँगे की कलई की जाती है; राँगा 2. उक्त लोहे की चद्दर का बना हुआ बड़ा डिब्बा; (टिन)।

टीप [सं-स्त्री.] 1. टीपने की क्रिया या भाव; टिपाई 2. ईंटों की बनी हुई दीवार, फ़र्श आदि पर पलस्तर न करके केवल उनकी दरारों-संधियों में मसाला भरकर उन्हें बंद करने की क्रिया 3. जन्मपत्री 4. हुंडी 5. टिप्पणी।

टीपटाप [सं-स्त्री.] 1. टिप करने अर्थात् दरजों या दरारों में मसाला भरने का काम 2. टीम-टाम ठाटबाट; तड़क-भड़क।

टीपन [सं-स्त्री.] 1. गाँठ; घट्ठा 2. जन्मपत्री।

टीपना (सं.) [क्रि-स.] 1. संक्षेप में कुछ लिखना 2. कहीं से कुछ नकल करना 3. स्मरण के लिए लिख या टाँक लेना 4. किसी भवन में ईंटों या पत्थरों के जोड़ पर मसाला लगाकर उन्हें बंद करना 5. जन्मकुंडली।

टीम (अं.) [सं-स्त्री.] 1. किसी खेल विशेष में एक पक्ष के सभी खिलाड़ियों का समूह, जैसे- फुटबाल की टीम 2. किसी भी क्षेत्र में एक साथ काम करने वाले लोगों का समूह; दल, जैसे- किसी ऑपरेशन के लिए डॉक्टरों की टीम।

टीम-टाम [सं-स्त्री.] 1. ऊपरी बनाव-शृंगार या सजावट 2. तड़क-भड़क; ठाट-बाट 3. व्यर्थ का आडंबर; दिखावा।

टीला (सं.) [सं-पु.] 1. किसी समतल भाग से ऊँचा उठा या उभरा हुआ मिट्टी या पत्थर का भूभाग; ढूह; भीटा 2. छोटी पहाड़ी; ऊँची ज़मीन 3. मिट्टी या रेत का बहुत ऊँचा ढेर।

टीलिया [सं-स्त्री.] दे. ढूह।

टीवी (अं.) [सं-पु.] वह इलेक्ट्रॉनिक उपकरण जिसके पर्दे पर प्रसारित विद्युत तरंगें चित्र का रूप ले लेती हैं; दूरदर्शन यंत्र।

टीस [सं-स्त्री.] 1. रह-रहकर उठने वाली ज़ोर की पीड़ा; कसक, दर्द 2. {ला-अ.} मनोव्यथा।

टीसना [क्रि-अ.] शरीर के किसी अंग में रह-रहकर तीव्र पीड़ा होना।

टुँगनी [सं-स्त्री.] धान आदि की डंठल के बिना ही केवल बाल की कटाई; बलकट।

टुइयाँ [सं-पु.] 1. तोतों या सुग्गों की एक जाति 2. उक्त जाति का तोता जिसकी चोंच पीले रंग की और गर्दन बैंगनी होती है जो अपेक्षाकृत छोटे आकार का होता है। [वि.] बहुत छोटा 2. बहुत ठिंगना या नाटा।

टुक (सं.) [वि.] तनिक; अल्प। [अव्य.] ज़रा; थोड़ा।

टुकड़खोर (हिं.+फ़ा.) [वि.] 1. तुच्छ या बेगैरत 2. {ला-अ.} औरों द्वारा अपमानपूर्वक दी गई सहायता पर निर्वाह करने वाला; टुकड़ों पर पलने वाला।

टुकड़ा (सं.) [सं-पु.] 1. किसी वस्तु का टूटकर या कट-छँटकर अलग हुआ कोई हिस्सा, भाग या खंड, जैसे- रोटी का टुकड़ा, ज़मीन का टुकड़ा 2. किसी साबुत वस्तु का चिह्न के द्वारा बँटा हुआ अंश, जैसे- विभाजन के बाद भारत के दो टुकड़े हो गए 3. {ला-अ.} अपमानपूर्वक दी हुई या मिली हुई मदद 4. {ला-अ.} जूठन। [मु.] -**माँगना** : भीख माँगना। **दूसरों के टुकड़ों पर पलना** : पराश्रित होना।

टुकड़ी [सं-स्त्री.] 1. छोटा टुकड़ा 2. किसी विशेष कार्य को करने वालों का स्वतंत्र छोटा दल, वर्ग, जत्था या समूह 3. सैनिकों का छोटा दल।

टुकरी [सं-स्त्री.] सल्लम की तरह का एक प्रकार का मोटा टुकड़ा।

टुकुर-टुकुर [अव्य.] एकटक, नज़रें गड़ाकर अथवा टकटकी लगाकर ललचाई हुई दृष्टि से या मज़बूरी के साथ (देखना)।

टुक्कड़ [सं-पु.] (हीनार्थक प्रयोग) रोटी का टुकड़ा। [मु.] -**तोड़ना** : दूसरों के टुकड़ों पर पलना।

टुघलाना [क्रि-स.] मुँह में रखकर चुभलाना; हलके-हलके चबाते हुए मुँह में घुलने देना।

टुच्चा (सं.) [वि.] 1. नीच; क्षुद्र 2. जो अनुचित या हेय हो; ओछा 3. कमीना; जो दुष्ट प्रवृत्ति का हो। [सं-पु.] दुष्ट और कमीना व्यक्ति; ओछी हरकत करने वाला व्यक्ति।

टुटपुँजिया [वि.] 1. बहुत थोड़ी पूँजी वाला; नगण्य 2. क्षुद्र। [सं-पु.] बहुत थोड़ी पूँजी वाला व्यक्ति।

टुटरूँ [सं-पु.] पेंडुकी नामक पक्षी; छोटी पेंडुकी।

टुटहन [सं-पु.] बहुत टूटने वाला धान। [वि.] बहुत टूटने वाला।

टुटहा [वि.] 1. जो जल्दी ही टूट जाने की स्थिति में हो; जर्जर 2. टूटा हुआ 3. जो अपनी बिरादरी, जाति, वर्ग अथवा दल से बहिष्कृत हो।

टुटुहा [सं-पु.] एक पक्षी; टुटहा।

टुनका [सं-पु.] एक रोग जिसमें पेशाब जल्दी-जल्दी होता और उसके साथ वीर्य भी निकलता है।

टुनकी [सं-स्त्री.] 1. सिर का बाल झड़ने का रोग 2. धान गिरने का रोग 3. अत्यधिक मूत्रस्राव और धातु गिरने का रोग 4. एक प्रकार का फतिंगा। [वि.] तुरंत टूटने वाला।

टुनगा (सं.) [सं-पु.] 1. वृक्ष की डाली या टहनी का सिरा या अगला भाग; फुनगी 2. टहनी।

टुनगी [सं-स्त्री.] टहनी का अगला भाग; फुनगी; टुलकी; टुनगा।

टुनटुनाना [क्रि-स.] 1. घंटी या धातु के किसी टुकड़े पर किसी वस्तु से चोट करके टनटन की ध्वनि निकालना 2. बजाना 3. ठोक-बजाकर देखना। [क्रि-अ.] किसी चीज़ से टनटन की आवाज़ निकलना; टनटन शब्द होना।

टुनटुनी [सं-स्त्री.] घंटी।

टुमा [सं-पु.] वह उभरा भाग जिस पर अंखुरियाँ होती हैं; टुमना।

टुली [सं-स्त्री.] एक प्रकार का मजबूत पत्थर।

टूँगना [क्रि-स.] किसी वस्तु को थोड़ा-थोड़ा काटकर या कुतरकर खाना।

टूँड़ (सं.) [सं-पु.] 1. जौ, गेहूँ, धान आदि की बाल में ऊपर की

ओर निकला हुआ नुकीला भाग 2. कीड़ों के मुँह पर की वह पतली नली जिसे गड़ाकर वे खाते हैं 3. नाभि 4. किसी वस्तु की निकली हुई नोक।

टूअर [वि.] वह असहाय बालक जिसकी माँ मर गयी हों।

टूक (सं.) [सं-पु.] खंड; टुकड़ा।

टूट [सं-स्त्री.] 1. न्यूनता 2. घाटा; टोटा 3. त्रुटि; भूल। [मु.] -**पड़ना** : ज़ोरदार हमला करना।

टूट-फूट [सं-स्त्री.] 1. टूटे या फूटे हुए होने की अवस्था या भाव 2. टूटने के कारण होने वाली हानि।

टूटन [सं-स्त्री.] 1. टूटने की अवस्था या क्रिया 2. शरीर के अंगों में होने वाला हलका दर्द 3. टूटने या बिखरने के सूचक चिह्न 4. टूटकर अलग हुए टुकड़े; टूटी हुई चीज़ के हिस्से; टुकड़े 5. मादक पदार्थों का सेवन त्यागने के बाद नशेड़ी को महसूस होने वाला कष्ट।

टूटना [क्रि-अ.] 1. खंडित होना; टुकड़े होना; भग्न होना 2. किसी चीज़ के अंग या अवयव का अपने मूल से अलग होना, जैसे- पेड़ से फल टूटना 3. किसी की शक्ति या सामर्थ्य में गिरावट या ह्रास होना 4. गति का रुकना 5. उद्देश्य विशेष के लिए लोगों का समूह बनाकर या दल बाँधकर कहीं तेज़ी से जाना या पहुँचना 6. आक्रमण करना; किसी पर तेज़ी से झपटना; धावा करना 7. नगद धन, रुपयों या सिक्कों का छोटे सिक्कों में परिवर्तित होना; भुनना 8. बाज़ार में वस्तु का भाव या माँग नीचे गिरना 9. बुख़ार आदि के साथ शरीर में दर्द होना।

टूटा-फूटा [वि.] 1. खंडित; जर्जर 2. जीर्ण-शीर्ण।

टूटी-बिखरी [वि.] 1. टूटी-फूटी; जर्जर अवस्था में पड़ी हुई 2. अस्त-व्यस्त; फैली हुई 3. {ला-अ.} अस्पष्ट (बात या तथ्य)।

टूठा [सं-पु.] बंझड़।

टूरनामेंट (अं.) [सं-पु.] हॉकी, फ़ुटबॉल, क्रिकेट, मुक्केबाज़ी आदि खेलों की ऐसी प्रतियोगिता जिसमें कई टीमें भाग लेती हैं; खेल-प्रतियोगिता।

टूसा [सं-पु.] 1. मंदार का फल 2. पाकर का फूल 3. तंतु; रेशा 4. खंड; टुकड़ा।

टें-टें [सं-स्त्री.] 1. तोते की बोली 2. व्यर्थ की बकवास।

टेंगर (सं.) [सं-स्त्री.] एक प्रकार की मछली जिसकी रीढ़ में केवल एक काँटा होता है।

टेंट [सं-स्त्री.] 1. धोती की कमर में पड़ने वाली लपेट जिसमें रुपए, पैसे आदि भी रखे जाते हैं 2. करील की झाड़ी या उसका फल; टेंटी 3. कपास का फूल या डोंडा।

टेंटी [सं-स्त्री.] 1. करील की झाड़ी 2. करील का फल। [वि] 1. चिड़चिड़ा; झगड़ालू 2. जो व्यर्थ बकवास करता हो; टर्रा।

टेंटुआ [सं-पु.] 1. गला; गरदन 2. श्वास नलिका। [मु.] -**दबाना** : गला दबाना; मार डालने की चेष्टा करना।

टेंडर (अं.) [सं-पु.] किसी कार्य या सेवा का ठेका लेने के इच्छुक व्यक्ति या संस्थान की ओर से भेजा गया प्रस्ताव जिसमें उक्त कार्य या सेवा में होने वाले व्यय का अनुमानित ब्योरा या तख़मीना रहता है; निविदा।

टेंढ़ा तामड़ा [सं-पु.] बहुत पकी हुई टेढ़े शक्ल की ईंट; झाँवा।

टेक [सं-स्त्री.] 1. सहारा देने वाली चीज़; अवलंब; आश्रय 2. किसी चीज़ को टिकाए रखने के लिए उसके नीचे लगाया गया मज़बूत लकड़ी या लोहे का स्तंभ; थूनी 3. किसी गीत का स्थायी पद जो शेष पदों से छोटा होता है और गीत की हर कड़ी के बाद दोहराया जाता है 4. ज़िद या बात; संकल्प; मन में ठानी हुई बात; प्रतिज्ञा 5. साधुओं की अधारी जिसपर वे माला फेरते समय हाथ या कुहनी टेकते हैं; टेवकी। [मु.] -**पकड़ना** : हठ करना।

टेकना [क्रि-स.] 1. किसी वस्तु को किसी अन्य वस्तु के सहारे बैठाना, लिटाना, ठहराना या टिकाना 2. सहारे के लिए पकड़ना; सहारा लेना।

टेकनिक (अं.) [सं-स्त्री.] तकनीक।

टेकरा [सं-पु.] 1. प्राकृतिक रूप से निर्मित छोटी सी पहाड़ी 2. छोटा टीला।

टेकरी [सं-स्त्री.] 1. टीला 2. छोटी पहाड़ी; टेकड़ी।

टेकानी [सं-स्त्री.] 1. पहिए को रोकने की कील 2. टेक 3. बैलगाड़ी का जुआ।

टेकी [वि.] अपनी टेक या ज़िद (हठ) पर अड़ा रहने वाला।

टेकुरा [सं-पु.] पान; तांबूल का पौधा या पत्ता।

टेकुरी [सं-स्त्री.] 1. रस्सी बटने की तकली 2. चरखे का तकला 3. सुनारों का एक उपकरण 4. चमड़ा सीने का सूआ; सूजा।

टेक्नॉलॉजी (अं.) [सं-स्त्री.] 1. विभिन्न क्षेत्रों तथा उद्योगों में उन्नति के लिए अपेक्षित तकनीकी तथा वैज्ञानिक जानकारी 2. उक्त उन्नति के लिए आवश्यक उपकरण उपलब्ध कराने वाली विद्या; प्रौद्योगिकी।

टेखती [सं-स्त्री.] कानों में पहनने वाला एक आभूषण; तरौनी।

टेढ़रा [वि.] टेढ़ा-मेढ़ा।

टेढ़ा (सं.) [वि.] 1. जो सीधा न हो; तिरछा 2. कुटिल; वक्र; बाँका 3. {ला?-अ.} कठिन; मुश्किल 4. {ला?-अ.} दुस्साध्य; पेचीदा 5. {ला?-अ.} जिसमें विनय न हो; उद्दंड; बात-बात में लड़ने या झगड़ने वाला; उद्धत। [मु.] -**होना** : अकड़ना; बिगड़ना; उग्र रूप धारण करना।

टेढ़ा-मेढ़ा [वि.] 1. जो सीधा न हो; जिसमें घुमाव-फिराव हों; जिसमें कई मोड़ हो 2. वक्र; तिरछा 3. जो कठिन हो (कार्य)।

टेढ़ाई [सं-पु.] टेढ़ापन; वक्रता।

टेढ़ापन [सं-स्त्री.] टेढ़ा होने की अवस्था; वक्रता; टेढ़ाई।

टेना [क्रि-स.] 1. किसी उपकरण या अस्त्र-शस्त्र आदि की धार तेज़ करने के निमित्त उसे पत्थर पर रगड़ना 2. धार चोखी या तेज़ करना।

टेनिस (अं.) [सं-पु.] मज़बूत रबर की गेंद और जालीदार बल्ले (रैकिट) की सहायता से खेला जाने वाला एक प्रतियोगी खेल जिसमें दोनों तरफ़ एक-एक या दो-दो खिलाड़ी रहते हैं।

टेनी [सं-स्त्री.] 1. कानी अर्थात् सबसे छोटी उँगली 2. छोटे कद का व्यक्ति।

टेप (अं.) [सं-स्त्री.] 1. एक सँकरी लंबी पट्टी जिसके एक ओर गोंद जैसा पदार्थ लगा होता है और जो वस्तुओं को चिपकाने या जोड़ने में प्रयुक्त होती है 2. नापने का फ़ीता जिसपर नाप

के पैमाने के निशान लगे होते हैं 3. पतले प्लास्टिक की वह पतली चुंबकीय पट्टी जिसपर ध्वनि और छवि विद्युत-चुंबकीय विधि से अंकित या रिकॉर्ड किए जाते हैं।

टेबल (अं.) [सं-पु.] 1. मेज़; पढ़ने-लिखने, भोजन करने आदि के काम आने वाला फ़र्नीचर 2. नक्शा 3. सारणी।

टेबल लैंप (अं.) [सं-पु.] 1. मेज़ पर रखकर पढ़ने-लिखने में उपयोग किया जा सकने वाला लैंप।

टेर [सं-स्त्री.] 1. पुकार; ऊँची आवाज़ में बुलाने का शब्द; हाँक 2. तान।

टेरना [क्रि-स.] पुकारना; ऊँचे स्वर में बुलाना।

टेरवा [सं-पु.] हुक्के की वह नली जिस पर चिलम रखी जाती है।

टेलर (अं.) [सं-पु.] वह व्यक्ति जिसका व्यवसाय कपड़ों की सिलाई करना हो; दरज़ी।

टेलिकास्ट (अं.) [सं-पु.] किसी घटना या कार्यक्रम का टेलीविज़न पर प्रसारण।

टेलिकॉम (अं.) [सं-पु.] ऐसी संचार प्रणाली जो फ़ोन रेडियो, दूरदर्शन आदि के माध्यम से संचालित होती है; (टेलिकम्युनिकेशन)।

टेलिग्राफ़ (अं.) [सं-पु.] 1. विद्युत से शीघ्र समाचार भेजने की एक प्रणाली या तकनीक; दूरलेख 2. संदेशों को दूर-दूर भेजने की प्रणाली जो अब प्रचलन में नहीं है।

टेलिग्राम (अं.) [सं-पु.] दूरलेख से भेजी गई सूचना; तार।

टेलिपैथी (अं.) [सं-स्त्री.] 1. दूसरों की भावनाएँ जानने की मानसिक क्रिया 2. व्यक्तियों के बीच मानसिक स्तर पर संदेशों का संप्रेषण 3. दूर-संवेदन।

टेलिप्रिंटर (अं.) [सं-पु.] ऐसा यंत्र जिसमें तार द्वारा भेजा गया संदेश स्वयं टाइप हो जाता है; दूरमुद्रक; तारलेख।

टेलिफ़ोन (अं.) [सं-पु.] वह यंत्र या उपकरण जिससे तार या विद्युत-चुंबकीय तरंगों के माध्यम से बहुत दूर उपस्थित व्यक्ति से बातचीत की जा सकती है; दूरभाष।

टेलिविज़न (अं.) [सं-पु.] वह उपकरण जिसके परदे (स्क्रीन) पर किसी स्टेशन से भेजी गई रेडियो तरंगें चित्र और ध्वनि का रूप ले लेती हैं; दूरसंचार माध्यम के रूप में प्रसिद्ध एक उपकरण जो विभिन्न चैनलों के माध्यम से समाचार या सूचना देने तथा चलती-बोलती रंगीन तस्वीरों के ज़रिए मनोरंजन का कार्य करता है; दूरदर्शन; (टीवी)।

टेलिस्कोप (अं.) [सं-पु.] बहुत दूर की वस्तुओं को लेंसों की सहायता से अधिक बड़ा और निकट दिखाने वाला नली के आकार का यंत्र; दूरबीन; दूरदर्शक।

टेव [सं-स्त्री.] 1. लत; स्वभाव 2. आदत।

टेवना [क्रि-स.] धार तेज़ करने के निमित्त अस्त्र आदि को पत्थर पर रगड़ना; टेना।

टेवा (सं.) [सं-पु.] जन्मपत्री; जन्मकुंडली।

टेसू (सं.) [सं-पु.] 1. पलाश या किंशुक का फूल 2. शारदीय नवरात्र का एक उत्सव 3. उक्त उत्सव में गाए जाने वाले गीत।

टेस्ट (अं.) [सं-पु.] 1. किसी विषय में किसी के ज्ञान और कौशल को जानने के लिए आयोजित परीक्षा 2. किसी वस्तु की क्रियाशीलता जानने और परखने के लिए किया गया परीक्षण 3. स्वाद; जायका।

टैंक (अं.) [सं-पु.] 1. टंकी; बड़ा हौज़ 2. छोटा तालाब; पोखर 3. एक बड़ा युद्धयान जिसमें तोपें लगी होती हैं।

टैंकर (अं.) [सं-पु.] 1. अधिक मात्रा में तेल, पेट्रोल आदि ले जाने या ढोने वाला जहाज़ या लॉरी 2. तेल-पोत; तेलवाहक जहाज़।

टैंट [सं-पु.] घोड़े की आँख का एक रोग।

टैंभी [सं-स्त्री.] किसी बोई हुई फसल का अंकुर; डीभी; डिब्भी।

टैक्स (अं.) [सं-पु.] कर; चुंगी; राजस्व।

टैक्स फ्री (अं.) [वि.] करमुक्त।

टैक्सी (अं.) [सं-स्त्री.] किराए-भाड़े पर चलने वाली कार।

टैग [सं-पु.] पुण्य कार्य हेतु प्रतिदिन निकाले जाने वाला अन्न।

टैना [क्रि-स.] मुचकना [सं-पु.] खेत में खड़ा किया गया पुतला या हाड़ी जिससे पशु भयभीत हों।

टैनी [सं-स्त्री.] 1. छोटे कद की मुर्गी 2. भेड़ों का झुंड 3. टहनी।

टैमना [सं-पु.] आलू के ऊपर का एक हरा गोल फल।

टैया [सं-स्त्री.] चित्ती-कौड़ी। [वि.] छोटा या नाटा होने पर भी हृष्ट-पुष्ट।

टॉपर (अं.) [वि.] 1. सर्वोच्च स्थान पाने वाला 2. सबसे मुख्य; सर्वोत्तम 3. उच्चतम; श्रेष्ठ।

टॉप्स (अं.) [सं-पु.] कान में पहनने का आभूषण; कर्णफूल।

टॉयलेट (अं.) [सं-पु.] मल-मूत्र आदि त्याग करने के लिए बनाया गया स्थान; शौचालय।

टॉर्च (अं.) [सं-स्त्री.] 1. कृत्रिम प्रकाश देने का एक उपकरण 2. मशाल।

टोंच [सं-स्त्री.] 1. सिलने का कार्य; सिलाई 2. टोंचने की क्रिया या भाव 3. सिलाई का टाँका; सीयन।

टोंचना [सं-पु.] ताना; उलाहना। [क्रि-स.] 1. सिलाई करना 2. गड़ाना; चुभाना; गोदना। [क्रि-अ.] मड़ना; चुभना।

टोंटा (सं.) [सं-पु.] 1. कोई ऐसी वस्तु जो गोलाकार हो और उसके आगे का भाग नुकीला हो, जैसे- बाँस का टोंटा 2. बंदूक की गोली का ऊपरी आवरण; कारतूस 3. गाँव, देहात के कच्चे मकानों में लगाई जाने वाली लकड़ी की घोड़िया।

टोंटी (सं.) [सं-स्त्री.] 1. टैंक, नल या बरतन आदि में लगी नली जिससे कोई तरल पदार्थ गिरता हो; (टैप) 2. सुअर आदि पशुओं का थूथन।

टोइयाँ [सं-पु.] दे. टुइयाँ।

टोई [वि.] थोड़ी। [सं-स्त्री.] पोर; एक गाँठ से दूसरी गाँठ तक का भाग;उँगली का खंड।

टोक (सं.) [सं-स्त्री.] 1. टोकने की क्रिया या भाव 2. प्रश्नात्मक छोटी बात 3. छोटे-छोटे प्रश्न जो साधारणतः लोक में उस काम के लिए बाधक लक्षण या अपशकुन समझे जाते हैं 4. बुरी दृष्टि का प्रभाव; नज़र। [मु.] **-में आना** : किसी के टोकने पर उसके अनिष्टकारक प्रभाव में पड़ना। **-लगना** : किसी के बीच में टोकने पर उसका कुछ अनिष्टकारक या

विघ्नकारक प्रभाव पड़ना।

टोकन (अं.) [सं-पु.] 1. वह चीज़ या चिह्नित संकेत जिसको देने पर किसी वस्तु को प्राप्त किया जाता है; निशानी 2. गोटी; बिल्ला 3. प्रतीक; चिह्न 4. रसीद; (वाउचर)।

टोकना [सं-पु.] 1. बड़ा और चौड़े मुँह वाला टोकरा; झाबा 2. एक प्रकार का हंडा। [क्रि-अ.] 1. एतराज़ करना; किसी व्यक्ति को कुछ कहकर काम न करने देना 2. किसी बात या काम में हस्तक्षेप करना; अशुद्धि होने पर बोल उठना 3. किसी को रोककर पूछताछ करना; किसी बात के संबंध में शंका प्रकट करना 4. किसी बात का स्मरण कराना।

टोकरा [सं-पु.] 1. बाँस की खमाचियों या पतली लचकदार टहनियों की बनी हुई बड़ी टोकरी; झाबा; खाँचा 2. पशुओं को कटा हुआ चारा डालने का पात्र।

टोकरी [सं-स्त्री.] पतली टहनियों, धातु या प्लास्टिक से बना फल-सब्ज़ी और घास आदि चीज़ें रखने का पात्र; छोटा टोकरा; झाउ; टोकनी; खँचिया।

टोकवा [सं-पु.] उत्पाती या उपद्रवी लड़का।

टोका [सं-पु.] 1. कपड़े आदि का कोना या पल्ला 2. किसी चीज़ का किनारा या सिरा 3. स्थल का वह भाग जो कुछ दूर तक जल में चला गया हो।

टोकाटाकी [सं-स्त्री.] 1. पूछताछ 2. रोककर पूछने की क्रिया या भाव 3. रोक; मनाही; निषेध।

टोटका (सं.) [सं-पु.] 1. (लोकमान्यता) किसी बाधा को दूर करने, किसी इच्छा को पूर्ण करने, किसी को वश में करने या किसी को हानि पहुँचाने के लिए किया गया तांत्रिक प्रयोग 2. जादू-टोना; अभिचार।

टोटरू [सं-स्त्री.] बेल की एक ओर की कंगेरूदार छापा।

टोटा (सं.) [सं-पु.] 1. आर्थिक क्षति; घाटा; हानि 2. अभाव या कमी 3. किसी वस्तु का छोटा अंश या टुकड़ा।

टोड (सं.) [सं-पु.] पेट; उदर।

टोडर [सं-पु.] स्त्रियों के हाथ में पहनने का एक आभूषण।

टोड़ा (सं.) [सं-पु.] कच्चे मकानों में छाजन के नीचे बाहर की ओर लगाई जाने वाली काठ की घोड़िया; टोंटा।

टोड़िया [सं-स्त्री.] द्वार के अलावा तीन ओर कड़ियों को टेकने वाली लकड़ी।

टोड़ी (सं.) [सं-स्त्री.] 1. (संगीत) एक रागिनी जिसे प्रात:काल गाते हैं 2. (संगीत) चार मात्राओं का एक ताल।

टोन (अं.) [सं-पु.] 1. स्वर 2. लहज़ा; कहने का ढंग।

टोनखावा [सं-स्त्री.] ईख रोपने के पहले बीज रखने का गड्ढ़ा; पनारी।

टोनहा [वि.] जादू टोना करने वाला; टोनहाया।

टोना [सं-पु.] 1. (लोकमान्यता) तंत्र-मंत्र के माध्यम से नियत उद्देश्य की पूर्ति हेतु किया गया उपक्रम; टोटका 2. विवाह के समय गाया जाने वाला लोकगीत जिसमें वर-वधू को एक-दूसरे के प्रति अनुरक्त करना और उनकी प्रीति को बुरी नज़र से बचाने की कामना होती है 3. एक प्रकार की शिकारी चिड़िया। [क्रि-स.] 1. किसी वस्तु के बारे में जानकारी लेने के लिए उसपर उँगलियाँ फिराना; टोहना; टटोलना 2. जानने-समझने के लिए छूकर देखना।

टोप [सं-पु.] 1. सिर को ढकने का एक बड़ा पहनावा; बड़ी टोपी 2. युद्ध के समय पहनने वाली लोहे की बनी हुई टोपी; शिरस्त्राण 3. गिलाफ़; खोली।

टोपन [सं-पु.] टोकरा।

टोपनी [सं-स्त्री.] एक उपकरण जिससे छेद किया जाता है।

टोपा [सं-पु.] 1. एक बड़ी टोपी 2. दौरा; टोकरा।

टोपी [सं-स्त्री.] 1. सिर ढकने का सिला हुआ परिधान; (कैप) 2. किसी वस्तु पर लगाई जाने वाली टोपी के आकार की गोल चीज़, जैसे- दाँत की टोपी 3. बोतल या पेन आदि का ढक्कन 4. बंदूक पर चढ़ाकर घोड़ा गिराने से आग पैदा करने वाला धातु का टोपी के आकार का गहरा ढक्कन 5. शिकारी या काटने वाले जानवर के मुँह पर बाँधी जाने वाली थैली 6. सिलाई के समय दरज़ी द्वारा हाथ में पहनने का छल्ला। [मु.] **-पहनाना** : बेवकूफ़ बनाना; झाँसा देना।

टोरा[1] [सं-पु.] 1. लड़का 2. जुलाहों का सूत तौलने वाला तराज़ू।

टोरा[2] (सं.) [सं-पु.] 1. दीवार में छप्पर को सहारा देने के लिए बाहर की ओर लगाया जाने वाला डंडा; टोटा 2. लड़का।

टोल[1] [सं-पु.] 1. संपूर्ण जाति का एक राग 2. टोला (मुहल्ला)। [सं-स्त्री.] टोली।

टोल[2] (सं.) [सं-पु.] 1. समूह; मंडल; जत्था 2. पाठशाला 3. मध्ययुग में वह बड़ी पाठशाला जिसमें कोई बहुत बड़ा पंडित अपने शिष्यों को दर्शन, न्याय, व्याकरण आदि की ऊंची शिक्षा दिया करता था।

टोल[3] (अं.) [सं-पु.] किसी महत्वपूर्ण मार्ग या स्थान पर जाने के लिए लगाया जाने वाला कर।

टोला (सं.) [सं-पु.] 1. मुहल्ला 2. बड़ी बस्ती; पाड़ा 3. एक ही पेशे वाले लोगों की बस्ती; नगर का वह भाग जिसमें एक जाति या व्यवसाय के लोग रहते हों, जैसे- बुनकरों का टोला 4. ईंट या पत्थर का बड़ा टुकड़ा 5. उँगली मोड़कर उसकी हड्डी से किसी को चोट मारना; ठोंकना 6. कौड़ा; बड़ी कौड़ी।

टोली (सं.) [सं-स्त्री.] 1. कुछ लोगों का समूह; दल 2. मंडली; जत्था 3. नगर या बस्ती का छोटा भाग; छोटा मुहल्ला 4. सिल, पत्थर की चौकोर पटिया 5. जीवों या प्राणियों का झुंड।

टोसा [सं-पु.] यात्रा में ले जाया जाने वाला खाद्य पदार्थ; पाथेय।

टोस्ट (अं.) [सं-पु.] पावरोटी से निर्मित एक खाद्य पदार्थ; सेकी हुई ब्रेड।

टोह [सं-स्त्री.] 1. टोहने या टटोलने की क्रिया 2. अनुसंधान; खोज; टटोल 3. किसी छुपी हुई बात का पता लगना; थाह 4. किसी दबी-छिपी बात की जानकारी; भनक 5. ख़बर 6. देखभाल।

टोहना [क्रि-स.] 1. खोजना; पता लगाना; ढूँढ़ना 2. टटोलना; थाह लेना।

टोही [वि.] 1. खोज करने वाला; टोह लेने वाला 2. पता लगाने वाला 3. जासूस।

टौरा [सं-पु.] हल का वह नोकदार अंश जिसमें लोहे का फाल

लगा रहता है; टोरा।

ट्यूशन (अं.) [सं-पु.] 1. अध्यापन; शिक्षा देना 2. किसी अध्यापक द्वारा धन लेकर व्यक्तिगत रूप से पढ़ाना 3. व्यावसायिक तौर पर होने वाला शिक्षण-कार्य।

ट्रंक (अं.) [सं-पु.] 1. लोहे या टिन की चादर से बनाया गया कपड़े रखने का बक्सा 2. बड़ी पेटी; संदूक।

ट्रंककॉल (अं.) [सं-पु.] वह प्रणाली जिसके द्वारा एक स्थान से कही हुई बात दूसरे स्थान पर सुनाई पड़ती है; दूरभाष।

ट्रक (अं.) [सं-पु.] माल ढोने वाला वाहन; माल ढोने वाली मोटर गाड़ी।

ट्रस्ट (अं.) [सं-पु.] 1. विश्वास; आस्था 2. भरोसा; आशा 3. उत्तरदायित्व 4. न्यास 5. औपचारिक रूप से नियुक्त किया हुआ लोगों का वह पंजीकृत समूह जिसे संपत्ति संबंधी सभी अधिकार होते हैं।

ट्रांज़िस्टर (अं.) [सं-पु.] 1. रेडियो-तरंगों को ध्वनि-तरंगों में परिवर्तित करके मनोरंजन करने वाला या सूचना, समाचार देने वाला एक प्रकार का उपकरण, जो बिजली या बैट्री से चलता है 2. सेमीकंडक्टर पदार्थ के कम से कम तीन टर्मिनलों से बना एक डिवाइस जो इलेक्ट्रॉनिक संकेतों को आवर्धित करने तथा उन संकेतों की विद्युत धारा खोलने-बंद करने के लिए इस्तेमाल किया जाता है।

ट्रांसफ़र (अं.) [सं-पु.] 1. स्थानांतरण; तबादला; बदली 2. हस्तांतरण 3. अंतरण।

ट्रांसफ़ॉर्मर (अं.) [सं-पु.] 1. विद्युत की वोल्ट-शक्ति घटाने-बढाने का यंत्र 2. परिवर्तक।

ट्रांसमीटर (अं.) [सं-पु.] एक प्रकार का उपकरण जिससे रेडियो, टीवी आदि के संकेत प्रसारित किए जाते हैं; संदेश प्रसारक; संकेत प्रसारक।

ट्राम (अं.) [सं-पु.] महानगरों में सड़कों पर बिछी लोहे की पटरियों पर बिजली से चलने वाली लंबी गाड़ी।

ट्रायल (अं.) [सं-पु.] 1. जाँच; परख 2. विचारण।

ट्रीटमेंट (अं.) [सं-पु.] 1. किसी रोग आदि का उपचार 2. फ़िल्म में कहानी किस तरह और कैसे शिल्प में प्रस्तुत की जाएगी उसका विवरण।

ट्रेजडी (अं.) [सं-स्त्री.] 1. दुखांत 2. दुखद घटना जिसमें किसी की मृत्यु तक हो जाए 3. विपत्ति।

ट्रेज़री (अं.) [सं-स्त्री.] 1. ख़ज़ाना; कोषागार 2. राजकोष 3. वित्त-विभाग।

ट्रेड यूनियन (अं.) [सं-पु.] सरकार द्वारा पंजीकृत मज़दूरों का संगठन; मज़दूर-संघ।

ट्रेडमार्क (अं.) [सं-पु.] 1. व्यापार चिह्न 2. मार्का 3. किसी वस्तु पर अंकित वह चिह्न जिससे उसके निर्माता का नाम पता चलता है।

ट्रेन (अं.) [सं-स्त्री.] लोहे की पटरियों पर चलने वाली गाड़ी जो व्यक्तियों और वस्तुओं को एक स्थान से दूसरे स्थान ले जाने में प्रयुक्त होती हैं; रेलगाड़ी।

ट्रेलर (अं.) [सं-पु.] फ़िल्म का विज्ञापन जिसमें उस फ़िल्म के दृश्य होते हैं।

ट्रेवेल (अं.) [सं-स्त्री.] यात्रा। [क्रि-अ.] यात्रा करना।

ट्रैक्टर (अं.) [सं-पु.] कृषि कार्य करने वाला एक यंत्र; खेती करने तथा सामान ढोने के काम आने वाली एक बड़े चक्कों वाली मोटरगाड़ी।

ट्रैफ़िक (अं.) [सं-पु.] किसी समय विशेष में किसी संचार व्यवस्था में होने वाली क्रियाकलापों की मात्रा; यातायात; आवागमन।

ठ

ठ हिंदी वर्णमाला का व्यंजन वर्ण। उच्चारण की दृष्टि से यह पश्च-वर्त्स्य उलटित, अघोष, महाप्राण स्पर्श है।

ठँसना [क्रि-अ.] ठसना; भरी हुई जगह में ज़बरदस्ती घुसना; कसकर भरा होना।

ठंगुनी [सं-स्त्री.] ढेंगनी; टेकनी; टेकने का आधार; छड़ी।

ठंठ (सं.) [वि.] 1. जिसकी डालें व पत्तियाँ सूख गई हों; सूखा; ठूँठ; ठूँठा 2. जिसके पास कोई संपत्ति न हो; निर्धन 3. जिसका दूध सूख गया हो; ठाँठ 4. परिवार शून्य; असहाय।

ठंड [सं-स्त्री.] 1. सरदी; शीत 2. जाड़ा 3. उक्त का बुरा प्रभाव।

ठंडक [सं-स्त्री.] 1. सरदी; जाड़ा; शीत 2. संतोष या तृप्ति 3. जलन का उलटा या विपरीत तत्व 4. रोग या उपद्रव की शांति 5. {ला-अ.} सुख; शांति; संतोष या तृप्ति।

ठंडा [वि.] 1. जिसमें ताप या गरमी न हो; शीतल; सामान्य से कम तापमान वाला 2. {ला-अ.} बेरौनक; जिसमें उमंग न हो 3. जिसमें गरमी या आवेश न हो 4. शीतल पेय पदार्थ, जैसे- ठंडा शरबत, ठंडाई 5. बुझा हुआ; जो जलता हुआ न हो 6. धीमा; सुस्त 7. जिसमें यौन उत्तेजना या कामशक्ति न हो, जैसे- ठंडा आदमी 8. जिसमें बिजली का प्रवाह न हो, जैसे- ठंडा तार 9. जो ऊपरी या कृत्रिम हो 10. जो मर चुका हो 11. जो शीत प्रवृत्ति का हो, जैसे- ठंडे फल 12. {ला-अ.} 1. बुझा हुआ 2. यौन उत्तेजना प्रदर्शित न करने वाला। [मु.] -**करना** : तसल्ली देना; क्रोध शांत करना। -**होना** : मर जाना। **ठंडे बस्ते में डालना** : किसी नियम को (कुछ समय के लिए) लागू होने से रोकना।

ठंडाई [सं-स्त्री.] 1. पिसी हुई भाँग, शहद, सौंफ और बादाम आदि के मिश्रण से बनाया हुआ शरबत 2. पेयविशेष 3. शरीर की गरमी को शांत करने वाली दवा; ठंढई।

ठंडापन [सं-पु.] 1. ठंडा होने की अवस्था या भाव 2. शीतपन।

ठंडे-ठंडे [क्रि.वि.] 1. चुपचाप; बिना विरोध या प्रतिक्रिया किए 2. आराम से/धूप कड़ी होने से पहले।

ठक [सं-स्त्री.] आघात करने या ठोंकने से होने वाला ठक-ठक् शब्द। [वि.] सन्नाटे में आया हुआ; भौंचक्का; स्तब्ध।

ठक-ठक [सं-स्त्री.] 1. बार-बार ठोके जाने पर होने वाली आवाज़; ठोकना 2. झगड़ा; मनमुटाव।

ठकठकाना [क्रि-स.] 1. 'ठक-ठक' शब्द उत्पन्न करना 2. बहुत पीटना। [क्रि-अ.] 1. 'ठक-ठक' शब्द होना 2. भौचक्का हो जाना या स्तंभित होना।

ठकड़ा [सं-पु.] 1. भगोड़े पशु के गले में बाँधने वाला लकड़ी का टुकड़ा 2. अँगूठे और तर्जनी द्वारा मारीजाने वाली ठोकर।

ठकुआ [सं-पु.] 1. मीठा मिले हुए आटे की मोटी पूरी; ठेकुआ 2. स्तब्धता।

ठकुरसुहाती [सं-स्त्री.] स्वामी अथवा किसी बड़े व्यक्ति को प्रसन्न करने या रखने के लिए कही जाने वाली ख़ुशामद भरी बात; ख़ुशामद; लल्लोचप्पो; चापलूसी; चाटुकारिता ।

ठकुराइन [सं-स्त्री.] 1. राजपूत जाति की स्त्री 2. ठाकुर या राजा की पत्नी 3. ठाकुर के घर की स्वामिनी; मालकिन 4. रानी (काव्य में) 5. नाई की पत्नी।

ठकुराई [सं-स्त्री.] 1. ठाकुर या ज़मींदार होने की अवस्था या भाव 2. क्षत्रियत्व; ठाकुरपन 3. स्वामित्व; प्रभुत्व 4. महत्व; बड़प्पन 5. अकड़।

ठकुराईत [सं-स्त्री.] 1. ठाकुर होने का भाव; ठकुरायत 2. राज्य या उससे संबंध रखने वाला अधिकार या समृद्धि; प्रभुता; स्वामित्व 3. बड़ों के प्रति होने वाली श्रद्धा या प्रीति 4. शासनाधीन प्रदेश।

ठकुरानी [सं-स्त्री.] 1. स्वामी की पत्नी; मालकिन; स्वामिनी 2. ठाकुर या राजपूत जाति की स्त्री 3. क्षत्राणी; राजपूतनी।

ठकुरायत [सं-स्त्री.] 1. अधीश्वरता; स्वामित्व प्रभुता 2. प्रभुत्व वाला प्रदेश।

ठक्कर [सं-स्त्री.] 1. दो वस्तुओं का एक दूसरे से भिड़ जाना; मुकाबला; टक्कर 2. ठोकर।

ठग (सं.) [सं-पु.] 1. धोखे या चालाकी से दूसरे की धन-संपत्ति या माल हड़प जाने वाला व्यक्ति; छली व्यक्ति; धूर्त व्यक्ति 2. दलाल 3. अठारहवीं-उन्नीसवीं शताब्दी में राहगीरों को बहला-फुसलाकर उनका माल छीन लेने वाले लोग तथा उनका कुख्यात गिरोह 4. ठगों के गिरोह का सदस्य 5. कम तौलने और अधिक कीमत लेने वाला दुकानदार 6. धोखेबाज़।

ठगण (सं.) [सं-पु.] (काव्यशास्त्र) 1. पाँच मात्रिक गणों में से एक; पिंगल (छंदशास्त्र) में पाँच मात्राओं का एक गण।

ठगना [क्रि-स.] 1. किसी से कोई वस्तु या धन धोखा देकर ले लेना 2. धोखा देकर लूटना 3. क्रय-विक्रय में अधिक लाभ कमाने के लिए कम और रद्दी वस्तु देना 4. हानि पहुँचाना 5. किसी को अनुरक्त या अपने वश में करना।

ठगपना [सं-पु.] ठगने का कार्य या भाव; धूर्तता।

ठगमूरी [सं-स्त्री.] एक नशीली जड़ी जिसका प्रयोग यात्रियों को बेहोश करके ठगने हेतु किया जाता था; ठगयारीमूरी।

ठगमोदक (हिं.+सं.) [सं-पु.] एक प्रकार का नशीला लड्डू

जिसे ठग लोग पथिकों को खिला कर उनका धन लूटते थे।

ठगवाई [सं-स्त्री.] ठगी; धूर्तता; धोखेबाज़ी।

ठगवाना [क्रि-स.] 1. ठगने में किसी दूसरे को प्रवृत्त करना 2. किसी के ठगे जाने में सहायता करना।

ठगविद्या (सं.) [सं-स्त्री.] ठगों की कला; धूर्तता; धोखेबाज़ी; छल; वंचकता।

ठगाई [सं-स्त्री.] 1. ठगने का काम या भाव 2. धूर्तता; छल; चालाकी।

ठगाठगी [सं-स्त्री.] 1. धोखेबाज़ी; वंचकता 2. छल-कपट।

ठगाना [क्रि-अ.] 1. किसी ठग के द्वारा धोखा खाना 2. ठगा जाना 3. किसी के चक्कर में फँसकर अपना धन गँवाना।

ठगिनी [सं-स्त्री.] 1. लुटेरिन; धोखा देकर लूटने वाली स्त्री 2. धूर्त स्त्री; चालबाज़ स्त्री।

ठगी [सं-स्त्री.] 1. किसी को ठगने की क्रिया या भाव 2. ठगों का काम; पेशा 3. धूर्तता; चालाकी; चालबाज़ी 4. ज़ादू।

ठगोरी [सं-स्त्री.] 1. ठगने की क्रिया या भाव 2. ठगविद्या 3. ठगे जाने का भाव या परिणाम 4. ऐसी चीज़ या बात जिससे किसी को ठगा या धोखा दिया जाए 5. जादू-टोना 6. मिथ्या भ्रम; माया 7. सुधबुध भुलाने वाली अवस्था, बात या शक्ति। [मु.] **-डालना या लगाना :** मोहित करके अथवा और किसी प्रकार विश्वास जमाकर अपने वश में कर लेना या बहलाकर धोखे में रखना।

ठट [सं-पु.] 1. जन; समुदाय; भीड़ 2. सजावट।

ठटकारी [सं-स्त्री.] वह परदा या टट्टी, जिसकी ओट (आड़) से शिकार किया जाता है।

ठट्ठा [सं-पु.] 1. बहुत ज़ोर की हँसी; ठहाका 2. अट्टहास 3. उपहास; मज़ाक।

ठठ (सं.) [सं-पु.] 1. अनुकरण शब्द; ध्वनि विशेष 2.बहुत-सी वस्तुओं या व्यक्तियों का समूह 3. बाँसों, लकड़ियों आदि का बना हुआ वह ढाँचा जिसके आधार पर कोई रचना तैयार या पूरी की जाती है; ठाठ 4. किसी प्रकार की लंबी चौड़ी बुनावट या रचना 5. ऐसी बनावट या रचना जो तड़क-भड़क, वैभव, शोभा, सजावट आदि दिखाने के उद्देश्य से तैयार की जाए या बनाई जाए; आडंबर 6. तड़क-भड़क वाला वेश-विन्यास।

ठठकना [क्रि-अ.] 1. ठिठकना; संकोच वश या सहमकर आगे बढ़ने या कोई काम करने से रुकना 2. आशंका, भय आदि की कोई बात देखकर चलते-चलते एक बारगी ठहर या रुक जाना; सावधान होना 3. चकित या स्तंभित होकर रुकना; आतंकित होना।

ठठकीला [वि.] ठाठदार; ठाठयुक्त; तड़क-भड़कयुक्त; सजा हुआ; भड़कदार।

ठठना [क्रि-स.] 1. ठठ बनाना 2. दल या समूह बनाना 3. सजाना। [क्रि-अ.] 1. ठाट से होना 2. सज्जित होना 3. खड़ा या स्थित रहना या होना।

ठठरा [सं-पु.] 1. छानी 2. एक प्रकार का पक्षी (बाज)।

ठठरी [सं-स्त्री.] 1. किसी मनुष्य या पशु के शरीर की सारी हड्डियों का ढाँचा; कंकाल 2. किसी वस्तु या रचना का ढाँचा; अस्थिपंजर 3. कोई मरियल व्यक्ति 4. छप्पर छाने के लिए बनाया जाने वाला बाँस का ढाँचा 5. शव या मुरदे को ले जाने की अरथी 6. घास-भूसा बाँधने का जाल।

ठठा [सं-पु.] 1. टेंघनी 2. उपहास; दिल्लगी; मसखरापन।

ठठाना[1] [क्रि-स.] 1. मारना पीटना 2. ठक-ठक या खट-खट करना।

ठठाना[2] (सं.) [क्रि-अ.] अट्टहास; ज़ोर से हँसना; ठठा कर हँसना।

ठठिया [क्रि-स.] खड़ा कर देना [सं-स्त्री.] राजस्थान में होने वाली एक प्रकार की भांग।

ठठियार [सं-पु.] चौपायों को चराने वाला चरवाहा।

ठठेरा [सं-पु.] 1. ताँबे, पीतल और लोहे के बरतन बनाने वाला व्यक्ति; कसेरा 2. उक्त बरतन बेचने वाला दुकानदार 3. एक चिड़िया जिसकी चोंच काली होती है।

ठठेरिन [सं-स्त्री.] ठठेरा की पत्नी (स्त्री)।

ठठेरी [सं-स्त्री.] 1. ठठेरे की स्त्री 2. ठठेरे का काम या व्यवसाय। [वि.] ठठेरों से संबंधित। [मु.] **-बाजार** [सं-पु.] : जिस बाजार में ठठेरे बरतन बनाते एवं बेचते हैं।

ठठोल [वि.] ठठोली करने वाला; हँसोड़।

ठठोली [सं-स्त्री.] 1. हँसी-ठट्ठा; मज़ाक 2. हास-परिहास; परिहास की बात।

ठड़वाता [सं-पु.] दे. ठड़िया।

ठड़िया [सं-पु.] 1. मरूसा 2. काठ की वह ऊँची ओखली जिसमें पड़े हुए धान को स्त्रियाँ खड़ी होकर कूटती है 3. एक प्रकार का नैचा जो मिट्टी के हक्के में लगता है।

ठन [सं-स्त्री.] 1. धातुखंड पर आघात होने से उत्पन्न ध्वनि; किसी धातु के बजने का शब्द 2. बरतन गिरने या बजने की आवाज़।

ठन-ठन [सं-स्त्री.] 'ठन' की ध्वनि; ठनक।

ठनक [सं-स्त्री.] 1. बार-बार ठन-ठन होने का शब्द 2. रह-रहकर होने वाली पीड़ा; टीस 3. मृदंग, ढोलक या तबला बजने की ध्वनि।

ठनकना [क्रि-अ.] 1. ठन-ठन शब्द होना 2. ढोलक आदि के बजने का स्वर 3. {ला-अ.} शंका होना; खटकना।

ठनकाना [क्रि-स.] 1. 'ठन-ठन' शब्द करना 2. ढोल, तबला आदि को ऐसे बजाना कि उक्त प्रकार की ध्वनि हो।

ठनकार [सं-स्त्री.] 1. 'ठन ठन' की आवाज़ 2. किसी धातुखंड से उत्पन्न ध्वनि।

ठनगन [सं-स्त्री.] 1. नखरा, हाव-भाव आदि का प्रदर्शन 2. अधिक धन पाने का हठ या आग्रह।

ठनठनाना [क्रि-अ.] 1. ठन-ठन शब्द उत्पन्न होना। [क्रि-स.] ठन-ठन शब्द उत्पन्न करना 2. बजाना; टनटनाना।

ठनना [क्रि-अ.] 1. तैयार या उद्यत होना 2. मन में पक्का होना 3. निश्चित होना 4. दृढ़ता से आरंभ किया जाना; अनुष्ठित होना 5. प्रयुक्त होना 6. छिड़ना।

ठना [वि.] 1. तैयार 2. उद्यत 3. सजा हुआ; सज्जित।

ठनाका [सं-पु.] ज़ोर से और अचानक होने वाली ठन-ठन की

ध्वनि; ठनकार।

ठनाठन [क्रि.वि.] 'ठन-ठन' शब्द करते हुए; टनाटन।

ठप [वि.] 1. पूरी तरह से बंद 2. जो खुला न हो; जिसका उपयोग न हो रहा हो।

ठपका [सं-पु.] 1. ठप शब्द 2. खुली पुस्तक बंद करने की क्रिया 3. आघात; धक्का 4. पुस्तकादि बंद करने पर उत्पन्न ध्वनि।

ठपाका [सं-पु.] ठोकर; धक्का।

ठप्पा (सं.) [सं-पु.] 1. छाप; मोहर 2. छपाई करने का साँचा 3. बेलबूटे या कोई विशेष चिह्न युक्त किसी दूसरी वस्तु पर छापने के काम आने वाला लकड़ी या धातु का साँचा 4. किसी साँचे में उभरी हुई छाप; (स्टैंप)। [मु.] **-लगना** : प्रामाणिक साबित हो जाना; स्वीकृत होना। **-लगाना** : स्वीकृत होना; साबित होना।

ठमकना (सं.) [क्रि-अ.] 1. चलते-चलते सहसा रुक जाना 2. ठिठकना 3. किसी की प्रतीक्षा में ठहरना 4. किसी चीज़ से ठम-ठम की ध्वनि निकलना।

ठमका [वि.] छोटे कद वाला; नाटा; ठिगना।

ठमकाना [क्रि-स.] 1. 'ठम-ठम' शब्द या ध्वनि उत्पन्न करना 2. बजाना 3. ठसक दिखाते हुए अंगों का संचालन करना 4. रूक-रूक कर मटकते हुए या हाव-भाव दिखलाते हुए चलना।

ठर [सं-पु.] ऊँची जगह।

ठरकना [क्रि-अ.] 1. निकल जाना 2. टकराना।

ठरियाई [वि.] पाला लगने से फसल का ठीक से विकास न हो पाना; बैठी।

ठर्रा [सं-पु.] 1. देशी शराब; दारू 2. महुए आदि से बना मादक पेय 2. बटा हुआ मोटा सूत या डोरा 3. अधपकी ईंट 4. अँगिया का बंद 5. टेढ़ा-मेढ़ा भद्दा मोती।

ठलुआ [वि.] जिसे कोई काम न हो; निठल्ला।

ठल्ल [वि.] 1. बहिला 2. खाली; शून्य 3. निर्धन।

ठवन (सं.) [सं-स्त्री.] 1. किसी विशिष्ट भावाभिव्यक्ति के लिए बनाई हुई मुद्रा 2. किसी ऐसी विशिष्ट अवस्था में होने का भाव या ढंग जिससे शरीर के अंगों से कलापूर्ण सौंदर्य प्रकट होने लगे 3. खड़े होने, बैठने आदि की कोई विशिष्ट मुद्रा।

ठस (सं.) [वि.] 1. ठोस या मज़बूत; सघन 2. कड़ा; दृढ़ 3. आलसी 4. मंदबुद्धि 5. ज़िद्दी; हठी 6. कंजूस।

ठसक [सं-स्त्री.] 1. नखरा, अभिमान, गर्व की सूचक शारीरिक चेष्टा 2. बड़प्पन से भरी गर्वपूर्ण चेष्टा; ऐंठ 3. शान; ठाठ-बाट 4. रूप और धन आदि के अहंकार को प्रदर्शित करने वाली बनावटी चाल-ढाल; घमंड।

ठसका [सं-पु.] 1. सूखी खाँसी जिसमें कफ न निकले 2. धक्का; ठोकर 3. फंदा।

ठसाठस [अव्य.] खचाखच; ठूँस-ठूँसकर या ख़ूब कसकर भरा हुआ। [वि.] जो इतना भर चुका हो कि उसमें कुछ और रखने की गुँजाइश न हो, जैसे- सवारियों से ठसाठस भरी गाड़ी।

ठस्स [वि.] 1. सुस्त; आलसी; ठस 2. बुद्धिहीन; मंदबुद्धि 3. कंजूस।

ठस्सा [सं-पु.] 1. घमंड; ठसक 2. ठाट-बाट [सं-स्त्री.] नक्काशी करने की छोटी रुखानी।

ठहकना [क्रि-अ.] ध्वनि करना; बोलना; आवाज करना।

ठहना [क्रि-अ.] 1. हिनहिनाना 2. घनघनाना; घंटे का बजाना 3. रक्षा करना 4. किसी काम को करते हुए सोच-विचार करने या बनाने-सँवारने के लिए बीच-बीच में ठहरना; धीरे-धीरे धैर्य के साथ करना 5. बनाना; निर्माण करना; सँवारना।

ठहर जाना [क्रि-अ.] दे. ठहरना।

ठहरना (सं.) [क्रि-अ.] 1. चलते-चलते किसी स्थान पर रुकना; थमना 2. किसी की प्रतीक्षा में धैर्यपूर्वक एक स्थान पर बैठे रहना 3. निश्चित या पक्का होना 4. डेरा डालना 5. किसी प्रकार की क्रिया, चेष्टा या व्यापार से रहित या हीन होना 6. गतिशील व्यक्ति, वस्तु का कहीं ठहर जाना 7. मादा का गर्भवती होना, जैसे- गर्भ ठहरना।

ठहराना [क्रि-स.] 1. ठहरने में प्रवृत्त करना 2. चलने से रोकना; गति बंद करना 3. किसी प्रकार के आधार पर दृढ़तापूर्वक स्थापित करना 4. यात्री को यात्रा के दौरान कहीं विश्राम के लिए टिकाना; अड़ाना 5. बिना गिरे, झुके किसी विशेष स्थिति में बनाए रखना।

ठहराव [सं-पु.] 1. ठहरने की क्रिया या भाव 2. किसी स्थान विशेष या तल पर कुछ देर के लिए रुकना 3. गति का अभाव; स्थिरता 4. (संगीत) स्वर या तान का रुकना 5. कोई बात निश्चित होने का भाव; समझौता 6. निर्णय।

ठहरी [सं-स्त्री.] 1. छत्र; छाता; छतरी 2. किसी महत्वपूर्ण व्यक्ति की स्मृति में उसकी समाधि पर बनाया गया मंडप 3. खुले स्थान पर बनाया गया मंडप।

ठहरौनी [सं-स्त्री.] 1. विवाह में टीके, दहेज आदि के लेन-देन की प्रतिज्ञा; निश्चय 2. दो पक्षों में होने वाला वह निश्चय जिसके अनुसार एक पक्ष दूसरे पक्ष को समय-समय पर धनराशि या किसी भी वस्तु से मदद करता है।

ठहाका [सं-पु.] 1. ज़ोर की हँसी 2. अट्टहास 3. ठठाकर ऊँची आवाज़ में हँसने की आवाज़; कहकहा। [वि.] तुरंत; चटपट।

ठाँठ [वि.] जिसका रस सूख गया हो; रसहीन; नीरस 2. दूध न देने वाली (गाय या भैंस)।

ठाँय [सं-स्त्री.] 1. बंदूक से गोली छूटने का शब्द 2. पटाखे की ध्वनि।

ठाँय-ठाँय [सं-स्त्री.] 1. लगातार पटाखे फूटने की ध्वनि 2. बंदूक चलने से उत्पन्न शब्द 3. कहासुनी; बकझक।

ठाँव (सं.) [सं-पु.] 1. स्थान; जगह 2. घर; निवास-स्थान; धाम 3. ठिकाना 4. आश्रय; आधार।

ठाँसना [क्रि-अ.] 'ठन-ठन' शब्द करते हुए खाँसना। [क्रि-स.] ठूँस-ठूँसकर भरना; धाँस-धाँस कर भरना; धाँसना।

ठांठर [सं-पु.] 1. एकदम बूढ़ी गाय 2. मनुष्य या पशु के शरीर की हड्डियों का पूरा ढाँचा 3. जगह; स्थान।

ठाई [सं-स्त्री.] स्थान; जगह। [वि.] समीप; पास; नज़दीक।

ठाकुर (सं.) [सं-पु.] 1. क्षत्रिय समाज की एक उपाधि, कुलनाम या सरनेम 2. कृष्ण 3. विष्णु या उनके अवतारों की मूर्ति;

ईश्वर; भगवान 4. गाँव का ज़मींदार; मुखिया 5. किसी क्षेत्र का अधिपति; सरदार 6. स्वामी; मालिक 7. नाइयों के लिए संबोधन; नाई जाति का कुलनाम।

ठाकुरचिरइया [सं-स्त्री.] श्यामा पक्षी।

ठाकुरद्वारा [सं-पु.] देवस्थान; देवमंदिर।

ठाकुरबाड़ी [सं-स्त्री.] 1. मंदिर; देवस्थान 2. कृष्ण का मंदिर 3. पुरी स्थित जगन्नाथ का मंदिर 4. सिखों का गुरुद्वारा।

ठाकुरभोग [सं-पु.] धान की एक प्रजाति।

ठाकुरी [सं-स्त्री.] 1. ठाकुर होने की अवस्था, पद या भाव 2. वह प्रदेश जो किसी ठाकुर के अधिकार में हो 3. महत्व 4. प्रधानता 5. शासन।

ठाट [सं-पु.] 1. सजधज; शान 2. रोक या रक्षा के काम आने वाला बाँस का ढाँचा 3. सितार का तार।

ठाट-बाट [सं-पु.] 1. तड़क-भड़क 2. वैभव; सुख-समृद्धि 3. ऐश्वर्य का प्रदर्शन; आडंबर।

ठाठ [सं-पु.] 1. बठान 2. फूस और बाँस की पट्टियों को एक में बाँधकर बनाया हुआ ढाँचा 3. पंजर 4. शृंगार, सजावट 5. समूह।

ठाठ [सं-पु.] 1. बठान 2. फूस और बाँस की पट्टियों को एक में बाँधकर बनाया हुआ ढाँचा 3. पंजर 4. शृंगार, सजावट 5. समूह।

ठाठर [सं-पु.] 1. ठठरी; पंजर 2. ढाँचा 3. टट्टी; टट्टर 4. कबूतरों के बैठने की छतरी।

ठाठें [सं-स्त्री.] ऊँची उठती हुई उफनती लहरें। [मु.] -मारना : (सागर या नदी में) ऊँची-ऊँची उफनती हुई लहरें।

ठाड़ेश्वरी [सं-पु.] एक प्रकार के साधुओं का वर्ग जो खड़े रहकर ही आध्यात्मिक साधना (तप) करते हैं, कभी बैठते या लेटते नहीं; खड़ेश्वरी; ठाढ़ेश्वरी।

ठाढ़ा (सं.) [वि.] 1. साबुत; पूरा; संपूर्ण 2. सीधा खड़ा 3. ताकतवर।

ठान [सं-स्त्री.] 1. ठानने की क्रिया या भाव; अनुष्ठान 2. हठ; दृढ़ संकल्प; दृढ़ निश्चय 3. किसी कार्य का प्रारंभ।

ठानना (सं.) [क्रि-स.] 1. किसी कार्य को करने का दृढ़ निश्चय करना 2. कोई काम तत्परतापूर्वक आरंभ करना 3. पक्का करना; ठहराना।

ठार (सं.) [सं-पु.] 1. गहरी सरदी; कड़ा जाड़ा 2. हिम; पाला। [वि.] बहुत अधिक ठंडा।

ठारी [सं-स्त्री.] 1. पाला; हिम 2. अधिक सर्दी।

ठाला [सं-पु.] 1. बेकारी 2. अवकाश 3. किसी वस्तु या बात का पास में बिल्कुल न होना; अभाव 4. (व्यक्ति) जो कुछ भी काम-धंधा न करता हो 5. आय की कमी। [वि.] बेकार; निठल्ला।

ठालिनी (सं.) [सं-स्त्री.] कमरबंद; करधनी।

ठासा [सं-पु.] लुहारों का एक औज़ार या उपकरण; धातु की चद्दर मोड़ने का उपकरण।

ठाह [सं-स्त्री.] 1. ठहरने की क्रिया या भाव 2. ठिकाना 3. दृढ़ निश्चय 4. (संगीत) राग-रागिनी गाने या वाद्य बजाने का वह ढंग या प्रकार जिसमें गाने-बजाने में अपेक्षाकृत अधिक समय लगाया जाता है; विलंबित गति।

ठाहना [क्रि-स.] ठानना; दृढ़ निश्चय या विचार करना।

ठिंगुरियाई [सं-स्त्री.] वह फसल जो किसी कारण से बढ़ न सकी हो; बैठी।

ठिकरीली [सं-स्त्री.] कंकरीली मिट्टी। [वि.] कंकरीली।

ठिकाना [सं-पु.] 1. रहने या ठहरने की जगह; वासस्थान 2. आश्रय या निर्वाह का स्थान; गुज़र करने की जगह 3. स्थिरता; ठहराव 4. आयोजन; प्रबंध; बंदोबस्त 5. उपाय 6. अस्तित्व की दृढ़ता 7. भरोसा 8. जागीर 9. सीमा; हद; अंत 10. किसी कथन की प्रामाणिकता। [क्रि-स.] 1. ठहरने या टिकने में प्रवृत्त करना 2. गुप्त रूप से छिपाकर ले लेना 3. अपने पास ठहरा लेना 4. किसी स्त्री को उपपत्नी बनाकर रख लेना। [मु.] **-ठिकाने आना** : बहुत सोच-विचार के बाद निर्णय पर या निर्धारित स्थान पर पहुँचना। **-लगाना** : नष्ट कर देना; समाप्त कर देना।

ठिकानेदार (हिं.+फ़ा.) [सं-पु.] किसी ठिकाने या जागीर का स्वामी; वह जिसे रियासत की ओर से जागीर (ठिकाना) मिली हो।

ठिगना [वि.] 1. जो कद में छोटा हो; नाटा 2. सामान्य से कम ऊँचाई वाला।

ठिठकना (सं.) [क्रि-अ.] 1. अचानक रुक जाना; स्थिर हो जाना 2. स्तंभित होना; स्तब्ध होना 3. शारीरिक चेष्टाएँ न होना।

ठिठुरता [वि.] वह जो ठिठुर रहा हो; ठंड से काँपता हुआ।

ठिठुरन [सं-स्त्री.] 1. ठिठुरने की अवस्था या भाव 2. सरदी से होने वाला कंपन 3. अधिक ठंड के कारण हाथ-पाँव का सुन्न होना 4. ऐठन; सिकुड़न।

ठिठुरना (सं.) [क्रि-अ.] 1. सरदी से सिकुड़ जाना 2. सरदी से शरीर के किसी अंग का काँपना या स्तब्ध होना।

ठिठोल [सं-पु.] मज़ाक या ठिठोली करने वाला; परिहास करने वाला।

ठिठोली [सं-स्त्री.] 1. किसी की हँसी उड़ाने के लिए कही गई बात 2. हँसी-मज़ाक; हास-परिहास।

ठिनकना [क्रि-अ.] 1. नख़रा दिखाते हुए मचलना 2. बच्चों का रह-रहकर रोने का-सा शब्द निकालना; ठुनकना; ठनकना।

ठिलना [क्रि-अ.] 1. ज़ोर से ताकत लगाकर ढकेला या खिसकाया जाना 2. धँसना या तेज़ी से घुसना 3. आगे की ओर सरकाया जाना।

ठिलिया [सं-स्त्री.] गगरी; मिट्टी का छोटा घड़ा।

ठिल्ला [सं-पु.] मिट्टी की बड़ी गगरी; मिट्टी का धड़ा; कुंभ।

ठिहा [सं-पु.] 1. लकड़ी का बुंदा जिस पर चारा काटा जाता है 2. बढ़ई जिस लकड़ी पर कार्य करता है 3. जगह; स्थान 4. ठीहा।

ठी-ठी [सं-स्त्री.] अशिष्टता से किसी को नीचा दिखाने के उद्देश्य से हँसने की ध्वनि; बेहूदा हँसी।

ठींचा [सं-स्त्री.] खुले मुँह की एक प्रकार की टोकरी; बोइया।

ठीक [वि.] 1. उपयुक्त; सही; उचित; मुनासिब 2. प्रामाणिक;

भला; अच्छा; मनोनुकूल 3. यथार्थ; अभ्रांत 4. बँधा हुआ; नियत; न इधर-न उधर 5. जैसा चाहिए वैसा; न कम-न ज़्यादा; जो दुरुस्त हो 6. जिसमें शुद्धता हो। [सं-पु.] 1. निश्चय 2. प्रबंध; बंदोबस्त; आयोजन; व्यवस्था 3. योग; जोड़। [क्रि.वि.] 1. नियत समय पर; उचित रीति से; प्रमाणिक ढंग से 2. सीधे; हूबहू 3. ठहराव। [मु.] **-करना** : दोष दूर करना।

ठीक-ठाक [वि.] 1. कुशल; ख़ैरियत 2. निश्चय 3. सुचारू रूप से 4. बढ़िया; उचित; सही; दुरुस्त 5. पक्का। [सं-पु.] प्रबंध; व्यवस्था; बंदोबस्त।

ठीकरा [सं-पु.] 1. मिट्टी के टूटे-फूटे बरतन का टुकड़ा 2. भिक्षापात्र 3. तुच्छ वस्तु 4. मिट्टी के बरतन का भग्नावशेष (टूटा-फूटा अंश) जो खुदाई के समय निकलता है जिसका इतिहास और पुरातत्व की दृष्टि से बहुत महत्व होता है। [मु.] **-सिर पर ठीकरा फोड़ना** : किसी काम, घटना या पराजय का आरोप किसी पर लगाना; किसी को बात बिगड़ जाने का दोष देना।

ठीलना [क्रि-स.] 1. धक्का देना; बल लगाकर किसी पदार्थ को खिसकाना या बढ़ाना 2. ठेलना; अपना भार या दायित्व अपने ऊपर से हटाते हुए किसी दूसरे की ओर बढ़ाना।

ठीहा [सं-पु.] 1. लकड़ी का वह भाग जो ज़मीन में धँसा हुआ होता है जिसके कुंदे पर लुहार, बढ़ई आदि कोई चीज़ पीटते, छीलते और गढ़ते हैं 2. किसी चीज़ को लुढ़कने से बचाने के लिए उसके नीचे या इधर-उधर रखी जाने वाली ईंट, पत्थर, लकड़ी आदि का टुकड़ा 3. लकड़ी का वह ढाँचा जिसे बीच में फँसाकर बढ़ई लकड़ी चीरता है 4. थूनी; चाँड़ 5. बैठने के लिए ऊँचा किया हुआ स्थान।

ठुंगमार [सं-पु.] पिंजड़े में चोंच व पंजे मारने वाला पक्षी।

ठुकठुक [सं-स्त्री.] किसी वस्तु को ठोंकने से लगातार होने वाली ध्वनि।

ठुकना [क्रि-अ.] 1. ठोका जाना; पीटा जाना 2. आर्थिक हानि या नुकसान होना 3. गले पड़ना 4. मारा जाना 5. चोट खाकर धसना 6. दबना 7. {ला-अ.} हारना।

ठुकराना [क्रि-स.] 1. (व्यक्ति आदि को) उपेक्षा या तिरस्कारपूर्वक दूर करना या हटाना 2. पैर के पंजे से ठोकर मारना 3. सुझाव, प्रस्ताव आदि को उपेक्षापूर्वक अस्वीकार कर देना या न मानना।

ठुकवाँ [वि.] ठोक कर तैयार किया जाने वाला।

ठुकवाना [क्रि-स.] 1. ठोकने का काम दूसरे से कराना 2. पिटवाना; मार खिलवाना 3. हानि कराना।

ठुकाई [सं-स्त्री.] 1. ठोकने या ठुकवाने की क्रिया या भाव 2. पिटाई।

ठुड्डी [सं-स्त्री.] 1. निचले ओठ की जड़; चेहरे के नीचे की हड्डी; चिबुक; ठोड़ी; हनु 2. अन्न का भुना दाना, जिसका छिलका अलग न हुआ हो।

ठुन-ठुन [सं-पु.] 1. धातु के बरतनों के टकराने से होने वाला शब्द 2. बच्चे के रुक-रुक कर रोने का शब्द 3. बच्चे का मचलना।

ठुनक [सं-स्त्री.] 1. 'ठुन-ठुन' की ध्वनि; ठुन-ठुन शब्द 2. बच्चों की सिसकी।

ठुनकना [क्रि-अ.] बच्चों का अथवा बच्चों की तरह रुक-रुककर रोना। [क्रि-स.] ठुन-ठुन की ध्वनि उत्पन्न करना; ठुनकाना; ठोकना।

ठुनकाना [क्रि-स.] 1. 'ठुन-ठुन' की ध्वनि उत्पन्न करना 2. ठोकना 3. तबला आदि बजाना 4. किसी को ठुनकने के लिए प्रवृत्त करना 5. अंगुली से धीरे धीरे आघात करना।

ठुनकार [सं-स्त्री.] 'ठुन-ठुन' की ध्वनि।

ठुमक [वि.] 1. पैर पटकते हुए बच्चों की चाल 2. ठसक भरी (चाल)।

ठुमकना [क्रि-अ.] 1. बच्चों का उमंग में पैर पटक-पटक कर या कूदते हुए चलना 2. स्त्रियों का ठसक भरी चाल से चलना 3. ठुमका लगाना।

ठुमका [सं-पु.] 1. झटका; हलका आघात 2. नृत्य में कमर से दिया गया झटका।

ठुमकारना [क्रि-स.] (पतंग की डोरी को) ठुमका देना; थपका देना; उँगली से पतंग की डोरी खींचकर झटका देना।

ठुमकी [सं-स्त्री.] 1. ठुमककर चलने की अवस्था, क्रिया या भाव 2. धीरे-धीरे किया जाने वाला आघात; थपकी 3. नृत्य में छोटा ठुमका।

ठुमरी [सं-स्त्री.] एक मधुर गीत जिसे गाते समय कई रागों का मिश्रण किया जाता है।

ठुर्री [सं-स्त्री.] भुना दाना जो भुनने के बाद भी फूला या खिला न हो।

ठुसना [क्रि-अ.] 1. कठिनता से घुसना; प्रविष्ट किया जाना या भरा जाना।

ठुसवाना [क्रि-स.] ठूसने का काम किसी और से कराना; भरवाना।

ठुसाना [क्रि-स.] 1. किसी दूसरे को ठूसने में प्रवृत्त करना 2. {व्यं-अ.} खिलाना; भोजन कराना।

ठुस्सी [सं-स्त्री.] गले में पहने जाने वाला एक गहना।

ठूँठ [सं-पु.] 1. बिना पत्तों या शाखाओं का वृक्ष; सूखा पेड़ 2. काटे गए या टूटे हुए पेड़ का धड़ 3. ज्वार, बाजरा तथा ईख आदि फ़सलों में लगने वाला एक तरह का कीड़ा 4. {ला-अ.} बिना हाथ वाला व्यक्ति। [वि.] लूला।

ठूँसना [क्रि-स.] 1. ज़बरदस्ती भरना; ज़ोर लगाकर घुसाना 2. कसकर दबाते हुए कोई चीज़ खाली जगह में डालना 3. {ला-अ.} ख़ूब पेट भर कर खाना।

ठूँसाठासी [सं-स्त्री.] ठूँस-ठूँस कर भरते चलने की क्रिया।

ठूठी [सं-स्त्री.] 1. फसल काट लिए जाने के बाद पौधे की जड़ के पास रह जाने वाले ज्वार, बाजरे, अरहर आदि के डंठल; खूँटी 2. राजजामुन नामक वृक्ष।

ठूनू [सं-पु.] पटवों की वह टेढ़ी कील जिसपर वे लोग गहने आदि अटकाकर गूँथते हैं।

ठूसना [क्रि-स.] 1. ख़ूब अच्छी तरह कोई वस्तु भरना; घुसेड़ना 2. ज़बरदस्ती कोई चीज़ किसी दूसरी चीज़ में भरना; घुसाना

3. {ला-अ.} भर पेट भोजन करना 4. दबा-दबाकर या कसकर रखना।

ठेंगनी [सं-स्त्री.] एक प्रकार की घड़ी जो बुड्ढों के हाथ में रहती है।

ठेंगा [सं-पु.] 1. अँगूठा 2. किसी को चिढ़ाने के लिए दाहिने हाथ का अँगूठा दिखाना 3. डंडा; सोंटा। [मु.] **-दिखाना** : निराश करना।

ठेंघनी [सं-स्त्री.] 1. बाँस की खंभिया; थुन्ही; स्तंभ 2. ठहराव; टिकाव।

ठेंठी [सं-स्त्री.] 1. कान की मैल 2. किसी चीज़ को बंद करने के लिए उस पर लगाई जाने वाली डाट (काग)।

ठेक [सं-स्त्री.] 1. सहारे के लिए लगाई जाने वाली वस्तु; टेक; सहारा; चाँड़; पच्चड़ 2. पेंदा; तल 3. घोड़ों की एक विशेष प्रकार की चाल।

ठेकना [क्रि-स.] टेक या सहारा लगाना। [क्रि-अ.] ठहरना; टिकना।

ठेका[1] [सं-पु.] 1. सहारे की वस्तु; ठेक 2. ठहरने या रुकने की जगह; अड्डा 3. थपेड़ा; हलका आघात 4. तबला या ढोलक बजाने की वह रीति जिसमें पूरे बोल न निकाले जाएँ, केवल ताल दिया जाए।

ठेका[2] [सं-पु.] 1. निश्चित पारिश्रमिक पर संपूर्ण काम का दायित्व 2.बुड्ढा घोड़ा।

ठेका[3] [सं-पु.] रस्सी की गाँठ।

ठेकाई [सं-स्त्री.] 1. ठेकना या ठेकाने की क्रिया या भाव अथवा मजदूरी 2. कपड़ों की छपाई में काले हाशियों की छपाई।

ठेकुआ [सं-पु.] दे. ठकुआ।

ठेकेदार (हिं.+फ़ा.) [सं-पु.] 1. निश्चित धनराशि लेकर एक नियत अवधि में काम करने या कराने वाला व्यक्ति 2. ठेके पर काम करने वाला व्यक्ति; ठेका लेने वाला व्यक्ति; (कंट्रेक्टर)।

ठेठ [सं-स्त्री.] 1. बोलचाल की भाषा 2. सीधी-सादी बोली या भाषा, जैसे- ठेठ हिंदी। [वि.] 1. (बोली आदि) जो अपने मूल रूप में हो, जैसे- ठेठ मारवाड़ी, ठेठ हरियाणवी आदि 2. जिसमें कुछ और न मिला हो 3. निर्विकार; निर्मल 4. जिसमें बनावटीपन न हो; शुद्ध; निपट 4. देशी।

ठेपी [सं-स्त्री.] बोतल का मुँह बंद करने वाली वस्तु; डाट।

ठेल [सं-स्त्री.] ठेलने की क्रिया या भाव।

ठेल-ठाल [सं-स्त्री.] ठेलने की क्रिया या भाव।

ठेलना [क्रि-स.] 1. किसी भारी चीज़ को पीछे से बल लगाकर उसे आगे खिसकाना या बढ़ाना 2. पकड़कर धकेलना या धक्का देना 3. अपना भार या दायित्व दूसरे पर रखना 4. बलप्रयोग या ज़बरदस्ती करना; बलपूर्वक हटाना; धकेलना।

ठेलमठेल [सं-स्त्री.] भीड़भाड़ में एक दूसरे को ठेलने की क्रिया या भाव; ठेलाठेल। [क्रि.वि.] 1. एक-दूसरे को ठेलते हुए; एक के ऊपर एक गिरते हुए 2. कसमस के साथ।

ठेला [सं-पु.] 1. एक छोटी गाड़ी जिसे एक स्थान से दूसरे स्थान तक ठेल कर ले जाया जा सकता है 2. भीड़-भाड़ 3. धक्कम-धक्का 4. टक्कर; धक्का; पीछे की ओर से आघात।

ठेवका [सं-पु.] 1. वह स्थान (गड्ढा) जहाँ मोट का पानी खेत सींचते समय गिराया जाता है 2. चवना।

ठेवा [सं-पु.] एक खंभा बनने लायक डौल।

ठेस [सं-स्त्री.] 1. हलका आघात 2. साधारण धक्के की चोट 3. किसी दुर्व्यवहार से हुआ मानसिक कष्ट 4. सहारा; टेक।

ठेहरी [सं-स्त्री.] जमीन में गड़ा हुआ लकड़ी का वह टुकड़ा जिस पर दरवाजे (पुरानी चाल के एक प्रकार के दरवाजे) की चूल घूमती है।

ठैंचा [सं-पु.] एक प्रकार की खुले मुँह की बड़ी टोकरी 2. बोइया।

ठैना [सं-स्त्री.] बकरियों का झुंड।

ठोंक [सं-स्त्री.] 1. ठोंकने का भाव या क्रिया; प्रहार 2. वह लकड़ी जिसे ठोंककर कोई वस्तु निर्मित की जाती है 3. अन्न के दानों, फलों आदि पर पक्षियों की चोंच से लगा हुआ आघात या उसका चिह्न।

ठोंक-पीट [सं-स्त्री.] ठोकने, पीटने या मारने की क्रिया या भाव।

ठोंग (सं.) [सं-स्त्री.] 1. चंचु प्रहार; चोच की मार 2. उँगली मोड़ कर ठोकर मारना।

ठोंगना [क्रि-स.] 1. ठोंग या चोंच मारना 2. उँगली की नोक से आघात करना।

ठोंठा [सं-पु.] ज्वार, बाजरे आदि को हानि पहुँचाने वाला एक तरह का कीड़ा।

ठोक [सं-स्त्री.] ठोंक।

ठोकना [क्रि-स.] 1. ज़ोर से या धीरे से चोट मारना; प्रहार करना 2. भारी वस्तु से आघात करना 3. मारना; पीटना 4. दायर करना; (जैसे- मुकदमा ठोकना) 5. जकड़ना; जड़ना 6. किसी तरह का दंड लगाना। [मु.] **-पीटना** : किसी चीज़ को ठीक करने के लिए उस पर आघात करना। **-बजाना** : जाँच-परख लेना।

ठोकर [सं-स्त्री.] 1. चलते समय पैर में कंकड़-पत्थर या कोई भारी वस्तु से टकराने से लगने वाली चोट 2. ऐसी चीज़ जिससे चोट लग सकती हो 3. पैर से किया गया आघात 4. धक्का 5. किसी तरह का अनिष्टकारी आघात। [मु.] **-मारना** : ठुकरा देना। **-ठोकरें खाना** : दुर्दशा में पड़कर दुख सहना।

ठोकरा [वि.] कठिन; कड़ा; सख्त। [सं-पु.] एक प्रकार की घास।

ठोकरी [सं-स्त्री.] ऐसी गाय जिसे ब्याए हुए कुछ या कई मास हो चुके हों और इसीलिए उसका दूध गाढ़ा तथा मीठा हो गया हो; बकेन गाय।

ठोका [सं-पु.] हाथ में पहनने का गहना; एक प्रकार की पछेली।

ठोड़ी (सं.) [सं-स्त्री.] 1. होठों के नीचे का गोलाई लिए हुए उभरा हुआ भाग; ठुड्डी; चिबुक 2. चेहरे का निचला भाग; ठोढ़ी।

ठोपारी [सं-स्त्री.] गुड़ के लिए उबाला और दूसरी बार साफ किया गया ईख का रस।

ठोर [सं-पु.] 1. चोंच 2. एक प्रकार की मिठाई या पकवान।

ठोरना [क्रि-स.] चोंच से मिट्टी कुरेदने की क्रिया।

ठोरी [सं-स्त्री.] 1. किसी अन्न का वह भूना हुआ दाना जो फूटकर खिला न हो; ठुर्री 2. टोंटी।

ठोली [सं-स्त्री.] 1. ठठोली; दिल्लगी; हँसी 2. रखैल।

ठोस [वि.] 1. जो पदार्थ न तो अंदर से खोखला हो और न ही तरल हो; जो दबाने से न दबता हो; पक्का 2. सारगर्भित; पुष्ट 3. ठस; जो पोला न हो 4. {व्यं-अ.} जो यथार्थ एवं दृश्य रूप में मूर्त हो 5. सशक्त; दृढ़; मज़बूत।

ठोसा [सं-पु.] 1. किसी को कुढ़ाने या जलाने के लिए कही गई व्यंग्यपूर्ण बात 2. उक्त उद्देश्य हेतु दिखाया जाने वाला हाथ का अँगूठा; ठेंगा।

ठोहना [क्रि-स.] 1. किसी का पता लगाना 2. स्थान ढूँढ़ना; खोजना।

ठौंर[1] [सं-पु.] 1. एक प्रकार का पकवान 2. एक प्रकार की मीठी मठरी।

ठौंर[2] (सं.) [सं-पु.] 1. पक्षियों की चोंच या चंचु 2. कीड़े-मकोड़े आदि जीवों का वह अंग जिससे वे काटते या आघात करते हैं।

ठौर (सं.) [सं-पु.] 1. स्थान; जगह 2. अवसर; मौका 3. ठिकाना; आश्रय। [मु.] **-रखना** : उसी स्थान पर मार गिराना। **-रहना** : जहाँ का तहाँ पड़ा रहना; मर जाना।

ड

ड हिंदी वर्णमाला का व्यंजन वर्ण। उच्चारण की दृष्टि से यह पश्च-वर्त्स्य मूर्धन्य, सघोष, अल्पप्राण स्पर्श है।

ड़ उच्चारण की दृष्टि से यह पश्च-वर्त्स्य मूर्धन्य, अल्पप्राण उत्क्षिप्त है।

डँगरी [सं-स्त्री.] 1. लंबी ककड़ी 2. हिमालय में होने वाला एक प्रकार का मोटा बेंत 3. चुड़ैल 4. डायन।

डँगवारा [सं-पु.] हल, बैल आदि की वह सहायता जिसे किसान जोताई-बोआई में एक दूसरे को देते-लेते हैं; जिता।

डँड़हरा [सं-स्त्री.] 1. एक प्रकार की तीन इंच लंबी मछली जो बंगाल, मध्यभारत और वर्मा में पाई जाती है 2. लकड़ी या लोहे का लंबा डंडा, जो दरवाजे का खुलना रोकने के लिए किवाड़ के पीछे लगाया जाता है; दरवाजे को बंद करने के लिए उसमें लगाया जाने वाला लोहे का एक उपकरण।

डँडिया [सं-पु.] वह व्यक्ति जो सीमा पर रहकर महसूल या कर उगाहने का काम करता हो; कर उगाहने वाला पुरुष। [सं-स्त्री.] 1. पुरानी चाल की वह साड़ी जिसमें डाँड़ों या लंबी लकीरों के रूप में गोटा पट्टा टंका होता था 2. गेहूँ, जौ आदि की बालियों की लंबी सींक।

डँसना [क्रि-स.] दे. डसना।

डंक (सं.) [सं-पु.] 1. बिच्छू, बरै (ततैया) या मधुमक्खी आदि के शरीर का वह जहरीला काँटा जिसे वे दूसरे प्राणियों के शरीर में चुभा देते हैं 2. दंश 3. {ला-अ.} चुभने वाली बात; द्वेषभरी बात; व्यंग्योक्ति।

डंकना [क्रि-अ.] गरजने की क्रिया; गरजना; डरावना शब्द उत्पन्न करना।

डंका (सं.) [सं-पु.] 1. एक प्रकार का बड़ा नगाड़ा; दमामा; धौंसा 2. मुरगों में होने वाली लड़ाई। [मु.] **डंके की चोट पर** : सबको सुनाकर; निर्भय होकर; बेझिझक।

डंका-निशान [सं-पु.] राजाओं की सवारी के आगे बजाने वाला डंका और उसके साथ चलने वाला झंडा। [मु.] **-डंके की चोट पर कहना** : सबके सामने स्पष्ट शब्दों में कहना।

डंकिनी [सं-स्त्री.] डाकिनी।

डंकी [सं-स्त्री.] 1. कुश्ती का एक दाव 2. मालखंभ की एक कसरत। [वि.] डंकवाला।

डंकुर [सं-पु.] पुरानी तरह का ताल देने का एक बाजा।

डंगर [सं-पु.] पशु; चौपाया। [वि.] मूर्ख; निर्बुद्धि। [मु.] **-चराना** : मवेशी चराना; व्यर्थ घूमना।

डंगी [सं-स्त्री.] गड़ेरिए की लग्गी।

डंटी [सं-स्त्री.] 1. पतली लंबी लकड़ी 2. वृक्ष आदि की पतली लंबी शाखा 3. व्यवहार में लाया जाने वाले उपकरण का वह पतला और नुकीला अंश जो बेंट में ठोका जाता है 4. डाँडी।

डंठल [सं-पु.] 1. पौधों तथा वनस्पतियों का वह पतला और लंबा धड़ जिसपर पत्तियाँ या कोपलें होती हैं, जैसे- सरसों का डंठल; गुलाब का डंठल 2. पेड़-पौधों की शाखा का नरम हिस्सा।

डंठा [सं-पु.] 1. सैला 2. लकड़ी का चीरा हुआ टुकड़ा 3. छेद आदि में भरने का पच्चड़ 4. डंठल से दाने झड़ने का डंडा।

डंठी [सं-स्त्री.] 1. डंठल 2. किसी चीज़ में लगा कोई लंबा अंश।

डंड (सं.) [सं-पु.] 1. डंडा; सोंटा 2. बाहुदंड 3. बाँह; भुजा 4. सज़ा; जुर्माना 5. घाटा 6. एक प्रसिद्ध भारतीय व्यायाम 7. बाहों की मज़बूती के लिए हाथ-पंजों के सहारे ज़मीन पर पेट के बल झुककर किया जाने वाला व्यायाम। [मु.] **-पेलना** : मौज़ या आनंद मनाना; कसरत करना।

डंडबैठक [सं-पु.] 1. एक प्रकार का देशी व्यायाम 2. बाहों के सहारे ज़मीन के समानांतर होकर की जाने वाली उठक-बैठक।

डंडहरा [सं-पु.] 1. दरवाज़े को बंद करने का उपकरण 2. लकड़ी की अर्गला 3. दरवाज़े के पीछे की तरफ़ उसे खोलने से रोकने के लिए लगाया जाने वाला डंडा।

डंडा [सं-पु.] 1. लकड़ी या बाँस का सीधा, लंबा टुकड़ा 2. लकड़ी, बाँस आदि की सीढ़ी में पैर रखने का आधार 3. किसी चीज़ का लंबोतरा टुकड़ा 4. लाठी; सोंटा।

डंडा-डोली [सं-स्त्री.] डोली-डंडा; लड़कों का एक खेल जिसमें दो लड़के अपनी बाँहों को मिलाकर उन्हें चौकी का रूप देते हैं और उस पर किसी तीसरे छोटे लड़के को बैठाकर, 'डोली डंडा पालकी' कहकर इधर-उधर घुमाते हैं।

डंड़िया [सं-स्त्री.] बैलगाड़ी के मुँहवार और मंगरा को जोड़ने वाला लकड़ी का टुकड़ा; ढेंड़ी। [क्रि-स.] दो कपड़ों की लंबाई के किनारों को एक में सीना; डंडियाना।

डंडी [सं-स्त्री.] 1. लकड़ी का छोटा डंडा 2. तने का वह भाग जिसपर फूल या फल लगते हैं; नाल 3. धातु आदि का बहुत पतला डंडा; छड़ी 4. तराज़ू की लकड़ी जिसके दोनों ओर रस्सियों से पलड़े बाँधे जाते हैं।

डंडोरना [क्रि-स.] खोजना; हेरना; ढूँढ़ना।

डंबर (सं.) [सं-पु.] 1. आडंबर; तड़क-भड़क 2. सौंदर्य 3. विस्तार 4. बहुत बड़ा समूह या झुंड 5. एक तरह का चँदवा 6. सादृश्य 7. गर्व 8. चहल-पहल।

डंस (सं.) [सं-पु.] गहरा और तेज़ डंक मारने वाला एक प्रकार

का बड़ा मच्छर; डाँस।

डकरना [क्रि-अ.] 1. बैल, भैंसे या साड़ आदि का बोलना 2. डकार लेना।

डकार (सं.) [सं-पु.] 'ड' स्वरूप अक्षर या ड वर्ण। [सं-स्त्री.] 1. 'औ' की लंबी ध्वनि करते हुए पेट की वायु का बाहर निकलना; उक्त कार्यव्यापार में होने वाली ध्वनि; पेट की वह वायु जो आवाज़ के साथ मुँह से निकलती है; ऊर्ध्ववायु 2. बाघ की गरजन; दहाड़ 3.सिंहनाद [मु.] **-जाना** : हथिया लेना। **-तक न लेना** : चुपचाप हज़म कर जाना।

डकारना (सं.) [क्रि-अ.] 1. डकार लेने की क्रिया 2. खाकर संतुष्ट होना 3. पेट की हवा को मुँह से निकालना 3. शेर का दहाड़ना; गरजना। [क्रि-स.] {ला-अ.} किसी का माल हड़पना या कब्ज़े में करना; किसी का माल आदि पचा जाना।

डकूरा [सं-पु.] 1. चक्रवात; बवंडर 2. बगुला।

डकैत [सं-पु.] वह जो डाका डालता है; डाकू; लुटेरा।

डकैती [सं-स्त्री.] 1. संपत्ति लूटने के लिए दल-बल के साथ किया जाने वाला सशस्त्र धावा 2. लूटपाट करने का काम 3. हमला करके धन छीन लेना 4. डकैत का धंधा 5. किसी की चीज़ को बलात अपने अधिकार में करना।

डग [सं-पु.] चलने में जहाँ से पैर उठाया जाए और जहाँ रखा जाए उन दोनों स्थानों के बीच की दूरी; चलने में एक स्थान से पैर उठाकर दूसरे स्थान पर रखने की क्रिया की समाप्ति; कदम; फाल। [मु.] **-भरना** : कदम बढ़ाना। **-देना** : कदम रखना। **-मारना** : लंबे-लंबे डग डालना।

डगण (सं.) [सं-पु.] पिंगल (छंद शास्त्र) में चार मात्राओं का पाँच भागों में विभक्त एक गण।

डगमग [वि.] 1. लड़खड़ाता हुआ 2. विचलित 3. जो बहुत अधिक हिल-डुल रहा हो; अस्थिर।

डगमगाना [क्रि-अ.] 1. लड़खड़ाना; चलने में कभी इधर कभी उधर हो जाना 2. विचलित होना 3. दृढ़ न रहना 4. डावाँडोल होना 5. हिलने लगना 6. अस्थिर होना। [क्रि-स.] 1. विचलित करना; इधर-उधर हिलाना; दृढ़ न रहने देना 2. इस प्रकार हिचकोले मारना जिससे व्यक्ति या वस्तु झूलने लगे; हिलाना-डुलाना।

डगमगाहट [सं-स्त्री.] डगमग होने की अवस्था या भाव।

डगर [सं-स्त्री.] 1. रास्ता; मार्ग; राह 2. गाँव-देहात का तंग रास्ता 3. {ला-अ.} उपाय।

डगरना [क्रि-अ.] 1. गमन करना; चलना; लुढ़कते हुए आगे बढ़ना 2. {ला-अ.} किसी काम आदि का किसी तरह चालू (जारी) रहना।

डगरा [सं-पु.] बाँस की पतली-पतली कमानियों या पट्टियों से निर्मित छिछला पात्र; चपटी पेंदी का दौरा (टोकरीनुमा पात्र)।

डगराना [क्रि-अ.] झुंड में से निकालकर पशुओं को गाँव की ओर ले जाना; हाँकना; डघराना।

डगा [सं-पु.] वह लकड़ी जिससे डुग्गी बजाई जाती है।

डगोड़ी [सं-स्त्री.] दो बैलों द्वारा संभलने वाला पाटा।

डटना [क्रि-अ.] 1. जमकर खड़ा होना; पहरा या सुरक्षा के लिए मुकाबला करना 3. अड़े रहना; स्थिर रहना; अड़ना 4. जमे रहना; जमना।

डटाई [सं-स्त्री.] 1. डटे हुए होने की अवस्था या भाव 2. डटाने की क्रिया या भाव 3. डटाने की मज़दूरी।

डटाना [क्रि-स.] 1. डटने में प्रवृत्त करना 2. रोकना; ठहराना 3. भिड़ाना; सटाना।

डट्ठा [सं-पु.] 1. किसी वस्तु को आधार देने के लिए टेक 2. गट्टा; काग 3. लंगर आदि, बाँधने की रस्सी 4. महराब को रोके रखने के लिए ईंटों की जोड़ाई 5. वृत्तखंड; चाप 6. एक वृक्ष और उसकी छाल।

डड़हा [सं-पु.] एक सर्प; डोड़हा।

डड़ही [सं-स्त्री.] एक तरह की मछली।

डढ़ियल [वि.] दढ़ियल; दाढ़ीवाला।

डनलप [सं-पु.] रबर के पहियों वाली सवारी गाड़ी।

डपट[1] [सं-स्त्री.] घोड़े की तेज़ (सरपट) चाल।

डपट[2] (सं.) [सं-स्त्री.] 1. डाँट-डपट करने की क्रिया या भाव 2. घुड़की; डाँट; झिड़की।

डपटना [क्रि-स.] 1. डाँटना 2. घुड़कना 3. कटु बातें कहना।

डपोरशंख [सं-पु.] 1. लंबी-चौड़ी बातें करने वाला व्यक्ति 2. डींग मारने वाला व्यक्ति 3. मूर्ख 4. बड़े डील-डौल का व्यक्ति।

डफ [सं-स्त्री.] चमड़े से मढ़ा हुआ एक प्रकार का बड़ा बाजा; चंग; बड़ी डफली।

डफली [सं-स्त्री.] 1. ढपली; ढपरी; खँजरी 2. चमड़े से मढ़ा एक प्रकार का बाजा; छोटा डफ 3. लावनी गायकों का वाद्य।

डफारना [क्रि-अ.] 1. ऊँचे स्वर में चिल्लाना; ज़ोर से आवाज़ देना 2. ज़ोर-ज़ोर से रोना।

डफाली [सं-पु.] 1. डफ बजाने वाला व्यक्ति 2. किसी डफ बजाने तथा इस धुन पर कव्वाली गाने वाला मुसलमानों का एक वर्ग।

डबकना [क्रि-स.] धातु की चद्दर को दबा कर या पीटकर कटोरी या कटोरे की तरह गहरा करना। [क्रि-अ.] 1. लँगड़ाकर चलना; शरीर के किसी अंग में दर्द होना 2. टीसना 3. डबडबाना; आँखों में आँसू भर आना।

डबडबाना [क्रि-अ.] नेत्रों में आँसू आ जाना।

डबरा (सं.) [सं-पु.] 1. पानी का छिछला गड्ढा 2. खेत का बिना जुता हुआ कोना।

डबलरोटी (अं.+हिं.) [सं-स्त्री.] ख़मीर उठाकर पकाई गई बड़ी और मोटी रोटी; पावरोटी।

डबला [सं-पु.] मिट्टी का पुरवा; कुल्हड़।

डबिंग (अं.) [सं-स्त्री.] किसी एक भाषा की फ़िल्म के संवादों को किसी अन्य भाषा में अनुवाद करने की क्रिया।

डबुआ [सं-पु.] डबुलिया; छोटा पुरवा या कुल्हड़।

डब्बा [सं-पु.] दे.- डिब्बा।

डब्बू [सं-पु.] 1. कटोरदान; ढकनेदार कटोरा 2. खाने की चीज़ें रखने का एक प्रकार का डिब्बा।

डभकना [क्रि-अ.] 1. जल में इस प्रकार डूबना-उतराना कि

छलकना 3. जी भरकर कुछ खाना-पीना।

डभका [सं-पु.] 1. कुछ-कुछ भुना हुआ चना, मटर आदि; कोहरा 2. कुएँ का ताजा या तुरंत निकाला हुआ पानी।

डभकाना [क्रि-स.] कोई चीज़ इस प्रकार पानी में डुबाना कि डभ-डभ शब्द हो।

डमडम [सं-पु.] डमरू के बजने से उत्पन्न ध्वनि।

डमरू (सं.) [सं-पु.] 1. बजाई जाने वाली एक वस्तु; एक वाद्ययंत्र जो बीच में पतला और दोनो सिरों पर चौड़ा होता है तथा जिसे हाथ से हिलाकर बजाया जाता है; (पुराण) शिव द्वारा बजाया जाने वाला वाद्ययंत्र 2. बत्तीस लघुयुक्त एक प्रकार दंडक वृत्त 3. आश्चर्य; विस्मय।

डमरू यंत्र (सं.) [सं-पु.] दो घड़ों को लेकर उनके मुख को परस्पर मिलाकर बनाया हुआ यंत्र, जो अर्क खींचने तथा सिंगरफ का पारा और कपूर उड़ाने का एक यंत्र।

डमरूमध्य (सं.) [सं-पु.] भूमि या जल का वह संकीर्ण भाग, जो दो बड़े भू या जल-खंडों को मिलाता है।

डम्हरो [सं-पु.] परती भूमि को नष्ट करने वाली एक कड़ी मोटी घास; जम्हार।

डर (सं.) [सं-पु.] 1. बुरा होने की आशंका से उत्पन्न होने वाला भाव; भय; ख़ौफ़; त्रास; अंदेशा 2. अनिष्ट की संभावना की मन में होने वाली कल्पना 3. किसी बड़े व्यक्ति या बुज़ुर्ग से कुछ कहने में होने वाला संकोच 4. आशंका। [मु.] **-जाना** : भयभीत होना।

डरना [क्रि-अ.] 1. हानि या अनिष्ट की आशंका से आकुल होना; भयभीत होना 2. ख़ौफ़ करना 3. आशंका करना।

डरपोक [वि.] 1. डरने वाला; भीरु 2. कायर; बुज़दिल।

डरवाना [क्रि-स.] 1. डराना 2. किसी को डराने के लिए प्रवृत्त करना।

डराना [क्रि-स.] 1. भयभीत करना 2. किसी के मन में डर पैदा करना 3. सशंक करना।

डरावना [वि.] 1. भयभीत करने वाला; ख़ौफ़नाक; भयानक 2. ऐसी चीज़ जिसे देख कर डर लगे।

डरावा [सं-पु.] 1. ऐसी बात जो किसी को डराने के लिए कही जाए 2. पक्षियों आदि को डराकर फलदार वृक्षों, फ़सलों आदि से दूर रखने के लिए बनाई जाने वाली विकराल आकृति; स्थाणु। [मु.] **-दिखाना** : भयभीत करना।

डल [सं-स्त्री.] जम्मू-कश्मीर की दूसरी सबसे बड़ी झील का नाम। [सं-पु.] खंड; अंश; टुकड़ा।

डलना [क्रि-अ.] 1. किसी पात्र में किसी चीज़ का गिराया, छोड़ा या रखा जाना 2. डाला जाना; पड़ना 3. किसी चीज़ का रखा या सौंपा जाना।

डलमल होना [क्रि-स.] आजकल में ब्याने को होना।

डलवाना [क्रि-स.] 1. डालने का काम दूसरे से कराना 2. किसी को डालने के लिए प्रवृत्त करना।

डला (सं.) [सं-पु.] 1. किसी जमी हुई या ठोस चीज़ का टुकड़ा; खंड 2. बाँस, बेंत आदि की पतली फट्टियों या कमानियों से बनाया हुआ बड़ा आधान या पात्र जो प्रायः थाल के आकार का होता है; टोकरा; दौरा।

डलिया [सं-स्त्री.] 1. बाँस का बना एक पात्र 2. पतली टहनियों से बनी हुई टोकरी।

डली [सं-स्त्री.] 1. किसी वस्तु का छोटा टुकड़ा या खंड 2. कटी हुई सुपाड़ी।

डसना (सं.) [क्रि-स.] 1. साँप या इस प्रकार के अन्य विषैले कीड़े का दाँत से काटना 2. डंक मारना।

डसाना [क्रि-स.] 1. डसना का प्रेरणार्थक रूप 2. कपड़ा या बिछौना बिछाना।

डस्टर (अं.) [सं-पु.] 1. ब्लैकबोर्ड, कुरसी, दरवाज़ों आदि को साफ़ करने का उपकरण; कपड़ा 2. झाड़न।

डहकना [क्रि-अ.] 1. विकसित होना; फूलना 2. शोभायुक्त होकर अच्छी तरह चारों ओर फैलना; छितराना 3. डह-डह शब्द करते हुए ज़ोर से रोना 4. हुंकार भरते हुए गरजना 5. ठगा जाना। [क्रि-स.] 1. छल या धोखा करना; भुलावे में रखकर मूर्ख बनाना 2. ललचाकर भी न देना।

डहकाना [क्रि-अ.] किसी के धोखे में आकर अपनी हानि करना; ठगा जाना। [क्रि-स.] 1. किसी को धोखे में रखकर अपना लाभ करना; डहकना 2. खोना; गँवाना।

डहडहा [वि.] 1. हरा-भरा; लहलहाता हुआ 2. आनंदित या प्रफुल्लित। [क्रि-स.] 1. लहलहा या हरा-भरा करना 2. आनंदित या प्रफुल्लित करना।

डहडहाना [क्रि-अ.] 1. लहलहाना; हराभरा होना 2. आनंदित होना; प्रसन्न और प्रफुल्लित होना। [क्रि-स.] 1. हरा-भरा करना 2. आनंदित करना; प्रफुल्लित करना।

डहन (सं.) [सं-पु.] पंख; पक्षियों के पर; डैना [सं-स्त्री.] जलन, दाह, डाह, ईर्ष्या; संताप।

डहना [क्रि-अ.] 1. भस्म होना; जलना 2. द्वेष करना। [क्रि-स.] 1. भस्म करना; जलाना 2. किसी के मन में कुढ़न या डाह उत्पन्न करना।

डहरना [क्रि-अ.] चलना; गमन करना; टहलना।

डाँक [सं-पु.] 1. (कव्य में) डंका 2. डंक। [सं-स्त्री.] 1. डाँकने या लाँघने की क्रिया या भाव 2. ताँबे या चाँदी का कागज़ की तरह का वह पतला पत्तर जो नगीनों के नीचे उनकी चमक बढ़ाने के लिए लगाया जाता है 3. (स्थानिक) कै; वमन।

डाँकना [क्रि-स.] 1. बीच में पड़ी हुई कोई चीज़ लाँघना 2. किसी खेल विशेष में कूदना-फाँदना। [क्रि-अ.] वमन, कै, उलटी आदि करना।

डाँग[1] [सं-स्त्री.] बड़ी लाठी; बड़ा डंडा। [सं-पु.] 1. कूद; फलाँग 2. डंका; एक वाद्य यंत्र।

डाँग[2] (सं.) [सं-स्त्री.] 1. जंगल; पर्वतीय वन 2. पहाड़ की ऊँची चोटी 3. किसी चीज का ऊपरी या भारी भाग 4. पहाड़ 5. उछल-कूद 6. छलांग 7. सुयोग की आशा; ताक।

डाँगर [सं-पु.] 1. पशु; चौपाया; डंगर 2. मरा हुआ पशु 3. एक प्रकार की नीच जाति। [वि.] 1. दुबला-पतला होने के कारण जिसकी हड्डियाँ दिखाई देती हों 2. मूर्ख; बेवकूफ़।

डाँट [सं-स्त्री.] 1. डराने के लिए क्रोधपूर्वक ज़ोर से बोलना; फटका; झिड़क 2. दबाव।

डाँट-डपट [सं-स्त्री.] क्रोध पूर्वक डाँट कर कही जाने वाली बात।

डाँट-फटकार [सं-स्त्री.] डाँट-डपट।

डाँटना [क्रि-स.] क्रोध से ऊँची आवाज़ में बोलना; फटकारना; झिड़कना; घुड़कना।

डाँठ [सं-पु.] 1. तैयार फसल की राशि 2. शारदीय फसल का डंठल; शाखा।

डाँड़ (सं.) [सं-पु.] 1. लकड़ी का सीधा डंडा 2. नाव खेने का बल्ला 3. ऊँची मेड़ 4. खेत की सीमा 5. खोई या नष्ट हो गई वस्तु का बदला 6. वह मैदान जिसमें का जंगल कट गया हो 7. ज़ुरमाना; हरजाना; अर्थदंड।

डाँड़ना [क्रि-स.] 1. अर्थदंड लगा कर दंडित करना; जुरमाना करना या लगाना 2. हरजाना लेना 3. डाँटना।

डाँडिया (सं.) [सं-पु.] एक प्रकार का गुजराती नृत्य।

डाँड़ी [सं-स्त्री.] 1. तराज़ू की डंडी 2. पतली लंबी लकड़ी 3. वृक्ष आदि की टहनी 4. पौधों का वह लंबा डंठल जिसमें फूल, फल आदि लगते हैं 5. व्यवहार में लाए जाने वाले उपकरणों का वह पतला लंबोतरा अंश जिसे पकड़कर उस उपकरण को चलाया या हिलाया-डुलाया जाता है 6. हिंडोले की वे चारों लकडियाँ या डोरी की लड़ियाँ जिन पर बैठने की पटरी रखी जाती है 7. डंडे में बँधी हुई एक तरह की झोली के आकार की पहाड़ी सवारी; झप्पान 8. जुलाहों की वह लकड़ी जो चरखी की थवनी में डाली जाती है 9. शहनाई का वह निचला भाग जिसमें से हवा बाहर निकलती है 10. सीधी रेखा 11. मर्यादा 12. चिड़ियों के बैठने का अड्डा 13. अनवट नामक गहने का वह भाग जो दूसरी और तीसरी उँगलियों के बीच में रहता है और उसे घूमने से रोकता है। [सं-पुं.] 1. डाँड़ खेने वाला आदमी 2. सुस्त आदमी।

डाँबू [सं-पु.] दलदल में होने वाला एक तरह का नरकट।

डाँवाँडोल [वि.] 1. एक स्थिति में न रहने वाला 2. अस्थिर; असंतुलित 3. जो कभी इधर हो कभी उधर हो; हिलता हुआ 4. {ला-अ.} बिना पेंदी का लोटा।

डाँस (सं.) [सं-पु.] 1. बड़ा मच्छर 2. दंश 3. एक ऐसी मक्खी जो पशुओं को काटती है 4. कुकरौंछी।

डांस (अं.) [सं-पु.] 1. नाचने की क्रिया या अवस्था 2. नृत्य; नाच 3. नृत्य विशेष का नाम, जैसे- कथक, बैले आदि।

डाइट (अं.) [सं-पु.] आहार।

डाइन [सं-स्त्री.] 1. (लोकमान्यता) भूत-प्रेत योनि की स्त्री; भूतनी 2. जादू करने वाली स्त्री 3. चुड़ैल 4. डरावनी आकृति की कुरूप स्त्री।

डाउनलोड (अं.) [सं-पु.] किसी फाइल, प्रोग्राम आदि को इंटरनेट के माध्यम से उपयोगकर्ता द्वारा अपने कंप्यूटर या डिवाइस, जैसे- पेन ड्राइव आदि में संगृहीत करने की क्रिया।

डाक [सं-स्त्री.] 1. राज्य की ओर से चिट्ठियों, पार्सलों आदि को लाने और ले जाने की व्यवस्था (पोस्ट) 2. सवारी का ऐसा प्रबंध जिसमें हर पड़ाव पर जानवर या यान बदले जाते हों 3. डाँकने की क्रिया या भाव 4. पुकार 5. डाक द्वारा आने वाली वस्त 6. नीलाम की बोली।

डाक-चौकी [सं-स्त्री.] 1. वह स्थान जहाँ ठहरकर हरकारा डाक का आदान-प्रदान करते थे 2. प्राचीन काल में मार्ग में पड़ने वाला वह स्थान जहाँ यात्रा के घोड़े, हरकारे या सवारियाँ आगे जाने के लिए बदली जाती थीं।

डाक व्यय (हिं.+सं.) [सं-पु.] 1. डाक शुल्क; डाक-महसूल; डाक द्वारा कोई पत्र या वस्तु आदि भेजने में लगने वाला शुल्क।

डाक संस्करण (हिं.+सं.) [सं-पु.] समाचारपत्र का डाक द्वारा नगर से बाहर भेजा जाने वाला संस्करण।

डाकख़ाना (हिं.+फ़ा.) [सं-पु.] 1. डाकघर; (पोस्टऑफ़िस) 2. वह सरकारी कार्यालय या उसका भवन जो डाक द्वारा चिट्ठियाँ आदि भेजने एवं बँटवाने की व्यवस्था करता है।

डाकगाड़ी [सं-स्त्री.] वह वाहन या रेलगाड़ी जो सामान्यतया तेज़ गति से चलती है और जिसमें डाक ले जाने की व्यवस्था होती है।

डाकघर [सं-पु.] वह सरकारी दफ़्तर जहाँ चिट्ठी-पत्री, पत्र-पत्रिकाएँ, पार्सल, मनीआर्डर आदि भेजने और बाँटने की व्यवस्था की जाती है; डाकख़ाना; (पोस्ट ऑफ़िस)।

डाकटिकट (हिं.+अं.) [सं-पु.] डाक से पत्रों आदि को भेजने के लिए लगाया जाने वाला सरकारी टिकट।

डाकना [क्रि-स.] 1. फाँदना; लाँघना 2. पुकारना 3. नीलामी के समय बोली लगाना। [क्रि-अ.] वमन या कै करना।

डाकनी [सं-स्त्री.] 1. ऊपरी हिस्सा 2. मछली या अन्य मारे गये भक्ष्य जंतुओं का सिरा।

डाकबँगला (अं.) [सं-पु.] वह मकान जो सरकार की ओर से दौरे पर जाने वाले अधिकारियों को अस्थायी रूप से ठहरने के लिए तैयार किया गया हो तथा जिसमें पर्यटक भी रुक सकते हों।

डाकबाबू [सं-पु.] डाकघर का बड़ा कर्मचारी; (पोस्टमास्टर)।

डाकर [सं-पु.] 1. कड़ी किंतु उपजाऊ भूमि 2. सूखे हुए तालों की चिटखी या सूखी मिट्टी।

डाका [सं-पु.] 1. माल-असबाब लूटने के लिए दल बाँधकर किया जाने वाला धावा 2. बटमारी 3. लूटपाट।

डाकाज़नी (हिं.+फ़ा.) [सं-स्त्री.] डाका डालने का काम; डकैती; लूट।

डाकिन (सं.) [सं-स्त्री.] 1. स्त्रियों को दी जाने वाली एक प्रकार की गाली 2. अनुकूल काम न करने वाली स्त्री 3. किंवदंतियों के अनुसार भूत या प्रेत योनि की स्त्री।

डाकिनी (सं.) [सं-स्त्री.] 1. श्मशान आदि की देवी 2. (अंधविश्वास) प्रेतयोनि की स्त्री; चुड़ैल; पिशाचिनी 3. मान्यतानुसार काली की एक अनुचरी।

डाकिया [सं-पु.] घर-घर जाकर पत्र देने वाला कर्मचारी; डाक देने वाला व्यक्ति; (पोस्टमैन)।

डाकू [सं-पु.] संपत्ति लूटने के लिए दल-बल के साथ किसी पर सशस्त्र धावा बोलने वाला व्यक्ति; डाका डालने वाला व्यक्ति; लूटमार करने वाला व्यक्ति; दस्यु; डकैत।

डाग [सं-स्त्री.] तासा, डुग्गी, ढोल, नगाड़ा आदि बजाने की लकडी। [मु.] **-देना** :डुग्गी, नगाडे आदि पर चोट लगाकर

उनसे ध्वनि उत्पन्न करना।

डागा [सं-पु.] 1. बड़ी डाग 2. तासा, डुग्गी, ढोल, नगाड़ा आदि बजाने की लकड़ी।

डागुर [सं-पु.] जाटों की एक जाति या वर्ग।

डाट (सं.) [सं-स्त्री.] 1. किसी चीज़ की छेद या मुँह बंद करने के लिए उसमें कसकर जमाई, बिठाई या लगाई जाने वाली वस्तु; ढक्कन; काग; (कॉर्क) 2. किसी चीज़ को गिरने से बचाने या रोकने के लिए सामने या तिरछे बल में लगाई जाने वाली चाँड़ या रोक 3. वह ईंट या पत्थर जो मेहराब के बीचों-बीच दोनों ओर की ईंटों आदि को यथास्थान दृढ़तापूर्वक जमाए रखने के लिए लगाया जाता है।

डाटना [क्रि-स.] 1. एक वस्तु को दूसरी वस्तु में कसकर बैठाना 2. टेक या चाँड़ लगाना 3. ख़ूब पेटभर खाना 4. ठाट से कपड़े गहने आदि पहनना।

डाटा (अं.) [सं-पु.] 1. तथ्य; आँकड़ा 2. तथ्य समूह या सूचना-संग्रह।

डाटाबेस (अं.) [सं-पु.] कंप्यूटर में संचित विपुल सूचना-सामग्री।

डाठ [सं-पु.] पलानी; दुपलिया छप्पर।

डाठी [सं-स्त्री.] दुर्वासना; बुरी आदत।

डाढ़ [सं-स्त्री.] 1. दाढ़; चबाने के चौड़े दाँत 2. वृक्ष की मोटी शाखा 3. वट आदि वृक्षों की शाखाओं से नीचे निकलने वाली जड़; वरोह 4. सुअर का निकला हुआ दाँत।

डाढ़ा[1] [सं-पु.] बहुत लंबी दाढ़ी।

डाढ़ा[2] (सं.) [सं-पु.] 1. वन की आग; दावानल 2. आग 3. ताप। [वि.] ख़ूब खौलाने से जला हुआ; जला हुआ।

डाढ़ी [सं-स्त्री.] 1. दाढ़ी 2. ठोड़ी या चिबुक के बाल 3. जली हुई; तपाई हुई; घी बनाते समय मलाई का बचा भाग जो कड़ाही आदि में जल कर चिपक जाता है।

डाबर (सं.) [सं-पु.] 1. वह नीची ज़मीन या छोटा गड्ढा जिसमें बरसाती पानी ठहरता हो; पोखरी; झाँवर 2. चिलमची नामक पात्र जिसमें हाथ-मुँह धोने का पानी रहता है। [वि.] मटमैला (जल); गंदा पानी।

डाभ (सं.) [सं-पु.] 1. नारियल का कच्चा फल जिसका पानी पीया जाता है 2. आम की मंजरी 3. एक प्रकार का कुश।

डाभा [सं-पु.] कफचा; डोई; चमचा; एक प्रकार का छेददार चमचा।

डाभी [सं-स्त्री.] एक बड़ी किस्म की दूब।

डामचा [सं-पु.] वह मचान, जिस पर बैठकर जंगली पशु पक्षियों से फसलों की रक्षा की जाती हैं; मैड़ा; माला।

डामर[1] [सं-पु.] 1. साल का गोंद; राल 2. निर्वासन का दंड 3. राल बनाने वाली एक मधुमक्खी 4. अलकतरा।

डामर[2] (सं.) [सं-पु.] 1. शिव द्वारा उपदिष्ट तंत्र विशेष 2. चमत्कार 3. गर्व, अहंकार 4. एक क्षेत्रपाल का नाम 5. दुर्ग का शुभाशुभ ज्ञात करने हेतु निर्मित एक चक्र 6. धूमधाम; हलचल।

डामल (अ.) [सं-पु.] 1. आजीवन कारावास 2. निर्वासन की सजा।

डायन (सं.) [सं-स्त्री.] 1. ऐसी स्त्री जिसका स्वभाव क्रूर हो 2. चुड़ैल; डाइन; भूतनी 3. एक प्रकार की गाली।

डायनासोर (अं.) [सं-पु.] 1. सरीसृप वर्ग का एक विलुप्त प्राणी 2. लगभग छह करोड़ वर्ष पहले पाए जाने वाले भारी शरीर वाले विलुप्त सरीसृप वर्ग के प्राणी।

डायबिटीज (अं.) [सं-स्त्री.] शरीर में इंसुलिन हार्मोन की कमी से होने वाला एक प्रकार का रोग; मधुमेह; (शुगर)।

डायरिया (अं.) [सं-पु.] दस्त; पेचिश।

डायरी (अं.) [सं-स्त्री.] 1. ऐसी पुस्तिका जिसमें प्रत्येक दिन के कार्यों का विवरण लिखा जाता है; दैनिकी; रोज़नामचा 2. विवरणिका 3. (साहित्य) एक प्रसिद्ध विधा।

डायरेक्ट (अं.) [वि.] 1. सीधा; प्रत्यक्ष 2. बिना रुके; बिना घूमे 3. पूरा।

डायरेक्टर (अं.) [सं-पु.] 1. संचालक; निदेशक; निर्देशक 2. किसी कंपनी या शिक्षा संस्था में विभाग का प्रमुख या अध्यक्ष 3. फ़िल्म या नाटक का निर्देशक। [वि.] दिखलाने या बतलानेवाला।

डायल (अं.) [सं-पु.] 1. घड़ी आदि का गोलाकार भाग जिसपर समय, मात्रा आदि की इकाइयाँ अंकित होती हैं; अंकपट्ट 2. रेडियो आदि पर लगा गोलाकार पुरज़ा जिसे प्रोग्राम आदि बदलने के लिए घुमाते हैं 3. पुराने टेलीफ़ोन-यंत्रों में लगा छेदों वाला गोल डायल; टेलीफ़ोन का डायल।

डायलॉग (अं.) [सं-पु.] 1. लोगों के बीच होने वाली बातचीत; वार्तालाप 2. नाटक, फ़िल्म आदि के संवाद 3. अलग-अलग लोगों के बीच विचार-विमर्श 4. संवाद; कथोपकथन; भाषण।

डायोड (अं.) [सं-पु.] 1. दो इलेक्ट्रोड वाला वैक्यूम वाल्व (नली) जिसे प्रत्यावर्ती धारा (ए.सी.) को दिष्ट धारा (डी.सी.) में परिवर्तित करने तथा रेडियो-परिपथ में संसूचक (डिटेक्टर) के कार्य के लिए उपयोग किया जाता है 2. एक अर्धचालक जिसमें पी-एन संधि होती है 3. वह उपकरण या डिवाइस जिसमें से विद्युत धारा केवल एक दिशा में प्रवाहित होती है।

डार [सं-स्त्री.] 1. पक्षियों की उड़ती हुई पंक्ति 2. डाल; शाखा 3. फूल आदि रखने की डलिया 4. किवाड़ में लगनेवाली एक तरह की लंबी लकड़ी।

डारना [क्रि-स.] 1. किसी पर कुछ डालना 2. फेंकना 3. किसी वस्तु में ऊपर से कुछ डालना 4. पहनाना 5. अंकित करना।

डारसल [सं-पु.] बिचौंदी के चारों ओर की सतह।

डारा [सं-पु.] 1. कपड़े टाँगने की रस्सी या लकड़ी 2. कमर में पहनी जाने वाली पतली डोरी।

डारी [सं-स्त्री.] 1. वृक्ष की छोटी डाली 2. डलिया जो फल, फूल तथा मिष्ठान्न आदि से भरी हुई हो।

डार्विनवाद (अं.+सं.) [सं-पु.] जीवों की उत्पत्ति और विकासक्रम के संबंध में प्रसिद्ध जीववैज्ञानिक चार्ल्स डार्विन द्वारा प्रतिपादित विचार या सिद्धांत; योग्यतम की उत्तरजीविता (सर्वाइवल ऑव द फिटेस्ट) का सिद्धांत।

डाल (सं) [सं-स्त्री.] 1. पेड़ की शाखा; साख 2. एक प्रकार की खूँटी 3. तलवार का फल 4. विवाह के समय वर की ओर से वधू को दिए जाने वाले कपड़े, गहने, डला आदि 5. डलिया 6. डलियों में सजाकर भेजे जाने वाले खाद्य पदार्थ।

डालना [क्रि-स.] 1. किसी चीज़ में मिलाना या गिराना 2. फैलाना; बिछाना 3. शरीर पर धारण कराना; पहनाना 4. {अ-अ.} किसी स्त्री को पत्नी की तरह घर में रखना 5. {अ-अ.} पशुओं का गर्भपात करना 6. उपयोग करना 7. खोजना 8. सुसज्जित करना ।

डाला [सं-पु.] 1. विवाह में प्रयुक्त होने वाला बाँस की डलिया 2. बड़ी डलिया; डगरा।

डाली [सं-स्त्री.] 1. डलिया; छोटी डाल 2. फ़सल का अनाज ओसाना 3. खाद्य पदार्थ सजाकर भेंट मे भेजी जाने वाली सौगात की छोटी डाल।

डाव [सं-पु.] 1. दाहा; फसल का दह जाना 2. दाँव; बाजी 3. अवसर।

डास [सं-पु.] एक उपकरण जिससे चमड़े का कार्य करने वाले लोग चमड़े के निचले भाग को खुरचकर साफ करते हैं।

डासना [क्रि-स.] 1. डालना; फैलाना 2. बिछाना 3. (साँप, बिच्छू आदि का) काटना; डसना।

डाह (सं.) [सं-स्त्री.] जलन; ईर्ष्या।

डाहना [क्रि-स.] 1. किसी के मन में ईर्ष्या या डाह पैदा करना; जलाना; त्रस्त करना; सताना; दुखी करना 2. तंग करना; दिक करना 3. पीड़ित करना।

डाही [वि.] ईर्ष्या करने वाला; डाह करने वाला।

डिंगर (सं.) [सं-पु.] 1. मोटा व्यक्ति 2. धूर्त व्यक्ति; धूर्त या पाजी व्यक्ति 3. गुलाम; दास 4. बदमाश; ठग 5. अपमान 6. फेंकने की क्रिया 7. बंधन न मानने वाली गाय के गले में बाँधी जाने वाली मोटी लकड़ी; ठिंगुरा।

डिंगल [सं-स्त्री.] 1. मध्ययुग में राजपूताने में भाट या चारणों द्वारा व्यवहृत वह प्राचीन भाषा जिसमें वीर रस प्रधान काव्य और वंशावलियाँ लिखी गईं 2. भाट कवियों द्वारा प्रयुक्त आरंभिक मारवाड़ी भाषा का पुरातन रूप। [वि.] 1. दूषित 2. घृणित; नीच; अधम।

डिंडिश (सं.) [सं-पु.] टिंडा नामक सब्ज़ी; डिंडसी; टिंडसी।

डिंडी [सं-स्त्री.] 1. पोस्ते के ऊपर का भाग 2. कपास, अरहर या किसी अनाज की फली 3. मछली फँसाने का चारा।

डिंडोर [सं-पु.] रबड़ के फीते और लकड़ी से बना एक उपकरण जिसका उपयोग चिड़ियों, बंदरों आदि को भगाने में किया जाता है; गुलेल।

डिंब (सं.) [सं-पु.] 1. मादा प्राणी का वह अंडाणु या जीवाणु जो नर प्राणी के वीर्य में उपस्थित शुक्राणु से संयोग कर गर्भाशय में विकसित होकर नए जीव की भ्रूण कोशिका बनाता है 2. मादा प्राणी के गर्भ की आरंभिक अवस्था; (ओवम) 3. अंडा 4. गोला; गेंद पिंड 5. दंगा; फसाद 6. भय के कारण चीत्कार 7. छोटा बच्चा या छोटा जानवर।

डिंबाणु [सं-पु.] डिंब; अंडा।।

डिंबाशय (सं.) [सं-पु.] मादा प्राणी या मादा जाति के गर्भाशय में दो ग्रंथियाँ जिनमें डिंब बनते और परिपक्व होते हैं; गर्भाशय; (ओवेरी)।

डिकोडिंग (अं.) [सं-स्त्री.] विसंकेतन संकेतों को समझना; गुप्त संदेश का अर्थ निकालना।

डिक्शनरी (अं.) [सं-स्त्री.] शब्दकोश; शब्दसंग्रह; शब्दमाला; शब्दसागर; अभिधान।

डिगना (सं.) [क्रि-अ.] 1. अपने स्थान से हटना, खिसकना या सरकना 2. हिलना 3. वचन से फिरना; मुकरना 4. किसी बात पर स्थिर न होना; संकल्प पर दृढ़ न रहना 5. विचलित होना।

डिगरीदार (अं.+फ़ा.) [वि.] वह जिसके पक्ष में किसी मुकदमे का निर्णय हुआ हो।

डिगरीधारी (अं.+सं.) [सं-पु.] जिसे डिगरी या पदवी मिली हो। [वि.] डिगरी या उपाधि धारण करने वाला।

डिगवा [सं-पु.] एक चिड़िया का नाम।

डिगाना [क्रि-स.] 1. स्थान से हटाना; सरकाना; खिसकाना 2. टालना 3. गिरा देना 4. हिला देना; हिलाना; हटाना 5. बात पर स्थिर न रहने देना ।

डिग्री (अं.) [सं-स्त्री.] 1. विश्वविद्यालय द्वारा प्रदान की जाने वाली उपाधि 2. पदवी, योग्यता तथा प्रतिष्ठा सूचित करने वाला शब्द।

डिज़ाइन (अं.) [सं-पु.] 1. प्रारूप; बनावट 2. रेखाओं और चित्रों से बनाया गया कोई प्रतिरूप; नमूना; प्रतिमान; रूप 3. ख़ाका 4. किसी कार्य या रचना की परिकल्पना; योजना। [सं-स्त्री.] बनावट; तर्ज़।

डिज़ाइनदार (अं.+फ़ा.) [वि.] 1. प्रतिमान युक्त 2. प्रतिमान के रूप में होने वाला 3. सामान्य से हट कर विशेष प्रकार की आकृति वाला।

डिजिटल (अं.) [वि.] 1. अंकों से सूचना देने वाला; अंकीय; अंकों में दर्शाने वाला; अंकदर्शी 2. कंप्यूटर विज्ञान में ध्वनि-रिकॉर्डिंग या सूचना-संग्रहण के लिए 1 और 0 अंक का प्रयोग करने वाली इलेक्ट्रॉनिक पद्धति।

डिटेल (अं.) [सं-पु.] 1. ब्यौरा 2. काम सौंपना।

डिठवन [सं-पु.] देवोत्थान (एकादशी)।

डिठौना [सं-पु.] बुरी नज़र से बचाने के लिए बच्चों के माथे पर लगाया गया काला टीका; काजल का टीका।

डिड़िया [सं-स्त्री.] एक प्रसिद्ध लंबी तीखी फली जो मसाले में प्रयुक्त होती है; मिरचाई।

डिनर (अं.) [सं-पु.] 1. रात्रि का भोजन 2. विशिष्ट भोजन।

डिपार्टमेंट (अं.) [सं-पु.] 1. विभाग, प्रभाग या महकमा 2. किसी वस्तु या कार्य का कोई निश्चित क्षेत्र या भाग।

डिपॉज़िट (अं.) [वि.] निक्षेप; जमा।

डिपो (अं.) [सं-पु.] 1. गोदाम; भंडार 2. वाहनों को एकत्र रखने का स्थान 3. रेजीमेंट का प्रधान कार्यालय।

डिप्टी (अं.) [सं-पु.] 1. सहायक, जैसे- डिप्टी इंसपेक्टर 2. नायब।

डिप्लोमा (अं.) [सं-पु.] 1. किसी विशेष क्षेत्र में एक प्रकार का प्रशिक्षण; किसी विषय में प्रशिक्षण प्राप्त करने का प्रमाण-पत्र; सनद 2. अधिकारदायक पत्र 3. शैक्षिक प्रमाण-पत्र।

डिबिया [सं-स्त्री.] 1. छोटा डिब्बा 2. संपुट।

डिबेट (अं.) [सं-पु.] 1. वाद-विवाद 2. किसी विशेष विषय या मुद्दे पर होने वाली ऐसी बातचीत जिसमें दो पक्षों के बीच तर्क-वितर्क हो।

डिब्बा (सं.) [सं-पु.] 1. ढक्कनदार छोटा पात्र; टीन, प्लाटिस्क, लोहे आदि से बना उक्त पात्र 2. रेलगाड़ी के इंजन से जुड़ने वाली चार या आठ पहियों वाली एक बड़ी संदूकनुमा संरचना; कूपा; बोगी।

डिब्बाबंद (हिं.+फ़ा.) [वि.] जो बंद डिब्बे में उपलब्ध हो।

डिब्बी [सं-स्त्री.] छोटा डिब्बा; डिबिया।

डिब्बेबंदी (हिं.+फ़ा.) [सं-स्त्री.] किसी सामग्री को डिब्बे में बंद करने की क्रिया या भाव।

डिब्लर [सं-पु.] हाथ से बुआई करने वाला यंत्र।

डिभगना [क्रि-स.] मोहित करना; मोहना; छलना; डहकना।

डिम[1] (सं.) [सं-पु.] (नाटक या दृश्यकाव्य) एक रूपक भेद जिसमें चार अंक होते हैं तथा रौद्र रस की प्रधानता के साथ इंद्रजाल, क्रोध और युद्ध आदि के दृश्यों का चित्रण होता है; [वि.] उड़ा हुआ।

डिम[2] (अं.) [सं-पु.] 1. धुँधला; कम रोशनी वाला; मद्धिम 2. कमज़ोर; हलका 3. अस्पष्ट।

डिमडिम [सं-स्त्री.] डुग्गी बजने से उत्पन्न शब्द; डुग्गी बजने से उत्पन्न ध्वनि।

डिमांड (अं.) [सं-स्त्री.] माँग; अभियाचना।

डिला[1] [सं-पु.] गीली भूमि में होने वाली एक तरह की घास; मोथा।

डिला[2] (सं.) [सं-पु.] ऊन का लच्छा।

डिलीवरी (अं.) [क्रि-स.] प्रसव; जनन; दाती; अंतरण; वितरण [वि.] पहुँचाने वाला।

डिल्ला [सं-पु.] बैल आदि पशुओं के कंधे पर उठा हुआ कूबड़; ककुत्थ; कुब्बा।

डिवाइस (अं.) [सं-पु.] 1. युक्ति; उपकरण; मशीन 2. किसी कार्य विशेष के वास्ते काम में आने वाली मशीन या औज़ार।

डिवीज़न (अं.) [सं-पु.] 1. किसी विशिष्ट कार्य का निश्चित क्षेत्र या खंड 2. श्रेणी, जैसे- फ़र्स्ट डिवीज़न आदि।

डिवोर्स (अं.) [सं-पु.] अलगाव; तलाक।

डिश (अं.) [सं-स्त्री.] 1. व्यंजन; विशेष प्रकार से बनाया गया पकवान 2. थाली; प्लेट।

डिसिप्लिन (अं.) [सं-पु.] अनुशासन।

डिसीजन (अं.) [सं-पु.] निर्णय; फैसला; विनिश्चय(विधि)।

डिस्क (अं.) [सं-स्त्री.] 1. प्लास्टिक आदि से निर्मित वह वस्तु जिसमें कंप्यूटर आदि में प्रयोग के लिए सूचनाएँ संचित की जाती हैं 2. वर्तुलाकार तथा चपटी वस्तु।

डिस्कशन (अं.) [सं-पु.] 1. विचार-विमर्श; चर्चा।

डिस्काउंट (अं.) [सं-पु.] बट्टा; छूट।

डिस्क्रिप्शन (अं.) [सं-पु.] 1. विवरण; वर्णन; प्रकार 2. चित्रण 3. हाल; हुलिया 4. कथन।

डिस्चार्ज (अं.) [सं-पु.] 1. निर्वहन; पालन 2.उन्मोचन 3. सेवा-मुक्ति; कार्य-मुक्ति छुट्टी

डिस्टर्बेंस (अं.) [सं-पु.] 1. उपद्रव 2. गड़बड़ी 3. बाधा।

डिस्ट्रीब्यूटर (अं.) [सं-पु.] वितरण करने वाला व्यक्ति; वितरक।

डिस्पेंसरी (अं.) [सं-पु.] दवाख़ाना; औषधालय।

डिस्प्ले (अं.) [सं-पु.] प्रदर्शन; सजावट। [क्रि-स.] प्रदर्शित करना।

डिस्मिस (अं.) [क्रि-स.] 1. पदच्युत करना; बरखास्त करना 2. खारिज करना।

डिहरी[1] [सं-स्त्री.] 6000 (छह हजार) गाठों का एक मान, जिसके अनुसार गलीचों का दाम लगाया जाता है।

डिहरी[2] (सं.) [सं-स्त्री.] अनाज भरकर रखने का मिट्टी का एक प्रकार का ऊँचा और बड़ा पात्र।

डींग (सं.) [सं-स्त्री.] 1. बढ़-चढ़कर की जाने वाली बात; सारहीन और बेतुकी बात 2. शेखी; लंबी-चौड़ी हाँकना; झूठी आत्मप्रशंसा; अभिमान से भरी गप्प; खोखली बड़ाई।

डीक [सं-स्त्री.] आँखों का जाला नामक रोग; मोतियाबिंद।

डीज़ल (अं.) [सं-पु.] ईंधन के रूप में प्रयोग किया जाने वाला पेट्रोलियम पदार्थ; एक प्रकार का भारी खनिज तेल।

डीठ (सं.) [सं-स्त्री.] 1. निगाह; दृष्टि 2. देखने की शक्ति 3. ज्ञान 4. नज़र।

डीन[1] (सं.) [सं-पु.] 1. चिड़ियों की उड़ान; पक्षियों की एक प्रकार की गति 2. उड़ान से पैदा होने वाली आवाज़। [वि.] उड़ा हुआ।

डीन[2] (अं.) [सं-पु.] विश्वविद्यालय या कॉलेज में किसी संकाय का अध्यक्ष; संकायाध्यक्ष; अधिष्ठाता।

डीभी [सं-स्त्री.] नया अंकुर, पौधे का दुपतिया होना।

डील-डौल [सं-पु.] शरीर की बनावट या संरचना; शरीर का आकार-प्रकार; कद-काठी।

डील[1] [सं-पु.] 1. शरीर का आकार 2. काठी 3. व्यक्ति 4. प्राणी।

डील[2] (अं.) [सं-स्त्री.] सौदा; व्यवहार करना।

डीलर (अं.) [सं-पु.] लेन-देन करने वाला व्यापारी; वह व्यक्ति जो बेचने के लिए सामान ख़रीदता तथा उसका रखरखाव करता है; वितरण करने वाला व्यापारी।

डीला [सं-पु.] एक प्रकार का नरकट, जो पश्चिमोत्तर भारत में होता है।

डीह-डाबर [सं-पु.] पुराने भवन की ऊँची जमीन; खंडहर आदि का स्थान।

डीह[1] [सं-पु.] गूल।

डीह[2] (फ़ा.) [सं-पु.] 1. छोटे गाँव की बस्ती का स्थान; आबादी 2. उजड़े हुए गाँव का टीला 3. ग्राम-देवता।

डुंक [सं-पु.] घूँसा; मुक्का।

डुंगा [सं-स्त्री.] छोटा टीला; छोटी पहाड़ी।

डुंडुल (सं.) [सं-पु.] छोटा उल्लू।

डुकरिया [सं-स्त्री.] 1. बुढ़िया; डोकरी; बुज़ुर्ग औरत; वृद्ध स्त्री 2. स्त्री 3. माया।

डुगडुइया [सं-स्त्री.] डुग्गी; छोटा नगाड़ा।

डुगडुगाना [क्रि-स.] चमड़े से मढ़े हुए बाजे या डुग्गी को लकड़ी से बजाना; ड्रम या छोटा नगाड़ा बजाना।

डुगडुगी [सं-स्त्री.] 1. चमड़ा मढ़ा हुआ चौड़े मुँह का छोटा बाजा; डुग्गी; डौंडी 2. वह वाद्य जिसे बजाकर किसी बात की सूचना दी जाती है; मुनादी करने का छोटा नगाड़ा।

डुगुर-डुगुर [अव्य.] 1. धीरे-धीरे 2. आराम से हिलते हुए; शरीर

डुलाते हुए चलना 3. ठंड की कपकपी से शरीर हिलना।

डुग्गी [सं-स्त्री.] डुगडुगी।

डुड़का [सं-पु.] धान के फसल में होने वाला एक रोग।

डुप्लीकेट (अं.) [सं-पु.] 1. किसी वस्तु की प्रतिकृति या नकल; अनुलिपि 2. किसी काम में होने वाला दोहराव 3. पुनरावृत्ति; अनुलिपिकरण।

डुबकनी [सं-स्त्री.] पानी के अंदर डूब कर चलने वाली नाव या जलयान; पनडुब्बी; (सबमरीन)।

डुबकी [सं-स्त्री.] 1. पानी में डूबने की क्रिया या भाव 2. गोता; बुड़की 3. एक तरह का बटेर 4. बिना तली हुई पीठी की बड़ी।

डुबवाना [क्रि-स.] 1. (डुबाना का प्रेरणार्थक रूप) डुबाने का काम कराना 2. धनादि बर्बाद कराना।

डुबान [वि.] जहाँ पूरा डूबना संभव हो, ऐसी गहराई।

डुबाना [क्रि-स.] 1. पानी या किसी तरल में डालना; गोता देना; बोरना 2. मग्न करना 3. चौपट या बरबाद करना; नष्ट करना 4. किसी की प्रतिष्ठा नष्ट करना 5. कलंक लगाना। [मु.] -**नाम डुबाना** : नाम नष्ट करना; मर्यादा नष्ट करना। -**लुटिया डुबाना** : काम बिगाड़ना; प्रतिष्ठा नष्ट करना।

डुबाव [सं-पु.] 1. पानी या किसी तरल में किसी व्यक्ति के डूबने भर की गहराई 2. किसी बात या कार्य में तल्लीन होने की अवस्था।

डुबोना [क्रि-स.] 1. किसी वस्तु को जल या किसी तरल में डुबाना; बोरना 2. चौपट या नष्ट करना 3. प्रतिष्ठा नष्ट करना 4. कलंकित करना।

डुब्बा [सं-पु.] 1. पानी में डुबकी लगाने वाला; पनडुब्बा 2. बक्स के आकार का एक यंत्र जिसमें बैठकर पनडुब्बा पानी के भीतर काम करता है।

डुब्बा रँगाई [क्रि-स.] पूरा डुबाकर रँगने की प्रक्रिया।

डुब्सी [सं-स्त्री.] किल्हा।

डुभई [सं-स्त्री.] एक प्रकार का चावल, जो कछार में होता है।

डुभका [सं-पु.] 1. कुछ-कुछ भूना हुआ चना, मटर आदि 2. कुएँ का ताजा या तुरंत का निकाला हुआ पानी।

डुभकौरी [सं-स्त्री.] 1. पीठी की सुखाई हुई या बिना तली बड़ी; डभकौरी 2. उड़द बड़ी।

डुलना [क्रि-अ.] 1. इधर-उधर घूमना 2. चलना-फिरना 3. हिलना 4. गतिमान होना 5. दोलित होना 6. विचार या मन का अस्थिर होना 7. विचलित होना।

डुलाना [क्रि-स.] 1. हिलाना 2. इधर-उधर घुमाना (प्राय: हिलना के साथ प्रयोग, जैसे- हिलाना-डुलाना)।

डुलिका (सं.) [सं-स्त्री.] खंजन के आकार की एक चिड़िया।

डुली (सं.) [सं-स्त्री.] 1. चिल्ली नाम का एक साग 2. लाल रंग के पत्ती का बथुआ।

डूँगर (सं.) [सं-स्त्री.] 1. छोटी पहाड़ी; ऊँची ज़मीन 2. टीला 3. ढूह (कंकड़, पत्थर एवं मिट्टी आदि का ऊँचा ढेर)।

डूँगरी [सं-स्त्री.] छोटी पहाड़ी।

डूँगा (सं.) [सं-पु.] 1. छोटी पहाड़ी 2. टीला 3. चम्मच 4. एक ही काठ की बनी हुई नाव।

डूँगी [सं-स्त्री.] बड़े सींग की गाय।

डूँड़री [सं-स्त्री.] छँछरी।

डूँड़ा [वि.] 1. टूटे सींगवाला 2. चूड़ी या आभूषण से रहित 3. बिना हाथ पाँव का। [सं-पु.] एक सींग वाला बैल।

डूँड़ी [वि.] टूटे सींगवाली। [सं-स्त्री.] एक सींग वाली गाय।

डूक [सं-पु.] पशुओं के फेफड़ों में होने वाला एक रोग।

डूबना [क्रि-अ.] 1. पानी या किसी भी तरल पदार्थ में पूरी तरह समाना; गोता खाना 2. किसी भी चीज़ में तन्मय होना; लीन होना 3. किसी काम लायक न रहना 4. चौपट होना; नष्ट होना 5. बिगड़ना; बरबाद होना; मारा जाना 6. सूर्य, चंद्रमा आदि ग्रहों या नक्षत्रों का अस्त होना 7. व्यवसाय में लगाया धन नष्ट होना।

डे बुक (अं.) [सं-पु.] रोजनामचा।

डेंगी [सं-स्त्री.] काठ की बनी छोटी नाव।

डेंगू (अं.) [सं-पु.] एक मच्छर; उक्त मच्छर के काटने से मनुष्यों को होने वाली एक ख़तरनाक बीमारी; एक प्रकार का ज्वर।

डेंड़सी (सं.) [सं-स्त्री.] टिंडा; डिंडिश; तिंदिश; एक प्रकार की तरकारी।

डेंड़ौका [सं-पु.] पोर छोड़ना।

डेक (अं.) [सं-पु.] जहाज़ पर लकड़ी से पटा हुआ फ़र्श या छत।

डेक (अं.) [सं-पु.] जहाज़ पर लकड़ी से पटा हुआ फ़र्श या छत।

डेगची [सं-स्त्री.] भोजन पकाने का बर्तन; पतीला; देगची।

डेट (अं.) [सं-स्त्री.] 1. महीने या वर्ष का विशेष दिन; तिथि; तारीख़; दिनांक 2. एक विशेष समय 3. किसी से भेंट करने की व्यवस्था 4. काल; समय।

डेट लाइन (अं.) [सं-पु.] तिथि रेखा; कहीं भी घटी किसी घटना की तारीख़ और महीने का उल्लेख कर समाचार लिखा जाने वाला स्थान।

डेटिंग (अं.) [सं-पु.] दो व्यक्तियों (विशेषकर प्रेमी-प्रेमिका) का पूर्वनियत समय और स्थान के अनुरूप आमोद-प्रमोद हेतु सम्मिलन।

डेडलाइन (अं.) [सं-स्त्री.] 1. किसी कार्य की अंतिम समय सीमा 2. अंतिम दिन 3. अवधि समाप्ति 4. सीमा; हद 5. समाचार पत्र के लिए मैटर स्वीकार किए जाने की अंतिम समय सीमा।

डेढ़ (सं.) [सं-पु.] डेढ़ की संख्या। [वि.] 1. पूरा एक और आधा; जो गिनती में 1½ हो, जैसे- डेढ़ रुपया, डेढ़ किलो आदि। [मु.] -**चावल की खिचड़ी अलग पकाना** : अपना विचार या कार्य सबसे अलग रखना।

डेढ़िया [सं-पु.] 1. सिक्किम और भूटान आदि क्षेत्रों में मिलने वाला पुआले की जाति का ऊँचा पेड़ 2. गाँव में अनाज उधार देने की वह रीति जिसमें फ़सल आने पर मूल का ड्योढ़ा लिया जाता है।

डेढ़ी [सं-स्त्री.] बीज के लेन-देन की एक रीति जिसमें फ़सल काटने पर लेने वाले को डेढ़ा देना पड़ता है।

डेढ़ौरा जोर [सं-पु.] 1. छान 2. मवेशियों को खूँटे से बाँधने की रस्सी।

डेपुटी (अं.) [सं-पु.] 1. किसी संगठन के उप-प्रमुख का पद या प्रमुख का स्थानापन्न 2. उप; प्रति, जैसे- डेपुटी मैनेजर।

डेपुटेशन (अं.) [सं-पु.] किसी विशिष्ट कार्य के लिए कहीं भेजा जाने वाला विशिष्ट व्यक्तियों का दल; शिष्टमंडल।

डेफ [सं-पु.] 1. गेहूँ का प्रथम उत्पन्न अंकुर; अँखुवा; डीभी; सूइया।

डेबरा [वि.] जो अधिकतर काम अपने बाएँ हाथ से ही करता हो।

डेयरी (अं.) [सं-स्त्री.] 1. वह स्थान या संस्था जहाँ गाय-भैंस पाली जाती हैं तथा दूध, मक्खन और दही आदि बनाया और बेचा जाता है 2. दूध, दही और पनीर आदि की दुकान 3. दुग्धशाला।

डेरा [सं-पु.] किसी स्थान विशेष पर अस्थायी निवास; पड़ाव। [मु.] **-डालना** : ठहरना; टिकना; जमकर बैठ जाना।

डेल [सं-पु.] 1. बड़ी डलिया; झाबा 2. पत्थर या ईंट का टुकड़ा; ढेला; रोड़ा 3. चिड़िया फँसाने का झाबा; पिंजड़ा 4. उल्लू पक्षी 5. सारहीन वस्तु। [सं-स्त्री.] रबी की फ़सल के लिए जोतकर छोड़ी गई भूमि; परेल।

डेला [सं-पु.] 1. ढेला; रोड़ा 2. आँखों का गोलक 3. ठेंगुर; डला।

डेलिगेट (अं.) [सं-पु.] किसी शासन या संस्था आदि का अधिकृत प्रतिनिधि।

डेलिगेशन (अं.) [सं-पु.] शिष्टमंडल; प्रतिनिधि मंडल।

डेलिया [सं-पु.] एक प्रकार का पौधा जिसका फूल लाल और पीला होता है।

डेल्टा (अं.) [सं-पु.] 1. नदियों के मुहाने या संगम स्थान पर उनके द्वारा लाए हुए कीचड़ और बालू के जमने से बनी हुई वह भूमि जो धारा के कई शाखाओं में विभक्त होने के कारण तिकोनी होती है; दहाना; मुहाना 2. ग्रीक वर्णमाला का चौथा अक्षर 3. धरती का वह भू-भाग जो तीन ओर से पानी से घिरा हो।

डेवढ़ी [सं-स्त्री.] 1. द्वार के पीछे का घर 2. संपन्न व्यक्ति का कोठा और उससे लगी जमीन; ड्योढ़ी।

डेसिबल (अं.) [सं-पु.] ध्वनि तरंगों की तीव्रता का मापक या इकाई।

डेसिमल (अं.) [सं-पु.] 1. दशमलव 2. दशम प्रणाली। [वि.] 1. दशांश संबंधी 2. दशमलव पद्धति से संबद्ध।

डेसीग्राम (अं.) [सं-पु.] एक ग्राम का दसवाँ भाग।

डेसीमीटर (अं.) [सं-पु.] एक मीटर का दसवाँ भाग।

डेसीलीटर (अं.) [सं-पु.] एक लीटर का दसवाँ भाग।

डेस्क (अं.) [सं-पु.] 1. लिखने-पढ़ने की मेज़ 2. (अख़बार) मुख्य संपादक की मेज़।

डेस्कटॉप (अं.) [सं-पु.] 1. आकार या संचालन सुविधा की दृष्टि से मेज़ पर रखकर चलाए जाने वाले पर्सनल कंप्यूटर के लिए प्रयुक्त शब्द 2. मेज़ की ऊपरी सतह।

डेहरी [सं-स्त्री.] 1. अन्न रखने के लिए मिट्टी की बनी बखारी 2. दहलीज 3. मूल निवास स्थान।

डैना (सं.) [सं-पु.] 1. चिड़ियों के दोनों ओर के अंग जिनमें पंख लगे होते हैं; परों का समूह 2. नाव खेने का डंडा।

डैम (अं.) [सं-पु.] नदी या जलाशय के पानी को रोकने के लिए बनाई गई सीमेंट, पत्थर आदि की मज़बूत दीवार या रोक; बाँध।

डैश (अं.) [सं-पु.] पड़ी रेखा (—) के रूप में लेखन में प्रयुक्त होने वाला संकेत चिह्न (विशेषत: जब किसी बात की व्याख्या करनी होती है) जो हाइफ़न से अपेक्षाकृत बड़ा होता है; निर्देशक चिह्न।

डॉक्टर (अं.) [सं-पु.] 1. वह जिसने चिकित्सा संबंधी शिक्षा प्राप्त की हो और जिसे चिकित्सा करने का विधिक अधिकार प्राप्त हो; चिकित्सक; वैद्य 2. विश्वविद्यालय की सर्वोच्च उपाधि प्राप्त व्यक्ति 3. चिकित्सकों के नाम के पूर्व प्रयुक्त आदरसूचक शब्द-संक्षेप।

डॉक्टरी (अं.+हिं.) [सं-स्त्री.] 1. एलोपैथ या होमियोपैथ से संबंधित चिकित्सा शास्त्र 2. डॉक्टर का पेशा, भाव या उपाधि 3. डॉक्टर बनने की पढ़ाई।

डॉक्युमेंट (अं.) [सं-पु.] 1. कागज़ात; दस्तावेज़ 2. प्रलेख 3. लेख्यपत्र 4. प्रस्तुत प्रमाण।

डॉक्युमेंटरी (अं.) [सं-स्त्री.] 1. किसी समस्या या विषय पर बनाई गई लघु फ़िल्म; वृत्तचित्र 2. लिखित; प्रमाण-विषयक।

डॉक्युमेंटरी फ़िल्म (अं.) [सं-स्त्री.] वास्तविक सबूतों के साथ किसी विशेष स्थिति या व्यक्ति को उजागर करने वाली फ़िल्म; वृत्तचित्र।

डॉट (अं.) [सं-पु.] नुक्ता; बिंदु; शून्य; धब्बा; चिह्न।

डॉन (अं.) [सं-पु.] 1. किसी अपराधी समूह का सरगना या मुखिया 2. किसी वर्ग, समूह या क्षेत्र का रोबदार व्यक्ति जिससे लोग डरते हों 3. बड़ा अपराधी; गुंडा या उनका सरदार।

डॉलर (अं.) [सं-पु.] 1. अमेरिका, आस्ट्रेलिया तथा न्यूजीलैंड आदि देशों की मुद्रा 2. सौ सेंट के सिक्कों का योग 3. एक डॉलर का बैंक नोट।

डॉल्फ़िन (अं.) [सं-स्त्री.] एक प्रकार की मछली।

डोंग [सं-पु.] चीनी मिल में प्रयुक्त एक उपकरण जिसके द्वारा ईख के टुकड़े कोल्हू तक ले जाए जाते हैं; डाँगरा।

डोंगर (सं.) [सं-पु.] 1. छोटा पहाड़; पहाड़ी 2. टीला।

डोंगा (सं.) [सं-पु.] 1. बड़ी नाव; किश्ती 2. डबरा 3. बिना पाल की नाव 4. खाना परोसने का बड़ा बरतन।

डोंगी (सं.) [सं-स्त्री.] 1. छोटी खुली नाव 2. वह बरतन या पात्र जिसमें लुहार तपा हुआ लोहा बुझाते हैं।

डोंड़ा [सं-पु.] 1. नारा; धागा 2. बड़ी इलायची 3. फल।

डोंड़ी [सं-स्त्री.] 1. पोस्ते का फल 2. फलांकुर; कली 3. गाँव या शहर में होने वाली मुनादी; डुगडुगी 4. टोंटी।

डोंड़ी [सं-स्त्री.] 1. दो लग्गों पर टिका जाल जिसे दो मछुआरे संभाले रहते हैं 2. एक औषधि 3. पोस्ते का फल।

डोआ [सं-पु.] दे. डाभा।

डोइट [सं-पु.] एक प्रकार की नाव; डोहट।

डोई [सं-स्त्री.] कढ़ाई में चाशनी चलाने के लिए प्रयुक्त होने वाली कलछी; किसी पात्र से घी निकालने के लिए प्रयोग की जाने वाली कलछी।

डोकरा [सं-पु.] 1. बूढ़ा आदमी 2. दादा 3. अशक्त मनुष्य।

डोकी [सं-स्त्री.] काठ से बनी कटोरी; काठ का बरतन; छोटा डोका।

डोगरी [सं-स्त्री.] 1. जम्मू और कश्मीर तथा काँगड़ा अंचल में रहने वाले डोगरा जाति के लोगों की बोली जो पंजाबी की उपभाषा भी मानी जाती है 2. छोटे-छोटे घर।

डोज़ (अं.) [सं-पु.] 1. औषधि की वह मात्रा जो एक बार में खाई जाए; ख़ुराक 2. आहार की मात्रा।

डोड़हा [सं-पु.] पानी में रहने वाला एक प्रकार का साँप; जलसर्प।

डोड़ा (सं.) [सं-पु.] 1. पोस्ते की फली 2. कुछ विशिष्ट पौधों की बड़ी कली जिसमें उस पौधे के फल या बीज रहते हैं; बौड़ी।

डोड़ी [सं-स्त्री.] जीवंती नामक वनस्पति जो औषधि के काम आती है।

डोनर (अं.) [सं-पु.] प्रदात; दाता।

डोप (अं.) [सं-पु.] 1. नशीली दवा के असर में होने की अवस्था 2. मादक द्रव्य 3. (पत्रकारिता) समाचार लेखन हेतु जिस मूल सामग्री या जानकारी का प्रयोग पत्रकार एवं मीडियाकर्मी करते हैं।

डोपिंग (अं.) [क्रि-अ.] 1. नशीली दवा के असर में होना 2. नशीली दवा खिलाना 3. गर्द सेवन करना।

डोभ [सं-पु.] सिलाई का टाँका।

डोभरी [सं-स्त्री.] ताजा महुआ।

डोम [सं-पु.] 1. एक प्रकार की जाति 2. श्मशान में मृतकों को आग देने का काम करने वाला व्यक्ति 3. मीरासी नामक एक जाति, जो मंगल कार्य के समय लोगों के यहाँ गाती बजाती है।

डोमकौआ [सं-पु.] एक प्रकार का बड़ा कौआ।

डोमड़ा (सं.) [सं-पु.] 1. वह व्यक्ति जो श्मशान में मृतकों के शवों को जलाने के लिए आग देता है 2. एक हिंदू जाति 3. गाने-बजाने का पेशा करने वाली एक जाति 4. एक गाली।

डोमतमौटा [सं-पु.] एक पहाड़ी जाति जो पीतल, तांबे आदि का काम करती है।

डोमा [सं-पु.] एक तरह का साँप।

डोमिन [सं-स्त्री.] 1. डोम जाति की स्त्री; डोमनी 2. डोम की स्त्री 3. ढाढ़ी या मिरासी की स्त्री जो उत्सवों में गाने-बजाने का काम करती है।

डोमिसाइल (अं.) [वि.] अधिवासी।

डोमेन (अं.) [सं-पु.] 1. प्रांत; प्रक्षेत्र 2. ज्ञान या विद्या का क्षेत्र 3. इंटरनेट में विभिन्न सूचनाओं के पतों का सेट जिसके अंत में एक ही समूह के अक्षर आते हैं 4. वेब पता 5. अधिकारक्षेत्र; कार्यक्षेत्र।

डोर (सं.) [सं-स्त्री.] 1. सूत आदि का बटा हुआ पतला मज़बूत धागा; तागा; डोरा 2. सूत; पतली रस्सी 3. पतंग उड़ाने का माँझा 4. {ला-अ.} किसी के जीवन का सहारा, आसरा या अवलंब 5. {ला-अ.} लगाव; बंधन; आत्मीयता की भावना।

डोरडा [सं-पु.] धागे का कंगन, जो ब्याह में बंधता है और जिसे खोलकर वर वधू को जुआ खेलाने की रीति चलती है।

डोरही [सं-स्त्री.] बड़ी भटकटैया।

डोरा (सं.) [सं-पु.] 1. मोटा धागा; तागा जो रुई, सन या ऊन से बटकर बनाया जाता है; सूत; सूत्र 2. लकीर; धारी 3. आँखों की बहुत पतली नसें जो नशे, उत्तेजना या उन्माद की अवस्था में दिखाई पड़ती हैं, जैसे- आँखों के लाल-लाल डोरे 4. वह चीज़ जिससे किसी शोध या खोज को बल प्राप्त होता है; सुराग 5. {ला-अ.} प्रेम या स्नेह का बंधन। [मु.] **-डोरे डालना** : किसी को अपने प्रेमपाश में बाँधने के लिए उसके साथ मधुर व्यवहार करना।

डोरिया [सं-पु.] 1. रंगीन धारियों या कुछ मोटे सूतों वाला वस्त्र; धारीदार वस्त्र 2. हरे पैरों वाला बगुला जो ऋतु के अनुसार रंग बदलता है 3. बुनकरों के यहाँ तागा उठाने वाला लड़का 4. शिकारी कुत्तों की रक्षा मां लगी रहने वाली एक नीच जाति। [सं-स्त्री.] रस्सी, डोरी (काव्य में प्रयुक्त)।

डोरियाना [क्रि-स.] 1. नए या दुष्ट पशुओं के गले में रस्सी बाँधकर ले जाना 2. हिलगाना; परचना।

डोरी [सं-स्त्री.] 1. कई पतले धागों या सूत को बटकर बनाया गया मोटा धागा; रस्सी; रज्जु 2. बाँधने की रस्सी; अलगनी 3. प्रत्यंचा 4. कड़ाह में दूध या चाशनी चलाने-हिलाने का कलछी की तरह डंडीदार कटोरा 5. {ला-अ.} किसी प्रकार का आकर्षण, पाश या बंधन; फाँस 6. {ला-अ.} लगन।

डोल (सं.) [सं-पु.] 1. हिलने-डुलने की क्रिया या भाव 2. हलचल; खलबली; कंप 3. पानी रखने या भरने का लोहे का चौड़े मुँह का गोल बरतन; बालटी; डोलची 4. झूला; हिंडोला 5. पालकी; डोली; पालना। [सं-स्त्री] एक प्रकार की उपजाऊ काली मिट्टी। [वि.] डोलने वाला; हिलने वाला; चंचल।

डोलची [सं-स्त्री.] 1. छोटा डोल; बालटी जैसा बरतन 2. फल-फूल आदि ढोने के लिए उपयोग किया जाने वाला बेंत या बाँस के तनों से निर्मित तीलियों का बना गहरा बरतन।

डोलडाल [सं-पु.] 1. चलने-फिरने, हिलने-डुलने आदि की क्रिया या भाव 2. पाखाने जाना।

डोलना (सं.) [क्रि-अ.] 1. गतिमान होना; हिलना 2. दोलित होना; डिग जाना; लड़खड़ाना 3. इधर-उधर होना; अपनी जगह से हटना 4. चला जाना; दूर होना; चलना-फिरना; टहलना 5. {ला-अ.} मन का चंचल या अस्थिर होना; विचलित होना; किसी बात पर दृढ़ न रहना।

डोला (सं.) [सं-पु.] 1. कहारों के द्वारा ढोई जाने वाली नवविवाहिताओं के बैठने की बड़ी डोली; पालकी के आकार की एक प्रसिद्ध चौकोर छतवाली सवारी जिसे कहार कंधों पर उठाकर चलते हैं और जिसपर प्राय: वधू बैठकर पहले-पहल ससुराल जाती है 2. झूले को दिया जाने वाला झोंका; पेंग।

डोलाना [क्रि-स.] 1. डोलने में प्रवृत्त करना; झुलाना 2. हिलाना; चलाना 3. गति में रखना; अस्थिर करना।

डोली [सं-स्त्री.] 1. एक प्रकार की सवारी 2. उक्त सवारी में बैठकर दुल्हन अपने पति के घर जाती है 3. विवाह के समय दुल्हन की विदाई की एक रस्म।

डोली-डंडा [सं-पु.] एक प्रकार का खेल जिसमें दो लड़के अपनी बाँहों को मिलाकर उन्हें चौकी का रूप देते हैं और

किसी तीसरे छोटे लड़के को उस पर बैठाकर डोली डंडा पालकी कहकर इधर-उधर घुमाते हैं।

डोसा [सं-पु.] चावल तथा उड़द की दाल को पीसकर बनाया जाने वाला एक प्रसिद्ध दक्षिण भारतीय व्यंजन; चीला।

डोहर [सं-पु.] एक छोटी नाव जिसकी पेंदी चिपटी होती है।

डोहरा [सं-पु.] काठ का एक प्रकार का बरतन, जिससे कोल्हू में से रस या तेल निकाला जाता है।

डौंगी [सं-स्त्री.] पत्तीदार टहनी।

डौंड़ी [सं-स्त्री.] 1. डुगडुगी 2. मुनादी 3. ढोल या कोई छोटा वाद्य 4. नगड़िया बजा-बजाकर दी जाने वाली सूचना या की जाने वाली घोषणा।

डौंरा [सं-पु.] एक प्रकार की घास, जिसमें साँवाँ की तरह के परंतु खाने में कड़ुवे दाने होते हैं।

डौका [सं-स्त्री.] पंडुक पक्षी; पंडुकी।

डौगरा [सं-पु.] वर्षा का आगम; दौंगरा।

डौर [सं-पु.] डौल; ढाँचा; ढंग; प्रकार; तागा।

डौल [सं-पु.] 1. किसी वस्तु या व्यक्ति की वाह्य आकृति; ढाँचा 2. लक्षण; हुलिया 3. अवसर; आयोजन 4. {ला-अ.} कार्य साधन का उपाय; तदबीर; ब्योंत 5. सामान; प्रबंध; अभिप्राय या लक्ष्य को पूरा करने की युक्ति 6. बनावट का ढंग; रचना-प्रकार; रूपरेखा; रंग-ढंग; गठन 7. किसी रचना का आरंभिक रूप 8. प्रकार; तरह; किस्म; भाँति 9. तरीका 10. तखमीना।

डौलियाना [क्रि-स.] 1. किसी व्यक्ति को डौल या ढंग पर लाना; मीठी-मीठी बातें करके अपने अनुकूल बनाना 2. गढ़कर डौल या रूप दुरुस्त करना।

ड्यूटी (अं.) [सं-स्त्री.] 1. नौकरी; वह काम जिसे करने की ज़िम्मेदारी मिली हो; काम जो सुपुर्द किया गया हो 2. सेवा; खिदमत 3. करने योग्य कार्य; बँधा हुआ काम 4. कर्म; कर्तव्य 5. शुल्क; चुंगी; महसूल।

ड्योढ़ा [वि.] डेढ़ गुना; किसी चीज़ से उसकी आधी मात्रा और अधिक। [सं-पु.] डेढ़ का पहाड़ा जिसमें हर संख्या की डेढ़ गुनी संख्या लिखी जाती है।

ड्योढ़ी (सं.) [सं-स्त्री.] 1. दरवाज़ा; फाटक; दहलीज़ 2. द्वार या दरवाज़े के पास की ज़मीन 3. किसी घर में प्रवेश करने की जगह; चौखट; 4. दरवाज़े में प्रवेश करते ही पड़ने वाला बाहरी कमरा; पौरी 5. किसी मकान की आरंभिक सीमा।

ड्योढ़ीदार (हिं.+फ़ा.) [सं-पु.] ड्योढ़ी पर रहने वाला; पहरेदार; द्वारपाल; दरबान।

ड्रग (अं.) [सं-पु.] 1. नशीला या मादक पदार्थ 2. औषधि; औषधि के रूप में प्रयुक्त होने वाला रसायन 3. नींद या बेहोशी लाने वाली दवा।

ड्रगिस्ट (अं.) [सं-पु.] दवा विक्रेता; औषधि विक्रेता; वह जो दवा बेचता हो।

ड्रम (अं.) [सं-पु.] 1. बड़ा बेलनाकार डिब्बानुमा पात्र 2. ढोल; पीपा 3. बेलन 4. नगाड़ा 5. मृदंग।

ड्रा (अं.) [सं-पु.] 1. लॉटरी, पुरस्कार या इनाम की घोषणा के लिए बहुत से टिकटों या कूपनों में से एक या कुछ को चुन लेने की क्रिया; नंबर निकालना 2. क्रिकेट आदि खेल में हार-जीत के निर्णय के बिना की स्थिति; जय-पराजयहीनता की स्थिति 3. अनिर्णय की स्थिति।

ड्राइंग (अं.) [सं-पु.] रेखाओं से चित्र या आकृति बनाने की कला; चित्रकारी।

ड्राइव (अं.) [सं-स्त्री.] 1. कंप्यूटर में डीवीडी आदि चलाने का यंत्र 2. सूचना प्रौद्योगिकी में सूचनाएँ संगृहीत करने तथा आदान-प्रदान करने का उपकरण, जैसे- पेनड्राइव।

ड्राइवर (अं.) [सं-पु.] गाड़ी या वाहन चलाने वाला; चालक; गाड़ीवान; कोचवान।

ड्राफ़्ट (अं.) [सं-पु.] 1. प्रारूप; मसौदा 2. एक बैंक या कोषागार द्वारा अन्य बैंक या कोषागार के नाम किसी व्यक्ति या संस्था को निश्चित रकम प्रदान करने हेतु जारी किया गया कागज़ी मुद्रा आदेश-पत्र 3. हुंडी 4. नक्शा 5. किसी समाचार, लेख, दस्तावेज़ की इबारत बनाना।

ड्राम (अं.) [सं-पु.] पानी आदि तरल पदार्थों को नापने के लिए काम आने वाली एक माप जो तीन माशे के बराबर होती है।

ड्रामा (अं.) [सं-पु.] 1. नाटक 2. रंगमंच पर किसी कथा का प्रदर्शन; अभिनय 3. स्वाँग 3. नाटक के समान घटित होने वाली कोई घटना या बात।

ड्रामेबाज़ (अं.+फ़ा.) [सं-पु.] 1. स्वाँग रचने वाला 2. चालाक व्यक्ति।

ड्रिंक (अं.) [सं-स्त्री.] 1. पेय पदार्थ 2. शराब; मद्य।

ड्रिल (अं.) [सं-स्त्री.] 1. सैनिकों या सिपाहियों की नियमित होने वाली परेड; कवायद; प्रशिक्षण; अभ्यास 2. नए कैडेटों का कठोर अनुशासन में होने वाला फ़ौजी या सैनिक प्रशिक्षण 3. छेद करने वाली मशीन 4. खेतों में बीज बोने की मशीन।

ड्रेन (अं.) [सं-पु.] 1. कस्बे या शहर के गंदे पानी का निकास करने वाला नाला; पतनाला 2. जल-मल निकास 3. गंदगी को बहाने वाली नाली।

ड्रेस (अं.) [सं-स्त्री.] 1. वेशभूषा; पोशाक; लिबास; वस्त्र 2. किसी स्कूल या संस्थान की वेशभूषा; (यूनिफ़ॉर्म)।

ड्रेसिंग (अं.) [सं-स्त्री.] 1. उपचार के लिए की जाने वाली घाव की मरहम-पट्टी 2. सज-धज के साथ कपड़े पहनना।

ड्रॉप (अं.) [सं-स्त्री.] 1. बूँद 2. वटी; गोली 3. मीठी गोली 4. उतार।

ढ

ढ हिंदी वर्णमाला का व्यंजन वर्ण। उच्चारण की दृष्टि से यह पश्च-वर्त्स्य उलटित, सघोष, महाप्राण स्पर्श है।

ढ़ उच्चारण की दृष्टि से यह पश्च-वर्त्स्य उलटित, महाप्राण उत्क्षिप्त है।

ढंग (सं.) [सं-पु.] 1. तरीका; सलीका; विधि 2. आचरण; चाल-ढाल 3. शैली; प्रकार; रीति किस्म।

ढंगी [वि.] 1. चतुर 2. धूर्त 3. ढोंगी।

ढकना[1] [सं-पु.] 1. ढक्कन 2. बरतन के मुँह को ढकने की वस्तु।

ढकना[2] (सं.) [क्रि-स.] 1. छिपाना; किसी वस्तु को ओट में करना 2. आच्छादित करना। [क्रि-अ.] 1. छिपना 2. आच्छादित होना 3. किसी वस्तु का दिखाई न पड़ना; ओट में होना।

ढकनी [सं-स्त्री.] ढाँकने की छोटी वस्तु; छोटा ढक्कन; कसोरा।

ढका (सं.) [सं-पु.] 1. पूर्व में प्रचलित तीन सेर की एक तौल 2. उक्त तौल का बटखरा या वजन 3. धक्का।

ढकेलना [क्रि-स.] 1. धक्के से आगे बढ़ाना; धकेलना; धक्का देना; ठेलना 2. गिराना; लुढ़काना 3. बढ़ाना 4. बाहर करना।

ढकोसना [क्रि-स.] 1. जल्दी-जल्दी खाना या पीना; गटकना; गपकना 2. बहुत अधिक खाना या पीना; भकोसना 3. हड़पना 4. निगलना।

ढकोसला [सं-पु.] 1. लोगों को धोखा देने का आयोजन; ढोंग 2. किसी उद्देश्य या स्वार्थ के लिए बनाया गया आडंबर; झूठा रूप 3. दिखावा; पाखंड 4. कपट 5. भ्रांति; धोखा।

ढकोसलेबाज़ (हिं.+फ़ा.) [वि.] 1. ढकोसला या ढोंग करने वाला 2. अंधविश्वासी; प्रपंची 3. कर्मकांडी।

ढकोसलेबाज़ी (हिं.+फ़ा.) [सं-स्त्री.] 1. पाखंड; ढोंग; आडंबर; प्रपंच 2. वह आचरण या काम आदि जिसमें ऊपरी बनावट का भाव रहता है।

ढक्कन [सं-पु.] 1. ढकने की वस्तु; ढकना 2. वह वस्तु जिसको ऊपर डालने या रखने से कोई चीज़ दिखाई न पड़े 3. किसी व्यक्ति को चिढ़ाने, तुच्छ या मूर्ख सिद्ध करने के लिए कहा जाने वाला शब्द।

ढक्कनदार (हिं.+फ़ा.) [वि.] जिसपर ढक्कन लगा हो; ढक्कनवाला।

ढक्का (सं.) [सं-स्त्री.] 1. बड़ी डुग्गी; बड़ा ढोल 2. छिपाव 3. लोप।

ढचर [सं-पु.] 1. बखेड़ा; झंझट 2. ढकोसला; आडंबर 3. किसी वस्तु का आरंभिक ढाँचा; किसी योजना का प्रारूप।

ढट्ठा (पं.) [सं-पु.] दाढ़ी बाँधने की पट्टी।

ढड्ढा [सं-पु.] 1. बाँस आदि का ढाँचा जिसपर खड़े होकर राजमिस्त्री काम करते हैं 2. दिखावटी; अतिशयोक्तिपूर्ण 3. आडंबर। [वि.] अनावश्यक विस्तारवाला।

ढनमनाना [क्रि-अ.] चक्कर खाकर गिरना; लुढ़कना।

ढपना [सं-पु.] ढक्कन। [क्रि-अ.] छिपा होना; ढका होना। [क्रि-स.] 1. छिपाना; ढाकना 2. ऊपर से ओढ़ाना।

ढपली [सं-स्त्री.] डफली।

ढपोरशंख [सं-पु.] 1. डींग हाँकने वाला 2. मूर्ख; बेवकूफ़।

ढप्पू [वि.] बहुत बड़ा, परंतु प्रायः निकम्मा या व्यर्थ का; ढड्ढा।

ढब (सं.) [सं-पु.] 1. ढंग; तौर-तरीका; रीति 2. कार्य-प्रणाली; कोई कार्य करने की विशेष प्रक्रिया 3. आदत; आचरण; बान 4. उद्देश्य पूरा करने का साधन; युक्ति; उपाय; तदबीर 5. तरह; प्रकार; किस्म 6. स्वभाव; प्रकृति 7. गढ़न; रचना-प्रकार; बनावट।

ढबुआ [सं-पु.] खेत में बने मचान की छाजन।

ढम-ढम [सं-पु.] ढोल अथवा नगाड़े की आवाज़।

ढमक [सं-स्त्री.] ढम-ढम की ध्वनि या शब्द।

ढमकना [क्रि-अ.] ढम-ढम की ध्वनि होना।

ढमारा [सं-पु.] एक प्रकार की घास, जिसका उपयोग फूस का घर बनाने में होता है; कंडा।

ढयना [क्रि-अ.] 1. ढहना; पतन होना 2. भुरभुराना; अर्राना 3. गिरना 4. गिर पड़ना; बैठना।

ढरक [सं-स्त्री.] 1. ढरकने की क्रिया या भाव 2. किसी पर की जाने वाली दया; दयालुता 3. किसी वस्तु या तरल पदार्थ का गिरना।

ढरकना [क्रि-अ.] 1. बह जाना; ढुलकना 2. द्रव पदार्थ का झटके से गिर जाना 3. छीजना।

ढरकनी [सं-स्त्री.] गोलाकार काठ, जिसमें चरखा बैठाया जाता है; मदरा।

ढरका [सं-पु.] बाँस की नली जिससे पशुओं को दवा पिलाते हैं; नलवा; ढरकी।

ढरकाना [क्रि-स.] 1. पानी या किसी तरल पदार्थ को पात्र से गिराना या बहाना 2. गिराकर बहाना; ढलकाना।

ढरकी [सं-स्त्री.] जुलाहों का करघे पर काम करने का एक नौकाकार औज़ार जिससे बाने का सूत ताने के इधर-उधर फेंकते हैं और इससे बाना भरा जाता है; भरनी।

ढरुआ [वि.] 1. ढाला हुआ 2. पीछे की ओर टेक के लिए लगाया जाने वाला।

ढर्रा [सं-पु.] 1. किसी काम को करने का बँधा हुआ तरीका, शैली, पद्धति या ढंग 2. मार्ग; रास्ता 3. आचरण की पद्धति; चाल-चलन 4. उपाय; युक्ति 5. आदत; स्वभाव; (रुटीन)।

ढल [सं-पु.] अधिक पानी का बहाव या नया जलागमन।

ढलकना [क्रि-अ.] 1. पानी या किसी तरल का अपने पात्र से नीचे गिरना; लुढ़कना 2. ढलना; नीचे की ओर जाना 3. बीतना; समाप्ति की ओर जाना 4. साँचे में आना 5. {ला-अ.} किसी पर अनुरक्त होना; कृपालु होना 6. हिलना।

ढलकाना [क्रि-स.] 1. ढलकने में प्रवृत्त करना 2. पानी या किसी तरल पदार्थ को उड़ेलना या लुढ़काना।

ढलना [क्रि-अ.] 1. किसी तरल पदार्थ का नीचे की तरफ़ जाना; बहना; लुढ़कना 2. बीत जाना; अंत की ओर जाना; उतार पर होना, जैसे- सूरज ढलना, यौवन ढलना 3. चँवर का इधर-उधर हिलाया जाना 4. द्रवित होना; उड़ेला या लुढ़काया जाना 5. साँचे में ढाला जाना 6. दिन, उम्र, ऐश्वर्य, प्रभुत्व आदि का पतनोन्मुख या उतार पर होना 7. पिघलना।

ढलमल [वि.] 1. शिथिल; श्रांत 2. ढुलमुल; अस्थिर 3. चंचल; इधर-उधर होने वाला।

ढलवाँ [वि.] 1. जिसमें ढाल या उतार हो; ढलानदार, जैसे- ढलवाँ चट्टान 2. जो पिघले हुए पदार्थ या धातु के साँचे में ढालकर बनाया गया हो, जैसे- ढलवाँ उपकरण।

ढलवाना [क्रि-स.] 1. ढालने का काम कराना 2. पानी आदि तरल को नीचे की ओर उड़ेलवाना 3. साँचे में ढालकर कोई वस्तु बनवाना।

ढलाई [सं-स्त्री.] 1. ढालने की क्रिया या भाव 2. साँचे में ढालकर बरतन या मूर्ति आदि बनाने का कार्य 3. ढालने की मज़दूरी।

ढलाईकार [सं-पु.] ढालने का काम करने वाला।

ढलान [सं-स्त्री.] 1. वह ज़मीन जिसमें ऊपर से नीचे की ओर उतार हो; ढालू भूमि 2. अवरोह; उतराई 3. झुकावदार 4. ढालने की क्रिया या भाव।

ढलाना [क्रि-स.] किसी को ढालने में प्रवृत्त करना; ढलवाना; ढालने का काम कराना।

ढलार [सं-पु.] जिस खेत की मिट्टी चिकनी होती है।

ढलाव [सं-पु.] 1. ढाल; उतार; ढलान 2. वह जगह जो क्रमशः नीची होती चली गई हो 3. नति।

ढलुआँ [वि.] 1. जिसमें ढाल हो; ढलानदार; ढालू 2. (वस्तु) जो साँचे में ढालकर बनाई गई हो।

ढलैत [सं-पु.] ढाल रखने वाला सिपाही, रक्षक या व्यक्ति।

ढलैया [सं-पु.] धातु आदि को ढालने वाला कारीगर; ढलाईकर्मी; ढालने वाला व्यक्ति।

ढहना [क्रि-अ.] 1. इमारत या मकान आदि का गिरना; ध्वस्त होना 2. टुकड़ों में नीचे गिर पड़ना; मिट जाना 3. ढूह होना; नष्ट होना; नीचे आना 4. भहराना; टूटना; उजड़ना।

ढहवाना [क्रि-स.] 1. इमारत या मकान गिराने का काम किसी अन्य से करवाना; गिरवाना 2. ढहाने का काम करवाना।

ढहाना [क्रि-स.] 1. ढहाने का काम कराना 2. गिराना; ध्वस्त करना 3. ज़मीन में मिलाना 4. मटियामेट करना।

ढाँक [सं-पु.] 1. कुश्ती का एक पेंच 2. पलाश; ढाक।

ढाँकना [क्रि-स.] 1. किसी वस्तु पर ढक्कन लगाना; ढकना 2. किसी वस्तु को कपड़ा या कोई आवरण आदि डालकर ओट में करना; ओढ़ाना; कोई चीज़ ऊपर से डालकर छिपाना।

ढाँग [वि.] 1. ढालदार; ढालू 2. ढाला हुआ; साँचे अनुसार तैयार किया हुआ।

ढाँचा (सं.) [सं-पु.] 1. कोई चीज़ बनाने के पहले निर्मित रूपरेखा, जैसे- मकान, कुरसी आदि का ढाँचा 2. ऐसी रचना या आकार जिसके बीच में कोई वस्तु जमाई या लगाई जा सके; (फ्रेम) 3. पिंजर; ठठरी; कंकाल।

ढाँड़ा [सं-पु.] ढीला गोबर।

ढाँड़िनी [सं-स्त्री.] पोकनी (गाय)।

ढाँपना [क्रि-स.] 1. किसी वस्तु पर ढक्कन लगाना; ढकना 2. किसी वस्तु को कपड़ा या कोई आवरण आदि डालकर ओट में करना 3. कोई चीज़ ऊपर से डालकर छिपाना; ढाँकना।

ढाँसना [क्रि-अ.] 1. सूखी खाँसी होना 2. पशुओं का खाँसना।

ढाँसी [सं-स्त्री.] सूखी खाँसी।

ढाई (सं.) [वि.] दो और एक का आधा भाग। [सं-पु.] ढाई की संख्या; (2.5)। [मु.] **-दिन की बादशाहत** : कुछ दिनों की मौज; विवाह के समय के 2-3 दिन।

ढाक (सं.) [सं-पु.] 1. पलाश का वृक्ष जिसके पत्तों से पत्तल बनाई जाती है 2. कुश्ती की एक पेंच 3. लड़ाई में बजने वाला बड़ा ढोल। [मु.] **-के तीन पात** : हमेशा एक जैसी और अभावग्रस्त दशा।

ढाका (सं.) [सं-पु.] 1. उच्च गुणवत्ता के मलमल और सूती कपड़ों के लिए प्रसिद्ध बंगाल का एक पुराना नगर; वर्तमान में बांग्लादेश की राजधानी 2. बड़ा ढोल।

ढाकापाटन [सं-पु.] एक प्रकार का फूलदार महीन कपड़ा।

ढाटा [सं-पु.] 1. कपड़े की पट्टी जिससे दाढ़ी बाँधी जाती है 2. वह साफ़ा जिसका एक फेंट दाढ़ी और गाल से होता हुआ जाता है।

ढाठ [सं-पु.] 1. मक्का या बाजरे का तना; ढाठा 2. पशुओं का कैदखाना 3. बाँस की फट्टी का चाँचर; घेरावा।

ढाड़स [सं-पु.] दे. ढाढस।

ढाढ़ [सं-स्त्री.] 1. चीत्कार; चीख 2. दहाड़ 3. चिंघाड़। [मु.] **-मारना** : ख़ूब ज़ोर से चीत्कार करके रोना।

ढाढस [सं-पु.] 1. आश्वासन; दिलासा; सांत्वना; तसल्ली 2. धैर्य; विपत्ति में मन या चित्त की स्थिरता; धीरज 3. साहस; हिम्मत। [मु.] **-बँधाना** : किसी को दुख आदि में दिलासा देना।

ढाढ़ी [सं-पु.] 1. यहाँ-वहाँ भ्रमण करते हुए गाने-बजाने वाली एक यायावर जाति जो जन्मोत्सव के अवसर पर लोगों के यहाँ जाकर बधाई गीत गाती है 2. मुसलमान गवैयों का एक वर्ग या समुदाय।

ढाढू [सं-पु.] बर्फ़ीली हवा; हिमपात।

ढाना [क्रि-स.] दे. ढहाना।

ढापना [क्रि-स.] ढाँपना (ढकना)।

ढाबा [सं-पु.] 1. वह स्थान जहाँ लोग पैसे देकर भोजन करते हैं; सामान्य स्तर का भोजनालय; छोटा होटल 2. विशेष रूप से महामार्गों पर स्थित पंजाबी शैली का वह भोजनालय जहाँ के भोजन में घर के भोजन जैसा स्वाद होता है।

ढाभ [सं-पु.] पुतरा; पुतला; मिट्टी, तृण आदि से बनी मनुष्य की आकृति।

ढामक [सं-पु.] 1. ढोल; नगाड़ा 2. डंके की चोट से उत्पन्न ढोल-नगाड़े की ध्वनि 3. मिट्टी और बाँस की कच्ची छत।

ढामरा (सं.) [सं-स्त्री.] हंस की मादा; हंसिनी।

ढारमा [सं-पु.] चने के भुने बेसन को खाँड़ में मिलाकर निर्मित कतरी।

ढाल[1] [सं-स्त्री.] 1. आगे की ओर बराबर नीची या ढलवाँ होती गई भूमि या स्थान; उतार 2. अधोप्रवाह; ढलान 3. आड़ 4. तौर-तरीका; ढंग; प्रकार।

ढाल[2] (सं.) [सं-स्त्री.] 1. तलवार, भाला या किसी अन्य धारदार हथियार के प्रहार को रोकने के लिए गैंडे की चमड़ी या लोहे का बना प्रसिद्ध उपकरण; चर्म फलक 2. बचाव का उपाय।

ढालना (सं.) [क्रि-स.] 1. पानी या किसी तरल पदार्थ को गिराना; उड़ेलना 2. किसी पिघली हुई धातु को साँचे में ढालकर कोई आकार देना, जैसे- खिलौने ढालना।

ढाला [सं-पु.] 1. चट्टी, जूट आदि की बनी चीज जिसे बैलगाड़ी पर रखकर उसमें अनाज रखते हैं 2. रेल की गुमटी 3. हँतुआ।

ढालू [वि.] ढलवाँ।

ढासना (सं.) [सं-पु.] 1. बैठने पर पीठ का सहारा देने वाली वस्तु; तकिया; टेक; सहारा 2. आधार या सहारे की वस्तु।

ढिंगलाना [क्रि-अ.] लुढ़कना; गिरना। [क्रि-स.] लुढ़काना; ढहाना।

ढिंढोरना [क्रि-स.] 1. ढूँढ़ना; तलाश करना; पता करना 2. बिलोना; विलोड़न; मथने की क्रिया।

ढिंढोरा [सं-पु.] 1. वह ढोल जिसे बजाकर किसी बात की सूचना दी जाती है; डुगडुगी; डौंड़ी 2. ढिंढोरा या डुग्गी पीटकर दी जाने वाली सूचना या जानकारी 3. घोषणा; मुनादी।

ढिठाई [सं-स्त्री.] 1. किसी व्यक्ति द्वारा की जाने वाली उद्दंडता; धृष्टता; चपलता 2. व्यर्थ का बुरा या अनुचित साहस; गुस्ताख़ी; अवज्ञा; दुस्साहस 3. ढीठ होने की अवस्था या भाव।

ढिपुनी [सं-स्त्री.] 1. फल या पत्ती का टहनी से जुड़ा हुआ गोल छेद जैसा भाग; उभरी हुई घुंडी 2. स्तन का अग्रभाग; चूचुक; (निपल)।

ढिबरी (सं.) [सं-स्त्री.] 1. काँच, टीन व मिट्टी से बना बंद छोटा पात्र जिसमें मिट्टी का तेल भरकर तथा ढक्कन में तागे या सूती कपड़े की बत्ती डालकर प्रकाश करने के लिए जलाया जाता है 2. एक चूड़ीदार छल्ला जो पेंच को हिलने-डुलने से रोकता है।

ढिम्मा [सं-पु.] खान से निकले गोल और गाँडदार पत्थर।

ढिलाई [सं-स्त्री.] 1. ढीला होने की अवस्था या भाव 2. ढीला करने का काम 3. काम में किया गया ढीलापन, सुस्ती या आलस्य 4. कार्य गति की शिथिलता; मंदी 5. छूट 6. लापरवाही।

ढिलाना [क्रि-स.] 1. ढीला कराना 2. बंधन से छुड़ाना।

ढींग [सं-पु.] छपाई का एक प्रकार; पलला।

ढीच [सं-पु.] 1. सफ़ेद चील 2. कूबड़।

ढीट [वि.] ढीठ (धृष्ट)।

ढीठ (सं.) [वि.] 1. जो धृष्टता करता हो; बेअदब 2. बड़े-बुज़ुर्गों का आदर न करने वाला 3. संकोच न करने वाला; निर्लज्ज 4. अशिष्ट; अक्खड़ 5. साहसी; निडर; निर्भय 6. हठीला; दुराग्रही 7. स्वेच्छाचारी।

ढीड़ [सं-पु.] आँख का कीचड़।

ढीया [सं-स्त्री.] मिट्टी का एक बर्तन।

ढील [सं-स्त्री.] 1. ढीलने की क्रिया या भाव; बंधन को ढीला करने की स्थिति 2. शिथिलता; ढिलाई 3. उत्साहहीनता; सुस्ती 4. व्यवहार संबंधी छूट या स्वतंत्रता 5. व्यर्थ का विलंब या देरी 6. छुट्टी; फुरसत 7. सिर के बालों में पड़ने वाला जूँ।

ढीलना [क्रि-स.] 1. ढीला करना; कसा या तना हुआ न रखना 2. किसी डोर या रस्सी की लंबाई बढ़ाना; तान को ढीली करना 3. बंधनमुक्त करना; छोड़ देना 4. किसी गाढ़ी चीज़ को पतला करना 5. नियंत्रण मुक्त करना; थोड़ी आज़ादी या छूट देना।

ढीला (सं.) [वि.] 1. जिसमें कसाव या तनाव न हो 2. जो खींचा हुआ न हो 3. जो कसकर बँधा न हो; जो जकड़ा न हो 4. जो हठ पर न अड़ा रहता हो 5. जो कड़ा न हो 6. धीमा; मंद 7. नरम; शांत 8. {ला-अ.} आलसी; काहिल; सुस्त; तंद्रिल 9. जो कसकर पकड़े हुए न हो 10. जिसमें यौन उत्तेजना या काम का वेग कम हो 11. जो अपने वचन या संकल्प पर टिका न रहे 12. जो चौकन्ना या मुस्तैद न हो 13. शिथिल; श्लथ; लस्त-पस्त 14. दायित्वहीन 15. कुप्रबंधित।

ढीला-ढाला [वि.] 1. जो कसा या जकड़ा हुआ न हो 2. जो बहुत गाढ़ा न हो; पतला (तरल पदार्थ) 3. जो चुस्त या सही माप का न हो, जैसे- ढीला-ढाला कुरता 4. मंद 5. आलसी; लस्त-पस्त।

ढीलापन [सं-पु.] 1. ढीला होने का भाव 2. शिथिलता; सुस्ती 3. नरमी 4. पतलापन।

ढुँढ़वाना [क्रि-स.] ढूँढ़ने का काम कराना; तलाश कराना; पता लगवाना; खोजवाना।

ढुँढ़ाई [सं-स्त्री.] ढूँढ़ने का काम; तलाश; खोज।

ढुँढेरी [सं-स्त्री.] होली।

ढुंढी [सं-स्त्री.] 1. बाँह; बाहु 2. चिबुक; मुसुक।

ढुकना [क्रि-अ.] 1. ढुकने या प्रविष्ट होने की क्रिया या भाव; घुसना; प्रवेश करना 2. किसी की बात सुनने या रंग-ढंग देखने के लिए आड़ में छिप कर बैठना 3. अचानक धावा बोलना 4. किसी के समीप तक पहुँचना।

ढुकाना [क्रि-स.] ढुकने के लिए किसी को प्रवृत्त करना; घुसाना या प्रवेश कराना।

ढुरना [क्रि-अ.] 1. नीचे की ओर प्रवृत्त होना 2. लुढ़कना 3.

अनुकूल या प्रसन्न होना 4. कभी इधर और कभी उधर गिरना; झुकना 5. ढलकना।

ढुलकना [क्रि-अ.] 1. नीचे की तरफ़ बहना 2. उलटते-पलटते हुए नीचे गिरना; लुढ़कना 3. {ला-अ.} किसी पर प्रसन्न होना।

ढुलकाना [क्रि-स.] 1. नीचे की ओर बहाना या गिराना 2. बिखराना 3. उड़ेलना; लुढ़काना।

ढुलढुल [वि.] 1. टिका न रहने वाला; अस्थिर 2. लुढ़कने वाला 3. इधर-उधर डोलने वाला 4. जो अवसरवादी हो।

ढुलना [क्रि-अ.] 1. ढुलकना; ढरकना; ढुरना 2. ढोया जाना 3. गिरकर नीचे की ओर बहना; फिसलना 4. इधर-उधर डोलना 5. प्रवृत्त होना 6. किसी की ओर झुकना 7. प्रसन्न होना; अनुकूल होना।

ढुलमुल [वि.] 1. अस्थिर; जिसमें दृढ़ता न हो 2. दलबदलू 3. विचलनशील।

ढुलमुलची [वि.] ढुलमुल विचारों वाला; जो वैचारिक दृढ़ता या निश्चय के अभाव में किसी बात के लिएं दोनों पक्षों में से कभी एक ओर और कभी दूसरी ओर प्रवृत्त होता हो; अवसरवादी।

ढुलवाई [सं-स्त्री.] ढोने की मज़दूरी; भाड़ा; ढुलाई।

ढुलवाना [क्रि-स.] 1. ढोने का काम कराना 2. बोझ लदवाकर कहीं पहुँचाना; ढुलाना।

ढुलाई [सं-स्त्री.] दे. ढुलवाई।

ढुलाना [क्रि-स.] 1. ढोने का काम कराना 2. ढुलवाना।

ढुवारा [सं-पु.] घुण; घुन नामक कीट (कीड़ा)।

ढूँकना [क्रि-अ.] 1. बार-बार चमकना 2. झाँकना।

ढूँढ़ना (सं.) [क्रि-स.] किसी वस्तु या व्यक्ति का पता लगाना; तलाश करना; खोजना।

ढूँढ़ी [सं-स्त्री.] 1. किसी चीज़ का गोल पिंड या लोंदा 2. भुने हुए आटे आदि का बड़ा गोल लड्डू, जिसमें गुड़ और तिल आदि मिले रहते हैं।

ढूका [सं-पु.] 1. ढंकने की क्रिया या भाव 2. किसी की बात सुनने या रंग-ढंग देखने के लिए छिपकर बैठना।

ढूढ़िया [सं-पु.] श्वेतांबर जैनों का एक भेद।

ढूसर [सं-पु.] वैश्यों का एक वर्ग जो आजकल भार्गव उपनाम का व्यवहार करता है; बनियों की एक जाति।

ढूसा [सं-पु.] कुश्ती के समय नीचे गिरे या पट पड़े हुए पहलवान की गर्दन पर कलाई और कोहनी के बीच की हड्डी से बार-बार रगड़ते हुए किया जाने वाला आघात; रद्दा।

ढूह (सं.) [सं-पु.] ढेर; टीला; भीटा; अटाला; मिट्टी का छोटा टीला।

ढूहदार [सं-पु.] भरकेदार (जमीन)।

ढेंआ [सं-पु.] तांबे का एक सिक्का।

ढेंक (सं.) [सं-स्त्री.] पानी के किनारे रहने वाली एक चिड़िया जिसकी गरदन और चोंच लंबी होती है।

ढेंकली [सं-स्त्री.] धान कूटने का एक उपकरण।

ढेंका [सं-पु.] 1. कोल्हू में वह बाँस जो जाट के सिरे से कतरी तक लगा रहता है 2. बड़ी ढेंकी।

ढेंकी (सं.) [सं-स्त्री.] 1. धान कूटने का एक यंत्र 2. एक प्रकार का नृत्य।

ढेंकुल [सं-स्त्री.] 1. अन्न आदि के कूटने का एक साधन-विशेष जो एक लंबी लकड़ी का बना होता और जिसके एक छोर पर मूसल लगा रहता है; ढेंकुली 2. सिंचाई करने वाला उपकरण विशेष।

ढेंकुली [सं-स्त्री.] 1. सिंचाई के लिए कुएँ से पानी निकालने का यंत्र जिसमें एक तरफ़ रस्सी से बालटी या डोल बँधा रहता है और दूसरी तरफ़ पत्थर बँधा रहता है; ढेंकी 2. पैर से चलाया जाने वाला धान कूटने का यंत्र 3. अर्क निकालने का यंत्र 4. सिर के बल उलटा होने की क्रिया 5. जोड़ की लकीर से आड़ी की जाने वाली एक प्रकार की सिलाई।

ढेंढ [सं-पु.] 1. कपास की फली 2. मूर्ख आदमी 3. कौआ।

ढेंढर [सं-पु.] एक नेत्ररोग जिसमें पुतली के ऊपर मांस उभर आता है या सफ़ेद दाग-सा पड़ जाता है; टेंटर।

ढेंढवा [सं-पु.] लंगूर।

ढेंढ़ी [सं-स्त्री.] 1. कपास की फली 2. पोस्ते के ऊपर का भाग 3. कान का एक गहना 4. फूल।

ढेंप [सं-स्त्री.] 1. फल या पत्ती के छोर का वह भाग जिससे वह पेड़ की टहनी से लगा रहता है; ढिपनी 2. स्तन का चूचुक; कुचाग्र।

ढेंपी [सं-स्त्री.] 1. स्त्रियों के स्तन का अगला भाग; कुचाग्र; (निपल) 2. चुचुक; मादा पशुओं के स्तन का अग्र भाग जिससे दूध निकलता है; ढेपनी।

ढेंसर [सं-पु.] चना, मटर आदि के फसल का अधपका हो जाना; ढेसराइल।

ढेकुआस [सं-पु.] फल तोड़ने के लिए रस्सी का बना एक साधन जिससे फलों पर ढेका या पत्थर का टुकड़ा फेंककर निशान लगाते हैं।

ढेकुला [सं-पु.] 1. सिंचाई के लिए कुँए से पानी निकालने का यंत्र 2. धनकुट्टी; ढेंकी 3. भबके से अर्क निकालने का यंत्र 4. कलाबाजी; कलैया।

ढेढ़ियाना [क्रि-स.] चना-मटर की फली में अन्न का हो जाना।

ढेढ़ी [सं-स्त्री.] 1. सेमल; कपास; पोस्ते आदि का डोंड़ा 2. ढेर; समूह।

ढेपनी [सं-स्त्री.] 1. ढेप; किसी फल या पत्ते का वह भाग जिससे वह टहनी से जुड़ा रहता है 2. स्तन का अग्रभाग 3. मादा पशुओं का चूचुक।

ढेबरी [सं-स्त्री.] 1. ढिबरी; दीया 2. रूही वृक्ष; चौरी या भामरी का वृक्ष।

ढेमना [सं-पु.] रेड़ का फल।

ढेर [सं-पु.] 1. एक स्थान पर नीचे-ऊपर रखी हुई बहुत-सी वस्तुओं का ऊँचा समूह; राशि; अटाला 2. अंबार; गंज 3. पुंज; टाल। [वि.] बहुत सारा; ज़्यादा; अधिक।

ढेरना [क्रि-स.] ढेरे द्वारा रस्सी कातने की क्रिया। [सं-पु.] सूत या रस्सी बटने की फिरकी।

ढेरा [सं-पु.] 1. सुतली बटने का लकड़ी का उपकरण 2. एक प्रकार का वृक्ष। [वि.] जिसकी आँखों की पुतलियाँ देखते समय बराबर न रहती हों; भैंगा।

ढेरिया मरचाई [सं-स्त्री.] एक किस्म की लाल मिर्च।

ढेरी [सं-स्त्री.] 1. ढेर; राशि; हुंड 2. इकट्ठा किया हुआ अनाज 3. बँटी हुई जायदाद का हिस्सा।

ढेलबाँस [सं-स्त्री.] 1. टेकुआस 2. रस्सी का एक फंदा जिससे ढेला फेंकते हैं।

ढेलवाँस [सं-स्त्री.] ढेला फेंकने वाली जाली लगी रस्सी जिसमें ढेला या कंकड़-पत्थर रखकर रस्सी के दोनों सिरों को पकड़कर घुमाते हैं और फिर एक सिरे को छोड़ देते हैं जिससे कंकड़-पत्थर दूर जाकर आवाज़ करते हुए गिरते हैं; गोफना।

ढेला (सं.) [सं-पु.] 1. मिट्टी या ईंट का छोटा टुकड़ा; चक्का 2. खंड; डला, जैसे- नमक का ढेला।

ढेलौरी [सं-स्त्री.] दे. ढेकुआस।

ढेवा [सं-पु.] 1. एक बार या एक खेप में ढोया जाने वाला बोझ 2. ईंट की कच्ची जुड़ाई में प्रयुक्त गीली मिट्टी।

ढैंचा [सं-पु.] एक क्षुप या पेड़ जिसकी छाल से रस्सी बनाई जाती है और जिसका हरी खाद बनाने में प्रयोग होता है; जयंती।

ढैघा [सं-पु.] गिट्टू।

ढैया [सं-स्त्री.] 1. ढाई गुणा का पहाड़ा 2. ढाई सेर वज़न मापने का बटखरा।

ढोंका [सं-पु.] 1. अनगढ़ विशाल प्रस्तर खंड 2. बड़ा ठेला 3. वह बाँस, जो कोल्हू में जात के सिरे से लेकर कोल्हू तक बंधा रहता है 4. दो ढोली अर्थात 400 पानों के मान की संज्ञा।

ढोंग [सं-पु.] 1. किसी को छलने या धोखा देने के लिए किया जाने वाला प्रपंच; आडंबर; पाखंड; ढकोसला 2. धूर्तता; छल।

ढोंगी [वि.] 1. ढोंग करने वाला; झूठा आडंबर करने वाला; धोखा देने वाला 2. लोगों को भ्रमित कर अपना स्वार्थ सिद्ध करने वाला; पाखंडी 3. धूर्त; छलिया।

ढोंढ़ (सं.) [सं-पु.] 1. कली 2. सेमल; कपास; पोस्ते आदि का डोंड़ा।

ढोंढ़ी [सं-स्त्री.] 1. नाभि; **धुन्नी** 2. कली; डोंड़ी।

ढोढ़ा [सं-पु.] 1. पतला गोबर करना (बैलों का रोग) 2. वह व्यक्ति जिसकी नाभि ऊँची हो।

ढोना (सं.) [क्रि-स.] 1. भार या बोझ को एक स्थान से दूसरे स्थान पर ले जाना; ढुलाई करना 2. सिर या पीठ पर किसी वस्तु को एक जगह से दूसरी जगह पर पहुँचाना; वहन करना 3. {ला-अ.} विपत्ति या संकट में जीवन गुज़ारना; दिन बिताना; अभाव में निर्वाह करना।

ढोर [सं-पु.] 1. पशु; डाँगर; चौपाया; जानवर; मवेशी, जैसे- गाय, भैंस आदि पालतू पशु 2. अंग संचालन; अदा।

ढोरा [सं-पु.] 1. गाय, बैल, भैंस आदि पशु; चौपाया जानवर 2. मवेशी।

ढोल (सं.) [सं-पु.] एक तरह का लंबोतरा बाजा जिसके दोनों ओर चमड़ा मढ़ा होता है; बड़ी ढोलक; मृदंग।

ढोलक (सं.) [सं-स्त्री.] छोटा ढोल; ढोलकी।

ढोलकिया [सं-पु.] ढोलक बजाने वाला व्यक्ति; ढोलची; ढोलवादक। [सं-स्त्री.] छोटा ढोल।

ढोलकी [सं-स्त्री.] छोटा ढोल; ढोलक।

ढोलना [सं-पु.] 1. ढोल के आकार का छोटा जंतर 2. पालना 3. वर; दूल्हा 4. पति; प्रियतम।

ढोलनी [सं-स्त्री.] छोटे आकार का पालना।

ढोला[1] [सं-पु.] 1. सड़ी हुई वनस्पतियों, फलों आदि में पड़ने वाला एक तरह का सफ़ेद छोटा कीड़ा 2. हद या सीमा का निशान।

ढोला[2] (सं.) [सं-पु.] 1. वर; दूल्हा 2. पति 3. प्रियतम 4. विवाह के समय गाए जाने वाले एक प्रकार के गीत 5. कलवाहा वंश के राजा नल के पुत्र का नाम, जिसका प्रेम पूगल के राजा पिंगल की कन्या मारू (मारवणी) से हुआ था, इन दोनों की प्रेमगाथा अति प्रसिद्ध है।

ढोली [सं-स्त्री.] 1. दो सौ पान के पत्तों की गड्डी या बंडल 2. परिहास; हँसी; मज़ाक; दिल्लगी।

ढोवा [सं-पु.] 1. ढोने की क्रिया या भाव; ढुलाई 2. माल ढोने वाला व्यक्ति 3. दूसरों का माल या संपत्ति अनुचित रूप से उठाकर ले जाना; लूट।

ढौंचा (सं.) [सं-पु.] साढ़े चार गुना करते हुए पढ़ा जाने वाला पहाड़ा।

ण

हिंदी वर्णमाला का व्यंजन वर्ण। उच्चारण की दृष्टि से यह पश्च-वर्त्स्य उलटित, सघोष नासिक्य है। व्यंजन वर्ण का पंद्रहवाँ और 'ट' वर्ग का अंतिम अक्षर या वर्ण। इसका उच्चारण मूर्धन्य, अनुनासिक, अल्पप्राण तथा सघोष है।

त

त हिंदी वर्णमाला का व्यंजन वर्ण। उच्चारण की दृष्टि से यह दंत्य, अघोष, अल्पप्राण तथा स्पर्शी होता है।

तँगिया [सं-स्त्री.] किसी चीज़ को बाँधने की तनी या कपड़े की पट्टी; बंद; तसमा।

तँतवा [सं-पु.] कपड़ा बुनने वाली एक जाति; ततवाँ।

तँबोलिन [सं-स्त्री.] पान बेचने वाली स्त्री; बरइन; तमोलिन।

तँबोली [सं-पु.] पान बेचने वाला व्यक्ति; बरई; तमोली।

तँवक [सं-पु.] गर्म; उष्ण।

तँवाई (सं.) [सं-स्त्री.] 1. जलन; दाह 2. ताप।

तंक (सं.) [सं-पु.] 1. भय; डर 2. किसी प्रिय के वियोग में होने वाला दुख 3. पत्थर काटने की टाँकी; छेनी 4. पहनने का वस्त्र।

तंकन (सं.) [सं-पु.] कष्टमय जीवन व्यतीत करना।

तंग (फ़ा.) [वि.] 1. जिसमें उचित व आवश्यक विस्तार का अभाव हो (वस्त्र आदि में); जो रास्ता पतला अथवा सँकरा हो; जो आकार-प्रकार में अपेक्षाकृत छोटा हो 2. चुस्त; कसा हुआ 3. परेशान; त्रस्त; विकल। [सं-पु.] घोड़ों का जीन कसने का तस्मा।

तंगइया [वि.] छप्पर को रस्सी से जगह-जगह बाँधनेवाला।

तंगतोड़ [सं-पु.] तंग पर भौरी वाला घोड़ा।

तंगदस्त (फ़ा.) [वि.] धन की कमी या आर्थिक कष्ट में पड़ा हुआ; धनाभाववाला; निर्धन।

तंगदस्ती (फ़ा.) [सं-स्त्री.] पैसे की कमी; धनाभाव; कंगाली; निर्धनता।

तंगदिल (फ़ा.) [वि.] 1. संकीर्ण हृदय या मानसिकता वाला; अनुदार; संकुचित मनोवृत्ति वाला; छोटे दिल का 2. कंजूस 3. ओछा।

तंगदिली (फ़ा.) [सं-स्त्री.] 1. संकीर्ण मानसिकता 2. कंजूसी; कृपणता।

तंगहाल (फ़ा.) [वि.] 1. जिसकी आर्थिक हालत अच्छी न हो; गरीब; निर्धन 2. संकटग्रस्त; दुर्दशाग्रस्त 3. जो विपदा में हो; ज़रूरतमंद 4. रोगग्रस्त; बीमार।

तंगहाली (फ़ा.) [सं-स्त्री.] गरीबी; तंग होने की अवस्था या भाव।

तंगी (फ़ा.) [सं-स्त्री.] 1. तंग होने की अवस्था या भाव 2. कमी; न्यूनता 3. अभाव; गरीबी; आर्थिक संकट 4. कष्ट; तकलीफ़; दुख 5. संकीर्णता; सँकरापन; संकोच।

तंज़ेब (फ़ा.) [सं-स्त्री.] एक प्रकार का बढ़िया महीन मलमल।

तंड (सं.) [सं-पु.] 1. नृत्य; नाच 2. संहार; वध; प्रहार 3. एक ऋषि का नाम।

तंडक (सं.) [सं-पु.] 1. सजावट 2. समास बहुल वाक्य 3. बहुरूपिया 4. पेड़ का धड़ या तना 5. बाज़ीगर।

तंडु (सं.) [सं-पु.] नंदी; नंदीकेश्वर; नंदीकेश; शिववाहन।

तंडुल (सं.) [सं-पु.] 1. चावल; धान्य 2. चौलाई का साग 3. प्राचीन समय की आठ सरसों के बराबर हीरे की एक तौल 4. वायविडंग नामक औषधि।

तंडुलोत्थ (सं.) [सं-पु.] (चावल से) भात बनाते समय उबलते हुए चावल का पानी; तंडुल-जल; माँड़।

तंतु (सं.) [सं-पु.] 1. रेशा 2. ऊन, रेशम और सूत आदि के बारीक, पतले धागे; तागा; डोरा 3. संतान; औलाद 4. ताँत।

तंतुक (सं.) [सं-पु.] 1. सरसों 2. रस्सी; सूत्र 3. एक प्रकार का साँप।

तंतुकी (सं.) [सं-स्त्री.] नाड़ी।

तंतुर (सं.) [सं-पु.] कमल की जड़ या नाल; भसींड़; मुरार; मृणाल।

तंत्र (सं.) [सं-पु.] 1. डोरा या सूत; तंतु 2. कपड़े बुनने की सामग्री 3. चमड़े की डोरी; ताँत 4. शासन की विशिष्ट प्रणाली 5. राज्य और उसके अंतर्गत काम करने वाले सभी राजकीय कर्मचारी 6. कोई कार्य करने की प्रक्रिया; प्रणाली; व्यवस्था 7. भारतीय साधना की एक पद्धति जिसमें प्रतीकों और बीजाक्षरों का प्रयोग अभीष्ट की सिद्धि के लिए किया जाता है।

तंत्र-मंत्र (सं.) [सं-पु.] 1. नियत उद्देश्य की पूर्ति हेतु की जाने वाली कर्मकांड युक्त एक पारंपरिक विद्या जिसे वर्तमान में अधिकांश शिक्षित लोगों द्वारा अंधविश्वासपूर्ण माना जाता है; जादूटोना; जादूमंतर 2. किसी साधना में प्रयुक्त तंत्र 3. गंडा; ताबीज 4. {ला-अ.} किसी कार्य को सिद्ध करने की युक्ति; उपाय।

तंत्रकार (सं.) [सं-पु.] 1. बाजा बजाने वाला; वादक; बजनिया 2. संगीतकार।

तंत्रज्ञान (सं.) [सं-पु.] 1. तंत्र या जादू को जानने की अवस्था 2. तंत्र या जादू-टोने का शास्त्र।

तंत्रण (सं.) [सं-पु.] 1. किसी को अपने शासन में रखना 2. शासन-प्रबंध; शासन की व्यवस्था या प्रणाली।

तंत्रधारक (सं.) [सं-पु.] 1. कर्मकांडी व्यक्ति 2. यज्ञ आदि करवाने के उद्देश्य से जो व्यक्ति कर्मकांड की पुस्तक लेकर घूमता हो तथा याज्ञिक आदि के साथ बैठता हो।

तंत्रिका (सं.) [सं-स्त्री.] 1. शरीर के अंदर की नस; नाड़ी 2. ताँत; वीणा का तार 3. गुडुची; गुरुच; एक बेल जिसका डंठल औषधि बनाने में प्रयुक्त होता है।

तंत्रिकातंत्र (सं.) [सं-पु.] 1. शरीर भर में फैला हुआ तंत्रिकाओं का जाल 2. तंत्रिका की कार्यप्रणाली।

तंत्री (सं.) [सं-स्त्री.] 1. तारों की सहायता से बजने वाला वाद्य; वीणा; ताँत 2. वीणा, सारंगी या सितार का तार 3. नस; नाड़ी। [सं-पु.] 1. बाजा बजाने वाला 2. एक तारवाला बाजा 3. गाने वाला; गवैया 4. तांत्रिक 5. प्रशासक 6. कठपुतलीवाला। [वि.] 1. तारवाला; जिसमें तार लगे हों 2. तंत्र संबंधी; तंत्र का पालन करने वाला।

तंदुरुस्त (फ़ा.) [वि.] 1. स्वस्थ; निरोग 2. जिसे कोई बीमारी न हो; जिसका स्वास्थ्य उत्तम हो।

तंदुरुस्ती (फ़ा.) [सं-स्त्री.] 1. अच्छी सेहत; स्वास्थ्य 2. निरोग होने की अवस्था।

तंदुल [सं-पु.] तंडुल; चावल।

तंदूर (फ़ा.) [सं-पु.] रोटी पकाने के लिए मिट्टी से बनी भट्ठी।

तंदूरी (फ़ा.) [वि.] 1. तंदूर में पका हुआ 2. तंदूर संबंधी।

तंदेही (फ़ा.) [सं-स्त्री.] 1. किसी कार्य हेतु मन लगाकर किया गया परिश्रम 2. प्रयास; कोशिश 3. तल्लीनता; तत्परता।

तंद्र (सं.) [वि.] 1. शिथिल; आलसी 2. क्लांत।

तंद्रा (सं.) [सं-स्त्री.] 1. नींद आने से पहले की अवस्था; ऊँघ 2. आलस्य; उनींदापन 3. क्लांति 4. शरीर में इंद्रियों के शिथिल होने की अवस्था।

तंद्रालु (सं.) [वि.] 1. जिसे नींद आती हो; तंद्रायुक्त; उनींदा 2. जो ऊँघ रहा हो।

तंद्रावस्था (सं.) [सं-पु.] 1. तंद्रा में होने की स्थिति या अवस्था 2. अर्द्धनिद्रा।

तंद्रिल (सं.) [वि.] 1. तंद्रावाला; तंद्रालु 2. उनींदा; निद्रिल 3. श्रांत; क्लांतियुक्त।

तंबा (सं.) [सं-स्त्री.] गाय; गौ।

तंबाकू (पु.) [सं-पु.] एक प्रकार का पौधा जिसकी पत्तियों को सुखाकर चूने के साथ रगड़कर खाते हैं और उसकी पत्तियों को चूर्ण बनाकर सुलगाकर धूम्रपान के रूप में भी प्रयोग किया जाता है; सुरती।

तंबिया [सं-पु.] 1. ताँबे या पीतल का बना हुआ तरकारी आदि बनाने का चौड़े मुँहवाला एक तरह का पात्र; तांबिया 2. तसला। [वि.] ताँबे का बना हुआ।

तंबीह (अ.) [सं-स्त्री.] 1. नसीहत; सीख; शिक्षा 2. चेतावनी; ताकीद 3. सजा; दंड।

तंबुरु (सं.) [सं-पु.] 1. धनिया का पौधा 2. धनिया का बीज।

तंबू [सं-पु.] शामियाना; खेमा; डेरा; शिविर; (टेंट)।

तंबूर (फ़ा.) [सं-पु.] एक तरह का छोटा ढोल।

तंबूरची (फ़ा.) [सं-पु.] वह व्यक्ति जो तंबूरा बजाता हो।

तंबूरा [सं-पु.] सितार की तरह का तीन तारों वाला एक बाजा जो स्वर में संगति देने के लिए बजाया जाता है; तानपूरा।

तंबूल [सं-पु.] दे. तांबूल।

तंबोल [सं-पु.] पान; तांबूल।

तअज्जुब (अ.) [सं-पु.] किसी विलक्षण बात अथवा घटना का रहस्य समझ में न आने पर मन में होने वाला विकार; अचंभा; आश्चर्य; हैरानी; विस्मय।

तअम्मुल (अ.) [सं-पु.] 1. विचार; गौर; सोच 2. देरी; ढील 3. शंका; अंदेशा 4. संदेह; भ्रम 5. संकोच; पशोपेश।

तअल्लुक (अ.) [सं-पु.] 1. रिश्ता; संबंध; संपर्क 2. प्रेम; आशनाई 3. पक्षपात; तरफ़दारी।

तअल्लुका (अ.) [सं-पु.] 1. बड़ा इलाका 2. बहुत से गाँव जो किसी एक ज़मींदार के अधीन होते थे।

तक (सं.) [अव्य.] कार्य, समय और स्थल का सीमावाचक अव्यय; पर्यंत, जैसे- आप कब तक आएँगे, आप कहाँ तक जाएँगे।

तकदमा (अ.) [सं-पु.] अंदाज़ा; आकलन; अनुमान।

तकदीर (अ.) [सं-स्त्री.] 1. किस्मत; भाग्य; नसीब; प्रारब्ध 2. संयोग।

तकदीरवर (अ.+फ़ा.) [वि.] भाग्यशाली; भाग्यवान।

तकना [क्रि-स.] 1. ताकना; देखना 2. किसी वस्तु या भोजन आदि को पाने के लिए किसी की ओर देखना 3. किसी की ओर बुरी दृष्टि या भाव से देखना 4. प्रतीक्षा करना। [क्रि-अ.] 1. आश्रय; सहायता आदि पाने के लिए किसी की ओर देखना; शरण लेना 2. दृष्टिपात करना।

तकनीक (अं.) [सं-स्त्री.] 1. किसी विशेष कला का ज्ञान 2. यांत्रिकी; प्रविधि 3. शिल्पविधि 4. कोई कठिन काम करने की व्यावहारिक निपुणता; (टेकनीक) 5. तरीका।

तकब्बुर (अ.) [सं-पु.] अहंकार; अभिमान; गुरूर; दर्प; अकड़।

तकमील (अ.) [सं-स्त्री.] 1. पूरा होने की क्रिया; पूर्णता; समापन 2. पूर्ति; निष्पादन।

तकरमल्ही [सं-स्त्री.] भेड़ों के शरीर से ऊन काटने की एक तरह की हँसिया।

तकरार (अ.) [सं-स्त्री.] 1. झगड़ा; विवाद; हुज्जत; बहस; वाग्युद्ध 2. खटपट; कलह; गरमागरमी 3. तूतू-मैंमैं; टंटा 4. नोकझोंक; झड़प।

तकरारी (अ.) [वि.] तकरार करने वाला; झगड़ालू; लड़ाका।

तकरीब (अ.) [सं-स्त्री.] 1. समीपता; नज़दीकी; पास आने का भाव 2. कोई मांगलिक अवसर या विवाह आदि का जलसा; उत्सव।

तकरीबन (अ.) [अव्य.] लगभग; करीब-करीब; प्रायः।

तकरीर (अ.) [सं-स्त्री.] 1. बातचीत 2. भाषण; वक्तव्य।

तकला (सं.) [सं-पु.] 1. सूत कातने के लिए चरखे में लगी लोहे की वह सलाई जिसपर कता हुआ सूत लिपटता चलता है; टेकुआ 2. रस्सी बटने का एक उपकरण।

तकली [सं-स्त्री.] सूत कातने का एक प्रकार का छोटा यंत्र जिसमें पीतल की एक चकई में छोटा सा सूजा लगा रहता है; कतनी; कतन; छोटा तकला।

तकलीफ़ (अ.) [सं-स्त्री.] 1. कष्ट; दुख; क्लेश; परेशानी; पीड़ा; वेदना 2. संकट; मुसीबत; विपत्ति 3. रोग; बीमारी 4. गरीबी;

मुफ़लिसी।

तकलीफ़देह (अ.+फ़ा.) [वि.] 1. दुख देने वाला; दुखदायी 2. कष्टप्रद; कष्टकारी; क्लेशकारी।

तकल्लुफ़ (अ.) [सं-पु.] 1. शिष्टाचार 2. दिखावटी तौर पर कोई काम करना 3. बनावट; बाहरी दिखावा 4. संकोच; लज्जा; शर्म 5. तकलीफ़ उठाना 6. बेगानगी; परायापन।

तकसीम (अ.) [सं-स्त्री.] 1. बाँटने की क्रिया या भाव; बँटवारा; बाँटना; विभाजन 2. गणित में विभाजित करने की क्रिया; भाग।

तकसीर (अ.) [सं-स्त्री.] 1. अपराध; कसूर; गुनाह; दोष 2. त्रुटि; कमी; कोताही 3. भूल; गलती।

तकाई (अ.) [सं-स्त्री.] 1. ताकने या देखने की क्रिया 2. देखभाल के एवज में दी जाने वाली मज़दूरी।

तकाज़ा (अ.) [सं-पु.] 1. माँग; तगादा; दावा 2. आग्रह 3. किसी से कोई काम करने या कराने हेतु उसे बार-बार स्मरण दिलाना।

तकाना [क्रि-स.] किसी को कुछ दिखाने या ताकने में प्रवृत्त करना; दिखाना।

तकाव [सं-पु.] ताकने की क्रिया, ढंग या भाव।

तक़ावी (अ.) [सं-स्त्री.] मध्यकाल में खेतिहरों को बैल, बीज या अन्य संसाधन ख़रीदने के लिए राजा, ज़मींदार या सरकार की ओर से दिया जाने वाला कर्ज़।

तकिया (फ़ा.) [सं-पु.] 1. सोते समय सिर के नीचे लगाने के लिए गोल या आयताकार चपटा रुई या गुदगुदा कपड़ा भरा हुआ मुँहबंद थैला 2. छज्जे में रोक या सहारे के लिए लगाई जाने वाली पत्थर की पटिया 3. आश्रय; सहारा।

तकिया-कलाम (अ.) [फ़ा+अ.] 1. वह शब्द या वाक्यांश जो कुछ लोगों की ज़बान पर बातचीत करने पर प्रायः मुँह से निकला करता है, जैसे- क्या नाम; 'जो है कि' 2. सखुनतकिया।

तकिला (सं.) [सं-स्त्री.] एक प्रकार की औषधि; दवा; जड़ी।

तकुआ [सं-पु.] 1. तकला; सूत कातने तथा लपेटने के लिए चरखे से लगी लोहे की सलाई 2. तकना; देखने वाला या ताकने वाला।

तकुली [सं-स्त्री.] सूत कातने का एक उपकरण जो लट्टू की शक्ल का लोहे या लकड़ी का होता है।

तक्कर [सं-पु.] मट्ठे का घोल; तक्र; छाछ।

तक्की [सं-स्त्री.] 1. तिरछी चितवन वाला (व्यक्ति) 2. ताकते रहने की क्रिया या भाव 3. टकटकी।

तक्र (सं.) [सं-पु.] 1. मट्ठा; छाछ; ताक 2.शहतूत के पेड़ का एक रोग।

तक्राट (सं.) [सं-पु.] मथानी; एक उपकरण जिससे दही आदि को मथकर मक्खन निकाला जाता है और मट्ठा बनाया जाता है।

तक्षक (सं.) [सं-पु.] 1. भारत की एक प्राचीन जाति 2. साँप 3. (पुराण) पाताल के आठ नागों में से एक जिसने राजा परीक्षित को डसा था 4. बढ़ई 5. विश्वकर्मा; सूत्रधार। [वि.] लकड़ी काटने वाला।

तक्षण (सं.) [सं-पु.] 1. लकड़ी को छीलना साफ़ करना या काटना 2. रंदा करने का काम 3. लकड़ी या पत्थर आदि की मूर्तियाँ या बेलबूटे बनाने का काम; मूर्तियाँ गढ़ना।

तक्षशिला (सं.) [सं-स्त्री.] वर्तमान पाकिस्तान के पंजाब प्रांत में स्थित एक प्रसिद्ध पुरातात्विक स्थल जहाँ विश्व का प्रथम विश्वविद्यालय माना जाता है।

तख़त (फ़ा.) [सं-पु.] 1. लकड़ी के पटरों से बनी समतल आयताकार या चौकोर चौकी 2. लकड़ी का पटरा; काष्ठ-पटल 3. बड़ी चौकी।

तख़ता (फ़ा.) [सं-पु.] लकड़ी से बना समतल आयताकार या चौकोर पटरा; बड़ी चौकी।

तख़तापलट (फ़ा.+हिं.) [सं-पु.] 1. सत्ता या सरकार में परिवर्तन करने की क्रिया या भाव 2. बना काम बिगाड़ना।

तख़ती (फ़ा.) [सं-स्त्री.] 1. छोटा तख़ता 2. काठ की वह पटरी जिसपर छोटे बच्चे अक्षर लिखने का अभ्यास करते हैं; पटिया; पट्टी 3. किसी चीज़ की छोटी पटरी।

तखमीना (अ.) [सं-पु.] 1. मात्रा, मान आदि की जानकारी करने के लिए अंकों या संख्याओं आदि के संबंध में किया जाने वाला अनुमान; अटकल या अंदाज़ 2. किसी कार्य के लिए व्यय आदि का अनुमान।

तख़ल्लुस (अ.) [सं-पु.] किसी कवि या शायर का वह उपनाम जो उसकी कविता या ग़ज़ल में लिखा जाता है।

तख़सीर (अ.) [सं-स्त्री.] विजय; जीत।

तख़सीस (अ.) [सं-स्त्री.] 1. विशेषता; ख़ासियत; ख़सूसियत 2. ख़ास बात।

तख़्त (फ़ा.) [सं-पु.] 1. राजसिंहासन 2. शासन।

तख़्तगाह (फ़ा.) [सं-स्त्री.] राजधानी।

तख़्तपोश (फ़ा.) [सं-पु.] 1. तख़त या चौकी पर बिछाने की चादर 2. काठ की बड़ी चौकी।

तख़्तबंदी (फ़ा.) [सं-स्त्री.] 1. तख़त से बनाई गई दीवार 2. तख़्तों की दीवार बनाने की क्रिया।

तख़्ता (फ़ा.) [सं-पु.] दे. तख़ता।

तख़्ती (फ़ा.) [सं-स्त्री.] दे. तख़ती।

तखते [सं-पु.] रौसों से बँटे भाग।

तगड़ा [वि.] 1. शक्तिशाली; बलवान; मज़बूत 2. हट्टा-कट्टा; मोटा-ताज़ा 3. बड़ा; अच्छा 4. जो किसी दृष्टि से दूसरे से अधिक प्रबल हो।

तगड़ापन [सं-पु.] 1. तगड़े होने की अवस्था या भाव 2. ताकत; बल।

तगड़ी [सं-स्त्री.] कमर या कूल्हे में पहनने का गहना; करधनी। [वि.] जो बलवान और सेहतमंद हो; मोटी।

तगण (सं.) [सं-पु.] 1. (व्याकरण) दो गुरु और एक लघु वर्ण 2. तीन वर्णों का एक मात्रिक छंद।

तगधरी [सं-स्त्री.] सूतों को सुलझाने वाली लकड़ी।

तगमा [सं-पु.] पदक; तमगा; (मेडल)।

तगर[1] [सं-पु.] एक प्रकार की शहद की मक्खी।

तगर[2] (सं.) [सं-पु.] 1. एक औषधीय वृक्ष 2. मदन वृक्ष; मैन

फल 3. तगर वृक्ष की जड़, जो गंध द्रव्य में गिनी जाती है।

तगसा [सं-पु.] वह लकड़ी जिससे ऊन पीटकर मुलायम और साफ़ किया जाता है।

तगही [सं-स्त्री.] पशुओं को बाँधने की रस्सी; पगहा; पघा।

तगा [सं-पु.] 1. एक जाति जो रूहेलखंड में बसती है। इस जाति के लोग अपने आप को ब्राह्मण कहते हैं 2. तागा; सूत; धागा।

तगाड़ी [सं-स्त्री.] 1. कुआँ खोदने का एक औजार; ओड़ैसा 2. तसला या लोहे का छिछला बर्तन जिसमें मसाला या चूना गारा रखकर जोड़ाई की जाती है; अढ़िया; तगार।

तगादा (अ.) [सं-पु.] किसी कार्य के लिए बार-बार कहना; तकाज़ा; अनुरोध; आग्रह।

तगार (फ़ा.) [सं-पु.] 1. वह स्थान जहाँ घर या इमारत आदि बनाने के लिए गारा साना जाता है; तगाड़ 2. गारा ढोने का तसला 3. ओखली को गाड़ने का गड्ढा 4. दाल या सब्ज़ी पकाने का पीतल आदि का बड़ा बरतन।

तचना [क्रि-अ.] 1. तपना; गरमाना; गरम होना 2. संतप्त होना 3. जलना।

तचाना [क्रि-स.] 1. गरम करना 2. {ला-अ.} कष्ट पहुँचाना; दुखी या संतप्त करना।

तज (सं.) [सं-पु.] 1. दारचीनी की जाति का एक सदाबहार पेड़ जिसके पत्तों को तेजपत्ता के नाम से जाना जाता है तथा जिसका खाद्य मसालों में उपयोग किया जाता है 2. उक्त पेड़ की सुगंधित छाल।

तजदीद (अ.) [सं-स्त्री.] 1. फिर से नया करना; नवीनीकरण 2. नवीनता; नयापन 3. पट्टे आदि बदलना।

तजन (सं.) [सं-पु.] चाबुक या कोड़ा।

तजना (सं.) [क्रि-स.] छोड़ना; त्यागना; दूर करना।

तजरबा (अ.) [सं-पु.] 1. वह ज्ञान जो किसी कार्य को लंबे समय तक करने पर मिलता है; अनुभव 2. ज्ञान प्राप्त करने के लिए की जाने वाली परीक्षा; परीक्षण; परख; प्रयोग।

तजरबाकार (अ.) [वि.] 1. जिसे तजरबा हो; अनुभवी 2. निपुण; कुशल।

तजल्ली (अ.) [सं-स्त्री.] 1. प्रकाश; रोशनी 2. वह ईश्वरीय प्रकाश जो तूर पर्वत पर हज़रत मूसा को दिखाई पड़ा था 3. प्रकट होना 4. झाँकी; चमक-दमक।

तजवीज़ (अ.) [सं-स्त्री.] 1. सलाह; सम्मति; राय; प्रस्ताव; योजना 2. निर्णय; फ़ैसला 3. निर्देश 4. बंदोबस्त; इंतजाम; प्रबंध।

तज़ुरबा (अ.) [सं-पु.] 1. वह ज्ञान जो किसी कार्य को लंबे समय तक करने पर मिलता है; अनुभव; (एक्सपीरिएंस) 2. ज्ञान प्राप्त करने के लिए की जाने वाली परीक्षा; परीक्षण; परख; प्रयोग।

तज़ुरबेकार (फ़ा.) [अ+फ़ा.] 1. जिसे तज़ुरबा हो 2. अनुभवी; जानकार।

तज्जन्य [वि.] उसके द्वारा उत्पन्न किया हुआ; उससे उत्पन्न; तज्जनित।

तज्ञ (सं.) [वि.] तत्व को जानने वाला; तत्वज्ञानी; तत्वविद।

तट (सं.) [सं-पु.] 1. नदी, झील, जलाशय या समुद्र आदि का किनारा; कूल; तीर 2. किसी नदी या जलाशय के किनारे के पास की ज़मीन।

तटंक (सं.) [सं-पु.] कर्णफूल नामक कान का गहना।

तटक (सं.) [सं-पु.] नदी, तालाब आदि किसी जलाशय का तट या किनारा।

तटकर (सं.) [सं-पु.] जलमार्ग द्वारा आयात या निर्यात होने वाली वस्तुओं पर लगने वाला कर या टैक्स।

तटग (सं.) [सं-पु.] सरोवर; तालाब; तलैया।

तटचर (सं.) [वि.] तट या किनारे पर विचरण करने वाला; तटीय (प्राणी)।

तटबंध (सं.) [सं-पु.] नदी, झील या नहर के किनारे पर बनाई गई दीवार या ऊँचा बाँध।

तटवर्ती (सं.) [वि.] 1. तट से संबंधित 2. किनारे के पास का; तटीय; तट पर स्थित।

तटस्थ (सं.) [वि.] 1. तट या किनारे पर रहने वाला; तट पर स्थित; किनारे का 2. जो किसी का पक्ष न लेता हो; निरपेक्ष; निष्पक्ष 3. जो गुटबंदी से अलग हो; गुटनिरपेक्ष 4. भावहीन; उदासीन; अनासक्त।

तटस्थता (सं.) [सं-स्त्री.] 1. तटस्थ रहने या होने की अवस्था या भाव; निरपेक्षता 2. निष्पक्षता; उदासीनता 3. तट पर होने की स्थिति।

तटस्थीकरण (सं.) [सं-पु.] 1. तटस्थ या अलग रहने की क्रिया 2. किसी वस्तु की मूल प्रवृत्ति या गुण को नष्ट करने की क्रिया।

तटाक (सं.) [सं-पु.] तालाब; ताल; तड़ाग।

तटिनी (सं.) [सं-स्त्री.] नदी; सरिता।

तटी (सं.) [सं-स्त्री.] नदी; तटिनी।

तड़ (सं.) [सं-पु.] 1. एक ही जाति या समुदाय के अलग-अलग विभाग; कबीला 2. जाति का उपविभाग 3. तमाचा मारने या कड़ी चीज़ तोड़ने-पटकने से उत्पन्न होने वाली ध्वनि।

तड़क [सं-स्त्री.] 1. तड़कने की क्रिया या भाव 2. तड़कने के कारण पड़ने वाला निशान या दरार।

तड़क-भड़क [सं-स्त्री.] शानो-शौकत दिखाने के लिए किया जाने वाला आयोजन; ठाट-बाट; वैभव और रईसी का दिखावा; आडंबर; बनावट; शान; सजधज; रंगीनी; चटक-मटक।

तड़कना [क्रि-अ.] 1. गरम होकर तड़ की आवाज़ के साथ फटना; फूटना या चटकना; कड़कना 2. किसी चीज़ का सूखकर फटना।

तड़का [सं-पु.] 1. सुबह; भोर; सूर्योदय; प्रभात; प्रातःकाल 2. छौंक; बघार (सब्ज़ी आदि में)।

तड़काना [क्रि-स.] 1. 'तड़' जैसी ध्वनि के साथ तोड़ना 2. किसी सूखी हुई चीज़ को फाड़ना।

तड़कीला [वि.] जो तड़क-भड़क वाला हो; तड़क-भड़कदार; चमकीला; दिखावटी; नुमाइशी; आलंकारिक; शब्दाडंबरपूर्ण; सजावटी।

तड़के [क्रि.वि.] सुबह के समय; सवेरे-सवेरे; भोर में।

तड़तड़ [सं-पु.] तेज आवाज (लाठी आदि की)।

तड़तड़ाना [क्रि-अ.] तड़तड़ की आवाज़ होना। [क्रि-स.] तड़तड़ की आवाज़ पैदा करना।

तड़तड़ाहट [सं-स्त्री.] 1. तड़तड़ाने की क्रिया या भाव; तड़तड़ 2. तड़तड़ाने की आवाज़।

तड़प [सं-स्त्री.] 1. तड़पने की क्रिया या भाव; छटपटाहट 2. व्याकुलता; बेचैनी 3. टीस; पीड़ा।

तड़पन [सं-स्त्री.] 1. तड़पने की अवस्था या भाव; छटपटाहट 2. बेचैनी 3. नींद न आने की अवस्था।

तड़पना [क्रि-अ.] बहुत अधिक पीड़ा या दर्द के कारण छटपटाना; कराहना; शारीरिक या मानसिक वेदना के कारण व्याकुल होना; तड़फड़ाना; तिलमिलाना।

तड़पवाना [क्रि-स.] किसी को अन्य के माध्यम से तड़पाने का काम कराना; दूसरे के माध्यम से पीड़ा दिलाना।

तड़पाना [क्रि-स.] 1. बहुत अधिक कष्ट या दुख पहुँचाना; पीड़ा देना 2. शारीरिक या मानसिक वेदना से व्याकुल करना 3. किसी को गरजने के लिए उकसाना 4. सताना; छटपटाने के लिए लाचार करना; कलपाना।

तड़फड़ [सं-स्त्री.] 1. तड़पने की क्रिया; तड़फड़ाहट 2. पीड़ा।

तड़फड़ाना [क्रि-अ.] 1. भयंकर कष्ट होना; तड़पना; छटपटाना 2. बेचैन होना; तिलमिलाना। [क्रि-स.] व्याकुल करना; कष्ट पहुँचाना।

तड़ा [सं-पु.] धान की मंजरी में लगने वाला रोग।

तड़ाक [सं-स्त्री.] तड़ाक की ध्वनि; किसी कड़ी चीज़ के टूटने से उत्पन्न होने वाली इस प्रकार की आवाज़। [सं-पु.] तालाब; सरोवर। [क्रि.वि.] 1. तड़ या तड़ाक की आवाज़ के साथ 2. चटपट; तुरंत; जल्दी से।

तड़ाका [सं-पु.] 'तड़' की आवाज़। [सं-स्त्री.] 1. तड़तड़; कौंध; आघात से उत्पन्न ध्वनि।

तड़ाग (सं.) [सं-पु.] सरोवर; तालाब; तलैया।

तड़ातड़ [क्रि.वि.] 1. तड़तड़ की आवाज़ के साथ 2. जल्दी-जल्दी; जल्दी से 3. बिना रुके हुए; लगातार; निरंतर।

तड़ातड़ी [सं-स्त्री.] 1. जल्दबाज़ी; शीघ्रता करने की अवस्था या भाव 2. बहुत जल्दी काम करने की क्रिया जो अनुचित समझी जाती है; उतावलापन; व्यग्रता।

तड़ाना [क्रि-स.] किसी को कुछ ताड़ने में प्रवृत्त करना; ताड़ने का काम कराना; किसी को किसी के कार्य को भाँपने के कार्य में लगाना।

तड़ावा [सं-पु.] 1. वह रूप जो दिखावे के लिए बनाया या धारण किया जाता है; दिखावटी या तड़क-भड़क 2. धोखा।

तड़ित (सं.) [सं-स्त्री.] बादलों में चमकने वाली बिजली; आकाशीय विद्युत; सौदामिनी; चंचला।

तड़ितझंझा (सं.) [सं-स्त्री.] वह तेज़ आँधी या तूफ़ान जिसके साथ विद्युत की चमक भी हो।

तड़ितसमाचार [सं-पु.] विस्तृत समाचार छपने के पूर्व किसी अत्यंत महत्वपूर्ण समाचार की संक्षिप्त सूचना।

तड़ी [सं-स्त्री.] 1. चपत; थप्पड़ 2. मारपीट 3. धोखा; छल।

तड़ीपार (सं.) [सं-पु.] किसी व्यक्ति को उसके रहवासी शहर से निकाला जाना; निर्वासन।

तड़ीबिड़ी [वि.] तितर बितर; छितराया हुआ; अस्त व्यस्त।

ततसार (सं.) [सं-स्त्री.] वह स्थान जहाँ कोई चीज़ तपाई जाती है।

तताई [सं-स्त्री.] 1. तेज़ी 2. गरमी 3. उग्रता।

तताना [क्रि-स.] गर्म करना।

ततुराई [सं-स्त्री.] बैठी फसल।

तत् (सं.) [पूर्वप्रत्य.] 'उस के' आदि के अर्थ के लिए प्रयुक्त, जैसे- तत्सम, तत्पश्चात।

तत्काल (सं.) [अव्य.] तुरंत; तत्क्षण; अतिशीघ्र; उसी समय; फ़ौरन; अभी; अविलंब; एकदम; ताबड़तोड़; फटाफट; खट से।

तत्कालीन (सं.) [वि.] उस समय या उसी समय का।

तत्क्षण (सं.) [अव्य.] तुरंत; अविलंब; तत्काल; तभी; उसी पल; उसी समय; फ़ौरन।

तत्ताथेई [सं-स्त्री.] नाचने के शब्द या बोल; नृत्य में पैरों के ज़मीन पर पड़ने की ध्वनि।

तत्पर (सं.) [वि.] 1. किसी कार्य को लगन और निष्ठा के साथ करने वाला; तल्लीन; उद्यत 2. आज्ञाकारी; आतुर 3. आमादा; उतावला 4. उत्साही; इच्छुक।

तत्परता (सं.) [सं-स्त्री.] किसी कार्य को करने की लगन; मुस्तैदी; उत्साह; तुरंत कर डालने की निष्ठा; उतावलापन।

तत्परायण (सं.) [वि.] 1. तल्लीन; एकाग्र 2. जिसका मन किसी एक में ही लगा हो।

तत्पश्चात (सं.) [अव्य.] पीछे; उसके बाद।

तत्पुरुष (सं.) [सं-पु.] (व्याकरण) समास का एक प्रकार जिसमें दोनों पदों के बीच विभक्तियों का लोप होता है।

तत्रक (सं.) [सं-पु.] एक प्रकार का वृक्ष।

तत्रत्य (सं.) [वि.] वहाँ रहने वाला।

तत्व (सं.) [सं-पु.] 1. (रसायनशास्त्र) ऐसा पदार्थ जिसमें दूसरे पदार्थ का मेल या मिश्रण न हो; पदार्थ; परमाणु 2. आकाश, जल, अग्नि, थल और पवन ये पाँच गुण जो प्राचीन भारतीय विचारधारा के अनुसार सृष्टि के निर्माण के मूल कारण हैं 3. घटक; अवयव।

तत्वज्ञ (सं.) [वि.] 1. अध्यात्मवेत्ता; ब्रह्मज्ञानी; तत्वज्ञानी; दार्शनिक 2. गुणग्राहक 3. वेदांतवादी।

तत्वज्ञता (सं.) [सं-स्त्री.] 1. तत्वज्ञ होने की अवस्था या भाव; वैज्ञानिकता 2. गुणग्राहकता 3. दार्शनिकता।

तत्वज्ञान (सं.) [सं-पु.] ब्रह्म, आत्मा और जगद्विषयक यथार्थ ज्ञान; ब्रह्मज्ञान।

तत्वज्ञानी (सं.) [सं-पु.] 1. तत्वज्ञ; ब्रह्मज्ञानी 2. दार्शनिक; वैज्ञानिक।

तत्वतः (सं.) [अव्य.] 1. महत्वपूर्ण गुण या तत्व के विचार से 2. वस्तुतः; वास्तव में; यथार्थ रूप में।

तत्वदर्शी (सं.) [सं-पु.] 1. ब्रह्मज्ञानी; अध्यात्मज्ञ 2. दार्शनिक

3. तत्व को जानने वाला; तत्वज्ञानी।

तत्वबोध (सं.) [सं-पु.] 1. ब्रह्म, आत्मा और जगत के विषय में यथार्थ ज्ञान; ब्रह्मज्ञान; तत्वज्ञान; तत्व या किसी अन्य वस्तु की मूल प्रवृत्ति का ज्ञान 2. दार्शनिक ज्ञान।

तत्वमसि (सं.) [सं-पु.] वेदांत का उपदेश वाक्य; जिसका अर्थ है- 'तू ब्रह्म है'।

तत्वविद्या (सं.) [सं-स्त्री.] दर्शनशास्त्र; तत्वशास्त्र; आध्यात्मिक विद्या।

तत्ववेत्ता (सं.) [सं-पु.] जिसे तत्व का ज्ञान हो; तत्वज्ञ; दार्शनिक।

तत्वशास्त्र (सं.) [सं-पु.] तत्वविद्या; दर्शनशास्त्र।

तत्वहीन (सं.) [वि.] 1. तत्वरहित; जिसमें कोई तत्व न हो 2. असार; गुणहीन।

तत्वांतरण [सं-पु.] एक मुख्य तत्व का अन्य तत्व में परिणत होना। यह प्रक्रिया तत्व के परमाणु के नाभिक की संरचना में परिवर्तन करके पूरी की जाती है।

तत्वात्मक (सं.) [वि.] तत्व के रूप में होने वाला।

तत्वान्वेषी (सं.) [वि.] ब्रह्मज्ञानी; तत्व का अन्वेषण करने वाला।

तत्वावधान (सं.) [सं-पु.] किसी कार्य के ऊपर होने वाला निरीक्षण या देख-रेख।

तत्संबंधी (सं.) [वि.] 1. उससे (किसी तथ्य या बात से) संबंध रखने वाला 2. विषयक।

तत्सम (सं.) [सं-पु.] किसी भाषा का वह शब्द जो अन्य भाषा में अपने मूल रूप में प्रयोग किया जाता हो; तद्भव से भिन्न। [वि.] 1. उसके समान 2. अनपभ्रंश।

तत्सामयिक (सं.) [वि.] उस समय के विचार के अनुरूप उपयोगी या उपयुक्त; उस समय का।

तथा (सं.) [अव्य.] एवं; और।

तथाकथित (सं.) [वि.] 1. अप्रामाणिक 2. संदिग्ध; विवादास्पद 3. कहने भर का; नाम भर का 4. किसी के द्वारा मान लिया गया; तथोक्त।

तथाकथ्य (सं.) [वि.] 1. जो उक्त प्रकार से भी कही जा सके 2. तथाकथित; तथोक्त।

तथागत (सं.) [सं-पु.] गौतम बुद्ध का एक नाम। [वि.] 1. जो गंतव्य तक पहुँच चुका हो 2. प्रबुद्ध।

तथापि (सं.) [अव्य.] 1. फिर भी; तब भी 2. और भी 3. तदापि।

तथास्तु (सं.) [अव्य.] ऐसा ही हो; एवमस्तु।

तथैव (सं.) [अव्य.] 1. वैसा ही; उसी प्रकार 2. जो ऊपर है; वैसे ही।

तथोक्त (सं.) [वि.] 1. जैसा पहले कहा गया है; पूर्वोक्त 2. तथाकथित।

तथ्य (सं.) [सं-पु.] 1. यथार्थपरक बात; सच्चाई; वास्तविकता 2. किसी विशेष अवसर पर प्रस्तुत आँकड़े 3. सार; अर्थ 4. ठोस विवरण 5. हकीकत।

तथ्यक (सं.) [वि.] तथ्य संबंधी; जो सच्चाई से संबंध रखता हो।

तथ्यपरक (सं.) [वि.] 1. जो तथ्यों पर आधारित हो; तथ्यात्मक 2. वास्तविकता के अनुकूल।

तथ्ययुक्त (सं.) [वि.] 1. जिसमें तथ्य या प्रमाण हो; तथ्यात्मक 2. वास्तविक।

तथ्यसंगत (सं.) [वि.] तथ्ययुक्त; सारयुक्त।

तथ्यहीन (सं.) [वि.] 1. निराधार; अयथार्थ; अप्रामाणिक; अवास्तविक 2. मिथ्या; मनगढंत; सच्चाई से परे।

तथ्यात्मक (सं.) [वि.] 1. जिसमें तथ्य हो; वास्तविक; यथार्थ; सटीक; विश्वसनीय; सच्चा 2. आधारयुक्त; ठोस; प्रामाणिक।

तथ्यान्वेषण (सं.) [सं-पु.] 1. तथ्यों की खोज; अनुसंधान 2. जाँच-पड़ताल; तफ़तीश; पूछताछ।

तथ्यान्वेषी (सं.) [वि.] 1. तथ्य की खोज करने वाला; आधार या प्रमाण खोजने वाला 2. जाँचकर्ता; तहकीकाती 3. परीक्षक।

तद [वि.] 1. 'तत' का समासगत रूप 2. वह। [अव्य.] 1. उस समय 2. तब।

तदनंतर (सं.) [अव्य.] तदोपरांत; उसके बाद।

तदनुकूल (सं.) [वि.] उसके अनुरूप या अनुसार।

तदनुरूप (सं.) [वि.] 1. उसी के समान; उसी प्रकार का 2. वैसे; सदृश 3. मेल खाने वाला।

तदनुवर्ती (सं.) [वि.] उसके पीछे का।

तदनुसार (सं.) [क्रि.वि.] उसके अनुसार; पहले वाले के मुताबिक। [वि.] किसी के अनुसार होने वाला।

तदपि (सं.) [क्रि.वि.] तथापि; तो भी; वह भी।

तदबीर (अ.) [सं-स्त्री.] 1. कार्य पूरा करने का साधन; अभीष्ट सिद्ध करने का साधन; प्रयास 2. उपाय; उद्योग; युक्ति; तरकीब 3. प्रबंध; इंतज़ाम 4. सुझाव।

तदरूपता (सं.) [सं-स्त्री.] सादृश्य; समानता।

तदर्थ (सं.) [अव्य.] किसी विशेष उद्देश्य के लिए बनाया या किया गया; उसके वास्ते; उसके लिए।

तदर्थीय (सं.) [वि.] उसके जैसा अर्थ रखने वाला; समानार्थी, जैसे- श्यामपट्ट अँग्रेज़ी के ब्लैकबोर्ड का तदर्थीय है।

तदाकार (सं.) [वि.] उसी आकार या रूप का; उसी तरह का।

तदापि (सं.) [अव्य.] तो भी; तथापि; तब भी।

तदुपरांत (सं.) [अव्य.] उसके उपरांत; उसके बाद; बाद में।

तद्गत (सं.) [वि.] 1. उससे संबद्ध 2. उसमें व्याप्त; उसमें स्थित; 3. तल्लीन।

तद्गुण (सं.) [सं-पु.] एक अर्थालंकार जिसमें किसी वस्तु या प्राणी के स्वगुण को त्यागकर समीप की किसी दूसरी वस्तु के गुण को ग्रहण कर लिया जाता है। [वि.] उसके जैसे गुणों वाला।

तद्धित (सं.) [सं-पु.] 1. वह प्रत्यय जिसे संज्ञा के अंत में लगाकर भाववाचक संज्ञा या विशेषण बनाते हैं, जैसे- शत्रुता में 'ता' तथा पाश्चात्य में 'त्य' 2. उक्त प्रत्यय लगाने से बना शब्द। [वि.] उसके लिए उपयुक्त।

तद्भव (सं.) [सं-पु.] किसी भाषा के वे शब्द जो अन्य भाषा में कुछ भिन्न रूप में प्रयोग किए जाते हैं; किसी भाषा से विकसित शब्द, जैसे- अग्नि से आग; हस्त से हाथ। [वि.] उससे उत्पन्न।

तद्भवता (सं.) [सं-स्त्री.] तद्भव होने की अवस्था या भाव।

तद्रूप (सं.) [वि.] समान रूप का; वैसा ही।

तद्वत (सं.) [वि.] वैसे ही; उसी के अनुसार।

तद्वत्ता (सं.) [सं-स्त्री.] तद्वत होने की अवस्था या भाव।

तन (सं.) [सं-पु.] देह; काया; शरीर।

तनक [सं-स्त्री.] एक प्रकार की रागिनी।

तनकर [सं-पु.] हत्था।

तनकीह (अ.) [सं-स्त्री.] 1. परिष्कृत करना; साफ़ करना 2. जाँच; तहकीकात 3. अदालत में किसी मुकदमे या अभियोग के संबंध में विचारणीय और विवादास्पद विषयों को खोज निकालना; किसी मुकदमे में विरोध या विवाद की उन मुख्य बातों का पता लगाना जो फैसले या निर्णय के लिए आवश्यक हैं 4. विवादास्पद मामलों का निश्चय।

तनखैया [सं-पु.] 1. सिख धर्मानुसार धर्मविरोधी कार्य करने वाला; धर्मापराधी 2. धर्मच्युत।

तनख़्वाह (फ़ा.) [सं-स्त्री.] मासिक वेतन; मेहनताना; पगार।

तनज़ील (अ.) [सं-स्त्री.] आतिथ्य करना। [सं-पु.] उतारना (पद या ओहदे से); अवनति करना।

तनज़ेब (अ.) [सं-स्त्री.] 1. अच्छी गुणवत्ता की महीन मलमल 2. बढ़िया सूती कपड़ा।

तनतनाना (अ.) [क्रि-अ.] 1. क्रोध करना; गुस्साना; बिगड़ना; झुँझलाना 2. दबदबा दिखाना; शान दिखाना।

तनना (सं.) [क्रि-अ.] 1. किसी चीज़ का एक ओर तन जाना; फैलना 2. खिंचकर कड़ा होना; खिंचना 3. अकड़ना; सीधा खड़ा होना 4. {ला-अ.} अहंकार के साथ रुष्ट होना या उदासीन होना।

तनय (सं.) [सं-पु.] पुत्र; बेटा।

तनया (सं.) [सं-स्त्री.] पुत्री; बेटी।

तनवाना [क्रि-स.] 1. तानने का काम कराना; तनाना 2. तानने में प्रवृत्त करना 3. खिंचवाना 4. तानकर खड़ा करवाना।

तनसुख (सं.) [सं-पु.] एक प्रकार का फूलदार बढ़िया महीन मलमल या उसी प्रकार का कपड़ा।

तनहा (फ़ा.) [वि.] अकेला; एकाकी; जिसके साथ कोई न हो।

तनहाई (फ़ा.) [सं-स्त्री.] 1. तनहा होने की अवस्था; अकेलापन; एकाकीपन 2. निर्जन या एकांत स्थान।

तना[1] [वि.] 1. खिंचा हुआ 2. खड़ा हुआ; उत्तानित 3. जो उत्तेजित हो।

तना[2] (सं.) [सं-पु.] 1. पेड़ का ज़मीन के ऊपर का मोटा भाग जहाँ से शाखाएँ निकलती हैं; वृक्ष का धड़ 2. स्कंध; स्तंभ।

तनाई [सं-स्त्री.] 1. तानने की क्रिया या भाव 2. तानने की मज़दूरी।

तनाज़ा (अ.) [सं-पु.] 1. खींचातानी 2. झगड़ा; बखेड़ा; टंटा; फ़साद; दंगा 3. शत्रुता; दुश्मनी; अदावत 4. वैमनस्य; वैर।

तनातनी [सं-स्त्री.] खिंचाव; आपसी तनाव; अनबन; वैमनस्य।

तनाना [क्रि-स.] तानने का काम करवाना; तनवाना।

तनाब (अ.) [सं-स्त्री.] वह रस्सी जिससे तंबू के बाँस आदि खींचकर खूँटों से बाँधे जाते हैं; डोरी; रस्सी।

तनाव [सं-पु.] 1. तनने या खिंचे होने की अवस्था या भाव 2. किसी बात या विचार के कारण उत्पन्न होने वाली वह स्थिति जिसमें दोनों पक्ष एक-दूसरे की ओर सकारात्मक रूप से प्रवृत्त नहीं होते; वैमनस्य 3. शत्रुता; कलह 4. {ला-अ.} उत्तेजना; 5. {ला-अ.} मनुष्य की चिंतायुक्त होने की अवस्था।

तनावग्रस्त (हिं.+सं.) [वि.] जहाँ तनाव हो; तनाव से पीड़ित; चिंतित; परेशान; खींचा हुआ; भय या चिंता से विकल।

तनावपूर्ण (हिं.+सं.) [वि.] तनाव से भरा; तनावयुक्त; खिंचा या कसा हुआ।

तनावमुक्त (हिं.+सं.) [वि.] 1. जिसमें तनाव न हो; तनावरहित; चिंतामुक्त 2. सुखी; आनंदित 3. ढीला; झोलदार।

तनासुख (अ.) [सं-पु.] 1. एक रूप से दूसरे रूप में आना; परिवर्तन 2. आवागमन।

तनिक (सं.) [वि.] ज़रा; कम; थोड़ा-सा; अल्पतम; कुछ।

तनिका (सं.) [सं-स्त्री.] किसी वस्त्र या वस्तु को बाँधने की डोरी; तनी।

तनिमा (सं.) [सं-स्त्री.] 1. कृशता; तन का दुबलापन 2. सुकुमारता 3. नज़ाकत।

तनिया [सं-स्त्री.] 1. कसने या बाँधने के लिए किसी चीज़ में लगी हुई डोरी या मोटा धागा; बंधन; तनी 2. लँगोटी; कोपीन 3. कच्छा; जाँघिया 4. कसने के लिए चोली, अंगिया आदि में लगी हुई डोरी या बंद।

तनिस [सं-पु.] पुआल।

तनी[1] [सं-स्त्री.] 1. कसने या बाँधने के लिए किसी चीज़ में लगी हुई मोटी डोरी या रस्सी; बंधन; बंद; तनिया 2. वह डोरी जिससे पहनी हुई कुरती, चोली, मिरजई आदि कसी जाती है 3. तसमा; फ़ीता।

तनी[2] (सं.) [वि.] स्तनोंवाली; पयोधरा।

तनु (सं.) [वि.] 1. दुबला-पतला 2. अल्प; कम; थोड़ा 3. सुकुमार; कोमल 4. छिछला; तुच्छ 5. छरहरा 6. {ला-अ.} नाज़ुक; कृश; सुंदर; श्रेष्ठ; बढ़िया। [सं-पु.] शरीर; काया; देह; बदन। [सं-स्त्री.] औरत; स्त्री।

तनुकरण (सं.) [सं-पु.] किसी तरल पदार्थ को तनु (पतला) करने की क्रिया; सांद्र (गाढ़ा) द्रव्य या पदार्थ को पतला करने का कार्य।

तनुकारी (सं.) [वि.] द्रव को पतला (तनु) करने वाला।

तनुज (सं.) [सं-पु.] 1. पुत्र; तनय; बेटा 2. रोआँ।

तनुजा (सं.) [सं-स्त्री.] 1. बेटी; पुत्री 2. कन्या; लड़की।

तनुत्राण (सं.) [सं-पु.] कवच; वर्म; बख़्तर।

तनुधारी (सं.) [वि.] शरीर धारण करने वाला; शरीरी; देहधारी।

तनुरुह (सं.) [सं-पु.] 1. शरीर के रोम; रोएँ 2. पंख; पर 3. पुत्र; बेटा।

तनुश्री (सं.) [सं-स्त्री.] 1. छरहरी काया की स्त्री 2. सुंदर और सुकोमल स्त्री के लिए प्रशंसासूचक शब्द।

तनू (सं.) [सं-पु.] 1. किसी प्राणी के सब अंगों का समूह जो एक इकाई के रूप में हो; देह; शरीर 2. पुत्र; बेटा; लड़का; नर संतान। [सं-स्त्री.] गाय; गौ।

तनूनप (सं.) [सं-पु.] घी; घृत; तूप।

तनूर (फ़ा.) [सं-पु.] तंदूर; खमीरी रोटी पकाने की गहरी भट्ठी।

तनूरुह (सं.) [सं-पु.] दे. तनुरुह।

तनैया [वि.] तानने वाला; कसकर बाँधने वाला।

तनैला [सं-पु.] एक तरह के सफ़ेद रंग के सुगंधित फूल वाला छोटा वृक्ष।

तन्मय (सं.) [वि.] 1. किसी काम में बहुत एकाग्र भाव से लगा हुआ; लीन; व्यस्त 2. लवलीन; दत्तचित्त 3. समाधिस्थ।

तन्मयता (सं.) [सं-स्त्री.] 1. तन्मय होने की अवस्था या भाव 2. तल्लीनता 3. समाधि।

तन्मात्र (सं.) [सं-पु.] 1. पंचभूतों के मूल सूक्ष्म रूप; सांख्य दर्शन में ये पाँच हैं- शब्द, स्पर्श, रूप, रस और गंध, इन्हीं से पंचमहाभूतों (आकाश, वायु, तेज, जल एवं पृथ्वी) की उत्पत्ति होती है 2. अजैव पदार्थ। [वि.] बहुत थोड़ी मात्रा का।

तन्य (सं.) [वि.] तानने या खींचने योग्य।

तन्यक (सं.) [वि.] 1. खींचे जाने योग्य; जिसे खींचा जा सके 2. (धातु) जिसका विस्तार किया जा सके।

तन्यता (सं.) [सं-स्त्री.] 1. तनने या खिंचने का गुण; लोच; लचीलापन 2. ठोस वस्तुओं को तार के रूप में खींचे जा सकने का गुण।

तन्वंग (सं.) [वि.] 1. तनु (पतला) अंगों वाला; कृशांग 2. सुकुमार देह वाला 3. पतली कमर वाला।

तन्वंगिनी (सं.) [सं-स्त्री.] 1. तनु या पतली कमर वाली स्त्री 2. सुंदर स्त्री; सुकुमारी।

तन्वंगी (सं.) [वि.] 1. दुबली-पतली; कृशांगी 2. सुकुमारी; नाज़ुक शरीर वाली 3. छरहरी। [सं-स्त्री.] शालीपर्णी नामक लता।

तन्वी (सं.) [वि.] 1. दुबली, कोमल अंगों वाली 2. सुकुमार; कृशांगी। [सं-स्त्री.] 1. कोमलांगी और सुंदर स्त्री 2. वर्णवृत्त का एक प्रकार।

तप (सं.) [सं-पु.] 1. तपस्या; वह व्रत या नियम जिनसे शरीर या चित्त को कष्टप्रद दशाओं में रखकर शुद्ध या निर्मल तथा विषयों से निवृत्त किया जाता है 2. कठिन परिश्रम 3. सरदी-गरमी सहने की क्रिया; विद्या अध्ययन 4. योगाभ्यास 5. शरीर या इंद्रियों पर नियंत्रण 6. गरमी; ताप; दाह 7. एक लोक का नाम 8. एक कल्प।

तपखी [सं-स्त्री.] कार्तिक में होने वाली उड़द।

तपन (सं.) [सं-पु.] 1. ताप 2. उष्णता 3. मदार या भिलावाँ आदि वनस्पतियों का एक नाम 4. पुराणों के अनुसार एक नरक 5. {ला-अ.} कष्ट; परेशानी। [सं-स्त्री.] 1. तपने की क्रिया या भाव; तपे होने की स्थिति 2. तपिश; गरमी; ताप 3. जलन 4. {व्यं-अ.} (काव्य में) वियोग के कारण नायिका के हाव-भाव में परिवर्तन; प्रिय के विछोह या विरह से उत्पन्न संताप। [वि.] जलाने वाला; तपाने वाला।

तपना (सं.) [क्रि-अ.] 1. आग या धूप से गरम होना; तप्त होना; गरमाना; दहकना; पिघलना 2. किसी पदार्थ का पकना या सिकना 3. तप या तपस्या करना 4. सूर्य का प्रखर होना।

तपनांशु (सं.) [सं-पु.] सूर्यकिरण; धूप।

तपनी [सं-स्त्री.] 1. तपाने की वस्तु 2. अलाव 3. तप आदि के लिए प्रसिद्ध गोदावरी नदी।

तपनीय (सं.) [वि.] 1. तपाने योग्य 2. सहन करने लायक। [सं-पु.] स्वर्ण; सोना।

तपपूत (सं.) [वि.] तपस्या के द्वारा पवित्र।

तपमुद्रा (सं.) [सं-पु.] शंख, चक्र आदि के निशान जो धार्मिक व्यक्ति दिखाने के लिए अपने अंगों पर दगवाते हैं।

तपवंत (सं.) [वि.] 1. जो तप या श्रम करने में लीन हो; तपवाला 2. तपस्वी।

तपवाना [क्रि-स.] 1. तप्त कराना; गरम करवाना 2. तपाने का कार्य दूसरे से कराना 3. {ला-अ.} अनावश्यक परिश्रम कराना या कष्ट देना।

तपश्चरण (सं.) [सं-पु.] 1. तपश्चर्या; तपस्या; तप 2. कठिन उपवास 3. {ला-अ.} इच्छित वस्तु या अभीष्ट की सिद्धि के लिए उठाया जाने वाला कष्ट।

तपश्चर्या (सं.) [सं-स्त्री.] 1. तपस्या करने की अवस्था या भाव; तप; तपश्चरण 2. {ला-अ.} किसी कार्य के लिए किया गया कठिन श्रम।

तपस (सं.) [सं-पु.] तपस्या; तप।

तपसी (सं.) [सं-पु.] तपस्वी; तपस।

तपस्या (सं.) [सं-स्त्री.] 1. चित्त की शुद्धि अथवा धर्म लाभ के लिए किया जाने वाला व्रत और नियम; तप; योगसाधना; परिव्रज्या; तपश्चर्या; साधना; समाधि; इंद्रियनिग्रह; ब्रह्मचर्य 2. कठिन परिश्रम 3. {ला-अ.} इंतज़ार या प्रतीक्षा 4. {ला-अ.} किसी अभीष्ट सिद्धि के लिए उठाया जाने वाला कष्ट।

तपस्विनी (सं.) [सं-स्त्री.] 1. तपस्या करने वाली स्त्री 2. {ला-अ.} परिश्रम करने वाली स्त्री; कठिन दिनचर्या रखने वाली स्त्री।

तपस्वी (सं.) [सं-पु.] 1. कठिन तप या साधना करने वाला व्यक्ति; योगी; तपोमूर्ति; साधक; संयासी; साधु 2. {ला-अ.} परिश्रम करने वाला व्यक्ति। [वि.] 1. तप करने वाला 2. कष्ट सहने वाला।

तपा [सं-पु.] 1. मुस्लिम युग का एक प्रकार का क्षेत्र विभाजन 2. लूक 3. ग्रीष्मऋतु 4. तपस्वी। [क्रि-स.] जो तपस्या में मग्न हो।

तपाक (फ़ा.) [सं-पु.] 1. आवेश; उत्साह; जोश; गरमजोशी 2. तेज़ी; वेग।

तपाकर (सं.) [सं-पु.] 1. महान तपस्वी 2. सूर्य।

तपाना [क्रि-स.] 1. गरम करना; तप्त करना 2. अग्नि पर रखकर पकाना; पिघलाना 3. किसी को दुखी या संतप्त करना 4. {ला-अ.} तपस्या से देह को कष्ट देना।

तपावंत (सं.) [सं-पु.] 1. तप करने वाला; तपस्वी 2. श्रम करने वाला।

तपित (सं.) [वि.] तपाया हुआ; तपा हुआ; ताप से युक्त।

तपिश (फ़ा.) [सं-स्त्री.] 1. गरमी; तपन 2. आँच।

तपी [सं-पु.] तपस्या करने वाला; तपस्वी।

तपेड़ना [क्रि-स.] थप्पड़ या चपत लगाना; आघात करना।

तपेदिक (सं.) [सं-पु.] ज्वर और खाँसी का एक रोग जिसमें शरीर कमज़ोर होता जाता है; क्षय रोग; (टीबी)।

तपोड़ी [सं-स्त्री.] काठ का एक प्रकार का बरतन।

तपोधन (सं.) [सं-पु.] 1. तपस्वी 2. वह जिसके लिए तपस्या ही सर्वस्व हो 3. दौने का पौधा।

तपोनिष्ठ (सं.) [सं-पु.] तपस्वी। [वि.] जिसकी निष्ठा तप या तपस्या में हो।

तपोबल (सं.) [सं-पु.] 1. तप का प्रभाव या सामर्थ्य 2. तपस्या से उत्पन्न तेज या आत्मबल; तप से प्राप्त शक्ति।

तपोभूमि (सं.) [सं-स्त्री.] 1. तप करने का स्थान 2. तप करने वालों का देश; तपोवन 3. वह स्थान जहाँ किसी ने तप किया हो 4. {ला-अ.} कर्मभूमि।

तपोमय (सं.) [सं-पु.] परमात्मा; ईश्वर। [वि.] तपस्या करने वाला; तपयुक्त।

तपोवन (सं.) [सं-पु.] 1. तप या तपस्या करने का वन या आश्रम; तपस्या करने लायक जगह 2. वह स्थान जहाँ तपस्वी रहते हैं।

तपोवनी [सं-स्त्री.] एकठा गाय।

तप्त (सं.) [वि.] 1. जो तपा या तपाया हुआ हो (पदार्थ) 2. दुखित; पीड़ित 3. जिसने ख़ूब तपस्या की हो (व्यक्ति)।

तप्तकुंड (सं.) [सं-पु.] वह तालाब, झील या कुंड जिसका जल प्राकृतिक रूप से ही गरम रहता हो।

तफ़तीश (फ़ा.) [सं-स्त्री.] छानबीन; जाँच-पड़ताल; पूछताछ कर किसी बात की जानकारी हासिल करना; खोज; गवेषणा; तलाश।

तफ़रीह (अ.) [सं-स्त्री.] 1. मनबहलाव के लिए घूमना-फिरना; मनोरंजन 2. हास-परिहास; मनोविनोद; दिल्लगी 3. फ़रहत; प्रसन्नता; ख़ुशी; ठट्ठा 4. हवाख़ोरी; सैर 5. ताज़ापन; ताज़गी।

तफ़सीर (अ.) [सं-स्त्री.] 1. किसी जटिल शब्द या वाक्य का सरल शब्दों में स्पष्टीकरण या वर्णन 2. क़ुरान की आयतों की व्याख्या या भाष्य; टीका।

तफ़सील (अ.) [सं-स्त्री.] 1. विस्तार से वर्णन; विवरण 2. कैफ़ियत; तशरीह 3. कठिन शब्द या पद आदि का सरलीकरण; व्याख्या; टीका 4. ब्योरा; सूची।

तफ़ावत (अ.) [सं-पु.] 1. फ़र्क; अंतर 2. विरोध के कारण होने वाला मनमुटाव; फ़ासला; दूरी।

तब (सं.) [अव्य.] 1. उस समय तक 2. इसके पश्चात व तुरंत बाद 3. इस कारण से।

तबक (अ.) [सं-पु.] 1. इस्लामी कथाओं के आधार पर पृथ्वी के नीचे और ऊपर माने जाने वाले आकाश के कल्पित खंड या लोक; तल 2. तह; परत 3. मिठाइयों पर लगाने का सोने-चाँदी का वरक 4. चौड़ी थाली; बड़ी रकाबी 5. (अंधविश्वास) मुसलमान स्त्रियों द्वारा भूत-प्रेत या परियों के संकट से बचने के लिए फूल या धूप-दीप आदि से किया जाने वाला कर्मकांड।

तबकगर (अ.+फ़ा.) [सं-पु.] वह व्यक्ति जो सोने-चाँदी आदि के वरक बनाता हो; तबकिया।

तबका (अ.) [सं-पु.] 1. श्रेणी; वर्ग; दरजा 2. विभाग; खंड 3. गिरोह; समूह।

तबकिया (अ.) [सं-पु.] तबकगर; वह व्यक्ति जो सोने-चाँदी आदि के वरक या पत्तर बनाता हो। [वि.] जिसमें परत हो।

तबदील (अ.) [सं-स्त्री.] बदले जाने या परिवर्तन का भाव।

तबदीली (अ.) [सं-स्त्री.] 1. बदले जाने की क्रिया या अवस्था 2. किसी प्रकार का परिवर्तन या बदलाव 3. तबादला।

तबर (फ़ा.) [सं-पु.] कुल्हाड़ी; एक प्रकार का औज़ार जिससे लकड़ी आदि काटी जाती है।

तबर्रा (अ.) [सं-पु.] 1. नफ़रत; घृणा 2. शिया समाज द्वारा मुहम्मद साहब के कुछ मित्रों के बारे में कहे जाने वाले बुरे शब्द 3. शियाओं में अली से पूर्व के तीन ख़लीफ़ाओं के प्रति नफ़रत।

तबल (अ.) [सं-पु.] 1. नगाड़ा 2. बड़ा ढोल।

तबलची (अ.) [सं-पु.] वह व्यक्ति जो तबला बजाता हो।

तबला (अ.) [सं-पु.] ताल देने का एक प्रसिद्ध वाद्ययंत्र।

तबलिया [सं-पु.] तबला बजाने वाला; तबलची।

तबस्सुम (अ.) [सं-पु.] 1. मुस्कराहट; मुस्कान; मंद हँसी 2. कलियों का खिलना।

तबादला (अ.) [सं-पु.] किसी कर्मचारी को एक स्थान से हटाकर दूसरे स्थान पर नियुक्त किया जाना; स्थानांतरण।

तबाशीर (सं.) [सं-पु.] वंशलोचन; तवक्षीर।

तबाह (फ़ा.) [वि.] 1. बरबाद; नष्ट-भ्रष्ट 2. जिसकी बड़ी हानि हुई हो।

तबाही (फ़ा.) [सं-स्त्री.] 1. बरबादी; विनाश; बड़ी हानि 2. तबाह होने का भाव।

तबीयत (अ.) [सं-स्त्री.] 1. शरीर या मन की स्थिति; मिज़ाज 2. चित्त; मन; जी; हृदय 3. स्वास्थ्य; सेहत 4. मनोवृत्ति; भावना; प्रवृत्ति। [मु.] **-आना** : किसी पर प्यार आना। **-फड़क उठना** : किसी बात से मन बहुत प्रसन्न होना। **-लगना** : मन को बहुत अच्छा लगना; किसी से प्रेम होना।

तबीयतदार (अ.) [अ+फ़ा.] 1. सहृदय; भावुक; रसिक 2. समझदार।

तबेला (अ.) [सं-पु.] 1. अस्तबल; घुड़साल 2. पशुओं या घोड़ों को बाँधने की जगह 3. इक्के या गाड़ी आदि खड़ी करने के लिए घिरा हुआ स्थान। [मु.] **-में लत्ती चलना** : आपस में लड़ाई झगड़ा होना।

तभी [अव्य.] 1. उसी समय; उसी घड़ी 2. इसीलिए; इसी कारण; उस कारण या वजह से 3. किसी विशिष्ट अवस्था या स्थिति में।

तम (सं.) [सं-पु.] 1. अँधेरा; अंधकार 2. तमाल वृक्ष 3. पाप; अपराध 4. कालिख 5. अज्ञान; अविद्या 6. प्रकृति के तीन गुणों में से अंतिम 7. नरक 8. क्रोध। [वि.] 1. बुरा 2. अंधकारमय; काला 3. प्रदूषित।

तमंग (सं.) [सं-पु.] 1. मंच 2. रंगमंच।

तमंचा (फ़ा.) [सं-पु.] 1. छोटी देशी बंदूक; कट्टा; पिस्तौल 2. मज़बूती के लिए दरवाज़े के दोनों ओर लगाए जाने वाले लंबे

पत्थर।

तमक [सं-पु.] एक प्रकार का श्वास रोग। [सं-स्त्री.] 1. तमकने या क्रोध में आने की क्रिया या भाव 2. उद्वेग; आवेश; जोश 3. झुँझलाहट; रोष 4. तीव्रता; तेज़ी।

तमकना [क्रि-अ.] क्रोध या आवेश में आना; गुस्से में बेकाबू होना; चेहरा लाल होना; तमतमाना।

तमगा (तु.) [सं-पु.] किसी की उपलब्धि या करतब पर दिया जाने वाला पदक; (मेडल)।

तमचर (सं.) [सं-पु.] रात में भ्रमण करने वाला प्राणी; राक्षस; निशाचर।

तमतमाना [क्रि-अ.] क्रोध या आवेश में चेहरा लाल होना।

तमतमाहट [सं-स्त्री.] गुस्से या क्रोध का भाव।

तमन्ना (अ.) [सं-स्त्री.] इच्छा; अभिलाषा; आकांक्षा; कामना; ख़्वाहिश।

तमराज (सं.) [सं-पु.] 1. अंधकार का राजा 2. एक तरह का खाँड़।

तमस (सं.) [सं-पु.] 1. तम; अंधकार 2. अविद्या; अज्ञान। [सं-स्त्री.] तमसा या टौंस नदी। [वि.] श्याम या काले रंग का।

तमसा (सं.) [सं-स्त्री.] एक छोटी नदी जो अयोध्या के पश्चिम से निकलकर बलिया के पास गंगा में मिलती है; यमुना की एक सहायक नदी।

तमस्विनी (सं.) [सं-स्त्री.] 1. अँधेरी रात; काली रात 2. हल्दी।

तमस्वी (सं.) [वि.] अंधकारयुक्त; तमपूर्ण।

तमस्सुक (अ.) [सं-पु.] 1. वह लेख्य जो ऋण लेने वाला व्यक्ति महाजन को लिखकर देता है; ऋण पत्र 2. किसी प्रकार का विधिक लेख।

तमा[1] (सं.) [सं-पु.] राहु; एक छाया ग्रह। [सं-स्त्री.] रात; रात्रि।

तमा[2] (अ.) [सं-स्त्री.] लालच; लोभ।

तमाई[1] [सं-स्त्री.] खेत जोतने से पूर्व उसमें जमी घास आदि को साफ करने की क्रिया।

तमाई[2] (सं.) [सं-स्त्री.] 1. तम; अंधकार; अंधेरा 2. अज्ञान।

तमाकू (पु.) [सं-पु.] 1. एक प्रसिद्ध पौधा जिसके पत्ते अनेक रूपों में नशे के लिए प्रयोग में लाए जाते हैं 2. तंबाकू; एक प्रकार के निकोटियाना प्रजाति के पेड़ जिसके पत्तों को सुखाकर नशा करने की वस्तु बनाते हैं; सुरती।

तमाचा (फ़ा.) [सं-पु.] थप्पड़; चाँटा; झापड़।

तमाच्छन्न (सं.) [वि.] तम (अंधकार) से घिरा, भरा या ढका हुआ।

तमाच्छादित (सं.) [वि.] तम (अंधकार) से ढका हुआ।

तमादी (अ.) [सं-स्त्री.] 1. अवधि समाप्त होना 2. मियाद गुज़र जाना। [वि.] जिसकी अवधि समाप्त हो चुकी हो।

तमाम (अ.) [वि.] 1. समस्त; कुल; सब; पूरा; सारा 2. समाप्त; ख़त्म।

तमारि (सं.) [सं-पु.] सूर्य; भास्कर।

तमाल (सं.) [सं-पु.] 1. एक प्रकार का बड़ा सदाबहार पेड़ 2. वरुण नामक वृक्ष 3. तेजपत्ता 4. बाँस की छाल 5. काला खैर 6. सुरती 7. एक प्रकार की तलवार।

तमाशगीर (अ.+फ़ा.) [सं-पु.] वह व्यक्ति जो तमाशा, खेल, जादू आदि दिखाता है।

तमाशबीन (अ.+फ़ा.) [सं-पु.] 1. तमाशा देखने वाला व्यक्ति 2. वेश्यागामी; ऐयाश।

तमाशबीनी [सं-स्त्री.] 1. तमाशा देखने की क्रिया या भाव 2. ऐयाशी।

तमाशा (अ.) [सं-पु.] 1. मन को प्रसन्न करने वाला दृश्य; मनोरंजक दृश्य 2. वह खेल जिससे मनोरंजन होता है 3. अद्‌भुत व्यापार या कार्य; अनोखी बात।

तमाशाई (अ.) [सं-पु.] 1. तमाशा देखने वाला 2. तमाशा दिखलाने वाला व्यक्ति।

तमिया [सं-स्त्री.] 1. गुड़ाई 2. तमाचा।

तमिल [सं-पु.] दक्षिण भारत की एक जाति। [सं-स्त्री.] तमिल जाति के लोगों की एक भाषा; तमिल।

तमिस्र (सं.) [सं-पु.] 1. अँधेरा; अंधकार 2. क्रोध 3. अज्ञान; मोह 4. कृष्ण पक्ष 5. एक नरक।

तमिस्रा (सं.) [सं-स्त्री.] 1. अँधेरी रात 2. निविड़; अंधकार।

तमी (सं.) [सं-स्त्री.] निशा; रात।

तमीचर (सं.) [सं-पु.] राक्षस; निशाचर।

तमीज़ (अ.) [सं-स्त्री.] 1. अच्छे-बुरे की पहचान; विवेक 2. आचार, व्यवहार आदि के पालन का उचित ज्ञान या बोध 3. ज्ञान; बुद्धि 4. अदब; कायदा।

तमीज़दार (अ.+फ़ा.) [वि.] 1. जिसे तमीज़ हो; शिष्ट; सभ्य 2. सलीकेदार; व्यवहारकुशल।

तमीज़दारी (अ.+फ़ा.) [सं-स्त्री.] सलीकेदारी; शिष्टता; व्यवहार कुशलता।

तमीपति (सं.) [सं-पु.] चंद्रमा; निशापति।

तमीश (सं.) [सं-पु.] चंद्र; तमीपति।

तमोगुण (सं.) [सं-पु.] 1. प्रकृति के तीन गुणों (सत, रज, तम) में एक (अंतिम), जो अंधकार, अज्ञान, भ्रम, क्रोध, दुख आदि का कारण है 2. असत्यमय बनाने अथवा सत्य से हटाकर घोर पतन को प्राप्त कराने वाला विचार, कार्य एवं भोग आदि।

तमोर (सं.) [सं-पु.] पान; तांबूल।

तमोरी [सं-पु.] पनहेरी; तमोली; पान बेचने वाला; पनवाड़ी।

तमोल (सं.) [सं-पु.] 1. पान का बीड़ा 2. विवाह में वर को टीका लगाकर धन देने की रीति।

तमोली (सं.) [सं-पु.] 1. एक जाति जो पान बेचने का काम करती है 2. पान बेचने वाला।

तमोहर (सं.) [सं-पु.] 1. सूर्य 2. चंद्र। [वि.] तम या अंधकार हरने या दूर करने वाला।

तय (अ.) [वि.] 1. निश्चित; मुकर्रर 2. ठहराया हुआ; स्थिर 3. जिसका निबटारा या फ़ैसला हो चुका हो; निर्णीत 4. जो पूरा किया हुआ हो; समाप्त। [सं-पु.] निर्णय; निबटारा।

तयशुदा (अ.) [वि.] पूर्व निर्धारित; निश्चित; निर्णीत।

तर (सं.) [वि.] 1. गीला; भीगा हुआ; नम 2. ठंडा; शीतल 3. ठंडक पैदा करने वाला।

तरंग (सं.) [सं-स्त्री.] 1. पानी की हिलोर; लहर 2. उमंग 3. उछाल 4. स्वरों का आरोह-अवरोह।

तरंगवती (सं.) [सं-स्त्री.] नदी; सरिता।

तरंगायित (सं.) [वि.] 1. वह जिसमें तरंगें उठती हों; तरंगित; तरंगयुक्त 2. तरंगों की तरह का लहरदार।

तरंगावलि (सं.) [सं-स्त्री.] तरंगपंक्ति; तरंग समूह।

तरंगावली (सं.) [सं-स्त्री.] दे. तरंगावलि।

तरंगिणी (सं.) [सं-स्त्री.] नदी। [वि.] जिसमें तरंगें हों; तरंगों वाली।

तरंगित (सं.) [वि.] 1. जिसमें लहरें या तरंगें उठ रही हों; तरंगयुक्त 2. लहराता हुआ 3. जो बार-बार नीचे गिरकर फिर ऊपर उठता हो 4. कंपायमान।

तरंगी (सं.) [सं-पु.] बहुत बड़ी नदी। [वि.] 1. तरंग युक्त 2. जो मन की तरंग या भावावेश के अनुसार सब काम करता हो 3. भावुक; रसिक 4. अस्थिर।

तरंडा [सं-स्त्री.] 1. कँटिया में बँधी हल्की लकड़ी 2. नौका।

तरइयाँ [सं-पु.] तारों के बीच छिटके बादल।

तरकश (फ़ा.) [सं-पु.] 1. कंधे पर लटकाया जाने वाला वह आधान जिसमें तीर रखे जाते हैं 2. तूणीर; निषंग।

तरका (अ.) [सं-पु.] 1. किसी को प्राप्त वह संपत्ति जो कोई व्यक्ति छोड़कर मरा हो 2. तड़का; उत्तराधिकारी या वारिस को मिलने वाली संपत्ति; उत्तराधिकार।

तरकारी (फ़ा.) [सं-स्त्री.] 1. सब्ज़ी; शाक 2. वह पौधा जिसकी पत्तियाँ, डंठल, फल, फूल आदि पकाकर खाने के काम आते हैं।

तरकी (सं.) [सं-स्त्री.] एक प्रकार का कर्णाभूषण; कान में पहनने का एक प्रकार का फूल।

तरकीब (अ.) [सं-स्त्री.] 1. तरीका; उपाय; ढंग; युक्ति 2. मिलान; मिलावट 3. रचना का प्रकार या शैली।

तरकुला [सं-पु.] कान में पहनने का एक प्रकार का आभूषण; तरकी।

तरक्की (अ.) [सं-स्त्री.] 1. नीचे के दरजे से ऊपर के दरजे में जाना; पदोन्नति 2. अभिवृद्धि; बढ़त; उन्नति।

तरक़्क़ी (अ.) [सं-स्त्री.] उर्दू उच्चारणानुसार वर्तनी (दे. तरक्की)।

तरक्कीयाफ़्ता (अ.) [वि.] तरक्की को पहुँचा हुआ।

तरख [सं-पु.] 1. हल का गहरा और कड़ा चलना 2. उदंड आदमी। [वि.] उद्दंड।

तरखा (सं.) [सं-पु.] बाढ़ या नदी आदि के पानी का तीव्र बहाव।

तरखान (सं.) [सं-पु.] काष्ठकार; बढ़ई; तक्षक।

तरछा [सं-पु.] 1. कुँआ खोदने का यंत्र 2. फोंफले आभूषण में नीचे लगा कील 3. गोबर रखने का स्थान 4. एक प्रकार का थैला।

तरजनी (सं.) [सं-स्त्री.] 1. अँगूठे के बगल वाली उँगली; तर्जनी; अंगुष्ठ तथा मध्यमा के बीच वाली उँगली 2. डग; भय।

तरजीला (सं.) [वि.] 1. उग्र; प्रचंड 2. क्रोधयुक्त।

तरजीह (अ.) [सं-स्त्री.] प्रमुखता; वरीयता।

तरजुमा (अ.) [सं-पु.] अनुवाद; भाषांतर; उल्था।

तरजुमान (अ.) [सं-पु.] अनुवाद करने वाला; अनुवादक; दुभाषिया।

तरजुमानी (अ.) [सं-स्त्री.] अनुवाद करने की क्रिया या भाव; अनुवाद।

तरण (सं.) [सं-पु.] 1. नदी आदि का पार करना 2. उबारने की क्रिया या भाव 3. छोटी नाव।

तरणि (सं.) [सं-पु.] 1. सूर्य; किरण 2. आक; मदार 3. ताँबा। [सं-स्त्री.] छोटी नौका। [वि.] तेज़; शीघ्रगामी।

तरणिजा (सं.) [सं-स्त्री.] 1. यमुना; कालिंदी 2. एक वर्णिक छंद।

तरणितनूजा (सं.) [सं-स्त्री.] 1. सूर्य की पुत्री; तरणिजा; यमुना नदी 2. एक वर्णिक छंद।

तरणिसुता (सं.) [सं-स्त्री.] यमुना नदी; तरणि-तनुजा।

तरणी (सं.) [सं-स्त्री.] नाव; नौका।

तरतीब (अ.) [सं-स्त्री.] वस्तुओं का क्रम; सिलसिला।

तरद्दुद (अ.) [सं-पु.] 1. परेशानी 2. झंझट 3. सोच; चिंता 4. अंदेशा।

तरन (सं.) [सं-पु.] 1. उद्धार; मोक्ष; निस्तार 2. नौका; बेड़ा।

तरनतार (सं.) [सं-पु.] मोक्ष; मुक्ति; निस्तार। [वि.] तरनतारन।

तरनतारन (सं.) [वि.] भवसागर से पार कराने वाला (ईश्वर); उद्धार।

तरना [क्रि-स.] पार करना। [क्रि-अ.] आवागमन या सांसारिक बंधनों से मुक्त होना।

तरनाल [सं-पु.] पुराने चाल के जहाजों में लगा रहने वाला वह रस्सा जिससे पाल को धरन में बाँधते हैं।

तरन्नुम (अ.) [सं-पु.] स्वर-माधुर्य; लय।

तरपट [सं-पु.] भेद; अंतर; फ़र्क। [वि.] जिसमें टेढ़ापन हो।

तरफ़ (अ.) [सं-स्त्री.] 1. दिशा; ओर 2. बगल; किनारा 3. पक्ष।

तरफ़दार (अ.+फ़ा.) [वि.] 1. पक्षपाती 2. सहायक 3. हिमायती।

तरफ़दारी (अ.+फ़ा.) [सं-स्त्री.] पक्षपात करने की क्रिया या भाव।

तरब (अ.) [सं-पु.] 1. सारंगी के तार 2. प्रसन्नता।

तरबतर (फ़ा.) [वि.] सराबोर; गीला; किसी तरल पदार्थ से पूर्णतः भीगा हुआ; आर्द्र।

तरबूज़ (फ़ा.) [सं-पु.] एक प्रसिद्ध गोल बड़ा फल जिसका ऊपरी छिलका कड़ा होता है और जिसमें गुलाबी या लाल रंग का गूदा होता है; कलींदा; मतीरा।

तरबेजी [सं-स्त्री.] एक प्रकार की मिठाई।

तरमाना [क्रि-अ.] 1. नाराज होना; बिगड़ना 2. तर होना। [क्रि-स.] 1. किसी को क्रोधित या नाखुश करना 2. तर करना।

तरमानी [सं-स्त्री.] जोती हुई भूमि में होने वाली तरी।

तरमीम (अ.) [सं-स्त्री.] सुधार; संशोधन; दुरुस्ती; हेर-फेर।

तरयौना [सं-पु.] कानों का एक आभूषण।

तरल (सं.) [वि.] 1. द्रव 2. चंचल; अस्थिर 3. कांतिवान; चमकीला 4. पोला 5. चलायमान 6. तीव्रगामी।

तरलता (सं.) [सं-स्त्री.] 1. तरल होने का भाव या अवस्था; द्रवता 2. पतलापन 3. विरलता 4. चपलता; चंचलता।

तरलावस्था (सं.) [सं-स्त्री.] विलयन या द्रव की अवस्था।

तरवन [सं-पु.] एक प्रकार का कर्णाभूषण; कान में पहनने का फूल।

तरवर [सं-पु.] 1. तरुवर; श्रेष्ठ या बड़ा वृक्ष 2. रहस्य संप्रदाय में- (क) प्राण (ख) परमात्मा या ब्रह्म।

तरवासा [सं-पु.] पंजे के नीचे की गद्दी।

तरस (सं.) [सं-पु.] 1. दया; रहम 2. किसी अभीष्ट या वस्तु को पाने के लिए उत्कट इच्छा होना, जैसे- पुत्र को देखने के लिए माँ की आँखें तरस गईं। [मु.] **-खाना** : किसी पर रहम करना; किसी पर दया करना।

तरसना (सं.) [क्रि-अ.] 1. त्रस्त या पीड़ित होना 2. किसी वस्तु के लिए लालायित या व्याकुल होना; अधीर होकर प्रतीक्षा करना।

तरसाना [क्रि-स.] 1. ललचाना 2. किसी चीज़ के लिए व्याकुल करना।

तरसैला [सं-पु.] जुए के नीचे की डंडी; तरसइल।

तरह (अ.) [सं-स्त्री.] 1. प्रकार; किस्म; भाँति 2. युक्ति; बनावट 3. प्रणाली; रीति।

तरहदार (फ़ा.) [वि.] 1. सजीला; सुंदर बनावट का 2. शौकीन।

तरहेल [वि.] अधीन; वशीभूत; वश में आया हुआ। [क्रि.वि.] नीचे।

तरा [सं-पु.] 1. तला 2. तलवा 3. पटसन; पटुआ।

तराइन (सं.) [सं-स्त्री.] आकाश के नक्षत्र; तारे आदि।

तराई [सं-स्त्री.] पहाड़ के आस-पास का समतल मैदानी भू-भाग।

तराज़ू (फ़ा.) [सं-पु.] 1. सामान तौलने का यंत्र; मापक यंत्र 2. तुला; काँटा।

तराना (फ़ा.) [सं-पु.] एक प्रकार का गाना; अच्छे ढंग से गाया जाने वाला सुंदर गीत।

तराबोर (फ़ा.+हिं.) [वि.] तर-बतर; पानी से सराबोर; पूरी तरह से भीगा हुआ।

तरारा (सं.) [सं-पु.] 1. उछाल; छलाँग 2. निरंतर गिरने वाली जलधारा।

तरावट (फ़ा.) [सं-स्त्री.] 1. शीतलता; ठंडक 2. तर होने की अवस्था; नमी 3. स्वास्थ्यवर्धक आहार।

तराश (फ़ा.) [सं-स्त्री.] 1. किसी वस्तु को सुंदर तरीके से काटने की कला या ढंग; काट 2. रचना-प्रकार; बनावट।

तराशना [क्रि-स.] काटना; फाँक-फाँक करना; कतरना।

तरियाना (फ़ा.) [क्रि-स.] तर या गीला करना; आर्द्र करना।

तरिवन [सं-पु.] तरकी नामक कान का आभूषण; कर्णफूल।

तरी[1] (सं.) [सं-स्त्री.] 1. नाव; नौका 2. कपड़े का छोर या सिरा 3. गदा 4. धुआँ।

तरी[2] (फ़ा.) [सं-स्त्री.] 1. तर होने की अवस्था या भाव; तरावट; गीलापन; नमी; आर्द्रता 2. शीतलता; ठंडक 3. वह नीची भूमि जहाँ बरसात का पानी जमा होता है; कछार; तराई 4. तलछट; तलौंछ 5. तला 6. जूती।

तरीका (अ.) [सं-पु.] 1. काम करने का ढंग या शैली 2. उपाय; युक्ति 3. आचार या व्यवहार।

तरीक़ा (अ.) [सं-पु.] उर्दू उच्चारणानुसार वर्तनी (दे. तरीका)।

तरीनि [सं-स्त्री.] तलहटी; पहाड़ के नीचे का भाग।

तरु (सं.) [सं-पु.] 1. वृक्ष; पेड़ 2. पूर्वी भारत में होनेवाला एक प्रकार का चीड़ का पेड़ जिससे तारपीन का तेल निकालते हैं।

तरुण (सं.) [वि.] 1. युवा; जवान 2. नया; नवीन 3. जिसमें ओज; नवजीवन या शक्ति हो। [सं-पु.] युवा पुरुष।

तरुणाई (सं.) [सं-स्त्री.] युवावस्था; जवानी; यौवनावस्था।

तरुणिमा (सं.) [सं-स्त्री.] 1. तरुण होने की अवस्था या भाव 2. तारुण्य; जवानी।

तरुणी (सं.) [सं-स्त्री.] 1. युवती; जवान स्त्री 2. दंती वृक्ष 3. चीड़ नामक गंधद्रव्य 4. एक पुष्प।

तरुरोपण (सं.) [सं-पु.] 1. पेड़ लगाने की क्रिया; वृक्षारोपण 2. एक प्रकार की परियोजना जिसका उद्देश्य पर्यावरण को हरा-भरा बनाना है 3. एक प्रकार की विद्या जिसमें पौधों के आरोपण, संवर्धन तथा संरक्षण की कला सिखाई जाती है।

तरुवर (सं.) [सं-पु.] उत्तम या बड़ा वृक्ष; पेड़।

तरूआ [सं-पु.] 1. उबले हुए धान का चावल; भुजिया चावल 2. तलवा 3. तला हुआ एक व्यंजन।

तरेंदा [सं-पु.] जल में न डूबने वाला लकड़ी का टुकड़ा या तख़्ता; पानी पर तैरने वाला बाँस आदि से निर्मित बेड़ा।

तरेरना (सं.) [क्रि-स.] क्रोध पूर्वक या तिरछी आँखों से घूरते हुए किसी की ओर देखना; आँखें दिखाना।

तरेरा (अ.) [सं-पु.] 1. निरंतर (अजस्त्र; लागातार) डाली जाने वाली पानी की धार 2. जल की लहरों का आघात 3. क्रोधयुक्त (रोष भरी) दृष्टि।

तरैती [सं-स्त्री.] पलक के बाल; बरौनी।

तरौंडा [सं-पु.] फसल का वह अंश जो हलवाहों, मजदूरों आदि को देने के लिए अलग किया जाता है।

तरोई [सं-स्त्री.] 1. तोरी; तुरई; एक प्रकार की बेल जिसके फलों की तरकारी बनती है 2. उक्त बेल की फली जिसकी सब्ज़ी बनाई जाती है।

तरोताज़ा (फ़ा.) [वि.] 1. ताज़गी और तरावट वाला 2. हरा-भरा 3. तुरंत तैयार किया हुआ 4. बहुत नया; आनंदित; प्रसन्नचित्त।

तरौना (सं.) [सं-पु.] ताड़ के पत्ते की आकृति का कर्णाभूषण; तरकी।

तरौनी [सं-स्त्री.] मिठाई रखने की छोटी चौकी।

तर्क (सं.) [सं-पु.] किसी कथन को पुष्ट करने हेतु दिया जाने वाला साक्ष्य; दलील; कारण।

तर्क-मुद्रा (सं.) [सं-स्त्री.] तांत्रिक उपासना में शरीर की एक मुद्रा।

तर्क-वितर्क (सं.) [सं-पु.] वाद-विवाद; परिचर्चा; बहस।

तर्कक (सं.) [वि.] 1. तर्क करने वाला 2. वादी 3. पूछताछ करने वाला।

तर्कण (सं.) [सं-पु.] तर्क करने की क्रिया या भाव।

तर्कपूर्ण (सं.) [वि.] तर्क से भरा हुआ; तर्कयुक्त।

तर्कयुक्त (सं.) [वि.] 1. तर्कसंगत 2. युक्तिपूर्ण।

तर्कयुक्ति (सं.) [सं-स्त्री.] तर्कसंगत उपाय; तार्किक व सुविचारित उपाय।

तर्कवाद (सं.) [सं-पु.] वह शास्त्र या वाद जिसमें तर्क के सिद्धांत, नियम आदि का निरूपण हो।

तर्कविद्या (सं.) [सं-स्त्री.] न्यायशास्त्र।

तर्कश (फ़ा.) [सं-पु.] कंधे पर लटकाया जाने वाला वह पात्र जिसमें तीर रखे जाते हैं; तूणीर; तरकश।

तर्कशक्ति (सं.) [सं-पु.] तर्क करने की शक्ति।

तर्कशास्त्र (सं.) [सं-पु.] 1. तर्क या विवेचना करने के नियम और सिद्धांतों के खंडन-मंडन का ढंग बताने वाला शास्त्र 2. हेतुवाद 3. मंतिख।

तर्कशास्त्रज्ञ (सं.) [सं-पु.] वह जो तर्कशास्त्र का ज्ञाता हो; तर्कशास्त्री।

तर्कशील (सं.) [वि.] तर्क करने वाला।

तर्कशीलता (सं.) [सं-स्त्री.] तर्क करने की क्रिया या भाव।

तर्कसंगत (सं.) [वि.] 1. जो तर्क के आधार पर ठीक सिद्ध हो 2. जो तर्क की दृष्टि से ठीक हो; युक्तियुक्त।

तर्कसिद्ध (सं.) [वि.] तर्क (सोच-विचार या वाद-विवाद) के बाद प्रमाणित या सिद्ध किया हुआ।

तर्कातीत (सं.) [वि.] तर्क से परे; जिसपर तर्क न किया जा सके।

तर्काभास (सं.) [सं-पु.] ऐसा तर्क जो ऊपर से देखने में उचित ही लगता हो परंतु जो वास्तव में ठीक न हो।

तर्की (सं.) [सं-पु.] मीमांसक; विवेचक। [वि.] तर्क करने वाला।

तर्क्य (सं.) [वि.] तर्क, सोच-विचार या वाद-विवाद करने योग्य।

तर्ज़ (अ.) [सं-पु.] 1. बनावट 2. रीति; शैली 3. स्वरूप; किस्म; प्रकार।

तर्जन (सं.) [सं-पु.] 1. डराने या डाँटने का भाव; क्रोध 2. धमकाना।

तर्जना (सं.) [क्रि-अ.] 1. धमकाना 2. डाँटना; डपटना।

तर्जनी (सं.) [सं-स्त्री.] अँगूठा और मध्यमा के बीच की उँगली।

तर्जुमा (अ.) [सं-पु.] भाषांतर; अनुवाद।

तर्ज़ेबयाँ (फ़ा.) [सं-पु.] बयान (बखान) करने का ढंग; वर्णन-शैली; वर्णन-प्रणाली।

तर्पण (सं.) [सं-पु.] 1. तृप्त करने की क्रिया 2. देवताओं और पितरों को तिल या चावल मिला हुआ जल देने की क्रिया।

तर्पणी (सं.) [सं-स्त्री.] तृप्त करने वाली; संतुष्ट करने वाली।

तल (सं.) [सं-पु.] 1. निचला भाग 2. पेंदा; सतह; आधार 3. नदी, समुद्र आदि किसी जलाशय के नीचे का अंतिम भाग जहाँ ज़मीन हो 4. पैर का निचला भाग; तलवा।

तलक (सं.) [सं-पु.] 1. मिट्टी का बरतन 2. तालाब; ताल; पोखरा।

तलकर [सं-पु.] ताल-तलैया या तालाब में उत्पन्न होने वाली वस्तुओं पर या तालाब आदि पर लगने वाला कर।

तलगृह [सं-पु.] तहख़ाना; तलघर।

तलघर (सं.) [सं-पु.] ज़मीन की सामान्य सतह के नीचे बना घर; तहख़ाना।

तलछट [सं-स्त्री.] 1. तरल पदार्थ के नीचे जमी गंदगी अथवा अवशिष्ट पदार्थ; गाद; मैल 2. कल्क; (सेडिमेंट)।

तलना (सं.) [क्रि-स.] घी या तेल में डाल कर पकाना।

तलपट (सं.) [सं-पु.] किसी पुस्तिका का वह पट या फलक जिसपर आय-व्यय का संक्षिप्त विवरण रहता है; आय-व्यय फलक।

तलपद (सं.) [सं-पु.] 1. मूल वस्तु या बात; जड़ 2. मूलधन; मूल पूँजी।

तलब (अ.) [सं-स्त्री.] 1. माँग; चाह; इच्छा 2. लत; आवश्यकता।

तलबगार (फ़ा.) [वि.] 1. प्राप्त करने की इच्छा रखने वाला 2. माँगने वाला।

तलबाना (फ़ा.) [सं-पु.] 1. गवाहों को बुलाने के लिए न्यायालय में जमा किया जाने वाला ख़र्च 2. मालगुज़ारी समय से न जमा किए जाने पर लगने वाला अर्थदंड।

तलबी (अ.) [सं-स्त्री.] 1. बुलावा 2. माँग।

तलबेली [सं-स्त्री.] अतिउत्कंठा; बेचैनी; छटपटी।

तलमलाना [क्रि-अ.] 1. क्रोध या अपमान से काँपने लगना; तिलमिलाना 2. पश्चात्ताप होना; तड़पना 3. आँखों के आगे कभी अँधेरा और कभी प्रकाश आना; चौंधियाना।

तलमलाहट [सं-स्त्री.] तड़फड़ाने; तड़पने या बेचैन होने का भाव।

तलमार्ग (सं.) [सं-पु.] पृथ्वी की सतह के नीचे सुरंग खोदकर बनाया गया मार्ग; ज़मीन के नीचे से होकर सड़क या रेलमार्ग आदि के उस पार जाने का रास्ता; पारपथ।

तलवा [सं-पु.] पैरों के नीचे का वह भाग जो चलने या खड़े होने के समय ज़मीन पर पड़ता है। [मु.] **तलवे चाटना** : ख़ूब ख़ुशामद करना। **तलवे धो-धोकर पीना** : ख़ूब आदर-सत्कार करना।

तलवार (सं.) [सं-स्त्री.] लोहे आदि का बना हुआ वह लंबा और धारयुक्त हथियार जिससे किसी के अंग या सिर काटने के लिए आघात किया जाता है; खड्ग। [मु.] **तलवारें खींच लेना** : लड़ने के लिए तैयार होना या उद्यत होना।

तलवारधारी (सं.) [सं-स्त्री.] वह जो तलवार धारण करता हो; खड्गधारी।

तलवारबाज़ (हिं.+फ़ा.) [सं-पु.] वह जो तलवार चलाने में कुशल हो।

तलवारिया [सं-पु.] जो अच्छी तरह तलवार चलाना जानता हो; तलवारबाज़।

तलवारी [वि.] तलवार संबंधी; तलवार विषयक।

तलसा [सं-पु.] अंदर से पकी लेकिन ऊपर से कच्ची दिखने वाली ईंट।

तलसिरी [सं-स्त्री.] ऊँची-नीची जमीन।

तलस्पर्शी (सं.) [वि.] तल को स्पर्श करने वाला; गंभीर; गहरा।

तलहटी (सं.) [सं-स्त्री.] पहाड़ के नीचे की भूमि; तराई।

तला (सं.) [सं-पु.] 1. नीचे का भाग 2. जूते के नीचे का चमड़ा।

तलाई [सं-स्त्री.] 1. तलैया; छोटा ताल 2. तलने की क्रिया या भाव 3. तलने के कार्य हेतु मज़दूरी।

तलाक (अ.) [सं-पु.] 1. पति-पत्नी का संबंध टूटना; विवाह-विच्छेद 2. वैधानिक रूप से विवाह संबंध का विच्छेद।

तलाकशुदा [वि.] जिसका विधि या नियम के अनुसार पति-पत्नी का संबंध-विच्छेद हो गया हो।

तलातल (सं.) [सं-पु.] सात पाताल लोकों (अधोलोकों) में से एक।

तलाश (तु.) [सं-स्त्री.] 1. खोज; अनुसंधान; अन्वेषण 2. चाह; इच्छा 3. आवश्यकता को पूरी करने के लिए होने वाली खोजबीन।

तलाशना (फ़ा.) [क्रि-स.] 1. तलाश करना; खोजना 2. किसी विषय का अनुसंधान करना।

तलाशी (तु.) [सं-स्त्री.] 1. किसी वस्तु को ढूँढ़ने के लिए किया जाने वाला प्रयास 2. छिपाई हुई वस्तु का पता लगाने के लिए किसी संदिग्ध व्यक्ति या घर की होने वाली जाँच। [मु.] **-लेना** : जाँच-पड़ताल करना।

तलियार [सं-पु.] कोतवाल; नगररक्षक।

तली [सं-स्त्री.] 1. पेंदी 2. हाथ और पैर का तल 3. तलवा 4. तलछट।

तलीय (सं.) [वि.] 1. तल या पेंदे से संबंध रखने वाला; तल संबंधी 2. तल में रह जाने वाला; अवशेष पदार्थ।

तलुआ [सं-स्त्री.] दे. तलुवा।

तलुवा [सं-पु.] पैर के नीचे की ओर का वह भाग जो चलने में पृथ्वी पर पड़ता है; तलवा।

तले [अव्य.] 1. नीचे 2. किसी के ऊपर या ऊँची टँगी चीज़ के नीचे 3. किसी की छत्रछाया में।

तलेटी [सं-स्त्री.] तलहटी; पेंदी।

तलैया [सं-स्त्री.] छोटा तालाब या पोखरा।

तल्ख़ (फ़ा.) [वि.] 1. कड़वा; कटु 2. शुष्क; बेरुखा 3. अप्रिय 4. कटुभाषी।

तल्ख़ी (फ़ा.) [सं-स्त्री.] 1. कड़वाहट; कटुता 2. स्वभाव की उग्रता।

तल्ला [सं-पु.] 1. मकान की मंजिल 2. वस्त्र की भीतरी परत; अस्तर 3. जूते की भीतरी परत जिसपर तलवा रखा जाता है।

तल्लीन (सं.) [वि.] 1. किसी काम में दत्तचित्त होकर लगा हुआ, डूबा हुआ या मग्न।

तवज्जह (अ.) [सं-स्त्री.] 1. ध्यान; रुख 2. कृपादृष्टि; अनुदृष्टि; दया या अनुग्रह की दृष्टि।

तवना [क्रि-अ.] 1. तपना; गरम होना 2. दुःख या ताप से पीड़ित होना 3. गुस्से में लाल होना 2. प्रताप फैलना।

तवर्ग (सं.) [सं-पु.] त, थ, द, ध तथा न इन पाँच वर्णों का वर्ग।

तवा [सं-पु.] 1. वह बरतन जिसको आग पर चढ़ाकर उसके ऊपर रोटी सेकी जाती है 2. चिलम पर रखकर तंबाकू पीने के प्रयोग में लाया जाने वाला गोल ठीकरा 3. हींग में मिलावट करने के काम आने वाली एक प्रकार की लाल मिट्टी।

तवाई [सं-स्त्री.] 1. गरमी; ताप 2. लू; गरम हवा।

तवाना [क्रि-स.] गरम करना; तप्त करना। [वि.] मोटा-ताजा।

तवायफ़ (अ.) [सं-स्त्री.] 1. गाने-नाचने का पेशा करने वाली स्त्री 2. वेश्या; रंडी।

तवारीख़ (अ.) [सं-स्त्री.] 1. इतिहास 2. दिनांक; तिथि।

तवारीख़ी (अ.) [वि.] ऐतिहासिक; इतिहास संबंधी।

तवालत (अ.) [सं-स्त्री.] 1. लंबाई; दीर्घता 2. विस्तार; अधिकता 3. बखेड़ा; झंझट।

तविषी (सं.) [सं-स्त्री.] 1. पृथ्वी 2. शक्ति 3. इंद्र की एक कन्या 4. नदी।

तवैव (स) [अव्य.] तुम्हारा ही।

तशरीफ़ (अ.) [सं-स्त्री.] 1. आदर; इज़्ज़त; सम्मान 2. महत्व; बड़प्पन 3. सम्मानित व्यक्तित्व; बुजर्गी। [मु.] **-रखना** : विराजना; बैठना। **-लाना** : पधारना।

तश्त (फ़ा.) [सं-पु.] परात के समान हलका तथा छिछला बरतन; बड़ा थाल।

तश्तरी (फ़ा.) [सं-स्त्री.] छोटी रकाबी; चपटी तथा छिछली थाली।

तश्तरीनुमा [वि.] थाली या तश्तरी के आकार का।

तष्टा[1] (सं.) [सं-पु.] 1. विश्वकर्मा 2. सुंदर ढंग से तराश या गढ़ कर ठीक करने वाला; काष्टकार; बढ़ई 3. रथकार 4. आदित्य (सूर्य) का नाम।

तष्टा[2] (फ़ा.) [सं-पु.] ताँबे की छोटी तश्तरी।

तस (सं.) [वि.] 1. जैसा; सदृश 2. समान्यत: 'जस' के साथ प्रयुक्त होने वाला अव्यय, जैसे- जस-का-तस।

तसकीन (अ.) [सं-स्त्री.] तसल्ली; ढाढ़स; सांत्वना।

तसदीक (अ.) [सं-स्त्री.] 1. सच्चे होने की अवस्था या भाव; सत्यता 2. किसी बात को सही बतलाना या ठहराना 3. उक्त के पक्ष में स्वीकृति देना; समर्थन 4. प्रमाणित; पुष्टि 5. गवाही।

तसदीह (अ.) [सं-स्त्री.] 1. सिर दर्द 2. दुख; पीड़ा; कष्ट; परेशानी।

तसबीह (अ.) [सं-स्त्री.] 1. वह माला या सुमिरनी जिसे मुसलमान अल्लाह (ईश्वर) का नाम लेने के समय फेरते हैं 2. जप करने की माला।

तसमई (सं.) [सं-स्त्री.] पायस; खीर।

तसमा (फ़ा.) [सं-पु.] किसी वस्तु को बाँधने या कसने के काम में आने वाला कपड़े या चमड़े का फीता।

तसला [सं-पु.] कटोरे के आकार का बड़ा तथा गहरा बरतन।

तसली [सं-स्त्री.] छोटा तसला; एक प्रकार का बरतन जो भोजन (दाल आदि) बनाने के काम आता है।

तसलीम (अ.) [सं-स्त्री.] 1. किसी बात को मान लेने या अंगीकार कर लेने की क्रिया या भाव; स्वीकार 2. अभिवादन; नतमस्तक 3. नमस्कार; सलाम।

तसल्ली (अ.) [सं-स्त्री.] 1. सांत्वना; दिलासा; आश्वासन 2. धीरज; शांति।

तसवीर (अ.) [सं-स्त्री.] 1. रंग, कूँची आदि से बनाई जाने वाली किसी वस्तु, व्यक्ति या दृश्य की प्रतिकृति; चित्र 2. {ला-अ.} किसी घटना या वातावरण की जानकारी देने वाला सच्चा ब्योरा 3. फ़ोटो।

तसव्वुर (अ.) [सं-पु.] 1. चित्त को ध्यान करके किसी को प्रत्यक्ष करना; समाधि-दर्शन 2. कल्पना 3. विचार; ख़याल; ध्यान।

तसी [सं-स्त्री.] ऐसा खेत जो बोए जाने से पहले तीन बार जोता गया हो।

तसू (सं.) [सं-पु.] एक प्रकार के माप की इकाई; इमारती काम की सवा इंच की एक माप।

तस्कर (सं.) [सं-पु.] 1. दो देशों की सीमा पर चुंगी आदि दिए बिना माल ले आने वाला 2. चोर।

तस्करी (सं.) [सं-स्त्री.] चोरी से सीमापार माल ले जाने की क्रिया। [वि.] चोरी से लाया हुआ।

तह (फ़ा.) [सं-स्त्री.] 1. किसी चीज़ की मोटाई का फैलाव; परत 2. वस्त्र आदि को चौतरफ़ा करके रखना 3. किसी चीज़ के नीचे का भाग; तल; पेंदा 4. पानी के नीचे की ज़मीन; थाह 5. महीन पटल; झिल्ली।

तहकीक (अ.) [सं-स्त्री.] अनुसंधान; जाँचपड़ताल; शोध; शोधकार्य; गवेषणा; किसी विषय का अच्छी तरह अनुशीलन करके उसके संबंध में नई बातों या तथ्यों का पता लगाने की क्रिया।

तहकीकात (अ.) [सं-स्त्री.] यथार्थ का पता लगाने के लिए की जाने वाली खोजबीन; किसी बात या घटना की ठीक-ठीक जाँच-पड़ताल; किसी विषय का अनुसंधान; खोज।

तहक़ीक़ात (अ.) [सं-स्त्री.] उर्दू उच्चारणानुसार वर्तनी (दे. तहकीकात)।

तहख़ाना (फ़ा.) [सं-पु.] ज़मीन की सामान्य सतह के नीचे निर्मित कमरा; ज़मीन के नीचे बना घर; तलघर।

तहज़ीब (अ.) [सं-स्त्री.] 1. शिष्टाचार; भल-मनसाहत; सज्जनता 2. सभ्यता; संस्कृति।

तहत (अ.) [सं-पु.] 1. अधिकार 2. अधीनता; मातहती।

तहदरज़ (फ़ा.) [वि.] जिसकी तह तक न खुली हो; तहयुक्त; पूर्णतः नया (वस्त्र आदि)।

तहबंद (फ़ा.) [सं-पु.] 1. कमर में लपेटने का कपड़ा; अधोवस्त्र; अँगोछा 2. तहमत; तहमद; लुंगी।

तहरी [सं-स्त्री.] 1. एक विशेष प्रकार की खिचड़ी जो चावल में तरकारी, चना, मटर आदि डाल कर बनाई जाती है; मसालेदार सूखी खिचड़ी।

तहरीक (अ.) [सं-स्त्री.] 1. हिलाना-डुलाना; गति 2. उत्तेजन 3. आंदोलन 4. बढ़ावा देना; भड़काना।

तहरीर (अ.) [सं-स्त्री.] 1. लिखाई; लिखावट; लेख-शैली 2. लिखी हुई बात 3. लिखा हुआ प्रमाणपत्र।

तहरीरी (अ.) [वि.] 1. लिखा हुआ; लिखित; लिपिबद्ध 2. दस्तावेज़ी।

तहलका (अ.) [सं-पु.] बहुत बड़ी हलचल; खलबली।

तहवील (अ.) [सं-स्त्री.] 1. सुपुर्दगी; हवाले करना 2. अमानत 3. खज़ाना; कोश।

तहस-नहस [वि.] 1. पूरी तरह से बरबाद; नष्ट-भ्रष्ट 2. ध्वस्त।

तहसीन (अ.) [सं-स्त्री.] प्रशंसा; सराहना; तारीफ़।

तहसील (अ.) [सं-स्त्री.] 1. तहसीलदार का दफ़तर या कार्यालय; कचहरी 2. ज़िले का वह विभक्त भाग जो तहसीलदार के अधीन होता है।

तहसीलदार (अ.) [सं-पु.] 1. मालगुज़ारी वसूल करने वाला अधिकारी 2. तहसील का मुख्य अधिकारी।

तहसीलना (अ.) [क्रि-स.] 1. वसूल करना 2. कर, लगान, चंदा आदि उगाहना।

तहाँ (सं.) [अव्य.] उस स्थान पर; सामान्यतः जहाँ के साथ प्रयुक्त होने वाला शब्द, जैसे- जहाँ-तहाँ।

तहाना [क्रि-स.] किसी वस्तु को तह लगा कर रखना; तह करना; लपेटना।

तहिआई [क्रि-स.] तह लगाना।

तहियाना [क्रि-स.] तह करना; तहाना।

तहेदिल (अ.) [सं-पु.] हृदय का भीतरी भाग; अंतर्मन।

ता (सं.) [परप्रत्य.] एक भाववाचक प्रत्यय जो विशेषण और संज्ञा के अंत में लगता है जैसे- सुंदर+ता = सुंदरता।

ताँगा [सं-पु.] दो पहियों की एक प्रकार की घोड़ा-गाड़ी; एक्का; टाँगा।

ताँगी (फ़ा.) [सं-स्त्री.] किसी चीज़ को कसकर बाँधने वाली डोरी बंद या तस्मा, जैसे- अँगिया (चोली) की डोरी।

ताँत (सं.) [सं-स्त्री.] 1. जानवर आदि के चमड़े या नसों को बटकर बनाई हुई धागे जैसी वस्तु 2. धनुष में लगाई जाने वाली डोरी 3. सारंगी आदि में लगा हुआ तार 4. तंतु 5. जुलाहों का राछ नामक उपकरण।

ताँता [सं-पु.] 1. व्यक्तियों, वस्तुओं आदि की अटूट कतार या पंक्ति 2. किसी कार्य या घटना का लगातार या निरंतर चलने वाला क्रम; सिलसिला।

ताँती [सं-पु.] कपड़ा बुनने वाला; जुलाहा; तँतवा।

ताँबा [सं-पु.] लाल रंग की एक प्रसिद्ध धातु।

ताँवरना [क्रि-अ.] 1. तपना; गरम होना 2. क्रोध आदि से आवेश में आना।

ताँवरा (सं.) [सं-पु.] 1. ताप; जलन 2. जाड़ा देकर आने वाला बुख़ार; जूड़ीताप।

तांडव (सं.) [सं-पु.] 1. शिव का उग्र नृत्य 2. पुरुषों की एक नृत्य-शैली 3. उग्र और उद्धत नृत्य 4. उग्र क्रियाकलाप 5. एक प्रकार का तृण।

तांडवी (सं.) [सं-स्त्री.] संगीत के चौदह ताल में से एक।

तांत्रिक (सं.) [सं-पु.] 1. तंत्रशास्त्र का ज्ञाता या तंत्रविद्या का

प्रयोग करने वाला 2. एक प्रकार का सन्निपात रोग। [वि.] तंत्र विषयक; तंत्र संबंधी।

तांबूल (सं.) [सं-पु.] पान का पत्ता; बीड़ा।

ताई [सं-पु.] 1. पिता के बड़े भाई की पत्नी; जेठी चाची 2. बुंदेलखंड में विवाह से पहले निभाई जाने वाली एक रस्म जिसमें दाल से मिथौंरी, मंगोड़ी, बड़ी, पापड़ आदि बनाए जाते हैं 3. जाड़ा देकर आने वाला बुख़ार; ताप 4. जलेबी बनाने की छिछली कड़ाही।

ताईद (अ.) [सं-स्त्री.] 1. समर्थन; पुष्टि 2. पक्षपात; तरफ़दारी।

ताऊ [सं-पु.] 1. पिता का बड़ा भाई 2. पिता के बड़े भाई के लिए संबोधन।

ताऊस (अ.) [सं-पु.] मोर; मयूर; कलापी।

ताक (अ.) [सं-पु.] कोई वस्तु रखने के लिए दीवार में बना एक स्थान; आला। [सं-स्त्री.] 1. ताकने की क्रिया; ढंग या भाव 2. स्थिर दृष्टि; टकटकी 3. अवसर की प्रतीक्षा; फ़िराक; घात 4. खोज; टोह। [मु.] **-में रहना** : अवसर की प्रतीक्षा करना। **-पर रखना** : बेकार समझ कर अलग करना।

ताक-झाँक [सं-स्त्री.] 1. रह-रह कर देखने और झाँकने की क्रिया 2. छिपकर कुछ देखने की क्रिया; देखा देखी।

ताकत (अ.) [सं-स्त्री.] 1. बल; शक्ति 2. ज़ोर 3. सामर्थ्य।

ताक़त (अ.) [सं-स्त्री.] उर्दू उच्चारणानुसार वर्तनी (दे. ताकत)।

ताकतवर (अ.) [वि.] 1. शक्तिशाली; बलवान 2. सामर्थ्यवान।

ताकना [क्रि-स.] 1. एकटक देखना; चाहना 2. घात में रहना; नज़र में रखना 3. बुरे भाव से देखना 4. देख-रेख या रखवाली करना।

ताकि (फ़ा.) [अव्य.] 1. इसलिए कि 2. जिसमें; जिससे।

ताकीद (अ.) [सं-स्त्री.] 1. किसी बात की आज्ञा या अनुरोध ज़ोर देकर कहना 2. किसी कार्य के लिए बार-बार चेताने की क्रिया; हिदायत; चेतावनी।

ताखा [सं-पु.] 1. दीवार में रखने की जगह 2. विषम संख्या 3. गत्ते पर लपेटा कपड़े का थान।

ताखी [वि.] जिसकी आँखें एक जैसी नहीं हों।

ताग [सं-स्त्री.] तागने की क्रिया या भाव। [सं-पु.] तागा; धागा; डोरा; सूत।

तागड़ी [सं-स्त्री.] करधनी; मानसूत्र।

तागना [क्रि-स.] धागे या तागे से दूर-दूर पर मोटी सिलाई करना; गूँथना; पिरोना।

तागा (सं.) [सं-पु.] 1. धागा; सूत; डोरा 2. जनेऊ; यज्ञोपवीत।

ताज (अ.) [सं-पु.] 1. राजाओं या बादशाहों के पहनने का मुकुट 2. ताजमहल का संक्षिप्त नाम 3. कलगी 4. शिखा।

ताजक (फ़ा.) [सं-पु.] 1. तुर्किस्तान के बुख़ारा प्रदेश से काबुल और बलूचिस्तान (बलोचिस्तान) तक पाई जाने वाली एक ईरानी जाति 2. यवनाचार्य कृत अरबी भाषा में ज्योतिष का एक प्रसिद्ध ग्रंथ जिसका भारत में संस्कृत में अनुवाद हुआ था।

ताजखानी [सं-स्त्री.] तासखानी; चावल के आटे की बनी मिठाई।

ताज़गी (फ़ा.) [सं-स्त्री.] 1. ताजा होने का भाव 2. फूल-पौधों का हरापन 3. नयापन।

ताजदार (फ़ा.) [सं-पु.] बादशाह; सम्राट। [वि.] ताज के ढंग का।

ताजपोशी (फ़ा.) [सं-स्त्री.] राज्याभिषेक; नए राजा के सिंहासन पर बैठने या ताज धारण करने के समय होने वाला उत्सव या समारोह।

ताजमहल (फ़ा.) [सं-पु.] उत्तर प्रदेश के आगरा शहर में यमुना नदी के तट पर संगमरमर का बना हुआ एक भव्य मकबरा जिसे सम्राट शाहजहाँ ने अपनी पत्नी मुमताज़महल की स्मृति में बनवाया था।

ताज़ा (फ़ा.) [वि.] 1. नया; तुरंत तैयार या बना हुआ (कपड़े, भोजन आदि) 2. जिसे किसी से अलग हुए देर न हुई हो 3. जो सूखा हुआ न हो; हरा-भरा (फल, फूल आदि) 4. स्वस्थ; प्रफुल्लित 5. जो बहुत दिनों का न हो।

ताज़िया (अ.) [सं-पु.] बाँस की कमाचियों, रंगीन कागज़ों आदि का मकबरे के आकार का मंडप जिसमें इमाम हुसेन की कब्र होती है; मुहर्रम में शिया मुसलमान इसके सामने मातम मनाते हुए इसे दफ़न करते हैं।

ताज़ी (फ़ा.) [सं-पु.] 1. अरबी घोड़ा 2. अरब देश का शिकारी कुत्ता। [सं-स्त्री.] 1. ताज़ा का स्त्रीलिंग जैसे- ताज़ी हवा, ताज़ी सब्ज़ी 2. अरबी भाषा। [वि.] अरबी; अरब का।

ताज़ीर (अ.) [सं-स्त्री.] दंड; सज़ा; जुर्माना।

ताज़ीरात (अ.) [सं-स्त्री.] 1. ताज़ीर का बहुवचन; सज़ाएँ 2. दंड विधियों का संग्रह।

ताज़ीरी (अ.) [वि.] दंड के रूप में लगाया या बैठाया हुआ, जैसे ताज़ीरी कर।

ताज्जुब (अ.) [सं-पु.] आश्चर्य; विस्मय; हैरत।

ताटंक (सं.) [सं-पु.] एक प्रकार का कर्णाभूषण; तरकी।

ताड़ (सं.) [सं-पु.] 1. एक प्रकार का बहुत अधिक लंबा और पतला वृक्ष जिसमें शाखाएँ नहीं होती, सिर्फ़ सिरे पर पत्तियाँ होती हैं तथा इस वृक्ष से ताड़ी नामक पेय निकाला जाता है 2. ध्वनि; शब्द; आवाज़ 3. बाँह पर पहनने का टाड़ नामक गहना।

ताड़का (सं.) [सं-स्त्री.] (पुराण) एक राक्षसी (सुकेतु यक्ष की पुत्री जिसका विवाह सुड नामक राक्षस के साथ हुआ था) जिसे राम ने मारा था।

ताड़न [सं-पु.] 1. ताड़ना; मारने पीटने की क्रिया या भाव 2. किसी के कार्य व्यवहार आदि से असंतुष्ट होकर उसे सचेत करने तथा कर्तव्यपरायण बनाने के उद्देश्य से कही हुई कड़ी बात; चेतावनी 3. किसी को दिया जाने वाला कष्ट, दुख आदि; प्रताड़न।

ताड़ना (सं.) [सं-स्त्री.] 1. मारने-पीटने की क्रिया या भाव 2. किसी को दिया जाने वाला दुख या कष्ट 3. किसी को उत्पीड़ित या परेशान करने की क्रिया 4. प्रहार; आघात। [क्रि-स.] 1. भाँपना; छिपी हुई बात समझना 2. सुधार के उद्देश्य से सज़ा या दंड देना 3. किसी को अपशब्द कहना 4. कष्ट देना।

ताड़पत्र (सं.) [सं-पु.] ताड़ वृक्ष के पत्ते जिनका उपयोग प्राचीन काल में ग्रंथ, लेख आदि लिखने के लिए किया जाता था।

ताड़ित (सं.) [वि.] 1. जिसे मारा पीटा गया हो 2. जिसे दंड या सज़ा दी गई हो 3. जिसे डराया या धमकाया गया हो।

ताड़ी (सं.) [सं-स्त्री.] 1. ताड़ के वृक्ष से निकलने वाला मादक रस 2. एक प्रकार का गहना।

तात (सं.) [सं-पु.] 1. पिता; बाप 2. पूज्य, माननीय और बड़ा व्यक्ति 3. आदरसूचक और प्रेमपूर्ण संबोधन।

ताताथेई [सं-स्त्री.] तत्ताथेई; संगीत का ताल।

तातार (फ़ा.) [सं-पु.] फ़ारस के उत्तर में स्थित मध्य एशिया का एक देश।

तातारी (फ़ा.) [सं-पु.] तातार देश का वासी। [सं-स्त्री.] तातार देश की भाषा। [वि.] तातार देश संबंधी।

तातील (अ.) [सं-स्त्री.] अवकाश; छुट्‌टी का दिन।

तात्कालिक (सं.) [वि.] 1. तत्काल संबंधी; तुरंत 2. उसी या उस समय का।

तात्कालिक (सं.) [वि.] 1. तत्काल संबंधी; तुरंत 2. उसी या उस समय का।

तात्क्षणिक (सं.) [वि.] 1. उस समय का; उस पल का 2. तुरंत का।

तात्पर्य (सं.) [सं-पु.] 1. वाक्य, पद, शब्द आदि का मुख्य अर्थ; आशय; अभिप्राय; हेतु 3. मतलब।

तात्विक (सं.) [सं-पु.] वह व्यक्ति जो तत्व का ज्ञान रखता हो। [वि.] 1. तत्व संबंधी 2. वास्तविक 3. तत्व से युक्त।

तादात्मीकरण (सं.) [सं-पु.] किसी व्यक्ति द्वारा अपना अस्तित्व भूलकर किसी दूसरे व्यक्ति के गुणों व अवगुणों का अनुकरण; दूसरे के बाह्य व्यवहारों का अनुकरण करके स्वयं को उसके अनुकूल ढालने की प्रक्रिया।

तादात्म्य (सं.) [सं-पु.] दो चीज़ों का परस्पर अभिन्न होने का भाव; अभेद मिश्रण या संबंध; अभिन्नता।

तादाद (अ.) [सं-स्त्री.] 1. वस्तुओं, व्यक्तियों आदि की संख्या या जोड़ 2. मात्रा; गिनती; संख्या।

तादृश (सं.) [वि.] उसी के जैसा; उसके समान; वैसा।

तान (सं.) [सं-पु.] 1. विस्तार 2. ज्ञान का विषय 3. सूत्र। [सं-स्त्री.] 1. तनने या तानने की क्रिया, अवस्था या भाव 2. संगीत में स्वरों का कलात्मक विस्तार 3. किसी बात को धुन के साथ कहते रहना। [मु.] **-कर सोना** : निश्चिंत हो जाना।

तानता (सं.) [सं-स्त्री.] 1. दृढ़ता; हठ; दुराग्रह 2. वह शक्ति जिससे वस्तुएँ अंदर दृढ़तापूर्वक जुड़ी रहती हैं।

तानना (सं.) [क्रि-स.] 1. किसी वस्तु को फैलाना 2. खिंचाव पैदा करना 3. आघात या प्रहार करने के लिए कोई चीज ऊपर उठाना।

तानपूरा (सं.) [सं-पु.] एक प्रकार का प्रसिद्ध वाद्य जो सितार की तरह किंतु उससे बड़ा होता है; तंबूरा।

तानसेन (सं.) [सं-पु.] 1. अकबर के दरबार का एक प्रसिद्ध गायक 2. संगीतज्ञ स्वामी हरिदास के शिष्य त्रिलोचन मिश्र।

ताना-पाई [सं-स्त्री.] 1. ताना तानने की क्रिया या भाव 2. घूम फिर कर आते-जाते रहना; व्यर्थ आते-जाते रहना।

ताना-बाना [सं-पु.] 1. किसी कार्य को करने के लिए कुछ प्रबंध करना 2. कपड़ा बुनने में लंबाई और चौड़ाई के बल बुने हुए सूत 3. किसी रचना की मूल बनावट; तार या तत्व।

ताना[1] [सं-पु.] करघे में लंबाई के बल फैलाया गया सूत।

ताना[2] (अ.) [सं-पु.] 1. व्यंग्यपूर्ण वाक्य 2. चुटीली बात। [मु.] **-मारना** : व्यंग्यपूर्ण बात कहना।

तानारीरी [सं-स्त्री.] नवसिखिया व्यक्ति द्वारा गाया हुआ गीत; साधारण गाना।

तानाशाह (हिं.+फ़ा.) [सं-पु.] 1. एक बादशाह का उपनाम 2. {ला-अ.} स्वेच्छाचारी शासक जो मनमाने ढंग से कार्य करता हो।

तानाशाही (हिं.+फ़ा.) [सं-स्त्री.] 1. तानाशाह होने की अवस्था या भाव 2. स्वेच्छाचारिता 3. जबरन बात मनवाने की आदत।

तानी [सं-स्त्री.] वस्त्र निर्माण में करघे में लंबाई के बल फैलाया गया या तगाया गया सूत।

तानूर (सं.) [सं-पु.] 1. वायु या पानी का भँवर 2. चक्रवात; बवंडर।

तानो [सं-पु.] ऐसा भूखंड जिसमें कई खेत होते हैं; चक।

ताप (सं.) [सं-पु.] 1. गरमी; उष्णता 2. आग; आँच 3. ज्वर; बुख़ार 4. दुख 5. मानसिक व्यथा।

ताप-तिल्ली [सं-स्त्री.] तिल्ली वृद्धि का एक रोग जिसमें तिल्ली में सूजन हो जाती है इसीलिए बुख़ार आने लगता है।

तापक (सं.) [सं-पु.] विद्युत चालित एक प्रकार का उपकरण जो कमरे आदि को गरम करता है। [वि.] 1. ताप या गरमी लाने वाला 2. संतप्त करने वाला।

तापक्रम [सं-पु.] 1. शरीर या वायुमंडल का वह ताप जो घटता-बढ़ता हो 2. वस्तुओं के ताप की मात्रा या अवस्थाओं को सूचित करने वाली इकाई।

तापक्रम-यंत्र (सं.) [सं-पु.] वह यंत्र जिसके द्वारा किसी वस्तु, स्थान या शरीर का तापक्रम मापा जाता है।

तापघात (सं.) [सं-पु.] सूर्य की तेज़ धूप में भ्रमण करने से होने वाला रोग; धूप (ताप) से होने वाला आघात।

तापचालक (सं.) [सं-पु.] वह पदार्थ जिसमें ताप शीघ्रता से एक सिरे से दूसरे सिरे में व्याप्त हो जाता है; ताप का सुचालक।

तापचालकता (सं.) [सं-स्त्री.] वस्तुओं का वह गुण जिससे वे ताप-चालक होती हैं।

तापती (सं.) [सं-स्त्री.] 1. सूर्यपुत्री; सूर्य की कन्या; तासी 2. ताप्ति नामक नदी।

तापत्रय (सं.) [सं-पु.] तीन प्रकार के ताप (आधिदैहिक, आधिदैविक तथा आधिभौतिक दुख)।

तापन (सं.) [सं-पु.] 1. तप्त करने या तपाने की क्रिया या भाव 2. सूर्य 3. सूर्यकांत मणि 4. कामदेव के पाँच वर्णों में से एक 5. एक नरक का नाम 6. शत्रु को ताप या कष्ट पहुँचाने के लिए किया जाने वाला एक प्रकार का तांत्रिक प्रयोग 7. आक का पौधा; मदार 8. ढोल।

तापना (सं.) [क्रि-स.] 1. गरमी प्राप्त करना आग सेकना 2. नष्ट करना; उड़ाना।

तापमान [सं-पु.] 1. वायुमंडल में ताप की एक निश्चित मात्रा

या स्थिति 2. थर्मामीटर द्वारा मापी जाने वाली शरीर या वायुमंडल के ताप की एक विशिष्ट स्थिति।

तापमापी [सं-पु.] तापमापक-यंत्र।

तापस (सं.) [सं-पु.] 1. तप करने वाला (व्यक्ति); तपस्वी 2. तेजपात 3. दौना।

तापी (सं.) [सं-स्त्री.] 1. ताप्ती नदी 2. एक अंतरराष्ट्रीय गैस पाइपलाइन परियोजना। [वि.] ताप संबंधी; ताप देने या तपाने वाला।

ताफ़्ता (फ़ा.) [सं-पु.] एक प्रकार का रेशमी कपड़ा।

ताब (फ़ा.) [सं-स्त्री.] 1. ताप; गरमी 2. सामना, विरोध आदि करने की शक्ति; मजाल या हिम्मत 3. चमक; दीप्ति 4. रोटरी मशीन की पूरी प्लेट के आकार का पृष्ठ।

ताबड़तोड़ [क्रि.वि.] 1. बिना क्रम टूटे; एक के बाद एक; लगातार 2. तुरंत; तत्काल।

ताबीज़ (फ़ा.) [सं-पु.] (लोकमान्यता) शरीर के विभिन्न अंगों जैसे गले, बाहों, कमर आदि पर पहना जाने वाला एक प्रकार का जंतर या रक्षा-कवच, जिसके बारे में प्राचीन काल से माना जाता है कि वह वर्तमान और भावी अनिष्टों, टोने-टोटकों और बुरे ग्रहों के दुष्प्रभावों से हमारी रक्षा करता है।

ताबूत (अ.) [सं-पु.] मृत शरीर रखने का संदूक।

ताबे (अ.) [वि.] जो किसी के अधीन या वश में हो।

ताबेदार (अ.+फ़ा.) [वि.] 1. आज्ञा मानने वाला 2. सेवक; नौकर।

ताबेदारी (फ़ा.) [सं-स्त्री.] सेवा; नौकरी।

ताम (सं.) [सं-पु.] 1. दोष; त्रुटि; विकार 2. मनोविकार 3. कष्ट; तकलीफ़ 4. चिंता 5. ग्लानि 6. इच्छा।

तामई [वि.] 1. ताम्र-वर्णता; तामड़ा रंग का 2. लाल रंग का; रक्त वर्ण का।

तामझाम [सं-पु.] 1. साज़-सामान 2. दिखावा; आडंबर 3. बोलबाला; रौब-रुतबा।

तामड़ा [सं-पु.] ताँबे के रंग का सा स्वच्छ आकाश। [वि.] ताँबे के रंग का; लाली लिए हुए भूरा।

तामरस (सं.) [सं-पु.] 1. पद्म; कमल 2. स्वर्ण; सोना 3. कनक; धतूरा 4. ताँबा 5. सारस पक्षी 6. एक प्रकार का वर्णवृत्त जिसके प्रत्येक चरण में एक नगण, दो जगण और तब एक यगण होता है।

तामस (सं.) [सं-पु.] 1. अंधकार 2. अज्ञान 3. गलत प्रवृत्ति का व्यक्ति 4. चौथे मनु का नाम 5. सर्प 6. उल्लू 7. राहु का पुत्र। [वि.] 1. जिसमें तमोगुण की प्रधानता हो 2. कुटिल 3. पापी 4. ज्ञानहीन।

तामसिक (सं.) [वि.] 1. तमोगुण से युक्त 2. तामस स्वभाव का।

तामसी (सं.) [सं-स्त्री.] 1. महाकाली 2. जटामासी। [वि.] तमोगुण संबंधी; तामसिक।

तामीर (अ.) [सं-स्त्री.] 1. मकान बनाना या मकान मरम्मत करने का कार्य 2. इमारत निर्माण।

तामील (अ.) [सं-स्त्री.] 1. आज्ञा का पालन 2. आधिकारिक आदेश का निर्वाह; अमल 3. किसी परवाने, सम्मन या वारंट की तकमील 4. निष्पादन।

तामीली (अ.) [सं-स्त्री.] 1. पालन; कार्य का निष्पादन; (आज्ञा) 2. अभीष्ट स्थान पर पहुँचाया जाना।

ताम्र (सं.) [सं-पु.] 1. ताँबा; एक मिश्र धातु 2. कोढ़ का एक प्रकार।

ताम्रकार (सं.) [सं-पु.] ताँबे के बरतन बनाने वाला।

ताम्रचूड़ (सं.) [सं-पु.] 1. मुरगा 2. एक पौधा; कुकरौंधा।

ताम्रपट [सं-पु.] 1. ताँबे का चद्दर 2. प्राचीन काल में दानपत्र आदि लिखने के लिए प्रयुक्त ताँबे के चद्दर का टुकड़ा या प्लेट।

ताम्रपत्र (सं.) [सं-पु.] 1. ताँबे का पत्तर 2. ताँबे की चद्दर का वह टुकड़ा जिसपर प्राचीन काल में दानपत्र या प्रशस्ति-पत्र आदि लिखे जाते थे।

ताम्रपर्णी (सं.) [सं-स्त्री.] 1. 'सिंहलद्वीप' या श्रीलंका' का प्राचीन नाम 2. ताम्रपर्णी नदी; दक्षिण भारत की एक नदी 3. तालाब; बावड़ी।

ताम्रपल्लव (सं.) [सं-पु.] अशोक वृक्ष।

ताम्रमूला (सं.) [सं-स्त्री.] 1. जवासा; धमासा 2. छूई-मूई; लाजवंती।

ताम्रयुग (सं.) [सं-पु.] इतिहास का वह आरंभिक युग जब लोग ताँबे के औज़ार, पात्र आदि काम में लाया करते थे; आधुनिक पुरातत्व के अनुसार पत्थर युग के बाद तथा लौह युग से पूर्व का युग।

ताम्रलिप्त (सं.) [सं-पु.] पश्चिमी बंगाल के मिदनापुर जिले का आधुनिक तामलुक अथवा तमलुक नामक स्थान जो कलकत्ता से तैंतीस मील दक्षिण पश्चिम में रूपनारायण नदी के पश्चिमी किनारे पर स्थित है; बंगाल की खाड़ी में स्थित एक प्राचीन नगर। विद्वानों का मत है कि वर्तमान तामलुक ही प्राचीन ताम्रलिप्ति था।

ताम्रलेख (सं.) [सं-पु.] ताम्रपत्र पर अंकित लेख; ताम्रपत्र।

ताम्रवृक्ष (सं.) [सं-पु.] कुलपी; लाल चंदन का वृक्ष।

तायफ़ा (अ.) [सं-स्त्री.] 1. वेश्या; तवायफ़; रंडी 2. वेश्याओं का समाज 3. वेश्याओं की मंडली।

तार (सं.) [सं-पु.] 1. धातु से तैयार की गई पतली डोरी; तंतु 2. समाचार को तीव्र गति से प्रेषित करने का माध्यम 3. तार द्वारा भेजी गई सूचना 4. सूत; तागा। [मु.] -**तार कर देना** : टुकड़े-टुकड़े कर देना; छिन्न-भिन्न कर देना।

तारक (सं.) [सं-पु.] 1. तारों से भरा 2. तारा; नक्षत्र 3. एक चिह्न (*) जो पाद-टिप्पणी के संकेत आदि में किसी शब्द की कोई विशेषता सूचित करने के लिए लगाया जाता है 4. आँख की पुतली 5. नौका 6. एक मंत्र 7. एक पौराणिक दैत्य जो इंद्र का शत्रु था 8. एक उपनिषद। [वि.] तारने या पार लगाने वाला।

तारकचिह्न (सं.) [सं-पु.] 1. तारे के समान अंकित चिह्न 2. ग्रंथ या लेख आदि में पाद-टिप्पणी या विशेषता सूचित करने के लिए लगाया गया चिह्न (*)।

तारकमय (सं.) [वि.] तारों से परिपूर्ण या तारों से भरा; तारों से युक्त।

तारकश (हिं.+फ़ा.) [सं-पु.] धातु (सोने, चाँदी आदि) के तार खींचने वाला या बनाने वाला कारीगर।

तारका (सं.) [सं-स्त्री.] 1. तारा; नक्षत्र 2. आँख की पुतली 3. उल्का 4. ताड़का नामक राक्षसी 5. (पुराण) बृहस्पति की पत्नी का नाम 6. एक छंद।

तारकासुर (सं.) [सं-पु.] (पुराण) तारक नामक असुर (राक्षस) जिसे कार्तिकेय ने मारा था।

तारकुतारी [सं-स्त्री.] समय से दूध न देने वाली गाय।

तारकेश (सं.) [सं-पु.] चंद्रमा; शशि।

तारकेश्वर (सं.) [सं-पु.] 1. शिव 2. एक प्रकार की औषधि।

तारकोल (सं.) [सं-पु.] डामर; सड़क बनाने के लिए प्रयुक्त एक काला एवं चिपचिपा पदार्थ; कोलतार।

तारघर (सं.) [सं-पु.] तार के माध्यम से संदेश भेजने और पाने का सरकारी कार्यालय जिसकी सेवा अब समाप्त हो गई है।

तारघाट [सं-पु.] कार्य सिद्ध करने का अवसर, उपाय या व्यवस्था।

तारण (सं.) [सं-पु.] 1. तारने अथवा उबारने की क्रिया या भाव 2. तारना; उबारना 3. पार कराना। [वि.] 1. तारने वाला; उबारने वाला 2. पार कराने वाला।

तारणहार (सं.) [वि.] 1. तारने वाला; उबारने वाला 2. पार कराने वाला 3. मोक्ष दिलाने वाला।

तारतम्य (सं.) [सं-पु.] 1. तर और तम का भाव; दो वस्तुओं के क्रमशः घटने-बढ़ने का भाव 2. निरंतर संपर्क का भाव 3. निरंतरता; नैरंतर्य 4. सामंजस्य; गुण-परिमाण का मिलान 5. किसी विचार (जैसे- ऊँच-नीच, अधिकार, गरीबी-अमीरी) के अनुसार लगाया जाने वाला क्रम या इनके बीच का सामंजस्य।

तारतम्यता (सं.) [सं-स्त्री.] तारतम्य होने की अवस्था या भाव।

तारना (सं.) [क्रि-स.] 1. उद्धार करना; उबारना 2. पार कराना या लगाना 3. सद्गति देना 4. तैराना।

तारपीन (अं.) [सं-पु.] चीड़ के पेड़ से निकला तेल जो वारनिश और औषधि के रूप में प्रयुक्त होता है; (टरपेंटाइन)।

तारफंद [सं-पु.] तारों का फंदा।

तारसप्तक (सं.) [सं-पु.] 1. संगीत शास्त्र से संबंधित एक विधा 2. हिंदी साहित्य में प्रयोगवादी कवियों द्वारा संपादित काव्य-ग्रंथ।

तारहीन [सं-पु.] बेतार समाचार भेजने की प्रक्रिया का यंत्र। [वि.] 1. जिसमें तार न हो; बेतार 2. तारहीन प्रणाली से प्राप्त (समाचार) (वार्ता)।

तारा (सं.) [सं-पु.] 1. रात को आकाश में चमकने वाला एक प्रकार का पिंड; सितारा; नक्षत्र 2. आँख की पुतली। [सं-स्त्री.] 1. बलि की पत्नी 2. बृहस्पति की पत्नी। [मु.] **आकाश के तारे तोड़ लाना** : बहुत ही कठिन काम कर दिखाना। **तारे गिनना** : चिंता में जागकर रात काटना।

तारांकित (सं.) [वि.] 1. (शब्द वाक्य या प्रश्न) जिसके साथ सितारे का चिह्न लगा हो 2. जनप्रतिनिधियों की सभा या आधिवेशन में प्रश्नोत्तर-काल में मौखिक उत्तर पाने की दृष्टि से पूछा गया (प्रश्न)।

ताराधिप (सं.) [सं-पु.] 1. चंद्रमा 2. शिव 3. वानरराज बालि 4. सुग्रीव 5. देवगुरु बृहस्पति।

ताराधीश (सं.) [सं-पु.] चंद्रमा।

तारापथ (सं.) [सं-पु.] तारों का भ्रमण मार्ग; गगन; आकाश।

तारामंडल (सं.) [सं-पु.] 1. तारों का समूह 2. तारों से आवृत मंडल; ब्रह्मांड 3. कृत्रिम नक्षत्र गृह।

तारावन [सं-पु.] अतरावन।

तारिका (सं.) [सं-स्त्री.] 1. तारा 2. आँख की पुतली 3. फ़िल्म की नायिका या अभिनेत्री।

तारिणी (सं.) [सं-स्त्री.] तारा देवी; तारने वाली स्त्री। [वि.] तारने वाली।

तारी (अ.) [सं-स्त्री.] 1. समाधि की अवस्था; ईश्वर के ध्यान में तल्लीन होना 2. टकटकी 3. अंधकार; अँधेरा।

तारीक (फ़ा.) [वि.] 1. श्याम; काला 2. अँधेरा 3. धुँधला।

तारीख़ (फ़ा.) [सं-स्त्री.] 1. दिनांक; तिथि 2. न्यायालय में मामले की सुनवाई की तिथि 3. वह शास्त्र जिसमें पहले हो चुकी या भूतपूर्व घटनाओं और स्थितियों का वर्णन हो 4. किसी ऐतिहासिक अथवा महत्वपूर्ण घटना का दिन 5. कार्य-विशेष के लिए नियत किया हुआ दिन। [मु.] **-डालना** : तारीख़ या दिन नियत करना।

तारीख़ी (अ.) [वि.] 1. किसी निश्चित तिथि को आयोजित होने वाला 2. किसी निश्चित तिथि को होने वाला।

तारीफ़ (अ.) [सं-स्त्री.] 1. प्रशंसा; बड़ाई; बखान 2. विशेषता; गुण; सिफ़त 3. परिचय; पहचान।

तारु [सं-पु.] तालु।

तारुण्य (सं.) [सं-पु.] तरुणाई; यौवन; जवानी।

तारेश (सं.) [सं-पु.] चाँद; चंद्रमा।

तार्किक (सं.) [सं-पु.] 1. तर्कशास्त्र का ज्ञाता 2. तत्ववेत्ता 3. न्यायिक। [वि.] तर्क संबंधी; तर्क का।

ताल (सं.) [सं-पु.] 1. हथेलियों के टकराने से होने वाली ध्वनि; करतल ध्वनि 2. संगीत (गायन, वादन और नर्तन) की निश्चित मात्राएँ 3. बाँह या जाँघ पर हथेली के प्रहार से होने वाली ध्वनि 4. वाद्ययंत्रों से निकलने वाली लयबद्ध ध्वनि 5. नृत्य में उसके समय का परिमाण ठीक रखने का एक साधन 6. संगीतशास्त्र का पारिभाषिक शब्द 7. तालाब; पोखर 8. ताड़ का वृक्ष। [मु.] **-ठोंकना** : लड़ने के लिए ललकारना; पहलवानों का जाँघ पर थापी मारना।

ताल-बैताल (सं.) [सं-पु.] (लोक मान्यतानुसार) दो प्रेत (यक्ष) जिन्हें राजा विक्रमादित्य ने वश में किया थां।

तालतोड़ [सं-स्त्री.] ताल के किनारों को तोड़ने वाली (अतिवृष्टि)।

तालपत्र (सं.) [सं-पु.] 1. ताड़ वृक्ष का पत्ता 2. ताड़ (ताल) के सूखे पत्तों पर लिखी पांडुलिपियाँ; तालपत्र अभिलेख 3. एक प्रकार का कान में पहनने का गहना; ताटंक।

तालबद्ध (सं.) [वि.] ताल पर आधारित या विरचित (संगीत या काव्यरचना)।

तालमखाना [सं-पु.] एक प्रकार का पौधा जिसके बीज गोल

तथा सफ़ेद होते हैं; इसके पत्तियों का साग बनता है।

तालमेल (सं.) [सं-पु.] 1. संबंध; मेलजोल; तारतम्य; आपसी संगति 2. ताल और सुर का सामंजस्य।

तालव्य वे ध्वनियाँ जिनका उच्चारण तालु के मध्य से होता है तालव्य कहलाती हैं, जैसे- 'च, छ, ज, झ, ञ, य, श'।

ताला (सं.) [सं-पु.] 1. लोहा, पीतल आदि का बना यंत्र जो कुंजी या चाबी की सहायता से खुलता और बंद होता है और जिसे दरवाज़े आदि को बंद करने के लिए लगाया जाता है 2. लोहे का बना वह तवा जो योद्धा लोग युद्ध के समय छाती पर बाँधते थे। [मु.] **-लगना या पड़ जाना** : बंद हो जाना।

तालाब (सं.) [सं-पु.] 1. छोटा जलाशय; पोखर; कुंड; सरोवर; ताल 2. वह स्थान जहाँ जानवरों, पक्षियों आदि के पीने के लिए पानी एकत्रित किया जाता है।

तालाबंदी [सं-स्त्री.] 1. ताला लगाने या बंद करने की क्रिया या अवस्था 2. किसी कारख़ाना या कार्यस्थल को किसी कारण से बंद करना।

तालाबनुमा (फ़ा.) [वि.] तालाब के आकार का।

तालासाज़ [वि.] ताला बनाने वाला।

तालिका (सं.) [सं-स्त्री.] 1. सूची; फ़ेहरिस्त 2. ताली; चाबी; कुंजी।

तालिब (अ.) [सं-पु.] 1. इच्छा रखने वाला; इच्छुक 2. याचना करने वाला; याचक 3. अभिलाषी 4. लालायित 5. विद्यार्थी।

तालिबान (अ.) [सं-पु.] 1. 'तालिब' का बहुवचन रूप 2. एक आतंकवादी संगठन जिसने कुछ वर्षों के लिए अफ़ग़ानिस्तान पर कब्ज़ा कर लिया था।

तालिबानी (अ.) [सं-पु.] तालिबान का सदस्य। [वि.] 1. तालिबान संबंधी 2. क्रूर; नृशंस।

ताली [सं-स्त्री.] 1. ताला बंद करने या खोलने की चाभी; कुंजी 2. ताड़ का रस; ताड़ी 3. हथेलियों को आपस में मारने से उत्पन्न शब्द; करतल ध्वनि 4. तलैया; छोटा ताल। [मु.] -पीटना : उपहास करना।

तालीम (अ.) [सं-स्त्री.] 1. शिक्षा-दीक्षा 2. ज्ञान 3. उपदेश।

तालु (सं.) [सं-पु.] मुँह के अंदर दाँत और कौवे के बीच का भाग।

तालुका (अ.) [सं-पु.] 1. तहसील 2. कोई ऐसा भूखंड जो किसी विचार से एक माना गया हो अथवा एक व्यक्ति के अधिकार में हो।

तालू (सं.) [सं-पु.] दे. तालु।

ताल्लुक (अ.) [सं-पु.] 1. संबंध; वास्ता; लगाव 2. रिश्तेदारी 3. समाज विशेष में अनुचित या अवैध माना जाने वाला संबंध।

ताल्लुक़ (अ.) [सं-पु.] उर्दू उच्चारणानुसार वर्तनी (दे. ताल्लुक)।

ताल्लुका (अ.) [सं-पु.] 1. संबंध-समूह 2. बड़ा इलाका।

ताल्लुकात (अ.) [सं-पु.] दे. ताल्लुक।

ताल्लुकेदारी (अ.) [सं-स्त्री.] 1. इलाकेदार या ताल्लुकेदार होने का भाव या पद 2. बहुत बड़ा ज़मींदार होना।

ताव (सं.) [सं-पु.] 1. ताप; गरमी; आँच 2. अहंकारयुक्त रोष या आवेश 3. कागज़ का चौकोर टुकड़ा। [मु.] **-खाना** : गरम होना। **मूँछों पर ताव देना** : अभिमान के कारण मूँछों पर हाथ फेरना। **-दिखाना** : क्रोध प्रकट करना।

तावरी (सं.) [सं-स्त्री.] 1. गरमी; ताप 2. धूप 3. ज्वर 4. ईर्ष्या 5. बुख़ार के कारण आने वाला चक्कर।

तावान (फ़ा.) [सं-पु.] वह राशि जो क्षति पूर्ति के रूप में दी जाती है; दंड; जुर्माना; हरजाना।

तावीज़ (अ.) [सं-पु.] 1. (लोकमान्यता) कागज़ या भोजपत्र पर मंत्र लिखकर किसी धातु के संपुट में बंद करके गले, बाँह या कमर में पहना जाने वाला एक आभूषण 2. जंतर; रक्षाकवच 3. कष्ट, रोग या प्रेतबाधा आदि से बचने के लिए अंधविश्वासपूर्वक पहना जाने वाला सोने-चाँदी या किसी धातु के गोल या चौकोर संपुट या डिबिया में बंद कोई वस्तु या पदार्थ।

ताश (अ.) [सं-पु.] 1. कागज़ या प्लास्टिक के बने हुए बावन चौकोर पत्तों का खेल 2. उक्त पत्तों की गड्डी में से कोई एक पत्ता 3. रेशम और बादले का बनाया गया ज़रदोज़ी का सुनहरा कपड़ा; जरबफ़्त 4. सिलाई का धागा लपेटने की छोटी दफ़्ती।

ताशा (फ़ा.) [सं-पु.] 1. चमड़ा मढ़ा हुआ चौड़े मुँह का डुगडुगी की तरह का एक वाद्ययंत्र 2. सुनहरे तारों से सजाकर बनाया गया एक कपड़ा।

तासखानी [सं-स्त्री.] चावल के आटे की बनी हुई मिठाई।

तासला [सं-पु.] भालू को नाचने के लिए उसके गले में बाँधी जाने वाली रस्सी।

तासीर (अ.) [सं-स्त्री.] 1. गुण; योग्यता; प्रकृति 2. असर; प्रभाव।

तास्सुब (अ.) [सं-पु.] 1. धर्म संबंधी कट्टरता 2. रक्त और वंश के आधार पर किया जाने वाला पक्षपात या तरफ़दारी 3. अनुचित पक्षपात; विद्वेष।

ताहम (फ़ा.) [क्रि.वि.] तिस पर भी; तथापि; तो भी; फिर भी; इस पर भी।

तिंतिड़ी (सं.) [सं-स्त्री.] 1. इमली का फल 2. इमली की चटनी।

तिंदिश (सं.) [सं-स्त्री.] टिंडसी नामक सब्ज़ी।

तिंदु (सं.) [सं-पु.] तेंदू का वृक्ष।

तिंदुल (सं.) [सं-पु.] दे.तिंदु।

तिउग [सं-पु.] 1. केसारी या खेसारी नामक कदन्न 2. एक पौधा जिसके बीज से तेल निकाला जाता है।

तिउरी [सं-स्त्री.] त्योरी।

तिक-तिक [सं-स्त्री.] गधों तथा घोड़ों को आगे बढ़ाने के लिए मुख से किया जाने वाला शब्द।

तिकड़म (सं.) [सं-पु.] 1. कोई तरकीब या उपाय जिससे किसी का उद्देश्य पूरा होता हो; षड्यंत्र; गुप्त युक्ति; जुगाड़ 2. चाल; कूटनीतिपरक युक्ति; छल-चातुर्य।

तिकड़मी [सं-पु.] 1. अपना काम निकालने वाला व्यक्ति 2. चालबाज़ या चतुर व्यक्ति। [वि.] 1. जो तिकड़म से काम करता हो; तिकड़मबाज़ 2. होशियार; चालाक; चालबाज़;

धोखेबाज़।

तिकड़ी (सं.) [सं-स्त्री.] तीन का समूह; तीन की जोड़ी।

तिकोन (सं.) [सं-पु.] 1. त्रिकोण 2. तीन कोनों वाली चीज़। [वि.] तीन कोनों वाला; तिकोना।

तिकोना [सं-पु.] 1. तीन कोनों की चीज़ 2. समोसा 3. धातुओं पर नक्काशी करने की छेनी 4. क्रोध में चढ़ी हुई त्यौरी। [वि.] 1. जिसमें तीन कोने हों, जैसे- तिकोना मैदान 2. तीन कोनोंवाला, जैसे- तिकोना पार्क 2. त्रिभुजाकार।

तिकोनिया [सं-स्त्री.] बढ़इयों का लकड़ी का एक तिकोना उपकरण या औज़ार जिससे कोनों की सीध नापते हैं। [वि.] तिकोना; तीन कोणोंवाला।

तिक्का (फ़ा.) [सं-पु.] मांस की बोटी; गोश्त का टुकड़ा।

तिक्की (सं.) [सं-स्त्री.] तीन बूटियों वाला ताश या गंजीफे का पत्ता; तिड़ी; तिग्गी।

तिक्त (सं.) [सं-पु.] छह रसों में से एक। [वि.] 1. कड़ुआ; तीता 2. मिर्च जैसे स्वाद का 3. जिसका स्वाद चिरायते या नीम जैसा हो।

तिक्तक (सं.) [सं-पु.] 1. नीम; चिरायता 2. परवल 3. कुटज 4. तिक्त रस। [वि.] तीता; तिक्त।

तिक्तता (सं.) [सं-स्त्री.] 1. तिक्त होने की अवस्था; कड़ुआपन 2. तीतापन; तिताई।

तिक्ता (सं.) [सं-स्त्री.] 1. पाठा 2. कुटकी 3. ख़रबूज़ा 4. यवतिक्ता नामक लता।

तिक्तिका (सं.) [सं-स्त्री.] 1. कुटकी 2. तितलौकी; कड़वी लौकी 3. काकमाची।

तिखरा [वि.] तिबारा (जोताई)।

तिखारना [क्रि-अ.] ताकीद करना; किसी बात पर ज़ोर देने के लिए कई बार कहना; बार बार स्मरण दिलाना।

तिखूँटा [वि.] जिसके या जिसमें तीन कोने (खूँट) हों; तिकोना। [सं-पु.] 1. समोसा नाम का पकवान 2. धातुओं पर नक्काशी करने की एक प्रकार की छेनी।

तिखूँटिया [सं-पु.] भूड़िया पकड़ने का जाल; हन्सी।

तिगना [क्रि-स.] देखना; भाँपना; नजर डालना। [वि.] तिगुना।

तिगुना (सं.) [वि.] जो मात्रा या अनुपात में तीन गुना हो।

तिग्म (सं.) [वि.] 1. प्रखर; तीक्ष्ण; तेज़; खरा 2. तपा हुआ; तपाने वाला 3. प्रचंड। [सं-पु.] 1. वज्र 2. पीपल 3. तीखापन; ताप; तीक्ष्णता।

तिग्मांशु (सं.) [सं-पु.] सूर्य।

तिजरा (सं.) [सं-पु.] तीन दिन के अंतर पर आने वाला बुख़ार या ज्वर; तिजारी।

तिजहरी [सं-पु.] तीसरा पहर; अपराह्न।

तिजारत (अ.) [सं-स्त्री.] सौदागरी; व्यापार; वाणिज्य; व्यवसाय; लेन-देन।

तिजारती (अ.) [वि.] तिजारत करने वाला; व्यवसाय करने वाला; सौदा करने वाला।

तिजारी [सं-स्त्री.] एक विशेष प्रकार का ज्वर जो प्रत्येक तीन दिनों पर आता है।

तिजोरी [सं-स्त्री.] लोहे से बनी मज़बूत आलमारी जिसमें धन एवं आभूषण आदि रखे जाते हैं।

तिड़ी [सं-स्त्री.] तिक्की।

तिड़ी-बिड़ी [वि.] तितर-बितर; छितराया हुआ; अस्त-व्यस्त।

तित (सं.) [वि.] तिक्त; तीता। [क्रि.वि.] 1. उधर; उस स्थान पर; वहाँ 2. तहाँ; वहाँ; उस ओर।

तितर-बितर [वि.] इधर-उधर बिखरा हुआ; बेतरतीब ढंग से फैला हुआ; अव्यवस्थित; अस्त-व्यस्त; जो इधर-उधर हो गया हो; अनियमित रूप से बिखरा हुआ; छितराया हुआ; विकीर्ण।

तितरात [सं-पु.] एक पौधा जिसकी जड़ औषधि के काम में आती है।

तितली (सं.) [सं-स्त्री.] 1. एक उड़ने वाला सुंदर कीट जो प्राय: फूलों पर बैठा हुआ दिखाई पड़ता है 2. एक प्रकार की घास 3. {ला-अ.} तड़क-भड़क से रहने वाली सुदंर या चंचल स्त्री।

तितारा [सं-पु.] सितार की तरह का तीन तारों वाला एक बाजा।

तितिक्षा (सं.) [सं-स्त्री.] 1. सहनशीलता; सरदी-गरमी सहन करने का सामर्थ्य 2. दुख, कष्ट या विकलता के प्रति सहिष्णुता 3. संयम को पुष्ट करने के लिए उपवास या ब्रह्मचर्य आदि उपाय 4. शांति; क्षमा 5. चुप रहकर कोई आक्षेप या आघात सहन करने का भाव 6. मर्षण।

तितिक्षु (सं.) [वि.] जिसमें तितिक्षा (सहनशीलता) हो; सहिष्णु।

तितिम्मा (अ.) [सं-पु.] 1. अवशिष्ट अंश; बचा हुआ भाग 2. पुस्तक के अंत में लगाया गया परिशिष्ट; पूरक अंश 3. अनावश्यक विस्तार।

तितिर (सं.) [सं-पु.] तीतर पक्षी।

तितिल (सं.) [सं-पु.] 1. पशुओं के लिए बनाई गई मिट्टी की नाँद; बालटी 2. तिल की खली।

तितीर्षा (सं.) [सं-स्त्री.] 1. (अध्यात्म) सांसारिकता या भवसागर से पार होने या तर जाने की कामना 2. तैरने या पार करने की इच्छा।

तितीर्षु (सं.) [वि.] 1. तरने या पार जाने की इच्छा करने वाला 2. मोक्ष प्राप्त करने की कामना करने वाला।

तितुला [सं-पु.] गाड़ी के पहिये का आरा।

तित्तिर (सं.) [सं-पु.] 1. तीतर नामक पक्षी 2. (महाभारत) एक जनपद।

तिथ (सं.) [सं-पु.] 1. काल; समय 2. अग्नि; आग 3. कामदेव 4. पतझड़ 5. वर्षाकाल; बरसात।

तिथनी [वि.] तीन थनोंवाली।

तिथि (सं.) [सं-स्त्री.] 1. चंद्र मास के किसी पक्ष का कोई दिन; मिती 2. वह कालखंड जिसमें चंद्रमा एक कला घटता या बढ़ता है 3. दिनांक; तारीख़ 4. श्राद्ध इत्यादि के विचार से किसी की मृत्यु-तिथि।

तिथिपत्र (सं.) [सं-पु.] वह पुस्तिका जिसमें तिथि, पक्ष आदि का उल्लेख होता है; पंचांग; पतरा।

तिथिवार (सं.) [वि.] तिथि के अनुसार; तिथि के हिसाब से।

तिदरा (हिं.+फ़ा.) [सं-पु.] तीन दरों वाला कमरा। [वि.] तीन दरवाज़ों वाला।

तिदरी [वि.] तीन द्वारोंवाली। [सं-स्त्री.] तीन द्वारों वाली दालान।

तिदारी [सं-स्त्री.] बत्तख की तरह की एक चिड़िया।

तिन (सं.) [सं-पु.] तिनका; तृण; घासफूस। [सर्व.] 'तिस' का बहुवचन, जैसे- तिनसे, तिनकों आदि।

तिनकना [क्रि-अ.] 1. आवेश में आना 2. बुरा लगना; नाराज़ होना 3. चिड़चिड़ाना; चिढ़ना।

तिनका (सं.) [सं-पु.] 1. वह सूखी घास जिससे छप्पर आदि छाया जाता है 2. घासफूस; तृण। [मु.] **-तोड़ना** : संबंध तोड़ना। **तिनके को पहाड़ बनाना** : ज़रा-सी बात को बहुत बढ़ा-चढ़ा कर कहना।

तिनकोनिया [सं-पु.] 1. खेतों के बीच का वह स्थान जहाँ तीन सीमाएँ या मेड़ें मिलती हैं 2. तिकोना खेत। [वि.] तीन कोनोंवाला।

तिनगिनी [सं-स्त्री.] खाँड़ की बनी मिठाई।

तिनचुटिया [सं-पु.] 1. कौवा; काक पक्षी 2. केश सज्जा।

तिनतिरिया [सं-स्त्री.] मनुआ नाम का कपास।

तिनपतिया [सं-पु.] 1. तीन पत्तों वाली एक घास 2. तीन पत्तों का खेल 3. चंगेरी। [वि.] तीन पत्तोंवाला।

तिनाशक (सं.) [सं-पु.] तिनिश या शीशम की तरह का वृक्ष।

तिपहरी [सं-स्त्री.] 1. तीसरे पहर का समय; अपराह्न; तिजहरी।

तिपहिया [वि.] तीन पहिए या चक्केवाला।

तिपाई [सं-स्त्री.] तीन पावों वाली छोटी ऊँची चौकी।

तिपारी [सं-स्त्री.] एक तरह का झाड़, जिसमें रसभरी की तरह के छोटे फल लगते हैं; छोटी रसभरी मकोय; परपोटा।

तिप्-तिप् [सं-पु.] ओस के बूँद की टपकने की आवाज।

तिफल्ला [वि.] तीन कतरे या फांकवाला।

तिफ़सली [वि.] तिसाई; तीन फसल देने वाली।

तिबसिया [सं-पु.] तीन बेला तक बासी रखा गया भोजन; तिबासी।

तिबही [वि.] तिबारा। [सं-पु.] जो तीन बार खेत जोता गया हो।

तिबाई [सं-स्त्री.] एक तरह की छिछली थाली जिसमें प्रायः आटा गूँथते हैं।

तिबारा [क्रि.वि.] तीसरी बार।

तिबासी [वि.] तीन दिनों का बासी खाद्य पदार्थ।

तिबेनिया [सं-पु.] किवाड़ों की जोड़ी।

तिब्बती (सं.) [सं-पु.] तिब्बत का निवासी। [सं-स्त्री.] तिब्बत देश की भाषा। [वि.] 1. तिब्बत का रहने वाला 2. तिब्बत संबंधी 3. तिब्बत का।

तिमंज़िला (हिं.+अ.) [वि.] तीन माले वाला; तीन मंज़िलों का; तीन खंडों वाला।

तिमाना [क्रि-स.] भिगोना; तरकरना।

तिमाही [वि.] तीन माह में होने वाला; तीन महीनों का; त्रैमासिक।

तिमि (सं.) [सं-पु.] 1. समुद्र; सागर 2. रतौंधी रोग। [क्रि.वि.] उस तरह; उसी प्रकार; वैसे।

तिमिर (सं.) [सं-पु.] 1. अँधेरा; अंधकार 2. आँख का एक रोग 3. लोहे का मोरचा 4. एक प्रकार का पेड़।

तिमिरमय (सं.) [वि.] जहाँ अँधेरा हो; अंधकारयुक्त।

तिमिरारि [सं-पु.] तिमिर (अंधकार) का शत्रु; सूर्य।

तिमिष (सं.) [सं-पु.] 1. पेठा; कद्दू; कुम्हड़ा 2. ककड़ी; फूट अर्थात डंगरा नामक फल; तरबूज़।

तिमुहानी [सं-स्त्री.] तिरमुहानी; तिराहा; वह स्थान जहाँ तीन रास्ते मिलते हैं।

तिर (सं.) [पूर्वप्रत्य.] तीन का सूचक प्रत्यय, जैसे- तिरमुहानी।

तिरंगा (सं.) [वि.] तीन रंगों वाला। [सं-पु.] केसरिया, सफ़ेद और हरे रंगों से युक्त भारत का राष्ट्रीय ध्वज।

तिरक (सं.) [सं-पु.] 1. दोनों टाँगों के ऊपर वाले जोड़ का स्थान; रीढ़ के नीचे का वह स्थान जहाँ दोनों कूल्हों की हड्डियाँ मिलती हैं 2. हाथी के शरीर का वह पिछला भाग जहाँ से दुम निकलती है।

तिरकना [क्रि-अ.] तड़कना; चटखना; फट जाना।

तिरछा (सं.) [वि.] 1. टेढ़ा; जो एक ओर कुछ झुका हुआ हो 2. {ला-अ.} कुटिल; वक्र; कज; बाँका।

तिरछाना [क्रि-अ.] 1. तिरछा होना 2. टेढ़ा होना या मुड़ना। [क्रि-स.] तिरछा करना; मोड़ना।

तिरछापन [सं-स्त्री.] 1. तिरछा होने का भाव; तिरछाई 2. तिरछा करने की क्रिया 3. बाँकपन।

तिरछी [सं-स्त्री.] अरहर के वे अपरिपक्व दाने जिनकी दाल नहीं बन सकती; इनको अलगाने के बाद चूनी बनाकर रोटी बनाते हैं या जानवरों को खिला देते हैं।

तिरछौंहा [वि.] जो कुछ तिरछा हो; जिसमें कुछ या थोड़ा तिरछापन हो।

तिरना (सं.) [क्रि-अ.] 1. तरना 2. उतराना।

तिरप (सं.) [सं-पु.] नाच में प्रयुक्त एक ताल; नृत्य में तिहाई आने पर तीन बार पैर पटकना।

तिरपटा [वि.] 1. (व्यक्ति या पशु) जिसकी सामने की ओर ताकते समय पुतलियाँ कोनों में चली जाती हों; तिरछा देखने वाला; ऐंचा-ताना; भेंगा 2. मुश्किल; कठिन; विकट।

तिरपटाह [सं-पु.] वह खेत जिसमें से पानी ढरक जाए; ढालुआ खेत; ढरकना (खेत)।

तिरपन [सं-पु.] संख्या '53' का सूचक।

तिरपाई [सं-स्त्री.] तीन पायों वाली एक तरह की बैठने अथवा सामान आदि रखने की ऊँची चौकी; तिपाई; तीन पैरों वाली छोटी मेज़।

तिरपाल [सं-पु.] 1. छाजन या छप्पर में लगाए जाने वाले फूस या सरकंड़ों के पूले जो खपरैल के नीचे लगाए जाते हैं 2. छत आदि पर ढाँकने का रोगन किया हुआ एक मोटा जलरोधी कपड़ा; राल चढ़ाया हुआ टाट 3. प्लास्टिक की मोटी चादर।

तिरमिरा [सं-पु.] 1. आँख का एक रोग जिसमें अधिक प्रकाश के कारण आँखें चौंधिया जाती हैं और कभी अँधेरा, कभी उजाला दिखाई देने लगता है; चकाचौंध 2. घी, तेल या चिकनाई के छींटे जो पानी, दूध या और किसी द्रव पदार्थ के ऊपर तैरते दिखाई पड़ते हैं।

तिरमिराना [क्रि-अ.] चमकदार वस्तु या तेज़ प्रकाश के सामने

आँखों का चौंधियाना; चौंधना; तिलमिलाना।

तिरमुहानी [सं-स्त्री.] वह स्थल जहाँ तीन रास्ते मिलते हों; तिराहा।

तिरवट [सं-पु.] एक प्रकार का राग, जो तराने या तिल्लाने का एक भेद है।

तिरवाहाँ (सं.) [सं-पु.] नदी का किनारा।

तिरविक्रम [सं-पु.] त्रिविक्रम; विष्णु।

तिरसठ [वि.] संख्या '63' का सूचक।

तिरस्कर्ता (सं) [वि.] तिरस्कार करने वाला।

तिरस्कार (सं.) [सं-पु.] 1. अपमान; अनादरपूर्वक त्याग 2. निकृष्ट या हेय समझने का भाव 3. अवज्ञा; अवहेलना; उपेक्षापूर्वक त्याग 4. भर्त्सना; फटकार।

तिरस्कारपूर्वक (सं.) [क्रि.वि.] तिरस्कार के साथ; अपमानित करते हुए; अपमानपूर्वक।

तिरस्कृत (सं.) [वि.] जिसका तिरस्कार किया गया हो; जिसकी अवहेलना की गई हो; अपमानित।

तिरहा [सं-पु.] एक तरह का उड़ने वाला कीड़ा, जो धान को क्षति पहुँचाता है।

तिरहुत [सं-पु.] बिहार के मिथिला प्रदेश के आसपास के क्षेत्र का पुराना नाम।

तिरहुति [सं-स्त्री.] तिरहुत में गाया जाने वाला एक तरह का गीत।

तिरा [सं-पु.] 1. एक पौधा जिसके बीजों की गिनती तेलहन में होती है 2. उक्त पौधे के बीज; एक तेलहन।

तिरानवे [वि.] संख्या '93' का सूचक।

तिराना [क्रि-स.] 1. पानी पर तैराना या ठहराना 2. तैरने में प्रवृत्त करना 3. पानी के ऊपर चलाना 4. पार करना 5. निस्तार करना; उद्धार करना; उबारना; तारना 6. पानी के तल पर रहना; उतराना। [क्रि-अ.] तिरना; तैरना।

तिरासी [वि.] संख्या '83' का सूचक।

तिराहा (हिं.+फ़ा.) [सं-पु.] वह स्थान जहाँ तीन रास्ते मिलते हों; तिरमुहानी।

तिरि [सं-स्त्री.] तिरी; जिससे सूत निकालकर बुना जाता है। [वि.] तीन।

तिरिया [सं-स्त्री.] दे. त्रिया।

तिरीफल [सं-पु.] 1. तीन फलों का समूह (आँवला, हरड़, बहेड़ा); त्रिफला 2. दंती नामक वृक्ष।

तिरोधान (सं.) [सं-पु.] 1. तिरोहित या दृष्टि से ओझल होने की अवस्था या भाव; अंतर्धान; लुप्त; लोप 2. इस प्रकार किसी वस्तु का हटाया या बढ़ाया जाना कि जल्दी दिखाई न पड़े।

तिरोभाव (सं.) [सं-पु.] 1. तिरोहित या अदृश्य होने का भाव या अवस्था; अंतर्धान; लोप 2. छिपाव; गोपन।

तिरोहित (सं.) [वि.] 1. अदृश्य; लुप्त; अंतर्हित 2. ओझल 3. ढका हुआ या छिपा हुआ।

तिरौंदा (सं.) [सं-पु.] 1. ख़तरे आदि के किसी संकेत के लिए समुद्र में चट्टान के पास या छिछले पानी में रखे जाने वाले विभिन्न आकार के पीपे 2. मछली मारने के काँटे में थोड़ा ऊपर बँधी रहने वाली लकड़ी जो तैरती रहती है और जिसके डूबने से मछली फँस जाने का पता चलता है 3. तैरने वाली लकड़ी या कोई वस्तु जिसके सहारे नदी आदि को पार किया जाता है।

तिर्यक (सं.) [वि.] 1. तिरछा; टेढ़ा; आड़ा; वक्र 2. ढालुआँ। [अव्य.] 1. तिरछे; आड़े 2. वक्रता या टेढ़ेपन के साथ।

तिर्यग्गति (सं.) [सं-स्त्री.] 1. तिरछी या टेढ़ी चाल 2. तिर्यक योनि (पशु-पक्षियों आदि की योनि) में उत्पन्न होना।

तिर्यग्योनि (सं.) [सं-स्त्री.] पशु-पक्षियों आदि की योनि।

तिल (सं.) [सं-पु.] 1. काले अथवा सफ़ेद रंग का एक अत्यंत छोटे दाने का तिलहन 2. बहुत छोटा काला चिह्न जो शरीर पर कहीं-कहीं प्राकृतिक रूप से पाया जाता है 3. आँख की पुतली के बीच का बिंदु 4. किसी पदार्थ का बहुत छोटा भाग या अंश 5. काली बिंदी के आकार का गोदना। [मु.] **-का ताड़ करना** : ज़रा-सी बात को बहुत बढ़ा-चढ़ा कर प्रस्तुत करना। **-भरने की जगह न होना** : ज़रा भी जगह खाली न होना।

तिल-तिल (सं.) [अव्य.] धीरे-धीरे; शनैः-शनैः; थोड़ा-थोड़ा।

तिलंगा (सं.) [सं-पु.] 1. सिपाही; सैनिक 2. अँग्रेज़ी फ़ौज का भारतीय सिपाही 3. तिलंगाने या तैलंग का निवासी।

तिलंगी[1] [सं-स्त्री.] आकाश में उड़ाने की गुड्डी; पतंग।

तिलंगी[2] (सं.) [सं-पु.] तिलंगाने का निवासी। [वि.] तिलंगाने का।

तिलक (सं.) [सं-पु.] 1. धार्मिकता, लोकरीति या सौंदर्य की दृष्टि से चंदन, रोली आदि से माथे पर बनाया जाने वाला एक विशेष प्रकार का चिह्न या निशान; टीका 2. सफ़ेद फूलों वाला एक पेड़ जो वसंत के मौसम में खिलता है 3. एक आभूषण जो सिर पर पहना जाता है 4. राज्याभिषेक 5. विवाह की एक रीति जिसमें वधू पक्ष द्वारा वर का टीका किया जाता है। [वि.] 1. उत्तम 2. शोभा या कीर्ति बढ़ाने वाला।

तिलक कामोद (सं.) [सं-पु.] (संगीत) एक प्रकार का राग।

तिलक मुद्रा (सं.) [सं-स्त्री.] (हिंदूधर्म) धार्मिक व्यक्तियों द्वारा माथे पर लगाया जाने वाला तिलक और देह पर अंकित किया जाने वाला अपने संप्रदाय का चिह्न।

तिलका (सं.) [सं-स्त्री.] 1. गले का एक आभूषण 2. (काव्यशास्त्र) एक वर्णवृत्त जिसके प्रत्येक चरण में दो सगण होते हैं जिसे 'तिल्ला' या 'डिल्ला' भी कहते हैं।

तिलकुट (सं.) [सं-पु.] एक प्रकार की मिठाई जो तिल तथा चीनी या गुड़ से बनाई जाती है; कुटे हुए तिलों की मीठी टिकिया; गज़क।

तिलचट्टा (सं.) [सं-पु.] एक प्रकार का झींगुर।

तिलठी [सं-स्त्री.] तिल के पौधे की वह डाली जिससे तिल झाड़ लिया गया हो।

तिलड़ा [वि.] जिसमें तीन लड़ हों; तीन लड़ोंवाला, जैसे- तिलड़ी करधनी, तिलड़ा हार। [सं-पु.] पत्थर गढ़ने वालों की एक छेनी जिससे टेढ़ी लकीर या लहरदार नक्काशी बनाई जाती है।

तिलड़ी [सं-स्त्री.] तीन लड़ियों की माला; तीन लड़ियों वाला गले का हार।

तिलतंडुलवत (सं.) [वि.] तिल एवं तंडुल (चावल) की तरह

मिश्रित।

तिलबट [सं-पु.] तिल और गुड़ से बनी मिठाई; गज़क; तिलकुट।

तिलमिलाना [क्रि-अ.] 1. विवशता के साथ तड़पना; छटपटाना 2. बेचैन होना 3. चौंधियाना।

तिलमिलाहट [सं-स्त्री.] 1. तिलमिलाने की अवस्था या भाव 2. बेचैनी 3. चकाचौंध।

तिलरा [सं-पु.] कसेरों की एक तरह की छेनी। [वि.] दे. तिलड़ा।

तिलरी [सं-स्त्री.] तीन लड़ी वाला हार; तिलड़ी। [वि.] तीन लड़ीवाला।

तिलवन [सं-स्त्री.] एक औषधीय पौधा।

तिलवा [सं-पु.] तिलों का लड्डू; तिल और गुड़ का बना लड्डू।

तिलशकरी (सं.) [सं-स्त्री.] तिल में शक्कर मिलाकर बनाई गई मिठाई।

तिलस्म (अ.) [सं-पु.] दे. तिलिस्म।

तिलस्मी (अ.) [वि.] दे. तिलिस्मी।

तिलहन (सं.) [सं-पु.] 1. वह फ़सल समूह जो तेल प्राप्त करने के लिए बोया जाता है, जैसे- तिल, सरसों आदि 2. ऐसे बीज जिनसे तेल प्राप्त होता है।

तिला (अ.) [सं-पु.] पुरुषेंद्रिय पर मालिश करने में प्रयुक्त किया जाने वाला एक औषधीय तेल।

तिलांजलि (सं.) [सं-स्त्री.] 1. सदा के लिए किसी व्यक्ति, वस्तु आदि को त्याग करने का संकल्प; परित्याग 2. श्राद्ध कर्म की एक क्रिया जिसमें मृतक के पुत्र आदि के द्वारा तिल मिश्रित जल की अंजलि अर्पित की जाती है। [मु.] **-दे देना** : सदा के लिए परित्याग कर देना।

तिलान्न (सं.) [सं-पु.] तिल से बनी हुई खिचड़ी।

तिलाम (अ.) [सं-पु.] 1. गुलाम का गुलाम; दासानुदास 2. परम तुच्छ व्यक्ति या सेवक।

तिलिस्म (अ.) [सं-पु.] 1. जादू; भ्रम 2. ऐंद्रजालिक रचना 3. कोई अद्भुत कार्य 4. जादू की कोई भयावह या रहस्यमयी आकृति 5. चमत्कार; करामात 6. अज़ीबोगरीब जगह 7. माया, अलौकिक या अद्भुत प्रतीत होने वाला कार्य।

तिलिस्मी (अ.) [वि.] 1. जिसमें तिलिस्म हो; तिलिस्म का 2. जिसमें चमत्कारपूर्ण वर्णन हो, जैसे- तिलिस्मी कथा 3. जिसमें जादू या भ्रम हो; ऐंद्रजालिक 4. अद्भुत कार्ययोजनावाला; हैरतंगेज़ कार्य।

तिलेदानी (हिं.+फ़ा.) [सं-स्त्री.] सुई, धागा आदि रखने की थैली।

तिलोत्तमा (सं.) [सं-स्त्री.] (पुराण) इंद्र की एक अप्सरा जिसके शरीर की रचना ब्रह्मा ने सृष्टि के सबसे सुंदर पदार्थों से एक-एक तिल भर अंश लेकर की थी और जिसको प्राप्त करने के लिए हिरण्याक्ष के दोनों पुत्र सुंद और उपसुंद में युद्ध हुआ था।

तिलोहरा [सं-पु.] पटसन का रेशा।

तिलौंछना [क्रि-स.] किसी वस्तु को तेल लगा कर चिकना करना।

तिलौंछा [वि.] जिसमें तेल का मेल, गंध या स्वाद हो; तेल जैसे स्वादवाला।

तिलौड़ी [सं-स्त्री.] दे. तिलौरी।

तिलौरी [सं-स्त्री.] तिल मिली हुई बड़ी; तिल मिश्रित उड़द या मूँग की बड़ी।

तिल्य (सं.) [सं-पु.] वह खेत जिसमें तिल बोया गया हो। [वि.] तिल की खेती के लायक।

तिल्ला (अ.) [सं-पु.] 1. कलाबत्तू या बादले आदि की कसीदाकारी 2. दुपट्टा, पगड़ी या साड़ी का वह हिस्सा जिसमें कलाबत्तू का काम हुआ हो 3. किसी वस्तु में जोड़ी गई शोभा बढ़ाने वाली कोई चीज़।

तिल्ली[1] [सं-स्त्री.] 1. माचिस की तिल्ली 2. एक तरह का लंबा बाँस।

तिल्ली[2] (सं.) [सं-स्त्री.] 1. शरीर का एक आंतरिक अवयव; प्लीहा 2. तिल नाम का बीज।

तिल्लेदार (हिं.+फ़ा.) [वि.] 1. जूते का एक प्रकार जो चमड़े का बना होता है 2. वह कपड़ा जिसमें बादले, कलाबत्तू आदि के तार भी बुने हों।

तिल्व (सं.) [सं-पु.] 1. तिल का तेल 2. लोध।

तिल्वक (सं.) [सं-पु.] 1. शीशम की जाति का तिनिश वृक्ष 2. लोध।

तिवान [सं-पु.] फ़िक्र; चिंता; सोच।

तिवारी [सं-पु.] ब्राह्मण समाज में एक कुलनाम या सरनेम।

तिष्य (सं.) [वि.] 1. तिष्य या पुष्य नक्षत्र में उत्पन्न 2. भाग्यवान; भाग्यशाली 3. कल्याण या मंगल करने वाला 4. शुभ।

तिष्यक (सं.) [सं-पु.] पौष मास; पूस।

तिष्या (सं.) [सं-स्त्री.] आँवला; आमलक।

तिसजौरी [सं-स्त्री.] तीसी के साथ पकाया चावल।

तिसरायत [सं-स्त्री.] 1. तीसरा होने का भाव 2. गैर या पराया होने का भाव 3. मध्यस्थ; बिचौलिया 4. तटस्थ।

तिसरैत [सं-पु.] 1. तीसरा व्यक्ति 2. तीसरे पक्ष का; तटस्थ 3. तीसरे भाग या हिस्से का मालिक।

तिहत्तर [वि.] संख्या '73' का सूचक।

तिहरा [सं-पु.] दूध दूहने या दही जमाने का मिट्टी का बरतन। [वि.] 1. तीन तहों या परतोंवाला 2. तीन तहों में लिपटा हुआ 3. जो तीसरी बार किया जाए 4. जो एक साथ तीन हों; तिगुना।

तिहाई (सं.) [सं-स्त्री.] 1. किसी वस्तु का तीसरा भाग; तृतीयांश 2. (संगीत) ख़याल, सरगम को समाप्त करने के लिए उसकी पहली पंक्ति के आधे भाग को तीन बार गाना।

तिहानी [सं-स्त्री.] चुड़ियाँ बनानेवालों की एक लकड़ी जो तीन बालिश्त लंबी और एक बालिश्त चौड़ी होती है।

तीकुर [सं-पु.] 1. किसी चीज़ का तीसरा भाग; तिहाई 2. उपज का वह बँटवारा जिसमें एक भाग ज़मीदार को तथा दो भाग किसान या काश्तकार को मिलता है 3. किसी चीज़ का छोटा भाग।

तीकुरिया [सं-स्त्री.] टूँड़ वाली फसल।

तीक्ष्ण (सं.) [वि.] 1. तीव्र; तेज़; प्रखर; निपुण; कुशाग्र 2. तेज़ धार या नोंकवाला; पैना 3. तीखा; चरपरा 4. असहनीय; अप्रिय;

कटु; चुभने वाला 5. आत्मत्यागी 6. आलसरहित 7. मर्मभेदी 8. कठोर।

तीक्ष्णक (सं.) [सं-पु.] 1. सफ़ेद या पीली सरसों 2. मोखा नामक पेड़।

तीक्ष्णता (सं.) [सं-स्त्री.] 1. तीक्ष्ण होने की अवस्था या भाव; तीक्ष्णता; तीखापन 2. तेज़ी; तीव्रता; प्रचंडता; प्रखरता।

तीक्ष्णबुद्धि (सं.) [वि.] प्रखर बुद्धिवाला; निपुण।

तीक्ष्णा (सं.) [सं-स्त्री.] 1. केवांच; कौंछ 2. बच 3. मिर्च 4. जोंक।

तीक्ष्णाग्नि (सं.) [सं-स्त्री.] 1. जठराग्नि 2. अजीर्ण या अपच का रोग 3. अग्निरस।

तीक्ष्णाग्र (सं.) [सं-पु.] अजीर्ण या अपच नाम का रोग। [वि.] 1. जिसका अगला भाग बहुत तेज़ धार वाला या नुकीला हो 2. प्रबल (जठराग्नि)।

तीखा (सं.) [वि.] 1. कड़वा; चरपरा; मसालेदार 2. कटु; अप्रिय 3. तीक्ष्ण; तीव्र।

तीखापन [सं-पु.] 1. तीखा होने की अवस्था या भाव; चरपरापन 2. तीक्ष्णता; पैनापन 3. प्रखरता।

तीखुर (सं.) [सं-पु.] हल्दी की प्रजाति का एक पौधा जिसकी जड़ का सत्त खीर, हलुआ आदि बनाने के काम आता है।

तीज (सं.) [सं-स्त्री.] 1. चांद्रमास के किसी पक्ष की तीसरी तिथि 2. भाद्रपद शुक्ल तृतीया का पर्व जिसमें विवाहित स्त्रियाँ अपने पति के लिए व्रत रखती हैं; हरितालिका तीज व्रत।

तीजा [सं-पु.] मुसलमानों में किसी की मृत्यु के बाद तीसरे दिन का कृत्य (इस दिन मृतक के संबंधी गरीबों को भोजन बाँटते हैं)। [वि.] तीसरा।

तीतर (सं.) [सं-पु.] कबूतर के आकार का एक रंगीन, धारीदार तेज़ दौड़ने वाला पक्षी जिसे लड़ाने के लिए पाला जाता है।

तीतरपंखी [सं-स्त्री.] तीतर की पँखों जैसे बादल।

तीतरबन्ना [सं-पु.] तीतरपंखी।

तीता (सं.) [वि.] 1. तीखा और चटपटे स्वादवाला 2. कड़ुआ; कटु।

तीन [वि.] संख्या '3' का सूचक। [मु.] **-तेरह होना** : तितर-बितर होना। **-पाँच करना** : चालाकी की बातें करना।

तीमन [सं-पु.] साग; बनी हुई सब्जी या उसका रसा।

तीमार (फ़ा.) [सं-स्त्री.] 1. रोगी की देखभाल; सेवा-शुश्रूसा 2. रक्षा; हिफ़ाज़त।

तीमारदारी (फ़ा.) [सं-स्त्री.] 1. रोगी की सेवा का कार्य 2. परिचर्या; देखभाल।

तीर[1] (सं.) [सं-पु.] 1. नदी का तट या किनारा; कूल 2. सीसा 3. रांगा। [अव्य.] निकट; समीप; पास।

तीर[2] (फ़ा.) [सं-पु.] 1. बाण; शर 2. उक्त का सूचक चिह्न जो किसी दिशा का परिचायक होता है 3. {ला-अ.} चतुराई से भरी युक्ति।

तीरंदाज़ (फ़ा.) [सं-पु.] तीर चलानेवाला व्यक्ति; धनुर्धर; (आर्चर)।

तीरंदाज़ी (फ़ा.) [सं-स्त्री.] 1. तीर से लक्ष्य भेदने की क्रिया या भाव 2. धनुष चलाने की कला; धनुर्विद्या।

तीरथ [सं-पु.] दे. तीर्थ।

तीरवर्ती (सं.) [वि.] 1. किनारे या तट पर रहने वाला 2. बगल या पास में रहने वाला।

तीरु (सं.) [सं-पु.] 1. शिव; महादेव 2. शिव का स्तुतिगान।

तीर्ण (सं.) [वि.] 1. जो तर या पार हो चुका हो 2. जिसने सीमा लांघी हो 3. जो पार किया जा चुका हो 4. गीला; तर; भीगा हुआ।

तीर्थ (सं.) [सं-पु.] 1. वह स्थान जहाँ लोग पूजा-पाठ, देवी-देवता के दर्शन और पर्यटन के लिए जाते हैं 2. पवित्र या पौराणिक महत्व का कोई स्थान; पुण्य क्षेत्र; धर्मस्थान।

तीर्थंकर (सं.) [सं-पु.] जैन धर्म के चौबीस उपास्य देवता जो मुक्तिदाता माने जाते हैं; जिन।

तीर्थयात्रा (सं.) [सं-स्त्री.] धार्मिक स्थलों के दर्शन के लिए जाना; तीर्थाटन।

तीर्थयात्री (सं.) [वि.] तीर्थ यात्रा करने वाला; तीर्थ पर जाने वाला।

तीर्थस्थान (सं.) [सं-पु.] 1. तीर्थ की दृष्टि से प्रसिद्ध स्थल; वह स्थान जहाँ लोग धार्मिक पुण्य या लाभ के लिए जाते हैं 2. धार्मिक-सांस्कृतिक महत्व का कोई नगर या गाँव।

तीर्थाटन (सं.) [सं-पु.] तीर्थयात्रा; तीर्थभ्रमण।

तीला (फ़ा.) [सं-पु.] लंबा तिनका; सींक।

तीली [सं-स्त्री.] 1. सलाई के आकार की धातु आदि की लंबी सींक 2. छोटा तीला; खपची; मोटी सींक 3. दियासलाई की तूली।

तीवट (सं.) [सं-पु.] 1. (संगीत) दोपहर में गाया जाने वाला एक राग 2. संगीत में चौबीस या चौदह मात्राओं का एक ताल जिसे तेवरा भी कहते हैं।

तीवर (सं.) [सं-पु.] 1. समुद्र 2. मछुआ; धीवर 3. शिकारी 4. एक कामगार जाति।

तीव्र (सं.) [वि.] 1. तीक्ष्ण; तेज़ 2. द्रुत; वेगमय 3. प्रखर 4. कटु 5. तीखा; असह्य।

तीव्रता (सं.) [सं-स्त्री.] 1. तीव्र होने की अवस्था या गुण 2. तेज़ी; तीक्ष्णता; प्रखरता; शीघ्रता।

तीव्रा (सं.) [सं-स्त्री.] 1. राई 2. तुलसी 3. कुटकी 4. खुरासानी अजवायन 5. संगीत में षड्ज स्वर की चार श्रुतियों में से पहली श्रुति।

तीव्रानंद (सं.) [सं-पु.] शिव; महादेव।

तीस [वि.] संख्या '30' का सूचक।

तीसमार खाँ [वि.] 1. बहुत बड़ा लड़ाका या बाँका वीर 2. (व्यंग्य) बड़ी-बड़ी बातें बनाने वाला; शेखीख़ोर।

तीसरा [वि.] 1. तीन के स्थान पर पड़ने वाला 2. किसी क्रम में दूसरे के पश्चात आने वाला; जो गिनती में दो के बाद हो 3. जिसका दो पक्षों में से किसी से भी संबंध न हो; गैर 4. जिसका पेश किए गए विषय से कोई संबंध न हो; कोई और। [सं-पु.] 1. वह जो किन्हीं दो पक्षों में से किसी की तरफ़ न हो; तीसरा व्यक्ति 2. पंच; मध्यस्थ।

तीसी (सं.) [सं-स्त्री.] 1. डेढ़ हाथ ऊँचा एक पौधा जिसमें नीले रंग के फूल तथा मटमैले रंग के गोल और घुंडीदार बीज होते हैं; नीलपुष्पी; अलसी; क्षुमा; उमा; पार्वती 2. उक्त बीज जो वैद्यक के अनुसार वात, पित, और कफ़नाशक होते हैं 3. एक प्रकार की छेनी जिससे लोहे की थालियों आदि पर नक्काशी करते हैं 4. तीस वस्तुओं का एक मान।

तुंग (सं.) [सं-पु.] 1. पर्वत 2. पुन्नाग का वृक्ष; पश्चिमी हिमालय क्षेत्र का एक झाड़दार पेड़; एरंडी 3. नारियल 4. ऊँचाई 5. समूह। [वि.] 1. बहुत ऊँचा; उच्च 2. तीव्र; प्रचंड; उग्र 3. मुख्य; प्रधान।

तुंगता (सं.) [सं-स्त्री.] ऊँचाई; उच्चता।

तुंड (सं.) [सं-पु.] 1. मुँह; मुख 2. चोंच; चंचु 3. आगे निकला हुआ मुँह; थूथन 4. शिव 5. हाथी की सूँड़ 6. तलवार का नोक के समीप का भाग।

तुंडि (सं.) [सं-पु.] 1. चोंच; मुख 2. बिंबाफल। [सं-स्त्री.] नाभि।

तुंडी (सं.) [सं-स्त्री.] 1. नाभि 2. एक तरह का कुम्हड़ा। [वि.] आगे निकले हुए चोंच या थूथनवाला।

तुंद[1] (सं.) [सं-पु.] 1. उदर; पेट 2. नाभि।

तुंद[2] (फ़ा.) [वि.] तीव्र; प्रचंड; तेज़।

तुंदिल (सं.) [वि.] तोंदवाला; जिसकी तोंद या पेट बड़ा हो; बड़े उदरवाला।

तुंबरी (सं.) [सं-स्त्री.] 1. एक प्रकार का अनाज 2. तूँबी।

तुंबा (सं.) [सं-पु.] 1. कडुए कद्दू का सूखा हुआ वह रूप जिसके सहारे नदी-नाले आदि पार किए जाते हैं 2. कडुए कद्दू को सुखाकर और खोखला करके बनाया गया एक प्रकार का पात्र, जो प्रायः साधु-संन्यासी और भिखमंगे अपने पास खाने-पीने की चीज़ें रखने के लिए रखते हैं। [सं-स्त्री.] 1. दूध का बरतन 2. दुधारु गाय 3. कद्दू।

तुअनी [सं-स्त्री.] जिस गाय का गर्भ प्रायः गिर जाए।

तुअर (सं.) [सं-स्त्री.] 1. अरहर का पौधा 2. अरहर के बीज या दाल।

तुक [सं-पु.] 1. समरूपता लाने का भाव; सामंजस्य 2. किसी कविता, गीत का कोई पद, चरण या कड़ी जिसमें ध्वनि साम्य हो; काफ़िया; अंत्यानुप्रास। [मु.] **-जोड़ना** : साधारण कविता करना।

तुकदार (हिं.+फ़ा.) [वि.] 1. जिसमें तुक या लय हो 2. जिसे गाया जा सकता हो 3. जिस छंद के चरणों के अंतिम अक्षरों में मेल हो।

तुकबंद (हिं.+फ़ा.) [सं-पु.] तुकबंदी करने वाला कवि। [वि.] जिसमें तुकबंदी की गई हो।

तुकबंदी (हिं.+फ़ा.) [सं-स्त्री.] 1. तुक मिलाने या जोड़ने की क्रिया 2. साधारण या स्तरहीन कविता 3. ऐसी कविता (पद्य) जिसके चरणों के अंत में तुक या ध्वनि संबंधी मेल तो हो लेकिन जिसमें भाव या भाषा के सौंदर्य का अभाव हो।

तुकमा (फ़ा.) [सं-पु.] पहनने के कपड़ों की घुंडी फँसाने का फंदा; पाशक।

तुकांत [सं-पु.] 1. कविता या गीत के दो चरणों में अंतिम अक्षरों का मेल या साम्य; तुक का मेल 2. काफ़िया; अंत्यानुप्रास।

तुक्कड़ [सं-पु.] 1. तुक मिलाने या जोड़ने वाला व्यक्ति; तुकबंदी करने वाला व्यक्ति 2. वह जो साधारण कविता करता हो।

तुक्कल (फ़ा.) [सं-स्त्री.] मोटी डोर से उड़ाई जाने वाली बड़ी गुड्डी या पतंग।

तुक्का (फ़ा.) [सं-पु.] 1. शल्यरहित बाण; बिना फल का बाण 2. कोई लंबी-सी वस्तु या उसका तिनका।

तुक्की [सं-स्त्री.] सीधी गाय।

तुखार (सं.) [सं-पु.] 1. हिमालय के उत्तर-पश्चिम का एक प्राचीन देश जिसका उल्लेख अथर्ववेद, रामायण, महाभारत आदि में है, यहाँ के घोड़े बहुत अच्छे माने जाते थे 2. उक्त देश का निवासी 3. उक्त देश का घोड़ा।

तुख़्म (अ.) [सं-पु.] 1. वह वीर्यकण जिससे संतान या औलाद पैदा होती है 2. बीज; गुठली; दाना।

तुगलक (फ़ा.) [सं-पु.] 1. सरदार 2. मध्य एशिया की एक जाति जिसने मध्यकाल में भारत में साम्राज्य की स्थापना की।

तुग़लक (फ़ा.) [सं-पु.] उर्दू उच्चारणानुसार वर्तनी (दे. तुगलक)।

तुगलकी (फ़ा.) [वि.] 1. तुगलक से संबंधित 2. अविवेकपूर्ण।

तुच्छ (सं.) [वि.] 1. क्षुद्र; छोटा 2. सारहीन; मूल्यहीन; महत्वहीन 3. अल्प; थोड़ा 4. निर्धन; गरीब 5. मंद 6. नगण्य 7. निकृष्ट। [सं-पु.] 1. अनाज के ऊपर का छिलका; भूसी 2. नील का पौधा 3. तूतिया।

तुच्छता (सं.) [सं-स्त्री.] 1. तुच्छ होने की अवस्था या भाव; ओछापन; हीनता 2. नीचता; क्षुद्रता 3. अल्पता; खोखलापन 4. दीनता।

तुच्छा (सं.) [सं-स्त्री.] 1. नील का पौधा 2. नीला थोथा; तूतिया 3. छोटी इलायची।

तुझ (सं.) [सर्व.] 'तू' का वह रूप जो कर्ता तथा संबंधकारक के सिवा अन्य कारक लगने से पूर्व प्राप्त होता है, जैसे- तुझसे, तुझको, तुझमें आदि।

तुझे [सर्व.] 'तू' का कर्म और संप्रदान कारक का रूप; तुझको।

तुड़वाना [क्रि-स.] 1. कोई चीज़ तोड़ने में किसी को प्रवृत्त करना; तुड़ाना 2. बड़े सिक्के को उतने ही मूल्य के छोटे-छोटे सिक्कों में बदलवाना।

तुड़ाई [सं-स्त्री.] 1. तुड़ने या तुड़वाने की क्रिया या भाव 2. तोड़-फोड़; ढहाई 3. तोड़ने की मज़दूरी 4. चूर्ण करना; कुटाई; भंजन।

तुड़ाना [क्रि-स.] 1. तोड़ने का काम कराना 2. ढहाना; फोड़वाना 3. स्वयं को मुक्त कराना 4. रुपए या सिक्के को भुनाना; खुला कराना।

तुणि (सं.) [सं-पु.] तून का वृक्ष।

तुतला [वि.] दे. तोतला।

तुतलाना [क्रि-अ.] 1. अक्षरों का अधूरा और अस्पष्ट उच्चारण करना, जैसे- बच्चों का तुतलाना 2. रुक-रुककर, टूटे-फूटे शब्दों में बोलना; तोतलाना 3. सही या साफ़ न बोलना।

तुतलाहट (सं.) [सं-स्त्री.] तुतलाने की क्रिया या भाव।

तुत्थ (सं.) [सं-पु.] 1. तूतिया; नीलाथोथा 2. अग्नि 3. पत्थर।

तुन [सं-पु.] नीम की तरह का एक बड़ा वृक्ष जिसकी लकड़ी वज़न में हलकी, मज़बूत और लाल रंग की होती है तथा जिसके फूलों का रंग बसंती होता है; तून।

तुनक[1] [सं-स्त्री.] 1. तुनकने की क्रिया या भाव 2. झुँझलाहट; चिड़चिड़ाहट 3. पतंग उड़ाते समय डोर को दिया जाने वाला झटका।

तुनक[2] (फ़ा.) [वि.] 1. कोमल; नाज़ुक 2. दुबला-पतला; क्षीणकाय 3. सूक्ष्म; हलका 4. थोड़ा; अल्प; छोटा।

तुनकना (फ़ा.) [क्रि-अ.] 1. छोटी-छोटी बातों पर अप्रसन्न होना; जल्दी नाराज़ होना; रूठ जाना 2. चिढ़ना; झल्लाना 3. झुँझलाना।

तुनकमिज़ाज (फ़ा.) [वि.] 1. बात-बात पर रूठ जाने वाला 2. जल्दी नाराज़ होने वाला या बिगड़ने वाला 3. चिड़चिड़ा; नाज़ुकमिज़ाज; घमंडी।

तुनकमिज़ाजी (फ़ा.) [सं-स्त्री.] 1. जल्दी रूठने या बिगड़ने का भाव 2. चिड़चिड़ापन; नाज़ुकमिज़ाजी।

तुनतुन (अ.नु.) [सं-स्त्री.] सितार की ध्वनि।

तुनतुनी [सं-स्त्री.] सितार जैसा एक वाद्य जिससे 'तुन-तुन' ध्वनि निकलती है।

तुनाई [क्रि-स.] तुनने की क्रिया।

तुपक (तु.) [सं-स्त्री.] 1. कड़ाबीन नामक बंदूक 2. छोटी तोप।

तुपकची [वि.] 1. छोटी तोप चलाने वाला; तोपची 2. कड़ाबीन नामक बंदूक चलाने वाला।

तुफ़ंग (फ़ा.) [सं-स्त्री.] 1. प्राचीन समय में प्रचलित वह नली जिसमें मिट्टी की गोलियाँ, लोहे के छोटे-छोटे टुकड़े आदि भरकर ज़ोर से फूँककर चलाया जाता था 2. हवाई बंदूक।

तुफ़ैल (अ.) [सं-पु.] 1. साधन; कारण; ज़रिया; द्वारा 2. किसी के अनुग्रह या कृपा से प्राप्त होने वाला साधन।

तुम (सं.) [सर्व.] संबोधित व्यक्ति के लिए प्रयोग किया जाने वाला शब्द।

तुमड़ी [सं-स्त्री.] 1. सूखा कद्दू 2. सूखे कद्दू के खोल से बनाया हुआ पात्र 3. सूखे कद्दू के खोल से बनाया हुआ बाजा जिसे सँपेरे बजाते हैं।

तुमुल (सं.) [सं-पु.] 1. घोर या भीषण युद्ध; मुठभेड़; घमासान 2. बहेड़े का वृक्ष। [वि.] 1. धूम; कोलाहल; शोरगुल; कई तरह की ध्वनियों के मेल से युक्त भयंकर ध्वनि 2. घबराया हुआ; क्षुब्ध।

तुम्हारा (सं.) [सर्व.] 1. 'तुम' का संबंधकारक रूप 2. तेरा; आपका।

तुम्हीं [सर्व.] 'तुम' और 'ही' के संयोग से बना हुआ शब्द।

तुम्हें [सर्व.] 'तुम' का विभक्तियुक्त रूप जो कर्म और संप्रदान कारक में मिलता है, जैसे- तुमको।

तुरंग (सं.) [सं-पु.] 1. घोड़ा; अश्व 2. चित्त; मन। [वि.] तेज़ चलने वाला।

तुरंज (फ़ा.) [सं-पु.] 1. बिजौरा या चकोतरा नीबू 2. कुरते या दुशाले आदि के मोड़ों तथा किनारों पर सुई से काढ़कर बनाया हुआ बड़ा बूटा।

तुरंत (सं.) [अव्य.] शीघ्र; बिना विलंब के; जल्दी से; चटपट; तत्काल; उसी समय।

तुरंता [सं-पु.] 1. सत्तू (तुरंत खाने योग्य पदार्थ) 2. गाँजा (तुरंत नशा करने वाला)।

तुरई [सं-स्त्री.] एक बेल जिसके फल से तरकारी बनाई जाती है; तोरी; तोरई।

तुरग (सं.) [सं-पु.] घोड़ा; अश्व; घोटक। [वि.] तेज चलने वाला।

तुरत-फुरत [क्रि.वि.] तत्काल; चटपट; बहुत जल्दी।

तुरता [सं-पु.] 1. सतुआ 2. तुरंत तैयार होने वाला भोजन 3. गाँजा।

तुरपन [सं-स्त्री.] 1. हाथ से की जाने वाली एक प्रकार की सिलाई या सीवन 2. कपड़े को मोड़कर सुई-धागे से सिलने का काम।

तुरपना [क्रि-स.] 1. सुई-धागे से छोटे-छोटे टाँके लगाना 2. सीना; सिलना।

तुरमती [सं-स्त्री.] एक तरह की शिकारी चिड़िया।

तुरसवार [सं-पु.] खट्टे फल वाले पेड़-पौधे।

तुरही (सं.) [सं-स्त्री.] एक प्रकार का वाद्ययंत्र जिसे मुँह से फूँक कर बजाया जाता है।

तुरावत (सं.) [वि.] वेगपूर्वक चलने वाला; तीव्र गति से चलने वाला।

तुरावती (सं.) [सं-स्त्री.] वेगपूर्वक चलने या बहने वाली। [वि.] तीव्र वेग वाली।

तुरी (सं.) [सं-स्त्री.] 1. जुलाहों का तोरिया नाम का औजार; ढरकी 2. जुलाहों की कूची; हत्थी 3. चित्रकार की तूलिका 4. घोड़े की लगाम 5. घोड़ी 6. फूलों का गुच्छा 7. जल्दीबाजी। [सं-पु.] घुड़सवार। [वि.] तेज चलने वाली।

तुरीय (सं.) [वि.] 1. चौथा; चतुर्थ 2. जिसके चार खंड हों 3. शक्तिशाली 4. श्रेष्ठ। [सं-स्त्री.] 1. वेदांत के अनुसार एक अवस्था जिसमें आत्मा ब्रह्म में लीन हो जाती है और मनुष्य को मोक्ष प्राप्त होता है 2. वाणी का मुँह से उच्चारित होने वाला रूप; बैखरी।

तुरुप (अं.) [सं-पु.] 1. ताश का एक खेल जिसमें चार रंगों में से वह रंग जिसे प्रधान मान लिया जाता है उसका सबसे छोटा पत्ता भी दूसरे रंगो के बड़े से बड़े पत्ते को काट सकता है 2. सैनिकों की टुकड़ी 3. घुड़सवारों का रिसाला।

तुरुष्क (सं.) [सं-पु.] 1. तुर्किस्तान का रहने वाला व्यक्ति 2. तुर्क जाति 3. तुर्किस्तान देश 4. उक्त देश का घोड़ा।

तुर्क (तु.) [सं-पु.] 1. तुर्किस्तान या तुर्की का निवासी 2. मुसलमान 3. सैनिक।

तुर्कमान (तु.) [सं-पु.] 1. तुर्क जाति का व्यक्ति 2. तुर्की घोड़ा। [वि.] तुर्कों जैसा।

तुर्किस्तान (तु.+फ़ा.) [सं-पु.] 1. पश्चिमी एशिया का एक देश जो रूस के दक्षिण में पड़ता है 2. तुर्कों का देश; तुर्की।

तुर्की (तु.) [सं-पु.] 1. तुर्की देश का निवासी; तुर्क 2. तुर्किस्तान का घोड़ा। [सं-स्त्री.] तुर्की की भाषा। [वि.] तुर्क देश का; तुर्क संबंधी।

तुर्रा (अ.) [सं-पु.] 1. पगड़ी में खोंसा गया पंख या फुँदना; कलगी; गोशवारा 2. पगड़ी पर लगाया गया बादले का गुच्छा 3. पक्षियों के सिर पर निकला हुआ छोटे परों या बालों का गुच्छा; शिखा; चोटी 4. माथे पर घुँघराले बालों की लट; काकुल; ज़ुल्फ़ 5. दूल्हे के कान के पास लटकने वाली फूलों की लड़ी 6. मकान का छज्जा 7. किनारा; हाशिया 8. जटाधारी; गुलतुर्रा 9. चाबुक; कोड़ा 10. एक प्रकार की बुलबुल; बटेर; डुबकी 11. चुसकी; दूध या भाँग आदि का घूँट 12. किसी बात या वस्तु में कोई विलक्षणता या अनूठापन 13. मुहाँसे की कील 14. मुर्गकेश नामक फूल। [वि.] अद्भुत; अनूठा; अनोखा; विलक्षण।

तुर्श (फ़ा.) [वि.] 1. खट्टा; अम्लीय 2. कड़ा; कठोर 3. अप्रसन्न; नाख़ुश; क्रुद्ध 4. रूखा।

तुर्शी (फ़ा.) [सं-स्त्री.] 1. खटाई; खट्टापन; अम्लीयता 2. रुष्टता; व्यवहार आदि में दिखाई जाने वाली कटुता।

तुलन (सं.) [सं-पु.] 1. तुलने या तौलने की क्रिया या भाव; तौलना 2. वज़न; तौल 3. तुलना या बराबरी करना; साम्य दिखाना।

तुलना (सं.) [क्रि-अ.] 1. दो या दो से अधिक चीज़ों के गुण, मान आदि का एक-दूसरे से कम-ज़्यादा होने का विचार 2. मिलान। [सं-स्त्री.] न्यूनाधिक्य या कमीबेशी का विचार।

तुलनात्मक (सं.) [वि.] 1. जिसमें दो या अधिक चीज़ों की समानता और असमानता दिखाई गई हो 2. जिसमें पारस्परिक तुलना की गई हो; तुलनायुक्त 3. जिसमें किसी की तुलना की जाए; तुलना विषयक।

तुलनीय (सं.) [वि.] 1. तुलना के योग्य 2. जिससे तुलना की जा सकती हो।

तुलबुली [सं-स्त्री.] शीघ्रता; जल्दीबाजी।

तुलबुल्ली उड़द [सं-स्त्री.] हरे रंग की उड़द।

तुलवाई [सं-स्त्री.] तुलाई।

तुलवाना [क्रि-स.] 1. माप करवाना; वज़न कराना; जोखना 2. औंगवाना; गाड़ी के पहियों में तेल लगाना।

तुलसी (सं.) [सं-स्त्री.] औषधीय गुणों से युक्त एक घरेलू पौधा जिसे धार्मिक महत्व प्राप्त है।

तुलसी फूल [सं-पु.] एक प्रकार का उत्तम धान।

तुलसीदल (सं.) [सं-पु.] तुलसी के पौधे का पत्ता; तुलसीपत्र।

तुलसीवन (सं.) [सं-पु.] 1. वह स्थान जहाँ बहुत अधिक संख्या में तुलसी के पौधे लगे हों 2. तुलसी के पौधों का समूह 3. वृंदावन।

तुला (सं.) [सं-स्त्री.] 1. तराज़ू; काँटा; भार नापने का यंत्र 2. मान; तौल; नाप 3. (ज्योतिष) बारह राशियों में सातवीं राशि 4. तुलना; मिलान; समानता। [मु.] **-होना** : कुछ करने के लिए दृढ़ निश्चय करना।

तुलाई[1] [सं-स्त्री.] 1. तौलने की क्रिया या भाव 2. तौलने की मज़दूरी।

तुलाई[2] (सं.) [सं-स्त्री.] 1. पतली और हलकी रजाई 2. गाड़ी की धुरी में तेल दिलाना।

तुलादान (सं.) [सं-पु.] एक प्रकार का दान जिसमें अपने वज़न के बराबर अन्न, वस्त्र या तुला (रुई) आदि का दान किया जाता है।

तुलाना [क्रि-स.] किसी से तौलने का काम कराना; तौलवाना।

तुलापत्र (सं.) [सं-पु.] वह पत्र जिसमें आय-व्यय तथा लाभ-हानि का लेखा लिखा रहता है; तल-पट।

तुलावा [सं-पु.] धुरी को मजबूत करने वाला लकड़ी का टुकड़ा।

तुल्य (सं.) [वि.] 1. जो तुलना में समान हो; बराबर 2. अभिन्न; सदृश्य; अनुरूप; समरूप 3. उसी प्रकार का। [परप्रत्य.] एक प्रत्यय जो शब्दों के अंत में जुड़कर 'के समान', 'के जैसा' अर्थ देता है, जैसे- अमृततुल्य, विषतुल्य, पितातुल्य आदि।

तुल्यकाल (सं.) [वि.] समसामयिक; समकालिक; समकालीन; एक ही समय का।

तुल्यता (सं.) [सं-स्त्री.] 1. तुल्य होने की अवस्था या भाव 2. समता; बराबरी 3. सादृश्य।

तुल्ययोगिता (सं.) [सं-स्त्री.] (काव्यशास्त्र) एक अलंकार जिसमें बहुत से उपमानों का एक ही धर्म बतलाया जाए।

तुल्यरूप (सं.) [वि.] समरूप; सदृश्य; एक ही रूप का; एक जैसा।

तुवर (सं.) [सं-पु.] दे. तुअर।

तुष (सं.) [सं-पु.] 1. भूसी; अन्न का ऊपरी छिलका 2. बहेड़े का पेड़।

तुषानल (सं.) [सं-पु.] 1. भूसी की आग 2. एक प्रकार का प्राणदंड जिसमें भूसी या तिनके को शरीर पर लपेट कर आग लगा दी जाती थी।

तुषार (सं.) [सं-पु.] 1. पाला; हिम; बरफ़ 2. तुहिन 3. एक प्रकार का कपूर। [वि.] जो बरफ़ के समान ठंडा हो।

तुषाररेखा (सं.) [सं-स्त्री.] पर्वतों पर स्थित वह कल्पित रेखा जिसके ऊपर वाले भाग पर सदा बरफ़ जमी रहती है जो कभी पिघलती नहीं।

तुषारांशु (सं.) [सं-पु.] वह जिसकी हिम के समान शीतल किरणें हों; चंद्रमा।

तुषाराद्रि (सं.) [सं-पु.] 1. हिमालय पर्वत 2. वह जो हिम या तुषार से आच्छादित हो।

तुषारापात (सं.) [सं-पु.] 1. पाला पड़ना 2. बरफ गिरना; हिमपात 3. ऐसा प्रहार जो विनाश का सूचक हो 4. {ला-अ.} अरमानों या आशाओं पर पानी फिरना; निराश होना।

तुषी (सं.) [सं-स्त्री.] भूसी; अन्न आदि का छिलका; तुष।

तुष्ट (सं.) [वि.] 1. संतुष्ट; तृप्त 2. प्रसन्न; ख़ुश।

तुष्टि (सं.) [सं-स्त्री.] 1. किसी काम के ठीक तरह से होने पर मन में होने वाली प्रसन्नता 2. संतोष; परितोष 3. तृप्ति।

तुष्टिकर (सं.) [वि.] 1. तुष्टि प्रदान करने वाला 2. प्रसन्नता देने वाला; संतोषकारक।

तुष्टीकरण (सं.) [सं-पु.] 1. तुष्ट या प्रसन्न करने की क्रिया या

भाव 2. किसी वर्ग, जाति या संप्रदाय को विशेष रियायतें या सुविधाएँ प्रदान करना 3. अनुनय-विनय; मनुहार।

तुहमत (अ.) [सं-स्त्री.] दे. तोहमत।

तुहिन (सं.) [सं-पु.] 1. हिम; तुषार 2. ओस कण 3. ज्योत्स्ना; चाँदनी शीत; ठंडक।

तुहिनांशु (सं.) [सं-पु.] 1. शशि; चंद्रमा 2. कपूर 3. तुहिन किरण।

तुहिनाचल (सं.) [सं-पु.] हिमाचल; हिमराज; हिमालय पर्वत।

तू (सं.) [सर्व.] 1. 'तुम' का एकवचन रूप 2. किसी बहुत प्रिय या छोटे के लिए अथवा किसी को अशिष्टता से पुकारने के लिए प्रयुक्त होने वाला शब्द 3. मध्यम पुरुष एकवचन सर्वनाम।

तू-तू [सं-पु.] कुत्तों या कौओं को बुलाने का शब्द।

तू-तू मैं-मैं [सं-स्त्री.] कहा-सुनी; झगड़ा; वाक्कलह; गाली-गलौज। [मु.] **-करना** : अशिष्ट प्रकार से झगड़ा करना।

तूँबड़ा [सं-पु.] 1. पके हुए कद्दू या लौकी को खोखला करके बनाया गया एक पात्र जिसका प्रयोग साधु-संन्यासी या भिखमंगे खाने-पीने की चीज़ें रखने के लिए करते हैं; कटुतुंबी; कमंडल 2. कड़ुआ कद्दू या लौकी; तितलौकी।

तूँबा [सं-पु.] दे. तूँबड़ा।

तूँबी [सं-स्त्री.] कद्दू; तुंबि; छोटा तूँबा।

तूण (सं.) [सं-पु.] तूणीर; तरकश।

तूणीक (सं.) [सं-पु.] तुन का वृक्ष।

तूणीर (सं.) [सं-पु.] तीर या बाण रखने का पात्र; तरकश; निषंग; तूण; भाथा।

तूतमलंगा [सं-पु.] एक प्रकार के बीज जो औषधि के काम आते हैं।

तूतिया (सं.) [सं-पु.] ताँबे और गंधक के अम्ल (सल्फ़्यूरिक एसिड) की अभिक्रिया से बनाया जाने वाला क्षार या लवण; नीला थोथा; औषधि और रंजक के रूप में उपयोग होने वाला रसायन।

तूती (फ़ा.) [सं-स्त्री.] 1. पीली चोंच, बैगनी गरदन और हरे परों वाली एक प्रकार की तोते जैसी चिड़िया 2. मटमैले रंग की एक प्रकार की छोटी चिड़िया जो बहुत मधुर स्वर में बोलती है 3. कनेरी नाम की छोटी सुंदर चिड़िया 4. बाँसुरी या शहनाई की तरह का एक बाज़ा 5. मिट्टी की छोटी घरिया। [मु.] **-बोलना** : ख़ूब प्रभाव होना। **नक्कारख़ाने में तूती की आवाज़** : ऐसी बात जिसपर किसी का ध्यान न जाए।

तूदा (फ़ा.) [सं-पु.] 1. ढेर; राशि; टीला 2. हदबंदी; सीमा का सूचक निशान 3. मिट्टी का टीला या ढूह जिसपर निशाना साधते हैं 4. वह दीवार जिसपर बैठ कर तीरंदाज़ निशाना साधते हैं।

तून (सं.) [सं-पु.] 1. एक पेड़ जिसकी लकड़ी और फूल लाल रंग के होते हैं 2. चटकीला लाल रंग का कपड़ा।

तूफ़ान (अ.) [सं-पु.] 1. धूल और बारिश के साथ आने वाला बहुत तेज़ अंधड़; आँधी 2. विनाश करने वाली बाढ़; सैलाब 3. कहर; आफ़त; आपदा; विपत्ति 4. {ला-अ.} झगड़ा; विवाद; हंगामा 5. {ला-अ.} उपद्रव; दंगा-फ़साद।

तूफ़ानी (फ़ा.) [वि.] 1. तूफ़ान जैसी शक्तिवाला; तूफ़ान संबंधी 2. उपद्रवी; फ़सादी 3. प्रचंड; उग्र; प्रबल 4. {ला-अ.} बखेड़ा करने वाला; बवाल मचाने वाला।

तूफ़ानी दौरा [सं-स्त्री.] तूफ़ान की तरह का तेज़ या प्रबल और चारों ओर वेगपूर्वक फैलने या होने वाला दौरा या यात्रा, जैसे- उन दिनों देश में कई बड़े-बड़े नेताओं के तूफ़ानी दौरे हो रहे थे।

तूमड़ी [सं-स्त्री.] 1. छोटा तुंबा; गोल लौकी का फल 2. तूंबी का बना सपेरों का एक प्रकार का बाजा; बीन 3. सपेरों के बाजे में लगा गोल वाला भाग।

तूमतड़ाक [सं-स्त्री.] 1. ठसक 2. तड़क-भड़क; शान-शौकत 3. व्यर्थ का आडंबर।

तूमना [क्रि-स.] 1. रुई आदि के रेशे को अलग करना; तुनाई की क्रिया 2. किसी चीज को काट-पीट कर उसके बहुत छोटे-छोटे टुकड़े करना 3. मसलना 4. रहस्य उजागर करना 5. नाक में दम करना; ऐब निकालना।

तूमार (अ.) [सं-पु.] 1. बात को व्यर्थ में फैलाना; बात का बतंगड़ 2. लंबा-चौड़ा विवरण; विस्तार 3. बड़ा ढेर।

तूर[1] (सं.) [सं-पु.] 1. तुरही; नरसिंगा; हरकारा 2. एक प्रकार का नगाड़ा। [सं-स्त्री.] 1. तुअर का पौधा व बीज 2. अन्न; अनाज 3. ताना लपेटने की जुलाहों के करघे में लगी रहने वाली एक लकड़ी 4. रुई; कपास। [वि.] जल्दबाज़ी करने वाला।

तूर[2] (अ.) [सं-पु.] 1. प्राचीन समय में मध्य एशिया या शाम (सिरिया) देश का एक पहाड़ जिसके बारे में किंवदंती है कि इसी पर हज़रत मूसा को ईश्वरीय प्रकाश दिखाई दिया था 2. {ला-अ.} दिव्य प्रकाश; अलौकिक ज्ञान का प्रकाश।

तूर[3] (फ़ा.) [सं-पु.] 1. बहादुर; महारथी 2. फ़िरेदूँ का बड़ा पुत्र जिसने तूरान बसाया था।

तूरा (सं.) [सं-पु.] एक प्रकार का बाजा जिसे फूँककर बजाया जाता है; तुरही।

तूरान (फ़ा.) [सं-पु.] 1. तातार देश; तुर्की 2. फारस के उत्तर-पूर्व में मध्य एशिया का समस्त भू-भाग जो तुर्क, तातार और मंगोल आदि जातियों का निवास क्षेत्र है; हिमालय के उत्तर में अल्टाई पर्वत का प्रदेश।

तूरानी (फ़ा.) [सं-पु.] तूरान देश का निवासी। [सं-स्त्री.] तूरान देश की भाषा व लिपि। [वि.] तूरान देश से संबंधित; तूरान देश का।

तूर्ण (सं.) [वि.] 1. शीघ्रता करने वाला 2. वेगवान; तेज़; फ़ुरतीला। [क्रि.वि.] शीघ्र; तेज़ी से; तुरंत; जल्दी से।

तूर्य (सं.) [सं-पु.] 1. तुरही; नरसिंघा 2. नगाड़ा; मृदंग; मुरज।

तूल[1] (सं.) [वि.] तुल्य; सदृश; समान। [सं-पु.] 1. गाढ़ा या गहरा लाल रंग 2. चटकीले लाल रंग का कपड़ा 3. आसमान 4. कपास, सेमल और मदार आदि के डोड़ों के अंदर का रुई की तरह का घुआ या रेशा 5. तृण की नोक 6. शहतूत का वृक्ष 7. धतूरा।

तूल[2] (अ.) [सं-पु.] 1. लंबाई की दिशा में विस्तार; लंबाई;

दीर्घता; बढ़ावा 2. ढेर। [मु.] **-पकड़ना** : किसी बात का बहुत बढ़ जाना।

तूलना [क्रि-स.] पहिए की धुरी में तेल देना। [क्रि-अ.] 1. समान होना; बराबरी करना 2. तुलना करना 3. उपमा देना।

तूलमतूल (अ.) [क्रि.वि.] 1. समक्ष; आमने-सामने 2. लंबाई में।

तूलि (सं.) [सं-स्त्री.] दे. तूली।

तूलिका (सं.) [सं-स्त्री.] 1. तस्वीर या चित्र बनाने की कूची; (ब्रश) 2. लेखनी; कलम 3. रुई का हलका गद्दा; रजाई 4. रुई से बनी बत्ती 5. साँचा 6. बरमा; बढ़ई का एक यंत्र जिससे वह लकड़ी में छेद करता है 7. दुलाई 8. नील।

तूली (सं.) [सं-स्त्री.] 1. नील नामक पौधा 2. चिराग की बत्ती या बाती 3. रुई 4. ताने के फैले हुए रेशों या सूत को बैठाने का जुलाहों का एक औज़ार; कूची 5. चित्रकार की कूची।

तूष्णीक (सं.) [वि.] मौन रहने वाला; मौनावलंबी; मौन साधने वाला।

तूस [सं-पु.] 1. भूसा 2. भूसी 3. एक प्रकार का बढ़िया ऊन; पशमीना।

तूसरी [सं-स्त्री.] गंभारी नामक वृक्ष; तुंबी।

तृख (सं.) [सं-पु.] जायफल; जातीफल।

तृण (सं.) [सं-पु.] 1. ऐसी वनस्पतियाँ जिनके तने या कांड कमज़ोर होते हैं; तिनका 2. घास; दूब 3. खरपात; सरपत, जैसे- नरकट, सरकंडा आदि।

तृणक (सं.) [सं-पु.] तृण; घास; तिनका।

तृणमणि (सं.) [सं-पु.] एक विशेष प्रकार के गोंद का वृक्ष जिसे कहरुआ भी कहा जाता है।

तृणमय (सं.) [वि.] तृण या घासफूस से बना हुआ या जिसमें तिनके हों; तृणनिर्मित।

तृणमूल (सं.) [सं-पु.] 1. तिनके की जड़ 2. वह जो तृण से संबद्ध हो।

तृणवत (सं.) [वि.] 1. तृण के समान; तिनके के बराबर; तुच्छ; अत्यंत हीन 2. जिसका महत्व न हो; नगण्य।

तृणाग्नि (सं.) [सं-स्त्री.] 1. तिनकों या घास-फूस की वह आग जो शीघ्र बुझ जाती है; तुषानल; तृणानल 2. जल्दी बुझने वाली आग 3. करसी की आँच 4. भूसी की आग; तुषाग्नि।

तृणाम्ल (सं.) [सं-पु.] 1. अमलोनी; नोनिया घास 2. उक्त घास से बनाया गया लवण या नमक।

तृणेंद्र (सं.) [सं-पु.] ताड़ का वृक्ष।

तृणोत्तम (सं.) [सं-पु.] उखर्वल नामक घास; ऊखल तृण।

तृण्या (सं.) [सं-स्त्री.] घास का ढेर; घास-पात का ढेर।

तृतीय (सं.) [वि.] जो क्रम या महत्व में दूसरे के बाद आता है; तीसरा।

तृतीया (सं.) [सं-स्त्री.] 1. चांद्र मास के किसी पक्ष की तीसरी तिथि; तीसरा दिन; तीज 2. व्याकरण में करणकारक या उसकी विभक्ति। [वि.] तीसरी।

तृतीयांश (सं.) [सं-पु.] किसी वस्तु या पदार्थ का तीसरा भाग; तिहाई।

तृप्त (सं.) [वि.] 1. संतुष्ट; तुष्ट 2. जिसकी वासनाएँ शांत हो गई हों 3. जिसकी समस्त जरूरतें या इच्छाएँ पूरी हो चुकी हों; परितृप्त 4. अघाया हुआ 5. संतृप्त; भरपूर 6. प्रसन्न; ख़ुश।

तृप्ति (सं.) [सं-स्त्री.] 1. तृप्त होने की अवस्था या भाव 2. इच्छा या वासना पूरी होने पर मिलने वाली शांति; संतोष 3. आनंद; संतुष्टि; ख़ुशी; प्रसन्नता।

तृषा (सं.) [सं-स्त्री.] 1. प्यास; तृष्णा; पिपासा 2. तीव्र इच्छा; अभिलाषा 3. लोभ; लालच 4. कलिहारी नामक घास।

तृषाग्नि (सं.) [सं-स्त्री.] 1. प्यास की तीव्रता; व्याकुलता 2. वासना; लोभ-लालसा 3. तीव्र अभिलाषा।

तृषावान (सं.) [वि.] 1. तृषालु; तृषा से युक्त; जिसमें कामना हो 2. प्यासा; पिपासु।

तृषित (सं.) [वि.] 1. प्यासा; पिपासु 2. आकुल; विकल; घबराया हुआ।

तृष्ण (सं.) [वि.] 1. जिसे प्यास लगी हो; प्यासा 2. विशेष प्रकार की कामना या इच्छावाला।

तृष्णा (सं.) [सं-स्त्री.] 1. अप्राप्त को पाने की तीव्र इच्छा 2. पिपासा; लालसा; तृषा 3. प्रबल वासना; कामना।

तेंगा [सं-पु.] बहू का तीसरी बार ससुराल आगमन।

तेंदुआ [सं-पु.] अफ्रीका और एशिया के घने जंगलों में पाया जाने वाला चीते की जाति का एक मांसाहारी हिंसक जानवर।

तेंदू (सं.) [सं-पु.] 1. भारत, श्रीलंका और म्याँमार आदि देशों में पाया जाने वाला ऊँचा सदाबहार वृक्ष जिसकी लकड़ी बहुत मज़बूत होती है; आबनूस; (एबॉनी) 2. तेंदू का फल 3. पंजाब क्षेत्र का छोटा तरबूज़ या उसकी एक किस्म।

तेईस [वि.] संख्या '23' का सूचक।

तेकानी [सं-स्त्री.] टेकानी; बैलगाड़ी का वह अवयव जो आक के आगे होता है।

तेग (अ.) [सं-स्त्री.] तलवार; खड्ग।

तेगा[1] [सं-स्त्री.] 1. एक प्रकार की मछली 2. एक देवी। [सं-पु.] कुश्ती का एक दाँव (कमर तेजा)।

तेगा[2] (फ़ा.) [सं-पु.] एक प्रकार की छोटी चौड़ी तलवार या खड्ग।

तेगिया [सं-पु.] एक प्रकार की मछली; हंसिया।

तेज (सं.) [सं-पु.] 1. आभा; दीप्ति; चमक; ओज 2. आग; अग्नि 3. ताप; गरमी 4. शक्ति; पराक्रम; बल 5. वीर्य।

तेज़ (फ़ा.) [वि.] 1. तीक्ष्ण धारवाला; पैनी धार का 2. द्रुतगामी; तीव्रगामी; वेगवान; जल्दी चलने वाला 3. फुरतीला 4. तीखे स्वाद का; तीता; झालदार; मसालेदार 5. कीमती; भाव या दाम में बढ़ा हुआ; महँगा 6. प्रचंड; प्रखर; जिसे सहना मुश्किल हो, जैसे- तेज़ धूप 7. तुरंत प्रभाव दिखाने वाला 8. चंचल; चपल 9. तीक्ष्ण बुद्धिवाला; समझदार, जैसे- तेज़ बालिका 10. चमकीला; चटक (रंग) 11. उग्र।

तेज़तर्रार [वि.] 1. जो तेज़ और फुरतीला हो, तीक्ष्ण 2. होशियार; चतुर 3. उत्साही 4. जल्दी उग्र होने वाला।

तेजपत्ता (सं.) [सं-पु.] दालचीनी जाति का एक सुगंधित पत्ता जिसे स्वाद हेतु सब्जी में गरम मसाले के रूप में डाला जाता है;

तेजपत्र।

तेजपात (सं.) [सं-पु.] 1. गरम मसाले में काम आने वाला एक प्रकार का पत्ता; तेजपत्र; तेजपत्ता 2. दालचीनी की जाति का वृक्ष तथा उसका पत्ता।

तेजमान (सं.) [वि.] तेजवान; तेजस्वी; प्रतापी।

तेज़मिज़ाज (फ़ा.+अ.) [वि.] उग्र स्वभाववाला; क्रोधी; गुस्सैल।

तेजवान (सं.) [वि.] 1. तेजयुक्त; तेजस्वी 2. चमकीला; कांतिमान 3. बलवान; पराक्रमी; शक्तिशाली; प्रतापी; बलिष्ठ 4. वीर्यवान 5. प्रभावशाली; उत्साही 6. तीखा।

तेजस (सं.) [सं-पु.] तेज; शक्ति।

तेजस्विता (सं.) [सं-स्त्री.] तेजस्वी होने का भाव।

तेजस्विनी (सं.) [सं-स्त्री.] 1. तेज वाली स्त्री 2. महाज्योतिष्मती। [वि.] तेजवाली।

तेजस्वी (सं.) [वि.] 1. जो तेजवान हो; प्रतापी; शक्तिशाली 2. प्रभावशाली 3. क्रोधी 4. चमकीला; कांतियुक्त।

तेजहीन [वि.] 1. तेज से रहित; कांतिहीन 2. दुर्बल; कमज़ोर।

तेज़ाब (फ़ा.) [सं-पु.] एक रासायनिक द्रव जिसमें अन्य वस्तुओं या धातुओं को गलाने की शक्ति होती है; अम्ल।

तेज़ाबी (फ़ा.) [वि.] 1. तेज़ाब संबंधी; तेज़ाब का 2. तेज़ाब से बना हुआ 3. जिसे तेज़ाब से साफ़ किया गया हो 4. जिसमें तेज़ाब मिला हो।।

तेजायतन (सं.) [वि.] तेजपुंज; परम तेजस्वी; अति तेजस्वी; प्रभावशाली; प्रतापी।

तेज़ी (फ़ा.) [सं-स्त्री.] 1. तेज़ होने का भाव; गतिशीलता 2. उग्रता; प्रबलता; तीव्रता 3. प्रखरता; तीक्ष्णता; पैनापन 4. शीघ्रता; जल्दी 5. दक्षता; होशियारी 6. अधिक चंचलता या चपलता 7. चलन से अधिक भाव हो जाना; महँगाई; 'मंदी' का विलोम 8. उत्साह; जोश।

तेजोद्दीप्त (सं.) [वि.] तेज से परिपूरित; तेजोमय।

तेजोमय (सं.) [वि.] 1. तेज से परिपूर्ण; ज्योतिर्मय; ज्योतिमान 2. शक्ति से परिपूर्ण; तेजस्वी।

तेजोवलय (सं.) [सं-पु.] तेजोमंडल; तेजपूर्ण आभा।

तेजोहत (सं.) [वि.] जिसका तेज नष्ट हो गया हो।

तेफल [सं-पु.] 1. एक औजार जिससे आरा की धार तेज की जाती है 2. कतरा।

तेमरा [सं-पु.] कद्दू।

तेरज [सं-पु.] वह लेखा, जिसमें आय-व्यय की विभिन्न मदों का उल्लेख हो; खतियौनी का गोशवारा।

तेरस (सं.) [सं-स्त्री.] चंद्रमास के किसी पक्ष की तेरहवीं तिथि; त्रयोदशी।

तेरह [वि.] संख्या '13' का सूचक।

तेरहवाँ [वि.] 1. किसी क्रम या गिनती में तेरह के स्थान पर आने वाला 2. जिसके पहले बारह हो।

तेरहवीं [सं-स्त्री.] (हिंदू धर्म) किसी के मरने की तिथि से तेरहवें दिन किया जाने वाला पिंडदान संस्कार; तेरही; त्र्योदशी; उठावनी; रस्म-पगड़ी।

तेरही [सं-स्त्री.] 1. मृत्यु का तेरहवाँ दिन 2. तेरहवीं पीढ़ी।

तेरा (सं.) [सर्व.] 1. 'तू' का संबंधकारक रूप 2. मध्यम पुरुष एकवचन संबंधकारक षष्ठी का सूचक सर्वनाम।

तेल (सं.) [सं-पु.] 1. किसी तिलहन से निकाला जाने वाला चिकना तरल पदार्थ; चिकनाई 2. विभिन्न वनस्पतियों को पेरकर निकाला हुआ स्निग्ध द्रव। [मु.] **-चढ़ना** : विवाह से पहले की एक रस्म का होना।

तेलंगाना (ते.) [सं-पु.] 1. {शा-अ.} तेलुगूभाषियों की ज़मीन 2. भारत के आंध्रप्रदेश राज्य का एक क्षेत्र जिसे स्वतंत्र राज्य का दर्जा प्राप्त है; भारत का एक राज्य।

तेलचढ़ाव [सं-पु.] विवाह के एक या दो दिन पूर्व वर या कन्या के लिए रस्म।

तेलवाहक (सं.) [सं-पु.] तेल को ढोने वाला वाहन, जैसे- तेलवाहक जहाज़।

तेलहन [सं-पु.] वह फ़सल जिसके बीज या दानों से तेल निकलता हो, जैसे- सरसों, तिल, तिसी आदि।

तेला [सं-पु.] वह उपवास जो तीन दिनों तक बराबर (दिन-रात) चले।

तेलिन [सं-स्त्री.] 1. तेली जाति की स्त्री 2. चितकबरे रंग का एक बरसाती कीड़ा।

तेलियर [सं-पु.] काले रंग का पक्षी, जिसके शरीर पर सफ़ेद रंग की बहुत-सी चित्तियाँ होती हैं।

तेलिया [सं-पु.] 1. तेल की तरह का काला और चमकीला रंग 2. उक्त रंग का घोड़ा 3. सींगिया नामक एक प्रकार का विष। [वि.] 1. तेल की तरह काला, चमकीला तथा चिकना पत्थर 2. तेल से युक्त।

तेलिया कुमैत [सं-पु.] 1. घोड़े का एक रंग जो अधिक कालापन लिए लाल होता है 2. वह घोड़ा जिसका रंग उक्त प्रकार का हो।

तेलिया मैना [सं-स्त्री.] मैना जाति की एक चिड़िया, जिसका सारा शरीर बहुत चमकीला, चटकीला और काला होता है; तिलारी।

तेलियाना [क्रि-अ.] तेल लगाना।

तेली [सं-पु.] 1. तेल पेरने और बेचने का व्यवसाय करने वाली एक हिंदु जाति 2. उक्त पेशे से जुड़ा व्यक्ति।

तेलीय [वि.] दे. तैलीय।

तेलुगू (सं.) [सं-स्त्री.] भारत में आंध्रप्रदेश राज्य की भाषा; तैलंग क्षेत्र की भाषा।

तेलैटी [सं-स्त्री.] छत के नीचे दीवालों पर किया गया काम।

तेलौना [वि.] 1. तेलयुक्त; स्निग्ध 2. जिसमें तेल जैसी गंध या चिकनाहट हो।

तेवर[1] [सं-पु.] महिलाओं के पहनने के तीन कपड़ों (साड़ी, ओढ़नी और चोली) का समूह। [सं-स्त्री.] सात दीर्घ और चौदह लघु मात्राओं का एक ताल जिसमें तीन आघात और एक खाली रहता है।

तेवर[2] (सं.) [सं-पु.] 1. क्रोधयुक्त भाव; त्योरी 2. भृकुटि; भौंह 3. देखने का ढंग; दृष्टिकोण; नज़रिया 4. तिरछी नजर। [मु.] **-चढ़ना** : दृष्टि का क्रोधपूर्ण होना। **-बदलना** : उदासीनेता

प्रकट करना।

तेवरसी [सं-स्त्री.] 1. ककड़ी 2. खीरा 3. फूट।

तेहरा [वि.] 1. तीन तहों का; तीन परतवाला; तिगुना 2. जो एक साथ तीन हों 3. तीसरी बार किया हुआ 4. तिगुना।

तेहराना [क्रि-स.] किसी कार्य को दोहराने के बाद तिहराने की क्रिया।

तैंतालीस [वि.] संख्या '43' का सूचक।

तैंतीस [वि.] संख्या '33' का सूचक।

तैत्तिरीय (सं.) [सं-स्त्री.] 1. 'यजुर्वेद' नामक वेद की एक शाखा 2. उक्त शाखा का एक प्रसिद्ध उपनिषद।

तैत्तिरीयारण्यक (सं.) [सं-पु.] तैत्तिरीय शाखा से संबंधित आरण्यक या ग्रंथ जिसमें वानप्रस्थों के लिए उपदेश वर्णित हैं।

तैनात (अ.) [वि.] किसी काम पर लगाया या नियत किया हुआ; नियुक्त; मुकर्रर।

तैनाती (अ.) [सं-स्त्री.] किसी विशिष्ट कार्य पर लगाए जाने की क्रिया; नियुक्ति; मुकर्ररी।

तैनुआँ [सं-पु.] धुँआकस।

तैयल [सं-पु.] दमहा बैल।

तैयार (अ.) [वि.] 1. कुछ करने के लिए तत्पर या उद्यत; कटिबद्ध; मुस्तैद 2. काम में आने के लायक; ठीक; दुरुस्त; लैस 3. पेश किए जाने योग्य 4. जो बनकर उपयोग के योग्य हो 5. पूरा; संपूर्ण; मुकम्मल 6. स्वस्थ और हृष्ट-पुष्ट; मोटा-ताजा 7. पका हुआ; पक्व ; खानेयोग्य 8. मौजूद; प्रस्तुत 9. जिसने कुशलता और दक्षता प्राप्त कर ली हो; अभ्यस्त; साधित 10. सुसज्जित; प्रसाधित 11. पुख़्ता; पक्का 12. सहमत; सन्नद्ध। [मु.] **हाथ तैयार होना** : किसी काम में कुशल होना।

तैयारी (अ.) [सं-स्त्री.] 1. तैयार होने की क्रिया या भाव 2. वैभव, शोभा, सौंदर्य आदि को दिखाने के लिए की जाने वाली साज-सज्जा 3. निर्माण 4. मुस्तैदी; तत्परता।

तैरना (सं.) [क्रि-अ.] 1. पैर, पंख, दुम आदि हिलाते हुए प्राणियों का इस प्रकार पानी में उतरना और चलना कि वे डूबने से बचे रहें 2. पैरना; तरना।

तैराई [सं-स्त्री.] 1. तैरने की क्रिया या भाव 2. तैरने का इनाम 3. तैरने या तैराने का पारिश्रमिक।

तैराक [सं-पु.] वह व्यक्ति जो तैरना जानता हो। [वि.] तैरने में कुशल; तैरने वाला।

तैराकी [सं-स्त्री.] 1. तैरने की क्रिया या भाव 2. तैरने की कला 3. वह प्रतियोगिता जिसमें तैराकों की कुशलता देखी जाती है।

तैराना [क्रि-स.] 1. तैरने का कार्य दूसरे से कराना 2. {ला-अ.} किसी धारदार हथियार को शरीर में घुसाना; गोदना; धँसाना।

तैल (सं.) [सं-पु.] 1. तिल का तेल 2. सरसों या अन्य तिलहनों का तेल।

तैल-धान्य (सं.) [सं-पु.] 1. तेल के लिए उगाई जाने वाली फ़सलों का समूह; तिलहन; तेलहन 2. वह धान्य वर्ग जिसमें तिल, अलसी, सरसों, राई, खस और कुसुम आदि सम्मिलित हैं और जिनसे तेल निकलता है।

तैलचित्र (सं.) [सं-पु.] कैनवस या मोटे कपड़े पर तेल मिले हुए रंगों से बनाया गया चित्र जो स्थायी होता है।

तैलपट (सं.) [सं-पु.] तेल के योग से बना हुआ एक प्रकार का कपड़ा जिससे पानी नहीं रिसता है।

तैलाक्त (सं.) [वि.] 1. जिसमें तेल लगा हो; तैलयुक्त 2. तेल से सना हुआ; तेल सोखा हुआ।

तैलीय (सं.) [वि.] 1. जिससे तेल निकलता हो, जैसे- तैलीय त्वचा 2. तेल संबंधी; तिल का।

तैश (अ.) [सं-पु.] क्रोध का आवेश; अत्यधिक क्रोध आने पर होने वाला आवेश।

तैसा (सं.) [वि.] उस प्रकार का; उस के जैसा ('वैसा' का पुराना रूप)।

तैसे [क्रि.वि.] वैसे; उस प्रकार से; उस तरह से।

तो (सं.) [अव्य.] उस स्थिति में; तब। [नि.] किसी शब्द पर ज़ोर देने के लिए प्रयुक्त बल सूचक शब्द।

तोंद (सं.) [सं-स्त्री.] 1. पेट का आगे की ओर निकला हुआ या फूला हुआ भाग 2. मोटापे या चरबी के कारण बढ़ा हुआ पेट।

तोंदल [वि.] जिसका पेट आगे की ओर निकला हो; तोंदवाला।

तोंदियल [सं-पु.] ऐसा व्यक्ति जिसकी तोंद निकली हो। [वि.] तोंदवाला; तोंदल।

तोंदी [सं-स्त्री.] नाभि; ढोंढ़ी; टुंड़ी।

तोटक (सं.) [सं-पु.] 1. (काव्यशास्त्र) एक वर्णवृत्त जिसके प्रत्येक चरण में चार सगण होते हैं 2. शंकराचार्य के चार प्रमुख शिष्यों में से एक; नंदीश्वर।

तोड़ [सं-पु.] 1. तोड़ने की क्रिया या भाव 2. किसी आक्रमण पर प्रत्याक्रमण या उसका प्रत्युत्तर 3. किसी दाँव या साज़िश की काट 4. दही के छोड़ने या दूध के फटने पर निकला जल 5. किसी के प्रहार, प्रभाव या वार से बचने का उपाय 6. नदी आदि के जल का तीव्र बहाव।

तोड़क [वि.] तोड़ने वाला; खंडित करने वाला; ध्वंस करने वाला।

तोड़ना [क्रि-स.] 1. किसी वस्तु को आघात करके टुकड़ों में विभक्त करना 2. खंडित करना 3. संबंध-विच्छेद करना 4. बल या प्रभाव कम करना; अशक्त या कमज़ोर करना 5. नियम, परंपरा, आज्ञा आदि का पालन न करना 6. मानसिक रूप से दुर्बल कर देना 7. किसी वस्तु में लगी हुई दूसरी वस्तु को उसके आधार से अलग करना 8. फोड़ना; फुसला लेना 9. दूर करना।

तोड़फोड़ [सं-स्त्री.] 1. तोड़ने-फोड़ने की क्रिया या भाव 2. जान-बूझकर किसी वस्तु आदि को नष्ट-भ्रष्ट करना 3. खंडित करना; विखंडन।

तोड़मरोड़ [सं-स्त्री.] अपने अनुसार करना या बनाना।

तोड़ा [सं-पु.] 1. सोने-चाँदी का चौड़ी ज़ंजीर जैसा आभूषण 2. रुपए-पैसे रखने की थैली 3. भाग; उपविभाग 4. अभाव; तंगी; कमी; घाटा; टोटा; ज़रूरत 5. नदी का किनारा 6. नदी के किनारे पर बालू-मिट्टी से बना मैदान 7. रस्सी या जेवड़ी का टुकड़ा 8. हल की वह लंबी लकड़ी जिसपर जुआ लगाया जाता है; हरिस 9. तोड़कर हटाया गया भाग 10. एक बार में होने वाला नाच का कोई एक हिस्सा 11. किसी वस्तु का

ज़रूरत से कम होना; घटती; ऊनता 12. मिसरी के समान साफ़ चीनी 13. तोड़ेदार बंदूक चलाने की नारियल की जटा की सूत से बुनी रस्सी; पलीता; फलीता 14. घमंड; अभिमान।

तोड़िया [सं-स्त्री.] पैर में पहनने का ज़ंजीर जैसा एक आभूषण जो सोने, चाँदी आदि का बना होता है; पायल; पाज़ेब।

तोड़ी [सं-स्त्री.] 1. सरसों की एक किस्म; तोड़िया 2. स्त्रियों का एक आभूषण।

तोतई [वि.] तोते के रंग का। [सं-पु.] तोते जैसा रंग।

तोतला [वि.] 1. जो तुतलाकर या अस्पष्ट बोलता हो; तुतलाकर बोलने वाला; तुतला 2. तुतलाने जैसा।

तोता (फ़ा.) [सं-पु.] 1. हरे रंग का एक प्रसिद्ध पक्षी जिसकी चोंच लाल रंग की होती है; कीर; सुआ; सुग्गा 2. बंदूक का घोड़ा। [मु.] **हाथों के तोते उड़ जाना** : बहुत घबरा जाना। -**पालना** : जान-बूझ कर कोई रोग लगा लेना।

तोता-चश्म (फ़ा.) [वि.] 1. तोते की तरह आँख फेर लेने वाला 2. जिसकी आँखों में तोते की तरह लिहाज़ या संकोच न हो 3. बेगुरौवत; बेवफ़ा 4. जिसमें निष्ठा न हो 5. अवसरवादी; दलबदलू।

तोतापंखी [वि.] तोते के पंख जैसा हरे रंग का।

तोतापरी [सं-पु.] एक प्रकार का आम; आम की एक प्रजाति।

तोतारटंत [सं-स्त्री.] 1. तोते की तरह बिना सोचे-समझे रटने की अवस्था या भाव 2. तोते की तरह रटी हुई बात कहने की क्रिया।

तोद (सं.) [सं-पु.] 1. तीव्र कष्ट; व्यथा 2. सूर्य 3. शूल; वेदना 4. चलाना; हाँकना।

तोदन (सं.) [सं-पु.] 1. पशुओं को हाँकने की छड़ी, चाबुक, कोड़ा या अंकुश 2. व्यथा; त्रास; पीड़ा 3. औषधि में काम आने वाला एक प्रकार का फलदार वृक्ष।

तोप (तु.) [सं-स्त्री.] एक प्रकार का बहुत बड़ा अस्त्र जो प्रायः दो या चार पहियों की गाड़ी पर रखा रहता है।

तोपख़ाना (तु.+फ़ा.) [सं-पु.] 1. तोप तथा उससे संबंधित उपकरण रखने या सहेजने का स्थान 2. गोलों और सामान की गाड़ियों आदि सहित युद्ध के लिए सुसज्जित चार से आठ तोपों तक का समूह 3. सेना का एक विभाग जो तोपों से संबंधित होता है; तोपों का एक साथ इकाई के रूप में काम करने का वर्ग; तोप सेना।

तोपगाड़ी (तु.+हिं.) [सं-स्त्री.] वह वाहन जिसपर तोप लादकर ले जाई जाती है।

तोपची (तु.) [सं-पु.] 1. तोप से गोला दागने वाला व्यक्ति; गोलंदाज़ 2. तोप सैनिक 3. तोप संचालक।

तोपड़ा [सं-पु.] 1. एक प्रकार का कबूतर 2. एक प्रकार की मक्खी।

तोपन [सं-पु.] टोकरा।

तोपना (सं.) [क्रि-स.] 1. किसी वस्तु के ऊपर कोई दूसरी वस्तु इस प्रकार रखना कि नीचे वाली वस्तु पूरी तरह ढक या छुप जाए 2. भरना; पाटना।

तोपा [सं-पु.] एक टाँके में होने वाली सिलाई।

तोबड़ा (फ़ा.) [सं-पु.] मोटे कपड़े, टाट या चमड़े से बनाया गया वह थैला जिसमें चने या भूसी आदि भरकर घोड़े के खाने के लिए उसके मुँह पर बाँध दिया जाता है। [मु.] **किसी के मुँह पर तोबड़ा चढ़ाना** : बलपूर्वक किसी को बोलने से रोकना।

तोम (सं.) [सं-पु.] समूह; राशि; ढेर।

तोमर (सं.) [सं-पु.] 1. भाले की तरह का एक प्राचीन अस्त्र 2. क्षत्रिय समाज में एक कुलनाम या सरनेम; तँवर 3. (काव्यशास्त्र) एक प्रकार का छंद जिसमें बारह मात्राएँ होती हैं।

तोय (सं.) [सं-पु.] 1. जल; पानी 2. पूर्वाषाढ़ा नक्षत्र।

तोयधि (सं.) [सं-पु.] समुद्र; सागर; जलधि।

तोयनिधि (सं.) [सं-पु.] तोयधि।

तोरई [सं-स्त्री.] एक प्रकार की बेल जिसके फल से सब्ज़ी बनाई जाती है; तुरई।

तोरण (सं.) [सं-पु.] 1. किसी भवन या नगर का मुख्य द्वार; विशाल फाटक 2. बंदनवार 3. ऐसी बनावट जिसका ऊपरी भाग अर्द्धगोलाकार और बेलबूटेदार हो; मेहराब 4. ग्रीवा।

तोरन (सं.) [सं-पु.] दे. तोरण।

तोरिया [सं-स्त्री.] एक प्रकार की सरसों; तोरी।

तोरी [सं-स्त्री.] 1. एक प्रकार की बेल जिसके लंबे फलों की तरकारी बनाई जाती है; तुरई; तोरई 2. काली सरसों।

तोलक (सं.) [सं-पु.] बारह माशे का वज़न; तोला।

तोलन (सं.) [सं-पु.] 1. तौलने की क्रिया; वज़न करना 2. उठाने की क्रिया। [सं-स्त्री.] छत के नीचे सहारा देने के लिए लगाई जाने वाली लकड़ी; थूनी; चाँड़।

तोला (सं.) [सं-पु.] 1. तौल करने की एक माप जो बारह माशे या छियानवे रत्ती की होती है 2. एक तोला का बाट 3. वर्तमान में सुनारों द्वारा दस ग्राम को एक तोला माना जाने लगा है।

तोशक (फ़ा.) [सं-स्त्री.] 1. बिछाने का गद्दा 2. दोहरी चादर 3. नारियल जटा या रुई से बनाया गया बिछावन या गद्दा; हलका बिछौना।

तोशदान (फ़ा.) [सं-पु.] 1. वह झोला या थैली जिसमें मार्ग के लिए यात्री विशेषतः सैनिक अपना जलपान आदि या दूसरी आवश्यक चीज़ें रखते हैं 2. चमड़े की वह पेटी जिसमें सैनिक कारतूस या गोलियाँ रखते हैं।

तोशा (फ़ा.) [सं-पु.] 1. वह खाद्य पदार्थ जो यात्री मार्ग के लिए अपने साथ रख लेता है; यात्रा आहार; पाथेय 2. खाने-पीने का सामान।

तोशाख़ाना (फ़ा.) [सं-पु.] 1. वस्त्रों और आभूषणों आदि का भंडार 2. वह बड़ा कमरा या स्थान जहाँ राजाओं और अमीरों के पहनने के बढ़िया कपड़े, गहने आदि रखे जाते हों।

तोष (सं.) [सं-पु.] 1. अघाने या तृप्त होने का भाव; तुष्टि; संतोष; (सोलेस) 2. लिप्सा का अभाव; मन भरने की अवस्था 3. आनंद; प्रसन्नता; ख़ुशी 4. प्रसाद। [अव्य.] अल्प; कम; थोड़ा।

तोषक (सं.) [वि.] तृप्त करने वाला; संतुष्ट करने वाला।

तोषण (सं.) [सं-पु.] 1. संतुष्ट करने की क्रिया या भाव; तृप्ति 2. संतोष; तोष 3. किसी को तुष्ट करना। [वि.] तृप्त करने वाला; प्रसन्नता देने वाला।

तोषणिक (सं.) [सं-पु.] किसी को संतुष्ट करने हेतु दिया जाने वाला धन। [वि.] तोष संबंधी।

तोषी (सं.) [परप्रत्य.] संतुष्ट करने वाला; तृप्तिदायक; संतोषप्रद, जैसे- सर्वतोषी, अल्पतोषी।

तोहफ़गी (अ.+फ़ा.) [सं-स्त्री.] 1. उत्तमता; उम्दगी 2. भलाई 3. अच्छाई; ख़ूबी।

तोहफ़ा (अ.) [सं-पु.] 1. उपहार; सौगात; भेंट; नज़र 2. वरदान; उपायन 3. कोई बहुमूल्य वस्तु; विलक्षण चीज़; अद्‌भुत पदार्थ। [वि.] 1. उत्तम; नायाब; अच्छा 2. श्रेष्ठ; बढ़िया।

तोहमत (अ.) [सं-स्त्री.] 1. मिथ्या दोषारोपण; लांछन 2. इल्ज़ाम; आरोप 3. झूठे आरोप से की गई बदनामी 4. मिथ्या कलंक।

तोहमती (अ.) [वि.] दूसरों पर तोहमत या आरोप लगाने वाला; झूठा अभियोग लगाने वाला; मिथ्या दोषारोपण करने वाला; लांछन लगाने वाला।

तौंस (सं.) [सं-स्त्री.] 1. गरमी और धूप के कारण लगने वाली तेज़ प्यास 2. उमस; ताप।

तौक (अ.) [सं-पु.] 1. हँसुली नामक गले का आभूषण 2. अपराधियों या पागलों के गले में पहनाया जाने वाला लोहे का भारी वृत्ताकार घेरा 3. कबूतर आदि पक्षियों के गले का हँसुली जैसा प्राकृतिक चिह्न 4. गले में लटकाई जाने वाली चपरास 5. गोल घेरा 6. गुलामी या दासता का जुआ।

तौक़ (अ.) [सं-पु.] उर्दू उच्चारणानुसार वर्तनी (दे. तौक)।

तौनी [सं-स्त्री.] छोटा तवा; तवी; तई।

तौफ़ीक (अ.) [सं-पु.] 1. ईश्वर या ख़ुदा का रहम; अनुग्रह; दैवकृपा 2. श्रद्धा; भक्ति 3. शक्ति; सामर्थ्य 4. हौसला; उमंग; हिम्मत 5. संयोग से किसी पदार्थ को सुगमता से प्राप्त कर लेना 6. साधन; उपाय 7. पात्रता; योग्यता।

तौबा (अ.) [सं-स्त्री.] 1. किसी अनुचित कार्य को भविष्य में न करने की शपथपूर्वक दृढ़-प्रतिज्ञा 2. पछतावा; अफ़सोस 3. किसी चीज़ या काम के प्रति नफ़रत दर्शाने के लिए प्रयोग किया जाने वाला शब्द। [मु.] **-करना या मचाना** : दीनता दिखलाते हुए रक्षा की प्रार्थना करना। **-बुलवाना** : पूरी तरह से परास्त कर देना।

तौमरा [सं-पु.] छुच्छी के आगे का सूखा लोहा।

तौर (अ.) [सं-पु.] 1. ढंग; पद्धति; शैली 2. रूप-रंग 3. चाल-ढाल 4. भाँति; तरह 5. व्यवहार; आचरण 6. हालत; दशा।

तौर-तरीका (अ.) [सं-पु.] 1. किसी कार्य को सुचारु रूप से करने का ढंग; तरीका 2. चाल-ढाल; चाल-चलन; बात-व्यवहार।

तौरेत (इब.) [सं-पु.] यहूदियों का प्रधान धर्मग्रंथ जो हज़रत मूसा पर प्रकट हुआ था जिसमें सृष्टि और आदम की उत्पत्ति आदि का उल्लेख है।

तौल (सं.) [सं-स्त्री.] 1. किसी चीज़ का परिमाण निकालने के लिए उसे तराज़ू या काँटे अथवा किसी मापक-यंत्र पर चढ़ाने की क्रिया; माप 2. भार; वज़न 3. जाँच की मानक कसौटी 4. {ला-अ.} किसी बात की गंभीरता, महत्व आदि का आनुमान या थाह। [सं-पु.] 1. तराज़ू 2. तुला राशि।

तौलना (सं.) [क्रि-स.] 1. किसी वस्तु या पदार्थ का परिमाण या मात्रा जानने के लिए तराज़ू पर रखना; वज़न करना 2. जोखना 3. हाथ में उठाकर किसी चीज़ के वज़न का अंदाज़ा लगाना 4. किसी हथियार या बंदूक आदि को चलाने के लिए उसे हाथ में लेकर ऐसी मुद्रा या स्थिति में लाना या संतुलित करके पकड़ना कि वह सही वार कर सके; साधना 5. तुलना करना; मिलान करना 6. {ला-अ.} विचार या मनन करना (किसी विषय में) 7. {ला-अ.} किसी व्यक्ति के मन की थाह लेना; किसी बात के महत्व की कल्पना करना।

तौला [सं-पु.] 1. अनाज या गल्ला आदि तौलने वाला व्यक्ति 2. महुए की शराब 3. मटका; मिट्टी का घड़ा।

तौलिया (अं.) [सं-पु.] देह, हाथ आदि पोंछने का एक प्रकार का छोटा कपड़ा; अँगोछा।

तौहीद (अ.) [सं-स्त्री.] एक प्रकार का मत या विचार जो यह मानता है कि एक ही ईश्वर है; एकेश्वरवाद।

तौहीन (अ.) [सं-स्त्री.] अपमान; बेइज़्ज़ती; तिरस्कार; अनादर; अप्रतिष्ठा।

त्यक्त (सं.) [वि.] त्यागा या छोड़ा हुआ; परित्यक्त।

त्यजन (सं.) [सं-पु.] छोड़ने या त्यागने की क्रिया; त्याग; छोड़ना।

त्याग (सं.) [सं-पु.] 1. किसी वस्तु के प्रति अपनेपन का भाव छोड़ देना अथवा उस वस्तु के प्रति मोह न रखना; **'ग्रहण'** के विपरीत कर्म; उत्सर्ग 2. सांसारिक विषयों और व्यवहारों को छोड़ने का भाव; वैराग्य; विराग 3. स्वार्थ की उपेक्षा 4. किसी महान उद्‌देश्य के लिए अपना सुख-वैभव छोड़ देना 5. संबंध तोड़ने की क्रिया 6. उदारतापूर्वक दान देना।

त्यागना (सं.) [क्रि-स.] 1. त्याग करना; छोड़ना; तजना 2. पृथक करना।

त्यागपत्र (सं.) [सं-पु.] अपने पद या कार्य से मुक्त होने के लिए दिया जाने वाला पत्र; इस्तीफ़ा।

त्यागी (सं.) [वि.] 1. महान उद्‌देश्य के लिए सांसारिक सुखों या अपने हितों का त्याग करने वाला 2. त्यागने वाला; छोड़ने वाला 3. जो भोग तथा वासना में लिप्त न हो; विरक्त। [सं-पु.] ब्राह्मण समाज में एक कुलनाम या सरनेम।

त्याज्य (सं.) [वि.] त्यागने के योग्य; जिसे त्यागा या छोड़ा जा सके; तजनीय।

त्यों (सं.) [क्रि.वि.] 1. वैसे; उस भाँति; उस तरह; उस प्रकार 2. तत्काल; उसी समय।

त्योरस [सं-पु.] 1. वर्तमान वर्ष के विचार से बीता हुआ तीसरा वर्ष 2. वर्तमान वर्ष के विचार से आने वाला तीसरा वर्ष।

त्योरी [सं-स्त्री.] 1. क्रोध से भृकुटि के ऊपर चढ़ने की स्थिति 2. क्रोध से पड़ी माथे की सिलवटें या बल 3. ललाट की भाव भंगिमा 4. क्रोध भरी दृष्टि 5. भौंह 6. तेवर; निगाह; अवलोकन। [मु.] **-चढ़ना या बदलना** : क्रोध से माथे में बल पड़ना।

त्योहार (सं.) [सं-पु.] 1. प्रतिवर्ष किसी निश्चित तिथि को मनाया जाने वाला कोई धार्मिक या सांस्कृतिक उत्सव; पर्व 2. वह दिन या समय जब लोगों द्वारा सामूहिक रूप से उत्सव

मनाया जाता है।

त्योहारी [सं-स्त्री.] त्योहार के उपलक्ष्य में आश्रितों, छोटों या सेवकों को दी जाने वाली वस्तु।

त्यौहार (सं.) [सं-पु.] दे. त्योहार।

त्यौहारी (सं.) [सं-स्त्री.] दे. त्योहारी।

त्र[1] हिंदी वर्णमाला में 'त+र्' का संयुक्त वर्ण। हिंदी वर्णमाला में इसे 'क्ष' के बाद स्थान दिया गया है।

त्र[2] (सं.) [परप्रत्य.] 1. रक्षा करने वाला, जैसे- आतपत्र 2. उपकरण या यंत्र या साधन का सूचक, जैसे- खनित्र 3. स्थान विशेष पर आया या लाया हुआ, जैसे- एकत्र, सर्वत्र।

त्रय (सं.) [वि] 1. तीन; तीसरा 2. तीन अंशों या रूपोंवाला।

त्रयंबक (सं.) [सं-पु.] तीन अंबक या नेत्रों वाला अर्थात शिव; महादेव।

त्रयताप (सं.) [सं-पु.] त्रिविध ताप; दैहिक, दैविक और भौतिक ताप।

त्रयी (सं.) [सं-स्त्री.] 1. तीन विभिन्न इकाइयों का समूह, जैसे- देवत्रयी, वेदत्रयी, लोकत्रयी 2. दुर्गा 3. बोध; समझ 4. सोमराजी लता।

त्रयोदश (सं.) [वि.] तेरह; तेरहवाँ।

त्रयोदशाह (सं.) [सं-पु.] मृत्यु के तेरहवें दिन होने वाला कर्मकांड; तेरहवीं।

त्रयोदशी (सं.) [सं-स्त्री.] चांद्र मास के किसी पक्ष की तेरहवीं तिथि; तेरस।

त्रसन (सं.) [सं-पु.] 1. त्रस्त करने की क्रिया या भाव 2. भय; डर 3. चिंता; व्याकुलता।

त्रसरेणु (सं.) [सं-पु.] 1. (पुराण) सूर्य की एक पत्नी 2. वायु में उड़ते हुए धूल के वे सूक्ष्म कण जो प्रकाश-किरणों में दिखाई देते हैं।

त्रस्त (सं.) [वि.] 1. पीड़ित; जो कष्ट में हो 2. डरा हुआ; भयभीत 3. चकित 4. काँपता हुआ 5. घबराया हुआ।

त्राटक (सं.) [सं-पु.] 1. योग के षटकर्मों में से छठा कर्म या साधन 2. हठयोग या योग में दृष्टि तीव्र करने के लिए बिना पलक झपकाए किसी बिंदु पर दृष्टि स्थिर करने की क्रिया।

त्राण (सं.) [सं-पु.] 1. किसी को संकट से मुक्त करने की क्रिया 2. रक्षा; बचाव; परित्राण; हिफ़ाजत 3. भय या चिंता के कारण का निवारण; मुक्ति; राहत 4. जीवन रक्षा 5. बचाव का साधन या उपाय; वह चीज़ जिससे रक्षा हो, जैसे- शिरस्त्राण 6. शरण; आश्रय; सहायता 7. त्रायमाणा नामक लता 8. बख़्तर; कवच। [वि.] जिसकी रक्षा की गई हो।

त्रात (सं.) [वि.] 1. जिसे त्राण दिया गया हो; जिसकी रक्षा की गई हो 2. विपत्ति से बचाया हुआ।

त्राता (सं.) [सं-पु.] 1. वह जो त्राण करता हो 2. रक्षा करने वाला व्यक्ति। [वि.] रक्षा करने वाला; बचाने वाला।

त्रास (सं.) [सं-स्त्री.] 1. ऐसा भय जिससे अनिष्ट या क्षति की संभावना हो 2. कष्ट; तकलीफ़ 3. मणि नामक रत्न का एक अवगुण।

त्रासक (सं.) [सं-पु.] कष्ट या दुख देने वाला व्यक्ति [वि.] 1. त्रास देने वाला; डराने वाला; भयभीत करने वाला 2. कष्ट देने वाला 3. नाशकारी; नाशक 4. हटाने वाला; दूर करने वाला; निवारक 5. शोकपूर्ण।

त्रासद (सं.) [वि.] 1. कष्टकारक; पीड़ादायक 2. दुखद।

त्रासदी [सं-स्त्री.] 1. ऐसी रचना या नाटक जो दुखांत हो 2. किसी के जीवन में घटित कोई अप्रिय और दुखद घटना।

त्रासित (सं.) [वि.] डराया हुआ; त्रस्त किया हुआ।

त्राहि (सं.) [अव्य.] घोर संकट से बचने के लिए कहा जाने वाला शब्द जिसका अर्थ है- रक्षा करो! बचाओ!

त्राहि-त्राहि (सं.) [अव्य.] 1. आर्तनाद; चीत्कार 2. संकट में लगाई जाने वाली गुहार। [मु.] **-करना** : रक्षा के लिए पुकारना।

त्राहि-माम (सं.) [अव्य.] घोर संकट से बचने के लिए कहा जाने वाला शब्द जिसका अर्थ है- रक्षा करो! बचाओ! मुझे कष्ट से उबारो!

त्रि (सं.) [पूर्वप्रत्य.] 1. तीन; तिगुना 2. तीन अंगो, रूपों, खंड़ो या अवयवोंवाला, जैसे- त्रिदोष, त्रिकाल।

त्रिआयामी (सं.) [वि.] तीन आयाम या पक्षवाला।

त्रिक (सं.) [सं-पु.] 1. तीन रास्तों के मिलने का स्थान 2. तीन वस्तुओं या चीज़ों का समूह या वर्ग; त्रिफला; त्रिकटु 3. तीन तरफ़ से तीन चीज़ें आकर मिलने की जगह 4. कंधों के बीच का हिस्सा 5. कमर; कटिदेश 6. तीन समुदायों का योग। [वि.] 1. तीन खंडों, रूपों या इकाईयोंवाला 2. तिहरा; तिगुना 3. तीन बार होने वाला 4. तीन के समूह में आने वाला।

त्रिकाल (सं.) [सं-पु.] 1. काल अथवा समय की तीन अवस्थाएँ (भूत, वर्तमान और भविष्य) 2. दिन के समय की तीन अवस्थाएँ (सुबह, दोपहर और शाम)।

त्रिकालज्ञ (सं.) [वि.] तीनों कालों का ज्ञाता, तीनों कालों की बातें जानने वाला।

त्रिकालदर्शी (सं.) [सं-पु.] 1. तीनों कालों (वर्तमान, भूत और भविष्य) पर विचार करने वाला या समझने वाला व्यक्ति; त्रिकालज्ञ 2. (पुराण) तीन कालों की बातें देखने वाला 3. सर्वज्ञ।

त्रिकुटी (सं.) [सं-स्त्री.] ललाट पर भौहों के मध्य थोड़ा ऊपर का स्थान जहाँ त्रिकूट चक्र की अवस्थिति मानी जाती है।

त्रिकूट (सं.) [सं-पु.] 1. तीन शृंगों वाला पर्वत 2. (पुराण) एक पर्वत जिसपर लंका बसी थी।

त्रिकोण (सं.) [सं-पु.] 1. तीन कोनों वाला क्षेत्र; त्रिभुज 2. तीन कोनों वाली वस्तु; तिकोन; तिकोना 3. जन्मकुंडली में लग्नस्थान से पाँचवाँ और नौवाँ स्थान 4. तंत्रशास्त्र में योनि 5. (ज्योतिषशास्त्र) मोक्ष-स्थान।

त्रिकोणमिति (सं.) [सं-स्त्री.] गणितशास्त्र की एक शाखा जिसमें त्रिभुजों के कोण, बाहु आदि संबंधी जानकारी होती है; रेखागणित; ज्यामिति।

त्रिकोणाकार (सं.) [वि.] त्रिभुज के आकार का।

त्रिकोणात्मक (सं.) [वि.] 1. जो तीन कोण के रूप में हो 2. तीन व्यक्तियों के मध्य पारस्परिक प्रेम-प्रपंच से संबद्ध।

त्रिकोणीय (सं.) [वि.] तीन कोणोंवाला।

त्रिखंड (सं.) [सं-पु.] 1. तीन खंडोंवाला 2. जिसके तीन भाग हों।

त्रिगुण (सं.) [सं-पु.] तीन गुणों (सत्व, रज और तम) का समाहार।

त्रिगुणात्मक (सं.) [वि.] जिसमें तीनों गुणों (सत्व, रज और तम) का समाहार हो।

त्रिचक्री (सं.) [सं-स्त्री.] त्रिचक्रिका; तीन पहियों वाली साइकिल।

त्रिज्या (सं.) [सं-स्त्री.] (ज्यामिति) वृत्त के केंद्र से परिधि तक खींची गई सीधी रेखा जो व्यास की आधी होती है।

त्रिताप (सं.) [सं-पु.] तीन प्रकार के कष्ट- दैहिक, दैविक और भौतिक।

त्रिदलीय (सं.) [वि.] 1. तीन दलों से बना हुआ; तीन दलोंवाला 2. तीन दलों से संबद्ध।

त्रिदशांकुश (सं.) [सं-पु.] वज्र।

त्रिदिवसीय (सं.) [वि.] तीन दिनों तक चलने वाला।

त्रिदेव (सं.) [सं-पु.] (पुराण) तीनों देव- ब्रह्मा, विष्णु और महेश।

त्रिदोष (सं.) [सं-पु.] 1. तीनों दोष (वात, पित्त और कफ़) 2. सन्निपात नामक रोग जो इन दोषों के कारण उत्पन्न होता है।

त्रिधा (सं.) [वि.] तीन प्रकार का; तीन रूपोंवाला। [अव्य.] तीन रूपों में; तीन प्रकार से।

त्रिनयन (सं.) [सं-पु.] शिव; महादेव। [वि.] जिसके तीन नेत्र हों।

त्रिनेत्र (सं.) [सं-पु.] शिव; महादेव।

त्रिपथगा (सं.) [सं-स्त्री.] तीन धाराओं वाली (आकाश में मंदाकिनी, धरा पर भागीरथी तथा पाताल में भोगवती) गंगा नदी।

त्रिपाठी (सं.) [सं-पु.] 1. ब्राह्मण समाज में एक कुलनाम 2. तिवारी; त्रिवेदी 3. तीन वेदों को जानने वाला व्यक्ति। [वि.] तीन वेदों का ज्ञाता।

त्रिपाद (सं.) [सं-पु.] तिपाई; त्रिपदिका। [वि.] तीन पैरोंवाला।

त्रिपिटक (सं.) [सं-पु.] बौद्धों का मूल ग्रंथ जो तीन पिटकों या भागों (विनय, सुत्त और अभिधम्म) में विभक्त है।

त्रिपुंड (सं.) [सं-पु.] तीन आड़ी रेखाओं वाला एक तरह का तिलक जिसे ललाट आदि पर लगाते हैं।

त्रिपुर (सं.) [सं-पु.] 1. (पुराण) मयासुर नाम के दानव द्वारा निर्मित स्वर्ग 2. बाणासुर।

त्रिपुरा (सं.) [सं-स्त्री.] 1. भारत के पूर्वी क्षेत्र का एक प्रांत 2. असम में पूजित कामाख्या देवी की एक मूर्ति।

त्रिपुरांतक (सं.) [सं-पु.] शिव; महादेव।

त्रिपुरारि (सं.) [सं-पु.] महादेव; शंकर।

त्रिपुरासुर (सं.) [सं-पु.] (पुराण) बाणासुर नामक दैत्य का एक नाम।

त्रिफला (सं.) [सं-स्त्री.] 1. आँवला, हरड़ और बहेड़ा का समूह 2. उक्त फलों से बनाया जाने वाला प्रसिद्ध औषधीय चूर्ण।

त्रिबली (सं.) [सं-स्त्री.] स्त्रियों के पेट पर नाभि के कुछ ऊपर दिखाई पड़ने वाली तीन रेखाएँ।

त्रिभंग (सं.) [वि.] 1. तीन स्थानों से झुका हुआ 2. जो तीन स्थानों से टेढ़ा या बल खाया हो। [सं-पु.] खड़े होने की एक मुद्रा जिसमें गरदन, कमर और पैर में कुछ टेढ़ापन रहता है।

त्रिभाषासूत्र (सं.) [सं-स्त्री.] शिक्षाशास्त्रियों द्वारा शिक्षा के माध्यमिक स्तर पर लागू करने हेतु सुझाया गया एक सूत्र जिसमें शिक्षा का माध्यम हिंदी, अँग्रेज़ी और मातृभाषा को रखा गया था।

त्रिभुज (सं.) [सं-पु.] 1. तीन भुजाओं का क्षेत्र; त्रिभुजाकार स्थान 2. (ज्यामिति) वह आकृति जिसमें तीन भुजाएँ होती हैं 3. तीन रेखाओं या भुजाओं से घिरा हुआ धरातल 4. त्रिकोण।

त्रिभुजाकार (सं.) [वि.] 1. त्रिभुज के आकार का 2. तीन भुजाओंवाला।

त्रिभुजीय (सं.) [वि.] 1. तीनों भुजाओं से संबंधित 2. (गणित) त्रिभुज संबंधी।

त्रिभुवन (सं.) [सं-पु.] 1. (पुराण) तीन लोक- पृथ्वी, स्वर्ग और पाताल 2. प्रकृति; सृष्टि।

त्रिमात्रिक (सं.) [वि.] तीन मात्राओंवाला; प्लुत।

त्रिमास (सं.) [सं-पु.] 1. तीन महीने की अवधि 2. वर्ष के तीन महीनों के चार विभागों में कोई एक।

त्रिमुखी (सं.) [सं-स्त्री.] बुद्ध की माता; मायादेवी। [वि.] तीन मुख या मुँहवाला।

त्रिमुहानी (सं.) [सं-स्त्री.] तीन नदियों, सड़कों या गलियों के मिलने का स्थान।

त्रिमूर्ति (सं.) [सं-पु.] 1. तीन मूर्तियों का समुच्चय 2. ब्रह्मा, विष्णु तथा महेश तीनों की मूर्ति 3. {ला-अ.} आपस में विशेष रूप से संबंधित तीन लोग।

त्रिया (सं.) [सं-स्त्री.] स्त्री; औरत।

त्रियाचरित्र (सं.) [सं-पु.] (लोकमान्यता) स्त्रियों द्वारा किसी समय या परिस्थिति विशेष पर की जाने वाली चतुराई या चालाकी।

त्रियान (सं.) [सं-पु.] बौद्ध धर्म की तीन शाखाएँ (महायान, हीनयान और मध्यमयान)।

त्रियामा (सं.) [सं-स्त्री.] 1. सूर्यास्त और सूर्योदय के बीच का समय 2. हल्दी 3. नीलपौधा 4. यमुना नदी 5. काला निसोथ।

त्रियाहठ (सं.) [सं-स्त्री.] (लोकमान्यता) स्त्री द्वारा रूठकर की जाने वाली हठ या ज़िद।

त्रिरत्न (सं.) [सं-पु.] बौद्ध धर्म में तीन रत्नों बुद्ध, धर्म और संघ का समाहार।

त्रिलोक (सं.) [सं-पु.] (पुराण) तीनों लोक अर्थात पृथ्वी, स्वर्ग और पाताल।

त्रिलोकी (सं.) [वि.] तीन लोक अर्थात पृथ्वी, स्वर्ग और पाताल में रहने वाला; तीनों लोकों में व्याप्त।

त्रिलोकेश (सं.) [सं-पु.] 1. सूर्य 2. ईश्वर।

त्रिलोचन (सं.) [सं-पु.] शिव; महादेव।

त्रिवर्ग (सं.) [सं-पु.] 1. तीन पदार्थों या चीज़ों का समूह 2. तीन उद्देश्य- धर्म, अर्थ और काम 3. वृद्धि, स्थिति और क्षय 4. तीन गुण- सत्व, रज और तम 5. व्यक्तित्व के तीन भाग- शरीर, प्राण और चेतना 6. तीन देवता- ब्रह्मा, शिव और विष्णु 7. योग के अंग- ज्ञानयोग, कर्मयोग और भक्तियोग 8. त्रिफला

9. त्रिकुट।

त्रिवाचा (सं.) [सं-पु.] 1. तीन बार कोई बात कहने की क्रिया 2. एक प्रकार की प्रतिज्ञा जिसमें कोई बात तीन बार कह कर शपथ ली जाती है।

त्रिविध (सं.) [वि.] तीन प्रकार का; जिसके तीन रूप हों।

त्रिवेणी (सं.) [सं-स्त्री.] 1. तीन नदियों (गंगा, यमुना और सरस्वती) का मिलन-स्थल; प्रयाग 2. तीन नाड़ियों (इड़ा, पिंगला और सुषुम्ना) का मिलन-स्थल।

त्रिवेदी (सं.) [सं-पु.] 1. तीन वेदों का ज्ञाता 2. ब्राह्मण समाज में एक कुलनाम।

त्रिशंकु (सं.) [सं-पु.] 1. (पुराण) सत्यव्रत नाम के एक प्रसिद्ध सूर्यवंशी राजा 2. बिल्ली 3. जुगनू 4. एक प्राचीन पहाड़ का नाम 5. पपीहा। [वि.] 1. जो बीच में ही लटका हो 2. जिसमें किसी दल या गठबंधन को स्पष्ट बहुमत प्राप्त न हुआ हो, जैसे- त्रिशंकु विधानसभा।

त्रिशूल (सं.) [सं-पु.] 1. शिव का अस्त्र 2. लोहे का एक अस्त्र जिसमें तीन नोकदार फल होते हैं।

त्रिसंध्या (सं.) [सं-स्त्री.] तीनों संधि काल प्रातः, मध्याह्न तथा सायंकाल।

त्रिस्तरीय (सं.) [वि.] तीन स्तरोंवाला।

त्रुटि (सं.) [सं-स्त्री.] 1. गलती; कमी 2. भूल; चूक 3. वचन का भंग होना 4. छोटी इलायची का पौधा 5. अंगहीनता 6. कार्तिकेय की एक मातृका 7. संदेह 8. तोड़ने-फोड़ने की क्रिया।

त्रुटित (सं.) [वि.] भग्न; खंडित; टूटा हुआ।

त्रुटिपूर्ण (सं.) [वि.] जिसमें त्रुटि या कसर हो; दोषयुक्त।

त्रेता (सं.) [सं-पु.] 1. (पुराण) चार महायुगों में से दूसरा युग; त्रेता युग (राजा दशरथ और राम का शासन इसी युग में था) 2. तीन चीज़ों का समूह। [सं-स्त्री.] 1. तीन प्रकार की कल्पित अग्नियाँ- दक्षिण, गार्हपत्य और आहवनीय 2. जुए आदि में पासे का एक दाँव; तीया।

त्रेतायुग (सं.) [सं-पु.] हिंदुओं की शास्त्रीय मान्यताओं के अनुसार चार युगों में से तीसरा युग।

त्रैकालिक (सं.) [वि.] 1. भूत, वर्तमान और भविष्य तीनों कालों में होने वाला 2. त्रिकाल संबंधी 3. त्रिकालवर्ती।

त्रैकोणिक (सं.) [वि.] 1. तीनों कोणोंवाला 2. तीन पार्श्ववाला।

त्रैत (सं.) [सं-पु.] तीन का समुदाय या समूह।

त्रैभाषिक (सं.) [वि.] 1. तीन भाषाओं को जानने वाला 2. तीन भाषाओं के प्रयोग वाला स्थान, काल या देश।

त्रैमासिक (सं.) [वि.] 1. तीन महीने में एक बार 2. वर्ष का चौथाई हिस्सा 3. तीन महीनों में होनेवाला 4. हर तीसरे महीने निकलनेवाला 5. तीन महीनों का।

त्रैमासिकी (सं.) [सं-स्त्री.] तीन माह के अंतर से वर्ष में चार बार प्रकाशित होने वाली पत्रिका।

त्रैलोक्य (सं.) [सं-पु.] 1. पृथ्वी, स्वर्ग और पाताल लोक 2. इक्कीस मात्राओं का एक छंद।

त्रैवार्षिक (सं.) [वि.] 1. तीन वर्षों पर होने वाला 2. तीन वर्षों के अंतराल पर आयोजित 3. तीन वर्ष का।

त्रोटक (सं.) [सं-पु.] 1. शृंगार रस प्रधान नाटक का एक भेद जिसमें पाँच, सात, आठ या नौ अंक होते हैं तथा प्रत्येक अंक में विदूषक होता है 2. संगीत में एक प्रकार का राग 3. एक छंद का नाम।

त्र्यंबक (सं.) [सं-पु.] शिव; त्रिनेत्र।

त्र्यंबकेश्वर (सं.) [सं-पु.] 1. शिव; महादेव 2. एक धार्मिक स्थल।

त्र्यक्ष (सं.) [सं-पु.] 1. महादेव; शंकर; शिव; त्रिनेत्र 3. (पुराण) एक दैत्य। [वि.] जिसकी तीन आँखें हो; तीन नेत्रोंवाला।

त्र्यक्षर (सं.) [वि.] तीन अक्षरोंवाला।

त्वंगकुट (सं.) [सं-पु.] रोमांच।

त्वक (सं.) [सं-पु.] 1. शरीर की खाल; चर्म; त्वचा 2. छिलका 3. पेड़ की छाल; वल्कल 4. पाँच ज्ञानेंद्रियों में से एक त्वचा जो स्पर्श का ज्ञान कराती है 5. दालचीनी; दारचीनी।

त्वक्पुष्प (सं.) [सं-पु.] 1. रोमांच; रोएँ खड़े हो जाना 2. सेहुआँ रोग।

त्वचा (सं.) [सं-स्त्री.] 1. खाल; चमड़ी; चर्म 2. पेड़ की छाल 3. साँप की केंचुली।

त्वचा विज्ञान (सं.) [सं-पु.] त्वचा से संबंधित तथ्यपरक और वैज्ञानिक जानकारी देने वाला शास्त्र।

त्वचा विज्ञानी (सं.) [सं-पु.] त्वचा और त्वचा संबंधी तथ्यों की विशेष जानकारी रखने वाला व्यक्ति।

त्वचा विशेषज्ञ (सं.) [सं-पु.] त्वचा संबंधी रोग का विशेषज्ञ।

त्वचारोग (सं.) [सं-पु.] त्वचा से संबंधित रोग; त्वचा में होने वाला रोग।

त्वचारोपण (सं.) [सं-पु.] (चिकित्सा शास्त्र) एक प्रकार की चिकित्सा विधि जिसमें किसी स्थान की ख़राब, जली या घावयुक्त त्वचा के स्थान पर स्वस्थ त्वचा आरोपित कर दी जाती है।

त्वचाशोथ (सं.) [सं-पु.] चमड़ी की जलन।

त्वचीय (सं.) [वि.] त्वचा संबंधी; त्वचा विषयक।

त्वरक (सं.) [वि.] गतिवर्धक; गति बढ़ानेवाला।

त्वरण (सं.) [सं-पु.] शीघ्रतापूर्वक कोई काम होने की अवस्था।

त्वरा (सं.) [सं-स्त्री.] 1. शीघ्रता; जल्दी 2. तेज़ी; वेग।

त्वरित (सं.) [वि.] 1. तीव्र गतिवाला; 2. जल्दी; शीघ्र। [क्रि.वि.] तेजी से; वेग से।

त्वष्टा (सं.) [सं-पु.] 1. एक देवशिल्पी; विश्वकर्मा 2. (पुराण) एक प्राचीन वैदिक देवता जो गर्भ में वीर्य का विभाग करते हैं तथा पशुओं और मनुष्यों के शरीर बनाते हैं 3. शिव; महादेव 4. बढ़ई 5. ग्यारहवें आदित्य 6. वृत्रासुर नामक दैत्य के पिता का नाम 7. (विष्णु पुराण) सूर्य के सात सारथियों में से एक।

त्वेष (सं.) [सं-पु.] 1. प्रकाशित; दीप्त 2. उत्साह; उमंग 3. भाव का आवेश; आवेग।

थ

थ हिंदी वर्णमाला का व्यंजन वर्ण। उच्चारण की दृष्टि से यह दंत्य, अघोष, महाप्राण स्पर्श है।

थंड (सं.) [सं-पु.] भूमि; स्थान; प्रदेश।

थंब (सं.) [सं-पु.] स्तंभ; खंभा; थंभ।

थंभन [सं-पु.] 1. रोकने की क्रिया या भाव; अवरोध 2. एक तांत्रिक प्रयोग जिसके द्वारा किसी की क्रिया, वाणी या शक्ति को रोक दिया जाता है 3. काम-कला में वीर्य को स्खलित होने से रोकने की क्रिया; वीर्यपात रोकने की दवा 4. जड़ीकरण; निश्चेष्ट करने की क्रिया 5. कामदेव के पाँच बाणों में से एक।

थंभा (सं.) [सं-पु.] खंभा; स्तंभ।

थकना (सं.) [क्रि-अ.] 1. शिथिल होना; क्लांत होना 2. परिश्रम करते-करते इतना थक जाना कि पुनः कोई काम शरीर या बुद्धि से न हो सके 3. बुढ़ापे के कारण शरीर की गति का धीमा पड़ जाना 4. ऊबना; तंग आना।

थकरियाना [क्रि-स.] थकरी से केश सुलझाना।

थकरी [सं-स्त्री.] केश सुलझाने का एक साधन।

थका-माँदा [वि.] जो थक कर चूर हो गया हो; थका हुआ; श्रांत; क्लांत।

थकाऊ [वि.] थका देने वाला; क्लांत करने वाला।

थकान [सं-स्त्री.] 1. थकने का भाव; थकावट; श्रांति; शिथिलता; शैथिल्य 2. कमज़ोरी; माँदगी; शक्ति का क्षय।

थकाना [क्रि-स.] 1. थकाने का काम करना 2. श्रांत करना; शिथिल करना; अशक्त करना 3. अधिक मेहनत कराना।

थकावट [सं-स्त्री.] अधिक परिश्रम के बाद शरीर में शिथिलता का आना।

थकित [वि.] थका हुआ; शिथिल; क्लांत।

थक्का (सं.) [सं-पु.] किसी तरल पदार्थ का जमा हुआ टुकड़ा, जैसे- ख़ून का थक्का।

थड़ा (सं.) [सं-पु.] बैठने के लिए निर्मित ऊँची जगह; चौतरा; चबूतरा।

थन (सं.) [सं-पु.] 1. गाय-भैंस इत्यादि दूध देने वाले चौपायों का स्तन; पशुओं के थन की वह थैली जिसमें दूध भरा होता है 2. स्त्रियों का स्तन।

थनेला [सं-पु.] 1. थन या स्तन पर होने वाला फोड़ा 2. गुबरैला जाति का कीड़ा।

थनैत [सं-पु.] 1. ग्राम प्रधान; गाँव का मुखिया 2. जमींदार का कारिंदा; जमींदार की ओर से गाँव का लगान वसूलने वाला व्यक्ति।

थपक [सं-स्त्री.] 1. थपकने की क्रिया या भाव; थपकी; थपथपाहट 2. थपकने के लिए लगाया जाने वाला आघात; थाप।

थपकना [क्रि-अ.] 1. थपकी देना; लाड़-प्यार या दुलार से हथेली से हलका आघात करना, जैसे- बच्चे को थपकाकर सुलाना 2. शाबाशी देना; सांत्वना देना 3. हथेली से धीरे-धीरे ठोंकना।

थपकी [सं-स्त्री.] 1. थपकने की क्रिया या भाव; थपथपाहट; थाप; थपकने के लिए लगाया जाने वाला हलका आघात 2. स्नेहपूर्वक हथेली से धीरे-से आघात करना 3. शाबाशी देना 4. जुती या खोदी हुई भूमि के ढेलों को तोड़कर भुरभुरा करने की मुँगरी 5. धुलाई के कपड़े पीटने की थापी; धोबियों का मुँगरा 6. सांत्वना।

थपथप [सं-स्त्री.] 1. गोबर आदि के थापने का शब्द 2. दोनों हथेलियों का आपस में टकराने का शब्द; थाप।

थपथपाना [क्रि-स.] 1. थपकी देना; दुलारना 2. उत्साहवर्धन के लिए शाबाशी देना 3. धीरे से ठोंकना।

थपथपाहट [सं-स्त्री.] 1. थपकी देने की क्रिया या भाव 2. शाबाशी; दुलार।

थपथपी [सं-स्त्री.] थपकने की क्रिया या भाव; थपकी; हथेली द्वारा हलका आघात।

थपिया [सं-पु.] करनी जैसी लकड़ी का एक औजार।

थपुआ [सं-पु.] मिट्टी को पाथकर, पकाकर बनाया गया छत बनाने का चौरस और चपटा खपड़ा। दो थपुओं या खपड़ों के जोड़ पर नाली के आकार की नरिया पर रखकर खपरैल बनाई जाती है।

थपेड़ा [सं-पु.] 1. तमाचा; चपत; चपेटा 2. धक्का; ठोकर 3. टक्कर 4. दरेरा; घात-प्रतिघात; आघात।

थपोड़ी [सं-स्त्री.] करतल ध्वनि; ताली।

थप्पड़ [सं-पु.] 1. हथेली या पंजे से गाल पर चोट मारना; तमाचा; झापड़ 2. तेज़ी से किसी चीज़ का आघात 3. {ला-अ.} किसी की प्रतिष्ठा या मान को ठेस पहुँचाने वाली बात।

थप्पा [सं-पु.] 1. ठप्पा; थापा 2. एक तरह का जहाज।

थमना [क्रि-अ.] 1. रुकना; स्थिर होना; ठहरना 2. बंद होना; चालू न रहना 3. धीरज रखना।

थमाना [क्रि-स.] 1. पकड़ाना; टिकाना 2. सँभलाना 3. सौंपना; देना 4. ठहराना; रुकवाना।

थम्हना [क्रि-अ.] हवा चलना बंद होना।

थर (सं.) [सं-स्त्री.] 1. स्तर; तह; परत 2. शेर की माँद 3.

दीवार में ईंटों की जुड़ाई की पंक्ति। [सं-पु.] स्थल; थल।

थरथर [सं-स्त्री.] काँपने या भयभीत होने की अवस्था या भाव; डर से काँपने की मुद्रा। [अव्य.] 1. थरथराहट के साथ 2. डर से काँपते हुए।

थरथराना [क्रि-अ.] 1. भय से काँपना 2. शरीर में कंपन होना; हिलना।

थरथराहट [सं-स्त्री.] 1. थरथराने की क्रिया या भाव 2. सिहरन; भय से होने वाला कंपन।

थरथरी [सं-स्त्री.] डर के कारण होने वाली कँपकँपी या थरथराहट।

थरहाई [सं-स्त्री.] एहसान; निहोरा।

थरी (सं.) [सं-स्त्री.] जंगली जानवरों की माँद।

थर्ड क्लास (अं.) [सं-पु.] 1. तृतीय वर्ग 2. तीसरा दर्जा। [वि.] घटिया; रद्दी; निम्नस्तरीय।

थर्मल (अं.) [वि.] उष्णता संबंधी; ताप-विषयक।

थर्मस (अं.) [सं-पु.] एक प्रकार की तापरक्षक बोतल जो पेय पदार्थ को रखने के लिए उपयोग में लाई जाती है; पानी, चाय या दूध आदि को गरम रखने का एक प्रकार का डिब्बा।

थर्मामीटर (अं.) [सं-पु.] काँच की नली में पारा भरकर बनाया गया ताप मापने का एक उपकरण; तापमापी; तापांकमापी।

थर्राना [क्रि-अ.] काँप उठना; दहलना; डर से काँपना; भयभीत होना। [क्रि-स.] डराना; भयभीत करना; दहलाना।

थर्राहट [सं-स्त्री.] थरथराने की क्रिया या भाव; भयकंप; कँपकँपी।

थल (सं.) [सं-पु.] 1. स्थल; स्थान; ज़मीन; जगह 2. ठौर; ठिकाना 3. 'जल' का विपर्याय 4. जलमुक्त धरातल; भूमि; तट; टीला; जहाँ पानी न पहुँच सकता हो वह सूखी धरती 5. महाद्वीप।

थलकना (सं.) [क्रि-अ.] 1. भारी वस्तुओं या शरीर के अंग विशेष का वज़न मोटाई या ढीलेपन के कारण चलने आदि में हिलना या कुछ ऊपर-नीचे होना 2. वृद्धावस्था के कारण शरीर के मांस का लटकना 3. थलथलाना।

थलकारी [सं-स्त्री.] पहली बार की मामूली छपाई।

थलचर (सं.) [सं-पु.] धरती पर विचरण करने वाला जीव; स्थलचर।

थलज (सं.) [सं-पु.] 1. वह जो थल (स्थल) से उत्पन्न हो 2. गुलाब।

थलथलाना [क्रि-अ.] 1. मोटापे या वृद्धावस्था के कारण शरीर के मांस का ऊपर-नीचे होना या हिलना 2. झोल खाकर हिलना या फूलना। [क्रि-स.] किसी चीज़ के तल को थल-थल की ध्वनि के साथ ऊपर-नीचे करना।

थलपति (सं.) [सं-पु.] भूपति; राजा; नृप।

थलमरसा [सं-पु.] घोड़े की टाँगों का रोग।

थलसेना (सं.) [सं-स्त्री.] स्थल-क्षेत्र में युद्ध करने वाली सेना।

थलसेनाध्यक्ष (सं.) [सं-पु.] थल सेना में सर्वोच्च पद या पदाधिकारी।

थलिया [सं-स्त्री.] 1. मछलियों के अंडे देने की जगह 2. थाली।

थली (सं.) [सं-स्त्री.] 1. स्थान; प्रदेश 2. भूमि 3. जल के नीचे की भूमि 4. बैठने का स्थान 5. अपने प्राकृतिक स्वरूप में स्थित भूखंड।

थवई (सं.) [सं-पु.] मकान बनाने वाला कारीगर; राजगीर; राजमिस्त्री।

थसकना [क्रि-अ.] नीचे की ओर दबना; धसकना।

थहरना [क्रि-अ.] थर्राना; दुर्बलता, भय आदि के कारण थरथर काँपना।

थहाना [क्रि-स.] गहराई, गुण आदि की थाह लेना।

था (सं.) [क्रि-सहा.] वर्तमानकालिक 'है' शब्द का भूतकालिक रूप। [क्रि-अ.] 'होना' क्रिया का भूतकालिक रूप।

थाँग [सं-पु.] 1. चोरों के छुपकर रहने का गुप्त अड्डा 2. सुराग 3. खोज; तलाश 4. भेद।

थाँगी [सं-पु.] 1. चोरों का मुखिया 2. चोरी का माल ख़रीदने वाला व्यक्ति 3. चोरों को चोरी के लिए पता बताने वाला व्यक्ति; मुखबिर।

थाँवला [सं-पु.] 1. पेड़, पौधे आदि के चारों ओर का वह गोल गड्ढा जिसमें पानी भरा जाता है 2. किसी चीज़ के चारों ओर का उभरा हुआ गोलाकार भाग 3. घाव या फोड़े के आस-पास की सूजन।

थाक (सं.) [सं-पु.] 1. गाँव की सीमा या सरहद; ग्रामसीमा 2. एक के ऊपर एक रखी हुई वस्तुओं का ढेर; अटाला 3. समूह 4. थोक।

थाती (सं.) [सं-स्त्री.] 1. विपत्ति या कठिन वक्त के लिए संचित करके रखा गया धन; संचित धन; रक्षित द्रव्य; जमा-पूँजी 2. धरोहर; अमानत; किसी के पास सहेजकर रखने के लिए छोड़ी की गई वस्तु।

थान (सं.) [सं-पु.] 1. जगह 2. निवास स्थान; डेरा 3. पशुओं जैसे- घोड़ों आदि को बाँधकर रखने का स्थान 4. कपड़े का एक लंबा टुकड़ा जो लकड़ी के लट्ठे में लपेटा होता है।

थाना (सं.) [सं-पु.] पुलिस की बड़ी चौकी जो कोतवाली से छोटी होती है।

थानाध्यक्ष (सं.) [सं-पु.] 1. दारोगा 2. थाने का मुख्य पदाधिकारी।

थानेदार (सं.+फ़ा.) [सं-पु.] थाने का मुखिया; दारोगा।

थानेदारी (सं.+फ़ा.) [सं-स्त्री.] 1. दारोगा का कार्य 2. दारोगा का पद।

थानैत [सं-पु.] 1. चौकी या किसी अड्डे का प्रधान 2. किसी स्थान का स्वामी 3. ग्राम देवता।

थाप (सं.) [सं-स्त्री.] 1. ढोलक, तबले, मृदंग आदि बजाते समय उस पर हथेली से किया जाने वाला आघात 2. थप्पड़ 3. ब्याह, गौना आदि के समय हल्दी या मेंहदी लगे हाथ से लगाई गई छाप 4. प्रभाव।

थापन (सं.) [सं-पु.] 1. स्थापित करने की क्रिया; स्थापन 2. जमाना; बैठाना 3. स्थायी बनाने की क्रिया 4. किसी स्थान पर प्रतिष्ठित करने का कार्य।

थापना [क्रि-स.] 1. स्थापित करना; जमाना 2. उखड़ी जड़ को मज़बूत करना; ठोंकना 3. लगाना या स्थित करना 4. थपथपाना 5. गोबर या गीली मिट्टी को हाथ से पीटकर या दबाकर

आकार देना, जैसे- कंडे या ईंट थापना 6. थेपना; थपकना; पाथना 7. साँचे में ढालना 8. जमाकर रखना 9. दीवार आदि पर हाथ के पंजे की आकृति बनाना; थापा लगाना।

थापरा [सं-पु.] छोटी नाव; डोंगी।

थापरी [सं-स्त्री.] थापर का बैल [वि.] थापर से संबंधित।

थापा [सं-पु.] 1. किसी मांगलिक अवसर पर गीली हल्दी या मेंहदी से बनाया हुआ हाथ का छापा या आकृति 2. दीवार पर बनाई गई हाथ की छाप 3. खलिहान में अनाज के ढेर पर मिट्टी से बनाया गया निशान 4. कुछ अंकित करने का ठप्पा; छापा 5. किसी वस्तु को बनाने का साँचा, जैसे- ईंट का थापा।

थापी [सं-स्त्री.] 1. काठ का वह उपकरण जो चपटे सिरेवाले लंबे छोटे डंडे के रूप में होता है जिससे पीटकर कुम्हार मिट्टी के घड़े बनाते हैं 2. उक्त आकार का वह डंडा जिससे राज या मज़दूर छत पर लगाया हुआ मसाला पीट-पीट कर जमाते हैं 3. आशीर्वाद, शाबाशी आदि देने के लिए धीरे से पीठ थपथपाना।

थाम (सं.) [सं-पु.] 1. खंभा; स्तंभ 2. मस्तूल। [सं-स्त्री.] 1. थामने या रोकने की क्रिया 2. विराम; रोक 3. अवरोध; पकड़।

थामना (सं.) [क्रि-स.] 1. हाथ में लेना 2. रोक लेना 3. गिरने से बचाना 4. सहारा देना 5. किसी काम को अपने ज़िम्मे लेना।

थाम्हना [क्रि-स.] थामना।

थायराइड (अं.) [सं-पु.] अवटुग्रंथि; गलग्रंथि।

थार [सं-पु.] भारत और पाकिस्तान का एक प्रसिद्ध मरुस्थल।

थारा (सं.) [सं-पु.] बड़ी थाली। [सं-पु.] ठोकर; आघात। (सर्व.) तुम्हारा।

थारू [सं-पु.] नेपाल के तराई क्षेत्रों में बसी हुई एक जनजाति।

थाल [सं-पु.] 1. पीतल या स्टील का चौड़ा और छिछला पात्र जिसमें भोजन परोसा जाता है; बड़ी थाली 2. थाल में रखी हुई सामग्री।

थाला [सं-पु.] 1. वह गड्ढा जिसमें पौधा रोपा जाता है; थाँवला 2. पेड़-पौधों की जड़ के चारों ओर बनाया जाने वाला खाद-पानी देने का घेरा; आलबाल 3. फोड़े की सूजन।

थाली (सं.) [सं-स्त्री.] 1. एक गोलाकार छिछला बरतन जिसमें खाना परोसकर खाते हैं; बड़ी तश्तरी 2. थाली में रखा भोजन। [मु.] **-का बैंगन होना** : लाभ-हानि देखकर पाला बदलना। **किसी के आगे की थाली खींचना** : किसी के लाभ में बाधक होना।

थाव (सं.) [सं-स्त्री.] 1. गहराई का अनुमान 2. धरती का तल जिसपर पानी हो; गहराई की हद 3. अंत; सीमा; थाह।

थाह (सं.) [सं-स्त्री.] 1. किसी व्यक्ति के मन या ज्ञान की गहराई 2. किसी वस्तु के परिमाण या गुण, सीमा आदि की छिपी हुई जानकारी 3. हद; इनतिहा 4. गुप्त रूप से पता लगाना 5. अनुमान 6. नदी, तालाब आदि में पानी का तल।

थाहना [क्रि-स.] 1. थाह लेना 2. गहराई का पता लगाना 3. अनुमान लगाना; आँकना 4. {ला-अ.} किसी के मन के भावों या विचारों का पता लगाना।

थाहरा [वि.] छिछला; उथला; कम गहरा।

थिएटर (अं.) [सं-पु.] 1. नाट्यशाला; रंगशाला; नाटकशाला; रंगमंच; प्रेक्षागृह 2. चित्रपट गृह; (सिनेमा हॉल) 3. नाटक।

थिगली [सं-स्त्री.] कपड़े या चमड़े का वह टुकड़ा जो किसी वस्त्र इत्यादि के फटे हुए भाग को बंद करने के लिए सिला या टाँका जाता है; पैबंद; चकत्ती। [मु.] **बादल में थिगली लगाना** : बहुत मुश्किल काम करना।

थिबाऊ [सं-पु.] मध्ययुग के ठगों की परिभाषा में, शरीर के दाहिने अंग में होने वाली फड़कन, जिसे लोग अशुभ समझते थे।

थिर (सं.) [वि.] 1. जो स्थिर हो; जो हिलता-डुलता न हो 2. जो चलता न हो; अचल; ठहरा हुआ 3. जिसमें चंचलता न हो; धीर; शांत 4. एक ही अवस्था में रहने वाला; स्थायी।

थिर होना [क्रि-स.] गर्भ टिक जाना (भैंस के लिए)।

थिरक [सं-स्त्री.] 1. थिरकने की क्रिया या अवस्था 2. किसी नृत्य में तेज़ी से होने वाली पैरों की गति।

थिरकन [सं-स्त्री.] भावों के साथ पैरों को उठाते, गिराते एवं हिलाते हुए नाचने की अवस्था; थिरक।

थिरकना [क्रि-अ.] पैरों को लय के साथ हिलाते-डुलाते हुए नाचना; कदमों का उठाना और पटकना; इठलाना; नृत्य में अंगों का संचालन करना; अंग मटकाकर नाचना; ठुमककर नाचना।

थिरता (सं.) [सं-स्त्री.] स्थिरता; ठहराव; शांति; स्थायित्व।

थिरथिरा [सं-पु.] बुलबुला पक्षी की एक प्रजाति।

थिरना [क्रि-अ.] 1. पानी या किसी द्रव का स्थिर हो जाना; हिलना-डुलना बंद होना 2. द्रव या पानी में मिले हुए मिट्टी आदि अघुलनशील पदार्थों का नीचे तह में बैठना या एकत्र होना; निथरना; जल या किसी द्रव का निर्मल होना; साफ़ होना 3. ठहरना; रुकना।

थिराना [क्रि-स.] 1. पानी आदि तरल पदार्थों का हिलना बंद करना; आलोड़ित जल को स्थिर होने देना; निथारना; पानी में घुली हुई मिट्टी या गंदगी को तल में बैठने देकर निर्मल करना; साफ़ करना 2. स्थिर करना; ठहराना 3. शांत करना।

थीम (अं.) [सं-स्त्री.] मूल विषय; मूल कथ्य।

थीसिस (अं.) [सं-स्त्री.] पी-एच.डी. उपाधि प्राप्त करने के लिए लिखा जाने वाला पुस्तकाकार शोध-ग्रंथ या पांडुलिपि; शोध-प्रबंध; अनुसंधान-ग्रंथ।

थुकनी [सं-स्त्री.] बार-बार थूकने की आदत; थूकने की बीमारी।

थुकवाना [क्रि-स.] 1. किसी को थूकने में प्रवृत्त करना; थूकने का काम कराना 2. {ला-अ.} घृणित सिद्ध करना।

थुकाना [क्रि-स.] 1. थूक फेंकने में प्रवृत्त करना 2. किसी वस्तु को मुख से फिकवाना।

थुक्काफ़जीहत (हिं.+अ.) [सं-स्त्री.] 1. निंदा, तिरस्कार, अपमान; धिक्कार; थू-थू होना 2. ऐसा झगड़ा जिसमें दोनों पक्षों का अपमान हो जाए।

थुड़ी [सं-स्त्री.] 1. लानत; धिक्कार 2. घृणा और तिरस्कार का शब्द।

थुतकारना [क्रि-स.] 1. थू थू करना; बार-बार थूकना 2. {ला-

अ.} अत्यधिक घृणा करना।

थुत्कार (सं.) [सं-पु.] दे. थुथकार।

थुथकार [सं-स्त्री.] थूकने की क्रिया, भाव या शब्द।

थुथकारना [क्रि-स.] 1. अत्यधित घृणा प्रकट करना; थू-थू करना 2. थूकने की लगातार क्रिया।

थुथना [सं-पु.] दे. थूथुन।

थुथराई [सं-स्त्री.] 1. मुँह लटकना 2. तुलना में कमी आना।

थुन्ही [सं-स्त्री.] खूँटी; खँसिया; थुम्मा।

थुरकुड़क [सं-स्त्री.] अंडा न देने वाली मुर्गी।

थुलथुल (सं.) [वि.] अधिक चर्बीवाला; अत्यधिक मोटा; स्थूल।

थुलथुला (सं.) [वि.] जिसके शरीर का कोई अंग अत्यधिक मोटा होने के कारण लटकता, हिलता, झूलता हुआ हो; पिलपिला।

थुलमा [सं-पु.] एक प्रकार का कंबल जिसमें एक ओर रोएँ ऊपर उठे होते हैं।

थू [सं-पु.] थूकने से मुँह से होने वाली आवाज़; थूकने का शब्द। [सं-स्त्री.] 1. लानत; धिक्कार; थुड़ी 2. घृणा या तिरस्कार का शब्द। [अव्य.] धिक्कारसूचक शब्द; छी; घृणा या तिरस्कार का शब्द; धिक।

थू-थू [सं-स्त्री.] 1. घोर निंदा; लांछन 2. घृणा सूचक शब्द; छी 3. बार-बार थूकना। [मु.] **-करना** : अत्यधिक घृणा दिखाते हुए धिक्कारना।

थूआ [सं-पु.] 1. सन या पटुए के डंठल से निकाले हुए रेशों का ढ़ेर 2. पटार 3. मिट्टी का ऊँचा टीला 4. मेंड़ 5. गीले पदार्थ का गोलाकार ढेर।

थूक [सं-पु.] वह गाढ़ा और लार की तरह का लसदार पदार्थ जो मुँह से निकलता है। [मु.] **थूकों सत्तू सानना** : बहुत किफ़ायत या बचत करते हुए बड़ा काम करने का प्रयास करना। **-कर चाटना** : त्यागी हुई वस्तु को पुनः ग्रहण करना।

थूकना [क्रि-स.] मुँह से थूक या रखी वस्तु को निकालना।

थूथन [सं-पु.] 1. आगे की ओर निकला हुआ कुछ लंबा मुँह, जैसे- घोड़े, बैल या सुअर आदि का थूथन 2. रूठे हुए बच्चे या व्यक्ति का फूला या रोषयुक्त चेहरा 3. तुंड; थुथनी।

थूथनी [सं-स्त्री.] 1. आगे की ओर निकला लंबा मुँह 2. छोटा थूथन 3. हाथी के मुँह का एक रोग।

थूथरा [वि.] जो आकार-प्रकार या रूप-रंग में थूथन की तरह का हो; भद्दा या बुरा (चेहरा)।

थूथुन [सं-पु.] लंबा निकला हुआ मुँह, जैसे- सूअर, घोड़े, ऊँट आदि का थूथन।

थूनी [सं-स्त्री.] 1. लकड़ी आदि का गड़ा हुआ मज़बूत स्तंभ; खंभ 2. किसी बोझ या भारी चीज़ को सहारा देने या गिरने से रोकने के लिए लगाया गया खंभा; चाँड; टेक 3. वह गड़ी हुई लकड़ी जिसपर रस्सी बाँधकर मथानी का डंडा अटकाते हैं 4. आश्रय का स्थान।

थूम [सं-पु.] खूँटी; खुन्ही; खुम्मा।

थूहर (सं.) [सं-पु.] सेंहुड़ का वृक्ष।

थेई-थेई [सं-स्त्री.] थिरक-थिरक कर नाचने की क्रिया के समय होने वाली आवाज़; ताल सूचक एक शब्द।

थेगली [सं-स्त्री.] थिगली।

थेघ [सं-पु.] आलंबन; सहारा; आश्रय।

थैला [सं-पु.] टाट, कपड़े या चमड़े का बनाया हुआ वह खोल जिसमें चीज़ें रखी जाती हैं; झोला।

थैली [सं-स्त्री.] 1. छोटा थैला 2. एक विशेष प्रकार का छोटा थैला जिसमें रुपए आदि रखते हैं 3. किसी अवसर पर सम्मानपूर्वक या सेवाभाव से सौंपी जाने वाली धनराशि 4. किसी काम में लगाने के लिए सौंपा गया रुपया-पैसा 5. थैली की आकृति की कोई चीज़।

थैलीदार (हिं.+फ़ा.) [सं-पु.] 1. किसी कोषागार या ख़ज़ाने में रुपए रखने और उठाने वाला व्यक्ति; कोषाध्यक्ष 2. रोकड़िया; तहवीलदार।

थोक (सं.) [सं-पु.] 1. एक ही वस्तु का बहुत बड़ा ढेर; दल; समूह 2. एक साथ बहुत-सा माल ख़रीदने या बेचने का काम; खुदरा या फुटकर का विपरीत।

थोड़ली [वि.] थोड़ी।

थोड़ा [वि.] 1. कम मात्रा का; अल्प; न्यून; जो परिमाण में कम हो; अल्पलभ्य; कुछ; ज़रा-सा; किंचित 2. अपर्याप्त; आवश्यकता या ज़रुरत से कम या घटकर 3. केवल उतना जितने में कार्य हो जाए। [अव्य.] अल्प मात्रा में; तनिक, जैसे- थोड़ा रुककर चलेंगे।

थोड़ा-बहुत [वि.] थोड़ा या थोड़े से कुछ अधिक।

थोती [सं-स्त्री.] चौपायों के मुँह का अगला भाग; थूथन।

थोथा [सं-पु.] मिट्टी का साँचा जिसमें बरतन ढालते हैं। [वि.] 1. तत्वरहित; सत्वहीन 2. शून्य; खोखला 3. निकम्मा 4. भोथरा; ख़राब धारवाला।

थोप [सं-पु.] सगुन का तला।

थोपना [क्रि-स.] 1. मिट्टी या गोबर के लोंदे को किसी चीज़ पर बल लगाकर चिपकाना 2. मोटा लेप लगाना; ऊपर से जमाकर या फैलाकर रख देना; छोपना; लगाना 3. {ला-अ.} किसी पर ज़बरदस्ती अपने कार्य की ज़िम्मेदारी डालना; मढ़ना 4. {ला-अ.} दोष या गलती किसी और के मत्थे मढ़ना; आरोपित करना; झूठा आरोप लगाना।

थोबड़ा [सं-पु.] 1. जानवरों का आगे की ओर निकला लंबा मुँह; थूथन 2. मुँह की वह आकृति जो नाराज़ होने पर होती है।

थोम [सं-पु.] टोकरी आदि लटकाने के लिए गाड़ी के नीचे का भाग।

थ्रिल (अं.) [सं-पु.] सनसनाहट; तरंग; रोमांच।

थ्रैशर (अं.) [सं-पु.] 1. चूरने या कूटने की मशीन 2. गेहूँ के बालियों से दानों को अलग करने वाली मशीन।

द

द हिंदी वर्णमाला का व्यंजन वर्ण। उच्चारण की दृष्टि से यह दंत्य, सघोष, अल्पप्राण स्पर्श है। (परप्रत्यय) शब्दों के अंत में लगकर यह प्रत्यय के रूप में 'देनेवाला' का अर्थ देता है। जैसे- जलद, फलद आदि।

दँतकभरा [वि.] दुधभोरी।

दँतलाली [सं-स्त्री.] दँतैसी समाप्त होने के बाद की लालिमा।

दँतार [वि.] बड़े बड़े दाँतोंवाला; दीर्घाकार दाँतों वाला।

दँवरी (सं.) [सं-स्त्री.] काटी गई सूखी फ़सल की बालियों से मशीन या बैलों के द्वारा अनाज के दाने निकलवाना (दँवाना); फ़सल की बालों से दाने निकलवाने का काम।

दंग (फ़ा.) [वि.] चकित, विस्मित होने का भाव; हक्का-बक्का। [सं-पु.] 1. डर; भय 2. घबराहट।

दंगई [सं-पु.] दंगा करने वाला व्यक्ति। [सं-स्त्री.] 1. दंगा-फसाद करने की प्रवृत्ति 2. दंगा 3. उपद्रव। [वि.] 1. उपद्रवी 2. फ़सादी; लड़ाका; झगड़ालू; झगड़ा करने वाला 3. नटखट; शरारती 4. प्रचंड; विकट।

दंगल (फ़ा.) [सं-पु.] 1. कुश्ती 2. अखाड़ा 3. मज़मा; समूह 4. किसी प्रकार के कौशल प्रदर्शन का अवसर या प्रतियोगिता।

दंगली (फ़ा.) [वि.] 1. दंगल जीतने वाला 2. दंगल में जाने या भेजने के योग्य 3. योद्धा 4. बहुत बड़ा।

दंगा (फ़ा.) [सं-पु.] 1. उपद्रव; बहुत से लोगों का ऐसा झगड़ा जिसमें मारपीट अथवा ख़ून-ख़राबा हो 2. हल्ला; कोलाहल 3. बलवा।

दंगा-फ़साद (फ़ा.+अ.) [सं-पु.] 1. लड़ाई-झगड़ा 2. ख़ून-ख़राबा; हिंसक प्रतिवाद।

दंगाई [वि.] दंगा करने वाला; उपद्रवी; लड़ाका।

दंगाग्रस्त (फ़ा.+सं.) [वि.] दंगे को झेलने वाला।

दंगेबाज़ (फ़ा.) [सं-पु.] दंगा करने या करवाने वाला व्यक्ति; उपद्रवी।

दंड (सं.) [सं-पु.] 1. सज़ा; जुरमाना; डाँड़; आर्थिक हानि 2. डंडा; सोटा; लाठी 3. हल में लगी हुई लकड़ी 4. चौबीस मिनट का समय; घड़ी 5. मथानी 6. एक प्रकार का शारीरिक व्यायाम। [मु.] **-भरना** : किसी का नुकसान पूरा करना। **-सहना** : घाटा सहना।

दंड-विधान (सं.) [सं-पु.] दंड की व्यवस्था; जुर्म और सज़ा का कानून।

दंड-संहिता (सं.) [सं-स्त्री.] वह पुस्तक या ग्रंथ जिसमें किसी राष्ट्र में होने वाले अपराधों के लिए दंड या सज़ा का विधान लिखा होता है; ताज़ीरात; (पीनल कोड)।

दंडक (सं.) [सं-पु.] 1. दंड देने वाला व्यक्ति 2. शासक; शासित करने वाला 3. डंडा; सोंटा 4. हल में लगने वाली एक लंबी लकड़ी; हरिस 5. एक प्रकार का वर्णिक छंद जिसके प्रत्येक चरण में छब्बीस से अधिक वर्ण होते हैं 6. कतार 7. दंडकारण्य।

दंडकवन [सं-पु.] (रामायण) एक वन; राक्षस दंडक का आवास; दंडकारण्य।

दंडकारण्य (सं.) [सं-पु.] 1. एक प्राचीन वन जो विंध्य पर्वतमाला से लेकर गोदावरी नदी के किनारे तक फैला हुआ है 2. किंवदंती है कि प्राचीन काल में अयोध्या के राजा दशरथ के पुत्र राम वनवास के समय इसी वन में बहुत दिन तक रहे थे।

दंडधर (सं.) [सं-पु.] 1. शासनकर्ता; राजा; दंडनायक 2. न्यायाधीश 3. यमराज 4. संन्यासी। [वि.] दंड धारण करने वाला।

दंडनायक (सं.) [सं-पु.] 1. शासनकर्ता; राजा 2. न्यायाधीश; दंडविधायक 3. सेनापति।

दंडनीति (सं.) [सं-स्त्री.] अपराधी या शत्रु को दंड का भय दिखाकर या देकर वश में करने या रखने की नीति।

दंडनीय (सं.) [वि.] 1. दंड के योग्य; जो दंडित होने योग्य हो 2. (कार्य या अपराध) जिसके लिए किसी को दंड दिया जाए।

दंडपाणि (सं.) [सं-पु.] 1. वह व्यक्ति जिसके हाथ में दंड हो 2. यमराज 3. काशी में स्थित एक भैरव की मूर्ति।

दंडपाल (सं.) [सं-पु.] 1. न्यायाधीश 2. पहरेदार; द्वारपाल।

दंडप्रणाम (सं.) [सं-पु.] दे. दंडवत।

दंडवत् (सं.) [सं-पु.] दंड के समान सीधे होकर पृथ्वी पर औंधे मुँह लेटकर किया जाने वाला प्रणाम; साष्टांग नमन; पाद-प्रणाम; चरणस्पर्श। [वि.] दंड के समान सीधा, खड़ा।

दंडविज्ञान (सं.) [सं-पु.] भिन्न-भिन्न समाज में अलग-अलग समय या कालखंड में अपराधियों को दी जाने वाली सज़ाओं का अध्ययन और विवेचन करने वाला विज्ञान; अपराधियों के साथ किए जाने वाले व्यवहार का विश्लेषण करने वाला विज्ञान; अपराध विज्ञान की एक शाखा।

दंडविधि (सं.) [सं-स्त्री.] वह नियम जिसमें अपराधों के लिए सज़ा का विवेचन होता है।

दंडविधि (सं.) [सं-स्त्री.] वह नियम जिसमें अपराधों के लिए

सज़ा का विवेचन होता है।

दंडशास्त्र (सं.) [सं-पु.] 1. अपराधियों के साथ किए जाने वाले व्यवहार का विश्लेषण करने वाला विज्ञान 2. अपराध विज्ञान की एक शाखा।

दंडाकार (सं.) [वि.] डंडे के आकार या स्वरूप का; दंड के समान।

दंडाज्ञा (सं.) [सं-स्त्री.] दंड प्रदान करने हेतु आदेश; न्यायालय द्वारा दिया गया दंड।

दंडात्मक (सं.) [वि.] दंड से संबंधित।

दंडादेश (सं.) [सं-पु.] सज़ा मिलने का आदेश या निर्णय।

दंडाधिकारी (सं.) [सं-पु.] 1. वह राजकीय अधिकारी जिसे फ़ौजदारी या आपराधिक अभियोगों को सुनने और विचार करने तथा अपराधियों को दंड देने का अधिकार होता है 2. न्यायाधीश; (मजिस्ट्रेट)।

दंडायमान (सं.) [वि.] जो डंडे की तरह सीधा खड़ा हो।

दंडाश्रम (सं.) [सं-पु.] वह आश्रम या अवस्था जिसमें तीर्थयात्री हाथ में डंडा लेकर तीर्थ की ओर जाते थे।

दंडिका (सं.) [सं-स्त्री.] 1. लंबी और सीधी छड़ी; छोटा डंडा 2. रस्सी; डोरी; रज्जु 3. पंक्ति; कतार 4. एक वर्णवृत्त जिसके प्रत्येक चरण में एक रगण के उपरांत एक जगण, इस प्रकार के गणों के जोड़े तीन बार आते हैं और अंत में गुरु-लघु होता है 5. धागे में पिरोए मोतियों की लड़ी।

दंडित (सं.) [वि.] जिसे दंड मिला हो या दिया गया हो; सज़ायाफ़्ता; सज़ा पाने वाला।

दंडिनी (स) [सं-स्त्री.] 1. दंड वाली स्त्री 2. एक पौधा; दंडोत्पल।

दंडी (सं.) [सं-पु.] 1. वह जो दंड धारण करता है 2. यमराज 3. राजा 4. द्वारपाल 5. नाविक; केवट 6. वह संन्यासी जो दंड और कमंडल धारण करता है 7. (योगशास्त्र) संन्यासियों का वह संप्रदाय जो स्मृतियों में वर्णित त्रिदंड (वाग्दंड, मनोदंड और कायदंड) को बाँध कर रखता है और प्रतीक स्वरूप दाहिने हाथ में एक डंडा धारण करता है 8. एक जिन।

दंडोत्पल (सं.) [सं-पु.] कुकरौंधा नामक पौधा जिसे गूमा, सहदेया भी कहा जाता है।

दंड्य (सं.) [वि.] दंड के योग्य; दंडनीय।

दंत (सं.) [सं-पु.] 1. दाँत 2. तीर की नोक।

दंतकथा (सं.) [सं-स्त्री.] किंवदंती; ऐसी कथा जिसे लोग सिर्फ़ एक-दूसरे से सुनते आए हों और उसका कोई ठोस प्रमाण न हो; परंपरा से चला आने वाला किस्सा; जनश्रुति।

दंतक्षत (सं.) [सं-पु.] दाँत से काटने पर अंग पर पड़ने वाला चिह्न या निशान।

दंतचक्र (सं.) [सं-पु.] दाँतेदार चक्र।

दंतचिकित्सा (सं.) [सं-स्त्री.] दाँत तथा दंत-रोगों के अध्ययन और उपचार करने की विधा या विज्ञान; दंत-चिकित्सा विज्ञान।

दंतधावन (सं.) [सं-पु.] 1. दाँत माँजने, धोने या साफ़ करने का कार्य; दंतमार्जन 2. दातौन; दंतवन 3. खैर, करंज और मौलसिरी का पेड़।

दंतबीज (सं.) [सं-पु.] 1. जिसका बीज दाँत के समान हो 2. अनार; दाडिम; बेदाना।

दंतमंजन (सं.) [सं-पु.] दाँत साफ़ करने का चूर्ण या पेस्ट।

दंतमूल (सं.) [सं-पु.] 1. दाँत की जड़ 2. एक प्रकार की औषधि 3. दाँत का एक रोग।

दंतमूलीय (सं.) [वि.] 1. दंतमूल या दाँत की जड़ से संबंधित; दंतमूल का 2. (भाषाविज्ञान) जिसका उच्चारण करते समय जिह्वा का अग्र भाग दंतमूल को स्पर्श करता हो, जैसे- न वर्ण।

दंतसी [सं-स्त्री.] जवान घोड़े के दाँतों के निचले भाग की कालिमा।

दंतहीन (सं.) [वि.] जिसके दाँत न हों; बिना दाँत का।

दंताघात (सं.) [सं-पु.] दाँतों से किया गया आघात।

दंतायुध (सं.) [सं-पु.] जंगली सुअर; वह जो दाँत को अस्त्र की तरह प्रयोग करता है।

दंतार्बुद [सं-पु.] मसूड़े में होने वाला फोड़ा।

दंताल (सं.) [सं-पु.] लंबे दाँतों वाला हाथी।

दंतुल (सं.) [वि.] जिसके दाँत आगे निकले हों; बड़े दाँतों वाला।

दंतोष्ठ्य (सं.) [वि.] जिसका उच्चारण ऊपर वाले दाँत और नीचे वाले होंठ को मिलाकर होता हो, जैसे- 'व' वर्ण।

दंत्य (सं.) [वि.] 1. दाँत से संबंधित; दाँतों का 2. जिसका उच्चारण दाँतों की सहायता से होता हो, जैसे- त, थ, द और ध वर्ण।

दंत्य ध्वनियाँ ऊपरी दाँतों के पिछले भाग को जीभ से स्पर्श करने पर जिन ध्वनियों का उच्चारण होता हैं, इन्हें दंत्य कहते हैं, जैसे- 'त्, थ्, द् और ध्' वर्ण।

दंद (सं.) [सं-स्त्री.] किसी गरम जगह या पदार्थ से निकलने वाली गरमी; ज़मीन या खदान की गरमी। [सं-पु.] 1. हलचल 2. लड़ाई-झगड़ा; उपद्रव; उत्पात 3. शोर; हो-हल्ला।

दंदफंद [सं-पु.] 1. छल-कपटपूर्ण युक्ति 2. झंझट 3. उपद्रव।

दंदाना[1] [क्रि-अ.] 1. गरम महसूस करना; किसी गरम वस्तु के पास बैठने से गरमी का एहसास होना 2. सर्दी में रजाई के अंदर गरमी अनुभव होना।

दंदाना[2] (फ़ा.) [सं-पु.] दाँतों की तरह उभरी कंघी, सींक, आरे या दानों की आकृति, जैसे- आरे का दंदाना।

दंपति (सं.) [सं-पु.] दे. दंपती।

दंपती (सं.) [सं-पु.] पति-पत्नी; मियाँ-बीवी।

दंभ (सं.) [सं-पु.] 1. घमंड; अहंकार 2. प्रतिष्ठा के लिए झूठा आडंबर; पाखंड।

दंभक (सं.) [सं-पु.] 1. पाखंडी व्यक्ति; कपटी; वंचक 2. घमंडी 3. प्रताड़ना। [वि.] 1. दंभी; घमंडी 2. कपटी; पाखंडी।

दंभपूर्ण (सं.) [वि.] दंभयुक्त; दंभ या अहंकार से भरा।

दंभपूर्वक (सं.) [क्रि.वि.] दंभ का प्रदर्शन करते हुए।

दंभान [सं-पु.] 1. अहंकार; अकड़ 2. पाखंड; आडंबर 3. कपट।

दंभी (सं.) [वि.] 1. जिसे दंभ या अहंकार हो 2. मिथ्याभिमानी; पाखंडी; ढकोसलेबाज़ 3. कपटी।

दंश (सं.) [सं-पु.] 1. दाँत या डंक का घाव; दंतक्षत 2. विषैले जंतुओं का डंक 3. दाँत से काटने या गड़ाने की क्रिया; दंशन 4. डंक मारने की क्रिया, जैसे- सर्पदंश 5. द्वेष; बैर 6. काटने

वाली बड़ी मक्खी; वनमक्षिका 7. लड़ाई में पहना जाने वाला कवच; वर्म; बख़्तर 8. तीखा 9. (महाभारत) एक असुर 10. दाँत 11. {ला-अ.} चुभने वाली बात या उक्ति; आक्षेपवचन; कटूक्ति; लांछन।

दंशक (सं.) [सं-पु.] मच्छर, मधुमक्खी, कुत्ता, साँप आदि। [वि.] 1. डसने वाला 2. दाँत से काटने वाला।

दंशन (सं.) [सं-पु.] 1. दाँतों से काटने की क्रिया या भाव 2. डंक मारना; डसना, जैसे- सर्पदंशन।

दंशना [क्रि-स.] 1. डंक मारना; डसना 2. दाँत से काटना।

दंष्ट्र (सं.) [सं-पु.] दंत; विशेषत: मोटा और बड़ा दाँत।

दंष्ट्रा (सं.) [सं-पु.] 1. जबड़ा 2. बिच्छू नाम का पौधा 3. विष दंत 4. हाथी का दाँत।

दंस [सं-पु.] दे. दंश।

दई (सं.) [सं-पु.] 1. दैव; भाग्य 2. ईश्वर; विधाता 3. संयोग। [वि.] दया करने वाला; दयालु।

दई-मारा [वि.] 1. जिसपर ईश्वर का कोप हो 2. अभागा; हतभाग्य।

दकन (सं.) [सं-पु.] 1. दक्षिण भारत; भारत का दक्षिणी भाग 2. दक्खिन; दक्षिण दिशा।

दकनी [सं-पु.] दक्षिण भारत का रहने वाला व्यक्ति। [सं-स्त्री.] 1. दक्षिण भारत की भाषा 2. उर्दू का वह आरंभिक रूप जो दक्षिण प्रदेश (विशेषकर हैदराबाद) में विकसित और प्रचलित हुआ था; उर्दू ज़बान का पुराना नाम। [वि.] दक्षिण भारत का; दक्षिण का।

दकियानूस (अ.) [सं-पु.] 1. संकीर्ण विचारों वाला व्यक्ति; परंपराओं से जकड़ा हुआ व्यक्ति; रूढ़िवादी 2. प्राचीन काल के एक रोमन बादशाह का नाम।

दकियानूसी (अ.) [वि.] 1. जो रुढ़िवादी हो; पुराने ख़याल या विचारों का; संकीर्ण सोचवाला; अंधविश्वास से युक्त; पुराणपंथी; नवीनता का विरोधी 2. सम्राट दकियानूस के समय का।

दक्खिन [सं-पु.] 1. दक्षिण दिशा; उत्तर के सामने की दिशा 2. भारत का दक्षिण भाग 3. दक्षिण दिशा में पड़ने वाला प्रदेश।

दक्खिन पूर्व [सं-पु.] आग्नेय कोण से चलने वाली हवा।

दक्खिनी [वि.] जो दक्षिण में हो; दक्षिण की ओर का; दक्षिण में उत्पन्न; दक्षिण संबंधी। [सं-स्त्री.] दक्षिण की भाषा; मध्यकाल में दक्षिण में बोली जाने वाली हिंदी का वह प्रचलित रूप जिसमें मुसलमान कवि रचना करते थे। [सं-पु.] दक्षिण प्रदेश का निवासी।

दक्ष (सं.) [वि.] 1. किसी कार्य या विद्या में निपुण; कुशल; योग्य; सिद्धहस्त; माहिर; चतुर; जो किसी कला में पारंगत हो; होशियार 2. (पुराण) एक राजा जो सती के पिता तथा शिव के श्वसुर थे; प्रजापति।

दक्षकन्या (सं.) [सं-स्त्री.] दक्ष प्रजापति की कन्या; शिव की पत्नी; सती।

दक्षता (सं.) [सं-स्त्री.] किसी काम को अच्छी तरह से करने की निपुणता, कुशलता या होशियारी।

दक्षसुता (सं.) [सं-स्त्री.] दक्षकन्या; सती।

दक्षांड (सं.) [सं-पु.] मुरगी का अंडा।

दक्षिण (सं.) [सं-पु.] 1. चार दिशाओं में से एक दिशा; उत्तर दिशा के सामने पड़ने वाली दिशा 2. विष्णु; शिव 3. दाहिना हाथ 4. (साहित्य) सभी प्रेमिकाओं को समान प्रेम करने वाला नायक। [वि.] दाहिना।

दक्षिणपंथ (सं.) [सं-पु.] दक्षिणमार्ग।

दक्षिणपंथी (सं.) [सं-पु.] 1. यथास्थिति और परंपरा का समर्थक या अनुयायी 2. सदन में सरकार के पक्षधर दल का सदस्य।

दक्षिणपवन [सं-पु.] दक्षिण दिशा से चलने या बहने वाला पवन; मलयानिल।

दक्षिणमार्ग (सं.) [सं-पु.] 1. दक्षिणपंथ; वैदिक धर्म या मार्ग, जिसके विपरीत होने के कारण तांत्रिक मत या धर्म 'वाममार्ग' कहलाता है 2. परवर्ती तांत्रिक मत के अनुसार एक प्रकार का आचार जो वैदिक वैष्णव और शैव मार्गों से निम्न कोटि का बताया गया है 3. आधुनिक राजनीति में, वह मार्ग या पक्ष जो साधारण और वैधानिक रीति तथा शांत उपायों से उन्नति तथा विकास चाहता हो और उग्र उपायों से क्रांति करने का विरोधी हो।

दक्षिणमार्गी (सं.) [सं-पु.] दक्षिण मार्ग का अनुयायी। [वि.] दक्षिण पंथ या मार्ग का अनुसरण करने वाला।

दक्षिणा (सं.) [सं-स्त्री.] 1. उपहार; दान; बख़्शीश 2. वह धन जो किसी व्यक्ति को कर्मकांड या पूजा-हवन आदि करने के बदले दिया जाता है 3. (साहित्य) वह नायिका जो नायक के अन्य प्रेमिकाओं से संबंध बनाने पर भी द्वेषभाव रहित होकर उससे प्रेम करती है 4. चढ़ावा 5. {ला-अ.} किसी को दिया जाने वाला अनुचित धन; घूस; रिश्वत।

दक्षिणाग्नि (सं.) [सं-स्त्री.] यज्ञ-हवन आदि कार्य में गार्हपत्य अग्नि के दक्षिण की ओर स्थापित की जाने वाली अग्नि।

दक्षिणाग्र (सं.) [वि.] जिसका अग्रभाग दक्षिण की ओर हो; दक्षिणाभिमुख।

दक्षिणाचल (सं.) [सं-पु.] मलयगिरि नामक पर्वत।

दक्षिणात्य (सं.) [वि.] दक्षिण के।

दक्षिणापथ (सं.) [सं-पु.] 1. विंध्य पर्वत के दक्षिण की ओर का क्षेत्र या प्रदेश 2. भारत का दक्षिण भाग।

दक्षिणायन (सं.) [सं-पु.] सूर्य का कर्क रेखा की ओर से मकर रेखा की ओर जाना; दक्षिण गमन; छह मास का वह समय जिसमें सूर्य विषुवत रेखा से दक्षिण में रहता है। [वि.] भूमध्य रेखा (विषुवत रेखा) से दक्षिण की ओर का, जैसे- दक्षिणायन सूर्य; दक्षिण की ओर गया हुआ।

दक्षिणावर्त (सं.) [वि.] जिसका घुमाव दक्षिण दिशा की ओर हो; दक्षिणाभिमुख; जिसकी प्रवृत्ति दक्षिण की ओर हो; वामावर्त का विपरीत। [सं-पु.] एक प्रकार का शंख जिसका घुमाव या मुँह दक्षिण की ओर होता है।

दक्षिणावह (सं.) [सं-पु.] दक्षिण या मलयगिरि की ओर से आने वाली वायु; दक्षिणपवन; दक्खिनी हवा।

दक्षिणी (सं.) [वि.] जो दक्षिण का हो; दक्षिण से संबंधित।

[सं-स्त्री.] दक्षिण देश की भाषा। [सं-पु.] दक्षिण का निवासी।

दक्षिन-पछाहीं [सं-स्त्री.] दक्षिण-पश्चिम से चलने वाली तेज हवा।

दक्षेस (सं.) [सं-पु.] 'दक्षिण एशियाई क्षेत्रीय सहयोग संगठन' का संक्षिप्त रूप।

दख़मा (फ़ा.) [सं-पु.] पारसियों का कब्रिस्तान, जो गोलाकार खोखली इमारत के रूप में होता है।

दख़ल (अ.) [सं-पु.] 1. हस्तक्षेप 2. प्रवेश; घुसना 3. पैठ; पहुँच 4. अधिकार; अख़्तियार 5. कब्ज़ा 6. अनधिकारपूर्वक किया जाने वाला हस्तक्षेप; टोक 7. थोड़ी-बहुत जानकारी।

दख़लंदाज़ (अ.+फ़ा.) [सं-पु.] हस्तक्षेप करने वाला; दख़ल देने वाला।

दख़लंदाज़ी (अ.+फ़ा.) [सं-स्त्री.] हस्तक्षेप या कब्ज़ा करने का काम; रोड़ा अटकाना।

दख़लदिहानी (अ.+फ़ा.) [सं-पु.] अदालती आदेश द्वारा किसी को किसी संपत्ति पर कब्ज़ा या अधिकार दिलाने का काम; दाख़िल-ख़ारिज।

दख़लनामा (अ.+फ़ा.) [सं-पु.] वह सरकारी आज्ञा-पत्र जिसमें किसी व्यक्ति को किसी चीज़ का स्वामित्व प्राप्त करने या अधिकार करने की आज्ञा होती है; दख़ल पाने का परवाना या कागज़।

दखिन-पुर्वाई [सं-स्त्री.] दे.दक्षिण पूर्व।

दखिनहा [सं-पु.] धान, ज्वार, बाजरा और मक्का में दक्षिणी हवा अधिक लगने से होने वाला रोग। [वि.] 1. दक्षिण का निवासी 2. दक्षिण दिशा वाला।

दखिना [सं-पु.] दे. दक्षिणपवन।

दखिनैया [सं-स्त्री.] दे. दक्षिणपवन।

दख़ील (अ.) [वि.] जिसका किसी संपत्ति या वस्तु पर अधिकार या कब्ज़ा हो; अधिकार रखने वाला।

दख़ीलकार (अ.+फ़ा.) [सं-पु.] 1. ज़मीन पर स्थायी कब्ज़ा पाने वाला किसान; पट्टेदार 2. वह किसान या काश्तकार जिसे दस-बारह वर्षों तक किसी ज़मींदार का खेत जोतने-बोने पर उस खेत पर स्वामित्व मिल जाता है।

दख़ीलकारी (अ.+फ़ा.) [सं-स्त्री.] 1. दख़ीलकार का कार्य, पद या दायित्व; दख़ीलकार के अधिकार 2. दख़ीलकार के मालिकाना हक की ज़मीन; कब्ज़ा।

दगड़ [सं-पु.] बड़ा ढोल; लड़ाई का डंका।

दगदगा[1] [वि.] जो चमक रहा हो; आलोकमय।

दगदगा[2] (अ.) [सं-पु.] 1. भय; डर 2. संदेह; संशय।

दगदगाना [क्रि-स.] 1. चमकाना; दमकाना 2. रोशन करना। [क्रि-अ.] 1. चमकना; दमदमाना 2. रोशन होना; चमक के साथ जलना।

दगदगी [सं-स्त्री.] 1. भय; डर 2. संदेह; संशय।

दगधना (सं.) [क्रि-स.] 1. जलाना 2. दुख देना। [क्रि-अ.] 1. जलना, त्रस्त होना 2. पीड़ित होना।

दगना [क्रि-अ.] 1. (बंदूक, पिस्तौल या तोप का) छूटना या चलना 2. दागा जाना 3. जलना 4. चिह्नयुक्त होना; अंकित होना 5. कलंक लगना।

दगवाना [क्रि-स.] किसी को दागने में प्रवृत्त करना; दागने का काम दूसरे से कराना।

दगहा[1] [वि.] 1. जिसपर दाग हो; दागवाला; दागा हुआ; दागदार 2. (वह) जिसने मृतक का दाह कर्म किया हो तथा श्राद्ध कर्म करके शुद्ध न हुआ हो।

दगहा[2] (सं.) [वि.] 1. दग्ध या जलाया हुआ; भस्मीकृत 2. पीड़ित; संतप्त 3. चिह्नित; दागा हुआ 4. अशुभ।

दगा (फ़ा.) [सं-पु.] धोखा; छल; फ़रेब; कपट; विश्वासघात।

दगादार (अ.+फ़ा.) [वि.] जो दगा करता हो; फ़रेबी; विश्वासघाती; धोखेबाज़; छलिया; कपटी; गद्दार; ठग। [सं-पु.] धोखा देने वाला व्यक्ति।

दगाबाज़ (अ.+फ़ा.) [सं-पु.] धोखा देने वाला व्यक्ति। [वि.] दगा करने वाला; फ़रेबी; विश्वासघाती; धोखेबाज़; छलिया; कपटी; गद्दार; दगादार; ठग।

दगाबाज़ी (अ.+फ़ा.) [सं-स्त्री.] दगाबाज़ होने की अवस्था, क्रिया या भाव; किसी को धोखा देने के लिए किया जाने वाला कार्य; धोखेबाज़ी; छल-कपट; ठगी; विश्वासघात; गद्दारी।

दगैल (अ.+हिं.) [वि.] 1. जिसमें किसी प्रकार के दाग या धब्बे हों 2. कलंकित 3. जिसे जलाकर चिह्नित किया गया हो।

दग्ध (सं.) [वि.] 1. जला या जलाया हुआ; भस्मीकृत 2. जिसके शरीर पर दागे जाने के निशान हों 3. {ला-अ.} अत्यधिक पीड़ा युक्त; दुखी।

दग्धाक्षर (सं.) [सं-पु.] (पिंगल शास्त्र) वे पाँच अक्षर (झ, ह, र, भ और ष) जिनका छंद के प्रारंभ में प्रयोग करना दोषपूर्ण माना जाता है।

दग्धित (सं.) [वि.] 1. भस्मीकृत 2. संतप्त; पीड़ित 3. चिह्नित; दागा हुआ 4. अशुभ।

दचक [सं-स्त्री.] 1. दचकने की क्रिया या भाव; दचका 2. झटके या दबाव से लगी हुई चोट; धक्का; ठोकर।

दचकना [क्रि-अ.] 1. दबना; दबकना 2. नीचे-ऊपर होना; झटका खाना; हलकी ठोकर खाना।

दचका [सं-पु.] किसी वाहन में सवारी के ऊपर-नीचे होने से लगने वाला धक्का; ठोकर; धचका।

दड़बा [सं-पु.] 1. दरबा; काठ आदि की खानेदार अलमारी या संदूक जिसमें कबूतर मुरगियाँ आदि रखी जाती हैं 2. दीवारों, पेड़ों आदि में वह कोटर जिसमें पक्षी रहते हैं।

दड़िमी [सं-स्त्री.] आम के टिकोरे की खटाई।

दढ़ियल [वि.] दाढ़ीवाला; दाढ़ीदार; जिसकी दाढ़ी बढ़ी हुई हो।

दढ़ैली [वि.] बकरे की भाँति दाढ़ीवाला।

दतौन [सं-स्त्री.] दे. दातून।

दत्त (सं.) [सं-पु.] 1. बंगाली कायस्थों का एक कुलनाम या सरनेम 2. दान; चंदा 3. जैन धर्म में सातवें वासुदेव का नाम। [वि.] 1. जो दिया गया हो; दान किया हुआ; प्रदत्त 2. जिसका कर या परिव्यय आदि चुकाया जा चुका हो 3. हस्तांतरित।

दत्तक (सं.) [सं-पु.] गोद लिया हुआ बच्चा; वह संतान जिसे

अपनी इच्छा से वारिस बनाने के उद्देश्य से गोद लिया गया हो; मुतबन्ना।

दत्तकग्रहण (सं.) [सं-पु.] दत्तक पुत्र बनाने की क्रिया या विधान।

दत्तकग्राही (सं.) [वि.] किसी को गोद लेने वाला; किसी दूसरे की संतान को अपनी संतान बनाने वाला; दत्तक लेने वाला।

दत्तकपुत्र (सं.) [सं-पु.] गोद लिया गया लड़का।

दत्तचित्त (सं.) [वि.] 1. किसी काम में बहुत मन लगाने वाला 2. कार्य में रमा हुआ 3. एकाग्र मन वाला।

दत्तविधान (सं.) [सं-पु.] किसी के पुत्र या पुत्री को विधिसम्मत अपनी संतान के रूप में स्वीकार करना; कानूनन दत्तक बनाना (गोद लेना)।

दत्ता (सं.) [सं-पु.] दत्तात्रेय नामक एक पौराणिक ऋषि। [सं-स्त्री.] बंगाली कायस्थों में एक कुलनाम।

दत्तात्रेय (सं.) [सं-पु.] (पुराण) विष्णु के चौबीस अवतारों में से एक प्राचीन ऋषि जो अत्रि मुनि और अनुसूया के पुत्र थे; दत्ता।

दत्तोपनिषद (सं.) [सं-पु.] एक उपनिषद का नाम।

ददरा [सं-पु.] वह महीन कपड़ा, जिससे बारीक पीसा हुआ चूर्ण छाना जाता है।

ददिहाल [सं-पु.] 1. ददियाल; दादा का घर 2. दादा का वंश या कुल।

ददोड़ा [सं-पु.] किसी जंतु के काटने, रक्त विकार या संक्रमण आदि के कारण त्वचा पर होने वाला चकत्ता या सूजन।

दद्रु (सं.) [सं-पु.] एक प्रकार का चर्मरोग; दाद।

दधि (सं.) [सं-पु.] दही; जमाया हुआ दूध।

दधिकाँदो [सं-पु.] एक प्रकार का उत्सव जो कृष्ण जन्माष्टमी के बाद मनाया जाता है जिसमें लोग एक दूसरे के ऊपर हल्दी मिला हुआ दही फेंकते हैं।

दधिजात (सं.) [वि.] दही से उत्पन्न या बना हुआ। [सं-पु.] चंद्रमा।

दधिसुत (सं.) [सं-पु.] 1 चंद्रमा; शशि 2. मोती; मुक्ता 3. (पुराण) जलंधर नामक दैत्य 4. मक्खन; नवनीत।

दधिसुता (सं.) [सं-स्त्री.] 1. लक्ष्मी 2. सीपी।

दधीचि (सं.) [सं-पु.] (पुराण) एक परोपकारी और उदार ऋषि जिनकी रीढ़ की हड्डी से इंद्र ने वज्र नामक शस्त्र बनाकर वृत्रासुर नामक दैत्य को मारा था; दधीच।

दन [सं-पु.] बंदूक या तोप आदि चलने से होने वाली आवाज़; गोली चलने की ध्वनि।

दनगा [सं-पु.] खेत का छोटा टुकड़ा।

दनजाऊर [सं-पु.] पोस्ते के साथ पकाया गया चावल।

दनदन [सं-स्त्री.] गोलियों के चलने की आवाज़।

दनदनाना [क्रि-अ.] 1. दन-दन की आवाज़ होना 2. कुलाँचना; ख़ुश होना 3. बेफ़िक्र होकर काम करना। [क्रि-स.] 1. दन-दन की आवाज़ करना 2. ख़ुशी मनाना; मौज करना।

दनदान [सं-पु.] रंगीन खाँड़ की बनी लंबी मिठाई।

दनादन [क्रि.वि.] 1. दन-दन की ध्वनि के साथ 2. जल्दी-जल्दी; तेज़ी से।

दनु (सं.) [सं-स्त्री.] (पुराण) कश्यप ऋषि की एक पत्नी जिससे उत्पन्न पुत्र दानव कहलाए; दानव-जननी।

दनुज (सं.) [सं-पु.] राक्षस; असुर; दानव। [वि.] दनु के गर्भ से उत्पन्न।

दनुजारि (सं.) [सं-पु.] 1. दनुज या दानवों का शत्रु 2. देवता; सुर 3. विष्णु।

दनुजेंद्र (सं.) [सं-पु.] 1. दानवों का राजा 2. हिरण्यकश्यप 3. रावण।

दनौरी [सं-स्त्री.] पोस्ता के दानों के साथ बनायी गयी बड़ी।

दपट [सं-स्त्री.] डाँटने की क्रिया; डपट; घुड़की।

दपटना [क्रि-स.] डाँटने की क्रिया; घुड़कना।

दफ़तर (फ़ा.) [सं-पु.] दे. दफ़्तर।

दफ़तरी (फ़ा.) [सं-पु.] दे. दफ़्तरी।

दफ़तरीख़ाना [सं-पु.] दफ़्तरी के काम करने का स्थान; वह स्थान जहाँ जिल्दसाज़ काम करते हैं।

दफ़ती (अ.) [सं-स्त्री.] दे. दफ़्ती।

दफ़न (अ.) [सं-पु.] 1. किसी चीज़ को ज़मीन में गाड़ने की क्रिया; गाड़ना 2. मुरदे को ज़मीन में गाड़ना। [वि.] गाड़ा हुआ; जो गड़ा हो; मदफ़ून।

दफ़नाना (अ.+हिं.) [क्रि-स.] 1. इस्लाम के अनुसार अंतिम संस्कार की क्रिया 2. मुरदे को ज़मीन में गाड़ना 3. किसी बात को पूरी तरह से दबा देना।

दफ़ा (अ.) [सं-स्त्री.] 1. मर्तबा; बार 2. बारी; पारी; खेल में किसी खिलाड़ी का आने वाला क्रम 3. किसी नियमावली या विधान का वह अंश जिसमें किसी विषय, अपराध या कृत्य के संबंध में किसी बात या नियम का उल्लेख होता है 4. विधि या कानून की पुस्तक का कोई अंश जिसमें कोई कानून लिखा हो 5. कानून का एक नियम; धारा। [सं-पु.] दूर करना; हटाना।

दफ़्तर (फ़ा.) [सं-पु.] 1. कार्यालय; (ऑफ़िस) 2. सविस्तार वृत्तांत; चिट्ठा।

दफ़्तरी (फ़ा.) [सं-पु.] 1. वह कर्मचारी जो किसी कार्यालय में दस्तावेज़ों को संभालने और रखरखाव का कार्य करता है; दफ़्तर का कामकाज 2. दफ़्तर में जिल्द बाँधने वाला व्यक्ति; जिल्दसाज़ 3. दफ़्तर को ठीक या दुरुस्त रखने वाला व्यक्ति।

दफ़्ती (अ.) [सं-स्त्री.] 1. वह मोटा आवरण या गत्ता जो जिल्दसाज़ी के काम में उपयोग किया जाता है 2. किताबों पर आवरण चढ़ाने का मोटा कागज़।

दब [सं-स्त्री.] 1. बड़ों या बुज़ुर्गों का संकोच या लिहाज़ 2. दाब; दबाव 3. शासन। [वि.] किसी (चीज़) की तुलना में कमतर या घटिया।

दबंग [वि.] 1. जो किसी से दबता न हो 2. जिसका समाज में दबदबा हो; रोबीला 3. प्रभावशाली 4. भारी-भरकम; हट्टा-कट्टा।

दबंगई [सं-स्त्री.] 1. रौब डालने का भाव 2. प्रभाव; असर; बोलबाला।

दबक [सं-स्त्री.] 1. दबकने की क्रिया; झोल; मचक; दाब 2.

सिमटना; सिकुड़न; शिकन 3. धातु के टुकड़े को पीटकर लंबा करने की क्रिया 4. धँसन; पिचक।

दबकगर (फ़ा.) [सं-पु.] धातु के पत्तर या परत बनाने वाला कारीगर।

दबकना [क्रि-अ.] 1. भय या लज्जा के कारण छिप जाना; डर के मारे तंग या संकरी जगह में छिप जाना या बैठ जाना; दबना; दुबकना; छिपना; लुकना 2. गड्ढा होना; धँसकना; पिचकना। [क्रि-स.] किसी धातु को चोट मारकर बढ़ाना या फैलाना; पीटना।

दबकवाना [क्रि-स.] 1. दबकाने का काम कराना; दबकाने में किसी अन्य को प्रवृत्त करना 2. आड़ या ओट में करवाना।

दबकाना [क्रि-स.] 1. दुबकाना; छिपाना; ढाँकना; ओट में करना; आड़ में करना; लुकाना 2. दबाना; डराना 3. डाँटना; डपटना।

दबदबा (अ.) [सं-पु.] 1. प्रभाव 2. आतंक; डर 3. रोब।

दबना [क्रि-अ.] 1. दाब या भार के नीचे पड़ना 2. प्रबल शत्रु से डरकर पीछे हटना 3. भय से किसी का विरोध न करने के लिए न केवल मजबूर होना अपितु उसके अनुकूल आचरण करना 4. किसी बात या मामले का ज़ोर न पकड़ना 5. आर्थिक अभाव में लाचार होना 6. संकुचित या शांत होना 7. सम्मान करने का भाव 8. तुलना में फीका पड़ना 9. किसी के सामने अपनी इच्छा के अनुसार कार्य न कर पाना। [मु.] **दबी ज़बान में कहना** : संकोचपूर्वक कोई बात कहना; अस्पष्ट या धीमी आवाज़ में कहना ताकि कोई दूसरा न सुन सके। **-दबे पाँव या पैर (चलना)** : इस प्रकार धीरे-धीरे पैर रखते हुए चलना कि दूसरों को आहट न मिले।

दबनी [सं-स्त्री.] वर्मा की टोपी।

दबवाना [क्रि-अ.] दबाने का काम किसी और से कराना; दबाने में प्रवृत्त करना।

दबा-कुचला [वि.] 1. तिरस्कृत और शोषित; दबाया और सताया हुआ; प्रताड़ित; पददलित 2. {ला-अ.} समाज द्वारा उपेक्षित।

दबा-ढका [वि.] वह जो दूसरों से छिपाकर (प्रच्छन्न) रखा गया हो।

दबाऊ [वि.] दबाकर या रोककर रखने वाला; दबाने वाला।

दबाना [क्रि-स.] 1. दाब या भार के नीचे लाना 2. किसी को डराना या त्रस्त करना 3. बलपूर्वक पीछे हटाना 4. किसी बात को आगे न बढ़ने देना।

दबाव [सं-पु.] 1. दबाने की क्रिया 2. दाब; चाँप 3. भार।

दबिया [सं-स्त्री.] पनिहारी।

दबिला [सं-पु.] हलवाई का एक उपकरण, जिससे भुनते समय खोआ, बेसन आदि चलाते हैं।

दबिश (अ.) [सं-स्त्री.] 1. दबाव; दाब; घेराव 2. किसी चीज़ को घेरकर कब्ज़े में लेना 3. पुलिस द्वारा किसी अपराधी को पकड़ने के लिए उसके छिपने की संभावित जगह का चारों ओर से घेराव करना।

दबीज़ (फ़ा.) [वि.] मोटा; मोटे दल वाला; गाढ़ा; गफ़; घना; ठस; संगीन।

दबीर (फ़ा.) [सं-पु.] मुंशी; मुहर्रिर; कातिब; लिपिक; (क्लर्क)।

दबैल [वि.] 1. दबाया हुआ 2. जो किसी के उपकार से दबाया हुआ हो 3. बहुत दबने या डरने वाला।

दबोचना [क्रि-स.] किसी को दबाना या पकड़ना; धर दबाना; झट से पकड़कर दबा लेना; दबाकर या कसकर पकड़ना या अपने नियंत्रण में लेना; काबू में करना।

दबोटा [सं-स्त्री.] दे. दबनी।

दबोस [सं-पु.] चमकदार पत्थर; चकमक पत्थर।

दब्बू [वि.] दब कर या त्रस्त रहने वाला; स्वभाव से दुर्बल; डरपोक।

दम[1] (सं.) [सं-पु.] 1. दमन करने की क्रिया या भाव 2. शरीर की इंद्रियों को वश में रखने और उन्हें अनुचित कामों या बातों में लगाने से रोकने की क्रिया 3. दंड; सजा 4. घर 5. बुद्ध का एक नाम 6. विष्णु 7. दबाव।

दम[2] (फ़ा.) [सं-पु.] 1. शक्ति; सामर्थ्य; ताकत; ज़ोर 2. श्वास; साँस; प्राण 3. जान; ज़िंदगी 4. अस्तित्व 5. क्षण; पल; लमहा 6. चरस, तंबाकू आदि नशीले पदार्थ पीने की क्रिया 7. आलू आदि को पकाने की क्रिया। [मु.] **-अटकना** : मरते समय साँस रुकना। **-घुटना** : साँस लेने में कष्ट होना। **-तोड़ना** : अंतिम साँस लेना। **-फूलना** : साँस का ज़ोर-ज़ोर से चलना। **-भरना** : किसी का पूरा भरोसा रखकर उसकी चर्चा करना। **-लेना** : आराम करना; सुस्ताना। **नाक में दम आना** : बहुत परेशान होना। **-निकलना** : मरना।

दमक [सं-पु.] 1. दमन करने वाला; दबाने वाला 2. शांत करने वाला; रोकने वाला। [सं-स्त्री.] 1. आकर्षणयुक्त चमक; चमचमाहट; चमक-दमक; चाकचिक्य 2. द्युति; आभा; प्रभा; दीप्ति।

दमकना [क्रि-अ.] 1. आकर्षणयुक्त चमक होना; चमकना 2. द्योतित होना; जगमगाना 3. सुलग उठना।

दमकल [सं-स्त्री.] 1. आग बुझाने का यंत्र; अग्निशामक यंत्र 2. अग्निशमन दल 3. वज़न उठाने की घिरनी लगी हुई क्रेन या मशीन 4. कुएँ से पानी निकालने का यंत्र; (पंप)।

दमकला [सं-पु.] 1. वह बड़ा पात्र जिसमें लगी हुई पिचकारी से महफ़िलों आदि में लोगों पर गुलाब-जल छिड़का जाता है 2. जहाज़ में, वह यंत्र जिससे पाल खड़े करते हैं 3. आग बुझाने का यंत्र 4. ज़मीन से पानी निकालने का यंत्र।

दमख़म (फ़ा.) [सं-पु.] 1. दृढ़ता; मज़बूती 2. साहस; शक्ति; ताकत; धैर्य 3. प्राण; जीवन शक्ति 4. तलवार की तेज़ धार और उसका लचीलापन जिससे उसकी गुणवत्ता तय होती है।

दमघोंटू [वि.] दम घोंटने वाला; साँस फुला देने वाला।

दमचा [सं-पु.] मचान।

दमचूल्हा [सं-पु.] लोहे का बना हुआ एक प्रकार का बड़ा गोल चूल्हा, जिसमें कोयला जलाया जाता है।

दमड़ी (सं.) [सं-स्त्री.] 1. एक प्राचीन सिक्का जिसका मूल्य एक आने के बत्तीसवें भाग के बराबर था; पैसे का आठवाँ भाग 2. चिलचिल पक्षी।

दमथ (सं.) [वि.] मनोवेग का दमन करने वाला; भावना को दबाने वाला [सं-पु.] 1. आत्मनियंत्रण; दमन 2. दंड; सज़ा।

दमदमा (फ़ा.) [सं-पु.] 1. ढोल; दमामा; नगाड़ा 2. कोलाहल; शोरगुल 3. नक्कारे की आवाज़; तोपों का धमाका; ढोल की ढमढम 4. वह किलेबंदी जो जंग के समय बोरों में मिट्टी या रेत भरकर की जाती है; आड़ बनाकर की गई मोरचाबंदी 5. किले के चारों ओर की चहारदीवारी.6. प्रसिद्धि; शोहरत।

दमदार (फ़ा.) [वि.] 1. जिसमें दम या शक्ति हो; जीवन-शक्ति से भरपूर; उत्साही; जानदार 2. प्रबल; ताकतवर; अजेय 3. जिसकी धार या वार तेज़ हो; चोखा।

दमदिलासा (फ़ा.+हिं.) [सं-पु.] 1. समय पर किसी के सहायक होने के लिए उसे दिया जाने वाला आश्वासन और उसमें किया जाने वाला उत्साह या बल का संचार 2. समय पर किसी का काम न कर बहलाने फुसलाने तथा शांत रहने हेतु किसी को दिया गया झूठा आश्वासन।

दमन (सं.) [सं-पु.] 1. कठोरतापूर्वक दबाना या कुचलना; विद्रोह, उपद्रव आदि को बलपूर्वक दबाना 2. आत्मनियंत्रण; निरोध; निग्रह 3. (पुराण) एक ऋषि जिनके आश्रम में दमयंती का जन्म हुआ था 4. एक उत्सव जिसे चैत्र-शुक्ल द्वादशी को मनाया जाता है 5. विष्णु 6. शिव 7. द्रोणपुष्पी। [वि.] दमन करने वाला।

दमन-चक्र (सं.) [सं-पु.] वह निरंतर चलने वाली हिंसक कार्रवाई जो विरोधियों या उपद्रवियों के दमन हेतु की या चलाई जाती है।

दमनक (सं.) [सं-पु.] 1. एक प्रकार का छंद 2. दौना; द्रौणलता। [वि.] दमन करने वाला; दमनकर्ता; दमनशील; दबाव डालने वाला; शोषक; अत्याचारी।

दमनकारी (सं.) [सं-पु.] वह जो दमन करता हो; उत्पीड़न करने वाला व्यक्ति। [वि.] दमन करने या दबाने वाला; पीड़क; विद्रोह को दबाने वाला; अत्याचार करने वाला।

दमनशील (सं.) [वि.] दमन करने की प्रवृत्ति वाला; जो बराबर दमन किया करता हो; इंद्रियों को वश में रखने वाला; दमन करने वाला।

दमना [सं-पु.] दौना (पौधा); द्रोणलता। [क्रि-अ.] साँस फूलना; अधिक परिश्रम के कारण दम भर जाना अर्थात् साँस फूलने लगना।

दमनात्मक (सं.) [वि.] दमन के साथ; दमन करते हुए।

दमनार्थ (सं.) [वि.] दमन के लिए; दमन के उद्देश्य से।

दमनीय (सं.) [वि.] 1. जो दमन करने योग्य हो 2. जिसका दमन किया जा सके।

दमबख़ुद (फ़ा.) [वि.] 1. मौन; ख़ामोश; चुप; सन्न 2. जो आश्चर्य आदि के कारण बोल न पाए।

दमबदम (फ़ा.) [क्रि.वि.] 1. निरंतर; लगातार; सतत; प्रतिक्षण 2. बार-बार; थोड़ी-थोड़ी देर पर।

दमबाज़ (फ़ा.) [वि.] 1. चकमा देने वाला; फ़रेबी; फुसलाने वाला; झूठा आश्वासन देने वाला 2. दम देने या लगाने वाला; गाँजा, चरस आदि पीने वाला।

दमभर [वि.] दम या ज़ोर के साथ; पूरी ताकत से; पूर्णशक्ति के साथ।

दमयंती (सं.) [सं-स्त्री.] 1. (पुराण) विदर्भ देश के राजा भीमसेन की पुत्री तथा राजा नल की पत्नी 2. एक प्रकार की लता; मदनबान।

दमहरिया [सं-पु.] खँचोली; टोकरी (बाँस या अरहर के डंठल की)।

दमहा (फा.) [सं-पु.] हँफना बैल।

दमा (फ़ा.) [सं-पु.] साँस का रोग; अस्थमा।

दमादम [क्रि.वि.] 1. शीघ्रता से; तत्काल; एकदम 2. निरंतर; लगातार; बराबर 3. दम-दम की आवाज़ के साथ।

दमामा (फ़ा.) [सं-पु.] ढोल; बहुत बड़ा नगाड़ा; डंका; धौंसा; नक्कारा।

दमाह [सं-पु.] 1. बैलों को होने वाला हाँफने का एक रोग 2. बैल, जिसे यह रोग हो।

दमित (सं.) [वि.] 1. जिसका दमन किया गया हो; जिसे शक्ति के साथ दबाया गया हो 2. शोषित; उत्पीड़ित; उपेक्षित।

दमी[1] (सं.) [वि.] जिसका दमन किया जाए।

दमी[2] (फ़ा.) [वि.] 1. दम लगाने या साधने वाला 2. गाँजा पीने वाला; गँजेड़ी 3. दमे का रोगी। [सं-पु.] हुक्का पीने की नली; दम लगाने का नैचा।

दयंत (सं.) [सं-पु.] कश्यप ऋषि और दिति से उत्पन्न पुत्र; दैत्य; असुर; राक्षस।

दयनीय (सं.) [वि.] 1. जिसे देखकर मन में दया उत्पन्न हो; दया करने योग्य 2. घोर संकट या विपत्ति में पड़ा हुआ।

दयनीयता (सं.) [सं-स्त्री.] दयनीय होने की अवस्था या भाव; वह अवस्था या दशा जिसपर किसी को दया आ जाए; दुखद स्थिति; संकट या विपत्ति की अवस्था।

दया (सं.) [सं-स्त्री.] 1. स्थितिजन्य करुणा; सहानुभूति; अनुकंपा; कृपा; रहम; कोमल व्यवहार 2. (पुराण) दक्ष प्रजापति की एक पुत्री जिसका विवाह धर्म से हुआ था।

दयाकृत (सं.) [वि.] दयापूर्वक किया हुआ।

दयादृष्टि (सं.) [सं-स्त्री.] किसी के प्रति अनुग्रह का भाव; मेहरबानी की नज़र; करुणापूर्ण दृष्टि; कृपादृष्टि; दयाभाव; नज़रे इनायत।

दयानत (अ.) [सं-स्त्री.] सत्यनिष्ठा; ईमानदारी; सच्चाई।

दयानतदार (अ.+फ़ा.) [वि.] ईमानदार; सच्चा; सत्यनिष्ठावाला।

दयाना [क्रि-अ.] दया दिखाना या करना; दयार्द्र होना; कृपालु होना।

दयानिधान (सं.) [सं-पु.] 1. अत्यंत दयावान व्यक्ति; दयालु पुरुष 2. ईश्वर।

दयानिधि (सं.) [सं-पु.] 1. दया का सागर या भंडार 2. ईश्वर।

दयापात्र (सं.) [सं-पु.] वह व्यक्ति जिसपर दया दिखाई जाए। [वि.] जो दया करने योग्य हो; जिसपर दया करना उचित हो।

दयामय (सं.) [सं-पु.] परमेश्वर; ईश्वर। [वि.] दया से भरा हुआ; दयालु; दयापूर्ण।

दयार[1] [सं-पु.] देवदार का वृक्ष। [वि.] दयालु; दयावान।

दयार[2] (फ़ा.) [सं-पु.] 1. प्रदेश; प्रांत 2. भूखंड 3. आस-पास का क्षेत्र या स्थान।

दयार्द्र (सं.) [वि.] दया से द्रवित हृदय वाला; दयालु।

दयाल (सं.) [वि.] दयालु; दयामय; दयावंत।

दयालु (सं.) [वि.] कृपालु, दया करने वाला।

दयावंत (सं.) [वि.] दयालु।

दयावान (सं.) [वि.] दया करने वाला; दयालु।

दयाशील (सं.) [वि.] दयालु स्वभाव का; दयावीर।

दयाशीलता (सं.) [सं-स्त्री.] दयाशील होने की अवस्था या भाव।

दयासागर [सं-पु.] 1. दया का सागर या भंडार 2. दयानिधि; परमेश्वर।

दयासिंधु (सं.) [सं-पु.] अत्यंत दयालु; दयानिधि; दयासागर।

दर (फ़ा) [सं-पु.] 1. स्थान; जगह; ठौर 2. दरवाज़ा; द्वार 3. दहलीज़। [क्रि.वि.] अंदर; में।

दर-दर (फ़ा.) [क्रि.वि.] द्वार-द्वार; दरवाज़े-दरवाज़े; प्रतिगृह; हर स्थान पर। [मु.] **-की ठोकरें खाना** : परेशान होकर इधर-उधर घूमना।

दरअसल (फ़ा.+अ.) [अव्य.] वस्तुतः; वास्तव में; असल में; हकीकत में।

दरआमद (फ़ा.) [सं-स्त्री.] किसी देश में दूसरे देशों से आने वाला सामान या माल; आयात।

दरक [सं-स्त्री.] दरकने की क्रिया या भाव; ज़ोर या दबाव से बनने वाली दरार; चीर; संधि; झिरी; दरज़। [वि.] कायर; डरपोक; भीरु।

दरकन [सं-स्त्री.] दरक; दरकने की क्रिया या भाव; दरार।

दरकना (सं.) [क्रि-अ.] दरार पड़ना; चिरना; फटना; चटकना।

दरका [सं-पु.] दरार; दरक; ऐसी चोट या धक्का जिससे कि वस्तु फट या दरक जाए।

दरकाना [क्रि-स.] दरार उत्पन्न करना; तोड़ना; फोड़ना।

दरकार (फ़ा.) [वि.] आवश्यक; ज़रूरी; अपेक्षित; अभिलाषित। [सं-स्त्री.] आवश्यकता।

दरकारी (फ़ा.) [सं-स्त्री.] ज़रूरी; आवश्यकता; प्रभावपूर्ण इच्छा; अभिलाषा; कामना।

दरकिनार (फ़ा) [अव्य.] एक तरफ़; अलग; दूर। [वि.] किसी कार्य प्रक्रिया या क्षेत्र विशेष से बाहर किया हुआ; जुदा। [क्रि.वि.] एक तरफ़; बगल में।

दरख़ास्त (फ़ा.) [सं-स्त्री.] दे. दरख़्वास्त।

दरख़ास्ती (फ़ा.) [वि.] 1. किसी बात के लिए प्रार्थना या निवेदन करने वाला 2. आवेदन या दरख़ास्त से संबंध रखने वाला।

दरख़्त (फ़ा.) [सं-पु.] वृक्ष; पेड़।

दरख़्वास्त (फ़ा) [सं-स्त्री.] 1. प्रार्थना; निवेदन 2. प्रार्थना-पत्र; आवेदन-पत्र।

दरगाह (फ़ा) [सं-स्त्री.] 1. किसी सिद्ध पुरुष का समाधि-स्थल; मकबरा; मज़ार 2. दरबार; कचहरी 3. देहरी; चौखट।

दरगुज़र (फ़ा.) [सं-पु.] दोषों को अनदेखा करने की क्रिया या भाव; क्षमा; माफ़ी। [वि.] जो गुजर या बीत चुका हो; व्यतीत।

दरज (फा.) [सं-स्त्री.] 1. दरार 2. दीवार आदि ठोस रचनाओं के बीच में फटने के कारण टेढ़ी-सीधी रेखा के समान बनने वाला चिह्न, जिसमें पानी समाता है। [वि.] दर्ज (लिखा हुआ)।

दरजा (अ.) [सं-पु.] 1. पद; स्थान; ओहदा 2. श्रेणी, वर्ग आदि के आधार पर किया गया विभाग 3. योग्यता के अनुसार पढ़ाई करने के लिए निर्धारित किया गया छात्र-छात्राओं का वर्ग; कक्षा; जमात 4. ख़ाना; भाग; खंड।

दरज़िन (फ़ा.+हिं.) [सं-स्त्री.] 1. कपड़े सिलने वाली स्त्री 2. दरज़ी जाति की स्त्री 3. दरज़ी की पत्नी 4. पत्तों की सिलाई करके घोंसला बनाने वाली एक चिड़िया; फुदकी।

दरज़ी (फ़ा.) [सं-पु.] 1. कपड़ा सिलने वाला व्यक्ति; सूचिक; (टेलर) 2. कपड़ा सिलकर आजीविका चलाने वाली जाति।

दरण (सं.) [सं-पु.] 1. दलने या पीसने की क्रिया या भाव 2. विदीर्ण करने या चीरने की स्थिति 3. विनाश; ध्वंस।

दरद[1] (सं.) [सं-पु.] 1. कश्मीर के पश्चिम क्षेत्र का एक प्राचीन नाम 2. उक्त देश की भाषा।

दरद[2] (फा.) [सं-पु.] 1. शारीरिक कष्ट, पीड़ा 2. प्रसव के समय स्त्रियों को होने वाली पीड़ा 3. किसी प्रकार की अप्रिय या दुःखद हार्दिक अनुभूति।

दरदरा (सं.) [वि.] जो बहुत महीन न हो; जिसके कण थोड़े बड़े हों; जो मोटा पीसा गया हो; रवादार, जैसे- दरदरा बेसन या आटा।

दरदराना (सं.) [क्रि-स.] मोटा पीसना; हलके दबाव से पीसना; दलना; कम समय तक रगड़ना या पीसना।

दरदवंत [वि.] 1. जिसे दूसरे के कष्ट की अनुभुति हो; दूसरे के कष्ट को समझने वाला; कृपालु 2. पीड़ित; दुखी।

दरदवंद [वि.] दे. दरदवंत।

दरदीला [वि.] 1. दर्द से भरा हुआ; पीड़ायुक्त 2. दूसरों के दुख-दर्द या कष्ट को समझने वाला; दयालु।

दरबंद (फ़ा.) [सं-पु.] 1. चहारदीवारी 2. पुल; सेतु 3. बड़ा दरवाज़ा।

दरबा (फ़ा.) [सं-पु.] 1. पालतू पक्षियों के रहने का लकड़ी का ख़ानेदार घर या संदूक 2. पेड़ों या दीवारों का वह खोखला भाग या कोटर जिसमें पक्षी रहते हैं।

दरबान (फ़ा.) [सं-पु.] दरवाज़े पर नियुक्त व्यक्ति; ड्योढ़ीदार; द्वारपाल।

दरबानी (फ़ा.) [सं-स्त्री.] दरबान या चौकीदार का पद या काम।

दरबार (फ़ा) [सं-पु.] 1. वह स्थान जहाँ एक राजा अपने मंत्रियों के साथ मंत्रणा करता है 2. सभा; राजसभा 3. कचहरी।

दरबारदारी (फ़ा.) [सं-स्त्री.] प्रायः राजा के दरबार में उपस्थित होकर राजा के पास बैठने और बातचीत करने की अवस्था; किसी बड़े आदमी के यहाँ बराबर आते-जाते रहने की वह अवस्था जिसमें बड़े आदमी का चित्त प्रसन्न करके उसका अनुग्रह प्राप्त करने का प्रयत्न किया जाता है; ख़ुशामद करने के लिए की जाने वाली हाज़िरी।

दरबारी (फ़ा.) [सं-पु.] 1. दरबार में अधिकृत रूप से बैठने वाला आदमी; राजा या बादशाह का सभासद 2. दरबार में

उपस्थित रहने वाला व्यक्ति। [वि.] दरबार का; दरबार से संबंधित।

दरबारेआम (फ़ा.+अ.) [सं-पु.] शासक, राजा आदि का वह दरबार जिसमें साधारणत: सब लोग सम्मिलित हों; जनता का दरबार।

दरबी (सं.) [सं-स्त्री.] निर्मित व्यंजन आदि निकालने या चलाने हेतु एक विशेष प्रकार का उपकरण; कलछी; पौनी।

दरबे- दरबे (फा.) [सं-स्त्री.] कबूतरों को दरबे में घुसाने के लिए की जाने वाली आवाज।

दरभ (सं.) [सं-पु.] 1. एक विशेष प्रकार की घास; कुश; काश; डाभ 2. बंदर।

दरमा [सं-स्त्री.] बाँस की वह चटाई, जो बंगाल में झोपड़ियों की दीवार बनाने के काम आती है।

दरमाहा (फ़ा.) [सं-पु.] मासिक वेतन; प्रतिमाह मिलने वाला रुपया।

दरमियान (फ़ा.) [सं-पु.] बीच; मध्य। [क्रि.वि.] बीच या मध्य में।

दरमियानी [वि.] बीच का; किसी अवधि या घटना के मध्य का।

दररना [क्रि-स.] 1. दरना (दलना) 2. दरेरना।

दररा (सं.) [सं-पु.] दर्रा; दड़ेदार।

दरवाज़ा (फ़ा.) [सं-पु.] 1. किवाड़; द्वार; कपाट; फाटक; (डोर) 2. वह चौखटा जिसमें पल्ले या किवाड़ लगे रहते हैं 3. {ला-अ.} मुहाना; रास्ता; मार्ग।

दरवी (सं.) [सं-स्त्री.] दे. दरबी।

दरवेश (फ़ा.) [सं-पु.] 1. साधु; संन्यासी; फ़कीर; भिक्षुक 2. विनीत; विनम्र 3. इस्लाम धर्म के त्यागी फ़कीरों का एक संप्रदाय।

दरस [सं-पु.] 1. दर्शन; दीदार 2. साक्षात्कार; भेंट; मुलाकात 3. रूप; छवि; ख़ूबसूरती; शोभा; सौंदर्य।

दरसन [सं-पु.] दे. दर्शन।

दरसाना (सं.) [क्रि-स.] दे. दर्शाना।

दरसूधा [सं-पु.] वह लंबा खंभा जिस पर मस्तूल खड़ा किया जाता है।

दराँत (सं.) [सं-पु.] दराँती; हँसुआ; हँसिया; घास या फसल काटने का औजार।

दराँती (सं.) [सं-स्त्री.] 1. हँसिया 2. फ़सल, जानवरों का चारा आदि काटने का एक औज़ार।

दराज (अं.) [सं-स्त्री.] मेज़ में सामान रखने का ख़ाना; खंड; विभाग; (ड्रॉर)।

दराज़ (फ़ा) [वि.] लंबा; विशाल; विस्तृत। [क्रि.वि.] बहुत; अधिक।

दराज रंदा (फा.) [सं-पु.] कोर को चौकोर बनाने वाला उपकरण।

दरार (सं.) [सं-स्त्री.] 1. रेखा की तरह का लंबा छिद्र या अवकाश जो किसी चीज़ या तल के फटने पर पड़ जाता है; दरज 2. {ला-अ.} फूट; मतभेद। [मु.] **-पड़ना** : मतभेद होना; फूट पड़ना। **-भर जाना** : दोष या कमी दूर होना; मतभेद दूर होना।

दरारना [क्रि-अ.] दरार पड़ना; विदीर्ण होना; फटना। [क्रि-स.] विदीर्ण करना; दरार डालना।

दरिंदगी (फ़ा.) [सं-स्त्री.] दरिंदा होने की अवस्था या भाव; दरिंदे जैसा आचरण; वहशीपन; क्रूरता; पाशविक आचरण; जंगलीपन; खौफ़नाक या हिंसक व्यवहार; अमानवीय बर्ताव।

दरिंदा (फ़ा.) [सं-पु.] 1. शिकार को फाड़कर खाने वाला जंगली जानवर; मांसभक्षक जानवर; हिंसक पशु 2. {ला-अ.} दरिंदे जैसा व्यवहार करने वाला निर्दयी और वहशी व्यक्ति; क्रूर और दयाहीन व्यक्ति।

दरित (सं.) [वि.] 1. डरपोक; डरा हुआ; भीत; भयाक्रांत 2. विदीर्ण; कटा-फटा; बिख़रा।

दरिद्र (सं.) [वि.] जिसके पास धन न हो; निर्धन; कंगाल; गरीब; अभावग्रस्त।

दरिद्रता (सं.) [सं-स्त्री.] गरीबी; कंगाली; निर्धनता; अभावग्रस्तता।

दरिद्रनारायण (सं.) [सं-पु.] गरीबों, निर्धनों व दलितों के रूप में माने जाने वाले ईश्वर; प्रभु।

दरिद्री (सं.) [सं-स्त्री.] दरिद्र होने की अवस्था या भाव; गरीबी; निर्धनता; कंगाली।

दरिया[1] [सं-पु.] निर्गुण पंथी एक संत। [वि.] 1. दलने वाला 2. नाश करने वाला।

दरिया[2] (फ़ा) [सं-पु.] 1. नदी; सोता 2. सागर; सिंधु।

दरियाई (फ़ा.) [सं-स्त्री.] एक प्रकार का पतला रेशमी कपड़ा; कौशेय। [वि.] 1. दरिया या नदी-तालाब से संबंधित 2. जो नदी में रहता हो; नदी के पास का 3. समुद्र का; समुद्र तट का, जैसे-दरियाई घोड़ा।

दरियाई घोड़ा (फ़ा.+हिं.) [सं-पु.] अफ्रीका के जंगलों में पाया जाने वाला घोड़े की तरह का जलीय प्राणी, जो नदियों एवं झीलों के किनारे रहता है; जलीय घोड़ा।

दरियादिल (फ़ा.) [वि.] जो दूसरों के प्रति संवेदनशील हो; विशाल हृदय वाला; दानी; परोपकारी; मुक्तहस्त; फ़ैयाज़; उदारमना; सहायता करने वाला; परम उदार; दाता।

दरियादिली (फ़ा) [सं-स्त्री.] सज्जनता; नेकी; सहृदयता; अति उदारता; दान देने की प्रवृत्ति; दयालुता।

दरियाफ़्त (फ़ा) [सं-स्त्री.] पूछ कर कुछ पता लगाने की क्रिया या भाव; जाँच; पड़ताल। [वि.] जिसका पता लगा हो; ज्ञात; मालूम।

दरियाबुर्द (फ़ा.) [सं-पु.] वह भूमि या भू-खंड जिसे कोई नदी काट ले गई हो।

दरियाशिकस्त (फ़ा.) [सं-पु.] नदी की जलधारा के साथ (अतिवृष्टि या बाढ़ के कारण) कट कर बह जाने वाली भूमि।

दरी [सं-स्त्री.] 1. मोटे सूती धागों से बनी एक प्रकार की मोटी बिछावन; चटाई 2. शतरंज के लिए बिछाई जाने वाली शतरंजी 3. गुफा; कंदरा; खोई 4. पर्वत के नीचे का वह खड्ड जहाँ नदी बहती है 5. सर्प की एक जाति। [वि.] 1. फाड़ने वाला; जो विदीर्ण करता हो 2. डरपोक; कायर; भयभीत होने वाला।

दरीख़ाना (फ़ा.) [सं-पु.] अतिथि कक्ष; आगंतुक कक्ष;

बैठकख़ाना।

दरीचा (फ़ा.) [सं-पु.] 1. छोटा दरवाज़ा; उपद्वार 2. खिड़की; झरोखा; रोशनदान; मोखा।

दरीबा [सं-पु.] 1. बाज़ार 2. वह बाज़ार जहाँ एक ही प्रकार की चीज़ें थोक भाव में बिकती हों।

दरेरना (सं.) [क्रि-स.] 1. रगड़ना 2. रगड़ते हुए धक्का देना; धकेलना 3. नाश करना; तेज़ प्रहार करना 4. मोटा या दरदरा पीसना।

दरेरा (सं.) [सं-पु.] 1. दरेरने या रगड़ने की क्रिया 2. दरेरने के लिए दिया जाने वाला धक्का; धावा 3. दबाव; चाप 4. बहाव का तोड़।

दरोगहलफ़ी (अ.) [सं-स्त्री.] न्यायालय में सत्य बोलने की शपथ लेकर भी झूठ बोलना; झूठा हलफ़।

दरोगा (फ़ा) [सं-पु.] दे. दारोगा।

दर्ज (अ.) [वि.] जो पंजिका, रजिस्टर या बही आदि में अंकित हो; लिखित; उल्लिखित; प्रविष्ट; कागज़ या डायरी पर चढ़ा हुआ; हिसाब-किताब के लिए लिखा हुआ।

दर्ज़ (फ़ा.) [सं-स्त्री.] 1. दरार; चीरा; झिरी; शिगाफ़; फटन; बचाव या फटने के कारण दीवार आदि में पड़ी हुई दरार 2. ख़ाना, जैसे- मेज़ की दराज़। [वि.] लिखा हुआ।

दर्ज़न (अं.) [सं-पु.] बारह वस्तुओं का समुच्चय या समाहार। [वि.] बारह।

दर्जा (अ.) [सं-पु.] दे. दरजा।

दर्ज़ी (फ़ा.) [सं-पु.] दे. दरज़ी।

दर्द (फ़ा) [सं-पु.] दे. दरद2।

दर्दनाक (फ़ा) [वि.] 1. कष्टप्रद; दर्द से भरा हुआ 2. करुणाजनक।

दर्दमंद (फ़ा.) [वि.] 1. जो दूसरे का दर्द समझ सकता हो; हमदर्द; सहानुभूति रखने वाला; करुणाशील 2. दुखी; पीड़ित।

दर्दशामक (फ़ा.+सं.) [वि.] दर्द का शमन करने वाला; दर्दनाशक।

दर्दी [वि.] 1. दूसरे की पीड़ा समझने वाला; दरदवाला; दयावान; हमदर्द 2. दुखी; पीड़ित।

दर्दीले (फ़ा) [वि.] पीड़ा, व्यथा, दुख, तकलीफ़ आदि से भरे।

दर्दुर (सं.) [सं-पु.] 1. मेंढक; दादुर 2. बादल 3. अभ्रक 4. कवित्त का एक प्रकार 5. बहुत से गाँवों का समूह 6. नगाड़े का शब्द।

दर्देदिल (फ़ा.) [सं-पु.] हृदय की वेदना; मन की पीड़ा।

दर्प (सं.) [सं-पु.] 1. अहंकार; घमंड; गर्व; मन का एक भाव जिसके कारण व्यक्ति दूसरों को कुछ न समझे 2. अक्खड़पन; उद्दंडता 3. उमंग 4. कस्तुरी।

दर्पण (सं.) [सं-पु.] 1. कलई किया हुआ एक शीशा जिसमें प्रतिबिंब दिखाई देता है; आईना; आरसी 2. आँख; नेत्र 3. ताल के साठ मुख्य भेदों में से एक 4. उत्तेजित या उद्दीप्त करने की क्रिया या भाव।

दर्पी (सं.) [वि.] दर्प से भरा हुआ; दर्पयुक्त; अहंकारी; गर्वित; नख़रीला; अभिमानी; घमंडी।

दर्भ (सं.) [सं-पु.] 1. घास; कुश; डाभ 2. कुश या बड़ी घास से बनाया गया आसन; कुशासन।

दर्भट (सं.) [सं-पु.] गुप्त गृह; घर के अंदर का एकांत कमरा; भीतरी कोठरी; घर में वह कक्ष जिसमें गुप्त रूप से बातचीत की जाती है।

दर्भण (सं.) [सं-पु.] कुश या डाभ की बनी हुई चटाई।

दर्रा[1] [सं-पु.] 1. मोटा पिसा हुआ आटा; चूरा; रवा 2. कँकरीली मिट्टी जो सड़क आदि पर डाली जाती है।

दर्रा[2] (फ़ा.) [सं-पु.] 1. पहाड़ों के बीच से होकर गुज़रने वाला सँकरा और दुर्गम रास्ता; पहाड़ी रास्ता; घाटी 2. दरार; दरज़; शिगाफ़।

दर्व (सं.) [सं-पु.] 1. राक्षस; आततायी 2. हिंसा करने वाला व्यक्ति 3. हिंसक जंतु 4. चोट; क्षति; आघात 5. (महाभारत) उत्तरी पंजाब के एक प्राचीन राज्य का नाम 6. उक्त प्रदेश की एक जाति।

दर्श (सं.) [सं-पु.] 1. अवलोकन; दर्शन 2. चंद्र मास की द्वितीया तिथि; दूज।

दर्शक (सं.) [सं-पु.] किसी घटना, दृश्य, तमाशा आदि को एक जगह पर बैठ कर देखने वाला व्यक्ति। [वि.] दर्शन करने वाला; देखने वाला; द्रष्टा।

दर्शकगण (सं.) [सं-पु.] देखने वाले लोगों (दर्शकों) का समूह।

दर्शन (सं.) [सं-पु.] 1. देखने की क्रिया या भाव 2. साक्षात्कार; भेंट 3. किसी विचारक, लेखक, नेता आदि की विचारधारा या सिद्धांत, जैसे- चार्वाक-दर्शन, गांधी-दर्शन 4. दिखाई देने वाला रूप 5. धर्म, मोक्ष आदि से संबंधित शास्त्र 6. ज्ञान; बोध 7. आँख; नेत्र 8. अक्ल; बुद्धि 9. दर्पण; शीशा 10. स्वप्न।

दर्शनशास्त्र (सं.) [सं-पु.] तत्वज्ञान कराने वाला एक प्रकार का ज्ञानानुशासन; प्रकृति और समाज के चिंतन से संबंधित एक शास्त्र या विज्ञान।

दर्शनाभिलाषी (सं.) [वि.] दर्शन की इच्छा रखने वाला।

दर्शनार्थ (सं.) [क्रि.वि.] दर्शन करने के लिए; देखने या अवलोकन के लिए।

दर्शनार्थी (सं.) [सं-पु.] 1. दर्शन का इच्छुक; देखने को उत्सुक; दर्शक; तमाशबीन 2. तीर्थयात्री।

दर्शनीय (सं.) [वि.] 1. देखने या दिखाने के योग्य; दर्शन के योग्य; प्रेम और आदर के साथ देखने के योग्य 2. मोहक; मनोहर; ख़ूबसूरत।

दर्शाना (सं.) [क्रि-स.] दिखाना; ज़ाहिर करना; बताना; ज़िक्र करना; सामने लाना; हाव-भाव से प्रकट करना।

दर्शित [सं-पु.] वह आलेख या प्रमाणपत्र जो किसी पक्ष की ओर से न्यायालय में प्रमाण के रूप में उपस्थित किए जाएँ। [वि.] जो दिखाया गया हो; दिखाया हुआ।

दर्शी (सं.) [वि.] 1. (समासांत में प्रयुक्त) दर्शन करने वाला; देखने वाला, जैसे- प्रत्यक्षदर्शी 2. साक्षात्कार करने वाला 3. विचार या मनन करने वाला, जैसे- तत्वदर्शी 4. प्रदर्शित करने वाला; ज़ाहिर करने वाला 5. अनुभूति करने वाला।

दल (सं.) [सं-पु.] 1. संगठन; पार्टी 2. समूह; झुंड; टोली;

गिरोह 3. सेना; फ़ौज का दस्ता 4. पौधे का छोटा कोमल पत्ता या फूल की पंखुड़ी, जैसे- तुलसीदल, कमलदल 5. दाने का आधा भाग 6. परत की तरह फैली हुई वस्तु की मोटाई 7. अस्त्र के ऊपर का आच्छादन; कोष; म्यान 8. धन; दौलत 9. जलाशयों में होनेवाला एक प्रकार का तृण।

दल-बदलू [सं-पु.] एक दल छोड़कर (अपना पूर्व दल) दूसरे दल में जाने वाला व्यक्ति; बार-बार दल-बदल करने वाला व्यक्ति; परपक्षग्राही।

दल-बल (सं.) [सं-पु.] 1. सैनिकों का जत्था; लाव-लश्कर 2. संगी-साथी, नौकर-चाकर, अनुयायी आदि।

दलक [सं-स्त्री.] 1. दलकने की क्रिया 2. चोट; टीस; रह-रहकर होने वाली पीड़ा; चुभन के साथ होने वाला दर्द 3. कुछ देर बने रहने वाले आघात से उत्पन्न कंपन; थरथराहट 4. धमक, जैसे- ढोलक की दलक। [सं-पु.] 1. कष्ट; दुख 2. छुरी जैसा नुकीला औज़ार जिससे कारीगर नक्काशी के अंदर का मसाला साफ़ करते हैं।

दलकना [क्रि-अ.] 1. किसी चीज़ के तल का ऊपर-नीचे होते हुए काँपना या हिलना 2. भय से काँपना; थर्राना 3. दरार खाना; फटना; चिर जाना 4. {ला-अ.} विचलित होना; डगमगाना; उद्विग्न होना; बेचैन होना। [क्रि-स.] 1. डराना; भय से कँपा देना 2. त्रस्त कर देना।

दलकपाट (सं.) [सं-पु.] हरी पंखुड़ियों का वह कोश जिसमें कली बंद रहती है।

दलकोश [सं-पु.] कुंड का पौधा।

दलगंजन (सं.) [सं-पु.] एक मोटा धान। [वि.] बहुत बड़ा वीर; अनेक दलों या व्यक्तियों के समूहों को नष्ट करने वाला अर्थात् महावीर।

दलगत (सं.) [वि.] दल के अनुसार; दल के विचार से; दल से संबंधित।

दलदम (सं.) [सं-पु.] पंकिल या दलदल जमीन अथवा धारा के साथ बहकर जमी हुई मिट्टी।

दलदल (सं.) [सं-स्त्री.] 1. कीचड़; गारा; पंक 2. ऐसी गीली भूमि जिसपर खड़े होने पर गहराई में धँसते जाते हैं 3. {ला-अ.} वह संकट या परेशानी जिसमें से निकलना कठिन हो। [मु.] **-में फँसना** : मुसीबत में पड़ना।

दलदला [वि.] जिसमें दलदल हो; दलदलवाला, जैसे- दलदला जंगल।

दलदार (हिं.+फ़ा.) [वि.] मोटी तह, परत या दलवाला।

दलन (सं.) [सं-पु.] 1. संहार; विनाश 2. दलना; पीसना; कुचलना; चूर्ण बनाना 3. विदारण; चीरना 4. खंडन; तोड़ना। [वि.] नाशकारक; ध्वंस करने वाला।

दलना (सं.) [क्रि-स.] 1. चक्की या जाँते में डालकर अनाज के दानों या बीजों के टुकड़े करना 2. दरदरा पीसना; दरदराना; मोटा चूर्ण करना 3. रगड़कर टुकड़े करना; चूर करना 4. बुरी तरह से कुचलना; रौंदना 5. मसलना; मलना; मींड़ना 6. नष्ट करना 7. ख़ूब दबाना 8. तोड़ना; खंडित करना।

दलनायक (सं.) [सं-पु.] किसी दल या पार्टी का मुखिया।

दलप (सं.) [सं-पु.] 1. दल का नायक या मुखिया; दलपति 2. सोना; स्वर्ण।

दलपति (सं.) [सं-पु.] दल का मुखिया या सेनापति।

दलबंदी (सं.+फ़ा.) [सं-स्त्री.] 1. दल या समूह बनाने की क्रिया 2. किसी उद्देश्य के लिए लोगों का दल या पार्टी बनाने का काम; दलबद्धता 3. गुटबाज़ी; फूट; अलगाव।

दलबदल (सं.) [सं-पु.] एक दल से दूसरे दल में जाने की क्रिया; पक्ष-परिवर्तन; पार्टी बदल लेना।

दलबद्ध (सं.) [वि.] दल से आबद्ध; दल से बँधा या जुड़ा हुआ।

दलमलना [क्रि-स.] 1. किसी चीज़ को ख़ूब दलना और मलना 2. अच्छी तरह कुचलना, मसलना या रौंदना 3. पूरी तरह से ध्वस्त या नष्ट करना।

दलवाना [क्रि-स.] 1. दलने का काम कराना, जैसे- दाल दलवाना 2. दूसरे को दलने के लिए प्रवृत्त करना 3. मोटा-मोटा पिसवाना 4. दमन कराना; नष्ट कराना; ध्वस्त कराना।

दलवाल (सं.) [सं-पु.] दल का मुखिया; सरदार; कप्तान।

दलवैया [वि.] 1. दलन या नष्ट करने वाला; जीतने वाला 2. दलने या चूर्ण करने वाला।

दलसग्गा [सं-पु.] चना; बथुआ आदि का साग मिलाकर बनायी हुई दाल।

दलहन [सं-पु.] वह फ़सल जिससे दाल तैयार की जाती है, जैसे- अरहर, मूँग आदि।

दलही [सं-स्त्री.] 1. दाल वाला बर्तन 2. दाल की पीठी से युक्त पूड़ी।

दलाई [सं-स्त्री.] 1. दलने की क्रिया या भाव 2. दलने की मज़दूरी।

दलाल (अ.) [सं-पु.] 1. व्यापारिक लेन-देन या अन्य सौदों में मध्यस्थता करके लाभ कमाने वाला व्यक्ति; बिचौलिया; आढ़ती; (एजेंट) 2. {अशि.} संभोग के लिए स्त्री-पुरुष का मिलन कराने वाला; कुटना 3. पारसियों की एक जाति।

दलाली (फ़ा.) [सं-स्त्री.] 1. क्रय-विक्रय कराने के एवज़ में प्राप्त होने वाला धन; (कमीशन) 2. दलाल का काम; मध्यस्थता।

दलित (सं.) [वि.] 1. जिसका दलन या शोषण हुआ हो 2. रौंदा या कुचला हुआ 3. अति निर्धन; कंगाल 4. जो सामाजिक, आर्थिक, शैक्षिक आदि रूपों से पिछड़ा हुआ हो।

दलित विमर्श (सं.) [सं-पु.] दलित समुदाय की स्थिति, समस्याओं तथा उनके अधिकारों के संबंध में किया जाने वाला विचार-विमर्श।

दलितोद्धार (सं.) [सं-पु.] दलित समुदाय के कल्याण के लिए किए गए उपाय; दलित अर्थात समाज की दबी या पिछड़ी हुई जातियों को आर्थिक तथा सामाजिक दृष्टि से ऊपर उठाने का काम।

दलिद्दर (सं.) [सं-पु.] 1. निर्धनता; कंगाली 2. कूड़ा-करकट; झाड़-झंखाड़। [वि.] 1. निर्धन; गरीब 2. निम्न कोटि का; परम निकृष्ट।

दलिया [सं-पु.] 1. दरदरा दला हुआ अनाज, जैसे- गेहूँ का दलिया; मोटा पिसा अन्न 2. दूध और दरदरे पिसे गेहूँ को पकाकर बनाया हुआ गाढ़ा खाद्य व्यंजन।

दलीय (सं.) [वि.] दल या पार्टी से संबंधित; दल का।

दलील (अ.) [सं-स्त्री.] 1. अपने पक्ष में सोच-विचार कर रखा जाने वाला तर्क; युक्ति 2. वाद-विवाद; बहस।

दलै [अव्य.] पिलवानों की बोली (शब्द), जिसके द्वारा वे हाथियों को मुँह खोलो, खाओ आदि का संकेत करते हैं।

दल्भ (सं.) [सं-पु.] 1. चक्र; पहिया 2. प्रताड़ना 3. फ़रेब; धोखा; बेईमानी।

दव (सं.) [सं-पु.] 1. वन; जंगल 2. वन में स्वत: लगने वाली आग; दावाग्नि; दावानल।

दवँगरा [सं-पु.] 1. वर्षा ऋतु में होने वाली पहली बारिश; दौंगरा 2. तेज़ बारिश।

दवन (सं.) [सं-पु.] दमन; नाश। [वि.] दमन करने वाला।

दवनी (सं.) [सं-स्त्री.] अनाज निकालने के लिए सूखे डंठलों पर बैलों को चलाने की क्रिया; दँवरी; मड़ाई।

दवा (अ.) [सं-स्त्री.] 1. वह पदार्थ या तत्व जिससे किसी रोग का उपचार होता है; औषधि; (मेडीसिन) 2. उपचार; इलाज; चिकित्सा 3. {ला-अ.} किसी समस्या को ठीक करने का उपाय।

दवा-दारू (अ.+फ़ा.) [सं-पु.] 1. रोगी का उपचार करने के लिए अपनाए जाने वाले साधन; किसी रोग से मुक्त होने का उपाय 2. इलाज; चिकित्सा; उपचार।

दवाई (अ.+हिं.) [सं-स्त्री.] 1. औषधि; दवा 2. उपचार; इलाज 3. {ला-अ.} किसी समस्या को सुलझाने की युक्ति।

दवाख़ाना (अ.+फ़ा.) [सं-पु.] वह स्थान जहाँ रोगियों का इलाज किया जाता है; अस्पताल; चिकित्सालय; (हॉस्पीटल)।

दवाग्नि (सं.) [सं-स्त्री.] वन में स्वत: लगने वाली आग; दावानल; वनाग्नि।

दवात (अ.) [सं-स्त्री.] स्याही रखने का पात्र; मसिपात्र।

दवामी (अ.) [वि.] स्थायी; सदा रहने वाला।

दवामी-पट्टा (अ.+हिं.) [सं-पु.] वह पट्टा जिसके अनुसार स्थायी रूप से किसी चीज़ के भोग का अधिकार किसी को मिले; इस्तमरारी।

दवामी काश्तकार (अ.+फ़ा.) [सं-पु.] वह काश्तकार जिसे भूस्वामी से स्थायी रूप से सदा के लिए काश्तकारी का अधिकार मिला हो।

दवामी बंदोवस्त (अ.+फ़ा.) [सं-पु.] कृषि योग्य भूमि का वह बंदोबस्त जिसकी मालगुज़ारी सरकार की ओर से स्थिर कर दी गई हो।

दशक (सं.) [सं-पु.] 1. दस का समूह 2. दस वर्षों का समय; दशाब्द।

दशकंठ (सं.) [वि.] दस कंठ वाला। [सं-पु.] रावण।

दशकंठजित (सं.) [सं-पु.] रावण को जीतनेवाले; श्रीराम; दशकंठारि।

दशकंधर (सं.) [सं-पु.] रावण; दशानन।

दशगात्र (सं.) [सं-पु.] 1. शरीर के मुख्य दस अंग 2. मृत्यु के दसवें दिन होने वाला एक अनुष्ठान।

दशधा (सं.) [वि.] 1. दस प्रकार का; दशम; दसवाँ 2. दस रूपों वाला। [अव्य] 1. दस प्रकार से 2. दस भागों में।

दशन (सं.) [सं-पु.] 1. दंत; दाँत 2. वर्म; कवच 3. शिखर; शृंग; चोटी।

दशना (सं.) [वि.] दाँतोंवाली।

दशनाम (सं.) [सं-पु.] संन्यासियों के दस भेद जिन्हें क्रमश: ये उपाधियाँ प्रदान की जाती हैं- तीर्थ, आश्रम, वन, अरण्य, गिरि, पर्वत, सागर, सरस्वती, भारती और पुरी।

दशनामी (सं.) [सं-पु.] 1. संन्यासियों के एक संगठन (दसनाम वर्ग) विशेष के लिए प्रयुक्त शब्द 2. शंकराचार्य के दस प्रशिष्यों से चला संन्यासियों का एक संप्रदाय। [वि.] दशनाम संबंधी।

दशनावली (सं.) [सं-स्त्री.] दाँतों की पंक्ति; दंतावली।

दशभुज (सं.) [सं-स्त्री.] दस भुजाओं वाली आकृति। [वि.] दस भुजाओं वाला।

दशम (सं.) [वि.] 1. गिनती में दस के स्थान पर होने वाला 2. दसवाँ भाग।

दशम अवस्था (सं.) [सं-स्त्री.] मनुष्य के जीवनकाल में मानी जाने वाली दस अवस्थाओं में अंतिम अवस्था अर्थात मृत्यु।

दशमलव (सं.) [सं-पु.] (अंकगणित) वह बिंदु जो संख्या '10' पर आधारित संख्या-पद्धति में पूर्णांक के पश्चात और '1' के छोटे अंश के पहले लगाया जाता है; दशमिक भग्नांश जैसे- 0.5, 0.7 आदि। [वि.] संख्या '10' पर आधारित; दशमिक; (डेसिमल)।

दशमांश (सं.) [सं-पु.] दसवाँ भाग, जैसे- चालीस का चार।

दशमिक (सं.) [वि.] संख्या '10' पर आधारित; दसवें से संबंध रखने वाला; (डेसिमल)।

दशमिक प्रणाली (सं.) [सं-स्त्री.] एक प्रणाली जिसके द्वारा विभिन्न इकाइयों के मानों को निर्धारित करने में दस (10) का प्रयोग किया जाता है, अर्थात् इसके अंतर्गत प्रत्येक इकाई अपने से छोटी इकाई की दस गुनी बड़ी होती है और अपने से ठीक बड़ी इकाई की दशमांश छोटी होती है।

दशमी (सं.) [सं-स्त्री.] 1. चांद्र मास के प्रत्येक पक्ष की दसवीं तिथि 2. दशहरा; विजयादशमी 3. शताब्दी का अंतिम दशक 4. दसवीं और अंतिम अवस्था; मरणावस्था। [वि.] 1. सौ की आयु का; बहुत बूढ़ा 2. बहुत पुराना; अतिप्राचीन।

दशमुख (सं.) [सं-पु.] दस मुखों वाला; रावण; दशानन।

दशरथ (सं.) [सं-पु.] (रामायण) अयोध्या के इक्ष्वाकु वंश के प्रतापी राजा जिनके ज्येष्ठ पुत्र राम थे।

दशहरा (सं.) [सं-पु.] 1. हिंदुओं का एक प्रसिद्ध पर्व; विजयादशमी; आश्विन शुक्ल दशमी 2. जो दस अवगुणों का हरण करे।

दशा (सं.) [सं-स्त्री.] 1. स्थिति; हालत 2. (काव्यशास्त्र) रस के अंतर्गत नायक-नायिका की अवस्था 3. (ज्योतिष) ग्रहों की स्थिति 4. काल की दृष्टि से जीवन की विभिन्न अवस्थाओं

में से प्रत्येक।

दशांग (सं.) [सं-पु.] 1. किसी वस्तु के दस अंग 2. दस प्रकार के सुगंधित द्रव्यों (गुगुल, चंदन, कुमकुम, शिलारस, जटामासी, राल, खस, भीमसेनी, कपूर और कस्तूरी) के योग से बनने वाली एक तरह की धूप। [वि.] दस प्रकार की वस्तुओं के योग से बनने वाला।

दशांत (सं.) [सं-पु.] 1. वृद्धावस्था; बुढ़ापा 2. दीपक की बत्ती का छोर 3. पिछला भाग।

दशानन (सं.) [सं-पु.] दस मुखों वाला; रावण; लंकेश।

दशाब्द (सं.) [सं-पु.] 1. दस वर्षों का समय; दस वर्षों का समाहार; दशक 2. शताब्दी का दसवाँ भाग।

दशाब्दी (सं.) [सं-स्त्री.] दशाब्द।

दशार्ण (सं.) [सं-पु.] 1. मध्यप्रदेश के विंध्य पर्वत के दक्षिणपूर्व में स्थित एक प्राचीन प्रदेश जिसमें धसान नदी बहती है 2. दशार्ण देश का शासक या निवासी।

दशावतार (सं.) [सं-पु.] (पुराण) विष्णु के दस अवतार; दस अवतार लेने वाले विष्णु।

दशाह (सं.) [सं-पु.] 1. दस दिन का समय 2. किसी की मृत्यु के बाद दसवें दिन का कृत्य; दशकर्म का दिन।

दशी (सं.) [सं-पु.] दस वर्षों का समूह; दशक; दशाब्द।

दशेरक (सं.) [सं-पु.] 1. मरुस्थलीय देश; रेगिस्तानी प्रदेश 2. मरुस्थलीय प्रदेश का निवासी 3. कम आयु का ऊँट; ऊँट का बच्चा।

दस (सं.) [वि.] 1. संख्या '10' का सूचक 2. {ला-अ.} कई; अनेक, जैसे- वह काम न करने के दस बहाने बनाता है।

दसन [सं-पु.] 1. एक प्रकार की छोटी झाड़ी जो पंजाब, सिंध, राजस्थान आदि में होती है; दसरनी 2. दाँत 3. कवच 4. चोटी; शिखर।

दसवाँ [सं-पु.] किसी की मृत्यु के दसवें दिन होने वाला कृत्य; दशकर्म। [वि.] गिनती में दस की संख्या; दशम।

दसस्यंदन (सं.) [सं-पु.] जिसका स्यंदन (रथ) दसों दिशाओं में जाता हो; दशरथ।

दसारी [सं-स्त्री.] एक तरह का छोटा जलपक्षी।

दसाह [सं-पु.] मृत्यु का दसवाँ दिन।

दसौंधी (सं.) [सं-पु.] भाटों या चारणों की जाति में एक प्रकार का कुलनाम या सरनेम; ब्रह्मभट्ट।

दस्त (फ़ा.) [सं-पु.] 1. हाथ; पंजा; बालिश्त 2. पेट के विकार के कारण होने वाला बहुत पतला मल 3. मलरोग; (डायरिया)।

दस्तंदाज़ (फ़ा.) [वि.] दख़ल देने वाला; हस्तक्षेप करने वाला; बाधा बनने वाला; बाधक; छेड़छाड़ करने वाला; विघ्नकारक; मुज़ाहिम।

दस्तंदाज़ी (फ़ा.) [सं-स्त्री.] छेड़छाड़; हस्तक्षेप; दख़ल।

दस्तक (फ़ा) [सं-स्त्री.] 1. बुलाने के लिए हाथ से कुंडी खटखटाने की क्रिया या अवस्था 2. माल आदि के आने-जाने की लिखित आज्ञा 3. कर; महसूल 4. मालगुज़ारी वसूल करने का परवाना।

दस्तकार (फ़ा.) [सं-पु.] शिल्पकार; शिल्पी; कारीगर; हाथ से दस्तकारी का काम करने में माहिर व्यक्ति।

दस्तकारी (फ़ा.) [सं-स्त्री.] 1. हस्त निर्मित (हाथ से बनाई गई) कलापूर्ण कृति या वस्तु; हाथ की कारीगरी; शिल्प 2. दस्तकार का काम 3. सजावट।

दस्तख़त (फ़ा.) [सं-पु.] हस्ताक्षर; जो किसी दस्तावेज़ के प्रमाण या सनद के लिए हो।

दस्तगीर (फ़ा.) (वि.) हाथ थामने या पकड़ने वाला; सहारा देने वाला; मदद करने वाला। [सं-पु.] सहायता करने वाला व्यक्ति।

दस्तबंद (फ़ा.) [सं-पु.] 1. हाथ में पहनने का मोतियों और रत्नों से बना एक गहना; लच्छेदार गहना 2. टोड़ा; पहुँचा।

दस्तबरदार (फ़ा.) [वि.] जिसने किसी वस्तु पर से अपना स्वत्व (एकाधिकार) हटा लिया हो; किसी कार्य या बात से स्वयं को अलग कर लेने वाला; जो बेदावा हो।

दस्तरख़ान (फ़ा) [सं-पु.] वह कपड़ा जिसपर दावत के लिए थाली-कटोरी आदि सजाई जाती है; भोजन करने की मेज़ का कपड़ा।

दस्ता (फ़ा.) [सं-पु.] 1. किसी औज़ार का मूठ; बेंट 2. कागज़ के चौबीस तावों की गड्डी 3. किसी बेड़े की वह छोटी टुकड़ी, जिसमें कई जहाज़ साथ मिलकर कोई काम करने के लिए नियुक्त किए जाते हैं। 4. हाथ में पकड़ने या रखने की चीज 5. हाथ में रखने का डंडा 6. सिपाहियों या सैनिकों का छोटा दल; टुकड़ी।

दस्ताना (फ़ा.) [सं-पु.] 1. पंजों और हथेलियों में पहनने का ऊन या चमड़े आदि से बनाया गया खोल; हाथों की सुरक्षा के लिए पहना जाने वाला वस्त्र; हाथ का मोजा 2. लोहे का वह आवरण जो युद्ध के समय हाथों में पहना जाता था।

दस्तावर (फ़ा.) [वि.] (औषधि या खाद्य पदार्थ) जिसे खाने या पीने से दस्त होने लगे; दस्त लाने वाला; विरेचक; जुलाब; रेचक।

दस्तावेज़ (फ़ा.) [सं-स्त्री.] 1. दो या दो से अधिक व्यक्तियों के बीच लेन-देन या व्यवहार-समझौता संबंधी वह पत्र जिसपर संबद्ध लोगों के हस्ताक्षर प्रमाण स्वरूप अंकित हो; (डीड) जैसे- तहरीर, दानपत्र, रेहननामा आदि 2. कोई आधिकारिक पत्र; व्यवस्था-पत्र; प्रलेख; अभिलेख।

दस्ती (फ़ा.) [सं-स्त्री.] 1. छोटा रूमाल 2. कुश्ती का एक दाँव 3. मशाल; छोटा बेंट 4. कलमदानी। [वि.] 1. हाथ का; हाथ से संबंधित 2. हाथ में रहने वाली वस्तु, जैसे- रूमाल, छड़ी आदि 3. जो किसी के हाथ से भेजा जाए। [क्रि.वि.] अपने हाथ से; किसी व्यक्ति के माध्यम से।

दस्तूर (फ़ा.) [सं-पु.] 1. दुनियादारी; परंपरा; रिवाज; रस्म; प्रथा; चाल; परिपाटी 2. कायदा; विधि 3. पारसियों के धर्म-पुरोहितों की उपाधि।

दस्तूरी (फ़ा.) [सं-स्त्री.] 1. वह बँधी हुई रकम जो सौदा लेने या ख़रीद कर ले जाने पर दुकानदारों से नौकरों को पुरस्कार स्वरूप मिलती है; नेग; (कमीशन) 2. दलाल शुल्क; रिश्वत। [वि.] दुनियादारी से संबंधित; रीति या नियम संबंधी।

दस्तेदार (फ़ा) [वि.] किसी वस्तु का उतना गट्ठा जो हाथ में

आ सके।

दस्यु (सं.) [सं-पु.] 1. डाकू; लुटेरा 2. म्लेच्छ; अनार्य 3. दुष्ट; खल 4. जनता का हक छीनने वाला व्यक्ति।

दस्युवृत्ति (सं.) [सं-स्त्री.] 1. डाकू का पेशा; लुटेरापन; डकैती 2. डाकू जैसा स्वभाव या व्यवहार।

दह (सं.) [सं-स्त्री.] ज्वाला; लपट; दाह; अग्निशिखा। [सं-पु.] नदी का वह भाग जहाँ आस-पास की तुलना में पानी बहुत गहरा हो; पानी का कुंड; हौज।

दहक [सं-स्त्री.] लपट; ज्वाला; आग का दहकना।

दहकन [सं-स्त्री.] दहकने की क्रिया या भाव; दहक; धधक; लपट।

दहकना (सं.) [क्रि-अ.] 1. ऊँची लपट के साथ जलना; धधकना; धू-धू करके जलना; इस तरह प्रज्वलित होना कि लपट बाहर आने लगे; आग भड़कना; तपना 2. {ला-अ.} संतप्त होना; दुखी होना।

दहकाना [क्रि-स.] 1. किसी चीज़ में आग लगाना; आँच या लपट उठने तक जलाना; आग भड़काना; धधकाना; सुलगाना; जलने में प्रवृत्त करना 2. {ला-अ.} क्रोध दिलाना; आवेशित या उत्तेजित करना; उकसाना; कुरेदना; भड़काना; तपाना; धौंकना; हवा देना।

दहकारना [क्रि-स.] धूल आदि दबाने के लिए पानी का छिड़काव करना; सींचना।

दहन[1] [सं-पु.] कंजा नामक कटीली झाड़ी या पौधा।

दहन[2] (सं.) [सं-पु.] 1. जलाने की क्रिया या भाव; दाह, जैसे- लंका-दहन 2. अग्नि; आग 3. एक रुद्र का नाम 4. ज्योतिष में एक योग जो पूर्वाभाद्रपद, उत्तरा भाद्रपद और रेवती नक्षत्रों में शुक्र ग्रह के आने पर होता है 5. कृतिका नक्षत्र 6. क्रोधी मनुष्य। [वि.] जलाने वाला; दाहक।

दहन[3] (फ़ा.) [सं-पु.] 1. मुख; मुँह 2. छिद्र;सुराख।

दहना (सं.) [क्रि-अ.] 1. भस्म होना 2. दहकना; जलना 3. दुखी या संतप्त होना। [क्रि-स.] 1. दहन करना; जलाना 2. भस्म करना 3. मिटाना; नष्ट करना 4. कुढ़ाना।

दहपट [वि.] 1. ढाया हुआ; मिट्टी में मिलाया हुआ; गिराकर समतल किया हुआ; ध्वस्त; नष्ट; बरबाद; चौपट 2. मसला हुआ; रौंदा हुआ; कुचला हुआ।

दहपटना [क्रि-स.] 1. ध्वस्त करना, ढाहना 2. कुचल डालना 3. किसी का गर्व, मान आदि चकनाचूर करना।

दहर [वि.] 1. नीचा; खाल 2. बारीक 3. गहन 4. छोटा। [सं-पु.] 1. जल का कुंड 2. जलाशय के अंदर का गहरा गड्ढा 3. चूहा 4. भ्राता 5. नरक 6. बालक [सं-स्त्री.] धधक।

दहरौरा [सं-पु.] एक प्रकार का दही में डूबा हुआ बड़ा; दहीबड़ा।

दहल [सं-स्त्री.] दहलने की क्रिया; आतंक; डर से होने वाली कँपकँपी या थरथराहट; भयकंप; वह डर जो किसी विकट काम या उद्देश्य को पूरा करने से पहले लगता है।

दहलना (सं.) [क्रि-अ.] डर के मारे काँपना या घबड़ा जाना; भयभीत हो जाना; थर्राना।

दहला [सं-पु.] ताश का वह पत्ता जिसपर किसी रंग या आकृति के दस चिह्न बने हों।

दहलाना [क्रि-स.] भयभीत करना; डराना; किसी डरावनी चीज़ से कँपा देना।

दहलीज़ (फ़ा.) [सं-स्त्री.] 1. द्वार के चौखट के नीचे लगी हुई लकड़ी या पत्थर; देहली; देहरी; ड्योढ़ी; डेहरी 2. {ला-अ.} सीमा; मर्यादा।

दहशत (अ.) [सं-स्त्री.] खौफ़; डर; भय; आतंक।

दहशतगर्द (अ.+फ़ा.) [सं-पु.] दहशत (आतंक) फैलाने वाला व्यक्ति; आतंकवादी।

दहशतगर्दी (अ.+फ़ा.) [सं-स्त्री.] जन सामान्य में आतंक फैलाने (आतंकित करने) का काम; आतंकवाद।

दहशतज़दा (अ.+फ़ा.) [वि.] डरा हुआ; भयभीत; आतंकित।

दहा (फ़ा.) [सं-पु.] 1. ताज़िया 2. मुहर्रम मास के शुरुआती दस दिन जिसमें ताज़िया रखा जाता है; मुहर्रम का समय।

दहाई (फ़ा.) [सं-स्त्री.] 1. दस का मान या भाव 2. लिखे हुए अंकों की गिनती के क्रम में दाहिनी ओर से दूसरे स्थान पर आने वाला अंक जिसका मान पहले अंक से दस गुना होता है।

दहाड़ [सं-पु.] 1. शेर या बाघ का गरजन; गर्जना 2. रोते समय ज़ोर से चिल्लाने का शब्द; चीत्कार; आर्तनाद 3. {ला-अ.} डाँट।

दहाड़ना [क्रि-अ.] 1. शेर या चीते की गर्जना 2. तेज़ आवाज़ करना 3. चिल्ला-चिल्लाकर रोना 4. {ला-अ.} किसी पर ज़ोर से चिल्लाना या गुस्से में डपटकर बोलना; क्रोधित होना।

दहाना (फ़ा.) [सं-पु.] 1. मुँह, चौड़ा मुँह 2. वह स्थान जहाँ एक नदी दूसरी नदी या समुद्र में गिरती या मिलती है; मुहाना 3. लगाम का वह हिस्सा जो घोड़े के मुँह में रहता है 4. मशक का मुँह 5. पनाला; मोरी।

दहिंगल [सं-पु.] कीड़े-मकोड़े खाने वाली एक छोटी चिड़िया, जिसके पैरों पर सफ़ेद और काली लकीरें होती हैं। यह रह रहकर अपनी पूँछ ऊपर उठाया करती हैं।

दही (सं.) [सं-पु.] थक्के के रूप में जमा दूध जिसे जामन या खटाई डाल कर जमाया जाता है; दधि।

दहुँवनि [वि.] दोनों।

दहेंड़ी [सं-स्त्री.] दही जमाने का मिट्टी का बरतन या हाँडी।

दहेगँड़ा [सं-पु.] विवाह में वर-पक्ष से कन्या के लिए दही ले जाने की रस्म।

दहेज (अ.) [सं-पु.] वधू के परिवार द्वारा वर के परिवार वालों को दी जाने वाली धनराशि या मूल्यवान वस्तुएँ; दायजा; यौतुक।

दहेजप्रथा (अ.+सं.) [सं-स्त्री.] विवाह में दहेज देने या लेने की रीति या परंपरा जो एक सामजिक कुप्रथा है।

दह्य (सं.) [वि.] ज्वलनशील; जलने योग्य; जो जल सकता हो।

दह्यमान (सं.) [वि.] जलता हुआ; प्रदीप्त; प्रज्वलित।

दाँ (फ़ा.) [परप्रत्य.] जानकार; ज्ञाता; विज्ञ, वेत्ता, जैसे- कानूनदाँ; अँग्रेज़ीदाँ।

दाँग (फ़ा.) [सं-स्त्री.] 1. छह रत्ती की माप 2. किसी वस्तु का छठा भाग 3. ओर; दिशा।

दाँगली [सं-स्त्री.] लप्पे को गाड़ी से कसने वाली रस्सी।

दाँगी [सं-स्त्री.] जुलाहों की कंघी में लगी रहने वाली लकड़ी; दगनी।

दाँत (सं.) [सं-पु.] 1. रीढ़धारी प्राणियों के मुख में अर्धचंद्राकार रूप में पंक्तिबद्ध छोटे-छोटे अस्थिखंड जो भोजन आदि को काटने और चबाने के काम आते हैं; दंत 2. आरी, कंघी आदि का दाँता। [मु.] **-काटी रोटी होना** : घनिष्ठ मित्रता होना। **-खट्टे करना** : प्रतिद्वंद्विता या लड़ाई में पछाड़ना। **दाँतों तले उँगली दबाना** : आश्चर्यचकित होना, दंग रह जाना। **-में जीभ सा होना** : प्रतिक्षण दुश्मनों के बीच में रहना।

दाँता [सं-पु.] किसी उपकरण में दाँत के आकार का बड़ा और नुकीला सिरा; दंदाना।

दाँता-किटकिट [सं-स्त्री.] नित्य होने वाली किच-किच; कहा-सुनी या झगड़ा।

दाँती [सं-स्त्री.] 1. फ़सल, घास आदि काटने का हँसिया; दराँती 2. नाव बाँधने का खूँटा 3. दंत पंक्ति 4. छोटा दाँत।

दाँतुला (सं.) [वि.] 1. जिसके दाँत बड़े-बड़े हों 2. जिसके दाँत आगे की ओर निकले हों।

दाँतेदार (हिं.+फ़ा.) [वि.] जिसमें दाँते बने हों; दाँतों से युक्त।

दाँना (सं.) [क्रि-स.] फ़सल की बालियों या डंठलों से दाने अलग करना।

दाँयँ [सं-स्त्री.] 1. बंदूक, तोप आदि छूटने का शब्द 2. दँवरी; कटी हुई फसल को बैल आदि से इस तरह रौदवाना ताकि बाली से बीज अलग हो जाए।

दाँव (सं.) [सं-पु.] 1. कपटपूर्ण चाल; तरकीब 2. घात; पैंतरा 3. किसी खेल में अपना प्रदर्शन करने की बारी या अवसर 4. जुए में हार-जीत के लिए धन लगाने की क्रिया या बारी 5. कुश्ती का पेंच 6. चौसर या जुए में पाँसे के पड़ने की स्थिति या रूप जिससे किसी खिलाड़ी की हार या जीत होती है।

दाँव-पेंच (सं.) [सं-पु.] तिकड़म; रणनीति; कुचाल; कार्य सिद्धि के लिए किया गया अनुचित या चालाकी भरा कार्य; किसी के प्रति किया जाने वाला कपटपूर्ण व्यवहार; धोखा; मक्कारी; ठगी।

दाँवरी (सं.) [सं-स्त्री.] डोरी; रस्सी।

दांडिक (सं.) [वि.] दंड देने वाला।

दांत (सं.) [सं-पु.] दमन करने वाला; दमनक। [वि.] 1. जिसने बाह्येंद्रियों का दमन किया हो 2. जिसका दमन हुआ हो; दमित।

दांति (सं.) [सं-स्त्री.] आत्मनिग्रह; इंद्रियनिग्रह; तप; क्लेश-सहिष्णुता।

दांपत्य (सं.) [सं-पु.] 1. दंपती होने की अवस्था या भाव 2. पति-पत्नी का संबंध 3. दंपती संबंधी कार्य 4. गृहस्थ आश्रम। [वि.] दंपति का; पति-पत्नी से संबंधित।

दांपत्यसूत्र (सं.) [सं-पु.] वैवाहिक बंधन; विवाह; परिणय।

दांभिक (सं.) [वि.] दंभ से संबंधित; जिसमें अहंकार हो। [सं-पु.] 1. घमंडी व्यक्ति 2. ढोंग करने वाला व्यक्ति।

दाई[1] (सं.) [सं-स्त्री.] 1. धाय; धात्री 2. बच्चा जनाने वाली स्त्री; प्रसूता का उपचार एवं देखरेख करने वाली स्त्री। [मु.] **-से पेट छिपाना** : जानकार से भेद छिपाना।

दाई[2] (अ.) [सं-स्त्री.] दुआ माँगने वाला; प्रार्थी।

दाईं [सं-स्त्री.] 1. दाहिनी 2. बार; दफ़ा। [वि.] दाईं ओर का।

दाऊ (सं.) [सं-पु.] 1. बड़ा भाई; भ्राता 2. पिता; दादा 3. (पुराण) कृष्ण के बड़े भाई; बलराम; बलदेव।

दाऊदखानी (फ़ा.) [सं-पु.] एक प्रकार का धान; एक प्रकार का गेहूँ।

दाऊदी [सं-स्त्री.] 1. उत्तम श्वेत गेहूँ; दौदिया 2. नरम छिलके वाला आम।

दाएँ [क्रि.वि.] दाहिनी ओर या तरफ़।

दाक (सं.) [सं-पु.] 1. दाता; दानी; देने वाला व्यक्ति 2. यजमान।

दाक्ष (सं.) [सं-पु.] दक्षिण दिशा। [वि.] दक्ष संबंधी।

दाक्षायण (सं.) [सं-पु.] 1. स्वर्ण; सोना 2. सोने की मोहर या अशरफ़ी 3. स्वर्णाभूषण। [वि.] 1. दक्ष संबंधी; दक्ष का 2. मुनि दक्ष के वंश का।

दाक्षायणी (सं.) [सं-स्त्री.] 1. (पुराण) दक्ष की पुत्री; सती; दुर्गा 2. कश्यप ऋषि की पत्नी 3. दंती नामक वृक्ष 4. अश्विनी, रेवती आदि नक्षत्र।

दाक्षिणात्य (सं.) [सं-पु.] 1. भारत में विंध्य पर्वत के दक्षिण में स्थित प्रदेश 2. दक्षिण भारत या दक्षिण देश का निवासी। [वि.] दक्षिण देश का; दक्षिण से संबंधित।

दाक्षिण्य (सं.) [सं-पु.] 1. दक्षिण (दक्ष, कुशल, अनुकूल, प्रसन्न आदि) होने का भाव; निपुणता; कौशल; दक्षता 2. दूसरों को प्रसन्न या ख़ुश करने की प्रवृत्ति 3. उदारता; सरलता। [वि.] दक्षिण संबंधी।

दाख (सं.) [सं-स्त्री.] 1. मुनक्का 2. किशमिश 3. अंगूर। [वि.] दक्ष; कुशल।

दाख़िल (फ़ा.) [वि.] 1. जो अंदर हो; प्रविष्ट; समाविष्ट 2. घुसा हुआ; पैठा हुआ 3. शामिल; जमा किया हुआ।

दाख़िल-ख़ारिज (अ.) [सं-पु.] किसी वस्तु, संपत्ति या भूमि पर से किसी का स्वामित्व बदलने पर पुराने स्वामी का नाम काटकर नए स्वामी का नाम सरकारी कागज़-पत्रों पर चढ़ाया जाना।

दाख़िला (फ़ा.) [सं-पु.] 1. किसी व्यक्ति के कहीं दाख़िल या प्रविष्ट होने की क्रिया; प्रवेश 2. अंदर होना; समावेश 3. अदायगी; जमा करने का काम 4. वह रजिस्टर या बही जिसमें जमा की जाने वाली वस्तु का लेखा हो 5. मालगुज़ारी, लगान, चुंगी आदि महसूल या टैक्स की रसीद 6. प्रवेश शुल्क।

दाग[1] (सं.) [सं-पु.] 1. दग्ध करने की क्रिया; दाह 2. हिंदुओं में मृत व्यक्ति का शव जलाने की क्रिया या भाव; दाहकर्म 3. ईर्ष्या; जलन; डाह।

दाग[2] (फ़ा.) [सं-पु.] 1. चिह्न; धब्बा; चित्ती; निशान 2. शरीर पर जन्मजात या घाव आदि का चिह्न या जलने के कारण शरीर या वस्तु पर पड़ने वाला चिह्न 3. फल आदि पर सड़न या गलन का चिह्न 4. {ला-अ.} चरित्र पर लगने वाला कलंक या दोष; किसी प्रकार का आरोप; लांछन। [मु.] **-लगाना** : कलंकित करना। **-धोना** : कलंक मिटाना।

दागदार (फ़ा.) [वि.] 1. जिसपर दाग या चिह्न लगा हो; जिसमें दाग हो; धब्बेदार; चित्तीदार 2. {ला-अ.} जो किसी अपराध में दोषी पाया गया हो; कलंकित; लांछित; चरित्रहीन; दागी।

दागना (फ़ा.) [क्रि-स.] 1. किसी चीज़ या शरीर पर गरम लोहे आदि से कोई चिह्न बनाना 2. अंकित करना; निशान बनाना 3. तेज़ दवा या तेज़ाब आदि से फोड़े को इस उद्देश्य से जलाना जिससे उसका बढ़ना रुक जाए 4. तोप या रायफ़ल को चलाना।

दागबेल (फ़ा.+हिं.) [सं-स्त्री.] वे चिह्न या रेखाएँ जो किसी ज़मीन पर इमारत आदि की नींव खोदने से पहले सीमा या विस्तार सूचित करने के लिए बनाई जाती हैं।

दागी (फ़ा.) [वि.] 1. जिसपर दाग या धब्बा लगा हो; धब्बेवाला; दागदार 2. अंगविकार वाला 3. कलंकित; कलुषित; चरित्रहीन 4. अपराधी; अभियुक्त; दोषी; सज़ायाफ़्ता; सज़ा भुगता हुआ; दंडित 5. जिसपर सड़न का चिह्न हो, जैसे- दागी फल।

दाटना [क्रि-स.] डाँटना।

दाड़क (सं.) [सं-पु.] 1. दाढ़; डाढ़ 2. दाँत।

दाडिंब (सं.) [सं-पु.] 1. अनार का पेड़ 2. अनार का फल।

दाड़िम (सं.) [सं-पु.] 1. अनार का पेड़ 2. अनार का फल।

दाड़ी (सं.) [सं-स्त्री.] 1. मकरी 2. अनार।

दाढ़ (सं.) [सं-स्त्री.] 1. मुँह के भीतर के चौड़े दाँत जिनसे खाद्य पदार्थ चबाए जाते हैं; चौभर 2. घोर आवाज़; दहाड़; गरज; चिंघाड़।

दाढ़ना (सं.) [क्रि-स.] किसी के मन में ईर्ष्या उत्पन्न करना; जलाना; संतप्त करना।

दाढ़ा[1] [सं-पु.] 1. घने और लंबे बालों वाली दाढ़ी 2. बड़ा दाँत।

दाढ़ा[2] (सं.) [सं-पु.] 1. वन की आग; दावानल 2. अग्नि 3. गरमी 4. दाह; जलन। [वि.] जलाया हुआ; संतप्त।

दाढ़ी (सं.) [सं-स्त्री.] 1. पुरुषों के गालों और ठोढ़ी के ऊपर उगने वाले बाल; (शेव) 2. होठों के नीचे का उभरा हुआ गोल भाग; ठुड्डी; चिबुक।

दाढ़ीजार [सं-पु.] 1. एक प्रकार की अशिष्ट गाली 2. {शा-अ.} वह व्यक्ति जिसकी दाढ़ी जलाई गई हो।

दात [सं-पु.] 1. दाँतों वाली हसिया 2. दान 3. शुभ अवसर पर दान दी जाने वाली वस्तु। [वि.] 1. कटा हुआ 2. धुला हुआ।

दातव्य (सं.) [सं-पु.] 1. दान 2. दानशीलता 3. वह धन जो चुकाना या देना ज़रूरी हो। [वि.] 1. दान संबंधी; दान का 2. जो दिया जाने को हो; दिए जाने के योग्य।

दाता (सं.) [सं-पु.] 1. देने वाला व्यक्ति; दानी 2. ईश्वर; भगवान।

दातार (सं.) [वि.] 1. देने वाला; दाता 2. बहुत दान देने वाला।

दातून (सं.) [सं-स्त्री.] 1. नीम, बबूल आदि पेड़ों की टहनी या शाखा जिससे दाँत साफ़ किए जाते हैं; दातौन 2. उक्त विधि से दाँत और मुँह साफ़ करने की क्रिया।

दातृत्व (सं.) [सं-पु.] दाता का भाव; दानशीलता।

दात्यूह (सं.) [सं-पु.] 1. चातक; पपीहा 2. जलकाक 3. मेघ; बादल।

दात्र (सं.) [सं-पु.] घास, फल आदि काटने के लिए प्रयोग में लाई गई दराँती; हँसिया।

दात्री (सं.) [सं-स्त्री.] हँसिया। [वि.] 1. देने वाली 2. दान करने वाली।

दाद[1] [सं-स्त्री.] एक प्रकार का चर्म रोग और उससे होने वाले दाग।

दाद[2] (फ़ा) [सं-स्त्री.] 1. शाबाशी; तारीफ़; प्रशंसा 2. न्याय; इंसाफ़। [मु.] **-देना** : (किसी काम की) न्यायोचित प्रशंसा करना।

दादनी (फ़ा.) [सं-स्त्री.] 1. वह रकम जिसे चुकाना हो; किसी को दी जाने वाली रकम; दातव्य; देनदारी 2. किसी कार्य के लिए पेशगी में दी जाने वाली रकम; अग्रिम; (एडवांस) 3. बनिए या महाजन द्वारा फ़सल के एवज़ में खेतिहर किसानों को दी जाने वाली वह पेशगी राशि जिससे किसान केवल उन्हें ही अनाज बेचने के लिए बाध्य होता है।

दादरा [सं-पु.] एक प्रकार का गान; एक ताल।

दादा [सं-पु.] 1. पिता के पिता अर्थात् पितामह के लिए प्रयुक्त आदरसूचक शब्द 2. अपने से बड़ा भाई 3. गुरुजन 4. दबंग; गुंडा।

दादागिरी [सं-स्त्री.] दबंगई; गुंडागर्दी।

दादी [सं-स्त्री.] दादा या पितामह की पत्नी; पिता की माता।

दादुर (सं.) [सं-पु.] मेंढक; दर्दुर।

दादू [सं-पु.] 1. दादा के लिए प्रयोग किया जाने वाला संबोधन 2. बड़े भाई को स्नेह से पुकारने का शब्द 3. एक प्रसिद्ध संत दादूदयाल जिनके नाम पर दादूपंथ चला है।

दादूपंथी [सं-पु.] दादूदयाल नामक संत द्वारा चलाए हुए पंथ या संप्रदाय का अनुयायी।

दाधीच (सं.) [सं-पु.] 1. राजस्थानी ब्राह्मणों में एक कुलनाम या सरनेम 2. (पुराण) दधीचि के गोत्र का व्यक्ति; दधीचि का वंशज।

दान (सं.) [सं-पु.] धर्म एवं श्रद्धा की दृष्टि से किसी को कुछ देना; ख़ैरात।

दान-पात्र (सं.) [सं-पु.] 1. वह संदूक या पात्र जिसमें दान की राशि डाली जाती है; दानपेटी 2. वह व्यक्ति जिसे दान देना सार्थक हो; दान ग्रहण करने योग्य व्यक्ति।

दान-पुण्य (सं.) [सं-पु.] 1. दान आदि से प्राप्त होने वाला पुण्य; परोपकार 2. धार्मिक विश्वास से किया जाने वाला कर्मकांड।

दानपत्र (सं.) [सं-पु.] किसी वस्तु या संपत्ति के दान-रूप में दिए जाने की सूचना देने वाला लेख या पत्र।

दानव (सं.) [सं-पु.] 1. राक्षस; असुर 2. (पुराण) दनु नामक पत्नी से उत्पन्न कश्यप के पुत्र।

दानवारि (सं.) [सं-पु.] 1. दानवों का नाश करने वाला; विष्णु 2. देवता 3. इंद्र।

दानवी (सं.) [सं-स्त्री.] दानव जाति की स्त्री; राक्षसी। [वि.] 1. दानव संबंधी; दानव का 2. दानव जैसा।

दानवीर (सं.) [सं-पु.] 1. बहुत बड़ा दानी 2. (काव्यशास्त्र) वीर रस का एक भेद।

दानशील [वि.] जिसका स्वभाव दान देने वाला हो; सदा दान देते रहने वाला; महान दानी।

दानशीलता (सं.) [सं-स्त्री.] दान देने का भाव रखना; बराबर दान देते रहने की प्रवृत्ति।

दाना (फ़ा.) [सं-पु.] 1. अनाज; अन्न; चारा 2. अनाज का कण; बीज 3. भोजन 4. चबेना; सूखा और भुना हुआ अनाज 5. कोई छोटी गोल वस्तु; माला का एक मोती 6. रोग आदि के कारण शरीर पर होने वाले गोलाकार उभार; ददोरा; फुंसी; मुँहासे 7. पक्षियों का आहार। [मु.] **-पानी उठना** : दूसरी जगह जाने का संयोग होना। **-पानी छोड़ना** : अन्न-जल ग्रहण न करना। **दाने-दाने को मोहताज होना या तरसना** : दरिद्रता के कारण भोजन के लिए बहुत कष्ट उठाना।

दाना-पानी (फ़ा.+हिं.) [सं-पु.] 1. अन्न और जल; खाद्य पदार्थ 2. जीवन-निर्वाह के लिए आवश्यक खाने-पीने की चीज़ें 3. {ला-अ.} जीविका; रोजी; गुज़र-बसर; भरण-पोषण का आयोजन; आजीविका का आधार (कहीं बसने के संदर्भ में)।

दाना-वाना [सं-पु.] एक प्रकार का बीज।

दाना पड़ना [सं-पु.] गेहूँ के दाने का बड़ा होना; हबसाना।

दानाइनी [सं-स्त्री.] सबेरे का भोजन।

दानाई (फ़ा.) [सं-स्त्री.] बुद्धिमत्ता; अक्लमंदी।

दानादेश (सं.) [सं-पु.] किसी को कुछ दान दिए जाने की आज्ञा; वह पत्र या आदेश जिसके अनुसार किसी को कुछ दिया या कोई बकाया राशि चुकता की जाती है; देयादेश।

दानापल्टी [सं-स्त्री.] चुग्गा-पल्टी।

दानिनी (सं.) [सं-स्त्री.] दान देने वाली स्त्री; दयालु स्त्री।

दानिश (फ़ा.) [सं-स्त्री.] बुद्धि; समझ; अक्ल; विवेक।

दानिशमंद (फ़ा.) [वि.] बुद्धिमान; विद्वान; ज्ञानी।

दानी[1] (सं.) [सं-पु.] नेपालियों की एक जाति या समुदाय। [वि.] दान करने वाला; दान देने वाला; दाता; उदार; दानवीर; गरीबनवाज़; दीनबंधु।

दानी[2] (फ़ा.) [सं-स्त्री.] किसी वस्तु को रखने का छोटा पात्र या आधान, जैसे- सुरमेदानी; कलमदानी; चूहेदानी।

दानेदाने (फा.) [सं-पु.] कबूतरों को दरबे से बाहर निकालने के लिए की जाने वाली आवाज।

दानेदार (फ़ा.) [वि.] 1. जिसमें दाने हों; दानेयुक्त 2. मोटे कणों वाला।

दाब [सं-स्त्री.] 1. दबने या दबाने का भाव; दबाव, दबे होने की अवस्था, जैसे- वायुदाब, वाष्पदाब 2. शासन; नियंत्रण 3. अधिकार; प्रभुत्व; रौब 4. भार; वज़न; बोझ 5. ज़ोर; बल।

दाबना [क्रि-स.] 1. दबाना; चापना 2. गाड़ना।

दाबा [सं-पु.] पौधों की शाखा को मिट्टी में गाड़ने की क्रिया; कलम लगाने के लिए वृक्ष की टहनी को मिट्टी में दबाना।

दाबी [सं-स्त्री.] 1. मिठाई मोड़ने वाला एक उपकरण 2. जबरदस्ती 3. कटी हुई फसल एक का बोझा जो मजदूरी के रूप में दिया जाता है।

दाभ (सं.) [सं-पु.] कुश की जाति का एक प्रकार का तृण या घास जिसकी पत्तियाँ नोंकदार होती हैं; डाभ।

दाम[1] (सं.) [सं-पु.] शत्रु पर विजय पाने के चार कूटनीतिक उपायों (साम, दाम, दंड और भेद) में से एक।

दाम[2] (फ़ा) [सं-पु.] 1. मूल्य; कीमत 2. रुपया; पैसा 3. बहुत पुराना एक छोटा सिक्का; पैसे का आठवाँ अंश। [मु.] **-चुकाना** : मूल्य दे देना। **-भरना** : किसी चीज़ के टूट-फूट जाने पर दंडस्वरूप उसका दाम देना। **-खड़ा करना** : उचित मूल्य या कीमत प्राप्त करना।

दामन (फ़ा) [सं-पु.] 1. आँचल; पल्ला 2. पहाड़ के नीचे की ज़मीन 3. जहाज़ का पाल।

दामर[1] [सं-स्त्री.] 1. राल जो दरार भरने के लिए नावों में लगाई जाती है 2. वह भेड़ जिसके कान छोटे हों।

दामर[2] (सं.) [सं-स्त्री.] 1. रस्सी; रज्जु। [सं-पु.] 1. डामर (एक तंत्र, शास्त्र) 2. आडंबर 3. हलचल; धूम।

दामा [सं-पु.] एक पक्षी जो प्रायः अपनी दुम नीचे-ऊपर उठाता-गिराता रहता है। नर दामा का रंग काला और मादा का बादामी होता है; इसे कलचिरी भी कहते हैं। [सं-स्त्री.] दावा (जंगल की आग; दावानल)।

दामाद (सं.) [सं-पु.] पुत्री का पति; जामाता; जँवाई; दमाद।

दामिनी (सं.) [सं-स्त्री.] 1. आसमान में चमकने वाली बिजली; विद्युत; तड़ित 2. स्त्रियों का एक गहना।

दामी [सं-स्त्री.] कर; मालगुजारी। [वि.] अधिक मूल्य का; कीमती।

दामोदर (सं.) [सं-पु.] 1. श्रीकृष्ण का एक नाम 2. एक जैन तीर्थंकर 3. बंगाल का एक प्रसिद्ध नद जो छोटा नागपुर के पहाड़ों से निकलकर भागीरथी में मिलता है। [वि.] इंद्रियों को वश में रखने वाला।

दाय (सं.) [सं-पु.] 1. किसी को दिया जाने वाला धन 2. दान 3. पैतृक संपत्ति में हिस्सा; बाँट 4. दहेज आदि के रूप में दिया जाने वाला धन।

दायक (सं.) [वि.] 1. देने वाला; दाता; 2. (कार्य) जिसमें आर्थिक दृष्टि से लाभ होता या हो रहा हो।

दायभाग (सं.) [सं-पु.] पैतृक धन संपत्ति का वह भाग जो उत्तराधिकारियों में बाँटा जाना होता है; उक्त सिद्धांत के आधार पर किसी उत्तराधिकारी को मिला धन।

दायर (अ.) [वि.] 1. न्याय के लिए दर्ज किया गया; मुकदमा 2. जारी 3. चलने या फिरने वाला।

दायरा (अ.) [सं-पु.] 1. अधिकार या कर्म का क्षेत्र 2. मंडल; गोल घेरा; वृत।

दायाँ (सं.) [वि.] दाहिना।

दायाद (सं.) [सं-पु.] कुटुंब का ऐसा व्यक्ति जो संपत्ति के बँटवारे में हिस्सा पाने का अधिकारी हो। [वि.] जो दाय का अधिकारी हो; जिसे पैतृक संबंध के कारण किसी की जायदाद में हिस्सा मिले।

दायित्व (सं.) [सं-पु.] 1. किसी बात या काम के लिए उत्तरदायी होने का भाव या क्रिया; ज़िम्मेदारी; कार्यभार 2. देनदार होने का भाव।

दायी (सं.) [वि.] 1. देने वाला; दायक 2. जिसपर किसी प्रकार

का दायित्व या भार हो; जवाबदेही।

दार-परिग्रह (सं.) [सं-पु.] विवाह करके किसी को अपनी पत्नी बनाना; पाणि-ग्रहण।

दार[1] [वि.] उपजाऊ।

दार[2] (सं.) [सं-स्त्री.] 1. पत्नी; भार्या 2. दाल। [सं-पु.] 1. चीरना; विदारण 2. छेद 3. दरार 4. दारू।

दारण (सं.) [सं-पु.] 1. चीरने-फाड़ने की क्रिया; चीर-फाड़; विदारण 2. वह अस्त्र आदि जिससे कुछ चीरा जाए 3. शल्य-चिकित्सा 4. ऐसी चीज़ या दवा जिसके लगाने से फोड़ा फट या फूट जाए।

दारिका (सं.) [सं-स्त्री.] 1. वह युवती या स्त्री जो अविवाहित हो; कुँवारी लड़की; कुमारी; बालिका 2. पुत्री; बेटी।

दारिद्रय (सं.) [सं-पु.] दरिद्रता; गरीबी; कंगाली।

दारी (सं.) [सं-स्त्री.] 1. पैर के तलवे का चमड़ा फटने का एक रोग; बिवाई 2. ऐसी दासी या स्त्री जो लड़ाई में जीत के लाई गई हो 3. परम दुश्चरिता स्त्री।

दारीजार (सं.) [सं-पु.] 1. लौंडी का उपपति या पति 2. दासीपुत्र 3. परम व्यभिचारी।

दारु (सं.) [सं-पु.] 1. काष्ठ; काठ; लकड़ी 2. देवदारु 3. कारीगर; शिल्पी 4. पीतल।

दारुण (सं.) [सं-पु.] 1. गरीब; विपन्न 2. करुण। [वि.] 1. भयंकर; घोर; प्रचंड 2. कड़ा; कठिन 3. निर्दय 4. कँपा देने वाला 5. जो बहुत बढ़ गया हो (रोग आदि)।

दारू (फ़ा.) [सं-स्त्री.] 1. शराब; मद्य; मादक पेय पदार्थ 2. उपचार; चिकित्सा 3. दवा; औषध 4. बारूद।

दारोगा (फ़ा.) [सं-पु.] 1. थाना अधिकारी; थानेदार 2. ऐसा आदमी जिसकी नियुक्ति किसी काम की ऊपरी देख-भाल के लिए हुई हो।

दारोमदार (फ़ा.) [सं-पु.] 1. उत्तरदायित्व; ज़िम्मेदारी; ठीकरा; कार्यभार 2. निर्भरता; सहारा; आश्रय।

दार्शनिक (सं.) [सं-पु.] 1. दर्शनशास्त्र का ज्ञाता 2. तत्ववेत्ता; मीमांसक। [वि.] दर्शनशास्त्र संबंधी।

दाल (सं.) [सं-स्त्री.] 1. दली हुई अरहर या मूँग आदि जो सालन की तरह पकाकर खाते हैं; हल्दी, मसाला आदि के साथ पानी में उबाला हुआ कोई उक्त दला हुआ अन्न 2. दाल के आकार की कोई गोल; चिपकी चीज़ 3. चेचक, फुंसी, फोड़े आदि के अच्छे हो जाने पर ऊपर की चमड़ी सूखकर गिरी हुई खुरंड। [मु.] **-न गलना** : प्रयोजन सिद्ध न होना। **-में कुछ काला होना** : कार्य या बात में संदेह होना।

दाल-दलिया [सं-पु.] 1. सादा आहार 2. रूखा-सूखा भोजन।

दालचीनी [सं-स्त्री.] भोजन में प्रयुक्त होने वाला मसाला; दारचीनी।

दालमोठ [सं-स्त्री.] घी या तेल में तली हुई दाल जिसमें नमक, मिर्च आदि मिलाते हैं; दाल से बनी हुई एक चटपटी नमकीन।

दालान (फ़ा.) [सं-पु.] बैठक; बरामदा; मकान के बाहर लोगों के बैठने की छतदार खुली जगह; ओसारा।

दाव (सं.) [सं-पु.] 1. वन; जंगल 2. दाह; क्लेश; पीड़ा 3. जंगल में लगने वाली आग।

दावत (अ.) [सं-स्त्री.] 1. प्रीतिभोज; भोज 2. बुलावा; भोजन के लिए आमंत्रण।

दावना (सं.) [क्रि-स.] 1. दमन करना 2. नष्ट करना; मिटाना 3. आग लगाना 4. प्रकाशमान करना; चमकाना।

दावनी (सं.) [सं-स्त्री.] माथे पर पहनने का एक प्रकार का गहना।

दावरा [सं-पु.] धवरा नामक पेड़।

दावा[1] (सं.) [सं-स्त्री.] दावानल; दावाग्नि।

दावा[2] (अ.) [सं-पु.] 1. आधिकारिक कथन 2. न्यायालय आदि में स्वत्व; अधिकार अथवा हक के लिए किया गया प्रतिवेदन; (क्लेम) 3. अभिमान या आत्मविश्वास से कही गई बात।

दावागीर (अ.+फ़ा.) [वि.] 1. दावा करने वाला; दावेदार; हक जताने वाला; अधिकार माँगने वाला 2. वादी; मुद्दई।

दावाग्नि (सं.) [सं-स्त्री.] वन या जंगल में स्वतः लगने वाली आग; दावानल।

दावानल (सं.) [सं-पु.] दावाग्नि; वन में स्वतः लगी हुई आग; जंगल की आग।

दावेदार (अ.+फ़ा.) [सं-पु.] दावा करने वाला; हक जताने वाला।

दावेदारी (अ.+फ़ा.) [सं-स्त्री.] दावा या हक जताने की अवस्था या भाव।

दाशमिक (सं.) [वि.] 1. दशम संबंधी; दशम का 2. जिसका संबंध प्रत्येक दस या उसके घात अर्थात गुणनफल से हो; दशमलव के अनुसार दस या उसके गुणनफल से संबंध रखने वाला।

दाशरथि (सं.) [सं-पु.] (पुराण) राजा दशरथ के पुत्र राम, लक्ष्मण आदि। [वि.] 1. दशरथ के कुल का 2. दशरथ से संबंधित।

दाशेर (सं.) [सं-पु.] 1. धीवर नामक समाज की संतति 2. धीवर स्त्री की संतान; दाशेय।

दाश्त (फ़ा.) [सं-स्त्री.] 1. भरण-पोषण; देखरेख; रखवाली; परवरिश 2. कुम्हार का आवाँ (भट्टी)। [वि.] अपने पास का।

दाश्ता (फ़ा.) [सं-स्त्री.] पत्नी बनाकर रखी हुई स्त्री; रखैल।

दाषना [क्रि-स.] 1. कहना 2. देखना।

दास (सं.) [सं-पु.] 1. पैसा देकर अपनी सेवा के लिए ख़रीदा गया व्यक्ति; गुलाम 2. नौकर; भृत्य; सेवक 3. दूसरे के वश में रहने वाला व्यक्ति।

दासता (सं.) [सं-स्त्री.] गुलामी; परतंत्रता; बंधन; दासत्व का भाव।

दासत्व (सं.) [सं-पु.] 1. दास होने का भाव; दासता; दासवृत्ति 2. गुलामी; नौकरी 3. परतंत्रता।

दासप्रथा (सं.) [सं-स्त्री.] किसी व्यक्ति को दास बनाकर रखने की प्रथा।

दासभाव (सं.) [सं-पु.] 1. दासता; परावलंबन 2. नौकरी 3. स्वामिभक्ति।

दासा (सं.) [सं-पु.] 1. दीवार से सटाकर ऊपर की तरफ़ बना हुआ ऊँचा पुश्ता या चबूतरा जिसपर वस्तुएँ रखी जाती हैं 2. वह पत्थर या मोटी लकड़ी जो दरवाज़े के चौखटे के ठीक ऊपर रहती है और जिससे दीवार का बोझ चौखट पर नहीं पड़ता 3. पत्थरों की वह पंक्ति जो दीवार के नीचे वाले भाग में लंबाई के बल बैठाई जाती है।

दासानुदास (सं.) [सं-पु.] 1. दासों का भी दास; सेवकों का सेवक 2. {ला-अ.} अत्यधिक विनम्र सेवक।

दासिका (सं.) [सं-स्त्री.] 1. सेवा-टहल या चाकरी करने वाली स्त्री; दासी 2. सेविका; नौकरानी।

दासी (सं.) [सं-स्त्री.] 1. सेविका; नौकरानी 2. वह स्त्री जिसे दास बनाया गया हो; लौंडी।

दासेय (सं.) [वि.] किसी दास का वंशज; दासीपुत्र।

दास्ताँ (फ़ा.) [सं-स्त्री.] दे. दास्तान।

दास्तान (फ़ा.) [सं-स्त्री.] 1. कथा; अफ़साना; कहानी; वृत्तांत 2. बीती बातें 3. विस्तार में वर्णन या विवरण।

दास्य (सं.) [सं-पु.] 1. दासता; सेवा 2. भक्ति के नौ भेदों में से एक जिसमें भक्त या उपासक स्वयं को ईश्वर का दास समझता है। [वि.] दास संबंधी।

दाह (सं.) [सं-पु.] 1. शरीर में जलन का रोग 2. ताप; जलन 3. जलाना 4. ईर्ष्या; डाह 5. {ला-अ.} संताप; दुख; शोक।

दाह-संस्कार (सं.) [सं-पु.] 1. हिंदू समाज के सोलह संस्कारों में अंतिम जिसमें शव को चिता या विद्युत शवदाहगृह में जलाया जाता है 2. मृतक को जलाने की क्रिया; शवदाह।

दाहक (सं.) [सं-पु.] अग्नि; आग। [वि.] 1. जलाने वाला; जो दाहकर्म करने वाला हो 2. दग्धक; जलन पैदा करने वाला 3. तप्त करने वाला 4. भस्मक; विदाहक।

दाहन (सं.) [सं-पु.] जलाने की क्रिया; दहन; जलवाने का काम।

दाहना[1] [वि.] दाहिना; दायाँ।

दाहना[2] (सं.) [क्रि-स.] 1. जलाना; भस्म करना 2. नष्ट करना 3. {ला-अ.} बहुत कष्ट या दुख देना; संतप्त करना।

दाहा [सं-पु.] 1. फसल का दह जाना 2. दाब; डाब 3. ताजिया; मुहर्रम के दस दिन, जिनमें ताजिया रखा जाता है और अंतिम दिन दफन कर दिया जाता है।

दाहिना (सं.) [वि.] 1. दाएँ हाथ की तरफ़ का; दाहिनी ओर का; दायाँ; 'बायाँ' का विलोम 2. पूर्व दिशा की ओर मुँह करके खड़े होने पर दक्षिण दिशा की ओर पड़ने वाला शरीर का भाग; दक्षिण पार्श्वीय। [मु.] **-हाथ होना** : बहुत बड़ा सहायक होना।

दिअली [सं-स्त्री.] 1. मिट्टी का बना हुआ बहुत छोटा दीया या दीपक जिसमें प्राय: बत्ती जलाई जाती है 2. धातुओं आदि की बनी हुई वह छोटी कटोरी जो झालर आदि बनाने के लिए कपड़ों में टाँकी जाती है 3. चेचक, सूखे हुए घाव आदि के मुँह पर जमी हुई पपड़ी 4. मछली के ऊपर का गोलाकार छोटा चमकीला छिलका।

दिउला [सं-पु.] 1. मछली का शल्क 2. घाव का खुरंड 3. बड़ी दिअली।

दिक्[1] (सं.) [सं-स्त्री.] दिशा।

दिक्[2] (अ.) [सं-पु.] क्षय रोग; तपेदिक। [वि.] 1. जिसे कष्ट पहुँचा हो; परेशान; हैरान 2. पीड़ित; तंग आया हुआ 3. अस्वस्थ; बीमार।

दिक्कत (अ.) [सं-स्त्री.] कठिनाई; मुश्किल; परेशानी; तंगी; कष्ट; तकलीफ़; असुविधा।

दिक़्क़त (अ.) [सं-स्त्री.] उर्दू उच्चारणानुसार वर्तनी (दे. दिक्कत)।

दिक्कन्या [सं-स्त्री.] दसों दिशाएँ।

दिक्पाल (सं.) [सं-पु.] 1. (पुराण) दिशा का स्वामी; दस दिशाओं का पालन करने वाले देवता, जैसे- पूर्व दिशा के इंद्र, अग्निकोण के अग्नि, दक्षिण के यम, नैर्ऋत्य कोण के नैर्ऋत, पश्चिम के वरुण, वायु कोण के मरुत, उत्तर के कुबेर, ईशान कोण के ईश, उर्ध्व दिशा के ब्रह्मा तथा अधो दिशा के अनंत 2. चौबीस मात्राओं का एक छंद जिसमें बारह मात्राओं पर विराम होता है।

दिक्सूचक (सं.) [वि.] दिशा संबंधी सूचना देने वाला।

दिखना [क्रि-अ.] 1. दिखाई देना; नज़र आना 2. सामने आना; प्रकट होना।

दिखनौर [सं-स्त्री.] भारी और चिकने शरीर वाली भैंस। [वि.] 1. देखने में अच्छा 2. बनावटी 3. आडंबरपूर्ण; दिखावटी।

दिखलवाना [क्रि-स.] दिखलाने का काम कराना; दिखलाने में प्रवृत्त करना।

दिखलाई [सं-स्त्री.] 1. दिखलाने की क्रिया या भाव 2. वह धन जो देखने दिखाने के बदले में दिया जाए।

दिखलाना [क्रि-स.] 1. दिखाने का काम 2. प्रदर्शित या प्रकट करना; जतलाना।

दिखाई [सं-स्त्री.] 1. दिखने की अवस्था या भाव 2. देखने के बदले में दिया जाने वाला धन।

दिखाऊ [वि.] 1. पाखंड से भरा; आडंबरपूर्ण; जो केवल देखने का हो; दिखावटी; जो काम का न हो; अनुपयोगी 2. प्रदर्शन करने योग्य; जो दिखाई जाए।

दिखाना [क्रि-स.] दूसरों को देखने में प्रवृत्त करना; प्रस्तुत करना; प्रकाश डालना; प्रदर्शित करना; खोलना; दर्शाना; प्रकट करना; सामने लाना; ज़ाहिर करना; उजागर करना; उद्घाटित करना।

दिखाव [सं-पु.] 1. देखने की क्रिया 2. ऊपर से दिखाई देने वाला रूप।

दिखावट [सं-स्त्री.] 1. कुछ दिखाने की क्रिया या भाव 2. बाहर से दिखाई देने वाला रंग-रूप; बाह्य आकार-प्रकार 3. इठलाहट; पाखंड; ऊपरी तड़क-भड़क; दिखावा; ठाठ-बाट; बाह्य आडंबर; दिखाने भर का व्यवहार; बनावट।

दिखावटी [वि.] भड़कीला; अतिशयोक्तिपूर्ण; असत्य; सारहीन; नकली; जो रंग-रूप आदि के विचार से केवल दिखाने भर के लिए हो; तड़क-भड़क वाला; बनावटी; आडंबरपूर्ण सजावटी; पाखंड से युक्त; औपचारिक।

दिखावा [सं-पु.] 1. आडंबर; पाखंड; ढोंग; प्रपंच; बढ़ा-चढ़ा

कर कहना; ऊपरी ठाठ-बाट; टीम-टाम; तड़क-भड़क; मुलम्मा; दिखावटीपन 2. केवल दिखाने के लिए ऊपरी मन से किया गया काम 3. विवाह में वधू द्वारा लाई गई वस्तुएँ देखने की रस्म।

दिखौआ [वि.] दिखावटी; बनावटी; जो देखने भर को हो; जिसमें यथार्थ या सत्य का अभाव हो; सारहीन।

दिग (सं.) [सं-स्त्री.] दिशा।

दिगंत (सं.) [सं-पु.] 1. सब दिशाएँ 2. दिशा का अंत; छोर; क्षितिज।

दिगंतर (सं.) [सं-पु.] दो दिशाओं के बीच का कोना; कोण।

दिगंबर (सं.) [सं-पु.] 1. (जैन धर्म) एक संप्रदाय 2. शिव; महादेव 3. अंधकार। वि.] जिसके लिए दिशाएँ ही वस्त्र हों; नंगा; नग्न।

दिगंश (सं.) [सं-पु.] (खगोल) क्षितिज वृत्त का तीन सौ साठवाँ अंश या भाग।

दिगांतर [सं-पु.] दिशाओं के मध्य का अंतर; कोना।

दिग्कन्या (सं.) [सं-स्त्री.] दिशा-रूपी कन्या; प्रत्येक दिशा जो ब्रह्मा की कन्या के रूप में मानी गई है।

दिग्गज (सं.) [सं-पु.] 1. (पुराण) आठ हाथी जो चारों दिशाओं और चारों कोषों में पृथ्वी को दबाते हुए उसकी रक्षा करते हैं; महागज 2. {ला-अ.} किसी भी क्षेत्र के प्रसिद्ध और शक्तिशाली व्यक्ति; वह जिसका प्रभुत्व हो। [वि.] 1. बहुत विशाल 2. भारी।

दिग्दर्शक (सं.) [वि.] दिग्दर्शन कराने वाला; दिशाओं का ज्ञान कराने वाला; कुतुबनुमा नामक यंत्र।

दिग्दर्शन (सं.) [सं-पु.] 1. दिशा का ज्ञान या बोध कराना 2. वह जो किसी वस्तु की जानकारी के लिए उदाहरण के रूप में प्रस्तुत किया जाए; नमूना 3. मार्गदर्शन; परामर्श; सलाह।

दिग्दाह (सं.) [सं-पु.] क्षितिज में होने वाली प्राकृतिक विलक्षण घटनाएँ जिनमें कोई दिशा ऐसी लाल दिखाई देती है कि मानों आग-सी लगी हो। यह अशुभ मानी जाती है।

दिग्ध (सं.) [सं-पु.] 1. ज़हर में बुझा या बुझाया गया तीर या बाण 2. तेल 3. आग। [वि.] 1. विषाक्त; ज़हरीला 2. विष में बुझाया हुआ 3. गंदा किया हुआ 4. विस्तृत; दीर्घ; बड़ा; लंबा।

दिग्भ्रम (सं.) [सं-पु.] दिशाओं के संबंध में होने वाला भ्रम; दिशा भूल जाना।

दिग्भ्रमित (सं.) [वि.] भटका हुआ; पथ भ्रमित।

दिग्भ्रांत (सं.) [वि.] {ला-अ.} जिसे कोई रास्ता न सूझता हो; भ्रमित।

दिग्मंडल (सं.) [सं-पु.] दिशाओं का समूह; समस्त दिशाएँ।

दिग्वधू (सं.) [सं-स्त्री.] दिशा का वह रूप जिसमें उसे वधू या सुहागिन स्त्री मानते हैं; दिशा रूपी वधू।

दिग्विजय (सं.) [सं-स्त्री.] 1. संपूर्ण दिशाओं या विश्व पर प्राप्त विजय 2. {ला-अ.} अपने गुणों के द्वारा समाज में अपना महत्व स्थापित करना।

दिग्विजयी (सं.) [वि.] 1. सभी दिशाओं को जीतने वाला; दिग्विजय करने वाला; विश्वविजेता 2. बहुत बड़े क्षेत्र पर आधिपत्य करने वाला 3. सम्राट।

दिग्शूल (सं.) [सं-पु.] (ज्योतिष) वह घड़ी, पहर या दिन जिसमें किसी कार्य के लिए विशिष्ट दिशा की ओर जाना अनिष्टकर या अशुभकारी माना जाता है।

दिठियार [वि.] 1. जिसे दिखाई देता हो; दृष्टिवाला 2. बुद्धिमान; समझदार।

दिठौना [सं-पु.] वह काली बिंदी या टीका जो बच्चों को नज़र लगने से बचाने के लिए माथे, गाल आदि पर लगाया जाता है।

दित (सं.) [वि.] खंडित; विभक्त; कटा हुआ।

दिति (सं.) [सं-स्त्री.] 1. (पुराण) राजा दक्ष प्रजापति की पुत्री जो राक्षसों की माता थी; दैत्यमाता 2. किसी चीज़ के टुकड़े करने या तोड़ने-फोड़ने की क्रिया; खंडन। [सं-पु.] राजा। [वि.] देने वाला; दाता।

दित्य (सं.) [सं-पु.] दैत्य; राक्षस; असुर। [वि.] काटने या छेदने के योग्य; जो काटा जा सके।

दित्सा (सं.) [सं-स्त्री.] 1. दान करने या देने की इच्छा 2. वह व्यवस्था जिसके अनुसार कोई व्यक्ति अपने मरने के उपरांत अपनी संपत्ति का बँटवारा अमुक-अमुक लोगों में चाहता है; वसीयत।

दित्साक्रोड़ (सं.) [सं-पु.] वसीयतनामें के अंत में लिखा हुआ परिशिष्ट रूप में कोई संक्षिप्त लेख या टिप्पणी, जो किसी प्रकार की व्यवस्था या स्पष्टीकरण के लिए होती है।

दित्सापत्र (सं.) [सं-पु.] वह पत्र जिसमें कोई व्यक्ति यह लिखे कि उसके मरने के बाद उसकी संपत्ति का अधिकारी कौन बनेगा; वसीयतनामा।

दित्सु (सं.) [वि.] 1. जो दान देने या करने का इच्छुक हो 2. वसीयत करने वाला; जिसने अपनी संपत्ति के संबंध में दित्सा-पत्र लिखा हो।

दिधि (सं.) [सं-स्त्री.] 1. धारण करने की क्रिया या भाव 2. धैर्य; धीरज 3. दृढ़ता; स्थिरता।

दिन (सं.) [सं-पु.] 1. सूर्योदय से सूर्यास्त तक का समय 2. सूर्योदय से अगले सूर्योदय तक का समय 3. तिथि; तारीख़ 4. नियत समय; काल-विशेष 5. काल; समय। [मु.] **-में तारे दिखाई देना** : अत्यधिक कष्ट या दुख के कारण बुद्धि ठिकाने न रहना। **-को दिन रात को रात न समझना** : कोई काम करते समय अपने आराम का ध्यान छोड़ देना। **-दूना रात चौगुना बढ़ना** : बराबर बढ़ते रहना, बहुत उन्नति करना। **-काटना या पूरे करना** : किसी तरह कष्ट से समय बिताना। **-बिगड़ना** : संकट के दिन आना। **-चढ़ना** : गर्भ का आरंभ होना। **-फिरना** : दुख के बाद सुख के दिन आना।

दिन-रात (सं.) [अव्य.] 1. निरंतर; लगातार; हमेशा; हर समय; सर्वदा; सदैव; अहोरात्र 2. चौबीस घंटे तक की स्थिति 3. {ला-अ.} उत्थान-पतन; उतार-चढ़ाव।

दिन ढलानी [सं-स्त्री.] दिन का चौथा या अंतिम पहर।

दिनकर (सं.) [सं-पु.] 1. सूर्य; सूरज 2. आक नामक पौधा।

दिनचर्या (सं.) [सं-स्त्री.] दैनिक कार्यकलाप; दिनभर का काम।

दिनदहाड़े [क्रि.वि.] 1. दिन या दोपहर में; दिन के समय जब

ख़ूब धूप या उजाला हो 2. खुले आम; सबके सामने।

दिनपत्र (सं.) [सं-पु.] वह पत्र या पत्र-समूह जिसमें अलग-अलग दिन या वार, तिथियाँ, तारीखें आदि क्रम से दी रहती हैं; तिथि-पत्र।

दिनमणि (सं.) [सं-पु.] 1. सूर्य 2. मदार या आक का पौधा।

दिनमान [सं-पु.] (ज्योतिष) गणना के अनुसार सूर्योदय से सूर्योदय तक का समय अर्थात् पूरे दिन का मान, जो घड़ियों और पलों अथवा घंटों और मिनटों में निश्चित होता है।

दिनांक (सं.) [सं-पु.] कैलेंडर के अनुसार माह का कोई दिवस, तिथि, तारीख़।

दिनांत (सं.) [सं-पु.] संध्या; सायंकाल; शाम; सूर्यास्त।

दिनांतक (सं.) [सं-पु.] अंधकार; अँधेरा।

दिनांध (सं.) [सं-पु.] 1. वह व्यक्ति जिसे दिन में दिखाई न देता हो 2. उल्लू पक्षी 3. चमगादड़। [वि.] जिसे दिन में दिखाई न देता हो; दिवांध।

दिनाइ [सं-पु.] दाद; दिनाय; (एकजिमा)।

दिनातीत [वि.] जिसका प्रचलन न हो; अप्रचलित; आज-कल की रुचि या प्रचलन के विचार से पिछड़ा हुआ; जिसकी उपयोगिता न रह गई हो।

दिनादि (सं.) [सं-पु.] दिन का आरंभ; दिनागम; भोर का समय; प्रातःकाल; सवेरा।

दिनाधीश (सं.) [सं-पु.] 1. सूर्य 2. मदार या आक नामक पौधा।

दिनानुदिन (सं.) [क्रि.वि.] दिन-प्रतिदिन; दिन-पर-दिन; नित्यप्रति; प्रतिदिन; रोज़ाना; नियमित।

दिनाबा [सं-स्त्री.] प्रायः हाथ भर लंबी एक प्रकार की मछली जो हिमालय तथा असम की नदियों में पाई जाती है।

दिनाय [सं-स्त्री.] दाद (चर्मरोग)।

दिनेश (सं.) [सं-पु.] 1. सूर्य; सूरज 2. आक नामक पौधा।

दिनोंदिन [क्रि.वि.] दिन-प्रतिदिन; एक-एक दिन पर; एक-एक दिन करते हुए।

दिनौंधी [सं-स्त्री.] एक ऐसा रोग जिसमें रोगी को दिन में कम दिखाई देता है; दिवांधता।

दिनौर [सं-पु.] कटनी की मजदूरी; दिनौरा।

दिपना (सं.) [क्रि-अ.] चमकना; प्रकाशमान होना।

दिपाना [क्रि-स.] चमकाना; दीप्त करना।

दिमाग (अ.) [सं-पु.] 1. मस्तिष्क; भेजा 2. अंतर्बोध; मानसिक शक्ति; सोचने-समझने की शक्ति 3. बुद्धि; अक्ल 4. अभिमान; गर्व; अहंकार। [मु.] **-खाना या चाटना** : बेकार की बातें करके तंग करना। **-खाली होना** : मानसिक शक्ति क्षीण होना। **-लड़ाना** : अच्छी तरह सोचना; समझना।

दिमागचट (अ.+हिं.) [वि.] 1. फालतू की बात करके लोगों का दिमाग चाटने वाला 2. बकवाद करने वाला; बकवादी।

दिमागदार (अ.+फ़ा.) [वि.] 1. बुद्धिमान; समझदार 2. जिसका दिमाग तेज़ चलता हो; चतुर 3. अभिमानी; मगरूर; घमंडी।

दिमागी (अ.) [वि.] 1. मस्तिष्क या दिमाग से संबंध रखने वाला; दिमाग संबंधी 2. बुद्धिमान; जो बहुत समझदार हो 3. अभिमानी; घमंडी।

दिमिरका [सं-स्त्री.] फिरकी।

दियरा [सं-पु.] 1. डंडे के एक छोर पर कपड़ा बाँधकर और उसे जलाकर बनाया गया वह बड़ा-सा लुक (जलती मशाल) जिससे शिकारी हिरन आदि को आकर्षित करते हैं 2. दीया; दीपक।

दिया (सं.) [सं-पु.] दीपक; दीया।

दियार [सं-पु.] दीमक; चींटी की प्रजाति का एक सफेद कीड़ा।

दियासलाई [सं-स्त्री.] दे. दीयासलाई।

दिरम (फ़ा.) [सं-पु.] 1. मिश्र देश का चाँदी का एक पुराना सिक्का; दिरहम 3. साढ़े तीन माशे की एक तौल।

दिरमान (फ़ा.) [सं-पु.] चिकित्सा; इलाज।

दिल (फ़ा.) [सं-पु.] 1. शरीर का एक अंग जो शरीर में रक्त के संचरण का नियंत्रण करता है; हृदय; कलेजा 2. चित्त; मन; जी 3. इच्छा; मर्ज़ी 4. {ला-अ.} हिम्मत; साहस 5. {ला-अ.} दानशीलता। [मु.] **-कड़ा करना** : हिम्मत करना। **-के फफोले फोड़ना** : भली-बुरी बातें कहकर अपना दुख कम करना। **-जमना** : किसी काम में जी लगना; संतोष होना। **-ठिकाने होना** : मन में शांति; संतोष अथवा धैर्य होना; चित्त स्थिर होना। **-देना** : किसी से प्रेम करना। **-बुझना** : उत्साह या उमंग न रह जाना। **-में फ़र्क आना** : पहले जैसा न रह जाना; मनमुटाव होना। **-से दूर करना** : भुला देना।

दिलकश (फ़ा.) [वि.] 1. दिल, मन या चित्त को लुभाने वाला; चित्ताकर्षक 2. आकर्षक; मनोहर।

दिलकुशा (फ़ा.) [वि.] दिल को प्रसन्न या ख़ुश करने वाला; रमणीय।

दिलगीर (फ़ा.) [वि.] शोकग्रस्त; दुखी; उदास; खिन्न; भग्नहृदय; रंजीदा।

दिलचला (फ़ा.+हिं.) [वि.] 1. मनचला; मनमौजी 2. रसिक 3. वीर; बहादुर 4. हिम्मतवाला।

दिलचस्प (फ़ा.) [वि.] 1. रुचिकर; रोचक 2. जो दिल या मन को अच्छा लगे; मनोरंजक।

दिलचस्पी (फ़ा.) [सं-स्त्री.] 1. रुचि; पसंद 2. शौक; चाव।

दिलजमई (फ़ा.+अ.) [सं-स्त्री.] 1. किसी काम की ओर से मन में होने वाली तसल्ली; संतोष 2. इत्मीनान।

दिलजला (फ़ा.+हिं.) [वि.] जिसे अत्यधिक मानसिक कष्ट पहुँचा हो; अत्यंत दुखी।

दिलजोई (फ़ा.) [सं-स्त्री.] 1. दिलासा; तसल्ली; ढ़ाढ़स 2. किसी का मन रखने के लिए उसे प्रसन्न करने वाली बातें करना।

दिलदार (फ़ा.) [वि.] 1. जिसे दिल दिया गया हो; जो प्रेम का पात्र हो; जिससे प्रेम किया जा रहा हो 2. प्रेमी; प्रिय; प्रेयसी; माशूक 3. उदार; दाता 4. अच्छे स्वभाव वाला; स्नेहिल।

दिलदारी (फ़ा.) [सं-स्त्री.] 1. दिलदार या प्रेममय होना; रसिकता 2. सांत्वना; दिलासा; तस्कीन 3. उदारता।

दिलनवाज़ (फ़ा.) [वि.] 1. दिल को तसल्ली देने वाला; दिलासा देने वाला; ढाढ़स बँधाने वाला 2. प्रेमपात्र; प्रेमी; महबूब।

दिलफ़रेब (फ़ा.) [वि.] 1. सुंदर (नायिका) 2. प्रेमपात्र; प्रेमी।

दिलफ़रोश (फ़ा.) [वि.] 1. दिल बेचने वाला 2. आशिक; प्रेमी।

दिलफेंक (फ़ा.) [वि.] 1. किसी के भी रूप-सौंदर्य पर मोहित होकर उसके आगे-पीछे फिरने वाला 2. रूपलोभी 3. आशिकमिज़ाज 4. मनचला।

दिलबर (फ़ा.) [सं-पु.] प्रेम-पात्र। [वि.] प्रिय; प्यारा; माशूक।

दिलबहलाव (फ़ा.+हिं.) [सं-पु.] दिल बहलाने की क्रिया या भाव; मन बहलाने का काम या साधन।

दिलरुबा (फ़ा.) [सं-पु.] एक अरबी वाद्ययंत्र। [वि.] 1. मन को लुभाने वाला; प्यारा; प्रिय 2. प्रेमिका; प्रेयसी; महबूबा।

दिलवाना [क्रि-स.] 1. देने का काम कराना 2. प्राप्त कराना 3. वसूल करवाना।

दिलवाला (फ़ा+हिं) [वि.] 1. जिसमें दिल हो; बहुत उदार; सहृदय 2. रसिक 3. साहसी।

दिलशाद (फ़ा.) [वि.] जिसका दिल प्रसन्न रहता हो; प्रसन्नचित्त; हर्षित-हृदय; ख़ुश।

दिलसाज़ (फ़ा.) [वि.] आनंदित; ख़ुश; प्रफुल्लित; हर्षित।

दिलाना [क्रि-स.] 1. देने का काम कराना; दिलवाना 2. अर्जित कराना; प्राप्त कराना 3. वसूल करवाना।

दिलावर (फ़ा.) [वि.] 1. वीर; साहसी; हिम्मती; शूर; बहादुर; दिलेर; हौसले वाला 2. प्रेमी 3. उत्साही।

दिलासा (फ़ा.) [सं-पु.] सांत्वना; तसल्ली; ढाढ़स।

दिली (फ़ा.) [वि.] 1. हार्दिक; मानसिक 2. सत्कारपरक; अंतरंग 3. दिल या हृदय से संबंधित 4. बहुत घनिष्ठ; गहरा।

दिलीप (सं.) [सं-पु.] (पुराण) इक्ष्वाकु वंश के एक राजा जो राम के पूर्वज थे।

दिलेबेरहम (फ़ा.) [वि.] बेरहम दिल वाला; क्रूर।

दिलेर (फ़ा.) [वि.] 1. बड़े दिल वाला; दिलावर 2. बहादुर; वीर; साहसी।

दिलेरपन [सं-पु.] 1. दिलेर होने की अवस्था या भाव 2. हिम्मत; साहस 3. बहादुरी; वीरता।

दिलेरी (फ़ा.) [सं-स्त्री.] 1. बहादुरी 2. हिम्मत।

दिलोजान (फ़ा.) [सं-पु.] जी-जान; प्राण-मन, जैसे- किसी को दिलोजान से चाहना।

दिलोदिमाग (फ़ा.) [सं-पु.] 1. मनुष्य का हृदय और मस्तिष्क 2. {ला-अ.} भावना और विवेक।

दिल्लगी (फ़ा.) [सं-स्त्री.] 1. मज़ाक; हास-परिहास; ठट्ठा 2. मनोविनोद। [मु.] **-करना** : उपहास करना; किसी को तुच्छ ठहराने के लिए हँसी की बातें कहना।

दिल्लगीबाज़ (फ़ा.) [सं-पु.] हँसी-दिल्लगी करने वाला व्यक्ति। [वि.] 1. दूसरों को हँसाने वाला; चुटकुलेबाज़; परिहास करने वाला 2. हँसोड़; मसख़रा; ठठोल 3. विनोदप्रिय।

दिल्ला [सं-पु.] दरवाज़े के पल्ले के ढाँचे में कसा तथा जड़ा हुआ लकड़ी का एक चौकोर टुकड़ा जो दरवाज़े में शोभा बढ़ाने के लिए लगाया जाता है; दिलहा।

दिल्ली [सं-स्त्री.] यमुना नदी के किनारे बसा हुआ उत्तर-पश्चिम भारत का एक बहुत प्रसिद्ध और प्राचीन नगर जिसे 1912 में भारत की राजधानी बनाया गया। [मु.] **दिल्ली दूर नहीं** : लक्ष्य के नजदीक। **दिल्ली दूर है** : लक्ष्य से दूर होना।

दिव (सं.) [सं-पु.] 1. स्वर्ग 2.दिन 3. जंगल; वन 4. आकाश।

दिवंगत (सं.) [वि.] जो मर चुका हो; मृत; स्वर्गगत; स्वर्गवासी।

दिवस (सं.) [सं-पु.] 1. दिन; वार; रोज़ 2. कार्यदिवस 3. जयंती।

दिवसीय (सं.) [वि.] दिन का; दिन संबंधी।

दिवा (सं.) [सं-पु.] 1. दिन; दिवस; वार 2. दीपक; चिराग।

दिवांध (सं.) [सं-पु.] उल्लू। [वि.] जिसे दिन में दिखता न हो।

दिवाकर (सं.) [सं-पु.] 1. सूर्य; दिनकर; भानु; सूरज 2. कौआ 3. आक; मदार।

दिवाकीर्ति (सं.) [सं-पु.] 1. हज्जाम; नाई 2. उल्लू 3. चांडाल।

दिवाचर (सं.) [वि.] दिन में विचरण करने वाला। [सं-पु.] 1. चिड़िया; पक्षी 2. चांडाल।

दिवाभिसारिका (सं.) [सं-स्त्री.] (काव्यशास्त्र) वह नायिका जो दिन के समय शृंगार करके प्रिय से मिलने संकेत-स्थान पर जाए।

दिवाल (फ़ा.) [सं-स्त्री.] दे. दीवार।

दिवाला [सं-पु.] 1. किसी व्यक्ति या प्रतिष्ठान द्वारा आर्थिक बदहाली में ऋण न चुका पाना; ऋणग्रस्तता 2. व्यापारी या पूँजीपति द्वारा ख़ुद को कंगाल घोषित करने की स्थिति 3. दरिद्र हो जाना; अकिंचनता; अभावग्रस्त होना; कंगाली; कड़की। [मु.] **-निकलना** : ऋण चुकाने में असमर्थता प्रकट करना।

दिवालिया [वि.] 1. जिसका दिवाला निकल गया हो 2. कंगाल; बहुत ही गरीब 3. ऋण चुकाने में असमर्थ।

दिवालियापन [सं-पु.] 1. कंगाली 2. गरीबी।

दिवास्वप्न (सं.) [सं-पु.] निराशा या अकर्मण्यता की स्थिति में बैठे-बैठे ख़्वाब देखना; तरह-तरह की असंभव कल्पनाएँ करना; हवाई किले बनाना।

दिव्य (सं.) [वि.] 1. अलौकिक; लोकातीत 2. चमकीला; दीप्तियुक्त 3. अतिसुंदर; भव्य 4. स्वर्ग या आकाश संबंधी। [सं-पु.] 1. जौ 2. आँवला 3. ब्राह्मी 4. हर्रे 5. लौंग 6. चमेली 7. जीरा 8. कसम 9. सूअर।

दिव्य-पुरुष (सं.) [सं-पु.] अलौकिक या पारलौकिक व्यक्ति, जैसे- देवी, देवता, गंधर्व, यक्ष आदि।

दिव्यता (सं.) [सं-स्त्री.] 1. दिव्य होने का भाव 2. अलौकिकता।

दिव्यत्व (सं.) [सं-पु.] 1. श्रेष्ठ होने की अवस्था या गुण 2. अलौकिकता।

दिव्यदृष्टि (सं.) [सं-स्त्री.] 1. वह अलौकिक दृष्टि जिससे सभी गुप्त या अदृश्य वस्तुएँ दिखाई दें 2. ज्ञानदृष्टि 3. ऐसी दृष्टि जिससे भूत, भविष्य और वर्तमान का सब कुछ देखा जा सके।

दिव्यलोक (सं.) [सं-पु.] स्वर्ग; जन्नत।

दिव्यशक्ति (सं.) [सं-स्त्री.] अलौकिक शक्ति; चमत्कारिक शक्ति।

दिव्या (सं.) [सं-स्त्री.] 1. परम सुंदरी; रूपवती स्त्री; सुंदरी

नायिका 2. हरीतकी; हरड़ 3. शतावर; आँवला 4. सफ़ेद दूब 5. ब्राह्मी 6. पारिजात वृक्ष।

दिव्यांगना [सं-स्त्री.] 1. अप्सरा 2. किसी देवता की स्त्री; देव-स्त्री।

दिव्यांशु (सं.) [सं-पु.] सूर्य।

दिव्यासन (सं.) [सं-पु.] एक प्रकार का योगासन; योग की मुद्रा।

दिव्यास्त्र (सं.) [सं-पु.] 1. (पुराण) कथाओं में वर्णित देवताओं के अस्त्र; देवायुध, जैसे- इंद्रवज्र, नागपाश, ब्रह्मास्त्र तथा सुदर्शन आदि 2. विशिष्ट रीति से चलने वाला हथियार।

दिश [सं-स्त्री.] दिशा; दिक।

दिशा (सं.) [सं-स्त्री.] 1. क्षितिज मंडल के चारों भागों पूर्व, पश्चिम, उत्तर, दक्षिण में से प्रत्येक भाग का विस्तार 2. क्षितिज-मंडल में माने गए चारों दिशाओं के चार कोण तथा सिर के ऊपर और पैर के नीचे की दिशा मिलकर दस क्षेत्र।

दिशा-निर्धारण (सं.) [सं-पु.] {ला-अ.} कार्य करने की पद्धति निर्धारित करना।

दिशा-शूल [सं-पु.] (ज्योतिष) वह घड़ी, पहर जिसमें किसी जगह जाना अशुभ माना जाता है।

दिशानिर्देश (सं.) [सं-पु.] किसी कार्य या कार्यवाही हेतु दिया गया निर्देश।

दिशाबोधक (सं.) [वि.] दिशा का बोध कराने वाला।

दिशाभ्रम (सं.) [सं-पु.] दिशा का ज्ञान न होना; दिशा भूल जाना; दिग्भ्रम।

दिशाविहीन (सं.) [वि.] जिसके कार्य या सोच की कोई दिशा न हो; दिशाहीन।

दिशासूचक (सं.) [वि.] दिशा का संकेत करने वाला।

दिश्या (सं.) [सं-पु.] दिशाओं में होने वाली वस्तुएँ।

दिसावर (सं.) [सं-पु.] 1. दूसरा देश; परदेश; विदेश 2. व्यापारियों की बोलचाल में वह स्थान या देश जहाँ कोई माल या सामान भेजा जाता हो या जहाँ से आता हो।

दिहंदा (फ़ा.) [वि.] देने वाला।

दिहला [सं-स्त्री.] दहलीज।

दिहाड़ी [सं-स्त्री.] 1. मज़दूरों आदि को दिया जाने वाला दैनिक पारिश्रमिक या मज़दूरी; एक दिन का काम करने की मज़दूरी 2. उतना पूरा समय जिसमें मज़दूर दिन भर की मज़दूरी लेकर काम करता है।

दिहात [सं-पु.] गाँव; देहात।

दिहाती [वि.] दिहात का; गाँव संबंधी।

दीक्षक (सं.) [सं-पु.] 1. गुरु; शिक्षक 2. दीक्षा देने वाला व्यक्ति; मंत्र का उपदेश देने वाला व्यक्ति।

दीक्षण (सं.) [सं-पु.] 1. दीक्षा देने की क्रिया 2. प्रशिक्षण; उपनयन।

दीक्षा (सं.) [सं-स्त्री.] 1. उपदेश; सीख 2. गुरु से मंत्र लेने की क्रिया 3. यज्ञों का अनुष्ठान; कोई धार्मिक कृत्य।

दीक्षांत (सं.) [सं-पु.] अध्ययन काल की समाप्ति; उच्च शिक्षा के अध्ययन का संपन्न होना।

दीक्षांत भाषण (सं.) [सं-पु.] किसी विद्वान का वह भाषण जो किसी विश्वविद्यालय के उत्तीर्ण छात्रों के सामने उन्हें उपाधि या प्रमाणपत्र आदि देने के समय होता है।

दीक्षागुरु (सं.) [सं-पु.] मंत्र देने वाला गुरु।

दीक्षार्थी (सं.) [सं-पु.] 1. वह जो दीक्षा लेना चाहता है 2. शिष्य; चेला।

दीक्षित (सं.) [सं-पु.] 1. ब्राह्मणों की एक शाखा या भेद 2. धार्मिक शिष्य। [वि.] 1. जिसे दीक्षा दी गई हो; जो दीक्षा-ग्रहण कर चुका हो 2. शिक्षित; प्रशिक्षित 3. जिसने गुरु से मंत्र लिया हो।

दीक्ष्य (सं.) [वि.] दीक्षा के योग्य।

दीखना [क्रि-अ.] दे. दिखना।

दीगर (फ़ा.) [वि.] 1. दूसरा; अन्य और; भिन्न 2. फिर; दुबारा; पुनः।

दीठ (सं.) [सं-स्त्री.] 1. दृष्टि 2. बुरी निगाह 3. अनुग्रह; कृपादृष्टि 4. देखने की शक्ति 5. परख। [मु.] **-मिलाना** : किसी के सामने होकर उसे देखना। **-उतारना** : बुरी दृष्टि का प्रभाव नष्ट करना।

दीठवंत [वि.] 1. जिसे दिव्य दृष्टि प्राप्त हो 2. जिसे दिखाई पड़ता हो; दृष्टिवान।

दीदा (फ़ा.) [सं-पु.] 1. आँख; नेत्र 2. दृष्टि; नज़र। [मु.] **-लगना** : किसी काम में मन लगना।

दीदार (फ़ा.) [सं-पु.] 1. दर्शन; मुलाकात 2. साक्षात्कार; देखादेखी 3. दीद; जलवा; सौंदर्य; छवि।

दीदी [सं-स्त्री.] 1. बड़ी बहन; जीजी; आपा 2. बड़ी बहन के लिए आदरसूचक संबोधन।

दीन (सं.) [वि.] 1. जो मन में दया उत्पन्न कर सके; दयनीय; कारुणिक; दुखी 2. निर्धन; गरीब; दरिद्र 3. दुख, भय आदि के कारण विनीत; नम्र।

दीन-दुनिया (अ.) [सं-स्त्री.] 1. इहलोक; वर्तमान लोक तथा परलोक; संसार; दुनिया 2. सांसारिक गतिविधियाँ।

दीनता (सं.) [सं-स्त्री.] 1. दीन होने का भाव; नम्रता 2. गरीबी; दद्रिता 3. विपन्नता; अर्थहीनता 4. दुरवस्था; दुर्दशा।

दीनदयाल (सं.) [वि.] 1. दीनों पर दया करने वाला 2. दानशील; दानी। [सं-पु.] परमेश्वर।

दीनदार (अ.+फ़ा.) [वि.] 1. जिसे धर्म पर विश्वास हो; धार्मिक; धर्माचारी 2. जिसमें विनम्रता हो 3. नमाज़गुज़ार।

दीनदारी (फ़ा.) [सं-स्त्री.] 1. दीनदार होने की अवस्था या भाव 2. अपने धर्म पर विश्वास 3. धर्मानुकूल आचरण या व्यवहार करने का भाव 4. धार्मिकता।

दीनानाथ (सं.) [सं-पु.] 1. दीनों का नाथ या रक्षक 2. दानवीर; दानशील 3. सहायक 4. परमेश्वर।

दीनार (फ़ा.) [सं-पु.] 1. कुछ देशों में चलने वाली मुद्रा 2. एक निष्क की तौल 3. प्राचीन समय में एशिया और यूरोप में चलने वाली स्वर्णमुद्रा; अशरफ़ी।

दीप (सं.) [सं-पु.] 1. दीपक; दीया; चिराग 2. {ला-अ.} किसी परिवार या समुदाय का श्रेष्ठ व्यक्ति।

दीप-मालिका (सं.) [सं-स्त्री.] 1. दीपों की पंक्ति; जलते हुए दीपों की श्रेणी 2. दीपावली का त्योहार जो कार्तिक मास की अमावस्या को होता है।

दीपक (सं.) [सं-पु.] 1. मिट्टी का बना हुआ लघु आकार का पात्र जिसमें बत्ती जलाते हैं; चिराग; दीप; दीया 2. संगीत का एक राग 3. (काव्यशास्त्र) काव्य का एक अर्थालंकार 4. (काव्यशास्त्र) एक मात्रिक छंद। [वि.] 1. दीप्त करने वाला; प्रकाशित करने वाला 2. यश बढ़ाने वाला।

दीपक-माला (सं.) [सं-स्त्री.] 1. (काव्यशास्त्र) दीपक अलंकार का एक भेद 2. (काव्यशास्त्र) एक प्रकार के वर्ण-वृत्त का नाम।

दीपदान (सं.) [सं-पु.] 1. कमरे की दीवार में बना स्थान जहाँ दीप रखा जाता है 2. किसी देवता के सामने दीपक जलाकर रखना।

दीपदानी (सं.) [सं-स्त्री.] पूजा के लिए घी, बत्ती आदि रखने की डिबिया।

दीपध्वज (सं.) [सं-पु.] काजल।

दीपन (सं.) [सं-पु.] 1. प्रकाश करने के लिए दीपक या और कोई चीज़ जलाना 2. मन के आवेगों को उत्तेजित या तीव्र करना 3. जठराग्नि तीव्र या प्रज्वलित करना; पाचन-शक्ति बढ़ाना 4. एक संस्कार जो मंत्र आदि को सक्रिय करने के लिए किया जाता है 5. मयूरशिखा नामक बूटी। [वि.] 1. आग प्रज्वलित करने वाला 2. पाचन-शक्ति बढ़ाने वाला।

दीपशिखा (सं.) [सं-स्त्री.] दीपक की लौ।

दीपस्तंभ (सं.) [सं-पु.] दीप, मोमबत्ती आदि रखने के लिए लकड़ी या धातु का बना नक्काशीदार आधार; दीवट।

दीपावली (सं.) [सं-स्त्री.] 1. कार्तिक मास की अमावस्या को मनाया जाने वाला दीपों का त्योहार; दीवाली 2. दीपों की पंक्ति; श्रेणी।

दीपिका (सं.) [सं-स्त्री.] 1. छोटा दीपक 2. (संगीत) संध्या के समय गाई जाने वाली एक प्रकार की रागिनी 3. किसी ग्रंथ का अर्थ बताने वाली टीका 4. चाँदनी। [वि.] उजाला करने वाली।

दीपित (सं.) [वि.] 1. चमकता हुआ 2. दीपों से युक्त; दीप्त 3. जलाया हुआ 4. प्रकाशित 5. उत्तेजित।

दीपोत्सव (सं.) [सं-पु.] 1. दीवाली 2. दीप जलाकर मनाया जाने वाला उत्सव।

दीप्त (सं.) [वि.] 1. प्रकाशयुक्त 2. चमकीला 3. उत्तेजित 4. धधकता हुआ। [सं-पु.] 1. सोना 2. नाक का एक रोग।

दीप्तक (सं.) [सं-पु.] 1. स्वर्ण; सोना 2. नासिका में जलन होने का एक रोग।

दीप्तांग (सं.) [सं-पु.] मयूर; मोर पक्षी। [वि.] 1. ओजस्वी 2. सुंदर; आभायुक्त 3. जिसका शरीर कांतिमान हो; जिसके शरीर में चमक हो; नूरा; अनवर।

दीप्तांशु (सं.) [सं-पु.] 1. सूर्य 2. आक नामक पौधा; मदार।

दीप्ति (सं.) [सं-स्त्री.] 1. दीप्त होने की अवस्था या भाव 2. प्रकाश; उजाला; रोशनी 3. चमक; आभा; द्युति; कांति 4. शोभा; छवि 5. (योग) ज्ञान का प्रकाश जिससे हृदय का अंधकार दूर होता है।

दीप्तिमान (सं.) [वि.] 1. प्रभायुक्त; कांतिमान 2. शोभन।

दीप्यमान (सं.) [वि.] चमकता हुआ; दीप्त।

दीमक (फ़ा.) [सं-स्त्री.] चींटी की जाति का सफ़ेद रंग का एक छोटा कीड़ा जो समूह में रहता है और कागज़, लकड़ी, पौधों आदि को खा जाता है।

दीयट (सं.) [सं-स्त्री.] लकड़ी आदि का बना हुआ वह आधार या स्तंभ जिसपर दीया जलाकर रखा जाता है।

दीया [सं-पु.] बत्ती, तेल तथा घी से युक्त छोटा पात्र, जिसमें बत्ती जलाने पर प्रकाश उत्पन्न होता है; दीपक।

दीया बाँती (सं.) [सं-स्त्री.] 1. दीपक और बत्ती; जलता दीपक 2. संध्या समय घर भर में जलता दीया दिखलाने की एक रीति।

दीयाँ [सं-पु.] दे. दियार।

दीयासलाई [सं-स्त्री.] दीया जलाने की सींक; माचिस या माचिस की तीली; आग जलाने की वह छोटी सींक जिसके सिरे पर गंधक आदि मिला हुआ मसाला लगा होता है।

दीर्घ (सं.) [वि.] 1. लंबा 2. बड़ा 3. ऊँचा 4. गहरा 5. विशाल; विस्तृत 6. छंद से संबंधित गुरु मात्रा 7. ह्रस्व का विलोम। [सं-पु.] 1. ऊँट 2. एक तरह की घास; सरपत।

दीर्घ-सूत्र (सं.) [वि.] जो हर काम में आवश्यकता से अधिक देर लगाता हो; बहुत धीरे-धीरे काम करने वाला।

दीर्घ-सूत्रता (सं.) [सं-स्त्री.] दीर्घसूत्र या दीर्घसूत्री होने की अवस्था, भाव या स्थिति।

दीर्घ स्वर (सं.) [सं-पु.] जिस स्वर के उच्चारण में ह्रस्व से ज़्यादा समय लगे, जैसे- 'आ, ई, ऊ, ए, ऐ, ओ, औ'।

दीर्घकाय (सं.) [वि.] 1. शारीरिक दृष्टि से बड़े डील-डौल वाला 2. बड़े शरीर या काया वाला।

दीर्घकाल (सं.) [सं-पु.] लंबा समय; लंबी अवधि।

दीर्घकालिक (सं.) [वि.] लंबी अवधि तक होने या चलने वाला; दीर्घकाल तक होने वाला; चिरकालिक; दीर्घकालीन।

दीर्घकालीन (सं.) [वि.] 1. बहुत अवधि तक होने या चलने वाला 2. दीर्घकाल तक होने वाला; चिरकालिक; दीर्घकालिक।

दीर्घजीवी (सं.) [वि.] अधिक दिनों तक जीवित रहने वाला; दीर्घ जीवन वाला; लंबी आयुवाला।

दीर्घतर (सं.) [वि.] अपेक्षाकृत दीर्घ।

दीर्घता (सं.) [सं-स्त्री.] 1. दीर्घ होने की अवस्था या गुण 2. लंबाई-चौड़ाई 3. विस्तार।

दीर्घसूत्री (सं.) [वि.] 1. जो हर काम में आवश्यकता से अधिक देर लगाता हो 2. बहुत धीरे-धीरे काम करने वाला।

दीर्घा (सं.) [सं-स्त्री.] 1. आने-जाने के लिए कोई लंबा और ऊपर से छाया हुआ मार्ग 2. किसी घर या भवन के अंदर कुछ ऊँचाई पर दर्शकों आदि के बैठने के लिए बना हुआ स्थान 3. किसी कला प्रदर्शनी के आयोजन के लिए बना हुआ लंबी गैलरियों वाला भवन।

दीर्घायु (सं.) [वि.] लंबी आयु वाला; दीर्घजीवी; अधिक आयु

वाला। [सं.-पु.] 1. मार्कंडेय ऋषि 2. जीवक वृक्ष 3. सेमल का पेड़ 4. कौआ।

दीर्घावकाश (सं.) [सं-पु.] 1. लंबी छुट्टी 2. न्यायालयों, विद्यालयों के दो सत्रों के बीच की छुट्टी।

दीर्घावधि (सं.) [सं-स्त्री.] बड़ी अवधि; लंबी अवधि।

दीर्घिका (सं.) [सं-स्त्री.] 1. छोटा जलाशय या तालाब; बावड़ी 2. एक प्रकार की पुरानी बड़ी नाव।

दीर्घित (सं.) [वि.] जिसे दीर्घ रूप दिया गया हो।

दीर्घीकरण (सं.) [सं-पु.] 1. किसी वस्तु को पहले से अधिक बड़ा या विस्तारित करना 2. दीर्घ रूप देने की क्रिया या भाव।

दीर्ण (सं.) [वि.] 1. फटा हुआ; विदीर्ण 2. दरका हुआ 3. विदारित 4. टूटा हुआ; भग्न।

दीवट (सं.) [सं-स्त्री.] 1. लकड़ी का वह पुराने ढंग का स्तंभ जिसपर दीया रखा जाता है 2. धातु का बना हुआ दीपक रखने का आधार।

दीवान (फ़ा.) [सं-पु.] 1. एक पदवी; ओहदा 2. मंत्री; वज़ीर 3. राजा या बादशाह के बैठने की जगह; राजसभा; कचहरी 4. अर्थ-मंत्री 5. उर्दू में किसी कवि या शायर की रचनाओं का संग्रह 6. ग़ज़लों की किताब 7. पुलिस का उपनायक।

दीवानख़ाना (फ़ा.) [सं-पु.] 1. बैठक; दीवानघर; मुलाकात भवन 2 घर में वरिष्ठ लोगों या मेहमानों के मिलने-जुलने या बैठने का कमरा 3. कचहरी; दरबार 4. कचहरी का दफ़्तर।

दीवानगी (फ़ा.) [सं-स्त्री.] 1. पागलपन; दीवानापन 2. किसी कार्य की तन्मयता; तल्लीनता 3. मोहब्बत का जुनून।

दीवाना (फ़ा.) [सं-पु.] 1. वह जो किसी वस्तु या व्यक्ति के प्रति गहरा लगाव रखता हो 2. प्रेम में पागल व्यक्ति; आशिक; प्रेमी 3. सनकी; विक्षिप्त 4. जो किसी कार्य में तन्मय रहता हो।

दीवानी (फ़ा.) [सं-स्त्री.] 1. आर्थिक मामलों से संबद्ध न्यायालय; कचहरी 2. दीवान का पद 3. बावली प्रेमिका 4. जुनूनी।

दीवानी न्यायालय (फ़ा.+सं.) [सं-पु.] वह न्यायालय जिसमें संपत्ति या अर्थ संबंधी व्यवहारों या मुकदमों का विचार या निर्णय होता है।

दीवाने-आम (फ़ा.+अ.) [सं-पु.] ऐसा दरबार या न्यायालय जिसमें राजा या बादशाह के सामने सभी उपस्थित होकर अपनी बात रख सकें; वह स्थान जहाँ उक्त प्रकार का दरबार लगता हो।

दीवाने-ख़ास (फ़ा.+अ.) [सं-पु.] ऐसा राज दरबार जहाँ गिने-चुने या महत्वपूर्ण लोग ही सम्मिलित हो सकते हैं; वह दरबार जिसमें राजा अपने मंत्रियों या मुख्य सरदारों के साथ बैठकर विचार-विमर्श करता है; ख़ास दरबार।

दीवार (फ़ा.) [सं-स्त्री.] ईंट, मिट्टी आदि की बनी हुई ऊँची भित्ति; दीवाल; भीत।

दीवारगीर (फ़ा.) [सं-स्त्री.] 1. दीया, मोमबत्ती, लैंप आदि रखने का आधार जो दीवार में जड़ा जाता है 2. उक्त प्रकार से जलाया जाने वाला दीया, मोमबत्ती आदि 3. दीवार पर टाँगा जाने वाला रंगीन विशेषतः बेल-बूटों वाला परदा।

दीवाली (सं.) [सं-स्त्री.] 1. दीपावली 2. हिंदुओं का एक प्रमुख त्योहार।

दुःखातीत (स) [वि.] दुख का त्याग; दुःख से मुक्त।

दुंद (सं.) [सं-पु.] 1. दो व्यक्ति के बीच होने वाली लड़ाई या युद्ध; दो व्यक्ति के बीच होने वाला द्वंद्व 2. शोरगुल; हो-हल्ला 3. उपद्रव; ऊधम; उत्पात।

दुंदुभ (सं.) [सं-पु.] 1. बड़ा नगाड़ा; धौंसा 2. बड़ा ढोल।

दुंदुभि (सं.) [सं-स्त्री.] 1. नगाड़ा; धौंसा 2. बड़ा ढोल।

दुंदुह (सं.) [सं-पु.] पानी में रहने वाला साँप; डेंड़हा।

दुंबक (सं.) [सं-पु.] 1. एक तरह का मेढ़ा 2. दुंबा।

दुंबा (फ़ा.) [सं-पु.] मेढ़ों या भेड़ों की एक जाति जिनकी दुम चक्की की पाट की तरह गोल और भारी होती है; उक्त जाति का मेढ़ा।

दुःख (सं.) [सं-पु.] तत्सम वर्तनी (दे. दुख)।

दुःशासन (सं.) [सं-पु.] 1. बुरा या अराजक शासन 2. (महाभारत) दुर्योधन का छोटा भाई।

दुःस्पर्श (सं.) [वि.] 1. जिसे स्पर्श करना कठिन हो 2. जिसे पाना कठिन हो। [सं-पु.] करंज नामक लता; केवाँच; कौंच; दुरालभा।

दुअन्नी (सं.) [सं-स्त्री.] भारत में प्राचीन काल में प्रचलित दो आने का सिक्का।

दुआ (अ.) [सं-स्त्री.] 1. आशीर्वाद 2.शुभकामना 3. ईश्वर से प्रार्थना या याचना करना 4. विनती।

दुआ-सलाम (अ.) [सं-पु.] 1. हालचाल की जानकारी 2. अभिवादन 3. अल्पपरिचय वाला संबंध।

दुआर छेंकाई [सं-स्त्री.] विवाह के अवसर पर वर द्वारा सालियों को द्वार छेंकने पर दिया जाने वाला नेग।

दुआरी [सं-स्त्री.] छोटा दरवाजा।

दुआल (फ़ा.) [सं-स्त्री.] 1. चमड़े का तसमा 2. रकाब का चमड़ा; दुवाल।

दुआली [सं-स्त्री.] 1. नारा 2. रस्सी 3. बर्मा चलाने की डोरी 4. चमड़े की बद्धी जिससे खराद, सान आदि चढ़ायी जाती है।

दुआह [सं-पु.] पहली पत्नी या पहले पति की मृत्यु के पश्चात स्त्री-पुरुष का होने वाला दूसरा विवाह।

दुकड़ा (सं.) [सं-पु.] 1. एक साथ जुड़ी या मिली हुई दो चीज़ें; युग्म 2. एक पैसे का चौथाई भाग; छदाम।

दुकड़ी [सं-स्त्री.] 1. एक साथ मिली हुई वस्तु 2. चारपाई की वह बुनावट जिसमें दो-दो रस्सियाँ एक साथ बुनी जाती है 3. एक साथ दिए या लिए जाने वाले दो रुपए 4. घोड़ों का दोहरा साज 5. ऐसी गाड़ी जिसमें दो घोड़े एक साथ जुतते हों 6. दो कड़ियों वाली लगाम।

दुकलियाँ गुँथाई [सं-स्त्री.] दो फूलों की डाँडियों की भिन्न दिशा की गुँथाई।

दुकान (फ़ा.) [सं-स्त्री.] 1. वह स्थान जहाँ सामान की ख़रीद-बिक्री होती है; पण्यशाला; हट्टी; हट्ट 2. {ला-अ.} एक जगह फैली हुई बहुत-सी चीज़ें। [मु.] **-बढ़ाना** : दुकान बंद करना।

दुकानदार (फ़ा.) [सं-पु.] 1. दुकान में चीज़ें बेचने वाला व्यक्ति 2. दुकान का मालिक 3. {ला-अ.} व्यवहार में मोल-भाव

करने वाला व्यक्ति।

दुकानदारी (फ़ा.) [सं-स्त्री.] 1. दुकान में सामान बेचने का काम; दुकानदार का कामकाज; दुकानदार का पद 2. {ला-अ.} वस्तुओं का दाम बढ़ाकर कहना; मोलभाव 3. {ला-अ.} पैसा कमाने के लिए किया जाने वाला ढोंग; ठगने के लिए की जाने वाली बातें; ठगी; धोखाधड़ी 4. {ला-अ.} लेनदेन की मानसिकता।

दुकाल (सं.) [सं-पु.] 1. अकाल 2. दुर्भिक्ष।

दुकूल (सं.) [सं-पु.] 1. बढ़िया और महीन कपड़ा 2. सन या तीसी के रेशे से बना कपड़ा; क्षौम-वस्त्र 3. उत्तरीय; दुपट्टा।

दुकूलिनी (सं.) [सं-स्त्री.] नदी; सरिता।

दुकेला [सं-पु.] वह जो अकेला न हो; जो किसी के साथ हो या उसके साथ कोई दूसरा हो।

दुक्कड़ [सं-पु.] 1. तबले की तरह का एक बाजा जो शहनाई के साथ बजाया जाता है 2. दो बड़ी नावों को जोड़कर बनाया गया बेड़ा।

दुक्का (सं.) [वि.] 1. जिसके साथ कोई और भी हो; दुकेला 2. जोड़ा; युग्म।

दुक्की [सं-स्त्री.] 1. ताश का वह पत्ता जिसपर दो बूटियाँ होती हैं 2. दुक्का।

दुख (सं.) [सं-पु.] 1. दुःख; कष्ट; दर्द; तकलीफ़; पीड़ा 2. संकट; विपत्ति; अज़ा 3. मानसिक कष्ट; रंज; खेद; गम 4. रोग; बीमारी; मर्ज़। [मु.] **-बाँटना** : संकट के समय किसी का साथ देना।

दुखड़ा [सं-पु.] 1. दुख; दुख का किस्सा या वृत्तांत; दुख की गाथा; ऐसी बातें जिनमें दुखों या विपत्तियों का वर्णन हो 2. विपत्ति; कष्ट; संकट; आफ़त; तकलीफ़; तकलीफ़ों का हाल। [मु.] **-रोना** : अपना दुख किसी से कहना।

दुखद (सं.) [वि.] दुख या कष्ट देने वाला; जिसके कारण या फलस्वरूप मन को दुख पहुँचे।

दुखदायक (सं.) [वि.] 1. दुख देने वाला; अप्रिय; कष्टकारी; जो कष्ट पहुँचाता हो 2. दुखद; खेदजनक।

दुखदायी (सं.) [वि.] 1. दुख देने वाला; जो दूसरों को दुख देता हो 2. पीड़ाप्रद; कष्टप्रद।

दुखना [क्रि-अ.] 1. किसी अंग विशेष का दर्द करना या घाव, फुंसी, चोट आदि में पीड़ा होना 2. कष्ट या पीड़ा होना।

दुखमय (सं.) [वि.] दुखों से भरा हुआ; दुखों से परिपूर्ण, जैसे- दुखमय संसार।

दुखवाद (सं.) [सं-पु.] (बौद्ध धर्म) वह मत या सिद्धांत जिसमें यह वर्णित है कि जीवन दुखमय है।

दुखांत (सं.) [सं-पु.] 1. दुख की समाप्ति 2. दुख की पराकाष्ठा 3. मोक्ष। [वि.] 1. जिसका अंत दुखपूर्ण हो 2. त्रासदी; (ट्रेजडी)।

दुखांतिका (सं.) [सं-स्त्री.] ऐसा नाटक जिसका अंत मृत्यु या घोर कष्ट में हो; (ट्रेजडी)।

दुखाना [क्रि-स.] 1. दुख देना या दुखी करना 2. पीड़ा पहुँचाना; कष्ट देना 3. किसी की चोट या घाव में पीड़ा उत्पन्न करना 4. जलाना; तड़पाना 5. कलपाना; मसोसना। [मु.] **जी दुखाना** : किसी को मानसिक कष्ट पहुँचाना।

दुखित (सं.) [वि.] 1. जिसे दुख हो; पीड़ित; जिसे कष्ट हो 2. खिन्न; त्रस्त; बदहाल 3. गमज़दा; गमगीन 4. उदास; करुण।

दुखिया [वि.] 1. दुखी; पीड़ित; व्यथित; खिन्न 2. बीमार।

दुखियारा [वि.] 1. जिसे दुख हो; दुखिया; जो कष्ट या विपत्ति में हो 2. गरीब; कंगाल 3. संकटग्रस्त 4. बीमार; रोगी।

दुखी (सं.) [वि.] 1. जिसे दुख हो; पीड़ित; संत्रस्त; दुख से भरा हुआ 2. उदास; ग़मज़दा; बदहाल 3. बेचारा; निरुपाय 4. व्याकुल; बेचैन; अशांत 5. करुण; दीन 6. अनुशयी; अप्रसन्न।

दुगदुगी [सं-स्त्री.] 1. सीने या छाती के बीच का गड्ढा 2. धुकधुकी 3. घबराहट।

दुगना (सं.) [वि.] दूना; दो गुना।

दुग्ध (सं.) [सं-पु.] 1. दूध 2. पौधों के तने या टहनी से निकलने वाला दूध जैसा सफ़ेद गाढ़ा रस। [वि.] 1. दुहा हुआ 2. भरा हुआ।

दुग्ध-धवल (सं.) [वि.] दूध की तरह स्वच्छ।

दुग्धचूर्ण (सं.) [सं-पु.] रासायनिक प्रक्रिया से बनाया गया दूध का चूर्ण; (मिल्क पाउडर)।

दुग्धपान (सं.) [सं-पु.] 1. दूध पिलाना 2. दूध पीना।

दुग्धमुख (सं.) [वि.] 1. जो अभी माता के दूध से ही पलता हो 2. दुधमुँहाँ।

दुग्धशाला (सं.) [सं-स्त्री.] 1. वह स्थान जहाँ गाय-भैंसों का दूध बेचा जाता है 2. गाय-भैंस पालने का स्थान; (डेरी)।

दुग्धाग्र (सं.) [सं-पु.] दूध को उबालने से उस पर आने वाली मलाई।

दुग्धाब्धि (सं.) [सं-पु.] (पुराण) कल्पित दूध का समुद्र; क्षीर सागर।

दुग्धिल (सं.) [वि.] दूध की तरह सफ़ेद; दूधिया।

दुग्धी (सं.) [सं-स्त्री.] दुद्धी नामक घास; दूधिया। [सं-पु.] क्षीर नामक वृक्ष। [वि.] जिसमें दूध हो; दूध से युक्त।

दुग्धोद्योग (सं.) [सं-पु.] दूध और उससे संबंधित घी, मक्खन, मावा आदि खाद्य पदार्थ तैयार करने का उद्योग।

दुचंद (फ़ा.) [वि.] दूना; दोगुना।

दुचारा [सं-स्त्री.] चार के दो लंबे पक्ष।

दुचित (सं.) [वि.] संदेह में पड़ा हुआ; दुचित्ता।

दुचिताई [सं-स्त्री.] 1. दुचित्ते होने की अवस्था या भाव 2. चित्त की अस्थिरता; दुविधा; असमंजस 3. आशंका; खटका; संदेह।

दुचित्ती [सं-स्त्री.] 1. दुचित्ते होने की अवस्था या भाव 2. चित्त की अस्थिरता।

दुजड़ [सं-स्त्री.] तलवार; कृपाण; असि।

दुजड़ी [सं-स्त्री.] कटारी; छोटा कटार।

दुजायगी [सं-स्त्री.] जिनके साथ आपसी मेल-मिलाप रहा हो उनको पराया, भिन्न और गैर समझना; आपसी लोगों के प्रति दिखाया जाने वाला परायापन।

दुझाल [वि.] 1. असह्य 2. दोनों हाथों से शस्त्र धारण करने वाला।

दुत [अव्य.] 1. घृणा या तिरस्कार के साथ किसी को परे हटाने के लिए कहा जाने वाला शब्द; दुतकारने का शब्द 2. कभी-कभी प्रेमभरी दुत्कार में कहा जाने वाला शब्द।

दुतकार [सं-स्त्री.] 1. दुतकारने की क्रिया या भाव 2. तिरस्कार; अपमान; डाँट; लानत; धिक्कार; फटकार।

दुतकारना [क्रि-स.] 1. अपमानपूर्वक फटकारना; धिक्कारना; तिरस्कार करना 2. दुत कहकर अपने से दूर हटाना।

दुतरफ़ा (फ़ा.) [वि.] 1. जो दोनों तरफ़ हो 2. इधर भी; उधर भी, जैसे- कपड़े की दुतरफ़ा छाप 3. द्विपार्श्वीय 4. (व्यवहार में) जो किसी एक ओर न हो।

दुताबी (हिं.+फ़ा.) [सं-स्त्री.] प्राचीन समय की एक प्रकार की दुधारी तलवार।

दुथन [सं-स्त्री.] पत्नी; जोरू (कुमाऊँ)।

दुथरी [सं-स्त्री.] एक तरह की मछली।

दुदंता [वि.] दो दाँतोंवाला। [सं-पु.] दो दाँतों वाला बछड़ा।

दुद्धरमुठिया [सं-पु.] दुद्धा; अधपकी बाल (ज़्वार, बाजरा, मक्का आदि)।

दुद्धा [सं-पु.] दे. दुद्धरमुठिया।

दुद्धी [सं-स्त्री.] 1. एक घास जिसमें दूध जैसा तरल निकलता है 2. खड़िया मिट्टी 3. एक तरह का धान।

दुद्रुम (सं.) [सं-पु.] प्याज़ का हरा पौधा।

दुधघोट्टू [सं-पु.] दूध भरने वाली फली, बाली; दुधभोरी।

दुधमुँहाँ [वि.] 1. जो माँ के दूध पर पल रहा हो 2. जिसके दूध के दाँत न टूटे हों; नन्हा (बच्चा); छोटा।

दुधार [वि.] अधिक दूध देने वाली। [सं-स्त्री.] अधिक दूध देने वाली गाय।

दुधारी [वि.] दोनों ओर धारवाली। [सं.स्त्री.] एक प्रकार की कटार जिसमें दोनों तरफ़ धार होती है।

दुधारू [वि.] 1. दूध देने वाली (गाय, भैंस आदि) 2. जो अधिक दूध देती हो।

दुधिया [सं-पु.] सफेद ज्वार; हड्डी। [वि.] 1. जिसमें दूध मिला हो 2. दूध की तरह सफेद। [सं-स्त्री.] 1. दुद्धी नामक घास 2. खड़िया मिट्टी 3. एक प्रकार की चिड़िया।

दुधियाना [क्रि-स.] गदरा जाना।

दुनाली [वि.] 1. जिसमें दो नालियाँ हों 2. दो नालों या नलियों वाली (बंदूक)।

दुनिया (अ.) [सं-स्त्री.] 1. जगत; संसार; आलम 2. जीव समष्टि 3. पृथ्वी; सृष्टि 4. मृत्युलोक; इहलोक 5. {ला-अ.} दुनिया के लोग; जनता 6. {ला-अ.} संसार का झंझट। [मु.] **-दुनिया की हवा लगना** : सांसारिक बातों का अनुभव होना; अनुचित कार्यों की ओर प्रवृत्त होना। **-दुनिया से उठ जाना या चल बसना** : मर जाना।

दुनियादार (अ.+फ़ा.) [सं-पु.] 1. परिवार के लिए काम करने वाला व्यक्ति; गृहस्थ 2. संसार के प्रपंच में उलझा हुआ व्यक्ति; संसारी 3. व्यवहारकुशल व्यक्ति। [वि.] 1. जो लोक व्यवहार में कुशल हो; लोकचतुर 2. संसार के ऊँच-नीच अथवा अच्छे-बुरे का ज्ञान रखने वाला 3. चतुराई से अपना काम निकालने वाला।

दुनियादारी (अ.+फ़ा.) [सं-स्त्री.] 1. दुनियादार होने का भाव या गुण 2. व्यवहार-कुशलता; लोकचातुरी 3. सांसारिक प्रपंच; लोकाचार; लोकव्यवहार; संसार का जंजाल 4. घर-गृहस्थी का कामकाज; घर-परिवार का प्रपंच; गृहस्थी का झंझट या बखेड़ा 5. लोगों को दिखाने के लिए किया गया आचरण।

दुनियापरस्त (अ.+फ़ा.) [वि.] 1. दुनिया के मोह में बँधा हुआ 2. गृहस्थी में रमा हुआ 3. अवसरवादी; कंजूस।

दुनियावी (अ.) [वि.] सांसारिक; दुनिया का; लौकिक।

दुपटी [सं-स्त्री.] 1. छोटा दुपट्टा 2. चादर।

दुपट्टा [सं-पु.] 1. स्त्रियों के सिर पर ओढ़ने की चादर; चुन्नी; ओढ़नी; पामरी 2. कंधे पर रखने वाला कपड़ा; उत्तरीय। [मु.] **- (मुँह पर) दुपट्टा तानकर सोना** : निश्चिंत होकर सोना; बेखटके सोना। **- (किसी से) दुपट्टा बदलना** : किसी को अपनी सहेली बनाना।

दुपता [वि.] दे. दुपतिया।

दुपतिया [वि.] दो पत्तोंवाला।

दुपलिया [वि.] दो पल्लों वाला; दुपल्ला। [सं-पु.] 1. केवल दो पाखों वाली छप्पर। [सं-स्त्री.] एक प्रकार की टोपी जिसके दोनों पल्ले सिले हों।

दुपल्ला [वि.] 1. जो दो टुकड़े जोड़कर बनाए गए हों 2. (वस्तु) जिसमें दो पल्ले हों।

दुपल्ली [वि.] 1. दो पल्लों वाली 2. जिसके दो भाग हों।

दुपहर [सं-स्त्री.] दिन का वह समय जब सूर्य ठीक सिर के ऊपर आता है; मध्याह्न; दोपहर।

दुपहरिया [सं-स्त्री.] 1. मध्याह्न; दोपहर 2. गुलदुपहरिया नामक एक छोटा पौधा जिसमें लाल फूल लगते हैं।

दुपहरी [सं-स्त्री.] दोपहर का समय; वह समय जब सूर्य बिलकुल मध्य आकाश में होता है; तेज धूप का समय; दिन के मध्य की बेला।

दुपहिया [वि.] दो पहियों वाला (वाहन)।

दुपैरा [वि.] जिस कुँए पर दो पुर चलें।

दुफ़सली [वि.] 1. रबी और खरीफ़ दोनों फ़सलों में उत्पन्न होने वाला 2. जिसके दो रुख या पक्ष हों 3. दुरंगी।

दुबकना [क्रि-अ.] 1. सिकुड़ना 2. भय के कारण छिपना।

दुबकी [सं-स्त्री.] 1. सिकुड़ जाने की अवस्था 2. दुबककर या छिपकर रहना।

दुबरसी [सं-स्त्री.] दो बरस में ब्याने वाली (गाय)।

दुबला (सं.) [वि.] 1. क्षीण शरीर या आकृति का; कृश; दुर्बल; कमज़ोर 2. पतला।

दुबलापन [सं-पु.] दुबला होने की अवस्था या भाव।

दुबसिया [सं-पु.] दो बेला तक बासी रखा गया भोजन।

दुबही [सं-स्त्री.] दुबारा जुताई।

दुबारा [क्रि.वि.] दे. दोबारा।

दुबाह [सं-पु.] दोनों हाथों से एक साथ दो तलवारें चलाने की क्रिया।

दुबाहना [क्रि-स.] दोनों हाथों से एक साथ दो तलवारें चलाना।

दुबे [सं-पु.] ब्राह्मणों में एक कुलनाम या सरनेम; द्विवेदी।

दुभाषिणी (सं.) [सं-स्त्री.] दो भाषाओं का ज्ञान रखने वाली स्त्री।

दुभाषिया (सं.) [वि.] दो भाषाओं का ज्ञान रखने वाला; एक से दूसरी भाषा में मौखिक भाषांतरण करने वाला; श्रोताओं को एक भाषा की बात दूसरी भाषा में समझाने वाला।

दुम (फ़ा.) [सं-स्त्री.] 1. पूँछ; पुच्छ 2. पूँछ की तरह पीछे की तरफ़ लगी हुई कोई चीज़ 3. पिछवाड़ा 4. {ला-अ.} किसी कार्य का अंतिम चरण; किसी बात का अंतिम अंश 5. {ला-अ.} वह जो बराबर पीछे लगा रहता है; पिछलग्गू। [मु.] -**दबा कर भागना** : डरकर चुपचाप भागना। -**में तेल लगाना** : ख़ुशामद करना या अधीनता स्वीकार करना। -**हिलाना** : दीनतापूर्वक प्रसन्नता प्रकट करना।

दुमंज़िला (फ़ा.+अ.) [वि.] दो मंज़िल या खंडवाला (मकान, वाहन आदि)।

दुमची (फ़ा.) [सं-स्त्री.] 1. घोड़ों की पूँछ के नीचे दबा रहने वाला चमड़ा 2. वह हड्डी जो पुट्ठों के बीच रहती है; पूँछ की हड्डी 3. पतली और हलकी शाखा।

दुमट (सं.) [सं-स्त्री.] चिकनी रेतीली मिट्टी जो फ़सल के लिए अधिक उपयुक्त मानी जाती है।

दुमदार (फ़ा.) [वि.] 1. जिसके दुम या पूँछ हो; दुमवाला; पुच्छल 2. जिसके पीछे दुम जैसी चीज़ लगी या जुड़ी हो।

दुमहिलाऊ [वि.] 1. दुम हिलाने वाला 2. {ला-अ.} ख़ुशामदी।

दुमाता (सं.) [सं-स्त्री.] 1. सौतेली माँ; विमाता 2. बुरी या दुष्ट माता; कुमाता।

दुमाहा [वि.] 1. दो महीने की अवस्था वाला 2. प्रत्येक दो महीने पर होने वाला।

दुम्मट [सं-पु.] दे. दुमट।

दुम्मा [सं-पु.] 1. चौड़ी दुम वाली भेड़ 2. काबुली नर भेड़।

दुम्मी [सं-स्त्री.] काबुली मादा भेड़।

दुर[1] (सं.) [पूर्वप्रत्य.] दूषण या निषेध का सूचक एक प्रत्यय, जैसे- दुराग्रह, दुर्दशा। [अव्य.] तिरस्कार सूचक अव्यय जो 'दूर हो' का संक्षिप्त रूप है।

दुर[2] (फ़ा.) [सं-पु.] 1. मोती; मुक्ता 2. नाक में पहनने का मोती का लटकन; लोलक 3. कान की बाली जिसमें मोती पिरोए हों।

दुरंग (सं.) [सं-पु.] 1. गढ़; किला 2. दुरंगा।

दुरंगा [वि.] 1. जिसमें दो रंग हों 2. दो तरह या प्रकार का 3. {ला-अ.} दोहरी चाल चलने वाला।

दुरंगी [सं-स्त्री.] 1. दो रंग या प्रकारों के होने का भाव 2. {ला-अ.} दोहरी चाल वाला; धोखेबाज़।

दुरंत (सं.) [वि.] 1. जिसका पार पाना मुश्किल हो; अपार 2. बहुत बड़ा या भारी 3. जो बाद में कष्ट पहुँचाए 4. जिसका अंत या परिणाम बुरा हो 5. कठिन 6. प्रबल; प्रचंड; तीव्र 7. बहुत गंभीर 8. जो दुष्ट हो; खल; पाजी।

दुरंतक (सं.) [सं-पु.] शिव; महादेव।

दुरंतर (सं.) [वि.] 1. दुर्गम 2. कठिन।

दुरकी [सं-स्त्री.] कपास में लगने वाला कीड़ा।

दुरकुच्छी [सं-स्त्री.] 1. अटपटापन 2. ऊब; विरक्ति।

दुरक्ष (सं.) [वि.] 1. जिसे कम दिखाई पड़ता हो 2. बुरी या दूषित निगाहवाला।

दुरखा [सं-पु.] एक प्रकार का फतिंगा, जो गेहूँ, तंबाकू, नील, सरसों आदि की खेती को हानि पहुँचाता है।

दुरचुम [सं-पु.] दरी के ताने के दो- दो सूतों को एक में बाँधना ताकि वे उलझ न जाएँ।

दुरदुराना [क्रि-स.] दुर-दुर कहते हुए तिरस्कारपूर्वक दूर करना; अपमानित करते हुए भगाना या हटाना।

दुरधिगम (सं.) [वि.] 1. जिसे हासिल करना मुश्किल हो; दुर्लभ; दुष्प्राप्य 2. जिसके पास पहुँचना कठिन हो; दुर्गम 3. जिसे समझना कठिन हो; दुर्बोध; दुर्ज्ञेय।

दुरधीत (सं.) [सं-पु.] वेद ग्रंथों का अशुद्ध तरीके से किया जाने वाला अध्ययन; वेदों का अशुद्ध उच्चारण।

दुरन्वय (सं.) [सं-पु.] अशुद्ध निष्कर्ष। [वि.] 1. जिसका अनुसरण करना कठिन हो 2. दुष्प्राप्य।

दुरपवाद (सं.) [सं-पु.] 1. निंदा 2. कुत्सा; बदनामी।

दुरबचा [सं-पु.] मोतियों से बना कान का एक गहना; एक ही मोती वाली छोटी बाली।

दुरभिचेष्टा (सं.) [सं-स्त्री.] गलत प्रयास।

दुरभियोजन (सं.) [सं-पु.] 1. षड्यंत्र; छल 2. किसी को संकट में डालने के लिए बनाई जाने वाली योजना 3. किसी को हानि पहुँचाने के लिए होने वाली गुप्त कार्यवाही; (प्लॉट)।

दुरभिसंधि (सं.) [सं-स्त्री.] 1. कुटिलता और छल के लिए की गई गुप्त मंत्रणा; कुमंत्रणा; षड्यंत्र; कुचक्र; छल 2. दुष्ट अभिप्राय से दल बनाकर की गई मिलीभगत।

दुरमुस (सं.) [सं-पु.] कंकड़ या मिट्टी पीटकर सड़क बनाने का एक उपकरण; ज़मीन समतल करने का एक हत्थेदार उपकरण।

दुरवस्था (सं.) [सं-स्त्री.] 1. बुरी दशा; बुरा हाल; दुर्दशा 2. कष्ट, दरिद्रता आदि के कारण होने वाली दीन-हीन अवस्था।

दुराक्रंद (सं.) [वि.] दहाड़ मारकर ख़ूब ज़ोर से रोता हुआ।

दुराक्रमण (सं.) [सं-पु.] 1. धोखे या कपट से किया गया आक्रमण 2. वह स्थान जहाँ पहुँचना या जाना कठिन हो।

दुरागम (सं.) [सं-पु.] 1. अनुचित रूप से आना 2. अवैध रूप से प्राप्त होना।

दुरागमन (सं.) [सं-पु.] 1. दूसरी बार आना; पुनरागमन 2. वधू का अपने पति के साथ दूसरी बार अपनी ससुराल में आना; गौना; द्विरागमन।

दुराग्रह (सं.) [सं-पु.] अनुचित बात पर अड़ने का भाव; अनुचित हठ; ज़िद।

दुराग्रही (सं.) [वि.] 1. जो दुराग्रह करता है; अपनी बात पर अनुचित तरीके से अड़ा रहने वाला; हठी; ज़िद्दी 2. मतांध।

दुराचरण (सं.) [सं-पु.] 1. बुरा आचरण 2. कुकृत्य; गलत व्यवहार।

दुराचार (सं.) [सं-पु.] 1. निंदनीय आचरण; बदचलनी 2. कदाचार; कुकृत्य; दुष्कर्म; कुकर्म।

दुराचारी (सं.) [वि.] 1. दुराचार करने वाला; निंदनीय आचरण करने वाला; दुष्ट; दुर्जन; दुर्व्यवहारी; दुष्चरित्र 2. दुष्कर्मी; कुकर्मी; बलात्कारी 3. व्यभिचारी; बदचलन; विपथगामी 4. भ्रष्टाचारी; घोटालेबाज़ 5. पापी 6. ओछा; कमीना; अधम 7. कलुषित; पतित; ऐबी।

दुराजी (सं.) [वि.] 1. जिसपर दो राजाओं का अधिकार हो 2. (प्रदेश या स्थान) जिसमें दो राजा हों।

दुरात्मा (सं.) [सं-पु.] 1. दुष्ट और नीच आचरण करने वाला व्यक्ति 2. भ्रष्टाचारी व्यक्ति; भ्रष्ट 3. अत्याचारी व्यक्ति। [वि.] 1. दुष्ट और नीच प्रवृत्तिवाला 2. जिसके मन में खोट हो 3. दुर्जन; दुराचारी; दुर्व्यवहारी 4. पापी 5. दुष्कर्मी 6. भ्रष्टाचारी।

दुरादुरी [सं-स्त्री.] 1. छिपाव; गोपन 2. दुराव।

दुराधर्ष (सं.) [सं-स्त्री.] 1. पीली सरसों 2. (पुराण) विष्णु का एक नाम। [वि.] 1. जिसका दमन करना कठिन हो 2. जिसका पराभव न हो सकता हो; जो कठिनाई से विजित हो 3. उग्र; प्रचंड; विकट।

दुराधार (सं.) [सं-पु.] (पुराण) शिव का एक नाम; महादेव।

दुरानम (सं.) [वि.] 1. जिसे झुकाना बहुत कठिन हो 2. जो बड़ी मुश्किल से दबाया जा सके।

दुराना [क्रि-स.] 1. छिपाना; आँखों से ओझल करना 2. दूर करना। [क्रि-अ.] 1. छिपना; आड़ में होना 2. हटना; दूर होना।

दुराराध्य (सं.) [वि.] जिसे संतुष्ट करना कठिन हो; मुश्किल से प्रसन्न होने वाला; जिसको आराधना से प्रसन्न करना कठिन हो।

दुरारुह (सं.) [वि.] जिसपर चढ़ना कठिन हो। [सं-पु.] नारियल; बेल; खजूर; सेमल वृक्ष।

दुरारूढ़ (सं.) [वि.] किसी मत, सिद्धांत या बात से न हटने की ज़िद।

दुरालभ (सं.) [वि.] जिसे प्राप्त करना कठिन हो; दुष्प्राप्य; दुर्लभ।

दुरालाप (सं.) [सं-पु.] 1. अभद्र या अनुचित बातचीत; कुवार्ता; गाली-गलौज 2. दुर्वचन।

दुरालोक (सं.) [सं-पु.] 1. चकाचौंध उत्पन्न करने वाली चमक 2. कुदृश्य। [वि.] 1. जिसे देखना कठिन हो; सरलता से न दिखने वाला 2. जिसकी ओर देखने से आँखों में चौंध लगती हो।

दुराव[1] [सं-पु.] दूरी; दूर होने का भाव।

दुराव[2] (सं.) [सं-पु.] 1. भेद बनाए रखने का भाव; छिपाव 2. छल; कपट।

दुरावस्था (सं.) [सं-स्त्री.] 1. दुर्गति; दुर्दशा; बुरी दशा; हीनावस्था 2. ख़राब हालत; दयनीय दशा।

दुरावार (सं.) [वि.] 1. जिसे रोकना कठिन हो 2. जिसे ढकना कठिन हो।

दुराश (सं.) [वि.] 1. जिसे बुरी आशा हो; बुरी नीयत या दुराशावाला; दुष्कामना करने वाला 2. जिसे व्यर्थ की आशा हो।

दुराशय (सं.) [सं-पु.] 1. दुष्ट आशय या उद्देश्य; बुरा विचार 2. वह जिसके विचार निम्नकोटि के हों; कुटिल व्यक्ति; दुष्कामना करने वाला व्यक्ति। [वि.] बुरे आशय या उद्देश्य वाला; जिसकी नीयत ख़राब हो; बदनीयत; दुष्ट; खल; निंदनीय सोच वाला; खोटा; नीच; कुटिल; दुर्जन।

दुराशा (सं.) [सं-स्त्री.] 1. कठिनाई से पूरी होने वाली आशा; व्यर्थ की आशा 2. निराशा 3. वह आशा जो पूरी न हो सके।

दुरासद (सं.) [वि.] 1. जिसके पास जाना कठिन हो; दुर्गम 2. दुर्लभ; दुस्साध्य; दुष्प्राप्य 3. अद्वितीय 4. दुर्जय।

दुरित (सं.) [सं-पु.] 1. पाप; अपराध; दुष्कृत 2. संकट; ख़तरा। [वि.] 1. पापी; पातकी 2. कठिन।

दुरियाना (सं.) [क्रि-स.] दूर करना या हटाना; दुरदुराना।

दुरिष्ट (सं.) [सं-पु.] 1. पाप; पातक 2. किसी का अनिष्ट करने के लिए किया जाने वाला यज्ञ; पूजा-पाठ; मारण अनुष्ठान।

दुरिष्टि (सं.) [सं-स्त्री.] अभिचार (षड्कर्म मारण, मोहन आदि) के उद्देश्य से किया जाने वाला यज्ञ; दुरिष्ट यज्ञ।

दुरीषणा (सं.) [सं-स्त्री.] किसी का बुरा चाहना; अमंगल कामना; शाप; किसी के हित की कामना; अनुचित इच्छा।

दुरुक्त (सं.) [सं-पु.] दुर्वचन; अपशब्द; बुरा कथन। [वि.] 1. जो दुबारा कहा गया हो; दुहराया हुआ 2. बुरी तरह से कहा गया।

दुरुक्ति (सं.) [सं-स्त्री.] 1. किसी शब्द या बात का दुहराया जाना 2. ख़राब या बुरी युक्ति अथवा कथन 3. दुर्वचन; गाली।

दुरुखा (फ़ा.) [वि.] 1. जिसके दोनों ओर मुँह हों 2. जिसके दोनों ओर दो प्रकार के अंकन, चिह्न या रंग हों 3. जिसके दोनों ओर किसी एक प्रकार का अंकन या चिह्न हो।

दुरुच्छेद (सं.) [वि.] 1. जिसका उच्छेद करना कठिन हो; जिसे उखाड़ना, काटना, छेदना या नष्ट करना कठिन हो 2. जिसका निवारण कठिन हो; दुर्वार।

दुरुत्तर (सं.) [सं-पु.] ख़राब उत्तर। [वि.] 1. जिसका उत्तर देना कठिन हो 2. जिसका उत्तर मिलना कठिन हो; दुस्तर।

दुरुत्साहक (सं.) [सं-पु.] वह जो किसी को अनुचित या नियमविरुद्ध कार्य में लगाए या ऐसे कार्य में प्रवृत्त करे।

दुरुत्साहन (सं.) [सं-पु.] 1. किसी को अपराध या अनुचित कार्य में प्रवृत्त करना 2. गैरकानूनी काम के लिए उकसाना; अपराध के लिए प्रोत्साहन देना; अवप्रेरण।

दुरुत्साहित (सं.) [वि.] जिसे किसी ने किसी अनुचित कार्य के लिए उकसाया हो।

दुरुपयोग (सं.) [सं-पु.] गलत इस्तेमाल; बुरा उपयोग।

दुरुपयोजन (सं.) [सं-पु.] किसी वस्तु या संपत्ति का दुरुपयोग करना या किसी अनुचित कार्य में लगा देना।

दुरुम [सं-पु.] एक प्रकार का गेहूँ जिसका दाना पतला और लंबा होता है।

दुरुस्त (फ़ा.) [वि.] 1. जो अच्छी दशा में हो 2. दोष-रहित 3. ठीक; उपयुक्त; उचित 4. यथार्थ।

दुरुस्ती (फ़ा.) [सं-स्त्री.] 1. दुरुस्त या ठीक होने का भाव; दुरुस्त किए जाने की क्रिया; सुधारना; मरम्मत; इस्लाह 2. संशोधन; शुद्धि; सुधार।

दुरूह (सं.) [वि.] 1. जो जल्दी समझ में न आता हो; कठिनाई से समझ में आने वाला 2. अपठनीय; दुर्बोध; दुर्गम।

दुरेत [वि.] ढका हुआ; भरा हुआ।

दुर् (सं.) [पूर्वप्रत्य.] संज्ञापद या क्रियापद में जोड़ा जाने वाला निषेध का सूचक प्रत्यय, जैसे- दुर्बोध, दुर्दमनीय।

दुर्ग (सं.) [सं-पु.] 1. किला; गढ़ 2. दुर्गम पथ 3. (पुराण) एक प्रसिद्ध राक्षस जिसका वध दुर्गा के हाथों हुआ था। [वि.] दुर्गम।

दुर्गंध (सं.) [सं-स्त्री.] 1. बदबू; बास; बुरी गंध; सड़ाँध 2. {ला-अ.} किसी असामाजिक बात या वस्तु का प्रसार। [वि.] 1. जिससे दुर्गंध निकलती हो 2. बुरी गंधवाला।

दुर्गंधक (सं.) [वि.] जिससे दुर्गंध निकलती हो; बदबू करने वाला; वह वस्तु या पदार्थ जिसके कारण बदबू फैलती हो।

दुर्गंधनाशक (सं.) [वि.] 1. दुर्गंध या बदबू दूर करने वाला 2. जो ख़ुशबू फैलाता हो।

दुर्गंधपूर्ण (सं.) [वि.] जिससे दुर्गंध आती हो; दूषित; घिनौना; बदबूदार; गंदा; सड़ाँधवाला।

दुर्गंधमय (सं.) [वि.] दुर्गंध से भरा हुआ; दुर्गंधपूर्ण।

दुर्गंधित (सं.) [वि.] जिसमें दुर्गंध भरी हो; दुर्गंधपूर्ण; बदबूदार; दूषित; गंदा।

दुर्गत (सं.) [वि.] 1. जिसकी बुरी गति हुई हो; दुर्दशाग्रस्त 2. दरिद्र; गरीब; अभावग्रस्त।

दुर्गति (सं.) [सं-स्त्री.] 1. दुर्दशा; बुरी गति 2. दरिद्रता 3. कुपरिस्थिति 4. दुर्दशाग्रस्त होने की क्रिया या भाव।

दुर्गपति (सं.) [सं-पु.] दुर्ग या गढ़ का प्रधान अधिकारी; किले का अधिकारी; किलेदार।

दुर्गपाल (सं.) [सं-पु.] किलेदार; गढ़पति; मध्यकाल में दुर्ग या गढ़ की रक्षा करने वाला व्यक्ति; दुर्गरक्षक; कोटपाल।

दुर्गम (सं.) [वि.] 1. जहाँ पहुँचना बहुत कठिन हो; जिसमें गमन करना या चलना कठिन हो; अगम 2. कठिन; विकट; दुरूह 3. जो शीघ्र समझ में न आता हो; दुर्बोध 4. अभेद्य; पर्वतीय; अजेय।

दुर्गमता (सं.) [सं-स्त्री.] दुर्गम होने की अवस्था; दुर्बोधता; विकटता; कठिनाई; अपारगम्यता।

दुर्गा (सं.) [सं-स्त्री.] 1. (पुराण) एक देवी जिन्होंने अनेक असुरों का वध किया और जो आदि शक्ति मानी जाती हैं 2. एक संकर रागिनी जो गौरी, मालश्री, सारंग और लीलावती के योग से बनी है 3. वह कन्या जो नौ वर्ष की हो 4. एक छोटा काला पक्षी; श्यामा पक्षी 5. एक प्रकार की बेल जिसके फूल सफ़ेद और नीले रंग के होते हैं; अपराजिता नामक लता।

दुर्गा नवमी (सं.) [सं-स्त्री.] 1. दुर्गा की पूजा की कार्तिक शुक्ल नवमी की तिथि 2. चैत्र-शुक्ल नवमी 3. आश्विन-शुक्ल नवमी।

दुर्गापूजा (सं.) [सं-स्त्री.] दुर्गा का पूजन; नवरात्र की पूजा; उत्तर भारत में चैत्र और आश्विन शुक्ल की प्रतिपदा से नवमी तक के नौ दिनों में दुर्गा की स्थापना के बाद होने वाली पूजा-अर्चना।

दुर्गाष्टमी (सं.) [सं-स्त्री.] 1. आश्विन मास के शुक्ल पक्ष की अष्टमी तिथि 2. चैत्र मास के शुक्ल पक्ष की अष्टमी तिथि।

दुर्गुण (सं.) [सं-पु.] दोष; बुराई।

दुर्गोत्सव (सं.) [सं-पु.] नवरात्र में होने वाला दुर्गापूजा का उत्सव।

दुर्ग्रह (सं.) [वि.] 1. जिसे ग्रहण करना या पकड़ना कठिन हो 2. जो कठिनाई से प्राप्त किया जा सके; दुष्प्राप्य 3. जिसे समझना कठिन हो; दुर्ज्ञेय। [सं.-पु.] 1. अपामार्ग; चिचड़ा 2. बुरा या अनिष्टकारक ग्रह।

दुर्ग्राह्य (सं.) [वि.] जिसका अवगाहन कठिन हो; जिसे धारण करना कठिन हो; अबोध्य; कठिनाई से समझ आने वाला; दुर्ग्रह।

दुर्घट (सं.) [वि.] जिसका होना कठिन हो; दु:साध्य; जिसका घटित होना असंभव हो; जो संभव न हो।

दुर्घटना (सं.) [सं-स्त्री.] 1. वह घटना जिससे जन-धन की हानि होती है; अशुभ या बुरी घटना; वह बात जिससे शोक हो; वारदात; अनहोनी; हादसा 2. विपत्ति; आफ़त 3. अनर्थ 4. कांड।

दुर्घात (सं.) [सं-पु.] 1. बुरी तरह से किया जाने वाला प्रहार; तेज़ आघात 2. छल; फ़रेब; धोखेबाज़ी।

दुर्घोष (सं.) [सं-पु.] 1. भालू; रीछ 2. दु:श्रव शब्द। [वि.] 1. जो बुरी आवाज़ करता है; कर्कश, कटु ध्वनि करने वाला 2. जिससे कानफोड़ू ध्वनि उत्पन्न हो।

दुर्जन (सं.) [सं-पु.] दुष्ट व्यक्ति; खल वृत्ति वाला व्यक्ति।

दुर्जेय (सं.) [सं-पु.] परमेश्वर। [वि.] जिसपर विजय पाना कठिन हो।

दुर्ज्ञेय (सं.) [वि.] जिसे सरलता से जाना न जा सके; जो जल्दी से समझ में न आए; दुर्बोध।

दुर्दम (सं.) [वि.] 1. जिसका दमन करना कठिन हो; वश में न आने वाला; 2. प्रबल; प्रचंड।

दुर्दमनीय (सं.) [वि.] 1. प्रबल 2. जिसका दमन बहुत कठिन हो 3. जिद्दी; हठीला।

दुर्दम्य (सं.) [वि.] 1. जिसका दमन करना कठिन हो; दुर्दम 2. प्रबल; प्रचंड।

दुर्दर्श (सं.) [वि.] 1. जिसका दर्शन कठिन हों; जिसे देखना कठिन हो 2. जिसको देखकर भय की अनुभूति हो 3. देखने में बुरा; भद्दा; कुरूप 4. जिसके दर्शन का परिणाम बुरा हो।

दुर्दशा (सं.) [सं-स्त्री.] 1. बुरी हालत या अवस्था; दुर्गति 2. गरीबी 3. विपत्ति।

दुर्दांत (सं.) [वि.] 1. क्रूर; हिंसक; आतताई 2. दुष्ट प्रवृत्ति का व्यक्ति; प्रबल 3. जिसका दमन कठिन हो; जिसे दबाना या वश में करना कठिन हो; बेकाबू।

दुर्दिन (सं.) [सं-पु.] 1. ख़राब दिन या दिवस 2. वर्षण; वृष्टि 3. घना अंधकार 4. विपत्ति का समय; संकट काल।

दुर्दैव (सं.) [सं-पु.] 1. दुर्भाग्य; बदकिस्मती 2. बुरा समय; बुरे दिन।

दुर्धर (सं.) [वि.] 1. जिसे पकड़ना कठिन हो 2. प्रबल; प्रचंड

3. जल्दी समझ में न आने वाला; दुर्बोध।

दुर्धर्ष (सं.) [वि.] 1. जिसे वश में करना कठिन हो 2. जिसे परास्त करना या हराना कठिन हो 3. प्रबल; प्रचंड; उग्र 4. जिसे दबाया न जा सके 5. दुर्व्यवहारी। [सं-पु.] 1. (महाभारत) हस्तिनापुर सम्राट धृतराष्ट्र का एक पुत्र 2. (रामायण) रावण की सेना का एक राक्षस।

दुर्नम्य (सं.) [वि.] कठिनाई से झुकाने योग्य; जिसे झुकाना कठिन हो।

दुर्नाम (सं.) [सं-पु.] 1. अपयश; अपकीर्ति 2. कुख्याति; बुरा नाम 3. कलंक; बदनामी 4. सीप 5. बवासीर रोग। [वि.] 1. बदनाम 2. बुरे नाम वाला; कुख्यात।

दुर्निवार (सं.) [वि.] 1. जिसे टालना (निवारण करना या हटाना) मुश्किल हो 2. जिसे सहसा रोका न जा सके 3. जिसका हल निकालना मुश्किल हो।

दुर्नीति (सं.) [सं-स्त्री.] 1. निंदनीय और बुरी नीति 2. नीति के विरुद्ध व्यवहार; दुराचार 3. अनैतिक आचरण; दुराचार 4. अन्याय; कुनीति।

दुर्बल (सं.) [वि.] कमज़ोर; दुबला-पतला; क्षीणकाय; कृश।

दुर्बलता (सं.) [सं-स्त्री.] 1. दुर्बल होने की अवस्था या भाव 2. कमज़ोरी 3. दुबलापन।

दुर्बुद्धि (सं.) [सं-स्त्री.] 1. ख़राब बुद्धि; कुबुद्धि 2. सोचने समझने की शक्ति क्षीण होना 3. बुरी बातें सोचने वाला व्यक्ति 4. हतबुद्धि; मूर्ख। [वि.] नीच या हीन बुद्धिवाला।

दुर्बोध (सं.) [वि.] 1. जो शीघ्र समझ में न आए; कठिन; क्लिष्ट; गूढ़; कूटबद्ध 2. जो अपठनीय हो।

दुर्भक्ष (सं.) [वि.] 1. जो जल्दी न खाया जा सके 2. जिसे खाना कठिन हो 3. जो खाने में खराब हो। [सं-पु.] अकाल;दुर्भिक्ष।

दुर्भग (सं.) [वि.] 1. खराब भाग्यवाला या प्रारब्धवाला; अभागा 2. जिसका भाग्य बुरा हो।

दुर्भगा (सं.) [सं-स्त्री.] ऐसी स्त्री जो अपने पति का प्रेम या स्नेह न प्राप्त कर सकी हो। [वि.] 1. बुरे भाग्यवाली (स्त्री) 2. जिसके भग में दोष (रोगादि) हो।

दुर्भर (सं.) [वि.] 1. भारी; वजनी 2. जिसे उठाना बहुत कठिन हो।

दुर्भागी (सं.) [वि.] 1. भाग्यहीन; बदकिस्मत; अभागा 2. मुसीबतज़दा।

दुर्भाग्य (सं.) [सं-पु.] ख़राब भाग्य; बदकिस्मती।

दुर्भाग्यवश (सं.) [क्रि.वि.] दुर्भाग्य या बुरे भाग्य के कारण।

दुर्भाव (सं.) [सं-पु.] किसी के प्रति होने वाला द्वेषभाव; दुष्कामना; बुरा भाव; कुभाव; तुच्छ विचार; नफ़रत; वैमनस्य; भीतरी बैर।

दुर्भावना (सं.) [सं-स्त्री.] 1. बुरी भावना; दुष्कामना; वैमनस्य; कुविचार 2. आशंका; खटका।

दुर्भाषा (सं.) [सं-स्त्री.] 1. बुरी बातें; बुरी भाषा 2. दुर्वचन; गाली-गलौज।

दुर्भिक्ष (सं.) [सं-पु.] 1. अकाल; अवर्षा; सूखा; कहर 2. वह समय जब अनाज की कमी पड़ जाए; अन्नाकाल; भुखमरी 3. दुर्दिन; आपत्ति काल।

दुर्भेद (सं.) [वि.] दे. दुर्भेद्य।

दुर्भेद्य (सं.) [वि.] 1. जिसे भेदना कठिन हो; अति दृढ़ 2. जो बहुत कठिनाई से छेदा जा सके 3. शीघ्र पार न होने वाला 4. जिसके अंदर जाना या जिसपर अधिकार करना कठिन हो; दुर्गम, जैसे- दुर्भेद्य गढ़।

दुर्भेद्यता (सं.) [सं-स्त्री.] दुर्भेद्य होने की अवस्था या भाव; अभेद्यता।

दुर्मति (सं.) [सं-स्त्री.] दुष्ट बुद्धि। [वि.] 1. मूर्ख; पागल 2. दुर्जन; दुष्ट; कुटिल।

दुर्मद (सं.) [वि.] 1. अहंकारी; घमंडी; गर्वित 2. जो नशे में चूर हो 3. मदांध; मदमत्त 4. उन्मत्त; पागल

दुर्मर (सं.) [वि.] जिसकी मृत्यु सहज न हो; बहुत कठिनाई या कष्ट से मरने वाला।

दुर्मर्ष (सं.) [वि.] असहनीय; दु:सह।

दुर्मिल (सं.) [सं-पु.] (काव्यशास्त्र) एक प्रकार का मात्रिक छंद; सवैया। [वि.] 1. दुष्प्राप्य; जो सहज न मिलता हो 2. अनमेल।

दुर्मुख (सं.) [सं-पु.] 1. घोड़ा 2. गुप्तचर; भेदिया; जासूस 3. (रामायण) राम की सेना का एक वानर; राम का एक गुप्तचर। [वि.] कुमुख; कटुभाषी।

दुर्मेध (सं.) [वि.] नासमझ; मंदबुद्धि।

दुर्मोहा (सं.) [सं-पु.] सफ़ेद घुँघची; कौआठोंठी।

दुर्यश (सं.) [सं-पु.] अपयश; कुख्याति; बदनामी।

दुर्योग (सं.) [सं-पु.] बुरा अवसर; बुरा योग; ख़राब समय।

दुर्योधन (सं.) [सं-पु.] (महाभारत) धृतराष्ट्र के एक पुत्र का नाम; हस्तिनापुर साम्राज्य का वह कौरव योद्धा जिसकी हठधर्मिता से महाभारत का युद्ध हुआ था।

दुर्रा (फ़ा.) [सं-पु.] 1. चाबुक; कोड़ा 2. बड़ा मोती।

दुर्रानी (फ़ा.) [सं-पु.] 1. अफ़गानों की एक जाति 2. उक्त जाति का व्यक्ति।

दुर्लंघ्य (सं.) [वि.] जिसे लाँघना बहुत कठिन हो; जिसे सहजता से न लाँघा जा सके।

दुर्लक्ष्य (सं.) [सं-पु.] बुरा लक्ष्य या उद्देश्य। [वि.] जो कठिनाई से दिखाई पड़े।

दुर्लभ (सं.) [वि.] 1. जिसको प्राप्त करना कठिन हो; दुष्प्राप्य 2. जो कम मिलता हो 3. बढ़िया; विलक्षण; अनोखा। [सं-पु.] 1. विष्णु 2. कचूर।

दुर्ललित (सं.) [वि.] 1. जिसका रंग-ढंग अच्छा न हो 2. ख़राब; बुरा 3. नटखट; पाजी; दुष्ट।

दुर्लेख्य (सं.) [सं-पु.] 1. ख़राब लिखा हुआ लेख 2. वह लेख जो विधिक व्यवहार में अप्रमाणिक माना जाए 3. जाली दस्तावेज़। [वि.] बुरी लिखावट वाला।

दुर्वचन (सं.) [सं-पु.] 1. कटु वचन; कटाक्ष 2. अपशब्द; दूषित कथन; गाली।

दुर्वर्ण (सं.) [सं-पु.] 1. ख़राब वर्ण 2. चाँदी; रजत। [वि.] 1.

श्वेत कुष्ठ वाला 2. बुरे वर्ण वाला।

दुर्वह (सं.) [वि.] 1. दुस्सह; असह्य 2. जिसे वहन करना या ढोना कठिन हो।

दुर्वाणी (सं.) [सं-स्त्री.] 1. सुनने में बुरी लगने वाली बात; कटुक्ति 2. शत्रुवाणी।

दुर्वाद (सं.) [सं-पु.] 1. निंदा; अपवाद; बदनामी 2. अनुचित विवाद; तकरार 3. गाली; दुर्वचन।

दुर्वासना (सं.) [सं-स्त्री.] 1. बुरी इच्छा, कामना या वासना 2. ऐसी कामना या वासना जो कभी अथवा जल्दी पूरी न हो सके।

दुर्वासा (सं.) [सं-पु.] 1. (पुराण) अत्रि और अनुसूया के पुत्र एक प्रसिद्ध ऋषि जो बहुत ही क्रोधी स्वभाव के थे और ज़रा-ज़रा-सी बात पर शाप दे बैठते थे 2. {ला-अ.} शीघ्र क्रोधित होने वाला व्यक्ति।

दुर्विदग्ध (सं.) [वि.] 1. जो भली प्रकार से जला न हो; अधजला 2. गर्वित; अभिमानी 3. अल्पज्ञानी 4. कम ज्ञान होने पर भी फूलने वाला; ओछा 5. जो पूरी तरह से पका न हो।

दुर्विध (सं.) [वि.] 1. धनहीन; दरिद्र 2. मूर्ख; बेवकूफ 3. दुष्ट; खल; बुरा ढंग या रीति; खराब या बूरी विधि। [सं-पु.] दुर्भाग्य।

दुर्विनय (सं.) [सं-स्त्री.] 1. अविनय 2. उद्दंडता। [वि.] जिसमें विनय की कमी हो; दुर्व्यवहारी; जो उद्दंड हो।

दुर्विनियोग (सं.) [सं-पु.] धन का अनुचित विनियोग; बिना सोचे समझे किसी व्यवसाय में धन लगाना।

दुर्विनीत (सं.) [वि.] जो नम्र न हो; अशिष्ट; दुष्ट; दुर्व्यवहारी; अविनीत; अक्खड़; उद्दंड।

दुर्विपाक (सं.) [सं-पु.] 1. दुखद घटना; दुर्घटना; कहर 2. बुरा परिणाम; दुष्परिणाम; कुफल; बुरा संयोग।

दुर्विभाव्य (सं.) [वि.] जिसका अनुमान कठिनाई से हो; जिसकी कल्पना सहज संभव न हो।

दुर्विलास (सं.) [सं-पु.] भाग्य का विपरीत होना; बदकिस्मत होना।

दुर्विष (सं.) [सं-पु.] 1. वह व्यक्ति जिसपर ज़हर का असर न हो 2. शिव। [वि.] 1. बुरे स्वभाव का 2. दुराशय।

दुर्वृत्त (सं.) [वि.] 1. बुरे आचरण वाला; दुश्चरित्र; दुराचारी 2. निंदनीय तरीकों से आजीविका चलाने वाला; बुरी वृत्तिवाला; ख़राब पेशेवाला।

दुर्वृत्तफलक (सं.) [सं-पु.] वह पत्र या फलक जिसपर किसी दुर्वृत्त या दुश्चरित्र व्यक्ति के द्वारा किए गए अपराधों आदि का लेखा-जोखा रहता है।

दुर्व्यवस्था (सं.) [सं-स्त्री.] बुरी व्यवस्था; अव्यवस्था; कुप्रबंध; बदइंतज़ामी।

दुर्व्यवहार (सं.) [सं-पु.] बुरा व्यवहार; अनुचित या बुरा आचरण; अनुचित बर्ताव।

दुर्व्यसन (सं.) [सं-पु.] किसी बुरी या हानिप्रद चीज़ की आदत (लत); ख़राब आदत; बुरी लत।

दुर्व्यसनी (सं.) [वि.] 1. बुरे व्यसन वाला 2. बुरी लत या आदत वाला।

दुलकना [क्रि-अ.] 1. कहकर मुकर जाना; इनकार करना 2. (घोड़े का) धीमी चाल से चलना। [क्रि-स.] किसी बात को दुबारा कहना; फिर से बतलाना।

दुलकी [सं-स्त्री.] घोड़े की कुछ उछलते हुए मध्यम गति से दौड़ने की चाल।

दुलखना [क्रि-अ.] 1. कहकर मुकर जाना; इनकार करना 2. (घोड़े का) धीमी चाल से चलना। [क्रि-स.] किसी बात को बार-बार कहना; फिर से बतलाना।

दुलखी [सं-स्त्री.] दो लड़ों की माला।

दुलड़ी [सं-स्त्री.] दो लड़ों की माला या हार।

दुलत्ती [सं-स्त्री.] गाय, घोड़े आदि चौपायों द्वारा पिछले दोनों पैरों को एक साथ उठाकर किसी पर किया जाने वाला आघात; उक्त प्रकार से किया जाने वाला या लगने वाला आघात।

दुलदुल (अ.) [सं-पु.] 1. वह मादा खच्चर जो मिस्र के हाकिम ने मुहम्मद साहब को भेंट की थी 2. मुहर्रम की आठवीं तारीख़ को जुलूस के साथ निकाला जाने वाला वह कोतल घोड़ा जिसके साथ शिया मुसलमान मातम करते हुए चलते हैं।

दुलराना [क्रि-अ.] 1. प्यार जतलाना या करना 2. लाड़ले बच्चे की तरह रूठना-मनाना आदि। [क्रि-स.] बच्चों से दुलार करना।

दुलरी [सं-स्त्री.] एक प्रकार का हार (दो लड़ोंवाला); दुलड़ी।

दुलरुआ [वि.] दे. दुलरुवा।

दुलरुवा [वि.] प्यारा; दुलारा; लाड़ला। [सं-पु.] प्रिय व्यक्ति; वह जिसे बहुत अधिक प्यार किया जाय।

दुलहन [सं-स्त्री.] 1. वधू; नववधू; नई बहू; नवविवाहिता; सद्य परिणीता; नवोढ़ा स्त्री 2. भ्रातृवधू; पुत्रवधू 3. पत्नी।

दुलहा (सं.) [सं-पु.] दे. दुल्हा।

दुलहिया [सं-स्त्री.] नव विवाहित वधू; नववधू; दुलहन।

दुलहेटा [सं-पु.] दुलारा लड़का; लाड़ला बेटा।

दुलाई (सं.) [सं-स्त्री.] कपड़े की दो परतों में रुई भरकर सिला हुआ ओढ़ने का मोटा कपड़ा; ओढ़ने की रुईदार चादर; हलकी रजाई; लिहाफ़।

दुलार [सं-पु.] दुलारने की क्रिया या भाव; लाड़-प्यार; बच्चों को पुचकारना, हाथ फेरना, चूमना आदि स्नेहसूचक चेष्टाएँ; प्यार।

दुलारना (सं.) [क्रि-स.] बच्चों से दुलार करना; प्यार करना; पुचकारना, हाथ फेरना, चूमना आदि स्नेहसूचक चेष्टाएँ करना।

दुलारा [वि.] जिसका बहुत दुलार किया गया हो या किया जाता हो; लाड़ला।

दुलारी [सं-स्त्री.] प्यारी; चहेती; लाड़ली।

दुलाह [सं-पु.] जवासा; हिंगुवा।

दुलि [सं-स्त्री.] छोटी कच्छपी।

दुलीचा [सं-स्त्री.] 1. गलीचा; कालीन 2. छोटा ऊनी आसन; दुलैचा।

दुलीची [सं-स्त्री.] दे. दुलैचा।

दुलैचा [सं-पु.] गलीचा; कालीन; छोटा आसन; दुलीचा।

दुलोही [सं-स्त्री.] लोहे के दो टुकड़ों को जोड़ कर बनाई गई एक प्रकार की तलवार।

दुल्ला [सं-पु.] एक पौधा।

दुल्हन [सं-स्त्री.] दे. दुलहन।

दुवन (सं.) [सं-पु.] 1. दुष्ट चित्त का मनुष्य; खल; दुर्जन 2. दुश्मन; शत्रु 3. राक्षस।

दुवाज [सं-पु.] एक प्रकार का घोड़ा।

दुवार [सं-पु.] 1. नाव की लंबान या लंबाई 2. द्वार।

दुवाल (फ़ा.) [सं-स्त्री.] 1. चमड़े का तसमा 2. रिकाब में का चमड़ा या तसमा।

दुवाली[1] [सं-स्त्री.] रंगे या छपे हुए कपड़ों पर चमक लाने के लिए घोंटने का बेलन; घोंटा।

दुवाली[2] (फ़ा.) [सं-स्त्री.] कमर में तलवार आदि लटकाने का चमड़े का परतला।

दुवाह [वि.] 1. पहली पत्नी के मृत्यूपरांत पुरुष का दूसरा विवाह; दुआह 2. (जमीन) जो दो बार जोती गई हो।

दुविधा (सं.) [सं-स्त्री.] 1. अनिश्चय की मनःस्थिति; मन की अस्थिरता; द्वंद्व; असमंजस; पशोपेश; कशमकश 2. संदेह; संशय; आशंका; खटका।

दुविधाग्रस्त (सं.) [वि.] दुविधा से भरा हुआ; दुविधायुक्त।

दुविधाहीन [वि.] जो दुविधा रहित हो; जिसे कोई दुविधा न हो; असमंजस न हो।

दुशवार (फ़ा.) [वि.] दे. दुश्वार।

दुशवारी (फ़ा.) [सं-स्त्री.] दुशवार होने की अवस्था; मुश्किल; कठिनाई; विपत्ति; कठिन काम; संकट की अवस्था।

दुशाला (फ़ा.) [सं-पु.] 1. एक प्रकार की ऊनी गरम चादर जिसके किनारों पर कढ़ाई होती है 2. पशमीने की चादरों का जोड़ा।

दुशासन (सं.) [सं-पु.] दे. दुःशासन।

दुशील (सं.) [वि.] 1. दुष्ट या बुरे स्वभाव वाला 2. बुरे आचरण वाला।

दुश्चक्र (सं.) [सं-पु.] षड्यंत्र; चालबाज़ी।

दुश्चरित्र (सं.) [सं-पु.] बुरा चरित्र या निंदनीय आचरण; बदचलनी; गुनाह। [वि.] जिसका चरित्र बुरा हो; बदचलन।

दुश्चिंतन (सं.) [सं-पु.] बुरी या दूषित बातों पर विचार या चिंतन करते रहना।

दुश्चिंता (सं.) [सं-स्त्री.] बुरी चिंता।

दुश्चेष्टा (सं.) [सं-स्त्री.] किसी इच्छा की पूर्ति हेतु ख़राब प्रयास; बुरी चेष्टा; कुप्रयत्न।

दुश्मन (फ़ा.) [सं-पु.] 1. शत्रु; बैरी 2. अपकारी; बुरा चाहने वाला व्यक्ति।

दुश्मनी (फ़ा.) [सं-स्त्री.] वैमनस्यता; वैर; शत्रुता।

दुश्वार (फ़ा.) [वि.] 1. मुश्किल; कठिन; दुरूह 2. समस्यात्मक; विपत्तियों से भरा हुआ।

दुश्वारी (फ़ा.) [सं-स्त्री.] 1. मुश्किल; कठिनता; दुरूहता 2. दरिद्रता 3. आपत्ति; मुसीबत।

दुष्कर (सं.) [वि.] जिसे करना कठिन हो; कष्टसाध्य। [सं-पु.] आकाश; आसमान।

दुष्कर्म (सं.) [सं-पु.] 1. बलात्कार 2. अनुचित, बुरा या निंदनीय काम 3. पाप।

दुष्कर्मी (सं.) [वि.] 1. दुष्कर्म करने वाला 2. बलात्कारी 3. कुकर्मी; गुनहगार 4. अनुचित काम करने वाला।

दुष्कांड (सं.) [सं-पु.] कुकृत्य; बुरा कार्य; बुरी घटना।

दुष्काल (सं.) [सं-पु.] 1. आपातकाल; बुरा समय; कुपरिस्थिति; संकट से भरा हुआ समय 2. प्रलय; अकाल; दुर्भिक्ष 3. शिव।

दुष्कीर्ति (सं.) [सं-स्त्री.] बुरी कीर्ति; बदनामी; निंदा।

दुष्कुलीन (सं.) [वि.] निम्न कुल या घराने का; अकुलीन।

दुष्कृत (स) [सं-पु.] पाप; कुकर्म; बुरा कृत्य। [वि.] 1. बुरे तरीके से किया हुआ 2. पापी।

दुष्कृति (सं.) [सं-स्त्री.] अपराध। [सं-पु.] बुरा काम; कुकर्म; कुकृत्य। [वि.] बुरा काम करने वाला।

दुष्कृत्य (सं.) [सं-पु.] बुरा या अनुचित कार्य; कुकर्म।

दुष्चिंतन (सं.) [सं-पु.] बुरी बातों या नीच कार्य के विषय में सदा विचार करते रहना या सोचना।

दुष्ट (सं.) [वि.] 1. बुरे आचरण वाला 2. कुटिल मनोवृत्ति वाला 3. दुर्जन; बदमाश; नीच।

दुष्टता (सं.) [सं-स्त्री.] 1. दुष्ट होने का भाव 2. कुटिलता; क्रूरता; निष्ठुरता 3. बदमाशी।

दुष्टतापूर्ण (सं.) [वि.] 1. दुष्टता से भरा हुआ 2. अनैतिक या अन्यायपूर्ण।

दुष्टदलन (सं.) [वि.] दुष्टों का दलन अर्थात् विनाश करने वाला।

दुष्टाचार (सं.) [सं-पु.] दुराचार; बुरा व्यवहार।

दुष्टाचारी (सं.) [वि.] बुरे आचरण वाला; दुर्जन; बदमाश; नीच।

दुष्टात्मा (सं.) [वि.] 1. बुरे अंतःकरण या विचारों वाला; जिसका अंतःकरण दूषित हो; पापी 2. खोटा; नीच प्रकृति का।

दुष्टान्न (सं.) [सं-पु.] 1. गलत तरीके से प्राप्त किया गया अनाज; अवैध कमाई का अन्न 2. सड़ा हुआ या बासी अनाज; ख़राब अन्न 3. कुत्सित व्यक्ति का अन्न।

दुष्टि (सं.) [सं-स्त्री.] दोष।

दुष्पच (सं.) [वि.] 1. जो कठिनता से पके 2. जो कठिनता से पचे।

दुष्पराजय (सं.) [वि.] जिसे पराजित करना कठिन हो; जो कठिनाई से जीता जा सके।

दुष्परिग्रह (सं.) [वि.] जो जल्दी पकड़ में न आ सके; जिसे वश में लाना कठिन हो।

दुष्परिणाम (सं.) [सं-पु.] बुरा नतीजा; घातक परिणाम।

दुष्पर्श (सं.) [वि.] 1. जिसे छूना या स्पर्श करना कठिन हो 2. दुष्प्राप्य; जो जल्दी मिल न सके।

दुष्पार (सं.) [वि.] 1. जिसे पार करना कठिन हो 2. जिसका पार, थाह या अंत पाना आसान न हो।

दुष्पूर (सं.) [वि.] 1. जो शीघ्र पूरा न हो सके 2. जिसे भरना कठिन हो 3. जिसका निवारण करने सहज न हो।

दुष्प्रकृति (सं.) [वि.] नीच स्वभाव का; नीच प्रवृत्ति वाला।

दुष्प्रचार (सं.) [सं-पु.] 1. बुरा प्रचार 2. झूठी बातों का प्रचार।

दुष्प्रभाव (सं.) [सं-पु.] बुरा प्रभाव; गलत असर।

दुष्प्रयत्न (सं.) [सं-पु.] 1. बुरी चेष्टा; कुचेष्टा 2. ऋणात्मक दिशा में प्रयत्न।

दुष्प्रयोग (सं.) [सं-पु.] किसी चीज़ का किया जाने वाला अनुचित प्रयोग; बुरा उपयोग; दुरुपयोग।

दुष्प्रवृत्ति (सं.) [सं-स्त्री.] कुटिल या बुरी प्रवृत्ति; अनुचित प्रवृत्ति। [वि.] दुष्ट या बुरी प्रवृत्ति वाला।

दुष्प्राप्य (सं.) [वि.] जो कठिनाई से प्राप्त किया जा सके; जो सरलता से प्राप्त न हो।

दुष्प्रेक्ष्य (सं.) [वि.] 1. जो कठिनाई से देखा जा सके; जिसे देखना सहज न हो 2. जो देखने में बहुत भद्दा लगे; कुरूप; भद्दा 3. विकराल; भीषण।

दुष्प्रेरक (सं.) [वि.] बुरी प्रेरणा देने वाला; बहकाने वाला।

दुष्प्रेरण (सं.) [सं-पु.] उकसावा; बुरी प्रेरणा देना।

दुष्प्रेरणा (सं.) [सं-स्त्री.] 1. किसी को भड़काना 2. बुरी प्रेरणा।

दुष्प्रेरित (सं.) [वि.] जिसे दुष्प्रेरण दिया गया हो; उकसाया हुआ; भड़काया हुआ।

दुष्यंत (सं.) [सं-पु.] 1. (महाभारत) प्रसिद्ध पुरुवंशीय राजा जिन्होंने कण्व ऋषि के आश्रम में पलने वाली शकुंतला से गंधर्व विवाह किया था 2. दुख का अंत।

दुसह (सं.) [वि.] जिसे सहन करना या झेलना कष्टकर हो; जो सहन-शक्ति से बाहर हो; असह्य।

दुसाई [सं-स्त्री.] दुफ़सली।

दुसाध (सं.) [सं-पु.] 1. सुअर पालन का काम करने वाला व्यक्ति 2. एक जाति।

दुसाध्य (सं.) [वि.] 1. जिसका उपाय या प्रतिकार करना बहुत कठिन हो; कठिनाई से वश में होने वाला 2. (रोग) जिसका उपचार या चिकित्सा कठिन हो; असाध्य।

दुसाहा [सं-पु.] दो फ़सली खेत; वह खेत जिसमें दो फसलें हों।

दुसूती [सं-स्त्री.] दोहरे सूतों का मोटा कपड़ा।

दुस्तर (सं.) [वि.] 1. जिसे पार करना कठिन हो; अपारगम्य; दुर्गम 2. जिसे पूरा करना कठिन हो; दुर्घट।

दुस्तर्क्य (सं.) [वि.] जिसके संबंध में तर्क करना कठिन हो; जिसे तर्क से सिद्ध करना कठिन हो।

दुस्वप्न (सं.) [वि.] बुरा सपना; डरावना सपना।

दुस्सह (सं.) [वि.] जिसे सहन करना कठिन हो; असहनीय।

दुस्साध्य (सं.) [वि.] 1. जिसे साधना अत्यंत जटिल हो; असाध्य 2. जिसे करना कठिन हो; दुष्कर 3. (रोग) जिसकी चिकित्सा करना कठिन हो।

दुस्साहस (सं.) [सं-पु.] 1. किसी असंभव या बेहद कठिन कार्य के लिए किया गया साहस; ऐसा साहस जिससे हानि या संकट की संभावना हो; व्यर्थ का अनुचित साहस 2. धृष्टता; ढिठाई।

दुस्साहसिक (सं.) [वि.] दे. दुस्साहसी।

दुस्साहसी (सं.) [वि.] 1. दुस्साहस करने वाला 2. अनुचित साहस करने वाला; धृष्ट; ढीठ 3. असंभव या दुष्कर कार्य करने वाला।

दुहता [सं-पु.] बेटी का बेटा; दोहता; नाती।

दुहत्था [वि.] दोनों हाथों से समान रूप से काम करने में कुशल।

दुहत्थी [सं-स्त्री.] हाथ से चलाई जाने वाली भाथी।

दुहना (सं.) [क्रि-स.] 1. गाय-भैंस आदि के स्तनों से दूध निकालना 2. अंदर का तरल बाहर निकालना; किसी चीज़ का सत्त या सार भाग निकालना 3. {ला-अ.} धोखा देकर किसी से निरंतर माल वसूलते या हड़पते रहना; धन वसूल करना।

दुहरा [वि.] 1. दूना करना 2. दुहरा करना; एक भाग को दूसरे पर मोड़ना।

दुहराना [क्रि-स.] 1. किसी बात या काम को दुबारा कहना या करना; पुनरावृत्ति करना 2. काम या दस्तावेज़ की अशुद्धि को जाँचने के लिए दुबारा देखना 3. कपड़े आदि की दो तहें बनाना।

दुहराव [सं-पु.] दुहराने की क्रिया या भाव; पुनरुक्ति।

दुहाई[1] [सं-स्त्री.] 1. गाय, भैंस आदि दुहने का कार्य 2. दुहने की मज़दूरी।

दुहाई[2] (सं.) [सं-स्त्री.] 1. ऐसी बात या सूचना जो तेज़ स्वर में चिल्लाकर लोगों को सुनाई जाए; घोषणा; मुनादी 2. दीनतापूर्वक की जाने वाली याचना; फ़रियाद। [मु.] **-देना** : अपने बचाव के लिए किसी को बुलाना।

दुहागिल [वि.] 1. अभागा 2. अनाथ 3. निर्जन; खाली; सूना।

दुहाना [क्रि-स.] दुहने का काम किसी और से कराना।

दुहावनी [सं-स्त्री.] दूध दुहने की मज़दूरी; दुहाई।

दुहिता (सं.) [सं-स्त्री.] बेटी; पुत्री; लड़की।

दुहेला (सं.) [वि.] 1. दुखपूर्ण; दुखदायी 2. कठिन 3. दुस्साध्य; कष्टप्रद 4. विपत्ति से घिरा हुआ।

दुहैया [वि.] गाय, भैंस आदि दुहने वाला। [सं-स्त्री.] दुहाई।

दूँगड़ा [सं-पु.] दौंगरा; दवँगरा; पावस ऋतु की पहली वर्षा।

दूँगरा [सं-पु.] दे. दूँगड़ा।

दूआ[1] [सं-पु.] 1. तास या गंजीफे में वह पत्ता जिस पर दो बूटियाँ हों; दुक्की 2. पासे, सोहली आदि का ऐसा दाँव जिसमें दो बिंदियाँ ऊपर रहती हैं अथवा जो कौड़ियाँ चित्त पड़ती हैं 3. द्यूतादि खेल में वह दाँव, जिसका दो चिड़ों, बूटियों और कौड़ियों से संबंध हो 4. एक आभूषण (जो कलाई पर और सभी गहनों के पीछे पहना जाता है)

दूआ[2] (अ.) [सं-स्त्री.] 1.दुआ; ईश्वर से की जाने वाली प्रार्थना 2. आशीर्वाद; आशीष।

दूकान [सं-पु.] दुकान।

दूगला [सं-पु.] एक तरह का बड़ा टोकरा या दौरा।

दूगू [सं-पु.] एक तरह का पहाड़ी बकरा।

दूज (सं.) [सं-स्त्री.] 1. चंद्र मास के प्रत्येक पक्ष की दूसरी तिथि; द्वितीया 2. भाई दूज का त्योहार।

दूजा (सं.) [वि.] 1. दूसरा 2. पराया।

दूजी [सं-स्त्री.] घोड़ों का आभूषण विशेष।

दूत (सं.) [सं-पु.] 1. सूचना, पत्र आदि को एक जगह से दूसरी जगह ले जाने वाला व्यक्ति; संदेशवाहक 2. किसी राजा या राष्ट्र का वह प्रतिनिधि जो राजनीतिक कार्य से अन्य राष्ट्र में

भेजा गया हो; राजदूत।

दूतकर्म (सं.) [सं-पु.] 1. दूत का काम; संदेशवहन 2. राजनय।

दूतता (सं.) [सं-स्त्री.] दूत का काम या भाव; दूतत्व।

दूतत्व (सं.) [सं-पु.] दूत का कर्म; दूत्य; दूतता।

दूतपन (सं.) [सं-पु.] दूतत्व; दूतता।

दूतमंडल (सं.) [सं-पु.] किसी कार्य के लिए भेजे गए दूतों का दल या समूह।

दूतसंवाद (सं.) [सं-पु.] दूत द्वारा भेजा हुआ संवाद।

दूतायन (सं.) [सं-पु.] वह भवन या क्षेत्र जहाँ दूसरे राज्य या राष्ट्र के दूत, कर्मचारी आदि कार्य करते हैं; दूतावास।

दूतावास (सं.) [सं-पु.] राजदूत का कार्यालय और निवास-स्थान; दूतायन।

दूतिका (सं.) [सं-स्त्री.] 1. संदेश पहुँचाने वाली स्त्री या गणिका 2. (नाटक) वह स्त्री पात्र जो प्रेमी और प्रेमिका का मिलन करवाती है 3. कुटनी।

दूदला [सं-पु.] एक तरह का पेड़; देड़हा।

दूध (सं.) [सं-पु.] 1. वह सफ़ेद या हलका पीला तरल पदार्थ जो गाय, भैंस, बकरी आदि स्तनधारी जीवों के स्तन से निकलता है तथा जिससे नवजात शिशुओं का पोषण होता है 2. वह सफ़ेद तरल पदार्थ जो अनेक प्रकार के पौधों की पत्तियों या डंठलों को तोड़ने पर निकलता है 3. डिब्बाबंद दूध पावडर। [मु.] **-की मक्खी की तरह निकाल कर फेंक देना** : किसी को तुच्छ समझ कर अलग करना। **-के दाँत न टूटना** : सयाना न होना। **-भर आना (छाती में)** : माँ का बच्चे के प्रति स्नेह छलकना।

दूध बरा [सं-पु.] छेने की मिठाई।

दूधगिलास [सं-पु.] एक महीन धान की किस्म।

दूधपीऊ [सं-पु.] चुखेटा।

दूधभाई [सं-पु.] ऐसे दो बालकों या व्यक्तियों में से कोई एक जो सहोदर (एक ही माँ के) न हो लेकिन एक ही स्त्री का दूध पीकर पला हो।

दूधराज [सं-पु.] एक प्रकार की बुलबुल जो भारत, अफगानिस्तान और तुर्किस्तान में पाई जाती है; शाह बुलबुल।

दूधराज [सं-पु.] एक प्रकार की बुलबुल जो भारत, अफगानिस्तान और तुर्किस्तान में पाई जाती है; शाह बुलबुल।

दूधा [सं-पु.] 1. अनाज के कच्चे दाने से निकलने वाला दूध जैसा रस 2. अगहन में तैयार होने वाली धान की एक किस्म जिसका चावल कई वर्षों तक ख़राब नहीं होता है।

दूधिया [सं-पु.] 1. दूध मिलाकर बनने वाला हलुआ; हलवा 2. एक मूल्यवान रत्न या पत्थर 3. नीली झलक वाला श्वेत रंग 4. आम की उत्तम किस्म। [सं-स्त्री.] 1. दुद्धी नामक वनस्पति 2. ज्वार या चरी की एक किस्म 3. खड़िया मिट्टी 4. एक प्रकार की चिड़िया; लटोरा। [वि.] 1. जिसमें दूध मिला हो 2. दुधारु 3. जिसमें दूध हो 4. जिसका रंग दूध जैसा सफ़ेद हो 5. जिसमें कच्चा होने से दूध हो, जैसे- दूधिया मक्का 6. अपक्व; कच्चा।

दूधिया पत्थर [सं-पु.] 1. एक प्रकार का बहुत चमकीला और चिकना बड़ा पत्थर जिसकी गिनती रत्नों में होती है 2. एक प्रकार का मुलायम सफ़ेद पत्थर जिससे कटोरियाँ, प्याले आदि बनते हैं।

दून [सं-स्त्री.] 1. दुगुना होने का भाव 2. दो पर्वतों के मध्य का स्थान; घाटी। [वि.] दुगुना; दोहरा। [मु.] **-की लेना या हाँकना** : शेखी बघारना; बढ़-चढ़ कर बातें करना।

दूनसिरिस [सं-पु.] सफ़ेद सुगंधित फूलों वाला सिरिस का पेड़।

दूना [वि.] दुगुना; दोगुना; दोहरा; (डबल)।

दूब (सं.) [सं-स्त्री.] बहुतायत में उगने वाली हरे रंग की एक प्रसिद्ध घास; दूर्वा।

दूबस्थली (सं.) [सं-स्त्री.] दूब से भरा हुआ मैदान; ऐसा स्थान जो दूब या घास से भरा हुआ हो।

दूबे [सं-पु.] 1. ब्राह्मणों में एक कुलनाम या सरनेम 2. द्विवेदी।

दूभर (सं.) [वि.] जिसे सहना कठिन हो; भारी; मुश्किल; बोझिल; दुष्कर।

दूर (सं.) [क्रि.वि.] 1. पृथक; अलग; किसी स्थान विशेष से हट कर; फासले पर 2. देशकाल के विचार से बहुत अंतर पर।

दूरंदेश (फ़ा.) [वि.] बहुत दूर तक की बात सोचने वाला; दूरदर्शी; अग्रसोची।

दूरगामिता (सं.) [सं-स्त्री.] दूरगामी होने की अवस्था या भाव।

दूरगामी (सं.) [वि.] 1. जो दूर तक जाता हो 2. जिसका असर लंबे समय तक रहे; दीर्घकालीन 3. जिसके होने में विलंब हो।

दूरदराज़ (सं.+फ़ा.) [क्रि.वि.] 1. बहुत दूर 2. दूरवर्ती।

दूरदर्शक (सं.) [सं-पु.] 1. दूरवीक्षण यंत्र; दूरबीन; (टेलीस्कोप) 2. ज्ञानवान; प्राज्ञ। [वि.] 1. दूर तक की बात सोचने वाला 2. दूर तक देखने वाला; दूरदर्शी 3. बुद्धिमान; समझदार; विवेकी।

दूरदर्शन (सं.) [सं-पु.] 1. विद्युत तरंगों की मदद से बहुत दूर के दृश्य को प्रत्यक्ष रूप से देखने की प्रणाली; (टेलीविज़न) 2. दूर की चीज़ देखना।

दूरदर्शिता (सं.) [सं-स्त्री.] 1. दूर की बात सोचने या समझने का गुण 2. पांडित्य; विद्वता।

दूरदर्शी (सं.) [वि.] 1. दूर तक की बात सोचने वाला; बहुत आगे की समझने वाला 2. दूरंदेश परिणामदर्शी 3. चतुर; अक्लमंद; सयाना 4. चौकस; ख़बरदार; जागरूक। [सं-पु.] 1. विद्वान 2. गिद्ध 3. बुद्धिमान।

दूरदृष्टि (सं.) [सं-स्त्री.] 1. दूरदर्शिता; दूरंदेशी 2. भविष्य के बदलावों को सोचने-समझने की क्षमता।

दूरध्वनि (सं.) [सं-स्त्री.] वह प्रणाली जिसके द्वारा एक स्थान से कही हुई बात दूसरे स्थान पर सुनाई पड़ती है; दूरभाष।

दूरबीन (फ़ा.) [सं-स्त्री.] एक यंत्र या उपकरण जो दूर की चीज़ों को पास और स्पष्ट दिखाता है।

दूरभाष (सं.) [सं-पु.] दूरवाणी; एक प्रकार का यंत्र जिसकी सहायता से दूर के शब्द या दूर की आवाज़ ज्यों की त्यों सुनाई पड़ती है; (टेलीफ़ोन)।

दूरमुद्रक (सं.) [सं-पु.] एक यंत्र जिससे दूर से प्राप्त संदेश या समाचार कागज़ पर छप जाता है।

दूरवर्ती (सं.) [वि.] जो बहुत दूर स्थित हो; दूरी पर रहने वाला;

दूर का।

दूरविक्षेपण (सं.) [सं-पु.] 1. एक स्थान से ध्वनि, चित्र या फ़िल्म आदि को बहुत दूर तक पहुँचाने की क्रिया 2. संचारण; पारेषण।

दूरवीक्षण (सं.) [सं-पु.] 1. दूर की चीज़ें देखने की क्रिया 2. टेलीविज़न।

दूरव्यापी (सं.) [वि.] दूर तक फैला हुआ; जो बहुत दूर तक विस्तृत हो।

दूरशिक्षा (सं.) [सं-स्त्री.] शिक्षण-संस्थान से दूर रह कर शिक्षा प्राप्त करना; दूरस्थ-शिक्षा।

दूरसंचार (सं.) [सं-पु.] 1. शब्द का किसी विद्युत संकेत माध्यम द्वारा किसी दूरार्ध क्षेत्र तक संचारित या प्रेषित होना 2. इलेक्ट्रॉनिक माध्यमों, जैसे- टेलीफ़ोन, मोबाइल आदि की सहायता से बहुत दूर तक समाचार या संदेश पहुँचाने तथा प्राप्त करने की व्यवस्था 3. दूर-दूर तक संपर्क करने के साधन।

दूरसंवेदी (सं.) [वि.] 1. दूर रह कर भी संवेदित करने वाला 2. दूर से कोई बात जतलाने या बतलाने वाला।

दूरस्थ (सं.) [वि.] 1. जो दूरी पर स्थित हो; जो दूर हो; जो निकट न हो 2. जिसकी वर्तमान में घटित होने की संभावना न हो।

दूरागत (सं.) [वि.] दूर से आया हुआ।

दूरान्वय (सं.) [सं-पु.] रचना में एक दोष जो कर्ता और क्रिया, विशेष्य और विशेषण आदि के एक-दूसरे से दूर होने पर आता है।

दूरारूढ़ (सं.) [वि.] 1. बहुत आगे बढ़ा हुआ; ऊँचाई पर चढ़ा हुआ 2. तीव्र 3. प्रगाढ़।

दूरी (सं.) [सं-स्त्री.] 1. दूर होने की अवस्था या भाव 2. दो स्थानों या वस्तुओं के बीच अंतर 3. दो वस्तुओं के बीच का स्थान 4. अंतराल; फ़ासला; फ़र्क 5. लंबाई।

दूरूह (सं.) [वि.] 1. कठिन; दूभर 2. बोझिल।

दूर्वा (सं.) [सं-स्त्री.] दूब नामक घास।

दूलह [सं-पु.] 1. वह व्यक्ति जिसका विवाह अभी हाल में हुआ हो अथवा शीघ्र ही होने को हो; दूल्हा; दूल्हा वर 2. बहुत बना-ठना आदमी 3. मालिक; स्वामी।

दूली (सं.) [सं-स्त्री.] नील का पौधा जिससे नील तैयार किया जाता है।

दूल्हा (सं.) [सं-पु.] 1. विवाह के लिए सजा हुआ युवक; वर; नौशा 2. वह जिसका अभी विवाह हुआ हो 3. स्त्री की दृष्टि में उसका पति 4. बना-ठना आदमी 5. नायक; नेता।

दूषक (सं.) [सं-पु.] 1. दोष लगाने वाला व्यक्ति 2. आक्षेप करने वाला व्यक्ति 3. दुष्ट व्यक्ति। [वि.] 1. दूषित करने वाला; दोषजनक 2. विकार उत्पन्न करने वाला 3. कलंकित करने वाला 4. अपराधी 5. बुरा।

दूषण (सं.) [सं-पु.] 1. दोष लगाने का कार्य; दोषारोपण 2. प्रदूषण; संक्रमण 3. अवगुण; दोष; ऐब; कमी; दुर्गुण; ख़राबी 4. त्याज्य बात; बुराई 5. लांछन 6. (रामायण) रावण का एक भाई जिसे पंचवटी में राम ने मारा था। [वि.] संहार करने वाला; विनाशकारी।

दूषित (सं.) [वि.] 1. बुरा; ख़राब; बेकार 2. दोषयुक्त; आरोपित।

दूष्य (सं.) [वि.] 1. जिसमें दोष लगाया या निकाला जा सके 2. निंदनीय; बुरा 3. तुच्छ; हीन।

दूसरा [वि.] 1. अन्य; कोई और 2. पुनः; फिर से 3. क्रम के हिसाब से पहले के बाद पड़ने वाला 4. जो प्रस्तुत हो उससे भिन्न, जैसे- दूसरा काम 5. पराया।

दूहना (सं.) [क्रि-स.] दे. दुहना।

दूहिया [सं-पु.] एक प्रकार का चूल्हा।

दृक्पथ (सं.) [सं-पु.] दृष्टिपथ; दृष्टि की परिधि तक का पथ।

दृक्पात (सं.) [सं-पु.] 1. देखने की क्रिया; दृष्टिपात 2. अवलोकन; निरीक्षण।

दृग (सं.) [सं-पु.] आँख; नेत्र; नयन; दृष्टि।

दृग-मिचाव [सं-पु.] आँख-मिचौली नाम का खेल।

दृगंचल (सं.) [सं-पु.] 1. पलक 2. कटाक्ष; चितवन।

दृगंबु (सं.) [सं-पु.] 1. आँखों से निकलने वाला पानी 2. आँसू; अश्रु।

दृग्गोचर (सं.) [वि.] जो आँख से दिखाई देता हो।

दृढ़ (सं.) [वि.] 1. पुष्ट; सबल; मज़बूत; पक्का; प्रगाढ़ 2. जो जल्दी टूट-फूट न सके; टिकाऊ; अटूट 3. जो हिलडुल न सके; अविचल; अडिग; स्थायी 4. अच्छी तरह बँधा हुआ; जो ढीला न हो 5. हृष्टपुष्ट 6. ठोस; कड़ा 7. निश्चित; पक्का 8. संकल्पशील 9. एकनिष्ठ 10. आत्मविश्वासी; धीर।

दृढ़चेता (सं.) [वि.] 1. दृढ़ संकल्प वाला 2. पक्के विचार वाला।

दृढ़ता (सं.) [सं-स्त्री.] 1. दृढ़ होने की अवस्था या भाव; मज़बूती 2. अपने विचार एवं संकल्प पर दृढ़ रहने या जमे होने की क्रिया 3. कठोरता।

दृढ़निश्चय (सं.) [वि.] अपने विचार या संकल्प पर दृढ़तापूर्वक जमा रहने वाला।

दृढ़निश्चयी (सं.) [वि.] निश्चय या संकल्प का पक्का।

दृढ़प्रतिज्ञ (सं.) [वि.] जो अपनी प्रतिज्ञा से न डिगे; कठोर प्रतिज्ञा वाला।

दृढ़ीकरण (सं.) [सं-पु.] 1. दृढ़ करने की क्रिया 2. पुष्टि।

दृढ़ीभूत (सं.) [वि.] दृढ़ किया हुआ।

दृत (सं.) [वि.] 1. सम्मानित 2. आहत।

दृति (सं.) [सं-स्त्री.] 1. चमड़ा; खाल 2. खाल का बना थैला या पात्र 3. गौओं, बैलों आदि के गले का झूलता हुआ चमड़ा।

दृप्त (सं.) [वि.] 1. उग्र; प्रचंड 2. प्रज्वलित 3. तेजयुक्त 4. इतराया हुआ; गर्वित; अभिमानी।

दृप्ति (सं.) [सं-स्त्री.] 1. आभा; चमक 2. रोशनी; प्रकाश 3. तेजस्विता 4. गर्व; अभिमान 5. उग्रता; प्रचंडता।

दृशद्वती (सं.) [सं-स्त्री.] 1. ऋग्वेद में उल्लेखित प्राचीन नदी जिसे आजकल (थानेश्वर के निकट बहने वाली) घग्घर कहा जाता है 2. ऋषि विश्वामित्र की पत्नी का नाम।

दृश्य (सं.) [सं-पु.] 1. जिसे देखा जा सकता हो; देखने योग्य; नज़ारा 2. जो दृष्टिगोचर हो; जो दिखता हो 3. अभिनय योग्य

काव्य; नाटक 4. नाटक का एक दृश्य; (सीन) 5. दर्शनीय स्थान। [वि.] 1. दर्शनीय; सुंदर 2. स्पष्ट।

दृश्य-श्रव्य (सं.) [वि.] एक साथ देखा और सुना जा सकने वाला (टीवी; वीडियो); (ऑडियो-विज़ुअल)।

दृश्यता (सं.) [सं-स्त्री.] दिखाई पड़ने की स्थिति।

दृश्यमान (सं.) [वि.] 1. जो आँखों के समक्ष हो; चाक्षुष; साक्षात 2. प्रत्यक्ष रूप में दिखाई देने वाला 3. जो देखा जा रहा हो 4. मनोहर; सुरम्य; सुंदर 5. अभिव्यक्त 6. प्रकट; प्रत्यक्ष; स्पष्ट; समक्ष 7. दृष्टिगोचर; चित्रवत।

दृश्यांकन (सं.) [सं-पु.] किसी दृश्य या घटना का अंकन।

दृश्याभास (सं.) [सं-पु.] देखे गए चित्र या दृश्य का वह प्रतिबिंब या आभास जो आँखें बंद करने पर भी सामने ही विद्यमान प्रतीत होता हो।

दृश्यावली (सं.) [सं-स्त्री.] दृश्यों की पंक्ति या श्रेणी।

दृष्ट (सं.) [सं-पु.] 1. दर्शन; साक्षात्कार 2. अनुभूति 3. सांख्य दर्शन में प्रत्यक्ष प्रमाण। [वि.] 1. ज्ञात 2. जाना हुआ; देखा हुआ 3. अवलोकित 4. साक्षात देखा जाने वाला; दिखाई पड़ने वाला; गोचर; प्रत्यक्ष।

दृष्टकूट (सं.) [सं-पु.] 1. पहेली 2. (साहित्य) वह कविता जिसका अर्थ या आशय उसके वाच्यार्थ से नहीं बल्कि रूढ़ अर्थों और प्रसंग से निकलता हो।

दृष्टमान (सं.) [वि.] जो देखा जा रहा हो।

दृष्टव्य (सं.) [वि.] 1. देखने योग्य 2. जिसे दिखाया जाना हो।

दृष्टांत (सं.) [सं-पु.] 1. किसी विषय को समझाने के लिए उसके समान किसी दूसरी बात का कथन; उदाहरण; मिसाल 2. (काव्यशास्त्र) एक अर्थालंकार।

दृष्टार्थ (सं.) [सं-पु.] 1. किसी शब्द का स्पष्ट और सरलता से समझ में आने वाला अर्थ 2. वह तत्व जिसका बोध कराने वाला तत्व सृष्टि में विद्यमान हो। [वि.] 1. जिसका अर्थ या विषय स्पष्ट हो 2. व्यावहारिक।

दृष्टि (सं.) [सं-स्त्री.] 1. नज़र; निगाह 2. देखने की वृत्ति या क्षमता 3. विचार; सिद्धांत; मत 4. आशा 5. प्रकाश 6. ज्ञान 7. पहचान 8. उद्देश्य; अभिप्राय। [मु.] **-जुड़ना** : सामना होना; आँखें मिलना। **-जोड़ना** : सामना करना; आँखें मिलाना। **-रखना** : ध्यान रखना।

दृष्टिक (सं.) [वि.] दृष्टि संबंधी।

दृष्टिकोण (सं.) [सं-पु.] 1. किसी बात या विषय को किसी ख़ास पहलू से देखने-विचारने का ढंग या वृत्ति; नज़रिया 2. किसी विषय में निश्चित किया गया मत 3. परिप्रेक्ष्य 4. विचार; राय; मत 5. समझ।

दृष्टिक्रम (सं.) [सं-पु.] चित्रों आदि में वह अभिव्यक्ति जिससे दर्शक को यथाक्रम प्रत्येक वस्तु अपने उपयुक्त स्थान पर और ठीक मान में दिखाई दे।

दृष्टिगत (सं.) [सं-पु.] 1. वह जो देखने का विषय हो 2. सिद्धांत। [वि.] 1. जो दिखाई पड़ता हो 2. देखा हुआ 3. जो देखने में आया हो।

दृष्टिगोचर (सं.) [वि.] दिखाई पड़ने वाला; जो आँखों से देखा जा सके।

दृष्टिदोष (सं.) [सं-पु.] 1. आँखों का रोग जिसमें पास या दूर की वस्तुएँ स्पष्ट दिखाई नहीं देती हैं; दृष्टि में आ जाने वाली कमी या ख़राबी 2. देखने में त्रुटि होना 3. पढ़ने में होने वाली गलती।

दृष्टिपात (सं.) [सं-पु.] 1. देखने की अवस्था या भाव 2. सरसरी निगाह से देखना; अवलोकन।

दृष्टिबंध (सं.) [सं-पु.] 1. जादू; इंद्रजाल 2. हाथ की चालाकी जो दूसरों को धोखा देने के लिए की जाए।

दृष्टिबंधक (सं.) [सं-पु.] कोई चीज़ बंधक या रेहन रखने का वह प्रकार जिसमें धन या संपत्ति देने वाले को सिर्फ़ सूद ही मिलता है, संपत्ति की आय या देख-रेख से उसका कोई संबंध नहीं होता।

दृष्टिभ्रम (सं.) [सं-पु.] 1. देखने में होने वाला धोखा; मायाजाल 2. किसी अस्तित्वहीन वस्तु का आभास होना 3. देखने में होने वाला वह भ्रम जिसमें चीज़ कुछ हो जबकि दिखाई कुछ और देती हो; भ्रांति।

दृष्टिमंदता (सं.) [सं-स्त्री.] आँखों से कम दिखाई देने की अवस्था या भाव।

दृष्टिमांद्य (सं.) [सं-पु.] 1. आँखों से कम दिखाई देने की अवस्था 2. दृष्टिमंदता रोग।

दृष्टिवंत (सं.) [वि.] 1. जिसमें देखने की शक्ति हो 2. जिसमें सोचने समझने की क्षमता हो 3. ज्ञानी; ज्ञानवान; जानकार।

दृष्टिविहीन (सं.) [वि.] 1. जिसकी नेत्र ज्योति समाप्त हो गई हो; जिसे दिखाई न देता हो; अंधा; बिना आँखवाला 2. जिसमें समझ या सूझ-बूझ न हो।

दृष्टिसंपन्न (सं.) [वि.] 1. जो देख और समझ सकता हो 2. दूरदर्शी; ज्ञानवान।

दृष्टिहीन (सं.) [वि.] दृष्टिविहीन; अंधा।

दृष्टिहीनता (सं.) [सं-स्त्री.] दृष्टिहीन होने की स्थिति।

देंवका [सं-स्त्री.] दे. दीमक।

देखना (सं.) [क्रि-स.] 1. नेत्रों से किसी वस्तु के रंग-रूप, आकार-प्रकार आदि का ज्ञान प्राप्त करना 2. ताकना 3. निहारना 4. जाँच करना, अवलोकन करना 5. पता लगाना, परखना 6. अनुभव करना 7. पत्र-पत्रिका आदि पढ़ना 8. देख-रेख करना। [मु.] **-देखते रह जाना** : चकित होकर चुप-चाप रह जाना।

देखना-परखना [क्रि-स.] 1. निरीक्षण करना 2. परीक्षण करना; जाँचना।

देखभाल [सं-स्त्री.] देख-रेख; निगरानी; हिफ़ाज़त।

देखादेखी [सं-स्त्री.] 1. एक-दूसरे को देखने की क्रिया 2. आँखों से देखने की अवस्था 3. साक्षात्कार; दर्शन। [क्रि.वि.] दूसरे को कुछ करते देखकर होने वाला अनुकरण; नकल।

देग (फ़ा.) [सं-पु.] 1. दाल या चावल आदि पकाने का बड़े आकार का धातु-निर्मित बरतन जिसका मुँह चौड़ा और पेंदा गोलाकार होता है तथा जिसे बड़े चूल्हे या भट्टी पर चढ़ाने-उतारने के लिए उसमें अमूमन कड़ेदार हत्थे लगे होते हैं 2. एक प्रकार का बाज़ पक्षी।

देगचा (फ़ा.) [सं-पु.] पतीला; बटलोई।

देगची (फ़ा.) [सं-स्त्री.] 1. छोटा देगचा 2. पीतल, स्टील आदि का एक बरतन।

देदीप्यमान (सं.) [वि.] 1. चमकता हुआ; प्रकाशमान; चमक-दमक वाला 2. वैभवशाली 3. यशस्वी।

देन [सं-स्त्री.] 1. देने की क्रिया या भाव; दान 2. किसी से प्राप्त की गई बेशकीमती चीज़; उपहार 3. वह वस्तु जो किसी को दी गई हो; प्रदत्त वस्तु 4. वह धन जो किसी को देना या चुकाना हो; बाकी रकम 5. किसी प्रकार की देनदारी चुकता करने का दायित्व; देयता।

देनदार (हिं.+फ़ा.) [सं-पु.] 1. वह व्यक्ति जिसे ऋण चुकाना हो; जिसे कुछ देना बाकी हो; कर्ज़दार; ऋणी 2. आभारी।

देनदारी (हिं.+फ़ा.) [सं-स्त्री.] देनदार होने की अवस्था या भाव।

देना [क्रि-स.] 1. किसी को कोई वस्तु आदि सौंपना; प्रदान करना 2. अपने अधिकार से दूसरे के अधिकार में पहुँचाना 3. समर्पित करना 4. डालना; उड़ेलना 5. मारना; आघात करना 6. पैदा करना; जनना 7. थमाना; पकड़ाना; हवाले करना 8. अनुभव कराना 9. परोसना; बाँटना 10. चुकाना 11. मुहैया कराना। [सं-पु.] कर्ज़; ऋण; देय।

देय (सं.) [वि.] 1. जो देने योग्य हो 2. जो दिया जा सकता हो 3. जो लौटाया जाने का हो; बकाया 4. (धन) जो दिया जाना हो।

देयक (सं.) [सं-पु.] वह पत्र जिसमें किसी के नाम मुख्यत: बैंक के नाम यह लिखा हो कि अमुक व्यक्ति को हमारे खाते में से इतने रुपए दे दो; धनादेश; (चेक)।

देयता (सं.) [सं-स्त्री.] धन चुकाने या कर्ज़ अदा करने की ज़िम्मेदारी।

देयादेय-फलक (सं.) [सं-पु.] किसी व्यापारिक संस्था या प्रतिष्ठान आदि का एक निश्चित अंतराल पर या प्रतिवर्ष तैयार किया जाने वाला सभी देयों और अदेयों का लेखा; आय-व्यय फलक।

देयादेश (सं.) [सं-पु.] वह पत्र जिसमें यह लिखा हो कि अमुक व्यक्ति को इतना धन दे दिया जाए।

देयासी [सं-पु.] झाड़-फूँक करने वाला ओझा।

देर (फ़ा.) [सं-स्त्री.] 1. जितना वक्त लगना चाहिए था उससे ज़्यादा वक्त; विलंब 2. समय; वक्त।

देरी (फ़ा.) [सं-स्त्री.] किसी कार्य में नियत समय से अधिक लगने वाला समय; विलंब; देर।

देव[1] (सं.) [सं-पु.] 1. ईश्वर; देवता 2. पूज्य या आदरणीय व्यक्ति 3. बड़ों के लिए आदरसूचक संबोधन।

देव[2] (फ़ा.) [सं-पु.] 1. राक्षस; दैत्य; दानव 2. भीमकाय व्यक्ति।

देवँक [सं-स्त्री.] दे. दीमक।

देवँकार [सं-पु.] दे. दीमक।

देवअंशी (सं.) [वि.] 1. जो देवता के अंश से उत्पन्न हो 2. जो किसी देवता का अवतार हो।

देवऋण (सं.) [सं-पु.] देवताओं के ऋण से मुक्त होने के लिए किए जाने वाले यज्ञादि धार्मिक कृत्य।

देवऋषि (सं.) [सं-पु.] देवताओं के लोक में रहने वाला और उनके समकक्ष माना जाने वाला ऋषि; देवर्षि।

देवकन्या (सं.) [सं-स्त्री.] 1. देवता की पुत्री 2. बहुत सुंदर स्त्री।

देवकपास [सं-स्त्री.] नरमा या मनवा नाम की कपास; राम कपास।

देवका [सं-स्त्री.] दे. दीमक।

देवकार्य (सं.) [सं-पु.] देवताओं को प्रसन्न करने के लिए किए जाने वाले होम, पूजा आदि धार्मिक कार्य।

देवकी (सं.) [सं-स्त्री.] (पुराण) वसुदेव की पत्नी और कृष्ण की माता; कंस की चचेरी बहन।

देवकीनंदन (सं.) [सं-पु.] देवकी के पुत्र कृष्ण; वासुदेव।

देवकीय (सं.) [वि.] देवता से संबंधित, देवता का।

देवगज (सं.) [सं-पु.] इंद्र का हाथी; ऐरावत।

देवगढ़ी [सं-स्त्री.] 1. देवगढ़ (स्थान) 2. एक तरह की ईख। [वि.] देवगढ़ संबंधी।

देवगण (सं.) [सं-पु.] 1. देवताओं का समूह 2. देवताओं का अनुचर 3. आदित्य 4. अश्विनी, रेवती और पुष्य आदि नक्षत्रं का समूह 5. (ज्योतिष) तीन गणों में से पहला गण।

देवगिरा (सं.) [सं-स्त्री.] देवताओं की भाषा अर्थात् संस्कृत; देववाणी।

देवगिरि (सं.) [सं-पु.] 1. एक प्राचीन नगर जो आजकल दौलताबाद कहलाता है 2. रैवतक देवी पर्वत जो गुजरात में है; गिरनार।

देवगुरू (सं.) [सं-पु.] 1. बृहस्पति; देवताओं का गुरू 2. कश्यप; देवताओं के पिता।

देवगृह (सं.) [सं-पु.] 1. देवालय, मंदिर 2. देवताओं के निमित्त निर्मित भवन।

देवज़ाद (फ़ा.) [सं-पु.] 1. तेज़ और शक्तिशाली घोड़ा 2. बड़े डीलडौल का भयानक आदमी।

देवट (सं.) [सं-पु.] शिल्पकार, शिल्पी, कारीगर।

देवठान (सं.) [सं-पु.] 1. कार्तिक मास के शुक्ल पक्ष की एकादशी 2. विष्णु भगवान का सोकर उठना; देवोत्थान।

देवड़ा [सं-पु.] क्षत्रियों की एक जाति।

देवतही [सं-पु.] 1. (अंधविश्वास) किसी देवी-देवता को चढ़ाया हुआ वस्त्र 2. देवी-देवता की मूर्ति की उतरन।

देवता (सं.) [सं-पु.] 1. वह स्वर्गीय प्राणी जिसमें दैव शक्ति विद्यमान हो तथा जो मृत्यु से मुक्त हो, सुर 2. {ला-अ.} उच्च मानवीय गुणों वाला व्यक्ति।

देवता-स्वरूप (सं.) [वि.] देवताओं के जैसा, देवता के लक्षणों से युक्त, देवस्वरूप।

देवतात्मा (सं.) [सं-पु.] 1. अलौकिक शक्ति 2. पीपल का वृक्ष। [वि.] 1. जो देवताओं की तरह हो 2. पावन, पवित्र।

देवत्त (सं.) [वि.] 1. देवता द्वारा दिया हुआ 2. देवता के निमित्त दिया हुआ।

देवत्व (सं.) [सं-पु.] देवता होने का भाव या धर्म; देवता का

गुण; सुरत्व; अमरत्व।

देवदार (सं.) [सं-पु.] एक प्रसिद्ध पर्वतीय वृक्ष; देवदारु।

देवदास (सं.) [सं-पु.] 1. मंदिर या देवालय में कार्य करने वाला सेवक 2. मद्यप 3. {ला-अ.} किसी स्त्री के प्रेम में निमग्न (डूबा हुआ) व्यक्ति।

देवदासी (सं.) [सं-स्त्री.] एक प्रथा जिसमें जीवन भर अविवाहित रहकर देव-मंदिर में सेवा करने के लिए समर्पित कन्या जो बाद में मंदिर की नर्तकी हो जाती थी।

देवदूत (सं.) [सं-पु.] देवताओं या ईश्वर का दूत; पैगंबर।

देवधन (सं.) [सं-पु.] 1. एक पेड़ जो बगीचों में लगाया जाता है 2. देवता के निमित्त अलग निकाला गया धन।

देवधरा (सं.) [सं-पु.] देवालय; मंदिर।

देवधुनी (सं.) [सं-स्त्री.] 1. गंगा नदी 2. कोई पवित्र नदी।

देवन (सं.) [सं-पु.] 1. किसी से आगे बढ़ जाने की कामना 2 .क्रीड़ा; खेल 3. बगीचा; उपवन 4. कमल 5. कांति; चमक 6. प्रशंसा; स्तुति 7. गति 8. जूआ।

देवनदी (सं.) [सं-स्त्री.] 1. गंगा 2. सरस्वती।

देवनागरी (सं.) [सं-स्त्री.] भारत की बहुप्रचलित लिपि जिसमें संस्कृत, हिंदी, मराठी, कोंकणी, डोगरी, नेपाली आदि भाषाएँ लिखी जाती हैं। इसे राष्ट्रीय लिपि भी कहा जाता है।

देवनाथ (सं.) [सं-पु.] शिव; महादेव।

देवपथ (सं.) [सं-पु.] 1. देवताओं के चलने का मार्ग; आकाश 2. देव-मंदिर की ओर जाने का रास्ता।

देवपुर (सं.) [सं-पु.] 1. (पुराण) इंद्र की नगरी; अमरावती 2. स्वर्ग।

देवपुरी (सं.) [सं-स्त्री.] देवताओं की नगरी जो स्वर्ग में इंद्र की राजधानी मानी गई है; अमरावती।

देवप्रयाग (सं.) [सं-पु.] उत्तर भारत का एक प्रसिद्ध पर्वतीय तीर्थ स्थान और पर्यटन स्थल जो गंगा और अलकनंदा के संगम पर है।

देवभाग (सं.) [सं-पु.] 1. यज्ञ और पूजन में देवताओं के लिए निकाला गया हिस्सा 2. संपत्ति का वह भाग जो किसी देवता या धार्मिक कार्य के लिए अलग निकाल दिया गया हो।

देवभाषा (सं.) [सं-स्त्री.] संस्कृत भाषा।

देवभूमि (सं.) [सं-पु.] स्वर्ग; ज़न्नत।

देवमंदिर (सं.) [सं-पु.] किसी देवता की पूजा के लिए बनाया गया भवन; देवता का मंदिर; देवालय; धार्मिक उद्देश्य के लिए निर्मित इमारत।

देवमन [सं-पु.] गर्दन के नीचे छाती पर दो भौंरियों वाला घोड़ा।

देवमानव (सं.) [सं-पु.] ऐसा मनुष्य जिसमें देवताओं जैसे गुण हों।

देवमूर्ति (सं.) [सं-पु.] किसी देवी या देवता की प्रतिमा।

देवयज्ञ (सं.) [सं-पु.] होम आदि कर्म जो पंचयज्ञों में से एक है तथा जिसे करना गृहस्थ का कर्तव्य है।

देवयानी (सं.) [सं-स्त्री.] (पुराण) शुक्राचार्य की कन्या जो राजा ययाति की पत्नी थी।

देवयोनि (सं.) [सं-स्त्री.] स्वर्ग, अंतरिक्ष आदि में रहने वाले उन जीवों का वर्ग जो देवताओं के अंतर्गत माने जाते हैं, जैसे- अप्सरा, किन्नर, यक्ष, गंधर्व आदि।

देवर (सं.) [सं-पु.] पति का छोटा भाई।

देवरा[1] [सं-पु.] एक प्रकार का पटसन।

देवरा[2] (सं.) [सं-पु.] 1. छोटा-मोटा देवता 2. उक्त प्रकार के देवता का मंदिर 3. ऊँचे शिखर वाला देव-मंदिर 4. किसी महापुरुष की समाधि।

देवराज (सं.) [सं-पु.] देवताओं का राजा; इंद्र।

देवरानी (सं.) [सं-स्त्री.] पति के छोटे भाई की पत्नी।

देवरिपु (सं.) [सं-पु.] धर्म-ग्रंथों में मान्य वे दुष्ट आत्माएँ जो धर्म विरोधी कार्य करती हैं तथा देवताओं, ऋषियों आदि की शत्रु हैं; दानव; दैत्य; असुर।

देवर्षि (सं.) [सं-पु.] देवता माने जाने वाले ऋषि, जैसे- नारद, कश्यप, भृगु, मरीचि आदि।

देवल (सं.) [सं-पु.] 1. देवता का मंदिर; देवालय 2. मंदिर में पूजा के चढ़ावे से रोज़ी-रोटी चलाने वाला व्यक्ति; पंडा 3. पति का छोटा भाई; देवर 4. धार्मिक व्यक्ति 5. नारद मुनि 6. धान की एक किस्म।

देवली [सं-स्त्री.] 1. मिट्टी का बना ऊँचा चबूतरा 2. देवस्थान 3. छोटा दिया।

देवलोक (सं.) [सं-पु.] 1. एक कल्पित लोक 2. स्वर्गलोक 3. इंद्रलोक; देवताओं का निवास स्थल।

देववधू (सं.) [सं-स्त्री.] 1. देवता की स्त्री; देवी 2. अप्सरा।

देववल्लभा (सं.) [सं-स्त्री.] देवताओं को प्रिय लगने वाली स्त्री।

देववल्लभ (सं.) [वि.] देवताओं को प्रिय लगने वाला। [सं-पु.] 1. केसर 2. सुरपुन्नाग नामक वृक्ष।

देववाणी (सं.) [सं-स्त्री.] 1. (पुराण) देवता के मुँह से निकला वचन; दिव्यवाणी 2. वह बात जो देवता द्वारा कही हुई मानी जाए 3. सुरवाणी; आकाशवाणी 4. संस्कृत भाषा।

देववाद (सं.) [सं-पु.] देवताओं की सत्ता स्वीकार करने का सिद्धांत।

देवविहाग (सं.) [सं-पु.] संगीत में एक राग जो कल्याण और विहाग अथवा कुछ लोगों के मत से सारंग और पूरबी के योग से बना है।

देववृक्ष (सं.) [सं-पु.] कल्पतरु; कल्पवृक्ष।

देवशिल्पी (सं.) [सं-पु.] देवताओं के शिल्पी; विश्वकर्मा।

देवसभा (सं.) [सं-स्त्री.] 1. देवताओं की सभा या समाज 2. राजसभा 3. जुआ खेलने का स्थान।

देवसार [सं-पु.] 1. एक प्रकार का धान 2. इंद्रताल के छः भेदों में से एक।

देवसेना (सं.) [सं-स्त्री.] 1. (पुराण) देवताओं की सेना 2. देवताओं के सेनापति स्कंद (कार्तिकेय) की पत्नी।

देवस्थल (सं.) [सं-पु.] देवालय; मंदिर।

देवस्थान (सं.) [सं-पु.] 1. वह स्थान जहाँ किसी देवता की मूर्ति या मूर्तियाँ स्थापित करके उनकी पूजा की जाती है; देवताओं का स्थान; देवथान 2. देवालय; मंदिर; देवगृह।

देवहंस (सं.) [सं-पु.] हंसों की एक जाति।

देवहरिया [सं-स्त्री.] एक प्रकार की नाव।

देवा (सं.) [सं-पु.] देवता; देव। [सं-स्त्री.] 1. पटसन 2. पद्मचारिणी नामक लता। [वि.] देने वाला; दाता।

देवांगना (सं.) [सं-स्त्री.] 1. देवी 2. देवपुत्री 3. देवदासी 4. देवस्त्री।

देवांश (सं.) [सं-पु.] 1. देवता का भाग; देवता हेतु निकाला गया अंश (हिस्सा) 2. ईश्वर का अंशभूत; परमात्मा का अंशावतार।

देवाक्रीड़ (सं.) [सं-पु.] 1. देवताओं और इंद्र का उपवन; देवोद्यान 2. नंदनवन।

देवागार (सं.) [सं-पु.] 1. देवताओं के रहने का स्थान; स्वर्ग 2. मंदिर; देवालय।

देवात्मा (सं.) [सं-पु.] 1. देवताओं की तरह पवित्र और शुद्ध आत्मा वाला व्यक्ति 2. अश्वत्थ; पीपल।

देवाधिदेव (सं.) [सं-पु.] विष्णु, शिव आदि देवता।

देवाधिप (सं.) [सं-पु.] 1. देवताओं के अधिपति; इंद्र 2. परमेश्वर 3. द्वापर युग के एक राजा।

देवानांप्रिय (सं.) [सं-पु.] 1. सम्राट अशोक हेतु एक संबोधन 2. (अंधविश्वास) बकरा जो देवी के लिए बलि चढ़ाया जाता था। [वि.] 1. देवताओं को प्रिय 2. मूर्ख 3. बड़ों के लिए प्रयुक्त होने वाला आदरसूचक विशेषण।

देवानीक (सं.) [सं-पु.] 1. देवताओं की सेना 2. सगर के वंशज एक राजा 3. सावर्णि मनु के एक पुत्र का नाम।

देवानुचर (सं.) [सं-पु.] 1. यक्ष, विद्याधर आदि दस उपदेव जो देवताओं से साथ चलते हैं 2. देवता का सेवक; देवानुग।

देवान्न (सं.) [सं-पु.] अमृत; हवि; चरू।

देवाब [सं-स्त्री.] धौंमर, गोंद, चुने, बीझन आदि के योग से बनाई जाने वाली एक तरह की लेई।

देवाभियोग (सं.) [सं-पु.] जैन ग्रंथों में वर्णित एक विश्वास जिसके अनुसार देवता किसी शरीर में प्रवेश करके अनुचित कर्म में प्रवृत्त करता है।

देवार [वि.] जो देने के लिए रखा गया हो; देने वाला; देवाला।

देवार्चन (सं.) [सं-पु.] देवी-देवताओं का पूजन या कर्मकांड; देवार्चना।

देवार्पण (सं.) [सं-पु.] 1. देवता हेतु चढ़ावा; नैवेद्य 2. किसी देवता या मंदिर आदि के लिए वस्तु का दान या उत्सर्ग।

देवाल [वि.] 1. देने वाला; दाता 2. दूसरों को देने की प्रवृत्तिवाला 3. बेचने वाला।

देवालय (सं.) [सं-पु.] 1. मंदिर 2. देवताओं के रहने का स्थान; स्वर्ग।

देवाश्र्व (सं.) [सं-पु.] इंद्र का घोड़ा; उच्चैःश्रवा।

देवासुर (सं.) [सं-पु.] सुर और असुर; देवता और राक्षस।

देवी (सं.) [सं-स्त्री.] 1. श्रेष्ठ गुणों वाली स्त्री; सुंदर स्त्री 2. दुर्गा; सरस्वती; पार्वती 3. विवाहिता स्त्री के लिए आदरसूचक संबोधन 4. स्त्रियों के नाम के अंत में लगने वाला शब्द 5. पटरानी 6. हरीतकी; अलसी 7. कुलीन स्त्री 8. दिव्यांगना 9. श्यामा नाम की चिड़िया।

देवेंद्र (सं.) [सं-पु.] इंद्र; देवताओं का राजा।

देवेश (सं.) [सं-पु.] 1. ईश्वर 2. देवताओं के राजा इंद्र 3. विष्णु 4. शिव।

देवेश्वर (सं.) [सं-पु.] देवेश।

देवोत्तर (सं.) [सं-पु.] 1. देवताओं को चढ़ाया जाने वाला धन 2. देवता या मंदिर आदि के निमित्त उत्सर्ग की गई संपत्ति।

देवोत्थान (सं.) [सं-पु.] 1. एक तिथि कार्तिक शुक्ल एकादशी 2. उक्त तिथि का एक पर्व; धार्मिक विचार से विष्णु का शेषनाग की शय्या से उठना जो पर्व के रूप में मनाया जाता है।

देवोन्माद (सं.) [सं-पु.] 1. देवता के कोप से उत्पन्न एक प्रकार का मानसिक रोग या उन्माद 2. वह उन्माद जिसमें रोगी पूजनादि पवित्र कार्य करता है।

देवोपासना (सं.) [सं-स्त्री.] देवताओं की अराधना; पूजा; अर्चना।

देश (सं.) [सं-पु.] 1. प्राकृतिक आधार पर विभाजित विशिष्ट भू-भाग 2. एक शासन पद्धति के अंतर्गत आने वाला मुल्क या राष्ट्र 3. एक राग।

देश निष्कासन (सं.) [सं-पु.] देश से निकाले जाने का दंड; देशनिकाला; देशनिर्वासन।

देशकाल (सं.) [सं-पु.] 1. किसी काल विशेष में देश या समाज की दशा 2. देश और काल 3. स्थान और समय; दिक्काल।

देशगत (सं.) [वि.] 1. देश से संबंधित 2. किसी स्थान विशेष से जुड़ा हुआ 3. देश का।

देशगान (सं.) [सं-पु.] 1. राष्ट्र के सम्मान में गाया जाने वाला गान या गीत 2. अपने देश की ख़ूबियों का बखान गीत के माध्यम से करना।

देशज (सं.) [वि.] 1. जो बोलचाल की भाषा से स्वतः उत्पन्न हो 2. देश या लोक में प्रचलित 3. लोक से आगत या उत्पन्न।

देशज्ञ (सं.) [सं-पु.] 1. किसी देश के बारे में पूरी जानकारी या ज्ञान रखने वाला व्यक्ति 2. देश की रीति-नीति और संस्कृति से परिचित व्यक्ति।

देशत्याग (सं.) [सं-पु.] अपने देश को छोड़कर किसी दूसरे देश में चले जाने की क्रिया; देशांतरण।

देशद्रोह (सं.) [सं-पु.] 1. देश या देशवासियों को क्षति पहुँचाने वाला कार्य 2. विश्वासघात; बेईमानी; गद्दारी; नमकहरामी 3. राष्ट्रीय संसाधनों को नष्ट करना 4. भ्रष्टाचार 5. दलाली 6. राजद्रोह; विद्रोह; बगावत।

देशद्रोही (सं.) [सं-पु.] अपने देश से द्रोह करने वाला व्यक्ति। [वि.] अपने देश से विद्रोह करने वाला; गद्दार।

देशधर्म (सं.) [सं-पु.] 1. किसी देश के लिए अनुकूल धर्म; रीति-रिवाज के अनुसार व्यवहार 2. देश विशेष के लिए किया जाने वाला उचित आचार-विचार।

देशनिकाला (सं.) [सं-पु.] किसी व्यक्ति के द्वारा जघन्य अपराध या देशद्रोह किए जाने पर उसे मृत्युदंड न देकर देश से निकाल देना; देश से बाहर निकाले जाने की सज़ा; देश निर्वासन का दंड।

देशपति (सं.) [सं-पु.] 1. राजा; नृपति 2. किसी देश का प्रधान शासक।

देशप्रेम (सं.) [सं-पु.] 1. देश के प्रति होने वाला अनुराग या लगाव; राष्ट्रीयता; देशभक्ति; वतनपरस्ती; स्वदेशप्रेम 2. देश की उन्नति के लिए कार्य करने की भावना।

देशप्रेमी (सं.) [सं-पु.] वह जो देश से प्रेम करता हो; राष्ट्रभक्त; देशानुरागी; जो देश के लिए बलिदान करने को तत्पर रहता हो।

देशबंधु (सं.) [सं-पु.] 1. देशवासी जो भाई के समान होता है 2. हमवतन।

देशभक्त (सं.) [सं-पु.] 1. वह जो देश से प्यार करता हो; राष्ट्रभक्त 2. अपने देश या मुल्क की उन्नति के लिए प्रयास करने वाला व्यक्ति।

देशभक्ति (सं.) [सं-स्त्री.] देश के प्रति भक्ति-भावना; स्वदेश प्रेम।

देशमुख (सं.) [सं-पु.] मराठी भाषियों में प्रचलित एक कुलनाम या सरनेम।

देशरक्षा (सं.) [सं-स्त्री.] देश को शत्रुओं से बचाना; बाहरी और आंतरिक शत्रुओं से राष्ट्र की रक्षा करना।

देशवासी (सं.) [सं-पु.] देश में रहने वाले या बसे हुए लोग; नागरिक; जन; अवाम।

देशव्यापी (सं.) [वि.] 1. पूरे देश में व्याप्त; सारे देश में फैला हुआ 2. जो देश भर में मिलता हो 3. बहुत विस्तृत।

देशस्थ (सं.) [वि.] देश में स्थित; देश में रहने वाला। [सं-पु.] महाराष्ट्र के ब्राह्मणों का एक भेद।

देशहितैषी (सं.) [सं-पु.] 1. देश की उन्नति करने वाला व्यक्ति 2. देश का भला चाहने वाला व्यक्ति; देशभक्त 3. जनता का कल्याण करने वाला व्यक्ति 4. जनसेवी; समाजसेवी।

देशांतर (सं.) [सं-पु.] 1. पृथ्वी के मानचित्र के अनुसार ग्रीन विच (लंदन) से गुजरते हुए उत्तरी से दक्षिणी ध्रुव तक जाने वाली रेखा की पूर्व या पश्चिम में किसी स्थान की (उस रेखा से) दूरी, जिसे डिग्रियों में नापा जाता है; लंबांश (लॉगिच्यूड) 2. विदेश; दूसरा देश।

देशांतरण (सं.) [सं-पु.] दूसरे देश में चले जाना; देशांतरगमन।

देशांतरित (सं.) [वि.] दूसरे देश में जाकर बसा हुआ।

देशांतरी (सं.) [वि.] दूसरे देश का; परदेशी; विदेशी; दूसरे देश से संबंधित।

देशांतरीय (सं.) [वि.] देशांतरी।

देशांश (सं.) [सं-पु.] भूगोल में ध्रुवों से होकर उत्तर दक्षिण गई हुई किसी सर्वमान्य मध्य रेखा से पूर्व या पश्चिम की दूरी; लंबांश।

देशाचार (सं.) [सं-पु.] 1. किसी देश में बहुत दिनों से प्रचलित आचार-व्यवहार 2. किसी विशिष्ट देश का रीति-रिवाज।

देशाटन (सं.) [सं-पु.] दूसरे देशों में पर्यटन के लिए जाना; भ्रमण करना; दूर-दूर के देशों की लंबी यात्रा; पर्यटन।

देशानुराग (सं.) [सं-पु.] देश के प्रति होने वाली श्रद्धा या आदर भाव; देशभक्ति; राष्ट्रभक्ति।

देशानुरागी (सं.) [वि.] देश के प्रति होने वाली श्रद्धा या आदर भाव रखने वाला; देशभक्त; राष्ट्रभक्त।

देशाहंकार (सं.) [सं-पु.] देश पर किया जाने वाला अहंकार या अभिमान।

देशाहंकारी (सं.) [वि.] देश पर अहंकार या अभिमान करने वाला।

देशी (सं.) [सं-पु.] एक प्रकार का नृत्य। [सं-स्त्री.] 1. एक प्रकार की रागिनी 2. संगीत के दो भेदों में से एक 3. स्थान या किसी देश विशेष की बोली। [वि.] 1. स्वदेशी; देश में बना हुआ 2. स्थानीय; (लोकल) 3. देश संबंधी।

देशी राज्य (सं.) [सं-पु.] बिट्रिश शासन काल में वे अनेक छोटे-बड़े राज्य जो राजाओं और सामंतों के अधीन थे और आज़ादी के बाद जिनका भारत में विलय हो गया था; रियासत।

देशीकरण (सं.) [सं-स्त्री.] 1. किसी विदेशी वस्तु या विचार को देश के अनुरूप ढाल लेना 2. समावेश; समत्व 3. अनुकूलन 4. नागरिक बनाना।

देशीय (सं.) [वि.] 1. देश का; देश संबंधी 2. स्वदेश का; अपने देश का 3. अपने देश में उत्पन्न या बना हुआ।

देशीयता (सं.) [सं-स्त्री.] 1. देश संबंधी भाव 2. स्थानीयता।

देशोत्पन्न (सं.) [वि.] 1. देश में उपजा या उत्पन्न 2. देश में जन्मा हुआ।

देशोन्नति (सं.) [सं-स्त्री.] देश की प्रगति या विकास।

देसावर [सं-पु.] अन्य देश; विदेश; परदेश; देशांतर।

देसावरी [वि.] 1. जो दूसरे देश से संबंधित हो या दूसरे देश का हो 2. जो दूसरे देश का रहने वाला हो; देसावर का; दूसरे देश से आया हुआ।

देसी [सं-स्त्री.] तमाखू की एक किस्म। [वि.] स्वदेश का।

देसी बंगला [सं-पु.] छोटी पत्ती वाला पान।

देह (सं.) [सं-स्त्री.] 1. शरीर; काया; तन 2. जीवन 3. शरीर का कोई अंग 4. देवता आदि की मूर्ति। [मु.] **-देह छोड़ना या त्यागना** : मृत्यु होना। **-देह बिसरना** : तन-बदन की सुध न रहना।

देहत्याग (सं.) [सं-पु.] मृत्यु; मरण; मौत।

देहधारण (सं.) [सं-पु.] शरीर प्राप्त करना; जन्म लेना।

देहधारी (सं.) [सं-पु.] प्राणी; जीव। [वि.] 1. जिसने शरीर धारण किया हो 2. शरीरी; अंगधारी; देहवान।

देहनी (सं.) [सं-पु.] 1. मनुष्य 2. जीवित व्यक्ति प्राणी। [सं-स्त्री.] स्त्री।

देहपंजर (सं.) [सं-पु.] हड्डियों का ढाँचा; कंकाल।

देहपात (सं.) [सं-पु.] 1. देह या शरीर का नाश 2. मृत्यु; मौत।

देहपिंजर (सं.) [सं-पु.] 1. हड्डियों का ढाँचा 2. शरीर की आकृति।

देहप्रभा (सं.) [सं-स्त्री.] शरीर की आभा; कांति।

देहभाषा (सं.) [सं-स्त्री.] 1. मनुष्य के हाव भाव की भाषा 2. शारीरिक चेष्टा।

देहयष्टि (सं.) [सं-स्त्री.] 1. शारीरिक गठन 2. देह की संरचना या बनाव; कदकाठी।

देहर (सं.) [सं-स्त्री.] वह नीची भूमि जो किसी नदी के किनारे हो और जहाँ नदी के बढ़ने पर पानी आ जाता हो।

देहरक्षक (सं.) [सं-पु.] किसी के शरीर की रक्षा करने के लिए नियुक्त व्यक्ति; अंगरक्षक। [वि.] देह या अंग की सुरक्षा करने वाला; अंगसंरक्षी।

देहरा (सं.) [सं-पु.] मंदिर; देवालय।

देहरी (सं.) [सं-स्त्री.] 1. द्वार की चौखट के नीचे वाली लकड़ी या पत्थर जो ज़मीन पर रहती है 2. देहली; दहलीज़; ड्योढ़ी; डेहरी; बरोठा; चौखट; दहलीज़ 3. घर के मुख्य-द्वार का बाहरी भाग।

देहली [सं-स्त्री.] 1. देहरी 2. दरवाजे के चौखट में नीचे लगने वाली लकड़ी, जिसे लाँघकर घर में आते जाते हैं; दहलीज।

देहवंत (सं.) [सं-पु.] देहधारी; जीव। [वि.] शरीरधारी; जिसकी देह हो; देहवान।

देहवान (सं.) [सं-पु.] प्राणी; जीव। [वि.] जो शरीर से युक्त हो; शरीरी; अंगधारी।

देहव्यापार (सं.) [सं-पु.] वेश्यावृति का धंधा।

देहांत (सं.) [सं-पु.] देह का अंत; प्राणांत; जीवन का अंत; मृत्यु; मरण।

देहांतर (सं.) [सं-पु.] 1. एक शरीर त्यागने पर मिलने वाला दूसरा शरीर 2. जन्मांतर 3. पुनर्जन्म।

देहांतरण (सं.) [सं-पु.] आत्मा के एक शरीर को छोड़कर दूसरे शरीर में प्रवेश करने की क्रिया; देहांतर।

देहात (फ़ा.) [सं-पु.] 1. गाँव; ग्राम 2. ग्रामीण क्षेत्र।

देहाती [वि.] 1. गाँव का 2. गाँव संबंधी 3. गाँव में रहने वाला 4. देहात जैसा 5. ग्रामीय; ग्राम्यतापूर्ण। [सं-पु.] गाँव में रहने वाला व्यक्ति; ग्रामीण।

देहातीत (सं.) [वि.] 1. जो देह से परे हो 2. विदेह 3. देह के अभिमान से रहित 4. अचेत।

देहात्म (सं.) [सं-पु.] 1. शरीर और आत्मा 2. देह और आत्मा की अभिन्नता।

देहात्मवाद (सं.) [सं-पु.] एक दार्शनिक सिद्धांत जिसमें देह को ही आत्मा मानते हैं; देह से भिन्न आत्मा का कोई अस्तित्व नहीं माना गया है।

देहात्मवादी (सं.) [सं-पु.] देहात्मवाद का अनुयायी या समर्थक; चार्वाक मत का पोषक।

देहात्मा (सं.) [सं-पु.] देह (शरीर) और आत्मा।

देहावरण (सं.) [सं-पु.] 1. शरीर पर पहनने के या उसको ढकने के कपड़े 2. ज़िरह; बख़्तर; कवच।

देहावसान (सं.) [सं-पु.] 1. मृत्यु; निधन 2. देह का अवसान या अंत।

देही (सं.) [सं-पु.] 1. शरीर 2. आत्मा 3. देहधारी; जीव। [वि.] देह धारण करने वाला; शरीरी।

देहोत्सर्ग (सं.) [सं-पु.] आत्मा के एक शरीर को छोड़कर दूसरे शरीर में प्रवेश करने की क्रिया; देहांतर; मरना।

दैती [सं-स्त्री.] अनाज; दलने की चक्की; दरेंती।

दैत्य (सं.) [सं-पु.] 1. (पुराण) कश्यप की पत्नी दिति से उत्पन्न पुत्र 2. दानव; राक्षस; असुर 3. पुराणों में उल्लेखित एक जाति विशेष 4. राक्षस प्रवृति का व्यक्ति 5. नीच; दुराचारी; अमानवीय 6. {ला-अ.} बड़े डील-डौल वाला लंबा-चौड़ा बलिष्ठ या कुरूप व्यक्ति।

दैत्याकार (सं.) [वि.] बहुत बड़े आकार का; भयंकर स्वरूप का; दैत्य जैसा।

दैत्यारि (सं.) [सं-पु.] 1. दैत्यों के शत्रु विष्णु 2. देवता 3. इंद्र।

दैत्येंद्र (सं.) [सं-पु.] 1. दैत्यों का राजा 2. गंधक।

दैन (सं.) [वि.] दिन का; दिन संबंधी। [सं-पु.] दीन होने की अवस्था या भाव; दीनता।

दैनंदिन (सं.) [वि.] नित्य का; प्रतिदिन होने वाला। [क्रि.वि.] 1. दिनोंदिन 2. प्रतिदिन; दैनिक 3. निरंतर; लगातार।

दैनंदिनी (सं.) [सं-स्त्री.] 1. वह पुस्तिका जिसमें नित्य दिन भर के कार्यों का विवरण लिखा जाता है; दैनिक लेखापुस्तिका 2. दैनिकी; (डायरी)।

दैनिक (सं.) [वि.] 1. दिन संबंधी 2. एक दिन में होने वाला 3. प्रतिदिन या हर रोज किया जाने वाला। [सं-पु.] 1. एक दिन काम करने की मजदूरी 2. प्रतिदिन प्रकाशित होने वाला समाचारपत्र।

दैनिकपत्र (सं.) [सं-पु.] प्रतिदिन प्रकाशित होने वाला समाचारपत्र; रोज़ छपने वाला अख़बार।

दैनिकी (सं.) [सं-स्त्री.] दिन-प्रतिदिन होने वाले कार्य और विवरण लिखने की पुस्तिका; (डायरी)।

दैन्य (सं.) [सं-पु.] 1. दीनता का भाव 2. विपन्नता; गरीबी; दरिद्रता 3. दुख में करुणामय हो जाने का भाव; नम्रता 4. कातरता 5. (काव्यशास्त्र) एक संचारी भाव।

दैया [अव्य.] आश्चर्य, भय या दुखसूचक शब्द। [सं-पु.] दैव; दई [सं-स्त्री.] 1. माता; माँ 2. दाई।

दैर्घ्य (सं.) [सं-पु.] 1. दीर्घ का भाव 2. दीर्घता; लंबाई 3. बड़प्पन; बड़ाई।

दैव (सं.) [वि.] 1. दैव संबंधी 2. देवता द्वारा प्रेरित 3. ईश्वरीय; दिव्य। [मु.] -(किसी को) दैव लगना: ईश्वर का कोप होना।

दैवकृत (सं.) [वि.] ईश्वर का किया हुआ; दैवीय।

दैवगति (सं.) [सं-स्त्री.] 1. ईश्वरीय इच्छा; घटना 2. नियति; भाग्य; प्रारब्ध।

दैवज्ञ (सं.) [सं-पु.] फलित ज्योतिष का ज्ञाता, ज्योतिषी। [वि.] दैव संबंधी बातों का जानकार।

दैवत (सं.) [वि.] 1. ईश्वर संबंधी 2. ईश्वर का किया हुआ; दैवीय।

दैवत्य (सं.) [सं-पु.] देवता।

दैवयोग (सं.) [सं-पु.] इत्तेफ़ाक; ईश्वर की इच्छा से बना संयोग।

दैवल (सं.) [सं-पु.] प्रेत-पूजा करने वाला व्यक्ति।

दैववश (सं.) [क्रि.वि.] दैवयोग से; संयोगवश; अकस्मात।

दैववाद (सं.) [सं-पु.] दुनिया की समस्त बातों और घटनाओं के होने में ईश्वर की प्रेरणा को मानने का सिद्धांत; नियतिवाद।

दैववादी (सं.) [वि.] 1. होनी को ही प्रधान मानने वाला; भाग्य

के भरोसे रहने वाला 2. आलसी।
दैवविवाह (सं.) [सं-पु.] हिंदू धर्मशास्त्रों में उल्लिखित आठ प्रकार के विवाहों में से एक।
दैवाकरि (सं.) [सं-पु.] दिवाकर या सूर्य के पुत्र- शनि तथा यम।
दैवाकरी (सं.) [सं-स्त्री.] दिवाकर की पुत्री यमुना।
दैवागत (सं.) [वि.] 1. जो दैवयोग से हुआ हो 2. ईश्वर द्वारा होने वाला 3. अनपेक्षित; संयोगजन्य 4. अचानक होने वाला; आकस्मिक।
दैवात (सं.) [अव्य.] 1. दैवयोग से 2. अकस्मात; अचानक 3. संयोगवश; इत्तिफ़ाक से।
दैवाधीन (सं.) [वि.] 1. ईश्वर के अधीन; दैव के नियंत्रण में 2. भाग्य या किस्मत के भरोसे रहने वाला 3. प्रारब्ध; दैवायत्त।
दैविक (सं.) [वि.] 1. प्राकृतिक कारणों से होने वाला 2. आध्यात्मिक; ईश्वरीय 3. देवता संबंधी 4. देवता द्वारा किया हुआ 5. दिव्य; नैसर्गिक।
दैवी (सं.) [वि.] 1. देव संबंधी 2. देवी-देवताओं द्वारा की हुई; देवकृत 3. प्राकृतिक; आकस्मिक 4. संयोग से होने वाला।
दैव्या (सं.) [सं-स्त्री.] 1. दैव्य जाति की स्त्री 2. कचरी 3. शराब; मदिरा।
दैशिक (सं.) [वि.] 1. देश स्तरीय; राष्ट्रीय 2. देश या राज्य में होने वाला; देशजनित 3. देश या स्थान संबंधी 4. स्थान विशेष से परिचित।
दैष्टिक (सं.) [सं-पु.] भाग्यवादी। [वि.] भाग्य में बदा हुआ; पूर्वनियत।
दैहकीय (सं.) [वि.] शरीर या उसके अंगों से संबंधित; शारीरिक।
दैहाई [सं-स्त्री.] पइया।
दैहिक (सं.) [वि.] 1. शारीरिक; देह से संबंधित 2. देहजनित; शरीर से उत्पन्न।
दैहिकी (सं.) [सं-स्त्री.] वह शास्त्र जिसमें शरीर के अंगों की बनावट और उनके कार्यों का विवेचन होता है; शरीरशास्त्र।
दो (सं.) [वि.] संख्या '2' का सूचक। [सं-पु.] 1. एक के ठीक बाद वाली संख्या; एक और एक का जोड़ा 2. जोड़ा 3. दुक्की। [मु.] **-(आँखें) दो-चार होना** : सामना होना। **-(किसी से) दो-चार होना** : मुलाक़ात होना। **-दो नावों पर पैर रखना** : दो पक्षों का अवलंबन करना।
दो-टूक [वि.] 1. साफ़-साफ़; स्पष्ट 2. पूरी तरह से स्पष्ट और अंतिम।
दो शब्द [सं-पु.] 1. पुस्तक आदि की भूमिका 2. भाषण; उद्बोधन।
दोंकना [क्रि-अ.] गुर्राना।
दोंकी [सं-स्त्री.] 1. लोहार, सोनार द्वारा आग फूँकने के लिए प्रयोग में लाई जाने वाली बाँस या धातु की नाली; धौंकनी 2. भाथी।
दोंगा [सं-पु.] 1. वधू का दूसरी बार ससुराल आगमन 2. द्विरागमन।
दोंचना [क्रि-स.] दबाव में डालना।
दोंज [सं-पु.] 1. छोटी शाखा; कनछी 2. ईख की जड़ से निकलने वाली शाखा, जिससे पौधों को हानि पहुँचती है।
दोंजी [सं-स्त्री.] 1. तंबाकू या पौधे के ऊपर से काट लेने के बाद उसमें से निकला हुआ दूसरा अंकुर या पत्ती 2. किसी फसल के बीच से नई कोपल का निकलना।
दोंर [सं-पु.] डोर; एक प्रकार का साँप।
दोअन्नी [सं-स्त्री.] दो आने का पुराना सिक्का।
दोआब (फ़ा.) [सं-पु.] दो नदियों के बीच का स्थल-क्षेत्र (भूमि); पंजाब प्रांत का एक क्षेत्र (दोआबा)।
दोआह [सं-पु.] पहली पत्नी की मृत्यु के बाद दूसरी शादी करने वाला पुरुष; दूजा।
दोकोहा [सं-पु.] दो कूबड़वाला ऊँट; वह ऊँट जिसकी पीठ पर दो कूबड़ हों।
दोगला[1] [सं-पु.] बाँस की कमचियों का बना एक गोल और कुछ गहरा टोकरा जिससे किसान लोग पानी उलीचते हैं।
दोगला[2] (फ़ा.) [वि.] 1. दो तरह की बातें करने वाला 2. जिसकी कथनी और करनी में विसंगति हो। [सं-पु.] 1. वह जीव या मनुष्य जिसके माता-पिता विभिन्न जातियों या नस्लों के हों; वर्णसंकर 2. जारज।
दोगली-कुन्नी [सं-स्त्री.] कुन्नी भैंस।
दोगहा [सं-पु.] 1. दो दरवाजों वाला मकान 2. दो दीवालों के बीच की जगह 3. दुआर घर।
दोगा [सं-पु.] 1. एक प्रकार का लिहाफ़ जो मोटे देशी कपड़े पर बेल-बूटे छापकर बनाया जाता है 2. पानी में घोला हुआ चूना जिससे सफ़ेदी की जाती है।
दोगाड़ा [सं-पु.] दो नली वाली बंदूक; दोनाली।
दोगाना [सं-पु.] 1. दो व्यक्तियों द्वारा क्रमवार मिलकर गाया जाने वाला गाना या गीत; युगल गीत 2. एक प्रकार का प्रश्नोत्तरात्मक शैली का गीत जिसमें एक व्यक्ति प्रथम चरण में गीत गाकर प्रश्न करता है और दूसरे व्यक्ति द्वारा द्वितीय चरण में गीत गाकर ही उत्तर दिया जाता है।
दोगुना [वि.] दुगना; दूना; द्विगुणित।
दोग्ग [वि.] जोड़ा; जुड़वाँ; युग्मक।
दोग्धा (सं) [वि.] दुहने वाला। [सं-पु.] 1. ग्वाला 2. बछड़ा 3. चारण 4. स्वार्थवश कोई कार्य करने वाला व्यक्ति।
दोघड़िया [सं-पु.] (ज्योतिष) एक प्रकार का मुहूर्त।
दोच [सं-स्त्री.] 1. हाँ या न की स्थिति; दुविधा 2. मन की वह अप्रिय और कष्ट देने वाली अवस्था या बात जिससे छुटकारा पाने की स्वाभाविक प्रवृत्ति होती है; दुख; तकलीफ़ 3. दबाव; दबाए जाने का भाव।
दोचंद (फ़ा.) [वि.] दुगना; दूना।
दोज [सं-स्त्री.] चंद्र मास के किसी पक्ष की द्वितीया तिथि।
दोजई [सं-स्त्री.] वह उपकरण जिससे नक्काश लोग वृत्त आदि बनाते हैं।
दोजख [सं-पु.] एक पौधा, जिसके फूल सुंदर होते हैं।
दोज़ख़ (फ़ा.) [सं-पु.] 1. नरक; जहन्नुम 2. (इस्लाम धर्म) मरने के बाद पापियों के लिए बहुत बुरा स्थान।
दोज़ख़ी (फ़ा.) [वि.] 1. नरक संबंधी 2. नरक का।
दोज़र्बी (फ़ा.) [सं-स्त्री.] दोनली बंदूक।

दोज़ानू (फ़ा.) [क्रि.वि.] घुटनों के बल या दोनों घुटने टेककर बैठना।

दोजिया [सं-स्त्री.] गर्भवती स्त्री; वह स्त्री जिसके पेट में बच्चा हो।

दोतरफ़ा (फ़ा.) [वि.] 1. दोनों ओर का; दोनों ओर होने वाला 2. दोनों पक्षों के अनुकूल 3. पारस्परिक 4. द्विपार्श्वीय। [क्रि.वि.] 1. दोनों तरफ़; दोनों ओर 2. इधर भी-उधर भी।

दोतल्ला [वि.] दो तलवाला; दोमंज़िला।

दोतारा [सं-पु.] दो तारों वाला एक प्रकार का वाद्ययंत्र।

दोदिन [सं-पु.] रीठे की एक प्रजाति का पेड़ जिसके फलों की फेन से कपड़े साफ किए जाते हैं।

दोधारा [वि.] दोनों ओर से धार वाला।

दोधी [सं-स्त्री.] दूध से निर्मित एक पौष्टिक पेय पदार्थ।

दोन [सं-पु.] 1. दो पर्वतों के बीच का नीचा स्थान; घाटी; तराई; दून 2. दो नदियों के बीच का प्रदेश; दोआब 3. दो नदियों का संगम स्थल 4. दो चीज़ों का मेल 5. अनाज की एक पुरानी माप 6. द्रोण; दोना।

दोनली [वि.] दो नलियों वाला।

दोना (सं.) [सं-पु.] 1. पलाश या महुए के पत्तों का सींक खोंसकर बनाया गया कटोरेनुमा पात्र 2. उक्त पात्र में रखी हुई चीज़ 3. करदौना; पतोखा; संपुट 4. द्रोण।

दोपल्ला [वि.] दो पल्लोंवाला।

दोपल्लू [वि.] दोपल्ला।

दोपहर [सं-पु.] दुपहर; मध्याह्न; दिन के बारह बजे का समय; वह समय जब सूर्य मध्य आकाश में होता है।

दोपहिया [सं-पु.] दो पहियों वाला इंजनचालित वाहन, जैसे- स्कूटर।

दोपाया [सं-पु.] मनुष्य। [वि.] दो पैरों वाला।

दोप्याज़ा (फ़ा.) [सं-पु.] प्याज़ के साथ पकाया गया मांस जिसमें प्याज़ की मात्रा अधिक होती है।

दोफ़सली (फ़ा.) [वि.] 1. जो वर्ष में दो बार फल देता हो (वृक्ष) 2. जिसमें दो फ़सलें उगाई जाएँ (ज़मीन) 3. दो फ़सलों से संबंधित।

दोफुटा [सं-पु.] लंबाई मापने का दो फुट का गज।

दोबल [सं-पु.] अपराध; दोष।

दोबारा (फ़ा.) [क्रि.वि.] एक के बाद एक; पुनः; एक बार और; दूसरी दफ़ा; फिर; दुबारा।

दोभा [वि.] ढीला; मुलायम।

दोमंज़िला [सं-पु.] दो खंडों का मकान। [वि.] जिसमें दो खंड या मंज़िलें हों (भवन); दोतल्ला।

दोमट [वि.] 1. ऐसी भूमि जिसमें चिकनी मिट्टी के साथ बालू या रेती भी मिली हो 2. बलुई ज़मीन।

दोमुँहा [वि.] 1. जिसके दो मुँह हों; जिसके दोनों तरफ़ मुँह हो, जैसे- दोमुँहा सर्प 2. दो तरह से प्रभाव डालने वाला 3. {ला-अ.} जो दोहरी चाल चलता हो; चालबाज़; फ़रेबी; कपटी।

दोयम (फ़ा.) [वि.] 1. वरीयता क्रम में दूसरे स्थान का 2. जो द्वितीय स्तर का हो 3. कमतर।

दोयरी [सं-स्त्री.] एक प्रकार का जंगली पेड़ जिसकी लकड़ी का कोयला बनाया जाता है।

दोयल [सं-पु.] बया पक्षी।

दोरंगा [वि.] 1. दो रंगों वाला 2. जिसमें दोनों ओर रंग हों।

दोरसा [वि.] दो प्रकार के स्वाद या रस वाला; वह जिसमें दो तरह के रस या स्वाद हों।

दोरा[1] [सं-पु.] हल की मुठिया के पास लगी हुई बाँस की वह नली जिसमें बोने के लिए बीज डाले जाते हैं।

दोरा[2] (सं.) [सं-पु.] डोरा; डोर; दोर; दोरक।

दोराहा (हिं.+फ़ा.) [सं-पु.] 1. वह स्थान जहाँ दो रास्ते मिलते हों 2. वह स्थल जहाँ दो में से एक चुनना आवश्यक तो हो पर दुविधा हो कि कौन सा चुना जाए।

दोरुख़ा [वि.] दो रुख़ वाला।

दोरुखी (फ़ा.) [सं-स्त्री.] दो रंग की; दुरंगी।

दोल[1] (सं.) [सं-पु.] 1. हिंडोला; झूला; झूलना 2. डोली; चंडोल।

दोल[2] (फ़ा.) [सं-पु.] पानी निकालने का बरतन (कुएँ या हौज से); डोल।

दोलक (सं.) [सं-पु.] एक उपकरण जिसमें एक वस्तु इस प्रकार लगी होती है कि वह गुरुत्वाकर्षण के प्रभाव में स्वतंत्र रूप से झूल सके; लोलक; (पेंडुलम)। [वि.] दोलन करने वाला।

दोलत्ती [सं-स्त्री.] दुलत्ती।

दोलन (सं.) [सं-पु.] 1. कंपन; प्रदोलन 2. इधर-उधर झूलते रहने की अवस्था या भाव 3. झूलना।

दोला (सं.) [सं-पु.] 1. झूला; हिंडोला 2. डोला; चतुर्डोल; चंडोल 3. ऐसी स्थिति जिसमें किसी विषय पर मनुष्य ऊहापोह में पड़ा होता है।

दोलायमान (सं.) [वि.] 1. चंचल; अस्थिर 2. झूलता हुआ; हिलता-डुलता हुआ 3. ढुलमुल; विचलनशील 4. भयभीत; संशयग्रस्त; वहमी 5. नील का पौधा।

दोलित (सं.) [वि.] डोलता या झूलता हुआ।

दोली (सं.) [सं-स्त्री.] 1. पालना; झूला 2. डोली।

दोलोत्सव [सं-पु.] फाल्गुन की पूर्णिमा को होने वाला एक उत्सव जिसमें, वैष्णव मतानुयायी भगवान कृष्ण को हिंडोले पर झुलाते हैं।

दोवड़ [वि.] 1. दो तलों या परतोंवाला 2. जो दो बार किया जाता हो 3.दूना 4. दोनों पक्षों पर लागू होने वाला कथन 5. दोहरा। [सं-पु.] 1. एक ही पत्ते में लपेटे हुए पानों के दो बीड़े 2. कटी हुई सुपारी 3. एक प्रकार का दोहा छंद।

दोश [सं-पु.] एक प्रकार का लाख जिसका प्रयोग रंग बनाने में होता है।

दोशाखा (फ़ा.) [सं-पु.] 1. वह शमादान जिसमें दो बत्तियाँ हों 2. भाँग छानने की लकड़ी जिसमें दो शाखाएँ होती हैं और जिसमें साफी (कपड़ा) बाँध कर भाँग छानते हैं।

दोशाला (फ़ा.) [सं-पु.] पशमीने की चद्दरों का जोड़ा जिनके किनारे पर पशमीने की रंग बिरंगी बेलें बनी रहती हैं।

दोशीज़ा (फ़ा.) [सं-स्त्री.] 1. कुमारी कन्या 2. जवान और

अल्हड़ लड़की।

दोष (सं.) [सं-पु.] 1. कमी; ऐब; अपूर्णता; त्रुटि; गलती 2. ऐसी बात जो नियम या विधि की दृष्टि से अनुचित हो 3. अवगुण; बुराई; ख़राबी 4. मूर्खता; भूल 5. किसी पर लगाया हुआ अभियोग; लांछन 6. अपराध; कसूर 7. (आयुर्वेद) शरीर के तीन दोष- वात, पित्त और कफ़ 8. उक्त दोषों से उत्पन्न विकार।

दोष-शोधन (सं.) [सं-पु.] दोष सुधारने की क्रिया या भाव।

दोषकर (सं.) [वि.] 1. दुर्गुण पैदा करने वाला 2. अनिष्टकारी।

दोषग्रस्त (सं.) [वि.] दोषपूर्ण; दोषी।

दोषन (सं.) [सं-पु.] 1. दूषण; दोष 2. अपराध।

दोषपूर्ण (सं.) [वि.] 1. जिसमें दोष हो 2. दोषों से युक्त; गलत।

दोषमार्जन (सं.) [सं-पु.] दोषमुक्त करने की क्रिया या भाव।

दोषमुक्त (सं.) [वि.] 1. जिसे दोष मुक्त कर दिया गया हो 2. दोष से रहित।

दोषरहित (सं.) [वि.] 1. जिसमें दोष न हो 2. जिसका दोष न हो।

दोषविहीन (सं.) [वि.] दोष से मुक्त; दोषमुक्त; दोषरहित।

दोषा (सं.) [सं-स्त्री.] 1. रात्रि; रात 2. रात्रि का अंधकार 3. संध्या 4. भुजा; बाँह।

दोषाक्षर (सं.) [सं-पु.] लगाया हुआ अपराध; अभियोग।

दोषारोपण (सं.) [सं-पु.] दोष लगाना; इल्ज़ाम लगाना; लांछन लगाना।

दोषावह (सं.) [सं-पु.] वह जो अवगुणों या दोषों से भरा हुआ हो; दोषपूर्ण।

दोषी (सं.) [सं-पु.] 1. अभियुक्त; कसूरवार 2. वह जिसने विधि या नियम का उल्लंघन किया हो; गलती करने वाला; ऐबी; दुर्गुणी 3. अपराधी 4. पापी।

दोसा[1] [सं-पु.] जल में होने वाली एक तरह की घास जिसमें एक प्रकार के दाने अधिकता से होते हैं।

दोसा[2] (सं.) [सं-स्त्री.] 1. रात्रि 2. संध्या 3. भुजा; बाँह।

दोसाल [सं-पु.] वर्मा के हाथी की एक प्रजाति।

दोसी [सं-पु.] दधि; दही।

दोस्त (फ़ा.) [सं-पु.] 1. वह व्यक्ति जिससे स्नेहिल संबंध हो 2. मित्र; सखा; यार 3. प्रेमपात्र; प्रेमी; प्रेमिका 4. सुख-दुख में साथ देने वाला व्यक्ति।

दोस्ताना (फ़ा.) [सं-पु.] 1. मित्रता; मैत्री; दोस्ती 2. मित्रवत व्यवहार 3. सहयोगपूर्ण व्यवहार। [वि.] दोस्ती का; मित्रता का; दोस्तों का-सा; मित्रों की तरह।

दोस्ती (फ़ा.) [सं-स्त्री.] 1. मित्रता; यारी 2. सौहार्द।

दोस्तीरोटी [सं-पु.] विशिष्ट प्रकार से पकाई गई रोटी या पराठा; दो लोइयाँ बेलकर उन्हें एक साथ मिलाकर बनाई गई रोटी या पराठा, दूपड़ी।

दोहता [सं-पु.] लड़की का लड़का; नाती; पुत्री का पुत्र।

दोहत्थड़ [सं-पु.] दोनों हथेलियों से किया जाने वाला प्रहार या आघात। [वि.] दोनों हाथों से मारा जाने वाला (थप्पड़)।

दोहत्था [वि.] दोनों हाथों से किया जाने या होने वाला। [सं-पु.] ऐसा प्रहार या आघात जो दोनों हाथों की हथेलियों से एक साथ हो।

दोहद (सं.) [सं-पु.] 1. गर्भावस्था 2. गर्भावस्था के दौरान स्त्री के मन में उत्पन्न होने वाली इच्छाएँ या कामनाएँ 3. गर्भवती होने के लक्षण; डकौना; मिचली 4. (ज्योतिष) वे पदार्थ जिनका सेवन दिशा, वार एवं तिथि संबंधी दोषों को शांत करता है 5. कवि समय के अनुसार रमणियों के जल के कुल्ले, पदाघात, स्पर्श, दृष्टिपात आदि से अशोक, नवमल्लिका, तिलक, प्रियंगु आदि वृक्षों में फूल लगते हैं।

दोहदवती (सं.) [सं-स्त्री.] गर्भवती स्त्री।

दोहदी (सं.) [सं-स्त्री.] गर्भवती। [वि.] अत्यंत इच्छुक; प्रबल इच्छायुक्त।

दोहन (सं.) [सं-पु.] 1. दूध दुहने का काम; दोह 2. दूध का पात्र; दोहनी 3. प्राकृतिक संसाधनों, जैसे- वन्य संपदा या खनिज आदि का अनियंत्रित उपयोग 4. {ला-अ.} किसी का शोषण करना; लूटपाट।

दोहनी (सं.) [सं-स्त्री.] 1. दूध दुहने की क्रिया 2. वह बरतन जिसमें दूध दुहते हैं; दुग्धपात्र।

दोहर [सं-स्त्री.] 1. ऐसी चादर जो दोहरी सिली हुई हो 2. मोटी चादर या दो पाटों वाली चादर 3. तह।

दोहरा [वि.] 1. दुगना; दूना 2. दो परतों, पल्लों या तहों वाला; दो परत या तह का 3. दो पक्षों पर लागू होने वाला। [सं-पु.] 1. एक ही पत्ते में लपेटे हुए पान के दो बीड़े 2. कतरी हुई सुपारी; सुपारी के छोटे-छोटे टुकड़े 3. सुपारी, कत्था, लौंग, तंबाकू तथा चूने का मिश्रण 4. दोहा नाम का छंद।

दोहराई [सं-स्त्री.] 1. दोहराने की क्रिया या भाव 2. कोई बात या काम दूसरी बार कहना या करना 3. दोहराने के बदले मिलने वाली मज़दूरी।

दोहरान [सं-पु.] भूल, संयोग या असावधानी से एक ही अंक में किसी समाचार या अन्य सामग्री का दो बार छप जाना।

दोहराना [क्रि-स.] 1. किसी काम को दुबारा करना 2. किसी बात को फिर से बोलना।

दोहराव [सं-पु.] किसी काम या बात को दुबारा करने की क्रिया; दोहराना।

दोहरी (सं.) [वि.] 1. दो तह की हुई 2. दो परतोंवाली 3. दुगुनी।

दोहरी खेती [सं-स्त्री.] एक खेत में वर्ष भर में दो फसलें उगाना।

दोहल (सं.) [सं-पु.] 1. अभिलाषा; इच्छा 2. गर्भवती की इच्छा 3. गर्भवती होने की अवस्था; दोहद 4. अशोक वृक्ष।

दोहा (सं.) [सं-पु.] 1. (काव्यशास्त्र) एक प्रकार का छंद जिसके प्रथम और तृतीय चरण में 13-13 तथा द्वितीय चरण में 11-11 मात्राएँ होती हैं 2. एक राग।

दोहान [सं-पु.] गौ का जवान बछड़ा; युवा बैल; बछ्ड़ा, पुंगव।

दोहिया [सं-पु.] एक प्रकार का पौधा।

दोही (सं.) [सं-पु.] ग्वाला। [वि.] दुहने वाला।

दोहुर [सं-स्त्री.] अधिक बलुई जमीन।

दौंग [सं-पु.] ऊपर के खेतों में पानी चढ़ाने के लिए बनाई गई नाली।

दौंगड़ी [सं-स्त्री.] दाँगली।

दौंगर [सं-पु.] 1. आँतर 2. सींचने के निमित्त बनी हुई नाली का गहरा आंतरिक भाग।

दौंगरा [सं-पु.] वर्षा ऋतु की पहली वर्षा; तेज बौछार।

दौंचना [क्रि-स.] 1. दबाव डालकर लेना 2. किसी न किसी प्रकार लेना 3. लेने के लिए अड़ना।

दौंजा [सं-पु.] मचान; पाड़।

दौंरी [सं-स्त्री.] कटी हुई फ़सल से अनाज के दानें अलग करने के लिए बैलों से रौंदवाना; दँवरी।

दौगामा [सं-पु.] घोड़े की आँख का एक रोग।

दौड़ [सं-स्त्री.] 1. दौड़ने की क्रिया या भाव 2. किसी को पकड़ने के लिए तेज़ गति से पहुँचना 3. गति 4. पहुँच 5. दौड़ने की प्रतियोगिता 6. बुद्धि या अक्ल की सीमा 7. आक्रमण; हमला; चढ़ाई 8. किसी कार्य या प्रयोजन के लिए बहुत अधिक चक्कर लगाना 9. किसी से आगे निकल जाने हेतु किया जाने वाला प्रयत्न।

दौड़धूप [सं-स्त्री.] 1. ऐसा प्रयत्न जिसमें अनेक स्थानों पर बार-बार जाना पड़े और अनेक व्यक्तियों से भेंटवार्ता तथा अनुनय करनी पड़े 2. इधर-उधर घूमने-फिरने का कार्य 3. ज़ोरदार कोशिश; प्रयास 4. भरपूर उद्योग 5. आपाधापी।

दौड़ना (सं.) [क्रि-अ.] 1. भागना; तीव्र गति से चलना; कदम बढ़ाना; डग भरना 2. किसी दिशा में जाना 3. दौड़ प्रतियोगिता में हिस्सा लेना; धावना; रेस करना 4. किसी उद्देश्य के लिए किसी स्थान पर बार-बार जाना।

दौड़भाग [सं-स्त्री.] 1. बार-बार इधर से उधर आना-जाना 2. किसी कार्य हेतु पूर्ण प्रयत्न।

दौड़ादौड़ी [सं-स्त्री.] 1. बहुत से लोगों का एक साथ दौड़ना 2. आतुरता; तेज़ी; त्वरा 3. जल्दबाज़ी; हड़बड़ी 4. दौड़धूप।

दौड़ान [सं-स्त्री.] 1. दौड़ने की क्रिया 2. दौड़ने का क्रम; दौड़ का चक्कर या फेरा 3. आक्रमण 4. द्रुत गति; वेग; झोंक 5. क्रम; सिलसिला 6. लंबाई।

दौड़ाना [क्रि-स.] 1. दौड़ने में प्रवृत्त करना 2. आनाकानी करना 3. किसी को किसी काम के सिलसिले में तुरंत रवाना करना।

दौत्य (सं.) [सं-पु.] 1. दूत का काम; दूत का पद; दूतत्व 2. संदेश 3. संदेशवहन। [वि.] दूत संबंधी।

दौना[1] [सं-पु.] पत्तों का बना कटोरे के आकार का छोटा पात्र।

दौना[2] [सं-पु.] एक प्रकार का पौधा जिसकी पत्तियाँ कटावदार होती हैं और जिनसे तेज सुगंध निकलती है। [क्रि-स.] दबाना; दमन करना।

दौनागिरि (सं.) [सं-पु.] द्रोणगिरि नामक पर्वत जिसपर लक्ष्मण को शक्ति बाण लगने पर हनुमान बूटी लेने गए थे।

दौर (अ.) [सं-पु.] 1. समय; काल-चक्र; ज़माना 2. चक्कर; फेरा 3. पारी; बारी 4. वैभव व प्रताप के दिन; धाक।

दौरदौरा [सं-पु.] 1. बोलबाला 2. बहुलता; प्राधान्य 3. किसी बात की प्रबलता।

दौरा (अ.) [सं-पु.] 1. भ्रमण; फेरा 2. किसी अफ़सर की जाँच-पड़ताल संबंधी यात्रा; गश्त 3. समय-समय पर होने वाला आगमन 4. किसी रोग का समय-समय उभरना या एकदम से प्रकट होना, जैसे- दिल का दौरा।

दौरात्म्य (सं.) [सं-पु.] 1. दुरात्मा का भाव; दुर्जनता 2. दुरात्मा का काम; दुष्टता।

दौरान (अ.) [सं-पु.] 1. दौर; समय; ज़माना 2. दो घटनाओं के मध्य का समय 3. दिनों का हेरफेर 4. चक्कर; दौरा; फेरा 5. पारी। [क्रि.वि.] इस बीच।

दौरी [सं-स्त्री.] 1. छोटा दौरा 2. चँगेरी; बाँस या मूँज की छोटी टोकरी।

दौर्गत्य (सं.) [सं-पु.] 1. दुर्गति होने की अवस्था 2. दुर्दशा; कष्ट; परेशानी।

दौर्जन्य (सं.) [सं-पु.] दुर्जनता; दुष्टता।

दौर्बल्य (सं.) [सं-पु.] 1. दुर्बल होने की अवस्था 2. दुर्बलता; कमज़ोरी।

दौर्भाग्य (सं.) [सं-पु.] 1. बुरा भाग्य 2. दुर्भाग्य; बदकिस्मती।

दौर्मनस्य (सं.) [सं-पु.] 1. दुर्मना होने का भाव 2. बुरा स्वभाव; दुर्जनता 3. मानसिक कष्ट; शोक 4. नैराश्य।

दौर्य (सं.) [सं-पु.] 1. दूरी 2. अंतर 3. दूर का भाव।

दौर्वृत्य (सं.) [सं-पु.] 1. दुर्वृत्त या दुराचारी होने की अवस्था 2. कुटिलता; दुराचार।

दौर्हार्द (सं.) [सं-पु.] 1. दुर्हृद होने का भाव; दुष्ट स्वभाव 2. दुर्भाव; बैर।

दौल [सं-पु.] मुर्गे के काँटे का प्रारंभिक उभार।

दौलत (अ.) [सं-स्त्री.] 1. धन; संपत्ति; (वेल्थ) 2. कोई अमूल्य या महत्वपूर्ण वस्तु, विचार आदि।

दौलतख़ाना (अ.+फ़ा.) [सं-पु.] 1. धन-संपत्ति रखने का स्थान, ठौर 2. दूसरे के निवास स्थान के लिए प्रयोग किया जाने वाला शब्द; घर; मकान।

दौलतमंद (अ.+फ़ा.) [वि.] 1. धनवान; धनाढ्य; अमीर; रईस 2. समृद्ध; संपन्न।

दौला [सं-पु.] दे. दुपतिया।

दौली [अव्य.] चारों-ओर।

दौवारिक (सं.) [सं-पु.] 1. द्वार का रक्षक; द्वारपाल 2. प्रतिहार।

दौहित्र (सं.) [सं-पु.] 1. बेटी की संतान; नाती; दोहता; धेवता 2. तिल 3. गाय का घी 4. तलवार।

दौहित्रायण (सं.) [सं-पु.] दौहित्र का पुत्र; दोहते की संतान।

द्यु (सं.) [सं-पु.] 1. दिवस; दिन 2. सूर्यलोक 3. अग्नि 4. स्वर्ग 5. आकाश।

द्युति (सं.) [सं-स्त्री.] 1. चमक 2. आभा; कांति 3. लावण्य; सौंदर्य; छवि 4. किरण।

द्युतिमा [सं-स्त्री.] 1. वह शक्ति या तत्व जिसके योग से वस्तुओं आदि का रूप आँख को दिखाई देता है 2. एक तरह का प्रकाश; चमक; दीप्ति 3. तेज।

द्युतिमान (सं.) [वि.] जिसमें कांति या चमक हो; कांतिमान; आभामय।

द्युलोक (सं.) [सं-पु.] स्वर्गलोक; स्वर्ग।

द्यूत (सं.) [सं-पु.] दाँव लगाकर खेला जाने वाला एक प्रकार का खेल; जुआ; अक्ष-क्रीड़ा।

द्यूतक्रीड़ा (सं.) [सं-स्त्री.] जुए का खेल; अक्ष-क्रीड़ा।

द्यूतशाला (सं.) [सं-स्त्री.] जुआ खेलने का अड्डा या स्थान; जुआख़ाना; जुआघर।

द्योत (सं.) [सं-पु.] 1. चमक 2. प्रकाश।

द्योतक (सं.) [वि.] 1. प्रकाश करने वाला; प्रकाशक 2. किसी चीज़ को प्रकट या अभिव्यक्त करने वाला 3. प्रतीक; सूचक।

द्योतन (सं.) [सं-पु.] 1. प्रकाशयुक्त करने की क्रिया या भाव 2. प्रकट या व्यक्त करना 3. दिखाना। [वि.] चमकीला; प्रकाशमान।

द्योतित (सं.) [वि.] 1. चमकता हुआ 2. प्रकाशित 3. प्रकट।

द्यौ (सं.) [सं-स्त्री.] 1. स्वर्ग 2. आकाश; दिन; प्रकाश।

द्रव (सं.) [सं-पु.] 1. तरल; रस; अर्क; आसव 2. तरल होना या पिघलना 3. तरल पदार्थ का बहना; रिसना 4. द्रवण 5. किसी पदार्थ की वह अवस्था जब उसे किसी पात्र में रखा जाए तो उसी का आकार ग्रहण कर ले। [वि.] 1. जो पानी की तरह पतला हो; बहता हुआ 2. गीला 3. पिघला हुआ 4. रिसता हुआ।

द्रवक (सं.) [वि.] 1. बहने वाला; प्रवाह युक्त 2. रिसने वाला; चूने वाला; क्षरणशील।

द्रवण (सं.) [सं-पु.] 1. तरल या द्रव होने की क्रिया 2. स्राव; बहना 3. पिघलना; पसीजना 4. गैस का द्रव रूप धारण करना 5. गमन; दौड़ 6. रिसना 7. {ला-अ.} चित्त या मन का कोमल होना; दयालु होना।

द्रवणशील (सं.) [वि.] 1. जो द्रव में परिवर्तित हो सके 2. पिघलने वाला 3. पसीजने वाला 4. {ला-अ.} जिसका हृदय दूसरों के कष्ट को देखकर करुणामय या दयालु हो जाता हो।

द्रवणांक (सं.) [सं-पु.] वह ताप जिसपर कोई ठोस पदार्थ द्रव में परिवर्तित होने या पिघलने लगता है।

द्रवाधार (सं.) [सं-पु.] 1. अंजलि; चुल्लू 2. छोटा बरतन।

द्रविड़ (सं.) [सं-पु.] 1. दक्षिण भारत के पूर्वी तट पर स्थित एक बड़े प्रदेश का प्राचीन नाम; आधुनिक आंध्रप्रदेश और तमिलनाडु का क्षेत्र 2. द्रविड़ प्रदेश का वासी; तमिल। [वि.] द्रविड़ प्रदेश से संबंध रखने वाला; द्राविड़।

द्रवीभूत (सं.) [वि.] 1. जो द्रव या तरल में परिवर्तित हुआ हो; पिघला या पिघलाया हुआ 2. तरलित 3. {ला-अ.} जिसके हृदय में दया उत्पन्न हुई हो; दयार्द्र।

द्रव्य (सं.) [सं-पु.] 1. वस्तु; पदार्थ; चीज़ 2. घटक 3. धन; दौलत; सिक्के; धातु 4. वह पदार्थ जिसमें भार और जड़त्व हो अर्थात जो विरामावस्था और गति की दशा के परिवर्तन का प्रतिरोध करे। यह तीन अवस्थाओं में मिलता है- ठोस, द्रव और गैस 5. दार्शनिक क्षेत्र में वह पदार्थ जिसमें किसी प्रकार की क्रिया या गुण अथवा दोनों हों और जो किसी का समवाय कारण हो 6. वह जिससे कोई चीज़ बनती हो; सामान 7. वह विशुद्ध तत्व जिसमें कोई अन्य तत्व न मिला हो, वैशेषिकों ने द्रव्य के नौ प्रकार बताए हैं- पृथ्वी, जल, तेज, वायु, आकाश, काल, दिक, आत्मा और मन।

द्रव्यमान (सं.) [सं-पु.] किसी वस्तु में विद्यमान पदार्थ की मात्रा; (मास)।

द्रव्यवान (सं.) [सं-पु.] 1. पदार्थ की वह मात्रा जिसका अपना कोई विशिष्ट आकार-प्रकार हो; (मास) 2. किसी पिंड पर बल लगाने पर उसमें उत्पन्न होने वाला त्वरण बल का समानुपाती होता है और इस अनुपात का नियतांक ही द्रव्यमान होता है; (द्रव्यमान=बल/त्वरण) 3. शरीर; काया 4. तत्व। [वि.] 1. द्रव्य या पदार्थ से युक्त 2. संपन्न; धनवान।

द्रष्टव्य (सं.) [वि.] 1. देखने या दिखाने लायक; दर्शनीय 2. दिखाई देने वाला; दृष्टिगोचर 3. साक्षात्कार करने योग्य 4. विचारणीय 5. जानने या निरीक्षण करने योग्य 6. जो देखने में अच्छा लगता हो; नयनाभिराम।

द्रष्टा (सं.) [सं-पु.] 1. साक्षी 2. सत्य का दर्शन करने वाला 3. सांख्य के अनुसार आत्मा 4. दर्शक; प्रेक्षक 5. विचारक 6. प्रकाशक 7. धर्मज्ञानी। [वि.] 1. प्रत्यक्षदर्शी; देखने वाला 2. साक्षात्कार करने वाला 3. दिखलाने वाला।

द्राक्षशर्करा (सं.) [सं-स्त्री.] अंगूर के रस से बनी हुई शर्करा या चीनी; (ग्लूकोज़)।

द्राक्षा (सं.) [सं-स्त्री.] 1. अंगूर; किशमिश; दाख 2. मुनक्का।

द्राक्षासव (सं.) [सं-पु.] 1. एक आयुर्वेदिक औषधि 2. अंगूर की शराब; मदिरा।

द्राव (सं.) [सं-पु.] 1. तरल होने की क्रिया; पिघलना; पसीजना 2. गलकर बहने की क्रिया 3. जाने या भागने की क्रिया; गमन 4. क्षरण; चूना; रिसना 5. {ला-अ.} दया या करुणा से नम्र होना।

द्रावक (सं.) [वि.] 1. द्रवित करने वाला 2. पिघलाने वाला 3. दया उत्पन्न करने वाला।

द्रावण (सं.) [सं-पु.] 1. द्रवित करने की क्रिया 2. गलाना; पिघलाना 3. दौड़ाने या भगाने की क्रिया 4. किसी द्रव में किसी पदार्थ या अन्य द्रव के घुल मिल जाने से बना पारदर्शी मिश्रण; घोल।

द्राविड़ (सं.) [सं-पु.] 1. द्रविड़ देश; तमिल 2. उक्त देश या प्रदेश का वासी 3. दक्षिण भारतीय भाषाओं का सामूहिक परिवार 4. आँबा हल्दी। [वि.] 1. द्रविड़ का 2. द्रविड़ देश में रहने वाला।

द्राविड़ी (सं.) [वि.] द्रविड़ संबंधी। [सं-स्त्री.] 1. द्रविड़ प्रदेश की स्त्री 2. छोटी इलायची।

द्रुत (सं.) [सं-पु.] 1. कुछ तेज़ लय 2. संगीत में ताल की एक मात्रा का आधा। [वि.] 1. तेज़; भागा हुआ 2. पिघला हुआ 3. जो तरल हो।

द्रुतगति (सं.) [वि.] 1. तीव्र गति वाला; शीघ्रगामी 2. जो तेज़ रफ़्तार से चलता हो; फुरतीला।

द्रुतगामी (सं.) [वि.] 1. तीव्र गति से चलने वाला; द्रुत 2. शीघ्र जाने वाला।

द्रुतविलंबित (सं.) [सं-पु.] (काव्यशास्त्र) एक प्रकार का वार्णिक

छंद; सुंदरी छंद जिसमें क्रमश एक नगण, दो भगण तथा एक रगण होता है।

द्रुति (सं.) [सं-स्त्री.] 1. द्रव; तरल पदार्थ 2. द्रवित होने की अवस्था या भाव 3. चाल; गति।

द्रुम (सं.) [सं-पु.] 1. पेड़; वृक्ष 2. पारिजात 3. कुबेर 4. रुक्मिणी के गर्भ से उत्पन्न कृष्ण का एक पुत्र। द्रुमालय (सं.) [सं-पु.] 1. बहुत सारे वृक्षों का स्थान; वन; जंगल 2. वृक्ष का घर।

द्रुमिला (सं.) [सं-स्त्री.] (काव्यशास्त्र) एक प्रकार का मात्रिक छंद जिसके प्रत्येक चरणों में बत्तीस-बत्तीस मात्राएँ होती हैं।

द्रुमोत्पल (सं.) [सं-पु.] 1. कनकचंपा 2. कर्णिकार वृक्ष; कनियारी।

द्रुहिण (सं.) [सं-पु.] ब्रह्मा।

द्रोण (सं.) [सं-पु.] 1. (महाभारत) कौरवों और पांडवों को शिक्षा देने वाले एक गुरु और वीर योद्धा 2. बत्तीस सेर की एक पुरानी माप 3. लकड़ी का रथ 4. पानी रखने का लकड़ी का प्राचीन पात्र; कठवत; कठौता 5. दोआब 6. पत्तों का दोना 7. बिच्छू 8. बड़ी नाव; डोंगा 9. द्रोणाचल नामक एक पर्वत 10. डोमकौआ 11. अंजलि।

द्रोणाचार्य (सं.) [सं-पु.] (महाभारत) एक प्रसिद्ध गुरु और वीर योद्धा जिन्होंनें कौरवों और पांडवों को धनुर्विद्या सिखाई थी और जिनके पुत्र का नाम अश्वत्थामा था; द्रोण।

द्रोणी (सं.) [सं-स्त्री.] 1. डोंगी; छोटी नाव 2. एक नदी 3. लकड़ी से बना पात्र; कठौता 4. पेड़ के पत्तों से बना पात्र; दोना 5. एक नमक 6. नील का पौधा 7. इंद्रायन 8. पानी रखने के लिए केले की छाल से बना पात्र 9. दो पर्वतों के बीच की भूमि; मार्ग; दर्रा 10. द्रोणाचार्य की पत्नी 11. केला।

द्रोह (सं.) [सं-पु.] 1. अनिष्ट; द्वेष; वैर 2. किसी दूसरे को नुकसान पहुँचाने की आदत या नीयत 3. हिंसा; अपराध 4. विद्रोह।

द्रोही (सं.) [सं-पु.] 1. द्रोह करने वाला व्यक्ति 2. बैरी; शत्रु। [वि.] 1. द्रोह करने वाला; विद्रोही 2. गद्दार 3. विश्वासघाती; हानि पहुँचाने वाला 4. आज़ादख़याल 5. षड्यंत्रकारी।

द्रौपद (सं.) [सं-पु.] (महाभारत) पांचाल देश के राजा द्रुपद का पुत्र धृष्टद्युम्न।

द्रौपदी (सं.) [सं-स्त्री.] 1. (महाभारत) राजा द्रुपद की पुत्री; कृष्णा 2. पांडव-पत्नी 3. सत्यसंधा; मुक्तवेणी।

द्वंद्व (सं.) [सं-पु.] 1. मानसिक संघर्ष; ऊहापोह 2. उत्पात; संघर्ष; कलह; बखेड़ा 3. नर-मादा का जोड़ा; युग्म; मिथुन 4. दो विपरीत वस्तुओं या भावों का जोड़ा, जैसे- सुबह-शाम, अमीर-गरीब 5. अनिश्चय 6. (व्याकरण) समास का एक भेद 7. रहस्य।

द्वंद्वयुद्ध (सं.) [सं-पु.] दो व्यक्तियों के बीच होने वाली मारपीट या संघर्ष।

द्वंद्वातीत (सं.) [वि.] 1. द्वंद्व से रहित 2. बिना किसी टकराव या मतभेद के।

द्वय (सं.) [सं-पु.] 1. युग्म; जोड़ा 2. समासांत में प्रयोग किया जाने वाला, जैसे- लेखकद्वय। [वि.] दो; दोनों।

द्वयता (सं.) [सं-स्त्री.] 1. दो का भाव; द्वैत 2. अपने-पराए का भाव।

द्वयर्थ (सं.) [वि.] 1. दो अर्थ वाला 2. भ्रामक।

द्वयर्थक (सं.) [वि.] दो प्रकार के अर्थ देने वाला (शब्द)।

द्वयर्थता (सं.) [सं-स्त्री.] 1. दो अर्थ होना 2. भ्रम।

द्वयर्थी (सं.) [वि.] 1. दो अर्थों वाला; जिसके दो अर्थ निकलते हों 2. श्लेषोक्तिपूर्ण 3. द्वयर्थक।

द्वयर्थी (सं.) [वि.] 1. दो अर्थों वाला; जिसके दो अर्थ निकलते हों 2. श्लेषोक्तिपूर्ण 3. द्वयर्थक।

द्वयात्मक (सं.) [वि.] दो प्रकार के स्वभाव वाला।

द्वादश (सं.) [वि.] संख्या '12' का सूचक।

द्वादशाक्ष (सं.) [सं-पु.] 1. गौतम बुद्ध 2. कार्तिकेय। [वि.] जिसकी बारह आँखें हों।

द्वादशायतन (सं.) [सं-पु.] (जैन सिद्धांत) पाँच ज्ञानेंद्रियों; पाँच कर्मेंद्रियों तथा मन और बुद्धि इन बारह पूज्य स्थानों का समूह।

द्वादशाह (सं.) [सं-पु.] 1. बारह दिनों का समूह 2. बारह दिनों तक चलने वाला यज्ञ 3. मृत्यु-तिथि से बारहवें दिन किया जाने वाला श्राद्ध।

द्वादसबानी [वि.] बारहबानी (खरा)।

द्वापर (सं.) [सं-पु.] 1. (पुराण) चार युगों में तीसरा युग जिसे 864000 वर्ष का माना गया है 2. त्रेतायुग और कलयुग के बीच का युग।

द्वार (सं.) [सं-पु.] 1. दरवाज़ा; फाटक 2. प्रवेश-मार्ग 3. छिद्र 4. उपाय; युक्ति।

द्वार-रक्षक (सं.) [सं-पु.] द्वारपाल।

द्वारका (सं.) [सं-स्त्री.] गुजरात के काठियावाड़ क्षेत्र का एक पुराना नगर जिसके बारे में कहा जाता है कि कृष्ण ने इसे राजधानी बनाया था (चारों धामों में एक)।

द्वारकाधीश (सं.) [सं-पु.] 1. द्वारका के राजा कृष्ण 2. मथुरा के एक मंदिर में स्थापित कृष्ण की प्रतिमा।

द्वारकानाथ (सं.) [सं-पु.] द्वारका के नाथ या स्वामी; कृष्ण।

द्वारकेश (सं.) [सं-पु.] द्वारका के राजा कृष्ण; द्वारकाधीश।

द्वारगृह [सं-पु.] दे. दोगहा।

द्वारचार (सं.) [सं-पु.] 1. कुछ क्षेत्रों में प्रचलित विवाह की एक रस्म जिसमें कन्या पक्ष के द्वार पर वर का पूजन होता है 2. विवाह के दिन कन्यादान करने वाले व्यक्ति द्वारा दरवाज़े पर वर की पूजा करने की एक रस्म 3. वरस्वागत; द्वारपूजा।

द्वारपटी (सं.) [सं-स्त्री.] दरवाज़े पर लगाने या टाँगने का परदा।

द्वारपाल (सं.) [सं-पु.] पहरेदार; चौकीदार; ड्योढ़ीदार; चोबदार; दरबान।

द्वारपूजा (सं.) [सं-स्त्री.] हिंदुओं के विवाह में होने वाली एक रस्म; द्वारचार।

द्वारमंडप (सं.) [सं-पु.] 1. मंडप; अलिंद; द्वारालिंद 2. ड्योढ़ी।

द्वारयंत्र (सं.) [सं-पु.] ताला; अरगल।

द्वारा (सं.) [सं-पु.] 1. दरवाज़ा; द्वार 2. बरास्ता; (वाया)। [अव्य.] 1. किसी माध्यम के आधार पर; जरिए 2. किसी के

हाथ से; साधन से; मारफ़त।

द्वाराधिप (सं.) [सं-पु.] द्वारपाल।

द्वारिक (सं.) [सं-पु.] द्वारपाल।

द्वारिका (सं.) [सं-स्त्री.] द्वारका (नगरी); द्वारावती।

द्वारी (सं.) [सं-स्त्री.] छोटा दरवाज़ा; उपद्वार। [सं-पु.] द्वारपाल।

द्वाल[2] (फ़ा.) [सं-पु.] 1. चमड़े का तसला 2. रिकाब में लगा हुआ चमड़े का चौड़ा फीता।

द्वि (सं.) [वि.] दो।

द्वि-ओष्ठ्य दोनों ओठों की सहायता से उच्चारित ध्वनियाँ, जैसे- 'प, फ, ब, भ, म'।

द्विकर्मक (सं.) [वि.] 1. हिंदी व्याकरण में क्रिया का एक प्रकार; वह क्रिया जिसके साथ दो-दो कर्म लगे हों; दो कर्म वाला 2. व्याकरण में वह क्रिया जो अकर्मक तथा सकर्मक दोनों रूपों में चलती है।

द्विकल (सं.) [सं-पु.] (छंदशास्त्र) दो मात्राओं का समूह या वर्ग।

द्विगु (सं.) [सं-पु.] (व्याकरण) एक प्रकार का समास; समास का एक भेद जिसमें पूर्वपद संख्यावाचक होता है। [वि.] दो गायों वाला।

द्विगुण (सं.) [वि.] दूना; दुगुना।

द्विगुणित (सं.) [वि.] दूना; दुगुना।

द्विगूढ़ (सं.) [सं-पु.] 1. एक प्रकार का गीत 2. (नाट्यशास्त्र) लास्य के दस अंगों में से एक जिसमें सभी पद सम और सुंदर होते हैं, नाट्य संधि, रस तथा भाव से संपन्न लास्यांग।

द्विज (सं.) [सं-पु.] 1. अंडे से उत्पन्न होने वाले प्राणी जिनका जन्म दो बार होना माना जाता है, एक बार अंडा उत्पन्न होने पर और दूसरी बार अंडे से बाहर निकलने पर, जैसे- पक्षी आदि 2. यज्ञोपवीत संस्कार विशेष जिसमें उक्त का धारण करने को दूसरा जन्म माना जाता है इसलिए यज्ञोपवीत धारण करने वाला व्यक्ति द्विज कहलाता है 3. ब्राह्मण 4. चंद्रमा 5. दाँत जो एक बार टूटकर दुबारा उगते हैं। [वि.] दो बार जन्मा हुआ।

द्विजन्मा (सं.) [वि.] दो बार जन्म लेने वाला; द्विज।

द्विजालय (सं.) [सं-पु.] 1. द्विज का घर 2. घोंसला।

द्विजेंद्र (सं.) [सं-पु.] 1. ज्ञानवान 2. चंद्रमा 3. कपूर 4. गरुड़ 5. द्विजराज।

द्विजेश (सं.) [सं-पु.] 1. ज्ञानवान 2. चंद्रमा; कपूर 3. गरुड़ 4. द्विजराज।

द्विजोत्तम (सं.) [सं-पु.] 1. द्विज प्राणियों में उत्तम 2. ज्ञानी व्यक्ति।

द्वितक (सं.) [सं-पु.] 1. पावती; रसीद 2. प्रतिलिपि।

द्वितल (सं.) [वि.] जिसमें दो तल हों; दुतल्ला।

द्वितीय (सं.) [वि.] 1. गणना में दूसरा 2. महत्व या गुणवत्ता की दृष्टि से दूसरी श्रेणी का; दोयम दरजे का। [सं-पु.] 1. पुत्र या पुत्री 2. मित्र; सहायक व्यक्ति 3. मुकाबला करने वाला व्यक्ति 4. उत्तरार्द्ध।

द्वितीयक (सं.) [वि.] 1. दूसरा 2. दूसरी बार होने वाला 3. जिसका स्थान या महत्व पहले वाले के बाद हो; दूसरे स्थान का 4. किसी चीज़ के अनुकरण पर बना दूसरा।

द्वितीया (सं.) [सं-स्त्री.] चंद्र मास के शुक्ल या कृष्ण पक्ष की दूसरी तिथि; दूज।

द्विदल (सं.) [सं-पु.] दो दलों वाला अनाज, जैसे- चना, मटर आदि। [वि.] दो दलों वाला।

द्विदिवसीय (सं.) [वि.] दो दिनों तक होने या चलने वाला।

द्विदिश (सं.) [वि.] जो दो दिशाओं में एक साथ उन्मुख या सक्रिय हो।

द्विदिशात्मक (सं.) [वि.] दो दिशाओं में एक साथ उन्मुख या सक्रिय।

द्विध (सं.) [वि.] दो खंडों में बँटा हुआ; दो भागों वाला।

द्विधा (सं.) [क्रि.वि.] 1. दो भागों में या टुकड़ों में 2. दो तरह से 3. दोनों ओर।

द्विधाग्रस्त (सं.) [वि.] 1. जो दुविधा या असमंजस में हो; ऊहापोह में उलझा हुआ 2. दो खंडों में विभाजित।

द्विपक्षीय (सं.) [वि.] 1. दो पक्षों, दलों, राष्ट्रों आदि के बीच होने वाला या उनसे संबंधित 2. कुछ एक पक्ष या दूसरे पक्ष में पड़ने वाला।

द्विपद (सं.) [वि.] 1. दो पैरों वाला 2. जिसमें दो पद या शब्द हों 3. गणित की वह संख्या जिसमें दो अलग-अलग अंक या संख्याएँ एक साथ मानी या ली जाती हैं। [सं-पु.] 1. दो पैरों वाले जीव-जंतु 2. मनुष्य 3. (वास्तुशास्त्र) वास्तु मंडल में एक घर या कक्ष 4. भारतीय ज्योतिष के अनुसार मिथुन, तुला, कुंभ, कन्या तथा धनु लग्न का पूर्व भाग।

द्विपदी (सं.) [सं-स्त्री.] 1. (प्राकृत भाषा) एक प्रकार का छंद 2. दो चरणों की कविता या गीत।

द्विपार्श्विक (सं.) [वि.] 1. दो पार्श्वों वाला 2. दो पक्षों की ओर से होने वाला; द्विपक्षीय।

द्विभाजन (सं.) [सं-पु.] 1. दो भागों में विभाजित 2. दो समान भाग करने की क्रिया या भाव।

द्विभाजित (सं.) [वि.] दो भागों में विभक्त।

द्विभाषिक (सं.) [वि.] 1. दो भाषाओं का 2. जो दो भाषाओं में हो 3. दो भाषाओं से संबंधित।

द्विभाषिकता (सं.) [सं-स्त्री.] दो भाषाएँ समझने और बोल सकने का गुण या स्थिति।

द्विभाषी (सं.) [सं-पु.] दुभाषिया; जो व्यक्ति दो भाषाएँ बोल लेता हो। [वि.] दो भाषाएँ बोलने वाला।

द्विरद (सं.) [सं-पु.] 1. हाथी 2. (महाभारत) दुर्योधन के भाई का नाम। [वि.] दो दाँतोंवाला।

द्विरदांतक (सं.) [सं-पु.] द्विरद (हाथी) को मार डालने वाला (अंतक); सिंह; शेर।

द्विरदाशन (सं.) [सं-पु.] सिंह; शेर।

द्विरागमन (सं.) [सं-पु.] 1. विवाहोपरांत वधू का अपने ससुराल में दूसरी बार आना; गौना 2. पुनरागमन; दूसरी बार आना।

द्विरुक्त (सं.) [वि.] 1. दो बार कहा गया 2. दुबारा कहा हुआ; उल्लिखित 3. एक ही बात का दो प्रकार से कथन। [सं-पु.] पुनर्कथन।

द्विरुक्ति (सं.) [सं-स्त्री.] कही हुई बात को दुबारा कहना; पुनरुक्ति।

द्विरूपी (सं.) [वि.] 1. दो रूपों वाला 2. दो तरह का आचरण करने वाला 3. दोहरे चरित्र का 4. जो दो प्रकार से किया जाए।

द्विलिंगी (सं.) [वि.] 1. दोनों लिंगों में प्रयुक्त होने वाला (शब्द) 2. स्त्री और पुरुष दोनों के प्रति आकृष्ट होने वाला (व्यक्ति) 3. एक प्रकार की वनस्पति 4. उभयलिंगी प्राणी, जैसे- केंचुआ।

द्विवर्षी (सं.) [वि.] प्रत्येक दो वर्ष में होने वाला।

द्विवर्षीय (सं.) [वि.] 1. दो वर्ष का 2. दो वर्षों में होने वाला।

द्विविध (सं.) [वि.] दो तरह का। [क्रि.वि.] दो तरह से।

द्विवेदी (सं.) [सं-पु.] 1. दो वेदों का ज्ञाता 2. ब्राह्मणों में एक कुलनाम या सरनेम।

द्विसत्री (सं.) [वि.] दो सत्रों वाला; दो सत्रों में समाप्त होने वाला।

द्विसदनी (सं.) [वि.] दो सदनों वाली (शासन-प्रणाली या संसद)।

द्विसाप्ताहिक (सं.) [वि.] प्रत्येक दो सप्ताह में होने वाला।

द्विसूत्री (सं.) [वि.] दो सूत्रों वाला।

द्विस्तरी (सं.) [वि.] दो स्तरों वाला।

द्वीप (सं.) [सं-पु.] 1. वह भू-भाग जो चारों ओर से जल से घिरा रहता है; टापू 2. (पुराण) पृथ्वी के सात बड़े भू-भाग।

द्वीपपुंज (सं.) [सं-पु.] समुद्र में कई छोटे-छोटे द्वीपों और टापुओं का समूह।

द्वीपवती (सं.) [सं-स्त्री.] 1. नदी; सरिता 2. भूमि; ज़मीन।

द्वीपवासी (सं.) [वि.] द्वीप में निवास करने वाला।

द्वीपसमूह (सं.) [सं-पु.] द्वीपपुंज।

द्वीपांतरण (सं.) [सं-पु.] 1. किसी व्यक्ति या वस्तु को एक द्वीप से दूसरे द्वीप पर भेजने की क्रिया 2. बड़े अपराधियों या बंदियों को कठोर सज़ा देने के लिए किसी अन्य स्थान या समुद्र पार किसी द्वीप में भेजना; काले पानी की कैद।

द्वेष (सं.) [सं-पु.] 1. वैर का भाव 2. मनमुटाव; शत्रुता 3. चिढ़।

द्वेषपूर्ण (सं.) [वि.] 1. जिसमें द्वेष या नफ़रत हो 2. शत्रुतापूर्ण; अनिष्टकारी।

द्वेषाग्नि (सं.) [सं-स्त्री.] 1. द्वेष या वैर रूपी आग 2. नफ़रत का भाव; जलन या उग्रता 3. द्वेष का उग्र रूप।

द्वेषी (सं.) [वि.] द्वेष रखने या करने वाला; विद्वेषी।

द्वेष्टा (सं.) [वि.] द्वेषी।

द्वैगुणिक (सं.) [सं-पु.] दुगुना सूद लेने वाला महाजन; शत-प्रतिशत ब्याज लेने वाला साहूकार। [वि.] दूना सूद खाने वाला; जो दूना ब्याज लेता हो।

द्वैगुण्य (सं.) [वि.] 1. दुगुना होने की अवस्था या भाव 2. दुगुनी रकम 3. दूनी मात्रा या परिमाण 4. सत्व, रज और तम में से दो गुणों या प्रवृत्तियों से युक्त होने की अवस्था 5. द्वैतता; द्वैत।

द्वैत (सं.) [सं-पु.] 1. दो होने की अवस्था या भाव 2. किसी को पराया या अलग समझने का भाव 3. भेदभाव; भेददृष्टि 4. युग्म; युगल; जोड़ा 5. असमंजस 6. आत्मज्ञान; द्वैतता 7. अज्ञान; मोह 8. द्वैतवाद।

द्वैतवाद (सं.) [सं-पु.] 1. एक दार्शनिक अवधारणा या सिद्धांत जिसमें जीव और ब्रह्म को अलग-अलग माना जाता है 2. वह वाद जिसमें आत्मा और परमात्मा को भिन्न माना जाता है 3. जीव और प्रकृति या विश्व और ब्रह्म की भिन्नता का मत 4. भेदवाद; भेदज्ञान 5. 'अद्वैतवाद' का विलोम 6. वेदांत के अलावा पाँचों आस्तिक दर्शन इस वाद के समर्थक हैं 7. दो भिन्न सिद्धांतों को स्वीकृत करने वाली विचारधारा।

द्वैध (सं.) [सं-पु.] 1. दो प्रकार का होने का भाव; द्वैतता; भिन्नता 2. दुविधा 3. परस्पर विरुद्ध होने का भाव 4. दो तरह की नीतियाँ अपनाने की अवस्था 5. दूसरे देशों के साथ राजनीतिक व्यवहार में मुख्य उद्देश्य छिपाकर अन्य उद्देश्यों के साथ बनाया जाने वाला संबंध 6. वह शासन प्रणाली जिसमें कुछ विभाग सरकार के हाथ में तथा कुछ जनप्रतिनिधियों के हाथ में होते है; वह शासन प्रणाली जिसमें सत्ता दो वर्गों में विभक्त हो।

द्वैधवृत्ति (सं.) [सं-स्त्री.] दो परस्पर विरोधी भावों के एक साथ होने की स्थिति।

द्वैपायन (सं.) [सं-पु.] 1. (पुराण) महाभारत और पुराणों के रचनाकार वेदव्यास जिनका जन्म एक द्वीप पर होने के कारण यह नाम पड़ा 2. कुरुक्षेत्र के पास एक ताल जिसमें युद्ध के दौरान दुर्योधन छिप गया था। [वि.] द्वीप पर जन्म लेने वाला।

द्वैभाषिक (सं.) [वि.] 1. दो भाषाओं वाला; दो भाषाओं से संबंधित 2. जहाँ दो भाषाओं का समान रूप से प्रचलन हो (क्षेत्र या व्यवस्था) 3. दो भाषाओं का प्रयोग करने वाला।

द्वैमातुर (सं.) [सं-पु.] विनायक; गणेश।

द्वैमातृक (सं.) [सं-पु.] ऐसा प्रदेश जहाँ पर खेती नदी के जल और वर्षा दोनों साधनों के द्वारा की जाती है।

द्वैमासिक (सं.) [सं-पु.] वह पत्रिका जो दो महीने में एक बार छपती हो।

द्वैराज्य (सं.) [सं-पु.] किसी दुर्बल क्षेत्र पर दो प्रबल राज्यों का सम्मिलित शासन।

द्वैवार्षिक (सं.) [वि.] प्रत्येक दो वर्ष पर होने वाला।

ध

ध[1] हिंदी वर्णमाला का व्यंजन वर्ण। उच्चारण की दृष्टि से यह दंत्य, सघोष, महाप्राण तथा स्पर्श है।

ध[2] (सं.) [सं-पु.] 1. (संगीत) धैवत स्वर का संकेत 2. धर्म 3. ब्रह्मा 4. कुबेर।

धँगठी [सं-स्त्री.] पशुओं के द्वारा रुँदी फसल; धँगाठ; धँडाठ।

धँगायी [सं-स्त्री.] दे. धँगठी।

धँधलाना [क्रि-अ.] 1. धोखेबाज़ी या छल करना 2. ढोंग रचना।

धँधार [सं-स्त्री.] आग की लपट; आग की लौ।

धँधारी [सं-स्त्री.] 1. गोरखधंधा 2. अकेलापन।

धँधुआना [क्रि-अ.] 1. धुँधला पड़ना 2. पारदर्शिता ख़त्म होना 3. धुँधाना।

धँधेरा [सं-पु.] राजपूतों की एक शाखा या उपजाति।

धँधौरा [सं-पु.] 1. होली; होलिका 2. आग की लौ; ज्वाला; लपट।

धँसन [सं-स्त्री.] 1. धँसने की क्रिया 2. दलदल; धँसान 3. दबक 4. धसकन; खिसकन 5. बैठन।

धँसना (सं.) [क्रि-अ.] 1. किसी कठोर या नुकीली वस्तु का दबाव के कारण नरम वस्तु में घुसना या गड़ना 2. दबकना; पिचकना 3. चुभना; बिंधना 4. दीवार या घर के किसी भाग की ज़मीन का नीचे की ओर दब जाना 5. व्यक्ति का भीड़ में समा जाना या अंदर घुसना 6. किसी चीज़ का अत्यंत वेग से दूसरी चीज़ में प्रविष्ट होना 7. नष्ट होना; तबाह होना 8. नीचे खिसकना 9. ढहना; दरकना 10. {ला-अ.} बात या विचार का समझ में आना।

धँसान (सं.) [सं-स्त्री.] 1. धँसने की क्रिया या भाव; धँसाव 2. ऐसी ज़मीन जिसपर कीचड़ के कारण पैर धँसता हो; दलदल 3. ऐसी ज़मीन जिसपर नीचे की ओर ढलान हो; ढाल 4. पोली ज़मीन 5. भीड़-भाड़ में लोगों को धकेलते हुए निकलने की क्रिया 6. चुभन; गड़ान 7. धँसन।

धँसाना (सं.) [क्रि-स.] 1. किसी चीज़ को धँसने में प्रवृत्त करना 2. घोंपना; ठोकना 3. गाड़ना; चुभाना 4. ज़ोर लगाकर अंदर घुसाना; प्रविष्ट कराना 5. दबाव डालकर नीचे उतारना 6. पैठाना।

धँसाव (सं.) [सं-पु.] 1. धँसने की क्रिया या ढंग; धँसान 2. ऐसी ज़मीन जिसपर कीचड़ के कारण पैर धँसता हो; दलदल 3. सहज रूप से कुछ धँसकने वाला स्थान 4. ऐसी ज़मीन जिसपर नीचे की ओर ढलान हो; ढाल 5. पोली ज़मीन 6. भीड़-भाड़ में लोगों को धकेलते हुए निकलने की क्रिया 7. चुभन; गड़ान 8. धँसन।

धंग [सं-पु.] कीर्ति; यश।

धंगर [सं-पु.] 1. चरवाहा 2. ग्वाला; अहीर।

धंगा [सं-पु.] खाँसी; ढाँसी।

धंदर [सं-पु.] पुरानी चाल (फैशन) का एक प्रकार का धारीदार कपड़ा।

धंध [सं-पु.] 1. झंझट; बखेड़ा 2. धोखा; कपट 3. धंधा 4. द्वंद 5. ज्वाला।

धंधा (सं.) [सं-पु.] 1. वह जिससे जीविका चले; काम 2. रोज़गार; व्यापार; पेशा; उद्योग-धंधा; कारोबार; (प्रोफ़ेशन) 3. काम-काज 4. वृत्ति; आजीविका 5. {ला-अ.} वेश्यावृत्ति।

धंधारी [सं-स्त्री.] 1. गोरखधंधा 2. गोरखपंथी साधुओं के क्रिलाकलाप 3. अकेलापन; एकांत स्थान 4. सन्नाटा।

धंधेबाज़ (हिं.+ फ़ा.) [सं-पु.] व्यापारी; सौदागर।

धंधेवाला (सं.) [सं-पु.] जीविका निर्वाह के लिए कार्य या धंधा करने वाला व्यक्ति।

धई [सं-स्त्री.] एक तरह का जंगली कंद।

धक-धक [सं-स्त्री.] 1. हृदय के धड़कने की आवाज़ 2. {ला-अ.} घबराहट; बेचैनी; धकधकी; धड़क; धुकधुकी 3. अग्नि के भड़कने पर होने वाली आवाज़।

धक[1] [सं-स्त्री.] 1. संवेग या डर से हृदय के अचानक धड़कने का भाव 2. जलना; सुलगना 3. साहस; हिम्मत 4. लालसा; इच्छा 5. उल्लास; उमंग। [क्रि.वि.] 1. अचानक 2. तेज़ी से। [मु.] **जी धक हो जाना** : भयभीत हो जाना; डर जाना। -**धक करना** : कलेजा धड़कना; डर लगना।

धकधकाना [क्रि-अ.] 1. भय या उत्तेजना आदि से छाती का तेज़ी से धड़कना; धकधक करना; धुकधुक करना; 2. दहकना; सुलगना। [क्रि-स.] दहकाना; सुलगाना।

धकधकाहट [सं-स्त्री.] 1. धक-धक करने की क्रिया या भाव; धड़कन 2. खटका; आशंका।

धकधकी [सं-स्त्री.] 1. कलेजे के धकधक करने की अवस्था; धुकधुकी; घबराहट 2. हृदय की धड़कन या कंप 3. किसी बात की आशंका; खटका; अंदेशा 4. असमंजस; दुविधा।

धकपक [सं-स्त्री.] 1. धकधकी 2. आशंका; खटका; दुविधा 3. भय।

धकपकाना [क्रि-अ.] 1. मन में धकधक होना; जी दहलना 2. भय खाना; डर या आशंका होना; डरना 3. आतंकित होना 4. धकधकाना।

धकाधक [क्रि.वि.] 1. बहुत तेज़ी से; ज़ोर से 2. धड़ल्ले से।

धकाना [क्रि-स.] 1. धक्का देना; धकियाना 2. ढकेलना।

धकापेल [सं-स्त्री.] 1. भीड़ में आदमियों का एक-दूसरे को धक्का देने की अवस्था 2. ऐसी भीड़ जिसमें शरीर आपस में रगड़ खाते हों; धक्कामुक्की; धक्कमधक्का 3. भीड़; जनाकीर्णता 4. रेलमपेल। [क्रि.वि.] दूसरों को धक्का देकर परे हटाते हुए।

धकारदोह [सं-पु.] वह साँड़ जो अंशत: बधिया किया जाता है; चौभर; धाकरछोह।

धकारा [सं-पु.] धकधकी; आशंका; खटका।

धकियाना [क्रि-स.] 1. धक्का देना; ढकेलना; धकेलना 2. धक्कामुक्की करना 3. धक्का देकर बाहर निकालना 4. {ला-अ.} आगे बढ़ने के लिए प्रेरित करना।

धकेलना [क्रि-स.] 1. ज़ोर लगाकर आगे बढ़ाने की क्रिया; धक्का देना; ढकेलना; धकियाना 2. आगे बढ़ने के लिए प्रेरित करना 3. झोंकना; ठोकना 4. हटाना; निकालना 5. निवारना 6. धक्कामुक्की करना 7. पेलना; रेलना।

धकेलू [सं-पु.] वह जो धकेलता हो; ढकेलने या धक्का देने वाला व्यक्ति।

धक्कड़ [सं-पु.] 1. सामान्यत: धूल के बाद प्रयुक्त शब्द, जैसे- धूल का गुबार, धूल धक्कड़ 2. आँधी की धूल।

धक्कमधक्का [सं-पु.] 1. भारी भीड़ में आदमियों का बार-बार एक-दूसरे को धक्का देने की क्रिया 2. आपाधापी; धक्कामुक्की 3. ठेलाठेली; रेलमपेल।

धक्का [सं-पु.] 1. धकेलने के लिए आगे या पीछे से किया गया आघात 2. टक्कर; ठोकर 3. हानि; घाटा 4. विपत्ति; संकट 5. {ला-अ.} मार्मिक पीड़ा; मन पर किसी घटना या बात का गहरा आघात। [मु.] **धक्के खाना** : कष्ट सहना या मारा-मारा फिरना; अपमानित होना।

धक्काड़ [वि.] 1. जिसकी धाक जमी हुई हो; धाकड़ 2. धाक जमाने वाला 3. किसी बात या विषय में बहुत बढ़ा-चढ़ा हुआ।

धक्कामुक्की [सं-स्त्री.] 1. दो व्यक्तियों में होने वाली वह लड़ाई जिसमें वे एक-दूसरे पर घूँसे या मुक्के का प्रयोग करें; मुठभेड़ 2. घिस्समघिस्सा; ठेलमठेल; रेलपेल।

धगड़ [सं-पु.] किसी स्त्री का अवैध प्रेमी; धगड़ा।

धगड़बाज़ (हिं.+फ़ा.) [वि.] 1. सामाजिक दृष्टि से अवैध संबंध रखने वाली स्त्री 2. व्यभिचारिणी।

धगड़ा [सं-पु.] धगड़।

धगड़ी [सं-स्त्री.] 1. व्यभिचारिणी स्त्री 2. बिना विवाह किए रखी हुई स्त्री; रखैल।

धगधगाना [क्रि-अ.] भय, उद्वेग आदि के कारण हृदय की गति का तीव्र होना; धकधकाना; धकपकाना।

धगुला [सं-पु.] हाथ में पहनने का एक आभूषण।

धग्गड़ [सं-पु.] 1. उपपति; यार 2. वह जिसे किसी स्त्री ने बिना विवाह किए ही अपना पति बना लिया हो 3. बदमाश; लुच्चा 4. आटे आदि की वह टिकिया, जो फोड़े, सूजन आदि पर उन्हें दबाने के लिए बांधी जाती है।

धचकचाना [क्रि-स.] डराना; दहलाना।

धचकना [क्रि-अ.] 1. दलदल में धँसना 2. ज़मीन आदि का नीचे धँसना; बैठना।

धचका [सं-पु.] 1. धचकने की क्रिया; धक्का; झटका 2. ठसका; ठेला 3. झोंका; थपेड़ा 4. धचकोला 5. दचका 6. {ला-अ.} हानि; क्षति; नुकसान।

धचाना [सं-पु.] अमेर।

धज [सं-स्त्री.] 1. सजावट 2. बनाव-सिंगार 3. शक्ल-सूरत 4. ठसक; अदा 5. सुंदर चाल तथा उठने-बैठने का तरीका।

धजीला [वि.] सजीला; सजा-धजा; अच्छी धजवाला; छबीला; सुंदर।

धज्जी (सं.) [सं-स्त्री.] 1. कपड़े या कागज़ का पतला लंबा टुकड़ा 2. कतरन; कत्तर 3. धातु या लकड़ी को चीरने-फाड़ने पर निकलने वाली पतली पट्टी 4. चिंदी; चिथड़ा 5. छाँटन 6. परखचा; लत्तर; लीरा। [मु.] **धज्जियाँ उड़ाना** : टुकड़े-टुकड़े करना या तार-तार करना; किसी कृति या रचना की कटु आलोचना करना।

धटी (सं.) [सं-स्त्री.] 1. चीर; कपड़े की धज्जी 2. कौपीन; लंगोटी। [वि.] तुलाधारक; डाँड़ी पकड़ने वाला। [सं-पु.] 1. तुला राशि 2. शिव 3. व्यापारी; बनिया।

धड़ (सं.) [सं-पु.] 1. रीढ़धारी प्राणियों के शरीर में गरदन के नीचे से कमर तक का भाग 2. वृक्ष का तना 3. ध्वनि जो वस्तु आदि के अचानक गिरने या टकराने से उत्पन्न होती है; धड़ाम 4. धमाका।

धड़ंग (सं.) [वि.] नंगा; नग्न (इसका प्रयोग 'नंग' के साथ होता है, जैसे- नंगधडंग)।

धड़क [सं-स्त्री.] 1. हृदय का स्पंदन; धकधकी 2. आशंका; खटका 3. रुकावट।

धड़कन [सं-स्त्री.] 1. हृदय का स्पंदन या कंपन 2. भय, कमज़ोरी, दर्द आदि के कारण कलेजे का धक-धक करना 3. हृदय के धड़कने का रोग; धड़की।

धड़कना [क्रि-अ.] 1. हृदय का स्पंदित होना; धक-धक करना 2. भय या उत्तेजना के कारण छाती का ऊपर-नीचे होना; डरना 3. धड़-धड़ की ध्वनि उत्पन्न होना।

धड़का [सं-पु.] 1. हृदय में होने वाला कंपन; धड़क या धकधकी 2. अंदेशा; आशंका; खटका।

धड़काना [क्रि-स.] 1. किसी के दिल में धड़क उत्पन्न करना 2. धकड़ने को प्रेरित करना 3. किसी के मन में आशंका या खटका पैदा करना; दहलाना 4. धड़-धड़ की ध्वनि उत्पन्न करना।

धड़धड़ [सं-स्त्री.] किसी भारी वस्तु के गिरने से होने वाली ध्वनि; खड़खड़।

धड़धड़ाना [क्रि-स.] 1. धड़-धड़ की ध्वनि उत्पन्न करना 2. कुलाँचना; धमधमाना। [क्रि-अ.] धड़-धड़ की ध्वनि होना।

धड़धड़ाहट [सं-स्त्री.] 1. कई भारी चीज़ों के लगातार या परस्पर गिरने से होने वाली धड़-धड़ की आवाज़ 2. तेज़ रफ़्तार।

धड़ल्ला [सं-पु.] तेज़ गति से गिरने-पड़ने आदि की ध्वनि; धड़ाका।

धड़वा [सं-पु.] मैना (पक्षी) का एक भेद।

धड़ा[1] [सं-पु.] गुट; दल; जत्था; झुंड; समुदाय; समूह।

धड़ा[2] (सं.) [सं-पु.] 1. बाट 2. पाँच सेर की एक पुरानी तौल 3. तराज़ू; तुला; पासंग।

धड़ाक [सं-स्त्री.] धड़ की तीव्र ध्वनि; धड़ाका। [क्रि.वि.] 1. धड़ शब्द करते हुए 2. सहसा; अचानक।

धड़ाका [सं-पु.] 1. ज़ोर से या धड़ाम से गिरने का 'धड़' शब्द 2. धमाका; विस्फोट की ध्वनि 3. किसी चीज़ के गिरने-फटने से पैदा होने वाला शब्द 4. {ला-अ.} क्रांति या आंदोलन आदि का विस्फोट। [क्रि.वि.] तुरंत; जल्दी से।

धड़ाधड़ [अव्य.] 1. निरंतर धड़-धड़ शब्द करते हुए 2. जल्दी-जल्दी; बड़ी तेज़ी से 3. बिना रुके; लगातार।

धड़ाबंदी (हिं.+फ़ा.) [सं-स्त्री.] 1. धड़ा बनाने या बाँधने की क्रिया या भाव; गुटबंदी 2. युद्ध के समय सेना और संसाधनों को दुरुस्त करना; दलबंदी।

धड़ाम [सं-पु.] 1. किसी वस्तु के गिरने की आवाज़ 2. किसी व्यक्ति के ऊँचाई से ज़मीन पर ज़ोर से कूदने या गिरने की आवाज़।

धड़ी (सं.) [सं-स्त्री.] 1. पाँच सेर की एक तौल; पसेरी 2. मोटी लकीर या रेखा 3. कपड़े का किनारा।

धड़ेबाज़ी (हिं.+फ़ा.) [सं-स्त्री.] 1. धड़ा या दल बनाने की क्रिया या भाव 2. गुटबाज़ी; दलबंदी।

धत [अव्य.] 1. किसी को तिरस्कारपूर्वक हटाने या दूर करने का शब्द 2. दुतकारने या धिक्कारने का शब्द 3. किसी को तुच्छ सिद्ध करने का शब्द। [सं-स्त्री.] लत; बुरी आदत; कुटेव।

धता [वि.] 1. जो दूर किया गया हो; जो दूर हो गया हो 2. दूर भगाया हुआ 3. गया हुआ।

धतिया [वि.] जिसे किसी बात की धत पड़ गई हो; बुरी लतवाला; लती; व्यसनी।

धतींगड़ [वि.] 1. बहुत बड़ा, भारी या मोटा ताजा 2. जारज, दोगला; संकर। [सं-पु.] बड़े डील-डौल का आदमी; मुस्टंड 2. संकर संतान।

धतूरा (सं.) [सं-पु.] एक विषैला पौधा तथा उसका फल; कनक; तूरी; शिवप्रिय; तामरस।

धतूरिया [सं-पु.] मध्यकाल में ठगों का वह दल या संप्रदाय जो राहगीरों को धतूरा खिलाकर बेहोश करता और लूटता था।

धत्ता [सं-पु.] 1. एक छंद जिसके विषम (पहले और तीसरे) चरणों में 18 और सम (दूसरे, चौथे) चरणों में 18 मात्राएँ होती हैं तथा अंत में तीन लघु होते हैं। यह छंद द्विपदी धत्ता कहलाता है और दो ही पंक्तियों में लिखा जाता है 2. थाली की बारी का ढलवाँ भाग। [वि.] जो दूर हो गया हो या किया गया हो, जैसे- धत्ता बताकर दूर करना।

धधक [सं-स्त्री.] 1. धू-धू कर जलने की क्रिया 2. लौ; लपट।

धधकना [क्रि-अ.] 1. ऊँची लपटों के साथ आग का जलना; दहकना 2. धायँ-धायँ जलना 3. सुलगना; भड़कना 4. {ला-अ.} उद्वेलित हो जाना।

धधकाना [क्रि-स.] 1. आग में लपट उत्पन्न करना 2. प्रज्वलित करना 3. भयंकर रूप से जलाना; दहकाना 4. {ला-अ.} किसी को क्रोधित करना; भड़काना।

धन (सं.) [सं-पु.] 1. रुपया-पैसा; दौलत; रोकड़ 2. द्रव्य; वित्त 3. सोना-चाँदी और अन्य बहुमूल्य धातुएँ; कंचन 4. ख़ज़ाना; निधि; माया; श्री 5. धन-संपत्ति; जायदाद 6. वह कीमती सामग्री या चीज़ जो खरीदी और बेची जा सकती हो 7. उपयोगी और मूल्यवान वस्तुएँ 8. मूल; पूँजी 9. धान्य; अनाज 10. गोधन; पालतू पशु 11. पुरस्कार; इनाम 12. गणित में योग का चिह्न 13. {ला-अ.} बहुत प्रिय व्यक्ति; स्नेह का पात्र। [वि.] 1. जो महत्वपूर्ण और मान्य हो 2. जिसमें जोड़ा जाए; युक्त 3. जो हिसाब-किताब आदि में किसी से मिला हो 4. 'ऋण' का विलोम।

धन-दौलत (हिं.+अ.) [सं-स्त्री.] 1. जायदाद; संपत्ति 2. कमाई 3. पूँजी।

धन-संपत्ति (सं.) [सं-स्त्री.] रुपया-पैसा; ज़मीन-जायदाद; धन-दौलत।

धन बढ़ना [सं-पु.] गर्भ धारण करना।

धनंजय (सं.) [सं-पु.] 1. (महाभारत) अर्जुन का एक नाम 2. विष्णु 3. अग्नि 4. अर्जुन नामक वृक्ष 5. शरीर की पाँच वायुओं में से एक।

धनकाम (सं.) [वि.] धनलोभी; धनलोलुप; धनेच्छुक; अर्थकाम।

धनकियारी [सं-स्त्री.] धान का खेत; धनहर।

धनकुट्टी [सं-स्त्री.] 1. धान कूटने की क्रिया या भाव 2. ओखली और मूसल 3. धान कूटने का यंत्र या उपकरण।

धनकुबेर (सं.) [सं-पु.] जिस व्यक्ति के पास बहुत धन-संपत्ति हो; रईस; धन के देवता कुबेर के समान धनी व्यक्ति; धनाढ्य।

धनकोटा [सं-पु.] एक झाड़ या पौधा जो हिमालय के कम ठंडे स्थानों में होता है और जिससे नेपाली कागज बनता है; चमोई; सतबरवा; सतपुरा।

धनतेरस (सं.) [सं-स्त्री.] कार्तिक मास में कृष्णपक्ष की त्रयोदशी को मनाया जाने वाला एक त्योहार; प्राचीन आयुर्वेदिक आचार्य धन्वंतरि के नाम पर प्रसिद्ध धन्वंतरि त्रयोदशी; वर्तमान समय में इस दिन सोना,चाँदी और बर्तन खरीदना शुभ माना जाता है।

धनद (सं.) [वि.] 1. धन देने वाला; धनदाता 2. उदार। [सं-पु.] 1. उदार व्यक्ति 2. कुबेर।

धनदिशा (सं.) [सं-स्त्री.] उत्तर दिशा।

धनधान्य (सं.) [सं-पु.] रुपया-पैसा और अनाज जो समृद्धि के प्रतीक माने जाते हैं।

धनधान्यपूर्ण (सं.) [वि.] हर तरह से समृद्ध और भरा-पूरा; ख़ूब धनवाला।

धनधाम (सं.) [सं-पु.] धन-दौलत और घर-बार।

धनधारी (सं.) [सं-पु.] 1. धन के देवता कुबेर 2. बहुत धनी व्यक्ति।

धनपक्ष (सं.) [सं-पु.] बहीख़ाते का वह पक्ष या भाग जहाँ पर आई हुई रकम का विवरण लिखा जाता है।

धनपति (सं.) [सं-पु.] 1. धन के देवता कुबेर 2. धनी व्यक्ति।

धनपत्र (सं.) [सं-पु.] कागज़ की मुद्रा।

धनपिशाच (सं.) [सं-पु.] 1. धन का लोलुप या लोभ करने वाला व्यक्ति 2. अर्थपिशाच 3. केवल धन के लिए जीने वाला व्यक्ति।

धनपिशाची (सं.) [सं-स्त्री.] धन या रुपया प्राप्त करने की घोर लालसा; प्रबल धनलिप्सा; संपत्ति हासिल करने की लालसा या घोर तृष्णा।

धनबल (सं.) [सं-पु.] 1. रुपए या दौलत का बल 2. बहुत धन-संपत्ति मिलने पर होने वाला अहंकार या अकड़; गरूर।

धनबाल [सं-पु.] 1. मकई के पौधे से निकला बाल जो धान के बाल की तरह होता है; धनहरा 2. मकई का फूल।

धनराशि (सं.) [सं-स्त्री.] 1. ख़ूब सारा रुपया-पैसा; धन का ढेर; बहुत अधिक धन 2. रकम; राशि; रोकड़।

धनलोलुप (सं.) [वि.] 1. धन का घोर लोभी; लालची 2. किसी भी तरीक़े से धन प्राप्त करने वाला।

धनवंत (सं.) [वि.] धनी; रईस; जिसके पास अधिक धन हो; धनवान।

धनवान (सं.) [वि.] जिसके पास धन हो; धनाढ्य; धनी; पैसेवाला; संपन्न; दौलतमंद; अमीर; रईस।

धनहर [सं-पु.] 1. वह खेत जिसमें धान पैदा होता है 2. चोर 3. डाकू। [वि.] धन का हरण करने वाला।

धनहरा [सं-पु.] धनबाल।

धनहीन (सं.) [वि.] जिसके पास धन न हो; निर्धन; गरीब।

धनांक (सं.) [सं-पु.] लेन-देन आदि के लिए किसी निश्चित रकम या धनराशि का सूचक शब्द।

धनाग्र (सं.) [सं-पु.] (भौतिकी) विद्युत शास्त्र में धनात्मक दंड का भाग।

धनाग्रीय (सं.) [वि.] धनाग्र से संबंधित।

धनाढ्य (सं.) [वि.] जिसके पास ख़ूब धन या रुपया हो; धनवान; धनी; समृद्ध; रईस; उच्चवित्त।

धनाणु (सं.) [सं-पु.] (भौतिकी) धनात्मक विद्युत से आवेशित अणु।

धनात्मक (सं.) [वि.] 1. धन पक्ष से संबंध रखने वाला 2. जिसमें धन तत्व या गुण हो 3. {ला-अ.} सकारात्मक।

धनादेश (सं.) [सं-पु.] 1. किसी को धन देने का आदेश या आज्ञा 2. बैंक या डाकखाने के द्वारा किसी अन्य स्थान पर रहने वाले व्यक्ति विशेष को भेजे जाने वाले धन के भुगतान का लिखित आदेश 3. कागज़ का वह पुरजा जिसपर किसी बैंक के नाम यह लिखा रहता है कि अमुक व्यक्ति को खाते में से उल्लिखित धन दिया जाए।

धनाधिप (सं.) [सं-पु.] 1. बड़ा धनी 2. धन का स्वामी; कुबेर 3. खजांची।

धनाधीश (सं.) [सं-पु.] 1. वह व्यक्ति जिसके पास बहुत धन हो; धनपति; धनिक; धनाढ्य 2. कुबेर।

धनाध्यक्ष (सं.) [सं-पु.] 1. खजांची; कोषाध्यक्ष 2. कुबेर।

धनापहार (सं.) [सं-पु.] 1. आर्थिक दंड; जुरमाना 2. लूट 3. गबन।

धनाभाव (सं.) [सं-पु.] धन न होने की स्थिति; धन की कमी; गरीबी; दरिद्रता; तंगी।

धनार ओसरि [सं-स्त्री.] गर्भधारण करने के बाद को धनार ओसारि कहते हैं।

धनार्चित (सं.) [वि.] 1. धन या मूल्यवान उपहारों को देकर संतुष्ट किया हुआ 2. भेंट द्वारा सम्मानित।

धनार्जक (सं.) [वि.] धन का अर्जन करने वाला; धन कमाने वाला।

धनार्जन (सं.) [सं-पु.] 1. धन कमाने की क्रिया; नौकरी 2. कमाई।

धनार्थी (सं.) [वि.] धन चाहने वाला; धनेच्छुक; धनकामी।

धनाश्री (सं.) [सं-स्त्री.] (संगीत) एक प्रकार की रागिनी।

धनिक (सं.) [सं-पु.] 1. धनी व्यक्ति 2. धन पति 3. ऋण देने वाला व्यक्ति 4. धनिया। [वि.] धनी; धन वाला; धनवान।

धनिका (सं.) [सं-स्त्री.] 1. धनी स्त्री 2. अच्छी या सुंदर स्त्री 3. पत्नी; वधू 4. प्रियंगु वृक्ष।

धनिता (सं.) [सं-स्त्री.] धनाढ्यता; रईसी; अमीरी।

धनिया (सं.) [सं-पु.] 1. एक सुगंधित पौधा जिसकी सब्ज़ी और चटनी बनाई जाती है 2. उक्त पौधे से प्राप्त बीज जिसका प्रयोग मसालों में होता है 3. धान्या 4. एक महीन धान। [सं-स्त्री.] 1. युवती 2. पत्नी; वधू 3. सुंदर स्त्री।

धनियाँ [सं-पु.] दे. धनिया।

धनिष्ठा (सं.) [सं-स्त्री.] सत्ताईस नक्षत्रों में से तेईसवाँ नक्षत्र।

धनी (सं.) [वि.] 1. जिसके पास ख़ूब धन हो; धनवाला; धनाढ्य; दौलतमंद 2. स्वामी; मालिक 3. किसी कार्य में कुशल; सिद्धहस्त, जैसे- मधुर आवाज़ का धनी 4. रक्षक 5. उच्चवर्गीय; उच्चवित्त। [सं-पु.] 1. धनवान पुरुष 2. किसी चीज़ का स्वामी; अधिपति; पूँजीपति 3. महाजन; सेठ; व्यापारी। [सं-स्त्री.] 1. सुंदर युवती 2. वधू।

धनीधोरी (सं.) [सं-पु.] 1. रक्षा करने वाला व्यक्ति; रक्षक 2. पूछने वाला व्यक्ति; फ़िक्र करने वाला व्यक्ति 3. मालिक; संरक्षक; स्वामी।

धनीमानी [वि.] 1. धनवान; रईस 2. प्रतिष्ठित।

धनु (सं.) [सं-पु.] 1. धनुष; कमान; चाप 2. धनुर्धर 3. (ज्योतिष) बारह राशियों में से एक 4. रेतीला तट 5. (ज्योतिष) फलित ज्योतिष में एक लग्न।

धनुआ (सं.) [सं-पु.] 1. धनुष 2. रुई धुनने वाला यंत्र; धुनकी।

धनुक (सं.) [सं-पु.] 1. धनुष; क़मान 2. इंद्रधनुष।

धनुर्धर (सं.) [सं-पु.] 1. धनुष धारण करने वाला व्यक्ति 2. वह जो धनुष चलाने में सिद्धहस्त हो; धनुर्विद्या जानने वाला व्यक्ति; तीरंदाज़।

धनुर्धारी (सं.) [सं-पु.] 1. जो धनुष धारण करता हो; धनुषधारी 2. धनुष चलाने में सिद्धहस्त योद्धा; धनुर्धर; तीरंदाज़। [वि.] धनुष धारण करने वाला।

धनुर्यज्ञ (सं.) [सं-पु.] 1. (पुराण) एक यज्ञ जिसमें धनुष का पूजन तथा उसके चलाने आदि की परीक्षा होती थी 2. धनुष

संबंधी उत्सव।

धनुर्वात (सं.) [सं-पु.] 1. एक प्रकार का रोग जिसमें हड्डियाँ टेढ़ी हो जाती हैं; धनुषटंकार 2. लकवा।

धनुर्विद्या (सं.) [सं-स्त्री.] 1. धनुष चलाने की विद्या; बाणविद्या 2. तीर चलाने का कौशल; तीरंदाज़ी।

धनुर्वृक्ष (सं.) [सं-पु.] 1. बाँस 2. पीपल 3. भिलावाँ।

धनुर्वेद (सं.) [सं-पु.] यजुर्वेद का उपवेद जिसमें धनुष चलाने की विद्या का निरूपण है।

धनुष (सं.) [सं-पु.] 1. बाँस, बेंत या किसी धातु के लचकदार डंडे को मोड़ते हुए और उसके दोनों सिरों के बीच डोरी या तांत बांध कर बनाया गया अर्धगोलाकार हथियार जिसकी डोरी को पीछे की ओर खींच-तान कर नुकीले तीर फेंके जाते हैं, इसे मनुष्य द्वारा निर्मित प्रथम यंत्र माना जाता है; धनु; कमान; चाप 2. हठ योग का एक आसन 3. चिरौंजी का वृक्ष 4. रहस्य संप्रदाय में परमात्मा का ध्यान 5. चार हाथ लंबाई की एक प्राचीन माप।

धनुषटंकार (सं.) [सं-पु.] 1. वह ध्वनि जो धनुष की डोरी को खींचकर छोड़ने पर होती है; धनुष की प्रत्यंचा हिलने से होने वाली ध्वनि 2. घाव में संक्रमण से शरीर का जकड़कर धनुष के समान टेढ़ा हो जाने का एक रोग; धनुर्वात।

धनुषधारी (सं.) [सं-पु.] 1. धनुष धारण करने वाला व्यक्ति; तीरंदाज़; कमनैत; धनुर्धर; शारंगधर 2. (महाभारत) प्रसिद्ध योद्धा अर्जुन, द्रोणाचार्य, आदि।

धनुषयज्ञ (सं.) [सं-पु.] (रामायण) एक प्रकार का यज्ञ जो सीता के स्वयंवर के समय हुआ था।

धनुषाकार (सं.) [वि.] 1. धनुष के आकार का; धनुष जैसा; कमानीदार 2. अर्धचंद्राकार; नवचंद्राकार।

धनुही (सं.) [सं-स्त्री.] 1. छोटा धनुष 2. धुनकी।

धनेश (सं.) [सं-पु.] 1. वह जो ख़ूब धनवाला हो; पूँजीपति 2. धन का देवता; कुबेर 3. खजांची 4. विष्णु।

धनेश्वर (सं.) [सं-पु.] 1. धन का स्वामी; कोषाध्यक्ष 2. कुबेर 3. विष्णु।

धनेस (सं.) [सं-पु.] लंबी गरदन और लंबी चोंचवाला बगुले के समान एक पक्षी।

धनैषणा (सं.) [सं-स्त्री.] धन पाने की इच्छा; पैसे की लालसा; धन-कामना; धनलिप्सा।

धनोपार्जन (सं.) [सं-पु.] धन का उपार्जन; पैसा इकट्ठा करना; धन का कमाया जाना।

धन्नासेठ [सं-पु.] वह व्यक्ति जिसके पास बहुत सारा धन या पैसा हो; अमीर; धनवान; पूँजीपति।

धन्नी (सं.) [सं-स्त्री.] 1. घोड़े की एक जाति 2. पंजाब में पाई जाने वाली गाय, भैसों की एक जाति।

धन्य (सं.) [वि.] 1. कृतज्ञ; कृतार्थ 2. प्रशंसा या बड़ाई के लायक; परोपकार करने वाला 3. साधुवाद 4. उपकृत; संतुष्ट; सफल 5. पुण्यवान; भाग्यशाली। [सं-पु.] भाग्यवान व्यक्ति। [अव्य.] धन्यवाद या कृतज्ञता प्रकट करने के लिए बोला जाने वाला शब्द।

धन्यभागी (सं.) [वि.] धन्यवाद का अधिकारी; धन्यवाद का पात्र।

धन्यभाग्य (सं.) [सं-पु.] सौभाग्य।

धन्यवाद (सं.) [सं-पु.] 1. साधुवाद; प्रशंसा 2. उपकार, अनुग्रह आदि के बदले में कृतज्ञता प्रकट करने का शब्द 3. एक औपचारिक हार्दिक कथन; शुक्रिया; आभार; नवाज़िश; मेहरबानी।

धन्यवादी (सं.) [सं-पु.] धन्यवाद करने या देने वाला; कृतज्ञ।

धन्या (सं.) [सं-स्त्री.] 1. उपमाता 2. छोटा आँवला 3. धनिया। [वि.] 1. प्रशंसनीया 2. पुण्यवती 3. भाग्यशालिनी।

धन्याक (सं.) [सं-पु.] 1. एक प्रकार का छोटा पौधा जिसकी पत्तियाँ सुगंधित होती हैं; धनिया 2. उक्त पौधे का बीज जो मसाले के काम आता है।

धन्वंतर (सं.) [सं-पु.] चार हाथ की एक पुरानी माप।

धन्वंतरि (सं.) [सं-पु.] 1. (पुराण) देवताओं के वैद्य जिनके बारे में कथा प्रचलित है कि ये समुद्र मंथन के समय अमृत-कलश लिए हुए प्रकट हुए थे 2. विक्रमादित्य के दरबार के नौ रत्नों में से एक 3. (पुराण) देव-वैद्य; वैद्यनाथ; वैद्यराज 4. विष्णु का तेरहवाँ अवतार 5. काशीराज।

धन्वा (सं.) [सं-पु.] 1. मरुस्थल 2. आकाश 3. धनुष 4. चक्रचाप।

धन्वाकार (सं.) [वि.] धनुष के आकार का; धनुषाकार; नवचंद्राकार।

धन्वी (सं.) [सं-पु.] 1. दुरालभा; जवासा नामक तिलहन बीज 2. अर्जुन वृक्ष 3. बकुल; मौलसिरी 4. अर्जुन का एक नाम 5. विष्णु 6. शिव 7. तामस मनु के एक पुत्र 8. धनु राशि। [वि.] 1. धनुष धारण करने वाला; धनुर्धर 2. निपुण; चतुर; चालाक।

धप [सं-स्त्री.] 1. किसी भारी वस्तु के गिरने से उत्पन्न ध्वनि 2. सिर पर मारा जाने वाला थप्पड़; धौल; चपत।

धपना (सं.) [क्रि-अ.] 1. तेज़ी से आगे बढ़ना; जल्दी-जल्दी चलना 2. झपटना। [क्रि-स.] 1. सिर पर थप्पड़ मारना 2. मारना; पीटना।

धप्पा [सं-पु.] 1. हलका थप्पड़; थपकी 2. कमर में मारा जाने वाला धौल।

धब-धब [सं-स्त्री.] किसी भारी, गुदगुदी और नरम चीज़ के गिरने या उस पर चोट करने से उत्पन्न होने वाली ध्वनि।

धबला [सं-पु.] 1. कटि के नीचे का अंग ढाँकने का कोई ढीला-ढाला पहनावा; ढीला पायज़ामा 2. स्त्रियों का लहँगा; घाघरा।

धब्बा [सं-पु.] 1. किसी तल पर पड़ा हुआ चिह्न; भद्दा दाग या निशान 2. {ला-अ.} कलंक; दोष; लांछन।

धब्बेदार (हिं.+फ़ा.) [वि.] जिसमें धब्बा हो; दागदार; दग़ैल; धब्बेवाला।

धम [सं-स्त्री.] 1. किसी भारी वस्तु के गिरने से होने वाली ध्वनि 2. धरती पर दबाव डालकर चलने से पैदा होने वाला शब्द 3. धमाका धड़ाम; धप।

धम-धम [सं-स्त्री.] 1. देर तक होने वाली धम की आवाज़ 2.

पदचाप। [अव्य.] धम धम की ध्वनि के साथ।

धमक [सं-स्त्री.] 1. धम-धम की आवाज़ 2. एक प्रकार से चलने, गिरने तथा दौड़ने से उत्पन्न कंप 3. प्रहार; आघात।

धमकना [क्रि-अ.] 1. 'धम' आवाज़ के साथ गिरना 2. भारी बोझ से दबना 3. आघात होना 4. दर्द करना। [मु.] **आ धमकना** : अवांछित या बिना बुलाए आ जाना।

धमकाना [क्रि-स.] 1. धमकी देना 2. डराना; भय दिखाना 3. अनिष्ट या नुकसान करने की चेतावनी देना; घुड़की देना; डाँटना।

धमकियाना [क्रि-स.] 1. धमकी देना; धमकाना 2. भय दिखाना।

धमकी [सं-स्त्री.] 1. धमकाने की क्रिया या भाव 2. आगाह करने के लिए दी गई चेतावनी; चुनौती 3. फटकार; घुड़की; धौंस 4. डराकर या फँसाकर कोई काम कराने के लिए कही जाने वाली बात। [मु.] **-में आना** : किसी के डराने पर कोई काम कर बैठना।

धमगजर [सं-पु.] 1. उत्पात; ऊधम; उपद्रव; हुड़दंग 2. लड़ाई-झगड़ा।

धमन (सं.) [सं-पु.] 1. किसी चीज़ में हवा भरना; हवा फूँकने का काम 2. धौंकनी या भाथी से हवा करना; धौंकना 3. भाथी चलाने वाला व्यक्ति 4. धुँकाई; धौंक 5. फूँकने की नली; नरकट। [वि.] 1. फूँकने वाला 2. निष्ठुर।

धमनभट्ठी [सं-स्त्री.] लोहा आदि ठोस पदार्थों को गलाने की भट्ठी; लुहार की धौंकनी।

धमनिका (सं.) [सं-स्त्री.] 1. फूँककर बजाया जाने वाला एक वाद्य; तुरही 2. छोटी और पतली धमनी।

धमनी (सं.) [सं-स्त्री.] 1. (शरीर रचना विज्ञान) रक्त को ले जाने वाली शिरा या नलिका; रुधिरवाहिका; नाड़ी 2. फुँकनी; धौंकनी 3. हल्दी।

धमनीय (सं.) [वि.] धमनी से संबंधित।

धमसा [सं-पु.] धौंसा; नगाड़ा।

धमाका [सं-पु.] 1. बम, बंदूक या तोप के छूटने से पैदा होने वाली बहुत तेज़ आवाज़ 2. बम या पटाखा फटने की घोर आवाज़; विस्फोट; धड़ाका 3. भारी चीज़ के गिरने से उत्पन्न होने वाली ध्वनि 4. प्रहार; आघात 5. तड़ाका; महानाद 6. स्फोट; फटाका 7. मध्यकाल में हाथी पर लादकर ले जाई जाने वाली तोप 8. {ला-अ.} चकित या स्तब्ध कर देने वाली कोई घटना या बात; किसी आंदोलन या क्रांति का आरंभ।

धमाकुल [सं-पु.] एक प्रकार का तमाकू, जो बड़े पत्तोंवाला होता है।

धमाकेदार (हिं.+फ़ा.) [वि.] 1. जिसमें धमाका हो 2. धम की आवाज़ वाला 3. जिसमें ज़ोर की आवाज़ हो 4. {ला-अ.} जो जनता में उत्तेजना पैदा करता हो; लोकप्रिय।

धमाचौकड़ी [सं-स्त्री.] 1. उछल-कूद; कूद-फाँद 2. शोरशराबा; ऊधम; हल्लागुल्ला; हुड़दंग 3. मारपीट; उपद्रव।

धमाधम [क्रि.वि.] 1. धम-धम शब्द के साथ 2. बिना रुके; लगातार; एक के बाद एक; द्रुत गति से। [सं-स्त्री.] 1. धम-धम की ध्वनि 2. मार-पीट 3. आघात।

धमाल [सं-पु.] 1. हंगामा; उपद्रव 2. फाग गायन का एक भेद 3. फागुन के महीने में गाए जाने वाले लोकगीत; फाग के गीत 4. एक ताल। [सं-स्त्री.] 1. धमाचौकड़ी 2. उछल-कूद 3. नटों द्वारा की जाने वाली कलाबाज़ी 4. उपद्रव।

धमाली [वि.] 1. धमाल करने वाला; शरारती; धमाचौकड़ी या ऊधम मचाने वाला 2. कलाबाज़ 3. हंगामेदार। [सं-स्त्री.] होली की क्रीड़ा।

धमिल [वि.] मटमैले रंग का। [सं-पु.] जूड़ा।

धम्मन [सं-पु.] एक प्रकार की घास जिसे चरवा भी कहते हैं।

धम्मिल्ल (सं.) [सं-पु.] खोपा-बँधाव; जूड़ा।

धम्हा [सं-पु.] धातु गलाने की भट्ठी; धमन-भट्टी।

धर (सं.) [वि.] 1. धारण करने वाला 2. देख-रेख करने वाला। [सं-पु.] 1. (पुराण) वह कछुआ जो धरती को अपने ऊपर धारण किए हुए है 2. पर्वत; पहाड़ 3. कृष्ण 4. कपास; रुई 5. तलवार।

धरकार [सं-पु.] 1. बाँस आदि की डलिया बनाने का काम करने वाली जाति 2. उक्त जाति का व्यक्ति; बँसोर।

धरण (सं.) [सं-पु.] 1. धारण करने की क्रिया या भाव; धराई 2. ढाँचा 3. शहतीर 4. एक पुरानी तौल जो चौबीस रत्ती या सोलह मासे की होती है 5. जगत; संसार 6. वक्ष; स्तन 7. सहारा 8. धान 9. हिमालय 10. जलाशय पर बनाया गया बाँध 11. लोक 12. सेतु; पुल 13. किसी पर्वत का किनारा।

धरणि (सं.) [सं-स्त्री.] दे. धरणी।

धरणी (सं.) [सं-स्त्री.] 1. पृथ्वी; धरती; भूमि 2. शहतीर 3. सेमल वृक्ष; शाल्मली 4. नाड़ी; नस।

धरणीधर (सं.) [सं-पु.] 1. राजा 2. (पुराण) शेषनाग नामक बड़ा सर्प जो पृथ्वी को अपने फन पर धारण किए हुए है।

धरणीय (सं.) [वि.] 1. धारण करने योग्य 2. जिससे सहारा लिया जा सके 3. सहारा देने योग्य।

धरणीश्वर (सं.) [सं-पु.] 1. शिव 2. विष्णु 3. राजा; भूपति।

धरता [वि.] धारण करने वाला; धारक; धारयिता।

धरती (सं.) [सं-स्त्री.] 1. पृथ्वी; ज़मीन; धरा 2. संसार; विश्व।

धरतीझार [सं-पु.] धरती छूने वाला।

धरन[1] [सं-स्त्री.] बड़े कमरे के ऊपर बड़ेर के नीचे की लकड़ी।

धरन[2] (सं.) [सं-स्त्री.] 1. धरने की क्रिया या भाव 2. छत की आधार स्वरूप एक मोटी लकड़ी; बड़ी कड़ी; शहतीर 3. स्त्रियों के गर्भाशय का आधार 4. पकड़ 5. हठ; ज़िद; टेक।

धरना (सं.) [क्रि-स.] 1. ग्रहण या धारण करना 2. पकड़ना; थामना 3. अधिकार में लेना; संरक्षण में लेना 4. स्थापित करना; रखना 5. पहनना 6. पास रखना 7. सहायक बनाना 8. निश्चित या स्थिर करना 9. किसी चीज़ को गिरवी या बंधक रखना 10. किसी से आश्रय लेना 11. पत्नी या पति के रूप में अपने पास रखना 12. ठहराना; टिकाना 13. पक्का करना 14. फँसाना। [सं-पु.] 1. अपनी माँग पूरी करवाने या किसी को अनुचित काम करने से रोकने के लिए कहीं पर अड़कर या हठ करके बैठना 2. सत्याग्रह; हड़ताल 3. आंदोलन। [मु.] **धरा जाना** : पकड़ा जाना।

धरनी (सं.) [सं-स्त्री.] 1. छत बनाने के लिए लगाई जाने वाली

मोटी लकड़ी; टेक; टेकनी; शहतीर 2. ज़िद; हठ।

धरनेत [सं-पु.] 1. धरना देने वाला व्यक्ति 2. आंदोलन करने वाला व्यक्ति; हड़ताली।

धरपकड़ [सं-स्त्री.] 1. धरने या पकड़ने की क्रिया या भाव 2. अपराधियों आदि को पुलिस द्वारा पकड़ने की क्रिया; गिरफ़्तारी। [मु.] **-करना** : ज़बरदस्ती करना।

धरम (सं.) [सं-पु.] दे. धर्म।

धरम-करम (सं.) [सं-पु.] दे. धर्म-कर्म।

धरमकाँटा (सं.) [सं-पु.] 1. तौलने का बड़ा उपकरण; बड़ी तुला 2. पंचायती तराज़ू।

धरमभ्रष्टी [वि.] 1. धर्म भ्रष्ट करने वाला 2. धर्म छोड़ने वाला 3. जिसका धर्म भ्रष्ट हो चुका हो।

धरमशाला (सं.) [सं-स्त्री.] धर्मशाला।

धरमात्मा (सं.) [वि.] धर्मात्मा।

धरमी (सं.) [वि.] 1. धर्म के मार्ग पर चलने वाला 2. धर्मानुरूप आचरण करने वाला; धार्मिक।

धरवाना [क्रि-स.] 1. धारण करवाना 2. पकड़वाना; रखवाना 3. टिकवाना 4. स्थापित करवाना।

धरसना (सं.) [क्रि-स.] 1. रौंदना; कुचलते हुए जाना 2. मसलना 3. दमन करना 4. डराना 5. अपमानित करना।

धरहर [सं-स्त्री.] 1. लड़ने वालों को बीच में रोकना; बीच-बचाव करना 2. बचाव 3. दृढ़ निश्चय; धैर्य।

धरहरा [सं-पु.] स्तंभ की तरह की ऊँची इमारत जिसपर चढ़ने के लिए अंदर से सीढ़ियाँ बनी होती हैं; मीनार; धौलहर।

धरा (सं.) [सं-स्त्री.] धरती; भूमि; पृथ्वी; ज़मीन।

धराऊ [वि.] बहुत दिनों से रखा हुआ; पुराना।

धरातल (सं.) [सं-पु.] 1. पृथ्वी का ऊपरी तल; सतह; भूतल 2. पृथ्वी; भूमि; ज़मीन।

धरातलीय (सं.) [वि.] 1. धरातल संबंधी; थलीय; धरातल का 2. वास्तविक; ज़मीनी 3. निम्न।

धरात्मज (सं.) [सं-पु.] 1. मंगल ग्रह 2. (पुराण) नरकासुर नामक राक्षस।

धराधर (सं.) [सं-पु.] 1. वह जो धरा धारण करे 2. पर्वत; पहाड़ 3. (पुराण) शेषनाग 4. विष्णु नामक देवता।

धराधाम (सं.) [सं-पु.] 1. घर तथा ज़मीन 2. इहलोक।

धराधिप (सं.) [सं-पु.] पृथ्वी का शासक; अधिपति; भूपति; राजा।

धराधिपति (सं.) [सं-पु.] किसी देश या प्रदेश विशेष का प्रधान शासक या स्वामी; राजा।

धराना [क्रि-स.] 1. थमाना; पकड़ाना 2. रुकवाना; पकड़वाना 3. निश्चित कराना; नियत कराना 4. किसी को कुछ धरने या रखने में प्रवृत्त करना 5. रखवाना।

धरालुंठित (सं.) [वि.] धरती पर गिरा हुआ; भूमिसात।

धराशायी (सं.) [वि.] 1. धरती पर पड़ा, लेटा या सोया हुआ; भूमिशायी 2. गिरकर या टूटकर ज़मीन के बराबर होने वाला 3. कटा हुआ; गिरा हुआ 4. {ला-अ.} मृत।

धरिंगा [सं-पु.] एक तरह का चावल।

धरित्री (सं.) [सं-स्त्री.] पृथ्वी; धरा; धरती।

धरिमा (सं.) [सं-स्त्री.] 1. तुला; तराज़ू 2. रूप; आकृति; शक्ल।

धरी [सं-स्त्री.] 1. रखैल 2. आधार; आश्रय; अवलंब।

धरुण (सं.) [सं-पु.] 1. स्वर्ग 2. पानी; जल 3. ब्रह्म 4. पृथ्वी 5. सहारा; आश्रय 6. दूध पीने वाला बछड़ा 7. किसी वस्तु को सुरक्षित रखने का स्थान 8. अग्नि 9. संमति। [वि.] धारण करने वाला।

धरेचा [सं-पु.] धगड़ा; यार; जार; बिना विवाह के पति के रूप में रखा हुआ पुरुष; धरेला।

धरेजा [सं-स्त्री.] 1. रखैली; प्रेमिका 2. वह स्त्री जो बिना विवाह के साथ रहती है। [सं-पु.] विधवा स्त्री को पत्नी की तरह घर में रखने की प्रथा।

धरेल [सं-स्त्री.] रखैल; धरेली।

धरेला [सं-पु.] बिना विवाह के रखा हुआ पुरुष; यार; जार; प्रेमी।

धरेली [सं-स्त्री.] रखैल; धरेल।

धरेश (सं.) [सं-पु.] धरती का स्वामी; भूपति; राजा।

धरोहर (सं.) [सं-स्त्री.] 1. ऐतिहासिक अवशेष; प्राचीन स्मारक 2. एक निश्चित अवधि तक किसी के पास सँभालने एवं सहेजने के लिए रखी गई वस्तु; अमानत 3. वह गुण, वस्तु या विचार जो परंपरा के रूप में हमें पूर्वजों से मिला हो; थाती; परंपरा।

धरोहरी (सं.) [सं-पु.] 1. धरोहर संभालने वाला व्यक्ति; न्यासी 2. संस्कारों की रक्षा करने वाला व्यक्ति 3. धरोहरधारी

धरौली [सं-स्त्री.] एक प्रकार का छोटा पेड़, जो भारतवर्ष में प्रायः सब जगह विशेषतः हिमालय की तराई में पाया जाता है। इसमें सफ़ेद, लाल या पीले फूल लगते हैं।

धर्ता (सं.) [वि.] 1. धारण करने वाला; धारयिता 2. अपने ऊपर किसी कार्य का भार लेने वाला; किसी बात का दायित्व लेने वाला 3. टेकने वाला।

धर्त (सं.) [सं-पु.] 1. गृह; घर 2. अवलंब; सहारा; टेक 3. पुण्य 4. नैतिकता 5. यज्ञ।

धर्म (सं.) [सं-पु.] 1. किसी व्यक्ति के लिए निश्चित किया गया कार्य-व्यापार; कर्तव्य 2. किसी वस्तु या व्यक्ति में रहने वाली उसकी मूल वृत्ति; प्रकृति; स्वभाव 3. गुण; प्रवृत्ति 4. व्यक्तिगत हित, मोक्ष-लोभ आदि के लिए किए जाने वाले कार्य 5. पुण्य; सत्कर्म 6. दीन-ईमान; अकीदा; सदाचार 7. ईश्वर, परलोक आदि के संबंध में विशेष प्रकार का विश्वास और उपासना पद्धति 8. परलोक विषयक विचार पद्धति 9. वाद; विश्वास 10. मत; संप्रदाय; मज़हब 11. नीति; कानून। [मु.] **-कमाना** : पूजा-पाठ करना; तीर्थ यात्रा पर जाना।

धर्म-कर्म (सं.) [सं-पु.] 1. वे कार्य जो धर्मग्रंथों में कर्तव्य माने गए हैं; धर्माचरण 2. अनुष्ठान; नित्य-नियम 3. धार्मिक क्रियाकलाप 4. धर्म विशेष के आधार पर किए जाने वाले काम 5. सिजदा; नमाज़ 6. व्रत; उपवास 7. कर्मकांड।

धर्म-परिवर्तन (सं.) [सं-पु.] 1. किसी धर्म विशेष को त्यागकर स्वीकार किया गया अन्य धर्म 2. धर्मांतरण 3. मतांतरण;

मतपरिवर्तन।

धर्मकार्य (सं.) [सं-पु.] 1. धर्म के उद्देश्य से किए जाने वाले क्रियाकलाप; धर्मकर्म 2. धार्मिक कृत्य; पूजापाठ 3. अनुष्ठान।

धर्मकेतु (सं.) [सं-पु.] गौतम बुद्ध का एक नाम।

धर्मक्षेत्र (सं.) [सं-पु.] 1. समाज द्वारा मान्य अच्छे कार्य करने का क्षेत्र 2. हरियाणा में कुरुक्षेत्र नामक महाभारतकालीन स्थान 3. धार्मिक रूप से भारतवर्ष का एक पुराना नाम।

धर्मगुरु (सं.) [सं-पु.] 1. धार्मिक शिक्षा या उपदेश देने वाला व्यक्ति 2. किसी धर्म या संप्रदाय का मुख्य आचार्य 3. गुरु; गुरुमंत्र देने वाला व्यक्ति 4. पीर; फ़कीर 5. मौलवी 6. पादरी; (पोप) 7. धर्मज्ञानी; दीक्षागुरु; शास्ता; जगदाचार्य।

धर्मग्रंथ (सं.) [सं-पु.] 1. किसी धर्म या संप्रदाय विशेष का आधार-ग्रंथ 2. वह ग्रंथ जिसमें किसी धर्म विशेष के व्यवहार, पूजा-उपासना आदि की विधियों तथा उपदेशों का संकलन होता है 3. धर्म से संबंधित शिक्षाओं की पुस्तक 4. धर्म के आधार पर पवित्र माना जाने वाला कोई ग्रंथ 5. शास्त्र; आगम; शरीअत; पवित्र लेख।

धर्मग्रंथीय (सं.) [वि.] 1. धर्म-ग्रंथ से संबंधित 2. धर्मशास्त्रीय।

धर्मघड़ी [सं-स्त्री.] किसी सार्वजनिक स्थान पर लगाई गई बड़ी घड़ी जिससे सब लोग समय देख सकें।

धर्मचक्र (सं.) [सं-पु.] 1. महात्मा बुद्ध का धर्म प्रचार जो काशी से आरंभ हुआ था 2. प्राचीन काल का एक प्रकार का अस्त्र 3. धर्म-संघ।

धर्मचर्या (सं.) [सं-स्त्री.] धर्म के अनुसार आचरण; धर्म का पालन।

धर्मचारी (सं.) [वि.] धर्म के अनुसार आचरण करने वाला; धर्म का पालन करने वाला।

धर्मच्युत (सं.) [वि.] धर्म से विलग; धर्म-भ्रष्ट; धर्म से पतित; धर्म से विमुख।

धर्मज्ञ (सं.) [वि.] 1. धर्म को जानने वाला; धर्म संबंधी नियमों का ज्ञाता 2. धर्मात्मा।

धर्मज्ञान (सं.) [सं-पु.] 1. धर्म से संबंधित ज्ञान; धर्मतत्व 2. धर्मविद्या 3. ईश्वर से संबंधित ज्ञान 4. धर्मशास्त्र।

धर्मण (सं.) [सं-पु.] 1. धामिन सर्प 2. धामिन वृक्ष 3. धामिन नामक पक्षी।

धर्मणा (सं.) [क्रि.वि.] 1. धर्म को ध्यान में रखकर 2. धर्म के अनुसार; धर्म के विचार से।

धर्मतंत्र (सं.) [सं-पु.] ऐसा शासन तंत्र जिसमें राज्य का कार्य किसी धर्म विशेष या ईश्वर के नाम पर होता है और सत्ता का संचालन प्रत्यक्ष या परोक्ष रूप से पुरोहितों या धर्माध्यक्षों के द्वारा होता है।

धर्मतः (सं.) [अव्य.] 1. धर्म या धार्मिक सिद्धांतों के अनुसार 2. धर्म को साक्षी मानकर 3. धर्म की दुहाई देकर।

धर्मदर्शन (सं.) [सं-पु.] धर्म संबंधी सिद्धांत या मत; धार्मिक मान्यता।

धर्मदान (सं.) [सं-पु.] 1. निस्वार्थ भाव से दूसरों की भलाई के लिए दिया गया दान; उपकार 2. धार्मिक दृष्टिकोण से किया गया दान।

धर्मद्रोही (सं.) [वि.] 1. जो धर्म और उससे संबंधित सत्ता या तंत्र का विरोधी हो; धर्मद्वेषी 2. धर्मत्यागी; धर्महीन 3. नास्तिक; द्रोही 4. काफ़िर।

धर्मद्वेषी (सं.) [वि.] 1. धर्म का विरोध करने वाला 2. नास्तिक।

धर्मध्वज (सं.) [सं-पु.] 1. जो धर्म के प्रति दुराग्रही हो 2. धर्म का आडंबर करके स्वार्थ साधने वाला व्यक्ति।

धर्मध्वजी (सं.) [वि.] धर्म का ढोंग रचकर स्वार्थ सिद्ध करने वाला; आडंबरी; पाखंडी; अंधविश्वासी।

धर्मनिंदा (सं.) [सं-स्त्री.] 1. धर्म की आलोचना 2. धर्म द्रोह 3. नास्तिकता 4. ईश निंदा।

धर्मनिरपेक्ष (सं.) [वि.] 1. जो किसी भी धर्म की तरफ़दारी या पक्षपात न करता हो 2. जो सभी धर्मों को समान मानता हो 3. जो धार्मिक नियमों से प्रभावित न हो 4. असांप्रदायिक।

धर्मनिरपेक्ष राज्य (सं.) [सं-पु.] वह राज्य जिसकी शासकीय नीति धर्म के विषय में तटस्थ रहने की होती है अथवा वह राज्य जहाँ सभी धर्मों को समान आदर भाव प्रदान किया जाता है।

धर्मनिरपेक्षता (सं.) [सं-स्त्री.] 1. धर्मनिरपेक्ष होने की अवस्था या भाव 2. ऐहिकता 3. असांप्रदायिकता।

धर्मनिषिद्ध (सं.) [वि.] 1. जो धर्म या धार्मिक मान्यताओं में वर्जित हो (आचरण आदि) 2. धर्मविरुद्ध 3. अभक्ष्य; निषिद्ध (आहार आदि) 4. हराम 5. उच्छिष्ट।

धर्मनिष्ठ (सं.) [वि.] 1. धर्म में आस्था या निष्ठा रखने वाला; धर्मपरायण 2. जो धर्म के अनुकूल आचरण करता हो 3. धर्मशील; धार्मिक।

धर्मनिष्ठा (सं.) [सं-स्त्री.] 1. धर्म में आस्था या विश्वास; धर्म के प्रति श्रद्धा 2. धर्मशीलता; धार्मिकता।

धर्मपत्नी (सं.) [सं-स्त्री.] 1. वह स्त्री जिसके साथ धर्मशास्त्र के अनुसार विवाह हुआ हो 2. पत्नी।

धर्मपथ (सं.) [सं-पु.] 1. धर्म का मार्ग 2. धार्मिक मतों का अनुकरण।

धर्मपरायण (सं.) [वि.] 1. धर्म के अनुसार आचरण करने वाला 2. धर्म में निष्ठा रखने वाला; धर्मनिष्ठ; धर्मशील।

धर्मपरायणता (सं.) [सं-स्त्री.] धर्मपरायण होने की अवस्था या भाव; धर्मनिष्ठा; धर्मशीलता।

धर्मपाठी (सं.) [सं-पु.] 1. धार्मिक ग्रंथ का पाठ करने वाला व्यक्ति 2. पूजापाठ करने वाला व्यक्ति।

धर्मपाल (सं.) [वि.] 1. धर्म या उसके नियमों का पालन करने वाला; धर्मशील; धर्मप्रेमी 2. पूजापाठी; मज़हबी; नमाज़ी 3. धर्मवंत; धार्मिक।

धर्मपालन (सं.) [सं-पु.] 1. धर्म का पालन करना 2. कर्तव्य का निर्वाह करना; कर्तव्य पूरा करना।

धर्मपिता (सं.) [सं-पु.] 1. वह जो पिता न होते हुए भी किसी का पिता या संरक्षक बन गया हो; पितृतुल्य व्यक्ति 2. पिता के कर्तव्य का पालन करने वाला व्यक्ति।

धर्मपीठ (सं.) [सं-पु.] 1. धार्मिक कार्यों का प्रधान स्थान 2.

वह स्थान जहाँ धर्म की व्यवस्था दी जाती हो।

धर्मपुत्र (सं.) [सं-पु.] वह जो पुत्र न होते हुए भी पुत्र की तरह हो; पुत्रवत व्यक्ति; मानस-पुत्र।

धर्मप्रचारक (सं.) [सं-पु.] अपने धर्म का प्रचार करने वाला व्यक्ति; धर्मप्रसारक।

धर्मप्रधान (सं.) [वि.] 1. धार्मिक नियमों और मान्यताओं पर चलने वाला 2. जिसमें या जहाँ धर्म की प्रधानता हो 3. धार्मिक; धर्मसिद्ध।

धर्मप्रवचन (सं.) [सं-पु.] 1. धर्म संबंधी उपदेश; धार्मिक व्याख्यान 2. पौराणिक आख्यान।

धर्मप्रवर्तक (सं.) [सं-पु.] 1. किसी धर्म को प्रचलित करने या चलाने वाला व्यक्ति; कोई नया मत या संप्रदाय चलाने वाला व्यक्ति 2. धर्म या मत विशेष का संचालन या विस्तार करने वाला व्यक्ति 3. धर्मगुरु; धर्मोपदेशक।

धर्मप्राण (सं.) [वि.] 1. जो धर्म में श्रद्धा रखता हो; धार्मिक; धर्मशील; धर्मपरायण; मज़हबी 2. धर्म को प्राण का तरह प्रिय समझने वाला; अत्यंत धार्मिक; ईश्वरमय।

धर्मबहन (सं.) [सं-स्त्री.] 1. वह स्त्री जो धर्म को साक्षी मानकर बहन बनाई गई हो; धर्मभगिनी 2. गुरु कन्या।

धर्मबुद्धि (सं.) [सं-स्त्री.] 1. धर्म-अधर्म या पाप-पुण्य का विचार 2. धर्म के प्रति श्रद्धाभाव।

धर्मबोध (सं.) [सं-पु.] 1. धर्म का ज्ञान; आध्यात्मिक ज्ञान 2. धार्मिक सिद्धांतों का ज्ञान।

धर्मभाई (सं.) [सं-पु.] 1. वह व्यक्ति जो धर्म को साक्षी मानकर भाई बनाया गया हो 2. गुरुपुत्र।

धर्मभीरु (सं.) [वि.] 1. भयपूर्वक धर्म का पालन करने वाला; धर्मशील 2. जो धर्म के कारण अधर्म करने से डरता हो 3. जिसे धर्म छूटने का भय लगता हो 4. भक्तिमय; धर्मपरायण 5. धार्मिक 6. मोक्षलोभी 7. ईश्वर से भय खाने वाला 8. नमाज़ी; नेमी।

धर्मभ्रष्ट (सं.) [वि.] वह जो धर्म से पतित हो गया हो; धर्मच्युत।

धर्मभ्राता (सं.) [सं-पु.] 1. जो धर्म या मानवता के नाते भाई लगता हो; धर्मभाई 2. गुरुपुत्र।

धर्ममत (सं.) [सं-पु.] 1. धर्म के रूप में प्रचलित मत 2. धर्म पर आधारित संप्रदाय या विचार 3. मज़हब; संप्रदाय।

धर्ममूर्ति (सं.) [सं-पु.] 1. धर्म की मान्यताओं के प्रति श्रद्धा रखने वाला व्यक्ति; धर्मशील; धर्मपरायण व्यक्ति 2. ज्ञानी साधु; सादगी से जीने वाला संत।

धर्मयुद्ध (सं.) [सं-पु.] 1. किसी महान उद्देश्य के लिए किया जाने वाला युद्ध 2. धर्म के प्रचार-प्रसार के लिए होने वाला युद्ध; धर्मार्थ युद्ध 3. जिहाद; जेहाद 4. ऐसा युद्ध जिसमें छल या धोखाधड़ी न की जाती हो।

धर्मयोद्धा (सं.) [सं-पु.] 1. न्यायपूर्ण तरीके से युद्ध करने वाला 2. किसी बड़े एवं महान उद्देश्य के लिए युद्ध करने वाला 3. जिहादी; गाज़ी 4. धर्मध्वजी 5. मुजाहिद; धर्मरक्षक।

धर्मराज (सं.) [सं-पु.] 1. धर्म का पालन करने वाला राजा 2. युधिष्ठिर 3. यमराज 4. न्यायाधीश।

धर्मवर्ती (सं.) [वि.] जो धर्म के अनुकूल आचरण करता हो; धार्मिक; धर्मपाल; धर्मशील।

धर्मवर्मा (सं.) [वि.] 1. जो मानवता के लिए युद्ध लड़ता हो 2. धर्मयोद्धा 3. धर्मरक्षक।

धर्मवादी (सं.) [वि.] 1. धर्म को मानने वाला; धर्म के प्रति आग्रही 2. धर्म को महत्व देने वाला।

धर्मवान (सं.) [वि.] धार्मिक विचारों वाला; आध्यात्मिक; ख़ुदापरस्त; धर्मशील; धर्मात्मा; धर्मनिष्ठ; धर्मभीरु; मज़हबी।

धर्मविद्या (सं.) [सं-स्त्री.] 1. धर्म से संबंधित विद्या; पौराणिक ज्ञान 2. धर्मज्ञान।

धर्मविरुद्ध (सं.) [वि.] 1. जो प्रचलित धर्म एवं मान्यताओं का विरोधी हो 2. धार्मिक नियमों और मान्यताओं के प्रतिकूल।

धर्मवीर (सं.) [वि.] 1. समाज के लिए भलाई का काम करने वाला; जो धर्म संबंधी कार्यों के प्रति उत्साही हो 2. धर्मशील; धर्मयोद्धा 3. नेकदिल; भला 4. जो धर्मपालन के प्रति दृढ़ हो। [सं-पु.] (काव्यशास्त्र) वीर रस का एक भेद।

धर्मशाला (सं.) [सं-स्त्री.] 1. यात्रियों के ठहरने के लिए बनवाया गया भवन; सराय 2. धार्मिक दृष्टिकोण से भोजन बाँटने का स्थान; सदावर्त।

धर्मशास्त्र (सं.) [सं-पु.] 1. धर्म विशेष से संबंधित ग्रंथ; पौराणिक ग्रंथ 2. व्यक्ति या समाज के लिए धर्म विशेष से संबंधित नीति-नियमों के विषय में बताने वाला ग्रंथ 3. किसी धर्म के नियम-सिद्धांतों का वर्णन करने वाला ग्रंथ।

धर्मशास्त्री (सं.) [सं-पु.] 1. वह जो धर्मशास्त्रों के अनुसार व्यवस्था देता हो 2. धर्मशास्त्र का विद्वान।

धर्मशील (सं.) [वि.] 1. जो धर्म के अनुसार आचरण करता हो; जिसकी धर्म में प्रवृत्ति हो 2. जो कर्मकांडों में लगा रहता हो; धर्मपाल 3. पूजापाठ करने वाला; धार्मिक 4. सआदतमंद; शीलवान 5. धर्मनिष्ठ; धर्मवीर।

धर्मसंकट (सं.) [सं-पु.] 1. दुविधा; असमंजस 2. वह अवस्था जिसमें निष्पक्ष होना या निर्णय लेना कठिन हो; उभयसंकट 3. मानसिक द्वंद्व।

धर्मसंगत (सं.) [वि.] 1. धर्म के अनुकूल; धार्मिक 2. धर्मसम्मत 3. मज़हबी 4. न्यायसंगत; वैध।

धर्मसंघ (सं.) [सं-पु.] 1. किसी धर्म के अनुयायियों का संघ 2. बौद्ध धर्म का मठ या संस्थान; धम्मसंघ 3. कुल; संघ 4. धर्मचक्र।

धर्मसत्ता (सं.) [सं-स्त्री.] 1. धर्म विशेष पर आधारित सत्ता या व्यवस्था 2. धार्मिक साम्राज्य।

धर्मसभा (सं.) [सं-स्त्री.] वह सभा या संस्था जिसमें धार्मिक बातों या विषयों पर विचार और विवेचन होता है; धार्मिक सम्मेलन।

धर्मसम्मत (सं.) [वि.] धार्मिक नियमों और मान्यताओं के अनुकूल; धार्मिक; धर्मसंगत।

धर्मस्थ (सं.) [सं-पु.] 1. धार्मिक विचारक 2. न्यायाधीश 3. धर्माध्यक्ष। [वि.] धर्ममय; धर्म से प्रभावित।

धर्मस्थल (सं.) [सं-पु.] 1. धर्म से जुड़े कार्यकलाप करने का

स्थान, जैसे- मंदिर, मस्जिद, गुरुद्वारा आदि 2. तीर्थ 3. पूजा या उपासना करने का स्थान।

धर्मस्व (सं.) [सं-पु.] 1. वह समाज या संस्था जिसकी स्थापना धार्मिक उद्देश्यों को पूरा करने के लिए की गई हो 2. किसी धार्मिक कार्य के निर्वाह के उद्देश्य से या मंदिर आदि का व्यय चलाने के लिए समर्पित की गई संपत्ति; धर्मादा; धर्मोत्तर संपत्ति।

धर्मांतर (सं.) [सं-पु.] स्वकीय या प्रस्तुत धर्म से भिन्न कोई और धर्म; अन्य धर्म।

धर्मांतरण (सं.) [सं-पु.] 1. अपना धर्म त्यागकर दूसरे धर्म को ग्रहण करने की क्रिया 2. मज़हब, मत या संप्रदाय में परिवर्तन।

धर्मांध (सं.) [वि.] 1. अपने धर्म या संप्रदाय में अंधश्रद्धा के कारण दूसरे धर्म के प्रति द्वेष और उपेक्षा का भाव रखने वाला 2. असहिष्णु; मतांध।

धर्मांधता (सं.) [सं-स्त्री.] 1. धर्म का अंधे की तरह अनुकरण करने का भाव; मतांधता; अज्ञानता 2. केवल अपने धर्म को श्रेष्ठ समझने का भाव; धार्मिक संकीर्णता; धार्मिक कट्टरता 3. जड़ता; रूढ़िवादिता 4. सांप्रदायिकता।

धर्मागम (सं.) [सं-पु.] 1. धर्म से संबंधित ग्रंथ 2. धार्मिक ग्रंथ।

धर्माचरण (सं.) [सं-पु.] 1. धर्म विशेष के अनुरूप जीवन शैली या व्यवहार; धर्मपालन 2. धार्मिक कार्यकलाप 3. धर्मचर्या 4. धार्मिक परंपराओं का पालन 5. धर्म-कर्म।

धर्माचारी (सं.) [वि.] 1. धर्म विशेष के अनुसार रहने वाला; धर्मपालक 2. धर्म के प्रति आग्रही 3. धर्मानुयायी; धर्मावलंबी 4. ख़ुदा का बंदा 5. पुण्यात्मा 6. दीनदार; भक्त।

धर्माचार्य (सं.) [सं-पु.] 1. किसी धर्म में वह आचार्य या गुरु जो जनता को धर्म के अनुसार आचार-विचार की सीख देता है 2. धर्मगुरु; उपदेशक 3. धर्माधिकारी; मठाधीश।

धर्मात्मज (सं.) [सं-पु.] 1. धर्म का पुत्र; धर्म के प्रति निष्ठावान व्यक्ति 2. युधिष्ठिर।

धर्मात्मा (सं.) [सं-पु.] 1. वह व्यक्ति जिसकी आत्मा धार्मिक संस्कारों से परिपूर्ण हो; धार्मिक व्यक्ति 2. बहुत भला व नेक व्यक्ति।

धर्मादा (सं.) [सं-पु.] धार्मिक कार्य के लिए निकाला हुआ धन; दान-राशि।

धर्मादेश (सं.) [सं-पु.] 1. धर्म से संबंधित कोई घोषणा; फ़तवा 2. वाणी; उक्ति; कलमा 3. शास्त्रोक्त बात 4. विधिवाक्य।

धर्माधर्म (सं.) [सं-पु.] 1. अच्छा और बुरा; सच्चा और झूठा 2. {शा-अ.} धर्म और अधर्म 3. धर्म और अधर्म का विवेक या ज्ञान।

धर्माधिकरण (सं.) [सं-पु.] धर्म संबंधी न्यायालय।

धर्माधिकरणिक (सं.) [सं-पु.] 1. मध्यकाल में धर्म-अधर्म के बारे में निर्णय करने वाला राजकर्मचारी 2. विचारक 3. न्यायाधीश।

धर्माधिकार (सं.) [सं-पु.] 1. धार्मिक क्रियाकलापों अथवा धर्म-अधर्म का निरीक्षण 2. धार्मिक मामलों से संबंधित न्याय-व्यवस्था।

धर्माधिकारी (सं.) [सं-पु.] 1. धर्म और अधर्म का निर्णय करने वाला व्यक्ति; न्यायाधीश 2. कुलाचार्य; आचार्य 3. धर्माचार्य; पादरी; महंत; मौलवी; शेख़ 4. मध्यकाल में राजा की ओर से दान देने या धर्मार्थ कार्यों के लिए नियुक्त कर्मचारी; दानाध्यक्ष 5. मठाधीश।

धर्माधिपति (सं.) [सं-पु.] धर्म संबंधी मामलों का अधिकारी और न्यायकर्ता।

धर्माधिष्ठान (सं.) [सं-पु.] वह जगह जहाँ सरकार की ओर से पदासीन न्यायाधीशों के द्वारा मुकदमों की सुनवाई करके न्याय किया जाता है; न्यायालय; अदालत; कचहरी।

धर्माध्यक्ष (सं.) [सं-पु.] 1. किसी धर्म विशेष का अधिकारी; किसी बड़े धार्मिक स्थल का अध्यक्ष 2. मठाधीश।

धर्मानुकूल (सं.) [वि.] 1. धर्म व्यवस्था के अनुसार 2. समय और परिस्थिति के अनुकूल।

धर्मानुयायी (सं.) [सं-पु.] धर्म विशेष का अनुयायी व्यक्ति; धर्मावलंबी; धर्म के अनुसार आचरण करने वाला व्यक्ति।

धर्मानुराग (सं.) [सं-पु.] 1. धर्म के प्रति लगाव; आध्यात्मिक रुचि 2. किसी धर्म के प्रति आस्था।

धर्मानुरागी (सं.) [वि.] 1. जो अपने धर्म के प्रति प्रेम या अनुराग रखता हो 2. धर्मनिष्ठ।

धर्मानुष्ठान (सं.) [सं-पु.] 1. धर्माचरण; कर्मकांड; पूजा-पाठ 2. धार्मिक कार्य 3. कोई बड़ा धार्मिक कार्य।

धर्मापेत (सं.) [सं-पु.] 1. अधर्म 2. अन्याय। [वि.] धर्मरहित; अन्यायपूर्ण।

धर्माभास (सं.) [सं-पु.] 1. ऐसा धर्म जो प्रचलित धर्म से अलग नाम मात्र के लिए धर्म हो 2. श्रुति-स्मृतियों की शिक्षाओं के विपरीत असत्य धर्म।

धर्माभिमानी (सं.) [वि.] 1. धर्म पर अभिमान करने वाला; धर्मानुरागी 2. धर्मांध; कट्टर 3. असहिष्णु।

धर्मारण्य (सं.) [सं-पु.] 1. मठ; उपासना स्थल 2. (पुराण) एक प्राचीन तपोवन 3. गया नामक शहर के अंतर्गत एक धार्मिक स्थल 4. (पुराण) कूर्मविभाग के मध्य का देश।

धर्मार्थ (सं.) [अव्य.] 1. धार्मिक कार्यों के लिए निकाला हुआ; धर्म के लिए; परोपकार के लिए; कल्याणार्थ 2. जनहितार्थ। [सं-पु.] धर्म और परोपकार की दृष्टि से किया गया दान।

धर्मावतार (सं.) [सं-पु.] 1. अत्यंत धर्मात्मा व्यक्ति; धर्मशील व्यक्ति 2. (व्यंग्य) ढोंगी; पाखंडी; दुष्टात्मा।

धर्माश्रयी (सं.) [वि.] 1. धर्म के आश्रय में आया हुआ 2. धर्मानुयायी।

धर्मासन (सं.) [सं-पु.] 1. वह आसन जिसपर बैठकर धर्म संबंधी निर्णय लिया जाता है 2. न्यायाधीश का आसन या कुरसी।

धर्मिणी (सं.) [सं-स्त्री.] पत्नी; भार्या; जाया। [वि.] धर्म का पालन करने वाली स्त्री; धर्मनिष्ठ।

धर्मिता (सं.) [सं-स्त्री.] 1. धर्म अथवा कर्तव्य समझकर किसी कार्य में प्रवृत्त होना, जैसे- प्रयोगधर्मिता 2. प्रवृत्ति; रुझान।

धर्मिष्ठ (सं.) [वि.] जो बहुत धार्मिक हो; धर्म के प्रति निष्ठा रखने वाला।

धर्मी (सं.) [वि.] 1. किसी विशिष्ट धर्म या गुण से युक्त, जैसे- मानवधर्मी 2. धर्म के सिद्धांतों का पालन करने वाला 3. पुण्यात्मा 4. किसी धर्म या मत का अनुयायी; धर्मशील; धार्मिक। [सं-पु.] 1. वह व्यक्ति किसी जो किसी धर्म विशेष को मानता हो 2. किसी गुण या धर्म का आश्रय (पदार्थ) 3. धार्मिक व्यक्ति।

धर्मीपुत्र (सं.) [सं-पु.] 1. नाटक का पात्र या अभिनयकर्ता; अभिनेता 2. नट।

धर्मेतर (सं.) [वि.] 1. जो धर्म से इतर या भिन्न हो 2. धर्म के बाहर का।

धर्मेयु (सं.) [सं-पु.] (महाभारत) पुरुवंश के एक राजा का पुत्र।

धर्मोत्तर (सं.) [वि.] 1. जो धर्म और अधर्म के प्रति संवेदनशील हो 2. जो धर्म में बढ़-चढ़कर हो; अति धार्मिक 3. परम न्यायी।

धर्मोन्मत्त (सं.) [वि.] 1. अपने धर्म के नाम पर अनुचित व्यवहार करने वाला 2. धर्म के लिए उपद्रव मचाने वाला; कट्टर; धर्मांध; असहिष्णु।

धर्मोन्माद (सं.) [सं-पु.] 1. धर्म के नाम पर अच्छे-बुरे का भेद भूल जाने की अवस्था 2. केवल धार्मिक क्रियाओं में डूबे रहने का स्वभाव 3. धर्म के प्रति पागलपन; धार्मिक उन्माद।

धर्मोन्मादी (सं.) [वि.] 1. धर्म के नाम पर अशांति फैलाने वाला 2. धर्म से स्वार्थ साधने वाला; पाखंडी 3. अंधश्रद्धा रखने वाला 4. धार्मिक विद्वेष फैलाने वाला।

धर्मोपदेश (सं.) [सं-पु.] 1. वह उपदेश जिसमें धर्म तत्वों या सिद्धांतों की शिक्षा हो; ख़ुत्बा 2. धर्म का प्रवचन 3. धर्म की शिक्षा; धर्मशास्त्र।

धर्मोपदेशक (सं.) [सं-पु.] 1. धर्म संबंधी उपदेश देने वाला व्यक्ति 2. धर्म का शिक्षक; धर्मगुरु।

धर्ष (सं.) [सं-पु.] 1. अविनीत व्यवहार; अविनय; धृष्टता; गुस्ताख़ी; संकोच या शिष्टता का अभाव 2. असहनशीलता; तुनुकमिजाजी 3. धैर्य का अभाव; अधीरता; बेसब्री 4. शक्तिबंधन; अशक्त होने या करने का भाव; बेकाम करने या होने का भाव 5. रोक; दबाव 6. नामर्द; नपुंसक; हिजड़ा 7. हिंसा 8. अनादर; अपमान; हतक।

धर्षक (सं.) [वि.] 1. दमन करने वाला; दबाने वाला 2. अपमान करने वाला 3. स्त्रियों का शील नष्ट करने वाला; व्यभिचारी 4. असहिष्णु 5. ढिठाई करने वाला। [सं-पु.] 1. अभिनेता 2. नट।

धर्षण (सं.) [सं-पु.] 1. अनादर; अपमान 2. दुष्कर्म; बलात्कार 3. हिंसा 4. दबोचना 5. दमन।

धर्षणी (सं.) [सं-स्त्री.] व्यभिचारिणी।

धर्षित (सं.) [वि.] 1. जिसका धर्षण किया गया हो; बलात्कृत 2. पराभूत; अपमानित 3. हराया हुआ 4. दबाया हुआ।

धर्षिता (सं.) [वि.] जिसका बलात्कार हुआ हो। [सं-स्त्री.] वेश्या; व्यभिचारिणी स्त्री।

धर्षी (सं.) [वि.] 1. धर्षण करने वाला 2. धर दबाने वाला; आक्रमण करने वाला; दबोचने वाला 3. हराने वाला 4. नीचा दिखाने वाला 5. अपमान करने वाला 6. दुष्कर्म करने वाला।

धव (सं.) [सं-पु.] 1. पति 2. स्वामी 3. पुरुष; मर्द 4. एक वृक्ष जिसकी पत्तियाँ और जड़ औषधि के काम आती हैं। [वि.] धूर्त; चालाक।

धवई (सं.) [सं-स्त्री.] उत्तर भारत में बहुतायत में पाया जाने वाला लाल फूलों वाला वृक्ष; धाय वृक्ष।

धवनी (सं.) [सं-स्त्री.] शालिपर्णी नामक औषधीय पौधा; सरिवन।

धवरी [सं-स्त्री.] 1. सफ़ेद रंग की गाय 2. धवर पक्षी की मादा। [वि.] सफ़ेद रंग की; श्वेत; धवल।

धवल (सं.) [वि.] 1. उजला; सफ़ेद 2. निर्मल; स्वच्छ; धुला हुआ 3. रुपहला; सुंदर। [सं-पु.] 1. बैल 2. सफ़ेद रंग 3. सफ़ेद गोल मिर्च 4. एक छंद 5. एक राग।

धवलगिरि (सं.) [सं-पु.] हिमालय पर्वत की एक प्रसिद्ध चोटी।

धवलगृह (सं.) [सं-पु.] 1. चूने या सफ़ेद रंग से पुता हुआ घर 2. प्रासाद; महल।

धवलपक्ष (सं.) [सं-पु.] 1. शुक्ल पक्ष 2. हंस।

धवलमृत्तिका (सं.) [सं-स्त्री.] 1. सफ़ेद रंग की मिट्टी 2. खड़िया मिट्टी; दूधिया।

धवलश्री (सं.) [सं-स्त्री.] (संगीत) एक प्रकार की रागिनी।

धवलित (सं.) [वि.] 1. धुला हुआ; साफ़ 2. उज्ज्वल; उजला; सफ़ेद।

धवलिमा (सं.) [सं-स्त्री.] 1. धवलता; श्वेतिमा 2. उजाला; सफ़ेदी।

धवली (सं.) [सं-स्त्री.] 1. सफ़ेद गाय 2. सफ़ेद गोल मिर्च।

धवलोत्पल (सं.) [सं-पु.] 1. कुमुद 2. श्वेत कमल।

धवित्र (सं.) [सं-पु.] हिरन की खाल का पंखा जिससे प्राचीन समय में यज्ञ की आग सुलगाई जाती थी।

धसक [सं-स्त्री.] 1. खाँसते समय गले से निकलने वाली ध्वनि 2. सूखी खाँसी 3. धसकने या अपनी जगह से खिसकने का क्रिया या भाव।

धसकना [क्रि-अ.] 1. नीचे की तरफ़ दबना या खिसकना; धँसना; 2. नीचे की ओर बैठना 3. खाँसना 4. डरकर रुकना या झिझकना 5. डरना; दहलना 6. {ला-अ.} डाह या ईर्ष्या करना; (मन का) बैठना।

धसक्त [सं-पु.] रद्दे की चुनाई में किसी ईंट का सतह से नीचे हो जाना; ईंट धसकना।

धसान [सं-स्त्री.] दे. धँसान।

धा (सं.) [परप्रत्य.] भाँति; तरह, जैसे- बहुधा, नवधा। [सं-पु.] भारतीय संगीत में धैवत स्वर का संकेत रूप; ध।

धाँक [सं-पु.] भीलों के समान एक आदिवासी जाति।

धाँगड़ [सं-पु.] 1. एक वनवासी जाति जो विंध्य और कैमूर पहाड़ियों पर रहती है 2. एक जाति जो परंपरा से कुएँ और तालाब खोदने का काम करती है।

धाँधना [क्रि-स.] 1. बंद करना; भेड़ना 2. बहुत खा लेना; ठूँस-ठूँसकर खाना 3. नष्ट करना; ध्वस्त करना 4. त्रस्त या परेशान करना।

धाँधली [सं-स्त्री.] 1. हेरा-फेरी; अनीति; घोटाला 2. कपट; धोखा 3. उत्पात; ऊधम; शरारत 4. मनमाना व्यवहार; स्वेच्छाचारिता।

धाँधलेबाज़ (हिं.+फ़ा.) [वि.] 1. धाँधली करने वाला; घोटालेबाज़ 2. भ्रष्टाचारी; बेईमान 3. धूर्त।

धाँधलेबाज़ी (हिं.+फ़ा.) [वि.] 1. धोखाधड़ी; घोटाला 2. दगाबाज़ी; ठगी 3. भ्रष्टाचार।

धाँय [सं-स्त्री.] 1. तोप या बंदूक के चलने से होने वाली तेज़ आवाज़ 2. आग की लपटों और हवा की टकराहट से उत्पन्न ध्वनि 3. धमाका।

धाँस [सं-स्त्री.] 1. तंबाकू या किसी तीखी चीज़ के धुएँ की खाँसी लाने वाली गंध; धसका 2. धुएँ की तीखी गंध से उठने वाली खाँसी 3. सुँघनी या मिर्च आदि की हवा में मिली हुई तेज़ गंध।

धाँसना [क्रि-अ.] 1. ठूँसना; घोंपना; भोंकना; बेधना 2. हड़पना 3. घोड़े आदि का खाँसना 4. घोड़े की तरह खाँसना।

धाँसू [वि.] 1. बढ़िया; शानदार 2. तड़क-भड़कवाला 3. ताकतवर; तगड़ा 4. ज़ोरदार; ज़बरदस्त।

धाक [सं-स्त्री.] 1. प्रभाव; दबदबा; आतंक 2. शोहरत; ख्याति। [मु.] **-जमना** : रौब या दबदबा होना; प्रभुत्व स्थापित होना। **-जमाना** : रौब या दबदबा स्थापित करन।

धाकड़ [वि.] 1. जिसकी धाक या दबदबा हो 2. ताकतवर; तगड़ा; बलवान; प्रबल 3. प्रसिद्ध; ख्यात 4. हृष्ट-पुष्ट। [सं-पु.] क्षत्रिय समाज में एक कुलनाम या सरनेम।

धाकर [सं-पु.] 1. वह साँड़ जो दागा नहीं जाता है 2. धाकड़ 3. अकुलीन ब्राह्मण 4. राजपूतों की एक जाति 5. धान की एक प्रजाति।

धाखा [सं-पु.] 1. ढाक (पलास) 2. पलाश का पेड़।

धागा [सं-पु.] सूत आदि का पतला बटा हुआ डोरा; तागा।

धाड़ [सं-स्त्री.] 1. डकैतों का आक्रमण; डकैती 2. चढ़ाई 3. पंक्ति के रूप में दूर तक चला गया जीव-जंतुओं का कोई समूह 4. झुंड; जत्था 5. सेना; फ़ौज 6. चिल्लाकर रोने की आवाज़; चिल्लाहट; चीख; दहाड़। [मु.] **-मार कर रोना** : ज़ोर-ज़ोर से चिल्लाते हुए रोना।

धातकी (सं.) [सं-स्त्री.] 1. एक तरह का पौधा या झाड़ जिसके फूलों का प्रयोग रँगाई में होता है 2. धव का वृक्ष और उसका फूल।

धातविक (सं.) [वि.] 1. जो धातु से बनाया गया हो; 2. धातु संबंधी।

धाता (सं.) [सं-पु.] 1. विधाता; ईश्वर 2. ब्रह्मा, विष्णु, महेश नामक देवत्रयी 3. परित्राता; रक्षक।

धातु (सं.) [सं-स्त्री.] 1. लोहा, सोना आदि खनिज पदार्थ; अजैव पदार्थ; 2. क्रिया का मूल रूप 3. मूल तत्व, जैसे- पृथ्वी, जल, अग्नि, वायु और आकाश; पंचमहाभूत 4. वीर्य 5. वात, पित्त और कफ़ 6. शरीर में स्थित सात मुख्य तत्व- रस, रक्त, मांस, मेद, अस्थि, मज्जा और शुक्र 7. भाग; अंश 8. अयस; द्रव्य।

धातुक (सं.) [सं-पु.] अपरिष्कृत या कच्ची धातु; अयस्क; खनिज।

धातुकर्म (सं.) [सं-पु.] 1. धातुओं का विज्ञान तथा प्रौद्योगिकी 2. धातुओं के शोधन एवं परिष्करण आदि का विज्ञान 3. धातुविद्या; धातुकी; धातुविज्ञान।

धातुक्षय (सं.) [सं-पु.] 1. शरीर के धातु तत्वों का क्षय 2. शरीर को क्षीण या कमज़ोर करने वाला खाँसी का रोग 3. वीर्य का नाश करने वाला प्रमेह रोग; वीर्य हानि 4. क्षयरोग; (टीबी)।

धातुज (सं.) [वि.] 1. धातु से बना हुआ 2. धातु से निकला हुआ।

धातुपाठ (सं.) [सं-पु.] पाणिनी द्वारा रचित संस्कृत व्याकरण के आधार पर उन धातुओं या क्रियाओं के मूल रूपों की सूची जो सूत्रों से भिन्न हैं।

धातुपुष्ट (सं.) [वि.] 1. शक्ति बढ़ाने वाला 2. वीर्यवर्धक।

धातुमय (सं.) [वि.] 1. जिसमें धातुएँ मिली हुई हों 2. (प्रदेश या क्षेत्र) जहाँ धातुओं की खदानें हों 3. जिसमें खनिज धातुओं की बहुतायत या प्राचुर्य हो 4. खनिज पदार्थों से भरा हुआ।

धातुमल (सं.) [सं-पु.] 1. धातुओं या खनिज पदार्थों के प्रसंस्करण करने पर निकलने वाला अवशेष पदार्थ या मैल; खेड़ी 2. सीसा 3. शरीरस्थ धातुओं के विकारी अंश, जैसे- केश, कफ़, नाखून आदि।

धातुमान (सं.) [वि.] 1. धातुवाला 2. जिसके पास धातुएँ हों 3. जिसमें धातुएँ हों।

धातुमुद्रा (सं.) [सं-स्त्री.] धातु के बने हुए सिक्के।

धातुविज्ञान (सं.) [सं-पु.] वह विज्ञान या शास्त्र जिसमें अयस्कों से धातु निर्माण, शोधन और परिष्करण तथा धातुओं के गुणधर्म का अध्ययन किया जाता है।

धातुशोधक (सं.) [सं-पु.] वह पदार्थ या तत्व जिससे धातुओं का शुद्धिकरण किया जाता है।

धातृका (सं.) [सं-स्त्री.] रोगियों की देखभाल, छोटे बच्चों का पालन-पोषण तथा प्रसूता की देखभाल करने वाली स्त्री; दाई।

धात्र (सं.) [सं-पु.] 1. पात्र; आधान; बरतन 2. (पुराण) ब्रह्मा, विष्णु और महेश 3. विधाता। [वि.] 1. धारण करने वाला; धारक 2. रक्षा करने वाला 3. पालन करने वाला; पालक 4. धाता।

धात्रिका (सं.) [सं-स्त्री.] आँवला; आमलकी।

धात्री (सं.) [सं-स्त्री.] 1. दाई; उपमाता; धाय माँ 2. माता; माँ 3. पृथ्वी; धरती 4. गाय; गौ 5. गंगा।

धात्रीविद्या (सं.) [सं-स्त्री.] स्त्री को प्रसव कराने तथा प्रसूता और नवजात शिशु की समुचित देखभाल का कौशल।

धात्वर्थ (सं.) [सं-पु.] किसी शब्द की धातु से निकलने वाला मूल अर्थ; प्राथमिक अर्थ।

धात्विक (सं.) [वि.] 1. धातु से संबंधित 2. धातु से निर्मित 3. अजैव; निर्जा५।

धात्विकी (सं.) [सं-स्त्री.] धातुओं के रासायनिक तत्वों के अध्ययन से संबंधित विज्ञान की एक शाखा; धातुविज्ञान।

धात्वीय (सं.) [वि.] 1. धातुसंबंधी 2. धातु से निर्मित।

धान (सं.) [सं-पु.] 1. एक फ़सल जिसके बीज को कूटकर चावल निकाले जाते हैं; शालि 2. अनाज; अन्न 3. किसी का दिया हुआ भोजन।

धानी (सं.) [सं-स्त्री.] 1. जगह; स्थान 2. अधिष्ठान; वास; वह स्थान जहाँ कोई रहता हो, जैसे- राजधानी 3. किसी को आश्रय या आधार देने वाली जगह 4. घर 5. कुछ रखने की वस्तु; आधार पात्र; बरतन; डिब्बा 6. आलमारी 7. भुना हुआ जौ या गेहूँ; धान्य 8. धनियाँ। [वि.] 1. जिसका रंग धान की पत्ती जैसा हो 2. हलके हरे रंग का। [सं-पु.] पीलापन लिए हुए हलका हरा रंग।

धानुक (सं.) [सं-पु.] 1. धनुष चलाने में निपुण व्यक्ति; धनुर्धर 2. एक कामगार जाति 3. उक्त जाति का व्यक्ति।

धानुष्क (सं.) [सं-पु.] 1. धनुष चलाने वाला व्यक्ति; धनुर्धर 2. तीरंदाज़; कमनैत।

धानुष्का (सं.) [सं-स्त्री.] अपामार्ग; चिचड़ा।

धानुष्य (सं.) [सं-पु.] धनुष बनाने के लिए प्रयोग किया जाने वाला बाँस।

धानेय (सं.) [सं-पु.] धनियाँ।

धान्य (सं.) [सं-पु.] 1. अन्न; अनाज 2. धान 3. धनियाँ 4. प्राचीन समय की चार तिलों के बराबर की एक तौल 5. नागरमोथा।

धान्यागार (सं.) [सं-पु.] अन्न रखने का भंडार; धान्यकोठार।

धान्याचल (सं.) [सं-पु.] दान देने के लिए लगाया गया अनाज का ढेर; धान्यशैल।

धान्याम्ल (सं.) [सं-पु.] माँड़ का बना हुआ एक खाद्य पदार्थ जो खट्टा होता है; काँजी।

धान्यारि (सं.) [सं-पु.] 1. अनाज या धान का शत्रु जीव 2. चूहा।

धान्यार्थ (सं.) [सं-पु.] धान या अनाज के रूप में होने वाली संपत्ति।

धान्योत्तम (सं.) [सं-पु.] धान की बहुत अच्छी किस्म; शालि।

धान्वन (सं.) [वि.] 1. मरुस्थलीय देश का 2. मरुस्थलीय देश संबंधी।

धाप (सं.) [सं-पु.] 1. कोस की आधी माप; एक मील 2. दूरी की एक माप; लगभग एक साँस में दौड़कर पूरी की जा सकने वाली दूरी 3. लंबा-चौड़ा मैदान 4. दौड़। [सं-स्त्री.] तृप्ति; तुष्टि; संतोष।

धापना (सं.) [क्रि-अ.] 1. नापना 2. एक साँस में दौड़कर नियत दूरी को पार कर लेना।

धाबरी [सं-स्त्री.] कबूतरों का दरबा (काठ का खानेदार संदूक, जिसमें वे रहते हैं)।

धाबा [सं-पु.] 1. छत के ऊपर का कमरा; अटारी; ओलती 2. वह स्थान जहाँ पैसा देने पर खाना मिलता है; ढाबा; बासा।

धाम (सं.) [सं-पु.] 1. वह स्थान जहाँ किसी देवता का निवास मान लिया गया हो; मंदिर; देवस्थान 2. गृह; घर; मकान वासस्थान; अधिष्ठान 3. तेज; किरण; प्रभा 4. प्रभाव; प्रताप 5. बड़ा तीर्थ 6. सेना 7. समूह 8. फालसे की जाति का वृक्ष 9. तन; शरीर।

धामन [सं-पु.] 1. एक प्रकार का बाँस 2. फालसे की तरह का पेड़। [सं-स्त्री.] रेतीली भूमि में होने वाली घास।

धामा [सं-पु.] 1. ओड़ा 2. झउआ नामक लकड़ी की खुली हुई टोकरी 3. ब्राह्मणों को मिलने वाला भोजन का निमंत्रण 4. अनाज रखने का बड़ा बर्तन 5. धान का एक प्रकार।

धामिन [सं-स्त्री.] हरिताभ सफ़ेद रंग का एक सर्प या साँप जो तेज़ सरकने के लिए प्रसिद्ध है।

धाय (सं.) [सं-स्त्री.] 1. दूसरे के बच्चे को दूध पिलाने वाली या पालन-पोषण करने वाली स्त्री 2. धात्री; दाई; परिचारिका। [सं-पु.] धव वृक्ष।

धार (सं.) [सं-स्त्री.] 1. प्रवाह 2. तेज; पैनापन 3. पानी का सोता 4. समूह 5. दिशा 6. रेखा 7. बाढ़ 8. डाका 9. फ़ौज; सेना 10. छापा 11. देवी, नदी आदि को दिया जाने वाला अर्घ्य 12. किनारा 13. पहाड़ की श्रेणी। [सं-पु.] 1. ज़ोर से होने वाली वर्षा 2. ओला 3. एक प्रकार का पत्थर। [वि.] 1. धारण करने वाला 2. बहने वाला। [मु.] **-चढ़ाना** : 1. देवता आदि पर दूध, जल चढ़ाना 2. सान चढ़ाना।

धार असराना [क्रि-स.] खोटना।

धार आसरना [क्रि-स.] धार पीटना।

धार कढ़इया [वि.] दुहने वाला।

धार धरना [क्रि-स.] दे. धार असराना।

धार पजावना [क्रि-स.] फाल की नोंक तेज करवाना; धार पीटना।

धार पिटाना [क्रि-स.] दे. धार पजावना।

धार फरगाना [क्रि-स.] दे. धार पजावना।

धार बनाना [क्रि-स.] दे. धार पजावना।

धारक (सं.) [वि.] 1. धारण करने वाला; धारयिता 2. रोकने वाला 3. उधार लेने वाला 4. कहीं पर कोई चीज़ लेकर जाने वाला; वाहक 5. पट्टेदार। [सं-पु.] 1. वह पात्र जिसमें कुछ रखा जाए, जैसे- कलश, घड़ा, संदूक आदि 2. धारण करने वाला व्यक्ति 3. ऋण लेने वाला व्यक्ति; कर्ज़दार।

धारगाना [क्रि-स.] दे. धार असराना।

धारण (सं.) [सं-पु.] 1. किसी चीज़ को अच्छी तरह से पकड़ना या उठाना 2. थामना; सँभालना 3. वस्त्र या आभूषण शरीर पर पहनना या लपेटना 4. अपने ऊपर लेना 5. कोई बात या विचार मन में बैठाना; स्मरण रखना 6. आधान; आश्रयण 7. ग्रहण करना; अंगीकार करना 8. ऋण लेना 9. सुरक्षित रखना; रक्षण 10. सहारा 11. पालन।

धारणा (सं.) [सं-स्त्री.] 1. कोई विश्वास या विचार; निश्चित मति या मानसिकता 2. मस्तिष्क में कोई वस्तु या विचार धारण करने की शक्ति; स्मृति 3. ग्रहण या धारण करने की अवस्था, क्रिया, गुण या भाव 4. मर्यादा 5. योग के आठ अंगों में से एक 6. नज़रिया; दृष्टिकोण।

धारणावधि (सं.) [सं-स्त्री.] वह कालखंड या अवधि जब तक कोई पद या संपत्ति आदि धारण की जाए अथवा उसका उपभोग किया जाए।

धारणावान (सं.) [वि.] जिसमें धारण करने की योग्यता या क्षमता हो; मेधावी।

धारणिक (सं.) [सं-पु.] 1. ऋणी; कर्ज़दार 2. धन या रुपया जमा करने की जगह; ख़ज़ाना 3. वह व्यक्ति जिसके पास कोई वस्तु धरोहर के रूप में रखी जाए; महाजन।

धारणी (सं.) [सं-स्त्री.] 1. धमनी; नाड़ी; शिरा 2. पंक्ति; श्रेणी 3. स्थिरता 4. सीधी रेखा 5. पृथ्वी 6. बौद्ध-तंत्र का एक अंग।

धारणीय (सं.) [वि.] 1. धारण करने योग्य 2. जिसे धारण करना उचित हो। [सं-पु.] धरणीकंद।

धारदार (सं.+ फ़ा.) [वि.] धारवाला; पैना।

धारधारा [सं-स्त्री.] जल से भरा हुआ बादल; धारावर्षी।

धारयिता (सं.) [वि.] 1. धारण करने वाला 2. धारणकर्ता; धारक 3. धर्ता; धाता; धारी 4. ऋण लेने वाला।

धारयिष्णु (सं.) [वि.] 1. जो धारण करने में समर्थ हो 2. जो धारण कर सकता हो।

धारा[1] [सं-स्त्री.] 1. किसी अधिनियम (विधि या कानून के अंतर्गत), विधान या नियमावली का वह स्वतंत्र अंश जिसमें किसी विषय से संबंधित समस्त तथ्यों का समावेश और उल्लेख होता है 2. दफ़ा।

धारा[2] (सं.) [सं-स्त्री.] 1. किसी तरल पदार्थ के बहने या गिरने की निरंतरता 2. प्रवाह; धार; जलधारा; लहर 3. नदी 4. नदी के जल का बहाव 5. किसी वस्तु का क्रम 6. पहाड़ का किनारा 7. परंपरा 8. शर्त 9. घड़े में पानी गिरने के लिए बनाया गया छेद 10. सेना का अगला भाग 11. लकीर; रेखा 12. प्राचीन समय में राजा भोज की राजधानी 13. किसी वस्तु का किसी दिशा में बराबर बढ़ते जाना।

धारांकुर (सं.) [सं-पु.] 1. ओला; घनोपल 2. जल का कण।

धाराग्र (सं.) [सं-पु.] बाण या तीर का आगे वाला चौड़ा सिरा; बाणाग्र।

धाराट (सं.) [सं-पु.] 1. मेघ; बादल 2. चातक पक्षी 3. घोड़ा 4. मतवाला हाथी।

धाराधर (सं.) [सं-पु.] 1. मेघ; बादल 2. तलवार।

धारापात (सं.) [सं-पु.] 1. जलप्रपात; झरना 2. तीव्र वृष्टि।

धारापूप (सं.) [सं-पु.] मैदे और दूध को मिलाकर बनाया गया पूआ; पूड़ा।

धाराप्रवाह (सं.) [सं-पु.] 1. धारा का बहाव 2. धारा का वेग। [वि.] 1. धारा के रूप में निरंतर बहने वाला 2. जो बिना रुके धारा के रूप में चलता हो, जैसे- धाराप्रवाह वक्तव्य 3. अविराम; प्रवाहशील 4. लगातार। [क्रि.वि.] 1. अविराम गति से; अविच्छिन्न रूप में 2. निरंतर और अटूट क्रम से।

धारायंत्र (सं.) [सं-पु.] वह यंत्र जिससे पानी की धार छूटे; फुहारा।

धाराल (सं.) [वि.] जिसमें तेज़ धार हो; धारदार (तलवार आदि)।

धारावनि (सं.) [सं-स्त्री.] हवा; वायु।

धारावार (सं.+ फ़ा.) [क्रि.वि.] बिना विराम के; बिना रुके; बिना क्रमभंग के; निरंतर।

धारावाहिक (सं.) [सं-पु.] 1. रेडियो या दूरदर्शन पर लगातार क्रमिक रूप से प्रसारित कथाक्रम 2. पत्र-पत्रिकाओं में किस्तों में छपने वाली कथा। [वि.] 1. जो धारा के समान निरंतर चलता रहे 2. धारा की तरह आगे बढ़ने वाला 3. जारी रहने वाला 4. अविच्छिन्न गति वाला; शृंखलाबद्ध; किस्तवार आना 5. जो क्रमशः खंडों के रूप में कई अंशों में बराबर प्रकाशित व प्रसारित होता रहे (लेख, कहानी या उपन्यास)।

धारावाही (सं.) [वि.] एक सूत्र में या धारा के रूप में बिना रुके आगे बढ़ने या चलने वाला; जो धारा के रूप में आगे बढ़ता हो।

धारासंपात (सं.) [सं-पु.] अत्यंत तेज़ वृष्टि; मूसलाधार बारिश।

धारासार (सं.) [सं-पु.] तेज या मूसलाधार वर्षा; अतिवृष्टि; अतिवर्षा। [वि.] जो धारा के रूप में लगातार होता रहे।

धारिणी (सं.) [सं-स्त्री.] 1. पृथ्वी 2. सेमल का वृक्ष। [वि.] 1. धारण करने वाली 2. जिसपर ऋण हो; कर्ज़दार (स्त्री)।

धारित (सं.) [वि.] 1. धारण किया हुआ 2. सँभाला हुआ 3. अपने ऊपर लिया हुआ।

धारिता (सं.) [सं-स्त्री.] 1. धारण करने की योग्यता या क्षमता 2. वस्तु आदि की धारण करने की पात्रता।

धारी (सं.) [वि.] 1. अपने पास रखने वाला या धारण करने वाला, जैसे- त्रिशुलधारी, कवचधारी 2. पहनने वाला, जैसे- अँगोछाधारी 3. जिसमें सीखी हुई बातों को याद करने की क्षमता हो; धारणावान 4. जिसमें धार या किनारा हो; किनारदार 5. ऋण लेने वाला। [सं-स्त्री.] 1. रेखा; खाँचा 2. वाहक 3. वस्त्र आदि पर बनी हुई लकीर 4. वनस्पतियों में दिखाई देने वाली नस जैसी रेखा 5. झुंड; दल 6. सेना; समूह। [सं-पु.] 1. एक प्रकार का वर्णवृत्त 2. ऋणी; कर्ज़दार 3. पीलू का वृक्ष।

धारी बावग [सं-पु.] हराई में एक धार में बीज को गिराने के लिए गिराना।

धारीदार (सं.+ फ़ा.) [वि.] 1. जिसमें रेखाकार चिह्न बने हों (कागज़ आदि) 2. जिसमें धारियाँ बनी हों; धारी वाला (वस्त्र इत्यादि)।

धारोष्ण (सं.) [वि.] तुरंत का दुहा हुआ (दूध) जो इसी कारण कुछ उष्ण या गरम भी हो।

धार्मपत (सं.) [वि.] धर्मपति से संबंधित।

धार्मिक (सं.) [वि.] 1. धर्म से संबंधित 2. धर्मशास्त्रों के अनुसार 3. धर्म में आस्था रखने वाला; धर्मशील 4. न्यायप्रिय।

धार्मिकता (सं.) [सं-स्त्री.] 1. धार्मिक होने की अवस्था या भाव 2. धार्मिक होने का गुण 3. धर्मशीलता 4. धर्मानुसारिता।

धार्मिकोत्सव (सं.) [सं-पु.] किसी धार्मिक मान्यता के आधार पर आयोजित उत्सव।

धार्मिण (सं.) [सं-पु.] धार्मिक व्यक्तियों की मंडली या दल।

धार्मिणेयी (सं.) [सं-स्त्री.] धर्म का पालन करने वाली स्त्री की

पुत्री; धर्मवती।

धार्य (सं.) [वि.] 1. धारण करने योग्य, जैसे- शिरोधार्य 2. जिसे धारण किया जा सके; धारणीय 3. स्मरण रखने योग्य 4. वहनीय 5. जिसे धारण करना उचित हो। [सं-पु.] पहनने का वस्त्र; पोशाक।

धावक (सं.) [सं-पु.] 1. दौड़ने वाला; दौड़ लगाने वाला व्यक्ति 2. दूत; हरकारा 3. राजा हर्ष के समय के संस्कृत कवि 4. कपड़े धोने वाला व्यक्ति; धोबी। [वि.] 1. दौड़कर या तेज़ चलने वाला।

धावन (सं.) [सं-पु.] 1. दौड़ना; दौड़ लगाना; बहुत तेज़ी से चलना 2. धोना; शुद्ध करना; धोकर साफ़ करना 3. हरकारा; दूत 4. हमला करना 5. धोने या साफ़ करने में प्रयोग होने वाली कोई चीज़।

धावनपथ (सं.) [सं-पु.] 1. दौड़ लगाने का मार्ग या पथ 2. वायुयानों के उड़ान से पूर्व तीव्र गति से जाने का अथवा नीचे उतरने का लंबा मार्ग 3. अवतरणपथ; धावनमार्ग।

धावली [सं-स्त्री.] कबूतरों के रहने के लिए मिट्टी का छोटा घर।

धावल्य [सं-पु.] धवलता; सफ़ेदी; श्वेतिमा।

धावा (सं.) [सं-पु.] 1. हमला; चढ़ाई; आक्रमण 2. प्रहार; आघात।

धाविक (सं.) [सं-पु.] दौड़ने वाला व्यक्ति; धावक।

धावित (सं.) [वि.] 1. जो धोया या साफ़ किया हुआ हो; मार्जित 2. तेज़ दौड़ता हुआ 3. दौड़ा हुआ।

धार्ष्ट्य (सं.) [सं-पु.] 1. धृष्टता 2. उद्दंडता; अविनय।

धिंगा (सं.) [सं-पु.] 1. बदमाश; शरारती; उपद्रवी 2. बेशरम; निर्लज्ज 3. दुष्ट।

धिंगाई (सं.) [सं-स्त्री.] 1. शरारत; उपद्रव; ऊधम 2. बदमाशी 3. बेशरमी; निर्लज्जता।

धिंगी (सं.) [सं-स्त्री.] 1. बदमाश या चरित्रहीन स्त्री; दुश्चरिता 2. निर्लज्ज स्त्री।

धिक् (सं.) [अव्य.] निंदा, बुराई, विषाद की भावना को प्रकट करने वाला विस्मयादि द्योतक एक अव्यय।

धिक्कार (सं.) [सं-पु.] 1. 'धिक' शब्द कहते हुए निंदा या तिरस्कार की क्रिया या भाव 2. किसी बुरे व्यक्ति के प्रति प्रकट की गई घृणा या तिरस्कार 3. अपमान; भर्त्सना; निंदा 4. लानत; डाँट 5. वे बातें जिन्हें लोगो के द्वारा नापसंद किया जाए; अप्रिय, अशोभनीय व अपमानजनक बातें 6. एक घृणा व्यंजक शब्द।

धिक्कारना (सं.) [क्रि-स.] 1. कठोर शब्दों में निंदा करना; दुतकारना 2. भला-बुरा कहना 3. आलोचना करना 4. घृणापूर्वक लताड़ना 5. डाँटना; फटकारना 6. तिरस्कार करना; अपमान करना 7. कोसना; सुनाना।

धिक्कृत (सं.) [वि.] जो धिक्कारा जाए; जिसे धिक कहा जाए; जिसका तिरस्कार हो।

धिग्दंड (सं.) [सं-पु.] दंड के रूप में धिक्कारते हुए की गई भर्त्सना।

धिमचा [सं-पु.] एक तरह की इमली का पेड़।

धिया (सं.) [सं-स्त्री.] पुत्री; बेटी; लड़की; कन्या।

धियांपति (सं.) [सं-पु.] बृहस्पति का एक नाम।

धिषण (सं.) [सं-पु.] 1. बृहस्पति 2. ब्रह्मा 3. विष्णु 4. शिक्षक; गुरु।

धिषणाधिप (सं.) [सं-पु.] बृहस्पति का एक नाम।

धिष्ण्य (सं.) [सं-पु.] 1. गृह; घर; मकान; वासस्थान 2. स्थान; जगह 3. अग्नि 4. बल; शक्त 5. शुक्र ग्रह 6. शुक्राचार्य का एक नाम 7. नक्षत्र; तारा।

धी (सं.) [सं-स्त्री.] 1. समझ; बुद्धि; प्रज्ञा 2. विचार; कल्पना 3. कर्म 4. यज्ञ 5. भक्ति 6. मनोवृति; मन।

धींग (सं.) [सं-पु.] हट्टा-कट्टा मनुष्य। [वि.] 1. मज़बूत; जोरावर 2. बदमाश; उपद्रवी 3. कुमार्गी; पापी; बुरा।

धींगड़ा (सं.) [सं-पु.] 1. हट्टा-कट्टा आदमी 2. बलिष्ठ व्यक्ति 3. गुंडा 4. स्त्री का यार; ज़ार। [वि.] 1. दुष्ट; शरारती; पाजी 2. खल 3. मोटा-ताज़ा; बलिष्ठ।

धींगा [वि.] 1. दुष्ट; शरारती; पाजी 2. खल 3. मोटा-ताज़ा 4. महाकाय 5. बलिष्ठ।

धींगामुश्ती (हिं.+ फ़ा.) [सं-स्त्री.] 1. ऐसा झगड़ा या मारपीट जिसमें मुक्के और थप्पड़ चलें; हाथा-पाई 2. शरारत; ऊधम; उद्दंडता; दुष्टता।

धींद्रिय (सं.) [सं-स्त्री.] 1. ज्ञानेंद्रिय 2. बुद्धि।

धींवर [सं-पु.] दे. धीवर।

धीजना [क्रि-अ.] 1. धीरज रखना 2. शांत रहना। [क्रि-स.] 1. ग्रहण करना; स्वीकार करना 2. विश्वास करना; प्रतीति करना।

धीत (सं.) [वि.] 1. जो पिया गया हो 2. जो संतुष्ट किया गया हो 3. जिसपर विचार किया गया हो 4. आराधित।

धीति (सं.) [सं-स्त्री.] 1. पान करने की क्रिया; पीना 2. पिपासा; प्यास 3. आराधन 4. विचार करने की क्रिया 5. संतुष्ट करना; तोषण।

धीन [सं-पु.] लोहा।

धीमर [सं-पु.] धीवर; एक जाति।

धीमा (सं.) [वि.] 1. मंद; मंथर 2. धीरे से चलने वाला; कम गति वाला 3. दबा हुआ।

धीमान (सं.) [सं-पु.] 1. वृहस्पति 2. बुद्धिमान व्यक्ति 3. एक कुलनाम या सरनेम। [वि.] 1. प्रज्ञावान 2. बुद्धिमान 3. दूरदर्शी।

धीमापन [सं-पु.] 1. धीमा या मंद होने का भाव 2. धुँधलापन 3. सुस्ती।

धीमी (सं.) [वि.] 1. जो उच्च या तीव्र न हो; कुछ शांत 2. कम गतिवाली।

धीया (सं.) [सं-स्त्री.] पुत्री; बेटी।

धीर (सं.) [सं-पु.] 1. समुद्र 2. पंडित; विद्वान 3. बुद्ध का एक नाम 4. एक औषधि 5. शांति। [वि.] 1. जिसमें धैर्य हो 2. जो जल्दी विचलित न हो; स्थिरचित्त; दृढ़ 3. मंद; ठहरा हुआ 4. गंभीर 5. उत्साही 6. विनीत।

धीर-गंभीर (सं.) [वि.] 1. धैर्यशील; सहनशील; संयत 2. जो मनोयोग से लगा रहता हो 3. स्थिरचित्त 4. अविलासी; अविचल।

धीरज (सं.) [सं-पु.] 1. धैर्य 2. संतोष; सब्र 3. दृढ़ता 4. मन की स्थिरता।

धीरता (सं.) [सं-स्त्री.] 1. धीर होने की अवस्था; स्थिरता; धैर्य 2. पांडित्य 3. संतोष 4. गंभीरता 5. सहनशीलता।

धीरधर (सं.) [वि.] धैर्यवान; धैर्यशाली।

धीरललित (सं.) [सं-पु.] (काव्यशास्त्र) एक प्रकार का कलावंत और मृदु स्वभाव वाला नायक।

धीरशांत (सं.) [सं-पु.] (काव्यशास्त्र) एक प्रकार का गुणी, दयालु तथा सुशील नायक।

धीरा (सं.) [सं-स्त्री.] (साहित्य) धीर स्वभाव की नायिका जो अपने प्रेमी के तन पर परस्त्री रमण के चिह्न देखकर शांत भाव से व्यंग्यपूर्ण शब्दों में रोष प्रकट करे।

धीरा-अधीरा (सं.) [सं-स्त्री.] (साहित्य) धीर एवं अधीर दोनों प्रकार के गुणों से युक्त नायिका।

धीरे [क्रि.वि.] 1. धीमी या मंथर गति से 2. मंद स्वर में; धीमी आवाज़ में 3. चुपके से।

धीरे-धीरे [क्रि-वि.] 1. हलकी गति से; हौले-हौले; आहिस्ता-आहिस्ता 2. अत्यंत मंद गति से; मंद स्वर में 3. किश्तों में 4. चुपके-चुपके।

धीरोदात्त (सं.) [वि.] 1. (काव्यशास्त्र) दृढ़प्रतिज्ञ, विचारशील, बलवान और योद्धा नायक, जैसे- रामचरितमानस महाकाव्य में रामचंद्र 2. गंभीर; विनयी; क्षमावान 3. धीर; विनम्र 4. वीर रस प्रधान नाटक का नायक।

धीरोद्धत (सं.) [वि.] 1. (काव्यशास्त्र) बहुत चपल, क्रोधी और स्वयं अपने गुणों का बखान करने वाला नायक 2. उग्र स्वभाववाला, असहिष्णु, अहंकारी।

धीर्य (सं.) [वि.] कातर।

धीवर (सं.) [सं-पु.] 1. मछुआ; मल्लाह; केवट 2. (पुराण) एक प्राचीन देश 3. उक्त देश का निवासी 4. सेवक; नौकर 5. काले रंग का व्यक्ति।

धुँआकस [सं-पु.] दे. धुआँकश।

धुँआह [वि.] धूम्र के रंग जैसा।

धुँगार [सं-स्त्री.] छौंक; बघार; तड़का।

धुँगारना [क्रि-स.] 1. बघारना; छौंकना; तड़का देना 2. मारना; पीटना।

धुँधकार [सं-पु.] 1. धुंकार; गरज; गड़गड़ाहट 2. अंधकार; अँधेरा।

धुँधलका [सं-पु.] 1. वह समय जिसमें धुँधला प्रकाश हो; हलका अँधेरा 2. सूर्यास्त का समय; धुँधला प्रकाश 3. अनिश्चय की स्थिति।

धुँधला [वि.] 1. धुंधयुक्त 2. जो साफ़ न दिखाई दे 3. कुछ-कुछ काला; धुएँ की तरह 4. जो अच्छी-तरह याद न हों।

धुँधलाना [क्रि-अ.] धुँधला होना या पड़ना।

धुँधलापन [सं-पु.] धुँधला या अस्पष्ट होने का भाव।

धुँधली [सं-स्त्री.] 1. अँधेरा 2. अस्पष्ट 3. नज़र की कमी या दोष।

धुँधाना [क्रि-अ.] धुँधला पड़ना। [क्रि-स.] धुँधला करना।

धुंकार [सं-स्त्री.] ज़ोर का शब्द; गरज; गड़गड़ाहट।

धुंदुल [सं-पु.] बंगाल और मालावार में पाया जाने वाला एक मध्यम कद का वृक्ष।

धुंध [सं-स्त्री.] 1. धुँधलेपन की अवस्था 2. कोहरा 3. हवा में उड़ती हुई धूल; गर्द 4. एक रोग जिसमें आँख की देखने की शक्ति कम हो जाती है।

धुंधका [सं-पु.] दीवार या छत पर बना हुआ वह बड़ा छेद जो धुआँ निकलने के लिए बनाया जाता है; धोंधका; धुँवारा; धुआँकश।

धुंधकार [सं-पु.] 1. गड़गड़ाहट 2. गर्जना 3. धुँधलापन 4. अँधेरा।

धुंधर [सं-स्त्री.] 1. हवा में उड़ती धूल 2. अँधेरा।

धुआँ (सं.) [सं-पु.] 1. किसी वस्तु, पदार्थ या लकड़ी आदि के जलने या सुलगने पर निकलने वाली काले या गहरे रंग की वायु या पदार्थ 2. धूम्र; धूम।

धुआँकश (सं.) [सं-पु.] 1. धुआँ निकलने के लिए छत में बनाया गया छेद; धुवाँरा; (चिमनी) 2. भाप के दबाव से चलने वाला पानी का जहाज़।

धुआँधार (सं.) [वि.] 1. घोर; भीषण 2. मूसलाधार; लगातार वेग से; बहुत तेज़ी से।

धुआँना (सं.) [क्रि-अ.] धुआँ लगने के कारण किसी खाद्य-पदार्थ का गंध और स्वाद बिगड़ जाना; धुएँ से युक्त होना; अधिक धुएँ के कारण काला होना।

धुआँरा (सं.) [सं-पु.] छत में धुआँ निकलने के लिए बना हुआ छेद; चिमनी।

धुआँस (सं.) [सं-स्त्री.] उड़द का आटा।

धुईला [सं-पु.] धूमवर्णी।

धुईली [सं-स्त्री.] धुँधली; धूँए के रंग जैसा; हल्का स्याह रंग।

धुकड़-पुकड़ [सं-स्त्री.] 1. भय आदि के कारण मन में होने वाली हलचल 2. बेचैनी।

धुकड़ी [सं-स्त्री.] छोटी थैली; बटुआ।

धुकधुकी [सं-स्त्री.] 1. पेट और छाती के मध्य का गहरा भाग 2. हृदय 3. भय या संकोच के कारण हृदय की तेज़ धड़कन; धकधक 4. आशंका; व्याकुलता 5. डर; भय 6. गले में पहना जाने वाला एक आभूषण।

धुक्कन [सं-स्त्री.] धुकार; नगाड़े की आवाज़; गड़गड़ाहट; ज़ोर की आवाज़।

धुत [वि.] 1. छोड़ा हुआ; त्यक्त 2. हिलाया हुआ; कँपाया हुआ। [अव्य.] 1. तिरस्कारपूर्वक हटाने या अनादर करने का शब्द 2. दुतकारने का शब्द।

धुतकारना [क्रि-स.] 1. दुत कहते हुए तिरस्कार करना; दुतकारना; डाँटना 2. धिक्कारना।

धुत्त [वि.] 1. नशे में चूर 2. नशे में डूबा हुआ; बेसुध 3. निश्चेष्ट; बुत 4. मदिरोन्मत्त।

धुत्ता (सं.) [सं-पु.] 1. धूर्तता 2. कपट; छल; दगाबाजी। [सं-स्त्री.] एक प्रकार की मछली।

धुधुआरा [वि.] एक रंग का बादल।

धुधुकार [सं-स्त्री.] 1. ज़ोर से होने वाली धू-धू की ध्वनि; आग जलने पर होने वाली आवाज़ 2. गड़गड़ाहट; गरज 3. तूर्यनाद 4. घोर ध्वनि।

धुन[1] [सं-स्त्री.] 1. मन की तरंग; मौज 2. विचार; चिंतन 3. किसी कार्य में लीन होने की प्रवृत्ति; साधना 4. किसी की चिंता किए बिना निरंतर कार्य करते रहने की अवस्था या दशा; लगन; सनक 5. उत्साह; उन्माद; पागलपन 6. स्वर के उतार-चढ़ाव के आधार पर गाने की विशिष्ट शैली; स्वरभंगी।

धुन[2] (सं.) [सं-पु.] 1. आवाज़ करना 2. कुछ अंतराल पर हिलना।

धुनकी [सं-स्त्री.] 1. रुई धुनने का औज़ार; फटका; कठेल; धनुआ; पीजन 2. बच्चों के खेलने का छोटा धनुष।

धुनना (सं.) [क्रि-स.] 1. रुई पर धुनकी से बार-बार आघात करके उसके बिनौले और रेशे अलग करना 2. {ला-अ.} पीटना; आघात करना 3. लगातार कोई काम करते जाना।

धुनाई (सं.) [सं-स्त्री.] 1. धुनने की क्रिया अवस्था या भाव 2. धुनने की मज़दूरी 3. {ला-अ.} पिटाई; मरम्मत।

धुनियाँ (सं.) [सं-पु.] धुनकी की सहायता से रुई धुनने वाला व्यक्ति।

धुनिहाव [सं-पु.] हड्डी में (का) दर्द।

धुनेचा [सं-पु.] सन की प्रजाति का एक पौधा, जो बंगाल में काली मिर्च की बेलों पर छाया करने के लिए लगाया जाता है।

धुपेली [सं-स्त्री.] 1. धूप के कारण निकलने वाले दाने 2. पसीने के कारण निकलने वाली फुंसी; पित्ती; घमोरी।

धुप्पल [सं-स्त्री.] धोखा; छल; प्रवंचना।

धुप्पस [सं-स्त्री.] 1. किसी को डराने या धोखे में रखने के लिए किया गया काम 2. अपना स्वार्थ पूरा करने के लिए किसी को डराकर दिया जाने वाला धोखा 3. झाँसा-पट्टी 4. धुप्पल।

धुमैला [वि.] 1. धुएँ के रंग जैसा 2. धुँधला; धूमिल।

धुर (सं.) [सं-पु.] 1. गाड़ी का धुरा; अक्ष 2. धुरे के किनारे पर लगने वाली कील 3. भूमि की एक माप; बिस्वांसी 4. शीर्ष या ऊँचा स्थान 5. बैलों के कंधे पर रखा जाने वाला जुआ 6. भार; बोझ 7. आरंभ। [वि.] 1. ठीक; दुरुस्त 2. पक्का; दृढ़। [अव्य.] 1. किसी स्थान की अंतिम सीमा को सूचित करने वाला शब्द, जैसे- धुर पहाड़ तक; धुर छत तक 2. चरम सीमा पर 3. एकदम 4. सीधे 5. बहुत दूर। [नि.] बिल्कुल ठीक; ठिकाने तक। [मु.] **-सिरे से** : बिल्कुल शुरू से।

धुरंधर (सं.) [वि.] 1. धुर (जुआ) धारण करने वाला 2. जिसके ऊपर भार या बोझ हो 3. होशियार; बुद्धिमान 4. उत्तम गुणों से युक्त 5. प्रधान; श्रेष्ठ 6. बलवान। [सं-पु.] 1. नेता; अग्रणी 2. बैल आदि जो हल या गाड़ी में जोते जाते हैं 3. धव का पेड़।

धुरकिल्ली [सं-स्त्री.] धुरे के अंत में पहिए को निकलने से रोकने के लिए लगाई गई कील; रन किल्ली।

धुरवा [सं-पु.] 1. बादल; मेघ 2. उठता हुआ बादल।

धुरा (सं.) [सं-पु.] 1. लकड़ी या लोहे का वह मज़बूत डंडा जिसमें दोनों सिरों पर लगे हुए वाहन के पहिए घूमते हैं; अक्ष 2. वह आधार जिसके सहारे कोई वस्तु ठहरी रहती है 3. भार; बोझ 4. बोझ ढोने वाला पशु।

धुरिया [सं-पु.] 1. तीन बैलों द्वारा खींची जाने वाली गाड़ी में सबसे किनारे यानि दाएँ और बाएँ चलने वाले बैलों की जोड़ी 2. जोड़ी 3. अन्न तौलने वाले पुरुष का शुल्क जो प्रायः प्रतिमन पाव भर होता है।

धुरिया बावग [सं-पु.] सूखी जमीन में समय के पहले बुआई; खरहर बुआई।

धुरी [सं-स्त्री.] 1. गाड़ी का धुरा; छोटा धुरा 2. अक्ष; चूल 3. पहिए का केंद्रक।

धुरीण (सं.) [वि.] 1. जो भार सँभालने के लायक हो; जो बोझ ले जाने के योग्य हो 2. जो किसी विषय में औरों से बढ़कर हो 3. अग्रगामी; श्रेष्ठ 4. प्रधान; मुख्य; अहम 5. धुरा धारण करने योग्य 6. जोते जाने योग्य 7. धुरंधर 8. निर्णायक। [सं-पु.] 1. अग्रणी या प्रधान व्यक्ति 2. जिस व्यक्ति पर उत्तरदायित्व हो 3. रथ में जोते जाने वाले घोड़े।

धुरीय (सं.) [वि.] 1. धुरे से संबंधित; धुरे का 2. बोझ लादकर चलने वाला।

धुरीहीन [वि.] 1. किसी निश्चित सिद्धांत, विचार या मत के केंद्र बिंदु के अभाववाला 2. जिसके केंद्र में कोई न हो; केंद्रहीन।

धुरुप [सं-पु.] चमड़ा।

धुरौटी [सं-स्त्री.] पिछले चौकोर हिस्से के बाजू जो पहियों के ऊपर रहते हैं।

धुर्य (सं.) [सं-पु.] 1. वह जिसपर बोझ लादा जा सके 2. जोता जाने वाला पशु 3. बैल 4. ऋषभ नामक औषधि। [वि.] 1. भार या बोझ ढोने योग्य 2. उत्तरदायित्व लेने योग्य।

धुर्रा [सं-पु.] 1. किसी वस्तु का चूरा; चूर्ण 2. धूल का कण।

धुलना [क्रि-अ.] 1. पानी और साबुन आदि के द्वारा किसी चीज़ को साफ़ करना; धोना 2. धोया जाना 3. पानी से कटकर बह जाना 4. वर्षा आदि से गंदगी का न रहना 5. {ला-अ.} किसी बुराई या कलंक का मिट जाना या छूटना; नष्ट होना।

धुलवाना [क्रि-स.] 1. धोने का काम कराना; धुलाना 2. साफ़ कराना।

धुलाई [सं-स्त्री.] 1. धोए जाने की क्रिया; धावन 2. धोने के बदले दी जाने वाली मज़दूरी 3. पखार; प्रक्षालन 4. मार्जन; सफ़ाई। {ला. अ.} जबरदस्त पिटाई।

धुलाईघर [सं-पु.] कपड़े धोने या धुलवाने की जगह; प्रक्षालनालय।

धुलेंडी [सं-स्त्री.] 1. होलिका दहन के दूसरे दिन मनाया जाने वाला हिंदुओं का एक त्योहार जिसमें लोग एक-दूसरे को रंग, गुलाल और अबीर आदि लगाते हैं 2. उक्त त्योहार का दिन।

धुवन (सं.) [सं-पु.] अग्नि; आग। [वि.] 1. कंपित करने वाला 2. हिलाने वाला 3. चलाने वाला।

धुवाँस [सं-स्त्री.] उड़द का आटा जिससे पापड़ या कचौड़ी आदि बनाए जाते हैं।

धुवित्र (सं.) [सं-पु.] 1. प्राचीन समय में यज्ञ या हवन में अग्नि सुलगाने या दहकाने में प्रयोग किया जाने वाला मृगचर्म का बना हुआ पंखा 2. ताड़ का पंखा।

धुस्तूर (सं.) [सं-पु.] धतूरा।

धुस्स (सं.) [सं-पु.] 1. ढहे या गिरे हुए मकान की ईंट-पत्थर का ढेर; ढूह 2. टीला; ऊँचा ढेरा 3. नदी या जलाशय पर बनाया गया बाँध।

धुस्सा (सं.) [सं-पु.] 1. ऊन की मोटी लोई या चादर 2. मोटा कंबल।

धू [सं-पु.] 1. ध्रुव; ध्रुवतारा 2. गाड़ी का धुरा। [वि.] अचल; स्थिर।

धू-धू [सं-स्त्री.] 1. तीव्र गति से चटक-चटककर जलने की ध्वनि 2. आग की तेज़ लपटों से होने वाली आवाज़।

धूक[1] [सं-पु.] कलाबत्तू बटने की पतली सलाई।

धूक[2] (सं.) [सं-पु.] 1. समय; काल 2. धूर्त व्यक्ति 3. वायु 4. अग्नि।

धूजना [क्रि-अ.] 1. काँपना 2. हिलना।

धूत (सं.) [सं-पु.] धूर्त; छली; पाखंडी; चालाक; दगाबाज़; वंचक। [वि.] 1. काँपता हुआ; कंपित 2. हिलता या थरथराता हुआ 3. त्यक्त; दूर किया हुआ 4. छोड़ा हुआ 5. जो धमकाया गया हो।

धूतना [क्रि-स.] 1. धूर्तता करना 2. किसी को ठगना।

धूतुक [सं-पु.] 1. फूँककर बजाया जाने वाला एक प्रकार का लंबा बाजा; तुरही 2. नरसिंहा 3. कल-कारख़ाने की सीटी।

धून [वि.] कंपित; हिलाया हुआ।

धूना [सं-पु.] भारत में असम क्षेत्र की पहाड़ियों पर होने वाली गुग्गुल की जाति का एक वृक्ष जिसके गोंद और छाल धूनी देने और वारनिश बनाने में काम आते हैं।

धूनी [सं-स्त्री.] 1. गंधयुक्त धुआँ उठाने के लिए धूप, लोबान आदि को जलाने की क्रिया 2. ठंड से बचने के लिए जलाई गई आग। [मु.] **-देना** : कोई चीज़ जलाकर उसका धुँआ देना। **-जगाना या रमाना** : साधुओं का आग जलाकर उसके सामने बैठना।

धूप (सं.) [सं-पु.] ऐसा सुगंधित पदार्थ जिसे जलाने पर सुगंधित धुआँ निकलता है। [सं-स्त्री.] सूर्य का प्रकाश; घाम; आतप। [मु.] **-खाना** : धूप में बैठना। **-दिखाना** : धूप में रखना। **-में बाल सफ़ेद करना** : बिना कुछ सीखे या अनुभव प्राप्त किए उम्र बिताना।

धूपक (सं.) [सं-पु.] धूप, अगरबत्ती आदि बनाने और बेचने वाला; गंधी।

धूपघड़ी [सं-स्त्री.] प्राचीन काल में धूप की सहायता से समय की जानकारी देने वाला एक यंत्र।

धूपछाँह [सं-स्त्री.] 1. एक प्रकार का रंगीन कपड़ा जिसमें कई रंग दिखाई देते हैं 2. {ला-अ.} ज़िंदगी के उतार-चढ़ाव; सुख-दुख; उत्थान-पतन; भाग्यचक्र।

धूपछाँही [वि.] 1. जो आधा सफेद और आधा काले रंग का हो 2. वह स्थान जहाँ कहीं धूप और कहीं छाया हो।

धूपदान (सं.+ फ़ा.) [सं-पु.] 1. धूप या लोबान रखने का पात्र 2. वह पात्र जिसमें धूपबत्ती जलाकार लगाई जाती है।

धूपदानी (सं.+ फ़ा.) [सं-स्त्री.] 1. धूप देने का पात्र 2. धूप और राल इत्यादि सुगंधित द्रव्य का धुआँ उत्पन्न करने का बरतन 3. वह पात्र जिसमें धूपबत्ती जलाने के लिए लगाई जाती है।

धूपन (सं.) [सं-पु.] धूप देने की क्रिया; गंधद्रव्य जलाकर सुगंधित धुआँ उठाने का कार्य।

धूपबत्ती [सं-स्त्री.] 1. सुगंधित धुआँ पैदा करने के लिए जलाई जाने वाली मसाला लगी हुई सींक या बत्ती 2. धूप; अगरबत्ती।

धूपस्नान (सं.) [सं-पु.] धूप में लगभग नंगे बदन बैठकर या लेटकर शरीर को ताप देना।

धूपित (सं.) [वि.] 1. धूप के सुगंधित धुएँ से सुवासित किया हुआ; धूप में रमा हुआ 2. तप्त 3. क्लांत; शिथिल 4. दौड़-धूप के कारण थका हुआ।

धूपिया (सं.) [वि.] धूप संबंधी; धूप में प्रयुक्त किया जाने वाला। [सं-पु.] एक उपनाम।

धूपीला [वि.] धूप से भरा हुआ।

धूम (सं.) [सं-पु.] 1. धुआँ 2. बादल 3. धूमकेतु 4. उल्कापात 5. कोहरा 6. अपच के कारण आने वाली डकार 7. एक ऋषि 8. मकान बनाने के लिए तैयार किया गया स्थान। [सं-स्त्री.] 1. शादी, उत्सव आदि के समय लोगों की चहल-पहल 2. हल्ला; कोलाहल; शोर। [मु.] **-मचाना** : जगह-जगह चर्चा होना; प्रसिद्ध होना।

धूम-धड़क्का [सं-पु.] धूमधाम; हल्ला-गुल्ला; चहल-पहल; भीड़-भाड़।

धूमक (सं.) [सं-पु.] 1. धुआँ; धूम्र 2. एक प्रकार का साग।

धूमकेतु (सं.) [सं-पु.] 1. पुच्छल तारा; (कामेट) 2. अग्नि 3. केतु ग्रह 4. शिव का एक नाम 5. रावण की सेना का एक राक्षस 6. संकट का सूचक चिह्न।

धूमजांगज (सं.) [सं-पु.] वज्रक्षार; नौसादर।

धूमधाम [सं-स्त्री.] 1. शोर-शराबा; चहल-पहल 2. समारोह आदि का उल्लासपूर्ण आयोजन या तैयारी 3. शानोशौकत।

धूमन (सं.) [सं-पु.] कीटों को नियंत्रित करने की एक प्रणाली जिसमें किसी क्षेत्र को गैसीय कीटनाशक से भर दिया जाता है फलतः उसके विषाक्त प्रभाव से कीट नष्ट हो जाते हैं।

धूमल (सं.) [वि.] धुएँ के रंग का; धूमवर्णी; धूमिल।

धूमवान (सं.) [वि.] धुएँ से युक्त; जिसमें धुआँ हो।

धूमांग (सं.) [वि.] जिसके अंग का रंग धुएँ जैसे रंग का हो। [सं-पु.] शीशम का वृक्ष।

धूमाक्ष (सं.) [वि.] धुएँ के रंग जैसी आँखोंवाला।

धूमाग्नि (सं.) [सं-स्त्री.] ऐसी आग जिसमें धुआँ हो किंतु लपट न हो।

धूमाभ (सं.) [वि.] धुएँ के रंग का; धुएँ जैसा।

धूमायित (सं.) [वि.] 1. जिसमें धुआँ लगा हो 2. जो धुएँ से धुँधला हो गया हो।

धूमावृत (सं.) [वि.] धुएँ से आच्छादित; धुएँ में लिपटा हुआ।

धूमित (सं.) [वि.] 1. जिसमें धुआँ लगा हो 2. जो धुएँ से धुँधला हो गया हो।

धूमिल (सं.) [सं-पु.] एक प्रकार का वाद्ययंत्र। [वि.] 1. मटमैला 2. धुएँ के रंग का; लाली लिए काले रंग का 3. धुँधला; गंदा

4. मलिन 5. धूम्रपूर्ण 6. धूमर 7. हिंदी के एक प्रसिद्ध कवि।
धूमोत्थ (सं.) [वि.] धुएँ से उत्पन्न। [सं-पु.] नौसादर।
धूम्र (सं.) [सं-पु.] 1. धुआँ 2. धुएँ जैसा रंग; लाली लिए काला रंग 3. महादेव; शिव 4. शिलारस नामक सुगंधित पदार्थ। [वि.] 1. धुँधला 2. धुएँ के रंग का।
धूम्रक (सं.) [सं-पु.] ऊँट।
धूम्रपट (सं.) [सं-पु.] वास्तविक स्थिति या तथ्य को छिपाने के लिए दिखाए जा रहे दृश्य के सामने खड़ी की जाने वाली आड़ जिससे दृश्य धुँधला हो जाता है।
धूम्रपान (सं.) [सं-पु.] 1. नशा हेतु तंबाकू, गाँजा आदि पीना (धुआँ ग्रहण करना) 2. आयुर्वेद की एक चिकित्सा पद्धति 3. आयुर्वेदिक औषधियों के मिश्रण को धूम्रदंडिका बनाकर सिगरेट की तरह पीना (कंठरोग, दंत रोग या नेत्र रोग में)।
धूम्रवत (सं.) [वि.] धुएँ के समान।
धूम्रा (सं.) [सं-स्त्री.] 1. सूर्य की बारह कलाओं में से एक 2. ककड़ी।
धूम्राक्ष (सं.) [वि.] जिसकी आँखो का रंग धुएँ जैसा हो।
धूम्राक्षि (सं.) [सं-पु.] ख़राब गुणवत्ता वाला या भद्दे रंग का मोती।
धूम्राच्छन्न (सं.) [वि.] धुएँ से घिरा हुआ; धूम्रावेष्टित।
धूम्राट (सं.) [सं-पु.] शिकार करने वाला एक पक्षी; धूम्याट पक्षी; भिंगराज।
धूम्राभ (सं.) [सं-पु.] 1. वातावरण; वायुमंडल 2. वायु।
धूम्रावेष्टित (सं.) [वि.] धुएँ से घिरा हुआ; धूम्राच्छन्न।
धूम्रिका (सं.) [सं-स्त्री.] शीशम की तरह का वृक्ष।
धूम्रीकरण (सं.) [सं-पु.] किसी स्थान या कमरे आदि को कीटाणुमुक्त करने के लिए संक्रमणनाशक पदार्थ का धुआँ करना।
धूर [सं-स्त्री.] 1. धूल, मिट्टी आदि का चूर्ण; रज; रेणु; धूलि; धूलिका 2. एक विस्वांसी के बराबर जमीन की एक नाप।
धूर-धुरेटा [सं-पु.] धूल और गर्द से युक्त स्थान। [वि.] धूल और गर्द में लिपटा हुआ।
धूरडाँगर [सं-पु.] सिंग वाला चौपाया; सिंग वाला पशु।
धूरपा [सं-पु.] दे. धुरुप।
धूरबैसाओल [सं-पु.] खेत में भेड़ रखाना।
धूरा [सं-पु.] 1. धूल; गर्द 2. चूरा; बारीक चूर्ण।
धूरी [सं-स्त्री.] दे. धुरी।
धूर्जटि (सं.) [सं-पु.] शिव; महादेव।
धूर्त (सं.) [वि.] 1. दुष्ट; कुटिल; बेईमान 2. मक्कार; चालाक 3. दगाबाज़; कपटी; छलिया 4. नीच; ठग। [सं-पु.] 1. जुआरी 2. (साहित्य) शठ नायक 3. लौह किट्ट 4. धतूरा।
धूर्तता (सं.) [सं-स्त्री.] 1. धूर्त या दुर्जन होने की अवस्था 2. दुष्टता; चालबाज़ी 3. छल; दगाबाज़ी; धोखेबाज़ी 4. प्रतारणा।
धूर्ततापूर्ण (सं.) [वि.] धूर्ततायुक्त; धूर्तता के साथ।
धूर्तपन (सं.) [सं-पु.] 1. धूर्तता का भाव; दगाबाज़ी; छल 2. वंचना।
धूर्धर (सं.) [वि.] 1. भारवाहक; बोझ ढोने वाला 2. धुरंधर।
धूर्वह (सं.) [वि.] 1. भार वहन करने वाला 2. कार्य का दायित्व ग्रहण करने वाला; कार्यभार सँभालने वाला। [सं-पु.] बोझ ढोने वाला पशु।
धूर्वी (सं.) [सं-स्त्री.] रथ का अग्रभाग।
धूल (सं.) [सं-स्त्री.] 1. मिट्टी या पत्थर का बहुत महीन चूर्ण; गर्द 2. रज; रेणु 3. खाक; खेह 4. गुबार 5. {ला-अ.} धूल के समान तुच्छ वस्तु। [मु.] **-उड़ना** : बरबादी होना। **-उड़ाना** : बदनामी करना या हँसी उड़ाना। **-चाटना** : बुरी तरह हार जाना और अधीनता प्रकट करना। **-डालना** : छोड़ देना। **-फाँकना** : मारा-मारा फिरना। **-में मिलाना** : मटियामेट करना। **-में लट्ठ मारना** : अनुमान भिड़ाना। **-सिर पर धूल डालना** : पछताना। **किसी के पैर की धूल होना** : किसी की तुलना में बहुत तुच्छ होना।
धूल-धक्कड़ [सं-पु.] 1. चारों ओर उड़ने वाली धूल; गर्द 2. निंदनीय उत्पात या उपद्रव।
धूलकण (सं.) [सं-पु.] रज, गर्द, मिट्टी आदि का सूक्ष्म चूर्ण या कण।
धूलधूसरित (सं.) [वि.] 1. जो धूल से लिपटा हो; धूल से लथपथ 2. जिसपर गर्द पड़ी हुई हो 3. जो धूल लगने से मटमैला या भूरे रंग का हो गया हो।
धूलि (सं.) [सं-स्त्री.] मिट्टी, बालू आदि का बहुत महीन चूर्ण जो प्राय: पृथ्वी के ऊपरी तल पर पाया जाता है; धूल; गर्द; रेणु; रज।
धूलिका (सं.) [सं-स्त्री.] 1. जल की महीन बूँदों की बारिश; फुहार 2. कुहरा।
धूलिबुझाव [सं-पु.] वह थोड़ी-सी वर्षा जिससे धूल उड़नी बंद हो जाए।
धूस [सं-पु.] 1. मिट्टी और बालू मिली जमीन 2. ऊँची जमीन।
धूसर [सं-पु.] 1. धूल का रंग 2. पीलापन लिए भूरा या मटमैला रंग; ख़ाकी 3. गधा 4. कबूतर 5. ऊँट 6. एक जाति। [वि.] 1. जो धूल से लथपथ हो 2. धूल के रंग का।
धूसरा [वि.] 1. धूल में लिपटा हुआ; जिसपर धूल पड़ी हो; धूसरित 2. धूल के रंग का; मटमैला; ख़ाकी।
धूसरित (सं.) [वि.] 1. मटमैला; खाकी 2. धूल से भरा हुआ 3. जो धूल के कारण मैला हो गया हो 4. धूसर किया हुआ; भूरे रंग का।
धूसरी (सं.) [सं-स्त्री.] किन्नरियों का एक वर्ग।
धूस्तूर (सं.) [सं-पु.] धतूरा।
धूहा [सं-पु.] 1. मिट्टी, पत्थर आदि का कुछ उभरा हुआ भू-भाग; टीला 2. चिड़ियों, पशुओं आदि को डराने के लिए खेत में खड़ा किया हुआ घास-फूस, चिथड़ों आदि का बना पुतला; कागभगोड़ा; बिजूका।
धृत (सं.) [वि.] 1. धारण या ग्रहण किया हुआ 2. आधारित; स्थित 3. अधीन किया हुआ 4. गिरा हुआ 5. रखा हुआ; स्थिर किया हुआ 6. पतित 7. तौला हुआ 8. पकड़ा हुआ; गिरफ़्तार किया हुआ। [सं-पु.] 1. ग्रहण या धारण करने का भाव 2. गिरना 3. स्थिति 4. लड़ाई या कुश्ती का ढंग।

धृतराष्ट्र (सं.) [सं-पु.] 1. (महाभारत) दुर्योधन के पिता; कुरुराज; कौरवपिता 2. ऐसा देश जो किसी योग्य राजा या शासक के अधीन हो 3. काली चोंच और काले पैरों वाला एक हंस।

धृतात्मा (सं.) [वि.] 1. दृढ़ विचारों वाला 2. जिसका अपने मन पर अधिकार हो 3. धीर।

धृति (सं.) [सं-स्त्री.] 1. धारण करने का गुण या शक्ति; धारणा; संकल्प 2. ग्रहण 3. पकड़ना 4. चित्त की स्थिरता; धैर्य; धीरता; गंभीरता 5. दृढ़ स्मरण शक्ति 6. ठहराव 7. प्रीति 8. तुष्टि 9. (पुराण) सोलह मातृकाओं में से एक 10. मन की धारणा जिसके तीन रूप हैं- सात्विकी, राजसी तथा तामसी 11. (काव्यशास्त्र) एक संचारी (व्यभिचारी) भाव 12. चंद्रमा की एक कला।

धृतिमान (सं.) [वि.] 1. जिसमें धैर्य हो; धैर्यवान 2. तृप्त; तुष्ट; संतुष्ट।

धृती (सं.) [वि.] धैर्यवान; धीर।

धृत्वा (सं.) [सं-पु.] 1. विष्णु 2. ब्रह्मा 3. आकाश 4. समुद्र 5. बुद्धिमान व्यक्ति 6. धर्म।

धृषित (सं.) [वि.] 1. वीर; बहादुर; निर्भीक 2. पराजित करने वाला 3. आक्रमण करने वाला।

धृष्ट (सं.) [सं-पु.] (साहित्य) अपराध करके लज्जित न होने वाला नायक। [वि.] 1. ढीठ; दुस्साहसी 2. बड़ों के समक्ष बेहूदा या ओछा काम करने वाला; निर्लज्ज।

धृष्टता (सं.) [सं-स्त्री.] 1. धृष्ट होने की अवस्था या भाव 2. दुस्साहस; गुस्ताख़ी 3. बेहूदा बरताव; ओछापन; उद्दंडता 4. अवज्ञा; अभद्रता; दुर्व्यवहार 5. निर्लज्जता; ढिठाई 6. मुँहजोरी; बेहयाई 7. निर्दयता।

धृष्टतापूर्ण (सं.) [वि.] 1. ढिठाई या उद्दंडता के साथ 2. निर्लज्जतायुक्त 3. निर्दयतापूर्ण।

धृष्णक (सं.) [वि.] धृष्ट; बेशर्म।

धृष्णि (सं.) [सं-स्त्री.] किरण; प्रकाश की रेखा।

धृष्णु (सं.) [वि.] धृष्ट; बेशर्म; बेहूदा। [सं-पु.] 1. वैवस्वत मनु का एक पुत्र 2. एक रुद्र का नाम।

धृष्य (सं.) [वि.] 1. जिसका धर्षण किया जा सके; धर्षणीय 2. आक्रमण किए जाने के योग्य 3. जीतने लायक।

धेन (सं.) [सं-पु.] 1. समुद्र 2. बड़ी नदी; नद।

धेनव (सं.) [सं-पु.] गाय का बच्चा; बछड़ा। [वि.] 1. धेनु या गाय से संबंधित 2. गाय से उत्पन्न।

धेनु (सं.) [सं-स्त्री.] 1. गाय; गौ 2. ब्याई हुई गाय; दुधारू गाय।

धेनुमुख (सं.) [सं-पु.] एक प्रकार का बाजा; नरसिंहा।

धेय (सं.) [सं-पु.] 1. पोषण 2. पान 3. पकड़; ग्रहण। [वि.] 1. धारण करने योग्य; धार्य; ध्येय 2. पोषण करने योग्य; पोष्य 3. पीने योग्य; पीने का; पेय।

धेर [सं-पु.] एक अनार्य जाति, जो मरे हुए जानवरों का मांस खाती है।

धेरा [सं-पु.] पुत्री का पुत्र, नाती। [वि.] जिसकी आँख की पुतली टेढ़ी रहती हो; भेंगा।

धेरी [सं-स्त्री.] दुहिता; पुत्री; बेटी।

धेलचा [सं-पु.] पुराने आधे पैसे के बराबर का सिक्का; अधेले के मूल्य का सिक्का।

धेला [सं-पु.] 1. प्राचीन काल में प्रचलित एक प्रकार का सिक्का 2. पैसे का आधा; धेलचा; अधेला।

धेली [सं-स्त्री.] 1. प्राचीन काल में प्रचलित एक प्रकार का सिक्का 2. अठन्नी; पचास पैसे का सिक्का।

धेवता [सं-पु.] दौहित्र; नाती; पुत्री का पुत्र।

धेवती [सं-स्त्री.] पुत्री की पुत्री; दोहती; दौहित्री; नातिन।

धैनुक (सं.) [सं-पु.] 1. गाय का समूह या दल 2. (कामशास्त्र) रतिक्रिया का एक आसन।

धैर्य (सं.) [सं-पु.] 1. धीर होने का भाव 2. शांति; सब्र 3. संकट के समय मन की सहनशीलता या स्थिरता; धीरता; धीरज 4. अविचलन; आत्मनियंत्रण 5. मन के विकारों से रहित होने का भाव; चित्त की दृढ़ता 6. साहस।

धैर्यवान (सं.) [वि.] 1. जिसमें धीरज या स्थिरता हो; दृढ़चित्त 2. संकल्पशील; धीर 3. जो संकट के समय विचलित न होता हो; साहसी 4. सब्रवाला; विवेकी।

धैर्यशील (सं.) [वि.] 1. जिसमें धीरज या स्थिरता हो; दृढ़चित्त 2. संकल्पशील; धीर 3. जो संकट के समय विचलित न होता हो; साहसी 4. सब्रवाला; विवेकी।

धैवत (सं.) [सं-पु.] (संगीत) सात स्वरों या सप्तक में से छठा स्वर जिसका संकेत 'धा' या 'ध' है।

धैवत्य (सं.) [सं-पु.] चातुर्य; चालाकी; होशियारी।

धोंका [सं-पु.] धौंकनी का ऊपरी भाग।

धोंडाल [वि.] जिसमें ढेले, कंकड़-पत्थर हों।

धोंधा [सं-पु.] 1. भद्दा, बेढंगा या बेडौल शरीर अथवा पिंड 2. मिट्टी आदि का बना हुआ बेडौल लोंदा या पिंड।

धोअन [सं-पु.] 1. किसी वस्तु को धोने से निकला मैलयुक्त पानी 2. चावल धोते समय गिराया गया पानी। [वि.] धोने से निकला हुआ।

धोआ [वि.] धोया हुआ; धुला हुआ; धोवन; पटार।

धोआँच [सं-पु.] 1. पानी में फुलाकर धोयी हुई दाल 2. धोई।

धोई [सं-स्त्री.] ऐसी दाल जिसका छिलका धोकर अलग कर दिया गया हो।

धोकड़ [वि.] मोटा-ताजा; हट्टा-कट्टा; मुस्टंडा।

धोकड़ा [सं-पु.] एक प्रकार का वृक्ष, जो राजस्थान में होता है।

धोका [सं-पु.] दे. धोखा।

धोखा [सं-पु.] 1. विश्वासघात; दगा 2. दूसरों को भ्रमित करने वाला व्यवहार; भुलावा 3. स्वार्थ के लिए किया जाने वाला अनैतिक आचरण 4. आश्वासन देकर बात से मुकर जाना 5. गबन; छल 6. ख़तरा; जोखिम 7. भ्रम पैदा करने वाली कोई वस्तु; मिथ्या प्रतीति 8. पहचानने में होने वाली भूल; भ्रम 9. संशय; अंदेशा; खटका 10. अनजाने में होने वाली गलती; त्रुटि 11. खेतों में पक्षियों को डराने के लिए खड़ा किया जाने वाला पुतला; खट-खटा; बिजूखा; बिजूका 12. कसर 13. वंचना। [मु.] **-खाना** : ठगा जाना। **-देना** : छलना; भ्रम में

डालना।

धोखाधड़ी [सं-स्त्री.] 1. किसी को धोखा देने का भाव 2. छल-कपटपूर्ण व्यवहार 3. धूर्तता; जालसाज़ी; बेईमानी।

धोखेबाज़ (हिं.+ फ़ा.) [वि.] 1. धोखा देने वाला; जालसाज़ी या कपटपूर्ण व्यवहार करने वाला; ठग; विश्वासघाती 2. छली; कपटी; बेईमान; दगाबाज़; धूर्त; कुटिल।

धोखेबाज़ी (हिं.+ फ़ा.) [सं-स्त्री.] 1. धोखा देने का काम 2. छलने का काम; धूर्तता; दगा 3. विश्वासघात; बेईमानी 4. प्रतारणा 5. वचनभंग।

धोती [सं-स्त्री.] 1. भारतीय वेशभूषा में पुरुष द्वारा अधोवस्त्र के रूप में तथा महिलाओं द्वारा सर्वांग वस्त्र के रूप में पहना जाने वाला एक लंबा कपड़ा 2. सफ़ेद साड़ी। [मु.] -ढीली होना : हिम्मत या साहस छूटना; भयभीत होना।

धोतीबचाव [सं-पु.] घुटने से ऊपर तक की पानी की माप।

धोना (सं.) [क्रि-स.] 1. पानी या किसी तरल पदार्थ से किसी चीज़ की गंदगी या मैल साफ़ करना 2. पानी से साफ़ करना; धुलाई करना 3. प्रक्षालित करना; पखारना; निखारना 4. खँगालना 5. {ला-अ.} दूर हटाना या मिटाना; तिरस्कार करना 6. अलग करना; छोड़ना। [मु.] **से हाथ धोना** : गँवा देना। **हाथ धोकर पीछे पड़ जाना** : जी-जान से काम के पीछे लग जाना।

धोप [सं-स्त्री.] तलवार; खड्ग।

धोपना [क्रि-स.] डाँटना; फटकार लगाना; मारना-पीटना।

धोब [सं-पु.] धोए जाने की क्रिया (गिनती की दृष्टि से)।

धोबिन [सं-स्त्री.] 1. कपड़े धोने का व्यवसाय (पेशा) करने वाली स्त्री 2. धोबी की स्त्री 3. धोबी की पत्नी 4. एक लंबी चिड़िया; कुरर पक्षी 5. बीरबहूटी नामक कीड़ा 6. शीशम की जाति का एक पेड़।

धोबी [सं-पु.] 1. कपड़ा धोने का व्यवसाय करने वाला व्यक्ति; रजक 2. एक जाति जो मैले कपड़ों को धोकर अपनी जीविका चलाती है 3. उक्त जाति का व्यक्ति।

धोबीपाट [सं-पु.] कुश्ती में दूसरे पहलवान को इस तरह उठाकर पटकने का दाँव जैसे धुलाई के लिए धोबी पाट पर कपड़े को पटकता है।

धोरण (सं.) [सं-पु.] 1. वाहन; यान; सवारी 2. तेज़ गति से जाना; दौड़ 3. घोड़े की एक चाल।

धोरणि (सं.) [सं-स्त्री.] 1. अविच्छिन्न क्रम; शृंखला; श्रेणी 2. परंपरा।

धोरित (सं.) [सं-पु.] 1. गमन; चाल 2. घोड़े की दुलकी चाल 3. नुकसान करना।

धोरी [वि.] 1. धुरा (भार) धारण करने या वहन करने वाला 2. मुख्य; प्रधान। [सं-पु.] 1. साज-सँभार करने वाला व्यक्ति; देखभाल और रक्षा करने वाला स्वामी 2. गाड़ी में जोते जाने वाले बैल 3. धुरंधर 4. श्रेष्ठ व्यक्ति 5. कार्य प्रभारी 6. धुरीण; अग्रणी।

धोलधक [सं-पु.] एक पेड़ का नाम।

धोवन [सं-पु.] 1. धोने की क्रिया अथवा भाव 2. वह पानी जिससे कोई चीज़ धुली गई हो।

धौंक [सं-स्त्री.] 1. धौंकने की क्रिया 2. गरम हवा 3. आग की लपट या लौ।

धौंकना (सं.) [क्रि-स.] 1. आग सुलगाने के लिए पंखे, भाथी या किसी उपकरण से हवा करना; दहकाना 2. कठोरतापूर्वक दंड देना 3. भार रखना; ऊपर डालना।

धौंकनी (सं.) [सं-स्त्री.] लुहारों या सुनारों द्वारा आग सुलगाने के लिए प्रयोग की जाने वाली लोहे या बाँस की नली; भाथी; फुकनी।

धौंकल [वि.] उपद्रव।

धौंकिया [सं-पु.] 1. धौंकनी चलाने वाला व्यक्ति; आग फूँकने वाला व्यक्ति 2. एक प्रकार के व्यापारी या कारीगर जो बरतन की मरम्मत आदि के लिए धौंकनी साथ लेकर नगर की गलियों में घूमते हैं।

धौंकी [सं-स्त्री.] धौंकनी; फूँकनी; भाथी।

धौंकू [वि.] धौंकनी चलाने वाला।

धौंजना [क्रि-अ.] 1. दौड़ना-धूपना; दौड़-धूप करना 2. परेशान होना। [क्रि-स.] 1. पैरों से रौंदना; कुचलना 2. परेशान करना।

धौंताल [वि.] 1. जिसे किसी बात या काम की धुन लग जाए 2. फुरतीला; चालाक 3. साहसी; दृढ़ 4. हट्टा-कट्टा; मज़बूत; हेकड़ 5. निपुण; पटु; तेज़ 6. शरारती।

धौंस [सं-स्त्री.] 1. धमकी; घुड़की 2.डाँट-डपट 3. धाक; रौब; हेकड़ी 4. झाँसा-पट्टी; भुलावा 5. प्रभुत्व या दबदबा; आतंक 6. अँग्रेज़ी हुकूमत के दौर में असामी या ज़मींदार से लगान चुकाने में देरी के दंड-स्वरूप लिया जाने वाला धन।

धौंसना [क्रि-स.] 1. धौंस दिखाना; धमकाना 2. दमन करना 3. मारना-पीटना।

धौंसा [सं-पु.] 1. बड़ा नगाड़ा; बड़ा ढोल; डंका 2. बूता; शक्ति; सामर्थ्य।

धौंसिया [सं-पु.] 1. धौंस जमाने वाला या धौंस से काम चलाने वाला व्यक्ति 2. झाँसा पट्टी देने वाला व्यक्ति; धोखेबाज़ 3. धौंसेवाला; नगाड़ा बजाने वाला व्यक्ति 4. वह जो मालगुजारी के बकाएदारों से मालगुजारी वसूल करने का ख़र्च लेता है।

धौत (सं.) [सं-पु.] 1. रूपा; चाँदी 2. प्रक्षालन। [वि.] 1. धोया हुआ; धवल 2. साफ़; दीप्त 3. सफ़ेद; उजला।

धौति (सं.) [सं-स्त्री.] 1. धोने या साफ़ करने की क्रिया; शुद्धि; धुलाई 2. (योग) आँतों को साफ़ करने की हठयोग की वह क्रिया जिसमें कपड़े की एक पट्टी लेकर मुँह के मार्ग से निगलते और बाहर निकालते हैं 3. उक्त क्रिया में प्रयुक्त कपड़े की पट्टी।

धौम्र (सं.) [वि.] धुएँ के रंग का; धूम्रवर्णवाला। [सं-पु.] धुएँ जैसा रंग।

धौर [सं-पु.] एक प्रकार का पंडुक पक्षी; सफ़ेद परेवा।

धौरा (सं.) [सं-पु.] 1. सफ़ेद रंग का बैल 2. धौ का वृक्ष 3. एक प्रकार का पक्षी। [वि.] 1. सफ़ेद; श्वेत 2. धवल; उजला; साफ़।

धौराहर [सं-पु.] 1. किसी इमारत का वह ऊपरी भाग जो स्तंभ के सदृश बहुत ऊँचा हो गया हो और उस पर चढ़ने के लिए

अंदर-अंदर सीढ़ियाँ बनी हों; धौरहर; धरहरा 2. उक्त वास्तु-रचना में निर्मित कमरा 3. मीनार।

धौरी [सं-स्त्री.] 1. सफ़ेद गाय; कपिला 2. एक प्रकार की चिड़िया।

धौर्य (सं.) [सं-पु.] घोड़े की एक प्रकार की चाल; घोड़े की दुलकी चाल।

धौल [सं-स्त्री.] 1. सिर या पीठ आदि पर हथेली से किया गया आघात 2. चपत; थप्पड़ 3. हानि; नुकसान।

धौल-धप्पा [सं-पु.] हाथ के पंजे अथवा हथेली से किसी के सिर पर हलका आघात करना।

धौला [सं-पु.] 1. सफ़ेद बैल 2. धव का वृक्ष। [वि.] 1. धोया हुआ; धवल 2. सफ़ेद; उजला; श्वेत।

ध्यात (सं.) [वि.] 1. विचारा हुआ 2. ध्यान किया हुआ 3. जिसपर चिंतन किया गया हो।

ध्यातव्य (सं.) [वि.] 1. ध्यान देने योग्य; जिसपर ध्यान दिया जाए; विचारणीय 2. ध्यान में लाने योग्य।

ध्याता (सं.) [वि.] ध्यान लगाने या करने वाला।

ध्यान (सं.) [सं-पु.] 1. किसी विशेष विषय पर चित्त की एकाग्रता 2. किसी स्वरूप का एकाग्र चिंतन 3. चिंतन या मनन करने की प्रवृत्ति 4. स्मृति; याद; ख़याल 5. (योग) ध्येय विषय के साथ चित्त की एकाग्रता 6. गौर; सोच-विचार 7. बुद्धि; समझ। [मु.] **-में डूबना** : तल्लीन होना। **-में लाना** : (किसी बात को) याद कराना। **-जमना** : एकाग्रचित्त होना। **-दिलाना** : सुझाना; चेताना। **-देना** : विचार करना। **-पर चढ़ना** : चित्त से न हटना। **-बँटना** : ख़याल इधर-उधर होना। **-आना** : याद आना। **-रखना** : याद रखना। **-करना** : एकाग्रचित्त होकर बैठना। **-चूकना** : एकाग्रता भंग होना।

ध्यानपूर्वक (सं.) [क्रि.वि.] ध्यान से; एकाग्रचित्त होकर।

ध्यानमग्न (सं.) [वि.] ध्यान में लगा हुआ; ध्यान में लीन।

ध्यानयोग (सं.) [सं-पु.] वह योग जिसमें ध्यान की प्रधानता हो; ध्यानरूपी योग।

ध्यानशील (सं.) [वि.] ध्यान करता हुआ; ध्यान लगाने वाला; ध्यानमग्न।

ध्यानस्थ (सं.) [वि.] 1. ध्यान में लगा हुआ; ध्यानमग्न 2. बेसुध; आत्मविस्मृत।

ध्यानाकर्षक (सं.) [वि.] ध्यान आकर्षण करने वाला।

ध्यानाकर्षण (सं.) [सं-पु.] ध्यान खींचने की क्रिया अथवा भाव; ध्यान आकर्षित करना।

ध्यानाकर्षी (सं.) [वि.] ध्यानाकर्षक।

ध्यानावस्था (सं.) [सं-स्त्री.] ध्यान में लीन या मग्न होने की अवस्था।

ध्यानी (सं.) [वि.] 1. ध्यान करने वाला; ध्यानशील 2. समाधि लगाने वाला।

ध्येय (सं.) [सं-पु.] 1. लक्ष्य; उद्देश्य; (ऑबजेक्ट) 2. ध्यान का विषय। [वि.] 1. ध्यान करने योग्य 2. जिसका ध्यान रखकर प्रयास किया जाए।

ध्रुपद (सं.) [सं-पु.] (संगीत) गाने की एक विशिष्ट शैली जिसमें स्वर और लय का विचलन नहीं होता है; एक प्रकार का राग; ध्रुवपद।

ध्रुपदिया (सं.) [सं-पु.] ध्रुपद गाने वाला गायक; ध्रुपद गायक।

ध्रुव (सं.) [सं-पु.] 1. एक प्रसिद्ध तारा 2. राजा उत्तानपाद और सुनीति का पुत्र जो बाल तपस्वी था 3. आकाश 4. कील 5. पहाड़ 6. वट वृक्ष 7. पृथ्वी के दो सिरे जिनके बीच की सीधी रेखा अक्ष रेखा कहलाती है। [वि.] 1. स्थिर; अचल 2. सदैव; सदा; नित्य 3. पक्का; दृढ़।

ध्रुव सत्य (सं.) [सं-पु.] 1. अटल सत्य 2. जो पूर्णतया सत्य हो।

ध्रुवक (सं.) [सं-पु.] 1. किसी गीत का वह आरंभिक अंश जो बार-बार दुहराया जाता है; टेक 2. ठूँठ; स्थाणु।

ध्रुवण (सं.) [सं-पु.] 1. किसी वस्तु की ध्रुवता का पता लगाना या उसकी ध्रुवता स्थिर करना 2. निश्चित या स्थिर करना।

ध्रुवणता (सं.) [सं-स्त्री.] निश्चितता की क्रिया या भाव; ध्रुवित करना।

ध्रुवता (सं.) [सं-स्त्री.] 1. ध्रुव होने की अवस्था या भाव 2. अचलता; स्थिरता।

ध्रुवतारा (सं.) [सं-पु.] उत्तर दिशा में स्थित सुमेरु या उत्तरी ध्रुव के ऊपर सदैव एक स्थान पर स्थित रहने वाला एक तारा।

ध्रुवदर्शक (सं.) [सं-पु.] 1. सप्तर्षि मंडल 2. एक दिशासूचक यंत्र जिसकी सुई सदैव उत्तर दिशा की ओर संकेत करती है; कुतुबनुमा।

ध्रुवा (सं.) [सं-स्त्री.] 1. एक प्रकार का यज्ञपात्र 2. मरोड़फली; मूर्वा 3. सरिवन; शालपर्णी 4. सती और साध्वी स्त्री 5. ध्रुपद नामक गीत।

ध्रुवांत (सं.) [सं-पु.] ध्रुव का अंतिम सिरा।

ध्रुवाक्षर (सं.) [सं-पु.] विष्णु।

ध्रुवावर्त (सं.) [सं-पु.] 1. घोड़ों के अपान, भाल, मस्तक, रंध्र या वक्षस्थल पर होने वाली बालों की भौंरियाँ 2. वह घोड़ा जिसके शरीर पर उक्त भौंरी हो।

ध्रुवीकरण (सं.) [सं-पु.] ध्रुवीकृत या केंद्रोन्मुख करने या होने का भाव।

ध्रुवीय (सं.) [वि.] ध्रुव से संबंधित; ध्रुव प्रदेश का।

ध्रुवीयक (सं.) [सं-पु.] वह तत्व या उपकरण जो ध्रुवीयण करता हो।

ध्रुवीयण (सं.) [सं-पु.] 1. ध्रुवीयता होने या ध्रुवीयता देने की अवस्था 2. वह घटना जिसमें प्रकाश या अन्य विकिरण की किरणें कंपन की दिशा में प्रतिबंधित होती हों।

ध्रौव्य (सं.) [सं-पु.] 1. ध्रुव होने की अवस्था, गुण या भाव 2. अचलता; स्थिरता 3. निश्चय।

ध्वंस (सं.) [सं-पु.] 1. किसी व्यक्ति या चीज़ के अस्तित्व का मिट जाना 2. विनष्टीकरण; विनाश; नाश 3. तोड़-फोड़ 4. गिरकर खंड-खंड हो जाना 5. (न्यायदर्शन) अभाव का एक भेद।

ध्वंसक (सं.) [वि.] 1. ध्वंस अथवा विनाश करने वाला; विध्वंसक 2. ढाहने वाला; नष्ट करने वाला।

ध्वंसन (सं.) [सं-पु.] 1. ध्वंस होने या किए जाने की क्रिया या भाव 2. किसी चीज़ को नष्ट करने के उद्देश्य से तोड़-फोड़ करना; नाश 3. क्षय 4. गमन।

ध्वंसावशेष (सं.) [सं-पु.] 1. किसी चीज़ के ध्वंस होने पर उसके बचे हुए टूटे-फूटे या रद्दी अंश 2. किसी टूटी या ढही हुई इमारत का अंश; खंडहर।

ध्वंसित (सं.) [वि.] 1. विनाशित; नष्ट किया हुआ 2. अलग किया हुआ; हटाया हुआ।

ध्वंसी (सं.) [वि.] 1. ध्वंस या नाश करने वाला; ध्वंसक; नाशक 2. नष्ट होने वाला; नश्वर।

ध्वज (सं.) [सं-पु.] 1. सेना, रथ, देवता अथवा किसी संस्था आदि का चिह्नयुक्त पताका (या पताका रहित बाँस अथवा कोई सीधी लकड़ी) 2. झंडा; पताका; ध्वजा 3. व्यापारिक चिह्न; (ट्रेड मार्क) 4. सीमासूचक चिह्न 5. गर्व; दर्प 6. ढोंग 7. योगियों का वह डंडा जिसके ऊपर खोपड़ी लटकाए रहते हैं 8. पलाश का डंडा 9. नाम के अंत में श्रेष्ठता सूचक।

ध्वज रेखा (सं.) [सं-स्त्री.] महाशीर्ष के नीचे की परिचयात्मक पंक्ति।

ध्वजक (सं.) [सं-पु.] नौसेना का झंडा।

ध्वजा (सं.) [सं-स्त्री.] 1. पताका; झंडा 2. मालखंभ की एक प्रकार की कसरत 3. छंदशास्त्र में यगण का पहला भेद, जिसमें पहले लघु फिर दीर्घ होता है।

ध्वजारोहण (सं.) [सं-पु.] किसी विशिष्ट अवसर पर झंडे को खंभे आदि की ऊँचाई तक रखकर फहराना; ध्वजोत्तोलन।

ध्वजिनी (सं.) [सं-स्त्री.] 1. सैन्य टुकड़ी 2. पाँच प्रकार की सीमाओं में से वह सीमा, जिसपर वृक्ष आदि के रूप में निशान लगाए गए हों। [वि.] जिस (स्त्री) के पास ध्वज हो; ध्वजवाली।

ध्वजी (सं.) [सं-पु.] 1. सेना के आगे ध्वज लेकर चलने वाला व्यक्ति 2. संग्राम; युद्ध; लड़ाई 3. पर्वत; पहाड़।

ध्वजोत्थान (सं.) [सं-पु.] 1. इंद्र के सम्मान में उत्सव; इंद्रध्वज महोत्सव 2. ध्वज फहराना।

ध्वनन (सं.) [सं-पु.] 1. ध्वनि करना 2. ध्वनि के रूप में अभिव्यक्त करने की क्रिया या भाव 3. अस्पष्ट शब्द 4. व्यंग्यार्थक क्रिया या भाव।

ध्वनि (सं.) [सं-स्त्री.] 1. आवाज़ 2. किसी वाद्य यंत्र से उत्पन्न स्वर 3. एक काव्य भेद जिसमें वाच्य से व्यंग्य अतिशय चमत्कारजनक होता है 4. गूढ़ार्थ 5. व्यंग्यार्थ।

ध्वनि तरंग (सं.) [सं-स्त्री.] वह वायु तरंग जिसमें किसी स्थान में होने वाली ध्वनि के फलस्वरूप एक विशेष प्रकार का कंपन होता है फलस्वरूप श्रवणेंद्रिय को ध्वनि का ज्ञान हो जाता है; (साउंड वेब)।

ध्वनिक (सं.) [वि.] 1. ध्वनि से संबंधित 2. स्वनिम के वैज्ञानिक अध्ययन का या उससे संबंधित।

ध्वनिकी (सं.) [सं-स्त्री.] ध्वनियों का विश्लेषण और उनके गुणों पर विचार करने वाली भाषाविज्ञान की एक शाखा; स्वनविज्ञान।

ध्वनिक्षेपक यंत्र (सं.) [सं-पु.] एक यंत्र जिसके माध्यम से किसी स्थान पर वक्ता द्वारा दिए गए भाषण आदि का प्रसारण चारों तरफ़ किया जा सकता है।

ध्वनिग्राम (सं.) [सं-पु.] विभिन्न स्थितियों में मनुष्य के गले से निकलने वाली ध्वनियों के भिन्न-भिन्न रूप, जिनका अध्ययन ध्वनिविज्ञान के अंतर्गत किया जाता है; स्वनिम।

ध्वनिग्राही (सं.) [सं-पु.] एक यंत्र जिससे आवाज़ को मशीन में भेज कर रिकार्ड किया जाता है या तेज करके सुनाया जाता है।

ध्वनित (सं.) [वि.] जिसकी ध्वनि हुई हो; जो ध्वनि रूप में प्रकट या व्यक्त हुआ हो; (किसी वाक्य आदि में) जो झलकता हो; व्यंजित। [सं-पु.] शब्द; मेघगर्जन।

ध्वनिमय (सं.) [वि.] ध्वनियुक्त; ध्वनिपूर्ण; सध्वनि; शब्दोच्चारण सहित।

ध्वनिरति (सं.) [सं-स्त्री.] उच्चारण की प्रवृत्ति।

ध्वनिविज्ञान (सं.) [सं-पु.] भाषाविज्ञान की वह शाखा जिसमें वाक्-स्वनों का विश्लेषण, वर्णन तथा वर्गीकरण किया जाता है; (फ़ोनेटिक्स)।

ध्वन्य (सं.) [वि.] 1. ध्वनित होने वाला 2. ध्वनित होने योग्य।

ध्वन्यंकन (सं.) [सं-पु.] ध्वनि का अंकन (ग्राफ़ के रूप में)।

ध्वन्यनुरूप (सं.) [वि.] ध्वनि के अनुरूप; ध्वनिक; ध्वनि से संबंधित।

ध्वन्यात्मक (सं.) [वि.] 1. ध्वनि से युक्त 2. ध्वनिरूप; ध्वनिमय 3. जिसमें व्यंग्य अर्थ प्रधान हो।

ध्वन्यार्थ (सं.) [सं-पु.] ध्वनिमूलक अर्थ; शब्द की व्यंजना शक्ति से निकलने वाला अर्थ।

ध्वन्यालेखन (सं.) [सं-पु.] किसी की ध्वनि को किसी यंत्र विशेष या उपकरण आदि के माध्यम से इस प्रकार सुरक्षित करना कि आवश्यकता पड़ने पर उसे पुन: सुना जा सके।

ध्वस्त (सं.) [वि.] 1. ढहा हुआ; नष्ट 2. पतित; गिरा हुआ।

ध्वस्तीकरण (सं.) [सं-पु.] ध्वस्त करने का कार्य या भाव।

ध्वांत (सं.) [सं-पु.] 1. अंधकार 2. एक नरक जहाँ सदैव अँधेरा छाया रहता है 3. एक मरुत।

ध्वांतचर (सं.) [सं-पु.] राक्षस; निशाचर; असुर; दैत्य।

न

न¹ हिंदी वर्णमाला का व्यंजन वर्ण। उच्चारण की दृष्टि से यह वर्त्स्य, सघोष अल्पप्राण नासिक्य है। दंत्य व्यंजनों के पहले इसका उच्चारण दंत्य हो जाता है, जैसे- अंत, पंथ में। संस्कृत में दंत्य, सघोष नासिक्य माना गया है।

न² [नि.] 1. नकारात्मक या निषेधात्मक कथनों में 'नहीं' या 'मत' की जगह, जैसे- उसके घर न जाना ही ठीक है 2. प्रश्नात्मक वाक्य में ज़ोर देने के लिए तथा विधिवाचक वाक्य के रूप में भी इसका प्रयोग होता है, जैसे- 'वह चला जाएगा न'?

नँह (सं.) [सं-पु.] नाखून।

नंग¹ [सं-पु.] 1. नंगे होने की अवस्था अथवा भाव; नग्नता; नंगापन 2. पुरुष या स्त्री गुप्तांग। [वि.] 1. नंगा 2. लुच्चा; बदमाश।

नंग² (फ़ा.) [सं-पु.] 1. प्रतिष्ठा; इज़्ज़त 2. लज्जा; शर्म; हया।

नंगई [सं-स्त्री.] 1. नग्न होने की क्रिया या भाव 2. उजड्डपन 3. निम्न स्तर का आचरण।

नंगधड़ंग (सं.) [वि.] जिसके शरीर पर एक भी वस्त्र न हो; निर्वस्त्र; एकदम नंगा; दिगंबर।

नंगा (सं.) [वि.] 1. जिसपर कोई आवरण न हो; वस्त्रहीन; दिगंबर 2. बेशर्म; बेहया 3. {ला-अ.} जो ज़िद करता हो; हठी 4. {ला-अ.} दुराचारी; दुष्ट। [सं-पु.] 1. शिव; महादेव 2. एक पर्वत। [मु.] **-होकर नाचना** : बेशर्मी भरा आचरण करना; अत्यंत घिनौना रूप प्रकट करना।

नंगा-लुच्चा [वि.] बदमाश और चरित्रहीन; दुष्ट और ओछा।

नंगा नाच [सं-पु.] 1. निर्लज्जतापूर्ण व्यवहार; अभद्र आचरण 2. घृणित व्यवहार; मनमाना आचरण।

नंगापन [सं-पु.] 1. नंगा होने की अवस्था या भाव; परिधानहीनता; वसनहीनता 2. {ला-अ.} अभद्र आचरण।

नंद (सं.) [सं-पु.] 1. हर्ष; आनंद 2. कृष्ण के पालक पिता; यशोदा के पति 3. पाटलिपुत्र के एक राजा का नाम जिसके नाम पर नंद वंश चला 4. गौतम बुद्ध का सौतेला भाई; सुंदरी का पति 5. पुत्र; बेटा; नंदन 6. एक राग 7. एक प्रकार का मृदंग 8. एक प्रकार का बाँस 9. एक प्रकार की बाँसुरी 10. सच्चिदानंद; परमात्मा 11. विष्णु। [वि.] 1. आनंद या सुख देनेवाला 2. उत्तम श्रेष्ठ 3. शुभ।

नंदक (सं.) [वि.] 1. आनंद देने वाला; संतोषप्रद; सुखकर 2. अपने परिवार का पालन करने वाला। [सं-पु.] 1. विष्णु का खड्ग 2. कार्तिकेय का एक अनुचर 3. श्रीकृष्ण का खड्ग 4. श्रीकृष्ण के पालक 3. भेढ़क।

नंदकिशोर (सं.) [सं-पु.] नंद के पुत्र कृष्ण; नंदकुमार।

नंदकुमार (सं.) [सं-पु.] नंद के पुत्र कृष्ण; नंदकिशोर।

नंदन (सं.) [सं-पु.] 1. लड़का; बेटा, जैसे- दशरथनंदन 2. मेघ; बादल 3. इंद्र का उपवन 4. शिव का एक नाम 5. मित्र; दोस्त 6. नंदन कानन 7. विष्णु 8. केसर 9. चंदन 10. एक छंद। [वि.] आनंद देने वाला।

नंदनंदिनी (सं.) [सं-स्त्री.] नंद की पुत्री; योगमाया।

नंदरानी (सं.) [सं-स्त्री.] यशोदा; कृष्ण की माता।

नंदलाल (सं.) [सं-पु.] नंद के पुत्र अर्थात कृष्ण।

नंदा (सं.) [सं-स्त्री.] 1. आनंद की अधिष्ठात्री देवी 2. दुर्गा; गौरी 3. चंद्र मास के किसी पक्ष की प्रतिपदा, षष्ठी या एकादशी तिथि 4. एक प्रकार की संक्रांति 5. (पुराण) कुबेर की पुरी के निकट बहने वाली एक नदी 6. (पुराण) शाकद्वीप की एक नदी। [सं-पु.] 1. मिट्टी का घड़ा 2. बरवै छंद का एक नाम। [वि.] 1. आनंद देने वाली; आनंददायिनी 2. शुभ।

नंदा देवी (सं.) [सं-स्त्री.] हिमालय पर्वत की एक ऊँची चोटी।

नंदि (सं.) [सं-पु.] 1. जो पूरी तरह आनंदमग्न हो 2. आनंद; हर्ष 3. परमेश्वर 4. शिव।

नंदिक (सं.) [सं-पु.] 1. नंदी वृक्ष; तुन का पेड़ 2. आनंद 3. शिव का एक अनुचर 4. छोटा कलश 5. नंदन-कानन।

नंदिका (सं.) [सं-स्त्री.] 1. हँसमुख स्त्री 2. मिट्टी का बना नाँद या जलपात्र 3. नंदन-कानन 4. चंद्रमास के प्रत्येक पक्ष की प्रतिपदा, षष्ठी और एकादशी।

नंदित (सं.) [वि.] सुखी; प्रसन्न; आनंदित; आनंदयुक्त।

नंदिनी (सं.) [सं-स्त्री.] 1. बेटी; पुत्री 2. उमा; दुर्गा 3. गंगा 4. जटामासी नामक जड़ी 5. रेणुका नामक गंधद्रव्य 6. तुलसी का पौधा 7. एक वर्णवृत्त 8. वशिष्ठ ऋषि की गाय; कामधेनु 9. ननद 10. व्याडि मुनि की माता 11. एक वर्णवृत्त।

नंदिवर्धन (सं.) [वि.] आनंद बढ़ाने वाला। [सं-पु.] 1. शिव 2. पुत्र; बेटा 3. मित्र 4. एक प्राचीन विमान 5. बिंबसार का पुत्र।

नंदी (सं.) [वि.] आनंदित या प्रसन्नचित्त रहने वाला; प्रसन्न। [सं-पु.] 1. (पुराण) शिव का गण या वाहन; शिव के द्वारपाल बैल का नाम 2. शिव के नाम पर छोड़ा गया साँड़ 3. पुत्र 4. नाटक में नंदी का अभिनय करने वाला व्यक्ति 5. बंगाली कायस्थों एवं तेलियों में एक प्रकार का कुलनाम 6. बरगद 7. विष्णु।

नंदीगण (सं.) [सं-पु.] 1. शिव के द्वारपाल बैल 2. साँड़।

नंदीमुख (सं.) [सं-पु.] 1. एक प्रकार का धान 2. एक प्रकार का पक्षी 3. शिव।

नंदीश्वर (सं.) [सं-पु.] 1. (पुराण) शिव नामक देवता और उनका गण 2. संगीत में ताल का एक भेद 3. वृंदावन का एक तीर्थ।

नंबर (अं.) [सं-पु.] 1. संख्या सूचक; अंक 2. अदद; संख्या 3. गणना; गिनती 4. सामयिक पत्र या पत्रिका का कोई स्वतंत्र अंक।

नंबरदार (अं.+ फ़ा.) [सं-पु.] 1. अँग्रेज़ी हुकूमत का वह ज़मींदार या अन्य व्यक्ति जो मालगुज़ारी वसूल करता था; लंबरदार; मालगुज़ार 2. गाँव का मुखिया 3. रौबीला व्यक्ति।

नंबरवार (अं.+ हिं.) [क्रि.वि.] अंक या संख्या के क्रम से; क्रमानुसार; सिलसिलेवार।

नंबरी ईंट (अं.+हिं.) [सं-स्त्री.] जिस ईंट पर नंबर लिखा हो।

नंबूदरी [सं-पु.] केरल प्रांत का एक ब्राह्मण वंश, जिसके सदस्य प्रायः मंदिर के पुजारी होते हैं।

नंशुक (सं.) [वि.] 1. नाश करने वाला 2. हानि पहुँचाने वाला; हानिकारक 3. खो जाने वाला 4. भटकने वाला 5. बहुत छोटा 6. सूक्ष्म।

नइका [सं-स्त्री.] नाव; नौका।

नइनियाँ [सं-स्त्री.] नाई की स्त्री; नउनी; नाइन; नाउन।

नइहर [सं-पु.] स्त्रियों का पितृगृह; नैहर; पीहर; मायका।

नई[1] [वि.] 'नया' का स्त्री रूप, जैसे- नई पुस्तक।

नई[2] (सं.) [वि.] नीतिज्ञ; नीतिमान; नीतिपालक। [सं-स्त्री.] नदी।

नउनियाँ [सं-स्त्री.] दे. नइनियाँ।

नएपंज [सं-पु.] पाँच वर्ष की अवस्था का घोड़ा; युवा घोड़ा।

नक (सं.) [सं-स्त्री.] 'नाक' का समास में व्यवहृत रूप, जैसे- नकबेसर, नकचढ़ा। [सं-पु.] 1. आकाश; नभ 2. स्वर्ग।

नकंद [सं-पु.] एक प्रकार का बढ़िया चावल।

नककटा [वि.] 1. जिसकी नाक कटी हो; नकटा 2. {ला-अ.} जिसका बहुत अपमान हुआ हो 3. {ला-अ.} निर्लज्ज; बेशरम।

नकघिसनी [सं-स्त्री.] 1. ज़मीन पर नाक रगड़ने की क्रिया 2. क्षमा-याचना हेतु दीनतापूर्वक विनती करना; गिड़गिड़ाना।

नकचढ़ा [वि.] 1. बात-बात में क्रोधित होने वाला; तुनकमिज़ाज; चिड़चिड़ा; बदमिज़ाज 2. घमंडी।

नकछिकनी [सं-स्त्री.] एक तरह का पौधा जिसके फूल को सूँघने पर छींकें आने लगती हैं।

नकटा [सं-पु.] 1. एक प्रकार का मांगलिक गीत 2. एक प्रहसन जो वर पक्ष की स्त्रियाँ बरात जाने के उपरांत रात में करती हैं; खोईया 3. बत्तख की जाति का एक पक्षी। [वि.] 1. जिसकी नाक कट गई हो 2. {ला-अ.} जिसका बहुत अपमान हुआ हो 3. {ला-अ.} निर्लज्ज; बेशर्म।

नकटी [सं-स्त्री.] 1. नाक के भीतर की मैल; खाँड़ी 2. एक प्रकार की चोईंटा रहित मछली। [वि.] नाक कटी हुई (स्त्री)।

नकटेसर [सं-पु.] एक प्रकार का पौधा जिसमें सुगंधित सुंदर फूल लगते हैं।

नकतोड़ा [सं-पु.] 1. अभिमानपूर्वक नाक-भौं चढ़ाकर किया जाने वाला अभिनय या नख़रा 2. विवाह की एक रीति; नकटा।

नकद (अ.) [सं-पु.] 1. वह धन जो सिक्के या रुपए के रूप में हो 2. वह रकम जो फ़ौरन अदा की जाए 3. रोकड़; नगद; (कैश)। [वि.] प्रस्तुत। [अव्य.] तुरंत रुपए देकर।

नकद नारायण (अ.+सं.) [सं-पु.] 1. रुपए-पैसे या नकद राशि के महत्व के निर्देशन के लिए प्रयुक्त शब्द 2. रुपया-पैसा 3. मुद्रा के रूप में धन-राशि।

नकदावा [सं-पु.] ऐसी पकी हुई दाल जिसमें बड़ियाँ भी पड़ी हो।

नकदी (अ.) [सं-स्त्री.] रोकड़; रुपया-पैसा; धन-दौलत।

नकदी फ़सल (अ.) [सं-स्त्री.] वह फ़सल जिसके बेचने पर तुरंत भुगतान होता हो, जैसे- केला, कपास, गन्ना, जूट आदि।

नकपोटा [सं-पु.] बड़ी सुराख की नाक वाला मुर्गा।

नकफूल [सं-पु.] नाक में पहना जाने वाला एक गहना।

नकब (अ.) [सं-स्त्री.] चोरी करने के उद्‌देश्य से किसी मकान की दीवार में किया गया बड़ा छेद; सेंध।

नकबज़नी (अ.+फ़ा.) [सं-स्त्री.] चोरी करने के उद्‌देश्य से किसी मकान की दीवार में नकब या सेंध लगाने की क्रिया; सेंध लगाना; सेंध मारकर चोरी करना।

नकबेसर [सं-स्त्री.] बेसर; छोटी नथ।

नकमोती [सं-पु.] नाक में पहनने का मोती; लटकन।

नकल (अ.) [सं-स्त्री.] 1. किसी के आचरण, वेश, वाणी आदि का अनुकरण करना 2. लेख आदि की प्रतिलिपि; कॉपी 3. ज्यों का त्यों किया जाने वाला अनुकरण 4. रूप, बनावट आदि में समानता; प्रतिरूप; अनुकृति 5. परीक्षा के दौरान छलपूर्वक दूसरे परीक्षार्थी की उत्तर पुस्तिका से अथवा छिपाकर लाई हुई पुस्तक आदि से आवश्यकतानुरूप कुछ अंश अपनी उत्तर पुस्तिका में लिखना 6. मनोरंजन या परिहास के लिए किसी का यथावत अनुकरण; स्वाँग।

नकल-बही [सं-स्त्री.] चिट्‌ठियों, हुंडियों आदि की नकल रखने की बही।

नकलची (अ.) [सं-पु.] नकल करने वाला; अनुकरण करने वाला; अनुकरणकर्ता।

नकलनवीस (अ.+फ़ा.) [सं-पु.] कार्यालय आदि का वह लिपिक जो कागज़ात या दस्तावेज़ों आदि की नकल तैयार करता है।

नकली (अ.) [वि.] 1. कृत्रिम; बनावटी; काल्पनिक 2. मिथ्या; झूठ; फ़र्ज़ी 3. जाली; खोटा 4. मान, मूल्य, महत्व आदि के विचार से निम्नतर; जो प्रायः दूसरों को धोखा देने के उद्‌देश्य से निर्मित किया गया हो 5. जो किसी के अनुकरण पर बना हो।

नकलोल [वि.] 1. भद्दी और बेडौल नाकवाला 2. निर्बुद्धि; मूर्ख।

नकवी (अ.) [सं-पु.] मुसलमानों के दसवें इमाम हज़रत अली नकी की संतान के वंश का व्यक्ति।

नकशा (अ.) [सं-पु.] दे. नक्शा।

नकशानवीस (अ.) [सं-पु.] दे. नक़्शानवीस ।

नकसीर (अ.) [सं-स्त्री.] एक तरह का रोग जिसमें नाक से ख़ून बहता है।

नकाब (अ.) [सं-स्त्री.] 1. चेहरा ढकने के लिए प्रयुक्त जालीदार कपड़ा 2. बुरके, साड़ी या चादर का वह भाग जिससे स्त्रियाँ अपना चेहरा ढकती हैं; घूँघट 3. मुखौटा 4. शिरस्त्राण में लगी लोहे की जाली जिससे नाक की रक्षा होती है।

नक़ाब (अ.) [सं-स्त्री.] उर्दू उच्चारणानुसार वर्तनी (दे. नकाब)।

नकाबपोश (अ.+फ़ा.) [वि.] 1. जिसका चेहरा नकाब से ढका हो 2. छुपा हुआ।

नकार (सं.) [सं-पु.] 1. 'न' वर्ण 2. निषेध अथवा अस्वीकृति सूचक शब्द। [सं-स्त्री.] 1. इनकार; अस्वीकृति 2. किसी काम या बात को नहीं कहने की क्रिया या भाव।

नकारना (सं.) [क्रि-अ.] 1. अस्वीकार करना; ठुकराना 2. न मानना 3. मुकरना 4. इनकार करते हुए 'न' या 'नहीं' कहना।

नकारवाद (सं.) [सं-पु.] हर बात का निषेध करने का सिद्धांत या मत; निराशावाद।

नकारवादी (सं.) [सं-पु.] 1. हर बात का निषेध करने वाला व्यक्ति; निराशावादी 2. हर समय कुछ बुरा घटने की ही आशंका से ग्रस्त व्यक्ति।

नकारात्मक (सं.) [वि.] 1. जिसमें कोई बात अस्वीकृत की गई हो या किसी बात से इनकार किया गया हो; अस्वीकारात्मक 2. जो नकारात्मक विचार का हो; निराशावादी 3. विरोधात्मक; निषेधात्मक; 'सकारात्मक' का विलोम 4. विपरीत; विलोम 5. ऋणात्मक।

नकियाना [क्रि-अ.] 1. नाक से शब्दों का उच्चारण करना; बोलते समय अनुनासिक उच्चारण करना; बोलते समय फेफड़ों से बाहर आने वाली वायु का मुख के साथ ही नासिका विवर से भी निकलना 2. नाकोंदम होना। [क्रि-स.] बहुत तंग करना; आजिज कर देना।

नकीब (अ.) [सं-पु.] 1. वह व्यक्ति जो प्राचीन काल में शासक की सवारी के आगे-आगे उसके वंश का यशगान करते हुए चलता था; भाट; चारण 2. वह व्यक्ति जो प्राचीन काल में राजदरबार के समय राजा से मिलने आने वालों की बारी आने पर आवाज़ देकर पुकारता था।

नकुल (सं.) [सं-पु.] 1. नेवला 2. (महाभारत) माद्री के गर्भ से उत्पन्न पांडु पुत्र 3. पुत्र; बेटा 4. एक प्राचीन वाद्य यंत्र।

नकेल [सं-स्त्री.] 1. ऊँट, भालू, बैल आदि को नियंत्रण में रखने के लिए नाक में आर-पार पहनाई जाने वाली रस्सी; मुहार 2. {ला-अ.} वश अथवा नियंत्रण में रखने की शक्ति। [मु.] **किसी की नकेल हाथ में होना** : किसी व्यक्ति को वश में रखना।

नक्का [सं-पु.] 1. सुई का वह छेद जिसमें डोरा डाला जाता है; सुई में डोरा पिरोने का छेद; नाका 2. घोंघे की तरह के एक समुद्री कीड़े का कड़ा अस्थि आवरण।

नक्कारख़ाना (अ.+फ़ा.) [सं-पु.] वह स्थान जहाँ नगाड़े बजते या रखे जाते हैं; नौबतख़ाना।

नक्कारची (अ.+फ़ा.) [सं-पु.] वह व्यक्ति जो नक्कारा या नगाड़ा बजाता हो।

नक्कारा (अ.) [सं-पु.] डुगडुगी; नगाड़ा; डंका; धौंसा।

नक्काल (अ.) [सं-पु.] 1. किसी की नकल या अनुसरण करने वाला व्यक्ति 2. स्वाँग रचने वाला व्यक्ति; भाँड़ 3. जो व्यक्ति नकली माल बेचता हो।

नक्काली (अ.) [सं-स्त्री.] 1. नकल करने का काम 2. भाँड़ का काम या विद्या; बहुरूपिए का काम या विद्या।

नक्काश (अ.) [सं-पु.] 1. धातु, लकड़ी आदि पर बेल-बूटे बनाने वाला व्यक्ति 2. रंगसाज़ 3. चित्रकार; चितेरा; मुसव्विर।

नक्काशी (अ.) [सं-स्त्री.] 1. धातु, लकड़ी आदि पर खोदकर बेल-बूटे बनाने का काम 2. खोदकर बनाए गए बेल-बूटे 3. रंगसाज़ी 4. चित्रकारी।

नक्काशीदार (अ.) [वि.] 1. जिसपर बेलबूटे खुदे हों 2. तराशी गई कलाकृतियों से युक्त।

नक्की [सं-स्त्री.] 1. एक का चिंह 2. जुए के खेल में एक के चिह्न से जीता जाने वाला दाँव। [वि.] 1. अच्छी तरह पूर्ण हो चुका (कार्य) 2. (बात) जिसपर निश्चय हो चुका हो 3. वह ऋण जो अच्छी तरह चुका दिया गया हो।

नक्कू [वि.] 1. बड़ी नाकवाला 2. स्वयं को बहुत बड़ा समझने वाला 3. उलटा या बुरा काम करने वाला 4. बदनाम 5. सबके विपरीत आचरण करने वाला।

नक्त (सं.) [सं-पु.] 1. बिलकुल संध्या का समय 2. रात; रात्रि 3. एक प्रकार का व्रत जो अगहन महीने के शुक्ल पक्ष की प्रतिपदा को किया जाता है 4. राजा पृथु के पुत्र का नाम। [वि.] लज्जित; जो शरमा गया हो।

नक्तचर (सं.) [वि.] 1. रात्रि में विचरण करने वाला; रात्रिचर 2. रात को घूमने वाला। [सं-पु.] 1. राक्षस 2. उल्लू 3. चोर।

नक्ता (सं.) [सं-स्त्री.] 1. कलियारी नामक विषैला पौधा 2. हल्दी 3. रात्रि।

नक्र (सं.) [सं-पु.] 1. नाक नामक जलजंतु; मगरमच्छ नामक जल-जंतु; घड़ियाल या कुंभीर 2. वृश्चिक राशि 3. दरवाज़े की चौखट की ऊपरी लकड़ी।

नक्श (अ.) [सं-पु.] 1. चेहरा-मोहरा; मुखाकृति, जैसे- नैन-नक्श 2. चित्र; तसवीर 3. फूल-पत्ती अथवा बेल-बूटे आदि का काम 4. मुहर या ठप्पे का निशान 5. उभरा हुआ चिह्न 6. सिक्का 7. तावीज़ 8. पदचिह्न 9. एक प्रकार का राग। [वि.] 1. लिखा हुआ 2. चित्रित 3. खुदा हुआ; अंकित।

नक्शकार (अ.) [सं-पु.] 1. वह जो चित्र बनाता हो; चित्रकार; छविकार; मुसव्विर 2. सर्वेक्षक।

नक्शबंदी (अ.+फ़ा.) [सं-स्त्री.] 1. नक्शा या चित्र बनाने का काम; चित्रकारी 2. ख़्वाज़ा नक्शबंद का अनुयायी।

नक्शा (अ.) [सं-पु.] 1. किसी वस्तु के स्वरूप को सूचित करने वाली रेखाकृति 2. तस्वीर; चित्र 3. प्राकृतिक या राजनैतिक स्थिति को सूचित करने वाला पृथ्वी या खगोल के किसी अंश का मानचित्र 4. मकान, सड़क आदि की अवस्थिति का चित्र 5. आकृति; चेहरा-मोहरा; रंगरूप; बनावट; शक्ल 6. दशा;

अवस्था; स्थिति।

नक्शानवीस (अ.) [सं-पु.] 1.नकशानवीस; देश, घर, कारख़ाने आदि का नक्शा बनाने वाला व्यक्ति 2. चित्र या नक्शा बनाने वाला।

नक्शानवीसी (अ.) [सं-स्त्री.] नक्शा या चित्र बनाने का काम या पेशा; नक्शबंदी।

नक्शाबंद (अ.+फ़ा.) [सं-पु.] धोतियों, साड़ियों आदि पर बेलबूटे काढ़ने हेतु नक्शा तैयार करने वाला।

नक्शेकदम (अ.) [सं-पु.] 1. पैर या चरण के निशान; पद-चिह्न 2. {ला-अ.} अनुकरणीय आदर्श।

नक्षत्र (सं.) [सं-पु.] 1. तारा; सितारा 2. चंद्रमा के मार्ग में पड़ने वाले स्थिर तारों के सत्ताईस समूह, जिनके अलग-अलग रूप और आकार मान लिए गए हैं और जिनके अलग-अलग नाम हैं।

नक्षत्रराज (सं.) [सं-पु.] नक्षत्रों का राजा चंद्रमा; चाँद।

नक्षत्री (सं.) [वि.] 1. जिसका जन्म अच्छे नक्षत्र में हुआ हो 2. भाग्यशाली। [सं-पु.] 1. विष्णु 2. चंद्रमा।

नक्सल [सं-पु.] एक मत जो समाज में समानता लाने के लिए हिंसा का उपयोग करने का समर्थक है।

नक्सलबाड़ी [सं-पु.] पश्चिम बंगाल में स्थित एक गाँव जहाँ से नक्सलवाद की शुरुआत हुई।

नक्सलवाद [सं-पु.] नक्सल आंदोलन की विचारधारा या मत; ऐसा सिद्धांत या मत जिसमें सामाजिक बराबरी तथा व्यवस्था परिवर्तन के लिए हिंसा को भी अपनाया जाता है; माओवाद से प्रभावित मत।

नक्सलवादी [सं-पु.] 1. नक्सलवादी विचारधारा का समर्थक 2. नक्सल आंदोलन का सदस्य; (नक्सलाइट); नक्सली।

नक्सली [सं-पु.] 1. नक्सल आंदोलन का सदस्य 2. नक्सल विचारधारा का समर्थक या अनुयायी; नक्सलवादी।

नख (सं.) [सं-पु.] 1. नाख़ून 2. खंड; टुकड़ा 3. एक प्रसिद्ध गंधद्रव्य।

नख़ (फ़ा.) [सं-स्त्री.] 1. कच्चा रेशम 2. रेशम की डोर 3. पतंग उड़ाने की डोर।

नख-शिख (सं.) [सं-पु.] 1. पैर के नख से सिर तक के सभी अंग 2. संपूर्ण आकार या आयाम 3. (काव्यशास्त्र) शृंगार रस में नायिका के पैर के नाख़ून से लेकर सिर तक के सभी अंगों का वर्णन।

नखक्षत (सं.) [सं-पु.] नाख़ून लगने से शरीर पर बना चिह्न या घाव; पुरुष द्वारा किए गए मर्दन स्पर्श आदि से स्त्री के स्तन आदि पर पड़ने वाला नख का चिह्न।

नखभिन्न (सं) [वि.] नाखून से कराया; तोड़ा गया।

नख़रा (फ़ा.) [सं-पु.] 1. नाज़ोअदा; हाव-भाव 2. चोचला 3. किसी का आग्रह टालने के लिए दिखावटी इनकार 4. चंचलता; चुलबुलापन 5. विलास चेष्टा 6. एक प्रकार का अभिनय।

नख़रीला (फ़ा.) [वि.] बहुत नख़रा करने वाला; नख़रेबाज़।

नख़रेबाज़ (फ़ा.) [वि.] प्राय: नख़रा दिखाने वाला; नख़रीला।

नखरौटा [सं-स्त्री.] नाख़ून के धँसने से होने वाला घाव या जख़्म; नख-क्षत।

नख़ल (अ.) [सं-पु.] खजूर का पेड़।

नख़लिस्तान (अ.+ फ़ा.) [सं-पु.] रेगिस्तान में स्थित हरा-भरा क्षेत्र; मरूद्यान; शाद्वल।

नखांक (सं.) [सं-पु.] 1. व्याघ्र का नख 2. नाख़ून गड़ने का चिह्न या घाव।

नखायुध (सं.) [वि.] नाख़ून ही जिसका हथियार हो। [सं-पु.] 1. दस्ताने की तरह पहना जाने वाला शस्त्र जिसके पंजों पर लोहे के तीखे नाख़ून बने होते हैं 2. शेर 3. चीता 4. कुत्ता।

नखाशी (सं.) [सं-पु.] उल्लू पक्षी। [वि.] जो नाख़ूनों की सहायता से खाता हो।

नख़ास (अ.) [सं-पु.] 1. बाज़ार 2. प्राचीन काल में पशुओं एवं दासों के क्रय-विक्रय का स्थान।

नखी (सं.) [सं-पु.] 1. वह जानवर जो नाख़ूनों से किसी पदार्थ को चीर या फाड़कर खाता हो, जैसे- चीता, शेर आदि 2. नख नामक गंध-द्रव्य।

नग[1] (सं.) [सं-पु.] 1. पर्वत; पहाड़ 2. पेड़; वृक्ष 3. सूर्य 4. साँप। [वि.] जो गमन नहीं करता; स्थिर; अचल।

नग[2] (फ़ा.) [सं-पु.] 1. बहुमूल्य पत्थर; नगीना 2. संख्या सूचक शब्द; अदद।

नगड़िया [सं-स्त्री.] एक प्रकार का छोटा नगाड़ा; डुग्गी।

नगण (सं.) [सं-पु.] (काव्यशास्त्र) छंदशास्त्र में तीन लघु अक्षरों का एक गण, जैसे- कमल।

नगण्य (सं.) [वि.] 1. जिसकी गणना न हो सके; जो गिनने या गिने जाने के योग्य न हो 2. जो मात्रा में बहुत कम हो 3. तुच्छ; निकृष्ट 4. महत्वहीन।

नगद (सं.) [सं-पु.] दे. नकद।

नगदी (सं.) [सं-स्त्री.] नगद-राशि, जैसे- तुम्हारे पास अभी कितनी नगदी है?

नगनिका (सं.) [सं-स्त्री.] 1. संकीर्ण राग का एक भेद 2. (काव्यशास्त्र) एक छंद जिसके प्रत्येक पद में चार अक्षर होते हैं 3. (काव्यशास्त्र) क्रीड़ा नामक वृत्त का दूसरा नाम जिसके प्रत्येक चरण में एक यगण और एक गुरु होता है।

नगपति (सं.) [सं-पु.] 1. हिमालय पर्वत 2. शिव 3. सुमेरु पर्वत 4. चंद्रमा।

नगमा (अ.) [सं-पु.] 1. गीत; गान 2. मधुर स्वर; सुरीली आवाज़।

नगर (सं.) [सं-पु.] 1. शहर; कस्बे से बड़ी बस्ती 2. वह स्थान जहाँ भौतिक संसाधनों का बाहुल्य हो 3. बाज़ार 4. मोहल्लों या बस्तियों के नामों के साथ भी प्रयोग किया जाने वाला शब्द, जैसे- कुंदन नगर, शिव नगर आदि।

नगर संपादक (सं.) [सं-पु.] (पत्रकारिता) अख़बार में नगर से संबंधित समाचारों के संपादन की देखभाल करने वाला व्यक्ति।

नगरकीर्तन (सं.) [सं-पु.] किसी धार्मिक संप्रदाय द्वारा विशेष पर्व या अवसरों पर निकाला जाने वाला जुलूस जो गाजे-बाजे के साथ भजन-कीर्तन करता हुआ नगर की सड़कों पर घूमता है।

नगरकोट (सं.) [सं-पु.] 1. किसी नगर या स्थान की रक्षा के लिए चारों ओर उठाई हुई ऊँची और बड़ी दीवार; परकोटा; कोट 2. काँगड़ा घाटी से तीस कि.मी. दक्षिण हिमाचल प्रदेश में स्थित इक्यावन शक्ति पीठों में एक; ज्वालादेवी मंदिर; जोताँवाली का मंदिर।

नगरनिगम (सं.) [सं-पु.] किसी महानगर की स्वायत्त संस्था जिसे नगरपालिका की अपेक्षा वित्त तथा कार्य-संचालन संबंधी कुछ अधिक अधिकार प्राप्त होते हैं।

नगरपार्षद (सं.) [सं-पु.] नगरपालिका का सदस्य।

नगरपाल (सं.) [सं-पु.] 1. प्राचीन समय में वह अधिकारी जिसका कर्तव्य नगर की सुरक्षा की देख-भाल करना होता था 2. किसी नगर की नगरपालिका का चुना हुआ सदस्य।

नगरपालिका (सं.) [सं-स्त्री.] किसी नगर के नागरिकों द्वारा निर्वाचित प्रतिनिधियों की संस्था जो नगर के यातायात, सफ़ाई, रोशनी, जल आदि की व्यवस्था करती है।

नगरप्रमुख (सं.) [सं-पु.] नगरपालिका या नगर-महापालिका का प्रधान या अध्यक्ष; निगमाध्यक्ष; महापौर।

नगरबोर्ड (सं.+अं.) [सं-पु.] नगर के चुने हुए प्रतिनिधियों की परिषद; नगर-निकाय।

नगरवधू (सं.) [सं-स्त्री.] 1. राज नर्तकी 2. वेश्या; रूपाजीवा।

नगरवा [सं-पु.] ईख की एक प्रकार की बोआई जो मध्यप्रदेश के उन प्रांतों में होती है जहाँ की मिट्टी काली या करैली होती है। इसमें खेतों को सींचने की आवश्यकता नहीं होती बल्कि बरसात के बाद जब ईख के अंकुर फूटते हैं तब जमीन पर इसलिए पत्तियाँ बिछा देते हैं कि उसका पानी सूख न जाए।

नगरवासी (सं.) [सं-पु.] वह जो नगर में रहता हो; नागरिक; शहरी व्यक्ति; पुरवासी।

नगरसेवा (सं.) [सं-स्त्री.] नगर के भीतर सुविधा प्रदान करने हेतु उपलब्ध सेवा।

नगराध्यक्ष (सं.) [सं-पु.] 1. प्राचीन काल में वह अधिकारी जिसके ऊपर नगर की सुरक्षा आदि का दायित्व होता था 2. नगर का प्रधान शासक; प्रशासक।

नगरी (सं.) [सं-पु.] नगर में रहने वाला व्यक्ति; नागरिक। [सं-स्त्री.] शहर या नगर के नाम के साथ जुड़ने वाला उत्तर पद।

नगरीकरण (सं.) [सं-पु.] 1. किसी क्षेत्र को नगरीय सुविधाओं से युक्त करने की क्रिया।

नगरोपांत (सं.) [सं-पु.] नगर के आस-पास का क्षेत्र या स्थान; उपनगर।

नगला [सं-पु.] छोटी बस्ती; कस्बा।

नगाड़ची (अ.) [सं-पु.] नगाड़ा या नक्कारा बजाने वाला व्यक्ति।

नगाड़ा (अ.) [सं-पु.] 1. डुगडुगी की तरह चमड़े से मढ़ा एक बहुत बड़ा वाद्य; डंका; धौंसा 2. ढोल; नक्कारा; दुंदुभि।

नगाधिप (सं.) [सं-पु.] 1. पर्वतों का राजा; हिमालय 2. सुमेरु पर्वत।

नगाधिपति (सं.) [सं-पु.] 1. हिमालय; पर्वतराज 2. सुमेरु पर्वत।

नगाधिराज (सं.) [सं-पु.] हिमालय; पर्वतराज; नगाधिपति।

नगारि (सं.) [सं-पु.] (पुराण) देवताओं का राजा इंद्र जो पर्वतों का शत्रु था।

नगी (सं.) [सं-स्त्री.] 1. पर्वतराज हिमालय की कन्या; पार्वती 2. पहाड़ पर रहने वाली स्त्री 3. छोटा नग या रत्न।

नगीना (फ़ा.) [सं-पु.] 1. शोभावृद्धि हेतु आभूषणों में जड़ा जाने वाला बहुमूल्य पत्थर का रंगीन टुकड़ा 2. नग; रत्न; मणि।

नगेंद्र (सं.) [सं-पु.] पर्वतराज; हिमालय।

नगौक (सं.) [सं-पु.] 1. पक्षी; चिड़िया 2. शेर 3. कौआ।

नगौरी [सं-स्त्री.] एक प्रकार का बैल, जो नागौर में पाया जाता है; नागौर के बैलों की प्रजाति।

नग्न (सं.) [वि.] 1. जिसके शरीर पर एक भी वस्त्र न हो; निर्वस्त्र; नंगा; दिगंबर 2. जिसपर कोई आवरण न हो; निरावरण; आवरणहीन 3. जो आबाद न हो। [सं-पु.] 1. दिगंबर जैन मुनि 2. वह व्यक्ति जिसके कुल में किसी ने वेद-शास्त्र का अध्ययन न किया हो 3. सेना के साथ रहने या भ्रमण करने वाला; चारण 4. शिव 5. ढोंगी व्यक्ति 6. अलंकार तथा चमत्कारहीन साहित्यिक रचना।

नचनिया [सं-पु.] 1. नाच दिखलाकर जीविकोपार्जन करने वाला व्यक्ति 2. नाचने वाला व्यक्ति।

नचनी [सं-स्त्री.] बए को ऊपर से गिराने या उठाने वाली लकड़ी की आड़ी कड़ी; करघे की वे दोनों लकड़ियाँ जो बेसर के कुलबाँसे से लटकी रहती है। [वि.] 1. किसी एक स्थान पर न रहने वाली स्त्री; 2.नाचने वाली स्त्री।

नचवैया [सं-पु.] 1. नृत्य कला में पारंगत; नर्तक 2. दूसरों को नृत्य सिखाने वाला; दूसरों को नाचने में प्रवृत्त करने वाला।

नचाकी (फ़ा.+तु.) [सं-स्त्री.] 1. दुश्मन या शत्रु होने की अवस्था या भाव; वैमनस्य 2. किसी बात पर होने वाली कहासुनी; अनबन 3. शरीर आदि को अस्वस्थ करने वाली शारीरिक प्रक्रिया; रोग।

नचाना [क्रि-स.] 1. किसी को नाचने में प्रवृत्त करना 2. किसी से तरह-तरह के काम करवाकर तंग करना; परेशान करना 3. किसी को इधर-उधर व्यर्थ के चक्कर लगवाना।

नचिकेता (सं.) [सं-पु.] 1. (पुराण) वाजश्रवा ऋषि का पुत्र जिसने मृत्युदेव से ब्रह्मज्ञान प्राप्त किया था 2. आग; अग्नि।

नचिर (सं.) [वि.] अल्पावधि तक ही स्थिर रहने वाला; क्षणभंगुर; अस्थायी।

नज़दीक (फ़ा.) [क्रि.वि.] 1. किसी विशिष्ट बिंदु से थोड़ी ही दूरी पर 2. समीप; पास; निकट।

नज़दीकी (फ़ा.) [सं-पु.] निकट का संबंधी या रिश्तेदार। [सं-स्त्री.] समीपता; निकटता। [वि.] 1. निकट का; पास का 2. आत्मीय।

नज़र (अ.) [सं-स्त्री.] 1. दृष्टि; निगाह 2. किसी विशेष अवसर पर दिया गया उपहार; भेंट; चढ़ावा 3. कृपा; अनुग्रह 4. कुदृष्टि 5. भले-बुरे की परख 6. देखभाल। [मु.] **-आना** : दिखाई देना। **-पड़ना** : दिखाई देना। **-पर चढ़ना** : पसंद आना। -

बचना : देखने में चूक होना। **-बाँधना** : ऐसा जादू करना कि किसी को कुछ दिखाई न दे। **-उतारना** : किसी उपचार से बुरी दृष्टि का प्रभाव नष्ट करना। **-लगना** : बुरी दृष्टि का प्रभाव पड़ना।

नज़रअंदाज़ (अ.) [वि.] 1. जिसपर ध्यान न दिया गया हो; अनदेखा; तिरस्कृत; उपेक्षित 2. नज़रों से गिरा हुआ।

नज़रबंद (अ.+ फ़ा.) [वि.] 1. किसी स्थान में कड़ी निगरानी में रखा गया 2. इंद्रजाल या जादू से सम्मोहित।

नज़रबंदी (अ.+ फ़ा.) [सं-स्त्री.] 1. नज़रबंद होने की स्थिति 2. इंद्रजाल, सम्मोहन आदि के द्वारा लोगों की दृष्टि में भ्रम उत्पन्न करने की क्रिया या भाव।

नज़रबाग (अ.) [सं-पु.] महल या हवेली के सामने या चारों ओर स्थित बाग।

नज़रबाज़ (अ.+ फ़ा.) [वि.] 1. अच्छा-बुरा परखने वाला 2. तेज़ नज़र रखने वाला; चालाक 3. नज़र लड़ाने वाला; आँख लड़ाने वाला।

नज़राना (अ.) [सं-पु.] 1. नज़र के रूप में उपहारस्वरूप दी जाने वाली वस्तु; भेंट; उपायन 2. मकान किराए पर लेने में अग्रिम रूप में दिया जाने वाला धन; पगड़ी। [क्रि-स.] नज़र लगाना। [क्रि-अ.] नज़र लगना या बुरी दृष्टि के प्रभाव में आना।

नज़रिया (अ.) [सं-पु.] 1. दृष्टिकोण; सोच 2. मानसिकता; मनोवृत्ति।

नज़ला (अ.) [सं-पु.] 1. सरदी; ज़ुकाम 2. नाक, आँख आदि के जरिए पानी बहने का रोग।

नज़ाकत (फ़ा.) [सं-स्त्री.] 1. नाज़ुक होने का भाव; सुकमारता 2. स्वभावगत कोमलता; मृदुलता 3. नाज़ुकमिज़ाजी 4. सूक्ष्मता; बारीकी 5. क्षीणता।

नजात (अ.) [सं-स्त्री.] 1. मुक्ति; मोक्ष 2. छुटकारा; रिहाई।

नज़ामत (अ.) [सं-स्त्री.] 1. शासन संबंधी व्यवस्था या प्रबंध 2. नाज़िम का कार्यालय 3. नाज़िम का कार्य, पद या भाव।

नज़ारत (अ.) [सं-स्त्री.] 1. निरीक्षण; निगरानी 2. नाज़िर अर्थात देखरेख करने वाले का पद और कार्यालय।

नज़ारा (अ.) [सं-पु.] 1. दृश्य 2. नज़र; दृष्टि 3. तमाशा 4. किसी पुरुष या स्त्री का एक दूसरे को अनुरागपूर्ण दृष्टि से देखना।

नजिस (अ.) [वि.] 1. गंदा; मैला; दूषित 2. अशुद्ध; अपवित्र।

नजीब (अ.) [वि.] श्रेष्ठ कुल में उत्पन्न; कुलीन। [सं-पु.] 1. सिपाही; सैनिक।

नज़ीर (अ.) [सं-स्त्री.] 1. उदाहरण; मिसाल; दृष्टांत 2. समान; सदृश; मिस्ल 3. किसी मुकदमे में दावे की पुष्टि के लिए प्रस्तुत किया गया उच्च या सर्वोच्च न्यायालय का पूर्व फ़ैसला।

नजूम (अ.) [सं-पु.] 1. सितारे; तारे; ग्रह-नक्षत्र 2. ज्योतिष।

नजूमी (अ.) [सं-पु.] ज्योतिषी।

नजूल (अ.) [सं-पु.] 1. वह भूमि जिसपर सरकार का अधिकार हो; सरकारी ज़मीन 2. ऊपर से नीचे गिरने या उतरने की क्रिया या भाव 3. सामने उपस्थित होना 4. नजला नामक रोग जिसमें नाक बहती है।

नज़्म (अ.) [सं-स्त्री.] 1. पद्य 2. कविता। [सं-पु.] 1. प्रबंध 2. इंतज़ाम 3. आकाश का तारा या नक्षत्र।

नट (सं.) [सं-पु.] 1. एक ज़ाति जो कलाबाजी दिखाकर अपनी आजीविका चलाती है 2. नाटक करने या खेलने वाला व्यक्ति 3. अभिनेता 4. क्षत्रियों की एक जाति।

नटखट [वि.] 1. उपद्रवी; चंचल 2. शरारती 3. दुष्ट; पाजी।

नटखटपन (सं.) [सं-पु.] चंचल या उपद्रवी होने का भाव।

नटन (सं.) [सं-पु.] 1. अभिनय करना 2. नाचना या नृत्य करना।

नटना (सं.) [क्रि-अ.] 1. अभिनय करना 2. प्रतिज्ञा, वचन आदि से मुकरना। [क्रि-स.] नष्ट या बर्बाद करना।

नटनागर (सं.) [सं-पु.] कृष्ण का एक नाम।

नटनी [सं-स्त्री.] 1. नट समाज की स्त्री 2. नट की पत्नी; नटी 3. अभिनेत्री 4. नर्तकी।

नटराज (सं.) [सं-पु.] 1. (पुराण) शिव का एक नाम 2. तांडव नृत्य मुद्रा में शिव की मूर्ति 3. नटों में श्रेष्ठ; नटश्रेष्ठ 4. कुशल और निपुण नट।

नटलीला (सं.) [सं-स्त्री.] 1. नाटक 2. अभिनय 3. नाटकों की शृंखला का आयोजन।

नटवर (सं.) [सं-पु.] 1. कृष्ण का एक नाम 2. नाट्य-विद्या में प्रवीण 3. सूत्रधार; प्रधान नट। [वि.] चतुर; चालाक।

नटवर्ग (सं.) [सं-पु.] 1. नाटक के पात्रों का समूह 2. नाटक के मुख्य पात्र, सहायक और गौण पात्र 3. संस्कृत नाटकों में प्राप्त उत्तम, मध्यम तथा निम्न पात्र।

नटवा [सं-पु.] 1. नाटा या कम उम्र का बैल 2. एक प्रकार का लोकगीत 3. लकड़ी का अड्डा।

नटसाल [सं-स्त्री.] 1. काँटे या तीर की नोक का वह भाग जो शरीर में लगने पर शरीर के अंदर ही रह जाता है और निरंतर चुभता रहता है 2. मानसिक व्यथा; कसक।

नटाई [सं-स्त्री.] जुलाहों का वह उपकरण जिससे वे किनारे का ताना तानते हैं।

नटी (सं.) [सं-स्त्री.] 1. नाट्य या अभिनय करने वाली स्त्री; अभिनेत्री 2. प्रधान अभिनेत्री; सूत्रधार की स्त्री 3. नर्तकी 4. नट जाति की स्त्री 5. वेश्या 6. नखी नामक गंध द्रव्य।

नटुली [सं-स्त्री.] नाटी गाय।

नटेश (सं.) [सं-पु.] 1. नटों में श्रेष्ठ; नटश्रेष्ठ 2. महादेव; शिव।

नटेश्वर (सं.) [सं-पु.] 1. नटश्रेष्ठ; नटेश 2. शिव का एक नाम।

नठाई [सं-पु.] ऐना; लकड़ी का अड्डा; नटवा।

नड़ा [सं-पु.] नरा; नाड़ा; लाट; छेद में फँसाने वाली डोरी।

नत (सं.) [वि.] 1. नम्र; विनीत 2. नम्रता दिखाने के लिए नीचे झुका हुआ 3. प्रणाम करता हुआ 4. टेढ़ा; कुटिल। [सं-पु.] मध्यंदिन रेखा से किसी ग्रह की दूरी।

नतन (सं.) [सं-पु.] नत होने अथवा झुकने की क्रिया या भाव; झुकाव।

नतपाल (सं.) [वि.] अपने समक्ष आकर झुकने वालों की रक्षा करने वाला।

नतबहू [सं-स्त्री.] नाती की पत्नी; दौहित्र-पत्नी।

नतमस्तक (सं.) [वि.] 1. (किसी के सम्मान में) सिर झुकाने वाला 2. नम्र या विनीत।

नति (सं.) [सं-स्त्री.] 1. झुके होने की अवस्था या झुकने की क्रिया 2. किसी ओर मन का झुकाव 3. उतार; ढाल 4. नम्रता 5. नमन; नमस्कार; प्रणाम 6. टेढ़ापन।

नतीजतन (अ.) [क्रि.वि.] परिणामस्वरूप; फलस्वरूप; फलतः।

नतीजन (फ़ा.) [क्रि.वि.] दे. नतीजतन।

नतीजा (अ.) [सं-पु.] 1. फल; परिणाम 2. परीक्षाफल 3. अंत 4. जाँच का फल।

नतोदर [वि.] जिसका ऊपर का भाग चारों ओर से अंदर की ओर झुका हो; अवतल।

नत्ती [वि.] पोला।

नत्थी [सं-स्त्री.] 1. जोड़ने की क्रिया या भाव 2. कागज़ या कपड़े आदि के टुकड़ों को धागे, तार या क्लिप से एक साथ गूथना 3. उक्त प्रकार से इकट्ठे किए हुए कागज़ या कपड़े के टुकड़े 4. मिसिल।

नत्वर्थक (सं.) [वि.] 1. अस्वीकार करने या न मानने वाला; नकारात्मक 2. जिसमें न होने का भाव हो; जिसमें किसी वस्तु या तथ्य का अस्तित्व न माना गया हो।

नथ [सं-स्त्री.] 1. स्त्रियों द्वारा नाक में पहना जाने वाला छल्ले जैसा एक आभूषण 2. तलवार की मूठ पर लगा हुआ धातु का छल्ला।

नथना[1] [सं-पु.] नाक के छिद्रों का अग्रभाग एवं आस-पास की सतह; नथुना। [मु.] **-फुलाना** : रूठना।

नथना[2] [क्रि-अ.] 1. नत्थी करना 2. छेदा या भेदा जाना; भिदना; छिदना 3. किसी के साथ जोड़ा या बाँधा जाना।

नथनी [सं-स्त्री.] 1. नाक में पहना जाने वाला एक छोटा आभूषण; छोटी नथ 2. तलवार की मूठ पर लगा हुआ छल्ला 3. नथ के आकार की कोई चीज़ 4. गाय-बैल की नाक में पहनाई जाने वाली रस्सी 5. बुलाक; बेसर। [मु.] **-नथनी उतारना** : वेश्या बनने वाली स्त्री के साथ पहले-पहले सहवास करना।

नथा [वि.] जिसके नथने में रस्सी डालने के लिए छेद किया गया हो; जिसे नाथा गया हो (बैल)।

नथुना [सं-पु.] दे. नथना।

नथुनी [सं-स्त्री.] दे. नथनी।

नद (सं.) [सं-पु.] 1. बड़ी नदी, जैसे- सिंधु, ब्रह्मपुत्र आदि 2. सागर; समुद्र 3. एक ऋषि।

नदन (सं.) [सं-पु.] 1. शब्द या नाद करना; गंभीर शब्द करना 2. ज़ोर की आवाज़ करना।

नदनु (सं.) [सं-पु.] 1. शब्द; नाद; आवाज़ 2. गर्जन 3. सिंह; शेर 4. मेघ; बादल 5. युद्ध। [वि.] नाद या ज़ोर का शब्द करने वाला; गरजने वाला।

नदम [सं-स्त्री.] दक्षिण में पैदा होने वाली एक प्रकार की कपास।

नदर [सं-पु.] नद या नदी का निकटवर्ती प्रदेश।

नदवान [सं-पु.] क्षत्रिय समाज में एक कुलनाम या सरनेम।

नदारद (फ़ा.) [वि.] 1. गायब; लुप्त 2. जो मौजूद न हो; अनुपस्थित।

नदिका (सं.) [सं-स्त्री.] छोटी नदी; सहायक नदी।

नदिया (सं.) [सं-पु.] पश्चिम बंगाल में स्थित एक नगर जो प्राचीन युग में न्यायशास्त्र का विद्यापीठ और बाद में चैतन्य महाप्रभु से संबद्ध होने के कारण प्रसिद्ध है; नवद्वीप। [सं-स्त्री.] नदी के लिए काव्यात्मक संबोधन।

नदी (सं.) [सं-स्त्री.] 1. जल की एक बड़ी धारा जो एक स्रोत से निकलकर लंबे मार्ग में बहती हुई किसी अन्य नदी, झील या सागर में मिल जाती है; सरिता 2. किसी तरल पदार्थ का बड़ा बहाव, जैसे- रक्त की नदी 3. रहस्य संप्रदाय में, आराधना के समय ध्यान और जप के नाम का होने वाला प्रवाह।

नदीम (अ.) [सं-पु.] 1. पार्श्ववर्ती; संगी 2. सखा; मित्र।

नदीश (सं.) [सं-पु.] 1. समुद्र 2. वरुण।

नदीष्ण (सं.) [वि.] जो किसी नदी की भौगोलिक स्थिति से परिचित हो; जिसे किसी नदी के प्रवाह क्षेत्र में आने वाले सुगम या दुर्गम स्थलों का ज्ञान हो।

नद्दर [सं-पु.] नवदंता; नव दाँत वाला बछड़ा; नवग।

नद्ध (सं.) [वि.] 1. नाथा हुआ 2. बँधा या बाँधा हुआ 3. ढका हुआ 4. मिलाया हुआ।

नद्य (सं.) [वि.] 1. नदी संबंधी; नदी का 2. नदी से उत्पन्न।

नद्यावर्तक (सं.) [सं-पु.] (ज्योतिष) यात्रा के लिए शुभ योग या मुहूर्त।

नधना [क्रि-अ.] 1. जोता जाना; नाथा जाना 2. किसी के साथ ज़बरदस्ती बाँधा जाना 3. किसी कार्य का आरंभ होना; काम का ठनना 4. किसी कार्य में तत्परतापूर्वक लगना।

ननद [सं-स्त्री.] पति की बहन; ननदी।

ननदोई [सं-पु.] ननद का पति; वह व्यक्ति जिससे पति की बहन ब्याही गई हो।

ननिअउरा [सं-पु.] दे. ननिहाल।

ननिया [वि.] नानी के समतुल्य संबंध को बताने वाला पूर्व पद, जैसे- ननिया सास, ननिया ससुर।

ननिहाल [सं-पु.] नाना-नानी का घर; माता के माता-पिता का घर।

नन्हकटनी [सं-स्त्री.] बलकट; फसल के डंठल को छोड़कर केवल बाल की कटाई।

नन्हा [वि.] 1. बहुत छोटा-सा 2. महीन (कण)।

नन्हा-मुन्ना [वि.] शिशु; बहुत छोटा बालक।

नन्हिया [सं-स्त्री.] धान की एक प्रजाति।

नपना [सं-पु.] किसी तरल पदार्थ की मात्रा नापने के लिए प्रयुक्त पात्र; किसी वस्तु की लंबाई, ऊँचाई आदि नापने का साधन। [क्रि-अ.] नापा जाना, जैसे- यह ज़मीन प्लॉटों के लिए नप रही है।

नपरका [सं-पु.] एक पक्षी, जिसकी गरदन तथा पेट लाल रंग का और पैर तथा चोंच पीले रंग की होती है।

नपाई [सं-स्त्री.] 1. नापने की क्रिया या भाव 2. नापने की मज़दूरी।

नपाना [क्रि-स.] नापने का काम दूसरों से कराना; नपवाना।

नपुंसक (सं.) [सं-पु.] 1. ऐसा पुरुष जिसमें कामशक्ति न हो; क्लीव; नामर्द 2. हिजड़ा 3. {ला-अ.} कायर।

नपुंसक लिंग (सं.) [सं-पु.] (संस्कृत व्याकरण) पुल्लिंग और स्त्रीलिंग से इतर तीसरा लिंग जिसके अंतर्गत ऐसे पदार्थ आते हैं जिन्हें पुल्लिग या स्त्रीलिंग के अंतर्गत नहीं रखा जा सकता, अँग्रेज़ी व्याकरण में ऐसी स्थिति को न्यूटर जेंडर के अंतर्गत रखा जाता है।

नपुंसकता (सं.) [सं-स्त्री.] 1. संभोग क्रिया में अक्षम होने की अवस्था 2. नपुंसक होने का रोग; नामर्दी 3. हिजड़ापन 4. {ला-अ.} कायरता।

नफ़र (अ.) [सं-पु.] 1. व्यक्ति; जन 2. नौकर; दास; सेवक; ख़िदमतगार 3. मज़दूर; श्रमिक।

नफ़रत (अ.) [सं-स्त्री.] 1. किसी व्यक्ति या वस्तु के प्रति होने वाली इतनी विरक्ति कि उसे देखना भी असह्य हो; घृणा; घिन 2. अरुचि।

नफ़रतज़दा (अ.+ फ़ा.) [वि.] घृणा का पात्र; घृणित।

नफ़री (फ़ा.) [सं-स्त्री.] 1. एक मज़दूर की एक दिन की मज़दूरी या कमाई; दिहाड़ी 2. काम या मज़दूरी के दिनों की वाचक संज्ञा।

नफ़स (अ.) [सं-पु.] 1. साँस; श्वास 2. क्षण; पल।

नफ़सानी (अ.) [वि.] 1. कामवासना संबंधी 2. भौतिक या शारीरिक।

नफ़ा (अ.) [सं-पु.] 1. आर्थिक लाभ; हित; फ़ायदा; मुनाफ़ा 2. सूद; ब्याज 3. हासिल; प्राप्ति।

नफ़ासत (अ.) [सं-स्त्री.] 1. उम्दा या नफ़ीस होने की अवस्था या भाव 2. मृदुलता; कोमलता 3. सुंदरता; अच्छाई 4. स्वच्छता; सफ़ाई 5. निर्मलता।

नफ़ीरी (फ़ा.) [सं-स्त्री.] 1. तुरही या करनाय नामक वाद्य यंत्र 2. शहनाई।

नफ़ीस (अ.) [वि.] 1. उत्तम; उम्दा; श्रेष्ठ 2. साफ़; स्वच्छ; निर्मल 3. मनोहर 4. नाज़ुक।

नफ़्स (अ.) [सं-पु.] 1. आत्मा; रूह; प्राण 2. अस्तित्व 3. वास्तविक तत्व; सत्ता 4. सत्यता 5. कामवासना 6. लिंग; शिश्न।

नफ़्सानियत (अ.) [सं-स्त्री.] 1. अभिमान 2. आत्मलिप्सा; स्वार्थपरता 3. विषयासक्ति; ऐयाशी; विलासिता 4. अपने को बहुत बढ़ा-चढ़ाकर दिखाने का भाव।

नफ़्सानी (अ.) [वि.] कामवासना या भोगेच्छा से संबंध रखने वाली (चीज़ें); विलास से संबंधित।

नबी (अ.) [सं-पु.] 1. ईश्वर का दूत 2. पैगंबर 3. अवतार।

नबेड़ना [क्रि-स.] 1. निपटाना; समाप्त करना 2. अपने मतलब की चीज़ ले लेना और बाकी छोड़ देना; चुनना।

नब्ज़ (अ.) [सं-स्त्री.] 1. हाथ की वह रक्तवाहिनी नली जिसकी चाल से रोग की पहचान की जाती है; नाड़ी 2. शिरा।

नब्धर [सं-पु.] नया हल; नवधर; नवठा।

नब्बाज़ (अ.) [वि.] नाड़ी पहचानने में निपुण; हकीम; वैद्य।

नब्बाज़ी (अ.) [सं-स्त्री.] नब्ज़ की ठीक प्रकार से पहचान; नाड़ी परीक्षा; नाड़ी ज्ञान।

नब्बे [वि.] संख्या '90' का सूचक।

नभ (सं.) [सं-पु.] 1. आकाश; गगन; अंबर 2. मेघ 3. जल 4. सावन तथा भादों का महीना 5. आश्रय 6. शून्य या रिक्त स्थान।

नभग (सं.) [वि.] 1. आकाश में चलने वाला; नभचर 2. अभागा; बदकिस्मत। [सं-पु.] 1. चिड़िया 2. वायु 3. बादल।

नभगामी (सं.) [वि.] आकाश में विचरण करने वाला। [सं-पु.] 1. सूर्य 2. चंद्र 3. नक्षत्र 4. तारा 5. देवता 6. पक्षी।

नभचर (सं.) [वि.] नभ में गमन करने वाला; नभ में विचरने वाला। [सं-पु.] 1. पक्षी; खेचर 2. बादल 3. वायु; हवा 4. देवता; गंधर्व 5. ग्रह आदि।

नभोयोनि (सं.) [सं-पु.] महादेव; शिव।

नभोवाणी (सं.) [सं-स्त्री.] वह बात जो ईश्वर की ओर से कही हुई और आकाश से सुनाई पड़ने वाली मानी जाती है; आकाशवाणी।

नभ्य (सं.) [सं-पु.] 1. पहिए के नीचे का भाग 2. पहिए में दी जाने वाली चिकनाई या तेल 3. अक्ष; धुरी। [वि.] मेघाच्छन्न।

नम[1] (सं.) [सं-पु.] नमस्कार; समर्पण आदि के अवसर पर प्रयोग किया जाने वाला शब्द।

नम[2] (फ़ा.) [वि.] 1. भींगा हुआ; तर; गीला 2. आर्द्र; सीला।

नमक (फ़ा.) [सं-पु.] 1. खारे जल से बना क्षार पदार्थ; नोन; लवण 2. {ला-अ.} लावण्य; सलोनापन। [मु.] **-का हक अदा करना** : उपकार का बदला चुकाना। **किसी का नमक खाना** : किसी के दिए हुए अन्न से पेट भरना। **-मिर्च मिलाना** : किसी बात में अपनी ओर से कुछ मिलाना। **कटे या जले पर नमक छिड़कना** : दुखी को और दुखी करना।

नमकख़्वार (फ़ा.) [वि.] 1. जिसने किसी का नमक खाया हो 2. किसी के द्वारा पालित होने वाला (नौकर; मुलाज़िम)।

नमकहराम (फ़ा.+ अ.) [वि.] 1. जो किसी का दिया हुआ अन्न खाकर उसी के साथ धोखा या छल करे 2. कृतघ्न; कपटी।

नमकहरामी (फ़ा.+ अ.) [सं-स्त्री.] 1. अन्नदाता अथवा आश्रयदाता के प्रति किया जाने वाला छलपूर्ण या द्रोहपूर्ण कार्य 2. कृतघ्नता।

नमकहलाल (फ़ा.+ अ.) [वि.] 1. उपकार मानने वाला; कृतज्ञ 2. नमक का कर्ज़ अदा करने वाला 3. स्वामी या पालक की सेवा करने वाला; स्वामिभक्त।

नमकीन (फ़ा.) [वि.] 1. नमक के स्वाद की प्रधानतावाला (खाद्यपदार्थ) 2. जिसमें नमक का स्वाद हो; खारा 3. {ला-अ.} लावण्ययुक्त; सुंदर; सलोना। [सं-पु.] नमक तथा मसालेयुक्त व्यंजन, जैसे- दालमोठ, मठरी, समोसा आदि।

नमकीन स्पर्श (फा.+सं.) [सं-पु.] 1. खारापन लिए बहने वाली हवा का स्पर्श 2. {ला.अ} लावण्यवती या खूबसूरत स्त्री का स्पर्श।

नमत (सं.) [सं-पु.] 1. स्वामी 2. अभिनेता 3. नट 4. धुआँ 5. बादल 6. ऊनी वस्तु। [वि.] 1. झुका हुआ; नत 2. वक्र 3.

नम।

नमदा (फ़ा.) [सं-पु.] 1. ऊन के रेशों को जमाकर बनाया हुआ मोटा कपड़ा 2. ऊनी कपड़े और धुने हुए ऊन से बना एक प्रकार का कंबल या कालीन जिसपर रंग-बिरंगी कढ़ाई की जाती है।

नमन (सं.) [सं-पु.] 1. झुकने की क्रिया या भाव 2. नमस्कार; प्रणाम।

नमनीय (सं.) [वि.] 1. नमन या प्रणाम किए जाने योग्य; पूज्य; मान्य 2. जो झुक सके या झुकाया जा सके।

नमश (फ़ा.) [सं-स्त्री.] विशेष प्रकार से तैयार किया हुआ मीठे दूध का फेन जो ठंड के कारण जम जाता है; निमस।

नमस्कार (सं.) [सं-पु.] आदरपूर्वक हाथ जोड़कर किया गया अभिवादन; प्रणाम। [मु.] **-कर लेना** : छोड़ देना।

नमस्कार्य (सं.) [वि.] 1. जो नमस्कार करने योग्य हो; पूज्य; वंदनीय 2. जिसे नमस्कार किया जाए।

नमस्ते (सं.) [सं-पु.] प्रणाम; नमस्कार; अभिवादन।

नमस्य (सं.) [वि.] नमस्कार किए जाने योग्य; सम्मान्य; पूज्य; वंदित।

नमस्या (सं.) [सं-स्त्री.] 1. पूजा; श्रद्धा 2. नम्रता 3. आदर।

नमाज़ (अ.) [सं-स्त्री.] मुसलमानों की प्रार्थना या उपासना की एक पद्धति जो दिन में पाँच बार करने का विधान है; ईशवंदना।

नमाजगाह (अ.+फ़ा.) [सं-स्त्री.] 1. नमाज़ पढ़ने का स्थान 2. मस्जिद।

नमाज़ी (अ.) [सं-पु.] वह वस्त्र जिसपर बैठ कर नमाज़ पढ़ी जाए; जानमाज़। [वि.] 1. नियमपूर्वक नमाज़ पढ़ने वाला; नमाज़ का पाबंद (धर्मनिष्ठ मुसलमान) 2. नमाज़ पढ़ने वाला।

नमाना (सं.) [क्रि-स.] 1. झुकाना 2. दबाकर अपने अधीन करना; पस्त करना; काबू में करना।

नमित (सं.) [वि.] 1. झुका हुआ 2. झुकाया हुआ।

नमिता (सं.) [सं-स्त्री.] 1. विनम्रता का भाव; नम्रता 2. जो स्त्री या लड़की बहुत विनम्र हो।

नमिस (फ़ा.) [सं-स्त्री.] एक विशेष प्रकार से तैयार किया हुआ मीठे दूध का फेन जो जाड़े में खाया जाता है; नमश; निमस।

नमी (फ़ा.) [सं-स्त्री.] आर्द्रता; तरी; सीलन। [वि.]1. झुकनेवाला 2. जो झुक सकता हो।

नमूद (फ़ा.) [सं-स्त्री.] 1. उदित होने या निकलने की क्रिया; उगना 2. आविर्भाव 3. प्रकट होने का भाव 4. धूमधाम; तड़क-भड़क; शानशौकत 4. अस्तित्व; हस्ती 5. ख्याति; शोहरत 6. चिह्न; निशान।

नमूदार (फ़ा.) [वि.] 1. जो प्रकट हुआ हो; जिसका अविर्भाव हुआ हो 2. ज़ाहिर।

नमूना (फ़ा.) [सं-पु.] 1. किसी वस्तु की प्रकृति या गुण की जाँच के लिए उसमें से निकाला हुआ थोड़ा सा अंश; बानगी 2. कोई बड़ी चीज़ बनाने से पहले तैयार किया गया छोटा ख़ाका 3. प्रतिकृति; (मॉडल)।

नमूनासाज़ (फ़ा.) [सं-पु.] वह जो नमूना बनाता हो; प्रतिकृति निर्माण करने वाला व्यक्ति।

नमेरी [सं-स्त्री.] चाहा; बगुले की तरह का एक छोटा पक्षी।

नम्य (सं.) [वि.] 1. जिसे बिना तोड़े हुए झुकाया जा सके; लचीला; नमनीय; लचकदार 2. नमस्कार किए जाने योग्य; पूज्य; वंदित 3. विनयी; नम्र; आज्ञाकारी 4. नमनशील।

नम्र (सं.) [वि.] 1. विनीत 2. नत; झुका हुआ 3. विनयशील।

नम्रता (सं.) [सं-स्त्री.] 1. विनम्रता; विनयशीलता 2. मधुरता; सहजता 3. लोचशीलता।

नम्रतापूर्वक (सं.) [क्रि.वि.] नम्रता के साथ; सम्मान के साथ; विनम्रतापूर्वक।

नम्हल [क्रि-अ.] 1. उतरना 2. चरने के लिए पशुओं का खेत में घुसना; नाम्हल।

नम्हावल [क्रि-स.] 1. उतारना 2. चराने के लिए पशुओं को खेत में प्रवेश कराना।

नय (सं.) [सं-पु.] 1. नम्रता; विनय 2. श्रेष्ठ आचरण 3. प्रबंध या व्यवस्था संबंधी नीति 4. राजनीति 5. व्यवहार; बरताव 6. जैन दर्शन से संबंधित एक सिद्धांत। [वि.] 1. पथप्रदर्शक; मार्गदर्शक; नेतृत्व करने वाला 2. उचित; ठीक।

नयन (सं.) [सं-पु.] 1. आँख; दृष्टि 2. किसी को कहीं ले जाना 3. शासन; प्रबंध; व्यवस्था।

नयनतारा (सं.) [वि.] 1. आँखों का तारा 2. अत्यंत प्रिय; दुलारा 3. {ला-अ.} प्रिय संतान।

नयनपुट (सं.) [सं-पु.] वह कोटर या गड्ढा जिसमें आँख स्थित रहती है।

नयनसुख (सं.) [सं-पु.] 1. नेत्रानंद; दृष्टि सुख 2. नेत्र को आनंद देने वाला दृश्य 3. संतान।

नयना (सं.) [सं-पु.] आँख। [क्रि-अ.] 1. झुकना 2. नम्र होना; विनीत होना 3. नमस्कार करना।

नयनाभिराम (सं.) [वि.] जो देखने में प्रिय एवं सुंदर लगे; प्रियदर्शन; नेत्रप्रिय।

नयनू [सं-पु.] 1. मक्खन 2. पुरानी चाल (फैशन) की एक प्रकार की बूटीदार मलमल का कपड़ा।

नयनोत्सव (सं.) [सं-पु.] 1. दीया; दीपक 2. ऐसी वस्तु जिसे देखकर आँखों को सुख मिले; प्रियदर्शन वस्तु।

नयनोपांत (सं.) [सं-पु.] आँख की कोर; अपांग।

नयवाद (सं.) [सं-पु.] 1. एक दार्शनिकवाद या सिद्धांत जिसमें यह माना जाता है की आत्मा एक भी है और अनेक भी। 2. जैन धर्म का एक दार्शनिक सिद्धांत।

नयशील (सं.) [वि.] 1. नम्र; विनीत 2. नीतिज्ञ।

नया (सं.) [वि.] 1. जिसका निर्माण, अविष्कार, उत्पादन, प्रकाशन आदि हाल में ही हुआ हो 2. जिसका पहली बार अनुभव किया गया हो; नूतन 3. ताज़ा; शुरुआती 4. 'पुराना' का विपरीत 5. कम उम्र का; नौसिखिया; अनुभवहीन 6. जो कुछ ही समय पहले देखा गया हो 7. अजनबी।

नया-नया (सं.) [वि.] नवोदित; नवीन; ताज़ा-ताज़ा।

नर (सं.) [सं-पु.] 1. पुरुष; मर्द 2. मनुष्य; इनसान 3. एक प्राचीन ऋषि; नरदेव 4. नरदेव के अवतार अर्जुन 5. 'मादा' का विलोम 6. छाया की दिशा, गति आदि के आधार पर समय

जानने के लिए गाड़ी जाने वाली खूँटी; लंब; शंकु 7. विष्णु 8. शिव 9. नौकर; सेवक 10. दोहे का एक भेद 11. छप्पय का एक भेद। [वि.] 1. पुरुषजातीय, जैसे- नर पशु; नर पक्षी 2. पुरुषोचित; मर्दाना 3. वीर; बहादुर 4. अपने वर्ग में बड़ा या श्रेष्ठ।

नर-व्याल (सं.) [सं-पु.] ऐसी मूर्ति जिसमें सिर वाला हिस्सा मनुष्य का और धड़ शेर के समान बनाया गया हो, इसे तक्षित सिंह भी कहा जाता है, जैसे- मिस्र का स्फिंक्स।

नरई [सं-स्त्री.] 1. वह वनस्पति जिसका डंठल अंदर से खोखला या पोला होता है 2. किसी जलाशय के पास उत्पन्न होने वाली एक घास जिसे जानवरों को चारे के रूप में दिया जाता है 3. गेहूँ का डंठल।

नरक (सं.) [सं-पु.] 1. (पुराण) वह स्थान जहाँ कुकर्म करने वालों की आत्मा को अपने पापों का फल भोगने हेतु भेजा जाता है; दोज़ख़; जहन्नुम; (हेल) 2. {ला-अ.} वह स्थान जहाँ बहुत कष्ट या तकलीफ़ हो और जहाँ रहना असहनीय हो 3. {ला-अ.} वह स्थान जहाँ बहुत प्रदूषण हो।

नरकंकाल (सं.) [सं-पु.] मानव की आकृति का कंकाल; मृत मानव का अस्थिपंजर।

नरककुंड (सं.) [सं-पु.] 1. (पुराण) नरक में स्थित एक कुंड जिसमें आत्माएँ यातना सहने के लिए छोड़ दी जाती हैं 2. नरक के समान कष्टकर स्थान 3. {ला-अ.} गंदा या प्रदूषित स्थान।

नरकट [सं-पु.] बेंत की प्रजाति का एक पौधा जिसके डंठल अंदर से खोखले किंतु मज़बूत होते हैं जिनका प्रयोग कलम, चटाई आदि बनाने में किया जाता है; नरकुल।

नरकवासी (सं.) [वि.] नरक में निवास करने वाला या रहने वाला।

नरकासुर (सं.) [सं-पु.] (पुराण) पृथ्वी के गर्भ से उत्पन्न एक राक्षस जिसका वध कृष्ण ने किया था।

नरकीट (सं.) [सं-पु.] कीड़े-मकोड़ों जैसे आचरण वाला व्यक्ति; क्षुद्र व्यक्ति।

नरकुल (सं.) [सं-पु.] दे. नरकट।

नरकेशरी (सं.) [सं-पु.] 1. वह पुरुष जो सिंह के समान साहसी और वीर हो 2. विष्णु का नरसिंह अवतार।

नरगा (फ़ा.) [सं-पु.] 1. आपदा; विपत्ति; मुसीबत 2. जंगल में शिकार के लिए पशुओं को बीच में इकट्ठा करने के लिए मनुष्यों द्वारा बनाया गया घेरा; घिराव 3. जनसमूह।

नरगिस (फ़ा.) [सं-स्त्री.] 1. प्याज़ जैसे कंद से उगने वाला एक पौधा 2. उक्त पौधे का फूल जिसकी सफ़ेद पंखुड़ियों के घेरे के बीच गहरा पीला वृत्त होता है और यह फूल आँख के उपमान के रूप में प्रयुक्त होता है।

नरगोरी [सं-स्त्री.] लाल डंठल वाली ईख।

नरजा [सं-स्त्री.] गोल नोकदार टाँकी। [सं-पु.] तराजू।

नरत्व (सं.) [सं-पु.] 1. नर होने की अवस्था, गुण या भाव; मनुष्यत्व; नरता 2. नरोचित गुणों और शक्तियों का समाहार 3. पुरुषत्व।

नरद (फ़ा.) [सं-स्त्री.] 1. चौसर का खेल 2. चौसर की गोटी। [सं-पु.] शब्द; नाद।

नरदमा (फ़ा.) [सं-पु.] मैले पानी का नाला; पनाला।

नरदारा (सं.) [सं-पु.] 1. हिजड़ा; जनखा 2. वह पुरुष जो स्त्रियों की तरह हाव-भाव या रंग रूप रखता हो 3. डरपोक।

नरदेव (सं.) [सं-पु.] 1. राजा 2. ब्राह्मण।

नरनाथ (सं.) [सं-पु.] शासक; राजा।

नरनाहर (सं.+हिं) [वि.] दे. नरकेशरी।

नरनी [सं-स्त्री.] एक प्रकार का पौधा।

नरपति (सं.) [सं-पु.] मनुष्यों के ऊपर शासन करने वाला; सम्राट; नृप।

नरपशु (सं.) [सं-पु.] 1. पशुवत आचरण करने वाला मनुष्य 2. साहित्य, संगीतकला आदि मानवोचित रुचियों से हीन व्यक्ति 3. मानवोचित अच्छाइयों से हीन व्यक्ति। [वि.] मनुष्य होने पर भी पशुवत आचरण करने वाला।

नरपिशाच (सं.) [सं-पु.] पिशाच के समान कार्य करने वाला मनुष्य; हत्यारा या हिंसक व्यक्ति; नीच या क्रूर मनुष्य।

नरपुंगव (सं.) [सं-पु.] श्रेष्ठ मनुष्य।

नरभक्षी (सं.) [सं-पु.] 1. वह पशु या मनुष्य जो मनुष्यों के मांस का भक्षण करता हो 2. राक्षस। [वि.] मनुष्यों को खाने वाला।

नरम (फ़ा.) [वि.] 1. मुलायम; कोमल; मृदुल 2. लचीला 3. सुपाच्य (अन्न) 4. धीमा; मंद 5. पौरुषहीन। [सं-पु.] हँसी-दिल्लगी।

नरमधार [सं-स्त्री.] मामूली दाब पर दूध देने वाली गाय।

नरमपंथी (फ़ा.+ सं.) [वि.] 1. उदारवाद की विचारधारा का पोषक; उदारवादी 2. उग्रता विरोधी 3. शांतिप्रेमी।

नरमा [सं-स्त्री.] 1. एक प्रकार की कपास 2. सेमल की रुई 3. कान का निचला हिस्सा जो अत्यंत नरम होता है।

नरमाई [सं-स्त्री.] नरम होने की अवस्था, भाव या गुण; नरमी; नरमाहट।

नरमाबड़ी [सं-स्त्री.] बन-कपास।

नरमाहट [सं-स्त्री.] नरम होने की अवस्था या भाव; नरमी।

नरमी (फ़ा.) [सं-स्त्री.] 1. नरम होने की अवस्था, भाव या गुण; कोमलता 2. नम्रता; नमिता; विनम्रता 3. ढिलाई।

नरमुंड (सं.) [सं-पु.] नर का सिर; मनुष्य की खोपड़ी।

नरमेध (सं.) [सं-पु.] 1. प्राचीन काल में होने वाला एक यज्ञ जिसमें मानव-बलि दी जाती थी 2. बड़े पैमाने पर मानव हत्या; नरसंहार।

नरलोक (सं.) [सं-पु.] मानवलोक; मृत्युलोक; मनुष्यजगत; इहलोक।

नरश्री (सं.) [सं-पु.] 1. नरश्रेष्ठ; एक आदरसूचक संबोधन; आदरसूचक शब्द 2. विष्णु भक्त ध्रुव।

नरश्रेष्ठ (सं.) [सं-पु.] 1. नरों में उत्तम; पुरुषोत्तम 2. एक श्रेष्ठता सूचक संबोधन।

नरसंहार (सं.) [सं-पु.] बड़े पैमाने पर मनुष्यों के संहार की क्रिया; हत्याकांड, जैसे- विभाजन के समय दंगों में भीषण

नरसंहार हुआ।

नरसल [सं-पु.] बेंत की तरह का एक पौधा जिससे चटाई आदि बनाई जाती है; नरकट।

नरसिंघा (सं.) [सं-पु.] तुरही के जैसा एक बड़ा बाजा।

नरसिंह (सं.) [सं-पु.] विष्णु का एक अवतार जिसमें आधा शरीर चतुर्भुजी नर का तथा सिर सिंह का था; नृसिंह।

नरसों [क्रि.वि.] 1. बीते हुए परसों के पहले का (दिन) 2. आने वाले परसों के बाद का (दिन)।

नरहरि (सं.) [सं-पु.] 1. विष्णु का एक नाम 2. नृसिंह अवतार 3. बहुत बड़ा वीर और साहसी पुरुष।

नरा [सं-पु.] 1. लाट 2. जुए के बीच में चमड़े की पटार का बना एक फंदा 3. पीढ़ा के दो खूँटों के बीच धुरी के रूप में एक लंबी लकड़ी 4. खेत का गड्ढा, जिसमें पानी भरा हो।

नराच (सं.) [सं-पु.] 1. बाण; तीर; शर 2. एक वर्णवृत्त।

नराधम (सं.) [सं-पु.] 1. अधम क्रिया-कलापों में लिप्त व्यक्ति 2. मानवोचित अच्छाइयों से हीन व्यक्ति 3. पशुवत आचरण करने वाला मनुष्य।

नराधिप (सं.) [सं-पु.] मनुष्यों का अधिपति; नृपति; राजा।

नराश्म (सं.) [सं-पु.] 1. नरकंकाल जो दीर्घ काल-प्रवाह में पत्थर बन गया हो 2. पूरे नरकंकाल या उसकी किसी अस्थि विशेष का अश्मीभूत रूप।

नरिया [सं-पु.] 1. घर छवाने में प्रयुक्त मिट्टी के खपड़ों का एक प्रकार; आधा गोल खपड़ा 2. छोटा जवान बैल 3. एक प्रकार की मछली।

नरी [सं-स्त्री.] 1. बकरी या बकरे का रँगा हुआ चमड़ा 2. लाल रंग का चमड़ा 3. सिझाया हुआ चमड़ा; मुलायम चमड़ा 4. नार; ढरकी के भीतर की नली जिसपर तार लपेटा रहता है 5. एक प्रकार की घास जो ताल या नदी के किनारे होती है।

नरुका [सं-स्त्री.] 1. बाजरे की बाल के नीचे की नली 2.फूल की डाँड़ी का सूराख।

नरेंद्र (सं.) [सं-पु.] 1. राजा; नृपति; नरेश 2. वह जो साँप, बिच्छू आदि का विष दूर करने की कला या विद्या जानता हो 3. सोनापाढ़ा।

नरेतर (सं.) [सं-पु.] जो नर अर्थात मनुष्य न हो; पशु; जानवर।

नरेबी [सं-पु.] शिवसागर और सिलहट प्रदेशों में होने वाला एक तरह का पेड़ जिसकी छाल से खाकी रंग निकलता है।

नरेली [सं-स्त्री.] 1. नारियल का हुक्का 2. छोटा नारियल।

नरेश (सं.) [सं-पु.] नराधिप; राजा; नृपति।

नरैली [सं-स्त्री.] दे. नड़ा।

नरोत्तम (सं.) [वि.] पुरुषों में श्रेष्ठ; नरश्रेष्ठ; पुरुषोत्तम। [सं-पु.] ईश्वर।

नर्क (सं.) [सं-पु.] दे. नरक।

नर्गिस (फ़ा.) [सं-पु.] दे. नरगिस।

नर्तक (सं.) [सं-पु.] 1. नाचने वाला व्यक्ति 2. वह व्यक्ति जो नाचने का पेशा करता है 3. खड्ग की धार पर नाचने वाला व्यक्ति; केलक 4. नट 5. शिव; महादेव 6. मोर 7. राजा 8. चारण 9. हाथी 10. महुआ।

नर्तकी (सं.) [सं-स्त्री.] 1. नृत्य करने वाली स्त्री 2. नाचने का पेशा करने वाली स्त्री 3. नलिका नामक सुगंधित द्रव्य 4. नटी 5. मोरनी।

नर्तन (सं.) [सं-पु.] 1. नाचने की क्रिया या भाव 2. नृत्य; नाच।

नर्तित (सं.) [वि.] नाचता हुआ; नृत्य करता हुआ।

नर्दकी [सं-स्त्री.] एक तरह की कपास; इसे कटिल निभरी और नगई भी कहते हैं।

नर्दन (सं.) [सं-पु.] 1. नाद; गरज; भीषण ध्वनि 2. उच्च स्वर में गुणकीर्तन।

नर्दबान [सं-पु.] 1. सीढ़ी, विशेषतः काठ की सीढ़ी। 2. मार्ग; रास्ता।

नर्दा [सं-पु.] मैला बहाने वाली नाली।

नर्दित (सं.) [वि.] 1. गरजा हुआ 2. गरजता हुआ। [सं-पु.] एक तरह का पासा 2. पासा फेंकने का एक ढंग।

नर्म[1] (सं.) [सं-पु.] 1. हँसी-मज़ाक; परिहास 2. (नाट्यशास्त्र) सखा का एक भेद; कैशिकी वृत्ति का एक भेद।

नर्म[2] (फ़ा.) [वि.] दे. नरम।

नर्मठ (सं.) [सं-पु.] 1. वह जो परिहास में कुशल हो; दिल्लगीबाज 2. स्त्री का उपपति 3. स्तन।

नर्मद (सं.) [सं-पु.] 1. दिल्लगीबाज़; मसख़रा; हँसोड़ 2. भाँड़; विदूषक। [वि.] 1. आनंद देने वाला; 2. मनोरंजन करने वाला 3. सुख देने वाला।

नर्मदा (सं.) [सं-स्त्री.] 1. मध्यप्रदेश में अमरकंटक से निकलने वाली एक नदी 2. पृक्का या असवर्ग नामक गंध द्रव्य 3. (पुराण) एक गंधर्व स्त्री।

नर्मदेश्वर (सं.) [सं-पु.] नर्मदा नदी में पाए जाने वाले चिकने लंबे गोल पत्थर जिन्हें शिवलिंग के रूप में पूजा जाता है।

नर्मी (सं.) [सं-स्त्री.] दे. नरमी।

नर्री [सं-स्त्री.] 1. एक प्रकार की बारहमासी घास जो ऊसर जमीन में भी होती है 2. हिमालय में होने वाला एक प्रकार का बाँस।

नर्व (अं.) [सं-स्त्री.] 1. तंत्रिका; नस; स्नायु 2. शरीर के अंदर पाई जाने वाली श्वेत, चमकदार डोरी जैसी संरचना।

नर्वस (अं.) [वि.] 1. घबराया हुआ; भयभीत 2. उदास; गमगीन 3. चिंतित; अशांत 4. नस या तंत्रिका संबंधी।

नर्स (अं.) [सं-स्त्री.] 1. रोगी या अशक्त व्यक्ति की परिचारिका 2. वह स्त्री जो बच्चे या बीमार की रखवाली या देख-रेख करे 3. शिशु को अपना दूध पिलाने वाली स्त्री; दाई; धाय।

नर्सरी (अं.) [सं-स्त्री.] 1. पौधशाला 2. छोटे बच्चों का प्रारंभिक विद्यालय 3. बच्चों के विद्यालय में सबसे प्रारंभिक (पहली) कक्षा।

नर्सिंग होम (अं.) [सं-पु.] निजी और छोटे पैमाने के अस्पताल जहाँ रोगियों को चिकित्सा के लिए दाख़िल किया जाता है; शुश्रूषालय।

नल[1] [सं-पु.] 1. धातु, प्लास्टिक आदि का बना एक बेलनाकार उपकरण जिसका भीतरी भाग खोखला या पोला होता है तथा जिसके अंदर एक सिरे से दूसरे सिरे तक चीज़ें आती-जाती

हैं; (पाइप) 2. घरों में पानी पहुँचाने का (धातु का) नल 3. पाइप का वह सिरा जिसमें टोंटी लगी होती है और जिसका पेंच दबाने या घुमाने से पानी निकलता है।

नल[2] (सं.) [सं-पु.] 1. नरकट 2. (महाभारत) निषध देश के चंद्रवंशी राजा वीरसेन के एक पुत्र जिनका विवाह विदर्भ देश के राजा भीमसेन की पुत्री दमयंती से हुआ था 3. (रामायण) राम की सेना का एक बंदर जो विश्वकर्मा का पुत्र था तथा जिसने पत्थरों को तैराकर रामचंद्र की सेना के लिए समुद्र पर पुल बाँधा था 4. प्राचीनकाल का धौंसे की तरह का एक प्रकार का बाजा जो युद्ध के समय घोड़े की पीठ पर रखकर बजाया जाता था 5. कमल।

नलक (सं.) [सं-पु.] वह गोलाकार हड्डी जिसके अंदर मज्जा हो; नली के आकार की हड्डी।

नलका [सं-पु.] 1. विशेष प्रकार का यंत्र जिसकी सहायता से जमीन में से पानी ऊपर खींचा जाता है 2. बड़ा नल।

नलकी [सं-स्त्री.] 1.छोटी नली 2. लकड़ी आदि का गोल छोटा टुकड़ा जिस पर धागा लपेटा जाता है 3. लौंग या सेंठे के बीच में पोली डंडी।

नलकूप [सं-पु.] ज़मीन से पानी निकालने का उपकरण जिसका एक सिरा ज़मीन के भीतर जल तल तक तथा दूसरा सिरा भूमि के ऊपर होता है; (ट्यूबवेल)।

नलद (सं.) [सं-पु.] 1. पुष्प रस 2. जटामासी 3. ख़स।

नलवाहा (सं.) [वि.] बंदूक धारण करने वाला। [सं-पु.] सिपाही।

नलसाज़ (हिं.+ फ़ा.) [सं-पु.] वह जो नल लगाता, बनाता या उसका रख रखाव करता हो।

नलिका (सं.) [सं-स्त्री.] 1. बेलनाकार, लंबी एवं खोखली वस्तु; नली; चोंगी 2. एक प्राचीन अस्त्र 3. तरकश; तूणीर 4. प्राचीन काल में चिकित्सा में प्रयुक्त एक उपकरण 5. एक प्रकार का गंध-द्रव्य 6. पुदीना।

नलिकाकार (सं.) [वि.] नली (अथवा नलिका) के आकार का।

नलिन (सं.) [सं-पु.] 1. कमल; पद्म 2. पानी; जल 3. सारस पक्षी 4. करौंदा 5. नाड़िका नामक साग 6. नीम 7. नील।

नलिनी (सं.) [सं-स्त्री.] 1. कमलिनी; कमल; कमलनाल 2. वह जलाशय जहाँ कमल की अधिकता हो 3. एक प्रकार का गंध-द्रव्य 4. एक प्रकार का छंद 4. नदी 5. नारियल की शराब।

नलिनीरूह (सं.) [सं-पु.] 1. ब्रह्मा, जो कमल की नाल से निकले हुए माने जाते हैं 2. कमल का नाल; मृणाल।

नली (सं.) [सं-स्त्री.] 1. धातु, प्लास्टिक आदि की बनी पतली लंबी, खोखली और बेलनाकार संरचना 2. बंदूक की नाल जिससे गोली बाहर आती है 3. शरीर में वह मोटी पोली हड्डी जिसमें मज्जा भरी रहती है।

नलोपाख्यान (सं.) [सं-पु.] 1. (महाभारत) राजा नल की कथा 2. (महाभारत) वनपर्व का एक अवांतर पर्व।

नव (सं.) [वि.] 1. नया; नवीन; जो पुराना या जीर्ण न हो, जैसे- नववर्ष, नवजात। [सं-पु.] 1. आठ से एक अधिक की संख्या; नौ, जैसे- नवग्रह, नवरत्न 2. स्तुति; नमन।

नवक (सं.) [सं-पु.] नौ सजातीय वस्तुओं का समूह। [वि.] जिसमें नौ हों।

नवखंड (सं.) [सं-पु.] प्राचीन भारतीय मान्यता के अनुसार पृथ्वी के नौ खंड- भरत, किंपुरुष, भद्र, हरि, हिरण्य, केतुमाल, इलावर्त, कुरु और रम्यक।

नवगठित (सं.) [वि.] जिसका गठन हाल ही में हुआ हो; नवसृजित; जो अभी-अभी बनाया गया हो, जैसे- नवगठित मंत्रिमंडल।

नवग्रह (सं.) [सं-पु.] (भारतीय ज्योतिष) सूर्य, चंद्र, मंगल, बुध, गुरु, शुक्र, शनि, राहु तथा केतु नामक ग्रह।

नवछावरि [सं-स्त्री.] 1. निछावर; न्योछावर 2. किसी के गुण, रूप, सुख समृद्धि आदि को सुरक्षित रखने की कामना से तथा उसे किसी की नजर आदि के दूषित प्रभावों से बचाने के लिए उसके ऊपर से कोई चीज घुमाकर उत्सर्ग करना; उतारा 3. देश आदि की रक्षा हेतु अपने प्राणों का उत्सर्ग करने की कामना या इच्छा।

नवजागरण (सं.) [सं-पु.] किसी युग में विचार तथा व्यवहार के स्तर पर होने वाली नवीन चेतना या जागृति।

नवजात (सं.) [वि.] 1. जिसका जन्म अभी-अभी हुआ हो 2. नया।

नवजीवन (सं.) [सं-पु.] 1. मृत्युतुल्य किसी विकट स्थिति से बचकर लौट आना 2. असाध्य रोग से ग्रसित होकर पुनः स्वस्थ होना 3. अतिदुखद स्थिति से सुखद स्थिति की प्राप्ति 4. {ला-अ.} समाप्त होने को उन्मुख किसी संस्था का पुनरुद्धार।

नवज्योति (सं.) [सं-स्त्री.] 1. नई किरण 2. नई सुबह 3. {ला-अ.} नई आशा।

नवठा [सं-पु.] 1. नया हल; नब्धर; नवधर 2. नद्दर 3. नए दाँतों वाला बछड़ा।

नवता (सं.) [सं-स्त्री.] नयापन; नवीनता।

नवतिका (सं.) [सं-स्त्री.] चित्रकारी करने की कूची; तूलिका।

नवदंता [सं-पु.] दे. नद्दर।

नवदंपति (सं.) [सं-पु.] नवविवाहित जोड़ा; नवविवाहित पति-पत्नी।

नवदुर्गा (सं.) [सं-स्त्री.] (पुराण) देवी दुर्गा के नौ भिन्न-भिन्न रूप (शैलपुत्री, ब्रहमचारिणी, चंद्रघंटा, कुष्मांडा, स्कंदमाता, कात्यायनी, कालरात्रि, महागौरी, सिद्धिदात्री) जिनकी नवरात्रों में प्रतिदिन एक-एक कर पूजा-अर्चना होती है।

नवद्वार (सं.) [सं-पु.] 1. शरीर के नौ द्वार, यथा- दो आँखें, दो कान, दो नाक, दो गुप्तेंद्रियाँ और एक मुख 2. नया द्वार।

नवद्वीप (सं.) [सं-पु.] बंगाल का एक प्रसिद्ध नगर और विद्यापीठ, जो राजा लक्ष्मणसेन की राजधानी थी।

नवधनिक (सं.) [सं-पु.] 1. वह व्यक्ति जिसे दरिद्रता के बाद हाल ही में धन की प्राप्ति हुई हो 2. उक्त स्थिति में अतरिक्त दिखावा करने वाला व्यक्ति; नौदौलतिया; नौरईस।

नवधा (सं.) [अव्य.] 1. नौ प्रकार से 2. नौ खंडों में; नौ टुकड़ों

में; नौ भागों में।

नवधाभक्ति (सं.) [सं-स्त्री.] वह भक्ति जो नौ प्रकार से की जाती है, जैसे- श्रवण, कीर्तन, स्मरण, पाद-सेवन, अर्चन, वंदन, दास्य, सख्य और आत्मनिवेदन।

नवनिधि (सं.) [सं-स्त्री.] पुराणों में कल्पित धन के देवता कुबेर की निधियों के नौ भिन्न-भिन्न रूप।

नवनियुक्ति (सं.) [सं-स्त्री.] 1. किसी पद पर नई पदस्थापना 2. नई नौकरी।

नवनिर्माण (सं.) [सं-पु.] 1. नए सिरे से निर्माण करने की क्रिया या भाव 2. नई निर्मिति; नई रचना।

नवनिर्मित (सं.) [वि.] जिसका हाल में ही निर्माण हुआ हो; नवसृजित, जैसे- अगला मैच शहर के नवनिर्मित स्टेडियम में खेला जाएगा।

नवनिर्वाचित (सं.) [वि.] किसी संस्था, राष्ट्र आदि के निर्वाचन या चुनाव में नया चुना हुआ, जैसे- देश के नवनिर्वाचित राष्ट्रपति ने शपथ ग्रहण की।

नवनीत (सं.) [सं-पु.] 1. ताज़ा मक्खन 2. कृष्ण का एक नाम।

नवप्रसूत (सं.) [वि.] दे. नवजात।

नवप्राशन (सं.) [सं-पु.] नई फसल का अन्न या फल पहली बार खाना।

नवम (सं.) [वि.] नौ के स्थान पर आने वाला; नवाँ, जैसे- 'साकेत' के नवम सर्ग में उर्मिला की व्यथा कथा का वर्णन है।

नवमल्लिका (सं.) [सं-स्त्री.] 1. चमेली 2. कामदेव के पाँच बाणों में से एक।

नवमी (सं.) [सं-स्त्री.] भारतीय पंचांग में किसी मास के किसी पक्ष की नवीं तिथि।

नवयुग (सं.) [सं-पु.] आधुनिक युग या नया ज़माना जिसमें अनावश्यक रूढ़ियाँ या परंपराएँ त्याग दी गई हों; आधुनिक काल।

नवयुवक (सं.) [सं-पु.] वह लड़का जिसने हाल ही में किशोरावस्था पार की हो; नौजवान; तरुण।

नवयुवती (सं.) [सं-स्त्री.] वह लड़की जिसने हाल ही में किशोरावस्था पार की हो; नवयौवना; तरुणी; कुमारी।

नवयौवन (सं.) [सं-पु.] 1. नई जवानी; चढ़ती हुई जवानी 2. {ला-अ.} नया उन्मेष।

नवयौवना (सं.) [सं-स्त्री.] वह स्त्री जिसमें युवावस्था के लक्षण दिखाई देने लगे हों; तरुणी।

नवरंग (सं.) [वि.] 1. नवीन शोभा से युक्त 2. नए ढंग का; नवेला 3. सुंदर। [सं-पु.] नारंगी।

नवरत्न (सं.) [सं-पु.] 1. नौ प्रकार के रत्न- मोती, पन्ना, माणिक, गोमेद, हीरा, मूँगा, लहसुनिया, पद्मराग एवं नीलम 2. उक्त नौ प्रकार के रत्नों वाला आभूषण 3. राजा विक्रमादित्य के राजदरबार के प्रख्यात नौ विद्वान 4. भारत सरकार द्वारा घोषित सार्वजनिक क्षेत्र के नौ औद्योगिक प्रतिष्ठान।

नवरस (सं.) [सं-पु.] (भारतीय काव्यशास्त्र) काव्य के नौ रस- शृंगार, करुण, हास्य, वीर, रौद्र, भयानक, वीभत्स, अद्‌भुत और शांत।

नवरात्र (सं.) [सं-पु.] 1. चैत्र और अश्विन मास में शुक्ल पक्ष प्रतिपदा से नवमी तक के नौ दिन जिसमें देवी दुर्गा की पूजा होती है; वासंती और शारदीय नवरात्रि 2. नौ रात्रियों में समाप्त होने वाला यज्ञ, अनुष्ठान आदि 3. नौ दिनों की अवधि।

नवरात्रि (सं.) [सं-पु.] दे. नवरात्र।

नवल (सं.) [वि.] 1. नया; नवीन 2. आकर्षक; अनोखा 3. युवा; जवान 4. सुंदर 5. रंगीला 6. शुभ्र; स्वच्छ; उज्ज्वल; स्फीत; विमल।

नवलकिशोर (सं.) [सं-पु.] कृष्ण; वासुदेव।

नववधू (सं.) [सं-स्त्री.] नई-नवेली दुलहन; नवविवाहिता स्त्री।

नववरीह [सं-पु.] कश्मीर का नववर्ष।

नववर्ष (सं.) [सं-पु.] 1. नया साल या संवत्सर 2. नए वर्ष का प्रथम दिन।

नवविवाहित (सं.) [वि.] (पुरुष, स्त्री या युगल) जो हाल ही में परिणय-सूत्र में बँधा हो; सद्यःपरिणीत।

नवविष (सं.) [सं-पु.] वत्सनाथ, हारिद्रिक, सक्तुक, प्रदीपन, सौराष्ट्रिक, शृंगक, कालकूट, हलाहल और ब्रहापुत्र ये नौ प्रकार के विष हैं।

नवशक्ति (सं.) [सं-स्त्री.] (पुराण के अनुसार) प्रभा, माया, जया, सूक्ष्मा, विशुद्धा, नंदिनी, सुप्रभा, विजया और सर्वसिद्धिदात्री ये नौ शक्तियाँ हैं।

नवशायक (सं.) [सं-पु.] (पराशर संहिता के अनुसार) ग्वाला, माली, तेली, जुलाहा, हलवाई, बरई, कुम्हार, लोहार और हज्जाम ये नौ जातियाँ हैं।

नवशिक्षित (सं.) [वि.] 1. जिसने अभी हाल में कुछ पढ़ना-लिखना सीखा हो 2. नवीन शिक्षा पद्धति के अनुसार जिसे शिक्षा मिली हो।

नवसर (सं.) [सं-पु.] जिस हार में नौ लड़ियाँ हों; नौ लड़ का हार।

नवसाक्षर (सं.) [वि.] जिसने हाल ही में साक्षरता हासिल की हो; जिसने हाल ही में कुछ पढ़ना-लिखना सीखा हो।

नवाँ (सं.) [वि.] नौ के स्थान पर आने वाला; नवम, जैसे- ईस्वी सन का नवाँ महीना सितंबर है।

नवांकुर (सं.) [सं-पु.] नवीन अंकुर; कल्ला।

नवांग (सं.) [सं-पु.] सोंठ, पीपल, मिर्च, हड़, बहेड़ा, आँवला, चाब, चीता और बायबिरंग ये नौ पदार्थ।

नवांश (सं.) [सं-पु.] 1. किसी पदार्थ का नवाँ भाग 2. फलित ज्योतिष में एक राशि का नवाँ भाग जिसका विचार किसी जातक के चरित्र, आकार और चिन्ह आदि निश्चित करने में होता है।

नवागंतुक (सं.) [वि.] 1. वह जो नया आया हुआ हो; अभी अभी आया हुआ; नवागत 2. अतिथि।

नवागत (सं.) [वि.] 1. कुछ समय पूर्व ही अस्तित्व में आया हुआ; जिसका आविर्भाव अभी हाल ही में हुआ हो 2. नया आया हुआ; तुरंत का आया हुआ, जैसे- नवागत बंधुओं से अनुरोध है कि स्थान ग्रहण करें।

नवाज़ (फ़ा.) [परप्रत्य.] 1. कृपा या दया करने वाला, जैसे-

गरीबनवाज़ 2. बजाने वाला, जैसे- तबलानवाज़।

नवाज़ना (फ़ा.) [क्रि-स.] रहम करना; दया करना; कृपा करना; अनुग्रह करना।

नवाज़िश (फ़ा.) [सं-स्त्री.] कृपा; अनुकंपा; दया; अनुग्रह; मेहरबानी।

नवाड़ा [सं-पु.] 1. एक प्रकार की छोटी नाव 2. नाव को मँझधार में ले जाकर चक्कर देने की जलक्रीड़ा।

नवाना (सं.) [क्रि-स.] 1. झुकाना, जैसे- ईश्वर के आगे शीश नवाना 2. किसी को नम्र होने अथवा विनीत होने के लिए प्रेरित करना।

नवान्न (सं.) [सं-पु.] 1. नया अन्न 2. नई फ़सल का अन्न 3. एक प्रकार का श्राद्ध जिसमें पितरों के नाम पर नया अन्न वितरित किया जाता है 4. नई फ़सल का अन्न पहली बार खाने की क्रिया।

नवाब (अ.) [सं-पु.] 1. मुगलकाल से प्रचलित एक उपाधि जो किसी क्षेत्र के स्वामियों या धनियों को दी जाती थी 2. वे मुसलमान राज्याधिकारी जो किसी सूबे के प्रशासक नियुक्त होते थे 3. धनसंपन्न व्यक्ति 4. मुसलमान रईसों को अँग्रेज़ी शासन की ओर से मिलने वाली एक उपाधि। [वि.] 1. {ला-अ.} फ़िज़ूलख़र्च; अपव्ययी 2. {ला-अ.} नवाब जैसे ठाट-बाट से रहने वाला।

नवाबज़ादा (अ.+ फ़ा.) [सं-पु.] 1. नवाब का बेटा या पुत्र 2. बेहद शौकीन आदमी जो रईसों की तरह रहता हो।

नवाबी (अ.) [सं-स्त्री.] 1. नवाब का पद या काम 2. नवाबों जैसा रंग-ढंग 3. नवाबों का शासनकाल 4. बहुत अधिक अमीरी 5. नवाब होने की अवस्था या भाव। [वि.] 1. नवाबों के रंग-ढंग जैसा, जैसे- नवाबी शानो-शौकत 2. नवाबों का, जैसे- नवाबी दौर। [मु.] **-उतारना** : अकड़ दूर करना।

नवारा [सं-पु.] 1. बैल 2. एक प्रकार की बड़ी नाव।

नवासा (फ़ा.) [सं-पु.] 1. बेटी का बेटा; नाती; दौहित्र 2. मामा के न रहने पर नाना की जायदाद पाने का नाती का अधिकार।

नवासी[1] [वि.] संख्या '89' का सूचक।

नवासी[2] (फ़ा.) [सं-स्त्री.] 1. बेटी की बेटी; नातिन; दौहित्री 2. मामा के न रहने पर नाना की संपत्ति पर नातिन का अधिकार।

नवाह[1] (सं.) [सं-पु.] 1. चंद्र मास के किसी पक्ष का नवाँ दिन 2. नौ दिनों का समूह। [वि.] नौ दिनों तक चलने वाला या नौ दिनों में पूरा होने वाला, जैसे- रामायण आदि का नवाह पाठ।

नवाह[2] (अ.) [सं-पु.] चारों ओर का समीपवर्ती क्षेत्र, प्रदेश या स्थान।

नवी[1] [सं-स्त्री.] नोई (दूध निकालते समय गाय के पैर से बछड़े को बाँधने वाली रस्सी)।

नवी[2] (फ़ा.) [वि.] 1. नवीन 2. आधुनिक 3. पाश्चात्य।

नवीकरण (सं.) [सं-पु.] 1. नवीन रूप प्रदान करने की क्रिया 2. किसी संधि, अनुज्ञापत्र आदि की अवधि समाप्त होने पर पुनः जारी किया जाना।

नवीकृत (सं.) [वि.] जिसका नवीनीकरण हुआ हो; जो फिर से नया किया गया हो।

नवीन (सं.) [वि.] 1. नया; नूतन 2. अनोखा; विलक्षण 3. तरुण 4. मौलिक।

नवीन कथामुख (सं.) [सं-पु.] (पत्रकारिता) समाचार का एक या एकाधिक अनुच्छेदों का नया शीर्ष जो पूर्व प्रेषित शीर्ष का स्थान लेता है।

नवीनतम (सं.) [वि.] सर्वाधिक नवीन; नया।

नवीनता (सं.) [सं-स्त्री.] नयापन; नूतनता।

नवीनीकरण (सं.) [सं-पु.] 1. नए सिरे से आरंभ करना; नया बनाना, जैसे- इमारत का नवीनीकरण 2. अवधि बढ़ाना, जैसे- लाइसेंस का नवीनीकरण 3. फिर से जारी किया जाना।

नवीनीकृत (सं.) [वि.] दे. नवीकृत।

नवीस (फ़ा.) [परप्रत्य.] शब्दों के अंत में प्रयुक्त होने वाला एक प्रकार का प्रत्यय जिसका अर्थ है, लिखने वाला, जैसे- अर्ज़ीनवीस, अख़बारनवीस आदि।

नवेद (फ़ा.) [सं-स्त्री.] 1. शुभ समाचार; ख़ुशख़बरी 2. निमंत्रण; निमंत्रण पत्र।

नवेर [सं-पु.] जलहली; पानी की कुंडी जिसमें लोहार लोहे के गरम टुकड़ों या औजारों को बुझाता है।

नवेला (सं.) [वि.] 1. नया; नवीन; सुंदर 2. युवा; नई उम्र का 3. अनन्य गुणों से युक्त।

नवोढ़ (सं.) [वि.] जिसका विवाह हाल में हुआ हो। [सं-पु.] 1. विवाहित पुरुष 2. नवयुवक।

नवोढ़ा (सं.) [सं-स्त्री.] 1. सद्यःपरिणीता; नववधू 2. नवयुवती 3. (काव्यशास्त्र) संकोच और लज्जा के कारण नायक के पास जाने में सकुचाने वाली नायिका।

नवोत्थान (सं.) [सं-पु.] नवजागरण; नवजागृति, नवीन चेतना।

नवोदक (सं.) [सं-पु.] 1. पहली वर्षा का जल 2. कुआँ खोदते समय निकलने वाला पहला जल।

नवोदय (सं.) [सं-पु.] नया उत्थान; नवोत्थान।

नवोदित (सं.) [वि.] नया-नया उभरा हुआ, जिसने हाल ही में प्रतिभा का परिचय दिया हो, जैसे- नवोदित लेखक।

नवोद्भावना (सं.) [सं-स्त्री.] 1. नया विचार; नई कल्पना; नया कथन 2. नवस्फुरण 3. पुनर्जागरण।

नवोन्मेष (सं.) [सं-पु.] 1. नया उत्थान; नया विकास 2. नवस्फुरण 3. पुनर्जागरण।

नव्य (सं.) [वि.] 1. नवीन; नया 2. नमन करने योग्य 3. स्तुति करने योग्य। [सं-पु.] पुनर्नवा।

नशन (सं.) [सं-पु.] नष्ट होना; नाश; विनाश।

नशना (सं.) [क्रि-अ.] 1. नष्ट होना; बरबाद होना 2. खराब होना; बिगड़ना।

नशा (अ.) [सं-पु.] 1. अफ़ीम, गाँजा, भाँग, चरस, शराब आदि मादक द्रव्यों के सेवन से उत्पन्न मानसिक विकृति की स्थिति 2. नशीली चीज़; मादक द्रव्य 3. मादक पदार्थ के सेवन करते रहने की प्रवृत्ति 4. {ला-अ.} किसी चीज़ की ऐसी धुन जो और सब कुछ भुला दे, जैसे- किसी खेल का नशा 5. {ला-अ.} मद; गर्व। [मु.] **-उतरना** : किसी बात की धुन उतर जाना; अहंकार दूर होना। **-चढ़ना** : नशा होना,

नशीली चीज का असर होना।

नशाख़ोर (अ.) [सं-पु.] नशा करने वाला व्यक्ति; नशेबाज़; नशेड़ी।

नशाख़ोरी (अ.) [सं-स्त्री.] 1. नशेबाज़ी; नशा करना 2. नशा करने की आदत या लत।

नशाबंदी (अ.) [सं-स्त्री.] 1. नशाख़ोरी पर प्रतिबंध लगाने की नीति या प्रक्रिया 2. नशे पर पाबंदी लगना।

नशास्ता (फ़ा.) [सं-पु.] गेहूँ आदि किसी अन्न को भिगोकर पीसकर निकाला हुआ सार।

नशीन (फ़ा.) [परप्रत्य.] समस्त पदों के अंत में प्रयुक्त होने वाला एक प्रकार का प्रत्यय जिसका अर्थ है, बैठने वाला, स्थित आदि, जैसे- गद्दीनशीन, परदानशीन, जन्नतनशीन आदि। [वि.] बैठनेवाला।

नशीला (अ.) [वि.] 1. जिसके सेवन से नशा छा जाए; नशायुक्त 2. मदभरा; मादक।

नशेड़ी [वि.] मादक द्रव्य का सेवन करने वाला; नशेबाज़; नशाख़ोर।

नशेबाज़ (अ.+ फ़ा.) [वि.] जो बराबर नशे का सेवन करता हो; नशेड़ी।

नशेबाज़ी (अ.+ फ़ा.) [सं-स्त्री.] मादक द्रव्य का सेवन; नशा करने की आदत; नशाख़ोरी।

नश्तर (फ़ा.) [सं-पु.] 1. शारीरिक अंगों की चीर-फाड़ या शल्यक्रिया हेतु प्रयुक्त चाकू जैसा उपकरण 2. कार्यालयों में काग़ज़ आदि काटने में प्रयुक्त धारदार लौह पट्टी।

नश्वर (सं.) [वि.] 1. जो शाश्वत न हो; नष्ट होने वाला; नाशवान; अचिर 2. क्षणभंगुर।

नश्वरता (सं.) [सं-स्त्री.] नष्ट हो जाने का भाव; अचिरता।

नष्ट (सं.) [वि.] 1. बरबाद; व्यर्थ; बेकार 2. अपवित्र 3. जिसका आचरण बिगड़ गया हो; अधम; पतित 4. जिसका अस्तित्व मिट चुका हो; शून्य 5. निष्फल 6. धनहीन; दरिद्र। [सं-पु.] 1. नाश; विनाश 2. अदृश्य या तिरोहित होना।

नष्ट-भ्रष्ट (सं.) [वि.] पूर्णतः नष्ट; पूरी तरह से बरबाद।

नष्टचित (सं.) [वि.] 1. जिसका विवेक नष्ट हो चुका हो 2. मद से उन्मत्त।

नष्टचेष्टता (सं.) [सं-स्त्री.] 1. चेष्टा करने की शक्ति के नष्ट होने का भाव या अवस्था 2. बेहोशी 3. एक प्रकार का सात्विक भाव, जिसमे व्यक्ति ध्यान या प्रेम में लीन होकर निश्चेष्ट हो जाता है।

नष्टनीड़ (सं.) [सं-पु.] 1. उजड़ा हुआ घोंसला 2. {ला-अ.} उजड़ा हुआ घर।

नष्टप्राय (सं.) [क्रि.वि.] नष्ट होने की ओर अग्रसर; बरबादी की राह पर।

नष्टा (सं.) [सं-स्त्री.] 1. जिस स्त्री का चरित्र या सतीत्व नष्ट हो चुका हो; दुराचारिणी; कुलटा 2. वेश्या।

नष्टात्मा (सं.) [वि.] 1. जिसकी आत्मा नष्ट हो चुकी हो 2. दुष्ट; अधम; नीच।

नष्टार्थ (सं.) [वि.] 1. जो अपनी संपत्ति गँवा चुका हो; जो धनहीन हो चुका हो 2. जो अपने प्रिय को खो चुका हो 3. (ऐसा शब्द) जिसका अर्थ विलुप्त हो चुका हो।

नस (सं.) [सं-स्त्री.] 1. स्नायु, शरीर के अंदर का तंतुजाल जिसकी सहायता से मांसपेशियाँ आपस में तथा हड्डियों से बँधी रहती हैं 2. रक्त-वाहिनी नली 3. नाड़ी। [मु.] **नस-नस फड़क उठना** : बहुत अधिक प्रसन्न होना। **-ढीली होना** : शेखी दूर होना।

नसकट [वि.] 1. जो नस काटे 2. आदमी की लंबाई से कुछ छोटी खाट।

नसतरंग [सं-पु.] शहनाई जैसा एक पुराना बाजा।

नसब (अ.) [सं-पु.] 1. कुल; खानदान 2. वंशावली।

नसबंदी [सं-स्त्री.] शल्यक्रिया के द्वारा जनन शक्ति से संबंधित नस को बंद या अप्रभावी कर दिया जाना।

नसरी [सं-स्त्री.] 1. एक तरह की मधुमक्खी 2. उक्त मक्खी के छत्ते का मोम।

नसवार [सं-स्त्री.] 1. तंबाकू के पीसे हुए पत्ते की महक या ख़ुशबू 2. सुँघनी।

नसाना (सं.) [क्रि-स.] 1. नष्ट करना 2. बिगाड़ना। [क्रि-अ.] 1. नष्ट होना 2. खराब होना।

नसीब (अ.) [सं-पु.] 1. भाग्य; किस्मत; तकदीर 2. अंश, भाग; हिस्सा। [मु.] नसीब आजमाना: भाग्य के भरोसे कोई कार्य करना 2. नसीब खुलना; चमकना; जागना; भाग्य का उदय होना; किस्मत चमकना।

नसीबवर (अ.+ फ़ा.) [वि.] भाग्यवान; भाग्यशाली; ख़ुशकिस्मत।

नसीबा (अ.) [सं-पु.] मुकद्दर; भाग्य; नसीब।

नसीम (अ.) [सं-स्त्री.] ठंडी और धीमी हवा; समीर।

नसीर (अ.) [सं-पु.] 1. वह जो दूसरों की सहायता करता हो; मददगार; सहायक 2. ईश्वर का एक नाम।

नसीहत (अ.) [सं-स्त्री.] 1. सदुपदेश; शिक्षा; सीख 2. राय; लाभप्रद सम्मति; अच्छी सलाह 3. ऐसा दंड जिससे कोई शिक्षा मिलती हो।

नसीहा [सं-पु.] एक प्रकार का हल्का हल, जिससे नरम जमीन जोती जाती है।

नसूड़िया [वि.] 1. नासूर-संबंधी 2. बहुत ही उग्र और भीषण 3. अमांगलिक 4. जिसकी उपस्थिति या संपर्क से काम बिगड़ जाता हो।

नसेनी [सं-स्त्री.] बाँस की बनी हुई सीढ़ी।

नस्त [सं-पु.] 1. गाय, भैंस, बैल आदि पशुओं के नाक में पहनायी जाने वाली रस्सी; नाथ 2. नाक 3. सुँघनी।

नस्तक (सं.) [सं-पु.] 1. पशुओं की नाक में रस्सी डालने के लिए किया गया छेद 2. नाक में किया गया छेद।

नस्ता (सं.) [सं-स्त्री.] नाक में किया गया छेद; नस्तक।

नस्तालीक (फ़ा.) [वि.] सौम्य तथा सुंदर। [सं-पु.] 1. फ़ारसी या अरबी लिपि लिखने का वह ढंग जिसमें अक्षर ख़ूब साफ़, सुंदर और सुपाठ्य होते हैं 2. सभ्य या शिष्ट व्यक्ति।

नस्तित (सं.) [सं-पु.] 1. वह पशु जिसकी नाक में छेद करके रस्सी डाली जाए 2. एक तरह का बैल। [वि.] 1. जिसे नाथ

पहनाया जाए 2. नत्थी किया हुआ (कागज़ या दस्तावेज़)।

नस्य (सं.) [सं-पु.] 1. नसवार; सुँघनी; नास 2. वह औषधि जिसे नाक से ग्रहण किया जाता है 3. नाक के बाल। [वि.] 1. नाक से संबंधित 2. नाक से निकलने वाला।

नस्या (सं.) [सं-स्त्री.] 1. नाक; नासिका 2. पशुओं की नाक में पहनाई जाने वाली रस्सी 3. नाक का छेद; नथना।

नस्ल (अ.) [सं-स्त्री.] 1. किसी जाति के पालतू पशुओं की एक विशेष प्रजाति; किस्म 2. जीव-जंतुओं के धर्म, आकृति आदि की समानता के विचार से किया हुआ विभाग 3. एक ही पूर्वपुरुष से उत्पन्न व्यक्तियों का वर्ग या समूह; कुल; वंश; ख़ानदान; (रेस)।

नस्लभेदी (अ.+ सं.) [वि.] (विचार, आचरण या वक्तव्य) नस्ल, कुल या जाति में भेद करने वाला; उक्त में से किसी को हीन और किसी को श्रेष्ठ मानने वाला; (रेसिस्ट)।

नस्लवाद (अ.+ सं.) [सं-पु.] वह सिद्धांत या अवधारणा जो किसी एक नस्ल को दूसरी से श्रेष्ठतर या निम्नतर मानती है।

नस्लीय (अ.) [वि.] नस्ल या वंश से संबंधित; नस्ल विषयक।

नहँ [सं-पु.] एक प्रकार का बढ़िया चावल, जो उत्तर प्रदेश में होता है।

नहछू (सं.) [सं-पु.] विवाह से पहले की एक रस्म।

नहर (फ़ा.) [सं-स्त्री.] किसी नदी या अन्य जलाशय से सिंचाई आदि के लिए निकाला गया चौड़ा कृत्रिम जल मार्ग।

नहरनी [सं-स्त्री.] 1. नाख़ून काटने में प्रयुक्त एक औज़ार 2. उक्त जैसा ही एक उपकरण जिससे पोस्ते की ढोंढ़ चीरी जाती है।

नहरम [सं-स्त्री.] एक प्रकार की मछली।

नहरिया [सं-स्त्री.] छोटी नहर।

नहरी (फ़ा.) [सं-स्त्री.] वह ज़मीन जो नहर के पानी से सींची जाती है। [वि.] नहर संबंधी; नहर का।

नहला [सं-पु.] 1. ताश का वह पत्ता जिसमें नौ बूटियाँ बनी होती हैं 2. बेल-बूटों आदि नक्काशी के काम में प्रयुक्त राजगीरों की छोटी करनी।

नहलाई [सं-स्त्री.] 1. नहलाने की क्रिया 2. नहलाने की मज़दूरी।

नहलाना [क्रि-स.] किसी को नहाने में प्रवृत्त करना; स्नान कराना।

नहस (अ.) [वि.] अशुभ; मनहूस।

नहाँ [सं-पु.] 1. पहिए के ठीक बीच का सुराख जिसमें धुरी पहनाई जाती है 2. घर के आगे का आँगन 3. नाखून।

नहान [सं-पु.] 1. नहाने की क्रिया; जल से धोकर शरीर को स्वच्छ करना; स्नान 2. स्नान संबंधी कोई पर्व या अवसर, जैसे- मकर संक्रांति का नहान 3. किसी पर्व या शुभ अवसर पर नदी या जलाशय में श्रद्धालुओं का एक साथ स्नान करना।

नहानघर [सं-पु.] स्नान के निमित्त निर्मित कक्ष; स्नानघर; गुसलख़ाना।

नहाना (सं.) [क्रि-अ.] 1. जल से पूरे शरीर को धोना; स्नान करना 2. शरीर को स्वच्छ रखना 3. किसी तरल पदार्थ से पूरे शरीर का गीला होना।

नहार (सं.) [वि.] जो सुबह से बिना कुछ खाए हो; निराहार।

नहारी [सं-स्त्री.] 1. सुबह का अल्पाहार; जलपान; नाश्ता 2. नौकरों, मज़दूरों को जलपान आदि के निमित्त दिया जाने वाला धन 3. घोड़ों को खिलाने के लिए गुड़ मिश्रित आटा 4. शोरबेदार गोश्त।

नहिक (सं.) [वि.] 1. नहीं के भाव से युक्त; नकारात्मक 2. अस्वीकृति सूचक 3. किसी वस्तु/ बात आदि से रहित 4. जिसमें किसी तत्व आदि का अभाव हो।

नहीं (सं.) [अव्य.] निषेधवाची अव्यय; असहमति, विरोध, अभाव आदि प्रकट करने वाला एक शब्द।

नहीफ़ (अ.) [वि.] 1. अशक्त; दुर्बल; कमज़ोर 2. दुबला-पतला।

नहुष (सं.) [सं-पु.] 1. प्राचीन काल का एक चंद्रवंशी राजा 2. एक वैदिक ऋषि 3. एक नाग 4. कुशिक वंशी एक ब्राह्मण राजा 5. वैदिककालीन एक राजर्षि 6. विष्णु का एक नाम।

नहूसत (अ.) [सं-स्त्री.] 1. मनहूस होने की अवस्था या भाव; मनहूसी; मनहूसियत 2. उदासीनता।

ना (सं.) [अव्य.] न; नहीं।

ना-नुकुर (सं.) [अव्य.] 1. आनाकानी; टाल-मटोल 2. बहानेबाजी 3. इनकार; अस्वीकृति।

नाँद [सं-स्त्री.] 1. पशुओं को चारा दिया जाने वाला पात्र; हौज; हाँदी 2. पानी भरने की सीमेंट, धातु आदि की बनी टंकी।

नांदी (सं.) [सं-स्त्री.] 1. नाटक आरंभ होने से पहले सूत्रधार द्वारा पढ़ा जाने वाला मंगलाचरण 2. समृद्धि; धन-संपत्ति।

नांदीमुख (सं.) [सं-पु.] 1. परिवार में (जन्म, विवाह आदि) मांगलिक अवसरों से पूर्व किया जाने वाला एक मांगलिक श्राद्ध जो पितरों का आशीर्वाद प्राप्त करने के लिए किया जाता है; वृद्धि श्राद्ध 2. कुएँ के ऊपर का ढकना।

नाइंसाफ़ (फ़ा.+अ.) [वि.] जो इनसाफ़ अथवा न्याय न कर पाए; अन्यायी।

नाइट्रोजन (अं.) [सं-स्त्री.] एक गंधहीन, स्वादहीन एवं रंगहीन गैस जो वायुमंडल का 4/5 भाग है।

नाइत्तेफ़ाकी (फ़ा.+अ.) [सं-स्त्री.] इत्तेफ़ाक या एकता का अभाव; अनबन; बिगाड़।

नाइन [सं-स्त्री.] 1. नाई की पत्नी 2. नाई जाति की स्त्री।

नाइनसाफ़ी (फ़ा.) [सं-स्त्री.] 1. अनीति; अन्याय; अत्याचार 2. बेईमानी।

नाई [सं-पु.] एक जाति जो बाल काटने तथा विवाह आदि तय कराने का काम करती है; हज्जाम।

नाउत [सं-पु.] झाड़-फूँक करने वाला व्यक्ति; ओझा; सयाना।

नाउम्मीद (फ़ा.) [वि.] 1. हताश; निराश 2. हतोत्साह; पस्तहौसला।

नाउम्मीदी (फ़ा.) [सं-स्त्री.] उम्मीद अथवा आशा का न होना; निराशा; हताशा।

नाक-नक्श [सं-पु.] शक्ल की बनावट; चेहरा।

नाक कटैया [सं-स्त्री.] 1. नाक कटने या काटे जाने की अवस्था या भाव 2. रामलीला का वह प्रसंग जिसमें लक्ष्मण ने शूर्पणखा की नाक काटी थी, जिसे स्वाँग के माध्यम से दिखाया जाता

है।

नाक[1] (सं.) [सं-स्त्री.] 1. नासिका 2. नाक से बहने का तरल पदार्थ 3. {ला-अ.} वह जिससे किसी की प्रतिष्ठा बनी रहे 4. इज़्ज़त; मान; मर्यादा [सं-पु.] मगरमच्छ की तरह का एक जल-जंतु; घड़ियाल। [मु.] **-का बाल होना** : गहरा मित्र होना। **-घुसाना** : हस्तक्षेप करना। **-भौं सिकोड़ना** : अप्रसन्नता प्रकट करना। **-में दम करना** : बहुत तंग करना। **-रगड़ना** : गिड़गिड़ाकर विनती करना। **नाकों चने चबवाना** : बहुत परेशान करना। **-कटना** : बेइज़्ज़ती होना। **-रख लेना** : प्रतिष्ठा की रक्षा कर लेना।

नाक[2] (फ़ा.) [परप्रत्य.] एक प्रकार का प्रत्यय जो 'भरा हुआ' या 'पूर्ण' होने का अर्थ देता है, जैसे- दर्दनाक, ख़ौफ़नाक आदि।

नाकट [वि.] नाक काटने वाला; आबरू उतारने वाला।

नाकड़ा [सं-पु.] एक रोग जिसमें नाक पक जाती है।

नाकद्र (फ़ा.) [वि.] 1. किसी की कद्र न समझे 2. किसी की कद्र न करने वाला।

नाकद्री (फ़ा.+ अ.) [सं-स्त्री.] 1. उचित सम्मान न होने की स्थिति; अनादर; तिरस्कार; उपेक्षा 2. कद्र न करना।

नाकना (सं.) [क्रि-स.] 1. उल्लंघन करना; डाँकना 2. दौड़, प्रतियोगिता आदि में किसी से आगे बढ़ जाना।

नाकसेव [सं-पु.] पुआ जैसी लंबी आयताकार मिठाई।

नाका [सं-पु.] 1. किसी दुर्ग, नगर, बस्ती आदि में प्रवेश का प्रमुख स्थान; प्रवेश-द्वार 2. रास्ते का वह छोर जहाँ से अन्य रास्ते निकलते हैं 3. वह स्थान जहाँ पहरा देने या महसूल आदि वसूलने के लिए रक्षक खड़े रहते हैं 4. थाना; चौकी 5. जुलाहों के ताने का तागा बाँधने का एक उपकरण 6. सुई का छेद 7. नाक नामक जलीय जंतु। [मु.] **-छेंकना** : आने-जाने का रास्ता रोकना।

नाकाफ़ी (फ़ा.+अ.) [वि.] अपर्याप्त; अपूर्ण; अपरिपूर्ण; अपूर; जो आवश्यकता से कम हो।

नाकाबंदी [सं-स्त्री.] 1. नाके पर रक्षकों की तैनाती; नाके पर पहरा बैठाना; घेराबंदी 2. अवरोध।

नाकाबिल (फ़ा.+अ.) [वि.] 1. अयोग्य; अनुपयुक्त; अक्षम; अपात्र 2. अशिक्षित।

नाकाम (फ़ा.) [वि.] 1. जिसकी कामना पूरी न हुई हो; असफल; नाकामयाब 2. निराश; मायूस।

नाकामयाब (फ़ा.) [वि.] 1. जो कामयाब न हुआ हो नाकाम; असफल मनोरथ 2. अनुत्तीर्ण; (फ़ेल)।

नाकामयाबी (फ़ा.) [सं-स्त्री.] असफलता; विफलता।

नाकामी (फ़ा.) [सं-स्त्री.] 1. नाकामयाबी; असफलता 2. निराशा; नाउम्मीदी।

नाकारा (फ़ा.) [वि.] 1. निष्कर्म; निकम्मा 2. निष्प्रयोजन; बेमतलब 3. व्यर्थ; बेकार।

नाकिस (अ.) [सं-पु.] अरबी भाषा का वह शब्द जिसका अंतिम वर्ण 'अलिफ़', 'वाव' या 'ये' हो। [वि.] 1. जिसमें कुछ त्रुटि या नुक्स हो 2. अपूर्ण; नामुकम्मल 3. खोटा; मिथ्या; कूट 4. विकृत; दूषित; ख़राब 5. पाजी; धूर्त।

नाकी (सं.) [वि.] स्वर्ग में निवास करने वाला। [सं-पु.] देवता।

नाकु (सं.) [सं-पु.] 1. दीमकों की मिट्टी का ढूह; बल्मीक; बिमौट 2. भीटा; टीला 3. पहाड़; पर्वत 4. एक प्राचीन मुनि।

नाकुल (सं.) [सं-पु.] 1. नकुल के वंशज या संतान 2. सेमल का मूसला। [वि.] 1. नेवले जैसा 2. नकुल संबंधी।

नाकुली (सं.) [वि.] नकुल का; नाकुल। [सं-स्त्री.] 1. एक प्रकार का कंद जो कई प्रकार के विष विशेषकर सर्प के विष को दूर करने वाला कहा जाता है 2. यवतिक्ता 3. चाब 4. सफेद भटकटैया।

नाकेदार (हिं.+फ़ा.) [सं-पु.] 1. नाके पर रहने वाला पहरेदार 2. नाके का अधिकारी।

नाकेबंदी (हिं.+फ़ा.) [सं-स्त्री.] 1. नाके (प्रवेश द्वार या चौराहा) पर अवरोध 2. नाके पर सिपाहियों की तैनाती 3. नाके पर पहरा।

नाख़ुदा (फ़ा.) [सं-पु.] 1. जहाज़ का कप्तान 2. मल्लाह; नाविक 3. कर्णधार। [वि.] ख़ुदा को न मानने वाला; नास्तिक।

नाखुना (फ़ा.) [सं-पु.] 1. आँख का एक रोग, जिसमें उसके तल पर खून की बिंदी या दाग पड़ जाता है 2. घोड़े की आँखों में होने वाला एक रोग, जिसमें उसकी आँखों में लाल डोरे या धारियाँ पड़ जाती है 3. रुई और रेशम के योग से निर्मित एक प्रकार का कपड़ा।

नाख़ुश (फ़ा.) [वि.] नाराज़; अप्रसन्न।

नाख़ुशी (फ़ा.) [सं-स्त्री.] 1. नाराज़गी; अप्रसन्नता 2. क्रोध; गुस्सा 3. बीमारी; रोग।

नाख़ून (फ़ा.) [सं-पु.] 1. मनुष्यों, जानवरों, पशु-पक्षियों के हाथ और पैर की उँगलियों के अग्र भाग का सजीव अवस्था में बढ़ने वाला कठोर अस्थिनुमा भाग (इस भाग को कैंची से काटकर अलग किया जाता है) 2. गाय, भैंस आदि की खुर की बढ़ी हुई कोर।

नाग (सं.) [सं-पु.] 1. साँप; सर्प 2. (पुराण) पातालवासी एक उपदेवता जिसका ऊपरी आधा भाग मनुष्य का और निचला आधा भाग साँप का होता है 3. एक प्रकार का काला साँप जिसके सिर पर दो चरण चिह्न होते हैं 4. एक प्राचीन पर्वत 5. हाथी 6. नागरमोथा 7. तांबूल 8. सीसा 9. बादल। [वि.] {ला-अ.} क्रूर; घातक; दुष्ट। [मु.] **-से खेलना** : ऐसा काम करना जिसमें प्राणों का भय हो।

नागकन्या (सं.) [सं-स्त्री.] (पुराण) नाग जाति की कन्या।

नागकर्ण (सं.) [सं-पु.] 1. हाथी का कान 2. एरंड या रेंड़, जिसका पत्ता हाथी के कान के आकार का होता है।

नागकेशर (सं.) [सं-पु.] दे. नागकेसर।

नागकेसर (सं.) [सं-पु.] एक वृक्ष जिसके फूल रंग, मसाले और औषधि बनाने के काम आते हैं।

नागज (सं.) [वि.] नाग से उत्पन्न। [सं-पु.] सिंदूर 2. राँगा।

नागझाग (सं.) [सं-पु.] 1. साँप की लार 2. अफीम।

नागदंत (सं.) [सं-पु.] 1. हाथी दाँत 2. दीवार पर गड़ी हुई खूँटी।

नागदौन (सं.) [सं-पु.] 1. छोटे आकार का एक पहाड़ी पेड़ 2. एक प्रकार का पौधा जिसमें डालियाँ नहीं होतीं, उसमें लंबे-लंबे पत्ते होते हैं, जो साँप के फन की तरह होते हैं।

नागद्रुम (सं.) [सं-पु.] 1. सेहुड़ 2. नागफनी।

नागपंचमी (सं.) [सं-स्त्री.] श्रावण-शुक्ला पंचमी जिस दिन सनातनी हिंदू नाग-देवता की पूजा करते हैं।

नागपाल (सं.) [सं-पु.] पंजाबी कायस्थों में एक कुलनाम या सरनेम।

नागपाश (सं.) [सं-पु.] 1. वरुण का अस्त्रभूत 2. सर्पों का फंदा 3. रस्सी या डोरी आदि का ढाई फेरे का फंदा; नाग-बंध।

नागपुर (सं.) [सं-पु.] 1. नागों का पुर; पाताल 2. महाराष्ट्र की उपराजधानी 3. एक स्थान।

नागफनी [सं-स्त्री.] 1. एक प्रकार का पौधा जिसके चौड़े पत्तों पर काँटे होते हैं; थूहर 2. एक प्रकार का नेपाली बाजा 3. कान में पहनने का एक प्रकार का गहना।

नागफरी [सं-स्त्री.] अमलात की फलियाँ।

नागमती (सं.) [सं-स्त्री.] 1. एक लता 2. जायसी कृत पद्मावत के नायक रत्नसेन की पत्नी।

नागमाता (सं.) [सं-स्त्री.] 1. नागों की माता; कद्रु 2. सुरसा नामक राक्षसी 3. मनसा देवी।

नागर (सं.) [सं-पु.] 1. नगरवासी; नागरिक 2. चतुर; शिष्ट; सभ्य 3. गुजराती ब्राह्मणों में एक कुलनाम या सरनेम 4. नागरी लिपि का कोई अक्षर 5. एक प्रकार का गृहयुद्ध 6. नारंगी 7. विवाहिता स्त्री का देवर 8. नागरमोथा। [वि.] 1. नगर संबंधी; नगर का; (अर्बन) 2. नगर में रहने वाला।

नागर विवाह (सं.) [सं-पु.] धार्मिक बंधनों से रहित तथा विशुद्ध नागरिक की हैसियत से किया जाने वाला विवाह।

नागरक (सं.) [वि.] 1. नगर में उत्पन्न 2. विदग्ध; चतुर 3. नम्र 4. जिसमें नगर संबंधी दोष हों; बुरा 5. नगर में बोला जाने वाला 6. नामहीं। [सं-पु.] 1. शिल्पी; कारीगर 2. नागरिक 3. नम्र या अनुकूल नायक 4. एक रतिबंध 5. नगर का शासक (राजकर्मचारी) 6. चोर।

नागरबेल (सं.) [सं-स्त्री.] वह लता जिसके पत्ते पान के रूप में खाए जाते हैं; पान की बेल।

नागरमोथा (सं.) [सं-पु.] एक प्रकार की घास जिसकी जड़ औषधि-निर्माण के काम आती है।

नागराज (सं.) [सं-पु.] (पुराण) 1. नागों का राजा; शेषनाग; (तक्षक तथा वासुकि) 2. विशालकाय सर्प 3. ऐरावत 4. पिंगल मुनि (छंदशास्त्र के प्रणेता)।

नागरिक (सं.) [सं-पु.] 1. किसी राज्य में जन्म लेने वाला व्यक्ति जिसे उस राज्य के संविधान के समस्त अधिकार प्राप्त हों; किसी राष्ट्र में जन्म लेने वाला वह व्यक्ति जिसे उस राष्ट्र में रहने, नौकरी करने, संपत्ति रखने, वोट देने तथा स्वतंत्रतापूर्वक अभिव्यक्ति का अधिकार प्राप्त हो 2. नगर पर लगने वाला कर। [वि.] नगर संबंधी; नगर का।

नागरिकता (सं.) [सं-स्त्री.] 1. नागरिक होने की अवस्था या भाव 2. नागरिक जीवन 3. नागरोचित स्वत्व, आचार या शिष्टता 4. नागरिक होने पर प्राप्त होने वाले अधिकार तथा सुविधाएँ।

नागरिकशास्त्र (सं.) [सं-पु.] नागरिकों के अधिकारों तथा कर्तव्यों का अध्ययन तथा विवेचन करने वाला शास्त्र।

नागरी (सं.) [सं-स्त्री.] 1. संस्कृत, हिंदी, मराठी आदि भाषाओं की लिपि; देवनागरी 2. नगर या शहर में निवास करने वाली स्त्री; नगरवासिनी 3. चतुर या होशियार स्त्री 4. पत्थर की मोटाई नापने की एक बड़ी नाप 5. पत्थर की पटिया।

नागरीट (सं.) [सं-पु.] 1. जार 2. कामुक या व्यभिचारी पुरुष 3. व्यसनी; लंपट।

नागरेयक (सं.) [वि.] 1. जिसका जन्म नगर में हुआ हो 2. नागरिक से संबंधित।

नागरोत्थ (सं.) [सं-पु.] नागरमोथा।

नागर्य (सं.) [सं-पु.] 1. नागर होने का भाव या अवस्था; नागरता; नागरिकता 2. विदग्धता; शहरातीपन 3. चतुराई; बुद्धिमानी।

नागलोक (सं.) [सं-पु.] (पुराण) पृथ्वी के नीचे स्थित सात पाताल-लोकों में से एक।

नागवल्ली (सं.) [सं-स्त्री.] तांबूल या पान की बेल।

नागवार (फ़ा.) [वि.] 1. अच्छा न लगने वाला; जो पसंद न हो; अप्रिय; अरुचिकर 2. निस्वाद; बेमज़ा।

नागवारिक (सं.) [सं-पु.] 1. राजकुंजर 2. हाथियों का झुंड 3. महावत 4. मोर 5. गरुड़।

नागा (सं.) [सं-पु.] 1. शैव साधुओं का एक संप्रदाय; दिगंबर साधु (सदा नग्न रहने वाले) 2. भारत की एक प्रमुख जनजाति 3. नियत समय पर होते रहने वाले काम का किसी बार न होना; अंतराल; बीच 4. आसाम का एक पहाड़। [वि.] 1. नंगा 2. खाली 3. रीता।

नागांग (सं.) [सं-पु.] हस्तिनापुर का एक नाम।

नागांगना (सं.) [सं-स्त्री.] हथिनी।

नागांजना (सं.) [सं-स्त्री.] 1. नागयष्टि 2. हथिनी।

नागांतक (सं.) [सं-पु.] 1. गरुड़ 2. मोर 3. सिंह। [वि.] नागों का अंत या विनाश करने वाला।

नागाख्य (सं.) [सं-पु.] नागकेसर।

नागानंद (सं.) [सं-पु.] हर्षवर्धनकृत एक प्रसिद्ध संस्कृत नाटक।

नागारि (सं.) [सं-पु.] 1. नागांतक; गरुड़ 2. मोर 3. सिंह। [वि.] नागों का अंत या विनाश करने वाला।

नागार्जुन (सं.) [सं-पु.] 1. शून्यवाद (माध्यमिक संप्रदाय) के प्रवर्तक एवं माध्यमिक कारिका के रचयिता एक बौद्ध आचार्य 2. हिंदी के एक प्रगतिशील प्रसिद्ध कवि।

नागाशन (सं.) [सं-पु.] 1. नागांतक; गरुड़ 2. मोर 3. शेर; सिंह। [वि.] नागों का नाश करने वाला।

नागिन (सं.) [सं-स्त्री.] 1. नाग या साँप की मादा; साँपिन 2. पीठ या गरदन पर होने वाली एक लंबी रोमावली 3. {ला.अ.} बोलचाल में दूसरों का अपकार, अहित आदि करने वाली दुष्ट और निष्ठुर स्त्री।

नागुला (सं.) [सं-पु.] 1. नाकुली नामक वनस्पति जो औषधि के रूप में प्रयुक्त होती है 2. नेवला।

नागेंद्र (सं.) [सं-पु.] 1. बड़ा साँप 2. शेष, वासुकि आदि प्रमुख नाग 3. ऐरावत; गजराज; महाकाय हाथी।

नागेश (सं.) [सं-पु.] 1. शेषनाग; फणींद्र; अहिराज 2. प्रसिद्ध संस्कृत वैयाकरण नागेश भट्ट 3. पतंजलि।

नागेश्वर (सं.) [सं-पु.] 1. शेषनाग 2. ऐरावत 3. वैद्यक में एक प्रकार का रसौषध; नागकेशर।

नागौर [सं-पु.] राजस्थान प्रांत के मारवाड़ क्षेत्र का एक नगर जहाँ के गाय और बैल प्रसिद्ध हैं।

नागौरा [वि.] 1. नागौर से संबंध रखने वाला 2. बढ़िया जाति का (चौपाया) 3. मज़बूत।

नागौरी [सं-स्त्री.] नागौर की गाय। [वि.] 1. स्थान विशेष के आधार पर जातिवाचक 2. नागौर का; नागौर संबंधी 3. अच्छी जाति या नस्ल का 4. मज़बूत।

नाच (सं.) [सं-पु.] 1. लय-ताल पर आधारित अंगविक्षेप या अंगों का संचालन; नृत्य 2. आनंदातिरेक में होने वाली उछल-कूद 3. क्रीड़ा; खेल 4. {ला-अ.} कामधंधा। [मु.] **-दिखाना** : अजीब आचरण करना; हँसी कराना। **-नचाना** : जैसा चाहना वैसा काम कराना; परेशान करना।

नाच-कूद [सं-स्त्री.] 1. नाचने और कूदने की क्रिया या भाव; उछल-कूद 2. अन्य की दृष्टि में तमाशे जैसा मनोरंजक और हास्यास्पद प्रतीत होने वाला कृत्य 3. अंततः निरर्थक सिद्ध हुआ उद्योग अथवा प्रयत्न।

नाचघर (सं.) [सं-पु.] वह स्थान जहाँ नृत्य या नाच होता हो; नृत्यशाला।

नाचना (सं.) [क्रि-अ.] 1. लय-ताल के अनुरूप अंग संचालन (नृत्य) करना 2. आनंदातिरेक में उछलना-कूदना 3. किसी वस्तु या पदार्थ का चक्राकार गतिमान होना 4. इधर-उधर आना-जाना या किसी प्रकार की गति में होना 5. किसी प्रकार के तीव्र मनोवेग के फलस्वरूप क्रोधावेश में विकट रूप से इधर-उधर होना 6. काँपना; थर्राना 7. ऐसे कृत्यों में संलग्न होना जिसका कोई सुखद परिणाम न हो; अनावश्यक दौड़-धूप करना। [मु.] **सिर पर-** : घेरना; बहुत पास आना। **आँख के सामने-** : प्रत्यक्ष के समान लगना।

नाचरंग [सं-पु.] 1. वह आयोजन या उत्सव जिसमें नाच-गाना हो 2. आमोद-प्रमोद।

नाचिकेत (सं.) [सं-पु.] 1. एक प्रसिद्ध ऋषि (नचिकेता) 2. अग्नि।

नाचीज़ (फ़ा.) [वि.] 1. जिसकी गिनती किसी में न हो 2. हीन; तुच्छ; अदना 3. रद्दी; निकम्मा।

नाज [सं-पु.] 1. अन्न; अनाज 2. खाद्य पदार्थ; खाद्य सामग्री।

नाज़ (फ़ा.) [सं-पु.] 1. गर्व; प्रशंसात्मक अभिमान 2. हाव-भाव; विलास चेष्टा 3. लाड़-प्यार 4. नख़रा; ठसक; चोंचला। [मु.] **-उठाना** : चोचले सहना।

नाज़बरदार (फ़ा.) [वि.] नख़रे सहने वाला; आशिक।

नाज़बरदारी (फ़ा.) [सं-स्त्री.] नख़रे सहना; चोंचले सहना।

नाज़रीन (अ.) [सं-पु.] 1. नाज़िरीन 2. दर्शक-गण।

नाज़ायज (फ़ा.) [वि.] 1. अनुचित; जो जायज़ न हो 2. जिसे कानूनी अधिकार प्राप्त न हो 3. अवैध।

नाज़िम (अ.) [सं-पु.] 1. न्यायालय या कचहरी आदि के किसी विभाग में कार्यरत लिपिकों आदि का प्रधान अधिकारी 2. मुसलमान शासन-व्यवस्था के अंतर्गत किसी प्रांत के पूर्ण प्रबंधन का दायित्व निर्वहन करने वाला अधिकारी 3. मंत्री; (सेक्रेटरी)।

नाज़िर (अ.) [वि.] 1. देखने वाला; दर्शक; नाजरीन 2. निरीक्षक। [सं-पु.] 1. लिपिकों आदि का मुख्य अधिकारी 2. मुसलमानी शासन में अंतःपुर या महल की रक्षा करने वाला अधिकारी जो हिजड़ा होता था 3. नाचने- गाने वाली वेश्याओं का दलाल।

नाज़िरीन (अ.) [सं-पु.] 1. (नाज़िर का बहुवचन) देखने वाले लोग; दर्शकगण 2. पढ़ने वाले लोग; पाठक-वर्ग।

नाज़िल (अ.) [वि.] 1. ऊपर से नीचे आने वाला; उतरने वाला; अवतरित 2. गुज़रने वाला 3. आया हुआ; उतरा हुआ।

नाजी[1] (अ.) [वि.] मोक्ष प्राप्त करने वाला; मुक्ति पाने वाला; नजातयाफ़्ता; मुक्त।

नाजी[2] (ज.) [सं-पु.] 1. जर्मनी का एक प्रसिद्ध राजनीतिक दल जिसका पराभव द्वितीय विश्वयुद्ध में हुआ 2. उक्त दल का सदस्य। [वि.] अत्यंत क्रूर।

नाजीवाद (ज.+सं.) [सं-पु.] फासिज़्म के समान जनतंत्र, व्यक्ति- स्वतंत्रता आदि का प्रबल विरोधी तथा अधिनायक तंत्र का प्रबल समर्थक सिद्धांत (जो रक्त शुद्धता और नस्लवाद पर भी बल देता है)।

नाज़ुक (फ़ा.) [वि.] 1. कोमल; सुकुमार; मृदु 2. जो जल्दी टूट जाए या नष्ट हो जाए; कमज़ोर 3. महीन; बारीक 4. {ला-अ.} मार्मिक; गूढ़; गंभीर।

नाज़ुक मिज़ाज (फ़ा.) [वि.] 1. बहुत कोमल प्रकृतिवाला 2. जो किसी बात से बहुत जल्दी प्रभावित हो जाए 3. चिड़चिड़ा; तुनकमिज़ाज।

नाज़ुकता (फ़ा.) [सं-स्त्री.] 1. नाज़ुक होने की अवस्था या भाव; सुकुमारता; कोमलता 2. गूढ़ और सूक्ष्म भाव।

नाज़ुकी (फ़ा.) [सं-स्त्री.] 1. नज़ाकत; सुकुमारता; कोमलता 2. उत्तमता; ख़ूबी।

नाजेब (फ़ा.) [वि.] 1. जो सदृश न हों या एक दूसरे से भिन्न हों; बेमेल; भद्दा 2. जो श्लील न हो; अश्लील।

नाट (सं.) [सं-पु.] 1. नृत्य; नाच 2. नकल; स्वाँग 3. एक देश का नाम 4. नाट देश का निवासी 5. (संगीत) एक राग का नाम।

नाटक (सं.) [सं-पु.] 1. रंगमंच पर अभिनेताओं के हावभाव, वेश और परस्पर संवाद द्वारा घटनाओं का प्रदर्शन; अभिनय 2. वह ग्रंथ जिसमें कोई कथानक या चरित्र उक्त प्रकार दिखाया गया हो; दृश्य काव्य; (ड्रामा) 3. (संस्कृत) दृश्य काव्य या रूपक के दस भेदों में से एक 4. {ला-अ.} दिखावटी कार्य; बनावटी व्यवहार।

नाटककार (सं.) [सं-पु.] नाटक लिखने वाला या नाटक बनाने वाला व्यक्ति।

नाटकघर (सं.) [सं-पु.] वह स्थान या गृह जहाँ नाटक का

मंचन किया जाता है; नाट्यशाला।

नाटकबाज़ी (सं.+ फ़ा.) [सं-स्त्री.] झूठा या बनावटी व्यवहार; पाखंड; ढकोसला; दिखावा।

नाटकिया (सं.) [सं-पु.] 1. नाटक में अभिनय करने वाला; अभिनेता 2. बहुरूपिया।

नाटकीय (सं.) [वि.] 1. नाटक संबंधी; नाटक जैसा 2. आश्चर्यजनक रूप से होने या किया जाने वाला 3. बनावटी; कृत्रिम।

नाटकीयता (सं.) [सं-स्त्री.] 1. नाटकीय होने की अवस्था या भाव 2. बनावटी होने का भाव या स्थिति; कृत्रिमता।

नाटना (सं.) [क्रि-अ.] इनकार करना; मुकरना।

नाटा [वि.] साधारण से कम ऊँचाई या डीलवाला; छोटे कद का। [सं-पु.] छोटे कद या डील का बैल।

नाटिका (सं.) [सं-स्त्री.] एक प्रकार का कल्पित कथा आधारित दृश्य-काव्य जिसमें चार अंग होते हैं जिसके अधिकतर पात्र राज-कुल के होते हैं तथा इसमें स्त्री पात्रों और नृत्य गीत आदि की बहुलता होती है।

नाटित (सं.) [सं-पु.] अभिनय। [वि.] जिसका अभिनय किया जा चुका हो; अभिनीत।

नाटितक (सं.) [सं-पु.] किसी की चेष्टा आदि का अनुकरण; स्वाँग; अनुकृति।

नाट्य (सं.) [सं-पु.] 1. नट का काम; अभिनय 2. आंगिक, वाचिक, सात्विक तथा आहार्य आदि भावों या अवस्थाओं का अनुकरण; स्वाँग 3. नाटक का अभिनय 4. नृत्य, गीत और वाद्य का सम्मिलित रूप 5. अभिनेता की वेश-भूषा।

नाट्यकला (सं.) [सं-स्त्री.] अभिनय की कला; नाटक में अभिनय करने का ढंग।

नाट्यकार (सं.) [सं-पु.] 1. नाटक लिखने वाला व्यक्ति; नाटककार 2. नाटक में अभिनय करने वाला व्यक्ति; नट; अभिनेता।

नाट्यकृति (सं.) [सं-स्त्री.] अभिनेय ग्रंथ; ऐसी पुस्तक जिसमें नाटक के हिसाब से अभिनेयता हो।

नाट्यगृह (सं.) [सं-पु.] विशेष प्रकार से निर्मित वह गृह जिसमें एक ओर अभिनय करने का मंच तथा उसके सामने दर्शकों के बैठने की व्यवस्था होती है; नाट्यशाला; रंगशाला; नाट्यागार; थियेटर।

नाट्यधर्मी (सं.) [सं-स्त्री.] अभिनय संबंधी नियमावली।

नाट्यमंडली (सं.) [सं-स्त्री.] नाटक करने वालों का समूह या दल।

नाट्यरूप (सं.) [सं-पु.] किसी घटना का नाटक के रूप में मंचन या प्रस्तुति।

नाट्यशाला (सं.) [सं-स्त्री.] वह स्थान जहाँ नाटक खेला जाए; नाट्यगृह; रंगशाला।

नाट्यशास्त्र (सं.) [सं-पु.] नृत्य, संगीत एवं अभिनय आदि से संबंधित कलाओं की विस्तृत विवेचना करने वाला शास्त्र।

नाट्यागार (सं.) [सं-पु.] नाट्यगृह; नाट्यशाला।

नाट्यात्मक (सं.) [वि.] 1. नाटक के रूप में 2. नाटक की शैली में।

नाट्योचित (सं.) [वि.] 1. नाटक के लिए उपयुक्त या उचित 2. जिसका अभिनय किया जा सके।

नाठ (सं.) [सं-पु.] 1. लावारिस संपत्ति 2. सत्ता का अभाव 3. ध्वंस; नाश।

नाड़ा (सं.) [सं-पु.] 1. घाघरा, पाजामें आदि के बाँधने में प्रयुक्त सूत की डोरी; इजारबंद; नीबी 2. देवपूजन में प्रयुक्त लाल-पीले रंग का गंडेदार सूत; मौली; कलावा।

नाड़ी (सं.) [सं-स्त्री.] 1. शरीर में पाई जाने वाली रक्तवाहिनी नलिका, शिरा और धमनी 2. हाथ की नब्ज़ 3. हठयोग में अनुभूति और श्वास-प्रवास संबंधी नलियाँ 4. नली 5. (ज्योतिष) कल्पित चक्रों में पड़ने वाले नक्षत्र जिनका उपयोग वर-वधू की गणना बैठाने में करते हैं 6. फूँककर बजाया जाने वाला बाजा। [मु.] **-चलना** : नाड़ी में स्पंदन होना। **-छूटना** : मृत्यु हो जाना। **-देखना** : रोग का पता लगाना।

नाड़ी चक्र (सं.) [सं-पु.] 1. हठयोग के अनुसार नाभि प्रदेश में स्थित एक अंडाकार चक्र-विशेष जिससे सभी नाड़ियाँ निकलती हैं 2. (फलित ज्योतिष) वैवाहिक गणना हेतु प्रयुक्त वे विभिन्न चक्र जिसमें भिन्न-भिन्न नक्षत्र बैठाए जाते हैं।

नाड़ी जाल (सं.) [सं-पु.] नाड़ी चक्र।

नाड़ीक (सं.) [सं-पु.] एक प्रकार का साग; पटुआ साग; कालशाक।

नाड़ीकेल (सं.) [सं-पु.] नारियल।

नाड़ीव्रण (सं.) [सं-पु.] शरीर में होने वाला एक प्रकार का घाव; नासूर।

नाडूदाना [सं-पु.] कर्नाटक राज्य के मैसूर के आस-पास के क्षेत्र में होने वाले एक तरह के बैल, जो कद में छोटे होने पर भी अधिक परिश्रमी एवं मजबूत होते हैं।

नाता (सं.) [सं-पु.] 1. रिश्ता; कुटुंबगत घनिष्ठता; पारिवारिक संबंध 2. सरोकार; लगाव; संपर्क।

नाता-रिश्ता [सं-पु.] 1. पारिवारिक या वैवाहिक संबंध अथवा रिश्ता 2. किसी प्रकार का लगाव; संपर्क।

नातिन [सं-स्त्री.] पुत्री की पुत्री या बेटी।

नाती [सं-पु.] पुत्री का पुत्र या बेटा।

नाते [अव्य.] के कारण; के वास्ते; की वजह से।

नातेदार (हिं.+ फ़ा.) [वि.] 1. जिससे कोई नाता हो; रिश्तेदार 2. सगा; संबंधी।

नातेदारी (हिं.+ फ़ा.) [सं-स्त्री.] परस्पर नाता या रिश्ता होने की अवस्था; रिश्तेदारी।

नात्र (सं.) [सं-पु.] 1. शिव 2. ऋषि 3. प्रशंसा; स्तुति।

नात्सी (ज.) [सं-पु.] दे. नाज़ी।

नाथ (सं.) [सं-पु.] 1. स्वामी; प्रभु; अधिपति; मालिक 2. शिव 3. बैल आदि की नाक में पहनाई जाने वाली रस्सी 4. गोरखपंथी साधुओं की एक उपाधि 5. साँप पालने वाली एक जाति; सँपेरा।

नाथत्व (सं.) [सं-पु.] नाथ या स्वामी होने की अवस्था या भाव; प्रभुता।

नाथना [क्रि-स.] 1. बैल आदि पशुओं के नथने में छेद करके उसमें रस्सी पहनाना 2. किसी वस्तु के सिरे में छेद करके उसे रस्सी आदि से बाँधना 3. एकाधिक वस्तुओं को एक साथ रखने के लिए उनमें उक्त प्रकार की क्रिया करना; नत्थी करना 4. लड़ी के रूप में गूँथना, जोड़ना या पिरोना; सूत्रबद्ध करना।

नाथपंथ (सं.) [सं-पु.] गोरखनाथ द्वारा प्रवर्तित संप्रदाय।

नाथपंथी (सं.) [वि.] 1. नाथ संप्रदाय का 2. नाथपंथ को मानने वाला; नाथपंथ संप्रदाय संबंधी।

नाद (सं.) [सं-पु.] 1. अव्यक्त शब्द 2. ध्वनि; आवाज़ 3. संगीत 4. वर्णों का अव्यक्त रूप; अर्धमात्रा 5. गर्जन; भारी शब्द।

नाद विद्या (सं.) [सं-स्त्री.] संगीत की विद्या; संगीतशास्त्र।

नादमय (सं.) [वि.] नादयुक्त; संगीतमय।

नादा [सं-पु.] 1. एक प्रकार का जल पक्षी जो सुस्त होता है 2. सींचने के लिए बनाया गया गड्ढा।

नादात्मक (सं.) [वि.] नाद या ध्वनि-रूप में होने वाला।

नादान (फ़ा.) [वि.] 1. अज्ञानी; मूर्ख 2. अवस्था में कम होने के कारण जिसे समझ में न आई हो; नासमझ; बच्चा।

नादानी (फ़ा.) [सं-स्त्री.] 1. अज्ञानता; मूर्खता; बेवकूफ़ी 2. अकुशलता; अनाड़ीपन।

नादि (सं.) [वि.] 1. शब्द करने वाला 2. गरजने वाला।

नादित (सं.) [वि.] 1. ध्वनित 2. जिसमें नाद या शब्द होता हो; निनादित।

नादिम (अ.) [वि.] 1. शर्मिंदा; लज्जित 2. पछताने वाला; पश्चाताप करने वाला 3. संकुचित।

नादिर (अ.) [वि.] 1. अद्‌भुत; विलक्षण; विचित्र; असाधारण 2. श्रेष्ठ; उत्तम; बढ़िया।

नादिरशाह (अ.) [सं-पु.] 1. फ़ारस का एक प्रसिद्ध शासक जिसने सन् 1738 में भारतीय शासक मुहम्मद शाह को पराजित किया था 2. {ला-अ.} निरंकुश तथा क्रूर शासक।

नादिरशाही (अ.) [सं-स्त्री.] 1. नादिरशाह जैसा अत्याचार या कुप्रबंध 2. निरंकुश शासन 3. मनमाना फरमान जारी करना। [वि.] 1. नादिरशाह के अत्याचार जैसा 2. नादिरशाह संबंधी 3. उग्र और कठोर।

नादिरा (अ.) [वि.] 1. विलक्षण; अद्‌भुत 2. श्रेष्ठ 3. अजीबोगरीब।

नादिरी (अ.) [सं-स्त्री.] 1. मुगलकालीन सदरी या कुरती जैसा वस्त्र 2. गंजीफ़े का वह पत्ता जिसे खेल के समय निकालकर अलग रख दिया जाता है। [वि.] 1. नादिरशाह संबंधी 2. अत्याचार और क्रूरतापूर्ण।

नादी (सं.) [वि.] 1. शब्द या नाद करने वाला 2. बजने वाला 3. गरजने वाला।

नादेय (सं.) [सं-पु.] 1. सेंधा नमक 2. काँस नामक घास 3. जलबेंत 4. सुरमा। [वि.] 1. नदी संबंधी; नदी का 2. नदी में उत्पन्न होने वाला 3. ग्रहण न करने योग्य; अग्राह्य 4. जो दिया न जा सके।

नाधन [सं-स्त्री.] 1. तकले में लगाई जाने वाली वह गोल टिकिया जो सूत को इधर-उधर होने से रोकती है 2. नाधने की क्रिया या भाव।

नाधना (सं.) [क्रि-स.] 1. रस्सी के द्वारा बैल को हल से बाँधना या जोतना 2. तस्मे के द्वारा घोड़े को ताँगा या बग्गी से बाँधना 3. (कोई कार्य) आरंभ करना; ठानना 4. जोड़ना; लगाना 5. गूँथना; पिरोना।

नाधा [सं-पु.] लरनी; पालो और हरिस को बाँधने वाली रस्सी; हरनधी।

नान (फ़ा.) [सं-स्त्री.] 1. तंदूर में पकाई जाने वाली ख़मीरी रोटी 2. मोटी बड़ी रोटी।

नानक [सं-पु.] सिक्ख संप्रदाय के आदि गुरु।

नानकपंथी [सं-पु.] नानक का अनुयायी या समर्थक।

नानकार (फ़ा.) [सं-स्त्री.] वह ज़मीन जो सेवक को पुरस्कार रूप में जीविका निर्वाह के लिए दी जाती थी।

नानकीन (ची.) [सं-पु.] चीन के नानकिङ् नगर में बनने वाला बढ़िया सूती कपड़ा, जो अब सभी देशों में बनता है और मारकीन के नाम से प्रसिद्ध है।

नानख़टाई (फ़ा.) [सं-स्त्री.] एक प्रकार के मीठे बिस्किट जो मैदा, शक्कर और मक्खन से ओवन में बेक करके बनाए जाते हैं।

नानबाई (फा.) [सं-पु.] रोटी बनाने वाला; नानपज।

नाना[1] [सं-पु.] माता का पिता; पिता के श्वसुर; मातामह।

नाना[2] (सं.) [वि.] 1. अनेक प्रकार के; बहुत तरह के; विविध (बहु.) 2. अनेक; बहुत। [क्रि-स.] झुकना; नम्र करना 2. नीचा करना 3. फेंकना; डालना 4. प्रविष्टि करना; घुसाना।

नानारूप (सं.) [सं-पु.] अनेक प्रकार के रूप; बहुरूप। [वि.] 1. अनेक रूपोंवाला; बहुरूपिया 2. बहुविध।

नानार्थ (सं.) [वि.] 1. अनेक अर्थोंवाला 2. जिससे अनेक प्रयोजन सिद्ध हो सके 3. अनेक प्रकार के कार्यों में उपयोग आने वाला।

नानी [सं-स्त्री.] माता की माता; मातामही। [मु.] **नानी मरना** : बहुत उदास, खिन्न या दुःखी हो जाना। **नानी याद आना** : बहुत घबरा या परेशान हो जाना।

नाप [सं-स्त्री.] 1. नापने की क्रिया अथवा भाव 2. किसी मानदंड के अनुसार किसी वस्तु की लंबाई, चौड़ाई आदि का निर्धारण करने की क्रिया 3. किसी मानदंड के अनुसार स्थिर की गई किसी वस्तु की लंबाई, चौड़ाई, गहराई, ऊँचाई, मात्रा आदि; परिमाण; माप 4. वह स्थिर किया हुआ पैमाना जिसके अनुसार किसी वस्तु की लंबाई निर्धारित की जाए।

नाप-तौल [सं-स्त्री.] 1. किसी वस्तु को नापने और तौलने की क्रिया या भाव 2. नाप या तौलकर निर्धारित की गई मात्रा या परिमाण।

नापना (सं.) [क्रि-स.] किसी वस्तु के परिमाण, मात्रा आदि का निर्धारण करना; मापना।

नापसंद (फ़ा.) [वि.] जो पसंद न हो; अप्रिय; अरुचिकर।

नापसंदगी (फ़ा.) [सं-स्त्री.] पसंद न होने का भाव; अरुचि; अप्रिय।

नापाक (फ़ा.) [वि.] 1. अपवित्र; अशुचि 2. मैला-कुचैला; गंदा।

नापित (सं.) [सं-पु.] नाई; हज्जाम।

नापित्य (सं.) [सं-पु.] 1. नापित होने की अवस्था या भाव 2. नापित या हज्जाम का पेशा 3. नापित या हज्जाम का लड़का।

नापैद (फ़ा.) [वि.] 1. जो कभी पैदा ही न हुआ हो; अप्राप्य; नायाब 2. जो अब पैदा न होता हो; लुप्त; पोशिदा।

नाफ़ (फ़ा.) [सं-स्त्री.] 1. नाभि; तुंदी; तुंद; कूपी 2. मध्यभाग; मध्यस्थान; केंद्रस्थान।

नाफ़रमान (फ़ा.) [वि.] 1. बड़ों की आज्ञा या हुक्म न मानने वाला; अवज्ञाकारी 2. उद्दंड; सरकश।

नाफ़ा (फ़ा.) [सं-पु.] कस्तूरी मृग की नाभि में पाई जाने वाली थैली।

नाफ़िज़ (अ.) [वि.] (हुक्म, कानून आदि) जारी; लागू; प्रचलित।

नाब [सं-पु.] 1. धार; किसी हथियार के फलक का पतला, नुकीला और सीधा भाग जो बेंट में ठोका जाता है 2. पशुओं को चारा खिलाने के लिए प्रयोग में आने वाला लकड़ी का पात्र जिसे नाद कहते हैं।

नाबदान (फ़ा.) [सं-पु.] मल-मूत्र तथा गंदे पानी की मोरी या नाली; पनाला; (गटर)।

नाबाद (अ.) [वि.] 1. जिसे अलग या बाहर न किया गया हो 2. क्रिकेट के खेल में वह बल्लेबाज़ जिसे खेल की समाप्ति पर्यंत खेल से बाहर (आउट) न किया जा सका हो।

नाबालिग (फ़ा.+अ.) [वि.] जो वयस्क या बालिग न हो; अल्पवयस्क; अवयस्क।

नाभा [सं-पु.] 1. नाभादास (एक प्रसिद्ध कवि) 2. स्वतंत्रतापूर्व भारत के पंजाब प्रांत की एक रियासत।

नाभाग (सं.) [सं-पु.] 1. (रामायण) इक्ष्वाकु वंशीय राजा ययाति के पुत्र, अज के पिता और दशरथ के पितामह 2. (पुराण) कारुषवंशीय राजा दिष्टि के पुत्र 3. वैवस्वत मनु के एक पुत्र।

नाभि (सं.) [सं-स्त्री.] 1. पेट के मध्य का गड्ढानुमा भाग; चक्रमध्य 2. पहिए के मध्य का वह छिद्र जिसमें धुरी पहनाई जाती है; पिंडिका; तुंदी 3. लकड़ी आदि में पड़ने वाला छोटा गड्ढा। [सं-पु.] 1. नायक या प्रधान 2. प्रधान राजा; राजराजेश्वर।

नाभिक (सं.) [सं-पु.] परमाणु का केंद्रीय भाग जिसमें प्रोटान तथा न्यूट्रॉन होते हैं।

नाभिकीय (सं.) [वि.] 1. नाभिक संबंधी; नाभिक का 2. नाभिक से उत्पन्न।

नाभिल (सं.) [वि.] 1. नाभि संबंधी 2. नाभि से युक्त; जिसमें नाभि हो 3. जिसकी नाभि उभरी हुई हो।

नाभिस्थल (सं.) [सं-पु.] 1. शरीर में स्थित नाभि की जगह 2. केंद्रस्थल; केंद्र बिंदु।

नाभील (सं.) [सं-पु.] 1. नाभि का गड्ढा 2. उभरी हुई नाभि।

नाभ्य (सं.) [सं-पु.] (पुराण) शिव; महादेव।

नाम (सं.) [सं-पु.] 1. पहचान के लिए दिया जाने वाला शब्द; किसी व्यक्ति, वस्तु आदि का सूचक शब्द; संज्ञा; अभिधान 2. {ला-अ.} यश; ख्याति 3. प्रतिष्ठा; इज़्ज़त; शोहरत; प्रसिद्धि 4. यादगार; स्मृति-चिह्न। [मु.] **-उछलना** : बदनामी होना। **-उछालना** : बदनामी करना। **-न लेना** : अलग कर बैठना। **-पर बैठना** : किसी के भरोसे बैठे रहना। **-लगाना** : दोष मढ़ना। **-लेना** : गुणगान करना। **-से काँपना** : नाम सुनते ही डर जाना। **-कमाना** : प्रसिद्धि पाना। **-को मरना** : यश प्राप्ति का प्रयत्न करना। **-जगाना** : अच्छी कीर्ति प्राप्त करना। **-पाना** : मशहूर होना। **-डालना** : खाते में लिखना।

नाम-धाम (सं.) [सं-पु.] नाम और पता।

नाम-निशान [सं-पु.] चिह्न।

नाम-लिखाई [सं-स्त्री.] 1. किसी पंजी या तालिका आदि में नाम लिखा जाना 2. किसी पंजी या तालिका आदि में नाम लिखने के लिए शुल्क के रूप में लिया जाने वाला धन।

नाम-हँसाई [सं-स्त्री.] बदनामी; लोकनिंदा।

नाम चढ़ाई [सं-स्त्री.] संपत्ति आदि के स्वामित्व से एक व्यक्ति का नाम हटाकर दूसरे व्यक्ति का नाम चढ़ाने की क्रिया; दाखलि-ख़ारिज।

नामंज़ूर (फ़ा.+अ.) [वि.] 1. जो मंज़ूर या स्वीकृत न हुआ हो; अस्वीकृत; अनंगीकृत 2. जिसका परित्याग किया गया हो; परित्यक्त 3. रद्द; ख़ारिज 4. सारहीन।

नामंज़ूरी (फ़ा.+अ.) [सं-स्त्री.] अस्वीकृति; मंज़ूर न होने की अवस्था या भाव।

नामक (सं.) [वि.] 1. नाम का 2. नाम से प्रसिद्ध।

नामकरण (सं.) [सं-पु.] 1. शिशु को नाम देने के लिए किया जाने वाला उत्सव 2. हिंदुओं के सोलह संस्कारों में से एक जिसमें बच्चे का नाम रखा जाता है।

नामकीर्तन (सं.) [सं-पु.] ईश्वर के नाम का जाप; भगवद्भजन।

नामकोश (सं.) [सं-पु.] नामवाचक संज्ञाओं के विवरण वाला कोश।

नामघर (सं.) [सं-पु.] ईश्वर का नाम जपने का स्थान; पूजाघर।

नामचीन (सं.) [वि.] नामवाला; ख्यातिप्राप्त; सुप्रसिद्ध; नामवर।

नामज़द (फ़ा.) [वि.] 1. जिसका नाम किसी काम या चुनाव हेतु मनोनीत किया गया हो; नामांकित; नाम-निर्दिष्ट 2. प्रसिद्ध; विख्यात; मशहूर 3. किसी के नाम पर रखा या निकला हुआ।

नामज़दगी (फ़ा.) [सं-स्त्री.] 1. नामांकित या मनोनीत करने या होने की क्रिया या भाव; नामांकन 2. चुनाव आदि में नामज़द होना; नामनयन; नामनिर्देशन।

नामतः (सं.) [अव्य.] नाम से; नाम के द्वारा।

नामदार (फ़ा.) [वि.] प्रसिद्ध; विख्यात; नामवर।

नामधराई [सं-स्त्री.] अपकीर्ति; निंदा; बदनामी।

नामधारी (सं.) [सं-पु.] 1. सिक्ख धर्म में एक संप्रदाय 2. उक्त संप्रदाय का अनुयायी 3. नाममात्र का अधिकारी। [वि.] 1. नामधारण किया हुआ 2. नाम का; नामक; कथित।

नामपट्ट (सं.) [सं-पु.] वह पट्ट या तख़्ता जिसपर किसी व्यक्ति, संस्था या प्रतिष्ठान का नाम लिखा होता है।

नाममात्र (सं.) [वि.] अत्यल्प; बहुत कम। [अव्य.] केवल

नाम भर; मात्र कहने भर को।

नामराशि (सं.) [सं-पु.] 1. (ज्योतिष) नामाक्षर से बनने वाली राशि 2. एक ही नाम के व्यक्ति; हमनाम।

नामर्द (फ़ा.) [वि.] 1. मर्द के गुणों से हीन 2. नपुंसक; (क्लीव) 3. कायर; भीरु; डरपोक।

नामर्दानगी (अ.) [सं-स्त्री.] 1. नपुंसकता की स्थिति या भाव; नामर्दी 2. {ला-अ.} कायरता; भीरूता 3. अपनी बात से मुकर जाने की स्थिति।

नामर्दी (फ़ा.) [सं-स्त्री.] 1. नामर्द होने की अवस्था या भाव; नपुंसकता 2. भीरुता; कायरता।

नामलेवा [सं-पु.] 1. ऐसा व्यक्ति जो किसी की मृत्यु के बाद उसका स्मरण करे 2. संतान; औलाद; उत्तराधिकारी।

नामवर (फ़ा.) [वि.] 1. प्रसिद्ध; नामी; विख्यात 2. जिसका नाम आदर से लिया जाता हो।

नामवरी (फ़ा.) [सं-स्त्री.] ख्याति; प्रसिद्धि।

नामशेष (सं.) [वि.] 1. जिसका केवल नाम शेष रह गया हो; ध्वस्त; नष्ट 2. मृत; मरा हुआ।

नामहीन (सं.) [वि.] नाम से रहित; जिसका कोई नाम न हो।

नामा [सं-पु.] 1. नामदेव का संक्षिप्त रूप 2. नाम का पाठ; नामजप।

नामांक (सं.) [सं-पु.] लिखित नामों पर लगाया गया क्रमांक।

नामांकन (सं.) [सं-पु.] 1. नाम अंकित करने की क्रिया या भाव 2. किसी पद या स्थान आदि के लिए किसी व्यक्ति का नाम आधिकारिक रूप से प्रस्तावित किया जाना 3. वह स्थिति जिसमें किसी पद, सेवा आदि के लिए किसी व्यक्ति को आधिकारिक रूप से नियुक्त किया जाता है, (नॉमिनेशन)।

नामांकनपत्र (सं.) [सं-पु.] संपूर्ण विवरण के साथ प्रस्तुत वह पत्र जिसमें संबद्ध अधिकारी को यह सूचित किया जाता है कि अमुक पद हेतु अमुक व्यक्ति उम्मीदवार है और इस संदर्भ में संबद्ध अधिकारी से स्वीकृति की प्रार्थना की जाती है, (नॉमिनेशन पेपर)।

नामांकित (सं.) [वि.] 1. जिसपर नाम अंकित हो अर्थात लिखा या खुदा हो 2. जिसका किसी पद या काम के लिए नामांकन हुआ हो; नामज़द; (नॉमिनेटेड)।

नामांतरण (सं.) [सं-पु.] 1. नाम बदलने की क्रिया या भाव; नाम परिवर्तन 2. किसी संपत्ति पर स्वामी के रूप में लिखा हुआ पुराना नाम हटाकर उसकी जगह किसी दूसरे नए व्यक्ति का नाम स्वामी के रूप में चढ़ाया जाना 3. दाखिल ख़ारिज; (म्यूटेशन)।

नामाकूल (फ़ा+अ.) [वि.] 1. जो माकूल या ठीक न हो 2. नालायक; अयोग्य 3. बेढंगा; अनुचित; अयुक्त 4. अपूर्ण; अधूरा।

नामालूम (फ़ा.+अ.) [वि.] 1. जिसे मालूम न हो; अनजान; अजनबी; अपरिचित 2. अज्ञात 3. अप्रसिद्ध।

नामावली (सं.) [सं-स्त्री.] 1. व्यक्तियों या वस्तुओं के नाम की सूची 2. हिंदुओं में भक्तों के ओढ़ने का वह कपड़ा जिसपर कृष्ण या राम आदि देवताओं के नाम छपे होते हैं।

नामिक (सं.) [वि.] 1. नाम संबंधी 2. केवल नाम मात्र का जिसका वास्तविक तथ्य से कोई संबंध न हो।

नामित (सं.) [वि.] झुकाया हुआ।

नामी (फ़ा.) [वि.] 1. नामवाला; प्रतिष्ठित 2. मशहूर; प्रसिद्ध 3. यशस्वी।

नामी-गिरामी (फ़ा.) [वि.] 1. प्रसिद्ध और पूजनीय 2. सबसे प्रतिष्ठित।

नामुआफ़िक (फ़ा.+अ.) [वि.] 1. जो अनुकूल न हो; प्रतिकूल; अननुकूल; विरुद्ध; मुख़ालिफ़ 2. जो किसी से सहमत न हो; असहमत।

नामुनासिब (फ़ा.+अ.) [वि.] जो मुनासिब अर्थात उचित न हो; अनुचित।

नामुबारक (फ़ा.) [वि.] अशुभ; अमंगल।

नामुमकिन (फ़ा.+अ.) [वि.] जो मुमकिन या संभव न हो; असंभव।

नामुराद (फ़ा.) [वि.] 1. जिसकी कामना (मुराद) पूरी न हुई हो; विफल; नाकाम 2. अभागा; बदनसीब; दुर्भाग्यशाली।

नामूद (फ़ा.) [सं-स्त्री.] 1. आविर्भाव 2. धूमधाम; तड़क-भड़क 3. ख्याति; प्रसिद्धि।

नामूसी (अ.) [सं-स्त्री.] 1. बेइज़्ज़ती; अप्रतिष्ठा 2. बदनामी; अपयश; निंदा।

नामोनिशान (फ़ा.) [सं-पु.] 1. किसी वस्तु का नाम और उसके सूचक शेष चिह्न या पता-ठिकाना 2. ऐसा लक्षण जिससे किसी चीज़ या बात के अस्तित्व का पता चलता हो या उसका प्रमाण मिलता हो।

नामोल्लेख (सं.) [सं-पु.] किसी के नाम का उल्लेख या चर्चा।

नामौज़ूद (फ़ा.) [वि.] जो मौजूद न हो; अनुपस्थित।

नामौज़ूदगी (फ़ा.) [सं-स्त्री.] मौजूद न रहने की अवस्था या भाव; अनुपस्थिति।

नाम्य (सं.) [वि.] 1. झुकाने योग्य 2. जो झुकाया जा सके; लचीला।

नाय (सं.) [सं-पु.] 1. नीति; ले जाना 2. अगुआ; नेता 3. युक्ति; उपाय 4. नेतृत्व।

नायक (सं.) [सं-पु.] 1. लोगों को अपनी आज्ञा के अनुसार चलाने वाला व्यक्ति; नेता; अगुआ 2. राह दिखाने वाला; मार्गदर्शक 3. किसी दल या समुदाय का अग्रगण्य व्यक्ति; प्रधान; सरदार 4. अधिपति; स्वामी; मालिक; प्रभु 5. प्रधान अधिकारी, जैसे- सेना नायक; संगीत कला में निपुण व्यक्ति 6. (साहित्य) वह पुरुष जिसके चरित्र को लेकर किसी काव्य या नाटक आदि की रचना की गई हो 7. (काव्यशास्त्र) शृंगार का आलंबन रूप-यौवन आदि से संपन्न पुरुष।

नायकत्व (सं.) [सं-पु.] 1. नायक का गुण या भाव; नेतृत्व 2. किसी समुदाय के प्रधान होने का भाव।

नायनार (सं.) [सं-पु.] दक्षिण भारत के शैव संत; शैव मतानुयायी।

नायब (अ.) [वि.] 1. जो किसी प्रधान अधिकारी का सहायक हो 2. किसी की ओर से काम करने वाला; मुख़्तार 3. प्रतिनिधित्व करने वाला 4. स्थानापन्न।

नायबी (अ.) [सं-स्त्री.] 1. नायब होने की अवस्था, पद या भाव 2. नायब का काम या पद।

नायलॉन (अं.) [सं-पु.] रेशम की तरह का एक कृत्रिम धागा, जिससे कपड़े, रस्सियाँ आदि बनाए जाते हैं; (सिंथेटिक पॉलिमर)।

नायाब (फ़ा.) [वि.] 1. जो जल्दी न मिले; जो सरलता से न मिलता हो; अप्राप्य; दुर्लभ 2. बहुत बढ़िया।

नायिका (सं.) [सं-स्त्री.] 1. नेता स्त्री; नेत्री 2. मालकिन; स्वामिनी 3. (साहित्य) काव्य, नाटक आदि की प्रधान महिला पात्र 4. अभिनेत्री।

नार (सं.) [सं-स्त्री.] 1. गरदन; ग्रीवा 2. गला; कंठ 3. जुलाहों की ढरकी; नाल 4. एक प्रकार की नली जिससे नवजात शिशु की नाभि माता के गर्भाशय से जुड़ी रहती है; नाल 5. नारी; स्त्री।

नारंग (सं.) [सं-पु.] 1. नारंगी नामक वृक्ष एवं उक्त वृक्ष का फल 2. गाजर 3. पंजाबी ब्राह्मणों में एक कुलनाम या सरनेम।

नारंगी (सं.) [सं-स्त्री.] 1. नीबू की प्रजाति का मझोले कद का पेड़ 2. उक्त पेड़ का खट्टा-मीठा एवं रसीला फल। [वि.] नारंगी के छिलके के रंग का; हलका पीलापन लिए कुछ लाल रंग का।

नारकटिया [सं-पु.] सफेद ज्वार।

नारकी (सं.) [वि.] 1. नरक में जाने योग्य 2. नरक में रहने वाला।

नारकीट (सं.) [सं-पु.] 1. एक प्रकार का कीड़ा; अश्मकीट 2. वह जो किसी को आशा में रखकर निराश करे।

नारकीय (सं.) [वि.] 1. नरक जैसा या नरक का 2. नरक में जाने वाला या रहने वाला 3. पापी; दुष्ट; नीच।

नारद (सं.) [सं-पु.] 1. (पुराण) एक प्रसिद्ध देवर्षि जो ब्रह्मा के मानस-पुत्र माने जाते हैं 2. विश्वामित्र के एक पुत्र का नाम 3. (ऋग्वेद) कश्यप ऋषि का एक पुत्र; गंधर्व 4. {ला-अ.} लोगों में झगड़ा कराने वाला व्यक्ति।

नारदकुंड (सं.) [सं-पु.] बद्रिकाश्रम के पास स्थित एक कुंड, जिसमें बौद्धधर्म के हीनयान-महायान समुदायों के आपसी संघर्ष में आक्रमण एवं विनाश की आशंका के चलते एक असहाय पुजारी द्वारा भगवान श्री की मूर्ति डाल दी गई थी।

नारसिंह (सं.) [सं-पु.] 1. (पुराण) नरसिंह रूपधारी विष्णु 2. एक तांत्रिक ग्रंथ। [वि.] 1. नरसिंह संबंधी; नरसिंह का 2. जिसमें नरसिंह का वर्णन हो।

नारा[1] (सं.) [सं-पु.] 1. कमर में बाँधा जाने वाला एक प्रकार का धागा या डोरा; पाजामे घाघरे आदि का इज़ारबंद; नाड़ा 2. पूजा में प्रयुक्त लाल रंग का धागा; रक्षासूत्र 3. हल के जुए में बँधी हुई रस्सी।

नारा[2] (अ.) [सं-पु.] 1. वह शब्द या शब्द-समूह जो लोगों को प्रेरित या उत्तेजित करने के लिए ज़ोर-ज़ोर से दोहराया जाता है, जैसे- दिल्ली चलो, आराम हराम है आदि 2. घोष; (स्लोगन) 3. थोड़े से शब्दों में माँग की घोषणा, जैसे- भ्रष्टाचार बंद करो, अत्याचारियों को फ़ाँसी दो आदि।

नाराच (सं.) [सं-पु.] 1. लोहे का बना हुआ बाण 2. मेघों से आच्छादित दिन; दुर्दिन 3. एक प्रकार का मात्रिक छंद।

नाराचिका (सं.) [सं-स्त्री.] 1. सुनारों आदि का काँटा या तराज़ू 2. छोटा नाराच।

नाराज़ (फ़ा.) [वि.] 1. अप्रसन्न; रुष्ट; नाख़ुश; ख़फ़ा 2. क्रुद्ध; गुस्से में।

नाराज़गी (फ़ा.) [सं-स्त्री.] 1. नाराज़ होने की अवस्था या भाव 2. अप्रसन्नता 3. क्रोध।

नाराज़ी [सं-स्त्री.] दे. नाराज़गी।

नारायण (सं.) [सं-पु.] 1. (पुराण) ईश्वर; भगवान; परमात्मा 2. विष्णु 3. एक उपनिषद 4. अजामिल का पुत्र 5. पूस का महीना।

नारायणी (सं.) [सं-स्त्री.] (पुराण) 1. लक्ष्मी 2. दुर्गा 3. गंगा 4. मुद्गल ऋषि की पत्नी 5. श्रीकृष्ण की वह सेना जो उन्होंने महाभारत के युद्ध में दुर्योधन के सहायतार्थ दी थी।

नारायणीय (सं.) [वि.] नारायण संबंधी; नारायण की।

नाराशंस (सं.) [वि.] मनुष्यों की प्रशंसा या स्मृति से संबंध रखने वाला। [सं-पु.] 1. ऊम, और्व और आर्त्य- ये तीन पितृगण 2. यज्ञादि में उक्त पितृगणों के निमित्त छोड़ा जाने वाला सोमरस 3. वह पात्र जिसमें उक्त सोमरस छोड़ा जाता है 4. वैदिक रुद्र दैवत्य मंत्र जिसमें मनुष्यों की प्रशंसा की गई है।

नारिक (सं.) [वि.] 1. जल का; जलीय; जलसंबंधी 2. जल से युक्त 3. आध्यात्म से संबंधित; आध्यात्मिक।

नारिकेल [सं-पु.] नारियल नामक वृक्ष और उसका फल।

नारियल (सं.) [सं-पु.] 1. एक प्रकार का फल जिसका छिलका बहुत कठोर होता है 2. उक्त फल का पेड़ जो खजूर की तरह ऊँचा होता है।

नारियल पूर्णिमा (सं.) [सं-स्त्री.] आसाढ़-सावन में मनाया जाने वाला एक उत्सव, जिसमें लोग समुद्र में नारियल फेंकते हैं।

नारी[1] [सं-स्त्री.] 1. वह रस्सी जिससे जुए में हल बाँधा जाता है 2. भूरे रंग की एक चिड़िया 3. नाली।

नारी[2] (सं.) [सं-स्त्री.] 1. स्त्री; औरत; महिला 2. मनुष्य जाति का वह लिंग या वर्ग जो गर्भधारण करता है 3. विशेषत: वह स्त्री जिसमें लज्जा, सेवा, श्रद्धा आदि गुणों की प्रधानता हो 4. धार्मिक या आध्यात्मिक शब्दावली में प्रकृति या माया।

नारीच (सं.) [सं-पु.] नालिता नामक शाक।

नारीत्व (सं.) [सं-पु.] नारी होने का गुण या भाव; स्त्रीत्व।

नारीवाद (सं.) [सं-पु.] नारी की स्वतंत्रता, समता और अस्मिता का पक्षधर एक सिद्धांत या वाद जो पितृसत्तात्मक समाज व्यवस्था और राजनीति का विरोधी है।

नारीवादी (सं.) [सं-पु.] 1. नारीवाद का समर्थक या नारीवाद को मानने वाला व्यक्ति 2. नारियों के अधिकारों का समर्थक; लैंगिक समानता का समर्थक 3. 'पितृसत्ता' का विरोधी।

नारीष्टा [सं-स्त्री.] चमेली; मल्लिका।

नारीसदन (सं.) [सं-पु.] 1. केवल स्त्रियों के रहने के लिए निर्मित भवन 2. नारी या महिला छात्रावास 3. किसी संस्था

आदि द्वारा असहाय स्त्रियों को आश्रय देने के निमित्त निर्मित गृह।

नारीसुलभ (सं.) [सं-पु.] वह वस्तु अथवा गुण जो स्त्रियों द्वारा सहजतापूर्वक प्राप्त किया जा सके।

नारू [सं-पु.] 1. जूँ; ढील 2. एक प्रसिद्ध रोग, जिसमें शरीर में होने वाली फुंसियों में से सफ़ेद रंग के सूत के समान लंबे-लंबे कीड़े निकलते हैं। ये कीड़े त्वचा के तंतु-जाल में से निकलते हैं, रक्त में से नहीं।

नारेबाज़ (अ.+ फ़ा.) [वि.] नारे लगाने वाला।

नारेबाज़ी (अ.+ फ़ा.) [सं-स्त्री.] 1. तेज़ लगाई जाने वाली सामूहिक आवाज़ 2. नारे लगाने का काम 3. किसी के विरोध में नारे लगाना।

नार्पत्य (सं.) [सं-पु.] नृपति अर्थात राजा से संबंधित।

नार्मद (सं.) [सं-पु.] नर्मदा नदी में पाया जाने वाला शिवलिंग। [वि.] नर्मदा संबंधी; नर्मदा का।

नाल[1] (सं.) [सं-स्त्री.] 1. कमल, कुमुद आदि की पोली डंडी 2. पौधों का पोला तना; कांड 3. नली 4. बंदूक की नाली 5. गर्भस्थ शिशु की नाभि से जुड़ी हुई रस्सी के आकार की एक नली जो गर्भाशय से जुड़ी रहती है।

नाल[2] (अ.) [सं-पु.] 1. रगड़ से बचाने के लिए घोड़े की टाप या खुर और जूते की एड़ी के नीचे लगाया जाने वाला लोहे का अर्द्धचंद्राकार टुकड़ा 2. जुए का अड्डा 3. जुआ खेलने वाले को दी जाने वाली रकम 4. कसरत करने के लिए निर्मित भारी गोल पत्थर।

नालंदा (सं.) [सं-पु.] एक विश्वविख्यात प्राचीन बौद्ध विश्वविद्यालय जो मगध में स्थित था।

नालकी (सं.) [सं-पु.] एक प्रकार की लंबी पालकी जिसमें वर को बैठाकर बरात निकाली जाती है।

नालबंद (अ.+ फ़ा.) [सं-पु.] 1. घोड़े के खुर में नाल जड़ने वाला व्यक्ति 2. जूते की एड़ी में नाल लगाने वाला मोची।

नालबंदी (अ.+फ़ा.) [सं-स्त्री.] नाल जोड़ने का कार्य। [सं-पु.] मुस्लिम शासन काल में जमींदार और छोटे राजा द्वारा जनता की रक्षा के लिए घुड़सवार रखने के बदले उनसे लिया जाने वाला एक प्रकार का कर।

नाला (सं.) [सं-पु.] 1. कृत्रिम गंदे जल को बहाने हेतु बना मार्ग 2. वह प्रणाली या जलमार्ग जिसमें वर्षा का पानी बहता है।

नालायक (फ़ा.+अ.) [वि.] 1. जो लायक न हो; अयोग्य 2. मूर्खतापूर्ण आचरण करने वाला 3. धूर्त 4. अशिष्ट; नीच।

नालायकी (फ़ा.+अ.) [सं-स्त्री.] 1. नालायक होने की अवस्था या भाव; अयोग्यता 2. मूर्खतापूर्ण आचरण या व्यवहार।

नालि (सं.) [सं-पु.] 1. कमल आदि की डंडी 2. हाथी का कान छेदने का आला 3. पानी बहने का नाला; नालिका; नली 4. घंटा बजाने का घड़ियाल।

नालिक (सं.) [सं-पु.] 1. प्राचीन समय में चलने वाला एक अस्त्र 2. कमल 3. बाँसुरी 4. भैंसा।

नालिश (फ़ा.) [सं-स्त्री.] 1. शिकायत 2. अभियोग; मुकदमा।

नाली [सं-स्त्री.] 1. छोटा नाला; मोरी; गंदे पानी के बहने का मार्ग 2. छत से पानी निकलने का रास्ता; मोरी 3. एक प्रकार की पुरानी बंदूक।

नालीक (सं.) [सं-पु.] 1. पुराने समय में प्रचलित एक प्रकार का बाण जो बाँस की नली में रखकर चलाया जाता था; तुफंग 2. भाला 3. कमल-दल; कमल-नाल 4. कमंडल।

नालीदार (हिं.+ फ़ा.) [वि.] जिसमें नाली या नालियाँ लगी हों या बनी हों।

नाव (फ़ा.) [सं-स्त्री.] लकड़ी या धातु आदि से निर्मित लंबोतर आकार की जल के ऊपर चलने वाली एक सवारी जिससे नदी, जलाशय आदि पार किया जाता है; किश्ती; नौका।

नावक (फ़ा.) [सं-पु.] 1. गहरी चोट पहुँचाने वाला एक प्रकार का छोटा तीर 2. मधुमक्खी का डंक।

नावाकिफ़ (फ़ा.+अ.) [वि.] 1. जिसकी जानकारी न हो; अनजान; अपरिचित 2. अनभिज्ञ; अनाड़ी 3. अज्ञात; नामालूम।

नावाकिफ़ीयत (फ़ा.+अ.) [सं-स्त्री.] 1. अपरिचय; अनजानपन 2. अनाड़ीपन; अनभिज्ञता।

नावाज़िब (फ़ा.+अ.) [वि.] जो वाज़िब अथवा उचित न हो; अनुचित।

नावाधिकरण (सं.) [सं-पु.] 1. किसी राज्य की सामुद्रिक शक्ति और उसका प्राधिकरण 2. सामुद्रिक प्राधिकरण का प्रधान कार्यालय; नौसेना का संचालन करने वाला विभाग 3. उक्त विभाग में अधिकारियों का वर्ग।

नाविक (सं.) [सं-पु.] 1. नाव चलाने वाला; मल्लाह; केवट; माँझी 2. कर्णधार।

नावी (सं.) [सं-पु.] मल्लाह; केवट; माँझी; नाविक।

नाव्य (सं.) [सं-पु.] 1. नाव से पार करने योग्य जल 2. नवीनता; नयापन। [वि.] 1. नाव से पार किए जाने योग्य 2. नौगम्य 3. प्रशंसनीय।

नाश (सं.) [सं-पु.] 1. नष्ट; बरबादी 2. अस्तित्व, सत्ता आदि का न रहना 3. संकट 4. लोप; पलायन 5. त्याग।

नाशक (सं.) [वि.] 1. नाश करने वाला; अनिष्ट करने वाला 2. मारने वाला 3. दूर करने वाला 4. संहार करने वाला; विध्वंसक।

नाशन (सं.) [सं-पु.] नाश करना; नष्ट करना।

नाशपाती (फ़ा.) [सं-स्त्री.] 1. सेब की जाति का एक पौधा 2. उक्त पौधे का फल।

नाशवान (सं.) [वि.] 1. जिसका नाश होना निश्चित है; नष्ट होने के योग्य; नश्वर 2. भंगुर।

नाशित (सं.) [वि.] जो नष्ट हो चुका हो या किया जा चुका हो; नष्ट।

नाशी (सं.) [वि.] 1. नाश करने वाला; नाशक 2. नष्ट होने वाला; नश्वर; नाशशील।

नाशुकरा (फ़ा.+अ.) [वि.] किए गए उपकार को न मानने वाला; कृतघ्न; अकृतज्ञ।

नाशुक्र (फ़ा.+अ.) [सं-पु.] कृतघ्न; अकृतज्ञ; नमकहराम; अहसानफ़रामोश।

नाशुक्रगुज़ार (फ़ा.+अ.) [वि.] जो किसी का शुक्रिया अदा न

करे; कृतघ्न।

नाश्ता (फ़ा.) [सं-पु.] सुबह का अल्पाहार; जलपान; कलेवा।

नासना (सं.) [क्रि-स.] 1. नष्ट या बरबाद करना 2. अंत कर देना; न रहने देना 3. मार डालना।

नासपीटा [वि.] 1. {अशि.} गाली के रूप में प्रयुक्त 2. जिसका सर्वनाश हो जाए।

नासमझ [वि.] 1. जिसे समझ न हो; मूर्ख 2. कम समझवाला; नादान।

नासमझी [सं-स्त्री.] 1. समझ का अभाव; अबोधपन; बोधहीनता 2. मूर्खता; बुद्धिहीनता।

नासा[1] [सं-पु.] हल का नोकदार अगला भाग, जिसमें फाल लगाया जाता है; टोर।

नासा[2] (सं.) [सं-स्त्री.] 1. नाक के दोनों छेद; नथुना 2. नासिका; नाक; घ्राणेंद्रिय।

नासाज़ (फ़ा.) [वि.] 1. प्रतिकूल; अननुकूल 2. जिसकी शारीरिक स्थिति में शिथिलता हो।

नासिक (सं.) [सं-स्त्री.] महाराष्ट्र की एक प्रसिद्ध नगरी जो तीर्थ स्थल मानी जाती है।

नासिका (सं.) [सं-स्त्री.] 1. नाक; नासा; घ्राणेंद्रिय 2. नाक जैसी आगे निकली हुई कोई चीज़ 3. हाथी की सूँड़ 4. दरवाजे में चौखट के ऊपर की लकड़ी।

नासिकाछेदन (सं.) [सं-पु.] नाक को छेदने का कार्य; नकछेदन।

नासिक्य (सं.) [सं-पु.] वे ध्वनियाँ जो नासिका विवर तथा मुख विवर दोनों से निकलें, जैसे- 'ङ्, ञ्, ण्, न्, म्'।

नासिक्यता (सं.) [सं-स्त्री.] नासिक्य होने का गुण, भाव या अवस्था।

नासिर (अ.) [सं-पु.] 1. नस्र अर्थात गद्य लिखने वाला लेखक 2. सहायक 3. विजेता।

नासीर (सं.) [सं-पु.] सेना का अग्र भाग; हरावल। [वि.] 1. आगे-आगे चलने वाला; आगे जाने वाला; अग्रसर 2. आगे बढ़कर लड़ने वाला।

नासूर (अ.) [सं-पु.] पुराना घाव जिसमें से प्रायः मवाद निकलता रहता हो; नाड़ीव्रण।

नास्तिक (सं.) [सं-पु.] 1. वह व्यक्ति जिसकी ईश्वर, परलोक आदि में आस्था न हो 2. वह जो वेदों तथा शास्त्रों को न मानता हो 3. 'आस्तिक' का उलटा। [वि.] 1. ईश्वर, परलोक आदि में विश्वास न करने वाला 2. वेदों और शास्त्रों में अविश्वास करने वाला।

नास्तिकता (सं.) [सं-स्त्री.] 1. नास्तिक होने की अवस्था या भाव 2. वेदों में अविश्वास का भाव 3. ईश्वर या परलोकादि में अविश्वास।

नास्तिद (सं.) [सं-पु.] आम का पेड़।

नाह[1] [सं-पु.] पहिए के केंद्र का छेद; नाभि।

नाह[2] (सं.) [सं-पु.] 1. स्वामी; नाथ 2. बंधन 3. फंदा; पाश 4. कोष्ठबद्धता।

नाहक (फ़ा.+अ.) [क्रि.वि.] 1. अकारण; बेसबब 2. बिना बजह; व्यर्थ में; बेमतलब।

नाहट [वि.] 1. बुरा 2. नटखट।

नाहर [सं-पु.] सिंह; शेर।

नि (सं.) [सं-पु.] (संगीत में) निषाद स्वर का संकेत। [पूर्वप्रत्य.] एक प्रकार का प्रत्यय जो शब्दों के पहले लगकर नकारात्मक अर्थ देता है, जैसे- निडर, निरोग आदि।

निंदक (सं.) [वि.] 1. निंदा या बुराई करने वाला 2. कटु आलोचना करने वाला 3. बदनामी करने वाला।

निंदनीय (सं.) [वि.] 1. जिसकी निंदा की जाए 2. निंदा किए जाने योग्य।

निंदा (सं.) [सं-स्त्री.] 1. किसी के समक्ष दूसरे व्यक्ति की बुराई करना 2. किसी को बुरा सिद्ध करने के लिए उसमें झूठ-मूठ का दोष निकालना 3. अपकीर्ति; बदनामी; शिकायत।

निंदात्मक (सं.) [वि.] निंदा के रूप में होने वाला; जिसमें निंदा का भाव हो।

निंदासा [वि.] 1. जिसे नींद आ रही हो; जिसकी आँखें नींद से भरी हों 2. अलसाया हुआ; जिसपर ख़ुमारी छाई हो; उनींदा।

निंदित (सं.) [वि.] 1. जिसकी निंदा की जाती हो या की गई हो 2. दूषित; गर्हित।

निंदिया [सं-स्त्री.] नींद; निद्रा।

निंदु (सं.) [सं-स्त्री.] (लोकमान्यता) वह स्त्री जिससे मरा हुआ बच्चा पैदा हुआ हो; मृतवत्सा।

निंद्य (सं.) [वि.] निंदा किए जाने के योग्य निंदनीय।

निंद्रा (सं.) [सं-स्त्री.] नींद; शयनावस्था; सुप्तावस्था।

निंब (सं.) [सं-स्त्री.] नीम का पेड़।

निंबादित्य (सं.) [सं-पु.] 1. निंबार्क संप्रदाय के संस्थापक; अरुणि 2. इन्हें राधा के कंकण का अवतार माना जाता है।

निंबार्क (सं.) [सं-पु.] 1. निंबादित्य द्वारा स्थापित एक वैष्णव संप्रदाय 2. निंबार्काचार्य।

निः (सं.) [पूर्वप्रत्य.] तत्सम शब्दों के पहले लगकर नकारात्मक अर्थ देता है, जैसे- निःशुल्क, निःशेष।

निःशब्द (सं.) [वि.] 1. जिसमें शब्द न हों; शब्द-रहित 2. मौन।

निःशल्य (सं.) [वि.] 1. जिसके पास शल्य अर्थात तीर न हो; शल्यरहित 2. निष्कंटक 3. जिसमें कोई प्रतिबंध न हो 4. कष्टरहित।

निःशस्त्र (सं.) [वि.] जिसके पास कोई शस्त्र न हो; शस्त्रविहीन।

निःशुल्क (सं.) [वि.] जिसपर शुल्क न लगे; जिसके लिए शुल्क न लिया जाए; बिना शुल्क का।

निःशेष (सं.) [वि.] 1. जिसमें कुछ भी बाकी न बचा हो 2. संपूर्ण; समूचा 3. जिसमें कुछ भी करने को न बचा हो; पूरी तरह से समाप्त।

निःशेषता (सं.) [सं-स्त्री.] निःशेष होने की अवस्था या भाव।

निःशोध्य (सं.) [वि.] 1. जिसका शोधन न किया जा सके 2. जिसका परिमार्जन करना आवश्यक न हो 3. स्वच्छ; साफ़।

निःश्रेणी (सं.) [सं-स्त्री.] 1. काठ या बाँस की बनी सीढ़ी (सोपान); नसेनी 2. खजूर का पेड़ 3. एक प्रकार की घास।

निःश्रेयस (सं.) [सं-पु.] 1. कष्टों या दुखों का अभाव 2. कल्याण;

मंगल 3. मुक्ति; मोक्ष।

निःश्वसन (सं.) [सं-पु.] साँस बाहर निकालने की क्रिया।

निःश्वास (सं.) [सं-पु.] 1. नाक से निकली साँस 2. मुँह या नाक से वायु बाहर निकालने की क्रिया 3. लंबी श्वास।

निःसंकोच (सं.) [क्रि.वि.] 1. बिना संकोच किए 2. बेधड़क। [वि.] जिसे संकोच न हो।

निःसंग (सं.) [वि.] 1. जिसके साथ कोई न हो; अकेला; एकाकी 2. किसी से संबंध या लगाव न रखने वाला; निर्लिप्त 3. किसी से संपर्क न रखने वाला; निष्काम।

निःसंचार (सं.) [वि.] 1. संचरण न करने वाला; गतिहीन 2. घर में ही पड़ा रहने वाला।

निःसंज्ञ (सं.) [वि.] जिसमें संज्ञा का अभाव हो; संज्ञाहीन; बेहोश।

निःसंतान (सं.) [वि.] जिसे संतान न हो; संतानहीन।

निःसंदेह (सं.) [वि.] जिसमें किसी प्रकार का संदेह न हो; संदेहरहित; असंदिग्ध। [क्रि.वि.] 1. बिना किसी प्रकार के संदेह के 2. निश्चित रूप से; बेशक; अवश्य।

निःसंधि (सं.) [वि.] 1. संधि से रहित; जिसमें कोई छेद न हो 2. जिसमें कोई जोड़ न हो 3. दृढ़.; मज़बूत 4. घना; कसा हुआ।

निःसंपात (सं.) [सं-पु.] मध्य रात्रि; आधी रात।

निःसत्व (सं.) [वि.] 1. जिसमें सत्व या सार न हो; थोथा 2. जिसमें कुछ भी शक्ति या बल न बचा हो 3. जो अब अस्तित्व में न हो।

निःसरण (सं.) [सं-पु.] 1. बाहर आना या निकलना 2. बाहर जाने या निकलने का रास्ता; निकास 3. कठिनाई से बचने का उपाय या मार्ग 4. मृत्यु; मौत 5. मोक्ष; निर्वाण।

निःसहाय (सं.) [वि.] जिसका कोई सहायक न हो; अकेला।

निःसार (सं.) [वि.] 1. जिसमें कोई तत्व न हो; असार 2. जिससे कोई प्रयोजन सिद्ध न होता हो; निरर्थक; व्यर्थ 3. जिसका कोई महत्व न हो; महत्वहीन।

निःसारण (सं.) [सं-पु.] 1. किसी चीज़ को बाहर निकालने की क्रिया या भाव 2. बाहर निकालने या निकलने का मार्ग 3. बाहर करना; निकालना; बहिष्करण।

निःसीम (सं.) [वि.] 1. जिसकी सीमा न हो; सीमाहीन; असीम 2. बहुत अधिक 3. बहुत बड़ा।

निःसृत (सं.) [वि.] बाहर आया हुआ; बाहर निकला हुआ।

निःस्तब्धता (सं.) [सं-स्त्री.] सन्नाटा; घोर शांति।

निःस्नेह (सं.) [वि.] 1. जिसमें स्नेह (प्रेम) न हो; स्नेहरहित 2. जिसमें स्नेह (तेल) न हो।*

निःस्पंद (सं.) [वि.] 1. जिसमें किसी प्रकार का स्पंदन न हो 2. निश्चल।

निःस्पृह (सं.) [वि.] जिसे कुछ लेने या पाने की इच्छा न हो; जिसे कोई आकांक्षा न हो; लोभरहित।

निःस्राव (सं.) [सं-पु.] 1. बहकर निकला हुआ अंश 2. माँड़।

निःस्व (सं.) [सं-पु.] 1. जो स्व अर्थात् अपनापन छोड़ या भूल चुका हो 2. जिसे सुध-बुध न रह गयी हो 3. दरिद्र; धनहीन।

निःस्वार्थ (सं.) [वि.] 1. बिना किसी स्वार्थ से काम करने वाला 2. जो अपने लाभ के लिए न हो।

निकंदन (सं.) [सं-पु.] नाश; विनाश; संहार; वध।

निकट (सं.) [अव्य.] थोड़ी दूरी पर; पास; नज़दीक। [वि.] 1. संबंध या लगाव की दृष्टि से पास का; समीपवर्ती; नज़दीकी 2. जो दूर का न हो।

निकटता (सं.) [सं-स्त्री.] 1. निकट या करीब होने की अवस्था या भाव; समीपता 2. अंतरंगता।

निकटवर्ती (सं.) [वि.] 1. समीप का; पास का 2. निकटस्थ।

निकटस्थ (सं.) [वि.] 1. समीप स्थित 2. पास बैठा हुआ 3. (दूरी की दृष्टि से) पास का।

निकम्मा (सं.) [वि.] 1. जिसके पास कोई काम न हो 2. जो कोई कार्य करने के योग्य न हो; अयोग्य 3. जो किसी काम न आए; जो कोई काम न करता हो तथा बेकार बैठा हो।

निकर (सं.) [सं-पु.] 1. झुंड; समूह 2. ढेर; राशि 3. कोश; निधि। [क्रि. वि.] निकट।

निकर्तन (सं.) [सं-पु.] 1. काटना 2. फाड़ना।

निकर्षण (सं.) [सं-पु.] 1. खेल का मैदान 2. आँगन 3. पड़ोस 4. वह ज़मीन जो जोत में न आई हो; परती।

निकलंक (सं.) [वि.] कलंकरहित; लांछनरहित; बेदाग; निष्कलंक।

निकलना (सं.) [क्रि-अ.] 1. बाहर आना; निर्गत होना 2. प्रकट होना; उत्पन्न होना; सामने आना 3. किसी क्षेत्र या परिधि की सीमा से बाहर आना; दूर होना 4. प्रवाहित होना; बहना 5. किसी से अलग होना 6. किसी के अधिकार, नियंत्रण या बंधन से रहित होना 7. उदित होना 8. सिद्ध होना; साबित होना 9. उगना 10. पार होना 11. ढूँढ़ने से प्राप्त होना; खोजा जाना; पाया जाना; ईजाद होना 12. प्रचलित होना 13. प्रवर्तित होना 14. दायित्व से मुक्त करना 15. खपत होना; बिकना 16. पकड़ा जाना 17. सिद्ध होना 18. किसी नए नियम या कानून का सामने आना या लागू होना 19. आगे की ओर बढ़ना 20. मतलब या स्वार्थ पूरा होना; मनोरथ सिद्ध होना 21. शुरू होना; छिड़ जाना 22. चला जाना; चूकना; खो जाना 23. किसी प्रश्न या बात का हल निकलना 24. किसी ग्रंथ या पुस्तक आदि का प्रकाशित होना 25. समय का गुजरना; बीतना 26. सत्यापित होना; प्रमाणित होना 27. किसी मात्रा में से कम होना; घटना 28. प्रस्थान करना 29. उदय होना 30. दूर करना 31. मुक्त होना 32. बहना; गिरना।

निकलवाना [क्रि-स.] 1. किसी को कुछ निकालने में प्रवृत्त करना 2. छिपाकर रखी हुई किसी वस्तु को प्रस्तुत करने के लिए किसी व्यक्ति को बलपूर्वक बाध्य करना।

निकष (सं.) [सं-पु.] 1. कसने, रगड़ने या घिसने की अवस्था 2. निचोड़; कसौटी 3. हथियार की धार तेज़ करने के लिए उसे सान पर चढ़ाना 4. मानदंड; मानक।

निकषण (सं.) [सं-पु.] 1. घिसने, रगड़ने या कसने की क्रिया या भाव 2. कसौटी पर कसने की क्रिया 3. शक्ति, गुण, योग्यता आदि परखने की क्रिया या भाव 4. हथियारों की धार तेज़ करने के लिए उन्हें सान पर चढ़ाना।

निकाना[1] [क्रि-अ.] नियराना; नजदीक होना।

निकाना[2] (सं.) [क्रि-स.] 1. पौधों के आस-पास उगी हुई घास को निकालना; निंदना 2. नाखून गड़ाना या चुभाना।

निकाय (सं.) [सं-पु.] 1. समूह; झुंड; समुदाय 2. संस्था; समिति 3. समान वर्गीय वस्तुओं का ढेर 4. परमात्मा 5. शरीर 6. लक्ष्य; निशाना 7. रहने का स्थान; वासस्थल।

निकार (सं.) [सं-पु.] 1. पराभव; हार 2. अपकार 3. अपमान; तिरस्कार 4. निकासी।

निकारा (फ़ा.) [वि.] 1. तुच्छ; निकम्मा 2. बुरा; खराब।

निकालना (सं.) [क्रि-स.] 1. बाहर करना 2. बरख़ास्त करना; निष्कासित करना 3. कोई नया नियम, कानून आदि जारी करना 4. नौकरी, पद आदि से हटाना 5. मतलब या स्वार्थ साधना 6. शुरू होना 7. गिराना; बहाना 8. उगाना; जमाना 9. प्रकट कराना 10. किसी क्षेत्र या परिधि की सीमा से बाहर करना; दूर करना 11. किसी से अलग करना 12. किसी को अधिकार, नियंत्रण या बंधन से मुक्त करना 13. उदित करना 14. ईजाद कराना 15. प्रचलित कराना 16. दायित्व से मुक्त कराना 17. किसी प्रश्न या बात का हल निकालना 18. किसी ग्रंथ या पुस्तक आदि को प्रकाशित करना 19. वक्त गुज़ारना 20. सत्यापित कराना; प्रमाणित करना 21. किसी मात्रा से घटाना 22. प्रस्थान कराना 23. उदय कराना 24. दूर कराना।

निकाला [सं-पु.] 1. निकालने की क्रिया या भाव 2. निकाले या बेदख़ल किए जाने का दंड; निष्कासन।

निकास (सं.) [सं-पु.] 1. निकालने की क्रिया 2. दरवाज़ा; द्वार 3. निकलने का रास्ता 4. मूल-स्थान; उद्गम स्थल 5. गुज़ारे का रास्ता या आय का रास्ता; आमदनी 6. खुला हुआ स्थान; मैदान 7. विपत्ति; संकट आदि से बचने की युक्ति।

निकासी [सं-स्त्री.] 1. निकलने या निकालने की क्रिया या भाव; प्रस्थान 2. आमदनी 3. बिक्री आदि के लिए तैयार माल का गोदाम आदि से बाहर आना; खपत; बिक्री 4. ब्रिटिश शासन व्यवस्था के अंतर्गत वह रकम जो मालगुज़ारी आदि देने के उपरांत ज़मींदार के पास शेष बचती थी; बचत; मुनाफ़ा।

निकाह (अ.) [सं-पु.] इस्लामी पद्धति के अनुसार किया जाने वाला विवाह; शादी; परिणय।

निकाहनामा (अ.) [सं-पु.] वह कागज़ जिसपर निकाह की शर्तें लिखी जाती हैं।

निकाही (अ.) [वि.] जिससे विवाह हुआ हो।

निकाहेशानी (अ.) [सं-पु.] द्विरागमन; गौना।

निकुंच (सं.) [सं-पु.] ताले की कुंजी; चाबी।

निकुंचक (सं.) [सं-पु.] 1. जलबेंत 2. एक प्राचीन माप (परिमाण)।

निकुंचन (सं.) [सं-पु.] संकुचन।

निकुंचित (सं.) [वि.] संकुचित; संकोची।

निकुंज (सं.) [सं-पु.] 1. सघन वृक्षों तथा लताओं से आच्छादित एवं कुछ पार्श्वों से घिरा स्थल; कुंज 2. उपवन; वन-वाटिका।

निकुंभ (सं.) [सं-पु.] 1. (रामायण) कुंभकरण का एक पुत्र 2. प्रह्लाद का एक पुत्र 3. एक असुर जिसका वध कृष्ण ने किया था 4. एक विश्वदेव 5. कौरव सेना का एक सेनापति 6. शिव का एक गण 7. कुमार का एक गण।

निकुट्टी [सं-स्त्री.] एक चिड़िया।

निकुरंब (सं.) [सं-पु.] समूह।

निकुही [सं-स्त्री.] एक तरह की चिड़िया।

निकृंतन (सं.) [सं-पु.] 1. काटने की क्रिया; काटना; छेदन; विदारण 2. नष्ट करना 3. काटने का यंत्र।

निकृत (सं.) [वि.] 1. अपमानित; तिरस्कृत 2. बहिष्कृत 3. दूसरों द्वारा ठगा गया; प्रताड़ित; वंचित 4. नीच; अधम; पतित 5. दुष्ट।

निकृति (सं.) [सं-स्त्री.] 1. अपमान; तिरस्कार 2. बहिष्कार 3. दैन्य; दीनता 4. दुष्टता; नीचता 5. दूसरों को ठगने की क्रिया या भाव; प्रताड़ना; वंचना।

निकृत्त (सं.) [वि.] 1. जड़ से कटा हुआ 2. छिन्न; विदीर्ण।

निकृष्ट (सं.) [वि.] 1. नीच; अधम 2. तुच्छ; हीन; घटिया 3. तिरस्कृत।

निकृष्टतम (सं.) [वि.] सबसे निम्नतम स्तर का; सबसे तुच्छ या घटिया।

निकेत (सं.) [सं-पु.] 1. घर; निवास; वासस्थान 2. चिह्न; निशान।

निकेतन (सं.) [सं-पु.] निकेत; निवास; घर।

निक्षण (सं.) [सं-पु.] चुंबन; चूमना।

निक्षिप्त (सं.) [वि.] 1. फेंका हुआ 2. छोड़ा या त्यागा हुआ; त्यक्त 3. धरोहर के रूप में किसी के पास रखा हुआ 4. भेजा हुआ 5. बंधन आदि से छूटा हुआ।

निक्षेप (सं.) [सं-पु.] 1. फेंकने, त्यागने, भेजने, रखने, डालने, अर्पण करने की क्रिया या भाव 2. वह धन जो कहीं जमा किया गया हो 3. किसी वस्तु को किसी के पास धरोहर या अमानत के रूप में रखने की क्रिया या भाव 4. धरोहर; अमानत।

निक्षेपक (सं.) [सं-पु.] 1. धरोहर रखने वाला 2. बैंक आदि में रुपया जमा करने वाला; जमाकर्ता 3. वस्तु भेजने वाला। [वि.] फेंकने, चलाने या छोड़ने वाला।

निक्षेपण (सं.) [सं-पु.] 1. कोई चीज़ चलाना, डालना, छोड़ना या फेंकना 2. बैंक आदि में रुपया जमा करना 3. अमानत या धरोहर के रूप में कोई वस्तु किसी के पास रखना।

निक्षेपित (सं.) [वि.] 1. जिसका निक्षेपण किया गया हो; निक्षिप्त 2. लिखवाया हुआ 3. बंधक या धरोहर रखवाया हुआ।

निक्षेपी (सं.) [वि.] 1. निक्षेप करने वाला 2. चलाने, छोड़ने, डालने या फेंकने वाला 3. अमानत या धरोहर के रूप में किसी के पास कुछ रखने वाला।

निक्षेप्ता (सं.) [सं-पु.] निक्षेपक।

निक्षेप्य (सं.) [वि.] 1. चलाए, छोड़े, डाले या फेंके जाने के योग्य 2. जमा किए जाने योग्य 3. अमानत या धरोहर के रूप में रखे जाने योग्य।

निखंड [वि.] दो बिंदुओं या कालों के ठीक बीच में होने वाला; मध्य।

निखटक [क्रि.वि.] बिना किसी संकोच के; बिना किसी भय या

आशंका के; बेधड़क; बेखटके।

निखट्टू [वि.] 1. जो किसी काम का न हो; निकम्मा 2. बेकार; बेरोज़गार 3. आरामतलब; आलसी।

निखरना (सं.) [क्रि-अ.] 1. निर्मल या स्वच्छ होना 2. मैल आदि हटने से रंग-रूप का खिलना 3. पहले से बेहतर स्थिति में होना; परिमार्जित होना।

निखरवाना [क्रि-स.] 1. किसी को कुछ निखारने में प्रवृत्त करना 2. स्वच्छ कराना; साफ़ कराना।

निखरा [सं-पु.] पक्का भोजन, यथा पूड़ी-साग 2. घी में पका भोजन।

निखरी [सं-स्त्री.] 1. तेज 2. पक्की; घी में पका भोजन।

निखात (सं.) [वि.] 1. खोदा हुआ 2. खोदकर निकाला हुआ 3. गाड़ा हुआ 4. जमाया हुआ।

निखार [सं-पु.] 1. निखरने की अवस्था या भाव; स्वच्छता; निर्मलता; सफ़ाई 2. सुंदरता; चारुता 3. चमक; कांति 4. सजावट।

निखारना [क्रि-स.] 1. स्वच्छ या साफ़ करना 2. निर्मल, पवित्र या शुद्ध करना।

निख़ालिस (हिं.+अ.) [वि.] 1. जिसमें कोई दूसरी वस्तु न मिली हो 2. शुद्ध; विशुद्ध 3. पवित्र।

निखिल (सं.) [वि.] 1. अखिल; संपूर्ण 2. सब; सारा; समस्त।

निखोट [वि.] 1. जिसमें कोई खोट न हो; निष्कलंक; दोषरहित 2. बिलकुल शुद्ध; खरा; साफ़ 3. छल-कपट से रहित। [क्रि.वि.] खुलकर एवं स्पष्ट रूप से; खुल्लमखुल्ला; बेखटके।

निखोटना [क्रि-स.] नाख़ून से खोटना या नोचना; नाख़ून से काटना।

निखोड़ा [वि.] 1. कठोर हृदयवाला; निर्दय; क्रूर; निष्ठुर 2. बहुत जल्दी आवेश में आने वाला 3. आवेशयुक्त होकर काम करने वाला।

निगड़ (सं.) [सं-स्त्री.] 1. हाथी के पाँव को बाँधने का सिक्कड़; आँदू 2. बेड़ी।

निगड़न (सं.) [सं-पु.] 1. ज़ंजीर से बाँधना 2. बेड़ी डालना।

निगण (सं.) [सं-पु.] यज्ञाग्नि या आहुति से उत्पन्न होने वाला धुआँ।

निगद (सं.) [सं-पु.] 1. भाषण; कहना या बोलना 2. कथन; उक्ति 3. ज़ोर-ज़ोर से उच्चरित मंत्र जाप 4. पाठ को समझे बिना उसे रटना।

निगदन (सं.) [सं-पु.] 1. कथन; कहना 2. याद किया हुआ पाठ दोहराना।

निगम (सं.) [सं-पु.] 1. रास्ता; मार्ग 2. हाट; मंडी 3. मेला 4. व्यापारियों का संघ या समूह 5. कायस्थ समाज में एक कुलनाम या सरनेम 6. वेद या उसका कोई भाग 7. नगर 8. किसी नगर का प्रबंधन करने वाली स्थानीय तथा निर्वाचित सदस्यों वाली संस्था; (कॉरपोरेशन)।

निगमन (सं.) [सं-पु.] 1. किसी संस्था को निगम का रूप देने की क्रिया या भाव 2. (न्याय दर्शन) वह कथन या प्रतिज्ञा जो हेतु, उदाहरण एवं उपनय तीनों से सिद्ध हुई या होती हो 3. वैदिक शब्दों का उद्धरण 4. अंदर जाना।

निगमागम (सं.) [सं-पु.] वेद और शास्त्र।

निगमित (सं.) [वि.] जिसे निगम का रूप दिया गया हो; निगम रूप में परिणत या संघटित।

निगमी (सं.) [वि.] वेद का ज्ञाता; वेदज्ञ।

निगमीकरण (सं.) [सं-पु.] किसी संस्था को निगम का रूप देना।

निगमीकृत (सं.) [वि.] निगमित।

निगर (सं.) [सं-पु.] 1. निगलना 2. भक्षण 3. भोजन।

निगरण (सं.) [सं-पु.] 1. निगलने की क्रिया या भाव; भक्षण 2. गला 3. यज्ञाग्नि का धुआँ।

निगरा (सं.) [सं-स्त्री.] मोती के पचपन दाने जिनका वज़न बत्तीस रत्ती के बराबर होता है। [वि.] गन्ने का रस जिसमें जल न मिलाया गया हो।

निगरानी (फ़ा.) [सं-स्त्री.] 1. देख-रेख; निरीक्षण 2. देख-भाल; संरक्षण।

निगलना (सं.) [क्रि-स.] 1. गले से नीचे उतार लेना; लीलना; गटकना 2. {ला-अ.} किसी का धन या संपत्ति हड़प लेना।

निगह (फ़ा.) [सं-स्त्री.] निगाह; दृष्टि।

निगहबान (फ़ा.) [वि.] निगरानी करने वाला; रखवाला; देख-रेख करने वाला; रक्षक।

निगहबानी (फ़ा.) [सं-स्त्री.] रखवाली; देख-रेख; रक्षा; हिफ़ाज़त।

निगार (फ़ा.) [सं-पु.] 1. प्रतिमा; मूर्ति 2. नक्काशी; बेल-बूटे युक्त चित्र 3. फ़ारस देश का एक राग। [वि.] 1. लिखने वाला 2. अंकित करने वाला।

निगाल [सं-पु.] 1. एक प्रकार की पहाड़ी बाँस जिसे रिंगाल भी कहते हैं 2. घोड़े की गर्दन 3. जंजीर; सांकल।

निगालिका (सं.) [सं-स्त्री.] आठ अक्षरों का एक वर्णवृत्त।

निगाली [सं-स्त्री.] 1. हुक्के की नली जिसमें मुँह रखकर धुआँ खींचते हैं 2. एक प्रकार का बाँस या बेंत।

निगाह (फ़ा.) [सं-स्त्री.] 1. दृष्टि; नज़र 2. कृपादृष्टि; मेहरबानी 3. पहचान; परख; अवलोकन 4. विचार; समझ।

निगाहबान (फ़ा.) [सं-पु.] चौकीदार; पहरेदार।

निगीर्ण (सं.) [वि.] 1. निगला हुआ 2. समाविष्ट; अंतर्भूत।

निगुंफ (सं.) [सं-पु.] 1. घनी गुँथाई 2. गुच्छा 3. चुस्त रचना।

निगुरा [वि.] 1. जिसने गुरु से दीक्षा न ली हो; अदीक्षित 2. अशिक्षित।

निगूढ़ (सं.) [वि.] 1. जो जल्दी समझ में न आए; दुरूह; दुर्बोध 2. अत्यंत गुप्त; रहस्यपूर्ण 3. छिपा हुआ 4. अव्यक्त; अप्रकट।

निगूहन (सं.) [सं-पु.] गुप्त रखने या छिपाने की क्रिया या भाव; छिपाना; गोपन।

निगृहीत (सं.) [वि.] 1. पकड़ा या गिरफ़्तार किया हुआ 2. जिसपर आक्रमण हुआ हो; आक्रमित 3. वश में लाया हुआ 4. तर्क-वितर्क या वाद-विवाद में पराजित 5. जिसे कष्ट पहुँचा हो; पीड़ित 6. जिसका दमन किया गया हो 7. जिसे दंड मिला हो; दंडित।

निगृहीति (सं.) [सं-स्त्री.] 1. पकड़ने या रोकने का भाव 2.

आक्रमण 3. तर्क-वितर्क या वाद-विवाद में होने वाली पराजय; पराभव 4. दंड 5. कष्ट।

निगोड़ा [वि.] 1. जिसके पैर न हों या टूटे हुए हों 2. जिसके आगे-पीछे कोई न हो; अकेला 3. निराश्रित; अभागा (उपहासपरक उक्ति) 4. बुरा; दुष्ट 5. अकर्मण्य; निकम्मा; आलसी 6. {अशि.} गाली के रूप में प्रयुक्त।

निगोड़ी [सं-स्त्री.] 1. निगोड़ा का स्त्रीवाची रूप 2. एक गाली के रूप में प्रयुक्त।

निग्रह (सं.) [सं-पु.] 1. किसी व्यक्ति, वस्तु या आवेग को स्वतंत्रतापूर्वक आचरण करने से रोकने की क्रिया; अवरोध; साधन 2. अभ्यास और वैराग्य द्वारा चित्तवृत्ति का निरोध 3. दमन; उत्पीड़न; सताना 4. दंड; सजा 5. अनुग्रह का अभाव 6. बाँधना; बंधन; (कंट्रोल)।

निग्रहण (सं.) [सं-पु.] 1. रोक-थाम करने की क्रिया 2. युद्ध 3. पराजय; पराभव 4. बंधन 5. दबाने या दंड देने का काम।

निग्रही (सं.) [वि.] 1. निग्रह करने वाला 2. दमन करने वाला 3. नियंत्रण, बंधन या वश में रखने वाला 4. दंड देने वाला।

निग्राहक (सं.) [सं-पु.] प्राचीन काल में एक प्रशासनिक अधिकारी जो अपराधियों को दंड देता था। [वि.] निग्रह करने वाला।

निघ (सं.) [वि.] जिसकी लंबाई और चौड़ाई बराबर हो; वर्गाकार। [सं-पु.] 1. गेंद 2. पाप।

निघंटु (सं.) [सं-पु.] 1. वैदिक शब्दों की सूची जिसकी व्याख्या यास्क ने अपने निरुक्त में की है 2. शब्द-संग्रह या शब्दकोश 3. किसी प्राचीन भाषा के अथवा अप्रचलित शब्दों के अर्थ और विवेचन से संबंधित कोश।

निघटना [क्रि-स.] 1. मिटाना; नष्ट करना 2. न घटे हुए के समान करना 3. मैल या गंदगी का अलग होना या पानी के नीचे बैठना। [क्रि-अ.] 1. उत्पन्न होना 2.घटित होना 3. युक्त या संपन्न होना।

निघरघट [वि.] 1. जिसका कोई ठौर-ठिकाना न हो; बेघर 2. बेशरम; बेहया 3. उद्दंड; ढीठ।

निघर्ष (सं.) [सं-पु.] 1. घर्षण; रगड़; घिसावट 2. पीसने का भाव।

निघर्षण (सं.) [सं-पु.] घर्षण की क्रिया या भाव।

निघात (सं.) [सं-पु.] 1. आघात; प्रहार 2. (संगीत) अनुदात्त स्वर।

निघाति (सं.) [सं-स्त्री.] 1. लोहे का डंडा 2. हथौड़ा 3. निहाई, जिस पर धातु के टुकड़े रखकर पीटते हैं।

निघृष्ट (सं.) [वि.] 1. रगड़ खाया हुआ 2. रगड़ा हुआ 3. पराभूत; पराजित।

निघेस [सं-पु.] 1. अनाज निकाल लेने के बाद फसल का बचा हुआ डंठल 2. पशुओं द्वारा पददलित फसल; धँगाठ।

निघ्न (सं.) [वि.] 1. अधीन; वशवर्ती 2. आश्रित 3. अवलंबित 4. गुणा किया हुआ; गुणित।

निचय (सं.) [सं-पु.] 1. संचय 2. संचित राशि या समूह 3. किसी कार्य-विशेष के लिए एकत्रित किया जाने वाला धन।

निचला [वि.] नीचे का; नीचे वाला।

निचाई [सं-स्त्री.] 1. नीचे की ओर का विस्तार 2. नीचा होने का भाव; नीचता; नीचापन।

निचान [सं-स्त्री.] 1. ऐसी ज़मीन जो अपेक्षाकृत नीचे की ओर हो 2. ज़मीन, मकान आदि के नीचे की ओर होने की स्थिति।

निचित (सं.) [वि.] 1. ढका या छाया हुआ 2. इकट्ठा किया हुआ; संचित 3. निर्मित 4. संकीर्ण 5. व्याप्त।

निचुड़ना [क्रि-अ.] 1. रस से भरी हुई वस्तु को दबाकर उसमें से तरल पदार्थ का निकाला जाना; निचोड़ा जाना 2. सारहीन होना 3. बल या शक्ति निकल जाने से क्षीण होना।

निचोड़ [सं-पु.] 1. निचोड़ने की क्रिया या भाव 2. निचोड़ने से प्राप्त तरल पदार्थ 3. सत्व; सार; सारांश; निष्कर्ष।

निचोड़ना [क्रि-स.] 1. रस से भरी हुई वस्तु को दबाकर या ऐंठकर उसमें से तरल पदार्थ निकालना; गारना 2. सारहीन करना 3. बल या शक्ति निकाल लेना 4. {ला-अ.} किसी का धन या रुपया हरण कर लेना।

निछत्र (सं.) [वि.] 1. जिसके सिर पर छत्र न हो; छत्रहीन 2. राज चिह्न रहित 3. राज्यहीन।

निछावर (सं.) [सं-स्त्री.] 1. (लोकमान्यता) किसी के सुख-समृद्धि की वृद्धि की कामना से तथा उसे नज़र आदि के दूषित प्रभावों से बचाने के लिए उसके सिर या शरीर के ऊपर से कोई वस्तु घुमाकर उत्सर्ग करना 2. इस प्रकार उत्सर्ग की हुई वस्तु 3. इनाम 4. नेग 5. बलि।

निछोह [वि.] 1. जिसमें किसी के प्रति दया या प्रेम न हो 2. निष्ठुर; निर्दय।

निछोही [वि.] निछोह।

निज (सं.) [वि.] 1. किसी की दृष्टि से स्वयं उसका; अपना 2. प्रधान; मुख्य 3. ठीक 4. यथार्थ। [क्रि.वि.] 1. विशेष रूप से; मुख्यतः 2. निश्चित रूप से।

निजकारी [सं-स्त्री.] 1. बटाई की फ़सल 2. वह ज़मीन जिसके लगान में उस ज़मीन से उत्पन्न फ़सल का कुछ अंश लिया जाए।

निजता (सं.) [सं-स्त्री.] निज का भाव; निजत्व; अपनापन।

निजत्व (सं.) [सं-पु.] 1. अपनापन; निजता 2. अपना भाग।

निजवर्ती (सं.) [वि.] निकट रहने या होने वाला; निकटवर्ती।

निजस्व (सं.) [सं-पु.] अपना भाग या हिस्सा।

निज़ाअ (अ.) [सं-पु.] 1. तकरार; विवाद; झगड़ा 2. दुश्मनी; बैर; शत्रुता।

निज़ाई (अ.) [वि.] 1. जिसके संबंध में विवाद हो; विवादास्पद 2. निज़ाअ संबंधी; निज़ाअ का।

निजात (अ.) [सं-स्त्री.] 1. छुटकारा 2. मोक्ष; मुक्ति।

निज़ाम (अ.) [सं-पु.] 1. प्रबंध; व्यवस्था 2. व्यवस्था क्रम; सिलसिला 3. ब्रिटिश एवं मराठा शासनकाल में हैदराबाद के शासकों की उपाधि।

निज़ामशाही (अ.+ फ़ा.) [सं-पु.] 1. निज़ाम का शासन 2. मध्य युग में निज़ामाबाद में बनने वाला एक प्रकार का बढ़िया कागज़।

निज़ामुद्दीन (अ.) [सं-पु.] 1. चिश्ती घराने के चौथे संत जिन्होंने वैराग्य और सहनशीलता की मिसाल पेश की 2. एक मज़ार 3. उक्त संत के नाम पर एक रेलवे स्टेशन।

निजी (सं.) [वि.] 1. व्यक्तिगत 2. अपना; निज 3. किसी समूह के कुछ विशेष लोगों से संबंधित; आपसी 4. गैर-सरकारी।

निजीकरण (सं.) [सं-पु.] 1. निजी करने की प्रक्रिया 2. सार्वजनिक क्षेत्र के उपक्रमों में उद्योगपतियों की अंशधारिता आधे से अधिक सुनिश्चित करना 3. सार्वजनिक क्षेत्र की कुछ सेवाओं की ज़िम्मेदारी किसी व्यक्तिगत संस्था या प्रतिष्ठान को सशर्त सौंपना।

निजीसहायक (सं.) [सं-पु.] किसी व्यक्ति या अधिकारी को उसके कार्यों में सहायता करने वाला व्यक्ति।

निझरना [क्रि-अ.] 1. अच्छी तरह से झड़ जाना 2. लगी हुई वस्तु से रिक्त हो जाना 3. सारहीन हो जाना 4. स्वयं को निर्दोष सिद्ध करना।

निटोल [वि.] जो अपने टोल (झुंड या जत्था) से अलग हो गया हो।

निट्ठि [अव्य.] किसी तरह; ज्यों-त्यों करके; अति कठिनाई से।

निठल्ला [वि.] 1. जिसके पास कोई काम-धंधा न हो; बेरोज़गार; खाली; बेकार 2. जो कोई काम न करता हो 3. आलसी; आरामतलब।

निठल्लू [वि.] निठल्ला।

निठाला [सं-पु.] 1. जीविकोपार्जन हेतु काम-धंधा या रोज़गार का अभाव 2. बेकारी का समय।

निठुर (सं.) [वि.] 1. जिसका हृदय दया, प्रेम, सहानुभूति आदि कोमल भावों से रहित हो 2. जिसे दूसरों के कष्ट से पीड़ा न होती हो 3. पाषाण या कठोर हृदय; निष्ठुर।

निठुरता [सं-स्त्री.] निष्ठुर होने की अवस्था या भाव; दयाहीनता; कठोरता।

निठुराई [सं-स्त्री.] निष्ठुरता; दयाहीनता।

निठौर [सं-पु.] 1. अनुचित या बुरा स्थान; कुठाँव 2. शोचनीय अवस्था; कुदाँव; दुर्दशा। [वि.] जिसका कोई ठौर-ठिकाना न हो।

निडर [वि.] 1. जिसे किसी से डर न लगता हो; निर्भीक 2. साहसी 3. ढीठ।

निडरता [सं-स्त्री.] निडर होने की अवस्था या भाव।

निढाल [वि.] 1. बहुत अधिक थका हुआ; शिथिल; थका-माँदा; अशक्त 2. जो असफल होने पर उत्साह रहित हो गया हो; पस्त।

नितंत (सं.) [वि.] 1. सोया हुआ 2. उपस्थित 3. बसा हुआ।

नितंब (सं.) [सं-पु.] 1. शरीर का कमर से नीचे पीछे का उभरा हुआ गोलाकार मांसल भाग 2. नदी या पर्वत का ढालदार किनारा 3. कंधा 4. तट।

नितल (सं.) [सं-पु.] (पुराण) सात पाताल लोकों में से एक।

नितांत (सं.) [वि.] 1. एकदम; पूरी तरह; सर्वथा बिलकुल 2. बहुत अधिक 3. असाधारण 4. अत्यंत; अत्यधिक।

नित्य (सं.) [वि.] 1. उत्पत्ति और विनाश से रहित; सदा बना रहने वाला; अविनाशी; अनश्वर; अखंड 2. प्रतिदिन किया जाने वाला। [अव्य.] 1. सदा; हमेशा 2. हर रोज़।

नित्यकर्म (सं.) [सं-पु.] 1. प्रतिदिन किया जाने वाला कार्य; दैनिक कार्य, जैसे- स्नान, शौच आदि 2. प्रतिदिन किया जाने वाला विहित कर्म (धार्मिक कर्म)।

नित्यचर्या (सं.) [सं-स्त्री.] प्रतिदिन का आचरण या प्रतिदिन नियमित रूप से किया जाने वाला काम।

नित्यता (सं.) [सं-स्त्री.] 1. चिरंतन या नित्य होने का भाव 2. अनश्वरता; अक्षरता; शाश्वतता।

नित्यप्रति (सं.) [अव्य.] 1. हर रोज़; प्रतिदिन 2. हर वक्त।

नित्यशः (सं.) [अव्य.] 1. प्रतिदिन; हर रोज़ 2. हमेशा; सदा।

नित्या (सं.) [सं-स्त्री.] 1. दुर्गा की एक शक्ति 2. मनसादेवी 3. पार्वती।

नित्यानंद (सं.) [सं-पु.] सदा बना रहने वाला आनंद; सदानंद। [वि.] सदैव आनंद से रहने वाला।

नित्यानित्य (सं.) [वि.] नित्य और अनित्य; नश्वर और अनश्वर।

निथरना (सं.) [क्रि-अ.] 1. किसी द्रव की वह अवस्था जिसमें उसमें घुला या मिला हुआ कोई ठोस पदार्थ उसके तल में बैठ जाए 2. उक्त के फलस्वरूप द्रव का स्वच्छ होना।

निथारना [क्रि-स.] 1. दो या दो से अधिक तत्वों के मिश्रित रूप को पृथक करना 2. पानी या किसी अन्य तरल पदार्थ को इस रूप में लाना कि उसमें घुला हुआ मैल नीचे बैठ जाए।

निदर्श (सं.) [सं-पु.] नमूना; नमूने की वस्तु।

निदर्शक (सं.) [वि.] निदर्शन करने वाला; दिखलाने-बतलाने वाला; प्रदर्शित करने वाला।

निदर्शन (सं.) [सं-पु.] 1. दिखाने की क्रिया; प्रदर्शन 2. नमूना; उदाहरण 3. किसी मूल कथन को सिद्ध करने के लिए बनाया गया चित्र।

निदर्शना (सं.) [सं-स्त्री.] एक अर्थालंकार जिसमें उपमेय और उपमान में समानता का आरोप करके दोनों में बिंब-प्रतिबिंब भाव प्रकट किया जाता है।

निदाघ (सं.) [सं-पु.] 1. गरमी; ताप 2. धूप 3. रोग का निदान।

निदान (सं.) [सं-पु.] 1. किसी क्रिया का आदि कारण या मूल कारण 2. शरीर में उत्पन्न रोग की पहचान तथा उसके कारण का निश्चय करना; (डायग्नोसिस)।

निदान यंत्र (सं.) [सं-पु.] किसी रोग के निदान हेतु शल्य-क्रिया में प्रयुक्त उपकरण एवं यंत्र।

निदानशास्त्र (सं.) [सं-पु.] वह शास्त्र जिसमें रोगों की पहचान एवं निदान का विवेचन होता है।

निदानात्मक (सं.) [वि.] निदान से संबंधित; चिकित्सा संबंधी।

निदिग्ध (सं.) [वि.] 1. जिसपर लेप किया गया हो; थोपा या लीपा हुआ 2. प्रवर्द्धित।

निदिग्धा (सं.) [सं-स्त्री.] इलायची; इला फल।

निदिग्धिका (सं.) [सं-स्त्री.] इलायची।

निदिध्यासन (सं.) [सं-पु.] 1. अनवरत (लगातार) चिंतन 2. निरंतर किसी का स्मरण करना।

निदिष्ट (सं.) [वि.] जो दिया गया हो (निदेश/आदेश); निदर्शित;

आदिष्ट।

निदेश (सं.) [सं-पु.] 1. निर्देश; कोई कार्य या उसे करने का विधि संबंधी आदेश 2. किसी आज्ञा, नियम, निश्चय आदि के संबंध में लगाई हुई कोई शर्त या बंधन (विशेष ढंग से कार्य करने का आदेश) 3. नियत कार्य; कार्यभार 4. विक्रय-पत्र 5. उक्ति; कथन; बातचीत।

निदेशक (सं.) [सं-पु.] 1. किसी कार्य संपादन के विषय में कब, कहाँ, कैसे आदि से संबंधित निदेश या आदेश देने वाला अधिकारी 2. नाटक या चलचित्र आदि में पात्रों की वेषभूषा, कथोपकथन, आदि से संबद्ध निर्णय तथा व्यवस्था करने वाला व्यक्ति।

निदेशकमंडल (सं.) [सं-पु.] किसी संस्था को संचालित करने वाले निदेशकों का निकाय।

निदेशन (सं.) [सं-पु.] निदेश करने या देने की क्रिया; निर्देशन।

निदेशात्मक (सं.) [वि.] आदेशात्मक; आदेश से संबंधित।

निदेशालय (सं.) [सं-पु.] 1. वह केंद्रीय कार्यालय, जहाँ से अधीनस्थ कार्यकर्ताओं को उनके कामों के संबंध में आवश्यक निर्देश भेजे जाते हैं 2. किसी संस्था के निदेशन करने वालों का वर्ग या समूह; (डायरेक्टरेट) 3. निदेशक का कार्यालय।

निदेशिका (सं.) [सं-स्त्री.] किसी प्रदेश या स्थान आदि के प्रमुख व्यक्तियों, संस्थाओं आदि का नाम, पता तथा अन्य विवरण देने वाली पुस्तक; दिग्दर्शिका।

निदेशित (सं.) [वि.] निदेश किया हुआ; जिसका निदेश हुआ हो।

निदेशी (सं.) [वि.] आज्ञा देने वाला।

निदेष्टा (सं.) [वि.] निदेश करने वाला।

निद्रा (सं.) [सं-स्त्री.] प्राणियों की वह शारीरिक अवस्था जिसमें वह विश्राम के निमित्त कुछ समय तक आँखें बंद कर निश्चेष्ट पड़े रहते हैं और उन्हें बाह्य जगत की चेतना नहीं रह जाती; नींद।

निद्राचार (सं.) [सं-पु.] निद्रा-ग्रस्त रहते हुए भी घूमना-फिरना या अन्य कार्य करना; नींद में उठकर चल देना; एक प्रकार का रोग।

निद्राजनक (सं.) [वि.] निद्रा उत्पन्न करने वाला; निद्राकर।

निद्राण (सं.) [वि.] 1. जो सो रहा हो; सोता हुआ 2. जिसकी आँखें मुँदी हुई हों।

निद्रायमाण (सं.) [वि.] 1. जो निद्रित अवस्था में हो 2. जो सो रहा हो; सोया हुआ।

निद्रालु (सं.) [वि.] 1. जो निद्रा में हो या सो रहा हो 2. जिसे बहुत नींद आ रही हो।

निद्रित (सं.) [वि.] जो सोया हो या निद्रा में डूबा हो; सुप्त।

निधड़क [क्रि.वि.] 1. बेधड़क; बेखटके; निःशंक होकर 2. बिना रुके; बिना हिचके।

निधन (सं.) [सं-पु.] 1. मृत्यु; मरण 2. समाप्ति; अंत 3. जन्म कुंडली में लग्न से आठवाँ स्थान 4. (ज्योतिष) जन्म नक्षत्र से सातवाँ, सोलहवाँ एवं तेईसवाँ नक्षत्र 5. कुल 6. विष्णु। [वि.] निर्धन; गरीब; वित्तहीन।

निधान (सं.) [सं-पु.] 1. रखने या स्थापित करने का भाव; रखना; स्थापित करना 2. वह स्थान या पात्र जिसमें कुछ स्थापित हो; आश्रय; आधार 3. भंडार; खज़ाना 4. निधि।

निधि (सं.) [सं-स्त्री.] 1. खज़ाना; कोष 2. पूँजी 3. कुबेर के नौ रत्न 4. कार्य विशेष के लिए अलग से रखा हुआ धन 5. समुद्र 6. विष्णु 7. शिव 8. वह आधार, पात्र या स्थान जिसमें कोई गुण या पदार्थ व्याप्त अथवा स्थित हो।

निधिपाल (सं.) [सं-पु.] निधि या संपत्ति की देख-रेख करने वाला; जिसकी देख-रेख में कोई निधि या संपत्ति हो; निधि रक्षक; कोषागार का प्रहरी।

निधीश (सं.) [सं-पु.] 1. निधियों के स्वामी; कुबेर 2. वह व्यक्ति जिसके संरक्षण में कोई वस्तु या निधि रखी गई हो।

निधीश्वर (सं.) [सं-पु.] निधीश; कुबेर।

निध्यात (सं.) [वि.] जिसपर मनन किया गया हो; विचारित।

निध्यान (सं.) [सं-पु.] 1. ध्यान करना; मनन करना 2. निदर्शन; देखना; दर्शन।

निध्वान (सं.) [सं-पु.] ध्वनि; शब्द।

निनंक्षु (सं.) [वि.] जो भागना या मरना चाहता हो।

निनदी (सं.) [वि.] जिससे शब्द उत्पन्न हो रहा हो; शब्द उत्पन्न करने वाला।

निनाद (सं.) [सं-पु.] 1. उच्च आवाज़ 2. शब्द।

निनादित (सं.) [वि.] 1. आवाज़ करता हुआ; शब्दित; ध्वनित 2. शब्द से भरा हुआ; गुंजायमान।

निनावाँ [सं-पु.] जीभ, तालू, गला आदि में निकलने वाले छोटे-छोटे लाल दाने जिससे पीड़ा होती है; छाले।

निन्यानवे [वि.] संख्या '99' का सूचक।

निपट [क्रि.वि.] 1. केवल; निरा; विशुद्ध 2. बिलकुल; सरासर; नितांत 3. अलग; बहुत।

निपटना [क्रि-अ.] 1. निवृत्त होना; फ़ुरसत पाना; छुटकारा पाना 2. किसी कार्य का पूर्णतया समाप्त होना; निःशेष होना 3. झगड़ा आदि का निपटाया जाना; फ़ैसला होना 4. निपटारा करने के लिए किसी से लड़ना-झगड़ना 5. समाप्त होना 6. शौच, स्नान आदि दैनिक कार्यों से निवृत्त होना 7. ऋण आदि का चुकता होना।

निपटान [सं-पु.] निपटने की क्रिया या भाव; निपटना; निवृत्त होना।

निपटाना [क्रि-स.] 1. कार्य आदि पूर्ण या संपादित करना 2. दो व्यक्तियों का अथवा परस्पर का झगड़ा समाप्त करना 3. ऋण, देन आदि चुकाना 4. न्याय करना; विवाद का समाधान करना 5. कार्य समापन करना; कार्यान्वयन करना।

निपटारा [सं-पु.] 1. निपटाने या निपटने की स्थिति 2. फ़ैसला; निर्णय 3. अंत; समाप्ति 4. समाधान।

निपतन (सं.) [सं-पु.] ऊपर से नीचे की ओर आना; उतरना; गिरना; निपात; पतन।

निपतित (सं.) [वि.] जिसका पतन हुआ हो; गिरा हुआ; नीचे उतरा हुआ।

निपत्र (सं.) [वि.] जिसमें या जिसपर पत्ते न हों (पौधा या

वृक्ष); पत्रहीन; ठूँठा।

निपाक (सं.) [सं-पु.] 1. बहुत अधिक पक जाना 2. परिपक्व होना 3. किसी बुरे कार्य का परिणाम।

निपात (सं.) [सं-पु.] 1. नीचे गिरने की क्रिया, अवस्था या भाव; अध:पतन 2. पतन; गिरना 3. मृत्यु; विनाश 4. आक्रमण 5. फेंकना; चलाना 6. (व्याकरण) वह उपपद जिसके प्रयोग से वाक्य का अर्थ प्रभावित होता है, जैसे- ही, भी।

निपातक (सं.) [सं-पु.] दूषित या बुरा कर्म; दुष्कर्म; पाप।

निपातन (सं.) [सं-पु.] 1. गिराने की क्रिया या भाव; गिराने का कार्य 2. मार डालने या वध करने की क्रिया या भाव; हत्या; मारना; पीटना 3. ध्वंस; नाश; विनाशन।

निपातित (सं.) [वि.] 1. गिराया हुआ 2. हत; वध या नष्ट किया हुआ 3. अनियमित रूप से निर्मित।

निपाती (सं.) [वि.] 1. निपात करने या गिराने वाला 2. मार डालने वाला।

निपान (सं.) [सं-पु.] 1. कुआँ; कूप 2. पशुओं के जल पीने के लिए कुएँ के समीप निर्मित हौज 3. जल एकत्र करने के निमित्त निर्मित गड्ढा 4. दूध दुहने का बरतन 5. आश्रय स्थल 6. इस प्रकार पीना कि कुछ शेष न रहे; नि:शेष (अशेष)।

निपीड़क (सं.) [वि.] 1. पीड़ादायक; कष्टदायक 2. निचोड़ने या पेरने वाला 3. मलने या दबाने वाला।

निपीड़न (सं.) [सं-पु.] 1. पीड़ित करने की क्रिया या भाव; कष्ट देना 2. निचोड़ना 3. पेरना 4. मलना या दबाना 5. पसेव (वह तरल पदार्थ जो कच्ची अफ़ीम को सुखाने के समय उसमें से निकलता है) निकालना; पसाना।

निपीत (सं.) [वि.] 1. पान किया हुआ; जो पी लिया गया हो 2. सोखा हुआ; शोषित।

निपीति (सं.) [सं-स्त्री.] पीने की क्रिया या भाव; पान।

निपुण (सं.) [वि.] 1. अनुभव और अभ्यास के द्वारा किसी काम को विशेष रूप से अच्छी तरह से करने वाला; योग्य 2. दक्ष; चतुर; प्रवीण; कुशल।

निपुणता (सं.) [सं-स्त्री.] निपुण होने की अवस्था; कुशलता; प्रवीणता; दक्षता; चतुराई।

निपूत (सं.) [वि.] जिसके पुत्र न हो; पुत्रहीन; निपूता।

निपूती [सं-स्त्री.] 1. वह स्त्री जिसको पुत्र न हुआ हो 2. पुत्रहीन स्त्री 3. {अशि.} स्त्रियों के लिए प्रयुक्त एक गाली।

निपोड़ना [क्रि-स.] दे. निपोरना।

निपोरना [क्रि-स.] (दाँत) दिखाना या दिखलाना।

निफरना (अ.) [क्रि-अ.] स्पष्ट होना; खुलना।

निफ़ाक (अ.) [सं-पु.] 1. एकता का अभाव 2. फूट 3. दुश्मनी; शत्रुता; बैर।

निफालन (सं.) [सं-पु.] देखने की क्रिया या भाव; देखना; अवलोकन।

निब (अं.) [सं-स्त्री.] पेन या कलम के अग्र भाग में लगी हुई धातु निर्मित नुकीली चीज़ जो लिखने में सहायक होती है।

निबंध (सं.) [सं-पु.] 1. किसी विषय के संपूर्ण अंगों पर मौलिक रूप से क्रमबद्ध, सविस्तार लिखा गया विवरणात्मक लेख 2. अच्छी तरह बाँधने की क्रिया या भाव 3. किसी वस्तु को किसी के साथ जोड़ना या बाँधना; बंधन।

निबंधक (सं.) [सं-पु.] निबंधन या पंजीयन करने वाला अधिकारी।

निबंधन (सं.) [सं-पु.] 1. बाँधने की क्रिया या भाव; बंधन 2. नियमों आदि में बाँध कर रखना; व्यवस्था 3. रोकना; अवरोध 4. कर्तव्य आदि के रूप में होने वाला बंधन 5. लगाव या बंधन का आश्रय; आधार 6. कारण; हेतु 7. लेखों आदि के प्रामाणिक होने के लिए राजकीय पंजी में चढ़ाया जाना; पंजीयन; (रजिस्ट्रेशन)।

निबंधित (सं.) [वि.] जिसका निबंधन किया जा चुका हो; निबद्ध।

निबकौरी [सं-स्त्री.] नीम का फल; निबौरी।

निबटाना [क्रि-स.] 1. कार्य आदि पूर्ण करना; समाप्त करना; ख़तम करना 2. ऋण आदि चुका देना 3. झगड़ा, विवाद आदि का फ़ैसला करना; निर्णय करना; तय करना।

निबद्ध (सं.) [वि.] 1. बँधा हुआ 2. जुड़ा हुआ 3. गुँथा हुआ; गुंफित 4. जड़ा या लगाया हुआ 5. रोका हुआ; अवरुद्ध 6. लिखा हुआ; लिखित; रचित 7. वह लेख या समझौता जिसे प्रामाणिक करने के लिए राजकीय पंजी में चढ़ा दिया गया हो; पंजीबद्ध; पंजीकृत (रजिस्टर्ड)।

निबरना (सं.) [क्रि-अ.] 1. बंधन या लगाव से मुक्ति पाना; छूटना 2. परस्पर मिली हुई वस्तुओं का अलग होना 3. छुटकारा पाना; निज़ात पाना 4. निवृत्त होना; फुरसत पाना 5. पूरा होना; निभना 6. कष्ट; बंधन आदि से मुक्त होना; उबरना 7. समाप्त होना; मिट जाना।

निबादर [वि.] जब बिल्कुल बादल न हों; बिना बादल का।

निबारना (सं.) [क्रि-स.] 1. किसी झगड़े आदि को होने से रोकना; निवारण करना 2. मना करना।

निबाह (सं.) [सं-पु.] निर्वाह।

निबाहना (सं.) [क्रि-स.] 1. किसी के साथ संबंधों का निर्वाह करना; साथ देना; निभाना 2. निस्तार करना; छुड़ाना 3. चालू रखना।

निबेड़ना [क्रि-स.] 1. बंधनरहित करना; मुक्त करना; छुड़ाना 2. परस्पर मिली हुई वस्तुओं को अलग-अलग करना; छाँटना 3. उलझन दूर करना; सुलझाना; निपटाना; फ़ैसला करना 4. छोड़ना; त्यागना 5. पूरा करना; समाप्त करना 6. वसूल करना।

निबेड़ा [सं-पु.] 1. कष्ट, विपत्ति आदि से होने वाला उद्धार; त्राण; बचाव 2. परस्पर मिली हुई वस्तुओं को छाँटकर अलग करना 3. विवाद आदि का फ़ैसला; सुलझाव; निर्णय; निबटारा।

निबोध (सं.) [सं-पु.] 1. सीखना 2. समझना 3. समझाना; बतलाना।

निबोधन (सं.) [सं-पु.] कोई कार्य समझने या समझाने अथवा सीखने या सिखलाने की क्रिया।

निबौरी [सं-स्त्री.] नीम का फल; निबकौरी; निबौली।

निबौली [सं-स्त्री.] दे. निबौरी।

निभना [क्रि-अ.] 1. पारस्परिक संबंधों में कोई व्यवधान न

आना; सौहार्दपूर्ण व्यवहार बने रहना 2. किसी प्रतिज्ञा, वचन, आदेश आदि का पूरा होना या उनका पालन होना 3. परिस्थिति के अनुरूप अपने को ढालकर रखना 4. व्यक्ति का अपने कार्य या व्यवहार आदि में खरा उतरना।

निभागा [वि.] भाग्यहीन; अभागा।

निभाना [क्रि-स.] 1. पारस्परिक संबंधों में कोई व्यवधान न आने देना; सौहार्दपूर्ण व्यवहार बनाए रखना 2. किसी प्रतिज्ञा, वचन, आदेश आदि को पूरा करना या उनका पालन करना 3. परिस्थिति के अनुरूप अपने को ढालकर समय बिताना।

निभाव [सं-पु.] 1. निभने या निभाने की क्रिया या भाव 2. कठिनाई से सहनशीलता-पूर्वक किया जाने वाला निर्वाह; निबाह 3. परंपरा या प्रतिज्ञा आदि का किया जाने वाला पालन।

निभूत (सं.) [वि.] 1. बीता हुआ; गत; भूत 2. अत्यधिक डरा हुआ; अति भयभीत।

निभृत (सं.) [वि.] 1. निर्जन; अकेला 2. गुप्त; बंद 3. रखा हुआ 4. भरा हुआ; परिपूर्ण 5. दृढ़संकल्प; अटल; स्थिर 6. धीर; शांत।

निमंत्रण (सं.) [सं-पु.] 1. किसी कार्य, उत्सव आदि में सम्मिलित होने के लिए आदरपूर्वक आग्रह; बुलावा; न्योता 2. भोजन के लिए दिया जाने वाला न्योता; दावत।

निमंत्रणपत्र (सं.) [सं-पु.] वह पत्र जिसमें किसी कार्य या उत्सव आदि में सम्मिलित होने का निवेदन किया गया हो।

निमंत्रित (सं.) [वि.] जिसको निमंत्रण दिया गया हो; जिसे बुलाया गया हो; आमंत्रित; आहूत।

निमकी [सं-स्त्री.] 1. नीबू का अचार 2. छोटी टिकिया के आकार का एक प्रकार का मठरी जैसा नमकीन।

निमकौड़ी [सं-स्त्री.] नीम का फल या उसकी गुठली।

निमग्न (सं.) [वि.] किसी कार्य या भाव में पूरी तरह डूबा हुआ; मग्न; तन्मय; लीन; गर्क।

निमज्जन (सं.) [सं-पु.] 1. गोता या डुबकी लगाकर स्नान करना; अवगाहन करना 2. किसी वस्तु को किसी तरल पदार्थ में डुबाने की क्रिया 3. किसी विषय में लीन या निमग्न होना।

निमज्जित (सं.) [वि.] 1. गोता लगाकर नहाया हुआ; स्नात 2. डूबा हुआ; निमग्न 3. डुबाया हुआ।

निमरी [सं-स्त्री.] मध्यभारत में होने वाली एक तरह की कपास; बरही; बँगई।

निमान (सं.) [सं-पु.] 1. नीचा या ढलवाँ स्थान; ढाल 2. जलाशय; पोखर 3. माप। [वि.] 1. नीचा 2. ढालू।

निमाना (सं.) [वि.] 1. नीचे की ओर उन्मुख; नीचा 2. सबसे डरकर और दबकर रहने वाला 3. नम्र; विनयशील।

निमारा [सं-स्त्री.] बैली; नीमधुरी।

निमि (सं.) [सं-पु.] 1. आँखों की पलकें झपकाने की क्रिया या भाव; निमेष 2. दत्तात्रेय के पुत्र।

निमित्त (सं.) [सं-पु.] 1. वह कार्य या बात जो किसी दूसरे कार्य या बात का साधन हो; हेतु; कारण 2. वह व्यक्ति जो नाममात्र के लिए कोई काम कर रहा हो जबकि उसे कार्य करवाने या प्रेरणाशक्ति देने वाला कोई और होता है; माध्यम 3. चिह्न; लक्षण 4. शकुन 5. प्रयोजन; लक्ष्य 6. बहाना। [अव्य.] किसी काम या बात के उद्देश्य या विचार से; के लिए; वास्ते, जैसे- बच्चों की उच्च शिक्षा के निमित्त संरक्षित राशि।

निमित्तक (सं.) [वि.] 1. जो निमित्त मात्र हो 2. उत्पन्न; जनित।

निमिष (सं.) [सं-पु.] 1. पलक झपकने की क्रिया 2. पलक झपकने में लगने वाला समय 3. क्षण; पल।

निमिषांतर (सं.) [सं-पु.] पल भर का अंतर।

निमीलन (सं.) [सं-पु.] 1. पलक गिराना या झपकाना 2. एक बार पलक गिरने में लगने वाला समय; निमिष 3. सदैव के लिए आँखें बंद होना; मृत्यु 4. खग्रास ग्रहण।

निमीलित (सं.) [वि.] 1. मुँदे हुए या बंद किए हुए नेत्र 2. जो खुला न हो; बंद, जैसे- निमीलित कपाट 3. छिपा या छिपाया हुआ; लुप्त 4. जो जड़ या सुन्न हो गया हो।

निमुँहा [वि.] 1. जो कुछ कहने या बोलने की आवश्यकता होने पर भी चुप रहता हो; लज्जा आदि के कारण जिसे बोलने का साहस न हो; जो दृढ़तापूर्वक कुछ बोल न सके; चुप रहने वाला 2. बिना कुछ बोले अत्याचार सहने वाला।

निमेय (सं.) [सं-पु.] विनिमय; आदान-प्रदान; अदला-बदली (वस्तुओं की)।

निमेष (सं.) [सं-पु.] 1. पलक का झपकना 2. पलक झपकने भर का समय या क्षण; पल।

निमेषक (सं.) [सं-पु.] 1. पलक 2. एक कीट जिसके पिछले भाग से रात के समय प्रकाश टिमटिमाता है; जुगनू; खद्योत।

निमोना [सं-पु.] हरे चने या मटर को पीसकर तैयार किया हुआ मसालेदार दाल जैसा व्यंजन।

निमोनिया (अं.) [सं-पु.] फेफड़ों में विषाणु के संक्रमण से होने वाली एक प्रकार की बीमारी; फेफड़ों में होने वाली सूजन या प्रदाह जिसके आम लक्षणों में खाँसी, सीने में दर्द, बुख़ार और साँस लेने में कठिनाई होती है।

निम्न (सं.) [वि.] 1. नीचा; निचला 2. जो सामान्य तल या धरातल से नीचे स्तर का हो; गहरा 3. जो पद, वर्ग, स्थिति आदि की दृष्टि से नीचे स्तर का हो 4. जिसकी तीव्रता, वेग आदि साधारण से कम हो।

निम्नतम (सं.) [वि.] 1. ऊँचाई के क्रम में सबसे नीचा 2. तापमान के संदर्भ में सबसे निचला (बिंदु) 3. परिमाण या मात्रा आदि के संदर्भ में सबसे कम 4. मूल्य के संदर्भ में न्यूनतम (मूल्य)।

निम्नतर (सं.) [वि.] निम्न और निम्नतम के मध्य का।

निम्नलिखित (सं.) [वि.] नीचे लिखा हुआ; निम्नांकित।

निम्नवत (सं.) [वि.] नीचे के समान या जैसा; जैसा नीचे लिखा है; निम्नलिखित।

निम्नवर्ग (सं.) [सं-पु.] वह वर्ग जो सामाजिक एवं आर्थिक रूप से अपेक्षाकृत पिछड़ा हो; निचला वर्ग।

निम्नश्रेणी (सं.) [सं-स्त्री.] 1. निम्नवर्ग 2. सबसे छोटी कक्षा 3. परीक्षाफल आदि के संदर्भ में अंतिम श्रेणी 4. रेल या हवाई यात्रा के संदर्भ में न्यूनतम किराए वाली श्रेणी या सीट।

निम्नस्तरीय (सं.) [वि.] 1. निचले स्तर का; निम्न स्तर से संबद्ध 2. सामान्य से कम गुणवत्ता वाला; घटिया।

निम्नांकित (सं.) [वि.] नीचे अंकित या लिखा हुआ; अधोलिखित; निम्नलिखित।

निम्नोक्त (सं.) [वि.] जो नीचे उक्त हो; जो नीचे कहा गया हो।

निम्नोन्नत (सं.) [सं-पु.] चित्रकला में आवश्यकतानुसार प्रदर्शित ऊँचाई और निचाई; नतोन्नत। [वि.] ऊँचा-नीचा; ऊबड़-खाबड़; विषम।

निम्लोच (सं.) [सं-पु.] सूर्य का अस्त होना; सूर्यास्त।

नियंतव्य (सं.) [वि.] 1. जिसे नियंत्रित किया जा सके; जिसका नियमन किया जा सके 2. नियमन करने योग्य।

नियंता (सं.) [सं-पु.] 1. नियम बनाने वाला व्यक्ति 2. नियंत्रण करने वाला व्यक्ति; शासक 3. ईश्वर। [वि.] 1. नियम बनाने वाला 2. नियमों के अनुसार संचालन करने वाला 3. शासन करने वाला 4. व्यवस्था करने वाला; प्रबंधक 5. चलाने वाला; संचालक।

नियंत्रक (सं.) [सं-पु.] 1. नियंत्रण करने या रखने वाला व्यक्ति 2. शासनकर्ता; प्रबंधक 3. नियमानुसार संचालन करने वाला व्यक्ति; संचालक।

नियंत्रण (सं.) [सं-पु.] 1. नियम में बाँधना; वश में रखना; किसी के अमर्यादित व्यवहार या स्वच्छंदता पर अंकुश लगाना 2. देश या समाज की कानून-व्यवस्था, अर्थव्यवस्था आदि से संबद्ध विशृंखलता पर रोक लगाना 3. शासन द्वारा निश्चित मूल्य पर दैनिक उपभोग की वस्तुओं की उपलब्धता सभी तक सुनिश्चित कराना; (कंट्रोल)।

नियंत्रण रेखा (सं.) [सं-स्त्री.] अधिकार सीमा से संबद्ध विवादों में उलझे राष्ट्रों या राज्यों के बीच अंतिम फ़ैसला होने तक मानी गई अस्थायी सीमारेखा।

नियंत्रणकर्ता (सं.) [सं-पु.] वह जो किसी व्यवस्था का संचालन तथा नियंत्रण करता हो; नियंत्रक।

नियंत्रणाधीन (सं.) [वि.] किसी के नियंत्रण में रहने वाला।

नियंत्रित (सं.) [वि.] 1. जिसका कार्य या व्यापार प्रतिबंध द्वारा सीमित कर दिया गया हो 2. नियंत्रण में रखा हुआ; प्रतिबद्ध।

नियत (सं.) [वि.] 1. निश्चित; मुकर्रर 2. समझौते आदि के द्वारा तय किया हुआ; ठहराया हुआ 3. नियम, प्रथा या बंधन से निश्चित किया हुआ; संयत; विहित 4. काम पर लगाया हुआ नियोजित; नियुक्त; तैनात।

नियतन (सं.) [सं-पु.] किसी के लिए भूमि, मकान, कक्ष या स्थान आदि निर्धारित करना; आवंटन।

नियतांक (सं.) [सं-पु.] नियत किया हुआ अंक।

नियतात्मा (सं.) [वि.] अपनी इंद्रियों को वश में रखने वाला; जितेंद्रिय; संयमी।

नियताप्ति (सं.) [सं-स्त्री.] (नाट्यशास्त्र) 1. नाटक की पाँच अवस्थाओं में से एक जिसमें फल की प्राप्ति सुनिश्चित हो जाती है 2. नाटक में वह स्थिति जिसमें अन्य उपायों को छोड़कर एक ही उपाय से कार्य सिद्ध होने पर विश्वास प्रकट किया जाता है।

नियति (सं.) [सं-स्त्री.] 1. नियत होने की अवस्था या भाव; ईश्वरीय शक्ति द्वारा पहले से ही रचित वह बात जो अवश्य होकर रहे; होनी 2. भाग्य; किस्मत; प्रारब्ध।

नियतिवाद (सं.) [सं-पु.] (दर्शनशास्त्र) वह विचारधारा या सिद्धांत जिसमें यह मान्यता है कि संसार में जो कुछ होता है वह सब ईश्वर द्वारा पूर्वनिर्धारित रहता है तथा जिसे किसी प्रकार से टाला नहीं जा सकता; (डिटरमिनिज़्म)।

नियम (सं.) [सं-पु.] 1. किसी कार्य को करने की रीति या विधि 2. आचार-व्यवहार का शास्त्रानुसार विधान 3. किसी चीज़ का निश्चित या बँधा हुआ कर्म; परंपरा; दस्तूर; कायदा 4. तरीका; ढंग 5. सिद्धांत 6. वे निश्चित बातें जिनके अनुसार राज्य, संस्थाएँ, संस्थान आदि चलाए जाते हैं 7. योग के आठ अंगों में से एक 8. एक अर्थालंकार।

नियमतः (सं.) [क्रि.वि.] नियम के अनुसार; नियमानुसार।

नियमन (सं.) [सं-पु.] 1. किसी विषय या कार्य को नियमों में बाँधने की क्रिया 2. अनुशासन में रखने का कार्य 3. नियमबद्ध करना 4. दमन; निग्रह; नियंत्रण।

नियमबद्ध (सं.) [वि.] 1. नियमों से बँधा हुआ 2. नियमों के अनुसार चलने या होने वाला; नियमानुकूल।

नियमानुकूल (सं.) [क्रि.वि.] नियमानुसार; विधि के अनुसार; नियमानुरूप।

नियमानुसार (सं.) [क्रि-वि.] 1. नियम के अनुसार 2. नियत परिपाटी या विधि से; नियमानुकूल।

नियमावली (सं.) [सं-स्त्री.] 1. किसी संस्था, सभा आदि के संचालन से संबंधित नियमों की सूची या संग्रह 2. किसी संस्था या संस्थान के सदस्यों और कार्यकर्ताओं के मार्गदर्शन के लिए नियमों की जानकारी देने वाली पुस्तिका।

नियमित (सं.) [वि.] 1. बराबर या ठीक समय पर होने वाला 2. नियमों से बँधा हुआ; नियमबद्ध; निश्चित 3. नियम, कायदे या कानून के अनुसार बना हुआ; बाकायदा।

नियमित स्तंभ (सं.) [सं-पु.] (पत्रकारिता) पत्र-पत्रिका में नियत समय पर नियमित रूप से प्रकाशित होने वाला स्तंभ; स्थायी स्तंभ।

नियाज़ (फ़ा.) [सं-पु.] 1. प्रार्थना; निवेदन; गुज़ारिश 2. आरज़ू; कामना 3. परिचय; जान-पहचान 4. मुलाकात; साक्षात। [सं-स्त्री.] 1. भेंट; चढ़ावा 2. मृत्यु के पश्चात दान के उद्देश्य से दरिद्रों को भोजन आदि देना; फ़ातिहा।

नियाज़ी (फ़ा.) [सं-पु.] 1. प्रिय; प्रेमी 2. मित्र।

नियामक (सं.) [वि.] 1. नियम बनाने वाला 2. व्यवस्था या प्रबंध करने वाला 3. नियंता; विधायक। [सं-पु.] 1. माँझी; मल्लाह 2. सारथी।

नियामत (अ.) [सं-स्त्री.] 1. ईश्वर की देन; ईश्वर का दिया हुआ सुख और वैभव 2. बहुत अच्छा; बहुमूल्य या दुर्लभ पदार्थ 3. उत्तम व्यंजन; स्वादिष्ट खाना 4. धन-दौलत; संपत्ति।

नियार [सं-पु.] सुनारों की दुकानों का कूड़ा-कचरा जिसमें से न्यारिए बहुमूल्य धातु सोना, चाँदी आदि के कण बीनते हैं।

नियुक्त (सं.) [वि.] किसी काम पर लगाया हुआ; तैनात या

मुकर्रर किया हुआ; जो किसी पद पर रखा गया हो; नियोजित।

नियुक्ति (सं.) [सं-स्त्री.] 1. किसी पद या कार्य के लिए तैनाती; मुकर्ररी 2. नियुक्त करना या होना।

नियुक्तिपत्र (सं.) [सं-पु.] किसी संस्था या सेवा में कार्यभार ग्रहण करने के निमित्त मिलने वाला पत्र।

नियोक्ता (सं.) [वि.] 1. नियोजित या नियुक्त करने वाला 2. लगाने या जोतने वाला 3. नियोग करने वाला।

नियोग (सं.) [सं-पु.] 1. नियोजित या नियुक्त करने की क्रिया 2. लगाना; जोतना 3. आज्ञा; आदेश 4. प्रवृत्त करना; प्रवर्तन; प्रेरणा 5. प्राचीन भारत की एक परंपरा जिसके अनुसार पति से संतान न होने पर स्त्री संतानोत्पत्ति हेतु किसी अन्य पुरुष से संभोग कर सकती थी।

नियोगी (सं.) [वि.] 1. जो नियुक्त किया गया हो 2. जिसे कोई पद या अधिकार दिया गया हो 3. किसी स्त्री के साथ नियोग करने वाला 4. बंगालियों में एक कुलनाम या सरनेम।

नियोग्य (सं.) [वि.] नियोग किए जाने योग्य। [सं-पु.] प्रभु; मालिक; स्वामी।

नियोजक (सं.) [सं-पु.] वह जो दूसरों को किसी काम पर लगाता हो; तैनात करने वाला; नियोजित करने वाला।

नियोजन (सं.) [सं-पु.] 1. नियुक्त करने की क्रिया; वेतन या मज़दूरी देकर किसी को किसी काम पर नियुक्त करना अथवा कराना; तैनात करना 2. सेवा-योजन।

नियोजित (सं.) [वि.] 1. जो वेतन या मज़दूरी पर दफ़्तर कारख़ाने आदि में काम पर नियुक्त हो; नियुक्त किया हुआ 2. प्रवृत्त किया हुआ।

नियोज्य (सं.) [वि.] 1. नियोजित करने योग्य 2. जो नियुक्त किया जाए। [सं-पु.] 1. नौकर; सेवक 2. कर्मचारी।

निरंकार (सं.) [सं-पु.] निराकार (ब्रह्म)।

निरंकुश (सं.) [वि.] 1. जिसके लिए कोई अंकुश या प्रतिबंध न हो 2. जो अंकुश या प्रतिबंध न माने; मनमाना आचरण करने वाला; वश में न रहने वाला; बेकाबू; स्वेच्छाचारी; अनियंत्रित।

निरंकुश शासन (सं.) [सं-पु.] वह शासन व्यवस्था जिसमें समस्त अधिकार ऐसे व्यक्ति के हाथ में हों जिसपर निर्वाचित या मनोनीत जनप्रतिनिधियों का कोई नियंत्रण न हो; स्वेच्छाचारी शासन; तानाशाही।

निरंकुशता (सं.) [सं-स्त्री.] 1. निरंकुश होने की अवस्था; मनमाना आचरण; स्वेच्छाचारिता 2. तानाशाही।

निरंग[1] [वि.] 1. जिसका या जिसमें कोई रंग न हो; रंगहीन 2. बदरंग; फीका।

निरंग[2] (सं.) [वि.] 1. जिसका या जिसमें कोई अंग न हो; अंगहीन 2. मिलावट रहित; खालिस; शुद्ध।

निरंजन (सं.) [वि.] 1. जिसमें अंजन अर्थात माया का लेश भी न हो; अंजनरहित 2. माया, मोह आदि से निर्लिप्त 3. सभी प्रकार के दुर्गुणों व दोषों से रहित; निर्दोष। [सं-पु.] 1. निर्गुण ब्रह्म 2. शिव।

निरंजना (सं.) [सं-स्त्री.] 1. पूर्णिमा 2. दुर्गा 3. गया तीर्थ के पास स्थित एक नदी।

निरंजनी (सं.) [सं-स्त्री.] 1. आरती के लिए जलाए जाने वाले दीपक का आधार-पात्र 2. आरती। [वि.] 1. निरंजन संबंधी 2. ईश्वर के निरंजन स्वरूप का उपासक 3. निरंजनी संप्रदाय वालों का अनुयायी (साधु)।

निरंतर (सं.) [क्रि.वि.] 1. सदा; हमेशा 2. लगातार; बिना किसी अंतराल के। [वि.] 1. जिसके बीच में अंतर न पड़े; जिसका क्रम टूटा न हो; अखंड 2. लगातार होने वाला 3. सदा बना रहने वाला; अक्षय; स्थायी 4. भेदरहित; अभिन्न।

निरंतरता (सं.) [सं-स्त्री.] 1. किसी काम या बात के निरंतर अर्थात लगातार होते रहने की अवस्था; सातत्य; अविरामता 2. शाश्वतता।

निरंतराल (सं.) [वि.] 1. जिसमें अवकाश या अंतराल न हो; घना 2. तंग।

निरंध (सं.) [वि.] 1. निरा अंधा 2. ज्ञान, बुद्धि आदि से रहित; निपट मूर्ख; महामूर्ख।

निरंबर (सं.) [वि.] दिगंबर; नंगा।

निरंबु (सं.) [वि.] 1. जिसमें जल का कोई अंश न हो; निर्जल 2. जो बिना जल ग्रहण किए रहता हो 3. जिसमें जल न पिया जा सकता हो; निर्जला (व्रत)।

निरंभ (सं.) [वि.] 1. निर्जल 2. जो बिना जल ग्रहण किए रहता या रह सकता हो।

निरंश (सं.) [वि.] जिसे अपना प्राप्य अंश न मिला हो; जो अपने भाग या अंश से वंचित रह गया हो।

निरक्ष (सं.) [वि.] 1. जो धरती के मध्य भाग में हो 2. जो किसी अक्ष की ओर न हो।

निरक्षर (सं.) [वि.] 1. जिसे अक्षर ज्ञान न हो 2. जो पढ़ा लिखा न हो; अनपढ़; अशिक्षित।

निरक्षरता (सं.) [सं-स्त्री.] निरक्षर होने की अवस्था; अक्षर ज्ञान शून्यता; अशिक्षितता।

निरखना (सं.) [क्रि-स.] 1. ध्यान से देखना 2. निरीक्षण करना 3. चाव से निहारना।

निरग्नि (सं.) [वि.] 1. जिसने अग्निहोत्र त्याग दिया हो 2. जो अग्निहोत्र न करता हो।

निरघ (सं.) [वि.] 1. जिसने अघ या पाप न किया हो; निष्पाप 2. निर्दोष; निष्कलुष।

निरत (सं.) [वि.] किसी कार्य में लगा हुआ; रत; लीन।

निरति (सं.) [सं-स्त्री.] वह अवस्था जिसमें भगवान के प्रति पूर्ण भक्ति, अनुरक्ति या रति हो।

निरतिशय (सं.) [वि.] 1. हद दरजे का; बेहद; परम 2. जिसके आगे या जिससे बढ़कर और कुछ न हो; चरम। [सं-पु.] परब्रह्म।

निरत्यय (सं.) [वि.] 1. जो ख़तरे आदि से दूर या परे हो; निरापद; सुरक्षित; बाधारहित 2. जिसमें कोई दोष या त्रुटि न हो; निर्दोष 3. पूर्णरूप से सफ़ल।

निरनुनासिक (सं.) [वि.] जिसके उच्चारण में फेफड़ों से आती वायु नासिका विवर से न निकले; अनुनासिक का विपर्याय।

निरन्न (सं.) [वि.] 1. बिना अन्न का; अन्न-रहित 2. जिसने अभी तक अन्न न खाया हो; निराहार 3. जिसमें अन्न का सेवन न हो (व्रत)।

निरन्ना (सं.) [वि.] जिसने अभी तक अन्न न खाया हो; निराहार।

निरपराध (सं.) [वि.] जिसने कोई अपराध न किया हो; निर्दोष; बेकसूर। [क्रि.वि.] बिना किसी अपराध के।

निरपवाद (सं.) [वि.] 1. जैसा हमेशा ही होता हो; जिसमें कोई अपवाद न हो 2. जिसपर कोई आरोप न लगा हो; निर्दोष 3. अच्छा; भला।

निरपेक्ष (सं.) [वि.] 1. जिसे किसी बात या किसी वस्तु की अपेक्षा न हो; जिसे किसी बात की इच्छा न हो; आशा, तृष्णा से मुक्त 2. जिसे अपने अर्थ का बोध कराने के लिए किसी दूसरे पद या वाक्य की आवश्यकता न हो 3. जो किसी पर आश्रित न हो 4. तटस्थ।

निरपेक्षता (सं.) [सं-स्त्री.] 1. तटस्थता 2. अपेक्षा, लगाव या राग का अभाव; कामना का अभाव।

निरपेक्षित (सं.) [वि.] 1. जिसकी अपेक्षा न की गई हो 2. जिससे कोई लगाव या संपर्क न रखा गया हो।

निरबंसिया (सं.) [वि.] 1. संतान न होने के कारण जिसका वंश आगे न चलने वाला हो; निर्वंश 2. संतानहीन।

निरभिमान (सं.) [वि.] 1. जिसमें अभिमान, घमंड या अहंकार न हो 2. अहंकार से मुक्त 3. विनम्र और सरल।

निरभिलाष (सं.) [वि.] जिसे किसी वस्तु की चाह, इच्छा या आकांक्षा न हो; निरीह; निराकांक्ष।

निरभ्र (सं.) [वि.] 1. जिसमें बादल न हों (आकाश); बादल या मेघरहित 2. स्वच्छ (आकाश)।

निरमसोर [सं-पु.] एक जड़ी, जिससे अफ़ीम का मादक प्रभाव दूर हो जाता है।

निरय (सं.) [सं-पु.] नरक; जहन्नुम; दोज़ख़।

निरयण (सं.) [सं-पु.] (भारतीय ज्योतिष) काल-गणना और पंचांग बनाने की (सायण से भिन्न) वह विधि जो अयन अर्थात राशि-चक्र की गति पर अवलंबित या आश्रित नहीं होती, बल्कि जिसमें किसी स्थिर तारे या बिंदु को सूर्य के भ्रमण का आरंभ स्थान माना जाता है। [वि.] (ज्योतिष) जो अयन अर्थात राशि-चक्र की गति पर अवलंबित या आश्रित न हो।

निरर्थक (सं.) [वि.] 1. जिसका कोई अर्थ या मतलब न हो; बेमतलब; अर्थहीन 2. व्यर्थ; बेकार 3. निष्प्रयोजन; निष्फल; बेकाम। [क्रि.वि.] 1. बिना प्रयोजन के; बिना कारण 2. व्यर्थ में।

निरर्थकता (सं.) [सं-स्त्री.] 1. व्यर्थता; अनुपयोगिता 2. अर्थहीनता।

निरलस (सं.) [वि.] जिसमें आलस्य न हो; आलस्य से रहित।

निरवकाश (सं.) [वि.] 1. जिसमें अवकाश या खाली स्थान न हो (भू-खंड) 2. जिसे अवकाश या फ़ुरसत न हो (व्यक्ति)।

निरवधि (सं.) [वि.] 1. स्थान या समय की दृष्टि से जिसकी कोई अवधि या सीमा न हो 2. असीम; अनंत। [क्रि.वि.] निरंतर; लगातार।

निरवलंब (सं.) [वि.] बिना किसी सहारे का; बेसहारा; अवलंबरहित।

निरवसाद (सं.) [वि.] 1. अवसाद से रहित 2. प्रसन्न; हृष्ट।

निरवार [सं-पु.] 1. टालने की क्रिया; टालना या दूर करना 2. बचाव; त्राण 3. छुटकारा।

निरशन (सं.) [वि.] जिसने कुछ खाया-पिया न हो। [सं-पु.] भोजन न करना; उपवास; उपोषण।

निरस [वि.] 1. जिसमें रस न हो; रस से रहित 2. जिससे कोई स्वाद न हो; फीका 3. विरक्त 4. सूखा।

निरसन (सं.) [सं-पु.] 1. दूर करना; हटाना 2. खंडन; 3. निवारण 4. किसी विधि या नियम आदि को साधिकार रद्द करना; निरस्त करना।

निरस्त (सं.) [वि.] 1. जो रद्द या खारिज़ कर दिया गया हो 2. जिसका खंडन किया गया हो 3. दूर हटाया हुआ 4. छोड़ा या त्यागा हुआ।

निरस्त्र (सं.) [वि.] 1. जिसके पास अस्त्र न हो; अस्त्रहीन; बिना हथियार का; निहत्था 2. जिससे अस्त्र छीन या ले लिया गया हो।

निरस्त्रीकरण (सं.) [सं-पु.] 1. अस्त्रों से रहित करना 2. युद्ध या संघर्ष की आशंका दूर करने के उद्देश्य से देशों की सेना या शस्त्रास्त्रों की संख्या घटाना।

निरस्त्रीकृत (सं.) [वि.] जो अस्त्रहीन कर दिया गया हो।

निरहंकार (सं.) [वि.] जिसमें अहंकार या अभिमान की भावना न हो; जो घमंडी न हो।

निरा (सं.) [वि.] 1. जिसमें मिलावट न हो; विशुद्ध 2. अधिक; बहुत 3. सिर्फ़; केवल; एकमात्र 4. निपट; बिल्कुल; एकदम।

निराई [सं-स्त्री.] 1. भूमि निराने या घास-फूस साफ़ करने की क्रिया 2. निराने की उज़रत या मज़दूरी।

निराकरण (सं.) [सं-पु.] 1. निवारण; समाधान 2. दूर करना; हटाना 3. किए हुए प्रश्न या आपत्ति आदि का तर्कपूर्वक खंडन या परिहार करना 4. निर्वासन 5. समाधान करना।

निराकरणीय (सं.) [वि.] जिसका निराकरण संभव हो; निराकरण के योग्य।

निराकांक्ष (सं.) [वि.] जिसमें किसी प्रकार की इच्छा या आकांक्षा न हो; इच्छा रहित; निरपेक्ष; निष्काम।

निराकांक्षा (सं.) [सं-स्त्री.] आकांक्षा अथवा कामना का अभाव; आकांक्षाहीनता।

निराकार (सं.) [वि.] 1. जिसका कोई रूप या आकार न हो; आकार-रहित 2. कुरूप; बेडौल; भद्दा। [सं-पु.] 1. ब्रह्म; ईश्वर 2. आकाश।

निराकुल (सं.) [वि.] जो घबराया न हो; जो विकल या आकुल न हो; शांत; धैर्यवान।

निराकृत (सं.) [वि.] 1. जिसका निराकरण किया जा चुका हो 2. जिसका खंडन हो चुका हो 3. रद्द किया हुआ।

निराकृति (सं.) [वि.] 1. जिसकी कोई आकृति न हो; आकारहीन; निराकार 2. जो स्वाध्याय न करता हो।

निराग (सं.) [वि.] रागहीन; विरक्त।

निराचार (सं.) [वि.] 1. जो आचारहीन हो 2. वह चाल या रीति जिसे समाज से मान्यता न मिली हो।

निराजी [सं-स्त्री.] करघे में, हत्थे और तरौंछी के सिरों को मिलाने वाली लकड़ी।

निराट (सं.) [वि.] 1. बिना किसी मिलावट का; विशुद्ध 2. जिसके साथ कोई न हो; अकेला 3. जहाँ कोई न हो; सुनसान; एकांत।

निराडंबर (सं.) [वि.] आडंबरहीन; जिसमें दिखावा, तड़क-भड़क या ढोंग न हो।

निरातंक (सं.) [वि.] 1. जो आतंकित न हो; भयरहित; निडर 2. जो आतंक उत्पन्न न करे।

निरातप (सं.) [वि.] जो तपता न हो; जो धूप के ताप से सुरक्षित हो; छायादार।

निरातपा (सं.) [वि.] जो तपती न हो; बिना धूप वाली। [सं-स्त्री.] रात; रात्रि।

निरादर (सं.) [सं-पु.] अपमान; तिरस्कार; अनादर; अवज्ञा।

निरादिष्ट (सं.) [वि.] जो पूरी तरह चुका दिया गया हो (कर्ज़)।

निराधार (सं.) [वि.] 1. जिसका कोई आधार या आश्रय न हो (व्यक्ति) 2. जिसकी कोई जड़ या बुनियाद न हो; निर्मूल (बात, आरोप) 3. जिसे अभी तक कोई सहारा न मिला हो; असहाय (व्यक्ति)।

निरानंद (सं.) [सं-पु.] 1. आनंद का अभाव 2. दुख। [वि.] 1. जिसके मन में आनंद या प्रसन्नता न हो 2. जिस कार्य या बात में कोई आनंद न मिल सकता हो।

निराना (सं.) [क्रि-स.] फ़सल को हानि पहुँचाने वाले अपने आप उग आए बेकार घास-पौधों, खरपतवार आदि को खुरपी से खोद कर निकाल फेंकना; गोड़ना; निकालना।

निरापद (सं.) [वि.] आपद या आपत्ति से रहित; सुरक्षित; अहानिकर।

निरामय (सं.) [वि.] 1. जिसे कोई रोग न हो; निरोग; स्वस्थ 2. निर्मल 3. सकुशल।

निरामिष (सं.) [वि.] 1. जो मांस न खाता हो; शाकाहारी (व्यक्ति) 2. जिसमें मांस न मिला हो (वस्तु)।

निरायत (सं.) [वि.] जो फैलाया या बढ़ाया हुआ न हो; सिमटा हुआ।

निरायास (सं.) [वि.] 1. बिना मेहनत या कोशिश से होने वाला 2. सरल; सहज; आसान। [क्रि.वि.] अनायास; बिना मेहनत किए।

निरायुध (सं.) [वि.] जिसके पास हथियार न हो; शस्त्रहीन; निरस्त्र; निहत्था।

निराल [वि.] जिसमें किसी तरह का मेल या मिलावट न हो; ख़ालिस; विशुद्ध।

निरालंब (सं.) [वि.] 1. जिसका कोई आलंब या सहारा न हो; आश्रयहीन 2. जिसे कोई सहायता देने वाला न हो; असहाय।

निरालंबा (सं.) [सं-स्त्री.] एक सुगंधित वनस्पति; छोटी जटामासी।

निरालस्य (सं.) [सं-पु.] आलस्य का अभाव। [वि.] जिसमें आलस्य न हो; आलस्यरहित; फुरतीला; चुस्त-चौकस।

निराला (सं.) [वि.] 1. जो अपनी संरचना, स्वरूप एवं विशिष्टताओं आदि के कारण औरों से भिन्न हो; विलक्षण; अनूठा 2. जिसके समान कोई दूसरा न हो; अद्वितीय; अनुपम 3. जहाँ कोई मानवीय बस्ती न हो; निर्जन। [सं-पु.] एकांत और निर्जन स्थल।

निरालोक (सं.) [वि.] प्रकाशरहित; आलोकहीन; अंधकारपूर्ण।

निरावरण (सं.) [वि.] जिसपर कोई आवरण या परदा न हो; आवरणरहित; खुला हुआ; नग्न। [सं-पु.] 1. आगे या सामने का परदा हटाने की क्रिया या भाव 2. अनावरण।

निरावृत (सं.) [वि.] जिसपर से आवरण हटाया गया हो; जो ढका न हो; खुला हुआ।

निराश (सं.) [वि.] जिसे आशा न हो; आशाहीन; जिसे कोई उम्मीद न हो; नाउम्मीद; हताश।

निराशा (सं.) [सं-स्त्री.] 1. आशा का अभाव 2. उम्मीद पूरी न होने से होने वाला दुख 3. हताशा।

निराशावाद (सं.) [सं-पु.] 1. संसार को दुखमय मानने तथा प्रत्येक वस्तु को निराशाजनक दृष्टिकोण से देखने की वृत्ति 2. प्रत्येक बात का बुरा पक्ष देखने का स्वभाव 3. हतोत्साहित रहने का स्वभाव।

निराशावादी (सं.) [सं-पु.] निराश और हतोत्साहित रहने वाला व्यक्ति। [वि.] निराशावाद से संबद्ध।

निराश्रय (सं.) [वि.] जिसे कोई आश्रय न मिल रहा हो; आश्रयहीन; बेसहारा; निरवलंब।

निराश्रित (सं.) [वि.] 1. जो किसी पर आश्रित न हो; स्वावलंबी 2. जिसे कहीं आश्रय न मिलता हो; अनाश्रित; आश्रयहीन; निराश्रय 3. जिसका कोई सहारा न हो; बेसहारा; निरवलंब।

निरासन (सं.) [वि.] आसनरहित।

निरास्वाद (सं.) [वि.] जिसमें कोई स्वाद न हो; स्वाद-रहित; बेस्वाद; अस्वादिष्ट; बेमज़ा।

निराहार (सं.) [सं-पु.] 1. भोजन न करने की अवस्था; अनाहार; लंघन 2. उपवास; व्रत। [वि.] 1. बिना आहार किए हुए; भूखा 2. (अनुष्ठान) जिसमें भोजन न किया जाता हो।

निरिंग (सं.) [वि.] निश्चल; अचल।

निरिंद्रिय (सं.) [वि.] 1. इंद्रियहीन 2. जिसकी इंद्रियाँ ठीक ढंग से कार्य न करती हों; कमज़ोर।

निरीक्षक (सं.) [सं-पु.] 1. देखने वाला; निरीक्षण करने वाला; जाँच-पड़ताल करने वाला अधिकारी 2. परीक्षा में विद्यार्थियों पर निगरानी रखने वाला अधिकारी 3. दारोगा; (इंस्पेक्टर)।

निरीक्षण (सं.) [सं-पु.] 1. गौर से देखना 2. इस बात का मुआइना करना कि कार्य सुचारु रूप से चल रहा है या नहीं; जाँच 3. देखने की मुद्रा 4. नेत्र।

निरीक्षा (सं.) [सं-स्त्री.] 1. देखना; दर्शन 2. देखरेख करना 3. निरीक्षण।

निरीक्षित (सं.) [वि.] 1. जिसका निरीक्षण हो चुका हो 2. देखाभाला; देखा हुआ।

निरीक्ष्य (सं.) [वि.] 1. जो देखा जा सके या दिखाई दे सके 2. जो निरीक्षण के योग्य हो 3. जिसका निरीक्षण किया जाना हो।

निरीश (सं.) [वि.] 1. जिसका कोई ईश या स्वामी न हो 2. जो ईश्वर को न मानता हो; नास्तिक; निरीश्वरवादी। [सं-पु.] हल का फाल।

निरीश्वर (सं.) [वि.] 1. वह मत या सिद्धांत जो ईश्वर के अस्तित्व को न मानता हो 2. वह व्यक्ति जो ईश्वर के अस्तित्व को न मानता हो; नास्तिक।

निरीश्वरवाद (सं.) [सं-पु.] ईश्वर के अस्तित्व को नकारने वाला सिद्धांत।

निरीश्वरवादी (सं.) [वि.] अनीश्वरवाद का अनुयायी; जिसे ईश्वर के अस्तित्व में विश्वास न हो।

निरीह (सं.) [वि.] 1. सीधा-सादा; निर्दोष; बेचारा 2. उदासीन; निरपेक्ष; विरक्त 3. चुपचाप पड़ा रहने वाला 4. वासनारहित; जिसे किसी तरह की इच्छा या चाह न हो।

निरीहता (सं.) [सं-स्त्री.] 1. निरीह होने की अवस्था या भाव 2. जिसके पास कोई उपाय न हो; निरुपाय 3. इच्छा या कामना के अभाव की स्थिति।

निरुक्त (सं.) [सं-पु.] छह वेदांगों में से एक जिसमें मुख्यतः वेदों में आए हुए शब्दों की व्युत्पत्ति का विवेचन है, इसका जनक यास्क को माना जाता है। [वि.] 1. निश्चित और स्पष्ट रूप से समझाया या कहा गया; निर्वचन किया हुआ 2. नियोग में प्रवृत्त किया हुआ।

निरुक्ति (सं.) [सं-स्त्री.] 1. निरुक्त होने की अवस्था या भाव 2. शब्दनिर्माण में प्रयुक्त अवयवों एवं उनमें होने वाले विकार की विवेचना करने वाला शास्त्र या विद्या 3. एक काव्यालंकार जिसमें किसी नाम के प्रचलित अर्थ को छोड़कर कोई विलक्षण व्युत्पत्तिपरक अर्थ निकालकर उक्ति में चमत्कार उत्पन्न किया जाता हो।

निरुत्तर (सं.) [वि.] 1. जिसके पास कोई उत्तर न हो; जो उत्तर देने में असमर्थ हो; मौन 2. जिसका उत्तर न दिया गया हो (प्रश्न)।

निरुत्साह (सं.) [वि.] 1. जिसमें उत्साह न हो; उत्साहरहित 2. जिसका उत्साह समास हो चुका हो; उत्साहहीन।

निरुत्साहित (सं.) [वि.] 1. जिसका उत्साह नष्ट हो गया हो 2. हताश; निराश।

निरुदक (सं.) [वि.] बिना जल का; जलरहित; जिसमें या जहाँ जल न हो।

निरुदन (सं.) [सं-पु.] रासायनिक तत्व अथवा वनस्पतियों में से जल या उसका अंश निकालना; निर्जलीकरण।

निरुद्देश्य (सं.) [वि.] जिसका कोई उद्देश्य न हो; उद्देश्यरहित। [क्रि.वि.] बिना किसी उद्देश्य के।

निरुद्ध (सं.) [वि.] 1. जिसका निरोध किया गया हो; रोका या रुका हुआ 2. रुँधा या बंधन में पड़ा हुआ 3. चित्त की पाँच भूमियों में से एक।

निरुद्यम (सं.) [वि.] 1. जो उद्यम या उद्योग न करता हो; आलसी 2. जिसके पास कोई उद्यम या उद्योग न हो; निकम्मा; बेकार।

निरुद्वेग (सं.) [वि.] 1. जिसमें उद्वेग या व्याकुलता न हो 2. धीर; शांत 3. उत्तेजना और क्षोभ से रहित 4. निश्चिंत।

निरुपपत्ति (सं.) [वि.] 1. जिसकी कोई उपपत्ति न हो; तर्कहीन; मुक्तिरहित 2. जो उपयुक्त या युक्त न हो।

निरुपम (सं.) [वि.] जिसकी कोई उपमा न हों; अतुलनीय; बेजोड़।

निरुपमा (सं.) [सं-स्त्री.] 1. गायत्री का एक नाम 2. अनुपमा।

निरुपयुक्तता (सं.) [सं-स्त्री.] 1. उपयुक्त न होने का भाव 2. महत्वहीनता 3. निरर्थकता।

निरुपयोग (सं.) [वि.] जिसका कोई उपयोग न हो या जो अभी तक उपयोग में न लाया गया हो।

निरुपयोगी (सं.) [वि.] जो उपयोग में न आ सके; अनुपयोगी; व्यर्थ।

निरुपाधि (सं.) [वि.] 1. जो उपद्रव न करता हो; धीर; शांत 2. जिसमें बंधन; बाधा या विघ्न न हो 3. मोह, माया आदि से रहित।

निरुपाधिक (सं.) [वि.] दे. निरुपाधि।

निरुपाय (सं.) [वि.] 1. जिसके पास कोई उपाय न हो; जो कोई उपाय करने में असमर्थ हो; लाचार 2. जिसका कोई उपाय न हो।

निरुपेक्ष (सं.) [वि.] 1. जो उपेक्षा न करे; उपेक्षा रहित 2. छलहीन।

निरूढ़ (सं.) [वि.] 1. उत्पन्न 2. विख्यात; प्रसिद्ध; जिसका अधिक व्यवहार होता हो 3. (शब्द का प्रचलित अर्थ) जो उसके व्युत्पत्तिक अर्थ से भिन्न हो तथा समाज द्वारा स्वीकृत हो 4. अविवाहित; कुँआरा।

निरूढ़लक्षणा (सं.) [सं-स्त्री.] (काव्यशास्त्र) लक्षणा नामक शब्द शक्ति का एक भेद जिसमें किसी शब्द का उसके व्युत्पत्तिक अर्थ से भिन्न होकर प्रचलित और रूढ़ हो जाता है।

निरूप (सं.) [वि.] 1. जिसका कोई रूप न हो 2. कुरूप; बदशकल। [सं-पु.] 1. वायु 2. देवता 3. आकाश।

निरूपक (सं.) [वि.] किसी विषय या विचार का निरूपण (प्रतिपादन) करने वाला; प्रवर्तन (स्थापन) करने वाला।

निरूपण (सं.) [सं-पु.] 1. सोच-समझकर किसी विषय या वस्तु का विवेचन करना 2. मौखिक रूप से अपना मत दूसरों के सम्मुख रखना।

निरूपम (सं.) [वि.] दे. निरुपम।

निरूपित (सं.) [वि.] जिसका निरूपण हो चुका हो।

निरूपिति (सं.) [सं-स्त्री.] निरूपण; व्याख्या।

निरूप्य (सं.) [वि.] 1. निरूपण करने योग्य 2. जिसका निरूपण किया जाए।

निरेभ (सं.) [वि.] शब्दहीन; निःशब्द; मौन।

निरोग (सं.) [वि.] (व्यक्ति) जिसे कोई रोग न हो; स्वस्थ।

निरोगी (सं.) [सं-पु.] 1. वह व्यक्ति जिसे कोई रोग न हो; स्वस्थ 2. वह जिसमें कोई दोष या विकार आदि न हों। [वि.] रोगहीन; रोगमुक्त।

निरोठा [वि.] कुरूप; बदसूरत।

निरोध (सं.) [सं-पु.] 1. रोकने की क्रिया, अवस्था या भाव 2. रोक; रुकावट; प्रतिबंध; अवरोध 3. चित्त की वह अवस्था जिसमें समस्त वृत्तियों और संस्कारों का लय हो जाता है 4. किसी संदिग्ध या उपद्रवी व्यक्ति को उपद्रव से रोकने हेतु अभिरक्षा में रखना; (डिटेंशन) 5. परिवार नियोजन के लिए इस्तेमाल में लाया जाने वाला रबर का एक उपकरण; (कंडोम)।

निरोधक (सं.) [वि.] निरोध करने वाला; रोकने वाला।

निरोधन (सं.) [सं-पु.] 1. निरोध करने की क्रिया या भाव; बंधक या रोक में रखना 2. रोक; रुकावट 3. वैद्यक या आयुर्वेद में पारा का शोधन करते समय किया जाने वाला एक संस्कार।

निरोधी (सं.) [वि.] दे. निरोधक।

निर्ख (फ़ा.) [सं-पु.] वह मूल्य जिसपर कोई वस्तुविशेष बिकती हो; भाव; दर।

निर्खनामा (फ़ा.) [सं-पु.] मध्ययुग (मुसलिम शासनकाल) में प्रचलित वह सूची जिसमें वस्तुओं के भाव लिखे होते थे; मूल्य सूची।

निर्गंध (सं.) [वि.] जिसमें किसी प्रकार की गंध न हो; गंधहीन।

निर्गत (सं.) [वि.] 1. निकला हुआ; निःसृत; निष्क्रांत; बाहर गया हुआ 2. हटाया हुआ।

निर्गम (सं.) [सं-पु.] 1. बाहर निकलने की क्रिया या भाव; निकासी 2. वह मार्ग जिससे कोई वस्तु बाहर निकलती हो; निकास 3. किसी देश की मुद्रा या बौद्धिक संपदा का अधिक मात्रा में बाहर जाना; (ड्रेन)।

निर्गमण (सं.) [सं-पु.] 1. बाहर जाना; बाहर करना 2. प्रचलन में लाया जाना।

निर्गुण (सं.) [सं-पु.] 1. निर्गुण या निराकार ब्रह्म 2. त्रिगुण से रहित परमात्मा। [वि.] 1. जिसका कोई रूप, गुण या आकार न हो; निराकार 2. जिसमें सत, रज और तम नामक गुण न हों; त्रिगुणातीत।

निर्गुणिया (सं.) [वि.] निर्गुण-ब्रह्म की उपासना करने वाला।

निर्ग्रंथ (सं.) [सं-पु.] 1. वह जो किसी धार्मिक ग्रंथ का अनुयायी न हो 2. जो व्यक्ति समस्त बंधनों और ग्रंथियों से मुक्त हो 3. बौद्ध भिक्षु या क्षपणक। [वि.] ग्रंथ से संबंध न रखने वाला; ग्रंथ रहित; दिगंबर।

निर्घात (सं.) [सं-पु.] 1. तेज़ हवा के चलने से उत्पन्न शब्द 2. तूफ़ान 3. ध्वंस; नाश 4. आघात; प्रहार 5. वज्राघात 6. भूकंप 7. उपद्रव; उत्पात।

निर्घोष (सं.) [वि.] 1. निडर 2. वीरता के साथ 3. गर्जन 4. शब्द रहित। [सं-पु.] शब्द; आवाज।

निर्जन (सं.) [सं-पु.] 1. वह स्थान जहाँ कोई व्यक्ति न हो; गैर-आबाद ज़मीन 2. रेगिस्तान; मरुभूमि। [वि.] 1. सुनसान; एकांत; जहाँ कोई व्यक्ति न हो; जनशून्य 2. उजड़ा हुआ या गैर-आबाद।

निर्जर (सं.) [वि.] जरा अर्थात वृद्धावस्था से रहित; जो कभी बुड्ढा न हो; सदैव युवा बना रहने वाला।

निर्जल (सं.) [वि.] 1. जिसमें जल बिलकुल न हो; जलरहित 2. जिसमें जल तक पीने का विधान न हो (व्रत) 3. जिसने जल न पिया हो 4. वह क्रिया या प्रयोग जिसमें जल की अपेक्षा न होती हो, बल्कि उसका काम रासायनिक पदार्थों से किया जाता हो।

निर्जला (सं.) [वि.] 1. जहाँ जल का अभाव हो 2. जिसमें जल पीना निषिद्ध हो (व्रत), जैसे- निर्जला एकादशी।

निर्जलीकरण (सं.) [सं-पु.] 1. शरीर से अत्यधिक मात्रा में तरल पदार्थ (जल) समाप्त हो जाना जलह्रास 2. शरीर या वनस्पति आदि में जलह्रास होना 3. रासायनिक प्रक्रिया से वनस्पति आदि से जल निकाल लेना।

निर्जलीय (सं.) [वि.] बिना जल का; निर्जला (बिना पानी पिए उपवास आदि)।

निर्जित (सं.) [वि.] पूरी तरह से जीत लिया गया; पूर्णतः विजित।

निर्जीव (सं.) [वि.] 1. जिसमें प्राण या जान न हो; बेजान 2. जीवनरहित; जड़; अचेतन 3. मरा हुआ; मृत 4. मुरदों का-सा; अशक्त 5. उत्साहहीन। {ला-अ.} जिसमें रोचकता या सजीवता न हो; नीरस।

निर्झर (सं.) [सं-पु.] पानी का झरना; जल-प्रपात।

निर्झरिणी (सं.) [सं-स्त्री.] 1. सोता; झरना 2. पहाड़ी नदी; झरने के जल से बहने वाली नदी।

निर्णय (सं.) [सं-पु.] 1. किसी सिद्धांत, विषय, बात आदि के पक्ष-विपक्ष की सभी बातों का विचार करके उसके विषय में अपने मत को निश्चित करने की अवस्था 2. किसी विवाद के विषय में अपना मत स्थिर करना; फ़ैसला 3. फ़ैसले का लिखित रूप 4. निपटारा 5. मत; निष्कर्ष 6. संकल्प; निश्चय; (डिसीज़न)।

निर्णयन (सं.) [सं-पु.] 1. निर्णय करने की क्रिया या भाव 2. निश्चय करना; निपटारा करना।

निर्णयात्मक (सं.) [वि.] 1. निर्णय के रूप में होने वाला 2. जिसकी परिणति निर्णय के रूप में हो।

निर्णयात्मकता (सं.) [सं-स्त्री.] निर्णय तक पहुँचने की क्षमता।

निर्णयाधीन (सं.) [सं-पु.] 1. वह मुकदमा जिसपर अभी निर्णय न किया गया हो; निर्णय के अधीन मुकदमा 2. वह आवेदन, जिसपर अब तक निर्णय न किया गया हो।

निर्णयोपमा (सं.) [सं-स्त्री.] (काव्यशास्त्र) अर्थालंकार का एक प्रकार जिसमें उपमेय और उपमान के गुण-दोषों का विवेचन करते हुए कुछ निष्कर्ष निकाला जाता है।

निर्णायक (सं.) [सं-पु.] 1. किसी विवाद का निर्णय करने वाला व्यक्ति 2. किसी प्रतियोगिता के नियमों के अनुसार संचालन करने वाला वह व्यक्ति, जिसका निर्णय अंतिम होता है; (जज, रेफ़री या अंपायर)। [वि.] 1. निर्णय करने वाला 2. विषय या विवाद के निर्णय में महत्वपूर्ण (तत्व) 3. जो फ़ैसला करे 4. अंतिम।

निर्णीत (सं.) [वि.] 1. जिसके विषय में फ़ैसला किया जा चुका हो 2. निपटाया हुआ 3. जिसमें हार-जीत का फ़ैसला हो चुका हो (खेल, प्रतियोगिता, विवाद आदि में)।

निर्णेता (सं.) [वि.] निर्णायक।

निर्दंभ (सं.) [वि.] जिसे किसी प्रकार का दंभ या अहंकार न हो; अहंकार-रहित।

निर्दय (सं.) [वि.] 1. जिसके मन में दया न हो; दयाहीन; निष्ठुर; क्रूर; बेरहम 2. अपने अत्याचारपूर्ण कृत्य से दूसरों को सताने वाला।

निर्दयता (सं.) [सं-स्त्री.] 1. निर्दय होने का भाव या अवस्था 2. क्रूरता; बेरहमी 3. निष्ठुरता।

निर्दयतापूर्ण (सं.) [वि.] क्रूरता के साथ; बेरहमी से भरा हुआ।

निर्दर (सं.) [सं-पु.] 1. गुहा; गुफा; कंदरा 2. निर्झर। [वि.] 1. कठोर; कठिन; कष्टदायक 2. निर्दय।

निर्दल (सं.) [वि.] 1. जिसमें दल या पत्र (पत्ता) न हो 2. जो किसी दल में न हो; तटस्थ; दलरहित; स्वतंत्र; निर्दलीय।

निर्दलीय (सं.) [वि.] 1. जो किसी भी दल का सदस्य न हो; स्वतंत्र 2. दल-विशेष से अलग।

निर्दाता (सं.) [सं-पु.] 1. खेत में निराई का काम करने वाला व्यक्ति 2. किसान; कृषक 3. कटाई का काम करने वाला; काटने वाला 4. दाता।

निर्दिष्ट (सं.) [वि.] 1. जिसका निर्देश हुआ हो; कहा हुआ; वर्णित; बतलाया हुआ 2. विशेष रूप से तय किया हुआ; निश्चित किया हुआ 3. किसी को दिया; सौंपा या सहेजा हुआ 4. जिसके लिए कोई व्यवस्था की गई हो 5. निर्देशित; संकेतिक।

निर्दूषण (सं.) [वि.] जिसमें कोई दोष या कमी न हो; निर्दोष।

निर्देश (सं.) [सं-पु.] 1. समझाना; बतलाना; हिदायत 2. किसी कार्य का स्वरूप, प्रकार या विधि समझाना 3. आदेश; आज्ञा; हुकुम।

निर्देशक (सं.) [सं-पु.] वह व्यक्ति जो नाटक या सिनेमा में पात्रों की वेश-भूषा, भूमिका, आचरण तथा दृश्यों के स्वरूप आदि को निश्चित करता है और उसी के अनुरूप नाटक या फ़िल्म का सृजन करता है; (डायरेक्टर)। [वि.] वह जो किसी प्रकार का निर्देश करता या बतलाता हो।

निर्देशन (सं.) [सं-पु.] 1. निर्देश करने की क्रिया या भाव; निर्देश देना 2. किसी कार्य के संपादन की विधि बतलाना 3. फ़िल्म उद्योग में निर्देशक द्वारा किए जाने वाले सभी कार्य।

निर्देशांक (सं.) [सं-पु.] मुद्रा के मूल्य में किन्हीं दो समय के बीच होने वाले परिवर्तनों को मापने की विशेष विधि।

निर्देशिका (सं.) [सं-स्त्री.] 1. वह पुस्तक जिसमें किसी विशेष व्यापार, विभाग आदि की जानने योग्य बातें और उनसे संबंध रखने वाले लोगों के नाम, पते आदि रहते हैं 2. किसी विषय में निर्देश हेतु लिखी गई पुस्तिका; निर्देश-ग्रंथ।

निर्देशित (सं.) [वि.] जिसका निर्देश या निर्देशन हुआ हो; निर्दिष्ट।

निर्दोष (सं.) [वि.] 1. जिसमें कोई दोष या अवगुण न हो; दोष रहित 2. जिसने कोई अपराध न किया हो; निरपराध; बेकसूर 3. निष्कलंक।

निर्दोषिता (सं.) [सं-स्त्री.] निर्दोष होने की स्थिति या भाव।

निर्द्वंद्व (सं.) [वि.] 1. जो द्वंद्व मुक्त हो; द्वंद्वहीन 2. जिसका कोई प्रतिद्वंद्वी या विरोधी न हो 3. सुख-दुख राग-द्वेष से रहित। [क्रि.वि.] 1. बिना किसी बाधा के 2. बिलकुल मनमाने तरीके से 3. स्वच्छंदतापूर्वक।

निर्धन (सं.) [वि.] जिसके पास धन न हो; धनहीन; दरिद्र; गरीब।

निर्धनता (सं.) [सं-स्त्री.] 1. गरीबी; दरिद्रता; धनहीनता 2. समाज में सामान्य जीवन स्तर से निम्न आर्थिक जीवन स्तर।

निर्धार (सं.) [सं-पु.] 1. (न्याय दर्शन) सजातीय गुण-धर्म वाली एकाधिक वस्तुओं में से एक वस्तु को छाँटना; चुनना 2. निर्धारण; ठहराना; निश्चित करना 3. वस्तुओं के मूल्य आदि के आकलन के बाद उन पर लगने वाले कर तय करना।

निर्धारक (सं.) [वि.] वह जो किसी बात का निर्धारण या निश्चय करता हो; निर्धारण करने वाला।

निर्धारण (सं.) [सं-पु.] 1. निश्चित करना; तय करना 2. वस्तुओं के मूल्य आदि के आकलन के बाद उन पर लगने वाले कर तय करना; नियत करना 3. निर्णय।

निर्धारित (सं.) [वि.] 1. जिसका निर्धारण हो चुका हो 2. निश्चित किया हुआ या ठहराया हुआ 3. जिसका विधान किया जा चुका हो; विहित 4. जिसका मूल्य निश्चित किया जा चुका हो 5. जिसकी आय तथा व्यय को आँका जा चुका हो।

निर्धार्य (सं.) [वि.] 1. जिसका निर्धारण किया जा सके; निर्धारण योग्य 2. उत्साही 3. पक्का; दृढ़; मज़बूत।

निर्धूत (सं.) [सं-पु.] संबंधियों आदि द्वारा परित्यक्त व्यक्ति [वि.] 1. निकाला हुआ; निष्कासित 2. त्यागा हुआ; त्यक्त 3. नष्ट किया हुआ 4. धोया हुआ; धौत; स्वच्छ; साफ़।

निर्धूम (सं.) [वि.] जहाँ धुआँ न हो; धुएँ से रहित।

निर्निमित्त (सं.) [वि.] जिसका कोई निमित्त या कारण न हो; अकारण। [अव्य.] बिना किसी निमित्त या कारण के।

निर्निमेष (सं.) [वि.] 1. जिसकी पलक न गिरे 2. स्थिरदृष्टि। [क्रि.वि.] 1. एकटक 2. बिना पलक झपकाए 3. टकटकी लगाकर।

निर्प्रश्नीय (सं.) [वि.] जिसके संबंध में कोई प्रश्न न किया जा सके; अपवाद-रहित।

निर्बंध (सं.) [सं-पु.] 1. रोक; रुकावट; अड़चन; बाधा 2. आग्रह 3. हठ; ज़िद। [वि.] बंधनहीन; बंधनरहित।

निर्बल (सं.) [वि.] जिसमें बल या शक्ति न हो; बलहीन; शक्तिहीन; कमज़ोर; दुर्बल।

निर्बलता (सं.) [सं-स्त्री.] 1. निर्बल होने की अवस्था 2. कमज़ोरी; दुर्बलता; अशक्ति 3. {ला-अ.} विवशता।

निर्बाध (सं.) [वि.] 1. जिसमें किसी प्रकार की बाधा या रुकावट न हो; बाधारहित; प्रतिबंधरहित 2. मुक्त 3. जिसमें कोई उपद्रव न हो। [क्रि.वि.] 1. बिना किसी बंधन या बाधा के 2. लगातार 3. निरंतर।

निर्बाधा (सं.) [वि.] जिसमें कोई बाधा न हो या न लगाई गई हो; बाधाहीन। [अव्य.] 1. बिना किसी बाधा के 2. निरंतर; लगातार।

निर्बाधित (सं.) [वि.] जिसमें कोई बाधा या रुकावट न हो; बाधारहित। [क्रि.वि.] बिना किसी बाधा के।

निर्बुद्धि (सं.) [वि.] जिसमें बुद्धि न हो; बुद्धिहीन; मूर्ख; बेवकूफ़।

निर्बोध (सं.) [वि.] जिसे बोध या ज्ञान न हो; अबोध; अज्ञानी; अनजान; नासमझ।

निर्भय (सं.) [वि.] जिसे किसी से भय न हो; भयमुक्त; निडर।

निर्भयता (सं.) [सं-स्त्री.] निर्भय होने की अवस्था या भाव; निर्भीकता; निडरता।

निर्भर (सं.) [वि.] किसी के आश्रय पर ठहरा हुआ; आश्रित; अवलंबित।

निर्भरता (सं.) [सं-स्त्री.] किसी पर आश्रित या निर्भर होने की स्थिति या भाव।

निर्भाग्य (सं.) [सं-पु.] दुर्भाग्य। [वि.] अभागा।

निर्भिन्न (सं.) [वि.] 1. छिदा हुआ 2. फाड़ा हुआ 3. जो प्रकट हो गया हो; द्घाटित।

निर्भीक (सं.) [वि.] जो बिना डरे या बिना किसी दबाव में आए बहादुरी से काम करता हो; भय-रहित; निडर; साहसी।

निर्भीकता (सं.) [सं-स्त्री.] 1. निर्भीक होने की अवस्था या भाव 2. निडरता; बहादुरी; भयहीनता 3. निरापद होने का भाव।

निर्भूति (सं.) [सं-स्त्री.] अंतर्धान होना; ओझल या लुप्त होना।

निर्भ्रम (सं.) [वि.] भ्रम-रहित; आशंका-रहित।

निर्भ्रांत (सं.) [वि.] 1. जिसमें कोई संदेह या भ्रम न हो; भ्रमरहित 2. जो संदेह उत्पन्न न करे; सुनिश्चित; स्पष्ट।

निर्मक्षिक (सं.) [वि.] 1. जहाँ एक मक्खी तक न हो; निर्जन; एकांत 2. जहाँ कोई विघ्न-बाधा न हो; निर्विघ्न।

निर्मत्सर (सं.) [वि.] जिसके मन में कोई मत्सर या ईर्ष्या न हो।

निर्मम (सं.) [वि.] 1. जिसमें दयाभाव न हो; ममतारहित; निर्दयी 2. जिसे मोह न हो; निर्मोही 3. क्रूर; निष्ठुर 4. कठोर; हृदयहीन।

निर्ममता (सं.) [सं-स्त्री.] 1. निर्मम होने की अवस्था या ममता का अभाव 2. निष्ठुरता; निर्दयता; क्रूरता; कठोरता; हृदयहीनता।

निर्ममत्व (सं.) [वि.] बिना ममत्ववाला; ममत्वहीन।

निर्मर्याद (सं.) [वि.] जिसने मर्यादा का उल्लंघन किया हो; उद्दंड; अशिष्ट।

निर्मल (सं.) [वि.] 1. जिसमें मैल या मलीनता न हो; स्वच्छ; साफ़ 2. जिसमें किसी प्रकार का दोष न हो; शुद्ध; निर्दोष; पवित्र; पापरहित 3. निष्कलंक; अकलुष 4. निष्कपट; दुर्भावरहित। [सं-पु.] सिक्खों से संबंधित एक संप्रदाय या पंथ।

निर्मलता (सं.) [सं-स्त्री.] निर्मल होने की अवस्था या भाव।

निर्मली (सं.) [सं-स्त्री.] 1. मझोले आकार का सदाबहार पेड़ जिसकी लकड़ी इमारत और खेती के औज़ार बनाने के काम आती है 2. रीठे का वृक्ष और उसका फल।

निर्मलीकरण (सं.) [सं-पु.] निर्मल या स्वच्छ करने की क्रिया।

निर्मलोपल (सं.) [सं-पु.] एक रंगहीन, पारदर्शी, निर्मल और शीत प्रभाव वाला उपरत्न; शिवप्रिय; कांचमणि; स्फटिक।

निर्माण (सं.) [सं-पु.] 1. बनाने या गढ़ने की क्रिया या अवस्था; रचना; सृजन 2. किसी वस्तु को बनाने का काम 3. वह वस्तु जो बनकर तैयार हुई हो, जैसे- मकान; पलंग आदि 4. अस्तित्व में लाना; सृष्टि; प्रणयन।

निर्माणकर्ता (सं.) [सं-पु.] निर्माता। [वि.] निर्माण करने वाला।

निर्माणाधीन (सं.) [वि.] जो निर्माण के अधीन हो; जिसके निर्माण का कार्य चल रहा हो।

निर्माता (सं.) [वि.] 1. निर्माण करने वाला 2. बनाने वाला; रचयिता 3. उत्पन्न करने वाला; सर्जक; स्रष्टा।

निर्मात्रिक (सं.) [वि.] जिसमें मात्रा न हो; बिना मात्रा का; मात्रारहित।

निर्मायक (सं.) [वि.] निर्माण करने वाला; बनाने वाला; निर्माता।

निर्माल्य (सं.) [सं-पु.] 1. किसी देवता पर चढ़े या चढ़ाए हुए पदार्थ 2. निर्मलता। [वि.] निर्मल; शुद्ध।

निर्मित (सं.) [वि.] 1. जिसका निर्माण हुआ हो 2. बनाया या रचा हुआ; रचित। [सं-स्त्री.] 1. बनाने या निर्माण करने की क्रिया या अवस्था 2. रचना; बनावट 3. उत्पत्ति 4. रचित वस्तु; कृति।

निर्मिति (सं.) [सं-स्त्री.] 1. निर्माण करना; बनाना 2. निर्मित वस्तु।

निर्मूल (सं.) [वि.] 1. बिना मूल या जड़ का; मूलरहित; बेबुनियाद 2. जिसका कोई आधार न हो; निराधार 3. जो पूरी तरह नष्ट हो चुका हो; जिसका नामोनिशान मिट चुका हो; विनष्ट।

निर्मूलन (सं.) [सं-पु.] 1. निर्मूल करने की क्रिया या भाव; समूल नष्ट करना 2. विनाश; उन्मूलन।

निर्मेघ (सं.) [वि.] बादल विहीन; निरभ्र।

निर्मोक (सं.) [सं-पु.] 1. शरीर की त्वचा 2. साँप का केंचुल 3. त्यागने की क्रिया 4. आकाश।

निर्मोचन (सं.) [सं-पु.] छुटकारा; मुक्ति।

निर्मोह (सं.) [वि.] 1. जिसमें मोह न हो; मोह-रहित 2. निर्मोही।

निर्मोही (सं.) [वि.] 1. जिसे मोह न हो; जिसमें अपनापन न हो 2. निष्ठुर; ममतारहित; बेदर्दी 3. किसी के प्रति स्नेह न रखने वाला।

निर्याण (सं.) [सं-पु.] 1. प्राण निकलना 2. सेना का रणक्षेत्र के लिए प्रस्थान; कूच 3. मोक्ष; मुक्ति।

निर्यात (सं.) [सं-पु.] कच्चा या निर्मित माल के देश से बाहर भेजने की क्रिया; माल बाहर भेजना।

निर्यात-कर (सं.) [सं-पु.] देश से बाहर भेजे जाने वाले माल पर लगाया जाने वाला कर।

निर्यातक (सं.) [सं-पु.] निर्यात करने वाला व्यक्ति; बिक्री हेतु माल देश से बाहर भेजने वाला व्यक्ति।

निर्यातन (सं.) [सं-पु.] 1. निर्यात करना 2. कष्ट देना; अत्याचार करना; सताना 3. मार डालना।

निर्यास (सं.) [सं-पु.] 1. वृक्षों या पौधों में से निकलने वाला रस या गोंद 2. किसी वस्तु में से निकलने वाला तरल पदार्थ या रस।

निर्यूह (सं.) [सं-पु.] 1. सिर पर धारण किया जाने वाला आभूषण; शिरोभूषण 2. द्वार; दरवाज़ा 3. खूँटी 4. काढ़ा।

निर्लक्ष्य (सं.) [क्रि.वि.] जिसका कोई लक्ष्य न हो; लक्ष्यहीन; बिना लक्ष्य के।

निर्लज्ज (सं.) [वि.] 1. जिसे किसी बात में लज्जा न आती हो;

बेशरम; लज्जाहीन; बेहया 2. (कार्य) जो बेशरम होकर किया गया हो 3. नग्न 4. उजड्ड।

निर्लज्जता (सं.) [सं-स्त्री.] निर्लज्ज होने की अवस्था; लज्जाहीनता; बेशरमी; बेहयाई।

निर्लिप्त (सं.) [वि.] 1. जो किसी में लिप्त या आसक्त न हो 2. जिसका किसी से लगाव न हो 3. सांसारिक माया-मोह; राग-द्वेष आदि से रहित।

निर्लिप्तता (सं.) [सं-स्त्री.] 1. लिप्त या आसक्त न होने का भाव 2. तटस्थता।

निर्लेप (सं.) [वि.] बिना लेप का; जो लिप्त न हो; निर्लिप्त।

निर्लोभ (सं.) [वि.] जिसे लोभ न हो; बिना लोभ का; लोभ रहित।

निर्वंश (सं.) [वि.] 1. निःसंतान 2. जिसका वंश या परिवार नष्ट हो गया हो; जिसके वंश में कोई न रह गया हो।

निर्वचन (सं.) [सं-पु.] 1. निश्चित रूप से कोई बात कहना; व्याख्या करना; निरूपण 2. किसी शब्द की निर्मिति और व्युत्पति का विवेचन करना; निरुक्ति; व्युत्पत्ति। [वि.] चुप; मौन।

निर्वचनीय (सं.) [वि.] जिसके विषय में कुछ कहा जा सके; व्याख्या के योग्य; व्याख्येय।

निर्वसन (सं.) [वि.] वस्त्रहीन; निर्वस्त्र; नग्न।

निर्वसु (सं.) [वि.] वसु अर्थात धन से रहित; दरिद्र; गरीब।

निर्वस्त्र (सं.) [वि.] बिना वस्त्र का; नग्न; नंगा।

निर्वहण (सं.) [सं-पु.] 1. निर्वाह; निबाहना; निभाना 2. अंत; समाप्ति 3. (नाट्यशास्त्र) नाटक में प्राप्त पाँच संधियों में से अंतिम संधि जिसमें नाटक की कथा की समाप्ति होती है।

निर्वाक (सं.) [वि.] 1. जो बोल न रहा हो; मौन; चुप 2. जिसकी वाणी अवरुद्ध हो।

निर्वाचक (सं.) [सं-पु.] 1. वह जो निर्वाचन करे या चुने; चुनने वाला या निर्वाचन करने वाला व्यक्ति; 2. चुनाव में मत देने वाला व्यक्ति।

निर्वाचकीय (सं.) [वि.] निर्वाचक से संबद्ध; निर्वाचक का, जैसे- निर्वाचकीय कर्तव्य।

निर्वाचन (सं.) [सं-पु.] 1. अनेक वस्तुओं में से कुछ वस्तुओं का प्रतिनिधि के रूप में चयन करना; छाँटना 2. 'मत' द्वारा जनप्रतिनिधि चुनना; चुनाव; (इलेक्शन)।

निर्वाचन अधिकारी (सं.) [सं-पु.] निर्वाचन की देख-रेख और व्यवस्था करने वाला अधिकारी।

निर्वाचन क्षेत्र (सं.) [सं-पु.] वह क्षेत्र या भूभाग जिसके निवासी या नागरिक किसी विशिष्ट चुनाव में मत देने के अधिकारी होते हैं।

निर्वाचित (सं.) [वि.] 1. जिसे चुन लिया गया हो 2. जो चुनाव में अन्य सभी उम्मीदवारों की अपेक्षा सबसे अधिक मत प्राप्त करने के कारण सफल घोषित हुआ हो।

निर्वाच्य (सं.) [वि.] 1. जो कहा न जा सके; जिसका उच्चारण कठिन हो 2. जिसमें कोई दोष न निकाला जा सके; निर्दोष 3. जिसपर आपत्ति न की जा सके 4. जिसका निर्वाचन होने को हो अथवा हो सकता हो।

निर्वाण (सं.) [सं-पु.] 1. मोक्ष; मुक्ति; परम गति 2. अस्त होना; अस्तगत 3. आग या दीपक का बुझना 4. निवृत्ति 5. अंत; समाप्ति 6. शांति। [वि.] 1. बुझा हुआ 2. डूबा हुआ 3. मंद पड़ा हुआ 4. मरा हुआ 5. शांत 6. शून्य स्थिति में पहुँचा हुआ।

निर्वाणोत्सव (सं.) [सं-पु.] जैन तीर्थंकरों के निर्वाण (मोक्ष) के उपलक्ष्य में मनाया जाने वाला उत्सव।

निर्वात (सं.) [वि.] 1. जिसमें वात या वायु न हो; वायु शून्य 2. शांत।

निर्वाद (सं.) [सं-पु.] 1. अपवाद; निंदा 2. अवज्ञा।

निर्वाप (सं.) [सं-पु.] 1. पितरों के निमित्त किया जाने वाला दान 2. आग आदि बुझाना।

निर्वार्य (सं.) [वि.] 1. जिसे रोका न जा सके; जिसका निवारण न हो सके 2. जो बिना किसी चिंता के परिश्रमपूर्वक कार्य करे।

निर्वास (सं.) [सं-पु.] 1. निर्वासन 2. प्रवास; विदेश-यात्रा। [वि.] 1. वास-स्थान से रहित; अगेह 2. वास अर्थात गंध से रहित; गंधहीन।

निर्वासन (सं.) [सं-पु.] 1. बलपूर्वक किसी को राज्य, नगर, गाँव, घर आदि से बाहर निकालना; देश से निकाले का दंड 2. मार डालने की क्रिया; वध 3. प्रवास 4. विसर्जन 5. हिंसा; हत्या।

निर्वासित (सं.) [वि.] 1. जो किसी राज्य या भू-भाग से निकाल दिया गया हो 2. अपने शहर या देश से निकाला हुआ 3. जिसे देश निकाले का दंड मिला हो।

निर्वास्य (सं.) [वि.] 1. निर्वासित किए जाने योग्य 2. जिसे निर्वासित किया जाना हो।

निर्वाह (सं.) [सं-पु.] 1. परंपरा आदि को बरकरार रखना 2. अधिकारों, कर्तव्यों आदि का किया जाने वाला पालन; निष्पादन 3. वचन, प्रतिज्ञा आदि का पूरा किया जाना; पालन 4. गुज़ारा 5. निबाह।

निर्वाहक (सं.) [वि.] 1. निर्वाह करने वाला; निभाने वाला 2. आदेश, प्रतिज्ञा आदि का पालन करने वाला।

निर्वाहण (सं.) [सं-पु.] 1. निर्वाह करना; निभाना 2. आज्ञानुसार कार्य करना 3. अल्पावधि के लिए किसी का काम या भार अपने ऊपर लेना।

निर्विकल्प (सं.) [सं-पु.] एक प्रकार का प्रत्यक्ष ज्ञान जिसमें ब्रह्म और आत्मा की एकरूपता का अखंड बोध होता हो। [वि.] 1. जिसमें विकल्प अर्थात चुनने की गुंजाइश न हो 2. जिसमें परिवर्तन न हो 3. सदा एक-रस तथा एक-रूप रहने वाला 4. निश्चित; स्थिर।

निर्विकार (सं.) [वि.] 1. जिसमें कोई विकार न हो; अविकारी 2. जिसमें कोई दोष न हो 3. जिसमें कोई परिवर्तन न होता हो; अपरिवर्तित 4. उदासीन।

निर्विकास (सं.) [वि.] 1. जो अभी खिला न हो 2. विकास से रहित; अविकसित।

निर्विघ्न (सं.) [वि.] जिसमें कोई विघ्न न हो; विघ्न या बाधा से रहित। [क्रि.वि.] बिना बाधा के।

निर्विचार (सं.) [सं-पु.] योग के अंतर्गत समाधि का एक भेद। [वि.] विचार-शून्य।

निर्विचारता (सं.) [सं-स्त्री.] मन में कोई भाव या विचार न उत्पन्न होने या आने की अवस्था।

निर्विण्ण (सं.) [वि.] 1. जिसके मन में निर्वेद उत्पन्न हुआ हो; जिसे वैराग्य हो गया हो; विरक्त 2. दुखी; खिन्न 3. शांत।

निर्वितर्क (सं.) [वि.] जिसके विषय में तर्क न किया जा सके या न किया जाता हो।

निर्विभाग (सं.) [वि.] जिसके पास कार्य का कोई विभाग न हो; विभागहीन, जैसे- निर्विभाग मंत्री।

निर्विरोध (सं.) [वि.] 1. जिसका विरोध न हो; जिसका कोई विरोध न करे; विरोधरहित 2. जिसमें किसी प्रकार की बाधा या रुकावट न हो। [अव्य.] बिना किसी विरोध के।

निर्विवाद (सं.) [वि.] 1. जिसके विषय में कोई विवाद न होता हो; विवादरहित 2. जो बिना किसी झगड़े या बखेड़े के ठीक माना जाता हो। [अव्य.] बिना किसी प्रकार का विवाद किए।

निर्विवादित (सं.) [वि.] वह जो विवादित न हो; विवादरहित; बिना बखेड़े या झगड़े का।

निर्विशेष (सं.) [सं-पु.] अंतर का अभाव। [वि.] समान; तुल्य; सदैव एकरूप रहने वाला।

निर्विष (सं.) [वि.] विषहीन; विषरहित।

निर्विषय (सं.) [वि.] विषय-वासनाओं से रहित; वासना-मुक्त; निर्विषयी।

निर्विषयी (सं.) [वि.] निर्विषय।

निर्विषा (सं.) [सं-स्त्री.] विष के प्रभाव को कम करने वाली जड़ीबूटी; निर्विषी।

निर्वीज (सं.) [वि.] 1. बीज रहित 2. जिसका बीज तक नष्ट हो चुका हो; पूर्णतः नष्ट 3. नपुंसक।

निर्वीर्य (सं.) [वि.] 1. जिसमें वीर्य न हो; वीर्यहीन; नपुंसक 2. जिसमें बल, तेज या पौरुष का अभाव हो; अशक्त; कमज़ोर 3. जिसमें उर्वरा-शक्ति न हो; अनुपजाऊ (भूमि)।

निर्वृक्षीकरण (सं.) [सं-पु.] किसी भूखंड को वृक्षों से रहित कर देना (डीफ़ॉरेस्टेशन)।

निर्वृत (सं.) [वि.] आनंद से भरा; आनंदमय।

निर्वृति (सं.) [सं-स्त्री.] 1. परमानंद; सुख 2. मोक्ष 3. (पुराण) यदुकुल के एक राजा।

निर्वृत्त (सं.) [वि.] जो पूर्ण हो चुका हो; जो पूरा हो चुका हो; संपन्न।

निर्वृत्ति (सं.) [सं-स्त्री.] 1. पूर्णता की अवस्था; पूरापन 2. सिद्धि; समाप्ति; निष्पत्ति।

निर्वृष्ट (सं.) [वि.] बरसकर पानी समाप्त होना।

निर्वेद (सं.) [सं-पु.] 1. घृणा; ग्लानि; खेद 2. मन में स्वयं के प्रति उत्पन्न होने वाली ग्लानि और निराशा 3. उक्त के फलस्वरूप होने वाली विरक्ति; वैराग्य 4. (काव्यशास्त्र) शांत रस का स्थायी भाव।

निर्वेश (सं.) [सं-पु.] 1. वेतन; तनख़्वाह 2. भोग 3. विवाह 4. मोक्ष 5. बेहोशी; मूर्च्छा।

निर्वैयक्तिक (सं.) [वि.] 1. जो वैयक्तिक या व्यक्तिगत न हो 2. जो निजी न हो।

निर्वैयक्तिकता (सं.) [सं-स्त्री.] 1. व्यक्तिगत न होने की स्थिति या भाव; जहाँ वैयक्तिकता का अभाव हो 2. वस्तुगत-दृष्टि; वस्तुनिष्ठता 3. निरपेक्षता।

निर्वैर (सं.) [सं-पु.] वैर या शत्रुता का अभाव। [वि.] वैर या द्वेषभाव से रहित; द्वेष-मुक्त; जो वैरभाव न रखे।

निर्व्यलीक (सं.) [वि.] 1. निष्कपट; निश्छल 2. जो किसी को कष्ट न दे 3. सुखी 4. प्रसन्न।

निर्व्याज (सं.) [वि.] 1. व्याज अर्थात छल-कपट से रहित 2. सच्चा; शुद्ध 3. बाधा या विघ्न से रहित; निर्विघ्न।

निर्व्याधि (सं.) [वि.] रोग-व्याधि से रहित; निरोग।

विर्व्यापार (सं.) [वि.] 1. जिसे कोई काम न हो; बेकार 2. गतिहीन 3. कार्य व्यापार-हीन।

निर्व्यूढ़ (सं.) [वि.] 1. पूरा बनाया हुआ 2. विकसित 3. व्यक्त 4. भाग्यवान 5. सफल 6. धकेला या निकाला हुआ।

निर्हरण (सं.) [सं-पु.] 1. अंतिम संस्कार हेतु शव को श्मशान ले जाना 2. निकालना 3. शव जलाना 4. नष्ट करना।

निर्हार (सं.) [सं-पु.] 1. कील या काँटे जैसी धँसी या गड़ी हुई चीज़ को निकालना 2. केवल अपने लिए ही धन इकट्ठा करना 3. मल-मूत्र आदि का त्याग करना।

निर्हारी (सं.) [सं-पु.] 1. निर्हरण करने वाला व्यक्ति 2. फैलाने वाला व्यक्ति 3. दूर तक फैलने वाली सुगंध।

निर्हेतु (सं.) [वि.] बिना कारण का; अकारण; कारण रहित।

निलंबन (सं.) [सं-पु.] 1. लटकाने की क्रिया या स्थिति 2. किसी कर्मचारी के अपराधी या दोषी होने का संदेह होने पर उसे तब तक के लिए अपने पद से हटा देना जब तक उस संबंध में उचित कार्यवाही या जाँच न हो जाए; मुअत्तिली 3. कुछ समय के लिए रोक देने की क्रिया; स्थगन; किसी कार्य को कुछ समय के लिए टाल देना या अप्रभावी कर देना 4. (रसायनशास्त्र) ठोस या द्रव के छोटे-छोटे कणों का किसी द्रव या गैस में लटका रहना; (सस्पेंशन)।

निलंबित (सं.) [वि.] 1. जो किसी दोष या अपराध आदि के आरोप में मामले की जाँच के अंतिम निर्णय तक अपने पद से अस्थायी रूप से हटा दिया गया हो; मुअत्तल 2. कुछ समय के लिए रोका हुआ।

निलय (सं.) [सं-पु.] 1. घर; वासस्थान 2. माँद 3. घोंसला 4. स्वयं को छिपाने की क्रिया या भाव; छिपना 5. समूल नष्ट या लोप होना।

निलांबरी (सं.) [सं-स्त्री.] नीलांबरी।

निलिंप (सं.) [सं-पु.] देवता; देव।

निलीन (सं.) [वि.] 1. गला या पिघला हुआ 2. छिपा हुआ 3. विनष्ट 4. परिवर्तित।

निवर (सं.) [सं-पु.] ओट; आवरण; परदा। [वि.] 1. निवारण करने वाला 2. रोकने वाला।

निवर्तन (सं.) [सं-पु.] 1. लौटना; लौटाना 2. रोकना; निवारण 3. पीछे हटना या हटाना 4. कानून आदि रद्द करना 5. मुड़ना; घूमना 6. ज़मीन की एक पुरानी नाप; बीघा।

निवर्तमान (सं.) [वि.] 1. जो पहले किसी पद पर रह चुका हो 2. किसी काम या पद से हट जाने वाला; जो सेवा-निवृत्त हो।

निवर्तित (सं.) [वि.] 1. लौटा या लौटाया हुआ 2. जिसका निवर्तन हुआ हो 3. जिसे रद्द कर दिया गया हो (कानून)।

निवसन (सं.) [सं-पु.] 1. निवास स्थान; घर 2. वसन; वस्त्र।

निवह (सं.) [सं-पु.] 1. समूह; समुदाय 2. सात वायुओं में से एक 3. अग्नि की सात जिह्वाओं में से एक 4. वध।

निवाई (सं.) [वि.] 1. नवीन 2. विलक्षण; अनोखा। [सं-स्त्री.] 1. नयापन; नवीनता 2. गरमी 3. ज्वार।

निवाक् (सं.) [वि.] मौन; चुप।

निवाड़ [सं-स्त्री.] बहुत मोटे सूत की बनी हुई चौड़ी पट्टी जिससे पलंग आदि बुने जाते हैं; निवार।

निवाड़ा [सं-पु.] 1. नवाड़ा 2. नावर (नावों का कीड़ा)।

निवाड़ी [सं-स्त्री.] 1. जूही का श्वेत तथा सुगंधित फूल 2. जूही का पौधा। [वि.] 1. निवाड़ संबंधी; निवाड़ का 2. निवाड़ से बुना हुआ।

निवात (सं.) [वि.] वायुरहित। [सं-पु.] 1. रहने का स्थान; घर 2. सुरक्षित स्थान 3. शांति 4. ऐसा कवच या वर्म जो शस्त्रों से छेदा न जा सके।

निवान (सं.) [सं-पु.] 1. पानी या कीचड़ से भरी रहने वाली नीची जमीन 2. झील या तालाब।

निवाप (सं.) [सं-पु.] पितरों के उद्देश्य से किया जाने वाला दान।

निवार[1] [सं-स्त्री.] 1. मोटे सूत से निर्मित तीन-चार अंगुल चौड़ी पट्टी जिससे पलंग आदि की बुनाई की जाती है 2. कुएँ की नींव में डाला जाने वाला पहिए जैसा लकड़ी का गोल चक्का जिसके ऊपर कोठी की जुड़ाई होती है 3. एक प्रकार की बड़ी और मोटी मूली।

निवार[2] (सं.) [सं-पु.] 1. धान की एक प्रजाति जिसका चावल व्रत में खाया जाता है; नीवार; तिन्नी; पसही 2. निवारण।

निवारक (सं.) [वि.] निवारण करने वाला; रोकने वाला; दूर करने या हटाने वाला, जैसे- दर्द निवारक दवा।

निवारण (सं.) [सं-पु.] 1. रोकने, हटाने या दूर करने की क्रिया या अवस्था 2. निवृत्ति; छुटकारा 3. किसी को बढ़ने या फैलने से रोकना; रोक-थाम 4. निषेध; मनाही 5. निरोध; (प्रिवेंशन)।

निवारना (सं.) [क्रि-स.] 1. निवारण करना 2. आसन्न संकट को रोकना या संकट आदि से किसी की रक्षा करना 3. किसी कार्य को टालते हुए समय व्यतीत करना 4. निषेध करना।

निवारी [सं-स्त्री.] 1. जूही की प्रजाति का एक पौधा जिसमें चैत मास में फूल लगते हैं 2. उक्त पौधे के सुगंधित सफ़ेद फूल। [वि.] 1. निवार संबंधी; निवार का 2. निवार से बुना हुआ।

निवार्य (सं.) [वि.] जिसका निवारण हो सके; निवारण योग्य।

निवाला (फ़ा.) [सं-पु.] खाने का कौर; ग्रास।

निवास (सं.) [सं-पु.] 1. बसने या रहने की क्रिया या अवस्था 2. रहने की जगह या स्थान 3. मकान; घर 4. कुछ समय तक ठहरने या विश्राम करने का स्थान 5. भौगोलिक दृष्टि से ऐसा स्थान जहाँ किसी जाति के जीव रहते हैं या कोई वनस्पति होती हो।

निवासन (सं.) [सं-पु.] 1. किसी स्थान पर कुछ काल के लिए ठहरने की क्रिया या भाव 2. गृह; घर; मकान 3. किसी स्थान पर बसना या निवास करना।

निवासित (सं.) [वि.] बसा हुआ; बसाया या आबाद किया हुआ।

निवासी (सं.) [वि.] किसी क्षेत्र में रहने या निवास करने वाला। [सं-पु.] रहने या बसने वाला व्यक्ति।

निवास्य (सं.) [वि.] निवास करने योग्य; रहने योग्य।

निविड़ (सं.) [वि.] 1. जिसमें या जहाँ अवकाश या स्थान का अभाव हो; सघन; घना; कसा हुआ 2. भारी डील-डौलवाला 3. गंभीर 4. चपटी, टेढ़ी या दबी हुई नाकवाला; भद्दा।

निविड़ता (सं.) [सं-स्त्री.] 1. घनापन; सघनता 2. मोटापन; स्थूलता 3. दृढ़ता 4. गंभीरता; गहराई।

निविदा (सं.) [सं-स्त्री.] आवश्यक रकम लेकर वांछित वस्तुओं, कार्यों तथा सेवाओं का निश्चित स्थान या समय पर उपलब्ध कराने का लिखित वादा; (टेंडर)।

निविरीश (सं.) [वि.] 1. घना 2. भद्दा 3. गहरा। [सं-स्त्री.] 1. गहराई 2. घनता 3. भद्दापन।

निविशमान (सं.) [सं-पु.] उपनिवेश बसाने वाले या उपनिवेश में बसाए गए लोग; उपनिवेशी। [वि.] जिसने कहीं निवास किया हो या कर रहा हो।

निविशेष (सं.) [सं-पु.] समानता; एकरूपता। [वि.] 1. साधारण; सामान्य 2. तुल्य; समान।

निविष्ट (सं.) [वि.] 1. बैठा हुआ; आसीन 2. डेरा डालकर ठहरा हुआ 3. तत्पर 4. एकाग्र किया हुआ 5. व्यवस्थित 6. प्रविष्ट; दर्ज किया हुआ।

निवीत (सं.) [सं-पु.] 1. यज्ञोपवीत 2. ओढ़ने का वस्त्र; चादर; प्रवरण; ओढ़नी।

निवीती (सं.) [वि.] 1. जो यज्ञोपवीत धारण किए हो 2. जो चादर ओढ़े हो।

निवृत्त (सं.) [सं-पु.] 1. प्रत्यागमन; वापसी 2. रागरहित मन; माया-मोह के आकर्षण से रहित व्यक्ति। [वि.] 1. लौटा या लौटाया हुआ 2. सांसारिक विषयों से विरक्त; वीतराग 3. अवकाश प्राप्त; मुक्त 4. पूर्ण या समाप्त किया हुआ (कार्य)।

निवृत्ति (सं.) [सं-स्त्री.] 1. निवृत्त होने की क्रिया या भाव; प्रवृत्ति का अभाव 2. विरत होना 3. छुटकारा; मुक्ति 4. कार्य-समाप्ति; अवकाश; विश्राम; (रिटायरमेंट)।

निवेदक (सं.) [वि.] किसी के समक्ष किसी बात को नम्रतापूर्वक प्रस्तुत करने वाला; निवेदन करने वाला।

निवेदन (सं.) [सं-पु.] 1. नम्रतापूर्वक किसी से कुछ कहना; प्रार्थना; आवेदन 2. समर्पित करना; समर्पण 3. आहुति।

निवेदित (सं.) [वि.] 1. निवेदन या प्रार्थना के रूप में कही गई बात 2. अर्पित या समर्पित (भेंट आदि के रूप में)।

निवेदिता (सं.) [वि.] निवेदन करने वाली; विनम्र। [सं-स्त्री.] अर्पिता; समर्पिता।

निवेद्य (सं.) [सं-पु.] नैवेद्य; भोग; देवता या मूर्ति को भेंट किया गया खाद्य पदार्थ।

निवेश (सं.) [सं-पु.] 1. मुनाफ़े के लिए किसी व्यापार आदि में धन या पूँजी लगाने की क्रिया या अवस्था 2. इस प्रकार लगाई गई पूँजी या धन; वित्तीय अंशदान 3. प्रवेश 4. स्थापन; आसन 5. फ़ौजी पड़ाव; सैनिक छावनी; शिविर; खेमा 6. विवाह 7. सजावट 8. घर; मकान 9. धरोहर 10. किसी स्थापित विधान में किसी आवश्यक उपधारा का जोड़ा जाना; (प्रॉविज़न)।

निवेशक (सं.) [वि.] निवेश करने वाला; पूँजी लगाने वाला।

निवेशन (सं.) [सं-पु.] 1. निवेश करने की क्रिया 2. नगर 3. पड़ाव; खेमा 4. गृह।

निवेशित (सं.) [वि.] ख़र्च या व्यय किया हुआ; किसी कार्य या व्यवसाय में लगाया हुआ; निवेश किया हुआ (धन)।

निवेष्ट (सं.) [सं-पु.] 1. आवरण; ढकने का कपड़ा 2. सामवेद में उल्लिखित एक प्रकार का मंत्र।

निवेष्य (सं.) [सं-पु.] 1. व्याप्ति 2. बरफ का पानी 3. ओस।

निशंक (सं.) [सं-पु.] जिसे किसी प्रकार की शंका या डर न हो; निधड़क; निडर। [क्रि.वि.] बिना किसी डर या शंका के।

निशक्त (सं.) [वि.] जिसमें शक्ति न हो; अशक्त; बलहीन; कमज़ोर; दुर्बल।

निशठ (सं.) [वि.] सच्चा; ईमानदार। [सं-पु.] (पुराण) बलदेव के एक पुत्र का नाम।

निशब्द (सं.) [वि.] जो शब्द से रहित हो; मौन; चुप।

निशमन (सं.) [सं-पु.] 1. दर्शन; अवलोकन; देखना 2. श्रवण; सुनना 3. परिचय प्राप्त करना; अवगत होना।

निशरण (सं.) [सं-पु.] मारण; वध।

निशा (सं.) [सं-स्त्री.] 1. रात; रात्रि; रजनी 2. दारूहल्दी नामक पौधा 3. छः राशियों का समूह।

निशांत (सं.) [सं-पु.] 1. निशा का अंत; रात का चौथा पहर 2. प्रातःकाल; प्रभात; सवेरा। [वि.] बहुत शांत; शांतियुक्त।

निशांध (सं.) [वि.] जिसे रात को दिखाई न देता हो। [सं-पु.] रतौंधी का रोगी।

निशांधकार (सं.) [सं-पु.] रात्रि का अंधकार; रात का अँधेरा।

निशाकर (सं.) [सं-पु.] 1. चंद्रमा 2. कपूर 3. मुरगा 4. शिव। [वि.] निशा करने वाला।

निशाखातिर (फ़ा.+अ.) [सं-स्त्री.] मन में होने वाला पूर्ण विश्वास; निश्चिंतता; तसल्ली; इतमीनान।

निशाचर (सं.) [वि.] रात्रि में विचरण करने वाला; रात में निकलने वाला। [सं-पु.] 1. राक्षस 2. उल्लू 3. साँप 4. चोर 5. भूत, प्रेत आदि 6. गीदड़ 7. महादेव।

निशाचरी (सं.) [वि.] 1. निशाचर संबंधी 2. निशाचर-सा। [सं-स्त्री.] 1. राक्षसी 2. (काव्यशास्त्र) निशाअभिसारिका नायिका 3. कुलटा या व्यभिचारिणी।

निशाट (सं.) [सं-पु.] 1. उल्लू 2. निशाचर।

निशात (सं.) [वि.] 1. सान पर चढ़ाकर तेज़ किया हुआ 2. ओप आदि लगाकर चमकाया हुआ।

निशाद (सं.) [सं-पु.] रात को खाने वाला।

निशान[1] (सं.) [सं-पु.] 1. सान पर चढ़ाना 2. धार तेज़ करना।

निशान[2] (फ़ा.) [सं-पु.] 1. चिह्न; लक्षण 2. शरीर पर कोई प्राकृतिक चिह्न; धब्बा; दाग 3. मुहर आदि की छाप 4. सुराग 5. वह बिंदु या चीज़ जिसपर निशाना लगाया जाए 6. वह चिह्न जो अशिक्षित लोग अपने हस्ताक्षर के बदले में बनाते हैं।

निशानदेही (फ़ा.) [सं-स्त्री.] 1. चिह्नित होने का भाव या अवस्था 2. चिह्नित कराने का काम; किसी व्यक्ति या उस वस्तु की किसी विशेष रूप से पहचान कराने का काम; प्रतिवादी की पहचान कराना।

निशाना (फ़ा.) [सं-पु.] 1. वह जिसको दृष्टि में रखकर कोई अस्त्र चलाया जाए; लक्ष्य 2. मिट्टी आदि का ढेर जिसपर निशाना साधा जाए 3. वह व्यक्ति जिसे लक्ष्य बनाकर कोई अपने कटाक्ष, आरोप, उपहास, व्यंग्य आदि करता है। [मु.] **निशाना लगाना या मारना** : लक्ष्य को दृष्टि में रखकर अस्त्र आदि का वार करना। **निशाना साधना** : ठीक लक्ष्य पर वार करना।

निशानाथ (सं.) [सं-पु.] चंद्रमा; राकेश।

निशानी (फ़ा.) [सं-स्त्री.] 1. किसी घटना या व्यक्ति का स्मरण कराने वाली चीज़; स्मृतिचिह्न; यादगार 2. वह चिह्न जिससे किसी की पहचान हो सके।

निशानेबाज़ (फ़ा.) [सं-पु.] अच्छा निशाना लगाने वाला व्यक्ति; उत्तम लक्ष्यभेदी; निशानेबाज़ी करने वाला।

निशानेबाज़ी (फ़ा.) [सं-स्त्री.] 1. निशाना लगाने का कार्य या कौशल 2. निशाना लगाने का अभ्यास।

निशापति (सं.) [सं-पु.] चंद्रमा; राकेश।

निशामुख (सं.) [सं-पु.] संध्या; संध्या का समय।

निशि (सं.) [सं-स्त्री.] 1. रात; रात्रि 2. स्वप्न 3. हल्दी।

निशिकर (सं.) [सं-पु.] चंद्रमा; शशि।

निशीथ (सं.) [पु.] 1. आधी रात 2. रात्रि; रात; निशा 3. शयनकाल 4. (पुराण) रात्रि का एक कल्पित पुत्र।

निशीथव्यापिनी (सं.) [सं-स्त्री.] वह तिथि जो निशीथ काल में रहती है।

निशुंभ (सं.) [सं-पु.] 1. वध 2. हिंसा 3. झुकाना 4. तोड़ना 5. (पुराण) दनु नामक राक्षस का पुत्र तथा शुंभ का भाई जिसका वध दुर्गा ने किया था।

निशुंभन (सं.) [सं-पु.] वध करना; मार डालना; मारण।

निशुंभी (सं.) [सं-पु.] बुद्ध का एक नाम।

निशेश (सं.) [सं-पु.] निशापति; निशानाथ; चंद्रमा।

निश्चय (सं.) [सं-पु.] 1. संदेहरहित ज्ञान या ऐसी धारणा जिसमें कोई दुविधा न हो 2. किसी कार्य को करने का पक्का संकल्प या दृढ़-विचार 3. सभा-समिति आदि में ठहराई हुई बात 4. (काव्यशास्त्र) एक अर्थालंकार जिसमें एक बात का निषेध करके यथार्थ बात का उल्लेख होता है। [अव्य.] निश्चित रूप से; अवश्य ही।

निश्चयन (सं.) [सं-पु.] निश्चय करने की क्रिया या भाव।

निश्चयवादी (सं.) [वि.] निश्चय पर अडिग रहने वाला।

निश्चयात्मक (सं.) [वि.] निश्चित के रूप में होने वाला; सुनिश्चित; दृढ़; पक्का।

निश्चल (सं.) [वि.] जो अपने स्थान से ज़रा भी इधर-उधर न होता हो; थोड़ा-सा भी न हिलने-डुलने वाला; स्थिर; अचल; अटल।

निश्चला (सं.) [सं-स्त्री.] 1. पृथ्वी 2. शालपर्णी।

निश्चायक (सं.) [वि.] 1. निश्चय कराने वाला; निर्णायक 2. जिसके कारण अथवा माध्यम से किसी बात का निश्चित ज्ञान हो।

निश्चिंत (सं.) [वि.] जिसे किसी प्रकार की कोई चिंता न हो; चिंतारहित; बेफ़िक्र।

निश्चिंतता (सं.) [सं-स्त्री.] निश्चिंत होने की अवस्था या भाव; बेफ़िक्री।

निश्चित (सं.) [वि.] जिसके विषय में निश्चय किया जा चुका हो; दृढ़; पक्का; जिसमें परिवर्तन न हो सकता हो।

निश्चेतक (सं.) [सं-पु.] निश्चेत करने वाली औषधि या विद्या।

निश्चेतन (सं.) [वि.] चेतनाशून्य; संज्ञाहीन; बेहोश; मूर्छित।

निश्चेष्ट (सं.) [वि.] 1. जिसमें चेष्टा या गति न हो; चेष्टारहित 2. बेहोश; अचेत; मूर्छित 3. स्थिर; अचल; निश्चल।

निश्चेष्टता (सं.) [सं-स्त्री.] निष्क्रियता; अकर्मण्यता; प्रयत्नहीनता।

निश्छल (सं.) [वि.] छल-कपट से रहित; निष्कपट; सच्चा; शुद्ध हृदयवाला; सरल प्रकृति का; सीधा।

निश्छलता (सं.) [सं-स्त्री.] निश्छल होने की अवस्था या भाव; सच्चाई; ईमानदारी।

निश्छेद (सं.) [सं-पु.] वह संख्या जिसमें किसी गुणक के द्वारा भाग न दिया जा सके; अविभाज्य।

निश्रम (सं.) [सं-पु.] अध्यवसाय; विशेष श्रम।

निश्रेणी (सं.) [सं-स्त्री.] 1. सीढ़ी; जीना 2. एक बिंदु से दूसरे बिंदु तक पहुँचने का साधन।

निश्वास (सं.) [सं-पु.] शोक या पीड़ा आदि के समय की गहरी या ठंडी साँस।

निश्शंक (सं.) [वि.] 1. भयहीन; निडर; निर्भय; जिसे डर न हो 2. जिसे किसी प्रकार का खटका या हिचक न हो।

निश्शील (सं.) [वि.] 1. जिसमें शील न हो; शीलरहित; बेमुरौवत 2. जिसका स्वभाव अच्छा न हो; दुष्ट स्वभाव का।

निश्शेष (सं.) [वि.] 1. जिसमें कुछ शेष न हो; जिसका कोई अंश न रह गया हो 2. समाप्त; पूरा; ख़तम।

निषंग (सं.) [सं-पु.] 1. विशेष आसक्ति या लगाव 2. तलवार; खड्ग 3. तरकश 4. मुँह से फूँककर बजाया जाने वाला एक प्राचीनकालीन वाद्ययंत्र।

निषंगी (सं.) [वि.] 1. जो किसी पर आसक्त हो; आसक्तिवाला 2. जिसने धनुष धारण किया हो; धनुषधारी; धनुर्धर; तीर चलाने वाला 3. खड्ग धारण करने वाला; खड्गधारी। [सं-पु.] धृतराष्ट्र के एक पुत्र का नाम।

निषक्त (सं.) [वि.] जो किसी पर विशेष रूप से आसक्त हो।

निषद (सं.) [सं-पु.] (संगीत) 'निषाद' नामक स्वर; स्वर सप्तक का अंतिम स्वर 'नि'। [सं-स्त्री.] यज्ञ संपादन हेतु ली जाने वाली दीक्षा।

निषाद (सं.) [सं-पु.] 1. संगीत में सरगम का सातवाँ स्वर, इसका संक्षिप्त रूप 'नि' है 2. एक प्राचीन शिकारी जाति 3. उक्त जाति का कोई सदस्य 4. एक प्राचीन देश जो शृंगवेरपुर के पास था 5. उक्त देश की प्राचीन भाषा जो आधुनिक भाषाविज्ञान की दृष्टि से मुंडा भाषाओं के वर्ग में गिनी जाती है।

निषादी (सं.) [सं-पु.] फीलवान; हाथीवान; महावत। [वि.] बैठने वाला; आराम करने वाला।

निषिक्त (सं.) [वि.] 1. अत्यधिक सींचा गया; जिसपर भरपूर जल छिड़का गया हो 2. जिसके भीतर या गर्भ तक कोई चीज़ पहुँचाई गई हो। [सं-पु.] वीर्य से फलित गर्भ।

निषिद्ध (सं.) [वि.] 1. जिसका निषेध किया गया हो; मना किया हुआ; वर्जित 2. अस्वीकृत किया हुआ 3. जिसपर सरकार द्वारा रोक लगाई गई हो; जिसके आयात-निर्यात की मनाही हो।

निषूदन (सं.) [सं-पु.] वध; मारण। [वि.] वध करने वाला; मारने वाला; नाशक।

निषेक (सं.) [सं-पु.] 1. जल से सिंचाई करने की क्रिया या भाव 2. टपकने या चूने की क्रिया अथवा भाव।

निषेचन (सं.) [सं-पु.] 1. छिड़कना 2. सींचना 3. बीज डालना; बीजवपन 4. शुक्राणु-कोशिका एवं अंड-कोशिका का संयुग्मन (फर्टिलाइज़ेशन); गर्भधारण करना या कराना; गर्भाधान।

निषेध (सं.) [सं-पु.] 1. मना या निषिद्ध करने की क्रिया या भाव; मनाही; प्रतिबंध; रोक; बाधा; अस्वीकृति; इनकार 2. ऐसा नियम या आज्ञा जिसमें किसी बात की मनाही हो।

निषेधक (सं.) [वि.] निषेध करने वाला; मना करने वाला।

निषेधात्मक (सं.) [वि.] 1. जो निषेध या मनाही के रूप में हो; जिसमें 'नहीं' या 'न' होने का भाव हो; नकारात्मक 2. अस्वीकृति; प्रतिवाद या इंकार के रूप में।

निषेवण (सं.) [सं-पु.] 1. विशेष रूप से किया गया सेवन 2. विशेष रूप से की गई सेवा; नौकरी 3. आराधना; उपासना; पूजा; अनुष्ठान 4. उपयोग; व्यवहार; प्रयोग 5. रहना; बसना; निवास।

निषेवित (सं.) [वि.] 1. जिसका सेवन हुआ हो; सेवित 2. जिसकी पूजा की गई हो; पूजित; जिसका अनुष्ठान किया गया हो; अनुष्ठित।

निषेवी (सं.) [वि.] निषेवण करने वाला; सेवा करने वाला; आराधक।

निषेव्य (सं.) [वि.] 1. जिसका निषेवण या सेवन करना उचित हो; सेवन करने योग्य; सेवनीय 2. जिसका सेवन किया जाने वाला हो।

निष्क (सं.) [सं-पु.] 1. वैदिककालीन सोने का सिक्का जो प्रायः सोलह माशे के बराबर होता था 2. उक्त सिक्के के बराबर की तौल 3. सोना; स्वर्ण 4. सोने का पात्र।

निष्कंटक (सं.) [वि.] 1. जिसमें काँटे न हों; कंटकरहित 2.

जिसमें कोई बाधा या बखेड़ा न हो 3. {ला-अ.} जिसमें कोई भय या डर न हो। [क्रि.वि.] बिना झंझट या रुकावट के; बिना किसी प्रकार की शत्रुता की संभावना के; बेखटके।

निष्कंप (सं.) [वि.] 1. जिसमें कंपन न हो; कंपरहित; जो काँप न रहा हो 2. स्थिर; दृढ़; अटल 3. जो चंचल न हो; अचल।

निष्कपट (सं.) [वि.] जिसके मन में कपट या छल न हो; छल-छद्म से रहित; निश्छल; सीधा; सरल।

निष्कर (सं.) [सं-स्त्री.] जिस भूमि पर कर न लगता हो। [वि.] जिसपर कर या महसूल न लगता हो।

निष्करुण (सं.) [वि.] जिसके हृदय में करुणा न हो; करुणाहीन; जिसमें दया न हो; निर्दय; कठोर हृदयवाला; निष्ठुर।

निष्कर्म (सं.) [वि.] 1. जो कोई कर्म न करता हो; निष्क्रिय 2. जो कर्म करते हुए भी उससे आसक्त या लिप्त न हो; निष्काम भाव से कर्म करने वाला।

निष्कर्मा (सं.) [वि.] 1. जो किसी काम का न हो; निकम्मा 2. अनासक्त भाव से कर्म करने वाला।

निष्कर्ष (सं.) [सं-पु.] 1. विचार या विवेचन के अंत में निकलने वाला सार; सारांश; निचोड़ या सिद्धांत 2. खींच या निकालकर बाहर की हुई चीज़ या तत्व; नि:सारण 3. सारभूत अर्थ 4. नतीजा; परिणाम।

निष्कल (सं.) [वि.] 1. जो किसी भी प्रकार की कला या हुनर न जानता हो; कलाहीन 2. जो कलापूर्ण ढंग से न किया गया हो 3. जिसका वीर्य नष्ट हो गया हो; नष्टवीर्य 4. क्षीण; दुर्बल 5. संपूर्ण; निरवयव। [सं-पु.] 1. ब्रह्मा 2. आधार।

निष्कलंक (सं.) [वि.] 1. जिसपर कोई कलंक न लगा हो; बेदाग 2. शुद्ध; स्वच्छ 3. दोष, पाप आदि से रहित।

निष्कलंकता (सं.) [सं-स्त्री.] निष्कलंक होने का भाव।

निष्कलुष (सं.) [वि.] कलंक से रहित; निष्कलंक।

निष्काम (सं.) [वि.] 1. सब प्रकार की कामना या वासना से रहित; निरीह 2. जो बिना किसी कामना से किया जाए।

निष्काम प्रेम (सं.) [सं-पु.] सब प्रकार की कामना या वासना से रहित प्रेम (प्लेटोनिक लव)।

निष्कारण (सं.) [वि.] 1. जिसका कोई कारण न हो; अकारण 2. बिना किसी कारण के होने वाला; अहेतुक।

निष्कालक (सं.) [सं-पु.] वह व्यक्ति जिसके सिर के बाल, रोएँ आदि मूँड़ दिए गए हो।

निष्कालन (सं.) [सं-पु.] 1. चलाने की क्रिया या भाव 2. पशुओं आदि को चलाना या भगाना।

निष्काश (सं.) [सं-पु.] 1. बाहर करना या निकालना 2. किसी भवन या मकान का बाहर निकला हुआ भाग या हिस्सा, जैसे- बरामदा 3. लोप 4. प्रभात।

निष्काष (सं.) [सं-पु.] दूध का वह भाग जो अधिक औटने के कारण बरतन में लगा रह जाता है; दूध की खुरचन।

निष्कास (सं.) [सं-पु.] दे. निष्काश ।

निष्कासन (सं.) [सं-पु.] 1. निकालने या बाहर करने की क्रिया 2. बहिष्कार 3. नौकरी या निवास-स्थल से किसी को बलपूर्वक बाहर निकाल देना 3. दंड के रूप में देश या राज्य से बाहर निकाला जाना।

निष्कासित (सं.) [वि.] 1. जिसका निष्कासन या बहिष्कार हुआ हो 2. दंडस्वरूप घर, विद्यालय, नगर, राज्य, देश आदि से निकाला हुआ 3. नौकरी या निवास-स्थान से निकला हुआ।

निष्कीटन (सं.) [सं-पु.] (रसायनिक प्रक्रिया द्वारा) कीटों अथवा कीड़ों से रहित करना।

निष्कुट (सं.) [सं-पु.] 1. घर के समीप स्थित बाग 2. खेत; क्यारी 3. अंत:पुर; रनिवास; जनानख़ाना 4. दरवाज़ा; किवाड़ 5. एक प्राचीन पर्वत 6. खोखला वृक्ष; कोटर।

निष्कुल (सं.) [वि.] 1. बिना कुल का; कुल से रहित 2. जिसके कुल में कोई न रह गया हो 3. जो अपने कुल से अलग कर दिया गया हो।

निष्कुह (सं.) [सं-पु.] किसी पेड़ का खोखला अंश; कोटर; खोंडरा।

निष्कूज (सं.) [वि.] शब्द या ध्वनि से रहित; शांत।

निष्कूट (सं.) [वि.] छल-कपट से रहित; निष्कपट।

निष्कृत (सं.) [वि.] 1. मुक्त 2. हटाया हुआ 3. तिरस्कृत; उपेक्षित 4. जिसे क्षमा मिली हो; क्षमित। [सं-पु.] 1. मिलन-स्थल 2. प्रायश्चित।

निष्कृति (सं.) [सं-स्त्री.] 1. हराने की अवस्था 2. छुटकारा; मुक्ति; उद्धार 3. क्षमा 4. तिरस्कार; उपेक्षा; दुराचरण 5. प्रायश्चित।

निष्कृष्ट (सं.) [वि.] 1. निचोड़कर निकाला हुआ 2. सारभूत।

निष्कैवल्य (सं.) [वि.] 1. मोक्ष-रहित 2. पूर्ण 3. शुद्ध।

निष्कोषण (सं.) [सं-पु.] 1. छीलना 2. शरीर पर से खाल उतारना 3. निष्कासन 4. खुरचना 5. काट या फाड़ कर छिन्न-भिन्न या नष्ट-भ्रष्ट करना।

निष्क्रम (सं.) [वि.] बिना क्रम का; बेतरतीब। [सं-पु.] मन की तृप्ति।

निष्क्रमण (सं.) [सं-पु.] 1. बाहर निकालना 2. चार मास के शिशु को पहली बार घर से बाहर निकालने एवं सूर्य-दर्शन कराने के निमित्त हिंदुओं में होने वाला एक संस्कार।

निष्क्रय (सं.) [सं-पु.] 1. किसी वस्तु के बदले में दी जाने वाली रकम या वस्तु 2. पुरस्कार 3. किसी चीज का मूल्य या दाम 4. भाड़ा; मजदूरी 5. चीजों की अदला-बदली या विनिमय 6. शक्ति; सामर्थ्य।

निष्क्रांत (सं.) [वि.] 1. बाहर निकला या निकला हुआ 2. जिसका निष्क्रमण हो चुका हो 3. निर्गत।

निष्क्रिय (सं.) [वि.] 1. कोई काम-धाम न करने वाला 2. जिसमें कार्य या व्यापार न हो; क्रियाहीन 3. 'सक्रिय' का विलोम 4. प्रयत्नरहित; आलसी; अकर्मण्य 5. जिसकी क्रिया या गति बीच में रुक गई हो।

निष्क्रियण (सं.) [सं-पु.] निष्क्रिय करना; निष्क्रिय बनाना; निष्प्रभावी कर देना।

निष्क्रियता (सं.) [सं-स्त्री.] 1. निष्क्रिय होने की अवस्था, दशा या भाव 2. जड़ता; अकर्मण्यता।

निष्क्रियीकरण (सं.) [सं-पु.] निष्क्रिय करने का कार्य या

भाव।

निष्क्रीत (सं.) [वि.] जिसका विमोचन किया गया हो; विमोचित।

निष्क्लेश (सं.) [वि.] 1. जिसे किसी प्रकार का क्लेश न हो; क्लेशरहित 2. बौद्ध धर्म में दस प्रकार के क्लेशों से मुक्त।

निष्क्वाथ (सं.) [सं-पु.] मांस आदि का रसा; शोरबा; झोल।

निष्टि (सं.) [सं-स्त्री.] (पुराण) दैत्यों की माता व दक्षप्रजापति की कन्या तथा कश्यप की पत्नी; दिति।

निष्ठ (सं.) [वि.] 1. ठहरा हुआ; स्थित 2. कार्य में लगा हुआ; तत्पर 3. मन से लगा रहने वाला 4. विश्वास करने वाला 5. किसी के प्रति निष्ठा, श्रद्धा या भक्ति रखने वाला।

निष्ठा (सं.) [सं-स्त्री.] 1. भक्ति या श्रद्धा का भाव या मनोवृति 2. गहरा अनुराग या विश्वास 3. स्थिति; ठहराव 4. निश्चय 5. आधार 6. एकाग्रता; तत्परता; दक्षता 7. दृढ़ता।

निष्ठान (सं.) [सं-पु.] दाल, सब्ज़ी, अचार आदि भोजन की वस्तुएँ।

निष्ठावान (सं.) [वि.] जो किसी के प्रति निष्ठा रखता हो; निष्ठा रखने वाला।

निष्ठाहीन (सं.) [वि.] किसी के भी प्रति निष्ठा न रखने वाला; श्रद्धाहीन; अविश्वासी।

निष्ठित (सं.) [वि.] 1. दृढ़ता से स्थित 2. निष्ठायुक्त; निष्ठावान 3. कुशल; दक्ष।

निष्ठीव (सं.) [सं-पु.] 1. थूक; खखार 2. कफ़ आदि को बाहर निकालने की दवा।

निष्ठुर (सं.) [वि.] 1. क्रूर; बेरहम; निर्दय; हृदयहीन 2. कठिन; कठोर; सख्त; कड़ा; रूखा 3. तेज़; उग्र।

निष्ठुरता (सं.) [सं-स्त्री.] 1. निष्ठुर होने की अवस्था या भाव 2. निर्दयता; कठोरता 3. उग्रता।

निष्ण (सं.) [वि.] 1. किसी विषय का संपूर्ण ज्ञान रखने वाला; ज्ञानी 2. निपुण; कुशल; उत्तम; श्रेष्ठ 3. जो संपन्न या पूरा किया जा चुका हो; निष्पन्न।

निष्णात (सं.) [वि.] 1. प्रवीण; कुशल; निपुण 2. पूरा किया हुआ 3. किसी विषय या बात का अच्छा ज्ञान रखने वाला; विशेषज्ञ; पारंगत; पंडित; (एक्सपर्ट)।

निष्पंद (सं.) [वि.] स्पंदनहीन; शांत; गतिहीन; स्थिर।

निष्पक्व (सं.) [वि.] अच्छी तरह से पका या पकाया हुआ।

निष्पक्ष (सं.) [वि.] 1. जो किसी के पक्ष या दल में न हो 2. पक्षपात न करने वाला; तटस्थ।

निष्पक्षता (सं.) [सं-स्त्री.] 1. पक्षपात न करने का भाव या अवस्था 2. किसी पक्ष या दल में न होने की अवस्था; तटस्थता 3. वस्तुनिष्ठता।

निष्पतन (सं.) [सं-पु.] तीव्रता से बाहर निकलना।

निष्पत्ति (सं.) [सं-स्त्री.] 1. उत्पत्ति; आविर्भाव 2. पूर्णता 3. निश्चय, उद्देश्य आदि की पूर्ति या सिद्धि 4. आदेशानुसार किसी कार्य का किया जाना 5. मीमांसा 6. निर्वाह 7. हठयोग में नाद की अंतिम अवस्था।

निष्पन्न (सं.) [वि.] 1. जन्मा हुआ; उत्पन्न 2. आज्ञा, आदेश, नियम आदि के द्वारा पूरा किया हुआ 3. पूर्ण; सिद्ध; परिपक्व।

निष्पराक्रम (सं.) [वि.] पराक्रमहीन।

निष्पादक (सं.) [सं-पु.] 1. आज्ञानुसार कार्य करने वाला व्यक्ति 2. निश्चय के अनुरूप कार्य संपन्न करने वाला व्यक्ति 3. किसी की वसीयत में उल्लिखित बातों का पालन या व्यवस्था करने के निमित्त नियुक्त अधिकारी; (एग्ज़िक्यूटर)। [वि.] निष्पादन करने वाला।

निष्पादन (सं.) [सं-पु.] 1. नियम, आदेश आदि के अनुसार किसी कार्य को निष्पन्न करना; तामील 2. किसी कार्य को ठीक ढंग से पूरा करना; समाप्त करना।

निष्पाप (सं.) [वि.] 1. जिसने पाप न किया हो या जो पाप से दूर हो (व्यक्ति आदि) 2. जिसे करने से पाप न लगता हो (कार्य आदि)।

निष्पीड़न (सं.) [सं-पु.] 1. किसी रसदार वस्तु से दबाकर रस निकालना 2. निचोड़ना।

निष्पुरुष (सं.) [वि.] 1. पुरुषत्वहीन; नपुंसक 2. जहाँ आबादी न हो; निर्जन।

निष्पौरुष (सं.) [वि.] जिसमें पौरुष न हो; पौरुषहीन।

निष्प्रकंप (सं.) [सं-पु.] (पुराण) तेरहवें या चौदहवें मन्वंतर के सप्तर्षियों में से एक। [वि.] 1. जिसमें कंपन न हो; कंपनरहित 2. स्थिर; अचल।

निष्प्रकाश (सं.) [वि.] प्रकाशरहित; अंधकारपूर्ण; अँधेरा।

निष्प्रताप (सं.) [वि.] प्रतापरहित; तेजरहित; विशिष्टगुण रहित।

निष्प्रतिघ (सं.) [वि.] जिसमें कोई बाधा या रुकावट न हो; अबाध।

निष्प्रतिभ (सं.) [वि.] 1. जिसमें प्रतिभा न हो या जिसकी प्रतिभा समाप्त हो गई हो; प्रतिभारहित 2. मूर्ख; मंदबुद्धि 3. सहानुभूति न रखने वाला 4. जिसमें तड़क भड़क न हो।

निष्प्रभ (सं.) [वि.] 1. जिसमें किसी प्रकार की प्रभा या चमक न हो; प्रभाशून्य; प्रभाहीन 2. घबराया हुआ; हतप्रभ।

निष्प्रभाव (सं.) [वि.] जिसका कोई प्रभाव न हो या न रह गया हो; प्रभावहीन; अप्रभावी।

निष्प्रभावीकरण (सं.) [सं-पु.] प्रभाव को ख़त्म करने की क्रिया या भाव।

निष्प्रयोजन (सं.) [वि.] 1. जिससे कोई प्रयोजन न सिद्ध हो; बेकार; निरर्थक 2. बेमतलब; फ़ालतू का। [क्रि.वि.] 1. बिना प्रयोजन का; निस्वार्थ 2. व्यर्थ; फ़िज़ूल।

निष्प्रयोज्य (सं.) [वि.] जिसका कोई प्रयोजन न हो; प्रयोजनहीन; व्यर्थ।

निष्प्राण (सं.) [वि.] 1. जिसमें प्राण न हों; प्राणरहित 2. मृत; मरा हुआ 3. निर्जीव; जड़ 4. उत्साहहीन 5. गुणहीन (साहित्य आदि के संदर्भ में) 6. {ला-अ.} जो ओजस्वी, प्रेरक या आनंदप्रद न हो।

निष्फल (सं.) [वि.] 1. जिसका कोई फल या परिणाम न हो 2. व्यर्थ; निरर्थक 3. जिसे कोई काम करने में असफलता मिली हो; विफल; असफल 4. जिसमें फल न लगता हो या न लगा हो (वृक्ष)।

निष्फलता (सं.) [सं-स्त्री.] निष्फल होने की अवस्था या दशा;

असफलता।

निसंग (सं.) [वि.] 1. बिना मेल या लगाव का; जो मेल या लगाव न रखता हो 2. एकाकी; अकेला 3. विषयानुराग से रहित; निष्काम; निर्लिप्त 4. एकांत; निर्जन।

निसबत (अ.) [सं-स्त्री.] 1. लगाव; संबंध; ताल्लुक 2. संपर्क 3. तुलना। [क्रि.वि.] 1. ताल्लुक से; लगाव से 2. तुलनात्मक रूप से।

निसर्ग (सं.) [सं-पु.] 1. सृष्टि 2. प्रकृति; स्वभाव 3. त्यागना; छोड़ना 4. रूप; आकृति 5. दान; भेंट 6. बाहर निकालना 7. विनिमय।

निसार[1] (सं.) [सं-पु.] समुदाय; समूह।

निसार[2] (अ.) [सं-पु.] 1. बलि; कुरबानी 2. सदका; न्योछावर 3. मुग्ध 4. मुगलकालीन एक सिक्का जो रुपए के चौथे हिस्से के बराबर होता था।

निसिंधु (सं.) [सं-पु.] सिधुवार; सम्हालू नामक पेड़।

निसीठी [वि.] 1. निःसार; सारहीन; निस्तत्व 2. नीरस; फीका।

निसुहा [सं-पु.] ढीहा, वह कुंदा जिस पर चारा रखकर काटा जाता है।

निसूदक (सं.) [वि.] मारने या वध करने वाला; हिंसा करने वाला; हिंसक।

निसूदन (सं.) [सं-पु.] वध करना; मारना; नष्ट करना।

निसृत (सं.) [वि.] विशेष रूप से निकला या निकाला हुआ।

निसोखिया [वि.] पानी न सोखने वाला।

निसोथ [सं-स्त्री.] 1. गोल एवं नुकीले पत्ते वाली लता 2. उक्त लता की जड़ और तना जो औषधि के रूप में प्रयोग किए जाते हैं।

निस्तंतु (सं.) [वि.] 1. तंतुओं से रहित 2. जिसकी कोई संतति न हो; संतानहीन।

निस्तंद्र (सं.) [वि.] 1. जिसे नींद (तंद्रा) न आई या न आती हो; तंद्रारहित 2. निरालस्य 3. जागा हुआ; जागरूक; जाग्रत।

निस्तत्व (सं.) [वि.] जिसमें कोई तत्व न हो; तत्वहीन; सारहीन।

निस्तब्ध (सं.) [वि.] 1. विशेष रूप से स्तब्ध 2. जो हिलता-डुलता न हो; गतिहीन 3. निश्चेष्ट 4. कोलाहल रहित; शांत 5. जड़।

निस्तब्धता (सं.) [सं-स्त्री.] 1. निस्तब्ध होने की अवस्था या भाव 2. निश्चेष्टता 3. गतिहीनता।

निस्तरंग (सं.) [वि.] 1. जिसमें तरंग अथवा लहर न हो; जिसमें गति अथवा स्पंदन न हो 2. शांत।

निस्तरण (सं.) [सं-पु.] 1. पार होने की क्रिया या भाव 2. छुटकारा; उद्धार 3. काम पूरा करके उससे छुट्टी पाना 4. उपाय।

निस्तरी [सं-स्त्री.] रेशम के कीड़ों की एक जाति, जिनका रेशम कुछ कम चमकदार और कुछ कम मुलायम होता है।

निस्तल (सं.) [वि.] 1. जिसका तल न हो 2. जिसके तल की थाह न हो; बहुत गहरा; अंतहीन 3. गोल; वृत्ताकार 4. नीचा; निम्न।

निस्तार (सं.) [सं-पु.] 1. तैरकर पार होने की क्रिया या भाव 2. बंधन या संकट से बचकर निकलने की क्रिया; छुटकारा; उद्धार; मुक्ति 3. काम पूरा करके उससे छुट्टी पाना 4. अभीष्ट की प्राप्ति या सिद्धि 5. शौच आदि के लिए जाना 6. उपाय 7. ऋण आदि से छुटकारा।

निस्तारक (सं.) [वि.] 1. पार उतारने वाला 2. छुटकारा दिलाने वाला; मुक्त करने वाला।

निस्तारण (सं.) [सं-पु.] 1. निकालने की क्रिया या भाव 2. बंधनों से छुटकारा 3. अभीष्ट कार्य का संपादन 4. (रसायनविज्ञान) निथारने की क्रिया 5. विजय पाने की अवस्था 6. उबारना 7. डूबने, जलने आदि से बचाने की क्रिया।

निस्तीर्ण (सं.) [वि.] 1. जो पार उतर चुका हो 2. जिसका उद्धार हो चुका हो; जिसका निस्तार या छुटकारा हो चुका हो; मुक्त 3. पूरा किया हुआ।

निस्तुष (सं.) [वि.] 1. जिसमें भूसी न हो या जिसकी भूसी अलग कर दी गई हो 2. शुद्ध; निर्मल; स्वच्छ।

निस्तुषित (सं.) [वि.] 1. जिसका छिलका उतार दिया गया हो; छिला हुआ 2. त्यागा हुआ; त्यक्त 3. छोटा या पतला किया हुआ।

निस्तेज (सं.) [वि.] 1. जिसमें आभा या तेज का अभाव हो 2. मंद; धीमा 3. कांतिहीन; निष्प्रभ 4. जिसका तेज धूमिल पड़ गया हो।

निस्नात (सं.) [वि.] 1. विषय विशेष का अच्छा ज्ञाता; निष्णात 2. निपुण; विज्ञ।

निस्पंद (सं.) [वि.] 1. जिसमें कोई कंपन या हरकत न हो; स्पंदनहीन 2. स्थिर; अचल 3. निश्चेष्ट; स्तब्ध।

निस्पंदन (सं.) [सं-पु.] निस्पंद होने की क्रिया या भाव।

निस्पृह (सं.) [वि.] 1. जिसे किसी प्रकार की इच्छा न हो; इच्छारहित; वासनारहित 2. जिसे लोभ न हो।

निस्यंद (सं.) [सं-पु.] 1. टपकना; रिसना; चूना; क्षरण 2. प्रकट करना 3. परिणाम।

निस्वन (सं.) [सं-पु.] शब्द; ध्वनि; आवाज़।

निस्वान (सं.) [सं-पु.] 1. निस्वन 2. किसी ध्वनि के कारण वायु में उत्पन्न सरसराहट।

निस्संकोच (सं.) [वि.] जिसमें संकोच या लज्जा न हो; संकोचहीन; बेधड़क। [क्रि.वि.] बिना किसी संकोच के।

निस्संग (सं.) [वि.] 1. जिसके साथ कोई न हो; अकेला 2. जो किसी से कोई संबंध न रखता हो 3. सांसारिक विषय-वासनाओं से रहित; उदासीन; निष्काम; निर्लिप्त।

निस्संतान (सं.) [वि.] जिसे कोई संतान न हो; संतानहीन।

निस्संदेह (सं.) [वि.] 1. जिसमें कोई संदेह न हो; असंदिग्ध 2. निश्चित। [अव्य.] 1. बिना किसी प्रकार के संदेह के 2. निश्चित रूप से; बेशक; अवश्य; ज़रूर।

निस्संबल (सं.) [वि.] जिसका कोई संबल या ठिकाना न हो; बेसहारा।

निस्सत्व (सं.) [वि.] 1. जिसमें कोई सत्व न हो; थोथा; सत्वहीन; निःसार 2. कमज़ोर; शक्तिहीन 3. तुच्छ 4. बिना अस्तित्व का।

निस्सरण (सं.) [सं-पु.] 1. निकलने की क्रिया या भाव 2.

निकलने का मार्ग; निकास 3. उद्धार 4. उपाय।

निस्सहाय (सं.) [वि.] जिसकी सहायता करने वाला कोई न हो; असहाय।

निस्सार (सं.) [वि.] जिसमें कोई तत्व या सार न हो; सारहीन।

निस्सारण (सं.) [सं-पु.] निकालने अथवा बाहर करने की क्रिया या भाव।

निस्सीम (सं.) [वि.] 1. जिसकी कोई सीमा न हो; असीम 2. सीमातीत।

निस्सृत (सं.) [वि.] बाहर निकला हुआ; बाहर आया हुआ।

निस्स्वाद (सं.) [वि.] 1. स्वादरहित; बेस्वाद 2. जिसका स्वाद अच्छा न हो; स्वादहीन 3. बदमज़ा।

निस्स्वार्थ (सं.) [वि.] बिना स्वार्थ का; जिसमें अपने हित का कोई विचार न हो।

निहंग (सं.) [वि.] 1. अकेला; एकाकी 2. जिसने विवाह न किया हो; अविवाहित 3. पारिवारिक दायित्वों एवं झंझटों से मुक्त 4. स्त्री से संबंध न रखने वाला 5. बेशरम। [सं-पु.] 1. वैष्णव साधुओं का एक वर्ग 2. वैरागी; साधु 3. सिक्खों का एक संप्रदाय।

निहत (सं.) [वि.] 1. फेंका हुआ 2. नष्ट किया हुआ; विनष्ट 3. जो मार डाला गया हो 4. जड़ा हुआ; संलग्न।

निहतार्थ (सं.) [सं-पु.] (काव्यशास्त्र) एक प्रकार का काव्य दोष जिसमें किसी द्व्यर्थक शब्द को उसके अप्रसिद्ध अर्थ में प्रयुक्त किया जाता है।

निहत्था (सं.) [वि.] 1. जिसके हाथ में कोई हथियार या अस्त्र न हो 2. निःशस्त्र; निरस्त्र; आयुधहीन 3. खाली हाथवाला; जिसके पास कोई साधन या उपाय न हो 4. बिना हथियारवाला 5. मारा हुआ; बरबाद किया हुआ।

निहल [सं-पु.] वह जमीन जो नदी के पीछे हट जाने से निकल आई हो; गंग-बरार; कछार।

निहली [वि.] किनारे की; कोने वाली।

निहाई (सं.) [सं-स्त्री.] 1. एक विशेष आकार का लोहे का वह ठोस टुकड़ा जिसपर धातुओं को रखकर पीटा जाता है 2. लोहारों और सुनारों द्वारा प्रयोग किया जाने वाला लोहे का भारी अड्डा या आधार।

निहानी [सं-स्त्री.] नक्काशी जैसे महीन काम करने का एक तरह का औज़ार; रुखानी।

निहायत (अ.) [अव्य.] अत्यंत; बहुत अधिक; ज़्यादा। [सं-स्त्री.] हद; सीमा।

निहार (सं.) [सं-पु.] 1. कुहरा; धुंध 2. ओस 3. पाला; बरफ़ 4. निकास; निकलने का रास्ता।

निहारना [क्रि-स.] ध्यानपूर्वक देखना; टकटकी लगाकर देखना; गौर से देखना।

निहारिका (सं.) [सं-स्त्री.] आकाश में कुहरे की तरह छाया हुआ प्रकाश-पुंज जो रात में सफ़ेद धारी की तरह दिखाई देता है।

निहाल (फ़ा.) [वि.] 1. प्रफुल्ल; प्रसन्न; ख़ुश 2. समृद्ध; मालामाल 3. पूर्णकाम; सफल मनोरथ।

निहाली (फ़ा.) [सं-स्त्री.] तोशक; गद्दा; रजाई।

निहित (सं.) [वि.] 1. किसी चीज़ के अंदर स्थित; छिपा हुआ; अंतर्भुक्त; दबा हुआ 2. स्थापित; रखा हुआ; धरा हुआ 3. किसी के अंदर पड़ा हुआ 4. उपलक्षित (अर्थ) 5. प्रदत्त; सौंपा हुआ, जैसे- निहित अधिकार 6. गंभीर स्वर में कहा हुआ।

निहितार्थ (सं.) [सं-पु.] 1. छिपा हुआ अर्थ; अभिप्रेत अर्थ; उपलक्षित अर्थ 2. वाक्य का वह गूढ़ अर्थ जो साधारण तौर पर स्पष्ट न हो किंतु उसका महत्व हो।

निहोरा (सं.) [सं-पु.] 1. कृतज्ञता; उपकार; अहसान 2. विनय; निवेदन 3. भरोसा; अवलंब; आसरा।

नींद (सं.) [सं-स्त्री.] 1. सोने की अवस्था; निद्रा 2. शरीर और मस्तिष्क के विश्राम की अवस्था। [मु.] **नींद उचटना** : किसी विघ्न या बाधा के कारण नींद में भंग पड़ना। **नींद खुलना या टूटना** : ठीक समय पर नींद पूरी होकर स्वतः आँख खुलना।

नींबू (सं.) [सं-पु.] दे. नीबू।

नींबूनिचोड़ (सं.) [वि.] 1. जो किसी का सारा तत्व उसी प्रकार निकाल लेता हो जिस प्रकार नींबू का रस निकाला जाता 2. दूसरे का अधिकतम लाभ उठाने वाला।

नींव (सं.) [सं-स्त्री.] 1. किसी भवन की दीवार का वह निचला हिस्सा जो ज़मीन के नीचे रहता है 2. उक्त हेतु ज़मीन में खोदा गया नालीनुमा गड्ढा 3. किसी वस्तु या कार्य का आधार भाग या शुरुआत 4. मूल; जड़; आधार 5. {ला-अ.} वह मौलिक कार्य या आंदोलन जो भविष्य में बहुत उत्कृष्ट रूप में सामने आया हो; किसी रचनात्मक कार्य का आरंभ।

नीऑन (अं.) [सं-पु.] एक निष्क्रिय एवं रंगहीन गैस।

नीच (सं.) [वि.] 1. आचरण, व्यवहार, कर्म, गुण आदि के विचार से निम्न 2. निंदनीय; बुरा; हीन 3. दुष्ट; खल। [सं-पु.] फलित ज्योतिष में किसी ग्रह के उच्च स्थान से सातवें घर में होने की स्थिति; नीच ग्रह।

नीच-ऊँच [सं-पु.] 1. छोटा-बड़ा 2. बुरा-भला; अहित-हित 3. हानि-लाभ 4. दुख-सुख।

नीचग (सं.) [वि.] 1. नीचे की ओर जाने वाला 2. ओछा; नीच 3. नीच कुल की स्त्री के साथ सहवास करने वाला। [सं-पु.] 1. जल 2. फलित ज्योतिष के अनुसार वह ग्रह जो अपने उच्च स्थान के सातवें स्थान में पड़ा हो।

नीचता (सं.) [सं-स्त्री.] 1. नीच होने की अवस्था या भाव 2. हेय आचरण या व्यवहार; ओछापन; दुष्टता।

नीचपन (सं.) [सं-पु.] नीचता; ओछापन।

नीचा (सं.) [वि.] 1. जो किसी ऊँची सतह की तुलना में गहरा या कम ऊँचा हो, जैसे- नीची ज़मीन 2. गहरा; निम्न 3. 'ऊँचा' का विलोम 4. जिसका विस्तार या विकास ऊपर की तरफ़ कम हो; कम उँचाईवाला 5. जिसका झुकाव नीचे की ओर हो; जो ज़मीन के समीप आया हुआ हो, जैसे- नीची शाखा 6. झुका हुआ; नत। [मु.] **-दिखाना** : अपमानित करना; तुच्छ ठहराना; हराना; शर्मिंदा करना। **-देखना** : हारना; अपमानित होना; नीची दृष्टि करना; लज्जा या संकोचवश सिर

झुकाना।

नीचे [क्रि-वि.] 1. किसी की तुलना में निम्न धरातल पर या में 2. किसी की अधीनता या वश में 3. ऐसी स्थिति में जिसमें उसके ठीक ऊपर भी कुछ हो। [मु.] **नीचे उतारना** : मरते हुए व्यक्ति को खाट पलंग आदि से हटाकर नीचे उतारना। **नीचे गिराना** : पतित बनाना।

नीड़ (सं.) [सं-पु.] 1. घोंसला 2. रहने, ठहरने या बैठने का स्थान; आश्रय; घर विश्राम-स्थल 3. माँद 4. किसी सवारी में बैठने की जगह 5. रथ की वह जगह जहाँ रथी बैठता है।

नीड़क (सं.) [सं-पु.] 1. पक्षी 2. घोंसला।

नीड़ज (सं.) [सं-पु.] पक्षी; चिड़िया।

नीत (सं.) [वि.] 1. पहुँचाया या लाया हुआ 2. ग्रहण किया हुआ; गृहीत 3. मिला या पाया हुआ; प्राप्त 4. बिताया हुआ 5. स्थापित। [सं-पु.] 1. धन-संपत्ति 2. गल्ला।

नीति (सं.) [सं-स्त्री.] 1. उचित या ठीक रास्ते पर ले जाने या ले चलने की क्रिया या ढंग; नीतिशास्त्र 2. आचार-व्यवहार; बरताव का ढंग 3. राष्ट्र या समाज की उन्नति या हित के लिए निश्चित आचार-व्यवहार 4. सदाचार के नियम तथा रीतियाँ; अच्छा चालचलन 5. राज्य या शासन की रक्षा तथा व्यवस्था के लिए तय किए गए नियम तथा सिद्धांत; राजनीति 6. अपना उद्देश्य पूरा करने के लिए किया जाने वाला आचरण; चतुराई भरी चाल 7. किसी कार्य को संपन्न करने का ढंग या विधि; (पॉलिसी) 8. हिम्मत; तरकीब; युक्ति 9. किसी कार्य की उपलब्धि 10. चाल 11. किसी संस्था या सरकार द्वारा कार्य संचालन के लिए अपनाई जाने वाली कार्य पद्धति 12. उपाय; युक्ति; योजना 13. संबंध; सहारा 14. औचित्य।

नीतिगत (सं.) [वि.] नीति संबंधी; नीति विषयक।

नीतिज्ञ (सं.) [वि.] 1. नीति को जानने वाला; नीतिशास्त्र का ज्ञाता 2. नीतिकुशल; चतुर 3. राजनीति-विशारद 4. सदाचारी।

नीतिपरक (सं.) [वि.] नीतियुक्त; जिसमें नीति हो; नीति से संबंधित।

नीतिमत्ता (सं.) [सं-स्त्री.] विवेक; बुद्धिमानी।

नीतिमान (सं.) [वि.] नीति के अनुरूप व्यवहार करने वाला; नीतिपरायण; सदाचारी।

नीतिवचन (सं.) [वि.] नीति संबंधी वचन या कथन; नीति विषयक उक्ति।

नीतिवादी (सं.) [वि.] 1. नीतिवाद संबंधी 2. नीतिवाद का अनुयायी 3. नीतिशास्त्र के सिद्धांतों के अनुरूप आचरण करने वाला या ऐसी इच्छा रखने वाला।

नीतिवान (सं.) [वि.] नीतियुक्त; नीति वाला; सदाचारी।

नीतिशास्त्र (सं.) [सं-पु.] 1. वह शास्त्र जिसमें मानव समाज के हित के लिए देश, काल और पात्र के अनुसार आचार-व्यवहार तथा प्रबंध एवं शासन का विधान हो; (एथिक्स) 2. उक्त विषय से संबंधित कोई प्रामाणिक ग्रंथ।

नीध्र (सं.) [सं-पु.] 1. जंगल; वन 2. पहिए का धुरा 3. चंद्रमा 4. छाजन की ओलती।

नीप (सं.) [सं-पु.] 1. कदंब का पेड़ एवं फूल 2. गुलदुपहरिया; बंधूक वृक्ष 3. नीला अशोक 4. पर्वत का निम्न भाग या तल 5. एक प्राचीन देश। [वि.] निम्न भाग में स्थित।

नीबू (सं.) [सं-पु.] 1. गोलाकार या लंबोतर आकार का खट्टे रस वाला एक फल 2. वह पेड़ जिसमें उक्त फल लगता है।

नीम गिरिद [सं-पु.] अर्धचंद्राकार रेती जो चिकनेपन के लिए काम में लायी जाती है; मैगीरी; बढ़इयों का एक उपकरण: नीमगिर्दा।

नीम धुरी [सं-स्त्री.] दे. निमारा।

नीम[1] (सं.) [सं-पु.] एक प्रसिद्ध पेड़ जिसके फल, बीज, पत्तियाँ आदि सभी कड़वे होते हैं तथा इससे अनेक प्रकार की औषधियाँ बनाई जाती हैं।

नीम[2] (फ़ा.) [वि.] 1. अर्ध; आधा, जैसे- नीम हकीम 2. थोड़ा-बहुत; हलके रंग के संबंध में, जैसे- नीम प्याज़ी 3. मध्य; बीच। [मु.] **-हकीम** : 1. अधकचरा ज्ञान रखने वाला वैद्य 2. आयुर्विज्ञान की अल्प जानकारी रखने वाला चिकित्सक।

नीमा (फ़ा.) [सं-पु.] एक तरह का पहनावा जो जामे के नीचे पहना जाता है।

नीयत (अ.) [सं-स्त्री.] 1. किसी चीज़ को पाने के लिए मन में रहने वाला भाव या उद्देश्य; आंतरिक लक्ष्य 2. इच्छा; इरादा; मंशा; भावना 3. संकल्प; आशय 4. किसी काम को करने की प्रवृत्ति; (इंटेंशन)। [मु.] **-बदल जाना या नीयत में फ़र्क आना** : संकल्प या विचार को बदल देना। **-बिगड़ना** : अच्छे संकल्प या विचार को बदल देना। **-भरना** : मन भरना; तृप्ति हो जाना। **-लगी रहना** : लालसा बनी रहना।

नीर (सं.) [सं-पु.] 1. पानी; जल 2. नीम के पेड़ से निकलने वाला रस 3. फफोले के अंदर का पानी।

नीरक्षीर (सं.) [सं-पु.] पानी और दूध। [मु.] **-विवेक** : अच्छाई और बुराई में अंतर करने की क्षमता; सम्यक न्याय का विवेक।

नीरज (सं.) [सं-पु.] 1. कमल 2. मोती 3. एक प्रकार की घास 4. कुट नामक औषधि। [वि.] जल से उत्पन्न; जलीय।

नीरद (सं.) [वि.] 1. जल देने वाला 2. बिना दाँतवाला; दंतहीन; अदंत। [सं-पु.] 1. मेघ; बादल 2. बाहर निकला हुआ दाँत 3. अपने पूर्वजों के तर्पण हेतु उनको जल देने वाला व्यक्ति।

नीरधर (सं.) [सं-पु.] मेघ; बादल।

नीरधि (सं.) [सं-पु.] समुद्र; सागर।

नीरना [क्रि-स.] 1. जल छिड़कना 2. सींचना 3. पोषक द्रव्य, भोजन आदि देकर जीवित रखना; पालना-पोसना 4. छितराना; बिखेरना।

नीरव (सं.) [वि.] 1. शांत; शब्दरहित; जिसमें ध्वनि या रव न हो; निःशब्द 2. जो ध्वनि न करता हो; जो बोलता न हो; चुप।

नीरवता (सं.) [सं-स्त्री.] 1. ख़ामोशी; नीरव या चुप होने की अवस्था 2. सन्नाटा; शांति; मौन।

नीरस (सं.) [वि.] 1. जिसमें रस न हो; रसहीन; बेस्वाद 2. जिसमें मधुरता न हो; फीका 3. जो मन को आनंदित न करता हो 4. जिसमें आकर्षण न हो; जो रुचिकर न हो 5. शुष्क; सूखा हुआ।

नीरसता (सं.) [सं-स्त्री.] 1. नीरस होने का भाव; रस का

अभाव; फीकापन 2. रोचक अथवा दिलचस्प न होना।

नीरसना [क्रि-अ.] बेस्वाद होना; पानी सूखना।

नीरा (सं.) [सं-स्त्री.] ताड़ या खजूर के वृक्ष का रस जो प्रात:काल में उतारा जाता है; ताड़ी।

नीराजनी (सं.) [सं-स्त्री.] आरती के दीपक हेतु आधार-पात्र।

नीराज (सं.) [सं-पु.] नेवले की शक्ल का एक उभयचर जंतु; ऊदबिलाव।

नीराजन (सं.) [सं-पु.] 1. देवता को दीपक दिखाने की क्रिया; आरती 2. प्राचीन काल में युद्ध से पूर्व राजाओं के यहाँ होने वाला एक पर्व जिसमें हथियार साफ़ करके चमकाए जाते थे 3. हथियारों को साफ़ करके चमकाने की क्रिया या भाव।

नीरुज (सं.) [सं-पु.] कुट नामक औषधि; कुष्ठौषधि। [वि.] निरोग; रोगरहित; स्वस्थ।

नीरोग (सं.) [वि.] जिसे कोई रोग अथवा बीमारी न हो; तंदुरुस्त; स्वस्थ।

नील (सं.) [सं-पु.] 1. एक पौधा जिसके नीले फूलों से नीला रंग बनाया जाता है 2. उक्त पौधे से प्राप्त पदार्थ; नील 3. नीला रंग 4. कलंक; लांछन 5. नीलम नामक बहुमूल्य रत्न 6. शरीर पर चोट लगने से पड़ने वाला निशान 7. (पुराण) नौ निधियों में से एक; कुबेर की निधि 8. बरगद का वृक्ष 9. विष; ज़हर 10. इंद्रनील मणि 11. (रामायण) राम की सेना का एक वानर जिसने नल के साथ समुद्र पर पुल बनाया था 13. नीलकंठ पक्षी। [वि.] 1. सौ खरब (संख्या) 2. आसमानी रंग का 3. नीले रंग का। [मु.] **-का टीका लगाना** : कलंक लगाना; कलंकित करना।

नीलंकठाक्षी (सं.) [सं-स्त्री.] खंजन जैसी आँखों वाली मादा। [वि.] जिसकी आँखें खंजन जैसी हों।

नीलकंठ (सं.) [सं-पु.] 1. नीले कंठ और डैनों वाली एक छोटी चिड़िया 2. मोर 3. शिव। [वि.] जिसका कंठ नीला हो।

नीलकंठी (सं.) [वि.] नीलकंठ (पक्षी) के समान कंठ वाली। [सं-स्त्री.] एक प्रकार का पौधा।

नीलकमल (सं.) [सं-पु.] नीले रंग का कमल; इंदीवर; उत्पल।

नीलकांत (सं.) [सं-पु.] 1. नीलकंठ नामक एक पहाड़ी पक्षी 2. इंद्रमणि; नीलम नामक रत्न।

नीलकृष्ण (सं.) [वि.] नीलापन लिए हुए काले रंग का।

नीलगंगा (सं.) [सं-स्त्री.] एक प्राचीन नदी।

नीलगाय (सं.) [सं-स्त्री.] हलका नीलापन लिए भूरे रंग की गाय; गाय जैसी शक्ल का एक जंगली पशु जो बहुत तेज़ दौड़ता है; गवय; रोझ।

नीलगिरि (सं.) [सं-पु.] दक्षिण भारत का एक पर्वत; अंजनगिरि; नीलांचल; नील।

नीलम (फ़ा.) [सं-पु.] 1. नीले रंग का एक प्रसिद्ध रत्न; नीलमणि; नीलकांत; इंद्रनील 2. आम की एक उत्तम प्रजाति।

नीलमणि (सं.) [सं-पु.] नीले रंग का एक प्रसिद्ध रत्न; नीलम।

नीलहरित (सं.) [सं-पु.] 1. नीली आभायुक्त रंग 2. उक्त रंग का रत्न।

नीला (सं.) [वि.] 1. नील के रंग का 2. आसमान के रंग का; आसमानी। [सं-पु.] 1. नीला रंग; नीलम; इंद्रनील मणि 2. कबूतर की एक प्रजाति। [सं-स्त्री.] 1. नील का पौधा 2. एक प्रकार की लता 3. नीली मक्खी 4. एक प्राचीन नदी 5. संगीत की एक रागिनी। [मु.] **नीला करना** : 1. बहुत अधिक मारना। **नीला पड़ना** : मार का दाग पड़ना। **नीला पीला होना** : क्रोध करना।

नीलांजना (सं.) [सं-स्त्री.] 1. बिजली 2. काली कपास।

नीलांबर (सं.) [सं-पु.] 1. नीला कपड़ा या वस्त्र 2. शनैश्चर; शनि ग्रह 3. बलदेव। [वि.] जिसका वस्त्र नीला हो।

नीलांबुज (सं.) [सं-पु.] नील कमल।

नीलाक्ष (सं.) [सं-पु.] राजहंस। [वि.] जिसकी आँखें नीली हो; नीली आँखोंवाला।

नीलाभ (सं.) [वि.] जिसमें नीले रंग की आभा या झलक हो; हलका नीला।

नीलाम (पु.) [सं-पु.] 1. सार्वजनिक बिक्री की वह पद्धति जिसमें सबसे अधिक दाम देने वाले को माल बेचा जाता है 2. इस प्रकार चीज़ें बेचने की क्रिया, ढंग या भाव 3. बोली बोलकर बेचना; (ऑक्शन)।

नीलामकर्ता [सं-पु.] नीलाम करने वाला व्यक्ति।

नीलामघर (पु.+सं.) [सं-पु.] वह स्थान जहाँ चीज़ें नीलाम की जाती हों।

नीलामी (पु.) [वि.] नीलाम के रूप में बेचा या खरीदा गया, जैसे- नीलामी गाड़ी, नीलामी घोड़ा।

नीलाश्व (सं.) [सं-पु.] एक प्राचीन देश।

नीलि (सं.) [सं-स्त्री.] एक जलीय जंतु।

नीलिंगु (सं.) [सं-पु.] 1. एक तरह का कीड़ा 2. गीदड़ 3. भौंरा; भ्रमर 4. फूल।

नीलिका (सं.) [सं-स्त्री.] 1. एक नेत्र रोग 2. चोट, आघात आदि के कारण शरीर पर पड़ने वाला नीला दाग 3. नील का पौधा।

नीलिमा (सं.) [सं-स्त्री.] नीले होने की अवस्था, गुण या भाव; नीलापन।

नीलोत्पल (सं.) [सं-पु.] नील कमल।

नीलोफ़र (फ़ा.) [सं-पु.] नीलोत्पल; कुमुद; कुईं।

नीवर (सं.) [सं-पु.] 1. बौद्ध भिक्षु; परिव्राजक; संन्यासी 2. वाणिज्य; व्यापार; रोज़गार 3. वणिक; व्यापारी; रोज़गारी 4. पानी; जल 5. कीचड़।

नीवार (सं.) [सं-पु.] जलीय भूमि में स्वत: उत्पन्न होने वाला धान; तिन्नी धान।

नीवी (सं.) [सं-स्त्री.] 1. कमर में बाँधी जाने वाली धोती या साड़ी की वह गाँठ जो उसे नीचे सरकने से रोकती है 2. वह डोरी जिसे स्त्रियाँ कमर में धोती के ऊपर लपेटकर बाँधती हैं; फुबती 3. लहँगे के नेफे की डोरी; इज़ारबंद; नाड़ा 4. पूँजी; मूलधन 5. जमा किया हुआ वह धन जिसके ब्याज से अन्य काम किए जाते हैं।

नीशार (सं.) [सं-पु.] 1. ठंडी हवा, सरदी आदि से बचाव हेतु

टाँगा जाने वाला परदा; कनात 2. उक्त बचाव हेतु ओढ़ा जाने वाला गरम कपड़ा, जैसे- कंबल।

नीह [सं-स्त्री.] नीव।

नीहार (सं.) [सं-पु.] 1. कुहरा; तुषार; पाला 2. हिम; बरफ 3. निष्कासन; खाली करने की क्रिया।

नीहारिका (सं.) [सं-स्त्री.] कुहरे या धुंध की तरह छाया हुआ आकाश का प्रकाश पुंज।

नुकड़ेटा [सं-पु.] मकान के कोने के बचाव का पत्थर।

नुकता (अ.) [सं-पु.] दे. नुक़्ता।

नुकर [वि.] एकदम सफेद।

नुकरा (अ.) [सं-पु.] 1. सफ़ेद रंग का घोड़ा 2. चाँदी।

नुकसान (अ.) [सं-पु.] 1. हानि; घाटा; क्षति; ह्रास 2. कमी। [मु.] **-उठाना** : हानि सहना। **-पहुँचाना** : किसी की हानि करना। **-भरना** : क्षतिपूर्ति करना।

नुकसानदायक (अ.+सं.) [वि.] जो हानि पहुँचाता हो; नुकसान करने वाला; हानिकर; अहितकारी; क्षति करने वाला।

नुकसानदेह (अ.+फ़ा.) [वि.] नुकसान पहुँचाने वाला; हानिकर; नुकसानदायक; अनिष्टकारी; अहितकारी।

नुकसानी [सं-स्त्री.] नुकसान; घाटा; हानि। [वि.] जिसका कुछ भाग कट-फट गया हो, जैसे- नुकसानी माल।

नुकाई [सं-स्त्री.] खुरपी से नीराने की क्रिया या भाव; मजदूरी।

नुकाना[1] [क्रि-स.] 1. खुरपी से निराना 2. लुकाना; छिपाना।

नुकाना[2] [सं-पु.] 1. दाने निकालने की प्रक्रिया 2. फूल पत्तियों को पोली और हल्की बनाने का काम।

नुकीला [वि.] 1. जिसमें नोक हो; नोकदार 2. {ला-अ.} जो आकर्षक हो; सज-धजवाला; सुंदर; सजीला; बाँका।

नुकीलापन [सं-पु.] 1. नुकीला या नोंकदार होने की अवस्था; पैनापन 2. सजीलापन; बाँकपन; सुंदरता।

नुक्कड़ [सं-पु.] 1. किसी गली या मार्ग का वह सिरा जहाँ कोई मोड़ पड़ता हो; मोड़; नाका 2. कोना; सिरा 3. नोक की तरह आगे निकला हुआ सिरा।

नुक्का [सं-पु.] 1. नोक 2. गेड़ी खेलने की लकड़ी या डंडा।

नुक्ता (अ.) [सं-पु.] 1. पते की बात, बारीक बात वह गूढ़ या रहस्यपूर्ण बात जिसे सब लोग न समझ सकें 2. दोष; ऐब; त्रुटि; छिद्र 3. चटपटी बात; चुटकुला 4. मक्खियों से बचाने के लिए घोड़ों की आँखों पर लगाया जाने वाला झालर या चमड़े का आवरण; सरबंद; तिल्हरी।

नुक़्ता (अ.) [सं-पु.] 1. बिंदु; बिंदी 2. लेखन में अक्षरों के नीचे लगाई जाने वाली बिंदी, जैसे- ज़; फ़; ख़ आदि 3. शून्य का सूचक चिह्न; सिफ़र 4. दाग; धब्बा।

नुक्ताचीन (अ.+फ़ा.) [वि.] मीन-मेख निकालने वाला; कमियाँ ढूँढने वाला; छिद्रान्वेषी; आलोचक।

नुक्ताचीनी (अ.+फ़ा.) [सं-स्त्री.] 1. दूसरों की कमियाँ या दोष ढूँढ़ना; छिद्रान्वेषण 2. दूसरों के दोषों की ओर इंगित करना।

नुक्ल (अ.) [सं-पु.] भोजनोपरांत खाई जाने वाली मिठाई।

नुक्स (अ.) [सं-पु.] 1. त्रुटि; दोष; ऐब 2. कमी; ख़ामी; ख़राबी।

नुखरना [क्रि-अ.] भालू का चित लेटना।

नुचवाना [क्रि-स.] किसी से नोचने का काम कराना; किसी को कुछ नोचने में प्रवृत्त करना।

नुजट [सं-पु.] (संगीत) 24 शोभाओं में से एक।

नुजूम (अ.) [सं-पु.] 1. ज्योतिष 2. इल्मे नुजूम 3. तारे 4. सितारे।

नुत (सं.) [वि.] 1. जिसकी वंदना की गई हो; वंदित 2. जिसे प्रणाम या नमस्कार किया गया हो; नमस्कृत 3. जिसकी स्तुति की गई हो; स्तुत 4. जिसकी पूजा की गई हो; पूजित।

नुति (सं.) [सं-स्त्री.] 1. वंदना 2. प्रणाम 3. स्तुति 4. पूजन।

नुत्फ़ा (अ.) [सं-पु.] 1. पुरुष का वीर्य; शुक्र 2. औलाद; संतान।

नुनी [सं-स्त्री.] शहतूत की जाति का एक पेड़।

नुमाइंदगी (फ़ा.) [सं-स्त्री.] नुमाइंदा अर्थात प्रतिनिधि होने की अवस्था या भाव; प्रतिनिधित्व।

नुमाइंदा (फ़ा.) [सं-पु.] 1. प्रतिनिधित्व करने वाला व्यक्ति; प्रतिनिधि 2. दिखाने या प्रकट करने वाला व्यक्ति।

नुमाइश (फ़ा.) [सं-स्त्री.] 1. प्रदर्शनी; दिखावा; दिखावट 2. ठाठ-बाट; तड़क-भड़क 3. अद्‌भुत वस्तुओं का प्रदर्शन 4. वह स्थान जहाँ उक्त प्रकार की वस्तुएँ लोगों को दिखाने के लिए रखी जाती हैं।

नुमाइशी (फ़ा.) [वि.] 1. नुमाइश संबंधी 2. (वह वस्तु) जो नुमाइश में रखी गई हो या रखी जानी हो 3. केवल देखने लायक; दिखावटी 4. तड़क-भड़कवाला 5. जो बोदा और कमज़ोर हो और काम में न आ सके।

नुमाई (फ़ा.) [परप्रत्य.] प्रत्यय के रूप में प्रयुक्त होने वाला शब्द जिसका अर्थ दिखावा या प्रदर्शन होता है, जैसे- ख़ुदनुमाई।

नुमायाँ (फ़ा.) [वि.] 1. जो स्पष्ट दिखाई देता हो; ज़ाहिर; व्यक्त; प्रकट 2. बड़ा; प्रधान।

नुसख़ा (फ़ा.) [सं-पु.] 1. वह कागज़ जिसपर चिकित्सक या वैद्य के द्वारा रोगी के लिए दवाएँ तथा उन्हें लेने की विधि लिखी जाती है 2. सूत्र; (फ़ारमूला) 3. कॉपी; नकल 4. कागज़ का टुकड़ा जिसपर कुछ लिखा हो 5. ग्रंथ आदि की प्रति।

नूतन (सं.) [वि.] 1. नवीन; नया; अभिनव 2. आधुनिक 3. तुरंत या हाल का; ताज़ा 4. अनोखा; अनूठा; अपूर्व।

नूतनता (सं.) [सं-स्त्री.] नूतन होने की अवस्था या भाव; नयापन; नवीनता।

नूतनीकरण (सं.) [सं-पु.] नूतन रूप देने की क्रिया या भाव; नवीनीकरण।

नूद (सं.) [सं-पु.] शहतूत अर्थात ब्रह्मदारु वृक्ष।

नूधा [सं-पु.] एक तरह का देशी तंबाकू।

नून (सं.) [सं-पु.] 1. नमक; लवण 2. आल की जाति की एक प्रकार की लता।

नूपुर (सं.) [सं-पु.] 1. स्त्रियों के पैर का गहना; घुँघरू; पाज़ेब 2. इक्ष्वाकु वंश का एक राजा।

नूर (अ.) [सं-पु.] 1. ज्योति; प्रकाश; रोशनी 2. छवि; कांति;

आभा; शोभा; छटा 3. चमक-दमक।

नूरचश्म (अ.) [सं-पु.] प्यारा; लड़का; सुपुत्र।

नूरा (अ.) [वि.] 1. चमकता हुआ; प्रकाशमान 2. तेजस्वी।

नूराकुश्ती (अ.) [सं-पु.] ऐसी कुश्ती जिसमें दोनों पहलवान आपस में तय कर लेते हैं कि एक-दूसरे को चित नहीं करेंगे।

नूरी (अ.) [वि.] नूर संबंधी; नूर का।

नृ (सं.) [सं-पु.] मानव (केवल पूर्व पद के रूप में प्रयुक्त), जैसे- नृविज्ञान।

नृग (सं.) [सं-पु.] 1. मनु के एक पुत्र का नाम 2. उशीनर का पुत्र जो यौधेय वंश का मूल पुरुष था 3. एक महादानी पौराणिक राजा जिन्हें एक ब्राह्मण के शाप के कारण गिरगिट का रूप धारण करना पड़ा था।

नृतक [सं-पु.] नाचने या नृत्य करने वाला व्यक्ति; नर्तक।

नृतत्व (सं.) [सं-पु.] मानव एवं उसके वंश से संबंधित विज्ञान।

नृतत्वशास्त्र (सं.) [सं-पु.] वह विज्ञान जिसमें मानव की उत्पत्ति और विकास आदि का अध्ययन किया जाता है; मानवविज्ञान।

नृति (सं.) [सं-स्त्री.] नाच; नृत्य; नर्तन।

नृत्त (सं.) [सं-पु.] भाव और लय से रहित अंग-विक्षेप।

नृत्य (सं.) [सं-पु.] 1. लय और ताल के साथ किया जाने वाला शरीर के अंगों का संचालन; नाच; ठुमका; (डांस) 2. संगीत के साथ किया जाने वाला भाव प्रधान नाच जिसके दो प्रधान भेद हैं- तांडव और लास।

नृत्यकला (सं.) [सं-स्त्री.] नृत्य करने की कला; ताल और लय पर नाचने का ढंग।

नृत्यकार (सं.) [वि.] वह व्यक्ति जो नृत्य करता हो; नर्तक; नचैया।

नृत्यगीत (सं.) [सं-पु.] 1. वह गीत जिसपर नृत्य किया जाए; नृत्यगान 2. नाचते हुए गाना; नाचरंग।

नृत्यनाटिका (सं.) [सं-स्त्री.] ऐसा अभिनय या नाट्य जिसमें नृत्य होता है; नृत्यनाट्य; नृत्याभिनय।

नृत्यमय (सं.) [वि.] 1. जो नृत्य में लीन हो 2. जिसमें नृत्य की अधिकता हो।

नृत्यरत (सं.) [वि.] 1. जो नृत्य कर रहा हो 2. नृत्यमग्न; जो नृत्य में लीन हो।

नृत्यशाला (सं.) [सं-स्त्री.] वह भवन जहाँ नृत्य का आयोजन किया जाता है; नाचघर।

नृत्यांगना (सं.) [सं-स्त्री.] 1. नृत्य करने वाली स्त्री; नर्तकी 2. नृत्य कला में निपुण स्त्री।

नृप (सं.) [सं-पु.] राजा; नृपति। [वि.] मनुष्यों की रक्षा करने वाला।

नृपंजय (सं.) [सं-पु.] एक पुरुवंशी नरेश।

नृपति (सं.) [वि.] 1. राजा 2. मुखिया 3. कुबेर।

नृपनंदन (सं.) [सं-पु.] राजा का पुत्र; राजकुमार।

नृपसिंह (सं.) [सं-पु.] राजाओं में श्रेष्ठ।

नृपाध्वर (सं.) [सं-पु.] एक यज्ञ जिसे कराने से किसी राजा को चक्रवर्ती सम्राट कहलाने का अधिकार प्राप्त हो जाता है; राजसूय यज्ञ।

नृपाल (सं.) [सं-पु.] राजा; शासक।

नृपेंद्र (सं.) [वि.] राजाओं का राजा।

नृमिति (सं.) [सं-स्त्री.] मानव शरीर, उसके अंगों और उनकी कार्य-क्षमता को मापने वाला विज्ञान, इसमें मानव-विकास और उसकी जातीय विविधता का अध्ययन किया जाता है।

नृयज्ञ (सं.) [सं-पु.] पाँच महायज्ञों में से एक।

नृवंश (सं.) [सं-पु.] मानव की अलग-अलग प्रजातियाँ।

नृविज्ञान (सं.) [सं-पु.] मानव की उत्पत्ति, विकास आदि का विवेचन करने वाला शास्त्र; नृ-वंश विज्ञान; मानव विज्ञान।

नृविज्ञानी (सं.) [वि.] नृविज्ञान का अध्ययन करने वाला; नृतत्व वेत्ता।

नृवेत्ता (सं.) [सं-पु.] नृविज्ञानी; मानव-विज्ञानी।

नृशंस (सं.) [वि.] क्रूर; निर्दय; सताने वाला; अत्याचारी; अनिष्ट करने वाला।

नृशंसता (सं.) [सं-स्त्री.] नृशंस होने की अवस्था या भाव; नृशंस आचरण; अत्याचार।

नृसिंह (सं.) [सं-पु.] (पुराण) विष्णु के चौथे अवतार का वह रूप जो आधे पुरुष और आधे सिंह के रूप में था; नरसिंह।

नृसिंहावतार (सं.) [सं-पु.] (पुराण) विष्णु का वह अवतार जो भक्त प्रह्लाद की रक्षा करने के लिए आधे मनुष्य और आधे सिंह के रूप में प्रकट होकर हिरण्यकश्यप का वध करता है।

नृहरि (सं.) [सं-पु.] नृसिंह; नरसिंह।

ने (सं.) [पर.] 1. कर्ताकारक का परसर्ग 2. सकर्मक भूतकालिक क्रिया के कर्ता के साथ लगने वाला परसर्ग; कुछ अकर्मक क्रियाओं (छींकना, खाँसना, थूकना आदि) के साथ भी यह परसर्ग प्रयुक्त होता है।

नेउर (सं.) [सं-पु.] 1. पैजनी 2. धुँघरू।

नेउसा [सं-पु.] जल में होने वाली एक तरकारी; पानी फल।

नेक (फ़ा.) [वि.] 1. भला; अच्छा; सज्जन, जैसे- नेक आदमी 2. श्रेष्ठ; उत्तम व नेक इरादे 3. शुभ; मांगलिक, जैसे- नेक काम 4. जिसमें भलाई हो, जैसे- नेक सलाह 5. उपकार करने वाला।

नेकख़याल (फ़ा.+अ.) [वि.] जिसके विचार अच्छे हों; बुद्धिशुद्ध; पावनचरित।

नेकचलन (फ़ा.) [वि.] अच्छे चाल-चलन वाला; सच्चरित्र; सदाचारी।

नेकदिल (फ़ा.) [वि.] सरल हृदय वाला; सहृदय; जो स्वभाव से अच्छा हो।

नेकनाम (फ़ा.) [वि.] जो अपने सत्कार्यों के लिए जाना जाता हो; यशस्वी; कीर्तिमान; नामी।

नेकनामी (फ़ा.) [सं-स्त्री.] नेकनाम होने का भाव; सुख्याति; सुप्रसिद्धि; सुकीर्ति।

नेकनीयत (फ़ा.+अ.) [वि.] अच्छी नीयतवाला; ईमानदार; सच्चा।

नेकबख़्त (फ़ा.) [सं-पु.] 1. जो किस्मतवाला हो; भाग्यवान 2. सीधा-सादा 3. आज्ञाकारी।

नेकी (फ़ा.) [सं-स्त्री.] 1. नेक होने की अवस्था; भलाई; परोपकार

2. उत्तम व्यवहार; शिष्टता।

नेकी-बदी (फ़ा.) [सं-स्त्री.] पुण्य-पाप; भलाई-बुराई।

नेग [सं-पु.] 1. मांगलिक अवसरों पर संबंधियों, आश्रितों तथा सेवकों आदि को धन या वस्त्राभूषण आदि देने की रस्म 2. उक्त रस्म के निमित्त दिया जाने वाला धन या वस्त्राभूषण 3. कृपा; अनुग्रह। [मु.] **-लगना** : संबंध होना; किसी में लीन होना; सफल होना।

नेगचार [सं-पु.] 1. मांगलिक अवसरों पर होने वाले सामाजिक उपचार, कृत्य, विधान आदि 2. उक्त अवसरों पर संबंधियों, आश्रितों तथा सेवकों आदि को वस्त्राभूषण आदि देने की क्रिया या भाव।

नेगी [सं-पु.] नेग पाने का अधिकारी; नेग पाने वाला व्यक्ति।

नेचवा [सं-पु.] पलंग का पाया।

नेचा (फ़ा.) [सं-पु.] हुक्के की नली; निगाली।

नेजा (फ़ा.) [सं-पु.] 1. भाला; बरछा 2. राजाओं का निशान; राजचिह्न 3. चिलगोजा नामक सूखा मेवा।

नेटवर्क (अं.) [सं-पु.] 1. किसी साधन, संस्था या व्यापार आदि का विस्तार या प्रसार 2. समूह 3. विश्वव्यापी सूचना एवं संचार तंत्र; इंटरनेट; संजाल।

नेटा [सं-पु.] दे. नकटी।

नेढ़ा [सं-पु.] 1. मकई के भुट्टे में से दाने निकालने के बाद बचा हुआ डंठल; लेंडुरी 2. जौ या गेहूँ में लगने वाला एक प्रकार का रोग जिससे बालें काली हो जाती हैं।

नेत (सं.) [सं-पु.] 1. वह रस्सी जिससे मथानी घुमाई जाती है 2. झंडे में लगा हुआ कपड़ा जो फहराया जाता है; पताका 3. बिछाने की चादर 4. किसी बात की स्थिरता; ठहराव 5. व्यवस्था।

नेता (सं.) [सं-पु.] 1. दल विशेष को किसी ओर ले जाने वाला व्यक्ति; नायक; अगुआ; सरदार; लोगों का मार्गदर्शन करने वाला या उनके आगे चलने वाला व्यक्ति 2. किसी राजनीतिक दल का प्रमुख या कार्यकर्ता; (लीडर)।

नेतागिरी (हिं.+फ़ा.) [सं-स्त्री.] 1. नेता होने या बनने की अवस्था या भाव; नेता का कार्य या पद 2. दूसरों की दृष्टि में स्वयं को नेता स्थापित करने की कोशिश 3. नेताओं के क्रियाकलाप या गतिविधियाँ; नेता बनकर दूसरों का मार्गदर्शन करने का काम 4. नेता होने की अकड़ या अहंकार 5. किसी अन्य की तुलना में ख़ुद को चतुर या आगे दिखाने की कोशिश।

नेति (सं.) [अव्य.] उपनिषदों में ब्रह्म की महिमा के संदर्भ में प्रयुक्त अनंतता सूचक; इसका कहीं अंत नहीं है।

नेती [सं-स्त्री.] मथानी चलाने की रस्सी; नेत।

नेती-धौती [सं-स्त्री.] हठयोग की एक क्रिया जिसमें स्वच्छ करने हेतु नासिका मार्ग से पानी डालकर निकाल दिया जाता है तथा मुँह के रास्ते पेट में कपड़ा डालकर आँतें साफ़ की जाती हैं, इस दूसरी क्रिया को 'वस्त्र-धौती' भी कहते हैं।

नेतृत्व (सं.) [सं-पु.] 1. नेता का कार्य या पद 2. किसी व्यक्ति, समूह या संस्था का मार्गदर्शन या संचालन 3. सामाजिक संबंधों या समाज में किसी व्यक्ति के प्रभावशाली होने की स्थिति 4. दिशादर्शन; मार्गदर्शन; पेशवाई; रहनुमाई; अगुवाई।

नेतृत्वकर्ता (सं.) [वि.] नेतृत्व करने वाला; आगे चलने वाला; मार्गदर्शन करने वाला; अगुवा।

नेत्र (सं.) [सं-पु.] वह इंद्रिय जिससे प्राणियों को दिखाई देता है; आँख; नयन।

नेत्र किंजलक (सं.) [सं-पु.] पलक के बाल; बरौनी।

नेत्र चिकित्सक (सं.) [सं-पु.] आँख संबंधी रोगों का उपचार करने वाला चिकित्सक।

नेत्र प्रतिघाती (सं.) [सं-स्त्री.] आँखों की ज्योति पर आघात करने वाली रश्मि; नेत्र ज्योति पर आघात करने वाला प्रकाश।

नेत्रजल (सं.) [सं-पु.] आँसू; अश्रु; नयन-नीर; लोर।

नेत्रदाह (सं.) [सं-पु.] आँख की जलन।

नेत्ररोग (सं.) [सं-पु.] आँखों में होने वाला रोग।

नेत्रविज्ञान (सं.) [सं-पु.] नेत्र की संरचना, उसके रोग एवं उनके निदान का विवेचन करने वाला अध्ययनक्षेत्र; नैत्रिकी।

नेत्रविज्ञानी (सं.) [वि.] आँखों में होने वाले रोगों का उपचार करने वाला विशेषज्ञ।

नेत्रहीन (सं.) [वि.] जो देख न सके; जिसकी आँखों में रोशनी न हो; अंधा।

नेत्रांबु (सं.) [सं-पु.] आँसू।

नेत्री (सं.) [सं-स्त्री.] 1. दल विशेष या समाज का नेतृत्व करने वाली; रहनुमाई करने वाली; स्त्री-नेता; मार्गदर्शन करने वाली 2. मथानी की रस्सी 3. नाड़ी 4. लक्ष्मी 5. नदी।

नेत्रीय (सं.) [वि.] नेत्र संबंधी; नेत्र का।

नेत्रोपम (सं.) [सं-पु.] बादाम।

नेनुआ [सं-पु.] 1. एक प्रकार की लता 2. उक्त लता का हरे रंग का खाँचदार लंबोतर फल जिसकी तरकारी बनती है; तरोई; घिवरा।

नेप (सं.) [सं-पु.] 1. कुल पुरोहित 2. जल।

नेपथ्य (सं.) [सं-पु.] 1. रंगमंच के पर्दे के पीछे का स्थान; रंगमंच के पीछे का वह भाग जहाँ अभिनय करने वाले शृंगार और रूप धारण करते हैं 2. अभिनय करने वालों की वेशभूषा 3. परिधान; भूषण।

नेपाली (सं.) [सं-स्त्री.] नेपाल देश में बोली जाने वाली भाषा। [सं-पु.] नेपाल देश का नागरिक या निवासी। [वि.] 1. नेपाल देश से संबंध रखने वाला 2. नेपाल में बसने या रहने वाला।

नेपाली आलू (सं.) [सं-पु.] पहाड़ी आलू।

नेफ़ा (फ़ा.) [सं-पु.] लहँगा, पायजामा आदि का वह ऊपरी भाग जिसमें इज़ारबंद पिरोया जाता है।

नेबरा [सं-पु.] 1. चलते समय खुर रगड़ने वाला बैल 2. लाल कपड़े की झारी की खोली।

नेम (सं.) [वि.] 1. अर्ध; आधा 2. अन्य; दूसरा। [सं-पु.] 1. समय 2. अवधि 3. टुकड़ा 4. दीवार 5. धोखेबाजी 6. गर्त 7. मूल।

नेमि (सं.) [सं-पु.] 1. तिनिश वृक्ष 2. (पुराण) एक दैत्य। [सं-स्त्री.] 1. पहिए का घेरा; परिधि 2. कुएँ की जगत 3. पृथ्वी 4. चरखी।

नेरती (सं.) [सं-स्त्री.] नैऋत्य कोण से चलने वाली वायु।

नेरी [क्रि.वि.] थोड़ा-सा भी; जरा-सा।

नेरुआ [सं-पु.] 1. धान आदि अगहनी फसल का डंठल; लेरुआ; पुआल; डाँटी।

नेवर (सं.) [सं-पु.] स्त्रियों द्वारा पैरों में पहना जाने वाला एक आभूषण; नुपुर; घुँघरू। [सं-स्त्री.] घोड़े के पैर में होने वाला घाव जो दोनों पैरों के आपस में रगड़ने से होता है।

नेवला (सं.) [सं-पु.] एक मांसाहारी स्तनधारी जानवर जो गिलहरी जैसा किंतु आकार में उससे बड़ा होता है तथा साँप को मारने के लिए प्रसिद्ध है।

नेवाड़ा [सं-पु.] 1. एक प्रकार की छोटी नाव 2. नाव में बैठकर की जाने वाली एक प्रकार की जल क्रीड़ा; नावरि।

नेवाड़ी [सं-स्त्री.] 1. एक गोलधारी 2. नेवारी।

नेवार [सं-पु.] नेपाल की एक आदिम जाति।

नेवारी [सं-स्त्री.] सफ़ेद रंग के फूलों वाला एक पौधा।

नेस (फा.) [सं-पु.] 1. घोड़े के जबड़े में दोनों ओर एक-एक दाँत निकलना 2. जंगली जानवरों के लंबे नुकीले दाँत 3. दंश; डंक; 4. नेश।

नेसकुन [सं-पु.] बंदरों का जोड़ा; बंदरों का जोड़ा खाना (मैथुन क्रिया)।

नेस्तनाबूद (फ़ा.) [वि.] जड़मूल से नष्ट; समूल नष्ट; नष्ट-भ्रष्ट; बरबाद।

नेह (सं.) [सं-स्त्री.] स्नेह; प्रीति; प्यार; प्रेम; मुहब्बत।

नेहरू [सं-पु.] कश्मीरी ब्राह्मणों में एक कुलनाम या सरनेम।

नेहा (सं.) [वि.] 1. स्नेह या प्यार करने वाली 2. आराध्य 3. मनभावन; प्यार करने योग्य।

नेहाई [सं-स्त्री.] लुहारों और सुनारों का एक उपकरण; निहाई।

नै[1] (सं.) [सं-स्त्री.] नदी। [सं-पु] 1. ले जाने वाला अर्थात् नेतृत्व करने की क्रिया 2. नीति 3. नम्रता 4. व्यवहार 5. नैतिकता 6. विष्णु। [वि.] ले जाने वाला।

नै[2] (फ़ा.) [सं-स्त्री.] 1. नरकट 2. बाँस की नली 3. बाँसुरी।

नैऋत्य (सं.) [सं-पु.] एक दिशा; पश्चिम तथा दक्षिण के बीच का कोण।

नैकट्य (सं.) [सं-पु.] निकट होने की अवस्था या भाव; निकटता; समीपता; सामीप्य; नज़दीकी।

नैघंटुक (सं.) [सं-पु.] वैदिक शब्दों की एक शब्दावली जिसकी विशद व्याख्या ऋषि यास्क ने अपने निरुक्त में की है।

नैचक [सं-पु.] गोल लकड़ी जिसे कुआँ निर्मित करते समय उसके तल में जमाकर रखी जाती है।

नैचकी [सं-स्त्री.] नित्य और सदा दूध देने वाली गाय 2. अच्छी गाय।

नैचा (फ़ा.) [सं-पु.] 1. हुक्के में तंबाकू का धुआँ खींचने के लिए लगी हुई नरकट की नलियाँ 2. {ला-अ.} बहुत ही दुबला-पतला व्यक्ति।

नैटी [सं-स्त्री.] दुद्धि या दूधिया घास।

नैतिक (सं.) [वि.] 1. नीति संबंधी; नीति का 2. नीति के अनुसार होने वाला (आचरण या व्यवहार)।

नैतिकता (सं.) [सं-स्त्री.] नीतिशास्त्र के सिद्धांतों का ज्ञान एवं उसके अनुरूप किया जाने वाला आचरण।

नैत्यिक (सं.) [सं-पु.] कार्यालय या व्यवसाय से संबंधित कार्यों का निर्धारित या बँधा हुआ क्रम; (रुटीन)। [वि.] नित्य या नियमित रूप से होने या किया जाने वाला।

नैत्रिक (सं.) [वि.] नेत्र संबंधी; नेत्र का।

नैदानिक (सं.) [वि.] 1. निदान संबंधी; समाधान संबंधी 2. जो रोगों का उपचार जानता हो।

नैन [सं-पु.] वह इंद्रिय जिससे प्राणियों को दिखाई देता है; आँख; नयन।

नैनादेवी (सं.) [सं-स्त्री.] 1. नैनीताल में स्थित एक प्रसिद्ध मंदिर जिसे शक्ति पीठ कहा जाता है 2. (पुराण) राजा दक्ष की पुत्री एवं शिव की पत्नी उमा 3. (पुराण) वह स्थान जहाँ सती (उमा) के नेत्र गिरे थे।

नैनू [सं-पु.] 1. ताजा घी 2. मक्खन 3. बूटीदार मलमल।

नैपुण्य (सं.) [सं-पु.] 1. निपुण होने की अवस्था या भाव; निपुणता; दक्षता 2. ऐसा कार्य या विषय जिसके लिए निपुणता आवश्यक हो।

नैमित्तिक (सं.) [वि.] 1. जो किसी निमित्त से किया जाए; किसी निमित्त या प्रयोजन की सिद्धि हेतु किया जाने वाला 2. आकस्मिक। [सं-पु.] ज्योतिषी।

नैमिषारण्य (सं.) [सं-पु.] उत्तर प्रदेश के सीतापुर जनपद में स्थित एक प्राचीन वन जिसे हिंदू अपना तीर्थस्थल मानते हैं।

नैया [सं-स्त्री.] जल में चलने वाली, लकड़ी, लोहे, आदि की बनी सवारी; नाव।

नैयायिक (सं.) [सं-पु.] न्यायदर्शन के सिद्धांतों में विश्वास रखने वाला व्यक्ति; न्यायशास्त्र का ज्ञाता या विशेषज्ञ; न्यायवेत्ता।

नैरंतर्य (सं.) [सं-पु.] किसी भी बात के क्रम की निरंतरता बने रहने की क्रिया या भाव; अविरलता; अविच्छिन्नता।

नैराश्य (सं.) [सं-पु.] 1. निराशा का भाव; निराशा; नाउम्मीदी 2. अवसाद; विषाद 3. उदासी; मायूसी।

नैर्ऋती (सं.) [सं-स्त्री.] 1.दक्षिण और पश्चिम दिशा के बीच की दिशा या कोण 2. दुर्गा।

नैर्मल्य (सं.) [सं-पु.] 1. निर्मलता; स्वच्छता 2. विषय-वासना से रहित होना।

नैवेद्य (सं.) [सं-पु.] देवता को समर्पित भोज्य पदार्थ; भोग; प्रसाद।

नैश (सं.) [वि.] 1. निशा संबंधी 2. रात में होने या किया जाने वाला 3. अंधकारपूर्ण।

नैषध (सं.) [सं-पु.] 1. निषध देश का राजा नल 2. निषध देश का निवासी (श्री हर्षकृत 'नैषधचरित' में राजा नल की कथा का वर्णन है)। [वि.] निषध देश से संबंधित; निषध देश का।

नैषधीय (सं.) [वि.] नैषध संबंधी; राजा नल से संबंधित।

नैष्कर्म्य (सं.) [सं-पु.] 1. निष्काम होने की अवस्था या भाव; निष्क्रियता 2. अकर्मण्यता और आलस्य 3. (भगवतगीता) फल की इच्छा त्यागकर किया जाने वाला कर्म।

नैष्ठिक (सं.) [वि.] 1. निष्ठावान; निष्ठायुक्त 2. ब्रह्मचर्य व्रत के पालन में लगा हुआ 3. किसी व्रत के अनुष्ठान में संलग्न 4. निश्चित; निश्चयात्मक 5. स्थिर; दृढ़ 6. सर्वोत्तम।

नैसर्गिक (सं.) [वि.] 1. निसर्ग संबंधी 2. निसर्ग से उत्पन्न 3.

प्राकृतिक; स्वाभाविक।

नैहर [सं-पु.] विवाहिता के माता-पिता का घर; मायका; पीहर।

नॉनसेंस (अं.) [सं-पु.] 1. हास्यास्पद विचार, वक्तव्य या मान्यताएँ 2. बेतुका व्यवहार; निरर्थक बात।

नोई [सं-स्त्री.] गाय दुहते समय उसके पिछले पैरों में बाँधी जाने वाली रस्सी।

नोक (फ़ा.) [सं-स्त्री.] 1. किसी वस्तु का वह सिरा जो नुकीला तथा तेज़ हो 2. रेखाओं का मिलान बिंदु 3. किसी ओर निकला हुआ कोना 4. इज्जत; प्रतिष्ठा।

नोक-झोंक (फ़ा.+हिं.) [सं-स्त्री.] 1. आपस में होने वाली कहा-सुनी; आक्षेप और तानों से भरा वाद-विवाद; तू-तू मैं-मैं; कटुतापूर्ण वार्तालाप; खटकने या चुभने वाली बात; छींटाकशी; चुटीली बात 2. आपस की छेड़छाड़ 3. ठाटबाट; सजावट।

नोकदार (फ़ा.) [वि.] 1. जिसमें नोक हो; नोकयुक्त; नुकीला 2. सजीला; आकर्षक 3. तड़क-भड़कवाला और इस कारण मन में चुभने वाला 4. शानदार।

नोच [सं-स्त्री.] 1. नोचने की क्रिया या भाव 2. बलपूर्वक छीन लेने का कार्य; लूट; ज़बरदस्ती छीन लेने का भाव।

नोचखसोट [सं-स्त्री.] 1. किसी व्यक्ति या वस्तु का निर्दयतापूर्वक दोहन 2. लूटपाट; छीनाझपटी।

नोचना (सं.) [क्रि-स.] 1. किसी लगी हुई या जमी हुई चीज़ को झटके से अलग करना; नाख़ून, दाँत या पंजे से किसी वस्तु के कुछ अंश को खींचकर अलग करना 2. नाख़ूनों से फाड़ना; शरीर को खरोंच डालना 3. किसी को परेशान करके धन आदि छीन लेना या झपटना; बलात कुछ छीन लेना 4. {ला-अ.} किसी को किसी कार्य या बात के लिए लगातार परेशान करना।

नोटिस (अं.) [सं-पु.] 1. सूचना; सूचना-पत्र 2. चेतावनी 3. ध्यान में लाना।

नोटिस बोर्ड (अं.) [सं-पु.] सूचना पट्ट; नोटिस बोर्ड।

नोनचा [सं-पु.] 1. नमक-मिश्रित बादाम की गिरी 2. नमकीन अचार।

नोना [सं-पु.] पुरानी दीवारों या खारवाली ज़मीन में ऊपर से निकल आने वाला क्षार अथवा नमक। [वि.] नमकीन; अच्छा; सुन्दर।

नोनिया [सं-पु.] लोनी मिट्टी से नमक बनाने या निकालने का काम करने वाली जाति। [सं-स्त्री.] अमलोनी या लोनिया नामक साग जो स्वाद में नमकीन होता है।

नोनी [सं-स्त्री.] 1. खारी या लोनी मिट्टी 2. अमलोनी या लोनिया नामक पौधा। [वि.] सुंदर; अच्छी।

नोल [वि.] 1. नया; नवीन 2. रंगीला; सुंदर 3. नई उम्र का। [सं-स्त्री.] चिड़िया की चोंच।

नौ (सं.) [वि.] संख्या '9' का सूचक। [मु.] **-दो ग्यारह होना** : भाग जाना।

नौ-सेना (सं.) [सं-स्त्री.] समुद्री लड़ाई लड़ने वाली सेना; जलसेना।

नौकर (तु.) [सं-पु.] 1. सेवक; चाकर; ख़िदमतगार; भृत्य; (सर्वेंट) 2. वेतन आदि पर काम करने वाला कर्मचारी; किसी कार्यालय का कर्मचारी।

नौकर-चाकर (तु.+सं.) [सं-पु.] 1. वेतन लेकर काम करने वाले कर्मचारी 2. घर-गृहस्थी के कामों के लिए नियुक्त किए गए वैतनिक सेवक; भृत्य।

नौकरशाह (तु.+फ़ा.) [सं-पु.] राज्य के वे कर्मचारी जिनके हाथ में सत्ता हो; ख़ुद को राजा या शाह समझने वाला सरकारी नौकर।

नौकरशाही (तु.+फ़ा.) [सं-स्त्री.] 1. वह शासन जिसमें वास्तविक अधिकार और सत्ता बड़े राज-कर्मचारियों के हाथ में रहती है; अफ़सरशाही 2. शासन द्वारा नियुक्त नौकरवृंद; राजकर्मचारियों का एक वर्ग; दफ़्तरी हुकूमत।

नौकराना [सं-पु.] वेतन के अतिरिक्त नौकर को और किसी रूप में दिया जानेवाला धन; दस्तूरी।

नौकरानी (तु.+हिं.) [सं-स्त्री.] 1. पैसा लेकर घर-गृहस्थी का काम करने वाली या देखभाल करने वाली स्त्री; सेविका; भृत्या 2. नौकर की पत्नी।

नौकरी (तु.+हिं.) [सं-स्त्री.] किसी संस्था या कार्यालय में वेतन पर काम करने की अवस्था; रोज़गार; निश्चित कार्य के लिए एक निश्चित राशि पर किया जाने वाला कार्य; वेतन प्राप्त करते हुए की गई परिचर्या; सेवा-टहल।

नौकरीपेशा (तु.+फ़ा.) [सं-पु.] जिसकी जीविका नौकरी से चलती हो; नौकरी से जीवन निर्वाह करने वाला व्यक्ति।

नौका (सं.) [सं-स्त्री.] नाव; किश्ती।

नौकादौड़ (सं.) [सं-पु.] 1. नावों के दौड़ की प्रतियोगिता 2. केरल प्रांत में ओणम पर्व के अवसर पर आयोजित होने वाली नावों के दौड़ की एक प्रतियोगिता।

नौकायन (सं.) [सं-स्त्री.] नाव चलाने की क्रिया; केवटाई; नौका संचालन; खेवाई।

नौकाविहार (सं.) [सं-पु.] नौका पर बैठकर नदी की सैर करना।

नौग्रही [सं-स्त्री.] नौ ग्रहों की शांति हेतु नौ प्रकार के रत्नों से युक्त गहना।

नौघाट [सं-पु.] वह घाट जहाँ नावें बाँधी जाती हैं।

नौजवान (फ़ा.) [वि.] जिसमें युवावस्था के लक्षण दिखने लगे हों; युवा; युवक; जवान।

नौजवानी (फ़ा.) [सं-स्त्री.] नौजवान होने की अवस्था या भाव; नवयौवन; युवावस्था।

नौजी (फ़ा.) [सं-स्त्री.] एक प्रकार का रसीला गूदेदार फल जिसका छिलका खुरदरा होता है; लीची।

नौटंकिया [वि.] दिखावे के लिए नाटक करने वाला; भ्रामक।

नौटंकी [सं-स्त्री.] एक प्रसिद्ध लोक-नाट्य जिसमें संवाद और गीत-संगीत की प्रधानता होती है, इसमें पद्यात्मक संवादों के साथ-साथ कथानक में वीर तथा शृंगार रस पर ज़ोर दिया जाता है।

नौठा [सं-पु.] दे. नवठा।

नौतरण (सं.) [सं-पु.] जलमार्ग से आवागमन; जलयात्रा।

नौतरणीय (सं.) [वि.] जिसमें नौका, जहाज़ आदि चलना संभव हो।

नौदा [सं-पु.] 1. हाल की जमी (उत्पन्न) ईख 2. पँगोली; पोर; एक साग।

नौनगा [वि.] नौ नगोंवाला; जिसमें नौ नग जड़े हों, जैसे- नौ-नगाहार।

नौनिधि (सं.) [सं-स्त्री.] समृद्धि की प्रतीक मानी जाने वाली नौ प्रकार की निधियाँ- महापद्म, पद्म, शंख, मकर, कच्छप, मुकुंद, कुंद, नील और खर्व।

नौनिहारी [सं-स्त्री.] खँचोली; पथुली; भूसा आदि रखने का पात्र।

नौनिहाल (फ़ा.) [सं-पु.] 1. बच्चा; बालक 2. कम उम्र का होनहार शिशु।

नौबत (अ.) [सं-स्त्री.] 1. किसी बुरी या अवांछनीय घटना के घटित होने की स्थिति 2. स्थिति; हालत; दशा 3. दुर्गति; दुर्दशा 4. मंगलसूचक शहनाई या बाजा जो महल या मंदिर आदि में बजाया जाता है; नगाड़ा।

नौबतख़ाना (अ.) [सं-पु.] फाटक या द्वार के ऊपर का वह स्थान जहाँ बैठकर नौबत नामक वाद्य बजाया जाता है; नक़्क़ारख़ाना।

नौबहार (फ़ा.) [सं-स्त्री.] 1. वसंत का मौसम 2. वसंत ऋतु की शुरुआत।

नौमी [सं-स्त्री.] नवमी।

नौरंग [सं-पु.] 1. नया रंग 2. आमोद-प्रमोद; मनोरंजन 3. एक प्रकार की चिड़िया।

नौरतन [सं-पु.] 1. वे नौ विद्वान जो प्राचीन काल में अकबर के दरबार में रहते थे; नवरत्न 2. माणिक्य, मुक्ता, प्रवाल, पन्ना, पुखराज, हीरा, नीलम, गोमेद और लहसुनिया के रत्नों का समूह 3. एक प्रकार की चटनी जिसमें नौ प्रकार की चीजें डाली जाती हैं।

नौरोज़ (फ़ा.) [सं-पु.] पारसी-नववर्ष का प्रथम दिवस; नया दिन।

नौलखा [वि.] 1. नौ लाख मूल्य का 2. बहुमूल्य।

नौलखी [सं-स्त्री.] करघे में ताने को दबाने के लिए उस पर रखी जाने वाली वह लकड़ी जिसमें भारी पत्थर बँधे रहते हैं।

नौशक्ति (सं.) [सं-स्त्री.] किसी राज्य की नौसेना की क्षमता।

नौशा (फ़ा.) [सं-पु.] दूल्हा; वर।

नौसत [सं-पु.] सोलह श्रृंगार; विवाहित स्त्री का संपूर्ण श्रृंगार जो संख्या में सोलह माने गए हैं, वे हैं- अंग में उबटन लगाना, स्नान, स्वच्छ वस्त्र धारण, बाल सँवारना, नयनांजन लगाना, माँग में सिंदूर लगाना, महावर लगाना, मस्तक पर तिलक, चिबुक पर तिल बनाना, मेंहदी रचाना, इत्र आदि सुगंधित द्रव्य लगाना, आभूषण पहनना, पुष्पमाला धारण करना, मिस्सी लगाना, पान खाना एवं होंठों को रंगना (नौ और सात)। [वि.] सोलह।

नौसर [वि.] नौ लड़ियोंवाला। [सं-पु.] चालबाज़ी; धूर्तता; धोखेबाज़ी।

नौसरबाज़ (हिं.+फ़ा.) [वि.] जालसाज़ी करने वाला व्यक्ति; धोखेबाज़; धूर्त; चालबाज़।

नौसरा [सं-पु.] नौ लड़ियों का हार।

नौसरिया [वि.] 1. बहुत बड़ा धूर्त; चालबाज़ 2. जालसाज़।

नौसादर (फ़ा.) [सं-पु.] एक प्रकार का तीखा क्षार जिसका उपयोग औषधियों में होता है।

नौसिखिया (सं.) [वि.] 1. जिसने कोई काम हाल ही में सीखा हो 2. जो काम में निपुण न हो; अनाड़ी; अदक्ष।

नौसेवा [सं-स्त्री.] 1. नौसेना में की जाने वाली सेवा या नौकरी 2. नौसेना में काम करने वालों का समूह।

नौसैनिक [वि.] 1. नौसेना से संबंधी 2. नौसेना विभाग से संबंध रखने वाला।

नौहा (अ.) [सं-पु.] 1. मातम; स्यापा; मृतक के लिए रोना-पीटना 2. मातम के समय गाया जाने वाला गीत; शोकगीत।

न्यस्त (सं.) [वि.] 1. नीचे रखा हुआ 2. जमाया या स्थापित किया हुआ 3. चुनकर रखा हुआ 4. चलाया या फेंका हुआ 5. परित्यक्त 6. न्यास या अमानत रखा हुआ; विशेष हेतु से जमा किया हुआ (धन आदि) 7. निहित; छिपा हुआ।

न्याय (सं.) [सं-पु.] 1. इंसाफ़; उचित या नियम के अनुकूल बात 2. फ़ैसला; निबटारा 3. विधि; कानून 4. कोई कार्य सही ढंग से पूरा होने की योजना; नियम 5. पद्धति; रीति 6. औचित्य; उचित-अनुचित का विवेक 7. उपयुक्त या ठीक होने की अवस्था 8. कानूनी कार्रवाई; विधिसम्मत व्यवहार; ऐसा आचरण जिसमें पक्षपात या बेईमानी न हो 9. तर्क; तर्कशास्त्र में पाँच अवयवों-प्रतिज्ञा, हेतु, उदाहरण, अनय और निगमन से युक्त सम्यक तर्क 10. विधि या कानून के अनुसार दंड, सज़ा आदि।

न्यायकर्ता (सं.) [वि.] 1. न्याय करने वाला; निर्णायक 2. (विवाद आदि का) फ़ैसला करने वाला। [सं-पु.] मुकदमे या विवादों को सुनकर निर्णय देने वाला न्यायालय का अधिकारी।

न्यायकारी (सं.) [वि.] 1. जो न्यायसंगत हो; जिसमें न्याय हुआ हो; न्यायपूर्ण; युक्तिसंगत 2. न्याय करने वाला; न्यायज्ञ 3. नीतिसिद्ध।

न्यायतः (सं.) [क्रि.वि.] न्याय के अनुरूप; न्याय की दृष्टि।

न्यायदर्शन (सं.) [सं-पु.] छह मुख्य भारतीय दर्शनों में से एक जिसमें यह विवेचन है कि किस तरह किसी वस्तु या विषय के बारे में यथार्थ ज्ञान प्राप्त करने के लिए तार्किक दृष्टि से उसके समस्त पक्षों या अंगों के विकारों का निरूपण होना चाहिए।

न्यायदाता (सं.) [सं-पु.] वह व्यक्ति जिसे न्याय देने या करने के लिए नियुक्त किया गया हो। [वि.] न्याय देने या करने वाला।

न्यायपंच (सं.) [सं-पु.] किसी विवादित विषय पर निर्णय देने के लिए नियुक्त या मनोनीत पाँच व्यक्तियों का समूह।

न्यायपथ (सं.) [सं-पु.] 1. न्यायोचित मार्ग; न्याय का मार्ग 2. मीमांसा दर्शन।

न्यायपरता (सं.) [सं-स्त्री.] न्यायशीलता; न्यायी होने का भाव।

न्यायपालिका (सं.) [सं-स्त्री.] 1. न्याय व्यवस्था; न्यायप्रणाली 2. लोकतंत्र के तीन आधारभूत अंग (विधायिका, कार्यपालिका तथा न्यायपालिका) में से एक; देश का न्याय विभाग 3. न्यायाधीशों का समूह।

न्यायपीठ (सं.) [सं-पु.] 1. न्यायाधीश का आसन; धर्मासन 2.

न्यायालय की सामूहिक बैठक।

न्यायपूर्ण (सं.) [वि.] 1. जिसमें न्याय या इंसाफ़ हुआ हो 2. न्याय से युक्त; विधिसम्मत।

न्यायप्रिय (सं.) [सं-पु.] जो न्याय करता हो; न्यायशील; इंसाफ़पसंद।

न्यायबल (सं.) [सं-पु.] सत्य और नीति का पक्ष लेकर प्राप्त होने वाला साहस; न्याय की शक्ति।

न्यायमूर्ति (सं.) [सं-पु.] 1. किसी देश, राज्य या प्रांत के सर्वोच्च न्यायालय के न्यायाधीश या जज की उपाधि; न्यायाधिपति 2. न्यायाधीश।

न्यायविद (सं.) [सं-पु.] विधि का ज्ञाता; विधि संबंधी मामलों का विशेषज्ञ।

न्यायशास्त्र (सं.) [सं-पु.] न्याय या विधि से संबंधित शास्त्र; वह शास्त्र जिसमें किसी वस्तु का यथार्थ ज्ञान प्राप्त करने के लिए आवश्यक नियमों और सिद्धांतों का तार्किक दृष्टि से निरुपण होता है।

न्यायसंगत (सं.) [वि.] 1. जो विधि-विधान की दृष्टि से ठीक हो; न्यायोचित; जिसमें पूरा न्याय किया गया हो 2. उचित; ठीक; औचित्यपूर्ण 3. नियमानुकूल; नैतिक; विधिसंगत; वैध 4. तर्कसंगत।

न्यायाधिकरण (सं.) [सं-पु.] विवादास्पद विषयों पर विचार और निर्णय करने के लिए गठित किया गया वैचारिक मंडल।

न्यायाधीश (सं.) [सं-पु.] विवादित विषयों पर निर्णय देने के लिए नियुक्त अधिकारी; न्यायकर्ता; न्यायमूर्ति (जज)।

न्यायाधीश (सं.) [सं-पु.] विवादित विषयों पर निर्णय देने के लिए नियुक्त अधिकारी; न्यायकर्ता; न्यायमूर्ति (जज)।

न्यायालय (सं.) [सं-पु.] वह स्थान जहाँ विवादों का निपटारा करने के लिए न्यायाधीश बैठता हो; कचहरी; अदालत।

न्यायालयिक (सं.) [वि.] न्यायालय संबंधी; न्यायालय का।

न्यायिक (सं.) [वि.] 1. न्याय संबंधी; वैधिक 2. पक्षपात रहित; निष्पक्ष।

न्यायी (सं.) [वि.] न्याय के अनुरूप आचरण करने वाला; न्यायशील; निष्पक्ष निर्णय करने वाला।

न्यायोचित (सं.) [वि.] न्यायसंगत।

न्यारा (सं.) [वि.] 1. विचित्र; अलग; पृथक 2. दूर रहने वाला; दूरस्थ 3. दूसरा; अन्य; भिन्न 4. किसी गुण के कारण दूसरों से श्रेष्ठ; दीगर 5. निराला; अनोखा; अद्‌भुत 6. विचित्र।

न्यारिया [सं-पु.] सुनारों या जौहरियों के नियार (कूड़ा-करकट) को धोकर उससे सोना-चाँदी निकालने वाला।

न्यास (सं.) [सं-पु.] 1. स्थापन; कोई चीज़ कहीं जमाकर रखना 2. धरोहर; थाती 3. कोई चीज़ या धन आदि किसी को सौंपना; अमानत 4. अर्पण; त्याग; छोड़ना; भेंट 5. किसी चीज़ को रखने से बनने वाला चिह्न 6. अंकित या चित्रित करना; अंकन 7. किसी कार्य विशेष या समाजसेवा के लिए किसी को विश्वासपूर्वक सौंपी गई संपत्ति 8. उक्त तरह से धन या संपत्ति की व्यवस्था करने वाले लोगों की संस्था या समिति; (ट्रस्ट)।

न्यासभंग (सं.) [सं-पु.] 1. न्यास का दुरुपयोग 2. तय की गई शर्तों के विरुद्ध कोई कार्य करना।

न्यासी (सं.) [वि.] जिसे किसी कार्यविशेष के लिए कुछ धन या संपत्ति सौंपी गई हो; अमानतदार; धरोहरी।

न्यूज़ (अं.) [सं-स्त्री.] समाचार; ख़बर।

न्यूट्रल (अं.) [वि.] तटस्थ; पक्षधरता से परे।

न्यूट्रॉन (अं.) [सं-पु.] परमाणु में उपस्थित आवेशरहित सूक्ष्मकण।

न्यून (सं.) [वि.] 1. अपेक्षाकृत कम या थोड़ा 2. क्षुद्र; नीच।

न्यूनतम (सं.) [वि.] 1. जो थोड़ा घटकर हो 2. जितना कम होना संभव हो; जितना न्यून हो सकता हो।

न्यूनता (सं.) [सं-स्त्री.] 1. न्यून या कम होने की अवस्था या भाव; कमी; अल्पता 2. हीनता; नीचता 3. (काव्यशास्त्र) अर्थालंकारों का एक दोष।

न्यूनपद (सं.) [सं-पु.] भूलवश वाक्य में से छूटा हुआ शब्द।

न्यूनाधिक (सं.) [वि.] 1. कमोबेश; जो कुछ बातों में कहीं कुछ कम और कुछ बातों में कहीं कुछ अधिक हो; थोड़ा-बहुत 2. उक्त प्रकार से कम या अधिक हो सकने वाला; (मार्जिनल)।

न्यूनीकरण (सं.) [सं-पु.] न्यून अथवा कम करने की क्रिया या भाव।

न्यूमोनिया (अं.) [सं-पु.] ठंड के कारण होने वाला एक प्रकार का संक्रामक रोग; फेफड़े में श्लेष्मा के जमा हो जाने से होने वाला शोथ या प्रदाह; फुफ्फुस प्रदाह।

न्योछावर (सं.) [सं-पु.] 1. कुर्बान; समर्पित; अर्पित 2. बलि; उत्सर्ग 3. किसी की सुख-समृद्धि की कामना तथा बुरी नज़र से बचाने के लिए उसके ऊपर से कोई चीज़ या रुपया-गहना आदि घुमाकर किसी को दान करते हैं या ज़मीन पर डाल देते हैं; वार-फेर 4. किसी उत्सव या ख़ुशी के अवसर पर आयोजित नाच-गाने में प्रफुल्लित होकर रुपये देना; नेग।

न्योतना [क्रि-स.] 1. अवसर विशेष के लिए किसी को निमंत्रित करना 2. जान-बूझकर अपने पास बुलाना।

न्योतहरी [सं-पु.] न्योता गया व्यक्ति; निमंत्रित व्यक्ति।

न्योता [सं-पु.] 1. किसी आयोजन में सम्मिलित होने के लिए किसी को बुलाना; निमंत्रण 2. खाने-पीने के लिए किसी के द्वारा दी जाने वाली दावत 3. मित्रों या संबंधियों के यहाँ से निमंत्रण आने पर उपहारस्वरूप भेजा जाने वाला धन या सामान।

न्योली [सं-स्त्री.] (हठयोग) नाभि को वर्तुलाकार घुमाते हुए की जाने वाली आँतों की अंदरूनी मालिश; नौली।

न्यौछावर (सं.) [सं-पु.] दे. न्योछावर।

न्यौता (सं.) [सं-पु.] दे. न्योता।

न्यौरिया गिरि [सं-स्त्री.] सुनार की अँगीठी की राख में से सोने-चाँदी के कणों को अलग करने का कार्य।

न्यौरी [सं-स्त्री.] छोटे कानों वाली भेड़।

प

प हिंदी वर्णमाला का व्यंजन वर्ण। उच्चारण की दृष्टि से यह द्वि-ओष्ठ्य, अघोष, अल्पप्राण स्पर्श है। [परप्रत्यय] 1. पीने वाला, जैसे-मद्यप, द्विप 2. पालन, रक्षा या शासन करने वाला जैसे-गोप, नृप।

पँखड़ा [सं-पु.] बाँह और कंधे का जोड़; पखौरा।

पँखरिया [सं-पु.] खिले फूलों का छापा।

पँगाई [क्रि-स.] दे. बलकट।

पँगोली [सं-स्त्री.] दो गाँठों के बीच का हिस्सा; पोई; पोर।

पँचकटिया [सं-स्त्री.] तकुली का पूरा साँचा।

पँचतोरी [सं-स्त्री.] 1. वह दक्षिणा जो तिलक लाने वाला पुरोहित लेता है 2. पाँच प्रतिशत।

पँचमेल [वि.] 1. जिसमें पाँच तरह की चीज़ें मिली हों; मिश्रित; मिला-जुला 2. जिसमें सभी तरह की चीज़ें मिली हों 3. विविधतापूर्ण।

पँचमेवा [सं-पु.] दे. पंचमेवा।

पँचरंग [वि.] दे. पंचरंगा।

पँचरंगचीरा [वि.] पंचरंगा; पाँच रंग की धारियोंवाला।

पँचरंगा [वि.] 1. पाँच रंग का; पाँच रंगों से युक्त 2. अनेक रंगों वाला 3. {ला-अ.} मिला-जुला; विविधतापूर्ण।

पँचलड़ा [वि.] जिसमें पाँच लड़ियाँ हों; पाँच लड़ों वाला।

पँजीरी [सं-स्त्री.] 1. आटे को घी में भूनकर उसमें धनियाँ, सोंठ, जीरा और चीनी मिलाकर बनाया गया मीठा चूर्ण 2. एक प्रकार की मिठाई 3. दक्षिण भारत में होने वाला एक प्रकार का पौधा; इंद्रपर्णी।

पँवरी [सं-स्त्री.] 1. पैरों में पहनने की एक प्रकार की खड़ाऊँ या चप्पल; पाँवड़ी 2. घर के प्रवेश द्वार में दहलीज का चौड़ा स्थान; दरवाज़े की ड्योढ़ी।

पँवाड़ा [सं-पु.] 1. वीरतापूर्ण कारनामों से परिपूर्ण काव्य; लोकगीतों की एक शैली; वीरकाव्य; पँवारा 2. अतिशयोक्ति पूर्ण कथन 3. लंबी गाथा।

पँवारना [क्रि-स.] 1. काम करने से रोकना 2. उपेक्षापूर्वक दूर हटाना; फेंकना।

पँवारा [सं-पु.] दे. पँवाड़ा।

पँसड़ौर [सं-पु.] खंभों के ऊपर का वह भाग जिस पर ठाट रखी जाती है।

पँसार [सं-पु.] समतल फर्श।

पंक (सं.) [सं-पु.] 1. कीचड़; गारा 2. दलदल; तलछट 3. गंदा करने वाली कोई चीज़ 4. {ला-अ.} किसी प्रकार का लांछन; अपराध; पाप 5. लेप आदि के काम आने वाला कोई गाढ़ा गीला पदार्थ।

पंकज (सं.) [सं-पु.] 1. कमल 2. सारस पक्षी। [वि.] कीचड़ में उत्पन होने वाला।

पंकजराग (सं.) [सं-पु.] पद्मराग मणि।

पंकजासन (सं.) [सं-पु.] 1. पंकज या कमल का आसन 2. ब्रह्मा।

पंकिल (सं.) [वि.] 1. कीचड़ से युक्त; कीचड़ मिला हुआ 2. गंदा; मैला 3. दलदली।

पंक्चर (अं.) [सं-पु.] 1. गाड़ी या साइकिल आदि के पहिए की ट्यूब में किसी नुकीली वस्तु से होने वाला बहुत महीन छेद जिससे उसमें भरी हवा निकल जाती है 2. छिद्र।

पंक्चुअल (अं.) [वि.] 1. समय का पालन करने वाला 2. नियमित; अनुशासित; पाबंद 3. नियमों से बँधा हुआ; नियमबद्ध; निश्चित 4. नियम, कायदे या कानून के अनुसार बना हुआ; बाकायदा।

पंक्ति (सं.) [सं-स्त्री.] 1. समान वर्ग के व्यक्तियों या वस्तुओं आदि का एक-दूसरे के बाद एक सीध में होना; कतार; श्रेणी 2. शृंखला 3. ताँता; पट्टी 4. अवली; लड़ी 5. भोज में एक साथ खाने वालों की पाँत; पंगत 6. छंदशास्त्र में दस अक्षरों वाले छंदों की संख्या 7. एक ही सीध में दूर तक बनी हुई रेखा; लकीर 8. जीवों की वर्तमान पीढ़ी।

पंक्तिपावन (सं.) [सं-पु.] स्मृतियों के अनुसार ऐसा ब्राह्मण जिसे भोजन कराना, दान देना श्रेष्ठ माना गया है।

पंक्तिबद्ध (सं.) [वि.] 1. किसी उद्देश्य से एक सीध में या क्रमिक रूप से खड़े हुए 2. एक शृंखला में बँधा हुआ 3. क्रमिक 4. कतारबद्ध; श्रेणीबद्ध।

पंख (सं.) [सं-पु.] 1. पक्षियों का वह अंग जिनके सहारे वे हवा में उड़ते हैं; डैना; पर 2. हवा देने वाले यंत्र या पंखे का घूमने वाला लंबा हिस्सा। [मु.] **-जमना** : भागने या कुसंगति में पड़ने के लक्षण प्रकट होना। **-निकलना** : चतुर होना; आज़ाद होना। **-लगाना** : उड़ान भरना; पक्षियों की तरह गतिमान होना।

पंखदार (सं.+फ़ा.) [वि.] जिसमें पंख लगे हों; पंखवाला; पंखयुक्त।

पंखहीन (सं.) [वि.] 1. जिसमें पंख न हों; जिसके पंख कट चुके हों 2. {ला-अ.} निरुपाय; लाचार।

पंखा [सं-पु.] 1. वह वस्तु जिसे हिलाने से हवा होती है; हाथ पंखा; बिजना 2. बिजली से चलने वाला वह यंत्र जो हवा देता है 3. चँवर।

पंखी [सं-पु.] 1. पक्षी; चिड़िया 2. उड़ने वाला छोटा कीड़ा या

पतिंगा; शलभ। [सं-स्त्री.] 1. पहाड़ी भेड़ों पर से उतारी जाने वाली मुलायम एवं हलकी ऊन 2. उक्त ऊन से निर्मित चादर 3. साखू के फल के सिरे पर लगी हुई पतली पत्तियाँ 4. छोटा पंखा।

पंखीलर [सं-पु.] पंखुड़ियों में डाली जाने वाली एक फँदान।

पंखोरिन [सं-पु.] अपना ही पंख नोचने वाला पक्षी। [वि.] स्वयं का पंख नोचने वाला।

पंग (सं.) [वि.] 1. लँगड़ा 2. गतिहीन 3. परम चकित और स्तब्ध।

पंगत (सं.) [सं-स्त्री.] 1. भोज के समय एक पंक्ति में बैठकर भोजन करना 2. पाँत; पंक्ति; कतार 3. सामूहिक भोज; दावत।

पंगा[1] (सं.) [वि.] 1. लँगड़ा; लूला 2. अपंग।

पंगा[2] (फ़ा.) [सं-पु.] 1. दो व्यक्तियों का आपसी झगड़ा 2. शत्रुता; दुश्मनी।

पंगु (सं.) [वि.] 1. पैरों में कोई ख़राबी होने के कारण जो चलने में अक्षम हो; लँगड़ा 2. {ला-अ.} असहाय; अक्षम; शक्तिहीन; निष्चेष्ट; गतिहीन। [सं-पु.] लँगड़ा आदमी।

पंगुता (सं.) [सं-स्त्री.] 1. पंगु होने की अवस्था या भाव; लँगड़ापन 2. सहयोग न करने की अवस्था 3. {ला-अ.} गतिहीनता; अक्षमता।

पंगुल (सं.) [वि.] लँगड़ा; पंगु। [सं-पु.] लँगड़ापन।

पंच[1] (सं.) [सं-पु.] 1. पाँच की संख्या 2. पंचायत 3. ग्राम पंचायत का प्रधान व्यक्ति 4. न्याय करने के लिए चुने गए पाँच आदमियों का समूह; मध्यस्थ 5. तटस्थ निर्णायक। [वि.] पाँच। [मु.] **-मानना** : विवाद का फ़ैसला कराने के लिए मध्यस्थ बनाना।

पंच[2] (अं.) [सं-पु.] 1. घूँसा; मुक्का 2. किसी घटना या समाचार के संदर्भ में वह रोचक तथ्य जो किसी को रोमांचित कर देता हो; हैरतंगेज़ तथ्य 3. छेदने या दबाने की क्रिया या अवस्था।

पंचक (सं.) [सं-पु.] 1. सजातीय पाँच वस्तुओं का समूह 2. पाँच रुपए प्रति सैकड़े के हिसाब से लगने वाला ब्याज 3. धनिष्ठा, शतभिषा, पूर्वाभाद्रपद, उत्तराभाद्रपद और रेवती नामक पाँच नक्षत्रों का समूह जिसमें कुछ धार्मिक कार्य निषिद्ध होते हैं; पचखा 4. युद्धक्षेत्र। [वि.] 1. पाँच अवयवों या अंगोंवाला 2. पाँच में खरीदा हुआ 3. पाँच से संबंधित।

पंचकन्या (सं.) [सं-स्त्री.] (पुराण) कन्याओं की तरह पवित्र मानी जाने वाली पाँच स्त्रियाँ- अहल्या, तारा, मंदोदरी, कुंती और द्रौपदी।

पंचकर्म (सं.) [सं-पु.] 1. (न्यायशास्त्र) पाँच प्रकार के कर्म- उत्क्षेपण, अवक्षेपण, आकुंचन, प्रसारण और गमन 2. (आयुर्वेद) चिकित्सा के अंतर्गत पाँच क्रियाएँ- वमन, विरेचन, नस्य, निरूह और अनुवासन।

पंचकर्मी (सं.) [सं-स्त्री.] 1. आयुर्वेदिक उपचार के पाँच अंग 2. पंचकर्म।

पंचकल्याण (सं.) [सं-पु.] लाल या काले रंग का घोड़ा जिसके चारों पैर और सिर सफ़ेद रंग के हों।

पंचकवल (सं.) [सं-पु.] भोजन करने के समय पक्षियों के लिए निकाला जाने वाला पाँच ग्रास अन्न।

पंचकषाय (सं.) [सं-पु.] पाँच प्रकार के वृक्ष- जामुन, सेमल, बेर, मौलसिरी तथा बरियारा की छाल का रस या काढ़ा।

पंचकाम (सं.) [सं-पु.] कामदेव के पाँच रूप- काम, मन्मथ, कंदर्प, मकरध्वज और मीनकेतु।

पंचकारण (सं.) [सं-पु.] (जैन साहिंत्य) कार्योत्पत्ति के पाँच कारण- काल, स्वभाव, नियति, व्यक्ति (स्त्री या पुरुष) और कर्म।

पंचकृत्य (सं.) [सं-पु.] ईश्वर द्वारा किए जाने वाले पाँच कर्म- सृष्टि, ध्वंस, संहार, तिरोभाव और अनुग्रहकरण।

पंचकोण (सं.) [सं-पु.] 1. पाँच भुजाओं से घिरी हुई आकृति या क्षेत्र 2. पंचभुज। [वि.] पाँच कोनोंवाला; पंचकोणीय।

पंचकोश (सं.) [सं-पु.] वेदांत के अनुसार आत्मा के आवरण के रूप में माने जाने वाले पाँच कोश- अन्नमय कोश, प्राणमय कोश, मनोमय कोश, विज्ञानमय कोश और आनंदमय कोश।

पंचकोष (सं.) [सं-पु.] दे. पंचकोश।

पंचकोसी [सं-स्त्री.] काशी की परिक्रमा जिसमें पाँच पड़ाव हैं- कंदवा, भीमचंदी, रामेश्वर, शिवपुर और कपिलधारा।

पंचक्रोशी (सं.) [सं-स्त्री.] 1. पाँच कोस का फ़ासला 2. (पौराणिक मान्यता) पाँच कोस के घेरे में बसा हुआ काशी नामक नगर 3. किसी तीर्थस्थान की परिक्रमा।

पंचक्लेश (सं.) [सं-पु.] दुख या क्लेश पैदा करने वाले पाँच कारक- अविद्या, अस्मिता, राग, द्वेष और अभिनिवेश।

पंचक्षारगण (सं.) [सं-पु.] पाँच तरह के लवण या रसायन- काच, सैंधव, सामुद्र, विट और सौवर्चल।

पंचगंग (सं.) [सं-पु.] पाँच नदियों का समूह जिन्हें गंगा के समान महत्व प्राप्त है- गंगा, यमुना, सरस्वती, किरणा और धूतपापा (अब सरस्वती, किरणा और धूतपापा लुप्त हो चुकी हैं)।

पंचगंगा (सं.) [सं-स्त्री.] काशी का एक प्रसिद्ध घाट जो मान्यतानुसार पाँच नदियों का संगमस्थान है।

पंचगव्य (सं.) [सं-पु.] गौ (गाय) से प्राप्त होने वाले पाँच द्रव्य- दूध, दही, घी, गोमूत्र तथा गोबर।

पंचगुण (सं.) [सं-पु.] पाँच गुण- शब्द, स्पर्श, रूप, रस और गंध।

पंचगौड़ (सं.) [सं-पु.] पाँच तरह के ब्राह्मणों का समूह- सारस्वत, कान्यकुब्ज, गौड़, मैथिल और उत्कल।

पंचग्रास (सं.) [सं-पु.] भोजन करने के समय पक्षियों के लिए निकाला जाने वाला पाँच ग्रास अन्न; पंचकवल।

पंचजन (सं.) [सं-पु.] 1. (पुराण) पाँच तरह के जन- देव, मानव, नाग, गंधर्व और पितर 2. (पुराण) एक असुर जिसे कृष्ण ने मारा था तथा जिसकी अस्थियों से पांचजन्य नामक शंख बनाया गया था।

पंचतंत्र (सं.) [सं-पु.] पाँच प्रकरणों में विभाजित संस्कृत की एक प्रसिद्ध पुस्तक जिसमें जीवन व्यवहार के संबंध में उपदेशात्मक कहानियाँ हैं।

पंचतत्व (सं.) [सं-पु.] 1. जीवन के पाँच आधारभूत तत्व-

पृथ्वी, जल, अग्नि, वायु और आकाश 2. पंचमहाभूत; पंचमकार 3. पदार्थ; तत्व।

पंचतरु (सं.) [सं-पु.] 1. पाँच सबसे पवित्र माने जाने वाले वृक्ष- कल्पवृक्ष, पारिजात, मंदार, संतान तथा हरिचंदन 2. देवतरु।

पंचतारा (सं.+अ.) [सं-पु.] सुविधाओं की दृष्टि से दिए जाने वाले सितारा संख्या के आधार पर पाँच सितारों या उत्तम सुविधाओं से युक्त होटल।

पंचतिक्त (सं.) [सं-पु.] पाँच कड़वी औषधियों-गुडुच (गिलोय), भटकटैया, सोंठ, कुट और चिरायता का मिश्रण।

पंचतृण (सं.) [सं-पु.] पाँच प्रकार के उपयोगी तिनके या घास- कुश, कास, सरकंडा, डाभ और ईख का समूह।

पंचत्व (सं.) [सं-पु.] 1. पाँच का भाव 2. शरीर के पाँच महाभूत या तत्वों का अपने स्वरूप को प्राप्त हो जाना; मौत; मृत्यु।

पंचदश (सं.) [सं-पु.] पंद्रह की संख्या।

पंचदीर्घ (सं.) [सं-पु.] शरीर के पाँच दीर्घ अंग- बाहु, नेत्र, कुक्षि, नासिका और वक्षस्थल।

पंचदेव (सं.) [सं-पु.] धार्मिक रूप से उपास्य पाँच देव- सूर्य, शिव, विष्णु, गणेश और दुर्गा।

पंचन (अं.) [सं-पु.] काग़ज़ आदि में छेद करने का कार्य; (पंचिंग)।

पंचनद (सं.) [सं-पु.] 1. पंजाब प्रांत की पाँच बड़ी नदियों (सतलज, व्यास, रावी, चनाब और झेलम) का समूह 2. पाँच नदियों से घिरा प्रदेश; पंजाब प्रदेश।

पंचनामा (सं.+फ़ा.) [सं-पु.] किसी महत्वपूर्ण विषय पर लिए गए निर्णय का लिखित रूप जिसपर पंचों के हस्ताक्षर होते हैं; एक तरह का सहमति-पत्र।

पंचनीराजन (सं.) [सं-पु.] पाँच वस्तुओं- दीपक, कमल, आम, वस्त्र और पान द्वारा की जाने वाली आरती या पूजा।

पंचपल्लव (सं.) [सं-पु.] पाँच तरह के वृक्षों- आम, जामुन, कैथ, बिजौरा और बेल के पत्ते जिनका पूजा आदि में प्रयोग होता है।

पंचपात्र (सं.) [सं-पु.] 1. पाँच पात्रों का समूह 2. प्राचीन रीति के अनुसार श्राद्ध का एक प्रकार जिसमें पाँच पात्र रखे जाते हैं 3. चौड़े मुँह के गिलास के आकार का एक पात्र जिसमें पूजा आदि के निमित्त जल रखा जाता है।

पंचपिता (सं.) [सं-पु.] (पुराण) पिता या पितृतुल्य व्यक्ति- पिता, आचार्य, श्वसुर, अन्नदाता और भयत्राता।

पंचपुष्प (सं.) [सं-पु.] पाँच प्रकार के फूलों- चंपा, आम, शमी, कमल और कनेर का समूह।

पंचप्राण (सं.) [सं-पु.] शरीर में संचरण करने वाली वायु के पाँच भेद- प्राण, अपान, समान, व्यान, और उदान।

पंचफोड़न [सं-स्त्री.] छौंकने के काम आने वाली पाँच वस्तुओं- राई, जीरा, मेथी, सौंफ और मंगरैला (कलौंजी, किरायता) का मिश्रण।

पंचबाण (सं.) [सं-पु.] कामदेव के पाँच बाण- सम्मोहन, उन्मादन, स्तंभन, शोषण और तापन।

पंचबीज (सं.) [सं-पु.] पाँच बीजकोश वाले फल- अनार, ककड़ी, खीरा, पद्मबीज और पानरीबीज।

पंचबेनिया [सं-स्त्री.] किवाड़ों की जोड़ी।

पंचभुज (सं.) [सं-पु.] पाँच भुजाओं वाली आकृति। [वि.] पाँच भुजाओं वाला; पंचकोणीय; पंचबाहु।

पंचभूत (सं.) [सं-पु.] 1. (भारतीय दर्शन) पाँच मूलतत्व- आकाश, वायु, अग्नि, जल और पृथ्वी जिनसे सृष्टि की रचना हुई है 2. अजैव पदार्थ 3. पंचतत्व।

पंचभौतिक (सं.) [वि.] पाँच तरह के तत्वों अथवा भौतिक पदार्थों से बना हुआ।

पंचम (सं.) [सं-पु.] (संगीत में) सरगम या सप्तक का 'प' के रूप में पाँचवाँ स्वर जिसे कोयल की कूक का स्वर भी माना जाता है। [वि.] 1. पाँचवाँ 2. सुंदर; मनोहर 3. निपुण; दक्ष।

पंचमकार (सं.) [सं-पु.] तांत्रिक साधना में प्रयुक्त 'म' से आरंभ होने वाली पाँच वस्तुएँ- मद्य, मांस, मत्स्य, मुद्रा और मैथुन जिन्हें तंत्र साधना में पंचतत्व, कुलद्रव्य या कुलतत्व भी कहा जाता है।

पंचमहापातक (सं.) [सं-पु.] धर्मशास्त्र वर्णित पाँच प्रकार के महापाप- मानव हत्या, मद्यपान, चोरी, गुरु-पत्नी से व्यभिचार और इन चार पापों को करने वाले से मेल-जोल।

पंचमहाभूत (सं.) [सं-पु.] 1. पृथ्वी, जल, अग्नि, आकाश एवं वायु नामक पाँच मूल तत्व 2. भारतीय चिंतन परंपरा के अनुसार उक्त तत्वों से निर्मित संसार या सृष्टि।

पंचमहायज्ञ (सं.) [सं-पु.] धर्मशास्त्र वर्णित गृहस्थों द्वारा नित्य करने योग्य माने जाने वाले पाँच कार्य- अध्यापन, पितृतर्पण, होम, भूतयज्ञ और अतिथि-पूजन।

पंचमांग (सं.) [सं-पु.] 1. पत्रकारिता में ख़ास उद्देश्य से तैयार किया जाने वाला कॉलम 2. किसी बात या काम का पाँचवाँ अंग।

पंचमांगी (सं.) [वि.] 1. पंचमांग संबंधी 2. गद्दार। [सं-पु.] वह व्यक्ति या वर्ग जो दूसरे देश से गुप्त संबंध रखकर अपने देश को हानि पहुँचाता है; गुप्त देशद्रोही।

पंचमी (सं.) [सं-स्त्री.] 1. चांद्र मास के प्रत्येक पक्ष की पाँचवी तिथि 2. अपादान कारक 3. (महाभारत) पांडव पत्नी द्रौपदी 4. वैदिक युगीन एक प्रकार की ईंट जो यज्ञ की वेदी बनाने के काम आती थी 5. संगीत की एक रागिनी 7. बिसात।

पंचमेवा (सं.+फ़ा.) [सं-पु.] पाँच मेवों- गरी (नारियल, चिरौंजी, बादाम, छुहारा और किशमिश) का मिश्रण।

पंचरंगी [वि.] 1. पाँच रंगों वाला 2. पाँच तरह के रंगों से बना हुआ 3. जिसमें पाँच रंग हों 4. विविधतापूर्ण। [सं-पु.] पाँच रंगों से पूरा गया चौक।

पंचरत्न (सं.) [सं-पु.] 1. पाँच प्रकार के रत्नों- नीलम, हीरा, पद्मराग मणि, मोती और मूँगा का समूह 2. (महाभारत) पाँच प्रसिद्ध आख्यान।

पंचरात्र (सं.) [सं-पु.] पाँच रातों का समय। [वि.] लगातार पाँच रात तक चलने वाला।

पंचराशिक (सं.) [सं-पु.] गणित का एक सूत्र जिसमें चार ज्ञात

राशियों की सहायता से पाँचवीं अज्ञात राशि का पता लगाया जाता है।

पंचवटी (सं.) [सं-स्त्री.] 1. पाँच वृक्षों का समूह- अशोक, पीपल, बेल, वट और पाकड़ 2. रामायण आदि ग्रंथों में वर्णित दंडकारण्य (नासिक) में गोदावरी के तट का एक प्रसिद्ध स्थान जहाँ वनवासी राम, सीता और लक्ष्मण ने निवास किया था।

पंचवर्ण (सं.) [सं-पु.] अकार, उकार, मकार, नाद और बिंदु से संयुक्त ओंकार नामक शब्द।

पंचवर्षीय (सं.) [वि.] पाँच वर्ष तक चलने या होने वाला; पाँच वर्ष का।

पंचशब्द (सं.) [सं-पु.] पाँच तरह के वाद्य- तंत्री, ताल, झाँझ, नगाड़ा और तुरही जिनकी ध्वनियों को मंगलसूचक माना जाता है।

पंचशर (सं.) [सं-पु.] (पुराण) पाँच बाणों वाला अर्थात कामदेव।

पंचशाख (सं.) [सं-पु.] 1. पाँच शाखाओं का समूह 2. हाथ।

पंचशील (सं.) [सं-पु.] बौद्ध धर्म के नीति संबंधी पाँच सिद्धांत- अस्तेय, अहिंसा, ब्रह्मचर्य, सत्य और मादक द्रव्य निषेध।

पंचसुगंधक (सं.) [सं-पु.] (आयुर्वेद) सुगंध देने वाले पाँच पदार्थ-कपूर, शीतलचीनी, लौंग, अगर और जायफल।

पंचस्कंध (सं.) [सं-पु.] (बौद्ध दर्शन) समस्त पदार्थों के पाँच स्कंध- रूप, वेदना, संज्ञा, संस्कार तथा विज्ञान।

पंचस्नेह (सं.) [सं-पु.] चिकने या स्निग्ध पाँच पदार्थ- घी, तेल, चरबी, मज्जा और मोम।

पंचांग (सं.) [सं-पु.] 1. किसी चीज़ के पाँच अंग 2. पाँच अंगों वाली वस्तु 3. तिथि, वार, योग, नक्षत्र और करणों वाली एक पुस्तिका या पंजी; पत्रा; जंत्री 4. जड़, छाल, पत्ती, फूल एवं फल; किसी वनस्पति के पाँच अंग 5. तंत्र में जप, होम, तर्पण, अभिषेक और भोजन नामक पाँच अंगोंसे युक्त पुरश्चरण 6. प्रणाम करने की वह विधि जिसके अंतर्गत घुटना, सिर, हाथ तथा छाती को पृथ्वी से सटाकर और आँखों को प्रणम्य की ओर देखते हुए मुँह से प्रणाम शब्द का उच्चारण किया जाता है 7. राजनीतिशास्त्र के अंतर्गत (सहाय, साधन, उपाय, देश-कालभेद और विपत-प्रतिकार नामक) पाँच कार्य।

पंचांगुल (सं.) [सं-पु.] 1. अरंड या अंडी का पेड़ 2. तेजपत्ता 3. भूसा आदि बटोरने के लिए पाँचा नामक उपकरण। [वि.] 1. जिसमें पाँच उँगलियाँ हो 2. जो नाप में पाँच अंगुल का हो।

पंचांश (सं.) [सं-पु.] किसी वस्तु का पाँचवाँ भाग या अंश; पंचमांश।

पंचाक्षर (सं.) [सं-पु.] 1. प्रतिष्ठा नामक वृत्ति जिसमें पाँच अक्षर होते हैं 2. शिव का 'ओम नमः शिवाय' मंत्र जिसमें पाँच अक्षर होते हैं। [वि.] पाँच अक्षरों वाला; जिसमें पाँच अक्षर हों।

पंचाग्नि (सं.) [सं-स्त्री.] 1. अन्वाहार्यपचन, गार्हपत्य, आहवनीय, सभ्य और आवसथ्य नामक अग्नि के पाँच प्रकार 2. (छांदोग्य उपनिषद) सूर्य, पर्जन्य, पृथ्वी, पुरुष और योषित् नामक अग्नि के पाँच रूप 3. (आयुर्वेद) चीता, चिचिड़ी, भिलावाँ, गंधक और मदार नामक पाँच गरम तासीरवाली औषधियाँ 4. चारों ओर से जलती हुई पाँचों प्रकार की अग्नियों के बीच बैठकर और ऊपर से सूर्य का तप सहते हुए ग्रीष्म ऋतु में किया जाने वाला एक प्रकार का तप।

पंचाट (सं.) [सं-पु.] 1. किसी विवादित विषय पर पंचों द्वारा लिया गया निर्णय या फ़ैसला; परिनिर्णय 2. मध्यस्थता; बीचबचाव 3. समझौता; सौदेबाज़ी।

पंचात्मा (सं.) [सं-स्त्री.] शरीर में स्थित माने जाने वाले पंचप्राण- प्राण, अपान, समान, उदान और व्यान।

पंचानन (सं.) [सं-पु.] 1. किसी विषय का विद्वान 2. शेर; सिंह 3. पंचमुखी रुद्राक्ष; शिव 4. सिंह राशि 5. (संगीत) स्वर-साधना की एक प्रणाली।

पंचामृत (सं.) [सं-पु.] 1. पाँच पदार्थों- दूध, दही, घी, चीनी और शहद मिलाकर बनाया जाने वाला प्रसाद 2. (आयुर्वेद) पाँच गुणकारी औषधियाँ- गिलोय, मुसली, गोखरू, गोरखमुंडी और शतावरी का समूह।

पंचायत (सं.) [सं-स्त्री.] 1. किसी समाज में लोगों द्वारा निर्वाचित या मनोनीत सदस्यों की सभा 2. संबंधित समाज के किसी विवाद या झगड़े के विषय में उक्त सदस्यों द्वारा लिया गया सर्वमान्य निर्णय 3. पंचायतघर 4. पंचों की मंडली, सभा या सम्मेलन।

पंचायतघर [सं-पु.] 1. वह स्थान जहाँ गाँव, बिरादरी या समुदाय की पंचायत होती है 2. ग्राम-पंचायत की इमारत 3. चौपाल।

पंचायतन (सं.) [सं-पु.] 1. वह स्थान जहाँ पाँच देवताओं की मूर्तियाँ स्थापित हों 2. किसी एक देवता की मूर्ति के साथ चार अन्य देवताओं की मूर्तियों का समूह।

पंचायती (सं.) [वि.] 1. पंचायत संबंधी; पंचायत का 2. लोकतांत्रिक; सामाजिक 3. मिला-जुला या साझे का; सार्वजनिक; सामूहिक।

पंचाल (सं.) [सं-पु.] 1. एक प्राचीन देश जो हिमालय और चंबल के बीच गंगा के दोनों ओर स्थित था 2. उक्त देश का निवासी 3. पंचमुख महादेव 4. एक प्रकार का छंद 5. लकड़ी और लोहे का काम करने वाली दक्षिण भारतीय एक जाति 6. एक प्रकार का जहरीला कीड़ा 7. बाभ्रव्य गोत्र के एक ऋषि।

पंचालिका (सं.) [सं-स्त्री.] 1. अभिनेत्री; नटी 2. गुड़िया; पुतली 3. (काव्यशास्त्र) पांचाली रीति का दूसरा नाम।

पंचाली (सं.) [सं-स्त्री.] 1. पंचाल प्रदेश की नारी 2. द्रौपदी 3. गुड़िया; कठपुतली 4. चौपड़ या चौरस की बिसात।

पंचावयव (सं.) [सं-पु.] 1. पाँच अवयवों-प्रतिज्ञा, हेतु, उदाहरण, उपनय और निगमन से युक्त न्याय-वाक्य 2. न्याय के पाँच अवयव। [वि.] पाँच अवयवों या अंगों वाला; पंचांगी।

पंचास्य (सं.) [वि.] पाँच मुखों वाला; पँचमुखी; पंचानन।

पंचुरा [सं-पु.] एक जलीय कीड़ा, जो मछली का शत्रु होता है; पंचोल।

पंचेंद्रिय (सं.) [सं-स्त्री.] 1. पाँच ज्ञानेंद्रियाँ 2. पाँच कर्मेंद्रियाँ।

पंचो [सं-पु.] गुल्ली डंडे के खेल में, बाएँ हाथ से गुल्ली को उछाल कर दाहिने हाथ में पकड़े हुए डंडे से उस पर किया जाने

वाला आघात।

पंचोपचार (सं.) [सं-पु.] गंध, पुष्प, धूप, दीप एवं नैवेद्य नामक पाँच द्रव्यों से किया जाने वाला पूजन।

पंछा (सं.) [सं-पु.] 1. प्राणियों के शरीर पर होने वाले फुंसी या दाने के फूटने से उसमें से निकलने वाला स्राव 2. वनस्पतियों को किसी स्थान से काटने या छीलने पर निकलने वाला तरल पदार्थ 3. फफोले, चेचक के दाने आदि में भरा हुआ पानी।

पंछी (सं.) [सं-पु.] पक्षी; पाखी; परिंदा; चिड़िया।

पंज (फ़ा.) [वि.] 1. पाँच 2. पाँच का संक्षिप्त रूप।

पंजक (सं.) [सं-पु.] 1. मांगलिक अवसरों पर दीवारों पर लगाया जाने वाला हाथ के पंजे का निशान या छापा 2. चित्रकला में पाँच-पाँच दल या शाखाएँ दिखाकर किया जाने वाला चित्रण।

पंजर (सं.) [सं-पु.] 1. हड्डियों का ढाँचा 2. मांस, त्वचा आदि से ढके हुए शरीर की हड्डियों का ढाँचा जिनके आधार पर शरीर ठहरा रहता है; कंकाल; ठठरी 3. पिंजड़ा 4. कोल नामक छंद 5. {ला-अ.} किसी वस्तु का वह आंतरिक ढाँचा जिसपर कई आवरण रहते हैं और जिनसे उनका अस्तित्व बना रहता है।

पंजरी [सं-स्त्री.] 1. पसली; पंजरा 2. अर्थी; टिकठी। [क्रि.वि.] बगल में।

पंजा (सं.) [सं-पु.] 1. हाथ या पैर का वह अगला भाग जिसमें हथेली या तलवा और पाँचों उँगलियाँ होती हैं 2. पाँच वस्तुओं का समूह 3. ताश का वह पत्ता जिसमें पाँच बूटियाँ होती हैं 4. एक प्रकार की कसरत जिसमें पंजा लड़ाते हैं 5. जूते का अगला भाग जिसमें उँगलियाँ ढकी रहती हैं 6. टिन आदि का पंजे के आकार का वह टुकड़ा जिसे लंबे बाँस में लगाकर ताज़िए के साथ झंडे या निशान के रूप में लेकर चलते हैं।

पंजाब (फ़ा.) [सं-पु.] भारत का पश्चिमोत्तर राज्य जिसमें रावी, चिनाब, झेलम, व्यास और सतलज नामक पाँच नदियाँ बहती हैं।

पंजाबी (फ़ा.) [सं-स्त्री.] पंजाब राज्य की भाषा। [वि.] 1. पंजाब से संबंधित 2. पंजाब का। [सं-पु.] पंजाब का निवासी।

पंजिका (सं.) [सं-स्त्री.] 1. ऐसी टीका जिसमें प्रत्येक शब्द का अर्थ स्पष्ट किया गया हो 2. आय-व्यय का हिसाब लिखने की पुस्तिका 3. तिथिपत्र; पंचांग; (कैलेंडर)।

पंजी (सं.) [सं-स्त्री.] 1. वह पुस्तिका जिसमें ख़र्च का हिसाब, जन्म-मृत्यु का विवरण, गृह, भूमि आदि की अधिकृत बिक्री या हस्तांतरण आदि का ब्योरा दर्ज किया जाता है 2. बही; (रजिस्टर)।

पंजीकरण (सं.) [सं-पु.] 1. शासन या सरकार द्वारा किया जाने वाला प्रमाणीकरण; मान्यीकरण 2. किसी लेख या विवरण का किसी पंजिका, बही या रजिस्टर में लिखा जाना 3. नाम की सूची में नाम का लिखा जाना 4. पंजी में लिखकर मान्यता प्रदान करना।

पंजीकार (सं.) [सं-पु.] 1. पंजी या बही-खाता लिखने का काम करने वाला व्यक्ति 2. आय-व्यय आदि का ब्योरा लिखने वाला व्यक्ति; लेखक; मुनीम 3. पंचांग बनाने का काम करने वाला व्यक्ति।

पंजीकृत (सं.) [वि.] 1. व्यवस्थित उपादान या संस्था के रूप में सरकार द्वारा प्रमाणित 2. जो पंजिका या रजिस्टर में दर्ज किया जा चुका हो; जिसका पंजीकरण किया जा चुका हो।

पंजीबद्ध (सं.) [वि.] दे. पंजीकृत।

पंजीयक (सं.) [सं-पु.] 1. किसी संस्था अथवा विभाग के अभिलेख, पत्र, विवरण आदि की प्रामाणिक प्रतिलिपि पंजी में सुरक्षित रखने का प्रबंध करने वाला अधिकारी; कुलसचिव 2. वह व्यक्ति जो पंजी या बहीखाता में लेख, विवरण आदि लिखने या दर्ज कराने का प्रबंध करता हो।

पंजीयन (सं.) [सं-स्त्री.] 1. किसी लेख, विवरण या ब्योरे का संबंधित विभाग की पंजी में दर्ज किया जाना 2. भूमि, भवन आदि संपत्ति की बिक्री अथवा हस्तांतरण का ब्योरा पंजिका या रजिस्टर में चढ़ाकर अभिलेख के रूप में रखा जाना 3. पत्र, पार्सल आदि के सुरक्षित रूप से भेजे जाने के लिए पाने वाले का पता आदि लिखना।

पंजीरी [सं-स्त्री.] दे. पँजीरी।

पंडवारी [सं-स्त्री.] मृगमरीचिका।

पंडा [सं-पु.] 1. तीर्थ स्थान, नदी घाट आदि स्थानों पर कर्मकांड कराने वाला व्यक्ति; तीर्थ पुरोहित 2. रसोई बनाने वाला ब्राह्मण 3. {ला-अ.} चालाक या छल करने वाला व्यक्ति। [सं-स्त्री.] सत्य-असत्य का विवेक करने वाली बुद्धि।

पंडाइन [सं-स्त्री.] 1. पंडे की पत्नी 2. पुरोहित की पत्नी 3. रसोईदारिन।

पंडाल (त.) [सं-पु.] 1. कनातों आदि से घिरा और तंबुओं से छाया हुआ उत्सव आदि का विस्तृत मंडप; शामियाना 2. किसी संस्था के अधिवेशन आदि के लिए लगाया हुआ शामियाना।

पंडित (सं.) [सं-पु.] 1. शिक्षित और व्यवहारिक व्यक्ति; अध्यापक 2. किसी कार्य में निपुण या कुशल व्यक्ति 3. शास्त्रज्ञ विद्वान; धर्मज्ञानी 4. पूजा-पाठ कराने वाला व्यक्ति; उपदेशक 5. सिद्ध कलाकार 6. विशेषज्ञ 7. ब्राह्मणों के नाम के पहले लगने वाला एक आदरसूचक शब्द 8. कश्मीरी ब्राह्मणों में प्रचलित एक कुलनाम या सरनेम। [वि.] कुशल; निपुण।

पंडिताइन [सं-स्त्री.] 1. पंडित की पत्नी 2. ब्राह्मण जाति की स्त्री 3. शिक्षित स्त्री।

पंडिताई [सं-स्त्री.] 1. पंडित होने का गुण या भाव; पांडित्य 2. कुशलता; विद्वत्ता 2. धार्मिक कर्मकांड करने वाले पंडित समुदाय की वृत्ति, कार्य या व्यवसाय।

पंडिताऊ [वि.] 1. पंडितों की तरह का 2. पंडितों के ढंग का 3. विद्वत्तापूर्ण 4. परंपरागत 5. आडंबरपूर्ण।

पंड़ी [सं-स्त्री.] जाल का एक प्रकार।

पंडु (सं.) [वि.] 1. पीलापन लिए हुए मटमैला 2. पीला।

पंडुक (सं.) [सं-पु.] कबूतर की प्रजाति का हलके कत्थई रंग का एक पक्षी; फ़ाख़्ता; पेंडकी।

पंत [सं-पु.] पहाड़ी ब्राह्मण समाज में एक कुलनाम या उपनाम।

पंथ (सं.) [सं-पु.] 1. पथ; राह; रास्ता; मार्ग 2. कोई ऐसा

धार्मिक संप्रदाय जिसके अनुयायी उसकी प्रथाओं तथा सिद्धांतों को विशेष रूप से मान्यता देते हैं, जैसे- नानकपंथ 3. मत; धर्म; संप्रदाय 4. रीति; परंपरा 5. आचार-व्यवहार या रहन-सहन का ढंग। [मु.] **-देखना** : किसी की प्रतीक्षा करना, बाट जोहना। **-दिखाना** : रास्ता दिखलाना; शिक्षा देना। **-लगाना** : सही रास्ते पर चलाना।

पंथ-निरपेक्ष (सं.) [वि.] 1. जो किसी पंथ का अनुयायी न हो 2. पंथों या संप्रदायों के परस्पर विरोधी विचारों से अप्रभावित।

पंथक (सं.) [वि.] मार्ग में उत्पन्न होने वाला।

पंथी (सं.) [सं-पु.] 1. राही; पथिक; यात्री; बटोही 2. धार्मिक पक्षधर; मतानुगामी 3. किसी संप्रदाय या पंथ का अनुयायी, जैसे- गोरखपंथी 4. किसी विशेष मत को मानने वाला व्यक्ति। [सं-स्त्री.] पंथ होने की अवस्था। [परप्रत्य.] कुछ शब्दों के अंत में लगकर भाववाचक प्रत्यय का अर्थ देता है, जैसे- वामपंथी।

पंद्रह (सं.) [वि.] संख्या '15' का सूचक।

पंप (अं.) [सं-पु.] 1. पानी आदि तरल पदार्थों को हवा के ज़ोर से ऊपर खींचने का यंत्र 2. पिचकारी 3. ट्यूब आदि में हवा भरने का उपकरण 4. एक प्रकार का हलका अँग्रेज़ी जूता जिसमें पंजे से ऊपर का भाग ढका रहता है।

पंसारी (सं.) [सं-पु.] जीरा, धनियाँ, नमक आदि किराने का सामान तथा साधारण जड़ी-बूटी बेचने वाला दुकानदार।

पंसेरी [सं-स्त्री.] पाँच सेर की तौल।

पइन [सं-स्त्री.] 1. नहर की शाखा 2. छोटी जल धारा।

पइना [वि.] जिसकी धार बहुत पतली या काटने वाली हो; चोखा; धारदार; तीक्ष्ण। [सं-पु.] बैल हाँकने की छड़ी 2. लोहे की नुकीली छड़।

पइया [सं-पु.] 1. कीड़े द्वारा खाया हुआ बेकार धान 2. जिस धान के भीतर चावल (दाना) न हो, मात्र छिलका हो।

पइयाँ [सं-स्त्री.] जंगली चेरी।

पइला [सं-पु.] 1. हल का मुँह 2. अन्न की नाप-तौल का एक उपकरण (बर्तन या पात्र); पैला।

पई [सं-स्त्री.] 1. वह चरखी जिससे कपास के बिनौले अलग किये जाते हैं; ओटनी 2. पौधा में से फूल आदि चुनने या तोड़ने का काम 3. पहिया; चक्र 4. पैर; पाँव।

पउती [सं-स्त्री.] ढक्कनदार टोकरी; संदूकची।

पकठा [वि.] अड़िया; सूखा।

पकड़ [सं-स्त्री.] 1. पकड़ने का भाव या क्रिया; शिकंजा 2. पकड़ने का ढंग या तरीका 3. अपहरण 4. ग्रहण 5. मूठ; सँडसी 6. कुश्ती या लड़ाई में एक बार की भिड़ंत; हाथापाई 7. किसी कार्य का वह अंग जिससे उसकी त्रुटि या दोष का पता चल सकता हो 8. लाभ का डौल या सुभीता 9. {ला-अ.} किसी विषय या कलाक्षेत्र में गहरी समझ; विशेषज्ञता; कौशल; गुणज्ञता; अंतर्बोध। [मु.] **-जाना** : कैद कर लिया जाना। **-में आना** : पकड़ा जाना; काबू में आना।

पकड़-धकड़ [सं-स्त्री.] गिरफ़्तारी; धर-पकड़।

पकड़ना (सं.) [क्रि-स.] 1. किसी वस्तु को इस प्रकार दृढ़तापूर्वक थामना कि वह इधर-उधर न हट सके; दबोचना; थामना 2. ग्रहण करना; चंगुल में लेना; झपटना 3. खोज निकालना; पता लगाना; गिरफ़्तार करना 4. वेगवान वस्तु को आगे बढ़ने से रोकना 5. किसी रोग या विकार के कारण शरीर या उसके किसी अंग का ठीक ढंग से काम न करना 6. किसी काम में आगे बढ़े हुए के बराबर पहुँचना।

पकड़वाना (सं.) [क्रि-स.] 1. किसी को कुछ पकड़ने में प्रवृत्त करना 2. किसी के पकड़े जाने में सहायक होना या सहायता करना।

पकड़ाना (सं.) [क्रि-स.] 1. पकड़ने में प्रवृत्त करना; सौंपना 2. किसी के अधिकार में कोई चीज़ देना।

पकना (सं.) [क्रि-अ.] 1. परिपक्व होना 2. पूर्णता की अवस्था तक पहुँचना 3. आँच पर भोज्य पदार्थों का इतना तपना कि वह खाया जा सके; रँधना 4. प्राकृतिक या कृत्रिम तरीके से फलों का इस अवस्था में पहुँचना कि उन्हें खाया जा सके 5. कच्ची मिट्टी से निर्मित वस्तुओं का आँच पर इस प्रकार पकना कि वह सहजता से टूट न सके 6. बालों का सफ़ेद होना 7. फोड़ा-फुंसी आदि का इस अवस्था में पहुँचना कि उसमें मवाद भर जाए 8. चौसर के खेल में गोटियों का सभी खानों को पार करके अपने खाने में पहुँचना 9. ऐसी अवस्था में पहुँचना जहाँ से पतन, ह्रास या विनाश का आरंभ होता है 10. लेन-देन या व्यवहार में कोई बात पक्की या निश्चित होना।

पकवान (सं.) [सं-पु.] 1. घी अथवा तेल में तलकर पकाया हुआ कोई भोज्य या खाद्य पदार्थ, जैसे- कचौड़ी, जलेबी, समोसा आदि 2. पक्का खाना; व्यंजन।

पकवाना (सं.) [क्रि-स.] 1. किसी को कुछ पकाने में प्रवृत्त करना 2. पकाने का काम किसी दूसरे से कराना।

पका-पकाया [वि.] 1. खाने योग्य 2. बना-बनाया 3. किया-कराया; तैयार।

पकाई [सं-स्त्री.] 1. पकाने की क्रिया या भाव 2. पकाने की मज़दूरी 3. मज़बूती; दृढ़ता (ईंट) 4. अभ्यास।

पकाना (सं.) [क्रि-स.] 1. ऐसी क्रिया करना जिससे कुछ पक सकता हो; पकाने में प्रवृत्त करना 2. अन्न एवं फल का पकने की अवस्था में पहुँचना; उबालना; भूनना 3. अन्न का आँच पर रख कर गलाना या तपाना जिससे कि वह खाने योग्य हो सके; राँधना 4. ऐसी क्रिया करना जिससे कच्चे फल मीठे और मुलायम हो जाए तथा उन्हें खाया जा सके 5. कच्ची मिट्टी से निर्मित वस्तुओं को आग पर तपाना जिससे वे सहजता से टूट न सकें या पानी में गल न सकें 6. फोड़ा-फुंसी को मवाद भर आने की अवस्था तक पहुँचाना 7. सफ़ेद करना या बनाना 8. अभ्यास आदि से परिपक्व और कुशल बनाना।

पकौड़ा [सं-पु.] बेसन, आलू, प्याज़, हरी सब्ज़ियों और मसालों से युक्त तेल में तला हुआ व्यंजन; बड़ी पकौड़ी।

पक्का (सं.) [वि.] 1. (ऐसा प्रपत्र) जो विधिक दृष्टि से प्रामाणिक माना जाता हो 2. जो विकसित होकर पुष्ट तथा पूर्ण हो चुका हो; अटूट; अचल; सुदृढ़ 3. पूरी तरह से पका या पकाया हुआ 4. अनुभवी; निपुण; निष्णात; दक्ष 5. निश्चित; निर्णायक 6.

जिसमें किसी प्रकार की मिलावट या खोट न हो 7. जो इतना स्थिर या निश्चित हो चुका हो कि उसमें सहसा किसी परिवर्तन की गुंजाइश न हो; प्रभावातीत 8. कटिबद्ध; दायित्वपूर्ण 9. जिसमें किसी प्रकार का दोष या त्रुटि न हो; प्रमाणसिद्ध; विवादातीत 10. जो प्राय: सभी जगह प्रामाणिक और मानक माना जाता हो; सत्याधारित 11. जिसका अच्छी तरह संशोधन किया जा चुका हो 12. जो कभी छूट न सके; विजड़ित 13. जिसपर लिखी हुई बात कानून के विरुद्ध न हो 14. जो वृद्धि करते हुए विनाश के निकट पहुँच चुका हो।

पक्का चिट्ठा [सं-पु.] आय-व्यय का तैयार किया गया सटीक प्रपत्र या कागज़।

पक्की निकासी [सं-स्त्री.] 1. कुल आय में से होने वाली बचत 2. किसी संपत्ति में से व्यय को निकाल देने के बाद बची हुई आय या रकम।

पक्की रसोई [सं-स्त्री.] 1. घी या तैलीय पदार्थ में पका या तला हुआ खाद्यपदार्थ 2. पकवान; व्यंजन।

पक्खन [सं-पु.] 1. पौधों की जड़ों के रेशों का समूह; जाला 2. मकड़ी का जाला 3. आँख का एक रोग 4. अफीम की फसल में लगने वाला एक रोग।

पक्खा [सं-पु.] कान और आँख के बीच का भाग; कनपटी।

पक्खी [सं-स्त्री.] सिंघाड़े की फसल को बरबाद करने वाला कीड़ा; पखिया।

पक्व (सं.) [वि.] 1. पका या पकाया हुआ 2. पुष्ट; दृढ़ 3. अनुभवी; पक्का 4. वयस्क; पूर्णत: विकसित। [सं-पु.] पकाया हुआ भोजन।

पक्वान्न (सं.) [सं-पु.] 1. पका या पकाया हुआ अन्न 2. पकायी हुई भोज्य वस्तु 3. पकवान।

पक्वाशय (सं.) [सं-पु.] पाचन तंत्र का वह अंश जहाँ आहार पचता है; आमाशय; जठर।

पक्ष (सं.) [सं-पु.] 1. किसी वस्तु या व्यक्ति का दायाँ या बायाँ भाग 2. किसी विशेष स्थिति से दाहिने या बाएँ पड़ने वाला विस्तार 3. ओर; तरफ़; पार्श्व 4. किसी विषय या वस्तु के दो या दो से अधिक परस्पर विरोधी तत्व, सिद्धांत या भाग 5. किसी प्रतियोगिता या विवाद आदि में सम्मिलित होने वाले व्यक्तियों या दलों में से प्रत्येक व्यक्ति या दल 6. सेना का आगे की ओर बढ़ा हुआ भाग; पार्श्व 7. किसी बात या विचार का कोई भाग 8. शरीर का अंग; आयाम 9. किसी विचारधारा या सिद्धांत के समर्थकों का दल; सहायक; गुट 10. पक्षियों का डैना; पंख; पर 11. चूल्हे का वह गड्डा या मुँह जिसमें राख इकट्ठा होती है 12. जवाब; उत्तर 13. चंद्रमास के दो बराबर भागों में से प्रत्येक भाग जो पंद्रह दिनों का माना जाता है।

पक्ष-विपक्ष (सं.) [सं-पु.] 1. वादी तथा प्रतिवादी 2. संसदीय प्रणाली में सत्ताधारी दल तथा उसका विरोधी दल।

पक्षधर [वि.] 1. झगड़े-लड़ाई या किसी अन्य विषय में किसी का पक्ष लेने वाला; पक्षपाती 2. जो निष्पक्ष न हो; तरफ़दार; हिमायती 3. समर्थक; पिछलग्गू। [सं-पु.] 1. पक्षी; पाखी 2. चिड़िया।

पक्षधरता (सं.) [सं-स्त्री.] 1. पक्षधर होने की अवस्था या भाव; पक्षपात; तरफ़दारी 2. दो पक्षों में से किसी एक पक्ष के प्रति हिमायत 3. झंडाबरदारी; अलमबरदारी।

पक्षपात (सं.) [सं-पु.] 1. राग या संबंध आदि के कारण अच्छे-बुरे का विचार त्याग कर किसी पक्ष के प्रति होने वाली अनुकूल प्रवृत्ति 2. स्वार्थ या लोभ आदि के कारण किसी की तरफ़ होने वाला झुकाव; तरफ़दारी; हिमायत 3. भेदभाव; धाँधली 4. {व्यं-अ.} अनीति; अन्याय।

पक्षपातपूर्ण (सं.) [वि.] 1. पक्षपात किया हुआ; पक्षपात का सूचक 2. सिफ़ारिशी 3. {व्यं-अ.} न्यायहीन; भेदभावपूर्ण।

पक्षपाती (सं.) [वि.] 1. पक्षपात करने वाला; भेदभाव करने वाला; पक्षधर 2. तरफ़दार; सहायक 3. अन्यायी; कुटिल; बेईमान 4. भेदभावपूर्ण। [सं-पु.] औचित्य या न्याय का विचार छोड़कर जो व्यक्ति किसी एक पक्ष का समर्थन करे; पक्ष लेने वाला व्यक्ति।

पक्षसमर्थक (सं.) [वि.] 1. किसी विषय या विचार के अनुकूल प्रवृत्ति रखने वाला 2. सत्ता की तरफ़दारी करने वाला; हिमायती।

पक्षहीन (सं.) [वि.] 1. जो किसी पक्ष का न हो; निष्पक्ष 2. गुटनिरपेक्ष 3. तटस्थ।

पक्षाघात (सं.) [सं-पु.] 1. शरीर के बाईं या दाईं ओर के हिस्से को निष्क्रिय कर देने वाला एक गंभीर रोग; अंगघात 2. लकवा; फ़ालिज।

पक्षावलंबी (सं.) [सं-पु.] जो किसी पक्ष की तरफ़ हो; पक्षपाती; पक्षधर।

पक्षावसर (सं.) [सं-पु.] 1. पूर्णिमा 2. अमावस्या।

पक्षाहार (सं.) [सं-पु.] 1. पक्ष में केवल एक बार भोजन करना 2. किसी पक्ष से संबंधित नियम या व्रत।

पक्षिणी (सं.) [सं-स्त्री.] 1. मादा चिड़िया या पक्षी 2. दो दिनों के बीच की रात्री 3. पूर्णिमा तिथि। [वि.] पक्षवाली।

पक्षी (सं.) [सं-पु.] 1. चिड़िया; खग; विहग 2. खेचर; नभचर 3. शिव। [वि.] 1. पंख या पर से युक्त; पंखवाला 2. पक्षपात करने वाला; पक्षपाती 3. किसी का पक्ष लेने या ग्रहण करने वाला; तरफ़दार।

पक्षीय (सं.) [वि.] 1. किसी पक्ष से संबंधित 2. (मासांत में) पक्ष का, जैसे- एकपक्षीय, बहुपक्षीय 3. पक्षधर 4. पार्श्ववीय।

पक्षीराज (सं.) [सं-पु.] पक्षियों का राजा अर्थात गरुड़।

पक्षीविज्ञान (सं.) [सं-पु.] जीवविज्ञान की वह शाखा जिसके अंतर्गत पक्षियों की बाह्य और आंतरिक रचना, वर्गीकरण एवं विकास तथा मानव के लिए प्रत्यक्ष या अप्रत्यक्ष उपयोगिता इत्यादि का विवेचन होता है।

पक्षीविहार (सं.) [सं-पु.] 1. वह प्राकृतिक स्थल जो पक्षियों के रहने के अनुकूल हो एवं उसे संरक्षित किया गया हो 2. पक्षियों के लिए संरक्षित उद्यान।

पक्ष्म (सं.) [सं-पु.] 1. आँख की पलक; बरौनी, भौंह 2. किसी पुष्प का केसर 3. पुष्प की पंखुड़ी 4. पंख; पर 5. बाल।

पख़ (फ़ा.) [सं-स्त्री.] 1. ऐसी शर्त जिससे किसी काम में बाधा

या अड़चन पैदा हो; अड़ंगा; प्रतिबंध; रोक 2. झंझट; झगड़ा; विवाद फ़साद 3. दोष; ऐब।

पखनरी [सं-स्त्री.] एक नुकीला यंत्र जो ढरकी के खोखले हिस्से में लगा होता है।

पखबिर [सं-पु.] दे. पखनरी।

पखवाड़ा (सं.) [सं-पु.] 1. महीने का आधा भाग; पंद्रह दिन का समय; अर्धमास 2. चंद्रमास का शुक्ल या कृष्ण पक्ष।

पखारना (सं.) [क्रि-स.] 1. पैर आदि को पानी से धोना 2. किसी स्थान को धोकर साफ़ करना 3. धूल, मैल आदि गंदगी छुड़ाना।

पखाल [सं-स्त्री.] 1. पानी भरने की मशक 2. लुहार की धौंकनी 3. मुँह धोने का बरतन 4. चिलमची।

पखाली [सं-पु.] पानी भरने का काम करने वाला व्यक्ति; भिश्ती।

पखावज (सं.) [सं-स्त्री.] मृदंग जैसा किंतु उससे कुछ छोटे आकार का एक वाद्य यंत्र।

पखावजी [सं-पु.] पखावज अथवा मृदंग बजाने वाला व्यक्ति; ढोलकिया।

पखिया [सं-पु.] 1. व्यर्थ का दोष निकालने वाला 2. व्यर्थ का झगड़ा-फ़साद खड़ा करने वाला; झगड़ालू; फ़सादी 3. वितंडावादी। [वि.] बेकार का; फ़िज़ूल।

पखियारी [सं-स्त्री.] दे. पखनरी।

पखी [सं-स्त्री.] 1. टेंट के भीतर का हिस्सा। [सं-पु.] पक्षी। [वि.] पखिया।

पखुरा [सं-पु.] मानव शरीर में कंधे और बाँह के जोड़ के पास का भाग; भुजमूल के पास का भाग।

पखेरू [सं-पु.] पक्षी; चिड़िया।

पखेव [सं-पु.] उड़द, गुड़, सोंठ आदि का वह मिश्रण जो गाय या भैंस को प्रसव के बाद छह दिनों तक खिलाया जाता है।

पग-पग (सं.) [क्रि.वि.] 1. थोड़ी-थोड़ी दूरी या देर 2. कदम-कदम।

पग[1] [सं-पु.] 1. एक पेड़, जो बहुत मजबूत होता है 2. एक प्रकार का विलायती नमक 3. स्तब्ध; बेकाम।

पग[2] (सं.) [सं-पु.] 1. पैर; पाँव; चरण 2. डग; कदम।

पगडंडी [सं-स्त्री.] 1. वह सँकरा मार्ग जो पैदल आने-जाने से जंगल, बगीचे आदि में बन जाता है; टेढ़ा-मेढ़ा रास्ता 2. खेत या मैदान आदि में बना हुआ छोटा रास्ता 3. कच्ची राह; डगर; बाट; लीक।

पगड़ी [सं-स्त्री.] 1. सिर पर लपेटकर बाँधा जाने वाला एक लंबा कपड़ा; साफ़ा; मुरेठा; मुँडासा; पाग 2. दुकान आदि किराए पर देने के पूर्व भावी किराएदार से नज़राने के रूप में ली जाने वाली रकम 3. किसी व्यक्ति के देहांत के बाद उत्तराधिकार घोषित करने की रस्म 4. {ला-अ.} प्रतिष्ठा; मान-मर्यादा।

पगना (सं.) [क्रि-अ.] 1. किसी वस्तु या पदार्थ का किसी गाढ़े तरल पदार्थ या रस से ओत-प्रोत होना; सराबोर होना 2. मिठाई आदि का चाशनी में डूबना 3. निमग्न होना 4. लिप्त होना 5. {ला-अ.} किसी के प्रेम में डूबना।

पगरा [सं-पु.] डग; कदम; पग।

पगला [वि.] 1. नासमझ 2. पागल।

पगली [सं-स्त्री.] 1. वह स्त्री जिसका मानसिक संतुलन ठीक न हो 2. जेल में किसी प्रकार का ख़तरा उत्पन्न होने पर बजाई जाने वाली घंटी; खतरे की घंटी।

पगहा (सं.) [सं-पु.] पशुओं के गले में बाँधी जाने वाली वह रस्सी जिससे उन्हें खूँटे से बाँधा जाता है; पघा।

पगाना [क्रि-स.] किसी खाद्य वस्तु को चाशनी में डुबोकर रखना।

पगार[1] [सं-पु.] 1. पैरों से कुचलकर तैयार किया हुआ गारा 2. कीचड़।

पगार[2] (सं.) [सं-पु.] 1. चहारदीवारी; परकोटा 2. दीवार; घेरा।

पगार[3] (फ़ा.) [सं-पु.] वह नाला या नदी जिसे पैदल पार किया जा सके।

पगार[4] (पु.) [सं-स्त्री.] वेतन; तनख़्वाह।

पगिया [सं-स्त्री.] 1. पगड़ी 2. साफ़ा।

पगुड़ी [सं-स्त्री.] 1. कनछी; दोंजा; पछखी 2. ईख की जड़ से निकलने वाली शाखा।

पगुराना [क्रि-अ.] 1. मुँह चलाना 2. चौपायों का जुगाली या पागुर करना। [क्रि-स.] {ला-अ.} हड़प जाना; पचा जाना।

पगोडा (ब.) [सं-पु.] 1. बौद्ध धर्मावलंबियों का उपासना स्थल 2. महात्मा बुद्ध का मंदिर; बौद्ध मंदिर।

पग्गड़ [सं-पु.] सिर पर लपेटकर बाँधी जाने वाली बहुत बड़ी और भारी पगड़ी।

पघा [सं-पु.] गाय, भैंस आदि के गले में बाँधी जाने वाली रस्सी; पगहा।

पचइयाँ [सं-स्त्री.] नागपंचमी।

पचकट्टा [सं-पु.] धान के पौधे को खाने वाला एक हरे रंग का कीड़ा; छपटा; छिछला।

पचकना [क्रि-अ.] दे. पिचकना।

पचकल्याणी [सं-पु.] वह घोड़ा जिसका मुँह और घुटने तक चारों पैर सफ़ेद हो। [वि.] धूर्त।

पचकारिया [सं-पु.] दे. काँटा।

पचगुना [वि.] जिसमें कोई राशि या माप पाँच बार सम्मिलित किया गया हो; पाँचगुना।

पचड़ा [सं-पु.] 1. व्यर्थ का बखेड़ा, झंझट या प्रपंच 2. लावनी की तरह का एक प्रकार का लोकगीत 3. वह गीत जो ओझा लोगों द्वारा देवी के सामने गाया जाता है।

पचन (सं.) [सं-पु.] पचने की क्रिया या भाव।

पचना (सं.) [क्रि-अ.] 1. खाए हुए भोज्य पदार्थ का आमाशय में पहुँचकर जठराग्नि की सहायता से गल कर तरल रूप में परिवर्तित हो जाना; हज़म होना 2. किसी दूसरे का धन इस प्रकार भोगा जाना या अधिकार में करना कि उसके मूल स्वामी को उसका कोई भी अंश प्राप्त न हो और उसका दुष्परिणाम भी न भोगना पड़े 3. एक पदार्थ का दूसरे पदार्थ में पूर्ण रूप से लीन होना; खपना 4. किसी बात का किसी व्यक्ति के मन में इस प्रकार छिपा रहना कि उसका औरों को पता न चले 5. अधिक परिश्रम से क्षीण होना 6. परेशान होना।

पचनाग्नि (सं.) [सं-पु.] पेट की आग जिससे खाया हुआ पदार्थ पचता है; जठराग्नि।

पचनीय (सं.) [वि.] 1. जो पच या पचाया जा सकता हो 2. पकाने योग्य 3. पचने योग्य।

पचपच [सं-स्त्री.] 1. 'पच-पच' शब्द करने या होने की क्रिया या भाव 2. बार-बार पच शब्द उत्पन्न करना 3. कीच।

पचपन (सं.) [वि.] संख्या '55' का सूचक।

पचमढ़ी [सं-पु.] 1. मध्यप्रदेश के होशंगाबाद जिले में स्थित एक पर्वतीय पर्यटन स्थल 2. सतपुड़ा श्रेणियों के बीच स्थित होने और अपने सुंदर स्थलों के कारण इसे सतपुड़ा की रानी भी कहा जाता है।

पचमासा [सं-पु.] 1. जंगली पशुओं को फँसाने वाला जाल; फाना 2. किसी को फँसाने के लिए रचा गया प्रपंच।

पचमेल [वि.] दे. पँचमेल।

पचरंग [सं-पु.] पाँच रंग की बुकनी या चूर्ण जिसका प्रयोग चौक पूरने में होता है।

पचरी [सं-स्त्री.] 1. वह छोटी लकड़ी जो चूल कसने के काम आती है 2. बाँस या लकड़ी की कील; पचड़ी।

पचरुखी [सं-स्त्री.] गोल शक्ल वाला उजला गेहूँ; दूधी। [वि.] ललका।

पचलरी [सं-स्त्री.] एक प्रकार का हार। [वि.] पाँच लड़ीवाला।

पचहत्तर [वि.] संख्या '75' का सूचक।

पचहरा [वि.] 1. पाँच तहों या परतों वाला 2. पाँच बार का 3. पाँच तरह का 4. पँचगुणा।

पचाना (सं.) [क्रि-स.] 1. खाई हुई वस्तु को पक्वाशय की अग्नि से रस में परिणत करना 2. किसी बात या तथ्य को छुपा ले जाना।

पचास (सं.) [वि.] संख्या '50' का सूचक।

पचासा [सं-पु.] 1. पचास सजातीय वस्तुओं का समूह 2. पचास वर्षों का समूह 3. पचास रुपए।

पचित [वि.] 1. पचा हुआ 2. घुला-मिला हुआ।

पचीसी [सं-स्त्री.] 1. पच्चीस सजातीय वस्तुओं का समूह 2. गणना का वह प्रकार जिसमें पच्चीस वस्तुओं की एक इकाई मानी जाती है 3. किसी के जीवन के आरंभिक पच्चीस वर्ष 4. एक तरह की द्यूतक्रीड़ा 5. द्यूतक्रीड़ा की बिसात।

पचेलिम (सं.) [सं-पु.] 1. सूर्य 2. अग्नि। [वि.] सुगमतापूर्वक और शीघ्रता से पचने वाला।

पचेलुक (सं.) [सं-पु.] रसोइया; जो भोजन बनाता या पकाता है

पचौनी (सं.) [सं-स्त्री.] 1. पचने या पचाने की क्रिया या भाव 2. आमाशय; अँतड़ी; आँत; मेदा।

पच्चट [वि.] बाँस के ठाट के दाएँ-बाएँ बाँधी जाने वाली।

पच्चड़ [सं-पु.] दे. पच्चर।

पच्चर (सं.) [सं-पु.] 1. बाँस या लकड़ी का वह छोटा एवं पतला टुकड़ा जो लकड़ी की बनी हुई चीज़ों में संधि की दरार भरने के लिए ठोंका जाता है 2. {ला-अ.} व्यर्थ की बाधा; अड़चन; रुकावट।

पच्ची (सं.) [सं-स्त्री.] धातुओं, पत्थरों आदि पर नगीने आदि के छोटे-छोटे टुकड़े जड़ने की वह क्रिया या प्रकार, जिसमें जड़ी जाने वाली चीज़ इस प्रकार जमाकर बैठाई जाती है, कि उसका ऊपरी तल उभरा हुआ नहीं रह जाता, जैसे- सोने के हार में हीरों की पच्ची। [परप्रत्य.] एक प्रकार का प्रत्यय जिसका अर्थ पचना, पचाना या खपाना होता है, जैसे- माथापच्ची।

पच्चीकारी [सं-स्त्री.] 1. पच्ची करके जड़ाई करने की क्रिया या भाव 2. पच्ची करके तैयार किया गया काम।

पच्चीस [वि.] संख्या '25' का सूचक।

पच्छिम [सं-पु.] दे. पश्चिम।

पछइयाँ [सं-स्त्री.] 1. पछुआ; हवा 2. पश्चिम का बैल। [वि.] पश्चिम का।

पछखी [सं-स्त्री.] दे. पगुड़ी।

पछटी [सं-स्त्री.] तलवार; कृपाण; असि।

पछताना [क्रि-अ.] 1. कोई अनुचित कार्य करके बाद में उसके लिए दुखी होना 2. अफ़सोस या पश्चाताप करना।

पछतावा [सं-पु.] 1. पछताने की क्रिया या भाव 2. पश्चाताप; अफ़सोस 3. अनुचित कार्य करने के बाद होने वाली आत्मग्लानि।

पछना [सं-पु.] 1. पाछने का औज़ार 2. फसद। [क्रि-अ.] पाछा अर्थात छुरे से हलका चीरा लगाया जाना।

पछरिया [सं-स्त्री.] कटनी करने का साधन।

पछलकड़ा [सं-पु.] बाँस का खूँटा जो बैलगाड़ी के पीछे लगा रहता (लटकता रहता) है।

पछवाँ [सं-स्त्री.] 1. पश्चिम की ओर से आने वाली हवा; पश्चिमी हवा 2. अँगिया का वह भाग जो पीछे की ओर होता है। [वि.] पश्चिमीय; पश्चिम का।

पछाँया [सं-पु.] पछुआ हवा के अनुकूल बादल।

पछाँह (सं.) [सं-पु.] 1. किसी स्थान विशेष के पश्चिम की ओर स्थित प्रदेश या क्षेत्र 2. पश्चिम दिशा।

पछाँही (सं.) [वि.] 1. पछाँह से संबंधित 2. पछाँह (पश्चिम) में रहने वाला।

पछाड़ [सं-पु.] कुश्ती का एक दाँव। [सं-स्त्री.] 1. पछाड़ने की क्रिया या भाव 2. पछाड़े जाने की अवस्था या भाव 3. किसी शोक के कारण बेसुध होकर ज़मीन पर गिर पड़ना; मूर्छित होना।

पछाड़ना[1] [क्रि-स.] 1. किसी प्रतियोगिता में प्रतिद्वंद्वी को पराजित करना 2. कुश्ती प्रतियोगिता में विपक्षी को चित करना।

पछाड़ना[2] (सं.) [सं-पु.] कपड़ा धोकर साफ़ करने के लिए ज़मीन पर ज़ोर-ज़ोर से पटकना।

पछारना [क्रि-स.] 1. कपड़ा साफ करने के लिए जमीन या पत्थर पर पटकना; कचारना 2. कुश्ती आदि में किसी को हराना; पछाड़ना; पटकना।

पछिनाव [सं-पु.] पशुओं का एक रोग।

पछियाव (सं.) [सं-स्त्री.] पश्चिम दिशा की ओर से आने वाली हवा; पश्चिमी हवा।

पछीत [सं-स्त्री.] 1. खिड़की के पास का घर 2. घर का पिछवाड़ा; मकान के पीछे का भाग 3. घर के पीछे वाली दीवार।

पछुआ [सं-स्त्री.] पश्चिम दिशा से चलने वाली हवा; पछवाँ। [सं-पु.] कड़े जैसा एक आभूषण जिसे पैरों में पहना जाता है।

पछेली [सं-स्त्री.] हाथ में पहना जाने वाला स्त्रियों का एक गहना।

पछोड़न [सं-स्त्री.] अनाज आदि को पछोड़ने या फटकने के बाद उससे निकला कूड़ा-करकट।

पछोड़ना [क्रि-स.] अनाज आदि को फटककर साफ़ करना; फटकना।

पछौटा [सं-पु.] फरौटे का गोल सिरा।

पजाया [सं-पु.] दे. पज़ावा।

पजारना [क्रि-स.] जलाना।

पज़ावा (फ़ा.) [सं-पु.] ईंट पकाने की भट्ठी।

पजूसण [सं-पु.] जैनों का एक व्रत; पर्यूषण।

पट (सं.) [सं-पु.] 1. परदा; ओट; आवरण 2. कोई आड़ करने वाली चीज़ या कपड़ा; पल्ला 3. पहनने के कपड़े, वस्त्र या पोशाक 4. किवाड़ का पल्ला 5. पालकी का दरवाज़ा 6. किसी वस्तु की चपटी सतह 7. कुश्ती का पेंच 8. सिंहासन 9. जगन्नाथ, बदरीनाथ आदि का चित्र।

पट-बंधक (सं.) [सं-पु.] रेहन अथवा बंधक का एक प्रकार।

पट विज्ञापन (सं.) [सं-पु.] पटल रूप में किसी सार्वजनिक स्थान पर लटकाया या गाड़ा गया विज्ञापन।

पटइन [सं-स्त्री.] गहने गूँथने वाली पटवा जाति की स्त्री।

पटकथा (सं.) [सं-स्त्री.] 1. मुख्य कथा 2. सिनेमा आदि में प्रयुक्त कथा एवं संवाद।

पटकन [सं-पु.] 1. पटकने का भाव या कार्य 2. लाठी; डंडा 3. छकनी; छड़।

पटकना (सं.) [क्रि-स.] 1. निर्दयता के साथ ज़मीन पर फेंकना या गिराना 2. कुश्ती में प्रतिद्वंद्वी को ज़मीन पर पछाड़ना या दे मारना 3. हाथ में ली हुई वस्तु को ज़मीन आदि पर ज़ोर से गिराना। [क्रि-अ.] 1. ऊपरी तल का दब कर कुछ कम हो जाना; पचकना 2. पट की आवाज़ करते हुए दरकना या फूटना 3. सूखकर सिकुड़ना।

पटकनिया [सं-स्त्री.] पटकने का ढंग, भाव अथवा युक्ति।

पटकनी [सं-स्त्री.] 1. पटकने या पटके जाने की क्रिया, भाव या अवस्था 2. पछाड़ खाकर गिरने की क्रिया या भाव; पटकान।

पटका [सं-पु.] कमर में लपेटकर बाँधने वाला कपड़ा; कमरबंद।

पटकान [सं-स्त्री.] 1. पटकने या पटके जाने की क्रिया या भाव 2. गिराने की क्रिया या भाव।

पटकी [सं-स्त्री.] गदराने के समय पर चने का पौधा; चटकोहा।

पटचित्र (सं.) [सं-पु.] कपड़े पर बना हुआ चित्र जिसे लपेटकर रखा जा सके।

पटतारना [क्रि-स.] 1. असमान धरातल को समतल या चौरस करना 2. भाला, तलवार आदि को इस प्रकार पकड़ना कि उससे वार किया जा सके।

पटनहा [सं-पु.] पटना वाला आलू। [वि.] पटनावाला।

पटना [सं-पु.] प्राचीन भारत की एक प्रसिद्ध नगरी पाटलिपुत्र का वर्तमान नाम जो बिहार राज्य की राजधानी है। [क्रि-अ.] 1. पाटा जाना 2. अपेक्षाकृत नीची भूमि या गड्ढे आदि को भरकर समतल किया जाना 3. खेतों आदि का पानी से सींचा जाना 4. रुचि, स्वभाव आदि में समानता के कारण परस्पर सौहार्दपूर्ण संबंध स्थापित होना 5. ऋण आदि अदा किया जाना 6. व्यापारिक मुद्दों पर सहमति होना।

पटनी [सं-स्त्री.] 1. वह कमरा जिसके ऊपर और भी कमरा हो 2. चीज़ें रखने के लिए दीवार में लगा हुआ पट्टा 3. ज़मीन का स्थायी बंदोबस्त करने की रीति।

पटपट [सं-स्त्री.] पट शब्द का निरंतर उत्पन्न होना। [क्रि.वि.] 'पट-पट' शब्द करते हुए।

पटपटाना [क्रि-स.] 1. लगातार 'पट-पट' की आवाज़ करना 2. 'पट-पट' की ध्वनि के साथ किसी चीज़ को बजाना या पीटना। [क्रि-अ.] भूख या गरमी से तड़पना।

पटपर [सं-पु.] 1. नदी की छाड़न की परती भूमि जिसमें कुछ नहीं उपजता है 2. समतल मैदान 3. उजाड़ स्थान।

पटभाक्ष (सं.) [सं-पु.] प्राचीन काल में प्रयुक्त एक प्रकार का प्रकाशयंत्र।

पटमंजरी (सं.) [सं-पु.] वसंत ऋतु में आधी रात के समय गाई जाने वाली एक रागिनी।

पटरा (सं.) [सं-पु.] 1. लकड़ी का ऐसा समतल टुकड़ा जिसकी लंबाई अधिक किंतु चौड़ाई और मोटाई कम हो; तख़्ता; पल्ला 2. काठ का पीढ़ा; पाटा 3. धोबी का पाट 4. हेंगा।

पटरानी (सं.) [सं-स्त्री.] 1. राजा की प्रथम ब्याहता पत्नी; पट्टमहिषी 2. वह रानी जिसको राजा के साथ सिंहासन पर बैठने का अधिकार होता था।

पटरी [सं-स्त्री.] 1. लोहे के मोटे और समानांतर गार्डर जिन पर रेलगाड़ी चलती है 2. लकड़ी से बना एक विशेष प्रकार का पट्टा, जिसपर खड़िया या चॉक से लिखा जाता है; तख़्ती; पटिया 3. छोटा पटरा 4. एक प्रकार की चूड़ी 5. साड़ी, लहँगे आदि की कोर पर टाँकने का सोने या चाँदी के तारों से बना फ़ीता 6. नहर, सड़क आदि के किनारे का रास्ता 7. सीधी रेखा खींचने में प्रयोग की जाने वाली लकड़ी या प्लास्टिक पट्टी।

पटल (सं.) [सं-पु.] 1. छत 2. आड़ करने का आवरण; परदा 3. तह; परत 4. आँख का एक रोग 5. छप्पर 6. पटर; तख़्ता 7. पक्ष; पहल 8. पंखुड़ी 9. पट्ट।

पटलन (सं.) [सं-पु.] पटल चढ़ाने या जमाने का कार्य।

पटवतन [सं-पु.] पाटन; कोठा; घर के उपर का भाग।

पटवा [सं-पु.] 1. एक जाति जो गहने गूँथने का काम करती है; गुहेरा 2. पटसन; पाट।

पटवाई [सं-स्त्री.] सम करने का काम।

पटवाना [क्रि-स.] 1. पाटने का काम किसी अन्य से कराना या इस हेतु किसी को प्रवृत्त करना 2. गड्ढा आदि भरवाकर समतल कराना 3. ऋण आदि अदा करवाना 4. व्यापारिक सौदा तय कराना।

पटवार [सं-पु.] दे. पतवार।

पटवारी [सं-पु.] ज़मीन आदि का पट्टा लिखने वाला सरकारी अधिकारी; लेखपाल।

पटवास (सं.) [सं-पु.] 1. तंबू; खेमा 2. स्त्रियों का लहँगा।

पटसन (सं.) [सं-पु.] 1. एक प्रसिद्ध पौधा जिसके डंठल में लगे हुए रेशे को बटकर रस्सी, बोरा आदि तैयार किया जाता है तथा उसके सूखे तने से दियासलाई की सींक तैयार की जाती है 2. सनई के रेशे; जूट।

पटह (सं.) [सं-पु.] 1. डुगडुगी 2. डंका; नगाड़ा 3. ढोल 4. किसी काम में हाथ डालना या लगाना 5. क्षति या हानि पहुँचाना 6. हिंसा।

पटहरी [सं-स्त्री.] चना, कपास व अंडी में लगने वाला लाल कीड़ा।

पटहार (सं.) [सं-पु.] 1. रेशम या सूत में मनके आदि गूँथने वाला व्यक्ति; गहना गूँथने वाला व्यक्ति 2. गहना गूँथने का पेशा करने वाली एक जाति 3. एक तरह का बैल 4. पटवा।

पटहारिन (सं.) [सं-स्त्री.] 1. रेशम या सूत में मनके आदि गूँथने वाली स्त्री; गहना गूँथने का काम करने वाली स्त्री 2. पटहार की स्त्री।

पटा (सं.) [सं-पु.] 1. पटरा; पीढ़ा 2. दुपट्टा 3. कपड़ा; वस्त्र 4. लोहे की पट्टी जिससे लोग तलवारबाज़ी सीखते हैं।

पटाई [सं-स्त्री.] 1. पाटने या पटाने की क्रिया या भाव 2. पाटने या पटाने की मज़दूरी।

पटाक [सं-स्त्री.] 1. पट की आवाज़ 2. किसी भारी वस्तु के गिरने अथवा किसी वस्तु पर कठोर आघात करने से उत्पन्न शब्द।

पटाका [सं-पु.] 1. छोटी आतिशबाज़ी 2. पट या पटाक की ध्वनि।

पटाक्षेप (सं.) [सं-पु.] 1. परदा गिरना या गिराना 2. रंगमंच पर किए जा रहे नाटक का एक अंक समाप्त होने पर परदा गिरना 3. {ला-अ.} किसी घटना की समाप्ति की क्रिया या भाव।

पटाखा [सं-पु.] 1. पटाक से होने वाला ज़ोर का शब्द 2. एक तरह की आतिशबाज़ी जिससे तीव्र ध्वनि होती है 3. थप्पड़ और तमाचा।

पटाढ़ी [सं-स्त्री.] इकट्ठा किए हुए धान में लगने वाला एक कीड़ा; पेटाढ़ी।

पटान [सं-स्त्री.] 1. ऋण या कर्ज़ चुकाने की क्रिया या भाव 2. पाटने की क्रिया या भाव।

पटाना [क्रि-स.] 1. पाटने की क्रिया में किसी को प्रवृत्त करना 2. गड्ढा आदि भरवाकर समतल कराना 3. खेत में सिंचाई कराना 4. ऋण या कर्ज़ चुकाना 5. व्यापार संबंधी सहमति बनाना; सौदा पटाना 6. मोलभाव करके सौदा तय करना 7. अपने व्यवहार तथा स्वभाव से किसी को वशीभूत करना 8. सहमत करना।

पटापट [सं-स्त्री.] निरंतर होने वाली पटपट की ध्वनि या शब्द। [अव्य.] 1. निरंतर 'पट-पट' शब्द करते हुए 2. बहुत तेज़ी या शीघ्रता से।

पटापटी [सं-स्त्री.] 1. वह वस्तु जिसपर रंग-बिरंगे बेल-बूटे, फूल-पत्तियाँ आदि बनी हों 2. रंगबिरंगी वस्तु।

पटाफेर [सं-पु.] विवाह की एक रस्म जिसमें वर-वधू परस्पर आसन बदलते हैं।

पटार [सं-पु.] 1. धान का सूखा पौधा या सरपत 2. सन का छिलका 3. पिटारा 4. पिंजड़ा 5. रेशम की डोरी या रस्सी।

पटाव [सं-पु.] 1. पाटने की क्रिया या भाव 2. पाटकर समतल या ऊँचा किया हुआ स्थल।

पटिया[1] [सं-स्त्री.] पट्टी।

पटिया[2] [सं-पु.] 1. चौकोर 2. बेल 3. अगल-बगल की बेनी 4. बहते पानी में दीवार की भाँति लगाया जाने वाला बड़ा जाल।

पटी (सं.) [सं-स्त्री.] 1. कपड़े का लंबा एवं पतला टुकड़ा; पट्टी 2. साफ़ा; पगड़ी 3. कमरबंद; पटका 4. परदा; आवरण 5. रंगमंच का परदा; यवनिका।

पटीमा [सं-पु.] छीपियों का वह तख़्ता जिसपर वे कपड़े को फैलाकर छापते हैं।

पटीर (सं.) [सं-पु.] 1. कत्था; खैर 2. एक प्रकार का चंदन 3. कत्था या खैर का वृक्ष; खदिर वृक्ष 4. गेंद 5. बरगद का पेड़; वटवृक्ष 6. मूली 7. क्यारी 8. क्षेत्र; मैदान 9. जुकाम; प्रतिश्याय 10. उदर; पेट 11. चलनी 12. मेघ; बादल।

पटीलना [क्रि-स.] 1. किसी को समझा-बुझाकर या बहला-फुसलाकर अपने मत के अनुकूल करना 2. छलना; ठगना 3. पराजित करना; हराना 4. कोई काम पूर्ण करना 5. कमाना 6. मारना; पीटना।

पटु (सं.) [वि.] 1. कुशल; दक्ष; निपुण; प्रवीण; चतुर; होशियार 2. तीक्ष्ण; तेज़। [सं-पु.] 1. नमक 2. पाँगा या पांशु नमक; समुद्री नमक 3. परवल 4. करेला 5. जीरा 6. चिरमिटा नामक लता।

पटुआ (सं.) [सं-पु.] 1. जूट; पटसन 2. वह डंडा जिसके सिरे पर डोरी बँधी रहती है और जिसे पकड़कर नाव खींचते हैं।

पटुता (सं.) [सं-स्त्री.] 1. पटु होने की अवस्था या भाव 2. दक्षता; कुशलता; निपुणता; प्रवीणता; होशियारी।

पटुवा (सं.) [सं-पु.] दे. पटुआ।

पटेटी [सं-स्त्री.] पुराने पारसियों द्वारा मान्य नववर्ष।

पटेबाज़ [सं-पु.] पटा खेलने वाला; पटैत। [वि.] धूर्त और व्यभिचारी।

पटेल (सं.) [सं-पु.] 1. गाँव का मुखिया या प्रधान 2. प्राचीन काल में गाँव का एक कर्मचारी; नंबरदार 3. गुजराती कुर्मियों में एक कुलनाम या उपनाम।

पटेला [सं-पु.] हेंगा; पटेली।

पटेली [सं-स्त्री.] 1. पटरी बिछी हुई एक बड़ी नाव 2. पटेला का लघु रूप; छोटा पटेला।

पटैला [सं-पु.] दे. पटेला।

पटोरी [सं-स्त्री.] 1. रेशम की साड़ी या धोती 2. रेशमी चादर।

पटोल (सं.) [सं-पु.] 1. एक प्रकार का रेशमी वस्त्र 2. परवल।

पटोलक (सं.) [सं-पु.] सीपी; शुक्ति।

पटोलरी [सं-पु.] पटोल।

पटोला [सं-पु.] 1. कपड़े का छोटा टुकड़ा 2. गुजरात में बनने वाला एक प्रकार का रेशमी कपड़ा 3. परवल।

पटौनी [सं-स्त्री.] 1. पाटने या पटाने की क्रिया या भाव 2. पाटने या पटाने की मज़दूरी।

पटौरी [सं-स्त्री.] 1.नाव में डाँड़ खेने वाली जगह 2. पटवतन।

पट्ट (सं.) [सं-पु.] 1. किसी धातु या लकड़ी का समतल छोटा टुकड़ा; तख़्ती; पटिया 2. पीढ़ा; पाटा 3. राजाज्ञा, दानपत्र आदि खुदवाने के लिए प्रयुक्त ताँबा आदि की पट्टी 4. घाव आदि पर बाँधने के लिए कपड़े की पट्टी 5. पत्थर का मध्यम आकार का समतल टुकड़ा; सिल 6. पगड़ी 7. दुपट्टा 8. शहर; नगर 9. चौराहा 10. राजसिंहासन 11. पटसन; पाट 12. रेशम।

पट्टक (सं.) [सं-पु.] 1. लेखन कार्य में प्रयुक्त पट्टी या तख़्ती 2. राजकीय आदेश या दान-लेख आदि खुदवाने के लिए ताँबा आदि धातुओं का पत्तर 3. दस्तावेज़ 4. घाव या सूजन आदि पर बाँधने की पट्टी 5. पगड़ी या साफ़ा बनाने में प्रयुक्त रेशमी कपड़ा।

पट्टन (सं.) [सं-पु.] नगर; शहर।

पट्टमहिषी (सं.) [सं-स्त्री.] पटरानी; राजा की पहली रानी।

पट्टला (सं.) [सं-स्त्री.] 1. आधुनिक जनपद जैसी एक प्राचीन प्रशासनिक इकाई 2. उक्त इकाई में निवास करने वाली जनता या जनसमुदाय।

पट्टा (सं.) [सं-पु.] 1. किसी ज़मीन के उपयोग का अधिकारपत्र; इस्तमरारी 2. कुत्ते आदि के गले में बाँधी जाने वाली चमौटी 3. लकड़ी का बना बैठने का उपकरण; पीढ़ा 4. पुरुषों के सिर के पीछे की ओर के बराबर कटे बाल 5. चमड़े का कमरबंद; (बेल्ट)।

पट्टाधारी (सं.) [सं-पु.] वह व्यक्ति जिसने कुछ शर्तों के अधीन कोई भू-खंड या अन्य संपत्ति भोग्यार्थ प्राप्त की हो।

पट्टानामा (सं.) [सं-पु.] 1. किसी स्थावर संपत्ति के उपभोग एवं प्रशासनिक व्यवस्था की देख-रेख से संबंधित सशर्त अधिकारपत्र; सनद 2. ज़मींदार द्वारा किसान को एक निश्चित अवधि तक ज़मीन जोतने-बोने के लिए दिया जाने वाला नियमों एवं शर्तों से संबंधित लेख; दस्तावेज़।

पट्टार (सं.) [सं-पु.] एक प्राचीन देश।

पट्टिका (सं.) [सं-स्त्री.] 1. पटिया; तख़्ती 2. छोटे आकार का चित्र-पट या ताम्रपट 3. घाव आदि पर बाँधने की पट्टी 4. दस्तावेज़; पट्टा 5. रेशम का पतला एवं लंबा टुकड़ा 6. पठानी लोध।

पट्टिकाख्य (सं.) [सं-पु.] पठानी लोध; रक्त लोध्र।

पट्टिल (सं.) [सं-पु.] पलंग।

पट्टिलोध्र (सं.) [सं-पु.] पठानी लोध।

पट्टिश (सं.) [सं-पु.] दोनों तरफ़ धार वाला एक प्राचीन अस्त्र; पटा।

पट्टी [सं-स्त्री.] 1. तख़्त और पलंग के किनारे की ओर लगने वाली लकड़ी की तख़्ती 2. चोट पर बाँधा जाने वाला जालीदार कपड़ा 3. बच्चों के लिखने की पाटी; पटिया 4. उपदेश; शिक्षा 5. बुरे इरादे से दी जाने वाली सलाह 6. किसी संपत्ति या उससे होने वाली आय का अंश; हिस्सा; पत्ती 7. पाठ; सबक 8. ज़मीन पर बिछाया जाने वाला टाट का लंबा सँकरा कपड़ा 9. नाव के बीच का तख़्ता 10. तिल एवं गुड़ से बनी एक प्रकार की मिठाई 11. कमरबंध 12. कुछ दूर तक जाने वाली कम चौड़ी और अधिक लंबी वस्तु या भूभाग 13. गाड़ी का वह हिस्सा, जिसमें सवारी बैठती है।

पट्टीदार [सं-पु.] 1. संपत्ति या ज़मीन में हिस्सेदार व्यक्ति 2. बराबर का हकदार।

पट्टीदारी [सं-स्त्री.] पट्टीदारों का आपसी या पारस्परिक संबंध।

पट्टू [सं-पु.] 1. एक प्रकार का ऊनी कपड़ा जो कम चौड़ा और लंबी पट्टी के रूप में बुना होता है 2. एक प्रकार का चारख़ानेदार कपड़ा।

पट्टेदार [सं-पु.] 1. वह व्यक्ति जिसने पट्टा लिखकर कोई ज़मीन ली हो 2. संपत्ति आदि में समान हिस्सा रखने वाला व्यक्ति।

पट्ठा [सं-पु.] 1. जवान; युवा; तरुण 2. चढ़ती जवानी वाला व्यक्ति 3. कुश्ती लड़ने वाला पहलवान; कुश्तीबाज़ 4. एक तरह का चौड़ा गोटा 5. लंबा, बड़ा तथा दलदार मोटा पत्ता 6. मांस-पेशियों को हड्डियों के साथ बाँधे रखने वाली तंतु या नसें; स्नायु।

पठंगा [सं-पु.] अवलंब, आश्रय, सहारा।

पठन (सं.) [सं-पु.] पढ़ने की क्रिया या भाव।

पठन-पाठन (सं.) [सं-पु.] पढ़ना और पढ़ाना; अध्ययन और अध्यापन।

पठन-सामग्री (सं.) [सं-स्त्री.] पढ़ने के लिए प्रयोग की जाने वाली सामग्री; पाठ्य पुस्तक।

पठनीय (सं.) [वि.] 1. जो पढ़ने के योग्य हो 2. जिसे सरलता से पढ़ा जा सके।

पठमंजरी (सं.) [सं-स्त्री.] 1. पटमंजरी 2. भारतीय शास्त्रीय संगीत की एक रागिनी।

पठान (फ़ा.) [सं-पु.] 1. मुसलमानों की एक उपजाति और उपनाम 2. पश्तो भाषा बोलने वाला व्यक्ति 3. अफ़गानिस्तान-पख़्तूनिश्तान प्रदेश का निवासी।

पठानी (फ़ा.) [सं-स्त्री.] 1. पठान की या पठान जाति की स्त्री 2. पठान का स्वभाव; पठानपन। [वि.] 1. पठान संबंधी 2. पठान का।

पठार (सं.) [सं-पु.] 1. दूर तक फैली हुई लंबी-चौड़ी ऊँची ज़मीन 2. एक पहाड़ी जाति।

पठावन [सं-पु.] दूत; संदेशवाहक।

पठावनी [सं-स्त्री.] किसी को कुछ देने या संदेश पहुँचाने हेतु कहीं भेजने की क्रिया या भाव।

पठावर [सं-स्त्री.] एक प्रकार की घास।

पठित (सं.) [वि.] जिसे पढ़ा जा चुका हो; पढ़ा हुआ।

पठिया [सं-स्त्री.] 1. जवान भेड़ 2. बकरी का मादा बच्चा।

पठौनी [सं-स्त्री.] पठावनी।

पड़छत्ती [सं-स्त्री.] परछत्ती।

पड़ता [सं-पु.] 1. बिक्री मूल्य में से लागत मूल्य निकालकर होने वाली बचत 2. किसी वस्तु की ख़रीद, लागत, परिवहन

आदि पर होने वाला व्यय जिसके आधार पर उसका मूल्य निश्चित होता है 3. आय-व्यय आदि का औसत या माध्य 4. भूमिकर की दर; लगान की दर।

पड़ताल (सं.) [सं-स्त्री.] 1. किसी वस्तु या बात आदि के विषय में भली-भाँति की जाने वाली छान-बीन या निरीक्षण; जाँच 2. पटवारियों या कानूनगो द्वारा भूमि की माप, बोई गई फ़सल, बोने वाले के नाम आदि से संबंधित की जाने वाली जाँच।

पड़ती [सं-स्त्री.] कुछ समय के लिए खाली पड़ी उर्वर ज़मीन; न जोती-बोई गई खेती योग्य भूमि; परती।

पड़ना (सं.) [क्रि-अ.] 1. किसी पात्र या आधान में किसी चीज़ का डाला या पहुँचाया जाना 2. गिरना; पतित होना 3. दुख, कष्ट आदि ऊपर आना 4. एक वस्तु का किसी दूसरी वस्तु पर ठीक ढंग से फैलाया या बिछाया जाना 5. कहीं अचानक जा पहुँचना 6. किसी विकट स्थिति या कष्टदायक घटना का सामना होना।

पड़पड़ाना [क्रि-अ.] 1. 'पड़-पड़' शब्द उत्पन्न करना 2. 'पड़-पड़' शब्द होना।

पड़पड़ाहट [सं-स्त्री.] 'पड़-पड़' शब्द करने या होने की क्रिया अथवा भाव।

पड़पोता [सं-पु.] दे. परपोता।

पड़वछ [वि.] पड़िया के बाद की अवस्थावाली।

पड़वा [सं-पु.] भैंस का नर बच्चा।

पड़ा [सं-पु.] भैंस का नर बच्चा; पड़वा।

पड़ाक [सं-पु.] आक के नीचे की लकड़ी।

पड़ाका [सं-पु.] 1. मठरी; गेहूँ के आटे का बना व्यंजन 2. पटाखा।

पड़ाव [सं-पु.] 1. डेरा; शिविर; अस्थायी ठहरने का स्थान 2. सेना, पथिकों आदि का कुछ समय के लिए रास्ते में कहीं ठहरना; टिकान; ठहराव।

पड़िया [सं-स्त्री.] भैंस का मादा बच्चा।

पड़िहार [सं-पु.] राजपूतों में एक कुलनाम या सरनेम; प्रतिहार; परिहार।

पडुआ [सं-पु.] गन्ने (ईख) का खेत।

पड़ोस (सं.) [सं-पु.] 1. किसी के निवास स्थान के आस-पास के घर एवं क्षेत्र 2. किसी नगर, गाँव, प्रदेश आदि से सटा या लगा हुआ अथवा समीपवर्ती क्षेत्र 3. प्रतिवेश; प्रतिवास।

पड़ोसन (सं.) [सं-स्त्री.] पड़ोस में रहने वाली स्त्री।

पड़ोसिन (सं.) [सं-स्त्री.] दे. पड़ोसन।

पड़ोसी (सं.) [सं-पु.] पड़ोस में रहने वाला व्यक्ति; हमसाया; प्रतिवेशी; प्रतिवासी।

पड़ोह [सं-पु.] दे. नाली।

पढ़ंत [सं-स्त्री.] पढ़ाई।

पढ़त [सं-स्त्री.] पढ़ने की क्रिया या भाव; पढ़ाई।

पढ़ना (सं.) [क्रि-स.] 1. किसी लिपि के वर्णों के उच्चारण, रूप आदि से परिचित होना 2. लिखे या छपे हुए अक्षरों का क्रम से उच्चारण करना 3. लिखित अथवा मुद्रित चिह्नों, वर्णों आदि को देखकर उनका आशय या अभिप्राय जानना 4. किसी पाठ का बार-बार उच्चारण करते हुए अभ्यास करना।

पढ़ना-लिखना [क्रि-स.] 1. पढ़ने और लिखने का कार्य करना 2. शिक्षा प्राप्त करना।

पढ़वाना (सं.) [क्रि-स.] 1. किसी को पढ़ने में प्रवृत्त करना 2. किसी को पढ़ाने में प्रवृत्त करना; किसी से पढ़ाने की क्रिया कराना।

पढ़वैया [वि.] 1. पढ़नेवाला 2. पढ़ानेवाला।

पढ़ाई (सं.) [सं-स्त्री.] 1. पढ़ने की क्रिया या भाव 2. अध्ययन; पठन 3. विद्योपार्जन; शिक्षा 4. पढ़ने के लिए मिलने वाला धन 5. पढ़ाने का काम 6. पाठन; अध्यापन 7. पढ़ाने का ढंग या तरीका 8. पढ़ाने के बदले दिया जाने वाला या मिलने वाला धन।

पढ़ाना (सं.) [क्रि-स.] 1. किसी को पढ़ने में प्रवृत्त करना 2. किसी को शिक्षा देना या शिक्षित करना 3. लिखित या मुद्रित बातों का ज्ञान प्राप्त कराने के उद्देश्य से किसी को किसी पाठ का वाचन कराना 4. मंत्र, श्लोक आदि का विधिपूर्वक उच्चारण संपन्न कराना 5. तोता, मैना आदि पक्षियों को मनुष्य की तरह किसी शब्द या शब्दसमूह का उच्चारण करना सिखाना 6. किसी को कोई कला या हुनर सिखाना।

पढ़ालिखा (सं.) [वि.] 1. शिक्षित 2. जिसे पढ़ना-लिखना आता हो 3. पढ़ने-लिखने में सक्षम।

पढ़ैया [सं-पु.] पढ़ने वाला व्यक्ति; पढ़ाकू। [वि.] पढ़ाई करने वाला।

पण (सं.) [सं-पु.] 1. पासों से खेला जाने वाला एक खेल; जुआ; द्यूत 2. बाजी; शर्त 3. क्रय-विक्रय की वस्तु 4. किसी वस्तु की कीमत या मूल्य 5. विक्रेता 6. पारिश्रमिक; मज़दूरी 7. वेतन 8. व्यापार; रोज़गार 9. प्राचीन कालीन तौल की एक नाप 10. प्राचीनकाल में प्रचलित दस या बीस माशे के बराबर का एक ताम्र सिक्का 11. प्रशंसा; स्तुति 12. प्रतिज्ञा।

पणता (सं.) [सं-स्त्री.] मूल्य; कीमत; दाम।

पणन (सं.) [सं-पु.] 1. क्रय-विक्रय की क्रिया या भाव 2. व्यापार आदि करने की क्रिया 3. बाजी या शर्त लगाना 4. प्रतिज्ञा, इकरार या कौल करना।

पणनीय (सं.) [वि.] 1. जिसका क्रय-विक्रय किया जा सके 2. पणन के योग्य 3. जिससे धन के लोभ से कोई काम कराया जा सके।

पणवानक (सं.) [सं-पु.] एक प्रसिद्ध बाजा; नगाड़ा।

पणांगना (सं.) [सं-स्त्री.] वेश्या; रंडी।

पणायित (सं.) [वि.] 1. वह वस्तु जो ख़रीदी या बेची जा चुकी हो 2. जिसकी स्तुति की गई हो; स्तुति।

पणास्थि (सं.) [सं-स्त्री.] कौड़ी; कपर्दक।

पणि (सं.) [सं-पु.] 1. क्रय-विक्रय करने वाला व्यक्ति 2. कंजूस या पापी व्यक्ति। [सं-स्त्री.] 1. बाज़ार; हाट 2. दुकानों की कतार या पंक्ति।

पणित (सं.) [सं-पु.] 1. बाजी; शर्त 2. अग्रिम राशि; पेशगी; बयाना 3. द्यूत; जुआ। [वि.] 1. जिसका क्रय-विक्रय हो

चुका हो 2. जिसके संबंध में या जिसकी बाज़ी लगाई गई हो 3. जिसके विषय में कोई शर्त लगी हो 4. जिसकी स्तुति की गई हो; स्तुत; प्रशंसित।

पणितव्य (सं.) [वि.] 1. जिसका क्रय-विक्रय किया जा सके 2. जिसका लेन-देन हो सके 3. जिसके साथ लेन-देन या व्यवहार किया जा सके 4. जिसकी प्रशंसा या स्तुति की जा सके।

पणिता (सं.) [सं-पु.] क्रय-विक्रय करने वाला व्यक्ति; व्यापारी; सौदागर।

पण्य (सं.) [सं-पु.] 1. वह चीज़ जो खरीदी और बेची जाती हो; माल; सौदा; विक्रेय वस्तु 2. बाज़ार; हाट 3. दुकान 4. व्यापार 5. मूल्य; दाम। [वि.] जिसे ख़रीदा या बेचा जा सके।

पत (सं.) [सं-स्त्री.] लाज; आबरू; प्रतिष्ठा; इज़्ज़त।

पतंग (सं.) [सं-स्त्री.] पतले कागज़ से बनी वह वस्तु जो डोर की सहायता से हवा में उड़ाई जाती है; कनकौआ; गुड्डी; चंग।

पतंगबाज़ [सं-पु.] वह व्यक्ति जिसे पतंग उड़ाने का व्यसन हो; पतंगबाज़ी का शौकीन व्यक्ति।

पतंगबाज़ी [सं-स्त्री.] 1. पतंग उड़ाने की क्रिया या भाव 2. पतंग उड़ाने का शौक 3. पतंग उड़ाने की कला।

पतंगा [सं-पु.] 1. उड़ने वाला कीड़ा; पतिंगा 2. चिनगारी 3. दीए का फूल; चिराग का गुल 4. एक प्रकार का कीड़ा जो पौधों की पत्तियों, फलों आदि को खाता तथा नष्ट करता है 5. कीड़ा; कीट।

पतंगी (सं.) [सं-पु.] पक्षी; चिड़िया।

पतंचल (सं.) [सं-पु.] एक गोत्र प्रवर्तक ऋषि।

पतंचिका (सं.) [सं-स्त्री.] धनुष की डोरी; प्रत्यंचा; चिल्ला।

पतंजलि (सं.) [सं-पु.] 1. योगदर्शन के प्रवर्तक 2. एक प्रसिद्ध ऋषि जिन्होंने पाणिनीय सूत्रों और कात्यायन कृत उनके वार्तिक पर 'महाभाष्य' नामक बृहद भाष्य का निर्माण किया था।

पतकट्टा [सं-पु.] धान के पौधे को खाने वाला लंबी आकृति का एक कीड़ा; छपटा।

पतचौली [सं-स्त्री.] एक प्रकार का पौधा।

पतजिव (सं.) [सं-पु.] पुत्र-जीव।

पतझड़ [सं-पु.] 1. वह ऋतु जिसमें सभी वृक्षों के पत्ते झड़ जाते हैं और नए पत्ते निकलते हैं (फागुन और चैत माह में); शिशिर ऋतु 2. {ला-अ.} उन्नतिं के बाद होने वाली अवनति या ह्रास।

पतझड़ी [वि.] 1. पतझड़ की-सी स्थिति 2. पतझड़ संबंधी।

पतत्र (सं.) [सं-पु.] 1. पंख; पर 2. डैना; पंखा 3. वाहन; सवारी।

पतत्रि (सं.) [सं-पु.] पक्षी; चिड़िया।

पतन (सं.) [सं-पु.] 1. ऊपर से नीचे आने या गिरने का भाव या क्रिया 2. 'उत्थान' का विलोम; अधोगति 3. मरण; संहार; नाश 4. किसी राष्ट्र या जाति आदि का ऐसी स्थिति में आना कि उसकी प्रभुता और महत्ता नष्ट हो जाए 5. पातक; पाप 6. बैठना; डूबना 7. उड़ना 8. किसी ग्रह या नक्षत्र का अक्षांश 9. घटाव।

पतनशील (सं.) [वि.] 1. जिसका पतन हो रहा हो; पतन की ओर जाने वाला 2. गिरने वाला या गिरता हुआ।

पतनशीलता (सं.) [सं-स्त्री.] पतनशील होने की स्थिति या भाव।

पतनीय (सं.) [वि.] 1. पतन के योग्य 2. पतित होने के योग्य 3. पतन की ओर अग्रसर 4. पतित करने या बनाने वाला। [सं-पु.] पतित या च्युत करने वाला पाप।

पतनोन्मुख (सं.) [वि.] 1. पतन की ओर उन्मुख 2. पतन की ओर जाने वाला 3. पतन की राह पर चलने वाला।

पतयिष्णु (सं.) [वि.] जिसका पतन हो रहा हो; पतनशील।

पतर (सं.) [सं-पु.] 1. पत्ता 2. पत्तल।

पतरा [सं-पु.] दे. पंचांग।

पतरिंगा [सं-पु.] लंबी चोंच तथा लंबी पूँछवाला सुनहले हरे रंग का एक पक्षी।

पतरौल [सं-पु.] 1. राजस्व विभाग का वह कर्मचारी जो कृषकों से जल कर आदि को वसूलकर राजस्व विभाग में जमा करता है; अमीन 2. गश्त लगाने वाला व्यक्ति।

पतलगुआ [सं-पु.] अधिक वर्षा के कारण फसल का मारा जाना; मराइल।

पतला (सं.) [वि.] 1. जिसका फैलाव या विस्तार कम हो 2. कृश 3. सँकरा 4. बारीक; झीना 5. जो गाढ़ा न हो 6. जिसमें द्रव की अधिकता हो; तरल 7. {ला-अ.} शक्तिहीन; निर्बल; दुर्बल; कमज़ोर।

पतलापन (सं.) [सं-पु.] पतला होने की अवस्था या भाव; दुबलापन; कमज़ोरी।

पतलो [सं-स्त्री.] 1. सरकंडे या सरपत की पताई 2. सरकंडा; सरपत।

पतवार (सं.) [सं-स्त्री.] 1. डाँड; नाव खेने का डंडा 2. नाव में पीछे की ओर लगी तिकोनी लकड़ी 3. पार उतारने का साधन। [सं-पु.] खेत में उगी घास-फूस।

पतवास (सं.) [सं-स्त्री.] पक्षियों का अड्डा; चिक्कस।

पतस (सं.) [सं-पु.] 1. पतिंगा; शलभ 2. चंद्रमा 3. पक्षी; चिड़िया।

पतसोखा [सं-पु.] पत्तों को सूखा देने वाली पछुआ हवा।

पतहर [सं-पु.] 1. ईख या सरकंडे के ऊपर की सूखी पत्तियाँ 2. जुन्ना; पताई।

पतहरना [क्रि-स.] पत्ते झड़ना; पतझड़।

पता (सं.) [सं-पु.] 1. किसी वस्तु, व्यक्ति या स्थान का ऐसा परिचय जो उसे पाने-ढूँढ़ने या उसके पास तक संदेश पहुँचाने में सहायक हो 2. ठिकाना 3. डाक और रेल से भेजे जाने वाले समानों के आवरण पर लिखा जाने वाला नाम और रहने की जगह का पूरा विवरण 4. ज्ञात; मालूम 5. खोज; अनुसंधान 6. स्थिति सूचक लक्षण 7. गूढ़ तत्व; रहस्य।

पता-ठिकाना [सं-पु.] किसी व्यक्ति या वस्तु का परिचय और स्थान आदि।

पताई [सं-स्त्री.] दे. पतहर।

पताका (सं.) [सं-पु.] 1. झंडा; ध्वजा; फरहरा 2. बाँस आदि का वह डंडा जिसमें ध्वज पहनाया जाता है 3. चिह्न; निशान; प्रतीक 4. सौभाग्य 5. (नाट्यशास्त्र) प्रासंगिक कथावस्तु के दो भेदों में से एक; किसी नाटक की मूल कथा के साथ चलने वाली दूसरी कथा।

पताकिनी (सं.) [सं-स्त्री.] सेना; फ़ौज।

पतापत (सं.) [वि.] अतिशय पतनयुक्त।

पतावर [सं-पु.] झड़े हुए सूखे पत्ते।

पतासी [सं-स्त्री.] एक तरह की छोटी रुखानी; बढ़इयों का एक औज़ार।

पति (सं.) [सं-पु.] 1. वह पुरुष जिससे किसी स्त्री का विवाह हुआ हो; शौहर; खाविंद; भर्ता; कांत; दूल्हा 2. सहचर; जीवनसाथी 3. किसी वस्तु या स्थान का मालिक।

पतिंग [सं-पु.] दे. पतिंगा।

पतिआना [क्रि-अ.] दे. पतियाना।

पतिगृह (सं.) [सं-पु.] पति का घर; स्त्री का ससुराल।

पतित (सं.) [वि.] 1. गिरा हुआ 2. जिसका नैतिक पतन हो चका हो; आचार भ्रष्ट 3. अधम; नीच; पापी 4. जाति, धर्म, समाज आदि से च्युत 5. युद्ध में पराजित 6. अपवित्र; मलिन 7. नीचे की ओर झुका हुआ; नत।

पतितपावन (सं.) [वि.] 1. पतित को भी पवित्र करने वाला 2. पतितों का उद्धार करने वाला। [सं-पु.] 1. सगुण ब्रह्म 2. ईश्वर 3. संत; महात्मा।

पतितावस्था (सं.) [सं-स्त्री.] 1. पतित होने की अवस्था या भाव 2. पापी या अधम होने की अवस्था।

पतित्व (सं.) [सं-पु.] 1. पति होने की अवस्था या भाव 2. स्वामित्व; प्रभुत्व।

पतियाना (सं.) [क्रि-स.] 1. विश्वास करना 2. विश्वसनीय या सच्चा समझना।

पतिव्रत (सं.) [सं-पु.] 1. विवाहिता स्त्री का यह संकल्प कि मै सदा पति का साथ दूँगी एवं कभी विश्वासघात नहीं करूँगी 2. पति के प्रति एकनिष्ठ प्रेम; अनुराग; भक्ति।

पतिव्रता (सं.) [सं-स्त्री.] 1. पति में पूर्ण निष्ठा, अनन्य श्रद्धा, अनुराग रखने वाली स्त्री 2. सच्चरित्रा; साध्वी।

पतिहंता (सं.) [वि.] पति की हत्या करने वाली। [सं-स्त्री.] पति को मारने वाली स्त्री।

पतील [वि.] 1. पतला 2. जिसका घेरा कम हो 3. जिसका गाढ़ापन कम हो 4. जिसकी चौड़ाई कम हो।

पतीला (सं.) [सं-पु.] ताँबे, पीतल या एल्यूमिनियम आदि का गोल आकार का ऊँचे तथा खड़े किनारे वाला एक प्रसिद्ध पात्र।

पतीली [सं-स्त्री.] दाल, चावल आदि पकाने का धातु से बना एक पात्र या बरतन।

पतुकी [सं-स्त्री.] मिट्टी का पात्र; पतीली; हांडी।

पतुली [सं-स्त्री.] कलाई में पहनने का एक गहना, जिसका प्रचलन अवधी भाषा क्षेत्र में अधिक है।

पतुही [सं-स्त्री.] मटर की वह हरी फली जिसमें पूरे तथा पुष्ट दाने न हों।

पतोई [सं-स्त्री.] गन्ने का रस खौलाते समय उसमें से निकलने वाला मैला झाग।

पतोखदी [सं-स्त्री.] किसी वृक्ष, पौधे या घास के फूल, पत्ते आदि से निर्मित औषधि।

पतोखा [सं-पु.] 1. पत्ते अथवा पत्तों से बना कटोरे के आकार का पात्र; दोना 2. पत्तों से निर्मित छाता या छतरी 3. एक प्रकार का बगुला; पतंखा।

पतोलना [क्रि-स.] दे. छिलना।

पतोहू [सं-स्त्री.] पुत्र की पत्नी; पुत्रवधू।

पतौरा [सं-पु.] दे. पतहर।

पत्तंग (सं.) [सं-पु.] 1. पतंग नामक लकड़ी; बक्कम 2. लाल चंदन।

पत्तन (सं.) [सं-पु.] 1. बंदरगाह; पोताश्रय 2. बंदरगाही शहर 3. वह स्थान जहाँ से वायुयान उड़ान भरते हैं या उतरते हैं; विमानपत्तन; हवाईअड्डा 4. नगर; शहर।

पत्तनक्षेत्र (सं.) [सं-पु.] पत्तन के आसपास विकसित कस्बा या नगर जिसकी पूरी व्यवस्था वहाँ के कुछ निर्वाचित लोगों के हाथों में होती है।

पत्तर (सं.) [सं-पु.] 1. पीटकर पतला किया हुआ धातु का टुकड़ा 2. किसी धातु की चादर 3. पत्तल।

पत्तल (सं.) [सं-स्त्री.] 1. पत्तों को जोड़कर बनाया हुआ एक पात्र जो खाने के लिए थाली का काम करता है 2. पत्तल पर रखी हुई भोजन सामग्री।

पत्ता (सं.) [सं-पु.] 1. पेड़ पर लगा हुआ हरे रंग का अवयव; पत्र; पर्ण 2. मोटे कागज़ के चौकोर टुकड़े (ताश के पत्ते) 3. पत्ते का आकार का वह चिह्न जो कपड़े, कागज़ आदि पर छापा या काढ़ा जाता है 4. कान में पहनने का एक गहना 5. सरकारी नोट।

पत्तागोभी [सं-स्त्री.] 1. एक प्रकार की सब्ज़ी 2. आपस में कस कर गुँथे हुए पत्तों की गोलाकार हलके हरे रंग की सब्ज़ी।

पत्ति (सं.) [सं-पु.] प्यादा; पैदल सिपाही।

पत्ती [सं-स्त्री.] 1. छोटा पत्ता 2. आय का हिस्सा, भाग या अंश 3. पंखुड़ी; दल 4. भंग 5. धातु आदि का कटा छोटा धारदार टुकड़ा 6. व्यवसाय, रोज़गार आदि में होने वाला साझे का अंश; भाग 7. ताश का कोई पत्ता।

पत्तीदार (हिं.+फ़ा.) [वि.] 1. जिसमें पत्तियाँ हों; पत्तियों से युक्त 2. जिसका किसी व्यापार में हिस्सा हो 3. जो संपत्ति का भागीदार हो।

पत्तेबाज़ [वि.] 1. ताश के पत्तों में हेराफ़ेरी करने वाला 2. चालाक; धूर्त।

पत्थर (सं.) [सं-पु.] 1. पहाड़ों को काटकर या खानों को खोदकर निकाला गया खंड; पृथ्वी का कठोर स्तर; वह पदार्थ जिससे पृथ्वी का कठोर स्तर बना है; शिला 2. शिलाखंड 3. मील की संख्या सूचित करने के लिए सड़क के किनारे गाड़ा जाने वाला पत्थर का टुकड़ा; ढेला 4. सीमा निर्धारित करने के लिए गाड़ा जाने वाला पत्थर 5. {व्यं-अ.} वह जो मौन या

जड़ हो 6. {ला-अ.} कठोर हृदय वाला व्यक्ति 7. गुड़ से युक्त कठोर वस्तु 8. ओला; बिनौरी 9. लाल, पन्ना आदि रत्न।

पत्थरदिल (सं.+फ़ा.) [वि.] जिसका दिल पत्थर के समान कठोर हो; कठोर हृदयवाला।

पत्थरबाज़ी [सं-स्त्री.] 1. दूसरों पर पत्थर चलाकर उन्हें मारने एवं घायल करने की क्रिया 2. पत्थर फेंकने की क्रिया।

पत्नी (सं.) [सं-स्त्री.] किसी की विवाहिता स्त्री; भार्या; परिणीता; कांता; जोरू; सहचरी; जीवनसंगिनी; सहगामिनी।

पत्नीधर्म (सं.) [सं-पु.] पत्नी का पति के प्रति कर्तव्य।

पत्नीव्रत (सं.) [सं-पु.] पत्नी के प्रति एकनिष्ठ प्रेम; अनुराग; भक्ति।

पत्र (सं.) [सं-पु.] 1. चिट्ठी; ख़त 2. पेड़ का पत्ता 3. अख़बार 4. वह कागज़ जिसपर कोई बात छपी हो 5. पुस्तक का कोई पन्ना 6. समाचारपत्रों का समूह (प्रेस) 7. धातु का पत्तर 8. तेजपत्ता 9. कागज़ 10. बाण का पर की तरह निकला हुआ हिस्सा 11. सुंदरता बढ़ाने के लिए रंगों, सुगंधित द्रव्यों आदि से बनाई जाने वाली आकृतियाँ या चिह्न।

पत्र-पेटिका (सं.) [सं-स्त्री.] 1. डाक विभाग द्वारा विभिन्न स्थानों पर लगाया गया लाल रंग का वह बड़ा डिब्बा जिसमें बाहर भेजे जाने वाले पत्र लोगों द्वारा छोड़े जाते हैं 2. घर के प्रवेश-द्वार पर लगा वह डिब्बा जिसमें डाकिया बाहर से आया पत्र डाल जाता है 3. पत्र रखने की पेटी अथवा संदूक।

पत्र-पेटी (सं.) [सं-स्त्री.] दे. पत्र-पेटिका।

पत्र व्यवहार (सं.) [सं-पु.] 1. एक दूसरे को पत्र लिखना; पत्रोत्तर देना 2. पत्राचार।

पत्रक (सं.) [सं-पु.] 1. पत्ता 2. पत्तों की श्रेणी या शृंखला; पत्रावली 3. तेजपत्ता 4. स्मृतिपत्र 5. शांति नामक साग। [वि.] 1. पत्र से संबंधित 2. पत्र के रूप में होने वाला।

पत्रक धन (सं.) [सं-पु.] वह धन जो छपे हुए पत्र या कागज़ के रूप में हो।

पत्रकार (सं.) [सं-पु.] 1. वह व्यक्ति जो समाचार पत्रों को नित नई सूचना देता है; समाचार पत्र का लेखक या संपादक 2. टीवी, रेडियो आदि जन संचार माध्यमों में सक्रिय रूप से कार्य करने वाला व्यक्ति।

पत्रकार कक्ष (सं.) [सं-पु.] सरकारी अथवा गैरसरकारी संस्थानों का वह कक्ष जहाँ पत्रकार आपस में विचार-विमर्श कर सकते हैं।

पत्रकार कोष्ठ (सं.) [सं-पु.] सरकारी अथवा अन्य बड़े संस्थानों में पत्र-पत्रिकाओं के प्रतिनिधियों के लिए विशेष रूप से आरक्षित स्थान।

पत्रकारिक (सं.) [वि.] पत्रकारिता या पत्रकार से संबद्ध।

पत्रकारिता (सं.) [सं-स्त्री.] 1. पत्रकार होने की अवस्था या भाव 2. पत्रकार का काम या पेशा 3. ऐसा विषय जिसमें पत्रकारों के कार्यों, उद्देश्यों आदि का विवेचन किया जाता है।

पत्रकारिता लेखन (सं.) [सं-स्त्री.] पत्र-पत्रिकाओं में लिखने की एक विशिष्ट शैली जो मुख्यत: सरल, सुबोध, प्रवाहमयी और प्रभावकारी होती है।

पत्रकार्यालय (सं.) [सं-पु.] 1. समाचार पत्र का कार्यालय 2. संपादक अथवा व्यवस्थापक का कार्यालय।

पत्रचाप (सं.) [सं-पु.] कागज़-पत्रों को दबाकर रखने के लिए प्रयुक्त लकड़ी, पत्थर, शीशा आदि का टुकड़ा जिससे वे हवा में उड़ न सकें; पत्रभारक।

पत्रपंजी (सं.) [सं-स्त्री.] वह रजिस्टर जिसमें आए हुए पत्रों और उनके उत्तरों का विवरण रखा जाता है; (आवक-जावक रजिस्टर)।

पत्रबंध (सं.) [सं-पु.] पत्र लिखने हेतु निर्मित कागज़ों की गड्डी।

पत्ररथ (सं.) [सं-पु.] 1. पक्षी 2. चिड़िया।

पत्रवाहक (सं.) [सं-पु.] पत्र-पत्रिकाओं की प्रतियाँ ग्राहकों के पास पहुचाने वाला व्यक्ति।

पत्रा (सं.) [सं-पु.] 1. तिथिपत्र 2. पंचांग 3. पृष्ठ; पन्ना।

पत्रांक (सं.) [सं-पु.] 1. पत्र या पत्रिका का अंक 2. पत्ते की गोद।

पत्रांग (सं.) [सं-पु.] 1. भोजपत्र 2. पतंग या बक्कम नामक वृक्ष 3. लाल चंदन 4. कमलगट्टा।

पत्राचार (सं.) [सं-पु.] पत्र-व्यवहार; ख़तोकिताबत; लिखा-पढ़ी।

पत्रान्य (सं.) [सं-पु.] 1. पतंग; बक्कम 2. लाल चंदन।

पत्रालय (सं.) [सं-पु.] डाकघर; डाकखाना।

पत्रावलि (सं.) [सं-स्त्री.] 1. सजावट के लिए बनाई गई फूल-पत्तियों की लड़ी या श्रेणी 2. गेरू 3. पत्रभंग।

पत्रावली (सं.) [सं-स्त्री.] 1. पत्रावलि 2. पीपल की कोंपलों के साथ मधु और जौ को मिला कर दुर्गा पूजा हेतु तैयार की गई सामग्री।

पत्रिका (सं.) [सं-स्त्री.] पाक्षिक, मासिक या त्रैमासिक निकलने वाली पुस्तिका।

पत्रिका परिशिष्ट (सं.) [सं-स्त्री.] सभी प्रमुख समाचार पत्रों में प्रकाशित होने वाला साप्ताहिक साहित्यिक परिशिष्ट।

पत्रिका संपादक (सं.) [सं-पु.] पत्रिका का संपादन करने वाला व्यक्ति।

पत्रिकाख्य (सं.) [सं-पु.] एक प्रकार का कपूर; पानकपूर।

पत्री (सं.) [सं-स्त्री.] 1. चिट्ठी; पत्र; ख़त 2. छोटी पत्रिका 3. जन्मपत्री 4. पत्तों का बना हुआ दोना। [सं-पु.] 1. तीर; बाण 2. पक्षी 3. रथ का सवार; रथी 4. पर्वत; पहाड़ 5. पेड़; वृक्ष। [वि.] 1. जिसमें पत्ते हों; पत्तोंवाला 2. पंखदार।

पत्रोर्ण (सं.) [सं-पु.] 1. रेशमी वस्त्र 2. सोनापाठा।

पत्रोल्लास (सं.) [सं-पु.] अँखुआ; कोंपल।

पथ (सं.) [सं-पु.] 1. मार्ग; रास्ता; राह 2. कार्य या व्यवहार की रीति या पद्धति।

पथगामी (सं.) [वि.] 1. पथ या रास्ते पर चलने वाला; पथिक; राही 2. अनुसरण करने वाला।

पथचिह्न (सं.) [सं-पु.] रास्ते में रास्तों की पहचान हेतु बने हुए चिह्न।

पथदर्शिका (सं.) [सं-स्त्री.] मार्ग दिखाने वाली स्त्री; मार्गदर्शिका।

पथप्रदर्शक (सं.) [सं-पु.] राह या मार्ग दिखाने वाला; मार्गदर्शक; रहनुमा।

पथप्रदर्शन (सं.) [सं-पु.] 1. मार्गदर्शन 2. पथ या रास्ता दिखाना।

पथबाधा (सं.) [सं-पु.] 1. मार्ग में आने वाली बाधा 2. {ला-अ.} किसी कार्य के निष्पादन में आने वाली रुकावट या अवरोध।

पथभ्रष्ट (सं.) [वि.] 1. जो अपने उचित मार्ग या व्यवहार आदि के प्रतिकूल हो गया हो 2. {ला-अ.} बुरे आचरणवाला; दुराचारी।

पथभ्रष्टता (सं.) [सं-स्त्री.] 1. अनुचित मार्ग पर चलने की स्थिति, क्रिया या भाव 2. पथभ्रष्ट होने की अवस्था या भाव।

पथरना [क्रि-स.] पत्थर पर रगड़कर औज़ार आदि की धार तेज़ करना।

पथराना [क्रि-अ.] 1. सूखकर पत्थर की तरह कड़ा एवं कठोर हो जाना 2. शुष्क हो जाना 3. स्तब्ध एवं स्थिर हो जाना 4. चेतनाशून्य या जड़ हो जाना।

पथराव [सं-पु.] ईंट, पत्थर आदि के टुकड़ों की बौछार करना; दूसरों पर पत्थर फेंकना; झगड़ा हो जाने पर दोनों पक्षों का एक-दूसरे पर ईंट या पत्थर के टुकड़े फेंक कर मारना।

पथरी [सं-स्त्री.] 1. एक रोग जिसमें वृक्क आदि में पत्थर के छोटे-छोटे टुकड़े जैसे पिंड बन जाते हैं; अश्मरी 2. कटोरेनुमा पत्थर का बना हुआ पात्र 3. उस्तरा आदि की धार तेज़ करने के लिए प्रयुक्त पत्थर का टुकड़ा; सिल 4. चकमक पत्थर 5. पक्षियों के पेट का वह भाग जहाँ खाए हुए कड़े पदार्थ पच जाते हैं 6. जायफल की जाति का एक वृक्ष जिसके फल से तेल निकाला जाता है।

पथरीला [वि.] 1. जिसमें पत्थर या उसके खंड मिले हों 2. पत्थरों से बना हुआ 3. जो पत्थर के समान कठोर हो।

पथरीली [वि.] 1. कंकड़ों-पत्थरों से युक्त, जैसे-पथरीली ज़मीन 2. जिसपर कंकड़-पत्थर पड़े हों, जैसे-पथरीली सड़क।

पथरौटा [सं-पु.] पत्थर का बना हुआ बड़े आकार का कटोरेनुमा एक पात्र; बड़ी पथरी।

पथरौटी [सं-स्त्री.] पत्थर की कड़ी; पथरी।

पथाई [क्रि-स.] ईंट पाथने का काम।

पथार [सं-पु.] ईंट पाथने वाला।

पथिक (सं.) [सं-पु.] बटोही; राहगीर; मुसाफ़िर।

पथिका (सं.) [सं-स्त्री.] 1. मुनक्का 2. मुनक्का या अंगूर से बनाई जाने वाली एक प्रकार की शराब।

पथिया [सं-स्त्री.] 1. कुँआ खोदने का एक औजार 2. ओड़ैसा।

पथिल (सं.) [सं-पु.] पथिक; राही; यात्री।

पथी (सं.) [सं-पु.] 1. मार्ग पर चलने वाला व्यक्ति; राही; पथिक; यात्री 2. राह; रास्ता; मार्ग 3. यात्रा 4. संप्रदाय; मत।

पथुली [सं-स्त्री.] दे. नौनिहारी।

पथेरा [सं-पु.] 1. ईंट पाथने वाला व्यक्ति 2. खपड़ा पाथने वाला व्यक्ति; कुम्हार 3. गोबर पाथने वाला व्यक्ति। [वि.] पाथने वाला।

पथौरा [सं-पु.] वह स्थान जहाँ गोबर पाथा जाता हो; गोबर पाथने की जगह।

पथ्य (सं.) [सं-पु.] 1. रोगी को दिया जाने वाला उचित और अनुकूल आहार जिसे वह आसानी से पचा सके 2. स्वास्थ के लिए हितकर वस्तु 3. हड़ का पेड़ 4. सेंधा नमक 5. कल्याण; मंगल। [वि.] 1. पथ संबंधी 2. लाभकर; हितकर 3. अनुकूल; उचित।

पथ्या (सं.) [सं-स्त्री.] 1. हरीतकी; हरड़ 2. चिरमिटा 3. सैंधनी 4. बनककोड़ा 5. गंगा 6. (काव्यशास्त्र) एक मात्रिक छंद 7. सड़क; मार्ग।

पथ्याशी (सं.) [वि.] पथ्य खाने वाला

पद (सं.) [सं-पु.] 1. पैर; कदम; पग 2. पैर का निशान; चरण-चिह्न 3. पदवी; ओहदा; काम के अनुसार कर्मचारियों का नियत स्थान 4. आधार; स्थान 5. किसी श्लोक या छंद का चतुर्थांश 6. विभक्ति; प्रत्यय युक्त शब्द 7. मंत्र में प्रयुक्त शब्दों को अलग-अलग करना 8. कोष्ठ; ख़ाना 9. किसी वाक्य का कोई अंश या भाग।

पदक (सं.) [सं-पु.] 1. उत्कृष्ट कार्य हेतु किसी को उपहारस्वरूप दिया जाने वाला सोने, चाँदी, ताँबा आदि धातु का वह टुकड़ा जिसपर प्रायः देने वाले का नाम अंकित रहता है; तमगा; (मेडल) 2. पूजा हेतु निर्मित किसी देवता के चरण की प्रतिमूर्ति 3. आभूषण के रूप में पहना जाने वाला वह धातुखंड जिसपर किसी देवता के चरण-चिह्न अंकित हों 4. वैदिक पद-पाठ का ज्ञाता 5. एक प्रचीन गोत्र प्रवर्तक ऋषि।

पदक्रम (सं.) [सं-पु.] 1. चलना; डग भरना; गमन 2. वेद मंत्रों के पदों को एक दूसरे से अलग करने का कार्य।

पदग्रहण (सं.) [सं-पु.] किसी पद को धारण करने की क्रिया या भाव।

पदग्रहण-समारोह (सं.) [सं-पु.] किसी के पदभार-ग्रहण करने के अवसर पर होने वाला समारोह या जलसा।

पदचर (सं.) [सं-पु.] पैदल। [वि.] 1. पैदल चलने वाला 2. पैरों से चलने वाला।

पदचाप (सं.) [सं-स्त्री.] चलते समय पैर से निकलने वाली ध्वनि या आवाज़।

पदचार (सं.) [सं-पु.] 1. पैदल चलना 2. घूमना-फिरना 3. टहलना।

पदचारण (सं.) [सं-पु.] 1. पैदल चलने की क्रिया 2. टहलना; घूमना-फिरना।

पदचिह्न (सं.) [सं-पु.] 1. पैर के निशान; पगचिह्न 2. अनुभवी व्यक्तियों द्वारा बताए हुए आदर्शों एवं विचारों के अनुसरण करने का भाव या क्रिया।

पदच्छेद (सं.) [सं-पु.] पद को विच्छेद करने की प्रक्रिया; मूल शब्द से उपसर्ग या प्रत्यय को पृथक करने की क्रिया।

पदच्युत (सं.) [वि.] 1. जो अपने पद से हट गया हो या हटा दिया गया हो 2. नौकरी आदि से बरख़ास्त किया हुआ।

पदच्युति (सं.) [सं-स्त्री.] 1. पद से हटने या हटाने की क्रिया,

अवस्था या भाव 2. सेवा से हटा दिया जाना; बरख़ास्तगी।

पदज (सं.) [सं-पु.] पाँव की उँगली।

पदतल (सं.) [सं-पु.] पाँव का तलवा।

पदत्याग (सं.) [सं-पु.] 1. अपना पद, ओहदा या अधिकार छोड़ना 2. इस्तीफ़ा।

पदत्राण (सं.) [सं-पु.] पैरों की रक्षा करने वाला जूता; चप्पल; खडाऊँ।

पददलित (सं.) [वि.] 1. पैरों तले रौंदा या कुचला हुआ 2. समाज में जिसे दबाकर रखा गया हो 3. जो हीन अवस्था में पड़ा हो 4. जिसे विकास के अवसर से वंचित रखा गया हो।

पदनाम (सं.) [सं-पु.] 1. किसी अधिकारी के पद का नाम 2. ओहदा; पदवी।

पदनामित (सं.) [वि.] 1. पदसंज्ञित 2. नामज़द 3. मनोनीत; नामित; निर्दिष्ट।

पदपल्लव (सं.) [सं-पु.] पल्लव की तरह कोमल पाँव।

पदबंध (सं.) [सं-पु.] 1. पग; डग 2. पदों का व्यवस्थित स्वरूप 3. व्याकरण में पद एवं पदों का विस्तार।

पदबंधीय (सं.) [वि.] 1. पदबंध संबंधी 2. पदबंध की तरह।

पदभार (सं.) [सं-पु.] वह उत्तरदायित्व या भार जिसका निर्वहन करना आवश्यक होता है।

पदमुक्त (सं.) [वि.] जो अपने पद से मुक्त हो चुका हो।

पदमैत्री (सं.) [सं-स्त्री.] पदों का मिलता-जुलता समूह।

पदयात्रा (सं.) [सं-पु.] 1. पैदल चल कर यात्रा करना 2. पैदल यात्रा।

पदयोजना (सं.) [सं-स्त्री.] वाक्य में पदों (शब्दों) को जोड़ने या बिठाने की क्रिया या भाव।

पदविन्यास (सं.) [सं-पु.] 1. चलने की शैली; चाल 2. पदों या शब्दों को वाक्य में ठीक ढंग से रखने की क्रिया।

पदवी (सं.) [सं-स्त्री.] 1. शासन या किसी संस्था की ओर से किसी को दी जाने वाली आदरसूचक या योग्यतासूचक उपाधि; खिताब 2. सरकारी या गैरसरकारी सेवाओं में कोई ऊँचा पद 3. पद्धति; प्रणाली 4. रास्ता।

पदस्थ (सं.) [वि.] 1. जो किसी ऊँचे पद या ओहदे पर हो 2. पैदल चलने वाला 3. जो अपने पैरों के बल खड़ा हो या चल रहा हो।

पदांक (सं.) [सं-पु.] पैर का चिह्न या छाप; पदचिह्न।

पदांगी (सं.) [सं-स्त्री.] हंसपदी नामक लता।

पदांत (सं.) [सं-पु.] 1. किसी पद का अंतिम भाग 2. किसी श्लोक आदि का अंतिम अंश।

पदांतर (सं.) [सं-पु.] 1. एक कदम या डग की दूरी 2. दूसरा कदम या डग 3. दूसरा स्थान।

पदांत्य (सं.) [वि.] पद के अंत में स्थित; अंतिम।

पदाक्रांत (सं.) [वि.] 1. पैरों से कुचला या रौंदा हुआ 2. पददलित।

पदाग्र (सं.) [सं-पु.] पैर की उंगलियाँ।

पदाघात (सं.) [सं-पु.] पैर से लगाया जाने वाला धक्का; (किक)।

पदाति (सं.) [सं-पु.] 1. जो पैदल चलता हो 2. पैदल सिपाही; प्यादा 3. पैदल यात्रा करने वाला व्यक्ति; पदयात्री 4. सेवक; नौकर 5. जनमेजय के एक पुत्र का नाम।

पदातिक (सं.) [सं-पु.] 1. पैदल चलने वाला व्यक्ति 2. पैदल सेना 3. सेवक; नौकर।

पदाती (सं.) [सं-पु.] दे. पदाति।

पदादि (सं.) [सं-पु.] 1. किसी पद का आरंभिक अंश 2. छंद के चरण का आरंभिक भाग 3. किसी शब्द का पहला वर्ण।

पदाधिकारी (सं.) [सं-पु.] पद पर रह कर कार्य करने वाला अधिकारी; ओहदेदार।

पदाध्ययन (सं.) [सं-पु.] पदपाठ की दृष्टि से वेद का पाठ या अध्ययन।

पदाना [क्रि-स.] खेल में प्रतिपक्षी को हराना; बार-बार दौड़ाना; परेशान करना (गुल्ली-डंडे के खेल में)।

पदानुकूल (सं.) [वि.] 1. जो पद के अनुकूल हो 2. जो पद के योग्य और पद के अनुसार हो।

पदानुक्रम (सं.) [सं-पु.] 1. पद का अनुक्रम 2. पदों या शब्दों का वाक्य आदि में निश्चित स्थान या क्रम।

पदानुक्रमता (सं.) [सं-स्त्री.] वाक्य में शब्दों के क्रमानुसार होने की अवस्था या स्थिति।

पदानुराग (सं.) [सं-पु.] 1. किसी के चरणों में होने वाला अनुराग; किसी के प्रति होने वाली श्रद्धा 2. नौकर; सेवक 3. सेना।

पदानुशासन (सं.) [सं-पु.] शब्दानुशासन; व्याकरण।

पदाभिलाषी (सं.) [सं-पु.] वह जो पद की अभिलाषा रखता हो; पद पाने का इच्छुक।

पदायता (सं.) [सं-स्त्री.] जूता।

पदार (सं.) [सं-पु.] 1. पैर की धूल; चरण रज 2. पैर का ऊपरी भाग।

पदारूढ़ (सं.) [वि.] पद पर आसीन; पद पर बैठा हुआ।

पदार्थ (सं.) [सं-पु.] 1. पद (शब्द) का अर्थ 2. वह वस्तु जिसका कुछ नाम हो और जिससे उसे जाना जा सके 3. जिसका कोई रूप या आकार हो अथवा जो पिंड, शरीर आदि के रूप में मूर्त हो 4. भार और विस्तार से युक्त वस्तु जिसका ज्ञानेंद्रियों के माध्यम से ज्ञान प्राप्त किया जाता है 5. (भारतीय दर्शन) विभिन्न संप्रदायों में अलग-अलग संख्या में वर्णित वे विषय जिनका सम्यक ज्ञान मोक्ष प्राप्ति के लिए आवश्यक माना गया है।

पदार्थवाचक (सं.) [वि.] पदार्थ की विवेचना करने वाला।

पदार्थवाद (सं.) [सं-पु.] 1. वह मत या सिद्धांत जिसमें केवल भौतिक पदार्थों की ही सत्ता स्वीकार की जाती है 2. ऐसा सिद्धांत जो अध्यात्मवाद से बिल्कुल भिन्न हो।

पदार्थवादी (सं.) [सं-पु.] पदार्थवाद का समर्थक या अनुयायी। [वि.] पदार्थवाद संबंधी।

पदार्थविज्ञान (सं.) [सं-पु.] वह विज्ञान जिसमें पृथ्वी, जल, वायु, प्रकाश आदि तत्वों के गुण आदि का अध्ययन एवं विवेचन किया जाता है।

पदार्थविद्या (सं.) [सं-स्त्री.] भौतिकविज्ञान; भौतिकी।

पदार्पण (सं.) [सं-पु.] 1. पैर रखना; आना (आदरसूचक) 2. किसी स्थान या क्षेत्र में होने वाला प्रवेश या आगमन।

पदालिक (सं.) [सं-पु.] पैर का ऊपरी भाग या हिस्सा।

पदावनत (सं.) [वि.] 1. जिसे अपने वर्तमान पद से हटाकर निम्न पद पर कर दिया गया हो 2. पैरों पर झुका हुआ 3. जो झुककर प्रणाम कर रहा हो 4. विनीत; नम्र।

पदावनति (सं.) [सं-स्त्री.] ऊँचे पद से हटाकर नीचे पद पर किया जाना।

पदावली (सं.) [सं-स्त्री.] 1. पदों का क्रम, श्रृंखला या समूह 2. गाए जाने वाले पदों, भजनों और गीतों का संग्रह, जैसे- विद्यापति पदावली 3. पदों या शब्दों की परंपरा 4. किसी साहित्यकार द्वारा प्रयुक्त शब्दों की योजना, प्रकार या ढंग 5. किसी विषय के पारिभाषिक पदों एवं शब्दों की सूची।

पदासन (सं.) [सं-पु.] वह आसन या छोटी चौकी जिसपर पैर रखा जाता है; पादपीठ।

पदासीन (सं.) [वि.] पद पर आसीन, आरूढ़ या विराजमान।

पदाहत (सं.) [वि.] पैर से ठुकराया हुआ।

पदिक (सं.) [सं-पु.] 1. पैदल सेना; प्यादा 2. गले में पहनने का जुगनूँ नामक एक आभूषण 3. रत्न 4. तमगा। [वि.] 1. पैदल 2. एक कदम के बराबर 3. जिसमें केवल एक विभाग हो।

पदी (सं.) [सं-पु.] पैदल; प्यादा। [वि.] 1. पैरवाला; पदवाला 2. पद युक्त रचना।

पदुम (सं.) [सं-पु.] 1. घोड़ों के शरीर पर पाया जाने वाला एक प्रकार का चिह्न 2. पद्म।

पदे-पदे (सं.) [क्रि.वि.] पग-पग पर; कदम-कदम पर।

पदेन (सं.) [अव्य.] 1. किसी पद पर आरूढ़ होने के अधिकार से 2. पद पर रहने की वजह से; पद की हैसियत से।

पदोड़ा (सं.) [वि.] 1. बहुत अधिक पादने वाला 2. डरपोक; कायर।

पदोदक (सं.) [सं-पु.] वह जल जिससे पूज्य व्यक्तियों का पैर धोया गया हो; चरणामृत।

पदोन्नति (सं.) [सं-स्त्री.] 1. पद में होने वाली उन्नति या तरक्की; पदवृद्धि 2. वर्तमान पद से उच्च पद पर नियुक्त होना।

पद्धटिका (सं.) [सं-स्त्री.] (काव्यशास्त्र) एक मात्रिक छंद जिसके प्रत्येक चरण में सोलह मात्राएँ होती हैं तथा अंत में जगण होता है।

पद्धड़ी (सं.) [सं-स्त्री.] दे. पद्धटिका।

पद्धति (सं.) [सं-स्त्री.] 1. एक विशेष प्रकार का तरीका; प्रविधि; प्रणाली 2. परिपाटी; रिवाज; रीति 3. मार्ग; रास्ता 4. पंक्ति; श्रृंखला 5. तरीका; ढंग; शैली।

पद्म (सं.) [सं-पु.] 1. कमल का फूल और पौधा 2. (सामुद्रिकशास्त्र) किसी के पैर के तलवे में पाया जाने वाला कमल के आकार का एक सौभाग्यसूचक चिह्न 3. मोर्चाबंदी; पद्मव्यूह 4. कमल के आकार का विष्णु का एक आयुध 5. एक रतिबंध 6. सीसा 7. पदमकाठ 8. दाग; धब्बा; चिह्न 9. शरीर पर विद्यमान कोई दाग; तिल 10. शरीर में विद्यमान षट् चक्रों में से कोई एक 11. कुबेर की नौ निधियों में से एक 12. वास्तुकला में स्तंभ के सातवें भाग की संज्ञा 13. गले में पहना जाने वाला एक हार 14. हाथी के मस्तक पर की जाने वाली रंगीन चित्रकारी 15. साँप के फन पर बना हुआ चिह्न 16. एक प्रकार का मंदिर 17. एक आसन 18. एक वर्णवृत्त 19. (पुराण) एक नरक 20. (पुराण) एक कल्प 21. (बौद्ध मत) एक नक्षत्र 22. कश्मीर का एक शासक जिसने पद्मपुर नगर बसाया था 23. एक नदी।

पद्मक (सं.) [सं-पु.] 1. पद्मकाठ नामक पेड़ 2. पद्मव्यूह 3. हाथी की सूँड़ पर का चिह्न या दाग 4. श्वेत कुष्ठ; सफ़ेद कोढ़ 5. कुट नामक औषधि 6. पद्मासन।

पद्मजा (सं.) [सं-स्त्री.] लक्ष्मी।

पद्मनाभ (सं.) [सं-पु.] 1. विष्णु 2. शत्रु के फेंके हुए अस्त्र को निष्फल करने का एक मंत्र 3. एक नाग 4. धृतराष्ट्र का एक पुत्र।

पद्मनाल (सं.) [सं-स्त्री.] कमल का डंठल; मृणाल।

पद्मपुराण (सं.) [सं-पु.] अठारह महापुराणों में एक महापुराण, जिसमें भगवान विष्णु की विविध लीलाओं का वर्णन है।

पद्मबंध (सं.) [सं-पु.] एक प्रकार का चित्रकाव्य।

पद्मबीज (सं.) [सं-पु.] कमल का बीज; कमलगट्टा।

पद्मभूषण (सं.) [सं-पु.] स्वतंत्र भारत में केंद्र सरकार द्वारा विशिष्ट नागरिकों, विद्वानों तथा देशसेवकों को विभिन्न क्षेत्रों में उनके अद्वितीय योगदान के लिए दिए जाने वाले अलंकरणों भारत रत्न, पद्मविभूषण, पद्मभूषण तथा पद्मश्री के क्रम में तृतीय अलंकरण।

पद्मराग (सं.) [सं-पु.] माणिक्य; मानिक; लालड़ी; लाल।

पद्मश्री (सं.) [सं-पु.] 1. स्वतंत्र भारत में केंद्र सरकार द्वारा विशिष्ट नागरिकों, विद्वानों तथा देशसेवकों को विभिन्न क्षेत्रों में उनके अद्वितीय योगदान के लिए दिए जाने वाले अलंकरणों भारत रत्न, पद्मविभूषण, पद्मभूषण तथा पद्मश्री के क्रम में चतुर्थ अलंकरण 2. एक बोधिसत्व का नाम।

पद्मा (सं.) [सं-स्त्री.] 1. लक्ष्मी 2. मनसा देवी 3. गंगा नदी की एक शाखा जो बंगाल में पूर्वी शाखा के रूप में जानी जाती है 4. लौंग 5. कुसुंभ का फूल (बर्रे का फूल) 6. गेंदे का पौधा।

पद्मांतर (सं.) [सं-पु.] कमलदल।

पद्माकर (सं.) [सं-पु.] 1. जिस जलाशय में कमल खिले हों; कमल युक्त जलाशय 2. कमलराशि 3. हिंदी के एक प्रसिद्ध कवि।

पद्माट (सं.) [सं-पु.] बरसात में उगने वाली एक प्रकार की वनस्पति जिसके छाल एवं पत्ते का प्रयोग औषधि के रूप में किया जाता है।

पद्मावती (सं.) [सं-स्त्री.] 1. (लोककथा) सिंहल द्वीप की एक राजकुमारी जिसका विवाह चित्तौड़ के राजा रत्नसेन के साथ हुआ था 2. मनसा देवी का एक नाम 3. एक मात्रिक

छंद।

पद्मासन (सं.) [सं-पु.] 1. कमल का आसन 2. विशिष्ट प्रकार की पालथी मारकर तनकर बैठने की एक योगमुद्रा 3. वह जो उक्त मुद्रा में बैठा हो 4. स्त्री के संभोग करने का एक आसन या रतिबंध 5. ब्रह्मा 6. शिव 7. सूर्य।

पद्मिनी (सं.) [सं-स्त्री.] 1. कमल का पौधा 2. कमल की नाल 3. कमलों का समूह 4. कमल से युक्त तालाब 5. मादा हाथी 6. कामशास्त्र के अनुसार स्त्रियों के चार प्रकारों में से एक श्रेष्ठ प्रकार।

पद्य (सं.) [सं-पु.] 1. पद के नियमों के अनुसार होने वाली साहित्यिक रचना; छंदोबद्ध रचना; काव्य 2. (पुराण) ब्रह्मा के पैरों से उत्पन्न 3. कीचड़ जो अभी पूरी तरह सूखा न हो। [वि.] 1. पद या पैर संबंधी 2. जो काव्य के रूप में हो।

पद्यबद्ध (सं.) [वि.] पद्य में रची हुई; पद्यात्मक; छंदोबद्ध।

पद्या (सं.) [सं-स्त्री.] 1. पैदल चलने से बनने वाला रास्ता; पगडंडी 2. मुख्य सड़क के किनारे पैदल चलने के लिए बना हुआ रास्ता।

पद्यात्मक (सं.) [वि.] पद्य के रूप में होने वाला; पद्यरूप; छंदोबद्ध।

पधरिया [सं-पु.] दराँत; हँसिया। [वि.] गहरी धारवाली।

पधारना [क्रि-स.] आदर के साथ बैठाना; प्रतिष्ठित करना। [क्रि-अ.] उपस्थित होना; पदार्पण करना; पहुँचना।

पन[1] (सं.) [परप्रत्य.] कुछ संज्ञाओं या गुणवाचक विशेषणों के अंत में जुड़कर उनका भाववाचक रूप बनाने वाला प्रत्यय, जैसे- लड़कपन, बाँकपन। [सं-पु.] मानव जीवन की चार अवस्थाओं में से कोई एक।

पन[2] [पूर्वप्रत्य.] 1. पानी का वह संक्षिप्त रूप जो यौगिक पदों के आरंभ में लगने पर प्राप्त होता है, जैसे- पनचक्की 2. पान का वह संक्षिप्त रूप जो यौगिक पदों के आरंभ में लगने पर प्राप्त होता है, जैसे- पनवाड़ी।

पनकाल [सं-पु.] अतिवृष्टि के कारण पड़ने वाला अकाल।

पनघट [सं-पु.] वह घाट जहाँ से पानी भरा जाता है; कोई ऐसा स्थान जहाँ से पानी घड़े आदि में भरकर ले जाया जाता हो।

पनचक्की [सं-स्त्री.] पानी के प्रवाह या वेग की शक्ति से चलने वाली चक्की।

पनचाहा [सं-पु.] दे. जलहली।

पनची [सं-स्त्री.] गेड़ी के खेल में खेलने के लिए पतली लकड़ी या गेड़ी।

पनछोर [सं-पु.] उबहन में जुड़ी हुई छोटी रस्सी जिसमें फंदा लगा रहता है।

पनजीरी [सं-स्त्री.] भूनी धनिया और चीनी के मिश्रण से तैयार किया गया भोज्य पदार्थ जिससे देवताओं को भोग लगाया जाता है।

पनडठिया [सं-पु.] छोटी पत्ती वाला तंबाकू।

पनडब्बा [सं-पु.] पान रखने का डब्बा।

पनडुब्बा [सं-पु.] 1. पानी में गोता लगाने वाला; गोताख़ोर 2. एक पक्षी जो जलाशय आदि में गोता लगाकर मछलियाँ पकड़ता है; मुरगाबी 4. (अंधविश्वास) जलाशय आदि में रहने वाला भूत।

पनडुब्बी [सं-स्त्री.] 1. जलाशयों या पोखरों आदि में रहने वाली एक प्रकार की चिड़िया, जो पानी में डुबकी लगाकर मछलियाँ पकड़ती है 2. पानी के अंदर डूबकर चलने वाली एक प्रकार की नाव; (सबमैरीन)।

पनदहनी [सं-स्त्री.] खेत में पानी लगाकर और जोतकर उसे बुआई के लिए तैयार करना; बिदहनी।

पनदाहना [सं-पु.] दे. पनदहनी।

पनपथी [सं-स्त्री.] बिना परथन के बनी हुई रोटी; पनेथी।

पनपना [क्रि-अ.] 1. वनस्पतियों का अंकुरित होकर समुचित विकास और वृद्धि को प्राप्त होना; हरा-भरा होना 2. व्यवसाय या रोज़गार आदि में उन्नति होना 3. किसी व्यक्ति का पुनः स्वस्थ, संपन्न और सशक्त होना।

पनपाना [क्रि-स.] किसी को पनपने में प्रवृत्त करना; किसी के पनपने में सहायक या कारण बनना।

पनपियाव [सं-पु.] 1. प्रातःकालीन कलेवा 2. मजदूरों को दिया जाने वाला नाश्ता।

पनफती [सं-स्त्री.] दे. पनपथी।

पनबिजली [सं-स्त्री.] जलविद्युत।

पनभरा [सं-पु.] घरों में पानी भरने वाला और इससे प्राप्त पारिश्रमिक से जीविका चलाने वाला सेवक; पनहरा।

पनरंगा [वि.] पानी के रंग जैसा।

पनवाड़ी [सं-पु.] तमोली; पान बेचने वाला।

पनवारी [सं-स्त्री.] पान के पौधों का भीटा; वह टीलेनुमा ज़मीन जो पान की पैदावार के लिए तैयार की जाती है; वह खेत अथवा भूमि जिसमें पान की खेती की जाती है।

पनस (सं.) [सं-पु.] 1. कटहल का वृक्ष 2. उक्त वृक्ष का फल 3. काँटा 4. एक प्रकार का साँप 5. विभीषण का एक मंत्री 6. राम की सेना का एक बंदर।

पनसारी [सं-पु.] दे. पंसारी।

पनसाल [सं-स्त्री.] 1. जल की गहराई मापने का उपकरण 2. पानी पिलाने का सार्वजनिक स्थान; प्याऊ; पौसरा।

पनसाही [सं-स्त्री.] फाल्गुन-चैत्र मास में तैयार होने वाली स्वादिष्ट कोमल ईख; पनसारी।

पनसुही [सं-स्त्री.] गोल पेंदे वाली हल्की नाव; डोंगी का एक विशेष प्रकार।

पनसूर [सं-पु.] एक तरह का बाजा।

पनसूल [सं-पु.] घोड़े का एक रोग।

पनहरा [सं-पु.] दूसरों के घरों में पानी भरने का काम करने वाला व्यक्ति; पनभरा।

पनहा [सं-पु.] 1. किसी वस्तु की चौड़ाई 2. प्रतिकर 3. चोरी का माल लौटाने के लिए दी गयी राशि।

पनहारा [सं-पु.] दे. पनहरा।

पना[1] (सं.) [सं-पु.] आग में भूने हुए आम या भिगाई हुई इमली आदि के गूदे से तैयार किया गया एक प्रकार का खट्टा-मीठा पेय पदार्थ; पन्ना।

पना[2] [परप्रत्य.] एक प्रत्यय जो भाववाचक संज्ञा बनाने के लिए जातिवाचक और गुणवाचक संज्ञाओं से जोड़ा जाता है, जैसे- बाँकपना, पाजीपना।

पनाती (सं.) [सं-पु.] पुत्री का नाती; नाती का पुत्र; परनाती।

पनारा [सं-पु.] गंदा पानी बहने की नाली; नाला; नाबदान; परनाला।

पनारी [सं-स्त्री.] दे. नाली।

पनाला (सं.) [सं-स्त्री.] 1. पानी बहने का रास्ता; नाला; नाबदान 2. प्रवाह।

पनाह (फ़ा.) [सं-स्त्री.] 1. शत्रु आदि द्वारा उत्पन्न किसी प्रकार के संकट से प्राण बचाने की क्रिया या भाव 2. उक्त आशय से किसी की शरण में जाने की क्रिया या भाव 3. शरण लेने का स्थान; शरण्य; आड़; आश्रय 4. रक्षा; बचाव। [मु.] **-मांगना** : शरण लेना; किसी से संरक्षण माँगना।

पनाहगाह (फ़ा.) [सं-स्त्री.] 1. वह स्थान जहाँ शत्रु आदि से जीवन सुरक्षित रह सके 2. वह स्थान जहाँ से भरण-पोषण हो और सहायता मिले 3. शरण लेने की जगह; शरणस्थल।।

पनाहगीर (फ़ा.) [वि.] पनाह देने वाला; किसी व्यक्ति को संकट के समय शरण देने वाला; ज़रूरतमंद की सहायता करने वाला।

पनिया [वि.] 1. पानी में रहने वाला 2. जिसमें पानी मिला हो।

पनियाँढार [सं-स्त्री.] हल आदि से पानी बहने के लिए बनाया गया साधन; पनाला।

पनियाना [क्रि-स.] 1. पानी से सराबोर करना 2. खेत आदि को पानी से सींचना। [क्रि-अ.] पानी से चपचपाना।

पनिहंडा [सं-पु.] दे. जलहली।

पनिहा [सं-पु.] 1. चोरी गए माल का पता लगाने वाला तांत्रिक 2. इस हेतु दिया जाने वाला पुरस्कार 3. गुप्तचर। [वि.] 1. पानी संबंधी 2. पानी में रहने वाला 3. जिसमें पानी का मेल हो; जलयुक्त।

पनिहारा [सं-पु.] दे. जलहरी।

पनिहारिन [सं-स्त्री.] 1. वह स्त्री जो सबके घर पानी पहुँचाने का काम करती है; पानी भरने वाली स्त्री 2. गाँवों में कहार जाति की स्त्रियों द्वारा पानी भरने के समय गाया जाने वाला कहरवा की तरह का एक लोकगीत।

पनिहारी [सं-स्त्री.] 1. नासा में एक भारी एवं नुकीली लकड़ी; दबिया 2. पानी लाने वाली स्त्री।

पनीर (फ़ा.) [सं-पु.] 1. फटे दूध का थक्का; छेना 2. इससे तैयार की गयी एक प्रकार की टिकिया जो खाने के काम में आती है।

पनीरी [सं-स्त्री.] 1.फूल पत्तों के अंकुरित बीज, बेहन 2. वह क्यारी जिसमें उक्त प्रकार के पौधे उगाए जाते हैं 3. गलगल नींबू की फाँक का गूदा।

पनीला [वि.] 1. पानी से भरा हुआ; गीला 2. जो पानी में रहता हो।

पनेरी [सं-पु.] पान बेचने वाला व्यक्ति; पनवाड़ी; बरई; तँबोली। [सं-स्त्री.] 1. अन्यत्र लगाने के लिए उगाए गए छोटे पौधे; पौधों के बेहन 2. ऐसे पौधे या बेहन उगाने की क्यारी।

पनेहड़ी [सं-स्त्री.] वह पात्र जिसमें पनवाड़ी पान या हाथ धोने के लिए पानी रखते हैं।

पनेहरा [सं-पु.] 1. पानी भरने के लिए रखा हुआ सेवक; पनभरा 2. वह पात्र जिसमें सुनार गहने धोने के लिए पानी रखते हैं।

पनैला [सं-पु.] एक प्रकार का चिकना एवं चमकदार कपड़ा जो प्रायः अस्तर के लिए प्रयोग किया जाता है। [वि.] 1. जिसमें पानी मिला हो; पानी से युक्त; पनीला 2. जो पानी में रहता या होता हो।

पनौटी [सं-स्त्री.] पान रखने की पिटारी या डिब्बा; बाँस का बना पानदान।

पन्नई [वि.] पन्ना नामक एक प्रसिद्ध रत्न के रंग का; फ़िरोजी रंग का; गहरे हरे रंग का।

पन्नग (सं.) [सं-पु.] 1. साँप 2. एक प्रकार की जड़ी-बूटी; पदमकाठ 3. सीसा।

पन्नगारि (सं.) [सं-पु.] साँप का शत्रु; गरुड़।

पन्नगाशन (सं.) [सं-पु.] साँपों का शत्रु और उनका भक्षक; गरुड़।

पन्नगी (सं.) [सं-स्त्री.] 1. साँपिन; सर्पिणी 2. सर्पिणी नामक जड़ी-बूटी।

पन्ना[1] [सं-पु.] 1. पुस्तक के दो पृष्ठ; वरक 2. एक प्रसिद्ध व कीमती रत्न 3. भेड़ों के कान का वह भाग जहाँ का ऊन काटा जाता है 4. जूते का पान 5. कच्चे आम से बना पेय; पना।

पन्ना[2] (सं.) [सं-पु.] हरे या फ़िरोजी रंग का एक बहुमूल्य रत्न; पर्ण।

पन्नि/पन्निका [सं-पु.] ताने रखने की एक लचीली धुनही।

पन्नी [सं-स्त्री.] 1. रंगीन चमकीला कागज़ 2. सोना-चाँदी का पानी चढ़ाया हुआ कपड़ा या कागज़ 3. रांगे, पीतल आदि का पतला पत्तर जिसे काटकर अन्य वस्तु की शोभा बढ़ाने हेतु उन वस्तुओं पर चिपकाया जाता है।

पपड़ा [सं-पु.] 1. रोटी के ऊपर का छिलका 2. लकड़ी आदि का छीलन (छिलका); चिप्पड़ 3. वृक्ष की चिटकी हुई छाल।

पपड़ियाना [क्रि-स.] भूमि में पपड़ी पड़ना।

पपड़ी [सं-स्त्री.] 1. सूखकर ऐंठी हुई किसी नरम, गीली वस्तु की ऊपरी परत 2. मवाद सूख जाने पर घाव या ज़ख़्म के ऊपर जमी परत या खुरंट 3. पत्तर के ऊपर जमाई गई मिठाई; सोहन पपड़ी 4. पापड़ के आकार का पकवान 5. पेड़ की सूखकर चिटकी हुई छाल।

पपड़ीदार (हिं.+अ.) [वि.] पपड़ीला।

पपड़ीला [वि.] पपड़ीयुक्त; पपड़ीदार; जिसमें पपड़ी पड़ी हो।

पपरा [सं-पु.] 1. रोटी की पतली सतह 2. लकड़ी का सूखा छिलका।

पपरी (सं.) [सं-स्त्री.] एक पौधा जिसकी जड़ औषधि के काम आती है।

पपीता (सं.) [सं-पु.] 1. एक प्रसिद्ध पौधा जिसमें लंबोतर आकार के फल लगते हैं 2. उक्त पौधे का फल जो मीठा होता है तथा रेचक का काम करता है।

पपीहा [सं-पु.] 1. हलके काले रंग का एक प्रसिद्ध पक्षी जो

वसंत तथा पावस में मधुर स्वर में 'पी-कहाँ' 'पी-कहाँ' की तरह का शब्द बोलता है; चातक 2. सितार के छह तारों में से एक लोहे वाले तार का नाम 3. आल्हा नामक वीर के पिता के घोड़े का नाम 5. अमोला (आम की गुठली) को घिसकर बनाई जाने वाली सीटी।

पपोटन [सं-स्त्री.] 1. एक औषधीय पौधा 2. एक पौधा जिसके पत्ते फोड़े को पकाने में प्रयुक्त होते हैं।

पपोटा (सं.) [सं-पु.] आँख की पलक।

पपोरना [क्रि-स.] अपनी बाँहों को हिलाना-डुलाना और उनकी मजबूती/ दृढ़ता देखना।

पपोलना [क्रि-अ.] पोपले (दंतविहीन व्यक्ति का) का मुँह में कुछ रखकर चुभलाना या मुँह चलाना।

पप्पी [सं-स्त्री.] बच्चों का चुंबन; चुम्मी।

पब (अं.) [सं-पु.] छोटी मद्यशाला; मधुशाला; शराबख़ाना।

पब्लिक (अं.) [सं-स्त्री.] जनता; जनसाधारण लोग। [वि.] 1. सार्वजनिक; आम 2. शासकीय 3. सर्वविदित; प्रकट; खुला।

पब्लिसिटी (अं.) [सं-स्त्री.] 1. प्रचार; विज्ञापन 2. ख्याति।

पमार [सं-पु.] 1. परमार; राजपूत समाज में एक उपनाम 2. चक्रमर्दक नामक औषधि।

पम्मन [सं-पु.] गेहूँ का एक प्रकार; बड़े दाने वाला उत्तम गेहूँ।

पम्मी [सं-स्त्री.] ओसौनी करते समय उड़ा हुआ भूसा या अनाज; पम्ही।

पयश्चय (सं.) [सं-पु.] झील; जलाशय।

पयस् (सं.) [सं-पु.] 1. पानी; पय 2. दूध।

पयस्य (सं.) [सं-पु.] दूध का विकार- घी, दही आदि। [वि.] 1. दूध से निर्मित; दूध का 2. जल का।

पयस्या (सं.) [सं-स्त्री.] 1. दुधिया नामक घास 2. एक वनौषधि- क्षीरकाकोली; अर्क पुष्पी; स्वर्णक्षीरी।

पयस्वल (सं.) [सं-पु.] अज; बकरा। [वि.] जल से युक्त।

पयस्विनी (सं.) [सं-स्त्री.] 1. चित्रकूट में बहने वाली एक पवित्र नदी 2. दूध देने वाली गाय; धेनु 3. क्षीरकाकोली; अर्क पुष्पी; स्वर्णक्षीरी और जीवंती 4. बकरी।

पयस्वी (सं.) [वि.] 1. दूधयुक्त 2. जिसमें जल हो।

पयहारी (सं.) [सं-पु.] केवल जल या दूध पीकर रहने वाला व्यक्ति।

पया [सं-पु.] 1. चूरा 2. दस सेर अनाज की तौलने वाला बर्तन।

पयादा [सं-पु.] प्यादा; शतरंज का एक मोहरा। [वि.] पैदल।

पयान (सं.) [सं-पु.] गमन; रवानगी; प्रस्थान।

पयाम (फ़ा.) [सं-पु.] पैगाम; संदेश।

पयार [सं-पु.] धान आदि के दाने निकाल दिए जाने के बाद बचे सूखे डंठल; पुआल।

पयाल (सं.) [सं-पु.] पुआल; पयाल; धान; कोदो के वे डंठल जिनसे दाने झाड़ लिए गए हों।

पयोद (सं.) [सं-पु.] बादल; मेघ।

पयोधर (सं.) [सं-पु.] 1. स्तन 2. मेघ; बादल 3. तालाब 4. पर्वत; पहाड़।

पयोधि (सं.) [सं-पु.] सागर; उदधि।

पयोनिधि (सं.) [सं-पु.] समुद्र; सागर।

पयोष्णी (सं.) [सं-स्त्री.] विंध्य पर्वत से निकलने वाली एक पुरानी नदी।

पर[1] (सं.) [अव्य.] परंतु; किंतु; लेकिन। [पूर्वप्रत्य.] 1. भिन्न, गैर, दूर, बाद या पीछे का अर्थ देने वाला एक प्रत्यय, जैसे- परलोक, परदेस 2. एक पीढ़ी पहले होने का द्योतक प्रत्यय, जैसे- परदादा, परनाना 3. एक पीढ़ी बाद का द्योतक प्रत्यय, जैसे- परनाती, परपोता। [पर.] 'ऊपर' के अर्थ का द्योतक, जैसे- मेज़ पर (अधिकरण का चिह्न)।

पर[2] (फ़ा.) [सं-पु.] पक्ष; पंख; डैना। [मु.] **-न मारना** : पास न आ सकना। **-फड़फड़ाना** : उड़ान भरने की कोशिश करना।

परंच (सं.) [अव्य.] 1. परंतु; लेकिन; तो भी 2. और भी।

परंज (सं.) [सं-पु.] 1. कोल्हू 2. इंद्र का खड्ग 3. फेन 4. छुरी का फल।

परंजन (सं.) [सं-पु.] पश्चिम दिशा के स्वामी; वरुण।

परंजय (सं.) [सं-पु.] शत्रुजित; वरुण देवता। [वि.] शत्रु को जीतने वाला।

परंजा (सं.) [सं-स्त्री.] उत्सव के समय अस्त्र-शस्त्र आदि के प्रदर्शन से उत्पन्न ध्वनि।

परंतप (सं.) [सं-पु.] 1. अर्जुन; कौंतेय 2. चिंतामणि 3. तामस मनु के एक पुत्र का नाम। [वि.] शत्रुसंतापक; तप द्वारा इंद्रियों को वश में करने वाला।

परंतु (सं.) [अव्य.] 1. किंतु; मगर; लेकिन 2. इतना होने पर भी (पूर्व कथित स्थिति से वैपरीत्य या अंतर दिखाने वाला शब्द)।

परंतुक (सं.) [सं-पु.] अनावश्यक और संदेहास्पद तर्क; कुतर्क।

परंदा (फ़ा.) [सं-पु.] 1. पक्षी; चिड़िया 2. एक तरह की हवादार नाव (प्रायः कश्मीर की झीलों में चलने वाली नाव)।

परंपरया (सं.) [अव्य.] परंपरा से; परंपरा के अनुसार।

परंपरा (सं.) [सं-स्त्री.] 1. वह व्यवहार जिसमें वर्तमान पीढ़ी पुरानी पीढ़ी की देखा-देखी करते हुए उनके रीति-रिवाज़ों का अनुकरण करती है 2. प्राचीन समय से चली आ रही रीति; परिपाटी 3. बहुत-सी घटनाओं, बातों या कार्यों के एक-एक कर होने का क्रम; अनुक्रम।

परंपराक (सं.) [सं-पु.] 1. जो पहले परंपरा से होता आ रहा था 2. यज्ञ हेतु पशुओं का वध।

परंपरागत (सं.) [वि.] 1. परंपरा से प्राप्त होने वाला; परंपरा से संबद्ध 2. पीढ़ी दर पीढ़ी होने वाला।

परंपरानिष्ठ (सं.) [वि.] परंपरा में निष्ठा रखने वाला; परंपराओं का निष्ठापूर्वक पालन करने वाला।

परंपरानुगत (सं.) [वि.] 1. परंपरा से चली आ रही 2. परंपरा के अनुसार।

परंपराप्रसूत (सं.) [वि.] परंपरा से उत्पन्न; परंपरा से प्राप्त।

परंपराबद्ध (सं.) [वि.] परंपरा से आबद्ध; परंपराओं से बँधा हुआ।

परंपराभंजक (सं.) [वि.] परंपरा को तोड़ने वाला; परंपरा को नकारने वाला।

परंपराभंजन (सं.) [सं-पु.] परंपरा को तोड़ना; परंपरा को

नकारना।

परंपरावाद (सं.) [सं-पु.] वह मत या विचारधारा जिसमें परंपरा से चली आ रही बातों या चीज़ों को ही सार्थक, उचित और सत्य मान लिया जाता है; वह सिद्धांत तथा कार्य जिसमें परंपराबद्ध सिद्धांत या मत को सार्थक माना जाता है।

परंपरावादी (सं.) [वि.] 1. परंपरावाद संबंधी; परंपरावाद का 2. परंपरावाद के सिद्धांत को मानने वाला।

परंपरित (सं.) [वि.] परंपरायुक्त; परंपरा पर अवलंबित।

परई (सं.) [सं-स्त्री.] सकोरे की तरह का मिट्टी का एक बड़ा पात्र; मिट्टी का एक बड़ा कसोरा।

परक[1] (सं.) [सं-स्त्री.] परकने की क्रिया या भाव; चस्का।

परक[2] (सं.) [परप्रत्य.] 1. एक प्रत्यय जो शब्दों के अंत में लगकर निम्नलिखित अर्थ देता है, जैसे- विष्णुपरक नामावली अर्थात ऐसी नामावली जिसके अंत में विष्णु या कोई उसका वाचक शब्द हो 2. संबंध रखने वाला, जैसे- आध्यात्मपरक; प्रशंसापरक।

परकटा (फ़ा.+हिं.) [वि.] 1. जिसका पर काट दिया गया हो 2. {ला-अ.} जिसकी शक्ति नष्ट कर दी गई हो या अधिकार छीन लिए गए हों।

परकटी [सं-स्त्री.] वह चिड़िया जिसके परों को काट दिया गया हो [वि.] 1. जिसका पर कटा हो 2. वह स्त्री जिसके बाल कटे हो।

परकट्टा [सं-पु.] दे. ढीहा।

परकना [क्रि-अ.] 1. चसका लगना; आदत लगना; किसी विषय या कार्य में ढीठ बनना 2. हिलना-मिलना।

परकाया प्रवेश (सं.) [सं-पु.] 1. वह स्थिति जिसमें रचनाकार अन्य व्यक्तियों की अनुभूतियों को स्वयं में आत्मसात कर लेते हैं 2. अपने आत्म या मन को किसी दूसरे शरीर में प्रवेश कराने की क्रिया या भाव।

परकार (फ़ा.) [सं-पु.] वृत्त अथवा गोलाई खींचने का एक उपकरण।

परकाल [सं-पु.] कोण बनाने या नापने का औजार; वृत्त की आकृति बनाने का साधन; उपकरण।

परकाला[1] (सं.) [सं-पु.] 1. सीढ़ी 2. देहरी; चौखट; दहलीज़।

परकाला[2] (फ़ा.) [सं-पु.] 1. टुकड़ा; शीशे का टुकड़ा 2. चिनगारी; अंगार।

परकासना [क्रि-स.] प्रकाशित करना; रोशन करना।

परकीय (सं.) [वि.] जो किसी दूसरे का हो; पराया; जिसका संबंध दूसरे से हो।

परकीया (सं.) [सं-स्त्री.] वह (विवाहिता) नायिका जो गुप्त रूप से परपुरुष से प्यार करती है; (काव्यशास्त्र) नायिका का एक भेद।

परकैंचन [सं-पु.] दे. परकटी।

परकोटा (सं.) [सं-पु.] गढ़ या किले की रक्षा के लिए बनाया गया घेरा जिसके ऊपर टहलने के लिए जगह होती है।

परक्रामण [सं-पु.] पूरे अधिकारों के साथ (अनुबंधपत्रादि) किसी दूसरे को हस्तांतरित करने की क्रिया; (नेगोशिएशन)।

परक्षेत्र (सं.) [सं-पु.] पराया खेत; पराया शरीर। [सं-स्त्री.] पराई स्त्री।

परख (सं.) [सं-स्त्री.] 1. परखने की क्रिया या भाव; अच्छे-बुरे की समझ, योग्यता या पहचान 2. जाँच; परीक्षण; परीक्षा।

परखचा [सं-पु.] खंड; टुकड़ा। [मु.] **परखच्चे उड़ाना** : टुकड़े-टुकड़े करना; छीछालेदर करना।

परखनली [सं-स्त्री.] परीक्षण नालिका; विज्ञान प्रयोगशाला में प्रयुक्त एक उपकरण; शीशे की पारदर्शी एक ओर ही मुखवाली नलिका।

परखना [क्रि-स.] किसी व्यक्ति या वस्तु को उसके गुण-दोष के आधार पर भली-भाँति जाँचना या देखना; अच्छे-बुरे की पहचान करना।

परखवाना [क्रि-स.] परखाना; परखने का काम दूसरे से करवाना; जाँच या परीक्षा करवाना।

परखी [सं-स्त्री.] लोहे का छोटा, लंबा और पतला शंक्वाकार उपकरण जिसकी सहायता से बोरे में भरे अनाज को नमूने के तौर पर निकाला जाता है।

परखैया [सं-पु.] परख करने वाला; परखने वाला।

परगाछ [सं-पु.] दूसरे पेड़ों पर उगने वाला पौधा।

परचम (फ़ा.) [सं-पु.] 1. झंडे का कपड़ा 2. पताका; झंडा।

परचा (फ़ा.) [सं-पु.] 1. कागज़ का टुकड़ा; चिट 2. प्रश्नपत्र 3 कागज़ के छोटे टुकड़े पर लिखी हुई बात या सूचना 4. कोई छोटा विज्ञापन 5. शोधपत्र 6. नामांकनपत्र 7. पत्र-पत्रिका का कोई अंक 8. रहस्य संप्रदाय में किसी बात का परिचय।

परची (फ़ा.) [सं-स्त्री.] चिट; कागज़ के टुकड़े पर लिखी हुई सूचना।

परचून (सं.) [सं-पु.] खाना बनाने का छोटा-मोटा सामान; ख़ुदरा, जैसे- आटा, दाल, चावल आदि।

परचूनियाँ [सं-पु.] ख़ुदरा व्यापारी।

परछत्ती [सं-स्त्री.] 1. सामान रखने के लिए घर के अंदर दीवार से लगाकर बनाया जाने वाला ख़ाना या टाँड़ 2. फूस आदि का हलका छप्पर।

परछन [सं-स्त्री.] 1. एक वैवाहिक लोकाचार- वर के द्वार पर पहुँचने पर होने वाली एक रीति जिसमें स्त्रियाँ वर को दही एवं अक्षत का टीका लगाती हैं, आरती करती हैं तथा उसके ऊपर मूसल, बट्टा (लोढ़ा) आदि घुमाती हैं 2. वर की आरती उतारने की रीति।

परछना [क्रि-स.] परछन करना; वर की आरती करना।

परछाँई (सं.) [सं-स्त्री.] 1. किसी दिशा से प्रकाश पड़ने से किसी वस्तु या व्यक्ति की उसके विपरीत दिशा में बनने वाली अंधेरे की आकृति; प्रतिच्छाया 2. जल, दर्पण आदि में दिखाई पड़ने वाला किसी वस्तु या व्यक्ति का प्रतिबिंब या अक्स। [मु.] **किसी की परछाँई से डरना** : किसी के पास जाने तक से घबराना।

परछाई (सं.) [सं-स्त्री.] दे. परछाँई।

परछौनी [सं-स्त्री.] वर-वधू के परिछे जाने पर दिया गया उपहार।

परज (सं.) [सं-पु.] 1. कोयल; कोकिल 2. रात के अंतिम पहर

में गाया जाने वाला एक राग। [वि.] अपने पिता के अतिरिक्त अन्य से उत्पन्न; परजात।

परजवट [सं-पु.] दे. परजौट।

परजा [सं-स्त्री.] दूसरी जाति। [वि.] दूसरी जाति का।

परजात [सं-पु.] 1. दूसरी जाति का व्यक्ति 2. कोयल। [वि.] 1. दूसरे से उत्पन्न 2. दूसरी जाति से संबध रखने वाला।

परजाता [सं-पु.] 1. हरसिंगार का पौधा 2. हरसिंगार का फूल; पारिजात।

परजीवी (सं.) [सं-पु.] 1. ऐसे जीवजंतु या वनस्पति जो आहार या अस्तित्व के लिए दूसरे जीवों पर निर्भर रहते हैं, जैसे- अमरबेल, पिस्सू, मलेरिया आदि; (पैरासाइट) 2. दूसरों के सहारे जीवन बिताने वाला व्यक्ति। [वि.] दूसरों पर निर्भर रहने वाला।

परजौट [सं-पु.] घर आदि बनाने हेतु सालाना दर पर ज़मीन लेने की प्रथा; मकान बनाने की ज़मीन का सालाना ख़िराज।

परणना (सं.) [क्रि-स.] ब्याहना। [क्रि-अ.] ब्याहा जाना; विवाहित होना।

परणाना [क्रि-स.] दे. परणना।

परत (सं.) [सं-स्त्री.] 1. स्तर; तह 2. किसी वस्तु को मोड़ने पर बनने वाला उसका मोड़; तह।

परत-दर-परत [क्रि.वि.] तह-दर-तह; एक के बाद एक कई परतें।

परतंत्र (सं.) [वि.] जो दूसरे के शासन या नियंत्रण में हो; गुलाम; पराधीन; परवश; 'स्वतंत्र' का उलटा।

परतंत्रता (सं.) [सं-स्त्री.] परवशता; गुलामी; 'स्वतंत्रता' का विपर्यय।

परतः (सं.) [क्रि.वि.] 1. आगे; परे 2. पीछे; पश्चात 3. दूसरे से।

परतदार (सं.+अ.) [वि.] परतवाला; तहयुक्त; स्तरवाला।

परतर (सं.) [वि.] ठीक बाद का; क्रमानुसार जो ठीक बाद का हो।

परतल (सं.) [सं-पु.] 1. सामान ढोने वाले घोड़े या खच्चर की पीठ पर रखी जाने वाली बोरी या बोरा 2. गोनी या गून जिसमें सामान भरा या लादा जाता है।

परतला (सं.) [सं-पु.] कंधे से लटकाई जाने वाली कमर तक की कपड़े या चमड़े की बनी पट्टी जिसमें तलवार लटकाई जाती है।

परतली (सं.) [सं-स्त्री.] एक प्रकार की चमड़े या कपड़े की पट्टी जो कंधे से कमर तक तिरछी पहनी जाती है।

परता [सं-पु.] 1. पड़ता; किसी वस्तु की खरीद या तैयारी (निर्माण) पर लगा खर्च; लागत; वस्तु की कीमत 2. सामान्य दर 3. लकड़ी का अड्डा; ऐना।

परताल [सं-स्त्री.] पड़ताल; जाँच; निरीक्षण।

परती [सं-स्त्री.] 1. वह ज़मीन जिसे जोता-बोया न गया हो 2. बंजर 3. वह चादर जिससे हवा करके अनाज के दानों का भूसा उड़ाते हैं।

परत्व (सं.) [सं-पु.] पराया या अन्य होने का भाव।

परथन [सं-स्त्री.] पलेथन; वह सूखा आटा जिसे लोई पर लगाकर रोटी बेलते हैं।

परदा (फ़ा.) [सं-पु.] 1. आड़ करने के लिए लटकाया हुआ कपड़ा; पट; (कर्टेन) 2. ओट; आड़ 3. दुराव; छिपाव 4. स्त्रियों के घूँघट निकालने की प्रथा 5. रंगमंच पर लगाया जाने वाला आड़ करने का वह कपड़ा जो समय-समय पर उठाया और गिराया जाता है 6. आड़ करने के लिए बनाई जाने वाली दीवार 7. जनानख़ाना 8. मर्यादा; लाज 9. रहस्य 10. हारमोनियम आदि में स्वर निकलने का स्थान 11. कान का आवरण 12. फ़ारसी के बारह रागों में से हर एक। [मु.] **-खोलना** : रहस्य प्रकट करना। **-डालना** : छिपाना। **आँखों पर परदा पड़ना** : वास्तविकता दिखाई न देना। **-करना** : परदे में रहना।

परदादा [सं-पु.] प्रपितामह; पिता का दादा।

परदानशीन (फ़ा.) [वि.] परदे में रहने वाली (स्त्री); पराए मर्दों के सामने अपने मुँह को कपड़े से ढककर रखने वाली (स्त्री)।

परदाफाश (फ़ा.) [सं-पु.] किसी गुप्त विषय या वस्तु को प्रकट करने की कार्यवाही; प्रकटीकरण; ख़ुलासा; रहस्योद्घाटन; भेद खोलना।

परदारी (सं.) [सं-स्त्री.] परस्त्री; दूसरे की पत्नी; परकीया।

परदुखकातर (सं.) [वि.] दूसरे के दुख से दुखी होने वाला।

परदेश (सं.) [सं-पु.] वह देश जहाँ कोई व्यक्ति अपना देश छोड़ कर आया हो; विदेश; अपने देश से भिन्न देश।

परदेशी (सं.) [सं-पु.] 1. दूसरे देश में रहने वाला या परदेस से आया हुआ व्यक्ति; विदेशी 2. बाहरी। [वि.] परदेस संबंधी; दूसरे देश का; परदेस से आया हुआ।

परदेस [सं-पु.] दे. परदेश।

परदेसी [सं-पु.] दे. परदेशी।

परधर्म (सं.) [सं-पु.] अपने धर्म से भिन्न धर्म; दूसरा धर्म।

परधाम (सं.) [सं-पु.] 1. बैकुंठधाम 2. मृत्युलोक।

परनाना [सं-पु.] नाना का पिता; माता का दादा।

परनानी [सं-स्त्री.] परनाना की पत्नी; माता की दादी।

परनाला [सं-पु.] मोरी; बड़ा चौड़ा नाला।

परनाली [सं-स्त्री.] 1. छोटी मोरी; छोटी पतली नाली 2. घोड़ों के पीठ के मध्य का नीचापन (पुट्ठों और कंधों की अपेक्षा) जो उनके शुभ लक्षणों में गिना जाता है।

परनिंदक (सं.) [सं-पु.] दूसरे की निंदा (शिकायत) करने वाला व्यक्ति। [वि.] दूसरों की निंदा करने वाला।

परपट [सं-पु.] समतल भूमि; चौरस मैदान। [वि.] चौपट।

परपद (सं.) [सं-पु.] 1. श्रेष्ठतम पद या स्थान 2. मोक्ष।

परपराना [क्रि-अ.] मिर्च जैसी कड़वी चीज़ों का जीभ या मुँह में लगने पर होने वाला अनुभव।

परपराहट [सं-स्त्री.] मिर्ची आदि लगने से जीभ की जलन।

परपार (सं.) [सं-पु.] दूसरी ओर का तट या किनारा।

परपीड़क (सं.) [वि.] 1. दूसरों को सताने वाला 2. दूसरे की पीड़ा या दर्द को समझने वाला; दूसरे के दर्द को सहानुभूतिपूर्वक अनुभव करने वाला; पराई पीड़ा समझने वाला।

परपीड़न (सं.) [क्रि-अ.] दूसरे की पीड़ा; कष्ट; पर-दुख।

परपुरुष (सं.) [सं-पु.] परकीया नायिका से प्रेम करने वाला पुरुष; विवाहिता स्त्री की दृष्टि से उसके पति से भिन्न पुरुष।
परपुष्ट (सं.) [वि.] 1. दूसरे से पोषित 2. दूसरे द्वारा समर्थित।
परपोता [सं-पु.] परपौत्र; पोता का पुत्र; पुत्र का पोता।
परबत्ता (सं.) [सं-पु.] पहाड़ी तोता।
परबाबा [सं-पु.] दादा या बाबा के पिता; परदादा।
परब्रह्म (सं.) [सं-पु.] जगत से परे निर्गुण और निरुपाधि ब्रह्म; ब्रह्म का निर्गुण स्वरूप।
परभृत (सं.) [वि.] 1. जिसका पालन किसी और ने किया हो। [सं-पु.]1. कोयल 2. कार्तिकेय।
परम (सं.) [सं-पु.] 1. वह जो मुख्य या सर्वोच्च हो 2. विष्णु 3. शिव। [वि.] 1. उच्च; उत्कृष्ट; श्रेष्ठ 2. अत्यधिक; सबसे बढ़कर 3. प्रधान; मुख्य।
परम-तत्व (सं.) [सं-पु.] 1. सृष्टि या विकास का कारक मूल तत्व 2. परब्रह्म।
परमआज्ञा (सं.) [सं-स्त्री.] ऐसी आज्ञा जो अंतिम हो और जिसमें किसी प्रकार का परिवर्तन या फेर-बदल न हो सकता है।
परमक (सं.) [वि.] 1. सर्वोत्तम; सर्वोच्च; सर्वश्रेष्ठ 2. परले सिरे का; चरम सीमा का।
परमगति (सं.) [सं-स्त्री.] मुक्ति; मोक्ष।
परमटा [सं-पु.] पनैला; वह चिकना रंगीन कपड़ा जो अस्तर के काम आता है।
परमधाम (सं.) [सं-पु.] 1. बैकुंठ 2. स्वर्गलोक।
परमपद (सं.) [सं-पु.] 1. श्रेष्ठतम पद या स्थान 2. मोक्ष; मुक्ति।
परमपिता (सं.) [सं-पु.] परब्रह्म; ईश्वर; परमेश्वर।
परमपुरुष (सं.) [सं-पु.] 1. वह व्यक्ति जो पुरुषों में श्रेष्ठ हो 2. परमात्मा 3. विष्णु।
परमपूज्य (सं.) [वि.] 1. वह व्यक्ति जो पूजा करने के योग्य हो 2. व्यावहारिक और आचरणशील (व्यक्ति) 3. सारे जगत में पूजनीय।
परमपूर्व (सं) [वि.] बिल्कुल पहिला; सबसे पहला।
परमप्रिय (सं.) [वि.] सबसे प्रिय (व्यक्ति); प्राणप्रिय; प्राणप्यारा।
परमब्रह्म (सं.) [सं-पु.] 1. निर्गुण और उपाधि रहित ब्रह्म 2. ईश्वर।
परममित्र (सं.) [सं-पु.] 1. सबसे प्रिय मित्र 2. लंगोटिया यार।
परमल [सं-पु.] 1. भुना हुआ अन्न; भूजा 2. होरहा।
परमवीर (सं.) [सं-पु.] सबसे अधिक बलवान; ज़्यादा शक्तिशाली व्यक्ति। [वि.] वीरों में श्रेष्ठ।
परमसत्ता (सं.) [सं-स्त्री.] वह सत्ता या शक्ति जो अन्य सत्ता को न मानती हो अर्थात जिसके ऊपर कोई और सत्ता न हो; प्रभुसत्ता।
परमसत्ताधारी (सं.) [वि.] सबसे बड़ी सत्ता या अधिकार को प्राप्त करने वाला; सर्वेसर्वा।
परमहंस (सं.) [सं-पु.] 1. एक प्रकार का संन्यासी; परिव्राजक (इनके लिए शिखा, सूत्र आदि महत्वपूर्ण नहीं होते) 2. परमेश्वर 3. ज्ञान की परमावस्था तक पहुँचा हुआ संन्यासी।
परमाणविक (सं.) [वि.] परमाणु संबंधी।
परमाणु (सं.) [सं-पु.] (विज्ञान) अत्यंत क्षुद्र कणों-प्रोटॉन, न्यूट्रॉन तथा इलेक्ट्रॉन से निर्मित पदार्थ का वह सूक्ष्मतम कण जो रासायनिक क्रिया में भाग लेता है।
परमाणु ऊर्जा (सं.) [सं-स्त्री.] परमाणु विखंडन से उत्पन्न ऊर्जा।
परमाणु बम (सं.) [सं-पु.] एक प्रकार का गोला (बम) जिसमें रासायनिक क्रियाओं (यूरेनियम नाभिक की विखंडन शृंखला) द्वारा अणु का विस्फोट होता है तथा जिसके फलस्वरूप ढेर-सी ऊर्जा विस्फोट के रूप में विमुक्त होती है।
परमाणु भट्टी (सं.) [सं-स्त्री.] वह भट्टी जिसमें भारी धातु (पारा, प्लुटेनियम आदि) के टुकड़े रख देने के बाद वे रेडियो सक्रिय हो जाते हैं।
परमाणु भार (सं.) [सं-पु.] वह संख्या जो यह प्रदर्शित करती है कि किसी तत्व का एक परमाणु कार्बन-12 के परमाणु के 1/12 भाग द्रव्यमान अथवा हाइड्रोज़न के 1.00} भाग द्रव्यमान से कितना गुना भारी है; (ऐटॉमिक वेट)। परमाणु भार = तत्व के परमाणु का द्रव्यमान/ कार्बन।
परमाणु विघटन (सं.) [सं-पु.] परमाणु के नाभिक का विखंडन।
परमाणु संख्या (सं.) [सं-पु.] किसी परमाणु के नाभिक में उपस्थित प्रोटॉनों को व्यक्त करने वाली संख्या।
परमाणुवाद (सं.) [सं-पु.] वैशेषिक दर्शन का वह सिद्धांत जो पदार्थों की निर्मिति को परमाणुओं के संयोग से हुआ मानता है।
परमाणुवादी (सं.) [वि.] परमाणुवाद के सिद्धांत को मानने वाला; वैशेषिक दर्शन को मानने वाला।
परमात्म (सं.) [वि.] परमात्मा संबंधी; परमात्मा का।
परमात्मपरायण (सं.) [वि.] परमात्मा की आराधना या सेवा में लगा हुआ।
परमात्मा (सं.) [सं-पु.] परमसत्ता; ब्रह्म; ईश्वर; भगवान; ख़ुदा। [वि.] जो श्रेष्ठ और उत्तम हो।
परमानंद (सं.) [सं-पु.] आनंदस्वरूप ब्रह्म; आत्मा को परमात्मा में लीन करने पर प्राप्त उच्चतम आनंद।
परमायु (सं.) [सं-स्त्री.] मनुष्य के जीवन-काल की चरम सीमा (जो लगभग सौ वर्ष मानी जाती है)।
परमार्थ (सं.) [सं-पु.] 1. भलाई; उपकार; परोपकार 2. ऐसा पदार्थ या वस्तु जो सबसे बढ़कर हो; उत्कृष्ट वस्तु 3. मोक्ष 4. नाम, रूप आदि से परे वास्तविक परम तत्व 5. यथार्थ तत्व 6. नित्य एवं अबाधित पदार्थ 7. सत्य; ब्रह्म 8. ईश्वर।
परमार्थपरायण (सं.) [वि.] परमार्थ में लगा रहने वाला; परमार्थी।
परमावश्यक (सं.) [वि.] अति अनिवार्य; बहुत ज़रूरी।
परमिट (अं.) [सं-पु.] 1. कोई काम करने या कोई वस्तु ख़रीदने की अनुमति जो सरकार द्वारा आधिकारिक तौर पर लिखित रूप में दी जाती है 2. आधिकारिक अनुमति पत्र 3. वह कागज़ जिसपर अनुमति लिखी जाती है।
परमुखापेक्षी (सं.) [वि.] प्रत्येक बात के लिए दूसरों का मुँह ताकने वाला; दूसरे से सहयोग के लिए लालायित।

परमेश (सं.) [सं-पु.] सबसे बड़ा ईश्वर; परमात्मा।

परमेश्वर (सं.) [सं-पु.] 1. सर्वशक्तिमान ईश्वर 2. सगुण ब्रह्म; ब्रह्मा; विष्णु; महेश; ओंकार।

परमेश्वरी (सं.) [सं-स्त्री.] सृष्टि मंडल की मूल अधिष्ठाता शक्ति; आदिशक्ति; परमशक्ति माता भुवनेश्वरी; परब्रह्म का स्त्री रूप; दुर्गा। [वि.] 1. परमेश्वर संबंधी 2. दैवीय; ईश्वरीय।

परमेष्ट (सं.) [वि.] जो परम इष्ट हो; जो सबसे अधिक प्रिय हो।

परमेष्ठी (सं.) [सं-पु.] 1. प्राचीन काल का एक प्रकार का यज्ञ 2. अग्नि, जल, वायु आदि तत्व 3. ब्रह्मा, विष्णु, शिव आदि देवता।

परराष्ट्र (सं.) [सं-पु.] अपने राष्ट्र से भिन्न राष्ट्र; अन्य राष्ट्र; विदेश।

परला [वि.] उधर का; उस ओर का।

परलोक (सं.) [सं-पु.] इस लोक से भिन्न लोक, दूसरा लोक, स्वर्ग आदि।

परलोकवास (सं.) [सं-पु.] मृत्यु; देहांत।

परलोकवासी (सं.) [वि.] परलोक में वास करने वाला; मरा हुआ; मृत।

परवर (फ़ा.) [सं-पु.] पालक; पालनकर्ता।

परवरदिगार (फ़ा.) [सं-पु.] ईश्वर; भगवान।

परवरिश (फ़ा.) [सं-स्त्री.] पालन-पोषण; देखरेख।

परवर्ती (सं.) [वि.] 1. बाद के काल का 2. घटना क्रम के अनुसार बाद का।

परवल (सं.) [सं-पु.] 1. एक प्रसिद्ध लता 2. उक्त लता का फल जिसकी सब्ज़ी, तरकारी बनाई जाती है 3. चिचड़ा नामक पौधा जिसके फलों की तरकारी बनती है।

परवश (सं.) [वि.] 1. अन्याश्रित 2. जो दूसरे के वश में हो; पराधीन।

परवशता (सं.) [सं-स्त्री.] 1. अपना वश न चलने का भाव; मजबूरी 2. पराधीनता।

परवश्य (सं.) [वि.] दे. परवश।

परवा[1] [सं-पु.] मिट्टी का कटोरे जैसा पात्र; पुरवा (कोसा या कसोरा)। [सं-स्त्री.] 1. एक प्रकार की घास 2. प्रतिपदा तिथि 3. सहारा; भरोसा; अवलंब।

परवा[2] (फ़ा.) [सं-स्त्री.] 1. सोच; चिंता 2. गरज़; ध्यान; ख़याल।

परवाज़ (फ़ा.) [सं-स्त्री.] 1. उड़ान 2. अहंकार; नाज़। [वि.] 1. उड़ने वाला 2. डींग मारने वाला।

परवान (सं.) [सं-पु.] 1. प्रमाण 2. सीमा; हद 3. अवधि 4. जहाज़ का मस्तूल। [वि.] 1. उचित 2. विश्वसनीय एवं प्रामाणिक। [मु.] **-चढ़ना** : सत्य सिद्ध होना।

परवानगी (फ़ा.) [सं-स्त्री.] अनुमति; आज्ञा।

परवाना[1] [सं-पु.] खली, चूना, बरी आदि नापने का एक पैमाना, जो प्रायः लकड़ी का बना होता है।

परवाना[2] (फ़ा.) [सं-पु.] 1. पतंगा; शलभ 2. आदेशपत्र; नियुक्तिपत्र 3. भक्त 4. आसक्त; मुग्ध; किसी पर स्वयं को बलिदान कर देने वाला व्यक्ति।

परवाल [सं-पु.] 1. प्रवाल; मूँगा 2. कोपल; कल्ला 3. सितार आदि का बीचवाला लंबा डंड; बीन।

परवाह [सं-स्त्री.] चिंता। दे. परवा (लोक प्रयुक्त)। [सं-पु.] प्रवाह; शव को बहा देना।

परशु (सं.) [सं-पु.] फरसा; कुल्हाड़ी की तरह का एक शस्त्र।

परशुराम (सं.) [सं-पु.] रेणुका के गर्भ से उत्पन्न ऋषि जमदग्नि के पुत्र। परशु धारण करने के कारण इनका नाम परशुराम पड़ा।

परसों (सं.) [अव्य.] 1. बीते हुए कल से पहले का दिन 2. आगामी कल के बाद का दिन।

परस्त (फ़ा.) [वि.] 1. पूजा करने वाला 2. अनुयायी।

परस्पर (सं.) [अव्य.] 1. एक दूसरे के साथ 2. एक दूसरे के प्रति 3. दो या दो से अधिक पक्षों में।

परस्परता (सं.) [सं-स्त्री.] एक दूसरे के साथ रहने की अवस्था या भाव; आपसदारी।

परस्परव्याप्ति (सं.) [वि.] वस्तुओं, बातों या सिद्धांतों का आपस में आंशिक रूप में एक दूसरे के क्षेत्र का अतिक्रमण कर उनमें व्याप्त होना।

परस्परावलंबन (सं.) [सं-पु.] आपस में एक-दूसरे पर निर्भर रहने की अवस्था या भाव।

परस्परोपमा (सं.) [सं-स्त्री.] (काव्यशास्त्र) उपमेयोपमा; उपमा अलंकार का एक भेद।

परस्व (सं.) [सं-पु.] 1. परायापन 2. परतंत्रता; पराधीनता।

परहास [सं-पु.] डिंगल के साणोर गीत का एक भेद।

परहित (सं.) [सं-पु.] 1. दूसरे का हित; उपकार 2. जनहित।

परहेज़ (फ़ा.) [सं-पु.] 1. ऐसी वस्तुओं का सेवन न करना जिनसे स्वास्थ बिगड़ता हो; बीमार द्वारा हानिप्रद पदार्थ का सेवन न करना; कुपथ्य से दूर रहना 2. बुरी बातों या चीज़ों से बचाव 3. संयम रखना 4. निषेध।

परहेज़गार (फ़ा.) [वि.] 1. परहेज करने वाला 2. संयमी 3. धर्मनिष्ठ।

परहेज़ी (फ़ा.) [वि.] पथ्य; रोगी की दशानुसार प्रदत्त भोजन।

परा (सं.) [पूर्वप्रत्य.] एक प्रत्यय जो निम्नलिखित अर्थ देता है- 1. विपरीत अर्थ, जैसे- पराजय 2. आगे की ओर, जैसे- पराक्रमण 3. प्राधान्य, जैसे- परागत 4. अभिमुख्य, जैसे- पराक्रांत 5. विक्रम, जैसे- पराक्रम आदि अर्थों को प्रकट करता है।

पराँट [सं-पु.] चरागाह के लिए छोड़ी गयी भूमि; परती।

पराँठा [सं-पु.] तवे पर घी या तेल लगाकर सेंकी हुई रोटी; पराँठा।

परांग (सं.) [सं-पु.] 1. दूसरे का अंग 2. उत्तम (श्रेष्ठ) अंग।

परांगद (सं.) [सं-पु.] महादेव; शिव।

परांज (सं.) [सं-पु.] 1. तेल पेरने के लिए प्रयुक्त कोल्हू 2. तलवार या छुरी का फल (धार) 3. फेन।

परांजन (सं.) [सं-पु.] दे. परांज।

परांत (सं.) [सं-पु.] मृत्यु काल; प्राणांत।

परांतक (सं.) [सं-पु.] मृत्युंजय; शिव।

पराई [सं-स्त्री.] अपनी से भिन्न; दूसरे की; 'पराया' का स्त्रीलिंग।

पराकाष्ठा (सं.) [सं-स्त्री.] 1. चरम सीमा; अंत; चरम कोटि 2. उच्चता; उत्कृष्टता 3. {ला-अ.} किसी कार्य या बात को ऐसी स्थिति में ले जाना जहाँ से आगे ले जाने की कल्पना असंभव हो।

पराक्रम (सं.) [सं-पु.] 1. शौर्य; विक्रम; बल; पुरुषार्थ 2. अभियान; साहसिक कार्य।

पराक्रमी (सं.) [वि.] पराक्रमवाला; पुरुषार्थी; शूर।

पराक्रांत (सं.) [वि.] 1. आक्रांत; पीछे की ओर मुड़ा हुआ 2. उत्साह और वीरतायुक्त।

पराग (सं.) [सं-पु.] 1. पुष्परज 2. धूल; रज 3. चंदन 4. कपूर का रज (चूर्ण) 5. एक प्राचीन पर्वत का नाम 6. एक प्रकार का अंगराग (सुगंधित चूर्ण)।

परागकेसर (सं.) [सं-पु.] फूल के बीच उगा हुआ केसर या सींका।

परागकोश (सं.) [सं-पु.] फूल का वह भाग जिसके अंदर पराग बनता है।

परागण (सं.) [सं-पु.] पेड़-पौधों का पुष्परज या पराग से युक्त होना या किया जाना।

परागत (सं.) [वि.] 1. दूर गया हुआ; विस्तृत 2. मृत 3. आवृत; वेष्टित।

पराङ्मुख (सं.) [वि.] 1. विमुख 2. विरुद्ध; प्रतिकूल; उदासीन।

पराजय (सं.) [सं-स्त्री.] शिकस्त; पराभव; हार।

पराजित (सं.) [वि.] हारा हुआ; परास्त; विजित।

पराठा [सं-पु.] दे. पराँठा।

परात (सं.) [सं-स्त्री.] थाली के आकार का ऊँचे कोर वाला बरतन; बड़ा थाल।

परात्पर (सं.) [सं-पु.] जो सबसे परे हो; परमात्मा। [वि.] सर्वश्रेष्ठ।

परादन (सं.) [सं-पु.] एक प्रकार का घोड़ा; फ़ारस या अरब का एक घोड़ा।

पराधि (सं.) [सं-स्त्री.] अति तीव्र मानसिक व्यथा। [वि.] जो दूसरे के अधीन हो।

पराधीन (सं.) [वि.] 1. जो दूसरे के अधीन हो; परवश; परतंत्र 2. जिसपर किसी दूसरे का अंकुश या शासन हो।

पराधीनता (सं.) [सं-स्त्री.] पराधीन होने की अवस्था या भाव।

परानंद (सं.) [सं-पु.] परमानंद।

परानुभूति (सं.) [सं-पु.] दूसरे के सुख-दुख की अनुभूति; संवेदना।

परान्न (सं.) [सं-पु.] दूसरे का दिया हुआ अन्न या भोजन।

परापर (सं.) [सं-पु.] फालसा नामक फल। [वि.] वैशेषिक दर्शन में परत्व और अपरत्व दोनों गुणों से युक्त; पर और अपर; अच्छा-बुरा।

पराभव (सं.) [सं-पु.] पतन; पराजय; हार; मानमर्दन।

पराभिक्ष (सं.) [सं-पु.] थोड़ी भिक्षा से जीवन निर्वाह करने वाला वानप्रस्थ।

पराभूत (सं.) [वि.] पराजित; हारा हुआ।

पराभूति (सं.) [सं-स्त्री.] पराभव; पराजय; हार; विनाश; तिरस्कार।

परामर्श (सं.) [सं-पु.] 1. सलाह; युक्ति 2. निर्णय 3. (न्यायशास्त्र) पक्ष में हेतु के होने की अनुमिति; व्याप्य हेतु पक्षधर्म होना।

परामर्शदाता (सं.) [सं-पु.] दूसरों को परामर्श या सलाह देने वाला व्यक्ति।

परामर्शदात्री (सं.) [सं-स्त्री.] परामर्शदायिनी; सलाह देने वाली स्त्री।

परामर्शालय (सं.) [सं-पु.] परामर्शगृह; परामर्शशाला; परामर्शकेंद्र।

परायचा (फ़ा.) [सं-पु.] सिले हुए कपड़े बेचने वाला व्यक्ति; वह जो कपड़े के छोटे-छोटे टुकड़ों से टोपियाँ बना कर बेचता है।

परायण (सं.) [सं-पु.] 1. अत्यासक्ति 2. अंतिम लक्ष्य 3. सार 4. शरणस्थल 5. विष्णु। [वि.] 1. लगा हुआ; निरत 2. किसी के प्रति पूर्ण निष्ठा या भक्तिवाला।

परायत्त (सं.) [वि.] पराधीन; परतंत्र; पराश्रित।

पराया (सं.) [वि.] 1. दूसरे का; अन्य का; अपने से भिन्न; अलग 2. जो आत्मीय न हो; गैर; बिराना; जिसका संबंध दूसरे से हो; आत्मीय से भिन्न; 'अपना' का विलोम।

परायु (सं.) [वि.] जिसकी आयु सबसे अधिक हो। [सं-पु.] ब्रह्मा।

परार्थ (सं.) [सं-पु.] 1. अन्य के प्रयोजन, उद्देश्य या कार्य हेतु 2. परमार्थ 2. सर्वाधिक लाभ। [वि.] अन्य के निमित्त।

परार्थवाद (सं.) [सं-पु.] मनुष्य को सदा दूसरों की भलाई के काम में संलग्न रहने की प्रेरणा देने वाला सिद्धांत।

परार्ध (सं.) [सं-पु.] 1. उत्तरार्ध; बाद वाला आधा हिस्सा 2. गणित की सबसे बड़ी 'एक शंख' की संख्या; 1,00,00,00,00,00,00,00,000 3. ब्रह्मा की आयु का परवर्ती आधा भाग।

पराव (सं.) [सं-पु.] 1. परायापन 2. छिपाव; दुराव।

परावर (सं.) [सं-पु.] 1. विश्व 2. अखिलता 3. कार्य-कारण। [वि.] 1. पहले और पीछे का 2. पास और दूर का 3. परंपरागत 4. सर्वश्रेष्ठ।

परावरा (सं.) [सं-स्त्री.] (उपनिषद्) एक प्रकार की श्रेष्ठ (परा) विद्या।

परावर्तन (सं.) [सं-पु.] 1. प्रत्यावर्तन; पीछे लौटना 2. (जैन दर्शन) धार्मिक ग्रंथों के पाठ की पुनरावृत्ति; उद्धरणी 3. विनिमय 4. प्रकाश की किरण का परावर्तन 5. फ़ैसला उलटना।

परावर्तित (सं.) [वि.] 1. परावर्तन के बाद लौटी किरण; परावृत्त 2. लौटाया हुआ।

परावर्ती (सं.) [वि.] लौटकर आने वाला।

परावलंबी (सं.) [वि.] दूसरों पर अवलंबित या आश्रित।

पराविद्या (सं.) [सं-स्त्री.] तत्वज्ञान; ब्रह्मज्ञान।

परावृत्त (सं.) [वि.] लौटाया हुआ; लौटा हुआ; परावर्तित।

पराव्याध (सं.) [सं-पु.] परास; हाथ से पत्थर फेंकने पर वह जहाँ तक जाए वहाँ तक की माप।

पराशर (सं.) [सं-पु.] 1. एक गोत्र प्रवर्तक ऋषि जो कृष्णद्वैपायन

व्यास के पिता तथा ऋषि वशिष्ठ के पौत्र थे; 'पराशर स्मृति' के रचयिता 2. एक गोत्र का नाम 3. एक नाग 4. आयुर्वेद के एक प्रधान आचार्य 5. 'वृहत्पराशरी' नामक ज्योतिष ग्रंथ के रचयिता।

पराश्रय (सं.) [सं-पु.] 1. दूसरे का आश्रय, सहारा या आलंबन 2. पराधीनता; परवशता। [वि.] दूसरे पर आश्रित रहने वाला।

पराश्रयी (सं.) [सं-पु.] कीटाणुओं, वनस्पतियों आदि का वह वर्ग जो दूसरे जंतुओं, वनस्पतियों आदि के अंगों पर रहकर उनका ख़ून या रस पीकर जीवन निर्वाह करते हो। [वि.] दूसरे के आश्रय एवं सहारे पर रहने वाला; परजीवी।

पराश्रित (सं.) [वि.] दूसरों पर आश्रित रहने वाला; दूसरों के आश्रय में रहने वाला; दूसरे के भरोसे काम करने वाला; परमुखापेक्षी।

परास [सं-पु.] 1. पलाश 2. प्रभाव-क्षेत्र।

परासन (सं.) [सं-पु.] हत्या; वध; मारण।

परासपीपल [सं-पु.] पारिस पीपल; भिंडी की जाति का एक पौधा।

परासी (सं.) [सं-स्त्री.] एक रागिनी 'पलासश्री'; पलासी नामक रागिनी।

परास्त (सं.) [वि.] 1. पराजित; हारा हुआ या हराया हुआ 2. दबा हुआ; झुका हुआ 3. विनष्ट; ध्वस्त।

पराह (सं.) [सं-पु.] अन्य दिन या दूसरा दिन।

पराहत (सं.) [सं-पु.] आघात। [वि.] 1. आक्रांत 2. जोता हुआ 3. खदेड़ा हुआ; हटाया हुआ 4. खंडित 5. ध्वस्त।

पराहृत (सं.) [वि.] हटाया हुआ; अलग किया हुआ।

पराह्न (सं.) [सं-पु.] दोपहर के बाद का समय; अपराह्न।

परि (सं.) [पूर्वप्रत्य.] एक प्रत्यय जो निम्नलिखित अर्थ देता है- 1. व्याप्ति, जैसे- परिणत 2. दोष कथन, जैसे- परिवाद।

परिंदा (फ़ा.) [सं-पु.] पक्षी; चिड़िया; पाखी।

परिकंप (सं.) [सं-पु.] बहुत ज़ोरों का कंपन; अत्यधिक भय; कँपकँपी।

परिकथा (सं.) [सं-स्त्री.] 1. ऐसी कथा जिसमें परियों की कहानी हो; काल्पनिक कथा 2. बड़ी कथा के साथ आई हुई (चलने वाली) छोटी कथा; अनुकथा 3. बौद्धों के अनुसार कोई धार्मिक विवरण या कथा।

परिकर (सं.) [सं-पु.] 1. पलंग 2. परिजन 3. आस-पास साथ रहने वाले लोग 4. समूह; वृंद 5. समारंभ; तैयारी 6. पटका; कमरबंद 7. (काव्यशास्त्र) एक अर्थालंकार जो अभिप्राय युक्त विशेषणों से युक्त होता है, जैसे- हिमकर वदनी।

परिकर्तन (सं.) [सं-पु.] 1. चारों ओर से काटना; गोलाकार काटना 2. शूल।

परिकर्म (सं.) [सं-पु.] 1. तन का शृंगार; शरीर में उबटन, काजल, महावर आदि लगाना 2. शरीर को आभूषणों से सजाने का कार्य 3. अंकों का परस्पर योग, गुणन, भाग आदि।

परिकर्मी (सं.) [सं-पु.] सेवक; सहायक; दास। [वि.] सजाने वाला; अलंकृत करने वाला।

परिकर्षण (सं.) [सं-पु.] 1. खेती हेतु ज़मीन जोतना, बोना आदि 2. बाहर निकालना या खींच लाना।

परिकर्षित (सं.) [वि.] उत्पीड़ित; बाहर खींचा हुआ।

परिकलक (सं.) [सं-पु.] 1. हिसाब लगाने वाला; लेखा करने वाला व्यक्ति जो परिकलन करता हो; गणना करने वाला 2. गणना यंत्र; परिगणक; हिसाब की मशीन; गणक।

परिकलन (सं.) [सं-पु.] गिनने या हिसाब लगाने का काम; गणना करना।

परिकल्पना (सं.) [सं-स्त्री.] 1. मन में किसी बात को गढ़ लेना 2. किसी तर्क के लिए ऐसी कल्पना करना जिसकी भविष्य में यथार्थ रूप लेने की संभावना हो 3. बनाना; रचना; किसी बात की कल्पना कर लेना 4. ऐसी बात प्रस्तुत करना जो अभी प्रमाणित न हुई हो पर हो सकती हो; (हाइपोथिसिस) 5. गणित में कोई विशिष्ट मान निकालने से पहले उसके लिए कोई निश्चित मान अवधारित करना 6. निर्णय; निश्चय 7. तर्क के लिए कोई बात मान लेना।

परिकल्पित (सं.) [वि.] 1. मन में कल्पित (गढ़ा हुआ) 2. जो मात्र तर्क हेतु मान लिया गया हो 3. आविष्कृत; निर्मित; बनाया हुआ 4. निर्णीत।

परिकांक्षित (सं.) [सं-पु.] तपस्वी; भक्त; दास।

परिकीर्ण (सं.) [वि.] चारों ओर छितराया हुआ; विस्तृत; फैलाया हुआ; भरा हुआ; व्याप्त; परिवेष्टित।

परिकीर्तन (सं.) [सं-पु.] 1. अति प्रशंसा; अतिशय गुणगान 2. ख़ूब ऊँचे स्वर से कीर्तन।

परिकीर्तित (सं.) [वि.] जिसका परिकीर्तन किया गया हो या हुआ हो।

परिकूट (सं.) [सं-पु.] 1. वह खाई जो नगर या दुर्ग के द्वार को घेरती है 2. एक नागराज का नाम।

परिकूल (सं.) [सं-पु.] किनारे की भूमि या स्थान; तटवर्ती भूमि।

परिकृश (सं.) [वि.] अति दुर्बल; बहुत पतला; क्षीण।

परिक्रम (सं.) [सं-पु.] 1. चारों ओर भ्रमण; परिक्रमा 2. घूमना; टहलना; सैर 3. क्रम 4. किसी कार्य की जाँच हेतु जगह-जगह जाना।

परिक्रमा (सं.) [सं-स्त्री.] 1. किसी स्थान या वस्तु के चारों ओर घूमना या चक्कर लगाना; प्रदक्षिणा; फेरी 2. मंदिर, मठ, तीर्थ आदि के चारों ओर श्रद्धा एवं भक्ति से चक्कर या फेरी लगाने की क्रिया।

परिक्रय (सं.) [सं-पु.] 1. ख़रीद 2. मज़दूरी 3. लिया हुआ माल; खरीदा हुआ माल 4. विनिमय; क्रय-माल के बदले माल 5. भाड़ा।

परिक्रांत (सं.) [वि.] 1. आक्रांत; रौंदा हुआ; जिसपर बहुत चला गया हो 2. जिसके चारों ओर चक्कर लगाया जा सके।

परिक्लांत (सं.) [वि.] जो थक कर चूर हो गया हो।

परिक्षय (सं.) [सं-पु.] 1. नाश; बरबादी 2. लोप 3. सामूहिक क्षय (विनाश)।

परिक्षा (सं.) [सं-स्त्री.] पंक; कीचड़; गीली मिट्टी।

परिक्षालन (सं.) [सं-पु.] 1. प्रक्षालन; धोने की क्रिया या भाव

2. धोने के कार्य हेतु जल।

परिक्षीण (सं.) [वि.] 1. नष्ट; तबाह 2. अति दुर्बल; शक्तिहीन 3. जिसका दिवाला निकल गया हो; निर्धन 4. लुप्त।

परिक्षीव (सं.) [वि.] प्रमत्त; मदमस्त; मतवाला।

परिक्षेत्र (सं.) [सं-पु.] 1. किसी नगर या शहर का कोई विशिष्ट विभाग 2. आस-पास की भूमि; परिवेश; परिसर।

परिक्षेत्रिक (सं.) [वि.] परिक्षेत्र संबंधी।

परिखा (सं.) [सं-स्त्री.] दुर्ग या किले के चारों ओर खोदी जाने वाली खाई।

परिखात (सं.) [सं-पु.] किसी वस्तु के चारों ओर खोदा गया गड्ढ़ा; खाई; परिखा।

परिखान (सं.) [सं-स्त्री.] गाड़ी चलने से बनी हुई लीक; गाड़ी चलने से बना हुआ गाड़ी के पहिए का चिह्न।

परिखावन (सं.) [सं-स्त्री.] किसी के गुण-दोष का पता लगाने की शक्ति; वस्तु स्थिति जानने की योग्यता; परख।

परिखिन्न (सं.) [वि.] अत्यधिक खिन्न; बहुत दुखी।

परिख्यात (सं.) [वि.] सर्वत्र ख्यातिवाला; यथेष्ट प्रसिद्धि।

परिख्याति (सं.) [सं-स्त्री.] विशेष प्रसिद्धि; विशेष ख्याति।

परिगंतव्य (सं.) [वि.] 1. ज्ञेय; जानने योग्य 2. प्राप्त करने योग्य 3. जिस तक पहुँचा जा सके।

परिगणन (सं.) [सं-पु.] 1. संपूर्ण गणना करना 2. किसी विशेष उद्देश्य से किसी स्थान पर स्थित वस्तुओं की गणना 3. विधि तथा निषेधशास्त्र का विशेष रूप से कथन।

परिगणना (सं.) [सं-स्त्री.] परिगणन; अनुसूची।

परिगणनीय (सं.) [वि.] 1. परिगणना के योग्य 2. जिसका परिगणन होने को हो।

परिगणित (सं.) [वि.] जिसका गणन किसी अनुसूची में हुआ हो; जिसका परिगणन किया गया हो।

परिगमन (सं.) [सं-पु.] 1. परिगम; चारों ओर से घेरना या व्याप्त होना; आवेष्टित करना 2. पूर्ण रूप से जानना 3. प्राप्त करना।

परिगर्भिक (सं.) [सं-पु.] एक बालरोग जो गर्भवती स्त्री (माता) का दूध पीने से बच्चों में होता है।

परिगर्वित (सं.) [वि.] अतिगर्वीला; अति अभिमानी।

परिगर्हण (सं.) [सं-पु.] अतिनिंदा; अतिबुराई।

परिगीति (सं.) [सं-स्त्री.] एक वर्णिक छंद; एक प्रकार का वर्णवृत्त।

परिगुंडित (सं.) [वि.] धूल से आच्छादित; धूल से ढका हुआ; धूलपूरित (भरा हुआ)।

परिगुणन (सं.) [सं-पु.] 1. किसी संख्या को गुणा करके कई गुणा बढ़ा देना 2. किसी वस्तु को बढ़ा देना।

परिगृद्ध (सं.) [वि.] अत्यधिक लालची; अति लोभी।

परिगृहीत (सं.) [वि.] 1. पकड़ा हुआ 2. ग्रहण किया हुआ; धारण किया हुआ 3. चारों ओर से घिरा हुआ 4. संरक्षित 5. सम्मिलित।

परिग्रह (सं.) [सं-पु.] 1. ग्रहण करना 2. दान लेना 3. धन आदि का संग्रह 4. किसी स्त्री को भार्या रूप में ग्रहण करना 5. घर; परिवार 6. अनुचर 7. राहु द्वारा सूर्य या चंद्र का ग्रसा जाना 8. शपथ 9. आधार; मूल 10. स्वीकृति 11. संपत्ति; राज्य 12. दावा 13. आतिथ्य; स्वागत सत्कार 14. आदर 15. दमन 16. दंड 17. शाप 18. योग; संकलन 19. संबंध 20. सहायता 21. विष्णु 22. (जैन दर्शन) तीन प्रकार के प्रगति निबंधन कर्म-द्रव्य परिग्रह, भाव परिग्रह और द्रव्यभाव परिग्रह।

परिग्रहण (सं.) [सं-पु.] धारण करना; पहनना; अच्छी तरह ग्रहण करना।

परिग्राह (सं.) [सं-पु.] 1. यज्ञ आदि में बलि चढ़ाने के स्थान पर बना हुआ चारों ओर का घेरा 2. यज्ञवेदी के चारों ओर तीन रेखाएँ खींचना 3. एक विशेष प्रकार की यज्ञवेदी।

परिग्राह्य (सं.) [वि.] सद्व्यवहार के योग्य; वह जो आदरपूर्वक ग्रहण किये जाने के योग्य हो।

परिघ (सं) [सं-पु.] 1. लोहे की गदा 2. छड़; डंडा 3. बर्छा; भाला 4. शीशे की सुराही 5. मकान 6. वध; नाश करना 7. फाटक 8. वह शिशु जिसकी स्थिति जन्म के समय बदल गई हो 9. योग का एक भेद।

परिघट्टन (सं.) [सं-पु.] 1. मंथन 2. चारों ओर से रगड़ना 3. कलछी आदि से किसी तरल पदार्थ को चलाने या घोटने की क्रिया।

परिघट्टित (सं.) [वि.] जिसे पूर्ण रूप से मथा (घोटा) गया हो; जिसका परिघट्टन किया गया हो।

परिघात (सं.) [सं-पु.] 1. प्रहार; पूर्ण रूप से मार डालना; नष्ट करना 2. प्रहार करने का अस्त्र-शस्त्र 3. गदा 4. प्रतिकार; आदेश का उल्लंघन।

परिघाती (सं.) [वि.] 1. प्रतिकार करने वाला; आदेश का उल्लंघन करने वाला 2. नष्ट करने वाला।

परिचना [क्रि-अ.] 1. परचना; हिल-मिल जाना 2. चस्का लगना। [क्रि-स.] जाँचना; परीक्षा लेना।

परिचपल (सं.) [वि.] अस्थिर; अति चंचल या चपल।

परिचय (सं.) [सं-पु.] 1. किसी व्यक्ति के नाम, धन, गुण तथा कार्य आदि से संबंध रखने वाली बातें; पहचान 2. जानकारी; जान-पहचान।

परिचयपत्र (सं.) [सं-पु.] ऐसा पत्र जिसमें किसी व्यक्ति का नाम, पता आदि लिखा होता है।

परिचर (सं.) [सं-पु.] 1. सेवक; भृत्य 2. रोगी की सेवा में नियुक्त व्यक्ति 3. रथ की रक्षा में नियुक्त सैनिक 4. आदर-सत्कार 5. अंगरक्षक 6. दंडनायक। [वि.] चलने वाला; भ्रमणशील; वहनशील।

परिचरण (सं.) [सं-पु.] 1. सेवा; परिचर्या 2. परिभ्रमण।

परिचरणीय (सं.) [वि.] परिचर्या के योग्य; परिचरण के योग्य; सेवायोग्य।

परिचर्चा (सं.) [सं-स्त्री.] गोष्ठी; गुफ़्तगू; चर्चा; वार्ता; संगोष्ठी।

परिचर्मण्य (सं.) [सं-पु.] चमड़े से निर्मित फ़ीता।

परिचर्या (सं.) [सं-स्त्री.] 1. ख़िदमत; सेवा; टहल 2. रोगी की देखभाल; तीमारदारी 3. किसी गोष्ठी या सभा-समिति में होने वाली ऐसी बातचीत जिसमें किसी विषय का विवेचन होता

है।

परिचायक (सं.) [वि.] 1. जिसके द्वारा किसी का परिचय प्राप्त होता है; किसी वस्तु या व्यक्ति का परिचय कराने वाला 2. सूचित कराने वाला; सूचक।

परिचार (सं.) [सं-पु.] 1. परिचर्या; सेवा 2. सेवक 3. भ्रमण का स्थान 4. छोटे बच्चे या पेड़-पौधों का उचित विधि से पालन-पोषण एवं अभिवर्धन 5. अशक्त, रुग्ण एवं पंगु लोगों की सेवा।

परिचारक (सं.) [सं-पु.] 1. सेवक; नौकर; ख़िदमतगार 2. रोगी की सेवा करने वाला व्यक्ति 3. देवमंदिर का प्रबंध करने वाला व्यक्ति। [वि.] जो परिचार करता हो; परिचार करने वाला।

परिचारण (सं.) [सं-पु.] 1. संग या साथ रहना 2. सेवा करना 3. सूचनाओं, विधेयकों आदि का सदस्यों या लोगों में परिचारित (वितरण) करवाना या किया जाना।

परिचारिक (सं.) [सं-पु.] 1. परिचारक; परिचारी; सेवक 2. भ्रमण करने वाला; टहलुआ 3. देवमंदिर का प्रबंधक 4. रोगी की सेवा करने वाला व्यक्ति। [वि.] परिचार करने वाला।

परिचारिका (सं.) [सं-स्त्री.] 1. सेविका 2. रोगी की सेवा करने वाली स्त्री; परिचार करने वाली स्त्री।

परिचारित (सं.) [सं-पु.] 1. खेल; क्रीड़ा 2. मनोविनोद। [वि.] 1. सेवित 2. जिसका परिचारण किया गया हो।

परिचार्य (सं.) [वि.] परिचर्या के योग्य; सेवा के योग्य।

परिचालन (सं.) [सं-पु.] 1. अच्छी तरह चलाना; सही विधि से कार्य का निर्वाह; संचालन; हिलाना-डुलाना 2. विद्युत या उष्मा का संवाहन।

परिचालित (सं.) [वि.] चारों ओर से या अच्छी तरह जिसका परिचालन किया गया हो; जो चलाया गया हो।

परिचिंतन (सं.) [वि.] संपूर्ण रूप से (अच्छी तरह) सोचना।

परिचित (सं.) [वि.] जिसका परिचय प्राप्त हो; जिसे जानते हों; जाना-पहचाना हुआ; समझा हुआ; ज्ञात; जिससे जान-पहचान या मेलजोल हो।

परिचिति (सं.) [सं-स्त्री.] परिचित होने की अवस्था या भाव; परिचय; जान-पहचान।

परिचुंबन (सं.) [सं-पु.] अच्छी तरह चूमना; अतिशय प्रेम से चूमना।

परिच्छंद (सं.) [सं-पु.] अनुचर; साथ में चलने वाला व्यक्ति।

परिच्छद (सं.) [सं-पु.] 1. किसी चीज़ को ढाँकनेवाला कपड़ा; ढाँकने की वस्तु 2. वस्त्र; पोशाक; पहनावा 3. किसी संस्था, दल या सेवा विशेष का विशिष्ट पहनावा; वर्दी; (यूनिफ़ार्म) 4. राजा के साथ चलने वाले सैनिक 5. यात्रा के लिए ज़रूरी सामान; असबाब।

परिच्छन्न (सं.) [वि.] 1. आच्छादित; ढका हुआ; छिपा हुआ 2. साफ या स्वच्छ किया हुआ 3. जिसने वस्त्र पहन रखे हों।

परिच्छिति (सं.) [सं-स्त्री.] 1. काल या व्याप्ति का निर्धारण 2. सीमा; हद; परिमिति 3. सटीक परिभाषा; अवधारणा 4. विभाजन।

परिच्छिन्न (सं.) [वि.] 1. जिसका विभाजन किया गया हो 2. घिरा हुआ; आच्छादित; छिपा या ढका हुआ 3. जिसका कुछ अंश छाँट दिया गया हो; ठीक से जो मर्यादित या सीमित किया गया हो; परिमित; उपचारित।

परिच्छेद (सं.) [सं-पु.] 1. किसी पुस्तक का प्रकरण; अध्याय 2. काट-छाँटकर अलग करना 3. किसी वस्तु के अलग-अलग खंड; विभाजन; बँटवारा 4. अवधि; सीमा; हद 5. निर्णय; निश्चय 6. उपचार; माप 7. परिभाषा।

परिच्छेदक (सं.) [वि.] 1. अच्छी तरह काट-छाँटकर अलग करने वाला 2. सीमा निर्धारित करने वाला 3. अवधारण करने वाला; परिभाषा निर्माण करने वाला 4. विभाजक।

परिच्छेदन (सं.) [सं-पु.] 1. विभाजन 2. अवधारण 3. निर्णय 4. अध्याय; प्रकरण।

परिच्युत (सं.) [वि.] 1. गिरा हुआ; भ्रष्ट; पतित 2. पद, स्थान या जाति से हटाया हुआ या बहिष्कृत।

परिच्युति (सं.) [सं-स्त्री.] 1. परिच्युत होने की अवस्था या भाव 2. भ्रंश; पतन।

परिछन (सं.) [सं-स्त्री.] विवाह की एक रस्म जिसमें स्त्रियाँ वर और कन्या की आरती करती हैं तथा उनके ऊपर से मूसल, बट्टा आदि घुमाती हैं; परछन।

परिजन (सं.) [सं-पु.] 1. परिवार के सदस्य, जैसे- पत्नी, पुत्र आदि 2. भरण-पोषण के लिए आश्रित लोग 3. साथ रहने वाले लोग 4. अनुगामी और अनुचर वर्ग 5. राजा के साथ चलने वाले लोग।

परिजप्त (सं.) [वि.] धीमे से कहा हुआ; मंद स्वर में उच्चरित, जैसे- मंत्र, प्रार्थना आदि।

परिजय्य (सं.) [वि.] जो चारों ओर से जीता जा सके।

परिजीवन (सं.) [सं-पु.] 1. अपने वर्ग, परिवार आदि के सदस्यों के न रह जाने पर भी प्राप्त होने वाला दीर्घकालिक जीवन 2. नियत समय से अधिक चलने वाला जीवन।

परिजीवित (सं.) [वि.] जो व्यक्ति अपने चारों ओर रहने वालों आदि के न रहने पर भी बचा हुआ या जीवित हो।

परिजीवी (सं.) [वि.] 1. अधिक समय तक जीवित रहने वाला 2. परिवार या अपने वर्ग आदि के समाप्त हो जाने के बाद भी बचा रहने वाला।

परिज्ञप्ति (सं.) [सं-स्त्री.] 1. पूर्ण रूप से जानना 2. बातचीत; वार्तालाप; कथोपकथन 3. पहचान; परिचय।

परिज्ञात (सं.) [वि.] विशेष रूप से जाना हुआ; अच्छी तरह से जाना हुआ; भली-भांति जाना हुआ।

परिज्ञान (सं.) [सं-पु.] 1. पूर्ण ज्ञान; पूरा ज्ञान; पूरी जानकारी 2. सूक्ष्म ज्ञान; गहरा ज्ञान।

परिणत (सं.) [वि.] 1. जिसका परिवर्तन हुआ हो; रूपांतरित 2. बहुत अधिक झुका या झुकाया हुआ; नत 3. पका या पचा हुआ; जिसकी पूरी वृद्धि हो चुकी हो; परिपक्व; प्रौढ़; पुष्ट 4. ढलता हुआ; समाप्त 5. बहुत अधिक नम्र या विनीत। [सं-पु.] वह हाथी जो दाँत से हमला करने के लिए एक ओर झुका हो।

परिणति (सं.) [सं-स्त्री.] 1. परिणत होने की अवस्था या भाव;

अत्यंत नति; चारों ओर से झुका होना; झुकाव 2. परिणाम; नतीजा; प्रतिफल 3. परिपक्व होने की अवस्था 4. पूर्ण वृद्धि; पुष्टता; प्रौढ़ता 5. परिवर्तन के बाद बनने वाला नया रूप 6. अंत; अवसान।

परिणद्ध (सं.) [वि.] 1. अच्छी तरह बँधा हुआ 2. विस्तृत; दूर तक फैला हुआ 3. बहुत बड़ा; विशाल।

परिणमन (सं.) [सं-पु.] 1. रूपांतरण; रूप परिवर्तन 2. परिणत 3. परिणाम प्राप्त।

परिणय (सं.) [सं-पु.] विवाह; शादी।

परिणयन (सं.) [सं-पु.] विवाह की क्रिया; विवाह; पाणिग्रहण।

परिणहन (सं.) [सं-पु.] 1. लपेटना 2. कसना; बाँधना।

परिणाम (सं.) [सं-पु.] 1. किसी कार्य के अंत में प्राप्त होने वाला; नतीजा; फल 2. एक अवस्था से दूसरी अवस्था प्राप्त करने की क्रिया या भाव; रूपांतर; विकार 3. निष्कर्ष; (कन्क्लूज़न) 4. किसी कार्य का क्रियात्मक रूप से पड़ने वाला या होने वाला कोई प्रभाव; (इफ़ेक्ट)।

परिणामक (सं.) [सं-पु.] 1. परिणत; परिवर्तित 2. अच्छी तरह पुष्टित और वर्द्धित। [वि.] परिणाम लाने वाला; रुपांतर लाने वाला।

परिणामदर्शी (सं.) [वि.] परिणाम को ध्यान में रखकर कार्य करने वाला; जिसे परिणाम का पहले से अनुमान या भान हो; जो पहले से ही परिणाम जान या समझ लेता हो; दूरदर्शी।

परिणामस्वरूप (सं.) [वि.] फलस्वरूप।

परिणामात्मक (सं.) [वि.] परिणाम के रूप में होने वाला।

परिणामित्र (सं.) [सं-पु.] वह यंत्र जो एक प्रकार की विद्युतधारा को अन्य प्रकार की विद्युतधारा में परिवर्तित करता है अर्थात उच्च विद्युत धारा को निम्न तथा निम्न विद्युत धारा को उच्च में परिवर्तित करता है; (ट्रांसफ़ार्मर)।

परिणामी (सं.) [वि.] 1. परिणाम के रूप में प्राप्त; परिणामस्वरूप; परिणाम संबंधी 2. परिणामदर्शी; परिणाम को प्राप्त होना जिसका स्वभाव हो।

परिणायक (सं.) [सं-पु.] 1. परिणय करने वाला; वर; पति 2. नेता; पथप्रदर्शक 3. सेनापति।

परिणाह (सं.) [सं-पु.] 1. विस्तार; फैलाव 2. घेरा; परिधि 3. दीर्घ निश्वास।

परिणाही (सं.) [वि.] विस्तृत; प्रशस्त; फैला हुआ; परिणाहवान।

परिणीत (सं.) [वि.] 1. विवाहित 2. वैवाहिक संबंध के आधार पर जिसका किसी के साथ घनिष्ठ संबंध स्थापित हो चुका हो 3. कार्य का संपन्न होना; समाप्त।

परिणीता (सं.) [सं-स्त्री.] पत्नी; विवाहिता स्त्री। [वि.] विवाहिता।

परिणेय (सं.) [वि.] जो सब ओर या चारों ओर घुमाया जाए।

परितः (सं.) [अव्य.] 1. चारों ओर; सब ओर 2. पूरी तरह से; सब प्रकार से।

परितप्त (सं.) [वि.] 1. बहुत गरम; तपा हुआ 2. बहुत अधिक दुखी और संतप्त।

परितप्ति (सं.) [सं-स्त्री.] 1. पूरी तरह तप्त या जलन की अवस्था या भाव 2. डाह; जलन 3. अत्यंत संताप; अति दुख।

परितर्कण (सं.) [सं-पु.] प्रत्येक दृष्टि से अच्छी तरह विचार करना; किसी मत या वस्तु पर पूर्ण तर्कयुक्त विचार।

परितर्पण (सं.) [सं-पु.] पूर्ण रूप से तृप्त करना; पूर्णतः संतुष्ट करना प्रसन्न या ख़ुश करना।

परिताप (सं.) [सं-पु.] 1. अधिक ताप या आँच; अधिक गरमी 2. दुख; संताप; क्लेश 3. कँपकँपी; डर; भय 4. पछतावा।

परितापना (सं.) [क्रि-अ.] परिताप करना; पश्चाताप करना।

परितापी (सं.) [सं-पु.] दुख देने वाला व्यक्ति; सताने वाला व्यक्ति। [वि.] 1. परिताप संबंधी 2. बहुत अधिक दुख या क्लेश पहुँचाने वाला 3. बहुत गरम; जलता हुआ 4. परिताप उत्पन्न करने वाला।

परितुष्ट (सं.) [वि.] पूर्णतः तुष्ट; संतुष्ट; अति प्रसन्न या ख़ुश।

परितुष्टि (सं.) [सं-स्त्री.] परितुष्ट होने का भाव; परितोष; संतोष; प्रसन्नता।

परितृप्त (सं.) [सं-स्त्री.] अति तृप्त होने की अवस्था या भाव। [वि.] पूर्णतः संतुष्ट।

परितृप्ति (सं.) [वि.] पूर्ण रूप से तृप्त। [सं-स्त्री.] अच्छी तरह से तृप्त होना; परितृप्त होने का भाव।

परितोष (सं.) [सं-पु.] मन के अनुसार काम होने या करने पर होने वाला संतोष; इच्छापूर्ति होने की प्रसन्नता या ख़ुशी।

परितोषक (सं.) [वि.] पूर्णतः संतुष्ट करने वाला; पूर्णतः प्रसन्न या ख़ुश करने वाला।

परितोषण (सं.) [सं-पु.] 1. वह कार्य जिससे किसी को परितोष हो; परितुष्ट करने की क्रिया या भाव 2. वह धन जो किसी को पूर्ण संतुष्ट करने के लिए दिया गया हो।

परितोषद (सं.) [वि.] परितोष देने या संतुष्ट करने वाला; जिससे परितोष हो।

परित्यक्त (सं.) [वि.] पूर्ण रूप से त्यागा हुआ; पूर्णतः उपेक्षापूर्वक छोड़ा हुआ।

परित्यक्ता (सं.) [सं-स्त्री.] वह जो त्यागी या छोड़ी हुई हो; तलाकशुदा स्त्री।

परित्याग (सं.) [सं-पु.] 1. पूरी तरह छोड़ने या त्यागने की क्रिया या अवस्था 2. उदारता 3. किसी व्यक्ति या वस्तु से सदा के लिए संबंध तोड़ लेना।

परित्यागना (सं.) [क्रि-स.] परित्याग करना; छोड़ देना; त्यागना।

परित्यागी (सं.) [वि.] पूरी तरह त्याग देने वाला; एकदम छोड़ देने वाला; दूसरों के लिए न्योछावर करने वाला।

परित्याज्य (सं.) [वि.] परित्याग करने योग्य; छोड़ने योग्य; छोड़ देने योग्य।

परित्रस्त (सं.) [वि.] अति भयभीत; अति त्रस्त; बहुत डरा हुआ।

परित्राण (सं.) [सं-पु.] 1. विपत्ति या कष्ट आदि से की जाने वाली पूर्ण रक्षा; पूरा बचाव; आत्मरक्षा 2. पनाह; आश्रय 3. शरीर पर के बाल; रोएँ।

परित्राणार्थ (सं.) [अव्य.] रक्षा के लिए; परित्राण के लिए।

परित्रात (सं.) [वि.] 1. जिसका भय समाप्त किया गया हो 2.

विपत्ति, कष्ट आदि से की जाने वाली पूर्ण रक्षा।

परित्राता (सं.) [वि.] परित्राण करने वाला; पूरी रक्षा करने वाला।

परिदर्शन (सं.) [सं-पु.] 1. पूर्ण दर्शन; सम्यक दर्शन 2. निरीक्षण 3. न्यायालय में मुकदमे की सुनवाई।

परिदष्ट (सं.) [वि.] 1. पूरी तरह डँसा हुआ; पूरी तरह काट खाया हुआ; दंशित 2. टुकड़े-टुकड़े किया हुआ।

परिदहन (सं.) [सं-पु.] पूर्णरूप से जलाना; अच्छी तरह जलाना।

परिदाह (सं.) [सं-पु.] 1. अति जलन; अति दाह या ताप 2. अत्यधिक मानसिक संताप।

परिदिग्ध (सं.) [सं-पु.] वह मांस का टुकड़ा जिसपर अन्न लपेटा या चढ़ाया हुआ हो। [वि.] जिसपर कोई वस्तु अत्यधिक मात्रा में लिपटी, चढ़ाई या पुती गई हो 2. अच्छी तरह ढका हुआ।

परिदृढ़ (सं.) [वि.] अति दृढ़; बहुत मज़बूत।

परिदृश्य (सं.) [वि.] चारों ओर दिखने वाला दृश्य।

परिधान (सं.) [सं-पु.] 1. वस्त्र; पहनावा; लत्ता; पहनने का कपड़ा 2. विशेष अवसर पर पहने जाने वाले वस्त्र; पूरी पोशाक 3. चारों ओर से घेरना।

परिधानीय (सं.) [वि.] 1. धारण करने योग्य 2. पहने जाने के योग्य वस्त्र या पोशाक।

परिधाय (सं.) [सं-पु.] 1. परिधान; पहनने के कपड़े; वस्त्र 2. जलयुक्त स्थान 3. मध्य भाग; शरीर में नितंब स्थल 4. अनुचरगण; दलबल।

परिधायक (सं.) [सं-पु.] 1. प्राचीर; प्राकार; चहारदीवारी 2. बेड़ा (सैनिकों का) 3. घेरा; लकड़ी का बाड़ा। [वि.] चारों ओर से घेरने वाला; ढकने वाला; चारों ओर से आवृत्त करने वाला।

परिधावन (सं.) [सं-पु.] 1. बहुत अधिक या तेज़ दौड़ना 2. ज़ोर से भागना 3. किसी के चारों ओर दौड़ना।

परिधि (सं.) [सं-स्त्री.] 1. बाहरी सीमा 2. गोल घेरा 3. वृत्त की रेखा 4. कुछ विशेष लोगों या कार्यों का स्वतंत्र क्षेत्र; वृत्त 5. वृत्त को घेरने वाली गोल रेखा या उसकी लंबाई की नाप; (सरकंफ़रेंस) 6. नियत या नियमित और प्रायः गोलाकार वह मार्ग जिसपर कोई चीज़ चलती, घूमती या चक्कर लगाती हो; कक्षा 7. ऐसा वास्तविक या कल्पित घेरा जो दूसरे बाहरी क्षेत्रों से अलग हो।

परिधिक (सं.) [वि.] 1. परिधि का; परिधि संबंधी 2. जिसका कार्यक्षेत्र किसी विशेष परिधि में हो।

परिनिर्वाण (सं.) [सं-पु.] मोक्ष; पूर्ण निर्वाण।

परिनिवृत्ति (सं.) [सं-स्त्री.] 1. परिनिर्वृत्ति; पूर्ण निर्वाण; मोक्ष 2. छुटकारा; मुक्ति।

परिनिष्ठ (सं.) [वि.] 1. पूर्ण रूप से ज्ञानी; पूर्ण रूप से परिचित; निपुण 2. परिनिष्ठित; परिचित।

परिनिष्ठा (सं.) [सं-स्त्री.] 1. पराकाष्ठा; चरम सीमा 2. पूर्णता 3. ज्ञान की पूर्णता।

परिनिष्ठित (सं.) [वि.] 1. पूर्णतः शुद्ध 2. एकदम सही 3. किसी काम में पूर्णतया निपुण; पूर्ण कुशल 4. कार्य पूर्णतः संपन्न होना।

परिन्यास (सं.) [सं-पु.] 1. नाटक में मूल कथा के बीज (मूल घटना) का संकेत 2. किसी पद या वाक्य का सार; भाव या अर्थ को पूरा करना।

परिपंथी (स) [सं-पु.] 1. विरोधी; शत्रु 2. डाकू; लुटेरा। [वि.] मार्ग रोकने वाला; पथावरोधी।

परिपक्व (सं.) [वि.] 1. अच्छी तरह पका हुआ; प्रौढ़; विकसित 2. समझ से पूर्ण 3. अक्लमंद 4. अपने आप में पूर्ण 5. बहुदर्शी; अनुभवी; अभ्यस्त; दक्ष; निपुण; कुशल।

परिपक्वता (सं.) [सं-स्त्री.] 1. पूर्णता 2. निपुणता; कुशलता; दक्षता।

परिपक्वावस्था (सं.) [सं-स्त्री.] परिपक्वता; परिपक्व होने की अवस्था या भाव।

परिपत्र (सं.) [सं-पु.] आधिकारिक सूचनापत्र; वह आधिकारिक सूचनापत्र जो किसी संस्था से संबद्ध अधिकारियों, कर्मचारियों तथा सदस्यों के बीच सूचनार्थ वितरित या प्रेषित किया जाता है।

परिपथ (सं.) [सं-पु.] 1. किसी वृत्ताकार वस्तु के किनारे-किनारे बना हुआ पथ 2. विभिन्न नगरों, देशों आदि में जाने के लिए पहले से निर्धारित किया हुआ मार्ग।

परिपाक (सं.) [सं-पु.] 1. परिपक्व; अच्छी तरह पका; सम्यक पाक 2. अच्छी तरह पचाना 3. दक्षता; निपुणता; बुद्धि; ज्ञान; तथा अनुभव के आधार पर पका हुआ 4. परिणाम; फल 5. पूर्ण विकास; प्रौढ़ता को प्राप्त।

परिपाकिनी (सं.) [सं-स्त्री.] एक औषधीय लता निसोथ; एक लता जिसकी जड़ और डंठल दवा के काम आते हैं।

परिपाटी (सं.) [सं-स्त्री.] 1. परंपरा; पद्धति; नियम; रीति; रिवाज; प्रथा; दस्तूर 2. किसी कार्य को करने का ऐसा ढंग जो किसी शास्त्र आदि पर आधारित हो 3. क्रम; सिलसिला 4. चली आई हुई प्रणाली या शैली; प्रचलन 5. तौर-तरीका; व्यवहार; ढंग।

परिपाठ (सं.) [सं-पु.] 1. विस्तार के साथ पाठ 2. विस्तृत वर्णन या उल्लेख 3. वेदों का पुनर्पठन।

परिपार्श्व (सं.) [सं-पु.] बगल; पड़ोस; पार्श्व; निकटता; समीपता। [वि.] पास का; पार्श्व का; निकट का; निकटवर्ती।

परिपालक (सं.) [वि.] सम्यक रूप से पालन करने वाला; परिपालन करने वाला।

परिपालन (सं.) [सं-पु.] 1. रक्षण; रक्षा 2. पालन-पोषण; लालन-पालन।

परिपालनीय (सं.) [वि.] परिपालन के योग्य; जिसका परिपालन किया जाना या होना चाहिए।

परिपाल्य (सं.) [वि.] परिपालनीय।

परिपीड़न (सं.) [सं-पु.] 1. अति पीड़ित करना; अति कष्ट प्रदान करना 2. अनिष्ट; अपकार या क्षति करना 3. अच्छी तरह पेरना; पीसना या दबाना।

परिपुष्ट (सं.) [वि.] जो चारों तरफ़ से स्पष्ट हो; जिसका पोषण

अच्छी तरह किया गया हो; सुगठित; सम्यक पोषित; अति पुष्ट; पूर्ण रूप से पुष्ट।

परिपूजन (सं.) [सं-पु.] उचित विधि से अर्चन; सम्यक विधि से पूजा करने की क्रिया; सम्यक पूजन।

परिपूत (सं.) [वि.] 1. पवित्र 2. साफ़ किया हुआ (अन्न) 3. विशुद्ध।

परिपूरक (सं.) [वि.] 1. परिपूर्ण करने वाला; पूर्णरूप से भर देने वाला 2. धन-धान्य आदि से भर देने वाला; संपन्न बनाने वाला।

परिपूरण (सं.) [सं-पु.] परिपूर्ण; पूर्णतः भर देना; परिपूर्ण करना।

परिपूरणीय (सं.) [वि.] परिपूर्ण करने योग्य; भरने योग्य।

परिपूरित (सं.) [वि.] 1. लबालब; पूर्णतः भरा हुआ 2. उचित विधि से अच्छी तरह समाप्त (परिपूर्ण) किया हुआ।

परिपूर्ण (सं.) [वि.] 1. संपूर्ण; पराकाष्ठा को प्राप्त; पूरा 2. सुविन्यस्त; सुसंस्कृत 3. अच्छी तरह भरा हुआ 4. अघाया हुआ; संतुष्ट 5. समाप्त किया हुआ; पूरा किया हुआ।

परिपूर्णतः (सं.) [वि.] 1. पूरी तरह से 2. संतुष्ट।

परिपूर्णता (सं.) [सं-स्त्री.] 1. अच्छी तरह भरे होने का भाव 2. परिपूर्ण होने की अवस्था या भाव; किसी कार्य की पूर्ण समाप्ति।

परिपूर्णवादी (सं.) [वि.] जो हर चीज़ को परिपूर्ण देखना चाहता हो।

परिपृच्छ (सं.) [सं-पु.] सम्यक प्रश्न; जिज्ञासा; सवाल।

परिपृच्छक (सं.) [सं-पु.] जिज्ञासु; जिज्ञासा रखने वाला व्यक्ति। [वि.] प्रश्नकर्ता; प्रश्न करने वाला; प्रश्न पूछने वाला।

परिपृच्छा (सं.) [सं-स्त्री.] 1. प्रश्न; जिज्ञासा; पूछना 2. किसी बात या घटना आदि का पता लगाने के लिए पूछताछ; परिप्रश्न।

परिपोषण (सं.) [सं-पु.] अच्छी तरह लालन-पालन; पालन-पोषण; भली-भाँति पुष्ट करना।

परिप्रश्न (सं.) [सं-पु.] किसी बात या घटना आदि का पता लगाने के लिए किया जाने वाला प्रश्न।

परिप्राप्ति (सं.) [सं-स्त्री.] उपलब्धि; मिलना; प्राप्त होना।

परिप्रेक्ष्य (सं.) [सं-पु.] 1. देखने अथवा सोचने की दृष्टि विशेष 2. किसी विषय, घटना या बात के विभिन्न पक्ष 3. उन परिस्थितियों का समाहार जिसमें कोई घटना घटी हो 4. (साहित्य) किसी वस्तु, पदार्थ, मत, मूल्य आदि को देखने का दृष्टिकोण; (पर्सपेक्टिव) 5. दृश्य के अनुरूप चित्रण या विवरण 6. वस्तुओं, दृश्यों आदि की दूरी आदि का ठीक-ठीक अनुपात दिखलाने वाला चित्र।

परिप्रेषण (सं.) [सं-पु.] 1. चारों ओर या सब ओर भेजना 2. निर्वासन; देश निकाला 3. परित्याग।

परिप्रेषित (सं.) [वि.] 1. अच्छी तरह भेजा हुआ 2. त्यागा हुआ 3. निर्वासित; निकाला हुआ।

परिप्रेष्य (सं.) [सं-पु.] नौकर; दास; अनुचर; भृत्य। [वि.] भेजने योग्य; प्रेषणीय।

परिप्लव (सं.) [सं-पु.] 1. तैरना 2. बाढ़ 3. अत्याचार 4. नौका; पोत। [वि.] 1. चंचल; अस्थिर 2. तैरता हुआ।

परिप्लावित (सं.) [सं-पु.] छलाँग; कूद। [वि.] 1. जलसिक्त; गीला; सराबोर; जलार्द्र 2. जो बाढ़ के कारण जलमग्न हो चुका हो (भूमि या स्थान) 3. अभिभूत।

परिप्लुत (सं.) [वि.] 1. डूबा हुआ; प्लावित; जिसके चारों ओर जल हो 2. गीला; तर; भीगा हुआ।

परिबद्ध (सं.) [वि.] चारों ओर से बँधा हुआ।

परिभव (स) [सं-पु.] 1. अपमान 2. नियम रोकने वाला विधान 3. पराजय।

परिभावना (सं.) [सं-स्त्री.] 1. विचार; चिंतन 2. चिंता; फ़िक्र।

परिभावुक (सं.) [वि.] परिभावी; अवज्ञा करने वाला; तिरस्कार या अपमान करने वाला।

परिभाषा (सं.) [सं-स्त्री.] 1. गुण, स्वरूप और विशेषता के आधार पर किसी वस्तु या पदार्थ का यथार्थ वर्णन; निरूपण; व्याख्या; स्पष्ट कथन 2. किसी वस्तु के बारे में सीमित शब्दों में वस्तुनिष्ठ विवेचन; किसी वस्तु का सटीक और नपा-तुला विवरण; स्वरूप स्पष्ट करने वाली सीमित शब्दों की व्याख्या; ब्योरा।

परिभाषित (सं.) [वि.] 1. जिसकी परिभाषा दी गई हो 2. जिसका स्वरुप या लक्षण स्पष्ट किया गया हो।

परिभाष्य (सं.) [वि.] 1. जिसकी परिभाषा की जाए 2. ज़्यादा स्पष्ट रूप से कहा जाने योग्य 3. परिभाषा के योग्य।

परिभू (सं.) [वि.] 1. चारों ओर से घेरने या आच्छादित करने वाला 2. नियामक।

परिभूत (सं.) [वि.] 1. तिरस्कृत; अनादृत; जिसका अनादर किया गया हो 2. हारा हुआ; जिसका पराभव हुआ हो।

परिभूति (सं.) [सं-स्त्री.] तिरस्कार; अनादर।

परिभूषण (सं.) [सं-पु.] 1. अलंकृत; बनाव-शृंगार 2. प्राचीनकाल में अन्य राजा को मालगुज़ारी या राजस्व देकर की जाने वाली संधि।

परिभूषित (सं.) [वि.] जिसका परिभूषण किया गया हो या हुआ हो सजाया हुआ; सँवारा हुआ।

परिभेद (सं.) [सं-पु.] दे. परिभेदक।

परिभेदक (सं.) [सं-पु.] यथेष्ट छेदने वाला या अच्छी तरह भेदने वाला अस्त्र आदि। [वि.] परिमित करने वाला; फाड़ने वाला; गहरा घाव करने वाला।

परिभोग (सं.) [सं-पु.] 1. अत्यधिक भोग; बहुत अधिक किया जाने वाला भोग 2. संभोग; स्त्री के साथ किया जाने वाला संसर्ग (मैथुन)।

परिभ्रमण (सं.) [सं-पु.] 1. सब ओर (चारों ओर) घूमना 2. पहिए का घूमना; केंद्र (धुरी) के चारों ओर घूमना 3. परिधि; घेरा 4. पर्यटन 5. इधर-उधर घूमना।

परिभ्रष्ट (सं.) [वि.] 1. अनैतिक 2. कलुषित 3. गिरा हुआ; पतित; स्खलित 4. अधःपतित 5. खोया हुआ; जो लापता हो गया हो 6. भागा हुआ 7. बहका हुआ 8. किसी वस्तु से रहित किया हुआ।

परिभ्रामी (सं.) [वि.] चारों ओर घूमने वाला; परिभ्रमण करने वाला।

परिमल (सं.) [सं-पु.] 1. कुमकुम, चंदन आदि के मर्दन से

उत्पन्न सुगंधि 2. कुमकुम, चंदन आदि को मलना 3. सुगंध; सुवास 4. विद्वानों का समूह; पंडितसभा।

परिमलवाही [सं-स्त्री.] सुगंध के साथ चलने वाली हवा।

परिमाण (सं.) [सं-पु.] 1. नाप-तौल 2. मात्रा; वज़न 3. विस्तार; आकार 4. किसी वस्तु की लंबाई, चौड़ाई आदि का ज्ञान 5. भार, घनत्व आदि का मान।

परिमाणक (सं.) [सं-पु.] वज़न; तौल; मात्रा; भार; परिमाण।

परिमाणवाची (सं.) [वि.] परिमाण बताने वाला; परिमाण करने वाला; तराज़ू; तुला।

परिमाणात्मक (सं.) [सं-पु.] 1. परिमाण को बताने वाला 2. किसी वस्तु या क्षेत्र के परिमाण को बताने वाला 3. परिमाण से संबंधित।

परिमाप (सं.) [सं-पु.] 1. मापने या नापने की क्रिया या भाव 2. लंबाई, चौड़ाई, आयतन आदि का लेखा और नाप 3. मानदंड; मानक 4. नापने का उपकरण; मापक 5. किसी ज्यामितीय आकृति के घेरे की पूरी लंबाई या विस्तार 6. वृत्त की परिधि।

परिमार्जक (सं.) [सं-पु.] 1. धोने वाला व्यक्ति; धोबी 2. कपड़े स्वच्छ करने वाला साबुन आदि। [वि.] धोने वाला; साफ़ या स्वच्छ करने वाला।

परिमार्जन (सं.) [सं-पु.] 1. त्रुटियाँ दूर करना; सुधारना 2. धोने या माँजने का काम 3. झाड़ने-पोछने का काम; स्वच्छ करना।

परिमार्जनीय (सं.) [वि.] संशोध्य; संशोधन करने योग्य; जिसकी त्रुटियाँ दूर करके शुद्ध करना आवश्यक हो।

परिमार्जित (सं.) [वि.] 1. स्वच्छ किया हुआ 2. धोया हुआ।

परिमित (सं.) [वि.] 1. जिसे माप लिया गया हो; नपा-तुला 2. जो उचित मात्रा या परिमाण में हो; जिसकी मात्रा कमवेश न हो 3. सीमित; कम; थोड़ा; मामूली; अल्प।

परिमिति (सं.) [सं-स्त्री.] 1. माप; परिमाण 2. सीमा 3. काल; अवधि 4. सीधी रेखाओं से निर्मित क्षेत्र की भुजाओं की लंबाइयों का योग 5. प्रतिष्ठा; मर्यादा।

परिमुक्त (सं.) [वि.] पूर्णतः स्वतंत्र; वह जिसे छुटकारा मिला हो; मुक्त किया हुआ।

परिमुक्ति (सं.) [सं-स्त्री.] पूर्णतः स्वतंत्र होने की अवस्था या भाव; छुटकारा।

परिमेय (सं.) [वि.] 1. जिसका परिमाण जाना जा सके; जिसे मापा या तौला जा सके; मापने या तौलने योग्य 2. सीमित 3. थोड़ा; कुछ।

परिया (त.) [सं-पु.] दक्षिण भारत की एक प्राचीन दलित जाति।

परियाठा [सं-पु.] दे. ठीहा।

परियान [सं-पु.] अपना देश छोड़कर स्थायी रूप से किसी दूसरे देश में जाना; परियाण; प्रयाण।

परियुक्ति (सं.) [सं-स्त्री.] 1. किसी निश्चित स्थान और समय पर किसी से मिलने की निर्धारित व्यवस्था 2. किसी काम के लिए वचनबद्ध होना 3. ठहराव।

परियोजना (सं.) [सं-स्त्री.] 1. निर्माण की कोई विशिष्ट योजना; विशेष प्रयोजन से किए जाने वाले कार्यों की योजना; नियमित एवं व्यवस्थित रूप से स्थिर किया गया विचार एवं स्वरूप 2. विकास के लिए तैयार की गई योजना; (प्रोजेक्ट) 3. किसी स्थिति का अनुमान लगाकर सोची गई कोई योजना।

परिरंभ (सं.) [सं-पु.] 1. गले लगाने की क्रिया 2. आलिंगन करना; कसकर गले लगाना; प्रगाढ़ आलिंगन।

परिरक्षण (सं.) [सं-पु.] हर तरह से रक्षा करना; सतर्कतापूर्ण देखभाल; रक्षण।

परिरक्षा (सं.) [सं-स्त्री.] 1. सभी प्रकार से रक्षा करना 2. पूरी देखभाल करना 3. संभालकर या सहेजकर रखना।

परिरक्षित (सं.) [वि.] 1. जिसकी अच्छी तरह रक्षा की गई हो; वह जो सुरक्षित हो 2. पूरी तरह निभाया हुआ; जिसका पूरी तरह पालन किया गया हो।

परिरूप (सं.) [सं-पु.] 1. किसी होने वाले कार्य के स्वरूप आदि के संबंध में पहले से की जाने वाली कल्पना 2. नमूना 3. किसी वस्तु की बनावट आदि का कलात्मक और सुंदर ढंग।

परिरूपक (सं.) [सं-पु.] शिल्पी जो किसी वस्तुओं के नए-नए प्रतिरूप बनाता हो।

परिलक्षित (सं.) [वि.] 1. अच्छी तरह से देखा-भाला हुआ 2. अच्छी प्रकार से निरूपित, वर्णित या कथित 3. चारों ओर से देखा हुआ 4. जो स्पष्ट रूप से दिखाई पड़ रहा हो; दृष्टिगोचर।

परिलब्धि (सं.) [सं-स्त्री.] अनुलाभ; निर्धारित मज़दूरी या वेतन के अतिरिक्त अलग से प्रदत्त भत्ता या शुल्क।

परिलुप्त (सं.) [वि.] 1. लुप्त; गायब 2. नष्ट 3. क्षतिग्रस्त।

परिलेख (सं.) [सं-पु.] 1. रेखाचित्र; चित्र का ढाँचा; ख़ाका 2. कूँची; कलम 3. वर्णन 4. अधिकारियों के पास भेजा जाने वाला विवरण।

परिलोप (सं.) [सं-पु.] 1. पूर्ण लोप; नाश; क्षति 2. उपेक्षा; तिरस्कार; अवहेलना।

परिल्ला [सं-पु.] गन्ने की फसल में होने वाला एक रोग, जिससे फसल सड़ने लगती है।

परिवपन (सं.) [सं-पु.] 1. काटना; कतरना 2. मूँड़ना (केश)।

परिवर्जन (सं.) [सं-पु.] 1. त्याग; छोड़ना 2. वध; मारण; हत्या।

परिवर्जनीय (सं.) [वि.] त्याग करने योग्य; परित्याज्य।

परिवर्त (सं.) [सं-पु.] 1. चक्कर; घुमाव 2. विनिमय; अदला-बदली; वस्तु विनिमय 3. युगांत; किसी काल या युग की समाप्ति 4. ग्रंथ का विभाजन या परिच्छेद 5. संगीत में स्वर साधन की एक विधि 6. राशि चक्र का भ्रमण 7. पुनर्जन्म 8. यम का एक प्रपौत्र 9. पलायन।

परिवर्तक (सं.) [वि.] 1. चक्कर खाने वाला; चक्कर देने वाला; घूमने वाला 2. विनिमयकर्ता 3. किसी प्रकार का परिवर्तन करने वाला। [सं-पु.] यम का पौत्र।

परिवर्तन (सं.) [सं-पु.] 1. एक अवस्था से दूसरी अवस्था में आना 2. तबदीली; फेरबदल; रूप और आकार आदि में बदलाव; हेरफेर; रद्दोबदल; आकृति, गुण, रूप आदि में सुधार या बिगाड़ आदि 3. एक युग की समाप्ति 4. एक के स्थान पर दूसरे का आगमन 5. घुमाव; चक्कर 6. एक को छोड़कर उसकी जगह दूसरा ग्रहण करना, जैसे- जलवायु परिवर्तन

7. कुछ घटा-बढ़ाकर रूप बदलना; एक रूप से दूसरे रूप में लाना 8. उलटफेर 9. एक चीज़ के बदले दूसरी लेना 10. कुछ अंशों को नया रूप देना; सुधारना।

परिवर्तनकारी (सं.) [वि.] 1. परिवर्तन करने वाला; जिसे परिवर्तन या नूतनता में विश्वास हो 2. इनकलाबी; क्रांतिकारी।

परिवर्तनशील (सं.) [वि.] 1. जिसमें परिवर्तन स्वाभाविक रूप से होता है; परिवर्ती 2. अनस्थिर; अनिश्चित।

परिवर्तनशीलता (सं.) [सं-स्त्री.] परिवर्तनशील होने की अवस्था।

परिवर्तनीय (सं.) [वि.] परिवर्तन के योग्य; वह जिसमें परिवर्तन किया जाने को हो; बदलने के योग्य।

परिवर्तनीयता (सं.) [सं-स्त्री.] परिवर्तन होने की अवस्था, भाव या गुण।

परिवर्तिका (सं.) [सं-स्त्री.] पुरुष के लिंग में होने वाला एक रोग; पुरुष जननेंद्रिय में होने वाला एक प्रकार का रोग जिसमें खुजली, चोट या गंदगी से उत्पन्न संक्रमण के कारण लिंगचर्म उलट कर सूज जाता है।

परिवर्तित (सं.) [वि.] 1. जिसमें परिवर्तन किया गया हो; जिसका स्वरूप बदला गया हो 2. जिसकी अदला-बदली की गई हो; विनिमयित 3. लौटा हुआ।

परिवर्ती (सं.) [वि.] 1. परिवर्तनशील 2. पलायन करने वाला 3. विनिमय करने वाला 4. जो घूमता या चक्कर देता रहे।

परिवर्त्य (सं.) [वि.] जो अन्य रूप में परिवर्तित किया जा सके, जैसे- कंपनी के शेयर, ऋणपत्र आदि।

परिवर्धन (सं.) [सं-पु.] 1. अच्छी तरह से विकसित होना; बढ़ना 2. संख्या, गुण आदि में बढ़ने का भाव 3. सम्यक वृद्धि; बढ़ाना 4. आकार, मान, विस्तार आदि बढ़ाने की क्रिया या भाव; (इनलार्जमेंट)।

परिवर्धित (सं.) [वि.] जो अच्छी तरह बढ़ा हुआ हो या बढ़ाया गया हो; बढ़ा या बढ़ाया हुआ।

परिवहन (सं.) [सं-पु.] एक स्थान से दूसरे स्थान तक ले जाने का साधन।

परिवाद (सं.) [सं-पु.] 1. शिकायत; निंदा; दोषकथन 2. अपवाद 3. आरोप; दोषारोपण 4. झूठी निंदा 5. लोहे के तारों से निर्मित अँगूठी जिसे पहन कर सितार, वीणा आदि बजाए जाते हैं।

परिवादी (सं.) [वि.] 1. परिवादक; आरोपित करने वाला; आरोप लगाने वाला 2. निंदा करने वाला 3. शोर मचाने वाला।

परिवार (सं.) [सं-पु.] 1. किसी घर में माता-पिता और उनकी संतानों का समूह; कुटुंब; कुल 2. एक रक्त संबंध के लोग 3. किसी संस्था या व्यवसाय से जुड़े व्यक्तियों का समूह 4. वंश; ख़ानदान 5. बाल-बच्चे 6. किसी के पास रहने और उसके साथ चलने वाले लोग 7. एक ही तरह की वस्तुओं का समूह या वर्ग 8. सजातीय व्यक्ति।

परिवार नियोजन (सं.) [सं-पु.] 1. कृत्रिम उपायों या साधनों से परिवार में बच्चों का जन्म रोकना; संतानों की संख्या का परिसीमन 2. किसी देश में बढ़ती हुई जनसंख्या को रोकने के लिए लागू की जाने वाली सरकारी योजना।

परिवारजन (सं.) [सं-पु.] परिवार के लोग; स्वजन; कुटुंब; आत्मीयजन।

परिवारण (सं.) [सं-पु.] 1. आवरण; आच्छादन 2. तलवार की म्यान 3. ढकने की क्रिया।

परिवारवाद (सं.) [सं-पु.] समाज के हितों की उपेक्षा कर परिवार के लोगों के संवर्धन की नीति।

परिवारवादी (सं.) [सं-पु.] परिवार के लोगों का हित साधने वाला व्यक्ति। [वि.] 1. परिवारवाद संबंधी 2. परिवारवाद को बढ़ावा देने वाला।

परिवारीकरण (सं.) [सं-पु.] 1. परिवार का रूप देना 2. किसी को परिवार के सदस्य के रूप में स्वीकार करना।

परिविष्ट (सं.) [वि.] 1. घिरा या घेरा हुआ 2. परोसा हुआ या निकाला हुआ (भोजन)।

परिवीक्षा (सं.) [सं-स्त्री.] 1. जाँच 2. अदालत के आदेश पर अपराधियों तथा बालकों को सुधार संस्थाओं के प्रशिक्षित अधिकारियों की देखरेख में रखना 3. बाल अपराधियों को सुधारने के लिए की जाने वाली कारागार या जेल से अलग विशेष व्यवस्था 4. किसी विशेष कार्य या पद के लिए किसी व्यक्ति को नियुक्त करने के बाद नौकरी पक्की करने से पहले एक अवधि तक उसके आचरण की उपयुक्तता की परीक्षा करने की क्रिया; (प्रोबेशन)।

परिवीक्षाधीन (सं.) [वि.] 1. परिक्ष्यमान; परीक्षणीय; जाँच के योग्य 2. वह जिसकी नियुक्ति अभी पक्की न हुई हो; जो अभी परीक्षण काल में हो।

परिवृत्त (सं.) [वि.] 1. घेरा; छिपाया या ढका हुआ 2. उलटा-पुलटा हुआ। [सं-पु.] कार्य, घटना आदि के संबंध में दूसरों की जानकारी के लिए प्रस्तुत किया जाने वाला संक्षिप्त विवरण।

परिवृत्ति (सं.) [सं-स्त्री.] 1. चक्कर; घुमाव 2. घेरा 3. विनिमय; अदला-बदला 4. किसी के किए हुए काम को देखकर वैसा ही कोई और काम करना 5. एक शब्द के स्थान पर दूसरे शब्द को इस प्रकार रखना कि उसके अर्थ में कोई अंतर न पड़े।

परिवेत्ता (सं.) [सं-पु.] 1. परिवेदक 2. वह जिसका छोटा भाई उससे पहले ही अग्नि का आधान या विवाह कर ले; परिवित्त; परिवित्ति।

परिवेदन (सं.) [सं-पु.] 1. छोटे भाई का बड़े से पहले ही अग्नि का आधान विवाह कर लेना; विवाह 2. पूर्ण ज्ञान 3. विद्यमानता; उपस्थित होना 4. कष्ट; विपत्ति।

परिवेदना (सं.) [सं-स्त्री.] 1. संपूर्ण ज्ञान प्राप्त करने की विवेक-शक्ति; बुद्धिमता 2. चतुराई 3. दूरदर्शिता।

परिवेश (सं.) [सं-पु.] 1. वातावरण; माहौल 2. जिस वातावरण में निवास किया जाता है अथवा रहा जाता है 3. मंडल; परिधि; घेरा 4. प्रभामंडल; किरणों का वह घेरा जो कभी-कभी सूर्य या चंद्रमा के चारों ओर बन जाता है; सूर्यमंडल; चंद्रमंडल।

परिवेषक (सं.) [सं-पु.] भोजन परोसने वाला व्यक्ति।

परिवेषण (सं.) [सं-पु.] 1. भोजन आदि परोसने का काम 2. घेरा; परिधि 3. घेरने की क्रिया 4. सूर्य या चंद्र के चारों ओर का मंडल।

परिवेष्टन (सं.) [सं-पु.] 1. घेरा; परिधि 2. आच्छादन; आवरण 3. पट्टी; ढकने वाली वस्तु।

परिवेष्टा (सं.) [सं-पु.] परिवेषक; भोजन परोसने वाला व्यक्ति; बैरा।

परिवेष्टित (सं.) [वि.] आच्छादित; ढका हुआ; जो चारों ओर से घिरा या घेरा हुआ हो; आवृत्त।

परिव्यय (सं.) [सं-पु.] 1. किसी वस्तु के निर्माण या उत्पादन में होने वाला व्यय; लागत मूल्य 2. पारिश्रमिक; मज़दूरी।

परिव्ययनीय (सं.) [वि.] जो परिव्यय के रूप में किसी से लिया या किसी को दिया जा सके; जिसपर परिव्यय लगाया जा सके।

परिव्याप्त (सं.) [वि.] 1. अच्छी तरह समाया हुआ 2. अच्छी तरह व्याप्त 3. सब अंगों या स्थानों में फैला हुआ।

परिव्याप्ति (सं.) [सं-स्त्री.] अच्छी तरह समाने की अवस्था।

परिव्रज्या (सं.) [सं-स्त्री.] 1. भ्रमण; इधर-उधर घूमना; चारों ओर घूमना 2. तपस्या 3. संन्यास; संसार से विरक्त होकर भिक्षुक की तरह जीवन बिताना।

परिव्राजक (सं.) [सं-पु.] 1. वह संन्यासी जो सदा भ्रमण करता रहे 2. वह जो घरबार छोड़कर चतुर्थ आश्रम में प्रविष्ट हो गया हो 3. विरक्त होकर भिक्षुक की तरह घूमने वाला 4. परमहंस 5. संन्यासी; यती।

परिशयन (सं.) [सं-पु.] 1. बहुत अधिक सोना 2. पशुओं या जीव-जंतुओं की वह निष्क्रिय अवस्था जिसमें वे जाड़े के दिनों में बिना कुछ खाए-पीए चुपचाप एक जगह पड़े रहते हैं।

परिशिष्ट (सं.) [सं-पु.] 1. पुस्तक, लेख आदि का वह अंतिम भाग जिसमें आवश्यक या उपयोगी बातें रहती हैं, जो पहले न आ पाई हों 2. किसी पुस्तक का पूरक अंश। [वि.] 1. बचा हुआ; जो छूट गया हो 2. बाद में जोड़ा गया।

परिशीलन (सं.) [सं-पु.] अनुशीलन; मननपूर्वक किया जाने वाला गंभीर एवं सम्यक अध्ययन।

परिशीलित (सं.) [वि.] वह जिसका परिशीलन किया गया हो (ग्रंथ या विषय)।

परिशुद्ध (सं.) [वि.] बिलकुल ठीक; पूर्णतया शुद्ध; जिसमें कुछ भी कमी-बेशी या भूल आदि न हो।

परिशुद्धता (सं.) [सं-स्त्री.] परिशुद्ध होने का भाव; सटीक।

परिशुद्धि (सं.) [सं-स्त्री.] 1. पूर्ण शुद्धि 2. जिसमें कोई कमी-बेशी या भूल-चूक न हो।

परिशोध (सं.) [सं-पु.] 1. अच्छी तरह से की गई शुद्धि; पूरी तरह से साफ़ करने की क्रिया 2. ऋण आदि का चुकाया जाना।

परिशोधन (सं.) [सं-पु.] 1. किसी वस्तु को शुद्ध करने की क्रिया; पूरी तरह से साफ़ करना; संशोधन; सम्यक शुद्धि 2. ऋण को चुकता करने की क्रिया; भुगतान।

परिश्रम (सं.) [सं-पु.] 1. कोई कठिन या बड़ा काम करने के लिए किया जाने वाला शारीरिक या मानसिक श्रम; मेहनत; मशक्कत 2. क्लांति; थकावट।

परिश्रमशील (सं.) [वि.] ख़ूब श्रम करने वाला; मेहनत करने वाला; जो स्वभाव से परिश्रमी हो।

परिश्रमी (सं.) [वि.] 1. परिश्रम करने वाला; हर काम अपनी पूरी शक्ति लगाकर करने वाला; मेहनती 2. अध्ययनशील 3. पुरुषार्थी; अध्यवसायी; उद्यमी 4. उत्साही।

परिश्रांत (सं.) [वि.] बहुत थका हुआ; थका-माँदा।

परिश्लेष (सं.) [सं-पु.] गले लगाने की क्रिया; आलिंगन।

परिषद (सं.) [सं-स्त्री.] 1. किसी विशेष उद्देश्य के लिए गठित समिति या संस्था; मंडली; समूह; सभा, जैसे- कला परिषद 2. किसी कार्य या उद्देश्य विशेष के लिए निर्वाचित या मनोनीत सदस्यों की सभा 3. जनपद या नगर आदि प्रशासनिक इकाई की स्थानीय प्रबंध कमेटी 4. सलाह देने वाले या वाद-विवाद में हिस्सा लेने वाले सदस्यों की विशेष सभा 5. प्राचीन काल में राजा द्वारा बुलाई जाने वाली वेद-वेदांग, धर्मशास्त्र आदि में पारंगत विद्वानों की वह सभा जो धर्म आदि के विषयों में निर्णय करने के लिए बुलाई जाती थी।

परिषिक्त (सं.) [वि.] जिसपर पानी डाला या छिड़का गया हो; सींचा हुआ।

परिषेक (सं.) [सं-पु.] स्नान; सिंचाई; छिड़काव।

परिष्कर (सं.) [सं-पु.] सज्जा; सजावट।

परिष्करण (सं.) [सं-पु.] 1. परिष्कार करने की क्रिया; शुद्ध या साफ़ करने की क्रिया या भाव; शुद्धीकरण; संशोधन 2. किसी चीज़ के दोष या बुराइयों को दूर कर ठीक करने की क्रिया या भाव 3. संस्कार देना; सुंदर बनाना 4. सुधार के लिए किया जाने वाला परिवर्तन।

परिष्कार (सं.) [सं-पु.] 1. अच्छी तरह से स्वच्छ और शुद्ध करने की क्रिया या भाव; शुद्धीकरण; मँजाई; सँवार 2. त्रुटि या गलती दूर करने की क्रिया; परिमार्जन; सुधार; संशोधन 3. निर्मलता 4. संस्कार 5. सजावट; शृंगार 6. सजावट का सामान।

परिष्कृत (सं.) [वि.] 1. जिसका परिष्कार किया गया हो; शुद्ध किया हुआ 2. जिसे सजाया या सँवारा गया हो; अलंकृत 3. स्वच्छ; निर्मल 4. चमकाया हुआ 5. सुधारा हुआ; संशोधित 6. विकसित; सुसंस्कृत; उन्नत।

परिष्कृति (सं.) [सं-स्त्री.] 1. साफ़ करना; शुद्ध करना 2. सजाने या सँवारने की क्रिया; चमकाना 3. उत्थान 4. {ला-अ.} आचरण या व्यवहार आदि में होने वाला परिवर्तन, परिष्कार या सुधार।

परिसंख्या (सं.) [सं-स्त्री.] 1. गिनती; गणना 2. (काव्यशास्त्र) एक अर्थालंकार जिसमें किसी पदार्थ या वस्तु का व्यंग्यपूर्वक निषेध करके अन्य स्थान पर प्रतिष्ठापन करने का वर्णन होता है 3. ऐसा विधान जिसमें विहित वस्तु से भिन्न समस्त वस्तुओं का निषेध हो जाए।

परिसंघ (सं.) [सं-पु.] 1. अनेक स्वतंत्र राष्ट्रों या उन राष्ट्र के सदस्यों द्वारा आपसी हितों की रक्षा के लिए बनाया गया महासंघ या अंतरराष्ट्रीय संगठन; छोटे राज्यों आदि का संगठन 2. ऐसी राजनैतिक व्यवस्था जिसमें दो या अधिक लगभग पूर्णत: स्वतंत्र राष्ट्रों द्वारा यह समझौता कर लिया जाए कि शेष विश्व के साथ वे एक ही राष्ट्र की तरह संबंध रखेंगे; राज्यमंडल

3. अनेक समूहों, वर्गों या परिषदों या संस्थाओं के सामूहिक हितों की पूर्ति के लिए बनाया गया महासंघ।

परिसंपत्ति (सं.) [सं-स्त्री.] 1. वह मूल्यवान वस्तु जिसपर किसी का अधिकार हो 2. किसी व्यक्ति या व्यापारिक संस्था की वह संपत्ति, जायदाद आदि जिससे उसका देय या ऋण आदि चुकाया जा सकता हो; मालमत्ता।

परिसंपदा (सं.) [सं-स्त्री.] ऐसी संपदा जो पूँजी, संपत्ति आदि के रूप में हो।

परिसंवाद (सं.) [सं-पु.] 1. दो या अधिक व्यक्तियों में किसी बात पर होने वाली तर्कसंगत और विचारपूर्ण बातचीत 2. किसी विषय पर होने वाला मैत्रीपूर्ण विचार-विमर्श; वार्तालाप; परिचर्चा।

परिसमापन (सं.) [सं-पु.] 1. समाप्त या पूरा करने की क्रिया 2. (वाणिज्य) किसी व्यापारिक संस्था या समूह आदि की देनदारी चुकाकर उसका संपूर्ण व्यवसाय समाप्त करना; ऋण आदि को चुका देना 3. (विधि) किसी कंपनी के व्यवसाय को बंद करने के लिए कंपनी अधिनियम के अनुसार की गई कार्रवाई।

परिसमाप्ति (सं.) [सं-स्त्री.] 1. समाप्त या पूरा करने की अवस्था 2. किसी चलते हुए काम का समाप्त होना 3. किसी प्रकार के ऋण, देन आदि पूरी तरह चुका देने की स्थिति।

परिसर (सं.) [सं-पु.] 1. किसी इमारत या भवन आदि के चारों ओर की वह भूमि या मैदान जिसकी चहारदीवारी हो 2. किसी स्थान के आसपास या चारों ओर की भूमि; घेरा; बाड़ा 3. किसी संस्था के चारों ओर का अधिकृत क्षेत्र या अहाता। [वि.] 1. फैला हुआ; विस्तृत; प्रसारित 2. किसी के चारों ओर प्रवाहित होने वाला 3. किसी से सटा हुआ।

परिसरण (सं.) [सं-पु.] 1. चारों ओर घूमना; विचरण; पर्यटन 2. इधर-उधर जाना या दौड़ना।

परिसर्प (सं.) [सं-पु.] 1. परिक्रमण; चारों ओर घूमना या जाना 2. किसी के पीछे-पीछे जाना; किसी का पीछा करना या घेरना 3. एक प्रकार का सर्प 4. एक प्रकार का त्वचा रोग जिसमें शरीर पर दाने फैलते जाते हैं।

परिसर्पण (सं.) [सं-पु.] 1. साँप की तरह रेंगना; सरक कर गमन करना 2. इधर-उधर जाना; परिभ्रमण।

परिसार (सं.) [सं-पु.] 1. चारों ओर घूमना, जाना या बहना; परिसरण 2. रसाकर्षण।

परिसीमन (सं.) [सं-पु.] 1. सीमा या हद का निर्धारण करने की क्रिया या भाव; सीमांकन; हदबंदी 2. किसी स्थान, क्षेत्र या प्रदेश आदि की सीमा निश्चित करना।

परिसीमा (सं.) [सं-स्त्री.] 1. किसी बात, क्रिया या स्थिति की पराकाष्ठा; अंतिम सीमा; हद 2. किसी स्थान या क्षेत्र के चारों ओर की सीमा; चौहद्दी 3. काल; अवधि 4. {ला-अ.} वह मर्यादा जिसका उल्लंघन न किया जा सकता हो।

परिसीमित (सं.) [वि.] 1. जिसकी परिसीमा निर्धारित की जा चुकी हो; सीमाबद्ध 2. (ऐसी कंपनी) जिसकी पूँजी, हिस्सेदारी आदि कुछ विशिष्ट नियमों या सीमाओं के अंदर रखी गई हो।

परिस्तरण (सं.) [सं-पु.] 1. इधर-उधर फेंकने या डालने की क्रिया; फैलाना; छितराना 2. आवरण; लपेटना; ढकना 3. जमा करना।

परिस्तान (फ़ा.) [सं-पु.] 1. परीलोक; अप्सराओं का देश 2. {ला-अ.} ऐसा स्थान जहाँ सुंदर स्त्रियाँ रहती या एकत्र होती हों।

परिस्थिति (सं.) [सं-स्त्री.] 1. चारों ओर की स्थिति; माहौल; वस्तुस्थिति; वातावरण 2. चारों ओर होने वाली घटनाएँ; आसपास के हालात 3. देश, काल या राजनीति आदि से संबंधित वे समस्त स्थितियाँ या बातें जो मनुष्य पर प्रभाव डालती हैं; दशा; दौर 3. अवसर; मौका।

परिस्थितिकी (सं.) [सं-पु.] प्राणिविज्ञान की वह शाखा जिसके अंतर्गत पौधों, प्राणियों तथा वातावरण के आपसी संबंधों का अध्ययन किया जाता है।

परिस्थितिजन्य (सं.) [वि.] परिस्थिति से पैदा होने वाला; संयोगपूर्ण।

परिस्पंद (सं.) [सं-पु.] 1. स्पंदन; हरकत; कँपकँपी; कंपन 2. सजावट; शृंगार; तड़क-भड़क; ठाट-बाट।

परिस्पर्धा (सं.) [सं-स्त्री.] 1. विजय या लक्ष्य को पाने के लिए किया जाने वाला संघर्ष; प्रतिस्पर्धा 2. किसी बात या कार्य में किसी को मात देने या पीछे छोड़ने की होड़; प्रतिद्वंद्विता।

परिस्फुट (सं.) [वि.] 1. अच्छी तरह खिला हुआ; पूर्णतः विकसित 2. {ला-अ.} सुस्पष्ट; भली-भाँति अभिव्यक्त।

परिस्फुरण (सं.) [सं-पु.] 1. पौधों से कोपलों का निकलना 2. कलियों का खिलना या अंकुरों का फूटना 3. कंपन; थरथराहट; स्फुरण।

परिस्राव (सं.) [सं-पु.] 1. चारों ओर से स्रावित होना; रिसना; टपकना; चूना 2. प्रवाह।

परिस्रावी (सं.) [वि.] जिसमें बहुत अधिक स्राव या रिसाव हो; बहुत चूने या टपकने वाला; बहने वाला; प्रवाही।

परिस्रुत (सं.) [सं-पु.] 1. पुष्पसार; फूलों का सुगंधित सार 2. आसवन विधि से द्रव्य के सार को निकालने की क्रिया। [सं-स्त्री.] शराब; मद्य; मदिरा। [वि.] रिसा हुआ; स्रावयुक्त; चुआया या टपकाया हुआ।

परिस्रुता (सं.) [सं-स्त्री.] वह शराब जो आसवन से बनाई गई हो; मद्य; अंगूरी शराब।

परिहत[1] [सं-स्त्री.] एक प्रकार की लकड़ी जो हल के पीछे की ओर लगी रहती है तथा जिसे हल चलाते समय हाथ से पकड़े रहते हैं।

परिहत[2] (सं.) [वि.] 1. मारा हुआ 2. नष्ट; बरबाद।

परिहथ [सं-पु.] हल के पीछे लगे डंडे की मूँठ जिसे जोतते समय हलवाह पकड़ते हैं; परिहत।

परिहरण (सं.) [सं-पु.] 1. किसी की चीज़ पर बलपूर्वक किया जाने वाला अधिकार 2. त्यागने या छोड़ने की क्रिया; तजना; परित्याग 3. दोष आदि दूर करना; निवारण 4. छीन लेने या अपहरण करने की क्रिया।

परिहस्त (सं.) [सं-पु.] 1. हाथ में बाँधा जाने वाला एक प्रकार का तावीज़ या यंत्र 2. हाथ का छल्ला; अँगूठी; मुद्रिका।

परिहार (सं.) [सं-पु.] 1. त्यागने या तजने की क्रिया या भाव; छोड़ना 2. दोष-विकार आदि को दूर करना 3. गाँव के चारों ओर जनता की ओर से पशुओं के लिए छोड़ी हुई परती ज़मीन 4. निराकरण; खंडन 5. दुराव; छिपाव 6. बलपूर्वक छीनने की क्रिया या भाव 7. कर, लगान आदि की छूट या माफ़ी 8. क्षत्रिय समाज में एक कुलनाम या उपनाम।

परिहारक (सं.) [वि.] 1. परिहार करने वाला; दोष दूर करने वाला; दोष निवारक 2. छोड़ने वाला; त्यागने वाला।

परिहारी (सं.) [वि.] 1. परिहार करने वाला; त्यागने वाला; तजने वाला 2. निवारण करने वाला।

परिहार्य (सं.) [वि.] 1. परिहार करने योग्य; छोड़ने लायक; त्याज्य 2. निवारण करने योग्य 3. जो अनिवार्य न हो।

परिहास (सं.) [सं-पु.] 1. उपहास; हास्योक्ति; व्यंग्यपूर्ण हँसी 2. हँसी; मज़ा; दिल्लगी 3. ईर्ष्या; डाह।

परिहास्य (सं.) [वि.] परिहास के योग्य; जिससे हँसी आती हो; उपहास्य; हास्यास्पद।

परिहित (सं.) [वि.] 1. चारों ओर से ढका हुआ; आच्छादित; आवृत्त 2. ओढ़ा या पहना हुआ; धारण किया हुआ (कपड़ा)।

परिहृत (सं.) [वि.] त्यागा या छोड़ा हुआ; परित्यक्त; दूर किया हुआ; हटाया हुआ।

परिहृति (सं.) [सं-स्त्री.] परिहार करने की अवस्था या भाव; त्यागना; छोड़ना।

परी (फ़ा.) [सं-स्त्री.] 1. कथा-कहानियों में वर्णित वह कल्पित रूपवती स्त्री जो अपने परों की सहायता से आकाश में उड़ती है; अप्सरा; हूर 2. फ़ारसी मिथकों के अनुसार काफ़ पर्वत पर बसने वाली पंखों से युक्त वह सुंदर स्त्री जो जहाँ चाहे जा सकती थी और ज़रूरत पड़ने पर अदृश्य हो जाती थी 3. {ला-अ.} बहुत सुंदर स्त्री।

परीकथा (सं.) [सं-स्त्री.] 1. वह कथा जो परी के विषय में कही जाती हो या कही गई हो; बच्चों की कथा 2. {ला-अ.} कोई काल्पनिक कथा या कहानी।

परीक्षक (सं.) [सं-पु.] 1. वह जो किसी की परीक्षा करता या लेता हो; किसी के गुण, योग्यता आदि का परीक्षण करने वाला अधिकारी 2. परखने या जाँचने वाला व्यक्ति; निरीक्षक; तथ्यान्वेषक; विश्लेषक; समीक्षक।

परीक्षण (सं.) [सं-पु.] 1. परीक्षा करने या लेने की क्रिया या भाव; जाँच 2. परीक्षा लेने, परखने या जाँच करने का काम 3. रोग आदि का पता लगाने के लिए स्वास्थ की जाँच; (चेकअप)।

परीक्षणिक (सं.) [वि.] 1. परीक्षण संबंधी; परीक्षण का 2. नियुक्ति किए जाने से पहले जिसकी समर्थता या योग्यता की परीक्षा ली जा रही हो।

परीक्षा (सं.) [सं-स्त्री.] 1. किसी के गुण-दोष, शक्ति, योग्यता आदि की ठीक-ठीक स्थिति जानने या पता लगाने की क्रिया या भाव; इम्तिहान 2. तर्क, प्रमाण आदि के द्वारा किसी वस्तु के तत्व का निश्चय करना; विवेचना; जाँच-पड़ताल।

परीक्षा-फल (सं.) [सं-पु.] किसी परीक्षा का नतीजा या परिणाम।

परीक्षार्थ (सं.) [अव्य.] परीक्षणार्थ; परीक्षा के लिए; परीक्षा के उद्देश्य से; परीक्षण हेतु।

परीक्षार्थी (सं.) [सं-पु.] 1. वह जो परीक्षा दे रहा हो; जिसकी परीक्षा ली जा रही हो 2. किसी प्रकार की परीक्षा देने का इच्छुक व्यक्ति; उम्मीदवार।

परीक्षालय (सं.) [सं-पु.] वह भवन जहाँ परीक्षार्थियों द्वारा परीक्षा दी जाती है या संस्था द्वारा परीक्षा कराई जाती है; परीक्षागृह।

परीक्षित (सं.) [वि.] 1. जिसका परीक्षण किया जा चुका हो; जाँचा हुआ; सत्यापित 2. विचारित 3. विश्वसनीय; भरोसेमंद; अच्छा 4. परीक्षा में सफल होने वाला 5. परीक्षा में सम्मिलित होने वाला; परीक्षार्थी 6. {ला-अ.} अनुभूत; आज़माया हुआ। [सं-पु.] (महाभारत) पांडु कुल के एक राजा जो अभिमन्यु के पुत्र तथा अर्जुन के पौत्र थे।

परीक्ष्य (सं.) [वि.] परीक्षण के योग्य; जिसकी परीक्षा आवश्यक या उचित हो।

परीक्ष्यमाण (सं.) [वि.] 1. परीक्षण संबंधी; परीक्षणिक 2. जिसकी नियुक्ति अभी स्थायी नहीं हुई हो या जो परीक्षण काल में हो।

परीज़ाद (फ़ा.) [वि.] 1. परी से उत्पन्न 2. सुंदर।

परुआ [सं-स्त्री.] 1. एक तरह की जमीन 2. भैंस का मादा बच्चा; पड़िया। [सं-पु.] अपमान का बदला। [वि.] 1. पड़ या गीर जाने वाला; कमजोर 2. पड़ा हुआ; गिरा हुआ 3. काम करते समय लेटने वाला या बैठ जाने वाला बैल; परुवा।

परुई [सं-स्त्री.] वह नाद या मिट्टी का बड़ा भाँड़, जिसमें भड़भूँजे अनाज के दाने भूँजते हैं।

परुष (सं.) [वि.] 1. कठोर; कड़ा; रूखा; खुरदरा 2. तीव्र; उग्रतायुक्त 3. नीरस; रसहीन 4. जो भावुक न हो; कठोर हृदयवाला 5. बुरा लगने वाला; कर्कश 6. गंदा। [सं-पु.] 1. अप्रिय या कठोर बात; दुर्वचन 2. तीर 3. सरकंडा 4. नीली कटसरैया 5. फालसा (फल) 6. (रामायण) खर और दूषण नामक दैत्यों की सेना का सेनापति।

परे (सं.) [अव्य.] 1. अलग; इतर 2. और आगे; बहुत दूर; उस पार; वहाँ 3. ऊर्ध्व; ऊपर 4. पहुँच से दूर या आगे; कहीं और 5. बाद; बाहर 6. किसी प्रकार की हद या सीमा के पार।

परेठा [सं-पु.] दे. पराठा।

परेड (अं.) [सं-स्त्री.] 1. सैनिकों द्वारा किया जाने वाला नियमित अभ्यास या कवायद 2. छात्रों या सैनिकों का कतारबद्ध होकर या समूह में पथ संचलन; प्रदर्शन; गश्त; (ड्रिल)।

परेतनी [सं-स्त्री.] दे. परता।

परेता (सं.) [सं-पु.] 1. एक प्रकार का बेलन जो बाँस की पतली चिपटी तीलियों का बना होता है; परछा 2. सूत लपेटने के काम आने वाला जुलाहों का आला; बड़े आकार की रील।

परेथन [सं-पु.] सूखा आटा जिसे आटे की लोई में लगाकर रोटी बेलते हैं; परोथन।

परेल [सं-स्त्री.] घने और मोटे परों वाली एक चिड़िया।

परेवा (सं.) [सं-पु.] 1. तेज़ उड़ने वाला एक पक्षी; फ़ाख़ता;

पंडुक 2. {ला-अ.} तेज़ गति वाला पत्रवाहक या संदेशवाहक।

परेश (सं.) [सं-पु.] ईश्वर; परमात्मा।

परेशान (फ़ा.) [वि.] 1. हैरान; भ्रमित 2. व्याकुल; उद्विग्न; बेचैन; चिंतित 2. सताया हुआ; पीड़ित 3. बिखरा हुआ; विशृंखल।

परेशानी (फ़ा.) [सं-स्त्री.] 1. परेशान होने की अवस्था या भाव; व्याकुलता; उद्विग्नता; हैरानी 2. किसी काम में होने वाला कष्ट या झंझट 3. चिंता 4. असुविधा।

परेषण (सं.) [सं-पु.] 1. पारसल द्वारा अपना माल भेजने की क्रिया 2. सुपुर्द करना।

परेषणी (सं.) [सं-पु.] वह व्यक्ति जिसके नाम कोई माल रेल पारसल द्वारा भेजा जाए; प्रेषिती।

परेष्टि (सं.) [सं-पु.] ब्रह्म; परमतत्व।

परेह [वि.] रसदा; रसयुक्त। [सं-पु.] बेसन की पतली कढ़ी या व्यंजन का मसालेदार रसा।

परैना [सं-पु.] वह उपकरण या हथियार जिससे पशुओं को हाँका जाता है।

परोक्ष (सं.) [वि.] 1. जो आँखों के सामने न हो; अनदेखा; अप्रत्यक्ष 2. छिपा हुआ; अलक्षित; गुप्त; अज्ञात 3. अनुपस्थित; गैरहाज़िर 4. अनजान; अपरिचित 5. व्यंग्यात्मक। [सं-पु.] 1. वर्तमान में न होने की स्थिति; अनुपस्थिति 2. बीता हुआ समय या भूतकाल 3. संस्कृत व्याकरण में पूर्ण भूतकाल। [अव्य.] किसी की अनुपस्थिति में; पीठ-पीछे, जैसे- परोक्ष में किसी की चुगली करना।

परोक्ष कर (सं.) [सं-पु.] 1. अप्रत्यक्ष कर 2. कारख़ानों आदि में उत्पादित माल पर लगाया जाने वाला एक प्रकार का कर जिसका भार करदाता पर न पड़कर उपभोक्ता पर पड़ता है, जैसे- उत्पादन कर, आयात-निर्यात कर आदि।

परोता [सं-पु.] गेहूँ के पयाल से बनाया जाने वाला एक तरह का टोकरा।

परोपकार (सं.) [सं-पु.] दूसरों की भलाई; दूसरे के हित का काम; उपकार।

परोपकारक (सं.) [वि.] 1. परोपकार करने वाला; दूसरे की भलाई करने वाला; जनहितैषी; परहितकारी 2. परोपकार संबंधी।

परोपकारी (सं.) [वि.] दूसरे की भलाई करने वाला; उपकारक; हितैषी।

परोपकृत (सं.) [वि.] दूसरे के द्वारा उपकृत; जिसकी दूसरे ने भलाई की हो।

परोपजीवी (सं.) [सं-पु.] कीटाणुओं, वनस्पतियों आदि का वह वर्ग जो दूसरे जंतुओं, वनस्पतियों आदि के अंगों पर रहकर जीवन निर्वाह करते हों; परजीवी। [वि.] दूसरों के आश्रय एवं सहारे पर रहने वाला; दूसरों के भरोसे जीवन निर्वाह करने वाला; परजीवी; पराश्रयी; परावलंबी।

परोरा [सं-पु.] एक तरकारी; परवल; परोरी।

परोसना (सं.) [क्रि-स.] 1. भोजन करने की थाली या पत्तल में खाद्य पदार्थ रखना; भोजन आदि देना 2. {ला-अ.} प्रस्तुत करना; हाज़िर करना।

परोसा [सं-पु.] पत्तल या थाली में रखे जाने वाली एक व्यक्ति के खाने भर की भोजन की वह मात्रा जो भोज या निमंत्रण में शामिल न होने वाले के पास भिजवाई जाती है।

परोहन (सं.) [सं-पु.] वह पशु जिसपर सवारी की जाए या बोझ लादा जाए।

परोहा (सं.) [सं-पु.] 1. कुएँ से पानी निकालने का चरस; मोट 2. उक्त दौरी जिससे पानी निकाला जाता है।

परौता [सं-स्त्री.] वह चादर जिससे हवा करके अनाज ओसाया जाता है; परती।

पर्जन्य (सं.) [सं-पु.] 1. मेघ; बरसता हुआ बादल 2. (पुराण) इंद्र।

पर्ण (सं.) [सं-पु.] 1. पत्र; पत्ता; पल्लव 2. बाण में लगा हुआ पंख 3. पलाश का वृक्ष 4. पान।

पर्णकुटी (सं.) [सं-स्त्री.] पत्तों या घासफूस की कुटी; तृणकुटी; पत्तों से बनाई गई छाजन वाली झोपड़ी।

पर्णयुक्त (सं.) [वि.] जिसमें पर्ण या पत्ते लगे हों; पत्तों से भरा हुआ; पर्णल।

पर्णल (सं.) [वि.] जिसमें बहुत पत्ते लगे हों; पत्तों से भरा हुआ; पर्णयुक्त।

पर्णाशन (सं.) [सं-पु.] 1. वह जो केवल पत्ते खाकर रहता हो 2. बादल; मेघ।

पर्त (सं.) [सं-स्त्री.] दे. परत।

पर्दा (फ़ा.) [सं-पु.] दे. परदा।

पर्दानशीन (फ़ा.) [वि.] दे. परदानशीन।

पर्दाफ़ाश (फ़ा.) [सं-पु.] दे. परदाफ़ाश।

पर्पटी (सं.) [सं-स्त्री.] 1. परत; संस्तर 2. पापड़ 3. एक प्रकार की रसौषधि; गोपीचंदन।

पर्यंक (सं.) [सं-पु.] 1. पलंग; कोच; बड़ी खाट 2. (योगशास्त्र) एक प्रकार का आसन; वीरासन।

पर्यंत (सं.) [सं-पु.] किसी क्षेत्र के विस्तार की समाप्ति को सूचित करने वाली रेखा; सीमा; अंत; समाप्ति स्थान; किनारा। [वि.] सीमित; घिरा हुआ। [क्रि.वि.] तक; इस बीच; तलक; दौरान; मध्य; अंतराल में।

पर्यटक (सं.) [वि.] पर्यटन करने वाला; देश-विदेश घूमने वाला; भ्रमण करने वाला; सैलानी; यात्री।

पर्यटन (सं.) [सं-पु.] 1. भ्रमण करने योग्य क्षेत्र 2. किसी प्रसिद्ध या मनोरम स्थान की यात्रा; देशदर्शन और मनोरंजन के लिए किया जाने वाला भ्रमण; सैर-सपाटा; देशाटन; (टुअरिज़म)।

पर्यटन स्थल (सं.) [सं-पु.] वह मनोरम या विशिष्ट स्थान जहाँ घूमने-फिरने के उद्देश्य से जाया जाता है; भ्रमण स्थल; दर्शनीय स्थल।

पर्यय (सं.) [सं-पु.] 1. समय का अपव्यय; समय या काल का व्यतीत होना, जैसे- काल पर्यय 2. चारों ओर चक्कर लगाना 3. परिवर्तन; बदलाव 4. किसी नियम, परंपरा आदि का उल्लंघन।

पर्यवरोध (सं.) [सं-पु.] चारों ओर से होने वाली रोक या

बाधा।

पर्यवलोकन (सं.) [सं-पु.] किसी काम या किसी क्षेत्र आदि को चारों ओर से निरीक्षणात्मक दृष्टि से देखना, जाँचना और समझना; सर्वेक्षण।

पर्यवलोचन (सं.) [सं-पु.] पूरे काम को आदि से अंत तक सरसरी तौर पर जाँचने या समझने की क्रिया; सर्वेक्षण।

पर्यवसान (सं.) [सं-पु.] 1. अंत; समाप्ति 2. अंतर्भाव; निष्कर्ष; समावेश 3. अवधारण 4. निश्चित।

पर्यवसायी (सं.) [वि.] 1. समाप्त करने वाला 2. परिणाम के रूप में प्रकट होने वाला 3. समावेशित।

पर्यवसित (सं.) [वि.] 1. समाप्त; नष्ट 2. समाहित 3. निश्चित।

पर्यवेक्षक (सं.) [वि.] किसी कार्य को समुचित तरीके से निगरानी या देखरेख करने वाला; चारों तरफ़ नज़र रखने वाला; पर्यवेक्षण करने वाला; प्रेक्षक; (सुपरवाइज़र)।

पर्यवेक्षण (सं.) [सं-पु.] 1. चारों तरफ़ नज़र रखने, जाँचने या निगरानी करने का काम; देखभाल 2. ठीक प्रकार से किया जाने वाला परीक्षण।

पर्यवेक्षी (सं.) [सं-पु.] पर्यवेक्षण करने वाला व्यक्ति; पर्यवेक्षक।

पर्यसन (सं.) [सं-पु.] 1. फेंकना 2. हटाना; दूर करना; बाहर करना 3. नष्ट करना 4. रद्द करना।

पर्याप्त (सं.) [वि.] 1. जितना चाहिए उतना; जितना ज़रूरी है उतना; अभीष्ट; आवश्यकतानुकूल 2. उचित; उपयुक्त; काफ़ी 3. कामचलाऊ; ठीक 4. योग्य; समर्थ 5. बड़ा; विस्तृत।

पर्याप्ति (सं.) [सं-स्त्री.] 1. पर्याप्त होने की अवस्था या भाव 2. प्राप्ति; मिलना 3. समाप्ति; अंत 4. संतुष्टि; तृप्ति 5. निवारण।

पर्याय (सं.) [सं-पु.] 1. समानार्थक शब्द; पर्यायवाची; हमनामी 2. प्रकार; ढंग 3. निश्चित क्रम या अनुक्रम; सिलसिला 4. अवसर; मौका 5. सदृश; समान।

पर्यायक्रम (सं.) [सं-पु.] 1. पद, मान, गुण आदि की दृष्टि से स्थिर किया जाने वाला क्रम 2. उत्तरोत्तर होती रहने वाली वृद्धि।

पर्यायवाचक (सं.) [वि.] पर्यायवाची।

पर्यायवाची (सं.) [वि.] 1. समान अर्थवाला; समानार्थक (शब्द) 2. पर्याय के रूप में होने वाला।

पर्यायोक्ति (सं.) [सं-स्त्री.] (काव्यशास्त्र) एक अर्थालंकार जिसमें कोई बात सीधी तरह से न कहकर चमत्कारिक और विलक्षण रूप से कही जाती है।

पर्यालोकन (सं.) [सं-पु.] अच्छी तरह की जाने वाली देखभाल; पर्यालोचन।

पर्यालोचन (सं.) [सं-पु.] अच्छी तरह की जाने वाली देखभाल; सम्यक विवेचन; समीक्षण।

पर्यालोचना (सं.) [सं-स्त्री.] 1. किसी वस्तु के गुण-दोष को जाँचने-परखने के लिए अच्छी तरह से देखना; समीक्षा 2. सर्वेक्षण।

पर्यावरण (सं.) [सं-पु.] 1. चारों ओर की स्थिति; जैवमंडल; पारिस्थितिकी; वातावरण 2. पृथ्वी पर संपूर्ण जड़ और चेतन पदार्थों का सम्मिलित नाम 3. किसी व्यक्ति या विषय को प्रभावित करने वाली परिस्थितियाँ, आसपास की घटनाएँ 4. किसी समाज का रीति-व्यवहार।

पर्यावरणीय (सं.) [वि.] 1. पर्यावरण या वातावरण संबंधी 2. प्राकृतिक वातावरण से संबंधित।

पर्यावर्त (सं.) [सं-पु.] वापस आने की क्रिया; लौटना; पुनरागमन।

पर्यावर्तन (सं.) [सं-पु.] 1. वापस आने या लौटने की क्रिया 2. विनिमय; अदला-बदली।

पर्यास (सं.) [सं-पु.] 1. पतन; गिरना; हनन 2. समाप्ति; उपसंहार; अंत।

पर्युत्थान (सं.) [सं-पु.] उठ खड़ा होने की क्रिया या भाव।

पर्युदय (सं.) [सं-पु.] सूर्योदय के कुछ पहले का समय; प्रभात के कुछ पहले का काल; तड़का।

पर्युपासक (सं.) [वि.] 1. उपासक 2. सेवा करने वाला; सेवक।

पर्युपासन (सं.) [सं-पु.] 1. पूजा; उपासना 2. सेवा-सत्कार 3. मैत्री 4. आस-पास बैठना।

पर्युषण (सं.) [सं-पु.] 1. पूजा; उपासना 2. जैनियों का एक पर्व 3. तीर्थंकरों की सेवा।

पर्येषणा (सं) [सं-स्त्री.] तर्क आदि के साथ की गई खोज; तहक़ीक़ात; छानबिन; अन्वेषण 2. पूछताछ 3. श्रद्धांजलि; पूजा; आदर सत्कार 4. प्रबल इच्छा।

पर्व (सं.) [सं-पु.] 1. उत्सव; त्योहार 2. उत्सव मनाने या कोई विशिष्ट धार्मिक कृत्य करने का समय या दिन, जैसे- अमावस्या, पूर्णिमा आदि 3. पुस्तक का कोई खंड, अंश या अध्याय, जैसे- महाभारत में अठारह पर्व हैं 4. मौका; अवसर 5. शरीर के अवयवों का संधिस्थान; गाँठ; जोड़ 6. उँगलियों के पोर 7. गन्ने की गाँठों में से प्रत्येक।

पर्वकाल (सं.) [सं-पु.] 1. पर्व का समय; उत्सव का समय 2. पुण्यकाल 3. पूर्णमासी से अमावस्या तक का समय।

पर्वणी (सं.) [सं-स्त्री.] 1. पूर्णिमा 2. शुक्ल प्रतिपदा 3. उत्सव; त्योहार।

पर्वत (सं.) [सं-पु.] 1. पहाड़; गिरि; नाग; कूट; कोह 2. बहुत-सी चीज़ों का बना हुआ ऊँचा ढेर 3. दशनामी संप्रदाय के संन्यासियों का एक भेद और उनके नाम के पूर्व लगने वाली एक उपाधि।

पर्वतमाला (सं.) [सं-स्त्री.] पहाड़ों की वह श्रृंखला या क्रम जहाँ एक पर्वत दूसरे से सटा रहता है।

पर्वतराज (सं.) [सं-पु.] 1. सबसे ऊँचा और विशाल पहाड़ 2. पर्वतों में सबसे श्रेष्ठ 3. हिमालय।

पर्वतवासी (सं.) [सं-पु.] पर्वत या पहाड़ पर रहने वाले लोग; पहाड़ी; गिरिजन।

पर्वतशिला (सं.) [सं-स्त्री.] 1. पर्वत का एक बड़ा हिस्सा या खंड 2. पहाड़ का कोई बड़ा पत्थर।

पर्वतश्रृंखला (सं.) [सं-स्त्री.] 1. पर्वतों की श्रेणी; पर्वतमाला 2. किसी क्षेत्र में दूर तक चला गया पर्वतों का क्रम।

पर्वतस्थ (सं.) [वि.] पर्वत पर स्थित; पहाड़ का।

पर्वतारोहण (सं.) [सं-पु.] पहाड़ पर चढ़ने की क्रिया।

पर्वतारोही (सं.) [वि.] पर्वतारोहण करने वाला; पहाड़ पर चढ़ने

वाला।

पर्वतासन (सं.) [सं-पु.] (हठयोग) एक प्रकार का आसन।

पर्वतीय (सं.) [वि.] 1. पहाड़ का; पहाड़ संबंधी 2. पहाड़ पर रहने वाला; पहाड़ी 3. विशालकाय; बुलंद 4. शैलेय; दुर्गम।

पर्वसंधि (सं.) [सं-स्त्री.] 1. प्रतिपदा तथा पूर्णिमा या अमावस्या का संधिकाल 2. प्रतिपदा और पूर्णिमा के आदि और अंत के चार दंड।

पर्स (अं.) [सं-पु.] रुपए-पैसे या अन्य वस्तुएँ रखने का छोटा थैला; बटुआ; (हैंडबेग)।

पल (सं.) [सं-पु.] 1. समय की लघुतम इकाई; दम 2. एक क्षण (चौबीस सेकंड का समय) 3. चार कर्ष की एक प्राचीन तौल।

पल-पल (सं.) [क्रि.वि.] प्रतिक्षण; सदा; हमेशा; लगातार; थोड़ी-थोड़ी देर में।

पल-विपल (सं.) [सं-पु.] (ज्योतिष) घंटा-मिनट की भाँति समय का विभाजन [घड़ी या दंड का विभाजन (पल समय का वह लघु विभाग है जो 60 विपल अर्थात् 24 सेकेंड के बराबर होता है)।

पलंग (सं.) [सं-पु.] निवार से बनाई जाने वाली बड़ी या मज़बूत चारपाई; लकड़ी या लोहे से बनी शय्या; खाट; पर्यंक।

पलंगतोड़ [वि.] आलसी; निकम्मा।

पलंगपोश (सं.) [सं-पु.] 1. पलंग पर बिछाई जाने वाली चादर 2. बिछौना।

पलंजर [सं-पु.] 1. ताना या तानी 2. भारी भरकम आकार में होने की स्थिति 3. चापा कल का वह हिस्सा, जिससे पानी खींचा जाता है।

पलंडी [सं-स्त्री.] मल्लाहों का वह बाँस, जिससे वे पाल खड़ा करते हैं।

पलई [सं-स्त्री.] 1. छोटा या कम चौड़ा पल्ला; पल्ला 2. बैलों के कंधे के उपर के पालों का चौड़ा अंश 3. पेड़ का सिरा 4. पेड़ की पतली और नरम टहनी 5. बच्चों की पसलियों में होने वाला रोग।

पलक (फ़ा.) [सं-स्त्री.] आँखों को ढकने वाली वह त्वचा जिसके गिरने और उठने से आँख बंद होती और खुलती है; नेत्रों का सुरक्षात्मक आवरण; निमेषक; वर्त्म; नेत्रच्छद। [मु.] **-झपकते** : थोड़े समय में। **-पाँवड़े बिछाना** : किसी का प्रेमपूर्वक स्वागत करना; किसी की उत्कंठापूर्वक प्रतीक्षा करना। **-बिछाना** : गहरी श्रद्धा या स्नेह से स्वागत करना। **-लगना** : आँखें बंद होना या सो जाना।

पलक भाँजते [क्रि.वि.] पलभर में, पलक झपकते ही; शीघ्र।

पलट जाना [क्रि-अ.] खूह जाना; समागम के लिए व्यग्र मादा पशु की गर्मी शांत होना; कामतृप्त होना (कुत्ते आदि का)।

पलटन (अं.) [सं-स्त्री.] 1. पैदल सैनिकों का वह दल जिसमें लगभग दो सौ सैनिक हों; (प्लाटून) 2. छोटी सैन्य टुकड़ी या टोली; गुल्म 3. समुदाय; झुंड।

पलटना (सं.) [क्रि-स.] 1. नीचे का भाग ऊपर और ऊपर का भाग नीचे करना 2. एक बार उलटना 3. कथन से मुकरना; बात फेर देना 4. बदल देना; परिवर्तित करना 5. वस्तु लौटाना; एक वस्तु के बदले दूसरी वस्तु लेना; फेरना 6. षड्यंत्र, विद्रोह आदि से शासन या सत्ता का दूसरे के हाथ में जाना। [क्रि-अ.] 1. उलट जाना 2. अच्छी से बुरी स्थिति को प्राप्त होना 3. पीछे की ओर मुँह करना 4. लौटना; मुड़ना; वापस होना 5. मुकरना 6. अच्छी दशा या अवस्था को प्राप्त होना। [मु.] **पलटा खाना** : दशा बदल जाना।

पलटनिया [सं-पु.] पलटन में काम करने वाला सिपाही; सैनिक। [वि.] 1. पलटन में काम करने वाला 2. पलटन संबंधी; पलटन का।

पलटवार [सं-पु.] 1. किसी के वार के बदले किया जाने वाला वार 2. प्रतिशोध; प्रत्याक्रमण; प्रत्याघात 3. किसी बात का प्रतिकार 4. {ला-अ.} वाद-विवाद या विमर्श में किसी सिद्धांत का खंडन; किसी की बात का जवाब; प्रत्युत्तर।

पलटा [सं-पु.] 1. पलटने की क्रिया या भाव 2. प्रतिफल; बदला 3. लोहे या पीतल आदि की बड़ी कलछी; बेलची 4. कुश्ती का एक पेंच।

पलटाना [क्रि-स.] 1. लौटाना; वापस करना 2. उलटाना; बदलना।

पलटाव [सं-पु.] 1. पलट जाने की क्रिया 2. स्थिति परिवर्तन 3. पुनरागमन 4. किसी सड़क पर पूरा मोड़ या घुमाव।

पलड़ा (सं.) [सं-पु.] 1. तराजू का पल्ला 2. {ला-अ.} शक्ति, सामर्थ्य आदि की दृष्टि से दो पक्षों में से किसी एक पक्ष की स्थिति। [मु.] **-भारी होना** : किसी की तुलना में अधिक शक्तिशाली होना।

पलथी (सं.) [सं-स्त्री.] दाहिने पैर का पंजा बाएँ पिंडली की नीचे और बाँए पैर का पंजा दाहिने पिंडली के नीचे दबाकर बैठने का एक आसन या मुद्रा; पालथी।

पलना [सं-पु.] शिशुओं के उपयोग का छोटा झूला। [क्रि-अ.] 1. पाला-पोसा जाना; पालित होना 2. खा-पीकर हृष्ट-पुष्ट होना; तैयार होना।

पलभर (सं.) [क्रि.वि.] क्षणभर; थोड़े समय में।

पलल[1] [वि.] 1. पुलपुला या पिलपिला 2. गिला या मुलायम।

पलल[2] (सं.) [सं-पु.] 1. मास 2. कीचड़ 3. तिलकुट 4. राक्षस 5. तिल का चूरा; तिल का फूल 6. शैवाल 7. पत्थर 8. गंदगी 9. दूध 10. शव 11. बल; ताकत।

पलला [सं-पु.] छपाई का एक प्रकार।

पलवल [सं-स्त्री.] 1. पारस्परिक आत्मीयता या घनिष्ठता 2. सामंजस्य।

पलवार [सं-पु.] 1. एक बड़ी मालवाहक नाव 2. हल्की नाव 3. गन्ने की खेती में वह कार्य जो ईख में अँखुवा निकलने के बाद खेत को नम बनाए रखने के लिए उसे सूखे पत्तों खर-पतवारादि से ढक देते हैं।

पलस्तर (अं.) [सं-पु.] 1. सीमेंट या चूने को बालू में मिलाकर तैयार किया गया एक प्रकार का लेप जो फ़र्श, दीवार, छत आदि पर चढ़ाया जाता है 2. टूटी हड्डी को जोड़ने या किसी अंग को स्थिर करने के लिए चढ़ाया जाने वाला कोई मोटा लेप; (प्लास्टर)। [मु.] **-उखाड़ देना** : बेइज़्ज़त कर देना।

-ढीला होना : मेहनत या हानि के कारण शिथिल पड़ना।

पला [सं-पु.] किसी बड़े बरतन से तेल आदि निकालने का डंडीदार पात्र; बड़ी पली।

पलाऊँ [सं-पु.] झारी का रंदा।

पलान (सं.) [सं-पु.] घोड़े आदि की पीठ पर कसी जाने वाली गद्दी; ज़ीन; चारजामा। [मु.] **-लेना** : घोड़े पर ज़ीन कसना।

पलानी[1] [सं-पु.] 1. घास-पात से निर्मित छप्पर; पाझा 2. मवेशियों को धूप-वर्षा से बचाने हेतु बना अस्थायी छप्पर एवं घेरा।

पलानी[2] (सं.) [सं-पु.] 1. हाथ में पहनने का एक आभूषण 2. मछली फसाने का काँटा; बंसी।

पलायक (सं.) [वि.] पलायन करने वाला; भागने वाला; भगोड़ा; सरकार द्वारा पकड़े जाने के डर से भागा या छिपा हुआ; फ़रार।

पलायन (सं.) [सं-पु.] 1. एक स्थान से दूसरे स्थान पर जाने की क्रिया 2. आपदा, अत्याचार आदि के कारण एक स्थान से दूसरे स्थान पर चले जाना या भाग जाना 3. {ला-अ.} अपने कार्य, स्थान या उत्तरदायित्व से विमुख होने की अवस्था या भाव।

पलायनवाद (सं.) [सं-पु.] वह सिद्धांत या मत जिसमें जीवन की सच्चाइयों, कठिनाइयों तथा संघर्षों से दूर भागने की प्रवृति को प्रश्रय दिया जाता है, इसे यथार्थवाद का विरोधी माना जाने लगा है; संघर्ष या प्रतिरोध न करके भाग जाने की प्रवृति।

पलायनवादी (सं.) [वि.] 1. पलायन की प्रवृति वाला 2. पलायनवाद का समर्थक या अनुयायी; पलायनवाद का सहारा लेने वाला (कवि, लेखक आदि) 3. पलायनवाद संबंधी।

पलायमान (सं.) [वि.] पलायन करता हुआ; भागता हुआ।

पलायित (सं.) [वि.] 1. जो पलायन कर गया हो; भागा हुआ 2. जो डरकर किसी दूसरी जगह चला गया हो।

पलाव (सं.) [सं-पु.] मछली फँसाने का काँटा; बंसी।

पलाश (सं.) [सं-पु.] 1. लाल रंग के फूल वाला एक प्रसिद्ध पौधा; ढाक; टेसू 2. उक्त वृक्ष का फूल 3. पत्ता 4. विदारीकंद 5. हरा रंग। [वि.] 1. मांस खाने वाला; मांसाहारी 2. निर्दय; कठोर हृदय 3. हरा।

पलाशन (सं.) [सं-स्त्री.] मैना; सारिका।

पलाशी (सं.) [सं-पु.] 1. वृक्ष 2. राक्षस। [वि.] पत्तोंवाला; पत्तों से युक्त।

पलिहर (सं.) [सं-पु.] वह खेत जो चैती (रबी) की फसल बोने के लिए भादो अगहन के महीनों में परती छोड़ दिया जाता है।

पली (सं.) [सं-स्त्री.] 1. तेल आदि निकालने की छोटी डंडीदार कटोरी 2. उक्त पात्र में भरे हुए तेल आदि की मात्रा। [मु.] -**पली जोड़ना** : थोड़ा-थोड़ा जमा करना।

पलीता (फ़ा.) [सं-पु.] 1. बत्ती के आकार का बारूद लगा हुआ डोरा जो पटाखों में लगा रहता है 2. तोप के गोले में आग लगाने का बरोह या बारूद लगी रस्सी 3. चिराग की बत्ती 4. (अंधविश्वास) जादू-टोना आदि से मुक्ति हेतु बत्ती के आकार में लपेटा हुआ वह कागज़ जिसपर कुछ लिखा हो। [वि.] 1. अति क्रुद्ध; क्रोध से तमतमाया हुआ 2. तीव्रगामी। [मु.] -**लगाना** : झगड़ा या बखेड़ा खड़ा कराना।

पलीद (फ़ा.) [वि.] 1. अपवित्र; अशुद्ध; नापाक; मलिन; गंदा 2. दुष्ट; ख़राब। [सं-पु.] भूत; प्रेत।

पलेथन (सं.) [सं-पु.] वह सूखा आटा जिसे रोटी बेलते समय लोई पर लगाते हैं; परथन। [मु.] **-निकालना** : तंग करना; ख़ूब मारना।

पल्टा [सं-पु.] 1. पराठा 2. (संगीत) बोलों का वह समूह जो तबला/मृदंग पर बार-बार बजाया जाता है 3. जुए की पाट 4. कील (एक आभूषण) 5. किवाड़।

पल्लव (सं.) [सं-पु.] 1. नया और कोमल पत्ता; कोंपल 2. घास की पत्ती 3. फूल की कली 4. हाथ में पहनने का एक आभूषण 5. साड़ी का छोर; पल्ला 6. (नृत्यशास्त्र) हाथ की एक मुद्रा।

पल्लवक (सं.) [सं-पु.] 1. नया कोमल पत्ता; कोंपल 2. अशोक नामक वृक्ष 3. एक प्रकार की मछली।

पल्लवग्राही (सं.) [वि.] 1. जिसमें पल्लव लगे हों; पल्लवयुक्त 2. {ला-अ.} किसी विषय की गहराई में न जाकर केवल स्थूल रूप से जानने वाला; स्थूल और अपूर्ण ज्ञानवाला 3. मामूली बातों की जानकारी रखने वाला।

पल्लवन (सं.) [सं-पु.] 1. नए पत्ते आना; खिलना; विकसित होना (पौधों का) 2. {ला-अ.} किसी बात या विषय का विस्तार करना।

पल्लवित (सं.) [वि.] 1. जिसमें पल्लव लगे हों; जिसमें नए पत्ते निकल रहे हों; जो हरा-भरा एवं लहराता हुआ हो, जैसे- पल्लवित वृक्ष 2. विकसित; विस्तृत 3. रोमांचयुक्त 4. लाख में रँगा हुआ। [सं-पु.] लाख का रंग।

पल्लवी (सं.) [वि.] जिसमें नए पत्ते निकले हों; पत्तोंवाला। [सं-पु.] वृक्ष; पेड़। [सं-स्त्री.] पत्ती।

पल्ला (सं.) [सं-पु.] 1. साड़ी, चुनरी आदि का सिरा; दामन; छोर; आँचल; घूँघट 2. दरवाज़ा, किवाड़ आदि की जोड़ी में से कोई एक 3. अनाज आदि बाँधने का चादर या कपड़ा 4. दुपल्ली टोपी का आधा हिस्सा। [मु.] **-छूटना** : छुटकारा मिलना। **पल्ले बाँधना** : किसी बात को अच्छी-तरह याद रखना; किसी के ज़िम्मे लगाना। **-भारी होना** : पक्ष मज़बूत होना। **-पसारना** : किसी से कुछ माँगना। **-छुड़ाना** : किसी से छुटकारा पाना या अलग होना।

पल्ली (सं.) [सं-स्त्री.] 1. छोटा गाँव; खेड़ा; पुरवा 2. कुटी; झोंपड़ी 3. ज़मीन पर फैलने वाली लता।

पल्लू [सं-पु.] 1. किसी कपड़े का सिरा या पल्ला; साड़ी का कंधे से लटकता हुआ छोर; आँचल 2. स्त्रियों का घूँघट 3. चौड़ी गोट या झालर।

पल्ले [क्रि.वि.] पास में; हाथ में; अधिकार में।

पल्लेदार (हिं.+फ़ा.) [सं-पु.] अनाज आदि को ढोने, लादने या उतारने का काम करने वाला व्यक्ति; भाड़े पर लाया गया बोझ ढोने वाला मज़दूर।

पल्लेदारी (हिं.+फ़ा.) [सं-स्त्री.] 1. पल्लेदार का काम 2. पल्लेदार का पारिश्रमिक।

पवट जाना [क्रि-अ.] खेत का पानी से लबालब भर जाना; पानी से भर जाना।

पवन (सं.) [सं-पु.] 1. हवा; वायु 2. (पुराण) वायु का अधिष्ठाता देवता। विशेष- पवन शब्द में सुत, पुत्र और कुमार जोड़ने पर अर्थ हनुमान होता है, जैसे- पवनसुत, पवनपुत्र, पवनकुमार।

पवनचक्की (सं.) [सं-स्त्री.] पवन के वेग से चलने वाली चक्की।

पवना [सं-पु.] पौना; निर्झर (झरना)।

पवनी [सं-स्त्री.] मजदूरी के रूप में अनाज लेने वाले मजदूरों की मजदूरी। [सं-पु.] वे मजदूर जो मजदूरी में अनाज ही लेते हैं।

पवमान (सं.) [सं-पु.] 1. हवा; पवन; वायु 2. चंद्रमा।

पवित्र (सं.) [वि.] 1. जो गंदा या मैला न हो; शुद्ध; साफ़; निर्मल 2. पाप एवं दोष रहित; पाक; पुनीत।

पवित्रता (सं.) [सं-स्त्री.] 1. पवित्र होने की अवस्था या भाव; निर्मलता; स्वच्छता 2. निश्छलता।

पवित्रात्मा (सं.) [वि.] शुद्ध तथा स्तुत्य आचरण वाला; जिसकी आत्मा या अंत:करण पवित्र हो; निष्पाप।

पवित्री (सं.) [सं-स्त्री.] (कर्मकांड) अनामिका में पहनने का कुश नामक घास का छल्ला; पैंती; कुशमुद्रिका। [वि.] शुद्ध या पवित्र करने वाला।

पवित्रीकरण (सं.) [सं-पु.] पवित्र या शुद्ध करने की क्रिया या भाव; साफ़-सफ़ाई की क्रिया।

पवीलियन (अं.) [सं-पु.] 1. खेल के मैदान की दर्शक-दीर्घा में खिलाड़ियों तथा विशिष्ट अतिथियों के बैठने के लिए निश्चित स्थान 2. खेल के मैदान के साथ बना विशेष प्रकार का कमरा जिसमें खिलाड़ियों के लिए वस्त्र बदलने, विश्राम आदि की सुविधाएँ हों।

पशु (सं.) [सं-पु.] 1. चार पैरों से चलने वाला और पूँछ वाला जंतु; जानवर; चौपाया, जैसे- गाय, बैल, बाघ आदि 2. प्राणी 3. (शैवदर्शन) जीवात्मा 4. {ला-अ.} पशु समान व्यवहार करने वाला मनुष्य; मूर्ख और विवेकहीन व्यक्ति।

पशुचर (सं.) [सं-पु.] पशुओं के चरने की घास; पशुओं के चरने हेतु सुरक्षित भूमि; गोचर भूमि।

पशुचारण (सं.) [सं-पु.] पशुओं को चराने का काम; पशु चराना।

पशुता (सं.) [सं-स्त्री.] 1. पशु होने की अवस्था या भाव; पशुत्व; जानवरपन; पाशविकता 2. पशुवत स्वभाव; पशुओं जैसा आचरण 3. {ला-अ.} बुद्धिहीनता; मूर्खता; जड़ता।

पशुदेववाद (सं.) [सं-पु.] वह मतवाद जो पशु को देवी या देवता मानने में विश्वास रखता है।

पशुधन (सं.) [सं-पु.] उत्पादन, सुरक्षा आदि में उपयोगी पालतू पशु; ढोर-डंगर; मवेशी।

पशुनाथ (सं.) [सं-पु.] 1. पशुओं का स्वामी; पशुपति 2. शिव।

पशुपति (सं.) [सं-पु.] 1. पशुओं का स्वामी; पशुनाथ 2. शिव; महादेव 3. जीवात्माओं का स्वामी।

पशुपाल (सं.) [सं-पु.] ग्वाला; अहीर। [वि.] पशु पालने वाला।

पशुपालक (सं.) [सं-पु.] वह जो आजीविका हेतु पशु पालने का कार्य करता है; पशुपाल। [वि.] पशुओं को पालने वाला।

पशुपालन (सं.) [सं-पु.] आजीविका हेतु पशु पालने का कार्य; गाय, बैल, भैस, बकरी आदि का पालन।

पशुप्रेमी (सं.) [वि.] 1. पशुओं से प्रेम करने वाला 2. गाय, बैल, भैस, बकरी आदि का पालन करने वाला।

पशुवत (सं.) [वि.] 1. पशु की तरह आचरण करने वाला; पशु सदृश्य स्वभाववाला; पशुतुल्य 2. असभ्य; अशिष्ट; निर्दयी।

पशुवृत्ति (सं.) [सं-स्त्री.] 1. पशुवत आचरण; पशुओं जैसा स्वभाव 2. ओछा स्वभाव; क्रूरता।

पशुशाला (सं.) [सं-स्त्री.] पशु के रहने या रखने का स्थान; पशुगृह; पशु आवास।

पश्च (सं.) [वि.] 1. पहले का (वर्तमान से); पिछला 2. बाद का; परवर्ती; पश्चात्कालीन 3. (संगीत) एक स्वर 4. पश्चिमी; पश्चिम का। [क्रि.वि.] पीछे की ओर, जैसे- पश्चगमन।

पश्च-वर्त्स्य वे ध्वनियाँ जो कठोर तालु के अग्र भाग तथा वर्त्स्य के बीच के स्थान से उच्चरित होती हैं उन्हें पश्च-वर्त्स्य ध्वनियाँ कहते हैं, जैसे- 'ट, ठ, ड, ड़, ढ, ढ़, ण'। संस्कृत में ये ध्वनियाँ मूर्धा से उच्चरित होने के कारण मूर्धन्य कही जाती थीं।

पश्चगामी (सं.) [वि.] 1. पीछे की ओर जाने वाला; प्रतिगामी 2. ह्रास या पतन की ओर बढ़ने वाला।

पश्चात (सं.) [क्रि.वि.] 1. पीछे से; पीछे का 2. अंत में; बाद में; अंततोगत्वा 3. अंत की ओर 4. अनंतर 5. पश्चिम दिशा में।

पश्चाताप (सं.) [सं-पु.] कोई अनुचित कार्य करने के बाद मन में होने वाला पछतावा; ग्लानि; खेद; अनुताप; दुख।

पश्चिम (सं.) [सं-पु.] 1. पूर्व दिशा के सामने की दिशा; प्रतीची 2. सूर्य के अस्त होने की दिशा। [वि.] 1. पूर्व दिशा के सामने की दिशा से संबंधित; प्रतीची दिशा का, जैसे- पश्चिम भारत 2. अंतिम; पिछला 3. पीछे या बाद में उत्पन्न हुआ हो।

पश्चिमी (सं.) [वि.] 1. पश्चिम दिशा का; पश्चिम दिशा संबंधी 2. पश्चिमी देशों में होने वाला 3. पश्चिम से आने वाला; पछवा (हवा)।

पश्चिमोत्तर (सं.) [वि.] पश्चिम दिशा और उत्तर दिशा के बीच में स्थित; उत्तर-पश्चिमी। [सं-पु.] उत्तर और पश्चिम दिशा के मध्य की दिशा; वायुकोण।

पश्तो (फ़ा.) [सं-स्त्री.] भारत की पश्चिमोत्तर सीमा (आधुनिक पाकिस्तान के उत्तर-पश्चिम प्रदेशों) से लेकर अफ़गानिस्तान तक बोली जाने वाली एक प्राचीन आर्यभाषा। [सं-पु.] तीन मात्राओं का एक ताल विशेष जिसमें दो आघात होते हैं।

पश्म (फ़ा.) [सं-पु.] 1. बहुत बढ़िया मुलायम ऊन जिससे दुशाले आदि बनते हैं 2. भेड़ या बकरी का रोयाँ 3. जननेंद्रिय के आस-पास के बाल 4. {ला-अ.} बहुत ही तुच्छ वस्तु।

पश्मीना (फ़ा.) [सं-पु.] 1. भेंड़ों की एक प्रकार की प्रजाति 2. कश्मीर में बनने वाला एक प्रकार का ऊनी कपड़ा।

पश्यंती (सं.) [सं-स्त्री.] 1. वेश्या 2. (हठयोग) वह सूक्ष्म

ध्वनि जो वाक को उत्पन्न करने वाली वायु के मूलाधार से हटकर नाभि में पहुँचने पर होती है।

पश्यतोहर (सं.) [वि.] देखते-देखते चतुरता से कोई वस्तु चुरा लेने वाला। [सं-पु.] सुनार।

पस[1] (फ़ा.) [अव्य.] 1. पीछे; बाद या अंत में 2. इसलिए 3. नि:संदेह; बेशक 4. अत:; आख़िरकार।

पस[2] (अं.) [सं-पु.] मवाद; पीव।

पसंद (फ़ा.) [वि.] 1. रुचिकर; प्रिय; मनभावन 2. जिसे वरीयता दी गई हो 3. मनोनीत; मंजूर; स्वीकृत। [सं-स्त्री.] 1. रुचि; इच्छा; मंशा 2. वरीयता; मंजूरी; तरज़ीह 3. रुचिकर लगने वाला व्यक्ति, वस्तु, कार्य आदि 4. वरणीय वस्तु; कबूलियत; स्वीकृति। [परप्रत्य.] भाने वाला; पसंद आने वाला, जैसे- दिलपसंद।

पसंदगी (फ़ा.) [सं-स्त्री.] पसंद आने का भाव; दिलचस्पी; रुझान; कबूलियत; चाव।

पसंदा (फ़ा.) [सं-पु.] एक प्रकार का कबाब जो मांस के कुचले हुए टुकड़ों से बनाया जाता है।

पसंदीदा (फ़ा.) [वि.] 1. जो पसंद हो; पसंद किया हुआ 2. प्रिय; मनभावन; रुचिकर।

पसनी[1] [सं-स्त्री.] मुड़ी धार वाली खुरपी।

पसनी[2] (सं.) [सं-स्त्री.] 'अन्नप्राशन' नामक संस्कार जिसमें बच्चों को पहली बार अन्न खिलाया जाता है।

पसमी [सं-स्त्री.] बाल; जुल्फ, केश। [वि.] रोएँदार; रोमयुक्त।

पसर[1] [सं-पु.] 1. पशुओं के चरने का मैदान; चरागाह 2. एक प्रकार के गीत जो पशु चराते समय गाए जाते है 3. विस्तार; फैलाव 4. आक्रमण; धावा; चढ़ाई।

पसर[2] (सं.) [सं-पु.] 1. कटोरी या दोने के आकार का वह रूप जिसमें कोई चीज भरकर किसी को दी जाती है 2. मुट्ठी 3. उक्त में भरी हुई वस्तु या उसकी माल।

पसरना (सं.) [क्रि-अ.] 1. विस्तृत होना; दूर तक व्याप्त हो जाना; फैलना 2. हाथ-पाँव फैलाकर लेटना या सोना; कुछ फैलकर बैठना।

पसरहट्टा (सं.) [सं-पु.] वह बाज़ार या हाट जहाँ पंसारियों की अधिक दुकानें होती हैं।

पसरा [सं-पु.] मछली पकड़ने का एक छोटा जाल; घनैली।

पसराना [क्रि-स.] किसी को पसरने में प्रवृत्त करना; फैलवाना।

पसली (सं.) [सं-स्त्री.] स्तनपायी जंतुओं के कंकाल में छाती के पास पाई जाने वाली गोलाकार या अंडाकार हड्डियों में से प्रत्येक।

पसवा [वि.] हल्का गुलाबी रंग।

पसही [सं-पु.] 1. दोनों हाथों से घेरा हुआ स्थान; पाँजा 2. पाँजा में अँटने योग्य कटी फसल की मात्रा या अन्न का बोझ। [सं-स्त्री.] तिन्नी नाम का धान या उसका चावल।

पसाई[1] [सं-स्त्री.] पकाए हुए चावल आदि में से माँड़ आदि निकालने या पसाने की क्रिया।

पसाई[2] (सं.) [सं-स्त्री.] ताल या जलाशय में पाई जाने वाली एक प्रकार की घास; पसताल।

पसाना (सं.) [क्रि-स.] 1. पके हुए चावल में से बचा हुआ पानी या माँड़ निकालना 2. किसी वस्तु या पदार्थ में से उसका जलीय अंश निकालना। [सं-पु.] कृपा करने के लिए किसी पर प्रसन्न होने की क्रिया।

पसार (सं.) [सं-पु.] 1. पसरने की क्रिया; विस्तार; फैलाव; प्रसार 2. दालान।

पसारना (सं.) [क्रि-स.] 1. विस्तृत करना; फैलाना; छितराना 2. आगे की ओर करना; आगे बढ़ाना, जैसे- प्रसाद के लिए हाथ पसारना 3. हाथ-पाँव फैलाकर लेटना, बैठना या सोना।

पसाव [सं-पु.] 1. पसाने की क्रिया या भाव 2. पसाने पर निकलने वाला तरल या माँड़ 3. चावल का माँड़ 4. पीव; मवाद।

पसीजना (सं.) [क्रि-अ.] 1. अधिक गरमी या उष्णता के कारण किसी ठोस पदार्थ से पानी निकलना 2. पसीने से तर होना 3. {ला-अ.} मन में दया की भावना आना, जैसे- उसकी विपन्नता देख दिल पसीज गया।

पसीना (सं.) [सं-पु.] शारीरिक श्रम करने या अधिक गरमी के कारण शरीर से निकलने वाला पानी; स्वेद। [मु.] -**छूटना** : अत्यंत भयभीत होना; डरना।

पसूजना [क्रि-स.] 1. कपड़ों की सिलाई में एक विशेष प्रकार के टाँके लगाना 2. सीना; सिलाई करना।

पसेरी [सं-स्त्री.] 1. पाँच सेर की एक पुरानी तौल 2. पाँच सेर का बाट; पंसेरी 3. उक्त बाट के बराबर भार की कोई वस्तु, जैसे- पाँच पसेरी सरसों।

पसेव (सं.) [सं-पु.] 1. कच्ची अफ़ीम को सुखाने से प्राप्त तरल पदार्थ 2. किसी वस्तु या पदार्थ में से रिस-रिसकर निकलने वाला तरल पदार्थ; जलांश 3. स्वेद; पसीना।

पसेवा [सं-पु.] सोनारों की अँगीठी पर चारों ओर रहने वाली चारों ईंटें।

पसोपेश (फ़ा.) [सं-पु.] 1. किसी निर्णय पर न पहुँच पाने की स्थिति; दुविधा; असमंजस; सोच-विचार 2. आगे-पीछे सोच-विचार करते रहने की स्थिति 3. लाभ-हानि का विचार।

पस्त (फ़ा.) [वि.] 1. हारा हुआ; पराजित; मायूस 2. थका हुआ; शिथिल; ऊर्जा रहित; निष्क्रिय 3. लघु; छोटा 4. तुच्छ; हीन 5. मंद; धीमा; पिछड़ा।

पहचनवाना [क्रि-स.] किसी से पहचानने का काम कराना; किसी को पहचानने में प्रवृत्त करना।

पहचान (सं.) [सं-स्त्री.] 1. पहचानने की क्रिया या भाव; किसी का गुण या मूल्य जानने की योग्यता; परख 2. निश्चित पहचान का चिह्न 3. परिचय, जैसे- जान-पहचान 4. भेदक अभिलक्षण; चिह्न 5. गुण-दोष के आधार पर वस्तु को परखने की शक्ति, जैसे- अच्छे गुण की पहचान।

पहचानना [क्रि-स.] 1. किसी व्यक्ति या वस्तु को देख कर समझ लेना कि यह कौन है या क्या है; जानना; समझना 2. किसी वस्तु या व्यक्ति की योग्यता, विशेषता या दोष को जान लेना 3. अंतर समझना 4. किसी वस्तु के रुप-रंग से परिचित होना 5. चिह्नित करना।

पहटा [सं-पु.] 1. पाटा; पीढ़ा 2. दीवार में तख़्ता आदि लगाकर

सामान रखने हेतु निर्मित आधार 3. कमरे में कम ऊँचाई की विभाजक दीवार 4. श्वेत रंग का कुम्हड़ा 5. उक्त से निर्मित मिठाई; कोहँड़ापाग।

पहनना (सं.) [क्रि-स.] शरीर या अंग विशेष पर धारण करना (कपड़े, गहने आदि); डालना; ओढ़ना; लपेटना।

पहनवाना [क्रि-स.] किसी को कपड़े, गहने आदि पहनाने में प्रवृत्त करना; किसी दूसरे से कपड़े, गहने आदि धारण कराना; धारण करवाना।

पहनाई [सं-स्त्री.] 1. पहनने की क्रिया या ढंग 2. पहनाने का पारिश्रमिक या नेग।

पहनाना [क्रि-स.] 1. किसी दूसरे को अपने हाथों से कपड़े, गहने आदि धारण कराना 2. {ला-अ.} विशेष अवसर पर किसी पूजनीय व्यक्ति को वस्त्र, आभूषण आदि उपहार में देना।

पहनावा [सं-पु.] 1. नीचे से ऊपर तक धारण किए जाने वाले कपड़े; पहनने के कपड़े; वेश; वेशभूषा; पोशाक; परिधान 2. कपड़े पहनने का ढंग या तरीका 3. किसी स्थान विशेष के अनुसार विशेष प्रकार का वेश या ख़ास प्रकार के पहनने के वस्त्र; किसी विद्यालय या संस्था आदि का विशिष्ट वेश; (यूनिफ़ार्म)।

पहर (सं.) [सं-पु.] 1. समय की विशेष प्रकार की गणना 2. दिन-रात (24 घंटे) का आठवाँ भाग; तीन घंटे का समय 3. बेला; समय; काल।

पहरा (सं.) [सं-पु.] 1. किसी व्यक्ति या वस्तु की सुरक्षा के लिए किसी व्यक्ति को नियुक्त करने की स्थिति; चौकी 2. रक्षक का किसी की रक्षा में तैनात रहने का समय 3. रक्षकदल; पहरेदारों का दल 4. गश्त के समय की बोली 5. रखवाली; निगरानी; देखरेख 6. हिरासत। [मु.] **-देना** : रखवाली करना। **-बदलना** : पुराने रक्षक के स्थान पर नया रक्षक नियुक्त करना।

पहरावनी [सं-स्त्री.] दान के रूप में दी जाने वाली पोशाक; शुभ अवसर पर छोटों को दिए जाने वाले कपड़े।

पहरी [सं-पु.] पहरा देने वाला व्यक्ति; प्रहरी; पहरेदार।

पहरेदार (हिं.+फ़ा.) [सं-पु.] 1. वह जो पहरा देता है; चौकीदार; संतरी; पहरी 2. रक्षा के लिए तैयार रहने वाला व्यक्ति; रक्षक।

पहल[1] [सं-स्त्री.] 1. किसी काम को करने के लिए सबसे पहले अपनी तरफ़ से कुछ करना या कहना 2. आरंभ; शुरुआत; आरंभिक प्रयत्न; आगे बढ़ने का भाव।

पहल[2] (फ़ा.) [सं-पु.] 1. किसी ठोस या पोली चीज़ के तीन या तीन से अधिक कोनों के मध्य का तल 2. परत; तह 3. पार्श्व; पहलू; बगल 4. रजाई, तोशक आदि के भीतर रुई की परत; गाला।

पहलकदमी (हिं.+फ़ा.) [सं-स्त्री.] 1. सबसे पहले कदम उठाने की क्रिया या भाव 2. आरंभिक प्रयत्न।

पहलवान (फ़ा.) [सं-पु.] 1. कुश्ती लड़ने वाला व्यक्ति; मल्ल; कुश्तीबाज़ 2. मज़बूत और कसरती शरीर वाला आदमी। [वि.] 1. अत्यधिक बलवान 2. मोटा-ताज़ा; हट्टा-कट्टा।

पहलवानी (फ़ा.) [सं-स्त्री.] 1. पहलवान होने की अवस्था; पहलवान का काम या पेशा; मल्लवृत्ति; कुश्ती 2. कुश्ती लड़ने की विद्या 3. शरीर की हृष्ट-पुष्टता और सशक्तता। [सं-स्त्री.] 1. पहलवान होने की अवस्था या भाव 2. पहलवान का पेशा या शौक। [वि.] 1. पहलवानों से संबंध रखने वाला 2. पहलवानों की तरह का।

पहलवी (फ़ा.) [सं-स्त्री.] ईरान की एक पुरानी भाषा।

पहला (सं.) [वि.] 1. जो गणना में एक के स्थान पर हो; जो सबसे आरंभ में हो; आद्य; प्रथम 2. पहले का; बीता हुआ; विगत 3. जो सबसे बढ़कर हो; कीमती; बहुत ज़रूरी।

पहलू (फ़ा.) [सं-पु.] 1. बगल; पार्श्व 2. किसी वस्तु का दाहिना या बायाँ भाग 3. गुण-दोष की दृष्टि से किसी बात या वस्तु के भिन्न-भिन्न पक्ष 4. दृष्टिकोण; नज़रिया 5. ओर; तरफ़ 6. करवट 7. समतल पृष्ठ; पहल 8. आस-पास का स्थान।

पहले (सं.) [अव्य.] 1. शुरू में; सर्वप्रथम 2. नियत समय से पूर्व या आगे 3. देश या काल के क्रम के अनुसार प्रथम 4. प्राचीन काल में; पुराने जमाने में।

पहले-पहल [अव्य.] सबसे पहले; सर्वप्रथम; पहली बार; आरंभ में।

पहलौठा [वि.] जो सबसे पहले जन्मा हो; प्रथम गर्भ से उत्पन्न। [सं-पु.] सबसे पहली संतान।

पहलौठी [सं-स्त्री.] पहली बार बच्चे को जन्म देने की क्रिया; प्रथम प्रसव। [वि.] जो सबसे पहले जन्मा हो।

पहलौन [सं-स्त्री.] सद्यःप्रसूता गौ; पहली बार व्यायी वाली गाय।

पहाड़ (सं.) [सं-पु.] 1. प्राकृतिक रूप से उठी हुई पृथ्वी तल से बहुत ऊँचे पत्थर, चूने आदि की बड़ी-बड़ी चट्टानें जो प्रायः ऊबड़-खाबड़ रूप में होती हैं; पर्वत 2. किसी वस्तु का ऊँचा या बड़ा ढेर 3. बहुत भारी वस्तु 4. {ला-अ.} बहुत कठिन कार्य या स्थिति। [मु.] **-टूटना या टूट पड़ना** : अचानक भारी मुसीबत आ पड़ना। **-से टक्कर लेना** : शक्तिशाली से भिड़ना। **-उठाना** : अपने ऊपर कोई भारी काम लेना।

पहाड़ा (सं.) [सं-पु.] किसी अंक विशेष की गुणन सूची; गुणन सारणी, जैसे- चार का पहाड़ा।

पहाड़ी [सं-स्त्री.] 1. छोटा पहाड़ 2. पहाड़ी क्षेत्र का निवासी 3. पहाड़ी लोगों के गाने की एक प्रकार की धुन 4. (भाषाविज्ञान) पहाड़ी बोलियों का वर्ग या समूह। [वि.] 1. पहाड़ से संबंधित; पहाड़ का 2. जो पहाड़ से निकले 3. पहाड़ पर या उसके आसपास रहने वाला 4. पहाड़ पर होने वाला; पहाड़ से उत्पन्न।

पहाड़ी आलू [सं-पु.] एक प्रकार का आलू।

पहाड़ीनुमा [वि.] पहाड़ी के समान; पहाड़ी की तरह ऊपर की ओर पतला।

पहिएदार (सं.) [वि.] पहिया लगा हुआ; पहियों वाला; चक्कायुक्त।

पहिती [सं-स्त्री.] पकी दाल।

पहिया (सं.) [सं-पु.] वाहन में लगा हुआ धातु या लकड़ी का वह गोल चक्का जो अपनी धुरी पर नाचता है और जिसके घूमने पर गाड़ी आगे चलती है; चक्र; चक्कर; (व्हील)।

पहुँच [सं-स्त्री.] 1. पहुँचने की क्रिया या भाव; प्रवेश; पैठ; गति 2. (शास्त्र, विद्या आदि में) ज्ञान की सीमा, जैसे- गणित मेरी पहुँच से बाहर है 3. समझने का सामर्थ्य; योग्यता; पकड़; जानकारी 4. संपर्क; प्रभाव।

पहुँचना [क्रि-अ.] 1. एक स्थान से चलकर किसी अन्य स्थान पर उपस्थित होना 2. भेजी हुई वस्तु का प्राप्त होना 3. किसी के समतुल्य हो जाना 4. संख्या या मान में किसी विशेष स्थिति को प्राप्त करना, जैसे- सेब का भाव सौ रुपए तक पहुँच गया है 5. फल के रूप में प्राप्त होना; मिलना 6. फैलकर या बढ़कर किसी स्थान या सीमा तक जाना या छूना 7. व्याप्त होना; प्रविष्ट होना; घुसना; समाना 8. {ला-अ.} किसी पद को प्राप्त करना; तरक्की होना। [मु.] **पहुँचा हुआ** : अच्छा जानकार; सिद्ध; पारंगत।

पहुँचा (सं.) [सं-पु.] हाथ का वह भाग जो हथेली से जुड़ा रहता है; कलाई।

पहुँचाना (सं.) [क्रि-स.] 1. नियत स्थान पर वस्तु को ले जाना 2. किसी पदार्थ को एक स्थान से दूसरे स्थान पर रखवाना 3. वस्तु या व्यक्ति को किसी नियत स्थान या पद पर स्थापित करवाना 4. समकक्ष या बराबरी पर लाना 5. समवाना; प्रविष्ट कराना 6. अनुभव कराना।

पहुँची (सं.) [सं-स्त्री.] 1. कलाई पर पहनने का गहना 2. युद्ध आदि में कलाई की रक्षा के लिए पहना जाने वाला आवरण।

पहेली (सं.) [सं-स्त्री.] 1. किसी की बुद्धि की परीक्षा लेने के लिए बनाया गया वाक्य या प्रश्न जिसे आसानी से बूझा या सुलझाया न जा सके; बुझौवल; प्रहेलिका; रहस्यमय बात; दुर्बोध वर्णन 2. किसी वस्तु या विषय का गूढ़ वर्णन जिसका उत्तर बहुत सोचकर देना पड़े 3. {ला-अ.} ऐसी समस्या जो जल्दी हल न की जा सके। [मु.] **-बुझाना** : बात को घुमा-फिराकर कहना।

पहेलीदार (सं.+फ़ा.) [वि.] पहेलीयुक्त; जल्द समझ में न आने वाली बात से युक्त; उलझनयुक्त।

पा[1] (सं.) [सं-पु.] (संगीत) सात स्वरों में से पाँचवाँ स्वर जो कोकिल के स्वर के अनुरूप माना जाता है; पंचम स्वर।

पा[2] (फ़ा.) [सं-पु.] पैर; पाँव।

पाँइत [सं-पु.] खाट का वह भाग जिधर सोते समय पैर रहते हैं; पायताना; पैताना।

पाँक (सं.) [सं-पु.] कीचड़; पंक; गीली मिट्टी।

पाँकी [सं-स्त्री.] नदी से निकाली गई ताजी मिट्टी; पम्मी।

पाँख [सं-पु.] 1. पक्षी आदि का पंख; डैना; पर 2. फूल आदि की पँखुड़ी।

पाँच [वि.] संख्या '5' की सूचक। [मु.] **पाँचों उँगलियाँ घी में होना** : ख़ूब लाभ होना।

पाँचप्राण (सं.) [सं-पु.] पाँच प्रकार की प्राण (वायु): अपान, उदान, व्यान, समान एवं प्राण।

पाँचर (सं.) [सं-पु.] कोल्हू के बीच में जड़े हुए लकड़ी के वे छोटे टुकड़े जो गन्ने के टुकड़ों को दबाने के लिए लगाए जाते हैं।

पाँचवाँ [वि.] गिनती या श्रेणी में पाँच के स्थान पर पड़ने वाला (व्यक्ति, वस्तु आदि)।

पाँचसितारा [वि.] 1. सुविधाओं और गुणवत्ता के आधार पर होटलों को दिया जाने वाला एक विशेषण 2. प्रसिद्ध अर्थ में आधुनिक सुविधाओं से युक्त।

पाँची [सं-स्त्री.] तालाबों में उत्पन्न होने वाली एक तरह की घास।

पाँजना (सं.) [क्रि-स.] पीतल, लोहे आदि के टुकड़ों को जोड़ने के लिए उनमें टाँका लगाना; झालना।

पाँजा [सं-पु.] 1.दोनों हाथों से घेरा हुआ स्थान 2. चार मुट्ठी फसल का गट्ठर 3. दोनों हाथों के घेरे में अँटने लायक फसल का गट्ठर।

पाँत [सं-स्त्री.] 1. पंक्ति; कतार; पंगत 2. एक साथ पंक्ति में बैठकर भोजन कर रहे लोगों का समूह।

पाँय पखरनी [सं-स्त्री.] 1. पाँव पखारने का नेग 2. वह बर्तन जिसमें पैरों को रखकर पखारा जाता है।

पाँयँचा (फ़ा.) [सं-पु.] 1. पायजामे का वह भाग जो नीचे लटकता है 2. पलंग का पैर की ओर वाला भाग; पैताना 3. पाख़ानों में बना हुआ पैर रखने का आधार या ईंट।

पाँव (सं.) [सं-पु.] वह अंग जिससे जीव-जंतु, पशु तथा मनुष्य चलते हैं; पैर; पग। [मु.] **-अड़ाना** : बेकार में किसी काम में दख़ल देना या विघ्न डालना। **-तले मिट्टी निकल जाना** : कोई विकट बात सुनकर स्तब्ध रह जाना। **-पखारना** : आदर-सत्कार करना। **-पड़ना** : किसी के पैर छूकर प्रणाम करना या दीनतापूर्वक निवेदन करना। **-फैलाना** : अधिक पाने का आग्रह करना। **-रोकना** : प्रतिज्ञा करना।

पाँवड़ा [सं-पु.] 1. वह बिछौना जो किसी पूज्य या आदरणीय व्यक्ति के मार्ग में बिछाया जाता है 2. दरवाज़े पर रखा जाने वाला कपड़ा या बिछावन; पायदान।

पाँवड़ी [सं-स्त्री.] 1. खड़ाऊँ; जूता 2. सोपान; सीढ़ी 3. वह वस्तु जिसपर पैर रखे जाते हैं।

पाँवपूजी विवाह [सं-पु.] एक वैवाहिक रस्म, जिसमें कन्या का पिता कन्या को वर के घर पहुँचाता है तथा वर के पैरों को पूजकर उसे कन्या को सौंप देता है। [सं-स्त्री.] 1. विवाह के समय वर के पाँव पूजने का नेग 2. वर के पैरों को पूजने की प्रथा (रस्म) या क्रिया।

पाँस (सं.) [सं-स्त्री.] 1. राख, गोबर आदि की खाद 2. किसी चीज़ को सड़ाकर उठाया जाने वाला ख़मीर 3. शराब निकाला हुआ महुआ।

पाँसा (सं.) [सं-पु.] दे. पासा।

पाँसू [सं-पु.] कुम्हार के मिट्टी खोदने का उपकरण; कुलाल; कुदाल।

पांकेरूह (सं.) [सं-पु.] 1. कमल 2. सारस।

पांचजन्य (सं.) [सं-पु.] (पुराण) कृष्ण के शंख का नाम।

पांचाल (सं.) [सं-पु.] 1. पंचाल नामक प्राचीन देश 2. पंचाल देश का राजा 3. पंचाल देश में रहने वाला व्यक्ति। [वि.] 1. पंचाल देश संबंधी; पंचाल देश का 2. पंचाल देश पर शासन

करने वाला।

पांचालिका (सं.) [सं-स्त्री.] कपड़े आदि से निर्मित गुड़िया; पुतली।

पांचाली (सं.) [सं-स्त्री.] 1. पंचाल देश की स्त्री या रानी 2. द्रौपदी 3. (काव्यशास्त्र) एक रीति का नाम 4. (संगीत) स्वर साधना की एक विधि।

पांडव (सं.) [सं-पु.] 1. (महाभारत) राजा पांडु के पुत्र- युधिष्ठिर, भीम, अर्जुन, नकुल तथा सहदेव 2. पाँचों पांडु पुत्रों में से कोई एक 3. रहस्य संप्रदाय में पाँचों इंद्रियाँ। [वि.] पांडव संबंधी; पांडव का।

पांडित्य (सं.) [सं-पु.] पंडित होने की अवस्था या भाव; पंडिताई; विद्वता।

पांडु (सं.) [सं-पु.] 1. श्वेत-पीत या सफ़ेद-पीला रंग 2. पीलिया नामक रोग 3. सफ़ेद हाथी 4. (महाभारत) पांडवों के पिता 5. मध्य देश का एक प्राचीन प्रदेश। [वि.] हल्के पीले रंग का।

पांडुक (सं.) [सं-पु.] 1. पीला रंग 2. पीलिया रोग 3. पांडवों के पिता; पांडु।

पांडुकी (सं.) [वि.] जिसे पीलिया रोग हुआ हो।

पांडुर (सं.) [वि.] 1. श्वेत-पीत या सफ़ेद-पीला रंग 2. श्वेत कुष्ठ 3. पीलिया नामक रोग। [वि.] पीलापन लिए हुए सफ़ेद रंग का।

पांडुरंग (सं.) [सं-पु.] 1. (पुराण) विष्णु का एक अवतार 2. एक प्रकार का साग।

पांडुरक (सं.) [वि.] श्वेत-पीत या सफ़ेद-पीले रंग का। [सं-पु.] 1. पीला रंग 2. पीलिया।

पांडुरा (सं.) [सं-स्त्री.] बौद्धों की एक देवी; मासपर्णी।

पांडुरिमा (सं.) [सं-स्त्री.] सफ़ेदीयुक्त पीलापन; हलका पीला।

पांडुलिपि (सं.) [सं-स्त्री.] 1. किसी पुस्तक या लेख की हस्तलिखित मूल प्रति जो छपाई हेतु तैयार हो 2. वह हस्तलिखित आलेख जिसमें काँट-छाँट या परिवर्तन संभव हो तथा जो छापे जाने योग्य हो; (ड्राफ़्ट)।

पांडुलेख्य (सं.) [सं-पु.] किसी पुस्तक या लेख की हस्तलिखित मूल प्रति जो छपाई हेतु तैयार हो; पांडुलिपि।

पांडेय [सं-पु.] ब्राह्मण समाज में एक कुलनाम या उपनाम।

पांथ (सं.) [सं-पु.] 1. यात्री; राही; पथिक 2. प्रवासी 3. {ला-अ.} विरही; वियोगी; बटोही।

पांशुल (सं.) [वि.] 1. कलंकित करने वाला; पांसुल 2. जिसमें धूल लगी हो 3. दोषयुक्त; अपवित्र 4. व्यभिचारी; लंपट। [सं-पु.] शिव का एक अस्त्र।

पाइता [सं-पु.] एक वर्णवृत्त जिसमें एक मगण, एक भगण, और एक सगण होता है।

पाइप (अं.) [सं-पु.] 1. धातु या प्लास्टिक की वह नली या नल जिसमें से होकर पानी या कोई तरल पदार्थ एक स्थान से दूसरे स्थान की ओर प्रवाहित होता है 2. बाँसुरी; बंसी 3. तंबाकू पीने की नलिका; सिगार; चिलम।

पाइरेसी (अं.) [सं-स्त्री.] फ़िल्म, संगीत आदि उद्योग में प्रतिकृति या नकल बनाकर किया जाने वाला अवैध व्यवसाय।

पाइलट (अं.) [सं-पु.] विमान चलाने वाला व्यक्ति; वायुयानचालक।

पाइल्स (अं.) [सं-पु.] बवासीर या अर्श नामक रोग।

पाई करना [क्रि-स.] माँचना।

पाई[1] (सं.) [सं-स्त्री.] 1. एक प्राचीन सिक्का; कौड़ी 2. पैसे का तीसरा और एक आने का बारहवाँ हिस्सा। [मु.] **-पाई जोड़ना** : एक-एक रुपया जोड़ना; बचत करना।

पाई[2] (अं.) [सं-स्त्री.] 'श्च' नामक एक गणितीय नियतांक जिसका संख्यात्मक मान किसी वृत्त की परिधि और उसके व्यास के अनुपात के बराबर होता है।

पाउंड (अं.) [सं-पु.] 1. तौल का एक अँग्रेज़ी मात्रक जो आठ छटाँक से कुछ कम होता है 2. सोने का एक अँग्रेज़ी सिक्का जो बीस शिलिंग के बराबर होता है।

पाउच (अं.) [सं-पु.] कागज़, प्लास्टिक आदि की छोटी थैली; कोई पदार्थ या वस्तु भरकर सीलबंद की गई छोटी थैली।

पाउडर (अं.) [सं-पु.] 1. चूर्ण 2. शरीर पर छिड़का या मला जाने वाला सुगंधित चूर्ण 3. कूट-पीस कर निर्मित औषधि, जैसे- त्रिफला पाउडर 4. धूल; रज।

पाक-साफ़ (फ़ा.) [वि.] 1. निर्दोष; निष्कलंक 2. साफ़-सुथरा; निर्मल; विशुद्ध।

पाक[1] (सं.) [सं-पु.] 1. पकाने की क्रिया या भाव 2. पकाया हुआ अन्न; भोजन 3. किसी चीज़ या बात का अपने में पूर्ण होना 4. पकाई गई औषधि; अवलेह, जैसे- बादामपाक।

पाक[2] (फ़ा.) [वि.] 1. निर्मल; पवित्र; शुद्ध 2. बिना मिलावट का; बेमेल; ख़ालिस 3. दोषहीन; बेकसूर 4. महफ़ूज़; सुरक्षित 5. अपराध या बुराई से बचने वाला। [सं-पु.] पाकिस्तान का संक्षिप्त रूप।

पाककला (सं.) [सं-स्त्री.] विविध प्रकार के व्यंजन बनाने की कला; पाकविद्या।

पाकड़ (सं.) [सं-पु.] बरगद की प्रजाति का एक पेड़।

पाकदामन (फ़ा.) [वि.] जिसका चरित्र बिलकुल निर्दोष या निष्कलंक हो; सदाचारी।

पाकविद्या (सं.) [सं-स्त्री.] पाकशास्त्र; पाककला; भोजन बनाने की कला।

पाकशाला (सं.) [सं-स्त्री.] रसोईघर; भोजनगृह।

पाकशास्त्र (सं.) [सं-पु.] विविध खाद्य पदार्थों को बनाने की विधियाँ बताने वाला शास्त्र; पाकविद्या; पाककला।

पाकिस्तान (फ़ा.) [सं-पु.] 1. पाक (पवित्र) स्थान 2. भारत के विभाजन से बना पश्चिमोत्तर सीमा पर स्थित एक पड़ोसी देश।

पाकिस्तानी (फ़ा.) [सं-पु.] पाकिस्तान का निवासी। [वि.] 1. पाकिस्तान का; पाकिस्तान संबंधी 2. पाकिस्तान में होने वाला।

पाकी (फ़ा.) [सं-स्त्री.] 1. पवित्रता 2. निर्दोषता; निष्कलंकता 3. स्वच्छता; सफ़ाई 4. शुचिता।

पाकीज़ा (फ़ा.) [वि.] 1. पवित्र; निष्कलंक; निर्दोष 2. सुंदर; हसीन 3. साफ़-सुथरा 4. श्रेष्ठ; उम्दा; परिमार्जित।

पाक्य (सं.) [वि.] 1. पकाए जाने योग्य 2. पचने योग्य। [सं-

पु.] 1. काला नमक 2. नौसादर 3. शोरा।

पाक्षिक (सं.) [वि.] 1. पक्षक; एक पक्ष से संबंधित; पखवाड़े का 2. चांद्र-मास के प्रतीक पक्ष से संबंध रखने वाला 3. जो एक पक्ष (पंद्रह दिन) में एक बार होता है 4. पंद्रह दिनों के अंतराल पर प्रकाशित होने वाला; अर्धमासिक (पत्र या पत्रिका) 5. पक्षपात करने वाला। [सं-पु.] 1. पक्षियों का फँसाकर या मारकर जीविका चलनेवाला व्यक्ति 2. शिकारी; व्योध 3. विकल्प।

पाखंड (सं.) [सं-पु.] 1. समाज के विरुद्ध किया जाने वाला धूर्ततापूर्ण व्यवहार; छल-कपट 2. दिखावटी उपासना, भक्ति या कर्मकांड; स्वार्थसिद्धि के लिए अपनाई गई धार्मिकता; आडंबर; ढोंग 3. शरारत; दुष्टता; नीचता।

पाखंडी (सं.) [वि.] 1. दूसरों को धोखा देने के लिए भक्ति या उपासना का ढोंग रचने वाला; पाखंड करने वाला; कपटी; ढकोसलेबाज़ 2. ठग; धूर्त।

पाखर (सं.) [सं-स्त्री.] 1. युद्ध में हाथियों तथा घोड़ों की रक्षा हेतु उन पर डाली जाने वाली एक प्रकार की लोहे की झूल जो दोनों ओर लटकी रहती है; (ज़ीन) 2. मोम, राल आदि का लेप किया हुआ मोटा कपड़ा या टाट।

पाखा [सं-पु.] 1. बंडेर संभालने वाली दीवार (भीत) 2. बगल में 3. पाख का ओर (किनारा) 4. पंख।

पाख़ाना (फ़ा.) [सं-पु.] 1. मल त्याग के लिए बना स्थल; शौचालय 2. टट्टी; विष्ठा; मल।

पाखी [सं-स्त्री.] 1. पक्षी 2. पंखों वाला कीड़ा।

पाग (सं.) [सं-पु.] 1. वह शीरा या चाशनी जिसमें पेठे, बादाम आदि को डुबाया जाता है 2. चाशनी या शीरा में डालकर बनाया गया या पकाया गया विशेष प्रकार का खाद्य पदार्थ, जैसे- गाजर-पाग।

पागड़ मारना [क्रि-स.] डाँठ को किसी छड़ी या सोंकी से बैलों के पैरों के नीचे डालने की क्रिया।

पागड़ा [सं-पु.] दवनी (फसल से अनाज निकालने की पारंपरिक विधि) में लगाए गए बैलों में सबसे बाहर वाला बैल; अगदाई; पागड़िया। [वि.] बाहरवाला; सबसे किनारे वाला।

पागना (सं.) [क्रि-स.] चाशनी या शीरे में डुबाना। [क्रि-अ.] चाशनी में सराबोर होना।

पागल (सं.) [वि.] 1. जो किसी तीव्र मनोविकार के कारण ज्ञान या विवेक खो बैठा हो; जिसकी दिमागी हालत ठीक न हो; बावला; विक्षिप्त; सनकी 2. प्रेम या क्रोध में आपे से बाहर व्यक्ति; दीवाना 3. बहुत मूर्ख।

पागलख़ाना (सं.+फ़ा.) [सं-पु.] वह स्थान जहाँ पागल रखे जाते हैं; वह स्थल जहाँ पागलों की चिकित्सा और देखरेख की जाती है।

पागलपन [सं-पु.] 1. पागल होने का भाव या रोग 2. बुद्धि में विकार; विक्षिप्तता 3. मूर्खता; बेवकूफ़ी; उन्माद; सनक।

पाचक (सं.) [वि.] किसी प्रकार का पाचन करने वाला; पकाने या पचाने वाला। [सं-पु.] 1. रसोइया; बावर्ची 2. भोजन को पचाने या पाचन शक्ति बढ़ाने वाली दवा (अवलेह, टिकिया, चूर्ण आदि) 3. (आयुर्वेद) भोजन को पचाने वाला पित्त।

पाचड़ [सं-पु.] चैली; जलावन में प्रयुक्त लकड़ी के छोटे-छोटे टुकड़े।

पाचन (सं.) [सं-पु.] 1. भोजन को पचाने की क्रिया; भोजन के अवयवों का आँतों द्वारा अवशोषण 2. जठराग्नि; हाज़मा 3. अम्लरस।

पाचन-तंत्र (सं.) [सं-पु.] 1. शरीर के भीतर स्थित उन महत्वपूर्ण अंगों, संरचनाओं और ग्रंथियों का सामूहिक नाम जो भोजन को पचाते हैं (मुख, ग्रासनली, आमाशय, पक्वाशय, यकृत, छोटी आँत, बड़ी आँत आदि)।

पाचनशक्ति (सं.) [सं-स्त्री.] खाद्य पदार्थ को पचाने की शक्ति या सामर्थ्य; जठराग्नि; हाज़मा।

पाचनिका (सं.) [सं-स्त्री.] पकाने की क्रिया; पचाना।

पाचर [सं-पु.] 1. पच्चर; लकड़ी का पैबंद, जिसे चारपाई चौखट आदि में ठोकी जाती है 2. लकड़ी की बड़ी मेख या खूँटा 3. किसी को सख्त या कठोर करने के लिए ठोकी जाने वाली लकड़ी की गुल्ली।

पाच्य (सं.) [वि.] जो पच जाए; पचाने या पकाने योग्य।

पाजरा [सं-पु.] 1. एक वनस्पति जिसकी पत्तियों से एक प्रकार का रंग निकाला जाता है।

पाजा [सं-पु.] पायज; मूत्र; पेशाब।

पाजामा (फ़ा.) [सं-पु.] पैरों में पहनने का सिला हुआ वस्त्र जिसमें टखने से कमर तक का भाग ढका रहता है, यह कई प्रकार का होता है, जैसे- नेपाली, चूड़ीदार, पेशावरी, कलीदार, इजार, तमान आदि।

पाजी[1] (सं.) [सं-पु.] 1. पैदल चलने वाला आदमी 2. पैदल सिपाही; प्यादा; पहरेदार।

पाजी[2] (फ़ा.) [वि.] दुष्ट; लुच्चा; ढीठ; बदमाश।

पाजीपन (फ़ा.+हिं.) [सं-पु.] पाजी या दुष्ट होने की अवस्था; दुष्टता; शरारत; बदमाशी।

पाज़ेब (फ़ा.) [सं-स्त्री.] चाँदी, सोने आदि का बना एक प्रकार का गहना जो पैरों में पहना जाता है; पायल।

पाट (सं.) [सं-पु.] 1. चक्की के दोनों पल्लों में से एक; चाक 2. रेशम और उससे बटकर तैयार किया हुआ महीन धागा 3. नदी का सूखा हुआ भाग 4. पटसन 5. कपड़ा; वस्त्र 6. पीढ़ा 7. पत्थर की पटिया जिसपर धोबी कपड़े धोता है 8. लकड़ी का तख़्ता 9. चौड़ाई का विस्तार।

पाटंबर (सं.) [सं-पु.] रेशमी कपड़ा; रेशमी वस्त्र।

पाटन (सं.) [सं-पु.] 1 तोड़ने-फोड़ने, चीरने-फाड़ने तथा छेदने की क्रिया 2. नगर या पत्तन। [सं-स्त्री.] 1. पाटने की क्रिया या भाव; पटाव 2. छत; मकान की पहली मंजिल से ऊपर की मंजिल।

पाटना (सं.) [क्रि-स.] 1. गड्डे या असमतल भूमि को मिट्टी-पत्थर आदि से भरकर आस-पास की समतल भूमि के बराबर करना 2. कमरे को छतदार बनाना 3. {ला-अ.} किसी वस्तु की भरमार या बहुतायत होना; विवाद का निपटारा; ऋण का चुका दिया जाना।

पाटनीय (सं.) [वि.] तोड़ने-फोड़ने, चीरने-फाड़ने या छेदने के योग्य।

पाटल (सं.) [सं-पु.] 1. पाढर या पाड़र नामक पेड़ 2. गुलाब का पौधा व फूल 3. केसर 4. गुलाबी रंग 5. एक प्रकार का बरसाती धान। [वि.] 1. गुलाबी; गुलाब के रंग का 2. गुलाब संबंधी।

पाटला (सं.) [सं-स्त्री.] 1. पाढर का पेड़ 2. दुर्गा या पार्वती नामक देवी 3. जलकुंभी। [सं-पु.] बढ़िया, शुद्ध और खरा सोना।

पाटलिक (सं.) [सं-पु.] 1. शिष्य; विद्यार्थी 2. पाटलिपुत्र। [वि.] 1. देशकाल का ज्ञान रखने वाला 2. दूसरे का भेद जानने वाला।

पाटलिपुत्र (सं.) [सं-पु.] (इतिहास) अजातशत्रु का बसाया हुआ मगध का एक प्रसिद्ध नगर जिसका वर्तमान नाम पटना है।

पाटव (सं.) [सं-पु.] 1. दक्षता; पटुता; कौशल 2. आरोग्य; स्वास्थ्य 3. मज़बूती; दृढ़ता 4. शीघ्रता; जल्दी 5. तीव्रता; तीक्ष्णता।

पाटा[1] [सं-पु.] 1. काठ का पीढ़ा 2. दो दीवारों के बीच कड़ी, बाँस आदि लगाकर बनाया जाने वाला आधार जिसपर चीज़ें रखते हैं 3. आयताकार लंबी और भारी धरन जिसकी सहायता से किसान जोते हुए खेत की मिट्टी के ढेले तोड़कर उसे समतल करते हैं 4. पत्थर का बड़ा टुकड़ा जिसपर कपड़ा धुला जाता है 5. राजमिस्त्री का दीवारों के प्लास्टर को समतल करने का उपकरण।

पाटा[2] (सं.) [सं-स्त्री.] सिलसिला; परंपरा।

पाटाखारी [सं-स्त्री.] एक प्रकार की भेड़; वह भेड़ जिसका सारा शरीर एक रंग का किंतु चारों पैरों के आधे भाग श्वेत वर्ण के होते हैं।

पाटित (सं.) [वि.] चीड़ा-फाड़ा हुआ; तोड़-फोड़ा हुआ; विदारित।

पाटिया [सं-स्त्री.] गले में पहने जाने वाला एक आभूषण।

पाटी[1] [सं-स्त्री.] 1. बच्चों के अक्षर लिखने की तख्ती 2. तेलादि की सहायता से माँग के दोनों ओर सजाकर बैठाए जाने वाले बाल 3. खाट की लंबाई वाली दोनों लकड़ियाँ 4. चरखी का चौखटा 5. चटाई 6. पत्थर की पटिया 7. एक आभूषण 8. पाठ; सबक 9. नेवार की पट्टी जिससे पलंग बुना जाता है। [मु.] **-पारना** : बालों में कंघी से माँग निकालना।

पाटी[2] (सं.) [सं-स्त्री.] 1. परिपाटी; प्रणाली; रीति 2. अंकगणित 3. बला; खरैटी 4. श्रेणी; पंक्ति।

पाटीर (सं.) [सं-पु.] 1. चंदन की लकड़ी और उसका वृक्ष 2. मैदान 3. हल 4. खेत।

पाटूनी [सं-पु.] वह मल्लाह जो किसी घाट का ठीकेदार भी हो; घटवार।

पाठ (सं.) [सं-पु.] 1. पढ़ने की क्रिया या भाव; वाचन 2. किसी पाठ्य-पुस्तक का वह अंश जो किसी एक विषय से संबंधित हो; किसी विषय का वह अंश जो एक बार में पढ़ा या पढ़ाया जाए; अध्याय 3. पाटी; सबक 5. किसी धर्म ग्रंथ के नियमित रूप से पढ़ने की क्रिया; वेदपाठ। [मु.] **-पढ़ाना** : किसी को बहकाना। **उलटा पाठ पढ़ाना** : कुछ का कुछ समझा देना।

पाठक (सं.) [सं-पु.] 1. विद्यार्थी; छात्र 2. अध्यापक; गुरु 3. कथावाचक; धर्मोपदेशक 4. ब्राह्मण समाज में एक कुलनाम या उपनाम। [वि.] 1. पाठ पढ़ने वाला 2. पाठ करने वाला; कथावाचक।

पाठकीय (सं.) [वि.] पाठक या पाठकों से संबंधित; पाठक का।

पाठन (सं.) [सं-पु.] 1. पाठ पढ़ाने की क्रिया; अध्यापन 2. पढ़कर सुनाना; वाचन।

पाठभेद (सं.) [सं-पु.] एक ही ग्रंथ के विभिन्न संस्करणों के पाठ में मिलने वाला भेद; पाठांतर।

पाठशाला (सं.) [सं-स्त्री.] वह स्थान या संस्था जहाँ छोटे बच्चों को शिक्षा दी जाती है; विद्यालय।

पाठा (सं.) [वि.] पट्ठा; जवान; हृष्ट-पुष्ट; तगड़ा। [सं-पु.] 1. जवान बकरा, बैल आदि 2. मोटा-ताज़ा और जवान व्यक्ति 3. गाय-बैलों की एक जाति। [सं-स्त्री.] पाढ़ा नाम की लता।

पाठांतर (सं.) [सं-पु.] एक ही ग्रंथ की दो प्रतियों के पाठ में मिलने वाला अंतर; किसी ग्रंथ के दो पाठ्यांशों में मात्रा तथा वर्ण की भिन्नता; पाठभेद।

पाठांश (सं.) [सं-पु.] किसी पुस्तक या ग्रंथ के पाठ का एक भाग।

पाठावली (सं.) [सं-स्त्री.] 1. पाठ की पंक्ति 2. पाठ्य सामग्री का संग्रह 3. वह पुस्तक जिसमें पाठ्य सामग्री का संग्रह हो।

पाठिक (सं.) [वि.] जो मूल पाठ के अनुरूप हो; मूल पाठ से मिलने वाला; पाठानुसार; पाठानुकूल।

पाठी (सं.) [वि.] पाठ करने वाला; पाठ पढ़ने वाला; पाठक। [सं-पु.] 1. वह जो अध्ययन समाप्त कर चुका हो 2. चीता नामक वृक्ष।

पाठ्य (सं.) [वि.] जिसे पढ़ा या पढ़ाया जा सके; पढ़ने या पढ़ाए जाने योग्य; लिखा हुआ; सुलिखित।

पाठ्य पुस्तक (सं.) [सं-स्त्री.] वह पुस्तक जो कक्षा में विद्यार्थियों को नियमित रूप से पढ़ाई जाती हो; पाठ्यक्रम से संबंधित पुस्तक।

पाठ्य विवरण (सं.) [सं-पु.] एक प्रकार की पुस्तक जिसमें विभिन्न पाठ्यक्रमों का विवरण दिया जाता है।

पाठ्य सामग्री (सं.) [सं-स्त्री.] पढ़ने-लिखने की आवश्यक चीज़ें, जैसे- पुस्तक, पेन आदि।

पाठ्यक्रम (सं.) [सं-पु.] 1. किसी संस्था या समिति द्वारा किसी कक्षा की शिक्षा या परीक्षा हेतु निर्धारित पाठ्य सामग्री; (सिलॅबस) 2. किसी कक्षा या परीक्षा विशेष के अध्ययन के लिए निर्धारित समस्त विषय या पुस्तकें; (कोर्स)।

पाठ्यचर्या (सं.) [सं-स्त्री.] वह पाठ्यक्रम-विवरण जिसमें विभिन्न परीक्षाओं के लिए निर्धारित विषयों तथा संबंधित पाठ्य-विवरणों का उल्लेख रहता है।

पाठ्येतर (सं.) [वि.] पाठ्यक्रम से भिन्न; पढ़ाई के अतिरिक्त वे क्रियाएँ या गतिविधियाँ जो विश्वविद्यालय या महाविद्यालय में संचालित की जाती हैं।

पाड़ [सं-पु.] 1. धोती, साड़ी आदि का किनारा 2. मचान; (पाइट) 3. कुएँ को ढकने की लकड़ी की ठठरी या ढाँचा 4. फाँसी की तख़्ता।

पाड़ा[1] [सं-पु.] 1. मुहल्ला; टोला 2. खेत की सीमा; हद।

पाड़ा[2] (सं.) [सं-पु.] भैंस का नर बच्चा।

पाड़ी [सं-स्त्री.] 1. भैंस का मादा बच्चा (पड़िया) 2. तैयार होने वाली भैंस की बच्ची 3. युवा भैंस जिसने बच्चा न जना हो।

पाढ़ (सं.) [सं-पु.] 1. पीढ़ा; पाटा 2. वह मचान जिसपर बैठ कर किसान खेत की रखवाली करता है 3. धोती, साड़ी आदि का किनारा 4. गहनों पर नक्काशी करने का सुनारों का एक उपकरण 5. लकड़ी की सीढ़ी।

पाढ़र (सं.) [सं-पु.] बेल के समान पत्तों वाला एक वृक्ष; पाटल; पाटालि।

पाढ़ा (सं.) [सं-स्त्री.] पाठा नाम की लता।

पाणि (सं.) [सं-पु.] कर; हाथ। [सं-स्त्री.] बाज़ार; हाट।

पाणिगृहीता (सं.) [सं-स्त्री.] जिस स्त्री का पाणिग्रहण संस्कार हुआ हो; विवाहिता; वधू (पत्नी)।

पाणिग्रहण (सं.) [सं-पु.] 1. हिंदुओं में विवाह की एक रस्म जिसमें वर अपनी भावी पत्नी का हाथ पकड़कर उसे पत्नी के रूप में स्वीकार करता है 2. विवाह; शादी।

पाणिग्रहणिक (सं.) [वि.] 1. विवाह के समय का 2. विवाह संबंधी; विवाह का।

पाणिग्राहक (सं.) [सं-पु.] पाणिग्रहण के समय कन्या का हाथ पकड़ने वाला वर। [वि.] किसी का हाथ पकड़ने वाला; विवाह करने वाला।

पाणिनि (सं.) [सं-पु.] 'अष्टाध्यायी' नामक प्रसिद्ध व्याकरण ग्रंथ के रचयिता व संस्कृत के एक प्राचीन ऋषि।

पाणिनिसूत्र (सं.) [सं-पु.] पाणिनी द्वारा संस्कृत भाषा के व्याकरण के लिए बनाए गए सूत्र।

पाणिनीय (सं.) [वि.] 1. पाणिनि संबंधी; पाणिनि का 2. पाणिनि के मत को मानने वाला 3. पाणिनि का व्याकरण पढ़ने वाला 4. पाणिनि के द्वारा विरचित या उक्त।

पात[1] [सं-पु.] 1. पत्ता; पत्र; पल्लव 2. कान में पहना जाने वाला एक प्रकार का गहना जो पत्ते के आकार का होता है।

पात[2] (सं.) [सं-पु.] 1. गिरने या गिराने की क्रिया या भाव; पतन 2. उचित स्थान से नीचे आने की क्रिया, जैसे- अध:पात होना 3. डालना; ले जाना; पड़ने की क्रिया, जैसे- दृष्टिपात 4. नाश; ध्वस्त; बरबादी 5. मौत; मृत्यु 6. आघात; चोट।

पातंजल (सं.) [सं-पु.] 1. पतंजलि द्वारा रचित 'योगशास्त्र' 2. पतंजलिकृत 'योगसूत्र' के अनुसार योग आचरण या योगसाधना करने वाला व्यक्ति। [वि.] 1. पतंजलि संबंधी; पतंजलि का 2. पतंजलि द्वारा रचित; पतंजलिकृत 3. पतंजलि द्वारा चलाया जाने वाला।

पातक (सं.) [वि.] 1. गिराने वाला 2. पतित होने वाला। [सं-पु.] पाप; अपराध; गुनाह।

पातकी (सं.) [वि.] पाप करने वाला; अघी; पापी; अपराधी; दुराचारी।

पातन (सं.) [सं-पु.] 1. नीचे गिराने या ढकेलने की क्रिया या भाव; झुकाना 2. काटकर गिरा देने की क्रिया 3. फेंकना 4. डालना 5. (आयुर्वेद) पारद शोधन के आठ संस्कारों में पाँचवाँ संस्कार।

पातनीय (सं.) [वि.] 1. जिसको गिराया जाना हो; गिराने योग्य; जो गिराए जाने को हो 2. प्रहार या अघात करने योग्य।

पाता[1] [सं-पु.] 1. पत्ता 2. पल्ला 3. नाव खेने के लिए बनी डाँड का हत्था 4. पता; ठिकाना 5. पत्ता 6. पत्र।

पाता[2] (सं.) [वि.] 1. रक्षक 2. पीने वाला (व्यक्ति)।

पाताबा (फ़ा.) [सं-पु.] 1. पैरों में पहनने का मोज़ा 2. जूते के भीतर का तल्ला।

पाताल (सं.) [सं-पु.] 1. अत्यधिक नीचा और गहरा स्थान; गहरा खड्ड या गड्डा 2. (पुराण) पृथ्वी के नीचे के सात लोकों में से सातवाँ लोक; एक कल्पित लोक; नागलोक।

पातिव्रत (सं.) [सं-पु.] पति के प्रति होने वाली पूर्ण निष्ठा की भावना।

पाती (सं.) [सं-स्त्री.] पत्र; चिट्ठी; पत्री।

पातुर (सं.) [सं-स्त्री.] 1. वेश्या 2. नटी।

पात्र (सं.) [सं-पु.] 1. वह आधान जिसमें कुछ रखा या खाया-पीया जाता है; बरतन, जैसे- भोजन का पात्र 2. ऐसा व्यक्ति जो किसी काम या बात के सब प्रकार से उपयुक्त या योग्य समझा जाता हो; कोई वस्तु पाने का अधिकारी; हकदार 3. उपन्यास, कहानी, नाटक आदि में वे व्यक्ति जो कथा-वस्तु की घटनाओं के घटक होते हैं और जिनके क्रिया-कलाप या चरित्र से कथावस्तु की सृष्टि और उसका परिपाक होता है; अभिनेता।

पात्रता (सं.) [सं-स्त्री.] पात्र होने की अवस्था या गुण; योग्यता; अर्हता।

पात्रत्व (सं.) [सं-पु.] पात्र होने की योग्यता या धर्म; पात्रता; काबिलियत।

पात्री (सं.) [सं-स्त्री.] 1. छोटा पात्र या बरतन 2. कहानी, नाटक आदि में स्त्री पात्र; अभिनेत्री; नटी 3. छोटी भट्ठी। [वि.] 1. जिसके पास बरतन हो 2. जिसके पास योग्य व्यक्ति हो।

पाथ (सं.) [सं-पु.] पथ; रास्ता; मार्ग।

पाथना (सं.) [क्रि-स.] साँचों द्वारा या हाथों से दबाकर या पीटकर गीली मिट्टी या गोबर आदि को चौकोर या गोल आकार में लाना; थापना; गढ़ना; बनाना।

पाथेय (सं.) [वि.] पथ संबंधी; पथ का। [सं-पु.] 1. यात्रा में खाने हेतु ले जाया जाने वाला भोजन 2. यात्रा का ख़र्चा; यात्रा व्यय 3. (पुराण) एक प्राचीन देश का नाम।

पाद टिप्पणी (सं.) [सं-स्त्री.] वह टिप्पणी जो किसी ग्रंथ में पृष्ठ के निचले भाग में सूचना, निर्देश आदि देने के लिए लिखी गई हो; पन्ने के नीचे की टीका; (फ़ुटनोट)।

पाद[1] [सं-पु.] 1. गुदामार्ग या मलद्वार से निकलने वाली हवा; अपान वायु 2. शरीर में प्रवाहित होने वाली पाँच प्रकार की वायु में से एक अधोगामी वायु।।

पाद[2] (सं.) [सं-पु.] 1. पैर; चरण; पाँव 2. छंद, श्लोक या मंत्र का चतुर्थ भाग 3. वृक्ष की जड़ 4. अंश; हिस्सा 5. विशाल पर्वत के समीप स्थित छोटा पहाड़ 6. एक पग की माप 7. अंगुल की माप 8. चलने की क्रिया या भाव; गमन।

पादत्राण (सं.) [सं-पु.] जूता, खड़ाऊँ, चप्पल आदि। [वि.] जिससे पैर की रक्षा हो।

पादना [क्रि-अ.] 1. गुदामार्ग से अपान वायु को शरीर से बाहर निकालना 2. (खेल में) अधिक दौड़ाया या भगाया जाना।

पादप (सं.) [सं-पु.] पौधा; वनस्पति।

पादपूरक (सं.) [सं-पु.] वह वर्ण या अक्षर जिसके कारण छंद के पाद की पूर्ति हो जाती है लेकिन अर्थ पर कोई कुप्रभाव नहीं पड़ता। [वि.] वाद पूरक करने वाला।

पादपूरण (सं.) [सं-पु.] 1. कविता के अधूरे चरण को पूरा करना; पादपूर्ति 2. वह शब्द या अक्षर जिससे किसी कविता या पद की पूर्ति होती है।

पादमूल (सं.) [सं-स्त्री.] 1. पर्वत का निचला भाग; तराई 2. पैर का निचला भाग; तलवा; एड़ी; टखना।

पादरी (पु.) [सं-पु.] चर्च में धार्मिक कर्मकांड करने वाला व्यक्ति; ईसाइयों का धार्मिक गुरु।

पादाक्रांत (सं.) [वि.] 1. पैर से कुचला या रौंदा हुआ; पद दलित 2. पराजित।

पादानुप्रास (सं.) [सं-पु.] (काव्यशास्त्र) अनुप्रास अलंकार का एक भेद; पदगत अनुप्रास।

पादुका (सं.) [सं-स्त्री.] खड़ाऊँ; चप्पल; जूता।

पादुकोण (सं.) [सं-पु.] एक प्रकार का उपनाम।

पादोदक (सं.) [सं-पु.] 1. पाँव या चरण धोने का जल; चरणोदक 2. किसी का पाँव पखारा हुआ जल; चरणामृत।

पाद्य (सं.) [वि.] 1. पैर या चरण से संबंध रखने वाला; चरण या पैर का; पाद संबंधी। [सं-पु.] किसी सम्मानित व्यक्ति या देवता आदि के पैर प्रक्षालन हेतु प्रयुक्त होने वाला जल।

पाद्यार्घ (सं.) [सं-पु.] 1. हाथ-पैर धोने के लिए दिया गया जल 2. पूजा की सामग्री 3. भेंट; नज़र 4. प्राचीनकाल में राजा द्वारा ब्राह्मण को दान के रूप में दी गई भूमि जिसका कर नहीं लिया जाता था।

पान-बतासा [सं-पु.] हथेली पर धारण किया जाने वाला एक आभूषण।

पान[1] (सं.) [सं-पु.] 1. तरल पदार्थ पीने की क्रिया या भाव 2. पीने योग्य तरल पदार्थ; पेय पदार्थ 3. शराब या मद्य बनाने या बेचने वाला व्यक्ति; कलवार 4. जल; पानी 5. आब; चमक 6. नहर 7. रक्षण; रक्षा 8. निःश्वास 9. जीत; विजय।

पान[2] (फ़ा.) [सं-पु.] 1. कत्था, चूना आदि लगाकर खाया जाने वाला एक प्रसिद्ध लता का पत्ता; तांबूल; नागबेल 2. लगा हुआ पान का पत्ता; गिलौरी; बीड़ा 3. ताश के पत्तों पर बनी हुई पान के आकार की लाल रंग की बूटियाँ 4. पान के आकार की कोई रचना 5. जूते में एड़ी पर लगाया जाने वाला पान के आकार का चमड़े का टुकड़ा। [मु.] **-देना** : सत्कार के रूप में पान का बीड़ा देना। **-खाने को देना** : रिश्वत या घूस देना।

पानक (सं.) [सं-पु.] 1. एक प्रकार का पेय 2. आग पर पकाए गए कच्चे आम, इमली आदि के गूदे में पानी, पुदीने का रस, नमक, चीनी आदि को मिलाकर तैयार किया जाने वाला एक पेय पदार्थ; पना या पन्ना।

पानडलिया [सं-स्त्री.] 1. पान रखने की छोटी डिबिया 2. पान रखने की डलिया।

पानड़ी [सं-स्त्री.] एक प्रकार की पत्ती जो प्रायः मीठे पेय पदार्थों तथा तेल और उबटन आदि में उन्हें सुगंधित करने के लिए छोड़ी जाती है।

पानदान (फ़ा.) [सं-पु.] पान के पत्तों, सुपारी तथा पान के मसालों को रखने का डिब्बा; पान के बीड़े रखने का डिब्बा; पनडिब्बा।

पानपत्ता (फ़ा.+हिं.) [सं-पु.] 1. लगा हुआ पान 2. साधारण उपहार या भेंट 3. सत्कार की सामग्री।

पानफूल (सं.) [सं-पु.] 1. कोमल या सुकुमार वस्तु 2. साधारण (अत्यल्प) उपहार या भेंट।

पानफेराई [सं-स्त्री.] 1. एक वैवाहिक रस्म 2. वर पक्ष की ओर से कन्या की माँ के पास पान भेजने पर वापस भेजी गई द्रव्य की भेंट।

पानसुपारी (फ़ा.+सं.) [सं-स्त्री.] किसी शुभ या मांगलिक अवसर पर आमंत्रित व्यक्तियों का पान-सुपारी से किया जाने वाला सत्कार।

पाना (सं.) [क्रि-स.] 1. कुछ प्राप्त करना; ग्रहण करना 2. खोई वस्तु का मिल जाना 3. अनुभव करना; समझ लेना 4. भोगना 5. किसी के पास पहुँचना 6. भोजन करना 7. बराबरी करना 8. पारिश्रमिक प्राप्त करना। [क्रि-अ.] सकना।

पानागार (सं.) [सं-पु.] वह स्थान जहाँ बहुत से लोग एकत्रित होकर शराब पीते हों; शराब पीने का स्थान।

पानी (सं.) [सं-पु.] 1. रंग, गंध और स्वाद से रहित एक पारदर्शी तरल द्रव्य जो जीवन के लिए आवश्यक है; जल; नीर 2. वर्षा; मेह 4. किसी हरे या सरस पदार्थ के भीतर से निकलने वाला रस 5. पदार्थ का विशेष गुण जिसके कारण वह आभायुक्त बना रहता है 6. {ला-अ.} आब; कांति 7. {ला-अ.} मान-प्रतिष्ठा; इज़्ज़त। [मु.] **-करना** : किसी का क्रोध शांत करना। **-की तरह बहाना** : ख़ूब ख़र्च करना। **-के मोल होना** : बहुत सस्ता होना। **-देना** : सींचना; तर्पण करना। **-पानी होना** : बहुत शर्मिंदा होना। **-पी-पीकर कोसना** : ख़ूब खरी-खोटी सुनाना। **-फेरना** : सर्वनाश कर देना। **-में आग लगाना** : अशांति-उपद्रव करा देना। **-फेंकना** : नष्ट करना। **-उतारना** : अपमानित करना।

पानी चढ़ाना [क्रि-स.] पैना करना; धार तेज करना।

पानी तोड़ना [क्रि-स.] पानी पर चलना या उसे पार करना।

पानी धरना [क्रि-स.] पानी चढ़ाना; पानी रखना।

पानीदार (हिं.+फ़ा.) [वि.] 1. जिसमें पानी हो; कांतिमान;

चमकदार; लावण्ययुक्त 2. प्रतिष्ठित; इज़्ज़तदार 3. स्वाभिमानी।

पानीपत [सं-पु.] 1. दिल्ली के पास स्थित एक प्रसिद्ध नगर 2. उक्त नगर के पास स्थित एक मैदान जहाँ अनेक प्रसिद्ध युद्ध हुए।

पानीपूरी [सं-स्त्री.] गोल फूली हुई पपड़ी में नमक, मिर्च, इमली, पुदीना तथा चटपटे मसाले मिले पानी को भरकर खाया जाने वाला व्यंजन; गोलगप्पा; पानीबतासा; गुपचुप।

पानीफल [सं-पु.] पानी में होने वाला तिकोने आकार का एक फल जिसके तीनों कोनों पर काँटा होता है, सिंघाड़ा।

पानौरा [सं-पु.] पान के पत्तों को बेसन में लपेटकर बनाई हुई पकौड़ी; पनौआ।

पान्हर [सं-पु.] एक प्रकार का सरपत

पाप (सं.) [सं-पु.] 1. धर्म और नीति के विरुद्ध किया जाने वाला आचरण; गुनाह 2. अपराध; कसूर 3. अनिष्ट; अहित 4. अशुभ फल देने वाला कर्म। [मु.] **-कमाना** : पाप करके फल का भोगी बनना। **-कटना** : पीछा छूटना। **-मोल लेना** : जानबूझकर झंझट मोल लेना।

पापकर्म (सं.) [सं-पु.] 1. धर्म विरुद्ध कर्म 2. ऐसा बुरा और निंदनीय काम जिसको करने से पाप लगता हो 3. खोटा कार्य।

पापघ्न (सं.) [वि.] पाप नाश करने वाला।

पापड़ (सं.) [सं-पु.] 1. उड़द, मूँग, आलू आदि से निर्मित एक गोलाकार बारीक मसालेदार पपड़ी या रोटी जिसे तल कर या सेक कर खाया जाता है। [मु.] **-बेलना** : बहुत परिश्रम करना।

पापड़ी [सं-स्त्री.] 1. बेसन और चीनी से निर्मित एक प्रकार की मिठाई 2. एक प्रकार का नमकीन व्यंजन; चाट 3. मध्यप्रदेश, पंजाब और तमिलनाडु में पाया जाने वाला एक प्रकार का वृक्ष।

पापनाशक (सं.) [वि.] पापों का नाश करने वाला।

पापनाशी (सं.) [वि.] पापों का नाश करने वाला।

पापमति (सं.) [वि.] जिसका मन सदैव पाप कर्म में लगा हो; पापचेता; दुरात्मा; पापबुद्धि।

पापलीन (अं.) [सं-पु.] एक प्रकार का सूती कपड़ा जो नरम होता है।

पापशोधन (सं.) [सं-पु.] 1. पाप से मुक्त होने की क्रिया या भाव 2. पाप निवारण 2. पाप निवारण करने का स्थान; तीर्थस्थान।

पापा[1] [सं-पु.] बरसात में जौ-बाजरे में लगने वाला एक प्रकार का कीड़ा।

पापा[2] (सं.) [सं-स्त्री.] 1. ज्योतिष में बुध ग्रह की उस समय की गति जब वह हस्त, ज्येष्ठा या अनुराधा नक्षत्र पर होता है 2. एक शिकारी जंतु।

पापाचार (सं.) [सं-पु.] 1. पापपूर्ण आचरण 2. पापयुक्त कृत्य 3. दुराचार। [वि.] पाप कर्म करने वाला; पापी।

पापात्मा (सं.) [वि.] जिसकी आत्मा सदैव पाप कर्म में प्रवृत्त रहे; सदा पाप कर्म में लगा रहने वाला; पापी।

पापिन (सं.) [सं-स्त्री.] 1. पाप में लीन या अनुरक्त स्त्री; पातकी; अघी 2. {ला-अ.} क्रूर; निर्मोही; निर्दय।

पापिष्ठ (सं.) [वि.] सबसे बड़ा पापी; अतिपापी।

पापी (सं.) [वि.] 1. पाप करने वाला; पाप कर्म में रत या अनुरक्त; पातकी; अघी 2. {ला-अ.} निर्दय; निर्मोही; क्रूर। [सं-पु.] वह जिसने पाप किया हो; पाप करने वाला व्यक्ति।

पाबंद (फ़ा.) [वि.] 1. किसी नियम, वचन, समय या सिद्धांत आदि का पूर्ण रूप से पालन करने वाला या मानने वाला 2. अनुशासन प्रिय; अनुशासित 3. नियम, प्रतिज्ञा, विधि, आदेश आदि का पालन करने के लिए बाध्य।

पाबंदी (फ़ा.) [सं-स्त्री.] 1. पाबंद होने की क्रिया, भाव या अवस्था 2. किसी नियम, वचन, सिद्धांत आदि का पूर्ण रूप से पालन करने की विवशता या लाचारी 3. किसी के अधीन होकर काम करने का भाव 4. कोई विशेष कार्य करने की बाध्यता या लाचारी।

पाम (सं.) [सं-पु.] 1. एक प्रकार का चर्मरोग; विचर्चिका; दद्रु; (एकज़िमा) 2. खाज; खुजली।

पामर (सं.) [वि.] 1. दुष्ट; अधम 2. पापी 3. मूर्ख; निर्बुद्धि 4. नीच 5. जिसका जन्म निम्न कुल में हुआ हो 6. निर्धन 7. असहाय 8. पाम रोग से ग्रस्त। [सं-पु.] 1. पाप कर्म में संलग्न व्यक्ति 2. नीच या अधम व्यक्ति।

पामरी (सं.) [सं-स्त्री.] दुपट्टा; उपरना।

पामोजी [सं-पु.] एक प्रकार का पक्षी; टाँगों पर पंजों तक बाल वाली चिड़िया।

पाय (फ़ा.) [पूर्वप्रत्य.] शब्दों के आरंभ में जुड़कर पैरों से संबंधित तथा पैरों की तरफ़ का अर्थ देता है, जैसे- पायदान, पायताना।

पायँता (सं.) [सं-पु.] चारपाई का वह भाग जिस तरफ़ पैर रहते हैं; पैताना।

पायंदाज (फ़ा.) [सं-पु.] पैर आदि पोंछने का बिछावन; पायदान; गर्दख़ोर।

पायक[1] [सं-पु.] 1. पहलवान 2. पटेबाज़।

पायक[2] (सं.) [वि.] पीने वाला; पान करने वाला।

पायक[3] (फ़ा.) [सं-पु.] 1. सेवक; दास 2. पैदल सिपाही; पदातिक 3. समाचार पहुँचाने वाला दूत।

पायजामा (फ़ा.) [सं-पु.] पैर में पहनने का एक प्रकार का सिला हुआ वस्त्र जिससे टखने से कमर तक का भाग ढका रहता है; पाजामा; सुथना; तमान; इज़ार।

पायजेब [सं-स्त्री.] दे. पाज़ेब।

पायताना [सं-पु.] पलंग या चारपाई का वह भाग जिधर पैर होते हैं।

पायदान (फ़ा.) [सं-पु.] 1. पैर रखने के लिए बना हुआ स्थान या वस्तु 2. काठ की छोटी चौकी जो कुरसी पर बैठे हुए आदमी के पैर रखने के लिए मेज़ के नीचे रखी जाती है 3. किसी वाहन के बगल में बाहर की ओर लटकाई हुई धातु की छोटी पटरी जिसपर पैर रखकर नीचे से गाड़ी पर चढ़ा जाता है 4. ऊपर चढ़ने या उतरने के लिए बने साधनों में पैर रखने के लिए बना प्रत्येक स्थान 5. {ला-अ.} उन्नति या बढ़ाव के

मार्ग पर पड़ने वाली विभिन्न स्थितियों में से प्रत्येक स्थिति या स्थान।

पायदार (फ़ा.) [वि.] दृढ़, मज़बूत और टिकाऊ।

पायदारी (फ़ा.) [सं-स्त्री.] दृढ़ता; मज़बूती।

पायना (सं.) [सं-स्त्री.] 1. गीला या तर करना 2. सींचना 3. पिलाने की क्रिया 4. किसी धारदार वस्तु की धार तेज़ करना; सान धरना।

पायमाल (फ़ा.) [वि.] 1. पैरों से रौंदा या कुचला हुआ; पददलित; पदक्रांत 2. बुरी तरह तबाह; बरबाद; चौपट; सत्यानाश।

पायरा [सं-पु.] 1. घोड़े की जीन; रकाब 2. एक प्रकार का कबूतर।

पायरिया (सं.) [सं-पु.] 1. दाँतों की साफ़ सफ़ाई में कमी के कारण होने वाली बीमारी 2. साँस की बदबू, मसूढ़ों से ख़ून और मवाद निकलना।

पायल [सं-स्त्री.] 1. स्त्रियों द्वारा पैर में पहना जाने वाला एक प्रकार का घुँघरू वाला ज़ेवर; पाज़ेब; नूपुर 2. बाँस की सीढ़ी। [वि.] जन्म के समय जिस बच्चे का पैर पहले बाहर निकले हों।

पायस (सं.) [सं-पु.] 1. दूध में पकाया हुआ चावल; खीर 2. सलई का गोंद। [वि.] 1. दूध या जल से संबद्ध 2. दूध या जल से निर्मित।

पाया (फ़ा.) [सं-पु.] 1. पलंग, चौकी आदि का पैर 2. नींव; बुनियाद 3. स्तंभ; खंभा 4. पद; ओहदा; दरजा 5. घोड़ों के पैर में होने वाला एक प्रकार का रोग।

पार (सं.) [सं-पु.] 1. झील, नदी, समुद्र आदि का दूसरी ओर का किनारा 2. किसी काम या बात का अंतिम छोर या सिरा 3. विस्तार या व्याप्ति की चरम सीमा या हद। [मु.] **-उतरना** : छुट्टी पाना। **-लगना** : किसी काम का पूरा होना। **-लगाना** : उद्धार करना। **-पाना** : किसी की गहराई की थाह लेना या किसी के विरुद्ध सफलता प्राप्त करना।

पार उतराई [सं-स्त्री.] पार उतारने की मज़दूरी; खेवाई (नाविक की मजदूरी)।

पारंगत (सं.) [वि.] 1. किसी शास्त्र या विद्या में दक्ष; निष्णात 2. जिसने किसी शास्त्र या विद्या में अत्यधिक ज्ञान प्राप्त कर लिया हो 3. जो पार पहुँच चुका हो; जिसने पार पा लिया हो।

पारंपरिक (सं.) [वि.] परंपरा से चला आया हुआ; परंपरा से प्राप्त; परंपरा से संबद्ध; परंपरागत; क्रमागत।

पारंपरीय (सं.) [वि.] परंपरागत; क्रमागत।

पारंपर्य (सं.) [सं-पु.] 1. परंपरा का भाव 2. परंपराक्रम 3. कुलक्रम; वंशपरंपरा 4. परंपरा से चली आती हुई रीति।

पारक्य (सं.) [सं-पु.] पवित्र आचरण या पुण्य कार्य जो परलोक में उत्तम गति प्राप्त कराता है। [वि.] 1. पराया 2. जो विरुद्ध हो; विरोधी।

पारखी [सं-पु.] वह जिसमें परखने की शक्ति हो; परखने वाला; जाँचने वाला; परीक्षक।

पारग (सं.) [वि.] 1. पार जाने वाला 2. जो पार चला गया हो 3. कार्य पूरा करने वाला 4. किसी विषय का अच्छा जानकार।

पारगमन (सं.) [सं-पु.] एक अवस्था, स्थान या स्थिति से दूसरी अवस्था, स्थान या स्थिति में जाने या भेजने की क्रिया या भाव।

पारण (सं.) [सं-पु.] 1. पार करने या जाने की क्रिया या भाव 2. व्रत या उपवास के बाद का पहला भोजन 3. तृप्ति; संतोष 4. उत्तीर्ण होना; परीक्षा या जाँच में खरा उतरना 5. बादल 6. अध्ययन; पढ़ना 7. आगे बढ़ना 8. पूरा करना। [वि.] पार करने वाला; उद्धार करने वाला।

पारणपत्र (सं.) [सं-पु.] 1. किसी सभा या समारोह में बाहर या भीतर जाने का लिखित अनुमति पत्र; (पास) 2. रेल आदि में बिना किराए के यात्रा करने का अनुमति पत्र।

पारतंत्र्य (सं.) [सं-पु.] पराधीनता; परतंत्रता; गुलामी।

पारत्रिक (सं.) [वि.] 1. परलोक संबंधी 2. पारलौकिक 3. जिससे परलोक में उत्तम गति प्राप्त हो।

पारद (सं.) [सं-पु.] 1. चाँदी जैसी एक चमकीली और भारी धातु जो सामान्यतः द्रव रूप में रहती है; पारा; (मरकरी) 2. एक प्राचीन असभ्य जाति 3. पारद जाति के रहने का प्रदेश।

पारदर्शक (सं.) [वि.] 1. जिसके भीतर से होकर प्रकाश की किरणों के जा सकने के कारण उस पार की वस्तुएँ दिखाई दें; जिससे आरपार दिखाई पड़े, जैसे- शीशा 2. पार को दिखाने वाला।

पारदर्शिका (सं.) [वि.] आरपार दिखाई देने वाली।

पारदर्शिता (सं.) [सं-स्त्री.] 1. पारदर्शी होने का गुण या भाव 2. पदार्थों के आर-पार देखे जा सकने का गुण या क्षमता।

पारदर्शी (सं.) [वि.] 1. इस पार से उस पार तक दिखने वाला, जैसे- काँच, हवा, झीना वस्त्र 2. {ला-अ.} आर-पार अर्थात बहुत दूर तक की बात देखने और समझने वाला; परिणामदर्शी; दूरदर्शी; चतुर; बुद्धिमान; पारदर्शक।

पारधी (सं.) [सं-पु.] व्याध; बहेलिया; वधिक; आखेटक; शिकारी। [सं-स्त्री.] आड़; ओट।

पारना (सं.) [क्रि-स.] 1. किसी वस्तु को स्वरूप देकर ज़मीन पर डालना 2. गिराना 3. लेटाना 4. कुश्ती में पछाड़ना या पटकना 5. स्थापित या प्रस्थापित करना। [क्रि-अ.] सकना; कार्य करने में समर्थ होना।

पारपत्र (सं.) [सं-पु.] एक राजकीय अधिकार-पत्र जो अपने देश के नागरिक को दिया जाता है, जिससे वह विदेश यात्रा के समय उसे दिखाकर आसानी से भ्रमण कर सके; (पासपोर्ट)।

पारब्रह्म (सं.) [सं-पु.] निर्गुण या निरुपाधि ब्रह्म; परब्रह्म।

पारमार्थिक (सं.) [वि.] 1. जिससे पारमार्थ सिद्ध हो 2. परमार्थ का प्रेमी 3. अति उत्तम 4. सदैव एकरूप एवं एकरस रहने वाला 5. अविकारी और सत्य।

पारमिता (सं.) [सं-स्त्री.] 1. सीमा; हद 2. पूर्णता; उत्कृष्टता।

पारलौकिक (सं.) [वि.] 1. जो लौकिकता से परे हो; परलोक संबंधी; परलोक का 2. अलौकिक 3. अज्ञात 4. अपार्थिव 5. अप्राकृतिक 6. असाधारण 7. विलक्षण। [सं-पु.] अंत्येष्टि क्रिया।

पारवर्ग्य (सं.) [वि.] 1. किसी अन्य वर्ग से संबंधित 2. विरोधी

3. प्रतिकूल। [सं-पु.] शत्रु; वैरी।

पारस[1] [सं-पु.] 1. परोसा हुआ भोजन 2. वह पत्तल जिसमें एक आदमी के खाने-भर का भोजन रखा गया हो।

पारस[2] (सं.) [सं-पु.] 1. एक प्रकार का कल्पित पत्थर जिसके स्पर्श मात्र से लोहा भी सोना हो जाता है; स्पर्शमणि 2. लाभदायक एवं उपयोगी पदार्थ 3. बादाम या खूबानी की जाति का मझोले कद का एक पहाड़ी वृक्ष जो देखने में ढाक के पेड़ की तरह लगता है। [वि.] 1. पारस पत्थर के समान स्वच्छ और उत्तम; चंगा; निरोग; तंदुरुस्त 2. जो किसी दूसरे को भी अपने समान कर ले; दूसरों को अपने जैसा बनाने वाला।

पारस[3] (फ़ा.) [सं-पु.] आधुनिक ईरान देश (फ़ारस) का प्राचीन नाम।

पारसनाथ [सं-पु.] 1. जैनों के तेईसवें तीर्थंकर; पार्श्वनाथ 2. झारखंड में स्थित एक पहाड़ी का नाम 3. एक प्रसिद्ध जैन तीर्थस्थल।

पारसल (अं.) [सं-पु.] डाक अथवा रेल आदि के माध्यम से किसी के नाम से भेजा जाने वाला लिफ़ाफ़ा या डिब्बानुमा पैकेट।

पारसाई (फ़ा.) [सं-स्त्री.] पारसा (धर्मात्मा) होने की अवस्था या भाव; धार्मिकता; साधुता; सदाचार।

पारसी (सं.) [सं-पु.] 1. एक अग्निपूजक जाति जो कमर में एक प्रकार का यज्ञोपवीत पहने रहते हैं 2. फ़ारस (आधुनिक ईरान) का वासी। [वि.] पारस या फ़ारस का; फ़ारस संबंधी।

पारस्परिक (सं.) [वि.] आपसी; आपस का; एक-दूसरे से संबंधित; परस्पर होने वाला।

पारस्परिकता (सं.) [सं-स्त्री.] परस्पर होने की अवस्था या भाव; परस्परता; आपसी भाव।

पारा[1] [सं-पु.] गारा या मसाले का प्रयोग किए बिना ईंट या पत्थर के टुकड़ों से बनी छोटी दीवार।

पारा[2] (सं.) [सं-पु.] 1. चाँदी की तरह की एक चमकीली और भारी धातु जो सामान्यतः द्रव रूप में रहती है; पारद; (मरकरी) 2. दीया जैसा परंतु उससे कुछ बड़े आकार का पात्र; परई।

पारा[3] (फ़ा.) [सं-पु.] टुकड़ा; खंड।

परापार (सं.) [सं-पु.] 1. दोनों तरफ़ का किनारा या तट; उभय तट 2. समुद्र।

पारायण (सं.) [सं-पु.] 1. किसी ग्रंथ का आदि से अंत तक नियमित पाठ 2. किए जाने वाले किसी कार्य की समाप्ति 3. पार जाना।

पारावत (सं.) [सं-पु.] 1. कपोत; पंडुक; कबूतर 2. बंदर 3. एक प्रकार का सर्प 4. पर्वत।

पारावार (सं.) [सं-पु.] 1. आरपार 2. नदी आदि के दोनों किनारे 3. सीमा; अंत; हद 4. समुद्र।

पाराशर (सं.) [सं-पु.] 1. पराशर मुनि के पुत्र; वेदव्यास 2. ब्राह्मण समाज में एक कुलनाम या उपनाम। [वि.] 1. पराशर से संबंधित 2. पराशर विरचित।

पाराशरी (सं.) [सं-पु.] पाराशर मत का अनुयायी (संन्यासी)।

पारिजात (सं.) [सं-पु.] 1. (पुराण) समुद्र मंथन के समय निकला हुआ एक वृक्ष जिसके विषय में माना जाता है कि यह इंद्र के नंदनकानन में लगा हुआ है 2. हरसिंगार वृक्ष या उसका फूल 3. एक मुनि का नाम।

पारिजाता [सं-स्त्री.] शेफाली; शेफालिका; हरसिंगार।

पारिणामिक (सं.) [वि.] 1. परिणाम संबंधी 2. जिसका रूपांतरण या विकास हो सके 3. पचने वाला; जो पच सके या पचाया जा सके।

पारित (सं.) [वि.] 1. जो पार हो चुका हो; जिसका पारण हुआ हो 2. जो परीक्षा में उत्तीर्ण हो चुका हो 3. जो नियम या विधिपूर्वक किसी संस्था या विधान सभा द्वारा स्वीकृत किया जा चुका हो; (विधेयक, प्रस्ताव आदि)।

पारितोषिक (सं.) [सं-पु.] पुरस्कार; सम्मान; इनाम। [वि.] 1. पूर्ण रूप से संतुष्ट करने वाला 2. प्रसन्न करने वाला।

पारिपार्श्व (सं.) [सं-पु.] साथ-साथ चलने वाला व्यक्ति; अनुचर; सेवक।

पारिपार्श्विक (सं.) [सं-पु.] 1. सेवक; अनुचर 2. नाटक में, स्थापक का सहायक नट।

पारिभाव्य (सं.) [सं-पु.] 1. सुरक्षित राशि 2. जमानत आदि के रूप में लिया हुआ 3. कुष्ठ रोग की एक औषधि।

पारिभाषिक (सं.) [वि.] 1. जिसका अर्थ परिभाषा द्वारा सूचित किया जाए 2. परिभाषा संबंधी 3. जो (शब्द) किसी शास्त्र या विषय में अपना साधारण से भिन्न कोई विशिष्ट अर्थ रखता हो; जिसका व्यवहार किसी विशेष अर्थ के संकेत के रूप में किया जाए।

पारिभाषिक शब्द (सं.) [सं-पु.] वह शब्द जो किसी शास्त्र या विषय में अपना साधारण से भिन्न कोई विशिष्ट अर्थ रखता हो।

पारिभाषिक शब्दावली (सं.) [सं-स्त्री.] विशिष्ट अर्थों में प्रयुक्त होने वाले शब्दों की सूची।

पारिमिता (सं.) [सं-स्त्री.] हद; सीमा।

पारिवारिक (सं.) [वि.] परिवार संबंधी; परिवार का।

पारिवारिकता (सं.) [सं-स्त्री.] 1. पारिवारिक होने का भाव 2. स्वजन भावना।

पारिव्राज्य (सं.) [सं-पु.] 1. संन्यास; विरत 2. विरक्त होने की अवस्था या भाव।

पारिश्रमिक (सं.) [सं-पु.] किए हुए श्रम या कार्य के बदले में मिलने वाला धन; मज़दूरी; मेहनताना।

पारिषद (सं.) [वि.] परिषद संबंधी, परिषद का। [सं-पु.] 1. परिषद या सभा में बैठने वाला व्यक्ति; सभासद 2. सभ्य 3. मध्यकाल में राजा का मित्र; अनुचर 4. गण; अनुयायी वर्ग।

पारी[1] [सं-स्त्री.] 1. किसी कार्य को करने में क्रमानुसार प्राप्त होने वाला मौका; बारी 2. क्रिकेट के खेल में प्रत्येक दल को बल्लेबाज़ी करने के लिए प्राप्त होने वाला अवसर; पाली।

पारी[2] (सं.) [सं-स्त्री.] वह रस्सी जिसके द्वारा हाथी के पैर बाँधे जाते हैं।

पारुष्य (सं.) [सं-पु.] 1. परुष होने की अवस्था, गुण या भाव 2. परुषता 3. कठोरता; बात का कड़वापन; रुखाई।

पारेषण (सं.) [सं-पु.] 1. भेजना; प्रेषण 2. संचरण; संचार; संचारण।

पार्क (अं.) [सं-पु.] 1. किसी नगर का वह स्थान जहाँ फल-फूलदार या सुंदर पौधों, वृक्षों आदि को लगाया गया हो; उपवन 2. भूमि का एक हिस्सा जो अपने प्राकृतिक रूप में सार्वजनिक संपत्ति के रूप में सुरक्षित रखा गया हो; सार्वजनिक उद्यान।

पार्किंग (अं.) [सं-स्त्री.] 1. वह स्थान जहाँ गाड़ियाँ खड़ी की जाती हैं 2. पड़ाव।

पार्टी (अं.) [सं-स्त्री.] 1. समान विचारधारा के व्यक्तियों का समूह 2. वादी या प्रतिवादी पक्ष 3. समारोह या उत्सव से संबंधित जलपान; प्रीतिभोज।

पार्टीबाज़ (अं.+फ़ा.) [सं-पु.] 1. वह जो नई-नई पार्टियाँ बनाने में सिद्धहस्त हो 2. गुट बनाने वाला व्यक्ति; गुटबाज़ 3. प्रायः सभा, सम्मेलन या उत्सव आदि में सम्मिलित होने वाला व्यक्ति।

पार्टीबाज़ी (अं.+फ़ा.) [सं-स्त्री.] 1. ख़ेमाबंदी; गुटबाज़ी 2. समारोह या उत्सव में भाग लेने की क्रिया।

पार्थ (सं.) [सं-पु.] 1. अर्जुन (गीता में कृष्ण द्वारा संबोधित) 2. पृथा (कुंती) के पुत्र अर्जुन 3. अर्जुन नामक वृक्ष 4. राजा; भूपति।

पार्थक्य (सं.) [सं-पु.] 1. पृथक या अलग होने की अवस्था या भाव 2. अंतर 3. वियोग; जुदाई 3. एक वस्तु को दूसरी वस्तु से अलग करने वाला गुण।

पार्थिव (सं.) [वि.] 1. पृथ्वी संबंधी 2. पृथ्वी से उत्पन्न; पृथ्वीतत्व का विकार रूप, जैसे- पार्थिव शरीर 3. मिट्टी आदि से निर्मित 4. संसारिक; संसार संबंधी 5. राजा के योग्य; राजसी 6. पृथ्वी का। [सं-पु.] 1. पृथ्वी पर रहने वाले प्राणी; सांसारिक जीव 2. शरीर; देह।

पार्लर (अं.) [सं-पु.] 1. वार्ताकक्ष 2. विशिष्ट सेवा प्रदान करने हेतु निर्मित कक्ष 3. बैठकख़ाना।

पार्वती (सं.) [सं-स्त्री.] 1. (पुराण) हिमालय की पुत्री 2. शिव की पत्नी।

पार्वतीय (सं.) [सं-पु.] वह जो पर्वत पर रहता हो; पहाड़ी। [वि.] 1. पर्वत पर रहने वाला 2. पहाड़ का; पहाड़ी।

पार्श्व (सं.) [सं-पु.] 1. छाती के दाएँ-बाएँ का भाग; बगल 2. दोनों ओर के काँख के नीचे का वह भाग जिनमें पसलियाँ होती हैं 3. आस-पास या पीछे की जगह 4. कपटयुक्त साधन या उपाय। [वि.] निकट या पास का।

पार्श्ववर्ती (सं.) [वि.] 1. पास या निकट रहने वाला; पड़ोसी 2. साथ रहने वाला। [सं-पु.] 1. सेवक; सहचर 2. परिचारक।

पार्श्विक[1] जिह्वा के उच्चारण स्थान को छूते समय दोनों तरफ़ से हवा बाहर निकलती है, जैसे- 'ल्'।

पार्श्विक[2] (सं.) [सं-पु.] 1. पक्षपाती 2. सहचर; साथी 3. धूर्त; बाज़ीगर; छल से पैसा कमाने वाला व्यक्ति। [वि.] 1. पार्श्व संबंधी 2. किसी एक ओर, अंग या पार्श्व में होने वाला।

पार्षद (सं.) [सं-स्त्री.] 1. किसी परिषद या सभा का सदस्य; सभासद 2. देवभक्त; किसी देवता का अनुचर 3. सेवक।

पाल डालना [क्रि-स.] कच्चा आम तोड़ कर पकाना।

पाल[1] [सं-पु.] 1. कच्चे फलों को पकाने की कृत्रिम विधि; फलों को गरमी पहुँचाकर पकाने के लिए पत्ते बिछाकर रखने की विधि 2. फलों को पकाने के लिए भूसा, पत्ते या कागज़ आदि बिछाकर बनाया हुआ स्थान।

पाल[2] (सं.) [सं-पु.] 1. पालक; पालनकर्ता 2. चरवाहा 3. पीकदान 4. चित्रक वृक्ष; चीते का पेड़ 5. बंगाल का एक प्रसिद्ध राजवंश 6. बंगालियों में एक कुलनाम या सरनेम 7. राजा; नरेश 8. वह लंबा चौड़ा कपड़ा जिसे नाव के मस्तूल से लगाकर इसलिए तानते हैं कि उसमें हवा भरे और नाव को ढकेले 9. तंबू; शामियाना; चँदोवा 10. गाड़ी या पालकी आदि ढकने का कपड़ा; ओहार 11. पानी को रोकने वाला बाँध या किनारा; मेंड़ 12. ऊँचा किनारा; कगार; तट 13. पानी के कटाव से नदी आदि के किनारे पर भीतर की ओर बनने वाला खोखला स्थान।

पालक (सं.) [सं-पु.] 1. पालन करने वाला व्यक्ति; पालनकर्ता; पिता 2. राजा; नरपति 3. अश्वरक्षक; साईस 4. अश्व; तुरंग 5. चीते का पेड़ 6. पाला हुआ लड़का; दत्तक पुत्र 7. रक्षण; बचाव 8. वह व्यक्ति जो किसी बात का निर्वाह करे 9. एक प्रकार का साग। [वि.] रक्षक; त्राता।

पालकी (सं.) [सं-स्त्री.] 1. एक प्रसिद्ध सवारी जिसमें सवार आराम से बैठता या लेटता है और जिसे कहार या मज़दूर कंधे पर उठाकर एक स्थान से दूसरे स्थान पर ले जाते हैं; डोली; शिविका 2. पालक नामक साग।

पालतू (सं.) [वि.] 1. पाला-पोसा हुआ 2. पाला जाने वाला, जैसे- पालतू कुत्ता।

पालतूपन (सं.) [सं-पु.] पशुओं-पक्षियों को पालतू बनाने या रखने की अवस्था या भाव; वन्य जीवों को पकड़कर घर में रखने का भाव।

पालथी (सं.) [सं-स्त्री.] बैठने का एक आसन जिसमें दाहिने और बाएँ पैरों के पंजे क्रमशः बाईं और दाईं जाँघ के नीचे दबे रहते हैं।

पालन (सं.) [सं-पु.] 1. भरण-पोषण; परवरिश 2. आज्ञा, आदेश, कर्तव्य, वचन आदि का निर्वाह।

पालनकर्ता (सं.) [वि.] 1. निर्वाह करने वाला 2. रक्षा करने वाला 3. भरण-पोषण करने वाला 4. निभाने वाला।

पालनहार [वि.] 1. पालक 2. पालन करने वाला।

पालना (सं.) [सं-पु.] 1. एक प्रकार का बच्चों का छोटा झूला जिसमें उन्हें सुलाया, लेटाया या झुलाया जाता है। [क्रि-स.] 1. भरण-पोषण करना; परवरिश करना 2. आजीविका या मनोविनोद हेतु पशु-पक्षी को घर में रखना 3. वचन, आदेश प्रतिज्ञा आदि मानना या निबाहना 4. रक्षा करना।

पालनीय (सं.) [वि.] पालन करने योग्य; जिसका पालन किया जाना चाहिए।

पाला[1] [सं-पु.] 1. प्रधान स्थान; पीठ 2. कबड्डी आदि खेलों में दोनों पक्षों के लिए अलग-अलग निर्धारित क्षेत्र जो गहरी लकीर खींचकर बनाया जाता है 3. पतला 4. अखाड़ा [मु.] -

पड़ना : काम पड़ना। -बदल देना : विरोधी पक्ष में जा मिलना।

पाला[2] (सं.) [सं-पु.] हवा में मिले हुए पानी या भाप के अत्यंत सूक्ष्म कण जो ठंडक के कारण पृथ्वी पर सफ़ेद तह के रूप में जम जाते हैं और फ़सल को नुकसान पहुँचाते हैं। [मु.] **-मार जाना** : फ़सल नष्ट हो जाना।

पालि (सं.) [सं-स्त्री.] 1. कान के पुट के नीचे का मुलायम चमड़ा; कर्णलताग्र; कान की लौ 2. किसी चीज़ का कोना 3. पंक्ति; श्रेणी; कतार 4 किनारा 5. सीमा; हद 6. मेंड़; बाँध 7. पुल; करारा; कगार; भीटा 8. देग; बटलोई 9. प्राचीन काल में प्रचलित एक तौल जो एक प्रस्थ के बराबर होती थी 10. वह बँधा हुआ भोजन जो छात्र या ब्रह्मचारी को गुरुकुल में मिलता था 11. अंक; गोद; उत्संग 12. परिधि 13. जूँ या चीलर 14. स्त्री जिसकी दाढ़ी में बाल हों 15. अंक; चिह्न 16. संस्तवन; प्रशंसन 17. श्रोणी; नितंब 18. बड़ा अंडाकार तालाब 19. एक प्राचीन भाषा जिसमें बौद्ध ग्रंथ लिखे गए थे।

पालिक (सं.) [सं-पु.] 1. पालकी 2. पलंग।

पालिका (सं.) [सं-स्त्री.] 1. पालन करने वाली स्त्री 2. कान का वह निचला भाग जो अत्यंत कोमल होता है 3. तलवार या किसी अन्य शस्त्र का पैना किनारा 4. छुरी; छोटा चाकू। [वि.] पालन करने वाली; रक्षिका।

पालित (सं.) [वि.] पाला हुआ; जिसे पाला गया हो। [सं-पु.] सिहोड़ का पेड़।

पालिनी (सं.) [सं-स्त्री.] 1. पालन करने वाली 2. दूसरों का भरण-पोषण करने वाली 3. रक्षा करने वाली।

पाली (सं.) [सं-स्त्री.] 1. एक प्राचीन भाषा पालि, जिसमें गौतम बुद्ध ने उपदेश दिया था और प्राचीन बौद्ध धर्म ग्रंथ इसी भाषा में लिखे गए 2. बरतन का ढक्कन 3. बटलोई 4. मज़दूरों के काम करने की अवधि, जैसे- पहली या दूसरी पाली 5. तीतर-बटेर आदि पक्षियों के लड़ाने की जगह।

पालेज [सं-पु.] शाक-सब्जी की काश्त; कोईद्वार।

पालो [सं-पु.] (हल जोतने में प्रयुक्त) जुआ; बैल के कंधे पर जिस लकड़ी को रख कर हल जोता है वह उपकरण।

पाल्य (सं.) [वि.] 1. पालने योग्य 2. जिसका पालन होने को हो या किया जाने को हो।

पाव (सं.) [सं-पु.] 1. चौथाई भाग; चतुर्थांश 2. एक सेर का एक-चौथाई भाग 3. एक किलो का चौथाई भाग (250 ग्राम)।

पावक (सं.) [सं-पु.] 1. आग; अग्नि 2. अग्निदेव 4. सूर्य 5. वरुण वृक्ष 6. सदाचार 7. अग्निमंथ वृक्ष 8. चीते का पेड़ 9. विद्युत अग्नि 10. तपस्वी 11. तीन की संख्या 12. भिलावाँ 13. बायविरंग 14. कुसुम; बर्र। [वि.] पवित्र करने वाला; शुद्ध करने वाला।

पावती [सं-स्त्री.] 1. रसीद 2. लिखित सूचना।

पावदान (हिं.+फ़ा.) [सं-पु.] 1. मोटरयान, बस, ट्रेन तथा घोड़ागाड़ी आदि में पैर रखने के लिए बना स्थान 2. सन, मूँज आदि का बना चौकोर टुकड़ा जिसपर पैर पोंछे जाते हैं; पाँवड़ा।

पावन (सं.) [वि.] 1. पवित्र; शुद्ध 2. पवित्र करने या बनाने वाला 3. पापों से छुड़ाने वाला।

पावनता (सं.) [सं-स्त्री.] पावन होने की अवस्था या भाव; पवित्रता।

पावना [सं-पु.] 1. वह धन जो दूसरों से मिलता है 2. दूसरे से रुपया पाने का अधिकारी व्यक्ति; लेनदार।

पावनी (सं.) [वि.] पवित्र करने वाली। [सं-स्त्री.] 1. गाय; गौ 2. गंगा नदी 3. तुलसी।

पावमान (सं.) [वि.] 1. (वेद में प्राप्त एक सूक्त) जिसमें पवमान अग्नि की स्तुति की गयी हो 2. पवमान से संबंधित।

पावर[1] (सं.) [सं-पु.] 1. पासा का वह तल या पार्श्व, जिसपर दो बिंदियाँ बनी हों 2. पाशा फेंकने का ढंग या तरीका।

पावर[2] (अं.) [सं-पु.] 1. अधिकार; शक्ति 2. वह शक्ति जिससे यंत्र चलते हैं 3. सैन्य शक्ति 4. प्रशासनिक शक्ति।

पावरलूम (अं.) [सं-पु.] यंत्र शक्ति से चलने वाला करघा; विद्युत शक्ति से चलने वाला करघा।

पावरोटी (पु.+हिं.) [सं-स्त्री.] एक प्रकार की मोटी और फूली हुई रोटी जो मैदे का ख़मीर उठाकर बनाई जाती है; डबलरोटी।

पावस (सं.) [सं-स्त्री.] 1. वर्षा-ऋतु; बरसात 2. वृष्टि 3. वर्षाकाल में समुद्र की ओर से आने वाली वर्षासूचक हवाएँ; मानसून।

पावा [सं-पु.] एक प्राचीन और बौद्धकालीन गाँव जो वैशाली से पश्चिम और गंगा के उत्तर था।

पाश[1] (सं.) [सं-पु.] 1. फाँस 2. जाल 3. प्राचीन काल में प्रचलित एक प्रकार का आयुध 4. बंधन 5. रस्सी का गाँठ युक्त घेरा जिसे गागर आदि में फँसाकर पानी भरते हैं 6. पाशा 7. किसी बुनी हुई चीज़ का छोर।

पाश[2] (फ़ा.) [सं-पु.] किसी वस्तु का अंश, टुकड़ा या खंड। [प्रत्य.] 1. छिड़कने वाला, जैसे- गुलाबपाश 2. फैलाने वाला, जैसे- ज़ियापाश।

पाशव (सं.) [सं-पु.] पशुओं का झुंड या समूह। [वि.] पशु विषयक; पशु संबंधी।

पाशविक (सं.) [वि.] 1. पशु सदृश 2. जो पशु जैसा आचरण करे।

पाशविकता (सं.) [सं-स्त्री.] 1. पाशविक होने की अवस्था, गुण या भाव; पाशविक प्रवृत्ति 2. पशुता।

पाशा (तु.) [सं-पु.] तुर्किस्तान में बड़े अधिकारियों और सरदारों को दी जाने वाली उपाधि।

पाशी[1] (सं.) [सं-पु.] 1. पाश जिसका अस्त्र है अर्थात वरुण देवता 2. यम 3. बहेलिया।

पाशी[2] (फ़ा.) [परप्रत्य.] शब्दों के अंत में जुड़ने वाला एक प्रत्यय जो छिड़कने या सींचने का भाव देता है, जैसे- गुलाबपाशी, आबपाशी।

पाशुपत (सं.) [सं-पु.] 1. पशुपति या शिव का उपासक 2. एक प्रसिद्ध दार्शनिक विचारधारा 3. पाशुपत मत का अनुयायी 4. अगस्त का फूल 5. अथर्ववेद का एक उपनिषद 6. शिव द्वारा कथित एक तंत्रशास्त्र। [वि.] पशुपति संबंधी; पशुपति या शिव का।

पाशुपतास्त्र (सं.) [सं-पु.] शिव का एक शूलास्त्र, जिसे अर्जुन ने तप करके शिव से प्राप्त किया था।

पाश्चात्य (सं.) [वि.] 1. पश्चिम दिशा का; पश्चिम दिशा में रहने वाला 2. पीछे का; पिछला 3. यूरोप के देशों का या उनसे संबंध रखने वाला।

पाश्चात्यीकरण (सं.) [सं-पु.] किसी देश या जाति को पाश्चात्य सभ्यता के साँचे में ढालना या पाश्चात्य ढंग का बनाना।

पाश्चात्योन्मुखी (सं.) [वि.] पश्चिमी सभ्यता, तकनीक आदि की ओर उन्मुख।

पाषाण (सं.) [सं-पु.] 1. पत्थर; शिला 2. नीलम, पन्ना आदि रत्नों में पाया जाने वाला एक प्रकार का दोष 3. गंधक। [वि.] 1. कठोर; हृदयहीन 2. निर्दय 3. नीरस।

पाषाणकालीन (सं.) [वि.] पाषाणकाल से संबंधित; पाषाणयुगीन।

पाषाणमणि (सं.) [सं-पु.] सूर्यकांत मणि।

पाषाणयुग (सं.) [सं-पु.] वह काल जिसमें मनुष्य पत्थर के औज़ारों का ही प्रयोग करता था; प्रस्तर काल।

पाषाणवत (सं.) [वि.] 1. पत्थर जैसा 2. मज़बूत; दृढ़।

पाषाणी (सं.) [सं-स्त्री.] 1. पत्थर का बटखरा 2. भाला। [वि.] निर्दय स्त्री; कठोर हृदय वाली स्त्री।

पास-पास (सं.) [अव्य.] एक दूसरे के समीप; एक दूसरे के निकट; थोड़े अंतर पर।

पास[1] (सं.) [अव्य.] समय, स्थान आदि की दृष्टि से बगल में, निकट, समीप या नज़दीक; दूर का विपरीत। [मु.] **-बैठना** : किसी की संगत में जाना। **-न फटकना** : निकट न जाना।

पास[2] (अं.) [सं-पु.] 1. किसी स्थान पर प्रवेश हेतु लिखित अनुमतिपत्र; आज्ञापत्र 2. बिना टिकट लिए, नि:शुल्क या बेरोक-टोक यात्रा करने हेतु किसी संस्था द्वारा प्रदत्त प्रमाणपत्र। [वि.] 1. जो परीक्षा में उत्तीर्ण या सफल हुआ हो 2. एक श्रेणी से दूसरी श्रेणी में जाने वाला 3. स्वीकृत।

पासंग (फ़ा.) [सं-पु.] 1. तराज़ू के दोनों पलड़ों का वह थोड़ा-सा अंतर जो दोनों ओर कुछ न रखने पर पाया जाता है 2. तराज़ू की डंडी बराबर करने के लिए हलके पलड़े पर रखा हुआ पत्थर या लोहे आदि का टुकड़ा 3. डाँड़ी का ऊपर-नीचे होना 4. किसी की तुलना में सूक्ष्म या हीन।

पासपोर्ट (अं.) [सं-पु.] विदेश जाने हेतु सरकार से लिया जाने वाला अनुमतिपत्र; पारपत्र।

पासबुक (अं.) [सं-स्त्री.] बैंक, डाकखाने आदि से मिलने वाली वह किताब जिसपर रुपया निकालने और जमा करने आदि का हिसाब लिखा रहता है।

पासवर्ड (अं.) [सं-पु.] संकेत शब्द; कूटशब्द; पासवर्ड।

पासा (सं.) [सं-पु.] 1. काठ या हड्डी के वे छह पहलों वाले लंबे टुकड़े जिनके पहलों पर बिंदियाँ बनी होती हैं, जिनसे चौसर आदि खेल खेलते हैं 2. एक खेल जो बिसात पर गोटियों से खेला जाता है 3. सुनारों का एक उपकरण। [मु.] **-उलटा पड़ना** : प्रतिकूल परिणाम निकलना। **-पड़ना** : भाग्य अनुकूल होना। **-पलटना** : अच्छा से बुरा या बुरा से अच्छा भाग्य होना; भाग्य का अनुकूल से प्रतिकूल या प्रतिकूल से अनुकूल होना।

पासी (सं.) [सं-पु.] संविधान में उल्लिखित एक अनुसूचित जाति। [सं-स्त्री.] 1. घास बाँधने की रस्सी 2. घोड़े के पैर बाँधने की रस्सी 3. फंदा।

पाहा [सं-पु.] आँतर।

पाही [सं-स्त्री.] वह कृषि भूमि जो किसान के गाँव या निवास स्थान से दूर हो। [वि.] जो बसा न हो।

पाहुना (सं.) [सं-पु.] 1. अतिथि; अभ्यागत; मेहमान 2. दामाद।

पाहुनाई [सं-स्त्री.] 1. पाहुना होने की अवस्था या भाव 2. पाहुना होकर कहीं आना या जाना 3. पाहुने का आदर-सत्कार 4. रिश्तेदार का घर जहाँ पाहुना बनकर जाया जाए।

पाहुर [सं-पु.] 1. रास्ते के लिए भोजन 2. पकवान 3. उपहार में दिए गए पकवान; बायन 4. भेंट।

पिंग (सं.) [सं-पु.] 1. पिंग वर्ण 2. भैंसा 3. चूहा 4. हरताल। [वि.] 1. पीलापन और लालिमा लिए हुए (भूरा रंग) 2. दीपशिखा (लौ) के रंग का।

पिंगल (सं.) [सं-पु.] 1. ललाई लिए भूरा रंग 2. छंदशास्त्र के प्रथम आचार्य तथा छंदशास्त्र के रचयिता 3. एक संवत्सर का नाम 4. संगीत में एक राग 5. एक प्राचीन देश का नाम 6. हरताल। [वि.] भूरापन लिए हुए पीला या लाल; तामड़ा।

पिंगलशास्त्र (सं.) [सं-पु.] 1. छंदशास्त्र 2. पिंगल मुनि विरचित शास्त्र।

पिंगला (सं.) [सं-स्त्री.] (योगशास्त्र) एक नाड़ी विशेष जो शरीर के दक्षिण भाग में स्थित होती है।

पिंज (सं.) [सं-पु.] 1. एक प्रकार का कपूर 2. बल 3. वध 4. चंद्रमा 5. समूह। [वि.] विकल; व्याकुल।

पिंजड़ा [सं-पु.] 1. पशु-पक्षी आदि को बंद करके रखने हेतु धातु या लकड़ी आदि की तीलियों से निर्मित बक्सा; पिंजरा 2. {ला-अ.} ऐसा स्थान जहाँ से किसी का बाहर निकलना कठिन, दुष्कर या असंभव हो।

पिंजन (सं.) [सं-पु.] 1. वह धनुष या कमान जिससे धुनिए रूई धुनते हैं; धुनकी 2. रूई आदि धुनना।

पिंजना (सं.) [क्रि-स.] 1. रुई धुनना 2. रुई धुनने की क्रिया।

पिंजर (सं.) [सं-पु.] 1. शरीर के अंदर हड्डियों की ठठरी 2. कंकाल; हड्डियों का ढाँचा 3. सोना 4. नागकेसर 5. लाल रंग का घोड़ा जिसमें कुछ भूरापन हो 6. एक प्रकार का साँप। [वि.] 1. सुनहला 2. पीला।

पिंजरा [सं-पु.] दे. पिंजड़ा।

पिंजल (सं.) [वि.] 1. कष्टादि के कारण जिसका वर्ण पीला पड़ गया हो 2. दुखी 3. अत्यधिक आतंकित।

पिंजा (सं.) [सं-स्त्री.] 1. रुई 2. हल्दी 3. हिंसा 4. जादूगरनी।

पिंजाल (सं.) [सं-पु.] स्वर्ण; सोना।

पिंजूषा (सं.) [सं-स्त्री.] कान की मैल; खोंटी।

पिंड (सं.) [सं-पु.] 1. घनी या ठोस चीज़ का छोटा और प्राय: गोलाकार खंड या टुकड़ा 2. शरीर; देह 3. जौ के आटे, भात आदि का बनाया हुआ वह गोलाकार खंड जो श्राद्ध में पितरों

को प्रदान करने के उद्देश्य से वेदी आदि पर रखा जाता है। [वि.] 1. गुथा हुआ 2. घना 3. ठोस; घन। [मु.] **-छोड़ना** : किसी को तंग करने से विरत होना। **-न छोड़ना** : लगातार साथ लगे रहना। **-पड़ना** : बहुत अधिक आग्रह करना। **-छुड़ाना** : पीछा छुड़ाना; छुटकारा पाना।

पिंडखजूर (सं.) [सं-स्त्री.] खजूर की जाति का पेड़ जिसके फल मीठे होते हैं।

पिंडज (सं.) [सं-पु.] पिंड के रूप में उत्पन्न होने वाला जीव; गर्भ से सजीव उत्पन्न होने वाला जीव; जरायुज; अंडज और स्वेदज से भिन्न जीव, जैसे- मनुष्य, कुत्ता, घोड़ा आदि।

पिंडदान (सं.) [सं-पु.] (कर्मकांड) पितरों को पिंड देने का कर्म जो श्राद्ध में किया जाता है।

पिंडरोगी (सं.) [वि.] वह जो हमेशा बीमार रहता हो और जल्दी स्वस्थ न हो सकता हो; जिसके शरीर में किसी रोग ने जड़ जमा ली हो।

पिंडल (सं.) [सं-पु.] सेतु; पुल।

पिंडली (सं.) [सं-स्त्री.] टाँग का ऊपरी पिछला भाग जो मांसल होता है।

पिंडा (सं.) [सं-पु.] 1. ठोस या गीले पदार्थ का गोला 2. (कर्मकांड) पके चावल या खीर का हाथ से बनाया गया वह छोटा गोला जो पितरों को श्राद्ध में अर्पित किया जाता है 3. शरीर 4. गोलमटोल टुकड़ा। [सं-स्त्री.] 1. वंशपत्री 2. एक प्रकार की कस्तूरी 3. फ़ौलाद। [मु.] **-पारना** : पिंड-दान करना। **-पानी देना** : श्राद्ध और तर्पण करना।

पिंडार (सं.) [सं-पु.] 1. ग्वाला 2. भैसों को चराने वाला चरवाहा 3. एक नाग 4. विकंकत का वृक्ष 5. एक फल 6. जैन या बौद्ध संन्यासी; क्षपणक 7. एक प्रकार का शाक 8. एक जुगुप्सा सूचक शब्द।

पिंडारा (सं.) [सं-पु.] एक प्रकार का पित्तनाशक एवं शीतल शाक।

पिंडारी [सं-पु.] दक्षिण में रहने वाली तथा खेती करने वाली एक जाति, जो बाद में मध्यप्रदेश तथा उसके आस-पास लूटमार करने लगी।

पिंडिका (सं.) [सं-स्त्री.] 1. छोटा पिंड 2. पिंडली 3. छोटा शिवलिंग 4. इमली 5. चक्रनाभि।

पिंडी (सं.) [सं-स्त्री.] 1. गोला 2. चक्रनाभि; चक्रमध्य; पहिए के बीच स्थित वह गोला जिसमें धुरी पहनाई जाती है 3. अशोक वृक्ष 4. कद्दू 5. पिंडली 6. वह पीठिका या पीढ़ा जिसपर देवमूर्ति स्थापित की जाती है 7. मकान।

पिंती [सं-पु.] चावल के चूरे (चावल का आटा या चउरठ) तथा दूधादि के मिश्रण से निर्मित लड्डू।

पिंसर [सं-पु.] एक उपकरण, जिससे लकड़ी में से कीलों को निकाला जाता है।

पिक (सं.) [सं-स्त्री.] कोयल नामक पक्षी जिसकी आवाज़ मधुर होती है।

पिकनिक (अं.) [सं-पु.] 1. अपने घर या संस्था से बाहर मनोरंजन हेतु किया जाने वाला भ्रमण या यात्रा जिसमें लोग एक साथ नाच-गाने व मौज-मस्ती आदि करते हैं 2. मनोरम स्थल पर भ्रमण 3. मनोरंजन के लिए प्रयुक्त अवसर 4. सैर-सपाटे पर जाना।

पिक्चर (अं.) [सं-स्त्री.] 1. फ़िल्म; सिनेमा; चलचित्र 2. दृश्यचित्र।

पिघलना (सं.) [क्रि-अ.] 1. किसी ठोस पदार्थ का गरमी से गलकर तरल होना 2. दया से आर्द्र होना; चित्त में दया उत्पन्न होना; द्रवीभूत होना; पसीजना।

पिघलाना [क्रि-स.] 1. द्रवीभूत करना 2. दया से आर्द्र करना 3. किसी ठोस पदार्थ को गरमी से तरल करना या बनाना।

पिच (अं.) [सं-स्त्री.] 1. क्रिकेट के खेल में धावन स्थली (22 गज की चौड़ी पट्टी जिसके एक छोर पर बल्लेबाज़ी तथा दूसरे छोर से गेंदबाज़ी की जाती है) 2. (संगीत) स्वर की ऊँचाई का स्तर 3. किसी काम हेतु प्रेरित करने वाली बात।

पिचकना (सं.) [क्रि-अ.] 1. उभरे या फूले हुए, गाल आदि का दब जाना 2. बैठ जाना 3. उभारहीन होना 4. सिकुड़ना।

पिचकवाना [क्रि-स.] पिचकवाने में प्रवृत्त करना; पिचकाने में संलग्न करना।

पिचका [वि.] 1. दबा हुआ 2. जो पिचक गया हो।

पिचकारी [सं-स्त्री.] 1. किसी तरल पदार्थ को धार या फुहारे के रूप में फेंकने का एक उपकरण; वह उपकरण जिसके मुँह पर एक या अनेक ऐसे छोटे-छोटे छेद होते हैं, जिनके मार्ग से नली में भरा हुआ तरल पदार्थ दबाव से धार या फुहार के रूप में दूसरों पर या दूर तक छिड़का या फेंका जाता है; (सिरिंज) 2. किसी चीज़ से ज़ोर से निकलने वाली तरल पदार्थ की धार।

पिचण्ड [सं-स्त्री.] पेट; उदर।

पिचपिचा [वि.] 1. गुलगुल 2. चिपचिपा।

पिचपिचाना [क्रि-अ.] घाव या किसी पदार्थ का अति गीला होना; सड़ने या ख़राब होने की स्थिति में आना; घाव आदि से पंछा या पीब निकलना।

पिचपिचाहट [सं-स्त्री.] पिचपिचाने की क्रिया या भाव।

पिच्चड़ [सं-पु.] कड़े पत्थर की छिनाई की टाँकी।

पिच्छ (सं.) [सं-पु.] 1. पूँछ; दुम; लांगूल 2. कलगी; चूड़ा 3. पंख 4. सेमल का गोंद 5. बाण में लगाया जाने वाला मोर आदि का पंख।

पिच्छल (सं.) [सं-पु.] 1. वासुकी सर्प के वंश का एक नाग 2. आकाशबेल 3. मोचरस 4. शीशम। [वि.] 1. चिकनाई युक्त; चिकना 2. फिसलाने वाला 3. पीछे रह जाने वाला।

पिच्छिका (सं.) [सं-स्त्री.] 1. चँवर; चामर 2. जैन साधुओं द्वारा प्रयुक्त ऊन निर्मित चँवर।

पिच्छिल (सं.) [सं-पु.] 1. लिसोड़ा का पेड़ 2. सरस व्यंजन; सालन। [वि.] 1. चिकना या गीला; जिसपर पैर पड़ने से फिसले 2. (पक्षी) जिसके सिर पर चोटी हो 2. (पदार्थ) खट्टा, फूला हुआ और कफकारी।

पिछड़ना [क्रि-अ.] 1. आगे न बढ़ना 2. विकास रुक जाना 3. नासमझ 4. अज्ञानी रह जाना 5. समाज की मुख्यधारा से हटना

6. सामाजिक तथा आर्थिक दृष्टि से पिछड़ जाना 7. प्रतियोगिता आदि में पीछे रह जाना।

पिछड़ा [वि.] 1. जो पिछड़ गया हो; पीछे रह जाने वाला; क्रम में साथ वाले के आगे या बराबरी में भी नहीं रहने वाला 2. विकास की दृष्टि से अन्य की अपेक्षा पीछे रहने वाला।

पिछड़ा वर्ग [सं-पु.] सामाजिक, आर्थिक तथा शैक्षिक दृष्टि से पिछड़े लोगों का समूह।

पिछड़ापन [सं-पु.] 1. किसी व्यक्ति तथा समूह का आर्थिक, सामाजिक तथा शिक्षा के क्षेत्र में दूसरों की तुलना में पीछे रह जाना 2. अज्ञानता, आडंबर तथा पुरानी मान्यताओं को ज्यों का त्यों मानने से उपजी अराजकता 3. ज्ञान की कमी।

पिछलकड़ा [सं-पु.] पछलकड़ा।

पिछलगा [सं-पु.] 1. दास; सेवक 2. पीछे-पीछे चलने वाला व्यक्ति 3. अनुयायी; अनुगमन करने वाला व्यक्ति।

पिछलग्गू [वि.] 1. दीन-हीन एवं अकिंचन भाव से किसी के पीछे लगा रहने वाला 2. पिछलगा 3. शक्ति व सामर्थ्य के अभाव में स्वतंत्र न रह सकने के कारण किसी का अनुसरण या अनुगमन करने वाला; अनुगामी; अनुवर्ती।

पिछला [वि.] 1. जो किसी वस्तु के पीछे की ओर हो; पश्चातवर्ती 2. काल, घटना, स्थिति आदि के क्रम के विचार से किसी के पीछे 3. पूर्व में या पहले पड़ने या होने वाला 4. बीता हुआ।

पिछवाई [सं-स्त्री.] सिंहासनों के पीछे लटकाया जाने वाला परदा।

पिछवाड़ा [सं-पु.] 1. किसी वस्तु आदि के पीछे की तरफ़ का भाग 2. घर या मकान के पीछे का हिस्सा; घर या मकान के पीछे की ओर का भाग 3. घर या मकान के पीछे की ओर की ज़मीन।

पिछवारा [सं-पु.] दे. पिछवाड़ा।

पिछाई [अव्य.] पर, जैसे- हर घर पीछू पाँच आदमी के रासन दिआई। [सं-स्त्री.] माथे के पीछे का भाग।

पिछाड़ी [सं-स्त्री.] 1. पीछे का भाग; पृष्ठभाग 2. घोड़े के पिछले पैरों को बाँधने की रस्सी।

पिछेलना [क्रि-स.] 1. दौड़ आदि प्रतियोगिता में धक्का देकर पीछे कर देना 2. पीछे हटाना 3. पीछे छोड़ना; पछाड़ना।

पिछोकड़ [सं-पु.] 1. पृष्ठभूमि 2. पीछे की तरफ़ 3. पिछवाड़ा।

पिट[1] [सं-स्त्री.] एक हलकी तथा दूसरी कड़ी वस्तु के परस्पर टकराने से उत्पन्न ध्वनि; वह शब्द जो कड़ी तथा छोटी वस्तु के हलके आघात से उत्पन्न होता है।

पिट[2] (सं.) [सं-पु.] 1. संदूक; पिटारा 2. झोपड़ी 3. मकान; मकान की छत।

पिटक (सं.) [सं-पु.] 1. पिटारा 2. झाँपी का बक्सा 3. फुड़िया 4. इंद्र की पताका पर सुशोभित एक प्रकार का आभूषण 5. विशेष प्रकार के बौद्ध ग्रंथ।

पिटना [क्रि-अ.] 1. मार खाना; पीटा जाना 2. परास्त होना; प्रतियोगिता आदि में बुरी तरह हारना 3. बजाया जाना 4. लूडो, शतरंज आदि खेलों में गोटी या मोहरे का मारा जाना। [सं-पु.] वह उपकरण जिससे कोई चीज़ पीटी जाए।

पिटपिटाना [क्रि-अ.] विवश या लाचार होकर रह जाना।

पिटवाना [क्रि-स.] 1. किसी को पीटने में प्रवृत्त करना; किसी के पीटे जाने का कारण होना 2. ढिंढोरा, डुग्गी आदि बजवाना।

पिटसूल [सं-पु.] घोड़े की एक बीमारी; एक अश्वरोग।

पिटा-पिटाया [वि.] अर्थ-हीन; घिसा-पिटा; बेकार।

पिटाई [सं-स्त्री.] 1. पीटने की क्रिया या भाव 2. अच्छी तरह पड़ने वाली मार 3. ज़मीन या छत को पीटने से मिलने वाली मज़दूरी।

पिटाना [क्रि-स.] पिटवाना; पीटने का काम दूसरे से कराना।

पिटार [सं-पु.] बीच का भाग; मध्यस्थल।

पिटारा (सं.) [सं-पु.] बाँस, बेंत तथा मूँज आदि से निर्मित एक ढक्कनदार पात्र।

पिटारी (सं.) [सं-स्त्री.] 1. छोटी संदूकची 2. छोटा पिटारा 3. पानदान 4. बाँस की तीलियों से बना सपेरों का डिब्बा।

पिटिया [सं-स्त्री.] वह गाय जो खाने के बाद लगती (दूध देती) है। [वि.] खाकर दूध देने वाली (गाय)।

पिटोई [सं-पु.] टाँड़ा नामक फसल को क्षति पहुँचाने वाला कीड़ा।

पिट्टक (सं.) [सं-पु.] दाँतों की जड़ों में जमने वाला मैल; दाँत की पपड़ी; दंतकिट्ट।

पिट्ठू [सं-पु.] 1. पीछे-पीछे चलने वाला; अनुगामी; पिछलगा; अनुयायी 2. छिपकर सहायता करने वाला 3. सहायक; समर्थक 4. ख़ुशामदी 5. किसी पक्ष के खिलाड़ी का साथी 6. कल्पित खेल का साथी।

पिठौरी [सं-स्त्री.] पीठी से तैयार खाद्य पदार्थ; पीठी की पकौड़ी या बरी।

पिड़किया [सं-स्त्री.] एक प्रकार की मिठाई; गुझिया; गोंझा।

पिड़की (सं.) [सं-स्त्री.] 1 छोटा फोड़ा 2. फुड़िया; फुंसी।

पिड़िया (सं.) [सं-स्त्री.] मिट्टी की अंगहीन देव प्रतिमा जो गोले के रूप में रहती है। 2. अगहन के महीने में स्त्रियों द्वारा किया जाने वाला एक व्रत 3. सुतली या रस्सी का छोटा गोला 4. गीली भुरभुरी वस्तु का मुट्ठी से बंधा हुआ लंबोतरा टुकड़ा 5. पिंडी 6. गुड़ के लंबे आकार का टुकड़ा।

पिढ़ई [सं-स्त्री.] 1. छोटी पिढ़िया; छोटा पीढ़ा 2. किसी छोटे यंत्र का आधार जो छोटे पीढ़े के समान हो; वह ढाँचा जिस पर कोई यंत्र रखा हो।

पिढ़िया [सं-स्त्री.] 1. आगे के हूरे को मिलाने वाली लकड़ी; फरई 2. बैठने के लिए बनी काठ की पट्टी 3. बैलगाड़ी के फर के ऊपर आगे और पीछे लगी पट्टी।

पितर (सं.) [सं-पु.] 1. मृत पूर्वज या पूर्वपुरुष 2. पुरखे।

पितरनेवती [सं-स्त्री.] यज्ञ या पूजादि मंगल कार्य में किया जाने वाला पितृ निमंत्रण; पितरों को आमंत्रण।

पितरसेली [सं-स्त्री.] एक साग।

पिता (सं.) [सं-पु.] 1. बाप; तात; जनक 2. संतान का जन्मदाता पुरुष।

पितामह (सं.) [सं-पु.] 1. दादा; बाबा; पिता के पिता 2. ब्रह्मा 3. शिव 4. भीष्म 5. एक धर्मशास्त्रकार ऋषि।

पितामही (सं.) [सं-स्त्री.] पिता की माता; दादी; माता की

सास।

पितृ (सं.) [सं-पु.] 1. पिता 2. मृत पूर्वज 3. पितर।

पितृ-प्रणाली (सं.) [सं-स्त्री.] 1. पुरुष प्रधान समाज 2. पितृ सत्तात्मक व्यवस्था।

पितृऋण (सं.) [सं-पु.] 1. (धर्मशास्त्र) एक प्रकार का ऋण जिससे मनुष्य पुत्र उत्पन्न करने पर मुक्त होता है 2. (धर्मशास्त्र) मनुष्य के तीन ऋणों में से एक।

पितृगण (सं.) [सं-पु.] 1. पितर 2. मरीचि आदि ऋषियों के पुत्र।

पितृगृह (सं.) [सं-पु.] 1. पिता का घर 2. विवाहिता स्त्री के संदर्भ में मायका, नैहर या पीहर।

पितृतर्पण (सं.) [सं-पु.] 1. पितरों के लिए किया जाने वाला तर्पण 2. तिल 3. श्राद्ध के समय दिया जाने वाला दान।

पितृत्व (सं.) [सं-पु.] पिता होने की अवस्था या भाव।

पितृपक्ष (सं.) [सं-पु.] 1. अश्विन मास का कृष्णपक्ष 2. पिता का कुल 3. पिता 4. पितृकुल का मनुष्य।

पितृप्रधान (सं.) [सं-पु.] पिता की सत्तावाला या प्रधानता वाला परिवार।

पितृभक्ति (सं.) [सं-स्त्री.] 1. पितृभक्त होने की अवस्था या भाव 2. पिता के प्रति सेवा तथा आदर का भाव।

पितृभूमि (सं.) [सं-स्त्री.] 1. पिता या पूर्वजों के रहने का देश 2. पिता की जन्मभूमि।

पितृयज्ञ (सं.) [सं-पु.] 1. पितृतर्पण 2. पंच महायज्ञों में से एक।

पितृलोक (सं.) [सं-पु.] वह लोक जिसमें पितरों का निवास माना जाता है।

पितृव्य (सं.) [सं-पु.] 1. पिता समान आदरणीय व्यक्ति 2. चाचा।

पितृसत्ता (सं.) [सं-स्त्री.] जिस परिवार में पिता का मत या निर्णय सर्वोपरि होता है; पुरुष प्रधान सत्ता।

पित्त (सं.) [सं-पु.] यकृत से निकलने वाला वह पीला या नीलापन लिए हुए तरल द्रव जो पाचन में सहायक होता है।

पित्तघ्न (सं.) [वि.] पित्त का नाश करने वाला। [सं-पु.] घी; घृत।

पित्ता (सं.) [सं-पु.] 1. पित्ताशय 2. पित्त 3. हिम्मत; साहस। [मु.] **-मरना** : क्रोध, आवेश आदि का न रह जाना। **-मारना** : धैर्यपूर्वक काम करना; दूषित मनोविकारों को उभरने न देना।

पित्तातिसार (सं.) [सं-पु.] 1. एक रोग 2. पित्त के प्रकोप से होने वाला एक प्रकार का अतिसार।

पित्ताशय (सं.) [सं-पु.] 1. शरीर का एक आंतरिक अंग विशेष जिसमें पित्त रहता है 2. पित्त कोष; पित्त की थैली।

पित्ती (सं.) [सं-स्त्री.] पित्त की अधिकता या गरमी से शरीर में होने वाला एक रोग जिसमें शरीर पर चकत्ते उत्पन्न होते हैं; चकत्ता; लाल रंग की घमौरी या अंभौरी 2. एक प्रकार की लता।

पिदड़ी [सं-स्त्री.] 1. वया पक्षी के प्रजाति की एक सुंदर छोटी चिड़िया; पिद्दी 2. तुच्छ और अगण्य जीव (प्राणी)।

पिद्दी [सं-स्त्री.] 1. छोटा या अति तुच्छ प्राणी 2. बया जाति की एक छोटी चिड़िया।

पिधान (सं.) [सं-पु.] 1. आच्छादित करने की क्रिया 2. ढक्कन 3. आवरण 4. तलवार की म्यान 5. परदा 6. दरवाज़ा।

पिन (अं.) [सं-स्त्री.] कागज़ आदि में खोंसी जाने वाली या नत्थी की जाने वाली एक प्रकार की पतली नुकीली कील; आलपीन।

पिनक [सं-स्त्री.] 1. पिनकने की क्रिया या भाव 2. ऊँघ; अफ़ीम के नशे में आगे की ओर झुकने की क्रिया।

पिनकना [क्रि-अ.] 1. पीनक लेना; अफ़ीमची का अफ़ीम के नशे में आगे की ओर झुकने की क्रिया 2. ऊँघने की क्रिया या भाव।

पिनपिन [सं-स्त्री.] 1. बच्चों द्वारा नकियाकर धीरे-धीरे रोने की आवाज़ 2. अस्पष्ट स्वर में ठहर-ठहरकर रोने की ध्वनि।

पिनपिनाना [क्रि-अ.] 1. हिचकियाँ लेते हुए रोना; बच्चे का नकिया कर रोना 2. रोते समय नाक से पिन-पिन-सा शब्द करना।

पिनपिनाहट [सं-स्त्री.] पिनपिनाने की क्रिया या भाव 2. पिनपिनाने से उत्पन्न ध्वनि।

पिनाक (सं.) [सं-पु.] 1. शिव का धनुष; अजगव 2. धनुष 3. त्रिशूल 4. नीला अभ्रक 5. छड़ी या डंडा 6. धूल- वृष्टि।

पिनाकी (सं.) [सं-पु.] 1. पिनाक धारण करने वाले; शिव 2. प्राचीन काल का एक प्रकार का बाजा।

पिन्नी (सं.) [सं-स्त्री.] 1. अन्न को पीसकर घी, चीनी आदि मिलाकर बनाया गया लड्डू 2. धागे को लपेटकर बनाया गया छोटा पिंड।

पिन्हाना [क्रि-अ.] थन से दूध उतरना।

पिपरमिंट (अं.) [सं-पु.] 1. पुदीने की जाति का एक पौधा 2. उक्त पौधे की पत्तियों का सत्व जो औषधि बनाने के काम आता है।

पिपरा [सं-पु.] पीपल नामक एक औषधि। [वि.] चौपट्टा।

पिपरिहा (सं.) [सं-पु.] क्षत्रिय समाज में एक उपनाम।

पिपासा (सं.) [सं-स्त्री.] 1. पानी या कोई अन्य तरल पदार्थ पीने की इच्छा; तृष्णा; तृषा; प्यास 2. किसी चीज़ को पाने की प्रबल इच्छा।

पिपासु (सं.) [वि.] 1. पीने की इच्छा वाला; प्यासा; तृषित 2. किसी विशेष प्रकार की कामना वाला।

पिपीलक (सं.) [सं-पु.] 1. एक प्रकार का सोना 2. बड़ा चींटा।

पिपीलिका (सं.) [सं-स्त्री.] 1. चींटी 2. चींटियों की तरह एक के पीछे एक चलने की प्रवृत्ति।

पिप्पल (सं.) [सं-पु.] 1. पीपल का पेड़ 2. एक प्रकार का पक्षी 3. चूचुक 4. जल 5. पीपल का गोंद 6. आस्तीन 7. कपड़े का टुकड़ा।

पिप्पली (सं.) [सं-स्त्री.] 1. पीपल नामक लता 2. उक्त लता की कली जो औषधि बनाने के काम आती है।

पिय (सं.) [सं-पु.] 1. प्रियतम 2. पति 3. प्रेमी।

पियक्कड़ [वि.] 1. शराबी 2. अधिक शराब पीने का आदी।

पियरा [सं-पु.] 1. पिरौंदा (बैल) 2. पीली (सरसों) रोग।

पियराना [क्रि-अ.] 1. पीला पड़ना (रोगादि से) 2. पीलापन आना (पकने से पूर्व)।

पियराह [क्रि.वि.] कुछ-कुछ पीला।

पियरी [सं-स्त्री.] 1. पीली सूती साड़ी 2. पीलिया नामक रोग। [वि.] पीले रंग की गाय।

पियानो (अं.) [सं-पु.] 1. एक विशेष प्रकार का वाद्ययंत्र 2. हारमोनियम जैसा एक यूरोपीय बाजा।

पियार (सं.) [सं-पु.] एक पेड़ जिसके बीजों से चिरौंजी निकलती है।

पियाल (सं.) [सं-पु.] 1. चिरौंजी का पेड़; पयार 2. उक्त पेड़ का फल और उसका बीज 3. गहराई 3. पाताल।

पिराक (सं.) [सं-पु.] 1. एक पकवान 2. गुझिया।

पिरामिड (अं.) [सं-पु.] 1. वह बहुफलक जिसका आधार बहुभुज होता है और दूसरे फलक त्रिभुजाकार होते हैं, जिनका एक सर्वनिष्ठ शीर्ष होता है; सूचीस्तंभ 2. मिस्र देश में विद्यमान उक्त आकृति वाले प्राचीन स्तूप जिनका आधार प्रायः चतुर्भुजाकार होता है।

पिरिया [सं-पु.] 1. कुएँ से पानी निकालने का रहँट 2. एक तरह का बाजा।

पिरोना (सं.) [क्रि-स.] 1. एक साथ नत्थी करना 2. सुई आदि से किसी छेद वाली वस्तु में धागा डालना।

पिलड़ी [सं-स्त्री.] पकाया हुआ मसालेदार कीमा।

पिलना (सं.) [क्रि-अ.] 1. तत्पर होना 2. प्रवृत्त होना 3. वेग से किसी काम में जुट जाना 4. पेरना।

पिलपिला [वि.] बहुत नरम; अधिक पका हुआ।

पिलपिलाना [क्रि-स.] 1. चारों ओर से इस प्रकार दबाना कीं गुल-गुल हो जाए और भीतर का रस तथ गूदा बाहर आ जाए 2. पिलपिला करना।

पिलवाना [क्रि-स.] 1. पिलाने का काम कराना; किसी को पिलाने में प्रवृत्त करना 2. पेरने का काम कराना।

पिलही [सं-स्त्री.] आंत का एक रोग; ताप-तिल्ली; वामकुक्षि में स्थित मांसखंड।

पिलाई [सं-स्त्री.] 1. पिलाने की क्रिया या भाव 2. किसी रंध्र या छिद्र में तरल पदार्थ को डालना 3. कंचों के खेल में गोली (कंचा) को छोटे गड्डे में डालने की क्रिया।

पिलाना [क्रि-स.] 1. किसी को कुछ पीने में प्रवृत्त करना 2. जल आदि कोई तरल पदार्थ किसी को पीने हेतु देना 3. कोई तरल पदार्थ किसी छेद में डालना।

पिल्ला (त.) [सं-पु.] कुत्ते का बच्चा।

पिल्लू (सं.) [सं-पु.] 1. सफ़ेद रंग का एक प्रकार का छोटा कीड़ा जो घावों या सड़े हुए फलों में दिखता है 2. ढोला।

पिशाच (सं.) [सं-पु.] (अंधविश्वास) एक प्रकार के भूत-प्रेत; एक योनि जिसमें पड़ी आत्माएँ मनुष्य जीवन में बाधा उत्पन्न करती हैं।

पिशाचक (सं.) [सं-पु.] (अंधविश्वास) पिशाच; राक्षस; एक प्रकार का निम्न देवयोनि विशेष।

पिशाचकी (सं.) [सं-पु.] कुबेर; एकाक्ष; पिंगाक्ष।

पिशाचपूजक [वि.] 1. पिशाच के अस्तित्व को मानने वाला 2. पिशाच की पूजा करने वाला।

पिशाचिका (सं.) [सं-स्त्री.] 1. पिशाची; पिशाच स्त्री 2. छोटी जटामासी।

पिशाचिन (सं.) [सं-स्त्री.] 1. पिशाच स्त्री 2. राक्षसी 3. जटामासी।

पिशाचिनी (सं.) [सं-स्त्री.] 1. पिशाच स्त्री 2. डरावनी 3. एक प्रकार की गाली।

पिशाची (सं.) [सं-स्त्री.] 1. पिशाच स्त्री 2. एक प्रकार की जटामासी।

पिशित (सं.) [सं-पु.] 1. मांस; आमिष; गोश्त 2. लघु अंश; छोटा टुकड़ा।

पिशुन (सं.) [सं-पु.] 1. चुगली करके दो पक्षों में लड़ाई कराने वाला व्यक्ति 2. विश्वासघाती 3. (अंधविश्वास) एक प्रकार का प्रेत जो गर्भिणियों को बाधा पहुँचाता है 4. कपास 5. केसर 6. तगर 7. नारद 8. कौआ। [वि.] 1. क्रूर 2. नीच 3. चुगली करने वाला; चुगलख़ोर।

पिशुनता (सं.) [सं-स्त्री.] 1. पिशुन होने की अवस्था या भाव 2. चुगलख़ोरी 3. एक घास जो रेशम रँगने के काम आती है; असबर्ग।

पिष्ट (सं.) [सं-पु.] 1. पिसा हुआ अन्न जिसमें पानी का अंश हो 2. एक पकवान जिसमें दाल भरी हो; पीठी भरा पकवान। [वि.] 1. पिसा हुआ 2. चूर्ण किया हुआ 3. निचोड़ा हुआ।

पिष्टपेषण (सं.) [सं-पु.] 1. पीसी हुई वस्तु को फिर से पीसना 2. किसी कार्य की पुनरावृत्ति करना 3. व्यर्थ परिश्रम।

पिष्टान्न (सं.) [सं-पु.] 1. पीसा हुआ अन्न 2. पीसे हुए अन्न से बना पकवान।

पिष्टोक्ति (सं.) [सं-स्त्री.] 1. बेकार की बात 2. घिसी-पिटी बात।

पिष्टोदक (सं.) [सं-पु.] वह जल जिसमें पीसा हुआ अन्न डाला या मिलाया गया हो।

पिसनहारा [सं-पु.] अन्न पीसकर जीविका चलाने वाला व्यक्ति।

पिसनहारी [सं-स्त्री.] अन्न पीसने वाली स्त्री; जीविकोपार्जन हेतु अन्न पीसने का पेशा करने वाली स्त्री।

पिसना [क्रि-अ.] 1. कुचला जाना; बुरी तरह दबाया जाना 2. चूर्ण किया जाना 3. थकावट, कष्ट, व्यथा आदि से शिथिल हो जाना 4. शोषित होना 5. पीसा जाना।

पिसवाना [क्रि-स.] 1. किसी से पीसने का काम लेना 2. किसी को पीसने में प्रवृत्त करना।

पिसाई [सं-स्त्री.] 1. पीसने की क्रिया या भाव 2. अन्न आदि पीसने का व्यवसाय; चक्की चलवाने का पेशा 3. पीसने की मज़दूरी 4. {ला-अ.} कठिन परिश्रम।

पिसान [सं-पु.] गेहूँ या जौ आदि का आटा।

पिसाना [क्रि-स.] किसी अन्न को पिसवाना; पीसने का काम

करना।

पिसौनी [सं-स्त्री.] 1. पीसने का काम; अन्न आदि पीसने का पेशा 2. पीसने के बदले प्राप्त मज़दूरी।

पिस्टन (अं.) [सं-पु.] इंजन की एक नली के अंदर लगाया हुआ वह धातुखंड जो इंजन के अन्य भागों को गतिमान करता है; मुसली।

पिस्ता (फ़ा.) [सं-पु.] 1. एक प्रकार का मेवा; पिस्ता के फल की गिरी 2. पिस्ता का पेड़।

पिस्तौल (अं.) [सं-स्त्री.] गोली चलाने की छोटी बंदूक; गोली दागने का एक छोटा हथियार।

पिस्सू (फ़ा.) [सं-पु.] एक मच्छर जैसा छोटा कीड़ा जो शरीर का रक्त चूसता है।

पिहकना [क्रि-अ.] कोयल, मोर, पपीहे आदि पक्षियों के बोलने या चहकने की ध्वनि।

पिहान [सं-स्त्री.] मिट्टी का बना ढक्कन; पिहानी।

पिहिका [सं-पु.] पौधों के पीका सूखने की बीमारी; एक पादप रोग; सुखड़ा।

पिहित (सं.) [सं-पु.] (साहित्य) एक अर्थालंकार जिसमें ऐसी क्रिया का वर्णन होता है जिससे यह प्रकट होता है कि सामने वाले के मन में व्याप्त गुप्त भाव समझ लिया गया है। [वि.] 1. छिपा हुआ; ढका हुआ 2. गुप्त।

पिहुकना [क्रि-अ.] पिहूपिहू की ध्वनि करना।

पिहुवा [सं-पु.] एक प्रकार का पक्षी।

पिहूपिहू [सं-स्त्री.] मोर की ध्वनि।

पी [सं-स्त्री.] पपीहे की ध्वनि।

पी कहाँ [सं-स्त्री.] पपीहे की बोली; पपीहे के बोलने से उत्पन्न ध्वनि।

पींजना (सं.) [क्रि-स.] रुई धुनना।

पींजा (सं.) [सं-पु.] धुनिया; रुई धुनने वाला व्यक्ति।

पीअर [सं-पु.] पीले रंग का वस्त्र। [वि.] पीला रंग; पीला।

पीउनी [सं-स्त्री.] 1. पीनी; पूनी तीसी या तिल आदि का खली 2. हुक्के की नली; निगाली 3. धुनी हुई रूई की तोरी बत्ती 4. एक प्रकार का स्वादिष्ट आम।

पीक (सं.) [सं-स्त्री.] 1. चबाए हुए पान, तंबाकू या गिलौरी की थूक 2. कपड़े पर पहली बार रँगाई में चढ़ने वाला रंग।

पीकदान (हिं.+फ़ा.) [सं-पु.] पान की पीक थूकने का एक पात्र; उगालदान।

पीकना [क्रि-अ.] पी-पी ध्वनि करना।

पीच1 (सं.) [सं-स्त्री.] 1. उबले चावल का तरल पदार्थ; माँड़; पसावन। [सं-पु.] ठुड्डी।

पीच2 (अं.) [सं-पु.] अलकतरा; तारकोल।

पीछा (सं.) [सं-पु.] 1. किसी व्यक्ति या वस्तु का पिछला भाग 2. किसी का अनुकरण; पिछलगी 3. किसी व्यक्ति या वस्तु की विपरीत दिशा। [मु.] **-दिखाना** : पीठ दिखाकर भागना। **-करना** : किसी को तंग करना या किसी के पीछे-पीछे लगे रहना। **-छुड़ाना** : किसी अवांछनीय संबंध को समाप्त करना; अपनी जान बचाना। **-छोड़ना** : हाथ में लिए गए काम से अलग होना; किसी व्यक्ति को तंग करने की क्रिया से विरत होना। **-लेना** : अनुयायी बनना या अनुकरण करना।

पीछे [अव्य.] 1. पीठ की ओर 2. देश-काल आदि के विचार से किसी के पश्चात या उपरांत 3. घटना या स्थिति के विचार से किसी के अनंतर या उपरांत। [मु.] **-छूटना** : किसी की तुलना या किसी के विचार से घटकर होना। **-छोड़ना** : किसी बात में किसी से आगे हो जाना। **-हटना** : अपने वचन या कर्तव्य का पालन न करना। **-खड़े होना** : किसी की पूरी सहायता करना। **-चलना** : किसी की नकल करना। **-लगना** : किसी का अनुगामी या अनुयायी बनना; किसी का भेद जानने के लिए किसी को नियत करना। **-पड़ना** : किसी काम को करने की ठान लेना; किसी को बार-बार तंग करना, आलोचना करना, बुराई करना।

पीटकर [क्रि-स.] 1. झाड़ कर 2. आहत (ताड़) कर।

पीटना (सं.) [क्रि-स.] 1. मारना 2. किसी धातु को फैलाने हेतु हथौड़े आदि से आघात करना 3. किसी कार्य को किसी तरह संपन्न करना 4. चौसर, शतरंज आदि खेलों में विपक्षी की गोट या मोहरा मारना।

पीठ (सं.) [सं-पु.] 1. बैठने का आधार या आसन; किसी सभा, संस्था के अध्यक्ष या देवता का आसन 2. केंद्र; विद्यापीठ 3. पद 4. न्यायाधीशों का वर्ग; (बेंच) 5. योग या पूजा में बैठने की विशेष मुद्रा 6. वेदी 7. राजसिंहासन 8. वे तीर्थस्थल जहाँ-जहाँ सती के अंग कट-कट कर गिरे; शक्तिपीठ 9. स्थान; राज्य; प्रदेश 10. एक राक्षस 11. कंस का एक मंत्री 12. गणित में वृत्त के किसी अंग का पूरक। [सं-स्त्री.] 1. गरदन से कमर तक का मानव शरीर का पिछला भाग जिसके बीचोबीच रीढ़ रहती है 2. किसी वस्तु या वस्त्र का पीछे का भाग 3. कुरसी आदि में पीठ के सहारे के लिए निर्मित भाग। [मु.] **-ठोंकना** : किसी की प्रशंसा करना; किसी को उत्साहित करना; शाबाशी देना। **-दिखाना** : हार मानना; किसी प्रतियोगिता आदि में मैदान छोड़कर हट जाना। **-दिखा कर जाना** : ममता छोड़कर दूर चले जाना। **-देना** : मुँह मोड़ना; विमुख होना; भाग जाना। **-पर हाथ फेरना** : अच्छा कार्य करने पर किसी की प्रशंसा करना; किसी को अच्छा कार्य करने में प्रवृत्त करना। **-फेरना** : प्रस्थान करना; भाग जाना; विमुख होना। **-लगना** : पीठ पर घाव हो जाना। **-लगाना** : लेट कर आराम करना।

पीठमर्द (सं.) [सं-पु.] 1. (साहित्य) नायक का सखा जो गुणों में उससे कुछ कमतर होता है; नाटक में नायक का मुख्य सहयोगी 2. (काव्यशास्त्र) नायक के चार सखाओं में से एक जी वचनचातुरी से रुष्ट नायिका को मनाने और उसका मानमोचन करने में समर्थ होता है 3. वेश्याओं को नाच-गाना सिखाने वाला व्यक्ति; उस्ताद। [वि.] ढीठ और निर्लज्ज।

पीठस्थान (सं.) [सं-पु.] वे स्थल जो दक्ष की कन्या सती के अंग गिरने के कारण पवित्र माने जाते हैं।

पीठा (सं.) [सं-पु.] 1. मक्के के आटे से तैयार की गयी बड़ी-बड़ी टिकिया 2. पानी मिलाकर पीसा गया अनाज; पिष्टि; पीठ

3.एक प्रकार का पकवान जो आटे की लोई में पीठी भरकर बनाया जाता है।

पीठासीन (सं.) [वि.] जो पीठ या अध्यक्ष के आसन पर बैठा हो।

पीठिका (सं.) [सं-स्त्री.] 1. वह पत्थर का आसन या पीढ़ा जिसपर देव मूर्ति की स्थापना की जाती है 2. पीढ़ा या छोटी चौकी 3. पुस्तक का अंश या भाग 4. खंभे आदि का आधार 5. पृष्ठभूमि।

पीठी (सं.) [सं-स्त्री.] भीगी हुई दाल का पिसा हुआ रूप।

पीड़ (सं.) [सं-पु.] 1. एक प्रकार का शिरोभूषण 2. मिट्टी का वह आधार जो घड़े को पीटकर बढ़ाते समय घड़े के भीतर रखा जाता है।

पीड़न (सं.) [सं-पु.] 1. कष्ट प्रदान करना; दबाना 2. मलना 3. पेरना 4. पेरने का उपकरण 5. रौंदवाना 6. हाथ में लेकर मसलना 7. सूर्य या चंद्र ग्रहण 8. नष्ट करना 9. उच्चारण प्रक्रिया में किसी स्वर को दबाना 10. फोड़े को दबा कर पीब निकालना।

पीड़ा (सं.) [सं-स्त्री.] 1. शारीरिक या मानसिक कष्ट; वेदना; व्यथा; दर्द 2. बाधा 3. सिर पर लपेटकर पहनी जाने वाली माला 4. क्षति; हानि।

पीड़ाहर (सं.) [वि.] पीड़ा हरने वाला; पीड़ा निवारण करने वाला।

पीड़ित (सं.) [वि.] 1. पीड़ायुक्त; जिसे व्यथा या पीड़ा पहुँची हो; दुखी; क्लेशयुक्त 2. रोगी; बीमार 3. दबाया हुआ; जिसपर दाब पहुँचाया गया हो 4. नष्ट किया हुआ 5. कसकर बाँधा हुआ 6. ग्रस्त 7. ध्वस्त 8. मसला हुआ 9. पेरा हुआ। [सं-पु.] 1. स्त्रियों के कान का छेद; कर्णछेद 2. 'तंत्रसार' में दिया हुआ एक प्रकार का मंत्र 3. पीड़ा देने या कष्ट पहुँचाने की क्रिया 4. एक रतिबंध।

पीड़ी (सं.) [सं-स्त्री.] 1. ठोस या गीली वस्तु का छोटा गोल टुकड़ा 2. चक्रनेमि; पिंडिका; मिट्टी को पका कर बनाया गया एक औज़ार 3. नरम या भुरभुरी वस्तु को मुट्ठी में दबा-दबा कर बाँधा हुआ लंबोतर टुकड़ा 4. गृह; घर 5. वेदी (बलिदान की) 6. तगर फूल का एक प्रकार।

पीड़ोन्माद (सं.) [सं-पु.] पीड़ा से उत्पन्न होने वाली एक प्रकार की सुखात्मक अनुभूति।

पीढ़ा (सं.) [सं-पु.] बैठने के लिए बनी काठ की छोटी तख़्ती; फरई; पिढ़ई।

पीढ़ी[1] [सं-स्त्री.] छोटा पीढ़ा।

पीढ़ी[2] (सं.) [सं-स्त्री.] 1. किसी कुल या वंश की परंपरा में, क्रमश: आगे बढ़ने वाली संतान की प्रत्येक कड़ी या स्थिति; वंशवृक्ष 2. किसी विशिष्ट युग या काल में उत्पन्न होने या रहने वाले लोगों का समूह जिनकी अवस्था में अधिक अंतर न हो 3. किसी प्रकार परंपरागत स्थिति 4. छोटा पीढ़ा।

पीत (सं.) [सं-पु.] 1. पीला रंग 2. वृक्ष की छाल 3. चंपक 4. कनेर 5. केसर 6. पुष्पराज 7. इंद्र 8. गरुड़ 9. मिश्रित या उपधातु जिससे घंटे बनाए जाते हैं 10. दीप 11. मेंढक 12. चकवा; चक्रवाक पक्षी 13. हरताल 14. कुसुम 15. पीला मूँगा 16. पीला खस। [वि.] 1. पीला 2. भूरा।

पीतक (सं.) [सं-पु.] 1. हरताल 2. पीतल 3. पीला चंदन 4. हल्दी 5. सोनापाठा 6. अंडे की जर्दी 7. केसर 8. अगर 9. विजयसार।

पीतदृष्टि (सं.) [वि.] पीली आँखोंवाला।

पीतपट (सं.) [सं-पु.] पीतांबर; पीला कपड़ा।

पीतपत्रकारिता (सं.) [सं-स्त्री.] (पत्रकारिता) पत्रकारों द्वारा स्वार्थ साधने के लिए अपनाई गई आदर्शविहीन तथा भ्रष्ट रीति-नीति।

पीतमणि (सं.) [सं-पु.] 1. एक बहुमूल्य रत्न; पुखराज; पुष्पराज 2. अल्यूमिनियम और फ़्लोरीन मिश्रित सिलिकेट खनिज।

पीतरक्त (सं.) [सं-पु.] 1. पीली आभायुक्त लाल रंग 2. पुखराज। [वि.] पीलापन लिए लाल रंग का।

पीतरोग (सं.) [सं-पु.] 1. एक प्रकार का रोग जिसमें मनुष्य की आँखें और शरीर पीला हो जाता है 2. पीलिया; कामला।

पीतल (सं.) [सं-पु.] 1. ताँबे और जस्ते के संयोग से बनी पीले रंग की एक प्रसिद्ध मिश्रधातु 2. पीला रंग। [वि.] पीले रंग का।

पीतवान [सं-पु.] हाथी की दोनों आँखों के बीच का स्थान।

पीतांग (सं.) [सं-पु.] 1. पीत अर्थात पीले अंगों वाला व्यक्ति 2. सोनापाठा नामक वृक्ष 3. एक प्रकार का मेंढक। [वि.] पीले अंगोंवाला।

पीतांबर (सं.) [सं-पु.] 1. पीला वस्त्र; पीली धोती; पीतवर्णीय वस्त्र जिसे पहन कर पूजा पर बैठते हैं 2. विष्णु; कृष्ण 3. पीला अंबरधारी संन्यासी। [वि.] पीले वस्त्रवाला; जिसने पीला अंबर (वस्त्र) धारण किया हो।

पीतांबरधारी (सं.) [सं-पु.] कृष्ण; विष्णु।

पीताभ (सं.) [वि.] पीली आभावाला; पीले रंग का। [सं-पु.] पीला चंदन।

पीतारुण (सं.) [सं-पु.] 1. पीलापन लिए हुए लाल रंग; पीली आभायुक्त लाल रंग 2. सूर्योदय का मध्यकाल। [वि.] पीलापन लिए हुए लाल रंगवाला; पीलापन लिए लाल रंग का।

पीती [सं-स्त्री.] 1. गोठी से बनाया गया गोला 2. प्रीति। [सं-पु.] घोड़ा।

पीन (सं.) [सं-पु.] स्थूल होने की अवस्था या भाव; मोटाई। [वि.] 1. परिपुष्ट; भारी 2. स्थूल; बड़ा; मोटा 3. दीर्घकाय 4. संपन्न; भरा-पूरा।

पीनक [सं-स्त्री.] 1. पिनकने की क्रिया 2. अफ़ीम के नशे में धुत्त।

पीनता (सं.) [सं-स्त्री.] स्थूलता; मोटाई; मोटापा।

पीनस[1] (सं.) [सं-पु.] एक प्रकार का रोग जिसमें नाक से दुर्गंधमय गाढ़ा पानी निकलता है सरदी; जुकाम।

पीनस[2] (फ़ा.) [सं-स्त्री.] 1. पालकी 2. एक प्रकार की नाव।

पीना (सं.) [क्रि-स.] 1. किसी द्रव को गले से नीचे उतारना 2. शराब पीना 3. हुक्का या सिगरेट आदि का धुआँ खींचना 4. किसी तरल पदार्थ को सोख लेना 5. क्रोध को मन में ही दबा

लेना।

पीप (सं.) [सं-स्त्री.] घाव का मवाद; पीब।

पीपल (सं.) [सं-पु.] बरगद की जाति का एक प्रसिद्ध वृक्ष।

पीपा [सं-पु.] 1. लोहे या लकड़ी का ढोल के आकार का बना एक बड़ा पात्र जिसमें द्रव पदार्थ रखकर बाहर भेजा जाता है 2. राजस्थान के एक प्रसिद्ध राजा जो राज्य त्याग कर रामानंद के शिष्य हो गए थे 3. भक्तिकालीन एक संत कवि।

पीब (सं.) [सं-पु.] पीप।

पीयूष (सं.) [सं-पु.] अमृत; सुधा।

पीयूषवर्षण (सं.) [सं-पु.] 1. अमृत की वर्षा 2. चंद्रमा।

पीर (फ़ा.) [सं-पु.] 1. महात्मा और सिद्ध पुरुष 2. परलोक का मार्ग दर्शक; धर्म गुरु 3. मुसलमानों के धर्म गुरु 4. सोमवार का दिन। [वि.] वृद्ध 2. सिद्ध 3. पूज्य।

पीरज़ादा (फ़ा.) [सं-पु.] पीर या मुस्लिम धर्मगुरु का पुत्र।

पीरा[1] [सं-स्त्री.] अधपकी ईंट।

पीरा[2] (सं.) [सं-स्त्री.] व्यथा; दर्द; कष्ट; दुःख।

पीरी (फ़ा.) [सं-स्त्री.] 1. वृद्धावस्था; बुढ़ापा 2. गुरुआई; चेला या शिष्य बनाने का पेशा।

पीरोदा [वि.] पीले रंगवाला।

पील (फ़ा.) [सं-पु.] 1. हाथी; गज 2. शतरंज का एक मोहरा (ऊँट) 3. पीलू नामक कीड़ा 4. पीलू नामक पेड़।

पीलपाँव (फ़ा.) [सं-पु.] एक रोग जिसमें पैर फूलकर हाथी के पैर की तरह हो जाता है; फीलपा।

पीलवान [सं-पु.] महावत; हाथी हाँकने वाला।

पीला (सं.) [वि.] 1. जो सोने या हल्दी के रंग का हो; पीत वर्ण 2. {ला-अ.} फीका; आभारहित; निष्प्रभ (चेहरा)। [मु.] - **पड़ना** : भय, चिंता आदि के कारण शरीर में रक्त का अभाव होना या भय से चेहरे पर सफ़ेदी आना।

पीलाकार्ड (हिं.+अं.) [सं-पु.] फुटबॉल, हॉकी के खेल में निर्णायक द्वारा खिलाड़ी को दिया जाने वाला कार्ड जो नियम भंग करने के कारण चेतावनी देने का सूचक होता है; (यलोकार्ड)।

पीलापन [सं-पु.] 1. पीला होने की अवस्था या भाव; ज़र्दी 2. ख़ून की कमी से शरीर पर चमक या लाली का अभाव।

पीलिया [सं-पु.] एक प्रकार का रोग जिसमें शरीर पीला पड़ जाता है; यकृत विकार से उत्पन्न होने वाला रोग; पांडु रोग; कामला रोगी।

पीलुआ [सं-पु.] मछली पकड़ने का बहुत बड़ा जाल।

पीलू (सं.) [सं-पु.] 1. दक्षिण भारत में होने वाला काँटेदार वृक्ष जिसकी पत्तियाँ औषधि के काम आती हैं 2. उक्त वृक्ष का फल एवं फूल 3. ताड़ के पेड़ का तना 4. ताड़ के पेड़ों का समूह 5. (संगीत) एक प्रकार का राग।

पीव (सं.) [सं-पु.] घाव का मवाद; पस।

पीसना (सं.) [क्रि-स.] 1. रगड़ या दबाव के माध्यम से किसी सूखी वस्तु को चूरे के रूप में बदलना; चूर्ण करना 2. गीली वस्तु को चटनी के रूप में बदलना 3. कठिन परिश्रम करना 4. कुचल देना 5. {ला-अ.} तंग करना।

पीहर (सं.) [सं-पु.] विवाहित स्त्रियों के पिता का घर; मायका; मैका; नैहर।

पीहरी (सं.) [सं-पु.] स्त्रियों के लिए उनके माता-पिता के घर के सदस्य; मायके के लोग।

पीहा [सं-स्त्री.] पपीहे की बोली।

पुँछटँगा [वि.] छोटी पूँछ वाला बैल।

पुँछेटा [वि.] पछौटा।

पुंकेसर (सं.) [सं-पु.] पुष्प का वह केसर जिसमें पुंसत्व वाला तत्व रहता है और जिसके पराग के संयोग से स्त्री केसर में गर्भाधान होता है।

पुंग (सं.) [सं-पु.] पुंज; समूह; राशि।

पुंगफल (सं.) [सं-पु.] सुपाड़ी; पुंगीफल।

पुंगव (सं.) [सं-पु.] 1. बैल; वृष; साँड़ 2. एक प्रकार की वनस्पति जिसका उपयोग औषधि के रूप में होता है। [वि.] श्रेष्ठ; उत्तम।

पुंगी (सं.) [सं-स्त्री.] 1. सुपारी 2. एक प्रकार की बाँसुरी; बीन।

पुंगीफल (सं.) [सं-पु.] सुपारी।

पुंज (सं.) [सं-पु.] समूह; ढेर; अटाला; राशि।

पुंजन (सं.) [सं-पु.] राशि बनाने की क्रिया; पुंज।

पुंजवट [सं-पु.] पुआल की ढेरी; पुजवट; पिजुवा।

पुंजातीय (सं.) [वि.] लिंग के विचार से नर जाति का।

पुंजित (सं.) [वि.] 1. संचित; एकत्र किया हुआ; ढेर लगाया हुआ 2. राशिकृत।

पुंडरीक (सं.) [सं-पु.] 1. श्वेत कमल 2. अग्निकोण का दिग्गज 3. बाघ 4. एक सुगंधित पौधा 5. एक द्रव्यौषध 6. सफ़ेद हाथी 7. श्वेत कुष्ठ 8. क्रौंच द्वीप का एक पर्वत 9. एक तीर्थ 10. जैनों का एक गणधर 11. तिलक; टीका 12. अग्नि।

पुंडरीकाक्ष (सं.) [वि.] कमल के समान आँख वाला; जिसकी आँखें कमल के समान हों।

पुंड्रक (सं.) [सं-पु.] 1. ईख का एक भेद 2. तिलक; टीका 3. तिलक वृक्ष 4. माधवी लता।

पुंस (सं.) [सं-पु.] पुरुष; नर; मर्द।

पुंसंतति (सं.) [सं-स्त्री.] वह वंशज जो पुरुष हो; नर संतान, जैसे- पुत्र, पौत्र आदि।

पुंसक (सं.) [वि.] वह जिसमें स्त्री संभोग और संतान उत्पन्न करने की शक्ति हो।

पुंसत्व (सं.) [सं-पु.] 1. पुरुषत्व; पुरुष होने का भाव 2. पुरुष की कामशक्ति 3. शुक्र; वीर्य।

पुंसवत (सं.) [वि.] पुरुष जैसा; पुरुष के समान। [अव्य.] पुरुष की तरह।

पुआ [सं-पु.] आटे या मैदे को चीनी या गुड़ के रस में मिलाकर घी या तेल में तलकर तैयार किया जाने वाला एक पकवान; एक प्रकार का मीठा पकवान।

पुआड़ी [सं-स्त्री.] तेजी से बढ़ने वाली ईख; नई किलसी वाली ईख की फसल; अरैया।

पुआल [सं-पु.] 1. धान आदि के डंठल जिसके दाने झाड़ लिए

गए हों 2. एक जंगली पेड़ व उसकी मज़बूत लकड़ी।

पुकाडैल [सं-पु.] फरौटे का गोल सिरा; पछौटा।

पुकार [सं-स्त्री.] 1. ऊँची या तेज़ आवाज़ में किसी को बुलाने की क्रिया 2. रक्षा या आत्मरक्षा हेतु गुहार; फ़रियाद 3. निवेदन 4. बुलावा; आह्वान 5. आवाज़ 6. निमंत्रण 7. कचहरी के चपरासी का मुकदमे में पेशी पर वादी-प्रतिवादी का नाम लेकर बुलाना।

पुकारना (सं.) [क्रि-स.] 1. किसी को बुलाने, संबोधित करने या उसका ध्यान आकृष्ट करने के लिए ज़ोर से उसका नाम लेना 2. रक्षा या आत्मरक्षा हेतु फ़रियाद करना 3. निर्देश करना 4. किसी बात को बार बार ज़ोर-ज़ोर से कहना 5. आवाज़ लगाना या चिल्लाना।

पुक्कस (सं.) [सं-पु.] 1. अधम 2. चांडाल 3. एक संकर जाति। [वि.] कमीना; नीच।

पुखराज (सं.) [सं-पु.] पीले रंग का एक रत्न विशेष; पुष्पराज।

पुख़्ता (फ़ा.) [वि.] 1. मज़बूत; टिकाऊ; सख़्त; ठोस 2. ईंट, चूना, सीमेंट आदि से जुड़ा हुआ 3. {ला-अ.} परिपक्व; अनुभवी; जानकार।

पुचकार [सं-स्त्री.] पुचकारने की क्रिया या भाव; चुमकार; प्यार व्यक्त करने हेतु होठों से निकला हुआ चूमने का-सा शब्द।

पुचकारना [क्रि-स.] 1. प्यार से कहना; प्रेम से मनाना 2. स्नेह व्यक्त करना; होठों से चूमने का-सा शब्द उत्पन्न करते हुए किसी के प्रति लाड़-प्यार प्रकट करना; प्यार जतलाते हुए मुँह से पुच-पुच शब्द करना।

पुचकारी [सं-स्त्री.] 1. पुचकारने की क्रिया; पुचकार 2. मुँह से निकला हुआ चूमने का प्रेमसूचक शब्द।

पुचारा [सं-पु.] 1. पोतने का काम 2. पोतने का तरल पदार्थ 3. भीगे हुए कपड़े से ज़मीन रगड़कर पोंछने का काम; पोंछा 4. ख़ुशामद 5. उत्साहवर्धक वचन।

पुच्छ (सं.) [सं-स्त्री.] 1. पूँछ; दुम 2. किसी वस्तु का अंतिम सिरा; पीछे का भाग।

पुच्छल (सं.) [वि.] जिसके पीछे पूँछ हो; पूँछवाला; दुमदार।

पुच्छल-तारा (सं.) [सं-पु.] सूर्य के चारों ओर घूमने वाला एक विशेष प्रकार का तारा या पिंड जिसके पीछे भाप या गैस की पूँछ-सी लगी प्रतीत होती है।

पुच्छाग्र (सं.) [सं-पु.] पूँछ के आगे (अग्र) का भाग।

पुच्छी (सं.) [सं-पु.] 1. मदार का पौधा 2. मुरगा। [वि.] पूँछ वाला।

पुछल्ला [सं-पु.] 1. बड़ी या लंबी पूँछ 2. पूँछ की तरह पीछे लगी या जोड़ी हुई वस्तु या धज्जी; अनावश्यक वस्तु 3. {ला-अ.} वह जो अनावश्यक रूप से किसी के पीछे लगा रहता हो या साथ चलता हो।

पुछवाना [क्रि-स.] 1. किसी दूसरे को पूछने के लिए प्रेरित करना 2. पता करवाना; मालूम करवाना।

पुछार [सं-पु.] 1. पूछने वाला व्यक्ति 2. आदर करने वाला व्यक्ति 3. देखरेख या ख़ोज-ख़बर लेने वाला व्यक्ति।

पुजवाना [क्रि-स.] 1. किसी अन्य व्यक्ति से पूजा या आराधना कराना; किसी से पूजने का काम करवाना 2. अपनी पूजा या आवभगत कराना।

पुजाई [सं-स्त्री.] 1. पूजने की क्रिया या भाव 2. पूजने की मज़दूरी।

पुजाना [क्रि-स.] 1. किसी से पूजा करवाना 2. अपनी आवभगत करवाना 3. पूरा करना 4. भेंट चढ़वाना।

पुजापा [सं-पु.] 1. पूजन की सामग्री 2. वह झोली या थैला जिसमें पूजन की सामग्री रखी जाती है; पुजाही।

पुजारिन [सं-स्त्री.] 1. पूजा करने वाली स्त्री 2. पुजारी की पत्नी; पुजारन।

पुजारी [सं-पु.] 1. पूजा करने वाला व्यक्ति; पूजक; किसी मंदिर में नियमित रूप से पूजा करने वाला व्यक्ति 2. जो किसी के लिए समर्पित हो, जैसे- प्रेम पुजारी, धन का पुजारी।

पुट[1] [सं-पु.] 1. किसी पदार्थ को हलका गीला करने या मेल देने के लिए किसी द्रव का छींटा 2. थोड़ी मिलावट या मेल 3. किसी वस्तु को हलके मेल के लिए किसी अन्य वस्तु या तेल में डालना।

पुट[2] (सं.) [सं-पु.] 1. किसी चीज़ की तह या परत 2. पत्तों आदि से बनाया गया दोना 3. खाली स्थान; विवर 4. ढकने वाला; आवरण 5. मंजूषा 6. परस्पर ढके मिट्टी के दो कपाल 7. वैद्यक में औषधि पकाने का एक प्रकार का पात्र; संपुट 8. जायफल 9. घोड़े की टाप।

पुटअप (अं.) [क्रि-स.] प्रस्तुत करना।

पुटकी[1] [सं-स्त्री.] 1. एकाएक होने वाली मृत्यु 2. बहुत बड़ी आफ़त; आकस्मिक विपत्ति।

पुटकी[2] (सं.) [सं-स्त्री.] पोटली; छोटी गठरी।

पुटपाक (सं.) [सं-पु.] (वैद्यक) पत्ते के दोने में रखकर औषधि पकाने या भस्म बनाने की क्रिया।

पुटी (सं.) [सं-स्त्री.] 1. छोटा कटोरा; छोटा दोना 2. पुड़िया 3. लँगोटी 4. ख़ाली स्थान। [वि.] औषधि जो पुट पाक विधि में प्रस्तुत हो।

पुटीन (अं.) [सं-पु.] लकड़ी की दरारों आदि में भरने का मसाला।

पुटुकना [सं-स्त्री.] अँगुलियों के जोड़ों को खींचने या दबाने पर उत्पन्न होने वाली आवाज़।

पुटोदक (सं.) [सं-पु.] नारियल; जिस वस्तु में जल या रस का पुट हो।

पुट्टी [सं-स्त्री.] मछली पकड़ने का बड़ा झाबा।

पुट्ठा (सं.) [सं-पु.] 1. कमर के पास चूतड़ का ऊपरी मांसल भाग; चौपाए का चूतड़ 2. मोटे कागज़ का आधार जिसपर रख कर लिखा जाता है; दफ़्ती।

पुठवार [अव्य.] 1. पीछे; पृष्ठ भाग में 2. बगल में।

पुठिया [सं-स्त्री.] एक प्रकार की छोटी मछली।

पुड़ा[1] [सं-पु.] 1. पुट्ठा 2. ढोल पर मढ़ा जाने वाला चमड़ा।

पुड़ा[2] (सं.) [सं-पु.] 1. बड़ी पुड़िया 2. गौ का गर्भाशय।

पुड़िया (सं.) [सं-स्त्री.] 1. किसी कागज़ आदि में किसी वस्तु को विशेष प्रकार से ऐसे लपेट देना जैसे वह बंद हो गई हो 2.

{ला-अ.} खान; घर, जैसे- आफ़त की पुड़िया।

पुड़ी [सं-स्त्री.] 1. आटे या मैदे को सानकर निर्मित एक खाद्य पदार्थ; पूरी; सुहारी 2. पुड़िया 3. पुटी।

पुण्य (सं.) [सं-पु.] 1. धार्मिक दृष्टि से शुभ कर्म; धर्मकार्य 2. परोपकार आदि का काम 3. सुकर्म से उत्पन्न शुभ दृष्टि 4. (ज्योतिष) कुंडली में लग्न से नौवाँ भाव। [वि.] 1. शुभ; पवित्र; मंगलकारक 2. दूसरों की सहायता या उपकार का कार्य करने वाला 3. सुंदर; अनुकूल; मधुर।

पुण्यकर्म (सं.) [सं-पु.] (लोकमान्यता) वह कर्म जिसे करने से पुण्य प्राप्त हो; भला या शुभ कर्म।

पुण्यकाल (सं.) [सं-पु.] (लोकमान्यता) वह समय या काल जिसमें स्नान, दान आदि करने से पुण्य प्राप्त होता है या विशेष पुण्य मिलता है।

पुण्यतिथि (सं.) [सं-स्त्री.] 1. पवित्र, शुभ नक्षत्र वाला स्नान, दान आदि करने का दिन; शुभ या पवित्र कार्य करने का अच्छा दिन 2. किसी महापुरुष की मृत्यु की तिथि।

पुण्यफल (सं.) [सं-पु.] 1. शुभ कर्मों का शुभ फल 2. लक्ष्मी के निवास करने का उद्यान।

पुण्यभूमि (सं.) [सं-स्त्री.] 1. तीर्थस्थान 2. पवित्रभूमि।

पुण्यवती [सं-स्त्री.] 1. जिसे पुण्य प्राप्त हो 2. उपकारी; दूसरों की भलाई करने वाली।

पुण्यशील (सं.) [वि.] पुण्यात्मा; जिसका पुण्य कर्मों या सदाचरण की ओर झुकाव हो।

पुण्यश्लोक (सं.) [सं-पु.] 1. युधिष्ठिर 2. राजा नल 3. विष्णु। [वि.] जिसका चरित्र और यश शुभ और सुंदर हो।

पुण्यस्थल (सं.) [सं-पु.] तीर्थ स्थान।

पुण्यात्मा (सं.) [वि.] 1. जिसकी प्रवृत्ति पुण्य करने की हो 2. धर्मात्मा; पुण्यशील।

पुण्यार्थ (सं.) [सं-पु.] 1. लोक उपकार की भावना से दिया जाने वाला धन 2. पुण्य की प्राप्ति के विचार से किया गया कार्य।

पुण्याह (सं.) [सं-पु.] शुभ, पवित्र या मंगल कारक दिन।

पुण्योदय (सं.) [सं-पु.] शुभ, पवित्र या मंगल कारक कार्य करने के फलस्वरूप होने वाला सौभाग्य या भाग्य का उदय।

पुतरा [सं-पु.] 1. घास-पात आदि से बनी मानवाकृति 2. पुतला 3. बीज का जड़ पकड़ना।

पुतला (सं.) [सं-पु.] 1. लकड़ी, कपड़े या धातु की बनी हुई किसी व्यक्ति की प्रतिमा जो ख़ासकर खिलौने के काम आती है 2. किसी मनुष्य का बना मुखौटा।

पुतली (सं.) [सं-स्त्री.] 1. आँख का काला भाग जिसके बीच में ज्योति केंद्र होता है 2. लकड़ी या कपड़ों आदि की बनी गुड़िया।

पुताई [सं-स्त्री.] 1. पोतने की क्रिया या भाव 2. दीवार पर रंग या लेप करने की क्रिया 3. पुताई की मज़दूरी।

पुत्तलिका (सं.) [सं-स्त्री.] पुतली; गुड़िया।

पुत्तली (सं.) [सं-स्त्री.] दे. पुतली।

पुत्तिका (सं.) [सं-स्त्री.] 1. एक प्रकार की मधुमक्खी 2. दीमक।

पुत्ती [सं-स्त्री.] 1. गोधूम; गेहूँ का बीज 2. गेहूँ का अंकुर 3. मडुआ की भुस्सी।

पुत्र (सं.) [सं-पु.] 1. बेटा; सुत; लड़का; संतान 2. शिष्य के लिए संबोधन।

पुत्रजीव (सं.) [सं-पु.] इंगुदी की तरह का एक पेड़ जिसके बीज सूखने पर रुद्राक्ष की तरह हो जाते हैं और साधु लोग उसकी माला पहनते हैं; जियापोता।

पुत्रवती (सं.) [सं-स्त्री.] पुत्रवाली स्त्री; पूती।

पुत्रवधू (सं.) [सं-स्त्री.] पुत्र की पत्नी; पतोहू।

पुत्रवान (सं.) [वि.] पुत्रवाला; जिसके पुत्र हो।

पुत्रादिनी (सं.) [वि.] अपने पुत्रों को स्वयं ही खा जाने वाली, जैसे- सर्पिणी, व्याघ्री आदि।

पुत्रादी (सं.) [वि.] 1. पुत्रभक्षक 2. {ला-अ.} बेटे को खाने वाला; (एक गाली)।

पुत्रान्नाद (सं.) [सं-पु.] 1. पुत्र की कमाई खाने वाला व्यक्ति 2. कुटीचक्र; यतियों का एक भेद।

पुत्रिणी (सं.) [वि.] पुत्रवती; पुत्रवाली। [सं-स्त्री.] जिसे पुत्र हो।

पुत्री (सं.) [सं-स्त्री.] 1. कन्या; बेटी; लड़की; सुता 2. {ला-अ.} दुर्गा।

पुथा [सं-पु.] नाक के नीचे और दाँत के ऊपर की मुलायम खाल।

पुदगल (सं.) [सं-पु.] 1. (जैनशास्त्र) कोई ऐसा पदार्थ जिसमें रूप, रस, स्पर्श, गंध, शब्द आदि हों 2. (बौद्ध) शरीर; देह; बदन 3. आत्मा 4. शिव। [वि.] सुंदर।

पुदीना (फ़ा.) [सं-पु.] एक पौधा जिसका औषधीय प्रयोग होता है; छोटी हरी पत्तियों वाला ज़मीन पर फैलने वाला सुगंधित पौधा जिसकी पत्तियों से चटनी बनाई जाती है।

पुनः (सं.) [अव्य.] 1. फिर; दुबारा 2. अनंतर; बाद 3. इसके अतिरिक्त।

पुनरवसु (सं.) [सं-पु.] एक नक्षत्र; पुनर्वसु।

पुनराकलन (सं.) [सं-पु.] पुनर्मूल्यांकन; फिर से आकलन करने की क्रिया।

पुनराख्याता (सं.) [सं-पु.] टिप्पणी या नई आख्या करने वाला व्यक्ति।

पुनरागमन (सं.) [सं-पु.] लौटना; फिर से आना; वापस होना।

पुनरारंभ (सं.) [सं-पु.] स्थगित किया हुआ या छोड़ा हुआ काम फिर से आरंभ करना।

पुनरावर्तन (सं.) [सं-पु.] 1. फिर से लौटकर आना; दुबारा होने वाला आवर्तन 2. किसी रोग के ठीक हो जाने पर फिर से होने वाला उसका आक्रमण या प्रकोप।

पुनरावलोकन (सं.) [सं-पु.] 1. दोहराना 2. किसी किए हुए कार्य को फिर से देखना या करना; पूर्व में देखी गई किसी चीज़ को पुनः देखना।

पुनरावाहन (सं.) [सं-पु.] 1. पुनः वापस बुलाना 2. स्मरण करना; चिंतन करना 3. फिर से प्रयोग में लाना।

पुनरावृत्ति (सं.) [सं-स्त्री.] 1. क़िए हुए काम या बात को फिर से करने या दोहराने की क्रिया या भाव 2. लौटना; वापसी 3. दुबारा जन्म लेना।

पुनरावेदन (सं.) [सं-पु.] पुनः की गई प्रार्थना या अपील; दुबारा किया गया आवेदन।

पुनरासीन (सं.) [वि.] वह जो एक बार अपने स्थान से हटने या हटाए जाने के बाद फिर उसी स्थान पर आ कर बैठे।

पुनरीक्षक (सं.) [सं-पु.] पुनः निरीक्षण या संशोधन करने वाला व्यक्ति।

पुनरीक्षण (सं.) [सं-पु.] 1. किए हुए काम को जाँचने के लिए फिर से देखना; पुनः संशोधन; भूल-सुधार 2. आय-व्यय के आँकड़े आदि को फिर से देखना या पढ़ना; न्यायालय में मुकदमें की फिर से सुनवाई; (रिविज़न)।

पुनरीक्षित (सं.) [वि.] पुनःसंशोधित; जो फिर से देख लिया गया हो।

पुनरुक्त (सं.) [वि.] दुबारा कहा हुआ; फिर से कहा हुआ।

पुनरुक्ति (सं.) [सं-स्त्री.] 1. किसी बात या उक्ति को बार-बार कहना 2. पुनर्कथन।

पुनरुज्जीवन (सं.) [सं-पु.] 1. फिर से प्राप्त जीवन; फिर से जीवनदान देना 2. फिर से उन्नति की ओर ले जाना।

पुनरुज्जीवित (सं.) [सं-पु.] 1. फिर से जीवित या सजीव होने की अवस्था या भाव 2. किसी बंद या मृत संस्था या उद्योग को पुनः पूर्व की तरह संचालन या उन्नति की ओर ले जाना।

पुनरुत्थान (सं.) [सं-पु.] 1. पुनर्जागरण 2. पतन के पश्चात फिर से उन्नति की ओर बढ़ना।

पुनरुत्पादन (सं.) [सं-पु.] 1. फिर से बनाने की क्रिया 2. पुनः उत्पादन करने की क्रिया।

पुनरुद्धार (सं.) [सं-पु.] किसी नष्ट हुई टूटी-फूटी वस्तु को फिर से ठीक करके नए जैसा बनाना।

पुनरुपलब्ध (सं.) [वि.] पुनः उपलब्ध होने वाला।

पुनरोदय (सं.) [सं-पु.] पुनः उदय होना; दुबारा अस्तित्व ग्रहण करना।

पुनर्गठन (सं.) [सं-पु.] 1. दुबारा या फिर से गठन करना 2. पुनर्निर्माण 3. व्यवस्था स्थापित करने की क्रिया।

पुनर्गठित (सं.) [वि.] जिसे फिर से गठित किया गया हो; जिसका संयोजन फिर से किया गया हो।

पुनर्गमन (सं.) [सं-पु.] फिर से जाना; दुबारा जाने की क्रिया।

पुनर्चक्रण (सं.) [सं-पु.] उपयोग में लाई जा चुकी वस्तुओं को सँभालकर रखने और उन्हें फिर से उपयोग में लाने की क्रिया या भाव; उपयोग में लाई जा चुकी वस्तुओं को पुनः उपयोग में लाने के लिए तैयार करना; पुनरावर्तन; पुनश्चक्रण।

पुनर्जन्म (सं.) [सं-पु.] मृत्यु के बाद फिर से जन्म लेना; दुबारा शरीर धारण करना।

पुनर्जागरण (सं.) [सं-पु.] 1. सोए हुए का फिर से जागना; निद्रा के बाद जगना 2. {ला-अ.} किसी देश; समाज संस्था आदि की सोई हुई चेतना का जागरण।

पुनर्जीवन (सं.) [सं-पु.] 1. फिर से प्राप्त होने वाला जीवन; पुनःजीवन; दूसरा जीवन 2. आत्मा द्वारा फिर से शरीर धारण करना; पुनर्जन्म।

पुनर्जीवित (सं.) [वि.] पुनः सक्रिय किया हुआ; पुनः उसी उत्साह, प्रेरणा और सक्रियता से परिपूर्ण।

पुनर्निर्माण (सं.) [सं-पु.] दूसरी बार निर्मित करना; टूटी-फूटी वस्तु (मूर्ति, मकान इत्यादि) का फिर से निर्माण करना।

पुनर्परीक्षण (सं.) [सं-पु.] जिसकी एक बार परीक्षा ली जा चुकी हो; उसकी फिर से परीक्षा लेना या करना।

पुनर्पाठ (सं.) [सं-पु.] दुबारा किया जाने वाला पाठ; दोहराना; आवृत्ति।

पुनर्भव (सं.) [सं-पु.] 1. पुनर्जन्म; फिर उत्पन्न होना 2. नख; नाखून। [वि.] जो पुनः जन्म ले लेता हो; फिर हुआ हो; फिर उत्पन्न।

पुनर्भू (सं) [वि.] होने की आवृत्ति, फिर होने वाला। [सं-स्त्री.] वह स्त्री जो पहले पति की मृत्यु या विवाह विच्छेद के बाद पुनः व्याही गई हो; पुनर्विवाहिता।

पुनर्मुद्रण (सं.) [सं-पु.] पुस्तकों आदि का दुबारा मुद्रण; एक बार छपी हुई पुस्तक दुबारा उसी रूप में छपना।

पुनर्मुद्रित (सं.) [वि.] फिर से छपा हुआ; जो फिर से छापा गया हो।

पुनर्मूल्यन (सं.) [सं-पु.] 1. किसी वस्तु का पुनः (फिर से) मूल्यांकन 2. मुद्रा आदि का फिर से मूल्य निश्चित करना।

पुनर्योग (सं.) [सं-पु.] दुबारा होने वाला मिलन।

पुनर्वाद (सं.) [सं-पु.] 1. पुनरुक्ति; कही हुई बात को फिर उलट-फेरकर कहना 2. किसी न्यायालय से निर्णय हो जाने पर उसके विरोध में ऊँचे न्यायालय में फिर से उस विवाद पर विचार के लिए अपील करना।

पुनर्वादी (सं.) [सं-पु.] किसी ऊँचे न्यायालय में विवाद पर फिर से विचार की प्रार्थना करने वाला व्यक्ति।

पुनर्वास (सं.) [सं-पु.] 1. उजड़े हुए को फिर से बसाना 2. घर-बार नष्ट हो जाने या छीन लिए जाने पर फिर से नया घर बसाना; पुनः बसना।

पुनर्वासन (सं.) [सं-पु.] उजड़े हुए लोगों को फिर से बसाने की क्रिया या आबाद करने की क्रिया।

पुनर्विचार (सं.) [सं-पु.] किसी वस्तु, कार्य या घटना, आलेख या मत पर फिर से विचार करना; चिंतन।

पुनर्विधान (सं.) [सं-पु.] 1. किसी चीज़ का फिर से विधान करना या बनाया जाना 2. पुनर्घटन।

पुनर्विधायन (सं.) [सं-पु.] फिर से कोई विधान निर्माण; किसी बने हुए विधान को घटा या बढ़ाकर नए सिरे से विधान का रूप देना।

पुनर्विभाजन (सं.) [सं-पु.] विभाजित वस्तु का फिर से विभाजन करना।

पुनर्विलोकन (सं.) [सं-पु.] 1. फिर से अच्छी तरह देखना 2. घटित घटनाओं की संक्षिप्त आलोचना 3. किसी दिए हुए आदेश या दंड आदि पर फिर से विचार करना।

पुनर्विवाह (सं.) [सं-पु.] किसी का, विशेषतः विधवा स्त्री का

फिर से होने वाला विवाह।

पुनर्विहित (सं.) [वि.] जिसका फिर से विधान किया गया हो; पहले से बना हुआ (विधान) जिसमें संशोधन कर नए विधान के रूप में लाया गया हो।

पुनर्सृजन (सं.) [सं-पु.] 1. दुबारा होने वाला निर्माण 2. पुनः होने वाला सकारात्मक या रचनात्मक कार्य।

पुनर्स्थापन (सं.) [सं-पु.] जो पहले अपने स्थान से हटाया गया हो उसे फिर से उसी स्थान पर रखना या स्थापित करना।

पुनर्स्थापित (सं.) [वि.] 1. फिर से स्थापित किया हुआ 2. पुनः प्रचलन में लाया हुआ।

पुनीत (सं.) [वि.] 1. शुद्ध; पाक; पवित्र 2. पवित्र किया हुआ 3.पवित्र माना जाने वाला।

पुनीता (सं.) [सं-स्त्री.] 1. पवित्र; शुद्ध; पाक 2. पवित्र तथा अच्छे आचरण वाली स्त्री।

पुपरा [सं-स्त्री.] तितली।

पुपली [सं-स्त्री.] आम की गुठली के अंदर की गिरी को घिसकर बनाया गया बाजा या सीटी 2. बाँस की पतली पोली नली।

पुर[1] (सं.) [सं-पु.] 1. नगर; शहर 2. मकान; घर; गृह; आगार 3. कोट; किला; दुर्ग 4. बाज़ार 5. शरीर; देह 6. कोठा; अटारी 7. भुवन; लोक 8. मोथा 9. भंडारघर 10. वेश्यालय 11. राशि ढेर 12. स्त्रियों का निवास स्थान; जनानख़ाना।

पुर[2] (फ़ा.) [पूर्वप्रत्य.] भरपूर; पूरा; भरा हुआ; पूर्ण, जैसे- पुरज़ोर, पुरजोश।

पुरंजन (सं.) [सं-पु.] 1. जीवात्मा; आत्मा 3. वरुण।

पुरंजनी (सं.) [सं-स्त्री.] 1. प्रज्ञा; निर्विकल्पक ज्ञान; बुद्धि।

पुरंजय (सं.) [सं-पु.] (रामायण) रघुकुल में उत्पन्न एक प्रसिद्ध राजा; काकुत्स्थ। [वि.] पुर पर विजय करने वाला; पुर को जीतने वाला।

पुरंजर (सं.) [सं-पु.] पार्श्व; बगल; काँख।

पुरंदर (सं.) [सं-पु.] 1. इंद्र 2. शिव 3. विष्णु 4. ज्येष्ठा नक्षत्र 5. अग्नि। [वि.] पुर (नगर) को तोड़ने वाला।

पुरंध्री (सं.) [सं-स्त्री.] ऐसी सौभाग्यशाली स्त्री जो पति, पुत्र व कन्या युक्त हो।

पुरइन (सं.) [सं-स्त्री.] कमल की पंक्ति; कमल पत्र; कमल का पत्ता।

पुरइया [सं-स्त्री.] तकुआ।

पुरकायस्थ (सं.) [सं-पु.] प्राचीन भारत में नगर का वह अधिकारी जिसके पास मुख्य लेखों, दस्तावेज़ों की नकल रहती थी।

पुरखा (सं.) [सं-पु.] 1. पूर्वज; पिता के ऊपर की पीढ़ी में उत्पन्न कोई व्यक्ति 2. {ला-अ.} बुद्धिमान; वृद्ध व्यक्ति।

पुरज़ा [सं-पु.] 1. किसी मशीन या यंत्र का अंग-प्रत्यंग; अवयव 2. पर्ची; कागज़ का टुकड़ा 3. खंड; टुकड़ा; कतरन। [मु.] **चलता पुरज़ा होना** : चालाक व्यक्ति होना। **-ढीला होना** : बुद्धि की कमी होना; सनकी होना।

पुरज़ोर (फ़ा.) [क्रि.वि.] भरपूर ताकत से; ज़ोर से; पूरी ताकत, शक्ति या उत्साह से। [वि.] 1. ज़ोरदार 2. ओजपूर्ण।

पुरना [क्रि-अ.] 1. पूरा होना; पूर्ण होना; समाप्त होना 2. यथेष्ट मात्रा या मान में प्राप्त होना।

पुरनिया [वि.] वृद्ध; अधिक उम्रवाला।

पुरपेच (फ़ा.) [वि.] पेचदार; बलदार; टेढ़ामेढ़ा; घुमावदार।

पुरबिया [सं-पु.] पूर्व दिशा या देश का निवासी। [वि.] पूरब का; पूरब में उत्पन्न या रहने वाला।

पुरवा [सं-पु.] 1. छोटा गाँव; खेड़ा; पुरा 2. मिट्टी के प्याले जैसा बरतन; कुल्हड़ 3. बैलों का एक रोग जो पुरवा हवा लगने से होता है। [सं-स्त्री.] पूर्व दिशा से चलने वाली हवा।

पुरवाई [सं-स्त्री.] पुरवा हवा; पूर्व से चलने वाली या आने वाली वायु; पूर्व की वायु।

पुरवैया [सं-स्त्री.] पुरवाई; पूर्व से चलने वाली या आने वाली हवा।

पुरश्चरण (सं.) [सं-पु.] किसी निश्चित कार्य की सिद्धि के लिए पहले से की गई तैयारी तथा अनुष्ठान; निश्चित कार्य की सिद्धि के लिए विधिपूर्वक किया गया तांत्रिक प्रयोग।

पुरसा[1] (सं.) [सं-पु.] 1. गहराई मापने की एक माप 2. लगभग चार या पाँच हाथ की एक माप; हाथ उठाकर खड़े हुए मनुष्य के बराबर की माप।

पुरसा[2] (फ़ा.) [सं-पु.] किसी के यहाँ गमी या मृत्यु हो जाने पर सहानुभूति और शोक प्रकट करने जाना; मातमपुरसी।

पुरसाँ (फ़ा.) [वि.] ख़ोज-ख़बर लेने वाला; हालचाल पूछने वाला।

पुरसाहाल [सं-पु.] हाल पूछने वाला।

पुरसी (फ़ा.) [सं-स्त्री.] ख़ोज-ख़बर, हालचाल लेने या जानने के लिए, कुछ पूछने की क्रिया या भाव; समस्त पदों में उत्तर पद के रूप में प्रयुक्त, जैसे- मिज़ाजपुरसी, मातमपुरसी।

पुरस्कर्ता (सं.) [सं-पु.] प्रस्तुत करने वाला व्यक्ति; सामने लाने वाला व्यक्ति।

पुरस्कार (सं.) [सं-पु.] 1. किसी प्रतियोगिता आदि में विजेता या बेहतर प्रदर्शन करने वाले को दिया जाने वाला पारितोषिक या इनाम 2. उपहार; भेंट।

पुरस्कृत (सं.) [वि.] 1. आगे किया हुआ 2. सम्मानित; इनाम पाया हुआ; जिसे इनाम मिला हो 3. पूजित।

पुरस्सर (सं.) [सं-पु.] 1. नेता; अगुआ 2. संगी; साथी। [वि.] 1. मिला हुआ; युक्त; सहित 2. संग या साथ रहने या होने वाला।

पुरा (सं.) [सं-पु.] बस्ती; गाँव; छोटा गाँव। [सं-स्त्री.] 1. प्राची; पूरब 2. गंगा 3. किला 4. एक सुगंधित तरल पदार्थ। [वि.] प्राचीन; पुराना। [अव्य.] 1. पहले 2. अबतक 3. अल्प काल में; थोड़े समय में।

पुरांतक (सं.) [सं-पु.] शिव; संहार करने वाले महेश।

पुराकाल (सं.) [सं-पु.] इतिहास की दृष्टि से मध्ययुग के पूर्व का समय।

पुराकृत (सं.) [वि.] 1. पहले का किया हुआ; प्राचीन काल में बना हुआ 2. प्राचीन; पुराना 3. पूर्व जन्म में किया हुआ।

पुराख्यान (सं.) [सं-पु.] पौराणिक आख्यान।

पुराण (सं.) [सं-पु.] 1. प्राचीन घटना या उसका वृत्तांत 2. सृष्टि

की उत्पत्ति, लय, मन्वंतरों, प्राचीन ऋषि-मुनियों तथा राजाओं के वंश में उत्पन्न लोगों के चरित्रों के वर्णन से युक्त शास्त्र, जिनकी संख्या अठारह है 3. एक प्रकार का पुराना सिक्का; कार्षापण 4. बहुत पुराना होने के कारण जीर्ण-शीर्ण।

पुराणकाल (सं.) [सं-पु.] वह काल विशेष जब हिंदुओं के धार्मिक ग्रंथों- अठारह पुराणों की रचना हुई थी।

पुराणपंथ (सं.) [सं-पु.] अत्यंत पुराना विचार; पुरानी मान्यता, पुराने अंधविश्वासों से पूर्ण मत या विचारधारा।

पुराणपंथी (सं.) [वि.] पुरानी सोच का; पुरानी मान्यता या विचार को मानने वाला; दकियानूसी।

पुराणविद्या (सं.) [सं-स्त्री.] पुराणों से संबंधित ज्ञान या विधा।

पुराणशास्त्र (सं.) [सं-पु.] पुराणों में प्रतिपादित विद्या से संबंधित शास्त्र; वह शास्त्र जिसमें पुराणों में वर्णित विभिन्न मत, पुराण पठन की विधि तथा पुराणों में प्राप्त वेद, वेदांग, धर्म, दर्शन, नाट्य, साहित्य तथा ब्रह्मविद्या आदि ज्ञान की विवेचना की गई हो।

पुरातत्व (सं.) [सं-पु.] 1. वह विद्या जिसमें मुख्यत: इतिहास पूर्व काल की वस्तुओं के आधार पर पुराने अज्ञात इतिहास का पता लगाया जाता है 2. उत्खनन से प्राप्त सामग्री, पुरालेखों, सिक्कों इत्यादि के अध्ययन के आधार पर इतिहास संबंधी वैज्ञानिक अध्ययन का शास्त्र; पुरातत्वविज्ञान; (आर्कियॉलॉजी)।

पुरातत्वज्ञ (सं.) [सं-पु.] पुरातत्व विद्या को जानने वाला व्यक्ति; वह जो पुरातत्व का अच्छा ज्ञाता हो; पुरातत्ववेत्ता।

पुरातत्ववेत्ता (सं.) [सं-पु.] प्राचीन संस्कृति तथा सभ्यता से जुड़े हुए तत्वों की जानकारी रखने वाला व्यक्ति।

पुरातन (सं.) [वि.] 1. प्राचीन; पुराना 2. आदिकालीन।

पुरातनपंथी (सं.) [वि.] पुराने विचारों वाला; रूढ़िवादी।

पुरातात्विक (सं.) [वि.] पुरातत्व से संबंधित।

पुराधिप (सं.) [सं-पु.] 1. पुर (नगर) का प्रधान अधिकारी 2. पुराध्यक्ष 3. नगर की रक्षा करने वाला अधिकारी।

पुराध्यक्ष (सं.) [सं-पु.] दे. पुराधिप।

पुराना (सं.) [वि.] 1. जो प्राचीन काल का हो 2. जिसको स्वरूप में आए बहुत दिन हो गए हों 3. जिसका समय अब नहीं रहा हो 4. जिसका रिवाज उठ गया हो 5. जीर्ण 6. बीता हुआ 7. {ला-अ.} मँजा हुआ; सधा हुआ। [क्रि-स.] 1. पूरा कराना; भरवाना; पूरा करना 2. आटे, अबीर आदि से (चौक या रंगोली) बनवाना 3. इस प्रकार बाँटना कि कोई बिना पाए न रहे 4. अँटाना।

पुरानापन (सं.) [सं-पु.] पुराना होने का भाव या अवस्था।

पुरानी (सं.) [वि.] 1. बीती हुई 2. जो नई न हो 3. लंबे समय तक प्रयोग की हुई या व्यवहार में लाई जा चुकी (वस्तु)।

पुराभिलेखागार (सं.) [सं-पु.] पुरालेखभवन; वह कक्ष या स्थान जहाँ पुराने अभिलेख संगृहीत कर रखे जाते हैं।

पुरालिपि (सं.) [सं-स्त्री.] पुरातन काल में प्रचलित लिपि; प्राचीन लिपि।

पुरालिपिविद (सं.) [वि.] पुरातन काल में प्रचलित लिपि को पढ़ने वाला; प्राचीन लिपि का विशेषज्ञ या ज्ञाता।

पुरालिपिशास्त्र (सं.) [सं-पु.] वह शास्त्र जिसमें प्राचीन काल की लिपियाँ पढ़ने की कला या विद्या का विवेचन होता है।

पुरालेख (सं.) [सं-पु.] 1. प्राचीन लिपि में लिखा गया लेख; किसी शिला, भवन सिक्के या स्मृति चिह्न में प्राचीन लिपि पर अंकित किया हुआ लेख 2. पुराने सरकारी लेख।

पुरावती (सं.) [सं-स्त्री.] महाभारत काल की एक प्राचीन नदी।

पुरावशेषविधि (सं.) [सं-स्त्री.] पुरावशेषों को भविष्य के लिए सुरक्षित रखने की व्यवस्था करने वाला कानून।

पुरावसु (सं.) [सं-पु.] देवव्रत; गंगापुत्र भीष्म।

पुरावस्तु (सं.) [सं-स्त्री.] पुरातात्विक महत्व की वस्तु, जैसे- बहुत पुरानी कला सामग्री, कोई पुरानी अलंकृत रचना, पुरावशेष आदि।

पुराविद (सं.) [सं-पु.] पुरातत्वज्ञ। [वि.] प्राचीन काल की ऐतिहासिक, सामाजिक तथा सांस्कृतिक बातों को जानने वाला; प्राचीन इतिहास जानने वाला।

पुरावृत्त (सं.) [सं-पु.] कोई प्राचीन ऐतिहासिक कथा या प्राचीन काल का कोई वृत्तांत; प्राचीन इतिहास; प्राचीन वार्ता।

पुरासिनी (सं.) [सं-स्त्री.] एक प्रकार की वनौषधि; सहदेई या सहदेवी नाम की जड़ी।

पुरी (सं.) [सं-स्त्री.] 1. नगरी 2. जगन्नाथपुरी 3. दुर्ग; गढ़ 4. {ला-अ.} शरीर; देह।

पुरीष (सं.) [सं-पु.] 1. मल; पखाना 2. कूड़ा-कचड़ा 3. जल।

पुरु (सं.) [सं-पु.] 1. स्वर्ग; देव लोक 2. एक चंद्रवंशी राजा, जो ययाति का पुत्र था 3. सिकंदर के आक्रमण के समय पंजाब का राजा 4. एक प्राचीन पर्वत 5. एक दैत्य जो इंद्र द्वारा मारा गया 6. पराग 7. शरीर।

पुरुवा (सं.) [सं-स्त्री.] 1. पूर्वा नक्षत्र 2. पुरवाई; पूर्वा बयार (हवा)।

पुरुष (सं.) [सं-पु.] 1. मानव जाति का नर 2. एक माप की इकाई; पुरसा 3. (व्याकरण) पुरुष वाचक सर्वनाम के भेद प्रथम, मध्यम तथा अन्य पुरुष।

पुरुषक (सं.) [सं-पु.] 1. सीख-पाँव; घोड़े का पिछले दोनों पैरों पर खड़े हो जाने की स्थिति।

पुरुषत्व (सं.) [सं-पु.] 1. पुरुष होने की अवस्था, गुण या भाव 2. पुरुष में सामान्य रूप से होने वाले गुण या विशेषताएँ 3. पुंसत्व।

पुरुषसत्ता (सं.) [सं-स्त्री.] 1. ऐसी सामाजिक व्यवस्था जो पुरुष प्रधान हो 2. वह सामाजिक व्यवस्था जिसमें सत्ता पूर्णत: पुरुष के हाथ में होती है।

पुरुषांग (सं.) [सं-पु.] पुरुष की लिंगेंद्रिय; पुरुष का शिश्न; पुरुष की जननेंद्रिय।

पुरुषाकार (सं.) [वि.] पुरुष के आकार का; पुरुष के समान; पुरुष से मिलता-जुलता।

पुरुषाद (सं.) [सं-पु.] 1. पुरुषभक्षी; राक्षस 2. वराहमिहिर की वृहत्संहिता के अनुसार एक देश जो आर्द्रा, पुनर्वसु तथा पुष्य नक्षत्र के अधिकार क्षेत्र में माना गया है।

पुरुषाधिकार (सं.) [सं-पु.] 1. पुरुष का हक 2. पुरुष का

प्रभुत्व।

पुरुषार्थ (सं.) [सं-पु.] 1. (पुराण) वह मुख्य अर्थ, उद्देश्य या प्रयोजन जिसकी प्राप्ति या सिद्धि के लिए मनुष्य का प्रयत्न करना आवश्यक कर्तव्य हो (पुरुषार्थ चार हैं- धर्म, अर्थ, काम और मोक्ष) 2. उद्योग; उद्यम।

पुरुषार्थी (सं.) [वि.] पुरुषार्थ करने वाला; परिश्रमी; उद्योगशील; मेहनतकश; कर्मठ; कर्मशील।

पुरुषेंद्र (सं.) [सं-पु.] 1. नृप; राजा 2. पुरुषों में श्रेष्ठ; श्रेष्ठ पुरुष।

पुरुषोचित (सं.) [वि.] जो पुरुषों के लिए उचित हो; जिन (विशेषताओं) का पुरुषों में होना आवश्यक है।

पुरुषोत्तम (सं.) [सं-पु.] 1. पुरुषों में उत्तम या सर्वश्रेष्ठ 2. ईश्वर; विष्णु; हरि; नारायण 3. अच्छे सेवक या कर्मचारी 4. भारतीय पंचांग में कभी-कभी वर्ष में दो बार आने वाला महीना; अधिकमास 5. जैनियों के एक वासुदेव का नाम 6. (धर्मशास्त्र) निष्पाप तथा शत्रुता मित्रता के भाव से उदासीन व्यक्ति।

पुरूरवा (सं.) [सं-पु.] 1. (पुराण) एक प्रसिद्ध चंद्रवंशी राजा जिसका विवाह उर्वशी से हुआ था 2. एक विश्वदेव।

पुरोगामी (सं.) [वि.] 1. अगुआ; आगे चलने वाला; अग्रगामी 2. उन्नति करता और आगे बढ़ता हुआ 3. किसी विषय में उदार विचार रखने और अग्रसर रहने वाला। [सं-पु.] 1. नायक 2. कुत्ता 3. अग्रदूत।

पुरोडाश (सं.) [सं-पु.] 1. यज्ञ में दी जाने वाली आहुति 2. जौ के आटे की टिकिया जिसे कपाल में रखकर मंत्र पढ़कर देवताओं के लिए आहुति दी जाती थी 3. सोमरस।

पुरोधा (सं.) [सं-पु.] 1. किसी क्षेत्र में अग्रणी 2. पुरोहित।

पुरोहित (सं.) [सं-पु.] 1. कर्मकांड आदि जानने वाला व्यक्ति जो अपने यजमान के यहाँ मुंडन, यज्ञोपवीत, विवाह आदि संस्कार कराता है तथा ऐसे अवसरों पर उनसे दान, दक्षिणा आदि लेता है 2. किसी भी जाति या धर्म का वह व्यक्ति जो धार्मिक कृत्य कराता हो।

पुरोहिततंत्र (सं.) [सं-पु.] पुरोहितों की शासन व्यवस्था; कैथोलिक पादरियों के क्रमानुसार अधिकारियों का वर्ग।

पुरोहितवृत्ति (सं.) [सं-स्त्री.] धार्मिक कृत्य कराकर आजीविका कमाना; धार्मिक कृत्य कराने का पेशा; पुरोहिताई।

पुरोहिताई [सं-स्त्री.] पुरोहित का पेशा; पुरोहितवृत्ति।

पुरोहिती [सं-स्त्री.] पुरोहितवृत्ति; पुरोहिताई। [वि.] पुरोहित का; पुरोहित संबंधी।

पुर्जा [सं-पु.] दे. पुरज़ा।

पुर्ज़ी [सं-स्त्री.] 1. कागज़ का छोटा टुकड़ा 2. कागज़ के छोटे टुकड़े पर रुपए या सामान आदि की रसीद; परची।

पुर्तगाली (अ+हिं.) [सं-पु.] यूरोप महाद्वीप में स्थित एक छोटे देश पुर्तगाल में रहने वाला। [सं-स्त्री.] पुर्तगाल की भाषा (पोर्चुगीज़)। [वि.] पुर्तगाल का; पुर्तगाल संबंधी।

पुल (फ़ा.) [सं-पु.] खाइयों, नदी-नालों, रेल लाइनों आदि के ऊपर आर-पार पाट कर बनाई हुई वह वास्तु रचना जिसपर से होकर गाड़ियाँ और आदमी इधर से उधर आते-जाते हैं; सेतु; (ब्रिज)। (तु.) पैसा [मु.] **तारीफ़ के पुल बाँधना** : बहुत अधिक तारीफ़ करना।

पुलक (सं.) [सं-पु.] 1. हर्ष आदि से रोंगटे खड़े होना; लोमहर्षण; त्वचा में स्फुरण; रोमांच 2. एक प्रकार का खनिज 3. एक रत्न 4. एक रत्नदोष।

पुलकन (सं.) [सं-स्त्री.] पुलकने की क्रिया या भाव; दुख, हर्ष आदि मनोविकारों की प्रबलता के कारण शरीर में होने वाला अल्पकालिक रोमांच।

पुलकावलि (सं.) [सं-स्त्री.] हर्ष या प्रेम से उत्पन्न रोमांच; पुलकालि।

पुलकित (सं.) [वि.] 1. गदगद 2. जिसे रोमांच हुआ हो।

पुलपुला [वि.] जो भीतर से नरम और ढीला हो; पिलपिला।

पुलपुली [वि.] 1. कमज़ोर 2. कोमल 3. जो भीतर से नरम और ढीली हो।

पुलस्त्य (सं.) [सं-पु.] 1. (रामायण) एक प्राचीन ऋषि जो रावण के पितामह तथा विश्वश्रवा के पिता थे 2. शिव; महादेव।

पुलह (सं.) [सं-पु.] 1. शिव 2. ब्रह्मा के मानस पुत्रों और प्रजापतियों में से एक।

पुला (सं.) [सं-स्त्री.] घंटिका।

पुलाक (सं.) [सं-पु.] 1. अँकरा; एक प्रकार का मोटा अन्न या कदन्न 2. भात का पिंड; उबला हुआ चावल 3. पुलाव।

पुलारना [क्रि-अ.] पोला करना।

पुलाव (फ़ा.) [सं-पु.] 1. मांस, सब्ज़ियों आदि का चावल के साथ पकाकर तैयार किया गया व्यंजन 2. पकाए हुए नमकीन स्वाद के चावल 3. मांसोदन।

पुलिंद (सं.) [सं-पु.] 1. जहाज़ का मस्तूल 2. प्राचीन काल की एक असभ्य जाति 3. वह देश जहाँ उक्त जाति बसी थी।

पुलिंदा [सं-पु.] 1. लपेटे हुए कपड़े, कागज़ आदि का छोटा गट्ठा; बंडल; गठरी 2. बाँधे हुए बहुत सारे कागज़। [सं-स्त्री.] तासी की एक सहायक नदी।

पुलिन (सं.) [सं-पु.] 1. नदी या सागर का रेतीला किनारा; तट 2. नदी में पड़ी हुई रेत; ढूह 3. नदी के बीच पड़ी हुई रेत 4. एक यक्ष का नाम।

पुलिया (फ़ा.) [सं-स्त्री.] छोटी नालियों आदि को पार करने के लिए लोहे या लकड़ी से निर्मित छोटा पुल।

पुलिस (अं.) [सं-स्त्री.] 1. जनता के जान-माल और शांति की रक्षा का प्रबंध करने वाला सरकारी महकमा; उक्त विभाग के लोगों का दल 2. आरक्षी या आरक्षक; सिपाही।

पुलिसिया [वि.] पुलिस का; पुलिस द्वारा; पुलिस से संबंधित।

पुली [सं-स्त्री.] 1. काले और भूरे रंग की एक चिड़िया, जो सारे उत्तर भारत में पाई जाती है 2. गट्ठर/गट्ठरी।

पुलुई [सं-स्त्री.] ईख का ऊपरी भाग; ईख का सिरा; पुलुँई।

पुलोवर (अं.) [सं-पु.] पूरी बाँहों का स्वेटर।

पुल्कस (सं.) [सं-पु.] 1. एक संकर जाति 2. ब्राह्मण पुरुष तथा क्षत्रिय स्त्री के संयोग से उत्पन्न जाति।

पुल्लिंग (सं.) [सं-पु.] 1. पुरुष वाचक 2. पुरुष के चिह्न या लिंग से युक्त 3. (व्याकरण) वह शब्द जो पुरुष जाति या

उससे संबंध रखने वाले विशेषणों, क्रियाओं आदि का बोधक हो; (मैसकुलिन)।

पुश्त (फ़ा.) [सं-स्त्री.] 1. पीठ; पीछे का भाग 2. पीढ़ी; वंश परंपरा में क्रम से बढ़ने वाला स्थान।

पुश्ता (फ़ा.) [सं-पु.] 1. पानी की रोक या मज़बूती के लिए दीवार की तरह बनाया हुआ ढालुआँ टीला 2. ऊँची मेड़ 3. किताब की ज़िल्द के पीछे का चमड़ा; पुट्ठा 4. (संगीत) पौने चार मात्राओं की एक प्रकार की ताल जिसमें तीन आघात होते हैं और एक ख़ाली रहता है।

पुश्तैनी [वि.] 1. जो कई पीढ़ियों से चला आ रहा हो 2. जो पुरानी पीढ़ी के लोगों के अधिकार में रहा हो 3. पूर्वजों का; पीढ़ी दर पीढ़ी का।

पुष्कर (सं.) [सं-पु.] 1. सरोवर 2. कमल 3. राजस्थान में अजमेर के पास एक तीर्थ स्थल जहाँ ब्रह्मा का प्रसिद्ध मंदिर है 4. मृदंग, ढोल आदि का मुँह 5. विष्णु 6. सूर्य 7. मेघों की एक जाति 8. गौतम बुद्ध का एक नाम 9. कुट नामक औषधि 10. पुष्कर मूल 11. भग्नपाद नक्षत्र का एक अशुभ योग।

पुष्करावर्तक (सं.) [सं-पु.] 1. बादल का एक नाम 2. बादलों का प्रसिद्ध वंश; बादलों का एक प्रकार 3. मेघों का एक अधिपति।

पुष्करिणी (सं.) [सं-स्त्री.] छोटा तालाब।

पुष्करी (सं.) [वि.] 1. पुष्कर नामक स्थान का (बैल); पुष्कर संबंधी 2. कमल युक्त। [सं-पु.] हाथी; गज।

पुष्कल (सं.) [सं-पु.] 1. अनाज मापने का एक प्राचीन परिमाण, जो चौसठ मुट्ठी का होता था 2. मात्र चार गाँवों से माँग कर लाई गई भिक्षा 3. वरुण का एक पुत्र 4. एक प्रकार की वीणा 5. एक प्रकार का ढोल 6. एक प्रकार का तंत्रयुक्त पात्र 7. शिव 8. बुद्ध का एक नाम 9. भरत के एक पुत्र का नाम। [वि.] अधिक व प्रचुर मात्रा में 2. परिपूर्ण 3. उत्तम 4. स्वच्छ; निर्मल।

पुष्ट (सं.) [वि.] 1. पोषित; जिसका पोषण किया गया हो 2. मज़बूत 3. मोटा।

पुष्टई (सं.) [सं-स्त्री.] 1. ताकत की दवा 2. पुष्टता 3. एक प्रकार की औषधि जो शरीर को पुष्ट करने के लिए खाई जाती है।

पुष्टता (सं.) [सं-स्त्री.] 1. मज़बूती 2. बलिष्ठता; पुष्ट होने का भाव; तगड़ापन।

पुष्टि (सं.) [सं-स्त्री.] 1. पोषण; वृद्धि 2. पुष्ट करने की क्रिया या भाव; मज़बूती; दृढ़ीकरण 3. अभ्युदय 4. सहारा 5. एक योगिनी 6. मत का समर्थन; अनुमोदन 7. वैभव 8. एक मातृका।

पुष्टिकर्म (सं.) [सं-पु.] 1. एक प्रकार का अनुष्ठान 2. कही गई बात या काम का समर्थन करते हुए उसकी पुष्टि करना।

पुष्टिका (सं.) [सं-स्त्री.] सीपी; जल की सीप; सुतही।

पुष्टिकारक (सं.) [वि.] बलवर्धक; पोषण करने वाला; पुष्ट करने वाला।

पुष्टिदायक (सं.) [वि.] पुष्टि प्रदान करने वाला; मज़बूती देने वाला।

पुष्टिमार्ग (सं.) [सं-पु.] वल्लभाचार्य द्वारा चलाया हुआ एक वैष्णव भक्तिमार्ग।

पुष्टीकरण (सं.) [सं-पु.] किसी कथन, बात या कृत्य को ठीक मानकर उसका किसी उदाहरण, तर्क या प्रमाण से समर्थन या अनुमोदन।

पुष्प (सं.) [सं-पु.] 1. फूल; कुसुम 2. मधु; शहद 3. आँख का एक रोग 4. स्त्री का रज 5. कुबेर का पुष्पक विमान 6. लौंग 7. वाममार्गियों की परिभाषा में खाया जाने वाला मांस।

पुष्पक (सं.) [सं-पु.] 1. फूल; पुष्प 2. कुबेर का विमान 3. विषहीन सर्प 4. एक प्राचीन पर्वत 5. एक प्रकार का अंजन 6. एक प्रकार का खंभा जिसके कोने आठ भागों में बँटे हों।

पुष्पकार (सं.) [सं-पु.] पुष्प सूत्र के रचयिता।

पुष्पगुच्छ (सं.) [सं-पु.] फूलों का गुच्छा; गुलदस्ता।

पुष्पज्ञ (सं.) [सं-पु.] फूलों या पुष्पों का जानकार।

पुष्पदल (सं.) [सं-पु.] 1. पुष्प की पंखुड़ी 2. पुष्प का समूह; पुष्प वर्ग।

पुष्पन (सं.) [सं-पु.] खिलना; पुष्पित होना।

पुष्पमाला (सं.) [सं-स्त्री.] पुष्प से बनी हुई माला; फूल की माला।

पुष्पवती (सं.) [सं-स्त्री.] 1. फूलवाली 2. ऋतुमती या रजस्वला स्त्री 3. एक तीर्थ।

पुष्पवाटिका (सं.) [सं-स्त्री.] पुष्पोद्यान; फुलवारी; फूलों से युक्त छोटा उद्यान।

पुष्पवाण (सं.) [सं-पु.] 1. फूलों का वाण 2. कामदेव; पुष्पधन्वा; मदन 3. कुश द्वीप का एक पर्वत 4. एक दैत्य।

पुष्पवाहिनी (सं.) [सं-स्त्री.] (पुराण) एक प्राचीन नदी।

पुष्पवृष्टि [सं-स्त्री.] बहुत से फूलों की ऊपर से होने वाली या की जाने वाली वर्षा।

पुष्पसार (सं.) [सं-पु.] 1. फूलों का इत्र 2. फूलों का सुगंधित रस।

पुष्पांजलि (सं.) [सं-स्त्री.] फूलों से भरी हुई अंजलि जो किसी देवता या महापुरुष को अर्पित की जाती है; अंजलि में रखे हुए फूल।

पुष्पांबुज (सं.) [सं-पु.] पुष्प रस; मकरंद; पुष्पसार।

पुष्पागम (सं.) [सं-पु.] वसंत ऋतु।

पुष्पाग्र (सं.) [सं-पु.] बीजकोष; गर्भकेशर।

पुष्पाजीव (सं.) [सं-पु.] माली; बागवान; पुष्पोपजीवी; एक जाति विशेष।

पुष्पानन (सं.) [सं-पु.] 1. एक यक्ष 2. एक प्रकार की शराब।

पुष्पाभिषेक (सं.) [सं-पु.] 1. पुष्प से सुसज्जित 2. पुष्य नक्षत्र में किया जाने वाला पुण्य स्नान।

पुष्पायुध (सं.) [सं-पु.] पुष्पधन्वा; कामदेव; रतिपति।

पुष्पासार (सं.) [सं-पु.] पुष्पवृष्टि; फूलों की वर्षा।

पुष्पास्तरण (सं.) [सं-पु.] 1. फूल बिखेरने की क्रिया या भाव 2. शय्या पर पुष्प सज्जा या पुष्प बिछाने का काम।

पुष्पास्त्र (सं.) [सं-पु.] कामदेव; पुष्पायुध।

पुष्पिका (सं) [सं-स्त्री.] 1. दाँत का मैल 2. लिंग का मैल 3.

किसी ग्रंथ या संस्कृत नाटक आदि में अध्याय या अंक आदि का समापक वाक्य जिसमें प्रतिपाद्य की समाप्ति की सूचना तथा लेखक आदि के नाम, रचना काल आदि का उल्लेख रहता है।

पुष्पित (सं.) [वि.] 1. पुष्पों से युक्त 2. विकसित; खिला हुआ; जिसमें फूल लगे हों।

पुष्पिता (सं.) [वि.] ऋतुमती; रजस्वला (स्त्री)।

पुष्पेषु (सं.) [सं-पु.] कामदेव।

पुष्पोद्यान (सं.) [सं-पु.] बाग; फुलवारी।

पुष्य (सं.) [सं-पु.] 1. एक नक्षत्र 2. पुष्टि; पोषण 3. पूस (दिसंबर और जनवरी के मध्य) का महीना 4. फूल 5. कलिकाल।

पुष्यमित्र (सं.) [सं-पु.] मगध में मौर्य शासन समाप्त करके शुंगवंशीय राज्य स्थापित करने वाला एक प्रतापी राजा।

पुस्त (सं.) [सं-पु.] 1. हाथ से लिखी हुई किताब या पोथी 2. शिल्पकारी; रचना कौशल 3. मिट्टी, लोहे, लकड़ी आदि पर की जाने वाली कारीगरी।

पुस्तंग [सं-पु.] (पशुओं में) पुट्ठों के ऊपर पूँछ के पास का भाग।

पुस्तक (सं.) [सं-स्त्री.] 1. किताब 2. लिखी हुई पोथी; ग्रंथ।

पुस्तकाकार (सं.) [वि.] जो पुस्तक के आकार या रूप में हो।

पुस्तकालय (सं.) [सं-पु.] वह भवन जहाँ पुस्तकें अध्ययन के लिए एकत्र की जाती हैं; वह स्थान जहाँ विभिन्न विषयों की पुस्तकें संगृहीत हों।

पुस्तकालयाध्यक्ष (सं.) [सं-पु.] पुस्तकालय का प्रधान अधिकारी।

पुस्तकीय (सं.) [वि.] 1. पुस्तक संबंधी 2. पुस्तक से प्राप्त होने वाला; पुस्तक में वर्णित 3. {ला-अ.} जो व्यावहारिक न हो (कार्य या व्यवहार); केवल किताबी (ज्ञान)।

पुस्तिका (सं.) [सं-स्त्री.] 1. छोटी पुस्तक 2. पत्रिका।

पुस्ती (सं.) [सं-स्त्री.] 1. पांडुलिपि; हाथ की लिखी पुस्तक 2. किताब।

पुस्तीमान [सं-पु.] किवाड़ों को जोड़ने एवं विभक्त करने वाली लकड़ी।

पुहना [क्रि-स.] गूथना; गूहना; सानना।

पूँगा [सं-पु.] वह कीड़ा जो सीप के भीतर होता है।

पूँछ (सं.) [सं-स्त्री.] जंतुओं, पक्षियों, कीड़ों आदि के शरीर में सबसे अंतिम या पिछला भाग जिसे दुम या पुच्छ कहा जाता है।

पूँजी [सं-स्त्री.] 1. संचित धन; जमा किया हुआ धन 2. मूलधन; अधिक धन कमाने हेतु व्यवसाय में लगाया हुआ अथवा ऋण (कर्ज़) के रूप में लगाया गया धन; (कैपिटल)।

पूँजीगत [वि.] पूँजी पर आधारित; पूँजी-व्यय से संबद्ध।

पूँजीपति [सं-पु.] 1. धनी; धनवान 2. लाभ के ही उद्देश्य से किसी उद्योग का संचालन करने वाला या विभिन्न धंधों में पैसा लगाने वाला धनी व्यक्ति।

पूँजीवाद [सं-पु.] 1. एक ऐसी आर्थिक व्यवस्था जिसमें धनी समुदाय का उत्पादन और वितरण के साधनों पर आधिपत्य होता है 2. एक ऐसी आर्थिक राजनीतिक व्यवस्था जिसमें उद्योग-व्यवस्था का नियंत्रण राज्य के हाथों में न होकर निजी क्षेत्र के हाथों में होता है जिसका मुख्य उद्देश्य मुनाफ़ा कमाना होता है।

पूँजीवादी [सं-पु.] पूँजीवाद के सिद्धांत का समर्थक या अनुयायी।

पूग (सं.) [सं-पु.] 1. सुपारी का पेड़ या फल 2. कटहल 3. शहतूत का पेड़ 4. किसी विशेष कार्य या व्यापार के लिए बना हुआ संघ 5. समूह; ढेर।

पूछ (सं.) [सं-स्त्री.] 1. आदर; इज़्ज़त; सम्मान 2. पूछने या पूछे जाने की क्रिया या भाव; जिज्ञासा।

पूछताछ [सं-स्त्री.] 1. किसी बात का पता लगाने के लिए लोगों से प्रश्न करना या पूछना 2. ख़ोजबीन करना 3. मालूमात के लिए सवाल-जवाब करना; (इनक्वाइरी)।

पूछना [क्रि-स.] 1. जिज्ञासा शांत करने के लिए बात करके जानकारी लेना 2. किसी बात को जानने के लिए बात करना 3. ख़ोज-ख़बर लेना 4. प्रश्न करना 5. {ला-अ.} आदर या सम्मान करना। [मु.] **बात न पूछना** : उपेक्षा करना; तुच्छ समझकर ध्यान न देना।

पूजक (सं.) [वि.] पूजा करने वाला; पूजने वाला।

पूजन (सं.) [सं-पु.] 1. पूजने की क्रिया 2. देवी, देवता की आराधना या वंदना 3. आदर 4. {ला-अ.} खाद्य पदार्थ ग्रहण, जैसे- पेट पूजा 5. {ला-अ.} पिटाई।

पूजना (सं.) [क्रि-स.] 1. पत्र, पुष्प, गंध, फल, जल इत्यादि समर्पित करके ईश्वर या किसी विशिष्ट देवता का ध्यान करना; देवी देवताओं को प्रसन्न करने के उद्देश्य से उनकी पूजा-अर्चना करना 2. किसी को परम श्रद्धा, भक्ति और आदर की दृष्टि से देखना तथा उसका सेवा-सत्कार करना। [क्रि-अ.] पूरा होना; पूर्ति होना; पूर्ण होना।

पूजनीय (सं.) [वि.] 1. पूजा करने के योग्य 2. अर्चनीय 3. आदरणीय 4. आदर, श्रद्धा आदि के योग्य।

पूजबंद (फ़ा.) [सं-पु.] जानवरों के मुँह पर बाँधने की जाली; लगामी।

पूजा (सं.) [सं-स्त्री.] 1. किसी देवी-देवता पर विनय, श्रद्धा और समर्पण के भाव के साथ जल, फूल, फल, अक्षत आदि चढ़ाने का धार्मिक कृत्य 2. अर्चन; पूजन 3. बहुत अधिक आदर-सत्कार; आव-भगत 4. {ला-अ.} संतुष्ट करने के लिए दिया गया धन आदि; घूस।

पूजागृह (सं.) [सं-पु.] 1. देवालय; मंदिर 2. वह घर जिसमें पूजा की जाती है।

पूजाघर (सं.) [सं-पु.] 1. घरों में पूजा करने का कक्ष; पूजास्थल 2. मंदिर।

पूजापद्धति (सं.) [सं-स्त्री.] 1. पूजा करने की विधि 2. वह पुस्तक जिसमें पूजा करने की विधि का उल्लेख हो।

पूजार्ह (सं.) [वि.] पूजा करने के योग्य; अर्चनीय; पूजनीय; मान्य।

पूजास्थल (सं.) [सं-पु.] 1. पूजा करने का स्थान 2. पूजागृह;

देवालय

पूजित (सं.) [वि.] 1. अर्चित; जिसकी पूजा की गई हो 2. जिसका सम्मान किया गया हो।

पूजिता (सं.) [सं-स्त्री.] 1. पूजी जाने वाली; वंदनीया 2. श्रद्धेय स्त्री।

पूज्य (सं.) [सं-पु.] पूजनीय व्यक्ति। [वि.] पूजा करने के योग्य; अर्चनीय; वंदनीय; पूजनीय।

पूज्यता (सं.) [सं-स्त्री.] पूजे जाने योग्य होना; पूज्य होने की अवस्था या भाव।

पूज्यपाद (सं.) [वि.] 1. परम पूज्य और मान्य 2. जिसके पैर पूजे जाने योग्य हों।

पूड़ी [सं-स्त्री.] 1. वह रोटी जो गेहूँ के आटे से घी या तेल में तलकर बनाई जाती है; पूरी 2. वह चमड़ा जिससे तबला या मृदंग मढ़ा जाता है; तबले या मृदंग पर चढ़ा हुआ गोल चमड़ा।

पूत (सं.) [सं-पु.] 1. बेटा; पुत्र 2. शंख 3. पलास 4. श्वेत कुश 5. जलाशय 6. भूसी निकाला हुआ अन्न। [वि.] 1. पवित्र; पवित्र किया हुआ 2. भूसी निकाल कर साफ़ किया हुआ (अन्न)।

पूतना (सं.) [सं-स्त्री.] 1. (पुराण) एक प्रसिद्ध राक्षसी जो कृष्ण को मारना चाह रही थी 2. दानवी; राक्षसी 3. बच्चों का एक क्षुद्ररोग 4. सुगंधित जटामासी; गंधमासी 5. (पुराण) कार्तिकेय की एक अनुचरी; एक मातृका 6. पीली हरड़।

पूतनिका (सं.) [सं-स्त्री.] 1. एक राक्षसी; पूतना 2. एक प्रकार का बालरोग।

पूता (सं.) [सं-स्त्री.] 1. दुर्गा; शक्ति 2. एक प्रकार की दूब घास। [वि.] (स्त्रीलिंग शब्दों के साथ प्रयुक्त) शुद्ध; पवित्र; निर्मल।

पूतात्मा (सं.) [सं-पु.] विष्णु; त्रिविक्रम; उरुगाय। [वि.] शुद्ध अंत:करण का।

पूति (सं.) [सं-स्त्री.] 1. दुर्गंध 2. घाव की सड़ांध; मवाद; (सेप्टिक) 3. गंध-मार्जार नामक पशु।

पूतिक (सं.) [सं-पु.] 1. दुर्गंध करंज; पूति करंज 2. विष्ठा; पाख़ाना। [वि.] बदबूदार; दुर्गंधयुक्त।

पूतिका (सं.) [सं-स्त्री.] 1. पोई का साग 2. बिल्ली 3. एक प्रकार की मधुमक्खी।

पूती [सं-स्त्री.] कमरी; छोटा कंबल।

पूती [सं-स्त्री.] कमरी; छोटा कंबल।

पूतीकरंज (सं.) [सं-पु.] दुर्गंध करंज; गंध मार्जार नामक पशु।

पूतीका (सं.) [सं-स्त्री.] दे. पूतिका।

पूत्कारी (सं.) [सं-स्त्री.] 1. सरस्वती 2. नागलोक की राजधानी।

पूथिका (सं.) [सं-स्त्री.] 1. पोई नामक पौधा 2. पोई नामक पौधे की पत्ती।

पूनम (सं.) [सं-स्त्री.] 1. जिस दिन आकाश में चंद्रमा अपनी पूर्ण कलाओं में रहता है और पूरा दिखाई देता है; एक तिथि; पूर्णिमा; पूर्णमासी 2. शुक्ल पक्ष का अंतिम दिन।

पूनसलाई [सं-स्त्री.] लोहे की वह पतली सींक जिसपर धुनी हुई रुई लपेट कर पूनी बनाते हैं।

पूनी (सं.) [सं-स्त्री.] रुई की बनी वह बत्ती जो चरखे पर सूत कातने के लिए लगाई जाती है।

पूनो [सं-स्त्री.] शुक्ल पक्ष की पंद्रहवीं तिथि; पूर्णिमा।

पूप (सं.) [सं-पु.] एक तरह की मीठी पूरी; एक प्रकार का पकवान; पुआ।

पूय (सं.) [सं-पु.] घाव का पीव; मवाद।

पूयन (सं.) [सं-पु.] 1. किसी प्राणी या वनस्पति के किसी अंग का इस प्रकार सड़ना कि उसमें से दुर्गंध आने लगे; सड़न 2. मवाद; पीव।

पूयोद (सं.) [सं-पु.] एक नरक का नाम।

पूर [सं-पु.] 1. कोई काम पूरा करने की क्रिया या भाव 2. कचौरी, समोसे, गुझिया आदि पकवानों में भरे जाने वाले मसाले 3. नदी की तेज़ धारा 4. समूह; ढेर।

पूरक (सं.) [सं-पु.] (योग) एक प्रकार का प्राणायाम जिसमें नाक के बाएँ छेद से प्राणवायु को धीरे-धीरे भीतर पहुँचाते हैं। [वि.] पूरा करने वाला; तुष्ट करने वाला।

पूरण (सं.) [सं-पु.] 1. पूर्ण करने की क्रिया या भाव 2. भरने की क्रिया 3. एक प्रकार की रोटी 4. बाँध 5. किसी संख्या की पूर्ति 6. पुनर्नवा नामक औषधीय पौधा 7. मृत्यु से दसवें दिन मृतक को दिया जाने वाला पिंड। [वि.] पूर्ण करने वाला।

पूरणीय (सं.) [वि.] 1. पूर्ण किए जाने योग्य 2. भरे जाने योग्य।

पूरन [सं-पु.] उबाले जाने के बाद सिल पर पिसी हुई चने या मटर की दाल। [वि.] पूर्ण।

पूरनपूरी [सं-स्त्री.] एक प्रकार की मीठी पूरी जो उबली और घोंटी हुई चने की दाल में गुड़ या चीनी मिलाकर रोटी में भर कर पराठे की तरह सेक कर बनाई जाती है; पूरनपोली।

पूरना (सं.) [क्रि-स.] 1. पूरा करना; पूर्ति करना 2. भरना 3. आच्छादित करना; ढकना 4. कमी या त्रुटि दूर करना 5. मांगलिक अवसरों पर दीवारों और फ़र्श पर मंगल चिह्न या चॉक बनाने की क्रिया।

पूरब (सं.) [सं-पु.] 1. सूर्योदय की दिशा 2. पूर्व दिशा; प्राची 3. पश्चिम के सामने की दिशा।

पूरबी [सं-पु.] 1. (संगीत) एक प्रकार का दादरा 2. एक प्रकार का तंबाकू। [सं-स्त्री.] (संगीत) एक रागिनी। [वि.] पूरब का; पूरब संबंधी।

पूरयिता (सं.) [सं-पु.] पूर्णकर्ता; पूरक। [वि.] 1. पूरा करने वाला 2. संतुष्ट करने वाला।

पूरा (सं.) [वि.] 1. पूरी तरह से भरा हुआ; परिपूर्ण 2. समग्र; समूचा; सारा; कुल; यथेष्ट; भरपूर। [मु.] -पाना : यथेष्ट फल या सुख पाना। -उतरना : जैसा चाहिए वैसा होना।

पूरित (सं.) [वि.] 1. पूरा किया हुआ; परिपूर्ण; लबालब 2. गुणित; गुणा किया हुआ 3. तृप्त।

पूरी [सं-स्त्री.] 1. आटे या मैदे की छोटी रोटी जो घी या तेल में तली गई हो 2. घास आदि का बँधा हुआ छोटा पूला या गट्ठर; पूली।

पूर्ण (सं.) [वि.] 1. जो पूरी तरह से भरा हुआ हो 2. सब प्रकार

की यथेष्टता के कारण जिसमें कुछ भी अपेक्षा, अभाव या आवश्यकता न रह गई हो; सब; पूरा; सारा; समस्त 3. हर तरह से ठीक और पूरा 4. जो अपनी अवधि या सीमा के सिरे या अंत पर पहुँच गया हो।

पूर्णक (सं.) [सं-पु.] 1. देवताओं की एक योनि 2. मुरगा; कुक्कुट 3. एक वृक्ष 4. चाष पक्षी।

पूर्णकाम (सं.) [सं-पु.] ईश्वर; परमेश्वर। [वि.] जिसकी कामनाएँ पूरी हो चुकी हों।

पूर्णकालिक (सं.) [वि.] 1. जो पूरे समय तक काम करे 2. पूरे समय से जिसका संबंध हो 3. जो पूरे समय के लिए नियुक्त किया गया हो।

पूर्णघट (सं.) [सं-पु.] जल से भरा हुआ घड़ा जो मांगलिक और शुभ माना जाता है।

पूर्णतः (सं.) [अव्य.] पूर्ण रूप से; अच्छी तरह; सम्यक।

पूर्णतया (सं.) [क्रि.वि.] पूरी तरह से; पूर्ण रूप से।

पूर्णता (सं.) [सं-स्त्री.] 1. सब प्रकार से पूर्ण होने की अवस्था या भाव; पूरापन 2. त्रुटियों या दोषों से रहित होने की स्थिति या भाव; त्रुटिहीनता; निर्दोषता 3. किसी विषय में प्रवीणता, निपुणता या दक्षता।

पूर्णमास (सं.) [सं-पु.] 1. चंद्रमा 2. पूर्णिमा को किया जाने वाला यज्ञ।

पूर्णमासी (सं.) [सं-स्त्री.] चंद्र मास की अंतिम तिथि जिसमें चंद्रमा अपनी सभी कलाओं से पूर्ण होता है; पूर्णिमा; पूनो; पूनम।

पूर्णरूप (सं.) [वि.] पूर्ण रूप या आकार वाला।

पूर्णरूपेण (सं.) [अव्य.] पूर्णतया; पूर्ण रूप से; अच्छी तरह; सम्यक प्रकारेण।

पूर्णविराम (सं.) [सं-पु.] 1. पूर्णतः रुक जाने की क्रिया या भाव; शब्द, पद या वाक्य की समाप्ति या ठहराव का सूचक चिह्न 2. वाक्य की समाप्ति पर लगने वाली खड़ी पाई (।)। [वि.] पूर्ण रूप से रुक जाने वाला; पूर्ण रूप से समाप्त होने वाला।

पूर्णा (सं.) [सं-स्त्री.] 1. (ज्योतिष) एक विशेष संज्ञक तिथि; पंचमी, दशमी, पूर्णिमा तथा अमावस की तिथियाँ; चंद्रमा की पंद्रहवीं कला 2. दक्षिण भारत की एक नदी।

पूर्णांक (सं.) [सं-पु.] 1. किसी परीक्षा में पूर्ण प्रश्नपत्र हेतु निर्धारित अंक 2. पूरी संख्या 3. अविभक्त संख्या।

पूर्णांग (सं.) [सं-पु.] 1. संपूर्ण अंग 2. सभी अंगों के पूर्ण होने की अवस्था।

पूर्णाघात (सं.) [सं-पु.] (संगीत) ताल में एक विशेष स्थान, जो अनाघात के उपरांत एक मात्रा के बाद आता है, कभी-कभी वह स्थान सम का भी काम कर देता है।

पूर्णाधिवेशन (सं.) [सं-पु.] किसी सभा, संस्था या संगठन का वह अधिवेशन जिसमें उसके सभी सदस्य सम्मिलित होते हैं।

पूर्णानंद (सं.) [सं-पु.] 1. पूर्ण आनंद 2. ईश्वर; परमात्मा; परमेश्वर।

पूर्णाभिषेक (सं.) [सं-पु.] 1. पूर्ण रूप से अभिषिक्त; पूर्ण रूप से सुसज्जित; महाभिषेक 2. वाममार्गियों का एक तांत्रिक संस्कार जो किसी नए साधक का (गुरु के द्वारा दीक्षा प्रदान करते समय) किया जाता है।

पूर्णायु (सं.) [सं-स्त्री.] 1. किसी की जन्म से मृत्यु तक की संपूर्ण आयु; सारा जीवन 2. मान्यतानुसार सौ या एक सौ बीस वर्ष की आयु। [वि.] पूरी आयु वाला; सौ या सौ से अधिक वर्ष की आयु वाला।

पूर्णावधि (सं.) [सं-स्त्री.] पूरी अवधि।

पूर्णावस्था (सं.) [सं-पु.] पूर्ण-अवस्था; अंशावस्था से भिन्न ऐसी अवस्था जो पूर्ण हो।

पूर्णाहुति (सं.) [सं-स्त्री.] 1. किसी अनुष्ठान या संस्कार की समाप्ति पर किया जाने वाला हवन या अग्नि में दी जाने वाली आहुति; होम कर्म की अंतिम आहुति 2. किसी कार्य का वह अंश जिससे वह पूर्णता को प्राप्त हो 3. {ला-अ.} किसी कार्य की समाप्ति पर होने वाला अंतिम कृत्य।

पूर्णिमा (सं.) [सं-स्त्री.] चंद्र-मास के शुक्ल पक्ष की अंतिम तिथि जिसमें चंद्रमा अपने पूरे आकार में उदित होता है; पूर्णमासी।

पूर्णोपमा (सं.) [सं-स्त्री.] (काव्यशास्त्र) उपमा अलंकार का एक भेद जिसमें उपमा अलंकार के चारों अंग उपमेय, उपमान, वाचक तथा साधारण धर्म विद्यमान होते हैं।

पूर्ति (सं.) [सं-स्त्री.] 1. पूरा करने की क्रिया; पूर्णता 2. तृप्ति; संतुष्टि 3. गुणा करना 4. आवश्यकता को पूर्ण करने का भाव; कमी पूरा करना।

पूर्तिकर्ता (सं.) [सं-पु.] 1. किसी सामान की आपूर्ति करने वाला व्यक्ति; पूरयिता 2. माँग के अनुसार वस्तुओं की पूर्ति करने वाला व्यक्ति। [वि.] आपूर्ति करने वाला।

पूर्व (सं.) [सं-पु.] एक दिशा जहाँ से सूर्योदय होता है। [वि.] 1. प्रथम; पहला 2. जो किसी से पहले आया या बना हो 3. वर्तमान समय से पहले का 4. पुराना; प्राचीन।

पूर्व अंकुरण [सं-पु.] बुआई के बाद, किंतु फसल उगने (अंकुरण) के पूर्व खेत में खर-पतवार नाशकों का प्रयोग किया जाना।

पूर्व रोपण [सं-पु.] खेत रोपने के पूर्व (बीज बोने से पूर्व); बुआई के पहले खेत में खर-पतवार नाशकों को मिलाना।

पूर्वक (सं.) [परप्रत्य.] शब्दों के अंत में जुड़कर साथ या सहित का अर्थ देने वाला प्रत्यय, जैसे- कुशलतापूर्वक।

पूर्वकथा (सं.) [सं-स्त्री.] किसी पत्रिका या टेलीविज़न पर आने वाली किसी धारावाहिक कथा की कई कड़ियों में अगली कड़ी की कथा कहने या दिखाने के पूर्व दिखाई या कही गई कथा का सारांश।

पूर्वकथित (सं.) [वि.] जिसका कथन पहले हो चुका हो।

पूर्वकल्पना (सं.) [सं-स्त्री.] प्राक्कल्पना; पूर्वधारणा; (हाइपॉथसिस)। [वि.] किसी योजना की रूपरेखा एवं उद्देश्य के पूर्व की कल्पना।

पूर्वकल्पित (सं.) [वि.] 1. पहले सोचा हुआ 2. पहले ही मन में गढ़ा हुआ 3. पहले ही मन में सजाया हुआ।

पूर्वकाल (सं.) [सं-पु.] 1. बीता हुआ समय 2. पहले का

समय; प्राचीन काल; पुराना ज़माना।

पूर्वकालिक (सं.) [वि.] 1. पूर्वकाल जात; पूर्वकाल संबंधी; प्राचीन 2. (व्याकरण) क्रिया का एक भेद।

पूर्वगामी (सं.) [वि.] पहले जाने वाला; जो पहले चला गया हो।

पूर्वग्रह (सं.) [सं-पु.] 1. किसी विषय के संबंध में वह आग्रहपूर्ण धारणा जो पहले से बिना सोचे-समझे मन में स्थिर कर ली गई हो 2. किसी व्यक्ति या वस्तु के लिए पहले से झुकाव; पक्षपात।

पूर्वचर्चित (सं.) [वि.] जिसकी चर्चा पहले हुई हो, जिसपर पहले बात-चीत हो चुकी हो।

पूर्वज (सं.) [सं-पु.] 1. परबाबा, बाबा, दादा आदि पुरखे 2. बड़ा भाई; अग्रज। [वि.] जिसकी उत्पत्ति या जन्म पहले हुआ हो; अपने से पूर्व का जन्मा हुआ।

पूर्वजन्म (सं.) [सं-पु.] वर्तमान जन्म से पहले का कोई जन्म; पिछला कोई जन्म।

पूर्वज्ञान (सं.) [सं-पु.] 1. पूर्वार्जित या पहले का ज्ञान 2. आत्मिक शक्ति की सहायता से ऐसी घटनाओं या बातों का पहले से ही परिज्ञान हो जाना जो भविष्य मंल कभी घटित होने को हों।

पूर्वज्ञानी (सं.) [सं-पु.] वह जिसे पूर्वज्ञान (भविष्य में होने वाली घटना का पूर्वाभास) होता हो।

पूर्वतर (सं.) [वि.] 1. पहला 2. पूर्व या पहले का 3. पूर्व और पूर्वतम के मध्य का।

पूर्वतिथि (सं.) [सं-स्त्री.] किसी कार्य हेतु निर्धारित तिथि से पहले की तिथि।

पूर्वदत्त (सं.) [वि.] पहले का दिया हुआ; जो पहले ही चुका दिया गया हो।

पूर्वनिर्मित (सं.) [वि.] जो पहले निर्मित हो चुका हो; पहले बना हुआ।

पूर्वपक्ष (सं.) [सं-पु.] 1. चंद्रमास का कृष्ण पक्ष 2. किसी विषय के बारे में उठाई हुई चर्चा, शंका या प्रश्न जिसका किसी को उत्तर देना या समाधान करना पड़े 3. अभियोग, व्यवहार आदि में वादी की प्रतिज्ञा या नालिश; मुद्दई की फ़रियाद।

पूर्वपद (सं.) [सं-पु.] 1. पहला स्थान 2. (व्याकरण) समास में प्रथम पद, जैसे- माता-पिता में 'माता'।

पूर्वपीठिका (सं.) [सं-स्त्री.] 1. वह अवस्था जिसके पहले या सामने कोई स्थिति या रूप खड़ा हो; किसी कथा का पूर्व भाग; भूमिका 2. पुस्तक का प्रारंभिक अध्याय।

पूर्वपुरुष (सं.) [सं-पु.] पुरखा; पूर्वज; दादा-परदादा।

पूर्वप्रदर्शित (सं.) [वि.] जिसका प्रदर्शन पहले हो चुका हो।

पूर्वरंग (सं.) [सं-पु.] नाटक शुरू होने से पहले की जाने वाली स्तुति; नांदी पाठ।

पूर्वराग (सं.) [सं-पु.] प्रिय को देखे बिना उसके रूप, गुण आदि को सुनकर उसके प्रति नायक या मन में उत्पन्न हुआ अनुराग।

पूर्वरूप (सं.) [सं-पु.] 1. वह रूप जो पहले रहा हो 2. (व्याकरण) संधि का एक भेद 3. (काव्यशास्त्र) एक अलंकार जिसमें किसी व्यक्ति या वस्तु आदि के विशिष्ट गुण, रूप, वैभव आदि के फिर से लौट आने का उल्लेख होता है।

पूर्वलक्षित (सं.) [वि.] जिसका संकेत वर्तमान से पहले किया गया हो; पूर्व संकेतित।

पूर्ववत [अव्य.] पहले की तरह; उसी प्रकार या पूर्व के ही अनुसार; ज्यों का त्यों।

पूर्ववर्ती (सं.) [वि.] 1. जो पूर्व में हो चुका हो 2. पहले वाला।

पूर्ववृत्त (सं.) [सं-पु.] 1. पहले की घटनाओं का विवरण 2. पहले का चरित्र या आचरण 3. पुराना वृत्तांत 4. इतिहास।

पूर्वव्यापित (सं.) [वि.] जिसका प्रभाव बीते हुए समय के कार्यों, व्यवस्थाओं पर भी पड़ता हो (आदेश, नियम या निश्चय)।

पूर्वसंध्या [सं-स्त्री.] किसी दिन विशेष के पहले वाले दिन की संध्या।

पूर्वसूचक (सं.) [सं-पु.] भविष्य में घटने वाली किसी घटना की पहले ही सूचना या पूर्वाभास देने वाला, जैसे- घिरे हुए काले बादल वर्षा के पूर्वसूचक हैं।

पूर्वसूचना (सं.) [सं-स्त्री.] किसी कार्य या घटना की पहले ही ख़बर; किसी घटना के विषय में पहले से ही जानकारी।

पूर्वा (सं.) [सं-स्त्री.] 1. पूर्व दिशा 2. नक्षत्र विशेष (पूर्वाषाढ़ा, पूर्वा फाल्गुनी आदि) 3. राजाओं की प्रशस्ति।

पूर्वांचल (सं.) [सं-पु.] किसी देश या क्षेत्र का पूर्व का हिस्सा; पूर्व का अंचल; उदयाचल।

पूर्वाग्रह (सं.) [सं-पु.] कार्य, व्यवस्था, ज्ञान या व्यक्ति आदि के विषय में पहले से ही बनी हुई कोई विशेष धारणा; किसी के विषय में वस्तुनिष्ठता के बिना अच्छी या बुरी धारणा बना लेना।

पूर्वाग्रही (सं.) [वि.] 1. पहले से ही बिना किसी आधार के किसी के प्रति कुछ भी धारणा बना लेने वाला 2. जो पहले से ही दुराग्रह से ग्रस्त हो 3. पक्षपातपूर्ण।

पूर्वाचल (सं.) [सं-पु.] पूर्व दिशा का पर्वत; पूर्वाद्रि; उदयाचल।

पूर्वाधिक (सं.) [वि.] पहले से अधिक मात्रा, संख्या या परिमाणवाला।

पूर्वाधिकारी (सं.) [सं-पु.] 1. जो व्यक्ति पहले अधिकारी के रूप में रहा हो 2. संपत्ति का वह स्वामी या अधिकारी जो उसके वर्तमान अधिकारी से पहले रहा हो।

पूर्वानिल (सं.) [सं-पु.] ऐसी हवा जो पूरब दिशा से पश्चिम दिशा की ओर बह रही हो; पुरवा, पुरवैया।

पूर्वानुमति (सं.) [सं-स्त्री.] किसी कार्य को करने के लिए अधिकारी से पहले से ली जाने वाली अनुमति।

पूर्वानुमान (सं.) [सं-पु.] किसी कार्य या घटना के विषय में पहले से किया जाने वाला अनुमान; पूर्वकल्पना, जैसे- मौसम, फ़सल, जनसंख्या आदि का पहले से किया गया अनुमान।

पूर्वानुमित (सं.) [सं-पु.] जिसका पहले से अनुमान या आकलन कर लिया गया हो।

पूर्वापर (सं.) [सं-पु.] 1. आगा-पीछा 2. प्रमाण और प्रमेय। [वि.] अगला और पिछला।

पूर्वापेक्षा (सं.) [सं-स्त्री.] पहले से की हुई अपेक्षा। [क्रि.वि.]

पहले की तुलना में; पहले की अपेक्षा।

पूर्वाभास (सं.) [सं-पु.] किसी घटना के घटित होने के पहले होने वाला आभास।

पूर्वाभिमुख (सं.) [वि.] जिसका मुख (रुख) पूरब दिशा की ओर हो। [क्रि.वि.] पूरब की ओर; पूर्व की ओर मुँह करके।

पूर्वाभ्यास (सं.) [सं-पु.] किसी कार्य के लिए पहले से अभ्यास करना।

पूर्वार्ध (सं.) [सं-पु.] 1. किसी कार्य को दो भागों में बाँटने पर पहला भाग 2. 'उत्तरार्ध' का विपरीत।

पूर्वावलोकन (सं.) [सं-पु.] कार्य के पूर्ण होने बाद की गई समीक्षा।

पूर्वाश्रम (सं.) [सं-पु.] 1. प्रथम आश्रम 2. ब्रह्मचर्य आश्रम; अन्य आश्रम में प्रवेश से पूर्व का आश्रम, जैसे- अमुक संन्यासी पूर्वाश्रम (गृहस्थाश्रम) में डॉक्टर थे।

पूर्वाषाढ़ा (सं.) [सं-पु.] नक्षत्र मंडल का बीसवाँ नक्षत्र जिसमें दो तारे होते हैं और जिसका आकार सूप जैसा और अधिष्ठाता देवता को जल माना गया है।

पूर्वाह्न (सं.) [सं-पु.] दिन का पहला भाग; सवेरे से दोपहर तक का समय।

पूर्वी (सं.) [वि.] पूरब का; पूर्व दिशा संबंधी।

पूर्वोक्त (सं.) [वि.] जिसका ज़िक्र पहले आ चुका हो, जो पहले कहा जा चुका हो।

पूर्वोत्तर (सं.) [सं-पु.] किसी देश का पूर्वोत्तर क्षेत्र; पूर्वोत्तर इलाका। [वि.] 1. पूरबी-उत्तरी 2. पूर्व और उत्तर के बीच की दिशा; ईशान कोण।

पूर्वोल्लिखित (सं.) [वि.] जिसका उल्लेख पहले हो चुका हो।

पूल[1] (सं.) [सं-पु.] पूला, तृण, घास आदि का ढेर या बँधा हुआ गट्ठर।

पूल[2] (अं.) [सं-पु.] 1. पानी से भरा हुआ गड्डा 2. तालाब 3. एक बड़ी मेज़ पर खेला जाने वाला एक खेल।

पूला (सं.) [सं-पु.] घास-फूस का बँधा गट्ठर; पूल; पूलक।

पूलिका (सं.) [सं-स्त्री.] एक प्रकार की मीठी पूरी; छोटा पुआ।

पूलिया [सं-स्त्री.] मालाबार क्षेत्र में रहने वाली एक मुसलमान जाति।

पूषक (सं.) [सं-पु.] 1. शहतूत का पेड़ 2. शहतूत का फल।

पूषण (सं.) [सं-पु.] 1. सूर्य 2. बारह आदित्यों में से एक 3. एक वैदिक देवता।

पूषा (सं) [सं-पु.] 1. सूर्य 2. बारह आदित्यों में से एक। [सं-स्त्री.] चंद्रमा की तीसरी कला।

पूषात्मज (सं.) [सं-पु.] 1. इंद्र 2. बादल; मेघ।

पूस (सं.) [सं-पु.] 1. वह चांद्र-मास जो अगहन के बाद पड़ता है 2. पौष माह।

पृक्का (सं.) [सं-स्त्री.] 1. असवर्ग नाम का एक गंध द्रव्य 2. एक प्रकार का शाक।

पृच्छक (सं.) [वि.] प्रश्न पूछने वाला; जिज्ञासु।

पृच्छन (सं.) [सं-पु.] पूछने की क्रिया या भाव; पूछना।

पृच्छा (सं.) [सं-स्त्री.] प्रश्न; सवाल; भविष्य संबंधी प्रश्न।

पृथक (सं.) [वि.] अलग; भिन्न किया हुआ; जुदा किया हुआ।

पृथकतावादी (सं.) [वि.] पृथकतावाद के सिद्धांत में विश्वास रखने वाला; संबंध विच्छेद नीति का समर्थक; अलगाववादी।

पृथकतासूचक (सं.) [सं-पु.] संबंध विच्छेद नीति का संकेतक; वह जिसके द्वारा पृथकता या विच्छेद का पूर्वाभास मिलता है।

पृथक्करण (सं.) [सं-पु.] 1. अलग करने की क्रिया या भाव; अलगाव; विश्लेषण 2. दो क्षेत्रों, विभागों आदि के तालमेल को समाप्त करके अलग करना; (सेपरेशन)।

पृथक्कारक (सं.) [वि.] 1. एक को दूसरे से भिन्न करने वाला 2. एक को दूसरे से भिन्न बताने वाला (गुण, स्वभाव या स्थिति)।

पृथा (सं.) [सं-स्त्री.] (महाभारत) राजा कुंतिभोज की कन्या कुंती जिनका विवाह पांडु से हुआ और जो युधिष्ठिर, भीम और अर्जुन की माँ थीं।

पृथिका (सं.) [सं-स्त्री.] गोजर नामक जीव; कनखजूरा; कनगोजर।

पृथी (सं.) [सं-पु.] 1. (पुराण) पृथु नामक एक राजा। [सं-स्त्री.] पृथ्वी।

पृथु (सं.) [वि.] 1. महान; बड़ा 2. विस्तीर्ण 3. बहुत अधिक 4. चतुर। [सं-पु.] 1. अग्नि 2. विष्णु 3. शिव 4. इक्ष्वाकु वंश का एक राजा। [सं-स्त्री.] 1. काला जीरा 2. एक तरह की हींग 3. अफ़ीम।

पृथुक (सं.) [सं-पु.] 1. बालक 2. चूड़ा; चिउड़ा 3. एक प्रकार की हींग।

पृथुता (सं.) [सं-स्त्री.] 1. मोटापा; मोटापन; पृथु होने की अवस्था या भाव 2. विशालता; फैलाव।

पृथुल (सं.) [वि.] 1. मोटा; स्थूल 2. विशाल; विस्तीर्ण 3. भारी 4. अधिक; ढेर।

पृथुलाक्ष (सं.) [वि.] बड़ी बड़ी आँखों वाला; दीर्घाक्ष।

पृथूदक (सं.) [सं-पु.] सरस्वती नदी के दक्षिणी तट पर स्थित एक प्राचीन तीर्थस्थल; आधुनिक युग में 'पोहोआ' नामक स्थान।

पृथ्वी (सं.) [सं-स्त्री.] 1. सौर मंडल का वह ग्रह जिसपर जीवन है; भूलोक; धरती 2. स्वर्ग और नरक से भिन्न संसार 3. भूमि; ज़मीन; पृथ्वी का तल 4. पाँच महाभूतों में से एक।

पृथ्वीतल [सं-पु.] 1. धरातल; भूतल 2. संसार; दुनिया।

पृथ्वीराजरासो [सं-पु.] चंदवरदाई द्वारा डिंगल भाषा में रचित वीर रस का एक महाकाव्य, जिसमें उनहत्तर समय (सर्ग या अध्याय) हैं।

पृथ्वीश (सं.) [सं-पु.] 1. पृथ्वी का स्वामी; ईश्वर 2. पृथ्वीपति; राजा; नृपति।

पृश्नि (सं.) [सं-पु.] 1. बौना 2. एक मंत्रद्रष्टा ऋषि 3. अनाज 4. अमृत 6. पानी 7. वेद। [सं-स्त्री.] 1. चितकबरी गाय; छोटी गाय 2. देवकी (कृष्ण की माता) का एक नाम 3. किरण। [वि.] 1. छोटे कद का 2. दुबला-पतला 3. चितकबरा 4. मामूली 5. सफ़ेद।

पृश्निका (सं.) [सं-स्त्री.] जल में उत्पन्न होने वाली एक लता

जिसमें घड़े की आकृति का छोटा अवयव होता है; जलकुंभी।

पृषत (सं.) [सं-पु.] 1. शरीर पर सफ़ेद चकत्ते या धब्बे वाला हिरण; चितल 2. जल की बूँद 3. धब्बा 4. (महाभारत) द्रुपद के पिता। [वि.] 1. चितकबरा 2. सिक्त करने वाला।

पृषदश्व (सं.) [सं-पु.] 1. वायु 2. जलकण से युक्त (लदी) गोल हवा 3. शिव।

पृष्ट (सं.) [वि.] 1. पूछा हुआ; पूछा गया 2. सिक्त; सींचा हुआ।

पृष्ठ (सं.) [सं-पु.] 1. पीठ 2. सतह; तल 3. पन्ना 4. किसी वस्तु, घर आदि का पिछला भाग।

पृष्ठ शीर्षक (सं.) [सं-पु.] 1. (पत्रकारिता) समाचार पत्र के प्रथम पृष्ठ के शीर्ष भाग में बहुत बड़े अक्षरों में मुद्रित मुख्य समाचार के शब्दों की पंक्ति; अख़बार आदि में बड़े शीर्षक 2. सामने पृष्ठ पर अंकित समाचार सारांश अभिव्यक्त करने वाली गहरे बड़े अक्षरों में छपी पंक्ति; (बैनर हेडलाइन)।

पृष्ठक (सं.) [सं-पु.] 1. पीठ या पीछे की ओर का हिस्सा 2. पृष्ठ।

पृष्ठतः (सं.) [अव्य.] 1. पीछे या पीछे की ओर से; पीछे से 2. चुपके से।

पृष्ठभूमि (सं.) [सं-स्त्री.] 1. पिछली बातें; पिछला भाग 2. पहले वाली वे सभी बातें एवं परिस्थितियाँ जिसके सामने कोई नई विशेष बात या घटना हो और जिनके साथ मिलान करने पर उन सभी बातों और घटनाओं का स्वरूप स्पष्ट होता हो 3. व्यक्ति का परिवार, सामाजिक वर्ग या स्तर, शिक्षा, अनुभव आदि 4. भूमिका; प्राक्कथन; आमुख 5. किसी चित्र में चित्र के मुख्य लक्ष्य के अतिरिक्त उसके पीछे दिखाई देने वाले दृश्य या वस्तुएँ; पिछला भाग।

पृष्ठवंश (सं.) [सं-पु.] रीढ़; मेरुदंड।

पृष्ठांकन (सं.) [सं-पु.] 1. हुंडी; किसी लेख, पत्र, धनादेश आदि की पीठ पर कुछ लिखना या हस्ताक्षर करना 2. किसी को कुछ प्रदान करने हेतु लिखित आदेश प्रदान करना; स्वीकृति देना 3. समर्थन करना; अनुमोदन।

पृष्ठाधार (सं.) [सं-पु.] 1. पिछली सूचना, साहित्य या आँकड़ों का आधार जिसपर अगली कार्यवाही की जाती है 2. हुंडी, किसी लेख, पत्र, धनादेश आदि की पीठ पर समर्थन में कुछ लिखे हुए का आधार 3. पृष्ठभूमि।

पृष्ठिका (सं.) [सं-स्त्री.] 1. किसी घटना के पहले की परिस्थितियाँ; पृष्ठभूमि 2. किसी चित्र में पृष्ठभूमि में दिखाई देने वाली चीज़ें।

पृष्ठोदय (सं.) [सं-पु.] 1. जिसका उदय पीठ की ओर से हो 2. (ज्योतिष) पीठ की ओर से उदित होने वाली राशियाँ, जैसे- मेष, वृष, कर्क, धनु, मकर, मीन।

पेंग [सं-स्त्री.] झूला झूलते समय झूले या हिंडोले का एक ओर से दूसरी ओर जाना। [सं-पु.] एक प्रकार का पक्षी।

पेंघट [सं-पु.] एक पक्षी जिसका, शरीर मटमैले रंग का, आँखें लाल और चोंच सफ़ेद होती है।

पेंचकस (फ़ा.) [सं-पु.] दे. पेचकश।

पेंचदार (फ़ा.) [वि.] दे. पेचदार।

पेंचीदा (फ़ा.) [वि.] दे. पेचीदा।

पेंचीला [वि.] दे. पेचीला।

पेंट (अं.) [सं-पु.] 1. रंगीन द्रव जो किसी सतह पर साज-सज्जा या सुरक्षा हेतु लगाया जाता है 2. चित्र बनाने में प्रयुक्त होने वाले रंगीन द्रव; रोगन।

पेंटर (अं.) [सं-पु.] 1. भवनों, दीवारों आदि को रँगने वाला व्यक्ति; रंगसाज़ 2. चित्रकार।

पेंड़ना [क्रि-स.] 1. किसी सजीव (सरस) वस्तु को दो वस्तुओं के बीच रखकर इस प्रकार दबाना कि उसका रस निकल आए 2. किसी वस्तु को किसी यंत्र में डालकर घूमाना; पेरना 3. कष्ट देना; सताना 4. बोना (स्थानीय प्रयोग-दक्खिनी)।

पेंड़नी [सं-स्त्री.] फरुही।

पेंदा (सं.) [सं-पु.] किसी वस्तु का वह निचला भाग जिसके सहारे वह स्थिर होती है; किसी गहरी या बड़ी वस्तु का तला; तल; आधार।

पेंदी [सं-स्त्री.] 1. किसी वस्तु या बरतन का बिलकुल निचला भाग 2. तोप या बंदूक की वह कोठी जिसमें बारूद भरा जाता था 3. शरीर में गुदा नामक अंग 4. गाजर, मूली आदि की जड़ 5. किसी वस्तु के खड़ा रहने का आधार।

पेंपें [सं-स्त्री.] 1. भोंपू से निकलने वाला शब्द 2. बच्चे का धीमी गति से रोने का शब्द।

पेंशन (अं.) [सं-स्त्री.] सेवा-निवृत्ति के उपरांत नियमित रूप से मिलने वाला धन; सेवाकाल के पूरे हो जाने पर सरकारी कर्मचारियों या उनके परिवार को दिया जाने वाला वेतनांश; निवृत्ति वेतन।

पेंशनधारी (अं.+सं.) [वि.] अनुवृत्ति पाने वाला; पेंशनभोगी।

पेंशनभोगी (अं.+सं.) [वि.] जिसे पेंशन मिलती हो; पेंशनधारी।

पेंसिल (अं.) [सं-स्त्री.] लिखने के लिए प्रयुक्त लकड़ी की मोटी नली जैसी वस्तु जिसके लंबे छेद में काले या रंगीन पदार्थ की दंडिका पड़ी रहती है।

पेकचा [सं-पु.] अरूई; घुइया; घिया।

पेखा [सं-पु.] दर्पण; आरसी।

पेग (अं.) [सं-पु.] 1. पीने के लिए शराब की एक नाप 2. उतनी शराब जितनी एक बार में पीने के लिए गिलास में डाली जाए 3. खूँटी।

पेच (फ़ा.) [सं-पु.] 1. घुमाव; चक्कर; लपेट; फिराव 2. झंझट; झमेला 3. उलझन; बखेडा 4. कुश्ती का एक दाँव 5. चालबाज़ी; धूर्तता 6. यंत्र का छोटा पुरज़ा 7. धोखा; फ़रेब; चाल। [मु.] **-घुमाना** : ऐसी तरकीब निकालना जिससे कार्य का स्वरूप बदल जाए।

पेचक[1] (सं.) [सं-पु.] 1. उल्लू 2. बादल 3. पलंग 4. हाथी की पूँछ की जड़ 5. जूँ 6. खाट; चारपाई।

पेचक[2] (फ़ा.) [सं-स्त्री.] बटे हुए तागे की गोली या गुच्छी।

पेचकश (फ़ा.) [सं-पु.] 1. कारीगरों का एक उपकरण जिससे वे पेच कसते हैं या निकालते हैं; वह औज़ार जिससे पेच कसा और निकाला जाता है 2. लोहे का बना एक पेचदार उपकरण जिसकी सहायता से बोतलों का कॉर्क निकाला जाता है।

पेचकी (सं.) [सं-स्त्री.] उल्लू की मादा; उलूकी।

पेचदार (फ़ा.) [वि.] 1. पेचयुक्त 2. जिसमें पेच या बल हो 3. उलझा हुआ। [सं-पु.] एक प्रकार का कसीदे का काम जिसमें सीधी रेखा के इधर-उधर और स्थान-स्थान पर फंदे भी लगाए जाते हैं।

पेचवान (फ़ा.) [सं-पु.] एक प्रकार का हुक्का।

पेचिश (फ़ा.) [सं-स्त्री.] 1. एक प्रकार का रोग जिसमें आँतों में घाव तथा पेट में ऐंठन होती है 2. उक्त रोग में होने वाली ऐंठन या मरोड़।

पेचीदा (फ़ा.) [वि.] 1. जिसमें बहुत से पेच हो; पेच या लपेट वाला 2. घुमाव-फिराव वाला; चक्करदार; टेढ़ा-मेढ़ा 3. कठिन; मुश्किल 4. {ला-अ.} जिसमें बहुत-सी उलझनें, कठिनाइयाँ या झंझट हों।

पेचीला [वि.] पेचवाला; पेचदार; पेचीदा; जटिल।

पेज[1] [सं-स्त्री.] अत्यधिक खौलाए हुए दूध का वह लच्छेदार रूप जिसमें दूध का अंश कम और मलाई का अंश अधिक होता है तथा जिसमें चीनी, मेवा आदि भी मिलाया गया होता है; रबड़ी; बसौंधी।

पेज[2] (अं.) [सं-पु.] पुस्तक, समाचार पत्र आदि का पृष्ठ; पन्ना।

पेट (सं.) [सं-पु.] शरीर का मध्य भाग जिसमें भोजन के पाचन से संबंधित अंग होते हैं। [मु.] **-काटना** : बचत करने के उद्देश्य से जान-बूझ कर कम खाना; किसी को मिलने वाले धन या मज़दूरी में कमी करना। **-का पानी न पचना** : गुप्त बात प्रकट किए बिना न रह पाना। **-सहलाना** : पेट पर हाथ फेर कर भूखे होने का इशारा करना। **-चलना** : पतले दस्त होना; ऐसी व्यवस्था जिसमें जीविका चलती रहे या उसका साधन बना रहे। **-जलना** : बहुत तेज़ भूख लगना। **-पालना** : गुज़ारा करना। **-फूलना** : किसी बात के कहने के लिए अत्यंत विकल या उत्सुक होना **-रहना** : गर्भवती होना। **-गिरना** : गर्भपात होना। **-से होना** : गर्भवती होना।

पेटदर्द (हिं.+फ़ा.) [सं-पु.] उदर शूल; उदर पीड़ा।

पेटपूजा [सं-स्त्री.] 1. भोजन करना 2. पेट भरना।

पेटाढ़ी [सं-स्त्री.] एक कीड़ा जो धान को नष्ट करता है।

पेटारी [सं-स्त्री.] 1. झाँपी 2. धान का पुआल।

पेटिका (सं.) [सं-स्त्री.] 1. पिटारी नाम का वृक्ष 2. पिटारी; छोटी पिटारी।

पेटी [सं-स्त्री.] 1. मनुष्य के शरीर में छाती तथा पेड़ू के बीच का स्थान; तोंद की झोल 2. बेल्ट बाँधने का स्थान 3. नाइयों का लोहखर (उपकरण रखने का स्थान) 4. अन्न के दानों का भीतरी भाग 5. छोटा संदूक; संदूकची 6. छोटी डिबिया 7. कमरबंद; (बेल्ट)। [मु.] **-पड़ना** : तोंद निकलना।

पेटीकोट (अं.) [सं-पु.] घाघरे की तरह का वस्त्र जिसे स्त्रियाँ साड़ी के नीचे पहनती हैं।

पेटू [वि.] 1. जो बहुत अधिक खाता है; भुक्खड़ 2. जिसे सदा खाने की चिंता लगी रहती है।

पेटूपन [सं-पु.] अत्यधिक खाने की आदत।

पेटेंट (अं.) [सं-पु.] 1. किसी आविष्कार या खोज पर मिलने वाला स्वत्व या एकाधिकार 2. वह सरकारी स्वीकृति या पंजीयन जिसके अनुसार किसी को नए आविष्कार या किसी वस्तु के उत्पादन या विक्रय का एकाधिकार प्राप्त होता है।

पेट्रोल (अं.) [सं-पु.] 1. पेट्रोलियम से प्राप्त या व्युत्पन्न तरल मिश्रण जिसे अंतर्दहन इंजन में ईंधन के तौर पर प्रयोग किया जाता है; गैसोलीन 2. यंत्रों, गाड़ियों तथा वायुयान का ईंधन।

पेट्रोलियम (अं.) [सं-पु.] एक पदार्थ जिसका निर्माण कोयले की तरह वनस्पतियों के पृथ्वी के नीचे दबने तथा कालांतर में उनके ऊपर उच्च दाब तथा ताप के कारण हुआ। प्राकृतिक रूप से पाए जाने वाले इस पदार्थ को अपरिष्कृत तेल (क्रूड ऑयल) कहते हैं जो काले रंग का गाढ़ा द्रव होता है। इसी से विभिन्न प्रक्रियाओं द्वारा केरोसिन, पेट्रोल, डीज़ल, प्राकृतिक गैस, वेसलीन, ल्यूब्रिकेंट तेल इत्यादि प्राप्त होते हैं।

पेठा [सं-पु.] 1. श्वेत रंग का कुम्हड़ा; भतुआ 2. उक्त कुम्हड़े से बनी मिठाई; भतुआ से बनी मिठाई।

पेड़ [सं-पु.] वृक्ष; दरख़्त।

पेड़ा [सं-पु.] दूध या खोए से बनी गोल आकार की एक मिठाई।

पेड़ी [सं-स्त्री.] 1. छोटा पेड़ा 2. पेड़ का तना 3. रोटी, पापड़ आदि बेलने के लिए गूँथी हुई सामाग्री की बनाई हुई लोई 4. गन्ने की पुरानी खेती।

पेड़ू [सं-पु.] 1. शरीर का नाभि से नीचे और उपस्थ से ऊपर का भाग; वस्ती।

पेन[1] [सं-पु.] गढ़वाल में प्राप्त लसोड़े की जाति का एक वृक्ष जिसे 'कूम' कहते हैं।

पेन[2] (अं.) [सं-पु.] 1. कलम जिसमें रिफ़िल भरी हुई होती है; धातु की निब लगी कलम 2. कष्ट; पीड़ा; दर्द।

पेपरबैक (अं.) [सं-स्त्री.] वह पुस्तक जिसकी जिल्द मोटे कागज़ या कार्ड बोर्ड की हो।

पेपरवेट (अं.) [सं-पु.] कागज़-पत्रों को दबाने के लिए रखी जाने वाली काँच, लकड़ी आदि की बनी भारी वस्तु।

पेमचा [सं-पु.] एक प्रकार का रेशमी कपड़ा।

पेमसी [सं-पु.] फेनुस; फेनसा।

पेमेंट (अं.) [सं-पु.] भुगतान; अदायगी; चुकाया हुआ रुपया।

पेय [सं-पु.] पिया जाने वाला पदार्थ; पेय पदार्थ, जैसे- दूध, शरबत आदि। [वि.] जिसे पिया जा सके; पीने के योग्य।

पेयजल [सं-पु.] पीने का पानी। [वि.] पीने योग्य जल; शुद्ध जल।

पेयस (सं.) [सं-पु.] हाल में बच्चा दे चुकी गाय; भैंस का दूध जो पीला होता है, वह पीने योग्य नहीं होता; फेनुस या फेनसा।

पेयूष (सं.) [सं-पु.] 1. पीयूष; अमृत 2. पेउस; गाय के बच्चा देने के बाद सात दिनों तक का दूध 3. ताज़ा मक्खन।

पेरना [क्रि-स.] 1. कोल्हू आदि में दबाकर पदार्थ का रस निकालना, जैसे- ईख पेरना, सरसों पेरना 2. {ला-अ.} सताना या कष्ट देना।

पेराई [सं-स्त्री.] 1. पेरने की क्रिया या भाव 2. पेरने की मज़दूरी।

पेरुक [सं-पु.] अमरूद नामक फल।

पेरोल (अं.) [सं-पु.] 1. प्रतिज्ञा 2. कारावकाश।

पेलना [क्रि-स.] 1. ज़ोर से भीतर घुसेड़ना 2. दबाकर भीतर पहुँचाना 3. प्रेरित करना 4. दंड या मुगदर से कसरत करना 5. अप्राकृतिक संभोग।

पेलवाना [क्रि-स.] पेलने का काम किसी और से करवाना; किसी को पेलने में प्रवृत्त करना।

पेला [सं-पु.] 1. पेलने की क्रिया या भाव 2. आक्रमण 3. झगड़ा; तकरार 4. अपराध।

पेवस (सं.) [सं-पु.] हाल में बच्चा दे चुकी गाय, भैंस का दूध जो पीला होता है; पेयस।

पेश (फ़ा.) [अव्य.] सामने; समक्ष; आगे।

पेशकब्ज़ (फ़ा.) [सं-स्त्री.] छोटी कटार; एक प्रकार की छोटी तलवार।

पेशकश (फ़ा.) [सं-स्त्री.] 1. प्रस्तुति 2. पुरस्कार; भेंट; नज़राना 3. प्रार्थना; निवेदन।

पेशकार (फ़ा.) [सं-पु.] 1. पेश करने वाला 2. आगे रखने वाला 3. न्यायालय में हाकिम के सामने कागज़-पत्र पेश करने वाला कर्मचारी।

पेशकारी (फ़ा.) [सं-स्त्री.] पेशकार का काम या पद।

पेशख़ेमा (फ़ा.) [सं-पु.] 1. फ़ौज का अगला हिस्सा; हरावल 2. फ़ौज का वह सामान जो पहले से ही आगे भेज दिया जाए 3. किसी घटना का पूर्व लक्षण।

पेशगी (फ़ा.) [सं-स्त्री.] वह धन जो किसी वस्तु के लिए या किसी को कोई काम करने के लिए पहले ही दे दिया जाए; अग्रिम धनराशि; बयाना।

पेशतर (फ़ा.) [क्रि.वि.] 1. पूर्व; पहले 2. किसी की तुलना में पहले।

पेशबंद (फ़ा.) [सं-पु.] घोड़े की पीठ पर काठी के नीचे रखे जाने वाले कपड़े को खिसकने से रोकने के लिए लगाई जाने वाली पट्टी।

पेशबंदी (फ़ा.) [सं-स्त्री.] 1. बचाव के लिए पहले से कर ली जाने वाली युक्ति 2. प्रबंध; उपाय।

पेशल (सं.) [वि.] 1. कोमल; नाजुक; मुलायम 2. मनोहर; सुंदर; सुहावना; बहुत अच्छा; उत्तम 3. दक्ष; होशियार; चतुर; प्रवीण।

पेशवा (फ़ा.) [सं-पु.] 1. सरदार; नेता 2. मराठों के प्रधान मंत्रियों की उपाधि।

पेशवाई (फ़ा.) [सं-स्त्री.] 1. पेशवा होने की अवस्था या भाव 2. पेशवाओं का काम या पद 3. पेशवाओं की शासन प्रणाली।

पेशवाज़ (फ़ा.) [सं-स्त्री.] बहुत बड़े घेरे वाला घाघरा; नर्तकियों का घाघरा जिसपर प्रायः ज़री का काम रहता है।

पेशा (फ़ा.) [सं-पु.] 1. जीविका हेतु किया जाने वाला धंधा; व्यवसाय; काम 2. उद्योग; रोज़गार 3. {ला-अ.} वेश्यावृत्ति। [मु.] **-करना** : देह व्यापार द्वारा धन कमाना।

पेशानी (फ़ा.) [सं-स्त्री.] 1. ललाट; माथा 2. भाग्य; किस्मत।

पेशाब (फ़ा.) [सं-पु.] मूत्र; मूत।

पेशाबख़ाना (फ़ा.) [सं-पु.] वह स्थान जहाँ लोग मूत्र त्याग करते हों; मूत्रालय।

पेशाबघर (फ़ा.) [सं-पु.] पेशाबख़ाना; पेशाब करने के लिए बनाया गया स्थान।

पेशावर (फ़ा.) [सं-पु.] पाकिस्तान का एक प्रसिद्ध नगर। [वि.] जो पेशा करता हो। [सं-स्त्री.] जो व्यभिचार के द्वारा जीविका उपार्जन करें।

पेशी[1] (सं.) [सं-स्त्री.] (जीवविज्ञान) तंतुओं से निर्मित एक सुदृढ़ ऊतक जो अपने संकुचन और शिथिलन के द्वारा शरीर में गति उत्पन्न करता है; मांसपेशी; पुट्ठा; (मसल)।

पेशी[2] (फ़ा.) [सं-स्त्री.] न्यायालय या अधिकारी के सामने किसी अभियोग या मुकदमे के पेश होने और सुने जाने की कार्रवाई।

पेशीकोष [सं-पु.] 1. अंग 2. अंडा।

पेशेंट (अं.) [सं-पु.] जिसका इलाज चल रहा हो; मरीज़; बीमार; रोगी।

पेशेवर (फ़ा.) [वि.] व्यवसायी; पेशे वाला।

पेश्तर (सं.) [क्रि.वि.] दे. पेशतर।

पेषण (सं.) [सं-पु.] 1. पिसाई; पीसने की क्रिया 2. किसी पदार्थ को चूर्ण या चटनी के रूप में लाना 3. तिहारा; थूहर।

पेष्टा (स) [सं-स्त्री.] पीसने वाली (स्त्री)। [सं-पु.] पीसने वाला (पुरुष)।

पेसना (सं.) [क्रि-स.] 1. किसी छोटी वस्तु को किसी बड़ी वस्तु के भीतर घुसाना या घुमाना 2. किसी वस्तु को किसी वस्तु के भीतर बलात् प्रवेश कराना। [क्रि-अ.] घुसना; प्रवेश करना।

पैंजन [सं-स्त्री.] पायल; पैरों में पहना जाने वाला आभूषण; पाज़ेब।

पैंजनी [सं-स्त्री.] 1. पैर में पहनी जाने वाली छोटी घुँघरू वाली पायल 2. पैर में पहना जाने वाला पोला कड़ा।

पैंठ [सं-स्त्री.] 1. एक खोई हुई हुंडी के स्थान पर लिखी हुई दूसरी हुंडी 2. सप्ताह का वह विशिष्ट दिन जिसमें किसी निश्चित स्थान पर हाट (बाज़ार) लगती है।

पैंड़ा [सं-पु.] 1. रास्ता; मार्ग 2. तय की गई दूरी; चला हुआ रास्ता 3. अस्तबल; घुड़साल।

पैंड़िया [सं-पु.] कोल्हू में पेरने के लिए गन्ने लगाने वाला मजदूर।

पैंतरा (सं.) [सं-पु.] 1. दाँव बदलना; जगह बदलना 2. चालाकी से भरी हुई बात या युक्ति 3. धूल आदि पर बना पैर का निशान; पदचिह्न 4. कुश्ती या तलवारबाज़ी में प्रतिद्वंद्वी के पैर रखने की मुद्रा। [मु.] **-बदलना** : पहले वाली बात या कार्य में बदलाव करना।

पैंतरेबाज़ी (हिं.+फ़ा.) [सं-स्त्री.] चाल; चालबाज़ी; दाँवपेच।

पैंतालीस (सं.) [वि.] संख्या '45' का सूचक।

पैंती (सं.) [सं-स्त्री.] 1. पूजा के समय पहनी जाने वाली कुश की अँगूठी 2. ताँबे या त्रिलौह का बना हुआ उक्त प्रकार का छल्ला।

पैंतीस (सं.) [वि.] संख्या '35' का सूचक।

पैंपना [सं-स्त्री.] मटर की कली।

पैंसठ (सं.) [वि.] संख्या '65' का सूचक।

पैकर[1] [सं-पु.] 1. कपास से रूई इकट्ठा करने वाला 2. हाथी

के पैर में बाँधी जाने वाली लोहे की जंजीर 3. पशुओं के पैर में बाँधी जाने वाली रस्सी।

पैकर[2] (फ़ा.) [सं-पु.] 1. देह; शरीर 2. आकृति; स्वरूप।

पैका [सं-पु.] गन्ने में होने वाला एक रोग, जिसमें गन्ने का गोफा सड़ जाता है।

पैकार [सं-पु.] 1. मछली मंडी का दलाल 2. छोटा व्यापारी जो थोक सौदा खरीदता है 3. छोटा व्यापारी 4. फुटकर बेचने वाला; फेरीवाला।

पैकिंग (अं.) [सं-स्त्री.] मज़बूती एवं हिफ़ाजत से बाँधने की क्रिया; पैक करना; सामान आदि बाँधना।

पैकेज (अं.) [सं-पु.] पुलिंदा; बंडल; संपुष्टि; पैकेज; इकमुश्त।

पैकेट (अं.) [सं-पु.] किसी चीज़ का बँधा हुआ पुलिंदा या बंडल; छोटा डिब्बा जिसमें कोई वस्तु पैक करके रखी गई हो।

पैख़ाना [सं-पु.] पाख़ाना; विष्ठा; मल।

पैगंबर (फ़ा.) [सं-पु.] इस्लाम, ईसाई, मूसाई आदि कुछ धर्मों में ईश्वर का पैगाम या संदेश सुनाने वाला; नए धर्म का प्रवर्तक नबी।

पैग़ंबर (फ़ा.) [सं-पु.] उर्दू उच्चारणानुसार वर्तनी (दे. पैगंबर)।

पैगाम (फ़ा.) [सं-पु.] 1. संदेशा; समाचार 2. विवाह प्रस्ताव।

पैगार (फ़ा.) [सं-पु.] 1. गड्डा; खंदक 2. हराई; हल की लकीर।

पैजनी [सं-स्त्री.] 1. पैंजनी; पैजनिया 2. पैर में पहना जाने वाला आभूषण पोला कड़ा।

पैज़ार (फ़ा.) [सं-स्त्री.] जूता; जोड़ा; पनही।

पैठ [सं-स्त्री.] 1. पैठने या घुसने की क्रिया या भाव; प्रवेश; दख़ल 2. पहुँच; गति; किसी स्थान पर पहुँचने की क्षमता।

पैठना [क्रि-अ.] 1. कहीं प्रवेश करना; घुसना 2. बैठना।

पैठाना [क्रि-स.] 1. बलपूर्वक भीतर प्रवेश कराना 2. घुसाना।

पैड (अं.) [सं-पु.] 1. पत्र लिखने के काम आने वाले कागज़ों का एक सिरे से जुड़ा जत्था 2. सोखते की मुलायम गड्डी, जैसे- स्याही का पैड।

पैड़ा [सं-पु.] 1. मार्ग; पथ; रास्ता 2. अस्तबल; घुड़साल 3. रीति; विधि; प्रणाली।

पैड़ी [सं-स्त्री.] 1. मकान आदि में ऊपर चढ़ने की सीढ़ी 2. ढलुआ रास्ता 3. वह गड्डा जिसमें सिंचाई के लिए जल डालते हैं।

पैताना [सं-पु.] चारपाई का वह हिस्सा जिस तरफ़ पैर रहते हैं; बिस्तर में पैरों की तरफ़ का स्थान (निचला हिस्सा); पाँयता।

पैतृक (सं.) [वि.] 1. पिता संबंधी 2. पुरखों का; पुश्तैनी।

पैदल [सं-पु.] 1. बिना किसी सवारी के पैरों से चलने की क्रिया; पादचारण 2. पैदल चलने वाला सिपाही 3. शतरंज का एक मोहरा।

पैदल सेना [सं-स्त्री.] पैदल आक्रमण करने वाली सेना।

पैदा (फ़ा.) [वि.] 1. जन्मा हुआ; उत्पन्न 2. आविर्भूत; व्यक्त।

पैदाइश (फ़ा.) [सं-स्त्री.] 1. जन्म; उत्पत्ति 2. उपज 3. आविर्भाव।

पैदाइशी (फ़ा.) [वि.] 1. जन्म से; जन्मजात 2. स्वाभाविक।

पैदावार (फ़ा.) [सं-स्त्री.] अन्न आदि जो खेत में बोने से पैदा होता है; उपज; फ़सल।

पैनल (अं.) [सं-पु.] 1. सलाहकार मंडल या वार्ताकार मंडल 2. किसी विषय पर परामर्श या सामयिक मुद्दों पर टेलीविज़न या रेडियो पर चर्चा करने वाले व्यक्तियों का समूह 3. दोनों ओर हाशिया छोड़कर कंपोज़ किया जाने वाला संक्षिप्त समाचार।

पैना [वि.] 1. धारदार 2. तीक्ष्ण; तेज़ 4. चोखा। [सं-पु.] 1. हलवाहों की लचकने या झुक जाने वाली छड़ी जो बैल हाँकने के काम आती है 2. धातु आदि की नुकीली छड़ 3. हाथी को नियंत्रित करने का अंकुश।

पैनाना [क्रि-स.] 1. धार तेज करना 2. पहनाना।

पैनापन [सं-पु.] विलक्षण या तीक्ष्ण होने की अवस्था या भाव। [वि.] 1. तीक्ष्णता 2. विलक्षणता।

पैनी [सं-स्त्री.] हलवाहों की बैल हाँकने की छोटी तथा पतली छड़ी। [वि.] 1. नुकीली; तेज़ 2. तीक्ष्ण; कुशाग्र।

पैबंद (फ़ा.) [सं-पु.] छिद्र छिपाने के लिए प्रयुक्त कपड़े आदि का छोटा सा टुकड़ा; वस्त्र आदि के फटे अंश को बंद करने या ढकने के लिए लगाई गई चकती।

पैमाइश (फ़ा.) [सं-स्त्री.] 1. नापने या मापने की क्रिया 2. भू-सर्वेक्षण के लिए की जाने वाली भवनों, खेतों, ज़मीनों आदि का नाप।

पैमाना (फ़ा.) [सं-पु.] 1. लंबाई नापने का उपकरण; मापक; माप 2. शराब का प्याला।

पैर (सं.) [सं-पु.] 1. शरीर का वह अंग जिससे प्राणी चलते हैं; चरण; पाँव 2. (धूल या बालू आदि पर बना) चरण का निशान। [मु.] **-उखड़ जाना** : लड़ाई या विरोध के आगे ठहर न पाना। **-उठाना** : कदम बढ़ाना। **-की जूती** : दासी। **-छूना** : चरण स्पर्श करना; प्रणाम करना। **-पकड़ना** : दीनतापूर्वक निवेदन करना। **-पसारना** : फैलाना; आराम से लेटना। **-पूजना** : आदर-सत्कार करना। **-भारी होना** : गर्भ रहना। **-पड़ना** : दंडवत प्रणाम करना।

पैरवी (फ़ा.) [सं-स्त्री.] 1. तरफ़दारी 2. पीछे-पीछे जाना; अनुगमन; ख़ुशामद 3. मुकदमे में पक्ष की बात रखना।

पैरवीकार (फ़ा.) [वि.] 1. समर्थन करने वाला 2. पक्ष की बात करने वाला; पैरोकार।

पैरा कुआँ [सं-पु.] जहाँ पुर (रहट; मोट) चलते हैं।

पैरा[1] [सं-पु.] 1. पैरों में पहना जाने वाला एक प्रकार का कड़ा 2. किसी स्थान विशेष पर रखे हुए चरण 3. गेंहू के डंठल। [सं-स्त्री.] दक्षिण भारत में होने वाली एक प्रकार की कपास जिसके पौधे बहुत अधिक दिनों तक रहते हैं।

पैरा[2] (अं.) [सं-पु.] अनुच्छेद; (पैराग्राफ़ का संक्षिप्त रूप)।

पैराग्राफ़ (अं.) [सं-पु.] किसी आलेख का वह खंड जिसमें कोई एक बात कही गई हो तथा जिसकी पहली पंक्ति कुछ स्थान छोड़ कर लिखी गई हो; परिच्छेद; अनुच्छेद; (पैरा)।

पैराशूट (अं.) [सं-पु.] एक प्रकार की छतरी; आपातकाल में उड़ते हुए वायुयानों से सुरक्षापूर्वक धरती पर उतरने के काम आने वाला छतरी जैसा उपकरण।

पैराह [वि.] तैरने (पैरने) की स्थिति वाला जल; तैरने योग्य पानी।

पैरी [सं-स्त्री.] 1. पैर में पहना जाने वाला काँसे या फूल नामक धातु से निर्मित एक प्रकार का आभूषण 2. दवनी हेतु फैलाए गए फ़सल के कटे हुए पौधे 3. दौनी या फ़सल मड़ाई की क्रिया।

पैरोकार (फ़ा.) [सं-पु.] पैरवी करने वाला व्यक्ति; पैरवीकार।

पैला[1] [सं-पु.] 1. हल का मुँह 2. सर की टोपी 3. अनाज तौलने की एक माप (बरतन) 4. चार सेर की माप का बरतन 5. टोकरी; दौरी 6. बड़ी पैली 7. दूध-दही ढँकने हेतु नाँद के आकार का मिट्टी का बरतन।

पैला[2] (सं.) [वि.] उस पार का; उस ओर का; परला।

पैवस्त (फ़ा.) [वि.] 1. परस्पर जुड़ा हुआ; सटा हुआ 2. अंदर तक घुसा हुआ।

पैवारा [क्रि-स.] भागने से रोकने के लिए पशुओं के पैरों को बाँधने की क्रिया।

पैशाचिक (सं.) [वि.] 1. पिशाच का; पिशाच संबंधी 2. {ला-अ.} क्रूरतापूर्ण; घोर।

पैशाची (सं.) [सं-स्त्री.] 1. प्राकृत भाषा का एक भेद 2. रात्रि। [वि.] पिशाच की तरह का।

पैष्टि (सं.) [सं-स्त्री.] अनाज से बनने वाली मदिरा।

पैष्टिक (सं.) [वि.] (आटे) पिष्टी से निर्मित।

पैसा (फ़ा.) [सं-पु.] 1. एक सिक्का जो एक रुपए का सौवाँ भाग होता है 2. धन-संपत्ति। [मु.] **-लगाना** : धन का निवेश करना।

पैसार [सं-पु.] 1. प्रवेश; पैठ 2. प्रवेश द्वार 3. अंदर जाने का मार्ग।

पैसेंजर (अं.) [सं-पु.] 1. किसी सवारी से सफ़र करने वाला यात्री; सवारी 2. वह सवारी गाड़ी जो प्रत्येक ठहराव पर रुकती है; (लोकल ट्रेन)।

पैसेवाला [वि.] धनवान; अमीर।

पैहारी (सं.) [सं-पु.] वे साधु जो केवल दूध पीकर रहते हैं। [वि.] सिर्फ़ दूध पीकर रहने वाला।

पॉकेट (अं.) [सं-पु.] 1. जेब 2. थैली। [मु.] **-गरम करना** : घूस देना या लेना।

पॉकेटमनी (अं.) [सं-पु.] जेबख़र्च।

पॉकेटमार (अं.+हिं.) [वि.] चोरी से जेब में से रुपया-पैसा आदि निकालने या जेब काटने का काम करने वाला।

पॉकेटमारी (अं.+हिं.) [सं-स्त्री.] 1. जेब काटने का काम 2. पॉकेटमार का धंधा या पेशा।

पॉलिश (अं.) [सं-स्त्री.] 1. चिकनाई और चमक लाने वाला रोगन या मसाला 2. चिकनाई और चमक; ओप।

पॉलिसी (अं.) [सं-स्त्री.] 1. कार्यविशेष की सिद्धि के लिए काम में लाई जाने वाली युक्ति 2. वह आधारभूत सिद्धांत जिसके अनुसार कोई कार्य संचालित किया जाए; नीति 3. बीमा कंपनी द्वारा प्रदत्त बीमा संबंधी वह प्रतिज्ञापत्र जो वह बीमा कराने वाले व्यक्ति को प्रदान करती है 4. चतुराई भरी चाल।

पोंकनी [सं-स्त्री.] पोंकने वाली गाय; पतला गोबर करने वाली गाय। [वि.] पोंकने वाली।

पोंका [सं-पु.] पौधों पर उड़ने वाला बड़े आकार का पतंगा; बोंका।

पोंगा (सं.) [सं-पु.] 1. बाँस की नली 2. धातु निर्मित एक प्रकार का नल 3. टीन का चोंगा 4. पैर की लंबी हड्डी; नली; (शिम बोन)। [वि.] 1. पोला; खोखला 2. निकम्मा 3. मूर्ख; नासमझ 4. {ला-अ.} कूपमंडूक।

पोंगापंथी [सं-स्त्री.] 1. मूर्खतापूर्ण व्यवहार; कूपमंडूकता 2. ढोंग। [वि.] 1. वज्रमूर्ख 2. ढोंगी।

पोंछन [सं-स्त्री.] 1. पोंछने की क्रिया या भाव 2. पोंछने के काम आने वाला कपड़ा 3. किसी पात्र में लगी या सटी वस्तु का पोंछकर निकाला गया भाग।

पोंछना [सं-पु.] पोंछने के काम आने वाला कपड़ा; वह कपड़ा जिससे कोई चीज़ साफ़ की जाए। [क्रि-स.] किसी सूखे कपड़े को इस प्रकार किसी अंग, वस्तु या स्थान पर फेरना कि वह उस स्थान की नमी सोख ले; रगड़कर धूल या मैल आदि साफ़ करना।

पोंछुई [सं-स्त्री.] घी, तेल आदि से निर्मित तिकोनी रोटी; पराठा।

पोआ [सं-पु.] 1. तंबाकू का छोटा पौधा 2. साँप का बच्चा 3. दूध पीने वाला बच्चा।

पोई (सं.) [सं-स्त्री.] 1. वर्षा तथा शिशिर ऋतु में होने वाली एक लता जिसकी पत्तियों से साग, पकौड़े आदि बनाए जाते हैं 2. किसी पौधे का नरम कल्ला 3. ईंख का कल्ला; अँखुआ।

पोकर [सं-पु.] लकड़ी या लोहे में छेद करने का उपकरण।

पोखर [सं-पु.] 1. छोटा तालाब 2. बड़ा गड्डा जिसमें वर्षा का जल जमा हो जाता है।

पोखरा [सं-पु.] 1. जलाशय; तालाब 2. छोटा ताल 3. नेपाल की पोखरा घाटी में स्थित एक शहर।

पोखरी [सं-स्त्री.] छोटा तालाब; छोटा जलाशय; तलैया; तड़ागिका।

पोगंड (सं.) [सं-पु.] 1. पाँच से दस वर्ष तक की अवस्था का बालक 2. न्यूनाधिक या विकृत अंगवाला। [वि.] अल्पवयस्क; जो अभी जवान न हुआ हो।

पोगगल [सं-पु.] पोंगल; मकर संक्रांति के दिन मनाया जाने वाला एक त्योहार; खिचड़ी का त्योहार।

पोच (फ़ा.) [वि.] 1. निकृष्ट; बेकार 2. सभी प्रकार के गुणों तथा शक्तियों से हीन 3. तुच्छ; हीन 4. अकुलीन 5. आवारा।

पोचारा [सं-पु.] पुचारा; रंगों या चूने से घर रँगवाना; दीवार की पुताई।

पोज़ (अं.) [सं-पु.] 1. चित्र बनवाने या फ़ोटो खिचवाने आदि के लिए खड़ा होने या बैठने आदि की मुद्रा 2. ढंग 3. लोगों को प्रभावित करने के लिए किया जाने वाला दिखावा; आडंबर।

पोज़ीशन (अं.) [सं-स्त्री.] 1. स्थिति;स्थान;स्थल 2. श्रेणी; कोटि; स्तर; दर्जा 3. पद; ओहदा 4. अवस्था; हालत 5. सामाजिक स्तर; प्रतिष्ठा; हैसियत।

पोट (सं.) [सं-पु.] 1. घर की नीव 2. मेल-मिलाप। [सं-

स्त्री.] 1. कपड़े, कागज़, टाट आदि से चारों ओर से बँधी हुई गठरी या पोटली 2. ढेर; राशि 3. शव पर डाली जाने वाली चादर; कफ़न के ऊपर का कपड़ा 4. पुस्तक की सिलाई में उसका पुट्ठा।

पोटला (सं. [सं-पु.] बड़ी गठरी; गट्ठर।

पोटली [सं-स्त्री.] छोटी-सी गठरी; छोटे से वस्त्र में कसकर बाँधी हुई थोड़ी-सी वस्तु।

पोटा[1] [सं-पु.] 1. उदराशय; पेट की थैली 2. सामर्थ्य 3. हृदय में उत्पन्न होने वाला उत्साह, साहस आदि 4. आँख की पलक 5. उँगली का सिरा 5. चिड़िया का बच्चा जिसके पर न निकले हो। [वि.] तराबोर; जल; रस या रंग में नहाया हुआ; सराबोर।

पोटा[2] (सं.) [सं-स्त्री.] 1. पुरुष के लक्षण वाली (दाढ़ी-मूँछवाली) स्त्री 2. नर एवं मादा दोनों के लक्षण वाला मनुष्य या जानवर। [सं-पु.] घड़ियाल; मगरमच्छ।

पोटी [सं-स्त्री.] 1. ओले से बरबाद हुई फसल 2. पेट के दोनों ओर का बगल का हिस्सा 3. लहसुन की गाँठ।

पोढ़ा [वि.] 1. कड़ा; मज़बूत 2. हृष्ट-पुष्ट 3. पूर्ण वयस्क।

पोत[1] (सं.) [सं-पु.] 1. पशु या पक्षी का छोटा बच्चा 2. बड़ी नाव; जलयान; जहाज़ 3. पहनने का कपड़ा; पोशाक।

पोत[2] (फ़ा.) [सं-पु.] जमीन की लगान; भू-कर।

पोतक (सं.) [सं-पु.] 1. पशु शावक; छोटा बच्चा 2. छोटा कल्ला; छोटा पौधा 3. मकान बनाने की जगह।

पोतड़ा [सं-पु.] वह तिकोना कपड़ा जो शिशुओं को कच्छे की तरह बाँधा जाता है।

पोतदार (हिं.+फ़ा.) [सं-पु.] वह व्यक्ति जो लगान या कर का रुपया जमा करके रखता हो; ख़जानची, कोषाध्यक्ष; ख़जाने में रुपया परखने वाला।

पोतना [सं-पु.] पोतन; पोतने के काम आने वाला कपड़ा। [क्रि-स.] 1. चुपड़ना 2. लेप करना 3. मिट्टी गोबर आदि के घोल से लीपना।

पोतमार्ग (सं.) [सं-पु.] पोत (जलयान) के जाने का निर्दिष्ट पथ या मार्ग; जलमार्ग।

पोतवाहिनी (सं.) [सं-स्त्री.] जलसेना का जहाज़ी बेड़ा।

पोता (सं.) [सं-पु.] 1. पौत्र; पुत्र का पुत्र 2. पोतन; पोतना 3. वायु; हवा 4. एक प्रकार की मछली 5. यज्ञ के सोलह ऋत्विजों में एक 6. दीवार आदि रँगने के काम आने वाली कूची।

पोती (सं.) [सं-स्त्री.] 1. बेटे की बेटी; पौत्री 2. हँडिया को कड़ी आँच से बचाने के लिए उसके तले पर बाहर से किया गया मिट्टी का लेप।

पोथा (सं.) [सं-पु.] 1. बड़ी पुस्तक या पोथी 2. {व्यं-अ.} कागज़ का पुलिंदा।

पोथी (सं.) [सं-स्त्री.] 1. बड़ी पुस्तक 2. कागज़ों की गड्डी 3. लहसुन की गाँठ।

पोदीना [सं-पु.] पुदीना।

पोद्दार [सं-पु.] एक प्रकार का सरनेम।

पोना [क्रि-स.] 1. पिरोना; गूँथना 2. तवे पर डालने के लिए गूँथे हुए आटे से रोटी तैयार करना।

पोप (लै.) [सं-पु.] रोमन कैथोलिक चर्च के सर्वोच्च धर्म गुरु; वैटिकन के राज्याध्यक्ष।

पोपटा [सं-पु.] 1. अंडे का छिलका 2. एक प्रकार की जंगली झाड़ी; झड़बेरी; करौंदा।

पोपला [वि.] 1. दंतहीन 2. जिसके दाँत टूटे हों एवं गाल पिचके हों 3. जिसमें पोल हो; जो भीतर से खाली हो।

पोपलाना [क्रि-अ.] पोपला होना; पुपलाना।

पोर (सं.) [सं-पु.] 1. उँगली या अँगूठे का जोड़ 2. उक्त दो या जोड़ों गाँठों के बीच का भाग।

पोर छोड़ना [क्रि-स.] 1. गिड़ाना 2. गाँठ से ऊपर की ओर बढ़ना।

पोराना [क्रि-स.] गाँठ लगाना।

पोरी [सं-स्त्री.] 1. पोर; अँगुली की गाँठ या गिरह 2. एक प्रकार की कड़ी मिट्टी 3. अँगुली के पोरों पर पहनने का एक पुराने जमाने में प्रचलित आभूषण।

पोरुआ [सं-पु.] अँगुली के पोरों पर धारण किया जाने वाला एक प्रकार का आभूषण; पोरिया।

पोर्न (अं.) [सं-पु.] 'पोर्नोग्राफ़ी' का संक्षिप्त रूप।

पोर्नोग्राफ़ी (अं.) [सं-पु.] 1. अश्लील साहित्य 2. कामवासना उत्तेजित करने के लिए यौनक्रियाओं का वर्णन करने वाली पुस्तकें, पत्रिकाएँ, फ़िल्में आदि।

पोल[1] [सं-स्त्री.] 1. पोलापन; खोखलापन; ख़ाली जगह; अवकाश 2. निस्सारता, मूर्खता 3. भेद, रहस्य। **-खुलना** : भंडा फूटना; आंतरिक बात का पता लगना। **-खोलना** : भंडा फोड़ना; किसी की आंतरिक बात प्रकट करना।

पोल[2] (सं.) [सं-स्त्री.] 1. नगर का प्रमुख प्रवेश-द्वार 2. फाटक के पास का स्थान; बड़ा दरवाज़ा 3. आँगन।

पोल[3] (अं.) [सं-पु.] 1. लकड़ी या लोहे का खंभा; लट्ठा 2. उत्तरी या दक्षिणी ध्रुव 3. चुनाव 4. जन समुदाय के मतों का संग्रह।

पोलक [सं-पु.] लंबे बाँस के छोर पर चरखी में बँधा हुआ पुआल जिसे मशाल की तरह जला कर मदमस्त या बिगड़े हाथी को डराया जाता है।

पोला [सं-पु.] 1. एक प्रकार का छोटा पेड़ जिसकी छाल से रस्सी बनाई जाती है 2. परेती पर सूत लपेटने से तैयार होने वाला लच्छा 3. महाराष्ट्र का एक प्रसिद्ध त्योहार। [वि.] 1. खोखला; खाली 2. 'ठोस' का विलोम; जो पूरा भरा, ठोस या कड़ा न हो।

पोलिंदा (सं.) [सं-पु.] नाव या जहाज़ का मस्तूल।

पोलिया [सं-स्त्री.] 1. पैरों में पहनने का एक प्रकार का गहना; पोला 2. पुआल की आँटी। [सं-पु.] दरबान; द्वारपाल।

पोलियो (यू.) [सं-पु.] विषाणु जनित एक संक्रामक रोग जिसमें मांसपेशियाँ शिथिल पड़ जाने के कारण शरीर, विशेषकर पैर बेकार हो जाते हैं।

पोली [सं-स्त्री.] एक प्रकार की पूरी।

पोलो (अं.) [सं-पु.] घोड़े पर चढ़ कर गेंद से खेला जाने वाला एक प्रकार का खेल जिसमें हर टीम में चार खिलाड़ी होते हैं;

चौगान।

पोश (फ़ा.) [परप्रत्य.] शब्द के अंत में प्रत्यय के रूप में प्रयुक्त होने वाला शब्द जो 'पहनने वाला', 'छिपाने' या 'ढकने वाला' अर्थ देता है, जैसे- नकाबपोश, सफ़ेदपोश।

पोशाक (फ़ा.) [सं-स्त्री.] 1. परिधान; वस्त्र; पहनावा; लिबास 2. किसी विशेष अवसर या विशेष लोगों के पहनने के वस्त्र।

पोशीदगी (फ़ा.) [सं-स्त्री.] 1. छिपे होने का भाव 2. छिपाने की क्रिया या भाव; छिपाव।

पोशीदा (फ़ा.) [वि.] 1. गुप्त; छिपा हुआ 2. ढका हुआ।

पोषक (सं.) [वि.] 1. समर्थक; हिमायती 2. पोषण प्रदान करने वाला; स्वास्थ्यवर्धक।

पोषकतत्व (सं.) [सं-पु.] वह रसायन जिसकी आवश्यकता किसी जीव के जीवन और वृद्धि के साथ साथ उसके शरीर के उपापचय की क्रिया को चलाने के लिए भी पड़ती है; शरीर को स्वस्थ और सबल बनाने वाले तत्व।

पोषण (सं.) [सं-पु.] 1. किसी वस्तु में आवश्यक उपयोगी तत्व पहुँचाकर उसे पुष्ट करना, बनाए रखना या बढ़ाना 2. ऐसा काम करना या ऐसी सहायता देना जिससे कोई सुखपूर्वक जीवन बिता सके; लालन-पालन 3. पालने-पोसने की क्रिया 4. समर्थन आदि के द्वारा ठीक ठहराना या पक्का करना, जैसे- किसी के मत का पोषण।

पोषणवृत्ति (सं.) [सं-स्त्री.] किसी को मिलने वाली वह वृत्ति जो भरण-पोषण या जीविका-निर्वाह के लिए दी जाती है।

पोषणीय (सं.) [वि.] पोषण के योग्य; जिसका पोषण करना आवश्यक हो।

पोषाहार (सं.) [सं-पु.] ऐसा आहार या खाद्य पदार्थ जिससे प्राणियों के शरीर का पोषण और वर्धन (विकास) होता है।

पोषिका (सं.) [सं-स्त्री.] (जीवविज्ञान) गले के अंदर की वह नली जिससे भोजन पेट तक पहुँचता है; आहारनली; खाद्य नलिका; (फ़ूड पाइप)।

पोषित (सं.) [वि.] पालित; पाला हुआ; जिसका पोषण किया गया हो।

पोष्य (सं.) [वि.] 1. पोषण के योग्य; पालनीय 2. पालित; पाला हुआ 3. अभ्युदय करने वाला।

पोस (सं.) [सं-पु.] 1. पालने-पोसने की क्रिया या भाव 2. पालन-पोषण के दौरान होने वाली ममता; स्नेह।

पोसना (सं.) [क्रि-स.] 1. पालन करना; जीव-जंतु पालना 2. रक्षा करना 3. {ला-अ.} किसी बुरी आदत या नशे की लत को लगाए रखना।

पोसा (सं.) [वि.] पोषित; पाला हुआ; जिसका पालन या पोषण किया गया हो।

पोसार [सं-स्त्री.] करघे में लगी हुई वह लकड़ी जिसे पैर से दबाने पर राछ ऊँचा-नीचा होता है; करघे का एक अवयव (हिस्सा); पौसार।

पोस्ट (अं.) [सं-पु.] 1. पद; नौकरी 2. नियुक्ति का स्थान 3. (पुलिस आदि की) चौकी 4. डाक।

पोस्ट ऑफ़िस (अं.) [सं-पु.] डाकघर; डाकख़ाना।

पोस्टकार्ड (अं.) [सं-पु.] डाकघर से ख़रीदा जाने वाला एक मोटे कागज़ या पतले गत्ते से बना एक आयताकार टुकड़ा, जिसे संदेश लिखने के लिए प्रयोग किया जाता है, साथ ही इसे बिना किसी लिफ़ाफ़े में बंद किए, डाक द्वारा भेजा भी जा सकता है।

पोस्टमास्टर (अं.) [सं-पु.] डाकपाल; डाकघर का प्रधान कर्मचारी।

पोस्टमैन (अं.) [सं-पु.] डाक विभाग का पत्र वितरण करने वाला कर्मचारी; डाकख़ाने का वह कर्मी जो लोगों को चिट्ठियाँ पहुँचाता है; डाकिया।

पोस्टमॉर्टम (अं.) [सं-पु.] मृत्यु का कारण जानने के लिए मृत शरीर की चीरफाड़; अंत्यपरीक्षण; शवपरीक्षा या विच्छेदन।

पोस्टर (अं.) [सं-पु.] 1. कागज़, कैनवस आदि की एक बड़ी चादर पर या तस्वीर के साथ मुद्रित बहुत मोटे अक्षरों में छपा हुआ बड़ा विज्ञापन 2. कोई घोषणापत्र या बिल जिसे एक विज्ञापन के रूप में किसी सार्वजनिक स्थान पर चिपका कर कोई सूचना दी जाती है 3. किसी प्रसिद्ध चित्र या लोकप्रिय व्यक्ति की तस्वीर का उक्त प्रकार छापा रूप।

पोस्टल (अं.) [वि.] डाकविभाग संबंधी; डाकघर संबंधी।

पोस्टलआर्डर (अं.) [सं-पु.] डाक-विभाग द्वारा जारी एक प्रकार का पैसा प्रदान करने का वचनपत्र या हुंडी; भारतीय डाक विभाग द्वारा 13 नवंबर, 1995 को प्रकाशित राजपत्र के अनुसार इस की वैधता अवधि जारी करने के महीने के अंतिम दिन से 24 माह मानी गई है; धनादेश।

पोस्टिंग (अं.) [सं-स्त्री.] नियुक्ति; तैनाती।

पोस्त (फ़ा.) [सं-पु.] 1. छिलका; बकला 2. खाल; त्वचा; चमड़ा 3. अफ़ीम के पौधे का डोडा; पोस्ता।

पोस्ता (फ़ा.) [सं-पु.] एक प्रकार का पौधा जिसके डोडों से अफ़ीम तैयार की जाती है।

पोस्ती (फ़ा.) [सं-पु.] 1. वह जो नशे के लिए पोस्ते के डोडे पीसकर पीता हो; नशेबाज़ 2. {ला-अ.} आलसी आदमी।

पोस्तीन (फ़ा.) [सं-पु.] 1. लोमड़ी, सुअर आदि कुछ जानवरों की खाल से निर्मित गरम, मुलायम पहनावा; खाल का बना हुआ कोट जिसमें बाल अंदर की ओर होते हैं 2. किताब की जिल्द के भीतरी भाग पर चिपकाया जाने वाला कागज़।

पौ (सं.) [सं-पु.] 1. जड़ 2. पाँव; पैर। [सं-स्त्री.] 1. प्रातःकाल के सूर्य का प्रकाश 2. पासे का दाँव 3. वह स्थान जहाँ जन-साधारण को पानी पिलाया जाता है; पौशाला; प्याऊ। [मु.] - **बारह होना** : सभी ओर से जीत अथवा लाभ होना।

पौंचा [सं-पु.] गन्ने का प्रकार।

पौंड़ा (सं.) [सं-पु.] मोटे छिलके और अधिक रस वाली ईख की उन्नत प्रजाति।

पौंदा [सं-पु.] डंगी के उपरी सिरे पर बँधा मज़बूत सूत।

पौंदी [सं-स्त्री.] गन्ने की फसल में होने वाला एक रोग।

पौआ [सं-पु.] 1. एक सेर का चौथाई भाग; पाव 2. इस मान का बटखरा 3. रुतबा; पद 4. बरतन जिसमें पाव भर दूध, पानी या कोई अन्य तरल पदार्थ आता हो।

पौगंड (सं.) [सं-पु.] बच्चों की पाँच वर्ष से दस वर्ष तक की अवस्था। [वि.] पाँच से दस वर्ष की अवस्थावाला; बालोचित।

पौड़ी[1] [सं-स्त्री.] 1. लकड़ी निर्मित मोढ़ा, जिसपर मदारी बंदर को नाचने के समय बैठाता है 2. खड़ाऊँ 3. सोपान 4. ड्योढ़ी; पौरी 5. ऐसा स्थान जहाँ पैर रखा जाता या पड़ता हो; हरकी पौड़ी 6. बैठने का ऊपरी कमरा।

पौड़ी[2] (सं.) [सं-स्त्री.] चिनिया ईख; एक प्रकार का जाल।

पौतान [सं-पु.] 1. करघे में प्रयुक्त एक प्रकार का उपकरण 2. पैताना; पायँता।

पौतिक (सं.) [वि.] (घाव या फोड़ा) जिसमें विषाक्त कीटाणुओं के उत्पन्न होने से पूति अर्थात पीव या पस पड़ गया हो; पूति दूषित; पूयित।

पौती [सं-स्त्री.] पिटारी।

पौत्र (सं.) [सं-पु.] पुत्र का पुत्र; बेटे का बेटा; पोता। [वि.] पुत्र का; पुत्र संबंधी।

पौत्री (सं.) [सं-स्त्री.] पुत्र की पुत्री; बेटे की बेटी; पोती। [वि.] पुत्री का; पुत्री संबंधी।

पौध (सं.) [सं-स्त्री.] 1. नया उपजता हुआ पौधा; एक स्थान से दूसरे स्थान पर रोपने लायक छोटा पौधा, जैसे- धान की पौध 2. पैदावार; उपज 3. संतान; नई पीढ़ी 4. पाँवड़ा।

पौधशाला (सं.) [सं-स्त्री.] वह स्थान जहाँ विभिन्न प्रकार के पौधों का वपन, वर्धन, संरक्षण तथा विपणन किया जाता है।

पौधा (सं.) [सं-पु.] 1. वृक्ष का आरंभिक या छोटा रूप; नया पेड़ 2. छोटा पेड़।

पौधारोपण [सं-पु.] नया या छोटा पौधा रोपने या लगाने की क्रिया।

पौन (सं.) [वि.] किसी संख्या या माप का तीन चौथाई; किसी वस्तु का 3/4 भाग; संपूर्ण से 1/4 कम।

पौनरुक्त (सं.) [सं-पु.] 1. आवृत्ति 2. फिर से कहने का भाव; पुनः कहे जाने का भाव।

पौना (सं.) [सं-पु.] काठ या लोहे की कलछी। [वि.] किसी संख्या या माप का तीन चौथाई; पौन।

पौनिया [सं-स्त्री.] 1. झाँपी; बाँस या मूँज की पिटारी 2. कम चौड़ाई का कपड़ा।

पौनी [सं-स्त्री.] किसी उत्सव के अवसर पर नाइयों, धोबियों, कुम्हारों आदि को प्राप्त होने वाला उपहार। [सं-स्त्री.] 1. छोटा पौना 2. एक प्रकार की कलछी।

पौर (सं.) [सं-पु.] नागरिक; नगर का निवासी। [वि.] नगर का; नगर या पुर संबंधी।

पौर-द्वार [सं-पु.] सदर या मुरक दरवाज़ा।

पौरव (सं.) [सं-पु.] 1. पुरु का वंशज या संतान 2. (महाभारत) उत्तर-पूर्व दिशा का एक देश व उक्त देश का राजा या निवासी। [वि.] 1. पुरु संबंधी; पुरु का 2. पुरु से उत्पन्न।

पौरवृद्ध (सं.) [सं-पु.] प्रधान या प्रमुख नागरिक।

पौरस्त्य (सं.) [वि.] 1. पूर्व दिशा संबंधी; प्राच्य 2. प्रथम; आद्य 3. आगे वाला; सामने; अगला।

पौरा [सं-पु.] 1. द्वार के समीप का कोठा 2. रखे हुए चरण; कदम; आगमन।

पौराणिक (सं.) [वि.] 1. पुराण संबंधी; प्राचीन काल का; पुराना 2. पुराणों का ज्ञाता 3. जिसका विवरण पुराणों में मिलता हो।

पौरातनिक (सं.) [वि.] प्राचीन; पुरातन।

पौरिया [सं-पु.] 1. द्वारपाल; दरबान; दरवाज़े पर पहरा देने वाला 2. द्वार पर बैठकर मंगल गीत गाने वाला।

पौरी[1] [सं-स्त्री.] 1. खड़ाऊँ 2. सीढ़ी 3. सीढ़ी का डंडा।

पौरी[2] (सं.) [सं-स्त्री.] घर या मकान के मुख्य द्वार के अंदर का वह भाग जिसमें से होकर घर के कमरों आदि में जाया जाता है; ड्योढ़ी।

पौरुष (सं.) [सं-पु.] 1. पुरुष होने की अवस्था या भाव 2. पुरुषों की विशेषताएँ और गुण, जैसे- साहस, शौर्य आदि 3. पुरुष का कर्म; पुरुषार्थ। [वि.] पुरुष संबंधी; पुरुष का।

पौरुषहीन (सं.) [वि.] 1. पुरुषत्वहीन 2. निरुद्यमी; अकर्मण्य 3. पराक्रमहीन।

पौरुषेय (सं.) [सं-पु.] 1. पुरुष द्वारा किया गया कार्य 2. जन समुदाय 3. दैनिक वेतन पर कार्य करने वाले मज़दूर। [वि.] पुरुष संबंधी; पुरुष का 2. पुरुष निर्मित।

पौरेय (सं.) [वि.] 1. पुर से संबंधित 2. पुर (नगर) के समीप का 3. नागर।

पौरोधस (सं.) [सं-पु.] 1. पुरोहित का पद; ऋत्विक 2. पुरोहित का कर्म।

पौरोहित्य (सं.) [सं-पु.] 1. पुरोहित होने की अवस्था या भाव; पुरोहित का पद 2. पुरोहित का कर्म।

पौर्णमास (सं.) [सं-पु.] 1. पूर्णिमा को किया जाने वाला एक यज्ञ विशेष 2. पूर्णिमा। [वि.] पूर्णिमा संबंधी।

पौर्णमासी (सं.) [सं-स्त्री.] शुक्ल पक्ष की पंद्रहवीं तिथि; पूनम; पूर्णिमा।

पौर्वात्य (सं.) [वि.] 1. पूरब से संबंधित; प्राच्य 2. पाश्चात्य के अनुकरण पर बना (शब्द)।

पौर्विक (सं.) [वि.] 1. पहले का; प्राचीन 2. पैतृक।

पौलस्ती (सं.) [सं-स्त्री.] रावण की बहन; शूर्पणखा।

पौलस्त्य (सं.) [सं-पु.] 1. पुलस्त्य का पुत्र या उसके गोत्र का व्यक्ति 2. रावण, कुंभकर्ण आदि 3. चंद्रमा 4. कुबेर।

पौला [सं-पु.] 1. एक प्रकार का जूता 2. खड़ाऊँ जिसमें खूँटी के स्थान पर छेद होता है और उसमें लगी बेल्ट में अँगूठा फँसाकर पहना जाता है।

पौष (सं.) [सं-पु.] 1. विक्रम संवत का दसवाँ महीना; पूस 2. इस मास की पूर्णिमा को पड़ने वाला त्योहार 3. युद्ध।

पौष्टिक (सं.) [वि.] 1. पुष्ट बनाने वाला 2. शक्तिवर्धक।

पौष्टिकता (सं.) [सं-स्त्री.] पुष्ट बनाने की क्षमता या गुण; शक्तिवर्धकता।

पौसला (सं.) [सं-पु.] वह स्थान जहाँ लोगों को परोपकार की दृष्टि से पानी पिलाया जाता है; सबील; प्याऊ।

पौहारी (सं.) [सं-पु.] अन्न छोड़कर केवल दूध पीकर रहने वाला व्यक्ति।

प्याऊ (सं.) **[सं-पु.]** वह स्थान जहाँ गरमी के दिनों में राह चलते प्यासे लोगों को पानी, शरबत, लस्सी आदि पिलाई जाती है; पौसाला। [वि.] पिलाने वाला।

प्याज़ (फ़ा.) [सं-स्त्री.] सब्ज़ी, मसाले और औषधि में प्रयोग होने वाला एक कंद; एक प्रकार का गाँठदार कंद जो तीव्र गंध और चरपरे तथा तीखे स्वाद वाला होता है।

प्याज़ी (फ़ा.) [वि.] प्याज़ के रंग का; हलका गुलाबी। [सं-पु.] प्याज़ से मिलता-जुलता एक रंग।

प्याजो [सं-पु.] काले रंग का एक प्रकार का दाना जो प्राय: गेहूँ के साथ उत्पन्न होता है और उसी के साथ मिल जाता है; मुनमुना।

प्यादा (फ़ा.) [सं-पु.] 1. पैदल सिपाही; पैदल 2. दूत; हरकारा 3. शतरंज का एक मोहरा 4. पैदल चलने वाला व्यक्ति 5. साथ-साथ या पीछे-पीछे लगा रहने वाला नौकर। [वि.] जो पैदल हो।

प्यार [सं-पु.] 1. किसी के प्रति होने वाली आसक्तिपूर्ण या श्रद्धापूर्ण भावना 2. पुरुष व स्त्री की एक-दूसरे के प्रति होने वाली ऐसी आसक्तिपूर्ण भावना जो पारस्परिक आकर्षण के कारण होती है 3. प्रेमपूर्वक किया जाने वाला आलिंगन, चुंबन, स्नेह आदि 4. प्रेम; मुहब्बत; प्रीति 5. पियाल नामक वृक्ष जिसका बीज चिरौंजी कहलाता है।

प्यारा [वि.] 1. जिसके प्रति बहुत अधिक प्रेम, स्नेह या मोह हो; स्नेहभाजन; स्नेह या प्रेम का पात्र; प्रीतिपात्र; प्रिय 2. जो देखने में अच्छा और भला लगे; अच्छा लगने वाला।

प्याला (फ़ा.) [सं-पु.] 1. चीनी मिट्टी या धातु आदि का बना हुआ एक प्रकार का कटोरीनुमा पात्र जिसमें चाय या शराब आदि पी जाती है; छोटा कटोरा; जाम 2. उक्त पात्र में भरा पेय या तरल 3. तोप या बंदूक में रंजक (मसाला) रखने की जगह 4. भीख माँगने का खप्पर; भिक्षापात्र 5. जुलाहों का नरी भिगोने का पात्र।

प्याली (फ़ा.) [सं-स्त्री.] 1. पीने का छोटा बरतन; (कप) 2. शराब पीने का छोटा पात्र; जाम 3. छोटी कटोरी।

प्यास (सं.) [सं-स्त्री.] 1. वह स्थिति जिसमें जल या कोई तरल पदार्थ पीने की उत्कट इच्छा होती है; तृष्णा; पिपासा 2. {ला-अ.} किसी वस्तु की प्राप्ति की प्रबल इच्छा या कामना।

प्यासा [वि.] 1. जिसे प्यास लगी हो; तृषित; पिपासार्त 2. {ला-अ.} किसी वस्तु की प्राप्ति की प्रबल कामना करने वाला।

प्योंदा (फ़ा.) [सं-पु.] किसी पेड़ की टहनी काटकर लगाई जाने वाली कलम; पैबंद; थिगली। [वि.] 1. (पेड़) जो कलम लगाने से तैयार हुआ हो 2. उक्त पेड़ का (फल)।

प्रकंप (सं.) [सं-पु.] 1. बहुत ज़ोर से काँपना या हिलना 2. थरथराहट; कँपकँपी।

प्रकंपन (सं.) [सं-पु.] 1. बहुत ज़ोर से काँपने या हिलने की क्रिया 2. थरथराहट; कँपकँपी। [वि.] बहुत ज़ोर से काँपने या हिलने वाला।

प्रकंपित (सं.) [वि.] 1. बहुत ज़ोर से कँपाया या हिलाया हुआ 2. काँपता या हिलता हुआ।

प्रकट (सं.) [वि.] 1. जो सामने हो; समक्ष 2. प्रत्यक्ष; वर्तमान 3. उत्पन्न 4. जो गुप्त न हो; व्यक्त; अगोपन; स्पष्ट।

प्रकटन (सं.) [सं-पु.] 1. प्रकट होने या करने की क्रिया, अवस्था या भाव 2. उत्पन्न या उपस्थित होने या करने की क्रिया, अवस्था या भाव।

प्रकटित (सं.) [वि.] 1. जो प्रकट हुआ हो; प्रकट किया हुआ 2. प्रकाशित।

प्रकटीकरण (सं.) [सं-पु.] प्रकट या प्रकाशित करने की क्रिया।

प्रकथन (सं.) [सं-पु.] 1. घोषित करना 2. कही हुई बात की पुष्टि।

प्रकर (सं.) [सं-पु.] 1. कुशल या दक्ष 2. समूह; राशि 3. खिला हुआ फूल 4. सहायता 5. रिवाज 6. सम्मान 7. दोस्ती 8. गुलदस्ता 9. अगर नामक गंधद्रव्य; अगरु 10. आश्रय 11. अधिकार।

प्रकरण (सं.) [सं-पु.] 1. निर्माण करना; उत्पन्न करना 2. मुद्दा; प्रसंग; संदर्भ 3. किसी ग्रंथ के अंतर्गत विभिन्न अध्यायों में से कोई एक 4. रूपक के दस भेदों में एक, जिसकी कथा काल्पनिक होती है तथा नायक धीर व शांत हो तथा नायिका कुल कन्या या वेश्या हो।

प्रकरणिका (सं.) [सं-स्त्री.] (नाट्यशास्त्र) वह रूपक (नाटक) जो प्रकरण के गुणों या लक्षणों वाला हो परंतु आकार में छोटा हो; छोटा प्रकरण; वह काल्पनिक इतिवृत्त जिसमें नायक वणिक तथा नायिका उसकी सजातीय स्त्री होती है, शेष लक्षण रूपक के होते हैं।

प्रकरी (सं.) [सं-स्त्री.] 1. एक कथा के भीतर चलने वाली दूसरी छोटी कथा; अंतर्कथा 2. नाटक में एक अर्थ प्रकृति 3. नाटक में चलने वाली प्रासंगिक कथा, जैसे- 'रामायण' में शबरी की कथा 4. एक प्रकार का गान 5. आँगन 6. चौराहा।

प्रकर्ष (सं.) [सं-पु.] 1. उत्तमता; उत्कर्ष 2. अधिकता; अतिरेक 3. खींचने की क्रिया; शक्ति 4. विस्तार 5. विशेषता।

प्रकर्षण (सं.) [सं-पु.] 1. पीछे ठेलना या ढकेलना 2. अशांत या क्षुब्ध करना 3. बहुतायत 4. हल चलाना 5. खींचना 6. लगाम; चाबुक।

प्रकला (सं.) [सं-स्त्री.] कला (समय) का साठवाँ भाग।

प्रकल्प (सं.) [सं-पु.] 1. युग; काल 2. विशिष्ट घटनाओं का कालखंड।

प्रकल्पना (सं.) [सं-स्त्री.] 1. लोक व्यवहार और विधिक क्षेत्र में किसी घटना या बात से निकलने वाला ऐसा आनुमानिक निष्कर्ष जो बहुत कुछ ठीक और संभाव्य जान पड़ता हो; यह मान लिया जाना कि इस बात का यही अर्थ या आशय हो सकता है; संभाव्य अनुमान 2. निष्कर्ष का पूर्वानुमान; (हाइपोथिसिस)।

प्रकल्प्य (सं.) [वि.] 1. निश्चित या स्थिर किए जाने योग्य 2. जिस विषय या वस्तु की प्रकल्पना हो या होने को हो।

प्रकांड (सं.) [सं-पु.] 1. वृक्ष का तना या शाखा 2. बाँह का ऊपर का भाग। [वि.] 1. श्रेष्ठ; प्रशस्त; उत्तम 2. बहुत विशाल; प्रचंड 3. बहुत बड़ा।

प्रकाम (सं.) [सं-पु.] 1. कामना; इच्छा 2. तृप्ति। [वि.] 1. जिसमें अत्यधिक कामवासना हो 2. पूरा; यथेष्ट; काफ़ी 3. आवश्यकतानुरूप।

प्रकार (सं.) [सं-पु.] 1. भेद; किस्म; तरह; भाँति 2. सादृश्य 3. विशेषता।

प्रकारांतर (सं.) [वि.] दूसरे प्रकार से; किसी और तरह से।

प्रकार्य (सं.) [सं-पु.] 1. ऐसा कार्य जिसे कोई कर्तव्य समझकर या स्वभावत: करता हो 2. प्रमुख कार्य; विशिष्ट कार्य।

प्रकाश (सं.) [सं-पु.] 1. वह तेज जिसके कारण वस्तुओं का रूप दिखाई देता है; आलोक; ज्योति 2. प्रकट या गोचर होना 3. किसी बात का प्रकाशन 4. पुस्तक का विभाजन; अध्याय 5. धूप; आतप।

प्रकाश परावर्तक (सं.) [सं-पु.] (भौतिकविज्ञान) शीशे का वह टुकड़ा या उपकरण जो कहीं से प्रकाश ग्रहण कर उसे अन्य दिशा में प्रक्षेपित करे; वह उपकरण जो किसी की छाया या प्रतिबिंब ग्रहणकर दूसरी ओर प्रतिफलित करे; प्रकाश प्रतिफलक; प्रतिक्षेपक।

प्रकाशक (सं.) [सं-पु.] वह जो पुस्तकें, समाचारपत्र आदि का प्रकाशन करता हो।

प्रकाशकीय (सं.) [वि.] प्रकाशक का; प्रकाशक संबंधी। [सं-पु.] पुस्तक के आरंभ में प्रकाशक की ओर से किया गया निवेदन।

प्रकाशगृह (सं.) [सं-पु.] ऊँची इमारत जहाँ से बहुत प्रबल प्रकाश निकलकर चारों ओर फैलता हो।

प्रकाशन (सं.) [सं-पु.] 1. पत्र-पत्रिका, ग्रंथ आदि को छपवाकर बेचने तथा प्रचारित करने का व्यवसाय या पेशा 2. प्रकाशित पुस्तकें, पत्र आदि 3. प्रकाश करने की क्रिया या भाव 4. आलोकित करना; प्रकट करना। [वि.] प्रकाशित करने वाला।

प्रकाशनाधिकार (सं.) [सं-पु.] 1. जिसके पास प्रकाशन का अधिकार है; कृतिस्वाम्य; (कॉपीराइट) 2. जिसे किसी रहस्य को प्रकट करने का अधिकार हो।

प्रकाशनालय (सं.) [सं-पु.] वह स्थान जहाँ पत्र-पत्रिकाओं एवं ग्रंथ आदि का प्रकाशन होता है।

प्रकाशपुंज (सं.) [सं-पु.] प्रकाश की राशि; प्रकाश की किरणें; प्रकाश किरणों का समूह।

प्रकाशमान (सं.) [वि.] 1. ज्योतिर्मान; देदीप्यमान; चमकता हुआ 2. प्रसिद्ध।

प्रकाशवान (सं.) [वि.] जिसमें प्रकाश हो; प्रकाशयुक्त; चमकीला; आभायुक्त।

प्रकाशसंश्लेषण (सं.) [सं-पु.] (वनस्पतिविज्ञान) वह क्रिया जिससे क्लोरोफ़िल युक्त हरे पौधे सूर्य के प्रकाश में वायुमंडल की कार्बन डाई ऑक्साइड तथा जल से कार्बोहाइड्रेट का संश्लेषण कर लेते हैं; सजीव कोशिकाओं के द्वारा प्रकाशकीय ऊर्जा को रासायनिक ऊर्जा में परिवर्तित करने की क्रिया।

प्रकाशस्तंभ (सं.) [सं-पु.] 1. सागर में या सागर के किनारे पर बनाया गया वह स्तंभ या मीनार जिसपर रात में जहाज़ों को चट्टानों या अन्य ख़तरों से बचाने के लिए या किनारे का संकेत करने हेतु तेज़ रोशनी की जाती है; दीप घर; दीपस्तंभ; (लाइट हाउस) 2. हवाई अड्डे पर रात में वायुयानों का पथ प्रदर्शन करने के लिए चारों ओर भ्रमण करता आकाश दीप।

प्रकाशित (सं.) [वि.] 1. छपा हुआ 2. चमकता हुआ; प्रकाशयुक्त।

प्रकाशोत्सव (सं.) [सं-पु.] 1. चारों तरफ़ दीप जलाकर मनाया जाने वाला उत्सव; प्रकाश का उत्सव; दीपावली 2. {ला-अ.} आनंदोत्सव।

प्रकाश्य (सं.) [वि.] प्रकाशन करने योग्य। [क्रि.वि.] सबके सामने सुनाकर कहने योग्य; प्रकट रूप से।

प्रकिरण (सं.) [सं-पु.] 1. बिखेरना; फैलाना 2. मिलाना; मिश्रित करना।

प्रकीर्ण (सं.) [सं-पु.] 1. किसी ग्रंथ का अध्याय, परिच्छेद अथवा प्रकरण 2. विक्षेप 3. विस्तार 4. अनेक प्रकार की वस्तुओं का मिश्रण 5. कँटीदार करंज। [वि.] 1. बिखरा हुआ 2. फैलाया हुआ 3. मिलाया हुआ 4. अस्त-व्यस्त किया हुआ 5. परिशिष्ट 6. फुटकल।

प्रकीर्णक (सं.) [सं-पु.] 1. अध्याय; प्रकरण 2. चँवर 3. फुटकल या फुटकर 4. फैलाव 5. वह पाप जिसके प्रायश्चित का उल्लेख किसी ग्रंथ में न हो। [वि.] छितराया हुआ; फैलाया हुआ।

प्रकीर्तन (सं.) [सं-पु.] 1. यश गान; प्रशंसा 2. घोषणा।

प्रकीर्ति (सं.) [सं-स्त्री.] 1. ख्याति; प्रसिद्धि; यश 2. उद्घोष; घोषणा।

प्रकुपित (सं.) [वि.] 1. जिसका प्रकोप बहुत बढ़ गया हो; अतिक्रोधित 2. विशेष रूप से कुपित।

प्रकृत (सं.) [वि.] 1. जो प्रकृति से उत्पन्न या प्राप्त हुआ हो अथवा उसका बनाया हुआ हो; प्रकृतिजन्य 2. जो ठीक उसी रूप में हो जिस रूप में प्रकृति उसे उत्पन्न करती हो; स्वाभाविक; सहज; साधारण 3. जो प्रस्तुत प्रकरण या प्रसंग के विचार से उपयुक्त, यथेष्ट या वांछनीय हो; संगत।

प्रकृति (सं.) [सं-स्त्री.] 1. सहज स्वाभाविक गुण या स्वभाव 2. विश्व की रचना या सृष्टि करने वाली मूल नियामक तथा संचालन शक्ति; कुदरत; (नेचर)।

प्रकृतिजन्य (सं.) [वि.] 1. जो प्रकृति से उत्पन्न हुआ हो; प्राकृतिक 2. जो सहज रूप से होता हो; स्वाभाविक।

प्रकृतिवाद (सं.) [सं-पु.] 1. यह मत कि मनुष्य के सभी आचरण, कार्य, विचार आदि प्रकृति से उत्पन्न होने वाली प्रवृत्तियों तथा कामनाओं पर आधारित होते हैं 2. कला तथा साहित्य के क्षेत्र में यह मत कि प्रकृति में जो दिखाई देता है, उसका यथावत चित्रण होना चाहिए न कि उस पर नैतिक मूल्यों या भावनाओं का अनावश्यक आरोपण; (नेचुरलिज़्म)।

प्रकृतिवादी (सं.) [सं-पु.] 1. वह व्यक्ति जो प्रकृतिवाद के सिद्धांत को मानता हो 2. प्रकृति का वर्णन करने वाला कवि या चित्रकार। [वि.] प्रकृतिवाद संबंधी; प्रकृतिवाद का।

प्रकृतिविज्ञान (सं.) [सं-पु.] 1. वह विज्ञान जिसमें जगत की उत्पत्ति, विकास आदि का अध्ययन किया जाता है; वह विज्ञान

या शास्त्र जिसमें प्राकृतिक बातों अर्थात सृष्टि की उत्पत्ति, विकास, लय आदि का निरूपण होता है 2. पारिभाषिक और वैज्ञानिक क्षेत्रों में वह विज्ञान या शास्त्र जिसमें प्राकृतिक या भौतिक जगत के भिन्न-भिन्न अंगों, क्षेत्रों, रूपों, स्थितियों आदि का विचार या विवेचन होता है; (नैचुरल साइंस)।

प्रकृतिस्थ (सं.) [वि.] 1. जो अपने स्वभाव या स्वरूप में स्थित हो; स्वाभाविक 2. विकार रहित 3. स्वस्थ।

प्रकृत्या (सं.) [अव्य.] स्वभावतः; स्वाभाविक रूप से; सहज रूप से।

प्रकृष्ट (सं.) [वि.] 1. ज़ोर से खींचा हुआ 2. बढ़ाया हुआ 3. उत्तम; उत्कृष्ट 4. मुख्य; प्रधान।

प्रकोप (सं.) [सं-पु.] 1. बहुत अधिक क्रोध का भाव 2. क्षोभ 3. बीमारी को बढ़ाने वाला ज़ोर 4. शरीर के वात, पित्त आदि में विकार होना जिससे रोग होते हैं।

प्रकोष्ठ (सं.) [सं-पु.] 1. किसी संस्था में अलग-अलग उद्देश्य से निर्मित विशेष कक्ष 2. घर के मुख्य दरवाज़े के पास का कमरा 3. सभाकक्ष 4. महल के भीतर का आँगन 5. विधानसभा, संसद आदि के बाहर का कमरा या प्रांगण; (लॉबी) 6. बाँह या कलाई से लेकर कुहनी तक का भाग।

प्रक्रम (सं.) [सं-पु.] 1. क्रम; सिलसिला 2. उपक्रम 3. उल्लंघन; अतिक्रण 4. अवसर; मौका 5. विकास क्रम में बीच-बीच में आने वाली स्थितियाँ 6. प्रक्रिया; (प्रोसेस)।

प्रक्रमण (सं.) [सं-पु.] 1. कदम बढ़ाना 2. आरंभ करना 3. अधिक भ्रमण 4. पार करना; उत्तीर्ण।

प्रक्रिया (सं.) [सं-स्त्री.] 1. वह क्रिया या प्रणाली जिससे कोई वस्तु होती, बनती या निकलती हो; (प्रोसेस) 2. किसी कृत्य, विशेषतः अभियोग आदि की सुनवाई में होने वाले आदि से अंत तक के सभी कार्य या उनके ढंग; (प्रोसीज़र) 3. किसी कार्य की सिद्धि या पूर्ति के संबंध में वह सारी कार्यवाही जो अब तक हो चुकी हो।

प्रक्रियात्मक (सं.) [वि.] 1. कार्यविधि संबंधी; कार्यविधिक 2. प्रक्रिया के रूप में होने वाला।

प्रक्षय (सं.) [सं-पु.] क्षय; विनाश; अंत।

प्रक्षाल (सं.) [सं-पु.] प्रायश्चित; धोना। [वि.] शुद्ध करने वाला; शोधक।

प्रक्षालन (सं.) [सं-पु.] 1. जल से सफ़ाई करना; धोना 2. वैज्ञानिक क्षेत्र में जल के संयोग से या विशिष्ट प्रक्रिया से किसी वस्तु में विद्यमान मैल या अवांक्षित अंश अलग करना 3. स्वच्छ या निर्मल करना 4. नहाना।

प्रक्षिप्त (सं.) [वि.] 1. फेंका हुआ 2. मिलाया हुआ; डाला हुआ; पीछे से जोड़ा हुआ; बाद में जोड़ा गया 3. आगे की ओर निकला हुआ।

प्रक्षीण (सं.) [वि.] पूर्णतः नष्ट; विनष्ट। [सं-पु.] 1. विनाश स्थल 2. विनाश की अवस्था या स्थिति।

प्रक्षुण्ण (सं.) [वि.] 1. कूटा हुआ; चूर्णित 2. चोट पहुँचाया हुआ 3. रौंदा हुआ (मार्ग); उत्तेजित किया हुआ।

प्रक्षेप (सं.) [सं-पु.] 1. आगे की ओर ज़ोर से फेंकना 2. अस्त्र प्रहार 3. छितराना 4. किसी वस्तु में दूसरी वस्तु मिलाना 5. साझेदारी के व्यवसाय में साझेदार का मूलधन।

प्रक्षेप पथ (सं.) [सं-पु.] 1. वह मार्ग, दिशा या स्थान जिसपर कोई वस्तु प्रक्षेपित की जाती है 2. उड़ानपथ; वायुमार्ग 3. रॉकेट, उपग्रह आदि हेतु प्रक्षेपण कक्षा।

प्रक्षेपक (सं.) [सं-पु.] वह यंत्र जिसके द्वारा किसी आकृति का प्रतिबिंब सामने वाले परदे या दीवार आदि पर डाला जाता है 2. किसी लेख या पुस्तक में जोड़ा गया अतिरिक्त अंश 3. वह यंत्र जिसके द्वारा कृत्रिम उपग्रह आदि को प्रक्षेपित किया जाता है। [वि.] प्रक्षेपण करने वाला या फेंकने वाला।

प्रक्षेपण (सं.) [सं-पु.] 1. सामने की ओर कोई चीज़ फेंकने की क्रिया या भाव 2. ऊपर से मिलाना 3. निश्चित करना 4. जहाज़ आदि चलाना 5. मूल लेख में कुछ जोड़कर समानार्थ प्रकटीकरण 6. साधारण सीमा या नियमित रेखा से आगे निकालना या बढ़ाना।

प्रक्षेपणीय (सं.) [वि.] प्रक्षेपण के योग्य; फेंकने योग्य।

प्रक्षेपास्त्र (सं.) [सं-पु.] 1. कृत्रिम उपग्रह आदि के प्रक्षेपण हेतु उपयोग में लाया जाने वाला अस्त्र 2. वह अस्त्र जिसका प्रयोग दूर स्थित लक्ष्य को बेधने के लिए किया जाता है।

प्रक्षेपित (सं.) [वि.] 1. फेंका हुआ 2. ऊपर से मिलाई अथवा बिछाई जाने वाली (वस्तु)।

प्रक्षेपी (सं.) [सं-स्त्री.] सामाजिक अनुसंधान में व्यक्तित्व मापन की एक निर्धारित विधि। [वि.] 1. प्रक्षेपक; फेंकने वाला 2. फेंक कर चलाया जाने वाला।

प्रक्षेप्य (सं.) [वि.] 1. आगे फेंका हुआ; फेंकने योग्य 2. फेंककर चलाया जाने वाला।

प्रखंड (सं.) [सं-पु.] 1. किसी बड़े विभाग का छोटा विभाग 2. खंड का खंड।

प्रखर (सं.) [वि.] 1. बुद्धिमत्तापूर्ण 2. तीक्ष्ण; प्रचंड; उग्र।

प्रखरता (सं.) [सं-स्त्री.] प्रखर होने की अवस्था, गुण या भाव; प्रचंडता; तीक्ष्णता; तेज़ी।

प्रख्यात (सं.) [वि.] 1. अति प्रसिद्ध; मशहूर 2. प्रसन्न; सुखी। [सं-पु.] नाटक का एक भेद जिसमें कथावस्तु का आधार ऐतिहासिक या पौराणिक कहानियाँ होती हैं।

प्रख्याति (सं.) [सं-स्त्री.] 1. प्रसिद्धि; बहुत ख्याति 2. प्रशंसा।

प्रख्यान (सं.) [सं-पु.] 1. सूचना 2. सूचित करना 3. अनुभव करना।

प्रख्यापन (सं.) [सं-पु.] 1. कोई आज्ञप्ति सर्वसाधारण को सूचित करना; आवश्यक आदेश 2. प्रचारित या संचारित करना 3. प्रसिद्ध करना।

प्रगंड (सं.) [सं-पु.] बाँह या कुहनी से कंधे तक का भाग; मुश्क।

प्रगट (सं.) [वि.] 1. प्रकट; सामने; प्रत्यक्ष 2. उत्पन्न 2. जो गुप्त न हो 3. जिसका प्रादुर्भाव हुआ हो। [क्रि.वि.] प्रकट रूप से।

प्रगत (सं.) [वि.] 1. जिसने प्रस्थान किया हो; जो चल चुका हो 2. आगे बढ़ा हुआ 3. मुक्त 4. मृत।

प्रगति (सं.) [सं-स्त्री.] 1. निरंतर विकसित अथवा उन्नत होने

का भाव; क्रमिक उन्नति 2. विशेषत: किसी कार्य को पूर्णता की ओर बढ़ाते चलना।

प्रगतिरुद्ध (सं.) [वि.] जिसकी प्रगति या उन्नति रुक गई हो।

प्रगतिवाद (सं.) [सं-पु.] 1. समाज, साहित्य आदि की निरंतर सर्वांग उन्नति (विकास) पर बल देने वाला सिद्धांत 2. (साहित्य) मार्क्सवाद तथा यथार्थवाद के लक्ष्य को पूरा करने के लिए दिया गया साहित्य का आधुनिक सिद्धांत; (साहित्य) एक वाद या विचारधारा।

प्रगतिवादी (सं.) [वि.] 1. जो प्रगति की ओर उन्मुख हो 2. प्रगतिवाद संबंधी।

प्रगतिशील (सं.) [वि.] बराबर आगे बढ़ने वाला; उन्नतिशील।

प्रगल्भ (सं.) [वि.] 1. प्राय: बढ़-चढ़कर बोलने वाला; अधिक बोलने वाला; वाचाल 2. प्रतिभाशाली 3. उत्साही; हिम्मती 4. हाज़िरजवाब 5. निडर; निर्भय।

प्रगल्भता (सं.) [सं-स्त्री.] 1. प्रगल्भ होने की अवस्था या भाव 2. वाक्चातुर्य 3. प्रतिभा 4. मुखरता 5. प्रौढ़ता 6. नि:शंकता 7. प्रसिद्धि।

प्रगल्भा (सं.) [सं-स्त्री.] 1. (काव्यशास्त्र) नायिका का एक भेद; प्रौढ़ा नायिका 2. कर्कशा स्त्री; धृष्ट स्त्री 3. दुर्गा का एक नाम।

प्रगाढ़ (सं.) [वि.] 1. डुबाया या तर किया हुआ 2. बहुत गाढ़ा 3. बहुत मज़बूत; दृढ़ 4. गहरा 5. घना।

प्रगाढ़ता (सं.) [सं-स्त्री.] प्रगाढ़ होने की अवस्था या भाव; प्रगाढ़ आत्मीयता का भाव।

प्रगाढ़न (सं.) [सं-पु.] प्रगाढ़ करना या बनाना।

प्रगाता (सं.) [सं-पु.] बड़ा या महान गायक; गवैया। [वि.] बहुत अच्छा गाने वाला।

प्रगामी (सं.) [वि.] गमन या प्रस्थान करने वाला; जाने वाला।

प्रगीत (सं.) [सं-पु.] गीत; गाना। [वि.] गाया हुआ।

प्रगीतात्मक (सं.) [वि.] गीतों से भरा।

प्रगीति (सं.) [सं-स्त्री.] 1. गीतिकाव्य 2. एक प्रकार का छंद।

प्रगुण (सं.) [वि.] 1. उत्तम गुण वाला; गुणी; गुणवान 2. चतुर; होशियार 3. अच्छा और लाभदायक 4. अनुकूल 5. शुभ।

प्रगुणी (सं.) [वि.] 1. जिसमें गुण रहता हो; गुणवान 2. चतुर 3. मित्रतापूर्ण।

प्रग्रह (सं.) [सं-पु.] 1. अच्छी तरह पकड़ने का ढंग 2. ग्रहण करने की क्रिया 3. सूर्य या चंद्र ग्रहण का आरंभ 4. आदर; सत्कार 5. तराजू में लगी रस्सी 6. बागडोर 7. कोड़ा 8. अनुग्रह; कृपा 9. पगहा 10. नेता; अगुआ; मार्गदर्शक 11. उपग्रह 12. स्वर्ण; सोना 13. विष्णु 14. हाथ; बाँह 15. कनेर का पेड़ 16. क़ैद; बंधन; 17. बंदी; कैदी 18. नियमन।

प्रघटन (सं.) [सं-पु.] 1. घटित होने की क्रिया या अवस्था 2. घटित घटना या कार्य; मामला।

प्रघोष (सं.) [सं-पु.] 1. प्रचंड आवाज़ या ध्वनि 2. ऊँची ध्वनि।

प्रचंड (सं.) [वि.] 1. अतितीव्र; प्रखर 2. प्रचंड; भंयकर; भीषण 3. प्रबल 4. असह्य 5. अत्यंत क्रोधी 6. अतितेजस्वी; प्रतापी।

प्रचंडता (सं.) [सं-स्त्री.] 1. प्रचंड होने की अवस्था या भाव 2. तेज़ी 3. प्रखरता 4. उग्रता 5. भयंकरता।

प्रचंडा (सं.) [सं-स्त्री.] 1. दुर्गा 2. दुर्गा की एक सखी 3. शंखपुष्पी; क्षीरपुष्प (दूध के समान सफ़ेद फूल वाले); मांगल्य कुसुमा।

प्रचर (सं.) [सं-पु.] 1. राह; रास्ता; मार्ग 2. चलन; रीतिरिवाज।

प्रचरण (सं.) [सं-पु.] 1. चरण आगे बढ़ाना; आरंभ करना 2. घूमना-फिरना 3. विचरण 4. प्रचलित होना।

प्रचरित (सं.) [वि.] 1. जिसका प्रचार हो; जो प्रचरण में हो 2. प्रचलित 3. अभ्यस्त।

प्रचल (सं.) [वि.] 1. अति चंचल 2. अधिक चलने वाला।

प्रचलन (सं.) [सं-पु.] 1. प्रथा; रिवाज 2. उपयोग या व्यवहार आदि में आना 3. चलनसार होना।

प्रचलित (सं.) [वि.] जिसका प्रचलन हो; जो उपयोग या व्यवहार में आ रहा हो।

प्रचार (सं.) [सं-पु.] 1. जनता में किसी बात को प्रसिद्ध करना, प्रसारित करना या फैलाना 2. विज्ञापन 3. किसी वस्तु का प्रयोग 4. गति 5. मार्ग 6. आचरण 7. चलन; रिवाज।

प्रचार-प्रसार (सं.) [सं-पु.] 1. किसी का प्रचार एवं साथ ही साथ प्रसार करने की क्रिया 2. फैलाव 3. किसी वस्तु का निरंतर व्यवहार।

प्रचार वाक्य (सं.) [सं-पु.] नारा; आदर्श वाक्य; (स्लोगन)।

प्रचारक (सं.) [वि.] 1. प्रचार करने वाला; विस्तार करने वाला; फैलाने वाला 2. किसी वस्तु, योजना, घटना, सिद्धांत आदि को फैलाने या प्रसारित करने वाला।

प्रचारकर्ता (सं.) [वि.] प्रचार करने वाला; विज्ञापन करने वाला; प्रचारक।

प्रचारण (सं.) [सं-पु.] 1. प्रचार करने की क्रिया; प्रचारित होना 2. विचरण; घूमना-फिरना 3. चलन होना।

प्रचारणा (सं.) [सं-स्त्री.] आह्वान; चुनौती; ललकार।

प्रचारात्मक (सं.) [वि.] 1. प्रचार से संबंधित 2. किसी घटना या वस्तु के विषय में समाचार प्रसार करने संबंधी।

प्रचारार्थ (सं.) [अव्य.] प्रचार-प्रसार के लिए।

प्रचारिका (सं.) [सं-स्त्री.] प्रचार करने वाली स्त्री।

प्रचारिणी (सं.) [वि.] प्रचार करने वाली; विज्ञापन करने वाली।

प्रचारित (सं.) [वि.] 1. प्रचार किया हुआ 2. फैलाया हुआ।

प्रचालन (सं.) [सं-पु.] 1. ठीक ढंग से चलाने की क्रिया या भाव 2. प्रचलन में लाने की अवस्था।

प्रचुर (सं.) [वि.] 1. अधिक; पर्याप्त; विपुल 2. भरापूरा; पूर्ण।

प्रचुरता (सं.) [सं-स्त्री.] प्रचुर होने का भाव; अधिकता; आधिक्य।

प्रचेता (सं.) [सं-पु.] 1. वरुण 2. एक प्राचीन स्मृतिकार ऋषि। [वि.] 1. महान ज्ञानवान; बुद्धिमान 2. चालाक; चतुर।

प्रचेल (सं.) [सं-पु.] 1. पीला चंदन 2. पीले वर्ण वाला मलय वृक्ष।

प्रचोद (सं.) [सं-पु.] प्रेरित करना; उत्तेजित करना।

प्रचोदक (सं.) [वि.] प्रेरक; उकसाने वाला; उत्तेजक।

प्रचोदन (सं.) [सं-पु.] 1. आगे बढ़ाना 2. उत्तेजित करना; उकसाना 3. प्रेषण 4. घोषणा 5. नीति, सिद्धांत, आज्ञा आदि।

प्रचोदित (सं.) [वि.] 1. जिसे बढ़ावा दिया गया हो; जिसे प्रेरणा दी गई हो; प्रेरित किया हुआ 2. उकसाया हुआ; उत्तेजित किया हुआ 3. भेजा हुआ 4. आदिष्ट 5. प्रेषित 6. घोषित किया हुआ 7. आदेशित; जिसे आदेश मिला हो।

प्रच्छन्न (सं.) [वि.] 1. छुपा हुआ; गुप्त 2. ढका हुआ; आच्छादित। [सं-पु.] 1. खिड़की 2. चोर दरवाज़ा।

प्रच्छादक (सं.) [वि.] 1. अच्छी तरह ढकने वाला; आच्छादक 2. छिपाने वाला।

प्रच्छादन (सं.) [सं-पु.] 1. अच्छी तरह ढकने की क्रिया या भाव 2. दूसरों से छिपाने या चुराने का भाव 3. वह वस्तु जिससे कोई चीज़ ढकी जाए 4. आँख की पलक।

प्रच्छादित (सं.) [वि.] 1. ढका हुआ; आच्छादित 2. छुपा हुआ; गुप्त।

प्रच्छाया (सं.) [सं-स्त्री.] ग्रहण के समय सूर्य पर पड़ने वाली चंद्रमा की छाया या चंद्रमा पर पड़ने वाली पृथ्वी की छाया।

प्रच्छायित (सं.) [वि.] छायायुक्त; छाया हुआ।

प्रच्छेदन (सं.) [सं-पु.] 1. अच्छी तरह काटना 2. टुकड़े-टुकड़े करना।

प्रज (सं.) [सं-पु.] स्त्री का पति; स्वामी।

प्रजनक (सं.) [सं-पु.] 1. पिता 2. वंशक्रम में पूर्वज 3. पशुपालन तथा पशु-प्रजनन करने वाला व्यक्ति। [वि.] 1. जन्म देने वाला 2. उत्पन्न करने वाला।

प्रजनन (सं.) [सं-पु.] 1. अपने ही जैसे नए जीवों को जन्म देने की क्रिया; संतान उत्पन्न करना; प्रसव क्रिया 2. जीवों का होने वाला जन्म।

प्रजननशास्त्र (सं.) [सं-पु.] अनुवंशशास्त्र; आनुवंशिकी; (जेनेटिक्स)।

प्रजनित (सं.) [वि.] उत्पन्न किया हुआ।

प्रजा (सं.) [सं-स्त्री.] 1. किसी राज्य या राष्ट्र की जनता; रिआया; अवाम 2. संतान; औलाद 3. किसी विशिष्ट राज्य या शासन के अंतर्गत रहने वाले शाषित सभी लोग 4. स्वामी पर निर्भर जन।

प्रजाक्षोभ (सं.) [सं-पु.] 1. शासन या राज्य सत्ता के विरुद्ध प्रजा में उत्पन्न असंतोष, क्षोभ या विरोध की भावना 2. राज्य प्रतिरोध।

प्रजागरण (सं.) [सं-पु.] 1. जागते रहने का भाव; जागरण 2. पहरा देना।

प्रजातंत्र (सं.) [सं-पु.] एक शासन प्रणाली जिसमें प्रजा द्वारा चुने हुए प्रतिनिधि शासन चलाते हैं; जनतंत्र; लोकतंत्र।

प्रजातंत्री (सं.) [वि.] प्रजातांत्रिक; जनतंत्रवादी; प्रजातंत्रवादी; प्रजातंत्रात्मक; सार्वलौकिक; लोकतंत्र संबंधी।

प्रजाता (सं.) [सं-स्त्री.] वह स्त्री जिसने शिशु को जन्म दिया हो; प्रसूतिका।

प्रजाति (सं.) [सं-स्त्री.] प्राणियों, वनस्पतियों आदि का वह समूह जिसके सदस्यों के आकार-प्रकार, रूप-रंग आदि में समानता हो।

प्रजापति (सं.) [सं-पु.] 1. सृष्टि का रचयिता; ब्रह्मा 2. सूर्य 3. अग्नि 4. विश्वकर्मा 5. यज्ञ 6. जनक 7. राजा।

प्रजायी (सं.) [वि.] उत्पन्न करने वाला या जन्म देने वाला।

प्रजीवन (सं.) [सं-पु.] आजीविका; रोज़ी-रोज़गार।

प्रजेश (सं.) [सं-पु.] प्रजा का स्वामी; राजा; प्रजापति।

प्रज्ञ (सं.) [सं-पु.] 1. विद्वान; पंडित 2. बुद्धिमान। [वि.] 1. प्रकृष्ट बुद्धिवाला 2. जिसमें प्रज्ञाशक्ति यथेष्ट हो; मतिमान।

प्रज्ञप्ति (सं.) [सं-स्त्री.] 1. सूचित करने या ज्ञात कराने की क्रिया 2. संकेत; इशारा 3. सूचना 4. बुद्धि।

प्रज्ञा (सं.) [सं-स्त्री.] 1. बुद्धि; समझ; विवेक; मति; मनीषा 2. सरस्वती 3. बुद्धि का वह परिष्कृत, विकसित तथा संस्कृत रूप जो उसे अध्ययन, अभ्यास, निरीक्षण आदि के द्वारा प्राप्त होता है और जिससे मनुष्य किसी विषय या वस्तु के वास्तविक रूप को सहज में समझ लेता है; न्यायबुद्धि।

प्रज्ञाचक्षु (सं.) [वि.] 1. अपनी बुद्धि से ही सब कुछ जान-समझ लेने वाला; बुद्धिमान 2. जिसकी बुद्धि ही आँखों का कार्य करती हो। [सं-पु.] 1. धृतराष्ट्र 2. बुद्धिमान; ज्ञानी।

प्रज्ञात्मा (सं.) [वि.] परम ज्ञानवान; परम बुद्धिमान।

प्रज्ञान (सं.) [सं-पु.] 1. किसी विषय या वस्तु का विशेष रूप से प्राप्त ज्ञान 2. विवेक; बुद्धि; ज्ञान 3. निशान; चिह्न 4. चैतन्य। [वि.] पंडित; बुद्धिमान।

प्रज्ञापक (सं.) [सं-पु.] मोटे या बड़े अक्षरों में लिखा हुआ विज्ञापन। [वि.] 1. प्रज्ञापन करने वाला 2. सूचित करने वाला।

प्रज्ञापन (सं.) [सं-पु.] 1. किसी विषय या घटना आदि के विषय में सूचित करना 2. जताना।

प्रज्ञापित (सं.) [वि.] 1. जिसका ज्ञान कराया गया हो 2. जिसकी सूचना दी गई हो।

प्रज्ञावान (सं.) [वि.] 1. चतुर; बुद्धिमान 2. विवेक, बुद्धि और ज्ञान से युक्त।

प्रज्ञाशील [वि.] 1. वह जिसमें सभी काम सोच-समझ कर करने की योग्यता हो या जो सभी काम सोच समझकर करता हो 2. वह जिसमें न्यायबुद्धि हो।

प्रज्वलन (सं.) [सं-पु.] 1. अच्छी तरह या तेज़ जलना; ज़ोर से जलना; दहकना 2. प्रकाश, ताप आदि उत्पन्न करने के उद्देश्य से किसी वस्तु को जलाना।

प्रज्वलित (सं.) [वि.] 1. जलता हुआ 2. दहकता हुआ 3. चमकता हुआ 4. {ला-अ.} व्यक्त और सुस्पष्ट।

प्रज्वालन (सं.) [सं-पु.] जलाने की क्रिया; जलाना।

प्रण (सं.) [सं-पु.] दृढ़ निश्चय; प्रतिज्ञा। [वि.] पुराना; प्राचीन।

प्रणत (सं.) [सं-पु.] 1. उपासक या भक्त 2. दास 3. नौकर। [वि.] 1. झुका हुआ 2. प्रणाम करने हेतु झुका हुआ 3. नमित; विनीत; नम्र 4. दक्ष; चतुर 5. शरणागत।

प्रणतपाल (सं.) [सं-पु.] दीन-दुखियों की रक्षा करने वाला; पालन-पोषण करने वाला।

प्रणति (सं.) [सं-स्त्री.] 1. झुकने की क्रिया 2. प्रणाम; दंडवत; प्रणिपात 3. नम्रता 4. प्रार्थना; निवेदन; विनती।

प्रणम्य (सं.) [वि.] 1. प्रणाम करने योग्य; वंद्य 2. जिसके आगे झुककर प्रणाम करना अथवा नतमस्तक होना उचित हो 3. पूज्य और वंदनीय।

प्रणय (सं.) [सं-पु.] प्रेम; प्यार; अनुराग।

प्रणय निवेदन (सं.) [सं-पु.] प्रेम हेतु की गई प्रार्थना।

प्रणय स्थल (सं.) [सं-पु.] प्रणयलीला स्थल; प्रेमी-प्रेमिका के मिलने का गोपनीय या निर्जन स्थान।

प्रणयन (सं.) [सं-पु.] 1. कोई चीज़ कहीं से ले आना या ले जाकर कहीं पहुँचाना 2. कोई काम पूरा करना 3. साहित्यिक काव्य, ग्रंथ, लेख आदि लिखना 4. कोई नई चीज़ बनाकर तैयार करना; रचना 5. उपस्थित करना; सामने लाना 6. होम आदि के समय किया जाने वाला अग्नि का एक संस्कार।

प्रणयिनी (सं.) [सं-स्त्री.] 1. प्रेयसी; प्रेमिका; कांता 2. पत्नी।

प्रणयी (सं.) [सं-पु.] 1. प्रेमी; कांत 2. पति 3. सेवक 4. प्रार्थी 5. उपासक। [वि.] प्रणय (प्रेम) या अनुराग करने वाला।

प्रणव (सं.) [सं-पु.] 1. ओंकार; ओंकार मंत्र 2. परमेश्वर 3. त्रिदेव (ब्रह्मा, विष्णु और शिव)।

प्रणाम (सं.) [सं-पु.] 1. श्रद्धायुक्त होकर किसी के सामने नत होना 2. हाथ जोड़ कर अभिवादन का एक प्रकार 3. नमस्कार; अभिवादन।

प्रणामी (सं.) [सं-पु.] प्रणाम करने वाला व्यक्ति। [सं-स्त्री.] वह धन या दक्षिणा जो बड़ों को प्रणाम करते समय उनके चरणों पर आदरपूर्वक रखा जाता है।

प्रणायक (सं.) [सं-पु.] 1. मार्गदर्शक; पथप्रदर्शक 2. नेता 3. सेनापति।

प्रणाली (सं.) [सं-स्त्री.] 1. वह मार्ग या नाला जिसमें से होकर जल बहता हो 2. विशेषत: ऐसा जलमार्ग जो दो जलराशियों को मिलाता हो 3. कोई काम करने का उचित, उपयुक्त नियत या विधि-विहित ढंग, प्रकार या साधन; (चैनल) 4. द्वार 5. परंपरा; प्रथा।

प्रणाशन (सं.) [सं-पु.] नाश करना; नाश करने की क्रिया या भाव; विनाश; बरबादी।

प्रणिधान (सं.) [सं-पु.] 1. देखा जाना 2. रखा जाना 3. उपयोग; व्यवहार 4. प्रयत्न 5. (योग) समाधि 6. पूरी भक्ति और श्रद्धा से की जाने वाली साधना; उपासना 7. चित्त की एकाग्रता 8. किए जाने वाले कर्म के फल का त्याग 9. अर्पण 10. भक्ति।

प्रणिधि (सं.) [सं-पु.] 1. गुप्तचर 2. अनुचर 3. याचन 4. अवधान। [सं-स्त्री.] 1. मन की एकाग्रता 2. प्रार्थना; निवेदन 3. तत्परता।

प्रणिपात (सं.) [सं-पु.] 1. नमन; प्रणाम 2. अभिवादन 3. चरणों पर गिरना।

प्रणीत (सं.) [वि.] 1. जिसका प्रणयन किया गया हो या हुआ हो; बना या तैयार किया हुआ; निर्मित; रचित 2. जिसका संशोधन या संस्कार हुआ हो; संशोधित; संस्कृत 3. प्रवेशित 4. अलग किया हुआ; फेंका हुआ। [सं-पु.] 1. मंत्र से संस्कारित जल 2. मंत्र से संस्कारित अग्नि 3. पकाया हुआ भोजन।

प्रणीता (सं.) [सं-स्त्री.] अभिमंत्रित जलपात्र; मंत्र शोधित (शुद्ध किया गया) पानी रखने का बरतन।

प्रणेता (सं.) [सं-पु.] 1. पथप्रदर्शक; नेता; निर्माता 2. ग्रंथ का रचयिता 3. किसी मत या सिद्धांत का प्रवर्तक।

प्रतनु (सं.) [वि.] 1. अतिकृश; अति क्षीण 2. अति सूक्ष्म 3. अत्यल्प।

प्रताड़ना (सं.) [सं-स्त्री.] 1. सताना; सताने की क्रिया 2. डाँट-फटकार 3. कष्टदायक स्थिति।

प्रताड़ित (सं.) [वि.] 1. जिसे प्रताड़ित किया गया हो 2. जिसे डाँटा-फटकारा गया हो 3. जिसे मानसिक वेदना पहुँचाई गई हो।

प्रतान (सं.) [सं-पु.] 1. नए पत्ते; किसलय 2. लतातंतु; लता 3. विस्तार; फैलाव 4. एक रोग; मिरगी।

प्रताप (सं.) [सं-पु.] 1. तेज 2. पराक्रम; विक्रम 3. वीरता 4. प्रभुत्व 5. प्रभाव 6. पौरुष; प्रकृष्ट ताप 7. प्राचीन भारत में युवराज के सिर पर लगाया जाने वाला एक प्रकार का छत्र 8. (संगीत) कर्नाटक पद्धति का एक राग 9. मदार का पेड़।

प्रतापवान (सं.) [वि.] पराक्रमी; प्रतापी।

प्रतापी (सं.) [वि.] 1. पराक्रमी 2. जिसका प्रताप चारों ओर फैला हो 3. बहुत दुख देने वाला 4. संताप देने वाला; सताने वाला।

प्रतारण (सं.) [सं-पु.] 1. ठगी; वंचना 2. धूर्तता; धोखेबाज़ी।

प्रतारणा (सं.) [सं-स्त्री.] धोखा देने या ठगने की कोई क्रिया या ढंग; वंचना; ठगी।

प्रतारित (सं.) [वि.] 1. जिसे धोखा दिया गया हो 2. जो ठगा गया हो।

प्रति[1] (सं.) [सं-स्त्री.] अनेक पुस्तकों या समाचार पत्रों में से कोई एक (कॉपी)। [अव्य.] 1. ओर; तरफ़ 2. संबंध में; विषय में।

प्रति[2] [पूर्वप्रत्य.] एक प्रत्यय जो शब्दों के साथ जुड़कर निम्नलिखित अर्थ देता है- 1. विरोध, विपरीतता, जैसे- प्रतिकूल 2. बदला, जैसे- प्रतिघात, प्रतिकार 3. समानता, सादृश्य, जैसे- प्रतिमूर्ति, प्रतिरूप 4. खंडन, जैसे- प्रतिवाद 5. अधिकता, जैसे- प्रतिख्याति 6. स्थानापन्न; सहायक, जैसे- प्रतिकुलपति इत्यादि।

प्रतिंचा (सं.) [सं-स्त्री.] धनुष की डोरी; प्रत्यंचा; चिल्ला।

प्रतिकर (सं.) [सं-पु.] 1. क्षतिपूर्ति; हरजाना 2. विक्षेप; प्रतिशोध।

प्रतिकरक (सं.) [वि.] 1. हरजाने या प्रतिकर से संबंध रखने वाला 2. हरजाने के रूप में दिया जाने वाला।

प्रतिकरणीय (सं.) [वि.] प्रतिकार करने योग्य; जिसका प्रतिरोध किया जाए; जिसे रोका जाए।

प्रतिकर्षण (सं.) [सं-पु.] विरोध या घृणा का भाव।

प्रतिकर्षी (सं.) [वि.] घृणा या विरोध करने वाला; विरोधी।

प्रतिकार (सं.) [सं-पु.] 1. बदला चुकाने के लिए किया गया कार्य; बदला 2. क्षतिपूर्ति हेतु दिया गया धन 3. कार्य आदि को रोकने के लिए किया जाने वाला प्रयत्न या उपाय; विरोध।

प्रतिकारक (सं.) [सं-पु.] रोग-प्रतिरोधक औषधि; शरीर के

अंदर प्रवेश कर किसी विष के प्रभाव को रासायनिक क्रिया द्वारा नष्ट करने वाली औषधि (एंटीडोट)। [वि.] प्रतिकार करने वाला।

प्रतिकारी (सं.) [सं-पु.] वह जो किसी का प्रतिकार करता है। [वि.] प्रतिकार करने वाला; विरोध करने वाला।

प्रतिकुलपति (सं.) [सं-पु.] पद क्रम में कुलपति के ठीक नीचे का पद; (प्रोवाइसचांसलर)।

प्रतिकूल (सं.) [वि.] 1. जो अनुकूल न हो; खिलाफ़ 2. विरुद्ध; विपरीत 3. रुचि, वृत्ति, निश्चय आदि के विरुद्ध या उलटा पड़ने वाला 4. कार्य में बाधक।

प्रतिकूलता (सं.) [सं-स्त्री.] 1. प्रतिकूल होने की अवस्था 2. बाधा; अड़चन 3. विरोधी; विपक्ष।

प्रतिकृति (सं.) [सं-स्त्री.] 1. प्रतिरूप; प्रतिबिंब; सादृश्य 2. किसी के अनुकरण पर बनाई हुई मूर्ति या रूप, जैसे- प्रतिमा, चित्र आदि 3. किसी व्यक्ति की आकृति के अनुसार बना हुआ उसका चित्र; तस्वीर।

प्रतिकोप (सं.) [सं-पु.] विपक्षी या विरोधी के प्रति होने वाला क्रोध।

प्रतिक्रम (सं.) [सं-पु.] 1. उलटा या विपरीत क्रम 2. प्रतिकूल आचरण या कार्य। [वि.] जो किसी नियत या मानक क्रम के अनुसार न होकर विपरीत क्रम से बना या लगा हुआ हो।

प्रतिक्रमण (सं.) [सं-पु.] 1. पीछे लौटना; पीछे जाना 2. विपरीत या उलटा क्रम अपनाना।

प्रतिक्रमात (सं.) [अव्य.] निर्दिष्ट या बताए हुए क्रम के उलटे या विपरीत क्रम से।

प्रतिक्रिया (सं.) [सं-स्त्री.] 1. किसी कार्य या घटना के परिणाम-स्वरूप होने वाला कार्य 2. प्रतिकार; बदला 3. (रसायनशास्त्र) एकाधिक द्रव्यों के संयोग से होने वाला रासायनिक परिवर्तन 4. प्राकृतिक नियम के अनुसार होने वाली क्रिया के विपरीत स्वाभाविक क्रिया।

प्रतिक्रियात्मक (सं.) [वि.] 1. प्रतिक्रिया संबंधी 2. प्रतिक्रिया से युक्त 3. प्रतिक्रिया के फलस्वरूप किया जाने वाला; प्रतिक्रियास्वरूप।

प्रतिक्रियायित (सं.) [वि.] जो किसी की प्रतिक्रिया के फलस्वरूप सक्रिय होकर प्रतिक्रिया करने लगे।

प्रतिक्रियावाद (सं.) [सं-पु.] वह सिद्धांत या मत जो उन्नति या नवीन मान्यताओं या क्रांति का विरोधी हो; परंपरागत बातों में सुधार या परिवर्तन करने वालों का विरोध करने का मत या सिद्धांत।

प्रतिक्रियावादी (सं.) [सं-पु.] प्रतिक्रियावाद का समर्थक। [वि.] 1. प्रतिक्रियावाद संबंधी 2. सुधार या विकास के विपरीत जाने वाला।

प्रतिक्रियाशील (सं.) [वि.] वह जो नवीन मान्यताओं या क्रांति का विरोधी हो; प्रतिक्रियावादी।

प्रतिक्रूर (सं.) [सं-पु.] क्रूरता के विरोध में क्रूरता का भाव; विपक्षी या विरोधी की क्रूरता के प्रति उत्पन्न होने वाली क्रूरता।

प्रतिक्रोध (सं.) [सं-पु.] किसी के क्रोध की प्रतिक्रिया में उत्पन्न क्रोध; किसी के क्रोध के कारण (अथवा क्रोध के बदले) उत्पन्न होने वाला क्रोध।

प्रतिक्षण (सं.) [अव्य.] 1. प्रत्येक क्षण; हर पल; प्रत्येक पल में 3. हमेशा; निरंतर।

प्रतिख्यात (सं.) [वि.] जिसकी चारों ओर ख्याति हो; अतिप्रसिद्ध।

प्रतिगर्जना (सं.) [सं-स्त्री.] किसी के गर्जन के प्रत्युत्तर में किया गया गर्जन।

प्रतिगामी (सं.) [सं-पु.] 1. वह जो प्रतिकूल या विपरीत दिशा में जाए या ले जाए (व्यक्ति, विचार आदि) 2. उन्नति या नवीन मान्यताओं का विरोध करने वाला व्यक्ति; प्रतिक्रियावादी; (रिएक्शनरी)। [वि.] प्रतिकूल या उलटी दिशा में जाने या ले जाने वाला; प्रतिक्रियावादी।

प्रतिगुंजित (सं.) [वि.] 1. बार-बार गूँजने वाला 2. प्रतिध्वनित।

प्रतिग्रह (सं.) [सं-पु.] 1. ग्रहण करना; स्वीकार करना; किसी की दी हुई वस्तु ले लेना 2. पाणिग्रहण; विवाह 3. पत्नी के रूप में ग्रहण करना; ब्याहता 4. प्रतिकार; विरोध 5. अभ्यर्थना 6. किसी अभियुक्त या संदिग्ध की जाँच के लिए अधिकारियों को सौंपा जाना; (कस्टडी) 7. सेना का पिछला भाग। [वि.] ग्रहण करने वाला; लेने वाला।

प्रतिग्रहण (सं.) [सं-पु.] 1. विधिपूर्वक दी हुई वस्तु स्वीकार करना 2. पाणिग्रहण 3. दान लेना 4. ऋण आदि का भुगतान न होने पर न्यायालय के आदेश से संबंधित (व्यक्ति) की संपत्ति पर अधिकार करना।

प्रतिग्राहक (सं.) [सं-पु.] 1. गृहीता 2. टेलीफ़ोन का एक उपकरण 3. संपत्ति से होने वाली आय लेने वाला या न्यायालय द्वारा नियुक्त वह अधिकारी जो किसी विवादित या ऋण-ग्रस्त संपत्ति की देखरेख के लिए नियुक्त किया जाता है। [वि.] दान लेने वाला; दी हुई वस्तु लेने वाला।

प्रतिघात (सं.) [सं-पु.] 1. आघात के बदले किया गया आघात; बाधा; रुकावट 2. मारण; वध 3. निवारण; दूरीकरण।

प्रतिघाती (सं.) [वि.] प्रतिघात करने वाला; शत्रु; बैरी; दुश्मन; ढकेलने वाला; प्रतिद्वंदी।

प्रतिचक्रवात (सं.) [सं-पु.] (भूगोल) चक्रवात से पूर्णतः विपरीत प्रकृति का चक्रवात जिसके केंद्र में उच्च वायुदाब तथा परिधि की ओर निम्न वायुदाब पाया जाता है जिसके कारण हवाएँ केंद्र से परिधि की ओर प्रवाहित होती हैं।

प्रतिच्छवि (सं.) [सं-स्त्री.] 1. प्रतिबिंब; परछाईं 2. चित्र; तस्वीर 3. प्रतिमा।

प्रतिच्छाया (सं.) [सं-स्त्री.] 1. चित्र; तस्वीर 2. प्रतिरूप 3. परछाईं; प्रतिबिंब 4. प्रतिमा।

प्रतिच्छायित (सं.) [वि.] 1. जिसपर किसी की परछाईं पड़ी हो 2. प्रतिबिंबित।

प्रतिछाया (सं.) [सं-स्त्री.] प्रतिच्छाया; परछाईं।

प्रतिजल्प (सं.) [सं-पु.] 1. किसी को उसकी बात के उत्तर में कही गई बात; प्रत्युत्तर 2. विपरीत या विरोध में कही गई बात 3. सम्मति; परामर्श; सलाह।

प्रतिजिह्वा (सं.) [सं-स्त्री.] गले के भीतर (अंदर) की घंटी;

कौआ।

प्रतिजैविक (सं.) [सं-पु.] एक पदार्थ या यौगिक जो जीवाणुओं को मार डालता है या उसके विकास को रोकता है; (एंटीबायोटिक)।

प्रतिज्ञ (सं.) [वि.] प्रतिज्ञा करने वाला; दृढ़ संकल्प करने वाला।

प्रतिज्ञा (सं.) [सं-स्त्री.] 1. किसी कार्य के करने या न करने के संबंध में दृढ़ निश्चय; प्रण; संकल्प 2. कसम; शपथ; सौगंध 3. वादा; वचन 4. घोषणा; दावा 5. (न्याय) किसी के पक्ष में कहा गया मत, कथन या वक्तव्य 6. (न्याय) अनुमान के पाँच अवयवों में से एक।

प्रतिज्ञात (सं.) [सं-पु.] प्रतिज्ञा; दृढ़ संकल्प। [वि.] 1. घोषित किया हुआ 2. जिसके विषय या संबंध में प्रतिज्ञा की गई हो 3. संभव; साध्य; जिसे किया जा सकता हो।

प्रतिज्ञान (सं.) [सं-पु.] 1. प्रतिज्ञा 2. किसी बात को सत्य-निष्ठा के साथ गंभीरतापूर्वक कहना 3. स्वीकार।

प्रतिज्ञापत्र (सं.) [सं-पु.] शपथपत्र; इकरारनामा; ऐसा पत्र जिसमें कोई प्रतिज्ञा लिखी हो।

प्रतिज्ञाबद्ध (सं.) [वि.] प्रतिज्ञा से बँधा हुआ; वचनबद्ध।

प्रतिज्ञायुक्त (सं.) [वि.] प्रतिज्ञा किया हुआ; शपथ लिया हुआ।

प्रतित (सं.) [सं-स्त्री.] 1. विस्तार 2. लंबी-चौड़ी और बड़ी लता।

प्रतिदर्श (सं.) [सं-पु.] 1. नमूना 2. प्रतिरूप 3. किसी वस्तु आदि के निर्माण के लिए पूर्व निर्मित आदर्श।

प्रतिदर्शी (सं.) [सं-पु.] किसी वस्तु आदि के निर्माण के पूर्व बनाया जाने वाला नमूना; बानगी।

प्रतिदान (सं.) [सं-पु.] 1. लौटाना; वापस करना 2. ली हुई वस्तु के बदले में दूसरी वस्तु देना; विनिमय 3. बदले में किया गया वैसा ही व्यवहार।

प्रतिदिन (सं.) [क्रि.वि.] प्रत्येक दिन; हर रोज़; प्रतिदिवस।

प्रतिदेय (सं.) [सं-पु.] ख़रीद कर लौटाई हुई वस्तु या लौटाई जाने वाली वस्तु। [वि.] लौटाने या बदलने योग्य।

प्रतिदेश (सं.) [सं-पु.] 1. सीमावर्ती प्रदेश; सीमा पर का देश 2. सीमांत भूमि; सीमांत प्रदेश।

प्रतिद्वंद्विता (सं.) [सं-स्त्री.] 1. प्रतिद्वंद्वी होने की अवस्था या भाव 2. प्रतिस्पर्धा।

प्रतिद्वंद्वी (सं.) [सं-पु.] 1. धन, जन, बल तथा कौशल में समान स्तर का विरोधी या शत्रु 2. प्रतिस्पर्धी व्यक्ति 3. किसी एक ही वस्तु, पद आदि के लिए प्रयत्नशील। [वि.] 1. विरोधी; प्रतिकूल 2. मुकाबला करने वाला; प्रतिपक्षी; प्रतिस्पर्धी।

प्रतिधान (सं.) [सं-पु.] 1. कहीं पर रखना 2. निराकरण 3. लौटाना।

प्रतिध्वनन (सं.) [सं-पु.] ध्वनि के प्रत्यावर्तित होकर सुनाई देने की क्रिया; ध्वनि-तरंगों का सामने की किसी वस्तु से टकराकर लौटने की क्रिया।

प्रतिध्वनि (सं.) [सं-स्त्री.] 1. परावर्तित होकर सुनाई पड़ने वाली ध्वनि तरंगें 2. किसी ध्वनि का किसी बाधक पदार्थ से टकराने पर उत्पन्न होने वाला प्रतिरूप; प्रतिशब्द; **गूँज** 3. {ला-अ.} दूसरे के विचारों, कथनों आदि का मूल से मिलते-जुलते रूप में दोहराया जाना 4. {ला-अ.} दोहराई गई बात।

प्रतिनंदन (सं.) [सं-पु.] 1. बधाई; मुबारक; अभिनंदन; मुबारकबाद 2. बधाई सूचक वाक्य 3. बधाई देने वाले के प्रति प्रकट की जाने वाली शुभकामना।

प्रतिनव (सं.) [वि.] पूर्णतः नया; नूतन।

प्रतिनाद (सं.) [सं-पु.] प्रतिध्वनि; प्रत्यावर्तित होकर सुनाई पड़ने वाली ध्वनि-तरंगें।

प्रतिनायक (सं.) [सं-पु.] 1. (साहित्य) किसी काव्य या रचना में मुख्य नायक का प्रतिद्वंद्वी पात्र 2. खलनायक।

प्रतिनिधायन (सं.) [सं-पु.] 1. प्रतिनिधि के रूप में कुछ लोगों को कहीं भेजने की क्रिया 2. प्रतिनिधियों का वह दल जो किसी काम के लिए कहीं जाए।

प्रतिनिधि (सं.) [सं-पु.] 1. किसी अन्य के स्थान पर कार्य करने के लिए भेजा गया व्यक्ति 2. किसी समूह, वर्ग के द्वारा चुना हुआ या निर्वाचित व्यक्ति जो उसके पक्ष को प्रस्तुत कर सके और उसकी ओर से कार्य कर सके 3. प्रतिमा; प्रतिरूप 4. किसी वैदिक कृत्य या औषधि के काम आने वाले द्रव्य के अभाव में उसके स्थान पर प्रयुक्त होने वाला द्रव्य।

प्रतिनिधि मंडल (सं.) [सं-पु.] 1. व्यक्तियों का विशेष दल 2. प्रतिनिधि सदस्यों का दल या मंडल 3. समूह आदि का वह व्यक्ति या इकाई जिससे उक्त जाति या समूह के अन्य सदस्यों या इकाइयों के बारे में अनुमान लगाया जा सके।

प्रतिनिधिक (सं.) [वि.] 1. नुमाइंदा 2. प्रतिनिधित्व करने वाला।

प्रतिनिधित्व (सं.) [सं-पु.] प्रतिनिधि का कार्य; प्रतिनिधि का भाव; दूतत्व।

प्रतिनिधिपत्र (सं.) [सं-पु.] किसी व्यक्ति को किसी अन्य व्यक्ति के प्रतिनिधि के रूप में कार्य करने के लिए मिला हुआ वैधानिक अधिकारपत्र; मुख़्तारनामा।

प्रतिनिनाद (सं.) [सं-पु.] प्रतिध्वनि; प्रतिनाद; निनाद (ध्वनि) का प्रत्यावर्तित होकर लौटना।

प्रतिनियुक्ति (सं.) [सं-स्त्री.] 1. दूसरे के स्थान पर कुछ समय तक काम करना 2. किसी व्यक्ति के स्थान पर किसी अन्य व्यक्ति को नियुक्त करना 3. किसी को किसी विशेष कार्य हेतु नियुक्त करना।

प्रतिनिर्देश (सं.) [सं-पु.] पुनःनिर्देश, कथन या उल्लेख।

प्रतिपक्ष (सं.) [सं-पु.] 1. विरोधी पक्ष; प्रतिवादी पक्ष; विरूद्ध पक्ष 2. वह दल जिससे खेल में मुकाबला करना है 3. शत्रु 4. विरोधी मत।

प्रतिपक्षता (सं.) [सं-स्त्री.] प्रतिपक्षी होने की अवस्था या भाव; विरोध।

प्रतिपक्षित (सं.) [वि.] 1. विरोधी दल में गया हुआ 2. (न्याय दर्शन) वह हेतु जो सत्प्रतिपक्ष नामक दोष से युक्त हो।

प्रतिपक्षी (सं.) [सं-पु.] विपरीत पक्ष का; विरोधी; विपक्षी; शत्रु।

प्रतिपक्षीय (सं.) [वि.] प्रतिपक्ष का; प्रतिपक्ष संबंधी।

प्रतिपण (सं.) [सं-पु.] एक-सा मूल्य; समान मूल्य।

प्रतिपत्ति (सं.) [सं-स्त्री.] 1. प्राप्त करना 2. अनुमान 3. ज्ञान 4. दान ग्रहण 5. किसी विषय का प्रतिपादन; निरूपण 6. स्वीकृति 7. प्रसिद्धि 8. कार्यारंभ 9. दृढ़ निश्चय।

प्रतिपत्र (सं.) [सं-पु.] वह पत्र जिसके द्वारा किसी व्यक्ति को किसी के बदले कुछ काम करने या मतदान आदि का अधिकार दिया जाता है।

प्रतिपत्रक (सं.) [सं-पु.] 1. चालान बही 2. रसीद का वह हिस्सा जिसे लिखित प्रमाण के रूप में धारक को दिया जाता है।

प्रतिपत्री (सं.) [सं-पु.] प्रतिपत्र; प्रतिनिधि; किसी का स्थानापन्न।

प्रतिपदा (सं.) [सं-स्त्री.] प्रथमा तिथि; चंद्रमास के किसी पक्ष की पहली तिथि।

प्रतिपन्न (सं.) [वि.] 1. ज्ञात; अवगत 2. स्वीकृत 3. प्रमाणित 4. प्राप्त 5. जिसका उत्तर दिया गया हो 6. आरंभ किया हुआ 7. निरूपित 8. सम्मानित 9. प्रचंड 10. शरणागत 11. पराभूत।

प्रतिपरीक्षण (सं.) [सं-पु.] 1. न्यायालय आदि में गवाह आदि के बयान हो जाने के उपरांत उसके द्वारा छिपाई गई बातों का पता लगाने के लिए उससे कुछ और प्रश्न करना; जिरह; (क्रॉस एग्ज़ैमिनेशन) 2. साक्षी-परीक्षा।

प्रतिपर्ण (सं.) [सं-पु.] प्रतिपत्रक; (काउंटर फ़ाइल)।

प्रतिपर्णशिफा (सं.) [सं-स्त्री.] एक प्रकार की औषधि; मूषिकपर्णी; द्रवंती।

प्रतिपादक (सं.) [वि.] 1. प्रतिपादन करने वाला; किसी मत को स्थापित करने वाला 2. उत्पादक 3. निर्वाह करने वाला 4. व्याख्यान करने वाला। [सं-पु.] 1. उन्नायक 2. व्याख्याता।

प्रतिपादन (सं.) [सं-पु.] 1. अच्छी तरह समझकर कोई बात कहना; प्रतिपत्ति 2. अपना मत पुष्ट करने के लिए प्रमाणपूर्वक कुछ कहना 3. ज्ञान कराना; बोधन 4. किसी विषय का सप्रमाण कथन; निरूपण।

प्रतिपादित (सं.) [वि.] 1. जिसका प्रतिपादन हो चुका हो 2. अच्छी तरह समझाया हुआ; बोधित 3. सिद्ध किया हुआ; प्रमाणित 4. स्थापित 5. उत्पादित; घोषित; कथित।

प्रतिपाद्य (सं.) [वि.] 1. प्रतिपादन करने योग्य; जिसका प्रतिपादन किया जा सकता हो 2. जिसे प्रमाणित किया जाए 3. जिसका स्पष्टीकरण दिया जा सकता हो।

प्रतिपाल (सं.) [वि.] 1. प्रतिपालन करने वाला 2. रक्षा करने वाला। [सं-पु.] 1. पालन; रक्षा 2. सहायता।

प्रतिपालक (सं.) [वि.] 1. पालन-पोषण करने वाला 2. रक्षक। [सं-पु.] 1. पालक-पोषक; अन्नदाता 2. रक्षा करने वाला व्यक्ति।

प्रतिपालन (सं.) [सं-पु.] 1. पालन करना 2. आज्ञा, आदेश आदि का कर्तव्यपूर्वक पालन 3. रक्षण; देखरेख।

प्रतिपुरुष (सं.) [सं-पु.] 1. वह पुरुष जो किसी दूसरे पुरुष के स्थान पर उसका प्रतिनिधि या स्थानापन्न होकर काम करता हो 2. प्रतिपत्र; किसी सभा में किसी का प्रतिनिधि 3. किसी का स्थानापन्न।

प्रतिपुस्तक (सं.) [सं-स्त्री.] किसी लेख या पुस्तक की हस्तलिखित प्रति की नकल या प्रतिलिपि।

प्रतिपूजा (सं.) [सं-स्त्री.] 1. अभिवादन के बदले अभिवादन करना; पारस्परिक अभिवादन 2. ख़ातिरदारी; स्वागत-सत्कार।

प्रतिपूज्य (सं.) [वि.] जो अभिवादन या प्रतिपूजन के योग्य हो; अभिवाद्य।

प्रतिपूरक (सं.) [वि.] 1. परिपूरण करने वाला; भरने वाला 2. अनुपूरक; अतिरिक्त 3. क्षतिपूर्ति करने वाला; क्षतिपूरक 4. परिशिष्ट।

प्रतिपूरकता (सं.) [सं-स्त्री.] प्रतिपूरक होने की अवस्था या भाव।

प्रतिपूर्ति (सं.) [सं-स्त्री.] किसी व्यक्ति या बैंक से लिया हुआ या ख़र्च किया हुआ धन उस व्यक्ति या बैंक को देकर उसकी पूर्ति करने की क्रिया।

प्रतिप्रक्षेपास्त्र (सं.) [सं-पु.] प्रक्षेपास्त्र को नष्ट करने वाला प्रक्षेपास्त्र।

प्रतिप्रश्न (सं.) [सं-पु.] प्रश्न पर प्रश्न करना।

प्रतिप्रसूत (सं.) [वि.] 1. प्रतिप्रसव संबंधी 2. प्रतिप्रसव के रूप में होने वाला 3. किसी ख़ास अवसर पर निषिद्ध होते हुए भी स्वीकार होने वाला।

प्रतिप्रहार (सं.) [सं-पु.] प्रहार के प्रत्युत्तर (जवाब) में किया जाने वाला प्रहार; प्रत्याक्रमण।

प्रतिप्राप्ति (सं.) [सं-स्त्री.] 1. पुनःप्राप्ति 2. वसूली 3. खोई हुई या अधिकार से प्राप्त निकली हुई चीज़ की पुनः प्राप्ति।

प्रतिप्रिय (सं.) [सं-पु.] उपकार के बदले किया जाने वाला उपकार; सेवा के बदले की जाने वाली सेवा या कृपा।

प्रतिफल (सं.) [सं-पु.] 1. किसी कार्य का परिणाम 2. प्रतिबिंब; प्रतिच्छाया 3. किसी कार्य के बदले मिलने वाला पुरस्कार 4. वह जो बदले में दिया जाए 5. किसी कार्य का प्रतिकार।

प्रतिफलक (सं.) [सं-पु.] 1. वह फलक जिसकी मदद से किसी वस्तु की पड़ने वाली परछाईं किसी दूसरी ओर या दूसरी वस्तु पर परावर्तित की जाती है 2. किसी वस्तु को प्रतिफलित करने का यंत्र; प्रकाश परावर्तक; (रीफ़्लेक्टर)।

प्रतिफलन (सं.) [सं-पु.] प्रतिफल।

प्रतिफलित (सं.) [वि.] 1. जो प्रतिफल के रूप में हो 2. जिसका प्रतिफल मिल रहा हो; सफल 3. जो प्रतिफल दे रहा हो 4. प्रतिबिंबित 5. जिसका बदला लिया गया हो; प्रतिकृत।

प्रतिबंध (सं.) [सं-पु.] 1. बाँधने की क्रिया या भाव 2. ऋण आदि देने पर लगाई गई रोक; निषेध; मनाही 3. प्रतिरोध 4. किसी कार्य में लगाई गई शर्त 5. उपबंध 6. निराशा की स्थिति।

प्रतिबंधक (सं.) [वि.] प्रतिबंध लगाने वाला; रोकने वाला; प्रतिरोधक।

प्रतिबंधन (सं.) [सं-स्त्री.] 1. किसी व्यक्ति, बात या कार्य पर लगाया जाने वाला बंधन; रोक 2. प्रतिबंध लगाने की क्रिया या भाव 3. विघ्न; अवरोध; बाधा 4. कैद।

प्रतिबंधि (सं.) [सं-स्त्री.] 1. दोनों पक्षों पर लागू होने वाली दलील 2. आपत्ति; विरोध।

प्रतिबंधित (सं.) [वि.] 1. सीमित 2. प्रतिबंधपूर्वक; जिसपर

प्रतिबंध लगा हो 3. जो आम जनता के लिए सुलभ न हो 4. प्रतिबंध के अधीन।

प्रतिबंधी (सं.) [वि.] 1. बाधा पहुँचाने वाला 2. बाँधने वाला 3. जिससे बाधा पहुँच रही हो 4. रोकने वाला।

प्रतिबंधु (सं.) [सं-पु.] 1. वह जो पद या पदवी में समान हो 2. वह जो बंधु के समान हो; बंधुत्व।

प्रतिबद्ध (सं.) [वि.] 1. बँधा हुआ 2. प्रतिबंधित 3. नियंत्रित 4. जो किसी से इस प्रकार संबद्ध हो कि अलग न किया जा सके; लगा हुआ 5. फँसा हुआ; अटका हुआ 6. जो प्रतिबंध का विषय हो।

प्रतिबद्धता (सं.) [सं-स्त्री.] किसी ख़ास उद्देश्य, मतवाद आदि से संबद्ध होने की संकल्पबद्धता; वचनबद्धता।

प्रतिबल (सं.) [वि.] 1. बराबर बल वाला 2. सशक्त। [सं-पु.] विरोधी; शत्रु।

प्रतिबाधक (सं.) [वि.] 1. बाधा खड़ी करने वाला 2. अवरोधक 3. कष्ट पहुँचाने वाला। [सं-पु.] 1. वह जो बाधा खड़ी करे 2. अवरोधक व्यक्ति, वस्तु या स्थिति 3. कष्ट पहुँचाने वाला व्यक्ति।

प्रतिबाधन (सं.) [सं-पु.] 1. बाधा; विघ्न 2. पीड़ा; कष्ट।

प्रतिबाधित (सं.) [वि.] 1. निवारित या हटाया हुआ 2. पीड़ित 3. बाधित; जिसमें पहले से ही बाधा डाल दी गई हो।

प्रतिबिंब (सं.) [सं-पु.] 1. पानी व शीशे में दिखाई देने वाली छाया; परछाईं; प्रतिच्छाया 2. प्रतिमा; प्रतिमूर्ति; चित्र; तस्वीर।

प्रतिबिंबक (सं.) [वि.] परछाईं के समान (छाया की तरह) पीछे-पीछे चलने वाला। [सं-पु.] अनुगामी; अनुचर।

प्रतिबिंबन (सं.) [सं-पु.] 1. छाया या परछाईं पड़ना; प्रतिबिंबित होना 2. अनुकरण 3. तुलना।

प्रतिबिंबित (सं.) [वि.] 1. जिसका प्रतिबिंब पड़ा हो 2. दर्पण आदि में प्रतिफलित 3. जिसका आभास मिलता हो; जो कुछ स्पष्ट रूप से व्यक्त होता हो।

प्रतिबीज (सं.) [सं-पु.] वह बीज जिसका बीजत्व नष्ट हो गया हो; ख़राब या सड़ा हुआ बीज। [वि.] जिसकी उत्पन्न करने की शक्ति नष्ट हो गई हो।

प्रतिबुद्ध (सं.) [वि.] 1. जाना हुआ; प्रतिबोधित किया हुआ; अवगत; ज्ञात 2. जागा हुआ 3. उन्नत 4. प्रसिद्ध 5. खिला हुआ।

प्रतिबुद्धि (सं.) [सं-स्त्री.] 1. आत्मघाती या विपरीत बुद्धि; शत्रुता या विरोध का भाव 2. जागरण।

प्रतिबोध (सं.) [सं-पु.] 1. जागरण; जागना 2. ज्ञान 3. जागना; होश में आना 4. स्मृति।

प्रतिबोधक (सं.) [वि.] 1. जगाने वाला 2. ज्ञान कराने वाला 3. शिक्षा देने वाला 4. तिरस्कार करने वाला। [सं-पु.] गुरु; अध्यापक; शिक्षक।

प्रतिबोधन (सं.) [सं-पु.] 1. ज्ञान कराने की क्रिया; ज्ञान उत्पन्न करना 2. जगाने की क्रिया या भाव; जगाना।

प्रतिबोधित (सं.) [वि.] 1. जिसे किसी बात का ज्ञान कराया गया हो 2. जगाया हुआ।

प्रतिबोधी (सं.) [वि.] 1. जो शीघ्र ही ज्ञान प्राप्त करने को हो 2. जागता हुआ।

प्रतिभट (सं.) [सं-पु.] 1. बराबर का योद्धा; शत्रु पक्ष का योद्धा 2. शत्रु 3. विरोधी 4. प्रतिद्वंद्वी।

प्रतिभा (सं.) [सं-स्त्री.] 1. किसी विषय को तत्काल समझ लेने वाली असाधारण बुद्धि; असाधारण प्रखरता वाली मानसिक शक्ति 2. बुद्धि; समझ; विलक्षण बौद्धिक शक्ति 3. लेखक, कवि, कलाकार आदि की वह शक्ति जिससे वह अनुभव के आधार पर किसी कृति का सर्जन करता है; नवोन्मेषशालिनी शक्ति 4. ऊपर या सामने दिखाई देने वाली आकृति या रूप 5. दीप्ति; प्रभा; चमक।

प्रतिभा-संपन्न (सं.) [वि.] जिसमें प्रतिभा हो; प्रतिभाशाली; प्रतिभावान; प्रतिभायुक्त।

प्रतिभाग (सं.) [सं-पु.] 1. प्राचीनकाल में लिया जाने वाला एक प्रकार का राजकर 2. उत्पादकर।

प्रतिभागिता [सं-स्त्री.] 1. सहभागिता; हिस्सेदारी; भाग लेना या सम्मिलित होना 2. प्रतिभागी होने का भाव।

प्रतिभागी (सं.) [सं-पु.] 1. किसी प्रतियोगिता में भाग लेने वाला व्यक्ति; संभागी 2. वह जो किसी आयोजन, समिति आदि में सम्मिलित होता है।

प्रतिभाज्य (सं.) [वि.] 1. जिसपर शुल्क लगाया जाता हो 2. एक प्रकार का कर।

प्रतिभात (सं.) [वि.] 1. चमक या प्रभायुक्त 2. अवगत; ज्ञात; प्रतीत 3. सामने आया हुआ।

प्रतिभान (सं.) [सं-पु.] 1. चमक; प्रभा 2. प्रत्यक्ष (उपस्थित) बुद्धि 3. प्रगल्भता; वाक्चातुर्य 4. विश्वास।

प्रतिभावान (सं.) [वि.] 1. जिसमें प्रतिभा हो; प्रतिभायुक्त; प्रतिभाशाली 2. प्रगल्भ 3. दीप्तिमान।

प्रतिभाव्य (सं.) [वि.] जिसकी जमानत हो सकती हो; वह अपराधी या अभियुक्त जिसकी जमानत मुकदमें के निर्णय काल तक के लिए हो सकती हो; प्रतिभूमोच्य; (बेलेबल)।

प्रतिभाशाली (सं.) [वि.] जो प्रतिभा से युक्त हो; प्रतिभावान।

प्रतिभाशील (सं.) [वि.] जिसमें प्रतिभा हो; प्रतिभावान; प्रतिभायुक्त।

प्रतिभाषा (सं.) [सं-स्त्री.] उत्तर; जवाब; प्रत्युत्तर।

प्रतिभास (सं.) [सं-पु.] 1. अचानक होने वाला ज्ञान 2. आभास 3. भ्रम 4. मिथ्या ज्ञान।

प्रतिभासन (सं.) [सं-पु.] 1. चमकना 2. भासित होना; ज्ञात होना; जान पड़ना 3. दिखाई देना।

प्रतिभाहीन (सं.) [वि.] जिसमें प्रतिभा का अभाव हो; प्रतिभा से रहित।

प्रतिभिन्न (सं.) [वि.] 1. जिसका भेदन किया गया हो 2. जो अलग किया गया हो; विभक्त; विभाजित।

प्रतिभू (सं.) [सं-पु.] 1. धन आदि देकर या कर्ज़ चुकाकर किसी की ज़मानत कराने वाला व्यक्ति; ज़मानतदार 2. जमानत राशि; प्रतिभूति।

प्रतिभूत (सं.) [वि.] 1. वह (व्यक्ति) जिसकी ज़मानत की गई

हो 2. ज़मानत के रूप में जमा किया गया (धन) 3. वह (संपत्ति) जो ज़मानत के रूप में किसी को सौंपी गई हो।

प्रतिभूति (सं.) [सं-स्त्री.] 1. ज़मानत राशि; मुचलका 2. सरकार द्वारा जारी किया गया ऋण का प्रमाणपत्र; सरकारी ऋणपत्र; साखपत्र 3. कोई काम या वचन पूरा करने के लिए दिया गया निश्चित आश्वासन या उसके बदले जमा की गई वस्तु या धन।

प्रतिमंडल (सं.) [सं-पु.] 1. ग्रह, नक्षत्र आदि के चारों ओर का घेरा; सूर्य आदि के चारों ओर का घेरा; परिवेश; आभामंडल 2. प्रतिनिधियों का दल, समूह या मंडल।

प्रतिमंत्रण (सं.) [सं-पु.] 1. उत्तर; जवाब 2. अभिमंत्रण।

प्रतिमंत्रित (सं.) [वि.] 1. मंत्र द्वारा शुद्ध या पवित्र किया हुआ; अभिमंत्रित 2. जिसका उत्तर दिया जा चुका हो; उत्तरित।

प्रतिमा (सं.) [सं-स्त्री.] 1. किसी की वास्तविक अथवा कल्पित आकृति के अनुसार बनाई हुई मूर्ति या चित्र; अनुकृति 2. आराधन, पूजन आदि के लिए धातु, पत्थर, मिट्टी आदि की बनाई हुई देवता या देवी की मूर्ति; देवमूर्ति 3. प्रतिबिंब; परछाईं 4. (काव्यशास्त्र) एक अलंकार जिससे किसी मुख्य पदार्थ या व्यक्ति के न होने की दशा में उसी के समान किसी दूसरे पदार्थ या व्यक्ति की स्थापना का उल्लेख होता है 5. हाथियों के दाँतों पर जड़ा जाने वाला पीतल, ताँबे आदि का छल्ला या मंडल 6. तौलने का बटखरा; बाट।

प्रतिमान (सं.) [सं-पु.] 1. परछाईं; प्रतिमा; प्रतिमूर्ति; चित्र; नमूना 2. वह मूर्ति जिसके नमूने पर वैसी ही मूर्ति बनाई जाए 3. अनुकरणीय व्यक्ति; आदर्श।

प्रतिमानित (सं.) [वि.] 1. मानक रूप दिया हुआ 2. प्रतिरूपित।

प्रतिमुद्रण (सं.) [सं-पु.] 1. खुदी या लिखी हुई आकृति, लेख आदि पर से उसकी ठीक प्रतिलिपि छापने की क्रिया 2. ज्यों का त्यों छापी गई प्रति।

प्रतिमुद्रा (सं.) [सं-स्त्री.] 1. मुद्रण से ली जाने वाली छाप 2. अँगूठी या मोहर (मुद्रा) से ली जाने वाली छाप।

प्रतिमुद्रांकन (सं.) [सं-पु.] 1. जिसपर पहले किसी अधीनस्थ अधिकारी का मुद्रांकन हो चुका हो या मुहर लग चुकी हो उस पर किसी बड़े अधिकारी का अपनी स्वीकृति या सहमति सूचित करने के लिए अपनी मोहर का लगाना 2. उक्त प्रकार से किया हुआ मुद्रांकन या लगाई हुई मोहर।

प्रतिमूर्ति (सं.) [सं-स्त्री.] किसी की आकृति को देखकर उसके अनुरूप बनाई हुई मूर्ति या चित्र आदि।

प्रतियुद्ध (सं.) [सं-पु.] बराबरी का युद्ध।

प्रतियोग (सं.) [सं-पु.] 1. परस्पर विरोधी पदार्थों का संबंध 2. किसी का विरोधी पक्ष बनाना; विरोध संबंध 3. किसी मत या वाद का खंडन 4. वैर; शत्रुता 5. किसी का प्रभाव नष्ट करने वाला तत्व, मारक 6. असफल होने के बाद भी सफलता हेतु पुनर्प्रयत्न।

प्रतियोगात्मक (सं.) [वि.] 1. प्रतियोगिता संबंधी 2. प्रतिस्पर्धात्मक।

प्रतियोगिता (सं.) [सं-स्त्री.] 1. प्रतियोगी होने का भाव; प्रतिद्वंद्विता 2. शत्रुता; दुश्मनी 3. एक निश्चित वस्तु पाने हेतु अनेक लोगों, संस्थाओं या दलों के बीच होड़; मुकाबला।

प्रतियोगी (सं.) [सं-पु.] 1. प्रतियोगिता में भाग लेने वाला 2. होड़ करने वाला 3. प्रतिद्वंद्वी 4. हिस्सेदार।

प्रतियोद्धा (सं.) [सं-पु.] 1. बराबरी में रहकर युद्ध करने वाला; प्रतिद्वंद्वी 2. वैरी; शत्रु 3. विरोधी।

प्रतियोध (सं.) [सं-पु.] प्रतियोद्धा; बराबरी में युद्ध करने वाला; प्रतिद्वंद्वी।

प्रतिरंभ (सं.) [सं-पु.] दे. प्रतिलंभ।

प्रतिरक्षण (सं.) [सं-पु.] 1. रक्षा; हिफ़ाज़त 2. किसी अभियोग से अपनी निर्दोषिता दिखाने का प्रयत्न; सफ़ाई 3. किसी आक्रमण से स्वयं की रक्षा का कार्य या व्यवस्था।

प्रतिरक्षा (सं.) [सं-स्त्री.] रक्षा; हिफाजत ।

प्रतिरक्षात्मक (सं.) [वि.] प्रतिरक्षा में किया गया; प्रतिरक्षा करने वाला।

प्रतिरक्षी (सं.) [सं-पु.] 1. एक विशेष प्रकार का प्रोटीन जो जंतुओं द्वारा प्रतिजन अणुओं की अनुक्रिया में उत्पादित किया जाता हैं; (एंटीबॉडी) 2. एक विशेष प्रकार का प्रोटीन जो प्रतिरक्षी प्रतिजन के साथ रासायनिक संयोग कर के रोगों के बाह्य आक्रमण से शरीर की रक्षा करता है।

प्रतिरुद्ध (सं.) [वि.] 1. अवरुद्ध; जिसे रोका गया हो 2. जिसे बाधा पहुँचाई गई हो 3. अटकना फंसना 4. (नगर, दुर्ग आदि) जो घेर लिया गया हो।

प्रतिरूप (सं.) [सं-पु.] 1. चित्र; तस्वीर 2. मूर्ति; प्रतिमा 3. नमूना; नमूने की प्रति 4. प्रतिनिधि 5. (महाभारत) एक दानव। [वि.] 1. कृत्रिम; बनावटी 2. जाली; समान रूपवाला 3. अनुरूप; सदृश।

प्रतिरूपक (सं.) [सं-पु.] 1. प्रतिबिंब; प्रतिच्छाया 2. प्रतिमा 3. छवि; चित्र 4. वह जो नकली चीज़, सिक्के, नोट आदि बनाता हो। [वि.] एक ही जैसा (समास में)।

प्रतिरूपकता (सं.) [सं-स्त्री.] प्रतिरूपक होने की अवस्था या भाव।

प्रतिरूपण (सं.) [सं-स्त्री.] किसी वस्तु आदि का प्रतिरूप या मॉडल बनाना या तैयार करना।

प्रतिरोध (सं.) [सं-पु.] 1. बाधा; रुकावट; अड़चन; प्रतिबंध 2. विरोध 3. शत्रु के दुर्ग, सेना आदि के चारों ओर डाला जाने वाला घेरा 4. तिरस्कार 5. छिपाव; दुराव।

प्रतिरोध शक्ति (सं.) [सं-स्त्री.] 1. आक्रमण, वेग, गति आदि को रोकने वाली क्षमता 2. प्रतिबंध लगाने की शक्ति 3. किसी को किसी कार्य से रोक देने की शक्ति।

प्रतिरोधक (सं.) [वि.] 1. प्रतिरोध करने वाला 2. बाधा डालने वाला; बाधक 3. रोकने वाला। [सं-पु.] 1. वह जो प्रतिरोध करे; बाधक 2. चोर, ठग, डाकू आदि 3. विरोधी 4. घेरने या आवृत्त करने वाला व्यक्ति।

प्रतिरोधकता (सं.) [सं-स्त्री.] 1. प्रतिरोध करने की अवस्था, क्रिया या भाव 2. वेग या गति आदि को रोकने वाली शक्ति; आक्रमण।

प्रतिरोधन (सं.) [सं-पु.] प्रतिरोध करने की क्रिया या भाव।

प्रतिरोधित (सं.) [वि.] जिसका प्रतिरोध किया गया हो; जिसे रोका गया हो; बाधित।

प्रतिरोधी (सं.) [सं-पु.] 1. रुकावट या बाधा पहुँचाने वाला व्यक्ति; रोकने वाला 2. विरोधी।

प्रतिरोपण (सं.) [सं-पु.] 1. प्रत्यारोपण 2. किसी वस्तु को एक स्थान से निकालकर दूसरे स्थान पर लगाने की क्रिया; (ट्रांसप्लांट)।

प्रतिरोपित (सं.) [वि.] 1. जो (फिर से) रोपा गया हो 2. जो पुनः लगाया गया हो।

प्रतिलंभ (सं.) [सं-पु.] 1. दोष; कलंक; इलज़ाम 2. कुरीति; बुरी चाल 3. निंदा; दुर्वचन; गाली 4. प्राप्ति; लाभ।

प्रतिलक्षण (सं.) [सं-पु.] किसी घटना या रोग आदि का संकेतक चिह्न; संकेत चिह्न।

प्रतिलक्षित (सं.) [वि.] 1. दिखाई पड़ना 2. दृष्टिगोचर।

प्रतिलाभ (सं.) [सं-पु.] 1. पुनः लाभ प्राप्त करना; दोहरा लाभ 2. पुनः प्राप्त करना; पुनर्प्राप्ति 3. शालक राग का एक भेद।

प्रतिलिपि (सं.) [सं-स्त्री.] 1. मूल लेख या पत्र आदि की नकल 2. हाथ से लिखा हुआ लेख।

प्रतिलिपिक (सं.) [सं-पु.] वह जो प्रतिलेख लिखता है; प्रतिलेखक; अनुलिपिक।

प्रतिलिपित (सं.) [वि.] जिसकी नकल या प्रतिलिपि कर ली गई हो।

प्रतिलेख (सं.) [सं-पु.] 1. किसी भाषण, व्याख्यान आदि के अभिदिष्ट या अभिलिखित लेख की प्रतिलिपि 2. लेख आदि का अक्षरशः स्वरूप।

प्रतिलेखक (सं.) [सं-पु.] प्रतिलिपिक।

प्रतिलेखन (सं.) [सं-पु.] 1. किसी आलेख, पत्र या पुस्तक आदि से कोई चीज़ ज्यों का त्यों उतारने की क्रिया या भाव 2. भाषण या संकेत लिपि में अंकित तथ्यों या टिप्पणियों के आधार पर पढ़ने योग्य लिखित प्रति तैयार करना; (ट्रांसक्रिप्शन)।

प्रतिलोम (सं.) [वि.] 1. उलटा; विपरीत 2. अप्रिय; प्रतिकूल। [सं-पु.] 1. तुच्छ और नीच 2. अप्रिय या हानिकारक कार्य।

प्रतिलोमक (सं.) [सं-पु.] विपरीत या उलटा क्रम। [वि.] 1. विपरीत; उलटा 2. तुच्छ और नीच 3. अप्रिय 4. प्रतिकूल।

प्रतिवक्ता (सं.) [सं-पु.] 1. वह जो किसी की बात का जवाब दे 2. किसी विधान या कानून का व्याख्याता। [वि.] 1. उत्तर देने वाला 2. व्याख्या करने वाला।

प्रतिवच (सं.) [सं-पु.] 1. उत्तर; जवाब 2. प्रतिध्वनि; प्रतिक्रिया में पलट कर उत्तर देना।

प्रतिवचन (सं.) [सं-पु.] 1. उत्तर; जवाब 2. प्रतिध्वनि।

प्रतिवनिता (सं.) [सं-स्त्री.] सपत्नी; सौतन; सौत।

प्रतिवर्णिक (सं.) [वि.] 1. समान वर्ण या रंग का 2. एक ही जैसा; समान; सदृश।

प्रतिवर्तन (सं.) [सं-पु.] 1. लौटना; वापस आना 2. पुरानी घटनाओं पर पुनर्विचार; अनुदर्शन; सिंहावलोकन 3. किसी के व्यवहार के बदले किया जाने वाला व्यवहार।

प्रतिवर्ती (सं.) [वि.] 1. वापस होने या लौटने वाला 2. पीछे की ओर घूमने या मुड़ने वाला 3. जो किसी के व्यवहार के अनुसार (प्रतिफल के रूप में) आचरण करता हो 4. लाभ आदि की वह रकम जो किसी की मृत्यु के बाद प्राप्त हो; जो उत्ताधिकार के रूप में भोग्य हो।

प्रतिवहन (सं.) [सं-पु.] विपरीत दिशा में या पीछे की ओर ले जाने की क्रिया या भाव; उलटी ओर ले जाना; विरुद्ध दिशा में ले जाना।

प्रतिवाक्य (सं.) [सं-पु.] प्रतिवचन; उत्तर; जवाब। [वि.] जवाब या उत्तर देने योग्य।

प्रतिवाणी (सं.) [सं-स्त्री.] किसी शब्द को सुनकर प्रत्युत्तर में कही गई दूसरी बात; प्रत्युत्तर; प्रतिवाद।

प्रतिवात (सं.) [सं-पु.] वह क्षेत्र, प्रदेश या दिशा जिधर से हवा चल रही हो।

प्रतिवाद (सं.) [सं-पु.] 1. विरोध; खंडन 2. किसी कथन को मानने से इनकार करना; किसी बात के विरोध में कही जाने वाली बात 3. वादी के कथन का उत्तर।

प्रतिवादिक (सं.) [वि.] 1. जिसके द्वारा खंडन हो 2. विरोधी।

प्रतिवादिता (सं.) [सं-स्त्री.] प्रतिवादी होने की अवस्था या भाव; प्रतिवादी का कार्य।

प्रतिवादी (सं.) [सं-पु.] 1. वह जो दूसरे के द्वारा लगाए गए आरोप का प्रतिवाद करे या उत्तर दे 2. प्रतिपक्षी; मुद्दालेह; विरोधी; शत्रु। [वि.] 1. प्रतिवाद करने वाला; विरोध करने वाला 2. किसी मत का खंडन करने वाला 3. जिसपर दावा किया गया हो 4. वादी की बात का उत्तर देने वाला।

प्रतिवार (सं.) [सं-पु.] 1. दूर करना 2. रक्षा करना; बचाना। [क्रि.वि.] प्रतिदिन; रोज़-रोज़।

प्रतिवारण (सं.) [सं-पु.] 1. रोकना 2. चेतावनी 3. विपक्षी; विरोधी 4. शत्रु का हाथी।

प्रतिवारित (सं.) [वि.] रोका हुआ; प्रतिबंधित; निषेधित; निवारित।

प्रतिवार्ता (सं.) [सं-स्त्री.] 1. किसी मिली हुई टिप्पणी का दिया जाने वाला उत्तर; प्रत्युत्तर 2. वृत्तांत।

प्रतिवास (सं.) [सं-पु.] 1. ख़ुशबू; सुगंध 2. साथ में रहना; समीप का निवास 3. पड़ोस।

प्रतिवासी (सं.) [सं-पु.] पड़ोसी; पड़ोस में रहने वाला; प्रतिवेशी।

प्रतिविधान (सं.) [सं-पु.] 1. प्रतिकार 2. धर्मशास्त्र में प्रतिपादित वह विधान, नियम या कृत्य जो किसी अन्य कृत्य के बदले किया जाता है 3. एहतियात; चौकसी।

प्रतिविधि (सं.) [सं-स्त्री.] 1. प्रतिविधान; प्रतिकार 2. ऐसा कार्य या बात, जिससे किसी प्रकार की क्षति, दोष आदि का परिमार्जन हो।

प्रतिविष (सं.) [सं-पु.] वह वस्तु या पदार्थ जिससे विष का असर दूर हो। [वि.] विष का प्रतिकारक (मारक)।

प्रतिविषा (सं.) [सं-स्त्री.] एक प्रसिद्ध वनौषधि; अतीस; (अकोनाइ)।

प्रतिविष्णु (सं.) [सं-पु.] (पुराण) विष्णु के प्रतिद्वंद्वी राजा मुचकुंद का एक नाम।

प्रतिविहित (सं.) [वि.] प्रतिबंधित; निवारित।

प्रतिवेदन (सं.) [सं-पु.] 1. निवेदन; प्रार्थना 2. आख्या; किसी कार्य, घटना, योजना और तथ्य के विषय में छानबीन या पूछताछ आदि के बाद तैयार किया हुआ विवरण; (रिपोर्ट)।

प्रतिवेदित (सं.) [वि.] 1. प्रार्थित 2. जताया हुआ; आगाह किया हुआ 3. जिसके विषय में रिपोर्ट तैयार कर के बड़े अधिकारी के पास भेजा जा चुका हो।

प्रतिवेदी (सं.) [सं-पु.] 1. वह व्यक्ति जो प्रतिवेदन तैयार करता हो 2. वह जो समाचारपत्र आदि में छपने के लिए समाचार तैयार करता हो या लिख कर भेजता हो; (रिपोर्टर)। [वि.] जानने-समझने वाला।

प्रतिवेश (सं.) [सं-पु.] 1. पड़ोस 2. घर के निकट या सामने का मकान 3. किसी के समीप या आस-पास रहने की अवस्था या भाव।

प्रतिवेशी (सं.) [सं-पु.] पड़ोस में रहने वाला व्यक्ति; पड़ोसी।

प्रतिव्यक्ति (सं.) [क्रि.वि.] 1. हरेक व्यक्ति; व्यक्तिवार 2. प्रतिजन।

प्रतिव्यूह (सं.) [सं-पु.] 1. शत्रु की योजना के विरुद्ध की जाने वाली मोर्चाबंदी या व्यूह रचना 2. समूह।

प्रतिशत (सं.) [सं-पु.] 1. प्रति सौ पर एक भाग 2. प्रति सौ के हिसाब से होने वाली दर। [वि.] प्रति सौ के हिसाब से होने वाला; फ़ीसदी। [क्रि.वि.] प्रत्येक सौ पर; हर सैकड़े के हिसाब से; फ़ीसदी; (परसेंट)।

प्रतिशतता (सं.) [सं-स्त्री.] 1. प्रति सौ की दर से किसी वस्तु की मात्रा 2. प्रतिशत; अनुपात; सैकड़ा।

प्रतिशब्द (सं.) [सं-पु.] 1. गूँज; प्रतिध्वनि 2. पर्याय। [अव्य.] प्रति शब्द में; शब्द-शब्द में; शब्द-शब्द पर।

प्रतिशाखा (सं.) [सं-स्त्री.] एक शाखा से निकली हुई दूसरी शाखा; प्रशाखा।

प्रतिशासक (सं.) [सं-पु.] 1. राजहंता; राजविरोधी 2. राजहत्या; राजवध।

प्रतिशासन (सं.) [सं-पु.] 1. किसी को किसी कार्य में नियुक्त करना 2. किसी शत्रु या विरोधी का शासन।

प्रतिशिष्ट (सं.) [वि.] 1. जिसे कहीं नियुक्त किया या भेजा गया हो 2. जिसका निराकरण किया गया हो 3. अस्वीकृत 4. प्रसिद्ध।

प्रतिशिष्य (सं.) [वि.] शिष्य का शिष्य।

प्रतिशीत (सं.) [वि.] 1. तरल 2. पिघला हुआ 3. चूता हुआ; टपकता हुआ।

प्रतिशुल्क (सं.) [सं-पु.] आयातित वस्तुओं पर लगाया गया वह कर जिसके कारण वह वस्तु, देशी वस्तु से सस्ती न बिके; विदेश द्वारा पहले लगाए गए किसी शुल्क का अनिष्टकारी प्रभाव समाप्त करने के लिए लगाया जाने वाला आयात कर।

प्रतिशोध (सं.) [सं-पु.] किसी के अशिष्ट या गलत व्यवहार के बदले में उसके साथ किया जाने वाला वैसा ही बरताव; बदला; प्रतिकार।

प्रतिशोधी (सं.) [सं-पु.] 1. ईर्ष्यालु 2. बदला या प्रतिशोध लेने वाला व्यक्ति 3. प्रतिहिंसक। [वि.] 1. प्रतिशोध लेने वाला 2. प्रतिशोध संबंधी।

प्रतिश्या (सं.) [सं-स्त्री.] सरदी; जुकाम; प्रतिश्याय।

प्रतिश्यान (सं.) [सं-पु.] 1. सरदी या जुकाम नामक रोग 2. पीनस रोग।

प्रतिश्याय (सं.) [सं-पु.] प्रतिश्यान।

प्रतिश्रय (सं.) [सं-पु.] 1. आश्रय 2. यज्ञशाला 3. जगह; स्थान 4. सभा 5. सहायता; मदद 6. निवास स्थान।

प्रतिश्रव (सं.) [सं-पु.] 1. प्रतिध्वनि; गूँज 2. प्रतिज्ञा 3. अंगीकरण; स्वीकृति; मंज़ूरी।

प्रतिश्रुत (सं.) [वि.] 1. अच्छी तरह सुना हुआ 2. जिसने किसी बात की ज़िम्मेदारी ली हो या कोई प्रतिज्ञा की हो 3. जिसके संबंध में कोई प्रतिज्ञा की गई हो या जिसे कोई वचन दिया गया हो 4. स्वीकृत 5. प्रतिज्ञात।

प्रतिश्रुति (सं.) [सं-स्त्री.] 1. गूँज; प्रतिध्वनि 2. वह पत्र या प्रलेख जिसमें किसी बात की प्रतिज्ञा की गई हो; कोई बात करने या न करने के संबंध में आपस में किया गया लिखित समझौता 3. वासुदेव के एक पुत्र का नाम।

प्रतिषिद्ध (सं.) [वि.] 1. (बात या काम) जिसे करने से किसी को रोका गया हो; निषिद्ध 2. वह (मत या विचार) जिसका खंडन किया गया हो; खंडित।

प्रतिषेद्धा (सं.) [सं-पु.] प्रतिषेधक। [वि.] प्रतिषेध करने वाला।

प्रतिषेध (सं.) [सं-पु.] 1. मनाही; निषेध 2. निवारण 3. खंडन 4. (काव्यशास्त्र) एक अर्थालंकार जिसमें चमत्कारपूर्ण ढंग से प्रसिद्ध अर्थ का निषेध किया जाता है।

प्रतिषेधक (सं.) [सं-पु.] वह जो प्रतिषेध करे। [वि.] प्रतिषेध करने वाला; रोकने वाला।

प्रतिषेधन (सं.) [सं-पु.] प्रतिषेध करने की क्रिया या अवस्था।

प्रतिषेधाधिकार (सं.) [सं-पु.] 1. एक प्रकार का विशेषाधिकार (निषेधाधिकार) जिसके द्वारा किसी राष्ट्र के राष्ट्रपति या प्रशासक को यह अधिकार प्राप्त होता है कि वह विधानसभा द्वारा स्वीकृत किसी प्रस्ताव को अमान्य कर सके 2. सुरक्षा परिषद द्वारा स्वीकृत किसी प्रस्ताव को न मानने या उसे कार्यान्वित होने से रोक देने का चीन, फ्रांस, रूस, यूनाइटेड किंगडम और संयुक्त राज्य अमेरिका को प्राप्त अधिकार; (पॉवर ऑव वीटो)।

प्रतिष्ठा (सं.) [सं-स्त्री.] 1. मान-मर्यादा; सम्मान; इज़्ज़त 2. स्थिति; ठहराव; स्थापन; रखा जाना 3. देव प्रतिमा की स्थापना करना 4. अभीष्ट की सिद्धि।

प्रतिष्ठान (सं.) [सं-पु.] 1. आधार; स्थान; संस्था 2. नगरस्थापन; विश्रामालय।

प्रतिष्ठापन (सं.) [सं-पु.] 1. स्थापित करने की क्रिया या भाव 2. पदारूढ़ करना; स्थापित करना 3. देवप्रतिमा आदि की स्थापना।

प्रतिष्ठापना (सं.) [क्रि-स.] 1. स्थापित करने का काम 2.

देवप्रतिमा की स्थापना 3. पदासीन करना।

प्रतिष्ठापित (सं.) [वि.] जिसका प्रतिष्ठापन किया गया हो या हुआ हो।

प्रतिष्ठावान (सं.) [वि.] 1. जिसकी समाज में प्रतिष्ठा या इज़्ज़त हो; इज़्ज़तदार 2. गौरवशाली 3. प्रसिद्ध 4. मान-मर्यादावाला।

प्रतिष्ठित (सं.) [वि.] 1. सम्मानित 2. जिसकी स्थापना की गई हो 3. पदाभिषिक्त 4. पूरा किया हुआ; निश्चित; निर्धारित 5. प्रयुक्त।

प्रतिसंक्रम (सं.) [सं-पु.] 1. प्रतिच्छाया; परछाईं; प्रतिबिंब 2. प्रतिसंचार; प्रलय।

प्रतिसंक्रांत (सं.) [वि.] जिसकी परछाईं या छाया पड़ रही हो; प्रतिबिंबित।

प्रतिसंधि (सं.) [सं-स्त्री.] 1. वियोग 2. खोज; अनुसंधान 3. दो युगों का संधिकाल 4. पुनर्जन्म 5. भाग्य की प्रतिकूलता 6. अंत; समाप्ति।

प्रतिसंयोग (सं.) [सं-पु.] 1. शत्रु मिलन 2. संयोग हेतु संघर्ष (संभोगोपरांत शुक्राणुओं का अंड से संसर्ग हेतु)। [अव्य.] प्रति बार का संयोग।

प्रतिसंलयन (सं.) [सं-पु.] एकांतवासी होना (ईश्वर स्मरण हेतु)।

प्रतिसंवेदक (सं.) [वि.] 1. किसी विषय की पूरी जानकारी रखने वाला 2. जिससे किसी के विषय में पूरी जानकारी मिलती हो।

प्रतिसंस्कार (सं.) [सं-पु.] 1. पुनर्निर्माण 2. जीर्णोद्धार; मरम्मत; सुधारना।

प्रतिसंहरण (सं.) [सं-पु.] किसी आदेश, अनुज्ञा, वचन या विज्ञप्ति को घोषित या जारी कर पुनः वापस लेना या रद्द कर देना।

प्रतिसंहार (सं.) [सं-पु.] 1. रद्द करना 2. सिमटाव; संकोचन 3. त्यागना 4. ह्रास।

प्रतिसम (सं.) [वि.] 1. जो समान हो; जो बराबरी का हो 2. प्रतिसाम्य से युक्त।

प्रतिसरकार (सं.) [सं-स्त्री.] 1. समानांतर सरकार; किसी देश में प्रतिष्ठित सरकार के विरोध में स्थापित अन्य सरकार 2. सतारा क्षेत्र का एक सत्ता विरोधी आंदोलन।

प्रतिसामंत (सं.) [सं-पु.] शत्रु या विपक्षी सामंत; शत्रु या विपक्षी।

प्रतिसाम्य (सं.) [सं-पु.] 1. समरूपता; सममिति; समानुपात 2. शरीर के अंगों, किसी रचना अथवा किसी वस्तु के विभिन्न अंगों में बनावट संबंधी उचित अनुपात जो उसे सुंदर और मोहक बनाने में सहायक हो; (सिमेट्री)।

प्रतिसारण (सं.) [सं-पु.] 1. दूर हटाना; अपसारण 2. चूर्ण, कल्क आदि से मसूढ़ों की सफ़ाई 3. मरहम-पट्टी 4. मरहम लगाने का उपकरण 5. चिकित्सा की एक प्राचीन विधि, जिसमें रुग्ण अंग को घी या तेल से दागा जाता है।

प्रतिसारी (सं.) [वि.] विपरीत दिशा में गमन करने वाला; उलटी दिशा में जाने वाला।

प्रतिसूर्य (सं.) [सं-पु.] 1. सूर्य के चारों ओर का घेरा या सूर्य का मंडल 2. आकाश में होने वाला एक हलचल जिसमें सूर्य के सामने एक और सूर्य निकलता दिखाई देता है 3. गिरगिट।

प्रतिस्कंध (सं.) [सं-पु.] (पुराण) कार्तिकेय का एक अनुचर।

प्रतिस्थापन (सं.) [सं-पु.] 1. विकल्प 2. किसी वस्तु के न रहने या नष्ट हो जाने पर या खो जाने पर उसके स्थान पर वैसी ही अन्य वस्तु को रखना 3. किसी व्यक्ति के स्थान पर अन्य व्यक्ति को रखना 4. (अर्थशास्त्र) एक नियम; (लॉ ऑव सब्स्टिट्यूशन)।

प्रतिस्थापित (सं.) [वि.] किसी के स्थान पर काम चलाने के लिए किसी को रखा हुआ या अस्थायी रूप से नियुक्त किया हुआ; बदले में रखा हुआ।

प्रतिस्नात (सं.) [वि.] जो स्नान कर चुका हो; नहाया हुआ।

प्रतिस्पंदन (सं.) [सं-पु.] हृदय की धक-धक; स्पंदन; स्फुरण; हरकत।

प्रतिस्पर्धा (सं.) [सं-स्त्री.] 1. प्रतियोगिता; प्रतिद्वंद्विता; होड़; मुकाबला 2. किसी काम में किसी को मात देने की होड़; वह स्थिति जिसमें दो या दो से अधिक व्यक्ति किसी लक्ष्य की प्राप्ति हेतु एक-दूसरे से आगे निकलने के लिए प्रयत्नशील रहते हैं; संघर्ष 3. बराबरी।

प्रतिस्पर्धात्मक (सं.) [वि.] 1. प्रतिस्पर्धा के योग्य 2. प्रतिस्पर्धा संबंधी; प्रतिद्वंद्वात्मक 3. जिसकी प्रतिस्पर्धा या प्रतियोगिता हुई हो या होने वाली हो।

प्रतिस्पर्धी (सं.) [सं-पु.] 1. प्रतिस्पर्धा करने वाला व्यक्ति; प्रतियोगी; प्रतिद्वंद्वी 2. उद्दंड 3. विद्रोही।

प्रतिस्वर (सं.) [सं-पु.] प्रतिध्वनि; प्रतिशब्द।

प्रतिहंता (सं.) [वि.] 1. अवरोधक; बाधा पहुँचाने वाला; रोकने वाला 2. मुकाबले में खड़ा होकर मारने वाला।

प्रतिहत (सं.) [वि.] 1. हटाया हुआ 2. भगाया हुआ 3. रोका हुआ 4. आहत 5. फेंका हुआ 6. जिसके सामने कोई बाधा हो 7. निराश 8. कुंठित।

प्रतिहति (सं.) [सं-स्त्री.] 1. प्रतिहनन; प्रतिघात 2. रोकने या हटाने की चेष्टा या क्रिया 3. विफलता; नैराश्य 4. क्रोध 5. टक्कर।

प्रतिहनन (सं.) [सं-पु.] आघात करने वाले को मार डालना; प्रतिघात; आघात के बदले आघात; हनन करने वाले को मार डालना।

प्रतिहरण (सं.) [सं-पु.] 1. विनाश 2. निवारण 3. परित्याग।

प्रतिहर्ता (सं.) [सं-पु.] वेदों में प्राप्त सोलह प्रकार के ऋत्विजों में एक। [वि.] 1. विनाश करने वाला 2. निवारण करने वाला।

प्रतिहस्त (सं.) [सं-पु.] 1. किसी के न रहने पर उसके स्थान पर गया हुआ या रखा हुआ; प्रतिनिधि 2. सहायक।

प्रतिहस्ताक्षर (सं.) [सं-पु.] किसी के हस्ताक्षर के पास ही किसी अन्य का किया हुआ हस्ताक्षर।

प्रतिहार (सं.) [सं-पु.] 1. द्वारपाल 2. द्वार; दरवाज़ा 3. बाज़ीगर; जादूगर 4. सामवेद गान का एक अंग 5. दो लोगों के बीच होने वाला सशर्त समझौता।

प्रतिहारक (सं.) [सं-पु.] 1. वह जो प्रतिहार नामक साम का गायन करता है 2. ऐंद्रजालिक; बाज़ीगर।

प्रतिहारी (सं.) [सं-पु.] द्वारपाल; दरबान। [सं-स्त्री.] 1. संस्कृत नाटकों में प्रयुक्त एक स्त्री पात्र 2. द्वारपालिका; संदेशवाहिका।

प्रतिहार्य (सं.) [सं-पु.] बाज़ीगर; ऐंद्रजालिक; जादूगर। [वि.] 1. जिसका विरोध किया जाए 2. लौटाया या हटाया जाने वाला।

प्रतिहास (सं.) [सं-पु.] 1. कनेर; कनेर का पेड़ 2. हँसी के बदले हँसी।

प्रतिहिंसा (सं.) [सं-स्त्री.] 1. हिंसा के बदले की गई या की जाने वाली हिंसा 2. बदला लेना 3. बैर चुकाना।

प्रतीक (सं.) [सं-पु.] 1. वह गोचर या दृश्य वस्तु जो किसी अगोचर या अदृश्य वस्तु के बहुत कुछ अनुरूप होने के कारण उसके गुण, रूप आदि का परिचय कराने के लिए उसका प्रतिनिधित्व करती हो; (सिंबल) 2. चिह्न; लक्षण; निशान। [वि.] 1. प्रतिकूल; 2. जो नीचे से ऊपर की ओर गया हो; उल्टा; विलोम

प्रतीकपूजा (सं.) [सं-स्त्री.] प्रतीकों की पूजा; लिंगपूजा; मूर्तिपूजा; आध्यात्मिक आस्था के कारण प्रकृति के किसी उपादान की पूजा।

प्रतीकवाद (सं.) [सं-पु.] आधुनिक काव्य का एक आंदोलन या सिद्धांत, जिसमें काव्यरचना का मुख्य आधार अनुत्वनिमूलक स्वर होते है।

प्रतीकवादी (सं.) [वि.] 1. प्रतीकवाद से संबंधित; प्रतीकवाद का 2. प्रतीकवाद का अनुयायी, पोषक या समर्थक (व्यक्ति, कलाकार)।

प्रतीकात्मक (सं.) [वि.] 1. जो प्रतीक या प्रतीकों से संबद्ध हो 2. (साहित्यिक रचना) जिसमें प्रतीकों की सहायता से भावों, वस्तुओं, विषयों आदि का बोध कराया गया हो 3. नाममात्र का।

प्रतीकात्मकता (सं.) [सं-स्त्री.] प्रतीकात्मक होने की अवस्था या भाव।

प्रतीकार्थ (सं.) [सं-पु.] 1. प्रतीक के आधार पर प्राप्त अर्थ 2. सांकेतिकता 3. प्रतीकात्मकता। [वि.] जिसका प्रयोग प्रतीक के रूप में हुआ हो।

प्रतीकोपासन (सं.) [सं-स्त्री.] 1. देवता का कोई प्रतीक बनाकर उसकी पूजा करना 2. किसी के प्रतीक की जाने वाली उपासना 3. मूर्तिपूजन।

प्रतीक्षक (सं.) [वि.] 1. प्रतीक्षा करने वाला; किसी की राह देखने वाला 2. पूजक; पूजा करने वाला।

प्रतीक्षण (सं.) [सं-पु.] 1. प्रतीक्षा करना; आसरा देखना 2. कृपादृष्टि 3. अपेक्षा; आशा; उम्मीद।

प्रतीक्षा (सं.) [सं-स्त्री.] वह स्थिति जिसमें कोई उत्सुकतापूर्वक किसी आने वाले व्यक्ति या वस्तु की बाट जोहता या रास्ता देख रहा होता है; इंतज़ार 2. किसी का भरण-पोषण करना; प्रतिपालन 3. पूजा 4. ध्यान देना; विचार करना।

प्रतीक्षा गृह (सं.) [सं-पु.] 1. रेल, बस, विमान आदि के लिए प्रतीक्षारत यात्रियों के लिए बनाया गया कमरा 2. बड़े आदमी से मिलने वालों के लिए बैठ कर प्रतीक्षा करने का स्थान।

प्रतीक्षा सूची (सं.) [सं-स्त्री.] किसी चीज़ की प्रतीक्षा में रत लोगों की सूची; किसी कार्य को संपन्न करने के लिए परीक्षा, साक्षात्कार आदि के परिणाम में लोगों या व्यक्तियों के बाद के लोगों की क्रमवार सूची।

प्रतीक्षाकुल (सं.) [वि.] प्रतीक्षा में अधीर या आकुल; प्रतीक्षारत।

प्रतीक्षारत (सं.) [वि.] जो किसी की प्रतीक्षा कर रहा हो।

प्रतीक्षालय (सं.) [सं-पु.] 1. रेलगाड़ी, वायुयान या बस आदि के आने की प्रतीक्षा में प्रतीक्षारत यात्रियों के बैठने का कमरा 2. किसी व्यक्ति से मिलने वालों के लिए बैठकर मिलने की प्रतीक्षा करने का कक्ष; (वेटिंग रूम)।

प्रतीक्षित (सं.) [वि.] 1. जिसकी प्रतीक्षा की गई हो अथवा की जा रही हो 2. जिसका यथेष्ट ध्यान रखा गया हो 3. पूजित।

प्रतीक्षी (सं.) [वि.] जो प्रतीक्षा करे; प्रतीक्षा करने वाला।

प्रतीक्ष्य (सं.) [वि.] जिसकी प्रतीक्षा की जाए या की जा सके; जिसका आसरा देखा जाए; प्रतीक्षा के योग्य।

प्रतीची (सं.) [सं-स्त्री.] पश्चिम दिशा; पश्चिम देश।

प्रतीच्य (सं.) [वि.] 1. पश्चिम संबंधी 2. पश्चिम में रहने वाला 3. पश्चिम में होने वाला 4. गायब; लुप्त; अदृश्य।

प्रतीत (सं.) [वि.] 1. लगना; आभास होना; ज्ञात; विदित 2. अटकल; अनुमान के आधार पर जान पड़ने वाला 3. प्रसिद्ध; विख्यात 4 . प्रसन्न और संतुष्ट।

प्रतीति (सं.) [सं-स्त्री.] 1. प्रतीत होने की क्रिया या भाव 2. जानकारी; ज्ञान 3. किसी बात या विषय के संबंध में होने वाला दृढ़ निश्चय या विश्वास; यकीन 4. प्रसन्नता; हर्ष 5. आदर; सम्मान 6. प्रस्थान।

प्रतीत्य (सं.) [सं-पु.] 1. सांत्वना; प्रोत्साहन 2. आराम।

प्रतीप (सं.) [वि.] 1. विपरीत; प्रतिकूल; विलोम 2. विरोधी 3. हठी 4. अप्रिय। [सं-पु.] 1. प्रतिकूल घटना 2. वह जो विरोधी हो; शत्रु; दुश्मन 3. (काव्यशास्त्र) एक अर्थालंकार जिसमें उपमेय को उपमान से श्रेष्ठ दिखाया जाता है 4. (पुराण) राजा शांतनु के पिता।

प्रतीपक (सं.) [वि.] विपरीत; प्रतिकूल; विलोम; विरुद्ध।

प्रतीपित (सं.) [वि.] उलटा या उलटाया हुआ।

प्रतीयमान (सं.) [वि.] 1. जिसकी प्रतीति हो रही हो 2. व्यंजना द्वारा प्रकट अर्थ; विशेषार्थ 3. जो ऊपर से दिखाई दे रहा हो।

प्रतीर (सं.) [सं-पु.] किनारा; तट; कछार; कूल।

प्रतीष्ट (सं.) [वि.] 1. स्वीकृत; स्वीकार किया हुआ 2. प्राप्त।

प्रतुष्टि (सं.) [सं-स्त्री.] तृप्ति; संतुष्टि।

प्रतूर्ण (सं.) [वि.] गतिवान; वेगवान।

प्रतूर्त (सं.) [वि.] प्रतूर्ण।

प्रतूलिका (सं.) [सं-स्त्री.] गद्दा; तोशक; तुला (रुई) से बनी शय्या।

प्रतोद (सं.) [सं-पु.] 1. छड़ी; कोड़ा; चाबुक 2. किसी को किसी काम के लिए उत्तेजित करना या विवश करना 3. अंकुश 4. औगी।

प्रतोष (सं.) [सं-पु.] 1. संतुष्ट होने की अवस्था या भाव 2. परितोष; संतोष 3. (पुराण) स्वयंभुव मनु के एक पुत्र का नाम।

प्रत्त (सं.) [वि.] 1. प्रदत्त; उपहृत; दिया हुआ 2. विवाह में प्रदत्त।

प्रत्न (सं.) [वि.] 1. प्राचीन; पुरातन; पुराना; 2. परंपरागत; पारंपरिक।

प्रत्यंकन (सं.) [सं-पु.] अनुरेखन; अंकित की हुई किसी आकृति की ज्यों की त्यों प्रतिकृति निर्मित करना।

प्रत्यंग (सं.) [सं-पु.] 1. शरीर का गौण अंग विशेष 2. अध्याय; खंड; विभाग 3. एक मान 4. अस्त्र। [क्रि.वि.] अंग-अंग में; प्रत्येक अंग में।

प्रत्यंगिरा (सं.) [सं-पु.] 1. (पुराण) एक ऋषि जो अंगिरस ऋषि के पुत्र थे 2. बिसखोपड़ा नामक एक जंतु 3. सिरस का पेड़। [सं-स्त्री.] 1. दुर्गा का एक रूप 2. तांत्रिकों की एक देवी।

प्रत्यंचा (सं.) [सं-स्त्री.] धनुष की डोरी जिसकी सहायता से बाण छोड़ा जाता है; चिल्ला।

प्रत्यंचित (सं.) [वि.] सम्मानित; अर्चित; पूजित।

प्रत्यंजन (सं.) [सं-पु.] काजल लगाने की क्रिया; लेपन; अंजन लगाना।

प्रत्यंत (सं.) [सं-पु.] सीमा। [वि.] जो सन्निकट (अति समीप) हो; प्रत्यासन्न।

प्रत्यंतर (सं.) [सं-पु.] 1. किसी अंतर के अंदर होने वाला कोई दूसरा छोटा या विभागीय अंतर 2. उक्त प्रकार की अवधि।

प्रत्यक्ष (सं.) [वि.] 1. जो आँखों के सामने हो; आँख से दिखाई देने वाला; दृष्टिगोचर 2. जो समझ में आ रहा हो या जिसका ज्ञान इंद्रियों से हो सके 3. स्पष्ट; साफ़ 4. जिसमें कोई घुमाव-फिराव न हो; सीधा 5. जिसमें किसी बाहरी आधार या साधन का प्रयोग न हुआ हो, जैसे- प्रत्यक्ष प्रमाण 6. सीधे होने वाला, जैसे- प्रत्यक्ष निर्वाचन 7. भौतिक। [सं-पु.] चार प्रकार के प्रमाणों में से एक जिसका आधार देखी या जानी हुई बातों पर होता है।

प्रत्यक्ष साक्षी (सं.) [सं-स्त्री.] कर्मसाक्षी; चश्मदीद गवाह; प्रत्यक्षदर्शी; साक्षी।

प्रत्यक्षता (सं.) [सं-स्त्री.] प्रत्यक्ष रूप से होने की अवस्था या भाव।

प्रत्यक्षदर्शी (सं.) [वि.] जिसने प्रत्यक्ष रूप से कोई घटना या बात होती हुई देखी हो; साक्षी; चश्मदीद।

प्रत्यक्षर (सं.) [अव्य.] अक्षर-अक्षर पर; अक्षर-अक्षर में।

प्रत्यक्षवाद (सं.) [सं-पु.] प्रत्यक्ष प्रमाण या इंद्रियों के अनुभव को ही प्रमाण मानने का मत; चार्वाक द्वारा स्थापित मत।

प्रत्यक्षवादी (सं.) [सं-पु.] 1. वस्तुनिष्ठवाद में विश्वास रखने वाला व्यक्ति; इंद्रियजन्य ज्ञान को ही सत्य मानने वाला 2. वह जो केवल प्रत्यक्ष ज्ञान का साक्षात्कार करता हो। [वि.] 1. केवल प्रत्यक्ष ज्ञान को मानने वाला 2. वस्तुनिष्ठवाद से संबंधित।

प्रत्यक्षीकरण (सं.) [सं-पु.] 1. स्पष्टीकरण 2. प्रकटीकरण 3. स्वयं अपनी आँखों से देखने की क्रिया 4. किसी वस्तु को ऐसा रूप देना कि वह प्रत्यक्ष हो जाए।

प्रत्यक्षीकृत (सं.) [वि.] प्रत्यक्ष किया हुआ (देखा हुआ); आँखों से देखा हुआ; जिसका प्रत्यक्षीकरण हुआ हो।

प्रत्यक्षीभूत (सं.) [सं-पु.] जिसका ज्ञान इंद्रियों द्वारा हुआ हो। [वि.] जो प्रत्यक्ष हो चुका हो; जो सामने आ चुका हो।

प्रत्यग्र (सं.) [वि.] 1. हाल का; ताज़ा; नया 2. शुद्ध; शोधित।

प्रत्यनंतर (सं.) [वि.] अति समीप; प्रत्यासन्न; सन्निकट। [सं-पु.] उत्तराधिकारी।

प्रत्यनीक (सं.) [सं-पु.] 1. शत्रु 2. शत्रु सेना 3. विघ्न; बाधा 4. (काव्यशास्त्र) एक अर्थालंकार जिसमें किसी शत्रु को न जीत पाने पर उसके पक्षवालों के किए जाने वाले तिरस्कार का उल्लेख होता है 5. (काव्यशास्त्र) एक प्रकार का रस दोष, जिसमें एक ही समय परस्पर विरोधी रसों का वर्णन होता है। [वि.] विपक्षी; प्रतिवादी; विरोधी।

प्रत्यपकार (सं.) [सं-पु.] अपकार के बदले किया जाने वाला अपकार; बदला; प्रतिशोध।

प्रत्यभिज्ञा (सं.) [सं-स्त्री.] 1. जानना; ज्ञान प्राप्त करना 2. कभी देखे हुए व्यक्ति या पदार्थ को फिर से देख लेने पर पहचान लेना 3. एक प्राचीन भारतीय दर्शन (शैव दर्शन या शैव द्वैतवाद)।

प्रत्यभिज्ञात (सं.) [वि.] जाना हुआ; पहचाना हुआ।

प्रत्यभिज्ञान (सं.) [सं-पु.] 1. सदृश वस्तु को देखकर किसी देखी हुई वस्तु का स्मरण हो आना; स्मृति की सहायता से होने वाला ज्ञान 2. पहचान।

प्रत्यभिभूत (सं.) [वि.] परास्त; विजित; पराभूत।

प्रत्यभियोग (सं.) [सं-पु.] प्रतिवादी या अभियुक्त की ओर से वादी पर लगाया गया आरोप या अभियोग।

प्रत्यय (सं.) [सं-पु.] 1. (व्याकरण) वह अक्षर या अक्षरों का समूह जो धातुओं अथवा विकारी शब्दों के अंत में लगकर उनके अर्थों में परिवर्तन अथवा विशेषता उत्पन्न कर देता है; (सफ़िक्स) 2. विश्वास; प्रतीति; धारणा 3. किसी वस्तु का मानसिक बोध; (आइडिया) 4. प्रमाण; सबूत 5. प्रसिद्धि; ख्याति 6. लक्षण; चिह्न 7. व्याख्या 8. निश्चय; राय; निर्णय; फैसला 9. सहायक; मददगार।

प्रत्ययन (सं.) [सं-पु.] प्रतीत होने की क्रिया; आभास होने की प्रक्रिया।

प्रत्ययित (सं.) [वि.] 1. जिसे विश्वास हुआ हो; विश्वस्त 2. आप्त 3. जिसका विश्वास किया गया हो या जिसपर विश्वास किया जा सकता हो।

प्रत्ययी (सं.) [वि.] 1. विश्वास करने वाला; भरोसा रखने वाला 2. विश्वास करने योग्य; विश्वसनीय।

प्रत्यर्थ (सं.) [सं-पु.] 1. शत्रुता; विरोध 2. जवाब; उत्तर। [वि.] लाभदायक; उपयोगी।

प्रत्यर्थक (सं.) [सं-पु.] प्रतिपक्षी; विपक्षी; विरोधी; शत्रु।

प्रत्यर्थिक (सं.) [सं-पु.] प्रत्यर्थक।

प्रत्यर्थी (सं.) [सं-पु.] 1. प्रतिवादी 2. प्रतिपक्षी; मुद्दालेह 3.

विरोधी; शत्रु।

प्रत्यर्पण (सं.) [सं-पु.] 1. ग्रहित वस्तु को पुनः लौटा देना; वापस करना 2. किसी देश के भागे हुए अपराधी को पकड़ कर पुनः उस देश को लौटा देना 3. कर्ज़ ली हुई रकम को पुनः वापस कर देना; (रिफ़ंड)।

प्रत्यर्पित (सं.) [वि.] लौटाया हुआ; वापस किया हुआ।

प्रत्यवमर्श (सं.) [सं-पु.] 1. पुनर्विमर्श; अनुचिंतन 2. सहिष्णुता 3. अनुसंधान; अच्छे-बुरे का विचार करना।

प्रत्यवर (सं.) [वि.] अति नीच; अत्यंत गिरा हुआ; अति निकृष्ट।

प्रत्यवरोध (सं.) [सं-पु.] विघ्न; बाधा; रुकावट।

प्रत्यवरोधन (सं.) [सं-पु.] प्रत्यवरोध उत्पन्न करना; बाधा; रुकावट।

प्रत्यवलोकन (सं.) [सं-पु.] 1. पीछे की ओर देखना 2. कवि के कृतित्व को समझने के लिए फिर से विचार करना 3. दोहराना; फिर से देखना।

प्रत्यवसान (सं.) [सं-पु.] भोजन; परिभक्षण; खाना।

प्रत्यवसित (सं.) [वि.] 1. भुक्त; खाया हुआ 2. जो पुनः पुराना (ख़राब) रहन-सहन अपना चुका हो।

प्रत्यवस्कंद (सं.) [सं-पु.] 1. किसी के द्वारा लगाए गए आरोप या अभियोग को इस तरह स्वीकार करना कि उसकी गिनती अभियोग में न हो पाए 2. किसी के द्वारा लगाए गए आरोप या अभियोग का वह उत्तर जिसमें वह वादी के अभियोग का खंडन करता है।

प्रत्यवस्थाता (सं.) [सं-पु.] 1. शत्रु; वैरी 2. प्रतिवादी; मुद्दालेह।

प्रत्यवस्थान (सं.) [सं-पु.] 1. पूर्ववत रहना 2. विरोध 3. विरोधी या प्रतिवादी के रूप में उपस्थित होना 4. पृथक करना।

प्रत्यवहार (सं.) [सं-पु.] 1. पूर्ण नाश; विनाश; संहार 2. प्रलय 3. युद्ध हेतु प्रस्तुत या उद्धत सैनिकों को युद्ध से विमुख या निवृत्त करना।

प्रत्यवेक्षण (सं.) [सं-पु.] 1. अच्छी तरह देखभाल; निगरानी; चौकसी 2. भली-भाँति जानना 3. ध्यान रखना।

प्रत्यवेक्षा (सं.) [सं-स्त्री.] 1. बौद्धों में पाँच प्रकार के बोध या ज्ञान में से एक का नाम 2. प्रत्यवेक्षण।

प्रत्यस्तमय (सं.) [सं-पु.] 1. सूर्यास्त 2. अवसान; समाप्ति; खात्मा।

प्रत्यांत (सं.) [वि.] जिस (शब्द) के अंत में प्रत्यय लगा हो; प्रत्यय से युक्त (शब्द)।

प्रत्याकार (सं.) [सं-पु.] म्यान; खड्गकोश; तलवार रखने का कोष।

प्रत्याक्रमण (सं.) [सं-पु.] आक्रमण के बदले में किया जाने वाला आक्रमण; जवाबी हमला।

प्रत्याख्यात (सं.) [वि.] 1. अस्वीकृत 2. निषिद्ध; वर्जित 3. ख़ारिज किया हुआ 4. खंडित 5. (निषिद्ध अर्थ में) प्रसिद्ध 6. अतिक्रांत 7. आपत्ति 8. सूचित।

प्रत्याख्यान (सं.) [सं-पु.] 1. स्वीकार न करना; अस्वीकृति; इनकार 2. प्रतिवाद; खंडन 3. तिरस्कार 4. फटकार।

प्रत्यागत (सं.) [सं-पु.] पैंतरे का एक प्रकार। [वि.] 1. वापस आया हुआ; कहीं से लौट कर आया हुआ 2. पुनः प्राप्त।

प्रत्यागति (सं.) [सं-स्त्री.] वापस होने की क्रिया या भाव; लौटना; वापसी।

प्रत्यागम (सं.) [सं-पु.] दे. प्रत्यागमन 1. लौटना 2. दुबारा आना 3. किसी काम या व्यापार में व्यय की गई पूँजी के बदले में मिलने वाला धन; लाभ।

प्रत्यागमन (सं.) [सं-पु.] वापस आना; लौट आना; प्रतिगमन; प्रत्यागम।

प्रत्याघात (सं.) [सं-पु.] 1. किसी आघात के बदले किया जाने वाला आघात; बदले का प्रहार 2. प्रतिक्रिया; बदले की भावना से किया जाने वाला कार्य।

प्रत्याचार (सं.) [सं-पु.] 1. किसी के अच्छे या बुरे आचरण के बदले किया गया वैसा ही आचरण; जैसे को तैसा 2. अनुकूल आचरण।

प्रत्यादान (सं.) [सं-पु.] फिर से वापस लेना; लौटा लेना; पुनः प्राप्त करना।

प्रत्यादिष्ट (सं.) [वि.] 1. संस्तुत; स्वीकृत 2. निर्दिष्ट; निर्देश किया हुआ 3. चिताया हुआ 4. लांक्षित 5. निराकृत; अस्वीकृत 6. पृथक (अलग) किया हुआ।

प्रत्यादेश (सं.) [सं-पु.] 1. किसी निर्णय या आदेश का खंडन; निराकरण 2. निर्देश 3. चेतावनी के रूप में होने वाली भविष्यवाणी; आकाशवाणी 4. आदेश 5. अस्वीकरण 6. किसी को परास्त करने की क्रिया या भाव।

प्रत्याधान (सं.) [सं-पु.] 1. वह स्थल जहाँ कोई वस्तु जमा की जाए 2. (वेद) मस्तक।

प्रत्यानयन (सं.) [सं-पु.] 1. किसी को अथवा किसी के हाथ में गई हुई वस्तु को वापस लाना; फिर से प्राप्त करना 2. प्रत्यर्पण।

प्रत्यानीत (सं.) [वि.] वापस किया हुआ; लौटा कर लाया हुआ; पुनः प्राप्त।

प्रत्यापत्ति (सं.) [सं-स्त्री.] 1. वापसी; पुनरागमन 2. वैराग्य 3. किसी वारिस या उत्तराधिकारी के न रहने पर संपत्ति का राज्य के अधिकार में आना 4. उक्त प्रकार की संपत्ति से राज्य को होने वाली आय; नजूल।

प्रत्याभिवादन (सं.) [सं-पु.] अभिनंदन का अभिनंदन से जवाब देना; अभिवादन के उत्तर में किया जाने वाला अभिवादन।

प्रत्याभूति (सं.) [सं-स्त्री.] जमानत के रूप में दी (रखी) गई वस्तु या धनराशि।

प्रत्याय (सं.) [सं-पु.] 1. राजस्व; कर; चुंगी 2. उत्पादन के घटकों के आपूर्तिकर्ताओं को वापस मिलने वाला धन।

प्रत्यायक (सं.) [वि.] 1. विश्वास कराने वाला 2. प्रमाणित करने वाला; सिद्ध करने वाला 3. व्याख्यान देने वाला।

प्रत्यायन (सं.) [सं-पु.] 1. विश्वास दिलाना 2. प्रमाणित करना 3. सूर्य का अस्त होना 4. व्याख्यान 5. वर या वधू को घर ले जाना।

प्रत्यायित (सं.) [सं-पु.] विश्वस्त दूत या प्रतिनिधि; वह दूत या प्रतिनिधि जो पूर्णतः विश्वस्त हो।

प्रत्यायुक्त (सं.) [वि.] 1. किसी विशेष कार्य हेतु नियुक्त किया गया (व्यक्ति) 2. जो किसी के बदले में प्रतिनिधि बना कर भेजा गया हो।

प्रत्यायोजन (सं.) [सं-पु.] अपने अधिकार या शक्तियाँ किसी अन्य व्यक्ति को सौंपना या प्रदान करना।

प्रत्यारंभ (सं.) [सं-पु.] 1. फिर से प्रारंभ करना; पुनरारंभ 2. मनाही; निषेध।

प्रत्यारोप (सं.) [सं-पु.] किसी आरोप के प्रतिवाद या प्रत्युत्तर में प्रस्तुत किया गया आरोप।

प्रत्यारोपण (सं.) [सं-पु.] प्रत्यारोपित करने की क्रिया; किसी आरोप के प्रतिवाद में आरोप लगाने की क्रिया।

प्रत्यारोपित (सं.) [वि.] 1. आरोप के उत्तर में लगाया गया (आरोप) 2. परस्पर दोषारोपण।

प्रत्यार्पण संधि (सं.) [सं-स्त्री.] दो देशों के बीच होने वाली वह संधि जिसके अनुसार देश में अपराध करके किसी दूसरे देश में जाकर रहने वाले अपरधियों को उस देश को लौटा दिया जाता है।

प्रत्यालोक (सं.) [सं-पु.] जल आदि से प्रत्यावर्तित (टकराकर लौटने वाला) सूर्य का प्रकाश।

प्रत्यालोचन (सं.) [सं-पु.] 1. किसी के किए हुए निर्णय पर फिर से विचार करना 2. समीक्षा 3. आलोचना की आलोचना; समालोचना 4. पुनरीक्षण।

प्रत्यालोचना (सं.) [सं-पु.] किसी ग्रंथ, रचना या विषय की आलोचना में कही गई बातों की पुनः आलोचना करना; आलोचना की समीक्षा करना।

प्रत्यावर्तन (सं.) [सं-पु.] 1. लौटकर आना; वापसी 2. संपदा, जायदाद आदि की वापसी 3. कर्मचारी आदि की पद पर वापसी; बहाली।

प्रत्यावर्तित (सं.) [वि.] जिसका प्रत्यावर्तन हुआ हो या किया गया हो।

प्रत्यावेदन (सं.) [सं-पु.] जवाबी वक्तव्य; किसी के लगाए गए आरोप या वक्तव्य के विरोध में कही गई बात।

प्रत्याशा (सं.) [सं-स्त्री.] 1. आशा; उम्मीद; भरोसा 2. अधीरता से प्रतीक्षा; बेचैनी से इंतज़ार; उत्कंठा 3. होने, मिलने आदि की संभावना।

प्रत्याशित (सं.) [वि.] 1. जिसकी आशा या अपेक्षा की गई हो; अपेक्षित 2. जिसका पहले से अनुमान किया गया हो; पूर्वानुमानित।

प्रत्याशी (सं.) [सं-पु.] 1. वह जो किसी पद की प्राप्ति के लिए इच्छुक हो 2. निर्वाचन में किसी दल या पार्टी द्वारा घोषित किया गया व्यक्ति; उम्मीदवार। [वि.] प्रत्याशा करने वाला; आशा या प्रतीक्षा करने वाला।

प्रत्याशी सूची (सं.) [सं-पु.] 1. किसी पद के इच्छुक आवेदकों या अभ्यर्थियों की सूची 2. निर्वाचित होने के लिए चुनाव लड़ने वाले प्रत्याशियों के नामों की अनुक्रमणिका 3. चुनाव में भाग लेने हेतु किसी दल द्वारा जारी अपने उम्मीदवारों की सूची।

प्रत्याश्रय (सं.) [सं-पु.] शरण लेने का स्थान; पनाह लेने की जगह।

प्रत्याश्वासन (सं.) [सं-पु.] धीरज; सांत्वना; ढाढस।

प्रत्यासंग (सं.) [सं-पु.] 1. संबंध 2. संयोग 3. लगाव।

प्रत्यासत्ति (सं.) [सं-स्त्री.] 1. निकटता; सामीप्य 2. प्रसन्नता 3. आसक्ति 4. (न्यायशास्त्र) अलौकिक प्रत्यक्ष का कारण रूप संबंध।

प्रत्यासन्न (सं.) [वि.] 1. अति निकटस्थ 2. पास आया हुआ; अति निकट पहुँचा हुआ।

प्रत्यासर (सं.) [सं-पु.] 1. ऐसी सैनिक व्यूह रचना जिसमें एक व्यूह के पीछे दूसरा बनाया गया हो; सेना के पीछे का व्यूह 2. सेना का पिछला भाग।

प्रत्यास्थतता (सं.) [सं-स्त्री.] खींचने पर किसी तत्व या पदार्थ के बड़े या लंबे हो जाने तथा फिर पूर्ववत हो जाने का गुण; (इलैस्टिसिटी)।

प्रत्यास्मरण (सं.) [सं-पु.] विस्मृत (भूली हुई) बात या घटना को पुनः याद करना।

प्रत्याहत (सं.) [वि.] हटाया हुआ; अस्वीकृत; निवारित।

प्रत्याहरण (सं.) [सं-पु.] 1. वापस लेना या लाना 2. रोक रखना 3. इंद्रिय संयम 4. निग्रह करना।

प्रत्याहार (सं.) [सं-पु.] 1. व्याकरण में विभिन्न वर्ण समूह का संक्षेप में उल्लेख 2. प्रतिकार 3. फिर से आरंभ करना 4. आज्ञा, वचन आदि वापस लिया जाना 5. पीछे की ओर ले जाना।

प्रत्याहूत (सं.) [वि.] वापस बुलाया हुआ; वापस आने का आदेश दिया हुआ।

प्रत्युक्त (सं.) [वि.] 1. जिसका उत्तर दिया गया हो; प्रत्युत्तर 2. जिसका खंडन किया गया हो।

प्रत्युक्ति (सं.) [सं-स्त्री.] उत्तर; जवाब।

प्रत्युच्चार (सं.) [सं-पु.] फिर से उच्चरित करना; फिर से उच्चारण करना; फिर से कहना; पुनरुक्ति।

प्रत्युच्चारण (सं.) [सं-पु.] दे. प्रत्युच्चार।

प्रत्युज्जीवन (सं.) [सं-पु.] 1. पुनर्जीवन; फिर से जी उठना 2. किसी मृत्यु तुल्य घटना से बच निकलना।

प्रत्युत (सं.) [अव्य.] 1. बल्कि; वरन 2. इसके विपरीत। [सं.-पु.] किसी दूसरे पक्ष का खंडन या अपने पक्ष का मंडन करने के लिए विपरीत भाव; विपरीतता।

प्रत्युत्क्रम (सं.) [सं-पु.] 1. किसी कार्य को आरंभ करने हेतु उद्यम; प्रथम प्रयत्न 2. युद्ध की तैयारी 3. वह आक्रमण जो युद्ध के समय सबसे पहले हो 4. मुख्य कार्य की सिद्धि हेतु किया जाने वाला गौण कार्य।

प्रत्युत्तर (सं.) [सं-पु.] 1. उत्तर; जवाब 2. प्राप्त उत्तर का उत्तर।

प्रत्युत्थान (सं.) [सं-पु.] 1. अभ्युत्थान; बड़े के आने पर उनके सम्मान में खड़ा होना 2. किसी के विरुद्ध खड़ा होना; युद्ध हेतु तैयारी करना।

प्रत्युत्थित (सं.) [वि.] 1. किसी ज्येष्ठ या बड़े के आने पर उनके प्रति सम्मान में खड़ा होने वाला 2. किसी शत्रु के विरुद्ध

मुकाबला करने या युद्ध हेतु खड़ा होने वाला।

प्रत्युत्पन्न (सं.) [सं-पु.] गुणन। [वि.] 1. जो फिर से उत्पन्न हुआ हो 2. जो तत्काल उत्पन्न हुआ हो 3. उपस्थित।

प्रत्युत्पन्नमति (सं.) [सं-स्त्री.] अतिशीघ्र सोचने, समझने की शक्ति। [वि.] 1. हाज़िरजवाब 2. जो तुरंत कोई उपयुक्त बात सोच ले।

प्रत्युद्गति (सं.) [सं-स्त्री.] 1. प्रत्युद्गमन; किसी अतिथि या बड़े के आने पर उनके सम्मान में अपना आसन छोड़ कर खड़े हो जाना 2. अतिथि का स्वागत 3. विरोध में गया हुआ।

प्रत्युद्गम (सं.) [सं-पु.] 1. प्रत्युत्थान 2. स्वागत करना।

प्रत्युद्गमन (सं.) [सं-पु.] दे. प्रत्युद्गम।

प्रत्युद्धरण (सं.) [सं-पु.] 1. पुनर्प्राप्ति; फिर से प्राप्त करना 2. फिर से उठाना।

प्रत्युपकार (सं.) [सं-पु.] भलाई के बदले भलाई; उपकार के बदले उपकार।

प्रत्युपमान (सं.) [सं-पु.] उपमान को उपमित करने वाला उपमान; उपमान का उपमान।

प्रत्युपस्थान (सं.) [सं-पु.] घर के आसपास का क्षेत्र; प्रतिवेश; पड़ोस।

प्रत्युप्त (सं.) [वि.] 1. जड़ा हुआ या बैठाया हुआ 2. बोया हुआ या जमाया हुआ।

प्रत्यूष (सं.) [सं-पु.] 1. भोर; प्रभात; सवेरा; प्रातःकाल 2. सूर्य।

प्रत्यूषवेला (सं.) [सं-स्त्री.] सूर्योदय का समय; प्रातः काल।

प्रत्यूह (सं.) [सं-पु.] विघ्न; बाधा।

प्रत्येक (सं.) [वि.] हर एक संख्या के विचार से दो या दो से अधिक इकाइयों, समूहों में से एक-एक; अलग-अलग; हर एक।

प्रथम (सं.) [वि.] 1. क्रम, गणना या पंक्ति में जो सबसे पहले हो; पेश्तर 2. जो गुण, महत्व या योग्यता में सबसे बढ़कर हो; श्रेष्ठ 3. मुख्य; प्रधान 4. पहले का। [क्रि.वि.] पहले; आगे।

प्रथम दीर्घाक्षर (सं.) [सं-पु.] (पत्रकारिता) अनुच्छेद के आरंभ में लगाया गया बड़े आकार का मोटा मुद्राक्षर।

प्रथम दृष्ट्या (सं.) [क्रि.वि.] पहली नज़र में; पहली बार देखने पर।

प्रथमक (सं.) [वि.] प्रथम; पहला; सबसे पहलेवाला।

प्रथमतया (सं.) [अव्य.] गुण, महत्व या योग्यता में पहले; सबसे पहले।

प्रथमता (सं.) [सं-स्त्री.] 1. प्राथमिक 2. प्रथम होने की अवस्था या भाव।

प्रथमा (सं.) [सं-स्त्री.] 1. व्याकरण में प्रथम कर्ता कारक (प्रथमा विभक्ति) 2. तांत्रिकों के अनुरूप मद्य या शराब।

प्रथमांक (सं.) [सं-पु.] 1. पहला अंक 2. शुरू की संख्या।

प्रथमाक्षर (सं.) [सं-पु.] किसी वर्णमाला का पहला अक्षर, जैसे- देवनागरी वर्णमाला का 'अ'।

प्रथमार्ध (सं.) [सं-पु.] 1. किसी वस्तु के दो समान भागों में पहले वाला आधा भाग 2. दो खंडों में विभक्त किसी पुस्तक का प्रथम आधा खंड।

प्रथमाश्रम (सं.) [सं-पु.] चार आश्रमों में प्रथम आश्रम; ब्रह्मचर्य आश्रम।

प्रथमोदित (सं.) [वि.] सबसे पहले कहा गया या कहा हुआ; प्रथमोक्त।

प्रथमोपचार (सं.) [सं-पु.] किसी घायल व्यक्ति का उचित चिकित्सा की सुविधा प्राप्त होने के पूर्व किया गया उपचार; प्राथमिक चिकित्सा; (फ़र्स्ट एड)।

प्रथा (सं.) [सं-स्त्री.] 1. परंपरा; रिवाज 2. किसी जाति, समाज आदि में किसी विशिष्ट अवसर पर किसी विशिष्ट ढंग से किया जाने वाला कोई काम; रीति 3. नियम 4. प्रसिद्धि; ख्याति।

प्रथागत (सं.) [वि.] प्रथा या रीति के अनुसार; रीतिगत।

प्रथानुसार (सं.) [क्रि.वि.] आमतौर पर; नियमित रूप से; सामान्य रूप से; परंपरागत रूप से; आदतन।

प्रथित (सं.) [वि.] 1. विस्तृत; लंबा-चौड़ा 2. प्रसिद्ध; मशहूर 3. प्रस्थापित 4. परंपरागत। [सं-पु.] 1. मनु के पुत्र का नाम 2. विष्णु।

प्रथिति (सं.) [सं-स्त्री.] लोकप्रियता; ख्याति; प्रसिद्धि।

प्रथिमा (सं.) [सं-स्त्री.] मोटापा; स्थूलता; पृथुलता; चौड़ाई; विस्तार; फैलाव।

प्रद (सं.) [परप्रत्य.] देने वाला; दाता; दायक; उत्पन्न करने वाला; पैदा करने वाला, जैसे- संतोषप्रद, लाभप्रद आदि।

प्रदक्षिण (सं.) [वि.] 1. दाहिनी ओर स्थित 2. योग्य; समर्थ 3. दक्ष; चतुर 4. विनम्र; शालीन। [सं-पु.] श्रद्धा-भक्ति से किसी देवता आदि के चारों ओर इस प्रकार भ्रमण करना कि दायाँ अंग बराबर उसी ओर पड़े; परिक्रमा; फेरी।

प्रदक्षिणा (सं.) [सं-स्त्री.] किसी पवित्र स्थान या देव मूर्ति के चारों ओर इस प्रकार घूमना कि वह पवित्र स्थान या मूर्ति बराबर दाहिनी ओर रहे; परिक्रमा।

प्रदग्ध (सं.) [वि.] अति दग्ध (जला हुआ); बहुत जला हुआ।

प्रदत्त (सं.) [सं-पु.] एक गंधर्व का नाम। [वि.] जो दिया जा चुका हो; दिया या प्रदान किया हुआ।

प्रदर (सं.) [सं-पु.] 1. तोड़ने-फोड़ने की क्रिया या भाव 2. छिद्र 3. दरार 4. तितर-बितर होना 5. स्त्रियों का एक रोग जिसमें उनके गर्भाशय से सफ़ेद या लाल रंग का लसदार गंदा तरल पदार्थ निकलता है 6. तीर; बाण।

प्रदर्प (सं.) [सं-पु.] अति अहंकार; प्रचंड अभिमान; अत्यधिक घमंड।

प्रदर्श (सं.) [सं-पु.] 1. रूप; आकृति; शक्ल; आकार 2. आज्ञा; आदेश।

प्रदर्शक (सं.) [सं-पु.] 1. देखने या दिखाने वाला व्यक्ति 2. गुरु; पैगंबर 3. मत; सिद्धांत। [वि.] 1. दिखलाने वाला या सिखलाने वाला 2. भविष्यवक्ता।

प्रदर्शन (सं.) [सं-पु.] 1. नाटक, खेल आदि को दिखाने की क्रिया; प्रस्तुति 2. आकृति; रूप; शक्ल 3. शिक्षण; उपदेश 4. उदाहरण; दृष्टांत 5. राजनीतिक, सामाजिक आदि प्रश्नों या समस्याओं पर अपने विचारों, विरोध या सहमति आदि की

सार्वजनिक अभिव्यक्ति।

प्रदर्शन कक्ष (सं.) [सं-पु.] वह कक्ष जहाँ वस्तुओं का प्रदर्शन किया जाता है; दिखाने का कक्ष।

प्रदर्शनकारी (सं.) [सं-पु.] 1. प्रदर्शन करने वाला व्यक्ति 2. वह व्यक्ति या वर्ग जो राजनीतिक, सामाजिक आदि प्रश्नों पर अपने विचारों, विरोध या सहमति आदि का सार्वजनिक प्रदर्शन करे। [वि.] प्रदर्शन करने वाला।

प्रदर्शनी (सं.) [सं-स्त्री.] वह स्थान जहाँ तरह-तरह की वस्तुएँ दिखाने के लिए रखी हों; नुमाइश।

प्रदर्शनीय (सं.) [वि.] 1. दिखाने योग्य 2. नुमाइश करने योग्य।

प्रदर्शिका (सं.) [सं-स्त्री.] प्रदर्शनशाला।

प्रदर्शित (सं.) [वि.] 1. जिसे दिखाया गया हो 2. सिखाया हुआ; समझाया हुआ; बताया हुआ 3. जो प्रदर्शनी या नुमाइश में रखा गया हो।

प्रदर्शी (सं.) [वि.] दिखाने वाला; प्रदर्शन करने वाला; प्रदर्शक। [सं-पु.] वह जो देखता हो; दर्शक।

प्रदल (सं.) [सं-पु.] तीर; बाण।

प्रदव (सं.) [सं-पु.] प्रज्वलन; बहुत अधिक ताप; अत्यधिक गरमी।

प्रदाता (सं.) [सं-पु.] वह जो ख़ूब दान देता है; बड़ा दानी। [वि.] प्रदान करने वाला; दाता।

प्रदान (सं.) [सं-पु.] 1. देने की क्रिया या भाव 2. इनाम; पुरस्कार।

प्रदानक (सं.) [सं-पु.] 1. वह जो दिया जाए 2. वह जो भेंट आदि प्रदान करता हो; उपहारदाता; दाता 3. उपहार; भेंट।

प्रदायी (सं.) [वि.] प्रदान करने वाला; प्रदायक; देने वाला।

प्रदावी (सं.) [वि.] प्रबल रूप से दावा करने वाला; मज़बूत दावेदार।

प्रदाह (सं.) [सं-पु.] 1. ज्वर आदि के कारण अथवा किसी अन्य कारण से शरीर में होने वाली जलन; दाह 2. ध्वंस; विनाश; बरबादी।

प्रदिग्ध (सं.) [सं-पु.] 1. घी में अच्छी तरह भूना हुआ ऐसा मांस जिसमें ऊपर से जीरा, दही या मट्ठा आदि मिलाया हुआ होता है 2. अन्न से निर्मित एक प्रकार का खाद्य पदार्थ; व्यंजन। [वि.] लिपटा हुआ; चिकना किया हुआ।

प्रदिशा (सं.) [सं-स्त्री.] 1. दो मुख्य दिशाओं के बीच की दिशा; कोण 2. विदिशा।

प्रदिष्ट (सं.) [वि.] 1. दिखाया हुआ; प्रदर्शित; संकेतित 2. आदिष्ट; बताया हुआ 3. आदेशित नियत किया हुआ; निर्देशित; ठहराया हुआ।

प्रदीप (सं.) [सं-पु.] 1. दीपक; दीप; दीया 2. प्रकाश 3. वह जो किसी विषय को द्योतित करे या स्पष्ट करे (इस अर्थ में इस शब्द का प्रयोग ग्रंथों के नाम के साथ होता है, जैसे- अलंकारप्रदीप, काव्यप्रदीप आदि) 4. (संगीत) एक राग।

प्रदीपक (सं.) [वि.] 1. प्रकाश में लाने वाला; प्रकाशित करने वाला; प्रकाशक 2. स्पष्ट करने वाला।

प्रदीपन (सं.) [सं-पु.] 1. प्रदीप्त करने की क्रिया; जलाना 2. उत्तेजित करना। [वि.] 1. प्रकाश करने वाला 2. उत्तेजित करने वाला।

प्रदीप्त (सं.) [वि.] 1. जलता हुआ या जलाया हुआ 2. प्रकाशित 3. जगमगाता हुआ 4. उज्ज्वल; प्रकाशमान 4. उत्तेजित।

प्रदीप्ति (सं.) [सं-स्त्री.] प्रभा; प्रकाश; चमक।

प्रदीर्घ (सं.) [वि.] 1. अत्यधिक दीर्घ; अत्यधिक बड़ा; ऊँचा 2. बढ़ा हुआ।

प्रदुष्ट (सं.) [वि.] 1. दोषयुक्त; बिगड़ा हुआ 2. बुरे स्वभाव का; दुष्ट 3. लंपट।

प्रदूषक (सं.) [सं-पु.] वह जो दूषित या ख़राब करता हो; वह जो दोषयुक्त करता हो। [वि.] 1. दूषित करने वाला; नष्ट करने वाला 2. अपवित्र करने वाला।

प्रदूषण (सं.) [सं-पु.] 1. नष्ट करना; चौपट या बरबाद करना 2. अपवित्र करना 3. दोषयुक्त बनाना 4. वातावरण की भौतिक, रासायनिक और जैविक अवस्था में ऐसा परिवर्तन जिससे मनुष्यों, पशुओं, पक्षियों, जलचरों, वनस्पतियों अथवा भवनों आदि को हानि हो।

प्रदूषणकारी (सं.) [सं-पु.] वह तत्व या पदार्थ जो प्रदूषण उत्पन्न करता हो। [वि.] प्रदूषण फैलाने वाला।

प्रदूषणरोधी (सं.) [सं-पु.] प्रदूषण को कम करने या रोकने वाला पदार्थ या विचार।

प्रदूषित (सं.) [वि.] 1. दोषयुक्त; दूषित 2. अपवित्र; ख़राब 3. प्रदुष्ट स्वभाव का।

प्रदृप्ति (सं.) [सं-स्त्री.] अहंकार; घमंड; गर्व।

प्रदेय (सं.) [वि.] दान करने योग्य; जो प्रदान किए जाने के योग्य हो; जो दिया जा सके।

प्रदेश (सं.) [सं-पु.] 1. स्थान; जगह 2. किसी देश का वह बड़ा भाग जो भाषा, रीति आदि की दृष्टि से उसी देश के अन्य भागों से भिन्न हो 3. संघ राज्य की इकाई; राज्य; (स्टेट) 4. शरीर का भाग; अंग 5. दीवार 6. संज्ञा; नाम 7. दिखाना; निर्देश करना।

प्रदेशन (सं.) [सं-पु.] 1. उपहार; भेंट; तोहफ़ा; नज़राना 2. परामर्श; उपदेश; सलाह 3. दिखलाना; दिखाना।

प्रदेशनी (सं.) [सं-स्त्री.] अँगूठे के बाद वाली उँगली; तर्जनी।

प्रदेशवाद (सं.) [सं-पु.] 1. अपने प्रदेश को प्रमुखता देने वाला सिद्धांत या मत 2. प्रादेशिक योजना के लिए विशिष्ट क्षेत्रों के चयन से संबंधित संकल्पना 3. किसी क्षेत्र के संदर्भ में लोगों के अंदर पाई जाने वाली प्रादेशिक भावना या चेतना।

प्रदेशित (सं.) [वि.] 1. बतलाया हुआ; आदिष्ट; निर्दिष्ट 2. दिखलाया हुआ 3. प्रदिष्ट।

प्रदेशीय (सं.) [वि.] प्रदेश का; प्रदेश संबंधी; प्रदेश विषयक।

प्रदेष्टा (सं.) [सं-पु.] वह जो सलाह देता हो; प्रधान।

प्रदोष (सं.) [सं-पु.] 1. सायंकाल; सूर्यास्त का समय 2. त्रयोदशी का व्रत 3. भारी दोष या अपराध 4. पक्षपात; नैतिक पतन 5. अव्यवस्था।

प्रदोषक (सं.) [वि.] 1. प्रदोषकाल संबंधी 2. जो प्रदोष काल में उत्पन्न हुआ हो 3. प्रदुष्ट।

प्रदोह (सं.) [सं-पु.] गाय, भैंस आदि को दुहने का काम; दोहन।

प्रद्युतित (सं.) [वि.] प्रदीप्त; प्रकाशित; आलोकित; प्रज्वलित।

प्रद्युम्न (सं.) [सं-पु.] 1. कामदेव; अनंग; रतिपति; कंदर्प 2. कृष्ण के एक पुत्र का नाम 3. (पुराण) मनु के दस पुत्रों में एक 4. वीर पुरुष।

प्रद्योत (सं.) [सं-पु.] 1. किरण 2. आभा; चमक 3. एक यक्ष का नाम।

प्रद्योतन (सं.) [सं-पु.] 1. चमकाने की क्रिया; चमकाना; दीप्तियुक्त करना 2. दीप्ति; चमक 3. सूर्य। [वि.] चमकने वाला।

प्रद्रव (सं.) [सं-पु.] दौड़ना; भागना; पलायन [वि.] तीव्र गति से बहने वाला; द्रव; तरल।

प्रद्राव (सं.) [सं-पु.] 1. पलायन; निकल भागना 2. तेज़ चलना या जाना।

प्रद्वार (सं.) [सं-पु.] दरवाज़े के सामने की जगह या स्थान; दरवाज़े का अगला भाग।

प्रद्वेष (सं.) [सं-पु.] 1. अति द्वेष; तीव्र द्वेष; घृणा 2. अरुचि 3. वैर।

प्रद्वेषण (सं.) [सं-पु.] प्रद्वेष।

प्रधर्ष (सं.) [सं-पु.] 1. अपमान 2. आक्रमण 3. पराभव 4. किसी स्त्री का शील भंग करना; बलात्कार।

प्रधर्षक (सं.) [वि.] 1. आक्रमण करने वाला; आक्रमणकारी 2. तंग करने वाला; सताने वाला 3. बलात्कार करने वाला।

प्रधर्षण (सं.) [सं-पु.] 1. आक्रमण 2. तिरस्कार; अपमान 3. दुर्व्यवहार 4. स्त्री का बलात्कार।

प्रधर्षित (सं.) [वि.] 1. जिसपर आक्रमण किया गया हो; चोट पहुँचाया हुआ; आक्रांत 2. जिसका अपमान किया गया हो; अपमानित 3. क्षतिग्रस्त 4. अभिमानी 5. बलात्कार पीड़िता; जिसका बलात्कार हुआ हो।

प्रधान (सं.) [वि.] 1. सबसे बड़ा 2. मुख्य; मुखिया। [सं-पु.] 1. नेता; मुखिया; सरदार 2. परमात्मा; ईश्वर 3. सचिव; मंत्री; वज़ीर 4. किसी विभाग या संस्था का सर्वोच्च अधिकारी 5. संसार का उपादान कारण 6. बुद्धि; समझ 7. प्रकृति।

प्रधान संपादक (सं.) [सं-पु.] किसी पत्र या पत्रिका का उच्चतम संपादक; मुख्य संपादक।

प्रधानतया (सं.) [अव्य.] मुख्यतः; मुख्यरूप से।

प्रधानता (सं.) [सं-स्त्री.] प्रधान या मुख्य होने का गुण या भाव।

प्रधानमंत्री (सं.) [सं-पु.] 1. किसी देश या राज्य का सबसे बड़ा मंत्री; महामात्य 2. किसी संस्था का सबसे बड़ा मंत्री 3. किसी संस्था का महामंत्री।

प्रधानांग (सं.) [सं-पु.] 1. किसी राज्य का प्रसिद्ध व्यक्ति 2. किसी वस्तु, यंत्र या शरीर का मुख्य अंग।

प्रधानाचार्य (सं.) [सं-पु.] विद्यालय का मुखिया; प्रधानाध्यापक; प्रधान।

प्रधानाध्यापक (सं.) [सं-पु.] किसी विद्यालय या स्कूल का प्रधान या सर्वप्रमुख अध्यापक।

प्रधानामात्य (सं.) [सं-पु.] 1. प्रधान सचिव 2. प्रधान मंत्री 3. महामात्य।

प्रधानोत्तम (सं.) [वि.] 1. प्रसिद्ध वीर 2. बहुत प्रसिद्ध।

प्रधारणा (सं.) [सं-स्त्री.] किसी विषय पर एकाग्र होकर ध्यान जमाए रखना; मस्तिष्क को किसी एक ओर या किसी विषय पर जमाना।

प्रधावन (सं.) [सं-पु.] 1. मार्जन; जल से साफ़ करने का काम 2. वायु; पवन।

प्रधूपित (सं.) [वि.] 1. तप्त 2. संतापित; पीड़ित 3. चमकता हुआ; दीप्त 4. सुवासित; धूपित।

प्रधूमन (सं.) [सं-पु.] वातावरण को शुद्ध करने हेतु कमरे में या घर के बाहर संक्रमण (कीट आदि) नाशक सुगंधित धूम प्रसारित करना; लोहवान (लोबान), गुग्गुल आदि का धुआँ करना; (फ़्यूमिगेशन)।

प्रधूमित (सं.) [वि.] 1. भीतर ही भीतर जलने वाला 2. जिसमें से धुआँ निकल रहा हो 3. जो धुआँ उत्पन्न करने हेतु जलाया गया हो।

प्रध्यान (सं.) [सं-पु.] 1. घोर ध्यान 2. प्रगाढ़ चिंतन; गंभीर चिंतन।

प्रध्वंस (सं.) [सं-पु.] 1. नष्ट होना; नाश; विनाश 2. (न्याय वैशेषिक दर्शन) अभाव नामक पदार्थ का एक भेद 3. (सांख्य मत) किसी वस्तु की अतीतावस्था।

प्रध्वंसक (सं.) [वि.] नष्ट करने वाला; नाश या विनाश करने वाला।

प्रध्वंसित (सं.) [वि.] नष्ट किया हुआ; जिसका नाश कर दिया गया हो; बर्बाद।

प्रध्वंसी (सं.) [वि.] नाश होने वाला; नाशवान; नाश करने वाला; क्षयशील।

प्रध्वस्त (सं.) [वि.] जिसका ध्वंस या नाश हो चुका हो; विनष्ट। [सं-पु.] तांत्रिकों के अनुसार एक प्रकार का मंत्र।

प्रनप्ता (सं.) [सं-पु.] परनाती; नाती का पुत्र।

प्रनिघातन (सं.) [सं-पु.] वध; मारण; हत्या।

प्रपंच (सं.) [सं-पु.] 1. कोई ऐसा कार्य या बात जो वास्तविक या सत्य न रहने पर भी सत्य और ठीक जान पड़े 2. वह आचरण, काम आदि जिसमें ऊपरी बनावट का भाव रहता है 3. छल-कपट से भरा कार्य; वह काम जो किसी को धोखे में डाल कर कोई स्वार्थ साधने के लिए किया जाए 4. झंझट; बखेड़ा; व्यर्थ की परेशानी 5. व्याख्या; विस्तार।

प्रपंचक (सं.) [वि.] 1. प्रपंच (व्याख्या या विस्तार) करने वाला; दिखाने वाला; प्रदर्शन करने वाला 2. विकास करने वाला।

प्रपंचन (सं.) [सं-पु.] 1. प्रपंच खड़ा करना 2. विस्तार करना; व्याख्या करना; तूल देना।

प्रपंचित (सं.) [वि.] 1. जो ठगा गया हो; जो छला गया हो; प्रताड़ित 2. भ्रमयुक्त 3. जिससे भूल हुई हो।

प्रपंची (सं.) [वि.] 1. प्रपंच करने वाला; झंझट खड़ा करने वाल 2. बखेड़ा पैदा करने वाला 3. छली या धोखेबाज़; ठग;

आडंबर फैलाने वाला 4. झगड़ालू; बखेड़िया।

प्रपंजी (सं.) [सं-स्त्री.] किसी व्यावसायिक संस्था की वह पंजिका जिसमें उसकी आय-व्यय या लेनदेन का विवरण अंकित किया जाता है; लेखाबही या खाताबही; (लेज़र)।

प्रपतन (सं.) [सं-पु.] 1. नीचे गिरना; पतन 2. नाश; मृत्यु 3. नीचे उतरना 4. वह स्थान जिसपर से कोई वस्तु गिरे 5. पलायन 6. चट्टान 7. आक्रमण।

प्रपत्ति (सं.) [सं-स्त्री.] 1. भक्त द्वारा स्वयं को ईश्वर की शरण में समर्पित कर देना कि वह उसकी रक्षा अवश्य करेगा; शरणागति 2. किसी के प्रति होने वाली एकनिष्ठ भक्ति; अनन्य भक्ति।

प्रपत्र (सं.) [सं-पु.] 1. आवेदनपत्र 2. विवरणपत्र।

प्रपथ्य (सं.) [सं-पु.] अति हितकारक खाद्य पदार्थ (बीमार हेतु)।

प्रपद (सं.) [सं-पु.] पंजा; पैर।

प्रपदन (सं.) [सं-पु.] पहुँच; प्रवेश; अति निकट संबंध।

प्रपदीन (सं.) [वि.] 1. पैर के अगले भाग से संबंधित; प्रपद संबंधी 2. पैर के पंजे का; प्रपद का।

प्रपन्न (सं.) [वि.] 1. प्राप्त 2. आया हुआ; पहुँचा हुआ 3. शरणागत; आश्रित 4. कष्टग्रस्त; दीन; दुखी। [सं-पु.] वह जो अवयस्क होने के कारण अपने अभिभावक के अधीन हो; प्रतिरक्ष्य।

प्रपर्ण (सं.) [सं-पु.] गिरा हुआ पत्ता। [वि.] जिसके पत्ते झड़ गए हों।

प्रपात (सं.) [सं-पु.] 1. झरना; ऊँचे स्थान से गिरने वाला जलप्रवाह 2. एकबारगी और बहुत तेज़ी से ऊपर से नीचे आना या गिरना 3. एक प्रकार की उड़ान 4. आकस्मिक आक्रमण 5. किनारा; तट।

प्रपातन (सं.) [सं-पु.] 1. नीचे की ओर उतरना 2. नीचे फेंकना; गिराना।

प्रपाती (सं.) [सं-पु.] खड़े किनारे वाला पहाड़ या चट्टान। [सं-स्त्री.] नदियों के जल-प्रवाह में कुछ ऊँची-नीची चट्टानें पड़ने के कारण बनने वाला झरना; (वाटर फ़ाल)।

प्रपादिक (सं.) [सं-पु.] मयूर; मोर; नीलकंठ।

प्रपानक (सं.) [सं-पु.] पकाए गए या उबाले गए कच्चे आम के गूदे में जीरा, पुदीना, नमक, चीनी आदि डाल कर बनाया गया मीठा या नमकीन शरबत; पना; पन्ना।

प्रपितामह (सं.) [सं-पु.] परदादा; दादा के पिता।

प्रपितृव्य (सं.) [सं-पु.] परदादा के भाई; चचेरे परबाबा।

प्रपीड़न (सं.) [सं-पु.] 1. बहुत अधिक कष्ट देना 2. दबा कर निचोड़ना; दबाना 3. कोष्ठ (कब्ज़) करने वाली दवा; धारक औषधि।

प्रपीत (सं.) [वि.] 1. विस्तृत; प्रसारित; फैला हुआ 2. निगला हुआ 3. सूजा हुआ।

प्रपुंज (सं.) [सं-पु.] विशाल समूह; बड़ा झुंड।

प्रपुत्र (सं.) [सं-पु.] पुत्र का पुत्र; पोता।

प्रपुष्ट (सं.) [वि.] 1. मज़बूत कंधों वाला 2. बलवान।

प्रपूरण (सं.) [सं-पु.] 1. भरना; पूरा करना; पूर्ण करना 2. मिलाना 3. तृप्त करना।

प्रपूरित (सं.) [वि.] 1. विशेष रूप से पूर्ण किया हुआ 2. अच्छी तरह भरा हुआ।

प्रपूर्ण (सं.) [सं-पु.] पूर्ण रूप से अथवा अच्छी तरह भरा हुआ; युक्त।

प्रपौत्र (सं.) [सं-पु.] पोते का बेटा; परपोता।

प्रफुल्ल (सं.) [वि.] 1. खिला हुआ; विकसित 2. जिसमें फूल खिले हुए हों; पुष्पयुक्त; पुष्पित 3. प्रसन्न; आनंदित 4. मुस्कराता हुआ 5. विकासयुक्त 6. खुला हुआ; जो मुँदा हुआ न हो, जैसे- प्रफुल्ल मुख।

प्रफुल्लचित्त (सं.) [वि.] प्रसन्नचित्त; प्रसन्न हृदयवाला; आनंदित मनवाला।

प्रफुल्लता (सं.) [सं-स्त्री.] प्रसन्नता; ख़ुशी। [वि.] फूल की तरह खिला हुआ।

प्रफुल्लमुख (सं.) [वि.] खिले चेहरेवाला; जिसका मुख ख़ुश दिखता हो; प्रसन्नवदन।

प्रफुल्लित (सं.) [वि.] 1. खिला हुआ 2. बहुत अधिक प्रसन्न; प्रमुदित; आनंदित।

प्रबंध (सं.) [सं-पु.] 1. व्यवस्था 2. अच्छा, पक्का और श्रेष्ठ संचालन 3. ठीक तरह से निरंतर चलता रहने वाला क्रम 4. किसी तरह के काम के लिए की जाने वाली कोई योजना 5. निबंध; रचना 6. काव्य रचना का एक भेद।

प्रबंध समिति (सं.) [सं-स्त्री.] वह समिति जो किसी सभा के आयोजन का पूर्णतया प्रबंध करती हो; प्रबंधकारिणी; (मैनेजिंग कमिटी)।

प्रबंधक (सं.) [सं-पु.] व्यवस्थापक; प्रबंधकर्ता; (मैनेजर)। [वि.] व्यवस्था करने वाला; प्रबंध करने वाला।

प्रबंधक मंडल (सं.) [सं-पु.] व्यवस्थापकों की समिति; व्यवस्थापक मंडल; किसी कार्य, कार्यालय या विभाग के कार्यों का संचालन करने वाले लोगों की समिति; (मैनेजिंग कमिटी)।

प्रबंधकर्ता (सं.) [सं-पु.] प्रबंधक; व्यवस्थापक। [वि.] प्रबंध करने वाला।

प्रबंधकारिणी (सं.) [सं-स्त्री.] किसी बड़ी संस्था, सभा, संगठन कार्यालय या विभाग के कार्यों, निर्णयों का संचालन तथा प्रबंध करने वाली समिति।

प्रबंधकाव्य (सं.) [सं-पु.] 1. वह काव्य जिसमें जीवन की घटनाओं का क्रमबद्ध उल्लेख किया जाता है 2. लंबे कथानक से युक्त जीवनचरित्र 3. आठ या आठ से अधिक सर्गों में विभाजित सर्गबद्ध रचना।

प्रबंधकीय (सं.) [वि.] प्रबंध-व्यवस्था से संबंधित; प्रबंधन का कार्य या उत्तरदायित्व।

प्रबंधन (सं.) [सं-पु.] 1. किसी कार्य या बात का प्रबंध (व्यवस्था) करने की क्रिया या भाव 2. किसी रचनाकार की विशिष्ट रचनाशैली; साहित्यिक रचना का प्रकार।

प्रबंधनकर्ता (सं.) [सं-पु.] किसी कार्यालय, संस्था आदि का प्रबंधन करने वाला व्यक्ति; व्यवस्थापक; (मैनेजर)।

प्रबंधनीय (सं.) [वि.] प्रबंध करने योग्य; जिसकी व्यवस्था की जानी हो; संपाद्य।

प्रबल (सं.) [वि.] 1. शक्तिशाली; बलवान; जिसमें बहुत अधिक बल हो 2. प्रचंड; उग्र; तेज़ 3. बहुत ज़ोरों का; घोर; भारी।

प्रबलता (सं.) [सं-स्त्री.] प्रबल होने की क्रिया या भाव; बहुत बली होने की स्थिति; प्रकृष्ट बलवाला होने की स्थिति।

प्रबलन (सं.) [सं-पु.] 1. शक्ति बढ़ाने या बलवर्धन करने की क्रिया या भाव; ताकत बढ़ाना 2. दुर्बल या गरीब को मज़बूत बनाने का भाव या दी जाने वाली सहायता।

प्रबला (सं.) [सं-स्त्री.] 1. प्रसारिणी नामक लता 2. प्रसारिणी नामक औषधि। [वि.] ख़ूब बलवाली; प्रबल (स्त्री)।

प्रबाधक (सं.) [वि.] 1. सताने या उत्पीड़न करने वाला 2. निवारण करने वाला 3. हटाने वाला।

प्रबाधन (सं.) [सं-पु.] 1. अपसरण; हटाना 2. उत्पीड़न; प्रपीड़न।

प्रबाधित (सं.) [वि.] 1. उत्पीड़ित 2. दबाया हुआ 3. अग्रसरित; आगे बढ़ाया हुआ।

प्रबाल (सं.) [सं-पु.] 1. प्रवाल; मूँगा 2. नया कोमल पत्ता; किसलय 3. वीणा निर्माण करने की लकड़ी; वीणादंड।

प्रबालिक (सं.) [सं-पु.] एक प्रकार की शाक; जीवशाक।

प्रबाहु (सं.) [सं-पु.] हाथ का अगला भाग; हथेली।

प्रबुद्ध (सं.) [सं-पु.] 1. ज्ञानी 2. जागा हुआ; जाग्रत 3. जिसे यथार्थ का ज्ञान हो; ज्ञानी 4. जानकार।

प्रबुद्धजन (सं.) [सं-पु.] 1. ज्ञानी; विद्वतजन 2. चैतन्यजन 3. जाग्रत बुद्धि वाले लोग।

प्रबोध (सं.) [सं-पु.] 1. जागना; जागरण 2. सचेत होना 3. यथार्थ ज्ञान; सत्य ज्ञान 4. पूर्ण बोध; तत्वज्ञान 5. ज्ञान; विवेक या समझदारी 6. सांत्वना; दिलासा।

प्रबोधक (सं.) [वि.] 1. सचेत करने वाला; जगाने वाला 2. ज्ञान कराने वाला 3. राजा को प्रातःकाल जगाने वाला 4. स्तुति पाठ करने वाला 5. ढाढस बँधाने वाला।

प्रबोधन (सं.) [सं-पु.] बोध; ज्ञान; जागरण।

प्रबोधित (सं.) [वि.] 1. जगाया हुआ 2. सिखाया तथा समझाया हुआ।

प्रबोधिता (सं.) [सं-स्त्री.] (काव्यशास्त्र) एक वर्ण वृत्त या एक वर्णिक छंद।

प्रबोधिनी (सं.) [सं-स्त्री.] 1. देवोत्थान एकादशी (पौराणिक मान्यतानुसार विष्णु इस दिन चार मास शयन के पश्चात जागते हैं) 2. दुरलभा, जवासा, धमासा तथा हिंगुंवा नामक वनस्पति।

प्रभंग (सं.) [वि.] 1. अच्छी तरह तोड़ा हुआ 2. रौंदा हुआ 3. पूर्णतः पराभूत।

प्रभंजन (सं.) [सं-पु.] 1. पूर्ण रूप से तोड़ने-फोड़ने की क्रिया या भाव 2. निवारण करना 3. टुकड़े-टुकड़े करना 4. प्रचंड वायु अथवा तेज़ हवा 5. विशेष प्रकार की आँधी; (हरिकेन) 6. एक प्रकार की समाधि 7. एक नाड़ी रोग। [वि.] तोड़फोड़ करने वाला; नष्ट करने वाला।

प्रभद्र (सं.) [सं-पु.] नीम का वृक्ष; नीम।

प्रभद्रक (सं.) [सं-पु.] एक वर्ण वृत्त; एक वर्णिक छंद। [वि.] अति सुंदर।

प्रभव (सं.) [सं-पु.] 1. उत्पत्ति 2. उत्पत्ति का कारण 3. उत्पत्ति स्थल; नदी का उद्‌गम 4. मूल; जड़ 5. एक संवत्सर का नाम 6. पराक्रम।

प्रभविष्णु (सं.) [सं-पु.] 1. प्रभु 2. स्वामी 3. विष्णु। [वि.] 1. प्रभाववाला 2. शक्तिशाली।

प्रभविष्णुता (सं.) [सं-स्त्री.] 1. प्रभावोत्पादकता; औरों की तुलना में होने वाली प्रधानता 2. किसी वस्तु में स्थित वह गुण या तत्व जिसका दूसरी वस्तु पर प्रभाव पड़ता है।

प्रभा (सं.) [सं-स्त्री.] 1. दीप्ति; प्रकाश; आभा; चमक 2. सूर्य का बिंब या मंडल 3. (काव्यशास्त्र) बारह अक्षरों की वर्णवृत्ति जिसे मंदाकिनी भी कहते हैं 4. एक अप्सरा का नाम 5. दुर्गा।

प्रभाकर (सं.) [सं-पु.] 1. सूर्य 2. (पुराण) शिव 3. अग्नि 4. चंद्रमा 5. सागर 6. प्रसिद्ध मीमांसक तथा गुरु मत के प्रवर्तक; (प्रभाकर गुरु) 7. मदार का पेड़ 8. कुश द्वीप का एक पहाड़। [वि.] प्रकाश करने वाला; प्रभा उत्पन्न करने वाला।

प्रभाग (सं.) [सं-पु.] 1. किसी विभाग का उपविभाग 2. कार्य-संचालन की सुविधा के लिए किसी कार्यक्षेत्र के कई छोटे-छोटे हिस्सों में से एक; खंड; विभाग; (सेक्शन)।

प्रभात (सं.) [सं-पु.] 1. भोर; सुबह; प्रातःकाल 2. संगीत में एक राग। [वि.] जो स्पष्ट या प्रकाशित होने लगा हो।

प्रभातकर (सं.) [सं-पु.] सूर्य; भानु।

प्रभातफेरी (सं.) [सं-स्त्री.] प्रचार, उत्सव आदि के उद्देश्य से सुबह-सुबह दल या समूह बनाकर गाते-बजाते और नारे लगाते हुए बस्तियों में चक्कर या फेरी लगाना।

प्रभाती (सं.) [सं-स्त्री.] 1. एक प्रकार का गीत जो प्रातःकाल गाया जाता है 2. दातून।

प्रभापन (सं.) [सं-पु.] प्रभावान या दीप्तयुक्त होने की अवस्था या भाव।

प्रभामंडल (सं.) [सं-पु.] 1. चित्रों या मूर्तियों में दिखलाया जाने वाला देवी-देवताओं और महामानवों के मुख के चारों ओर का आभायुक्त मंडल 2. परिवेश; भूमंडल।

प्रभार (सं.) [सं-पु.] किसी विभाग या प्रभाग के कार्य की ज़िम्मेदारी; कार्यभार।

प्रभारी (सं.) [वि.] जिसके ऊपर किसी विभाग का कार्यभार या ज़िम्मेदारी हो।

प्रभाव (सं.) [सं-पु.] 1. किसी के बुद्धिबल, उच्चपद आदि के फलस्वरूप दूसरों पर पड़ने वाला दबाव 2. प्रभाव 3. अधिकार; इख़्तियार 4. प्रताप; तेज 5. अन्न, दवा आदि का गुण या गुणकारिता 6. सामर्थ्य; शक्ति; बल 7. महत्व; गौरव 8. अलौकिक शक्ति; चमत्कारी असर 9. महिमा; माहात्म्य 10. फल; परिणाम।

प्रभावक (सं.) [वि.] 1. प्रभाव दिखलाने या डालने वाला; जिसका दूसरों पर बहुत प्रभाव पड़ता हो; प्रभावशाली 2. प्रमुख; मुख्य।

प्रभावकारी (सं.) [वि.] 1. जिसका प्रभाव हो 2. प्रभावी; असर डालने वाला 3. फल देने वाला; परिणामकारी 4.

शक्तिशाली।

प्रभावती (सं.) [सं-स्त्री.] 1. (महाभारत) सूर्य की पत्नी का नाम 2. प्रभाती नामक गीत 3. कार्तिकेय की एक अनुचरी 4. एक असुर कन्या 5. शिव के एक गण की वीणा 6. (काव्यशास्त्र) रुचि नामक समवर्णिक छंद का नाम। [वि.] 1. प्रभावशाली 2. कांतिवाली; चमकीली।

प्रभावना (सं.) [सं-स्त्री.] 1. प्रभाव से युक्त करना 2. प्रकट करने की क्रिया या अवस्था 2. प्रकाश 3. उद्भावना 4. प्रचार (वस्तु या सिद्धांत आदि का)।

प्रभावपूर्ण (सं.) [वि.] 1. जो प्रभावित करता हो; असरदार 2. जो प्रभाव से भरा हुआ हो।

प्रभाववाद (सं.) [सं-पु.] कला या साहित्य का एक सिद्धांत, जिसके अंतर्गत काव्य या साहित्य या कला का प्रधान गुण हृदय को प्रभावित करना माना जाता है।

प्रभावशाली (सं.) [वि.] 1. जिसमें प्रभाव उत्पन्न करने की शक्ति हो; प्रभाववाला; जिसका दूसरों पर बहुत प्रभाव या असर पड़ता हो; असरदार 2. तेजस्वी 3. फलप्रद; परिणामकारी।

प्रभावशील (सं.) [वि.] जिसका प्रभाव पड़ता हो; असर करने वाला।

प्रभावशीलता (सं.) [सं-स्त्री.] प्रभावशील होने की क्रिया, अवस्था या भाव; असरकारी होने का भाव।

प्रभावहीन (सं.) [वि.] जिसका प्रभाव या असर न पड़ता हो; अप्रभावी; बेअसर।

प्रभावान्वित (सं.) [वि.] प्रभावित; प्रभाव से युक्त; असर में आया हुआ।

प्रभावित (सं.) [वि.] 1. जिसपर प्रभाव या असर पड़ा हो 2. किसी के प्रभाव से दबा हुआ।

प्रभावी (सं.) [वि.] 1. जिसका प्रभाव पड़ता हो; असरदार 2. जो लागू हो 3. शक्तिशाली।

प्रभावोत्पादक (सं.) [वि.] 1. प्रभाव उत्पन्न या प्रकट करने वाला 2. प्रचार करने वाला 3. प्रकाश करने वाला।

प्रभाषण (सं.) [सं-पु.] कठिन शब्दों, पदों अथवा वाक्यों आदि की व्याख्या।

प्रभाषी (सं.) [वि.] व्याख्या करने वाला; व्याख्याकार।

प्रभास (सं.) [सं-पु.] 1. ज्योति 2. दीप्ति; चमक। [वि.] 1. चमकीला; अत्यंत चमकदार 2. प्रभापूर्ण।

प्रभासंत (सं.) [सं-पु.] 1. ईश्वर; परमेश्वर 2. रुद्र।

प्रभासन (सं.) [सं-पु.] 1. आलोकित या प्रकाशित करने की क्रिया या अवस्था 2. ज्योति; दीप्ति।

प्रभास्वर (सं.) [वि.] बहुत चमकीला; कांतियुक्त।

प्रभिन्न (सं.) [वि.] 1. जो भिन्न या अलग हो; विभक्त 2. टुकड़े-टुकड़े होने वाला 3. परिवर्तित; रूपांतरित 4. ढीला किया हुआ 5. खिला हुआ 6. विकृत; विकारयुक्त।

प्रभिभांजग (सं.) [सं-पु.] एक तरह का अंजन जो तेल में तैयार किया जाता है।

प्रभु (सं.) [सं-पु.] 1. ईश्वर 2. शासक; मालिक; स्वामी 3. बड़ों के लिए प्रयोग किया जाने वाला एक संबोधन। [वि.] जो अधिक बलवान हो।

प्रभुता (सं.) [सं-स्त्री.] 1. प्रभु होने की अवस्था या भाव; प्रभुत्व; स्वामित्व 2. अधिकार, शक्ति आदि से युक्त बड़प्पन; महत्व 3. शासन आदि का अधिकार; हुकूमत 4. वैभव।

प्रभुताई [सं-स्त्री.] प्रभु होने की अवस्था या भाव; प्रभुत्व; प्रभुता।

प्रभुत्व (सं.) [सं-पु.] शासन; सत्ता; प्रभुता। [वि.] प्रभुतासंपन्न; प्रभुता से युक्त।

प्रभुसत्ता (सं.) [सं-स्त्री.] पूर्ण अधिकार; पूर्ण सत्ता; संप्रभुता; राज्य या देश पर अखंड और अनुल्लेख्य शासन का अधिकार।

प्रभूत (सं.) [वि.] 1. जो हुआ हो 2. निकला हुआ 3. उत्पन्न; उद्गत 4. बहुत अधिक; प्रचुर 5. पूर्ण; पूरा 6. पक्व; पका हुआ 7. उन्नत। [सं-पु.] पंचभूत; तत्व।

प्रभूति (सं.) [सं-स्त्री.] 1. प्रभूत होने की अवस्था या भाव 2. वह स्थान जहाँ उत्पत्ति हुई हो 2. अधिकता; प्रचुरता 3. शक्ति।

प्रभृति (सं.) [अव्य.] आदि; इत्यादि; वगैरह [सं-स्त्री.] प्रारंभ; शुरुआत।

प्रभेद (सं.) [सं-पु.] 1. प्रकार; भेद; श्रेणी; किस्म 2. कोई छोटा विभाग, प्रभाग या वर्ग 3. अंतर; भेद 4. भेदन करने की क्रिया या भाव 5. तोड़ना-फोड़ना; स्फोटन।

प्रभेदक (सं.) [वि.] 1. अंतर या भेद करने वाला; चीरने-फाड़ने वाला 3. भेदन करने वाला तोड़ने-फोड़ने वाला।

प्रभेदन (सं.) [वि.] 1. तोड़ने-फोड़ने की क्रिया या भाव 2. अंतर या भेद करना।

प्रभ्रंश (सं.) [सं-पु.] गिरने या हटने की क्रिया या भाव।

प्रभ्रंशी (सं.) [वि.] गिरने वाला; हटने वाला।

प्रमंडल (सं.) [सं-पु.] 1. पहिए के बाहरी भाग का खंड; चक्के का खंड 2. प्रदेश का वह विभाग जिसमें अनेक मंडल या जिले हों 3. मिल-जुलकर कोई काम करने के लिए बनाया गया कुछ व्यक्तियों का संघ या समूह, जैसे- कंपनी आदि; (कमिश्नरी)।

प्रमत्त (सं.) [वि.] 1. जिसे होश न हो; नशे में चूर; मतवाला 2. पागल; बावला 3. भूल-चूक करने वाला; लापरवाह; असावधान 4. प्रमाद या अभिमान से भरा हुआ।

प्रमत्तता (सं.) [सं-स्त्री.] 1. प्रमत्त होने का भाव या अवस्था 2. पागलपन 3. मतवालापन 4. लापरवाही।

प्रमथ (सं.) [सं-पु.] शिव के एक गण का नाम। [वि.] 1. अच्छी तरह मथने वाला 2. कष्ट देने वाला।

प्रमथन (सं.) [सं-पु.] 1. मथना 2. वध 3. नष्ट या बरबाद करने की क्रिया या भाव; उत्पीड़न; तकलीफ़ या पीड़ा पहुँचाना; हानि पहुँचाना।

प्रमथित (सं.) [वि.] 1. मथा हुआ 2. जिसका वध किया गया हो 3. सताया हुआ 4. उत्पीड़ित 5. रौंदा हुआ।

प्रमथेश्वर (सं.) [सं-पु.] शिव; महादेव।

प्रमद (सं.) [वि.] 1. नशे में चूर; मतवाला 2. मस्त; प्रसन्न; ख़ुश 3. असावधान; लापरवाह 4. उग्र 5. विवेकहीन। [सं-पु.] 1. धतूरे का फल 2. आनंद; प्रसन्नता 3. मतवालापन 4. वशिष्ठ के एक पुत्र 5. एक दैत्य।

प्रमदा (सं.) [सं-स्त्री.] 1. सुंदर तथा युवा स्त्री 2. कन्या राशि 3. पत्नी 4. एक प्रकार का छंद।

प्रमय (सं.) [सं-पु.] 1. वध; हत्या 2. मृत्यु; मौत 3. नाश; पतन।

प्रमर्दन (सं.) [सं-पु.] 1. मलने, दलने, मसलने, रगड़ने या रौंदने की क्रिया या भाव 2. दमन करना 3. नाश करना 4. विष्णु 5. एक दैत्य 6. शिव का एक अनुचर। [वि.] 1. नष्ट करने वाला 2. रौंदने वाला।

प्रमर्दित (सं.) [वि.] 1. नष्ट किया हुआ 2. दमित किया हुआ 3. रौंदा हुआ।

प्रमस्तिष्क (सं.) [सं-पु.] 1. मस्तिष्क का एक बड़ा भाग जो शारीरिक, मानसिक तथा बौद्धिक क्रियाओं को संचालित करता है 2. दिमाग; खोपड़ी।

प्रमा (सं.) [सं-स्त्री.] 1. चेतना; यथार्थबोध 2. शुद्ध बोध; यथार्थ ज्ञान 3. माप-तौल।

प्रमाण (सं.) [सं-पु.] 1. वह कथन या तत्व जिसे किसी बात को सिद्ध करने के लिए प्रस्तुत किया जाए; सबूत; साक्ष्य 2. लंबाई, चौड़ाई आदि नापने या भार आदि तौलने का मान, नाप या तौल; नाप या तौल की नियत इकाई या इयत्ता 3. सीमा; हद।

प्रमाणक (सं.) [सं-पु.] 1. किसी रकम के आय-व्यय के खाते में चढ़ाए जाने की पुष्टि या प्रमाण के रूप में साथ में नत्थी किया गया हिसाब के ब्योरे का कागज़; (वाउचर) 2. प्रमाणपत्र; (सर्टिफ़िकेट)। [वि.] प्रमाणित करने वाला।

प्रमाणकर्ता (सं.) [सं-पु.] प्रमाणित करने वाला व्यक्ति; वह जो कोई बात, कार्य आदि को प्रमाणित करे।

प्रमाणपत्र (सं.) [सं-पु.] वह पत्र जिसपर लिखी हुई बातें सही और प्रामाणिक मानी जाती हैं।

प्रमाणिक (सं.) [सं-पु.] चौबीस अंगुल की एक लंबाई की माप।

प्रमाणित (सं.) [वि.] प्रमाण द्वारा सिद्ध; प्रमाणसिद्ध।

प्रमाणीकरण (सं.) [सं-पु.] सत्यापन; पुष्टीकरण; किसी लेख पर यह लिखकर हस्ताक्षर करने की क्रिया कि यह वास्तविक और सत्य है।

प्रमाणीकृत (सं.) [वि.] जो प्रमाण के रूप में सत्य मान लिया गया हो।

प्रमाता (सं.) [सं-पु.] 1. प्रमाणों के आधार पर न्याय करने वाला अधिकारी 2. न्यायाधीश 3. आत्मा या चेतन पुरुष 4. साक्षी; द्रष्टा। [सं-स्त्री.] पिता की माता; दादी। [वि.] 1. जो प्रमाण द्वारा किसी वस्तु का ज्ञान प्राप्त करे 2. किसी विषय का साक्षात्कार या ज्ञान प्राप्त करने वाला।

प्रमाद (सं.) [सं-पु.] 1. पागलपन; उन्माद 2. मद; नशा 3. असावधानी; लापरवाही; ग़फ़लत 4. कर्तव्य की उपेक्षा।

प्रमादित (सं.) [वि.] 1. तिरस्कृत 2. हेय या कमतर समझा जाने वाला।

प्रमादी (सं.) [वि.] 1. प्रमादशील; प्रमाद करने वाला 2. पागल; बावला 3. लापरवाह 4. विक्षिप्त 5. मत्त।

प्रमापक (सं.) [वि.] प्रमाणित करने वाला।

प्रमापित (सं.) [वि.] 1. ध्वस्त; जो नष्ट हो चुका हो 2. जिसका वध कर दिया गया हो; हत।

प्रमापी (सं.) [वि.] 1. नष्ट करने वाला 2. मारने या वध करने वाला।

प्रमार्जन (सं.) [सं-पु.] 1. झाड़-पोंछ या धोकर साफ़ करने की क्रिया 2. दूर करने की क्रिया या भाव 3. सुधार या मरम्मत करने की क्रिया या अवस्था 4. हटाना; दूर करना; निवृत करना।

प्रमित (सं.) [वि.] 1. प्रमाणित; प्रमाण द्वारा सिद्ध किया हुआ 2. ज्ञात; जिसका यथार्थ ज्ञान हुआ हो 3. नापा या मापा हुआ 4. परिमित; अल्प; सीमित 5. निश्चित।

प्रमिति (सं.) [सं-स्त्री.] 1. नापने की क्रिया या भाव 2. नाप; माप 3. किसी प्रमाण द्वारा प्राप्त यथार्थ ज्ञान।

प्रमीत (सं.) [सं-स्त्री.] 1. हनन; वध 2.मृत्यु। [वि.] मृत; मरा हुआ; स्वर्गीय; परलोकवासी।

प्रमीलन (सं.) [सं-पु.] आँख बंद करना; आँख मूँदना।

प्रमीला (सं.) [सं-स्त्री.] 1. तंद्रा 2. शिथिलिता; थकावट 3. (महाभारत) अर्जुन की एक पत्नी।

प्रमुक्त (सं.) [वि.] 1. परित्यक्त 2. जिसका बंधन खोल दिया गया हो।

प्रमुक्ति (सं.) [सं-स्त्री.] मुक्ति; मोक्ष।

प्रमुख (सं.) [सं-पु.] 1. प्रधान 2. प्रधान शासक। [वि.] 1. महत्वपूर्ण 2. मुख्य; मुखिया 3. सबसे आगे वाला; प्रथम; पहला।

प्रमुग्ध (सं.) [वि.] 1. अचेत; मूर्छित 2. बहुत सुंदर 3. हतबुद्धि।

प्रमुदित (सं.) [वि.] अत्यंत प्रसन्न; हर्षित; आनंदित; प्रफुल्लित।

प्रमुषित (सं.) [वि.] 1. छीना हुआ 2. चुराया हुआ 3. हतबुद्धि।

प्रमृत (सं.) [सं-पु.] 1. कृषि; खेती 2. मृत्यु। [वि.] 1. मृत 2. दृष्टि से दूर या ओझल 3. ढका हुआ; घिरा हुआ।

प्रमृष्ट (सं.) [वि.] धोया हुआ; चमकाया हुआ; साफ़ किया हुआ।

प्रमेय (सं.) [सं-पु.] 1. वह जो प्रमा या यथार्थ ज्ञान का विषय हो सके; प्रमा का विषय 2. गणित या ज्यामिति में कोई ऐसी बात जो प्रमाणित या सिद्ध की जाने वाली हो; (थियोरम) 3. ग्रंथ का अध्याय या परिच्छेद। [वि.] 1. जो प्रमाणित किया जाने को हो 2. जिसका मान जाना जा सके; नापने योग्य 3. अवधारणा के योग्य; अवधार्य।

प्रमेह (सं.) [सं-पु.] एक रोग जिसमें थोड़ी-थोड़ी देर पर पेशाब लगने लगता है तथा जिसमें शरीर की शुक्र आदि धातुएँ पेशाब के रास्ते निकला करती हैं।

प्रमेही (सं.) [सं-पु.] प्रमेह का रोगी। [वि.] प्रमेह रोग से पीड़ित या ग्रस्त।

प्रमोक्ष (सं.) [सं-पु.] 1. मुक्ति; मोक्ष 2. त्याग।

प्रमोक्षण (सं.) [सं-पु.] सूर्य या चंद्रमा के ग्रहण का अंत।

प्रमोचन (सं.) [सं-पु.] 1. मुक्त करने की अवस्था या भाव 2. छुड़ाना या छोड़ना।

प्रमोद (सं.) [सं-पु.] 1. बहुत अधिक ख़ुशी, प्रसन्नता या हर्ष

2. आराम; सुख।

प्रमोदन (सं.) [सं-पु.] 1. प्रमुदित करने की क्रिया या भाव; प्रसन्न या आनंदित करना 2. विष्णु।

प्रमोशन (अं.) [सं-पु.] 1. तरक्की; उन्नति 2. अधिक बड़े पद की प्राप्ति; पदोन्नित 3. किसी वस्तु के प्रचार और विक्रय में वृद्धि के लिए किया गया काम; प्रचार-प्रसार, जैसे- फ़िल्म का प्रमोशन।

प्रमोह (सं.) [सं-पु.] 1. मोह 2. मूर्च्छा 3. मूर्खता; जड़ता।

प्रम्लान (सं.) [वि.] 1. मैला-कुचैला 2. मुरझाया हुआ।

प्रयत्न (सं.) [सं-पु.] 1. प्रयास 2. क्रियाशीलता; सक्रियता 3. वह शारीरिक या मानसिक चेष्टा जो किसी उद्देश्य या कार्य को पूरा करने के लिए की जाती है 4. सतर्कता; सावधानी।

प्रयत्न लाघव (सं.) [सं-पु.] ऐसी युक्ति जिसमें किसी कार्य में लगने वाले समय या शक्ति की बचत हो।

प्रयत्नरत (सं.) [वि.] 1. लगातार प्रयास या कोशिश करते रहने वाला 2. उद्योगशील; उद्यमशील।

प्रयत्नवान (सं.) [वि.] प्रयत्न या कोशिश में लगा हुआ; सक्रिय; सचेष्ट।

प्रयत्नशील (सं.) [वि.] प्रयत्न में लगा हुआ; जो प्रयत्न कर रहा हो।

प्रयाग (सं.) [सं-पु.] 1. हिंदुओं का एक प्रसिद्ध तीर्थ जो गंगा और यमुना के संगम पर बसा हुआ है 2. इलाहाबाद (आधुनिक नाम) 3. वह स्थान जहाँ बहुत से यज्ञ हुए हों 4. यस 5. ईंद्र 6. घोड़ा।

प्रयाण (सं.) [सं-पु.] 1. प्रस्थान; अभियान; कहीं जाने के लिए यात्रा आरंभ करना; कूच 2. यात्रा; सफ़र; विशेषत: सैनिक यात्रा 3. उक्त अवसर पर बजाया जाने वाला नगाड़ा 4. मरकर किसी अन्य लोक में जाना।

प्रयाणगीत (सं.) [सं-पु.] 1. सैनिक अभियान के समय गाया जाने वाला गीत 2. आधुनिक हिंदी साहित्य में वीरगाथा युक्त गीत।

प्रयात (सं.) [सं-पु.] 1. रात्रि युद्ध 2. बहुत ऊँचा किनारा जिसपर से गिरने से कोई चीज़ एकदम नीचे चली जाए; कगार। [वि.] 1. मरा हुआ; मृत 2. जो रवाना हो चुका हो 3. बहुत चलने वाला 4. सोया हुआ।

प्रयापन (सं.) [सं-पु.] 1. प्रस्थान करना; भगाना या हटाना 2. दूर करना 4. बढ़ना या आगे निकलना।

प्रयापित (सं.) [वि.] 1. प्रस्थान किया हुआ 2. भेजा हुआ; प्रेरित किया हुआ।

प्रयास (सं.) [सं-पु.] 1. कोशिश; प्रयत्न; किसी नए अथवा कठिन काम को आरंभ करने के लिए किया जाने वाला उद्योग; मेहनत; परिश्रम 2. श्रम; मेहनत 3. उच्छा।

प्रयासरत (सं.) [वि.] प्रयासशील; प्रयत्नशील; जो कोशिश या प्रयास में लगा हो।

प्रयासी (सं.) [वि.] प्रयत्नी; प्रयत्नवान; कोशिश करने वाला।

प्रयुक्त (सं.) [वि.] 1. जोड़ा या मिलाया हुआ; सम्मिलित 2. जिसे प्रयोग या व्यवहार में लाया गया हो अथवा लाया जा रहा हो; जो किसी काम में लगाया गया हो। [सं-पु.] कारण; हेतु।

प्रयुक्ति (सं.) [सं-स्त्री.] 1. प्रयुक्त होने की अवस्था या भाव; प्रयोग; किसी काम में या उपयोग में लाए जाने की क्रिया 2. प्रयोजन 3. प्रेरणा 4. परिणाम 5. उद्योग; चेष्टा।

प्रयुद्ध (सं.) [सं-पु.] जंग; लड़ाई। [वि.] 1. युद्ध करने वाला 2. जो युद्ध कर चुका हो।

प्रयोक्ता (सं.) [वि.] किसी वस्तु को प्रयोग या व्यवहार में लाने वाला; किसी काम में लगाने वाला।

प्रयोग (सं.) [सं-पु.] 1. इस्तेमाल; व्यवहार 2. किसी चीज़ या बात को आवश्यकता अथवा अभ्यासवश काम में लाना 3. बल, अधिकार आदि का उपयोग करना 4. आज कल वैज्ञानिक क्षेत्रों में किसी प्रकार का अनुसंधान करने या कोई नई बात ढूँढ़ निकालने के लिए की जाने वाली कोई परीक्षणात्मक क्रिया अथवा उसका साधन; (एक्सपेरिमेंट)।

प्रयोग साध्य (सं.) [वि.] जिसे प्रयोग में लाया जा सके; प्रयोग में लाया जाने वाला।

प्रयोगकर्ता (सं.) [सं-पु.] प्रयोग करने वाला व्यक्ति।

प्रयोगधर्मी (सं.) [वि.] प्रयोगों पर विश्वास करने वाला; प्रयोगवादी।

प्रयोगवाद (सं.) [सं-पु.] एक आधुनिक साहित्यिक मत या सिद्धांत जो साहित्य में भाषा, शिल्प, विषय, भाव संबंधी पुरानी परंपरा को विरोधी है तथा नए-नए प्रयोगों पर बल देता है।

प्रयोगवादी (सं.) [वि.] 1. प्रयोगवाद से संबंधित; प्रयोगवाद से संबंध रखने वाला; प्रयोगशील 2. वह जो प्रयोगवाद का समर्थक हो।

प्रयोगशाला (सं.) [सं-स्त्री.] वह स्थान जहाँ भौतिकविज्ञान, रासायनविज्ञान आदि विषयों के तथ्यों को समझने, जानने या नई बातों का पता लगाने की दृष्टि से विविध प्रयोग किए जाते हैं।

प्रयोगात्मक (सं.) [वि.] प्रयोग संबंधी।

प्रयोगी (सं.) [वि.] 1. प्रयोगकर्ता; प्रयोग करने वाला 2. जिसके सामने कोई उद्देश्य हो।

प्रयोजक (सं.) [सं-पु.] 1. वह जो प्रयोग या अनुष्ठान करे 2. किसी काम या उद्देश्य में लगने वाला व्यक्ति 3. जोड़ने वाला या एक में मिलाने वाला व्यक्ति 4. महाजन 5. संस्थापक 6. धर्मशास्त्री 7. प्रेरणार्थक क्रिया का कर्ता 8. ग्रंथ लेखक। [वि.] 1. नियुक्त करने वाला 2. प्रेरक 3. जो कारण बने।

प्रयोजन (सं.) [सं-पु.] 1. अभिप्राय; आशय; उद्देश्य; मतलब; हेतु 2. किसी काम, चीज़ या बात का प्रयोग करने अर्थात उसे व्यवहार में लाने की क्रिया या भाव।

प्रयोजनमूलक (सं.) [वि.] 1. किसी उद्देश्य या प्रयोजन की सिद्धि में सहायता करने वाला 2. व्यावहारिक।

प्रयोजनीय (सं.) [वि.] प्रयोजन के योग्य; प्रयोग में लाने योग्य; उपयोगी।

प्रयोज्य (सं.) [सं-पु.] 1. नौकर; टहलू 2. किसी काम में लगाया जाने वाला धन या पूँजी। [वि.] 1. जो प्रयोग में लाए

जाने को हो या लाया जा सकता हो; (एप्लिकेबल) 2. जो अधिकार के रूप में काम में लाया जा सकता हो; (एक्सरसाइज़ेबल)।

प्रयोज्यता (सं.) [सं-पु.] प्रयोजनीयता; व्यावहारिकता; उपादेयता।

प्ररूढ़ (सं.) [वि.] उगा हुआ; बढ़ा हुआ।

प्ररूढ़ि (सं.) [सं-स्त्री.] बाढ़; वृद्धि।

प्ररूपण (सं.) [सं-स्त्री.] समझाने की क्रिया या अवस्था; व्याख्या करना।

प्ररोह (सं.) [सं-पु.] 1. आरोह; चढ़ाव 2. उत्पत्ति 3. अंकुर 4. प्रकाश-किरण 5. संतान 6. नया पत्ता, कोंपल 7. किस्सा 8. उगना; जमना 9. एक वृक्ष।

प्ररोहण (सं.) [सं-पु.] 1. ऊपर की ओर जाने या बढ़ने की क्रिया या भाव 2. अंकुर, कोंपल आदि का निकलना 2. पौधे आदि का उगना।

प्ररोही (सं.) [वि.] 1. उगने वाला 2. उत्पन्न होने वाला 3. ऊपर की ओर बढ़ने या जाने वाला।

प्रलंब (सं.) [सं-पु.] 1. लटकने की क्रिया या भाव 2. लटकाव 3. लटकने वाली वस्तु 4. शाखा; डाल; टहनी 5. स्तन; छाती; कुच 6. गले में पहनने का एक आभूषण; कंठहार या माला 7. बीज का अंकुर 8. काम में विलंब 9. एक असुर जिसे बलराम ने मारा था। [वि.] 1. लटका हुआ 2. लंबा 3. काम करने में ढीला या सुस्त।

प्रलंबन (सं.) [सं-पु.] 1. लटकना 2. लंबा करना 3. मुअतल होना 4. सहारा लेना।

प्रलंबित (सं.) [वि.] 1. प्रलंब के रूप में लाया हुआ 2. जिसका प्रलंबन हुआ हो; (कर्मचारी) 3. बहुत नीचे तक लटकाया हुआ 3. झूलता हुआ 4. नीचे की ओर दूर तक बढ़ा हुआ।

प्रलंबी (सं.) [वि.] 1. काम में देर लगाने वाला 2. सहारा लेने वाला 3. लटकने वाला।

प्रलंभ (सं.) [सं-पु.] 1. लाभ; प्राप्ति 2. छल-कपट; धोखा।

प्रलंभन (सं.) [सं-पु.] 1. लाभ या प्राप्ति होना; मिलना 2. छलना; धोखा देना।

प्रलब्ध (सं.) [वि.] 1. जो छला गया हो या जिसे धोखा दिया गया हो 2. जो ग्रहण किया गया हो; गृहीत। 3. पकड़ा हुआ; लिया हुआ।

प्रलब्धा (सं.) [वि.] 1. लालच में पड़ा हुआ 2. धोखा देने या छलने वाला; वंचक।

प्रलय (सं.) [सं-पु.] 1. सृष्टि का अपने मूल कारण प्रकृति में सर्वथा लीन हो जाना; सृष्टि का सर्वनाश; जगत के नाना रूपों का प्रकृति में लीन होकर मिट जाना 2. भयंकर नाश या बरबादी; विलीनता; अंत; विश्व का नाश; विनाश; व्यापक संहार 3. मृत्यु; मौत।

प्रलयंकर (सं.) [वि.] प्रलयकारी; सर्वनाशकारी; विनाशकारी; प्रलयकर।

प्रलयकाल (सं.) [सं-पु.] 1. प्रलय का समय; वह समय जब समस्त संसार का नाश हो 2. {ला-अ.} भीषण विपत्ति या विनाश का समय।

प्रलव (सं.) [सं-पु.] 1. किसी चीज़ का छोटा टुकड़ा; खंड 2. अच्छी तरह काटना 3. लेश 4. धज्जी।

प्रलाप (सं.) [सं-पु.] 1. प्रपंच; ढोंग 2. बकवास; अंड-बंड बातचीत 3. वियोग की अवस्था का करुण विलाप 4. निरर्थक बात।

प्रलापक (सं.) [सं-पु.] 1. वह जो रो-रोकर अपना कष्ट सुनाए 2. एक तरह का सन्निपात रोग जिसमें रोगी प्रलाप करता अर्थात अनाप-शनाप बकता है। [वि.] 1. प्रलाप करने वाला 2. बकवास करने वाला या अंड-बंड बकने वाला।

प्रलापी (सं.) [वि.] 1. प्रलाप करने वाला 2. बेकार की बातचीत या बकवास करने वाला; बातूनी।

प्रलाभ (सं.) [सं-पु.] यथेष्ट या विशिष्ट रूप में होने वाला लाभ।

प्रलिप्त (सं.) [वि.] 1. लिप्त; लीन 2. लिपटा या चिपका हुआ।

प्रलीन (सं.) [वि.] 1. घुला हुआ 2. मग्न 3. ध्वस्त; नष्ट-भ्रष्ट 4. तिरोहित; छिपा हुआ 5. समाया हुआ।

प्रलीनता (सं.) [सं-स्त्री.] 1. विलीनता; तिरोभाव 2. प्रलीन होने की अवस्था या भाव 3. विनाश 4. जड़ता; जड़त्व।

प्रलुंठित (सं.) [वि.] 1. लुढ़कता हुआ 2. उछलता या कूदता हुआ 3. भूमि पर गिरा हुआ।

प्रलुब्ध (सं.) [वि.] 1. लालची; लोभी 2. किसी पर अनुरक्त या मोहित होने वाला 3. दूसरों को धोखा देने वाला; वंचक।

प्रलुब्धा (सं.) [सं-स्त्री.] 1. लोभ या लालच करने वाली स्त्री 2. वह जो किसी पर अनुरक्त या मोहित हो गई हो।

प्रलून (सं.) [सं-पु.] एक प्रकार का कीट। [वि.] काटा हुआ।

प्रलेख (सं.) [सं-पु.] 1. किसी विषय की सूचना या प्रामाणिक जानकारी देने वाला लेख; लेख्य; दस्तावेज़; (डॉक्युमेंट) 2. एक प्रपत्र जिसपर एक पक्ष हस्ताक्षर करके दूसरे पक्ष को देता है; अनुबंध पत्र; (डीड)।

प्रलेखक (सं.) [सं-पु.] लेख या दस्तावेज़ आदि लिखने वाला कर्मचारी; कातिब; अर्ज़ीनवीस।

प्रलेखन (सं.) [सं-पु.] 1. प्रलेख लिखने की क्रिया; प्रलेखीकरण 2. लेख आदि लिखने का काम।

प्रलेप (सं.) [सं-पु.] 1. लेप (उबटन आदि); किसी गाढ़ी चीज़ का किसी दूसरी चीज़ पर किया जाने वाला लेप 2. घाव या फोड़े पर चढ़ाने का मरहम।

प्रलेपक (सं.) [सं-पु.] 1. प्रलेप या लेप करने वाला व्यक्ति 2. मरहम आदि लगाने वाला व्यक्ति 3. एक प्रकार का मंद ज्वर।

प्रलेपन (सं.) [सं-पु.] 1. लेप करने की क्रिया या भाव; पुताई 2. मरहम आदि लगाने का काम।

प्रलेप्य (सं.) [वि.] लेप चढ़ाने योग्य। [सं-पु.] घुँघराले बाल।

प्रलेह (सं.) [सं-पु.] कोरमा; मांस का बना एक प्रकार का व्यंजन।

प्रलेहन (सं.) [सं-पु.] चाटने की क्रिया या अवस्था।

प्रलोप (सं.) [सं-पु.] 1. लोप; विलय 2. नाश; ध्वंश।

प्रलोभ (सं.) [सं-पु.] अधिक लालच; लोभ; प्रलोभन।

प्रलोभक (सं.) [सं-पु.] 1. वह जो ललचाए 2. प्रलोभन देने वाला व्यक्ति। [वि.] 1. लालच उत्पन्न करने वाला 2. लुभाने

वाला।

प्रलोभन (सं.) [सं-पु.] 1. लोभ; लालच 2. कुछ करने या पाने के लिए मन में उत्पन्न होने वाली अनुचित वृत्ति।

प्रलोभित (सं.) [वि.] 1. प्रलोभ में पड़ा हुआ; प्रलुब्ध 2. मोहित; मुग्ध।

प्रलोल (सं.) [वि.] 1. कंपित; उत्तेजित 2. अत्यंत चंचल 3. क्षुब्ध।

प्रवंचक (सं.) [वि.] 1. धोखेबाज़; धूर्त 2. वंचन करने वाला; ठगने वाला; ठग।

प्रवंचन (सं.) [सं-पु.] धोखा देना; धोखेबाज़ी; ठगने या छलने का काम; ठगी।

प्रवंचना (सं.) [सं-स्त्री.] धोखेबाज़ी; ठगी; धूर्तता; छलना।

प्रवंचित (सं.) [वि.] जो ठगा गया हो; जिसे धोखा दिया गया हो; छला गया।

प्रवक्ता (सं.) [सं-पु.] 1. अच्छी तरह समझाकर कहने वाला व्यक्ति 2. किसी संस्था या सरकार आदि की ओर से आधिकारिक रूप से बोलने वाला प्रतिनिधि; (स्पोक्समैन)। [वि.] 1. अच्छा वक्ता 2. प्रवचन या उपदेश देने वाला 3. कुशलता से समझाने वाला।

प्रवचन (सं.) [सं-पु.] धार्मिक, नैतिक आदि गंभीर विषयों पर परोपकार की दृष्टि से कही जाने वाली अच्छी तथा विचारपूर्ण बातें; उपदेशपूर्ण भाषण।

प्रवचनकर्ता (सं.) [सं-पु.] 1. वेद, पुराण आदि का उपदेशपूर्ण व्याख्यान देने वाला व्यक्ति 2. वह जो धार्मिक उपदेश देता है।

प्रवचनीय (सं.) [सं-पु.] 1. प्रवक्ता; अच्छी तरह समझाकर कहने वाला। [वि.] 1. प्रवचन के योग्य 2. समझाकर कहने योग्य।

प्रवट (सं.) [सं-पु.] 1. जौ 2. गेहूँ।

प्रवण (सं.) [वि.] 1. ढालू; ढालुवाँ 2. वक्र; टेढ़ा; झुका या मुड़ा हुआ 3. विनीत; नम्र 4. निपुण; दक्ष 5. जो सच्चा और साफ़ व्यवहार करे; खरा 6. चिकना 7. उदार; सहृदय 8. प्रवृत्त 9. दीर्घ; लंबा 10. अनुकूल। [सं-पु.] 1. चौराहा 2. उतार; ढलान।

प्रवणता (सं.) [सं-स्त्री.] 1. प्रवण होने की अवस्था या भाव 2. ढलान; झुकाव 3. प्रवृत्ति।

प्रवत्स्थ (सं.) [वि.] जो विदेश जाने वाला हो; परदेश जाने वाला।

प्रवदन (सं.) [सं-पु.] घोषणा।

प्रवप (सं.) [वि.] स्थूलकाय; बहुत मोटा।

प्रवयण (सं.) [सं-पु.] 1. चाबुक; कोड़ा; अंकुश 2. बुने हुए कपड़े के ऊपर का हिस्सा 3. मुंडन संस्कार; मुंडन क्रिया।

प्रवर (सं.) [सं-स्त्री.] 1. वंश; कुल 2. पूर्व पुरुष। [वि.] 1. सर्वश्रेष्ठ; प्रधान; प्रमुख 2. उम्र में बड़ा; उच्चतर।

प्रवर्ग (सं.) [सं-पु.] 1. किसी वर्ग या श्रेणी का छोटा विभाग या श्रेणी 2. हवन करने की अग्नि 3. विष्णु का एक नाम।

प्रवर्त (सं.) [सं-पु.] 1. किसी कार्य का आरंभ; उत्तेजन; ठानना; अनुष्ठान 2. एक प्रकार के बादल 3. एक प्राचीन आभूषण।

प्रवर्तक (सं.) [वि.] 1. किसी काम या बात का आरंभ या प्रचलन करने वाला; संचालक 2. किसी काम में लगाने या प्रवृत्त करने वाला 3. आविष्कार करने वाला 4. उभारने वाला 5. उकसाने वाला 6. गति देने वाला 7. प्रचार करने वाला 8. विचार करने वाला 9. न्याय करने वाला; पंच।

प्रवर्तन (सं.) [सं-पु.] 1. प्रवृत्त करना 2. कोई नया काम या नई बात आरंभ करना; ठानना 3. उत्तेजित करना; उकसाना 4. जारी करना; चलाना 5. उभारना 6. आविष्कार या खोज करना 7. नए सिरे से प्रचलित करना 8. कानून लागू करना।

प्रवर्तना (सं.) [सं-स्त्री.] 1. प्रवृत्त करने की क्रिया 2. प्रेरणा; उत्तेजना 3. उकसाना; उकसाव 4. नियुक्त करने की क्रिया या नियोजन।

प्रवर्तित (सं.) [वि.] 1. आरंभ किया हुआ 2. जिसका प्रवर्तन किया गया हो 3. आविष्कृत 4. स्थापित 5. प्रवृत्त 6. कानून द्वारा जिसे लागू किया गया हो।

प्रवर्धक (सं.) [सं-पु.] विद्युत तरंगों की तीव्रता बढ़ाने वाला उपकरण; (एंप्लीफ़ाइयर)। [वि.] बढ़ाने वाला; वृद्धिकारक।

प्रवर्धन (सं.) [सं-पु.] 1. बढ़ाने की क्रिया; बढ़ती; वृद्धि 2. अच्छी तरह बढ़ाना।

प्रवर्षण (सं.) [सं-पु.] 1. वर्षा; बारिश 2. पहली बारिश 3. (पुराण) किष्किंधा के समीप का एक पर्वत जिसपर राम और लक्ष्मण ने कुछ समय तक निवास किया था।

प्रवसन (सं.) [सं-पु.] 1. अपना मूल निवास छोड़ कर किसी दूसरी जगह रहना या बसना 2. विदेश यात्रा 3. मरण; मृत्यु।

प्रवह (सं.) [सं-पु.] 1. बहाव; तेज़ बहाव 2. वायु 3. घर आदि से बाहर जाना 4. सात वायुओं में से एक।

प्रवहण (सं.) [सं-पु.] 1. ले जाना 2. डोली; पालकी; छकड़ा 3. पोत 4. एक प्रकार का छोटा रथ; बहली।

प्रवाक (सं.) [वि.] 1. घोषणा करने वाला 2. शेखी बघारने वाला 3. बहुत अधिक बोलने वाला; वाचाल 4. युक्तियुक्त बातें कहने वाला।

प्रवाचक (सं.) [वि.] 1. अच्छा वक्ता; वाकपटु 2. अर्थव्यजंक; अर्थद्योतक 3. व्याख्याता।

प्रवाचन (सं.) [सं-पु.] 1. विज्ञप्ति 2. अच्छी तरह कहना; घोषणा 3. नाम; उपाधि; अभिधान।

प्रवाण (सं.) [सं-पु.] कपड़े का छोर या अंचल बनाकर सज्जित करना।

प्रवाणि (सं.) [सं-स्त्री.] जुलाहों की ढरकी या भरनी।

प्रवाद (सं.) [सं-पु.] 1. परस्पर होने वाली बातचीत; वार्तालाप 2. किंवदंती; जनश्रुति; जनरव 3. बोलना; व्यक्त करना 4. झूठी बदनामी 5. तर्क-वितर्क; बहस 6. चुनौती; ललकार।

प्रवादी (सं.) [सं-पु.] वह जो प्रवाद फैलाए या वार्तालाप करे। [वि.] 1. प्रवाद करने वाला 2. बहस करने वाला 3. ज़्यादा बोलने वाला 4. झूठी बदनामी करने वाला।

प्रवारण (सं.) [सं-पु.] 1. मनाही; निषेध; प्रतिरोध 2. किसी कामना से किया जाने वाला दान; काम्यदान 3. इच्छापूर्ति 4. वर्षा ऋतु बीत जाने पर बौद्धों का एक उत्सव।

प्रवाल (सं.) [सं-पु.] 1. मूँगा; विद्रुम 2. नया कोमल पत्ता; कोंपल; कल्ला 3. वीणा, सितार आदि का लंबा दंड 4. वीणा की लकड़ी।

प्रवास (सं.) [सं-पु.] 1. अपना देश छोड़कर किसी अन्य देश में रहने का भाव; विदेश में रहना; देशांतरण 2. परदेश; विदेश 3. यात्रा; सफ़र।

प्रवासन (सं.) [सं-पु.] 1. निर्वासन; देश आदि से बाहर निकालना 2. अपना मूल निवास छोड़कर किसी अन्य जगह बसना या रहना; प्रवास।

प्रवासित (सं.) [वि.] 1. देश से निकला हुआ 2. जिसे देश निकाले का दंड मिला हो 3. मारा हुआ।

प्रवासी (सं.) [सं-पु.] परदेश में रहने वाला व्यक्ति; मूलस्थान छोड़कर अन्य स्थान में बसा व्यक्ति। [वि.] प्रवास करने वाला।

प्रवाह (सं.) [सं-पु.] 1. बहाव; बहने की क्रिया या भाव 2. धार; धारा 3. विद्युत गति 4. जलाशय 5. निरंतर क्रमिकता (भाषण आदि की)।

प्रवाहक (सं.) [सं-पु.] 1. वह जो अच्छी तरह वहन करे 2. राक्षस। [वि.] अच्छी तरह वहन करने वाला।

प्रवाहमान (सं.) [वि.] जो बह रहा है; बहने वाला; प्रवाहशील; गतिमान।

प्रवाहशील (सं.) [वि.] प्रवाहित; निरंतर बहता हुआ; गतिमान; गतिशील; आस्राव; जिसमें प्रवाह हो।

प्रवाहिका (सं.) [सं-स्त्री.] 1. ग्रहणी रोग; पेचिश; (डिसेंट्री) 2. अतिसार; ग्रहणी रोग का एक भेद 3. बहने वाली धारा या नदी।

प्रवाहित (सं.) [वि.] 1. बहता हुआ 2. बहाया हुआ 3. नदी की धारा में बह जाने के लिए छोड़ा हुआ 4. ढोया हुआ।

प्रवाही (सं.) [सं-स्त्री.] बालू; रेत। [वि.] 1. बहने वाला या प्रवाह वाला 2. बहाने वाला 3. वहन करने वाला 4. तरल; द्रव 5. ले जाने वाला या चलाने वाला।

प्रविकर्षण (सं.) [सं-पु.] 1. आकर्षण 2. खींचना या तानना।

प्रविकीर्ण (सं.) [वि.] 1. बिखरा, छितरा या फैलाया हुआ 2. विघटित; अलग-अलग।

प्रविचेतन (सं.) [सं-पु.] 1. समझ 2. ज्ञान; बोध।

प्रविधि (सं.) [सं-स्त्री.] 1. कोई कार्य करने की विशेष विधि, कौशल या तकनीक 2. किसी विशिष्ट विषय का विधान या कानून 3. कला या शिल्प की विधि।

प्रविर (सं.) [सं-पु.] 1. पीला चंदन 2. पीतकाष्ठ।

प्रविरल (सं.) [वि.] 1. अति विरल या कम 2. अलग; पृथक 3. जो बहुत बड़े अंतराल के कारण अलग हो गया हो।

प्रविष्ट (सं.) [वि.] 1. जिसका प्रवेश हो चुका हो; जो प्रवेश कर चुका हो; जिसे दाख़िला मिला हो 2. अंदर गया हुआ; घुसा हुआ।

प्रविष्टि (सं.) [सं-स्त्री.] 1. प्रवेश 2. खाते, पुस्तक आदि में विवरण, लेखे आदि लिखने, चढ़ाने या दर्ज, करने की क्रिया 3. वह वस्तु या बात जो लिखी या दर्ज की जाए; (एंट्री) 4. शब्दकोश में लिखा हुआ प्रथम एवं मुख्य शब्द, जिसका चयन अर्थ देने के लिए किया जाता है; (एंट्री)।

प्रवीण (सं.) [वि.] किसी कार्य का पूर्ण ज्ञान रखने वाला; निपुण; कुशल; दक्ष; चतुर; निष्णात।

प्रवीणता (सं.) [सं-स्त्री.] निपुणता; कुशलता; दक्षता; प्रवीण होने की अवस्था या भाव।

प्रवीर (सं.) [सं-पु.] 1. वीर व्यक्ति 2. महान योद्धा। [वि.] 1. बली 2. उत्तम 3. प्रधान।

प्रवृत्त (सं.) [वि.] 1. किसी काम में लगा हुआ; तत्पर; उन्मुख 2. जिसका आरंभ हुआ हो 3. निश्चित; निर्दिष्ट 4. निर्विवाद; निर्बाध।

प्रवृत्ति (सं.) [सं-स्त्री.] 1. स्वभाव; आदत 2. झुकाव; रुझान; प्रवाह; बहाव 3. आचार-व्यवहार; अध्यवसाय 4. किसी कार्य को करने की तदनुकूल क्रिया-व्यापार; निरंतर बढ़ते रहने की क्रिया या भाव 5. सांसारिक भोगों या विषयों के प्रति आसक्ति।

प्रवृत्तिमूलक (सं.) [वि.] 1. प्रवृत्तिजन्य; आसक्तिजन्य 2. (वह रचना) जो किसी विशेष भाव या प्रवृत्ति का अनुसंधान करती हो।

प्रवेक्षा (सं.) [सं-स्त्री.] पहले से लगाया जाने वाला अनुमान; पूर्वानुमान।

प्रवेग (सं.) [सं-पु.] 1. अधिक या प्रबल वेग 2. घटनाओं आदि का तेज़ी से आगे बढ़ना 3. गति या वेग का वह मान जिसमें कोई चीज़ आगे बढ़ रही हो या कोई क्रिया हो रही हो; संवेग; (वेलॉसिटी)।

प्रवेदन (सं.) [सं-पु.] 1. प्रकट या ज़ाहिर करना 2. ज्ञात कराना।

प्रवेश (सं.) [सं-पु.] 1. किसी संस्था आदि में भरती होना; दाख़िला 2. भीतर जाना; घुसना 3. विद्यालय, संस्था आदि की भरती 4. पहुँच; पैठ 5. अंदर जाने की क्रिया 6. किसी विषय का सामान्य ज्ञान।

प्रवेशक (सं.) [सं-पु.] 1. वह जो प्रवेश करे 2. नाटक में अभिनय का वह स्थल जहाँ कोई पात्र दो अंकों के बीच की घटना का (जो दिखाई न गई हो) का परिचय अपने वार्तालाप द्वारा करा देता है।

प्रवेशद्वार (सं.) [सं-पु.] भीतर जाने का मार्ग, द्वार या रास्ता।

प्रवेशन (सं.) [सं-पु.] 1. प्रवेश 2. किसी संस्था आदि में प्रवेश कराना 3. ले जाना; पहुँचाना 4. स्त्री प्रसंग; रतिक्रिया 4. द्वार; दरवाज़ा।

प्रवेशपत्र (सं.) [सं-पु.] 1. किसी परीक्षा में सम्मिलित होने के लिए दिया जाने वाला पत्र; (एडमिटकार्ड) 2. सिनेमा, नाट्यशाला आदि में प्रवेश का अधिकार प्रदान करने वाला पत्र; (पास या टिकट)।

प्रवेशपथ (सं.) [सं-पु.] वह मार्ग या पथ जहाँ से किसी स्थान विशेष में प्रवेश किया जाता है।

प्रवेशशुल्क (सं.) [सं-पु.] 1. किसी संस्था आदि में प्रवेश लेते समय दिया जाने वाला शुल्क 2. देश के भीतर आने वाले माल का महसूल; आयातकर।

प्रवेशांक (सं.) [सं-पु.] 1. किसी पत्र-पत्रिका आदि का पहला

अंक 2. किसी विद्यालय आदि में प्रवेश लेनेवाले विद्यार्थी को दिया जाने वाला नंबर।

प्रवेशार्थी (सं.) [सं-पु.] प्रवेश का इच्छुक व्यक्ति।

प्रवेशिका (सं.) [सं-स्त्री.] 1. प्रवेशपत्र 2. प्रवेश के लिए दी गई परीक्षा 3. आरंभिक शिक्षा देने वाली पुस्तक।

प्रवेशी (सं.) [वि.] प्रवेश करने वाला; जिसने प्रवेश किया हो।

प्रवेश्य (सं.) [सं-पु.] देश के बाहर से आने वाला व्यक्ति या माल। [वि.] 1. प्रवेश करने योग्य 2. जिसका प्रवेश हो सके।

प्रव्रजक (सं.) [वि.] 1. प्रवासी; प्रवास करने वाला 2. स्थानांतरण करने वाला 3. दूसरे देश में जाने वाला 4. संन्यास लेने वाला।

प्रव्रजन (सं.) [सं-पु.] 1. एक स्थान से चलकर दूसरे स्थान पर जाना 2. अपना निवास स्थान छोड़कर किसी दूसरे देश में बसना या रहना 3. घरबार छोड़कर संन्यास लेना।

प्रव्रजित (सं.) [सं-पु.] 1. संन्यासी; संन्यास ग्रहण करने वाला व्यक्ति 2. बौद्ध भिक्षु का शिष्य। [वि.] 1. जीविकोपार्जन के लिए विदेश में जा कर बसा हुआ 2. जिसने विदेश की यात्रा की हो।

प्रव्रज्या (सं.) [सं-स्त्री.] 1. विदेश गमन 2. व्यवसाय, रोज़गार आदि के उद्देश्य से अपना निवास स्थान छोड़कर किसी दूसरे स्थान में जाना या बसना; (माइग्रेशन) 3. संन्यास; संन्यासाश्रम 4. देश निकाला।

प्रव्राजक (सं.) [सं-पु.] 1. संन्यासी 2. वह जो घर बार छोड़ कर किसी दूसरे स्थान पर चला जाए।

प्रशंसक (सं.) [सं-पु.] वह व्यक्ति जो किसी की प्रशंसा करे; प्रशंसा करने वाला व्यक्ति। [वि.] 1. जो किसी की प्रशंसा करता हो 2. किसी के अच्छे गुणों को आदर की दृष्टि से देखने वाला; (एडमायरर)।

प्रशंसनीय (सं.) [वि.] प्रशंसा के योग्य; प्रशंसा का अधिकारी; सराहनीय; प्रशंस्य; स्तुत्य।

प्रशंसा (सं.) [सं-स्त्री.] 1. तारीफ़; बड़ाई; गुणों का बखान 2. आदरसूचक बात, विचार या कथन 3. ख्याति; कीर्ति।

प्रशंसात्मक (सं.) [वि.] प्रशंसापूर्ण।

प्रशंसापत्र (सं.) [सं-पु.] किसी व्यक्ति के द्वारा किए गए कार्य या उपलब्धि की प्रशंसा में दिया जाने वाला पत्र; (टेस्टीमोनियल)।

प्रशंसिका (सं.) [सं-स्त्री.] 1. प्रशंसा करने वाली स्त्री 2. किसी विशिष्ट या आदर्श व्यक्ति को पसंद करने वाली स्त्री।

प्रशंसित (सं.) [वि.] प्रशंसा किया हुआ; अभिनंदित।

प्रशंसी (सं.) [सं-पु.] 1. प्रशंसक 2. वह जो किसी विशिष्ट या आदर्श व्यक्ति को पसंद करे। [वि.] प्रशंसा करने वाला।

प्रशंस्य (सं.) [वि.] प्रशंसनीय; सराहनीय; स्तुत्य।

प्रशम (सं.) [सं-पु.] 1. शमन; शांति; निवृत्ति 2. नाश; ध्वंस।

प्रशमन (सं.) [सं-पु.] 1. शमन; शांत करना 2. नाशन; ध्वंस करना 3. दबाना या वश में करना 4. निरोग करना 5. प्रतिपादन 6. वध।

प्रशमित (सं.) [वि.] 1. शांति संधि किया हुआ 2. सांत्वना दिया हुआ।

प्रशम्य (सं.) [वि.] जिसका शमन हो सकता हो या होने को हो।

प्रशस्ति (सं.) [सं-स्त्री.] 1. प्रशंसा; तारीफ़; बड़ाई 2. किसी की प्रशंसा में लिखी गई कविता आदि 3. प्रशंसा सूचक वाक्य या विवरण 4. प्राचीन भारत में राजाओं के एक प्रकार के प्रख्यापन जो शिलालेखों, ताम्रपत्रों आदि पर खोदे जाते थे 5. प्राचीन ग्रंथों के अंत की पंक्तियाँ जिनमें पुस्तक के रचयिता, विषय, काल आदि का उल्लेख रहता है।

प्रशांत (सं.) [वि.] 1. आवेगहीन 2. शांत किया हुआ; शांत; वश में किया हुआ 3. मृत 4. स्थिर; निश्चल। [सं-पु.] एक महासागर का नाम।

प्रशांतात्मा (सं.) [वि.] 1. जिसकी आत्मा अत्यंत शांत हो 2. अत्यंत धीर-गंभीर स्वभाववाला।

प्रशांति (सं.) [सं-स्त्री.] 1. शांति; शमन 2. विश्राम।

प्रशाखा (सं.) [सं-स्त्री.] 1. शाखा की शाखा; टहनी; पतली शाखा 2. किसी विषय क्षेत्र या अनुशासन की शाखा की अन्य छोटी शाखा; उपशाखा, जैसे- विज्ञान की प्रशाखा।

प्रशाखिका (सं.) [सं-स्त्री.] वृक्ष की छोटी डाल या टहनी।

प्रशासक (सं.) [सं-पु.] 1. वह जो राज्य, संस्थान आदि का प्रशासन या प्रबंध करता हो 2. शासन का प्रबंध करने वाला अधिकारी।

प्रशासकीय (सं.) [वि.] प्रशासक संबंधी; प्रशासक का।

प्रशासन (सं.) [सं-पु.] सार्वजनिक व्यवस्था की दृष्टि से किया जाने वाला कार्य; किसी राज्य अथवा संस्था के परिचालन की व्यवस्था या प्रबंध; शासन; (एडमिनिस्ट्रेशन)।

प्रशासनतंत्र (सं.) [सं-पु.] प्रशासन की व्यवस्था हेतु बना तंत्र; प्रशासन का तंत्र।

प्रशासनिक (सं.) [वि.] प्रशासन से संबंधित; प्रशासन का।

प्रशिक्षक (सं.) [सं-पु.] प्रशिक्षण देने वाला व्यक्ति; वह व्यक्ति जो किसी व्यवसाय, कला, खेल आदि की व्यावहारिक रूप से शिक्षा देता है।

प्रशिक्षण (सं.) [सं-पु.] किसी पेशे या कला-कौशल की क्रियात्मक रूप में दी जाने वाली व्यावहारिक शिक्षा।

प्रशिक्षणकेंद्र (सं.) [सं-पु.] वह स्थान या संस्थान जहाँ कुशलता पूर्वक किसी व्यवसाय, कला, खेल आदि का प्रशिक्षण दिया जाता है।

प्रशिक्षणाधीन (सं.) [वि.] जो प्रशिक्षण प्राप्त कर रहा हो।

प्रशिक्षणार्थी (सं.) [सं-पु.] 1. प्रशिक्षण प्राप्त करने वाला 2. प्रशिक्षण प्राप्त करने का इच्छुक; प्रशिक्षु।

प्रशिक्षार्थी (सं.) [सं-पु.] प्रशिक्षण लेने वाला व्यक्ति; किसी क्षेत्र विशेष की व्यवहारिक रूप से शिक्षा लेने वाला व्यक्ति।

प्रशिक्षित (सं.) [वि.] जो प्रशिक्षण प्राप्त कर चुका हो; जिसे सिखाकर तैयार किया गया हो।

प्रशिक्षु (सं.) [सं-पु.] प्रशिक्षण लेने वाला व्यक्ति; वह व्यक्ति जिसका प्रशिक्षण चल रहा हो।

प्रशिष्ट (सं.) [वि.] 1. शासित; अच्छा शासन 2. आज्ञप्त; आदिष्ट; आदेश।

प्रशिष्य (सं.) [सं-पु.] शिष्य का शिष्य; पट्ट शिष्य।

प्रशीतक (सं.) [सं-पु.] विद्युत से चलने वाला एक प्रकार का उपकरण जो पानी को ठंडा करने, बरफ़ को जमाने और खाद्य पदार्थों, औषधियों आदि को ख़राबी से बचाने के काम आता है; (रेफ़्रिजरेटर; फ्रिज)। [वि.] ठंडा या शीतल रखने वाला।

प्रशीतन (सं.) [सं-पु.] 1. बहुत ठंडा या शीतल करके रखना 2. खाद्य पदार्थों को सड़ने से बचाने के लिए प्रशीतित करना।

प्रश्न (सं.) [सं-पु.] 1. वह बात जिसका उत्तर पूछा गया हो; सवाल 2. पूछ-ताछ; जाँच-पड़ताल 3. चिंतन या विवाद का विषय; मुद्दा 4. समस्या 5. भविष्य के संबंध में जिज्ञासा 6. एक उपनिषद।

प्रश्नक (सं.) [सं-पु.] प्रश्नकर्ता; प्रश्न करने वाला व्यक्ति।

प्रश्नकर्ता (सं.) [सं-पु.] प्रश्न करने वाला व्यक्ति; वह जो पूछताछ करे।

प्रश्नचिह्न (सं.) [सं-पु.] 1. प्रश्नवाचक वाक्यों के अंत में लगाया जाने वाला एक प्रकार का विराम चिह्न; प्रश्नवाचक चिह्न (?) 2. {ला-अ.} कोई विकट या कठिन समस्या।

प्रश्नपत्र (सं.) [सं-पु.] वह परचा या कागज़ जिसमें उत्तर देने के लिए प्रश्न अंकित हों।

प्रश्नमाला (सं.) [सं-स्त्री.] प्रश्नावली; प्रश्नों की सूची; किसी विषय से संबंधित प्रश्नों की सूची।

प्रश्नवाचक (सं.) [वि.] सवालिया; प्रश्न का सूचक।

प्रश्नविद्ध (सं.) [वि.] प्रश्नों से घायल या आहत।

प्रश्नसूचक (सं.) [वि.] जो प्रश्न को सूचित करे; प्रश्नवाचक; सवालिया।

प्रश्नात्मक (सं.) [वि.] प्रश्न से पूर्ण; प्रश्न से संबंधित; जिसमें कोई प्रश्न या सवाल निहित हो।

प्रश्नार्थक (सं.) [वि.] प्रश्न का सूचक; प्रश्नवाचक; सवालिया।

प्रश्नावली (सं.) [सं-स्त्री.] प्रश्नमाला; प्रश्नों की सूची या सारणी।

प्रश्नोत्तर (सं.) [सं-पु.] प्रश्न और उसका उत्तर; सवाल-जवाब; पूछताछ।

प्रश्नोत्तरी (सं.) [सं-स्त्री.] वह पुस्तक या पुस्तिका जिसमें कोई विषय सवालों और उनके जवाबों के रूप में समझाया गया हो।

प्रश्रय (सं.) [सं-पु.] 1. आश्रय; सहारा; आधार; समर्थन 2. स्नेह; अनुराग; प्रणय; प्रीति 3. विनय; शिष्टता; नम्रता।

प्रश्रयी (सं.) [वि.] 1. नम्र; विनीत 2. मिलनसार; भलामानुस; सरलप्रकृति।

प्रश्रुति (सं.) [सं-स्त्री.] किसी कार्य को करने के लिए लिया गया प्रण।

प्रश्वास (सं.) [सं-पु.] 1. साँस बाहर निकालने की क्रिया या अवस्था 2. बाहर निकली हुई साँस या वायु।

प्रसंख्या (सं.) [सं-स्त्री.] कुल संख्याओं का योग या जोड़; कुल।

प्रसंग (सं.) [सं-पु.] 1. बातों का परस्पर संबंध 2. विषय; अवसर; घटना; मौका 3. प्रकृष्ट संग; संबंध; लगाव; व्याप्तिरूप संबंध 4. विषय का तारतम्य 5. प्रकरण।

प्रसंगवश (सं.) [क्रि.वि.] 1. प्रसंग के कारण; घटनावश 2. प्रकरण या चर्चा होने पर।

प्रसंगोचित (सं.) [वि.] उचित; उपयुक्त; संबद्ध; प्रासंगिक; प्रसंग के अनुसार।

प्रसन्न (सं.) [वि.] 1. ख़ुश; हर्षित; आनंदित; प्रफुल्लित; खिला हुआ 2. शांत; संतुष्ट; तुष्ट 3. निर्मल; स्वच्छ; प्रसादयुक्त 4. उचित; अनुकूल; युक्त 5. कृपालु।

प्रसन्नचित्त (सं.) [वि.] प्रफुल्लित; ख़ुश; हर्षित; जिसका चित्त प्रसन्न हो।

प्रसन्नता (सं.) [सं-स्त्री.] 1. ख़ुशी; आनंद; हर्ष; प्रफुल्लता 2. अनुग्रह; कृपा 3. संतुष्टि; संतोष; शांति।

प्रसन्नतापूर्वक (सं.) [क्रि.वि.] प्रसन्नता के साथ; आनंद से।

प्रसन्ना (सं.) [सं-स्त्री.] 1. प्रसन्न करने की क्रिया या भाव 2. चावल से बनी शराब या मदिरा।

प्रसरण (सं.) [सं-पु.] आगे की ओर फैलना या बढ़ना; विस्तार; प्रसार; व्याप्ति।

प्रसव (सं.) [सं-पु.] 1. बच्चा जनने की क्रिया 2. बच्चा; संतान 3. गर्भमोचन 4. उत्पत्ति; उत्पत्ति स्थान 5. फल; फूल। [वि.] फलप्रद; उत्पादक।

प्रसव पीड़ा (सं.) [सं-स्त्री.] गर्भावस्था की अंतिम स्थिति में या प्रसव के दौरान स्त्री को होने वाली पीड़ा, कष्ट या तकलीफ़; प्रसववेदना; प्रसवव्यथा।

प्रसवकाल (सं.) [सं-पु.] 1. प्रसव का समय 2. उत्पत्ति का समय या अवसर।

प्रसवन (सं.) [सं-पु.] 1. स्त्री का अपने गर्भ से बच्चा जनना; गर्भमोचन 2. उत्पन्न करना।

प्रसवा (सं.) [वि.] जन्म देने वाली; उत्पन्न करने वाली।

प्रसविनी (सं.) [सं-स्त्री.] अपने गर्भ से संतान उत्पन्न करने वाली या जनने वाली स्त्री।

प्रसाद (सं.) [सं-पु.] 1. अनुग्रह; कृपा; आशीर्वाद 2. वह खाद्य पदार्थ या मिठाई जिसे देवता आदि को चढ़ाने के उपरांत लोग ग्रहण करते हैं 3. (काव्यशास्त्र) काव्य के तीन गुणों में से एक 4. हर्ष; प्रसन्नता 5. मानसिक शांति; स्वभाव की सरलता। [मु.] -पाना : भोजन करना।

प्रसादक (सं.) [वि.] 1. निर्मल; स्वच्छ 2. अनुग्रहकारक; बहुत बड़ी कृपा करने वाला 3. प्रसन्न करने वाला।

प्रसादी (सं.) [सं-स्त्री.] वह खाने या पीने की वस्तु जो किसी देवता को चढ़ाई जा चुकी हो; प्रसाद।

प्रसाधक (सं.) [सं-पु.] प्राचीन भारत में वह व्यक्ति जो राजाओं को वस्त्र, आभूषण आदि पहनाता था। [वि.] 1. प्रसाधन करने वाला; सजावट या शृंगार करने वाला 2. निर्वाह या निष्पादन करने वाला (कार्य का); कार्य की सिद्ध या संपादन करने वाला।

प्रसाधन (सं.) [सं-पु.] 1. सजावट; शृंगार; बनावट 2. बालों को सजाने, होंठ या पैर रँगने की क्रिया 3. निष्पादन; सिद्धि 4. मल-मूत्र त्याग करने का स्थान।

प्रसाधनालय (सं.) [सं-पु.] 1. वह स्थान जहाँ साज-शृंगार करने या कराने का काम किया जाता है 2. प्रसाधन करने तथा

प्रसाधन सामग्री बेचने की दुकान; (ब्यूटीपार्लर या ब्यूटीसैलून) 3. शौचालय; (टॉयलेट)।

प्रसाधिका (सं.) [सं-स्त्री.] 1. अपनी स्वामिनी, रानी आदि का प्रसाधन करने वाली सेविका 2. प्रसाधन गृह में ग्राहक स्त्रियों का प्रसाधन करने वाली स्त्री।

प्रसाधित (सं.) [वि.] 1. जिसका प्रसाधन किया गया हो; अलंकृत 2. संपादित; प्रमाणित; निष्पादित।

प्रसार (सं.) [सं-पु.] 1. विस्तार; फैलाव 2. एक स्थान से दूसरे स्थान पर पहुँचाना; भेजना; संचार।

प्रसार-प्रचार (सं.) [सं-पु.] वह प्रयास जो किसी बात, सिद्धांत आदि को जनता या लोक में फैलाने के लिए विशेष रूप से किया जाता है; प्रसार और प्रचार।

प्रसार विभाग (सं.) [सं-पु.] (पत्रकारिता) किसी पत्र-पत्रिका के प्रसार और विक्रय से संबंधित संपूर्ण व्यवस्था के लिए उत्तरदायी विभाग।

प्रसारक (सं.) [वि.] फैलने या फैलाने वाला; प्रसार करने वाला; विस्तृत करने वाला।

प्रसारण (सं.) [सं-पु.] 1. फैलाने की क्रिया; फैलाना; पसारना; आगे करना; बढ़ाना 2. रेडियो, दूरदर्शन आदि द्वारा समाचार, गीत, भाषण आदि दूरस्थ लोगों को सुनाने के लिए विद्युत तरंगों से फैलाना; (ब्रॉडकास्टिंग)।

प्रसारण-समय (सं.) [सं-पु.] टीवी, रेडियो आदि पर प्रसारित कार्यक्रम की अवधि।

प्रसारण यंत्र (सं.) [सं-पु.] 1. विद्युत तरंगों द्वारा बहुत दूरवर्ती क्षेत्रों तक समाचार, भाषण, संगीत आदि का प्रसारण करने वाला यंत्र या उपकरण 2. आकाशवाणी 3. दूरदर्शन; (ब्रॉडकास्टिंग सिस्टम)।

प्रसारशील (सं.) [वि.] 1. प्रसारण के योग्य 2. प्रसारित किया जाने वाला।

प्रसारिणी (सं.) [सं-स्त्री.] 1. एक प्रकार की लता 2. फैलकर शत्रु को घेर लेना 3. लाजवंती या छुईमुई का पौधा 4. संगीत में एक श्रुति। [वि.] 1. फैलने या फैलाने वाली 2. प्रसारित करने वाली (रेडियो आदि से)।

प्रसारित (सं.) [वि.] 1. फैलाया हुआ; पसारा हुआ; विस्तृत 2. रेडियो आदि से प्रसारण किया हुआ 3. प्रदर्शित।

प्रसारी (सं.) [वि.] 1. फैलने या फैलाने वाला 2. प्रसारण करने वाला (रेडियो आदि से) 3. निकलने वाला (समास में)।

प्रसार्य (सं.) [वि.] प्रसारण योग्य।

प्रसाविका (सं.) [सं-स्त्री.] प्रसव कराने वाली दाई; धात्री।

प्रसिद्ध (सं.) [वि.] 1. विख्यात; मशहूर; नामी (व्यक्ति, वस्तु या कोई बात) 2. अलंकृत; भूषित 3. जिसे बहुत से लोग जानते हों (वस्तु या व्यक्ति)।

प्रसिद्धि (सं.) [सं-स्त्री.] 1. प्रसिद्ध होने की अवस्था या भाव 2. शोहरत; ख्याति 3. भूषण; बनाव-सिंगार 4. सिद्धि; सफलता।

प्रसुप्त (सं.) [वि.] 1. सोया हुआ; निद्रित 2. रुका, थमा या दबा हुआ 3. संज्ञाहीन 4. संपुटित (फूल) 5. {ला-अ.} निष्क्रिय या असावधान।

प्रसुप्ति (सं.) [सं-स्त्री.] 1. गहरी नींद 2. संज्ञाहीनता 3. {ला-अ.} निष्क्रियता; निश्चेष्टता।

प्रसूत (सं.) [सं-पु.] 1. फूल 2. उत्पत्ति का साधन 3. चाक्षुष मन्वंतर का एक देवगण। [वि.] प्रसव किया हुआ; उत्पन्न; संजात।

प्रसूता (सं.) [सं-स्त्री.] जच्चा; नवजात शिशु की माता; वह स्त्री जिसे कुछ समय पूर्व बच्चा पैदा हुआ हो।

प्रसूति (सं.) [सं-स्त्री.] 1. प्रसव 2. जच्चा; प्रसूता 3. संतान; संतति 4. उत्पत्ति।

प्रसूतिका (सं.) [सं-स्त्री.] दे. प्रसूता।

प्रसून (सं.) [सं-पु.] 1. फूल; पुष्प 2. फूल की कली। [वि.] 1. प्रसूत 2. उत्पन्न 3. संजात।

प्रसृत (सं.) [वि.] 1. आगे बढ़ा हुआ 2. फैला हुआ 3. खिसका हुआ 4. भेजा हुआ 5. नम्र; विनीत 6. नियुक्त; लगा हुआ 7. लंबा 8. प्रचलित। [सं.-पु.] 1. अर्द्धांजलि; गहरी की हुई हथेली 2. हथेली भर का माल; पसर।

प्रसृष्ट (सं.) [वि.] 1. त्यागा हुआ; परित्यक्त 2. उत्पन्न 3. निर्बंध।

प्रस्खलन (सं.) [सं-पु.] स्खलन; पतन।

प्रस्तर (सं.) [सं-पु.] 1. पत्थर 2. समतल स्थान 3. पत्तों का बिछौना या बिस्तर 5. चौड़ी सतह 5. चमड़े की थैली 6. मणि 7. ग्रंथ आदि का परिच्छेद।

प्रस्तर कला (सं.) [सं-स्त्री.] पत्थरों को काटछाँट या गढ़कर उनकी विशिष्ट आकृतियाँ बनाने की कला।

प्रस्तरण (सं.) [सं-पु.] 1. आसन; बिछावन; सेज 2. बिछाना; फैलाना।

प्रस्तरफलक (सं.) [सं-पु.] पत्थर का फलक; पत्थर का बोर्ड।

प्रस्तरिणी (सं.) [सं-स्त्री.] सफ़ेद दूब।

प्रस्तरीभूत (सं.) [वि.] 1. जो पत्थर की तरह हो गया हो 2. {ला-अ.} ऐसी विचारधाराएँ जो पुरातनपंथी होने के कारण निर्जीव पत्थर की तरह बेकार हो गई हों।

प्रस्तार (सं.) [सं-पु.] 1. फैलाव 2. (पत्तों आदि का) बिछावन, बिस्तर या सेज 3. घास का जंगल या वन 4. समतल भूमि 5. सीढ़ी 6. एक प्रकार का ताल 7. वस्तुओं, अक्षरों, संख्याओं आदि को अलग-अलग प्रकार की कतारों में रखना।

प्रस्ताव (सं.) [सं-पु.] 1. कोई काम करने के लिए किसी के सामने रखा जाने वाला विचार, सुझाव या पेशकश 2. आरंभ; शुरू 3. भूमिका; प्रस्तावना 4. किसी सभा या संस्था के सामने रखा जाने वाला औपचारिक सुझाव; (रिज़ोलूशन) 5. संसद आदि में किसी विचारणीय विषय पर वाद-विवाद के लिए प्रस्तुत सुझाव; विधेयक; (बिल) 6. प्रसंग; प्रकरण; चर्चा 7. अवसर; मौका; (ऑफ़र)।

प्रस्तावक (सं.) [वि.] 1. प्रस्ताव करने वाला; प्रस्तावकर्ता 2. प्रस्ताव को प्रस्तुत करने वाला; सुझाव देने वाला (विधानसभा, संसद आदि में)।

प्रस्तावकर्ता (सं.) [सं-पु.] प्रस्ताव करने वाला व्यक्ति।

प्रस्तावना (सं.) [सं-स्त्री.] 1. (किसी पुस्तक आदि की)

भूमिका; प्राक्कथन या आमुख 2. किसी निबंध, भाषण आदि का आरंभिक अंश 3. आरंभ 4. प्रस्ताव 5. अभिनय के पहले नाटक के विषय का परिचय देने के लिए सूत्रधार के माध्यम से छेड़ा हुआ प्रसंग।

प्रस्तावित (सं.) [वि.] 1. जिसका प्रस्ताव किया गया हो; जो किसी कार्य को करने हेतु रखा गया हो (विचार) 3. आरंभ किया हुआ; आरब्ध 4. वर्णित; कथित; (प्रपोज़्ड)।

प्रस्तुत (सं.) [सं-पु.] 1. विचाराधीन प्रसंग 2. उपमेय [वि.] 1. जो उपस्थित या पेश किया गया हो 2. उपस्थित; मौजूद 3. तत्पर या तैयार होने वाला (कार्य) 4. विचाराधीन; विवादग्रस्त या प्रकरणप्राप्त (विषय) 5. जिसकी चर्चा चल रही हो; प्रासंगिक 6. जिसकी आशा या इच्छा की गई हो 7. जो कार्य के रूप में किया गया हो 8. किसी प्रकार तैयार किया हुआ 9. कथित; उक्त 10. जिसकी स्तुति या प्रशंसा की गई हो 11. जो उपहार या भेंट में दिया गया हो 12. अभिनीत (नाटक)।

प्रस्तुतकर्ता (सं.) [सं-पु.] प्रस्तुत करने वाला व्यक्ति।

प्रस्तुति (सं.) [सं-स्त्री.] 1. प्रस्तुत होने की अवस्था या भाव 2. भूमिका; प्रस्तावना 3. प्रशंसा 4. तैयारी; निष्पत्ति 5. उपस्थिति; मौजूदगी।

प्रस्तुतीकरण (सं.) [सं-पु.] प्रस्तुत करने की क्रिया; प्रस्तुति।

प्रस्तोता (सं.) [सं-पु.] 1. प्रस्तुत करने वाला व्यक्ति 2. प्रस्ताव करने वाला व्यक्ति 3. वह जो इधर-उधर से सामग्री एकत्र कर लेख प्रस्तुत करे 4. उत्पादक 5. सामवेद का प्रथम भाग गाने वाला; ऋत्विक।

प्रस्थ (सं.) [सं-पु.] 1. पर्वत के ऊपर की समतल भूमि या चौरस मैदान 2. समतल भूमि या मैदान 3. बत्तीस पल का एक प्राचीन परिमाण या मान 4. विस्तार 5. पहाड़ों का ऊँचा किनारा। [वि.] 1. प्रस्थान करने वाला 2. दृढ़; स्थिर 3. फैलाने वाला 4. कहीं जाकर रहने वाला, जैसे- वानप्रस्थ।

प्रस्थान (सं.) [सं-पु.] 1. किसी स्थान से दूसरे स्थान को जाना; चलना; गमन; रवानगी 2. सेना का युद्धक्षेत्र की ओर जाना; कूच 3. मार्ग; रास्ता 4. पद्धति; विधि; तरीका 5. कर्मकांडी हिंदुओं की यात्रा संबंधी दोष हटाने की एक प्रथा 6. {ला-अ.} मृत्यु; मरण।

प्रस्थानित (सं.) [वि.] प्रस्थान करने वाला; जो चला गया हो।

प्रस्थानी (सं.) [वि.] कूच करने वाला; जाने वाला; रवाना होने वाला।

प्रस्थापक (सं.) [सं-पु.] संसद, विधानसभा आदि में कोई प्रस्ताव रखने या पेश करने वाला व्यक्ति। [वि.] 1. प्रस्तावक; प्रस्ताव करने वाला; प्रस्तोता 2. प्रस्थापन करने वाला।

प्रस्थापन (सं.) [सं-पु.] 1. किसी तथ्य, विषय या सिद्धांत को सिद्ध या प्रमाणित करना 2. प्रस्थान करने या भेजने की क्रिया या भाव 3. प्रयोग में लाना; उपयोग करना 4. कोई कारख़ाना या यंत्र आदि स्थापित करना; संस्थापन; (इंस्टालेशन) 5. दृढ़ता या मज़बूती से जमाने की क्रिया 6. प्रेरणा 7. जानवरों को चुरा ले जाना।

प्रस्थापना (सं.) [सं-स्त्री.] 1. भेजना; प्रेषण करना 2. विधानसभा आदि में कोई प्रस्ताव लाना 3. वह प्रस्ताव जो प्रस्थापक द्वारा सभा आदि में रखा जाए 4. विशिष्ट रूप से स्थापित करना।

प्रस्थापित (सं.) [वि.] 1. जिसकी स्थापना हो चुकी हो 2. प्रेषित किया गया; भेजा गया 3. जो आगे बढ़ाया हुआ हो; प्रवर्तित।

प्रस्थित (सं.) [वि.] 1. ठहरा या रुका हुआ; टिका हुआ 2. स्थिर; दृढ़ता से टिका हुआ 3. जो जाने को उद्यत हो 4. जिसे भेजा गया हो।

प्रस्पंदन (सं.) [सं-पु.] 1. काँपने या हिलने की क्रिया; फड़कना; कंपित 2. प्रकंपन; कँपकँपी; थरथराहट।

प्रस्फुट (सं.) [वि.] 1. जो खिला हो; प्रफुल्ल 2. विकसित 3. (तथ्य या विषय) जो भली प्रकार से स्पष्ट हो; प्रकट; सुस्पष्ट 4. जो व्यक्त किया गया हो।

प्रस्फुटन (सं.) [सं-पु.] 1. फूटना 2. विकसित होना 3. व्यक्त होना; प्रकट होना।

प्रस्फुटित (सं.) [वि.] 1. फूटा या खिला हुआ 2. प्रकट; व्यक्त 3. जिसे स्पष्ट किया गया हो 4. विकसित 5. खुला हुआ।

प्रस्फुरण (सं.) [सं-पु.] 1. फैलना; बिखरना 2. स्पष्ट होना; निकलना 3. कंपन; थरथराना; काँपना 4. चमकना।

प्रस्रव (सं.) [सं-पु.] 1. धारा के रूप में निरंतर प्रवाहित होना या बहना; प्रवाह; धारा के रूप में बहाव 2. रिसना; चूना 3. बहने या चूने वाली धारा 4. स्नेह और वात्सल्य की अधिकता के कारण स्तन या थन से निकलने वाला दूध।

प्रस्रवण (सं.) [सं-पु.] 1. तरल पदार्थों की चूने या बहने की क्रिया या भाव 2. स्तन से टपकता दूध 3. पसीना; प्रस्वेद 4. पानी का सोता या झरना 5. पेशाब करना।

प्रस्राव (सं.) [सं-पु.] 1. मूत्र; पेशाब 2. चूने की क्रिया; बहाव।

प्रस्वीकृत (सं.) [वि.] 1. जो औपचारिक रूप से मान्यता प्राप्त हो 2. जो अधिकृत रूप से मान लिया गया हो।

प्रस्वेद (सं.) [सं-पु.] 1. पसीना; स्वेद 2. त्वचा के रोम छिद्रों से निकलने वाला एक प्रकार का पानी जैसा द्रव।

प्रस्वेदी (सं.) [वि.] 1. पसीने से तरबतर 2. पसीना लाने वाला।

प्रहत (सं.) [सं-पु.] 1. आघात या प्रहार 2. पासा आदि फेंकने की क्रिया। [वि.] 1. आहत 2. जिसका वध किया गया हो; निहत 3. पीटा या मारा हुआ (ढोल आदि) 4. फैलाया हुआ; प्रसारित 5. विद्वान 6. पराजित।

प्रहर (सं.) [सं-पु.] पहर; एक दिन का आठवाँ भाग; तीन घंटे का समय।

प्रहरण (सं.) [सं-पु.] 1. आघात; प्रहार; वार (लाठी, तलवार आदि से) 2. हथियार; अस्त्र-शस्त्र 3. बलपूर्वक छीनना 4. युद्ध; आक्रमण 5. परित्याग 6. फेंकना 7. एक प्रकार की परदेदार गाड़ी; पालकी 8. पालकी में बैठने की जगह 9. ध्यान 10. मृदंग का एक प्रबंध।

प्रहरी (सं.) [सं-पु.] 1. पहरेदार; देखरेख करने के लिए गश्त लगाने वाला; पहरा देने वाला 2. निश्चित अवधि पर घंटा बजाने वाला; घड़ियाली।

प्रहर्ष (सं.) [सं-पु.] 1. अत्यधिक प्रसन्नता; आनंद या हर्ष

2. {ला-अ.} पुरुषेंद्रिय में तनाव या उत्तेजना आना।

प्रहर्षण (सं.) [सं-पु.] 1. प्रसन्नता; हर्ष या आनंद 2. अति हर्षित या आनंदित करने की क्रिया 3. अभीष्ट की प्राप्ति 4. (काव्यशास्त्र) एक प्रकार का अलंकार। [वि.] 1. अतिप्रसन्न या हर्षित करने वाला 2. पुलकित करने वाला।

प्रहर्षणी (सं.) [सं-स्त्री.] 1. हल्दी; हरिद्रा 2. तेरह अक्षरों की एक वर्णवृति।

प्रहसन (सं.) [सं-पु.] 1. ज़ोर की हँसी; परिहास; दिल्लगी 2. नाटकों का एक प्रकार जो हास्य-व्यंग्य से युक्त होता है; भाण की तरह का हास्य रस प्रधान एक रूपक।

प्रहसित (सं.) [वि.] हँसता हुआ। [सं-पु.] 1. हास्य; हँसी 2. ठहाका; अट्टहास 3. एक बुद्ध।

प्रहार (सं.) [सं-पु.] 1. आघात; वार; ऐसी चोट या वार जिसकी वेदना असह्य हो 2. {ला-अ.} कंठहार।

प्रहारक (सं.) [वि.] प्रहार करने वाला; प्रहारी।

प्रहारी (सं.) [वि.] 1. प्रहार करने वाला 2. मारने वाला; नाशक।

प्रहार्य (सं.) [वि.] 1. जिसपर प्रहार या आघात किया जा सके 2. हरण करने या छीनने योग्य।

प्रहास (सं.) [सं-पु.] 1. हास्य; प्रहसन 2. ठहाका; अट्टहास 3. व्यंग्योक्ति 4. तिरस्कार 5. रंगों की चटक 6. नट 7. सोमतीर्थ का एक नाम।

प्रहित (सं.) [वि.] 1. प्रेरित, भेजा हुआ 2. फेंका या चलाया हुआ 3. नियुक्त 4. निष्कासित 5. उपयुक्त।

प्रहेलक (सं.) [सं-पु.] 1. लपसी 2. पुआ।

प्रहेलिका (सं.) [सं-स्त्री.] पहेली; प्रवह्लिका।

प्रह्लाद (सं.) [सं-पु.] 1. आह्लाद; प्रसन्नता; आनंद 2. (विष्णुपुराण) हिरण्याकशिपु नाम के राजा का एक पुत्र जो विष्णु भक्त था 3. एक प्राचीन स्थान।

प्रह्लादक (सं.) [वि.] प्रसन्न करने वाला; पुलकित करने वाला; हर्षकारक।

प्रह्लादी (सं.) [वि.] प्रसन्न होने वाला; पुलकित होने वाला।

प्रांगण (सं.) [सं-पु.] 1. मकान के सामने की खुली जगह 2. आंगन 3. {ला-अ.} छोटा ढोल।

प्रांजल (सं.) [वि.] 1. सरल या शुद्ध 2. खरा; ईमानदार 3. समतल; बराबर; जो ऊँचा-नीचा न हो।

प्रांजलि (सं.) [सं-स्त्री.] अंजलि, एक प्रकार की मुद्रा जिसमें दोनों हथेलियाँ जुड़ी हुई होती हैं। [वि.] जो हाथ जोड़े हो; अंजलीबद्ध।

प्रांत (सं.) [सं-पु.] 1. किसी देश का कोई बड़ा भाग; प्रदेश 2. अंत; शेष भाग 3. छोर; किनारा 4. सीमा; हद 5. पृष्ठ भाग।

प्रांतपति (सं.) [सं-पु.] 1. प्रांत या प्रदेश का प्रधान शासक 2. भारत के किसी राज्य का प्रधान शासक जो केंद्र सरकार द्वारा नियुक्त किया जाता है; राज्यपाल।

प्रांतर (सं.) [सं-पु.] 1. छाया आदि से रहित लंबा, निर्जन पथ, मार्ग या रास्ता 2. वन; जंगल 3. कोटर; पेड़ का खोखला भाग 4. दो गाँवों के बीच की ज़मीन 5. दो प्रदेशों के बीच का वह स्थान जहाँ बसाहट न हो।

प्रांतीय (सं.) [सं-पु.] प्रांतों या किसी संघ राज्य से सम्मिलित राज्यों को प्राप्त स्वराज्य जिसके अनुसार उन्हें आंतरिक विषयों संबंधी निर्णय करने या नीति निर्धारित करने की स्वतंत्रता होती है। [वि.] प्रांत विशेष का; प्रांत संबंधी।

प्रांतीयता (सं.) [सं-स्त्री.] 1. प्रांतीय या क्षेत्रीय होने का भाव 2. अपने प्रांत पर अगाध श्रद्धाभाव; अपने प्रांत का विशेष या अतिरिक्त पक्षपात या मोह; (प्रॉविंशलिज़्म)।

प्रांशु (सं.) [सं-पु.] 1. मनु का एक नाम 2. विष्णु 3. लंबा व्यक्ति। [वि.]1. ऊँचा; उच्च 2. लंबा।

प्राइम (अं.) [वि.] 1. मुख्य; प्रधान 2. उत्कृष्ट; सर्वोत्तम 3. सर्वश्रेष्ठ 4. श्रेष्ठतम अवस्था; शिखर काल।

प्राइमरी (अं.) [वि.] प्राथमिक; आरंभिक। [सं-पु.] वह स्कूल जिसमें आरंभिक शिक्षा दी जाए।

प्राइवेट (अं.) [वि.] 1. व्यक्ति विशेष से संबद्ध 2. व्यक्ति विशेष का निजी जो औरों से छिपाया जाए; गुप्त; आपसी 3. गैरसरकारी, जैसे- प्राइवेट नौकरी।

प्राइवेट सेक्रेटरी (अं.) [सं-पु.] किसी अधिकारी या बड़े आदमी का निजी सहायक जिसका मुख्य कार्य पत्र व्यवहार तथा उसके अन्य व्यक्तिगत कार्य देखना होता है।

प्राइवेसी (अं.) [सं-स्त्री.] गोपनीयता; एकांतस्थान; व्यक्तिगतता।

प्राक (सं.) [सं-पु.] पूर्व; पूरब। [वि.] 1. सामने का; अगला 2. पहले का 3. पूर्व का 4. पुराना। [अव्य.] आगे; पहले; पूर्व में।

प्राकट्य (सं.) [सं-पु.] प्रकट या व्यक्त होने की अवस्था या भाव।

प्राकल्पनात्मक (सं.) [वि.] 1. जो प्रकल्पना पर आधारित हो 2. प्रकल्पना संबंधी।

प्राकार (सं.) [सं-पु.] 1. किसी स्थान, दुर्ग, इमारत आदि के चारों ओर बनाई जाने वाली दीवार चारदीवारी; परकोटा 2. घेरा।

प्राकृत (सं.) [सं-स्त्री.] एक भाषा जिसका प्रयोग प्राचीन साहित्य में मिलता है। [वि.] 1. प्रकृति संबंधी; प्रकृति का 2. जो प्रकृति से उत्पन्न हो; नैसर्गिक; कुदरती; प्राकृतिक 3. लौकिक; सांसारिक 4. स्वाभाविक 5. सामान्य।

प्राकृतवाद (सं.) [सं-पु.] 1. दर्शन में प्राकृतिक वस्तुओं की वास्तविक सत्ता मानने का सिद्धांत 2. (कला तथा साहित्य के क्षेत्र में) प्रकृति में जो जैसा है, उसे वैसा ही चित्रित करने का सिद्धांत, (नेचुरलिज़्म)।

प्राकृतिक (सं.) [वि.] 1. प्रकृति का; प्रकृति संबंधी 2. प्रकृति के किसी परिवर्तन या विकार से होने वाला 3. स्वाभाविक; सहज; मामूली 4. जो लौकिक हो; सांसारिक; भौतिक 5. जो कृत्रिम, बनावटी या क्रूर न हो; नैसर्गिक; कुदरती; (नेचुरल)।

प्राकृतिक चिकित्सा (सं.) [सं-स्त्री.] रोगों की चिकित्सा की एक पद्धति जिसमें प्रवृतिजन्य साधनों जैसे- जल, मिट्टी, धूप आदि के उचित इस्तेमाल द्वारा रोग का उपचार किया जाता है।

प्राक्कथन (सं.) [सं-पु.] 1. पूर्व कथन 2. पुस्तक के विषय आदि के संबंध में पहले कही जाने वाली बात; प्रस्तावना;

भूमिका।

प्राक्कलन (सं.) [सं-पु.] 1. पूर्वानुमान; अंदाज़ा 2. संभावित व्यय का पहले से अनुमान लगाना।

प्राक्कल्पना (सं.) [सं-स्त्री.] किसी वस्तु के निर्माण के पहले की रूपरेखा; मसौदा; (हाइपोथिसिस)।

प्राक्तन (सं.) [सं-पु.] भाग्य; प्रारब्ध। [वि.] पुराना; प्राचीन; पहले का।

प्राक्षेपिक (सं.) [वि.] प्रक्षेप संबंधी।

प्राग (सं.) [सं-पु.] 1. प्रयागराज। [वि.] 1. पहले वाला 2. पहला या मुख्य माना जाने वाला।

प्रागैतिहासिक (सं.) [वि.] जिस समय का निश्चित और पूरा इतिहास मिलता है उससे पूर्व काल का; इतिहास में वर्णित और निश्चित काल से पहले का।

प्राचार्य (सं.) [सं-पु.] 1. महाविद्यालय का सर्वोच्च पद या पदाधिकारी 2. महाविद्यालय की समस्त व्यवस्था का संचालन कर्ता।

प्राची (सं.) [सं-स्त्री.] 1. पूर्व दिशा; पूरब 2. (कर्मकांड) पूज्य एवं पूजक के बीच की दिशा।

प्राचीन (सं.) [वि.] 1. जो काफ़ी साल पहले अस्तित्व में आया हो; पुरातन; पुराना। 2. जो पूर्व देश में उत्पन्न हुआ हो; पूरब का।

प्राचीनतम (सं.) [वि.] सर्वाधिक पुराना; पुरातन।

प्राचीनता (सं.) [सं-स्त्री.] प्राचीन होने की अवस्था; आदिमता; पुरातनता।

प्राचीर (सं.) [सं-पु.] ऐसी ऊँची तथा पक्की दीवार जो किले, नगर आदि के रक्षार्थ उसके चारों ओर बनाई गई हो; परकोटा; चहारदीवारी।

प्राचुर्य (सं.) [सं-पु.] प्रचुर होने की अवस्था या भाव; प्रचुरता; अधिकता; बहुतायत।

प्राच्य (सं.) [सं-पु.] 1. (भारत के संदर्भ में) पूर्वी भूभाग बिहार, मगध 2. प्राचीन भारत में शरावती नदी के पूर्व के देशों (कोशल, काशी, विदेह तथा अंग देश) की सामूहिक संज्ञा 3. उक्त देश के निवासी। [वि.] 1. पूर्वीय या एशिया महाद्वीप के देशों से संबंध रखने वाला 2. पूर्व या प्राची दिशा से संबंध रखने वाला 3. प्राचीन; पुराना 4. 'पाश्चात्य' का विलोम 5. सामने वाला।

प्राच्यविद (सं.) [सं-पु.] 1. प्राच्यविद्या का जानकार; प्राच्यवेत्ता 2. एशिया के पूर्वी देशों के इतिहास, धर्म, दर्शन, संस्कृति, भाषा एवं साहित्य संबंधी ज्ञान का विशेषज्ञ।

प्राच्यविद्या (सं.) [सं-स्त्री.] एशिया के पूर्वी देशों के इतिहास, धर्म, दर्शन, संस्कृति, भाषा एवं साहित्य का ज्ञान।

प्राच्या (सं.) [सं-स्त्री.] प्राच्य देश की भाषा (अर्धमागधी और मागधी इसी का विकसित रूप है)।

प्राजापत्य (सं.) [वि.] 1. (पुराण) प्रजापति का; प्रजापति संबंधी 2. प्रजापति से उत्पन्न।

प्राजापत्य विवाह (सं.) [सं-पु.] 1. (हिंदू धर्मशास्त्र) आठ प्रकार के विवाह में से एक 2. उक्त विवाहों में पिता अपने पुत्री को यह कहकर वर के हाथ में देता था कि तुम लोग मिलकर धर्म का पालन करो तथा वर से कुछ भी लिए बिना कन्या देता है।

प्राजी (सं.) [सं-पु.] एक प्रकार का शिकारी पक्षी; बाज़।

प्राज्ञ (सं.) [वि.] 1. बुद्धिमान; दक्ष 2. चतुर; होशियार 3. अध्ययन द्वारा ज्ञान अर्जित किया हुआ व्यक्ति।

प्राज्ञा (सं.) [सं-स्त्री.] 1. बुद्धि 2. वह स्त्री जो विद्वान हो।

प्राज्ञी (सं.) [सं-स्त्री.] विदुषी; बहुत पढ़ी-लिखी या विद्वान स्त्री।

प्राण (सं.) [सं-पु.] 1. श्वास; साँस 2. वह वायु या हवा जो साँस के साथ अंदर जाती और बाहर निकलती है 3. वह शक्ति जो जीव-जंतुओं, पेड़-पौधों आदि में रहकर उन्हें जीवित रखती और उन्हें अपनी सब क्रियाएँ चलाने में समर्थ करती है; जीवनशक्ति; जान। [मु.] **-गले तक आना** : मरने को होना। -निकलना या छूटना : जीवन का अंत होना; मरना। **-देना (किसी पर)** : किसी के लिए जान देने तक के लिए तैयार रहना; किसी के लिए बहुत अधिक परिश्रम या प्रयत्न करना। **-निकलना** : मरना या मृत्यु-सा कष्ट होना। **-लेना** : मार डालना। **-हरना** : मार देना; उत्साहहीन कर देना। **-पखेरू उड़ जाना** : मर जाना; मृत्यु को प्राप्त होना।

प्राणघात (सं.) [सं-पु.] मार डालने की क्रिया; मारण।

प्राणघातक (सं.) [वि.] 1. प्राण लेने या मार डालने वाला; जानलेवा 2. (ऐसा विष या पदार्थ) जिसके सेवन से प्राण निकल जाएँ।

प्राणतत्व (सं.) [सं-पु.] 1. प्राण; प्राणशक्ति; श्वास 2. {ला-अ.} वह तत्व या कारक जो किसी रचना या कृति के शिल्प और महत्व को बढ़ाता हो।

प्राणत्याग (सं.) [सं-पु.] 1. प्राण छोड़ देने की क्रिया; मृत्यु 2. आत्महत्या।

प्राणदंड (सं.) [सं-पु.] वह दंड जिसमें किसी के प्राण ले लिए जाते हैं; मौत की सजा; मृत्युदंड।

प्राणदंडित (सं.) [वि.] जिसे प्राणदंड मिला हो या जिसे मौत की सज़ा हुई हो।

प्राणदाता (सं.) [वि.] 1. प्राणों का संचार करने वाला; प्राणद 2. किसी की जान बचाने वाला।

प्राणदात्री (सं.) [वि.] प्राण देने वाली।

प्राणदान (सं.) [सं-पु.] 1. किसी में प्राण डालना; संजीवन 2. किसी को मरने या मारे जाने से बचाना 3. प्राणदंड से मुक्त कर देना; जीवनदान।

प्राणदायक (सं.) [वि.] 1. जान बचाने वाला; प्राण दाता 2. स्वास्थ्य की रक्षा करने वाला 3. जीवन शक्ति बढ़ाने वाला।

प्राणधारण (सं.) [सं-पु.] 1. जीवन धारण करने की क्रिया; प्राणशक्ति 2. जीवन का सहारा।

प्राणन (सं.) [सं-पु.] 1. श्वास 2. जीवन 3. इस प्रकार से हिलना-डुलना कि जीवित होने का प्रमाण मिले 4. ज़ल; पानी।

प्राणनाथ (सं.) [सं-पु.] 1. पारंपरिक दृष्टि से पति के लिए

प्रयोग होने वाला शब्द 2. वह जो प्राणों का मालिक हो 3. प्रियतम; प्रेमपात्र।

प्राणनाश (सं.) [सं-पु.] 1. मौत; मृत्यु; मरण 2. अंत; विनाश; नाश।

प्राणनाशक (सं.) [वि.] जीवनाशक; घातक; मारक।

प्राणपण (सं.) [सं-पु.] 1. जान की बाज़ी 2. जीवन का दाँव।

प्राणपति (सं.) [सं-पु.] प्रिय व्यक्ति; प्यारा; प्रियतम; पति।

प्राणप्रतिष्ठा (सं.) [सं-स्त्री.] 1. किसी में प्राण डालकर सजीव बनाने की क्रिया 2. किसी देवी-देवता आदि की मूर्ति की स्थापना करके उसकी पूजा-अर्चना आरंभ करने से पहले मंत्रोंच्चार आदि से प्रतिष्ठित करना; किसी प्रतिमा में मंत्रों आदि के द्वारा देवता का किया जाने वाला आह्वान।

प्राणप्रिय (सं.) [सं-पु.] 1. प्रियतम; प्रेमी; प्रेमिका 2. पति। [वि.] प्राणों के समान प्रिय या प्यारा।

प्राणप्रिया (सं.) [सं-स्त्री.] 1. प्राणों के समान परम प्रिय स्त्री; प्राणप्यारी 2. प्रियतमा; प्रेमिका 3. पत्नी।

प्राणबेधी (सं.) [वि.] 1. हृदय को बेधने वाला 2. कर्कश।

प्राणभय (सं.) [सं-पु.] मृत्यु होने की आशंका या भय; जान जाने का भय या डर या भय की स्थिति।

प्राणमय (सं.) [वि.] जिसमें प्राण या जीवन शक्ति हों; सजीव; जानदार; प्राणवान; जीवित।

प्राणरक्षा (सं.) [सं-पु.] जीवन रक्षा करने की क्रिया या अवस्था; आत्मरक्षा।

प्राणलेवा (सं.) [वि.] 1. ऐसा हमला जिससे जीवन संकट में पड़ जाए; जानलेवा; प्राणघाती; मारक 2. जिससे जान जा सकती हो (वस्तु, व्यक्ति आदि)।

प्राणवत्ता (सं.) [सं-स्त्री.] 1. जीवन शक्ति 2. प्राणवान होने का भाव।

प्राणवान (सं.) [वि.] 1. जिसमें प्राण हों; जीवित 2. जीव; प्राणी 3. {ला-अ.} उत्साही; चुस्त; सक्रिय।

प्राणवायु (सं.) [सं-स्त्री.] 1. वातावरण में पाई जाने वाली एक प्रकार की गैस जो जीवन के लिए अत्यंत आवश्यक है; (ऑक्सीजन) 2. प्राणों का पोषण करने वाली वायु।

प्राणांत (सं.) [सं-पु.] 1. प्राणों का अंत; जीवन का अंत 2. नाश; मृत्यु।

प्राणांतक (सं.) [वि.] 1. प्राणों का अंत करने वाला; प्राण लेने या मार डालने वाला; हत्यारा 2. मृत्यु जैसा कष्ट देने वाला, जैसे- प्राणांतक परिश्रम 3. मारक; विषैला।

प्राणांतकारी (सं.) [सं-पु.] 1. प्राणों का अंत करने वाला या मार डालने वाला व्यक्ति 2. वह जो मृत्यु के समान कष्ट दे।

प्राणांतिक (सं.) [वि.] 1. प्राण लेने वाला 2. घातक; खतरनाक 3. जीवन के अंत तक रहने वाला।

प्राणाघात (सं.) [सं-पु.] 1. वध; हत्या 2. वह आघात या प्रहार जो किसी के प्राण लेने के उद्देश्य से किया गया हो।

प्राणाचार्य (सं.) [सं-पु.] वैद्य; आयुर्वेद पद्धति से उपचार करने वाला व्यक्ति।

प्राणाधार (सं.) [सं-पु.] 1. प्रेमपात्र 2. प्रिय; प्रियतम; स्त्री का पति। [वि.] जिसके कारण प्राण बचे हुए हों; अत्यंत प्रिय; प्यारा।

प्राणाधिक (सं.) [वि.] प्राणों से भी अधिक प्रिय; बहुत प्यारा; प्राणाधार।

प्राणायन (सं.) [सं-पु.] ज्ञानेंद्रिय।

प्राणायाम (सं.) [सं-पु.] 1. संयमित तरीके से श्वास लेने की क्रिया 2. (योग) प्राण संयम; श्वास अनुशासन; श्वास-प्रश्वास का नियंत्रण या नियमन 3. योग के आठ अंगों में से एक।

प्राणायामी (सं.) [वि.] 1. प्राणायाम संबंधी 2. नियमित रूप से प्राणायाम करने वाला।

प्राणावरोध (सं.) [सं-पु.] श्वास को अंदर खींचकर रोककर रखना; श्वासरोध; श्वासावरोध।

प्राणासन (सं.) [सं-पु.] 1. एक प्रकार का आसन 2. योग क्रिया की एक अवस्था।

प्राणाहुति (सं.) [सं-स्त्री.] 1. किसी महान उद्‌देश्य के लिए अपने जीवन का बलिदान करना; शहादत 2. भोजन के आरंभ में मंत्र आदि पढ़कर पाँच ग्रासों के रूप में दी जाने वाली आहुति जो पाँच प्राणों का प्रतीक होते हैं।

प्राणी (सं.) [सं-पु.] 1. जीव-जंतु 2. मनुष्य; व्यक्ति। [वि.] 1. जिसमें जीवन हो 2. जिसमें प्राण हों।

प्राणीमंडल (सं.) [सं-पु.] जीवमंडल; (बायोस्फ़ीयर)।

प्राणीमात्र (सं.) [सं-पु.] प्राणीजगत।

प्राणीवाचक (सं.) [वि.] सजीव पदार्थ का ज्ञान कराने वाला।

प्राणीविज्ञान (सं.) [सं-पु.] वह विज्ञान या शास्त्र जिसमें जीव-जंतुओं या प्राणियों के उद्भव, स्वरूप, विकास तथा वर्गों-विभेदों का अध्ययन-विवेचन होता है।

प्राणीशास्त्र (सं.) [सं-पु.] वह विज्ञान या शास्त्र जिसमें जीव-जंतुओं का अध्ययन तथा विश्लेषण किया जाता है; प्राणीविज्ञान।

प्राणेश (सं.) [सं-पु.] 1. वह व्यक्ति जिससे प्रेम हुआ हो; प्रियतम; प्रेमपात्र 2. पति के लिए एक संबोधन।

प्राणेश्वर (सं.) [सं-पु.] 1. परम प्रिय व्यक्ति, प्रियतम 2. पति।

प्राणेश्वरी (सं.) [सं-स्त्री.] 1. पत्नी; स्वामिनी 2. परम प्रिया, प्रियतमा।

प्राणोत्सर्ग (सं.) [सं-पु.] 1. किसी महान उद्देश्य के लिए प्राणों का उत्सर्ग या त्याग करना; आत्मबलिदान 2. मृत्यु का वरण करने का भाव।

प्रातः (सं.) [सं-पु.] सुबह; भोर। [अव्य.] सवेरे; तड़के।

प्रातःकर्म (सं.) [सं-पु.] प्रातःकाल किए जाने वाले कार्य, जैसे- शौच, स्नान आदि।

प्रातःकाल (सं.) [सं-पु.] सुबह; भोर; सूर्योदय का समय; पौ फटने का समय।

प्रातःस्मरणीय (सं.) [वि.] 1. प्रातः उठते ही स्मरण करने के योग्य 2. बहुत श्रेष्ठ; पूज्य; पूजनीय; आदरणीय।

प्रातर (सं.) [अव्य.] प्रभात के समय; सवेरे; तड़के।

प्रातिकूल्य (सं.) [सं-पु.] 1. प्रतिकूल या विरुद्ध होने की अवस्था या भाव; प्रतिकूलता 2. इस बात का विचार कि प्रतिकूल अवस्था में कार्य कब और कैसे किया जाए।

प्रातिज्ञ (सं.) [सं-पु.] वह विषय जिसपर तर्क या कुतर्क किया जाए।

प्रातिनिधिक (सं.) [सं-पु.] 1. प्रतिनिधि 2. स्थानापन्न। [वि.] 1. प्रतिनिधि संबंधी; प्रतिनिधि का 2. प्रतिनिधि के रूप में होने वाला।

प्रातिपद (सं.) [वि.] 1. प्रतिपदा का; प्रतिपदा संबंधी 2. आरंभिक 3. प्रतिपदा के दिन होने वाला।

प्रातिपदिक (सं.) [सं-पु.] (संस्कृत व्याकरण) धातु और प्रत्यय से भिन्न कोई अर्थवान शब्द, जैसे- वृक्ष, फल आदि।

प्रातिभ (सं.) [वि.] 1. प्रतिभा का; प्रतिभा संबंधी 2. प्रतिभावान; प्रतिभायुक्त 3. प्रतिभाजन्य 4. मानसिक; बौद्धिक। [सं-पु.] प्रतिभाशाली व्यक्ति।

प्रातिभासिक (सं.) [वि.] 1. प्रतिभास संबंधी; अनुरूपक 2. जो यथार्थ में न हो लेकिन भ्रमवश महसूस होता हो 3. जो अस्तित्व में न हो; जिसका अस्तित्व भ्रममूलक हो 4. अविद्यामूलक 5. जो वास्तविक न हो।

प्रातिरूपिक (सं.) [वि.] 1. समान रूप का 2. नकली।

प्रातिशाख्य (सं.) [सं-पु.] ऐसा ग्रंथ जिसमें वेदों की किसी शाखा के स्वर, पद, संहिता, संयुक्त वर्णों के उच्चारण आदि पर विचार किया जाता है।

प्रातिहार (सं.) [सं-पु.] दे. प्रतिहार।

प्राथमिक (सं.) [वि.] 1. आरंभ का; आरंभिक 2. प्रथम संबंधी 3. सबसे अधिक महत्व का; मुख्य 4. सबसे पहले होने वाला; सर्वप्रथम 5. पहले का; (प्रिलिमिनरी)।

प्राथमिकता (सं.) [सं-स्त्री.] 1. किसी कार्य, बात या व्यक्ति को औरों से पहले दिया जाने या मिलने वाला अवसर या स्थान; अग्रता; प्रथमता 2. प्रथम स्थान में होने या रखे जाने की अवस्था या भाव; प्राथमिक होने का भाव।

प्रादुर्भाव (सं.) [सं-पु.] 1. जन्म धारण कर अस्तित्व में आने का भाव 2. उत्पत्ति 3. पुनः, दुबारा या नए सिरे से अस्तित्व में आना या पनपना।

प्रादुर्भूत (सं.) [वि.] 1. जिसका प्रादुर्भाव हुआ हो; जो प्रकट हुआ हो; सामने आया हुआ 2. उत्पन्न; जन्मा हुआ 3. उत्पादित; विकसित।

प्रादेश (सं.) [सं-पु.] 1. प्रदेश; स्थान; जगह 2. अँगूठे से प्रारंभ कर तर्जनी तक की लंबाई का एक मान 3. तर्जनी तथा अँगूठे का बीच का भाग।

प्रादेशिक (सं.) [वि.] 1. प्रदेश संबंधी; प्रदेश का; प्रांतिक 2. प्रसंगानुसार; विषयानुसार 3. सीमित; स्थानिक।

प्रादेशिक सेना (सं.) [सं-स्त्री.] किसी प्रदेश या क्षेत्र विशेष में स्थानीय सुरक्षा और शांति व्यवस्था आदि के लिए तैयार की जाने वाली नागरिकों की सेना; (टेरिटोरियल आर्मी)।

प्रादेशिकता (सं.) [सं-स्त्री.] 1. क्षेत्रीयता; प्रांतीयता 2. अपने प्रदेश के प्रति विशेष पक्षपात या मोह रखने वाली वह संकुचित भावना या मानसिकता जिसमें अन्य प्रदेशों के प्रति उदासीनता तथा उपेक्षा का भाव होता है।

प्राधान्य (सं.) [सं-पु.] 1. प्रधान होने की अवस्था या भाव, प्रमुखता 2. वह स्थान या स्थिति जिसमें किसी चीज़ की अधिकता होती है; बाहुल्य।

प्राधिकरण (सं.) [सं-पु.] 1. कोई काम करने या आदेश देने का अधिकार प्राप्त करना 2. विशेष अधिकार प्राप्त व्यक्तियों का समूह।

प्राधिकार (सं.) [सं-पु.] 1. कोई काम करने या आदेश देने का आधिकार 2. वह अधिकार जो किसी अधिकारी को अपने पद से प्राप्त होता है।

प्राधिकार पत्र (सं.) [सं-पु.] किसी अधिकारी आदि को कोई काम करने या आदेश देने का अधिकार प्रदान करने वाला पत्र।

प्राधिकारी (सं.) [सं-पु.] विशेष अधिकार प्राप्त व्यक्ति; अधिकारी।

प्राधिकृत (सं.) [वि.] 1. जिसे विधिविहित अधिकार प्राप्त हो 2. जिसके लिए या जिसके संबंध में प्राधिकार मिला हो।

प्राधिदत्त (सं.) [वि.] अधिकार पूर्वक दिया हुआ।

प्राध्यापक (सं.) [सं-पु.] 1. किसी विषय का विद्वान अध्यापक; प्रवक्ता; व्याख्याता; (लेक्चरर) 2. विश्वविद्यालय या महाविद्यालय का उच्चश्रेणी का अध्यापक; (प्रोफ़ेसर)।

प्राध्यापिका (सं.) [सं-स्त्री.] महिला प्राध्यापक।

प्रापक (सं.) [वि.] 1. प्राप्त करने वाला 2. प्राप्त होने या मिलने वाला 3. पहुँचाने वाला 4. पाने वाला या चुकाने वाला; आदायक (रुपया, पैसा आदि)।

प्राप्त (सं.) [वि.] 1. मिला या पाया हुआ; लब्ध 2. अर्जित या हस्तगत किया हुआ (अधिकार) 3. सामने आया हुआ; उपस्थित 4. जो अनुभूत हुआ हो।

प्राप्तकर्ता (सं.) [सं-पु.] 1. पाने वाला व्यक्ति 2. वह जिसे कोई वस्तु प्राप्त हो।

प्राप्तव्य (सं.) [वि.] 1. जो प्राप्त हो सके; पाने योग्य; प्राप्य 2. जो मिलने को हो; मिलने योग्य।

प्राप्तांक (सं.) [सं-पु.] किसी परीक्षा या प्रतियोगिता आदि में प्राप्त किए गए अंक।

प्राप्ताधिकार (सं.) [सं-पु.] 1. वह विशेष अधिकार जो सीमित लोगों को प्राप्त हो 2. संस्था, वर्ग आदि द्वारा प्राप्त अधिकार।

प्राप्ति (सं.) [सं-स्त्री.] 1. पाया जाना; हासिल होना; मिलना 2. अधिकार में आना; उपलब्धि 3. अधिगम; अर्जन; उपार्जन 4. लाभ; फ़ायदा 5. पहुँच 6. संगति; मेल 7. भाग्य 8. आय; आमदनी 9. आठ सिद्धियों में से एक 10. जरासंध की पुत्री जिसका विवाह कंस से हुआ था 11. (ज्योतिष) वह स्थिति जिसमें चंद्रमा ग्यारहवें स्थान पर हो 12. (पुराण) कामदेव की एक पत्नी 13. नाटक का सुखद उपसंहार; फलागम।

प्राप्ति पत्र (सं.) [सं-पु.] किसी वस्तु आदि के प्राप्त होने का पत्र; पावती।

प्राप्तिका (सं.) [सं-स्त्री.] 1. वह पत्र जिसपर किसी वस्तु की प्राप्ति या पहुँच का उल्लेख होता है; प्राप्तिपत्र 2. रसीद; पावती।

प्राप्त्याशा (सं.) [सं-स्त्री.] 1. पाने या मिलने की आशा 2. प्राप्ति की उम्मीद।

प्राप्य (सं.) [वि.] 1. जो कहीं से या किसी से प्राप्त हो सकता हो; प्राप्त करने के योग्य 2. जो मिल सके; मिलने के योग्य 3. जिस तक पहुँच हो सके; गम्य 4. जो बाकी निकलता हो और जिसे पाने का किसी को अधिकार हो (उधार दी हुई राशि या बेची हुई चीज़ का मूल्य)।

प्राबल्य (सं.) [सं-पु.] 1. प्रबलता; प्रधानता 2. शक्ति 3. अधिकता या दबाव।

प्राबोधक (सं.) [सं-पु.] दे. प्रबोधक।

प्राभाविक (सं.) [वि.] प्रभाव दिखाने वाला; प्रभाव उत्पन्न करने वाला।

प्राभियोजक (सं.) [सं-पु.] किसी के विरुद्ध अभियोग चलाने वाला व्यक्ति।

प्राभियोजन (सं.) [सं-पु.] किसी के विरुद्ध अपराध का कोई अभियोग या मामला; (प्रॉसीक्यूशन)।

प्रामंडलिक (सं.) [वि.] 1. प्रमंडल संबंधी 2. कई मंडल या जिलोंवाला।

प्रामाणिक (सं.) [वि.] 1. जो प्रमाण के रूप में माना जाता हो या माना जा सकता हो 2. जो शास्त्रों आदि द्वारा प्रमाणित या सिद्ध हो 3. जिसकी सत्यता पर कोई संदेह न हो 4. सत्य 5. विश्वसनीय।

प्रामाणिकता (सं.) [सं-स्त्री.] 1. प्रमाणिक होने का गुण या भाव 2. किसी वस्तु आदि के संदर्भ में अनुभव के आधार पर निष्कर्ष न प्रस्तुत करने अपितु उसे परीक्षण के उपरांत स्वीकार करने की अवस्था।

प्रामाण्य (सं.) [सं-पु.] 1. प्रमाण का भाव 2. विश्वसनीयता 3. शास्त्रसिद्ध होना 4. मान-मर्यादा 5. मर्यादा 6. विश्वसनीयता।

प्रामादिक (सं.) [वि.] 1. प्रमाद से संबंधित; प्रमादजनित 2. प्रमाद के कारण; प्रमाद का 3. दूषित जिसमें दोष या भूल हो।

प्राय: (सं.) [अव्य.] 1. करीब-करीब; लगभग 2. अकसर; अधिकतर 3. बीच-बीच में।

प्रायद्वीप (सं.) [सं-पु.] ज़मीन का वह भाग जो तीन ओर से पानी से घिरा हो और एक ओर ज़मीन से लगा हो।

प्रायश: (सं.) [अव्य.] प्राय:; अक्सर; बहुधा; अधिकतर।

प्रायश्चित (सं.) [सं-पु.] 1. अपने किसी व्यवहार, भूल, दोष आदि के कारण होने वाला दुख या कष्ट; पछतावा 2. पाप का मार्जन करने के लिए किया जाने वाला शास्त्रविहित कर्म 3. दोषमुक्त होने के लिए अपनी इच्छा से दुख भोगना।

प्रायिक (सं.) [वि.] 1. जो नियमित रूप से या अकसर होता हो 2. प्राय: या बहुधा होने वाला; सामान्य 3. अनुमान या संभावना की दृष्टि से बहुत कुछ उचित; संभव।

प्रायिकता (सं.) [सं-स्त्री.] 1. प्रायिक होने की अवस्था या भाव 2. प्राय: या बहुधा होने की अवस्था।

प्रायोगिक (सं.) [वि.] 1. प्रयोग संबंधी; व्यवहार संबंधी; व्यावहारिक 2. जिसका इस्तेमाल किया जा सके 3. क्रियात्मक 4. नित्य उपयोग में लाया जाने वाला 5. प्रयोग तथा परीक्षण पर आधारित; प्रायोगिक।

प्रायोजक (सं.) [सं-पु.] 1. रेडियो, दूरदर्शन आदि के कार्यक्रम को आर्थिक सहयोग देने वाली वह कंपनी जिसके बदले उसके उत्पादों का विज्ञापन किया जाता है 2. प्रतियोगिता आदि का आयोजन करने वाला; आयोजक व्यक्ति या कोई समूह; (स्पॉन्सर)।

प्रायोजन (सं.) [सं-पु.] किसी व्यक्ति या व्यावसायिक समूह (कंपनी) द्वारा अपने उत्पाद के प्रचार हेतु किसी कार्यक्रम या आयोजन को करने के लिए किया जाने वाला आर्थिक सहयोग; तत्वाधान; सौजन्य; (स्पॉन्सरशिप)।

प्रायोजित (सं.) [वि.] 1. विशेष प्रकार से आयोजित; जो किसी उद्देश्य से आयोजित किया जाए 2. किसी उत्पाद के विज्ञापन और बिक्री के उद्देश्य से आयोजित होने वाला (कार्यक्रम)।

प्रारंभ (सं.) [सं-पु.] 1. किसी काम या बात का आरंभ 2. किसी बात का पहला अंश।

प्रारंभण (सं.) [सं-पु.] आरंभण; प्रारंभ या शुरू करना।

प्रारंभिक (सं.) [वि.] 1. शुरुआत का; पहले का; प्राथमिक 2. आदिम।

प्रारंभीय (सं.) [वि.] 1. प्रारंभ; आरंभ या शुरू का 2. आरंभ में होने वाला।

प्रारब्ध (सं.) [सं-पु.] 1. भाग्य; नियति 2. पूर्वजन्म या पूर्वकाल में किए हुए अच्छे और बुरे वे कर्म जिनका वर्तमान में फल भोगा जा रहा हो 3. उक्त कर्मों का फल भोग।

प्रारब्धी (सं.) [वि.] अच्छी किस्मतवाला; भाग्यशाली; भाग्यवान।

प्रारूप (सं.) [सं-पु.] 1. किसी योजना, प्रस्ताव, विधेयक आदि का वह प्राथमिक रूप जिसमें आगे आवश्यक होने पर संशोधन आदि किया जा सके; मसौदा; ख़ाका; प्रालेख; (ड्राफ़्ट) 2. किसी यंत्र आदि के पूर्ण विकसित रूप के पहले का अविकसित रूप।

प्रारूपिक (सं.) [वि.] 1. जो गुण और स्वरूप आदि में अपने वर्ग की समस्त विशेषताओं से युक्त हो तथा अपनी जाति या वर्ग के प्रतिनिधि का कार्य करता हो; प्रारूपिक; (टिपिकल) 2. प्रारूप संबंधी।

प्रारूपी (सं.) [वि.] प्रारूपिक।

प्रार्थना (सं.) [सं-स्त्री.] 1. निवेदन; विनती 2. किसी से कुछ माँगना 3. भक्ति और श्रद्धापूर्वक ईश्वर, देवता आदि से किया जाने वाला निवेदन; स्तुति 4. किसी के अथवा सबके कल्याण के लिए कही जाने वाली बात 4. (तंत्र) प्रार्थना के समय की जाने वाली एक विशिष्ट मुद्रा।

प्रार्थनागीत (सं.) [सं-पु.] परमात्मा, गुरु आदि के प्रति भक्तिपूर्ण गीत।

प्रार्थनापत्र (सं.) [सं-पु.] 1. वह पत्र जिसमें किसी से किसी आवश्यकता के लिए प्रार्थना की गई हो 2. निवेदनपत्र; अर्जी।

प्रार्थनालय (सं.) [सं-पु.] सामूहिक रूप से प्रार्थना करने का स्थान।

प्रार्थनासभा (सं.) [सं-पु.] प्रार्थना के लिए समूह में एकत्रित लोग।

प्रार्थनीय (सं.) [वि.] 1. जिसके लिए प्रार्थना की जाए 2. प्रार्थना संबंधी। [सं-पु.] द्वापर युग का एक नाम।

प्रार्थित (सं.) [वि.] 1. जिसके लिए प्रार्थना की गई हो; माँगा हुआ; याचित 2. जिसकी चाह या तलाश हो 3. जिसपर आक्रमण किया गया हो; आक्रांत 4. जिसको मार दिया गया हो या जिसपर आघात किया गया हो; आहत 5. जिसकी इच्छा की गई हो; आकांक्षित।

प्रार्थी (सं.) [वि.] 1. प्रार्थना या निवेदन करने वाला; याचक; निवेदक 2. माँगने वाला 3. चाहने वाला; इच्छुक 4. उम्मीदवार।

प्रालंब (सं.) [सं-पु.] 1. सीने तक लटकने वाली एक प्रकार की माला 2. रस्सी आदि के ढंग की कोई चीज़ जो किसी ऊँची वस्तु में टँगी और लटकती हो 3. मोतियों का हारनुमा एक आभूषण 4. एक तरह का कद्दू।

प्रालेख (सं.) [सं-पु.] किसी प्रस्ताव, योजना, लेख या विधान आदि का वह प्राथमिक रूप जिसमें आवश्यक काँट-छाँट या संशोधन किया जा सकता है, कच्चा लेख; मसौदा; ख़ाका; (ड्राफ़्ट)।

प्रालेखक (सं.) [सं-पु.] वह जो लेखों के पांडुलेख या प्रालेख लिखने का काम करता है।

प्रालेखन (सं.) [सं-पु.] 1. लेखों के पांडुलेख या प्रालेख तैयार करने का काम 2. काँट-छाँट की जरूरत वाला आलेख या मसौदा लिखने का काम।

प्रालेय (सं.) [सं-पु.] 1. तुषार; पाला 2. हिम; बरफ़ 3. वह समय जब उत्तरी ध्रुव पर अत्यधिक हिम पड़ने से सब पदार्थ और वनस्पतियाँ नष्ट हो जाती हैं। [वि.] प्रलय संबंधी।

प्रावधान (सं.) [सं-पु.] 1. नियम; कानून; व्यवस्था 2. किसी कानून के साथ कोई शर्त रख देने का कार्य; उपबंध।

प्रावालिक (सं.) [सं-पु.] प्रवाल या मूँगे का व्यापार करने वाला व्यक्ति। [वि.] मूँगे का व्यापारी।

प्रावासिक (सं.) [वि.] 1. यात्रा के अनुकूल 2. प्रवास के उपयुक्त।

प्राविडेंट फंड (अं.) [सं-पु.] भविष्य निधि।

प्राविधानिक (सं.) [वि.] 1. प्रावधान से संबंधित 2. प्रावधान के रूप में होने वाला।

प्राविधिक (सं.) [वि.] 1. किसी कला, शिल्प आदि की विशेष कार्यविधि या प्रक्रिया संबंधी 2. प्रविधि युक्त; प्रविधि वाला; प्रक्रिया संबंधी।

प्रावृत (सं.) [वि.] 1. आवृत; ढका हुआ 2. घिरा हुआ।

प्रावृतिक (सं.) [सं-पु.] संदेशवाहक; दूत। [वि.] 1. प्रवृति संबंधी 2. जानकार 3. गौण।

प्रावेशन (सं.) [सं-पु.] निर्माणशाला; कारख़ाना। [वि.] जो प्रवेश के समय दिया या किया जाए।

प्रावेशिक (सं.) [वि.] 1. प्रवेश संबंधी 2. जिसके कारण या जिसके द्वारा प्रवेश मिले 3. प्रवेश का साधन या कारण 4. जिसमें घुसने की आदत हो।

प्राश (सं.) [सं-पु.] 1. आहार; भोजन 2. भोजन करना 3. चखना; स्वाद लेना।

प्राशक (सं.) [वि.] खाने वाला; भोजन करने वाला।

प्राशन (सं.) [सं-पु.] 1. भोजन; खाना 2. खाने या खिलाने की क्रिया या अवस्था।

प्राशी (सं.) [वि.] 1. प्राशन करने वाला; खाने वाला 2. चखने वाला।

प्राश्निक (सं.) [सं-पु.] 1. प्रश्नकर्ता; प्रश्न करने वाला व्यक्ति 2. परीक्षा लेने वाला व्यक्ति; परीक्षक 3. निर्णायक; निर्णयकर्ता 4. प्रश्नपत्र तैयार करने वाला व्यक्ति 5. पंच; मध्यस्थ। [वि.] 1. पूछने वाला 2. जिसमें प्रश्न हो 3. जो अनेक प्रश्न करता हो।

प्रास (सं.) [सं-पु.] 1. वह क्षैतिज दूरी जो किसी वस्तु को एक बार फेंकने पर तय होती है; मार 2. वह पूरी दूरी या विस्तार जिसमें कोई बात या वस्तु सक्रिय होती हो; (रेंज) 3. फेंकना 4. अनुप्रास; वर्णसाम्य 5. भाला; बरछा।

प्रासंगिक (सं.) [वि.] 1. प्रसंग से संबंधित 2. प्रस्तुत प्रसंग से संबंध रखने वाला 3. किसी अवसर, विषय आदि के अनुकूल 4. उपयुक्त; उचित 5. सार्थक। [सं-पु.] (काव्यशास्त्र) दृश्य काव्य में कथावस्तु के दो अंशों में से वह दूसरा अंश जो मूल या आधिकारिक अंश में प्रसंगानुसार सहायक होता है।

प्रासंगिकता (सं.) [सं-स्त्री.] 1. प्रासंगिक होने की अवस्था या भाव 2. उपयुक्तता; अनुकूलता 3. सुसंगति; सार्थकता।

प्रासंग्य (सं.) [सं-पु.] 1. जुआ वहन करने वाला व्यक्ति 2. वह नया बैल जिसे हल आदि में जोता जा रहा हो।

प्रासन (सं.) [सं-पु.] फेंकना या फेंकने की क्रिया या अवस्था।

प्रासविक (सं.) [वि.] 1. प्रसव संबंधी 2. प्रसूतीय; प्रसवजन्यत।

प्रासविकविज्ञान (सं.) [सं-पु.] वह विज्ञान जिसमें गर्भवती स्त्रियों को प्रसव कराने की कला का अध्ययन तथा विवेचन किया जाता है; प्रसूतिविज्ञान।

प्रासाद (सं.) [सं-पु.] 1. राज भवन; महल 2. देवमंदिर; मंदिर 3. भिक्षुओं के एकत्रित होने का विशाल कक्ष।

प्रासूतिक (सं.) [वि.] प्रसव और प्रसूता से संबंध रखने वाला।

प्राहारिक (सं.) [सं-पु.] 1. प्रहरी; चौकीदार 2. चौकीदारों का प्रधान अधिकारी।

प्रिंट (अं.) [सं-पु.] 1. छपाई; मुद्रण 2. चिह्न; निशान 3. रंगदार बेलबूटे वाला कपड़ा; छींटदार वस्त्र 4. छापा; ठप्पा 5. फ़ोटो आदि की प्रति।

प्रिंट मीडिया (अं.) [सं-पु.] (पत्रकारिता) समाचार-पत्र और पत्रिकाओं द्वारा जनसंपर्क का एक लिखित माध्यम।

प्रिंटआउट (अं.) [सं-पु.] मशीन द्वारा छपाई करने के बाद निकली सामग्री।

प्रिंटर (अं.) [सं-पु.] मुद्रक; छपाई यंत्र।

प्रिंटिंग (अं.) [सं-स्त्री.] 1. छपाई; मुद्रण 2. छपाई का काम।

प्रिंसिपल (अं.) [सं-पु.] 1. किसी कॉलेज या महाविद्यालय का सर्वोच्च अधिकारी; प्राचार्य।

प्रिय (सं.) [सं-पु.] आत्मीय व्यक्ति; पति या प्रेमी। [वि.] 1. जिसके प्रति बहुत अधिक प्रेम हो; बहुत प्यारा 2. पत्र लेखन में, किसी का आदर, महत्व आदि सूचित करने के लिए प्रयुक्त होने वाला संबोधनपरक विशेषण 3. मनोहर या शुभ।

प्रियंकर (सं.) [वि.] 1. प्रियकर; प्रेम या स्नेह करने वाला

2. प्रसन्नकारक।

प्रियंगु (सं.) [सं-स्त्री.] 1. कँगनी नाम का अन्न 2. राई; राजिका 3. पीपल; पिप्पली।

प्रियंवद (सं.) [वि.] मधुर बोलने वाला; मीठी बात कहने वाला; मधुरभाषी; प्रियभाषी।

प्रियंवदा (सं.) [वि.] प्रिय बोलने वाली; मधुरभाषिणी। [सं-स्त्री.] 1. एक छंद 2. 'अभिज्ञान शाकुंतलम' में शकुंतला की एक सखी का नाम।

प्रियकर (सं.) [वि.] 1. हर्ष उत्पन्न करने वाला; हर्षप्रद; सुंदर 2. प्यारा; प्रिय; मनोरम।

प्रियतम (सं.) [वि.] जो सबसे अधिक प्रिय हो; परम प्रिय। [सं-पु.] 1. प्रेमी; माशूक 2. पति।

प्रियतमा (सं.) [वि.] सबसे अधिक प्यारी। [सं-स्त्री.] 1. प्रेमिका; माशूका 2. पत्नी।

प्रियदर्शन (सं.) [वि.] 1. जो देखने में प्रिय हो; सुंदर; सुदर्शन 2. आकर्षक; मोहक 3. भला और सुखद; मनोहर; दर्शनीय।

प्रियदर्शी (सं.) [वि.] 1. सबको प्रेमपूर्वक देखने वाला; सबसे स्नेह करने वाला 2. मनोहर।

प्रियपात्र (सं.) [सं-पु.] वह जो सबसे प्यारा हो; प्रेमभाजन। [वि.] जिसके साथ प्रेम किया जाए; प्रेमपात्र।

प्रियभाषी (सं.) [वि.] प्रिय बोलने वाला; मीठी बात बोलने वाला; मधुरभाषी; प्रियंवद।

प्रियवर (सं.) [वि.] प्रिय या प्यारों में श्रेष्ठ; बहुत प्रिय।

प्रियवादी (सं.) [सं-पु.] जो प्रिय बोलता हो या प्रिय बोलने वाला; प्रियभाषी; प्रियंवद।

प्रिया (सं.) [सं-स्त्री.] 1. प्रेमिका; माशूका; प्रियतमा 2. पत्नी; भार्या।

प्रियांबु (सं.) [सं-पु.] 1. आम का वृक्ष तथा फल 2. वह जिसे जल अधिक प्रिय हो।

प्रीतम (सं.) [सं-पु.] 1. वह पुरुष जिससे किसी स्त्री का प्रेम या स्नेह हो 2. प्रेमी; आशिक; माशूक 3. प्रियतम; पति।

प्रीति (सं.) [सं-स्त्री.] 1. हर्ष; आनंद 2. प्रेम; प्यार; अनुराग 3. तृप्ति; आमोद 4. कृपा; अनुग्रह; दया 5. मैत्री 6. कामदेव की एक पत्नी 7. ज्योतिष के सत्ताईस योगों में से दूसरा योग।

प्रीतिकर (सं.) [वि.] 1. प्रसन्नता उत्पन्न करने वाला; हर्षजनक 2. प्रेम उत्पन्न करने वाला; प्रेमजनक।

प्रीतिभोज (सं.) [सं-पु.] किसी मांगलिक या सुखद अवसर पर बंधु-बांधवों और इष्ट मित्रों को अपने यहाँ बुलाकर कराया जाने वाला भोजन; दावत।

प्रीत्यर्थ (सं.) [अव्य.] 1. प्रसन्न करने के वास्ते 2. प्रीति के कारण।

प्रीपेड (अं.) [वि.] पूर्वदत्त।

प्रीमियम (अं.) [सं-पु.] बीमा किस्त।

प्रीमियर (अं.) [वि.] 1. प्रथम; मुख्य 2. प्रमुख; प्रधान 3. नाटक, फ़िल्म आदि का पहला प्रदर्शन।

प्लुष्ट (सं.) [वि.] 1. दग्ध; जला हुआ 2. अक्षेम; अमंगल।

प्रूफ़ (अं.) [सं-पु.] 1. सबूत; प्रमाण 2. किसी छपने वाली वस्तु का वह प्रारूप जो उसके प्रकाशन एवं वितरण से पूर्व अशुद्धियाँ आदि दूर करने के लिए तैयार किया जाता है 3. वस्तुविशेष के प्रभाव से बचने का साधन, जैसे- वाटरप्रूफ़।

प्रूफ़रीडर (अं.) [सं-पु.] प्रारूप की अशुद्धियाँ ठीक करने वाला कर्मचारी; प्रूफ़ शोधक।

प्रूफ़रीडिंग (अं.) [सं-स्त्री.] छपाई शुद्ध करने के लिए पढ़ना; लिखित या छपी सामग्री में वर्तनी की अशुद्धियों को ठीक करना।

प्रेक्षक (सं.) [सं-पु.] वह व्यक्ति जो किसी वस्तु, व्यक्ति, काम या बात को विशेष उद्देश्य से बहुत ध्यानपूर्वक देखता रहता हो। [वि.] देखने वाला; दर्शक; द्रष्टा।

प्रेक्षण (सं.) [सं-पु.] 1. देखने की क्रिया 2. दृश्य; नज़ारा 3. किसी काम, चीज़ या बात को किसी विशेष उद्देश्य से ध्यानपूर्वक देखने का भाव 3. खेल, तमाशा, अभिनय आदि 4. आँख।

प्रेक्षणक (सं.) [सं-पु.] 1. दृश्य; प्रदर्शन; तमाशा 2. दृष्टिविषय 3. तमाशा देखने का शौकीन आदमी। [वि.] देखने वाला।

प्रेक्षणालय (सं.) [सं-पु.] प्रेक्षागृह; रंगशाला; नाट्यशाला; प्रेक्षागार।

प्रेक्षणिका (सं.) [सं-स्त्री.] तमाशा देखने की शौकीन स्त्री।

प्रेक्षणीय (सं.) [वि.] 1. दर्शनीय; देखने के योग्य; दृष्टिगोचर 2. सुंदर।

प्रेक्षणीयक (सं.) [सं-पु.] तमाशा; प्रर्दशन; दृश्य; नज़ारा।

प्रेक्षा (सं.) [सं-स्त्री.] 1. देखने की क्रिया 2. निगाह; दृष्टि 3. किसी बात की अच्छाई या बुराई का विवेक 4. नाटक, तमाशा आदि।

प्रेक्षागार (सं.) [सं-पु.] 1. वह स्थान जहाँ नाटक खेला जाए और दर्शक बैठकर देखें; प्रेक्षागृह; रंगशाला; नाट्यशाला 2. प्राचीन समय में राजाओं आदि के मंत्रणा करने का स्थान; मंत्रणागृह।

प्रेक्षागृह (सं.) [सं-पु.] 1. वह स्थान जहाँ नाटक खेला जाए और दर्शक बैठकर देखें; रंगशाला; नाट्यशाला 2. प्राचीन काल में राजमहल का वह कमरा जहाँ राजा मंत्रियों से मंत्रणा करते थे।

प्रेक्षालय (सं.) [सं-पु.] वह स्थान जहाँ नाटक आदि का मंचन होता है; प्रेक्षागृह; प्रेक्षागार; मंत्रणागृह।

प्रेक्षावान (सं.) [वि.] सोच-समझ कर काम करने वाला; चतुर; विवेकी।

प्रेक्ष्य (सं.) [वि.] अच्छी तरह देखे जाने के योग्य; प्रेक्षणीय।

प्रेत (सं.) [वि.] जो यह संसार छोड़कर चला गया हो; मरा हुआ; मृत। [सं-पु.] 1. (पुराण) वह सूक्ष्म शरीर जो आत्मा भौतिक शरीर छोड़ने पर धारण करती है 2. भूत।

प्रेतकर्म (सं.) [सं-पु.] हिंदू धर्म में मृत शरीर को जलाने से लेकर सपिंडी तक के वे सभी काम जो मृतक को प्रेत योनि से मुक्त रखने के उद्देश्य से किए जाते हैं।

प्रेतनी (सं.) [सं-स्त्री.] स्त्री प्रेत; पिशाचनी; भूतनी।

प्रेतयज्ञ (सं.) [सं-पु.] एक प्राचीन मान्यता के अनुसार वह यज्ञ

जिसे करने से प्रेतयोनि प्राप्त होती थी।

प्रेतयोनि (सं.) [सं-पु.] (अंधविश्वास) पापकर्म करने वाला प्राणी मरने के बाद एक विशेष योनि में भयानक रूप धारण करके घृणित कार्य करता है और भटकता रहता है; भूत।

प्रेतलोक (सं.) [सं-पु.] वह काल्पनिक स्थान या लोक जहाँ प्रेतों का वास माना जाता है; यमपुर; यमलोक।

प्रेतात्मा (सं.) [सं-स्त्री.] (एक काल्पनिक मान्यता या अंधविश्वास) मृत व्यक्ति की कुछ समय या बहुत समय बाद सशरीर दिखने वाली जीवात्मा जो स्थूल शरीर से रहित और सूक्ष्म शरीर से युक्त होती है।

प्रेती (सं.) [सं-पु.] (अंधविश्वास) भूत-प्रेत की पूजा करने वाला व्यक्ति; प्रेतपूजक।

प्रेतीवाल [सं-पु.] वह मनुष्य जो कभी ख़ास अपने लिए और कभी अपने मालिक के लिए काम करे।

प्रेम (सं.) [सं-पु.] प्रीति; प्यार; स्नेह; अनुराग; किसी व्यक्ति, वस्तु, काम, बात, विषय आदि के प्रति मन में होने वाला राग।

प्रेमकथा (सं.) [सं-स्त्री.] प्रेमकहानी; प्रेम संबंधी आख्यान।

प्रेमकहानी (सं.) [सं-पु.] वह कथा या कहानी जिसमें प्रेम और शृंगार की प्रधानता हो; प्रणयकथा; प्रेमगाथा।

प्रेमक्रीड़ा (सं.) [सं-स्त्री.] 1. नर एवं मादा के मध्य आंगिक-वाचिक ढंग से होने वाला प्रेम 2. आलिंगन 3. संभोग।

प्रेमगाथा (सं.) [सं-स्त्री.] प्रेमकहानी।

प्रेमगीत (सं.) [सं-पु.] 1. वह गीत जिसमें प्रेम भाव की प्रधानता होती है 2. प्रेमी-प्रेमिका द्वारा एक दूसरे के लिए गाया जाने वाला गीत।

प्रेमपत्र (सं.) [सं-पु.] 1. प्रेमी या प्रेमिका द्वारा एक दूसरे को लिखा जाने वाला पत्र 2. वह पत्र जिसमें प्रेम भाव की अभिव्यक्ति हो।

प्रेमपात्र (सं.) [सं-पु.] वह जिससे प्रेम किया जाए। [वि.] प्यारा; प्रियपात्र।

प्रेमभाजन (सं.) [वि.] जो प्रेम के लायक हो; प्रेमपात्र; प्यार पाने का अधिकारी।

प्रेममय (सं.) [वि.] प्रेम में डूबा हुआ; प्रेम में लीन।

प्रेममार्ग (सं.) [सं-पु.] प्रेम से जीवन व्यतीत करने का मार्ग; प्रेमपथ।

प्रेममूर्ति (सं.) [वि.] जिसके हृदय में प्रेम हो; स्नेही।

प्रेमरस (सं.) [सं-पु.] 1. प्रेम का आनंदमय रूप 2. प्रेमी या प्रेमिका का सदैव अपने प्रिय के ध्यान में आनंदमग्न रहने की स्थिति।

प्रेमलीला (सं.) [सं-स्त्री.] नर और मादा के बीच आंगिक और वाचिक ढंग से होने वाला प्रेम।

प्रेमवंत (सं.) [वि.] 1. प्रेम से भरा हुआ; प्रेमवान 2. प्रेमी; प्रेमासक्त।

प्रेमवती (सं.) [सं-स्त्री.] वह जो प्रेम से भरी हुई हो; प्रेमिका।

प्रेमवश (सं.) [क्रि.वि.] स्नेहवश; आत्मीयता से।

प्रेमविवाह (सं.) [सं-पु.] प्रेमी-प्रेमिका द्वारा किया जाने वाला विवाह।

प्रेमशील (सं.) [वि.] जो प्रेम भाव से युक्त हो; प्रेममय।

प्रेमसागर (सं.) [सं-पु.] जो प्रेम से परिपूर्ण हो।

प्रेमहीन (सं.) [वि.] निष्ठुर; नीरस।

प्रेमाकांक्षा (सं.) [सं-स्त्री.] 1. प्रेम की इच्छा या कामना; प्रेमाभिलाषा 2. मिलन की आतुरता।

प्रेमाक्षेप (सं.) [सं-पु.] (काव्यशास्त्र) एक प्रकार का आक्षेप अलंकार जिसमें प्रेम का वर्णन करते समय उसमें व्याघात भी दिखाया जाता है।

प्रेमाग्नि (सं.) [सं-स्त्री.] प्रेम की तड़प; प्रेम की तीव्र आकांक्षा।

प्रेमाचार (सं.) [सं-पु.] प्रेमी और प्रेयसी द्वारा एक-दूसरे को रिझाने या प्रसन्न करने के लिए की जाने वाली प्रेमपूर्ण क्रियाएँ; प्रेमालाप।

प्रेमातुर (सं.) [वि.] प्रेम के कारण व्याकुल; प्रेम से पीड़ित; मिलन के लिए आतुर।

प्रेमातुरता (सं.) [सं-स्त्री.] प्रेम के कारण व्याकुल होने की अवस्था या भाव।

प्रेमानंद (सं.) [सं-पु.] प्रेम का आनंद; मिलन या संसर्ग का सुख।

प्रेमानुभूति (सं.) [सं-स्त्री.] 1. प्रेम में होने वाली अनुभूति 2. प्रेम से प्राप्त अनुभव।

प्रेमानुराग (सं.) [सं-पु.] प्रेम और अनुराग; आसक्ति; मोह; स्नेह; वात्सल्य; अनुरक्ति।

प्रेमालाप (सं.) [सं-पु.] प्रेमपूर्वक होने वाली बातचीत; प्यार-मुहब्बत से होने वाला संवाद।

प्रेमालिंगन (सं.) [सं-पु.] प्रेम से गले लगाने की क्रिया या अवस्था; नायक और नायिका का आलिंगन।

प्रेमाश्रम (सं.) [सं-पु.] वह स्थान या जगह जहाँ प्रेम, अपनत्व, सहानुभूति आदि से युक्त व्यवहार होता है।

प्रेमाश्रु (सं.) [सं-पु.] प्रेम के कारण आँखों से निकलने वाले आँसू।

प्रेमास्पद (सं.) [वि.] जिससे प्यार मिलता हो; प्रेमपात्र। [सं-पु.] प्रिय; प्रेमी।

प्रेमिका (सं.) [सं-स्त्री.] माशूका; दिलरुबा; प्रिया; महबूबा।

प्रेमिल (सं.) [वि.] प्यार से परिपूर्ण; प्रेममय; प्यार-भरा।

प्रेमी (सं.) [सं-पु.] वह पुरुष जो किसी स्त्री से प्रेम करता हो; आशिक। [वि.] 1. प्रेम करने वाला 2. प्रेमयुक्त; प्रेमपूर्ण।

प्रेमोन्मत्त (सं.) [वि.] प्रेम में पागल या दीवाना।

प्रेय (सं.) [वि.] अति प्रिय; विशेष प्रिय। [सं-पु.] 1. अत्यंत प्रिय व्यक्ति; प्रेमी; प्रेमिका; पति; पत्नी 2. सांसारिक सुख।

प्रेयसी (सं.) [सं-स्त्री.] 1. प्रेमिका; महबूबा 2. पत्नी; प्रिया।

प्रेरक (सं.) [सं-पु.] प्रेरणा देने वाला व्यक्ति; प्रयोजक। [वि.] 1. प्रेरित करने वाला 2. भेजने वाला।

प्रेरणा (सं.) [सं-स्त्री.] 1. किसी को किसी कार्य में प्रवृत्त करने की क्रिया या भाव; प्रेरण 2. मन में उत्पन्न होने वाला प्रोत्साहनपरक भाव-विचार; (इंस्पिरेशन) 3. उत्तेजन; उकसाव; मन की तरंग; उमंग।

प्रेरणात्मक (सं.) [वि.] 1. जिसमें प्रेरणा हो 2. प्रेरणा संबंधी।

प्रेरणादाई (सं.) [वि.] प्रेरणा देने वाला; प्रेरक।

प्रेरणादायक (सं.) [वि.] 1. प्रेरणा देने वाला; प्रेरक 2. किसी काम के लिए प्रवृत्त करने के योग्य।

प्रेरणापूर्ण (सं.) [वि.] जिससे प्रेरणा मिलती हो; प्रेरणाप्रद; उत्प्रेरक।

प्रेरणाप्रद (सं.) [वि.] प्रेरणा देने वाला; प्रेरक; प्रेरणादाई (व्यक्ति, विचार आदि)।

प्रेरणार्थक (सं.) [वि.] 1. प्रेरणा संबंधी 2. जो प्रेरणा के रूप में हो।

प्रेरणार्थक क्रिया (सं.) [सं-स्त्री.] (व्याकरण) वह क्रिया जिससे यह सूचित होता है कि वह किसी की प्रेरणा से या किसी दूसरे के द्वारा कराई जा रही है।

प्रेरणास्पद (सं.) [वि.] प्रेरणा देने वाला; प्रेरणाप्रद; प्रेरक; उत्साहित करने वाला।

प्रेरणास्रोत (सं.) [सं-पु.] 1. प्रेरणा देने वाला व्यक्ति 2. वह विचार या कार्य जो प्रेरणा दे।

प्रेरणीय (सं.) [वि.] 1. किसी के लिए प्रवृत्त या नियुक्त किए जाने के योग्य, प्रेरणा करने के योग्य।

प्रेषक (सं.) [सं-पु.] 1. वह व्यक्ति जो किसी के पास कोई संदेश या वस्तु भेजे; 'प्रापक' का विलोम; 2. पारसल द्वारा अपना माल भेजने वाला व्यक्ति; (सेंडर; कंसाइनर)।

प्रेषण (सं.) [सं-पु.] कोई वस्तु कहीं से किसी के पास भेजना।

प्रेषणीय (सं.) [वि.] 1. प्रेरित करने योग्य 2. भेजने योग्य।

प्रेषित (सं.) [सं-पु.] (संगीत) स्वर साधना की एक प्रणाली। [वि.] भेजा हुआ।

प्रेषितक (सं.) [सं-पु.] वह वस्तु जो कहीं भेजी जाए; प्रेषित की जाने वाली चीज़।

प्रेषितव्य (सं.) [वि.] जिसे भेजा जाए; प्रेषण करने के योग्य।

प्रेषिती (सं.) [सं-पु.] 1. वह जिसके नाम कोई वस्तु भेजी जाए 2. प्रेषित माल को पाने वाला व्यक्ति।

प्रेषित्र (सं.) [सं-पु.] रेडियो तरंगों द्वारा कोई ध्वनि एक स्थान से दूसरे स्थान पर भेजने का काम करने वाला यंत्र या साधन; दूरविक्षेपक यंत्र; (ट्रांसमीटर)।

प्रेष्य (सं.) [सं-पु.] 1. नौकर; सेवक 2. दूत; टहलू; हरकारा। [वि.] जो भेजा जाने को हो या भेजा जा सकता हो।

प्रेष्या (सं.) [सं-स्त्री.] 1. दूती; संदेशवाहिका 2. नौकरानी; भृत्या; सेविका।

प्रेस (अं.) [सं-पु.] 1. मुद्रणालय; छापाख़ाना; वह स्थान जहाँ अख़बार या समाचारपत्र की छपाई होती है 2. कपड़ों की सिकुड़न और सिलवट दूर करने वाला एक यंत्र; इस्तिरी।

प्रेस परिषद (अं.+सं.) [सं-स्त्री.] (पत्रकारिता) पत्र-पत्रिकाओं से संबंधित मामलों पर विचार करने तथा प्रशासन को सुझाव देने के लिए निर्मित समिति।

प्रेस रिलीज़ (अं.) [सं-पु.] किसी संगठन या व्यक्ति की ओर से प्रकाशन हेतु जारी की गई सामग्री।

प्रेसकांफ्रेंस (अं.) [सं-स्त्री.] 1. पत्रकारों को बुलाकर किया जाने वाला सम्मेलन; पत्रकार सम्मेलन; संवावददाता सम्मेलन 2. किसी बात या सूचना को जन-जन तक पहुँचाने के लिए किसी नेता, अधिकारी आदि के द्वारा अख़बार और टेलीविज़न के पत्रकारों हेतु आयोजित बैठक।

प्रेसकाउंसिल (अं.) [सं-पु.] (पत्रकारिता) पत्र-पत्रिकाओं से संबंधित मामलों पर विचार करने तथा प्रशासन को सुझाव देने के लिए निर्मित समिति; प्रेस परिषद।

प्रेसप्रतिनिधि (अं.+सं.) [सं-पु.] पत्र प्रतिनिधि।

प्रेसविज्ञप्ति (अं.+सं.) [सं-स्त्री.] 1. समाचारपत्र में प्रकाशन के लिए दी जाने वाली सामयिक सूचना 2. किसी विषय या प्रकरण के संबंध में सरकारी या गैरसरकारी संस्था द्वारा दिया गया वक्तव्य या लेख; (प्रेसनोट)।

प्रेसिडेंट (अं.) [सं-पु.] 1. वह व्यक्ति जिसके नेतृत्व में किसी सभा, समिति या संगठन का कार्य किया जाए; अध्यक्ष 2. राष्ट्रपति।

प्रेसीडेंसी (अं.) [सं-स्त्री.] 1. प्रेसिडेंट का पद या कार्य 2. अध्यक्षाधीन मंडल 3. सभापति का अधिकार क्षेत्र; सभापतित्व।

प्रैक्टिकल (अं.) [वि.] 1. जो करके दिखाया जाए; प्रायोगिक; क्रियात्मक 2. जो व्यवहार में आ सके; व्यावहारिक।

प्रैक्टिस (अं.) [सं-स्त्री.] 1. अभ्यास 2. प्रथा; रिवाज 3. व्यवसाय; वृत्ति; पेशा; काम।

प्रॉपर्टी (अं.) [सं-पु.] 1. वह धन-दौलत संपत्ति जिसपर किसी का स्वामित्व हो; ज़मीन-जायदाद 2. गुणधर्म; गुण; विशेषता 3. अधिकार 4. सामग्री।

प्रॉसिक्यूटर (अं.) [सं-पु.] 1. न्यायालय में किसी पर अपराध के लिए अभियोग या इल्ज़ाम लगाने वाला सरकारी अधिकारी; अभियोजक 2. अभियोग पक्ष का वकील।

प्रोक्त (सं.) [सं-पु.] कही हुई बात; प्रोक्ति। [वि.] कहा हुआ; कथित।

प्रोक्ति (सं.) [सं-स्त्री.] (भाषाविज्ञान) वाक्य से बड़ी इकाई या वाक्य समूह जो एक-दूसरे से संदर्भ-संकेतों से जुड़ा हुआ हो, दूसरे की उक्ति जो कहीं उद्धृत की जाए (कोटेशन)।

प्रोक्षण (सं.) [सं-पु.] 1. छिड़काव करना 2. जल छिड़ककर पवित्र करना; मार्जन 3. प्राचीन समय में यज्ञ के निमित्त पशु का वध करना 4. वध; हत्या 5. विवाह का परिछन नामक कर्म 6. श्राद्ध आदि में होने वाला एक कर्म।

प्रोक्षणीय (सं.) [सं-पु.] वह जल जो छिड़काव के काम में लाया जाए। [वि.] 1. जिसका प्रोक्षण किया जाए 2. प्रोक्षण के योग्य।

प्रोग्राम (अं.) [सं-पु.] 1. कार्य्रक्रम; आयोजन 2. योजना 3. कार्यसूची।

प्रोग्रामर (अं.) [सं-पु.] प्रोग्रामर; क्रमादेशक।

प्रोग्रामिंग (अं.) [सं-स्त्री.] क्रमादेशन।

प्रोजेक्ट (अं.) [सं-स्त्री.] कोई योजनाबद्ध काम; परियोजना; योजना।

प्रोजेक्टर (अं.) [सं-पु.] प्रक्षेपक; एक यंत्र जिसके द्वारा परदे पर बड़े रूप में चित्र दिखाया जाता है।

प्रोटीन (अं.) [सं-स्त्री.] 1. (जीवविज्ञान) जैव पदार्थों की

संरचना में मौजूद एक जटिल कार्बनिक यौगिक जिसमें नाइट्रोजन प्रमुख रूप से होता है 2. भोजन का एक आवश्यक तत्व।

प्रोटेस्टेंट (अं.) [सं-पु.] 1. ईसाई धर्म का वह दूसरा संप्रदाय जो कैथोलिक संप्रदाय अर्थात पोप की सर्वोच्च सत्ता की अराजकता के विरोध में अस्तिव में आया 2. उक्त संप्रदाय का अनुयायी।

प्रोटॉन (अं.) [सं-पु.] (विज्ञान) परमाणु का एक अति सूक्ष्म कण तथा जिसपर धनविद्युत आवेश होता है, जिसका धनात्मक आवेश परिमाण में ठीक इलेक्ट्रान के आवेश के बराबर होता है।

प्रोटोकॉल (अं.) [सं-पु.] 1. राजनयिक प्रतिनिधियों के साथ किए जाने वाले औपचारिक व्यवहार की रीतियाँ; शिष्टाचार 2. अंतरराष्ट्रीय संधि का मूल पत्र 3. वरीयता पद क्रम; निश्चित नियमों के अनुसार पदों की वरिष्ठता के अनुरूप प्रदत्त महत्ता का रखा गया क्रम।

प्रोटोज़ोआ (अं.) [सं-पु.] (जंतुविज्ञान) एक कोशिकीय प्राणी जो सामान्यतः जल में रहता है।

प्रोटोप्लाज़्म (अं.) [सं-पु.] वनस्पति तथा प्राणियों में स्थित ऐसा जीवद्रव्य जो जीवन का आधार होता है।

प्रोडक्ट (अं.) [सं-पु.] उत्पाद; माल; चीज़; वस्तु।

प्रोडक्शन (अं.) [सं-पु.] बिक्री हेतु उत्पादों के निर्माण की क्रिया; उत्पादन; निर्माण।

प्रोत (सं.) [वि.] 1. सिला हुआ; पिरोया हुआ; गुँथा हुआ 2. अच्छी तरह मिलाया हुआ 3. घुसा हुआ; प्रविष्ट 4. जड़ा हुआ; जोड़ा हुआ 5. बँधा हुआ।

प्रोत्फल (सं.) [सं-पु.] एक वृक्ष जो ताड़ की तरह होता है।

प्रोत्सारण (सं.) [सं-पु.] 1. हटाना; दूर करना 2. मुक्त होना; पिंड छुड़ाना 3. निकालना।

प्रोत्साह (सं.) [सं-पु.] अत्यधिक उत्साह, जोश या उमंग।

प्रोत्साहक (सं.) [वि.] उत्साह बाँधने वाला; हिम्मत बँधाने वाला; पीठ ठोंकने वाला।

प्रोत्साहन (सं.) [सं-पु.] 1. उत्साह बढ़ाने की क्रिया या भाव; हिम्मत बँधाना 2. उत्साह बढ़ाने वाली बात 3. उत्तेजित करना; उकसाना; बढ़ावा।

प्रोत्साहित (सं.) [वि.] जिसे उत्साहित किया गया हो; जिसको बढ़ावा दिया गया हो।

प्रोन्नत (सं.) [वि.] 1. विशेष रूप से उन्नत; बहुत ऊँचा 2. जो आगे निकला हो; बढ़ाचढ़ा 3. जिसकी पदोन्नति हुई हो।

प्रोन्नति (सं.) [सं-स्त्री.] किसी काम, पद या वर्ग आदि में ऊपर चढ़ना या उन्नत करना; पदोन्नति; तरक्की।

प्रोपगेंडा (अं.) [सं-पु.] 1. प्रचार; अधिप्रचार 2. मतप्रचार 3. अधिप्रचार करने वाला संघ या दल।

प्रोफ़ाइल (अं.) [सं-स्त्री.] संक्षिप्त विवरण; प्रोफाइल।

प्रोफ़ेशन (अं.) [सं-पु.] पेशा; व्यवहार;व्यवसाय।

प्रोफ़ेशनल (अं.) [वि.] 1. व्यवसाय संबंधी व्यावसायिक; पेशे संबंधी; पेशेवर 2. व्यवसायी।

प्रोफ़ेसर (अं.) [सं-पु.] 1. किसी विश्वविद्यालय या महाविद्यालय का प्राध्यापक 2. किसी विषय का पूर्ण ज्ञाता; विद्वान; आचार्य 3. विश्वविद्यालय के प्राध्यापकों में वरिष्ठ श्रेणी को सूचित करने वाला पद; आचार्य।

प्रोवेशन (अं.) [सं-पु.] परख अवधि; नवाभ्यासकाल; परिवीक्षा।

प्रोष (सं.) [सं-पु.] 1. बहुत अधिक दुख या कष्ट 2. जलना; दग्ध होना 3. दाह; संताप।

प्रोषित (सं.) [वि.] 1. विदेश गया हुआ; परदेसी; प्रवासी 2. (साहित्य) वह नायक जो नायिका को छोड़कर विदेश चला गया हो; विरही।

प्रोष्ठ (सं.) [सं-पु.] 1. साँड़; बैल; वृषभ 2. (महाभारत) एक प्राचीन देश।

प्रोष्ठी (सं.) [सं-स्त्री.] सौरी जाति की मछली।

प्रोसेशन (अं.) [सं-पु.] 1. विशेषकर लोगों या वाहनों के प्रदर्शन आदि के लिए क्रम में आगे बढ़ने की गतिविधि; जुलूस; शोभा यात्रा 2. धूमधाम से निकलना।

प्रोसेसिंग (अं.) [सं-स्त्री.] 1. प्रक्रमण 2. संसाधन।

प्रोस्पेक्टस (अं.) [सं-पु.] 1. स्कूल या कॉलेज के विषय में जानकारी देने वाली पुस्तिका; विवरणिका 2. सभा-संस्थाओं या घटनाओं आदि का वह विवरण जो सूचना के लिए प्रकाशित किया जाता है।

प्रौढ़ (सं.) [वि.] 1. जिसकी पूरी वृद्धि हो चुकी हो; जिसमें पूर्णता आ गई हो; परिपक्व; पक्का; परिपूर्ण; वयस्क 2. जिसकी युवावस्था समाप्ति पर हो। [सं-पु.] तांत्रिकों का चौबीस अक्षरों का एक मंत्र।

प्रौढ़ शिक्षा (सं.) [सं-स्त्री.] सामान्य आयु से अधिक आयु होने पर स्कूली शिक्षा लेने वाले लोगों की शिक्षा।

प्रौढ़ता (सं.) [सं-स्त्री.] प्रौढ़ होने की अवस्था या भाव; प्रौढ़त्व; परिपक्वता।

प्रौढ़फ़िल्म (सं.+अं.) [सं-स्त्री.] 1. प्रौढ़ों के देखने योग्य फ़िल्म; हिंसक या यौन दृश्यों वाली फ़िल्म जो बच्चों या किशोरों के देखने योग्य न हो 2. ऐसी फ़िल्म जिसमें हिंसा या यौन दृश्यों आदि के कारण 'केवल वयस्कों के लिए' या 'ए' (अडल्ट) प्रमाणपत्र के साथ प्रदर्शित किया जाता है।

प्रौढ़ा (सं.) [सं-स्त्री.] 1. अधिक उम्र वाली स्त्री 2. (साहित्य) नायिका जो कामकला या रतिक्रिया में निपुण होती है; रतिप्रिया, आनंद-सम्मोहिता। [वि.] 1. अधिक आयुवाली; प्रवृद्ध 2. परिपक्व।

प्रौढ़ावस्था (सं.) [सं-स्त्री.] वह अवस्था जब व्यक्ति शारीरिक और मानसिक रूप से प्रौढ़ता प्राप्त कर लेता है।

प्रौढ़ोक्ति (सं.) [सं-स्त्री.] 1. ऐसी उक्ति या कथन जिसमें कोई गहरा रहस्य हो 2. (साहित्य) एक अर्थालंकार जिसमें किसी व्यक्ति या वस्तु की उन्नति का कोई ऐसा कारण मान लिया जाता है जो वास्तव में नहीं होता है; अतिरंजित उक्ति या कथन।

प्रौद्योगिक (सं.) [वि.] 1. उद्योगों से संबंधित; उद्योग को उन्नत करने वाला 2. उद्योगविज्ञान या प्रौद्योगिकी का।

प्रौद्योगिकी (सं.) [सं-स्त्री.] औद्योगिक उत्पादन का विज्ञान; उद्योग विज्ञान; औद्योगिकी।

प्रौह (सं.) [वि.] बुद्धिमान; चतुर; तार्किक; तर्क या विचार करने वाला।

प्लक्ष (सं.) [सं-पु.] 1. (पुराण) जंबू आदि सात द्वीपों में से एक 2. पीपल 3. वट; बरगद 4. पिलखा या पाकड़ नामक वृक्ष 5. पिछवाड़े की खिड़की या छोटा दरवाज़ा 6. दरवाज़े के पास की ज़मीन 7. सरस्वती नदी का उद्गम स्थान।

प्लक्षावतरण (सं.) [सं-पु.] (महाभारत) सरस्वती नदी का उद्गम स्थान; प्लक्षराज।

प्लव (सं.) [सं-पु.] 1. नदी की बाढ़; सैलाब 2. उछलकर या उड़कर जाने वाले पक्षी 3. कारंडव पक्षी; जल पक्षी 4. तैरने की क्रिया; उतराना 5. कुलाँच; छलाँग; कुदाना; उछाल; फलाँग 6. मछली पकड़ने का जाल 7. उडूप; छोटी नौका; लकड़ी या बाँस से बनी नौका 8. उतार; ढलान 9. साठ संवत्सरों के चक्र में से पैंतीसवाँ संवत्सर।

प्लवंगम (सं.) [सं-पु.] 1. वानर; बंदर; कपि 2. मेढ़क 3. (काव्यशास्त्र) एक सममात्रिक छंद जिसके प्रत्येक चरण में इक्कीस मात्राएँ होती हैं।

प्लवक (सं.) [वि.] 1. तैरने वाला; तैराक 2. उछलने-कूदने वाला। [सं-पु.] 1. रस्सी पर नाचने वाला कलाकार या नट 2. मेंढक 3. पाकड़ नामक वृक्ष।

प्लवगद्र (सं.) [सं-पु.] हनुमान।

प्लवन (सं.) [सं-पु.] 1. तैरने की क्रिया; तैरना; स्नान; तरण 2. कूदना; उछलना; छलाँग 3. बाढ़; जलप्लावन; महाप्लावन 4. उड़ना 5. अश्व की एक चाल 6. ढालवाँ ज़मीन; ढाल; उतार।

प्लवनशील (सं.) [वि.] 1. प्लवन करने वाला 2. जो तैर सकता हो 3. उछलने वाला; छलाँग लगाने वाला।

प्लवनशीलता (सं.) [वि.] 1. प्लवन या तैरने का गुण 2. उछाल; छलाँग।

प्लवाका (सं.) [सं-स्त्री.] नौका; नाव।

प्लविक (सं.) [सं-पु.] नाव से पार उतारने वाला व्यक्ति; माँझी।

प्लाज़्मा (अं.) [सं-पु.] 1. (जीवविज्ञान) रक्त, लसीका आदि का तरल भाग जिसमें कणिकाएँ होती हैं; जीवद्रव्य 2. पदार्थ की तीन अवस्थाओं के अलावा चौथी अवस्था।

प्लान (अं.) [सं-पु.] 1. किसी कार्य को करने से पूर्व बनाई गई योजना 2. किसी इमारत, नगर आदि का बनाया गया नक्शा; रेखाचित्र 3. किसी किताब आदि की रूपरेखा 4. विकास आदि की योजना; (स्कीम) 5. निश्चय; इरादा।

प्लावन (सं.) [सं-पु.] 1. बाढ़; जल-प्रलय 2. ऊपर फेंकना; उछालना।

प्लावनिक (सं.) [वि.] 1. बाढ़ से संबंधित; बाढ़ का 2. महाप्लावन या प्रलय से संबंध रखने वाला 3. तैराने वाला।

प्लावित (सं.) [वि.] 1. डूबा हुआ (बाढ़ में); जलमग्न 2. जिसपर बाढ़ का पानी चढ़ आया हो 3. जल से व्याप्त; तैराया हुआ 4. जिसमें बाढ़ का पानी भरा हुआ हो।

प्लावी (सं.) [वि.] 1. तैरता रहने वाला; तैरता हुआ 2. फैलने वाला 3. उमड़कर बहने वाला 4. व्याप्त होने वाला।

प्लाव्य (सं.) [वि.] 1. जल में डुबाए जाने के योग्य; बाढ़ में बहने के लायक; जो पानी में डुबाया जाए 2. जिसे बाढ़ में बहाया जाना हो 3. जिसे उछाला जाए।

प्लाशुक (सं.) [वि.] 1. जो शीघ्र पक जाए (अनाज आदि) 2. शीघ्र तैयार होने वाला।

प्लास्टिक (अं.) [सं-पु.] 1. एक कार्बनिक, संश्लेषित, कृत्रिम और लचीला पदार्थ जिसका उपयोग विभिन्न वस्तुओं के निर्माण में किया जाता है, जैसे- बरतन, खिलौने और थैली इत्यादि 2. पर्यावरण के लिए घातक एक रासायनिक तथा अविघटनीय पदार्थ।

प्लीहा (सं.) [सं-स्त्री.] 1. पेट के भीतरी भाग का वह छोटा अंग जो पसलियों के नीचे बाईं ओर होता है; तिल्ली नामक अंग; बरवट 2. उक्त अंग के सूज कर बढ़ने का रोग; प्लीहोदर।

प्लुत (सं.) [सं-पु.] 1. घोड़े की चाल का नाम जिसे पोई कहते हैं 2. (व्याकरण) तीन मात्राओं वाला स्वर 3. टेढ़ी चाल; उछाल; कुदान 4. (संगीत) तीन मात्राओं वाला एक ताल। [वि.] 1. जो काँपता हुआ चले 2. प्लावित 3. ढका हुआ; आवृत।

प्लुत स्वर जिन स्वरों के उच्चारण में दीर्घ स्वर से भी ज़्यादा समय लगे, जैसे- 'ओउम' में [ओ]।

प्ले (अं.) [सं-पु.] 1. रंगमंच पर खेला जाने वाला नाटक 2. सिनेमा या दूरदर्शन के पर्दे पर फ़िल्माई जाने वाली कहानी या कथा; (स्क्रीन प्ले)।

प्लेग (अं.) [सं-पु.] एक भयानक संक्रामक रोग जिसमें जाँघ आदि में गिलटी निकलती है और बहुत तेज़ बुख़ार रहता है; ताऊन।

प्लेगग्रस्त (अं+सं.) [सं-पु.] प्लेग से पीड़ित व्यक्ति।

प्लेट (अं.) [सं-पु.] 1. तश्तरी; स्टील, चीनी मिट्टी आदि का बना एक छिछला पात्र 2. धातु, लकड़ी आदि का फ़लक; पत्तर; पटिया; पट्टी; तख़्ती 3. उक्त फ़लक आदि जिसपर नाम या लेख आदि अंकित या उत्कीर्ण हो 4. प्लास्टिक की पट्टी जिसपर कृत्रिम दाँत लगाए जाते हैं 5. कपड़ों की सिलाई में लगाई जाने वाली विशेष पट्टी या डाली जाने वाली सिकुड़न जो मज़बूती या शोभा के लिए होती है।

प्लेटफ़ार्म (अं.) [सं-पु.] 1. ज़मीन से कुछ ऊँचा, चौकोर और चौरस चबूतरा 2. रेलवे स्टेशनों पर बना वह लंबा ऊँचा, चौकोर तथा समतल चबूतरा जिसके सामने ट्रेन लगती है और जिसपर से होकर लोग उस पर सवार होते हैं या उससे उतरते हैं 3. साहित्यकारों, राजनीतिज्ञों आदि का अपनी विशेष नीतियों वाला मोर्चा या मंच 4. {ला-अ.} काम करने का अवसर या स्थान।

प्लेटोनिक प्रेम (अं+सं.) [सं-पु.] स्त्री-पुरुष का वासनारहित प्रेम; ऐसा प्रेम जिसमें यौनाकर्षण के बावजूद एक संयम बना रहे; निष्काम प्रेम; वायवीय प्रेम; अशरीरी प्रेम; वासनारहित प्रेम।

प्लेन (अं.) [सं-पु.] 1. समतल भूमि; मैदान 2. हवाई जहाज़;

विमान। [वि.] 1. एक ही रंग का; बिना पैटर्न का, जैसे- प्लेन कपड़ा 2. सादा; सपाट; जिसमें सजावट न हो।

प्लैटिनम (अं.) [सं-पु.] एक प्रसिद्ध बहुमूल्य धातु जो बहुत कड़ी और प्राय: अन्य धातुओं से भारी होती है, सफ़ेद रंग की इस धातु का उपयोग आभूषण आदि के निर्माण में होता है।

प्वाइंट (अं.) [सं-पु.] 1. उल्लेख 2. बिंदु 3. काल; क्षण 4. तथ्य 5. स्थान 6. नोक 7. {ला-अ.} मुद्दे या महत्व की बात; सार्थकता या उपयोगिता।

फ

फ हिंदी वर्णमाला का व्यंजन वर्ण। उच्चारण की दृष्टि से यह द्वि-ओष्ठ्य, अघोष, महाप्राण स्पर्श है।

फ़ उच्चारण की दृष्टि से यह दंत्योष्ठ्य, अघोष संघर्षी है। अन्य भाषाओं से आगत शब्दों में इस वर्ण का प्रयोग किया जाता है। हिंदी वर्णमाला में यह अभी तक सम्मिलित नहीं किया गया है।

फँदनी [सं-स्त्री.] एक प्रकार का पतला गन्ना; रौना।

फँदाना [क्रि-स.] किसी से फाँदने का काम कराना या ऐसा काम करना जिससे कोई फंदे या जाल में फँस जाए।

फँसना [क्रि-अ.] 1. पकड़ में आना; अटकना 2. बंधन में पड़ना; फंदे में पड़ना 3. किसी काम में व्यस्त रहना या उलझना 4. धोखे में पड़ना; छला जाना 5. {ला-अ.} किसी झंझट आदि से छुटकारा न पा सकना।

फँसाना [क्रि-स.] 1. फंदे या जाल में लाना 2. पकड़ में लाना; अटकाना 3. उलझाना 4. किसी को वश में करना; काबू में करना 5. अनुरक्त करना।

फँसार [सं-पु.] सघन पेड़ों की परस्पर उलझी शाखाएँ।

फँसाव [सं-पु.] 1. फँसने की क्रिया या भाव 2. पाश; जाल; फंदा 3. किसी को फाँसने वाली बात, चीज़ या उक्ति 4. अटकाव; उलझन 5. अनुराग; अनुरक्ति।

फंकी [सं-स्त्री.] 1. किसी चीज़ का बहुत छोटा टुकड़ा; छोटी फाँक 2. कोई चीज़ फाँकने की क्रिया या भाव 3. फाँकी जाने वाली किसी चीज़ (जैसे- दवा, चूर्ण आदि) की मात्रा।

फ़ंड (अं.) [सं-पु.] 1. कोष; निधि 2. किसी विशेष उद्देश्य से तथा अनेक लोगों के योगदान से एकत्र की गई धनराशि।

फंदा [सं-पु.] 1. रस्सी, तार आदि का घेरा जो किसी जीव या वस्तु को फँसाने के लिए बनाया जाता है 2. पशु-पक्षियों को फँसाने के लिए रस्सियों आदि से बुना गया जाल 3. फँसाने वाली चीज़; बंधन 4. छल; प्रपंच; धोखा 5. कष्ट; संकट 6. कपटपूर्ण योजना 7. खाते या पीते समय अचानक से बात करने या हँसी आदि आने से भोजन का श्वासनली में अटकना जिससे बहुत खाँसी आने लग जाए; ठसकी।

फंस [सं-पु.] पथकी; शाखा; टहनी; वह स्थल जहाँ से दो रास्ते निकलते हैं।

फ़क (अ.) [वि.] 1. जिस वस्तु का रंग ख़राब हो गया हो या उड़ गया हो; फीका; बदरंग; विवर्ण 2. भय आदि के कारण जिसका रंग पीला पड़ गया हो (चेहरा) 3. स्वच्छ; साफ़ 4. शुभ्र; सफ़ेद। [सं-स्त्री.] 1. मोक्ष; छूटना, 2. जबड़ा 3. दो मिली हुई चीजों का अलग-अलग होना। [मु.] **चेहरा फ़क पड़ना** : बहुत अधिक घबरा जाना; भय या लज्जा से स्तब्ध रह जाना।

फ़क़ (अ.) [वि.] दे. फ़क।

फ़कत (अ.) [वि.] 1. सिर्फ़; मात्र 2. अकेला; केवल 3. ख़त्म; समाप्त। [अव्य.] इति; बस इतना ही।

फ़क़त (अ.) [वि.] उर्दू उच्चारणानुसार वर्तनी (दे. फ़कत)।

फ़क़ीर (अ.) [सं-पु.] 1. सांसारिक विषयों का त्याग करने वाला व्यक्ति; साधु; संत; महात्मा 2. भजन करके गुज़ारा करने वाला मुसलमान साधु 3. बहुत गरीब या कंगाल व्यक्ति 4. भीख माँगने वाला व्यक्ति; भिखमंगा; भिक्षुक।

फ़क़ीराना (अ.+फ़ा.) [वि.] फ़कीरों जैसा; फ़कीरों की तरह। [सं-पु.] वह ज़मीन जो फ़कीरों के निर्वाह के लिए दान कर दी गई हो।

फ़क़ीरी (अ.) [सं-स्त्री.] 1. फ़कीर होने की अवस्था या भाव 2. साधुता; सादगी; उदारता 3. निर्धनता; कंगाली; गरीबी।

फ़क़ीह (अ.) [सं-पु.] इस्लामी धर्मशास्त्र का विद्वान; फ़िकाह।

फ़क्क (अ.) [सं-पु.] 1. दो जुड़ी हुई चीज़ों को अलग करने, खोलने या छुड़ाने की क्रिया 2. मुक्ति; छुटकारा।

फक्कड़ [सं-पु.] 1. ऐसा गरीब व्यक्ति जो फ़ाकों या उपवासों के बाद भी ख़ुश और मस्त रहता हो 2. गाली-गलौज; दुर्वचन; अश्लील बातें 3. फ़कीर 4. भिखमंगा। [वि.] 1. अलमस्त 2. लापरवाही से धन नष्ट करने वाला 3. उद्दंड 4. मुँहफट 5. स्पष्टभाषी।

फक्कड़पन [सं-पु.] फक्कड़ के समान व्यवहार या स्वभाव।

फक्कड़बाज़ (हिं.+फ़ा.) [वि.] 1. अलमस्त 2. लापरवाही से धन ख़र्च करने वाला 3. वाहियात बातें करने वाला; गाली-गलौज करने वाला।

फक्कड़ाना [वि.] जिसका व्यवहार या स्वभाव फक्कड़ों जैसा हो; फक्कड़ों का; अलमस्त।

फ़ख़ (फ़ा.) [सं-पु.] 1. फ़ख़र; गर्व; नाज़ 2. अभिमान; घमंड; शेखी।

फगुआ [सं-पु.] 1. होली का दिन 2. होली के अवसर पर होने वाला आमोद-प्रमोद 3. होली के अवसर पर गाया जाने वाला अश्लील गीत; फाग 4. होली या फाग के अवसर पर दिया जाने वाला उपहार।

फगुआना [क्रि-स.] फागुन के महीने में किसी के ऊपर रंग छोड़ना या उसे फाग सुनाना। [क्रि-अ.] फागुन के महीने में

इतना अधिक मस्त होना कि सभ्यता का ध्यान न रह जाए।

फगुनहट [सं-स्त्री.] 1. फागुन के महीने में हवा के झोंके से मन में उत्पन्न विशेष (कामज) प्रकार के भाव 2. फागुन की मादक हवा 3. फागुन की तेज़ हवा 4. फागुन में होने वाली वर्षा।

फगुनाहट [सं-स्त्री.] 1. फागुन के महीने वाला ख़ुशनुमा माहौल 2. फागुन के दिनों की तेज़ और ठंडी हवा 3. फागुन में होने वाली वर्षा।

फगुनिया [वि.] 1. फागुन संबंधी; फागुन का 2. फागुन के महीने में होने वाला। [सं-पु.] त्रिसंधि नामक पुष्प का वृक्ष।

फचाक [सं-स्त्री.] 1. 'फच' की आवाज़ या ध्वनि 2. किसी चीज़ के शीघ्रतापूर्वक चुभने या धँसने की आवाज़।

फच्चर [सं-पु.] 1. लकड़ी का पतला लंबा टुकड़ा 2. फाँस 3. {ला-अ.} अड़ंगा; बाधा।

फ़जर (अ.) [सं-स्त्री.] 1. सुबह; प्रभात; तड़का 2. सुबह के समय पढ़ी जाने वाली नमाज़।

फ़ज़ल (अ.) [सं-पु.] 1. अनुग्रह; कृपा; दया 2. अधिकता; ज़्यादती 3. विद्या 4. महत्ता।

फ़ज़ीअत (अ.) [सं-स्त्री.] दे. फ़ज़ीहत।

फ़ज़ीलत (अ.) [सं-स्त्री.] 1. श्रेष्ठता; महत्ता; गौरव; बड़प्पन 2. प्रधानता 3. ख़ूबी; अच्छाई।

फ़ज़ीहत (अ.) [सं-स्त्री.] 1. अपमान; बेइज़्ज़ती 2. निंदा; अपयश; बदनामी 3. दुर्दशा; दुर्गति 4. मुसीबत 5. कष्ट; पीड़ा।

फ़ज्र (अ.) [सं-स्त्री.] उर्दू उच्चारणानुसार वर्तनी (दे. फ़जर)।

फ़ज़्ल (अ.) [सं-पु.] उर्दू उच्चारणानुसार वर्तनी (दे. फ़ज़ल)।

फट (सं.) [सं-पु.] 1. फटने की क्रिया या भाव 2. किसी वस्तु के फटने से होने वाली ध्वनि या आवाज़ 3. वाहन, मशीन आदि के चलने से होने वाली ध्वनि। [सं-स्त्री.] 4. किसी चौड़ी, हलकी, कड़ी तथा पतली चीज़ पर आघात करने से होने वाली ध्वनि या शब्द। [क्रि.वि.] तुरंत; शीघ्र।

फटकन [सं-स्त्री.] अनाज आदि फटकने से निकलने वाला सारहीन पदार्थ; फटकने, झाड़ने आदि पर निकलने वाली धूल, मिट्टी आदि।

फटकना [क्रि-स.] 1. 'फट-फट' ध्वनि करना; फटफटाना 2. वस्त्र आदि को झटके से ऐसे झाड़ना कि उसकी धूल आदि झड़ जाए 3. सूप में अनाज रखकर उसे बार-बार उछालकर उसका कूड़ा अलग कर देना।

फटकनी [सं-स्त्री.] बाँस, सरकंडे आदि से बना अनाज फटकने का पात्र; सूप।

फटकवाना [क्रि-स.] 1. किसी को फटकने में प्रवृत्त करना 2. किसी से फटकने का काम कराना।

फटका [सं-पु.] 1. रुई धुनने की धुनकी 2. विवशता में हाथ-पैर पटकने की क्रिया या भाव 3. काव्य के रस आदि गुणों से रहित निरी तुकबंदी युक्त कविता 4. फलों को खा जाने वाली चिड़ियों से बचाने के लिए पेड़ों में बँधी लकड़ी जिसके साथ बँधी रस्सी हिलाकर 'फट-फट' ध्वनि करके चिड़ियाँ उड़ाते हैं 5. एक प्रकार की बलुई और रोड़ेदार ज़मीन जो अनुपजाऊ होती है।

फटकार [सं-स्त्री.] 1. फटकारने की क्रिया या भाव; डाँट; झिड़की; लानत-मलानत 2. किसी वस्तु को तेज़ी से या झटके से हिलाना; झटकारना 3. किसी का तिरस्कार करने या लज्जित करने के लिए क्रोध या आवेश में कही गई बात; भर्त्सना; दुत्कार; प्रताड़ना।

फटकारना [क्रि-स.] 1. ज़ोर से डाँटना; झिड़कना; लानत-मलामत करना 2. वस्तु आदि की धूल झटकना; झाड़ना 3. निचोड़े हुए कपड़े को झटके से ऊपर से नीचे हिलाना।

फटना [क्रि-अ.] 1. आघात लगने से, प्राकृतिक रूप से या अज्ञात कारण से किसी वस्तु के बीच में से चीरा लगना; टूटना या उसमें दरार पड़ जाना; बीच में से आंशिक रूप से खंडित होना; कपड़े में चीरा लगना 2. किसी वस्तु का कोई भाग अलग हो जाना 3. किसी वस्तु का बीच से कटकर छिन्न-भिन्न होकर बिखरना 4. विकृत अवस्था में आना 5. दूध आदि का इस प्रकार ख़राब होना कि उसका जलभाग सारभाग से अलग हो जाए 6. {ला-अ.} बहुत पीड़ा होना, जैसे- दर्द से सिर फटना।

फटफट [सं-स्त्री.] 1. 'फट' शब्द या ध्वनि की आवृति (चप्पल, जूते आदि की) 2. व्यर्थ की बकवाद 3. तकरार; कहासुनी।

फटफटाना [क्रि-स.] 1. किसी वस्तु से 'फट-फट' शब्द उत्पन्न करना 2. दौड़-धूप करना। [क्रि-अ.] 1. 'फट-फट' ध्वनि होना 2. विवश होकर चिंतित या विफल होना 3. मारे-मारे फिरना 4. व्यर्थ का प्रलाप करना।

फटफटिया [सं-स्त्री.] फट-फट की आवाज़ के साथ चलने वाला वाहन; मोटरसाइकिल; फटफटी।

फटफटी [सं-स्त्री.] फटफटिया।

फटवाना [क्रि-स.] 1. फटने का काम दूसरे से कराना 2. फटने के लिए प्रवृत्त करना।

फटहा [वि.] 1. फटा हुआ 2. जल्दी-जल्दी बोलने वाला व्यक्ति; व्यर्थ की बातें करने वाला व्यक्ति। [सं-पु.] धान का एक रोग।

फटा [वि.] 1. जो फटा हुआ हो, जैसे- फटा कुरता 2. बुरी और दयनीय अवस्था वाला; गया-गुज़रा 3. जो बहुत विकृत हो चुका हो, जैसे- फटी आवाज़ 4. विभाजित 5. जीर्ण-शीर्ण। [सं-पु.] 1. विस्फोट से बना गड्ढा या दरार 2. धोखा; छल 3. छेद। [सं-स्त्री.] साँप का फन; दाँत; छल। [मु.] **(किसी के) फटे में पैर देना** : किसी के मामले में दख़ल देना; किसी की मुसीबत और बढ़ा देना।

फटा-पुराना [वि.] 1. जो फट गया हो अथवा जो पुराना हो गया हो 2. जो बहुत बुरी तथा हीन अवस्था में हो।

फटा स्वर (हिं+ सं.) [सं-पु.] वय:संधि की आवाज।

फटाक [सं-स्त्री.] 1. 'फट' की ध्वनि 2. धमाका; धम।

फटाक से [क्रि.वि.] 1. तुरंत; तत्काल; जल्दी से 2. 'फट' की ध्वनि करते हुए।

फटाका [सं-पु.] 1. 'फट' की तेज़ ध्वनि; फटाक 2. एक प्रकार की आतिशबाज़ी; पटाखा।

फटाफट [क्रि.वि.] 1. जल्दी-जल्दी; शीघ्रता से 2. तत्काल; तुरंत 3. फटफट की आवाज़ करते हुए 4. द्रुत गति से।

फटाव [सं-पु.] 1. फटने की क्रिया या अवस्था 2. फटने के कारण पड़ने वाली दरार 3. फटने जैसी पीड़ा या कष्ट।

फटिका [सं-स्त्री.] 1. जौ आदि के ख़मीर से बिना आसवित किए तैयार की जाने वाली शराब या मदिरा 2. गुलेल की डोरी के बीचों-बीच रस्सी से बुनकर बनाया हुआ वह चौकोर भाग जहाँ रखकर ढेला चलाया जाता है।

फटीचर [वि.] 1. जो फटे-पुराने कपड़े पहने रहता हो 2. भद्दा 3. हेय; तुच्छ 4. गरीब; निर्धन; कंगाल 5. निकम्मा; बेकार।

फटेरा [सं-पु.] 1. मक्का, ज्वार-बाजरे का तना, पटार 2. बरतन बनाने वाला; ठठेरा।

फटेहाल [वि.] 1. बहुत गरीब या निर्धन; कंगाल 2. असहाय; दीन; बेचारा।

फट्ट [सं-पु.] झाड़।

फट्टा [सं-पु.] 1. चीरे हुए बाँस का लंबा टुकड़ा 2. लकड़ी आदि को चीर कर निकाला हुआ छोटा तख़्ता 3. टाट; फड़।

फट्टी [सं-स्त्री.] 1. चीरे हुए बाँस का पतला फट्टा 2. बच्चों के लिखने की पटिया 3. बैठने के लिए बनी टाट की पट्टी 4. चपनी 5. पसली की हड्डी।

फट्ठा [सं-पु.] चीरे हुए बाँस की बाती (लंबा टुकड़ा)।

फड़ [सं-स्त्री.] 1. जुआ खेलने की जगह या बिसात 2. वह स्थान जहाँ दुकानदार बैठकर माल ख़रीदते या बेचते हैं 3. एक प्रकार का कपड़ा जिसे छोटे दुकानदार ज़मीन पर बिछाकर बेचने की चीज़ें सजाने के लिए काम में लाते है 4. बिछावन; बिछौना; फट्टी 5. पंख आदि के हिलने से उत्पन्न होने वाला शब्द। [सं-पु.] तोप लादने की गाड़ी; चरख। [मु.] **-पर आना** : मुकाबले के लिए सामने आना।

फड़क [सं-स्त्री.] फड़कने की क्रिया या भाव; स्पंदन; स्फुरण; फड़कन। [मु.] **-उठना** : बहुत प्रसन्न होना।

फड़कन [सं-स्त्री.] 1. फड़कने की क्रिया या अवस्था; फड़क; स्फुरण 2. धड़कन; नाड़ी का स्पंदन 3. उत्सुकता।

फड़कना [क्रि-अ.] 1. नीचे-ऊपर या इधर-उधर इस प्रकार हिलना कि 'फड़-फड़' की ध्वनि हो 2. शरीर के किसी हिस्से का रुक-रुक कर या अचानक चलायमान होना, सिकुड़ना या फैलना, जैसे- आँख का फड़कना 3. कोई अच्छी वस्तु देखकर या बात सुनकर मन में स्फुरण होना 4. पक्षियों का पंख हिलाना; फड़फड़ाना। [मु.] **बोटी-बोटी फड़कना** : कुछ करने को बेचैन होना।

फड़काना [क्रि-स.] 1. किसी को फड़कने में प्रवृत्त करना 2. कुछ करने के लिए भड़काना; उत्तेजित करना 3. उत्सुकता उत्पन्न करना।

फड़नवीस [सं-पु.] मराठों के राज्यकाल का एक बड़ा अधिकारी; महामात्य।

फड़फड़ाना [क्रि-अ.] 1. 'फड़-फड़' शब्द होना 2. {ला-अ.} उत्सुक होना; छटपटाना 3. {ला-अ.} घोर कष्ट या संकट के समय उससे छुटकारा पाने के लिए छटपटाना। [क्रि-स.] पंख आदि को इस प्रकार हिलाना कि उससे 'फड़-फड़' ध्वनि उत्पन्न हो; फटफटाना।

फड़फड़ाहट [सं-स्त्री.] 1. फड़फड़ाने की आवाज़ या ध्वनि 2. फड़फड़ाने की क्रिया या भाव; छटपटाहट।

फड़बंदा [सं-पु.] विवाह में वर या दूल्हे द्वारा प्रयुक्त एक वस्त्र; कमरबंद।

फड़बाज़ (हिं.+फ़ा.) [सं-पु.] 1. कुछ दाम लेकर जुआ खिलाने वाला व्यक्ति; फड़ लगाने वाला व्यक्ति 2. जुआरी; सट्टेबाज़।

फड़वाना [क्रि-स.] किसी से फाड़ने का कार्य कराना; किसी को फाड़ने के कार्य में प्रवृत्त करना।

फड़िया [सं-पु.] 1. फड़ लगाकर जुआ खिलाने वाला व्यक्ति 2. फड़ लगाकर अनाज बेचने वाला दुकानदार 3. ख़ुदरा दुकानदार।

फड़ी [सं-स्त्री.] ईंट, पत्थरों आदि का परिमाण स्थिर करने के लिए लगाया जाने वाला लगभग एक मीटर चौड़ा, एक मीटर ऊँचा और तीस मीटर लंबा ढेर।

फड़ुहा [सं-पु.] कुदाल; फावड़ा।

फड्डा [सं-पु.] जमीन के समानांतर सींग वाला बैल; चातर।

फणींद्र (सं.) [सं-पु.] 1. फन वाला बड़ा साँप 2. सर्पों का राजा; वासुकि; शेषनाग।

फणीश्वर (सं.) [सं-पु.] 1. सर्पराज; सर्पों का राजा 2. शेषनाग 3. वासुकि नाग 4. महाभाष्यकार पतंजलि।

फ़तवा (अ.) [सं-पु.] 1. किसी धार्मिक विषय में किसी धर्मगुरु आदि का लिखित आदेश, निर्णय या घोषणा 2. इस्लामी धर्मशास्त्रों के अनुसार किसी कर्म के अनुकूल या प्रतिकूल होने पर मौलवियों द्वारा दी गई व्यवस्था 3. जाति पंचायतों और धार्मिक संगठनों द्वारा जारी किए गए फरमान या आदेश।

फ़तह (अ.) [सं-स्त्री.] 1. विजय; जीत 2. कामयाबी; सफलता 3. चुनाव, युद्ध आदि में होने वाली जीत।

फ़तहमंद (अ.+फ़ा.) [वि.] 1. विजयी 2. कामयाब; सफल।

फ़तहयाब (अ.+फ़ा.) [वि.] जिसे विजय प्राप्त हुई हो; विजेता; विजयी।

फतिंगा [सं-पु.] एक प्रकार का पंखों वाला कीड़ा; पतंगा; परवाना।

फ़तीला (अ.) [सं-पु.] 1. दीये की बत्ती 2. रुई की मोटी बत्ती 3. ज़रदोज़ी का काम करने वालों की लकड़ी की वह तीली, जिसपर तार लपेटते हैं 4. तोप या बंदूक में दी जाने वाली बत्ती; पलीता 5. (अंधविश्वास) भूत-प्रेत उतारने वालों की बत्ती जिसे वे चिराग में जलाकर प्रेतबाधा-ग्रस्त को दिखाते हैं।

फ़तूही (अ.) [सं-स्त्री.] एक प्रकार की कमर तक की बिना बाहों की कुरती जिसमें सामने की ओर बटन या हुक लगाए जाते हैं; बंडी।

फ़त्वा (अ.) [सं-पु.] दे. फ़तवा।

फ़त्ह (अ.) [सं-स्त्री.] दे. फ़तह।

फ़त्हमंद (अ.+फ़ा.) [सं-स्त्री.] दे. फ़तहमंद।

फ़त्हयाब (अ.+फ़ा.) [वि.] दे. फ़तहयाब।

फदफदाना [क्रि-अ.] 1. किसी चीज़ का उबलते समय 'फद-फद' ध्वनि करना 2. शरीर में बहुत दाने या फुंसियाँ निकल

आना 3. पेड़-पौधों में नई पत्तियाँ निकलना।

फदान [सं-स्त्री.] केवल डोरे से फंदों में फाँस कर फूल में लगाने की क्रिया।

फन (सं.) [सं-पु.] साँप के सिर के समीप का वह भाग जो फैलकर छत्र के आकार का हो जाता है; फण।

फ़न (अ.) [सं-पु.] 1. कला; विद्या 2. हुनर; गुण; ख़ूबी 3. कौशल; जौहर 4. शिल्पकारी; दस्तकारी।

फ़नकार (अ.+फ़ा.) [सं-पु.] 1. कलाकार 2. संगीतकार 3. शिल्पकार।

फ़नकारी (अ.+फ़ा.) [सं-स्त्री.] 1. फ़नकार होने की अवस्था; कलाकारी 2. हुनर; कला-कुशलता।

फनकी [सं-स्त्री.] रौना; दोंगा।

फनगी [सं-स्त्री.] एक छोटा कीड़ा जो चना, जौ, गेहूँ आदि की जड़ों को खाता है (तोते की जाति का एक कीड़ा)।

फनधर (सं.) [सं-पु.] फन धारण करने वाला साँप।

फनफनाना [क्रि-अ.] 1. बहुत अधिक गुस्सा होना; क्रोध या आवेश में बोलना 2. चंचलता से इधर-उधर हिलना।

फ़ना (अ.) [सं-स्त्री.] 1. अस्तित्व की समाप्ति; मिटना 2. मृत्यु; इंतकाल; मौत 3. विनाश; बरबादी 4. (सूफ़ी मत) परमात्मा और आत्मा में भेद न रहना। [वि.] 1. बरबाद; नष्ट 2. कुरबान 3. मृत 4. गायब।

फनिगा [सं-पु.] ईख, चना, मटर इन तीनों में लगने वाला एक प्रकार का कीड़ा जो फसल की पत्तियों को खा जाता है; सुरका।

फनिया [सं-पु.] एक प्रकार का घोड़ा जिसके माथे पर साँप के फन के समान भौंरी होती है।

फन्नी (सं.) [सं-स्त्री.] 1. लकड़ी का एक प्रकार का टुकड़ा जो छेद, दरार आदि को बंद करने के लिए किसी चीज़ में ठोका जाता है; पच्चर 2. कपड़ा बुनने का औज़ार।

फप्फस [वि.] बहुत मोटे और भद्दे शरीरवाला।

फफकना [क्रि-अ.] 'फफ-फफ' ध्वनि करते हुए रोना; रुक-रुककर रोना।

फफदना [क्रि-अ.] 1. अधिक विस्तृत होना; इधर-उधर फैलना 2. घाव होना।

फफूँद [सं-स्त्री.] 1. खाद्य पदार्थों के नम और ख़राब हो जाने पर उनके ऊपर जमने वाली एक प्रकार की सफ़ेद काई 2. लकड़ी आदि पर बरसात या सील के कारण जमने वाली काई की तरह की सफ़ेद चीज़; भुकड़ी।

फफूँदी [सं-स्त्री.] दे. फफूँद।

फफोर [सं-पु.] एक प्रकार का जंगली प्याज।

फफोला [सं-पु.] 1. छाला; झलका 2. जलने आदि से शरीर पर होने वाला उभार, जिसके अंदर पानी भरा रहता है।

फबकना [क्रि-अ.] अधिक विस्तृत होना; इधर-उधर फैलना (दाद, फुंसियों आदि का)।

फबती [सं-स्त्री.] 1. ऐसी व्यंग्यात्मक तथा परिहासपूर्ण बात जो किसी व्यक्ति की तात्कालिक स्थिति के ऊपर बिलकुल ठीक बैठती हो; चुटीली बात 2. हँसी; ठिठोली; मज़ाक 3. कटाक्षपूर्ण उक्ति; फ़िकरा; उपहास; ताना। [मु.] **-उड़ाना :** हँसी उड़ाना; उपहास करना। **-कसना :** चुभती हुई या व्यंग्यपूर्ण बात करना।

फबन [सं-स्त्री.] 1. शोभा; सौंदर्य 2. फबने की अवस्था या भाव।

फबना [क्रि-अ.] 1. किसी स्थान या व्यक्ति का शोभायमान होना; जँचना 2. सुंदर लगना; सुहाना 3. उपयुक्त मौके पर उचित होना (बात आदि का)।

फबाना [क्रि-स.] 1. सुंदर और अच्छा दिखने के लिए किसी वस्तु को सजाना 2. सुंदर तरीके से जँचाना; सोहाना 3. बात आदि का सही अवसर पर उपयुक्त लगना।

फबीला [वि.] 1. सजने वाला 2. सुंदर दिखाई देने वाला 3. जिससे शोभा आए।

फमरा [सं-पु.] कुदाल; फावड़ा।

फर (सं.) [सं-पु.] 1. फलक; ढाल 2. फसलों एवं पौधों के फल।

फ़र (अं.) [सं-पु.] जानवर आदि के मुलायम छोटे बाल या बालदार खाल।

फरई [सं-स्त्री.] चरखे के आधार में लगा एक चौड़ा तख़्ता; पिढ़ई।

फरकिल्ला [सं-पु.] एक प्रकार का खूँटा जो लकड़ी से बनी गाड़ी में ऊपर के ढाँचे को सहारा देने के लिए लगाया जाता है।

फरकिल्ली [सं-स्त्री.] बैलगाड़ी के फर में लगी किल्ली।

फरकी [सं-स्त्री.] एक प्रकार की लकड़ी जो पक्षी पकड़ने के लिए उपयोग में लाई जाती है।

फरगेड़ा [सं-पु.] कुर्सी (नींव) में आगे की ओर लगने वाला पत्थर।

फ़रज़ंद (फ़ा.) [सं-पु.] पुत्र; बेटा।

फ़रज़ंदी (फ़ा.) [सं-स्त्री.] 1. पुत्र भाव 2. पिता-पुत्र का नाता।

फ़रज़ाना (फ़ा.) [वि.] बुद्धिमान; होशियार।

फ़रज़ी (अ.) [वि.] 1. नकली; कृत्रिम; जाली 2. काल्पनिक; अयथार्थ; असत्य; झूठा 3. अनुमानित; फ़र्ज़ किया हुआ; माना हुआ।

फ़रज़ीं (फ़ा.) [सं-पु.] शतरंज का एक मोहरा जिसको वज़ीर कहते हैं।

फ़रज़ीवाड़ा (अ.+हिं.) [सं-पु.] 1. भ्रष्ट तरीके से किया गया काम; घपला; गोलमाल; जालसाज़ी 2. गबन।

फ़रतूत (फ़ा.) [वि.] 1. जरठ; अति वृद्ध; बहुत बूढ़ा 2. मूर्ख; बेवकूफ़ 3. निरर्थक; निकम्मा।

फरद [सं-पु.] 1. चटक लाल फूलों वाला एक वृक्ष 2. उक्त वृक्ष के फूल।

फ़रद (अ.) [सं-स्त्री.] दे. फ़र्द।

फरफंद [सं-पु.] 1. फ़रेब; छल-कपट; दाँव-पेंच 2. नख़रा; चोचला 3. किसी को धोखे में डालने के लिए किया जाने वाला झूठा व्यवहार।

फरफंदी [वि.] 1. कपटी; धूर्त; फ़रेबी 2. नख़रा करने वाला; नखरेबाज़; चोचलेबाज़।

फ़रमाँबरदार (फ़ा.) [वि.] हुक्म की तामील करने वाला;

आज्ञाकारी।

फ़रमाइश (फ़ा.) [सं-स्त्री.] 1. किसी बात या काम को करने का आग्रह; निवेदन 2. आज्ञा के रूप में कुछ माँगना 3. अनुरोध के साथ की गई माँग।

फ़रमाइशी (फ़ा.) [वि.] 1. जिसकी फ़रमाइश की गई हो 2. विशेष रूप से आज्ञा देकर बनवाया या मँगवाया हुआ 3. बहुत अच्छा और बढ़िया।

फ़रमान (फ़ा.) [सं-पु.] 1. आदेश; हुक्म; आज्ञा 2. कोई आधिकारिक विशेषतः राजकीय आदेश 3. वह पत्र जिसमें आदेश लिखा हो।

फ़रमाना (फ़ा.) [क्रि-स.] 1. आज्ञा देना 2. किसी बड़े या सम्मानित व्यक्ति द्वारा कुछ कहना (आदरसूचक), जैसे- सभा में बुज़ुर्ग ने फ़रमाया।

फ़रलांग (अं.) [सं-पु.] 1. ज़मीन की दूरी नापने का एक मान जो 220 गज़ के बराबर होता है 2. मील का आठवाँ भाग; 1/8 मील अथवा 201.168 मीटर।

फ़रवरी (अं.) [सं-स्त्री.] ईसवी सन या अँग्रेज़ी वर्ष का दूसरा माह; (फ़ेब्रुअरि)।

फरवी (सं.) [सं-स्त्री.] 1. लाई; खील; मुरमुरा 2. भूना हुआ चावल या धान।

फ़रशी (अ.) [सं-स्त्री.] 1. एक प्रकार का बड़ा हुक्का; गुड़गुड़ी 2. पुरानी चाल की बंदूक का एक पुरज़ा। [वि.] फ़र्श संबंधी; फ़र्श का।

फरसा (सं.) [सं-पु.] 1. फावड़ा; परशु 2. एक प्रकार की तेज़ धार की कुल्हाड़ी।

फरहटा [सं-पु.] बाँस, लकड़ी आदि की पतली लंबी पट्टी।

फ़रहत (अ. ?) [सं-स्त्री.] आनंद; प्रसन्नता; ख़ुशी; मन की प्रफुल्लता।

फरहद (सं.) [सं-पु.] एक प्रकार का पेड़ जो बंगाल में समुद्र के किनारे होता है; पारिभद्र।

फरहर [क्रि.वि.] खिला-खिला; फूला-फूला।

फरहरा [सं-पु.] 1. पताका; झंडा 2. कपड़े, कागज़ आदि का वह तिकोना टुकड़ा जिसे छड़ के सिरे से लगाकर झंडी बनाते है और जो हवा में लहराता रहता है। [वि.] 1. जो एक में लिपटा या मिला हुआ न हो; जो अलग-अलग हो 2. शुद्ध; निर्मल 3. प्रफुल्लित; प्रसन्न 4. साफ़; स्पष्ट 5. तेज़; चालाक।

फरहा [सं-पु.] धुनिए की कमान का चौड़ा भाग या हिस्सा।

फ़रहाद (फ़ा.) [सं-पु.] 'शीरीं-फ़रहाद' नामक प्रेमकहानी का नायक, जिसने अपनी प्रेमिका शीरीं के पिता के आदेश पर पहाड़ काटकर नहर बनाई थी।

फरही [सं-स्त्री.] लकड़ी का वह चौड़ा टुकड़ा जिसपर ठठेरे बरतन रखकर रेती से रेतते हैं।

फरा [सं-पु.] एक प्रकार का व्यंजन जो चावल के आटे को गरम पानी में गूँथकर और पतली बत्तियाँ बनाकर पानी की भाँप में उबालकर बनाया जाता है।

फ़राख़ (फ़ा.) [वि.] 1. जो दूर तक फैला हो; विस्तृत 2. विशाल; बड़ा 3. चौड़ा।

फ़राख़दामन (फ़ा.) [वि.] 1. उदार; परोपकारी 2. धनी।

फ़राख़हौसला (फ़ा.+अ.) [वि.] 1. बहुत हिम्मतवाला; बहादुर 2. धैर्यवान।

फ़राग़त (अ.) [सं-स्त्री.] 1. छुटकारा; मुक्ति; निवृत्ति 2. अवकाश; छुट्टी 3. बेफ़िक्री; निश्चिंतता।

फ़राज़ (फ़ा.) [सं-पु.] 1. ऊँचाई 2. बुलंदी। [वि.] 1. ऊँचा; उच्च 2. बुलंद।

फराठी [सं-स्त्री.] लकड़ी का फट्ठा; बाँस की फट्ठी।

फ़रामोश (फ़ा.) [वि.] 1. भूलने वाला; भुलक्कड़, जैसे- अहसान फ़रामोश 2. भूला हुआ; विस्मृत।

फ़रामोशी (फ़ा.) [सं-स्त्री.] 1. भूलने की अवस्था या भाव; विस्मृति; विस्मरण 2. भूल-चूक।

फ़रार (फ़ा.) [वि.] 1. जो भय के कारण भाग गया हो अथवा छुप गया हो 2. जो अपराधी शासन की हिरासत से चकमा देकर भाग गया हो।

फ़रारी (फ़ा.) [सं-पु.] 1. फ़रार होने की स्थिति या भाव 2. वह अपराधी जो भाग गया हो या भागता फिर रहा हो। [वि.] भागने वाला; भागा हुआ; भगोड़ा।

फ़राहम (फ़ा.) [वि.] संगृहीत; राशीकृत; एकत्रित किया हुआ।

फरिया [सं-स्त्री.] हल का फाल (फल);फार।

फ़रियाद (फ़ा.) [सं-स्त्री.] 1. संकट के समय मदद के लिए की जाने वाली पुकार 2. विनती; प्रार्थना; दुहाई; नालिश 3. किसी प्रकार के ज़ुल्म या ज़्यादती की शिकायत 4. न्याय की याचना के लिए न्यायालय में दिया जाने वाला प्रार्थनापत्र।

फ़रियादी (फ़ा.) [सं-पु.] अभियोक्ता; मुस्तगीस; शिकायतकर्ता। [वि.] 1. फ़रियाद करने वाला 2. मदद के लिए प्रार्थना करने वाला 3. शिकायत करने वाला।

फ़रिश्ता (फ़ा.) [सं-पु.] 1. इस्लामी धर्मग्रंथों के अनुसार ईश्वर की आज्ञानुसार कार्य करने वाला देवदूत 2. {ला-अ.} परोपकारी व्यक्ति।

फरी [सं-स्त्री.] 1. चमड़े की ढाल जिसपर गतके की मार रोकी जाती है 2. हल की फाल; कुशी।

फ़रीक़ (अ.) [सं-पु.] 1. दो परस्पर विरोधी पक्षों या व्यक्तियों में से प्रत्येक पक्ष या व्यक्ति 2. मुकदमे आदि में वादी या प्रतिवादी।

फ़रीज़ा (अ.) [सं-पु.] 1. (इस्लाम) ख़ुदा या ईश्वर का हुक्म जिसका पालन करना बंदों का फ़र्ज़ होता है, जैसे- नमाज़, हज, रोज़ा आदि 2. पवित्र कर्तव्य।

फ़रीद (अ.) [वि.] अनुपम; उत्कृष्ट; बेहतरीन; बेजोड़।

फरुहा [सं-पु.] खेत में क्यारी बनाने में प्रयुक्त उपकरण।

फरुही [सं-स्त्री.] 1. लाई 2. जौ का भूँजा 3. अधपकी इमली।

फ़रेब (फ़ा.) [सं-पु.] छल; धोखा; कपट; चालाकी; धूर्तता; ठगी; जालसाज़ी। [परप्रत्य.] लुभाने या ठगने वाला, जैसे- दिलफ़रेब; नज़रफ़रेब।

फ़रेबी (फ़ा.) [वि.] 1. फ़रेब या छल करने वाला; चालबाज़; धोखेबाज़; कपटी; चालाक; धूर्त; ठग 2 फ़रेब संबंधी।

फरेरा [सं-पु.] झंडा; पताका 2. फरहरा। [वि.] सूखा; अफार।

फरेहा [सं-पु.] फरौरा।

फ़रोख़्त (फ़ा.) [सं-स्त्री.] बेचने की क्रिया या भाव; बिक्री; विक्रय।

फ़रोख़्ता (फ़ा.) [वि.] बिका हुआ; बेचा हुआ।

फ़रोग़ (फ़ा.) [सं-पु.] 1. प्रकाश; रोशनी 2. उत्कर्ष; उन्नति 3. {ला-अ.} ख़्याति; कीर्ति।

फ़रोश (फ़ा.) [वि.] बेचने वाला; विक्रेता, जैसे- मेवाफ़रोश (मेवा बेचने वाला)।

फ़रोशी (फ़ा.) [सं-स्त्री.] बेचने की क्रिया या अवस्था; बिक्री; विक्रय।

फ़र्क़ (अ.) [सं-पु.] 1. भिन्नता; भेद; विषमता 2. अंतर; दूरी; फ़ासला 3. भेदभाव; पक्षपात; दुराव 4. मतभेद 5. अलगाव 6. कमी; कसर 7. हिसाब में हुई भूल के कारण होने वाला अंतर।

फ़र्ज़ (अ.) [सं-पु.] कर्तव्य; ज़िम्मेदारी।

फ़र्ज़ी (फ़ा.) [वि.] दे. फ़रज़ी।

फ़र्ज़ी (फ़ा.) [सं-पु.] उर्दू उच्चारणानुसार वर्तनी (दे. फ़रज़ी)।

फ़र्त (अ.) [सं-पु.] आधिक्य; इफ़रात; अतिरेक, जैसे- फ़र्ते ऐश।

फ़र्तूत (फ़ा.) [वि.] उर्दू उच्चारणानुसार वर्तनी (दे. फ़रतूत)।

फ़र्द[1] (फ़ा.) [सं-स्त्री.] 1. सूची; फेहरिस्त; तालिका 2. हिसाब-किताब का रजिस्टर या बही 3. आज्ञापत्र; हुक्मनामा 4. वह कागज़ जिसपर अभियुक्त का अपराध और दफ़ा लिखी जाती है; आरोपपत्र।

फ़र्द[2] (अ.) [सं-पु.] 1. रजाई, चादर आदि का ऊपरी पल्ला 2. अकेला आदमी। [वि.] 1. अकेला; एकाकी 2. बेजोड़; अद्वितीय।

फ़र्नीचर (अं.) [सं-पु.] मेज़, कुरसी आदि सामान।

फ़र्म (अं.) [सं-स्त्री.] साझे का व्यापार करने वाली कोई बड़ी संस्था।

फ़र्माबरदार (फ़ा.) [वि.] उर्दू उच्चारणानुसार वर्तनी (दे. फ़रमाँबरदार)।

फ़र्माइश (फ़ा.) [सं-स्त्री.] उर्दू उच्चारणानुसार वर्तनी (दे. फ़रमाइश)।

फ़र्माइशी (फ़ा.) [वि.] उर्दू उच्चारणानुसार वर्तनी (दे. फ़रमाइशी)।

फ़र्मान (फ़ा.) [सं-पु.] उर्दू उच्चारणानुसार वर्तनी (दे. फ़रमान)।

फर्रा [सं-पु.] गेहूँ धान आदि में लगने वाला एक प्रकार का रोग।

फर्राटा [सं-पु.] 1. 'फर-फर' की आवाज़ होने की अवस्था या भाव 2. तेज़ी; वेग। [अव्य.] ख़ूब तेज़ी से।

फर्राटेदार (हिं.+फ़ा.) [वि.] 1. वेगवान 2. तेज़ चलने वाला 3. जिसमें से 'फर-फर' ध्वनि निकले।

फ़र्राश (अ.) [सं-पु.] वह नौकर जिसका काम ज़मीन पर दरी बिछाना, झाड़ू लगाना आदि होता है।

फ़र्राशी (अ.) [सं-स्त्री.] फ़र्राश का काम या पद। [वि.] फ़र्श या फ़र्राश के कामों से संबंध रखने वाला।

फर्लांग (अ.) [सं-स्त्री.] दे. फरलांग।

फ़र्श (अ.) [सं-पु.] 1. किसी भवन या अन्य स्थान में मिट्टी, सीमेंट, पत्थर, आदि से बनी हुई ज़मीन 2. ज़मीन पर बिछाने की कोई चीज़; बिछावन।

फ़र्शी (अ.) [वि.] दे. फ़रशी।

फर्स्ट एड (अं.) [सं-पु.] प्राथमिक चिकित्सा; प्रथम उपचार।

फ़र्हाद (फ़ा.) [सं-पु.] उर्दू उच्चारणानुसार वर्तनी (दे. फ़रहाद)।

फल (सं.) [सं-पु.] 1. पेड़-पौधों से प्राप्त गूदेदार बीजकोश, जैसे- आम, अनार आदि का फल 2. परिणाम; नतीजा, जैसे- परीक्षाफल 3. किए हुए कामों का परिणाम, जैसे- कर्मफल 4. किसी गणित क्रिया का अंतिम परिणाम; शेषफल 5. तीर, बरछी आदि का अग्र भाग 6. तलवार की धार 7. लाभ।

फलक (सं.) [सं-पु.] 1. लकड़ी का तख़्ता; पटल; पट्टी 2. पुस्तक का पृष्ठ; पन्ना 3. वह लंबा-चौड़ा कागज़ जिसपर कोई मानचित्र या विवरण अंकित हो 4. धातु, गत्ता आदि का पट्ट जो लेख या चित्र के आधार के रूप में काम दे 5. तीर की गाँसी या फल।

फ़लक (अ.) [सं-पु.] आकाश; आसमान; गगन।

फलतः (सं.) [अव्य.] 1. उक्त बात के फल के रूप में 2. फलस्वरूप; परिणामतः 3. इसलिए।

फलत्याग (सं.) [सं-पु.] कर्म के फल का त्याग; निस्वार्थ कर्म का भाव।

फलद (सं.) [वि.] 1. फल देने वाला; फलदायी; फलप्रद 2. उत्पादक; उर्वर 3. लाभप्रद।

फलदान (सं.) [सं-पु.] 1. विवाह पक्का करने के लिए वर को रुपया आदि देने की रस्म; वरक्षा 2. हिंदुओं में विवाह के पहले होने वाली एक रस्म; टीका 3. {शा-अ.} फलों का दान।

फलदार (सं.+फ़ा.) [वि.] 1. फलयुक्त; फलवाला (पेड़) 2. जिसके आगे धारदार फल लगा हो (अस्त्र)।

फलन (सं.) [सं-पु.] 1. पेड़-पौधों में फल लगना 2. किसी कार्य या बात का परिणाम निकलना।

फलना (सं.) [क्रि-अ.] 1. (वृक्षों में) फल आना; फल लगना; फलों से युक्त होना 2. गृहस्थों का संतान से युक्त होना 3. इच्छा या कामना का पूरा होना 4. शरीर में बहुत से दानों या फुंसियों का निकल आना 5. किसी कार्य या बात का शुभ परिणाम निकलना। [मु.] **-फूलना** : फलयुक्त होना; सुख-सौभाग्य युक्त होना।

फलप्रद (सं.) [वि.] 1. सफलता या लाभ प्रदान करने वाला 2. जिसका कोई फल या परिणाम निकले।

फलभोजी (सं.) [वि.] 1. फल खाने वाला 2. केवल फल खाकर निर्वाह करने वाला।

फलमंडी (सं.) [सं-पु.] वह स्थान या बाज़ार जहाँ फलों का क्रय-विक्रय होता है।

फलवती (सं.) [सं-स्त्री.] 1. वह लता या झाड़ी जिसमें फल लगे हों 2. {ला.-अ.} संतानवती स्त्री 3. {ला-अ.} फल या परिणाम देने वाली क्रिया या वस्तु।

फलवान (सं.) [सं-पु.] फलदार पेड़ या फलों वाला वृक्ष। [वि.] 1. जिसमें फल लगे हों; फलदार 2. परिणाम देने वाला।

फलश (सं.) [सं-पु.] सब्ज़ी या तरकारी बनाकर खाया जाने वाला फल; फलशाक, जैसे- कटहल, टमाटर आदि।

फ़लसफ़ा (अ.) [सं-पु.] 1. दर्शन; (फ़िलॉसफ़ी), जैसे- ज़िंदगी का फ़लसफ़ा 2. दर्शनशास्त्र; न्यायशास्त्र 3. तर्क; दलील 4. ज्ञान; विद्या।

फ़लसफ़ी (अ.) [वि.] 1. फ़लसफ़ा जानने वाला; दार्शनिक; दर्शनविद; (फ़िलॉसफ़र) 2. फ़लसफ़ा संबंधी।

फलसा[1] [सं-पु.] 1. फल्ली 2. एक फलदार पेड़ जिस पर इसी नाम की फली लगती है, जिसका स्वाद खट्टा- मीठा होता है।

फलस्वरूप (सं.) [क्रि.वि.] परिणामत: परिणाम के रूप में; फलत: ।

फलहीन (सं.) [वि.] 1. जिसमें फल न लगे हों; फलरहित वृक्ष 2. निष्फल; परिणामरहित।

फला-फूला [वि.] 1. समृद्ध; संपन्न 2. सुखी 3. विकसित।

फ़लाँ (अ.) [वि.] 1. जिसका उल्लेख बिना नाम लिए किया जाए, जैसे- फ़लाँ व्यक्ति या वस्तु 2. अमुक; अनिश्चित।

फलाँग [सं-स्त्री.] 1. छलाँग; कुदान; चौकड़ी 2. एक छलांग में पार की जाने वाली दूरी 3. मालखंभ की एक प्रकार की कसरत।

फलाँगना [क्रि-अ.] 1. फलाँग मारना; फाँदना; लाँघना; कूदना 2. एक स्थान से दूसरे स्थान पर जाना।

फलांश (सं.) [सं-पु.] सारांश; तात्पर्य।

फलाकना [क्रि-स.] छलाँग या फलाँग मारकर पार करना; फलाँगना।

फलागम (सं.) [सं-पु.] 1. फल आना 2. वह मौसम या ऋतु जिसमें वृक्षों में फल लगते हैं या फल आने का काल या समय 3. शरदऋतु 4. (नाट्यशास्त्र) रूपक की पाँच अवस्थाओं में से पाँचवी और अंतिम अवस्था जिसमें रूपक या नाटक की कथा अंतिम परिणाम तक पहुँचती है।

फलादन (सं.) [सं-पु.] तोता; सुआ। [वि.] फल खाने वाला।

फलादेश (सं.) [सं-पु.] 1. किसी बात का परिणाम या फल बताना 2. (ज्योतिष) वे बातें जो व्यक्ति के जीवन पर ग्रहों के प्रभाव के रूप में कही जाती हैं।

फ़लाना (अ.) [वि.] दे. फ़लाँ।

फलानुमेय (सं.) [वि.] (विषय) जिसका अनुमान परिणाम देखकर लगाया जाए।

फलान्वेषी (सं.) [वि.] फल या परिणाम की इच्छा या आकांक्षा करने वाला।

फलाफल (सं.) [सं-पु.] 1. (किसी कार्य का) शुभ या अशुभ फल; अच्छा और बुरा फल 2. सफलता और विफलता।

फलार्थी (सं.) [वि.] फल की इच्छा या कामना करने वाला; फलकामी।

फ़लालेन (अं.) [सं-पु.] एक प्रकार का बहुत मुलायम और ढीली-ढाली बुनावट वाला ऊनी कपड़ा; (फ्लैनल)।

फलाशी (सं.) [सं-पु.] वह जो फल खाकर रहता हो। [वि.] फल खाने वाला; फलाहारी।

फलासंग (सं.) [सं-पु.] किसी कर्म के फल या परिणाम के प्रति मोह; फलासक्ति।

फलासक्त (सं.) [वि.] जो फल की आशा से कर्म करता है; सकाम कर्म करने वाला।

फलासक्ति (सं.) [सं-स्त्री.] 1. कर्म के फल में होने वाली आसक्ति या मोह 2. फल या परिणाम की कामना।

फलाहार (सं.) [सं-पु.] 1. फल या कंद का आहार 2. केवल फल खाकर रहना। [वि.] फल खाकर रहने वाला।

फलाहारी (सं.) [वि.] 1. फलाहार संबंधी; फलाहार का 2. फलाहार करने वाला 3. दूध आदि से निर्मित (मिठाई) 4. अन्नरहित (आहार)। [सं-पु.] केवल फल खाकर निर्वाह करने वाला व्यक्ति।

फलिक (सं.) [वि.] 1. फल का उपभोग करने वाला 2. किसी कर्म, घटना आदि के बाद उसके परिणाम के रूप में होने वाला।

फलिका (सं.) [सं-स्त्री.] 1. हरे रंग की एक तरह की सेम; बोड़ा; फली 2. सरपत आदि का नुकीला हिस्सा।

फलित (सं.) [वि.] 1. जिसमें फल हों; फला हुआ 2. फल का; फल संबंधी 3. पूरा किया हुआ 4. फल रूप में परिणत; सफल।

फलित ज्योतिष (सं.) [सं-पु.] ग्रह-नक्षत्रों की गति के आधार पर शुभाशुभ फल पर विचार करने वाली ज्योतिष की एक शाखा।

फलितार्थ (सं.) [सं-पु.] सारांश; तात्पर्य; निचोड़।

फली [सं-स्त्री.] लंबोतरे पतले फल जिनमें एक साथ कई दाने या बीज होते हैं, जैसे- मटर, सेम आदि। [वि.] 1. फलयुक्त 2. फल देने वाला 3. लाभदायक।

फलीकृत (सं.) [वि.] 1. जिससे कुचल कर दाने निकाल लिए गए हों 2. कूट-फटककर साफ़ किया हुआ।

फ़लीता (तु.) [सं-पु.] 1. बड़ आदि के रेशों की बटी हुई रस्सी जिसमें तोड़ेदार बंदूक दागने के लिए आग लगाकर रखी जाती है; पलीता 2. (अंधविश्वास) तावीज़ की बत्ती जिसकी धूनी प्रेतबाधा वाले रोगी को देते हैं।

फलीभूत (सं.) [वि.] 1. जिसका फल या परिणाम निकल चुका हो; फलरूप में परिणत; फलदायक 2. सफल।

फलूचा [सं-पु.] फूलदार पेड़-पौधा।

फलेंद्र (सं.) [सं-पु.] एक प्रकार का बड़ा जामुन; फलेंदा।

फलेच्छा (सं.) [सं-स्त्री.] 1. फल या परिणाम की इच्छा (कर्म या सिद्धि के) 2. प्राप्ति की आकांक्षा।

फलोत्तमा (सं.) [सं-स्त्री.] 1. एक प्रकार का अंगूर जिसमें बीज नहीं होते हैं 2. दूधिया घास 3. त्रिफला।

फलोन्मुख (सं.) [वि.] 1. जो फल या परिणाम की ओर उन्मुख हो 2. सफलता की ओर बढ़ने वाला।

फल्ली [सं-स्त्री.] 1. मटर आदि की छिम्मी 2. रंदा की धार।

फ़ल्सफ़ा (अ.) [सं-पु.] उर्दू उच्चारणानुसार वर्तनी (दे. फ़लसफ़ा)।

फ़ल्सफ़ी (अ.) [वि.] उर्दू उच्चारणानुसार वर्तनी (दे. फ़लसफ़ी)।

फ़व्वारा (अ.) [सं-पु.] 1. अनेक छिद्रों वाला एक यंत्र जिससे

पानी की छोटी-छोटी बूँदें चारों ओर गिरती हैं; फुहारा 2. जल या द्रव की तेज़ धार।

फ़सल (अ.) [सं-स्त्री.] 1. खेती; उपज; पैदावार 2. अनाज बोने का उपयुक्त समय या ऋतु 3. खेत में खड़े अनाज के पौधे।

फसल चक्र [सं-पु.] निश्चित समय क्रम से फसल रोपने या बोने की प्रक्रिया।

फ़सली (अ.) [वि.] 1. फ़सल संबंधी 2. किसी विशिष्ट ऋतु में होने वाला; मौसमी।

फ़साँ (फ़ा.) [सं-पु.] छुरी आदि पर सान रखने का पत्थर; कुरुंड।

फ़साद (अ.) [सं-पु.] 1. बलवा; दंगा 2. उपद्रव; ऊधम; उत्पात 3. लड़ाई; झगड़ा; मार-काट 4. ख़राबी; विकार; बिगाड़ 5. विघ्न; बाधा।

फ़सादज़दा (अ.+फ़ा.) [वि.] दंगाग्रस्त; दंगापीड़ित।

फ़सादी (अ.) [वि.] 1. फ़साद करने वाला; दंगाई 2. उत्पाती; उपद्रवी 3. झगड़ालू 4. विकार उत्पन्न करने वाला।

फ़साना (फ़ा.) [सं-पु.] 1. मनगढ़ंत किस्सा या कहानी; कल्पित कहानी 2. ब्योरा; विवरण; हाल।

फ़साहत (अ.) [सं-स्त्री.] 1. भाषा का वह रूप जिसमें बोलचाल के शब्दों और प्रयोगों की बहुलता हो जिससे भाषा में स्वाभाविकता तथा प्रवाहशीलता का गुण आता है; प्रसाद गुण 2. भाषण, साहित्यिक रचना आदि में होने वाला उक्त गुण 3. किसी विषय का सुंदर या मनोहर रूप में वर्णन करना; ख़ुशबयानी।

फ़सील (अ.) [सं-स्त्री.] नगर या बस्ती के चारों ओर की दीवार; चहारदीवारी; परकोटा।

फ़सीह (अ.) [वि.] 1. जिसमें फ़साहत का गुण हो; प्रांजल 2. साफ़, सुंदर एवं परिमार्जित भाषा लिखने-बोलने वाला; सुवक्ता।

फ़स्ली (अ.) [वि.] उर्दू उच्चारणानुसार वर्तनी (दे. फ़सली)।

फ़हम (अ.) [सं-स्त्री.] 1. समझ; बुद्धि; अकल 2. ज्ञान; विद्या 3. तमीज़।

फ़हमाइश (फ़ा.) [सं-स्त्री.] 1. शिक्षा; सीख 2. समझाने या सतर्क करने की क्रिया; चेतावनी।

फ़हमीद (फ़ा.) [सं-स्त्री.] बुद्धि; समझ; अकल; विवेक; फ़हम। (वि.) समझा हुआ।

फहरना [क्रि-अ.] 1. हवा के कारण इधर-उधर फरफराना (पताका आदि का) 2. 'फर-फर' ध्वनि करते हुए वस्त्र आदि का उड़ना।

फहराना [क्रि-स.] 1. घुमाना 2. हवा में लहराना 3. झंडे आदि को ऐसी स्थिति में लाना कि वह हवा में लहराए।

फ़हश (अ.) [वि.] अश्लील; फूहड़; फ़ोश।

फ़हीम (अ.) [वि.] बुद्धिमान; अकलमंद; समझदार।

फहोड़ा [सं-पु.] कुदाल; फावड़ा।

फ़ह्म (अ.) [सं-स्त्री.] उर्दू उच्चारणानुसार वर्तनी (दे. फ़हम)।

फाँक (सं.) [सं-स्त्री.] 1. भाग विशेष; टुकड़ा 2. निश्चित मात्रा 3. फल आदि का लंबाई में काटा हुआ खंड।

फाँकना [क्रि-स.] किसी प्रकार के चूर्ण को बिना पानी से खाना। [मु.] **धूल फाँकना** : इधर-उधर घूमकर दुर्दशा भोगना।

फाँका [सं-पु.] 1. फाँकने की क्रिया; फंका 2. उतनी वस्तु जितनी एक बार में फाँकी जाए।

फाँट[1] [सं-स्त्री.] ज़मीन का क्रम से बँटा हुआ भाग या हिस्सा।

फाँट[2] (सं.) [सं-पु.] जड़ी-बूटी आदि को उबालकर तैयार किया गया रस; काढ़ा; क्वाथ।

फाँटना [क्रि-स.] विभाग करना; अनेक भागों में बाँटना।

फाँड़ा [सं-पु.] 1. एक प्रकार का गिड़ार (घुनकी जाति का कीड़ा) जो अनाज में लगता है 2. कमर में लपेटी धोती या साड़ी का पेंच; फाँड़ी।

फाँदना [क्रि-अ.] 1. उछलना; कूदना 2. छलाँग भरना। [क्रि-स.] 1. कोई स्थान कूदकर लाँघना; फलाँगना, जैसे- नाला फाँदना 2. फँदे में फाँसना।

फाँस [सं-स्त्री.] 1. रस्सी से बनाया हुआ फंदा या पाश 2. उँगली आदि में चुभ जाने वाला बाँस आदि का कड़ा रेशा; किरिच 3. बाँस, बेंत आदि को चीर कर बनाई गई पतली तीली 4. {ला-अ.} मन में चुभने या खटकने वाली बात।

फाँसना [क्रि-स.] 1. फंदे या जाल में कसना 2. {ला-अ.} वश में कर लेना 3. {ला-अ.} दाँव-पेंच में उलझना।

फाँसी [सं-स्त्री.] 1. फँसाने का फंदा; पाश 2. रस्सी का वह फंदा जिसमें गला फँसाने से दम घुटता है और आदमी मर जाता है 3. उक्त प्रकार से दिया जाने वाला प्राणदंड 4. कोई ऐसा संकटपूर्ण बंधन जिसमें प्राण जाने का भय हो या प्राण निकलने का-सा कष्ट हो 5. {ला-अ.} आफ़त; मुसीबत। [मु.] **-चढ़ाना** : (किसी को) मार देना; ख़तरे में झोंकना।

फाँसीघर [सं-पु.] फाँसी देने का स्थान; अपराधियों को मृत्युदंड के रूप में फाँसी देने का घर।

फ़ाइटर (अं.) [सं-पु.] 1. वह जो लड़ाई करे; योद्धा; प्रयुत्सु; लड़ाकू 2. {ला-अ.} आसानी से हार न मानने वाला व्यक्ति।

फ़ाइटर जेट (अं.) [सं-पु.] 1. लड़ाकू जेट विमान 2. युद्ध या लड़ाई के दौरान बम, गोला आदि गिराने कए काम में लिया जाने वाला वायुसेना का विमान।

फ़ाइन (अं.) [सं-पु.] जुर्माना; अर्थदंड। [वि.] 1. अच्छा; बढ़िया; संतोषजनक 2. सुंदर।

फ़ाइनल (अं.) [वि.] 1. अंतिम; आख़िरी; चरम 2. निर्णायक, जैसे- फ़ाइनल मैच।

फ़ाइबर (अं.) [सं-पु.] तंतु; रेशा; सूत्र।

फ़ाइल (अं.) [सं-स्त्री.] 1. कार्यालयों आदि में किसी व्यक्ति या विषय के आवश्यक कागज़-पत्रों की नत्थी; मिसिल 2. मोटी दफ़्ती का एक खोल या ज़िल्द जिसमें उक्त कागज़ रखे जाते हैं; पर्णिका 3. दस्तावेज़ 4. कंप्यूटर की फ़ाइल जिसमें किसी एक विषय की सूचना विशिष्ट नाम से संचित रहती है; संचिका।

फ़ाइलेरिया (अं.) [सं-पु.] मच्छरों के दंश से होने वाला एक रोग जिसमें शरीर के अंगों में सूजन आ जाती है; हाथीपाँव।

फ़ाउंटेनपेन (अं.) [सं-पु.] कलम या पेन जिसकी नलिका में

स्याही भरी रहती है।

फ़ाक़ा (अ.) [सं-पु.] 1. अनाहार; उपवास 2. निराहार या भूखे रहने की अवस्था 3. गरीबी; दरिद्रता; कंगाली।

फ़ाक़ाकश (अ.+फ़ा.) [वि.] 1. भोजन न मिलने के कारण फ़ाका या उपवास करने वाला; भूखा रहने वाला; क्षुधापीड़ित 2. निर्धन; कंगाल।

फ़ाक़ाकशी (अ.+फ़ा.) [सं-स्त्री.] भूखों मरना; लगातार कई दिनों तक अन्न न मिलने की अवस्था।

फ़ाक़ामस्त (अ.+फ़ा.) [वि.] जो भूखा रहकर भी प्रसन्न रहे; गरीबी की चिंता-परवाह न करने वाला।

फ़ाख़िर (अ.) [वि.] 1. फ़ख़ या घमंड करने वाला 2. मूल्यवान; बहुमूल्य; कीमती।

फ़ाख़्ता (फ़ा.) [सं-स्त्री.] पंडुक नामक पक्षी; पेंडुकी; कुमरी। [सं-पु.] उक्त पक्षी जैसा रंग; मटीला रंग। [मु.] **-उड़ाना** : मौज-मस्ती करना।

फाग [सं-पु.] 1. फागुन में गाया जाने वाला गीत 2. होली।

फागुन (सं.) [सं-पु.] दे. फाल्गुन।

फागुनी (सं.) [सं-स्त्री.] दे. फाल्गुनी।

फ़ाजिर (अ.) [वि.] बदकार; दुश्चरित्र; व्यभिचारी।

फ़ाज़िल (अ.) [वि.] 1. जिसने पूरी विद्या पढ़ ली हो 2. आवश्यकता से अधिक; अतिरिक्त 3. ख़र्च से बचा हुआ; बाकी। [सं-पु.] विद्वान; पंडित।

फाटक [सं-पु.] लोहे या लकड़ी का बड़ा फाटक; बड़ा दरवाज़ा; सिंहद्वार; (गेट)।

फाटका (सं.) [सं-पु.] वस्तु के दर की तेज़ी-मंदी अनुसार क्रय-विक्रय का निश्चय, जिसकी गिनती एक प्रकार के जुए में होती है; सट्टा।

फाटकेबाज़ (फ़ा.) [सं-पु.] सट्टा लगाने वाला; सट्टेबाज़।

फाटो [सं-पु.] धान की बाली में लगने वाला एक प्रकार का रोग।

फाड़ना [क्रि-स.] 1. कागज़, वस्त्र आदि को दो तरफ़ खींचकर चीरना या विदीर्ण करना 2. किसी चीज़ के दो टुकड़े करना 3. तेज़ अस्त्र से वार करके किसी चीज़ को विभक्त करना 4. बहुत अधिक खोलना, फैलाना या बढ़ाना (आँख, मुँह आदि) 5. खटाई आदि से दूध के जलीय और ठोस भाग को अलग-अलग कर देना।

फ़ातिमा (अ.) [सं-स्त्री.] 1. हज़रत मुहम्मद की पुत्री जो अली से ब्याही गई 2. हज़रत इमाम हुसैन की माता 3. वह स्त्री जो दो बरस के बच्चे का दूध छुड़वा दे।

फ़ातिहा (अ.) [सं-स्त्री.] 1. कुरान की पहली सूरत या आयत 2. मृत व्यक्तियों की आत्मा की सद्गति के लिए उनकी कब्र पर फ़ातिहा पढ़े जाने की एक रस्म।

फ़ादर (अं.) [सं-पु.] 1. पिता; बाप 2. गिरजाघर का पुजारी; ईसाई पादरी।

फाना [सं-पु.] 1. जंगली जानवरों को फँसाने का जाल 2. किसी को फँसाने के लिए रची गयी चाल 3.ऊपरपाटी।

फ़ानी (अ.) [वि.] फ़ना होने वाला; नश्वर; नाशवान।

फ़ानूस (फ़ा.) [सं-पु.] 1. काँच के प्याले जैसा एक तरह का पात्र जिसमें मोमबत्ती जलती है 2. लैंप की चिमनी।

फ़ायदा (अ.) [सं-पु.] 1. लाभ; नफ़ा 2. अच्छा फल या परिणाम 3. अच्छा असर (दवाई आदि का) 4. आर्थिक क्षेत्र में होने वाली किसी प्रकार की प्राप्ति 5. प्रयोजन सिद्धि 6. भलाई; हित; गुण।

फ़ायदेमंद (अ.+फ़ा) [वि.] 1. लाभजनक; उपयोगी 2. गुणकारी; प्रभावकारी; हितकारी।

फ़ायरब्रिगेड (अं.) [सं-पु.] (पानी, गैस आदि से) आग बुझाने वालों का दल; दमकल; अग्निशमन दस्ता।

फ़ायरिंग (अं.) [सं-स्त्री.] गोली दागने की क्रिया; गोलीबारी।

फाया [सं-पु.] दे. फाहा।

फार (सं.) [सं-पु.] फाल; हल में लगा लोहे का उपकरण जो जमीन में गड़ कर खेत जोतता है।

फ़ारख़ती (सं.) [सं-स्त्री.] 1. रुपया अदा होने की रसीद या पावती 2. वह रसीद जो किसी देनदारी के अदा होने का सबूत हो; चुकता; बेबाकी 3. किसी व्यक्ति का संपत्ति आदि में किसी भी प्रकार का अधिकार या प्राप्य न रहने की सूचना देने वाला दस्तावेज़ 4. तलाकनामा।

फ़ारस (फ़ा.) [सं-पु.] ईरान या पर्शिया नामक देश।

फ़ारसी (फ़ा.) [सं-स्त्री.] 1. ईरान देश की भाषा 2. भारोपीय परिवार की एक भाषा जिसकी लिपि अरबी से मिलती-जुलती है। [वि.] 1. फ़ारस या ईरान देश से संबंध रखने वाला 2. फ़ारस का; फ़ारस संबंधी।

फ़ारिक (अ.) [वि.] दो वस्तुओं को अलग करने वाला।

फ़ारिग (अ.) [वि.] 1. जिसे फ़रागत मिल चुकी हो 2. मुक्त; आज़ाद 3. बेफ़िक्र; निश्चिंत 4. कार्य से निवृत्त; अवकाशप्राप्त।

फ़ारिस (अ.) [वि.] घुड़सवार; अश्वरोही।

फारुआ [सं-पु.] कूँड़ में बोया जाने वाला आलू।

फ़ारूक (अ.) [वि.] सच और झूठ में फर्क करने वाला; जो सत्य को असत्य से अलग करे।

फ़ार्म (अं.) [सं-पु.] 1. आकृति; आकार; स्वरूप 2. नमूना; नक्शा 3. साँचा; ढाँचा 4. अभिलेख या प्रार्थनापत्र आदि का छपा हुआ नमूना; प्रपत्र 5. छपने के लिए तैयार सामग्री 6. पुस्तक आदि का एक बार में छपा अंश या भाग 7. बड़ा खेत जिसमें वैज्ञानिक तरीके से खेती की जाए।

फ़ार्मेसी (अं.) [सं-स्त्री.] 1. औषधियों का निर्माण करने वाला विज्ञान 2. दवाख़ाना 3. वह स्थान जहाँ औषधियों का निर्माण होता है; औषधशाला।

फ़ाल (अ.) [सं-स्त्री.] शकुन; सगुन।

फाल[1] [सं-पु.] 1. डग; पैर; कदम 2. चलने में एक पैर से दूसरे पैर तक की दूरी; डग का फासला। [सं-स्त्री.] कटी हुई सुपारी।

फाल[2] (सं.) [सं-पु.] 1. लोहे का वह फल जो हल के नीचे लगा रहता है, जिससे ज़मीन की जुताई की जाती है 2. माँग की पट्टी 3. सीमांत भाग 4. एक तरह का फावड़ा 5. जोती हुई भूमि 6. टुकड़ा; खंड।

फालतू [वि.] 1. आवश्यकता से अधिक; अनावश्यक 2. जो किसी काम का न हो; निरर्थक; व्यर्थ; रद्दी; बेकार 3. अतिरिक्त; अधिक 4. निकम्मा।

फालना [क्रि-अ.] लंबे-लंबे डग भरना; बड़े कदमों से चलना।

फ़ालसई [सं-पु.] फ़ालसे के रंग से मिलता हुआ रंग। [वि.] 1. फ़ालसे के रंग का 2. ललाई लिए हुए कुछ-कुछ नीला।

फ़ालसा (फ़ा.) [सं-पु.] 1. ग्रीष्म ऋतु में होने वाला एक छोटा फल 2. उक्त फल का वृक्ष।

फाला [सं-पु.] फार; परिया।

फालाहत (सं.) [सं-पु.] जोता हुआ खेत; फालकृष्ट। [वि.] 1. हल से जोता हुआ 2. जो हल से जोते हुए खेत से उपजा हो।

फ़ालिज (अ.) [सं-पु.] एक प्रकार रोग जिसमें आधा अंग सुन्न हो जाता है; पक्षाघात; लकवा; अंगघात।

फालूदा [सं-पु.] 1. फावड़ा; कुदाल 2. एक व्यंजन।

फ़ालूदा (फ़ा.) [सं-पु.] 1. गेहूँ के सत्त से बनने वाला एक तरह का पदार्थ 2. एक प्रकार की सेवई जो मैदे के बारीक टुकड़े एवं शक्कर को दूध में डालकर बनाई जाती है।

फाल्गुन (सं.) [सं-पु.] विक्रम संवत का बारहवाँ मास; फागुन।

फाल्गुनिक (सं.) [वि.] 1. फाल्गुन पूर्णिमा से संबंध रखने वाला 2. फाल्गुन नक्षत्र से संबंध रखने वाला 3. फागुन का। [सं.-पु.] फाल्गुन मास।

फाल्गुनी (सं.) [सं-स्त्री.] 1. फाल्गुन मास की पूर्णिमा 2. पूर्वा फाल्गुनी तथा उत्तरा फाल्गुनी नक्षत्र। [वि.] फाल्गुन के महीने से संबंधित; फाल्गुन का।

फावड़ा [सं-पु.] एक प्रकार का उपकरण जो मिट्टी खोदने के काम आता है; चौड़े फल की कुदाल; बेलचा।

फ़ाश (फ़ा.) [वि.] 1. ज़ाहिर; प्रकट 2. खुला हुआ; आवरण रहित; अनावृत।

फ़ासला (अ.) [सं-पु.] 1. दूर होने की अवस्था या भाव 2. दो वस्तुओं या बिंदुओं के बीच का स्थान या माप; अंतर; दूरी 3. मनमुटाव; भेद।

फ़ासिद (अ.) [वि.] 1. फ़साद या झगड़ा करने वाला; झगड़ालू 2. ख़राबी या विकार पैदा करने वाला 3. बुरा; दुष्ट; खोटा।

फ़ासिला (अ.) [सं-पु.] उर्दू उच्चारणानुसार वर्तनी (दे. फ़ासला)।

फ़ासिस्ट (अं.) [सं-पु.] 1. वह जो फ़ासिज़्म के सिद्धांत को मानता हो 2. असहिष्णु तथा उग्र राष्ट्रवादी प्रवृति का व्यक्ति या दल 3. तानाशाही का समर्थन करने वाला व्यक्ति 4. इटली में बना एक राजनीतिक दल 5. {ला-अ.} वह व्यक्ति जो तानाशाह और निरंकुश प्रवृति का हो।

फ़ासीवाद (अं.+हिं.) [सं-पु.] 1. एक प्रकार की राजनीतिक विचारधारा जो अपने विरोधियों के समूल नाश में विश्वास करती हो; (फ़ासिज़्म) 2. असहिष्णु तथा उग्र राष्ट्रवाद 3. तानाशाही; निरंकुशता।

फ़ासीवादी (अं.+हिं.) [वि.] 1. जो फ़ासीवाद का समर्थक हो; (फ़ासिस्ट) 2. जो तानाशाही का समर्थक हो; तानाशाह; निरंकुश।

फ़ास्ट फ़ूड (अं.) [सं-पु.] 1. शीघ्रता से तैयार किया जा सकने वाला खाद्य पदार्थ, जैसे- ब्रेड सैंडविच, नूडल्स आदि 2. बेकरी या रेस्त्राँ में मिलने वाला ऐसा भोज्य पदार्थ जिसे तुरंत परोसा जा सकता है और बाहर ले जाकर भी खाया जा सकता है 3. डिब्बाबंद खाद्य पदार्थ।

फाहा [सं-पु.] 1. तेल, घी, इत्र आदि चिकनाई में तर की हुई कपड़े की पट्टी या रुई का लच्छा; फाया 2. मरहम से तर पट्टी जो घाव, फोड़े आदि पर रखी जाती है।

फ़ाहिश (अ.) [वि.] 1. अत्यंत बुरा 2. लज्जाजनक 3. हेय।

फ़ाहिशा (अ.) [सं-स्त्री.] दुश्चरित्र स्त्री; कुलटा, व्यभिचारिणी, पुंश्चली, कुटिल और भ्रष्ट स्त्री।

फिंकाई [सं-स्त्री.] 1. फेंके जाने की क्रिया 2. प्रक्षेपण।

फिंगरप्रिंट (अं.) [सं-स्त्री.] उंगली का निशान; अंगुली चिह्न।

फ़िकर (अ.) [सं-स्त्री.] दे. फ़िक्र।

फ़िकरा (अ.) [सं-पु.] 1. कटाक्ष; उक्ति; वाक्य; जुमला 2. किसी उद्देश्य का विधान करने वाला पदसमूह; कथन 3. व्यंग्यपूर्ण बात 4. धोखा, चकमा या झाँसा देने वाली बात; फ़रेब की बात।

फ़िकरेबाज़ (अ.+फ़ा.) [वि.] 1. फ़िकरा कसने वाला; फ़ब्तियाँ कसने वाला 2. धोखा देने के लिए बढ़-चढ़कर बातें करने वाला; चकमा देने वाला; झाँसा देने वाला।

फ़िकैत [सं-पु.] 1. पटेबाज़ 2. परंपरागत 'पटा-बनेठी' का खेल या 'गतका-फरी' का खिलाड़ी 3. बरछा-भाला फेंककर चलाने वाला योद्धा।

फ़िक्र (अ.) [सं-स्त्री.] 1. चिंता 2. अंदेशा; शंका 3. ध्यान; ख़्याल; परवाह 4. उपाय; यत्न 5. कोई कार्य करनें के लिए किया जाने वाला चिंतन।

फ़िक्रमंद (अ.+फ़ा.) [वि.] 1. जिसे फ़िक्र हो; फ़िक्र करने वाला 2. जिसे किसी बात की चिंता लगी हो; चिंताग्रस्त।

फ़िक्रमंदी (अ.+फ़ा.) [सं-स्त्री.] फ़िक्रमंद होने की अवस्था या भाव; चिंताग्रस्तता।

फ़िक्स (अं.) [सं-पु.] जमाना; बैठाना। -करना 1. किसी वस्तु को कहीं दृढ़तापूर्वक स्थिर करना, जमाना या बैठाना 2. किसी वस्तु की मरम्मत करना; स्वस्थ या दुरुस्त करना 3. किसी विषय पर निर्णय लेना 4. प्रबंध या व्यवस्था करना 5. बेईमानी करना; रिश्वत देकर नियत बदलना; किसी कार्य के नतीजे को बेईमानी से तय करना 6. किसी कार्य का परिणाम पहले से निर्धारित करना, जैसे- मैच फ़िक्सिंग।

फ़िगर (अं.) [सं-पु.] 1. देहयष्टि; मानव शरीर 2. संख्या, आँकड़ा या मूल्य 3. प्रसिद्ध व्यक्ति 4. पुस्तक में प्रयुक्त आरेख या चित्र।

फ़िगार (फ़ा.) [वि.] ज़ख़्मी; घायल; आहत।

फ़िज़ा (फ़ा.) [सं-स्त्री.] 1. खुली ज़मीन; हरा-भरा मैदान 2. ख़ुशनुमा माहौल; वातावरण 3. बहार; शोभा; रौनक।

फ़िज़ाई (फ़ा.) [वि.] 1. फ़िज़ा संबंधी 2. वातावरण से संबंध रखने वाला।

फ़िज़ूल (अ.) [वि.] 1. आवश्यकता से अधिक; अतिरिक्त 2.

बेमतलब; व्यर्थ; बेकार 3. निकम्मा।

फ़िज़ूलख़र्च (अ.+फ़ा.) [वि.] अनावश्यक ख़र्च करने वाला; अपव्ययी।

फ़िट[1] (अ.) [सं-स्त्री.] लानत; फटकार; धिक्कार।

फ़िट[2] (अं.) [वि.] 1. उपयुक्त 2. योग्य; लायक; समर्थ 3. ठीक; उचित 4. नाप या माप में सही आकार का; सटीक; सही; ठीक 5. स्वस्थ; बढ़िया।

फिटकरी (सं.) [सं-स्त्री.] सफ़ेद रंग का एक मिश्र रासायनिक पदार्थ जो प्रायः औषधि या रँगाई आदि के काम आता है।

फिटकिरी (सं.) [सं-स्त्री.] दे. फिटकरी।

फिटकी [सं-स्त्री.] 1. कपड़े की बुनावट में निकले हुए सूत के फुचरे 2. छींटा 3. फुटकी।

फ़िटन (अं.) [सं-स्त्री.] 1. बग्घी 2. पुराने रिवाज की चार पहियों वाली घोड़ागाड़ी।

फ़िटर (अं.) [सं-पु.] यंत्रों या मशीनों को ठीक करने वाला मिस्त्री; कारीगर। [वि.] 1. यंत्र अथवा उसका कोई हिस्सा जड़ने, बाँधने या लगाने वाला 2. तैयार करने वाला, जैसे- वर्कशाप फ़िटर।

फ़िटिंग (अं.) [सं-स्त्री.] 1. सही आकार में करने की क्रिया या अवस्था 2. भवन या फ़र्नीचर आदि में स्थायी रूप से जड़ा हुआ सामान 3. अनुकूलन 4. सामान; पुरज़ा; उपस्कर 5. सिले कपड़ों को सही आकार में लाना।

फ़ितना (अ.) [सं-पु.] 1. उपद्रव; उत्पात 2. लड़ाई-झगड़ा; दंगा-फ़साद 3. विद्रोह; बगावत 4. दंगा-फ़साद या उपद्रव करने वाला दुष्ट व्यक्ति 5. एक प्रकार का इत्र 6. एक प्रकार का पौधा और उसका पुष्प।

फ़ितरत (अ.) [सं-स्त्री.] 1. प्रकृति, स्वभाव 2. सृष्टि, पैदाइश 3. चालबाज़ी, चालाकी 4. धूर्तता 5. होशियारी 6. शरारत।

फ़ितरती (अ.) [वि.] 1. स्वभावगत, स्वाभाविक 2. प्राकृतिक 3. धूर्त; चालाक; शरारती; सनकी 4. फितूरी; मायावी; धोखेबाज़।

फ़ितूर (अ.) [सं-पु.] 1. दोष; विकार 2. बाधा; विघ्न 3. उपद्रव; उत्पात; फ़साद 4. शरारत।

फ़ितूरिया [वि.] फ़ितूर या खुराफ़ात करने वाला; उपद्रवी।

फ़ित्ना (अ.) [सं-पु.] उर्दू उच्चारणानुसार वर्तनी (दे. फ़ितवा)।

फ़ित्रत (अ.) [सं-स्त्री.] उर्दू उच्चारणानुसार वर्तनी (दे. फ़ितरत)।

फ़िदवी (अ.) [सं-पु.] सेवक; दास। [वि.] 1. आज्ञाकारी 2. स्वामिभक्त 3. किसी के लिए अपने प्राण तक न्योछावर करने वाला 4. फ़िदा होने वाला।

फ़िदा (अ.) [सं-पु.] 1. किसी पर प्राण न्योछावर करना 2. आसक्त या मुग्ध होने की अवस्था या भाव 3. किसी पर अपना सब कुछ बलिदान करना। [वि.] 1. किसी के लिए प्राण देने वाला 2. दूसरे पर अपना सब कुछ लुटाने वाला 3. मुग्ध, आसक्त।

फ़िनायल (अं.) [सं-पु.] एक कीटाणुनाशक तरल पदार्थ या रसायन।

फिर [अव्य.] 1. दुबारा; पुनः 2. उस दशा में; तब 3. इसके अतिरिक्त; इसके सिवा 4. पीछे 5. दूसरे समय।

फिरक [सं-स्त्री.] ग्रामीण क्षेत्रों में माल ढोने की एक प्रकार की छोटी बैलगाड़ी जिसमें आराम से एक व्यक्ति ही बैठ सकता है।

फिरकना [क्रि-अ.] 1. फिरकी की तरह घूमना 2. नाचना; थिरकना।

फिरकनी [सं-स्त्री.] 1. कील के आधार पर घूमने वाला गोलाकार टुकड़ा; चकरघिन्नी 2. लकड़ी का एक खिलौना; चकई; फिरकी।

फ़िरक़ा (अ.) [सं-पु.] 1. पंथ; संप्रदाय 2. जमात; समुदाय 3. वर्ग 4. गुट; दल; गिरोह; जत्था 5. जाति।

फ़िरक़ापरस्त (अ.) [वि.] सांप्रदायिक; सांप्रदायिकतावादी।

फिरकी [सं-स्त्री.] 1. एक प्रकार का लकड़ी का खिलौना जो अपनी धुरी पर चक्कर लगाता है; फिरहरी; भँभीरी 2. धागा लपेटने की चकई; चकरी 3. तकले में लगा हुआ चमड़े का टुकड़ा 4. कुश्ती का एक दाँव या पेंच 5. मालखंभ की एक कसरत।

फ़िरदौस (अ.) [सं-पु.] 1. स्वर्ग; बहिश्त 2. उद्यान; बगीचा; वाटिका।

फिरना [क्रि-अ.] 1. घूमना 2. वापस आना या जाना; लौटना 3. प्रतिकूल; विमुख; विरुद्ध हो जाना 4. पहले से विपरीत स्थिति में आना 5. सूचना आदि के रूप में सबके सामने घुमाया जाना।

फ़िरनी (फ़ा.) [सं-स्त्री.] 1. दूध के साथ मेवा-चीनी डालकर तैयार की जाने वाली मैदे की लच्छेदार मिठाई 2. पिसे चावल से तैयार की जाने वाली खीर।

फिरवा [सं-पु.] 1. गले में पहनने का एक आभूषण 2. सोने के तार को कई फेरे में लपेटकर बनाई गई अँगूठी।

फिरवाना [क्रि-स.] 1. फेरने या फिराने का काम दूसरे से कराना 2. फेरने का काम कराना।

फ़िराक़ (अ.) [सं-पु.] 1. जुदाई; बिछोह; वियोग 2. चिंता 3. खोज 4. ध्यान; धुन।

फिराना [क्रि-स.] 1. फिरने में प्रवृत्त करना 2. इधर-उधर चलाना 3. घुमाना; सैर कराना 4. फेरना; लौटाना 5. ऐंठना; मरोड़ना।

फ़िरासत (अ.) [सं-स्त्री.] 1. समझदारी; बुद्धिमानी; अक्लमंदी 2. सामुद्रिक।

फिरिश्ता (फ़ा.) [सं-पु.] उर्दू उच्चारणानुसार वर्तनी (दे. फ़रिश्ता)।

फिरोजी (फ़ा.) [वि.] रंग विशेष; फिरोजा के समान हरापन लिए नीले वर्ण का; फ़ीरोजी।

फिरौती [सं-स्त्री.] 1. फिराने या फेरने की क्रिया या भाव 2. वह धन जो दुकानदार किसी बेची हुई चीज़ को वापस लेते समय विक्रय-मूल्य में से काट लेते हैं 3. अपहृत व्यक्ति या वस्तु को लौटाने के लिए माँगी गई रकम।

फ़िर्दौस (अ.) [सं-पु.] उर्दू उच्चारणानुसार वर्तनी (दे. फ़िरदौस)।

फ़िर्नी (फ़ा.) [सं-स्त्री.] उर्दू उच्चारणानुसार वर्तनी (दे. फ़िरनी)।

फ़िलहाल (अ.) [क्रि.वि.] 1. इस समय; इस मौके पर; अभी; तत्काल 2. अस्थायी रूप से इस समय; संप्रति।

फ़िलामेंट (अं.) [सं-पु.] 1. तंतु; रेशा 2. नस; सूत 3. विद्युत

बल्ब के अंदर जलने वाला तार 4. संवाहक तार।

फ़िल्टर (अं.) [सं-पु.] 1. द्रव पदार्थ को निथारने वाला एक तरह का उपकरण 2. निस्यंदक; छलनी; छन्नी।

फ़िल्म (अं.) [सं-स्त्री.] 1. चलचित्र; सिनेमा 2. छायाचित्र या फ़ोटो उतारने के लिए बनाई गई एक पतली पट्टी 3. उक्त की सहायता से दिखाया जाने वाला चलचित्र।

फ़िल्मकार (अं.+फ़ा.) [सं-पु.] 1. वह जो फ़िल्म का निर्माण करता है 2. फ़िल्म निर्माण में सहयोगी।

फ़िल्मकारी (अं.+फ़ा.) [सं-स्त्री.] फ़िल्म निर्माण का कार्य।

फ़िल्मांकन (अं.+सं.) [सं-पु.] चलचित्र कला; चलचित्रिकी; चलचित्रण; (सिनेमेटोग्राफ़ी)।

फ़िल्मांतरण (अं.+सं.) [सं-पु.] किसी कथा या कहानी को फ़िल्म या चलचित्र में परिवर्तित करना।

फ़िल्माना (अं.+हिं.) [सं-पु.] दृश्यांकन। [क्रि-स.] फ़िल्म बनाना।

फ़िल्मी (अं.+हिं.) [वि.] 1. फ़िल्म संबंधी; फ़िल्म का 2. सिनेमा या चलचित्र से संबंधित।

फ़िल्मोत्सव (अं.+सं.) [सं-पु.] 1. फ़िल्म समारोह 2. वह उत्सव जिसमें विभिन्न फ़िल्मों का प्रदर्शन होता है।

फिल्ली-डुबान [सं-पु.] पैर की फिल्ली (एड़ी और टंखने के बीच का हिस्सा) डूबने तक पानी।

फिसड्डी [वि.] 1. किसी काम में पिछड़ा हुआ 2. प्रतियोगिता या प्रयत्न आदि में सबसे पीछे रह जाने वाला 3. अकुशल; निकम्मा।

फिसलन [सं-स्त्री.] 1. फिसलने की क्रिया या भाव 2. वह चिकनी जगह जहाँ कोई चीज़ या पैर स्थिर न रहे।

फिसलनदार (हिं.+फ़ा.) [सं-पु.] चिकना या काई वाला ऐसा स्थान जिसपर फिसलने की संभावना रहती है। [वि.] फिसलन वाला।

फिसलना [क्रि-अ.] 1. चिकनाहट और गीलेपन के कारण पैर आदि का न जमना; रपटना 2. {ला-अ.} किसी प्रकार का आकर्षक या लाभदायक तत्व देखकर उचित मार्ग से हटते हुए एकाएक उस ओर प्रवृत्त होना। [वि.] फिसलन वाला।

फिसलाना [क्रि-स.] 1. किसी के फिसलने का कारण होना 2. किसी को फिसलने में प्रवृत्त करना।

फिसलाहट [सं-स्त्री.] 1. फिसलने का भाव 2. फिसलन।

फिस्स [सं-स्त्री.] एक प्रकार की ध्वनि, जैसे- साइकिल, कार आदि के पहिए के ट्यूब में से अचानक हवा निकलने पर होती है। [वि.] 1. व्यर्थ; बेकार; कुछ नहीं 2. असफल; नष्ट 3. सारहीन; निष्फल।

फ़ी[1] (अ.) [अव्य.] 1. प्रत्येक; हर एक 2. प्रति।

फ़ी[2] (अं.) [सं-स्त्री.] 1. वह धन जो विद्यार्थी को किसी विद्यालय में शिक्षा ग्रहण करने के बदले में देना पड़ता है 2. डॉक्टरों, वकीलों आदि को दिया जाने वाला पारिश्रमिक या मेहनताना 3. कर; महसूल 4. किसी क्लब आदि की सदस्यता के लिए किया गया भुगतान।

फीका [वि.] 1. जिसमें यथेष्ट मिठास, रस अथवा स्वाद न हो; स्वादहीन 2. खेल, तमाशा आदि जिसमें आनंद की प्राप्ति न हो 3. जो शोख या चटकीला न हो; हलका रंग; मलिन; धूमिल 4. कांतिहीन।

फीकापन [सं-पु.] 1. सीठा या बेस्वाद होने की अवस्था या भाव (खाद्य पदार्थों का) 2. रंग आदि हलका या धूमिल होना; मलीनता 3. किसी वस्तु या व्यक्ति का तेजरहित या कांतिहीन होना 4. {ला-अ.} खेल, उत्सव या कार्यक्रम आदि का उबाऊ, बेअसर या व्यर्थ होना।

फीचना [क्रि-स.] धोना; कपड़े को गीला करके और बार-बार पटककर साफ़ करना; पछाड़ना।

फ़ीचर (अं.) [सं-पु.] 1. किसी विषय या वस्तु का उल्लेखनीय या महत्वपूर्ण भाग 2. चेहरे का कोई अंग 3. पत्र-पत्रिका में प्रकाशित किसी विषय पर लिखा गया लेख; रूपक लेख; प्रसंग लेख 4. एक प्रकार की कथानक प्रधान काल्पनिक एवं मनोरंजक फ़िल्म; कथाचित्र।

फ़ीचर फ़िल्म (अं.) [सं-स्त्री.] 1. वास्तविक कलाकारों तथा काल्पनिक कहानी से तैयार की गई लंबी फ़िल्म 2. वीडियो कैमरे से निर्मित वह लंबी फ़िल्म जिसमें अभिनय और संगीत होता है।

फ़ीडबैक (अं.) [सं-पु.] समाचार प्रकाशन या प्रसारण के पश्चात पाठक, दर्शक, श्रोता की प्रतिक्रिया; प्रतिसार।

फ़ीता (पु.) [सं-पु.] 1. सूत या रेशम आदि के कपड़े की लंबी, पतली धज्जी या पट्टी 2. निवाड़ की पतली पट्टी जिससे जूते आदि कसते या बाँधते हैं 3. एक प्रकार की प्लास्टिक आदि से बनी लंबी, पतली पट्टी जिसपर इंच, सेंटीमीटर आदि के चिह्न अंकित रहते हैं, जिससे चीज़ों की लंबाई, चौड़ाई मापी जाती है; (टेप)।

फ़ीताकृमि (पु.+सं.) [सं-पु.] फ़ीते के आकार का एक प्रकार का आँतों का कीड़ा; (टेपवर्म)।

फ़ीताशाही (पु.+फ़ा.) [सं-पु.] सरकारी कार्यालयों में कर्मचारियों और अधिकारियों के द्वारा जनता के कार्यों में की जाने वाली देरी या उदासीनता; दफ़्तरशाही; दफ़्तरी अक्रियता; लालफ़ीताशाही; (ब्यूरोक्रेसी)।

फ़ीरोज़ (फ़ा.) [वि.] 1. विजयी 2. सफल 3. भाग्यवान; सौभाग्यशाली 4. सुखी; संपन्न।

फ़ीरोज़ा (फ़ा.) [सं-पु.] एक प्रकार का कीमती पत्थर या रत्न जो हरापन लिए नीले रंग का होता है।

फ़ील (फ़ा.) [सं-पु.] हाथी; गज; हस्ती।

फ़ीलपा (फ़ा.) [सं-पु.] मनुष्यों में होने वाला एक तरह का रोग जिसमें एक या दोनों पाँव सूज कर बहुत मोटे हो जाते हैं; श्लीपद; हाथीपाँव।

फ़ीला (फ़ा.) [सं-पु.] शतरंज के खेल में हाथी नामक मोहरा।

फ़ील्ड (अं.) [सं-स्त्री.] 1. मैदान 2. युद्धक्षेत्र 3. खेल का मैदान; क्रीड़ास्थल 4. कार्यक्षेत्र 5. स्थान; इलाका 6. खेत।

फ़ील्डवर्क (अं.) [सं-पु.] 1. किसी कार्य या अध्ययन के लिए किसी क्षेत्र विशेष में जाकर आँकड़ों का संकलन करना या करवाना 2. क्षेत्र कार्य।

फ़ीवर (अं.) [सं-पु.] 1. ज्वर; बुख़ार; ताप 2. {ला-अ.} किसी बात की उत्कंठा या उत्तेजना; अतिव्याकुलता।

फ़ीसदी (फ़ा.) [अव्य.] प्रतिशत; प्रति सैकड़ा; हर सैकड़े पर।

फुंकना [क्रि-अ.] 1. फूँका जाना 2. वस्तु आदि का जलना या भस्म होना 3. व्यर्थ ख़र्च होना 4. नष्ट या बरबाद होना। [सं-पु.] बाँस आदि की बनी वह पतली नली जिसमें हवा फूँककर आग सुलगाई जाती है; भाथी; फुँकैया।

फुंकवाना [क्रि-स.] 1. फूँकने का कार्य दूसरे से कराना 2. जलाने या भस्म करने का काम कराना।

फुंकाना [क्रि-स.] 1. फूँकने का काम दूसरे से कराना 2. फुँकवाना।

फुंकार [सं-स्त्री.] 1. 'फूँ-फूँ' की ध्वनि 2. फुफकार।

फुंदकी [सं-स्त्री.] 1. सूत या ऊन की गोल गुच्छेदार गाँठ 2. बिंदी।

फुंसी [सं-स्त्री.] छोटी फुड़िया; शरीर पर निकलने वाले छोटे दाने।

फुकना [क्रि-अ.] दे. फुँकना।

फुकनी [सं-स्त्री.] धातु, बाँस आदि की पतली नली जिससे फूँक मारकर आग सुलगाते हैं।

फुग्गा [सं-पु.] गुब्बारा।

फ़ुज़ुल (अ.) [वि.] दे. फ़िज़ूल।

फ़ुट (अं.) [सं-पु.] 1. लंबाई, ऊँचाई आदि मापने का एक उपकरण 2. बारह इंच लंबाई की एक माप 3. पाँव; पाद।

फुटकर [सं-पु.] रेज़गारी। [वि.] 1. फुट; विषम; अकेला 2. जो किसी क्रम में न हो; पृथक; जुदा; अलग 3. जिसमें कई तरह की चीज़ें हों; विविध 4. थोड़ी-थोड़ी मात्रा में होने वाली बिक्री; ख़ुदरा 5. थोक का उलटा।

फुटका (सं.) [सं-पु.] 1. छाला; फफोला 2. उक्त के कारण शरीर पर पड़ा छोटा धब्बा या दाग 3. छोटा कण 4. धान, ज्वार आदि का लावा।

फुटकी (सं.) [सं-स्त्री.] 1. छोटी अंठी; दूध आदि के जमें हुए कण 2. गाढ़ी चीज़ का छींटा।

फुटनोट (अं.) [सं-पु.] पादटिप्पणी; पुस्तक आदि में पृष्ठ के नीचे दी जाने वाली टिप्पणी।

फुटपाथ (अं.) [सं-पु.] सड़क के दोनों ओर पैदल चलने की पटरी या मार्ग।

फुटपाथी [वि.] 1. फुटपाथ या सड़क पर होने वाला; फुटपाथ से संबंधित 2. निचले या औसत दरज़े का, जैसे- फुटपाथी साहित्य।

फुटबॉल (अं.) [सं-पु.] 1. चमड़े आदि से बनी एक प्रकार की बड़ी गेंद या बॉल 2. उक्त बॉल को पैर से मारकर खेला जाने वाला एक तरह का खेल।

फुटहरा [सं-पु.] कंडे (उपले) की आग में निर्मित बाटी या रोटी; फुटहरी।

फुटेज (अं.) [सं-पु.] मूवी कैमरे से शूट की हुई सामग्री।

फ़ुतूर (अ.) [सं-पु.] उर्दू उच्चारणानुसार वर्तनी (दे. फ़ितूर)।

फुदकना [क्रि-अ.] 1. पैरों पर धीरे-धीरे उछलना 2. उछल-उछलकर थोड़ी-थोड़ी दूर पर जाना 3. उमंग में आकर अथवा प्रसन्नतापूर्वक इधर-उधर कूदना।

फुदकी [सं-स्त्री.] 1. फुदक-फुदक कर एक स्थान से दूसरे स्थान पर जाने का भाव 2. एक प्रकार की छोटी चिड़िया जो फुदकती हुई चलती है 3. पत्तों को सिलकर घोंसला बनाने वाली एक चिड़िया; दरज़िन 4. टिड्डी।

फुनकार [सं-स्त्री.] 1. फुत्कार; फुफकार 2. साँप आदि के मुँह से हवा निकलने की आवाज़।

फुनगी [सं-स्त्री.] 1. किसी वृक्ष की शाखा या डाल का सबसे ऊपरी छोर वाला हिस्सा; फुनंग 2. शाखा के अंत की कोमल पत्तियाँ और टूँसा।

फुफंदी [सं-स्त्री.] 1. सूत की वह डोरी जिससे महिलाएँ लहँगे, सलवार आदि की गाँठ बाँधती हैं; नीबी; नारा 2. साड़ी का चुना हुआ किनारा; फुबती।

फुफकार [सं-पु.] 1. फुफकारने की क्रिया या भाव 2. मुँह से निकाला जाने वाला फूँ-फूँ शब्द; फुफकारने से उत्पन्न शब्द जैसे- साँप या बैल की फुफकार।

फुफकारना [क्रि-अ.] 1. साँप का गुस्से में मुँह से ज़ोर-ज़ोर से हवा निकालना; फूफकार या फूत्कार करना 2. {ला-अ.} क्रोध में चिल्लाना; क्रोधित होना; क्रोध में ज़ोर से साँस लेना।

फुफेरा [वि.] 1. फूफ़ा संबंधी 2. फूफा या फूफी के नाते का, जैसे- फुफेरा भाई।

फुफेरी [वि.] फूफा या फूफी के नाते की, जैसे- फुफेरी बहन।

फुप्फुस (सं.) [सं-पु.] 1. श्वसन अंग 2. फेफड़ा।

फुर [सं-स्त्री.] छोटी चिड़िया के उड़ने से होने वाली ध्वनि; फुर्र।

फ़ुरक़त (अ.) [सं-स्त्री.] 1. वियोग; बिछोह 2. जुदाई।

फुरती [सं-स्त्री.] 1. तेज़ी; चुस्ती; स्फूर्ति 2. जल्दी; शीघ्रता 3. चटपट काम करने की शक्ति।

फुरतीला [वि.] 1. फुरती से काम करने वाला; चुस्त; तेज़ 2. स्फूर्तिमय 3. बहुत तेज़ चलने वाला।

फुरतीलापन [सं-स्त्री.] 1. फुरती से काम करने की अवस्था या भाव 2. शीघ्रता से चलने की अवस्था।

फुरफुराना [क्रि-स.] 1. किसी चीज़ को हिलाकर 'फुर-फुर' ध्वनि करना 2. फड़फड़ाना। [क्रि-अ.] 1. किसी चीज़ के हिलने से 'फुर-फुर' ध्वनि होना, जैसे- फतिंगों का फुरफुराना 2. फहराना; लहराना।

फुरफुरी [सं-स्त्री.] 1. कुछ वक्त तक बराबर होता रहने वाला 'फुर-फुर' शब्द 2. उड़ने के लिए पंख फड़फड़ाना 3. ठंड से होने वाली कँपकँपी।

फ़ुरसत (अ.) [सं-स्त्री.] 1. अवकाश; छुट्टी; खाली वक्त 2. झंझट भरे कार्य या रोग आदि से छुटकारा; मुक्ति 3. अवसर; मौका; समय 4. इत्मिनान।

फुरहरी [सं-स्त्री.] 1. 'फुर-फुर' शब्द करने या होने की अवस्था या भाव 2. चिड़ियों का पंख फड़फड़ाना; फड़फड़ाहट 3. भय या हर्ष के कारण होने वाला रोमांच; कंपन 4. स्फुरण; ठिठुरन।

फुरेरी [सं-स्त्री.] 1. सींक या तिनके में लिपटी हुई रुई जिससे इत्र या तेल लगाया जाता है 2. रोमांचयुक्त कँपकँपी; फुरहरी 3. फड़कने का भाव। [मु.] **-लेना** : काँपना; थरथराना।

फ़ुर्क़त (अ.) [सं-स्त्री.] उर्दू उच्चारणानुसार वर्तनी (दे. फ़ुरक़त)।

फुर्तीला [वि.] दे. फुरतीला।

फुर्र [सं-स्त्री.] 1. छोटी चिड़िया के उड़ने से होने वाली ध्वनि 2. {ला-अ.} शीघ्र; जल्दी।

फुर्रकनी [सं-स्त्री.] फुंकारने वाली गाय। [वि.] फुंकारने वाली।

फुर्रफुर्री [सं-स्त्री.] घोड़े का मुँह से फुर्र-फुर्र की ध्वनि उत्पन्न करना।

फुर्री [सं-स्त्री.] छींट से छोटी बूँद।

फ़ुर्सत (अ.) [सं-स्त्री.] दे. फ़ुरसत।

फुल [सं-पु.] 1. फूल का संक्षिप्त रूप 2. फूल का समास में व्यवहृत रूप 3. चोंच से आगे की घुंडी।

फुलक [सं-पु.] ईख का ऊपरी भाग; पुलुई।

फुलका [सं-पु.] 1. रोटी; चपाती 2. हलकी-पतली रोटी। [वि.] फूल जैसा हलका।

फुलकारी [सं-स्त्री.] 1. कपड़े पर फूल-पत्ती बनाने का काम 2. फूल-बूटियों वाला मलमल का कपड़ा 3. फूलों की सजावट 4. फूलों से किया गया शृंगार।

फुलकी [सं-स्त्री.] 1. हलकी और फूली हुई रोटी; चपाती 2. मैदे व सूजी को मिलाकर बनाई गई छोटी-छोटी गोल व कड़क पूरी जिसमें मटर, खट्टा पानी आदि भर कर खाया जाता है; गोलगप्पा; पानीपूरी; गुपचुप।

फुलछबरिया [सं-स्त्री.] वह स्वस्तिक चिह्न जो स्त्रियों के पंजों के शृंगार के बीच वाले वृत्त में बनाया जाता है।

फुलझड़ी [सं-स्त्री.] 1. एक प्रकार की आतिशबाज़ी जिसे जलाने पर फूल जैसी चिनगारियाँ झड़ती हैं 2. {ला-अ.} ऐसी बात जिसका मूल उद्देश्य दो पक्षों में झगड़ा कराना होता है 3. {ला-अ.} हँसी-मज़ाक की बात।

फुलडंडिया [सं-स्त्री.] पत्ती विहीन फूल का छापा।

फुलधोबा [सं-पु.] फसलों का एक रोग, जिसमें फूल झड़ जाते हैं।

फुलपतिया [सं-स्त्री.] उंगलियों पर बनाई गई मेहँदी की एक विशिष्ट रचना।

फुलबगिया [सं-स्त्री.] 1. पुष्पवाटिका 2. फूल पत्तियों सहित पौधों का छापा।

फुलबसिया [सं-स्त्री.] सुगंधित हवा; मीठी हवा।

फुलभंगा [सं-पु.] 1. जिसमें पुष्प का गठन खराब हो जाय (गोभी आदि) 2. झिल्ली। [वि.] वह फलदार वृक्ष जिसमें फूल लगते हों, पर फल नहीं लगते।

फुलवा [सं-पु.] 1. देह पर सफेद फूलों वाला बैल; बैलों की एक प्रजाति 2. देशी सफेद आलू 3. उबटन तथा इत्र में काम आने वाला एक प्रकार का गोंद 4. पुष्प।

फुलवा घास [सं-स्त्री.] एक प्रकार का तृण।

फुलवार (सं.) [वि.] 1. प्रफुल्ल; खुश; प्रसन्न। [सं-पु.] फूलों के पौधे।

फुलवारी (सं.) [सं-स्त्री.] 1. केवल फूल के पौधों का छोटा उद्यान या बाग; पुष्पवाटिका 2. कागज़ के बने फूल-पौधों का समूह 3. {ला-अ.} बाल-बच्चे जो माता-पिता के लिए परम आनंददायक होते हैं।

फुलस्केप (अं.) [सं-पु.] आधुनिक पैमाने के अनुसार सत्रह गुणा साढ़े तेरह इंच (17"×13½") के आकार का कागज़।

फुलहारा [सं-पु.] 1. फूल बेचने वाला व्यक्ति; पुष्प विक्रेता 2. बागवान।

फुलाना [क्रि-स.] 1. हवा भरकर फैलाना 2. किसी को फूलने में प्रवृत्त करना 3. वृक्ष आदि को पुष्पित करना 4. {ला-अ.} किसी की चापलूसी करके उसे प्रसन्न करना। [मु.] **गाल या मुँह फुलाना** : गुस्सा या रुष्ट हो जाना।

फुलावट [सं-स्त्री.] 1. किसी के फूले हुए होने की अवस्था या भाव 2. उभार; फैलाव; फुलाव।

फुलावा [सं-पु.] 1. स्त्रियों के सिर के बालों में जूड़ा बाँधने की फुँदनेदार डोरी; खजुरा 2. एक प्रकार का पौधा जिसमें लाल और सफ़ेद फूल आते हैं।

फुलिया [सं-स्त्री.] 1. किसी वस्तु का फूल की भाँति उभरा और फैला हुआ मोल सिरा 2. लोहे की कील या काँटा जिसका सिरा फूल के समान गोलाकार होता है 3. नाक में पहनने का एक आभूषण; फूल; लौंग।

फुलुकी [सं-स्त्री.] डलिया।

फुलेल [सं-पु.] 1. फूलों की गंध से सुगंधित किया गया तेल; सुगंधित तेल 2. एक छत्तेदार घास जिसके फूल सफ़ेद रंग के होते हैं।

फुलेली [सं-स्त्री.] काँच आदि का बड़ा पात्र जिसमें फुलेल रखा जाता है।

फुलौरा [सं-पु.] बड़ी फुलौरी।

फुलौरी [सं-स्त्री.] उड़द, बेसन आदि से बनाई जाने वाली एक प्रकार की बरी या पकौड़ी जो तले जाने पर काफ़ी फूल जाती है।

फुल्ल (सं.) [वि.] 1. खिला हुआ फूल 2. प्रफुल्ल; प्रसन्न; आनंदित 3. विकसित।

फुसफुस [सं-स्त्री.] 1. मुख से निकली हुई बहुत धीमी, साफ़ सुनाई न देने वाली आवाज़ 2. किसी के कान में बहुत धीमी आवाज़ में कही जाने वाली बात; कानाफूसी।

फुसफुसाना [क्रि-अ.] बहुत धीमें स्वर में किसी के कान में कुछ कहना; फुसफुस करना।

फुसफुसाहट [सं-स्त्री.] फुसफुस शब्द करते हुए कुछ कहने की आवाज़; बहुत ही धीमे स्वर में बात-चीत से उत्पन्न ध्वनि।

फुसलाऊ [वि.] 1. जो फुसलाने या उकसाने का काम करता हो 2. छलपूर्ण; भरमाने वाला।

फुसलाना [क्रि-स.] 1. बहकाना 2. लालच देकर या आशाएँ बँधाकर किसी व्यक्ति को अपने पक्ष में करना; मीठी बातों से बहलाना; भुलावा देना।

फुसलावा [सं-पु.] 1. दुष्प्रेरित करने का कार्य; उकसावा 2. बहलावा; भुलावा 3. मीठी बातें करके मिन्नत करना।

फुहार (सं.) [सं-स्त्री.] 1. जल की नन्ही-नन्ही महीन बूँदों की झड़ी; हलकी वर्षा 2. ऊपर से गिरने वाली किसी तरल पदार्थ की बहुत छोटी-छोटी बूँदें।

फुहारना [क्रि-स.] 1. तरल पदार्थ की फुहार डालना 2. किसी चीज़ को फुहारों से रँगना या धोना।

फुहारा [सं-पु.] 1. धरती से फूट पड़ने वाली तेज़ धारा 2. एक तरह का उपकरण जिससे पानी को पतली धार या फुहार के रूप में चारों ओर गिराया जाता है; जलयंत्र 3. पानी या किसी तरल पदार्थ की पतली तेज़धार।

फुही [सं-स्त्री.] दे. फुहार।

फू [सं-स्त्री.] फूँकने की आवाज़ या ध्वनि।

फूँ [सं-स्त्री.] 1. साँप के फुफकारने की आवाज़ या ध्वनि 2. तेज़ फूँकने से होने वाली ध्वनि।

फूँक [सं-स्त्री.] 1. होंठों को गोलाकर करके मुँह से वेग पूर्वक छोड़ी जाने वाली हवा; मुँह से हवा बाहर निकालने की क्रिया 2. मंत्र आदि पढ़कर की जाने वाली उक्त क्रिया। [मु.] -**फूँक कर कदम रखना** : अत्यंत सावधानी बरतना। -**निकल जाना** : अकड़ जाती रहना; बेदम होना।

फूँकना [क्रि-स.] 1. मुँह से वेग के साथ हवा छोड़ना 2. वंशी, शंख आदि को बजाना 3. पूरी तरह से भस्म करने के लिए आग लगाना; जलाना 4. {ला-अ.} धन-संपत्ति आदि को व्यर्थ व्यय करना; नष्ट करना।

फूआँ [सं-पु.] मक्के के दाने पकने पर टूटने वाले फूल।

फूट [सं-स्त्री.] 1. फूटने की क्रिया या भाव 2. विरोध या वैमनस्य के कारण होने वाली आपसी अनबन; अलगाव या बिगाड़ 3. एक तरह की बड़ी ककड़ी जो पकने पर फूट जाती है। [मु.] -**फूटकर रोना** : विलाप करना, बिलख-बिलख कर रोना। -**डालना** : लोगों में आपसी भेदभाव उत्पन्न करना।

फूट लाना [क्रि-अ.] बरतनों का टूटना।

फूटन [सं-स्त्री.] 1. फूटने की क्रिया या भाव 2. फूटकर अलग हुआ टुकड़ा 3. जोड़ों या हड्डियों में होने वाला दर्द।

फूटना (सं.) [क्रि-अ.] 1. आघात या प्रहार से किसी वस्तु के छोटे-छोटे टुकड़े हो जाना; खंडित होना 2. चोट लगने से शरीर के किसी अंग से ख़ून बहने लगना 3. अंकुर, शाखा आदि का निकलना 4. एक पक्ष छोड़कर दूसरे पक्ष में चले जाना 5. इस प्रकार विकृत होना कि किसी काम का न रह जाए 6. किसी मुख्य मार्ग से उपमार्ग निकलना 7. कोई गुप्त बात, भेद या रहस्य का सभी पर प्रकट होना 8. साथ न रह कर अलग-अलग रहना 9. रासायनिक पदार्थ बम, गोले आदि का फटना; विस्फोट होना 10. ऊपरी आवरण को तोड़कर वेगपूर्वक बाहर निकलना 11. रोग का प्रकट होना 12. {व्यं-अ.} मुख से शब्द उच्चारित होना।

फूटपूड़ी [सं-स्त्री.] दाल भरी हुई पूड़ी; ढलही पूड़ी।

फूत्कार (सं.) [सं-पु.] 1. फुफकार; फूँक 2. साँप आदि के मुँह से हवा निकलने की आवाज़ 3. सिसकना; चीत्कार।

फूत्कृति (सं.) [सं-स्त्री.] साँप आदि के मुँह से हवा निकलने की आवाज़; फूत्कार।

फूफा [सं-पु.] बुआ या फूफी का पति।

फूफी [सं-स्त्री.] पिता की बहन; बुआ; फूफू।

फूल (सं.) [सं-पु.] 1. पुष्प; सुमन; कुसुम 2. प्रफुल्लता; हर्ष; ख़ुशी 3. उभार 4. दीपक की बत्ती का जला हुआ अंश 5. फूल के आकार की कोई वस्तु, आभूषण आदि 6. शव जलने के बाद बची हुई अस्थियाँ 7. ताँबा और राँगा के योग से बनने वाली एक मिश्र धातु। [मु.] -**सूँघ कर रहना** : बहुत थोड़ा-सा भोजन करना।

फूलगहना (सं.) [सं-पु.] पुष्प से निर्मित (बना हुआ) गहना (आभूषण)।

फूलगोभी [सं-स्त्री.] फूल के आकार की एक वनस्पति जो सब्ज़ी के रूप में खाई जाती है; गोभी का एक प्रकार।

फूलडाली (सं.) [सं-स्त्री.] 1. पुष्प की डाली 2. आकार में अति छोटी डलिया।

फूलदान (सं.+फ़ा.) [सं-पु.] 1. मिट्टी, काँच या शीशा आदि का वह पात्र जिसमें फूल रख कर सजाया जाता है 2. गुलदस्ता।

फूलदार (सं.+फ़ा.) [वि.] 1. फूलोंवाला 2. जिसपर फूल-पत्ते बने हों या फूलकारी का काम किया गया हो।

फूलना [क्रि-अ.] 1. पेड़-पौधे आदि में फूल लगना या आना 2. कली का विकसित होना, कुसमित होना या खिलना 3. हवा भरने से तन जाना 4. मोटा या स्थूल होना 5. शरीर के किसी अंग का सूजना 6. नाराज़ होना या रूठना 7. {ला-अ.} बहुत प्रसन्न होना 8. {ला-अ.} घमंड करना।

फूलपत्ती [सं-स्त्री.] 1. किसी मूर्ति इत्यादि पर चढ़ाए जाने वाले तरह-तरह के फूल और पत्तियाँ 2. (वनस्पतिविज्ञान) किसी पौधे का पुष्पदल या पंखुड़ी; (फ्लॉवर लीफ़) 3. फूल और पत्तियों वाली कढ़ाई या कसीदाकारी; छींट।

फूलबाग [सं-पु.] केवल फूलों के पौधों से सुसज्जित बगीचा; फूलों वाला उपवन; पुष्पोपवन।

फूलमाली (सं.) [सं-पु.] पुष्प से माला बनाने वाला व्यक्ति; मालाकार; फूलवाला।

फूला [सं-पु.] 1. आँख का एक रोग; मोतियाबिंद 2. गन्ने का एक रोग।

फूस (सं.) [सं-पु.] 1. तृण; तिनका 2. एक तरह की घास जो सुखाकर छप्पर आदि डालने के काम आती है।

फूहड़ [वि.] 1. भद्दे ढंग से काम करने वाला; बेढंगा 2. जिसे कुछ करने का ढंग पता न हो; बेशऊर; बेअक्ल; उजड्ड 3. अश्लील; हेय 4. भद्दा; गंदा 5. निकम्मा।

फूहड़पन [सं-पु.] 1. फूहड़ होने की अवस्था या भाव 2. भद्दापन; बेढंगापन; अनाड़ीपन।

फूहा [सं-पु.] रुई का गाला।

फेंक [सं-स्त्री.] 1. फेंकने की क्रिया या भाव 2. झूठा और निराधार; मनगढ़ंत। [परप्रत्य.] फेंकने वाला, जैसे- दिलफेंक (औरत या मर्द)।

फेंकउआ [सं-पु.] फेंक कर (पानी में) प्रयोग होने वाला मछली पकड़ने का जाल। [वि.] फेंकने के योग्य; बेकार; व्यर्थ; खराब; फेंका; फेंकुआ।

फेंकना (सं.) [क्रि-स.] 1. किसी वस्तु को झटके से दूर हटाना या डालना 2. ज़मीन पर गिराना; पटकना 3. कूड़ा आदि ले जाकर दूसरी जगह डालना 4. परित्याग करना; छोड़ना 5. तिरस्कारपूर्वक छोड़ना 6. चीज़ों को इधर-उधर फैलाना 7. जुए आदि के खेल में दाँव के लिए गोटी चलना 8. {ला-अ.} व्यर्थ धन व्यय करना।

फेंकरल [क्रि-अ.] 1. जोर जोर से रोना 2. सियार का रोना।

फेंकवाना [क्रि-स.] 1. फेंकने की क्रिया किसी अन्य से कराना 2. फेंकने की क्रिया में किसी को प्रवृत्त करना।

फेंकार [सं-पु.] 1. फेंकरने का शब्द 2. हुँआ-हुँआ की आवाज 3. सियारिन (मादा सियार) के क्रंदन की ध्वनि।

फेंट [सं-स्त्री.] 1. फेंटने की क्रिया या भाव 2. कमर का घेरा; फेंटा 3. कमरबंद 4. धोती का वह भाग कमर के चारों ओर लपेटते हैं।

फेंटना (सं.) [क्रि-स.] 1. मिश्रण करना 2. बिलोना 3. किसी गाढ़े द्रव को उँगलियों व हथेली से अच्छी तरह रगड़ना 4. अच्छी तरह मिलाना 5. ताश के पत्तों को गड्डमड्ड करना।

फेंटा [सं-पु.] 1. कमर का घेरा 2. धोती का वह भाग जो कमर के चारों ओर लपेटकर बाँधा जाता है 3. फटका; कमरबंद 4. कपड़े से सिर पर बाँधी जाने वाली पगड़ी; साफ़ा 5. सूत की बड़ी अंटी। [मु.] **-बाँधना** : किसी काम के लिए कमर कसकर तैयार होना।

फ़ेज़ (अं.) [सं-पु.] 1. चरण; विकास की कोई अवस्था विशेष; प्रावस्था 2. शहर का विस्तृत किया गया भाग; मुहल्ला।

फेटबाल [सं-पु.] कपास की एक प्रजाति।

फ़ेडरेशन (अं.) [सं-पु.] 1. महासंघ; मंडल 2. राज्यों का संघ 3. संस्थाओं या संगठनों का समूह 4. राजनीतिक संगठन या दल।

फेन (सं.) [सं-पु.] किसी पदार्थ के ख़ूब हिलने, सड़ने और खौलने से उत्पन्न होने वाली झाग; बुलबुलों का समूह।

फेनक (सं.) [वि.] फेन उत्पन्न करने वाला; जिससे फेन उत्पन्न हो।

फेनसही [वि.] फेनसावाली। [सं-स्त्री.] फेनसा वाली (गाय)।

फेना (सं.) [सं-स्त्री.] एक तरह का क्षुप।

फेनिल (सं.) [सं-पु.] रीठा। [वि.] झाग या फेन से युक्त; झागदार; फेनयुक्त।

फेनी (सं.) [सं-स्त्री.] सूत के लच्छे की तरह महीन लच्छेदार व्यंजन जिसे दूध में मिलाकर खाया जाता है।

फेनुस [सं-पु.] तुरंत ब्याने गाय का दूध जो उबालने के समय फट जाता है; बियाने के दस दिन बाद तक का गाय का दूध।

फेफड़ा (सं.) [सं-पु.] रीढ़धारी प्राणियों में पाया जाने वाला श्वसन अंग; फुफ्फुस; (लंग्स)।

फ़ेयरवेल (अं.) [सं-स्त्री.] विदाई; विदाई समारोह।

फेर[1] [सं-पु.] 1. घुमाव; चक्कर 2. परिवर्तन; बदलना 3. क्रम; सिलसिला 4. चालाकी से भरी हुई; चाल या युक्ति 5. धोखे में रखना 6. घाटा सहना; नुकसान 7. दिशा; ओर 8. उलझन; झंझट।

फेर[2] (सं.) [सं-पु.] गीदड़ नामक जानवर।

फेरना [क्रि-स.] 1. किसी चीज़ को घेरे में या धुरी पर चारों ओर बार-बार घुमाना 2. लौटाना; वापस करना 3. लेपना 4. उलटना; बदलना 5. चाल सिखाने के लिए चक्कर देना।

फेरफार [सं-पु.] 1. परिवर्तन; उलटफेर; चक्कर 2. उथलपुथल 3. घोटाला।

फेरबदल [सं-स्त्री.] 1. परिवर्तन; बदलाव; तबदीली 2. वस्तु-विनिमय 3. लेनदेन।

फेरव (सं.) [सं-पु.] 1. शृगाल; सियार; गीदड़ 2. प्रेत; पिशाच 3. गुंडा; बदमाश। [वि.] धूर्त।

फेरा [सं-पु.] 1. परिक्रमा; चक्कर 2. किसी चीज़ को चारों ओर घुमाने की क्रिया 3. एक बार का घुमाव; लपेट 4. पुनरागमन 5. गश्त; मंडल 6. विवाह की एक रस्म; भाँवर 7. बार-बार आना-जाना।

फेरी [सं-स्त्री.] 1. परिक्रमा; चक्कर 2. गश्त; मंडल 3. भाँवर; प्रदक्षिणा 4. छोटे व्यापारियों द्वारा सौदा बेचने के लिए गली-कूचों में घूम कर लगाया जाने वाला चक्कर 5. रस्सी पर ऐंठन देने की चरखी।

फेरीदार (हिं.+फ़ा.) [वि.] विभिन्न स्थानों पर जाकर कर्ज़दारों से धन वसूल करने वाला कर्मचारी या नौकर।

फेरीवाला [सं-पु.] गली में फेरी करके या घूम-घूमकर सामान बेचने वाला व्यापारी; (हॉकर)।

फ़ेल (अं.) [वि.] 1. असफल; विफल; नाकाम 2. परीक्षा में अनुत्तीर्ण 3. जो समय पर ठीक और पूरा काम न दे।

फ़ेलोशिप (अं.) [सं-स्त्री.] 1. अध्ययन या शोधकार्य हेतु प्रदत्त या प्राप्त वृत्ति; अध्येतावृत्ति 2. मैत्री; भाईचारा; मेलजोल; मिलाप 3. समान विचार वाले लोगों का समूह; समाज या संघ।

फ़ेशियल (अं.) [सं-पु.] लेप लगाकर चेहरे की सफ़ाई करना; मुखमंडल पर लेप लगाकर मालिश करना; (मेकअप)। [वि.] चेहरे से संबंधित।

फ़ेसबुक (अं.) [सं-पु.] इंटरनेट पर स्थित एक निःशुल्क सामाजिक नेटवर्किंग सेवा, जिसके माध्यम से इसके सदस्य अपने परिजनों, मित्रों और परिचितों के साथ संपर्क रख सकते हैं।

फ़ेहरिस्त (अ.) [सं-स्त्री.] 1. सूची; तालिका 2. सूचीपत्र।

फ़ैंसी (अं.) [वि.] 1. सुंदर; सजीला; रुचिकर 2. भड़कदार; अलंकृत; जिसपर कसीदाकारी हुई हो 3. काल्पनिक; अनोखा 4. मनोरम 5. नए फ़ैशन का परिधान जो प्रचलन में हो 6. अपने वर्ग की वस्तुओं से श्रेष्ठ और नए प्रयोगों वाला।

फ़ैकल्टी (अं.) [सं-पु.] 1. विश्वविद्यालय या महाविद्यालय में कोई विभाग या संकाय 2. विश्वविद्यालय या महाविद्यालय के शिक्षकगण 3. शरीर या मन की नैसर्गिक क्षमता।

फ़ैक्टरी (अं.) [सं-स्त्री.] वह स्थान जहाँ मशीनों से बड़े पैमाने पर वस्तुओं का उत्पादन होता है; निर्माणशाला; कारख़ाना; उद्योग।

फ़ैक्स (अं.) [सं-पु.] टेलीफ़ोन लाईन द्वारा विशेष मशीन के माध्यम से भेजा गया पत्र; दूरपत्र।

फ़ैज़ (अ.) [सं-पु.] 1. यश; कीर्ति; मकबूलियत 2. उपकार; भलाई 3. फ़ायदा; लाभ 4. हित; उपकार; परोपकार।

फैड़ [सं-पु.] 1. गाड़ी के ढाँचे की दो लंबी भुजाएँ 2. नींव की चिनाई का ऊपरी रद्दा; फड़।

फ़ैन (अं.) [सं-पु.] 1. बिजली का पंखा 2. बाँस या कागज़ आदि का बना पंखा 3. प्रशंसक; मुरीद; दीवाना 3. प्रेमी 5. अंधभक्त।

फ़ैयाज़ (अ.) [वि.] 1. जिसमें फ़ैज़ अर्थात दानशीलता हो 2. दानी; मुक्तहस्त 3. उदार और भलामानुष।

फ़ैयाज़ी (अ.) [सं-स्त्री.] 1. दानशीलता 2. उदारता 3. दरियादिली।

फैलना [क्रि-अ.] 1. अधिक जगह घेरना 2. अधिक विस्तृत होना; पसरना 3. बिखरना; छितरना 4. प्रचार पाना; प्रचलित

होना; प्रसिद्ध होना 5. लोगों की जानकारी में होना 6. मोटा होना 7. किसी क्षेत्र में प्रभावपूर्ण ढंग से सक्रिय होना।

फैलाना [क्रि-स.] 1. खोलना 2. विस्तार देना 3. फैलने में प्रवृत्त करना; प्रसारण 4. छितराना; बिखेरना 5. प्रचार करना या प्रचलित करना 6. प्रसिद्ध करना।

फैलाव [सं-पु.] 1. फैले हुए होने की अवस्था या भाव; विस्तार; प्रसार 2. उतनी लंबाई-चौड़ाई जिसमें कोई चीज़ फैली हुई हो।

फैलावट [सं-स्त्री.] 1. विस्तार; फैलाव 2. फैले हुए होने की अवस्था या भाव 3. प्रसार; प्रचार 4. लंबाई-चौड़ाई।

फ़ैशन (अं.) [सं-पु.] 1. किसी काल विशेष में सर्वाधिक लोकप्रिय व्यवहार या वस्त्रधारण की शैली अथवा ढंग 2. चलन; पद्धति; प्रचलित रीति।

फ़ैसल (अ.) [वि.] जिसका फ़ैसला हो गया हो; निर्णीत। [सं-पु.] 1. फ़ैसला करने वाला अधिकारी; न्यायकर्ता 2. न्याय; निर्णय; फ़ैसला।

फ़ैसला (अ.) [सं-पु.] 1. किसी मुकदमें या विवाद से संबंधित निर्णय 2. न्यायकर्ता द्वारा दी जाने वाली व्यवस्था 3. किसी विषय या वस्तु के संदर्भ में लिया गया अंतिम निश्चय; निर्णय।

फ़ॉन्ट (अं.) [सं-पु.] 1. छपाई में प्रयुक्त अक्षरों की विशिष्ट आकृति, आकार और बनावट 2. अक्षरों की बनावट के विविध तरीके तथा उनकी विशिष्ट आकृति।

फ़ॉरमूला (अं.) [सं-पु.] 1. सूत्र 2. नियम; नुस्खा 3. विधि; सिद्धांत 4. किसी काम को करने का तरीका; गुर; तरकीब, जैसे- फ़िल्म हिट करने का फ़ॉरमूला 5. सांकेतिक भाषा में तथ्यों का विवरण 6. औषधि या दवाई के घटक तथा उसे बनाने की विधि 7. मतभेद सुलझाने या समझौता कराने का उपाय।

फ़ॉरवर्ड (अं.) [वि.] 1. आगे की ओर का; भविष्योन्मुख 2. प्रगत; प्रगतिशील 3. अपने समय से आगे 4. प्रगल्भ; बेतकल्लुफ़ 5. फुटबाल आदि खेलों में अग्रिम पंक्ति का खिलाड़ी। [क्रि-स.] अगेषित करना।

फ़ॉर्म (अं.) [सं-पु.] 1. आवेदनपत्र 2. अभिलेख, प्रार्थना पत्र आदि का बना हुआ लिखित प्रारूप या ढाँचा 3. किसी समय में किसी की दक्षता का स्तर 4. किसी शब्द की एक विशेष वर्तनी निर्धारित करने या प्रचलित वर्तनी में परिवर्तन का एक प्रकार; रूप 5. आकार; ढाँचा 6. अवस्था 7. मुद्रा; आकृति 8. किसी विशेष आकृति या क्रम में खड़ी हुई चीज़।

फ़ॉर्मेट (अं.) [सं-पु.] 1. किसी चीज़ का आकार-प्रकार; प्रारूप; खाका 2. किसी पृष्ठ पर लिखित सामग्री का विशिष्ट रूप 3. कंप्यूटर में डाटा या सूचनाओं के संग्रहक माध्यमों (जैसे- हार्डडिस्क, पेनड्राइव आदि) को सूचना रहित करना।

फ़ॉस्फ़ेट (अं.) [सं-पु.] 1. एक कार्बनिक रसायन 2. फ़ॉस्फ़ोरस युक्त लवण या यौगिक 3. फ़सलों या पौधों के संवर्धन के लिए उनमें डाला जाने वाला एक प्रकार का रासायनिक उर्वरक।

फ़ॉस्फ़ोरस (अं.) [सं-पु.] एक हलका पीला, विषैला रासायनिक तत्व जो वायु के संपर्क में आते ही जलने लगता है।

फोंक (सं.) [सं-पु.] 1. तीर या बाण का पिछला सिरा जिसपर पंख लगाए जाते हैं 2. लंबी पोली नली; भोगली।

फोंका [सं-पु.] लंबा और पीला चोंगा 2. पीले, डंठल वाले शस्यों (फसलों) की फुनगी 3. नदी के किनारे की जमीन 4. सर फोंका।

फोक [सं-पु.] एक तृण (घास) जिसका साग बनाया जाता है। [सं-स्त्री.] पीड़ा वेदना। [वि.] 1. मुलायम; नरम 2. चार (दलाल)।

फोकट [वि.] 1. मूल्यरहित; मुफ़्त; निःशुल्क; (फ्री) 2. निरर्थक; व्यर्थ; निस्सार।

फ़ोकस (अं.) [सं-पु.] 1. किसी बात या कार्य का केंद्र या केंद्रबिंदु 2. किसी व्यक्ति या वस्तु पर दिया गया विशेष ध्यान 3. वह बिंदु जहाँ प्रकाश की किरणें या ध्वनि तरंगें परावर्तन या अनुवर्तन के बाद मिलती हैं या मिलती हुई प्रतीत होती हैं 4. दूरबीन, कैमरे आदि के अंदर से दिखाई देने वाला केंद्रीय दृश्य।

फोट[1] [सं-पु.] 1. मन का उद्गार 2. फूटने की क्रिया या भाव।

फोट[2] (सं.) [सं-पु.] स्फोट, ध्वनि विशेष (व्याकरण)।

फोटा (सं.) [सं-पु.] 1. माथे पर लगाई जाने वाली गोल बिंदी 2. किसी प्रकार का गोलाकार चिह्न 3. टीका, तिलक 4. गुला।

फ़ोटो (अं.) [सं-पु.] 1. चित्र; तस्वीर 2. एक विशिष्ट यांत्रिक उपकरण द्वारा खींचा हुआ चित्र; छायाचित्र।

फ़ोटोकॉपी (अं.) [सं-स्त्री.] किसी दस्तावेज़, फोटो या छायाचित्र आदि की छाया प्रतिलिपि।

फ़ोटोग्राफ़ (अं.) [सं-स्त्री.] छायाचित्र; प्रतिबिंब।

फ़ोटोग्राफ़र (अं.) [सं-पु.] 1. फोटो खींचने वाला व्यक्ति 2. छायाचित्र बनाने वाला कलाकार; छायाचित्रकार।

फ़ोटोग्राफ़ी (अं.) [सं-स्त्री.] फ़ोटो या छायाचित्र खींचने और बनाने की कला; अक्कासी।

फ़ोटोस्टेट (अं.) [सं-स्त्री.] किसी लिखित, मुद्रित या टंकित सामग्री की फ़ोटो के माध्यम से कागज़ पर की गई अनुकृति; फ़ोटो अनुकृति।

फोड़ना [क्रि-स.] 1. तोड़ना 2. टुकड़े-टुकड़े करना; भग्न करना; विदीर्ण करना; नष्ट कर देना 3. भेद या रहस्य खोलना, जैसे- किसी का भंडा फोड़ना 4. दीवार आदि में छेद करना; सेंध लगाना 5. किसी को बहला-फुसलाकर अपने पक्ष में कर लेना; भेदभाव उत्पन्न करना, जैसे- परिवार या घर फोड़ना 6. खरी या करारी वस्तुओं को दबाव या आघात द्वारा तोड़ना।

फोड़ा [सं-पु.] शरीर में किसी स्थान पर होने वाला ऐसा घाव जिसमें मवाद पड़ गया हो; बड़ी फुंसी।

फ़ोता (फ़ा.) [सं-पु.] 1. रुपए रखने की थैली; कोष 2. लगान; भूमिकर 3. अंडकोष 4. कमरबंद; पटका 5. सिरबंद; पगड़ी।

फ़ोन (अं.) [सं-पु.] दूरभाष यंत्र; (टेलीफ़ोन)।

फ़ोनोग्राफ़ (अं.) [सं-पु.] 1. एक यंत्र जो ध्वनि को अंकित करता है और बजाने पर उसी रूप में प्रकट कर देता है; (ग्रामोफ़ोन) 2. ध्वनिग्राहक यंत्र; शब्द उच्चारण यंत्र।

फ़ोनोग्राम (अं.) [सं-पु.] 1. ध्वनिचिह्न 2. फ़ोनोग्राफ़ द्वारा भरा गया रिकार्ड।

फ़ोरन (सं.) [सं-पु.] छौंक का मसाला; फोड़न।

फोरना [क्रि-स.] फोड़ना।

फ़ोरम (अं.) [सं-पु.] 1. न्यायालय; न्यायाधिकरण 2. सभा; संगोष्ठी 3. प्रांगण; चौक 4. वाद-विवाद सभा; जनसभा 5. मंच।

फ़ोरेंसिक (अं.) [वि.] तथ्यों और प्रमाणों की जाँच-पड़ताल के लिए विधि या कानून से संबंधित वैज्ञानिक परीक्षण करने वाला।

फ़ोल्ड (अं.) [सं-पु.] 1. किसी कागज़ या कपड़े आदि के एक भाग को मोड़कर दूसरे पर जमाना; तह लगाना; मोड़ना 2. चुन्नट।

फ़ोल्डर (अं.) [सं-पु.] 1. कागज़ या दस्तावेज़ की सुरक्षा करने के लिए प्रयुक्त किया जाने वाला मोटे कागज़, गत्ते या प्लास्टिक का खोल या आवरण 2. तह किया हुआ विज्ञापन 3. तह किया हुआ पन्ना; चौपन्ना।

फ़ौज (अ.) [सं-स्त्री.] 1. सेना; लश्कर 2. झुंड; जत्था।

फ़ौज़दार (अ.+फ़ा.) [सं-पु.] 1. सेना का एक छोटा अधिकारी 2. सेनानायक 3. प्राचीन काल में बादशाह आदि की सवारी में हाथी पर आगे बैठने वाला; कोतवाल।

फ़ौजदारी (अ.+फ़ा.) [सं-स्त्री.] 1. फ़ौजदार का कार्य या पद 2. मार-पीट की कोई घटना 3. न्यायालय जिसमें उक्त घटना की सुनवाई होती है।

फ़ौजी (अ.) [सं-पु.] सैनिक। [वि.] फ़ौज से संबंध रखने वाला; फ़ौज से संबंधित; फ़ौज का।

फौरा [सं-पु.] कुदाल; फावड़ा।

फ़ौरी (अ.) [वि.] 1. तत्काल ध्यान देने योग्य 2. तुरंत करने योग्य 3. महत्वपूर्ण; अत्यावश्यक; (अर्जेंट)।

फ़ौलाद (अ.) [सं-पु.] 1. बहुत कड़ा एवं मज़बूत लोहा; असली लोहा; इस्पात 2. {ला-अ.} शक्तिशाली।

फ़ौलादी (अ.) [वि.] 1. फ़ौलाद या इस्पात का बना हुआ 2. {ला-अ.} बहुत ही दृढ़ और मज़बूत; पक्का। [सं-स्त्री.] एक प्रकार का डंडा जिसके सिरे पर बल्लम जड़ा रहता है।

फ़्यूज़ (अं.) [सं-पु.] (भौतिकशास्त्र) विद्युत परिपथ में लगाया जाने वाला धातु के तार का टुकड़ा।

फ़रंट (अं.) [सं-पु.] 1. किसी व्यक्ति या वस्तु का मुख या सामने का भाग 2. माथा; ललाट 3. अग्रभाग 4. पुस्तक आदि का मुखपृष्ठ 5. सम्मुख होने की अवस्था 6. युद्धस्थल 7. मोर्चा।

फ़रंट कवर (अं.) [सं-पु.] पत्रिकाओं का कवर पेज, जिसपर प्रमुख ख़बरों के बारे में ध्यानाकर्षित करने वाली सामग्री होती है।

फ़रंटियर (अं.) [सं-पु.] 1. सीमांत 2. सीमावर्ती प्रदेश 3. सरहद 4. सीमा; हद।

फ़री (अं.) [वि.] 1. मुफ़्त; निःशुल्क 2. स्वतंत्र; मुक्त; आज़ाद; स्वच्छंद।

फ़रीज़ (अं.) [सं-पु.] 1. बहुत अधिक शीत या सरदी; शीतलहर 2. किसी अवधि विशेष के लिए आय, मूल्य आदि को स्थिर रखने की क्रिया।

फ़रीलांसर (अं.) [सं-पु.] 1. किसी एक संगठन या संस्था से संबंद्ध न रहकर विभिन्न संस्थाओं या व्यक्तियों को शुल्क पर सेवा प्रदान करने वाला कलाकर्मी, लेखक या पत्रकार आदि 2. स्वच्छंद कार्यकर्ता 3. स्वनियोजित।

फ़रेम (अं.) [सं-पु.] 1. चौखटा 2. गठन; बनावट 3. ढाँचा; रचना 4. दायरा।

फ़रैंचाइज़ी (अं.) [सं-स्त्री.] 1. स्थानीय अधिकारी या संस्था 2. किसी विस्तृत संस्था या कंपनी का स्थानीय उत्पादक या सहयोगी स्थानीय विक्रेता 3. विशेष विक्रय अधिकार प्राप्तकर्ता।

फ़रैक्चर (अं.) [सं-पु.] 1. दरार; विभंजन 2. हड्डी आदि किसी कठोर चीज़ का टूटना; अस्थि भंग।

फ़रॉक (अं.) [सं-पु.] एक प्रकार का घेरादार कुरता जो प्रायः लड़कियाँ पहनती हैं; लड़कियों का एक प्रकार का वस्त्र।

फ़रॉड (अं.) [सं-पु.] 1. वह काम जो किसी को धोखे में डाल कर कोई स्वार्थ साधने के लिए किया जाए 2. घोटाला; घपला 3. कपट; छल; दगा 4. घोटालेबाज़ी; ठगी 5. ठग; भ्रष्टाचारी 6. नकली; ढोंगी।

फ़्लर्ट (अं.) [सं-पु.] 1. इश्कबाज़ 2. छेड़छाड़।

फ़्लश (अं.) [क्रि-स.] 1. बहाना; पानी से साफ़ करना और निकालना 2. उड़ जाना 3. गंदगी रिक्त होना; बहा देना।

फ़्लाइट (अं.) [सं-स्त्री.] 1. विमान की उड़ान 2. उड़ने वाला विमान 3. {ला-अ.} कल्पना की उड़ान।

फ़्लाईओवर (अं.) [सं-पु.] 1. ऊपरी मार्ग; पुल 2. ऊपर पारपथ; ऊपरगामी सेतु; (ओवरब्रिज)।

फ़्लास्क (अं.) [सं-पु.] वह बोतल या पात्र जिसमें गरम चीज़ गरम और ठंडी चीज़ ठंडी रहती है; (थरमस)।

फ़्लू (अं.) [सं-पु.] 1. वायरस द्वारा बहुत तेज़ी से फैलने वाला संक्रामक रोग 2. बुख़ार; (इनफ़्लूएंजा)।

फ़्लैट (अं.) [सं-पु.] 1. किसी बड़े रिहायशी भवन का एक खंड 2. मकान; घर। [वि.] 1. सपाट; समतल 2. मैदान; ज़मीन 3. नीरस; फीका; स्वादहीन।

फ़्लैश (अं.) [सं-पु.] 1. क्षणिक तेज़ प्रकाश; कौंध 2. चमकीला; भड़कीला 3. (पत्रकारिता) विस्तृत समाचार छपने के पूर्व किसी अत्यंत महत्वपूर्ण समाचार की संक्षिप्त सूचना; कौंध समाचार; तड़ित समाचार 4. कैमरे में लगी चमकदार रोशनी 5. ऐसी रोशनी उत्पन्न करने वाला उपकरण।

फ़्लॉप (अं.) [सं-पु.] 1. असफल व्यक्ति 2. फड़फड़ाने की आवाज़ 3. पूर्णतः असफलता या विफलता 4. गिरा होना; ध्वस्त [वि.] जो चर्चित या लोगों द्वारा पसंद न हुआ हो अथवा किया न गया हो (फ़िल्म, नाटक आदि)।

फ़्लोर (अं.) [सं-पु.] 1. फ़र्श; मंज़िल 2. समुद्र की गहरी सतह 3. संसद या सार्वजनिक गोष्ठी आदि का सभाकक्ष।

ब

ब हिंदी वर्णमाला का व्यंजन वर्ण। उच्चारण की दृष्टि से यह द्वि-ओष्ठ्य, सघोष, अल्पप्राण स्पर्श है।

बँकटिया [सं-स्त्री.] दो-तीन बियान वाली (गर्भ धारण कर चुकी) भेड़।

बँकहिया [सं-पु.] छाती पर गाँठ वाला घोड़ा।

बँकुआ [सं-पु.] घास काटने का एक औज़ार (उपकरण); पसनी।

बँगठी [सं-स्त्री.] रूई का बिनौला।

बँगड़ा [सं-पु.] एक प्रकार की नाव।

बँगला [सं-पु.] 1. कोई छोटी कोठी या हवादार मकान 2. बरामदे वाला छोटा मकान जो प्राय: खपरैल का बना होता है।

बँगली [सं-स्त्री.] एक आभूषण जो चूड़ियों के बीच पहना जाता है। [सं-पु.] 1. घोड़ा 2. एक प्रकार का पान।

बँगुरी [सं-स्त्री.] 1. एक आभूषण; बँगली 2. एक प्रकार की मछली 3. सँड़सी।

बँगौर [सं-पु.] बिनौला; बँगौरी।

बँघेला [सं-पु.] बाईं ओर का (बाएँ बाजूवाला) खूँटा।

बँचवाना [क्रि-स.] 1. पढ़वाना 2. बाँचने का काम दूसरे से कराना।

बँझियाना [क्रि-अ.] कार्य में प्रवृत्त होना, जुट जाना।

बँटना [क्रि-अ.] 1. बाँटा जाना; हिस्सा किया जाना 2. विभक्त या विभाजित होना।

बँटवाना [क्रि-स.] 1. बाँटने का काम दूसरे से कराना 2. विभाजित कराना; हिस्से दिलाना।

बँटवारा [सं-पु.] विभाजन; अलगौझा; संपत्ति के बाँटे जाने की क्रिया।

बँटा [वि.] ऐंठा (रस्सी या सूत)।

बँटाई [सं-स्त्री.] 1. बाँटे जाने की अवस्था या भाव 2. पारिश्रमिक 3. ज़मींदारों द्वारा बनाई गई कृषि की आय के विभाजन का ढंग 4. किसी को जोतने-बोने के लिए खेत देने का वह प्रकार जिसमें खेत का मालिक लगान के बदले में उपज का कुछ अंश लेता है।

बँटाना [क्रि-स.] 1. बँटवारा करना 2. किसी की संपत्ति आदि से अपना हिस्सा अलग करा लेना 3. दूसरे का भार या कष्ट हलका करने के लिए उसका कुछ भाग अपने ऊपर लेना।

बँड़छा [सं-पु.] कपास की एक प्रजाति।

बँड़ेर (सं.) [सं-स्त्री.] वह बल्ला, लरही या शहतीर जिसके ऊपर छाजन या ठाठ स्थित होता है; बँड़ेरी।

बँड़ेर (सं.) [सं-पु.] वह बल्ला या शहतीर जिसके ऊपर छाजन का ठाठ स्थित रहता है।

बँड़ेरी [सं-स्त्री.] खपरैल की छाजन में सबसे ऊपर रहने वाली लकड़ी या बल्ली।

बँदिया [सं-पु.] पेंचकस; कीलादि कसने खोलने का एक उपकरण।

बँधना [क्रि-अ.] 1. किसी बंधन में आ जाना; आबद्ध होना; बाँधा जाना 2. अटकना; जमना 3. फँसना 4. डोरी या रस्सी आदि से पकड़ा जाना 5. नियम या प्रतिबंधन से युक्त होना 6. कारागार या जेल में रखा जाना 7. मुग्ध होना 8. बनाया जाना; गँठना 9. {ला-अ.} ध्यान या विचार का एक ही स्थान पर केंद्रित होना।

बँधवाना [क्रि-स.] 1. बाँधने का काम कराना 2. नियत या मुकर्रर कराना 3. कारागार या जेलख़ाने आदि में रखवाना 4. वास्तु आदि की रचना कराना 5. बंधन में डलवाना या रखवाना।

बँधा-बँधाया [वि.] 1. जो बाँधकर रखा गया हो 2. तय किया हुआ; निश्चित 3. रूढ़; प्रथागत।

बँधाई [सं-स्त्री.] 1. बाँधने का काम 2. बाँधने की मज़दूरी या पारिश्रमिक।

बँधाना [क्रि-स.] 1. बाँधने का काम दूसरे से करवाना; बँधवाना; बँधवाने में प्रवृत्त करना 2. कैद कराना।

बँधी (सं.) [सं-स्त्री.] 1. बँधा हुआ काम; निश्चित समय पर बराबर होते रहने वाला काम 2. बँधी हुई व्यवस्था; नियमित रूप से किया गया प्रबंध 3. बंधेज; प्रतिबंध। [वि.] 1. बंधन में जकड़ा या कसा हुआ 2. जिसके लिए किसी तरह का बंधन हो।

बँधी लीक [सं-स्त्री.] ऐसी परंपरा या प्रथा जिसका पालन सबके द्वारा किया जाता हो; ढर्रा; भेड़चाल; रूढ़ि।

बँधुआ [सं-पु.] कैदी; बंदी; बँधुवा। [वि.] 1. जो बँधा रहता हो 2. किसी तरह के बंधन में रहने वाला।

बँधुआ मज़दूर (हिं.+फ़ा.) [सं-पु.] 1. वह मज़दूर जिसे कोई अधिकार प्राप्त न हो और दिन-रात अपने मालिक की सेवा करनी पड़ती हो 2. आतंक, भय या किसी शर्त से बंधक बनाकर रखा गया मज़दूर।

बँसवाड़ी [सं-स्त्री.] 1. वह जगह या बाज़ार जहाँ बाँस बेचने वालों की बहुत-सी दुकानें या घर हों 2. एक स्थान पर उगे हुए बाँसों का समूह या झुरमुट 3. वह स्थान जहाँ बाँस की बहुत-सी कोठियाँ हों।

बँसवारी [सं-स्त्री.] 1. बाँस की कोठी 2. एक जगह उगे हुए

बाँसों का समूह।

बँसिया [सं-पु.] उभरे बाँसा वाला बैल।

बँसुली [सं-स्त्री.] ईंट तोड़ने का उपकरण; लकड़ी छीलने-काटने का छोटा बँसुला।

बँसोर [सं-पु.] वह जाति या समुदाय जो बाँसों की चटाई, टोकरे आदि वस्तुओं का व्यवसाय करता है; बँसोड़; धरकार।

बँसौता [सं-पु.] एक प्रकार की जंगली घास।

बँहगी (सं.) [सं-स्त्री.] भार ढोने का उपकरण, जिसमें बाँस की छोटी बल्ली के दोनों सिरे पर रस्सी के सहारे दौरे या छींके लटका दिए जाते हैं; बँहिंगा।

बंक[1] (सं.) [वि.] 1. तिरछा; टेढ़ा 2. विकट; दुर्गम 3. जिसमें पुरुषार्थ और विक्रम हो।

बंक[2] (अं.) [सं-पु.] जहाज़ या रेलगाड़ी में दीवार पर लगी शय्या। [मु.] **-करना** [क्रि-अ.] चुपके से भाग जाना, खिसक जाना।

बंकर (अं.) [सं-पु.] कंक्रीट के तहख़ाने जहाँ से छुपकर चौकीदार दुश्मन पर वार करते हैं; खाई।

बंका[1] [सं-पु.] हरे रंग का एक कीड़ा।

बंका[2] (सं.) [वि.] 1. टेढ़ा; तिरछा 2. दुर्गम 3. विकट 4. पराक्रमी; बलशाली 5. बाँका।

बंकिम (सं.) [वि.] तिरछा; टेढ़ा; बाँका।

बंग (सं.) [सं-पु.] 1. बंगाल नामक प्रांत 2. एक दवा जो ताकत बढ़ाती है।

बंगलाभाषी [वि.] बंगला भाषा बोलने वाला।

बंगा (सं.) [वि.] 1. टेढ़ा 2. झगड़ालू; उद्दंड 3. लुच्चा; पाजी; अधम 4. मूर्ख; अज्ञानी।

बंगाल (सं.) [सं-पु.] 1. भारत का एक पूर्वी प्रांत या प्रदेश; बंग देश (बाँग्लादेश या पूर्वी पाकिस्तान और पश्चिम बंगाल) 2. (संगीत) एक राग।

बंगालिन [सं-स्त्री.] बंगाल की रहने वाली स्त्री।

बंगाली [सं-पु.] 1. बंगाल राज्य का निवासी 2. बंगाल से संबंधित कोई वस्तु या रिवाज; बंगदेशीय। [सं-स्त्री.] 1. बंग्लादेश और भारत की जनभाषा और राजभाषा; बांगला भाषा 2. एक रागिनी। [वि.] बंगाल का; बंगाल से संबंधित।

बंचना (सं.) [क्रि-स.] 1. ठगना 2. छलना। [अ.क्रि.] ठगा जाना।

बंजर [सं-पु.] अनुपजाऊ; खेती के अयोग्य ज़मीन; वह ज़मीन जिसपर खेती न की जा सकती हो।

बंजारा [सं-पु.] एक घुमंतू तथा ख़ानाबदोश जाति जो लोहे के औज़ार, जैसे- चाकू, छुरी बनाकर बेचने हेतु एक स्थान से दूसरे स्थान पर आवाजाही करती है, इनके व्यवसाय में नाच, गाना, करतबगीरी भी शामिल होती है; बनजारा।

बंझड़ [सं-पु.] बालरहित ज्वार-बाजरा के पौधे।

बंझा [वि.] बाँझ; न फलने वाला (पेड़-पौधा); वंध्य। [सं-स्त्री.] 1. वंध्या स्त्री 2. एक प्रकार की परजीवी बेल।

बंटा (सं.) [सं-पु.] पान आदि रखने का छोटा डिब्बा। [वि.] छोटे कद का।

बंटाधार (सं.) [वि.] बरबाद; नष्ट; विनाश; चौपट; सत्यानाश।

बंड [सं-पु.] 1. अरूई की जाति की एक लता; बड़ा 2. उक्त लता का कंद 3.अनाज रखने का बखार। [वि.] बाँड़ा।

बंडल (अं.) [सं-पु.] पुलिंदा; गट्ठर; गट्ठा; पूला; छोटी गठरी।

बंडा [सं-पु.] 1. अरुई की प्रजाति का एक कंद जिसकी सब्ज़ी बनाई जाती है; अरवी; कचालू 2. अनाज रखने का बड़ा बखार। [वि.] जिसकी पूँछ न हो।

बंडी [सं-स्त्री.] 1. बिना आस्तीन का कुरता; मिरजई; फतूही 2. बगलबंद नामक पहनने का कपड़ा।

बंद (फ़ा.) [सं-पु.] 1. अवरुद्ध; रोक 2. बाँध; मेंड़ 3. कैद; बंधन 4. अंगों का जोड़ 5. सिला हुआ फीता जिससे अँगरखा, अंगिया आदि के पल्ले बाँधते हैं 6. पाँच या छह मिसरों के उर्दू-फ़ारसी पद्य का टुकड़ा। [वि.] 1. रुका हुआ; बँधा हुआ 2. धरा या पकड़ा हुआ 3. जिसकी गति, क्रिया रुद्ध हो।

बंदगी (फ़ा.) [सं-स्त्री.] 1. किसी की अधीनता और दीनता स्वीकार कर लेना 2. नमस्कार; अभिवादन सलाम; नमस्ते 3. ईश्वरीय आराधना; उपासना; पूजा।

बंदगोभी [सं-स्त्री.] 1. करमकल्ला; पात गोभी का पौधा 2. उक्त पौधे का फल जिसकी तरकारी बनाई जाती है।

बंदन (सं.) [सं-पु.] 1. रोली 2. सिंदूर।

बंदनी [सं-स्त्री.] सिर पर पहनने का एक आभूषण; सिरबंदी। [वि.] वंदनीय।

बंदर (सं.) [सं-पु.] एक स्तनपाई पशु जिसकी कुछ हरकतें मनुष्य से मिलती हैं और जिसकी कुछ बुद्धि विकसित होती है; मर्कट; कपि; वानर।

बंदरगाह (फ़ा.) [सं-पु.] 1. समुद्र का वह तट या नगर जहाँ जहाज़ रुकते-ठहरते हैं; बंदर; पत्तन; पट्टन; (पोर्ट; हार्बर) 2. नौका घाट।

बंदरघुड़की [सं-स्त्री.] वह दिखावे भर की घुड़की जिसका कोई परिणाम न हो; महज़ डराने भर की धमकी; झूठी धमकी; गीदड़ भभकी।

बंदरबाँट [सं-स्त्री.] न्याय के नाम पर किया जाने वाला ऐसा स्वार्थपूर्ण बँटवारा जिसमें न्यायकर्ता सब कुछ हज़म कर लेता है।

बंदरिया [सं-स्त्री.] मर्कटी; वानरी; मादा बंदर।

बंदा (फ़ा.) [सं-पु.] 1. सेवक; दास 2. विनय दिखाने के लिए व्यक्ति द्वारा स्वयं के लिए सूचित शब्द, जैसे- बंदा हर कार्य के लिए तैयार है 3. भक्त।

बंदानवाज़ (फ़ा.) [वि.] 1. दीन-दयालु 2. बंदों पर अनुग्रह करने वाला 3. नौकरों और आश्रितों पर कृपा करने वाला 4. भक्तवत्सल।

बंदानवाज़ी (फ़ा.) [सं-स्त्री.] 1. कृपा; अनुग्रह 2. दयालुता।

बंदापरवर (फ़ा.) [वि.] 1. जो अपने सेवकों या आश्रितों का अच्छी तरह पालन करता हो 2. दीनबंधु।

बंदिश (फ़ा.) [सं-स्त्री.] 1. रोक; प्रतिबंध; पाबंदी 2. बाँधने का भाव 3. कविता, गीत के चरणों, वाक्यों आदि में होने वाली शब्दयोजना 4. साज़िश; षड्यंत्र।

बंदी[1] (सं.) [सं-पु.] वंदना करने वाले, यशगान करने वाले

चारण। [सं-स्त्री.] सिर का एक गहना; बंदनी।

बंदी[2] (फ़ा.) [सं-पु.] 1. गिरफ़्तार किया हुआ व्यक्ति; कैदी 2. बँधुआ।

बंदीख़ाना (फ़ा.) [सं-पु.] वह स्थान जहाँ बंदियों को रखा जाता है; जेलख़ाना; कैदख़ाना।

बंदीगृह (फ़ा.+सं.) [सं-स्त्री.] जेल; कारावास।

बंदीजन (सं.) [वि.] 1. वंदना करने वाले 2. प्रशंसा गाने वाला; मंगलपाठ करने वाला 3. प्रबोधक; स्तवक; स्वस्तिवाचक। [सं-पु.] 1. राजाओं का कीर्तिगान करने वाला चारणों का समूह; भाट।

बंदूक (अ.) [सं-स्त्री.] वह अस्त्र जिसकी नली में बारूद भरी गोली या कारतूस भर कर लक्ष्य साधते हुए चलाया जाता है।

बंदूकची (अ.+फ़ा.) [सं-पु.] 1. बंदूक की गोली से लक्ष्य साधने वाला व्यक्ति 2. बंदूक चलाने वाला सिपाही।

बंदूकधारी (अ.+सं.) [सं-पु.] बंदूक पास रखने वाला व्यक्ति।

बंदूकसाज़ (अ.) [वि.] 1. बंदूक बनाने वाले 2. बंदूकों की मरम्मत करने वाले।

बंदोबस्त (फ़ा.) [सं-पु.] 1. व्यवस्था; इंतज़ाम; प्रबंध 2. खेत का लगान ठहराकर किसी को जोतने-बोने के लिए देना।

बंध (सं.) [सं-पु.] 1. बंधन; बाँधने का साधन 2. बाल बाँधने की चोटी 3. गाँठ; ग्रंथि 4. पानी रोकने का बाँध 5. कैद 6. कविता का अंश जिसमें चार या छह चरण होते है; पद्यांश 7. ज़ंजीर; बेड़ी 8. बंधक रखी हुई वस्तु 9. मैथुन का आसन या मुद्रा 10. रचना; बनावट 11. स्नायु; शरीर; देह।

बंधक (सं.) [सं-पु.] 1. किसी से कुछ ऋण लेकर उसके बदले कोई वस्तु उसके पास रखना; रेहन; गिरवी; (मार्टगेज़) 2. किसी शर्त को पूरा करने के लिए रोककर रखा गया व्यक्ति; अपहृत 3. बँधुआ। [वि.] 1. बाँधने वाला 2. पकड़ने वाला 3. भंग करने वाला 4. अदला-बदली या विनिमय करने वाला।

बंधकपत्र (सं.) [सं-पु.] वह पत्र जिसपर कोई वस्तु बंधक रखने की शर्त लिखी होती है; (मार्टगेज़)

बंधकी (सं.) [सं-स्त्री.] वैश्या; रंडी; वह व्यक्ति जो चीज़ को बंधक या गिरवी रखता है।

बंधन (सं.) [सं-पु.] 1. बँधने या बाँधने की अवस्था या भाव; बाँधना 2. वह वस्तु जिससे कोई चीज़ बाँधी जाए; ज़ंजीर; बेड़ी; रस्सी 3. रुकावट; प्रतिबंध।

बंधनकर्ता (सं.) [सं-पु.] अपना घर, खेत या सामान किसी के पास बंधक या गिरवी रखने वाला व्यक्ति; (मार्टगेज़र)।

बंधनकारी (सं.) [वि.] बंधन में डालने वाला।

बंधनीय (सं.) [वि.] 1. जो बाँधा जा सके 2. बाँधने या रोकने योग्य।

बंधा [सं-पु.] बाँध; रोक।

बंधान [सं-स्त्री.] 1. बँधा हुआ होने की अवस्था 2. वह परंपरा या परिपाटी जिसमें कुछ अवसरों पर किसी विशिष्ट कार्य को करने का बंधन होता है 3. लेन-देन और व्यवहार की बँधी हुई प्रथा या रिवाज; (कस्टम) 4. उक्त प्रथा के अनुसार प्रदत्त धन 5. बाँध 6. (संगीत) ताल, लय और स्वर के संबंध में निश्चित किए गए नियम।

बंधिका [सं-स्त्री.] करघे की वह डोरी जिससे ताने की साँथी (करघे में लगने वाली एक लकड़ी) बाँधी जाती है।

बंधित (सं.) [वि.] बाँधा हुआ; जो कैद किया गया हो। [सं-स्त्री.] बाँझ।

बंधु (सं.) [सं-पु.] 1. भाई; भ्राता 2. स्वजन; आत्मीय 3. सजातीय व्यक्ति; संबंधी 4. ऐसा प्रिय मित्र जिससे भाइयों का-सा व्यवहार हो 5. मित्र; दोस्त; सखा 6. बंधुजीव नाम का पुष्प।

बंधु-बांधव [सं-पु.] आत्मीय जन; परिजन; स्वजन संबंधी; भाई-बंधु।

बंधुक (सं.) [सं-पु.] एक तरह का क्षुप या पेड़ जिसमें गोलाकार लाल रंग के फूल लगते हैं; दोपहर में खिलने वाला एक फूल; गुलदुपहरिया।

बंधुगण (सं.) [सं-पु.] आत्मीय जन; स्वजन; मित्रगण; बंधुवर; निकट संबंधी; नातेदार।

बंधुता (सं.) [सं-स्त्री.] बंधु होने की अवस्था या भाव; मित्रता; दोस्ती; भाईचारा; बंधु-भाव।

बंधुत्व (सं.) [सं-पु.] बंधुता।

बंधुद्रोही (सं.) [सं-पु.] अपने भाई या सगे-संबंधी से विश्वासघात करने वाला व्यक्ति।

बंधुल (सं.) [सं-पु.] 1. वेश्या का पुत्र 2. वेश्या का सेवक या टहलू। [वि.] 1. झुका हुआ; वक्र 2. सुंदर; मनोहर।

बंधेज [सं-पु.] 1. बंधन 2. प्रतिबंध; रोक 3. स्तंभन 4. कुल या समाज की कोई प्रथा 5. उक्त प्रथा के अनुसार वस्तु, धन आदि लेने-देने का बंधन 5. राजस्थान में वस्त्रों की रँगाई की एक प्रसिद्ध शैली।

बंध्य (सं.) [वि.] 1. बाँधे जाने के योग्य 2. कैद किए जाने के योग्य 3. बाँझ (स्त्री) 4. अनुपजाऊ; बंजर (भूमि) 5. न फलने वाला (वृक्ष आदि) 6. निर्माण के योग्य।

बंध्यकरण (सं.) [सं-पु.] 1. बाँझ कर देना 2. शल्यक्रिया द्वारा पुरुषों के वृषणों को अथवा स्त्रियों के अंडाशयों को निकालकर उन्हें संतानोत्पत्ति के अयोग्य करना 3. नर पशुओं को उक्त रीति से खस्सी कर देना।

बंध्या (सं.) [सं-स्त्री.] वह मादा जिसे संतान न होती हो या न हो सकती हो; बाँझ स्त्री।

बंबइया [वि.] 1. बंबई का; बंबई से संबंधित 2. बंबई का वासी।

बंबा [सं-पु.] 1. पानी निकालने का उपकरण; पंप; टोंटी; नलकूप 2. पानी बहाने का नल; सोता 3. कोई गोल लंबोतरा पात्र।

बंबू [सं-पु.] 1. चंडू (अफ़ीम का अवलेह) पीने की बाँस की नली 2. एक प्रकार की लंबी मोटी नली।

बंशलोचन (सं.) [सं-पु.] सफ़ेद टुकड़ों में प्राप्त किया जाने वाला बाँस का सारभाग जिसका प्रयोग औषधि के रूप में होता है।

बंसल [सं-पु.] एक प्रकार का कुलनाम या सरनेम।

बंसी (सं.) [सं-स्त्री.] 1. बाँसुरी; मुरली; वंशी 2. विष्णु; कृष्ण आदि के चरणचिह्न 3. मछली फँसाने का काँटा 4. {ला.-अ.}

कोई ऐसी चीज़ या बात जिससे किसी को फँसाया जाता है 5. एक तरह का गेहूँ 6. धान के खेतों में उगने वाली एक तरह की घास।

बंसीधर [सं-पु.] 1. (पुराण) कृष्ण; वासुदेव; कन्हैया 2. वह जो बाँसुरी बजाता या धारण करता है।

बअनी [सं-स्त्री.] 1. एक प्रकार की चौड़ी पत्ती की घास 2. धान के पौधों का एक रोग 3. आँख में होने वाली छोटी फुंसी 4. एक प्रकार का कीट 5. मक्का ज्वार का एक रोग, जिससे डंठल पर श्वेत दाग पड़ जाते हैं।

बइर [सं-पु.] 1.वैर 2. बेर का पेड़ या फल। [वि.] बहरा, बधिर।

बक (सं.) [सं-पु.] 1. बगुला 2. एक प्राचीन ऋषि 3. कुबेर। [वि.] बगुले की तरह सफ़ेद।

बक-झक [सं-स्त्री.] बक-बक; बकवास; बेकार बात; प्रलाप।

बक-बक [सं-पु.] अनर्गल बोलना; बकवास करना; बकने की क्रिया।

बकचक [सं-स्त्री.] मध्ययुग का एक प्रकार का हथियार।

बकना [क्रि-स.] व्यर्थ बोलना; निरर्थक बातें करते रहना। [क्रि-अ.] 1. बड़बड़ाना 2. बकवास करना।

बकर-बकर [क्रि.वि.] निरंतर अर्थहीन बोलते रहना।

बकरना [क्रि-स.] 1. अपना दोष या अपराध स्वीकारते हुए अपने आप बोलते रहना 2. आप ही आप कुछ कहना; बड़बड़ाना।

बकरा (सं.) [सं-पु.] एक प्रसिद्ध छोटा नर चौपाया जिसके सींग तिकोने होते हैं और पूँछ छोटी होती है; छाग।

बकरी [सं-स्त्री.] एक मादा चौपाया पालतू जानवर; 'बकरा' का स्त्रीलिंग।

बकरीद (अ.) [सं-पु.] मुसलमानों का एक त्योहार जिसमें बकरे की बलि दी जाती है; ईद-उल-जुहा।

बकलस (अ.) [सं-पु.] लोहा, पीतल आदि का विशेष छल्ला जिससे तस्में, फ़ीते आदि बाँधे जाते हैं; बकसुआ।

बकला (सं.) [सं-पु.] 1. वृक्ष की छाल 2. फल के ऊपर का छिलका।

बकवाद [सं-स्त्री.] निरर्थक वार्तालाप; व्यर्थ की बातचीत; बेमतलब की बात करना।

बकवादी [वि.] बहुत अधिक बातें करने वाला; बकवास करने वाला; जो बकबक करता रहता हो; गप्प लगाने वाला।

बकावाना [क्रि-स.] 1. किसी को बकने के लिए प्रवृत्त करना 2. बकवास कराना 3. किसी से कोई बात कहलवाना 4. कहने को विवश करना।

बकवास [सं-स्त्री.] 1. बकबक करने की प्रवृति या शौक 2. बकने की क्रिया; बकवाद 3. लगातार कुछ देर कही जाने वाली बेकार बात।

बकसुआ [सं-पु.] लोहे, पीतल का छल्ला; बकलस।

बकायन [सं-पु.] नीम की जाति का एक वृक्ष जिसके फल, फूल, पत्तियाँ आदि दवा के काम आते हैं; महानिंब।

बकाया (अ.) [सं-पु.] 1. शेष वस्तु, बात या काम 2. बाकी पड़ी हुई रकम 3. वह धन जिसका भुगतान अभी बाकी हो। [वि.] 1. बचा हुआ; अवशिष्ट 2. बाकी; शेष।

बकावली (सं.) [सं-स्त्री.] 1. बगुला नामक पक्षियों की पंक्ति; बगुलों का झुंड 2. एक सफ़ेद, सुगंधित पुष्प जो औषधि बनाने के काम आता है।

बकासुर (सं.) [सं-पु.] (पुराण) एक दैत्य जो कृष्ण के द्वारा मारा गया था।

बकुचा [सं-पु.] 1. गठरी; बकचा 2. गुच्छा 3. ढेर 4. जुड़ा हुआ हाथ 5. संदूक; बक्सा।

बकुल (सं.) [सं-पु.] 1. मौलसिरी का पेड़ 2. उक्त पेड़ का फूल 3. महादेव; शिव। [वि.] वक्र; टेढ़ा।

बकुला [सं-पु.] 1. बगुला (पक्षी) 2. धान में लगने वाला एक काला कीड़ा।

बकेना (सं.) [सं-स्त्री.] ऐसी गाय या भैंस जिसे बियाये 5-6 महीने बीत चुके हों तथा जो लगातार गाढ़ा दूध देती हो।

बकेया [सं-पु.] बकुला; बक, बगुला पक्षी 2. धान को नष्ट करने वाला एक लंबा कीड़ा।

बकेल [सं-स्त्री.] रस्सी बनाने के काम आने वाली पलाश की जड़।

बकेला (सं.) [सं-स्त्री.] दे. बकेना।

बकोट (सं.) [सं-स्त्री.] 1. बकोटने की क्रिया या भाव 2. बकोटने के फलस्वरूप पड़ा हुआ चिह्न 3. बकोटने के लिए बनाई हुई उँगलियों और हथेली की मुद्रा 4. किसी पदार्थ की उतनी मात्रा जितनी उक्त मुद्रा में समाती हो; चंगुल।

बकोटना [क्रि-स.] 1. पंजे या नाख़ूनों से शरीर की त्वचा या मांस नोचना 2. {ला-अ.} किसी से कोई चीज़ छीनना या वसूल करना।

बकौल (फ़ा.) [अव्य.] 1. कथनानुसार 2. किसी विशेष व्यक्ति द्वारा की गई टिप्पणी।

बक्कम (अ.) [सं-पु.] एक प्रकार का छोटा और कँटीला वृक्ष, जो प्रमुखता से मद्रास, मध्यप्रदेश तथा बर्मा में पाया जाता है; पतंग।

बक्कल (सं.) [सं-पु.] 1. पेड़ की छाल 2. फल का छिलका।

बक्का [सं-पु.] धान की फ़सल में लगने वाला एक कीड़ा। [वि.] व्यर्थ या बेकार बोलने वाला; बकवादी।

बक्की[1] [वि.] बकबाद/बकवास करने वाला; बकबादी। [सं-स्त्री.] भादों में पकने वाला एक प्रकार का धान।

बक्की[2] (सं.) [सं-स्त्री.] मादा बगुला, पक्षी।

बक्खर [सं-पु.] 1. कई तरह के पौधों की पत्तियों, जड़ों आदि को कूटकर तैयार किया गया ख़मीर 2. चौपाया बाँधने का बाड़ा; खेत 3. जोतने का उपकरण; बक्खल।

बक्तर (फ़ा.) [सं-पु.] उर्दू में बक्तर रूप प्रचलित है, पर हिंदी में बख़्तर रूप प्रचलन में है।

बक्सा (अं.) [सं-पु.] 1. संदूक 2. डिब्बा।

बख़्तर (फ़ा.) [सं-पु.] वह कवच या अँगरखा जो मध्यकाल में युद्ध के समय पहना जाता था; सन्नाह; लोहे की मोटी जाली का बना हुआ कवच।

बख़तरबंद (फ़ा.) [वि.] जिसमें कवच लगा हुआ हो, जैसे- बख़तरबंद गाड़ी।

बखर [सं-पु.] खेत जोतने का उपकरण; एक प्रकार का हल।

बखरा (फ़ा.) [सं-पु.] 1. भाग; हिस्सा; टुकड़ा 2. हिस्सेदारों को मिलने वाला अपना-अपना हिस्सा।

बखरी [सं-स्त्री.] 1. विशेष घर जो मिट्टी, ईंटों आदि का बना हुआ हो 2. गाँव में स्थित वह मकान जो साधारण घरों की अपेक्षा बड़ा तथा बढ़िया हो।

बखान [सं-पु.] 1. बखानने की क्रिया या भाव 2. बड़ाई; प्रशंसा; तारीफ़; गुणगान; गुणकथन 3. विस्तारपूर्वक किया जाने वाला वर्णन; व्याख्या।

बखानना [क्रि-स.] 1. विस्तारपूर्वक वर्णन करना या चर्चा करना 2. सराहना; तारीफ़ करना।

बखार (सं.) [सं-पु.] वह गोल घेरा या बड़ा पात्र जिसमें किसान अनाज रखते हैं; बंडा।

बखारी [सं-स्त्री.] बाँस आदि से निर्मित अनाज रखने की छोटी गोल घेरे वाली जगह; कुठला; छोटा बखार।

बख़िरया (फ़ा.) [सं-पु.] दोहरे टाँके वाली सिलाई; एक प्रकार की महीन और मज़बूत सिलाई। [मु.] **-उधेड़ना** : रहस्य उजागर करना; भंडा-फोड़ करना।

बखियाना [क्रि-स.] बखिया (सिलाई) करना।

बखीर [सं-स्त्री.] ईख या गन्ने के रस में पकाया गया चावल; रसखीर; मीठी खीर।

बख़ुशी (फ़ा.) [अव्य.] ख़ुशी के साथ; प्रसन्नतापूर्वक।

बख़ूबी (फ़ा.) [क्रि.वि.] 1. ख़ूबी के साथ 2. अच्छी तरह; भली प्रकार 3. उचित रूप में; पूर्ण रूप से।

बखेड़ा (सं.) [सं-पु.] 1. झगड़ा; टंटा; झंझट; झमेला 2. कठिनाई; परेशानी 3. व्यर्थ का विस्तार 4. किसी चीज़ के इस प्रकार बिखरे हुए होने की स्थिति कि उसे इकट्ठा करने तथा सँवारने में अधिक परिश्रम तथा समय अपेक्षित हो 5. कोई सांसारिक क्रिया-कलाप।

बखेड़िया [वि.] बखेड़ा करने वाला; बहुत अधिक झगड़ालू।

बखेरी [सं-स्त्री.] एक प्रकार का छोटा कँटीला वृक्ष; कुंती।

बख़ैरियत (फ़ा.) [क्रि.वि.] ख़ैरियत से; राज़ी-ख़ुशी; अच्छी तरह से।

बख़्त (फ़ा.) [सं-पु.] 1. भाग्य; सौभाग्य; किस्मत; तकदीर; नसीब 2. समय; वक्त।

बख़्तर (फ़ा.) [सं-पु.] दे. बख़तर।

बख़्तावर (फ़ा.) [वि.] 1. सौभाग्यशाली; ऊँची किस्मत वाला 2. संपन्न; अमीर; धनवान।

बख़्तियार (फ़ा.) [वि.] भाग्यवान; सौभाग्यशाली; किस्मतवाला।

बख़्श (फ़ा.) [सं-पु.] 1. हिस्सा 2. नामों के अंत में लगने वाला शब्द, जैसे- करीमबख़्श आदि। [वि.] बख़्शने और क्षमा करने वाला।

बख़्शना (फ़ा.) [क्रि-स.] 1. क्षमा करना; माफ़ी देना; दयापूर्वक छोड़ देना 2. प्रदान करना 3. दान करना।

बख़्शवाना [क्रि-स.] 1. किसी को कुछ देने के लिए प्रेरित करना या उकसाना 2. किसी अपराधी की सज़ा माफ़ कराना 3. कर्ज़ आदि माफ़ कराना; छुड़वाना।

बख़्शी (फ़ा.) [सं-पु.] 1. गाँवों, कस्बों आदि में कर वसूल करने वाला अधिकारी 2. मध्ययुग में तनख़्वाह बाँटने वाला कर्मचारी 3. कोषाध्यक्ष; खजांची; मवेशीख़ाने का मुंशी 4. दानशील।

बख़्शीश (फ़ा.) [सं-स्त्री.] 1. उपहार स्वरूप मिला हुआ धन; दान 2. सेवकों के लिए दिया जाने वाला पुरस्कार; इनाम; पारितोषिक।

बग (अं.) [सं-पु.] 1. कीट; कीड़ा 2. कंप्यूटर में ऐसा वायरस प्रोग्राम जो किसी फ़ाइल को ख़राब कर देता हो।

बगई [सं-स्त्री.] 1. एक प्रकार की मक्खी जो कुत्तों पर बहुत बैठती है; कुकुरमाछी 2. एक प्रकार की घास जिसकी, पत्तियाँ बहुत पतली और लंबी होती है।

बगदना [क्रि-अ.] 1. ख़राब होना 2. बिगड़ना; गुस्से में बिना सोचे-समझे कुछ कह देना 3. भूलना; भ्रम में पड़ना 4. रास्ता भूलकर कहीं और चले जाना; भटकना 5. गिर पड़ना; लुढ़क जाना।

बगदर [सं-पु.] मच्छर।

बगदाद (फ़ा.) [सं-पु.] इराक का एक प्रसिद्ध पुराना नगर।

बगदाना [क्रि-स.] 1. बरबाद करना; नष्ट करना 2. भ्रम में डालना; भ्रमित करना।

बगनर [सं-पु.] सैंटा।

बगनी [सं-स्त्री.] एक प्रकार की घास जिसे कहीं-कहीं लोग भांग के साथ पीते हैं, जिससे उनका नशा बहुत बढ़ जाता है।

बगबगी [सं-स्त्री.] मुर्गे की दाढ़ी, जो मुँह की खाल के रूप में लटकती रहती है।

बगरना (सं.) [क्रि-अ.] बिखरना; चारों ओर फैलना; छितरना।

बगराना [क्रि-स.] बिखेरना; फैलाना; छितराना। [क्रि-अ.] फैलना; बिखरना।

बगरेड़ [सं-पु.] एरंड का पौधा; अंडी (रेड़) का पौधा।

बगल (फ़ा.) [सं-स्त्री.] 1. पास; निकट 2. बाहु-मूल के नीचे का गड्ढा; समीपवर्ती स्थान 3. कपड़े का वह टुकड़ा जो अँगरखे, कुरते आदि में कंधे के नीचे लगाया जाता है।

बगलियाना [क्रि-स.] 1. बगल में करना या लाना; अलग करना; हटाना 2. बगल में दबाना। [क्रि-अ.] 1. अलग हटकर जाना 2. बातचीत न करते हुए बगल से होकर निकल जाना ; कतराकर चले जाना।

बगली [सं-स्त्री.] 1. ऊँटों का एक दोष जिसमें चलते समय उनकी जाँघ की रग पेट में लगती है 2. अँगरखे, कुरते आदि में कंधे के नीचे लगाया जाने वाला टुकड़ा 3. बगल में रखने का तकिया 4. एक प्रकार की थैली जिसमें दरज़ी सुई, धागा रखते हैं; तिलेदानी 5. मुगदर चलाने का एक तरीका।

बगार [सं-पु.] 1. प्रसार; फैलाव 2. गायों को बाँधने की जगह; गोशाला।

बगावत (अ.) [सं-स्त्री.] 1. बाग़ी होना; किसी के खिलाफ़ खड़ा होना; विद्रोह 2. राज-विद्रोह 3. विप्लव 4. बदअमली;

अराजकता।

बगावती (अ.) [वि.] 1. बगावत या विद्रोह करने वाला 2. राजद्रोह करने वाला 3. बगावत संबंधी।

बगिया [सं-स्त्री.] छोटा बाग; बगीचा; फुलवारी; पुष्पवाटिका।

बगीचा (फ़ा.) [सं-पु.] वह स्थान जहाँ बहुत सारे फूल-फल आदि के पेड़ लगे हों; बाग; फुलवारी।

बगीची (फ़ा.) [सं-स्त्री.] छोटा बाग; बगिया।

बगुची [सं-स्त्री.] 1. डूड़की; छाछरी 2. टेढ़ी।

बगुला (सं.) [सं-पु.] बक; बगला; नदी, जलाशयों आदि में पाया जाने वाला एक स्लेटी या सफ़ेद रंग का पक्षी, जिसकी टाँगें, चोंच और गरदन लंबी होती है।

बगुला भगत [सं-पु.] वह जो देखने में बहुत धार्मिक तथा सीधा-सादा जान पड़ता हो किंतु उसके मन में कपट हो; धूर्त।

बगूला [सं-पु.] एक ही स्थान पर चक्कर काटने वाली तेज़ हवा या आँधी; बवंडर।

बगेड़ी [सं-स्त्री.] 1. बगेरी; भरुही; बगौधा 2. एक छोटी चिड़िया जिसकी पीठ भूरे रंग की होती है।

बगैर (अ.) [क्रि.वि.] 1. बिना; रहित; सिवा 2. न होने की अवस्था में 2. अलग करते हुए; छोड़कर।

बग्घी (अ.) [सं-स्त्री.] चार पहियों की एक प्रकार की गाड़ी; घोड़ागाड़ी।

बघनखा [सं-पु.] मध्यकाल में प्रयोग होने वाला तथा उँगलियों में पहनने का बाघ के नाख़ूनों जैसा एक हथियार; शेरपंजा।

बघनहाँ [सं-पु.] बघनखा।

बघार [सं-पु.] 1. बघारने की क्रिया या भाव 2. छौंक; वह मसाला जो दाल आदि बघारते समय घी में डाला जाता है; तड़का।

बघारना (सं.) [क्रि-स.] 1. छौंकना; तड़का देना 2. हाँकना; जमाना; झाड़ना; रौब गालिब करना, जैसे- शेखी बघारना; शान बघारना।

बघेरा [सं-पु.] लकड़बग्घा; बाघ का बच्चा।

बघेल [सं-पु.] 1. राजपूतों में एक कुलनाम या सरनेम 2. मध्यप्रदेश का एक क्षेत्र या खंड।

बच (सं.) [सं-स्त्री.] जलाशयों के किनारे होने वाला एक पर्वतीय पौधा जो औषधि के काम में आता है।

बचका [सं-पु.] एक प्रकार का पकवान जो साग, पत्तों, सब्जियों, बेसन या मैदे के घोल में मिलाकर तथा उसे तलकर बनाया जाता है; बजका।

बचकाना [वि.] 1. बच्चों जैसा; बच्चों के योग्य; बच्चों का-सा 2. विशेषतः नासमझी भरा 3. मूर्खतापूर्ण 4. उच्छृंखलतापूर्ण।

बचत [सं-स्त्री.] 1. जो शेष रहे; बचने का भाव; बचा हुआ अंश 2. लाभ।

बचत-बैंक (हिं.+अं.) [सं-पु.] डाकघर का वह खाता जिसमें लोग धन जमा करके ब्याज पाते हैं।

बचती [सं-स्त्री.] 1. बचत से संबंधित 2. बचा हुआ; शेष 3. देनदारी चुकाने के बाद बचा हुआ धन।

बचना [क्रि-अ.] 1. शेष रहना 2. मृत्यु से बच जाना 3. दोष, विपत्ति आदि से रक्षित; दूर या अलग रहना 4. काम में आने पर भी कुछ बाकी रहना।

बचपन [सं-पु.] बाल्यकाल; बच्चा होने का भाव या दशा; लड़कपन।

बचपना [सं-पु.] 1. बाल्यावस्था; लड़कपन 2. भोलापन 3. मूर्खता; नासमझी; सयाने लोगों के द्वारा किया गया ऐसा काम या व्यवहार जो अविचारपूर्ण हो।

बचाखुचा [वि.] बाकी; शेष मात्र; बचा हुआ।

बचाना [क्रि-स.] 1. उपयोग आदि के बाद भी कुछ बाकी रखना 2. ख़र्च न होने देना 3. पता न लगने देना; छिपाना 4. सुरक्षित और अप्रभावित रखना; कष्ट, विपत्ति आदि से रक्षा करना 5. किसी कार्य आदि से दूर रखना।

बचाव [सं-पु.] 1. बचने या बचाने की क्रिया या भाव 2. कष्ट, संकट आदि से बचने के लिए किया जाने वाला उपाय या प्रयत्न; रक्षा; आत्मरक्षा; बचाव।

बचाव कर्मी [सं-पु.] 1. बाढ़, महामारी, दंगा, दुर्घटना आदि के संकट के समय बचाव कार्य करने वाला व्यक्ति 2. राहत कार्य में लगे सुरक्षाकर्मी या स्वयंसेवी संगठनों के कार्यकर्ता।

बचाव पक्ष [सं-पु.] अभियोग या मुकदमें में किसी के द्वारा लगाए गए अरोपों से स्वयं को बचाने वाला पक्ष; सफ़ाई पक्ष।

बच्चा (फ़ा.) [सं-पु.] 1. शिशु; बालक; लड़का 2. नवजात शिशु 3. वत्स; पुत्र; बेटा; संतान 4. किसी जीव-जंतु या पशु का बच्चा 5. अपरिपक्व बुद्धिवाला; नादान। [वि.] 1. कम उम्र का 2. अनुभवहीन 3. नादान; नासमझ।

बच्चादानी (फ़ा.) [सं-स्त्री.] दे. बच्चेदानी।

बच्ची [सं-स्त्री.] 'बच्चा' का स्त्रीलिंग रूप।

बच्चेदानी (फ़ा.) [सं-स्त्री.] मादा जाति के शरीर का वह आंतरिक अंग जिसमें गर्भ या बच्चे का विकास होता है; गर्भाशय।

बच्छवारस [सं-पु.] राजस्थान का एक पर्व जो सावन/(श्रावण) महीने की द्वादशी तिथि को मनाया जाता है, जिसमें गाय के बछड़े और पुत्र की मंगलकामना की जाती है।

बछड़ा (सं.) [सं-पु.] गाय का नर बच्चा।

बछड़ी [सं-स्त्री.] गाय का मादा बच्चा।

बछदुही [सं-स्त्री.] दूध देने वाली गाय।

बछरू [सं-पु.] 1. गाय का नर बच्चा 2. ढाई वर्ष तक की उम्र वाला गाय का बच्चा।

बछिया [सं-स्त्री.] गाय का मादा बच्चा।

बछेड़ा (सं.) [सं-पु.] घोड़े का नर बच्चा।

बछेड़ी [सं-स्त्री.] घोड़े का मादा बच्चा।

बजका [सं-पु.] आलू, लौकी आदि के पतले, चिपटे कटे हुए टुकड़े पर बेसन लपेट कर घी या तेल में तल कर निर्मित व्यंजन।

बजट (अं.) [सं-पु.] 1. आय-व्यय का लेखा 2. आय-व्यय पत्रक 3. मासिक या वार्षिक आय-व्यय का लेखा-जोखा।

बजट-सत्र (अं.+सं.) [सं-पु.] सदन या संसद में बजट की पेशी, बहस और उसे पारित कराने का सत्र।

बजटीय [वि.] बजट से संबंधित।

बजड़ा [सं-पु.] 1.बाजरा नामक अन्न (अनाज) 2. बाजरा की फसल।

बजना [क्रि-अ.] 1. किसी भी यंत्र अथवा साधन द्वारा ध्वनि उत्पन्न होना 2. किसी वस्तु पर आघात से ध्वनि उत्पन्न होना 3. बाँसुरी, बाजे से आवाज़ निकलना।

बजबजाना [क्रि-अ.] सड़ने आदि के कारण बुलबुले उठना; उमस, गरमी आदि के कारण किसी जलीय या तरल पदार्थ के सड़ने पर उसमें से बुलबुले निकलना।

बजर (सं.) [वि.] 1. अत्यंत मज़बूत 2. वज्र के समान कठोर 3. पक्का; दृढ़।

बजरंग (सं.) [सं-पु.] पवनसुत; अंजनिपुत्र; हनुमान। [वि.] 1. वज्र या पत्थर के समान कठोर अंगों वाला 2. बहुत शक्तिशाली।

बजरंगबली [सं-पु.] महावीर हनुमान।

बजरबट्टू [सं-पु.] 1. बच्चों को नज़र से बचाने के लिए माला या ताबीज़ के रूप में पहनाया जाने वाला एक प्रकार के वृक्ष का काले रंग का बीज 2. अपशुकन रोकने वाली चीज़ 3. एक प्रकार का खिलौना। [वि.] मूर्ख; बुद्धिहीन।

बजरवोंग [सं-पु.] एक भारी लट्ठा (लाठी)।

बजरहड्डी [सं-स्त्री.] घोड़े के टाँगों में होने वाला एक रोग जिसमें पैरों में गाँठें पड़ जाती हैं।

बजरा (सं.) [सं-पु.] बड़ी नाव जो कमरे के समान खिड़कियों तथा पक्की छत वाली होती है।

बजरी (सं.) [सं-स्त्री.] पत्थर को तोड़कर बनाए जाने वाले वे छोटे-छोटे टुकड़े जो फ़र्श, सड़क आदि बनाने के काम आते हैं।

बजवाई [सं-स्त्री.] 1. बाजा बजवाने का कार्य या भाव 2. वह मज़दूरी जो किसी से बाजा बजवाने के बदले में दी जाती है।

बजवाना [क्रि-स.] किसी को कुछ बजाने में प्रवृत्त करना या बजाने का काम किसी दूसरे से करवाना।

बजा (फ़ा.) [वि.] 1. उचित; उपयुक्त; वाजिब 2. सही; ठीक 3. अवसरानुकूल 4. घड़ी का समय 5. प्रासंगिक; स्वीकार्य 6. शुद्ध; दुरुस्त।

बज़ाज़ (अ.) [सं-पु.] कपड़ा बेचने वाला व्यक्ति; वस्त्र व्यापारी या व्यवसायी; वस्त्र-वणिक; बज़्ज़ाज़।

बज़ाज़ी [सं-स्त्री.] 1. बजाज का काम-धंधा या व्यापार; कपड़े बेचने का व्यवसाय 2. बेचा जाने वाला कपड़ा।

बजाना [क्रि-स.] 1. किसी चीज़ पर आघात करके ध्वनि उत्पन्न करना 2. बाजे से ध्वनि निकालना 3. मारना; चलाना (तलवार, सोंटे) 4. मारना-पीटना, जैसे- जूते बजाना 5. उछालकर, पटककर किसी चीज़ को जाँचना; परखना (पैसा आदि)।

बजाय (फ़ा.) [अव्य.] जगह या स्थान पर; बदले में।

बज्जर [सं-पु.] वज्र; पत्थर। [वि.] 1. बहुत कठोर या कड़ा 2. पक्का; ठोस।

बज्जा [सं-पु.] निंदित (बैल)।

बज्जी [सं-स्त्री.] 1. ज्यादा खुराक पर कम दूध देने वाली गाय; कठार (गाय) 2. बीच में दूध बंद कर देने वाली भेड़।

बज़्म (फ़ा.) [सं-स्त्री.] सभा; गोष्ठी।

बझना (सं.) [क्रि-अ.] 1. फँसना 2. बँधना 3. हठ करना; झगड़ना।

बट (सं.) [सं-पु.] 1. बड़ का पेड़; वट 2. सिल पर मसाला, चटनी आदि पीसने का बट्टा 3. मार्ग; रास्ता; बाट 4. किसी वस्तु का गोला 5. वस्तुओं को तौलने का बाट 6. बड़ा नाम का पकवान। [सं-स्त्री.] रस्सी की ऐंठन या बटन।

बटखरा (सं.) [सं-पु.] तौलने के लिए कुछ निश्चित मान या तौल का पत्थर आदि का टुकड़ा; बाट।

बटन[1] [सं-स्त्री.] 1. रस्सी आदि बटने या ऐंठने की क्रिया 2. बटने के कारण रस्सी में पड़ी हुई ऐंठन; रस्सी या मोटे धागे में पड़े हुए बल।

बटन[2] (अं.) [सं-पु.] 1. सिले हुए वस्त्रों में लगाई जाने वाली गोल, चपटी घुंडी 2. किसी वाद्य को बजाने की कुंजी 3. बिजली के उपकरणों को चलाने का स्विच; (स्टार्टर) 4. कली; घुंडी।

बटना [सं-पु.] 1. रस्सी आदि बटने का कोई उपकरण या यंत्र 2. उबटन। [क्रि-स.] 1. सूत, रेशम आदि के अनेक धागों को ऐंठना; बटाई करना 2. सिल पर बट्टे से पीसना।

बटमार [सं-पु.] 1. रास्ते में राहगीरों या यात्रियों को लूटने वाला व्यक्ति या गिरोह; ठग; दस्यु 2. छापामार; कज़्ज़ाक।

बटमारी [सं-स्त्री.] 1. बटमार का काम या पेशा; लूटमार या ठगी करने का काम 2. चोरी; छल; हथकंडा।

बटरी [सं-स्त्री.] एक प्रकार की चँगेली।

बटलोई [सं-स्त्री.] पतीली; चावल आदि पकाने का पात्र; देगची; छोटा बटला।

बटवन [सं-पु.] वटिवनु।

बटवाना [क्रि-स.] 1. बाटने या पीसने का काम किसी अन्य से कराना 2. बँटवाना।

बटा (सं.) [सं-पु.] 1. (गणित) वह पड़ी पाई जो भिन्न का स्वरूप सूचित करने के लिए अंश या हर के बीच में लगाई जाती है, जैसे- 3/4 में 3 और 4 के बीच में; भिन्नांक; बटा चिह्न, जैसे- 2/4 2. 'अथवा' के लिए प्रयुक्त किया जाने वाला चिह्न।

बटाई [सं-स्त्री.] 1. तंतुओं, धागों आदि को बटने या ऐंठन डालने की क्रिया या भाव 2. बाँटने की क्रिया 3. बाँट; विभाजन 4. भूमि बंदोबस्त की एक प्रकार की प्रथा; भावली।

बटाना [क्रि-स.] 1. बाँटने का काम दूसरे से कराना 2. बँटने या ऐंठने का काम कराना।

बटाम [सं-पु.] एक औज़ार विशेष जिससे सीध आदि देखा जाता है कि वस्तु सीधी रेखा में है।

बटारी [सं-स्त्री.] लकड़ी काटने का एक उपकरण; बटाली।

बटालियन (अं.) [सं-स्त्री.] थल सेना में सैनिकों की बड़ी टुकड़ी; कई कंपनियों वाला पैदल सेना का एक विभाग।

बटिया [सं-स्त्री.] 1. छोटा गोला या चिकना पत्थर, जैसे- शालिग्राम 2. सिल पर कुछ पीसने का छोटा बाट या बट्टा; लोढ़िया।

बटिवन [सं-पु.] लोहे या मिट्टी की छोटी गोली।

बटी (सं.) [सं-स्त्री.] 1. गोला; छोटी गोली; वटी 2. एक पकवान; पीठी से बनाई गई बड़ी।

बटुआ (सं.) [सं-पु.] 1. पैसे रखने की छोटी थैली 2. चमड़े आदि से बनी कई खानों वाली एक प्रकार की छोटी थैली।

बटुरा [सं-पु.] बटुरी; खेसारी; कदन्न; मोट।

बटुरी [सं-स्त्री.] 1. खेंसारी या मोठ नाम का अन्न 2. छोटे दाने वाली काली मटर 3. विद्यार्थी 4. बटलोई।

बटुली [सं-पु.] चावल आदि पकाने का बड़े मुँह का छोटा पात्र।

बटेर (सं.) [सं-स्त्री.] तीतर की तरह की एक छोटी चिड़िया, जो अकसर लड़ाने के शौक के लिए पाली जाती है।

बटोरना [क्रि-स.] 1. इकट्ठा करना; समेटना; सहेजना 2. बिखरी हुई चीज़ों को एकत्रित या जमा करना 3. चुनना 4. सँजोना 5. जोड़ना या जमा करना, जैसे- रुपया-पैसा बटोरना।

बटोही [सं-पु.] राहगीर; पथिक; मुसाफ़िर।

बट्टा (सं.) [सं-पु.] 1. कूटने या पीसने का पत्थर; लोढ़ा; बटना 2. पत्थर का टुकड़ा; ढेला 3. वह रकम जो किसी दोषयुक्त वस्तु के मूल्य में काट ली जाए 4. दलाली; दस्तूरी 5. घाटा; नुकसान; कमी 6. किसी वस्तु की कीमत में दी जाने वाली छूट; (डिस्काउंट) 7. कलंक; दाग। [मु.] **बट्टे पर लेना** : कमीशन काटकर लेना। **-लगना** : कलंक लगना।

बट्टा खाता [सं-स्त्री.] 1. वसूल न होने वाली या डूबी हुई रकमों का लेखा या मद 2. हानि या घाटे का खाता 3. न वसूल होने वाले कर्ज़ का खाता।

बठान [सं-पु.] मवेशियों को रखने की जगह; बथान।

बठिया [सं-स्त्री.] 1. उपलों को एकत्र करके बनाया जाने वाला एक ढेर 2. गोबर के पाथे हुए कंडों का ढेर।

बड़ [पूर्वप्रत्य.] एक प्रत्यय जो शब्दों के आरंभ में जुड़कर 'बड़ा' अर्थ देता है, जैसे- बड़बोला; बड़भाग। [सं-स्त्री.] बकवास; बेकार की बातें। [सं-पु.] बरगद; वट वृक्ष।

बड़-बड़ [सं-स्त्री.] 1. बड़बड़ाना या बड़बड़ का शब्द करने की क्रिया 2. शेखी; डींग 3. मुँह से निकलने वाले अस्पष्ट शब्द 4. व्यर्थ की बातचीत; बक-बक; प्रलाप; बकवाद 5. क्रोध की स्थिति में धीमे स्वर में बोले गए शब्द।

बड़का [सं-पु.] 1. बड़ा पुत्र या भाई 2. बड़ा 3. ज्येष्ठ [वि.] उम्र में बड़ा।

बड़कुइयाँ [सं-पु.] कच्चा कुआँ।

बड़गोहुँआ [सं-पु.] गेहूँ के पौधे के समान वर्ण तथा आकार वाली एक घास जो गेहूँ के खेत में उत्पन्न होती है।

बड़प्पन [सं-पु.] श्रेष्ठ होने का गुण या भाव; श्रेष्ठता; महत्व; गौरव।

बड़बड़ाना [क्रि-अ.] 1. धीरे-धीरे और अस्पष्ट बोलना 2. बक-बक करना 3. क्रोध की स्थिति में मंद स्वर में बोलना; कुड़बुड़ाना 4. नींद में बोलने की क्रिया।

बड़बड़ाहट [सं-स्त्री.] 1. बड़बड़ाने की क्रिया या भाव 2. अर्धचेतना अवस्था की आवाज; अस्पष्ट आवाज।

बड़बड़िया [वि.] जो धीरे-धीरे और अस्पष्ट बोलता है; बड़बड़ाने वाला।

बड़बोला [वि.] जो ख़ूब बढ़ा-चढ़ाकर बातें करता हो; बड़े बोल बोलने वाला; डींगबाज़; शेखी बघारने वाला।

बड़बोलापन [सं-पु.] बढ़ा-चढ़ाकर बातें करने की क्रिया; शेखी; बड़प्पन।

बड़भागी [वि.] भाग्यशाली; ख़ुशनसीब।

बड़वानल (सं.) [सं-स्त्री.] समुद्र के अंदर की प्रबल आग; बड़वाग्नि।

बड़सिंगा [सं-पु.] बड़े सींग वाला पशु (बैल)। [वि.] बड़े सींगवाला।

बड़सिंगी [सं-स्त्री.] बड़े सींग वाली (गाय); डूँगी गाय। [वि.] बड़े सींगवाली।

बड़हल [सं-पु.] 1. पहाड़ की तराई में होने वाला एक वृक्ष 2. उक्त वृक्ष पर लगने वाला खट्टा-मीठा फल जिसका अचार भी बनाया जाता है।

बड़ा (सं.) [सं-पु.] 1. बुजुर्ग 2. बड़ा आदमी 3. अधिक महत्व वाला व्यक्ति 4. गुरुजन 5. उड़द दाल की पीठी की गोल टिकिया जो तलकर खाई जाती है 6. उत्तर भारत में होने वाली एक तरह की घास। [वि.] 1. अधिक डील-डौल वाला 2. लंबा-चौड़ा 3. अधिक उम्र वाला; ज्येष्ठ 4. जो पद, प्रतिष्ठा, अधिकार आदि में अधिक हो 5. जो किशोरावस्था से युवावस्था प्राप्त कर चुका हो 6. अधिक महत्व वाला; महान 7. अधिक विस्तार या परिमाण वाला 8. ऊँचा; विशाल। [क्रि.वि.] बहुत; अधिक; ज़्यादा।

बड़ा आदमी [सं-पु.] 1. धनवान और समृद्ध व्यक्ति 2. महत्वपूर्ण और प्रसिद्ध व्यक्ति।

बड़ा काम [सं-पु.] 1. कोई महत्वपूर्ण कार्य 2. जोखिम भरा कठिन काम 3. कारनामा।

बड़ा खेल [सं-पु.] बड़े लाभ या मुनाफ़े की संभावना वाला कोई कार्य या व्यापार।

बड़ा दिन [सं-पु.] ईसामसीह के जन्मदिन के रूप में पच्चीस दिसंबर को मनाया जाने वाला ईसाइयों का एक प्रसिद्ध त्योहार; क्रिसमस।

बड़ा परदा [सं-पु.] 1. फ़िल्म प्रदर्शित करने या देखने के लिए प्रयोग होने वाला सिनेमाघर का बहुत बड़ा सफ़ेद कपड़ा या परदा 2. सिनेमा के लिए प्रयुक्त शब्द।

बड़ा बूढ़ा [सं-पु.] 1. अवस्था और गुण आदि के विचार से कोई श्रेष्ठ व्यक्ति 2. बुजुर्ग; वृद्ध 3. गुरुजन 4. परिवार में कोई पूर्वज।

बड़ा बोल [सं-पु.] बढ़-चढ़कर कही गई बात; गर्वोक्ति; डींग।

बड़ा मुँह [सं-पु.] वह व्यक्ति जो बड़ी-बड़ी बातें करता हो।

बड़ाई [सं-स्त्री.] 1. बड़े होने की अवस्था या भाव 2. बड़प्पन; बड़ापन 3. प्रशंसा; तारीफ़; सराहना 4. किसी काम या बात में विशेष योग्यता या श्रेष्ठता 5. महत्ता; महिमा।

बड़ी [सं-स्त्री.] 1. भिगोई हुई, उड़द या मूँग की दाल को पीसकर उसमें नमक-मसाला आदि मिलाकर बनाई गई तथा सुखाई हुई छोटी टिकिया या पकौड़ी 2. सोयाबीन पीसकर बनाई हुई बड़ियाँ।

बड़ी इलायची [सं-स्त्री.] बड़ी और काले रंग के छिलके वाली इलायची जो मसालों में प्रयोग की जाती है।

बड़ी जामुन [सं-पु.] गुद्‌देदार बड़ा जामुन; फरेंद; फरेंदा।

बड़ी बी [सं-स्त्री.] किसी बुजुर्ग या वृद्धा के लिए प्रयोग किया जाने वाला संबोधन।

बड़ी मछली [सं-स्त्री.] कोई महत्वपूर्ण या बहुत धनवान व्यक्ति जो अवैध तरीकों या भ्रष्टाचार से रुपया इकट्ठा करता है।

बड़ेड़ा [सं-पु.] लोहे की छड़, जिसके नीचे भाथी रहती है।

बड़ेर [सं-पु.] लोकगीत में कहीं-कहीं बड़ेरी के लिए प्रयुक्त शब्द; बैरेंड़ी।

बड़ेरर [सं-पु.] बवंडर; चक्रवात; वेग से घूमती हुई हवा।

बड़ैसा [सं-पु.] कपास की एक प्रजाति।

बड़ोखा [सं-पु.] अरूई।

बढ़ई (सं.) [सं-पु.] 1. लकड़ी को छीलकर या गढ़कर दरवाज़े, मेज़, पलंग आदि बनाने वाला कारीगर; (कारपेंटर) 2. लकड़ी का काम करने वाली एक हिंदू जाति 3. रहस्य संप्रदाय में गुरु जो शिष्य कुंदे को गढ़-छीलकर सुंदर मूर्ति का रूप देता है।

बढ़ईगीरी [सं-स्त्री.] बढ़ई का काम।

बढ़कर [क्रि.वि.] 1. तुलना में बेहतर या अधिक 2. विकसित 3. उत्तम; श्रेष्ठ।

बढ़त [सं-स्त्री.] 1. किसी कार्य या उपलब्धि में अपने प्रतिद्वंद्वी से आगे बढ़ जाने की स्थिति 2. चुनाव आदि में एक दल के प्रत्याशी का दूसरे दल के प्रत्याशी से मतों की संख्या में आगे बढ़ जाना।

बढ़ती [सं-स्त्री.] 1. गिनती या तौल में होने वाली अधिकता; बढ़ने का भाव 2. वृद्धि; अधिकता; प्रसार; बढ़ोतरी 3. उन्नति; पदोन्नति 4. मूल्यवृद्धि 5. सौभाग्य; समृद्धि; धन-धान्य और परिवार की वृद्धि 6. उपभोग और व्यय के बाद कुछ बचे रहने की अवस्था।

बढ़ती [सं-स्त्री.] 1. विस्तार; विकास 2. गिनती 3. तौल में अधिकता।

बढ़न [सं-स्त्री.] 1. बढ़ने की अवस्था या भाव 2. वृद्धि; बढ़त 3. गिनती, तौल, नाप आदि में नियत से अधिक बढ़ा हुआ हिस्सा या अंश।

बढ़ना (सं.) [क्रि-अ.] 1. आकार, मान, क्षेत्र आदि में पहले से अधिक होना 2. परिमाण, तौल, संख्या आदि में वृद्धि होना 3. पद, धन, सम्मान आदि में ऊपर होना 4. किसी स्थान से आगे जाना 5. बुझना (दीपक) 6. बंद होना (दुकान आदि) 7. लाभ होना 8. खेल, प्रतियोगिता आदि में किसी से आगे होना।

बढ़नी [सं-स्त्री.] 1. अग्रिम; पेशगी; (एडवांस) 2. झाड़ू।

बढ़वार [सं-स्त्री.] 1. विकास; वृद्धि 2. बढ़ती। [वि.] बढ़ाव; वर्धनशील।

बढ़ा-चढ़ा [वि.] 1. उन्नत; विकसित 2. बेहतर; उत्तम 3. अतिशयोक्तिपूर्ण।

बढ़ाना [क्रि-स.] 1. आकार, मान या परिमाण में अधिक करना; वृद्धि करना 2. किसी को बढ़ने में प्रवृत्त करना 3. उन्नति या तरक्की करना 4. महँगा या ऊँचा करना (दाम) 5. बुझाना (दीपक) 6. बंद करना (दुकान आदि) 7. ऊपर उठाना; ऊँचा करना 8. आगे निकल जाना।

बढ़ाव [सं-पु.] 1. बढ़ने की क्रिया या भाव 2. दाम या मूल्य में बढ़त; वृद्धि 3. विस्तार; फैलाव।

बढ़ावा [सं-पु.] 1. प्रोत्साहन 2. उत्तेजना 3. कुछ करने के लिए हिम्मत बढ़ाने वाली बात।

बढ़िया [सं-पु.] 1. गन्ने, अनाज आदि की फ़सल का एक रोग जिससे कनखे नहीं निकलते और बढ़ाव बंद हो जाता है 2. प्रायः डेढ़ सेर की एक पुरानी तौल 3. एक प्रकार का कोल्हू। [वि.] 1. उत्तम; अच्छा; उमदा 2. अच्छी किस्म का 3. जो गुण, रचना, रूप-रंग, सामग्री आदि की दृष्टि से उच्च कोटि का हो। [क्रि.वि.] अच्छी तरह या अच्छे तरीके से।

बढ़ेल [सं-स्त्री.] हिमालय पर पाई जाने वाली एक प्रकार की ऊन वाली भेड़।

बढ़ेला (सं.) [सं-पु.] जंगली सुअर; वराह।

बढ़ैर [सं-पु.] बरैनी।

बढ़ोतरी [सं-स्त्री.] 1. निरंतर बढ़ने या विकसित होने की क्रिया 2. उत्तरोत्तर होने वाली वृद्धि 3. अभिवृद्धि; इज़ाफ़ा 4. उन्नति; तरक्की; बढ़ती; बाढ़ 5. वार्धक्य; बढ़त 6. विकास; संवृद्धि 7. प्रचुरता; आधिक्य 8. क्षेपक; बढ़ा हुआ अंश 9. व्यापार में होने वाला मुनाफ़ा।

बढ़ौती [सं-स्त्री.] 1. बढ़ती; वृद्धि 2. बढ़ता हुआ अंश 3. उन्नति; तरक्की 4. किसी चीज़ से होने वाला लाभ।

बणिक (सं.) [सं-पु.] 1. व्यापारी; रोज़गारी 2. व्यवसाय करने वाला व्यक्ति; व्यवसायी 3. सौदागर।

बतंगड़ [सं-पु.] 1. किसी छोटी-सी बात का व्यर्थ में विस्तार 2. बेवज़ह की चर्चा।

बतकही [सं-स्त्री.] 1. बातचीत; वार्तालाप 2. साधारणतः केवल मन बहलाने के लिए की जाने वाली इधर-उधर की बातचीत 3. वाद-विवाद।

बतख (अ.) [सं-स्त्री.] हंस की जाति का एक जलपक्षी; ऐसा जलपक्षी जो अधिक ऊँचा नहीं उड़ सकता।

बतछुट [वि.] 1. बात बनाने वाला 2. बिना सोचे-समझे अच्छी-बुरी सब तरह की बातें कह डालने वाला।

बतबढ़ाव [सं-पु.] साधारण या व्यर्थ की बात पर होने वाला झगड़ा; विवाद।

बतरस [सं-पु.] बातचीत का आनंद; वाग्विलास; बतरसियापन।

बतलाना [क्रि-स.] बताना। [क्रि-अ.] बातचीत करना।

बताना [क्रि-स.] 1. बात करना 2. परिचय कराना 3. कहना; उत्तर देना 4. समझाना 5. ज्ञान कराना 6. सूचित करना; निर्देश या संकेत देना 7. दिखाना; दिखलाना 8. नृत्य और गायन में अंगों की चेष्टा से भाव प्रकट करना 9. आवाज़ देना 10. ख़बर लेना।

बतास [सं-पु.] वायु; पवन; हवा।

बतासफेनी [सं-पु.] 1. एक प्रकार का धान 2. शक्कर से बना बड़ा बतासा।

बतासा [सं-पु.] 1. चीनी की चाशनी से बनाई जाने वाली एक

तरह की छोटी गोल मिठाई; बताशा; गोलगप्पा; पानीपूड़ी 2. पानी का बुलबुला 3. एक तरह की छोटी आतिशबाज़ी।

बतासी [सं-स्त्री.] चौरसा सीधे और चौड़े छेद करने का एक औज़ार।

बतिया [सं-स्त्री.] 1. कच्चा फल 2. कच्चा ताजा छोटा फल 3. ककड़ी 4. बात।

बतियाना [क्रि-अ.] 1. बातें करना 2. बातचीत में मशगूल होना।

बतोला [सं-पु.] 1. व्यर्थ की बातचीत 2. धोखा देने के लिए की जाने वाली बात; झाँसा; भुलावा 3. टालमटोल या हीला-हवाला करने की बातचीत।

बतौर (अ.) [क्रि.वि.] 1. तरह पर; रीति से 2. सदृश; समान।

बत्ता [सं-पु.] 1. बाँस को फाड़कर तैयार की गई फट्ठी 2. सीधी पतली पट्टियाँ; फरी; बत्ती।

बत्ती [सं-स्त्री.] 1. रुई या कपड़े की पट्टी को बटकर तैयार की गई छोटी पूनी या लच्छा जिसे दीये में रखकर जलाया जाता है; डिबिया में जलाई जाने वाली कपड़े की ऐंठी हुई पट्टी; फलीता 2. मोमबत्ती; दीया 3. बिजली का बल्ब; चिराग; दीपक 4. रोशनी; प्रकाश 5. सलाई के आकार की वस्तु 6. मवाद सोखने के लिए घाव में भरी जाने वाली रुई की पट्टी।

बत्तीस [वि.] संख्या '32' का सूचक।

बत्तीसा [सं-पु.] 1. बत्तीस दवाओं और मेवों से तैयार किया जाने वाला एक मिश्रण या खाद्य पदार्थ जो प्रसूता को आरोग्य और पुष्टि के लिए खिलाया जाता है 2. वह मिश्रण जो पशुओं के हाज़मे के लिए दिया जाता है 3. एक प्रकार की आतिशबाज़ी।

बत्तीसी [सं-स्त्री.] 1. बत्तीस दाँतों का समूह 2. बत्तीस का समूह 3. नीचे-ऊपर की दंत पंक्ति।

बथनियाना [क्रि. वि.] पशुओं को एकत्र करके रखने की क्रिया।

बथान (सं.) [सं-पु.] 1. वह जगह जहाँ पशुओं को बाँधा जाता है; पशुशाला 2. गौशाला 3. झुंड; गिरोह। [सं-स्त्री.] दर्द; पीड़ा।

बथुआ (सं.) [सं-पु.] 1. मोटे, चिकने हरे रंग के पत्तों वाला एक प्रकार का पौधा 2. उक्त पौधे के पत्तों से बनने वाला साग।

बद[1] (सं.) [सं-स्त्री.] 1. जाँघ पर निकली गिलटी 2. बाघी नामक रोग 3. पशुओं का एक संक्रामक रोग जिसमें उनके मुँह से लार बहती है और खुर तथा मुँह में दाने पड़ जाते हैं।

बद[2] (फ़ा.) [वि.] 1. बुरा; ख़राब 2. दुष्ट; दुराचारी 3. खोटा; अशुभ।

बदअमली (फ़ा.) [सं-स्त्री.] 1. राज्य की अव्यवस्था; अशांति 2. बुरा शासन या व्यवस्था; कुशासन 3. कुप्रबंध; अराजकता।

बदइंतज़ामी (फ़ा.) [सं-स्त्री.] 1. दोषपूर्ण इंतज़ाम; कुप्रबंध 2. अव्यवस्था; अराजकता।

बदकना [क्रि. वि.] खौलना (जल आदि का)।

बदकार (फ़ा.) [वि.] 1. बुरा करने वाला 2. कुकर्मी; व्यभिचारी; दुश्चरित्र।

बदकारी (फ़ा.) [सं-स्त्री.] कुकर्म; व्यभिचार; दुराचार।

बदकिस्मत (फ़ा.+अ.) [वि.] बुरी किस्मत वाला; अभागा; भाग्यहीन; बदकिस्मती। [सं-स्त्री.] भाग्यहीनता; अभागी।

बदख़्वाह (फ़ा.) [वि.] 1. जो बुराई चाहता हो; जो शुभचिंतक न हो 2. दुश्मन।

बदगुमान (फ़ा.) [वि.] 1. दूसरे के बारे में बुरे विचार रखने वाला 2. संदेह करने वाला; संदेहशील 3. जिसके मन में किसी की ओर से संदेह उत्पन्न हुआ हो; शक्की 4. असंतुष्ट।

बदगो (फ़ा.) [वि.] 1. बुराई करने वाला; बुरी बातें कहने वाला 2. निंदक; चुगलख़ोर।

बदगोई (फ़ा.) [सं-स्त्री.] 1. निंदा; बुराई; किसी के संबंध में बुरी बात कहना 2. बदनामी 3. चुगलख़ोरी 4. गाली-गलौज।

बदचलन (फ़ा.) [वि.] 1. जिसका चाल-चलन अच्छा न हो; चरित्रहीन 2. दुश्चरित्र।

बदचलनी (फ़ा.) [सं-स्त्री.] 1. बदचलन होने की अवस्था या भाव 2. बुरा चाल-चलन; कुमार्गगामिता 3. व्यभिचार 4. दुश्चरित्रता।

बदज़बान (फ़ा.) [वि.] 1. अनुचित या दूषित बातें करने वाला; जो बुरी ज़बान बोलता हो 2. मुँहफट 3. कटुभाषी; धृष्ट 4. अशब्द बोलने वाला; गाली-गलौज बकने वाला।

बदज़ात (फ़ा.+अ.) [वि.] 1. नीच; लुच्चा 2. दुष्ट; अधम।

बदतमीज़ (फ़ा.) [वि.] 1. जिसे तमीज़ या सलीका न हो; असंस्कृत; धृष्ट 2. जो शिष्टाचार न जानता हो; अशिष्ट; गँवार; गुस्ताख़ 3. अभद्र; उजड्ड।

बदतर (फ़ा.) [वि.] 1. बहुत बेकार 2. दयनीय 3. बुरे से बुरा; बहुत बुरा।

बददिमाग (फ़ा.+अ.) [वि.] 1. दुष्ट विचार वाला 2. बुरे स्वभाव का 3. बदमिज़ाज; घमंडी।

बददुआ (फ़ा.) [सं-स्त्री.] 1. बुरी दुआ; किसी का बुरा चाहना; अहित चाहने वाला शब्द 2. दुष्कामना; शाप; गाली।

बदन (अ.) [सं-पु.] देह; शरीर; तन। [मु.] **-टूटना** : शरीर में ज्वर के कारण पीड़ा होना।

बदनज़र (फ़ा.) [वि.] अशुभचिंतक; बुरी नज़र वाला। [सं-स्त्री.] कुदृष्टि; बुरी निगाह।

बदनसीब (फ़ा.+अ.) [वि.] अभागा; ख़राब किस्मतवाला; बदकिस्मत।

बदना (सं.) [क्रि-स.] 1. खेलना; ललकारना 2. कहना; वर्णन करना; मान लेना 3. ठहरना; पक्का या नियत करना (कुश्ती आदि के लिए) 4. शर्त लगाना (खेल या कुश्ती आदि की) 5. कुछ महत्व का मानना या समझना; गिनना। [मु.] **बदा होना** : भाग्य में लिखा होना।

बदनाम (फ़ा.) [वि.] 1. कलंकित 2. कुख्यात 3. लोग जिसकी निंदा करते हों।

बदनामी (फ़ा.) [सं-स्त्री.] 1. लोकनिंदा; बेइज़्ज़ती 2. अपकीर्ति 3. वह गर्हित या निंदनीय लोकचर्चा जो कोई अनुचित या बुरा काम करने पर समाज में विपरीत धारणा फैलाने के लिए होती है।

बदनीयती (फ़ा.+अ.) [सं-स्त्री.] 1. ख़राब नीयत; बुरी नज़र 2. बुरी नीयत होने की अवस्था या भाव 3. लालच; बेईमानी

4. इरादे में खोट।

बदनुमा (फ़ा.) [वि.] देखने में बुरा लगने वाला; भद्दा; कुरूप; भोंडा।

बदपरहेज़ (फ़ा.) [वि.] जो ठीक तरह से परहेज़ न करता हो; जो खानपान या रहन-सहन में संयम न रखता हो; असंयमी।

बदबख़्त (फ़ा.) [वि.] कमबख़्त; अभागा; बदनसीब।

बदबू (फ़ा.) [सं-स्त्री.] दुर्गंध; बुरी गंध।

बदबूदार (फ़ा.) [वि.] दुर्गंधयुक्त; बुरी बास से भरा हुआ।

बदमज़ा (फ़ा.) [वि.] 1. जिसमें मज़ा या आनंद न आए 2. जिसका स्वाद बुरा हो; फीका; कुस्वाद 3. सारा मज़ा किरकिरा करने वाला।

बदमस्त (फ़ा.) [वि.] 1. बुरी तरह मस्त होना 2. नशे में चूर होना।

बदमस्ती (फ़ा.) [सं-स्त्री.] 1. मदहोशी; मतवालापन 2. नशे में चूर होने की अवस्था; मस्ती 3. मत्त होना; कामुकता 4. मस्त होकर किया जाने वाला उपद्रव या हो-हल्ला।

बदमाश (फ़ा.) [वि.] 1. जिसकी जीविका बुरे कामों से चलती हो 2. बुरे और निकृष्ट काम करने वाला 3. कुपथमामी 4. बदचलन 5. गुंडा; लुच्चा।

बदमाशी (फ़ा.) [सं-स्त्री.] 1. बदमाश होने की अवस्था या भाव 2. बदचलनी; व्यभिचार 2. दुष्टता; दुष्कर्म; कुकर्म 3. बदमाश द्वारा किया जाने वाला कोई कार्य; लुच्चापन; गुंडापन।

बदमिज़ाज (फ़ा.+अ.) [वि.] बुरे स्वभाव या मिज़ाज का; अहंकारी चिड़चिड़ा; तीखे स्वभाव का; दुष्ट; कलहकारी।

बदरंग (फ़ा.) [वि.] 1. भद्दा; जिसका रंग ख़राब हो चुका हो 2. बुरे रंगवाला 3. ख़राब; खोटा 4. नीरस [सं-पु.] 1. बदरंगी 2. चौसर के खेल में वह गोटी जो रंगी न गई हो।

बदरा (सं.) [सं-पु.] बादल; मेघ। [सं-स्त्री.] कपास का पौधा।

बदराह (फ़ा.) [वि.] 1. कुमार्गी; बुरे चालु-चलन वाला; बुरी राह पर चलने वाला 2. कुचाली; दुष्ट; खोटा।

बदरिका (सं.) [सं-स्त्री.] 1. बेर का वृक्ष 2. बेर का फल 3. गंगा का उद्गम स्थान 4. गंगा का निकटवर्ती क्षेत्र।

बदरिया [सं-स्त्री.] बदली; बदरी; बादल का टुकड़ा।

बदरीनाथ (सं.) [सं-पु.] 1. बद्रिकाश्रम का मंदिर या तीर्थ 2. उक्त आश्रम में प्रतिष्ठित विष्णु की मूर्ति 3. बद्रिका नामक स्थान।

बदरौटी [सं-स्त्री.] 1. गगन के मेघाच्छन्न होने की अवस्था; बदराई; घाम 2. बादल की हल्की छाया से युक्त धूप।

बदल (अ.) [सं-पु.] 1. परिवर्तित 2. बदलने की क्रिया या भाव 3. बदले में दी हुई वस्तु 4. पलटा; प्रतिकार 5. क्षतिपूर्ति।

बदलगाम (फ़ा.) [वि.] 1. बोलते समय भले-बुरे का ज्ञान न रखने वाला; मुँहफट; धृष्ट 2. वह जो लगाम का संकेत या ज़ोर न मानता हो (घोड़ा आदि); सरकश 3. मुँहज़ोर।

बदलना [क्रि-अ.] 1. एक से दूसरी स्थिति में आना या होना 2. परिवर्तन या रूपांतरण होना 3. भिन्न होना 4. अपनी कही हुई बात से हटना; मुकरना 5. तबादला होना 6. गुण, रूप, रंग, विचार आदि में पहले से बहुत अलग होना। [क्रि-स.] 1. किसी पदार्थ के गुण या आकार में परिवर्तन एक से दूसरी स्थिति में करना 2. रूप, रंग, स्वभाव आदि में महत्वपूर्ण परिवर्तन कर देना 3. एक के बदले में दूसरी वस्तु लेना या रखना; विनिमय करना 4. तबादला करना।

बदलवाना [क्रि-स.] बदलने का काम किसी दूसरे से करवाना।

बदला (अ.) [सं-पु.] 1. प्रतिदान; विनिमय 2. प्रतिशोध 3. बदलने की क्रिया, भाव या व्यापार 4. किसी ने जैसा व्यवहार किया हो, उसके साथ किया जाने वाला वैसा ही व्यवहार; प्रतिकार; पलटा। [मु.] **-लेना** : जिसने जैसी हानि पहुँचाई हो उसे वैसी ही हानि पहुँचाना।

बदलाना [क्रि-स.] बदलवाना। [क्रि-अ.] बदला जाना।

बदलाव [सं-पु.] 1. परिवर्तन; रूपांतरण 2. अदल-बदल; विनिमय।

बदली (अ.) [सं-स्त्री.] 1. तबादला; स्थानांतरण; (ट्रांसफ़र) 2. एक के स्थान पर दूसरे का रखा, भेजा या लगाया जाना 3. छाया हुआ बादल।

बदशक्ल (फ़ा.) [वि.] भद्दा; कुरूप; बेडौल; भद्दी और बुरी शक्ल-सूरत का।

बदशगुनी (फ़ा.) [सं-स्त्री.] 1. बदशगुन होने की अवस्था 2. अपशगुनी व्यक्ति 3. अनिष्टसूचक बात।

बदसलूकी (फ़ा.) [वि.] 1. बुरा व्यवहार; दुर्व्यवहार 2. अशिष्ट व्यवहार।

बदसूरत (फ़ा.+अ.) [वि.] बदशक्ल; कुरूप।

बदस्तूर (फ़ा.) [अव्य.] 1. नियमपूर्वक 2. जिस प्रकार पहले से होता आया हो, उसी प्रकार से 3. जिस रूप में पहले रहा हो, उसी रूप में 4. बिना किसी परिवर्तन या हेर-फेर के; यथापूर्व; यथावत।

बदस्वल [सं-पु.] 1. उड़ान 2. बादलों का उड़ते रहना।

बदहज़मी (फ़ा.+अ.) [सं-स्त्री.] 1. अपच; अजीर्ण 2. {ला-अ.} कोई चीज़ या बात ठीक तरह से स्वीकार न होने की स्थिति; अस्वीकारता।

बदहवास (फ़ा.+अ.) [वि.] 1. जो होश और हवास में न हो 2. उद्विग्न; विकल 3. अचेत; बेहोश।

बदहवासी (फ़ा.+अ.) [सं-स्त्री.] 1. उद्विग्न; व्याकुलता 2. बेहोशी।

बदहाल (फ़ा.+अ.) [वि.] 1. जो होश खो दे; जिसका बुरा हाल हो 2. दुर्दशाग्रस्त 3. रोग से पीड़ित और आक्रांत 4. कंगाल।

बदहाली (फ़ा.+अ.) [सं-स्त्री.] ख़राब हालत; बुरा हाल; दुर्दशा।

बदा [क्रि.वि.] 1. होनी 2. भाग्य में लिखा हुआ।

बदि [सं-स्त्री.] दे. बदी।

बदिया [सं-स्त्री.] दे. बँदिया।

बदी सिरौट [सं-पु.] घोड़े का एक रोग।

बदी[1] (सं.) [सं-स्त्री.] कृष्णपक्ष; अँधेरा पाख, जैसे- जेठ बदी दूज।

बदी[2] (फ़ा.) [सं-स्त्री.] 1. बुराई; ख़राबी 2. बुरे होने की अवस्था या भाव।

बदौलत (फ़ा.) [क्रि.वि.] 1. वजह; कारण 2. कृपा से 3.

अनुग्रह से।

बद्दलिका (सं.) [सं-स्त्री.] बदली; बदरी।

बद्दी [सं-स्त्री.] यज्ञोपवीत की तरह पहना जाने वाला एक हार।

बद्ध (सं.) [वि.] 1. बँधा हुआ; (बाउंड) 2. संसार के बंधन में पड़ा हुआ 3. जिसके लिए कोई रुकावट या बंधन हो 4. निर्धारित।

बद्धकोष्ठ (सं.) [वि.] 1. जिसे कब्ज़ हो; कब्ज़ से पीड़ित 2. जिसे बद्धकोष्ठता का रोग हो। [सं-पु.] पाख़ाना न होने या कम होने का रोग।

बद्धपरिकर (सं.) [वि.] 1. उद्यत; तत्पर; तैयार 2. जो कमर कसे हुए हो।

बद्धप्रतिज्ञ (सं.) [वि.] वचनबद्ध; बात का पक्का।

बद्धमन (सं.) [सं-पु.] 1. किसी बात में आसक्त मन 2. वासनाओं में फँसा हुआ मन।

बद्धमानसिकता (सं.) [सं-स्त्री.] 1. मन के बँधे होने की अवस्था या भाव 2. जड़ता; रूढ़िग्रस्तता।

बद्धमुष्टि (सं.) [वि.] 1. जिसकी मुट्ठी दान देने के लिए न खुलती हो; कंजूस 2. जिसकी मुट्ठी बँधी हो।

बद्धमूल (सं.) [वि.] 1. जिसने जड़ें पकड़ ली हों; आमूलित 2. जिसकी जड़ें मज़बूत हों; दृढ़मूल।

बद्धी (सं.) [सं-स्त्री.] 1. बाँधने की कोई चीज़ 2. बाँधने का साधन; डोर 3. रस्सी 4. गले का गहना।

बधरा [सं-पु.] भारी धार वाली पधरिया; बधरिया।

बधाई (सं.) [सं-स्त्री.] 1. किसी शुभ अवसर पर अथवा किसी अच्छे कार्य के पूर्ण होने पर दिया जाने वाला संदेशा; मुबारकबाद 2. शुभ अवसर पर गाया जाने वाला गाना; मंगलाचार 3. बधावा; उत्सव 4. उक्त शुभ अवसर पर संबंधियों को दिया जाने वाला धन।

बधावना [सं-पु.] 1. बधाई 2. आनंद या मंगल के अवसर पर गाया जाने वाला गाना; मंगलाचार।

बधावा [सं-पु.] 1. बधाई; शुभकामना 2. बेटे या बेटी के जन्म के अवसर पर भेजा जाने वाला उपहार 3. बधावा या उपहार ले जाने वाले लोग 4. विवाह, जन्म आदि के अवसर पर होने वाला आनंदोत्सव; मंगलाचार।

बधिया [सं-पु.] 1. ऐसा बैल, घोड़ा, बकरा आदि जिसका अंडकोश निकाल दिया गया हो 2. नपुंसक हुआ नर पशु; खस्सी 3. खस्सी बैल जो हल में जुतता हो या बोझ ढोता हो।

बधिर (सं.) [वि.] 1. जो सुनता न हो 2. न सुन सकने वाला 3. बहरा।

बधिरता (सं.) [सं-स्त्री.] 1. बहरापन 2. सुनने की शक्ति का अभाव 3. बधिर होने की अवस्था।

बधैया [सं-स्त्री.] बधाई; आनंदोत्सव पर गाना-बजाना।

बन[1] [सं-स्त्री.] 1. सजधज; सजावट, जैसे- बन-ठन कर 2. भेष; वेश; बाना।

बन[2] (अं.) [सं-पु.] 1. छोटी-मीठी पाव रोटी 2. मैदे में ख़मीर मिलाकर बनाई गई मीठी रोटी 3. गुलगुला।

बनकटी [सं-स्त्री.] 1. जंगल काटकर उसमें खेती-बारी करने और रहने के योग्य बनाने का हक 2. जंगली लकड़ी 3. एक प्रकार का बाँस।

बनगोइठा [सं-पु.] कंडा; उपला; बिनुआ; गोइठा।

बनचरी[1] [सं-स्त्री.] एक प्रकार की जंगली घास, जिसकी पत्तियाँ ज्वार की पत्तियों की तरह होती है।

बनचरी[2] (सं.) [सं-पु.] जंगली पशु।

बनजारन [सं-स्त्री.] 1. बनजारा समाज की स्त्री 2. सौदा या व्यापार करने वाली स्त्री।

बनजारा [सं-पु.] 1. वह व्यक्ति जो बैलों आदि पर अन्न लादकर दूसरे गाँव बेचने के लिए जाता है 2. बंजारा।

बनत [सं-स्त्री.] 1. रचना; बनावट 2. किसी वस्तु के बनने या बनाए जाने का ढंग 3. अभिकल; भाँत; (डिज़ाइन) 4. सामंजस्य; मैत्री; मेलमिलाप; अनुकूलता 5. देहानुपात; पूर्वलक्षण 6. गोटा लगी पट्टी की तरह की पतली पट्टी।

बनना (सं.) [क्रि-अ.] 1. बनाया जाना; निर्मित होना 2. उचित रूप प्राप्त करना; रचा जाना। [मु.] **बन आना** : किसी का असमंजस की दशा में पहुँचना; जान जाने की नौबत आना।

बनफ़शा (फ़ा.) [सं-पु.] नेपाल, कश्मीर, हिमालय आदि स्थानों पर पाया जाने वाला तथा औषधि के रूप में उपयोग में लाया जाने वाला एक पौधा।

बनफूल [सं-पु.] वन या जंगल में उपजने वाले पेड़-पौधों के फूल।

बनमानुस [सं-पु.] 1. मनुष्य की तरह का बंदर से कुछ विकसित वन्य जंतु का एक वर्ग 2. गोरिल्ला; चिंपैंजी तथा ओरंग-ऊटंग आदि प्राणी समूह।

बनमाली [सं-पु.] 1. वनरक्षक; वनमाली; बागवान; (गार्डनर) 2. माला बनाने वाला व्यक्ति 3. बादल; मेघ 4. बहुत घने जंगलों वाला प्रदेश। [वि.] जो बनमाला धारण करता हो।

बनमुरगी [सं-स्त्री.] 1. एक प्रकार का जंगली पक्षी 2. कुकही।

बनरा [सं-पु.] 1. दूल्हा; वर 2. विवाह के समय गाया जाने वाला एक लोकगीत 3. वानर।

बनवाना [क्रि-स.] 1. किसी को कुछ बनाने में प्रवृत्त करना; बनाने का काम कराना 2. तैयार कराना; निर्माण कराना 3. किसी को कुछ करने में सहायता करना।

बनवारी [सं-पु.] 1. वनमाली 2. कृष्ण।

बनसारी [सं-स्त्री.] एक प्रकार की घास; ककना।

बना-ठना [वि.] 1. सजा-सँवरा; ख़ूब सज-धजकर रहने वाला 2. बनाव श्रृंगार करने वाला।

बनाना [क्रि-स.] 1. रचना करना 2. निर्माण या तैयार करना 3. ठीक दशा या रूप देना 4. सुसज्जित करना; सजाना 5. सुधारना; मरम्मत करना 6. आपस में अच्छा संबंध या मेल-जोल बनाए रखना 7. पैदा करना या कमाना 8. अच्छी या उन्नत दशा में पहुँचाना 9. एक रूप से दूसरे रूप में लाना 10. उपहास करना 11. किसी कार्य को संपन्न करना 12. झूठी बातें कहना 13. स्वीकार करना; मानना 14. लाभ उठाना।

बनाफर (सं.) [सं-पु.] क्षत्रियों में एक कुलनाम या सरनेम।

बनाम (फ़ा.) [अव्य.] 1. किसी के नाम पर 2. किसी के विरुद्ध

3. किसी के प्रति।

बनारस (सं.) [सं-पु.] 1. वाराणसी; काशी 2. एक पौराणिक शहर 3. हिंदुओं का प्रसिद्ध तीर्थ।

बनाव [सं-पु.] 1. बनावट; सजावट 2. बनना-सँवरना 3. उपाय; युक्ति; तदबीर 4. किसी के मेल का।

बनावट [सं-स्त्री.] 1. निर्माण; रचना 2. बनने या बनाने का भाव या ढंग; रचना 3. ऊपरी दिखावा; आडंबर 4. कृत्रिमता।

बनावटी [वि.] 1. जिसमें तथ्य एवं वास्तविकता न हो 2. ऊपरी; बाहरी; दिखाऊ 3. नकली; कृत्रिम।

बनिया (सं.) [सं-पु.] 1. व्यापारी 2. आटा, दाल आदि बेचने वाला 3. वैश्य 4. {ला-अ.} कंजूस और स्वार्थी व्यक्ति।

बनियान [सं-स्त्री.] कुरते-कमीज़ के नीचे पहनने वाला हलका वस्त्र; गंजी।

बनिस्बत (फ़ा.) [अव्य.] 1. बजाय 2. तुलना में 3. अपेक्षाकृत।

बनिहार [सं-पु.] 1. खेतिहर मज़दूर 2. फ़सल आदि काटने और खेत की रखवाली का काम करने वाला व्यक्ति।

बनिहारी [सं-स्त्री.] मजदूरी; दिनौरा; बनी/मजूरी जोड़ले।

बनेला [सं-पु.] रेशम बनाने वाला एक प्रकार का कीड़ा।

बनैनी [सं-स्त्री.] 1. बनिया या वैश्य समाज की स्त्री 2. बनिए की पत्नी।

बनैला [सं-पु.] वन्य शूकर; जंगली सुअर। [वि.] जंगल में पाया जाने वाला; वन्य; जंगली।

बनौट [सं-पु.] दे. बटकनी।

बनौरी [सं-स्त्री.] ओला; हिमखंड वृष्टि।

बन्ना [सं-पु.] 1. वर; दूल्हा 2. विवाह के समय वर पक्ष की स्त्रियों द्वारा गाए जाने वाले एक प्रकार के लोक गीत 3. दंडकला नामक छंद।

बन्नी [सं-स्त्री.] 1. वधू; दुल्हन 2. विवाह के समय वधू पक्ष की स्त्रियों द्वारा गाए जाने वाले एक प्रकार के गीत।

बन्हका [सं-पु.] बड़ी धनुही के आकार की सरकी (छड़ी); मोजर।

बन्हना [सं-पु.] 1. नई कलम की रक्षा हेतु जिसे बाँधा जाए; मोजार 2. मंजरी।

बपंस [सं-पु.] 1. पैतृक संपत्ति में पुत्र को मिलने वाला अंश 2. पिता से पुत्र को प्राप्त गुण।

बपतिस्मा (अं.) [सं-पु.] ईसाई धर्म में नवजात शिशु या अन्य धर्मावलंबी को दीक्षित करने वाला एक संस्कार; (बैपटिज़्म)।

बपौती [सं-स्त्री.] 1. पैतृक संपत्ति 2. बाप द्वारा छोड़ी गई जायदाद।

बप्पा [सं-पु.] 1. पिता; बाप 2. पिता के लिए स्नेहवश या आत्मीयतापूर्वक किया जाने वाला संबोधन।

बफ़र (अं.) [सं-पु.] चयक।

बफरना (सं.) [क्रि-अ.] 1. क्रोधित होना; उत्तेजित होना 2. बिगड़ना 3. घमंड में भरकर लड़ने के लिए ज़ोर की आवाज़ करना 2. उपद्रव करना; उत्पात करना।

बफारा [सं-पु.] 1. दवायुक्त जल को उबालने पर उसमें से निकलने वाली भाप 2. उक्त भाप से शरीर का कोई अंग सेकना 3. गरम पानी में उबाली जाने वाली औषधियाँ।

बफौरी [सं-स्त्री.] बिना तेल, घी के वाष्प (भाप) से ही पकाई (बनाई) गई सब्जी।

बबर (अ.) [सं-पु.] शेर की एक बड़े आकार की प्रजाति जो अफ्रीका में पाई जाती है; सिंह।

बबरना [क्रि. वि.] घघना।

बबूल (सं.) [सं-पु.] एक प्रकार का कँटीला वृक्ष जिसकी लकड़ी कठोर और बहुत मज़बूत होती है तथा जिसके फल, पत्तियाँ, गोंद आदि दवा के काम आते हैं।

बबूला [सं-पु.] हथियों के पाँव में होने वाला एक प्रकार का फोड़ा।

बभनी [सं-स्त्री.] जोंक के आकार का छिपकली जैसा एक रेंगने वाला कीड़ा।

बभ्रु (सं.) [वि.] 1. गहरे भूरे रंग का 2. गंजा; खल्वाट।

बम-भोला [सं-पु.] परंपरागत रूप से शिव के लिए प्रयोग किया जाने वाला शब्द।

बम[1] [सं-पु.] 1. शिव नामक देवता को प्रसन्न करने के लिए उच्चरित किया जाने वाला शब्द 2. बैलगाड़ी या इक्के आदि में आगे की ओर निकला हुआ बाँस या मोटी लकड़ी का हिस्सा जिनमें घोड़े या बैल जोते जाते हैं।

बम[2] (अं.) [सं-पु.] युद्ध या लड़ाई में फेंककर मारा जाने वाला या तोप आदि से चलाया जाने वाला विस्फोटक पदार्थों या बारूद का गोला; (बॉम्ब)।

बमकना [क्रि-अ.] 1. क्रोधित या उत्तेजित होकर ज़ोर से बोलना 2. आवेश में आकर डींग हाँकना या शेखी बघारना 3. उछलना।

बमकाना [क्रि-स.] 1. किसी को बमकने में प्रवृत्त करना 2. किसी को उत्तेजित या क्रोधित करना।

बमगोला [सं-पु.] बम या बारूद आदि का गोला; विस्फोटक गोला।

बमबाज़ (हिं.+फ़ा.) [वि.] 1. विस्फोटक या गोला फेंककर मारने वाला व्यक्ति 2. बम फेंकने में कुशल सैनिक।

बमवर्षक [सं-पु.] बहुत तेज़ी से बम बरसाने वाला लड़ाई का बड़ा हवाई जहाज़।

बमीठा [सं-पु.] दीमकों की बाँबी; वल्मीक।

बमुश्किल (फ़ा.+अ.) [अव्य.] कठिनता से या कठिनाई पूर्वक।

बमैला [सं-पु.] 1. एक आभूषण; पछेला 2. बाएँ बाजू वाला खूँटा।

बमोट [सं-पु.] दीमकों की बाँबी; बमीठा।

बय [सं-पु.] जुलाहों का कंघा या बेसर नामक औज़ार। [सं-स्त्री.] अवस्था; उम्र; वय।

बयना (सं.) [सं-पु.] मांगलिक अवसर या उत्सव आदि में संबंधियों या मित्रों को भेजी जाने वाली मिठाई।

बया (सं.) [सं-स्त्री.] गौरैया की तरह का एक पक्षी जो बहुत ही कलात्मक तरीके से अपना घोंसला बनाती है।

बयान (अ.) [सं-पु.] 1. अभियुक्त या साक्षी द्वारा कही गई बात; कथन 2. वृत्तांत; वर्णन; ज़िक्र।

बयानबाज़ी (अ.+फ़ा.) [सं-स्त्री.] 1. बयान देने की क्रिया 2. किसी विषय या चर्चित मुद्दे पर किसी नेता या अधिकारी

द्वारा की गई टिप्पणी या प्रतिक्रिया 3. बयान पर बयान देते चलने की क्रिया या भाव, परस्पर बहस।

बयाना (अ.+फ़ा.) [सं-पु.] सौदा पक्का करने के लिए ख़रीदार द्वारा बेचने वाले को दी जाने वाली अग्रिम धनराशि; पेशगी।

बयार [सं-स्त्री.] 1. हवा; पवन 2. {ला-अ.} चलन।

बयालीस [वि.] संख्या '42' का सूचक।

बयासी [सं-पु.] संख्या '82' का सूचक।

बर (फ़ा.) [अव्य.] 1. पर; ऊपर, जैसे- बरतर-किसी से ऊपर 2. बाहर 3. सामने की दिशा में, जैसे- बरअक्स 4. अलग; पृथक, जैसे- बरतरफ़। [सं-पु.] 1. वृक्ष का फल 2. क्रोड 3. देह 4. बगल। [परप्रत्य.] 1. ढोने वाला; ले जाने वाला, जैसे- राहबर 2. श्रेष्ठ पूर्ण उत्तम, जैसे- दिलबर 3. फल से युक्त 4. तुलना या प्रतिस्पर्धा आदि में किसी से बढ़कर; श्रेष्ठ।

बरंगा [सं-पु.] 1. छत बनाने के लिए दीवार पर रखी जाने वाली मोटी और मज़बूत लकड़ी 2. छत पाटने की पत्थर की पटिया।

बरअक्स (फ़ा.+अ.) [वि.] 1. विपरीत; उलटा; प्रतिकूल 2. प्रत्युत; बरख़िलाफ़।

बरई [सं-स्त्री.] एक जाति विशेष जो पान की खेती करती है।

बरकंदाज (अ.+फ़ा.) [सं-पु.] 1. बंदूकची 2. मध्यकाल में बड़ी लाठी या तोड़ेदार बंदूक रखने वाला सिपाही।

बरकत (अ.) [सं-स्त्री.] 1. बढ़ती; बढ़ोतरी 2. कल्याण; मंगल 3. कमी न पड़ना; प्रचुरता 4. सौभाग्य; ख़ुशकिस्मती 5. लाभ; फ़ायदा 6. प्रसाद; कृपा।

बरकरार (फ़ा.+अ.) [वि.] 1. स्थिर; कायम; अचल 2. पहले की तरह मौजूद; बना हुआ; वर्तमान 3. भली-भाँति स्थापित; दृढ़ 4. जीवित; ज़िंदा 5. बहाल; पुनर्नियुक्त।

बरकरारी (फ़ा.) [सं-स्त्री.] 1. बरकरार होने की अवस्था 2. स्थिरता; बहाली।

बरखा (सं.) [सं-स्त्री.] बरसात; वर्षा; वर्षा-ऋतु।

बरख़ास्त (फ़ा.) [वि.] 1. जिसे किसी नौकरी या पद से हटा दिया गया हो; पदच्युत 2. समाप्त या विसर्जित (सभा, अधिवेशन आदि)।

बरख़ास्तगी (फ़ा.) [सं-स्त्री.] 1. नौकरी या पद से हटाया जाना; पदच्युति 2. समाप्ति या विसर्जन (सभा आदि) 3. निष्कासन।

बरख़ुरदार (फ़ा.) [सं-पु.] 1. पुत्र; बेटा 2. संतान 3. छोटों के लिए आशीर्वाद सूचक संबोधन। [वि.] 1. सौभाग्यशाली; ख़ुशनसीब 2. फलता-फूलता हुआ; संपन्न 3. सफ़ल।

बरगद (सं.) [सं-पु.] 1. एक प्रसिद्ध और बहुत आधिक आयु वाला विशाल वृक्ष; वट वृक्ष; बड़ 2. {ला-अ.} किसी बड़े व्यक्ति की छत्रछाया या सहयोग।

बरगलाना [क्रि-स.] बहकाना; भटकाना; दिग्भ्रमित करना; गुमराह करना; फुसलाना।

बरगा [सं-पु.] 1.खंभे का ऊपरी भाग (हिस्सा) 2. बल्लियों पर बाँधे हुए बाँस।

बरगीत [सं-पु.] विवाह के समय गाया जाने वाला गीत।

बरछा [सं-पु.] एक प्रकार का अस्त्र; भाला।

बरछी [सं-स्त्री.] 1. लोहे आदि से बनी नोकदार लंबी मोटी कील 2. एक प्रकार का नुकीला अस्त्र; भाला 3. छोटा बरछा।

बरजना [क्रि-स.] 1. वर्जित या मना करना 2. रोकना 3. सामने आने पर भी ग्रहण न करना; त्यागना; छोड़ना 4. प्रयोग या उपयोग में न लाना; बचाना।

बरज़ोर (हिं.+फ़ा.) [वि.] 1. जिसमें ज़ोर या बल हो; प्रबल 2. अत्याचारी 3. बहुत कठिन या भारी 4. शोषक। [क्रि.वि.] ज़ोर लगाकर; बलपूर्वक; ज़बरदस्ती से।

बरत [सं-स्त्री.] 1. रस्सी; डोरी 2. वह रस्सी जिसपर चढ़कर नट खेल करता है।

बरतन (सं.) [सं-पु.] 1. भोजन पकाने या खाने के पात्र 2. रसोई के स्टील या पीतल के पात्र, जैसे- भगोना, पतीली, थाली आदि।

बरतना [क्रि-स.] 1. व्यवहार करना 2. काम में लाना 3. इस्तेमाल करना 4. बरताव करना।

बरताव [सं-पु.] 1. बरतने का ढंग या भाव 2. व्यवहार।

बरतुस [सं-पु.] वह खेत जिसमें पहले धान बोया गया हो और फिर जोतकर ईख बोई जाए।

बरदा [सं-स्त्री.] दक्षिण भारत में उत्पन्न होने वाली एक प्रकार की रुई।

बरदाना [क्रि-स.] गाय या घोड़ी आदि का गर्भाधान कराने के लिए उनकी जाति के नर से संयोग कराना। [क्रि-अ.] गाय या भैंस आदि का नर से संयोग होना; गर्भाधान होना।

बरदार (फ़ा.) [परप्रत्य.] एक प्रत्यय जो शब्दों के अंत में जुड़कर निम्न अर्थ देता है- 1. वहन करने वाला; ढोने वाला, जैसे- झंडाबरदार 2. पालन करने वाला; मानने वाला, जैसे- फ़रमाँबरदार 3. उठानेवाला; ढोनेवाला, जैसे- अमलबरदार, नाज़बरदार।

बरदाश्त (फ़ा.) [सं-स्त्री.] 1. सहन करने का भाव 2. सहन करने की शक्ति; सहनशीलता।

बरदियाँ [सं-पु.] पशुओं को चराने के बदले चारागाह के मालिक को दिया जाने वाला शुल्क; खर्चरी; खरचराई।

बरदुआ [सं-पु.] बरमे की तरह का एक औज़ार, जिससे लोहा छेदा जाता है।

बरधगाय [सं-स्त्री.] ऊँची गाय।

बरधाना [क्रि-स.] गाय-भैंस आदि पशुओं का गर्भधारण करना; जोड़ा खिलाना।

बरन [सं-पु.] 1. रंग 2. वर्ण (जाति) 3. हरिस को संभालने के लिए ठोकी जाने वाली कील; बरैनी; किल्ला।

बरनी [सं-स्त्री.] 1.बाईं खूँटी 2. वरणीया; कन्या।

बरपना (फ़ा.) [क्रि-अ.] 1. मचना या फैलना 2. उठना।

बरपा (फ़ा.) [वि.] 1. जो उठ खड़ा हुआ हो; फैलनेवाला (उपद्रव या उत्पात) 2. अपने पैरों पर खड़ा होने वाला।

बरपाना [क्रि-स.] 1. मचाना या फैलाना 2. उठाना।

बरफ़ (फ़ा.) [सं-स्त्री.] 1. पानी का ठोस रूप या जमा हुआ पानी 2. हिम; पाला; तुषार; ओला 3. कृत्रिम उपायों द्वारा

जमाया गया पानी। [वि.] जो बरफ़ के समान ठंडा हो।

बरफ़ानी (फ़ा.) [वि.] 1. बरफ़ से ढका हुआ (पहाड़) 2. बरफ़ का 3. बरफ़ जैसा ठंडा; बरफ़ीला।

बरफ़िस्तान (फ़ा.) [सं-पु.] 1. साल भर बरफ़ से ढका रहने वाला भू-भाग 2. बरफ़ीला क्षेत्र।

बरफ़ी (फ़ा.) [सं-स्त्री.] चौकोर टुकड़ों के रूप में कटी एक मिठाई जो चाशनी में खोया, काजू आदि मिलाकर बनाई जाती है; एक मीठा व्यंजन।

बरफ़ीला (फ़ा.) [वि.] 1. जो बरफ़ से युक्त हो 2. जो बरफ़ की तरह ठंडा हो 3. बहुत बरफ़वाला।

बरबटी [सं-स्त्री.] एक तरह की पतली लंबी फली जिसकी सब्ज़ी बनाई जाती है; चवले की फली।

बरबस [अव्य.] 1. ज़बरदस्ती; प्रयासपूर्वक 2. अकारण; व्यर्थ; बे-फ़ायदे। [वि.] जिसका कोई वश न चलता हो; लाचार।

बरबाद (फ़ा.) [वि.] 1. नष्ट; विनष्ट; समाप्त 2. ख़त्म; तबाह; फेंका हुआ 3. धराशायी 4. (कार्य) चौपट; उजड़ा हुआ 5. जिसकी हालत चिंताजनक हो, जैसे- देश या राज्य आदि 6. जो संपत्तिविहीन हो गया हो; जो लूट लिया गया हो।

बरबादी (फ़ा.) [सं-स्त्री.] 1. बरबाद होने का भाव; विनाश; नाश 2. दुरुपयोग; अपव्यय 3. तबाही; ख़राबी।

बरमा [सं-पु.] लकड़ी में छेद करने का औज़ार।

बरमी [सं-पु.] दे. बर्मी।

बरवक्त (फ़ा.) [अव्य.] समय पर; मौके पर।

बरवै [सं-पु.] (काव्यशास्त्र) एक मात्रिक छंद जिसमें चार चरण होते हैं। इसके विषम यानी पहले और तीसरे चरणों में बारह मात्राएँ और सम यानी दूसरे और चौथे चरणों में सात मात्राएँ होती हैं।

बरस (सं.) [सं-पु.] 1. वर्ष; साल 2. काल का वह मान जिसमें पृथ्वी एक बार सूर्य की परिक्रमा पूर्ण कर लेती है।

बरसना (सं.) [क्रि-अ.] 1. बादलों से पानी की बूँदें गिरना; आकाश से जल गिरना; वर्षा होना 2. बूँदों की तरह गिरना; झड़ना, जैसे- फूल बरसना 3. बहुतायत से प्राप्त होना; इफरात में मिलना 4. चारों ओर से ख़ूब मात्रा में पहुँचना, जैसे- पैसा बरसना 5. हवा आदि से कणों या टुकड़ों के रूप में बिखरना 6. साफ़ झलकना 7. झरना; निरंतर झरते रहना 8. पड़ना; टपकना 9. {ला-अ.} किसी को चिल्लाते हुए डाँटना; सरापना; फटकारना।

बरसात (सं.) [सं-स्त्री.] 1. वर्ष की वह ऋतु या मास जिसमें प्रायः पानी बरसता रहता है; पावस ऋतु 2. वह समय जिसमें आकाश से जल बरस रहा हो।

बरसाती [सं-स्त्री.] 1. प्लास्टिक, मोमजामे आदि का बना हुआ एक प्रकार का ढीला-ढाला कोट जिसे पहनने से शरीर या कपड़ों पर वर्षा के पानी का प्रभाव नहीं पड़ता 2. कोठियों आदि के प्रवेश-द्वार पर बना हुआ वह छायादार थोड़ा-सा स्थान जहाँ सवारियाँ उतारने के लिए गाड़ियाँ खड़ी होती हैं। [वि.] 1. बरसात संबंधी; बरसात का 2. बरसात में होने वाला।

बरसाथन [सं-स्त्री.] प्रति वर्ष ब्याने वाली गाय; बरसौड़ी।

बरसाना [क्रि-स.] 1. बादलों का जल की वर्षा करना 2. बूँदों की तरह लगातार बहुत-सी चीज़ें ऊपर से नीचे गिराना 3. बड़ी संख्या या मात्रा में बिखेरना (फूल आदि) 4. ओसाना; डाली देना (अनाज)।

बरसी [सं-स्त्री.] 1. पुण्यतिथि 2. मृत व्यक्ति का वार्षिक श्राद्ध।

बरसौंह [वि.] बरसने वाला [सं-पु.] बरसने वाला (बादल)।

बरहम (फ़ा.) [वि.] 1. जिसे क्रोध आ गया हो 2. भड़का हुआ; क्रुद्ध; उत्तेजित 3. क्षुब्ध; परेशान 4. इधर-उधर बिखरा हुआ; बेतरतीब।

बरहा[1] [सं-पु.] 1.उँची उठी हुई दो मेड़ों के बीच से पानी ले जाने वाला नाला। 2. मोटा रस्सा।

बरहा[2] (सं.) [सं-पु.] 1. मोर; वर्हि 2. जंगली सूअर; वाराह।

बरही [सं-पु.] 1. मयूर; मोर 2. साही नामक जंगली जंतु 3. अग्नि; आग 4. कुक्कुट; मुर्गा।

बरही [सं-पु.] 1. मयूर; मोर 2. साही नामक जंगली जंतु 3. अग्नि; आग 4. कुक्कुट; मुर्गा।

बरा[1] [सं-पु.] 1. बरगद; वटवृक्ष 2. बहूँटा (बाँह पर पहनने का गहना) 3. बर्रे 4. रस्सा-कसी।

बरा[2] (सं.) [सं-पु.] उड़द की पीसी हुई दाल को तलकर निर्मित एक भोज्य पदार्थ; बड़ा।

बरांग [सं-पु.] स्त्री जननांग; योनि।

बरांडल [सं-पु.] जहाज़ में मस्तूल को सीधे रखने के काम में आने वाला रस्सा; जहाजी काम में आने वाला कोई रस्सा; बरांडा।

बरात (सं.) [सं-स्त्री.] 1. विवाह के समय वर के साथ चलने वाली शोभा-यात्रा दूल्हे की सवारी का जुलूस 2. वर के साथ कन्यापक्ष के यहाँ जाने वाले लोगों का समूह 3. {ला-अ.} भीड़; मजमा 4. {ला-अ.} एक साथ मिलकर या दल बाँधकर कहीं जाने वालों का समूह।

बराती [सं-पु.] बरात में जाने वाला व्यक्ति। [वि.] 1. बरात में सम्मिलित 2. बरात का।

बराना (सं.) [क्रि-स.] 1. अवसर पर कोई बात न कहना; वारण; निषेध 2. मतलब छिपाकर इधर-उधर की बातें कहना 3. हिफ़ाज़त करना; बचाना; रक्षा करना 4. अनेक बातों या वस्तुओं से किसी एक को छोड़ देना 5. इच्छानुसार वस्तुओं को चुनना; वरण 6. चुनना; छाँटना 7. जलाना।

बराबर (फ़ा.) [वि.] 1. समान; तुल्य; सदृश 2. गुण, महत्व, मात्रा, मान, मूल्य संख्या आदि के विचार से जो किसी के तुल्य या समान हो 3. समतल। [अव्य.] 1. एक पंक्ति में 2. लगातार 3. साथ; पास 4. सदा।

बराबरी (फ़ा.) [सं-स्त्री.] 1. समानता; तुल्यता; समता 2. बराबर होने की अवस्था या भाव 3. मुकाबला; सामना; प्रतिस्पर्धा 4. तुलना 5. गुस्ताख़ी।

बरामद (फ़ा.) [वि.] 1. खोई या चुराई हुई वस्तु जो कहीं से पुनः खोज निकाली जाए 2. बाहर आया हुआ; सामने आया हुआ।

बरामदगी (फ़ा.) [सं-स्त्री.] 1. बरामद होने की अवस्था या भाव 2. छिपाई गई वस्तु की प्राप्ति।

बरामदा (फ़ा.) [सं-पु.] 1. घर का बाहरी बैठने आदि का सामने से खुला स्थान 2. दालान; ओसारा 3. मकानों में वह छाया हुआ लंबा सँकरा भाग जो कुछ आगे या बाहर निकला रहता है; बारजा; छज्जा।

बरार (फ़ा.) [सं-पु.] वह चंदा जो पूरे गाँव से वसूला जाता हो। [वि.] 1. लाने वाला 2. लाया हुआ।

बरारी (सं.) [सं-स्त्री.] 1. दोपहर में गाई जाने वाली एक रागिनी 2. बरार क्षेत्र में होने वाली एक प्रकार की रुई।

बरिअरा [सं-पु.] बरियार; मजबूत; सुदृढ़।

बरी (फ़ा.) [वि.] 1. जो अभियोग या आरोप से मुक्त किया गया हो 2. रिहा; बंधनमुक्त 3. स्वतंत्र; मुक्त; आज़ाद 4. बेकसूर; निर्दोष।

बरू[2] (सं.) [अव्य.] 1. भले ही; ऐसा हो जाए तो; चाहे 2. बस; बल्कि।

बरुआ[2] (सं.) [सं-पु.] 1. वह बालक जिसका यज्ञोपवीत तो हो गया हो, लेकिन जो विवाहित न हो; ब्रह्मचारी; वाटू 2. यज्ञोपवीत के समय गाया जाने वाला गीत 3. यज्ञोपवीत संस्कार 4. ब्राह्मण बालक 5. पुरोहित कर्म करने वाला ब्राह्मण।

बरू[1] (सं.) [सं-पु.] एक खरपतवार, जो कई वर्षों तक होता रहता है।

बरूनी [सं-स्त्री.] पलक के बाल; बरौनी।

बरेच्छा [सं-पु.] 1. विवाह-संबंध निश्चित करने की एक रीति; फलदान; सगाई 2. एक गहना जो बाँह पर पहना जाता है; बरेखी।

बरेज [सं-पु.] पान की खेती के लिए बनाया गया एक प्रकार का खेत; पानवाड़ी; पनबाड़ी।

बरेठ [सं-पु.] धोबी; बरेठा।

बरेठा [सं-पु.] कपड़े धोने वाला व्यक्ति; धोबी।

बरेत [सं-पु.] दूध को बिलोने वाली मथानी की रस्सी।

बरेता [सं-पु.] 1. सन का मोटा रस्सा; नार 2. मथानी की रस्सी 3. कुएँ से पानी निकालने वाला रस्सा; उबहन।

बरैनी [सं-स्त्री.] हरिस को संतुलित करने के लिए वहाँ ठोकी जाने वाली कील।

बरोक [सं-पु.] 1. विवाह होने से पहले की एक रस्म; बरेच्छा; रुकाई; टीका 2. वह धन या दहेज जो कन्यापक्ष द्वारा वरपक्ष को विवाह संबंध निश्चित करते समय दिया जाता है।

बरोज (सं.) [सं-स्त्री.] बरगद के वृक्ष की डालियों से निकलने वाली जटा; बरोह।

बरोठा [सं-पु.] 1. ड्योढ़ी; बैठक 2. बरामदा 3. प्रकोष्ठ; पौरी।

बरोह (सं.) [सं-स्त्री.] बरगद, पाकड़ आदि की डालियों से निकलने वाली प्रशाखा; वट वृक्ष की जटा।

बरौंखी [सं-स्त्री.] नरगोरी।

बरौंठ [सं-पु.] चौखठ के ऊपर खाली रखी जगह।

बरौनी (सं.) [सं-स्त्री.] 1. आँख की पलक के किनारे के बाल; नेत्रपक्ष; पपनी 2. पानी भरने आदि का काम करने वाली स्त्री; कहारिन।

बर्कर (सं.) [सं-पु.] 1. बकरा 2. पशु का बच्चा 3. मन्नत पूरी करने या होने पर देवता को समर्पित वह बकरा जो खुले में (कान आदि काट कर) छोड़ दिया जाता है, जिसके शरीर से विशेष प्रकार की दुर्गंध आती है; बोक; अमर बकरा।

बर्करी (सं.) [सं-स्त्री.] बकरी।

बर्क़ी (अ.) [वि.] 1. बिजली का; बिजली संबंधी 2. बिजली की शक्ति से चलने वाला।

बर्ख़ास्त (फ़ा.) [वि.] दे. बरख़ास्त।

बर्ख़ास्तगी (फ़ा.) [सं-स्त्री.] दे. बरख़ास्तगी।

बर्गर (अं.) [सं-पु.] जंक फूड की श्रेणी में रखा गया पाव से बनाया जाने वाला एक प्रकार का खाद्य जिसे ब्रेड की तरह के गोल बन को काट कर उसकी ऊपरी व निचली सतहों के बीच (शाकाहारी या मांसाहारी) चटपटे खाद्य पदार्थ को लगा कर बनाया जाता है।

बर्छा [सं-पु.] दे. बरछा।

बर्तन (सं.) [सं-पु.] दे. बरतन।

बर्ताव [सं-पु.] दे. बरताव।

बर्दाश्त (फ़ा.) [सं-स्त्री.] दे. बरदाश्त।

बर्धवार (सं.) [सं-पु.] चरवाहा।

बर्फ़ (फ़ा.) [सं-स्त्री.] दे. बरफ़।

बर्फ़बारी (फ़ा.) [सं-स्त्री.] दे. बरफ़बारी।

बर्फ़ानी (फ़ा.) [वि.] दे. बरफ़ानी।

बर्फ़ी (फ़ा.) [सं-स्त्री.] दे. बरफ़ी।

बर्फ़ीला (फ़ा.) [वि.] दे. बरफ़ीला।

बर्बट (सं.) [सं-पु.] 1. राजमाष 2. काली उड़द।

बर्बर (अ.) [सं-पु.] जंगली या असभ्य प्राणी। [वि.] क्रूर; असभ्य; उजड्ड; जंगली।

बर्बरता (सं.) [सं-स्त्री.] 1. बर्बर होने की अवस्था या भाव 2. क्रूरता; असभ्यता; नृशंसता 3. बर्बर आचरण या कार्य 4. उद्दंडता; उजड्डता।

बर्बरतापूर्ण (सं.) [वि.] निर्दयतापूर्ण; कठोर; क्रूरतापूर्ण; हिंसक।

बर्बरा (सं.) [सं-स्त्री.] 1. वनतुलसी 2. एक प्राचीन नदी का नाम 3. एक प्रकार की मक्खी 4. पीत चंदन 5. एक प्रकार का फूल।

बर्बाद (फ़ा.) [वि.] दे. बरबाद।

बर्बादी (फ़ा.) [सं-स्त्री.] दे. बरबादी।

बर्माभूसी [सं-पु.] एक प्रकार का धान।

बर्मी (सं.) [सं-पु.] वह जो बर्मा (वर्तमान म्यांमार) देश में रहता हो। [सं-स्त्री.] बर्मा (वर्तमान म्यांमार) की भाषा। [वि.] 1. बर्मा (म्यांमार) का 2. बर्मा (म्यांमार) संबंधी।

बर्र (सं.) [सं-पु.] 1. एक प्रकार का कीट जिसके काटने पर पीड़ा होती है; ततैया 2. सरसों के आकार का पीले फूल वाला एक कँटीदार पौधा जिसके बीज से तेल निकाला जाता है।

बर्राक (अ.) [वि.] 1. चमकने वाला; चमकीला 2. वेगवान; तेज़ 3. चतुर; चालाक 4. कंठस्थ 5. बहुत उजला; सफ़ेद।

बर्राना [क्रि-अ.] 1. नींद में बातें करना 2. बड़बड़ाना; प्रलाप

करना।

बल (सं.) [सं-पु.] 1. ताकत 2. सहारा 3. सैनिक शक्ति; सेना 4. कोई संगठित शक्ति जो समूह, दल, संस्था आदि के रूप में प्रकट होती है 5. दबाव 6. कोई बात दूसरों से मनवाने का गुण 7. किसी वस्तु की ऐंठन; मरोड़ 8. लपेट; फेरा। [मु.] -**खाना** : इठलाना; लहराना।

बलंद (फ़ा.) [वि.] 1. ऊँचा; उच्च; विशाल 2. बहुत अधिक।

बलकट [सं-पु.] ऊपर से बाल काटने की क्रिया। [वि.] जो बाल काटकर प्राप्त किया गया हो।

बलकटी [सं-स्त्री.] मुसलमानी राज्य-काल में फ़सल काटने के समय वसूल की जाने वाली राज कर की किस्त।

बलकारक (सं.) [वि.] जो बल या शक्ति प्रदान करता हो; शक्तिदायक; स्फूर्तिदायक।

बलगम (अ.) [सं-पु.] श्लेष्मा; कफ़।

बलजीत (सं.) [वि.] जो बल द्वारा जीत सकता हो; जिसमें शक्ति हो; बलशाली।

बलडौड़ा [सं-पु.] बहूँटी।

बलतंत्र (सं.) [सं-पु.] 1. सैनिक व्यवस्था; फ़ौजी शासन 2. सेना या पुलिस आदि द्वारा किया जाने वाला प्रबंध।

बलदिया [सं-पु.] 1. वह जो गाय-बैल चराता हो; चरवाहा 2. बनजारा।

बलदेव (सं.) [सं-पु.] 1. बलराम; बलदाऊ 2. वायु।

बलना (सं.) [क्रि-अ.] 1. दहकना; जलना 2. किसी वस्तु का लौ या लपट के साथ जलना।

बलप्रयोग (सं.) [सं-पु.] 1. शक्ति के ज़ोर से कोई कार्य कराने की अवस्था 2. डराना; धमकाना 3. आतंक जमाना 4. अनुचित दबाव।

बलबलाना [क्रि-अ.] 1. जल, दूध आदि का उबलते समय 'बल-बल' करना; उफनना 2. ऊँट का बोलना 3. बड़बड़ाना 4. उफनना।

बलबलाहट [सं-स्त्री.] 1. 'बल-बल' की ध्वनि 2. बलबलाने की क्रिया या अवस्था 3. ऊँट की बोली।

बलबूता [सं-पु.] 1. ताकत; बल; ज़ोर 2. शारीरिक शक्ति तथा आर्थिक सामर्थ्य।

बलभद्र (सं.) [सं-पु.] 1. बलराम का एक नाम 2. लोध का वृक्ष 3. (पुराण) एक पर्वत।

बलभी (सं.) [सं-स्त्री.] 1. मकान की सबसे ऊपर की छत का कमरा या कोठरी 2. ऊपर का खंड; चौबारा।

बलम (सं.) [सं-पु.] 1. पति; बालम; बालमा 2. प्रियतम; प्रेमी; प्रणयी।

बलराम (सं.) [सं-पु.] 1. बलभद्र; बलदेव 2. (पुराण) कृष्ण के बड़े भाई जो वसुदेव और रोहिणी के पुत्र थे।

बलवंत (सं.) [वि.] 1. बलवान; ताकतवर; शक्तिशाली 2. पुष्ट; मज़बूत।

बलवती (सं.) [वि.] बलवान होने का भाव या स्थिति। [सं-स्त्री.] जो बहुत अधिक प्रबल हो।

बलवत्ता (सं.) [सं-स्त्री.] 1. बलवान होने की अवस्था या भाव 2. मज़बूती; पुष्टता 3. श्रेष्ठता।

बलवर्धक (सं.) [वि.] जो बल बढ़ाए; बलवर्धी; शक्तिवर्धक।

बलवर्धन (सं.) [सं-पु.] ताकत बढ़ाने का काम; शक्तिवर्धन।

बलवा (फ़ा.) [सं-पु.] 1. बगावत; विद्रोह 2. दो पक्षों या संप्रदायों में होने वाला उग्र संघर्ष; उपद्रव; दंगा 3. अशांति।

बलवाई (फ़ा.) [सं-पु.] 1. वह जो बलवा करे; विद्रोही; बागी 2. वह जो अशांति फैलाए। [वि.] 1. बलवा करने वाला 2. अशांति फैलाने वाला।

बलवान (सं.) [वि.] 1. शक्तिशाली 2. पुष्ट; मज़बूत; बलिष्ठ।

बलवीर (सं.) [सं-पु.] बलराम का एक नाम। [वि.] बलशाली; वीर।

बलवृद्धि (सं.) [सं-स्त्री.] 1. शक्तिवर्धन; बल में होने वाली वृद्धि 2. सैन्यबल में बढ़ोत्तरी।

बलशाली (सं.) [वि.] बलवान; शक्तिशाली; बली।

बलसार [सं-पु.] बगारी।

बलसुनरी [सं-स्त्री.] बालू मिली हुई चिकनी मिट्टी।

बलहीन (सं.) [वि.] 1. शक्तिहीन; अशक्त 2. जिसमें बल न हो।

बलहीनता (सं.) [सं-स्त्री.] 1. बलहीन होने की अवस्था 2. कमज़ोरी; दुर्बलता।

बला[1] (सं.) [सं-स्त्री.] एक प्रकार का औषधीय पौधा।

बला[2] (अ.?) [सं-स्त्री.] 1. मुसीबत; आफ़त; संकट; विपत्ति 2. दैवीय आपदा 3. कष्ट 4. (अंधविश्वास) भूत-प्रेत बाधा; आसमानी मुसीबत 5. बहुत कष्ट देने वाला व्यक्ति या वस्तु 6. चालाक; धूर्त।

बलाक (सं.) [सं-पु.] 1. बक; बगुला 2. (पुराण) एक राजा जो पुरु का पुत्र और जह्नु का पौत्र था 3. एक राक्षस।

बलाका (सं.) [सं-स्त्री.] 1. मादा बगुला 2. बगुलों की कतार 3. प्रेयसी; सुंदर स्त्री 4. कामुक स्त्री 5. नृत्य का एक भेद।

बलाग्र (सं.) [सं-पु.] 1. सेनानायक; चमूपति (सेनापति) 2. सेना का अगला भाग 3. बहुत बड़ी शक्ति। [वि.] बलवान; ताकतवर; शक्तिशाली।

बलाघात (सं.) [सं-पु.] 1. किसी काम या बात पर आवश्यकता से अधिक ज़ोर देना 2. (भाषाविज्ञान) उच्चारण में किसी शब्द पर अन्य शब्दों से ज़्यादा ज़ोर देने की क्रिया; स्वराघात।

बलाढ्य (सं.) [वि.] बलशाली; बली; ताकतवर।

बलात (सं.) [अव्य.] 1. बलपूर्वक; ज़बरदस्ती 2. बल से 3. हठात; हठपूर्वक।

बलात्कार (सं.) [सं-पु.] 1. स्त्री की इच्छा के विरुद्ध ज़बरदस्ती किया जाने वाला संभोग; (रेप) 2. धोखा, भय या आतंक के बल पर शारीरिक संबंध स्थापित करना; (परंपरागत अर्थ में) शीलभंग; सतीत्वभंग 3. अन्याय; अत्याचार 4. बल या ताकत से नीति विरोधी कार्य करना; बल प्रयोग करना 5. किसी वस्तु या संसाधन का घोर दुरुपयोग।

बलात्कारी (सं.) [सं-पु.] 1. वह पुरुष जो स्त्री की इच्छा के विरुद्ध बलपूर्वक संभोग करता है; दुष्कर्मी; (रेपिस्ट) 2. किसी की इच्छा के विरुद्ध बलपूर्वक उससे कोई काम कराने वाला

व्यक्ति 3. अन्याय तथा अत्याचार करने वाला व्यक्ति।

बलात्कृत (सं.) [वि.] 1. जिसका बलात्कार किया गया हो 2. जिससे जबरन कोई काम कराया गया हो।

बलाद्ग्रहण (सं.) [सं-पु.] 1. डरा-धमका कर कोई वस्तु ले लेने का कार्य 2. धन की ज़बरन वसूली 3. छीनना।

बलाधिकृत (सं.) [सं-पु.] प्राचीन भारत में किसी राज्य की सेना का सेनापति या सर्वोच्च पदाधिकारी।

बलाधिक्य (सं.) [सं-स्त्री.] बल या ताकत की अधिकता।

बलान्नयन (सं.) [सं-पु.] 1. ज़बरदस्ती ले जाने का कार्य 2. चालक या पायलट को आतंकित करके या बलपूर्वक बस, ट्रेन, वायुयान आदि को गंतव्य स्थान के अतिरिक्त किसी अन्य (निर्जन या असुरक्षित) स्थान पर ले जाने का कार्य; (हाइजैकिंग)।

बलाय (अ.) [सं-स्त्री.] विपत्ति; संकट; आफ़त।

बलाहक (सं.) [सं-पु.] 1. बादल; मेघ 2. सर्पों का एक भेद 3. एक प्रकार का पक्षी 4. एक पर्वत।

बलि (सं.) [सं-स्त्री.] 1. किसी देवता या देवी के नाम पर मारा गया पशु 2. नैवेद्य; भोग 3. पूजन सामग्री 4. पेट में नाभि के ऊपर पड़ने वाली रेखा 5. बवासीर का मस्सा 6. शरीर की त्वचा पर होने वाली छाजन 7. गुदा के पास होने वाला एक फोड़ा 8. भूमि की उपज के बदले राजा को मिलने वाला कर; राजकर 9. वह स्थिति जिसमें कोई व्यक्ति अपने प्राण तक किसी पर न्योछावर कर देता है। [सं-पु.] 1. (पुराण) वह राजा जिसे विष्णु ने वामन रूप रखकर छला था 2. पंच महायज्ञों में से भूत यज्ञ नामक चौथा महायज्ञ 3. चँवर का डंडा।

बलिदान (सं.) [सं-पु.] 1. किसी उच्च उद्देश्य के लिए प्राण देना; शहादत; त्याग 2. देवता को नैवेद्य का अर्पण।

बलिदानी (सं.) [वि.] 1. महान उद्देश्य के लिए प्राण त्याग करने वाला 2. बलिदान संबंधी; बलिदान का 3. बलि चढ़ाने वाला।

बलिवेदी (सं.) [सं-स्त्री.] बलि देने की जगह; वह स्थल जहाँ पूजा या यज्ञ आदि में पशु की बलि दी जाती है।

बलिष्ठ (सं.) [वि.] जो शरीर से शक्तिशाली हो; बलवान; ताकतवर।

बलिष्ठता (सं.) [सं-स्त्री.] 1. बलिष्ठ होने की अवस्था या भाव 2. ताकत; शक्ति 3. कड़ापन; दम 4. मज़बूती।

बलिहन [सं-पु.] बाल वाली फसल।

बलिहारी [सं-स्त्री.] 1. न्योछावर करने की क्रिया या भाव 2. प्रेम, श्रद्धा आदि के कारण अपने आपको किसी के अधीन या किसी पर न्योछावर कर देना।

बली (सं.) [वि.] बलवान; पराक्रमी। [सं-स्त्री.] 1. सिलवट; बल 2. त्वचा पर शिकन से पड़ी हुई रेखा।

बलीवर्द (सं.) [सं-पु.] वह बैल जो हिलावर हो जाने के बाद जोता नहीं जाता।

बलुआ [वि.] जिसमें बालू अधिक मिला हो; रेतीला। [सं-पु.] रेतीली भूमि।

बलूच [सं-पु.] बलूचिस्तान में बसने वाली एक जाति; बलोच; बिलोच।

बलूचिस्तान [सं-पु.] भारत के पश्चिम में स्थित एक देश।

बलूत (अ.) [सं-पु.] (यूरोप आदि) ठंडे देशों में पाया जाने वाला एक पेड़; (ओक)।

बलून (अं.) [सं-पु.] 1. गुब्बारा 2. एक प्रकार का बड़ा गुब्बारा जिसके सहारे हवा में उड़ा जाता है; (पैराशूट)।

बलोच [सं-पु.] बलूचिस्तान की एक जाति का नाम।

बल्कल (सं.) [सं-पु.] वृक्ष की छाल (खाल); वृक्ष की त्वचा; वल्कल।

बल्कस (सं.) [सं-पु.] आसव की तलछट।

बल्कि (फ़ा.) [अव्य.] 1. किंतु; वरन; अपितु 2. अच्छा हो कि।

बल्ब (अं.) [सं-पु.] 1. पतले शीशे का एक उपकरण जो बिजली के संपर्क से प्रकाश करता है 2. शीशे की नली का अधिक चौड़ा भाग; लट्टू।

बल्य (सं.) [वि.] बल बढ़ाने वाला; बलकारक; शक्तिवर्धक।

बल्या (सं.) [सं-स्त्री.] 1. अश्वगंधा नामक औषधीय पौधा 2. चंगोनी या चिंगोनी नाम का पौधा 3. एक अति प्राचीन युद्ध विद्या।

बल्लम (सं.) [सं-पु.] 1. भाला 2. बरछा 3. मोटी छड़ 4. सोने या चाँदी का पत्तर चढ़ा हुआ सोटा 5. लकड़ी का बड़ा और मोटा डंडा या बल्ला।

बल्लव (सं.) [सं-पु.] 1. भेड़, बकरी, पशु आदि चराने वाला; चरवाहा 2. अहीर; ग्वाला 3. रसोइया 4. (महाभारत) अज्ञातवास के समय राजा विराट के यहाँ रसोइए का काम करते हुए भीम का नाम।

बल्ला (सं.) [सं-पु.] 1. लकड़ी का डंडा जिससे गेंद खेलते है 2. क्रिकेट के खेल में प्रयोग होने वाला काठ का वह चपटा सोंटा जिससे गेंद पर आघात करते हैं; (बैट) 3. नाव खेने का डंडा या बाँस 4. मोटी, सीधी और लंबी लकड़ी; लट्ठा; बड़ी बल्ली 5. मोटा डंडा 6. होली में जलाने के लिए गोबर की सुखाई हुई खोखली-सी टिकिया; उपला।

बल्लारी [सं-स्त्री.] (संगीत) एक रागिनी, जिसमें केवल कोमल गांधार लगता है।

बल्ली [सं-स्त्री.] 1. छोटा बल्ला 2. नाव खेने का बाँस; डंडा।

बल्लेबाज़ (हिं.+फ़ा.) [सं-पु.] क्रिकेट के खेल में बल्ले से खेल रहा खिलाड़ी; बल्ले से गेंद पर प्रहार करने की क्रिया या कला में निपुण खिलाड़ी; (बैट्समैन)।

बल्लेबाज़ी (हिं.+फ़ा.) [सं-स्त्री.] 1. क्रिकेट के खेल मंम बल्ले से गेंद पर प्रहार करने की क्रिया या कला 2. बल्ले से गेंद पर प्रहार करके रन बनाने का काम; (बैटिंग) 3. किसी टीम की रन बनाने की पारी।

बवंडर (सं.) [सं-पु.] तेज़ हवा की वह अवस्था जिसमें वह घेरा बाँधकर चक्र की तरह घूमती हुई ऊपर उठती हुई आगे बढती है; चक्रवात; अंधड़।

बवाल [सं-पु.] 1. तमाशा खड़ा करना 2. बखेड़ा; फ़साद।

बवासीर (अ.) [सं-स्त्री.] एक रोग जिसमें गुदेंद्रिय मंस मस्से निकलते हैं; अर्श; ऐसा रोग जो ख़ूनी और बादी दो प्रकार का

होता है; (पाइल्स)।

बशर (अ.) [सं-पु.] मनुष्य; आदमी; व्यक्ति।

बशर्त (फ़ा.+अ.) [अव्य.] शर्त के साथ; यदि।

बशर्ते (फ़ा.+अ.) [अव्य.] शर्त यह है कि।

बशीर (अ.) [वि.] शुभ संवाद सुनाने वाला।

बशीरी (अ.) [सं-पु.] एक तरह का मुलायम रेशमी कपड़ा।

बस[1] (फ़ा.) [अव्यय] और नहीं; और अधिक नहीं; इतना बहुत है।

बस[2] (अं.) [सं-स्त्री.] सड़क यातायात के लिए बड़े आकार का सार्वजनिक यात्री वाहन।

बसंत (सं.) [सं-पु.] 1. एक पौधा 2. एक ऋतु जब शीतकाल समाप्त होता है और ग्रीष्म आरंभ नहीं होता; मधुमास; ऋतुराज।

बसंती [सं-पु.] 1. चमकदार चटक पीला रंग 2. पीला कपड़ा। [वि.] 1. वसंत ऋतु से संबंधित 2. वसंत का 3. सरसों के फूल जैसे रंग का।

बसना (सं.) [क्रि-अ.] 1. रहना; स्थित होना 2. टिकना; ठहरना 3. आबाद होना 4. जीव-जंतुओं, पक्षियों आदि का बिल, गुफा या घोंसला बनाकर अथवा मनुष्यों का झोपड़ी या मकान बनाकर रहना। [सं-पु.] 1. वह कपड़ा जिसमें कोई वस्तु लपेटकर रखी जाए 2. वह थैली जिसमें दुकानदार अपने बटखरे आदि रखते हैं 3. वह कोठी जहाँ ऋण लेने-देने का कारोबार होता है।

बसर (फ़ा.) [सं-स्त्री.] 1. गुज़र; निर्वाह 2. जीवनयापन।

बसाढ़ी [सं-स्त्री.] बसौता।

बसाना [क्रि-स.] 1. घर-गृहस्थी से युक्त करना; व्यवस्था करना 2. (व्यक्ति के संबंध में) रहने के लिए घर अथवा जीवन-निर्वाह के लिए उचित साधन या सुविधाएँ देना। [क्रि-अ.] दुर्गंध देना; बदबू करना।

बसाहट [सं-स्त्री.] 1. किसी स्थान के बसे होने की अवस्था 2. मुहल्ला; बस्ती।

बसिया [वि.] बासी भोज्य पदार्थ; एक पहर पहले का भोजन।

बसिया खिलाई [सं-पु.] 1.विवाह संस्कार में कुँअर कलेऊ की विधि 2. कलेवा के समय वर (कुँअर) को दिया जाने वाला उपहार।

बसिला [सं-पु.] बढ़ई का लकड़ी छीलने का एक उपकरण(औजार);बँसूला।

बसी [सं-स्त्री.] ज्वार-बाजरे की वह बाल जिसमें दाना नहीं पड़ते।

बसीठ (सं.) [सं-पु.] 1. संदेशवाहक; दूत; पैगंबर 2. गाँव का मुखिया।

बसीत (अ.) [सं-पु.] 1. कमान 2. सूर्य का अक्षांश जानने का उपकरण (यंत्र) जो जहाज़ पर रहता है।

बसु [सं-पु.] बंगालियों में एक कुलनाम या सरनेम।

बसुधारा [सं-पु.] विवाह संस्कार का एक अनुष्ठान; वसोधरा।

बसुमती [सं-स्त्री.] पृथ्वी; वसुधा; धरा।

बसूला [सं-पु.] बढ़ई का एक औज़ार (उपकरण) जिससे लकड़ी छीलने और काटने का काम किया जाता है।

बसेरा [सं-पु.] 1. रहने का स्थान 2. टिकने का ठिकाना 3. अस्थायी निवास 4. घोंसला; वह जगह जहाँ पक्षी रात बिताते हैं।

बसैत [सं-पु.] रहटान की कीमत।

बस्त (सं.) [सं-पु.] बकरा 2. सूर्य।

बस्तर [सं-पु.] 1. छत्तीसगढ़ राज्य का ख़ूबसूरत जंगलों और आदिवासी संस्कृति वाला एक ज़िला जो प्रदेश ? की सांस्कृतिक राजधानी के तौर पर जाना जाता है।

बस्ता (फ़ा.) [सं-पु.] 1. वह बैग जिसमें विद्यार्थी अपनी पुस्तकें रखकर विद्यालय जाते हैं 2. वह बैग या थैला जिसमें किताबें या कागज़-पत्र रखकर ले जाते हैं; बेठन 3. बेठन में बँधी हुई पुस्तकें; कागज़-पत्र। [वि.] बँधा हुआ; तह किया हुआ।

बस्ती (सं.) [सं-स्त्री.] 1. वह स्थान जहाँ बहुत से लोग घर बनाकर एक साथ रहते हों 2. स्थान विशेष में रहने वाले लोग; आबादी।

बहँगी (सं.) [सं-स्त्री.] मोटे बाँस के टुकड़े के दोनों सिरों पर रस्सियों से बना छींका या पलड़ा लटकाकर बनाया गया बोझ ढोने का उपकरण; काँवर।

बहक [सं-स्त्री.] 1. बहकने की अवस्था, क्रिया या भाव 2. केवल शब्दों के ध्वनि-सादृश्य के आधार पर बिना समझे-बूझे या अनुमान से कही हुई बहुत बड़ी भ्रमपूर्ण और हास्यास्पद बात 3. पथभ्रष्ट होने की अवस्था 4. बेसिर-पैर की बात; ऊलजलूल बात।

बहकना [क्रि-अ.] 1. सही रास्ते से हटकर गलत रास्ते पर जाना 2. पथभ्रष्ट होना 3. धोखा खाना 4. आवेश या मद में चूर होना 5. नशे में डूबे होने कारण व्यर्थ की बातें करना।

बहकाना [क्रि-स.] 1. ऐसा काम करना जिससे कोई बहक जाए 2. गलत रास्ते पर ले जाना; पथभ्रष्ट करना 3. चकमा या धोखा देना 4. भरमाना; बहलाना (बच्चों को)।

बहकावा [सं-पु.] 1. बहकाने की क्रिया या भाव 2. बहकाने की बात; भुलावा।

बहगवाँ [सं-पु.] बैलों के गुदा भाग पर गठूमरी या गाँठ का उठना।

बहत्तर [वि.] संख्या '72' का सूचक।

बहदुरा [सं-पु.] चने, धान आदि की फसल के पत्तों को काटने वाला एक प्रकार का कीड़ा।

बहन (सं.) [सं-स्त्री.] 1. अपनी माता से उत्पन्न कन्या 2. बुआ, चाचा, ताऊ, मामा, मौसी आदि की पुत्री 3. समवयस्क स्त्री के लिए संबोधन।

बहना[1] [सं-स्त्री.] बहन के लिए प्रयुक्त संबोधन।

बहना[2] (सं.) [क्रि-अ.] 1. प्रवाहित होना 2. द्रव का ढुलकना 3. द्रव पदार्थ का किसी नीचे तल की तरफ़ गिरना 4. अधिक मात्रा या मान में निरंतर किसी ओर गतिशील होना; उमड़ना 5. दुर्दशाग्रस्त होकर इधर-उधर घूमना; मारा-मारा फिरना।

बहनापा [सं-पु.] 1. बहन का नाता 2. स्त्रियों में बहन की तरह होने वाला आपसी संबंध।

बहनेली [सं-स्त्री.] 1. मुँहबोली बहन 2. सखी; सहेली 3. वह

स्त्री जिसके साथ बहन का नाता जोड़ा जाए 4. बहन की तरह की कोई स्त्री।

बहनोई (सं.) [सं-पु.] बहन का पति; जीजा।

बहनौरा [सं-पु.] 1. बहन की ससुराल 2. बहनोई या उसके परिवार से होने वाला संबंध।

बहरनी [सं-स्त्री.] 1.एक महीन धान 2. झाड़ू। [वि.] बहारने वाली।

बहरहाल (फ़ा.) [क्रि.वि.] 1. फ़िलहाल 2. फिर भी; तो भी।

बहरा (सं.) [वि.] 1. जिसे सुनाई न पड़े 2. जिसकी श्रवण शक्ति नष्ट हो गई हो 3. ऊँचा सुनने वाला 4. {ला-अ.} किसी की बात पर ध्यान न देने वाला।

बहराना [सं-पु.] किसी नगर की सीमा पर या उससे बाहर स्थित मुहल्ला या बस्ती। [क्रि-अ.] 1. बाहर होना; निकलना 2. बहरा हो जाना। [क्रि-स.] 1. सुनकर भी अनुसनी करना 2. बाहर करना; निकालना।

बहरी (अ.) [सं-स्त्री.] बाज़ की तरह का एक शिकारी पक्षी।

बहल [सं-स्त्री.] 1. बैलगाड़ी 2. सवारी के काम आने वाली छतरीदार बैलगाड़ी; बहली।

बहलना [क्रि-अ.] 1. ध्यान को दूसरी ओर लगाने से दुख, उदासी या चिंता दूर होना 2. कुछ समय के लिए मन का ख़ुश और शांत होना 3. मनोरंजन होना।

बहलाना (फा.) [क्रि-स.] 1. मन को दुख, क्लेश या चिंता देने वाली बात से हटाकर प्रसन्नताजनक विषय या काम में लगाना या ऐसा करने का प्रयास करना 2. कुछ समय के लिए मन को ख़ुश और शांत करना 3. मनोरंजन करना 4. बहकाना; भुलावा देना।

बहलावा [सं-पु.] 1. बहलाने की क्रिया या भाव; बहलाव 2. मनोरंजन 3. बहकाने की क्रिया या भाव; बहकावा।

बहली [सं-स्त्री.] 1. एक प्रकार की सवारी गाड़ी 2. सवाँगी गाड़ी।

बहस (अ.) [सं-स्त्री.] वाद-विवाद; ज़िरह।

बहसना (अ.) [क्रि-अ.] 1. किसी से बातों में उलझना; बहस करना 2. विवाद या तर्क-वितर्क करना।

बहादुर (तु.) [वि.] 1. वीर; शूर 2. सूरमा; योद्धा 3. साहसी; निडर।

बहादुरी (तु.) [सं-स्त्री.] 1. वीरता; शूरता 2. दिलेरी।

बहाना[1] [क्रि-स.] 1. जल या अन्य किसी द्रव को किसी दिशा में प्रवाहित करना 2. बहने के लिए किसी चीज़ को पानी की धारा या नदी आदि में गिराना 3. किसी पात्र आदि से कोई तरल धारा के रूप में गिराना 4. अश्रुपात करना 5. {ला-अ.} बरबाद करना; नष्ट करना; उड़ाना 6. {ला-अ.} गँवाना; लुटाना; कम दामों पर या सस्ता बेचना।

बहाना[2] (फ़ा.) [सं-पु.] 1. काम या बात को पूरा न करने के लिए कहा जाने वाला झूठ 2. हीला; टालमटोल; बनावटी बात 3. अपना बचाव या किसी उद्देश्य की पूर्ति के लिए कही गई झूठी बात 4. कारण; हेतु; वजह; निमित्त 5. नाममात्र का कारण।

बहानेबाज़ (फ़ा.) [वि.] जो ज़्यादातर बहाने बनाता हो; बहाने बनाने वाला; टालमटोल करने वाला।

बहानेबाज़ी (फ़ा.) [सं-स्त्री.] बहाना बनाने का काम या स्वभाव; टालमटोल; आनाकानी।

बहार (फ़ा.) [सं-स्त्री.] 1. फूलों के खिलने का मौसम; वसंत-ऋतु 2. हरियाली 3. शोभा; रौनक 4. (संगीत) एक रागिनी 5. {ला-अ.} मन का आनंद और प्रफुल्लता; मज़ा; मौज 6. {ला-अ.} यौवनकाल।

बहाल (फ़ा.) [वि.] 1. कायम 2. पूर्ववत स्थित; ज्यों का त्यों 3. मुअत्तली की समाप्ति होकर पुनर्नियुक्त 4. उच्च न्यायालय के द्वारा छोटी अदालत के निर्णय की यथावत स्थिति 5. शारीरिक दृष्टि से भला-चंगा।

बहाला [सं-पु.] बरहा; नाला।

बहाली (फ़ा.) [सं-स्त्री.] 1. अपने पद या नौकरी से अस्थायी रूप से हटाए जाने वाले व्यक्ति की फिर से उस पद या नौकरी पर नियुक्ति; पुनर्नियुक्ति 2. किसी को फिर उसी दशा या हालत में लाना जिसमें वह पहले था; पूर्व अवस्था की पुनः प्राप्ति 3. उच्च न्यायालय द्वारा छोटे न्यायालय या अदालत के निर्णय की यथावत स्थिति 4. मन की प्रसन्नता; ख़ुशी।

बहाव [सं-पु.] 1. बहने की क्रिया या भाव 2. प्रवाह; धारा 3. जल की धारा 4. {ला-अ.} किसी विचारधारा, प्रथा आदि की ऐसी वेगपूर्ण गति जिसे रोकना या जिसका विरोध करना बहुत मुश्किल हो।

बहिन (सं.) [सं-स्त्री.] दे. बहन।

बहिया [सं-स्त्री.] बाढ़।

बहिरंग (सं.) [सं-पु.] 1. बाहरी या ऊपरी अंग 2. पूजा के आरंभ में किए जाने वाले औपचारिक और बाह्य कृत्य। [वि.] 1. बाहर का; बाहरी 2. प्रारंभिक; 'अंतरंग' का विपर्यय।

बहिर्गमन (सं.) [सं-पु.] 1. बाहर जाना; बाहर निकलना 2. निर्गम।

बहिर्जगत (सं.) [सं-पु.] बाह्य संसार; दृश्य जगत।

बहिर्मुख (सं.) [वि.] 1. जिसका मुख बाहर की ओर हो 2. जिसका अगला भाग बाहर की ओर हो 3. जिसकी रुचि बाह्य जगत या विषय में हो।

बहिर्मुखी (सं.) [वि.] 1. जिसका मुँह बाहर की ओर हो 2. जो बाहर की ओर प्रवृत्त हो; बहिर्मनस्क; विमुख 3. बाहर की दुनिया में रुचि लेने वाला; आपसी संवाद स्थापित करने के स्वभाव वाला; (एक्स्ट्रोवर्ट)।

बहिलवा [सं-पु.] हरहट।

बहिला (सं.) [वि.] 1. बच्चा न देने वाली (गाय, भैंस) 2. बाँझ; ठाँठ।

बहिश्त (फ़ा.) [सं-पु.] 1. स्वर्ग; बैकुंठ; ज़न्नत 2. {ला-अ.} स्वर्ग जैसा सुखमय स्थान।

बहिश्ती (फ़ा.) [सं-पु.] स्वर्ग का निवासी व्यक्ति। [वि.] 1. बहिश्त का 2. बहिश्त में रहने वाला।

बहिष्करण (सं.) [सं-पु.] 1. बहिष्कार करने की क्रिया 2. किसी कार्य या बात से अलग करना।

बहिष्कार (सं.) [सं-पु.] 1. बाहर करना; निकालना 2. अलग

करना; दूर करना 3. किसी के साथ संबंधों का त्याग 4. पंचायत द्वारा दी जाने वाली सज़ा जिसके अनुसार अपराधी के परिवार के सभी सदस्यों को मदद से वंचित रखा जाता है 4. हटाना।

बहिष्कृत (सं.) [वि.] 1. जिसका बहिष्कार किया गया हो 2. बाहर किया या निकाला हुआ; निर्वासित 3. हटाया हुआ; दूर किया हुआ 4. जिसके साथ संबंध ख़त्म कर दिया गया हो; परित्यक्त 5. {ला-अ.} वर्जित।

बही [सं-स्त्री.] 1. सिली हुई मोटी कॉपी जो हिसाब लिखने के काम आती है; महाजनों व्यापारियों आदि के हिसाब का रजिस्टर 2. लेन-देन का नित्यप्रति हिसाब रखने या लिखने की पुस्तिका।

बहीखाता [सं-पु.] हिसाब-किताब लिखने की पंजी या पुस्तक; लेखा-बही; (अकाउंट बुक)।

बहु (सं.) [वि.] एक प्रत्यय जो किसी शब्द के आरंभ में जुड़कर अधिकता या अनेकता का बोध कराता है, जैसे- बहुमूल्य, बहुउद्देशीय आदि।

बहुअर्थी (सं.) [वि.] जिसके कई अर्थ हों; अनेक अर्थों वाला।

बहुआयामी (सं.) [वि.] अनेक आयामों वाला; अनेक पक्षों वाला; अनेक स्तरों या कोणों वाला (लेखन या व्यक्तित्व)।

बहुकालिक (सं.) [वि.] दीर्घकालीन; लंबी अवधि में संपन्न होने वाला; सालों-साल का।

बहुकेंद्रिक (सं.) [वि.] जिसके अनेक केंद्र हों; जो अनेक केंद्रों पर स्थित हो।

बहुकेंद्रिकता (सं.) [सं-स्त्री.] बहुकेंद्रिक होने की अवस्था या भाव।

बहुकोणीय (सं.) [वि.] 1. जिसमें अनेक कोण हों 2. बहुभुज 3. कई तरह से होने वाला; अनेक दृष्टियों से होने वाला।

बहुगामी (सं.) [वि.] अनेक दिशाओं में जाने वाला।

बहुगुणित (सं.) [वि.] 1. कई गुना 2. जिसमें बहुत गुण हों।

बहुचर्चित [वि.] 1. प्रसिद्ध; मशहूर 2. जिसकी बहुत चर्चा हो; ख्यातनाम।

बहुजन (सं.) [सं-पु.] 1. जनता; जनसमूह 2. समाज में रहने वाले बहुसंख्यक लोग।

बहुज्ञ (सं.) [वि.] 1. बहुत-सी बातों का ज्ञान रखने वाला; अनेक विषयों का ज्ञाता 2. जानकार।

बहुत (सं.) [वि.] 1. अधिक 2. प्रभूत; प्रचुर 3. जो गिनती में सामान्य से अधिक हो 4. परिमाण, मात्रा आदि में आवश्यक या उचित से अधिक 5. जितना होना चाहिए उतना या उससे कुछ अधिक; यथेष्ट।

बहुतायत [सं-स्त्री.] अधिक या बहुत होने का भाव; अधिकता; प्रचुरता।

बहुतेरा [वि.] 1. बहुत बार; कई बार 2. मान में बहुत अधिक। [क्रि.वि.] 1. बहुत तरह से 2. अनेक प्रकार से।

बहुत्व (सं.) [सं-पु.] 1. संख्या या मात्रा में बहुत होने का भाव 2. अधिकता; आधिक्य; बहुलता; बहुतायत।

बहुदर्शी (सं.) [वि.] 1. जिसने बहुत कुछ देखा हो; जिसे संसार की रीति या व्यवहार का अच्छा अनुभव हो 2. अनुभवी; दुनियादार।

बहुदेववाद (सं.) [सं-पु.] अनेक देवी-देवताओं को मान्यता देने वाला सिद्धांत या धर्म।

बहुदेशीय (सं.) [वि.] जिसमें अनेक देश या उनकी जनता शामिल हो; जो कई देशों में हो; अंतरराष्ट्रीय।

बहुद्देशीय (सं.) [वि.] अनेक उद्देश्यों या कार्यों को पूरा करने वाला (नियम, परियोजना आदि); (मल्टीपरपज़)।

बहुधर्मी (सं.) [वि.] 1. जिस समाज में अनेक धर्मों को मानने वाले साथ रहते हों 2. अनेक विशेषताओं और गुणों से संपन्न; तरह-तरह के काम जानने और करने वाला।

बहुधा (सं.) [क्रि.वि.] हमेशा; अक्सर; ज़्यादातर।

बहुपक्षीय (सं.) [वि.] 1. अनेक पक्षों वाला 2. बहुत से पक्षों से संबंधित 3. बहुत से देशों के बीच का, जैसे- बहुपक्षीय संपर्क।

बहुपठित (सं.) [वि.] 1. जिसने बहुत सारा पढ़ा हो; विद्वान 2. जो बहुत पढ़ा गया हो, जैसे- बहुपठित उपन्यास।

बहुपतित्व (सं.) [सं-पु.] एक सामाजिक प्रथा जिसमें एक स्त्री के एक से अधिक पति होते हैं; बहुपति प्रथा; (पॉलिएंड्री)।

बहुपदीय (सं.) [वि.] 1. (काव्य) जिसमें बहुत से पद या चरण हों 2. अनेक पैरों वाला।

बहुप्रकार (सं.) [अव्य.] अनेक प्रकार से। [वि.] बहुविध।

बहुप्रचलित (सं.) [वि.] जो बहुत अधिक चलन में हो।

बहुप्रचारित (सं.) [वि.] जिसका बहुत प्रचार किया गया हो; जिसका बहुत प्रचार हो।

बहुप्रयोजनीय (सं.) [वि.] जिसके कई उद्देश्य या प्रयोजन हों।

बहुफला (सं.) [सं-स्त्री.] वह पौधा या लता जिसपर बहुत मात्रा में फल लगते हैं, जैसे- सेमफली, करेला, ककड़ी।

बहुबीज (सं.) [सं-पु.] जिस फल में बहुत बीज होते हैं, जैसे- शरीफा, बिजौरा नीबू आदि।

बहुव्रीहि (सं.) [सं-पु.] (व्याकरण) समास का एक प्रकार जिसमें समस्त पदों से कोई भिन्न अर्थ ग्रहण किया जाता है, जैसे-दशानन 'दस है जिसके मुख' अर्थात रावण।

बहुभाषाविद (सं.) [सं-पु.] वह व्यक्ति जिसे अनेक भाषाओं का ज्ञान हो और जो बहुत-सी भाषाएँ बोलता या जानता हो; बहुभाषी।

बहुभाषिक (सं.) [सं-पु.] 1. बहुत-सी भाषाएँ बोलने वाला व्यक्ति; बहुभाषी 2. वह जो कई भाषाएँ जानता हो।

बहुभाषिकता (सं.) [सं-स्त्री.] अनेक भाषाओं का जानकार या विद्वान होने की अवस्था भाव या गुण।

बहुभाषी (सं.) [सं-पु.] वह व्यक्ति जो एक से अधिक भाषा जानता हो। [वि.] बहुभाषा संबंधी; बहुभाषिक, जैसे- बहुभाषी समाज।

बहुभुज (सं.) [सं-पु.] 1. बहुबाहु; अनेक भुजाओं वाला क्षेत्र 2. बहुकोणीय।

बहुभुजा (सं.) [सं-स्त्री.] दुर्गा। [वि.] अनेक भुजाओं वाला या जिसकी कई भुजाएँ हों।

बहुमंजरी (सं.) [सं-स्त्री.] तुलसी नामक पौधा।

बहुमंज़िला [वि.] जिसमें अनेक मंज़िलें या तल हों; बहुखंडीय।

बहुमत (सं.) [सं-पु.] 1. बहुसंख्यकों की राय; अधिकांश की सहमति 2. चुनाव क्षेत्र में कुल पड़ने वाले मतों के आधे से अधिक मत 3. किसी संस्था, समिति आदि के आधे से अधिक सदस्यों का मत।

बहुमान (सं.) [सं-पु.] अति आदर या मान।

बहुमुखी (सं.) [वि.] 1. अनेक विषयों या क्षेत्रों से संबंधित 2. अनेक दिशाओं में लागू होने वाला या जाने वाला।

बहुमूल्य (सं.) [वि.] 1. बेशकीमती; अधिक कीमतवाला 2. गुण, महत्व आदि की दृष्टि से श्रेष्ठ; प्रशंसनीय।

बहुरंग (सं.) [वि.] 1. बहुत से रंगोंवाला; बहुवर्णीय; रंग-बिरंगा; (मल्टीकलर) 2. बहुपार्श्वीय 3. {ला-अ.} अनेक प्रकार का; विविधतापरक।

बहुरंगी [सं-पु.] बहुरूपिया। [वि.] कई रंगोंवाला; रंग-बिरंगा।

बहुरना (सं.) [क्रि-अ.] 1. वापस आना; लौटना; लौट आना 2. फिर मिलना।

बहुराष्ट्रीय (सं.) [वि.] 1. जो अनेक देशों से संबंधित हो 2. जिसका प्रसार बहुत से देशों में हो, (मल्टीनैशनल)।

बहुरी [सं-स्त्री.] भुजा; हाथ।

बहुरूप (सं.) [वि.] 1. अनेक रूपों या आकारों वाला 2. अनेक रूप बनाने वाला (बहुरूपिया)।

बहुरूपिया [सं-पु.] वह जो जीविका निर्वाह के लिए विविध वेष धारण करता है या स्वाँग बनाकर लोगों का मनोरंजन करता है। [वि.] 1. अनेक रूपोंवाला 2. अनेक प्रकार के रूप बनाने वाला या धारण करने वाला।

बहुल (सं.) [वि.] अनेक; बहुत; प्रचुर। [सं-पु.] 1. काला रंग 2. कृष्ण पक्ष।

बहुल दिन [सं-पु.] कृष्ण पक्ष का दिन; बदि।

बहुलक (सं.) [सं-पु.] (रसायनशास्त्र) अनेक छोटे अणुओं के योग से बनने वाला एक प्रकार का कार्बनिक यौगिक; (पॉलिमर)।

बहुलता (सं.) [सं-स्त्री.] 1. अधिकता; प्रचुरता 2. अनेकता; बहुतायत।

बहुलवादी (सं.) [वि.] 1. अनेक मतों, धर्मों तथा संस्कृतियोंवाला 2. बहुत्ववादी।

बहुला (सं.) [सं-स्त्री.] 1. गौ; गाय 2. नील का पौधा 3. इलायची 4. (पुराण) एक नदी का नाम 5. चंद्रमा की बारहवीं कला 6. एक देवी 7. समुद्री मछली।

बहुलिका (सं.) [सं-स्त्री.] सप्तर्षिमंडल।

बहुवचन (सं.) [सं-पु.] (व्याकरण) संज्ञा, क्रिया आदि का वह रूप जिससे एक से अधिक व्यक्तियों या वस्तुओं का बोध हो।

बहुवचनीय (सं.) [वि.] बहुवचन से संबंधित 2. बहुवचन के रूप में होने वाला।

बहुवर्षीय (सं.) [वि.] 1. अनेक वर्षों तक चलने या होने वाला; बहुवार्षिक 2. एक से अधिक सालों तक का।

बहुविकल्प (सं.) [वि.] जिसके अनेक विकल्प हो; बहुमार्गीय; जो कई तरह से हो सकता हो।

बहुविदित (सं.) [वि.] बहुत से लोगों द्वारा जाना हुआ; जिसकी जानकारी बहुतों को हो।

बहुविध (सं.) [वि.] अनेक प्रकार या भाँति का। [अव्य.] कई प्रकार से; अनेक तरह से।

बहुविवाह (सं.) [सं-पु.] एक पुरुष का कई स्त्रियों से विवाह करना या एक स्त्री का कई पुरुषों से विवाह करने की एक प्राचीन सामाजिक प्रथा, (पोलीगैमी)।

बहुवीर्य (सं.) [वि.] प्रचुर वीर्यवाला। [सं-पु.] 1. विभीतकी या बहेड़ा 2. शाल्मली या सेमल 4. दमनक या मरुवा नामक वनस्पति आदि।

बहुशः (सं.) [अव्य.] 1. कई तरह से 2. बहुत बार।

बहुश्रुत (सं.) [वि.] 1. शास्त्रों की बहुत-सी बातें सुनने वाला 2. जिसने अनेक शास्त्र या विषय पढ़े हों; जो पंडित या विद्वान हो 3. कई विषयों का ज्ञान रखने वाला; बहुज्ञ।

बहुसंख्य (सं.) [वि.] 1. जो बहुत संख्या में हों; अधिसंख्य 2. बहुसंख्यक; जो अधिकता में हो।

बहुसंख्यक (सं.) [वि.] जो संख्या में अधिक हों; जिनकी संख्या दूसरों की तुलना में बहुत अधिक हो।

बहुसंस्करण (सं.) [वि.] 1. जिसका (पत्र-पत्रिका) एकाधिक स्थानों से प्रकाशन हुआ हो 2. जिसके अनेक संस्करण हुए हों।

बहुसांस्कृतिक (सं.) [वि.] कई संस्कृतियों के सहअस्तित्व वाला।

बहुस्तरीय (सं.) [वि.] जिसके बहुत से स्तर हों; अनेक स्तरों वाला।

बहू (सं.) [सं-स्त्री.] 1. नवविवाहिता स्त्री; वधू; दुल्हन 2. पत्नी; बीवी 3. पुत्र की पत्नी; पतोहू; पुत्रवधू 4. छोटे भाई की पत्नी।

बहूँटा (सं.) [सं-पु.] बाँह पर पहना जाने वाला एक आभूषण ; बहूँटी।

बहूपयोगी (सं.) [वि.] 1. जिसके एक से अधिक उपयोग हों 2. बहुसंख्य के लिए लाभकारी।

बहेंगा (सं.) [सं-पु.] 1. एक प्रकार का पक्षी 2. चौपायों का एक रोग।

बहेड़ा (सं.) [सं-पु.] 1. औषधीय गुणों वाला एक जंगली वृक्ष 2. उक्त वृक्ष का फल; विभीतक।

बहेलिया (सं.) [सं-पु.] पक्षियों का शिकार करने वाला व्यक्ति; चिड़िया फँसाने का काम करने वाला व्यक्ति; चिड़ीमार।

बा-असर (फ़ा.) [वि.] 1. जिसका प्रभाव हो; असरदार 2. प्रभावशाली।

बा[1] (फ़ा.) [अव्य.] संज्ञा शब्दों के साथ मिलकर साथ, सहित, सामने, समक्ष का अर्थ देता है, जैसे- बाअदब; बाइज़्ज़त; बाख़ुशी।

बा[2] (गु.) [सं-स्त्री.] माता; माँ।

बाँक (सं.) [सं-स्त्री.] 1. वक्रता; टेढ़ापन 2. घुमाव; मोड़ 3. लुहारों का वस्तुओं को कसने का लोहे का शिकंजा 4. बाँह में

पहनने का एक गहना 5. धनुष; कमान 6. छुरी; चाकू; कृपाण 7. किसी नदी का घुमाव।

बाँकठा [सं-पु.] (उपेक्षित होने के कारण) नष्ट हुई फसल।

बाँकपन [सं-पु.] 1. वक्रता; टेढ़ापन; तिरछापन 2. किसी रचना का अद्भुत सौंदर्य 3. छवि; रूप; बनावट 4. शौकीनी 5. अदा; शोख़ी।

बाँका (सं.) [सं-पु.] 1. लोहे का बना हुआ एक प्रकार का हथियार जो टेढ़ा होता है 2. सदा बना-ठना रहने वाला बदमाश या गुंडा 3. धान की फ़सल को नुकसान पहुँचाने वाला एक प्रकार का कीड़ा। [वि.] 1. टेढ़ा; वक्र; घुमावदार; तिरछा 2. आकर्षक एवं सुंदर 3. छैला 4. बहादुर और हिम्मतवर 5. वीर और साहसी 6. विकट।

बाँकी [सं-स्त्री.] बाँस से काटकर तीलियाँ आदि बनाने का एक यंत्र।

बाँकुरा [वि.] 1. बाँका; टेढ़ा 2. नायक; योद्धा; वीर 3. साहसी; महारथी।

बाँग (फ़ा.) [सं-स्त्री.] 1. मुरगे की बोली या आवाज़ 2. {ला-अ.} किसी की आवाज़।

बाँगर [सं-पु.] 1. ऊँची भूमि 2. वह ज़मीन जो बाढ़ में न डूबे 3. चरागाह, चरी 4. एक तरह का बैल।

बाँगा [सं-पु.] ऐसी रुई जिसमें से बिनौले अभी तक न निकाले गए हों; कपास।

बाँगुर (सं.) [सं-पु.] 1. चिड़ियाँ फँसाने का एक जाल; फंदा 2. फँसने या फँसाने की कोई जगह।

बांग्ला (सं.) [सं-स्त्री.] बंग देश या बंगाल (पश्चिम बंगाल और बाँग्ला देश) की भाषा; बंगाली। [वि.] 1. बंगाल का 2. बंग देश से संबंध रखने वाला, जैसे- बांग्ला संस्कृति।

बाँचना (सं.) [क्रि-स.] 1. पढ़ना 2. पत्र, लेख, पुस्तक आदि को पढ़ कर सुनाना।

बाँछ[1] [सं-स्त्री.] 1. ओठ की कोर; ओठ का किनारा।

बाँछ[2] [सं-पु.] 1. मुख 2. ओठ 3. विभाग; हिस्सा।

बाँझ (सं.) [वि.] (वह स्त्री, पशु या पौधा) जिससे संतान, बच्चा या फल उत्पन्न न हो। [सं-स्त्री.] 1. वह स्त्री जो बच्चे पैदा करने में सक्षम न हो 2. ऐसी वनस्पति या वृक्ष जिसके किसी दोष के कारण उसमें फल या फूल न लगें।

बाँझपन [सं-पु.] 1. संतान न होने की अवस्था या स्थिति 2. बाँझ होना; बंध्यत्व।

बाँझिन [सं-स्त्री.] बाँझ स्त्री।

बाँझी [सं-स्त्री.] 1. पइया (बिना अन्न वाला धान आदि का कोष्ठाया बाली 2. एक वनस्पति, जिससे चमड़ा सिझाया जाता है।

बाँट [सं-स्त्री.] 1. बाँटने की क्रिया या भाव 2. बँटवारा 3. अलग-अलग भाग या हिस्सा 4. चौपायों के लिए बनाया गया विशेष प्रकार का भोजन 5. एक प्रकार की घास 6. घास या पयाल की बनी हुई मोटी रस्सी।

बाँटना (सं.) [क्रि-स.] 1. किसी वस्तु के कई भाग करके अलग-अलग रखना या जमाना 2. संपत्ति आदि के हिस्से करके उसके हिस्सेदारों को देना 3. सब को थोड़ा-थोड़ा देना; वितरण करना (मिठाई आदि) 4. ताश आदि के पत्तों का खिलाड़ियों के बीच वितरण करना।

बाँड़ [सं-पु.] 1. दो नदियों के संगम के बीच की भूमि जो वर्षा में नदियों के बढ़ने से डूब जाती है और पानी उतर जाने पर फिर निकल आती है 2. वह पुरुष जिसने विवाह न किया हो 3. बंजर भूमि, जिस पर कुछ न उपजता हो।

बाँड़ा [वि.] 1. बिना पूँछ का 2. पुँछ्कटा (पशु); पुच्छविहीन 3. अविवाहित पुरुष।

बाँड़ी [सं-स्त्री.] 1. बिना पूंछ की गाय 2. छोटी लाठी; छड़ी।

बाँदा (सं.) [सं-पु.] वह वनस्पति जो भूमि पर नहीं उगती वरन दूसरे पेड़ों पर फैलकर उनकी शाखाओं से पोषण लेती है; एक परजीवी वनस्पति।

बाँध [सं-पु.] 1. नदी का पानी रोकने के लिए बनाया गया घेरा; पुश्ता या बंद; (डैम) 2. बाँधने की क्रिया या भाव 3. वह बंधन जो किसी बात को आगे बढ़ने से रोकने के लिए लगाया जाता हो; (बार) 4. {ला-अ.} शोभा; दिखावे आदि के लिए किसी वस्तु के ऊपर बाँधी गई दूसरी वस्तु। [मु.] **-बाँधना** : आडंबर करना।

बाँधना (सं.) [क्रि-स.] 1. हिलने-डुलने, बिखरने आदि से रोकने के लिए किसी वस्तु के चारों ओर रस्सी, ज़ंजीर आदि लपेटना; गाँठ लगाना 2. नियम, बंधन आदि कारणों से कोई काम होने से रोकना 3. गठरी, बिस्तर आदि को लपेटना; कसना; समेटना 4. पकड़कर बंद या कैद करना; बँधुआ बनाना 5. गतिहीन करना 6. शक्ति, प्रभाव नष्ट कर देना 7. बेसन आदि को हाथ से दबाकर लड्डू बनाने की क्रिया 8. {ला-अ.} प्रेमपाश में बद्ध करना 9. {व्यं-अ.} भाव या विचार को गद्य या पद्य रचना का रूप देना।

बाँधव (सं.) [सं-पु.] 1. स्वजन; निकट संबंधी 2. भाई-बंधु 3. नाते-रिश्ते के लोग 4. घनिष्ठ मित्र।

बाँबी (सं.) [सं-स्त्री.] 1. साँप का बिल 2. दीमक का लगाया हुआ मिट्टी का ढेर; वल्मीक; विमौट।

बाँस (सं.) [सं-पु.] 1. घास की एक प्रकार की गिरहदार, लंबी, सीधी वृक्ष जैसी प्रजाति जो वनों और पहाड़ी भूमि में अधिक होती है और जो कागज़ बनाने, छप्पर छाने तथा टोकरियाँ आदि बनाने के काम आती है; वंश 2. भूमि या दूरी की एक पुरानी माप जो लगभग तीन मीटर के बराबर होती है 3. नाव की लग्गी। [मु.] **-पर चढ़ना** : बदनाम होना। **-उछालना** : बेहद ख़ुश होना; बहुत उछल कूद करना।

बाँसपूर [सं-पु.] पुराने समय की उत्तम गुणवत्ता वाली वह मलमल जिसका थान बाँस के पोर में समा जाता था; झीने सूती वस्त्र का थान।

बाँसफूल [सं-पु.] 1. बाँस का पुष्प; कोपल 2. एक महीन धान।

बाँसा [सं-पु.] 1. नथुनों के ऊपर नाक के मध्य की उभरी हुई हड्डी 2. रीढ़ की हड्डी 3. एक प्रकार की घास।

बाँसुरी (सं.) [सं-स्त्री.] मुख से फूँककर बजाया जाने वाला एक वाद्य जिसे बाँस से बनाया जाता है; कच्चे या पक्के बाँस

से बना एक वाद्य; मुरली; वेणु; वंशी।

बाँसैड़ी [सं-स्त्री.] कुबड़ी (स्त्री)।

बाँह (सं.) [सं-स्त्री.] 1. हाथ; बाजू 2. कमीज़ आदि का वह भाग जिससे भुजा ढकी रहती है 3. {ला-अ.} बाहुबल; शक्ति। [मु.] **-पकड़ना** : किसी को अपनाना, विवाह करना; किसी की सहायता करने का भार लेना।

बाँहदार (हिं.+फ़ा.) [वि.] 1. जिसमें बाँहे हों, जैसे- कमीज़, कुरता 2. जिसमें बाँह टिकाने के हत्थे लगे हों, जैसे- सोफ़ा, कुरसी आदि।

बांड (अं.) [सं-पु.] अनुबंध; बंधपत्र। [वि.] अनुबंधित।

बाअदब (फ़ा.+अ.) [क्रि.वि.] सम्मान के साथ। [वि.] विनीत; तमीज़दार; शिष्ट; सभ्य।

बाइ हैंड (अं.) [क्रि.वि.] दस्ती।

बाइक (अं.) [सं-स्त्री.] एक प्रकार का दुपहिया वाहन; मोटरसाइकिल।

बाइज़्ज़त (फ़ा.) [क्रि.वि.] इज़्ज़त के साथ; सम्मान के साथ। [वि.] आबरूदार; प्रतिष्ठित।

बाइट (अं.) [सं-स्त्री.] 1. (पत्रकारिता) समाचार के संदर्भ में किसी व्यक्ति का वक्तव्य 2. कौर; ग्रास 3. टुकड़ा 4. (कंप्यूटर और टेलीकम्यूनिकेशन) डिजिटल सूचना की इकाई (एक बाइट आठ बिट के बराबर होती है)।

बाइनरी (अं.) [सं-स्त्री.] जोड़ा; दोहर; द्विगुण। [वि.] युग्मक;द्विआधारी।

बाइबिल (अं.) [सं-स्त्री.] ईसाइयों का प्रमुख धार्मिक ग्रंथ।

बाइलिंगुअल (अं.) [वि.] द्विभाषी।

बाइस (अ.) [अव्य.] कारण; हेतु; सबब।

बाई[1] [सं-स्त्री.] 1. राजस्थान, मध्यप्रदेश, महाराष्ट्र आदि राज्यों में स्त्रियों के लिए प्रयुक्त होने वाला एक आदरसूचक संबोधन 2. कहीं-कहीं माता, ननद आदि के लिए संबोधन का शब्द 3. वेतन लेकर घरेलू काम करने वाली स्त्री; महरी 4. उत्तरभारत में नाचने-गाने वाली स्त्रियों या वेश्याओं के लिए प्रयुक्त शब्द; तवायफ़।

बाई[2] (सं.) [सं-स्त्री.] 1. शरीर के त्रिदोषों में से वात का दोष 2. शारीरिक वायु या वात की अधिकता से होने वाला रोग जिसमें किसी निश्चित स्थल पर तीव्र चुभन होती है 3. वात व्याधि; गठिया। [मु.] **-चढ़ना** : वायु का प्रकोप होना; पागल होना। **-पचना** : घमंड टूटना।

बाईपास सर्जरी (अं.) [सं-स्त्री.] एक शल्यक्रिया जिसमें हृदय को रक्त पहुँचाने वाली धमनी के कोलेस्ट्रोल आदि से बाधित होने पर शरीर के अन्य हिस्से विशेषकर जाँघ से कोई बड़ी धमनी लेकर रक्त प्रवाह का मार्ग बदल दिया जाता है।

बाईस [वि.] संख्या '22' का सूचक।

बाउंस (अं.) [सं-स्त्री.] उछाल; छलाँग। [क्रि-अ.] 1. किसी वस्तु का गिरकर उछलना; टकराकर वापस आना 2. किसी को जारी किए बैंक के चैक का पर्याप्त रकम के अभाव में वापस लौट आना।

बाउली (फ़ा.) [सं-स्त्री.] बावली; दीवानी।

बाकंदी [सं-स्त्री.] कपास की एक प्रजाति।

बाकल [सं-पु.] वल्कल; वृक्ष की छाल।

बाकला [सं-पु.] एक छोटा फ़सली पौधा जिसकी फलियाँ सब्ज़ी के रूप में खाई जाती हैं।

बाका (सं.) [सं-स्त्री.] बोलने की शक्ति; वाचा; वाणी; वाक।

बाकायदा (फ़ा.) [क्रि.वि.] 1. विधिपूर्वक; कायदे से; नियम से 2. भलीभाँति 3. 'बेकायदा' का विलोम।

बाकी (अ.) [वि.] 1. शेष; अवशिष्ट; बचा हुआ 2. मौजूद; विद्यमान 3. बरकरार; सदा बना रहने वाला 4. जो (रकम) अदा होने को हो; देय; पावना (रकम)।

बाकीदार (अ.+फ़ा.) [वि.] जिसके पास कोई लगान या देनदारी बाकी हो; बाकी रखने वाला।

बाक्ली [सं-स्त्री.] पीछे की टेक।

बाखरी [सं-स्त्री.] बकेना (गाय)।

बाखला [सं-पु.] दो रंगों के पंखों वाला मुर्गा।

बाग़ (फ़ा.) [सं-पु.] उर्दू उच्चारणानुसार वर्तनी, (दे. बाग2)।

बाग[1] [सं-स्त्री.] 1. शक्ति; सामर्थ्य 2. घोड़े की लगाम; वल्गा। [मु.] **-बाग होना** : बहुत ख़ुश होना। [मु.] **-मोड़ना** : किसी ओर घुमाना या लगाना।

बाग[2] (फ़ा.) [सं-पु.] 1. उद्यान; उपवन; बगीचा; (गार्डन) 2. खेती के उद्देश्य से लगाए हुए वृक्षों का झुंड; बाड़ी।

बागड़ [सं-पु.] 1. उजाड़ क्षेत्र; बिना बस्ती का देश 2. मरुभूमि; रेगिस्तान 3. नदी के किनारे की ऊँची ज़मीन जहाँ नदी में आई बाढ़ का पानी कभी न पहुँच पाता हो।

बागडोर [सं-स्त्री.] 1. लगाम 2. घोड़े की लगाम में बाँधी जाने वाली रस्सी 3. प्रशासन; सत्ताधिकार 4. किसी कार्य या बात का नियंत्रण; दायित्व 5. {ला-अ.} वह चीज़ जिससे किसी पर नियंत्रण किया जाता है।

बागवान (फ़ा.) [सं-पु.] बाग या बगीचे में पेड़-पौधे उगाने और उनकी देखभाल करने वाला व्यक्ति; बाग का माली।

बागवानी (फ़ा.) [सं-स्त्री.] 1. बगीचे में पेड़-पौधे लगाने तथा उनकी देखभाल करने का काम 2. बागवान या माली का काम।

बागान (बां.) [सं-पु.] कोई फ़सल तैयार करने का बड़ा खेत या मैदान, जैसे- चाय बागान।

बागी (अ.) [वि.] 1. बगावत करने वाला 2. विद्रोही; न दबने वाला 3. अवज्ञाकारी; उपेक्षाकारी।

बागीचा (फ़ा.) [सं-पु.] छोटा बाग।

बाघ (सं.) [सं-पु.] शेर या सिंह की जाति का एक हिंसक पशु; व्याघ्र।

बाघा [सं-पु.] 1. पशुओं की एक बीमारी जिसमें उनका पेट फूल जाता है 2. एक तरह का कबूतर।

बाघुल [सं-स्त्री.] एक प्रकार की छोटी मछली।

बाछा [सं-पु.] 1. गाय का नर बच्चा; बछड़ा 2. {ला-अ.} वत्स; बच्चा।

बाज़ (फ़ा.) [सं-पु.] 1. एक प्रसिद्ध शिकारी पक्षी; श्येन पक्षी। [परप्रत्य.] व्यसनी, शौकीन या कर्ता आदि का अर्थ देने वाला

प्रत्यय, जैसे- बहानेबाज़; नशेबाज़। [अव्य.] दुबारा; फिर; पुनः। [मु.] **-आना** : जानबूझकर वंचित रहना, दूर रहना। **-रखना** : मना करना, रोकना।

बाज़-दावा (फ़ा.) [सं-पु.] 1. दावा वापस लेना 2. वह पत्र या लेख जिसमें अपना दावा वापस लेने का विवरण होता है 3. स्वत्व का त्याग।

बाज[1] [सं-पु.] किसी वाद्ययंत्र को बजाने की विशिष्ट शैली।

बाज[2] (अ.) [वि.] कतिपय; कोई-कोई; चंद कुछ; विशिष्ट।

बाजरा (सं.) [सं-पु.] 1. एक प्रकार का अनाज 2. उक्त अनाज का पौधा।

बाजरिया [सं-स्त्री.] बाजरे की आकृति का घुँघरू।

बाजा (सं.) [सं-पु.] (संगीत) वह उपकरण जो फूँकने अथवा आघात किए जाने पर ध्वनि उत्पन्न करता है; बजाने का यंत्र; वाद्य।

बाजा-गाजा [सं-पु.] 1. एक साथ बजाए जाने वाले अनेक प्रकार के बाजे 2. बाजे से होने वाली धूमधाम या होहल्ला, जैसे- बाजे-गाजे से शोभायात्रा निकली।

बाज़ाब्ता (फ़ा.+अ.) [क्रि.वि.] 1. नियम या विधान के अनुसार; ज़ाब्ते के साथ। [वि.] नियमानुकूल।

बाज़ार (फ़ा.) [सं-पु.] 1. वह स्थान जहाँ तरह-तरह की वस्तुओं की दुकानें हों; वस्तुओं के क्रय-विक्रय का निश्चित स्थान; हाट; मंडी; (मार्केट) 2. क्रय-विक्रय के लिए एकत्रित हुए लोग। [मु.] **-करना** : ख़रीददारी करना। **-तेज़ होना** : सभी वस्तुओं का मूल्य बढ़ना।

बाज़ारवाद (फ़ा.+सं.) [सं-पु.] वह मत या विचारधारा जिसमें जीवन से संबंधित हर वस्तु का मूल्यांकन केवल व्यक्तिगत लाभ या मुनाफ़े की दृष्टि से ही किया किया जाता है; मुनाफ़ा केंद्रित तंत्र को स्थापित करने वाली विचारधारा; हर वस्तु या विचार को उत्पाद समझकर बिकाऊ बना देने की विचारधारा।

बाज़ारी [वि.] 1. बाज़ार का; बाज़ार से संबंधित; बाज़ार में होने वाला 2. बाज़ारू; साधारण; मामूली।

बाज़ारीकरण (फ़ा.+सं.) [सं-पु.] 1. बाज़ार को बढ़ावा देने का कार्य; बाज़ारवाद की दृष्टि के अनुरूप ही व्यवस्था का संयोजन और संचालन 2. व्यक्ति को उपभोक्ता मात्र के रूप में अनुकूलित करने की क्रिया 3. पूँजीकरण; वस्तुकरण।

बाज़ारू (फ़ा.) [वि.] 1. बाज़ार का; बाज़ार संबंधी; बाज़ारी 2. साधारण; मामूली; घटिया 3. बाज़ार में रहने या बैठने वाला 4. अशिष्ट (शब्द)।

बाज़ी (फ़ा.) [सं-स्त्री.] 1. करतब; तमाशा 2. शतरंज या ताश आदि का एक पूरा खेल 3. किसी खेल का दाँव; बारी 4. शर्त। [मु.] **-मारना** : जीतना; विजयी होना। **-ले जाना** : प्रतियोगिता में आगे बढ़ जाना या सफल होना। **-हारना** : शर्त हार जाना।

बाजी[1] (सं.) [सं-पु.] घोड़ा; अश्व; वाजि।

बाजी[2] (तु.) [सं-स्त्री.] बड़ी बहन; आपा।

बाज़ीगर (फ़ा.) [सं-पु.] 1. जादू दिखाने वाला व्यक्ति 2. ऐंद्रजालिक; जादूगर।

बाज़ीगरी (फ़ा.) [सं-स्त्री.] 1. जादू दिखाने की क्रिया; कलात्मक करतब 2. खेल-तमाशे करना 3. माया-कर्म।

बाजू [सं-पु.] 1. थन 2. बाँह का एक गहना।

बाज़ू (फ़ा.) [सं-पु.] 1. भुजा; बाँह 2. किसी चीज़ का कोई अंग, पक्ष या पार्श्व 3. बाज़ूबंद नामक आभूषण 4. दरवाज़े की चौखट की लकड़ी 5. {ला-अ.} सहायक। [अव्य.] ओर; तरफ़।

बाजूबंद [सं-पु.] एक आभूषण।

बाज़ूबंद (फ़ा.) [सं-पु.] बाँह पर पहनने का एक प्रकार का आभूषण; भुजबंद; केयूर।

बाट (सं.) [सं-पु.] 1. रास्ता; मार्ग 2. तराज़ू पर चीज़ें तौलने का बटखरा; बट्टा। [मु.] **-जोहना** : प्रतीक्षा करना। **-पड़ना** : पीछे पड़ना। **-कहीं बाट पड़ना** : डाका पड़ना।

बाटी (सं.) [सं-स्त्री.] 1. कंडे या उपलों आदि पर सेका गया आटे का गोला जो दाल के साथ खाया जाता है; लिट्टी; टिक्कड़; अंगाकड़ी 2. पिंड; गोली 3. चौड़े मुँह वाली कटोरी।

बाड़ [सं-स्त्री.] 1. फ़सल की सुरक्षा के लिए बनाया गया काँटे-बाँस आदि का घेरा 2. झाड़बंदी; टट्टी; टट्टर; घेरा 3. दो नदियों के संगम के बीच की ज़मीन।

बाड़ा (सं.) [सं-पु.] 1. पशुशाला 2. घेरा 3. चारों-ओर से घिरा हुआ बड़ा मैदान।

बाढ़ [सं-स्त्री.] 1. बढ़ाव; वृद्धि; विकास 2. नदी आदि के जल का बढ़ना; सैलाब 3. अधिक वर्षा होने से धरती का जलमग्न होना 4. किसी प्रकार का ज़ोर, तेज़ी या प्रबलता 5. लाभ; नफ़ा 6. किनारे की ऊँचाई; किनारा; आगे बढ़ने की स्थिति या भाव; वृद्धि। [मु.] **-दगना** : गोलियों का लगातार छूटना। **-रूँधना** : आने-जाने का रास्ता बंद करना।

बाण (सं.) [सं-पु.] 1. तीर; शायक; शर 2. बाण का फल; गाँसी।

बाणाग्र (सं.) [सं-पु.] 1. तीर के ऊपरी हिस्से में लगा पत्थर; हड्डी या धातु से बनी नुकीली चीज़; बाण की नोंक 2. तलवार आदि की धार, कोर, सान।

बाणावली (सं.) [सं-स्त्री.] 1. बाणों की पंक्ति या समूह 2. दुश्मनों पर होने वाली तीरों की बौछार।

बाणाश्रय (सं.) [सं-पु.] तरकश; तूणीर।

बाणासुर (सं.) [सं-पु.] (पुराण) राजा बलि के सौ पुत्रों में से सबसे बड़ा।

बात (सं.) [सं-स्त्री.] 1. कथन; कहा हुआ सार्थक वाक्य 2. घटित होने वाली या प्रस्तुत अवस्था; परिस्थिति। [मु.] **-उठाना** : बातचीत शुरू करना। **-उलटना** : बात पलटना। **-काटना** : किसी की बात का विरोध करना, किसी के बोलते समय पूरी बात सुने बिना बीच में ही बोल उठना। **-टालना** : ध्यान न देना। **-बढ़ना** : झगड़े का रूप ले लेना। **-बनना** : प्रयोजन सिद्ध होना। **-बिगड़ जाना** : काम ख़राब हो जाना। **-रखना** : अपनी बात पर अडिग रहना। **-खोना** : प्रतिष्ठा गँवाना।

बातचीत [सं-स्त्री.] 1. दो या दो से अधिक व्यक्तियों के बीच होने वाली बातें; वार्तालाप 2. किसी उद्देश्य विशेष के लिए

होने वाली लिखा-पढ़ी या संवाद।

बातफ़रोश (हिं.+फ़ा.) [सं-पु.] जो अपनी वाकपटुता के माध्यम से रोज़ी कमाता हो।

बाता [सं-पु.] पटरिया; बेड़ी।

बातिनी (अ.) [वि.] 1. भीतरी; आंतरिक 2. अंतर्मन का।

बातिल (अ.) [वि.] 1. झूठ; गलत; मिथ्या 2. खंडित 3. रद्द किया हुआ।

बाती [सं-स्त्री.] 1.बाँस फाड़ कर बनाई गई पतली कपाची 2. बैंती, जुनेरी।

बातूनी [वि.] 1. जो बहुत बोलता हो; बक्की 2. व्यर्थ की बातें करने वाला; बकवादी; वाचाल।

बाथरूम (अं.) [सं-पु.] स्नानघर; गुसलख़ाना।

बाद (अ.) [वि.] 1. पश्चात 2. अलग हटाया या छोड़ा हुआ 3. अतिरिक्त।

बादबान (फ़ा.) [सं-पु.] नाव, जहाज़ आदि का पाल।

बादर (सं.) [सं-पु.] 1. कपास का पौधा 2. कपास का सूत 3. सूती कपड़ा। [वि.] 1. कपास से बनने वाला 2. बेर से संबंधित 3. मोटा; भारी।

बादल (सं.) [सं-पु.] 1. वायुमंडल में संचित घनीभूत वाष्पकण; मेघ 2. एक तरह का दूधिया रंग का पत्थर।

बादला [सं-पु.] 1. कसीदाकारी का तार; ज़री 2. गोटा या कलाबत्तू बटने का सुनहरा और चपटा तार; चमकीला तार 3. सोने-चाँदी का तार।

बादशाह (फ़ा.) [सं-पु.] 1. वह जो किसी बड़े साम्राज्य का शासक या स्वामी हो; सम्राट 2. शतरंज का एक मोहरा जो सब मोहरों में प्रधान होता है 3. ताश का एक पत्ता जिसमें बादशाह की तस्वीर बनी रहती है 4. {ला-अ.} वह जो किसी कला, कार्य-क्षेत्र या वर्ग में सबसे बढ़-चढ़कर हो।

बादशाहत (फ़ा.) [सं-स्त्री.] 1. बादशाह का पद; राजत्व 2. शासन 3. राज्य।

बादाम (फ़ा.) [सं-पु.] 1. एक वृक्ष जिसके फल के बीज मेवों में गिने जाते हैं 2. आम नामक फल की एक प्रजाति।

बादामी (फ़ा.) [सं-पु.] 1. बादाम के छिलके जैसा रंग 2. आभूषण आदि रखने की एक डिबिया 3. एक प्रकार का धान 4. बादाम के रंग का घोड़ा 5. एक तरह की चिड़िया; किलकिला। [वि.] 1. बादाम के छिलके के रंग का 2. बादाम संबंधी; बादाम का 3. बादाम के आकार का; गोलाकार; लंबोतरा।

बादी [सं-स्त्री.] शरीर में वायु का प्रकोप। [वि.] 1. वायुविकार से संबंधित; वायु का 2. शरीर में वायुविकार उत्पन्न करने वाला 3. जो वातविकार बढ़ाए।

बाध[1] [सं-स्त्री.] खाट बुनने की रस्सी; बाधी।

बाध[2] (सं.) [सं-पु.] 1. बाधा; अड़चन 2. प्रतिरोध; रोक 3. प्रतिबंध 4. कष्ट; पीड़ा 5. कठिनता; दिक्कत 6. उन्नति या प्रगति की राह में आने वाली रुकावट जिसे पार करने के लिए विशिष्ट योग्यता की ज़रूरत पड़ती हो।

बाधन (सं.) [सं-पु.] 1. बाधा डालने की क्रिया या भाव 2. विरोध करना 3. कष्ट या पीड़ा देना 4. प्रतिवाद 5. अनुचित या बुरे काम के संबंध में होने वाली मनाही या निषेध।

बाधा (सं.) [सं-स्त्री.] 1. अड़चन; विघ्न; रुकावट 2. रोक; प्रतिबंध 3. कष्ट; पीड़ा; संकट।

बाधाहीन (सं.) [वि.] जिसमें अड़चन या बाधा न हो; बाधारहित।

बाधित (सं.) [वि.] 1. जिसमें रुकावट पड़ी हो; जिसमें व्यवधान आया हो 2. ग्रस्त 3. आभारी।

बाधी[1] [सं-स्त्री.] 1. खाट बुनने की रस्सी 2. दोगली।

बाधी[2] (सं) [वि.] बाधा देने वाला, बाधक।

बाध्य (सं.) [वि.] 1. विवश; मज़बूर किया हुआ 2. जो विधि, नियम या आज्ञा आदि के द्वारा बँधा हो 3. बाधित; रोका हुआ।

बाध्यक (सं.) [वि.] 1. बाधा के रूप में होने वाला 2. जिसको पूरा करना ज़रूरी हो।

बाध्यता (सं.) [सं-स्त्री.] 1. वह दबाव या दायित्व जिससे न चाहते हुए भी किसी काम को करना पड़ता है; विवशता; दबाव; मज़बूरी 2. अनिवार्यता।

बान (सं.) [सं-पु.] 1. एक तरह की आतिशबाज़ी 2. रुई धुनने का डंडा 3. मूँज की रस्सी।

बानक [सं-पु.] 1. वेष; भेष; बाना 2. सुंदर बनावट; सजावट; सज-धज 3. किसी घटना के लिए उपयुक्त परिस्थिति; संयोग।

बानगी (सं.) [सं-स्त्री.] थोड़ी-सी चीज़ जो ग्राहक को देखने के लिए दी जाए; नमूना।

बानवे [वि.] संख्या '92' का सूचक।

बाना[1] [सं-पु.] 1. वेश; विशेषत: वह पहनावा जो वीर लोग पहनकर रणक्षेत्र में जाते हैं 2. पहनावा; पोशाक 3. व्यापार में कुछ विशिष्ट प्रकार की वस्तुओं का समूह 4. रीति; चाल।

बाना[2] (सं.) [सं-पु.] 1. भाले की तरह का एक हथियार जिसका ऊपरी हिस्सा दुधारी तलवार की तरह होता है 2. कपड़े की बुनावट में ताना में भरा जाने वाला आड़ा सूत 3. पीले या सफ़ेद रंग का एक प्रकार का रेशम 4. वह रेशमी धागा जिससे कपड़े सिले जाते हैं। [क्रि-स.] प्रसारित करना; फैलाना, जैसे- मुँह बाना।

बानी (सं.) [सं-स्त्री.] 1. बोली; भाषा 2. मुँह से निकलने वाला सार्थक शब्द; बात; वचन 3. बाना नामक हथियार।

बानैत (सं.) [सं-पु.] 1. बाण चलाने वाला 2. धनुषधारी योद्धा 3. वह जो बाना या वेष धारण किए हुए हो।

बानो (फ़ा.) [सं-स्त्री.] मुसलमानों में किसी स्त्री के नाम के साथ लगाया जाने वाला आदरसूचक शब्द, जैसे- ज़ाहिदा बानो, फ़रीदा बानो आदि।

बाप [सं-पु.] पिता; जनक।

बाप-दादा [सं-पु.] पूर्वज; पुरखे; पूर्वपुरुष।

बापिका [सं-स्त्री.] 1. चौड़े मुँह का एक प्रकार का कुआँ या जलाशय जिसमें पानी तक पहुँचने के लिए सीढ़ियाँ बनी हों; वापी; बावड़ी 2. ऐसा छोटा तालाब जिसके किनारे चारों ओर सीढ़ियाँ बनी हों; वापिका 3. हजामत का एक प्रकार जिसमें माथे से लेकर चोटी के पास तक के बाल चार-पाँच अंगुल की चौड़ाई में मूँड़ दिए जाते हैं।

बापू [सं-पु.] 1. पिता या अन्य आदरणीय जन के लिए एक संबोधन 2. महात्मा गांधी के लिए प्रयुक्त एक आदरसूचक संबोधन।

बाफ़ (फ़ा.) [परप्रत्य.] एक प्रत्यय जो संज्ञा पद से जुड़कर 'बनने वाला' का अर्थ प्रदान करता है, जैसे- शालबाफ़ अर्थात शाल बुनने वाला।

बाफ़ता (फ़ा.) [सं-पु.] 1. एक तरह का बेलबूटेदार रेशमी कपड़ा 2. कबूतरों का एक रंग। [वि.] बुना हुआ।

बाब (सं.) [सं-पु.] 1. किताब का अध्याय, विभाग या परिच्छेद 2. द्वार; दरवाज़ा 3. दरबार।

बाबत (फ़ा.) [सं-स्त्री.] किसी के संबंध में; विषय में।

बाबर (फ़ा.) [सं-पु.] भारत में मुगल साम्राज्य की स्थापना करने वाला एक शासक, जो मूलतः मध्य एशिया का निवासी था।

बाबरा [सं-पु.] 1. सिर के बढ़ाए हुए बाल 2. पट्टा; जुल्फ 3. मालपुए जैसी एक फूली-फूली मिठाई; बाबरी।

बाबरी [सं-स्त्री.] ज़ुल्फ़; लट; घुँघराले केश; काकुल।

बाबल [सं-पु.] 1. बाबुल; पिता 2. हार।

बाबा (अ.) [सं-पु.] 1. पितामह; दादा 2. साधु-सन्यासियों तथा बुजुर्गों के लिए प्रयुक्त सम्मान सूचक शब्द 3. बच्चे के लिए प्यार का संबोधन 4. पके केशों वाला व्यक्ति 5. एक संबोधन।

बाबिल [सं-पु.] एशिया उपमहाद्वीप का एक प्राचीन ऐतिहासिक नगर; (बैबिलोन)।

बाबुल [सं-पु.] 1. लड़की का पिता 2. पिता को लक्ष्य कर गाए जाने वाले लड़की की विदाई के गीत।

बाबू [सं-पु.] 1. मुंशी; क्लर्क 2. पिता के लिए एक संबोधन 3. प्रतिष्ठित जनों के नाम के साथ आदरार्थ जुड़ने वाला शब्द।

बाबूराज [सं-पु.] वह व्यवस्था जिसमें वास्तविक अधिकार कार्यालय के बाबुओं के हाथ में होता है; बाबुओं या क्लर्कों का राज; नौकरशाही।

बाम[1] [वि.] बायाँ। [सं-स्त्री.] 1. साँप की तरह लंबी मछली; बामी 2. एक गहना 3. एक माप; पुरसा 4. बामा (स्त्री)।

बाम[2] (फा.) [सं-पु.] 1. अटारी 2. छत 3. एक माप; पुरसा।

बाम्हन [सं-पु.] एक वर्ण; एक जाति; ब्राह्मण।

बायन (सं.) [सं-पु.] 1. परिचितों, रिश्तेदारों के यहाँ भेजी जाने वाली मिठाई आदि, बैना; बायना 2. पेशगी; बयाना 3. भेंट; उपहार 4. निमंत्रण। [मु.] **-देना** : उकसाना, छेड़-छाड़ करना।

बायरा [सं-पु.] कुश्ती का एक पेंच या दाँव।

बायस्कोप (अं.) [सं-पु.] 1. परदे पर चलते-फिरते चित्र दिखाने वाला एक यंत्र 2. पुराने समय में वह बड़ा डिब्बा जिसमें चलते हुए चित्रों और संगीत के माध्यम से मनोरंजन किया जाता था 3. किसी समय सिनेमा के लिए प्रयुक्त शब्द।

बायोडाटा (अं.) [सं-पु.] व्यक्तिगत जीवन, शैक्षिक योग्यताओं तथा कार्यानुभव आदि का ब्योरा; अपने जीवन, कार्यकलापों और उपलब्धियों का विवरण; आत्मवृत्त।

बायोडीज़ल (अं.) [सं-पु.] जैविक स्रोतों से प्राप्त तथा डीज़ल के समतुल्य ईंधन; वनस्पतियों के बीजों से निकलने वाले एथेनाल और डीजल का मिश्रण जो ईंधन के रूप में प्रयुक्त होता है।

बायोनेट (अं.) [सं-पु.] रायफल में जड़ी रहने वाली एक प्रकार की बरछी; संगीन।

बार कोड (अं.) [सं-पु.] बार कोड; रेखा कूट; रोध कूट।

बार[1] (सं.) [सं-पु.] द्वार; दरवाज़ा। [सं-स्त्री.] 1. समय; वक्त; काल 2. विलंब; देर।

बार[2] (फ़ा.) [सं-पु.] 1. भार; बोझ 2. गाड़ी आदि पर लादा जाने वाला माल। [सं-स्त्री.] दफ़ा; मरतबा, जैसे- पहली बार।

बार[3] (अं.) [सं-पु.] 1. मदिरालय; मधुशाला 2. किसी समय अदालत में लगने वाला अवरोधक जिसके आधार पर वकालत के पेशे को बार से जुड़ा पेशा कहा जाता है।

बारंबार (सं.) [क्रि.वि.] 1. बार-बार; कई बार 2. फिर-फिर।

बारंबारता (सं.) [सं-स्त्री.] बार-बार होने की क्रिया अवस्था या भाव; आवृत्ति।

बारगाह (फ़ा.) [सं-स्त्री.] 1. राजाओं या नवाबों आदि का दरबार; राजसभा 2. कचहरी; न्यायालय 3. ड्योढ़ी 4. डेरा; तंबू 5. महल।

बारगेनिंग (अं.) [सं-स्त्री.] दुकान आदि पर ख़रीददारी के समय दुकानदार से मोलभाव करने की प्रक्रिया मोलभाव; सौदेबाज़ी।

बारजा [सं-पु.] 1. छत के ऊपर का कमरा; कोठा; अटारी 2. खुला छतदार बरामदा 3. मकान के सामने के दरवाज़े के ऊपर बनाया हुआ छज्जा 4. कमरे के आगे का दालान।

बारदाना (फ़ा.) [सं-पु.] 1. वह जिसमें कुछ रखा जाए; बड़ा थैला; बोरा 2. वह टाट जिसमें माल को बाँधकर भेजा जाता है 3. फ़ौज के खाने-पीने की सामग्री 4. विभिन्न प्रकार के अनाज; रसद।

बारबरदार (फ़ा.) [सं-पु.] 1. भार उठाने वाला; बोझा ढोने वाला; कुली 2. पालकी ढोने वाला।

बारह [वि.] संख्या '12' का सूचक।

बारहखड़ी (सं.) [सं-स्त्री.] 1. देवनागरी वर्णमाला में प्रत्येक व्यंजन के साथ अ, आ, इ, ई, उ, ऊ, ए, ऐ, ओ, औ आदि बारह स्वरों को मात्रा के रूप में लगाकर (संयुक्त कर) वाचन या लेखन की क्रिया; व्यंजन के बारह स्वरों से युक्त रूप 2. {ला-अ.} किसी विषय का आरंभिक ज्ञान।

बारहदरी (हिं.+फ़ा.) [सं-स्त्री.] 1. अतिथियों या पथिकों के रहने का स्थान जिसमें बारह द्वार हों 2. वह बैठक जिसमें चारों-तरफ़ दरवाज़े हों।

बारहपंथी [वि.] जिसमें बारह पंथ हो। [सं-पु.] योगी गोरखनाथ द्वारा प्रवर्तित नाथ संप्रदाय जिसकी बारह शाखाएँ कही जाती हैं।

बारहबाट [वि.] 1. विखंडित; खंडित; नष्ट-भ्रष्ट 2. छिन्न-भिन्न; तितर-बितर।

बारहमासा [सं-पु.] विरह प्रधान लोकगीत; वह पद्य या गीत

जिसमें बारह महीनों की प्राकृतिक विशेषताओं का वर्णन किसी विरही या विरहिणी के मुँह से कराया गया हो; वर्ष भर के बारह मास में नायक-नायिका की श्रृंगारिक विरह एवं मिलन की क्रियाओं के चित्रण।

बारहमासी [वि.] पूरे वर्ष भर होने वाला; सब ऋतुओं में फलने या फूलने वाला; सदाबहार वृक्ष।

बारहवफ़ात (हिं.+अ.) [सं-स्त्री.] अरबी महीने रबीउल अव्वल की वे बारह तिथियाँ जिनके विषय में मान्यता है कि इनमें मुहम्मद साहब बहुत बीमार रहे थे और अंततः उनकी वफ़ात अर्थात मृत्यु हो गई थी।

बारहसिंगा [सं-पु.] एक प्रकार का बड़ा नर हिरण जिसकी सींगों में अनेक शाखाएँ होती हैं; चिंकारा; साल-साँभर।

बारहा (फ़ा.) [अव्य.] बहुधा; प्रायः; अनेक बार; बार-बार।

बारा[1] [सं-पु.] 1. कुएँ से मोट खींचते समय गाया जाने वाला गीत 2. कुएँ पर खड़ा होकर मोट का पानी गड्डे में गिराने वाला व्यक्ति 3. जंतरे से टार खींचने का काम 4. चरवाहे की चौपाए को चराने के लिए आठवें दिन दिया जाने वाला दूध (चरवाही की मजदूरी के बदले दूध)।

बारा[2] (सं) [वि.] छोटी अवस्थावाला। [सं-पु.] बालक; लड़का।

बारा[3] (फ़ा.) [सं-पु.] 1. समय 2. बार 3. विषय 4.मामला,परकोता (बारे में) 5. लोहे की कंगनी जो बेलन के सिरे लगाई जाती है।

बारादरी [सं-स्त्री.] बारहदरी। [वि.] बारह दरवाजेवाला।

बारानी (फ़ा.) [सं-स्त्री.] 1. वह भूमि जिसमें सिर्फ़ वर्षा में सिंचाई हो 2. उक्त प्रकार की सिंचाई से होने वाली फ़सल। [वि.] 1. जो वर्षा पर निर्भर हो; बरसाती 2. अन्य किसी प्रकार सींची न जा सकने वाली।

बारास्ता (फ़ा.) [क्रि.वि.] रास्ते से; (से) होकर या गुज़र कर; (वाया)।

बारिश (फ़ा.) [सं-स्त्री.] 1. वर्षा; बरसात; वृष्टि; बरखा 2. बादलों से निरंतर गिरने वाली जल की बूँदें; पानी की फुहार; बौछार।

बारी (सं.) [सं-स्त्री.] 1. क्रमवार स्थिति; पारी 2. एक वर्ग जो दोने-पत्तल आदि बनाने का काम करता है 3. खेत या बाग की क्यारी 4. बरतन का ऊपरी घेरा।

बारीक (फ़ा.) [वि.] 1. महीन; सूक्ष्म; आयतन में बहुत पतला 2. गंभीर; गूढ़ 3. {ला-अ.} जिससे कला की निपुणता और सूक्ष्मता प्रकट हो।

बारीकी (फ़ा.) [सं-स्त्री.] 1. बारीक या पतले होने की अवस्था या भाव 2. {ला-अ.} भाव, विचार आदि की सूक्ष्मता।

बारूआ [सं-पु.] 1. मूज के छिलके से बनी दलिया की बद्धी 2. खूँटा।

बारूद (फ़ा.) [सं-स्त्री.] 1. एक रासायनिक यौगिक जिसका प्रयोग सुरंग बनाने, पहाड़ियो में मार्ग निर्माण आदि के लिए किया जाता है 2. एक प्रसिद्ध विस्फोटक चूर्ण जो आग लगने से भड़क उठता है और जिससे तोप-बंदूक चलती है।

बारूदी (फ़ा.) [वि.] 1. बारूद का; बारूद संबंधी 2. जिसमें बारूद हो; बारूद से बना हुआ।

बारे (फ़ा.) [क्रि.वि.] 1. आख़िरकार 2. अंत में 3. खैर 4. लेकिन।

बार्ह (सं.) [वि.] 1. मोर संबंधी 2. मोर के पंख से बना हुआ।

बार्हस्पत्य (सं.) [सं-पु.] 1. एक संवत्सर 2. गुरु बृहस्पति द्वारा प्रवर्तित नास्तिक भूतवादियों अर्थात भौतिकता पर बल देने वालों का एक संप्रदाय। [वि.] 1. बृहस्पति संबंधी 2. भौतिकवादी विचारों वाला।

बाल (सं.) [सं-पु.] 1. केश 2. बालक 3. किसी पशु का बच्चा 4. शरीर का रोआँ; रोम। [सं-स्त्री.] जौ, गेहूँ आदि का वह भाग जिसमें दाने लगे होते हैं। [वि.] जो सयाना न हो; जिसे अभी यथेष्ट ज्ञान और समझ न हो; जिसका जन्म हुए अभी अधिक समय न हुआ हो। [मु.] **-की खाल निकालना** : व्यर्थ तर्क करना, व्यर्थ का दोष निकालना। **-तक बाँका न होना** : किसी प्रकार की क्षति या कष्ट न होना। **-बाल बचना** : किसी संकट से किसी प्रकार निकल जाना।

बाल-बच्चे [सं-पु.] 1. संतान; औलाद 2. गृहस्थी; परिवारजन 3. छोटे लड़के-लड़कियाँ।

बालक (सं.) [सं-पु.] 1. लड़का; बच्चा 2. नाबालिग 3. {ला-अ.} अनजान; नासमझ 4. एक जलीय पौधा; मोथा।

बालकनी (अं.) [सं-पु.] 1. बरामदा; बारजा 2. प्रेक्षागृहों या सभागारों में मंच के तल से ऊपर वाले तल पर बैठने की व्यवस्था; दर्शकदीर्घा।

बालकपन [सं-पु.] 1. बचपन; लड़कपन 2. {ला-अ.} बच्चों जैसी नासमझी; बचकानापन।

बालक्रीड़ा (सं.) [सं-स्त्री.] छोटे बच्चों के हँसी-ख़ुशी और मस्ती भरे खेल।

बालचंद्रिका (सं.) [सं-स्त्री.] (संगीत) कर्नाटक संगीत शैली की एक रागिनी।

बालचर (सं.) [सं-पु.] 1. बालकों में चरित्र, लोकसेवा और स्वावलंबन का भाव लाने के लिए स्थापित संघ 2. उक्त संघ का सदस्य; (स्काउट)।

बालटी [सं-स्त्री.] एक प्रकार का पात्र या बरतन जिसमें पानी रखा जाता है; डोल की तरह का पानी रखने का एक पात्र।

बालतोड़ [सं-पु.] बाल के जड़ से उखड़ने या टूट जाने से होने वाला फोड़ा या घाव।

बालना (सं.) [क्रि-स.] जलाना।

बालपन (सं.) [सं-पु.] बचपन; बाल्यकाल।

बालबुद्धि (सं.) [सं-स्त्री.] 1. बचपना 2. बालोचित बुद्धि 3. नासमझी 4. कमअक्ली। [वि.] बच्चों-सी अक्ल रखने वाला; अल्पबुद्धि।

बालबोध (सं.) [वि.] बच्चों की समझ में आने वाला; सरल; आसान।

बालब्रह्मचारी (सं.) [सं-पु.] 1. वह जिसने बचपन से ही ब्रह्मचर्य का व्रत धारण कर लिया हो; आजन्म ब्रह्मचारी 2. अविवाहित; कुँवारा।

बालभवन (सं.) [सं-पु.] दे. बालवाड़ी।

बालभोग (सं.) [सं-पु.] देवताओं के आगे सुबह रखा जाने वाला नैवेद्य या प्रसाद; कलेवा।

बालम (सं.) [सं-पु.] 1. पति; पिया 2. प्रेमी; प्रियतम।

बालमन (सं.) [सं-पु.] 1. बालक जैसा मन; बालमति; बालबुद्धि 2. बालक जैसी सरलता 3. बच्चों का मनोविज्ञान।

बालमुकुंद (सं.) [सं-पु.] 1. बालक आयु के कृष्ण; बालकृष्ण; कन्हैया 2. कृष्ण के बाल रूप की वह मूर्ति जिसमें उन्हें घुटनों के बल चलता दिखाया जाता है।

बाललीला (सं.) [सं-स्त्री.] बच्चों के खेल और कार्यकलाप; बालक्रीड़ा; बालचरित।

बालवाड़ी [सं-स्त्री.] वह स्थान जहाँ बच्चों के अनुसार खेलने-सीखने की चीज़ें रखी जाती हैं; बच्चों के लिए बना सार्वजनिक स्थल; बालभवन; बच्चों का उपवन; आँगनवाड़ी।

बालवाली [सं-स्त्री.] रबी की बाल वाली फ़सल; बलिहन।

बालविधवा (सं.) [सं-स्त्री.] 1. वह स्त्री जो बाल्यावस्था में ही विधवा हो गई हो 2. पति सहवास से पहले ही विधवा हो जाने वाली स्त्री।

बालविनोद (सं.) [सं-पु.] 1. बच्चों का खेल 2. बच्चों का हँसी-मज़ाक।

बालविवाह (सं.) [सं-पु.] वह विवाह जो बाल्यावस्था में हुआ हो; छोटी उम्र में होने वाला विवाह।

बालसुलभ (सं.) [वि.] बच्चों की तरह; बच्चों का-सा; शिशुवत।

बालसूर्य (सं.) [सं-पु.] सुबह उगता हुआ सूर्य; उदयकाल का सूर्य; बालार्क।

बालहठ (सं.) [सं-पु.] 1. बच्चे का वह हठ जिसमें अक्सर वह अपनी बात मनवा ही लेता है; ठिनक 2. बच्चे की ज़िद।

बाला (सं.) [सं-पु.] 1. कान में पहनने का एक प्रकार का छल्लेनुमा गहना; बड़ी बाली 2. हाथ में पहनने का कड़ा 3. गेहूँ, जौ की फ़सल में लगने वाला एक तरह का कीड़ा। [सं-स्त्री.] 1. बारह-तेरह वर्ष से सोलह-सत्रह वर्ष तक की अवस्था की लड़की; बालिका; किशोरी।

बालाग्र (सं.) [सं-पु.] 1. बाल का अगला भाग; सिरा 2. {अ-अ.} एक प्राचीन माप या परिमाण। [वि.] बाल की नोक जैसा।

बालावस्था (सं.) [सं-स्त्री.] दे. बाल्यावस्था।

बालिका (सं.) [सं-स्त्री.] 1. छोटी लड़की; कन्या 2. बेटी।

बालिग (अ.) [वि.] 1. वयस्क; वय: प्राप्त 2. सयाना।

बालिश[1] (सं.) [सं-पु.] 1. बच्चों के समान व्यवहार या आचरण करने वाला व्यक्ति 2. मूर्ख व्यक्ति। [वि.] 1. नासमझ; अबोध; अज्ञानी 2. बालबुद्धि; बालमति 3. लापरवाह।

बालिश[2] (फ़ा.) [सं-पु.] 1. तकिया; सिरहाना 2. मसनद 3. बढ़ती।

बालिश्त (फ़ा.) [सं-पु.] हाथ की सब उँगलियों को फैलाने पर अँगूठे के शीर्ष से कनिष्ठिका के शीर्ष तक की दूरी; बित्ता; हाथ के पंजे के बराबर लंबाई।

बाली (सं.) [सं-पु.] (रामायण) किष्किंधा का एक प्रसिद्ध वानर राजा जिसका वध राम ने किया था; बालि। [सं-स्त्री.] 1. कान या नाक में पहना जाने वाला एक प्रकार का गोल आभूषण 2. गेहूँ, जौ आदि के पौधे पर लगने वाला अनाज के दानों का समूह या गुच्छा।

बालुका (सं.) [सं-स्त्री.] 1. बालू; रेत 2. ककड़ी 3. कपूर।

बालू [सं-पु.] रेत; बहुत महीन मिट्टी।

बालूशाही (हिं.+फ़ा.) [सं-स्त्री.] मैदे से बनाई जाने वाली एक तरह की मिठाई।

बालेंदु (सं.) [सं-पु.] शुक्ल पक्ष की द्वितीया का चाँद; दूज का चाँद।

बालेष्ट (सं.) [सं-पु.] 1. बेर का वृक्ष 2. बेर का फल।

बालोचित (सं.) [वि.] बालक की मानसिकता के अनुकूल; बच्चों के लिए उचित।

बालोपयोगी (सं.) [वि.] जो बच्चों के लिए उपयोगी हो; बच्चों के लिए लाभकारी।

बाल्यकाल (सं.) [सं-पु.] बचपन का समय; बालपन की अवधि।

बाल्यावस्था (सं.) [सं-स्त्री.] बचपन की अवस्था या युवा होने से पहले की अवस्था; छोटी या कम उम्र वाली अवस्था; लड़कपन।

बावग [सं-पु.] छींटकर बीज बोने की विधि।

बावजूद (फ़ा.) [अव्य.] इतना होते हुए भी; होने पर भी; तब भी; अतिरिक्त।

बावड़ी [सं-स्त्री.] बावली।

बावन [वि.] संख्या '52' का सूचक।

बावरची (फ़ा.) [सं-पु.] खाना पकाने वाला व्यक्ति; रसोइया।

बावरचीख़ाना (फ़ा.) [सं-पु.] खाना पकाने की जगह; पाकशाला; रसोई या रसोईघर।

बावर्ची (फ़ा.) [सं-पु.] दे. बावरची।

बावला [वि.] 1. पागल; सिर्री (पुरुष); सनकी; झक्की 2. शरीर में वायु या वात का प्रकोप उत्पन्न होने से मानसिक रूप से असंतुलित (व्यक्ति)।

बावलापन [सं-पु.] 1. पागलपन; सिर्रीपना 2. झक; सनक।

बावली [सं-स्त्री.] 1. पागल स्त्री 2. चौड़े मुँह का एक प्रकार का कुआँ, जलाशय या तालाब जिसमें पहुँचने के लिए सीढ़ियाँ बनी हों; बावड़ी 3. हज़ामत का एक प्रकार। [वि.] पगली; सिर्रिन।

बाशिंदा (फ़ा.) [सं-पु.] निवासी; रहने वाला।

बाष्कयणी (सं.) [सं-स्त्री.] बाखरी गाय; बकेनी गाय।

बास (सं.) [सं-पु.] 1. बदबू; दुर्गंध 2. निवास। [स्त्री.] 1. {ला-अ.} बहुत ही थोड़ा अंश, जैसे- उसमें भल-मनसाहत की बास तक न मिलेगी 2. एक प्रकार का अस्त्र 3. तोप के गोले के अंदर भरी हुई छुरियाँ या तेज़ धार वाले दूसरे छोटे अस्त्र।

बासंती (सं.) [सं-स्त्री.] 1. बासा; अड़ूसा 2. माधवी लता 3. जूही 4. बसंत का उत्सव। [वि.] पीले रंग का; पीला; बसंती।

बासठ [वि.] संख्या '62' का सूचक।

बासन [सं-पु.] 1. बरतन; पात्र; धातु, मिट्टी आदि से बने हुए

पात्र 2. भोजन बनाने और खाने में प्रयुक्त बरतन आदि।

बासमती [सं-पु.] 1. एक प्रकार का ख़ुशबूदार और अच्छा धान 2. उक्त धान का चावल।

बासा [सं-पु.] 1. अस्थायी निवास 2. बजला।

बासी [वि.] 1. एक या कई दिन पहले का बना हुआ खाद्य पदार्थ 2. देर का पका हुआ भोजन 3. सूखा या कुंभलाया हुआ। [मु.] **-हो जाना**; **-पड़ना** : पुराना या बेकार हो जाना।

बासूदा (सं) [सं-पु.] दे. रबड़ी।

बासौंधी [सं-स्त्री.] दूध खौलाकर बनाया जाने वाला एक प्रकार का खाद्य पदार्थ; रबड़ी; बसौंधी।

बास्केटबाल (अं.) [सं-पु.] टोकरीनुमा जाल में गेंद डालने का एक खेल।

बाह [सं-पु.] 1. खेत जोतने की क्रिया; खेत जुताई; चास 2. प्रवाह निवास 3. बाँह; बाजू।

बाहना (सं.) [क्रि-स.] 1. साफ़ करना; झाड़ना 2. कंघी करना, जैसे- बाल बाहना 2. हल आदि से खेत जोतना 3. हाँकना; फेंकना 4. धारण करना; ग्रहण करना; भोग करना 5. वहन करना; ढोना 8. {ला-अ.} गाय, भैंस आदि पशु को गाभिन कराना।

बाहर (सं.) [क्रि.वि.] 1. किसी निश्चित सीमा से परे, दूर या आगे 2. सीमा के उस पार; अलग 3. अधिकार या सीमा से परे 4. भीतर का उलटा। [मु.] **-करना** : निकालना या हटाना।

बाहर-बाहर [क्रि.वि.] कहीं और से; अन्य जगह से; भिन्न-भिन्न स्थानों से।

बाहरी [वि.] 1. बाहरवाला 2. जो अपने वर्ग, देश या समाज का न हो; परदेसी 3. गैर; पराया 4. अलग; भिन्न 5. जिसके भीतर कोई तथ्य न हो; दिखाऊ 6. किसी व्यक्ति के वातावरण से उसकी विच्छिन्नता सूचित करने वाला एक शब्द; (आउटसाइडर)।

बाहु (सं.) [सं-पु.] 1. भुजा; बाँह 2. गणित में त्रिभुज आदि की प्रत्येक रेखा।

बाहुक (सं.) [सं-पु.] 1. एक नाग 2. नकुल का एक नाम 3. राजा नल का एक नाम। [वि.] 1. अधीन; आश्रित 2. तैरने वाला।

बाहुज (सं.) [सं-पु.] 1. (जनश्रुति) वह जो बाँह से पैदा हुआ हो; क्षत्रिय 2. क्षत्रिय समाज की एक शाखा।

बाहुत्राण (सं.) [सं-पु.] 1. बाँह पर बाँधा जाने वाला चमड़े या लोहे का बख़्तर या कवच 2. युद्ध में हाथों की रक्षा के लिए पहना जाने वाला दस्ताना।

बाहुपाश (सं.) [सं-पु.] दोनों बाहों को मिलाकर बनाया गया घेरा; भुजपाश; आलिंगन करते समय बाहों की मुद्रा।

बाहुबल (सं.) [सं-पु.] 1. भुजबल; शारीरिक बल 2. पराक्रम; वीरता।

बाहुबली (सं.) [सं-पु.] 1. शक्ति और आतंक के बल पर अपनी इच्छानुसार कार्य करने या करवाने वाला व्यक्ति 2. अपराध करने वाला व्यक्ति। [वि.] 1. मज़बूत बाँहोंवाला; जिसकी भुजाएँ शक्तिशाली हों 2. पराक्रमी; वीर।

बाहुमूल (सं.) [सं-पु.] कंधे और बाँह के बीच का जोड़ या संधि।

बाहुल (सं.) [सं-पु.] 1. कार्तिक का महीना 2. अग्नि; आग 3. युद्ध के समय हाथ में पहनने का एक उपकरण; बाहुत्राण; दस्ताना।

बाहुल्य (सं.) [सं-पु.] प्रचुरता; बहुलता; अधिकता; बहुतायत; इफ़रात।

बाह्य (सं.) [वि.] बाहरी; बाहर का; किसी प्रकार के क्षेत्र, परिधि, सीमा आदि के बाहर रहने या होने वाला।

बिंडी [सं-स्त्री.] लपेटी हुई रस्सी का बंडल।

बिंदकी [सं-स्त्री.] एक शृंगार जो पैरों पर स्त्रियाँ करती हैं।

बिंदा [सं-पु.] माथे पर लगाई जाने वाली बड़े आकार की गोल बिंदी; माथे का आभूषण; बड़ी टिकुली।

बिंदास [वि.] 1. संकोच न करने वाला 2. जो पुराने रीति-रिवाज़ों तथा समाज की मान्यताओं को न मानता हो।

बिंदिया [सं-स्त्री.] बिंदी।

बिंदी (सं.) [सं-स्त्री.] 1. माथे पर लगाया जाने वाला छोटा गोल टीका; टिकुली; बिंदिया; बिंदुली 2. शून्य का सूचक चिह्न 3. अनुस्वार चिह्न; सिफ़र; बिंदु 4. कोई छोटा गोल चिह्न।

बिंदु (सं.) [सं-पु.] 1. बूँद 2. छोटा-सा धब्बा 3. किसी पदार्थ का छोटा-सा अंश।

बिंदुक (सं.) [सं-पु.] 1. पानी या किसी तरल पदार्थ की बूँद 2. बिंदी।

बिंदुकित (सं.) [वि.] जिसपर बिंदु लगे हों; बिंदु लगा हुआ।

बिंदुली [सं-स्त्री.] बिंदी; टिकुली; टीका।

बिंधना [क्रि-अ.] 1. उलझना; फँसना; अटकना 2. बींधा जाना; पिरोया जाना।

बिंब (सं.) [सं-पु.] 1. अक्स; परछाँई; (इमेज) 2. प्रतिमूर्ति 3. आभास; झलक 4. शब्द का लक्षणा या व्यंजना शक्ति से निकलने वाला अर्थ 5. सूर्य या चंद्रमा का मंडल।

बिंब-विधान (सं.) [सं-पु.] 1. लक्षणा या व्यंजना से निकलने वाले अर्थ का विधान 2. कविता में बिंबों के प्रयोग की योजना।

बिंबक (सं.) [सं-पु.] 1. चंद्रमा या सूर्य का मंडल 2. साँचा।

बिंबा (सं.) [सं-पु.] 1. कुँदरू फल 2. चंद्र या सूर्य का मंडल 3. बिंब; प्रतिच्छाया।

बिंबांकन (सं.) [सं-पु.] 1. कविता या कहानी के माध्यम से मनोभावों को बिंब के रूप में अंकित करने की क्रिया या भाव 2. छायाकृति या कल्पनाकृति की रचना 3. चित्रांकन।

बिंबात्मक (सं.) [वि.] 1. (कथा या कविता) जिसमें बिंबों का प्रयोग किया गया हो 2. चित्रात्मक 2. प्रतीकात्मक।

बिंबिका (सं.) [सं-स्त्री.] 1. कुँदरू की लता 2. सूर्य या चंद्रमा का मंडल।

बिंबित (सं.) [वि.] जिसपर बिंब या प्रतिबिंब पड़ा हो; प्रतिबिंबित।

बिंबिसार (सं.) [सं-पु.] गौतम बुद्ध के समकालीन मगध का एक प्राचीन राजा।

बिंबु (सं.) [सं-पु.] सुपारी का वृक्ष।

बिड़झैरा [सं-पु.] गहरा गड्ढा।

बिकना (सं.) [क्रि-अ.] 1. क्रय होना; मूल्य लेकर दिया जाना; बेचा जाना 2. धन आदि लेकर किसी के पक्ष में निर्णय या कार्यवाही आदि करना।

बिकनी (अं.) [सं-स्त्री.] तैरने के लिए स्त्रियों द्वारा पहनी जाने वाली चुस्त बनियाननुमा कुरती और जाँघिया।

बिकवाना [क्रि-स.] दूसरे को बेचने में प्रवृत्त करना; बिकने में सहायता करना।

बिकवाल [सं-पु.] बेचने वाला; विक्रेता; किसी चीज़ को बेचने का कारोबार करने वाला व्यक्ति।

बिकवाली [सं-स्त्री.] 1. बिक्री 2. पूँजी आधारित शेयर बाज़ार में मुनाफ़े के लिए शेयर या हिस्सेदारी बेचने की क्रिया।

बिकाऊ [वि.] 1. जिसका मूल्य लगाया जा सके; बिकने वाला 2. जो अवैध रूप से धन या रिश्वत आदि लेता हो।

बिक्री (सं.) [सं-स्त्री.] 1. बेचने की क्रिया या भाव 2. बिकने का भाव 3. वस्तु के बिकने पर प्राप्त होने वाला धन।

बिक्रीकर (सं.) [सं-पु.] वस्तुओं की बिक्री पर ग्राहकों से लिया जाने वाला राजकीय कर; (सेलटैक्स)।

बिखरना (सं.) [क्रि-अ.] 1. वस्तुओं का बेतरतीबी से इधर-उधर फैलना 2. अलग-अलग या दूर-दूर होना।

बिखरा (सं.) [वि.] अस्त-व्यस्त; इधर-उधर फैला हुआ।

बिखराना [क्रि-स.] दे. बिखेरना।

बिखराव [सं-पु.] बिखेरने की क्रिया या भाव; बिखरा होने की अवस्था; फैलाव; विस्तार।

बिखेरना [क्रि-स.] 1. वस्तुओं को किसी विशेष ढंग से इधर-उधर फैलाना; तितर-बितर करना 2. छिटकाना; फेंकना।

बिगड़ना (सं.) [क्रि-अ.] 1. ख़राब होना; विकृत होना 2. काम देने के लायक न रहना (यंत्र) 3. उपयोगिता घट जाना (वस्तु) 4. बुरी दशा में आना 5. बुराई के रास्ते पर जाना; भ्रष्ट होना 6. संबंधों में परस्पर आत्मीयता न रहना; वैमनस्य होना 7. चौपायों का क्रुद्ध होकर उपद्रव करना।

बिगड़ी [सं-स्त्री.] 1. वह बात, परिस्थिति या काम जो बिगड़ चुका हो 2. विकृत वस्तु; (आउट ऑव आर्डर)। [वि.] 1. अवनत; अशुद्ध 2. तुड़ी-मुड़ी; बेडौल 3. भ्रष्ट; दुराचारी।

बिगड़ैल [वि.] 1. क्रोधी स्वभाव वाला; बात-बात पर नाराज़ होने वाला 2. लड़ाकू 3. जो बुरी संगति में पड़ा हो; बिगड़ा हुआ।

बिगहा (सं.) [सं-पु.] बीघा (जमीन की नाप)।

बिगही [सं-स्त्री.] खेत की क्यारी।

बिगाड़ना [क्रि-स.] 1. ख़राब करना; दोषयुक्त करना 2. उपयोगिता घटाना 3. स्वाभाविक दशा से बुरी दशा में ला देना 4. दूसरे को बुराई के रास्ते पर ले जाना; भ्रष्ट करना 5. नाराज़ या क्रुद्ध करना 6. किसी यंत्र को इस तरह ख़राब कर देना कि वह काम देने के लायक न रहे 7. संबंधों में वैमनस्य उत्पन्न करना।

बिगाड़ू [वि.] 1. जो बिगाड़ता हो 2. कलहप्रिय 3. नाशकारी 4. दुश्मनी मोल लेने वाला।

बिगुल (अ.) [सं-पु.] भीड़, सैनिकों आदि को एकत्र करने के लिए बजाया जाने वाला बाजा; तुरही।

बिगोना (सं.) [क्रि-स.] 1. बिगाड़ना; ख़राब करना 2. गँवाना; व्यर्थ बिताना 3. हैरान करना; तंग करना 4. दुरुपयोग करना 5. बहकाना। [क्रि-अ.] 1. ख़राब होना 2. नष्ट होना।

बिग्गड़ [वि.] 1. शरारती; कुछ बिगाड़ करने वाला 2. मनमौजी; बदमिजाज़; स्वेच्छाचारी।

बिचकना [क्रि-अ.] 1. नाराज़ होना 2. घृणा आदि से मुँह सिकोड़ना 3. अप्रसन्नता व्यक्त करने के लिए मुँह बनाना 4. चौंकना।

बिचकनी [सं-स्त्री.] कान के बीच का भाग।

बिचकाना [क्रि-स.] 1. मुँह चिढ़ाना 2. अधिक तीखा स्वाद होने के कारण मुँह टेढ़ा-मेढ़ा बनाना 3. चेहरे पर अप्रसन्नता सूचक हाव-भाव लाना।

बिचकिल्ला [सं-पु.] निचला गड्ढा।

बिचलना [क्रि. अ.] 1. विचलित होना; इधर-उधर हटना; 2. हिम्मत हारना 3. कहकर इंकार करना; मुकरना।

बिचला [वि.] 1. बीच का; मध्य का; जो बीच में हो; मध्यम 2. जो न छोटा हो न बड़ा हो; मझला।

बिचवई [सं-पु.] 1. दलाल 2. मध्यस्थ; बीच-बचाव करने वाला; (मीडिएटर)। [सं-स्त्री.] बीच में पड़कर विवाद का निपटारा करने की क्रिया; मध्यस्थता।

बिचौंदी [सं-स्त्री.] चाक के ऊपरी धरातल के बीच का गोल गड्ढा।

बिचौलिया [सं-पु.] मध्यस्थ; सौदे आदि को पटाने में मध्यस्थता करने वाला व्यक्ति।

बिच्वी [सं-स्त्री.] धूनी।

बिच्छू (सं.) [सं-पु.] एक प्रकार का विषैला जंतु जिसके डंक मारने से भयंकर पीड़ा होती है।

बिछड़ना (सं.) [क्रि-अ.] साथ रहने वालों का परस्पर अलग होना; दूर होना; जुदा होना; साथ छूटने से अकेला रह जाना; वियोग होना, जैसे- तूफ़ान आदि में फँसने पर साथ छूट जाना।

बिछना [क्रि-अ.] 1. फैलना 2. बिखरना। [मु.] **बिछ जाना** : किसी के स्वागत में अत्यंत विनम्र हो जाना।

बिछाई [सं-स्त्री.] 1. बिछाने की क्रिया या भाव 2. बिछाने का पारिश्रमिक या मज़दूरी 3. बिछौना।

बिछाना (सं.) [क्रि-स.] 1. बिस्तर, कपड़े आदि को दूर तक ज़मीन पर फैलाना 2. दूर तक बिखेरना 3. व्यक्ति को घायल करके ज़मीन पर डाल देना।

बिछाव [सं-पु.] 1. बिछाने की क्रिया या भाव 2. बिछौना।

बिछावन [सं-पु.] वे कपड़े जो खाट पर बैठने या लेटने के लिए डालते हैं; बिछौना; बिस्तर।

बिछिया [सं-स्त्री.] सुहागिन स्त्रियों द्वारा पैरों की उँगलियों में पहना जाने वाला आभूषण।

बिछुआ [सं-पु.] 1. स्त्रियों द्वारा पैरों में अँगूठे के पास वाली उँगली में पहना जाने वाला एक प्रकार का आभूषण 2. डंक मारने वाला एक जीव; बिच्छू 3. एक तरह की छुरी या कटार।

बिछुवा [सं-स्त्री.] दे. बिछुआ।

बिछैया [सं-पु.] बिछाने का बिस्तर; कंबल।

बिछोड़ा [सं-पु.] बिछड़ने की क्रिया या भाव; वियोग; जुदाई।

बिछौतिया [सं-स्त्री.] एक प्रकार का खर-पतवार जो पोशते की फसल खा जाता है।

बिछौना [सं-पु.] 1. ज़मीन या पलंग आदि पर बिछाने का कपड़ा या दरी 2. सर्दियों में सोने-बैठने का मोटा गद्दा; (मैट्रेस) 3. बिछावन; बिस्तर।

बिजना (सं.) [सं-पु.] 1. गर्मियों में हाथ से घुमाकर हवा करने का पंखा 2. छोटा पंखा।

बिजनेस (अं.) [सं-पु.] कारोबार; काम-धंधा; व्यापार; वाणिज्य; व्यवसाय; क्रय-विक्रय।

बिजली (सं.) [सं-स्त्री.] 1. विद्युत; घर्षण, ताप और रासायनिक क्रियाओं से उत्पन्न होने वाली एक शक्ति जिससे ताप और प्रकाश उत्पन्न भी होता है 2. आकाश में सहसा उत्पन्न होने वाला वह प्रकाश जो बादलों की रगड़ से उत्पन्न होता है; आकाशीय विद्युत 3. कान में पहनने का एक प्रकार का गहना जिसमें चमकीला लटकन लगा रहता है 5. आम की गुठली के अंदर की गिरी। [वि.] {ला-अ.} 1. बहुत अधिक चमकीला 2. चंचल या चपल। [मु.] **-गिरना** : नष्ट होना।

बिजलीघर [सं-पु.] विद्युत उत्पादन, संग्रह एवं वितरित करने का स्थान या केंद्र; विद्युत-गृह; (पावरहाउस)।

बिजार [सं-पु.] 1. साँड़ 2. बैल।

बिजार कटरा [सं-पु.] जवान पाड़ा।

बिजार मानना [क्रि. स.] गर्भ धारण करना।

बिजुआ [सं-पु.] बिल्ली मूँछों वाली एक प्रकार की मछली।

बिजूका [सं-पु.] 1. पक्षियों और छोटे जंतुओं को डराने के लिए खेत में उलटी हाँडी का सिर बनाकर खड़ा किया गया पुतला 2. कृषिरक्षक पुतला 3. {ला-अ.} धोखा; भुलावा।

बिजोरा (सं.+फ़ा.) [वि.] जिसमें बल या ज़ोर न हो; दुर्बल; कमज़ोर।

बिजौरा (सं.) [सं-पु.] 1. एक तरह का नीबू 2. एक खाद्य पदार्थ जो तिल एवं दाल पीसकर बनाया जाता है। [वि.] 1. बीज बोने से उत्पन्न होने वाला; बीजू (पेड़) 2. 'कलमी' से भिन्न।

बिज्जू [सं-पु.] बिल्ली के जैसा एक जंगली जानवर; बीजू।

बिझँवारी [सं-स्त्री.] छत्तीसगढ़ में बोली जाने वाली एक उपभाषा; बोली।

बिझुकना [क्रि-अ.] 1. डरना; तनना 2. तनने के कारण टेढ़ा होना 3. भड़काना 4. बिचकना 5. चंचल होना।

बिट (अं.) [सं-स्त्री.] कंप्यूटर एवं संचार तंत्र में इनफ़ॉरमेशन डाटा (सूचना) को मापने की इकाई जो बाइनरी और डिजिट नामक दो शब्दों की संक्षिप्ति से बनी है।

बिटिया [सं-स्त्री.] 1. लड़की 2. बेटी; पुत्री।

बिठाना [क्रि-स.] बैठाना।

बिठुई [सं-पु.] बैठने का साधन; धान की पुआल से बनी गद्दी।

बिठोवा [सं-पु.] विष्णु देवता का एक नाम; महाराष्ट्र में प्रचलित एक देवता।

बिडरना (सं.) [क्रि-अ.] 1. बिखराना; अलग-अलग होना 2. बिदकना या बिचकना (पशुओं आदि का) 3. नष्ट होना।

बिडराना (सं.) [क्रि-स.] 1. अलग-अलग करना; बिखराना 2. भगाना; निकालना।

बिड़ारना [क्रि-स.] 1. भगाना 2. बाहर करना; निकालना 3. दूर-दूर कर देना 4. विपक्षी दल को डराकर भगा देना।

बिड़ाल [सं-पु.] आँख का गोलक।

बिड़ालिका (सं.) [सं-स्त्री.] 1. हरताल 2. बिल्ली।

बिताना (सं.) [क्रि-स.] व्यतीत करना; गुज़ारना (समय, अवधि)। [क्रि-अ.] बीतना।

बित्ता [सं-पु.] 1. व्यक्ति के हाथ के अँगूठे और छोटी उँगली या कनिष्ठा के सिरों के बीच की दूरी 2. उक्त दूरी की माप। [मु.] **बित्ते भर का** : छोटा-सा।

बिथरना (सं.) [क्रि-अ.] 1. बिखरना 2. छिटककर इधर-उधर फैलना 3. अलग-अलग होना; बिछड़ना 4. खिलना 5. नष्ट-भ्रष्ट या छिन्न-भिन्न होना। [क्रि-स.] 1. बिखराना 2. (बीज आदि) खेत में बोना।

बिथारना [क्रि-स.] 1. बिखेरना 2. छितराना; छिटकाना 3. बिखेरना; बोना।

बिदकना [क्रि-अ.] 1. भड़कना 2. कुछ डरते हुए पीछे हटना 3. घायल होना 4. फटना; चिरना।

बिदकाना (सं.) [क्रि-स.] 1. डराकर पीछे हटाना; भड़काना 2. चौंकाना 3. चीरना; फाड़ना 4. घायल करना।

बिदेसिया [सं-पु.] 1. एक भोजपुरी लोकगींत जिसके प्रत्येक चरण के अंत में 'बिदेसिया' शब्द आता है 2. भिखारी ठाकुर विरचित एक नाटक।

बिन[1] [क्रि.वि.] बिना; सिवा; बजाय; बगैर।

बिन[2] (अ.) [सं-पु.] बेटा; पुत्र।

बिनन [सं-स्त्री.] 1. बिनने या चुनने की क्रिया या ढंग; चुनन 2. किसी चीज़ को बीनने पर निकलने वाला कूड़ा 3. बुने हुए होने की अवस्था; बुनावट।

बिनना (सं.) [क्रि-स.] 1. छोटी-छोटी चीज़ों को एक-एक करके उठाना; बीनना 2. चुनना; छाँटना 3. डंक मारना।

बिनवाना [क्रि-स.] 1. किसी दूसरे को बीनने या छाँटने के काम में प्रवृत्त करना; चुनवाना 2. सिलाई आदि की सहायता से धागे से कपड़ा बनाना; बुनवाना।

बिना[1] (सं.) [अव्य.] बगैर; न होने पर; के अभाव में; न रहे या न होने की दशा में।

बिना[2] (अ.) [सं-स्त्री.] 1. बुनियाद; नींव; आधार 2. सबब; कारण।

बिनाई[1] [सं-स्त्री.] 1. चुनने या बीनने का क्रिया या भाव 2. बीनने की पारिश्रमिक 3. बुनाई।

बिनाई[2] (अ.) [सं-स्त्री.] आँखों की रोशनी; दृष्टि क्षमता।

बिनावन [सं-स्त्री.] 1. वह फालतू कूड़ा जो अनाज बीनने पर निकलता है 2. बुनावट।

बिनौला [सं-पु.] कपास का बीज।

बिफरना (सं.) [क्रि-अ.] भड़कना; क्रुद्ध होना; नाराज़ होना; लड़ाई-झगड़े के लिए उद्यत होना।

बिमोटा [सं-पु.] टीले के आकार का दीमक के रहने का स्थान; बिमौरा; बाँबी।

बिमौठ [सं-पु.] बाँबी; बाल्मीक।

बियाड़ [सं-पु.] एक खेत जिसमें पहले बीज बोए जाते हैं और छोटे-छोटे पौधे हो जाने पर वहाँ से उखाड़कर दूसरे खेत में रोपे जाते हैं (जैसे- धान)।

बियाबान (फ़ा.) [सं-पु.] 1. जंगल; वन 2. उजाड़ जगह; सुनसान मैदान।

बियारी [सं-स्त्री.] संध्या के समय किया जाने वाला भोजन; ब्यालू।

बियारू [सं-स्त्री.] ब्यालू।

बियावर [सं-स्त्री.] मादा जीव या पशु जो ब्याने या बच्चा देने वाली हो; गाभिन मादा पशु।

बिर [सं-स्त्री.] 1.पनखरी 2. वीर।

बिरंगा (सं.) [वि.] 1. कई रंगों वाला; जिसके कई रंग हों, जैसे- रंग-बिरंगा 2. बेरंग; वर्णहीन।

बिरंज (फ़ा.) [सं-पु.] 1. चावल 2. पका हुआ चावल; भात 3. पीतल।

बिरनियाई [सं-स्त्री.] पाले से मारी गई फसल; बैठी।

बिरयानी (फ़ा.) [सं-स्त्री.] एक प्रकार का नमकीन पुलाव जिसमें गोश्त या सब्ज़ियाँ मिला दी जाती हैं।

बिरला (सं.) [वि.] 1. इक्का-दुक्का 2. अनेक या बहुतों में से ऐसा ही कोई जिसमें किसी विशिष्ट काम को करने का सामर्थ्य तथा साहस होता है 3. जो सब जगह या अधिकता से नहीं बल्कि कभी-कभी और कहीं-कहीं दिखाई देता या मिलता हो; दुर्लभ।

बिरवा (सं.) [सं-पु.] 1. वृक्ष; पेड़ 2. पौधा 3. चना; बूट।

बिरसा [सं-पु.] लौकी आदि बेलों में लगने वाला एक रोग।

बिरह [सं-पु.] वियोग; विछोह; प्रेमी या प्रेमिका के अलग-अलग होने पर अकलेपन की स्थिति; विरह।

बिरहा (सं.) [सं-पु.] भोजपुरी बोली का एक लोकगीत या लोकछंद।

बिरादर (फ़ा.) [सं-पु.] 1. भाई; भ्राता; बंधु 2. रिश्तेदार; नातेदार 3. सजातीय 4. बिरादरी का व्यक्ति।

बिरादरी (फ़ा.) [सं-स्त्री.] 1. एक जाति या समुदाय वाले लोग 2. रिश्तेदारी 3. भाई-बंधु 4. जाति; सजाति 5. गोत्र 6. ऐसे लोगों का वर्ग जिनमें परस्पर बंधुत्वपूर्ण व्यवहार हो।

बिराना (सं.) [क्रि-स.] हँसी उड़ाने के लिए किसी की चेष्टा आदि का अनुकरण करना [वि.] पराया।

बिल[1] (सं.) [सं-पु.] ज़मीन में तल से नीचे की ओर गया हुआ वह रेखाकार मार्ग या ख़ाली स्थान जिसे कीड़े-मकोड़े, चूहों आदि ने अपने रहने के लिए बनाया होता है; जीव-जंतुओं के रहने की तंग छोटी जगह; विवर।

बिल[2] (अं.) [सं-पु.] 1. वह कागज़ जिसमें किसी मद में धन का भुगतान करने का विवरण या निवेदन हो, जैसे- बिजली का बिल 2. बेचे या ख़रीदे गए सामान का मसौदा या पुरज़ा 3. रसीद; जावकपत्र; (रिसिप्ट) 4. विधि या कानून का मसौदा जो स्वीकृति या संशोधन-परिवर्तन के लिए संसद में प्रस्तुत किया जाता है; विधेयक।

बिलइया [सं-पु.] किवाड़ बंद करने के लिए उसमें काठ से निर्मित एक तरकीब; किल्ली।

बिलकुल (अ.) [क्रि.वि.] 1. पूर्णतः; एकदम 2. निरा; निपट 3. नितांत; सर्वथा 4. सर्व; समस्त।

बिलखना (सं.) [क्रि-अ.] बहुत रोना; विलाप करना दुखी होना।

बिलटी (अं.) [सं-स्त्री.] रेल द्वारा भेजे जाने वाले सामान या माल की रसीद जिसे प्रस्तुत करने पर वह सामान मिलता है; जावकपत्र।

बिलनी [सं-स्त्री.] 1. दीवारों या दरवाज़े आदि पर मिट्टी की छोटी-सी बाँबी बनाने वाली काली भौंरी 2. एक प्रकार का कीट; भृंगी 3. पलक पर निकलने वाली फुंसी; गुहेरी।

बिलबिलाना [सं-पु.] 1. बिलखना; विकल होकर बे-सिर पैर की बातें करना; प्रलाप करना 2. छोटे कीड़ों का कुलबुलाना।

बिलल्ला [वि.] 1. जिसे किसी बात का शऊर या तमीज़ न हो; मूर्ख; अनाड़ी 2. काम बिगाड़ू; नौसिखिया 3. निकम्मा; आलसी।

बिलहरा [सं-पु.] दे. पनडब्बा। [सं-स्त्री.] बिलहरी।

बिला (अ.) [पूर्वप्रत्य.] बिना, बगैर, रहित, सिवा जैसे- बिलानागा, बिलाशक आदि।

बिलाना (सं.) [क्रि-अ.] 1. विलीन होना; अदृश्य हो जाना; लुप्त होना 2. छिप जाना; खो जाना 3. बरबाद या नष्ट हो जाना।

बिलाव [सं-पु.] मार्जार; बिल्ला; बिलार; विडाल।

बिलावल [सं-पु.] (संगीत) रात के पहले पहर में गाया जाने वाला एक राग।

बिलियन (अं.) [सं-पु.] संख्या 1000000000 का सूचक शब्द; एक अरब की संख्या। [वि.] जो संख्या में एक अरब हो।

बिलियर्ड (अं.) [सं-पु.] गेंदों को एक छड़ी के द्वारा समतल मेज़ के कोने में बने गड्ढ़ों में गिराकर खेला जाने वाला एक खेल।

बिलैना [सं-पु.] बैलों के गले में फोड़ा।

बिलैया [सं-स्त्री.] 1. बिल्ली; मार्जारी 2. लकड़ी या काठ की सिटकिनी 3. कद्दूकश 4. कुँए में गिरे हुए सामान को निकालने के लिए बनाया गया लोहे का काँटा।

बिलैया दंडवत [सं-स्त्री.] 1. दिखावटी नम्रता के साथ किया जाने वाला नमस्कार 2. दिखावटी विनय।

बिलैया भगत [सं-पु.] जो दूसरों को दिखाने के लिए सज्जन या भला बना हो लेकिन जिसका अंतर्मन कलुषित हो; दुष्ट व्यक्ति।

बिलोड़ना [क्रि-स.] 1. दूध आदि मथना; बिलोना 2. उड़ेलना; डालना 3. गड्ड-मड्ड करना; अस्त-व्यस्त करना।

बिल्डर (अं.) [सं-पु.] मकान, दुकान आदि बनाकर या बनवाकर बेचने वाला व्यक्ति।

बिल्ला (सं.) [सं-पु.] 1. नर बिल्ली 2. पद या संस्था-विशेष की पहचान बताने वाली कपड़े आदि की चौड़ी पट्टी; (बैज)।

बिल्ली (सं.) [सं-स्त्री.] 1. शेर, चीते आदि की जाति का परंतु उनसे छोटा एक प्रसिद्ध पशु जो प्राय: घरों में पाला जाता है 2. दरवाज़े में ऊपर या नीचे लगाने की एक प्रकार की सिटकनी; बिलैया।

बिल्लौर (फ़ा.) [सं-पु.] 1. एक तरह का चमकदार और पारदर्शी सफ़ेद पत्थर 2. बहुत स्वच्छ शीशा।

बिल्लौरी [सं-स्त्री.] सबजा घोड़ा जिसकी पसमी अधिक नीली होती हैं। [वि.] 1. बिल्लौर का बना हुआ 2. बिल्लौर के समान स्वच्छ।

बिवछना [क्रि-अ.] 1. विरोधी होना 2. उलझना; अटकना; फंसना; बिबछना।

बिवाई (सं.) [सं-स्त्री.] पाँव की चमड़ी का फटना; बेवाई; पैर की एड़ियों में दरारें पड़ना।

बिवोगनी [सं-स्त्री.] विरहिणी; बियोगिनी।

बिसरना (सं.) [क्रि-अ.] भूल जाना; विस्मरण होना।

बिसराना [क्रि-स.] भुलाना; भुला देना; विस्मृत करना।

बिसूरी [सं-स्त्री.] मछली पकड़ने का एक तिकोना जाल; बिसार; बिसरी।

बिसात (अ.) [सं-स्त्री.] 1. हैसियत; सामर्थ्य 2. शतरंज या चौपड़ खेलने के लिए बिछा ख़ानेदार कपड़ा 3. जमा-पूँजी।

बिसातख़ाना (अ.+फ़ा.) [सं-पु.] 1. बिसाती के यहाँ मिलने वाला दैनिक ज़रूरतों का सामान; बिसाती की दुकान 2. साबुन, तेल, कैंची, धागा तथा खिलौने आदि वस्तुएँ मिलने का स्थान; (जनरल स्टोर)।

बिसाती (अ.) [सं-पु.] वह जो कपड़ा या चटाई पर सामान फैलाकर बेचता हो; सुई, धागा, चूड़ी आदि बेचने वाला व्यक्ति।

बिसाना (सं.) [क्रि-अ.] 1. किसी पर वश चलना; काबू होना 2. निर्वाह करना 3. विष या ज़हर का असर होना; ज़हर भरना 4. सौदा करना। [क्रि-स.] 1. विषैला करना 2. मोल लेना।

बिसायँध (सं.) [वि.] सड़ी मछली की-सी गंधवाला; दुर्गंधवाला। [सं-स्त्री.] दुर्गंध; मांस-मछली की गंध।

बिसारना [क्रि-स.] भुलाना; विस्मृत करना।

बिसाहना [क्रि-स.] 1. मोल लेना या ख़रीदना 2. कोई विपत्ति या संकट अपने ऊपर लेना; झंझट पीछे लगाना। [सं-पु.] 1. बिसाहने की क्रिया या भाव 2. मोल लेना 3. सौदा।

बिसाहनी [सं-स्त्री.] 1. ख़रीदने-बेचने का काम; व्यापार 2. वह वस्तु जो मोल ली गई हो; ख़रीदी जाने वाली चीज़; सौदा।

बिसी [सं-स्त्री.] भेड़-बकरियों के मुँह में होने वाला एक रोग।

बिसुकी [सं-स्त्री.] दुधारू पशु का दूध देना बंद करना। (क्रि. अ.) बिसुकना।

बिसुनी (सं.) [सं-स्त्री.] एक प्रकार की लता; अमरबेल।

बिसूरना (सं.) [क्रि-अ.] 1. खेद करना 2. दुख होने पर धीरे-धीरे सिसकते रहना [सं-पु.] 1. बिसूरने की क्रिया या भाव 2. चिंता; फ़िक्र।

बिसैंधा [वि.] जिसमें दुर्गंध आती हो; बिसायँधयुक्त; सड़े मांस या मछली की गंधवाला।

बिसैना [सं-पु.] माँस-मछली बनाने के लिए रसोई में काम आने वाले बर्तन।

बिस्कुट (अं.) [सं-पु.] 1. आटे से बनी मीठी टिकिया 2. आरारोट आदि की विशेष रीति से बनी मीठी या नमकीन टिकिया।

बिस्तर (फ़ा.) [सं-पु.] शय्या; बिछौना; बिछावन।

बिस्तरबंद (फ़ा.) [सं-पु.] यात्रा के वक्त बिस्तर बाँधकर ले जाया जाने वाला मोटे कपड़े या कैनवस आदि का बना एक प्रकार का थैला।

बिस्तुइया [सं-स्त्री.] रेंगने वाला एक जंतु; छिपकली; गृहगोधा; गोधिका।

बिस्मिल्लाह (अ.) [सं-पु.] 1. कुरान की एक आयत 'बिस्मिल्लाह अर-रहमान अर-रहीम' का संक्षिप्त रूप जिसका अर्थ है- उस अल्लाह के नाम पर (शुरू करता हूँ) जो दयालु और करुणामय है 2. किसी काम को शुरू करते समय कहा जाने वाला वाक्य 3. किसी कार्य या बात का प्रारंभ। [अव्य.] ईश्वर या अल्लाह के नाम से।

बिस्वा [सं-पु.] क्षेत्रफल मापने की एक इकाई; ज़मीन की एक नाप जो एक बीघे के बीसवें भाग के बराबर होती है।

बिस्वांसी [सं-स्त्री.] भूमि की माप में एक बिस्वे का बीसवाँ भाग।

बिस्वादार (हिं.+फ़ा.) [सं-पु.] 1. पट्टेदार; हिस्सेदार 2. मध्यकाल में किसी बड़े ज़मींदार के अधीन रहने वाला छोटा ज़मींदार।

बिहारी [सं-पु.] 1. हिंदी के एक रीतिकालीन कवि 2. बिहार राज्य में रहने वाला व्यक्ति या बिहार का निवासी 3. भ्रमण करने वाला व्यक्ति। [वि.] बिहार संबंधी; बिहार का।

बी (तु.) [सं-स्त्री.] 1. बहन के लिए प्रयोग किया जाने वाला संबोधन 2. किसी के नाम के बाद प्रयोग किया जाने वाला शब्द, जैसे- ज़ाहिदा बी 3. प्रतिष्ठित महिला।

बींधना (सं.) [क्रि-स.] 1. छेदना; बेधना; ऊपर से छेद करके अंदर गड़ाना 2. फँसाना; उलझाना। [क्रि-अ.] 1. वेधित होना; छिदना 2. फँसना; उलझना।

बीएड (अं.) [सं-स्त्री.] विद्यालयों में पढ़ाने के लिए अध्यापक के रूप में प्रशिक्षित होने की परीक्षा तथा उपाधि; (बैचलर ऑव एजुकेशन)।

बीकर (अं.) [सं-पु.] गिलासनुमा चौड़े मुँहवाला और बिना हत्थे वाला पात्र जिसे प्रायोगिक कार्य में उपयोग में लाया जाता है; मिट्टी या धातु से बने ऐसे पात्र कई पुरातात्विक संस्कृतियों में मिले हैं।

बीघा [सं-पु.] ज़मीन नापने की इकाई; बीस बिस्वे का रकबा।

बीच (सं.) [सं-पु.] 1. मध्य; दरमियान 2. केंद्र 3. किसी वस्तु या क्षेत्र का भीतरी या मध्य भाग 4. अवसर; मौका; अवकाश; अंतराल। [मु.] **-में कूदना** : बेकार हस्तक्षेप करना।

बीच-बचाव [सं-पु.] परस्पर लड़ने-झगड़ने वालों के बीच जाकर दोनों पक्षों के हितों का ध्यान करते हुए झगड़ा शांत कराने की क्रिया; मध्यस्थता; पंचाट; बिचवई।

बीच-बाज़ार [सं-पु.] खुल्लमखुल्ला; खुलेआम; डंके की चोट पर।

बीचोबीच [क्रि.वि.] नितांत मध्य में; बिलकुल बीच में।

बीज (सं.) [सं-पु.] 1. वह दाना जिसमें पौधा बनने की शक्ति हो 2. प्रधान कारण; मूल प्रकृति 3. जड़ी 4. कारण 5. वीर्य; शुक्र 6. (साहित्य) कथावस्तु का मूल। [मु.] **-बोना** : आरंभ या सूत्रपात करना।

बीजक (सं.) [सं-पु.] 1. सूची; सारिणी 2. कबीरदास, दरियादास आदि संतों के प्रामाणिक पदों या वाणियों का संग्रह 3. अनाजों, फलों आदि का बीज 4. (जनश्रुति) वह संकेत-पत्र या सूची जो गुप्त धन की जानकारी देता है 5. भेजी गई वस्तुओं तथा कीमतों की सूची; चालान।

बीजकोष (सं.) [सं-पु.] वनस्पति का वह भाग जिसमें बीज या दाना रहता है; बीजाधार।

बीजखाद [सं-पु.] पुराने समय में ज़मींदारों-साहूकारों द्वारा किसानों को बीज और खाद ख़रीदने के लिए दिया जाने वाला पैसा; किसानों को बीजखाद के लिए दी जाने वाली रकम।

बीजगणित (सं.) [सं-पु.] गणित का वह भेद जिसमें अक्षरों को संख्याओं का द्योतक मानकर निश्चित युक्ति के द्वारा अज्ञात संख्या ज्ञात की जाती है।

बीजत्व (सं.) [सं-पु.] बीज होने की अवस्था या भाव; बीजपन।

बीजपूर (सं.) [सं-पु.] बड़ा बिजौरा नीबू; चकोतरा।

बीजमंत्र (सं.) [सं-पु.] 1. वह आधारतत्व या सिद्धांत जिससे कोई कार्य शीघ्रता से पूरा हो जाता हो; गुर; तरकीब 2. किसी देवता की उपासना का मूलमंत्र 3. गुरुमंत्र।

बीजवपन (सं.) [सं-पु.] 1. बीज बोने की क्रिया 2. खेत 3. {ला-अ.} किसी कार्य या रचना का आरंभ।

बीजशोधक [सं-पु.] बीज में मिलाया जाने वाला कीटनाशक रसायन।

बीजा (सं.) [वि.] दूसरा; दूजा।

बीजांकुर (सं.) [सं-पु.] बीज से निकलने वाला अंकुर; वह दाना या गुठली जिससे पेड़-पौधे का अंकुर उगे।

बीजांकुरण (सं.) [सं-पु.] बीज के अंकुरित होने की अवस्था; अंकुरण; बीज के रूप में निकलना।

बीजांड (सं.) [सं-पु.] 1. भ्रूण का मूल रूप 2. बीज का आरंभिक या मूल रूप।

बीजाक्षर (सं.) [सं-पु.] 1. प्रथमाक्षरी नाम; (एक्रोनिम), जैसे- यूनेस्को 2. (तंत्र आदि में) किसी बीजमंत्र का पहला अक्षर।

बीजाणु (सं.) [सं-पु.] (वनस्पतिशास्त्र) पुष्पहीन जाति के पौधों के बीजकोश में पायी जाने वाली अलिंगी-जनन कोशिकाएँ।

बीजारोपण (सं.) [सं-पु.] 1. जन्म होना 2. किसी बीज को अंकुरण हेतु भूमि में डालना; खेत में बीज बोना।

बीजी (सं.) [सं-स्त्री.] 1. किसी फल या बीज के अंदर की गिरी, जैसे- ख़रबूज़े की बीजी 2. छोटा बीज; मींगी 3. गुठली। [वि.] 1. जो बीज से युक्त हो 2. जिसमें बीज हों 3. बीज से संबंधित; बीज वाला। [सं-पु.] पिता; बाप।

बीजू [वि.] 1. बीज से उत्पन्न पौधा 2. गैर-कलमी वृक्ष का फल।

बीझी [सं-पु.] गिड़ारों द्वारा नष्ट की गई फसल।

बीट (अं.) [सं-स्त्री.] 1. तुच्छ वस्तु 2. चिड़िया का मल; पक्षियों की विष्ठा 3. (पत्रकारिता) किसी क्षेत्र विशेष से संवाददाता का समाचार एकत्र करना।

बीटी (अं.) [वि.] 1. जैवतकनीकी रूप से रूपांतरित किया हुआ; (बायोजेनेटिकली मॉडिफ़ाइड), जैसे- बीटी बैगन 2. जीन संरचना या जीनोम में परिवर्तन करके बनाया गया (फल, वनस्पति आदि)।

बीड (अं.) [सं-स्त्री.] लकड़ी के सामान और फर्नीचर आदि में लगाई जाने वाली लकड़ी की पतली और संकरी पट्टी; लकड़ी की नक्काशीदार पट्टी; माला की मनका।

बीड़ (सं.) [सं-स्त्री.] एक के ऊपर एक गुल्ली की आकृति में रखे हुए सिक्के।

बीड़ा (सं.) [सं-पु.] 1. ज़िम्मेदारी; भार 2. किसी बहुत कठिन काम करने के लिए किया गया सार्वजनिक संकल्प 3. खीली; पान की गिलौरी 4. गाने-बजाने वाले दलों आदि को किसी अवसर के लिए दिया जाने वाला धन 5. म्यान के मुँह पर बँधी डोरी। [मु.] **-उठाना** : अपने ऊपर मुश्किल काम का भार लेना।

बीडिंग (अं.) [सं-स्त्री.] 1. फर्नीचर या दरवाजों-खिड़कियों की लकड़ी पर सुंदरता के लिए लगाई जाने वाली लकड़ी की नक्काशीदार पट्टी 2. प्लाईवुड की लंबी पट्टी।

बीड़ी [सं-स्त्री.] 1. तेंदू के पत्ते से बनी सिगरेट जैसी वस्तु; धूम्रपान करने का पदार्थ 2. दाँत और होंठ रंगने का मंजन 3. तंबाकू 4. स्त्रियों का एक आभूषण जो चूड़ी की तरह होता है।

बीतना (सं.) [क्रि-अ.] 1. किसी बात या घटना का भूतकालीन हो जाना; गुज़र जाना 2. किसी बात या काम का अंत हो जाना 3. समय या वक्त व्यतीत होना; कटना 4. {ला-अ.} किसी घटना, बात आदि का परिणाम सहन किया जाना।

बीदर (सं.) [सं-पु.] 1. ताँबे और जस्ते की एक मिश्र धातु 2. उक्त धातु से बने बरतन 3. विदर्भ क्षेत्र या बरार (महाराष्ट्र) में एक स्थान।

बीन[1] (सं.) [सं-स्त्री.] 1. प्रायः सपेरों द्वारा मुँह से फूँककर बजाई जाने वाली तुमड़ी; बाँसुरी 2. सितार की तरह का प्रसिद्ध वाद्य यंत्र; वीणा 3. बीन के बजने से होने वाली आवाज़।

बीन[2] (फ़ा.) [परप्रत्य.] एक प्रत्यय जो शब्दों के अंत में जुड़कर निम्न अर्थ देता है- 1. देखने वाला, जैसे- तमाशबीन 2. दिखाने वाला, जैसे- दूरबीन।

बीनकार [सं-पु.] 1. बीन बजाने वाला व्यक्ति 2. वह जो वीणा बजाने में कुशल हो।

बीनना (सं.) [क्रि-स.] 1. छोटी-छोटी वस्तुओं को उठाना; चुनना 2. छाँटना 3. बुनना।

बीबी (फ़ा.) [सं-स्त्री.] 1. क्षेत्र विशेष में ननद को दिया गया संबोधन 2. स्त्रियों के लिए प्रयुक्त एक सम्मानपूर्ण संबोधन 3. फ़ातिमा; प्रतिष्ठित महिला 4. अविवाहित कन्या के लिए संबोधन।

बीम[1] (फ़ा.) [सं-पु.] 1. डर; भय 2. जोख़िम; (रिस्क)।

बीम[2] (अं.) [सं-पु.] 1. लकड़ी या धातु का मज़बूत लट्ठा; शहतीर; कड़ी; धरन; आड़ा 2. प्रकाश किरणों का पुंज; प्रकाशरेखा, जैसे- लेज़र बीम 3. जहाज़ का मस्तूल।

बीमा (फ़ा.) [सं-पु.] 1. ज़मानत; ठेका; क्षतिपूर्ति की ज़िम्मेदारी लेना 2. वह पत्र जिसमें किस्तों में कुछ निश्चित धन लेते हुए जान या माल की हानि होने पर अधिक रकम देने की ज़िम्मेदारी का आश्वासन हो।

बीमादार (फ़ा.) [सं-पु.] वह जो बीमा कराता है; बीमा करने वाला व्यक्ति; (पॉलिसी होल्डर)।

बीमापत्र (फ़ा.+सं.) [सं-पु.] वह कागज़ जिसमें बीमे से संबंधित सब बातें और शर्तें लिखी होती हैं; (पॉलिसी)।

बीमार (फ़ा.) [सं-पु.] 1. रोगी व्यक्ति; मरीज़ 2. {ला-अ.} ऐसा व्यक्ति जो अक्सर अपने उग्र स्वभाव के कारण मानसिक रूप से अस्वस्थ और दुखी रहता हो। [वि.] रोगी।

बीमारी (फ़ा.) [सं-स्त्री.] 1. रोग; मर्ज़ 2. झंझट का काम 3. {ला-अ.} बुरी आदत; लत।

बीमित [वि.] जिसका बीमा हुआ हो; जिसका बीमा किया गया हो; (इंश्योर्ड)।

बीया [सं-पु.] 1. बीज; बिया 2. दाना।

बीयामिलौनी [सं-स्त्री.] बीज रोपने की एक क्रिया।

बीर (सं.) [सं-पु.] भाई; बंधु; भ्राता। [सं-स्त्री.] 1. पत्नी 2. सखी; सहेली 3. कान का गहना; बीरी; तरना 4. चरागाह में पशुओं को चरने के एवज़ में लिया जाने वाला शुल्क। [वि.] बहादुर; साहसी।

बीरन (सं.) [सं-पु.] भाई; वीर।

बीरबानी [सं-स्त्री.] 1. स्त्री; औरत 2. पत्नी; बहू।

बीरी [सं-स्त्री.] मुट्ठी के रूप में बनी मिठाई।

बील (सं.) [वि.] खोखला; पोला। [सं-पु.] वह नीची ज़मीन जहाँ पानी जमा हो जाता है।

बीवी (फ़ा.) [सं-स्त्री.] पत्नी; भार्या; जीवनसंगिनी।

बीस [वि.] संख्या '20' का सूचक।

बीस बिस्वे [क्रि.वि.] 1. जहाँ तक संभव है 2. निश्चित रूप से; पूरी तरह से; अवश्य; निस्संदेह; शत-प्रतिशत।

बीसी [सं-स्त्री.] 1. बीस का समूह; कौड़ी 2. भूमि की एक माप 3. साठ संवत्सरों के तीन विभागों में से कोई विभाग 4. बीस बीघे के हिसाब से लगने वाला लगान 5. तौलने का काँटा; तुला।

बीह [सं-स्त्री.] दो पौधों के बीच की खाली जगह। [सं-पु.] अमरूद।

बीहड़ (सं.) [सं-पु.] 1. ऊँची-नीची भूमि 2. घना जंगल। [वि.] 1. विषम; ऊँचा-नीचा; ऊबड़-खाबड़ 2. विभक्त; जुदा 3. विकट; बहुत कठिन।

बीहर (सं.) [वि.] पृथक; अलग; भिन्न।

बुँदका (सं.) [सं-पु.] 1. माथे का बड़ा गोल टीका; बूँदा 2. कोई बड़ा और गोल धब्बा।

बुँदिया [सं-स्त्री.] 1. छोटी बूँद 2. बूँदों या दानों के रूप में बनाई जाने वाली एक मिठाई या पकवान जिसके लिए बेसन को घोलकर छनने से कढ़ाई में बूँदों की तरह डालकर तला जाता है; बूँदी; गुलदाना।

बुँदेली [सं-स्त्री.] बुंदेलखंड में बोली जाने वाली हिंदी की एक उपभाषा; पश्चिमी हिंदी की एक बोली।

बुँदोरी [सं-स्त्री.] बूँदी की मिठाई; गुलदाना।

बुंदकी [सं-स्त्री.] 1. कान का आभूषण; (टॉप्स) 2. छोटी बिंदी 3. किसी चीज़ पर बना हुआ छोटा गोल चिह्न।

बुंदा (सं.) [सं-पु.] 1. कान में पहनने का लटकने वाला गहना; लोलक 2. माथे की गोल बिंदी; टिकुली 3. टिकुली के आकार का गोदना।

बुंदेलखंडी [सं-पु.] बुंदेलखंड में रहने वाला व्यक्ति; बुंदेलखंड का निवासी। [सं-स्त्री.] बुंदेलखंड में बोली जाने वाली भाषा; बुंदेली। [वि.] बुंदेलखंड का; बुंदेलखंड संबंधी।

बुआ [सं-स्त्री.] 1. पिता की बहन 2. बड़ी बहन (बड़ी बहन को मुस्लिम लोग बुआ या फूफी कहते हैं)।

बुआई [सं-स्त्री.] 1.खेत में बीज रोपने या फैलाने का कार्य 2. बीज बोने का पारिश्रमिक।

बुआना [क्रि-स.] बोने का काम दूसरे से कराना।

बुक-पोस्ट (अं.) [सं-पु.] डाक द्वारा पुस्तकें-पत्रिकाएँ आदि कहीं भेजने की प्रणाली।

बुकचा (तु.) [सं-पु.] 1. कपड़े की गठरी 2. बंडल; गठरी; बुगचा।

बुकना [क्रि-अ.] पीसा या बूका जाना; चूर्ण होना।

बुकनी [सं-स्त्री.] 1. महीन पीसा हुआ पदार्थ; चूर्ण 2. चूर्ण के समान रंग।

बुकलेट (अं.) [सं-स्त्री.] पुस्तिका।

बुकार [सं-पु.] वह बालू जो बरसात के बाद नदी अपने तट पर छोड़ जाती हो और जिसमें अन्न आदि बोया जा सकता हो; भाट।

बुकिंग (अं.) [सं-पु.] भुगतान या दावेदारी सुनिश्चित करना, जैसे- टिकट की बुकिंग, रसोई गैस की बुकिंग आदि।

बुक्कल [सं-स्त्री.] ठंड के मौसम में चादर या कंबल आदि को लपेटकर ओढ़ने का ढंग।

बुक्का[1] (सं.) [सं-स्त्री.] 1. हृदय 2. रक्त; ख़ून; लहू 3. गुरदे या कलेजे का मांस 4. फूँककर बजाया जाने वाला एक बाजा 5. बकरी।

बुक्का[2] (सं.) [सं-पु.] 1. पीसा हुआ चूर्ण 2. अभ्रक का चूर्ण।

बुक्कायँध [सं-पु.] धूप न निकलने पर कीचड़ से निकलने वाली एक प्रकार की गंध।

बुख़ार (फ़ा.) [सं-पु.] 1. ज्वर की बीमारी; शरीर का तापमान बढ़ने की अवस्था 2. {ला-अ.} किसी बात या कार्य के प्रति अतिशय लगाव।

बुख़ारी [सं-स्त्री.] दीवार में बनाई हुई अँगीठी; बखार।

बुग [सं-पु.] मच्छर (बुंदेलखंड)।

बुगदर [सं-पु.] मच्छर।

बुची [सं-स्त्री.] वह भेड़ जिसके कान बाहर निकले हुए न हों बल्कि जिसके कान के स्थान पर केवल छोटा सा छेद हो;

गुजरी।

बुज़ (फ़ा.) [सं-स्त्री.] 1. बकरी 2. बूचड़। [वि.] डरपोक।

बुज़दिल (फ़ा.) [वि.] कायर; डरपोक; भीरु।

बुज़दिली (फ़ा.) [सं-स्त्री.] कायरता; भीरुता।

बुज़ुर्ग (फ़ा.) [सं-पु.] 1. वृद्ध और पूज्य व्यक्ति; माननीय व्यक्ति 2. बाप-दादा 3. पुरखा; पूर्वज 4. गुरुजन 5. संत; महात्मा। [वि.] 1. जिसकी अवस्था अधिक हो गयी हो; बड़ा 2. वृद्ध; बूढ़ा 3. आदरणीय।

बुज़ुर्गवार (फ़ा.) [सं-पु.] पूर्वज; पुरखा। [वि.] 1. वृद्ध 2. पूज्य; माननीय; आदरणीय।

बुज़ुर्गी (फ़ा.) [सं-स्त्री.] 1. बुज़ुर्ग होने की अवस्था या भाव; वृद्धावस्था; वयोवृद्धता 2. बड़प्पन।

बुझना (सं.) [क्रि-अ.] 1. आग, दीपक आदि का जलकर बंद हो जाना 2. शांत होना (प्यास) 3. बुझाया जाना 4. जलती वस्तु का ठंडा होना 5. मन का उदास या उत्साहरहित होना।

बुझाना [क्रि-स.] 1. तपी हुई चीज़ को ठंडा करना 2. ऐसी क्रिया करना जिससे आग अथवा किसी जलते हुए पदार्थ का जलना बंद हो जाए 3. {ला-अ.} बोध या ज्ञान कराना; समझाना; समझाकर तृप्त या संतुष्ट करना 4. सांत्वना देना।

बुझौअल [सं-स्त्री.] 1. पूछी जाने वाली कोई पेचीदा या रहस्यपूर्ण बात; पहेली 2. {ला-अ.} आसानी से समझ में न आने वाली बात।

बुझौवल [सं-स्त्री.] दे. बुझौअल।

बुड़बुड़ाना [क्रि-अ.] मंद स्वर में अनाप-शनाप बकना; मन में कुढ़कर कुछ बड़बड़ाना; धीरे-धीरे गुस्सा जताना।

बुड्ढा (सं.) [सं-पु.] वृद्ध या बूढ़ा व्यक्ति। [वि.] जो प्रौढ़ावस्था पार कर चुका हो; जिसकी अवस्था साठ वर्ष से अधिक हो; वृद्ध।

बुढ़ऊ [सं-पु.] 1. बूढ़ा आदमी; बुज़ुर्गवार 2. वृद्ध पिता या दादा। [वि.] बूढ़ा।

बुढ़भस [सं-स्त्री.] 1. बुढ़ापे में जवानी की उमंग 2. किसी वृद्ध द्वारा की जाने वाली जवान पुरुषों की हिर्स या अनुकरण 3. बूढ़े द्वारा की जाने वाली बक-बक।

बुढ़ाना [क्रि-अ.] वृद्ध होना; वृद्धावस्था को प्राप्त होना।

बुढ़ापा [सं-पु.] वृद्ध होने की अवस्था या भाव; वृद्धावस्था; वयोवृद्धता।

बुढ़िया (सं.) [सं-स्त्री.] अधिक उम्र की महिला; वृद्धा; बूढ़ी औरत।

बुढ़ौती [सं-स्त्री.] बूढ़े होने की अवस्था या भाव; वृद्धावस्था; बुढ़ापा।

बुत (फ़ा.) [सं-पु.] 1. मूर्ति; प्रतिमा; प्रतिकृति 2. वह मूर्ति जिसकी पूजा होती है; देवमूर्ति 3. {ला-अ.} नायिका; प्रेमिका (गीत या ग़ज़ल आदि में प्रयुक्त)। [वि.] 1. मूर्ति की तरह मौन और निश्चल 2. मूर्ख 3. नशे में लिप्त।

बुतख़ाना (फ़ा.) [सं-पु.] 1. वह स्थान जहाँ पूजा के लिए मूर्तियाँ रखी हों 2. देवालय; मंदिर 3. प्रेमिका के रहने का स्थान (ग़ज़ल आदि में प्रयुक्त)।

बुततराश (फ़ा.) [सं-पु.] मूर्तियाँ बनाने वाला व्यक्ति; मूर्तिकार।

बुतना [क्रि-अ.] बुझना; शांत होना।

बुतपरस्त (फ़ा.) [सं-पु.] मूर्ति की पूजा या आराधना करने वाला व्यक्ति; मूर्तिपूजक।

बुतपरस्ती (फ़ा.) [सं-स्त्री.] मूर्तियों को पूजने की क्रिया; मूर्तिपूजा।

बुतशिकन (फ़ा.) [सं-पु.] 1. मूर्तियों को तोड़ने वाला मूर्तिभंजक 2. मूर्तिपूजा का विरोधी।

बुताना [क्रि-स.] 1. बुझाना 2. शांत करना।

बुताम (पु.) [सं-पु.] 1. कपड़ों में लगाने का बटन 2. घुंडी।

बुदकाना [क्रि-अ.] बुद-बुद करना; उबलना।

बुदबुद (सं.) [सं-पु.] 1. बुलबुलों के फटने की आवाज़ 2. पानी का बुलबुला; बुल्ला 3. उबाल 4. बड़-बड़।

बुदबुदाना [क्रि-अ.] 1. मन ही मन या मंद आवाज़ में इस प्रकार बोलना कि कोई और स्पष्ट न सुन सके; बड़बड़ाना; कुड़मुड़ाना 2. किसी तरल पदार्थ में उठने वाला बुलबुला।

बुदबुदाहट [सं-स्त्री.] 1. बुदबुदाने की क्रिया 2. बुदबुद शब्द 3. अस्फुट वाणी।

बुद्धू (सं.) [सं-पु.] बौद्ध धर्म के संस्थापक; शाक्यवंशीय राजा शुद्धोदन के पुत्र और बौद्ध धर्म के प्रवर्तक सिद्धार्थ गौतम। [वि.] 1. जगा हुआ 2. विकसित 3. ज्ञानी; पंडित।

बुद्धत्व (सं.) [सं-पु.] बुद्ध होने की अवस्था या भाव।

बुद्धि (सं.) [सं-स्त्री.] 1. सोचने-समझने और निश्चय करने की मानसिक शक्ति 2. मेधा; प्रज्ञा 3. अक्ल; मति 4. स्मृति 5. विवेक।

बुद्धिजीवी (सं.) [वि.] 1. बुद्धि से जीविका कमाने वाला 2. दिमागी काम करने वाला, जैसे- लेखक, चिकित्सक, प्राध्यापक आदि।

बुद्धिभ्रंश (सं.) [सं-पु.] एक मानसिक रोग जिसमें बुद्धि ठीक तरह से काम नहीं करती है; पागलपन; मनोभ्रंश; (डिमेंशिया)।

बुद्धिमत्ता (सं.) [सं-स्त्री.] 1. समझदारी; अक्लमंदी 2. बुद्धिमान होने का भाव।

बुद्धिमान (सं.) [सं-पु.] 1. बुद्धिमान व्यक्ति। [वि.] 1. जो समझदार हो; अक्लमंद 2. चतुर।

बुद्धिमानी (सं.) [सं-स्त्री.] दे. बुद्धिमत्ता।

बुद्धिवंत [वि.] 1. जिसमें बहुत बुद्धि हो; बुद्धिमान 2. समझदार; अक्लमंद।

बुद्धिवाद (सं.) [सं-पु.] 1. जहाँ बुद्धि को प्राथमिकता दी जाए 2. वह दार्शनिक मत या सिद्धांत जो यह मानता है कि मनुष्य को समस्त ज्ञान बुद्धि द्वारा ही प्राप्त होता है 3. प्रज्ञावाद; तर्कवाद 4. चमत्कारों की तर्कसंगत व्याख्या करने की प्रवृत्ति।

बुद्धिसंगत (सं.) [वि.] 1. विचारपूर्ण; तर्कसंगत; विज्ञानसंगत 2. उचित; ठीक।

बुद्धहीन (सं.) [वि.] जिसमें सोचने-समझने और निर्णय लेने की शक्ति न हो; निर्बुद्धि।

बुद्धू [वि.] मूर्ख; गँवार; निर्बुद्धि; जो बुद्धि से काम न लेता हो।

बुध (सं.) [सं-पु.] सौरमंडल में सूर्य के समीप स्थित एक छोटा ग्रह; (मरकरी)।

बुधवार (सं.) [सं-पु.] मंगलवार और गुरुवार के बीच का दिन; सप्ताह का तीसरा दिन; सात वारों में से एक वार।

बुनकर [सं-पु.] कपड़ा बुनने वाला कारीगर; जुलाहा।

बुनकरी [सं-स्त्री.] वस्त्र बुनने का कार्य; बुनाई; जुलाहे का काम।

बुनना [क्रि-स.] 1. धागे से कपड़ा बनाना 2. सिलाई आदि के द्वारा कपड़े का रूप देना, जैसे- स्वेटर आदि 3. हाथ या यंत्र से कुछ सूतों को ऊपर और कुछ को नीचे से निकालकर कोई चीज़ बनाना 4. कुरसी आदि की खाली जगह बुनावट के द्वारा भरना।

बुनवाना [क्रि-स.] बुनने में प्रवृत्त करना; बुनने का काम कराना।

बुनाई [सं-स्त्री.] 1. बुनने की क्रिया या भाव 2. बुनने का तरीका या ढंग (ऊनी कपड़ा) 3. बुनने का पारिश्रमिक।

बुनावट [सं-स्त्री.] बुनाई; सूतों, धागों, तारों आदि की बुनाई का ढंग; ताने-बाने का घना-झीना होना।

बुनिया [सं-स्त्री.] बूँदी।

बुनियाद (फ़ा.) [सं-स्त्री.] 1. नींव; आधार 2. जड़; मूल 3. आरंभ 4. असलियत; वास्तविकता।

बुनियादी (फ़ा.) [वि.] 1. आधारस्वरूप 2. जड़ से संबंध रखने वाला 3. बिलकुल प्रारंभिक 4. नींव या बुनियाद के रूप में होने वाला।

बुभुक्षा (सं.) [सं-स्त्री.] खाने की इच्छा; भूख; क्षुधा।

बुभुक्षित (सं.) [वि.] भूखा; क्षुधित; जिसे भूख लगी हो।

बुभुक्षु (सं.) [वि.] भूखा; क्षुधित; खाने की इच्छा करने वाला।

बुभुत्सा (सं.) [सं-स्त्री.] जानने की प्रबल इच्छा; जिज्ञासा; आतुरता।

बुरकना [क्रि-स.] बारीक पिसी हुई चीज़ को किसी के ऊपर छिड़कना; भुरभुराना।

बुरका (अ.) [सं-पु.] एक पहनावा जिससे मुसलमान औरतें अपना पूरा शरीर ढक लेती हैं; नकाब; खेड़ी।

बुरकापोश (अ.+फ़ा.) [वि.] नकाब पहने हुए या परदा किए हुए; जो बुरका पहनती हो; बुरकाधारी।

बुरकी [सं-स्त्री.] 1. निवाला; कौर 2. (अंधविश्वास) मंत्र-तंत्र आदि के समय प्रयुक्त की जाने वाली धूल या राख 3. उक्त की सहायता से किया जाने वाला जादू-टोना।

बुरा (सं.) [सं-पु.] बुराई; हानि; अनिष्ट। [वि.] 1. ख़राब; निकृष्ट 2. जिसमें कोई स्वभावजन्य दोष हो 3. जो बहुत अधिक कष्ट या दुर्दशा में हो 4. जिसमें उग्रता, कठोरता आदि ऋणात्मक गुण बहुत अधिक हों 5. अमंगलकारक; अशुभ 6. खोटा; कुचाली। [मु.] **-फँसना** : किसी समस्या में बुरी तरह उलझना। **-मानना** : अनुचित समझना; नाराज़ होना।

बुरा-भला [वि.] 1. अपशब्द; गाली-गलौज 2. हानि-लाभ; उत्थान-पतन 3. अपमान; डाँट। [मु.] **-कहना** : उचित-अनुचित कह देना। **-सोचना** : उचित-अनुचित का विचार करना।

बुराई [सं-स्त्री.] 1. बुरा होने का भाव 2. अपकार 3. खोटाई; दुष्टता 4. वह तत्व जिसके फलस्वरूप किसी को बुरा कहा जाता है 5. अनुचित या निंदनीय व्यवहार अथवा आचरण 6. बदगोई; दुश्मनी।

बुरादा (फ़ा.) [सं-पु.] 1. किसी पदार्थ का पिसा हुआ अंश जैसे- लकड़ी, कोयले आदि का चूरा 2. आरे से लकड़ी चीरने पर उसमें निकलने वाला आटे की तरह का महीन अंश।

बुरी बला [सं-स्त्री.] कष्ट या मुसीबत पैदा करने वाली चीज़; हानि करने वाली वस्तु या व्यक्ति; मुसीबत; परेशानी; विपदा; आफ़त।

बुरुजखाव [सं-पु.] बढ़ई का एक औज़ार।

बुरुल [सं-पु.] एक तरह का बड़ा पेड़।

बुर्का (अ.) [सं-पु.] दे. बुरका।

बुर्ज (अ.) [सं-पु.] 1. किला; मीनार 2. गुंबद; मंडप 3. राशिचक्र का बारहवाँ अंश 4. (ज्योतिष) राशि; घर 5. कलश।

बुर्जी (अ.) [सं-स्त्री.] छोटा बुर्ज; छोटा गुंबद।

बुर्जुआ (फ़ा.) [सं-स्त्री.] 1. वह रूढ़िवादी मध्यमवर्ग या समुदाय जिसकी सामाजिक और आर्थिक मान्यताएँ वस्तु और पूँजी केंद्रित होती हैं तथा जो निम्नवर्ग की उपेक्षा और शोषण करता है 2. अच्छा वेतन पाने वाला पूँजीवादी मध्यमवर्ग 3. मध्यमवर्ग या मध्यमवर्ग का व्यक्ति। [वि.] 1. पूँजीवाद का समर्थक 2. रूढ़िवादी; परंपराबद्ध।

बुर्द (फ़ा.) [सं-स्त्री.] 1. मुफ़्त में मिलने वाली रकम; ऊपरी लाभ या नफ़ा 2. बाज़ी; शर्त 3. प्रतियोगिता; होड़ 4. रिश्वत या नज़राने के रूप में मिली हुई वस्तु 5. शतरंज के खेल में बादशाह के अकेले रह जाने की स्थिति। [वि.] 1. डूबा हुआ 2. नष्टप्राय:; बरबाद; चौपट।

बुर्दबार (फ़ा.) [वि.] 1. सहनशील; सुशील; शांतिप्रिय 2. गंभीर।

बुर्दबारी (फ़ा.) [सं-स्त्री.] 1. सहनशील होने की अवस्था 2. गंभीरता।

बुर्राक (फ़ा.) [वि.] 1. जो बहुत ही स्वच्छ हो 2. चमकीला; चमकदार 3. सफ़ेद; धवल 4. बहुत ही तीव्र गतिवाला 5. चालाक; चतुर।

बुलंद (फ़ा.) [वि.] 1. ऊँचा; जिसकी ऊँचाई बहुत अधिक हो; उत्तुंग 2. भारी-भरकम 3. बहुत अधिक बढ़ा-चढ़ा; उन्नत।

बुलंदी (फ़ा.) [सं-स्त्री.] 1. ऊँचाई; बुलंद होने की अवस्था या भाव; उत्कर्ष 2. {ला-अ.} श्रेष्ठता; चरम सफलता।

बुलबुल (फ़ा.) [सं-स्त्री.] एक प्रकार की काली छोटी चिड़िया जिसकी बोली बहुत मधुर होती है।

बुलबुला (सं.) [सं-पु.] 1. किसी तरल पदार्थ या पानी की बूँद का वह खोखला और फूला हुआ रूप जो उसे अंदर हवा भर जाने के कारण प्राप्त होता है; पानी का बुल्ला; बुदबुदा 2. {ला-अ.} क्षणभंगुर वस्तु।

बुलवाना [क्रि-स.] बुलाने का काम करना; किसी को बोलने में प्रवृत्त करना; किसी को किसी के द्वारा बुलवाना; मिलने के लिए आने का संदेश देना।

बुलाक (तु.) [सं-पु.] 1. नाक की हड्डी 2. नाक में पहनी जाने

वाली नथ 3. वह मोती जो नथ में लटकाया जाता है।

बुलाना [क्रि-स.] 1. किसी को पास आने के लिए आवाज़ देना; पुकारना 2. किसी को बोलने में प्रवृत्त करना 3. किसी से कुछ कहना या कहलाना।

बुलावा [सं-पु.] आमंत्रित करने या बुलाने का भाव; आमंत्रण; आवाहन; न्योता।

बुलाहट [सं-स्त्री.] बुलावा; किसी को कहीं बुलाने के लिए भेजी जाने वाली आज्ञा या संदेश।

बुलेटिन (अं.) [सं-पु.] (पत्रकारिता) सूचनापत्र, अंक, संस्थानों द्वारा समय-समय पर जारी की गई अधिकृत सूचनाएँ; विज्ञप्ति।

बुवाई [सं-स्त्री.] दे. बुआई।

बुशर्ट (अं.) [सं-स्त्री.] एक प्रकार की कमीज़ जिसमें सामने का भाग खुला हुआ और बटनदार होता है; शरीर के ऊपरी भाग को ढकने का पाश्चात्य शैली का आवरण।

बुसना [क्रि-अ.] 1. खाद्य पदार्थ का बासी हो जाना 2. खाने-पीने के पदार्थों से बदबू आना गंधाना; सड़ना।

बुसी [सं-स्त्री.] 1. बासी 2. खाने की वस्तु जो ख़राब हो चुकी हो 3. सूखी।

बुहारना (सं.) [क्रि-स.] 1. झाड़ू लगाना; झाड़ू से जगह साफ़ करना 2. {ला-अ.} अवांछित तत्वों को दूर करना या बाहर निकालना।

बुहारी (सं.) [सं-स्त्री.] झाड़ू; बढ़नी।

बू (फ़ा.) [सं-स्त्री.] 1. गंध; बास; महक 2. {ला-अ.} ठसक; आन-बान; ढंग।

बू-बास (फ़ा.+हिं.) [सं-स्त्री.] 1. गंध; महक 2. किसी परंपरा का शेष अंश 3. सुराग; निशान।

बूँद (सं.) [सं-स्त्री.] 1. जल आदि का एक बिंदु या कतरा 2. बहुत छोटी बूटियों का एक कपड़ा।

बूँदा [सं-पु.] कान या नाक में पहना जाने वाला सुराहीदार मोती।

बूँदा-बाँदी [सं-स्त्री.] हलकी या थोड़ी वर्षा; फुहार।

बूँदी [सं-स्त्री.] बेसन से बनाई जाने वाली एक मिठाई; बुँदिया।

बूंदीदार [वि.] 1. बूँदों की आकृतिवाला 2. जिसमें छोटी-छोटी बिंदिया बनी या लगी हों।

बूआ [सं-स्त्री.] दे. बुआ।

बूक [सं-पु.] 1. चंगुल; बुकट्टा; बकोटा 2. पहाड़ों पर होने वाला माजूफल की तरह का एक वृक्ष।

बूगा [सं-पु.] भूसा।

बूचड़ (अं.) [सं-पु.] 1. कसाई; वधिक 2. मांस विक्रेता।

बूचड़ख़ाना (अं.+फ़ा.) [सं-पु.] वह स्थान जहाँ कसाई गोश्त के लिए पशुओं का वध किया करते हैं; वधशाला; कसाईख़ाना।

बूचा (सं.) [वि.] 1. जिसके कान न हो; कनकटा 2. जो अंग कट जाने के कारण कुछ कुरूप हो गया हो 3. किसी चीज़ की कमी में अशोभनीय लगने वाला, जैसे- कंगन रहित कलाई 4. नंगा; नग्न।

बूझ (सं.) [सं-स्त्री.] 1. बूझने की क्रिया या भाव 2. समझने की क्षमता; समझ; बुद्धि; अक्ल 3. अंतर्बोध; अनुमान; बोध 4. पहेली; बुझौवल।

बूझना (सं.) [क्रि-स.] 1. पूछना; प्रश्न या सवाल करना 2. जानना; समझना 3. पहेली आदि का उत्तर पूछना।

बूट[1] (सं.) [सं-पु.] 1. चने का हरा पौधा 2. चने का हरा दाना।

बूट[2] (अं.) [सं-पु.] मोटे तल्ले का जूता।

बूटा (सं.) [सं-पु.] 1. पौधा 2. कपड़ों, दीवारों आदि पर फूल-पत्तियों या पेड़-पौधों का चित्रण 3. एक पहाड़ी पौधा।

बूटी [सं-स्त्री.] 1. वनौषधि; आयुर्वेदिक औषधि 2. भाँग 3. छोटे फूलों के से वे चिह्न जो किसी चीज़ पर बने होते हैं; छोटा बूटा।

बूटेदार (हिं.+फ़ा.) [वि.] बेल-बूटे या छींट से युक्त (कपड़ा या अन्य वस्तु)।

बूढ़ा (सं.) [वि.] वृद्ध; जो बुढ़ापे की अवस्था में हो।

बूढ़ी [सं-स्त्री.] बीर बहूटी।

बूता [सं-पु.] बल; सामर्थ्य; किसी काम को करने की शक्ति।

बूथड़ी [सं-स्त्री.] 1. रूप; आकृति 2. चेहरा सूरत; शक्ल।

बूना [सं-पु.] चिनार नामक पेड़।

बूबू [सं-स्त्री.] 1. बड़ी-बूढ़ी महिलाओं के लिए प्रयुक्त किया जाने वाला संबोधन 2. बड़ी बहन।

बूम[1] (फ़ा.) [सं-स्त्री.] 1. उल्लू 2. बंजरभूमि।

बूम[2] (अं.) [सं-पु.] 1. तेज़ी से आगे बढ़ने की क्रिया या भाव 2. उत्थान 3. गर्जना; गूँज 4. अचानक होने वाली तेज़ी।

बूर [सं-पु.] 1. पश्चिमी भारत में होने वाली एक प्रकार की घास जिसके खाने से गौओं, भैसों आदि का दूध और अन्य पशुओं का बल बहुत बढ़ जाता है; खोई 2. पशुओं के खाने हेतु कटा हुआ चारा 3. निक्कमी, फालतू या रद्दी चीज 4. कुछ विशिष्ट प्रकार के कपड़ों के ऊपर निकले हुए रोएँ 5. एक प्रकार की मिठाई, जो अन्न के छिलके या भूसी (चोकर आदि) से बनाई जाती है। [सं-स्त्री.] बुर; भग; योनि।

बूरा [सं-पु.] 1. शक्कर का चूरा 2. भूरे रंग की कच्ची चीनी 3. चूर्ण; बुकनी 4. महीन चूर्ण 5. एक प्रकार की साफ़ की हुई बढ़िया चीनी।

बृहस्पति (सं.) [सं-पु.] 1. सौर मंडल का पाँचवाँ और सबसे बड़ा ग्रह; (जुपिटर) 2. (पुराण) एक देवता जो देवताओं के गुरु कहे गए हैं।

बे[1] [सर्व.] एक तिरस्कारपूर्ण संबोधन; अबे; अरे।

बे[2] (फ़ा.) [पूर्वप्रत्य.] रहित; हीन; बिना; बगैर, जैसे- बेमज़ा, बेनाम, बेदम आदि।

बेंग (सं.) [सं-पु.] मेंढक; दादुर।

बेंच (अं.) [सं-स्त्री.] 1. बैठने का छोटा तख़्त; पीढ़ा 2. न्यायपीठ; न्यायाधीश 3. किसी कार्य के लिए नियुक्त अधिकारियों का दल; पैनल; (बोर्ड) 4. न्यायाधीश समुदाय।

बेंट [सं-स्त्री.] 1. उपकरणों या औज़ारों में लगी हुई लकड़ी की मूठ 2. दस्ता; बेंठ।

बेंड (अं.) [सं-पु.] 1. मोड़; झुकाव 2. पट्टी 3. बल।

बेंड़ [सं-पु.] 1. किसी वस्तु को गिरने से रोकने के लिए नीचे लगाया जाने वाला सहारा; टेक; चाँड़ 2. भेड़ों के झुंड में मादा भेड़ों से बच्चा पैदा करने वाला भेंड़ा 3. पड़ाव।

बेंड़ा (सं.) [वि.] 1. तिरछा; आड़ा 2. कठिन।

बेंत (सं.) [सं-पु.] 1. छड़ी 2. एक मोटी लता जिससे फ़र्नीचर, टोकरियाँ, डंडा, झाड़ू आदि बनाए जाते हैं 3. खजूर, ताड़ आदि की जाति की एक प्रसिद्ध लता जो पूर्वी एशिया और उसके आस-पास के टापुओं में जलाशयों के पास अधिकता से होती है।

बेंत (सं.) [सं-पु.] 1. छड़ी 2. एक मोटी लता जिससे फ़र्नीचर, टोकरियाँ, डंडा, झाड़ू आदि बनाए जाते हैं 3. खजूर, ताड़ आदि की जाति की एक प्रसिद्ध लता जो पूर्वी एशिया और उसके आस-पास के टापुओं में जलाशयों के पास अधिकता से होती है।

बेंतसाज (हिं.+फ़ा.) [सं-पु.] बेंत से कुरसियाँ, टोकरियाँ आदि बनाने वाला; बेंत का कारीगर।

बेंती [सं-स्त्री.] अरहर या इसी तरह के दूसरे पौधों को ऐंठकर बनाई गई रस्सी।

बेंदा (सं.) [सं-पु.] 1. माथे पर लगाने की गोल बिंदी; माँग टीका 2. बड़ी गोल टिकली; चकती 3. चंदन का टीका; तिलक 4. माथे का गहना।

बेंदी (सं.) [सं-स्त्री.] 1. बिंदी; टिकली 2. माथे पर पहनने का एक गहना 3. शून्य; सिफ़र।

बेंब [सं-पु.] एक लकड़ी जिससे ताने का सूत कड़ा किया जाता है।

बेअंत [वि.] 1. जिसका अंत न हो 2. अगणनीय; अगाध 3. अथाह; अनंत; बेहद।

बेअंदाज़ (फ़ा.) [वि.] जिसका अनुमान न लगाया जा सके।

बेअदब (फ़ा.+अ.) [वि.] बड़ों का आदर न करने वाला; जो विनम्र न हो; अशिष्ट; धृष्ट; गुस्ताख़।

बेअदबी (फ़ा.+अ.) [सं-स्त्री.] अनादर; अशिष्टता; धृष्टता; गुस्ताख़ी; बदतमीज़ी; असभ्यता; बदतहज़ीबी; उद्दंडता; उजड्डपन।

बेअसर (फ़ा.) [वि.] जिसपर किसी बात का कोई प्रभाव या असर न हो।

बेआब (फ़ा.+अ.) [वि.] 1. बिना पानी का 2. जिसमें आब या चमक न हो 3. जिसकी कोई प्रतिष्ठा या इज़्ज़त न हो।

बेआबरू (फ़ा.) [वि.] जिसकी कोई प्रतिष्ठा न हो; बेइज़्ज़त; अपमानित; तिरस्कृत।

बेआलू [सं-पु.] शाम का भोजन।

बेइंतिहा (फ़ा.+अ.) [वि.] 1. जिसकी इंतहा या हद न हो 2. बेहद; बेहिसाब; असीम।

बेइंसाफ़ी (फ़ा.) [सं-स्त्री.] 1. नाइंसाफ़ी 2. अन्याय; अत्याचार; ज़ुल्म।

बेइज़्ज़त (फ़ा.+अ.) [वि.] 1. जिसकी कोई प्रतिष्ठा न हो 2. अपमानित; ज़लील; तिरस्कृत।

बेइज़्ज़ती (फ़ा.+अ.) [सं-स्त्री.] अपमान; तिरस्कार; निंदा।

बेइरादा (फ़ा.+अ.) [सं-पु.] बिना सोचे हुए; बिना कोई विचार किए; बेमन से।

बेईमान (फ़ा.+अ.) [वि.] 1. जिसका ईमान स्थिर न हो; जो ईमान या धर्म का विचार न करे (धर्म, मानवता आदि के अर्थ में) अधर्मी 2. छल-कपट या और किसी प्रकार का अनाचार करने वाला।

बेईमानी (फ़ा.+अ.) [सं-स्त्री.] बुरे इरादे से किया जाने वाला कोई काम; बदनीयती।

बेउसूल (फ़ा.+अ.) [वि.] जिसका कोई नियम न हो; अनियमित; जो नियम विरुद्ध हो; सिद्धांतहीन। [क्रि.वि.] बिना किसी सिद्धांत के।

बेएतबार (फ़ा.+अ.) [वि.] जिसपर विश्वास न किया जा सके; अविश्वसनीय।

बेऔलाद (फ़ा.+अ.) [वि.] जिसकी कोई संतान न हो; निस्संतान।

बेकदर (फ़ा.+अ.) [वि.] 1. जिसकी कोई कदर या पूछ न हो; तुच्छ 2. किसी की कदर या आदर न करने वाला; अनादर करने वाला।

बेकद्री (फ़ा.+अ.) [सं-स्त्री.] 1. अनादर; अपमान 2. प्रतिष्ठाहीनता।

बेकरार (फ़ा.+अ.) [वि.] बेचैन; व्याकुल; विकल; जिसे करार या चैन न हो; जिसके मन में शांति न हो।

बेकरारी (फ़ा.) [सं-स्त्री.] बेचैनी; व्याकुलता; विकलता; अति उत्सुकता।

बेकरी (अं.) [सं-स्त्री.] वह स्थान जहाँ पावरोटी, बिस्कुट आदि का व्यावसायिक उत्पादन और विक्रय होता है; डबलरोटी, बिस्कुट आदि बनाने का कारख़ाना; रोटीघर।

बेकल (सं.) [वि.] बेचैन; व्याकुल; जो बहुत उत्कंठित हो।

बेकली [सं-स्त्री.] 1. बेकल या बेचैन होने की अवस्था; घबराहट; व्याकुलता 2. एक रोग जिसमें गर्भाशय अपने स्थान से कुछ हट जाता है।

बेकस (फ़ा.) [वि.] 1. वह जिसका कोई सहारा न हो; असहाय 2. पीड़ित; दुखी 3. विवश; दीनहीन 4. कष्टग्रस्त।

बेकसी (फ़ा.) [सं-स्त्री.] 1. बेबसी; मज़बूरी; विवशता 2. दुख; कष्ट; तकलीफ़।

बेकसूर (फ़ा.+अ.) [वि.] जो अपराधी न हो; निर्दोष; जिसने जुर्म न किया हो।

बेकाबू (फ़ा.) [वि.] 1. जो नियंत्रण या काबू में न हो 2. जिसपर नियंत्रण न हो; अनियंत्रित 3. निरंकुश।

बेकाम (फ़ा.+हिं.) [वि.] 1. जिसके पास कोई काम न हो; निकम्मा; निठल्ला 2. बेरोज़गार 3. बेकार; रद्दी। [क्रि.वि.] व्यर्थ; निरर्थक।

बेकायदा (फ़ा.+अ.) [वि.] 1. नियम या कायदे के विरुद्ध; न्यायविरुद्ध 2. अनियमित; नियमरहित 3. अवैध; क्रमहीन।

बेकार (फ़ा.) [वि.] 1. व्यर्थ; निरर्थक 2. निकम्मा; निठल्ला 3. बेरोज़गार। [क्रि.वि.] बिना किसी अर्थ या प्रयोजन के; निरुद्देश्य।

बेकारी (फ़ा.) [सं-स्त्री.] 1. वह अवस्था या स्थिति जिसमें कुछ व्यक्तियों के हाथ में जीविका निर्वाह के लिए कोई काम-धंधा नहीं होता; बेरोज़गारी 2. निकम्मापन; निठल्लापन 3. व्यर्थता; निरर्थकता।

बेकिंग पावडर (अं.) [सं-पु.] मैदे आदि खाद्य पदार्थ में ख़मीर उठाने के लिए प्रयोग किया जाने वाला चूर्ण या पाउडर।

बेकुसूर (फ़ा.+अ.) [वि.] दे. बेकसूर।

बेख़ (फ़ा.) [सं-स्त्री.] मूल; जड़; नीव; उद्‌गम।

बेखटक [क्रि.वि.] 1. बिना रोक-टोक के 2. निंभीक होकर 3. बिना किसी असमंजस के; निस्संकोच।

बेख़बर (फ़ा.+अ.) [वि.] 1. जिसे कोई ख़बर या जानकारी न हो; अनजान; अनभिज्ञ 2. जिसे होश न हो; बेसुध 3. जो ज्ञात या जाना हुआ न हो 4. बेहोश। [क्रि.वि.] 1. बिना ख़बर के 2. बेसुधी में।

बेख़बरी (फ़ा.+अ.) [सं-स्त्री.] 1. बेख़बर या बेसुध होने की अवस्था या भाव 2. अज्ञानता 3. लापरवाही।

बेख़ुद (फ़ा.) [वि.] 1. जो आपे में न हो; अपनी सुध-बुध न रखने वाला 2. नशे में चूर; मदहोश 3. बेहोश; अचेत।

बेख़ुदी (फ़ा.+अ.) [सं-स्त्री.] 1. बेसुधी; अचैतन्य; बेख़बरी 2. बेख़ुद होने की अवस्था या भाव 3. अपने आपे में न रहना।

बेखोट (फ़ा.+हिं.) [वि.] 1. शुद्ध; खरा 2. सच्चा; निर्मल 3. अनिंदनीय।

बेखौफ़ (फ़ा.+अ.) [वि.] 1. निडर; निर्भय 2. जिसे ख़ौफ़ या भय न हो। [क्रि.वि.] बिना डरे; निर्भय होकर।

बेग (तु.) [सं-पु.] 1. सरदार; नेता; सामंत 2. धनवान; अमीर 3. मुगलों के नाम के साथ लगाया जाने वाला अल्ल या शब्द ('खाँ' का समानार्थी शब्द)।

बेगड़ी [सं-पु.] 1. रत्नों या नगीनों को काट-छाँटकर तराशने, सुडौल बनाने वाला कारीगर 2. रत्नों या गहनों की जाँच करने वाला व्यक्ति; जौहरी 3. हीरा काटने वाला कारीगर; हीरातराश।

बेगम (तु.) [सं-स्त्री.] 1. पत्नी; बीवी 2. कुलीन महिला; ख़ातून; बानो 3. नवाब, बादशाह आदि की बीवी; रानी 4. ताश का एक पत्ता जिसपर रानी का चित्र बना रहता है।

बेगमाती [सं-स्त्री.] देसी बँगला पान; पान का एक किस्म।

बेगरज़ (फ़ा.+अ.) [वि.] किसी की परवाह न करने वाला; बेपरवाह। [क्रि.वि.] 1. बिना किसी प्रयोजन से; बिना किसी मतलब से; बेमतलब 2. बिना किसी स्वार्थ से।

बेगानगी (फ़ा.) [सं-स्त्री.] गैर या पराया होने की अवस्था या भाव; बेगानापन; परायापन।

बेगाना (फ़ा.) [वि.] 1. गैर; पराया; दूसरा 2. जो अपना न हो 3. जिससे आत्मीयतापूर्ण व्यवहार या संबंध न हो 4. जो किसी बात से अनजान हो; नवाकिफ़।

बेगार (फ़ा.) [सं-स्त्री.] 1. बिना पारिश्रमिक के किया जाने वाला कार्य 2. बेमन से किया गया काम।

बेगारी (फ़ा.) [सं-पु.] 1. वह व्यक्ति जिससे मुफ़्त में और ज़बरदस्ती काम लिया जाए 2. बेगार में काम करने वाला मज़दूर।

बेगुनाह (फ़ा.) [वि.] 1. निर्दोष; जिसने कोई गुनाह न किया हो 2. जिसने कोई अनाचार, पाप या अपराध न किया हो।

बेगैरत (फ़ा.+अ.) [वि.] निर्लज्ज; बेहया; बेशर्म।

बेघर (फ़ा.+हिं.) [वि.] बिना घर का; जिसका घर न हो; गृहविहीन।

बेचना (सं.) [क्रि-स.] 1. विक्रय करना 2. किसी वस्तु को मूल्य लेकर देना।

बेचारगी (फ़ा.) [सं-स्त्री.] 1. विवशता; बेचारापन 2. लाचारी 4. जिसका वश न चले 5. संबलरहित; दीन 6. कंगाली; गरीब; निर्धनता।

बेचारा (फ़ा.) [सं-स्त्री.] असहाय; कमज़ोर; दुर्बल; निराश्रय। [वि.] गरीब; रहित; दीन।

बेचूक (फ़ा.+हिं.) [क्रि.वि.] बिना चूके; अचूक। [वि.] 1. लक्ष्यवेधी; सटीक 2. अवश्यमेव; सफलताप्रद।

बेचैन (फ़ा.) [वि.] व्याकुल; जिसे चैन न मिलता हो।

बेचैनी (फ़ा.) [सं-स्त्री.] 1. विकलता; व्याकुलता; बेकली 2. घबराहट।

बेजड़ (फ़ा.+हिं.) [वि.] 1. जिसकी कोई जड़ या बुनियाद न हो 2. जिसके मूल में कोई सार या तत्व न हो।

बेज़बान (फ़ा.) [वि.] 1. गूँगा; मूक 2. {ला-अ.} जो किसी बात का विरोध या प्रतिक्रिया न करके चुपचाप उसे सह लेता हो।

बेज़रूरी (फ़ा.) [वि.] जो ज़रूरी न हो; अनावश्यक; फालतू।

बेजा (फ़ा.) [वि.] 1. जो उचित या संगत न हो; नामुनासिब 2. गलत; अनुचित; बुरा; आपत्तिजनक।

बेजान (फ़ा.) [वि.] 1. निर्जीव; निष्प्राण 2. पस्त 3. मरा हुआ; मृत।

बेज़ार (फ़ा.) [वि.] 1. नाराज़; नाख़ुश; अप्रसन्न 2. विमुख 3. अरुचिकर।

बेजोड़ (फ़ा.+हिं.) [वि.] 1. जिसमें किसी प्रकार का कोई जोड़ न हो; अखंड 2. अद्वितीय; अनुपम 3. जिसकी समानता करने वाला कोई न हो।

बेझिझक (फ़ा.+हिं.) [क्रि.वि.] बिना झिझक के; हिचकिचाहट के बगैर; निःसंकोच।

बेटा [सं-पु.] पुत्र; लड़का; सुत।

बेटिकट (फ़ा.+अं.) [वि.] 1. बिना टिकट यात्रा करने वाला 2. जिसके पास टिकट न हो।

बेटी (सं.) [सं-स्त्री.] पुत्री; लड़की।

बेठ [सं-पु.] 1. एक प्रकार की ऊसर जमीन, जिसे बीहड़ भी कहते हैं 2. ऋण के रूप में लिया हुआ वह पेशगी धन जो मजदूर, कारीगर आदि धीरे-धीरे कुछ काम करके या सामान देकर चुकाते हैं। [सं-स्त्री.] किसी उपकरण खुरपी, हँसुली आदि की बेंट; मुठिया।

बेठन (सं.) [सं-पु.] 1. वह कपड़ा जिसमें किताबें और बहियाँ आदि बाँधी जाती है 2. बस्ता; (रैपर) 3. किसी वस्तु या पुस्तक को गर्द आदि से बचाने का कपड़ा; खोल।

बेठिकाना (फ़ा.+हिं.) [वि.] 1. जिसका कोई ठौर-ठिकाना न हो 2. जिसके विचार या भाव अनिश्चित हों 3. जो असंगत हो 4. निरर्थक; व्यर्थ। [अव्य.] 1. अनुपयुक्त अवसर पर 2. अनिश्चित स्थान पर।

बेड़ [सं-पु.] 1. खेतों, वृक्षों आदि के चारों ओर बनाई गई बाड़;

मेड़; थाला 2. नगद रुपया; सिक्का 3. नटों की एक जाति; बेड़िया 4. बेड़िया जाति का पुरुष।

बेड़ई [सं-स्त्री.] एक नमकीन व्यंजन; कचौड़ी।

बेडरूम (अं.) [सं-पु.] सोने का कमरा; शयनकक्ष; शयनागार।

बेडशीट (अं.) [सं-स्त्री.] 1. पलंग पर बिछाने की चादर; पलंगपोश 2. सेज की चादर; बेडकवर।

बेड़ा (सं.) [सं-पु.] 1. लट्ठों या तख़्तों को बाँधकर बनाई जाने वाली नाव; तिरना 2. नावों, जहाज़ों का समूह 3. झुंड; समूह। [वि.] 1. तिरछा; आड़ा 2. मुश्किल; कठिन।

बेडिंग (अं.) [सं-पु.] बिस्तर; बिछौना।

बेड़िनी [सं-स्त्री.] बेड़िया या बेड़ जाति की स्त्री; बेड़िन।

बेड़ी[1] [सं-स्त्री.] टट्टर आदि की बनी हुई छोटी नाव या बेड़ा; नौका।

बेड़ी[2] (सं.) [सं-स्त्री.] 1. कैदियों, पशुओं आदि के पैरों में पहनाई जाने वाली लोहे की ज़ंजीर 2. बंधन। [वि.] कठिन; विकट।

बेडौल (फ़ा.+हिं.) [वि.] 1. जो सुडौल न हो 2. भद्दा; कुरूप; भद्दी बनावट का; बेढंगा।

बेढ़ [सं-पु.] 1. नाश; बरबादी 2. बोया हुआ वह बीज जिसमें अंकुर निकल आया हो। [सं-स्त्री.] वृक्षों आदि के चारों ओर लगा हुआ घेरा; बाढ़।

बेढंग (फ़ा.+हिं.) [वि.] 1. जिसका ढंग या तरीका अच्छा न हो 2. क्रमरहित; बेतरतीब 3. भद्दा; भोंडा; कुरूप।

बेढंगा [वि.] 1. बुरे ढंग का; भद्दा; भोंडा; जिसका ढंग ठीक न हो 2. जो बेतुके ढंग से सजाया गया हो।

बेढंगापन [सं-पु.] बेढंग होने की अवस्था या भाव।

बेढ़ई [सं-स्त्री.] वह पूरी जिसमें दाल या पीठी आदि भरी गई हो; कचौड़ी।

बेढ़ना (सं.) [क्रि-स.] 1. घेरना; रूँधना 2. पशुओं को घेरकर हाँक ले जाना 3. बाड़ा या मेड़ बनाना।

बेढ़ा [सं-पु.] 1. जहाज; बोहित। 2. एक प्रकार का आभूषण; घेरा।

बेढुआ [सं-पु.] एक मशाला; गोल मेथी।

बेतकल्लुफ़ (फ़ा.+अ.) [वि.] 1. गहरा; अंतरंग; आत्मीय (मित्र) 2. जिसमें बनावटीपन या दिखावा न हो; सरल; सहज 3. संकोचरहित 4. आराम से; संतोषपूर्वक। [क्रि.वि.] बेधड़क; निस्संकोच।

बेतरतीब (फ़ा.+अ.) [वि.] क्रमविहीन; अव्यवस्थित; उलटा-सीधा; अस्त-व्यस्त; बिखरा हुआ; अनियमित।

बेतरतीबी (फ़ा.+अ.) [सं-स्त्री.] 1. कोई क्रम न होना; क्रमहीनता 2. असंबद्धता।

बेतरह (फ़ा.+अ.) [क्रि.वि.] 1. बुरी तरह 2. विकट रूप से; असाधारण रूप से 3. बहुत अधिक।

बेताज (फ़ा.) [सं-पु.] बिना ताज या मुकुट का।

बेताब (फ़ा.) [वि.] 1. अधीर; बेचैन; विकल; व्याकुल 2. जिसमें धैर्य या सब्र न हो 3. परम उत्सुक 4. अशक्त।

बेताबी (फ़ा.) [सं-स्त्री.] 1. व्याकुलता; बेचैनी; विकलता; अधीरता 2. अतिउत्सुकता; परम उत्कंठा 3. शक्तिहीनता।

बेतार [सं-पु.] जिसमें तार न हो या बिना तार का; (वायरलैस)। [वि.] बिना तार का; ताररहित।

बेतार का तार [सं-पु.] 1. बिना तार की सहायता से भेजा जाने वाला समाचार या सूचना 2. उक्त विधि से समाचार भेजने की क्रिया; (वायरलैस; मोबाइल)।

बेताल[1] (सं.) [सं-पु.] भाट; चारण; बंदी।

बेताल[2] (फ़ा.+सं.) [वि.] जिसमें ताल का ठीक और पूरा ध्यान न रहे; तालहीन।

बेताला (फ़ा.+हि.) [सं-पु.] 1. बिना ताल या लय का गाना-बजाना 2. वह व्यक्ति जो ठीक ढंग से गाता-बजाता न हो; गाने-बजाने में ताल का ध्यान न रखने वाला; बेताल। [वि.] 1. तालहीन; बेतुका 2. संगीतविहीन 3. सामंजस्यहीन।

बेतुका (फ़ा.+हिं.) [वि.] 1. जो बकवास से भरा हुआ हो 2. ऐसी पद्यमय रचना जिसकी तुकें न मिलती हों; अंत्यानुप्रासहीन 3. जो अवसर के हिसाब से अनुपयुक्त हो।

बेतुकी (फ़ा.+हिं.) [वि.] 1. जिसमें कोई तुक या मेल न हो 2. जिसका कोई मतलब या अर्थ न हो; अर्थहीन।

बेदख़ल (फ़ा.+अ.) [वि.] जिसका दख़ल या अधिकार न रह गया हो; अधिकारच्युत (भूमि, संपत्ति आदि)।

बेदख़ली (फ़ा.+अ.) [सं-स्त्री.] 1. भूमि, संपत्ति आदि पर से दख़ल या कब्ज़े का हटाया जाना या हट जाना 2. अधिकार में न रहने देने की अवस्था या भाव।

बेदम (फ़ा.) [वि.] 1. अशक्त; निर्बल 2. मुरदा; मृतक 3. जिसकी जीवनी-शक्ति बहुत कुछ नष्ट हो चुकी हो; जर्जर।

बेदर्द (फ़ा.) [वि.] 1. दूसरों की पीड़ा या कष्ट का अनुभव न करने वाला 2. जिसमें दर्द न हो; निर्दय; निर्मम; निष्ठुर।

बेदर्दी (फ़ा.) [सं-स्त्री.] 1. बेदर्द होने की अवस्था या भाव; निर्दयता 2. बेरहमी; कठोरता; संवेदनहीनता।

बेदाग (फ़ा.) [वि.] 1. निर्दोष; निरपराध; बेकसूर 2. जिसपर कोई दाग या धब्बा न हो; साफ़। [क्रि.वि.] बिना किसी प्रकार की त्रुटि या दोष के।

बेदाना (फ़ा.) [सं-पु.] 1. पतले छिलके वाला अनार 2. बिहीदाना नामक फल 3. शहतूत की एक किस्म 4. छोटे दानों वाली मिठाई। [वि.] 1. (फल) जिसमें बीज न हो 2. मूर्ख; बेवकूफ़।

बेदाम (फ़ा.) [वि.] 1. मुफ़्त; बिना दाम का 2. जिसका मोल न चुकाया गया हो। [क्रि.वि.] बिना दाम या पैसे दिए।

बेदिल (फ़ा.) [वि.] 1. उदास; खिन्न 2. मनउचाट।

बेदिली (फ़ा.) [सं-स्त्री.] 1. दिल या मन न लगने की अवस्था; उदासी; खिन्नता 2. उपेक्षा।

बेध (सं.) [सं-पु.] 1. छेद 2. मोती, मूँगे आदि में किया गया छेद।

बेधक (सं.) [वि.] बेधने वाला; छेदने वाला।

बेधड़क (फ़ा.+हिं.) [वि.] 1. जिसे किसी प्रकार का भय या संकोच न हो 2. जिसे किसी की परवाह या चिंता न हो। [क्रि.वि.] 1. मर्यादा, डर आदि की चिंता किए बिना 2. बिना किसी बात की परवाह किए हुए 3. बिना विचार किए।

बेधना (सं.) [क्रि-स.] 1. सुराख़ करना; छिद्र करना 2. {ला-अ.} कष्ट पहुँचाना 3. घाव करना।

बेधिया (सं.) [सं-पु.] अंकुश। [वि.] बेधने वाला; बेधक।

बेधी (सं.) [वि.] बेधने वाला; छेद करने वाला।

बेन (सं.) [सं-पु.] 1. बाँसुरी; मुरली; वेणु 2. बाँस 3. सपेरों या मदारियों की बीन; महुवर; तूँबी।

बेनकाब (फ़ा.) [वि.] 1. जिसपर नकाब या परदा न हो 2. जिसका चेहरा ढका न हो 3. {ला-अ.} जिसका रहस्य खुल चुका हो; जिसका परदाफ़ाश हो चुका हो।

बेनज़ीर (फ़ा.+अ.) [वि.] 1. जिसके समान दूसरा न हो; जिसकी नज़ीर या उपमा न हो 2. अद्वितीय; अनुपम 3. बेजोड़।

बेनतीज़ा (फ़ा.+अ.) [वि.] अनिर्णीत; जिसका परिणाम या नतीज़ा न निकला हो।

बेनसीब (फ़ा.+अ.) [वि.] 1. अभागा; बदकिस्मत 2. बदनसीब।

बेनागा (फ़ा.+अ.) [क्रि.वि.] 1. प्रतिदिन; रोज़ाना 2. बिना नागा किए; हमेशा 3. निरंतर; लगातार; नित्य।

बेनाम (फ़ा.) [वि.] 1. बिना नाम का; अप्रसिद्ध; अप्रतिष्ठित; नामहीन 2. गुमनाम।

बेनामी [वि.] 1. जो किसी के स्वामित्व में न हो 2. जिसपर किसी का अधिकार न हो 3. बिना नाम की (वस्तु)।

बेनिया [सं-स्त्री.] 1. पंखी; छोटा पंखा 2. किवाड़ के पल्ले में दूसरे पल्ले को रोकने के लिए लगाई जाने वाली लकड़ी।

बेनियाज़ (फ़ा.) [वि.] 1. तटस्थ 2. उदासीन 3. जिसे किसी से कुछ लेने की इच्छा नहीं होती; निःस्पृह 4. स्वच्छंद; आज़ाद; बेपरवाह।

बेनी [सं-स्त्री.] आड़ी या बेंड़ी पट्टियाँ।

बेनुली [सं-स्त्री.] जाँते या चक्की में वह छोटी-सी लकड़ी जिसके दोनों सिरों पर जोती रहती है।

बेनेफिट (अं.) [सं-पु.] हित; लाभ; फायदा; हितलाभ।

बेपनाह (फ़ा.) [वि.] 1. जिससे रक्षा न हो सके 2. निराश्रय।

बेपर (फ़ा.) [वि.] 1. जिसके पंख न हो; पंखहीन 2. {ला-अ.} सामर्थ्यहीन; असमर्थ।

बेपरदा (फ़ा.) [वि.] 1. जिसके आगे कोई परदा या आवरण न हो 2. जिसने परदा या घूँघट न किया हो 3. खुले रूपवाला; खुला हुआ 4. जिसने बुरका न पहना हो (स्त्री) 5. {ला-अ.} नंगा; नग्न।

बेपरवाह (फ़ा.) [वि.] 1. जो परवाह न करता हो; लापरवाह 2. निश्चिंत; बेफ़िक्र 3. निर्भय।

बेपरवाही (फ़ा.) [सं-स्त्री.] 1. परवाह न करने की अवस्था; लापरवाही 2. निश्चिंतता; बेफ़िक्री 3. निर्भयता।

बेपीर (फ़ा.) [वि.] 1. जो दूसरों का दुख-दर्द न समझता हो 2. निर्दयी; निगुरा 3. जिसमें सहानुभूति न हो; बेरहम 4. दूसरों के कष्ट को न समझने वाला।

बेफ़ायदा (फ़ा.) [वि.] जिससे कोई लाभ न हो; फ़ायदा न करने वाला; व्यर्थ; बेकार। [क्रि.वि.] 1. बिना किसी फ़ायदे के 2. बेकार ही; निरर्थक।

बेफ़िक्र (फ़ा.+अ.) [वि.] 1. चिंतारहित; जिसे कोई चिंता न हो 2. अदूरदर्शी 3. अभय; निडर 4. निश्चिंत; बेपरवाह।

बेफ़िक्री (फ़ा.+अ.) [सं-स्त्री.] 1. बेफ़िक्र होने की अवस्था या भाव 2. बेपरवाही; लापरवाही; निश्चिंतता।

बेबस (सं.) [वि.] 1. जिसका कोई वश न चले 2. असहाय; लाचार 3. परवश; पराधीन।

बेबसी [सं-स्त्री.] 1. लाचारी; विवशता 2. मज़बूरी 3. परवशता 4. पराधीनता 5. बेबस होने की अवस्था या भाव।

बेबाक (फ़ा.+अ.) [वि.] 1. स्पष्टभाषी; मुँहफट 2. बिना किसी बाधा या कठिनाई के बोलने वाला 3. निर्लज्ज; बेशर्म 4. (देय) जो चुका दिया गया हो 5. ऋणमुक्त।

बेबाकी (फ़ा.) [सं-स्त्री.] 1. निर्भयता; निडरता 2. धृष्टता 3. निर्लज्जता 4. चुकाया हुआ कर्ज़ 5. पूर्णपरिशोध।

बेबुनियाद (फ़ा.) [वि.] 1. निराधार; आधार रहित 2. जिसकी कोई बुनियाद या जड़ न हो; निर्मूल 3. मिथ्या; झूठ।

बेभाव (फ़ा.+हिं.) [क्रि.वि.] 1. बिना भाव 2. बिना मूल्य का 3. बेहिसाब। [वि.] बहुत अधिक; बेहद।

बेमकसद (फ़ा.+अ.) [वि.] जिसका कोई उद्देश्य न हो; निरुद्देश्य; फालतू। [क्रि.वि.] निष्प्रयोजन; बेमतलब।

बेमज़ा (फ़ा.) [वि.] 1. नीरस; फीका 2. जिसमें कोई स्वाद न हो (खाद्य पदार्थ) 3. आनंदरहित 4. जिसमें विघ्न पड़ गया हो (कार्यक्रम, स्थिति आदि)।

बेमतलब (फ़ा.+अ.) [क्रि.वि.] 1. निरर्थक; बिना किसी मतलब का 2. बिना किसी कारण के; बेवजह 3. फ़िज़ूल 4. व्यर्थ।

बेमन (फ़ा.+हिं.) [क्रि.वि.] 1. बिना मन के; एकाग्रता रहित 2. बिना दत्त-चित्त हुए। [वि.] जिसका मन न लगता हो या न लग रहा हो।

बेमरम्मत (फ़ा.+अ.) [वि.] 1. बिना मरम्मत का 2. जिसकी मरम्मत होने को हो या न हुई हो 3. बिगड़ा हुआ 4. टूटा-फूटा।

बेमानी (फ़ा.+अ.) [वि.] 1. जिसका कोई मानी न हो; अर्थहीन; निरर्थक 2. व्यर्थ; बेकार; निष्फल।

बेमियादी (फ़ा.) [वि.] 1. जिसकी अवधि निर्धारित न हो 2. जिसमें समयसीमा न हो 3. अनिश्चित।

बेमिसाल (फ़ा.+अ.) [वि.] 1. अनुपम; अद्वितीय 2. बेजोड़; उत्तम 3. जिसकी तुलना न हो सकती हो।

बेमुरव्वत (फ़ा.+अ.) [वि.] 1. जिसे शर्म या लज्जा न हो 2. सहानुभूतिहीन 3. अवसरवादी; तोताचश्म 4. जिसमें शील या संकोच न हो।

बेमेल (फ़ा.+हिं.) [वि.] जिसका किसी से मेल न बैठता हो; अनमेल; अनमिल।

बेमौका (फ़ा.) [वि.] 1. जिसका अवसर न हो 2. जो मौके पर न हो 3. गलत समय पर 4. नामुनासिब; अप्रासंगिक।

बेमौके (फ़ा.) [क्रि.वि.] 1. बिना अवसर के 2. अनुपयुक्त समय पर; असमय।

बेमौत (फ़ा.+हिं.) [अव्य.] 1. बिना मौत आए ही 2. बिना काल के (मर जाना) 3. असमय।

बेमौसम (फ़ा.+अ.) [वि.] 1. बिना ऋतु का (फल आदि) 2.

असामयिक।

बेर (सं.) [सं-पु.] 1. एक पेड़ 2. उक्त पेड़ का फल खट्टा-मीठा फल 3. बार; दफ़ा 4. वक्त; समय 5. देर; विलंब।

बेरंग (फ़ा.) [वि.] 1. जिसका कोई रंग न हो; रंगहीन; बेरंगा; बदरंग; कुवर्ण 2. {ला-अ.} बेशर्म; बेहया; निर्लज्ज।

बेरस (फ़ा.+हिं.) [वि.] 1. जिसमें कोई रस न हो; नीरस 2. फ़ीका; स्वादहीन 3. जिसमें मज़ा न हो।

बेरहतिया [सं-स्त्री.] शाम का भोजन।

बेरहम (फ़ा.) [वि.] निष्ठुर; निर्दयी; दयाशून्य; ज़ालिम।

बेरहमी (फ़ा.) [सं-स्त्री.] बेरहम होने की अवस्था या भाव; निर्दयता; निष्ठुरता।

बेरा[1] [सं-पु.] एक में मिला हुआ जौ तथा चना; बेरी।

बेरा[2] (सं.) [सं-पु.] 1. समय; वक्त; बेला 2. प्रभात का समय; भोर; प्रातः 3. कच्चा कुआँ 4. बेड़ा; नावों या जहाजों का समूह 5. झुंड; समूह।

बेराना [क्रि- स.] चरवाही से अलग करना।

बेराह (फ़ा.) [वि.] 1. रास्ते से भटका हुआ; पथभ्रष्ट 2. गलत या बुरे रास्ते पर चलने वाला।

बेरीबेरी (अं.) [सं-स्त्री.] (जीवविज्ञान) भोजन में विटामिन बी की कमी से होने वाला एक प्रकार रोग।

बेरुख़ (फ़ा.) [वि.] 1. जो समय पड़ने पर (मुँह) फेर ले; बेमुरव्वत 2. प्रतिकूल; विमुख 3. अप्रसन्न; नाराज़; रुष्ट।

बेरुख़ी (फ़ा.) [सं-स्त्री.] 1. उपेक्षा 2. विमुखता 3. बेमुरव्वत 4. अप्रसन्नता; नाराज़ी।

बेरोक (फ़ा.+हिं.) [वि.] जिसपर रोक न लगी हुई हो। [अव्य.] बिना रोक या प्रतिबंध के; स्वच्छंद रूप से।

बेरोकटोक [क्रि.वि.] बिना किसी रुकावट या प्रतिबंध के; निर्बाध रूप से।

बेरोज़गार (फ़ा.) [वि.] 1. जिसके पास जीविकोपार्जन का साधन न हो; जिसके पास कोई रोज़गार या धंधा न हो 2. व्यवसायहीन; बेकार।

बेरोज़गारी (फ़ा.) [सं-स्त्री.] 1. बेरोज़गार होने की अवस्था या भाव 2. किसी देश या राज्य में लोगों को काम न मिलने की स्थिति; बेकारी।

बेरौनक (फ़ा.) [वि.] 1. जिसमें रौनक न हो; चमकविहीन 2. श्रीहीन; शोभाहीन 3. ऐसा स्थान जहाँ चहल-पहल न हो; सूना; उजाड़ 4. जिसमें प्रफुल्लता न हो; उदास।

बेर्रा [सं-पु.] 1. मिले हुए जौ और चने का आटा 2. कुई का फल।

बेल (सं.) [सं-पु.] 1. एक प्रसिद्ध फल जिसपर बहुत कठोर छिलका होता है और जिसका गूदा पेट के लिए गुणकारी माना जाता है 2. एक तरह की कुदाल 3. {ला-अ.} वंश या संतान की परंपरा। [सं-स्त्री.] 1. ज़मीन, दीवार, पेड़ आदि पर फैलने वाली बिना तने की लता, जैसे- लौकी या तुरई की बेल 2. कपड़े पर टाँका जाने वाला फ़ीता 3. तरंग; लहर 4. जलाशय का किनारा।

बेलक [सं-पु.] 1. फरसा; फावड़ा 2. डंडा; छड़।

बेलगाम (फ़ा.) [वि.] 1. जिसपर लगाम या नियंत्रण न हो; निरंकुश; स्वच्छंद 2. मुँहज़ोर; सरकश 3. दाब न मानने वाला 4. मुँहफट 5. (घोड़ा) जिसके मुँह में लगाम न लगी हो।

बेलचड़ी [सं-स्त्री.] एक प्रकार का काढ़ा।

बेलचा (फ़ा.) [सं-पु.] 1. अनाज, मिट्टी या रेत आदि को फेंकने-पलटने के लिए प्रयोग किया जाने वाला एक उपकरण; लंबा खुरपा 2. कुदाली।

बेलज़्ज़त (फ़ा.) [वि.] 1. जिसमें स्वाद या लज़्ज़त न हो; बेस्वाद 2. बेमज़ा 2. निष्फल।

बेलदार (फ़ा.) [सं-पु.] वह मज़दूर जो फावड़ा चलाने या ज़मीन खोदने का काम करता हो।

बेलन [सं-पु.] 1. रोटी, पापड़ आदि बेलने का काठ या पत्थर का उपकरण; बेलना 2. स्थान समतल करने और कंकड़-पत्थर कूटकर सड़क बनाने का लोहे का भारी गोला; (रोलर) 3. यंत्र आदि को चलाने या उसका कोई मुख्य काम करने वाला बेलन की शक्ल का एक प्रकार का पुरज़ा, जैसे- छापने की मशीन का पुरजा (सिलेंडर) 4. रुई धुनने की मुठिया या हत्था 5. कोल्हू का जाठ।

बेलना (सं.) [क्रि-स.] 1. बेलन से चकले पर पतली, गोलाकार रोटी, पूड़ी, पापड़ आदि बनाना 2. कपास ओटना 3. नष्ट या बरबाद करना। [सं-पु.] बेलन।

बेलनाकार [वि.] जिसका आकार बेलन की तरह हो; बेलन के आकारवाला; (सिलिंड्रिकल)।

बेलपत्र (सं.) [सं-पु.] बेल नामक वृक्ष का पत्ता जिसे हिंदू शिवलिंग पर अर्पित करते हैं।

बेलबूटा [सं-पु.] 1. कागज़, कपड़े आदि पर बनाए गए पेड़-पौधों, लताओं आदि के चित्र 2. लता और पौधा।

बेलबूटेदार (सं.) [वि.] जिसमें बेलबूटे बने हों; बेलबूटोंवाला (कपड़ा, कागज़ आदि)।

बेलवाना [क्रि-स.] बेलने का काम दूसरे से कराना।

बेलहरी [सं-स्त्री.] एक प्रकार का पान।

बेला (सं.) [सं-स्त्री.] 1. समय; मुहूर्त 2. एक सुगंधित फूल 3. मोतिया; मोगरा 4. कटोरा 5. सारंगी जैसा एक बाजा 6. मल्लिका; त्रिपुरा 7. समुद्र आदि का तट; किनारा।

बेलाग (फ़ा.+हिं.) [वि.] 1. साफ़; खरा 2. बिलकुल अलग 3. जिसमें किसी प्रकार की लगावट या संबंध न हो 4. किसी का भी लिहाज़ या रियायत न करने वाला व्यक्ति।

बेलिहाज़ (फ़ा.) [वि.] 1. निर्लज्ज; बेशर्म; जिसे लज्जा न हो 2. बेअदब 3. शीलरहित; बेमुरव्वत।

बेली [सं-पु.] 1. साथी; संगी 2. सहायक; रक्षक।

बेलूरा (फ़ा.+पं.) [वि.] 1. जिसे लूर न हो; बेशऊर 2. जिसमें सलीका न हो।

बेलौस (फ़ा.+अ.) [वि.] 1. खरा; सच्चा 2. किसी का लिहाज़ या मुरव्वत न करने वाला।

बेवकूफ़ (फ़ा.+अ.) [वि.] 1. मूर्ख; नासमझ 2. बुद्धिहीन; निर्बुद्धि।

बेवकूफ़ाना [वि.] मूर्खता या नासमझी से भरा हुआ (व्यक्ति,

व्यवहार आदि)।

बेवकूफ़ी (फ़ा.+अ.) [सं-स्त्री.] बेवकूफ़ होने की अवस्था; मूर्खता; अज्ञानता; नासमझी।

बेवक्त (फ़ा.+अ.) [क्रि.वि.] 1. असमय 2. कुसमय; गलत अवसर पर 3. अकाल; नावक्त।

बेवजह (फ़ा.+अ.) [क्रि.वि.] बिना किसी वजह या कारण के; निरुद्देश्य; निष्प्रयोजन।

बेवफ़ा (फ़ा.+अ.) [वि.] 1. जो मित्रता आदि का निर्वाह न करे 2. कृतघ्न 3. दगाबाज़ 4. वादाख़िलाफ़ 5. वचन भंग करने वाला 6. जिसमें वफ़ा, निष्ठा या सद्भाव आदि बातें न हों।

बेवफ़ाई (फ़ा.+अ.) [सं-स्त्री.] 1. विश्वासघात 2. निष्ठाहीनता; कृतघ्नता।

बेवा (फ़ा.) [सं-स्त्री.] जिसका पति मर गया हो; विधवा।

बेश (फ़ा.) [वि.] 1. अधिक; ज़्यादा 2. ख़ूब सारा 3. अच्छा; श्रेष्ठ; बढ़िया।

बेशऊर (फ़ा.+अ.) [वि.] 1. जिसमें कोई सलीका न हो 2. जिसे कोई काम करने का ढंग न हो 3. अविवेकी 4. अच्छे-बुरे की तमीज़ न रखने वाला 5. अशिष्ट; असभ्य।

बेशऊरी [सं-स्त्री.] 1. बेशऊर होने की अवस्था 2. बदतमीज़ी; नौसिखियापन; फूहड़ता।

बेशक (फ़ा.+अ.) [क्रि.वि.] 1. निःसंदेह; अवश्य 2. ज़रूर 3. बिना किसी शक या संदेह के 4. यकीनन।

बेशकीमत (फ़ा.+अ.) [वि.] जिसका दाम या मूल्य बहुत अधिक हो; दामी; बहुमूल्य।

बेशकीमती (फ़ा.+अ.) [सं-स्त्री.] 1. बहुमूल्य होने की अवस्था या भाव 2. महँगी। [वि.] बहुमूल्य।

बेशक्ल (फ़ा.+अ.) [वि.] 1. जिसकी शक्ल अच्छी न हो 2. बेढंगा; कुरूप।

बेशर [सं-पु.] 1. नाक में पहना जाने वाला एक प्रकार का आभूषण; बुलाक 2. खच्चर 3. एक कामगार जाति।

बेशरमी (फ़ा.+अ.) [सं-स्त्री.] दे. बेशर्मी।

बेशर्म (फ़ा.+अ.) [वि.] 1. जिसे शर्म या लाज न आती हो; निर्लज्ज; बेहया 2. बेगैरत; स्वाभिमानरहित।

बेशर्मी (फ़ा.+अ.) [सं-स्त्री.] 1. निर्लज्लता; बेहयाई 2. स्वाभिमानहीनता; बेगैरती 3. ख़ुद्दारी न होना।

बेशी (फ़ा.) [वि.] 1. अधिक; ज़्यादा 2. सुलभ। [सं-स्त्री.] 1. अधिकता; ज़्यादती 2. लाभ; नफ़ा 3. वृद्धि; बाहुल्य।

बेशुमार (फ़ा.) [वि.] 1. असंख्य; अगणित; अनगिनत 2. बेहिसाब 3. बहुत अधिक।

बेस (सं.) [सं-स्त्री.] (मिथक) कुरूप या बुरी आकृति वाला प्राचीन मिस्र का एक अर्धदेवता जो जादू और कदाचार के विरुद्ध मनुष्य का रक्षक माना जाता था। इसकी आकृति प्रायः तावीज़ों में अंकित की जाती थी।

बेसन [सं-पु.] चने की दाल का आटा; चने की दाल का चूर्ण।

बेसबब (फ़ा.+अ.) [क्रि.वि.] बिना कारण; अकारण; बेवजह।

बेसबॉल (अं.) [सं-स्त्री.] 1. नौ-नौ के दल में बँटकर गेंद से खेला जाने वाला एक खेल 2. वह बॉल जिससे उक्त खेल खेला जाता है।

बेसब्र (फ़ा.+अ.) [वि.] 1. आतुर; अधीर 2. जल्दबाज़; उतावला।

बेसब्री (फ़ा.+अ.) [सं-स्त्री.] 1. बेसबर होने का भाव; व्यग्रता 2. अधीरता; आतुरता 3. जल्दबाज़ी; उतावलापन।

बेसमझ (फ़ा.+हिं.) [वि.] 1. जिसमें समझ न हो; नासमझ 2. मूर्ख 3. अल्हड़।

बेसमेंट (अं.) [सं-पु.] 1. तहख़ाना; तलघर 2. नीचे का तल।

बेसर [सं-पु.] दे. बेशर।

बेसलीका (फ़ा.+अ.) [वि.] 1. जिसमें सलीका न हो; बेशऊर 2. असभ्य; असंस्कृत; बेअक्ल; अशिष्ट 3. जिसे काम करने का ढंग न हो।

बेसहना [क्रि-अ.] 1. बेसाहना; उपार्जित करना 2. खरीदना; मोल लेना। {ला-अ.} जान-बूझकर शत्रु पैदा करना (बैरमोल लेना)।

बेसहनी [सं-स्त्री.] सौदा; खरीद की वस्तु।

बेसहारा (फ़ा.+हिं.) [वि.] 1. असहाय; निस्सहाय; निराश्रय 2. जिसका कोई सहारा न हो; लाचार।

बेसाख्ता (फ़ा.) [क्रि.वि.] 1. अपने आप 2. सहसा; एकाएक 3. स्वाभाविक रूप से 4. यंत्रवत।

बेसाहना (सं.) [क्रि-स.] 1. ख़रीदना; मोल लेना 2. (बैर, विरोध आदि) जानबूझकर अपने ऊपर लेना; पीछे लगाना।

बेसाहनी [सं-स्त्री.] 1. खरीदने या मोल लेने की क्रिया या भाव; क्रय 2. मोल ली हुई चीज; सौदा 3. जान बूझकर मोल ली गई शत्रुता; स्वोत्पन्न वैर।

बेसिन (अं.) [सं-पु.] बरतन आदि धोने के लिए चीनी मिट्टी अथवा अन्य किसी धातु से बना एक चौकोर बड़ा पात्र।

बेसुध (फ़ा.+हिं.) [वि.] 1. जिसको कोई सुध न हो 2. अचेत; बेहोश 3. जिसका होशोहवाश ठिकाने न हो; बदहवास।

बेसुधी [सं-स्त्री.] बेसुध होने की अवस्था या भाव; बेहोशी; अचेतावस्था।

बेसुरा [वि.] 1. (संगीत) अपने नियत स्वर या सुर से हटा हुआ 2. (व्यक्ति) जो सही स्वर में न गाता हो 3. {ला-अ.} ठीक समय पर न होने वाला; बेमौका।

बेसुरी [वि.] बेसुरा का स्त्रीलिंग।

बेस्वाद (फ़ा.+हिं.) [वि.] 1. जिसमें कोई स्वाद न हो; स्वादरहित; बदज़ायका 2. बेमज़ा; नीरस; फ़ीका।

बेहड़ [वि.] बीहड़; जो सामान्य न हो; जहाँ पर सामान्य जीवनयापन संभव न हो सके।

बेहतर (फ़ा.) [वि.] 1. अधिक अच्छा 2. किसी की तुलना य मुकाबले में अच्छा 3. किसी से बढ़कर।

बेहतरी (फ़ा.) [सं-स्त्री.] 1. हित; भलाई 2. अच्छापन; उत्तमत 3. कल्याण; मंगल।

बेहतरीन (फ़ा.) [वि.] बहुत अच्छा; उत्तम; नेक।

बेहद (फ़ा.) [वि.] 1. जिसकी हद या सीमा न हो; असीम अपार 2. बहुत अधिक।

बेहन (सं.) [सं-पु.] 1. बुवाई के काम के बीज 2. अनाज क बीज; पौध 3. वपन।

बेहया (फ़ा.+अ.) [वि.] 1. जिसमें हया या शरम न हो; बेशर्म; निर्लज्ज 2. अश्लील; धृष्ट।

बेहयाई (फ़ा.) [सं-स्त्री.] 1. बेहया होने की अवस्था या भाव 2. लज्जा या हया का न होना; बेशर्मी; निर्लज्जता।

बेहरना [क्रि-अ.] 1. फटना; तड़क जाना 2. विदीर्ण होना 3. दरार पड़ना।

बेहरा [वि.] 1. अलग; भिन्न 2. जुदा; पृथक 3. किसी अधिकारी का निजी चपरासी; (बेयरर)।

बेहरी [सं-स्त्री.] बहुत से लोगों से इकट्ठा किया गया धन; चंदा।

बेहाल (फ़ा.+अ.) [वि.] 1. बेसुध 2. अचेत; बेख़बर; संज्ञाहीन 3. दुर्दशाग्रस्त 4. मरणासन्न 5. व्याकुल; बेचैन।

बेहिसाब (फ़ा.+अ.) [वि.] 1. जिसका कोई हिसाब न हो 2. असंख्य; बेशुमार 3. अत्यधिक।

बेहूदगी (फ़ा.) [सं-स्त्री.] 1. बेहूदा होने की अवस्था या भाव; अभद्रता; बेहूदा हरकत 2. अशिष्टता 3. बेहूदेपन से भरा हुआ काम या बात 4. अश्लीलता 5. बदतमीज़ी।

बेहूदा (फ़ा.) [वि.] 1. बेढंगा; बेतुका 2. जिसमें शिष्टता न हो।

बेहूदापन (फ़ा.+हिं.) [सं-पु.] 1. बेहूदा होने की अवस्था या भाव; बेहूदगी 2. अशिष्टता; असभ्यता 3. अश्लीलता; फूहड़ता।

बेहूरमती (फ़ा.+अ.) [सं-स्त्री.] 1. अपमान; बेइज़्ज़ती 2. तिरस्कार।

बेहोश (फ़ा.) [वि.] 1. जिसे होश न हो 2. बेसुध; मूर्छित; अचेत।

बेहोशी (फ़ा.) [सं-स्त्री.] 1. जो होश में न हो 2. अवचेतन की अवस्था; अवचेतनता; मूर्छा।

बेहौसला (फ़ा.+अ.) [वि.] जिसमें हौसला न बचा हो; निरुत्साह; हतोत्साह; निराश।

बैंक (अं.) [सं-पु.] 1. रुपए-पैसे के लेनदेन तथा उस पर लगने वाले ब्याज आदि प्रबंध करने वाली व्यवसायिक संस्था या प्रतिष्ठान 2. किसी वस्तु या पदार्थ का संग्रह स्थल, जैसे- ब्लडबैंक 3. अधिकोष।

बैंक क्रेडिट (अं.) [सं-पु.] 1. बैंक साख 2. बैंक उधार।

बैंकनोट (अं.) [सं-पु.] 1. किसी देश में मुद्रा के रूप में प्रयोग किया जाने वाला नोट 2. बैंक द्वारा जारी की गई एक विशिष्ट कागज़ की मुद्रा।

बैंकबैलेंस (अं.) [सं-पु.] बैंक में जमा किया गया धन।

बैंकर (अं.) [सं-पु.] 1. बैंक में काम करने वाला व्यक्ति 2. बैंक व्यवसायी।

बैंकिंग (अं.) [सं-स्त्री.] 1. बैंक व्यवसाय 2. महाजनी।

बैंगन [सं-पु.] 1. एक प्रकार का फल जो सब्ज़ी बनाने के काम आता है; भटा 2. उक्त फल का पौधा।

बैंगनी [सं-पु.] बैंगन के रंग से मिलता हुआ रंग; लाली लिए हुए नीला रंग। [वि.] 1. बैंगन का; बैंगन संबंधी 2. बैंगन के रंग का।

बैंजनी [वि.] दे. बैंगनी।

बैंड (अं.) [सं-पु.] 1. बाजों का समूह 2. गाने-बजाने वालों का समूह; संगीत मंडली 3. पट्टा।

बैंडेज (अं.) [सं-पु.] 1. घाव, चोट आदि पर बाँधने या लपेटने का एक प्रकार का कपड़ा; पट्टी 2. पट्टी बाँधने की क्रिया।

बैंरही [सं-स्त्री.] दलही।

बैक अप (अं.) [सं-पु.] पूर्तिकर; बैकअप; आपतोपयोगी।

बैक स्टेज (अं.) [सं-पु.] (पत्रकारिता) किसी न्यूज़ स्टोरी में कल्पनाओं को उकेरना, वायस ओवर करना, आवाज़ों को भरना या दृश्यों को भरना।

बैकग्राउंड (अं.) [सं-पु.] 1. पृष्ठभूमि; पिछवाड़ा 2. अनुभव; समझ 3. किसी चित्र के पीछे की भूमि 4. परिप्रेक्ष्य; परिस्थिति 5. हालात; वातावरण।

बैकडेटेड (अं.) [वि.] पूर्व-दिनांकित।

बैकयार्ड (अं.) [सं-पु.] 1. मकान के पीछे वाला आँगन या खाली स्थान 2. पिछवाड़ा।

बैकवर्ड (अं.) [वि.] 1. पिछड़ा 2. अविकसित 3. आलसी; मंद 4. पीछे की ओर।

बैकवर्ड क्लास (अं.) [सं-पु.] 1. पिछड़ी जाति 2. पिछड़ा वर्ग।

बैकुंठ (सं.) [सं-पु.] (पुराण) विष्णुलोक।

बैग (अं.) [सं-पु.] 1. थैला; झोला; बोरा 2. बटुआ; (हैंडबैग)।

बैच (अं.) [सं-पु.] 1. समूह; खेप; गुट 2. औद्योगिक उत्पादन में एक ही तरह की वस्तुओं या दवाओं आदि के निर्माण के लिए तैयार किया गया कच्चे माल का मिश्रण; घान 3. थोक; जत्था।

बैचलर (अं.) [सं-पु.] 1. स्नातक 2. अविवाहित पुरुष। [वि.] कुवाँरा।

बैज (अं.) [सं-पु.] 1. निशान; चिह्न 2. धातु, कपड़े आदि का बना हुआ टुकड़ा या फ़ीता जो किसी पद या संस्था का सूचक चिह्न होता है; बिल्ला।

बैजंती (सं.) [सं-स्त्री.] 1. एक प्रकार का फूल; वैजयंती 2. उक्त फूल का पौधा 3. (पुराण) विष्णु के गले की माला का नाम।

बैट (अं.) [सं-पु.] बल्ला; क्रिकेट का बल्ला।

बैटरी (अं.) [सं-स्त्री.] 1. रासायनिक पदार्थों के योग से बिजली उत्पन्न करने का एक उपकरण 2. एक प्रकार का यंत्र जो उजाला करने के काम आता है; (टार्च) 3. तोपख़ाना।

बैठ [सं-पु.] 1. राजकीय कर 2. कर या लगान की दर।

बैठक [सं-स्त्री.] 1. सभा 2. बैठने का कमरा 3. चौपाल 4. अधिवेशन 5. उठने और बैठने की कसरत; उठक-बैठक।

बैठकबाज़ (हिं.+फ़ा.) [सं-पु.] 1. वह जो बैठक करने में रुचि लेता हो 2. नियमित रूप से बहुत देर तक कहीं बैठकर बातचीत, मनोरंजन आदि करने वाले लोग 3. वह व्यक्ति जो चाहता है कि लोग प्रतिदिन उसके पास आकर बैठा करें। [वि.] 1. चालाक; धूर्त 2. शरारती।

बैठकबाज़ी (हिं.+फ़ा.) [सं-स्त्री.] 1. दलबाज़ी 2. लोगों को बुलाकर समय-समय पर बैठक करते रहना 3. बातचीत द्वारा किसी को अपने पक्ष में करने की कला।

बैठका [सं-पु.] 1. घर का वह कमरा जिसमें मेहमान या आने-जाने वाले बैठते हैं; बैठक 2. बैठने का आसन।

बैठकी [सं-स्त्री.] 1. किसी जगह पर अक्सर जाकर बैठना 2. उठने-बैठने की कसरत; उठक-बैठक 3. बैठने का आसन; बैठका 4. किसी कंपनी या कारख़ाने में काम करने वाले कर्मचारियों का जानबूझकर चुपचाप बैठे रहने या बहुत धीमी गति से काम करने की नीति 5. टेबल लैंप 6. अँगूठी, झुमके आदि में जड़ा जाने वाला मोती या नगीना।

बैठना (सं.) [क्रि-अ.] 1. देह की ऐसी स्थिति जिसमें कमर के नीचे का भाग एक स्थान पर टिका रहे 2. स्थित या आसीन होना 3. सवार होना; चढ़ना 4. अपने स्थान पर ठीक तरह से आना; जमना 5. किसी लक्ष्य को पाने के लिए स्थान ग्रहण करना; लगना 6. अभ्यस्त होना 7. पिचकना (फोड़ा) 8. बिगड़ना (वस्तु) 9. पौधे का भूमि में रोपा जाना 10. सधना; मँजना (हाथ) 11. किसी तरह के वाहन पर आसीन होना 12. गिर पड़ना; ढहना (मकान) 13. डूब जाना (नाव) 14. तह में जमना 15. तौल में जमना 16. चुनाव आदि में उम्मीदवार का प्रतियोगिता से हट जाना 17. किसी औरत का किसी आदमी के यहाँ पत्नी के रूप में जाकर रहना।

बैठवाना [क्रि-स.] बैठाने का काम दूसरे से कराना।

बैठा-ठाला [वि.] 1. जिसके पास कोई काम न हो (व्यक्ति) 2. जो व्यस्त न हो 3. निठल्ला; निकम्मा; बेकार।

बैठाना [क्रि-स.] 1. किसी को बैठने में प्रवृत्त करना 2. किसी कार्य की सिद्धि के लिए स्थान ग्रहण कराना 3. अपने स्थान पर लाना (नस, जोड़ आदि) 4. किसी पद, स्थान आदि पर किसी व्यक्ति को स्थापित या प्रतिष्ठित करना 5. दबाना; पिचकाना (फोड़ा) 6. बेकार बना देना 7. पौधे को ज़मीन में गाड़ना या रोपना 8. विकृत करना; बिगाड़ना 9. डुबो देना (नाव) 10. प्रतियोगिता से नाम वापस करवाना।

बैठावन [सं-पु.] बाने में सूत के धागों को सही जगह पर बैठाने या ठोकने का जुलाहों का औज़ार।

बैठी [सं-स्त्री.] वह फसल, जो बाढ़ से खराब हो जाती है।

बैठे-बैठाए [क्रि.वि.] 1. बिना कुछ किए 2. यकायक; अचानक 3. मुफ़्त में; अकारण; निष्प्रयोजन।

बैठे-बैठे [क्रि.वि.] 1. एक जगह पर बैठे रहकर 2. बिना कुछ किए।

बैठेठाले [क्रि.वि.] 1. बिना कुछ किए 2. निष्प्रयोजन; निकम्मेपन से।

बैडमिंटन (अं.) [सं-पु.] रैकेट और प्लास्टिक से बनी चिड़िया की तरह की शटलकॉक से खेला जाने वाला एक प्रकार का खेल।

बैण (सं.) [सं-पु.] वह कारीगर जो बाँस की टोकरियाँ आदि बनाता है।

बैत (अ.) [सं-स्त्री.] 1. पद्य; शेर 2. छंदोबद्ध रचना 3. घर; स्थान; आलय।

बैतरनी [सं-स्त्री.] एक प्रकार का मोटा धान।

बैताल (सं.) [सं-पु.] 1. भाट; बंदीजन; स्तुति करने वाला 2. (लोकमान्यता) एक प्रेतयोनि।

बैतालिक [सं-पु.] वैतालिक; भाट; बंदीजन।

बैनर (अं.) [सं-पु.] 1. कपड़े या प्लास्टिक का वह पट या चादर जिसपर बहुत बड़े अक्षरों या चित्रों की सहायता से सूचनाओं या विज्ञापन आदि का प्रचार-प्रसार किया जाता है 2. समाचारपत्र के पहले पृष्ठ पर पूरे पृष्ठ की चौड़ाई वाला बड़ा शीर्षक।

बैना (सं.) [सं-पु.] मांगलिक अवसरों पर रिश्तेदार और सगे-संबंधियों को भेजी जाने वाली मिठाई।

बैनामा (अ.+फ़ा.) [सं-पु.] भूमि आदि बेचने के लिए बनाया गया शर्त सहित विक्रयपत्र; (सेल डीड)।

बैर (सं.) [सं-पु.] 1. शत्रुता; दुश्मनी; मनमुटाव 2. वैमनस्य; द्वेष।

बैरक[1] (तु.) [सं-पु.] 1. छोटा झंडा 2. सैनिक झंडा 3. जीती हुई ज़मीन में गाड़ा जाने वाला झंडा या कोई निशान।

बैरक[2] (अं.) [सं-स्त्री.] 1. सैनिक छावनी 2. सैनिकों के रहने का स्थान।

बैरन [सं-स्त्री.] 1. सपत्नी 2. सौतन 3. दुष्ट स्वभाव की स्त्री।

बैरा[1] [सं-पु.] 1. हल के मूठे में बाँधा जाने वाला एक तरह का चोंगा 2. मेहराब बनाते समय ईंटों को जमाकर रखने के लिए खाली स्थान को भरने वाले ईंट के टुकड़े; रोड़े।

बैरा[2] (अं.) [सं-पु.] 1. सेवा देने वाला व्यक्ति; चपरासी; ख़ानसामा 2. होटलों आदि में वह व्यक्ति जो भोजन परोसता है या संदेशा लाने और ले जाने का काम करता है।

बैराग (सं.) [सं-पु.] 1. संसार के झंझटों को छोड़कर ईश्वर की खोज में निकलना 2. वैराग्य धारण करना।

बैरागी (सं.) [सं-पु.] 1. संसार से विरक्त 2. ईश्वर में रमा रहने वाला व्यक्ति 3. साधु।

बैराग्य [सं-पु.] 1. विषयवासना और सांसारिक संबंधों से मन उचट जाने की क्रिया या भाव; वैराग्य 2. उदासीनता; विरक्ति।

बैरियर (अं.) [सं-पु.] 1. घेरा 2. बाधा; रुकावट 3. शुल्कद्वार 4. नाभिकीय रोधिका 5. झिल्ली 6. रोक; नाका।

बैरिया [सं-पु.] भूरे-लाल रंग का बैल।

बैरिस्टर (अं.) [सं-पु.] 1. इंग्लैंड की वकालत की परीक्षा में उत्तीर्ण वकील 2. इंग्लैंड के उच्चतर न्यायालयों में बहस करने के लिए अधिकार प्राप्त वकील 3. विधिवक्ता; न्यायाभिकर्ता।

बैरी [सं-पु.] 1. शत्रु; दुश्मन 2. विरोधी। [वि.] जिसका किसी से वैर हो; जो अहित करता हो; हानिकर।

बैरीकेड (अं.) [सं-पु.] 1. रास्ता रोकने के लिए खड़ी की जाने वाली लोहे के पाइप या पत्थरों की दीवार 2. कनस्टरों या पीपों आदि की रुकावट; (बैरियर)।

बैरोमीटर (अं.) [सं-पु.] वायुमंडल का दाब या भार मापने का एक प्रकार का उपकरण; दाबमापी।

बैल (सं.) [सं-पु.] 1. एक पालतू पशु जिसे खेतों, गाड़ियों में जोतते हैं 2. {ला-अ.} मूर्ख; निर्बुद्धि।

बैलगाड़ी [सं-स्त्री.] एक प्रकार की गाड़ी जिसे बैल द्वारा खींचा जाता है।

बैलट पेपर (अं.) [सं-पु.] मतपत्र।

बैली [सं-स्त्री.] नीयारा।

बैले (अं.) [सं-पु.] 1. एक प्रकार का नृत्य 2. किसी प्रसिद्ध कथानक पर विभिन्न चेष्टाओं से किया जाने वाला नृत्य।

बैलेंस (अं.) [सं-पु.] 1. संतुलन; सामंजस्य 2. वह रकम जो बैंक में जमा हो 3. लेन-देन के बाद शेष बची रकम।

बैस [सं-पु.] क्षत्रिय समाज में एक कुलनाम या सरनेम।

बैसर (सं.) [सं-पु.] जुलाहों का एक औज़ार।

बैसवाड़ा [सं-पु.] अवध का दक्षिण-पश्चिमी भाग या क्षेत्र।

बैसवाड़ी [सं-पु.] बैसवाड़े का निवासी। [सं-स्त्री.] 1. बैसवाड़ क्षेत्र की बोली 2. अवधी का एक भेद। [वि.] बैसवाड़े का; बैसवाड़ा संबंधी।

बैसाख (सं.) [सं-पु.] हिंदी महीनों में वह महीना जो चैत के बाद और जेठ से पहले आता है; वैशाख।

बैसाखी (सं.) [सं-स्त्री.] 1. एक प्रकार का सहारा जिसे असमर्थ लोग चलने में प्रयोग करते हैं 2. बैसाख के महीने में पड़ने वाला सिखों का एक त्योहार 3. {ला-अ.} सहारा।

बॉक्स (अं.) [सं-पु.] 1. संदूक; बक्सा 2. किसी संक्षिप्त समाचार के चारों ओर की रेखा या चौखटा 3. समाचार को आकर्षक बनाने के लिए प्रयुक्त एक चौकोर रेखा 3. गहने आदि रखने का डिब्बा।

बॉक्स ऑफ़िस (अं.) [सं-पु.] 1. थियेटर में वह स्थान जहाँ टिकट बिकता है 2. टिकट बिक्री के आधार पर नाटकों या फ़िल्मों की सफलता-असफलता दर्शाने वाला संकेतक।

बॉर्डर (अं.) [सं-पु.] 1. किसी देश या राज्य की वह सीमा जहाँ से दूसरे देश या राज्य की सीमा प्रारंभ होती है 2. किनारा; आख़िरी छोर 3. (पत्रकारिता) बॉक्स और विज्ञापन घेरने वाली रेखाएँ।

बॉलीवुड (अं.) [सं-पु.] 1. हिंदी फ़िल्म उद्योग 2. मुंबई स्थित सिने जगत के लिए प्रयोग किया जाने वाला एक शब्द।

बॉस (अं.) [सं-पु.] 1. कार्यालय या दफ़्तर आदि में कर्मचारियों का प्रमुख 2. स्वामी; अधिपुरुष; मालिक।

बोंक [सं-पु.] दरवाज़े में चूल की जगह लगाया जाने वाला लोहे का कीला।

बोंग [सं-पु.] एक भरी या मोटी लाठी।

बोअनी [सं-स्त्री.] 1. बीज बोने या बिखेरने का मौसम 2. बोने की क्रिया या भाव।

बोइया [सं-स्त्री.] ताड़-खजूर के पत्तों की डलिया।

बोउनी [सं-स्त्री.] बोने का काम; बावग।

बोकला [सं-पु.] पेड़ का छिलका।

बोका [सं-पु.] 1. बकरे की खाल या चमड़ी 2. उक्त चमड़े का बना डोल। [वि.] मूर्ख; निर्बुद्धि।

बोक्सी [सं-स्त्री.] ऊँची और मोटी भेड़; मोक्सी।

बोगदा [सं-पु.] ऊँचे पर्वत को खोदकर बनाया गया मार्ग; (टनेल)।

बोगस (अं.) [वि.] 1. बेकार 2. जाली; रद्दी 3. झूठा या नकली 4. कृत्रिम।

बोगिया [सं-पु.] खाँची; बड़ी डलिया।

बोगी (अं.) [सं-पु.] रेलगाड़ी का डिब्बा (ट्रॉली)।

बोज [सं-पु.] घोड़े का एक प्रकार। [सं-स्त्री.] पासंग नामक बकरी।

बोज़ा (फ़ा.) [सं-स्त्री.] चावल से बनाई जाने वाली शराब।

बोज्यू [सं-स्त्री.] भाभी; भौजाई।

बोझ [सं-पु.] 1. भार; वज़न 2. भारी लगने वाली चीज़ 3. गठरी; गट्ठा 4. खेप 5. कार्यभार; ज़िम्मेदारी, जैसे- उस व्यक्ति पर गृहस्थी का बोझ है।

बोझा [सं-पु.] 1. एक बार में ढोया जाने वाला सामान 2. भारी लगने वाली वस्तु 3. गट्ठा; गठरी 4. भारीपन; वज़न 5. {ला-अ.} कठिन या अरुचिपूर्ण कार्य।

बोझिल [वि.] 1. भारी; वज़नदार 2. अलसाया हुआ 3. घुटनयुक्त।

बोटा (सं.) [सं-पु.] 1. लकड़ी का कुंदा 2. किसी चीज़ का कटा हुआ टुकड़ा या खंड।

बोटी [सं-स्त्री.] 1. अंग-प्रत्यंग 2. छोटे-छोटे टुकड़े 3. मांस का टुकड़ा।

बोड़ा [सं-पु.] 1. एक फली जो सब्ज़ी या अचार बनाने के काम आती है; लोबिया 2. अजगर।

बोतल (अं.) [सं-स्त्री.] काँच का एक पात्र जिसमें पेय पदार्थ भरे जाते हैं; जिसकी गरदन पतली और लंबी होती है, (बॉटल)।

बोतलबंद (अं.+हिं.) [सं-पु.] वह खाद्य पदार्थ जो बोतल या डिब्बे में बंद हो; डिब्बाबंद।

बोतलबंदी (अं.+हिं.) [सं-स्त्री.] 1. भरी हुई बोतल को बंद करने की क्रिया 2. किसी पदार्थ को बोतल में सहेजने का काम।

बोता (सं.) [सं-पु.] ऊँट का बच्चा जो सवारी आदि के काम में न आया हो।

बोदर [सं-पु.] 1. एक प्रकार का जलपक्षी, जो सुस्त होता है। 2. सींचने के लिए पानी उठाने हेतु बनाया गया गड्डा।

बोदा (सं.) [वि.] 1. कमज़ोर 2. कमअक्ल 3. तुच्छ; निकम्मा 4. आलसी; सुस्त 5. कायर; डरपोक।

बोध (सं.) [सं-पु.] 1. अहसास 2. ज्ञान; जानकारी 3. सांत्वना; तसल्ली 4. किसी के अस्तित्व का मानसिक भान 5. बुद्धि; समझ; जागरण।

बोधक (सं.) [वि.] 1. बताने वाला 2. ज्ञान कराने वाला; ज्ञापन 3. जताने वाला; सूचक।

बोधगम्य (सं.) [वि.] 1. जिसका बोध या ज्ञान हो सकता हो; समझ में आने लायक 2. (विषयवस्तु) जिसका बोध हो सके।

बोधन (सं.) [सं-पु.] 1. विकसित करना 2. सोते को जगाना 3. जताना; ज्ञात करना 4. दीपक या आग को जलाना।

बोधव्य (सं.) [वि.] 1. जिसका बोध या ज्ञान हो सकता हो 2. जिसे जाना जा सकता हो 3. जिसका बोध या ज्ञान आवश्यक हो 4. जिसे किसी बात का बोध कराया जाए।

बोधि (सं.) [सं-पु.] 1. पीपल का पेड़ 2. समाधि।

बोधित (सं.) [वि.] 1. बताया हुआ; समझाया हुआ; ज्ञापित 2.

प्रकट किया हुआ 3. आदेश दिया हुआ; आविष्ट 4. जिसे बोध कराया गया हो 5. संकेतित 6. स्मरण किया हुआ।

बोधितव्य (सं.) [वि.] 1. जानने योग्य 2. जगाने योग्य।

बोधिवृक्ष (सं.) [सं-पु.] बिहार के गया में स्थित वह पीपल का पेड़ जिसके नीचे बुद्ध को बोद्धत्व प्राप्त हुआ।

बोधिसत्व (सं.) [सं-पु.] वह जो बुद्धत्व प्राप्त करने का अधिकारी हो किंतु अभी तक प्राप्त नहीं हुआ हो।

बोध्य (सं.) [वि.] 1. जिसका बोध हो सके; जानने योग्य 2. ज्ञेय; स्पष्ट 3. आसान; गम्य 4. सरल; सहज 5. समझाने योग्य; जताने योग्य 6. प्रांजल; ग्राह्य।

बोनट (अं.) [सं-पु.] 1. गाड़ी के आगे का भाग जिससे इंजन आदि ढका रहता है 2. मशीन आदि का ढक्कन।

बोनस (अं.) [सं-पु.] 1. लाभांश; अतिरिक्त लाभांश; लाभ 2. अप्रत्याशित रूप से मिलने वाला पारितोषिक या इनाम 3. {ला-अ.} कोई आनंददायक बात या घटना।

बोना [क्रि-स.] 1. फ़सल उत्पादन के लिए बीज आदि को ज़मीन में डालना या बिखेरना 2. {ला-अ.} किसी बात या कार्य का सूत्रपात करने की क्रिया।

बोप (फ़ा.) [सं-स्त्री.] गंध; महक।

बोबला [सं-पु.] 1. बाजरे का भूसा 2. रेत; बालू।

बोबा [सं-पु.] 1. स्तन; थन; चूँची 2. ऐसा छोटा बच्चा जो अभी माता का दूध पीकर रहता हो 3. घर गृहस्थी का सामान; विशेषत: टूटा फूटा सामान; अंगड़-खंगड़ 4. बड़ी गठरी; गट्ठर।

बोर [सं-स्त्री.] 1. गोता लगाना; डुबकी लगाना 2. जल में बोरने या डुबाने की क्रिया 3. डोब। [सं-पु.] 1. एक प्रकार का गहना 2. सोने-चाँदी से निर्मित गोखरू जैसा आभूषण।

बोरना [क्रि-स.] 1. डुबाना 2. पानी में घुले रंग में डुबोना 3. {ला-अ.} कलंकित करना; नाम या प्रसिद्धि नष्ट करना।

बोरसी [सं-स्त्री.] 1. मिट्टी से निर्मित एक प्रकार का बरतन जिसमें आग रखकर जलाते हैं 2. अँगीठी; गोरसी।

बोरा [सं-पु.] जूट, पटसन या प्लास्टिक की बना हुआ एक बड़ा थैला; (बैग)।

बोरिंग (अं.) [वि.] 1. उबाऊ; नीरस; अरुचिकर 2. गतिहीन; मंद। [सं-पु.] 1. पानी के लिए भूमि में किया गया सुराख़ 3. नलकूप।

बोरियत [सं-स्त्री.] उकताहट; नीरसता; ऊब।

बोरिया [सं-स्त्री.] जूट आदि की बनी हुई बोरी; छोटा बोरा।

बोरिया-बिस्तर [सं-पु.] 1. घर-गृहस्थी का सामान 2. ज़रूरत का सामान 3. असबाब।

बोरी [सं-स्त्री.] 1. छोटा बोरा 2. टाट की छोटी थैली।

बोर्ड (अं.) [सं-पु.] 1. स्थायी कार्य के लिए बनाई गई समिति; मंडल; कमेटी; विभाग 2. गत्ता 3. लकड़ी का तख़्त।

बोर्डिंग (अं.) [सं-स्त्री.] 1. विद्यालय या महाविद्यालय का छात्रावास; (हॉस्टल) 2. भोजन व्यवस्था 3. जहाज़ या रेलगाड़ी में किसी स्थान से जाने की व्यवस्था।

बोल [सं-पु.] मुख से निकलने वाली सार्थक ध्वनि; वाणी; बात; वचन; शब्द।

बोलचाल [सं-स्त्री.] 1. सामान्य जन की बातचीत 2. वार्तालाप 3. बातचीत करने का ढंग या प्रकार 4. कथोपकथन 5. नित्य के व्यवहार से बँधी हुई कथन प्रणाली जो मुहावरे की तरह होते हुए भी उससे कुछ भिन्न होती है।

बोलना [क्रि-अ.] 1. मुँह से शब्द, ध्वनि आदि का साधारण स्वर में उच्चारण करना 2. कहना; पुकारना 3. भाषण देना। [क्रि-स.] जवाब देना; आज्ञा देना।

बोलबाला [सं-पु.] 1. रुतबा; प्रभाव 2. एक सदाबहार पेड़।

बोलशेविक [सं-पु.] 1. क्रांतिकारी; साम्यवादी; सुधारवादी 2. रूस में लेनिन के अनुयायी वामपंथी दल का सदस्य; बुर्जुआ वर्ग के विरुद्ध क्रांति का समर्थक रूसी सोशल डेमोक्रेटिक लेबर पार्टी का एक पक्ष या दल 3. सर्वहारा या श्रमिक वर्ग के शासन का समर्थक। [वि.] बोलशेविक विचारधारा का समर्थक।

बोली [सं-स्त्री.] 1. बोल; वचन 2. भाषा; बोलचाल 3. नीलामी की आवाज़ 4. व्यंग्य; फबती 5. पशु-पक्षियों की आवाज़ 6. बोलने की क्रिया या भाव 7. ऐसी बात या वाक्य जिसका कुछ विशिष्ट अभिप्राय या अर्थ हो 8. किसी भाषा की वह शाखा जो किसी छोटे क्षेत्र या वर्ग में बोली जाती हो; स्थानिक भाषा। [मु.] **-लगाना** : नीलामी में वस्तुओं के दाम लगाना।

बोल्ट (अं.) [सं-पु.] 1. लोहे का मोटा पेचदार छल्ला जिसे मोटी चूड़ीदार कील या नट पर कसते हैं; काबला; ढिबरी 2. विद्युत धारा का झटका 3. आकाश से बिजली का गिरना; वज्रपात।

बोल्ड (अं.) 1. निडर; निर्भीक; साहसी 2. ढीठ 3. सुस्पष्ट मोटा, जैसे- बोल्ड अक्षर 4. जिसमें लज्जा, संकोच या झिझक न हो।

बोवाना [क्रि-स.] बोना।

बोसीदा (फ़ा.) [वि.] 1. चुंबित; चूमा हुआ 2. सड़ा-गला; फटा-पुराना।

बोह [सं-स्त्री.] 1. गोता; डुबकी 2. बोर।

बोहनी (सं.) [सं-स्त्री.] 1. दिन की पहली बिक्री से प्राप्त होने वाला धन 2. {ला-अ.} कोई काम आरंभ करते ही होने वाली प्राप्ति या सफलता।

बोहनी-बट्टा [सं-पु.] किसी दुकान में दिन की शुरुआत में होने वाली बिक्री और उससे होने वाला मुनाफ़ा।

बौंख [सं-स्त्री.] खूँटी।

बौंड़र [सं-पु.] बवंडर; बहुत तेज गति से चलने वाली हवा; चक्रवात।

बौंड़ी (सं.) [सं-स्त्री.] 1. पौधों या लताओं के कच्चे फल या कलियाँ 2. फली; छीमी 3. दमड़ी; छदाम।

बौंरिया [सं-स्त्री.] शीशफूल।

बौंहड़ी [सं-स्त्री.] पट्टी।

बौखल [वि.] 1. बौखलाया हुआ 2. सनकी; पागल 3. विक्षिप्त; बदहवास।

बौखलाना [क्रि-अ.] 1. क्रोध या आवेश में आकर कुछ-से-कुछ बकना 2. होशोहवाश में न रहना 3. पागलों-सा व्यवहार

करना।

बौखलाहट [सं-स्त्री.] 1. बदहवासी; विक्षिप्तता 2. क्रोधावेश।

बौछार [सं-स्त्री.] 1. झड़ी; भरमार 2. हवा के झोंके से तिरछी होकर गिरने वाली बूँदें 3. लगातार कही जाने वाली व्यंग्यपूर्ण या कटु आलोचना 4. किसी वस्तु का अधिक संख्या में गिरना; झड़ी।

बौड़म [वि.] सनकी; पागल।

बौड़हा [वि.] पागल; बावला।

बौद्ध (सं.) [सं-पु.] बौद्ध धर्म का अनुयायी। [वि.] 1. बुद्ध संबंधी 2. बुद्धि संबंधी 3. बुद्ध द्वारा प्रचारित।

बौद्धाचार्य [सं-पु.] बौद्ध धर्म एवं दर्शन का आचार्य या विद्वान।

बौद्धिक (सं.) [वि.] 1. बुद्धि संबंधी; बुद्धि का 2. पढ़ने-लिखने से संबंधित 3. विचारात्मक; वैचारिक 4. जो बुद्धि और चिंतन का विषय हो। [सं-पु.] बुद्धिजीवी।

बौना (सं.) [वि. 1. ठिगना 2. जो कद में छोटा हो 3. वामन। [सं-पु.] सामान्य लंबाई से बहुत कम लंबा व्यक्ति।

बौनापन [सं-पु.] 1. दूसरों की अपेक्षा छोटा होने का भाव 2. बौना होने का भाव।

बौर [सं-पु.] 1. आम के वृक्ष की मंजरी 2. फल में परिवर्तित होने वाला फूल।

बौरना [क्रि-अ.] 1. आम के पेड़ में मंजरी आना या निकलना; मौरना 2. फूलना 3. बौर से युक्त होना।

बौरा (सं.) [वि.] 1. विक्षिप्त; पागल; बावला 2. भोला-भाला 3. गूँगा 4. सीधा-सादा।

बौराई [सं-स्त्री.] पागलपन; सनक।

बौराना [क्रि-अ.] 1. बावला होना; गुस्से से पागल होना 2. उन्मुक्त होना।

बौराया (सं.) [वि.] 1. पागल जैसा 2. भटकता हुआ।

ब्याज (सं.) [सं-पु.] उधार दिए हुए रुपयों पर लिया जाने वाला धन या सूद।

ब्यात मारना [क्रि- स.] लात मारना; जानवरों द्वारा लात मारना।

ब्याना [क्रि-स.] मादा पशुओं का बच्चे को जन्म देना।

ब्यालू [सं-पु.] रात के समय का भोजन; ब्यारी।

ब्याहता (सं.) [वि.] (स्त्री) जो विवाह करके लाई गई हो; शादीशुदा; विवाहित।

ब्याहना [क्रि-स.] ब्याह करना।

ब्याहली [सं-स्त्री.] वह स्त्री जिसका हाल ही में विवाह हुआ हो; वधू; नववधू।

ब्याही (सं.) [सं-स्त्री.] वह स्त्री जिसका विवाह हो चुका हो; ब्याहता।

ब्यूटी पार्लर (अं.) [सं-पु.] वह स्थान जहाँ स्त्रियों को आकर्षक बनाने का काम किया जाता है।

ब्यूटीशियन (अं.) [सं-पु.] 1. वह जो किसी व्यक्ति के रूप-रंग को सँवारने के लिए साज-शृंगार या प्रसाधन करता है; (मेकअपमैन) 2. चेहरे और बालों को आकर्षक रूप देने वाला व्यक्ति 3. सज्जाकार; नाई; प्रसाधक।

ब्यूरो (अं.) [सं-पु.] (पत्रकारिता) देश की राजधानी व महत्वपूर्ण नगरों में समाचार समिति तथा समाचार पत्र के समाचार संग्रह केंद्र।

ब्योंचना [क्रि-अ.] 1. अचानक झटके से या मुड़ जाने से हाथ-पैर आदि की नस में खिंचाव होना; मोच आना 2. पीड़ा या सूजन होना। [क्रि-स.] मरोड़ना; मोच पैदा करना।

ब्योंडा [सं-पु.] वह लकड़ी जो दरवाज़े को बंद करके उसे खुलने से रोकने के लिए लगाई जाती है; अरगल।

ब्योंत (सं.) [सं-स्त्री.] 1. आय-व्यय का प्रबंध; व्यवस्था 2. आमदनी ख़र्च का हिसाब-किताब 3. काट-छाँट; अल्पव्यय 4. किसी काम को पूरा करने का ढंग; ढब; युक्ति; तरकीब 5. योजना 6. किफ़ायत बरतना 7. साधन या सामग्री की सीमा 8. पहनने का कपड़ा सिलने के लिए होने वाली काट-छाँट।

ब्योंतना [क्रि-स.] पहनने का कपड़ा सिलने के लिए कपड़ा नापकर काटना-छाँटना।

ब्योरन [सं-स्त्री.] 1. वह बात जो विवरण या ब्योरा के साथ बताई जाए; ब्योरा 2. केशों को सुलझाने-सँवारने की क्रिया 3. सिर के बाल सँवारकर बाँधने का ढंग।

ब्योरना [क्रि-स.] 1. कोई बात ब्यौरे के साथ बताना 2. अस्पष्ट बात को साफ़-साफ़ कहना; छिपे हुए तथ्य को सामने रखना 3. गुँथे हुए तार या सूत आदि को सुलझाना 4. उलझे हुए बालों को सुलझाना। [क्रि-अ.] 1. (किसी बात पर) अच्छी तरह विचार करना 2. सोचना-समझना।

ब्योरा [सं-पु.] 1. विवरण 2. एक-एक बात को अलग-अलग कहना 3. तफ़सील 4. कच्चा-चिट्ठा।

ब्योरेबाज़ (हिं.+फ़ा.) [वि.] 1. युक्ति से काम करने वाला 2. चालाक; धूर्त।

ब्योरेवार [क्रि.वि.] 1. ब्योरे के साथ 2. विस्तारपूर्वक; विवरण युक्त 3. एक-एक बात का उल्लेख करते हुए।

ब्यौरा (सं.) [सं-पु.] दे. ब्योरा।

ब्रज (सं.) [सं-पु.] ब्रज, मथुरा और वृंदावन के आसपास का क्षेत्र।

ब्रजबाला (सं.) [सं-स्त्री.] 1. ब्रज की युवती; ब्रज की बाला 2. गोपी 3. ब्रज सुंदरी।

ब्रजबिहारी (सं.) [सं-पु.] 1. ब्रज में विहार करने वाला 2. कृष्ण।

ब्रजभाषा (सं.) [सं-स्त्री.] 1. ब्रज क्षेत्र की भाषा 2. हिंदी की एक बोली।

ब्रजमंडल (सं.) [सं-पु.] ब्रज के आसपास का क्षेत्र।

ब्रजवासी (सं.) [सं-पु.] ब्रज क्षेत्र का निवासी या रहने वाला।

ब्रजेंद्र (सं.) [सं-पु.] 1. ब्रज का स्वामी; ब्रज का राजा 2. कृष्ण।

ब्रजेश (सं.) [सं-पु.] ब्रज के ईश्वर; कृष्ण।

ब्रश (अं.) [सं-पु.] 1. रँगाई-पुताई या सफ़ाई में प्रयोग की जाने वाली एक बड़ी रोएँदार कूँची 2. तूलिका।

ब्रह्म (सं.) [सं-पु.] 1. ईश्वर; परमात्मा 2. आत्मा 3. ब्राह्मण 4. जगत का मूल तत्व।

ब्रह्म गाँठ [सं-पु.] 1. यज्ञोपवीत की गाँठ 2. लंबी व सुदृढ़ गाँठ।

ब्रह्मकन्या (सं.) [सं-स्त्री.] 1. सरस्वती; ब्रह्मा की कन्या 2. ब्रह्मीबूटी।

ब्रह्मकुंड (सं.) [सं-पु.] एक सरोवर।

ब्रह्मचर्य (सं.) [सं-पु.] 1. संसारिक बंधनों से दूर रहकर सात्विक जीवन बिताना 2. वीर्यरक्षा; अष्टविध मैथुनों से बचने का व्रत 3. ब्रह्म के साक्षात्कार की साधना 4. योग में एक प्रकार का यम।

ब्रह्मचारी (सं.) [सं-पु.] 1. ब्रह्मचर्य का पालन करने वाला और सात्विक जीवन बिताने वाला व्यक्ति 2. वह व्यक्ति जो ब्रह्मचर्य आश्रम में रहता हो 3. ब्रह्मचर्य व्रत धारण करने वाला व्यक्ति।

ब्रह्मज्ञान (सं.) [सं-पु.] 1. ब्रह्म के बारे में होने वाला ज्ञान 2. उपनिषद 3. तत्वबोध का ज्ञान; परमतत्व का ज्ञान 4. प्रकृति ज्ञान 5. परमार्थिक सत्ता का ज्ञान।

ब्रह्मत्व (सं.) [सं-पु.] 1. ब्रह्म का सच्चा ज्ञान 2. ब्राह्मण का भाव 3. ब्रह्म का भाव।

ब्रह्मनिष्ठ (सं.) [वि.] 1. ब्रह्मज्ञान से युक्त; ब्रह्म चिंतन में लीन 2. ब्रह्म के प्रति निष्ठा रखने वाला।

ब्रह्मपद (सं.) [सं-पु.] 1. ब्रह्मत्व 2. अमरपद; मोक्ष; निर्वाण।

ब्रह्मपुत्र (सं.) [सं-पु.] 1. असम में बहने वाली एक नदी जिसका उद्गम स्थल हिमालय क्षेत्र में मानसरोवर है 2. (पुराण) ब्रह्मा का पुत्र 3. नारद।

ब्रह्मभोज (सं.) [सं-पु.] बहुत से ब्राह्मणों को एक साथ भोजन कराना।

ब्रह्मयज्ञ (सं.) [सं-पु.] विधिपूर्वक वेदों का अध्ययन-अध्यापन।

ब्रह्मयोग (सं.) [सं-पु.] 1. ब्रह्मज्ञान की साधना 2. ब्रह्म साक्षात्कार हेतु की जाने वाली समाधि 3. (संगीत) अठारह मात्राओं का एक ताल।

ब्रह्मराक्षस (सं.) [सं-पु.] 1. (मिथक) मृत्यु के उपरांत प्रेतयोनि प्राप्त करने वाला ब्राह्मण 2. शिव का एक गण।

ब्रह्मर्षि (सं.) [सं-पु.] 1. वह ऋषि जिसे ब्रह्म या तत्व का ज्ञान हो गया हो; ब्रह्म ऋषि 2. वशिष्ठ आदि मंत्रद्रष्टा ऋषि।

ब्रह्मलेख (सं.) [सं-पु.] 1. (पुराण) मनुष्य के ललाट पर ब्रह्मा द्वारा लिखी गई भाग्यसूचक पंक्तियाँ 2. (लोकमान्यता) ऐसा लेख जो कभी मिथ्या नहीं हो सकता।

ब्रह्मलोक (सं.) [सं-पु.] 1. ब्रह्मा का निवास स्थान 2. मोक्ष; निर्वाण।

ब्रह्मवाद (सं.) [सं-पु.] 1. एक सिद्धांत जिसके अनुसार संपूर्ण विश्व ब्रह्म से निकला है और उसी के शक्ति से चल रहा है 2. वेदांत।

ब्रह्मवादी (सं.) [वि.] 1. ब्रह्म को मानने वाला; ब्रह्मवाद संबंधी 2. परम तत्ववादी; अध्यात्मवादी 3. वेदों को पढ़ने-पढ़ाने वाला; वेदांती 4. ब्रह्म का अनुयायी 5. समस्त विश्व को ब्रह्मस्वरूप मानने वाला।

ब्रह्मविद (सं.) [वि.] 1. ब्रह्म के संबंध में ज्ञान रखने वाला; ब्रह्मज्ञानी; आध्यात्मिक 2. वेदार्थज्ञाता।

ब्रह्मविद्या (सं.) [सं-स्त्री.] 1. विद्या जिसके द्वारा ब्रह्म का ज्ञान हो 2. अध्यात्मविद्या 3. उपनिषद्।

ब्रह्मवृक्ष (सं.) [सं-पु.] 1. गूलर 2. पलाश।

ब्रह्मसभा (सं.) [सं-स्त्री.] 1. ब्रह्म की सभा 2. ब्राह्मणों की सभा।

ब्रह्मसमाज (सं.) [सं-पु.] 1. ब्राह्मण समाज 2. एक संप्रदाय जिसके प्रवर्तक बंगाल के राजा राममोहन राय थे।

ब्रह्मा (सं.) [सं-पु.] 1. (पुराण) विधाता; प्रजापति 2. हिंदू धर्म में त्रिदेव में से पहले देव।

ब्रह्मांड (सं.) [सं-पु.] संपूर्ण विश्व; विश्वगोलक।

ब्रह्मांडकी (सं.) [सं-स्त्री.] ब्रह्मांड की संरचना तथा उसमें तारों-नक्षत्रों के बनने और उनकी गति आदि का अध्ययन करने का विज्ञान; (कॉस्मोलॉजी।)

ब्रह्मांडविज्ञान (सं.) [सं-पु.] विज्ञान की वह शाखा जिसमें समस्त ब्रह्मांड की संरचना तथा पिंडों की गति का अध्ययन किया जाता है।

ब्रह्मांडीय (सं.) [वि.] 1. जो ब्रह्मांड में विद्यमान हो 2. ब्रह्मांड से संबंधित; ब्रह्मांड का।

ब्रह्मानंद (सं.) [सं-पु.] 1. ब्रह्मज्ञान से उत्पन्न अनुभूति या आत्मतृप्ति 2. ब्रह्म स्वरूप के साक्षात्कार का आनंद।

ब्रह्मानंदसहोदर (सं.) [सं-पु.] ब्रह्मानंद के समान।

ब्रह्मार्पण (सं.) [सं-पु.] अपने किए कर्मों का फल परमात्मा को अर्पित करने की क्रिया।

ब्रह्मास्त्र (सं.) [सं-पु.] 1. कभी विफल न होने वाला अस्त्र 2. ब्रह्म शक्ति से युक्त माना जाने वाला अस्त्र।

ब्रह्मी (सं.) [सं-स्त्री.] ब्राह्मी।

ब्रह्मीभूत (सं.) [वि.] 1. जो ब्रह्म में लीन हो गया हो 2. मृत; स्वर्गीय।

ब्रह्मोपदेश (सं.) [सं-पु.] वेद या ब्रह्मज्ञान की शिक्षा।

ब्रह्मोस (सं.+रू.) [सं-स्त्री.] लंबी दूरी की मार करने वाली एक सुपरसोनिक क्रूज़ मिसाइल।

ब्रा (अं.) [सं-पु.] स्त्रियों द्वारा ब्लाउज़ के नीचे पहना जाने वाला एक अंत:वस्त्र।

ब्रांच (अं.) [सं-स्त्री.] शाखा।

ब्रांड (अं.) [सं-पु.] 1. मार्का 2. दाग; छाप 3. प्रकार; किस्म।

ब्रांडी (अं.) [सं-पु.] जौ या गेहूँ से बनी शराब।

ब्रांडेड (अं.) [वि.] 1. मार्का युक्त 2. ट्रेडमार्क सहित।

ब्राउज़र (अं.) [सं-पु.] एक कंप्यूटर प्रोग्राम जो टेलीफ़ोन तारों के द्वारा छवियों, चित्रों, तथा अनेक जानकारियों को कंप्यूटर पर दर्शाता है।

ब्राह्म (सं.) [वि.] 1. ब्रह्म का; ब्रह्म से संबंधित 2. ईश्वरीय 3. वेदीय। [सं-पु.] 1. हिंदुओं में धर्मशास्त्र के अनुसार विवाह का एक ढंग 2. ब्रह्म पुराण 3. नक्षत्र।

ब्राह्मण (सं.) [सं-पु.] 1. हिंदुओं में वर्णव्यवस्था के अंतर्गत चार वर्णों में पहला वर्ण 2. उक्त वर्ण का व्यक्ति।

ब्राह्मणत्व (सं.) [सं-पु.] ब्राह्मण होने का पद, धर्म या भाव; ब्राह्मणपन।

ब्राह्मणवाद (सं.) [सं-पु.] 1. वह मत या विचारधारा जिसमें हिंदू धर्म में प्रचलित वर्णव्यणवस्था में विश्वास करते हुए जन्म

आधारित वंश, जाति तथा वर्ण की श्रेष्ठणता को समीचीन माना जाता है 2. उक्त के आधार पर धार्मिक कर्मकांडों में विश्वास करने वाली विचारधारा।

ब्राह्मणवादी (सं.) [वि.] 1. ब्राह्मणवाद का समर्थक 2. ब्राह्मणवाद संबंधी।

ब्राह्ममुहूर्त (सं.) [सं-पु.] सूर्योदय के ठीक पहले दो घड़ी का समय जो हिंदुओं में पवित्र तथा शुभ माना जाता है; प्रात:काल।

ब्राह्मी (सं.) [सं-स्त्री.] 1. आयुर्वेद में एक स्मरणशक्ति में वृद्धि करने वाली औषधि 2. एक प्राचीन लिपि जिससे देवनागरी, बंगला तथा अन्य आधुनिक लिपियों की उत्पत्ति हुई है 3. वाणी 4. ब्रह्मा की शक्ति 5. रोहिणी नक्षत्र।

ब्रिगेडियर (अं.) [सं-पु.] थल सेना में एक उच्च पद; ब्रिगेड का नायक।

ब्रिज (अं.) [सं-पु.] 1. पुल; सेतु 2. ताश में एक प्रकार का खेल।

ब्रिटिशराज (अं.+हिं.) [सं-पु.] अँग्रेज़ी हुकूमत।

ब्रेक (अं.) [सं-पु.] 1. वाहन आदि की गति को कम करने या रोकने वाला उपकरण यंत्र 2. विराम 3. संबंध विच्छेद 4. अवरोध; अंतराल 5. टेलीविज़न कार्यक्रम के दौरान विज्ञापन हेतु लिया गया समय।

ब्रेकर (अं.) [सं-पु.] 1. अवरोधक 2. तोड़ने वाला।

ब्रेकिंग न्यूज़ (अं.) [सं-पु.] समाचार प्रसारण के दौरान अचानक घटी किसी घटना का ख़बर के बीच में प्रसारण।

ब्रेड (अं.) [सं-पु.] रोटी; डबल रोटी।

ब्रेल (अं.) [सं-पु.] ब्रेल लिपि; नेत्रहीनों के लिए तैयार की गई एक लिपि।

ब्रेसलेट (अं.) [सं-स्त्री.] 1. कलाई में पहनने का आभूषण; कंगन; कंगना 2. चूड़ी 4. वलय।

ब्रॉडकास्ट (अं.) [सं-पु.] प्रसारण; ऑडियो-वीडियो के माध्यम से सूचना प्रसारित करना।

ब्रोकर (अं.) [सं-पु.] वह जो कुछ पारिश्रमिक लेकर लोगों को सौदा ख़रीदने या बेचने में सहायता देता हो; दलाल; (एजेंट)।

ब्लंडर (अं.) [सं-पु.] 1. भारी भूल; बड़ी गलती 2. बुरी तरह चूक जाना 3. बिना सोचे-समझे कह डालना 4. डगमगाना 5. कुप्रबंध करना।

ब्लड (अं.) [सं-पु.] 1. रक्त; ख़ून; लहू 2. {ला-अ.} वंश 3. नाता।

ब्लड बैंक (अं.) [सं-पु.] रक्त कोष; रक्त बैंक।

ब्लड शुगर (अं.) [सं-पु.] रक्तशर्करा; रुधिरशर्करा।

ब्लडग्रुप [सं-पु.] रक्त-समूह।

ब्लडप्रेशर (अं.) [सं-पु.] हृदय द्वारा परिसंचरित रक्त का धमनी आदि पर पड़ने वाला दबाव जो उचित मात्रा से कम या अधिक होने पर रोग या विकृति का सूचक होता है; रक्तदाब; रक्तचाप।

ब्लाउज़ (अं.) [सं-पु.] स्त्रियों द्वारा प्राय: साड़ी के साथ पहना जाने वाला एक वस्त्र; अंत:वस्त्र।

ब्लीचिंग पावडर (अं.) [सं-पु.] चूने और क्लोरीन की अभिक्रिया से बनाया जाने वाला सफ़ेद रवादार रसायन।

ब्लीडिंग (अं.) [सं-स्त्री.] शरीर के किसी अंग से होने वाला रक्तस्राव; ख़ून बहना।

ब्लेड (अं.) [सं-पु.] इस्पात से निर्मित पतला चौकोर पत्तर जिससे दाढ़ी बनाई जाती है।

ब्लैंक चेक (अं.) [सं-पु.] कोरा चेक; निरंक चेक।

ब्लैक (अं.) [वि.] 1. काला; स्याह; कृष्ण; साँवला 2. प्रकाश रहित; अंधकारमय 3. दुष्टतापूर्ण। [सं-पु.] 1. स्याह रंग 2. कालिमा।

ब्लैक मनी (अं.) [सं-स्त्री.] 1. अवैध रूप से इकट्ठा किया गया धन; काला धन 2. राज्य कर की चोरी या अन्य गैरकानूनी कार्यों से हासिल किया गया धन 3. वह धन जो गैरकानूनी तौर पर चोरी-छिपे अपने देश से बाहर के बैंकों में जमा किया जाता है।

ब्लैक मार्केट (अं.) [सं-पु.] 1. राज्य द्वारा लगाए गए कर से बचने के लिए अवैध रूप से होने वाला कारोबार या व्यवसाय 2. चोरबाज़ार 3. तस्करी करके माल बेचना; धोखाधड़ी का बाज़ार।

ब्लैकबोर्ड (अं.) [सं-पु.] श्यामपट; वह काली सतह या काले रंग का तख़्ता जिसपर शिक्षक चॉक से लिखते हैं।

ब्लैकमेल (अं.) [सं-पु.] 1. किसी को डरा-धमकाकर या किसी बात से विवश करके धन आदि हड़पना 2. धमकी; भयदोहन।

ब्लैकहोल (अं.) [सं-पु.] अंतरिक्ष में एक बहुत ही शक्तिशाली गुरुत्वाकर्षण शक्ति वाला वह पिंड या स्थान जो संपर्क में आने वाली हर छोटी-बड़ी वस्तु को यहाँ तक की प्रकाश को भी अपने अंदर अवशोषित कर लेता है इसलिए इसे विशालकाय काले रंग के छिद्र के रूप में माना जाता है; कृष्णविवर।

ब्लॉक (अं.) [सं-पु.] 1. किसी जनपद का प्रशासनिक स्तर पर विभाजित किया गया एक क्षेत्र; प्रखंड 2. चित्र, लिखावट आदि छापने का ठप्पा 3. किसी मकान का कोई पूर्ण खंड 4. चौकोर भूखंड; भूमिखंड 5. बहुत से घरों का समूह।

ब्लॉगिंग (अं.) [सं-स्त्री.] ब्लॉग लिखने, उसे साझा करने की प्रक्रिया।

भ

भ हिंदी वर्णमाला का व्यंजन वर्ण। उच्चारण की दृष्टि से यह द्वि-ओष्ठ्य, सघोष, महाप्राण स्पर्श है।

भँगरा [सं-पु.] 1. भाँग के पौधे के रेशों से बनाया हुआ मोटा कपड़ा 2. एक औषधि; भृंगराज।

भँगार [सं.पु.] 1. वर्षा का पानी भर जाने से ज़मीन में हो जाने वाला गड्ढा 2. कूड़ा-करकट; घास-फूस; रद्दी; कतवार 3. कुआँ बनाने से पहले खोदा जाने वाला गड्ढा। (सं.स्त्री.) कूड़ा-करकट।

भँगेड़ी [वि.] जिसे भाँग पीने की लत हो; रोज़ाना भाँग पीने वाला; भंगड़।

भँजना (सं.) [क्रि-अ.] भग्न होना; टूटना; टुकड़े-टुकड़े होना।

भँजनी [सं-स्त्री.] 1. सम्मिलित खेती में अपनी बारी से काम करने वाला किसान; भँजैत 2. एक प्रकार का अतरावन।

भँजाई [सं-स्त्री.] 1. भाँजने की क्रिया या भाव 2. भाँजने का पारिश्रमिक 3. रुपयों या सिक्कों आदि को भुनाने के लिए दी जाने वाली राशि; भुनाई 4. कागज़ को परतों में मोड़ने की क्रिया।

भँजाना [क्रि-स.] 1. भाँजने या तोड़ने का काम कराना; भाँजने में प्रवृत्त करना; भँजवाना 2. तुड़वाना 3. नोट या सिक्कों को भुनाना।

भँड़ताल [सं-पु.] नाच के साथ ताली बजा-बजाकर होने वाला गान जिसमें एक व्यक्ति गाता है और शेष लोग तालियाँ बजाते हैं; भँड़तिल्ला।

भँड़रिया [वि.] 1. ढोंगी; पाखंडी 2. धूर्त; चालाक।

भँड़ैती [सं-स्त्री.] 1. भाँड़ों का पेशा या काम 2. भाँड़ों का-सा व्यवहार; भाँड़ों जैसा हास-परिहास 3. ख़ुशामद भरी बातचीत 4. तुच्छ या हेय बातचीत।

भँड़ौआ [सं-पु.] 1. भाँड़ों के गीत 2. हास्य से परिपूर्ण फूहड़ कविता। [वि.] 1. अभद्र; अप्रिय 2. अशोभनीय; असंस्कृत 3. भौंडा; भदेस 4. तड़कभड़कदार; प्रदर्शनीय।

भँभीरी [सं-स्त्री.] 1. पीलापन लिए हुए कुछ लंबा पारदर्शी पंखों वाला कीट-पतंगा 2. ख़ूब तेज़ चक्कर काटने वाला फिरकी नामक खिलौना।

भँभोड़ना [क्रि-स.] दाँतों से पकड़कर क्षत-विक्षत करना; नोचना; चीथना; खसोटना; काटना, जैसे- शेर द्वारा हिरन आदि को भँभोड़ना।

भँवर (सं.) [सं-पु.] 1. भँवरा; भ्रमर 2. आवर्त; घुमरी; चक्र; जलावर्त 3. संकटावस्था।

भँवरजाल [सं-पु.] 1. भ्रम का आवरण; भ्रमजाल; भँवर 2. मायाजाल; सांसारिक उलझनें या झगड़े 3. खटराग; भूलभुलैया 4. दुर्भाग्यचक्र।

भँवरा [सं-पु.] एक गाढ़े रंग का पंख वाला कीड़ा जो फलों का रस लेता है; भेंड़ा।

भँवरी [सं-स्त्री.] 1. नदी आदि में पानी का तेज़ घुमाव या चक्कर; भँवर; घेरा 2. भ्रामरी; भौंरी 3. भाँवर या अग्नि परिक्रमा (विवाह)।

भंकार (सं.) [सं-पु.] 1. नगाड़े की ध्वनि; भनभनाहट 2. घोर या भीषण आवाज़; भयंकर शब्द; विकट शब्द।

भंग (सं.) [सं-पु.] 1. खंडित होना; टूटना 2. विघटन; खंड 3. ध्वंस; नाश 4. कुटिलता; टेढ़ापन। [सं.स्त्री.] भांग।

भंगड़ [वि.] जिसे भाँग पीने की लत हो; भाँग का नशा करने वाला; भँगेड़ी।

भंगरगार (सं.+फ़ा.) [सं-पु.] 1. वह स्थान जहाँ किसी काम में आने वाली बहुत-सी वस्तुएँ रखी जाती हैं; भंडार; भंडारघर; गोदाम; (स्टोर) 2. ख़ज़ाना; कोष।

भंगिमा (सं.) [सं-स्त्री.] 1. कला पूर्ण शारीरिक मुद्रा 2. स्त्रियों के हाव-भाव या कोमल चेष्टाएँ 3. कुटिलता; वक्रता।

भंगी [सं-पु.] संविधान में उल्लिखित एक अनुसूचित जाति। [वि.] भाँग छानने वाला।

भंगुर (सं.) [वि.] 1. भंग होने वाला; चोट पड़ने पर टूट-फूट जाने वाला, जैसे- काँच 2. नाशवान, जैसे- क्षण भंगुर शरीर।

भंगुरता (सं.) [सं-स्त्री.] 1. किसी ठोस पदार्थ का चोट लगने पर टूट-फूट जाने का गुण या भाव 2. वक्रता; टेढ़ापन।

भंजक (सं.) [वि.] 1. भंग करने वाला; तोड़-फोड़ करने वाला 2. ध्वंस करने वाला।

भंजन (सं.) [सं-पु.] 1. भंग करना; तोड़ना-फोड़ना 2. ध्वंस या नाश करना 3. फोड़े के व्रण या पस से होने वाली पीड़ा।

भंजना [क्रि-अ.] 1. भग्न करना; तोड़ना-फोड़ना; विखंडन करना; किसी पात्र आदि का टूट-फूट जाना; खंडन करना 2. किसी बड़े सिक्के का छोटे-छोटे सिक्कों से बदला जाना; भुनना।

भंजनीय (सं.) [वि.] जिसे तोड़ा जा सके; तोड़ने के लायक।

भंजी [वि.] 1. भंजन करने वाला; तोड़ने वाला 2. नष्ट करने वाला।

भंड (सं.) [सं-पु.] अपशब्द या अश्लील शब्दों का प्रयोग करने वाला व्यक्ति; भाँड़। [वि.] 1. अश्लील या गंदी बातें करने वाला; निर्लज्ज; बेशरम 2. धूर्त; पाखंडी।

भंडक (सं.) [सं-पु.] खिंडरिच नामक पक्षी।

भंडता (सं.) [सं-स्त्री.] 1. भाँड़ों का काम 2. भाँड़ों जैसा व्यवहार या चेष्टा 3. ओछा हास-परिहास; तुच्छ हँसी-ठिठोली 4. मन में उत्पन्न होने वाली बुरी चेतना।

भंडना [क्रि-स.] 1. क्षति या हानि पहुँचाना 2. बिगाड़ना; नष्ट करना 3. ख़राब या गंदा करना 4. तोड़ना-फोड़ना 5. किसी की बुराई करते फिरना 6. बदनाम करना। [क्रि-अ.] भटकना।

भंडर (सं.) [सं-पु.] धूर्त; पाखंडी।

भंडरिया [सं-स्त्री.] 1. दीवार में बनी हुई आलमारी 2. पल्लेदार ताखा 3. छोटी कोठरी। [सं-पु.] भड्डर। [वि.] पाखंडी।

भंडा [सं-पु.] 1. बरतन; पात्र 2. भंडार 3. रहस्य; भेद। [मु.] -**फूटना** : रहस्य प्रकट होना; भेद खुलना।

भंडाफोड़ [सं-पु.] 1. गोपनीय बात का प्रकट हो जाना 2. भेद प्रकट हो जाना; रहस्य प्रकट हो जाना।

भंडार (सं.) [सं-पु.] 1. खाद्य सामग्री को एकत्र कर रखने का स्थान; बहुत-सी वस्तुओं को रखने या जमा करने का कमरा; गोदाम; (स्टोर) 2. बेचने की वस्तुओं को जमा करने तथा सुरक्षित रखने का कमरा या भवन; (स्टॉक) 3. कोष; ख़ज़ाना।

भंडारकर्मी [सं-पु.] गोदाम में काम करने वाला व्यक्ति; (स्टोरकीपर)।

भंडारगृह (सं.) [सं-पु.] 1. घर का वह स्थान जहाँ अन्न, धन एवं अन्य वस्तु को रखा जाता है; कोषागार; अन्नागार 2. अग्निकोण।

भंडारघर (सं.) [सं-पु.] 1. सामान रखने की जगह 2. अन्न रखने का स्थान।

भंडारण [सं-पु.] 1. कंप्यूटर में सूचनाएँ जमा करना 2. वस्तुओं का संचयन 3. भंडार; ढेर।

भंडारपाल (सं.) [सं-पु.] 1. विविध वस्तुओं के संग्रह या भंडार की निगरानी करने वाला कर्मचारी; (स्टॉकिस्ट) 2. भंडार का स्वामी।

भंडारा [सं-पु.] 1. भोज 2. साधुओं का भोज 3. भंडार 4. समूह; झुंड।

भंडारित (सं.) [वि.] 1. जिसका भंडारण किया जा चुका हो; संगृहीत; संकलित 2. भंडारगृह में जमा किया हुआ।

भंडारी [सं-पु.] 1. भंडार का रक्षक तथा निगरानी कर्ता; भंडार का प्रबंध करने वाला अधिकारी; भंडारपाल 2. रसोइया 3. कोषाध्यक्ष। [सं-स्त्री.] छोटी कोठारी।

भंभकड़ा [सं-पु.] 1. बड़ा सूराख़ 2. छिद्र 3. दीवार आदि में फोड़कर बनाया गया दरवाज़ा।

भंभलो [सं-पु.] मूर्ख।

भई [अव्य.] बोलचाल में 'भाई' या बराबर की उम्रवालों के लिए प्रयोग किया जाने वाला संबोधन, जैसे- भई वाह! तुमने तो अच्छी कविता लिखी है।

भक (सं.) [सं-स्त्री.] 1. आग के एकाएक तेज़ जलने या भभकने से होने वाला शब्द 2. सहसा भस्म होना।

भकभक [सं-स्त्री.] 1. एक अंतराल के बाद दिखने वाली चमक 2. रह-रहकर तेज़ी से निकलने वाले धुएँ का शब्द।

भकभकाना [क्रि-अ.] 1. तुरंत तेज़ी से जलने की क्रिया; 'भक-भक' ध्वनि करके जलना 2. रह-रह कर चमकना।

भकुआ [वि.] 1. मूढ़; मूर्ख 2. घबराया हुआ। दे. भकुवा।

भकुआना [क्रि-अ.] 1. मूर्ख बनना 2. घबरा जाना 3. भौचक्का होना 4. चकपकाना। [क्रि-स.] 1. किसी को भकुआ बनाना; बेवकूफ़ बनाना 2. घबराहट में डालना।

भकोसना [क्रि-स.] 1. जल्दी-जल्दी खाना; ठूँसना 2. {ला-अ.} किसी की संपत्ति हज़म कर जाना।

भकोसू [वि.] हज़म करने वाला; भकोसने वाला।

भक्त (सं.) [वि.] 1. अनुगामी; अनुयायी 2. उपासक; सेवक 3. अनुगत; भक्तियुक्त 4. अनुरागी; वफ़ादार।

भक्तगण (सं.) [सं-पु.] श्रद्धालु; सेवक; उपासक।

भक्तवत्सल (सं.) [वि.] 1. जो भक्तों पर अनुग्रह या कृपा करता हो 2. भक्तों पर स्नेह करने वाला। [सं-पु.] विष्णु।

भक्ति (सं.) [सं-स्त्री.] 1. उपासना; आराधना 2. सेवा 3. आस्था; श्रद्धा 4. अनुराग।

भक्तिकाल (सं.) [सं-पु.] हिंदी साहित्य के विकास का एक चरण; भक्तियुग; भक्ति का समय।

भक्तिकाव्य (सं.) [सं-पु.] मध्यकाल में भक्तकवियों द्वारा रचित भक्तिभाव का साहित्य।

भक्तिन (सं.) [सं-स्त्री.] 1. ईश्वर के प्रति अनुराग रखने वाली स्त्री 2. उपासिका; तपस्विन; योगिन 3. भिक्षुणी।

भक्तिपूर्ण (सं.) [वि.] भक्तिमय।

भक्तिपूर्वक (सं.) [क्रि-अ.] भक्तिसहित।

भक्तिप्रवण (सं.) [वि.] 1. भक्ति में लीन; पूजाभावी 2. जिसमें भक्ति का गहन भाव हो।

भक्तिभाजन (सं.) [वि.] जो भक्ति का पात्र हो; भक्ति के योग्य; श्रद्धेय; पूजनीय।

भक्तिभाव (सं.) [सं-पु.] 1. भक्ति में लीन होने की अवस्था; भक्तिभावना 2. पूजा-अर्चना; भजन-कीर्तन।

भक्तिमय (सं.) [वि.] भक्तिपूर्ण; भक्ति-भाव से परिपूर्ण; भक्तियुक्त।

भक्तिमान (सं.) [वि.] जिसके मन में भक्ति हो; भक्तियुक्त।

भक्तिमार्ग (सं.) [सं-पु.] ईश्वर-दर्शन या मोक्ष प्राप्ति के तीन मार्गों में से एक।

भक्तियुक्त (सं.) [वि.] 1. भक्तिमय; श्रद्धापूर्ण 2. विनीत; नम्र।

भक्तियोग (सं.) [सं-पु.] भक्ति के द्वारा ईश्वर को प्राप्त करने की साधना।

भक्तिरस (सं.) [सं-पु.] ईश्वर के प्रति उत्कृष्ट अनुराग।

भक्तिल (सं.) [वि.] विश्वसनीय; वफ़ादार; निष्ठावान।

भक्तिहीन (सं.) [वि.] 1. निष्ठाहीन 2. विश्वासघाती; झूठा; बेईमान 3. अविश्वासी; अविश्वसनीय।

भक्ष (सं.) [सं-पु.] आहार; भोजन; भक्ष्य; खाद्यपदार्थ।

भक्षक (सं.) [वि.] 1. भक्षण करने वाला; खा जाने वाला 2. स्वार्थ के लिए किसी का सर्वनाश करने वाला।

भक्षण (सं.) [सं-पु.] 1. भोजन करना; खाना 2. आहार; भोजन

3. दाँत से काटकर खाना।

भक्षित (सं.) [वि.] 1. खाया हुआ 2. समाप्त या ख़त्म किया हुआ 3. अशेष। [सं-पु.] आहार; भोजन।

भक्षी (सं.) [वि.] खाने वाला; आहारी।

भक्ष्य (सं.) [वि.] जो खाया जा सके; खाने योग्य; आहार्य। [सं-पु.] खाने-पीने का पदार्थ; खाद्य; आहार; भोजन।

भक्ष्यकार (सं.) [सं-पु.] 1. पाचक 2. रसोइया।

भक्ष्याभक्ष्य (सं.) [वि.] खाद्य और अखाद्य (पदार्थ)।

भग (सं.) [सं-स्त्री.] स्त्री योनि। [सं-पु.] 1. ऐश्वर्य; कीर्ति 2. सूर्य 3. चंद्रमा 4. मोक्ष 5. धन 6. इच्छा; कामना।

भगंदर (सं.) [सं-पु.] गुदावर्त के किनारे होने वाला फोड़ा जो फूटने पर नासूर हो जाता है।

भगण (सं.) [सं-पु.] 1. (खगोल विज्ञान) ग्रहों का 3{0 अंशों का पूरा चक्कर 2. शशिमंडल; नक्षत्र मंडल 3. (छंदशास्त्र) एक नियम जिसमें एक वर्ण गुरु और दो वर्ण लघु होते हैं, जैसे- पावस।

भगत (सं.) [सं-पु.] 1. भक्त 2. तंत्र-मंत्र से भूत-प्रेत झाड़ने वाला व्यक्ति; ओझा 2. एक प्रकार की जाति; भगतिया 3. होली में किया जाने वाला एक प्रकार का स्वाँग। [वि.] भक्ति करनेवाला।

भगतिया [सं-पु.] गाने-बजाने का काम करने वाली राजस्थान की एक जाति।

भगदड़ [सं-स्त्री.] बहुत से लोगों का बदहवास होकर इधर-उधर भागना।

भगवत (सं.) [सं-पु.] परमेश्वर; भगवान।

भगवद (सं.) [सं-पु.] दे. भगवत।

भगवदीय (सं.) [वि.] भगवद से संबंधित; भगवान संबंधी। [सं-पु.] भगवान का भक्त।

भगवद्गीता (सं.) [सं-स्त्री.] 1. कृष्ण द्वारा अर्जुन को दिया गया ज्ञान 2. भक्ति और कर्मयोग-विषयक उपदेश 3. एक महाग्रंथ जो महाभारत ग्रंथ का एक महत्वपूर्ण अंश है।

भगवद्भक्ति (सं.) [सं-स्त्री.] भगवान या ईश्वर की आराधना; प्रभु की भक्ति।

भगवद्विग्रह (सं.) [सं-पु.] भगवान की मूर्ति; देवता की प्रतिमा।

भगवन (सं.) [सं-पु.] ईश्वर; परमात्मा।

भगवा [सं-पु.] 1. गेरुआ रंग; हलका पीलापन लिए हुए लाल रंग 2. उक्त रंग में रँगा हुआ वस्त्र। [वि.] गेरुआ रंग का; उदय होते समय सूर्य के रंग का।

भगवाकरण (सं.) [सं-पु.] 1. भगवा रंग से संबंधित धर्म का प्रचार-प्रसार करना 2. हिंदू धर्म, परंपरा और संस्कृति के अनुरूप ढालने की क्रिया 3. धार्मिक राष्ट्रवाद के प्रति आग्रह का भाव।

भगवाधारी [सं-पु.] भगवा वस्त्र धारण करने वाला व्यक्ति। [वि.] 1. जो भगवा वस्त्र धारण करता हो 2. वह जो धार्मिक राष्ट्रवाद के प्रति आग्रही हो।

भगवाध्वज (सं.) [सं-पु.] 1. हिंदू धर्म से संबंधित भगवा रंग का झंडा 2. हिंदू राष्ट्रवाद के प्रतीक के रूप में माना जाने वाला ध्वज; भगवा पताका।

भगवान (सं.) [सं-पु.] ईश्वर; परमात्मा; ख़ुदा। [वि.] ऐश्वर्यशाली; पूज्यमान।

भगाऊ [वि.] 1. भगाने वाला 2. हटाने या दूर करने वाला, जैसे- रोग भगाऊ।

भगाना (सं.) [क्रि-स.] 1. दूर करना; हटाना 2. डराना; दौड़ाना 3. खदेड़ना; दुतकारना।

भगिनी (सं.) [सं-स्त्री.] सहोदरा; बहन।

भगीरथ (सं.) [सं-पु.] (पुराण) एक सूर्यवंशी राजा दिलीप के पुत्र जिन्होंने घोर तप करके स्वर्ग से गंगा नदी की अवतारणा कराई थी।

भगोंहाँ (सं.) [वि.] 1. भागने को तैयार रहने वाला; भगोड़ा 2. कायर; डरपोक 3. भगवा रंग में रँगा हुआ; गेरुआ।

भगोड़ा [वि.] 1. भागा हुआ 2. कायर; डरपोक 3. पलायनवादी 4. ऐसा व्यक्ति जो धोखा देकर कानून के दायरे से भाग जाए।

भगौना [सं-पु.] एक प्रकार का बरतन जो गहरा और गोलाकार होता है और जिसके ऊपर का किनारा मुड़ा होता है; बहुगुना।

भग्न (सं.) [वि.] 1. नष्ट; चूर-चूर किया हुआ 2. खंडित; टूटा हुआ 3. हताश 4. हराया हुआ; पराजित।

भग्नचित्त (सं.) [वि.] जिसका हृदय भग्न हो गया हो; निराश; उदास।

भग्नचेष्ट (सं.) [वि.] असफल होकर कर्म या चेष्टा से विरत हो जाने वाला; निराश; निरुत्साह।

भग्नदूत (सं.) [सं-पु.] युद्ध में पराजय होने की सूचना लाने वाला दूत।

भग्नमना (सं.) [वि.] जिसका मन टूट गया हो; जो निराश हो; भग्नहृदय; हतोत्साह।

भग्नमनोरथ (सं.) [वि.] जिसका मनोरथ असफल हो गया हो; विफल मनोरथ; पराजित; नाकाम।

भग्नमान (सं.) [वि.] 1. जिसका मान नष्ट हो गया हो; अपमानित 2. अनादृत; तिरस्कृत।

भग्नश्री (सं.) [वि.] 1. जिसका वैभव या सुख नष्ट हो गया हो 2. जिसका सौंदर्य ख़त्म हो गया हो।

भग्नहृदय (सं.) [वि.] जिसका हृदय दुख के कारण टूट गया हो; खिन्नहृदय; हताश; दिलजला; मर्माहत; मनोव्यथित; निराश; उदास।

भग्नांश (सं.) [सं-पु.] 1. मूल पदार्थ या द्रव्य का कोई अलग किया हुआ भाग 2. समान भागों में विभाजित किसी संख्या का कोई भाग; (फ़्रैक्शन)।

भग्नावशेष (सं.) [सं-पु.] 1. किसी पुरानी या टूटी-फूटी इमारत, उजड़ी हुई बस्ती आदि का बचा हुआ अंश; अवशेष; खंडहर 2. किसी टूटी हुई वस्तु के बचे हुए टुकड़े।

भग्नाश (सं.) [वि.] जिसकी आशा या आस्था भग्न हो गई हो; निराश; हतोत्साह।

भचक [सं-स्त्री.] भचकने की क्रिया, अवस्था या भाव।

भचकना [क्रि-अ.] लँगड़ाते हुए चलना।

भजन (सं.) [सं-पु.] 1. उपासना; पूजा 2. ईश्वर की स्तुति

करना; माला जपना; गुणगान 3. भगवान या देवता आदि की स्तुति में रचित गीत या पद; पूजागीत; भक्तिगीत।

भजना (सं.) [क्रि-स.] 1. किसी देवता का नाम बार-बार कहना; दोहराना; रटना; भजन करना 2. ईश्वर और उसकी लीलाओं का स्मरण करना; गुणगान करना; स्तुति करना; जपना 3. किसी की सेवा-सुश्रुषा करना।

भजनानंदी (सं.) [वि.] 1. ईश्वर के गुणगान और भजन में लीन रहने वाला 2. भजन गाकर मस्त रहने वाला। [सं-पु.] भगवान को याद करने का आनंद।

भजनावली (सं.) [सं-पु.] भजनसंग्रह।

भजनी [वि.] 1. भजन-कीर्तन करने वाला; भजनिया 2. भजन गाने वाला। [सं-पु.] 1. गायक 2. भजनोपदेशक।

भजनीक [सं-पु.] 1. भजन गाकर उपदेश करने वाला; भजन गायक; संकीर्तनकार 2. उपासक; पुजारी।

भजनीय [वि.] जिसका भजन किया जाता हो; श्रद्धेय; पूजनीय; सम्माननीय।

भजनोपदेशक [सं-पु.] भजन करने वाला व्यक्ति; भजन गाकर उपदेश देने वाला व्यक्ति।

भट (सं.) [सं-पु.] 1. एक जाति 2. दास 3. योद्धा; सैनिक; सिपाही 4. पहलवान; मल्ल।

भटई [सं-स्त्री.] दूसरों की झूठी प्रशंसा; ख़ुशामद; चापलूसी।

भटक [सं-स्त्री.] 1. भटकने की क्रिया या भाव 2. इधर-उधर भ्रमण।

भटकटैया [सं-स्त्री.] दवा के काम आने वाला एक कँटीला पौधा; कटेरी।

भटकन [सं-स्त्री.] 1. भटकने या मारे-मारे फिरने का भाव; भटक 2. आवारागर्दी; भटकने से होने वाली परेशानी।

भटकना [क्रि-अ.] 1. रास्ता भूलना 2. भ्रम में पड़ना 3. व्यर्थ में इधर-उधर घूमते फिरना; मारे-मारे फिरना 4. बहकना; गुमराह होना।

भटकाना [क्रि-स.] 1. सही रास्ते से दूर करना; गुमराह करना; बहकाना; भरमाना; गलत रास्ता बताना 2. पथभ्रष्ट करना; मार्गच्युत करना 3. खोजवाना; ढूँढ़वाना।

भटनागर (सं.) [सं-पु.] ब्राह्मणों में एक कुलनाम या सरनेम।

भटबाँस [सं-स्त्री.] एक फली वाली लता, जिसकी फली से दाल एवं सत्तू दोनों निर्मित किए जाते हैं; भटनास।

भटभेरा [सं-पु.] 1. दो योद्धाओं का आपस में लड़ना; मुठभेड़; भिड़ंत 2. टक्कर; धक्का 3. रास्ते में हो जाने वाली मुलाकात।

भटा [सं-पु.] बैंगन।

भट्ट (सं.) [सं-पु.] 1. ब्राह्मणों में एक कुलनाम या सरनेम 2. (नाटक) योद्धा या राजा के लिए प्रयुक्त संबोधन 3. पंडित।

भट्टाचार्य (सं.) [सं-पु.] 1. बंगाली ब्राह्मणों में एक कुलनाम या सरनेम 2. दर्शनशास्त्र का पंडित; सम्मानित अध्यापक।

भट्टारक (सं.) [वि.] 1. मान्य; माननीय; पूज्य 2. कुलीन। [सं-पु.] 1. ज्ञानी; पंडित 2. ऋषि; तपस्वी 3. राजा; देवता।

भट्टारिका (सं.) [सं-स्त्री.] 1. सम्माननीय स्त्री; देवी 2. भद्र महिला।

भट्टी [सं-स्त्री.] पंजाबी समाज में एक कुलनाम; भट्ठी।

भट्ठा (सं.) [सं-पु.] 1. ईंटें पकाने का बड़ा आँवाँ; पकाने की बड़ी भट्ठी 2. गुड़ आदि पकाने का बड़ा कड़ाह; आँवाँ।

भट्ठी [सं-स्त्री.] 1. एक प्रकार का बड़ा चूल्हा जो कोयले से जलता है; तपेला 2. मद्य बनाने का स्थान।

भठियारख़ाना (हिं.+फ़ा.) [सं-पु.] 1. भठियारी का घर; सराय; धर्मशाला 2. (व्यंग्य) असमय लोगों की बैठक।

भठियारा [सं-पु.] 1. सराय का मालिक 2. खाने-पीने और ठहरने का प्रबंध करने वाला व्यक्ति।

भड़-भड़ [सं-स्त्री.] 1. कठोर और खोखली चीज़ों के टकराने की आवाज़ 2. हो हल्ला; बकबक।

भड़क [सं-स्त्री.] 1. भड़कने की अवस्था या भाव 2. तीव्र चमक 3. भड़कीलापन।

भड़कदार (हिं.+फ़ा.) [वि.] 1. चमकीला; जिसमें ख़ूब चमक-दमक हो; भड़कीला 2. अलंकृत; शब्दाडंबरपूर्ण।

भड़कना [क्रि-अ.] 1. सहसा ज़ोर से जल उठना; प्रज्वलित होना 2. उग्र होना 3. गरम होना; तमतमाना 4. आवेश में आना; उत्तेजित होना।

भड़कनी [वि.] चमकने वाली। [सं-स्त्री.] चमकने वाली गाय।

भड़काना [क्रि-स] 1. बढ़ावा देना 2. उत्तेजित करना 3. बहकाना; प्रज्वलित करना।

भड़कीला [वि.] चमकीला; भड़कदार।

भड़भड़ाना [क्रि-अ.] 'भड़-भड़' शब्द उत्पन्न होना। [क्रि-स.] 'भड़-भड़' शब्द उत्पन्न करना।

भड़भड़ाहट [सं-स्त्री.] किवाड़ों की आवाज।

भड़भड़िया [वि.] 1. डींगबाज़; बकवास करने वाला; बहुत बढ़-चढ़कर बातें करने वाला 2. अपने भेद की बातें दूसरों को बताने वाला 3. जल्दबाज़।

भड़भाँड़ [सं-पु.] एक कँटीला पौधा जिसके बीजों का तेल ज़हरीला होता है; सत्यनासी; घमेय।

भड़भाड़ [सं-पु.] एक काँटेदार पौधा जो फसल को हानि पहुँचाता है।

भड़भूजा [सं-पु.] अनाज भूनने का काम करने वाली एक हिंदू जाति; भुजवा; भुरजी।

भड़ास [सं-स्त्री.] 1. आवेश में आकर किसी पर प्रकट किया जाने वाला मानसिक असंतोष 2. मन में भरी बातें; गुबार। [मु.] **-निकालना** : अपना असंतोष प्रकट करना।

भड़ुआ [सं-पु.] 1. वह व्यक्ति जो वेश्याओं के दलाल के रूप में काम करता हो 2. सफ़रदाई; वेश्याओं के साथ सारंगी या तबला बजाने वाला व्यक्ति।

भड़ैत [वि.] 1. भाड़े पर रहने या बसने वाला; किराएदार; जिसने किसी की दुकान या मकान किराए पर लिया हो 2. भाड़े पर दूसरों का काम करने वाला।

भड़ौआ [सं-पु.] 1. भाँड़ों की तरह किसी का उपहास करने के लिए लिखी गई हास्यपूर्ण कविता 2. किसी और की कविता के अनुकरण पर बनाई गई हास्यपरक कविता; (पैरोडी)।

भड्डर (सं.) [सं-पु.] 1. ज्योतिष विद्या से भविष्य का अनुमान

बताकर और यात्रियों को मंदिर आदि में दर्शन कराकर आजीविका चलाने वाली ब्राह्मणों की एक जाति; भड्ड; भंडर 2. उक्त जाति का व्यक्ति।

भणन (सं.) [सं-पु.] 1. वार्तालाप; बातचीत 2. कथन; वाचन; कहना; वर्णन।

भणित (सं.) [वि.] कथित; जो कहा गया हो; कहा हुआ। [सं-स्त्री.] 1. उक्ति; बात 2. कही हुई बात। [सं-पु.] कथन; वर्णन।

भणिता (सं.) [सं-पु.] वक्ता; बोलने वाला। [सं-स्त्री.] किसी कविता में होने वाला कवि का उपनाम; छाप।

भणिति (सं.) [सं-स्त्री.] 1. कहावत; लोकोक्ति 2. कथन; वार्ता 3. उक्ति।

भतीजा (सं.) [सं-पु.] भाई का पुत्र।

भतुआ [सं-पु.] सफ़ेद कुम्हड़ा; पेठा।

भतुला [सं-पु.] आग पर पकाया या भूना हुआ आटे का पेड़ा; बाटी; लिट्टी।

भत्ता [सं-पु.] मूल वेतन के अतिरिक्त मिलने वाला धन, जैसे- यात्राभत्ता, मँहगाईभत्ता।

भद (सं.) [सं-स्त्री.] किसी वस्तु के ऊपर से गिरने की आवाज़।

भदंत (सं.) [वि.] 1. माननीय; पूज्य 2. भद्र; सज्जन; जो सम्मान के योग्य हो। [सं-पु.] बौद्ध भिक्षुक।

भदई [सं-स्त्री.] भादों के महीने में पकने वाली फ़सल। [वि.] 1. भादों का; भादों से संबंधित 2. भादों में होने वाला।

भदकैला [सं-पु.] कुछ धौरा, कुछ काला बादल।

भदभदाना [कि. स.] मक्का चावल आदि के भात की पकाने की आवाज।

भदरा [सं-पु.] 1. कचरा 2. अशुभ योग।

भदवारा [सं-पु.] भादों के महीने में बादल का अधिक दिनों तक घिरा रहना।

भदेस [वि.] 1. भद्दा; कुरूप 2. बुरा; दुष्ट। [सं-पु.] ऐसा देश जो जल वायु आदि के दृष्टि से खराब हो; खराब या बुरा देश।

भदौरिया [सं-पु.] क्षत्रिय समाज में कुलनाम। [वि.] भदावर प्रांत का।

भद्द [सं-स्त्री.] 1. उपहास की स्थिति; बेइज़्ज़ती 2. फ़जीहत; दुर्गति।

भद्दा [वि.] 1. बेढंगा; बेडोल 2. कुरूप; बदसूरत 3. अश्लील; फूहड़ 4. लज्जाजनक।

भद्र (सं.) [वि.] 1. शिष्ट; सभ्य; भला; शरीफ़ 2. सज्जन 3. छलहीन 4. विनम्र।

भद्रंकर (सं.) [वि.] शुभ; मंगलकारक; कल्याणकारी।

भद्रकारक (सं.) [वि.] मंगल या कल्याण करने वाला; शुभकारक।

भद्रकाली (सं.) [सं-स्त्री.] (पुराण) दुर्गा का एक रूप; काली की एक मूर्ति।

भद्रकाष्ठ (सं.) [सं-पु.] देवदारु नामक वृक्ष या उसकी लकड़ी।

भद्रकुंभ (सं.) [सं-पु.] किसी तीर्थ के स्वच्छ जल से भरा हुआ घट; स्वर्णघट; मंगलघट; भद्रघट।

भद्रजन (सं.) [सं-पु.] शिष्ट लोग; सभ्य लोग।

भद्रता (सं.) [सं-स्त्री.] सज्जनता; शालीनता; शिष्टता।

भद्रदंत (सं.) [सं-पु.] एक तरह का हाथी या गज।

भद्रनामा (सं.) [सं-पु.] खँड़रिच; खंजन; कठफोड़वा।

भद्रपुरुष [सं-पु.] शरीफ़ या शिष्ट व्यक्ति; सभ्य आदमी।

भद्रवान (सं.) [वि.] मंगलमय; कल्याणकारी। [सं-पु.] देवदारु नामक वृक्ष।

भद्रा (सं.) [सं-स्त्री.] 1. अनिष्टकर बात 2. बाधा; विघ्न 3. (ज्योतिष) एक अशुभ योग 4. अपमानजनक बात 5. {ला-अ.} फटकार; पिटाई।

भद्रासन (सं.) [सं-पु.] 1. राजा का सिंहासन 2. एक प्रकार का योगासन।

भनक [सं-स्त्री.] 1. मंद और अस्पष्ट ध्वनि 2. आभास 3. उड़ती हुई ख़बर।

भनभन [सं-स्त्री.] 1. भौंरे की गुंजन या आवाज़ 2. मंद ध्वनि; भनभनाहट। [क्रि-अ.] भनभन शब्द होना।

भनभनाना [क्रि-अ.] गुंजारना; भन-भन की आवाज़ करना।

भनभनाहट [सं-स्त्री.] 1. भन-भन करने की ध्वनि 2. धीमी या अस्पष्ट आवाज़।

भनसा [सं-पु.] रसोईघर।

भन्नाना [क्रि-अ.] शोर-शराबा; बेचैनी आदि के कारण सिर में परेशानी का अनुभव होना।

भपारा [सं-पु.] भाप; वाष्प।

भभक [सं-स्त्री.] 1. भभकने की अवस्था 2. तेज़ बदबू 3. भड़क जाना 4. तीव्र गरमी।

भभककर [सं-पु.] चमककर, ज्योतिष्मान होकर।

भभकना [क्रि-अ.] 1. तेज़ी से जल उठना; भड़कना 2. उबलना; दहकना 3. तेज़ बदबू आदि का अनुभव होना।

भभकी [सं-स्त्री.] झूठी धमकी; घुड़की।

भभरना [क्रि-अ.] 1. डरना; भयभीत होना 2. भ्रम में पड़ना; धोखा खाना 3. भूलना 4. घबरा जाना 5. रंगहीन होना; कांतिहीन होना 6. एकदम से गिरना; भहराकर ढह जाना।

भभरा [सं-पु.] किरौना; कीड़ा।

भभराना [कि. स.] जलते बालू के भाड़ में अनाज भूनना।

भभरी [सं-स्त्री.] मसालेदार गोल और भरी मोटी रोटी; लिट्टी।

भभूका [सं-पु.] 1. ज्वाला; आग की लपट 2. चिनगारी। [वि.] प्रज्वलित।

भभूत (सं.) [सं-स्त्री.] 1. वह भस्म जिसको शिव भक्त शरीर पर लगाते हैं 2. यज्ञ कुंड या धूनी की भस्म।

भभ्भड़ [सं-पु.] 1. भीड़-भाड़; झगड़ा-बखेड़ा 2. शोरगुल; हो-हल्ला 3. व्यर्थ का काम।

भय (सं.) [सं-पु.] 1. डर; ख़ौफ 2. ख़तरा। [मु.] **-खाना** : डरना।

भयंकर (सं.) [वि.] 1. डरावना; भयभीत करने वाला 2. भीषण।

भयंकरता [सं-स्त्री.] 1. भयावह होने का भाव 2. निर्दयता।

भयकंप (सं.) [सं-पु.] भय से उत्पन्न होने वाला कंपन या कँपकँपी; सनसनी; थर्राहट; दहल।

भयकारक (सं.) [वि.] डर पैदा करने वाला; भयभीत करने वाला।

भयकारी (सं.) [वि.] भयकारक; डराने वाला; कँपाने वाला।

भयग्रस्त (सं.) [वि.] 1. जिसके मन में किसी बात का भय या डर बैठा हो; भयभीत 2. जो किसी संभावित परिणाम से डर गया हो।

भयत्राता (सं.) [वि.] भय छुड़ाने वाला; परित्राता।

भयनाशक (सं.) [वि.] भय का नाश करने वाला; भयमुक्त करने वाला।

भयभीत (सं.) [वि.] 1. डरा हुआ 2. आतंकित।

भयहारी (सं.) [वि.] भय या डर दूर कर देने वाला।

भयाकुल [वि.] भय से घबराया हुआ; डरा हुआ; भयभीत।

भयातुर (सं.) [वि.] 1. जो भय से विकल हो; घबराया हुआ 2. डरा हुआ; भयभीत।

भयादोहन (सं.) [सं-पु.] 1. भय दिखाकर किसी से अनुचित लाभ प्राप्त करना 2. डरा-धमकाकर पैसे हड़पने या फ़ायदा उठाने की क्रिया; (ब्लैकमेल)।

भयानक (सं.) [वि.] 1. भय उत्पन्न करने वाला; डरावना; भयंकर 2. आतंकपूर्ण 3. उग्र।

भयावना [वि.] डरावना; भयानक।

भयावह (सं.) वि.] 1. जिसे देखने से डर लगे 2. ख़तरनाक; आतंकपूर्ण।

भर (सं.) [सं-पु.] एक जाति। [वि.] कुल; पूर्ण; पूरा; सब। [अव्यय] केवल; मात्र; सिर्फ़।

भर पोरसा [सं-पु.] डुबान; डूबने योग्य पानी की गहराई।

भरका [सं-पु.] 1. किसी नदी के किनारे की बंजर ऊबड़-खाबड़ भूमि जो कहीं-कहीं ऊँचे टीलों के रूप में होती है; बीहड़; खार 2. छोटा नाला; नाली 3. ज़मीन का टुकड़ा।

भरकी[1] [सं-स्त्री.] धान के पौधे में लगने वाला एक रोग; भरका।

भरकी[2] [सं-स्त्री.] 1. भुरभुरी (न जमने वाली मिट्टी) मिट्टीवाली जमीन; भरका 2. खड्ड; गड्ढा।

भरण (सं.) [सं-पु.] 1. पालन-पोषण 2. उत्पादन 3. भरणी नामक नक्षत्र 4. किसी वस्तु के ख़राब हो जाने पर की जाने वाली क्षतिपूर्ति। [वि.] भरण-पोषण करने वाला।

भरण-पोषण (सं.) [सं-पु.] किसी का इस प्रकार से पालन करना कि वह जीविका निर्वाह की चिंता से दूर रहे।

भरत (सं.) [सं-पु.] 1. (रामायण) कैकेयी के गर्भ से उत्पन्न राजा दशरथ के पुत्र 2. दुष्यंत और शकुंतला का पुत्र भरत जिसके नाम पर इस देश का नाम भारतवर्ष पड़ा 3. एक प्रसिद्ध मुनि जो नाट्यशास्त्र के प्रधान आचार्य माने जाते हैं 4. लवा या भारद्वाज पक्षी।

भरतखंड (सं.) [सं-पु.] 1. भारतवर्ष; भारत देश के लिए प्रयोग किया जाने वाला एक नाम 2. भारतवर्ष के अंतर्गत भू आदि का खंड।

भरतनाट्यम (सं.) [सं-पु.] दक्षिण भारत की एक शास्त्रीय नृत्य की शैली।

भरतपुत्र (सं.) [सं-पु.] अभिनेता; नट।

भरता [सं-पु.] 1. बैंगन को भूनकर बनाया जाने वाला नमकीन सालन; चोखा 2. {ला-अ.} वह जो दबकर या पिचककर विकृत हो गया हो; भुरता।

भरतार [सं-पु.] 1. भरण-पोषण करने वाला; पालक 2. पति; खसम; कांत।

भरती [सं-स्त्री.] 1. दाख़िला; नामांकन 2. सेना सेवा आदि में प्रविष्ट होना।

भरद्वाज (सं.) [सं-पु.] 1. (पुराण) एक ऋषि 2. ब्राह्मण समाज में एक कुलनाम या सरनेम 3. भरदूल या बगेरी नामक पक्षी; भरत पक्षी।

भरन [सं-स्त्री.] 1. भरने की क्रिया या भाव; भराव 2. खेतों में पानी भर देने वाली बारिश।

भरना (सं.) [क्रि-स.] 1. रिक्त स्थान का किसी वस्तु से युक्त होना; पूर्ण होना 2. डालना; उलटना; उड़ेलना 3. सींचना 4. रिक्त पद पर नियुक्त करना 5. स्थापित करना 6. संग्रह करके रख लेना 7. ऋण चुकाना। [क्रि-अ.] 1. ख़ाली जगह को पूरा करने के लिए कोई वस्तु डालना 2. गहराई समाप्त या कम होना 3. छेद, गड्ढे आदि का बंद होना।

भरनी [सं-स्त्री.] 1. करघे की ढरकी; बाना; परछा 2. कर्म का फल भोग 3. एक जंगली बूटी।

भरपाई (सं.) [सं-स्त्री.] जो कुछ शेष हो, वह पूरा-पूरा पा जाना; बेबाकी। [क्रि.वि.] पूरी तरह से; पूर्णतः; भली-भाँति।

भरपूर [वि.] 1. पूर्णता से युक्त; पूरी तरह से भरा हुआ 2. जिसमें कमी न हो 3. समग्र।

भरपेट [क्रि.वि.] 1. पूर्ण रूप से 2. अच्छी तरह से; मनभर कर; छककर।

भरभंडा [सं-पु.] एक कंटील पौधा; भड़भाँड़।

भरभराना (सं.) [क्रि-अ.] 1. भर-भर ध्वनि के साथ किसी दीवार आदि का गिरना; ढहना 2. रोंगटे खड़े होना 3. घबराना।

भरम (सं.) [सं-पु.] 1. भ्रम; धोखा 2. संदेह; वहम 3. धाक; साख।

भरमबट्टा [सं-पु.] आतंक; धाक; दबदबा।

भरमाना [क्रि-स.] 1. भ्रम में डालना 2. मोहित करना।

भरमार [सं-स्त्री.] 1. बहुतायत; प्रचुरता 2. चीज़ों की अधिकता 3. समृद्धि।

भरमौंहाँ (सं.) [वि.] 1. घूमने या घुमाने वाला 2. चक्कर खाने वाला; चक्कर देने वाला 3. भ्रम उत्पन्न करने वाला; भरमाने वाला।

भरवाँ [वि.] 1. जो भरकर बनाया गया हो, जैसे- भरवाँ बैंगन 2. जिसे भरा गया हो 3. गदीला; भरा हुआ।

भरसक [क्रि.वि.] 1. जितना हो सके; यथासाध्य; यथाशक्ति 2. पूरी तरह; भरपूर।

भरहरना [क्रि-अ.] अस्त-व्यस्त होना; तितर-बितर होना।

भरा [वि.] 1. पूर्ण; जिसमें कुछ पड़ा हुआ हो 2. ओत-प्रोत 3. आबाद 4. संपन्न।

भरा-पटा [वि.] 1. जो किसी चीज़ से भरा पड़ा हो 2. ढेर लगा

हुआ 3. वस्तुओं से खचाखच भरा हुआ (दुकान या बाज़ार आदि)।

भरा-भरा [वि.] 1. गदराया हुआ; मांसल 2. विकसित 3. मोटा।

भरा पूरा [वि.] 1. जिसमें किसी बात की कमी या न्यूनता न हो 2. सब प्रकार से या सभी अपेक्षित बातों से युक्त 3. हर तरह से संपन्न और सुखी।

भराई [सं-स्त्री.] 1. भरने या भराने की क्रिया या भाव 2. भरने की मज़दूरी 3. लदाई।

भराना [क्रि-स.] भरने का काम कराना; भरने के लिए प्रेरित करना।

भरानी [सं-स्त्री.] दे. फरी।

भराव [सं-पु.] 1. भरने की क्रिया या भाव 2. वह ख़ाली जगह जिसे भरकर तैयार किया गया हो 3. वह पदार्थ या रचना जिससे ख़ाली स्थान भरा जाता हो, जैसे- तागों से होने वाला भराव 4. कसीदे आदि में पत्तियों आदि का काम।

भरित (सं.) [वि.] 1. जो भरा गया हो; भरा हुआ; पूरित 2. जिसका भरण-पोषण किया गया हो; पोषित।

भरुका [सं-पु.] मिट्टी का बना हुआ कोई छोटा पात्र; कुल्हड़।

भरूआ पूड़ी [सं-स्त्री.] दाल की पूड़ी।

भरैंड़ा [सं-पु.] रतनजोत; एक प्रकार की सुगंधित लकड़ी जिसकी छाल से लाल रंग तैयार किया जाता है।

भरैनियाँ [सं-पु.] जिस भेड़ के बच्चे प्रायः मर जाते हैं।

भरैया [वि.] भरण-पोषण करने वाला; पालक; पोषक।

भरोई [सं-स्त्री.] रोने की आवाज।

भरोसा (सं.) [सं-पु.] 1. आत्मविश्वास; विश्वास 2. पक्की आशा; आस्था 3. आश्रय; सहारा; अवलंब।

भरोसी [वि.] 1. भरोसा करने वाला; विश्वस्त; विश्वासी 2. आसरा रखने वाला 3. जिसका भरोसा रखा जा सके; विश्वसनीय 4. जो किसी के भरोसे रहता हो; आश्रित।

भरोसेमंद [वि.] 1. जिसपर भरोसा किया जा सके; विश्वसनीय; सच्चा 2. ईमानदार; निष्ठावान; वफ़ादार।

भरोसेमंदी [सं-स्त्री.] भरोसा करने की अवस्था या भाव; ईमानदारी; निष्ठा।

भर्ता [सं-पु.] पति; शौहर। [वि.] भरण-पोषण करने वाला।

भर्तृहरि (सं.) [सं-पु.] 1. संस्कृत के महान कवि जो राजा विक्रमादित्य के भाई थे 2. (संगीत) एक प्रकार का संकर राग जो ललित और पुरज के मेल से बनता है।

भर्त्सना (सं.) [सं-स्त्री.] 1. निंदा 2. गाली; लांछन 3. डाँट।

भर्रा [सं-पु.] 1. दम 2. एक प्रकार की चिड़िया 3. पक्षियों की उड़ान 4. चकमा 5. भगदड़।

भर्राना (सं.) [क्रि-अ.] 1. 'भर्र-भर्र' आवाज़ होना 2. गला भर आना; गला रुँधना। [क्रि-स.] 'भर्र-भर्र' आवाज़ करना।

भर्राहट [सं-स्त्री.] 1. 'भर्र-भर्र' की तीव्र ध्वनि 2. ढहने की क्रिया; ढहने की क्रिया से उत्पन्न ध्वनि।

भलटी [सं-स्त्री.] फसल काटने का एक उपकरण; हँसिया।

भलमनसाहत [सं-स्त्री.] अच्छा या भला मनुष्य होने की अवस्था या भाव; शराफ़त; सज्जनता।

भला (सं.) [वि.] 1. अच्छा; नेक 2. सुंदर 3. भद्र; सभ्य 4. जो दूसरों की भलाई चाहता हो।

भला-चंगा [वि.] 1. पूर्ण रूप से स्वस्थ; तंदुरुस्त 2. अच्छा-खासा।

भला-बुरा (सं.) [वि.] 1. अच्छा और ख़राब 2. खरी-खोटी (कहना या सुनना)।

भलाई (सं.) [सं-स्त्री.] 1. कल्याण 2. उपकार; अच्छाई; हित; नेकी।

भलामानस [सं-पु.] सज्जन व्यक्ति; भला व्यक्ति; नेक आदमी।

भली-भाँति [क्रि.वि.] अच्छी-तरह से; अच्छी हालत में।

भले [क्रि.वि.] 1. वाह; ख़ूब; अच्छा, जैसे- भले लग रहे हो 2. भली-भाँति; अच्छी-तरह; पूर्ण रूप से।

भले ही [यो.] भली बात है कि। [अव्य.] 1. ऐसा हो तो हो जाए, जैसे- काम करते रहो भले ही नुकसान हो 2. कोई परवाह नहीं; इसकी चिंता नहीं, जैसे- भले ही तुम ना रुको।

भव (सं.) [सं-पु.] 1. संसार; जगत 2. उत्पत्ति; जन्म।

भवंती (सं) [सं-स्त्री.] साध्वी स्त्री।

भवक (सं.) [वि.] 1. जो उत्पन्न हो 2. जीवित; जीता हुआ 3. आशीर्वाद देने वाला।

भवचक्र (सं.) [सं-पु.] 1. बार-बार जन्म लेने और मरने का चक्र; सांसारिक आवागमन 2. मोह-माया का जाल 3. झंझट।

भवजाल (सं.) [सं-पु.] संसार का जाल या माया; सांसारिक प्रपंच; झंझट; बखेड़ा।

भवतृष्णा (सं.) [सं-स्त्री.] उपभोग और सुख की वस्तुओं को पाने की लालसा; भोगलिप्सा।

भवदनुगत (सं.) [वि.] 1. प्रार्थनापत्र या आवेदन मय हस्ताक्षर या नाम से पहले लिखा जाने वाला विशेषण, जैसे- आपकी आज्ञा मानने वाला; आपके आदेशानुसार कार्य करने वाला; (ओबिडिएंटली)।

भवदनुरत (सं.) [वि.] 1. आपस में मित्रता रखने वाला 2. आपस में स्नेह रखने वाला (किसी मित्र या परिचित को लिखे गए पत्रादि के अंत में लेखक द्वारा प्रयुक्त विशेषण); (सिनसियरली)।

भवदीय (सं.) [सर्व.] आपका (पत्र आदि के अंत में लिखा जाने वाला आत्मीयता सूचक शब्द)।

भवन (सं.) [सं-पु.] 1. घर; मकान 2. संसार; जगत 3. स्थान; क्षेत्र।

भवनीय (सं.) [वि.] 1. जो होने को हो; भविष्य में होने वाला 2. सन्निकट; आसन।

भवबंधन (सं.) [सं-पु.] 1. संसार का बंधन; माया जाल 2. जन्म-मरण का चक्र 3. वे बातें या काम जिनमें व्यक्ति उलझा रहता है।

भवभंजन (सं.) [सं-पु.] 1. परमेश्वर; भगवान 2. संसार का विनाश करने वाला; काल।

भवभय (सं.) [सं-पु.] 1. संसार में बार-बार जन्म लेने और मरने का भय; जन्म-मरण का संत्रास 2. कष्ट; दुख।

भवभीति (सं.) [सं-स्त्री.] जन्म-मरण का भय; संसृति का

भय; सांसारिक भय।

भवभूत (सं.) [सं-पु.] परमेश्वर; भगवान।

भवभूति (सं.) [सं-स्त्री.] ऐश्वर्य।

भवमन्यु (सं.) [सं-पु.] 1. लौकिक सुख से विरक्ति 2. सांसारिक भोग से वितृष्णा।

भवमोचन (सं.) [वि.] 1. भव या संसार के बंधन काटने वाला 2. दुखों को दूर करने वाला। [सं-पु.] श्रीकृष्ण।

भवरस (सं.) [सं-पु.] 1. लौकिक सत्ता में मिलने वाला रस या आनंद 2. सांसारिक सुख।

भवविलास (सं.) [सं-पु.] 1. लौकिक आनंद या सुख 2. माया 3. सांसारिक सुखों के भोग के लिए की जाने वाली क्रियाएँ।

भवसंभव (सं.) [वि.] सांसारिक; संसार से उत्पन्न।

भवसागर (सं.) [सं-पु.] संसार रूपी समुद्र; भवांबुधि।

भवांबुधि (सं.) [सं-पु.] संसार रूपी सागर; भवसागर।

भवान (सं.) [सर्व.] श्रीमान; आप (संबोधन)।

भवानी (सं.) [सं-स्त्री.] 1. दुर्गा; पार्वती 2. (संगीत) बिलावल ठाठ की एक रागिनी।

भवानी नंदन (सं.) [सं-पु.] गणेश और कार्तिकेय।

भविक (सं.) [वि.] 1. धार्मिक 2. मंगलकारी; शुभ 3. उपयोगी; उपयुक्त 4. समृद्ध 5. प्रसन्न। [सं-पु.] 1. कल्याण 2. मंगल।

भवित (सं.) [वि.] 1. जो घटित हो चुका हो; भूत; गत 2. अस्तित्व में आया हुआ।

भवितव्य (सं.) [वि.] 1. जो भविष्य में अवश्य होने वाला हो; अवश्यंभावी; होनहार; भावी 2. जो भाग्य में लिखा हो।

भवितव्यता (सं.) [सं-स्त्री.] 1. जिसका होना निश्चित हो 2. वह बात जो भविष्य में अवश्य घटित होने वाली हो; भावी 3. भाग्य 4. होनी; अवश्यंभावना।

भविता (सं.) [वि.] जो होने वाला हो; आगे चलकर होने वाला; होनहार।

भविल (सं.) [वि.] 1. भविष्यकाल में होने वाला; भावी 2. जीवित 3. सुंदर; भव्य। [सं-पु.] 1. जार; परपुरुष 2. मकान।

भविष्णु (सं.) [वि.] 1. भावी; होने वाला 2. भविष्यकालीन।

भविष्य (सं.) [सं-पु.] आने वाला समय; आने वाला काल; भावी काल।

भविष्य निधि (सं.) [सं-स्त्री.] भविष्य की आवश्यकताओं के लिए जमा किया गया धन; निर्वाह-निधि; संचित कोष; संचित निधि; (प्राविडेंट फंड)।

भविष्य वक्ता (सं.) [सं-पु.] भविष्य की घटना या बात बताने वाला; ज्योतिषी।

भविष्य संगत (सं.) [वि.] 1. भविष्य में उचित सिद्ध होने वाला; भविष्य की चुनौतियों पर खरा उतरने वाला 2. नई खोजों से सामंजस्य बैठाने वाला।

भविष्यकथन (सं.) [सं-पु.] वह कथन जिसमें आगे होने वाली किसी घटना या बात के बारे में कुछ कहा गया हो; भविष्यवाणी।

भविष्यकाल (सं.) [सं-पु.] 1. (व्याकरण) क्रिया के तीन कालों में से एक; आगामी काल; आने वाला समय; भावी 2. अनागत काल।

भविष्यगुप्ता (सं.) [सं-स्त्री.] (काव्यशास्त्र) वह नायिका जो अपने प्रेमी से मिलने वाली हो और उसे छिपाने का प्रयत्न करती हो।

भविष्यत (सं.) [सं-पु.] आने वाला समय; भविष्य।

भविष्यदर्शी (सं.) [वि.] भविष्य को जानने वाला; भविष्य वक्ता; ज्योतिषी।

भविष्यद्रष्टा (सं.) [सं-पु.] भविष्यवाणी करने वाला व्यक्ति; ज्योतिषी।

भविष्यवाणी (सं.) [सं-स्त्री.] 1. भविष्य में होने वाली वह बात जो पहले से किसी ने कह दी हो; देववाणी; आकाशवाणी 2. आने वाले कल के बारे में दृढ़ संकल्प।

भविष्योन्मुखी (सं.) [वि.] 1. जिससे भविष्य में कल्याणकारी परिणाम निकले 2. जो भविष्य को ध्यान में रखकर किया गया हो।

भवी (सं.) [वि.] जो जीवित हो; सत्तायुक्त।

भवेश (सं.) [सं-पु.] 1. संसार का स्वामी या मालिक 2. (पुराण) शिव; महादेव।

भव्य (सं.) [वि.] 1. शानदार; आलीशान 2. दिव्य 3. विलक्षण 4. विशाल 5. सुंदर 6. मंगल दायक; शुभ।

भव्यता (सं.) [सं-स्त्री.] 1. सजावट 2. वैभव; सुंदरता।

भव्या (सं.) [सं-स्त्री.] 1. सुंदर स्त्री या नायिका 2. पार्वती 3. गजपीपल।

भस [सं-पु.] 1. किसी वस्तु के गिरने या टूटने से उत्पन्न शब्द 2. छिनाई से झड़ने वाली रेत।

भसकना (सं.) [क्रि-स.] 1. गिरना 2. ढहना।

भसान (बं.) [सं-पु.] 1. जल में भसाने या डुबाने की क्रिया 2. पूजा आदि के बाद किसी मूर्ति को नदी आदि में प्रवाहित करना; प्रतिमा का जल विसर्जन।

भसाना (बं.) [क्रि-स.] 1. किसी वस्तु को पानी में तैरने के लिए छोड़ना; तैराना, जैसे- मूर्ति भसाना 2. पानी में डुबाना या धसाना।

भसींड (सं.) [सं-पु.] कमल का वह डंठल जिसकी तरकारी बनती है; कमल ककड़ी; कमल नाल; मुरार।

भसुंड (सं.) [सं-पु.] 1. हाथी की सूँड़ 2. हाथी; गज। [वि.] 1. बहुत भारी भरकम 2. बेडौल और भद्दा।

भसुर [सं-पु.] पति का बड़ा भाई; जेठ।

भसेड़ [सं-पु.] कमल-मूल, कमल-ककड़ी।

भस्त्रा (सं.) [सं-पु.] आग सुलगाने की धौकनी; भाथी; मशक।

भस्त्रिका (सं.) [सं-स्त्री.] 1. छोटा भस्त्रा 2. प्राणायाम का एक प्रकार।

भस्म (सं.) [सं-पु.] 1. भभूत; विभूत; राख 2. (आयुर्वेद) धातु को जलाकर विशेष रूप से तैयार की जाने वाली राख जिसका उपयोग औषधि के रूप में होता है 3. चिता, हवन कुंड आदि राख। [वि.] जो जलकर राख हो गया हो।

भस्म-प्रिय (सं.) [सं-पु.] 1. वह जो शरीर पर भस्म लगाता हो 2. शिव; महादेव।

भस्म-स्नान (सं.) [सं-पु.] साधु आदि के द्वारा पूरे शरीर पर

राख मलना।

भस्मक (सं.) [सं-पु.] 1. वह जो भस्म हो जाता हो 2. किसी धातु के पूरी तरह से भस्म हो जाने पर बची हुई राख 3. सोना; चाँदी 4. एक प्रकार का रोग। [वि.] भस्म कर देने वाला; दाहक।

भस्मसात (सं.) [वि.] जो पूरी तरह जलकर राख हो गया हो; भस्मीभूत।

भस्मावशेष (सं.) [सं-पु.] किसी वस्तु के दहन होने के बाद बचा हुआ अवशेष; राख; अस्थिशेष; फूल। [वि.] 1. जो राख मात्र रह गया हो; दग्ध 2. जो जलकर राख हो गया हो।

भस्मासुर (सं.) [सं-पु.] (पुराण) एक प्रसिद्ध राक्षस जिसने शिव से यह वरदान प्राप्त किया था कि मैं जिस किसी के सिर पर हाथ रखूँ वह भस्म हो जाए।

भस्मित्र (सं.) [सं-पु.] दाह करने वाला उपकरण; दाहागार।

भस्मीकरण (सं.) [सं-पु.] भस्म या राख कर देने की क्रिया या भाव; दहन; जलाना।

भस्मीभूत (सं.) [वि.] जो पूरी तरह से जलकर भस्म हो चुका हो; नष्ट।

भहराकर [कि. अ.] वृक्ष, मकान आदि का गिरना; ढहकर, गिरकर।

भहराना (सं.) [क्रि-अ.] 1. एकाएक गिरना 2. फिसलना 3. ध्वस्त होना 4. टूट पड़ना।

भा (सं.) [सं-स्त्री.] 1. चमक; दीप्ति 2. शोभा; छवि 3. प्रकाश; रोशनी।

भा-मंडल (सं.) [सं-पु.] 1. प्रकाशवान ग्रहों या पिंडों के चारों ओर दिखाई देने वाला प्रकाश का वलय या घेरा; आभा मंडल 2. देवताओं या महापुरुषों के चित्रों में मुख के चारों ओर दिखाया जाने वाला प्रकाश का घेरा 3. तेजस्वी होने का सूचक वलय; प्रभामंडल।

भाँउर [सं-स्त्री.] फेरा; परिक्रमा; भाँवर।

भाँउरि [सं-स्त्री.] सप्तपदी; भाँवर; भाँवरी; फेरा [विवाह या पूजा आदि में परिक्रमा]।

भाँकड़ी [सं-पु.] एक जंगली घास जिसे हसद सिंघाड़ा भी कहते हैं। यह गोखरू से मिलता जुलता है।

भाँग [सं-स्त्री.] एक पौधा जिसकी पत्तियाँ पीसकर पी जाती है और जिससे नशा होता है। [सं-पु.] वैश्यों की जाति।

भाँगड़ [सं-पु.] 1. बहुत नीची जमीन 2. जिसमें नाली का पानी इकट्ठा होता है।

भाँगड़ा [सं-पु.] पंजाब का एक प्रसिद्ध लोक नृत्य।

भाँज [सं-स्त्री.] 1. भाँजने की क्रिया 2. बट्टा; भुनाई 3. मोड़; तह 4. ताने की सूत।

भाँजना (सं.) [क्रि-स.] 1. तह करना; मोड़ना 2. मुगदर आदि को घुमाना।

भाँजी [सं-स्त्री.] 1. किसी कार्य में बाधा डालने के लिए कही गई बात 2. ईर्ष्यावश कही गई कुटिल बात; चुगली; किसी को नाराज़ करने वाली बात; कटाक्ष।

भाँट[1] [सं-पु.] कई रंगों से काले रंग के छिटों की छपाई जो प्रायः पहले होती है।

भाँट[2] [सं-पु.] चारण; बंदी; गाथा गाने वाली एक जाति विशेष; भाट।

भाँटा [सं-पु.] बैंगन।

भाँड़ (सं.) [सं-पु.] 1. विदूषक; मसख़रा 2. एक जाति।

भाँड़ा (सं.) [सं-पु.] बरतन; पात्र। [मु.] **भाँड़े भरना** : पछताना।

भाँति (सं.) [सं-स्त्री.] 1. रीति; किस्म; प्रकार; तरह 2. अनुसार 3. रंग-ढंग 4. सादृश्य; तर्ज़।

भाँति-भँसीली [सं-स्त्री.] गंडे बाँधकर कई आकृतियाँ बनाई हुई चुनरी।

भाँपना [क्रि-स.] 1. पहचानना; ताड़ना 2. अनुमान करना; दूर से देखकर समझना।

भाँपू [वि.] भाँप जाने वाला; भाँपने वाला; ताड़ जाने वाला।

भाँयँ-भाँयँ [सं-पु.] 1. किसी निर्जन स्थान या सन्नाटे में हवा चलने से होने वाली आवाज़ 2. बहुत अधिक उदासीनता और सूनेपन का वातावरण।

भाँवर (सं.) [सं-स्त्री.] 1. परिक्रमा; चक्कर लगाना 2. (हिंदू धर्म) विवाह की एक रस्म जिसमें वर और वधू अग्नि के चारों ओर परिक्रमा करते हैं; फेरे। [सं-पु.] भौंरा।

भांग (सं.) [सं-पु.] गाँजे की प्रजाति का एक प्रसिद्ध पौधा, जिसकी पत्तियाँ मादक होती हैं और जिसे नशे के लिए पीते हैं। [वि.] भाँग का बना।

भांड (सं.) [सं-पु.] 1. पात्र; बरतन 2. तेल आदि रखने का कुप्पा 3. उपकरण और औज़ार 4. वाद्ययंत्र; बाजा 5. दुकान का माल या समान।

भांड कला (सं.) [सं-स्त्री.] मिट्टी के बरतन बनाने की कला।

भांड मृत्तिका (सं.) [सं-स्त्री.] बरतन बनाने के काम आने वाली मिट्टी; कुम्हारी मिट्टी।

भाई (सं.) [सं-पु.] 1. सहोदर; भ्राता; एक ही माँ-बाप का पुत्र या बेटा। [अव्य.] भाई (संबोधन)।

भाई-बंद [सं-पु.] 1. जाति बिरादरी के लोग; कुल कुटुंब के लोग 2. मित्र-बंधु।

भाई-भतीजावाद [सं-पु.] नौकरी, आर्थिक सहायता आदि दिलाने में या सगे-संबंधियों के हित हेतु किया गया पक्षपात; स्वजनपक्षपात।

भाईचारा [सं-पु.] 1. भाई के समान प्रिय होने का भाव; व्यवहार; बंधुत्व 2. दो व्यक्तियों में होने वाला आत्मीयतापूर्ण संबंध।

भाईजान [सं-पु.] भाई के लिए आदर सूचक संबोधन।

भाईदूज [सं-स्त्री.] कार्तिक माह में शुक्ल पक्ष की द्वितीया को मनाया जाने वाला एक त्योहार; भैयादूज।

भाईबंधु [सं-पु.] 1. भाई और अन्य मित्रवत लोग; भाईबंद 2. अपनी जाति या बिरादरी के वे लोग जिनसे भाई या बंधु का-सा रिश्ता हो।

भाकर (सं.) [सं-पु.] 1. सूर्य; भास्कर 2. दीप्ति या प्रकाश पैदा करने वाली चीज़। [वि.] प्रकाश करने वाला।

भाग (सं.) [सं-पु.] 1. हिस्सा; अंश; खंड 2. विभाजन; शेयर 3. तरफ़; ओर 4. बँटवारा 5. (गणित) किसी संख्या को कई अंशों में बाँटने की क्रिया।

भाग-दौड़ [सं-स्त्री.] 1. किसी कार्य के लिए की जाने वाली मशक्कत; दौड़-धूप 2. भगदड़; भागड़।

भागड़ [सं-स्त्री.] आतंकित होकर एक साथ भागना; भगदड़।

भागधेय (सं.) [सं-पु.] 1. सौभाग्य; भाग्य 2. मध्यकाल में राजा को दिया जाने वाला कर; राजस्व 3. उत्तराधिकारी; भाग प्राप्त करने का अधिकारी 4. साझेदार।

भागना [क्रि-अ.] 1. तेज़ी से दौड़ना 2. पलायन करना 3. पिंड छुड़ाना 4. हट जाना 5. चुपके से बच निकलना। [मु.] **भाग जाना** : किसी लड़की या प्रेमिका का अपने प्रेमी के साथ चले जाना। **सिर पर पैर रखकर भागना** : पूरे वेग से प्रस्थान करना।

भागनेय (सं.) [सं-पु.] बहन का पुत्र; भगिनी पुत्र; भानजा।

भागफल (सं.) [सं-पु.] (गणित) वह संख्या जो भाज्य को भाजक से भाग देने पर प्राप्त हो।

भागमभाग (सं.) [क्रि.वि.] 1. दौड़ते हुए; भागते हुए 2. जल्दी में।

भागवंत (सं.) [वि.] जो भाग्यशाली हो; जिसका भाग्य उत्तम हो; भाग्यवान; ख़ुशनसीब।

भागवंती [सं-स्त्री.] भावी वधू को पहनाई गई चूड़ी।

भागवत (सं.) [वि.] 1. अठारह पुराणों में से एक पुराण जिसमें मुख्यतः कृष्ण की कथा वर्णित है; श्रीमद्भागवत 2. देवी भागवत। [सं-पु.] अठारह पुराणों में से एक जिसमें मुख्यतः कृष्ण की कथा वाचित है (देविभागवत)।

भागवान (सं.) [वि.] 1. भाग्यवान; ख़ुशनसीब 2. हिंदू समाज में पत्नी के लिए एक संबोधन।

भागार्ह (सं.) [वि.] 1. जिसके भाग हो सके; विभक्त होने के योग्य 2. हिस्सा पाने का हकदार 3. हिस्सों के अनुसार बाँटा जाने वाला। [सं-पु.] उत्तराधिकारी।

भागिक (सं.) [वि.] 1. भाग से संबंध रखने वाला; आंशिक 2. भाग या हिस्से के रूप में बाँटा जाने वाला 3. (गणित) जिसपर ब्याज प्राप्त होता है (मूलधन)।

भागिता (सं.) [सं-स्त्री.] दो या दो से अधिक व्यक्तियों द्वारा किसी उद्योग या व्यापार में भागीदार होने की स्थिति; हिस्सेदारी; साझेदारी; (पार्टनरशिप)।

भागी (सं.) [वि.] 1. भाग प्राप्त करने का अधिकारी; साझेदार; हिस्सेदार; अंशी 2. किसी कार्य या अपराध के परिणाम का पात्र या भाजन; शामिल; शरीक, जैसे- पाप का भागी 3. मालिक; अधिकारी; स्वामी 4. उत्तराधिकारी; हकदार 5. गौण। [सं-पु.] हिस्सेदार; भागीदार।

भागीदार (सं.+फ़ा.) [सं-पु.] 1. भाग या हिस्सा प्राप्त करने वाला व्यक्ति; हिस्सेदार; साझेदार 2. हकदार।

भागीदारी (सं.+फ़ा.) [सं-स्त्री.] किसी के साथ मिलकर किया गया कार्य; हिस्सेदारी; अंशी; साझेदारी।

भागीरथ (सं.) [वि.] भगीरथ संबंधी; भागीरथ का। [सं-पु.] भगीरथ।

भागीरथी (सं.) [सं-स्त्री.] 1. गंगा नदी; जाह्नवी 2. गंगा नदी की वह शाखा जो बंगाल में बहती है और जिसके बारे में प्राचीन मान्यता है कि राजा भगीरथ अपने पूर्वजों के उद्धार के लिए पृथ्वी पर लाए थे।

भागू [वि.] भाग जाने वाला; भगोड़ा।

भाग्य (सं.) [सं-पु.] किस्मत; तकदीर; नसीब। [वि.] जिसके भाग अर्थात हिस्से हो सकें।

भाग्य विधाता (सं.) [वि.] 1. किस्मत या तकदीर बनाने वाला 2. तकदीर नियंता।

भाग्यवती (सं.) [वि.] जिसका भाग्य अच्छा हो; किस्मतवाली; सौभाग्यशाली (स्त्री)।

भाग्यवादी (सं.) [वि.] भाग्यवाद मानने वाला। [सं-पु.] जो व्यक्ति भाग्य पर भरोसा रखता हो।

भाग्यवान (सं.) [वि.] जिसका भाग्य उज्ज्वल हो; सौभाग्यशाली; ख़ुशकिस्मत।

भाग्यशाली (सं.) [वि.] भाग्यवान; सौभाग्यशाली।

भाग्योदय (सं.) [सं-पु.] सुअवसर का आरंभ; सुयोग; अच्छे समय का प्रारंभ; भाग्य का जागना।

भाजक (सं.) [सं-पु.] (गणित) वह संख्या जिससे किसी संख्या में भाग देते हैं; विभाजक। [वि.] 1. विभाग करने वाला 2. बाँटने वाला 3. भाग करने वाला।

भाजन (सं.) [सं-पु.] 1. भाँड़ा; बरतन 2. उपयुक्त आधार या आश्रय 3. योग्य अधिकारी 4. एक प्रकार की तौल 5. विभाग करने की क्रिया।

भाज्य (सं.) [सं-पु.] 1. (गणित) जिसमें भाजक द्वारा भाग दिया जाए 2. जिसका विभाजन हो सके; विभाज्य 3. भाग करने योग्य।

भाट (सं.) [सं-पु.] 1. राजाओं का यशो गान करने वाला व्यक्ति; चारण; बंदी 2. चापलूस; ख़ुशामदी; ख़ुशामद करने वाला। [सं-स्त्री.] नदी के किनारे के बीच की जमीन

भाटन [सं-स्त्री.] 1. सामान्य से ऊँची कुछ टीलेदार जमीन 2. पान की खेती करने हेतु बनाई गई कुछ ऊँची और ठलुआ जमीन, जो चारों ओर से छाजन या लताओं से ढकी होती है।

भाटा [सं-पु.] 1. समुद्र में नीचे उतरने वाली लहर 2. 'ज्वार' के विपरीत 3. पानी का उतार।

भाटाफूल [सं-पु.] एक महीन धान।

भाटी [सं-स्त्री.] नदियों आदि में पानी के बहाव की दिशा।

भाड़ (सं.) [सं-पु.] भड़भूँजों की भट्टी; अनाज भूनने की भट्ठी। [मु.] **-झोंकना** : तुच्छ या नगण्य काम करना। **-में जाना** : कोई मतलब न होना। **-में डालना या झोंकना** : उपेक्षा से फेंकना; नष्ट करना।

भाड़ा [सं-पु.] किराया; किसी की चीज़ का कुछ समय तक उपयोग करने के बदले दिया जाने वाला निश्चित धन।

भाड़ैत [वि.] 1. भाड़े पर काम करने वाला; भृतिभोगी 2. धन के लोभ में किसी और का काम करने वाला।

भाड़ैती [सं-स्त्री.] 1. धन लोभ में किसी अन्य का काम करना 2. लोभ दिखाकर किसी को अपनी ओर मिलाना 3. पैसा देकर किसी काम में लगाना।

भाण (सं.) [सं-पु.] 1. हास्यरस प्रधान रूपक या दृश्यकाव्य

जिसमें एक ही पात्र होता है जो एक कल्पित व्यक्ति से बात करता है 2. बहाना 3. ब्याज 4. ज्ञान; बोध।

भात (सं.) [सं-पु.] 1. पानी में उबालकर तैयार किया हुआ चावल 2. विवाह की एक रस्म जिसमें वर के पिता कन्या के पिता के घर भोजन ग्रहण करते हैं।

भात-भोज [सं-पु.] विवाह आदि में बनाई जाने वाली कच्ची रसोई या भात का भोज।

भाता (सं.) [सं-पु.] फ़सल का वह भाग जो मज़दूर को खलिहान की राशि में से मिलता है।

भाति (सं.) [सं-स्त्री.] 1. कांति; शोभा 2. चमक; दीप्ति 3. ज्ञान।

भाथा [सं-पु.] 1. तीर रखने की थैली; तुणीर; तरकश 2. बड़ी भाथी।

भाथी (सं.) [सं-स्त्री.] 1. भट्टी की आग दहकाने की धौंकनी 2. लुहारों की धौंकनी।

भादों [सं-पु.] 1. भाद्र मास 2. सावन के बाद आने वाला महीना।

भाद्र [सं-पु.] भाद्र या भादों नाम का महीना; भाद्रपद।

भाद्रपद [सं-पु.] भाद्र माह।

भान (सं.) [सं-पु.] 1. ज्ञान; बोध; आभास 2. प्रकाश; रोशनी।

भानजा [सं-पु.] बहन का लड़का; बहन का पुत्र; भागनेय।

भानजी (सं.) [सं-स्त्री.] बहन की लड़की।

भानमती (सं.) [सं-स्त्री.] 1. जादू का खेल दिखाने वाली स्त्री; जादूगरनी 2. (महाभारत) दुर्योधन की पत्नी 3. {ला-अ.} विविधापूर्ण वस्तुओं का जमावड़ा। [मु.] **-का कुनबा** : तरह-तरह की चीज़ों को इकट्ठा करके बनाई गई चीज़; जोड़-तोड़कर बनाई गई चीज़ या संगठन; बेमेल लोगों का समूह। **-का पिटारा** : बहुत तरह की वस्तुओं से भरा हुआ पिटारा; भाँति-भाँति की चीज़ों वाला पात्र।

भानस [सं-पु.] रसोई।

भाना [क्रि-अ.] 1. शोभा देना; फबना 2. रुचना; पसंद आना।

भानु (सं.) [सं-पु.] 1. सूर्य 2. राजा; स्वामी 3. प्रकाश 4. मदार; आक।

भानुज (सं.) [सं-पु.] 1. शनि 2. यम 3. कर्ण। [वि.] भानु से उत्पन्न।

भानुजा (सं.) [सं-स्त्री.] 1. भानु (सूर्य) की पुत्री मानी जाने वाली यमुना नदी; भानुतनया 2. राधा।

भानुप्रताप (सं.) [सं-पु.] (रामायण) 1. एक राजा 2. (संगीत) कर्नाटक पद्धति का एक राग। [वि.] जिसका तेज सूर्य के समान हो; तेजवान।

भानुमत (सं.) [वि.] 1. चमकीला; प्रकाशमान 2. सुंदर; सजीला। [सं-पु.] सूर्य।

भानुमान (सं.) [वि.] 1. दीप्तिमान; तेजोमय 2. सुंदर। [सं-पु.] सूर्य।

भानुसुत (सं.) [सं-पु.] 1. शनि 2. यम 3. मनु 4. कर्ण।

भाप (सं.) [सं-स्त्री.] पानी, दूध आदि को उबालने पर निकलने वाला गैसीय रूप; वाष्प।

भाभर [सं-पु.] 1. पहाड़ों की तलहटी के पास का वन; पहाड़ों के नीचे तराई का जंगल 2. रस्सी बटने के काम आने वाली बड़ी घास; भाबर।

भाभरा [वि.] 1. लाल रंग का 2. रक्त जैसी आभा से युक्त 3. प्रकाशयुक्त।

भाभी [सं-स्त्री.] बड़े भाई की पत्नी; भौजाई।

भाम (सं.) [सं-पु.] 1. चमक; तेज; दीप्ति; प्रकाश 2. सूर्य 3. क्रोध 4. मदार; आक 5. (काव्यशास्त्र) एक प्रकार का छंद।

भामक (सं.) [सं-पु.] बहन का पति; बहनोई।

भामनी (सं.) [वि.] प्रकाश या उजाला करने वाला। [सं-पु.] 1. ईश्वर; भगवान 2. स्वामी; मालिक।

भामा (सं.) [सं-स्त्री.] 1. क्रोध करने वाली स्त्री 2. अपने रूप-सौंदर्य पर गर्व करने वाली कृष्ण की पत्नी सत्यभामा।

भामिनी (सं.) [सं-स्त्री.] 1. सुंदर स्त्री; कामिनी; प्रलोभिनी 2. क्रोधी स्त्री; क्रुद्ध रहने वाली स्त्री 3. (काव्यशास्त्र) एक प्रकार का छंद।

भामी (सं.) [वि.] 1. जो क्रुद्ध हो; नाराज़; क्रोधी 2. दीप्तिमान; सुंदर।

भाया [वि.] प्यारा; सुंदर; जो अच्छा लगता हो।

भार (सं.) [सं-पु.] 1. बोझ; गुरुत्व 2. वज़न 3. ज़िम्मेदारी; उत्तरदायित्व 4. संकट। [मु.] **-उठाना** : ज़िम्मेदारी लेना। **-उतरना** : कर्तव्य पूरा हो जाने के बाद उससे मुक्त होना।

भारक (सं.) [सं-पु.] 1. एक तौल या वज़न 2. भार।

भारजीवी (सं.) [सं-पु.] भारवाहक; भार उठाकर अपना भरण-पोषण करने वाला व्यक्ति; कुली।

भारत (सं.) [सं-पु.] एशिया महाद्वीप का एक प्रमुख देश; भारतवर्ष; हिंदुस्तान।

भारतरत्न (सं.) [सं-पु.] भारत सरकार का एक सर्वोच्च सम्मान या उपाधि जो उच्चकोटि के पांडित्य, अद्वितीय राष्ट्रसेवा, विश्वशांति के प्रयत्न आदि के लिए दिया जाता है।

भारतवंशी (सं.) [वि.] 1. भारत से संबंधित 2. भारतीय वंश का; भारतीय मूल का। [सं-पु.] भारतीय मूल का व्यक्ति।

भारतवर्ष (सं.) [सं-पु.] भारत का एक प्राचीन नाम; हिंदुस्तान।

भारतवासी (सं.) [सं-पु.] भारत में निवास करने वाला व्यक्ति; भारत का नागरिक।

भारती (सं.) [सं-स्त्री.] 1. सरस्वती नामक देवी 2. स्वर; वचन; वाणी। [सं-पु.] 1. एक प्रकार का कुलनाम या सरनेम 2. दशनामी संन्यासियों का एक भेद।

भारतीय (सं.) [वि.] 1. भारत का; भारत संबंधी; भारत में उत्पन्न; हिंदुस्तानी 3. भारत में बसने वाला।

भारतीयकरण (सं.) [सं-पु.] 1. किसी विदेशी ज्ञान या पदार्थ आदि को ग्रहण करके भारतीय रूप में देने की क्रिया या भाव 2. जो भारतीय न हो उसे भारतीय बनाना 3. किसी संस्था में भारतीयों की प्रधानता कर देना।

भारतीयता (सं.) [सं-स्त्री.] 1. भारतीय होने की अवस्था या भाव 2. भारतीय संस्कृति से जुड़ने का भाव।

भारतेंदु [सं-पु.] 1. भारत का चंद्रमा 2. (साहित्य) हिंदी के प्रसिद्ध रचनाकार हरिश्चंद्र को दी गई उपाधी।

भारधारक (सं.) [वि.] 1. भार धारण करने वाला; (चार्ज होल्डर)। [सं-पु.] 1. जिसपर किसी कार्य का भार हो 2. जिसपर किसी तरह की ज़िम्मेदारी हो।

भारमुक्त (सं.) [वि.] 1. जो दायित्व या भार से मुक्त हो गया हो 2. बेफ़िक्र 3. ऋणमुक्त।

भारयान (सं.) [सं-पु.] 1. भार ढोने वाला वाहन 2. ढुलाई गाड़ी; (ट्रक) 3. मालगाड़ी।

भारव (सं.) [सं-पु.] धनुष की डोरी या रस्सी।

भारवाह (सं.) [वि.] 1. भार ले जाने वाला; बोझा ढोने वाला; भारवाहक 2. जिसके पास किसी तरह का दायित्व हो 3. कार्यभार का वहन करने वाला। [सं-पु.] बहँगी ढोने वाला व्यक्ति; कुली।

भारवाहक (सं.) [वि.] 1. भार ले जाने वाला; बोझा ढोने वाला; भारवाहक 2. जिसके पास किसी तरह का दायित्व हो 3. कार्यभार का वहन करने वाला। [सं-पु.] 1. भार ढोने वाली गाड़ी; मालगाड़ी; (ट्रक, फ़्रेटर) 2. बोझा ढोने वाला व्यक्ति।

भारवाही (सं.) [वि.] भार या बोझ ढोने वाला; ढुलाई का काम करने वाला।

भारशिव (सं.) [सं-पु.] 1. भारत एक प्राचीन राजवंश 2. प्राचीन शैव संप्रदाय जिसके अनुयायी सिर पर शिव की मूर्ति रखा करते थे।

भारशून्य (सं.) [सं-पु.] गुरुत्वहीनता।

भारहीन (सं.) [वि.] भारविहीन; हलका; जिसमें भार न हो; बिना वज़न का।

भारहीनता (सं.) [सं-स्त्री.] 1. भारहीन होने की अवस्था या भाव 2. पृथ्वी के वायुमंडल से बाहर यान अथवा अंतरिक्ष में गुरुत्वाकर्षण के अभाव में किसी भी चीज़ में भार न रहने की स्थिति, भारशून्यता।

भारा [वि.] 1. भारी; भार; वजन 2. भाड़ा 3. कर्तव्य पालन 4. मन्नत।

भारिक (सं.) [वि.] 1. भार ढोने वाला; बोझ ढोने वाला 2. भारी। [सं-पु.] बोझ ढोने वाला व्यक्ति (पोर्टर)।

भारित (सं.) [वि.] 1. जिसपर किसी प्रकार का ऋण हो 2. जिसपर किसी प्रकार का बोझ या भार हो।

भारी (सं.) [वि.] 1. जिसका वज़न बहुत ज़्यादा हो 2. कठिन।

भारी-भरकम (सं.) [वि.] बड़े डील-डौलवाला।

भारी जल (सं.) [सं-पु.] वह पानी जिसमें हाइड्रोजन की जगह भारी हाइड्रोजन (ड्यूटीरियम) होती है।

भारोत्तोलक (सं.) [सं-पु.] वह जो वज़न उठाता हो; भारी वज़न उठाने वाला पहलवान या खिलाड़ी; (वेटलिफ़्टर)।

भारोत्तोलन (सं.) [सं-पु.] 1. भार उठाने की क्रिया 2. भारी वज़न उठाने की प्रतियोगिता; (वेटलिफ़्टिंग)।

भारोपीय [वि.] 1. भारत और यूरोप दोनों में समान रूप में पाया जाने वाला 2. भारत और यूरोप दोनों के मिले-जुले गुणवाला या दोनों के समान मूल से उत्पन्न, जैसे- भारोपीय भाषा समूह। [सं-पु.] भारत-यूरोपीय।

भार्गव (सं.) [सं-पु.] 1. ब्राह्मणों में एक कुलनाम या सरनेम 2. भृगु के वंशज 3. शुक्राचार्य 4. परशुराम। [वि.] 1. भृगु संबंधी 2. भृगु के वंश से उत्पन्न।

भार्गवी (सं.) [सं-स्त्री.] 1. पार्वती; लक्ष्मी 2. दूब 3. देवयानी।

भार्य (सं.) [वि.] जिसका भरण किया जा सके। [सं-पु.] सेवक।

भार्या (सं.) [सं-स्त्री.] विवाहित स्त्री; पत्नी।

भाल (सं.) [सं-पु.] 1. ललाट; कपाल; मस्तक; माथा 2. तीर की नोक 3. भाला; बरछा।

भालना [क्रि-स.] 1. ध्यान से देखना; ध्यान पूर्वक देखना; अच्छी तरह से देखना 2. ढूँढ़ना; तलाश करना; खोजना।

भाला (सं.) [सं-पु.] एक प्रकार का नुकीला अस्त्र।

भालू (सं.) [सं-पु.] एक स्तनपायी जंगली हिंसक जानवर जिसकी त्वचा मुलायम बालों वाली होती है; रीछ।

भालूक (सं.) [सं-पु.] भालू; रीछ।

भाव-अभिव्यक्ति (सं.) [सं-स्त्री.] साहित्य रचना, फ़िल्म निर्माण आदि में भावों को कलात्मक ढंग से प्रस्तुत करने का कौशल।

भाव-गति (सं.) [सं-स्त्री.] 1. विचार; भावना 2. इच्छा; इरादा।

भाव-ताव (सं.) [सं-पु.] 1. किसी चीज़ या वस्तु का भाव या दर; मूल्य 2. रंग-ढंग।

भाव नाट्य (सं.) [सं-पु.] वह संगीतमय नाट्य जिसमें भावों को अभिव्यक्त करने का सामर्थ्य हो; भावप्रधान संगीतमय नाटक।

भाव प्रदर्शन (सं.) [सं-पु.] भावों को प्रकट करने की अवस्था; भावाभिव्यक्ति।

भाव प्रधान (सं.) [वि.] 1. जिसमें भाव की प्रधानता हो; भावपूर्ण 2. भावों की तीव्रता या प्रचुरतावाला; जिसमें तीव्र भावानुभूति हो; भावुक।

भाव बोधक (सं.) [वि.] भाव बताने वाला; भाव प्रकट करने वाला।

भाव भंगिमा (सं.) [सं-स्त्री.] हाव-भाव; मन के भावों को व्यक्त करने वाली शारीरिक क्रिया।

भाव भीनी (सं.) [वि.] 1. सद्भाव से ओत-प्रोत 2. भाव से युक्त; भाव से परिपूर्ण, जैसे- भावभीनी श्रद्धांजलि।

भाव मुद्रा (सं.) [वि.] भाव की दशा या अवस्था।

भाव मैथुन (सं.) [सं-पु.] वह स्थिति या अवस्था जिसमें कोई व्यक्ति प्रत्यक्ष रूप में मैथुन (संभोग) नहीं करता लेकिन उसका मन मैथुन संबंधी विचारों में लीन रहता है।

भाव शुद्धि (सं.) [सं-स्त्री.] 1. नेक नीयती 2. भाव की सच्चाई।

भाव संसार (सं.) [सं-पु.] किसी व्यक्ति विशेषकर रचनाकार के भाव जो उसकी रचनाओं तथा कर्म को प्रभावित करते हैं।

भाव[1] (सं.) [सं-पु.] 1. मन में उत्पन्न होने वाला विचार या ख़याल 2. अभिप्राय; मतलब 3. आकृति; चेष्टा।

भाव[2] (फ़ा.) [सं-पु.] दर; मूल्य; हिसाब। [मु.] **-उतरना या गिरना** : मूल्य घट जाना। **-चढ़ना** : दाम बढ़ना या किसी का महत्व बढ़ना।

भावक (सं.) [वि.] 1. जिसमें भावनाएँ हों; भावना करने वाला

2. भाव से युक्त; भावपूर्ण; भावभरा 3. गुणग्राहक विवेचक 4. रसज्ञ 5. उत्पन्न करने वाला; उत्पादक 6. श्रेयस्कर 7. किसी का अनुयायी; प्रेमी 8. भक्त। [सं-पु.] भाव, काव्य का अधिकारी पाठक। [अव्य.] थोड़ा सा; जरा सा।

भावगम्य (सं.) [वि.] सद्भाव से जानने योग्य; मन से जानने योग्य।

भावगीत (सं.) [सं-स्त्री.] मनोभावों की प्रधानता वाला गीत।

भावगोपन (सं.) [सं-पु.] 1. भावों का प्रकट न करने की अवस्था; अधिगोपन; अनाभिव्यक्ति 2. चुप्पी; मौन।

भावग्राही (सं.) [वि.] 1. भाव ग्रहण करने योग्य 2. तात्पर्य को समझने वाला; रसज्ञ।

भावचित्र (सं.) [सं-पु.] 1. मनोभावों या मानसिक कल्पना को व्यक्त करने वाला चित्र 2. मानसिक भाव को प्रकट करने के उद्देश्य से बनाया जाने वाला चित्र।

भावज [सं-स्त्री.] बड़े भाई की पत्नी; भाभी; भौजाई।

भावज्ञ (सं.) [वि.] 1. दूसरे के मन के भावों का जानकार 2. मन की प्रवृत्ति जानने या समझने वाला 3. बहुत आत्मीय।

भावता (सं.) [वि.] 1. जो प्रिय लगता हो; भला लगने वाला 2. प्रिय; प्रेमी; प्रेमपात्र 3. सुंदर।

भावदमन (सं.) [सं-पु.] 1. भाव को रोकने की अवस्था या भाव 2. इच्छाओं का दमन 3. भावरोध।

भावदशा (सं.) [सं-स्त्री.] मन की स्थिति; मनोदशा; मानसिक स्थिति।

भावन (सं.) [वि.] 1. मन को प्रिय या भला लगने वाला 2. प्रियदर्शी; आत्मीय। [सं-पु.] 1. कारण; निमित्त 2. स्रष्टा 3. उत्पादन 4. भावना; ध्यान; चिंतन; कल्पना 5. रुचिवर्धन 6. अनुसंधान 7. निर्धारण; प्रमाण 8. औषधि आदि के चूर्ण को किसी रस या तरल में तर करके घोटना 9. सुवासित करना 10. स्मरण 11. पति; प्रियतम।

भावना (सं.) [सं-स्त्री.] 1. विचार; ख़याल; मनोभाव 2. मन की कल्पना 3. ध्यान; चिंतन 4. कामना; इच्छा; चाह।

भावना शून्य (सं.) [वि.] भावना का अभाव; भावना रहित; भावनाहीन; अनासक्त।

भावनात्मक (सं.) [वि.] 1. भावनाजन्य; भावनामय; भावनाओं पर आधारित 2. भावना से संबंधित।

भावनापरक (सं.) [वि.] 1. जो भावना से संबद्ध हो 2. भावनाओं से युक्त; भावपूर्ण।

भावनामय (सं.) [वि.] 1. काल्पनिक 2. भावनायुक्त।

भावनाहीन (सं.) [वि.] 1. संवेदनारहित; भावना से रहित; अनुभूतिहीन 2. चिंतन रहित।

भावनीय (सं.) [वि.] 1. भावना करने के योग्य 2. चिंतन के योग्य; विचारणीय 3. कल्पना के योग्य 4. चित्त या मन में लाए जाने के योग्य 5. सहनीय।

भावपूर्ण (सं.) [वि.] भावों से युक्त भावनात्मक; भावनापूर्ण; भावनामय; भावप्रधान।

भावप्रवण [वि.] संवेदनशील; भावुक।

भावप्रवणता (सं.) [सं-स्त्री.] भावुकता; संवेदनशीलता; भावों से परिचालित होने की प्रवृत्ति।

भावभंगी (सं.) [सं-स्त्री.] भाव-भंगिमा।

भावभूमि (सं.) [सं-स्त्री.] 1. भावनाओं की भूमि 2. किसी रचना (कहानी, कविता आदि) की अंतर्वस्तु।

भावमय (सं.) [वि.] 1. भावों से युक्त 2. भावों में मग्न।

भावलय (सं.) [सं-स्त्री.] भावात्मक धरातल पर लय की प्रतीति कराने वाली स्थिति।

भाववाचक (सं.) [सं-स्त्री.] (व्याकरण) किसी संज्ञा का वह रूप जिसमें भाव, गुण, दशा का बोध होता हो, जैसे- उदारता, महानता, मनुष्यता, बुरापन, कट्टरता आदि। [वि.] किसी चीज़ का भाव, गुण, धर्म आदि बताने वाला।

भाववाच्य (सं.) [सं-पु.] (व्याकरण) क्रिया का वह अकर्मक रूप जिसमें वाक्य का उद्देश्य कर्ता के व्यापार का बोध न कराकर क्रिया के व्यापार का ही बोध कराता है।

भावविकार (सं.) [सं-पु.] यास्क के अनुसार भाव के छह विकार, जैसे- उत्पत्ति, अस्तित्व, परिणाम, वर्धन, क्षय और नाश।

भावविभोर (सं.) [वि.] 1. भावपूर्ण 2. भावुक; भावना में खोया हुआ।

भावविह्वल (सं.) [क्रि.वि.] 1. अत्यधिक भावुक होना 2. भावविभोर होना।

भावविह्वलता (सं.) [सं-स्त्री.] भावविह्वल होने की स्थिति।

भावव्यंजक (सं.) [वि.] अच्छे प्रकार या स्पष्ट रूप में भाव प्रकट करने वाला; भावबोधक। [सं-पु.] मन का भाव प्रकट करने की क्रिया या भाव।

भावशुद्धि (सं.) [सं-स्त्री.] 1. भाव की सत्यता 2. मन की सच्चाई; नेकनीयती।

भावशून्य (सं.) [वि.] 1. जिसमें भाव न हो; जो किसी विषय में आसक्त न हो; अनासक्त 2. जिसका चित्त विकल न होता हो।

भावसंधि (सं.) [सं-स्त्री.] वह स्थिति जहाँ दो अविरोधी भावों की संधि होती है।

भावसमन्वित (सं.) [वि.] जिसमें भाव हो; भावों से युक्त।

भावसमाहित (सं.) [वि.] 1. जिसमें भाव हो 2. जिसमें भाव की तीव्रता हो 3. जिसके भाव व्यवस्थित एवं शांत हों; जिसके भाव केंद्रित हों; भक्त।

भावसर्ग (सं.) [सं-पु.] 1. वह रचना जिसमें कल्पना का आधिक्य हो; बौद्धिक व कल्पनाजन्य सर्जन, विचार व रचना 2. (सांख्य दर्शन) तन्मात्राओं की उत्पत्ति; भौतिक सर्ग का उलटा या विलोम।

भावसृष्टि (सं.) [सं-स्त्री.] 1. नवीन भावों की उत्पत्ति 2. भावों का उद्भव।

भावस्थ (सं.) [वि.] 1. जो भाव में लीन हो 2. भावविह्वल।

भावस्निग्ध (सं.) [वि.] 1. अनुरक्त 2. जिसमें भाव की तीव्रता हो।

भावहरण (सं.) [सं-पु.] 1. भावों का अधिग्रहण 2. {ला-अ.} साहित्यिक चोरी।

भावहिंसा (सं.) [सं-स्त्री.] 1. व्यावहारिक रूप से हिंसा न करते हुए मन में किसी का अनिष्ट करने की सोचना 2. मन में किसी के प्रति हिंसापूर्ण भाव होना 3. ऐसी स्थिति जिसमें व्यक्ति हिंसात्मक भावना को कार्य रूप में परिणत नहीं करता।

भावहीन (सं.) [वि.] 1. जिसमें भाव न हो; निर्विकार 2. तटस्थ; निर्वेद 3. शांत; संवेदनारहित 4. जिससे भाव का विकास न होता हो 5. अभिव्यक्तिहीन; अर्थहीन।

भावहीनता (सं.) [सं-स्त्री.] 1. भावहीन होने की अवस्था या भाव 2. तटस्थता; संवेदनहीनता 3. निर्ममता 4. अर्थहीनता।

भावांतर (सं.) [सं-पु.] 1. शब्दों के भावों में आ जाने वाला अंतर; अर्थांतर 2. मन की अवस्था दूसरी हो जाना।

भावांतरण (सं.) [सं-पु.] 1. मन की अवस्था में परिवर्तन हो जाना 2. (अनुवाद) किसी रचना या लेख के शब्दों के भावों में आ जाने वाला अंतर; अर्थांतर।

भावात्मक (सं.) [वि.] 1. भावपूर्ण; भावयुक्त 2. जिसमें किसी भी प्रकार का मानसिक भाव हो।

भावानुग (सं.) [वि.] जो भाव का अनुसरण करता हो; भावानुयायी।

भावापन्न (सं.) [वि.] भाव से अभिभूत; भावपूर्ण; रससिक्त।

भावाभास (सं.) [सं-पु.] 1. (साहित्य) वह काव्यदोष जिसमें भाव को अनुपयुक्त स्थान पर दिखाया जाता है 2. रस के पूर्ण परिपाक के अभाव में होने वाला आभास या छायामात्र; रसाभास 3. बनावटी भाव।

भावाभिभूत (सं.) [सं-पु.] 1. जो भाव से अभिभूत हो गया हो 2. किसी के द्वारा भाव से किया हुआ 3. भाव में खोया हुआ।

भावाभिव्यक्ति (सं.) [सं-स्त्री.] 1. भावों का प्रकाशन; भावों को प्रकट करना; भावों की अभिव्यक्ति 2. मन की बात कहना।

भावार्थ (सं.) [सं-पु.] 1. मूल पाठ का भाव या आश्रय मात्र 2. तात्पर्य; मतलब; आशय; अभिप्राय।

भावाविष्ट (सं.) [सं-पु.] 1. भावावेश से युक्त 2. भाव से परिपूर्ण।

भावावेग (सं.) [सं-पु.] 1. भावुकता 2. भावों की प्रबलता।

भावावेश (सं.) [सं-पु.] 1. भावना से पूर्ण आवेश 2. भावोत्तेजना 3. भावपूर्ण।

भावित (सं.) [वि.] 1. जिसकी भावना की गई हो; सोचा हुआ; विचारा हुआ 2. मिलाया हुआ; मिश्रित 3. शुद्ध किया हुआ; शोधित 4. जिसमें किसी रस आदि की भावना दी गई हो 5. सुगंधित किया हुआ 6. मिला हुआ; प्राप्त 7. भेंट किया हुआ; समर्पित 8. वशीकृत 9. प्रमाणित।

भावी (सं.) [वि.] 1. भविष्य में होने वाली बात; भविष्यत 2. आगामी; भविष्यकालीन 3. सुंदर; भव्य 4. अनुरक्त।

भावुक (सं.) [वि.] 1. भावना करने वाला; सोचने-समझने वाला 2. दयालु; जज़्बाती; संवेदनशील 3. उत्तम भावना करने वाला; उत्तम बातें सोचने वाला।

भावुकता (सं.) [सं-स्त्री.] 1. भावुक होने की अवस्था या भाव; भावप्रवणता 2. भावों से परिचालित होने की प्रवृत्ति।

भावे प्रयोग (सं.) [सं-पु.] (व्याकरण) क्रिया का वह प्रयोग जिसमें कर्ता या कर्म का पुरुष, लिंग एवं वचन के अनुसार रूप परिवर्तित नहीं होता और वह सदा अन्य पुरुष, पुल्लिंग और एक वचन में रहता है, जैसे- उसे वहाँ बुलाया जाएगा।

भावोत्तेजक (सं.) [वि.] भावनाओं को उकसाने वाला।

भावोद्दीपक (सं.) [वि.] भावों को उत्तेजित करने वाला; भावों का उद्दीपन करने वाला; भावोत्पादक।

भावोद्दीपन (सं.) [सं-पु.] 1. भावों के उत्तेजित होने की अवस्था 2. उद्दीपन 3. प्रदीपन; उत्प्रेरण।

भावोद्रेक (सं.) [सं-पु.] 1. भावों की तीव्रता 2. भावों का उदय; भावावेश।

भावोन्मत्त (सं.) [वि.] भाव विह्वल; भावों के वशीभूत होकर; भावों के कारण उन्मत्त।

भावोन्माद (सं.) [सं-पु.] 1. भावों की तीव्रता या उन्माद 2. भावावेश।

भावोन्मेष (सं.) [सं-पु.] 1. मन में किसी भाव की उत्पत्ति होना 2. भाव का उदय; भावोत्पादन।

भाव्य (सं.) [वि.] 1. होने वाला; भावी; भविष्यकालीन 2. जिसका होना निश्चित हो; अवश्यंभावी 3. जिसकी भावना की जाए 4. चिंता करने योग्य 5. विचारणीय; सोचनीय 6. सिद्ध करने योग्य। [सं-पु.] होनी।

भाषण (सं.) [सं-पु.] 1. व्याख्यान; अभिभाषण 2. संबोधन 3. भाषण; कथन 4. कृपापूर्ण शब्द।

भाषणबाज़ी (सं.+ फ़ा.) [सं-स्त्री.] 1. भाषण देने की आदत या प्रवृत्ति 2. एक पर एक लगातार भाषण दिया जाना।

भाषा (सं.) [सं-स्त्री.] 1. वह साधन जिससे मनुष्य अपने विचारों का आदान-प्रदान करता है; विचार एवं भाव को व्यक्त करने की विधि 2. बोली 3. शैली 4. एक प्रकार की रागिनी 5. व्यक्ति विशेष के लिखने व बोलने का ढंग।

भाषा शैली (सं.) [सं-स्त्री.] किसी भाषा को लिखने का ढंग।

भाषांतर (सं.) [सं-पु.] 1. एक भाषा के लेख या रचना का किसी अन्य भाषा में किया गया अनुवाद; तरजुमा; (ट्रांसलेशन) 2. एक भाषा से दूसरी भाषा में अनुवाद करना।

भाषांतरकार (सं.) [सं-पु.] भाषांतर या अनुवाद करने वाला व्यक्ति; अनुवादक; (ट्रांसलेटर)।

भाषांतरण (सं.) [सं-पु.] एक भाषा से दूसरी भाषा में अनुवाद करने की क्रिया या भाव; अनुवाद।

भाषाई (सं.) [वि.] भाषा से संबंधित; भाषिक; भाषा का, जैसे- भाषाई आंदोलन।

भाषाभाषी (सं.) [वि.] 1. किसी भाषा को व्यवहार में लाने वाला या बोलने वाला 2. भाषा का ज्ञाता या जानकार।

भाषामूलक (सं.) [वि.] जिसके मूल में भाषा हो; भाषा से उत्पन्न।

भाषावार (सं.) [वि.] 1. भाषा के आधार पर होने वाला 2. भाषा के अनुसार होने वाला।

भाषाविज्ञान (सं.) [सं-पु.] वह विज्ञान जिसमें भाषा की उत्पत्ति, विकास तथा उसके शब्दों के अर्थों, ध्वनियों आदि का वैज्ञानिक

ढंग से अध्ययन किया जाता है; भाषा का विशिष्ट ज्ञान; (लिंग्विस्टिक्स)।

भाषाविज्ञानी (सं.) [सं-पु.] भाषाविज्ञान का ज्ञाता; भाषा का व्यवस्थित अध्ययन व अध्यापन करने वाला; (लिंग्विस्ट)।

भाषाविद (सं.) [सं-पु.] भाषाविज्ञान का ज्ञाता; भाषाविज्ञानी; (लिंग्विस्ट)।

भाषाशास्त्र (सं.) [सं-पु.] भाषाविज्ञान; (लिंग्विस्टिक्स)।

भाषाशास्त्री (सं.) [सं-पु.] भाषाविज्ञानी; भाषाशास्त्र का ज्ञाता; (लिंग्विस्ट)।

भाषासम (सं.) [सं-पु.] (साहित्य) एक शब्दालंकार जिसमें ऐसे शब्दों का प्रयोग किया जाता है जो कई भाषाओं में समान अर्थ देते हों।

भाषाहीन (सं.) [वि.] 1. भाषा के बिना 2. वाणी के बिना; गूँगा।

भाषिक (सं.) [वि.] भाषा से संबंधित; भाषा का।

भाषिका (सं.) [वि.] कहने वाली; बोलने वाली। [सं-स्त्री.] 1. भाषा 2. वाणी; बोली।

भाषित (सं.) [सं-पु.] 1. कथन; बोली 2. वार्तालाप; उक्ति। [वि.] कथित; उक्त; कहा हुआ।

भाषिता (सं.) [वि.] 1. बोलने वाला 2. बात करने वाला।

भाषी (सं.) [वि.] 1. बोलने वाला 2. विशेष भाषा, शैली या स्वर में बोलने वाला 3. कहने वाला।

भाषीय (सं.) [वि.] भाषा संबंधी।

भाष्य (सं.) [सं-पु.] 1. किसी गूढ़ कथन की व्याख्या; सूत्रों की व्याख्या; टीका 2. कथन।

भाष्यकार (सं.) [सं-पु.] 1. भाष्य लिखने वाला व्यक्ति 2. सूत्रों की व्याख्या करने वाला लेखक।

भास (सं.) [सं-पु.] 1. दीप्ति; चमक 2. प्रकाश; रोशनी; किरण 3. इच्छा 4. कल्पना; मिथ्या ज्ञान 5. प्रतिबिंब 6. एक कवि 7. शकुंत पक्षी।

भासक (सं.) [सं-पु.] 1. प्रकाशक 2. चमक देने वाला व्यक्ति या पदार्थ 3. आलोकित करने वाला व्यक्ति या पदार्थ।

भासमंत (सं.) [वि.] 1. ज्योति या प्रकाश से युक्त 2. चमकीला; चमकदार।

भासमान (सं.) [वि.] 1. चमकदार 2. दिखाई देता हुआ; जान पड़ता हुआ।

भासित (सं.) [वि.] 1. प्रकाशमान; प्रकाशित 2. चमकदार; चमकीला।

भास्कर (सं.) [सं-पु.] 1. सूर्य 2. दिन 3. वीर 4. अग्नि 5. सोना 6. शिव 7. मदार 8. धातु या पत्थर आदि की मूर्ति पर नक्काशी करने की कला।

भास्मन (सं.) [वि.] 1. जो भस्म से बना हो 2. भस्म संबंधी।

भास्वत (सं.) [सं-पु.] 1. सूर्य 2. आक का पौधा। [वि.] चमकीला; चमकदार।

भास्वर (सं.) [सं-पु.] 1. सूर्य 2. दिन 3. अग्नि। [वि.] 1. चमकदार 2. दीप्त।

भिंडी (सं.) [सं-स्त्री.] एक प्रसिद्ध पौधा जिसकी फली की सब्ज़ी बनाई जाती है।

भिक्षा (सं.) [सं-स्त्री.] 1. अन्न, कपड़ा, पैसा आदि माँगने का काम या वृत्ति 2. माँगने पर प्राप्त होने वाले अन्न, कपड़ा, पैसा आदि 3. विशिष्ट अनुग्रह की प्राप्ति के लिए किसी से दीनतापूर्वक की जाने वाली याचना।

भिक्षादान (सं.) [सं-पु.] 1. भिक्षा देने की क्रिया या भाव 2. भिक्षा में दिया गया धन या रुपया।

भिक्षापात्र (सं.) [सं-पु.] भीख माँगने का बरतन।

भिक्षावृत्ति (सं.) [सं-स्त्री.] 1. भिक्षा माँगकर जीवन यापन करने की क्रिया 2. भिखारी का पेशा।

भिक्षु (सं.) [सं-पु.] 1. भिक्षा माँगने वाला व्यक्ति; भिखारी 2. संन्यासी; साधु 3. बौद्ध संन्यासी।

भिक्षुक (सं.) [सं-पु.] 1. भिक्षु 2. भिखमंगा; भिखारी। [वि.] भीख या भिक्षा माँगने वाला।

भिक्षुणी (सं.) [सं-स्त्री.] 1. बौद्ध संन्यासिनी 2. पुजारिन।

भिखमंगा [सं-पु.] भीख माँगने वाला व्यक्ति; भिक्षुक; भिखारी 3. {ला-अ.} जिसे माँगने की लत हो।

भिखारी (सं.) [सं-पु.] भीखमंगा।

भिगाना (सं.) [क्रि-स.] किसी वस्तु या चीज़ को पानी में डालकर या किसी चीज़ पर पानी डालकर उसे तर या गीला करना; भिगोना।

भिगोना (सं.) [क्रि-स.] पानी से किसी वस्तु को तर करना; गीला करना; भिगाना।

भिड़ (सं.) [सं-स्त्री.] बर्रे; ततैया।

भिड़ंत [सं-स्त्री.] टकराहट; भिड़ने की क्रिया, अवस्था या भाव; मुठभेड़।

भिड़ना (सं.) [क्रि-अ.] 1. टकराना 2. आपस में लड़ाई-झगड़ा करना 3. गुथना 4. सटना।

भिड़ाना [क्रि-स.] 1. लड़ाई-झगड़ा कराना 2. भिड़ने में प्रवृत्त करना।

भितरिया [वि.] 1. भीतर रहने वाला; भीतरी 2. अंदर की तरफ़ का; अंतरंग। [सं-पु.] 1. किसी जगह के भीतरी भाग में रहने वाला प्राणी आदि 2. वल्लभ कुल के मंदिर में रहने वाला पुजारी।

भित्ति (सं.) [सं-स्त्री.] 1. दीवार; भीत 2. चटाई 3. दोष 4. चित्र बनाने का आधार; चित्राधार 5. टुकड़ा; खंड; अंश 6. कमी; खोट 7. अवसर 8. दरार।

भित्ति चित्रांकन [कि. स.] दीवाल पर चित्र बनाने की क्रिया।

भित्तिका (सं.) [सं-स्त्री.] 1. छिपकली 2. दीवार।

भित्तिचित्र (सं.) [सं-पु.] दीवार पर अंकित किया हुआ चित्र।

भिदना (सं.) [क्रि-अ.] 1. भेदा या छेदा जाना; छिदना 2. अंदर धँसना 3. घुसना 4. पैवस्त होना 5. घायल होना।

भिन-भिन [सं-स्त्री.] मक्खियों की आवाज़।

भिनकना [क्रि-अ.] 1. मन में घृणा पैदा होना 2. भिन-भिन शब्द होना।

भिनगी [सं-स्त्री.] एक दाल वाली फसल; मोठ।

भिनभिनाना [क्रि-अ.] मक्खियों द्वारा भिन-भिन की आवाज़

करना।

भिनभिनाहट [सं-स्त्री.] 1. भिन-भिन शब्द 2. भिनभिनाने की क्रिया या भाव।

भिनसार (सं.) [सं-पु.] प्रात:काल; सुबह; भोर; सवेरा।

भिन्न (सं.) [वि.] 1. अलग किया हुआ; जिसे अलग किया गया हो; विभक्त; विभाजित 2. प्रस्फुटित 3. खंडित 4. दूसरा; अन्य 5. अलग तरह का; अपने वर्ग से अलग; (डिफ़रेंट)। [सं-पु.] 1. खंड; टुकड़ा 2. गणित में इकाई का अंश, जैसे- 1/2 3. चिकित्सा शास्त्र में शरीर का वह अंग जिसे तेज़ धार वाले शस्त्र से काटकर अलग किया गया हो।

भिन्न-भिन्न (सं.) [वि.] अलग-अलग तरह का; विविध।

भिन्नता (सं.) [सं-स्त्री.] 1. अंतर; भेद; प्रकार 2. भिन्न होने की अवस्था; अलगाव।

भिन्नात्मक (सं.) [वि.] (गणित) जिसमें (संख्या) भिन्न या इकाई का कोई भाग भी लगा हो।

भिन्नाना [क्रि-अ.] 1. दुर्गंध आदि से सिर चकराना 2. भय के कारण अलग या दूर होना।

भिलाई [सं-स्त्री.] धोबी द्वारा कपड़ों पर लगाया जाने वाला निशान जिससे उसे पहचाना जा सके।

भिलावाँ (सं.) [सं-पु.] 1. एक जंगली वृक्ष 2. उक्त वृक्ष से प्राप्त होने वाला फल जो औषधि में काम आता है; भल्लातक।

भिश्ती (फ़ा.) [सं-पु.] चमड़े के थैले से पानी ढोने वाला व्यक्ति; सक्का।

भी (सं.) [अव्य.] निपात के रूप में प्रयुक्त शब्द जो कई अर्थों में प्रयुक्त होता है- 1. अधिक; ज़्यादा, जैसे- यह रंग और भी अच्छा है 2. किसी अथवा और के अलावा; साथ या सिवा, जैसे- दोनों बहनों के साथ एक भाई भी गया है।

भींचना [क्रि-स.] 1. कसकर दबाना; जकड़ना 2. खींचना; तानना 3. मीचना; बंद करना, जैसे- आँखें भींचना 4. जमाना 5. रौंदना; निचोड़ना।

भीख (सं.) [सं-स्त्री.] 1. भिक्षा 2. भीख में मिली वस्तु।

भीगना [क्रि-अ.] गीला होना; पानी से तर होना।

भीट [सं-पु.] 1. उभरी हुई ज़मीन 2. भीटा 3. मन भर के बराबर एक तौल।

भीटा [सं-पु.] 1. डीह; भीढ़ा 2. मिट्टी कंकड़ आदि का ऊँचा ढेर जो अपने आप बना हो 3. पान की खेती के लिए बनाया गया खेत।

भीठा [सं-स्त्री.] 1. वह स्थान जहाँ पान की लतर उगाई जाती है। 2. भीटा; भीट; भिंडा।

भीड़ [सं-स्त्री.] जमघट; जमावड़ा; जनसमूह; अव्यवस्थित समूह। [मु.] **-छँटना** : भीड़ न रह जाना। **-जुटना** : लोगों का इकट्ठा होना।

भीड़-भड़क्का [सं-पु.] एक ही स्थान पर बहुत लोगों का जमावड़ा या भीड़; जमघट; जनसमूह; मजमा; भीड़-भाड़।

भीड़-भाड़ [सं-स्त्री.] एक ही स्थान पर बहुत लोगों का जमावड़ा; भीड़।

भीड़ा [वि.] जो संकुचित हो; संकीर्ण; सँकरा; तंग, जैसे- भीड़ा रास्ता।

भीत[1] [सं-स्त्री.] दीवार; भित्ति।

भीत[2] (सं.) [वि.] 1. डर; भय 2. भयभीत; डरा हुआ। [सं-पु.] 1. भीति 2. ख़तरा।

भीतर (सं.) [अव्य.] 1. घेरे, भवन आदि की परिधि के अंतर्गत, जैसे- घर के भीतर जो मन चाहे सो करो 2. मन में। [सं-पु.] 1. मन 2. अंदर वाला भाग 3. अंत:पुर।

भीतरघात (सं.) [सं-पु.] 1. विश्वासघात 2. तोड़फोड़।

भीतरवाला [वि.] अंदरवाला; भीतरी; अंदर का।

भीतरी [वि.] 1. छिपा हुआ; गुप्त 2. आंतरिक; अंदरूनी 3. घनिष्ठ।

भीति (सं.) [सं-स्त्री.] 1. भय; डर 2. कंप 3. कोई अप्रिय या अनिष्ट बात होने की आशंका; खटका।

भीना [वि.] 1. किसी से युक्त 2. भरा हुआ, जैसे- भावभीना 3. धीमा, सूक्ष्म या हलका, जैसे- भीनी-भीनी सुगंध।

भीम (सं.) [सं-पु.] 1. महाभारत में पाँच पांडवों में से एक; भीमसेन; हिडिंबापति 2. पवनसुत; मारुति। [वि.] 1. महाकाय; बहुत बड़ा 2. अत्यधिक 3. भयानक; भयंकर; भीषण।

भीमकाय (सं.) [वि.] विशालकाय; बड़े शरीर वाला; महाकाय।

भीमरथी (सं.) [सं-पु.] अपने जीवन में सतहत्तरवें वर्ष के सात माह और सात दिन की समाप्ति पर होने वाली मनुष्य की अवस्था। [वि.] अत्यंत वृद्ध (व्यक्ति)।

भीमसेन (सं.) [सं-पु.] 1. पाँच पांडवों में से दूसरे जो अधिक बलवान थे; भीम 2. दमयंती के पिता का नाम।

भीरी [सं-स्त्री.] अरहर का टाल या राशि; अरहर की ढेर।

भीरु (सं.) [वि.] 1. डरपोक; कायर 2. भय युक्त; डरा हुआ। [सं-पु.] 1. गीदड़; सियार 2. बाघ 3. कनखजूरा 4. एक प्रकार का ईख।

भीरुता (सं.) [सं-स्त्री.] भीरु होने की अवस्था या गुण; भयशीलता; बुज़दिली।

भील (सं.) [सं-पु.] 1. विंध्य की पहाड़ियों तथा दक्षिण के जंगलों में रहने वाली एक जंगली जाति 2. उक्त जंगली जाति के पुरुष।

भीषण (सं.) [वि.] 1. डरावना; भयानक 2. बहुत बुरा; विकट 3. उग्र व दुष्ट स्वभाव वाला। [सं-पु.] 1. साहित्य का भयानक रस 2. एक प्रकार का ताड़।

भीष्म (सं.) [सं-पु.] 1. रुद्र; शिव 2. गंगा के गर्भ से उत्पन्न राजा शांतनु के पुत्र; देवव्रत; गांगेय 3. (साहित्य) भयानक रस 4. राक्षस। [वि.] भीषण; भयानक; भयंकर।

भुँड़िया [सं-पु.] शूकरहित उत्तम गेहूँ; मूँडिया।

भुइली [सं-स्त्री.] भुइला; भूआ; भुरिला; भुरिली; एक लंबा कीड़ा जो रेंड़ और दलहन की पत्तियों को खाता है।

भुक्खड़ [वि.] 1. लालची; लोलुप 2. कंगाल; दरिद्र 3. भूखा; पेटू 4. जिसे तेज़ भूख लगी हो।

भुक्त (सं.) [वि.] 1. खाया हुआ; भक्षित 2. जिसका भोग किया गया हो 3. जो भोगा जा रहा हो 4. अनुभव किया हुआ; अनुभूत 5. उच्छिष्ट; उपभुक्त 6. अधिकार-पत्र आदि जिसका

नगद धन प्राप्त कर लिया गया हो।

भुक्तभोगी (सं.) [वि.] 1. जिसे किसी बात या कार्य का अनुभव हो 2. जिसने सुख-दुख झेला हो 3. जिसे किसी अपराध का फल भोगना पड़ा हो।

भुक्ति (सं.) [सं-स्त्री.] 1. आहार; भोजन 2. लौकिक सुख 3. किसी पदार्थ या वस्तु का किया जाने वाला भोग 4. रसानुभूति 5. दख़ल; कब्ज़ा।

भुखमरा [वि.] 1. भूखों मरने वाला 2. जो खाने-पीने के लिए मरा जाता हो; भुक्खड़; पेटू।

भुखमरी [सं-स्त्री.] 1. वह स्थिति जब अन्न के अभाव में लोग मरते हैं; भूखों मरने की स्थिति; दुर्भिक्ष 2. पोषण न मिलने के कारण शरीर का क्षीण होना।

भुखाना [क्रि-अ.] क्षुधित होना; भूखा होना। [क्रि-स.] किसी को भूखा रखना।

भुगतना (सं.) [क्रि-स.] 1. किसी अप्रीतिकर वस्तु, व्यक्ति या स्थिति को न चाहते हुए भी स्वीकार करना; झेलना 2. भोगना। [क्रि-अ.] समाप्त होना; पूरा होना।

भुगतान [सं-पु.] 1. कर्ज़ या ऋण चुकाना 2. किसी चीज़ या वस्तु की कीमत चुकता किया जाना 3. निबटारा 4. ख़रीदा हुआ माल देना।

भुगताना [क्रि-स.] 1. चुकाना; भुगतान करना; अदा करना 2. समय बिताना या व्यतीत करना 3. दुख देना या भोगवाना 4. भुगतने के लिए बाध्य करना।

भुच्च [वि.] मूर्ख; उजड्ड; जड़मति। [सं-पु.] मूर्ख व्यक्ति।

भुज (सं.) [सं-पु.] 1. (रेखा-गणित) त्रिभुज का आधार 2. हाथ; बाहु; बाँह; भुजा 3. हाथी का सूँड़ 4. वृक्ष की डाली या शाखा 5. किनारा; सिरा।

भुजंग (सं.) [सं-पु.] 1. साँप 2. (हठयोग) पति 3. विदूषक 4. सीसा 5. जार 6. अश्लेषा नक्षत्र।

भुजंगिनी (सं.) [सं-स्त्री.] 1. नागिन; साँपिन 2. एक छंद।

भुजंगेश (सं.) [सं-पु.] 1. शेषनाग 2. वासुकि 3. पतंजलि ऋषि का एक नाम 4. पिंगल मुनि का एक नाम।

भुजगेंद्र (सं.) [सं-पु.] 1. शेषनाग 2. वासुकि।

भुजदंड (सं.) [सं-पु.] 1. दंड रूपी हाथ; बाहु दंड 2. लंबा हाथ 3. बाँह में पहनने का एक प्रकार का गहना।

भुजपाश (सं.) [सं-पु.] दोनों हाथों या भुजाओं की वह स्थिति जिससे गले लगाया जाता है; गलबाँही; आलिंगन।

भुजबंध (सं.) [सं-पु.] 1. बाजूबंद नाम का गहना 2. भुजाओं से किसी को बाँधने की क्रिया या भाव।

भुजमूल (सं.) [सं-पु.] 1. भुजा के आरंभ होने का स्थान; कंधा 2. काँख।

भुजसंधि [सं-स्त्री.] कंधा।

भुजा (सं.) [सं-स्त्री.] बाँह; बाहु।

भुजाठ [सं-पु.] एक आभूषण।

भुजाली [सं-स्त्री.] 1. छोटी बरछी 2. एक प्रकार की बड़ी टेढ़ी छुरी।

भुजिया [सं-पु.] 1. बेसन या आलू से बनाया गया नमकीन खाद्य 2. घी-तेल में भुनी सूखी सब्ज़ी। [वि.] भूनकर तैयार किया गया।

भुट्टा (सं.) [सं-पु.] 1. मक्के की हरी बाल जिसे भूनकर खाते हैं 2. एक प्रकार का दानेदार अनाज; मक्का।

भुड़डी [सं-स्त्री.] भोराह; भूड्डी; छूँछी गदेली।

भुतहा [वि.] 1. अवास्तविक; अज्ञात; अतिप्रकृत 2. प्रेतीय या प्रेत से ग्रस्त।

भुनगा [सं-पु.] 1. बहुत छोटा सा बरसाती कीड़ा 2. पतंगा; फतिंगी।

भुनना [क्रि-अ.] 1. आग आदि पर भूना जाना; सिकना 2. बंदूक या तोप की गोली से मारा जाना 3. नोट को छोट-छोटे सिक्के में बदलना।

भुनभुनाना [क्रि-स.] 1. भुन-भुन शब्द करना 2. बड़बड़ाना; कुढ़कर अस्पष्ट स्वर में कई तरह की बातें कहना। [क्रि-अ.] भुन-भुन शब्द होना।

भुनाई [सं-स्त्री.] 1. भुनाने की क्रिया या भाव 2. भुनाने की मज़दूरी।

भुनाना [क्रि-स.] 1. भूनने का काम कराना 2. रुपयों या बड़े सिक्के को छोटे सिक्कों में बदलवाना 3. चेक को रुपए में बदलवाना।

भुम्मकसूल [सं-पु.] घोड़े का एक रोग।

भुरकना [क्रि-अ.] 1. सूखकर भुरभुरा हो जाना 2. बहक जाना; भूलना। [क्रि-स.] छिड़कना; बुरकना।

भुरका [सं-पु.] 1. भुरकने की क्रिया या भाव 2. कुल्हड़; कूजा 3. मिट्टी की दवात 4. मिट्टी का प्याला; कसोरा 5. चूर्ण; बुकनी।

भुरभुरा [वि.] 1. हलके दबाव से जिसके कण अलग-अलग हो जाएँ 2. चूर्णरूप।

भुरभुराना [क्रि-स.] 1. किसी वस्तु या व्यक्ति के ऊपर चूर्ण आदि बिखेरना; छिड़कना; बुरकना 2. भुरभुरा करना।

भुरभुरी [सं-स्त्री.] महीन मिट्टी। [वि.] महीन।

भुरली [सं-स्त्री.] 1. मोटी रसभरी ईख 2. फसलों में लगने वाला कीड़ा।

भुरहरी [सं-स्त्री.] सूखी मिट्टी।

भुरिला [सं-स्त्री.] दे. भुइली

भुलक्कड़ [वि.] भूलने वाला; क्षीण स्मरण शक्ति वाला।

भुलवाना [क्रि-स.] 1. किसी को भूलने में प्रवृत्त करना 2. भुलाना 3. धोखे में डालना; ऐसा कार्य करना जिससे कोई भूलकर भ्रम में पड़े।

भुलाना [क्रि-स.] 1. विस्मृत करना 2. भ्रम में डालना; धोखा देना।

भुलावा [सं-पु.] 1. छलपूर्ण बात 2. किसी को धोखा या भ्रम में डालने वाली बात।

भुल्भुल [सं-स्त्री.] पानी निकलने वाले स्रोत के मुहाने की ध्वनि।

भुल्ली [सं-स्त्री.] भुड्डी।

भुव (सं.) [सं-स्त्री.] 1. पृथ्वी और सूर्य के बीच का लोक; अंतरिक्ष 2. आग; अग्नि।

भुवन (सं.) [सं-पु.] 1. सृष्टि; जगत; संसार 2. जन; प्राणी; लोग 3. लोक 4. जल 5. आकाश।

भुवनपति (सं.) [सं-पु.] 1. राजा 2. जगत या लोक का स्वामी; भूपाल।

भुवनमोहिनी (सं.) [सं-स्त्री.] 1. देवी 2. मोहक स्त्री; रूपवती स्त्री। [वि.] विश्व को मोह लेने वाली।

भुवनेश्वर (सं.) [सं-पु.] 1. ओडिशा राज्य की राजधानी तथा एक प्रसिद्ध तीर्थ 2. एक राजा 3. शिव।

भुवर्लोक (सं.) [सं-पु.] 1. पृथ्वी और सूर्य का मध्यवर्ती भाग; अंतरिक्ष लोक 2. (पुराणों) सात लोकों में से दूसरा।

भुस [सं-पु.] अनाज के पौधों के डंठल का चूर्ण; भूसा।

भुसौरा [सं-पु.] भूसा रखने का कमरा; भुसौला।

भुसौला [सं-पु.] वह घर या कोठी जिसमें भूसा भरा रहता है; भुसौरा।

भू (सं.) [सं-स्त्री.] 1. धरती; ज़मीन; भूमि 2. पृथ्वी 3. स्थान; जगह 4. सत्ता; अस्तित्व 5. यज्ञ की अग्नि 6. पदार्थ 7. रसातल।

भू-राजस्व (सं.) [सं-पु.] जोतने-बोने और रहने लायक ज़मीन पर लगने वाला शासकीय कर; लगान; (लैंड रेवेन्यू)।

भू-संपदा (सं.) [सं-स्त्री.] भूमि रूपी संपत्ति, जैसे- खेत आदि।

भू-स्खलन (सं.) [सं-पु.] मिट्टी, पत्थर आदि के बड़े-बड़े ढेरों का खिसककर नीचे गिरना।

भू-स्वामी (सं.) [सं-पु.] 1. राजा 2. ज़मीन का मालिक 3. ज़मींदार।

भूँक [सं-पु.] कुत्ते की आवाज।

भूँकना [क्रि-अ.] 1. कुत्तों का भूँ-भूँ या भौं-भौं की आवाज़ करना 2. {ला-अ.} व्यर्थ में बोलना।

भूँच [वि.] उजड़ या उजड्ड।

भूँड़ [सं-स्त्री.] 1. बलुई भूमि 2. कुएँ का भीतरी जल स्रोत; झीर।

भूँसना [क्रि-अ.] 1. भूँकना 2. व्यर्थ बकना।

भूआ [सं-पु.] 1. सफेद फूल; रुई 2. मक्के का रेशा 3. भुइली।

भूकंप (सं.) [सं-पु.] 1. पृथ्वी के अंदर होने वाली प्राकृतिक विस्फोटक क्रिया; भूचाल 2. भूमि का कंपन 3. उथल-पुथल।

भूकंप-मापक (सं.) [सं-पु.] भूकंप की शक्ति, गति और भूकंप के केंद्र की दूरी मापने का यंत्र।

भूकंप-विज्ञान (सं.) [सं-पु.] भूकंपों के कारणों, गतिविधियों आदि का विवेचन करने वाला विज्ञान।

भूख (सं.) [सं-स्त्री.] 1. भोजन करने की इच्छा; क्षुधा 2. {ला-अ.} किसी चीज़ के पाने या लेने की इच्छा।

भूख-हड़ताल [सं-स्त्री.] किसी कार्य, न्याय अथवा किसी माँग आदि के लिए भूखा रहकर की जाने वाली हड़ताल; अनशन।

भूखंड (सं.) [सं-पु.] 1. भूभाग; ज़मीन का छोटा टुकड़ा 2. पृथ्वी का खंड, अंश या विभाग।

भूखा (सं.) [वि.] 1. निराहार 2. भोजनार्थी 3. जिसको भोजन न मिला हो 4. {ला-अ.} किसी चीज़ की चाह रखने वाला।

भूगर्भ (सं.) [सं-पु.] 1. पृथ्वी के नीचे वाला भाग या अंश 2. विष्णु।

भूगर्भ-शास्त्र (सं.) [सं-पु.] वह शास्त्र जिसमें पृथ्वी, पृथ्वी का निर्माण करने वाले शैलों तथा शैलों के विकास की प्रक्रियाओं का अध्ययन किया जाता है; भूगर्भ विज्ञान।

भूगर्भित (सं.) [वि.] 1. भूगर्भ से संबंधित; भूमिगत 2. पृथ्वी के भीतरी भाग में होने वाला; भूमि के नीचे का; अंतर्भौम।

भूगोल (सं.) [सं-पु.] 1. पृथ्वी 2. ऐसा शास्त्र जिसमां पृथ्वी तल के स्वरूप, प्राकृतिक व राजनैतिक विभागों का अध्ययन किया जाता है।

भूगोलवेत्ता (सं.) [सं-पु.] भूगोल का जानकार या ज्ञाता।

भूगोलीय (सं.) [वि.] भूगोल से संबंधित; भूमंडलीय।

भूचर (सं.) [वि.] भूमि पर रहने या विचरण करने वाला; स्थलचर। [सं-पु.] थलचर जीव।

भूचाल (सं.) [सं-पु.] पृथ्वी के ऊपरी भाग का सहसा कुछ प्राकृतिक कारणों से हिल उठना; भूडोल; ज़लज़ला; भूकंप।

भूजा (सं.) [सं-पु.] सीता। [वि.] भूमि से उत्पन्न।

भूड़ [सं-स्त्री.] दे. भूँड़।

भूड़िया [सं-स्त्री.] छोटी मछलियाँ।

भूडोल [सं-पु.] पृथ्वी के ऊपरी भाग का सहसा कुछ प्राकृतिक कारणों से हिल उठना; ज़लज़ला; भूकंप।

भूत (सं.) [सं-पु.] 1. प्रेत; पिशाच 2. भूतकाल 3. प्राणी; जीव 4. (व्याकरण) तीन कालों में से एक 5. वह जिसकी कोई सत्ता हो। [वि.] 1. अतीत; बीता हुआ 2. वस्तुतः घटित 3. जो किसी के समान या सदृश हो चुका हो 4. जो अस्तित्व में आ चुका हो। [मु.] **-सवार होना** : बहुत अधिक आवेश या क्रोध करना।

भूत-प्रेत (सं.) [सं-पु.] भूत, पिशाच, प्रेत आदि की योनियाँ; इन योनियों से प्राप्त होने वाले सूक्ष्म शरीरों का वर्ग।

भूतकाल (सं.) [सं-पु.] 1. गतकाल; बीता हुआ समय 2. (व्याकरण) क्रिया का वह रूप जो बीते हुए समय का सूचक हो।

भूतकालिक (सं.) [वि.] भूतकाल संबंधी।

भूतकालीन (सं.) [वि.] 1. भूतकाल या बीते हुए समय से संबंधित 2. ऐतिहासिक; अतीत का 3. गत; गुज़रा हुआ 4. पौराणिक 5. पिछला 6. प्राचीन; विगत।

भूतनया (सं.) [सं-स्त्री.] 1. भूमि की पुत्री 2. (रामायण) सीता; जानकी।

भूतनाथ (सं.) [सं-पु.] भूतों के स्वामी अर्थात शिव; महादेव।

भूतनी [सं-स्त्री.] 1. भूत योनि की स्त्री 2. {ला-अ.} कर्कश स्वभाव वाली स्त्री; भयानक स्त्री।

भूतपति (सं.) [सं-पु.] 1. शिव 2. काली तुलसी 3. अग्नि।

भूतपिशाच (सं.) [सं-पु.] 1. एक योनि विशेष 2. भूत; प्रेत।

भूतपूर्व (सं.) [वि.] 1. जो बीत चुका हो; पहले वाला; प्राचीन; पूर्ववर्ती; भूतकालीन 2. सेवानिवृत्त।

भूतभर्ता (सं.) [सं-पु.] 1. शिव 2. भूतों का भरण-पोषण करने वाला 3. भैरव का एक रूप।

भूतरा [सं-पु.] भभूका; गर्म।

भूतल (सं.) [सं-पु.] 1. धरातल; भूमि की सतह 2. पाताल

लोक 3. संसार; दुनिया।

भूतवाद (सं.) [सं-पु.] भौतिक पदार्थों या वस्तुओं को ही सर्वस्व मानने का सिद्धांत; आत्मा और ईश्वर आदि को स्वीकृत न करने की विचारधारा; भौतिकवाद; पदार्थवाद।

भूतवादी (सं.) [वि.] भौतिकवादी; पदार्थवादी। [सं-पु.] भौतिकवाद का समर्थक।

भूतहा (सं.) [सं-पु.] भोजपत्र का वृक्ष; भुर्जपत्र का पेड़।

भूतात्मा (सं.) [सं-पु.] 1. शरीर; जीवात्मा 2. परब्रह्म; परमेश्वर।

भूतादि (सं.) [सं-पु.] 1. सांख्य दर्शन में अहंकार तत्व जिससे पंचभूतों का उद्भव माना गया है 2. परमेश्वर।

भूति (सं.) [सं-स्त्री.] 1. वैभव; संपत्ति; धन 2. राख; भभूत; भस्म 3. उत्पत्ति; जन्म 4. वृद्धि 5. सौभाग्य 6. महिमा; गौरव 7. बहुलता; अधिकता; वृद्धि 8. अणिमा, महिमा आदि आठ प्रकार की सिद्धियाँ 9. मुक्ति; मोक्ष 10. सत्ता 11. लक्ष्मी।

भूदान (सं.) [सं-पु.] 1. दान स्वरूप दी गई भूमि 2. दान के रूप में भूमि देने की क्रिया, अवस्था या भाव।

भूदेव (सं.) [सं-पु.] 1. कृषक; किसान 2. ज्ञानी; विद्वान 3. ब्राह्मण।

भूधर (सं.) [सं-पु.] 1. पर्वत; पहाड़ 2. शेषनाग 3. विष्णु 4. राजा 5. वराह अवतार 6. (वैधक) रस आदि बनाने का एक उपकरण।

भूधृति (सं.) [सं-स्त्री.] किसान को दूसरे की ज़मीन पर मिला हुआ जुताई-बुआई का अधिकार।

भूनना (सं.) [क्रि-स.] 1. किसी भोज्य पदार्थ को जलते हुए अंगारों पर सेककर पकाना 2. तेल में तलना 3. गरम बालू में डालकर अन्न आदि को पकाना 4. गोलियों से बहुत लोगों को एक साथ मारना 5. {ला-अ.} बहुत कष्ट देना।

भूप (सं.) [सं-पु.] राजा।

भूपति (सं.) [सं-पु.] 1. राजा 2. (संगीत) एक प्रकार का राग।

भूपाल (सं.) [सं-पु.] 1. राजा 2. भूमि या प्रदेश का स्वामी; भूपति।

भूपृष्ठ (सं.) [सं-पु.] 1. धरातल 2. धरती की ऊपरी सतह; स्थल। [वि.] जिसका नीचे का भाग समतल भूमि पर हो।

भूबदरी (सं.) [सं-स्त्री.] एक प्रकार का छोटा बेर; झड़बेर।

भूभर [सं-पु.] गर्म राख; भुभर।

भूभर्ता (स) [वि.] धरती का पालन करने वाला। [सं-पु.] विष्णु।

भूभल (सं.) [सं-स्त्री.] 1. ऐसी गरम राख जिसमें कुछ चिनगारियाँ भी हों 2. गरम रेत या धूल।

भूभाग (सं.) [सं-पु.] 1. ज़मीन का भाग या टुकड़ा; भूखंड; प्रदेश 2. ऐसा प्रदेश जो किसी नगर या राज्य के किसी ओर स्थित हो और उसके अधिक्षेत्र में हो।

भूभागीय (सं.) [वि.] 1. भूभाग से संबंधित 2. धरातलीय 3. क्षेत्रीय।

भूमंडल (सं.) [सं-पु.] पृथ्वी; धरती।

भूमंडलीकरण (सं.) [सं-पु.] 1. सारे संसार में होने वाला प्रभाव या फैलाव; सार्वभौमिकता 2. वैश्वीकरण।

भूमध्य (सं.) [सं-पु.] चारों ओर से पृथ्वी से घिरा हुआ।

भूमध्य सागर (सं.) [सं-पु.] यूरोप और अफ्रीका के बीच का समुद्र।

भूमध्यरेखा (सं.) [सं-स्त्री.] पृथ्वी तल के ठीक मध्य सूचित करने वाली वह कल्पित रेखा जो पृथ्वी को दो भागों में विभाजित करती है।

भूमा (सं.) [सं-स्त्री.] 1. ऐश्वर्य; विशाल धनराशि 2. पृथ्वी; धरती 3. प्राणी 4. विशालकाय पुरुष।

भूमि (सं.) [सं-स्त्री.] 1. धरती; पृथ्वी 2. ज़मीन; भूखंड; (लैंड) 3. उत्पत्ति स्थान 4. ज़मीन का एक छोटा टुकड़ा जिसपर किसी का अधिकार हो।

भूमि परीक्षण [सं-पु.] मिट्टी की जाँच।

भूमिक (सं.) [वि.] भूमि संबंधी। [सं-पु.] 1. भूमि का स्वामी 2. किसान; श्रमिक।

भूमिका (सं.) [सं-स्त्री.] 1. आमुख; प्राक्कथन 2. पृष्ठभूमि 3. योगदान 4. नाटकों आदि में किसी पात्र की भूमिका; (रोल) 5. भूमि 6. जगह; स्थान 7. मकान के वे खंड जो एक दूसरे के ऊपर-नीचे होते हैं। [मु.] **-निभाना** : सहायक होना।

भूमिगत (सं.) [वि.] 1. भूगत या ज़मीन के नीचे होने या रहने वाला 2. ज़मीन पर गिरा हुआ 3. भूमि के अंदर छिपा; (अंडर-ग्राउंड) 4. जो छिपकर काम करता हो।

भूमिज (सं.) [वि.] जो भूमि या ज़मीन से उत्पन्न हो। [सं-पु.] 1. पेड़-पौधे 2. सोना धातु 3. एक तरह का घोंघा 4. जीव-जंतु।

भूमिधर (सं.) [सं-पु.] 1. शेषनाग 2. पहाड़; पर्वत 3. वह व्यक्ति जिसने भूमि या खेत का स्थायी अधिकार प्राप्त कर लिया हो।

भूमिपति (सं.) [सं-पु.] 1. भूपति 2. राजा 3. क्षत्रिय।

भूमिपूजन (सं.) [सं-पु.] 1. किसी कार्य के आरंभ में किया जाने वाला भूमि का पूजन 2. शिलान्यास; आरंभिक कर्म।

भूमिया [सं-पु.] 1. किसी देश का मूल निवासी 2. भूमि का अधिकारी; किसान 3. ज़मींदार 4. ग्राम-देवता।

भूमिशायी (सं.) [वि.] 1. जो धरती पर लेटा हो; धराशायी; भूशायी 2. मरा हुआ।

भूमिसात (सं.) [वि.] 1. गिरकर या ढहकर ज़मीन में मिला हुआ, जैसे- भूकंप में मकानों का भूमिसात होना 2. मटियामेट।

भूमिसुधार [सं-पु.] ज़मीन को खेती लायक बनाना; भूमि को उपज के योग्य बनाना।

भूमिहार (सं.) [सं-पु.] मध्य प्रदेश, बिहार और उत्तर प्रदेश की एक हिंदू जाति।

भूमिहीन (सं.) [वि.] जिनके पास जोतने-बोने की ज़मीन न हो; जिसके पास ज़मीन का कोई टुकड़ा न हो।

भूर[1] [सं-पु.] 1. बालू; रेत 2. पान का छरका 3. छेद 4. भूँड़। [सं-स्त्री.] गाय की एक प्रजाति।

भूर[2] (सं.) [वि.] अधिक; बहुत; ज़्यादा।

भूरा (सं.) [वि.] 1. मिट्टी के जैसा रंग 2. खाकी रंग। [सं-पु.] 1. चीनी 2. कच्ची चीनी; खांड 3. एक प्रकार का कबूतर।

भूरि (सं.) [वि.] 1. बहुत अधिक 2. प्रचुर। [अव्य.] बहुत अच्छी तरह।

भूरुह (सं.) [सं-पु.] 1. वृक्ष; पेड़ 2. शाल वृक्ष।

भूल [सं-स्त्री.] 1. भूलने की क्रिया या भाव 2. अशुद्धि 3. अज्ञान 4. गलती; चूक 5. कसूर; दोष।

भूल-चूक [सं-स्त्री.] 1. भूल; भ्रम 2. त्रुटि 3. गलती।

भूल-भुलैया [सं-स्त्री.] 1. ऐसा भवन जिसमें व्यक्ति जाकर रास्ता भूल जाता है और अपने ठिकाने पर जल्दी नहीं पहुँच पाता 2. पेचीदी बात; बहुत घुमाव-फिराव वाली बात 3. खेल आदि के लिए दीवारों आदि में बनाई गई घुमावदार रेखाएँ या आकृति।

भूलना [क्रि-स.] 1. विस्मृत होना; याद न रहना; याद न रखना 2. ध्यान न रहना।

भूलोक (सं.) [सं-पु.] 1. धरती 2. संसार; जगत।

भूविज्ञान (सं.) [सं-पु.] पृथ्वी की आंतरिक और बाह्य सतह और उसके तत्वों का अध्ययन-विश्लेषण करने वाला विज्ञान; भूगर्भशास्त्र।

भूशायी (सं.) [वि.] 1. भूमि पर सोने वाला 2. पृथ्वी पर गिरा हुआ; धराशायी 3. टूट-फूट कर ज़मीन पर गिरा हुआ 4. मरा हुआ।

भूषण (सं.) [सं-पु.] 1. अलंकार 2. मानव निर्मित वह वस्तु जिसके धारण करने से किसी की शोभा बढ़ जाती है ; गहना; ज़ेवर 3. शोभा बढ़ाने वाली चीज़ या वस्तु; सजावट 4. विष्णु।

भूषना (सं.) [क्रि-स.] 1. सजाना; सुसज्जित करना 2. अलंकृत करना; भूषित करना। [क्रि-अ.] अलंकृत होना; सजना।

भूषा (सं.) [सं-स्त्री.] 1. गहना; ज़ेवर 2. सजावट; शृंगार 3. पहनावा 4. आभूषण।

भूषित (सं.) [वि.] 1. अलंकृत; भूषणों से युक्त 2. सजाया हुआ; सज्जित; सजा हुआ।

भूसंपत्ति (सं.) [सं-स्त्री.] भूमि या ज़मीन के रूप में होने वाली जायदाद।

भूसा (सं.) [सं-पु.] गेहूँ, जौ आदि के सूखे डंठलों एवं बालियों का महीन चूरा जो पशुओं के खाने के काम आता है।

भूसी [सं-स्त्री.] 1. भूसा 2. चने, धान, मटर आदि के दाने का छिलका 3. गेहूँ के दाने का छिलका; चोकर।

भृंग (सं.) [सं-पु.] 1. भौंरा; भ्रमर 2. भृंगराज पक्षी 3. लंपट 4. गुबरैला; एक प्रकार का कीड़ा जिसे बिलनी भी कहते हैं 5. अभ्रक।

भृंगराज (सं.) [सं-पु.] 1. एक जड़ी जिसका उपयोग औषधि के रूप में होता है; भँगरा; भँगरैया 2. बड़ा भौंरा 3. काले रंग की एक चिड़िया।

भृंगी (सं.) [सं-स्त्री.] 1. भृंग या भौंरे की मादा; भौंरी 2. भाँग 3. बिलनी; अंजनहारी 4. तितली।

भृकुटी (सं.) [सं-स्त्री.] 1. भौंह 2. भौं चढ़ाना; भ्रूभंग।

भृगु (सं.) [सं-पु.] 1. शुक्रवार 2. शुक्राचार्य 3. शुक्रग्रह 4. कृष्ण 5. शिव 6. परशुराम मुनि 7. जमदग्नि ऋषि 8. पहाड़ का खड़ा भाग।

भृत (सं.) [वि.] 1. पूरित; भरा हुआ 2. पाला-पोसा; पोषित 3. वहन किया हुआ 4. प्राप्त 5. किराए पर लिया हुआ 6. चुकाया हुआ; (पेड)।

भृतक (सं.) [सं-पु.] वह जो वेतन लेकर काम करता हो; नौकर। [वि.] वेतन लेकर काम करने वाला।

भृति (सं.) [सं-स्त्री.] 1. भरने की क्रिया या भाव; भरण 2. नौकरी 3. पारिश्रमिक; मज़दूरी 4. भोजन 5. दाम; मूल्य 6. तनख़्वाह; वेतन 7. संबंध विच्छेद के बाद पति द्वारा परित्यक्ता या पत्नी को निर्वाह के लिए दिया जाने वाला धन; संभरण 8. आजीविका के लिए प्राप्त होने वाला धन; वृत्ति 9. भत्ता।

भृत्य (सं.) [सं-पु.] नौकर; सेवक; दास। [वि.] भरण करने योग्य।

भेंउती [सं-स्त्री.] भौंती; ताने का चरखा घूमाने वाली लकड़ी।

भेंगा [वि.] 1. टेढ़ी या तिरछी नज़र से देखने वाला; ढालू; ऐंचाताना 2. झुका हुआ 3. कपटपूर्ण 4. टाल-मटोल करने वाला।

भेंट [सं-स्त्री.] 1. उपहार; सौगात में दी गई वस्तु 2. मुलाकात।

भेंटकर्ता (सं.) [सं-पु.] 1. मिलने वाला; मुलाकात करने वाला 2. कुछ उपहार स्वरूप देने वाला।

भेंटना (सं.) [क्रि-स.] 1. गले लगाना; आलिंगन करना 2. छूना; पकड़ना 3. मिलने पर उपहार देना।

भेंटपूजा (सं.) [सं-स्त्री.] 1. किसी कार्य का पुरस्कार 2. पारिश्रमिक 3. बख़्शिश।

भेंटवार्ता (सं.) [सं-स्त्री.] 1. आमना-सामना 2. बातचीत 3. साक्षात्कार।

भेंटवासी [सं-स्त्री.] 1. बैठी; वह फसल जो किसी कारण से बढ़ न सकी हो 2. जलीय अनाज जो भूनकर खाया जाता है।

भेंता (स) [वि.] तोड़ने वाला; भंग करने वाला; भंजक।

भेक [सं-पु.] 1. मेंढक 2. डरपोक व्यक्ति 3. मेघ।

भेज [सं-स्त्री.] 1. भूमि कर; लगान 2. भेजी हुई चीज़ 3. विभिन्न कर जो ज़मीन एवं उसकी उपज पर लगाए जाते हैं।

भेजना (सं.) [क्रि-स.] किसी व्यक्ति को कार्य हेतु कहीं रवाना करना, प्रेषित करना, प्रस्थान कराना आदि।

भेजवाना [क्रि-स.] भेजने का काम किसी दूसरे से कराना।

भेजा (सं.) [सं-पु.] जीवों के सिर के अंदर का भाग या गूदा; मस्तिष्क; दिमाग।

भेड़ (सं.) [सं-स्त्री.] 1. बकरी के आकार का एक पालतू चौपाया जो रोएँ, दूध और मांस आदि के लिए पाला जाता है 2. भेड़ी 3. {ला-अ.} बेवकूफ़ 4. भेला।

भेड़काबर [सं-पु.] रोपा जाने वाला एक प्रकार का मोटा धान।

भेड़चाल (सं.) [सं-स्त्री.] भेड़िया-धँसान; दूसरे की देखादेखी काम करने की प्रवृत्ति।

भेड़वा [सं-पु.] 1. सूखा पड़ने पर ज्वार-बाजरा में लगने वाला कीड़ा 2. वह बैल जिसके दोनों सींग गोल, टेढ़े और उल्टे होते हैं।

भेड़ा [सं-पु.] भेड़ जाति का नर; मेढ़ा; मेष।

भेड़िया [सं-पु.] 1. कुत्ते के आकार का एक हिंसक जंगली जानवर 2. {ला-अ.} अति कामुक व्यक्ति 3. {ला-अ.} क्रूर

व्यक्ति।

भेड़िया-धँसान [सं-स्त्री.] अत्यधिक भीड़; एक के ऊपर एक गिरना-पड़ना; भेड़ों जैसा अंधानुकरण।

भेड़िहार [सं-पु.] 1. भेंड़ों को पालने वाला वर्ग विशेष 2. ऊन का कंबल बीनने वाला गड़ेरिया।

भेड़ी बैसाओल [सं-पु.] खेतों के खाद के निमित्त भेंडों को रातभर के लिए रोके रखना; भेड़ी हिराओल।

भेड़ी हिराओल [सं-पु.] दे. भेड़ी बैसाओल।

भेद (सं.) [सं-पु.] 1. प्रकार; तरह 2. बिलगाव; अंतर 3. छिपी हुई बात 4. मर्म 5. क्षति; चोट 6. परिवर्तन 7. प्रकट होना; खुलना 8. छेदना 9. रहस्य 10. फूट डालना।

भेदक (सं.) [वि.] 1. नष्ट करने वाला 2. छेदन करने वाला 3. रेचक 4. भेद करने वाला।

भेदकारक (सं.) [वि.] 1. भेद करने वाला; छेद करने वाला 2. भेद या अंतर दिखाने वाला, जैसे- भेदकारी दृष्टि 3. जो पक्षपात करता हो; गुटबाज़ 4. लड़ाई-झगड़ा कराने वाला; षड्यंत्रकारी 5. भेदक।

भेदकारी (सं.) [वि.] 1. भेद करने वाला; छेदकारक 2. भेद या अंतर दिखाने वाला, जैसे- भेदकारी विवेचना 3. जो पक्षपात करता हो; गुटबाज़ 4. लड़ाई-झगड़ा कराने वाला; षड्यंत्रकारी 5. भेदक; भेदकारक।

भेददृष्टि (सं.) [सं-स्त्री.] 1. परब्रह्म को जगत से भिन्न मानने का मत 2. भेदवादी विचारधारा।

भेदन (सं.) [सं-पु.] 1. भेदने की क्रिया या भाव; जासूसी; छेदना; भेद लगाना 2. किसी का भेद या रहस्य जानने की क्रिया।

भेदना (सं.) [क्रि-स.] 1. बेधना; छेदना 2. किसी के मन का आशय जानने के लिए उसकी ओर गंभीरता से देखना।

भेदनीति (सं.) [सं-स्त्री.] भेदभाव या भिन्नता पैदा करने की नीति; दूसरों में फूट डालने की नीति।

भेदबुद्धि (सं.) [सं-स्त्री.] भेदभाव करने वाली बुद्धि या विचारधारा; द्वैतभाव।

भेदभाव (सं.) [सं-पु.] 1. अंतर; फ़र्क 2. दो व्यक्ति या दो वर्गों के साथ दो तरह का व्यवहार; (डिस्क्रिमिनेशन)।

भेदभावपूर्ण (सं.) [वि.] 1. जिसमें भेदभाव किया गया हो; असमान 2. जिसमें फ़र्क किया गया हो; पक्षपातपूर्ण 3. असंतुलित; छोटा-बड़ा 4. संकीर्ण।

भेदात्मक (सं.) [वि.] 1. भेद पर आधारित; भिन्नतापूर्ण 2. भेद का प्रतीक या सूचक 3. भेदभावपूर्ण।

भेदित (सं.) [वि.] फाड़ा, छेदा या बिलगाया हुआ।

भेदिया (सं.) [सं-पु.] 1. भेद जानने वाला व्यक्ति 2. गुप्तचर; जासूस।

भेदी (सं.) [सं-पु.] भेद बताने वाला; राज़फाश करने वाला या राज़ खोलने वाला व्यक्ति। [वि.] भेदन या छेद करने वाला।

भेद्य (सं.) [वि.] 1. जो भेदा या छेदा जा सके; भेदे जाने के योग्य 2. जिसका भेद लिया जा सके; वेध्य। [सं-पु.] किसी पीड़ित अंग आदि का भेदन करने की क्रिया; चीरफाड़।

भेरी (सं.) [सं-स्त्री.] प्रचीन समय का वह वाद्य या बड़ा ढोल जो युद्ध के समय बजाया जाता था; दुंदुभी।

भेरुंड (सं.) [वि.] भयानक; डरावना। [सं-पु.] 1. भेड़िया आदि हिंसक जंतु 2. गर्भधारण 3. एक प्रकार का पक्षी।

भेलपूरी [सं-पु.] एक प्रकार का खाद्य पदार्थ जिसमें आलू, लाई व मशाला आदि मिलाकर बनाया जाता है।

भेला [सं-पु.] किसी ठोस चीज़ का पिंड या बड़ा गोला, जैसे- गुड़ का भेला।

भेली [सं-स्त्री.] 1. किसी वस्तु या चीज़ का पिंड 2. गुड़ का छोटा टुकड़ा।

भेष (सं.) [सं-पु.] पहनावा; वेश।

भेषज (सं.) [सं-पु.] 1. औषधि; दवा 2. निरोग; उपचार 3. जल; पानी 4. विष्णु का एक नाम 5. सुख। [वि.] आरोग्य लाभ कराने वाला।

भेषजीय (सं.) [वि.] 1. औषधीय; औषधि से संबंधित 2. औषधि से उत्पन्न।

भेस [सं-पु.] 1. वेष; वेश-भूषा 2. पहनावे आदि से बदला हुआ रूप 3. बाह्य रूप।

भैंस (सं.) [सं-स्त्री.] 1. दूध देने वाली एक चौपाया जानवर; महिषी 2. एक प्रकार की मछली 3. एक प्रकार की घास।

भैंसवार [वि.] भैंस चराने वाला; भैंस का चरवाहा।

भैंसा [सं-पु.] 1. एक चौपाया जानवर; महिष 2. {ला-अ.} हट्टा-कट्टा व्यक्ति।

भैक्षव (सं.) [वि.] भिक्षु संबंधी; भिक्षु का। [सं-पु.] भिक्षुओं का समूह।

भैड़ौरा [सं-पु.] अशुद्ध बर्तन।

भैपड़ा [सं-पु.] मनोवत पोला करने वाला औज़ार।

भैया (सं.) [सं-पु.] 1. भ्राता; भाई 2. बराबर उम्र वालों या छोटों के लिए एक संबोधन।

भैरव [सं-पु.] 1. (साहित्य) भयानक रस 2. एक प्राचीन नदी 3. (संगीत) छह मुख्य रागों में से एक 4. शिव का एक गण 5. एक पर्वत 6. ताल का एक भेद। [वि.] भयानक; उग्र; डरावना।

भैरवी [सं-स्त्री.] 1. दुर्गा; पार्वती 2. तांत्रिकों के अनुसार एक देवी 3. चामुंडा नामक देवी 4. संगीत में एक रागिनी। [वि.] भैरव संबंधी।

भैषज (सं.) [सं-पु.] 1. औषधि; दवा 2. वैद्य से शिक्षा लेने वाला शिष्य 3. लवा पक्षी।

भैषजिकी (सं.) [सं-स्त्री.] 1. औषधि बनाने की विद्या या शास्त्र; (फ़ार्मेसी) 2. औषधि की दुकान; औषधालय।

भैषज्य (सं.) [सं-पु.] 1. औषधि; दवा 2. रोगी की चिकित्सा का कार्य 3. आरोग्यदायक शक्ति। [वि.] औषधि या चिकित्सा संबंधी।

भों-भों [सं-पु.] कुत्ते आदि के भोंकने की आवाज़।

भोंकना [क्रि-अ.] कुत्ते का बोलना। [क्रि-स.] 1. नुकीली या धारदार वस्तु ज़ोर से धँसाना 2. भाला, छुरा आदि शरीर में घुसाना; घुसेड़ना।

भोंटा [सं-पु.] पत्थर काटने और चौरस करने का औज़ार।

भोंडा [वि.] 1. भद्दा; कुरूप 2. फूहड़; अश्लील; अशिष्ट 3. अनपढ़; बेहूदा 4. बेडौल। [सं-पु.] जुआर की एक प्रकार की घास जो पशुओं के चारे के काम में आती है तथा इसमें एक प्रकार के दाने लगते हैं, जो गरीब लोग खाते हैं।

भोंडापन [सं-पु.] 1. भोंडा या भद्दा होने की अवस्था या भाव; भद्दापन 2. फूहड़पन 3. अशिष्टता।

भोंदू [वि.] 1. बेवकूफ़; मूर्ख 2. अनाड़ी।

भोंदूपना [सं-पु.] बेवकूफ़ी; मूर्खता।

भोंपा [सं-पु.] फूँककर बजाया जाने वाला बाजा; भोंपू।

भोंपू [सं-पु.] कल-कारख़ानों आदि में मज़दूर को सचेत करने के लिए बजाई जाने वाली एक प्रकार की सीटी।

भोंसला [सं-पु.] महाराष्ट्र के एक राजकुल की उपाधि।

भोक्तव्य (सं.) [वि.] जो भोगा जाने को हो; जिसे भोगना हो; भोगने योग्य।

भोक्ता (सं.) [वि.] 1. भोगने वाला; उपभोक्ता 2. भक्षक 3. शासन करने वाला।

भोक्तापन [सं-पु.] 1. भोक्ता होने की अवस्था या भाव 2. सुख-दुख का भोग 3. विष्णु; स्त्री का पति।

भोक्तृत्व (सं.) [सं-पु.] 1. भोक्ता होने की अवस्था या भाव; भोग 2. अधिकार; स्वामित्व 3. अनुभूति।

भोग (सं.) [सं-पु.] 1. देवता आदि के सामने रखा जाने वाला खाद्य पदार्थ; नैवेद्य 2. उपयोग में लाना, भोगने का भाव; उपभोग 3. संभोग; मैथुन 4. लाभ 5. सुख-दुख आदि का अनुभव करते हुए उन्हें अपने मन और शरीर पर सहन या प्राप्त करना 6. संपत्ति 7. शासन 8. भोज; दावत।

भोग-विलास (सं.) [सं-पु.] 1. सभी प्रकार का सुख भोगते हुए किया जाने वाला आमोद-प्रमोद 2. शारीरिक सुखों का भोग 3. मौज; ऐश।

भोगकाल (सं.) [सं-पु.] 1. वह समय या अवधि जितने में कोई घटना या बात आरंभ से अंत तक घटित हो; (ड्यूरेशन) 2. किसी कर्म का फल भोगे जाने का पूरा समय।

भोगतृष्णा (सं.) [सं-स्त्री.] भोग की प्रबल इच्छा; विलास की कामना।

भोगना [क्रि-स.] 1. ऐश करना 2. संभोग करना 3. भुगतना 4. सुख-दुख का अनुभव करना।

भोगलिप्सु (सं.) [वि.] भोग की तीव्र इच्छा रखने वाला; विलासी; कामुक; विलासप्रिय।

भोगवती (सं.) [सं-स्त्री.] 1. गंगा की वह धारा जिसके बारे में किंवदंती है कि वह पाताल में बहती है; पाताल गंगा 2. नागिन 3. एक नदी।

भोगवाद (सं.) [सं-पु.] 1. प्रत्येक वस्तु को भोग का साधन समझने का मत या विचार; सुखभोगवाद; ऐश्वर्यवाद; उपभोक्तावाद 2. आनंदवाद; इंद्रियवाद 3. मौज-मस्ती में लीन रहने का सिद्धांत; प्रमोदवाद 4. जीवन को भोग का साधन मान लेने की मानसिकता।

भोगवादिता (सं.) [सं-स्त्री.] 1. भोग करने की प्रवृत्ति 2. उपभोग में लिप्त रहने की मानसिकता; विलासिता।

भोगवादी (सं.) [वि.] 1. जो भोग का समर्थक हो 2. आनंदवादी; इंद्रियवादी 3. ऐश्वर्यवादी; नफ़सपरस्त 4. विलासवादी। [सं-पु.] शारीरिक सुखों को ही जीवन का लक्ष्य मानने वाला व्यक्ति या समुदाय; विलासी व्यक्ति।

भोगवान (सं.) [वि.] भोगयुक्त। [सं-पु.] 1. मनुष्य 2. नाट्य; अभिनय 3. गीत; गान।

भोगवाना [क्रि-स.] भोगने में दूसरे को प्रवृत्त करना।

भोगशील [वि.] भोगी।

भोगस्थान (सं.) [सं-पु.] 1. शरीर; देह; काया 2. अंतःपुर; जनानख़ाना।

भोगावास (सं.) [सं-पु.] संभोग एवं आनंद प्राप्ति का स्थान; अंतःपुर; जनानख़ाना।

भोगिला [सं-पु.] कपास की एक प्रजाति, जो मध्यम आकार की और बड़ी फलीवाली होती है।

भोगी (सं.) [वि.] 1. भोग करने वाला; उपभोक्ता 2. कामुक; लंपट 3. इंद्रियों के सुख की इच्छा रखने वाला; विलासप्रिय 4. सुखी 5. विषयी; व्यसनी 6. जो विषयों में लीन हो; विषयासक्त। [सं-पु.] 1. घर-गृहस्थी में रहकर सुख-दुख सहने वाला व्यक्ति; गृहस्थ 2. भोगने वाला व्यक्ति 3. ज़मींदार 4. राजा।

भोग्य (सं.) [सं-पु.] 1. धन-संपत्ति 2. भोग्य वस्तु। [वि.] 1. काम में लाने योग्य 2. भोग करने योग्य।

भोचरी [सं-स्त्री.] एक छोटी कपास की प्रजाति।

भोज (सं.) [सं-पु.] 1. प्रीतिभोज; दावत; बहुत से लोगों का साथ बैठकर खाना 2. पाकशाला 3. एक तरह की शराब 4. भोजकट नामक देश; भोजपुर 5. उज्जैन का एक प्रसिद्ध राजा 6. कृष्ण का सखा 7. चंद्रवंशी क्षत्रियों का एक कुल।

भोजक (सं.) [वि.] 1. भोग करने वाला; भोगी 2. खाने वाला; भक्षक 3. भोजन पर आमंत्रित अतिथि। [सं-पु.] 1. भोजन परसने वाला 2. विलासी; ऐयाश 3. भोग करने वाला व्यक्ति।

भोजन (सं.) [सं-पु.] 1. पेट भरने के लिए खाया जाने वाला पदार्थ; खाना; खाद्य पदार्थ; आहार 2. भक्षण करने या खाने की क्रिया।

भोजनभट्ट (सं.) [वि.] अत्यधिक खाने वाला व्यक्ति; पेटू।

भोजनविधान (सं.) [सं-पु.] शुद्ध भोजन द्वारा शरीर को स्वस्थ रखने की विद्या।

भोजनालय (सं.) [सं-पु.] वह स्थान जहाँ भोजन बनाया व खिलाया जाता है; पाकशाला; आहार गृह; भोजन गृह।

भोजनावकाश (सं.) [सं-पु.] भोजन के लिए होने वाला अवकाश; (लंच टाइम)।

भोजपत्र (सं.) [सं-पु.] 1. पहाड़ों पर पाया जाने वाला एक प्रकार का पेड़ 2. प्रचीन काल में लिखने के काम आने वाली एक विशेष प्रकार के वृक्ष की छाल।

भोजपुर [सं-पु.] राजा भोज का साम्राज्य व भोजपुरी भाषा का उद्गमस्थल।

भोजपुरी [सं-पु.] भोजपुर का निवासी। [सं-स्त्री.] भोजपुर की भाषा। [वि.] भोजपुर का; भोजपुर संबंधी।

भोजी (सं.) [वि.] भोजन करने या खानेवाला।

भोज्य (सं.) [सं-पु.] खाद्य पदार्थ; वे पदार्थ जो खाए जाते हैं। [वि.] खाद्य; जो खाया जा सके; खाए जाने योग्य।

भोट (सं.) [सं-पु.] 1. भूटान देश 2. उक्त देश का निवासी 3. एक प्रकार का पत्थर।

भोटिया [सं-पु.] भूटान का निवासी। [सं-स्त्री.] भूटान की एक भाषा। [वि.] भूटान का; भूटान से संबंधित।

भोडर [सं-पु.] 1. अभ्रक अबरक 2. अबरक का चूर; बुक्का 3. एक प्रकार का मुश्क बिलाव।

भोथरा [वि.] 1. जिसकी धार कुंद हो; जिसमें पैनापन न हो 2. कुंद; कुंठित।

भोथराना [क्रि-अ.] 1. भोथरा होना 2. कुंद पड़ना 3. मंद या निस्तेज होना।

भोथा [वि.] 1. जिसमें पैनापन न हो 2. मंद; निस्तेज।

भोर (सं.) [सं-पु.] 1. सूर्योदय के पूर्व की स्थिति; प्रातःकाल; तड़के 2. एक प्रकार का वृक्ष 3. एक प्रकार का पक्षी।

भोरहरिया [सं-स्त्री.] 1. वेग की दृष्टि से सबसे धीमी हवा 2. प्रातःकाल।

भोराई [सं-स्त्री.] 1. भोलापन 2. भुकड़ी; फफूँदी 3. धोखा; भुलावा; भ्रम।

भोराह [सं-पु.] दे. भूड्डी।

भोला (सं.) [वि.] 1. मासूम; सीधा-सादा 2. मूर्ख; अज्ञानी; बुद्धू।

भोला-भाला [वि.] सरल-सज्जन; सरल हृदय का; निश्छल।

भोलानाथ [सं-पु.] शिव; महादेव।

भोलापन [सं-पु.] मासूमियत; सरलता; निश्छलता।

भोहरा [सं-पु.] भुइंहरा; भूहरा।

भौं [सं-स्त्री.] भौंह; भृकुटी; आँखों के ऊपर की हड्डी पर के रोएँ।

भौंकना [क्रि-अ.] 1. भौं-भौं की आवाज़ करना 2. कुत्तों की आवाज़।

भौंट [सं-पु.] मगरमच्छ।

भौंडा [वि.] बेडौल; कुरूप; भद्दा।

भौंती [सं-स्त्री.] चलौना; चलाने के लिए बना लकड़ी का एक उपकरण; भोज्य पदार्थ को चलाने की लकड़ी या करछी।

भौंरा (सं.) [सं-पु.] 1. भ्रमर; एक काला पतंगा जो फूलों के रस को चूसता है 2. बड़ी मधुमक्खी; सारंग; डंगर 3. फ़सल को हानि पहुँचाने वाला एक प्रकार का कीड़ा 4. नाभि 5. पशुओं को आने वाली मिरगी 6. तहख़ाना 7. भेड़ों आदि की रखवाली करने वाला कुत्ता।

भौंरा चौंटियाना [कि-अ.] छोटी बेनी बनाना।

भौंराना (सं.) [क्रि-स.] 1. घुमाना; चक्कर देना 2. परिक्रमा करना 3. विवाह में फेरे या भाँवर दिलाना 4. विवाह कराना। [क्रि-अ.] घूमना; चक्कर काटना।

भौंरी (सं.) [सं-स्त्री.] पशुओं के शरीर पर बालों का घेरा जिससे उनके गुण-दोषों का निर्णय किया जाता है।

भौंसिला [सं-पु.] एक मराठा उपजाति जिसमें शिवाजी का जन्म हुआ था।

भौंह (सं.) [सं-स्त्री.] भौं; भृकुटी; आँखों के ऊपर की हड्डी पर के रोएँ या बाल। [मु.] **-चढ़ना** : क्रोधित होना।

भौका [सं-पु.] बड़ी दौरी; टोकरा।

भौकी [सं-स्त्री.] 1. अनाज रखने की टोकरी 2. सुराहीदार गर्दन वाली लंबी टोकरी।

भौगर्भिक (सं.) [वि.] 1. धरती की सतह के अंदर का 2. भूगर्भ संबंधी 3. पृथ्वी के भीतरी भाग में होने वाला।

भौगोलिक (सं.) [वि.] भूगोल संबंधी; भूगोल का।

भौचक (सं.) [वि.] हैरान; चकित; हक्का-बक्का; सकपकाया हुआ।

भौचक्का (सं.) [वि.] हैरान; चकित; हक्का-बक्का।

भौजाई [सं-स्त्री.] बड़े भाई की पत्नी; भाभी; भौजी।

भौजी [सं-स्त्री.] बड़े भाई की पत्नी; भाभी; भौजाई।

भौतिक (सं.) [वि.] 1. शरीर संबंधी; पार्थिव 2. सांसारिक; लौकिक 3. पाँचों भूत से बना हुआ। [सं-पु.] 1. शिव 2. कष्ट और रोग; व्याधि 3. उपद्रव 4. शारीरिक इंद्रियाँ।

भौतिक विज्ञान (सं.) [सं-पु.] प्राकृतिक नियमों के सिद्धांतों का विज्ञान; ऊर्जा विषयक विज्ञान जिसमें ऊर्जा के रूपांतरण तथा उसके द्रव्य संबंधों की विवेचना की जाती है। इसके द्वारा प्राकृत जगत और उसकी भीतरी क्रियाओं का अध्ययन किया जाता है; भौतिकी।

भौतिकता (सं.) [सं-स्त्री.] भौतिक वस्तुओं से सुख प्राप्त करने की विचारधारा।

भौतिकतावाद (सं.) [सं-पु.] देह या शरीर को ही आत्मा मानने का सिद्धांत; भौतिकवाद; देहात्मवाद; पदार्थवाद; अनात्मवाद।

भौतिकभूगोल (सं.) [सं-पु.] भूगोल की एक शाखा जिसमें पृथ्वी की प्राकृतिक बनावट का विवेचन होता है।

भौतिकवाद (सं.) [सं-पु.] यह मत जिसके अनुसार पंचभूतों से बना यह संसार ही वास्तविक और सत्य है, इसलिए सांसारिक सुख ही भोगने योग्य है; यथार्थवाद।

भौतिकवादी (सं.) [वि.] भौतिकवाद का; भौतिकवाद संबंधी। [सं-पु.] भौतिकवाद का अनुयायी।

भौतिकविज्ञानी (सं.) [सं-पु.] भौतिकशास्त्री; भौतिकी का ज्ञाता।

भौतिकशास्त्र (सं.) [सं-पु.] वह विज्ञान जिसमें ताप, प्रकाश, ध्वनि आदि पदार्थों का वैज्ञानिक विवेचन किया जाता है; (फ़िज़िक्स)।

भौतिकी (सं.) [सं-स्त्री.] वह विज्ञान जिसमें ताप, प्रकाश, ध्वनि आदि पदार्थों का वैज्ञानिक अध्ययन किया जाता है।

भौती (सं.) [सं-स्त्री.] रात; रात्रि; रजनी।

भौम (सं.) [सं-पु.] 1. मंगल ग्रह 2. एक प्रकार का योगासन 3. अंबर नामक गंध द्रव्य। [वि.] 1. भूमि का; भूमि संबंधी 2. भूमि पर होने वाला; भूमि पर रहने वाला 3. भूमि से उत्पन्न; भूमिज।

भौमिक (सं.) [सं-पु.] 1. भूमि का स्वामी या अधिकारी 2. ज़मींदार। [वि.] भौम।

भौमिक अधिकार (सं.) [सं-पु.] किसान या ज़मीन के मालिक

को प्राप्त होने वाला जोतने-बोने का अधिकार; भूधृति; (लैंड टेन्योर)।

भौमिक अभिलेख (सं.) [सं-पु.] भूमि की नाप-जोख, स्वामित्व आदि से संबंधित अभिलेख; (लैंड रिकॉर्ड्स)।

भौरी [सं-स्त्री.] 1. प्राय: मानव या पशुओं के शरीर पर होने वाला रोओं का मंडलाकार (भुंवर की तरह) छोटा घेरा जो अनेक आकृतियों आदि के विचार से शुभ या अशुभ माना जाता है 2. उपलों पर सेंकी गई छोटी-छोटी गोल लिट्टी।

भ्रंश (सं.) [सं-पु.] 1. नाश; बरबादी; ध्वंश 2. पतन; नीचे गिरना। [वि.] भ्रष्ट।

भ्रंशन (सं.) [सं-पु.] 1. नीचे गिरने की क्रिया; पतन 2. भ्रष्ट होना।

भ्रंशित (सं.) [वि.] 1. नीचे गिरा हुआ; पतित 2. टूटा-फूटा 3. ध्वस्त 4. वंचित।

भ्रकुटि (सं.) [सं-स्त्री.] 1. क्रोध से भौंहों का सिकुड़ना; भ्रूभंग 2. भौं; भौंह।

भ्रम (सं.) [सं-पु.] 1. दुविधा 2. संदेह; संशय।

भ्रमजाल (सं.) [सं-पु.] 1. भ्रम का आवरण 2. सांसारिक मोह।

भ्रमण (सं.) [सं-पु.] 1. घूमना-फिरना 2. यात्रा; सफ़र 3. देशाटन।

भ्रमणकारी (सं.) [वि.] भ्रमण करने वाला; चलने वाला; यात्रा करने वाला।

भ्रमणशील (सं.) [वि.] 1. भ्रमणीय; घूमने वाला 2. घूमने में प्रवृत्त 3. अनियमित। [सं-पु.] ख़ानाबदोश।

भ्रमणीय (सं.) [वि.] 1. घूमने वाला 2. चलने-फिरने वाला 3. भ्रमण के योग्य।

भ्रमना (सं.) [क्रि-अ.] 1. घूमना; भ्रमण करना 2. चक्कर खाना या लगाना 3. भ्रम या संदेह में पड़ना 4. भूलना; गलती करना 5. धोखा खाना; भटकना।

भ्रममूलक (सं.) [वि.] भ्रम के कारण उत्पन्न, जिसके मूल में भ्रम हो।

भ्रमर (सं.) [सं-पु.] 1. भौंरा; मधुप 2. उद्धव का एक नाम 3. चंचल मन। [वि.] कामुक; लंपट।

भ्रमरक (सं.) [सं-पु.] 1. भ्रमर; भौंरा 2. केशराशि; ज़ुल्फ़ 3. गेंद।

भ्रमरज (सं.) [सं-पु.] मधुमक्खी द्वारा उत्पन्न पदार्थ, मोम व शहद।

भ्रमरावली (सं.) [सं-स्त्री.] भौंरों की पंक्ति; भौंरों का समूह।

भ्रमरिका (सं.) [सं-स्त्री.] चारों ओर घूमना; चक्कर लगाना।

भ्रमरी (सं.) [सं-स्त्री.] 1. मादा भौंरा 2. मिरगी 3. पार्वती नामक देवी 4. एक प्रकार की लता; जतुका।

भ्रमवश (सं.) [क्रि.वि.] संदेहवश; संशय के कारण।

भ्रमात्मक (सं.) [वि.] 1. संदिग्ध; भ्रम से युक्त 2. मतिभ्रम 3. भूलचूक 4. जिसके संबंध में भ्रम उत्पन्न होता हो।

भ्रमाना (सं.) [क्रि-स.] 1. भ्रमण करवाना; घुमाना-फिराना 2. भ्रम में डालना; बहकाना; संदेह में डालना।

भ्रमित (सं.) [वि.] 1. भ्रम में फँसा हुआ; जिसे भ्रम हुआ हो; शंकित 2. जो चक्कर में डाला गया हो 3. घूमता हुआ; चक्कर खाता हुआ।

भ्रमी (सं.) [सं-स्त्री.] 1. चक्कर; फेरा 2. भ्रमण; घूमना-फिरना 3. कुम्हार का चाक 4. पानी का तेज़ भँवर 5. खराद 6. भ्रम; भूल 7. सेना का व्यूह। [वि.] 1. जो भ्रम में हो 2. भौचक।

भ्रमोत्पादक (सं.) [वि.] भ्रम उत्पन्न करने वाला; भ्रम में डालने वाला; संदेहास्पद।

भ्रष्ट (सं.) [वि.] 1. चरित्र से गिरा हुआ; चरित्रहीन; बुरे आचरण वाला; मार्ग से विचलित; पतित 2. ऊँचाई से नीचे गिरा हुआ 3. गिरने के उपरांत जो टूट-फूट गया हो; ध्वस्त।

भ्रष्टता (सं.) [सं-स्त्री.] भ्रष्ट होने की अवस्था; अनैतिकता; नीचता; चरित्रहीनता; दुराचारिता।

भ्रष्टाचार (सं.) [सं-पु.] दूषित और निंदनीय आचार-विचार; अनैतिक आचरण; भ्रष्ट आचरण।

भ्रष्टाचारी (सं.) [वि.] जो भ्रष्टाचार में लिप्त हो; घोटालेबाज़; धाँधली करने वाला; रिश्वतख़ोर; भ्रष्ट; दुराचारी; भ्रष्टाचार से संबद्ध। [सं-पु.] वह जो भ्रष्टाचार में लिप्त है।

भ्रांत (सं.) [वि.] 1. परेशान; व्याकुल 2. विमूढ़; घबड़ाया हुआ 3. घुमाया या चक्कर में लाया हुआ 4. धोखे में पड़ा हुआ; जिसे भ्रांति हुई हो। [सं-पु.] 1. घूमना-फिरना; भ्रमण 2. मस्त हाथी 3. तलवार चलाने का एक ढंग।

भ्रांति (सं.) [सं-स्त्री.] 1. संदेह; शक 2. चारों ओर चक्कर लगाने की क्रिया; फेरा; चक्कर; भ्रमण 3. भ्रम; धोखा 4. पागलपन; उन्माद 5. भूलचूक 6. मोह 7. प्रमाद 8. सिर में चक्कर आने का रोग; घुमेर।

भ्रांतिकारक (सं.) [वि.] 1. भ्रांति उत्पन्न करने वाला 2. भ्रम फैलाने वाला; अज्ञानकारक।

भ्रांतिपूर्ण (सं.) [वि.] जिससे भ्रांति होती हो; भ्रांतिकारक; भ्रांति उत्पन्न करने वाला; भ्रामक।

भ्रांतिहर (सं.) [वि.] भ्रांति दूर करने वाला; उचित रास्ता दिखाने वाला। [सं-पु.] 1. मंत्री 2. मित्र।

भ्राजक (सं.) [सं-पु.] वैद्यक के अनुसार त्वचा में रहने वाला पित्त। [वि.] दीप्त करने वाला; चमकाने वाला।

भ्राजन (सं.) [सं-पु.] दीपन; चमकाना; दीप्त करना।

भ्राता (सं.) [सं-पु.] भाई; सगा भाई; सहोदर; भ्रातृक।

भ्रातृ (सं.) [सं-पु.] भाई; सगा भाई; सहोदर; भ्राता।

भ्रातृक (सं.) [वि.] 1. भाई से प्राप्त; भाई द्वारा प्रदत्त 2. भाई का।

भ्रातृजाया (सं.) [सं-स्त्री.] भाई की पत्नी; भावज; भाभी; भौजाई।

भ्रातृत्व (सं.) [सं-पु.] बंधुत्व; भाईचारा; भाई होने का भाव, अवस्था या धर्म; भाईपन।

भ्रातृभाव (सं.) [सं-पु.] 1. भाई के समान संबंध; भाईचारा 2. भाईयों का आपसी प्रेम 3. दूसरों को भाई समझना 4. भाई-सा व्यवहार।

भ्रात्रीय (सं.) [वि.] भ्राता संबंधी; भाई का। [सं-पु.] भाई का

पुत्र; भतीजा।

भ्रामक (सं.) [वि.] 1. भ्रम उत्पन्न करने वाला; धोखे में डालने वाला; संदेह उत्पन्न करने वाला 2. चालबाज़; मक्कार; धूर्त 3. घुमाने वाला; चक्कर खिलाने वाला। [सं-पु.] 1. सियार; गीदड़ 2. कांतिसार लोहा 3. चुंबक पत्थर।

भ्रामकता (सं.) [सं-स्त्री.] भ्रामक होने की अवस्था या भाव।

भ्रामरी (सं.) [सं-स्त्री.] 1. मधुमक्खी 2. श्वास को भँवरे की आवाज़ की तरह नासिका द्वारा से छोड़ने का एक प्राणायाम 3. पार्वती 4. पुत्रदात्री नामक लता। [वि.] जिसे भ्रामर या अपस्मार रोग हुआ हो।

भ्रू (सं.) [सं-स्त्री.] भौंह; भौं; आँखों के ऊपर के बाल।

भ्रूण (सं.) [सं-पु.] 1. स्त्री का गर्भ 2. नन्हा प्राणी जो निषेचित अंडे से विकसित होने की अवस्था में हो; प्रथम चार माह के गर्भ की अवस्था; (एंब्रिओ)।

भ्रूण विज्ञान (सं.) [सं-पु.] भ्रूण के जन्म और विकास का अध्ययन करने वाला शास्त्र या विज्ञान; (एंब्रिओलॉजी)।

भ्रूण हत्या (सं.) [सं-स्त्री.] गर्भ में पलने वाले शिशु की हत्या; गर्भ में भ्रूण को मार डालना; गर्भपात द्वारा गर्भस्थ शिशु की हत्या।

भ्रूभंग (सं.) [सं-पु.] भौंह टेढ़ी करना; भौंह द्वारा क्रोध या रोष प्रकट करना।

भ्रूमध्य (सं.) [सं-पु.] दो भौंहों के मध्य का स्थान।

भ्रूविक्षेप (सं.) [सं-पु.] भौंह टेढ़ी करना; त्यौरी चढ़ाना; भ्रूभंग; भ्रूक्षेप।

भ्रूविलास (सं.) [सं-पु.] 1. भौंहों से की जाने वाली कोई विशेष भंगिमा 2. भौंहों का मोहक संचालन।

म

म हिंदी वर्णमाला का व्यंजन वर्ण। उच्चारण की दृष्टि से यह द्वि-ओष्ठ्य, सघोष, अल्पप्राण नासिक्य है।

मँगता [सं-पु.] भिखारी; भिखमंगा; भिक्षुक; याचक।

मँगनी [सं-स्त्री.] 1. वह वैवाहिक रस्म जिसमें वर-कन्या का संबंध पक्का और तय होता है; सगाई वाग्दान; वचन 2. माँगने की क्रिया 3. किसी को कुछ समय के लिए कोई वस्तु देना या किसी से कुछ समय के लिए कुछ माँग कर लेना 4. माँगी गई वस्तु।

मँगवाना [क्रि-स.] किसी दूसरे के हाथ से कोई वस्तु मँगाना; मँगाने का काम कराना।

मँगाना [क्रि-स.] 1. माँगने का काम दूसरे से कराना 2. किसी से कोई चीज़ लाने के लिए कहना।

मँगुरी [सं-स्त्री.] एक प्रकार की छोटी मछली।

मँगेतर [वि.] 1. वह, जिसके साथ किसी की मँगनी हुई हो या विवाह होना निश्चित हुआ हो 2. वह युवक या युवती जिसकी मँगनी हो चुकी हो।

मँजना [क्रि-अ.] 1. माँजा जाना; साफ़ करना 2. परिष्कृत होना 3. {ला-अ.} अभ्यास करना; सीखना; दक्षता प्राप्त करना।

मँजाई [सं-स्त्री.] 1. माँजने की क्रिया या भाव 2. माँजने का पारिश्रमिक 3. परिमार्जन; घिसाई; रगड़ाई 4. शुद्धि।

मँजाना [क्रि-स.] 1. माँजने में प्रवृत्त करना; मँजवाना; स्वच्छ कराना 2. शुद्धिकरण कराना; परिष्कृत कराना 3. अभ्यास कराना; कुशल बनाना।

मँजीरा (सं.) [सं-पु.] संगीत में ताल देने की धातु की दो छोटी कटोरियाँ जिन्हें आपस में टकराकर बजाया जाता है।

मँझधार [सं-स्त्री.] 1. नदी या उसके प्रवाह का मध्य भाग 2. {ला-अ.} किसी काम का मध्य।

मँझला [वि.] 1. बिचला; बीच का; मध्यम; मध्य का 2. बड़े भाई से छोटा और छोटे भाई से बड़ा।

मँझार [क्रि.वि.] बीच में। [सं-स्त्री.] 1. मध्य; बीच 2. मँझधार।

मँझोला [वि.] बीच का; मध्य का; मँझला।

मँड़ई [सं-स्त्री.] फूस की बनी हुई कुटी; पर्णकुटी; झोपड़ी; मड़ैया।

मँडनी [सं-स्त्री.] 1. फ़सल के डंठल और अनाज को अलग करने की क्रिया या भाव; मँडाई 2. पके हुए और सूखे अनाज के पौधों को बैलों से रौंदवाना; दँवरी।

मँडराना (सं.) [क्रि-अ.] 1. पक्षियों तथा कीट-पतंगों का किसी चीज़ के चारों ओर घूमते हुए उड़ना 2. स्वार्थवश किसी के आसपास चक्कर लगाना या घूमना 3. मंडल या घेरा बनाकर छा जाना 4. उमड़ना; घुमड़ना; घिरना।

मँडवा [सं-पु.] 1. सरपट आदि से छाकर बनाया गया स्थान 2. मंडप; शामियाना 3. किसी मंडप के अंदर होने वाला तमाशा या खेल।

मँड़वाना [सं-पु.] माँडो हिलाने का उपहार जो वर के पिता को मिलता है।

मँडुआ [सं-पु.] एक मोटा अनाज जिसकी रोटी आदि बनाई जाती है।

मँढ़ा [सं-पु.] 1. मंडप 2. प्रकोष्ठ; कमरा; कोठरी।

मँदरा (सं.) [वि.] जिसका आकार छोटा हो; नाटा; ठिगना। [सं-पु.] एक प्रकार का वाद्य।

मंगन [सं-पु.] 1. माँगने की क्रिया या भाव 2. भीख माँगने वाला व्यक्ति; मँगता; याचक; भिक्षुक।

मंगर [सं-पु.] पहिए का चौड़ा ऊपर वाला भाग जो भूमि तल पर स्थित रहता है; जमोट।

मंगरा [सं-पु.] 1. ईख की जड़ को नुकसान पहुँचाने वाला कीड़ा 2. नाली जैसा खपड़ा।

मंगल (सं.) [सं-पु.] 1. कल्याण; भलाई 2. सप्ताह का एक वार 3. सौर जगत का एक ग्रह 4. शुभ; आनंद; इच्छापूर्ति। [वि.] 1. सुख-सौभाग्य आदि देने वाला 2. हर तरह से भला।

मंगल ग्रह (सं.) [सं-पु.] पृथ्वी के सौरमंडल का मंगल नामक ग्रह; (मार्स)।

मंगलकरण (सं.) [सं-पु.] किसी कार्य या बात के आरंभ में सफलता के लिए की जाने वाली प्रार्थना।

मंगलकलश (सं.) [सं-पु.] मांगलिक या शुभ अवसरों पर पूजा आदि के स्थानों पर रखा जाने वाला पानी का घड़ा; मंगलघट।

मंगलकाम (सं.) [वि.] मंगल या कल्याण चाहने वाला व्यक्ति; शुभचिंतक; हितैषी।

मंगलकामना (सं.) [सं-स्त्री.] हित या कल्याणकामना; शुभकामना; बधाई; दुआ।

मंगलकारक (सं.) [वि.] 1. मंगल करने वाला; शुभ 2. कल्याणकारी; भलाई करने वाला 3. आनंदप्रद।

मंगलकारी (सं.) [वि.] 1. मंगल करने वाला; सुखद; शुभ 2. कल्याणकारी; भलाई या हित करने वाला 3. आनंदप्रद।

मंगलकार्य (सं.) [सं-पु.] 1. भलाई या हित का कार्य; जनहित का कार्य 2. मंगलोत्सव।

मंगलगान (सं.) [सं-पु.] विवाह आदि शुभ अवसरों पर होने वाला गाना-बजाना।

मंगलगीत (सं.) [सं-पु.] विवाह और अन्य मंगल अवसरों पर गाए जाने वाले गीत; मंगलगान; उत्सवगीत।

मंगलघट (सं.) [सं-पु.] मांगलिक या शुभ अवसरों पर पूजा आदि के स्थानों पर रखा जाने वाला पानी का घड़ा; मंगलकलश।

मंगलचिंतन (सं.) [सं-पु.] समाज हित में होने वाला विचार-विमर्श; कल्याणकामना।

मंगलच्छाय (सं.) [सं-पु.] पर्यावरण हितैषी वृक्ष; बरगद, पाकड़ आदि।

मंगलदायक (सं.) [वि.] 1. मंगल करने वाला; कल्याणकारी 2. आनंदप्रद।

मंगलद्वार (सं.) [सं-पु.] उत्सव-समारोहों आदि में बनाया जाने वाला द्वार या दरवाज़ा; महल या दुर्ग का मुख्य द्वार।

मंगलध्वनि (सं.) [सं-स्त्री.] मांगलिक अवसरों या उत्सव आदि में होने वाली ध्वनि; मंगलगीत।

मंगलना (सं.) [क्रि-स.] किसी शुभ अवसर पर अग्नि जलाना। [क्रि-अ.] प्रज्वलित होना; जलना।

मंगलपाठ (सं.) [सं-पु.] किसी कार्य से पहले मंगलकामना के लिए कहा जाने वाला पद्य; मंगलाचरण।

मंगलपाठक (सं.) [सं-पु.] 1. मंगलपाठ करने वाला व्यक्ति 2. राजाओं के दरबार में स्तुति करने वाला व्यक्ति; भाट; चारण; बंदीजन।

मंगलपाणि (सं.) [वि.] 1. जिसका हाथ शुभ हो 2. सहायता करने वाला (हाथ)।

मंगलप्रद (सं.) [वि.] 1. आनंद या सुख देने वाला 2. कल्याणकारी; मंगलकारी; शुभ।

मंगलप्रदा (सं.) [सं-स्त्री.] 1. हल्दी 2. शमी का वृक्ष।

मंगलभाषण (सं.) [सं-पु.] किसी अशुभ बात को शुभ रूप से कहने का ढंग।

मंगलभेरी (सं.) [सं-स्त्री.] मांगलिक अवसर या उत्सव आदि में बजाया जाने वाला ढोल।

मंगलमय (सं.) [वि.] 1. जिससे सब प्रकार का मंगल ही होता हो 2. मंगलरूप; कल्याणमय 3. ख़ुश; सुखी; सुखद। [सं-पु.] परमेश्वर।

मंगलवर्षा (सं.) [सं-स्त्री.] 1. उत्तम कार्यों से सुख और आनंद की प्राप्ति 2. धन-धान्य की प्राप्ति।

मंगलवाद्य (सं.) [सं-पु.] मांगलिक अवसरों पर बजाए जाने वाले वाद्य यंत्र, जैसे- शहनाई, ढोलक आदि।

मंगलवार (सं.) [सं-पु.] 1. सोमवार के ठीक बाद का दिन 2. सप्ताह के दूसरे दिन का नाम।

मंगलसूत्र (सं.) [सं-पु.] 1. सधवा स्त्रियों द्वारा गले में पहना जाने वाला एक आभूषण 2. धार्मिक भावना से कलाई पर बाँधा जाने वाला डोरा या धागा; कलावा।

मंगला (सं.) [सं-स्त्री.] 1. गुणवान स्त्री 2. दूब; तुलसी 3. सुंदर स्त्री 4. दुर्गा और पार्वती नामक देवी। [वि.] जो मंगल के दिन जन्मी हो; मंगली।

मंगलांकुर (सं.) [सं-पु.] जौ के अंकुर, जो शुभ और मंगलदायक माने जाते हैं; ज्वारे।

मंगलाचरण (सं.) [सं-पु.] शुभ कार्य के प्रारंभ में ईश्वर से की गई स्तुति या प्रार्थना।

मंगलाचार (सं.) [सं-पु.] 1. किसी शुभ कार्य से पहले होने वाला मंगलगान; मंगलाचरण 2. शुभानुष्ठान 3. विवाहोत्सव।

मंगलायन (सं.) [सं-पु.] सुख-समृद्धि का मार्ग; सदाचार का मार्ग। [वि.] जो सुख-समृद्धि के मार्ग पर हो।

मंगलाष्टक (सं.) [सं-पु.] विवाह के अवसर पर वर-वधू के कल्याण के लिए होने वाला मंत्र पाठ।

मंगली (सं.) [वि.] 1. आनंदकारी; मंगलकारी 2. (ज्योतिष) जिसकी जन्मकुंडली के प्रथम, चौथे, आठवें या बारहवें स्थान में मंगल ग्रह हो 3. जिसका मंगलवार को जन्म हुआ हो; मंगला। [सं-स्त्री.] हल्दी।

मंगलीय (सं.) [वि.] 1. मंगलकारी; कल्याणकारक 2. भाग्यवान; शुभावह।

मंगलोत्सव (सं.) [सं-पु.] आनंद के अवसर पर मनाया जाने वाला उत्सव या समारोह; अनुष्ठान; मांगलिक कार्य; बधावा।

मंगल्य (सं.) [वि.] 1. कल्याणकारक; मंगलकारी 2. सुंदर 3. पवित्र। [सं-पु.] 1. पीपल, नारियल, बेल आदि वृक्ष 2. दही 3. चंदन 4. अनाज।

मंगल्या (सं.) [सं-स्त्री.] 1. हल्दी 2. दूब 3. दुर्गा का एक नाम 4. शमी वृक्ष 5. शंख पुष्पी 6. ऋद्धि नामक लता।

मंगोल [सं-पु.] 1. मनुष्य की चार मूल जातियों में से एक जो मध्य एशिया, चीन, जापान आदि देशों में निवास करती है तथा जिसका रंग हलका पीला एवं नाक चपटी होती है 2. उक्त जाति का व्यक्ति।

मंच (सं.) [सं-पु.] 1. ऊँचा बना हुआ स्थान; चबूतरा 2. भाषण स्थल 3. रंगमंच 4. खाट; खटिया; मचिया।

मंचन (सं.) [सं-पु.] मंच पर अभिनय प्रस्तुत करना; मंच पर कोई नाटक खेलना।

मंचित (सं.) [वि.] 1. (नाटक) जो मंच पर अभिनीत हुआ हो; जिसका मंचन हो चुका हो; मंच पर खेला हुआ 2. घटित 3. प्रस्तुत।

मंचीय (सं.) [वि.] 1. मंच संबंधी; मंचन के योग्य; रंगमंचीय 2. घटनापूर्ण; नाटकीय।

मंजन (सं.) [सं-पु.] दाँत साफ़ करने का चूर्ण; दंतमंजन।

मंजर (सं.) [सं-पु.] 1. मोती 2. तिलक वृक्ष 3. फूलों का गुच्छा।

मंज़र (अ.) [सं-पु.] देखने योग्य वस्तु या स्थान; दृश्यावली; दृश्य; नज़ारा।

मंजरित (सं.) [वि.] 1. जिसमें मंजरी लगी हो; मंजरियों से युक्त 2. पुष्पित।

मंजरी (सं.) [सं-स्त्री.] 1. आम्र पुष्प; आम के बौर 2. नया कल्ला; कोंपल 3. तुलसी।

मंजरीक (सं.) [सं-पु.] 1. वह पौधा जिसपर मंजरीदार या गुच्छे में फूल लगते हो 2. तुलसी, बेंत, अशोक आदि।

मंजा (पं.) [सं-पु.] खाट; चारपाई; मंझा; मंजी।

मंजिमा (सं.) [सं-स्त्री.] सुंदर होने की अवस्था; सुंदरता; मनोहरता।

मंज़िल (अ.) [सं-स्त्री.] 1. मुकाम; गंतव्य; पड़ाव; यात्रा में ठहरने का स्थान 2. मकान का खंड; तल; मरातिब 3. मकान; भवन 4. एक दिन का सफ़र 5. मकान का छत या दरजा।

मंज़िलत (अ.) [सं-स्त्री.] 1. पद; ओहदा 2. सत्कार; आदर।

मंज़िला (अ.) [वि.] जिसमें अनेक तल या मंजिलें हों; तल्लेवाला।

मंजिष्ठा (सं.) [सं-स्त्री.] मंजीठ नामक पौधा और उसका फल।

मंजिष्ठाराग (सं.) [सं-पु.] 1. मंजीठ का रंग 2. {ला-अ.} मंजीठ के रंग की तरह पक्का और स्थायी प्रेम या अनुराग।

मंजीर (सं.) [सं-पु.] 1. नुपूर; घुँघरू 2. वह स्तंभ जिसपर मथानी का डंडा बँधा रहता है 3. पश्चिमी बंगाल की एक पहाड़ी जाति।

मंजु (सं.) [वि.] मनोहर; सुंदर।

मंजुगति (सं.) [वि.] मोहक चाल में चलने वाला; सुंदर गति वाला; मंजुगमन।

मंजुघोष (सं.) [वि.] मधुर ध्वनि में बोलने वाला; प्रिय बातें करने वाला; मधुरभाषी; मंजुभाषी; मिष्टभाषी। [सं-पु.] 1. एक बौद्ध आचार्य जो धर्म प्रचार के लिए चीन गए थे 2. तांत्रिकों के एक देवता का नाम।

मंजुभाषी (सं.) [वि.] मीठी और प्रिय बातें करने वाला; मधुरभाषी; मिष्टभाषी; मंजुघोष।

मंजुल (सं.) [वि.] 1. मनोहर; दर्शनीय; सुंदर; सजा हुआ 2. उपवनित; सुरम्य। [सं-पु.] 1. उपवन; कुंज 2. जलाशय का किनारा 3. (संगीत) कर्नाटकी शैली का एक राग।

मंजुस्वर (सं.) [वि.] मीठे स्वरवाला; जिसकी बोली मधुर और प्रिय हो।

मंज़ूर (अ.) [वि.] 1. जो मान लिया गया हो; पसंद; स्वीकार; स्वीकृत 2. देखा हुआ।

मंज़ूरी (अ.) [सं-स्त्री.] स्वीकृति; अनुमति।

मंजूषा (सं.) [सं-स्त्री.] 1. छोटा पिटारा या डिब्बा 2. पिंजरा 3. मंजीठ 4. पत्थर 5. हाथी का हौदा।

मंझा [सं-पु.] 1. हंडा 2. एक बड़ी रस्सी जिससे दौनी करते समय बैल बाँधे जाते हैं; दोगहा।

मंडन (सं.) [सं-पु.] 1. तर्क या वाद-विवाद में किसी विचार या सिद्धांत की पुष्टि करना; पैरवी 2. किसी की शोभा बढ़ाने वाली वस्तु; आभूषण 3. शृंगार करना; सजाना। [वि.] शृंगार करने वाला; मंडित करने या सजाने वाला।

मंडप (सं.) [सं-पु.] 1. छाया हुआ वह स्थान जो चारों तरफ़ से खुला हो; वितान; चँदोवा; मँड़वा; शामियाना 2. किसी भवन आदि के ऊपर की गोल बनावट और उसके नीचे का स्थान।

मंडपी [सं-स्त्री.] 1. छोटा मंडप; मढ़ी 2. कुटी।

मंडरी [सं-स्त्री.] पुआल की बनी हुई गोदरी या चटाई।

मंडल (सं.) [सं-पु.] 1. नगर खंड, क्षेत्र, जनपद आदि 2. गोलाई के आकार का घेरा 3. संस्था; समिति; समुदाय 4. (खगोलविज्ञान) कक्षा; ग्रहों का गतिपथ 5. चक्कर; परिधि।

मंडलवर्ती (सं.) [सं-पु.] मंडल का शासक; राजा।

मंडलाकार (सं.) [वि.] जो मंडल के आकार का हो; गोलाकार; गोला; चक्राकार।

मंडलाधिप (सं.) [सं-पु.] 1. साधुओं के मंडल या मठ का प्रधान साधु 2. किसी जनपद समूह का शासक 3. किसी मंडल का अधिपति; मंडलाधीश 4. राजा 5. मंडलेश्वर।

मंडलाधीश (सं.) [सं-पु.] मंडलेश्वर; मंडलाधिप।

मंडलित (सं.) [वि.] 1. जिसका मंडल बना हो; चक्र के आकार का 2. वर्तुलाकार या गोलाकार।

मंडली (सं.) [सं-स्त्री.] 1. समूह 2. झुंड; दल 3. गोष्ठी; सभा।

मंडलीकरण (सं.) [सं-पु.] 1. मंडल या घेरा बनाना 2. कुंडली बनाना या मारना (साँप आदि का)।

मंडलेश (सं.) [सं-पु.] 1. मंडल का स्वामी; शासक; मंडलाधीश 2. राजा; नरेश।

मंडलेश्वर (सं.) [सं-पु.] 1. साधु समाज या किसी मठ में किसी समूह का मुखिया; मंडलाधीश; मठाधीश 2. किसी मंडल का शासक या अधिपति 3. किसी बड़े प्रदेश या जनपद का स्वामी; राजा।

मंडार [सं-पु.] 1. टोकरा; बड़ा झाबा; डलिया 2. गड्डा 3. मँडारा।

मंडित (सं.) [वि.] 1. सजाया हुआ; विभूषित; शोभित 2. छाया हुआ; आच्छादित 3. भरा हुआ 4. युक्त।

मंडी (सं.) [सं-स्त्री.] 1. थोक बिक्री का बाज़ार; बड़ा बाज़ार, जैसे- सब्ज़ी मंडी, फल मंडी आदि 2. हाट 3. दो बिस्से के बराबर जमीन की एक पुरानी नाप।

मंडूक (सं.) [सं-पु.] 1. मेंढक 2. प्राचीन काल का एक प्रकार का बाजा 3. एक प्रकार का नृत्य 4. प्राचीन ऋषि 5. एक ताल 6. (कामशास्त्र) एक रतिबंध या आसन।

मंडूकपर्णी (सं.) [सं-स्त्री.] 1. ब्राह्मी नामक वनस्पति 2. मंजिष्ठा; मजीठ।

मंडूका [सं-स्त्री.] मंजिष्ठा; मजीठ।

मंडूकी (सं.) [सं-स्त्री.] मेंढकी।

मंतव्य (सं.) [सं-पु.] 1. मत; विचार 2. विचार के लिए दिया जाने वाला प्रस्ताव 3. संकल्प; निर्णय। [वि.] मानने योग्य; मान्य; माननीय।

मंत्र (सं.) [सं-पु.] 1. नीतिवाक्य; सूत्रवाक्य 2. स्तुति; प्रार्थना 3. मंत्रणा; सलाह 4. कार्यसिद्धि का गुर (मूलमंत्र) 5. ऐसे वैदिक वाक्य जिनके द्वारा यज्ञ आदि क्रिया करने का विधान हो; वेद का संहिता भाग।

मंत्रण (सं.) [सं-पु.] 1. मंत्रणा करने की क्रिया; विचार-विमर्श 2. सलाह करना; मशविरा करना; परामर्श।

मंत्रणा (सं.) [सं-स्त्री.] 1. विचार-विमर्श के बाद का स्थिर मत; मंतव्य 2. बातचीत; मशविरा; परामर्श; विचार-विमर्श; सलाह।

मंत्रद्रष्टा (सं.) [वि.] मंत्रों का अर्थ जानने और बताने वाला। [सं-पु.] मंत्रों के अर्थ जानने और बताने वाला ऋषि।

मंत्रभेद (सं.) [सं-पु.] मंत्रणा या गोपनीय बातचीत का भेद प्रकट कर दिया जाना।

मंत्रमुग्ध (सं.) [वि.] 1. मंत्र द्वारा वश में किया हुआ; वशीकृत; सम्मोहित 2. मोहित; आसक्त 3. जड़व।

मंत्रश्रुति (सं.) [सं-स्त्री.] 1. वह मंत्रणा जिसका भेद खुल गया हो 2. दूसरे के द्वारा सुनी गई बातचीत।

मंत्रस्नान (सं.) [सं-पु.] वह मंत्र जो स्नान के बदले पढ़ा जाता है।

मंत्रहीन (सं.) [वि.] जिसमें मंत्र न हो; जो मंत्र न जानता हो; असंस्कृत।

मंत्रालय (सं.) [सं-पु.] 1. किसी मंत्री या उसके विभाग का कार्यालय 2. मंत्री और उसका विभाग।

मंत्रित (सं.) [वि.] 1. जिसे मंत्रणा या परामर्श दिया गया हो; जिसे मंत्र दिया गया हो 2. मंत्र द्वारा संस्कारित किया गया।

मंत्रित्व (सं.) [सं-पु.] 1. मंत्री का पद या प्रतिष्ठा 2. मंत्री का कार्य।

मंत्रिमंडल (सं.) [सं-पु.] मंत्रियों का समूह या वर्ग।

मंत्री (सं.) [सं-पु.] 1. आदेश और सलाह देने वाला राज्य का प्रमुख व्यक्ति 2. (मध्यकाल) परामर्शदाता; सचिव; राजा का प्रधान सलाहकार; अमात्य; वज़ीर; (मिनिस्टर)।

मंत्रोक्त (सं.) [वि.] मंत्र में उल्लेखित; मंत्र के अनुसार।

मंत्रोच्चार (सं.) [सं-पु.] मंत्र का उच्चारण करना; मंत्र पढ़ना।

मंथक (सं.) [सं-पु.] चँवर डुलाने पर होने वाली हवा। [वि.] मंथन करने वाला।

मंथन (सं.) [सं-पु.] 1. मथना; बिलोना 2. किसी समस्या या सिद्धांत के लिए किया जाने वाला गंभीर विचार-विमर्श; चिंतन 3. {ला-अ.} गूढ़ तत्व की छानबीन।

मंथर (सं.) [वि.] 1. धीमा; मंद; सुस्त 2. मंदबुद्धि; जड़मति 3. स्थूल; बड़ा या भारी 4. नीच, अधम। [सं-पु.] 1. बालों का गुच्छा 2. बाधा; रुकावट 3. मथानी 4. कोष; खजाना 5. क्रोध; गुस्सा 6. दूब 7. भँवर 8. वैशाख का महीना 9. किला; दूर्ग 10. हिरण; मृग।

मंथर गति (सं.) [सं-स्त्री.] धीमी गति; मंद गति; रुक-रुक कर चलना।

मंथरित (सं.) [वि.] मंद या धीमा किया हुआ; मंदित।

मंथरु (सं.) [सं-पु.] चँवर की मंद गति की हवा।

मंथान (सं.) [सं-पु.] 1. दही मथने की बड़ी मथानी 2. (पुराण) मंदर पर्वत 3. अमलतास 4. महादेव; शिव 5. एक भैरव का नाम।

मंथिनी (सं.) [सं-स्त्री.] दही मथने या बिलोने का मिट्टी का बड़ा और चौड़े मुँह का मटका; मटकी।

मंथी (सं.) [वि.] 1. मंथन करने वाला; मथने वाला; बिलोने वाला 2. कष्ट या दुख देने वाला; पीड़क। [सं-पु.] 1. मथा हुआ पदार्थ 2. सोमरस।

मंथ्य (सं.) [वि.] 1. मंथन करने योग्य; मंथनीय 2. विवेचनीय।

मंद[1] (सं.) [वि.] 1. धीमा; सुस्त 2. हलका; थोड़ा; कम 4. बेवकूफ़; मूर्ख 5. दुष्ट; नीच 6. गंभीर।

मंद[2] (फ़ा.) [परप्रत्य.] एक प्रकार का प्रत्यय जो कुछ शब्दों के अंत में जुड़कर 'रखने वाला' अर्थ देता है, जैसे- अक्लमंद, ख़्वाहिशमंद।

मंदक (सं.) [सं-पु.] परमाणु रिएक्टर के अंदर रखे गए ऐसे पदार्थ जिनमें से गुजरने पर तीव्रगामी न्यूट्रॉन मंद हो जाते हैं; मंद या धीमा करने वाला पदार्थ। [वि.] मंद बुद्धि; मूर्ख; बुद्धू; नासमझ।

मंदकांति (सं.) [वि.] 1. जिसकी कांति या चमक फ़ीकी पड़ गई हो; मुरझाया हुआ; मलिन 2. {ला-अ.} वैभवहीन।

मंदगति (सं.) [वि.] 1. धीमी चाल वाला; धीमा या मंद गति से चलने वाला; मंदवेग 2. {ला-अ.} जिसका विकास न हुआ हो, पिछड़ा।

मंदचेता (सं.) [वि.] मंदबुद्धि; जो समझदार न हो; कमअक्ल।

मंदन (सं.) [सं-पु.] धीमा या मंद करने की क्रिया; धीमा करना। [वि.] मंदबुद्धि; बेवकूफ़; मूर्ख।

मंदबुद्धि (सं.) [वि.] मूर्ख; अहमक; जिसकी बुद्धि मंद या हीन हो; मोटी अक्लवाला; अल्पबुद्धि।

मंदभाग्य (सं.) [वि.] जो भाग्यहीन हो; अभागा; बदनसीब।

मंदमति (सं.) [वि.] जो मानसिक रूप से कमज़ोर हो; मोटी अक्लवाला; मंदबुद्धि; कमदिमाग; हीनबुद्धि; मूर्ख।

मंदर (सं.) [सं-पु.] 1. (पुराण) एक पर्वत जिससे देवताओं और असुरों ने समुद्र का मंथन किया था 2. पारिजात वृक्ष 3. स्वर्ग 4. मोतियों का हार 5. दर्पण, आईना 6. गंभीर आवाज़। [वि.] मंद; धीमा।

मंदराचल (सं.) [सं-पु.] (पुराण) एक पर्वत जिससे समुद्र मंथन किया गया था; मंदर पर्वत।

मंदराजी [सं-स्त्री.] भारी शरीर वाली भैंस की एक प्रजाति।

मंदविभव (सं.) [वि.] वैभवहीन; अकिंचन; दरिद्र।

मंदवीर्य (सं.) [वि.] शक्तिहीन; कमज़ोर; जिसमें उत्साह न हो।

मंदसमीर (सं.) [सं-पु.] मंद-मंद चलने वाली हवा; बयार; सुखद प्रतीत होने वाली वायु; मंदसमीरण।

मंदसमीरण (सं.) [सं-पु.] मंद-मंद चलने वाली पवन, बयार या हवा; सुखद प्रतीत होने वाली वायु; मंदसमीर।

मंदस्मित (सं.) [सं-पु.] हलकी हँसी; मुस्कान; मंदहास्य।

मंदा (सं.) [वि.] 1. कम मूल्य; सस्ता 2. मंद; धीमा 3. ढीला 4. ख़राब; घटिया 5. जिसकी माँग कम हो; नीचे भाव पर बिकने वाला 7. बुरा; ख़राब गुणवत्तावाला।

मंदाकिनी (सं.) [सं-स्त्री.] 1. मंद गति से बहने वाली धारा 2. (पुराण) गंगा की वह धारा जो स्वर्ग में बहती है; आकाशगंगा 3. एक वर्णवृत 4. संक्रांति का एक भेद।

मंदाक्रांत (सं.) [वि.] मंद गति से जाने वाला; धीरे-धीरे आगे बढ़ने वाला।

मंदाक्रांता (सं.) [सं-स्त्री.] (काव्यशास्त्र) सत्रह वर्णों का एक छंद जिसके प्रत्येक चरण में क्रमशः मगण, भगण, नगण और तगण तथा अंत में दो गुरु होते हैं।

मंदाक्ष (सं.) [वि.] जिसकी आँखें संकुचित हों। [सं-पु.] लज्जा; शरम; हया।

मंदाग्नि (सं.) [सं-स्त्री.] एक प्रकार का रोग जिसमें रोगी की पाचन शक्ति मंद पड़ जाती है; अन्न न पचने का रोग; हाज़मे का बिगड़ जाना; बदहज़मी; अपच।

मंदार (सं.) [सं-पु.] 1. (पुराण) स्वर्ग का एक वृक्ष 2. स्वर्ग 3. धतूरा 4. हाथी 5. मदार; आक।

मंदारक (सं.) [सं-पु.] 1. मदार; आक 2. (पुराण) स्वर्ग का एक वृक्ष।

मंदिमा (सं.) [सं-स्त्री.] 1. मंद होने की अवस्था; शिथिलता; धीमापन; सुस्ती 2. अल्पता; कमी; अभाव।

मंदिर (सं.) [सं-पु.] 1. वह स्थान जहाँ लोग पूजा के लिए जाते हैं; देवालय 2. स्थान 3. {अ-अ.} रहने का घर; मकान; निवास।

मंदी [सं-स्त्री.] 1. कीमत या भाव का कम होना 2. बिक्री का कम होना 3. 'तेज़ी' का विलोम; सस्ता।

मंदुरा (सं.) [सं-स्त्री.] 1. घोडों के रहने और बाँधने का स्थान; अश्वशाला; घुड़साल 2. चटाई।

मंदोदरी (सं.) [वि.] 1. मंद उदरवाली 2. छोटे पेटवाली; छरहरी। [सं-स्त्री.] (रामायण) रावण की पत्नी का नाम।

मंदोष्ण (सं.) [वि.] हलका या थोड़ा गरम; सुष्म; कवोष्ण; कुनकुना; गुनगुना।

मंद्र (सं.) [वि.] 1. धीमा; मंद 2. मनोहर; सुंदर 3. प्रसन्न 4. {ला-अ.} गहरा; गंभीर। [सं-पु.] 1. गंभीर ध्वनि 2. मृदंग 3. एक प्रकार का हाथी 4. (संगीत) तीन प्रकार के स्वरों में से एक जो धीमा या मंद होता है।

मंद्रध्वनि (सं.) [सं-स्त्री.] गरजने की आवाज़; गरजन; गंभीर ध्वनि।

मंशा (अ.) [सं-स्त्री.] 1. अभिप्राय; आशय 2. इच्छा; इरादा; चाह; अभिलाषा।

मंसूख (अ.) [वि.] जो रद्दकर दिया गया हो, रद्द किया हुआ; काटा हुआ।

मंसूबा (अ. ?) [सं-पु.] 1. विचार; इरादा 2. मंशा; सोच 3. कोई काम करने से पहले मन में सोची जाने वाली युक्ति 4. योजना।

मंसूर (अ.) [वि.] 1. विजयी 2. जिसे ईश्वरीय सहायता मिली हो।

मई (अं.) [सं-पु.] ईसवी सन का पाँचवाँ महीना जो अप्रैल के उपरांत और जून से पहले आता है।

मकई [सं-स्त्री.] 1. एक प्रकार का पौधा; मक्का; भुट्टा 2. उक्त पौधे से प्राप्त दाने।

मकड़जाल [सं-पु.] 1. मकड़ी द्वारा बनाया गया जाला 2. जाल; जंजाल 3. {ला-अ.} किसी के द्वारा किया गया षड्यंत्र; साजिश; फ़रेब।

मकड़ा [सं-पु.] 1. नर मकड़ी; बड़ी मकड़ी 2. एक प्रकार की घास; खमकरा।

मकड़ी (सं.) [सं-स्त्री.] एक प्रसिद्ध कीड़ा जो अपने मुँह से निकले लार से जाला बनाता है; (स्पाइडर)।

मकतब (अ.) [सं-पु.] 1. इस्लाम धर्म की शिक्षा-दीक्षा की पाठशाला 2. छोटे बच्चों का मदरसा या पाठशाला।

मकतल (अ.) [सं-पु.] कत्ल करने की जगह; कत्लगाह; वधस्थान।

मकतूल (अ.) [वि.] जो कत्ल कर डाला गया हो।

मकदूर (अ.) [सं-पु.] 1. सामर्थ्य; शक्ति; क्षमता; ताकत 2. वश 3. धन।

मकफ़ूल (अ.) [वि.] 1. जो रेहन या बंधक रखा हो; गिरवी 2. ज़मानत में दिया हुआ 3. ताले में बंद किया हुआ।

मकबरा (अ.) [सं-पु.] कब्र पर बनी हुई इमारत या गुंबद; स्मारक; रौज़ा; मज़ार।

मकबूज़ा (अ.) [वि.] कब्ज़ा किया हुआ; अधिकृत; अधीन।

मकबूल (अ.) [वि.] 1. पसंद होने लायक; बढ़िया; अच्छा 2. कबूल किया हुआ; स्वीकारा हुआ; माना हुआ 3. प्यारा; प्रिय।

मकर राशि (सं.) [सं-स्त्री.] बारह राशियों में से दसवीं राशि।

मकर[1] (सं.) [सं-पु.] घड़ियाल; मगरमच्छ 2. मछली 3. बारह राशियों में से दसवीं राशि 4. नौ निधियों में से एक।

मकर[2] (फ़ा.) [सं-पु.] 1. धोखा; छल 2. नख़रा।

मकरंद (सं.) [सं-पु.] 1. पुष्प रस; फूलों का रस; पराग 2. शहद; मधु 3. फूलों का केसर 4. भ्रमर 5. कोयल 6. एक प्रकार का छंद 7. एक ताल।

मकरकुंडल (सं.) [सं-पु.] मकर या मछली के आकार का कानों में पहनने का आभूषण या कुंडल; मकराकृत कुंडल।

मकरकेतु (सं.) [सं-पु.] कामदेव; मदन।

मकरध्वज (सं.) [सं-पु.] 1. कामदेव 2. (रामायण) अहिरावण का द्वारपाल जो हनुमान के पसीने से उत्पन्न माना जाता है; मत्स्योदर 3. (आयुर्वेद) चंद्रोदय नामक एक प्रसिद्ध औषधि; रससिंदूर 4. लौंग।

मकररेखा (सं.) [सं-स्त्री.] (भूगोल) एक रेखा जो दक्षिणी गोलार्द्ध में भूमध्य रेखा के समानांतर 23 डिग्री 26' 22'' पर स्थित है; ग्लोब पर पश्चिम से पूरब की ओर खींची गई काल्पनिक रेखा।

मकरवाहन (सं.) [सं-पु.] 1. (पुराण) मगरमच्छ पर सवारी करने वाले देवता 2. देवता जिनका वाहन मकर है; वरुण।

मकरव्यूह (सं.) [सं-पु.] मकर के आकार में की गई सैनिकों की व्यूह-रचना।

मकरसंक्रांति (सं.) [सं-स्त्री.] वह समय जब सूर्य मकर राशि में प्रवेश करता है; माघ मास की संक्रांति जब सूर्य उत्तरायण होता है।

मकरांक (सं.) [सं-पु.] 1. कामदेव 2. समुद्र।

मकराकर (सं.) [सं-पु.] 1. समुद्र; सागर 2. मगरमच्छों का निवास स्थल; मकरालय।

मकराकृत (सं.) [वि.] 1. मगरमच्छ या मछली की आकृति का 2. जो मछली जैसी आकृति का हो, जैसे- मकराकृत कुंडल।

मकराकृति [वि.] दे. मकराकृत।

मकरालय (सं.) [सं-पु.] समुद्र।

मकरी [सं-स्त्री.] 1. खंभे के बीच दो कानियों के बीच में पड़ी धुरी पर नाचने वाली घिरनी 2. चक्की लगी हुई एक लकड़ी

जो लगभग आठ अंगुल की होती है।

मकरूह (अ.) [वि.] 1. ख़राब; गंदा; बहुत दूषित; बुरा; घृणित; अपवित्र 2. नाजायज़; अवैध (काम)।

मकसद (अ.) [सं-पु.] 1. उद्देश्य; इरादा 2. मनोरथ; कामना 3. अभिप्राय; मतलब; अभीष्ट।

मकसूद (अ.) [सं-पु.] उद्देश्य; मतलब। [वि.] अभिप्रेत; इच्छित; उद्दिष्ट।

मकसूम (अ.) [सं-पु.] भाग्य; किस्मत; तकदीर [वि.] बाँटा हुआ; विभक्त; तकसीम किया हुआ।

मकान (अ.) [सं-पु.] घर; आवास; भवन; गृह; निवास स्थल।

मकान भाड़ा (अ.) [सं-पु.] वह रकम जो मकान इस्तेमाल करने के बदले दी जाए; मकान का किराया।

मकाम (अ.) [सं-पु.] 1. ठहरने का स्थान या जगह 2. स्थान; जगह 3. पड़ाव 4. ठहराव 5. घर; वासस्थल 6. भूमिका।

मकामी (अ.) [वि.] ठहरा हुआ; स्थिर।

मकुंदीदाना [सं-पु.] पुआ जैसा व्यंजन।

मकुना (सं.) [सं-पु.] 1. बिना दाँत वाला छोटा नर हाथी 2. बिना मूँछों का पुरुष; वह जिसके अभी मूँछें न उगी हो। [वि.] कम ऊँचाई का; छोटा; नाटा।

मकुनी [सं-स्त्री.] 1. आटे की लोई में बेसन भरकर बनाई गई बाटी 2. पीठी भरी हुई कचौरी 3. बेसन की रोटी; मटर के आटे की रोटी।

मकुर (सं.) [सं-पु.] 1. वह डंडा जिससे कुम्हार चाक चलाता है 2. मौलसिरी; बकुल 3. दर्पण; शीशा; आईना; मुकुर 4. फूल की कली।

मकूनी [सं-स्त्री.] दे. मकुनी।

मकूला (अ.) [सं-पु.] 1. कहावत; उक्ति; मसला 2. वचन; कौल।

मकोड़ा [सं-पु.] 1. चींटी की तरह का कीट; चींटा 2. छोटा कीड़ा (कीड़ा के साथ प्रयुक्त), जैसे- कीड़ा-मकोड़ा।

मकोय [सं-स्त्री.] 1. एक पौधा जिसके फल और पत्ते औषधि के काम आते हैं; गुच्छफला; काकमाची या भटकोइंया 2. मकोई।

मकोरना [क्रि-स.] मरोड़ना।

मक्का[1] [सं-पु.] एक प्रसिद्ध खाद्यान्न, मकई।

मक्का[2] (अ.) [सं-पु.] सऊदी अरब का एक प्रसिद्ध नगर जो मुसलमानों का सबसे बड़ा तीर्थस्थल है; मुहम्मद साहब का जन्म स्थान।

मक्कार (अ.) [वि.] धोखा देने वाला; छली; मक्र करने वाला; फ़रेबी।

मक्कारी (अ.) [सं-स्त्री.] छल; फ़रेब; धोखा; कुचाल; वह काम जो किसी को धोखे में डालकर कोई स्वार्थ साधने के लिए किया जाए; छल या धूर्ततापूर्ण कार्य; चालाकी; धोखेबाज़ी।

मक्खन (सं.) [सं-पु.] दही के रूप जमाए हुए दूध को मथकर निकाला गया पदार्थ; नवनीत; क्षीरज; (बटर)। [मु.] **-गाना** : चापलूसी करना।

मक्खनबड़ा [सं-पु.] छेने की मिठाई।

मक्खनबाज़ (सं.+फ़ा.) [वि.] चापलूसी करने वाला; ख़ुशामद करने वाला; आगे-पीछे लगा रहने वाला; हाँ में हाँ मिलाने वाला।

मक्खनबाज़ी (सं.+फ़ा.) [सं-स्त्री.] किसी की ख़ुशामद करने की क्रिया; चापलूसी; चाटुकारिता; जी-हुज़ूरी।

मक्खनी [वि.] मक्खन से बना हुआ; चिकना; घी-तेल या चिकनाईयुक्त।

मक्खी (सं.) [सं-स्त्री.] 1. घरों और आसपास के स्थानों पर पाया जाने वाला एक पंखदार कीट; घरेलू मक्खी 2. फूलों के पराग से शहद बनाने वाली मधु मक्खी; मक्षिका। [मु.] **जीती मक्खी निगलना** : जान-बूझकर ऐसा काम करना जिससे बाद में हानि हो। **मक्खी की तरह निकाल फेंकना** : निकृष्ट या त्याज्य समझकर अलग कर देना।

मक्खीचूस [वि.] बहुत कंजूस; कृपण; जो ज़रूरत पड़ने पर भी धन का भोग या व्यय न करे और न ही किसी को दे।

मक्षिका (सं.) [सं-स्त्री.] 1. मधुमक्खी 2. मक्खी।

मख (सं.) [सं-पु.] यज्ञ; प्राचीन भारतीय आर्यों का एक धार्मिक कृत्य जिसमें हवन आदि होते थे।

मख़ज़न (अ.) [सं-पु.] 1. जमा करने का स्थान 2. खज़ाना; कोष 3. शब्दों का बड़ा संग्रह; शब्दकोश 4. गोला-बारूद का भंडार।

मखतूल (सं.) [सं-पु.] काला रेशम।

मख़दूम (अ.) [वि.] 1. सेवा या ख़िदमत के योग्य 2. पूज्य; पूजनीय 2. जिसकी सेवा की गई हो 3. स्वामी; मालिक 4. मान्य 5. मुस्लिम धर्माधिकारी।

मख़दूमी (अ.) [सं-पु.] (संबोधन में प्रयुक्त) पूज्य; सेव्य।

मखना [सं-पु.] 1. दंतहीन नर हाथी या छोटा नर हाथी 2. बिना मूछों वाला पुरुष; मकुना।

मखनिया [सं-पु.] मक्खन बनाने वाला या बेचने वाला व्यक्ति। [वि.] मक्खन निकाला हुआ; मक्खन संबंधी।

मख़मल (अ.) [सं-पु.] एक प्रकार का कपड़ा जिसकी ऊपरी परत बहुत ही मुलायम और कोमल होती है।

मख़मली (अ.) [वि.] मख़मल का बना हुआ; मख़मल सा कोमल और चमकदार।

मख़मसा (अ.) [सं-पु.] 1. झगड़ा; झमेला; विवाद 2. विकट समस्या 3. भय; डर।

मख़मूर (अ.) [वि.] नशे में चूर; मदिरोन्मत; मतवाला; मदमस्त।

मख़रज (अ.) [सं-पु.] 1. स्रोत 2. उद्गम या मूल स्थान 3. शब्द की व्युत्पत्ति 4. निकलने का रास्ता 5. मुखेंद्रिय; मुख।

मख़लूक (अ.) [वि.] रचा या बनाया हुआ। [सं-स्त्री.] जीव-समष्टि; सृष्टि; दुनिया; जगत; जीव-जंतु।

मख़सूस (अ.) [वि.] 1. किसी कार्य विशेष के लिए अलग किया हुआ 2. विशिष्ट; ख़ास 3. प्रमुख; प्रधान।

मखाना (सं.) [सं-पु.] एक पौधा जिसके बीज के अंदर का सफ़ेद हिस्सा खाने में उपयोग होता है; एक प्रसिद्ध मेवा; तालमखाना। [क्रि.स.] चिकनाना; लेपना; लगाना।

मखान्न (सं.) [सं-पु.] 1. तालमखाना 2. यज्ञान्न।

मखोना [सं-पु.] एक प्रकार का कपड़ा।
मखौना [सं-पु.] दे. पच्चट।
मखौल [सं-पु.] उपहास; खिल्ली; निंदा; व्यंग्य।
मखौलिया [वि.] 1. मखौल उड़ाने वाला; विनोदप्रिय; दिल्लगीबाज़; हँसोड़ 2. मखौल के रूप में होने वाला।
मग [सं-पु.] 1. मगध का निवासी 2. पीपल 3. मगह देश; मगध 4. शाक द्वीप का भाग।
मगज़ (अ.) [सं-पु.] 1. दिमाग; मस्तिष्क; सिर 2. गिरी; मींगी। [मु.] **-खाना या चाटना** : बेकार की बकवास करके तंग करना।
मगजी [सं-स्त्री.] कपड़े के किनारे पर लगी हुई पतली गोट।
मगण (सं.) [सं-पु.] (छंदशास्त्र) तीन गुरु वर्णों का एक गण, जैसे- जामाता।
मगद [सं-पु.] 1. मगदल नाम की मिठाई 2. घी में मैदा या बेसन भूनकर तैयार किया गया भोज्य पदार्थ।
मगध (सं.) [सं-पु.] 1. बिहार राज्य का प्राचीन नाम 2. बंदीजन; भाट 3. मगध निवासी; मागध।
मगन (सं.) [वि.] 1. डूबा हुआ; मग्न 2. {ला-अ.} बहुत अधिक आनंदित या प्रसन्न; मस्त।
मगर[1] (सं.) [सं-पु.] 1. घड़ियाल 2. मछली 3. नेपाल देश की एक जाति।
मगर[2] (फ़ा.) [अव्य.] 1. लेकिन; पर 2. किसी प्रकार भी।
मगरमच्छ [सं-पु.] विशालकाय मांसाहारी जलचर प्राणी; घड़ियाल; मगर।
मगरिब (अ.) [सं-पु.] पश्चिम दिशा; सूरज डूबने की दिशा।
मगरिबी (अ.) [वि.] मगरिब या पश्चिम का; पाश्चात्य; पश्चिमी।
मगरूर (अ.) [वि.] जिसे गरूर हो; गरूरवाला; घमंडी; अभिमानी।
मगलूब (अ.) [वि.] 1. दबाया हुआ; दबा 2. पराजित; परास्त।
मगसिर [सं-पु.] मार्गशीर्ष माह; अगहन।
मगसी [सं-पु.] घोड़े की जाति विशेष।
मगही [वि.] 1. मगध देश का; मगध संबंधी 2. मगध या बिहार में उत्पन्न होने वाला। [सं-पु.] मगध या बिहार क्षेत्र में पैदा होने वाले पान की एक बढ़िया किस्म।
मगारना [क्रि-स.] भूनना; कल्हारना; तपाना।
मग्न (सं.) [वि.] 1. डुबा हुआ, जैसे- जलमग्न, शोकमग्न 2. {ला-अ.} किसी कार्य में तल्लीन 3. प्रसन्न; आनंदित।
मघा (सं.) [सं-पु.] 1. सत्ताईस नक्षत्रों में से दसवाँ नक्षत्र 2. छोटा पीतल।
मघाड़ [सं-पु.] 1. माघ महीने में की जाने वाली जमीन की जुताई 2. आषाढ़ से माघ तक ईख या किसी अन्य फसल के लिए जोतकर तैयार किया गया खेत; मघात।
मचक [सं-स्त्री.] मचकने की क्रिया या भाव; लचक; दाब; दबक।
मचकना [क्रि-अ.] लकड़ी या चमड़े आदि के सामान का दबकर या हिलकर 'मच-मच' करना; लचकना; चरमराना। [क्रि-स.] किसी वस्तु को दबाकर 'मचमच' की आवाज़ करना।
मचका [सं-पु.] 1. धक्का; लचका; दबक 2. पेंग; झोंटा; झूले की पेंग।
मचना [क्रि-अ.] 1. फैलना; छा जाना; व्यापना 2. आरंभ होना, जैसे- आपाधापी मचना 3. हलचल होना, जैसे- शोर मचना 4. ज़ोर-शोर से शुरू होना, जैसे- उत्सव की धूम मची है।
मचमच [सं-स्त्री.] 1. किसी वस्तु के दबने या दबाए जाने पर होने वाला शब्द 2. लपलपाहट।
मचमचाना [क्रि-अ.] 1. इस प्रकार दबना या दबाना कि मचमच शब्द होने लगे; लचकना 2. कामवासना से उत्तेजित होना; कामातुर होना।
मचमचाहट [सं-स्त्री.] 1. खलबली; उतावली 2. लपलपाहट 3. कामोत्तेजना का आवेग।
मचलना [क्रि-अ.] 1. किसी वस्तु के पाने या न देने की जिद पकड़ लेना; आतुर होना; हठ करना; ठिनकना 2. {ला-अ.} उफनना; भड़कना।
मचला [सं-पु.] बाँस की बनी डिबिया। [वि.] 1. हठी; मचलने वाला 2. जान-बूझकर अनजान बनने वाला।
मचलाना [क्रि-स.] 1. मचलने के लिए प्रवृत्त करना 2. किसी वस्तु की प्राप्ति के लिए ललचाना 3. उफनाना 4. रुलाना। [क्रि-अ.] उलटी या मतली मालूम होना।
मचाँग (सं.) [सं-स्त्री.] 1. खेत की रखवाली या शिकार खेलने के लिए खंभों या पेड़ पर बाँस का टट्टर बाँधकर बनाया गया मंच; मचान 2. ऊँचा स्थान; मंच 3. दीपक रखने की टिकठी।
मचान (सं.) [सं-स्त्री.] लट्ठे या बाँस आदि के फट्ठे बाँधकर बनाया हुआ ऊँचा स्थान जिसपर बैठकर शिकार या खेत की रखवाली करते हैं; मंच।
मचाना [क्रि-स.] 1. आरंभ करना; जारी करना, जैसे- शोर मचाना 2. साधक होना 3. चारों ओर फैलाना।
मचामच [सं-स्त्री.] मचक। [वि.] कसकर या ठँसकर भरा हुआ।
मचिया (सं.) [सं-स्त्री.] 1. छोटी चारपाई 2. बैठने की पीढ़ी।
मचेरी [सं-स्त्री.] बैलों के जुए के नीचे की लकड़ी।
मच्चर [सं-पु.] खद्दड़ बैल।
मच्छ (सं.) [सं-पु.] 1. बहुत बड़ी मछली; मत्स्य 2. (काव्यशास्त्र) दोहे का एक भेद जिसमें सात गुरु और चौंतीस लघु मात्राएँ होती है।
मच्छर (सं.) [सं-पु.] एक प्रसिद्ध उड़ने वाला छोटा कीट जिसकी मादा मनुष्य-पशुओं के शरीर पर बैठकर ख़ून चूसती है; मलेरिया डेंगू आदि रोग फैलाने वाले कीट।
मच्छरदानी [सं-स्त्री.] मच्छरों आदि से बचने के लिए पलंग या चारपाई पर लगाया जाने वाला जालीदार परदा; मसहरी।
मछली (सं.) [सं-स्त्री.] एक जलजंतु जिसकी छोटी-बड़ी अनेक जातियाँ होती हैं तथा जो फेफड़े से साँस न लेकर गलफड़े से साँस लेती हैं; मत्स्य; मीन।
मछलीनुमा [सं-पु.] एक प्रकार की इत्रदानी।
मछियाया [सं-पु.] मक्खियों से आक्रांत धान।
मछुआ [सं-पु.] मछलियों को पकड़कर तथा बेचकर जीविका अर्जित करने वाला व्यक्ति; मल्लाह; माहीगीर; मछुआरा; धीवर।

मछुआरिन [सं-स्त्री.] मछुआ या मल्लाह समाज की स्त्री।
मछेला [सं-पु.] मुसलमान जाति का मछुआ।
मछेह [सं-पु.] शहद वाली मक्खी का छत्ता।
मछैता [सं-पु.] पोस्ते के खेत में उगने वाली एक घास।
मज़कूर (अ.) [वि.] जिसका ज़िक्र किया गया हो; कहा हुआ; कथित; उक्त। [सं-पु.] 1. लिखित विवरण 2. चर्चा; ज़िक्र।
मज़कूरा (अ.) [वि.] कहा हुआ; कथित; उक्त।
मज़कूरी (फ़ा.) [सं-पु.] सम्मन तामील करने वाला कर्मचारी या चपरासी।
मजज़ूब (अ.) [वि.] 1. जो जज़्ब हो गया हो; जो सोख लिया गया हो 2. किसी विषय में डूबा हुआ; तल्लीन; तन्मय। [सं-पु.] वह संत या फ़कीर जो ब्रह्म में लीन हो।
मज़दूर (फ़ा.) [सं-पु.] 1. शारीरिक श्रम के द्वारा जीविका कमाने वाला व्यक्ति; श्रमिक 2. कल-कारख़ाने में काम करने वाला व्यक्ति 3. उजरत पर काम करने वाला व्यक्ति।
मज़दूर वर्ग (फ़ा.+सं.) [सं-पु.] श्रमिक वर्ग; कामगारों का वर्ग।
मज़दूर संघ (फ़ा.+सं.) [सं-पु.] मज़दूरों का संगठन; श्रमिक संगठन; (ट्रेड यूनियन)।
मज़दूरी (फ़ा.) [सं-स्त्री.] 1. मज़दूर का काम 2. मज़दूर को काम के बदले दिया जाने वाला पारिश्रमिक; उजरत 3. ढुलाई आदि का काम; कुलीगिरी।
मजना [सं-पु.] कूँची [क्रि-अ.] 1. डूबना; निमज्जित होना 2. आसक्त होना।
मजनूँ (अ.) [सं-पु.] लैला-मजनूँ नामक प्रसिद्ध लोककथा का नायक । [वि.] 1. किसी पर मरने वाला; आशिक; प्रेमी 2. पागल; बावला; सिड़ी 3. दुबला-पतला (व्यक्ति)।
मज़बह (अ.) [सं-पु.] ज़बह या कत्ल करने की जगह; मकतल; वधस्थल।
मज़बूत (अ.) [वि.] 1. अखंडनीय; अटूट; दृढ़; पुष्ट; पक्का; टिकाऊ 2. प्रबल; बलवान; शक्तिशाली।
मज़बूती (अ.) [सं-स्त्री.] 1. मज़बूत होने का भाव; दृढ़ता; सबलता 2. टिकाऊपन; पक्कापन 3. ताकत; शक्ति; साहस; बल; हिम्मत।
मज़बूर (अ.) [वि.] विवश; लाचार; जिसपर ज़ब्र किया गया हो; निःसहाय।
मज़बूरन (अ.) [अव्य.] मजबूर होकर; विवश होकर; विवशतावश; लाचारी से।
मज़बूरी (अ.) [सं-स्त्री.] विवशता; लाचारी।
मजमा (अ.) [सं-पु.] भीड़भाड़; जमघट; तमाशबीनों का जमाव।
मजमूआ (अ.) [सं-पु.] 1. संग्रह; जोड़ 2. बहुत-सी चीज़ों का समूह; ढेर; राशि। [वि.] एकत्र किया हुआ; ज़मा किया हुआ; संगृहीत।
मजमूई (अ.) [वि.] 1. कुल; सब 2. इकट्ठा किया हुआ; एक में मिलाया हुआ; सामूहिक।
मज़मून (अ.) [सं-पु.] 1. वह विषय जिसपर कुछ कहा या लिखा जाए 2. लेख; निबंध; पाठ।
मज़मून नवीस (अ.+फ़ा.) [सं-पु.] लेख लिखने वाला; निबंधकार; लेखक।
मज़मून निगार (अ.+फ़ा.) [सं-पु.] दे. मज़मून नवीस।
मज़मूम (अ.) [वि.] 1. जिसकी मज़म्मत या निंदा की गई हो; बुरा; निंदित; ख़राब 2. नीच; अश्लील 3. संबद्ध; मिलाया हुआ।
मजमेबाज़ (अ.+फ़ा.) [वि.] 1. मजमा लगाने वाला; तमाशाई 2. कलंदर; तमाशेबाज़।
मज़म्मत (अ.) [सं-स्त्री.] 1. निंदा; बुराई; भर्त्सना 2. निंदात्मक लेख या कविता।
मज़रूआ (अ.) [वि.] जोता-बोया हुआ। [सं-पु.] वह खेत जो जोता-बोया गया हो।
मज़रूब (अ.) [वि.] पीटा हुआ; जिसपर ज़रब या चोट लगाई गई हो; जिसपर आघात किया गया हो। [सं-पु.] (गणित) वह संख्या जिसका गुणा किया जाए।
मज़रूह (अ.) [वि.] 1. जिसे घाव हुआ हो; घायल; आहत; चोट खाया हुआ; ज़ख्मी 2. {ला-अ.} प्रेम या विरह में व्याकुल।
मजलिस (अ.) [सं-स्त्री.] 1. सभास्थल 2. सभा 3. महफ़िल; जलसा; अधिवेशन; उर्स।
मजलिसी (अ.) [वि.] 1. मजलिस या सभा संबंधी; मजलिस का 2. मजलिस में जाने वाला; मजलिस करने वाला। [सं-पु.] 1. सभा में शामिल होने वाला व्यक्ति 2. मजलिस में आमंत्रित किया गया व्यक्ति 3. सभ्य।
मज़लूम (अ.) [वि.] जिसपर ज़ुल्म किया गया हो, पीड़ित; त्रस्त, सताया हुआ।
मज़हब (अ.) [सं-पु.] 1. धर्म 2. पंथ; दीन; मत; संप्रदाय 3. रास्ता।
मज़हबी (अ.) [वि.] 1. धर्म विशेष से संबंध रखने वाला; धार्मिक; धर्म संबंधी 2. सांप्रदायिक।
मज़ा (फ़ा.) [सं-पु.] 1. स्वाद; लुत्फ़; ज़ायका 2. आनंद; सुख 3. हँसी; दिल्लगी 4. चस्का 5. तमाशा।
मज़ाक (अ.) [सं-पु.] परिहास; हँसी; दिल्लगी; उपहास; ठट्टा।
मज़ाकन (अ.) [अव्य.] मज़ाक या परिहास के रूप में; मज़ाक में; हँसी में; हँसी के तौर पर।
मज़ाकपसंद (अ.) [वि.] जो ख़ूब मज़ाक करता हो; हँसोड़; विनोदप्रिय।
मज़ाकिया (अ.) [वि.] 1. मज़ाक संबंधी 2. हँसोड़; परिहासप्रिय; विनोदी।
मजाज़ (अ.) [सं-पु.] नियमानुसार मिला हुआ अधिकार या सामर्थ्य। [वि.] 1. अधिकारप्राप्त 2. अवास्तविक; कल्पित; बनावटी; लौकिक।
मजाज़न (अ.) [अव्य.] 1. कानून, नियम या विधि आदि के अनुसार; आधिकारिक रूप से; नियमानुसार 2. काल्पनिक रूप से; मानकर 3. लक्षणा से।
मजाज़ी (अ.) [वि.] 1. कल्पित; अवास्तविक 2. कृत्रिम; नकली; बनावटी 3. संसार या लोक संबंधी; लौकिक; सांसारिक।
मजाज़े-समाअत (अ.) [वि.] 1. जिसे विचार करने या सुनने

का अधिकार हो 2. नियमानुसार समर्थ।

मज़ार (अ.) [सं-पु.] 1. वह स्थान जहाँ लोग ज़ियारत या दर्शन करने जाते हैं; दरगाह; समाधिस्थल 2. कब्र।

मजाल (अ.) [सं-स्त्री.] हिम्मत; साहस; योग्यता; क्षमता; सामर्थ्य; शक्ति।

मजिस्ट्रेट (अं.) [सं-पु.] 1. जज; न्यायाधीश; दंडाधिकारी; दंडनायक; फ़ौजदारी अदालत का अफ़सर 2. मुकदमे सुनने तथा शासन-प्रबंध का काम करने वाला व्यक्ति।

मजीठ (सं.) [सं-स्त्री.] एक लता जिसकी जड़ों और डंठलों को उबालकर उससे लाल रंग निकाला जाता है।

मजीठी [वि.] 1. मजीठ के रंग का 2. गहरा लाल या सुर्ख़। [सं-पु.] मजीठ का रंग।

मजीद (अ.) [वि.] 1. पवित्र; पूज्य 2. बड़ा।

मज़ीद (अ.) [सं-पु.] 1. अधिकता 2. ज़्यादती। [वि.] 1. अधिक; ज़्यादा; अतिरिक्त 2. बढ़ाया हुआ; जिसमें अधिकता की गई हो।

मजीरा [सं-पु.] दे. मँजीरा।

मजूमदार [सं-पु.] बंगाली समाज में एक कुलनाम या सरनेम।

मजूरी [सं-स्त्री.] मज़दूरी; मेहनत; दिहाड़ी।

मजेजवंत [वि.] 1. ऊँचे दिमाग या स्वभाववाला; अभिमानी 2. अहंकारी; घमंडी।

मजेठी (सं.) [सं-स्त्री.] 1. चरखे में दोनों डंडों को जोड़कर रखने वाली लकड़ी 2. चरखे की डोरी 3. जोत; माल।

मज़ेदार (फ़ा.) [वि.] 1. ज़ायकेदार; स्वादिष्ट; लज्ज़तदार 2. बढ़िया; सुखदायी; जिसमें आनंद आता हो 3. दिलचस्प; रोचक; मनोरंजक।

मज़ेदारी (अ.) [सं-स्त्री.] 1. मज़ेदार होने की अवस्था या भाव; मज़ा; आनंद 2. मज़ेदार बात।

मज्जन (सं.) [सं-पु.] 1. स्नान; नहाना 2. डुबकी; गोता 3. {ला-अ.} अनुरक्त होना।

मज्जा (सं.) [सं-स्त्री.] (जीवविज्ञान) हड्डी के अंदर का सार तत्व; अस्थिमज्जा; (बोनमैरो)।

मझधार [सं-स्त्री.] दे. मँझधार।

मझला (सं.) [वि.] दे. मँझला।

मझार [सं-पु.] 1. बीच में 2. माँझा।

मझेला [सं-पु.] 1. एक तरह का सूजा जिससे मोची जूतों के तले सीते हैं 2. झमेला।

मझोतर [सं-पु.] 1. हेंगी खीचने वाली रस्सी 2. चमड़े की गेरी।

मझोला [वि.] दे. मँझोला।

मटक (सं.) [सं-स्त्री.] 1. मटकने की क्रिया या भाव; लचक; इठलाहट 2. नखरे का भाव 3. गति; चाल।

मटकना (सं.) [क्रि-अ.] 1. लय के साथ अंगों का हिलना; नाचना 2. इठलाना; इतराना; नाज़-नख़रे दिखाना।

मटका [सं-पु.] पानी भरने के लिए मिट्टी का बना एक बरतन; घड़ा; मंथनपात्र; माट।

मटकाना [क्रि-स.] 1. नख़रे की अदा से हिलाना 2. किसी अंग में मटक लाना, जैसे- कमर मटकाना, आँखें मटकाना 3. भाव विशेष के साथ आँखें या हाथ आदि नचाना।

मटकी [सं-स्त्री.] 1. छोटा मटका या घड़ा 2. मटकने की क्रिया या भाव; मटक।

मटकीला [वि.] 1. मटकने वाला 2. जिसमें किसी तरह की मटक या लचक हो 2. नख़रीला।

मटकोड़रा [सं-पु.] मिट्टी या धरती से मंगल की कामना; मटमँगरा।

मटन (अं.) [सं-पु.] भेड़ या बकरी का मांस।

मटमटा [सं-पु.] एक धूसर रंग।

मटमैला [वि.] मिट्टी आदि के रंग का; ख़ाकी; धूसर; धूलिया।

मटर [सं-पु.] 1. एक प्रकार का पौधा और उसकी फली से निकलने वाले दाने, जिससे सब्ज़ी बनती है 2. एक प्रकार की दाल।

मटरगश्त (हिं+फ़ा.) [सं-पु.] सैर-सपाटा; धीरे-धीरे घूमना; निश्चिंत होकर व्यर्थ में इधर-उधर घूमना; आवारा फिरना।

मटरगश्ती (हिं+फ़ा.) [सं-स्त्री.] 1. मटरगश्त होने की अवस्था या भाव; व्यर्थ में इधर-उधर घूमने की क्रिया या भाव; आवारा होकर घूमना-फिरना 2. विचरण; सैर-सपाटा।

मटरमाला [सं-पु.] गोल दाना वाला एक प्रकार का हार; मटरदाना।

मटरुआ [सं-पु.] मटर के आकार का घुँघरू।

मटाह [वि.] ऊँचा-नीचा। [सं-पु.] ऊँची-नीची जमीन; ऊबड़-खाबड़।

मटियाना [क्रि-स.] 1. मिट्टी लगाना; मिट्टी से माँजना; मिट्टी से युक्त करना 2. मिट्टी से धोना (हाथ, बरतन आदि)।

मटियामेट [सं-पु.] 1. मिट्टी में मिलाने का कार्य 2. नाश; नष्ट; बरबाद 3. धूल-धूसरित।

मटियार [सं-पु.] खेतों की काली और कड़ी मिट्टी जो धान की उपज के लिए उत्तम मानी जाती है [वि.] मटिगर; जिस खेत की मिट्टी कड़ी होती है।

मटियाला [वि.] मिट्टी से युक्त; मटमैला; कीचड़दार; धूलमय।

मट्ठर (सं.) [वि.] 1. कामकाज करने में सुस्त 2. धीरे-धीरे चलने वाला; मंद; धीमा 3. आलसी; कामचोर 4. लस्त-पस्त।

मट्ठा [सं-पु.] मक्खन निकला दही; छाँछ; मही।

मठ (सं.) [सं-पु.] 1. साधु-संन्यासियों के रहने का स्थान; अखाड़ा; आश्रम 2. उपासनालय; देवालय।

मठजाउर [सं-पु.] मट्ठा के साथ पकाया गया चावल।

मठरना [सं-पु.] धातु के पत्तर को पीटने का सुनारों और कसेरों का एक औज़ार। [क्रि-अ.] 1. धातु की चद्दर या पत्तर को पीटना; धातु पत्तरों को गोलाई में लाना 2. फ़ालतू घूमना-फिरना; विचरना।

मठरी [सं-स्त्री.] घी आदि में तली हुई मैदे की छोटी बूँदी या टिकिया; एक प्रकार का नमकीन या मीठा खाद्य पदार्थ।

.ठा [सं-पु.] दे. मट्ठा।

मठाधीश (सं.) [सं-पु.] 1. मठ में रहने वाले साधुओं का प्रधान; पीठाधीश; धर्माध्यक्ष; आचार्य; कुलगुरु; मठ का महंत 2. (व्यंग्य) किसी संस्था या संगठन का प्रधान व्यक्ति।

मठिया [सं-स्त्री.] 1. छोटा मठ 2. एक प्रकार की चूड़ी।

मठोठा [सं-पु.] कुएँ की जगत।

मठोर [सं-स्त्री.] 1. दही मथने और रखने की मटकी या घड़ा; मंथनपात्र 2. नील पकाने का पात्र।

मड़क [सं-स्त्री.] 1. शीघ्र समझ में न आने वाली बात 2. किसी बात के अंदर छिपा कारण या हेतु; भेद; रहस्य; आंतरिक सूक्ष्म आशय।

मड़वा [सं-पु.] 1. भदई का एक मोटा अनाज 2. विवाह, उपनयन आदि संस्कारों के समय बनाया गया विशेष-मंडप; माड़ो 3. पान के बाग के ऊपर छाया गया छप्पर।

मड़हा [सं-पु.] भुना हुआ चना, मिट्टी या घास आदि का बना हुआ छोटा घर। [वि.] माँड़ खाने वाला; माँड़ से संबंधित; माँड़ का।

मड़ैया [सं-स्त्री.] छप्पर; छोटी झोंपड़ी; कुटी; पलानी; मँड़ई।

मढ़ना (सं.) [क्रि-स.] 1. चारों ओर लपेटना; चिपकाना; लगाना; जड़ना 2. कोई कार्य या बात बलपूर्वक किसी के ज़िम्मे लगाना 3. ढोलक आदि बाजे के मुँह पर चमड़ा लगाना 4. चित्र आदि पर चौखट जड़ना 5. किसी के सिर पर काम या दोष थोपना। [क्रि-अ.] 1. अस्तित्व में आना; वर्तमान होना 2. आरंभ होना 3. मचना।

मढ़ा [सं-पु.] 1. मिट्टी का बना छोटा घर 2. मंडप 3. घेरा।

मढ़ाई [सं-स्त्री.] 1. मढ़ने की क्रिया या भाव 2. मढ़ने की मज़दूरी।

मढ़ी (सं.) [सं-स्त्री.] 1. छोटा-सा मठ 2. छोटा मंदिर या देवालय 3. साधु या संन्यासी की समाधि स्थल के समीप बनी हुई कुटिया; झोपड़ी 4. छोटा घर 5. छोटा मंडप।

मणक (सं.) [सं-पु.] एक प्रकार का बहुमूल्य रत्न।

मणि (सं.) [सं-स्त्री.] 1. बहुमूल्य पत्थर 2. मोती; जवाहिर; रत्न 3. लिंग या योनि का अग्रभाग 4. घड़ा 5. कलाई।

मणिक (सं.) [सं-पु.] 1. मिट्टी का घड़ा 2. आँख का लेंस 3. योनि का अग्रभाग 3. स्फटिक निर्मित महल।

मणिकंठ (सं.) [सं-पु.] नीलकंठ पक्षी।

मणिकर्णिका (सं.) [सं-स्त्री.] 1. मणियों से जड़ा हुआ कान में पहनने का आभूषण; मणिमय; कर्णाभूषण 2. वाराणसी या काशी का एक प्रसिद्ध घाट।

मणिकांचन (सं.) [वि.] मणि और सुवर्ण का मेल; रत्न और सोने का मेल।

मणिकार (सं.) [सं-पु.] गहने बनाने वाला व्यक्ति; ज़ौहरी; सुनार।

मणिधर (सं.) [सं-पु.] 1. साँप; भुजंग 2. एक प्रकार की समाधि।

मणिपुर (सं.) [सं-पु.] एक पूर्वोत्तर भारतीय राज्य।

मणिपूर (सं.) [सं-पु.] सुषुम्ना नाड़ी के अंदर माने जाने वाले छह चक्रों में से तीसरा चक्र जो नाभि क्षेत्र में स्थित है।

मणिबंध (सं.) [सं-पु.] 1. (काव्यशास्त्र) एक छंद जिसके प्रत्येक चरण में भगण, मगण और सगण होते हैं 2. कलाई पर बाँधी जाने वाली पट्टी 3. पहुँचा; कलाई; गट्ठा 4. (हठयोग) शरीर के अंदर छह चक्रों मंह से एक।

मणिभ (सं.) [सं-पु.] 1. स्फटिक 2. रवा; क्रिस्टल 3. किसी द्रव को सुखाकर बनाए गए कण।

मणिभारव (सं.) [सं-पु.] सारस नामक पक्षी।

मणिमान (सं.) [वि.] मणियुक्त; मणिवाला। [सं-पु.] 1. सूर्य 2. पहाड़।

मणिमाला (सं.) [सं-स्त्री.] 1. मणियों की माला 2. (काव्यशास्त्र) छंद का एक प्रकार।

मणींद्र (सं.) [सं-पु.] हीरा।

मत (सं.) [सं-पु.] 1. ख़याल; नज़रिया; विचार; राय 2. मति; बुद्धि; सम्मति 3. पंथ; अनुयायी संप्रदाय 4. भाव; आशय; अभिप्राय 5. निर्वाचन के समय किसी प्रतिनिधि को दी जाने वाली सम्मति; (वोट)। [क्रि.वि.] 1. नहीं; न 2. निषेध के अर्थ में।

मत-मतांतर (सं.) [सं-पु.] 1. किसी विषय के पक्ष और विपक्ष में आने वाले अनेक मत 2. मत परिवर्तन; मतभेद।

मत विभाजन (सं.) [सं-पु.] मतभेद; मतभिन्नता।

मत विभिन्नता (सं.) [सं-स्त्री.] 1. मत या विचारों की विभिन्नता 2. मतवैभिन्य 3. राय या विचार की असमानता 4. वैचारिक मतभेद।

मत संग्रह (सं.) [सं-पु.] 1. मतों को एकत्र या इकट्ठा किया जाना 2. जनमत-संग्रह।

मतंग (सं.) [सं-पु.] 1. हाथी; गज 2. बादल; मेघ।

मतंगी (सं.) [सं-पु.] हाथी पर सवार।

मतकेंद्र (सं.) [सं-पु.] 1. चुनाव में मतदान के लिए निश्चित किया गया केंद्र 2. वह स्थान जहाँ निर्वाचकों के लिए मतदान की व्यवस्था की जाती है; (पोलिंग बूथ)।

मतगणक (सं.) [सं-पु.] 1. एक प्रकार की मशीन जिसकी सहायता से मतों की गिनती होती है 2. मतों की गणना करने वाला व्यक्ति।

मतगणना (सं.) [सं-स्त्री.] निर्वाचन प्रक्रिया में मतों या वोटों की गिनती।

मतदाता (सं.) [सं-पु.] निर्वाचक; राय या वोट देने वाला व्यक्ति; वह व्यक्ति जिसे लोकतंत्र के क्षेत्र में मत देने का अधिकार हो; (वोटर)।

मतदाता-सूची (सं.) [सं-स्त्री.] किसी राज्य या देश के उन बालिग व्यक्तियों की सूची जिन्हें मतदान का अधिकार प्राप्त हो; (वोटर्स लिस्ट)।

मतदान (सं.) [सं-पु.] 1. लोकतांत्रिक व्यवस्था में या अन्य समय किसी के पक्ष में अपना मत देने की क्रिया; (वोटिंग) 2. राय; मत; (वोट)।

मतपत्र (सं.) [सं-पु.] वह पत्र या परचा जिसपर चिह्न लगा कर उसे मतदान पेटिका में डाला जाता है (वोटिंग पेपर); (बैलेट पेपर)।

मतपेटी (सं.) [सं-स्त्री.] वह पेटी या डिब्बा जिसमें चुनाव के समय मतदाता अपना मतपत्र डालता है; (बैलेटबॉक्स)।

मतप्रार्थी (सं.) [सं-पु.] 1. वोट माँगने वाला व्यक्ति; निवेदक 2. किसी क्षेत्र के मतदाताओं के पास जाकर अपने पक्ष में मत देने की प्रार्थना करने वाला व्यक्ति; मतानुयाचक।

मतभिन्नता (सं.) [सं-स्त्री.] 1. दो या दो से अधिक व्यक्तियों के मतों में होने वाली भिन्नता या विरोध; विचारों की भिन्नता 2. राय या विचारों का न मिलना; मतवैभिन्य; आपस में मत का न मिलना 3. किसी दल या समूह के सदस्यों में किसी विषय पर होने वाला मतभेद।

मतभेद (सं.) [सं-पु.] राय न मिलना; मत की भिन्नता; मतांतर; वैमत्य; पारस्परिक मतभेद।

मतरुक (अ.) [वि.] निरस्त; ख़ारिज; रद्द।

मतलब (अ.) [सं-पु.] 1. तात्पर्य; अर्थ 2. किसी पद, वाक्य और शब्द का मायने या अर्थ 3. स्वार्थ; अपने भले या हित का विचार 4. मन में रहने वाला आशय या उद्देश्य।

मतलबी (अ.) [वि.] स्वार्थी; ख़ुदगरज़; स्वार्थपरायण; अपना मतलब निकालने वाला।

मतला (अ.) [सं-पु.] ग़ज़ल का पहला शेर।

मतली [सं-स्त्री.] उलटी या कै करने की इच्छा या क्रिया; जी-मिचलाना; मिचली।

मतलूबा (अ.) [वि.] 1. जिसकी चाहत की गई हो 2. माशूका; प्रेमिका।

मतवाद (सं.) [सं-पु.] 1. वह मत जो वाद या सिद्धांत के रूप में प्रयोग होता हो 2. किसी मत या विचारधारा को अन्य मतों से अधिक श्रेष्ठ सिद्ध करने का आग्रह या दुराग्रह।

मतवादी (सं.) [सं-पु.] 1. किसी मत या विचारधारा का समर्थक 2. किसी मत का प्रतिपादक। [वि.] मत या सिद्धांत संबंधी।

मतवाला (सं.) [वि.] 1. उन्मत्त; बदमस्त; नशे में चूर 2. उत्साही 3. पागल। [सं-पु.] प्राचीन समय में शत्रुओं को मारने के लिए पहाड़ या किले पर से लुढ़काया जाने वाला भारी पत्थर।

मतांतर (सं.) [सं-पु.] अपने मत या धर्म को छोड़कर अन्य मत या धर्म को अपनाने की क्रिया या भाव; मत परिवर्तन; मतभेद; दूसरा मत; भिन्न मत।

मतांतरण (सं.) [सं-पु.] मत में परिवर्तन होने की क्रिया या भाव; मत परिवर्तन; धर्म परिवर्तन।

मतांध (सं.) [वि.] 1. जो केवल अपने विचार को श्रेष्ठ मानता हो; अनुदार; दुराग्रही; अड़ियल; उग्र 2. संकीर्ण; असहिष्णु; असहनशील; उग्रवादी 3. कट्टरपंथी; तास्सुबी 4. बंददिमाग।

माताग्रह (सं.) [सं-पु.] अपने मत या विचार की स्थापना या प्रचार के लिए किया जाने वाला आग्रह या हठधर्मिता।

मताग्रही (सं.) [वि.] मत या विचार को मनवाने के लिए हठ या आग्रह करने वाला।

मताधिकार (सं.) [सं-पु.] 1. किसी चुनाव में आम नागरिक को मत देने का अधिकार जो शासन या व्यवस्था से प्राप्त हो; मत देने का हक 2. रिआयत 3. सुविधा।

मताधिकारी (सं.) [वि.] 1. मत देने का अधिकारी 2. निर्वाचन करने वाला; निर्वाचक; (वोटर)।

मतानुगमन (सं.) [सं-पु.] किसी मत या विचार का समर्थन करने की क्रिया या भाव; अनुगमन; अनुसरण; तरफ़दारी; समर्थन; हिमायत।

मतानुगामी (सं.) [वि.] 1. किसी मत या विचार का समर्थक या अनुगामी; अनुयायी; तरफ़दार; समर्थक; हिमायती; पंथी; पक्षधर 2. पिछलग्गू; पिट्ठू; मतावलंबी; झंडाबरदारी।

मतानुयायी (सं.) [सं-पु.] 1. किसी धार्मिक संप्रदाय या किसी व्यक्ति के मत या विचारों को मानने वाला व्यक्ति; मत विशेष का अनुगमन करने वाला व्यक्ति; मतावलंबी; मतानुगामी 2. पंथी; अनुचर; पिछलग्गू; समर्थक; हिमायती; पक्षधर।

मतार [सं-पु.] 1. गुणगाँव में एक और मोड़ देने पर मोरा कहा जाता है 2. पतहर 3. पानी निकालने के लिए बनाई गई नाली (सर्व.) मेरा।

मतालबा (अ.) [सं-पु.] 1. माँग; इच्छा 2. अपेक्षा 3. तकाज़ा।

मतावलंबी (सं.) [सं-पु.] 1. मत या सिद्धांत का अनुयायी 2. धर्म विशेष का अवलंबन करने वाला व्यक्ति।

मति (सं.) [सं-स्त्री.] 1. प्रज्ञा; अक्ल; बुद्धि; समझ 2. इच्छा; कामना 3. अभिप्राय 4. याद; स्मृति।

मतिगति (सं.) [सं-स्त्री.] विचारधारा; विचारसरणी; सोचने का ढंग।

मतिभंगी (सं.) [वि.] मति या बुद्धि को नष्ट करने वाला।

मतिभ्रंश (सं.) [सं-पु.] सोचने-समझने की शक्ति या बुद्धि की असमर्थता; बुद्धिभ्रंश; पागलपन।

मतिभ्रम (सं.) [सं-पु.] 1. बुद्धि की भ्रांति 2. बीमारी या नशे आदि के कारण होने वाला वह भ्रम जिसके फलस्वरूप व्यक्ति कुछ का कुछ समझने लगता है; पागलपन।

मतिभ्रांत (सं.) [वि.] 1. मंदबुद्धिवाला; कमअक्ल 2. चकित; भ्रमित।

मतिमंद (सं.) [वि.] 1. मंदबुद्धि; नासमझ; कम बुद्धि रखने वाला 2. बेवकूफ़; मूर्ख।

मतिमान (सं.) [वि.] जिसमें मति हो; बुद्धिमान; समझदार; ज्ञानी।

मतिहीन (सं.) [वि.] कमअक्ल; बुद्धिहीन; विवेकहीन; अज्ञानी; मूर्ख।

मती (सं.) [वि.] 1. मत या विचार रखने वाला 2. किसी मत या संप्रदाय का अनुयायी। [सं-स्त्री.] सामर्थ्य, जैसे-बुद्धिमती।

मतीस [सं-पु.] एक प्रकार का बाजा।

मतैक्य (सं.) [सं-पु.] मतों की समानता; दो या दो से अधिक व्यक्तियों की राय का समान होना; एक ही राय का होना; विचारों में होने वाली एकता।

मत्त (सं.) [वि.] 1. मस्त; नशे आदि में चूर; पागल; उन्मत्त 2. घमंडी; अभिमानी 3. अहंकारी 4. मदमस्त हाथी 5. कोयल।

मत्तकाशी (सं.) [वि.] बहुत सुंदर; रूपवान।

मत्तगयंद (सं.) [सं-पु.] (काव्यशास्त्र) सवैया छंद का एक भेद जिसके प्रत्येक चरण में सात भगण और दो गुरु होते हैं।

मत्तता (सं.) [सं-स्त्री.] 1. मस्ती; मतवालापन 2. उन्मत्तता; पागलपन।

मत्ता (सं.) [सं-स्त्री.] 'मान' से परिवर्तन होकर बनने वाला भाववाचक रूप, जैसे- बुद्धिमान से बुद्धिमत्ता।

मत्था (सं.) [सं-पु.] 1. मस्तक; ललाट; माथा 2. किसी वस्तु का ऊपरी या अगला भाग। [मु.] **मत्थे मढ़ना** : ज़िम्मे लगाना।

मत्सर (सं.) [सं-पु.] 1. द्वेष; विद्वेष; डाह; जलन 2. ईर्ष्याजन्य मानसिक स्थिति 3. क्रोध; गुस्सा।

मत्सरी (सं.) [सं-पु.] वह जिसके मन में मत्सर हो; ईर्ष्यालु; जलने वाला या द्वेष रखने वाला व्यक्ति।

मत्स्य (सं.) [सं-पु.] 1. मछली 2. (पुराण) नारायण 3. प्राचीन विराट देश का दूसरा नाम 4. विष्णु के दस अवतारों में से पहला 5. मीन नामक राशि।

मत्स्यगंधा (सं.) [वि.] 1. वह जिसके शरीर से मछली की गंध आती हो। [सं-स्त्री.] 1. (महाभारत) वेदव्यास की माता; सत्यवती 2. जलपीपल।

मत्स्यागार (सं.) [सं-पु.] काँच का वह पारदर्शी पात्र जिसमें मछलियाँ तथा अन्य जलीय जंतु पाले जाते हैं; (एक्वेरियम)।

मत्स्योदरी (सं.) [सं-स्त्री.] (महाभारत) वेदव्यास की माता; सत्यवती।

मथढँकनी [सं-स्त्री.] 1. माथ ढकने वाली साड़ी 2. वर पक्ष द्वारा कन्या को दी जाने वाली जरी की साड़ी; मथढकनी। [वि.] माथ ढकने वाली।

मथना (सं.) [क्रि-स.] 1. दूध या दही को मथानी आदि से बिलोना 2. ध्वंस करना; नष्ट करना 3. किसी बात को बार-बार सोचना 4. दलन करना 5. घूम-घूमकर पता लगाना 6. छानना।

मथनी [सं-स्त्री.] 1. मथने की क्रिया या भाव 2. वह मटका जिसमें दही मथा जाता है; मथनिया 3. मथानी; रई।

मथानी [सं-स्त्री.] दही मथने के लिए काठ का बना हुआ एक प्रकार का उपकरण; रई।

मथार [सं-पु.] 1. नदी का वह भाग जहाँ से धारा टूट जाती है 2. पौधों के ऊपर का भाग।

मथित (सं.) [वि.] 1. जो मथा गया हो; बिलोया हुआ 2. मथकर या घोलकर अच्छी तरह मिलाया हुआ 3. मट्ठा; छाँछ 4. {ला-अ.} पीड़ित; शोषित।

मथुरा (सं.) [सं-स्त्री.] पश्चिमी उत्तर प्रदेश की एक प्रसिद्ध नगरी, जो कृष्ण की जन्म-स्थली मानी जाती है।

मद[1] (सं.) [सं-पु.] 1. अहंकार; अभिमान 2. नशा; मस्ती 3. उन्माद; उन्मत्तता; पागलपन 4. आनंद; प्रसन्नता 5. मद्य; शराब 6. कामुकता; लंपटता 7. मतिभ्रम।

मद[2] (अ.) [सं-पु.] 1. खाता 2. लेखा या हिसाब लिखने में प्रयुक्त वह लंबी रेखा जिसके नीचे लेखा या हिसाब लिखा जाता है।

मदक [सं-स्त्री.] अफ़ीम से बनाया जाने वाला एक नशीला पदार्थ जिसे तंबाकू की तरह पिया जाता है।

मदकल (सं.) [वि.] 1. मतवाला; मस्त; मदोन्मत्त 2. धीरे-धीरे प्रेमालाप करने वाला 3. बावला; पागल 4. मद में विह्वल होने वाला।

मदकाल (सं.) [सं-पु.] वह काल या समय जब जीव-जंतु संतानोत्पत्ति के लिए यौन-क्रिया में रत रहते हैं; गर्भाधान काल।

मदगर्वित (सं.) [वि.] मद में चूर; अभिमानी; घमंडी।

मदद (अ.) [सं-स्त्री.] 1. सहायता; सहयोग; (हेल्प) 2. सहयोग के रूप में दिया गया रुपया-पैसा 3. दान।

मददगार (अ.+फ़ा.) [वि.] 1. सहायक; सहयोगी 2. हमदर्द 3. पक्षपाती; पक्षधर 4. प्रोत्साहक।

मदन (सं.) [सं-पु.] 1. कामदेव 2. संभोग; रतिक्रिया; काम 3. प्रेम 4. एक प्रकार का गीत 5. मोम 6. भ्रमर; भौंरा 7. वसंतकाल। [वि.] मदकारक; नशीला।

मदन-कंटक (सं.) [सं-पु.] (साहित्य) सात्विक अनुभूति या रोमांच।

मदनक (सं.) [सं-पु.] 1. मदन नामक वृक्ष 2. मोम 3. खदिर; खैर 4. मौलसिरी 5. धतूरा 6. दौना नामक पौधा।

मदनगोपाल (सं.) [सं-पु.] कृष्ण का एक नाम।

मदनमस्त (सं.) [सं-पु.] चंपा की जाति का तीव्र गंध वाला एक पुष्पवृक्ष।

मदनमोहन (सं.) [सं-पु.] 1. रूप और व्यक्तित्व से प्रभावित करने वाला व्यक्ति 2. कृष्ण का एक नाम।

मदनललित (सं.) [वि.] सहवासरत; कामक्रीड़ा में लीन। [सं-पु.] कामक्रीड़ा; संभोग।

मदना (सं.) [सं-स्त्री.] 1. कस्तूरी 2. मैना 3. सुरा; मदिरा 4. एक प्रकार की लता।

मदनांकुश [सं-पु.] 1. लिंग 2. नखक्षत।

मदनालय (सं.) [सं-पु.] 1. योनि; भग 2. (ज्योतिष) जन्मकुंडली में सातवाँ स्थान।

मदनीय (सं.) [वि.] 1. प्रेम या राग उत्पन्न करने वाला 2. उत्तेजक; मादक 3. नशा उत्पन्न करने वाला।

मदनोत्सव (सं.) [सं-पु.] 1. वसंत पंचमी के अगले दिन या चैत्र शुक्ल द्वादशी को मनाया जाने वाला प्राचीन समय का एक प्रेम संबंधी उत्सव; वसंतोत्सव 2. होली; फाग।

मदफ़न (अ.) [सं-पु.] 1. शव गाड़ने की जगह; कब्रिस्तान 2. मुर्दे गाड़ने का गड्डा; कब्र। [वि.] 1. दफ़न किया हुआ 2. गाड़ा हुआ।

मदमत्त (सं.) [वि.] 1. मतवाला; मदिरोन्मत्त 2. मदमस्त 3. अहंकारी।

मदमस्त (सं.) [वि.] 1. मतवाला 2. शराबी; पियक्कड़ 3. मदहोश; उन्मत्त।

मदमाता (सं.) [वि.] 1. मतवाला; मस्त 2. कामुक।

मदयिता (सं.) [वि.] 1. मदोन्मत्त करने वाला; मादक; उत्तेजक 2. नशा उत्पन्न करने वाला 3. आनंदित करने वाला।

मदर (अं.) [सं-स्त्री.] 1. माँ; माता; जननी; वालिदा 2. ईसाई भिक्षुणी के लिए संबोधन।

मदरसा (अ.) [सं-पु.] वह पाठशाला या विद्यालय जहाँ इस्लामिक तौर-तरीके से शिक्षा दी जाती हो।

मदरा [सं-पु.] 1. गोलाकार काठ जिसमें चरखा बैठाया जाता है 2. कुलबी के चारों ओर गोलाई में लगाई गई मिट्टी।

मदहोश (फ़ा.) [वि.] 1. नशे में मस्त 2. नशे के कारण जिसके होश ठिकाने न हो 3. मतवाला; मत्त 4. हतबुद्धि 5. जिसे अपनी सुध न हो; बेसुध।

मदांध (सं.) [वि.] 1. जो मद के कारण अंधा अर्थात विवेकहीन हो रहा हो 2. जो किसी सफलता के नशे में गर्व से फूला हुआ हो 3. नशे में धुत्त; मदोन्मत्त 4. अहंकारी; घमंडी।

मदांधता (सं.) [सं-स्त्री.] 1. मदांध या नशे में होने की अवस्था या भाव 2. किसी गुण या शक्ति का अहंकार।

मदार[1] (सं.) [सं-पु.] आक नामक पौधा। [वि.] चालाक; धूर्त।

मदार[2] (अ.) [सं-पु.] 1. दौरा करने का रास्ता; भ्रमणमार्ग 2. आधार; आश्रय 3. निर्भरता 4. ग्रहों का भ्रमण मार्ग; कक्षा।

मदारिया [सं-पु.] एक प्रकार का मिट्टी का हुक्का।

मदारी (अ.) [सं-पु.] 1. बंदर, भालू नचाने वाला व्यक्ति; कलंदर 2. वह जो जादू आदि का खेल दिखाता हो; ऐंद्रजालिक; नटवर; बाज़ीगर।

मदालस (सं.) [वि.] नशे के कारण सुस्त पड़ा हुआ; मदिरोन्मत्त। [सं-पु.] 1. आलस्य; ख़ुमार 2. ढीलापन।

मदालापी (सं.) [सं-पु.] कोयल; कोकिल।

मदासक्त (सं.) [वि.] 1. जो मद या नशे का आदी हो; व्यसनी 2. मद्यप; नशेड़ी; नशेबाज़।

मदिर (सं.) [वि.] 1. मद या नशा उत्पन्न करने वाला; नशीला 2. मद से भरा हुआ; मादक 3. मत्त; मस्त। [सं-स्त्री.] लाल खैर।

मदिरनयन (सं.) [वि.] सुंदर या नशीली आँखोंवाला।

मदिरा (सं.) [सं-स्त्री.] नशीला तरल पदार्थ; शराब; दारू; मद्य।

मदिरालय (सं.) [सं-पु.] शराबख़ाना; मद्यशाला; कलवरिया।

मदिरालस (सं.) [वि.] शराब या मदिरा पान से उत्पन्न होने वाला आलस्य; नशा; ख़ुमारी।

मदीला (सं.) [वि.] 1. मद से युक्त; मादक; प्रमद 2. नशीला; मतवाला 3. अहंकारी।

मदुकल [सं-पु.] ऐसा दोहा, जिसके प्रत्येक चरण में 13 गुरु और 22 लघु मात्राएँ होती हैं। ।

मदोद्धत (सं.) [वि.] 1. जो मद या नशे में चूर हो 2. मदमस्त; उन्मत्त 3. मतवाला; मदांध; मदालस 4. शराबी 5. जिसे किसी बात या शक्ति का घमंड हो; अभिमानी।

मद्दाह (अ.) [वि.] 1. मदह या प्रशंसा करने वाला; प्रशंसक 2. स्तुति करने वाला; स्तुतिकर्ता।

मद्देनज़र (अ.) [वि.] जो नज़र या निगाह के सामने हो।

मद्धम (सं.) [वि.] दे. मद्धिम।

मद्धिम (सं.) [वि.] 1. धीमा; मंद 2. सामान्य की अपेक्षा कम; मध्यम 3. कम अच्छा 4. हलका।

मद्धे (सं.) [क्रि.वि.] 1. विषय में; संबंध में; बाबत 2. बीच में 3. लेखा या हिसाब में; मद या खाते में।

मद्य (सं.) [सं-पु.] 1. मदिरा; सुरा; शराब; (वाइन) 2. अल्कोहल 3. आसव; अर्क।

मद्यकक्ष (सं.) [सं-पु.] शराब आदि पीने का स्थान; (बार रूम)।

मद्यत्याग (सं.) [सं-पु.] 1. शराब छोड़ने की क्रिया; शराबबंदी; मद्यनिषेध 2. संयम; व्यसनमुक्ति।

मद्यनिषेध (सं.) [सं-पु.] शराब पीने की मनाही; शराब पीने पर लगी रोक।

मद्यप (सं.) [वि.] 1. मद्य पीने वाला; शराबी; पियक्कड़ 2. जो नशे में धुत हो; नशेड़ी 2. लती; व्यसनी; नशाख़ोर।

मद्यपात्र (सं.) [सं-पु.] 1. प्याला; चषक; (कप) 2. जाम; पात्र 3. पैमाना 4. सागर।

मद्यपान (सं.) [सं-पु.] मद्य या शराब पीने की क्रिया; शराबख़ोरी; मयकशी; सुरापान।

मद्यप्रेमी (सं.) [वि.] शराब पीने वाला; सुराप्रेमी; शराबी; दारूबाज़; मद्यरसिक।

मद्यभांड (सं.) [सं-पु.] शराब रखने या परोसने का घड़ा; मधुघट।

मद्यरसिक (सं.) [वि.] जो शराब का शौकीन हो; सुराप्रेमी; शराबी; दारूबाज़; मद्यप्रेमी।

मद्यशाला (सं.) [सं-स्त्री.] 1. शराब बेचने या पीने का स्थान; दारू का अड्डा; ठेका 2. मैकदा; मैख़ाना; मदिरालय; मधुशाला; शराबघर।

मद्यसार (सं.) [सं-पु.] 1. अल्कोहल 2. शराब।

मद्यासक्त (सं.) [सं-पु.] वह जो शराब पीने का अभ्यस्त हो; पियक्कड़; शराबी; दारूबाज़; मद्यप।

मद्र (सं.) [सं-पु.] 1. उत्तर भारत में रावी और झेलम के बीच के क्षेत्र का प्राचीन नाम 2. पंजाब में पंचनद क्षेत्र का एक प्राचीन जनपद 3. उत्तर कुरु नामक प्राचीन देश 4. उक्त जनपद का निवासी।

मधु (सं.) [सं-पु.] 1. शहद 2. मकरंद; फूलों का रस 3. अमृत 4. मदिरा; शराब 5. चैत का महीना 6. मक्खन 7. घी 8. अशोक वृक्ष 9. महुआ 10. मुलेठी 11. शिव का एक नाम। [वि.] 1. मीठा 2. स्वादिष्ट 3. प्रिय 4. प्रसन्नताकारक।

मधुऋतु (सं.) [सं-स्त्री.] 1. वसंत ऋतु 2. मधुकाल; प्रेम-संयोग काल।

मधुक (सं.) [सं-पु.] 1. महुए का वृक्ष और फल 2. महुए की शराब 3. मुलेठी।

मधुकंठ (सं.) [सं-पु.] कोयल पक्षी।

मधुकर (सं.) [सं-पु.] 1. भ्रमर; भौंरा 2. प्रेमी 3. रसिक व्यक्ति 4. कामुक व्यक्ति।

मधुकरी (सं.) [सं-स्त्री.] 1. भिक्षाटन 2. साधु-संन्यासियों की वह भिक्षा जिसमें केवल पका हुआ भोजन लिया जाता है।

मधुकाल (सं.) [सं-पु.] 1. वसंत का मौसम 2. मधुमास 3. प्रेम-ऋतु।

मधुकैटभ (सं.) [सं-पु.] (पुराण) विष्णु नामक देवता के कान के मैल से उत्पन्न मधु और कैटभ नामक दो राक्षस।

मधुकोष (सं.) [सं-पु.] 1. शहद की मक्खी का छत्ता 2. मधु-चक्र।

मधुगायन (सं.) [सं-पु.] 1. मधुर स्वर या लय में होने वाला गायन 2. कोयल।

मधुघोष (सं.) [सं-पु.] 1. वह जो मीठे स्वर में बोलता हो 2. कोयल; कोकिल।

मधुचक्र (सं.) [सं-पु.] शहद की मधुमक्खी का छत्ता; मधुकोश।

मधुज (सं.) [वि.] मधु से उत्पन्न। [सं-पु.] मधुमक्खी के छत्ते का मोम।

मधुजा (सं.) [सं-स्त्री.] 1. मिसरी; शर्करा 2. पृथ्वी।

मधुप (सं.) [वि.] 1. मधु पीने वाला 2. सुराप्रेमी। [सं-पु.] 1. शहद की मक्खी; मधुमक्खी 2. भौंरा; भ्रमर।

मधुपति (सं.) [सं-पु.] 1. कृष्ण का एक नाम 2. मधुर स्वभाव का व्यक्ति।

मधुपर्क (सं.) [सं-पु.] पूजा के लिए बनाया गया दही, घी, जल, चीनी और शहद का मिश्रण; पंचामृत; चरणामृत।

मधुपाली (सं.) [सं-पु.] भौंरों की पंक्ति।

मधुपुरी (सं.) [सं-स्त्री.] 1. सुख-सुविधा से संपन्न नगर विशेष 2. मथुरा का एक पौराणिक नाम।

मधुपेटी (सं.) [सं-स्त्री.] मधुमक्खियों को पालने तथा उनका शहद एकत्र करने का डिब्बा।

मधुबाला (सं.) [सं-स्त्री.] 1. शराब पिलाने वाली लड़की; साकी 2. भ्रमरी।

मधुमक्खी (सं.) [सं-स्त्री.] शहद की मक्खी; मधुप।

मधुमक्षिका (सं.) [सं-स्त्री.] मधुमक्खी; शहद की मक्खी।

मधुमती (सं.) [सं-स्त्री.] 1. गंगा नदी 2. एक प्राचीन नदी जो नर्मदा की शाखा थी 3. योग साधना में समाधि की एक अवस्था।

मधुमय (सं.) [वि.] 1. मिठास युक्त; माधुर्यपूर्ण 2. सुंदर।

मधुमान (सं.) [वि.] 1. जिसमें शहद या मधु मिलाया गया हो 2. जिसमें मधुरता हो; मीठा; मधुर 3. सुंदर 4. मन को आनंद देने वाला; प्रिय; सुखद।

मधुमालती (सं.) [सं-स्त्री.] मालती नामक लता।

मधुमास (सं.) [सं-पु.] 1. वसंत ऋतु 2. चैतमास।

मधुमासी (सं.) [सं-स्त्री.] मधुमक्खी; शहद की मक्खी।

मधुमेह (सं.) [सं-पु.] रक्त में शर्करा का स्तर बढ़ जाने पर होने वाला रोग; शुगर; (डायबीटीज़)।

मधुर (सं.) [वि.] 1. मीठा 2. कटुता रहित; कर्णप्रिय वचन 3. प्रिय और भला 4. शांत और धीर।

मधुरतम (सं.) [वि.] 1. सबसे मीठा 2. बहुत प्रिय या आत्मीय 3. जो बहुत अंतरंग हो; घनिष्ठ।

मधुरता (सं.) [सं-स्त्री.] मधुर होने की अवस्था, गुण या भाव; माधुर्य।

मधुरन (सं.) [सं-पु.] मधुर करने या बनाने का कार्य।

मधुरस (सं.) [सं-पु.] 1. ईख 2. ताड़। [वि.] मीठा; मधुर रस वाला।

मधुरा (सं.) [सं-स्त्री.] 1. पत्नी; प्रेमिका 2. मुलेठी 3. सुंदर स्त्री 4. सौंफ 5. (साहित्य) माधुर्य और मिठास लाने वाली शब्द योजना।

मधुराना (सं.) [क्रि-अ.] 1. मीठा या मधुर होना; प्रिय होना 2. (फल आदि में) मिठास पैदा होना 3. सुंदर होना। [क्रि-स.] मीठा बनाना; मधुरता पैदा करना।

मधुरान्न (सं.) [सं-पु.] मिष्ठान्न; मीठा अन्न; मिठाई।

मधुरिका (सं.) [सं-स्त्री.] सौंफ।

मधुरिम (सं.) [वि.] 1. मीठा; मधुर 2. प्रिय।

मधुरिमा (सं.) [सं-स्त्री.] 1. मधुर होने की अवस्था या भाव; माधुर्य; मधुरता 2. मिठास 3. सौंदर्य; सुंदरता। [वि.] मधुर।

मधुलिका (सं.) [सं-स्त्री.] 1. प्राचीन काल में मदिरा का एक प्रकार 2. राई 3. फूलों का पराग 4. कार्तिकेय की एक मातृका।

मधुवन (सं.) [सं-पु.] 1. ब्रज का एक वन 2. किष्किंधा के पास का एक वन 3. कोयल 4. वह वन जहाँ प्रेमी और प्रेमिका मिलते हों।

मधुव्रत (सं.) [सं-पु.] 1. वह जिसका मधु प्रिय खाद्य हो 2. भ्रमर; भँवरा।

मधुशाला (सं.) [सं-स्त्री.] 1. शराब की दुकान; ठेका 2. मदिरालय; मयख़ाना।

मधुसख (सं.) [सं-पु.] 1. वह जो प्रेम और मधुरता का उत्प्रेरक हो 2. कामदेव।

मधुसूदन (सं.) [सं-पु.] 1. भौंरा; भ्रमर 2. कृष्ण।

मधूक (सं.) [सं-पु.] 1. मुलेठी 2. भ्रमर 3. महुए का पेड़, फूल और फल।

मध्य (सं.) [सं-पु.] 1. किसी वस्तु के बीच का भाग 2. शरीर के बीच का भाग; कमर; कटि 3. निष्पक्ष; तटस्थ 4. (संगीत) तीन सप्तकों में से बीच वाला सप्तक। [वि.] 1. बीच का 2. अधम; नीच।

मध्यक (सं.) [सं-पु.] (गणित) संख्याओं, मूल्यों या मानों को एक साथ मिलाकर उनके योग का कोई बराबर भाग जो उनका मध्यम मान होता है; (एवरिज)। [वि.] 1. मध्य या बीच में रहने वाला 2. मँझोले आकार का।

मध्यकाल (सं.) [सं-पु.] 1. भारत के इतिहास में राजपूतकाल से मुगलकाल तक का समय; मध्ययुग 2. निश्चित अवधि के बीच का समय।

मध्यकालीन (सं.) [वि.] 1. मध्ययुग का; मध्ययुग संबंधी; मध्ययुगीन 2. बीच के समय का।

मध्यगत (सं.) [वि.] 1. मध्य का; बीच का 2. मध्य में आया या लाया हुआ 3. अंतर्स्थापित।

मध्यदेश (सं.) [सं-पु.] 1. किसी स्थान का मध्यभाग 2. शरीर का मध्यभाग; कमर; कटि 3. भारत के मध्यवर्ती क्षेत्र का प्राचीन नाम 4. प्राचीन भारत का वह प्रदेश जिसकी सीमा उत्तर में हिमालय, दक्षिण में विंध्याचल, पूर्व में प्रयाग तथा पश्चिम में कुरुक्षेत्र तक मानी जाती थी।

मध्यदेशीय (सं.) [सं-पु.] 1. मध्य देश से संबंधित 2. मध्य या बीच का; बिचला।

मध्यपूर्व (सं.) [सं-पु.] एशिया का दक्षिण-पश्चिमी भाग; (मिडिल ईस्ट)।

मध्यम (सं.) [वि.] 1. बीच का; न बहुत बड़ा न बहुत छोटा 2. (संगीत) सात स्वरों में से चौथा स्वर।

मध्यम पुरुष (सं.) [सं-पु.] (व्याकरण) वह पुरुष जिससे बात की जाए; वक्ता द्वारा जिससे कुछ कहा जाए, जैसे- तुम, तू, आप।

मध्यम वर्ग (सं.) [सं-पु.] 1. आर्थिक तथा सामाजिक दृष्टि से

विभाजित मानव-समाज के बीच का वर्ग; मध्यवर्ग 2. निम्न और उच्च वर्ग के बीच का वर्ग।

मध्यमक (सं.) [वि.] 1. मध्य का 2. सबका; (कॉमन)। [सं-पु.] किसी वस्तु का केंद्रीय भाग।

मध्यमवर्गीय (सं.) [वि.] मध्यम वर्ग का; मध्यम वर्ग से संबंधित।

मध्यमस्तरीय (सं.) [वि.] 1. औसत; कामचलाऊ 2. ठीक-ठाक 3. दरमियाना; मझला; माध्यमिक 4. मामूली; साधारण।

मध्यमा (सं.) [सं-स्त्री.] 1. हाथ की बीच वाली उँगली 2. कमल की कर्णिका 3. छोटा जामुन 4. (साहित्य) नायक के प्रेम या दोष के अनुसार व्यवहार करने वाली स्त्री।

मध्यमान (सं.) [सं-पु.] 1. किसी संख्या या मान के योग का समभाग 2. मध्यक; औसत; (एवरिज)।

मध्यमार्ग (सं.) [सं-पु.] 1. दो परस्पर विरोधी विचारधाराओं, मार्गों अथवा दो चरम सीमाओं के बीच का वह मार्ग या साधन जिसमें दो विचारधाराओं का सामंजस्य हो जाता हो; बीच का रास्ता 2. समझौते का मार्ग 3. महात्मा बुद्ध द्वारा प्रतिपादित एक प्रसिद्ध मत।

मध्यमार्गी (सं.) [वि.] 1. मध्य मार्ग पर चलने वाला 2. समझौता करने वाला।

मध्ययुग (सं.) [सं-पु.] 1. प्राचीन और आधुनिक काल के बीच का समय; मध्यकाल 2. भारत के इतिहास में राजपूतकाल से मुगलकाल तक का समय 3. यूरोप के इतिहास में 600 से 1500 ईसवी तक का समय।

मध्ययुगीन (सं.) [वि.] 1. मध्य युग का 2. इतिहास के मध्ययुग से संबंधित; (मेडिईवल) 3. मध्ययुग की मानसिकता वाला, जैसे- मध्ययुगीन रीति-रिवाज, मध्ययुगीन सोच आदि।

मध्यरात्रि (सं.) [सं-स्त्री.] आधी रात; मध्यनिशा।

मध्यलोक (सं.) [सं-पु.] 1. भूलोक; पृथ्वी 2. मृत्युलोक।

मध्यवर्ग (सं.) [सं-पु.] 1. उच्चवर्ग और मध्यवर्ग के बीच की श्रेणी के लोग 2. समाज में रहने वाले ऐसे लोग जो छोटे-मोटे व्यापार या नौकरी करके अपना निर्वाह करते हैं; (मिडिल क्लास)।

मध्यवर्ती (सं.) [सं-पु.] 1. मध्यस्थ; बिचौलिया 2. पंच। [वि.] 1. बीच का; बीच में स्थित 2. जो दो पक्षों के बीच रहकर उनमें संबंध स्थापित कराता हो।

मध्यवित्त (सं.) [वि.] 1. जो आर्थिक दृष्टि से मध्य श्रेणी का हो, जो न अमीर हो न गरीब; मध्यवर्गीय 2. औसत आर्थिक स्थितिवाला 3. खाते-पीते घर का 4. अच्छे वेतनवाला।

मध्यस्थ (सं.) [सं-पु.] 1. मध्यवर्ती; बिचौलिया 2. तटस्थ; उदासीन 3. आपस में मेल या समझौता कराने वाला व्यक्ति; वह जो बीच में रहकर किसी प्रकार का विवाद दूर कराता हो; सभापति; पंच। [वि.] 1. जो बीच में हो; बीच का 2. दोनों पक्षों का मान्य; निष्पक्ष।

मध्यस्थता (सं.) [सं-स्त्री.] 1. मध्यस्थ होने की अवस्था या भाव 2. मध्यस्थ काम या पेशा; बिचवई 3. बीच-बचाव 4. दलाली।

मध्या (सं.) [सं-स्त्री.] (साहित्य) वह नायिका जिसमें लज्जा और कामभावना समान रूप से हो।

मध्यांतर (सं.) [सं-पु.] 1. मध्यावकाश 2. बीच का अंतर या समय 3. अंतराल।

मध्यावकाश (सं.) [सं-पु.] 1. मध्यांतर 2. पढ़ाई, खेल, कार्य आदि के बीच में थोड़े समय के लिए होने वाला अवकाश।

मध्यावधि (सं.) [वि.] 1. अवधि के मध्य में होने वाला; (मिड टर्म) 2. निश्चित समय सीमा से पहले होने वाला, जैसे- मध्यावधि चुनाव।

मध्याह्न (सं.) [सं-पु.] दिन के मध्य का समय; दोपहर।

मन (सं.) [सं-पु.] 1. अंतःकरण; चित्त 2. इच्छा; चाहत 3. आत्मा 4. हृदय; दिल 5. तौल मापक। [मु.] **-कचोटना** : मन दुखी होना या क्लेश होना। **-के लड्डू खाना** : बेकार की आशा रखकर प्रसन्न होना। **-टूटना** : उत्साह, उमंग आदि का नष्ट होना। **-में बसना** : बहुत पसंद आना। **-बहलाना** : किसी काम में लगकर मन को प्रसन्न करना। **-मारना** : इच्छा को रोकना। **-में रखना** : याद रखना या मन में छिपाकर रखना। **-मैला करना** : मन में दुर्भाव रखना। **-से उतरना** : मन में अनुराग या आदर न रह जाना। **-हरा होना** : प्रसन्न होना। **-मिलना** : विचारों में समानता होना।

मन-ही-मन [सं-पु.] भीतर से; अंदर से; अपने हृदय में।

मनःकल्पित (सं.) [वि.] 1. मन के द्वारा सोचा हुआ; मनगढ़ंत 2. फ़र्ज़ी; काल्पनिक।

मनःपीड़ा (सं.) [सं-स्त्री.] मानसिक कष्ट; संत्रास।

मनःपूत (सं.) [वि.] 1. यथेष्ट; मनचाहा; इच्छित 2. पवित्र मनवाला 3. मन को प्रसन्न करने वाला।

मनःप्रणीत (सं.) [वि.] 1. जो मन को प्रिय हो 2. लुभाने वाला 3. कल्पित।

मनःप्रसादन (सं.) [सं-पु.] 1. मन को प्रसन्न करने की क्रिया या भाव 2. चित्त की प्रसन्नता।

मनःप्रसूत (सं.) [वि.] 1. मन से रचा हुआ; कल्पित 2. मन में उत्पन्न होने वाला।

मनःशक्ति (सं.) [सं-स्त्री.] मानसिक शक्ति; मनोबल; हिम्मत।

मनःस्थिति (सं.) [सं-स्त्री.] मन की दशा।

मनका (सं.) [सं-पु.] 1. लकड़ी, धातु आदि का गोल टुकड़ा जिसके बीचों-बीच छेद होता है तथा जिसे माला के रूप में पिरोया जाता है; मोती 2. {ला-अ.} माला; सुमिरनी 3. रत्न दाना।

मनकूला (अ.) [वि.] जो दूसरी जगह जा सके; जो स्थावर न हो (संपत्ति); चल; चर।

मनगढ़ंत [वि.] 1. असत्य; तथ्यहीन 2. काल्पनिक 3. मन द्वारा गढ़ा हुआ; मिथ्या।

मनगो [सं-पु.] एक प्रकार की ईख।

मनचला [वि.] 1. अस्थिर चित्तवाला; जिसका चित्त स्थिर न हो 2. चंचल मनवाला; मनमौजी 3. कामुक तथा रसिक स्वभाववाला 4. आकर्षक या सुंदर वस्तुओं की प्राप्ति के लिए जिसका मन ललचा उठता हो।

मनचाहा [वि.] मन को भाने वाला; इच्छित; पसंदीदा; प्रिय।

मनचीता [वि.] 1. मन में कल्पित; सोचा हुआ 2. मनचाहा; मनभाया 3. इच्छित; पसंद 4. प्रेमपात्र।

मनज़र (अ.) [सं-पु.] दे. मंजर।

मनतोरवा [सं-पु.] एक प्रकार का पक्षी।

मनन (सं.) [सं-पु.] 1. विचार करना 2. सोचना।

मननशील (सं.) [वि.] मनन करने वाला; जो स्वाभावतः मनन करने में प्रवृत्त रहता है; चिंतनशील; विचारशील।

मनपसंद (सं.) [वि.] 1. रुचिकर; मन को भाने वाला 2. प्रिय।

मनबसिया [वि.] 1. जो मन में बसा हो; प्रिय 2. प्रेमपात्र।

मनबहलाव [सं-पु.] 1. मन को बहलाने की क्रिया या भाव 2. मनोरंजन; विलासक्रीड़ा 3. गपशप 4. सांत्वना; दिलासा।

मनभाया [वि.] 1. मन को भला लगने वाला; लुभावना 2. मनोनुकूल; मनचाहा 3. पसंद; इच्छित 4. प्रेमपात्र; प्यारा; प्रिय।

मनभावन (सं.) [वि.] 1. मन को भाने या अच्छा लगने वाला 2. प्रिय; प्यारा 3. सुंदर।

मनमरज़ी (सं.+अ.) [सं-स्त्री.] मन की इच्छा।

मनमाना [वि.] 1. जो अपनी इच्छा तथा बिना किसी को ध्यान में रखकर किया जाए 2. अपने मन का; मनपसंद।

मनमानी [सं-स्त्री.] 1. स्वेच्छाचारिता 2. मनमाना काम।

मनमाफ़िक (सं.+फ़ा.) [सं-पु.] अपनी मरज़ी से।

मनमुटाव [सं-पु.] 1. द्वेष के कारण किसी के प्रति होने वाली बुरी भावना 2. मन में उत्पन्न होने वाला वैमनस्य 3. कलह; विवाद।

मनमैला [वि.] 1. जिसके मन में मैल या द्वेष हो; ईर्ष्यालु 2. कपटी; धूर्त; दुष्ट।

मनमोदक (सं.) [सं-पु.] 1. मन का लड्डू; ख़याली पुलाव; दिवास्वप्न 2. मन को ख़ुश करने के लिए की गई कल्पना; मन में कल्पित कोई सुखद बात 3. कोई आकर्षक किंतु असंभव विचार।

मनमोहक [वि.] 1. मनोहर; रोचक; मनभावन 2. प्रलोभक।

मनमोहन (सं.) [वि.] 1. मन को मोहने वाला 2. प्रिय; प्यारा। [सं-पु.] कृष्ण का एक नाम।

मनमौज (हिं.+अ.) [सं-पु.] 1. अपने आनंद के लिए किए जाने वाला काम 2. हृदय की प्रसन्नता 3. मन की तरंग।

मनमौजी (सं.+अ.) [वि.] 1. अपनी इच्छानुसार काम करने वाला 2. मन में उठी तरंग के अनुसार काम करने वाला।

मनवाँ [सं-पु.] 1. मन 2. देव-कपास; रामकपास; नरमा।

मनवाना [क्रि-स.] 1. कोई बात मानने के लिए कहना 2. मनाने का काम किसी दूसरे से कराना 3. किसी को कुछ मान लेने के लिए विवश करना।

मनशा (अ.) [सं-स्त्री.] 1. आशय; तात्पर्य; मतलब 2. प्रयोजन; मकसद; उद्देश्य 3. संकल्प; इरादा; इच्छा।

मनश्चिकित्सा (सं.) [सं-स्त्री.] 1. मानसिक रोग का इलाज या चिकित्सा 2. मनोवैज्ञानिक विधियों से मानसिक रोगों या विकारों की चिकित्सा करने की पद्धति 3. मन की दिलासा।

मनसब (अ.) [सं-पु.] 1. (शासन) ओहदा; पद 2. अधिकार; इख़्तियार 3. कर्तव्य; फ़र्ज; कर्म।

मनसबदार (अ.+फ़ा.) [सं-पु.] (शासन) वह जो किसी मनसब अर्थात ऊँचे पद पर आसीन हो; अधिकारी।

मनसबी (अ.) [वि.] मनसब या पद संबंधी; ओहदेदारी, जैसे- मनसबी काम।

मनसरस (सं.) [सं-पु.] 1. मन; चित्त 2. आत्मा।

मनसरी [सं-स्त्री.] 1. लाल रंग वाला कोटा धान 2. एक अगहनी धान जिसका चावल सफ़ेद, छोटा और गठीला होता है।

मनसा (सं.) [वि.] 1. मन का; मन संबंधी; मानसिक 2. मन से उत्पन्न; मानस। [सं-स्त्री.] 1. इच्छा; भावना 2. (पुराण) साँपों की देवी। [क्रि.वि.] मन के द्वारा; मन से।

मनसाना [क्रि-अ.] 1. उत्साहित होना 2. उमंग में आना; तरंगित होना। [क्रि-स.] 1. मनसवाना 2. मन में संकल्प करना 2. विचार करना 3. इरादा करना।

मनसिज (सं.) [सं-पु.] 1. मन में उठने वाली वासना 2. कामदेव; पुष्पधन्वा; रतिपति। [वि.] जो मन में उत्पन्न हो।

मनसूख़ (अ.) [वि.] 1. अप्रमाणित; रद्द; ख़ारिज 2. टाला हुआ; काटा हुआ 3. परित्यक्त।

मनसूबा (अ.) [सं-पु.] 1. इरादा; विचार 2. योजना; तज़वीज 3. दिवास्वप्न 4. युक्ति; ढंग 5. जोड़-तोड़।

मनसूर (अ.) [वि.] 1. विजेता; विजयी 2. जिसे ईश्वरीय सहायता मिली हो। [सं-पु.] नौवीं सदी के प्रसिद्ध सूफ़ी संत जिन्हें स्वयं को 'अनहलक' (मैं ही ब्रह्म हूँ) कहने के कारण सूली पर चढ़ा दिया गया था।

मनस्ताप (सं.) [सं-पु.] 1. मन में होने वाला कष्ट; अनुताप; आंतरिक दुख; मानसिक वेदना 2. शोक 3. पश्चाताप; पछतावा; पीड़ा।

मनस्तोष (सं.) [सं-पु.] 1. मन में होने वाला तोष या संतोष; तृप्ति 2. किसी समस्या के समाधान या इच्छा की पूर्ति के कारण होने वाली शांति; तुष्टि।

मनस्विनी (सं.) [वि.] 1. मनस्वी या विचारवान स्त्री 2. विद्रोह या युद्ध करने वाली स्त्री।

मनस्वी (सं.) [वि.] 1. उदात्त या उदार विचारों वाला 2. मनन अथवा चिंतन करने वाला 2. बुद्धिमान 3. स्वेच्छाचारी 4. दृढ़ निश्चयवाला।

मनहर (सं.) [वि.] 1. मन को हरने वाला; चित्त को लुभाने वाला; मनोहर; मनोहारी; मनहरण 2. काव्यात्मक 3. सुंदर।

मनहरण [वि.] 1. मन को हरने या लुभाने वाला; मनोहर; मनोहारी; मनहर 2. काव्यात्मक 3. सुंदर। [सं-पु.] मन का हरण।

मनहार [वि.] 1. मन को हरने वाला; लुभाने वाला; मनोहर; मनोहारी; मनहरण 2. काव्यात्मक 3. सुंदर।

मनहूस (अ.) [वि.] 1. अशुभ; बुरा; अनिष्ट 2. बदकिस्मत; अभागा 3. देखने में कुरूप और अप्रिय 3. सदा दुखी 4. जिसमें चमक-दमक आदि न हो; श्रीहीन।

मनहूसियत (अ.) [सं-स्त्री.] 1. मातम 2. उदास और दुखी रहने की अवस्था।

मनहूसी (अ.) [सं-स्त्री.] उदासी, मनहूस होने की अवस्था या

भाव।

मना (अ.) [सं-पु.] रोक; निषेध। [वि.] 1. निषिद्ध; अविहित 2. वर्जित 3. अनुचित; नामुनासिब।

मनाना [क्रि-स.] 1. रूठे या बिगड़े हुए को प्रसन्न करना; राज़ी करना 2. प्रार्थना या स्तुति करना 3. मनुहार करना।

मनावी (सं.) [सं-स्त्री.] मनु की भार्या/ पत्नी।

मनाही (अ.) [सं-स्त्री.] अस्वीकृति; मना; रोक; निषेध।

मनिया (सं.) [सं-स्त्री.] 1. माला का दाना; मनका 2. छोटी माला; कंठी।

मनियाँ [सं-पु.] 1.माथे पर गोल भौरी वाला घोड़ा 2. जानवरों का एक रोग जिसमें भीतर ही भीतर कीड़े पड़ जाते हैं।

मनियार [वि.] 1. चमकदार; उज्ज्वल 2. सुंदर; शोभनीय; दर्शनीय।

मनिहार [सं-पु.] 1. चूड़ी बनाने वाला व्यक्ति; चुड़िहारा 2. वह जो चूड़ी, सिंदूर, टिकली आदि शृंगार का सामान फेरी करते हुए बेचता है।

मनिहारी [सं-स्त्री.] 1. चूड़ी बेचने तथा पहनाने वाली स्त्री; मनिहारिन 2. शृंगार का सामान फुटकर में बेचने का काम 3. सौंदर्य प्रसाधन एवं घरेलू सामान की फुटकर दुकान।

मनीऑर्डर (अं.) [सं-पु.] डाकघर का वह आदेशपत्र जिसके माध्यम से कोई व्यक्ति किसी को अपना धन भिजवाता है; धनादेश।

मनीर [सं-स्त्री.] मोरनी; मयूरी।

मनीषा (सं.) [सं-स्त्री.] 1. बुद्धि; अक्ल 2. गंभीर चिंतन की मानसिक शक्ति 3. अभिलाषा; इच्छा 4. विचार; स्तुति।

मनीषी (सं.) [वि.] 1. विद्वान; बुद्धिमान; पंडित; ज्ञानी 2. चिंतन-मनन करने वाला; विचारशील।

मनु (सं.) [सं-पु.] 1. मनुष्य 2. मंत्र 3. मन; अंत:करण 4. (पुराण) ब्रह्मा के पुत्र जो मनुष्यों के मूल पुरुष माने जाते हैं।

मनुआँ [सं-पु.] 1. मानव; मनुष्य 2. देवकपास; नरमा मनवाँ।

मनुज (सं.) [सं-पु.] 1. मानव; मनुष्य 2. मनु की संतान 3. मानव जाति।

मनुजा (सं.) [सं-स्त्री.] नारी; मानवी; स्त्री।

मनुजात (सं.) [सं-पु.] 1. मनुष्य; मानव 2. मनु की संतान; मनुपुत्र। [वि.] मनु से उत्पन्न।

मनुजेंद्र (सं.) [सं-पु.] 1. गुणवान व्यक्ति 2. राजा।

मनुपुत्र (सं.) [सं-पु.] 1. मनुष्य; मानव 2. वह व्यक्ति या समुदाय जो मनु की वर्णव्यवस्था को महत्व देता है।

मनुष्य (सं.) [सं-पु.] आदमी; इनसान; मानव।

मनुष्यता (सं.) [सं-स्त्री.] 1. मनुष्य होने की अवस्था या भाव 2. इनसानियत; मानवता 3. मनुष्योचित गुण, दया, बुद्धि आदि 4. सज्जनता।

मनुष्यत्व (सं.) [सं-पु.] 1. मनुष्यता; मानवता 2. मनुष्यों के लिए आवश्यक और उपयुक्त गुणों से युक्त होने की अवस्था या भाव।

मनुष्यलोक (सं.) [सं-पु.] 1. मनुष्य के रहने का स्थान; धरती; पृथ्वी; भूलोक 2. संसार; जगत; दुनिया।

मनुष्यशक्ति (सं.) [सं-स्त्री.] किसी देश या राज्य में काम करने वाले व्यक्ति; (मैन पॉवर)।

मनुष्यीय (सं.) [वि.] मानवीय; मनुष्य से संबंधित।

मनुष्योचित (सं.) [वि.] मानवीय स्वभाव के अनुरूप।

मनुहार [सं-स्त्री.] 1. रूठे व्यक्ति को मनाने के लिए की जाने वाली मीठी बातें, प्रार्थना या विनती 2. आदर-सत्कार 3. मनाने का ढंग 4. ख़ुशामद; चाटुकारिता।

मनुहारी [वि.] जिसे मनाने के लिए बार-बार मनुहार करनी पड़े।

मनोकांक्षा (सं.) [सं-स्त्री.] मन की इच्छा या अभिलाषा; मनोकामना।

मनोकामना (सं.) [सं-स्त्री.] मन की इच्छा; मन में रहने वाली कामना; अभिलाषा।

मनोगत (सं.) [सं-पु.] 1. विचार; इच्छा 2. कामदेव; मदन। [वि.] 1. मन में आया हुआ (विचार) 2. मन में छिपा हुआ; मन में भरा हुआ।

मनोग्रंथि (सं.) [सं-स्त्री.] 1. (मनोविज्ञान) कटु अनुभवों और दमित इच्छाओं की स्मृति जो अनजाने ही व्यक्ति के आचरण और व्यवहार को प्रभावित करती है तथा जिसके अनुरूप वह कार्य करने में प्रवृत्त होता है; (कॉम्प्लेक्स) 2. मन की गाँठ; कुंठा।

मनोग्राही (सं.) [वि.] मन को अपनी ओर खींचने वाला; आकर्षक; सुंदर।

मनोचिकित्सक (सं.) [सं-पु.] 1. मानसिक रोगों की चिकित्सा करने वाला व्यक्ति; मनोविज्ञानी 2. मनोविकार को दूर करने वाला व्यक्ति।

मनोचिकित्सा (सं.) [सं-स्त्री.] मन के रोगों का इलाज या चिकित्सा।

मनोज (सं.) [सं-पु.] 1. कामदेव; मदन 2. सुंदर पुरुष। [वि.] सुंदर; मनोहर।

मनोज्ञ (सं.) [वि.] सुंदर; मनोहर; आकर्षक।

मनोज्ञता (सं.) [सं-स्त्री.] मनोहरता; सुंदरता; ख़ूबसूरती।

मनोदशा (सं.) [सं-स्त्री.] मन की दशा या अवस्था; मन की प्रवृत्ति; मन:स्थिति।

मनोदाह (सं.) [सं-पु.] मन का दुख; मानसिक संताप।

मनोदाही (सं.) [वि.] जो मन को दुखी करे; मन में संताप उत्पन्न करने वाला।

मनोदैहिक (सं.) [वि.] मन और शरीर (देह) से संबंधित; मन और शरीर का।

मनोनयन (सं.) [सं-पु.] 1. मनोनीत करना; नियुक्त करना; नामज़द करना 2. पसंद करना; चुनना 3. नामांकन 4. कोई बात या विचार मन में लाना।

मनोनिग्रह (सं.) [सं-पु.] 1. मन को विषय-वासनाओं में रमने से रोकना 2. मन को वश में करना; मनोवृत्तियों पर अंकुश लगाना; मानसिक संयम।

मनोनियोग (सं.) [सं-पु.] 1. किसी कार्य को मन लगाकर करने की क्रिया 2. मन की एकाग्रता 3. (दो या अधिक) हृदयों की एकता।

मनोनीत (सं.) [वि.] 1. चुना हुआ 2. पसंद किया हुआ 3.

किसी कार्य या पद आदि के लिए नामज़द या नामांकित 4. मन के अनुकूल।

मनोनुकूल (सं.) [वि.] 1. जो मन के अनुकूल हो; मनोवांछित 2. इच्छित।

मनोबल (सं.) [सं-पु.] 1. मन की शक्ति; आत्मबल; मानसिक बल; आत्मिक शक्ति 2. सामर्थ्य 3. धैर्य।

मनोभव (सं.) [सं-पु.] 1. कल्पना 2. मदन; कामदेव; मनोज 3. प्रेम।

मनोभाव (सं.) [सं-पु.] 1. मन में स्थित या जाग्रत भाव, विचार या भावना 2. काव्य भाव 3. वृत्ति।

मनोभावना (सं.) [सं-स्त्री.] 1. मन की भावना 2. इच्छा; आकांक्षा।

मनोभिराम (सं.) [वि.] मन को भाने वाला; सुंदर; मनोहर; मनोज्ञ।

मनोभूमि (सं.) [सं-स्त्री.] हृदय; दिल।

मनोमय (सं.) [वि.] 1. मन से युक्त 2. मानस; मनोरूप 3. मानसिक; मन संबंधी।

मनोमल (सं.) [सं-पु.] 1. मन का विकार; मन का दूषित भाव या विचार; दुर्भाव 2. वासना 3. रंजिश; द्वेष 4. अज्ञान।

मनोमालिन्य (सं.) [सं-पु.] 1. मन में किसी के प्रति रहने वाली ईर्ष्या या द्वेष का भाव 2. मन-मुटाव; रंजिश; वैर 3. वैमनस्य।

मनोमुग्धकारी (सं.) [वि.] 1. मनमोहक 2. दर्शनीय 3. रोचक।

मनोयोग (सं.) [सं-पु.] 1. मन को किसी कार्य या विषय में एकाग्र करके लगाना 2. ध्यान; साधना।

मनोरंजक (सं.) [वि.] मनोरंजन करने वाला; मन का रंजन करने वाला; मन को बहलाकर प्रसन्न करने वाला।

मनोरंजन (सं.) [सं-पु.] 1. मन का ख़ुश होना; मानसिक प्रसन्नता 2. मन का रंजन; दिल-बहलाव; मनोविनोद; (एंटरटेनमेंट)।

मनोरथ (सं.) [सं-पु.] 1. मन की इच्छा या अभिलाषा 2. मनोकामना; मन्नत 3. संकल्प।

मनोरन [सं-स्त्री.] एक प्रकार की कपास।

मनोरम (सं.) [वि.] 1. जो मन को भाए; मनोहर; सुंदर; आकर्षक; मोहक 2. कलात्मक 3. रोचक।

मनोरमा (सं.) [सं-स्त्री.] 1. आकर्षक स्त्री; सुंदरी 2. गौतम बुद्ध की एक शक्ति। [वि.] आकर्षक; सुंदर।

मनोराग (सं.) [सं-पु.] 1. मन में उत्पन्न होने वाला राग या वृत्ति; हृदय का अनुराग 2. आसक्ति; प्रेम; चाहत 3. मानसिक भावना या विचार।

मनोरोग (सं.) [सं-पु.] मानसिक रोग; दिमागी बीमारी।

मनोरोगी (सं.) [सं-पु.] 1. मानसिक रूप से बीमार व्यक्ति 2. पागल।

मनोवत [सं-पु.] पत्थर पर फूल-पत्ती बनाना।

मनोवांछित (सं.) [वि.] मन का चाहा हुआ; अभिलषित, इच्छित।

मनोविकार (सं.) [सं-पु.] 1. मन का आवेग; मन की भावना 2. मन में उठने वाला कोई भाव या विचार।

मनोविकृत (सं.) [वि.] मानसिक विकृतिवाला; विकृत मनवाला। [सं-पु.] 1. मानसिक विकारों से ग्रस्त मनुष्य 2. (मनोविज्ञान) व्यवहार और चरित्र के दोषों से युक्त व्यक्ति।

मनोविकृति (सं.) [सं-स्त्री.] मन की विकृति; मानसिक विकारशीलता।

मनोविक्षिप्त (सं.) [सं-पु.] मनोविकार; मनोविकृति; पागलपन।

मनोविज्ञान (सं.) [सं-पु.] वह शास्त्र जिसमें मानव मन की विभिन्न अवस्थाओं, क्रियाओं तथा प्रभावों का विवेचन या अध्ययन किया जाता है।

मनोविज्ञानी (सं.) [सं-पु.] 1. मनोविज्ञान का ज्ञाता 2. मनोविज्ञान संबंधी क्रियाकलापों का अध्ययन करने वाला व्यक्ति।

मनोविद (सं.) [सं-पु.] मनोविज्ञानी; मनोविज्ञान का ज्ञाता।

मनोविनोद (सं.) [सं-पु.] मनोरंजन; मनबहलाव।

मनोविश्लेषण (सं.) [सं-पु.] 1. मन की विभिन्न अवस्थाओं, विचारों आदि की समीक्षा 2. मनोविज्ञान की एक शाखा जिसमें रोगों और विकारों का उपचार संबंधी विश्लेषण किया जाता है।

मनोविहार (सं.) [सं-पु.] मन में विहार करना; मन में विचार करना।

मनोवृत्ति (सं.) [वि.] 1. मन की स्वाभाविक स्थिति जिसके कारण व्यक्ति किसी ओर प्रवृत्त होता या हटता है 2. चित्तवृत्ति; मन के चलने या काम करने का ढंग।

मनोवेग (सं.) [सं-पु.] मन का आवेग; मन का विकार।

मनोवेत्ता (सं.) [सं-पु.] मन की बात जानने वाला व्यक्ति।

मनोवेदना (सं.) [सं-स्त्री.] मन की वेदना; मानसिक दुख।

मनोवैज्ञानिक (सं.) [वि.] 1. मनोविज्ञान का; मनोविज्ञान संबंधी 2. मनोविज्ञान से संबंध रखने वाला। [सं-पु.] मनोविज्ञान का ज्ञाता; मनोविज्ञानवेत्ता।

मनोव्यथा (सं.) [सं-स्त्री.] मन की पीड़ा; मन में होने वाली व्यथा; मानसिक कष्ट; मनस्ताप; वेदना।

मनोव्याधि (सं.) [सं-स्त्री.] मानस रोग; मनोरोग।

मनोहर (सं.) [वि.] 1. सुंदर 2. मन को हरने या भाने वाला; चुराने वाला।

मनोहर्ता (सं.) [वि.] मन को हरने वाला; आकर्षक; सुंदर।

मनोहारी (सं.) [सं-स्त्री.] कान में पहनने का एक आभूषण; छोटी बाली। [वि.] मन को आकर्षित करने वाला; मन को हरने वाला; सुंदर।

मनौअल [सं-स्त्री.] 1. मन में कोई बात धारण करने की क्रिया या भाव; मन्नत 2. रूठे हुए को मनाने का भाव; मनावन; मनुहार।

मनौती [सं-स्त्री.] 1. मन्नत; मानता 2. मनुहार; मनावन 3. संकल्प।

मन्नत [सं-स्त्री.] किसी विशिष्ट कामना की सिद्धि या अनिष्ट के निवारण पर किसी देवी-देवता की पूजा करने का संकल्प; मनौती।

मन्ना [सं-पु.] (मधु की तरह) बाँस आदि में से निकलने वाला एक तरह का मीठा निर्यास, जिसका प्रयोग औषधि के रूप में होता है।

मन्मथ (सं.) [सं-पु.] 1. कामदेव; मदन 2. कैथ का वृक्ष।

मन्यु (सं.) [सं-पु.] 1. ऐसा क्रोध जिससे अत्याचार या दुष्टता

को ख़त्म किया जा सकता हो 2. उत्साह; अभिमान; अहंकार 3. दीनता 4. स्वस्थ।

मन्वंतर (सं.) [सं-पु.] 1. युग; कल्प 2. (पुराण) इकहत्तर चतुर्युगी का काल या समय जिसे ब्रह्मा के एक दिन का चौदहवाँ भाग माना जाता है; मनुकाल।

मन्होल [सं-पु.] तसाल; सुरती का पत्ता।

मफ़लर (अं.) [सं-पु.] एक प्रकार का ऊनी वस्त्र जिसका उपयोग कान तथा गले को ठंड से बचाने के लिए किया जाता है; गुलूबंद।

ममटी [सं-स्त्री.] 1. पहरे के लिए छत के ऊपर बनी मीनार 2. गुमटी।

ममता (सं.) [सं-स्त्री.] 1. बच्चे के प्रति माँ का प्रेम या स्नेह 2. किसी चीज़ को अपना समझना; अपनापन 3. मन में होने वाला किसी प्रकार का लोभ या मोह।

ममत्व (सं.) [सं-पु.] 1. 'मेरा' का भाव; ममता 2. प्रेम; स्नेह 3. मोह या लोभ 4. आत्मीयता; अपनापन।

ममरखी [सं-स्त्री.] 1. मुबारकबादी; बधाई 2. बधावा।

ममिया [वि.] 1. रिश्ते में मामा के स्थान का, जैसे- ममिया ससुर, ममिया सास आदि 2. पति या पत्नी का मामा; ममेरा।

ममीरा (अ.) [सं-पु.] एक पौधा जिसकी जड़ से आँख के रोगों की दवा बनाई जाती है।

ममेरा [वि.] मामा संबंधी, जैसे- ममेरा भाई।

ममोला [सं-पु.] 1. धोबिन नामक छोटी चिड़िया जिसके पेट पर काली धारियाँ होती हैं 2. छोटा प्यारा बच्चा 3. वीर बहूटी 4. एक प्रकार का घोडा।

ममोलिया [सं-स्त्री.] वीर बहूटी; ममोला।

मय[1] (सं.) [सं-पु.] 1. घोड़ा 2. ऊँट 3. खच्चर 4. सुख; आराम 5. प्राचीन देश का नाम। [परप्रत्य] एक तद्धित प्रत्यय जो 'पूर्ण' या भरा हुआ अर्थ देता है।

मय[2] (फ़ा.) [सं-स्त्री.] मद्य; मदिरा।

मयंक (सं.) [सं-पु.] चंद्रमा; कला-निधि।

मयकदा (फ़ा.) [सं-पु.] शराब पीने का स्थान; मदिरालय; मयख़ाना।

मयकश (फ़ा.) [सं-पु.] शराब पीने वाला व्यक्ति; शराबी; मद्यप।

मयकशी (फ़ा.) [सं-स्त्री.] शराब पीना; मद्यपान; मयनोशी; मयख़्वारी।

मयख़ाना (फ़ा.) [सं-पु.] मदिरालय; शराबख़ाना; मधुशाला।

मयगल (सं.) [सं-पु.] मस्त हाथी; मत्त हाथी।

मयमंत (सं.) [वि.] मस्त; मदमस्त; मयमत्त।

मयी (सं.) [परप्रत्य.] शब्द के अंत में लगने वाला प्रत्यय जो 'भरा हुआ' या 'से युक्त' का अर्थ देता है, जैसे- स्नेहमयी; करुणामयी आदि।

मयूख (सं.) [सं-पु.] 1. किरण; रश्मि 2. प्रकाश; रोशनी 3. ज्वाला; लपट 4. दीप्ति; आभा; चमक 5. शोभा 6. मधु; शहद 7. कील; काँटा।

मयूखहिम (सं.) [सं-पु.] 1. चंद्रमा 2. हिमकर।

मयूखी (सं.) [वि.] आभावान; चमकीला; दीप्तिमान।

मयूर (सं.) [सं-पु.] 1. मोर नामक पक्षी 2. मयूर-शिखा नामक क्षुप।

मयूरी (सं.) [सं-स्त्री.] मोरनी; मादा मोर।

मरकज़ (अ.) [सं-पु.] 1. केंद्र; बीच का स्थान; मध्य का स्थान; वृत्त या दायरे का मध्य बिंदु 2. कुछ विशिष्ट अक्षरों के ऊपर लगने वाली तिरछी पाई 3. सदर मुकाम; मुख्य स्थान।

मरकज़ी (अ.) [वि.] 1. केंद्रीय; केंद्र संबंधी 2. (संस्था या शासन) मुखिया; प्रधान।

मरकत (सं.) [सं-पु.] पन्ना; नौ प्रकार के रत्नों में से एक जो हरे रंग का होता है।

मरकताल [सं-पु.] समुद्र की तरंगों के उतार की सबसे अंतिम अवस्था; भाटा की चरम अवस्था जो प्रायः अमावस्या और पूर्णिमा से दो-चार दिन पहले होती है।

मरकना [अ-फ़ा.] 1. सूखना 2. मारने वाला 3. मरखना।

मरकोटी [सं-पु.] एक प्रकार की मिठाई।

मरखना [वि.] 1. जल्दी क्रोध में आकर सींग मारने के स्वभाववाला (बैल, साँड़ आदि पशु) 2. गुस्से में आकर मारने-पीटने वाला।

मरघट [सं-पु.] श्मशान; वह स्थान जहाँ मुर्दे जलाए जाते हैं। [वि.] मरकट।

मरचाई [सं-स्त्री.] छोटी मिर्च।

मरचूबा [सं-पु.] दे. मरचोबा।

मरचोवा [सं-पु.] एक प्रकार की सब्जी जिसका यूरोप में अधिकता से उपयोग होता है।

मरज़ (अ.) [सं-पु.] दे. मर्ज़।

मरजिया [सं-पु.] गोताख़ोर; समुद्र तल पर पड़ी हुई वस्तु निकालने वाला व्यक्ति; गोताखोर। [वि.] 1. मरकर जीने वाला 2. मृतप्राय 3. जो मरने-जीने का प्रवाह न करता हो।

मरज़ी (अ.) [सं-स्त्री.] 1. मन को अच्छा लगने का भाव; इच्छा; अभिलाषा; आकांक्षा; ख़्वाहिश 2. रुचि; पसंद; अभिरुचि 3. वह मनोवृत्ति जो किसी बात या वस्तु की प्राप्ति की ओर ध्यान ले जाती है।

मरण (सं.) [सं-पु.] 1. शरीर से प्राण निकल जाने के बाद की अवस्था; मृत्यु; निधन; देहांत 2. (काव्यशास्त्र) एक संचारी भाव।

मरणधर्मा (सं.) [वि.] 1. मरने वाला; मरणशील 2. नश्वर; नाशवान।

मरणशील (सं.) [वि.] 1. मरने वाला; मरणधर्मा 2. नश्वर; नाशवान।

मरणांतक (सं.) [वि.] 1. जानलेवा; कातिलाना; घातक; प्राणघातक 2. जिसका अंत मृत्यु हो 3. जिससे जान जा सकती हो या जान लेने वाला।

मरणासन्न (सं.) [वि.] 1. जो मरने वाला हो; जो मृत्यु के समीप हो 2. अंतकालीन; आसन्न मृत्यु 3. क्षयशील; ह्रासशील 4. बेजान; मृतप्राय; मृतवत।

मरणीय (सं.) [वि.] 1. मरने वाला; मर्त्य 2. जो मरने को हो;

मरणशील।

मरणैषणा (सं.) [सं-स्त्री.] मरने की इच्छा; मरण कामना; मरणाशंसा।

मरणोत्तर (सं.) [वि.] 1. किसी की मृत्यु के बाद का 2. किसी के मरने के उपरांत होने वाला।

मरणोन्मुख (सं.) [वि.] 1. जो मरने को हो; मरणासन्न 2. जो मर रहा हो 3. जर्जर वृद्ध।

मरणोपरांत (सं.) [क्रि.वि.] मृत्यु के उपरांत। [वि.] मरने के बाद का; मरणोत्तर।

मरतबा (अ.) [सं-पु.] दे. मर्तबा।

मरदना (सं.) [क्रि-स.] 1. मलना; मसलना; रौंदना 2. नष्ट करना; सताना 3. गूँथना।

मरदांनगी (फ़ा.) [सं-स्त्री.] 1. पौरुष; मरदानापन 2. साहस; हिम्मत 3. बहादुरी; वीरता; शूरमा।

मरदाना (फ़ा.) [वि.] 1. मर्दों का; पुरुष संबंधी; पुरुषोचित 2. जवाँमर्द 3. बहादुर। [अव्य.] मर्दों की तरह; पुरुषोचित प्रकार से।

मरदुम (फ़ा.) [सं-पु.] 1. आदमी; मनुष्य; मानव 2. जनता; जनसाधारण 3. आँख की पुतली।

मरदूद (अ.) [वि.] 1. रद्द किया हुआ; निष्कासित 2. बहिष्कृत; तिरस्कृत 3. नीच; निकम्मा।

मरना (सं.) [क्रि-अ.] 1. मृत्यु को प्राप्त होना 2. नष्ट होना; ख़त्म होना 3. कुम्हला जाना 4. शरीर से प्राण निकलना 5. मरने का-सा कष्ट उठाना 6. {ला-अ.} आसक्त होना; रीझना; मोहित होना। [मु.] **किसी पर मरना** : आसक्त होना। **मर मिटना** : न्योछावर होना।

मरबुली [सं-स्त्री.] पहाड़ी कंद, जिसके सत्त को तिखुर कहते हैं।

मरभख [सं-पु.] वह जो सदैव खाने के लिए लालायित रहता है।

मरमती [सं-स्त्री.] एक प्रकार का वृक्ष, जिसकी लकड़ी कड़ी और टिकाऊ होती है।

मरमर (फ़ा.) [सं-पु.] एक तरह का सफ़ेद पत्थर।

मरमरा [सं-पु.] एक प्रकार का पक्षी। [वि.] सहज में टूट जाने वाला।

मरमराना [क्रि-स.] थोड़ा दबाने पर 'मरमर' की आवाज़ करना; खड़खड़ाना। [क्रि-अ.] 'मरमर' ध्वनि होना।

मरमराहट [सं-स्त्री.] पेड़ की डाल आदि के टूटने की आवाज़; चरमराहट।

मरम्मत (अ.) [सं-स्त्री.] 1. टूटा-फूटा ठीक करने का काम 2. {ला-अ.} मार; आघात; पिटाई; शारीरिक दंड।

मरम्मती [वि.] मरम्मत संबंधी; मरम्मत करने लायक।

मरल [सं-पु.] दो हाथ लंबी एक प्रकार की मछली।

मरसा [सं-पु.] मरुसा; एक प्रकार का साग।

मरसिया (अ.) [सं-पु.] 1. शोकगीत; मृत व्यक्ति का गुणगान 2. मातम; सियापा।

मरहट [सं-स्त्री.] मोठ।

मरहबा (अ.) [अव्य.] 1. शाबाश; धन्य 2. अच्छा।

मरहम (अ.) [सं-पु.] 1. औषधियों से बना वह गाढ़ा और चिकना लेप जो घाव आदि पर लगाया जाता है 2. घाव की दवा। [मु.] **-लगाना** : राहत पहुँचाना।

मरहमपट्टी (अ.) [सं-स्त्री.] 1. घाव पर मरहम लगाकर पट्टी बाँधने का कार्य 2. ज़ख़्म का इलाज।

मरहला (अ.) [सं-पु.] 1. मंज़िल; पड़ाव; ठिकाना 2. विकट कार्य; कठिन कार्य; झमेला 3. दरज़ा।

मरहूम (अ.) [वि.] 1. जो मर गया हो; स्वर्गवासी; दिवंगत 2. जो रेहन या बंधक रखा गया हो 3. माफ़ किया हुआ; बख़्शा हुआ।

मरा [वि.] 1. मरा हुआ; मृत 2. निराश; हतोत्साहित।

मराकी [सं-स्त्री.] एक प्रकार की मछली।

मराछी [सं-स्त्री.] वह गाय जिसका बछड़ा मर गया हो।

मराठा (सं.) [सं-पु.] महाराष्ट्र राज्य का निवासी।

मराठी (सं.) [सं-स्त्री.] महाराष्ट्र राज्य की भाषा। [वि.] मराठों का; मराठों से संबंध रखने वाला।

मराना [क्रि-स.] किसी को ख़त्म कराना; हत्या करवाना; मारने का काम किसी अन्य से कराना।

मरायल [सं-पु.] सूखे से मारी गई फसल।

मरार [सं-पु.] कोयरी; काछी।

मराल (सं.) [सं-पु.] 1. राजहंस 2. घोड़ा 3. हाथी 4. अनार का बाग 5. काजल 6. बादल; मेघ।

मरियम (अ.) [सं-स्त्री.] 1. ईसा मसीह की माता का नाम 2. कुमारी कन्या।

मरियल [वि.] अत्यंत दुर्बल; बहुत दुर्बल या दुबला और कमज़ोर; बे-दम।

मरिया [सं-स्त्री.] 1. हथौड़ी 2. चोटी नाव के बीच में जड़ा गया पतला और मजबूत तख़्ता।

मरी (सं.) [सं-स्त्री.] 1. किसी संक्रामक बीमारी या महामारी से कई दिनों तक लोगों के मरने का चलने वाला क्रम 2. मृत्यु।

मरीचिका (सं.) [सं-स्त्री.] 1. प्रकाशभ्रम; रेगिस्तान में जल का आभास होना 2. मृगतृष्णा; कांति।

मरीचिन (सं.) [सं-पु.] 1. सूर्य; भानु 2. चंद्रमा।

मरीचिमाली (सं.) [सं-पु.] सूर्य; दिनकर।

मरीची (सं.) [सं-पु.] 1. सूर्य; भानु 2. चंद्रमा। [वि.] किरणों वाला; रश्मि युक्त।

मरीज़ (अ.) [वि.] रोगी; बीमार; अस्वस्थ।

मरु (सं.) [सं-पु.] 1. मरुभूमि; मरुस्थल 2. निर्जन; बियावान 3. रेतीली ज़मीन 4. ऐसी भूमि जहाँ जल न हो 5. मारवाड़ देश 6. मरुआ नामक पौधा।

मरुंडा [सं-पु.] भुने गेहूँ को गुड़ में पागकर बनाया जाने वाला लड्डू। [वि.] मरोड़ा हुआ; तोड़-मरोड़कर कर विकृत किया हुआ। [सं-स्त्री.] ऊँचे माथे वाली स्त्री।

मरुआ[1] [सं-पु.] 1. (चावल का) माँड़ 2. बड़ेर 3. लकड़ी जिसमें झूला लटकाया जाता है।

मरुआ[2] (सं.) [सं-पु.] 1. तुलसी की तरह का एक मंजरीदार पुष्प तथा सुगंधित पत्तियों वाला पौधा 2. हिंडोले में ऊपर की

वह मज़बूत लकड़ी जिसमें झूले की रस्सियाँ बाँधी जाती हैं।

मरुत (सं.) [सं-पु.] 1. हवा; वायु 2. देवता 3. सोना 4. मरुआ 5. प्राण 6. सौंदर्य।

मरुत्वान (सं.) [सं-पु.] 1. इंद्र; सुरपति 2. हनुमान।

मरुद्वीप (सं.) [सं-पु.] 1. किसी मरुस्थल में उपजाऊ और हरा-भरा स्थान; (ओएसिस) 2. नख़लिस्तान।

मरुभूमि (सं.) [सं-पु.] 1. रेगिस्तान; मरुस्थल 2. रेतीली भूमि।

मरुसा [सं-पु.] परसा; एक प्रकार का साग।

मरुस्थल (सं.) [सं-पु.] 1. रेगिस्तान; मरुभूमि 2. रेतीली भूमि।

मरूअटि [सं-स्त्री.] वे रोली के टीके जो हल्दी चढ़ जाने के बाद मुँह पर लगाए जाते हैं।

मरोड़ [सं-स्त्री.] 1. मरोड़ने की क्रिया 2. ऐंठन 3. मरोड़ने से पड़ने वाला बल 4. घुमाव-फिराव; चक्कर 5. {ला-अ.} कपट; क्षोभ। [मु.] **-खाना** : उलझन में पड़ना।

मरोड़ना [क्रि-स.] 1. तनाव में लाना 2. घुमाना 3. ऐंठना 4. मसलना 5. {ला-अ.} दुख पहुँचाना; पीड़ा देना।

मर्कट (सं.) [सं-पु.] 1. वानर; बंदर 2. मकड़ा 3. (कामशास्त्र) संभोग का एक आसन या रतिबंध 4. (काव्यशास्त्र) छंद का एक भेद।

मर्चा [सं-पु.] एक प्रकार का पतला-महीन धान।

मर्ज़ (अ.) [सं-पु.] 1. रोग; बीमारी; व्याधि 2. बुरी आदत; लत 4. दुख।

मर्ज़ी (अ.) [सं-स्त्री.] दे. मरज़ी।

मर्तबा (अ.) [सं-पु.] 1. बार; दफ़ा 2. पद; पदवी।

मर्तबान (ब.) [सं-पु.] घी और अचार आदि खाद्य पदार्थ रखने का काँच या चीनी मिट्टी का बरतन।

मर्त्य (सं.) [सं-पु.] 1. मनुष्य; मानव; प्राणी 2. शरीर। [वि.] 1. नश्वर 2. मरने वाला; मरणशील।

मर्त्यलोक (सं.) [सं-पु.] मनुष्य लोक; भूलोक; वह संसार जिसमें सभी को अंत में मरना पड़ता है।

मर्द (फ़ा.) [सं-पु.] 1. नर; पुरुष 2. पति। [वि.] वीर तथा साहसी।

मर्दक (सं.) [वि.] 1. मर्दन करने वाला 2. रौंदने वाला; मसलने वाला 3. तोड़ने वाला।

मर्दन (सं.) [सं-पु.] 1. मलना; रगड़ना 2. कुचलना; मसलना 3. नाश करना 4. चूर्ण करना 5. घोंटना।

मर्दबाज़ (फ़ा.) [वि.] कई मर्दों से संबंध रखने वाली (स्त्री)।

मर्दवादी (फ़ा.+सं.) [वि.] 1. जिसमें मर्द या पुरुष का प्रभुत्व हो; पितृसत्तात्मक; पुरुषवादी 2. जिसमें पुरुष होने का अभिमान झलकता हो 3. स्त्रियों को कमतर या द्वितीय स्तर का आँकने की मानसिकतावाला; सामंती।

मर्दानगी (फ़ा.) [सं-स्त्री.] दे. मरदानगी।

मर्दाना (फ़ा.) [सं-पु.] दे. मरदाना।

मर्दित (सं.) [वि.] 1. जिसका मर्दन किया गया हो 2. रौंदा हुआ 3. मला हुआ; कुचला हुआ।

मर्दी [सं-स्त्री.] 1. मनुष्यता; पौरुष 2. पुंसत्व; मरदानगी 3. कामशक्ति; यौनक्षमता 4. वीरता।

मर्दुआ (फ़ा.) [सं-पु.] 1. तुच्छ व्यक्ति 2. गैर मर्द; जार 3. व्यंग्य या गाली के रूप में पुरुष के लिए प्रयोग किया जाने वाला उपेक्षासूचक शब्द।

मर्म (सं.) [सं-पु.] 1. भेद; रहस्य 2. स्वरूप 3. गूढ़ अर्थ 4. किसी बात के अंदर छिपा हुआ तत्व।

मर्मग्राही (सं.) [वि.] 1. मर्म को ग्रहण करने वाला; मर्मज्ञ; मर्मभेदी 2. तत्वज्ञ; गुणग्राही 3. रहस्य जानने वाला 4. बात को समझने वाला।

मर्मघाती (सं.) [वि.] 1. मर्म पर आघात करने वाला 2. हृदय को ठेस लगाने वाला; आंतरिक कष्ट पहुँचाने वाला; दिल दुखाने वाला 3. दुखद।

मर्मघ्न (सं.) [वि.] 1. मर्म को चोट पहुँचाने वाला; दिल दुखाने वाला 2. बहुत कष्टदायी।

मर्मज्ञ (सं.) [वि.] 1. किसी बात का गूढ़ रहस्य जानने वाला; मर्मभेदी; तत्वज्ञ 2. भेद की बात जानने वाला 3. तीव्र और नुकीला 4. किसी ग्रंथ या सिद्धांत का गूढ़ अर्थ जानने वाला।

मर्मभेद (सं.) [सं-पु.] 1. मर्मस्थल पर किया जाने वाला आघात 2. दूसरे के रहस्य या किसी गूढ़ बात का उद्घाटन 3. किसी की दुर्बलताओं को प्रकट करना 4. मन की बात का खुलासा।

मर्मभेदक (सं.) [वि.] 1. हृदय विदारक 2. मर्मस्थल को छेदने वाला; मर्मवेधी 3. अतिदुखद।

मर्मभेदी (सं.) [वि.] 1. मर्म पर आघात करने वाला; मर्मस्थल को छेदने वाला 2. अतिदुखद 3. दिल को लगने वाला; मन को बहुत कष्ट देने वाला।

मर्मर [सं-पु.] सूखी पत्तियों को कुचलने पर निकलने वाली आवाज़।

मर्मरित (सं.) [वि.] जिससे मर्मर ध्वनि हो रही हो; मर्मर करता हुआ।

मर्मवचन (सं.) [सं-पु.] 1. गूढ़ बात; उपदेश 2. वह बात या वचन जो मर्म को प्रभावित करने वाला हो; मार्मिक कथन।

मर्मवाक्य (सं.) [सं-पु.] 1. रहस्य या भेद की बात 2. हृदय को भेदने वाली बात; मर्मवचन 3. गूढ़ बात; उपदेश।

मर्मस्थल (सं.) [सं-पु.] 1. शरीर का वह कोमल भाग जहाँ चोट लगना व्यक्ति के लिए घातक होता है; मर्मस्थान, जैसे- कपाल, अंडकोश आदि 2. जीवनस्थान 3. वह भावप्रवण स्थल जिसपर आक्षेप या आघात मनुष्य को विकल करता हो या मानसिक कष्ट देता हो; हृदय।

मर्मस्थान (सं.) [सं-पु.] शरीर का वह कोमल स्थान जहाँ प्रहार होना व्यक्ति के लिए घातक होता है; मर्मस्थल, जैसे- कपाल, हृदय, अंडकोश आदि।

मर्मस्पर्शी (सं.) [वि.] दिल को लगने वाला; दिल पर प्रभाव डालने वाला; हृदयस्पर्शी।

मर्मांग (सं.) [सं-पु.] शरीर के वे अंग जिन पर आघात होने से बहुत पीड़ा होती है और व्यक्ति मर भी सकता है; मर्मस्थल; मर्मबिंदु, जैसे- हृदय, गला, कपाल (सिर), अंडकोश आदि।

मर्मांतक (सं.) [वि.] मर्मस्थल को छेदने वाला; बहुत पीड़ा पहुँचाने वाला।

मर्माघात (सं.) [सं-पु.] 1. मर्मस्थल पर होने वाला आघात 2. हृदय पर लगने वाली चोट 3. {ला-अ.} अतिकष्टदायक बात।

मर्माहत (सं.) [वि.] 1. जिसके मर्म पर आघात किया गया हो 2. जिसके हृदय पर कड़ी चोट पहुँची हो 3. जिसके मन को किसी घटना या बात से बहुत कष्ट हुआ हो; भग्नहृदय।

मर्मी (सं.) [वि.] 1. मर्म या तत्व जानने वाला; मर्मज्ञ; तत्वज्ञ 2. जो गुप्त बातों को जानता हो; रहस्य जानने वाला।

मर्मोक्ति (सं.) [सं-स्त्री.] 1. गूढ़ या गहरी बात; मन को प्रभावित करने वाली बात 2. मार्मिक उक्ति या वाक्य।

मर्यादा (सं.) [सं-स्त्री.] 1. सीमा; हद; अंत; छोर 2. परंपरा आदि द्वारा निर्धारित सीमा; आचार सीमा 3. लोकप्रचलित शिष्ट व्यवहार और उसके नियम; लोकाचार 4. गौरव; प्रतिष्ठा; मान।

मर्यादावादी (सं.) [वि.] 1. मर्यादा में रहने वाला; सीमा के भीतर रहने वाला 2. मर्यादा का पालन करने वाला; मर्यादाशील 3. मर्यादा संबंधी; मर्यादापूर्ण 4. गंभीर; नियंत्रित।

मर्यादाहीन (सं.) [वि.] जिसने किसी भी प्रकार की मर्यादा का परित्याग कर दिया हो; मर्यादारहित; स्वेच्छाचारी।

मर्यादित (सं.) [वि.] 1. किसी प्रकार की सीमा या मर्यादा में रहने और उसका उल्लंघन न करने वाला 2. जो अपनी मर्यादा या सीमा के अंदर हो 3. जिसकी सीमा या हद निश्चित हो; जो अपनी सीमा या मर्यादा में रहा हो 4. प्रतिष्ठित 5. सीमित।

मर्ष (सं.) [सं-पु.] 1. क्षमा; माफ़ी; शांति 2. सहनशीलता; धीरज; धैर्य।

मर्षण (सं.) [सं-पु.] 1. क्षमा करना; माफ़ी 2. किसी प्रकार के कष्ट या अन्याय को धैर्यपूर्वक सहने की क्रिया या भाव; (सफ़रेंस) 3. वह अभ्यास या शक्ति जिससे कोई व्यक्ति असाधारण या कष्टदायक स्थिति को सहता है 4. रगड़ना। [वि.] 1. विनाश करने वाला 2. दूर करने वाला।

मल (सं.) [सं-पु.] 1. मैल; गंदगी 2. गुह; विष्ठा 3. {ला-अ.} पाप; दुर्गुण; बुराई 4. {ला-अ.} मनोविकार। [वि.] 1. गंदा; मलिन 2. दुष्ट।

मल-मूत्र (सं.) [सं-पु.] विष्ठा; गू और पेशाब।

मलंग (फ़ा.) [सं-पु.] 1. निश्चिंत तथा मस्त व्यक्ति 2. एक प्रकार का मुसलमान फ़कीर (साधु) जो निश्चिंत तथा मस्त रहते हैं। [वि.] 1. मनमौजी 2. बेपरवाह।

मलकन [सं-स्त्री.] मलकने या हिलने-डुलने की क्रिया या भाव।

मलकना [क्रि-अ.] 1. हिलना-डुलना 2. इठलाना; इतराना 3. मटकना 4. चमकना। [क्रि-स.] 1. तिरछी नज़र से देखना 2. आँखें नचाना या मटकाना 3. मचमचाना।

मलकरना [सं-पु.] बरतनों पर रेखाएँ खींचने का एक उपकरण।

मलका (अ.) [सं-स्त्री.] 1. महारानी; मल्लिका 2. रानी 3. रूपवती स्त्री। [सं-पु.] 1. प्रतिभा; बुद्धि की विलक्षणता 2. अभ्यास से प्राप्त निपुणता; दक्षता।

मलकाठी [सं-स्त्री.] गुड़िया; बच्चों को खेलने के लिए निर्मित की गई आकृति।

मलकाना[1] [क्रि-अ.] इतराना, बना-बनाकर बातें करना। [क्रि-स.] 1. हिलाना-डुलाना 2. विचलित करना।

मलकाना[2] (अ.) [सं-पु.] मुसलमानों की एक जाति जो पहले राजपूत थी।

मलखम [सं-पु.] धरण के ऊपर जड़ी जाने।

मलझन [सं-पु.] एक प्रकार की बेल।

मलत्याग (सं.) [सं-पु.] शौच करने की क्रिया; कोष्ठशुद्धि; मलविसर्जन।

मलदहिया [सं-पु.] लाल आलू। [वि.] मालदह का।

मलद्वार (सं.) [सं-पु.] वह इंद्रिय जिससे शरीर के भीतर का मल बाहर निकलता है; गुदा; गाँड़।

मलना [क्रि-स.] 1. हाथ से रगड़ना; मसलना; मालिश करना 2. मरोड़ना।

मलपट [सं-पु.] कनपटी।

मलबा [सं-पु.] 1. ध्वस्त इमारत आदि की टूटी-फूटी ईंटों तथा मिट्टी, पत्थर आदि का ढेर 2. कूड़ा-करकट।

मलमल (सं.) [सं-स्त्री.] एक प्रकार का बढ़िया महीन सूती कपड़ा।

मलमला [सं-पु.] 1. कुल्फे का साग। [वि.] 1. बहुत ही कोमल 2. उदास या खिन्न 3. (स्थानिक प्रयोग में) मानसिक व्यथा; दु:खद 4. अरमान; दबी हुई कामना।

मलमास (सं.) [सं-पु.] प्रति तीसरे वर्ष पड़ने वाला वह बढ़ा हुआ या अधिक चंद्र मास जो दो संक्रांतियों के बीच में पड़ता है (चंद्रगणना के अनुसार प्राय: तीसरे या चौथे वर्ष बारह की जगह तेरह महीने भी होते हैं। यही तेरहवाँ महीना, जो वर्ष के बीच में पड़ता है, अधिमास, अधिक मास, मलमास या पुरुषोत्तम कहलाता है)।

मलय (सं.) [सं-पु.] 1. दक्षिण भारत की एक पर्वत शृंखला; मलयगिरि 2. चंदन।

मलयगिरि (सं.) [सं-पु.] 1. दक्षिण भारत का मलय पर्वत 2. उक्त पर्वत पर होने वाला चंदन। [वि.] भूरापन लिए हुए लाल रंग का।

मलयज (सं.) [सं-पु.] 1. चंदन 2. राहु नामक ग्रह। [वि.] मलय पर्वत पर उत्पन्न।

मलयाचल (सं.) [सं-पु.] मलय पर्वत; मलयगिरि।

मलयानिल (सं.) [सं-पु.] 1. मलय पर्वत की ओर से आने वाली हवा; मलय समीर; शुद्ध हवा 2. चंदन की सुगंध वाली हवा 3. वसंत ऋतु की सुखद हवा 4. दक्षिणी पवन।

मलयालम (त.) [सं-स्त्री.] केरल में बोली जाने वाली भाषा।

मलयुग (सं.) [सं-पु.] कलियुग।

मलशुद्धि (सं.) [सं-स्त्री.] 1. पेट या आँतों में रुके हुए मल का बाहर निकलना; मलत्याग 2. पेट साफ़ होना।

मलहम (अ.) [सं-पु.] दे. मरहम।

मलाई [सं-स्त्री.] 1. दूध को खौला कर ठंडा करने पर दूध के ऊपर बनने वाली मोटी गाढ़ी परत; दही की ऊपरी मोटी गाढ़ी परत; साढ़ी (छाली) 2. मलने की क्रिया 3. मलने की मज़दूरी या पारिश्रमिक।

मलाई पूड़ी [सं-पु.] एक मिठाई जो मलाई से निर्मित होती है।

मलाईदार (हिं.+फ़ा.) [वि.] 1. मलाईयुक्त 2. जिसमें लाभ या फ़ायदा हो।

मलाका (सं.) [सं-स्त्री.] 1. कामुक स्त्री; कामिनी 2. वेश्या 3. दूती 4. मादा हाथी; हथिनी।

मलाट [सं-पु.] एक प्रकार का मोटा घटिया कागज, जो प्राय: खाकी रंग का होता है तथा कागजों के बंडल बाँधने या इसी प्रकार के अन्य कामों में आता है।

मलामत (अ.) [सं-स्त्री.] 1. डाँट-फटकार 2. भर्त्सना; निंदा 3. गंदगी 4. दूषित और हानिकारक अंश।

मलाल (अ.) [सं-पु.] 1. खेद; रंज 2. उदासीनता; दुख 3. प्रायश्चित। [मु.] **-आना** : किसी की ओर से चित्त का खिन्न हो जाना।

मलावरोध (सं.) [सं-पु.] पेट में मल रुकने का रोग; कोष्ठबद्धता; कब्ज़।

मलाशय (सं.) [सं-पु.] 1. शरीर में मल इकट्ठा होने का स्थान 2. बड़ी आँत का निचला भाग।

मलिंग [सं-पु.] भ्रमर; भौंरा।

मलिक (अ.) [सं-पु.] 1. बादशाह; महाराज; राजा 2. पाकिस्तान सीमा से सटे क्षेत्र तथा पंजाब के मुसलमानों की एक सम्मानजनक उपाधि; मुसलमानों की एक जाति 3. पंजाब में रहने वाले हिंदुओं की एक जाति 4. एक कुलनाम या सरनेम।

मलिका (फ़ा.) [सं-स्त्री.] दे. मलका।

मलिन (सं.) [वि.] 1. मलयुक्त; मैला 2. ख़राब; बुरा 3. उदास 4. धूमिल; बदरंग 5. मंद; मद्धिम 6. पापी।

मलिनता (सं.) [सं-स्त्री.] 1. मलिन होने की अवस्था या भाव 2. गंदगी 3. अशुद्धता; मैलापन।

मलिनप्रभ (सं.) [वि.] 1. जिसका तेज मंद पड़ चुका हो 2. जिसकी कीर्ति नष्ट हो चुकी हो 3. वैभवहीन।

मलीदा (फ़ा.) [सं-पु.] 1. चूरमे जैसा एक पकवान 2. हाथियों को खिलाया जाने वाला गुड़ मिश्रित आटा 3. एक प्रकार का बहुत मुलायम ऊनी कपड़ा। [वि.] मला हुआ, मर्दित।

मलूक (अ.) [वि.] मनोहर; सुंदर। [सं-पु.] 1. एक पक्षी 2. एक कीड़ा।

मलूकदास [सं-पु.] एक संत कवि।

मलेरिया (अं.) [सं-पु.] एक प्रकार का ज्वर जो विषैले मादा एनोफ़िलेज़ मच्छर के काटने से उत्पन्न होता है; जूड़ी ताप; बुख़ार।

मलेहरा [सं-पु.] एक प्रकार का पान।

मलोत्सर्ग (सं.) [सं-पु.] 1. मल का उत्सर्जन करना 2. मलत्याग।

मलोला (अ.) [सं-पु.] 1. मानसिक दुख; रंज; पछतावा 2. ऐसी मनोकामना जो व्याकुल कर देती हो; उत्कट इच्छा; अरमान।

मल्टीनैशनल (अं.) [वि.] जिसका विस्तार अनेक देशों में हो; जिसमें अनेक राष्ट्र सम्मिलित हों; बहुराष्ट्रीय।

मल्टीमीडिया (अं.) [सं-पु.] 1. मिश्रित संपर्क-साधनों अर्थात शब्द, चित्र तथा ध्वनि के साथ होने वाला संचार; बहुमाध्यमी 2. कंप्यूटर प्रणाली में ध्वनि और दृश्य-छवियों का मिश्रित रूप 3. इलेक्ट्रॉनिक उपकरणों जैसे- कंप्यूटर, मोबाइल फ़ोन आदि की सहायता से जन-जन के बीच सूचना एवं मनोरंजन उपलब्ध कराने वाली तकनीक या तकनीकों का समूह 4. प्रिंट और इलेक्ट्रॉनिक मीडिया की प्रसार-प्रणाली।

मल्ल (सं.) [सं-पु.] 1. कुश्ती लड़ने वाला पहलवान 2. बुद्धकालीन सोलह महाजनपदों में से एक 3. क्षत्रिय समाज में एक कुलनाम या सरनेम। [वि.] बलिष्ठ; बलवान।

मल्लयुद्ध (सं.) [सं-पु.] द्वंद्व युद्ध; बाहुयुद्ध; कुश्ती।

मल्लार (सं.) [सं-पु.] (संगीत) वर्षा ऋतु में गाया जाने वाला एक राग; मलार।

मल्लाह (अ.) [सं-पु.] केवट; माँझी; नाविक।

मल्लाही (अ.) [सं-स्त्री.] 1. मल्लाह का काम या कार्य; मल्लाह का पद 2. मल्लाह की मज़दूरी 3. नाव का भाड़ा 4. तैरने की एक विधा 5. उक्त ढंग से तैरने की क्रिया। [वि.] मल्लाह का; मल्लाह संबंधी।

मल्लिका (सं.) [सं-स्त्री.] 1. चमेली 2. मोतिया 3. एक प्रकार का फूल; बेला 4. (काव्यशास्त्र) एक छंद का नाम।

मल्ली [सं-स्त्री.] एक प्रकार की मछली।

मल्हनी [सं-स्त्री.] एक प्रकार की नाव जिसका अगला भाग अधिक चौड़ा होता है।

मल्हारना (सं.) [क्रि-स.] पुचकारना; चुमकारना; दुलारना।

मल्हावेल [सं-स्त्री.] मौला नाम की बेल जो प्राय: वृक्षों पर चढ़कर उन्हें बहुत अधिक हानि पहुँचाती है।

मवाद (अ.) [सं-पु.] घाव या फोड़े की पीब; (पस) 2. सामग्री; सामान;मसाला 3. प्रमाण।

मवाली [सं-पु.] 1. दक्षिण भारत की एक जाति 2. उक्त जाति का व्यक्ति 3. चोर-उचक्का।

मवास [सं-पु.] 1. किला; दुर्ग; गढ़ 2. रक्षा या शरण का स्थान 3. आश्रय-स्थान 4. कुछ समय के लिए किसी स्थान पर ठहरना; बसेरा।

मवासी [सं-स्त्री.] छोटा गढ़ या किला। [सं-पु.] 1. गढ़पति; किलेदार 2. सरदार; मुखिया। [वि.] मवास या दुर्ग संबंधी; किले का।

मवेशी (अ.) [सं-पु.] चौपाया जानवर; दूध देने वाले पालतू जानवर; ढोर।

मवेशीख़ाना (अ.+फ़ा.) [सं-पु.] 1. मवेशियों के रहने का स्थान; पशुशाला 2. पशुबंदी गृह; काँजी हाउस।

मशक[1] (सं.) [सं-पु.] 1. मच्छर 2. शरीर पर होने वाला मस्सा 3. शाकद्वीप में स्थित एक प्रदेश।

मशक[2] (फ़ा.) [सं-स्त्री.] बकरी या भेड़ के चमड़े से बनी थैली जिससे भिश्ती पानी भरते हैं।

मशकूक (अ.) [वि.] संदिग्ध; जिसपर शक किया जा रहा हो।

मशक्कत (अ.) [सं-स्त्री.] 1. कठोर श्रम; कड़ी मेहनत; परिश्रम 2. कष्ट; दुख।

मशगला (अ.) [सं-पु.] 1. दिल-बहलाव का काम 2. शौक 3. शगल; काम।

मशगूल (अ.) [वि.] किसी काम में लगा हुआ; कार्यरत; व्यस्त।

मशवरा (अ.) [सं-पु.] परामर्श; सलाह; मंत्रणा।

मशविरा (अ.) [सं-पु.] दे. मशवरा।

मशहूर (अ.) [वि.] प्रख्यात; प्रसिद्ध; विख्यात; नामी; जिसकी शोहरत हो।

मशाल (अ.) [सं-स्त्री.] 1. एक प्रकार की मोटी बत्ती जो लकड़ी पर कपड़ा लपेटकर बनाई और अधिक प्रकाश के लिए जलाई जाती है 2. {ला-अ.} विरोध; क्रांति।

मशालची (अ.+फ़ा.) [सं-पु.] मशाल दिखाने या जलाने वाला व्यक्ति; वह व्यक्ति जो जलती हुई मशाल लेकर दिखलाता हुआ चलता है।

मशीन (अं.) [सं-स्त्री.] 1. एक प्रकार का यंत्र; कल 2. इंजन।

मशीनगन (अं.) [सं-स्त्री.] एक चक्राकार बंदूक जिसे चलाने पर लगातार सैकड़ों गोलियाँ निकलती हैं।

मशीनरी (अं.) [सं-स्त्री.] 1. किसी कारखाने की मशीनों का समूह; यंत्र-समष्टि 2. कलपुरज़े; उपकरण।

मशीनी (अं.) [वि.] 1. यंत्रवत 2. यंत्रशास्त्र संबंधी 3. यंत्र संबंधी 4. अपने आप होने वाला।

मशीनीकरण (अं.+सं.) [सं-पु.] 1. यंत्रीकरण 2. कार्य को मनुष्य-बल के स्थान पर मशीनों से करवाने की व्यवस्था कर देना।

मश्क़ (अ.) [सं-स्त्री.] 1. बार-बार करते रहने पर होने वाला किसी काम का अभ्यास।

मष्ट (सं.) [वि.] 1. जो भूल गया हो 2. संस्कारशून्य 3. मौन; चुप।

मस[1] (सं.) [सं-पु.] तौल; माप। [सं-स्त्री.] 1. मूँछ निकलने की आरंभिक अवस्था जो बालों की हलकी रेखा के रूप में होती है; रोमावली 2. (लिखने की) स्याही।

मस[2] (अ.) [सं-पु.] 1. स्पर्श करना; छूना 2. स्पर्श करने या छूने की शक्ति 3. संभोग; स्त्री-गमन 4. चूसना;चूषण।

मसक [सं-स्त्री.] 1. मसकने की क्रिया या भाव; तनाव या दबाव के कारण कपड़े आदि का किसी स्थान विशेष पर थोड़ा विरल होना या फैल जाना 2. किसी चीज़ के मसकने के कारण उस पर पड़ने वाला निशान। [सं-पु.] मशक; मच्छर।

मसकना [क्रि-अ.] 1. तनाव या दबाव के कारण किसी कपड़े का तार-तार हो जाना या फट जाना 2. {ला-अ.} मन का दुखी होना; विवशता महसूस करना। [क्रि-स.] 1. तानकर फाड़ना 2. तोड़ना।

मसका[1] [सं-पु.] चूने की बरी का वह चूर्ण जिस पर पानी छिड़कने से तैयार हो जाता है।

मसका[2] (फ़ा.) [सं-पु.] 1. मक्खन; नवनीत 2. दही का पानी 3. ताजा निकला हुआ घी।

मसख़रा (अ.) [सं-पु.] 1. बहुत हँसी-मज़ाक करने वाला व्यक्ति; हँसोड़; ठट्ठेबाज़ 2. विनोद प्रिय या परिहास प्रिय व्यक्ति 3. विदूषक 4. वह जो दूसरों की नकल उतारता हो; नक्काल।

मसख़री (अ.) [सं-स्त्री.] 1. वह क्रिया या बात जिसका उद्देश्य दूसरों को हँसाना हो 2. ठट्ठा; दिल्लगी 3. मसख़रापन।

मसजिद (अ.) [सं-स्त्री.] मस्जिद।

मसनद (अ.) [सं-स्त्री.] 1. लंबी बेलनाकार तकिया; गावतकिया 2. उक्त प्रकार की तकिया लगा कर बैठने की जगह 3. अमीरों के बैठने की गद्दी।

मसनवी (अ.) [सं-स्त्री.] (उर्दू साहित्य) वह कविता जिसमें दो-दो चरण एक साथ रहते हैं और दोनों में तुकांत मिलाया जाता है।

मसना [क्रि-स.] 1. मसलना 2. गूँधना।

मसनूई (अ.) [वि.] 1. बनावटी; अप्राकृतिक; अस्वाभाविक; कृत्रिम 2. मिथ्या; पाखंडपूर्ण; झूठा।

मसरफ़ (अ.) [सं-पु.] 1. ख़र्च करने की जगह, मौका या अवसर 2. व्यवहार या काम में आना; उपयोग 3. प्रयोजन।

मसरी [सं-स्त्री.] नुकीले ठाट वाली भैंस।

मसरू [सं-पु.] एक प्रकार का धारीदार कपड़ा जो रेशम और सूत से बुना जाता है।

मसरूफ़ (अ.) [वि.] 1. व्यस्त 2. काम में लगा हुआ; मशगूल 3. संलग्न 4. जो ख़र्च किया गया हो।

मसरूफ़ियत (अ.) [सं-स्त्री.] मसरूफ़ होने की अवस्था या भाव; व्यस्तता।

मसल (अ.) [सं-स्त्री.] कहावत; मिसाल; लोकोक्ति।

मसलन[1] [सं-स्त्री.] 1. मसलने की क्रिया या भाव 2. रगड़ने का भाव; मर्दन 3. स्पर्श।

मसलन[2] (अ.) [क्रि.वि.] 1. उदाहरणस्वरूप; उदाहरणार्थ 2. मिसाल के तौर पर।

मसलना [क्रि-स.] 1. किसी नरम चीज़ को हथेली या उँगलियों से दबाते हुए रगड़ना; मलना 2. गूँथना; सानना 3. किसी चीज़ को ज़ोर से टूटने तक दबाना।

मसलहत (अ.) [सं-स्त्री.] 1. ऐसी गुप्त युक्ति अथवा छिपी हुई भलाई जो सहसा ऊपर से देखने से जानी न जा सके; अप्रकट शुभ हेतु 2. हितकर परामर्श; उचित सलाह 3. हित; भलाई 4. नीति।

मसलहतन (अ.) [क्रि.वि.] 1. अप्रकट रूप से अच्छे उद्देश्य के लिए 2. किसी शुभ उद्देश्य से 3. भलाई की दृष्टि से।

मसला (अ.) [सं-पु.] 1. समस्या 2. प्रश्न 3. विषय; मुद्दा।

मसल्स (अं.) [सं-पु.] मांसपेशियाँ; पुट्ठे।

मसविदा (अ.) [सं-पु.] 1. काट छाँट और संपादन के उद्देश्य से लिखा गया कोई लेख; प्रारूप; मसौदा; प्रस्ताव 2. युक्ति; तरकीब।

मसहरी (सं.) [सं-स्त्री.] 1. सोते समय मच्छर आदि से बचने के लिए खाट या पलंग के चारों ओर लगाया जाने वाला जालीदार कपड़े का बना हुआ एक चौकोर या गोल आवरण 2. ऐसा पलंग या खाट जिसके चारों पायों पर उक्त प्रकार का जालीदार कपड़ा लटकाने के लिए चार ऊँची लकड़ियाँ या छड़ लगी हों।

मसा [सं-पु.] दे. मस्सा।

मसान (सं.) [सं-पु.] 1. शव जलाने का स्थान; श्मशान; मरघट 2. (अंधविश्वास) भूत-पिशाच 3. युद्धभूमि या रणक्षेत्र जिसमें श्मशान की तरह लाशों का ढेर लग जाता है।

मसाना (अ.) [सं-पु.] पेट के अंदर की वह थैली जिसमें पेशाब

जमा रहता है; मूत्राशय; वस्ति।

मसानिया [सं-पु.] 1. मसान पर रहने वाला व्यक्ति; डोम 2. अर्थपिशाची; कंजूस 3. मशान पर रहकर तंत्र-मंत्र सिद्ध करने वाला; तांत्रिक। [वि.] मसान संबंधी; मसान का।

मसानी (सं.) [सं-स्त्री.] श्मशान में रहने वाली स्त्री; डाकिनी; पिशाचिनी।

मसाला (अ.) [सं-पु.] 1. कुछ खाद्य, पेय आदि पदार्थों को स्वादिष्ट, गुणकारी आदि बनाने के लिए उसमें डाला जाने वाला किसी वनस्पति का कोई भाग, जैसे- जीरा, धनिया आदि 2. किसी विशेष कार्य के लिए बनाया हुआ औषधियों या रासायनिक द्रव्यों का योग या समूह 3. किसी काम, बात आदि का आधार या साधन; सामग्री 4. मिट्टी, चूने, सीमेंट आदि में पानी मिलाकर तैयार की हुई वह वस्तु जिससे ईंटों की जोड़ाई आदि होती है; गारा 5. किसी पदार्थ को प्रस्तुत करने के लिए आवश्यक सामग्री; वे चीज़ें जिनकी सहायता से कोई चीज़ तैयार होती है; (फ़ार्मूला) 6. टॉर्च में लगने वाला मसाला; बैटरी का सेल 7. फ़िल्मों या समाचार पत्र-पत्रिकाओं की वह सामग्री या कथा तत्व जिनसे लोकप्रियता बढ़ाई जाती है; चटपटी कथावस्तु, जैसे- मसाला फ़िल्म।

मसालेदानी (अ.+फ़ा.) [सं-स्त्री.] मसाला रखने का एक ढक्कनदार डिब्बा जिसमें कई ख़ाने बने होते हैं; मसालदानी; मसालदान।

मसालेदार (अ.+फ़ा.) [वि.] 1. जिसमें किसी प्रकार का मसाला लगा या मिला हो 2. (बात या ख़बर) जो बढ़ा-चढ़ाकर कही गई हो; जनरोचक।

मसि (सं.) [सं-स्त्री.] 1. स्याही; रोशनाई 2. काजल 3. कालिख।

मसीना [सं-पु.] दलहन की फसलें।

मसिपात्र (सं.) [सं-पु.] 1. मसि अर्थात स्याही रखने का पात्र या बरतन 2. दवात।

मसिमुख (सं.) [वि.] 1. जिसके मुँह में स्याही या कालिख लगी हो 2. कलंकित; दुष्कर्म करने वाला।

मसीना (सं.) [सं-स्त्री.] अलसी।

मसील [सं-पु.] बड़ी उम्र का वह मोटा पक्षी जो चलने व उड़ने में तेज हो।

मसीह (अ.) [सं-पु.] 1. ईसाई धर्म के प्रवर्तक हज़रत ईसा की एक उपाधि 2. मसीहा 3. मित्र; दोस्त 4. वह जिसने दूर-दूर के देशों में भ्रमण किया हो।

मसीहा (अ.) [सं-पु.] 1. ईश्वर द्वारा भेजा हुआ दूत 2. ईसाई धर्म के प्रवर्तक ईसा मसीह 3. दोस्त; मित्र।

मसीहाई (अ.) [सं-स्त्री.] 1. मसीहा का पद या कार्य; मसीहापन 2. मसीह के जैसा दयालु और उपकारी।

मसीही (अ.) [सं-पु.] ईसाई; ईसा को मानने वाला व्यक्ति। [वि.] ईसा मसीह से संबंधित; ईसाई धर्म का।

मसूड़ा (सं.) [सं-पु.] दाँतों के ऊपर-नीचे का मांस; मुँह का वह भाग जिससे दाँत निकलते हैं।

मसूढ़ी [सं-स्त्री.] धातु गलाने की भट्ठी।

मसूर (सं.) [सं-पु.] एक प्रकार का दलहन।

मसूरिका (सं.) [सं-स्त्री.] 1. चेचक रोग का एक भेद; खसरा 2. शीतला रोग 3. दूती 4. कुटनी।

मसूरी [सं-पु.] एक प्रकार का पेड़ जो कद में छोटा होता है और शिशिर ऋतु में जिसके पत्ते झड़ जाते हैं। [सं-स्त्री.] मसूर की दाल।

मसूल [सं-पु.] 1. किराया; भाड़ा। 2. एक दाल वाला अनाज।

मसूला [सं-पु.] एक प्रकार की पतली लंबी नाव।

मसृण (सं.) [वि.] 1. स्निग्ध; चिकना 2. कोमल; मुलायम 3. चमकीला; सुंदर।

मसोढ़ा [सं-पु.] 1. सोना, चाँदी आदि गलाने की घरिया; मिट्टी का बना घड़े के आकार का छोटा बरतन 2. मसूड़ा।

मसोसना [क्रि-अ.] 1. मनोवेग को रोकना; दबाना 2. मन ही मन कुढ़ना 3. मन ही मन दुख करना।

मसोसा [सं-पु.] 1. मानसिक दुख; मन में होने वाला रंज; मानसिक कष्ट 2. पछतावा; पश्चाताप।

मसौदा (अ.) [सं-पु.] 1. लेख आदि का आरंभिक रूप जिसमें आवश्यक काट-छाँट की जा सकती हो; प्रारूप 2. पुस्तक आदि का मूल लेख; पांडुलिपि 3. मसविदा।

मस्कन (अ.) [सं-पु.] निवासस्थान; घर; मकान।

मस्कला (अ.) [सं-पु.] धातुओं को चमकाने का हँसिए के आकार का एक औज़ार।

मसख़रा (अ.) [सं-पु.] मसख़रा।

मसख़री (अ.) [सं-स्त्री.] मसख़री।

मस्जिद (अ.) [सं-स्त्री.] 1. वह इमारत जहाँ मुसलमान एकत्र होकर नमाज़ पढ़ते हैं तथा ख़ुदा की इबादत करते हैं 2. सिजदा करने का स्थान।

मस्त (फ़ा.) [वि.] 1. मद या नशे में चूर; मदोन्मत्त; मतवाला; मनमौजी 2. लापरवाह; बेफ़िक्र 3. जिसकी संभोग की इच्छा प्रबल हो रही हो 4. सदा प्रसन्न रहने वाला; निश्चिंत रहने वाला; आनंदित 5. पूरी तरह से लीन 6. अनुरक्त; आसक्त।

मस्तक (सं.) [सं-पु.] सिर का ऊपरी और सामने वाला भाग; माथा; भाल; ललाट।

मस्तमौला (फ़ा.+अ.) [वि.] जो मनमाने ढंग से काम करता हो; अपने में मस्त रहने वाला; मनमौजी। [सं-पु.] हर प्रकार की चिंता से बेपरवाह व्यक्ति।

मस्ताना (फ़ा.) [वि.] मस्त रहने वाला; अपने में ख़ुश रहने वाला [क्रि-अ.] मस्त होना; मस्ती पर आना [क्रि-स.] मस्त करना; मस्ती में लाना।

मस्तिष्क (सं.) [सं-पु.] 1. दिमाग 2. मस्तक के अंदर का गूदा; भेजा; मगज़; (ब्रेन)।

मस्तिष्कीय (सं.) [वि.] मस्तिष्क संबंधी; मस्तिष्क का।

मस्ती (फ़ा.) [सं-स्त्री.] 1. प्रसन्न और निश्चिंत रहने की अवस्था या भाव; मतवाला या उन्मत्त होने की अवस्था; मतवालापन 2. कामवासना की प्रबलता 3. नशा 4. जवानी का जोश 5. मस्त होने पर कुछ विशिष्ट पशुओं की कनपटी से बहने वाला एक तरल पदार्थ 6. वृक्षों से निकलने या निकाला जाने वाला तरल पदार्थ 7. शरारत या नटखट भरा काम 8. सुविधाओं को

भोगने की क्रिया; भोग विलास।

मस्तूल (पु.) [सं-पु.] बड़ी नावों में पाल बाँधने का लट्ठा।

मस्सा [सं-पु.] शरीर पर दाने के रूप में उभरा हुआ काले रंग का मांसपिंड; मसा।

महँगा[1] [सं-पु.] ऊँट; उष्ट्र; क्रमेलक।

महँगा[2] (सं.) [वि.] 1. जिसका मूल्य उचित से अधिक हो 2. अधिक दामवाला 3. बहुमूल्य।

महँगाई [सं-स्त्री.] महँगा होने की अवस्था या भाव; महँगापन।

महँगी [सं-स्त्री.] 1. महँगे होने की अवस्था या भाव 2. अधिक मूल्य पर वस्तुएँ बिकने की स्थिति 3. आवश्यक वस्तुओं की दुर्लभता या अकाल।

महँड़ा [सं-पु.] भुना हुआ चना।

महँदिया [वि.] लाल पंखों वाला।

महंत (सं.) [सं-पु.] 1. वह साधु जो किसी मठ का प्रधान हो; मठ का स्वामी; मठाधीश 2. मुखिया।

महंती [सं-स्त्री.] महंत का पद या कार्य।

महक (सं.) [सं-स्त्री.] 1. ख़ुशबू; सुगंध 2. गंध या वास।

महकना [क्रि-अ.] महक या गंध देना; वास आना।

महकमा (अ.) [सं-पु.] 1. किसी विशिष्ट कार्य के लिए अलग किया हुआ विभाग; सरिश्ता 2. कचहरी; न्यायालय 3. आदेशालय; हुक्म करने की जगह।

महकान [सं-स्त्री.] गंध; वास; महक।

महकीला [वि.] जो महक रहा हो; जिसमें से महक निकल रही हो; महकनेवाला; महकदार।

महकूम (अ.) [वि.] 1. जिसके ऊपर हुक्म चलाया जाए 2. दास; गुलाम 3. अधीन; आश्रित 4. प्रजा 5. वशीभूत।

महज़ (अ.) [अव्य.] 1. केवल; सिर्फ़; मात्र 2. निर्मल; ख़ालिस; निरा 3. जिसमें किसी वस्तु का मेल न हो; शुद्ध 4. सरासर। [वि.] विशुद्ध; खाँटी।

महज्जन (सं.) [सं-पु.] महापुरुष; महाजन।

महत (सं.) [वि.] 1. महान; सर्वश्रेष्ठ; प्रतिष्ठित; उच्च 2. तीव्र 3. प्रधान। [सं-पु.] (सांख्य) प्रकृति का पहला विकार; सांख्य के पच्चीस तत्वों में से एक।

महता (सं.) [सं-पु.] 1. गाँव का मुखिया 2. सरदार; महतो।

महताब (फ़ा.) [सं-पु.] 1. चंद्रमा; चाँद 2. एक प्रकार का जंगली कौआ। [सं-स्त्री.] चाँदनी; महताबी।

महताबी (फ़ा.) [सं-स्त्री.] 1. एक प्रकार की आतिशबाज़ी 2. नदी या जलाशय के पास की वह छोटी इमारत जिसमें बैठकर चाँदनी रात का आनंद लेते हैं 3. चकोतरा नीबू।

महती (सं.) [सं-स्त्री.] 1. बड़ाई; महत्व; महिमा 2. नारद की वीणा का नाम 3. वैश्यों की एक जाति। [वि.] 1. बड़ी 2. श्रेष्ठ 3. प्रधान।

महतो [सं-पु.] 1. गाँव का मुखिया 2. मालिक; स्वामी 3. प्रमुख कृषक 4. किसी समाज का प्रमुख व्यक्ति 5. गयावाल पंडों में एक कुलनाम या सरनेम।

महत्तत्त्व (सं.) [सं-पु.] 1. सांख्य दर्शन के अनुसार प्रकृति का पहला विकार 2. बुद्धितत्व 3. जीवात्मा।

महत्तम (सं.) [वि.] सबसे बड़ा; श्रेष्ठ।

महत्तर (सं.) [वि.] 1. अपेक्षाकृत अधिक महत्वपूर्ण या श्रेष्ठ 2. किसी से बड़ा या अच्छा।

महत्ता (सं.) [सं-स्त्री.] 1. महत्व 2. उपयोगिता 3. महिमा 4. उच्च पद 5. बड़प्पन 6. गुरुता।

महत्व (सं.) [सं-पु.] 1. महान होने की अवस्था या भाव; महत्ता; गुरुता 2. बड़प्पन; बड़ाई; श्रेष्ठता 3. अधिक आवश्यक होना।

महत्वपूर्ण (सं.) [वि.] 1. अधिक महत्व का 2. गणमान्य 3. ख़ास।

महत्वहीन (सं.) [वि.] 1. जिसका कोई महत्व न हो; अनावश्यक 2. तुच्छ।

महत्वाकांक्षा (सं.) [सं-स्त्री.] 1. उन्नति को प्राप्त करने की इच्छा; बड़ा बनने की आकांक्षा 2. सपना; तमन्ना; अरमान; कामना।

महत्वाकांक्षी (सं.) [वि.] बड़ा बनने की इच्छा रखने वाला; उच्चाभिलाषी; उच्चाकांक्षी।

महदूद (अ.) [वि.] 1. जिसकी सीमा बाँध दी गई हो; परिमित; सीमित; नियत 2. घिरा हुआ 3. जिसकी ठीक से व्याख्या कर दी गई हो।

महनीय (सं.) [वि.] 1. पूज्य; मान्य 2. महान 3. श्रेष्ठ।

महफ़िल (अ.) [सं-स्त्री.] 1. सभा; समाज; मजलिस; जलसा; गोष्ठी 2. संगीत समारोह या नाच-गाना होने का स्थान।

महफ़ूज़ (अ.) [वि.] 1. जिसकी अच्छी तरह हिफ़ाजत की गई हो 2. सुरक्षित; रक्षित; निरापद 3. सही-सलामत 4. आवश्यकता के लिए बचा कर रखा हुआ।

महबूब (अ.) [सं-पु.] वह जिससे प्रेम किया जाए; प्रेमपात्र; प्रिय; प्यारा।

महबूबा (अ.) [सं-स्त्री.] वह स्त्री जिसके साथ प्रेम किया जाए; प्रेमिका; प्रिया; प्रेयसी; प्रेमपात्री; प्यारी।

महबूबियत (अ.) [सं-स्त्री.] 1. प्रेम; प्यारा 2. महबूब होने की अवस्था या भाव।

महमह [क्रि.वि.] 1. सुगंध या ख़ुशबू के साथ; सुवासित; महकते हुए।

महमहा [वि.] सुगंधित; महकदार; ख़ुशबुदार।

महमहाना [क्रि-अ.] गमकना; सुगंध देना।

महमूद (अ.) [वि.] जिसकी प्रशंसा की गई हो; प्रशंसित; श्रेष्ठ; उत्तम; शुभ।

महर[1] (सं.) [सं-पु.] 1. ब्रज क्षेत्र में सम्मानित लोगों के लिए व्यवहृत एक आदरसूचक शब्द 2. एक प्रकार का पक्षी। [वि.] सुगंधित।

महर[2] (फ़ा.) [सं-पु.] वह रकम या संपत्ति जो मुसलमान वर निकाह के समय वधू को देने का वचन देता है। [सं-स्त्री.] कृपा; दया।

महरा [सं-पु.] एक जाति जो पानी भरने तथा डोली ढोने का काम करती है; कहार। [वि.] 1. मुखिया 2. प्रधान; मुख्य 3. बड़ा 4. पूज्य और श्रेष्ठ।

महराना [सं-पु.] महरों के रहने का स्थान, मुहल्ला या गाँव।

महरिया [सं-पु.] 1. औरत। 2. पत्नी, मेहरारू।

महरी [सं-स्त्री.] 1. घरेलू काम-काज तथा सेवा करने वाली नौकरानी; बाई 2. ग्वालिन नामक पक्षी।

महरू[1] [सं-पु.] 1. एक प्रकार का वृक्ष 2. चंडू पीने की नली।

महरू[2] (फ़ा.) [वि.] चंद्रमुख; चंद्रवदन।

महरूआ [सं-पु.] जस्ता (एक धातु)।

महरूम (अ.) [वि.] 1. वंचित 2. अभागा; बदनसीब 3. रोका गया; वर्जित।

महर्षि (सं.) [सं-पु.] 1. बहुत बड़ा और श्रेष्ठ ऋषि; मुनिश्रेष्ठ 3. (संगीत) एक प्रकार का राग।

महल (अ.) [सं-पु.] 1. राजाओं, रईसों आदि का आवास; भवन; राजप्रासाद 2. राजप्रासाद का वह विभाग जिसमें रानियाँ आदि रहती हों; रनिवास; अंत:पुर 3. सजा हुआ बड़ा कमरा 4. बेगम।

महल्ला (अ.) [सं-पु.] किसी नगर या गाँव का एक भाग; टोला।

महल्लेदार (अ.+फ़ा.) [सं-पु.] किसी महल्ले का प्रधान या चौधरी।

महल्लेदारी (अ.+फ़ा.) [सं-स्त्री.] एक ही महल्ले में रहने वालों में होने वाला आपसी बरताव या लेन-देन।

महसूल (अ.) [सं-पु.] 1. कर; राजस्व 2. मालगुज़ारी 3. किराया; भाड़ा। [वि.] प्राप्त किया हुआ; हासिल; संगृहित।

महसूली (अ.) [वि.] 1. जिसपर किसी प्रकार का कर या महसूल लगता हो या लग सकता हो; महसूल के योग्य 2. जिसपर लगान या महसूल देना पड़ता हो।

महसूस (अ.) [वि.] 1. इंद्रियों के द्वारा जिसका अनुभव किया जाए; अनुभूत 2. मालूम; ज्ञात; जाहिर 3. प्रकट; स्पष्ट।

महा (सं.) [पूर्वप्रत्य.] एक पूर्वप्रत्यय जो शब्दों के आरंभ में जुड़कर निम्नलिखित अर्थ देता है- 1. श्रेष्ठ, महान, बड़ा, जैसे- महाकवि, महामंत्री, महावीर आदि 2. बहुत उग्र या तीव्र विनाशक, अत्यधिक हिंसक, अत्यंत विस्तृत, जैसे- महायुद्ध, महानगर, महाद्वीप आदि 3. बहुत बड़ा, विशाल, भारी, जैसे- महाकाय, महासभा आदि।

महाई [क्रि-स.] बिलोना।

महाएरण्ड [सं-पु.] पपीता।

महाकवि (सं.) [सं-पु.] महाकाव्य का रचयिता; महान कवि।

महाकाय (सं.) [वि.] 1. भारी भरकम या विशाल शरीर वाला; विकराल 2. अतिकाय; भीमकाय।

महाकाल (सं.) [सं-पु.] 1. सृष्टि का संहार करने वाले; महादेव 2. शिव का संहारकारी रूप; रूद्र 3. शिव के द्वादश ज्योतिर्लिंगों में से एक जो उज्जैन में है 4. विष्णु का एक नाम 5. समय, जो ब्रह्मांड के समान अनंत है 6. (पुराण) शिव के एक गण का नाम 7. (पुराण) शिव के एक पुत्र का नाम।

महाकाली (सं.) [सं-स्त्री.] (पुराण) महाकाल स्वरूप शिव की पत्नी जिनके पाँच मुख और आठ भुजाएँ मानी गई हैं; दुर्गा का एक भयानक रूप; रुद्राणी; शक्ति की एक अनुचरी।

महाकाव्य (सं.) [सं-पु.] वह बड़ा, विस्तृत और सर्गबद्ध काव्यग्रंथ जिसमें प्राय: सभी रसों, ऋतुओं और प्राकृतिक दृश्यों आदि का वर्णन होता है; (एपिक)।

महागति (सं.) [सं-स्त्री.] (पुराण) परम पद की प्राप्ति; मोक्ष; निर्वाण।

महाजन (सं.) [सं-पु.] 1. रुपए-पैसे का लेन-देन करने वाला व्यक्ति; साहूकार 2. अमीर व्यक्ति 3. श्रेष्ठ व्यक्ति 4. जनसमूह, जनता 5. किसी जाति या श्रेणी विशेष का प्रमुख; मुखिया।

महाजनी (सं.) [सं-स्त्री.] 1. रुपए के लेन देन का व्यवसाय 2. महाजनों का पेशा या व्यवसाय 3. एक विशेष प्रकार की लिपि जिसमें मात्राओं का प्रयोग नहीं होता तथा यह लिपि महाजनों के यहाँ बही-खाता लिखने के काम आती है। [वि.] महाजनों में होने वाला; महाजन संबंधी।

महाजोगिन [सं-स्त्री.] एक महीन धान।

महात्मा (सं.) [सं-पु.] 1. वह जिसकी आत्मा पवित्र हो 2. जिसका स्वभाव, आचरण और विचार आदि बहुत उच्च हो; महानुभाव 3. बहुत बड़ा साधु, संन्यासी या विरक्त।

महादान (सं.) [सं-पु.] 1. पौराणिक मान्यता के आधार पर ग्रहण आदि के समय किया जाने वाला दान 2. (पुराण) उन सोलह दानों में से कोई एक जिनसे स्वर्ग की प्राप्ति होती है।

महादेव (सं.) [सं-पु.] शिव; सबसे बड़े देव।

महादेवी (सं.) [सं-स्त्री.] 1. दुर्गा 2. पार्वती 3. राजा की प्रधान पत्नी; पटरानी।

महाद्वीप (सं.) [सं-पु.] (भूगोल) पृथ्वी के स्थल भाग के सात बड़े-बड़े प्राकृतिक भू-भागों में से प्रत्येक।

महाद्वीपीय (सं.) [वि.] महाद्वीप का; महाद्वीप संबंधी।

महान (सं.) [वि.] 1. बहुत बड़ा; विशाल 2. श्रेष्ठ; उच्चकोटि का।

महानगर (सं.) [सं-पु.] बहुत बड़ा शहर; प्रमुख नगर।

महानगरीय (सं.) [वि.] 1. महानगर संबंधी 2. महानगर का।

महानता (सं.) [सं-स्त्री.] 1. महान होने का भाव 2. श्रेष्ठता; बड़प्पन।

महानदी (सं.) [सं-स्त्री.] 1. विशाल नदी 2. एक नदी जो ओडिशा से गुज़रती हुई बंगाल की खाड़ी में गिरती है।

महानस (सं.) [सं-पु.] रसोई घर; पाकशाला; पाकगृह।

महानाटक (सं.) [सं-पु.] 1. बहुत बड़ा नाटक 2. वह नाटक जिसमें दस या दस से अधिक अंक हों।

महानिर्वाण (सं.) [सं-पु.] जीव के जन्म और मृत्यु के बंधन से मुक्त हो जाने की अवस्था; मोक्ष; कैवल्य; परिनिर्वाण।

महानुभाव (सं.) [सं-पु.] 1. महान या उच्च आशय और विचारों वाला व्यक्ति 2. महान व्यक्ति; सत्यनिष्ठ व्यक्ति; महापुरुष 3. पुरुषों के लिए एक आदरसूचक संबोधन।

महापंडित (सं.) [वि.] 1. कई विधाओं का ज्ञाता; ज्ञानी; विद्वान 2. दक्ष 3. सर्वज्ञ।

महापथ (सं.) [सं-पु.] 1. बहुत लंबी, चौड़ी और पक्की सड़क; राजपथ; राजमार्ग 2. परलोक का मार्ग; महाप्रस्थान का पथ; मृत्यु; मौत।

महापातक (सं.) [सं-पु.] महापाप; बहुत बड़ा पाप।

महापात्र (सं.) [सं-पु.] 1. मृतक का दाह कर्म कराने तथा उसके संबंधियों से श्राद्ध का दान लेने वाला ब्राह्मण; महाब्राह्मण 2. प्राचीन भारत में महामंत्री, महामात्य आदि अधिकारी।

महापाप (सं.) [सं-पु.] बहुत बड़ा पाप; महापातक।

महापुरुष (सं.) [सं-पु.] 1. महान या श्रेष्ठ व्यक्ति; प्रसिद्ध व्यक्ति 2. महिमाशाली पुरुष 3. महात्मा।

महापौर (सं.) [सं-पु.] नगर-प्रतिनिधियों की परिषद का चुना हुआ नेता; नगरपालिका का अध्यक्ष; नगराध्यक्ष; पुराध्यक्ष; (मेयर)।

महाप्रभु (सं.) [सं-पु.] 1. (पुराण) शिव; विष्णु 2. संन्यासी 3. चैतन्य।

महाप्रयाण (सं.) [सं-पु.] परलोक गमन; मृत्यु; मौत।

महाप्रलय (सं.) [सं-पु.] 1. भयंकर विनाश 2. सृष्टि का अंत।

महाप्रसाद (सं.) [सं-पु.] देवी-देवताओं को चढ़ाया गया प्रसाद; जगन्नाथ जी को चढ़ाया हुआ भात; देवी पर बलि किए गए बकरे का मांस।

महाप्राज्ञ (सं.) [वि.] 1. परम ज्ञानी; बड़ा विद्वान; महापंडित 2. दूरदर्शी।

महाप्राण (सं.) [सं-पु.] जिन ध्वनियों के उच्चारण के समय मुखविवर में वायु का अधिक दबाव हो, जैसे- वर्ग की दूसरी, चौथी ध्वनियाँ 'ख्, घ्, छ्, झ्, ठ्, ढ्, थ्, ध्, फ्, भ्' तथा 'ह, न्ह, म्ह, ल्ह्' आदि।

महाबली (सं.) [वि.] 1. शक्तिशाली; ताकतवर 2. महारथी।

महाब्राह्मण (सं.) [सं-पु.] (हिंदूधर्म) मृतक का दाह कर्म कराने तथा उसके संबंधियों से श्राद्ध का दान लेने वाला ब्राह्मण; महापात्र।

महाभाग (सं.) [वि.] 1. अत्यंत भाग्यवान 2. पुण्यात्मा 3. सुविख्यात 4. धनी; समृद्ध।

महाभारत (सं.) [सं-पु.] 1. वेदव्यास द्वारा रचित एक महाकाव्य जिसमें भरत वंश का चरित तथा कौरवों और पांडवों के बीच हुए युद्ध का वर्णन है 2. {व्यं-अ.} लड़ाई-झगड़ा; महायुद्ध; महासंग्राम।

महाभियोग (सं.) [सं-पु.] (विधि) राज्य के किसी संवैधानिक पद पर स्थित व्यक्ति पर चलाया जाने वाला मुकदमा।

महाभूत (सं.) [सं-पु.] 1. पृथ्वी, जल, अग्नि, वायु और आकाश नामक पंच तत्व 2. सभी तत्वों में समान रूप से विद्यमान तत्व; मूल द्रव्य 3. परमेश्वर।

महामंडलेश्वर (सं.) [वि.] 1. प्राचीन राजाओं की एक उपाधि 2. वर्तमान में संतों के द्वारा संतों को प्रदान की जाने वाली एक उपाधि जो उन्हें सामान्य संत की अपेक्षा उच्च श्रेणी में स्थापित करती है।

महामंत्र (सं.) [सं-पु.] 1. (हिंदू धर्म) अति प्रभाव युक्त मंत्र; वेदमंत्र, जैसे- महागायत्री मंत्र, महामृत्युंजय मंत्र आदि 2. {ला-अ.} उत्तम परामर्श या नेक सलाह।

महामंत्री (सं.) [सं-पु.] 1. किसी संस्था आदि का प्रधान सचिव; (जनरल सेक्रेटरी) 2. प्राचीन काल में राज्य का सबसे बड़ा मंत्री; महामात्य; प्रधानमंत्री।

महामति (सं.) [वि.] बहुत बड़ा विद्वान; महान ज्ञानवाला।

महामना (सं.) [वि.] बहुत उच्च और उदार मनवाला; उदारचित्त; बड़े दिलवाला। [सं-पु.] एक सम्मानसूचक संबोधन।

महामहिम (सं.) [वि.] 1. जिसकी महिमा बहुत अधिक हो; बहुत बड़ी महिमा वाला; महामहिमायुक्त 2. अति महत्वशाली। [सं-पु.] एक सम्मानसूचक संबोधन।

महामाई (सं.) [सं-स्त्री.] (पुराण) दुर्गा; काली; चंडिका; महामाया।

महामात्य (सं.) [सं-पु.] प्राचीन काल में प्रधानमंत्री या प्रमुख अमात्य; महामंत्री।

महामानव (सं.) [सं-पु.] अत्यंत महान पुरुष; दैवीय पुरुष; ईश्वरीय अवतार।

महामान्य (सं.) [वि.] 1. जो पूज्य हो 2. गणमान्य; सम्माननीय।

महामाया (सं.) [सं-स्त्री.] 1. (पुराण) ब्रह्म की वह शक्ति जिससे नानारूपात्मक जगत का विकास होता है; माया; प्रकृति 2. दुर्गा 3. गंगा 4. शुद्धोदन की पत्नी और बुद्ध की माता का नाम 5. (काव्यशास्त्र) आर्या छंद का एक भेद।

महामारी (सं.) [सं-स्त्री.] ऐसा भीषण संक्रामक रोग जिससे व्यापक पैमाने पर जन और पशु हानि होती है।

महामार्ग (सं.) [सं-पु.] 1. बड़े-बड़े महानगरों को जोड़ने वाला मार्ग; उच्च पथ; (हाईवे) 2. वह मार्ग जहाँ से नौका, जहाज़ आदि का आवागमन होता है 3. परलोक का मार्ग; मृत्युपथ; महापथ।

महामुनि (सं.) [सं-पु.] 1. मुनियों में श्रेष्ठ या मुनिश्रेष्ठ 2. महान तपस्वी 3. अगस्त्य ऋषि 4. बुद्ध 5. कृपाचार्य।

महामेध (सं.) [सं-पु.] 1. महायज्ञ; बहुत बड़ा यज्ञ 2. शिव।

महायज्ञ (सं.) [सं-पु.] 1. विशाल यज्ञ 2. (हिंदू धर्मशास्त्र) पाँच प्रमुख दैनिक धार्मिक कर्म; पंचयज्ञ।

महायात्रा (सं.) [सं-स्त्री.] 1. किसी धार्मिक, राजनैतिक उद्देश्य से निकाली जाने वाली रैली 2. मृत्यु।

महायान (सं.) [सं-पु.] 1. उत्तम, प्रशस्त्र और श्रेष्ठ मार्ग 2. बौद्ध धर्म की दो प्रमुख शाखाओं में से एक।

महायुद्ध (सं.) [सं-पु.] वह युद्ध जिसमें एक साथ बहुत से बड़े-बड़े देश सम्मिलित हों, जैसे- प्रथम विश्वयुद्ध, द्वितीय विश्वयुद्ध।

महारत (फ़ा.) [सं-स्त्री.] 1. निपुणता; दक्षता 2. योग्यता 3. अभ्यास 4. हस्तकौशल।

महारथी (सं.) [सं-पु.] 1. बहुत बड़ा योद्धा 2. प्राचीन भारत में वह योद्धा जो ब्रह्मास्त्र संचालन की योग्यता रखता था 3. किसी विषय का प्रकांड विद्वान 4. राजनीति, रणनीति या कूटनीति में कुशल व्यक्ति।

महाराज (सं.) [सं-पु.] 1. राजा; सम्राट 2. ब्राह्मण, गुरु, धर्माचार्य आदि के लिए आदरसूचक संबोधन 3. भोजन बनाने वाला रसोइया 4. अँग्रेज़ी शासन काल में बड़े राजाओं को दी जाने वाली उपाधि।

महाराजाधिराज (सं.) [सं-पु.] 1. बहुत बड़ा राजा; सम्राट; बादशाह 2. अनेक राजाओं का प्रधान 3. अँग्रेज़ी शासन काल

में बड़े राजाओं को दी जाने वाली उपाधि।

महाराजिन (सं.) [सं-स्त्री.] 1. पुरोहित की पत्नी 2. रसोइदारिन।

महाराज्ञी (सं.) [सं-स्त्री.] 1. महारानी 2. दुर्गा।

महाराणा (सं.) [सं-पु.] मेवाड़, चित्तौड़ और उदयपुर के राजाओं की उपाधि।

महारात्रि (सं.) [सं-स्त्री.] 1. महाप्रलय की रात 2. अर्धरात्रि के बाद दो मुहूर्त का काल।

महारानी (सं.) [सं-स्त्री.] 1. महाराजा की पत्नी 2. महाराजा की प्रधान पत्नी; पटरानी।

महाराष्ट्र (सं.) [सं-पु.] 1. बड़ा राष्ट्र 2. भारत का एक राज्य जिसकी राजधानी मुंबई है।

महाराष्ट्रीय (सं.) [वि.] महाराष्ट्र से संबंधित; महाराष्ट्र का निवासी।

महारुख (सं.) [सं-पु.] 1. एक प्रकार का जंगली वृक्ष 2. सेंहुड़; थूहड़।

महारैली (सं.) [सं-स्त्री.] 1. किसी सार्वजनिक उद्देश्य के लिए एकत्रित जनसमूह 2. विशाल जनसमूह।

महार्घ (सं.) [वि.] 1. बहुत अधिक मूल्य का 2. महँगा; बहुमूल्य।

महाल (अ.) [सं-पु.] 1. टोला; महल्ला 2. ज़मीन का वह विभाग जिसमें कई गाँव हों 3. वह जमींदारी जिसमें कई पट्टियाँ या हिस्सेदार हों 4. एक ही प्रकार के जीवों का सामूहिक आवास क्षेत्र।

महालक्ष्मी (सं.) [सं-स्त्री.] 1. (हिंदू धर्म) धन की देवी; लक्ष्मी 2. विष्णु की शक्ति।

महालय (सं.) [सं-पु.] 1. महाप्रलय 2. पितृपक्ष 3. तीर्थस्थान।

महावट [सं-स्त्री.] 1. माघ की वर्षा। 2. बहुत विशाल बरगद का वृक्ष।

महावत (सं.) [सं-पु.] हाथी चलाने या हाँकने वाला; हाथीवान; फीलवान।

महावर (सं.) [सं-पु.] 1. शुभ अवसरों पर एड़ियों में लगाया जाने वाला गहरा चटकीला लाल रंग 2. लाख से तैयार किया गया गहरा लाल रंग।

महावराह (सं.) [सं-पु.] (पुराण) विष्णु का तीसरा अवतार जिसमें उन्होंने वराह का रूप धारण किया था।

महावरी [वि.] 1. महावर संबंधी 2. महावर के रंग का। [सं-स्त्री.] रुई का छोटा फाहा जिससे पैरों में महावर लगाया जाता है।

महाविद्या (सं.) [सं-स्त्री.] 1. महाशक्ति 2. दुर्गा 3. पार्वती 4. गंगा 5. तंत्रोक्त दस देवियों 'काली, तारा, षोड़षी, भुवनेश्वरी, भैरवी, छिन्नमस्ता, धूमावती, बगलामुखी, मातंगी और कमलात्मिका' में से प्रत्येक।

महाविद्यालय (सं.) [सं-पु.] उच्च शिक्षा देने वाला विद्यालय; (कॉलेज)।

महाविनाश (सं.) [सं-पु.] बहुत अधिक विनाश; महाप्रलय।

महावीर (सं.) [सं-पु.] 1. वह जो बहुत वीर हो 2. पवनपुत्र हनुमान 3. चौबीसवें और अंतिम जैन तीर्थंकर 4. गौतम बुद्ध 5. सिंह; शेर 6. गरुड़ 7. बाज़ नामक पक्षी 8. वज्र 9. घोड़ा। [वि.] बहुत बड़ा वीर; योद्धा।

महावीरचक्र (सं.) [सं-पु.] युद्ध क्षेत्र में अदम्य साहस का परिचय देने वाले सैनिकों को स्वतंत्र भारत के राष्ट्रपति की ओर से दिया जाने वाला एक सम्मानित पदक।

महाशक्ति (सं.) [सं-स्त्री.] 1. सृष्टि की रचना करने वाली शक्ति; आदिशक्ति; ब्रह्मशक्ति 2. दुर्गा; पार्वती 3. (राजनीति) अत्यंत शक्तिशाली राष्ट्र।

महाशय (सं.) [सं-पु.] 1. महान या उच्च आशय और विचारों वाला व्यक्ति 2. आदर्श व्यक्ति; सज्जन 3. समुद्र; सागर। [वि.] उच्च आदर्शों वाला।

महाशय्या (सं.) [सं-स्त्री.] 1. राजाओं के सोने की शय्या 2. सिंहासन।

महाशून्य (सं.) [सं-पु.] आकाश; गगन।

महाश्वेता (सं.) [सं-स्त्री.] 1. विद्या की देवी सरस्वती 2. दुर्गा 3. सफ़ेद शक्कर 4. सफ़ेद अपराजिता। [वि.] अत्यंत सफेद रंग वाली।

महासंघ (सं.) [सं-पु.] किसी समान उद्देश्य की पूर्ति के लिए निर्मित वह संघ जो कई संघों से मिलकर बना हो; संघों का संघ, जैसे- शिक्षक महासंघ, श्रमिक महासंघ आदि।

महासचिव (सं.) [सं-पु.] प्रधान सचिव; सबसे बड़ा सचिव; (जनरल सेक्रेटरी)।

महासभा (सं.) [सं-स्त्री.] 1. बड़ी सभा; जलसा; विशाल समारोह 2. बड़ा संगठन; महासंघ 3. लोक निर्वाचित प्रतिनिधियों की सभा 4. राष्ट्रसंघ के तत्वाधान में होने वाली वह सभा जिसमें संबद्ध समस्त देशों के प्रतिनिधि भाग लेते हैं।

महासमुद्र (सं.) [सं-पु.] 1. बहुत बड़ा समुद्र; महासागर 2. समुद्र का वह विस्तार जिसमें सभी देशों के जहाज़ बिना रोक-टोक के आ-जा सकते हैं।

महासागर (सं.) [सं-पु.] जल की बहुत बड़ी राशि; महासमुद्र; महोदधि; महार्णव।

महासूधी [सं-स्त्री.] कामधेनु।

महि (सं.) [सं-स्त्री.] 1. पृथ्वी 2. महिमा 3. महत्ता।

महिजा (सं.) [सं-स्त्री.] 1. वह जो पृथ्वी से उत्पन्न हो 2. सीता; जानकी।

महिधर (सं.) [सं-पु.] 1. पर्वत; पहाड़ 2. शेषनाग। [वि.] पृथ्वी को धारण करने वाला।

महिनंदिनी (सं.) [सं-स्त्री.] सीता; जानकी।

महिमा (सं.) [सं-स्त्री.] 1. महत्वपूर्ण या महान होने की अवस्था या भाव; महानता 2. बड़ाई; गौरव; बड़प्पन 3. आठ प्रकार की सिद्धियों में से एक।

महिमामंडित (सं.) [वि.] वह जिसका गुणगान किया गया हो; महिमायुक्त; प्रशंसित।

महिमावान (सं.) [वि.] जो महिमा वाला हो; गौरवशाली; प्रतापी।

महिम्न (सं.) [सं-पु.] पुष्पदंताचार्य द्वारा रचित शिव का एक प्रसिद्ध स्त्रोत।

महिया [सं-स्त्री.] कड़ाह में गन्ने का रस पकाते समय निकला मैल।

महिला (सं.) [सं-स्त्री.] 1. स्त्री; औरत 2. स्त्री के लिए प्रयुक्त आदरसूचक शब्द।

महिष (सं.) [सं-पु.] 1. भैंसा 2. वह राजा जिसका शास्त्रानुसार अभिषेक हुआ हो 3. एक साम का नाम।

महिषी (सं.) [सं-स्त्री.] 1. भैंस 2. वह पटरानी जिसका राजा के साथ अभिषेक हुआ हो।

महिषेश (सं.) [सं-पु.] 1. यमराज 2. महिषासुर।

महिसुता (सं.) [सं-स्त्री.] 1. पृथ्वी की पुत्री 2. सीता; जानकी।

मही [सं-पु.] मट्ठा। [सं-स्त्री.] 1. पृथ्वी 2. मिट्टी 3. अवकाश 4. ख़ाली स्थान 5. गाय 6. सेना; फ़ौज 7. समूह।

महीतल (सं.) [सं-पु.] 1. संसार 2. पृथ्वी।

महीन (सं.) [वि.] 1. बहुत पतला; बारीक; झीना 2. कोमल; मंद।

महीना (सं.) [सं-पु.] 1. मास; माह; तीस दिन का समय 2. स्त्रियों का मासिक धर्म।

महीप (सं.) [सं-पु.] नृप; राजा।

महीम [सं-पु.] एक प्रकार का गन्ना; पूने का पौढ़ा।

महीयान (सं.) [वि.] 1. किसी की तुलना में अधिक बड़ा; महान 2. शक्तिशाली 3. विशाल 4. श्रेष्ठ।

महीर [सं-स्त्री.] 1. मट्ठे में पकाया हुआ चावल 2. खौलाए हुए मक्खन की तलछट।

महीरुह (सं.) [सं-पु.] वृक्ष; पेड़।

महुअर [वि.] महुए के रंग का। [सं-पु.] महुआ डालकर पकाई गई रोटी।

महुआ (सं.) [सं-पु.] एक वृक्ष एवं उसका फल जिसका उपयोग औषधियों तथा शराब आदि बनाने में होता है।

महुई [सं-स्त्री.] 1. महुआ जिसका फूल होता है। 2. एक प्रकार का पान।

महुर [सं-पु.] नस।

महुला [वि.] महुए जैसे रंगवाला; हलका पीला। [सं-पु.] 1. हलका पीला रंग 2. हलके पीले रंग का बैल।

महेंद्र (सं.) [सं-पु.] 1. इंद्र 2. विष्णु 3. एक पर्वत।

महेरा [सं-पु.] 1. मट्ठा; दही 2. मट्ठे में चावल के साथ नमक, गुड़ या चीनी डालकर पकाया हुआ एक प्रकार का व्यंजन।

महेरी [सं-स्त्री.] 1. उबाली हुई ज्वार जिसे लोग नमक मिर्च के साथ खाते हैं 2. दही मथकर मक्खन निकालने वाली स्त्री 3. महेरा। [वि.] 1. बखेड़ा करने वाला 2. अवरोध उत्पन्न करने वाला।

महेश (सं.) [सं-पु.] 1. शंकर; शिव; महादेव 2. ईश्वर; परमेश्वर।

महेशानी (सं.) [सं-स्त्री.] 1. पार्वती; महेश्वरी 2. दुर्गा।.

महेश्वर (सं.) [सं-पु.] 1. महादेव; शिव 2. परमेश्वर; ईश्वर।

महोक्ष [सं-पु.] बिजार।

महोख (सं.) [सं-पु.] कौए के आकार का एक पक्षी जिसकी चोंच, पैर और पूँछ काली, आँखें लाल तथा सिर, गला और पंख खैरे या लाल रंग के होते हैं।

महोगनी (अ.) [सं-पु.] एक प्रकार का सदाबहार वृक्ष जिसकी लकड़ी बहुत मज़बूत और टिकाऊ होती है और इमारत के काम में आती है।

महोच्च (सं.) [वि.] परम या बहुत अधिक उच्च; बहुत ऊँचा।

महोच्चार (सं.) [सं-पु.] 1. ऊँचा या ज़ोर का उच्चारण 2. घोर शब्द; घोष।

महोत्सव (सं.) [सं-पु.] 1. बड़ा उत्सव 2. बड़ा समारोह।

महोदधि (सं.) [सं-पु.] समुद्र; सिंधु; महासागर।

महोदय (सं.) [वि.] 1. अतिसमृद्ध; संपत्तिशाली 2. गौरवशाली; भाग्यवान। [सं-पु.] 1. महाशय; महानुभाव 2. स्वामी; अधिपति 3. महापुरुष; महात्मा 4. बड़ों के लिए एक आदर सूचक संबोधन।

महोदया (सं.) [सं-स्त्री.] महिलाओं के लिए एक आदरसूचक संबोधन।

महौघ (सं.) [सं-पु.] 1. समुद्री तूफ़ान 2. समुद्र की बाढ़। [वि.] जिसकी धारा तीव्र या प्रखर हो।

महौली [सं-स्त्री.] एक प्रकार का वृक्ष, जिसकी लकड़ी इमारत के काम आती है।

महौषध (सं.) [सं-पु.] दे. महौषधि।

महौषधि (सं.) [सं-स्त्री.] 1. विशिष्ट या श्रेष्ठ औषधि 2. जड़ी 3. दूब 4. संजीवनी 5. लजालू नामक लता 6. शतावरी, सहदेवी आदि कुछ विशिष्ट औषधियों का समूह जिनका चूर्ण महास्नान या अभिषेकादि के जल में मिलाया जाता है।

माँ (सं.) [सं-स्त्री.] 1. जन्म देने वाली स्त्री; जननी; माता 2. देवी 3. धरती 4. मातृभूमि के लिए प्रयुक्त सम्मानसूचक शब्द।

माँ-बाप [सं-पु.] माता-पिता; वालिदैन।

माँग [सं-स्त्री.] 1. माँगने की क्रिया या भाव 2. किसी निश्चित अवधि में ख़रीदारों द्वारा किसी वस्तु की ख़रीदी या चाही जाने वाली मात्रा; आवश्यकता 3. चाह 4. याचना 5. किसी वस्तु या अधिकार आदि के संदर्भ में आधिकारिक रूप से आक्रामकता एवं दृढ़तापूर्वक की गई याचना; (डिमांड) 6. सिर के बालों को दो भागों में विभक्त करके बनाई जाने वाली रेखा; सीमंत।

माँगटीका [सं-स्त्री.] माँग सजाने वाला एक आभूषण; माँगफूल।

माँगना (सं.) [क्रि-स.] 1. याचना करना 2. हाथ पसारना 3. प्रार्थना करना।

माँगपत्र (हिं+स) [सं-पु.] 1. ऐसा पत्र जिसमें किसी तरह की आर्थिक माँग की गई हो 2. वह पत्र जिसमें दाम चुका कर कुछ चीज़े मँगाने का आग्रह होता है।

माँगफूल [सं-पु.] एक आभूषण जिसे स्त्रियाँ माथे पर पहनती हैं; माँगटीका; अवतंस।

माँगी [सं-स्त्री.] माथा; मस्तक।

माँगुर [सं-स्त्री.] एक प्रकार की मछली।

माँच [सं-पु.] 1. पाल में हवा लगने के लिए चलते हुए जहाज का रुख कुछ तिरछा करना 2. पाल के नीचे वाले कोने में बँधा हुआ वह रस्सा, जिसकी सहायता से पाल को आगे बढ़ाकर या पीछे हटाकर हवा के रुख (दिशा) पर करते हैं।

माँजन [सं-पु.] कूँची।

माँजना (सं.) [क्रि-स.] 1. किसी वस्तु को साफ़ करने के लिए

रगड़ना या मलना 2. नख या डोर पर माँझा लगाना 3. सूत आदि चिकना करने के लिए उस पर सरेस का पानी चढ़ाना 4. {ला-अ.} किसी काम या चीज़ का अभ्यास करना।

माँजर [सं-पु.] बौरा।

माँजा [सं-पु.] जलाशयों में एकत्र पहली वर्षा का फेन।

माँझा[1] (सं.) [सं-पु.] 1. नदी के बीच का खुला भाग; टापू 2. वृक्ष का तना 3. पगड़ी पर पहनने का एक प्रकार का आभूषण।

माँझा[2] [सं-पु.] पतंग की डोर को मज़बूत करने के लिए लगाया जाने वाला शीशे का बुरादा और लेई।

माँझिल (सं.) [वि.] 1. बीच का 2. मध्य का।

माँझी (सं.) [सं-पु.] केवट; मल्लाह; नाव खेने वाला।

माँट (सं.) [सं-पु.] 1. मिट्टी का पात्र; घड़ा; मटका 2. कोठरी; कोठा; अटारी।

माँठना [क्रि-स.] दौचने के बाद की चिकनाई और सफाई करना।

माँठी [सं-स्त्री.] 1. फूल नामक धातु की ढली हुई एक प्रकार की चूड़ियाँ, जो गाँव की स्त्रियाँ कलाई से कोहनी तक पहनती हैं 2. मठरी या मठ्ठी (पकवान)।

माँड़ (सं.) [सं-पु.] 1. चावल पकाने पर निकलने वाला पानी 2. पसाव; पीच।

माँड़ना (सं.) [क्रि-स.] 1. आटा आदि को गूँथना; सानना 2. मसलना; रगड़ना; रौंदना 3. ज़ोरों से चलाना 4. अनाज की बालों को कुचलवाकर उससे दाना निकालना 8. फैलाना 9. राजस्थान में फ़र्श और दीवारों पर मांगलिक अवसर पर आकृतियाँ अंकित करना; चौक पूरना।

माँड़ा[1] (सं.) [सं-पु.] 1. आँख का एक रोग जिसमें पुतली पर सफ़ेद झिल्ली पड़ जाती है 2. उक्त प्रकार की झिल्ली।

माँड़ा[2] [सं-पु.] एक प्रकार की रोटी या पूरी; लुचई; पराठा।

माँड़ी (सं.) [सं-स्त्री.] 1. उबले हुए चावल का माँड़ जिसका प्रयोग कपड़े या सूत आदि पर कलफ़ करने के लिए भी किया जाता है 2. सूत या कपड़े पर लगाया जाने वाला कलफ़।

माँड़ो [सं-पु.] विवाह मंडप; बरेज की छत।

माँद (सं.) [सं-स्त्री.] 1. हिंसक पशु के रहने का स्थान 2. गुफा। [वि.] 1. मलिन 2. फीका सौंदर्य; शोभाहीन 3. हलका।

माँदगी (फ़ा.) [सं-स्त्री.] 1. थकावट 2. रोग; बीमारी।

माँदा (फ़ा.) [वि.] 1. थका हुआ; श्रांत 2. रोगी; बीमार 3. बचा हुआ; छूटा हुआ; अवशिष्ट।

मांगलिक (सं.) [वि.] 1. मंगल करने वाला; मंगलकारी 2. मंगलजनक; मंगलसूचक। [सं-पु.] (नाटक) मंगल पाठ करने वाला पात्र।

मांगल्य (सं.) [वि.] मंगलकारक; शुभ। [सं-पु.] मंगल होने की अवस्था या भाव; मंगलता।

मांडलिक (सं.) [सं-पु.] 1. मंडल का प्रधान प्रशासक या राजा; मंडलाधीश 2. शासन का कार्य। [वि.] मंडल संबंधी।

मांडवी (सं.) [सं-स्त्री.] (रामायण) राजा जनक के भाई कुशध्वज की बेटी जिसका विवाह दशरथ पुत्र भरत से हुआ था।

मांद्य (सं.) [सं-पु.] 1. मंद होने की अवस्था या भाव 2. कमी; न्यूनता; धीमा; मद्धिम 3. बीमारी; रोग।

मांस (सं.) [सं-पु.] 1. प्राणियों के शरीर में हड्डियों और चमड़े के बीच का मुलायम और लचीला भाग 2. गोश्त; आमिष।

मांसपिंड (सं.) [सं-पु.] 1. मांस का लोंदा या टुकड़ा 2. शरीर; देह।

मांसपेशी (सं.) [सं-स्त्री.] 1. शरीर के अंदर परस्पर जुड़े हुए मांसपिंड जिससे अंगों का संचालन होता है 2. कोशिकाओं का परस्पर मिला हुआ समूह।

मांसभक्षी (सं.) [वि.] मांस खाने वाला; मांसाहारी; गोश्तखोर।

मांसल (सं.) [वि.] 1. स्थूल 2. मोटा-ताज़ा; हृष्ट-पुष्ट 3. गठीला; सुडौल 4. मांस से भरा हुआ; मांसयुक्त 5. गुदगुदा 6. बलवान।

मांसलता (सं.) [सं-स्त्री.] 1. मांस से भरे होने की अवस्था या भाव 2. मांसल होने की स्थिति।

मांसाहार (सं.) [सं-पु.] मांस का भक्षण।

मांसाहारी (सं.) [वि.] 1. मांस का आहार करने वाला; मांस खाने वाला 2. दूसरे जीव-जंतुओं का मांस खाकर निर्वाह करने वाला।

माइक्रोचिप (अं.) [सं-पु.] एक इलेक्ट्रॉनिक उपकरण जिसमें समेकित परिपथ में कई इलेक्ट्रॉनिक क्रियाओं को कार्यान्वित करने के लिए अर्धचालक सिलीकॉन का एक छोटा क्रिस्टल होता है।

माइक्रोस्कोप (अं.) [सं-पु.] 1. सूक्ष्मदर्शी 2. ख़ुर्दबीन 3. अनुवीक्षण यंत्र।

माई (सं.) [सं-स्त्री.] 1. माँ; माता; जननी 2. वृद्ध स्त्री के लिए प्रयुक्त आदरसूचक संबोधन।

माई-बाप [सं-पु.] 1. माता-पिता 2. {ला-अ.} मालिक; स्वामी।

माउस (अं.) [सं-पु.] वह हस्तचालित उपकरण जिसकी सहायता से कंप्यूटर के पटल पर कर्सर चलता है 2. चूहा; मूषक।

माऊँ [सं-पु.] सरसों की फसल में लगने वाला एक प्रकार का रोग; महो।

माओवाद (ची.+सं.) [सं-पु.] चीन में माओज़ेदांग द्वारा विकसित एक प्रकार का साम्यवाद।

माओवादी (ची.+सं.) [सं-पु.] माओवाद का समर्थक या अनुयायी। [वि.] माओवाद से संबंधित।

माकूल (अ.) [वि.] 1. मुनासिब; ठीक 2. योग्य; लायक 3. उत्तम; अच्छा 4. सभ्य; शिष्ट।

माखन [सं-पु.] मक्खन; नवनीत।

माखनचोर [सं-पु.] वह जो माखन चुराता है अर्थात कृष्ण।

माखनी [सं-स्त्री.] माखन सा रंग। [वि.] मक्खन जैसा; मक्खन युक्त।

मागध (सं.) [सं-पु.] 1. मगध नरेश 2. एक प्राचीन जाति जिसका काम राजाओं आदि का कीर्तिगायन और विरुदावली का वर्णन करना था; भाट 3. मगध के राजा जरासंध का एक नाम 4. जीरा। [वि.] मगध संबंधी; मगध का।

मागधी (सं.) [सं-स्त्री.] 1. प्राकृत भाषा का एक भेद 2. मगध देश में प्रचलित प्राकृत भाषा 3. मगध की भाषा 4. मगध की राजकन्या 5. मागध जाति की महिला 6. जूही; यूथिका 7. शोणा

नामक नदी।

माघ (सं.) [सं-पु.] 1. ग्यारहवाँ चंद्र मास जो पौष के बाद और फाल्गुन से पहले पड़ता है 2. दसवीं शताब्दी के एक प्रसिद्ध संस्कृत कवि जिन्होंने 'शिशुपालवध' नामक महाकाव्य की रचना की थी 3. कुंद का फूल।

माघी [सं-स्त्री.] 1. माघ महीने में होने वाली सब्जी 2. मगही 3. असगुनी भैंस।

माचा (सं.) [सं-पु.] 1. खाट; पलँग 2. मचान।

माचिस (अं.) [सं-स्त्री.] दीयासलाई; सलाई।

माज़रा (अ.) [सं-पु.] 1. घटना का विवरण 2. हाल; घटना 3. मामला; विषय 4. कारण 5. समस्या 6. बात 7. तत्व।

माज़िद (अ.) [वि.] पूज्य; सम्मानित; पुनीत; पवित्रात्मा।

माज़ी (अ.) [सं-पु.] भूतकाल; विगत। [वि.] बीता हुआ; गत।

माजून (अ.) [सं-स्त्री.] 1. शहद और शक्कर आदि के योग से बना हुआ दवाओं का अवलेह 2. औषधि के रूप में काम आने वाला कोई मीठा अवलेह।

माझाँ [सं-पु.] 1. तकली और फरई को जोड़ने वाली लकड़ी 2. मझार; तिरकोनी बाती; क्षिपावा का माथा; छपोत।

माट [सं-पु.] 1. घड़े जैसा मिट्टी का बड़ा पात्र 2. मिट्टी की बड़ी मटकी जिसमें दही रखा जाता है 3. मिट्टी का बना हुआ एक प्रकार का बड़ा बरतन जिसमें रँगरेज लोग रंग बनाते हैं; मठोर 4. मिट्टी का बहुत बड़ा पात्र, जिसमें किसान लोग अनाज रखते हैं; माठ।

माटा [सं-पु.] लाल या पीले रंग का चींटा जो प्रायः झुंड में पेड़ों के पत्तों में झोंझ बनाकर रहते हैं; कपिला।

माटी [सं-स्त्री.] 1. वह पदार्थ जो पृथ्वी की ऊपरी सतह पर पाया जाता है; मिट्टी; मृत्तिका 2. पंचतत्वों में से एक; पृथ्वी 3. धूल 4. {ला-अ.} लाश; शव।

माटीमोल [वि.] 1. मिट्टी के मोल का 2. बहुत सस्ता।

माठ [सं-पु.] दे. कछार।

माठना [क्रि-स.] 1. टालमटोल करना 2. चौरस करना 3. चौरस करने वाला औजार।

माड़[1] [सं-पु.] 1. एक प्रकार का राग, जो परज, विभास और गौरी को मिलाकर बनाया जाता है 2. तिलवाड़ा ताल पर बजाया जाने वाला एक प्रकार का ख्याल।

माड़[2] (सं.) [सं-पु.] 1. ताड़ की जाति का एक पेड़ 2. एक तौल।

माणिक्य (सं.) [सं-पु.] 1. लाल रंग का रत्न, जो आभूषण, औषधि तथा सूर्य ग्रह की शांति के लिए धारण किया जाता है 2. एक प्रकार का केला।

मात (अ.) [सं-स्त्री.] हार; पराजय। [वि.] हारा हुआ; पराजित।

मातंग (सं.) [सं-पु.] 1. मदोन्मत्त हाथी 2. असभ्य जाति का व्यक्ति 3. चांडाल 4. पीपल; अश्वत्थ 5. एक ऋषि।

मातदिल (अ.) [वि.] 1. समशीतोष्ण; न बहुत गरम न बहुत ठंडा 2. संतुलित; मध्यम प्रकृति का।

मातबर (अ.) [वि.] 1. जिसका एतबार किया जाए; विश्वसनीय 2. सच्चा; ठीक।

मातबरी (अ.) [सं-स्त्री.] 1. विश्वसनीयता 2. मातबर या विश्वसनीय होने की अवस्था।

मातम (फ़ा.) [सं-पु.] 1. मृतक का दुख; मृत्युशोक 2. उक्त शोक में रोना-पीटना 3. किसी बड़ी दुर्घटना या अशुभ घटना का शोक।

मातमपुर्सी (फ़ा.) [सं-स्त्री.] 1. शोक 2. किसी के मरने पर उसके संबंधियों के प्रति सहानुभूति या संवेदना प्रकट करना।

मातमी (फ़ा.) [वि.] 1. मातम या शोक प्रकट करने वाला; मातम संबंधी 2. शोकसूचक 3. मातम के रूप में होने वाला।

मातरिश्वा [सं-पु.] 1. मानसूनी हवा; वायु 2. एक प्रकार की अग्नि।

मातहत (अ.) [वि.] 1. किसी के अधीन काम करने वाला 2. अधीन या आश्रय में रहने वाला; अधीनस्थ 3. छोटी श्रेणी; निम्न कोटि। [सं-पु.] अधीनस्थ कर्मचारी।

मातहती (अ.) [सं-स्त्री.] 1. मातहत होने की अवस्था; अधीनता 2. दासता 3. अनुसेवा।

माता (सं.) [सं-स्त्री.] माँ; जननी; जन्म देने वाली स्त्री।

माता-पिता [सं-पु.] माँ-बाप; वालिदैन।

मातामह (सं.) [सं-पु.] माता का पिता अर्थात नाना।

मातुल (सं.) [सं-पु.] 1. माता का भाई; मामा 2. एक प्रकार का धान 3. एक प्रकार का साँप 4. धतूरा।

मातृ (सं.) [सं-स्त्री.] जननी; माता; माँ।

मातृक (सं.) [वि.] 1. माता संबंधी; माता का 2. जिसमें माता या गृहस्वामिनी का पक्ष प्रधान माना जाता हो। [सं-पु.] 1. मामा 2. ननिहाल।

मातृका (सं.) [सं-स्त्री.] 1. माता; जननी 2. दूध पिलाने वाली धाय 3. गाय; गौ 4. उपमाता; सौतेली माता 5. वर्णमाला की बारहखड़ी 6. वह स्त्री जो लड़कियों, दाइयों आदि के कार्यों की देखरेख करती हो।

मातृकुल (सं.) [सं-पु.] 1. माता का कुल या वंश 2. नाना का वंश या कुल।

मातृतंत्र (सं.) [सं-स्त्री.] वह सामाजिक व्यवस्था जिसमें गृह की स्वामिनी माता होती है और उसी पर घरेलू व्यवस्था (गृहप्रबंध) का दायित्व भी होता है।

मातृत्व (सं.) [सं-पु.] 1. माता (संतानवती) होने की अवस्था या भाव 2. माता का पद।

मातृदेवी (सं.) [सं-स्त्री.] 1. मातृत्व या प्रजनन की प्रतीक देवी 2. सिंधु-घाटी सभ्यता की खुदाई में प्राप्त एक मूर्ति।

मातृदेश (सं.) [सं-पु.] 1. पूर्वजों का देश; मातृभूमि 2. विदेशों में जाकर बसे लोगों के लिए उनका जन्मस्थान; जन्मभूमि।

मातृप्रधान (सं.) [वि.] जिसमें माता की प्रधानता हो (परिवार)।

मातृभाषा (सं.) [सं-स्त्री.] 1. व्यक्ति की दृष्टि से उसकी माँ द्वारा बोली जाने वाली भाषा 2. स्वभाषा 3. अपने जन्मस्थान की भाषा।

मातृभाषी (सं.) [सं-पु.] मातृभाषा बोलने वाला व्यक्ति; मातृभाषाभाषी।

मातृभूमि (सं.) [सं-स्त्री.] 1. स्वदेश 2. जन्मभूमि; (मदरलैंड)।

मातृसत्ता (सं.) [सं-स्त्री.] 1. वह प्रथा जिसमें सत्ता पर नियंत्रण माता या माता तुल्य कोई स्त्री करती है 2. स्त्रीर प्रधान शासन 3. मातृतंत्र।

मातृस्थल (सं.) [सं-पु.] जन्म लेने या उत्पन्न होने वाला स्थान; पैदा होने की भूमि।

मातृस्नेह (सं.) [सं-स्त्री.] माता का स्नेह; मातृ-प्रेम।

मातृहत्या (सं.) [सं-स्त्री.] माँ की हत्या करना।

मातृहीन (सं.) [वि.] जिसकी माँ न हो; माताहीन।

मातृहृदय (सं.) [सं-स्त्री.] माता के समान हृदय वाली स्त्री।

मात्र (सं.) [क्रि.वि.] 1. केवल; सिर्फ़; अकेला 2. इकलौता।

मात्रक (सं.) [सं-पु.] 1. (भौतिकविज्ञान) वह निश्चित मात्रा जिसे आधार मानकर अन्य वस्तुओं का मान निकाला जाता है; एकक; इकाई; (यूनिट), जैसे- बल का मात्रक 2. किसी समूह की एक वस्तु।

मात्रा (सं.) [सं-स्त्री.] 1. किसी वस्तु का कुल आयतन, तौल या नाप; परिमाण, जैसे- भंडारगृह में चावल-गेहूँ की मात्रा 2. अक्षर में लगाई जाने वाली स्वर सूचक रेखा, जैसे- 'क' में 'ई' की मात्रा से 'की' बनता है 3. (संगीत) किसी स्वर के उच्चारण में लगा काल 4. एक स्वर के उच्चारण में लगने वाला समय या काल 5. कान का आभूषण 6. एक बार में सेवन करने योग्य दवा का परिमाण; ख़ुराक।

मात्रिक (सं.) [वि.] 1. मात्रा संबंधी; मात्रा का 2. जिसमें मात्राओं का विचार या गणना होती है 3. किसी इकाई से संबंधित; एकात्मक।

मात्सर्य (सं.) [सं-पु.] मत्सर; ईर्ष्या; डाह; दूसरे का उत्कर्ष देखकर जलना।

माथा (सं.) [सं-पु.] 1. सिर का ऊपरी और सामने वाला भाग; मस्तक; ललाट 2. किसी वस्तु का अगला हिस्सा। [मु.] -**टेकना** : प्रणाम करना। -**ठनकना** : किसी अनिष्ट की आशंका होना। -**पीटना** : मातम करना और पछताना। -**भन्नाना** : बुद्धि का काम न करना। **माथे चढ़ाना या धरना** : स्वीकार करना। **माथे पर बल पड़ना** : क्रोध या असंतोष के लक्षण प्रकट होना। **माथे मढ़ना** : ज़िम्मे लगाना। -**पच्ची करना** : देर तक सोचना-समझना; किसी बात या काम के लिए बहुत परिश्रम करना।

माथुर (सं.) [सं-पु.] 1. मथुरा का निवासी 2. मथुरा के ब्राह्मण; चौबे 3. कायस्थ समाज में एक कुलनाम या सरनेम।

माद[1] [सं-पु.] छोटा रस्सा।

माद[2] (सं.) [सं-पु.] 1. अभिमान; घमंड 2. प्रसन्नता; हर्ष 3. मस्ता; मन्मता।

मादक (सं.) [सं-पु.] 1. नशा उत्पन्न करने वाला पदार्थ 2. निद्राजनक औषधि 3. प्राचीन काल का एक अस्त्र 4. एक प्रकार का हिरन। [वि.] 1. नशीला 2. उत्तेजक।

मादकता (सं.) [सं-स्त्री.] मादक होने की अवस्था या भाव; नशीलापन।

मादकपेय (सं.) [सं-पु.] वह तरल पदार्थ जिसको पीने से नशा होता है; नशीला पेय।

मादन (सं.) [सं-पु.] 1. मदन; कामदेव 2. मदन नामक वृक्ष। [वि.] मादक; मदमस्त करने वाला।

मादर[1] (सं.) [सं-पु.] ढोल के आकार का एक वाद्य यंत्र।

मादर[2] (फ़ा.) [सं-स्त्री.] माँ; माता।

मादरज़ाद (फ़ा.) [वि.] 1. जन्मजात; पैदाइशी; जैसा जन्म के समय रहा हो 2. एक ही माँ से उत्पन्न; सगा 3. एक प्रकार की गाली।

मादरी (फ़ा.) [वि.] 1. माता का 2. माता से संबंध रखने वाला, जैसे- मादरी ज़बान 3. जन्मसिद्ध; पैदाइशी।

मादा[3] (फ़ा.) [सं-स्त्री.] 1. स्त्रीलिंग प्राणी; (फ़ीमेल) 2. जनयित्री।

माद्दा (अ.) [सं-पु.] 1. योग्यता; सामर्थ्य 2. मूल तत्व 3. मवाद; पीब 4. वह जिससे कोई चीज़ बनी या बनाई जाती हो; घटक 5. अजैव या जड़ पदार्थ 6. अहमियत।

माद्दी (अ.) [वि.] 1. माद्दा या तत्व से संबंधित; भौतिक 2. प्राकृतिक; स्वाभाविक 3. पैदाइशी।

माधव (सं.) [सं-पु.] 1. (पुराण) विष्णु; कृष्ण 2. वैशाख मास 3. महुआ 4. काला उड़द 5. वसंत ऋतु। [वि.] 1. मधु से निर्मित 2. वासंतिक 3. मधु संबंधी।

माधविका (सं.) [सं-स्त्री.] 1. एक प्रसिद्ध लता जिसमें सुगंधित फूल लगते हैं; माधवीलता 2. एक प्रकार की शराब 3. दुर्गा 4. तुलसी 5. (साहित्य) दूती; कुटनी।

माधवी (सं.) [सं-स्त्री.] 1. माधविका 2. एक प्रकार का पेय जो मधु से बनाया जाता था 3. एक लता और उक्त लता के सुगंधित फूल; माधविका 4. जूही 5. दुर्गा नामक देवी।

माधी [सं-पु.] एक प्रकार का राग; भैरव राग के एक पुत्र का नाम (संदिग्ध)।

माधीन [सं-पु.] पसीना।

माधुरी (सं.) [सं-स्त्री.] 1. माधुर्य; मिठास 2. शोभा; सुंदरता 3. शराब; मद्य।

माधुर्य (सं.) [सं-पु.] 1. मधुरता; मिठास; मीठापन 2. शोभायुक्त सुंदरता; लावण्य 3. ताज़गी 4. रमणीयता 5. (काव्यशास्त्र) काव्य के तीन गुणों में से एक।

माधुर्यपूर्ण (सं.) [वि.] जिसमें माधुर्य या मिठास हो; मधुर; मधुमय; रसाल।

माध्य (सं.) [वि.] मध्य का; बीच का; केंद्रीय। [सं-पु.] (गणित) अनेक संख्याओं का औसत।

माध्यम (सं.) [सं-पु.] 1. साधन; ज़रिया; (मीडियम) 2. आधार; सहायता 3. प्रतिनिधि। [वि.] मध्यम का; बीचवाला।

माध्यमिक (सं.) [वि.] 1. मध्य का; बीच का; बिचला 2. मध्यमस्तरीय; औसत। [सं-पु.] बौद्ध धर्म का एक संप्रदाय।

माध्व (सं.) [सं-पु.] 1. मध्वाचार्य द्वारा प्रवर्तित वैष्णवों का एक संप्रदाय 2. (पुराण) विष्णु; कृष्ण 3. वैशाख 4. वसंत। [वि.] 1. वसंत संबंधी 2. मधुनिर्मित।

माध्वी (सं.) [सं-स्त्री.] 1. माधवी नामक लता 2. मदिरा; शराब 3. (पुराण) एक नदी का नाम।

मान (सं.) [सं-पु.] 1. भार; तौल 2. किसी पदार्थ या वस्तु की नाप, मूल्य आदि परिमाण जानने का साधन 3. पैमाना; मापदंड 4. आदर; इज़्ज़त; सम्मान 5. (काव्यशास्त्र) नायिका का नायक के प्रति उदासीनता का भाव; रूठना।

मान-मनुहार [सं-स्त्री.] रूठे या मान किए हुए किसी आत्मीय या प्रेमी को मनाने के लिए की जाने वाली कोशिश; प्रणय में होने वाला रूठना-मनाना।

मान-सम्मान (सं.) [सं-पु.] गौरव; प्रतिष्ठा; मान बड़ाई; इज़्ज़त।

मानक (सं.) [सं-पु.] 1. मापदंड; नापने का मानदंड; पैमाना; कसौटी; (स्टैंडर्ड) 2. प्रतिमान; उच्चता स्तर; गुणवत्ता का आधार या स्तर। [वि.] गुणवत्ता की दृष्टि से उत्तम या श्रेष्ठ; प्रामाणिक।

मानकच्चू [सं-पु.] 1. एक प्रकार का मीठा कंद; मानकंद 2. एक प्रकार की मिश्री।

मानकच्युत (सं.) [वि.] 1. मानक से गिरा हुआ; जो कसौटी पर खरा न उतरा हो 2. मानदंड या कसौटी से परे।

मानकता (सं.) [सं-स्त्री.] 1. मानक होने की अवस्था या भाव 2. मानक होने का सूचक आधार।

मानकीकरण (सं.) [सं-पु.] 1. मानक से युक्त करना; मानक निश्चित करना 2. किसी वस्तु या उपकरण आदि का ऐसा रूप या मापदंड स्थिर करना जिससे उसकी गुणवत्ता या शुद्धता आदि के संबंध में संदेह की गुंजाइश न रह जाए।

मानचित्र (सं.) [सं-पु.] 1. किसी देश, राज्य, स्थान का चित्र जिसमें नदियों, पहाड़ों, नगरों आदि को यथास्थान चिह्नित किया गया हो; नक्शा; (मैप) 2. किसी कार्य के निर्माण की परिकल्पना; ख़ाका; रेखाचित्र।

मानचित्रक (सं.) [सं-पु.] वह जो मानचित्र बनाता या मानचित्रण करता हो।

मानचित्रांकन (सं.) [सं-पु.] मानचित्र बनाने और रेखाचित्र अंकित करने की कला या विद्या।

मानद (सं.) [वि.] 1. मान या प्रतिष्ठा बढ़ाने वाला 2. किसी के सम्मान में दिया जाने वाला, जैसे- मानद उपाधि। [सं-पु.] विष्णु।

मानदंड (सं.) [सं-पु.] 1. मानक; पैमाना 2. मूल्यांकन की विधि 3. किसी वस्तु की गुणवत्ता के स्तर को निश्चित करने वाला मान 4. मान नापने का उपकरण।

मानदेय (सं.) [सं-पु.] किसी कार्य या सेवा के बदले दिया जाने वाला धन; पारिश्रमिक।

मानधन (सं.) [वि.] 1. जो अपने मान या इज़्ज़त को ही धन समझता हो; आत्मसम्मान का ध्यान रखने वाला 2. घमंडी; अभिमानी। [सं-पु.] मानदेय।

मानना (सं.) [क्रि-अ.] 1. राजी होना; सहमत होना 2. समझना 3. फ़र्ज़ करना 4. मन में आना 5. ख़ुश होना; अनुकूल होना 6. किसी के प्रति आदर भाव रखना; कायल होना 7. भरोसा होना। [क्रि-स.] 1. विश्वास करना 2. स्वीकार करना; अंगीकार करना 3. सहन करना 4. किसी के निर्देश या आज्ञा का पालन करना; कर्तव्य निभाना 5. ख़याल रखना।

माननीय (सं.) [सं-पु.] सम्मानित लोगों के नाम या पद के पहले उपाधि के रूप में प्रयुक्त होने वाला संबोधन। [वि.] 1. आदरणीय; जिसका मान-सम्मान करना आवश्यक हो; मान करने योग्य 2. प्रतिष्ठित।

मानपत्र (सं.) [सं-पु.] वह पत्र जो किसी के सम्मान, आदर के लिए उसे दिया जाता है और जिसमें उसके द्वारा किए गए सत्कार्यों आदि की चर्चा होती है; अभिनंदन-पत्र।

मानमंदिर (सं.) [सं-पु.] 1. प्राचीन समय में राजमहलों में बनाया जाने वाला वह विशेष कक्ष जिसमें क्रोध या शोक की अवस्था में राजपरिवार का कोई व्यक्ति (विशेषकर रानी) जाकर बैठ जाता था; कोपभवन 2. वेधशाला।

मानमनौवल [सं-स्त्री.] रूठे हुए को मनाने का भाव या क्रिया।

मानमर्दन (सं.) [सं-पु.] 1. स्वाभिमान को ठेस लगना 2. घमंड चूर-चूर होना।

मानमर्दित (सं.) [वि.] 1. जिसका मान नष्ट हो गया हो 2. जिसका अपमान हुआ हो।

मानमर्यादा (सं.) [सं-स्त्री.] मान; प्रतिष्ठा; इज़्ज़त।

मानर [सं-पु.] 1. मृदंग 2. ढोलक-सा एक बाजा; छोटा नगाड़ा।

मानरक्षा (सं.) [सं-स्त्री.] स्वाभिमान, आत्मसम्मान की रक्षा।

मानव (सं.) [सं-पु.] 1. मनुष्य; आदम; इंसान 2. सुसंस्कृत व्यक्ति।

मानवजाति (सं.) [सं-पु.] मनुष्य; मनुष्य जाति।

मानवजातिविज्ञान (सं.) [सं-पु.] मनुष्य जाति के परस्पर संबंध तथा विशेषता इत्यादि का अध्ययन-विवेचन करने वाली विज्ञान की एक शाखा; नृजातिविज्ञान।

मानवजातीय (सं.) [वि.] समस्त मानव जाति या मनुष्यों से संबंधित; मानवीय।

मानवता (सं.) [सं-स्त्री.] 1. मानव होने की अवस्था, गुण या भाव 2. समस्त मनुष्य समाज; मनुष्यता; आदमीयत 3. मनुष्य में स्वाभाविक रूप से मिलने वाले गुणों, विशेषताओं, भावनाओं आदि का सामूहिक रूप; सज्जनता 4. मनुष्य समाज के उच्च आदर्श और नैतिक मूल्य।

मानवतावाद (सं.) [सं-पु.] 1. वह सिद्धांत या विचारधारा जिसमें मानव हित को सर्वोपरि माना जाता है 2. मानवता के उच्च आदर्शों के प्रति आस्था और विश्वास की भावना का सिद्धांत।

मानवतावादी (सं.) [सं-पु.] वह व्यक्ति जो मानवतावाद के सिद्धांतों का अनुयायी और पोषक या समर्थक हो। [वि.] 1. मनुष्यता के उच्च आदर्शों के प्रति आस्था और विश्वास रखने वाला; मानवतावाद का समर्थक 2. मानवतावाद संबंधी।

मानवती (सं.) [सं-स्त्री.] (काव्यशास्त्र) वह नायिका जो नायक से रुष्ट या असंतुष्ट होने पर मान करती हो।

मानवत्व (सं.) [सं-पु.] 1. मानव होने की अवस्था या भाव 2. मानव के स्वाभाविक गुणों, भावनाओं और आदर्शों का सामूहिक रूप।

मानवद्रोही (सं.) [सं-पु.] वह जो मानव या मानव समाज का अहित करता हो; मनुष्य द्रोही।

मानवप्रेम (सं.) [सं-पु.] 1. मनुष्य के मन में एक-दूसरे के प्रति

उमड़ने वाला प्रेम 2. लोकोपकार 3. लोककल्याण का भाव 4. सांसारिक प्रेमभाव।

मानवप्रेमी (सं.) [वि.] मनुष्य से प्रेम करने वाला; स्नेही।

मानवमूर्ति (सं.) [सं-पु.] 1. मनुष्य की प्रतिमा 2. यादगार 3. स्मारक।

मानवरहित (सं.) [वि.] जिसमें मनुष्य न हो; बिना मनुष्य के; निर्जन।

मानवविज्ञान (सं.) [सं-पु.] मनुष्य की उत्पत्ति, विकास और विभेद आदि का विश्लेषण करने वाला विज्ञान।

मानवविज्ञानी (सं.) [सं-पु.] 1. नृवंशवेत्ता; नृतत्व शास्त्री 2. मानव विज्ञानवेत्ता।

मानवविरोधी (सं.) [वि.] 1. जो मानव का अहित करता हो 2. मनुष्य जाति का विरोध करने वाला।

मानवशास्त्र (सं.) [सं-पु.] मनुष्य की उत्पत्ति, विकास और विभेद आदि का विवेचन करने वाला शास्त्र।

मानवाकार (सं.) [वि.] 1. मानव के आकार का 2. मनुष्य के आकार का; मनुष्य के जैसा।

मानवाधिकार (सं.) [सं-पु.] मनुष्य का अथवा मानव जाति का अधिकार; हर एक मनुष्य के लिए मूलभूत अधिकार।

मानवी (सं.) [सं-स्त्री.] स्त्री; औरत। [वि.] मानुषिक; मानव संबंधी; मनुष्य का-सा।

मानवीकरण (सं.) [सं-पु.] 1. मनुष्य रूप देना 2. मनुष्य बनाना 3. (साहित्य) रचनाकार द्वारा अमूर्त एवं जड़ पदार्थों का मानवी रूप में चित्रण।

मानवीकृत (सं.) [वि.] जिसका मानवीकरण हुआ या किया गया हो।

मानवीय (सं.) [वि.] 1. मानुषिक; मानव संबंधी; मनुष्य जाति संबंधी 2. मानवोचित; मानव का।

मानवेंद्र (सं.) [सं-पु.] 1. राजा 2. महापुरुष; नरश्रेष्ठ।

मानवेतर (सं.) [वि.] 1. मानव से अलग या भिन्न 2. मनुष्य से इतर या परे; अमानवीय।

मानवोचित (सं.) [वि.] 1. मनुष्योचित; इनसानी 2. मानवीय स्वभाव के अनुरूप।

मानस (सं.) [सं-पु.] 1. मनोभाव; मन 2. मन में उत्पन्न संकल्प 3. मन में सोचा या विचारा हुआ। [क्रि.वि.] मन से; मन के द्वारा।

मानसजन्मा (सं.) [सं-पु.] कामदेव; काम का देवता।

मानसता (सं.) [सं-स्त्री.] 1. मन या मानस का भाव या स्थिति 2. ऐसी मन:स्थिति जिसमें व्यक्ति कुछ करने के लिए प्रवृत्त होता है 3. मनोवृत्ति।

मानसरोवर (सं.) [सं-पु.] भारत के उत्तर में स्थित एक झील जो कैलास पर्वत के नीचे है।

मानसिक (सं.) [वि.] 1. मन की कल्पना से उत्पन्न 2. आंतरिक 3. भावनाधारित 4. मन संबंधी, जैसे- मानसिक रोग।

मानसिकता (सं.) [सं-स्त्री.] 1. किसी विशिष्ट दृष्टिकोण से सोचने की स्थिति या ढंग; मनोवृत्ति 2. सोच; विचारधारा।

मानसी (सं.) [सं-स्त्री.] 1. मन ही मन की जाने वाली पूजा 2. एक विद्या देवी का नाम 3. मानसपूजा। [वि.] मानसिक।

मानसून (अं.) [सं-पु.] 1. ऐसी वायु जिससे किसी क्षेत्र में ऋतु विशेष में अधिकांश वर्षा होती है 2. भारत और उसके आसपास के देशों में हिंद महासागर तथा अरब सागर की ओर से दक्षिण-पश्चिमी तट पर आने वाली हवा जिससे वर्षा होती है; बरसाती हवा 3. दक्षिण एशिया में जून से सितंबर तक सक्रिय रहने वाला मौसमी पवन।

मानहानि (सं.) [सं-स्त्री.] 1. अपमान; बेइज़्ज़ती 2. ऐसा काम या बात जिससे किसी की मानप्रतिष्ठा घटती हो।

मानार्थ (सं.) [सं-पु.] 1. सम्मान प्रदर्शित करने के लिए किया जाने वाला कार्य 2. (पत्रकारिता) किसी को पत्र-पत्रिका आदरस्वरूप नि:शुल्क प्रेषित की जाने वाली प्रति।

मानाशाही (सं.) [सं-स्त्री.] पुराने ढंग की एक प्रकार की तलवार।

मानिंद (फ़ा.) [वि.] 1. तरह; समान; सदृश; तुल्य 2. ऐसा।

मानिक (सं.) [सं-पु.] 1. एक प्रकार का रत्न 2. लाल; माणिक्य।

मानित (सं.) [वि.] 1. जिसका मान होता या हुआ हो; सम्मानित; प्रतिष्ठित 2. मान्य।

मानिता (सं.) [सं-स्त्री.] 1. मानी होने का भाव 2. सम्मान; गौरव 3. अभिमान; अहंकार; घमंड।

मानिनी (सं.) [सं-स्त्री.] 1. मान, अभिमान या गर्व करने वाली स्त्री 2. मानवती।

मानी (सं.) [सं-पु.] (काव्यशास्त्र) शृंगार रस का आलंबन वह नायक जो बहुत बड़ा अभिमानी हो। [सं-स्त्री.] 1. घड़ा 2. चक्की के ऊपर वाले पाट की लकड़ी 3. अन्न नापने का मान 4. किसी तरह का छेद या सूराख़ 5. कुदाल आदि का छेद जिसमें बेंट लगाई जाती है। [वि.] 1. प्रतिष्ठित; स्वाभिमानी; मानयुक्त 2. मान करने वाला 3. रूठा हुआ (नायक)।

मानुष (सं.) [सं-पु.] आदमी; मनुष्य। [वि.] मनुष्य संबंधी; मनुष्य का।

मानुषिक (सं.) [वि.] 1. मनुष्य से संबंधित 2. मनुष्य का।

मानुषीकरण (सं.) [सं-पु.] 1. मनुष्य के रूप में प्रस्तुत करने की क्रिया या भाव 2. मानवीकरण।

मानुषीय (सं.) [वि.] मनुष्य संबंधी।

मानुष्य (सं.) [वि.] मनुष्य संबंधी; मनुष्य का (धर्म या भाव)।

मानो (सं.) [अव्य.] 1. जैसे; गोया 2. मान लो कि; कल्पना कीजिए, जैसे- मानो हम सब एक नए ग्रह पर जाकर बस जाएँ 3. तुल्यता, जैसे- वह जुलूस क्या मानो जनसैलाब था।

मानोखी [सं-स्त्री.] एक प्रकार की चिड़िया।

मान्य (सं.) [वि.] 1. मानने योग्य; जिसे मान सके 2. पूज्य; आदरणीय।

मान्यकरण (सं.) [सं-पु.] स्वीकार या मान्य करने की क्रिया या भाव।

मान्यता (सं.) [सं-स्त्री.] 1. मान्य होने की स्थिति या भाव; स्वीकृति; मंज़ूरी 2. सामाजिक रूप से स्वीकृत बात; तथ्य 3. प्रथा 4. सिद्धांत।

मान्यवर (सं.) [वि.] श्रेष्ठ; श्रद्धेय।

माप [सं-स्त्री.] 1. मापने की क्रिया या भाव 2. मान 3. नाप 4.

परिमाण।

मापक (सं.) [सं-पु.] 1. वह जिससे कुछ नापा या मापा जाए 2. पैमाना 3. अनाज तौलने का बाट।

मापक-यंत्र (सं.) [सं-पु.] 1. वह पात्र जिसमें भरकर कोई चीज़ नापी-जोखी जाती हो 2. वह यंत्र जिसके द्वारा किसी प्रवाहित होने वाले तत्व या पदार्थ की मात्रा, मान, वेग आदि की नाप होती है, जैसे- विद्युत मापक।

मापक्रम (सं.) [सं-पु.] 1. पैमाना; (स्केल) 2. मापक 3. परिमाण 4. श्रेणी 5. नाप 6. सीमा।

मापदंड (सं.) [सं-पु.] मानक; मापने का पैमाना।

मापन (सं.) [सं-पु.] 1. नापना 2. तराजू।

मापना (सं.) [क्रि-स.] 1. किसी वस्तु के विस्तार, घनत्व या वज़न आदि का मान निकालना; नापना 2. पैमाइश करना।

मापांक (सं.) [सं-पु.] मान या परिमाण, जो किसी निश्चित इकाई या माप के आधार पर स्थिर किया जाता है।

मापित (सं.) [वि.] मापा हुआ; जिसे माप लिया गया हो।

माफ़ (अ.) [वि.] जिसे क्षमा कर दिया गया हो; क्षमित।

माफ़िक (अ.) [वि.] 1. अनुकूल; अनुसार 2. समान 3. उपयुक्त।

माफ़िया (अं.) [सं-पु.] गैरकानूनी कार्य करने वाले लोगों या अपराधियों का गुप्त संगठन; संगठित आपराधिक समूह, जैसे- खदान माफ़िया, भू-माफ़िया।

माफ़ी (अ.) [सं-स्त्री.] 1. माफ़ करने की क्रिया या भाव; क्षमा 2. अपराध मुक्ति 3. वह भूमि जिसका कर माफ़ हो।

माफ़ीदार (अ.+फ़ा.) [वि.] जिसके पास माफ़ी की ज़मीन हो।

मामला (अ.) [सं-पु.] 1. आपस में होने वाला काम; व्यापार या व्यवहार 2. घटना 3. झगड़ा 4. काम; व्यापार 5. लेन-देन; ख़रीदना-बेचना 6. संबंध; विषय।

मामा[1] (सं.) [सं-पु.] माँ का भाई; मामू।

मामा[2] (फ़ा.) [सं-स्त्री.] 1. घर की नौकरानी; दासी; परिचारिका 2. रोटी पकाने वाली स्त्री।

मामी[1] [सं-स्त्री.] मामा की पत्नी।

मामी[2] (सं.) [सं-स्त्री.] दोष न मानने की अवस्था; क्रिया या भाव।

मामू [सं-पु.] मामा के लिए स्नेहसूचक संबोधन।

मामूल (अ.) [सं-पु.] 1. नित्य-नियम 2. प्रथा; रीति 3. दस्तूर।

मामूली (अ.) [वि.] 1. साधारण; सामान्य; मध्यमस्तरीय 2. महत्वहीन 3. सौंदर्यहीन।

मायका (सं.) [सं-पु.] 1. नैहर; पीहर 2. स्त्री के लिए उसके माता-पिता का घर।

मायल (अ.) [वि.] 1. अनुरक्त 2. आसक्त।

माया (सं.) [सं-स्त्री.] 1. दौलत 2. भ्रम 3. इंद्रजाल; जादू 4. कपट; धोखा।

माया-मोह (सं.) [सं-पु.] 1. माया जाल 2. सांसारिक आकर्षण; ममता।

मायाजाल (सं.) [सं-पु.] 1. धोखे का जाल; मोह का फंदा 2. माया 3. घर-गृहस्थी का जंजाल।

मायापट (सं.) [सं-पु.] माया का परदा; माया रूपी आवरण या पट।

मायाबद्ध (सं.) [वि.] 1. माया में बँधा हुआ 2. जो माया रूपी जाल में फँसा या बँधा हो।

मायामंत्र (सं.) [सं-पु.] 1. मोहनी विद्या 2. सम्मोहन क्रिया।

मायावर्ग (सं.) [सं-पु.] (गणित) वह बड़ा वर्ग जिसमें अनेक छोटे-छोटे वर्ग होते हैं और उनमें कुछ संख्याएँ या अंक कुछ ऐसे क्रम से रखे रहते हैं कि उनका हर तरफ़ से जोड़ बराबर या एक सा ही आता है।

मायावाद (सं.) [सं-पु.] वह सिद्धांत कि केवल ब्रह्म सत्य है और जगत मिथ्या है तथा भ्रम के कारण जगत सत्य प्रतीत होता है; संसार को मिथ्या मानने का सिद्धांत।

मायावादी (सं.) [सं-पु.] मायावाद को मानने वाला; मायावाद का समर्थक। [वि.] मायावाद संबंधी; मायावाद का।

मायाविनी (सं.) [सं-स्त्री.] छल-कपट करने वाली स्त्री; जादूगरनी; ठगिनी।

मायावी (सं.) [वि.] 1. ऐंद्रजालिक 2. धोखेबाज़; छली; ठग 3. जादूगर 4. हाथ न आने वाला 5. चालाक; धूर्त; फ़रेबी।

मायिक (सं.) [वि.] 1. माया संबंधी 2. माया से बना हुआ; जादू का; मायावी 3. बनावटी 4. माया करने या दिखाने वाला।

मायु [सं-पु.] 1. सूर्य 2. पित्त 3. शब्द।

मायूस (अ.) [वि.] 1. जिसकी आशा टूट गई हो; उदास; हताश; निराश; नाउम्मीद 2. खिन्न।

मायूसी (अ.) [सं-स्त्री.] 1. मायूस होने की अवस्था या भाव; निराशा 2. उत्साहहीनता; नाउम्मीदी।

मार-काट [सं-स्त्री.] 1. एक-दूसरे को मारने और काटने की क्रिया या भाव 2. युद्ध; लड़ाई 3. जनसंहार।

मार[1] [सं-स्त्री.] 1. पिटाई; दंड 2. मारना 3. कष्ट; क्लेश 4. आघात 5. चोट; प्रहार।

मार[2] (सं.) [सं-पु.] 1. कामदेव 2. मनन; मारण 3. जहर; विष 4. धतुरा 5. बाधा; विघ्न।

मारक (सं.) [वि.] 1. मारने वाला; जान से मार डालने वाला 2. नाशक 3. दमन करने वाला।

मारका (अ.) [सं-पु.] 1. लड़ाई; युद्ध 2. बहुत बड़ी घटना या काम।

मारकीन (अं.) [सं-स्त्री.] एक प्रकार का साधारण कपड़ा।

मारकेश (सं.) [सं-पु.] (ज्योतिष) किसी की जन्मकुंडली में ग्रहों का वह योग जो उसके लिए अनिष्टकारक माना जाता है।

मारण (सं.) [सं-पु.] 1. प्राण लेने या मार डालने की क्रिया 2. किसी मार डालने के लिए तांत्रिक प्रयोग द्वारा किए जाने वाले अंधविश्वासपूर्ण क्रियाकलाप।

मारतौल [सं-पु.] हथौड़ी; ईख मिलों में प्रयुक्त हथौड़ी।

मारना (सं.) [क्रि-स.] 1. पीटना 2. जान लेना; हत्या करना; प्राण लेना 3. प्रहार करना; चोट पहुँचाना 4. पछाड़ना 5. पकड़ना; हराना 6. कूटना; ठोंकना 7. प्रभावहीन कर देना।

मारपीट [सं-स्त्री.] 1. लड़ाई-झगड़ा 2. मारने-पीटने का काम 3. लड़ाई।

मारफ़त (अ.) [अव्य.] 1. के द्वारा; जरिए से, जैसे- यह सामान

डाक के मारफ़त मँगाया गया है 2. सौजन्य से; माध्यम से।

मारबल (अं.) [सं-पु.] एक प्रकार का कठोर पत्थर जिससे फ़र्श आदि का निर्माण होता है।

मारवा [सं-पु.] 1. एक संकर राग जो परज, विभास और गौरी को मिलाकर बनाया जाता है 2. एक प्रकार का खयाल जो तिलवाड़ा ताल पर बजाया जाता है।

मारवाड़ (सं.) [सं-पु.] 1. मेवाड़ और उसके आस-पास के अनेक प्रदेश जो अब राजस्थान के रूप में परिणत हो गए हैं 2. मेवाड़ प्रदेश।

मारवाड़ी [सं-पु.] मारवाड़ का निवासी। [सं-स्त्री.] मारवाड़ देश की बोली। [वि.] मारवाड़ देश; मारवाड़ संबंधी।

मारा [वि.] 1. जो मारा गया हो; हत 2. जिसपर मार पड़ी हो 3. जो किसी प्रकार विपत्ति या कष्ट से पीड़ित हो; बहुत दुखी, जैसे- आफ़त का मारा। [मु.] **-मारा फिरना** : मजबूरी या दुर्दशा में जहाँ-तहाँ भटकना।

मारामारी [सं-स्त्री.] 1. जल्दबाज़ी; आपाधापी; धक्कमधक्का 2. हड़बड़ी 3. हाथापाई; ज़बरदस्ती 4. बहुत ही उग्र या कटुतापूर्ण होड़।

मारिखर [सं-स्त्री.] चमड़े की डोरी; मरिखर।

मारुत (सं.) [सं-पु.] 1. वायु; हवा; पवन; समीर 2. जगत का प्राण 3. (पुराण) वायु के अधिपति देवता।

मारुति (सं.) [सं-पु.] 1. हनुमान 2. भीम।

मारू [सं-पु.] 1. युद्ध के समय गाया-बजाया जाने वाला एक राग 2. मरुदेश वासी 3. डंका। [वि.] 1. जान मारने वाला; घातक; मारक 2. काट करने वाला 3. हृदय-बेधक 4. विध्वंसक।

मारे-मारे [क्रि.वि.] भटकते हुए; मज़बूरीवश; बेवजह, जैसे- रोज़ीरोटी की तलाश में मारे-मारे फिरना।

मार्क (अं.) [सं-पु.] 1. छाप 2. लक्षण 3. एक जरमन सिक्का जो ब्रिटिश शिलिंग के मूल्य का होता है।

मार्कर (अं.) [सं-पु.] 1. मार्कर (पदनाम) 2. चिह्नक(यंत्र)।

मार्केट (अं.) [सं-पु.] बाज़ार; हाट; मंडी।

मार्क्सवाद (ज.+सं.) [सं-पु.] कार्ल मार्क्स तथा फ्रेडरिक एंगेल्स द्वारा प्रतिपादित आर्थिक और राजनीतिक सिद्धांतों का वह समुच्चय जिसमें माना गया है कि मानवीय कार्य तथा सामाजिक व्यवस्था आर्थिक रूप से निर्धारित होती है तथा ऐतिहासिक परिवर्तनों के लिए वर्गसंघर्ष आवश्यक है। इस वैज्ञानिक सिद्धांत में वर्गविहीन समाज की स्थापना के लिए उत्पादन के साधनों या संपत्ति पर सामाजिक स्वामित्व पर बल दिया गया है।

मार्क्सवादी [सं-पु.] वह जो मार्क्सवाद के सिद्धांतों का अनुयायी हो। [वि.] मार्क्सवाद का; मार्क्सवाद संबंधी।

मार्क्सशीट (अं.) [सं-पु.] अंकपत्र; अंकसूची।

मार्ग (सं.) [सं-पु.] 1. रास्ता; पथ; राह; (रोड) 2. प्रवेश द्वार 3. दर्रा 4. ढंग; तरीका 5. शैली 6. मृगशिरा नक्षत्र 7. मार्गशीष मास; अगस्त की महीना 8. शास्त्रीय संगीत प्रणाली।

मार्गकर (सं.) [सं-पु.] वह कर या टैक्स जो वाहन संचालकों से किसी राजमार्ग या मार्ग पर आने-जाने के लिए लिया जाता है; पथ कर; (टोल टैक्स)।

मार्गदर्शक (सं.) [सं-पु.] 1. मार्ग दिखाने वाला व्यक्ति; रास्ता दिखाने वाला व्यक्ति; पथप्रदर्शक 2. रहनुमा।

मार्गदर्शन (सं.) [सं-पु.] 1. मार्ग दिखाने का कार्य; रास्ता दिखाने वाला 2. पथप्रदर्शन।

मार्गशीर्ष (सं.) [सं-पु.] 1. कार्तिक और पौष के बीच का महीना 2. अगहन का महीना।

मार्गसंकेत (सं.) [सं-पु.] रास्ता सूचक चिह्न।

मार्गी (सं.) [सं-पु.] 1. पथिक; यात्री 2. मार्ग पर चलने वाला व्यक्ति। [वि.] पथप्रदर्शक; रास्ता बताने या दिखाने वाला।

मार्जन (सं.) [सं-स्त्री.] 1. दोष, मल आदि दूर करके सफ़ाई करने की क्रिया या भाव 2. शुद्ध या पवित्र करना 3. धो-माँजकर साफ़ करने की क्रिया 4. भूल, दोष आदि का निवारण।

मार्जनी (सं.) [सं-स्त्री.] झाड़ू; बुहारी।

मार्जार (सं.) [सं-पु.] 1. बिल्ली; बिलाव 2. लाल चीते का पेड़।

मार्जित (सं.) [वि.] 1. शुद्ध; स्वच्छ; जिसका मार्जन हुआ हो 2. सुसंस्कृत 3. शोधित। [सं-पु.] कपूर; चीनी; श्रीखंड।

मार्जिन (अं.) [सं-पु.] 1. लाभ; नफ़ा; मुनाफ़ा 2. सीमा 3. किनारा 4. हद 5. हाशिया।

मार्तंड (सं.) [सं-पु.] सूर्य; आदित्य; भानु; प्रभाकर।

मार्दव (सं.) [सं-पु.] 1. मृदु होने की अवस्था या भाव; मृदुता 2. कोमलता; सरसता।

मार्मिक (सं.) [वि.] 1. जो दिल या मर्म को छू जाए 2. मर्म संबंधी; मर्मस्पर्शी 3. मर्म को आंदोलित करने वाला 4. मर्मज्ञ।

मार्मिकता [सं-स्त्री.] मार्मिक होने की अवस्था या भाव।

मार्शल (अं.) [सं-पु.] सेना में सेनापति के दरज़े का अधिकारी। [वि.] वीर; युद्धप्रेमी।

माल-भाड़ा [सं-पु.] 1. एक जगह से दूसरी जगह माल भेजने का भाड़ा 2. मालकिराया।

माल[1] (सं.) [सं-स्त्री.] 1. फूलों आदि से बनाया गया हार; माला 3. पंक्ति; श्रेणी 4. समूह।

माल[2] (अ.) [सं-पु.] 1. धन-संपत्ति; रुपया-पैसा 2. उत्पाद; क्रय-विक्रय का सामान।

मालकंगनी (सं.) [सं-स्त्री.] एक प्रकार की लता जिसके बीजों से तेल निकलता है।

मालकिन (अ.) [सं-स्त्री.] 1. जो संपत्ति की अधिकारिणी हो; स्वामिनी 2. मालिक की पत्नी।

मालकियत (अ.) [सं-स्त्री.] 1. मालिकाना हक 2. अधिकार; स्वत्व।

मालखंभ (सं.) [सं-पु.] 1. एक प्रकार की कसरत जो लकड़ी के खंभे के सहारे की जाती है 2. उक्त प्रकार का खंभा।

मालख़ाना (अ.+फ़ा.) [सं-पु.] वह स्थान जहाँ माल-असबाब रहता है; भंडारगृह; कोष।

मालगाड़ी [सं-स्त्री.] माल ढोने के काम आने वाली रेलगाड़ी।

मालगुज़ार (अ.+फ़ा.) [सं-पु.] 1. मालगुज़ारी देने वाला या अदा करने वाला व्यक्ति 2. ज़मींदार।

मालगुज़ारी (अ.+फ़ा.) [सं-स्त्री.] 1. भूमिकर; लगान; (टैक्स) 2. मालगुज़ार होने की अवस्था या भाव 3. भू-राजस्व; भू-अगम।

मालगोदाम (अ.+अं.) [सं-पु.] भंडार; भंडारघर; किसी वस्तु के संग्रह करने का स्थान।

मालटा [सं-पु.] मौसमी की प्रजाति का एक प्रकार का फल और उसका पेड़।

मालती (सं.) [सं-स्त्री.] 1. एक प्रकार की लता जिसके फूलों से मीठी सुगंध आती है 2. (काव्यशास्त्र) बारह वर्णों का एक वर्णवृत्त 3. चंद्रमा का प्रकाश; चाँदनी 4. जायफल; कलिका 5. रात्रि; रात।

मालदह [सं-पु.] 1. पश्चिम बंगाल का एक नगर 2. आम की एक प्रजाति।

मालदा [सं-पु.] दे. मालदह।

मालदार (अ.+फ़ा.) [वि.] जिसके पास बहुत सारा माल या धन-संपत्ति हो; धनी; धनवान; अमीर; संपन्न।

मालदारी (अ.+फ़ा.) [सं-स्त्री.] मालदार होने की अवस्था या भाव; संपन्नता; अमीरी।

मालदेही [सं-स्त्री.] एक प्रकार का धान।

मालपुआ [सं-पु.] तेल या घी में तलकर आटे से बनाया जाने वाला मीठी पूड़ी की तरह का एक पकवान।

मालमता (अ.) [सं-पु.] पूँजी; धन-दौलत; संपत्ति; माल-असबाब।

मालमस्त (अ.+फ़ा.) [वि.] 1. धन-दौलत के नशे में मस्त रहने वाला 2. संपत्ति के कारण घमंड करने वाला।

मालव (सं.) [सं-पु.] 1. भारत के मध्यप्रदेश राज्य में मालवा नामक प्रदेश; मालव देश 2. उक्त प्रदेश का निवासी। [वि.] मालव देश संबंधी।

मालवा (सं.) [सं-पु.] भारत के मध्य प्रदेश राज्य का एक प्रसिद्ध भू-भाग। [सं-स्त्री.] एक प्राचीन नदी।

मालवाहक (अ.+सं.) [वि.] माल ढोने वाला; माल ले जाने वाला।

मालवाही (अ.+सं.) [सं-पु.] 1. जहाज़ पर माल लादने वाला व्यक्ति 2. माल लादने वाला जहाज़।

मालविका (सं.) [सं-स्त्री.] ऊँचे पहाड़ों की एक लता; निसोथ।

मालवी [सं-स्त्री.] 1. श्री राग की एक रागिनी का नाम 2. पाढ़ा नाम की लता 3. मालवा (मध्य प्रदेश) इलाके की बोली।

मालवीय (सं.) [वि.] 1. मालव देश संबंधी 2. मालव का। [सं-पु.] 1. मालव देश का निवासी 2. ब्राह्मणों का एक कुलनाम या सरनेम।

माला (सं.) [सं-स्त्री.] 1. हार; माल्य; लड़ी; समूह 2. श्रेणी; पंक्ति, जैसे- पर्वतमाला। [मु.] **-फेरना** : नाम जपना; प्रयास करना।

मालामाल (अ.) [वि.] 1. समृद्ध; धनधान्य से संपन्न; धनी; अमीर; दौलतमंद 2. भरपूर।

मालावती (सं.) [सं-स्त्री.] (संगीत) एक प्रकार की रागिनी।

मालिक (अ.) [सं-पु.] 1. स्वामी; अधिपति 2. संपत्ति का स्वामी 3. ईश्वर।

मालिका (सं.) [सं-स्त्री.] 1. हार; माला 2. पंक्ति; श्रेणी 3. अटारी 4. चमेली।

मालिकाना (अ.+फ़ा.) [सं-पु.] स्वामित्व; वह हक या धन जो किसी चीज़ के मालिक को उसके स्वामित्व के बदले में मिलता हो। [वि.] मालिक या स्वामी का; मालिक जैसा।

मालिकी (फ़ा.) [सं-स्त्री.] 1. मिलकियत 2. मालिक या स्वामी होने का भाव 3. धन-दौलत; जायदाद।

मालिन [सं-स्त्री.] 1. माली का काम करने वाली स्त्री 2. माली की स्त्री।

मालिनी (सं.) [सं-स्त्री.] 1. माली जाति की स्त्री; मालिन 2. गंगा 3. (काव्यशास्त्र) सवैया छंद का एक नाम।

मालिन्य (सं.) [सं-पु.] 1. मलिनता; मैलापन 2. अपवित्रता 3. अंधकार।

मालियत (अ.) [सं-स्त्री.] 1. माल का वास्तविक मूल्य; कीमत 2. धन-दौलत 3. कीमती चीज़; मूल्यवान वस्तु।

मालिया[1] [सं-पु.] पाल आदि बाँधते समय रस्सी में दी जाने वाली एक प्रकार की गाँठ।

मालिया[2] (अ.) [सं-पु.] मालगुजारी।

मालिश (फ़ा.) [सं-स्त्री.] 1. शरीर पर हाथों से तेल लगाने की क्रिया 2. चंपी 3. मर्दन।

माली[1] (सं.) [सं-पु.] 1. बागवानी करने वाला व्यक्ति; माला बनाने वाला व्यक्ति; बागवान; फूल बेचने वाला व्यक्ति 2. माला बनाने का काम करने वाली एक हिंदू जाति। [वि.] जो माला पहने हो; युक्त; मंडित।

माली[2] (अ.) [वि.] 1. आर्थिक 2. माल संबंधी; माल का 3. राज्य-कर संबंधी 4. अर्थशास्त्र संबंधी।

मालुमात (अ.) [सं-स्त्री.] 1. जानकारी; ज्ञान 2. किसी बात या विषय की अच्छी जानकारी या पूरी जानकारी।

मालू [सं-स्त्री.] एक प्रकार की बेल, जो बागों में शोभा के लिए लगाई जाती है।

मालूम (अ.) [वि.] 1. ज्ञात; विदित 2. प्रकट; स्पष्ट 3. जाना हुआ।

मालोपमा (सं.) [सं-स्त्री.] (काव्यशास्त्र) उपमा अलंकार का एक भेद।

माल्य (सं.) [सं-पु.] माला; हार; पुष्प।

मावली [सं-पु.] दक्षिण भारत की पहाड़ी वीर जाति।

मावस [सं-स्त्री.] अमावस; अमावस्या।

मावा (सं.) [सं-पु.] 1. दूध को औटाकर बनाया गया खोआ 2. सार; सत्त।

माश (फ़ा.) [सं-पु.] 1. घर-गृहस्थी का सामान 2. उड़द की दाल 3. मूँग।

माशा (फ़ा.) [सं-पु.] 1. आठ रत्ती की तौल 2. तौल का बारहवाँ भाग 3. लुहारों की सँड़सी।

माशूक (अ.) [सं-पु.] 1. जिसके साथ इश्क या प्रेम किया जाए; प्रेमपात्र; प्रेमी 2. सुंदर; मोहक 3. प्यारा।

माशूका (अ.) [सं-स्त्री.] प्रेमिका; प्रेयसी।

माशूकाना (अ.+फ़ा.) [वि.] माशूकों जैसा; प्रेमपात्रों की तरह का।

माशूकी (अ.) [सं-स्त्री.] 1. माशूक होने की अवस्था या भाव; माशूकपन 2. सुंदरता; सौंदर्य।

माष (सं.) [सं-पु.] 1. उड़द 2. माशा 3. शरीर का मसा। [वि.] मूर्ख।

मास (सं.) [सं-पु.] माह; महीना।

मासपर्यंत (सं.) [क्रि.वि.] महीने भर; पूरे महीने।

मासमीडिया (अं.) [सं-पु.] 1. (पत्रकारिता) जन-जन तक समाचार तथा सूचनाओं को पहुँचाने का माध्यम, जैसे- पत्र-पत्रिकाएँ, रेडियो, टीवी, फ़िल्म, नाटक आदि जनमाध्यम 2. संपर्क साधन; जनसंपर्क माध्यम।

मासांत (सं.) [सं-पु.] 1. महीने का अंत या समाप्ति 2. अमावस्या 3. सौर संक्रांति का दिन 4. माह का आख़िरी दिन।

मासिक (सं.) [वि.] 1. माहवारी 2. मास संबंधी 3. प्रति माह नियमित रूप से होने वाला।

मासिकधर्म (सं.) [सं-पु.] स्त्रियों के गर्भाशय से हर महीने रक्त आदि निकलने की वह क्रिया जो यौवनारंभ से लेकर रजोनिवृत्ति तक होती है; रजोधर्म; महीना; माहवारी; ऋतुस्राव।

मासी (सं.) [सं-स्त्री.] 1. संबंध के विचार से माँ की बहन 2. मौसी।

मासूम (अ.) [वि.] 1. निश्छल; भोला 2. निरपराध; बेगुनाह 3. निर्दोष; निरीह; दया का पात्र।

मासूमियत (अ.) [सं-स्त्री.] 1. मासूम होने की अवस्था या भाव; भोलापन 2. निरीहता 3. सिधाई।

मास्टर (अं.) [सं-पु.] 1. अध्यापक; शिक्षक 2. किसी कला, गुण या विषय में निपुण व्यक्ति 3. उस्ताद।

मास्टर फ़ाइल (अं.) [सं-स्त्री.] प्रमुख मिसिल; प्रमुख संचिका; मास्टर फाइल।

माह [सं-पु.] मास; महीना; वर्ष के बारहवें भाग का काल विभाग जो प्रायः तीस दिनों का होता है और जिसका कुछ निश्चित नाम होता है।

माहताब (फ़ा.) [सं-पु.] 1. चाँद 2. चंद्रमा की चाँदनी।

माहताबी (फ़ा.) [वि.] 1. चंद्रमा की चाँदनी में रखकर तैयार किया हुआ (औषधि आदि) 2. चाँदनी में बैठने के लिए बनाया गया चबूतरा।

माहवार (फ़ा.) [वि.] महीने-महीने; हर महीने; मासिक; प्रतिमास।

माहवारी (फ़ा.) [वि.] मासिक।

माहिर (अ.) [वि.] 1. किसी काम में अत्यधिक दक्ष; कुशल; निपुण 2. विशेषज्ञ; अच्छा जानकार।

माही (फ़ा.) [सं-स्त्री.] मछली; मत्स्य; मीन।

माहुर (सं.) [सं-पु.] ज़हर; विष।

माहू [सं-पु.] कनसलाई नाम का बरसाती कीड़ा जो प्रायः कान में घुस जाता है; गिंजाई।

माहूँ [सं-स्त्री.] 1. एक प्रकार का छोटा कीड़ा जो राई, सरसों, मूली आदि के फसल में अपने अंडे देता है 2. कनसलाई नामक कीड़ा।

माहो [सं-स्त्री.] काफी पानी बरसने पर सरसों में लगने वाला कीड़ा।

माहौटी [सं-स्त्री.] माघ के मास में ब्याने वाली गाय-भैंस (जो अपशगुन माना जाता है)।

माहौल (अ.) [सं-पु.] 1. वातावरण; परिवेश 2. परिस्थिति।

मिंजारी [सं-स्त्री.] बिल्ली।

मिंड़ना [क्रि-अ.] 1. मींड़ा या मसला जाना 2. साथ लगना या होना 3. सटाया, चिपकाया या लगाया जाना।

मिंड़ाई [सं-स्त्री.] 1. मींड़ने, मसलने की क्रिया या भाव 2. मींड़ने की मज़दूरी या पारिश्रमिक।

मिंबर (अ.) [सं-पु.] मस्जिद का वह ऊँचा चबूतरा जिसपर बैठकर इमाम या मुल्ला उपदेश देते हैं अथवा लोगों को नमाज़, ख़ुतबा आदि पढ़ाते हैं।

मिक़दार (अ.) [अ+फ़ा.] 1. मात्रा; परिणाम 2. तौल।

मिचकना [क्रि-अ.] 1. आँख का मिचना या बंद होना 2. बार-बार आँख का बंद होना; मिचना।

मिचकाना [क्रि-स.] बार-बार आँखें या पलकें खोलना या बंद करना।

मिचकी [सं-स्त्री.] 1. आँख मिचकाने की क्रिया या भाव 2. आँख से किया गया इशारा या संकेत।

मिचना [क्रि-अ.] बंद होना (आँखों का)।

मिचमिचाना [क्रि-स.] आँखों को जल्दी-जल्दी बंद करना और खोलना।

मिचलाना [क्रि-अ.] मतली आना; उबकाई आना; मिचलाहट होना; कै होना।

मिचली [सं-स्त्री.] जी मिचलाने की क्रिया या भाव; शरीर की ऐसी अवस्था जिसमें कै या उल्टी करने की इच्छा हो।

मिचिराह [सं-पु.] कम खाने वाली (गाय)।

मिचौनी [सं-स्त्री.] मीचने या मूँदने की क्रिया या भाव।

मिज़राब (अ.) [सं-स्त्री.] सितार बजाने का तार का नुकीला छल्ला।

मिज़ाज (अ.) [सं-पु.] 1. स्वभाव; प्रकृति; प्रवृति 2. मनःस्थिति; दिल; तबीयत 3. किसी पदार्थ का वह मूल गुण जो सदा बना रहता है; तासीर।

मिज़ाजदार (अ.+फ़ा.) [वि.] अभिमानी; अभिमान करने वाला व्यक्ति घमंडी।

मिज़ाजपुरसी (अ.+फ़ा.) [सं-स्त्री.] किसी का कुशलमंगल पूछना; हालचाल पूछना।

मिज़ाजी (अ.) [वि.] बहुत अधिक घमंड या मिज़ाज में रहने वाला; अभिमान में जीने वाला; घमंडी।

मिटना (सं.) [क्रि-अ.] 1. दाग, चिह्न आदि का दूर होना 2. नष्ट होना; बरबाद होना; न रह जाना 3. रद्द होना 4. लुप्त होना 5. उजड़ना 6. पोंछा जाना; निशान आदि दूर करना।

मिटाना [क्रि-स.] 1. दाग, चिह्न आदि का दूर करना 2. नष्ट करना; बरबाद करना; ख़त्म करना 3. रद्द करना 4. लुप्त करना।

मिट्टी (सं.) [सं-स्त्री.] 1. धरती की ऊपरी सतह; ज़मीन;

मृदा; मृण; मृत्तिका 2. {ला-अ.} शव; लाश 3. मातृभूमि 4. धूल; ख़ाक। [मु.] **-में मिलना** : नष्ट होना। **-पलीद करना** : दुर्दशा करना। **-होना** : मर जाना; चौपट या बरबाद होना।

मिट्ठू [सं-पु.] 1. मीठा बोलने वाला व्यक्ति 2. तोता; सुग्गा। [वि.] 1. मधुरभाषी 2. प्रायः कम बोलने या चुप रहने वाला।

मिठबोला [वि.] 1. मीठी बातें बोलने वाला; मधुरभाषी 2. दिखावटी बातें करने वाला।

मिठरारा [सं-पु.] बेल की तरह बढ़ने वाली (मटर)

मिठलोना [वि.] जिसमें नमक कम या थोड़ा हो; कम नमकवाला।

मिठाई [सं-स्त्री.] 1. मीठे स्वाद वाला खाद्य पदार्थ; मिष्ठान्न, जैसे- कलाकंद, लड्डू, जलेबी आदि 2. मिठास; शीरीनी।

मिठास [सं-स्त्री.] मीठे होने की स्थिति या भाव; मीठापन; माधुर्य।

मिडिल (अं.) [वि.] 1. माध्यमिक 2. बीच का; मध्यवर्ती।

मित (सं.) [वि.] 1. जो सीमित हो; परिमित 2. नपा-तुला 3. नियत 4. थोड़ा; कम 5. फेंका हुआ।

मितभाषा (सं.) [सं-स्त्री.] कम शब्दों में अपनी बात करने का ढंग या पद्धति।

मितभाषी (सं.) [वि.] आवश्यकतानुसार बोलने वाला; अपेक्षाकृत कम बोलने वाला; नपे-तुले शब्दों में अपनी बात कहने वाला।

मितली [सं-स्त्री.] 1. पेट से खाद्य पदार्थ का मुखमार्ग से बाहर आना 2. उल्टी या कै की इच्छा 3. मिचली।

मितव्यय (सं.) [सं-पु.] 1. कम ख़र्च करना; अल्पव्यय; किफ़ायत 2. थोड़े ख़र्च में काम चलाना।

मितव्ययता (सं.) [सं-स्त्री.] मितव्यय होने की अवस्था या भाव; कमख़र्ची।

मितव्ययी (सं.) [वि.] कम ख़र्च करने वाला; अल्पव्ययी।

मिताक्षर (सं.) [वि.] संक्षिप्त; लघु।

मिताशन (सं.) [सं-पु.] 1. थोड़ा भोजन करना 2. अल्पाहार।

मिताहार (सं.) [सं-पु.] 1. अल्पाहार 2. कम खाना। [वि.] कम खाने वाला; मिताहारी।

मिताहारी (सं.) [वि.] थोड़ा या कम भोजन करने वाला; कम खाने वाला; अल्पाहारी; मितभोजी।

मिति (सं.) [सं-स्त्री.] 1. मान; माप 2. फल; परिणाम 3. सीमा; हद 4. नियम, मर्यादा आदि का बंधन।

मिती (सं.) [सं-स्त्री.] चांद्र मास की तिथि जो प्रत्येक पक्ष में एक से पंद्रह तक होती है।

मित्र (सं.) [सं-पु.] दोस्त; साथी; बंधु; सखा; हमदर्द; शुभचिंतक; संगी; मनमीत; (फ्रेंड)।

मित्रता (सं.) [सं-स्त्री.] 1. मित्र होने की अवस्था, भाव या धर्म 2. मैत्री; बंधुता; दोस्ती; यारी।

मित्रद्रोह (सं.) [सं-पु.] मित्र के प्रति विश्वासघात; मित्र को हानि पहुँचाना।

मित्रद्रोही (सं.) [वि.] मित्र के प्रति द्रोह या विश्वासघात करने वाला; मित्र को संकट में डालने वाला।

मित्रभाव (सं.) [सं-पु.] दोस्ती; मित्रता; मैत्री।

मित्रराष्ट्र (सं.) [सं-पु.] अपने देश से मित्रतापूर्ण संबंध रखने वाला राष्ट्र।

मित्रवत (सं.) [वि.] 1. मित्र के समान; मित्र जैसा; मित्रतापूर्ण 2. अपनत्व या बंधुत्व भरा।

मित्रवर (सं.) [सं-पु.] 1. बहुत घनिष्ठ या श्रेष्ठ मित्र के लिए संबोधन 2. मित्र; सखा; दोस्त।

मिथक (अं.+ हिं.) [सं-पु.] 1. लोककाल्पनिक कथानक; लोकरूढ़ि; अनुश्रुति 2. पौराणिक कथा; परंपरागत कथा 3. मान्यता 4. आख्यान।

मिथकीय (अं.+ हिं.) [वि.] 1. मिथक संबंधी; मिथक से उत्पन्न 2. काल्पनिक; अनुश्रुत 3. लोककथात्मक; पौराणिक।

मिथिला (सं.) [सं-स्त्री.] 1. वर्तमान तिरहुत का प्राचीन नाम 2. उक्त प्रदेश की राजधानी 3. जनकपुरी।

मिथुन (सं.) [सं-पु.] 1. स्त्री और पुरुष का युग्म; नर-मादा का जोड़ा 2. संभोग; मैथुन; समागम 3. (ज्योतिष) बारह राशियों में तीसरी राशि।

मिथ्या (सं.) [वि.] 1. असत्य; झूठ 2. तथ्यहीन; निराधार 3. कृत्रिम; बनावटी 4. नीति के विरुद्ध।

मिथ्याकोप (सं.) [सं-पु.] दिखावे के लिए किया जाने वाला कोप या रोष; बनावटी क्रोध।

मिथ्याक्षेप (सं.) [सं-पु.] 1. झूठा आरोप 2. निराधार और बनावटी आरोप।

मिथ्याचार (सं.) [सं-पु.] 1. कपटपूर्ण व्यवहार; छल 2. ऐसा आचरण जिसमें सच्चाई न हो।

मिथ्याभाषी (सं.) [वि.] झूठ बोलने वाला; मिथ्यावादी।

मिथ्याभिमान (सं.) [सं-पु.] झूठा घमंड या अभिमान।

मिथ्यावाद (सं.) [सं-पु.] असत्य कथन; झूठी बात।

मिथ्यावादी (सं.) [वि.] झूठ बोलने वाला; झूठा; असत्यवादी।

मिनकी [सं-स्त्री.] बिल्ली।

मिनट (अं.) [सं-पु.] 1. साठ सेकेंड का समय; क्षण 2. किसी बैठक या सभा की कार्यवाही या निर्णयों का लिखित विवरण।

मिनमिनाना [क्रि-अ.] मिन-मिन करना; अस्पष्ट या धीमे स्वर में बोलना 2. नाक से बोलना 3. धीरे-धीरे काम करना।

मिन्नत (अ.) [सं-स्त्री.] 1. याचना; प्रार्थना; विनती 2. गिड़गिड़ाना 3. चापलूसी।

मिमियाना [क्रि.अ.] 1. बकरी या भेड़ का बोलना 2. {ला-अ.} भयभीत होकर कुछ कहना।

मिमियाहट [सं-स्त्री.] बकरी या भेड़ की बोली; {ला. अ.} भयभीत होकर निकलने वाली आवाज।

मियाँ (फ़ा.) [सं-पु.] 1. मुसलमानों में एक संबोधन; महाशय 2. स्वामी; मालिक 3. पति; शौहर। [मु.] **-की जूती मियाँ का सिर** : अपना अहित स्वयं करना।

मियाद (अ.) [सं-स्त्री.] दे. मीयाद।

मियादी (अ.) [वि.] दे. मीयादी।

मियाना (फ़ा.) [सं-पु.] 1. केंद्र या मध्य भाग 2. एक प्रकार की डोली या पालकी। [वि.] मध्यम आकार का; मझोला।

मियानी (फ़ा.) [सं-स्त्री.] 1. पाजामे के बीच का भाग 2. कमरे के बीच की छत जिसमें कुछ सामान आदि रखते हैं 3. घास-फूस से बनी छाजन; हल्की छत; परछती। [वि.] मध्य का;

बिचला।

मिरकी [सं-स्त्री.] चौपायों को होने वाली मुँह की एक बीमारी।

मिरगी (सं.) [सं-स्त्री.] एक तरह की बीमारी जिसमें रोगी अचानक बेहोश हो जाता है; अपस्मार; (एपिलेप्सी)।

मिरचा [सं-पु.] दे. मिर्च।

मिरज़ई (फ़ा.) [सं-पु.] 1. कमर तक पहनने वाला एक प्रकार का वस्त्र 2. बंद कुरती।

मिर्च (सं.) [सं-स्त्री.] हरे या लाल रंग की लंबी फली जिसका स्वाद कड़वा या तीता होता है और यह मसाले के रूप में प्रयुक्त होता है। [मु.] **-लगना** : बुरा लगना।

मिर्चदानी [सं-स्त्री.] मिर्च आदि रखने का छोटा बरतन या डिब्बा।

मिर्ज़ा (फ़ा.) [सं-पु.] 1. मीर या सरदार का लड़का 2. मुगलों की एक उपाधि।

मिल (अं.) [सं-स्त्री.] 1. कारख़ाना 2. वह बड़ी मशीन जिसमें बड़े पैमाने पर वस्तुएँ तैयार की जाती हैं 3. आटा पीसने तथा लकड़ी आदि चीरने की मशीन।

मिलक (अ.) [सं-स्त्री.] 1. भूमि-संपत्ति 2. ज़मीन-जायदाद 3. स्थायी संपत्ति।

मिलकना [क्रि-अ.] प्रज्वलित होना; जलना; प्रकाशित होना।

मिलन (सं.) [सं-पु.] 1. मिलाप; भेंट 2. संभोग 3. संगम 4. मिलावट; मिश्रण।

मिलनसार (सं.) [वि.] 1. सबसे मेलजोल रखने वाला; आत्मीयता से मिलने वाला 2. सुशील 3. प्यार-मुहब्बतवाला।

मिलना (सं.) [क्रि-अ.] 1. दो या अधिक पदार्थों का संयोग; योग होना; मिश्रित होना 2. साथ लगना; सटना 3. समुदाय या समूह में समा जाना 4. भेंट होना या मुलाकात होना 5. एक-दूसरे के बहुत समान होना।

मिलनी [सं-स्त्री.] 1. विवाह की एक रस्म 2. उक्त रस्म में कन्या पक्ष वाले वर पक्ष वाले से गले मिलते हैं और उपहार या रुपए आदि देते हैं।

मिलवाना [क्रि-स.] 1. आपस में एक-दूसरे का मिलाना; भेंट या परिचय कराना 2. मिलाने का काम दूसरे से कराना 3. मिलने के लिए प्रेरित करना 4. मिलन या योग कराना।

मिलाई [सं-स्त्री.] 1. मिलने या मिलाने की क्रिया 2. भेंट; मिलन; मिलनी।

मिलाजुला [वि.] 1. मिश्रित 2. सम्मिलित 3. संयुक्त 4. जिसमें अनेक वस्तुओं का मिश्रण हो।

मिलान [सं-पु.] 1. मिलाने की क्रिया या भाव 2. दो वस्तुओं में की जाने वाली तुलना 3. मिलकर जाँचना।

मिलाना [क्रि-स.] 1. एक वस्तु को दूसरी वस्तु में मिश्रित करना; योग करना 2. जोड़ना; इकट्ठा करना; संयोग करना 3. तुलना करना 4. मिलान करना 5. किसी को अपनी ओर करना 6. (संगीत) स्वरों का मेल करना।

मिलाप [सं-पु.] 1. मिलने की क्रिया या भाव 2. वह स्थिति जिसमें व्यक्ति आपस में मिल-जुलकर और स्नेहपूर्वक रहते हों; मेल 3. स्नेहपूर्ण मिलन।

मिलावट [सं-स्त्री.] 1. शुद्ध चीज़ में कोई अन्य या घटिया चीज़ मिलाए जाने की क्रिया; अपमिश्रण 2. घपला 3. खोट।

मिलावटी [वि.] 1. जिसमें मिलावट हो; अशुद्ध; अपमिश्रित 3. जिसमें अन्य चीज़ों का मिश्रण हो।

मिलिंद (सं.) [सं-पु.] भौंरा; भ्रमर।

मिलीग्राम (अं.) [सं-पु.] एक ग्राम का हज़ारवाँ भाग।

मिलीभगत [सं-स्त्री.] षड्यंत्र; दुरभिसंधि; साँठगाँठ; छल; कपटजाल; धूर्ततापूर्ण चाल।

मिल्कियत (अ.) [सं-स्त्री.] 1. संपत्ति; जायदाद 2. भूमि पर स्वामित्व का अधिकार।

मिल्लत (अ.) [सं-स्त्री.] 1. मज़हब; धर्म 2. संप्रदाय; फ़िरका 3. कौम।

मिशन (अं.) [सं-पु.] 1. अभियान; लक्ष्योन्मुख कार्य 2. उद्देश्य; लक्ष्य; जीवन का ध्येय 3. किसी उद्देश्य से विदेश भेजा जाने वाला शिष्टमंडल।

मिशनरी (अं.) [सं-पु.] पादरी; ईसाई धर्मोपदेशक; धर्मप्रचारक। [वि.] 1. मिशन से संबंधित 2. लक्ष्य या उद्देश्य से संबंधित।

मिश्र (सं.) [सं-पु.] 1. ब्राह्मणों में एक कुलनाम या सरनेम 2. हाथियों की एक जाति 4. कृतिका, विशाखा आदि नक्षत्रों का गण। [वि.] एक में मिला या मिलाया हुआ; मिश्रित; संयुक्त।

मिश्रक (सं.) [सं-पु.] वह जो औषधियों को मिश्रित कर दवाइयाँ बनाते हैं; दवाएँ बनाने वाला व्यक्ति; (कंपाउंडर)। [वि.] मिश्रण करने वाला।

मिश्रण (सं.) [सं-पु.] 1. दो या दो से अधिक चीज़ों या तत्वों को आपस में मिलाना; मिलावट; मिश्रित करना 2. (गणित) संख्याओं को जोड़ने की क्रिया; योग करना 3. वह औषधि जो कई औषधियों के मेल से बनी हो; (मिक्सचर)।

मिश्रता (सं.) [सं-स्त्री.] 1. मिश्रित होने की अवस्था या भाव 2. मिलावटीपन।

मिश्रधातु (सं.) [सं-स्त्री.] दो या दो से अधिक धातुओं के मिश्रण से बनी धातु।

मिश्रित (सं.) [वि.] 1. एक में मिला हुआ; घुला-मिला होना; मिलाया हुआ 2. मिलावटी 3. विविध।

मिश्री (सं.) [सं-स्त्री.] विशेष प्रकार से जमाई हुई बड़े दानों के आकार वाली चीनी; शर्करा की छोटी ढेली।

मिश्रीकरण (सं.) [सं-पु.] मिलाने या मिश्रण करने की क्रिया या भाव।

मिष्ट (सं.) [वि.] 1. स्वादिष्ट 2. मीठा; मधुर; मिठासयुक्त।

मिष्टभाषी (सं.) [सं-पु.] मधुरभाषी; मीठे शब्द बोलने वाला।

मिष्ठान्न (सं.) [सं-पु.] मिठाई; मीठा अन्न; मीठा पकवान।

मिष्ठान्नशाला (सं.) [सं-स्त्री.] 1. मिठाई की दुकान 2. मिठाई बनाने का कारख़ाना।

मिस [सं-पु.] बहाना; ढोंग। [क्रि.वि.] बहाने से; ज़रिए।

मिसकना [क्रि-अ.] 1. धीरे-धीरे बोलना; मिस-मिस शब्द होना 2. मिनमिनाना।

मिसकीन (अ.) [वि.] 1. बेचारा; दीन-हीन 2. दरिद्र; निर्धन; गरीब 3. भोला-भाला; सीधा-सादा 4. विनम्र।

मिसकीनता (अ.) [सं-स्त्री.] 1. मिसकीन होने की अवस्था या

भाव 2. गरीबी; दरिद्रता 3. दीनता; नम्रता।

मिसमार (अ.) [वि.] ध्वस्त; ढहाया हुआ।

मिसरा (अ. ?) [सं-पु.] 1. किसी छंद का चरण या पद 3. किसी कविता आदि का आधारभूत पहला चरण।

मिसरी [सं-स्त्री.] दे. मिश्री।

मिसरीकंद [सं-पु.] राम केसबर; एक प्रकार की कंद।

मिसवाक (अ.) [सं-स्त्री.] दाँत साफ़ करने की मुलायम सिरे वाली वृक्ष की ताज़ी हरी शाखा; दातौन।

मिसाइल (अं.) [सं-पु.] 1. प्रक्षेपास्त्र 2. शक्तिशाली विस्फोटक अस्त्र जिसे वायु में बहुत दूर तक प्रक्षेपित किया जा सकता है 3. फेंककर मारने का अस्त्र।

मिसाल (अ.) [सं-स्त्री.] 1. उदाहरण; आदर्श 2. कहावत; लोकोक्ति 3. प्रतिमान; हवाला 4. दृष्टांत।

मिसिल (अ.) [सं-स्त्री.] 1. ईसाइयों की पूरे वर्ष की प्रार्थना की पुस्तक 2. नत्थी; फ़ाइल 3. किसी एक विषय अथवा मुकदमे से संबंध रखने वाले कुछ कागज़-पत्रों आदि का समूह 4. छपे हुए फ़ॉर्म जो व्यवस्थित क्रम से रखे होते हैं।

मिसेज़ (अं.) [सं-स्त्री.] विवाहित स्त्रियों के लिए प्रयोग किया जाने वाला सम्मानजनक संबोधन; श्रीमती।

मिस्की [सं-स्त्री.] 1. धीरे-धीरे बोलने की क्रिया या भाव 2. (संगीत) गाने का वह ढंग जिसमें धीरे-धीरे गाते हैं; साँसी।

मिस्टर (अं.) [सं-पु.] 1. श्रीमान; श्री; महाशय; जनाब 2. पति 3. पुरुषों के नाम के पहले लगने वाला आदरसूचक संबोधन।

मिस्तरी [सं-पु.] 1. कुशल कारीगर 2. यंत्रों आदि की मरम्मत करने वाला व्यक्ति।

मिस्र (अ.) [सं-पु.] अफ़्रीका महाद्वीप के उत्तर-पूर्व में स्थित देश।

मिस्री (अ.) [सं-पु.] मिस्र देश का निवासी। [सं-स्त्री.] मिस्र देश की भाषा। [वि.] मिस्र देश का।

मिस्सा [सं-पु.] 1. कई तरह की दालें पीस कर बनाया गया आटा 2. मूँग, मोठ आदि का भूसा।

मिस्सी (फ़ा.) [सं-स्त्री.] 1. लेपन करने वाली प्रसाधन सामग्री 2. आटे और बेसन आदि को मिलाकर बनाई जाने वाली रोटी 3. दाँत साफ़ करने का मंजन।

मिहिर (सं.) [सं-पु.] 1. सूर्य 2. चंद्रमा 3. हवा; वायु 4. बादल; मेघ 5. आव; मदार 6. ताँबा। [वि.] बुड्ढा; वृद्ध।

मिहिल [सं-पु.] एक पहाड़ी वृक्ष।

मींजना [क्रि-स.] 1. हाथों से मसलना; मलना 2. रगड़ना।

मींडना (सं.) [क्रि-स.] 1. मलना; मसलना 2. रौंदना और कुचलना 3. मर्दन करना; गूँथना।

मीआद (अ. ?) [सं-स्त्री.] दे. मियाद।

मीचना [क्रि-स.] आँख बंद करना; मूँदना।

मीज़ान (अ. ?) [सं-स्त्री.] 1. तराजू; तुला 2. (अंकगणित) संख्याओं या अंकों आदि का जोड़ या योगफल।

मीटर (अं.) [सं-पु.] 1. मापक; नापने वाला यंत्र 2. पानी, बिजली आदि की खपत को नापने का यंत्र 3. दूरी या लंबाई नापने की एक आधारिक इकाई जो 39.37 इंच या 100 सेंटीमीटर के बराबर होती है।

मीटिंग (अं.) [सं-पु.] 1. बैठक; सभा 2. अधिवेशन; सम्मेलन 3. मुलाकात; भेंट।

मीठा (सं.) [वि.] 1. जिसमें मिठास हो; मधुर स्वाद या रसवाला 2. जो सुनने में मधुर हो 3. मधुरभाषी। [सं-पु.] शहद या चीनी से बनाया जाने वाला खाद्य पदार्थ; मिठाई।

मीडियम (अं.) [सं-पु.] 1. माध्यम 2. मध्यस्थ 3. मध्य परिमाण 4. मध्य स्थान 5. साधन। [वि.] 1. औसत दरजे का 2. सामान्य 3. मझला।

मीडिया (अं.) [सं-पु.] 1. माध्यम; साधन; हेतु 2. वर्तमान में जनसंपर्क या संचार आदि के क्षेत्र में टीवी, पत्र-पत्रिकाओं आदि के लिए प्रयोग किया जाने वाला शब्द।

मीत (सं.) [सं-पु.] 1. दोस्त; मित्र; साथी 2. प्रेमी 3. पति।

मीन (सं.) [सं-पु.] 1. मछली 2. (ज्योतिष) बारह राशियों में एक राशि; अंतिम राशि।

मीनमेख (सं.) [सं-स्त्री.] 1. कमियाँ; दोष 2. नुक्ताचीनी 3. छिद्रान्वेषण 4. सोच-विचार; आगा-पीछा; असमंजस।

मीनरथ (सं.) [सं-पु.] 1. वह जिसका वाहन मछली हो 2. कामदेव।

मीना (फ़ा.) [सं-पु.] नीला रंग। [सं-स्त्री.] 1. नीले रंग का कीमती पत्थर 2. रंग-बिरंगा शीशा 3. मद्य का पात्र; शराब की बोतल।

मीनाकार (फ़ा.) [वि.] 1. मीना का काम करने वाला; जड़ाई काम करने वाला 2. सोने-चाँदी पर रंग-बिरंगा काम करने वाला।

मीनाकारी (फ़ा.) [सं-स्त्री.] मीना का काम; जड़ाई काम; सोने या चाँदी पर होने वाला मीने का रंगीन काम।

मीनाक्षी (सं.) [वि.] जिसकी आँखें मछली के समान और बहुत सुंदर हों। [सं-स्त्री.] 1. (पुराण) कुबेर की कन्या 2. ब्राह्मी बूटी 3 गादर दूब 4. चीनी।

मीनागरी [सं-पु.] दे. मीनाकारी।

मीनादार (फ़ा.) [वि.] मीना जड़ा हुआ; मणियुक्त।

मीनाबाज़ार (फ़ा.) [सं-पु.] 1. मध्यकाल में वह बाज़ार जहाँ स्त्रियों द्वारा ही वस्तुओं का क्रय-विक्रय किया जाता था 2. जौहरी बाज़ार 3. सुंदर-सजावटी चीज़ों का बाज़ार।

मीनार (अ.) [सं-स्त्री.] 1. ऊँची इमारत; गगनचुंबी भवन 2. लाट 3. मस्जिद में अज़ान देने के लिए बना स्तंभ।

मीमांसक (सं.) [सं-पु.] 1. पूर्व मीमांसा के सूत्रकार जैमिनी ऋषि 2. रामानुज 3. मध्वाचार्य। [वि.] मीमांसा करने वाला; मीमांसा शास्त्र का ज्ञाता; टीकाकार।

मीमांसा (सं.) [सं-स्त्री.] 1. तत्व के संबंध में किया जाने वाला विचारपूर्वक निर्णय; तथ्यान्वेषण 2. गंभीर मनन; विचार 3. अनुमान या तर्क-वितर्क 4. एक प्रसिद्ध भारतीय दर्शन।

मीयाद (अ.) [सं-स्त्री.] 1. किसी कार्य की समाप्ति आदि के लिए नियत किया गया समय या अवधि; कालावधि 2. सज़ा की अवधि।

मीयादी (अ.) [वि.] जिसके लिए कोई अवधि नियत हो; निश्चित

अवधि वाला; मीयादवाला; आवधिक।

मीर (फ़ा.) [सं-पु.] 1. प्रधान नेता; सरदार 2. ताश के पत्तों का बादशाह 3. किसी प्रतियोगिता में पहला स्थान प्राप्त करने वाला व्यक्ति 4. धार्मिक आचार्य।

मीरज़ा (फ़ा.) [सं-पु.] 1. सैयदों की उपाधि; मिरज़ा 2. मध्यकाल में मुस्लिम राजवंश के लोगों की उपाधि।

मीराबाई [सं-स्त्री.] मेवाड़ के राजघराने में जन्मी कृष्णभक्ति शाखा की प्रमुख कवयित्री।

मीरास (अ.) [सं-स्त्री.] बपौती; बाप-दादा से मिली हुई संपत्ति।

मीरासी (अ.) [सं-पु.] मुसलमानों में एक जाति या समुदाय। [वि.] मीरास या उत्तराधिकार संबंधी।

मील (अं.) [सं-पु.] दूरी की एक नाप 1780 गज।

मीलन (सं.) [सं-पु.] 1. बंद करना 2. मूँदना 3. सिकोड़ना; संकुचित करना।

मीलाद (अ.) [सं-पु.] 1. जन्म का समय 2. वह सभा जिसमें हज़रत मुहम्मद साहब की कथा होती हो।

मीलित (सं.) [वि.] 1. बंद किया या मूँदा हुआ 2. संकुचित किया हुआ। [सं-पु.] (साहित्य) एक अलंकार।

मीसना (सं.) [क्रि-स.] 1. मिलाना; मिश्रण करना 2. धीरे-धीरे दबाना और मसलना।

मुँगरा (सं.) [सं-पु.] 1. लकड़ी का बना एक लंबोतर, गोल और मूठ लगा साधन जिसका उपयोग व्यायाम के लिए तथा ठोकने-पीटने के लिए होता है 2. लकड़ी का बड़ा हथौड़ा।

मुँगरी [सं-स्त्री.] छोटे आकार का मुँगरा।

मुँगौड़ी [सं-स्त्री.] मूंग की बनी बड़ी; मुंगौरी।

मुँड़ना (सं.) [क्रि-अ.] 1. सिर या किसी अंग का बाल साफ़ करना; मूँड़ा जाना 3. {ला-अ.} ठगा जाना।

मुँड़वा [सं-पु.] बिना सींग का बैल; मुंड़ा; मुँड़िल्ला; मुँड़िल।

मुँड़वाना [क्रि-स.] 1. बाल साफ़ करवाना; बाल घुटवाना; केस छिलवाना 3. {ला-अ.} जानबूझकर ठगा जाना।

मुँड़ाई [सं-स्त्री.] 1. मूँड़ने या मूँड़ाने की क्रिया या भाव 2. मूँड़ने की मज़दूरी या पारिश्रमिक।

मुँड़िया [सं-पु.] एक प्रकार का बढ़िया गेहूँ।

मुँड़ी [सं-स्त्री.] छोटे सींगों वाली गाय।

मुँदना (सं.) [क्रि-अ.] 1. आँख की पलकों का बंद होना; समाप्त होना 2. बंद होना 3. तिरोहित होना; छिपना।

मुँदरी (सं.) [सं-स्त्री.] अँगूठी; मुद्रिका; छल्ला।

मुँदरी (सं.) [सं-स्त्री.] अँगूठी; मुद्रिका; छल्ला।

मुँधोवा [सं-पु.] काले शरीर और सफ़ेद मुँह वाला (बैल)

मुँह (सं.) [सं-पु.] 1. चेहरे का वह उपांग जो ओठ, दंत, जिह्वा, तालु आदि से युक्त होता है तथा वहीं भोजन, खाद्य पदार्थ आदि को चबाने व निगलने का कार्य होता है 2. मुख; चेहरा 3. {ला-अ.} योग्यता; सामर्थ्य; लियाकत 4. बरतन का वह भाग जिससे कोई चीज़ अंदर डाली जाए 5. किनारा। [मु.] **-आना** : मुँह में छाले पड़ना; श्रेष्ठजन से उद्दंडतापूर्वक बातें करना। **-काला करना** : ऐसा घृणित आचरण करना जिससे कलंक लगे। **-की खाना** : परास्त होना। **-करना** : निस्संकोच कुछ माँगना या कहना। **-फुलाना** : संतुष्ट या अप्रसन्न होकर क्रोधयुक्त मुद्रा धारण करना। **-फेर लेना** : उदास, नाराज़ या खिन्न होकर किसी से दूर हो जाना। **-बनाना** : चेहरे पर अप्रसन्नता, असंतोष तथा घृणा का भाव प्रकट होना।

मुँहज़बानी (हिं.+फ़ा.) [अव्य.] मौखिक रूप से; मुँह द्वारा। [वि.] जो ज़बानी याद हो; कंठस्थ।

मुँहज़ोर (हिं.+फ़ा.) [वि.] 1. जो अनुचित या कटु बातें कहने में संकोच न करता हो; मुँहफट 2. ज़रूरत से ज़्यादा बोलने वाला; बहस करने वाला; बकवादी।

मुँहज़ोरी (हिं.+फ़ा.) [सं-स्त्री.] 1. जो अनुचित या कटु बातें कहने में संकोच न करता हो; मुँह-फट होने का भाव 2. लड़ाका 3. धृष्टता।

मुँहतोड़ [वि.] विपक्षी के मत या तर्क को पूर्णतः काट देने वाला; करारा जवाब देने वाला।

मुँहदिखाई [सं-स्त्री.] 1. नई नवेली दुल्हन का ससुराल आने पर उसका मुँह दिखाने या देखने की रस्म 2. उक्त रस्म पर दुल्हन को मिलने या दिया जाने वाला नेग, उपहार आदि।

मुँहदेखौनी [सं-स्त्री.] दे. मुँहदिखाई।

मुँहपटो [सं-स्त्री.] मुँह पर सफ़ेद रंग की चौड़ी धारी वाली भेड़; म्हापटो।

मुँहफट [वि.] मुँह पर जवाब देने वाला; बदज़बान।

मुँहबोला [वि.] वचन द्वारा संबंध स्थापित किया हुआ; मुँह से कहकर बनाया हुआ; माना हुआ, जैसे- मुँहबोला भाई।

मुँहमाँगा [वि.] 1. जितना माँगा जाए उतना; मनचाहा 2. मुँह से माँगा हुआ।

मुँहलगा [वि.] 1. सिरचढ़ा 2. ढीठ 3. शोख।

मुँहासा [सं-पु.] प्रायः युवावस्था में चेहरे पर निकलने वाला दाना या फुंसी।

मुंड (सं.) [सं-पु.] 1. खोपड़ी; सिर 2. कटा हुआ सिर। [वि.] 1. जिस पर बाल न हो 2. मूँड़ा हुआ।

मुंडन (सं.) [सं-पु.] 1. बालक के सिर के बाल पहली बार मूँड़ने की रस्म 2. सिर के बाल उस्तरे से मूँड़ने की क्रिया।

मुंडमाला (सं.) [सं-स्त्री.] 1. कटे हुए सिरों या खोपड़ियों की माला 2. बंगाल की एक नदी।

मुंडमालिनी (सं.) [सं-स्त्री.] कालिका या काली नाम की देवी।

मुंडमाली (सं.) [सं-पु.] शिव; शंकर; महादेव।

मुंडा [सं-पु.] 1. एक आदिवासी जाति जो राँची, छोटा नागपुर, मिर्ज़ापुर के जंगल में रहती है 2. बिना सींग वाले पशु 3. बिना नोक का जूता। [सं-स्त्री.] मुंडा लोगों की भाषा जिसमें खरबार, संथाली, मुंडारी, कोरवा आदि अनेक बोलियाँ आती हैं। [वि.] जिसके सिर पर बाल न हो; मुंडित; गंजा।

मुंडित (सं.) [वि.] 1. जिसका मुंडन हुआ हो 2. जो मूँड़ा गया हो।

मुंडेर [सं-स्त्री.] 1. दीवार का वह ऊपरी भाग जो ऊपर की छत के चारों ओर कुछ उठा होता है 2. किसी प्रकार का बाँधा हुआ पुश्ता 2. खेत की मेंड़।

मुंडेरा [सं-पु.] 1. छत के ऊपर दीवार का ऊपरी उठा हुआ मेड़

की तरह का घेरा 2. बाँधा हुआ पुश्ता।

मुंशी (अ.) [सं-पु.] 1. पंडित; विद्वान 2. बही-खाता लिखने वाला व्यक्ति 3. वकील का सहायक; पेशकार 4. कायस्थ समाज में प्रयुक्त एक संबोधन तथा कुलनाम या सरनेम।

मुंशीगिरी (अ.+फ़ा.) [सं-स्त्री.] 1. मुंशी का कार्य 2. लेखन-कार्य।

मुंसिफ़ (अ.) [सं-पु.] 1. न्याय करने वाला व्यक्ति; न्यायाधीश 2. न्यायविभाग का एक अधिकारी जिसका पद सब-जज से छोटा होता है।

मुंसिफ़ी (अ.) [सं-स्त्री.] 1. मुंसिफ़ का पद 2. न्यायशीलता 3. मुंसिफ़ की अदालत।

मुअक्किल (अ.) [सं-पु.] उर्दू उच्चारणानुसार वर्तनी (दे. मुवक्किल)।

मुअज्ज़ज़ (अ.) [वि.] प्रतिष्ठित; सम्मानित; मोहतरम।

मुअतरिफ़ (अ.) [वि.] 1. मानने वाला 2. एतराफ़ या इकरार करने वाला।

मुअत्तल (अ.) [वि.] 1. जो किसी आरोप की जाँच के लिए नौकरी से कुछ समय के लिए अलग कर दिया गया हो; अस्थायी रूप से पदच्युत (कर्मचारी); सस्पेंड 2. ख़ाली 3. अलग किया हुआ।

मुअत्तली (अ.) [सं-स्त्री.] 1. निलंबन 2. मुअत्तल या निलंबित होने की अवस्था या भाव।

मुआफ़िक (अ.) [वि.] 1. अनुकूल; जो विरुद्ध न हो 2. समान; सदृश 3. मित्र; दोस्त।

मुआफ़ी (अ.) [सं-स्त्री.] 1. माफ़ी; क्षमा 2. वह भूमि जिसका कर सरकार या राज्य ने माफ़ कर दिया हो।

मुआमला (अ.) [सं-पु.] उर्दू उच्चारणानुसार वर्तनी (दे. मामला)।

मुआयना (अ.) [सं-पु.] जाँच-पड़ताल; निरीक्षण; पर्यवेक्षण।

मुआर [सं-पु.] 1. अनावृष्टि के कारण फसल का सूख जाना; झुलसा; मरियल 2. किसी वस्तु का अभिभावक होना।

मुआवज़ा (अ.) [सं-पु.] 1. वह वस्तु या धन जो किसी को क्षतिपूर्ति के रूप में दिया जाए; हरज़ाना 2. बदले में दी हुई चीज़ या धन 2. अर्थदंड 3. बदला; पलटा।

मुआहिद (अ.) [वि.] 1. प्रतिज्ञा करने वाला 2. अनुबंध करने वाला।

मुकटा [सं-पु.] प्रायः पूजन आदि के समय पहनी जाने वाली एक प्रकार की रेशमी धोती।

मुकदमा (अ.) [सं-पु.] 1. न्यायालय में गया हुआ विवादास्पद विषय; अभियोग; (केस) 2. दावा; नालिश।

मुक़दमा (अ.) [सं-पु.] उर्दू उच्चारणानुसार वर्तनी, (दे. मुकदमा)।

मुकदमेबाज़ (अ.+फ़ा.) [सं-पु.] 1. मुकदमा लड़ने वाला व्यक्ति 2. वह जिसे मुकदमे लड़ने का शौक हो।

मुकदमेबाज़ी (अ.+फ़ा.) [सं-स्त्री.] मुकदमा लड़ना; मुकदमे लड़ने की क्रिया या भाव।

मुकद्दर (अ.) [सं-पु.] भाग्य; प्रारब्ध; किस्मत; तकदीर।

मुकद्दस (अ.) [वि.] 1. परम पवित्र 2. पूज्य।

मुक़द्दस (अ.) [वि.] उर्दू उच्चारणानुसार वर्तनी, (दे. मुकद्दस)।

मुकम्मल (अ.) [वि.] 1. संपूर्ण 2. पूरा; सारा 3. समाप्त; ख़त्म 4. सर्वांगपूर्ण।

मुकरना [क्रि-अ.] अपनी कही हुई बात से हट जाना; इनकार करना; नटना।

मुकरा [वि.] 1. अपनी बात से पीछे हटने वाला 2. मुकरने वाला।

मुकराना [क्रि-स.] 1. किसी को झूठा साबित करना 2. छुड़ाना 3. मुकरने में प्रवृत्त करना।

मुकरी [सं-स्त्री.] 1. मुकरने की क्रिया या भाव 2. पहेली जैसी कविता 3. वह कविता जिसमें पहले कही हुई बात से मुकर कर कुछ और बात कही जाए 4. (साहित्य) छेकापह्नुति अलंकार।

मुकर्रर (अ.) [वि.] 1. निश्चित; इकरार किया हुआ 2. नियुक्त; नियत; अनुबंधित 3. निर्धारित; तैनात।

मुकर्ररी (अ.) [सं-स्त्री.] 1. मुकर्रर होने की अवस्था, क्रिया या भाव 2. नियत रूप में या नियत समय पर मिलता रहने वाला धन, कर या वेतन आदि 3. मालगुज़ारी या लगान 4. नियुक्ति।

मुकलावा [सं-पु.] पति का पहली बार पत्नी को मायके से अपने घर ले जाने की रस्म; गौना; द्विरागमन।

मुकाबला (अ.) [सं-पु.] 1. प्रतियोगिता; बलपरीक्षा या लड़ाई में होने वाली जाँच या होड़ 2. आमना-सामना 3. बराबरी; समानता 4. तुलनात्मक निरीक्षण या परीक्षा।

मुकाबिल (अ.) [वि.] 1. प्रतिस्पर्धी; मुकाबला करने वाला 2. सामने का 3. बराबरी करने वाला। [सं-पु.] 1. विरोधी 2. प्रतिद्वंदी 3. दुश्मन; शत्रु। [क्रि.वि.] सामने; सम्मुख।

मुकाम (अ.) [सं-पु.] 1. ठहरने का स्थान; खड़े होने की जगह; टिकना; पड़ाव; ठहराव 2. वास स्थान; घर 3. अधिष्ठान 4. पता; ठिकाना 5. साधक की अवस्थान भूमि।

मुकियल [सं-पु.] एक प्रकार का बाँस; नल बाँस; विधुली।

मुकुंद (सं.) [सं-पु.] 1. (पुराण) विष्णु; कृष्ण 2. नव निधियों में एक; एक रत्न 3. पारा 4. सफ़ेद कनेर 5. कुंदरू।

मुकुट (सं.) [सं-पु.] 1. देवताओं, राजाओं आदि के सिर पर रहने वाला एक प्रसिद्ध शिरोभूषण 2. ताज; सिरमौर।

मुकुटमणि (सं.) [सं-पु.] 1. देवी-देवताओं की मूर्तियों के सिर पर पहनाए जाने वाले मुकुट में लगा रत्न 2. अत्यंत श्रेष्ठ वस्तु।

मुकुर (सं.) [सं-पु.] 1. दर्पण; शीशा 2. कुम्हार का डंडा 3. कली 4. शरीर।

मुकुल (सं.) [सं-पु.] 1. कली 2. आत्मा 3. शरीर; देह 4. पृथ्वी।

मुकुलित (सं.) [वि.] 1. (वह पौधा) जिसमें कलियाँ निकली हों 2. अधखिला; अधखिली (कली) 3. अधखुला (नेत्र)।

मुक्का (सं.) [सं-पु.] 1. प्रहार के लिए बाँधी हुई मुट्ठी; घूँसा 2. घूँसे की चोट।

मुक्की [सं-स्त्री.] बंद मुट्ठी का हलका प्रहार।

मुक्केबाज़ (हिं.+फ़ा.) [सं-पु.] वह जो मुक्कों का प्रहार करके लड़ता हो; (बॉक्सर)।

मुक्केबाज़ी [सं-स्त्री.] 1. घूँसेबाज़ी; घूँसों के प्रहार से होने वाली लड़ाई; मुक्कों की लड़ाई; (बॉक्सिंग) 2. वह प्रतियोगिता जिसमें प्रतिद्वंदी एक-दूसरे पर मुक्कों से वार करते हैं।

मुक्कैश (अ.) [सं-पु.] 1. सोने-चाँदी का तार 2. सोने-चाँदी के तारों से बना ताश या कपड़ा।

मुक्त (सं.) [वि.] 1. आज़ाद; स्वतंत्र; स्वाधीन 2. निर्बाध 3. बंधनमुक्त; बंधनहीन 4. उन्मुक्त 5. स्वामीहीन 6. स्वेच्छाधारी 7. (पुराण) मोक्ष प्राप्त 8. क्षिप्त; फेंका हुआ।

मुक्त व्यापार (सं.) [सं-पु.] 1. ऐसा व्यापार जिसमें विदेशों से होने वाले आयात-निर्यात पर कोई विशेष कर या बंधन न हो 2. वह सिद्धांत जिसमें सरकार का व्यापार, व्यवसाय आदि के कार्य में दख़ल न हो। [वि.] जो सांसारिक कार्यों से रहित हो गया हो; संसार त्यागी।

मुक्त स्पर्धा (सं.) [सं-स्त्री.] ऐसी प्रतियोगिता जिसमें भाग लेने का बंधन न हो; मुक्त (खुली) प्रतियोगिता।

मुक्तक (सं.) [सं-पु.] 1. (काव्यशास्त्र) काव्य या कविता का वह प्रकार जिसमें प्रबंधकीयता न हो। इसमें एक छंद में कथित बात का दूसरे छंद में कही गई बात से कोई संबंध या तारतम्य होना आवश्यक नहीं है; स्वतंत्र छंद 2. हथियार; शास्त्र।

मुक्तक काव्य (सं.) [सं-पु.] (काव्यशास्त्र) स्वतंत्र छंदयुक्त रचना; वह काव्य रचना जिसमें एक छंद में कथित बात का दूसरे छंद में कही गई बात से कोई संबंध या तारतम्य नहीं होता; प्रत्येक छंद अपने आप में पूर्णतः स्वतंत्र और संपूर्ण अर्थ देने वाला होता है।

मुक्तकंठ (सं.) [वि.] 1. जिसकी आवाज़ स्पष्ट हो 2. ज़ोर से बोलने वाला 3. बेधड़क बोलने वाला।

मुक्तछंद (सं.) [सं-पु.] (काव्यशास्त्र) वह छंद जिसमें चरणों, मात्राओं, वर्णों आदि की संख्या आदि का बंधन नहीं होता, केवल भाव तथा लय का ध्यान रखा जाता है; रबड़-छंद; केचुआ-छंद।

मुक्तदास (सं.) [सं-पु.] वह दास या गुलाम जिसे मुक्त किया या कराया गया हो।

मुक्तहस्त (सं.) [वि.] 1. जो उदारतापूर्वक और अधिक मात्रा में दान देता हो 2. दान देने में जिसके हाथ खुले हों।

मुक्ता (सं.) [सं-स्त्री.] सीपी से निकलने वाला एक श्वेत रंग का बहुमूल्य रत्न; मोती; नीरज; मुक्तामणि; रासना।

मुक्ताकाशी (सं.) [वि.] जिस (आकाश) में बादल न हो।

मुक्तात्मा (सं.) [वि.] 1. जो सांसारिक बंधनों से मुक्त हो गया हो 2. जिसने मोक्ष प्राप्त कर लिया हो।

मुक्ताफल (सं.) [सं-पु.] 1. मोती 2. कपूर 3. एक प्रकार का लिसोढ़ा (आचार हेतु प्रयुक्त वह फल जो आकार में बेर से थोड़ा बड़ा होता है)।

मुक्तामाल (सं.) [सं-स्त्री.] मोतियों की माला।

मुक्तावली (सं.) [सं-पु.] मोतियों की लड़ी।

मुक्ति (सं.) [सं-स्त्री.] 1. बंधन आदि से छूटने की अवस्था या भाव; आज़ादी 2. (पुराण) गमनागमन (जन्ममरण-रूप बंधन) से छुटकारा मिलना; मोक्ष 3. ब्रह्म स्वरूप की प्राप्ति 4. किसी दायित्व से छूटने की क्रिया या भाव 5. किसी अभियोग, नियम, ऋण आदि से छूटने की स्थिति।

मुक्तिदाता (सं.) [वि.] मुक्ति देने वाला। [सं-पु.] (पुराण) ईश्वर।

मुक्तिधाम (सं.) [सं-पु.] 1. तीर्थ स्थान 2. मुक्ति देने वाला स्थान 3. (पुराण) स्वर्ग; परलोक 4. हिंदुओं में शवदाहगृह या श्मशान के लिए प्रयुक्त शब्द।

मुक्तिमार्ग (सं.) [सं-पु.] मुक्ति पाने का साधन; मुक्ति पाने का मार्ग।

मुख (सं.) [सं-पु.] 1. चेहरा 2. मुँह 3. आने-जाने का रास्ता; दरवाज़ा; द्वार 4. किसी पदार्थ या वस्तु का ऊपरी खुला भाग 5. (नाटक) एक प्रकार की संधि 6. आरंभ; आदि; शुरू।

मुखचित्र (सं.) [सं-पु.] मुख्यपृष्ठ या आरंभ के पृष्ठ पर छपा चित्र।

मुखड़ा (सं.) [सं-पु.] 1. चेहरा 2. गीत की पहली पंक्ति 3. बहुत ही सुंदर मुख के लिए प्रशंसा और प्रेम का सूचक शब्द।

मुख़तार (अ.) [सं-पु.] 1. वह व्यक्ति जिसे किसी व्यक्ति से विशिष्ट अवसरों पर प्रतिनिधि के रूप में कार्य करने का वैध अधिकार मिला होता है; कार्यकर्ता; अभिकर्ता 2. एक प्रकार का कानूनी सलाहकार जो वकील के पद से छोटा होता है।

मुख़तारनामा (अ.+फ़ा.) [सं-पु.] वह अधिकार पत्र जिसके अनुसार कोई किसी का मुकदमा लड़ने के लिए मुख़तार के रूप में नियुक्त किया जाता है; अभिकर्ता पत्र।

मुख़तारी (अ.) [सं-स्त्री.] 1. प्रतिनिधि या कार्यकर्ता होने की अवस्था या भाव 2. मुख़तार का काम या पेशा; प्रतिनिधित्व।

मुखपत्र (सं.) [सं-पु.] 1. किसी संस्था द्वारा प्रकाशित किया जाने वाला वह पत्र जिसमें संस्था के नियमों, सिद्धांतों, उद्देश्यों तथा विचारों का प्रतिपादन होता है 2. किसी संस्था द्वारा अपनी प्रवृत्तियों और गतिविधियों का प्रचार करने की दृष्टि से प्रकाशित और वितरित की जाने वाली पत्रिका।

मुखपृष्ठ (सं.) [सं-पु.] 1. किसी किताब या ग्रंथ का आवरण पृष्ठ 2. पुस्तक या पत्रिका का प्रथम पृष्ठ जिसपर पुस्तक एवं लेखक का नाम छपा होता है।

मुखबंध (सं.) [सं-पु.] किसी पुस्तक या ग्रंथ की भूमिका या प्रस्तावना।

मुखबिर (अ.) [सं-पु.] जासूस; गुप्तचर; भेदिया।

मुखबिरी (अ.) [सं-स्त्री.] 1. पुलिस को किसी आपराधिक गतिविधि या अपराधी की गुप्त रूप से सूचना देने का कार्य; जासूसी 2. मुख़बिर का काम, पद या भाव।

मुखमंडल (सं.) [सं-पु.] चेहरा; मुखड़ा।

मुखर (सं.) [वि.] 1. वाकपटु 2. अधिक बोलने वाला; बातूनी; वाचाल 3. शोर करने वाला 4. अप्रियवादी।

मुखरता (सं.) [सं-पु.] वाचालता; अतिभाषिता; वाचाल होने की अवस्था या भाव।

मुखरित (सं.) [वि.] ध्वनिपूर्ण; शब्दायमान; बोलता हुआ।
मुखविवर (सं.) [सं-पु.] मनुष्य के होठों, तालु तथा जीभ के मध्य का वह क्षेत्र जहाँ से वायु निकलती है।
मुखशुद्धि (सं.) [सं-पु.] 1. मुख को शुद्ध करने की क्रिया या भाव 2. वह पदार्थ जिसे भोजनोपरांत मुख सुवासित करने हेतु खाते हैं, जैसे- इलायची, पान, सुपारी आदि।
मुखश्री (सं.) [सं-स्त्री.] मुँह की रौनक; कांति; शोभा या सौंदर्य।
मुखाकृत (सं.) [सं-पु.] मुँह का आकार; मुँह का स्वरूप।
मुखाकृति (सं.) [सं-स्त्री.] 1. मुख की आकृति 2. चेहरे की बनावट 3. मुखमुद्रा।
मुखाग्नि (सं.) [सं-स्त्री.] 1. चिता को आग देने से पहले शव के मुख में आग देने की क्रिया 2. जंगल की आग; दावाग्नि।
मुखाग्र (सं.) [सं-पु.] 1. किसी पदार्थ या वस्तु का अग्र भाग 2. होंठ। [वि.] कंठस्थ; जिह्वाग्र; जो ज़बानी याद हो।
मुख़ातिब (अ.) [वि.] 1. किसी की ओर मुँह करके बातें करने वाला; अभिमुख 2. संबोधन करने वाला 3. उन्मुख प्रवृत्त।
मुखापेक्षा (सं.) [सं-स्त्री.] 1. सहायता के लिए दूसरे की तरफ़ देखना 2. आश्रित या विवश होकर दूसरों का मुँह ताकना।
मुखापेक्षी (सं.) [वि.] जो आश्रय या सहायता के लिए दूसरों की तरफ़ देखता हो; सहायता की अपेक्षा करने वाला।
मुखामय (सं.) [सं-पु.] मुख में होने वाला रोग; मुखरोग।
मुखारविंद (सं.) [सं-पु.] कमल जैसा सुंदर मुख; मुख कमल।
मुखारी (सं.) [सं-स्त्री.] 1. मुखाकृति 2. मुँह की बनावट या गठन 3. किसी वस्तु का ऊपरी या सामने वाला भाग जो आकार-प्रकार, रूप या बनावट आदि का सूचक हो।
मुखालिफ़ (अ.) [सं-पु.] शत्रु; दुश्मन। [वि.] विरोधी; प्रतिद्वंद्वी।
मुखालिफ़त (अ.) [सं-स्त्री.] 1. शत्रुता 2. विरोध 3. प्रतिद्वंद्विता।
मुखावरण (सं.) [सं-पु.] 1. साड़ी, ओढ़नी या चादर का वह भाग जिसे लज्जावती स्त्रियाँ सिर के ऊपर से मुख पर झुलाए रहती हैं; घूँघट; अवगुंठन 2. पुस्तक का आवरण पृष्ठ; जिल्द।
मुखिया (सं.) [सं-पु.] 1. ग्राम पंचायत का प्रधान, जैसे- गाँव का मुखिया 2. सभापति 3. नेता; अगुआ 4. सबसे वरिष्ठ व्यक्ति।
मुखौटा (सं.) [सं-पु.] 1. नकली चेहरा; नकाब 2. छद्म वेश 3. सूरत।
मुख़्तलिफ़ (अ.) [वि.] 1. अनेक प्रकार का 2. भिन्न; पृथक; जुदा 3. कई तरह का।
मुख़्तसर (अ.) [वि.] 1. संक्षेप में लाया हुआ 2. संक्षिप्त 3. घटाया या छोटा किया हुआ; अल्प; थोड़ा।
मुख्य (सं.) [वि.] 1. सबसे ऊपर या बड़ा; प्रमुख; प्रधान; सर्वोच्च 2. अपने विभाग का प्रधान। [सं-पु.] 1. वेद का अध्ययन और अध्यापन 2. यज्ञ का पहला कल्प 3. आमंत्र मास।
मुख्यतः (सं.) [क्रि.वि.] ख़ास तौर से; प्रधानतः; मुख्य रूप से।
मुख्यतया (सं.) [क्रि.वि.] मुख्य रूप से; मुख्यतः।
मुख्यद्वार (सं.) [सं-पु.] भवन या महल का बाहरी सबसे बड़ा दरवाज़ा।
मुख्यधारा (सं.) [सं-पु.] समाज या साहित्य आदि में एक समय में प्रचलित विचार या व्यवहार की अनेक धाराओं में से सबसे अधिक प्रचलित और प्रभावी धारा।
मुख्यमंत्री (सं.) [सं-पु.] भारतीय गणतंत्र के किसी राज्य (प्रांत) के मंत्रिपरिषद का प्रधान।
मुख्याधिकारी (सं.) [सं-पु.] 1. किसी विभाग का सबसे बड़ा अधिकारी 2. सबसे बड़े अधिकार वाला व्यक्ति।
मुख्याध्यापक (सं.) [सं-पु.] विद्यालय का प्रधान अध्यापक; प्रधानाचार्य।
मुख्यालय (सं.) [सं-पु.] प्रधान कार्यालय; केंद्रीय कार्यालय।
मुख्यावास (सं.) [सं-पु.] किसी संस्था के प्रधान या उच्चाधिकारी का कार्यालय जहाँ वह रहता है; केंद्रीय कार्यालय।
मुगदर (सं.) [सं-पु.] व्यायाम करने के लिए काठ के बड़े टुकड़ों की जोड़ी जो दोनों हाथों में लेकर घुमाई जाती है; व्यायाम करने का एक साधन; मुँगरी; जोड़ी।
मुगल (तु.) [सं-पु.] 1. मध्य एशिया और पूर्वी एशिया में रहने वाली एक जाति; तातारी जाति 2. भारत का अंतिम मुस्लिम राजवंश।
मुगलई (तु.) [वि.] 1. मुगल संबंधी; मुगलों का-सा; मुगली; मुगलों की तरह का 2. एक विशेष प्रकार का व्यंजन, जैसे- मुगलई पराठा, चिकन आदि। [सं-स्त्री.] रुपहला गोटा लगा हुआ एक कपड़ा।
मुगलकालीन (तु.+सं.) [वि.] मुगलकाल संबंधी; मुगल शासन-काल से संबंधित; मुगलकाल का।
मुगलानी (फ़ा.) [सं-स्त्री.] 1. मुगल की स्त्री 2. कपड़ों की सिलाई करने वाली स्त्री 3. हरमसरा; दासी।
मुगालता (अ.) [सं-पु.] 1. गलतफ़हमी; भ्रांति 2. धोखा; विश्वासघात 3. किसी व्यक्ति या बात आदि के प्रति मन में उत्पन्न गलत धारणा।
मुग्ध (सं.) [वि.] 1. मोहित; आसक्त 2. सीधा-साधा; भोला; सरल 3. मूर्ख; मूढ़ 4. निरीह 5. नया; नवीन 6. मनोहर; सुंदर।
मुग्धकर (सं.) [वि.] मोहित करने वाला; मुग्ध करने वाला; मोहक; आकर्षक।
मुग्धता (सं.) [सं-स्त्री.] 1. मुग्ध होने की अवस्था या भाव 2. सुंदरता।
मुग्धा (सं.) [सं-स्त्री.] (साहित्य) वह नायिका जिसमें यौवन के लक्षण दिख रहे हों परंतु जिसमें अभी पूर्ण काम चेष्टा का भाव उत्पन्न न हुआ हो; लज्जावती नायिका।
मुचकुंद (सं.) [सं-पु.] सुगंधित फूलों वाला एक प्रकार का बड़ा वृक्ष, जिसकी छाल और फूल दवा के काम आते हैं; मुचुकुंद; चंपा।
मुचलका (तु.) [सं-पु.] नियत तिथि पर हाज़िर होने का प्रतिज्ञा पत्र जिसका पालन न होने पर प्रतिज्ञा करने वाला निर्धारित अर्थदंड देना स्वीकार करता है।
मुच्छ [सं-पु.] दे. मूँछ
मुच्छड़ [वि.] बड़ी मूँछ रखने वाला; बड़ी-बड़ी मूँछोंवाला।
मुछंदर [सं-पु.] 1. बड़ी-बड़ी मूँछोंवाला 2. जो देखने में भद्दा,

कुरूप या भोड़ा लगे 3. मूर्ख; बुद्धू।

मुछमुंडा [वि.] जिसकी मूँछे मुँड़ी हो; सफ़ाचट।

मुजफ़्फ़र (अ.) [सं-पु.] जीतने वाला व्यक्ति; विजेता; विजयी।

मुजरा (अ.) [सं-पु.] 1. किसी महफ़िल में स्त्री द्वारा गाया जाने वाला गाना, 2. सम्मानित व्यक्ति को झुक कर किया जाने वाला अभिवादन; सलाम। [वि.] 1. जो जारी किया गया हो 2. जो मिलने वाले हिसाब में से काट लिया गया हो।

मुजराई (अ.) [सं-पु.] 1. वह जो राजाओं, सम्राटों आदि के सामने झुककर अभिवादन करता हो 2. वह व्यक्ति जो बड़े आदमियों को नित्य नमस्कार कर जाने के बदले धन पाता हो 3. दरबारी। [सं-स्त्री.] मुजरा होने अर्थात काटने की क्रिया; मुजरा की रकम।

मुजरिम (अ.) [वि.] 1. जिसने कोई अपराध किया हो; अपराधी 2. जुर्म करने वाला; अभियुक्त।

मुजर्रब (अ.) [वि.] आज़माया हुआ; परीक्षित; अनुभूत।

मुज़्हिर (अ.) [वि.] प्रकट करने वाला; जो ज़ाहिर करे; गवाह; साक्षी। [सं-पु.] जासूस; भेदिया; गुप्तचर।

मुज़ायका (अ.) [सं-पु.] 1. हानि; नुकसान; हरज़ 2. अड़चन 3. डर।

मुजावर (अ.) [सं-पु.] 1. वह फ़कीर जो दरगाह का चढ़ावा लेता है; दरगाह में रहने वाला व्यक्ति 2. पड़ोसी; प्रतिवेशी 3. दरगाह में झाड़ू लगाने वाला व्यक्ति।

मुजाहिद (अ.) [वि.] 1. कोशिश करने वाला; प्रयत्नशील 2. पराक्रमी 3. जिहाद करने वाला; विधर्मियों से युद्ध करने वाला।

मुजाहिदीन (अ.) [सं-पु.] विधर्मियों से लड़ने वाले योद्धा; 'मुजाहिद' का बहुवचन रूप।

मुजीब (अ.) [वि.] 1. स्वीकार करने वाला 2. जवाब देने वाला उत्तरदाता।

मुझ [सर्व.] 'मैं' का वह रूप जो उसे कर्ता और संबंध कारक की विभक्तियों के अतिरिक्त अन्य शेष कारकों की विभक्तियाँ लगने पर प्राप्त होता है, जैसे- मुझको, मुझसे, मुझ पर आदि।

मुटकी [सं-स्त्री.] कलथी नामक अन्न 2. डाँड़ी के नीचे की घुंड़ी।

मुटर-मुटर [क्रि.वि.] 1. टुकर-टुक 2. टकटकी लगाए (देखने की क्रिया)।

मुटरी [सं-स्त्री.] एक प्रकार की चिड़िया जिसका सिर, गरदन और छाती काला और बाकी शरीर कत्थई होता है, यह कौवे से ज्यादा चालाक व चपल होती है।

मुटसिंगा [सं-पु.] मोटे सींगों वाला जानवर।

मुटाना [क्रि-अ.] 1. शारीरिक स्थूलता में वृद्धि होना; मोटा या पुष्ट होना; गदराना 2. {ला-अ.} अभिमानी होना।

मुटुनी [सं-स्त्री.] एक विशेष प्रकार का धान; मुटुनी।

मुट्ठामुहेर [सं-स्त्री.] युवा-स्त्री (कहार)।

मुट्ठी (सं.) [सं-स्त्री.] 1. हाथ की उँगलियों को मोड़कर हथेली बंद करने की मुद्रा 2. पकड़; कब्ज़ा 3. मुट्ठी के बराबर की नाप 4. मुट्ठी में आने के बराबर वस्तु या अन्न आदि। [मु.] **-गरम करना** : किसी को प्रसन्न करने के लिए उसके हाथ में चुपके से कुछ रुपए रखना। **-में करना** : वश में करना।

मुट्ठीभर (सं.) [वि.] थोड़ा; बहुत कम।

मुठभेड़ [सं-स्त्री.] 1. सामना; भेंट 2. दो पक्षों में जमकर होने वाली लड़ाई; भिड़ंत; टक्कर।

मुठिया (सं.) [सं-स्त्री.] 1. उपकरण या औज़ार का दस्ता या बेंट; कब्ज़ा 2. धुनियों (रुई धुनने का काम करने वाले) का बेलन।

मुठियाना [क्रि-स.] 1. मुट्ठी में भरना या लेना 2. मुट्ठियों से हलका आघात करना 3. मुट्ठी में लेकर बार-बार दबाना।

मुड़ना [क्रि-अ.] 1. झुक जाना 2. किसी दूसरी दिशा की ओर उन्मुख होना 3. वापस आना; लौटना 4. संकोच करना; हिचकना।

मुड़रा [सं-पु.] एक प्रकार का धान।

मुड़िया [सं-पु.] 1. वह जिसका सिर मुंड़ा हुआ हो 2. वह जो सिर मुंड़ाकर संसार-त्यागी या विरक्त हो गया हो। [सं-स्त्री.] 1. एक प्रकार की मछली 2. एक लिपि, जिसे प्रमुखता से बही-खातों को लिखने में प्रयोग किया जाता था।

मुड्डी [सं-स्त्री.] वह पटरा या तख़्ता जिसपर रखकर मूंज को नरम करने के लिए पीटा जाता है।

मुतअल्लिक (अ.) [वि.] ताल्लुक या संबंध रखने वाला; संबद्ध; संबंधित। [क्रि.वि.] के विषय में; संबंध में।

मुतक्का[1] [सं-पु.] 1. मकान की नींव से लेकर फर्श की ऊँचाई तक का खंभा 2. छत या बरामदे के किनारे रेलिंग का काम देने के लिए खड़ी की हुई पतली, नीची दीवार 3. छोटा खंभा 4. मीनार।

मुतक्का[2] (अ.) [सं-पु.] तकिया लगाने की जगह; तकियागाह।

मुतबन्ना (अ.) [सं-पु.] दत्तक पुत्र। [वि.] दत्तक; जो गोद लिया गया हो।

मुतलक (अ.) [वि.] 1. बिलकुल 2. निपट; निरा। [अव्य.] ज़रा भी; थोड़ा भी; तनिक भी; कुछ भी।

मुतवल्ली (अ.) [सं-पु.] वक्फ़ या मस्जिद की संपत्ति की व्यवस्था या प्रबंध करने वाला व्यक्ति; संरक्षक।

मुतसद्दी (अ.) [सं-पु.] 1. मुंशी; लेखक 2. व्यवस्थापक; प्रबंधकर्ता 3. मुनीम; गणक 4. पेशकार 5. अभिकर्ता।

मुताबिक (अ.) [क्रि.वि.] अनुसार। [वि.] 1. समान; बराबर; अनुकूल 2. सदृश।

मुताह (अ.) [सं-पु.] मुसलमानों में एक प्रकार का अस्थायी विवाह जो निकाह से कम समझा जाता है (यह शिया संप्रदाय में जायज़ है); मीयादी।

मुद (सं.) [सं-पु.] प्रसन्नता; आनंद; हर्ष; उमंग।

मुदर्रिस (अ.) [सं-पु.] शिक्षा देने वाला व्यक्ति; आचार्य; गुरु; अध्यापक।

मुदाम (फ़ा.) [सं-पु.] शराब। [क्रि.वि.] नित्य; हमेशा 2. लगातार; निरंतर 3. शाश्वत।

मुदामी (फ़ा.) [वि.] 1. सार्वकालिक 2. हमेशा होते रहने वाला। [सं-स्त्री.] नित्यता।

मुदित (सं.) [वि.] प्रसन्न; प्रफुल्लित; हर्षित; ख़ुश। [सं-पु.]

आलिंगन का एक प्रकार।

मुदिता (सं.) [सं-स्त्री.] 1. हर्ष; मोद; आनंद 2. मन या आत्मा की वह अवस्था जिसमें दूसरे का सुख देखकर सुख होता हो।

मुदिर (सं.) [सं-पु.] 1. मेघ; बादल 2. मेंढक 3. कामुक मनुष्य।

मुद्दई (अ.) [सं-पु.] 1. दावा करने वाला व्यक्ति; दावेदार 2. वादी; नालिशी 3. शत्रु।

मुद्दत (अ.) [सं-स्त्री.] कालावधि; अरसा; बहुत दिन; अधिक समय; दीर्घकाल।

मुद्दती (अ.) [वि.] 1. जिसकी कोई अवधि हो 2. पुराना 3. बहुत दिनों का।

मुद्दा (अ.) [सं-पु.] अभिप्राय; मतलब; आशय।

मुद्दालेह (अ.) [सं-पु.] 1. प्रतिवादी 2. वह व्यक्ति जिसपर दिवानी मुकदमा या दावा किया गया हो।

मुद्धी [सं-स्त्री.] रस्सी आदि की एक प्रकार की गाँठ, जिसके अंदर से दूसरी रस्सी इधर-उधर खिसक सकती है।

मुद्रक (सं.) [सं-पु.] 1. पुस्तक या समाचार पत्र आदि का वह अधिकारी जिसके ऊपर उक्त की छपाई का भार होता है तथा जो वैधानिक दृष्टि से उनमें छपी सामग्री के लिए ज़िम्मेदार होता है; छापने वाला व्यक्ति 2. मुद्रण यंत्र चालक; मुद्रणकर्ता। [वि.] मुद्रण करने वाला।

मुद्रण (सं.) [सं-पु.] 1. छपाना; छपाई; (प्रिंटिंग) 2. छाप लगाना 3. नियमबद्ध कार्य करने के लिए नियम बनाना या लगाना।

मुद्रण-स्वातंर्त्य (सं.) [सं-पु.] (विधि) प्रेसों को सरकार या शासन की ओर से मिलने वाली वह छूट जिसके अनुसार वे हिंसात्मक, देशद्रोह, अश्लील तथा कुछ नीति विरुद्ध बातों को छोड़ कर अन्य समाचार बिना भय के छाप सकते हैं; प्रेस की स्वतंत्रता।

मुद्रण कक्ष (सं.) [सं-पु.] 1. छपाई की मशीनों वाला कमरा 2. वह कक्ष जिसमें समाचारपत्र, पुस्तकें आदि छापी जाती हैं।

मुद्रण यंत्र (सं.) [सं-पु.] अक्षरों को मुद्रित करने वाली मशीन; छपाई करने वाली मशीन।

मुद्रण लाइन (सं.) [सं+अ.] समाचारपत्र अथवा पत्रिका के संपादक, मुद्रक, प्रकाशक तथा मुद्रणालय आदि के नाम की घोषणा वाली पंक्ति।

मुद्रणकर्मी (सं.) [सं-पु.] मुद्रक; (मशीन मैन, प्रेस वर्कर)।

मुद्रणकला (सं.) [सं-पु.] 1. मुद्रण 2. टाइप-विन्यास; टाइप-विद्या 3. टाइप-मुद्रण।

मुद्रणाधीन (सं.) [वि.] जो (लेख या ग्रंथ) छपने के लिए तैयार हो या छपने की प्रक्रिया में हो।

मुद्रणालय (सं.) [सं-पु.] 1. छापाखाना 2. वह स्थान जहाँ कागज़ छपाई का कार्य होता है।

मुद्रा (सं.) [सं-स्त्री.] 1. अशरफ़ी; रुपया; सिक्का 2. मुद्रण 3. करंसी 4. विशिष्ट शारीरिक स्थिति एंव भावभंगिमा 5. किसी के नाम की छाप; मोहर।

मुद्रा-विस्फीति (सं.) [सं-स्त्री.] (अर्थशास्त्र) किसी सरकार की आर्थिक या मौद्रिक नीति के कारण कागज़ी मुद्रा के प्रचलन में हुई अचानक वृद्धि को कम करना या मुद्रा के मूल्य को समान्य रूप में लाना; मुद्रासंकोच।

मुद्रांक (सं.) [सं-पु.] 1. वह सरकारी कागज़ जिसे अदालती कार्रवाई या पक्की लिखा-पढ़ी के लिए उपयोग किया जाता है 2. मोहर 3. डाक का टिकट 4. छाप।

मुद्रांकन (सं.) [सं-पु.] 1. छापने की क्रिया या भाव; छपाई 2. किसी दस्तावेज़ पर मुद्रा (मुहर) लगाने की क्रिया 3. मुहर से छापना।

मुद्रांकित (सं.) [वि.] 1. जिसपर मोहर लगा दी गई हो 2. छपा हुआ।

मुद्रांकितपत्र (सं.) [सं-पु.] वह पत्र जिसपर किसी शासक या अधिकारी की मुहर लगी हो; नामांकित पत्र; अधिकार पत्र।

मुद्राक्षर (सं.) [सं-पु.] 1. मुहर का अक्षर 2. वह अक्षर जिसका उपयोग किसी प्रकार के मुद्रण के लिए होता हो।

मुद्राण-प्रति (सं.) [सं-स्त्री.] छपाई के लिए तैयार की गई हस्तलिखित या टंकित प्रति।

मुद्राध्यक्ष (सं.) [सं-पु.] अन्य राज्य या देश में जाने का अधिकार पत्र या परवाना देने वाला अधिकारी।

मुद्रालय (सं.) [सं-पु.] 1. वह स्थान जहाँ मुद्रा (रुपए-पैसे) का निर्माण या छपाई होती है 2. छापाखाना।

मुद्रावमूल्यन (सं.) [सं-पु.] मुद्रा के मूल्य या मान में गिरावट; मुद्रा के मूल्य में ह्रास।

मुद्राशास्त्र (सं.) [सं-पु.] 1. सिक्कों, कागज़ी मुद्रा आदि के संग्रह एवं उसके अध्ययन का विज्ञान 2. पुराने सिक्कों के आधार पर इतिहास का विवेचन करने वाला शास्त्र।

मुद्रास्फीति (सं.) [सं-स्त्री.] (अर्थशास्त्र) किसी राज्य में वह स्थिति जिसमें मुद्रा की कीमत घट जाती है और वस्तुओं की कीमत बढ़ जाती है; चलन में मुद्रा का बहुत अधिक बढ़ जाना।

मुद्रिका (सं.) [सं-स्त्री.] 1. अँगूठी; नाम खुदी हुई अँगूठी 2. मुहर 3. सिक्का 4. कुश की वह अँगूठी जो तर्पण आदि करते समय पहनी जाती है।

मुद्रित (सं.) [वि.] 1. मुहर किया हुआ 2. मुँदा हुआ; बंद 3. छापा हुआ 4. त्यागा या छोड़ा हुआ।

मुधा (सं.) [क्रि.वि.] व्यर्थ; बेकार। [वि.] 1. झूठा 2. व्यर्थ का। [सं-पु.] 1. असत्यता 2. व्यर्थता।

मुनक्का (अ.) [सं-पु.] एक प्रकार की बड़ी किशमिश या सूखा हुआ अंगूर।

मुनगा [सं-पु.] सहजन का फल।

मुनमुना [सं-पु.] 1. मैदा का बना हुआ एक प्रकार का पकवान 2. गेहूँ के खेत में पैदा होने वाली मोथा नामक घास। [वि.] बहुत थोड़ा या अल्प।

मुनव्वर (अ.) [वि.] उज्ज्वल; प्रकाशमान; दीप्त; रौशन; चमकीला; प्रज्वलित।

मुनसरिम (अ.) [सं-पु.] 1. व्यवस्था करने वाला व्यक्ति 2. कचहरी में मिसलें या नत्थियाँ संभाल कर रखने वाला अधिकारी।

मुनसिफ़ (अ.) [सं-पु.] 1. न्यायकर्ता; न्यायिक; न्याय विभाग का एक अधिकारी 2. न्याय या इंसाफ़ करने वाला व्यक्ति।

मुनहना [वि.] 1. छोटा 2. कमज़ोर; कृशकाय 3. लघु; अल्प।

मुनहसर (अ.) [वि.] 1. अवलंबित; आश्रित; निर्भर 2. मुनहसिर।

मुनादी (अ.) [सं-स्त्री.] 1. ढोल या नगाड़ा पीट कर की जाने वाली घोषणा 2. डुग्गी; ढिंढोरा। [मु.] **-करना** : ढिंढोरा पीटना; घूम-घूमकर प्रचार करना।

मुनाफ़ा (अ.) [सं-पु.] लाभ; फ़ायदा; नफ़ा; व्यापार या काम आदि में होने वाला लाभ।

मुनाफ़ाख़ोर (अ.+फ़ा.) [सं-पु.] 1. वह व्यापारी जो बहुत अधिक लाभ लेकर माल बेचता है 2. मुनाफ़ा खाने वाला व्यक्ति। [वि.] मुनाफ़ा खाने वाला।

मुनाफ़ाख़ोरी (अ.+फ़ा.) [सं-स्त्री.] 1. मुनाफ़ाख़ोर होने की प्रवृत्ति या स्थिति 2. अधिक मुनाफ़ा लेने की प्रवृत्ति।

मुनाल [सं-पु.] एक प्रकार का बहुत सुंदर पहाड़ी पक्षी, जिसके सिर पर कलँगी और हरी गर्दन पर सुंदर कंठा सा होता है।

मुनासिब (अ.) [वि.] 1. उचित; वाजिब; ठीक 2. योग्य; काबिल।

मुनासिबत (अ.) [सं-स्त्री.] 1. मुनासिब होने की दशा या भाव 2. उपयुक्तता 3. औचित्य।

मुनि (सं.) [सं-पु.] 1. तपस्वी; ऋषि 2. महात्मा 3. जिन 4. बुद्ध। [वि.] मननशील।

मुनियाँ [सं-पु.] अगहन में तैयार होने वाला एक तरह का धान। [सं-स्त्री.] 1. लाल नामक सुंदर मादा पक्षी 2. वह चिड़िया, जिसे खानो में मिथेन गैस की उपस्थिति जाँच हेतु पिंजड़े में रखकर ले जाया जाता है 4. बच्चियों के लिए प्रयुक्त एक सामान्य नाम।

मुनिव्रत (सं.) [सं-पु.] तपस्या; सत्यचर्या।

मुनींद्र (सं.) [सं-पु.] 1. मुनिश्रेष्ठ; बहुत बड़ा मुनि 2. बुद्धदेव।

मुनीब (अ.) [वि.] जो आय-व्यय का हिसाब रखता हो।

मुनीबी (अ.) [सं-पु.] हिसाब-किताब रखने का काम; लेखा-जोखा रखने का काम।

मुनीम (अ.) [सं-पु.] 1. हिसाब-किताब लिखने वाला कर्मचारी 2. खजांची 3. प्रतिनिधि 4. अभिकर्ता।

मुनीमी [सं-स्त्री.] दे. मुनीबी।

मुनीश (सं.) [सं-पु.] 1. मुनियों में श्रेष्ठ 2. मुनीश्वर; गौतम बुद्ध का एक नाम।

मुनीश्वर (सं.) [सं-पु.] 1. मुनिश्रेष्ठ 2. विष्णु 3. बुद्धदेव।

मुन्ना (सं.) [सं-पु.] छोटे बच्चों के लिए प्रेमसूचक शब्द; प्यारा बच्चा।

मुफ़लिस (अ.) [वि.] गरीब; कंगाल; निर्धन; धनहीन।

मुफ़लिसी (अ.) [सं-स्त्री.] 1. गरीबी; निर्धनता 2. मुफ़लिस होने की अवस्था या भाव।

मुफ़स्सिल (अ.) [सं-पु.] किसी बड़े शहर के आस-पास के प्रदेश या छोटी बस्तियाँ। [वि.] 1. ब्योरे के रूप में लाया हुआ; विस्तृत बताने वाला 2. स्पष्टीकरण देने वाला; स्पष्ट।

मुफ़ीद (अ.) [वि.] 1. उपयोगी; लाभकारी 2. फ़ायदा देने वाला; फ़ायदेमंद।

मुफ़्त (अ.) [वि.] 1. बिना मूल्य के; निःशुल्क; 2. बिना कोशिश किए मिलने वाला 3. बिना प्रयास के मिला हुआ।

मुफ़्तख़ोर (अ.+फ़ा.) [वि.] बिना परिश्रम दूसरे की कमाई मुफ़्त में खाने वाला; हराम का खाने वाला।

मुफ़्तख़ोरी (अ.+फ़ा.) [सं-स्त्री.] 1. मुफ़्तख़ोर होने की अवस्था या भाव 2. मुफ़्त में दूसरों का माल खाते रहने की आदत।

मुफ़्ती (अ.) [सं-पु.] 1. मुसलमानों का वह धर्मशास्त्रवेत्ता जो प्रश्नोत्तर के माध्यम से धार्मिक समस्याओं का समाधान करता है 2. फ़तवा या धार्मिक आदेश देने वाला मौलवी 3. इस्लामी कानून के अनुसार एक दंडाधिकारी; न्यायकर्ता; शरहे हाकिम। [सं-स्त्री.] वर्दी पहनने वाले अधिकारियों, सैनिकों, सिपाहियों आदि के सादे और साधारण कपड़े। [वि.] जो बिना दाम दिए मिला हो; मुफ़्त का।

मुबतिला (अ.) [वि.] 1. कष्ट या विपत्ति में पड़ा हुआ; दुख, संकट आदि से ग्रस्त 2. आसक्त; मुग्ध।

मुबलिग (अ.) [सं-पु.] मात्रा; रकम; रुपए की संख्या। [वि.] 1. जो खरा हो; खोटा न हो; जाँचा हुआ 2. रुपए आदि की संख्या का वाचक विशेषण 3. भेजने वाला।

मुबारक (अ.) [वि.] 1. शुभ; मंगलप्रद; मंगलकारी; जिसमें बरकत दी गई हो 2. नेक; भला; शुभ 3. बरकत का संकेत; बरकत का हेतु 4. धन्यवाद; बधाई। [क्रि.वि.] शुभ अवसर पर बधाई देने के लिए प्रयुक्त, जैसे- मुबारक हो।

मुबारकबाद (अ.+फ़ा.) [अव्य.] बधाई हो; मंगलमय हो; मुबारक हो। [सं-स्त्री.] बधाई; शुभकामना।

मुबारकबादी (अ.+फ़ा.) [सं-स्त्री.] 1. बधाई; मुबारक कहने की क्रिया 2. शुभकामना; बधाई गीत।

मुबालगा (अ.) [सं-पु.] 1. बहुत बढ़ा-चढ़ाकर कही हुई बात 2. अत्युक्ति; अतिशयोक्ति।

मुबाह (अ.) [वि.] शरीअत इस्लामी धर्मशास्त्र के अनुकूल होने वाला; जायज़; विहित।

मुबाहिसा (अ.) [सं-पु.] वाद-विवाद; बहस; तर्क-वितर्क।

मुब्तला (अ.) [वि.] 1. विपत्ति आदि में फँसा हुआ; ग्रस्त 2. पकड़ा हुआ; लगा हुआ।

मुमकिन (अ.) [वि.] 1. संभव 2. होने वाला; जो हो सके।

मुमतहिन (अ.) [वि.] परीक्षा लेने वाला; मूल्यांकन करने वाला; परीक्षक।

मुमताज़ (अ.) [वि.] प्रतिष्ठित; माननीय।

मुमानियत (अ.) [सं-स्त्री.] मनाही; अस्वीकृति; रोक; पाबंदी।

मुमुक्षा (सं.) [सं-स्त्री.] मोक्ष की लालसा; मुक्ति की इच्छा।

मुमुक्षु (सं.) [सं-पु.] संन्यासी। [वि.] मुक्ति या मोक्ष की इच्छा रखने वाला।

मुमूर्षा (सं.) [सं-स्त्री.] मरने की इच्छा; मृत्यु की कामना।

मुमूर्षु (सं.) [वि.] जो मरने वाला हो; आसन्न-मरण; जो मरने के करीब हो।

मुर (सं.) [सं-पु.] 1. एक दैत्य जो विष्णु (मुरारी) के हाथों मारा गया 2. बेठन; आवरण।

मुरई [सं-स्त्री.] मूली।

मुरकना [क्रि-अ.] 1. मोच खाना 2. लौटना 3. मुड़ना।

मुरका [सं-पु.] 1. बड़े डील-डौल वाला वह हाथी जिसके बड़े-बड़े तथा सुंदर दाँत हो 2. गड़ेरियों की बिरादरी का भोज।

मुरकी [सं-स्त्री.] 1. कान में पहनने का एक गहना; कान की बाली 2. (संगीत) किसी स्वर को सुंदरतापूर्वक घुमाते हुए दूसरे स्वर पर ले जाने की कला।

मुरकुल [सं-स्त्री.] एक तरह की लता, जिससे रस्सियाँ बनाई जाती है।

मुरगा (फ़ा.) [सं-पु.] मुर्ग नामक प्रसिद्ध पक्षी; कलगीदार प्रसिद्ध पालतू नर पक्षी।

मुरगी (फ़ा.) [सं-स्त्री.] मादा मुरगा; एक प्रकार का पालतू पक्षी।

मुरगीघर (फ़ा.+हिं.) [सं-पु.] 1. मुरगी आदि के रहने का स्थान 2. करंजख़ाना 3. ढाबा 4. दरबा।

मुरचंग [सं-पु.] मुँह से फूँककर बजाया जाने वाला एक प्रकार का बाजा; मुँहचंग।

मुरचा [सं-पु.] वायु और नमी के योग के कारण लोहे के अंदर होने वाले रासायनिक विकार से उत्पन्न वह लाल या पीले रंग का मैल जिसके कारण लोहा कमज़ोर और ख़राब हो जाता है; मोरचा 2. दर्पण या शीशे के ऊपर जमने वाली मैल।

मुरज [सं-पु.] 1. मृदंग; पखावज 2. एक प्रकार का चित्रकाव्य जिसमें पद्य के अक्षरों को इस प्रकार रखते हैं कि मृदंग की आकृति बन जाए।

मुरझाना (सं.) [क्रि-अ.] 1. कुम्हलाना; पीला पड़ना 2. सुस्त या उदास होना 3. अशक्त होना।

मुरता [सं-पु.] एक तरह का झाड़, जिससे चटाई या सीतल पाटी बनती है।

मुरदा (फ़ा.) [सं-पु.] मुर्दा; मृत व्यक्ति; शव।

मुरदार (फ़ा.) [वि.] 1. मृत; बेजान 2. अपवित्र; नापाक 3. निर्बल; बलहीन। [सं-पु.] 1. लाश 2. अपने-आप मरा हुआ जानवर।

मुरब्बा (अ.) [सं-पु.] चाशनी में पकाया हुआ फलों आदि का पाक, जैसे- आँवला का मुरब्बा।

मुरमुरा [सं-पु.] 1. भुना हुआ चावल या मकई; लाई; फरवी 2. मकई के भूने हुए दाने; ठुर्रीं। [वि.] मुरमुर शब्द करने वाला।

मुरमुरी [सं-स्त्री.] दे. मुरमुरा।

मुरली (सं.) [सं-स्त्री.] वंशी; बाँसुरी। [सं-पु.] असम मंप होने वाला एक प्रकार का चावल।

मुरलीधर (सं.) [सं-पु.] मुरली धारण करने वाले अर्थात कृष्ण।

मुरलीमनोहर (सं.) [सं-पु.] कृष्ण; कन्हैया।

मुरवा [सं-पु.] एड़ी की हड्डी या उसके चारों ओर का स्थान; पैर का गट्टा।

मुरशिद (अ.) [सं-पु.] 1. रास्ता दिखाने वाला व्यक्ति; सन्मार्ग पर प्रेरित करने वाला व्यक्ति; गुरु; पीर 2. पूज्य व्यक्ति।

मुरहा (सं.) [वि.] 1. जो (बालक) मूल नक्षत्र में जन्मा हो 2. अनाथ; नटखट। [सं-पु.] श्रीकृष्ण; गोपाल।

मुराद (अ.) [सं-स्त्री.] 1. इच्छा; अभिलाषा; आकांक्षा 2. मनौती; मन्नत।

मुरादी (अ.) [वि.] जिसकी कोई इच्छा या कामना हो; मन में मुराद रखने वाला; अभिलाषी।

मुराया [सं-पु.] टखना।

मुरार (सं.) [सं-पु.] कमल की जड़ जिसकी सब्ज़ी बनाई जाती है; कमल मूल; कमल ककड़ी; भसींड।

मुरारि (सं.) [सं-पु.] मुर राक्षस को मारने वाले कृष्ण; विष्णु।

मुरासा (अ.) [सं-पु.] एक प्रकार का जड़ाऊ कर्णफूल।

मुरासिला (अ.) [सं-पु.] 1. हस्तलिखित या टंकित पत्र; चिट्ठी 2. शासन या राजदरबार से भेजा जाने वाला पत्र; ख़रीता।

मुरीद (अ.) [सं-पु.] 1. चेला; शिष्य 2. अनुगमन करने वाला व्यक्ति 3. श्रद्धा रखने वाला व्यक्ति; अनुयायी।

मुरुम [सं-पु.] बाजरी युक्त लाल मिट्टी; मौरम; मौरंग।

मुरेठा [सं-पु.] सिर बाँधने का कपड़ा; पगड़ी; साफ़ा।

मुरौवत (अ.) [सं-स्त्री.] 1. उदारता; भलमनसत; सज्जनता 2. मर्दानगी 3. इनसानियत 4. दूसरों का लिहाज़ 5. मुलाहज़ा 6. सौजन्य।

मुरौवती [वि.] 1. संकोची 2. मुलाहज़ा 3. शीलवान।

मुर्ग (फ़ा.) [सं-पु.] 1. मुरगा 2. चिड़िया।

मुर्ग़ा (फ़ा.) [सं-पु.] दे. मुरगा।

मुर्ग़ाबी (फ़ा.) [सं-स्त्री.] एक जल पक्षी जो मुरगी के बराबर होता है।

मुर्दा (फ़ा.) [वि.] 1. मरा हुआ; मृत 2. मृत के समान। [सं-पु.] मृत शरीर; शव।

मुर्दाघर (फ़ा.+हिं.) [सं-पु.] शव या लाश रखा जाने वाला स्थान या कमरा।

मुर्दादिल (फ़ा.) [वि.] हतोत्साहित; जिसमें उत्साह या उमंग न रह गई हो।

मुर्दाबाद (फ़ा.) [सं-पु.] एक नारा; विरोध जताने का नारा।

मुर्दार (फ़ा.) [वि.] डरपोक; भीरु; भयार्थ; भयभीत।

मुर्रा [सं-पु.] 1. एक प्रकार की छोटी आतिशबाज़ी 2. मरोड़ 3. भुना हुआ चावल; फरही 4. मुरमुरा। [सं-स्त्री.] भैसों की एक जाति।

मुर्री [सं-स्त्री.] 1. कपड़े, डोरे आदि के सिरे को मोड़कर लगाई हुई गाँठ 2. कपड़े को लपेटने के लिए उसमें डाला हुआ बल या ज़ोर।

मुर्हीं [सं-पु.] सूत की गाँठ।

मुल (अ.) [सं-स्त्री.] शराब; सुरा; मदिरा।

मुलकित (सं.) [वि.] 1. प्रसन्न; ख़ुश 2. मुस्कुराता हुआ 3. उल्लसित।

मुलज़िम (अ.) [वि.] जिसने जुल्म या अपराध किया हो; अपराधी; अभियुक्त।

मुलतवी (अ.) [वि.] 1. स्थगित; आगे के लिए टालने वाला 2. देर करने वाला।

मुलतानी [सं-पु.] मुलतान देश के निवासी। [सं-स्त्री.] मुलतान की भाषा। [वि.] मुलतान देश से संबंधी।

मुलहा (सं.) [वि.] 1. जिसका जन्म मूल नक्षत्र में हुआ हो

2. नटखट; उपद्रवी।

मुलाकात (अ.) [सं-स्त्री.] 1. एक-दूसरे से मिलना; भेंट 2. परिचय; जान-पहचान; मेल-मिलाप 3. साक्षात्कार।

मुलाज़िम (अ.) [वि.] 1. अनुचर; हमेशा साथ-साथ रहने वाला 2. सेवा में रहने वाला 3. कर्मचारी। [सं-पु.] सेवक; नौकर।

मुलाज़िमत (अ.) [सं-स्त्री.] 1. नौकरी 2. सेवा में रहने या होने का भाव।

मुलाना [क्रि-स.] 1. दुख देना; सताना 2. पीड़ित करना।

मुलायम (अ.) [वि.] 1. कोमल; नरम 2. अनुकूल 3. कठोरता से रहित 4. नाजुक; सुकुमार।

मुलायमियत (अ.) [सं-स्त्री.] 1. मुलायम होने की अवस्था; मुलायमी 2. कोमलता; नरमाहट; सौम्यता 3. उदारता।

मुलायमी (अ.) [सं-स्त्री.] 1. मुलायम होने की अवस्था; मुलायमियत 2. कोमलता; नरमाहट; सौम्यता 3. उदारता।

मुलाहज़ा (अ.) [सं-पु.] 1. निरीक्षण; देखभाल 2. मुरव्वत; रिआयत 3. लिहाज़; संकोच।

मुली [सं-स्त्री.] दे. मूली।

मुलेठी (सं.) [सं-स्त्री.] 1. काली मिट्टी में होने वाली एक लता 2. उक्त लता की जड़ जो दवा के काम आती है तथा तृष्णा, ग्लानि और क्षयनाशक होती है 3. यष्टिमधु; जेठीमधु।

मुल्क (अ.) [सं-पु.] 1. देश; वतन; राष्ट्र; सल्तनत 2. जन्मभूमि 3. क्षेत्र।

मुल्तवी (अ.) [सं-पु.] दे. मुलतवी।

मुल्लह [सं-पु.] वह पक्षी जिसके पैर बाँधकर जाल में इसीलिए छोड़ दिया जाता है कि उसे देखकर अन्य पक्षी आएँ और जाल में फँसे। [वि.] बहुत अधिक सीधा-सादा या मूर्ख।

मुल्ला (अ.) [सं-पु.] 1. मौलवी; शिक्षक; मकतब में छोटे बच्चों को पढ़ाने वाला मुसलमान शिक्षक 2. बहुत बड़ा विद्वान; मुसलमानी धर्म-शास्त्र का आचार्य या विद्वान 3. मस्जिद में रहने या नमाज़ पढ़ने वाला व्यक्ति।

मुल्लाना [सं-पु.] 1. मुल्ला 2. कट्टर मुसलमान 3. मुल्ला के लिए उपेक्षासूचक शब्द।

मुल्लावाद (अ.+सं.) [सं-पु.] 1. मुल्ला-मौलवियों का विचार या मत जो लोगों को पसंद न हो तथा जो समाज की प्रगतिशीलता में बाधक बनता हो; कठमुल्लापन 2. पुरोहितवाद।

मुवक्किल (अ.) [सं-पु.] 1. वह जो अपना मुकदमा वकील को देता है 2. वकील का आसामी; वादी।

मुशल (सं.) [सं-पु.] 1. धान कूटने का मूसल 2. {ला-अ.} मूर्ख व्यक्ति; बेवकूफ़।

मुशायरा (अ.) [सं-पु.] 1. वह सम्मेलन जिसमें शायर अपनी शेर या ग़ज़ल आदि कहते हैं 2. कवि सम्मेलन।

मुशाहरा (अ.) [सं-पु.] 1. मासिक वेतन; पगार; तनख़्वाह 2. वज़ीफ़ा; वृत्ति।

मुशीर (अ.) [सं-पु.] मशविरा देने वाला व्यक्ति; सलाहकार; परामर्शदाता।

मुश्क[1] [सं-स्त्री.] 1. भुजा; बाँह 2. कंधों और कोहनी के बीच का कोमल और मांसपेशीदार भाग 3. पकड़।

मुश्क[2] (फ़ा.) [सं-पु.] 1. कस्तूरी; मृगनाभि; कस्तूरी मृग 3. गंध; ख़ुशबू।

मुश्कबिलाव (फ़ा.) [सं-पु.] गंधबिलाव; एक प्रकार का जंगली नर बिल्ली जिसके अंडकोष से एक सुगंधित तरल पदार्थ निकलता है; गंध मार्जार।

मुश्कबू (फ़ा.) [वि.] जिसमें मुश्क या कस्तूरी की सुगंध हो।

मुश्किल (अ.) [सं-स्त्री.] 1. कठिनाई 2. परेशानी 3. मुसीबत; विपत्ति। [वि.] कठिन; दुश्कर; जटिल; पेचीदा।

मुश्की (फ़ा.) [वि.] 1. मुश्क जैसी सुगंधवाला 2. कस्तूरी के रंग का।

मुश्त (फ़ा.) [सं-स्त्री.] मुट्ठी; घूँसा। [वि.] 1. मुट्ठी मंत भरी हुई वस्तु; मुट्ठीभर 2. थोड़ा-सा।

मुश्तरक (अ.) [वि.] 1. संयुक्त; कई आदमियों का 2. शरीक किया हुआ; सम्मिलित 3. जिसमें किसी का साझा हो।

मुश्तरका (अ.) [वि.] जिसपर कई आदमियों का समान अधिकार हो; साझे का; संयुक्त।

मुश्ताक (अ.) [वि.] 1. इच्छुक 2. शौक रखने वाला; अभिलाषी; उत्सुक 3. आकांक्षी।

मुष्टि (सं.) [सं-स्त्री.] 1. घूँसा 2. मुट्ठी; मुक्का।

मुसकधार [वि.] दे. मूसलाधार।

मुसकराना [क्रि-अ.] 1. मंद-मंद हँसना 2. होठों में हँसना।

मुसदी [सं-स्त्री.] मिठाई बनाने का साँचा।

मुसद्दस (अ.) [सं-पु.] एक प्रकार के छह चरणों वाली कविता; छह चरणों वाला पद। [वि.] जिसके छह अंग हो; षट्कोण।

मुसना [क्रि-अ.] 1. छीना या चुराया जाना 2. मूसा या लूटा जाना। [सं-पु.] चूहा; मूषक। [वि.] मूसने वाला।

मुसन्ना (अ.) [सं-पु.] 1. किसी असल या प्रामाणिक लेख की दूसरी प्रति या नकल; प्रतिलिपि 2. रसीद का वह भाग जिसका दूसरा भाग देने वाले के पास होता है; प्रतिपर।

मुसन्निफ़ (अ.) [सं-पु.] 1. पुस्तक लिखने वाला व्यक्ति; लेखक 2. ग्रंथकार; रचयिता 3. तसनीफ़ (रचना) करने वाला व्यक्ति।

मुसब्बर (अ.) [सं-पु.] घीकुआँर का रस या गूदा जिसे सुखाकर या जमाकर दवा के रूप में उपयोग किया जाता है।

मुसमुंद [वि.] ध्वस्त; नष्ट; बर्बाद। [सं-पु.] ध्वंस; नाश; बरबादी।

मुसमुंध [सं-पु.] दे. मुसमुंद।

मुसम्मात (अ.) [सं-स्त्री.] 1. एक शब्द जो स्त्रियों के नाम के पहले प्राय: सरकारी और अदालती कागज़ों में लगाया जाता है 2. औरत; स्त्री; श्रीमती।

मुसम्मी[1] [सं-स्त्री.] एक प्रसिद्ध खट्टा-मीठा फल; मौसमी।

मुसम्मी[2] (अ.) [वि.] 1. नामक; नामवाला; नामधारी 2. जिसका नाम रखा गया हो; नामी।

मुसरा [सं-पु.] महुआ।

मुसरिया [सं-स्त्री.] काँच की चूड़ियाँ बनाने का साँचा।

मुसर्रत (अ.) [सं-स्त्री.] आनंद; ख़ुशी; प्रसन्न्ता; हर्ष।

मुसलमान (अ.) [सं-पु.] इस्लाम धर्म को मानने वाला व्यक्ति; इस्लाम का अनुयायी; मुस्लिम।

मुसलमानी (अ.) [सं-स्त्री.] 1. मुसलमान होने की अवस्था

2. मुसलमान का धर्म या कर्तव्य 3. मुसलमानों में होने वाली ख़तने की रस्म; ख़तना; सुन्नत। [वि.] मुसलमान संबंधी; मुसलमान का।

मुसलिम (अ.) [सं-पु.] 1. मुसलमान; मुस्लिम; मोमिन; यवन 2. मुहम्मद साहब द्वारा चलाए हुए संप्रदाय का अनुयायी।

मुसल्लम (अ.) [वि.] 1. प्रमाणित 2. सर्वमान्य 3. समग्र; संपूर्ण; समूचा; अखंड; पूरा; कुल 4. तसलीम किया हुआ; माना हुआ 5. साबुत।

मुसल्ला (अ.) [सं-पु.] 1. दरी या चटाई जिसपर बैठ कर मुसलमान नमाज़ पढ़ते हैं 2. नमाज़ पढ़ने की जगह।

मुसव्विर (अ.) [सं-पु.] तस्वीर बनाने वाला व्यक्ति; चित्रकार। [वि.] सचित्र।

मुसव्विरी (अ.) [सं-स्त्री.] तस्वीरें बनाने का काम; चित्रकला।

मुसहर [सं-पु.] 1. एक जाति विशेष 2. बिहार और उत्तर प्रदेश में पाई जाने वाली एक जाति।

मुसाफ़ (अ.) [वि.] 1. साफ़ किया हुआ; स्वच्छ 2. शुद्ध। [सं-पु.] 1. युद्ध; समर; लड़ाई 2. युद्धस्थल 3. दुश्मन के चारों ओर डाला जाने वाला घेरा 4. लेखों का संग्रह।

मुसाफ़िर (अ.) [सं-पु.] 1. यात्री; सफ़र करने वाला व्यक्ति; पथिक; बटोही 2. परदेशी।

मुसाफ़िरख़ाना (अ.+फ़ा.) [सं-पु.] 1. यात्रियों के ठहरने का स्थान; धर्मशाला; सराय 2. रेल यात्रियों के ठहरने के लिए बना हुआ विशिष्ट स्थान; यात्रीगृह; विश्रामालय।

मुसाफ़िरत (अ.) [सं-स्त्री.] 1. मुसाफ़िर होने की अवस्था या भाव; मुसाफ़िरी 2. यात्रा; सफ़र; प्रवास 3. प्रदेश।

मुसाफ़िरी (अ.) [सं-स्त्री.] 1. मुसाफ़िर होने का भाव 2. यात्रा; यात्राकाल 3. प्रवास; सफ़र।

मुसाहब (अ.) [सं-पु.] राजा या बड़े आदमी के पास बैठने-उठने वाला व्यक्ति; साथी; मुहबत्ती।

मुसाहिब (अ.) [सं-पु.] 1. कुलीन या सम्मानित जन के पास उठने-बैठने वाला व्यक्ति 2. राजा का परामर्शदाता 3. ख़ुशामदी।

मुसाहिम (अ.) [वि.] शरीक; भागीदार; साझीदार।

मुसिर (अ.) [वि.] 1. बार-बार किसी काम के लिए कहने वाला 2. ज़िद्दी; ज़िद करने वाला।

मुसीका [सं-पु.] मुँह पर बाँधी जाने वाली पट्टी।

मुसीबत (अ.) [सं-स्त्री.] 1. तकलीफ़; कष्ट; दुख 2. विपत्ति; संकट; आफ़त।

मुसीबतज़दा (अ.) [वि.] विपत्तिग्रस्त; संकटग्रस्त; दुखिया।

मुस्कराना [क्रि-अ.] 1. धीरे-धीरे हँसना 2. बिना शब्द या आवाज़ के हँसना 3. इस तरह हँसना कि दाँत दिखाई न दें 4. होठों में हँसना; मंद-मंद हँसना 5. खिलना; मुलकाना 6. विहँसना।

मुस्कराहट [सं-स्त्री.] मुस्कराने की क्रिया या भाव; मंदहास; स्मित।

मुस्कान [सं-स्त्री.] हँसने का भाव या क्रिया; मंद हँसी; मुस्कराहट।

मुस्काना [क्रि-अ.] दे. मुस्कराना।

मुस्कुराहट [सं-स्त्री.] दे. मुस्कराहट।

मुस्टंड [सं-पु.] दे. मुस्टंडा।

मुस्टंडा [सं-पु.] गुंडा; बदमाश। [वि.] तगड़ा; मोटा-ताज़ा; हृष्ट-पुष्ट।

मुस्तंबत (अ.) [वि.] निष्कर्ष निकाला हुआ; नतीजा निकाला हुआ; परिणाम।

मुस्तकबिल (अ.) [सं-पु.] भविष्य काल; आने वाला समय; भावी समय।

मुस्तकिल (अ.) [वि.] 1. दृढ़; मज़बूत 2. स्थिर; स्थायी 3. दृढ़तापूर्वक स्थापित किया हुआ 4. पद विशेष पर स्थायी रूप से नियुक्त 5. पक्का।

मुस्तगीस (अ.) [सं-पु.] 1. दावेदार; दावा करने वाला 2. फ़रियादी; अभियोक्ता।

मुस्तफ़ा (अ.) [सं-पु.] 1. वह जिसमें मनुष्यों का कोई दुर्गुण न हो 2. मुहम्मद की पदवी या उपाधि। [वि.] 1. चुना हुआ; श्रेष्ठ 2. पवित्र; पुनीत 3. साफ़; स्वच्छ।

मुस्तफ़ीद (अ.) [वि.] 1. फ़ायदा चाहने वाला; फ़ायदा उठाने वाला 2. लाभ चाहने वाला; लाभ प्राप्त करने वाला।

मुस्तसना (अ.) [वि.] 1. अलग किया हुआ; पृथक किया हुआ; छाँटा हुआ; भिन्न 2. अपवादभूत।

मुस्तहक (अ.) [वि.] 1. जिसको हक हासिल हो; हक रखने वाला 2. अधिकारी; पात्र; योग्य।

मुस्ता [सं-पु.] मोथा।

मुस्तैद (अ.) [वि.] 1. तेज़; किसी कार्य के लिए पूर्ण रूप से तत्पर हो 2. कटिबद्ध।

मुस्तैदी (अ.) [सं-स्त्री.] 1. तत्परता; चुस्ती 2. तेज़ी 3. कटिबद्धता।

मुस्तौजिर (अ.) [सं-पु.] इज़ारेदार; ठेकेदार।

मुस्लिम (अ.) [सं-पु.] 1. इस्लाम धर्म को मानने वाला 2. मुसलमान। [वि.] मुसलमानों का।

मुहज़्ज़ब (अ.) [वि.] 1. शिष्ट; सभ्य 2. शिक्षित 3. नागरिक 4. विनीत; सुसंस्कृत।

मुहतमिम (अ.) [सं-पु.] 1. प्रबंधक; व्यवस्थापक 2. इहतिमाम करने वाला।

मुहताज (अ.) [वि.] 1. गरीब 2. ज़रूरतमंद; अभाव वाला; इच्छुक 3. आश्रित।

मुहबनी [सं-स्त्री.] एक प्रकार का फल, जो नारंगी की तरह होता है।

मुहब्बत (अ.) [सं-स्त्री.] 1. प्रेम; प्यार; प्रीति; चाह; इश्क 2. स्नेह।

मुहम्मद (अ.) [सं-पु.] 1. इस्लाम धर्म के प्रवर्तक 2. अरब के प्रसिद्ध पैगंबर। [वि.] सराहा हुआ; प्रशंसित।

मुहम्मदसाहब (अ.) [सं-पु.] दे. मुहम्मद।

मुहर (फ़ा.) [सं-स्त्री.] छाप; प्रतीक; निशान।

मुहरबंद (फ़ा.) [वि.] दे. मोहरबंद।

मुहर्रम (अ.) [सं-पु.] अरबी वर्ष का पहला महीना जिसमें ईमाम हुसैन की शहादत हुई थी। [वि.] 1. मुसलमानों का प्रमुख त्योहार 2. निषिद्ध किया हुआ 3. इस्लामी वर्ष का प्रथम महीना।

मुहर्रमी (अ.) [वि.] 1. मुहर्रम का; मुहर्रम से संबंधित 2. मनहूस 3. शोकग्रस्त 4. रोनी शक्लवाला 5. शोक का प्रतीक।

मुहर्रिक (अ.) [सं-पु.] 1. हरकत करने वाला 2. गति उत्पन्न करने वाला 3. चालाक 4. नेता; नायक; प्रधान 5. प्रेरक; प्रस्तावक।

मुहर्रिर (अ.) [सं-पु.] 1. लेखक; लिखने वाला व्यक्ति; लिपिक 2. मुंशी; वकील का मुंशी।

मुहलत (अ.) [सं-स्त्री.] 1. अवकाश 2. किसी कार्य विशेष के लिए मिलने वाला समय।

मुहलय [सं-पु.] भ्रमर; मुहाल।

मुहल्ला (अ.) [सं-पु.] 1. शहर या कस्बे का एक भाग; टोला; महल्ला; मोहल्ला 2. भूखंड 3. इलाका।

मुहाज़िर (अ.) [वि.] 1. अपना देश छोड़कर दूसरे देश में रहने वाला; राजनीतिक शरणार्थी 2. विस्थापित 2. हिज़रत करने वाला।

मुहाना [सं-पु.] 1. सिरा; अंतिम छोर 2. डैल्टा।

मुहाफ़िज़ (अ.) [सं-पु.] अभिभावक; संरक्षक। [वि.] हिफ़ाज़त करने वाला; रक्षा करने वाला; रक्षक।

मुहाफ़िज़त (अ.) [सं-स्त्री.] 1. रक्षा; देख-रेख; रख वाली 2. पालन-पोषण।

मुहार (फ़ा.) [सं-स्त्री.] 1. नकेल 2. पशुओं के नथने में बाँधी जाने वाली रस्सी; नाँथ।

मुहारी [सं-स्त्री.] मोथी की नली का वह हिस्सा, जो आग को छूता है।

मुहाल (अ.) [वि.] 1. कठिन; दुष्कर 2. असंभव; नामुमकिन।

मुहावरा (अ.) [सं-पु.] 1. लक्षणा या व्यंजना द्वारा सिद्ध वह रूढ़ वाक्य या प्रयोग जिसका अर्थ प्रत्यक्ष अर्थ से विलक्षण हो; शब्दों का वह क्रम या समूह जिसमें सब शब्दों का अर्थ एक साथ मिलाकर किया जाता है 2. बोलचाल या बातचीत की एक पद्धति।

मुहावराना [वि.] मुहावरेदार; मुहावरों से युक्त।

मुहावरेदार (अ.+फ़ा.) [वि.] 1. (भाषा या रचना) जिसमें मुहावरों का उचित प्रयोग किया गया हो 2. मुहावरों वाला।

मुहावरेदारी (अ.+फ़ा.) [सं-स्त्री.] 1. मुहावरों के सटीक प्रयोग का ज्ञान 2. मुहावरों से युक्त होने की अवस्था या भाव।

मुहासिब (अ.) [वि.] 1. हिसाब जानने वाला; हिसाब करने वाला 2. जाँचने वाला। [सं-पु.] 1. अंकेक्षक 2. गिनतरा।

मुहासिल (अ.) [सं-पु.] कर या लगान आदि से वसूल होने वाली रकम; राजस्व। [वि.] उगाहने वाला; तहसील वसूल करने वाला।

मुहिब्ब (अ.) [सं-पु.] 1. वह जो प्रेम करता हो; प्रेमी 2. मित्र; दोस्त; सखा।

मुहिम (अ.) [सं-स्त्री.] 1. कठिन काम; भारी काम; बड़ा काम 2. युद्ध; संघर्ष; लड़ाई 3. अभियान 4. आक्रमण।

मुहूर्त (सं.) [सं-पु.] 1. ज्योतिष के अनुसार गणना करके निकाला गया शुभ समय; शुभाशुभ काल 2. दिन-रात का तीसवाँ भाग।

मुहैया (अ.) [वि.] 1. उपलब्ध; मौजूद 2. तैयार; प्रस्तुत।

मुह्य (सं.) [वि.] 1. मोह करने वाला; मोह में पड़ा हुआ 2. मूर्छित; बेहोश; बेसुध।

मू (फ़ा.) [सं-पु.] बाल; केश; रोआँ; रोम।

मूँग (सं.) [सं-पु.] एक प्रकार का अन्न जिसकी दाल बनती है; द्विदल अनाज।

मूँगफली [सं-स्त्री.] एक पौधा जिसके फल से तेल निकला जाता है और खाने के काम में लाया जाता है।

मूँगर (सं.) [सं-पु.] 1. लकड़ी का कूटने-ठोकने का हथौड़ा 2. घंटा बजाने की लकड़ी की हथौड़ी 3. मुँगरा।

मूँगा [सं-पु.] 1. समुद्र से प्राप्त एक प्रकार का रत्न 2. प्रवाल।

मूँगिया [सं-पु.] हरे रंग का एक भेद। [वि.] मूँग के दानों के रंग का।

मूँछ (सं.) [सं-स्त्री.] 1. पुरुषों के होंठ के ऊपर उगने वाले बाल 2. {ला-अ.] मानसम्मान की निशानी; पुरुषत्व के प्रतीक।

मूँज (सं.) [सं-स्त्री.] 1. सरकंडे का पौधा 2. सरकंडों का छिलका जिससें रस्सी तैयार की जाती है और जिसका उपयोग चारपाई बुनने के लिए किया जाता है।

मूँड़ (सं.) [सं-पु.] सिर; कपाल; माथा।

मूँड़ना (सं.) [क्रि-स.] 1. रेज़र या उस्तरे से सिर या गालों के बालों को साफ़ करना 2. हजामत बनाना 3. {ला-अ.} किसी को धोखे से लूटना; धन छीन लेना; ठगना 4. {ला-अ.} किसी को शागिर्द या चेला बनाना।

मूँद [सं-पु.] कंठी।

मूँदना (सं.) [क्रि-स.] 1. बंद करना 2. ढकना।

मूक (सं.) [वि.] 1. मौन; शांत 2. बोलने में असमर्थ; गूंगा। [सं-पु.] दानव; राक्षस 2. तक्षक का एक पुत्र।

मूकना (सं.) [सं-पु.] 1. अस्त्र या शस्त्र चलाना या फेंकना 2. त्यागना 3. मुक्त करना।

मूजिद (अ.) [सं-पु.] आविष्कारक; इजाद करने वाला; आविष्कर्ता; आविष्कार करने वाला।

मूजिब (अ.) [सं-पु.] कारण; हेतु; सबब।

मूज़ी (अ.) [वि.] 1. कष्ट पहुँचाने वाला; अत्याचारी; सताने वाला 2. दुष्ट; खल; दुर्जन; ज़ालिम 3. कंजूस।

मूठ (सं.) [सं-स्त्री.] 1. मुट्ठी; दस्ता; कब्ज़ा 2. मुट्ठीभर चीज़ 3. जत्था; दल 4. जादू टोना 5. उपकरण आदि का हत्था।

मूठ लेना [सं-पु.] बीज लेने का मुहुर्त।

मूठना (सं.) [क्रि-अ.] 1. नष्ट या बरबाद होना 2. मर मिटना 3. न रहना।

मूठा [सं-पु.] 1. हूरा 2. घास-फूस की रस्सी से बाँधकर बनाए हुए लट्ठे के आकार के लंबे-लंबे पूले जो खपरैल की छाजन में लगाए जाते हैं।

मूड (अं.) [सं-पु.] 1. मन की अवस्था; मन का वेग 2. चित्तवृत्ति; मनोदशा; मिज़ाज 3. अवस्था; दशा; हालत 4. भाव 5. वातावरण; माहौल।

मूढ़ (सं.) [वि.] 1. परम मूर्ख; नासमझ 2. हक्का-बक्का; हैरान 3. मुग्ध 4. जड़बुद्धि 6. मूर्खतापूर्ण। [सं-पु.] तमोगुण की प्रधानता के कारण चित्त के विवेक रहित हो जाने की अवस्था

या भाव।

मूढ़ता (सं.) [सं-स्त्री.] 1. मूर्खता; बेवकूफ़ी; नासमझी 2. अज्ञानता।

मूढ़मति (सं.) [वि.] 1. जो मूढ़ या मूर्ख हो 2. नासमझ 3. मूढ़बुद्धि; अज्ञानी।

मूढ़ा (सं.) [सं-पु.] बाँस, बेंत और रस्सी से बनाया गया कुरसी जैसा गोल आसन; मोढ़ा।

मूढ़ाग्रह (सं.) [सं-पु.] मूढ़ता या मूर्खतापूर्वक किया जाने वाला आग्रह; मूर्खता; दुराग्रह; अनुचित हठ।

मूढ़ी [सं-स्त्री.] 1. चावल को भूनकर बनाया गया कुरकुरा खाद्य 2. अरवा; मुरमुरा; फरवी।

मूत [सं-पु.] पेशाब; मूत्र।

मूतना [क्रि-अ.] पेशाब करना; मूत्र त्यागना।

मूत्र (सं.) [सं-पु.] प्राणियों के जननेंद्रिय मार्ग से निकलने वाला तरल पदार्थ; पेशाब।

मूत्र-मार्ग (सं.) [सं-पु.] मूत्र-नली (शरीर में) पेशाब निकलने का मार्ग।

मूत्र-रोध (सं.) [सं-पु.] पेशाब रुक जाने की बीमारी।

मूत्रकृच्छ्र (सं.) [सं-पु.] एक प्रकार का मूत्र रोग जिसमें मूत्र के साथ चीनी का अंश आता है एवं पेशाब बार-बार और थोड़ा-थोड़ा कष्ट के साथ होता है।

मूत्रालय (सं.) [सं-पु.] पेशाब करने के लिए निश्चित की गई जगह; पेशाब करने का कमरा; पेशाबख़ाना; प्रसाधन कक्ष।

मूत्राशय (सं.) [सं-पु.] नाभि के नीचे स्थित थैली जिसमें मूत्र संचित होता है; मूत्रकोश।

मूर्ख (सं.) [वि.] 1. मूढ़; नासमझ 2. अज्ञानी।

मूर्ख-दिवस (सं.) [सं-पु.] 1. अप्रैल माह का पहला दिन 2. वह दिन, जिस दिन लोगों को मूर्ख बनाने की परंपरा चली आ रही है।

मूर्खता (सं.) [सं-स्त्री.] 1. बेवकूफ़ी; नासमझी 2. मूर्ख होने की अवस्था।

मूर्छन (सं.) [सं-पु.] 1. अचेत अवस्था 2. मूर्छित करने का मंत्र।

मूर्छना (सं.) [सं-स्त्री.] (संगीत) स्वरों का आरोह-अवरोह।

मूर्छा (सं.) [सं-स्त्री.] 1. बेहोशी 2. मूर्छन 3. संज्ञालोप 4. सम्मोह।

मूर्छावस्था (सं.) [सं-स्त्री.] बेहोशी की अवस्था; बेहोशी।

मूर्छित (सं.) [वि.] 1. बेहोश; संज्ञाशून्य; निष्क्रिय 2. वर्धित; व्याप्त (स्वर, सुगंध आदि) 3. संस्कार किया हुआ; शोधित (सोना, लोहा, चाँदी आदि)।

मूर्त (सं.) [वि.] 1. साकार 2. ठोस।

मूर्त विधान (सं.) [सं-पु.] 1. किसी रचना में काल्पनिक रूप या चित्र का निर्माण करने की क्रिया या भाव; किसी घटना या कार्य आदि के स्वरूप का कल्पना के आधार पर चित्रण करने की क्रिया; बिंब विधान; (इमेजरी) 2. साकार करना; यथार्थ बोध उत्पन्न करना।

मूर्ति (सं.) [सं-स्त्री.] 1. प्रतिमा 2. पत्थर या धातु से निर्मित आकृति या स्वरूप।

मूर्तिकला (सं.) [सं-स्त्री.] 1. मूर्ति बनाने की कला; मूर्ति गढ़ने की कला 2. मूर्तियाँ बनाने की विद्या।

मूर्तिकार (सं.) [सं-पु.] मूर्ति बनाने वाला कारीगर; चित्रकार।

मूर्तित (सं.) [वि.] जिसे मूर्ति का आकार या रूप दिया गया हो।

मूर्तिपूजक (सं.) [वि.] मूर्ति की पूजा करने वाला; जो मूर्ति की पूजा करता हो; बुतपरस्त।

मूर्तिपूजन (सं.) [सं-पु.] मूर्तियों की पूजा करने की क्रिया; मूर्ति पूजना।

मूर्तिपूजा (सं.) [सं-स्त्री.] 1. प्रतिमा की पूजा करने की प्रथा या विधान; भगवान या ईश्वर की प्रतिमा के रूप में पूजा करना 2. सगुण भक्ति परंपरा में प्रतिमा-पूजा।

मूर्तिभंजक (सं.) [वि.] 1. मूर्तियाँ तोड़ने वाला; बुतशिकन 2. {ला-अ.} रूढ़ हो चुकी आस्थाओं पर प्रहार करने वाला।

मूर्तिमंत (सं.) [वि.] दे. मूर्तिमान।

मूर्तिमान (सं.) [वि.] 1. जो मूर्तिरूप में हो; मूर्तिविशिष्ट 2. प्रत्यक्ष; साक्षात 3. साकार और सगुण। [सं-पु.] शरीर।

मूर्तीकरण (सं.) [सं-पु.] अमूर्त वस्तु को मूर्त रूप देने की क्रिया या भाव; मूर्त रूप देना।

मूर्ध (सं.) [सं-पु.] मस्तक; माथा; सिर।

मूर्धन्य (सं.) [सं-पु.] मूर्धा से उच्चरित ध्वनि। [वि.] 1. मूर्धा से उत्पन्न 2. सबसे अच्छा; सर्वश्रेष्ठ; उच्चतम।

मूर्धा (सं.) [सं-स्त्री.] 1. मुँह के अंदर का तालु और ऊपर के दाँतों के पीछे सिर की तरफ़ का भाग जिसे जीभ का अगला भाग ट्, ठ्, ड्, ढ्, और ण वर्ण का उच्चारण करते समय उलटकर छूता है 2. मस्तक; सिर।

मूल (सं.) [सं-पु.] 1. पेड़-पौधे की जड़ 2. पौधे की वह जड़ जो खाई जाती है 3. बुनियाद 4. आरंभ; आरंभिक 5. मूलधन 6. शब्द उद्गम; स्रोत 7. एक नक्षत्र। [वि.] 1. प्रधान 2. आद्य।

मूल द्रव्य (सं.) [सं-पु.] 1. वह आदिम पदार्थ जिससे समस्त पदार्थों की निर्मिति हुई है 2. मूलधन 3. किसी व्यापार में लगाई हुई लागत या पूँजी।

मूल वेतन [सं-पु.] वह मासिक वेतन जिसमें अतिरिक्त कार्य या किसी प्रकार के भत्ते न जुड़े हों; (बेसिक पे)।

मूलक (सं.) [वि.] 1. उत्पन्न करने वाला 2. जिसके मूल में कुछ हो 3. जो किसी के मूल में हो। [सं-पु.] 1. मूली नामक कंद 2. मूल प्रकृति 3. वह विष जो वृक्षों के मूल या जड़ के रूप में रहता है।

मूलगत (सं.) [वि.] आधारभूत; असली; मौलिक; मूलभूत।

मूलग्रंथ (सं.) [सं-पु.] ग्रंथकार की मूल रचना; असल किताब।

मूलच्छेद (सं.) [सं-पु.] 1. जड़ से ख़त्म अथवा नष्ट करना 2. {ला-अ.} समूल नाश।

मूलच्छेदक (सं.) [वि.] जड़ से ख़त्म अथवा नष्ट करने वाला।

मूलच्छेदन (सं.) [सं-पु.] जड़ से ख़त्म करने की क्रिया या भाव।

मूलतः (सं.) [क्रि.वि.] 1. मूल रूप से; आदि में 2. संपूर्णतः।

मूलतत्व (सं.) [सं-पु.] 1. आधारभूत सिद्धांत 2. मूल पदार्थ।

मूलतया (सं.) [क्रि.वि.] दे. मूलतः।

मूलधन (सं.) [सं-पु.] व्यापार में धन कमाने के उद्‌देश्य से लगाया गया धन; पूँजी।

मूलपुरुष (सं.) [सं-पु.] वंश का आदि पुरुष जिससे वंश चला हो; वंश प्रवर्तक पुरुष।

मूलभूत (सं.) [वि.] 1. मूल से संबंध रखने वाला; असली 2. अत्यावश्यक 3. आधारभूत; बुनियादी।

मूलमंत्र (सं.) [सं-पु.] 1. कुंजी; मूल तत्व 2. राज़; रहस्य 3. (अंधविश्वास) वह वाक्य या शब्द जो देवताओं को प्रसन्न करने और अपनी कामनाओं की सिद्धि के लिए बार-बार उच्चरित किया जाता है।

मूलरूप (सं.) [सं-पु.] मूल आकृति; आरंभिक रूप।

मूलवर्ती (सं.) [वि.] मूल का; मूल संबंधी।

मूलस्थान (सं.) [सं-पु.] 1. प्रधान या मुख्य स्थान 2. पूर्वजों का स्थान 3. परमेश्वर 4. मुलतान शहर का प्राचीन नाम 5. राजधानी।

मूला (सं.) [सं-स्त्री.] 1. शतावर 2. मूल नक्षत्र 3. बहुत बड़ी तथा मोटी मूली 4. पृथ्वी।

मूलाधार (सं.) [सं-पु.] 1. मुख्य आधार 2. (हठयोग) मानव शरीर के अंदर के छह चक्रों में से एक चक्र, जिसका स्थान अग्नि-चक्र के ऊपर गुदा और शिश्न के मध्य में होता है।

मूलिक (सं.) [सं-पु.] 1. पौधों की बड़ी जड़ें खाकर रहने वाला तपस्वी या व्यक्ति 2. फल-फूल या जड़ें खाकर रहने वाला व्यक्ति। [वि.] 1. मौलिक 2. प्रधान; मुख्य 3. जो पहली बार घटित हुआ हो 4. मूलगत।

मूलिका (सं.) [सं-स्त्री.] 1. जड़ी 2. जड़ 3. जड़ों का ढेर।

मूली (सं.) [सं-स्त्री.] एक पौधा जिसकी मोटी और मुलायम जड़ और पत्ते शाक के रूप में खाए जाते हैं।

मूल्य (सं.) [सं-पु.] 1. दाम; कीमत; भाव 2. महत्व 3. मानवीय आदर्श।

मूल्य-नियंत्रण (सं.) [सं-पु.] किसी वस्तु का मूल्य अनुचित रूप से बढ़ने से रोकने की क्रिया या प्रतिबंध।

मूल्य-निर्धारण (सं.) [सं-पु.] किसी वस्तु के मूल्य में अनुचित वृद्धि को रोकने के उद्‌देश्य से उसके मूल्य को उत्पाद लागत तथा गुणवत्ता के आधार पर निश्चित करने की क्रिया।

मूल्यन (सं.) [सं-पु.] 1. किसी वस्तु का मूल्य आँकना; मूल्यांकन 2. किसी की योग्यता, गुण आदि को निर्धारित करना।

मूल्यनिष्ठा (सं.) [सं-स्त्री.] सिद्धांतों या आदर्शों के प्रति होने वाली ईमानदारी।

मूल्यवत्ता (सं.) [सं-स्त्री.] मूल्यवान होने की अवस्था या भाव।

मूल्यवर्धित (सं.) [वि.] किसी वस्तु आदि का सुधार करने के बाद बढ़ने वाला मूल्य।

मूल्यवान (सं.) [वि.] कीमती होने की अवस्था या भाव; बेशकीमती; अधिक मूल्यवाला।

मूल्यसंकट (सं.) [सं-पु.] 1. मूल्यों के गिरने से होने वाली परेशानी 2. किसी समाज में नैतिक मूल्यों तथा आदर्शों के ह्रास से उत्पन्न स्थिति।

मूल्यहीन (सं.) [वि.] 1. जिसका कोई मूल्य न हो 2. निरर्थक; निकम्मा; बेकार।

मूल्यांकन (सं.) [सं-पु.] 1. किसी वस्तु का मूल्य निर्धारित या निश्चित करने की क्रिया 2. किसी वस्तु की उपयोगिता, गुण, महत्व आदि का होने वाला अंकन 3. किसी रचना या पुस्तक की समीक्षा।

मूल्यांधता (सं.) [सं-स्त्री.] मूल्यों की अनदेखी करने की अवस्था या भाव।

मूल्यात्मक (सं.) [वि.] मूल्य या मान के रूप में होने वाला।

मूल्याधारित (सं.) [सं-पु.] 1. मूल्यों पर आधारित 2. नैतिकता, आदर्श आदि गुणों पर आधारित।

मूल्यानुपाती कर (सं.) [सं-पु.] किसी वस्तु आदि के मूल्य के अनुसार आयात या निर्यात पर लगने वाला कर अथवा शुल्क।

मूषक (सं.) [सं-पु.] चूहा।

मूषक-वाहन (सं.) [सं-पु.] गणेश; गजानन; गणपति। [वि.] जिसकी सवारी चूहा हो; चूहे की सवारी करने वाला।

मूस (सं.) [सं-पु.] एक छोटा जंतु जो घरों, खेतों, बिलों आदि में रहता और अन्न आदि खाता है; चूहा; मूषक।

मूसदानी (सं.) [सं-स्त्री.] चूहा फँसाने का पिंजड़ा।

मूसना (सं.) [क्रि-स.] 1. चुराना; चुराकर ले जाना 2. लूटना 3. ठगना।

मूसल (सं.) [सं-पु.] धान कूटने का उपकरण जो लकड़ी का बना होता है और उसके एक छोर पर लोहे की साम जड़ी रहती है।

मूसलचंद [सं-पु.] 1. हृष्ट-पुष्ट किंतु निकम्मा व्यक्ति; मुस्टंडा; धींगड़ा 2. गँवार; असभ्य; मूर्ख।

मूसलधार [क्रि.वि.] 1. जिसकी धार मूसल के समान मोटी हो 2. मोटी धारवाला।

मूसला [सं-पु.] वह जड़ जो मोटी और सीधी हो एवं उससे अन्य शाखाएँ न निकली हों।

मूसलाधार [वि.] 1. भयंकर या भीषण, जैसे- मूसलाधार बारिश 2. मूसला जड़ (जिसकी शाखाएँ नहीं होती) के समान मोटे आकार वाला।

मूसली [सं-स्त्री.] 1. छोटी मूसल 2. हल्दी की जाति का एक पौधा 3. एक औषधीय पौधा।

मूसा (इब.) [सं-पु.] यहूदी धर्म के प्रवर्तक जो पैगंबर या देवदूत माने गए हैं।

मृग (सं.) [सं-पु.] 1. हिरण 2. कामशास्त्र के अनुसार चार प्रकार के पुरुष-भेदों में से एक 3. चंद्रमा में झलकने वाला काला दाग 4. मृगशिरा नक्षत्र 5. मार्गशीर्ष (अगहन) मास।

मृगचर्म (सं.) [सं-पु.] 1. हिरन की खाल 2. ओढ़ी अथवा आसन के रूप में बिछाई जाने वाली हिरण की खाल; मृगासन; मृगछाला।

मृगछलना [सं-स्त्री.] 1. मृगतृष्णा; रेगिस्तान में कड़ी धूप के कारण चमकती रेत को जल समझने की भ्रामक स्थिति 2. {ला-अ.} ऐसी प्यास जिसकी पूर्ति असंभव हो।

मृगछाला (सं.) [सं-पु.] 1. हिरण की छाल या खाल; मृगचर्म 2. हिरण की खाल जो पवित्र मानी जाती है 3. हिरण की खाल जो बिछाई या ओढ़ी जाती है।

मृगछौना (सं.) [सं-पु.] हिरन का बच्चा; मृगशावक।

मृगतृष्णा (सं.) [सं-स्त्री.] मृग-मरीचिका; तेज़ धूप और गरमी में रेगिस्तानी क्षेत्र में जलधारा या पानी दिखने का भ्रम।

मृगधर (सं.) [सं-पु.] चंद्रमा; शशि; सुधांशु।

मृगनयनी (सं.) [सं-स्त्री.] हिरण या हिरण के शावक-सी सुंदर आँखों वाली स्त्री।

मृगनाभि (सं.) [सं-पु.] 1. कस्तूरी 2. कस्तूरीमृग।

मृगमद (सं.) [सं-पु.] कस्तूरी।

मृगमरीचिका [सं-स्त्री.] दे. मृगतृष्णा।

मृगया (सं.) [सं-स्त्री.] 1. शिकार; आखेट 2. शिकार के लिए वन-गमन।

मृगलांछन (सं.) [सं-पु.] 1. चंद्रमा 2. मृगशिरा नक्षत्र।

मृगलोचना (सं.) [सं-स्त्री.] मृगनयनी स्त्री; हिरण के समान सुंदर नेत्रों वाली स्त्री।

मृगवन (सं.) [सं-पु.] वह जंगल जिसमें मृग निवास करते हों।

मृगवारि (सं.) [सं-पु.] 1. वह जल जिसका सिर्फ़ आभास हो (मृग-मरीचिका के समान); मृगजल 2. {ला-अ.} भ्रम दिलाने वाली झूठी आशा या बात।

मृगशावक (सं.) [सं-पु.] हिरण का बच्चा; मृगछौना।

मृगशिरा (सं.) [सं-स्त्री.] सत्ताईस नक्षत्रों में से पाँचवा नक्षत्र।

मृगांक (सं.) [सं-पु.] 1. चंद्रमा का धब्बा 2. चंद्रमा 3. कपूर 4. स्वर्ण भस्म 5. वायु 6. क्षय रोग में उपयोगी एक रसौषध।

मृगिनी (सं.) [सं-स्त्री.] मृग की मादा; हिरणी।

मृगी (सं.) [सं-स्त्री.] 1. हिरणी; मादा हिरण 2. मिरगी रोग; अपस्मार 3. पीले रंग की एक प्रकार की कौड़ी।

मृगेंद्र (सं.) [सं-पु.] 1. शेर; सिंह 2. व्याघ्र।

मृच्छकटिका (सं.) [सं-स्त्री.] मिट्टी की गाड़ी; मिट्टी का रथ।

मृडानी (सं.) [सं-स्त्री.] पार्वती; भवानी; गौरी।

मृणाल (सं.) [सं-पु.] 1. कमल की जड़ 2. कमल के पौधे का डंठल; कमलनाल 3. उसीर; उशीर; खस।

मृणालिनी (सं.) [सं-स्त्री.] 1. कमलिनी; कमल का पौधा; नलिनी; कुमुदिनी 2. कमलों से भरा हुआ या कमल समूह से युक्त सरोवर।

मृण्मय (सं.) [वि.] मिट्टी का बना हुआ।

मृण्मूर्ति (सं.) [सं-स्त्री.] मिट्टी से निर्मित मूर्ति।

मृत (सं.) [वि.] 1. मुरदा; मरा हुआ; मारा हुआ 2. जिसका पूर्ण रूप से नाश या अंत हो चुका हो।

मृत-संजीवनी [सं-स्त्री.] (जनश्रुति) मृत शरीर को जिलाने की विद्या या मंत्र। [वि.] एक प्रकार की आयुर्वेदिक औषधि।

मृतक (सं.) [सं-पु.] 1. शव; मृत शरीर; मुरदा; जिसकी मृत्यु हो गई हो 2. पद या वाक्य जिसका कोई वास्तविक अर्थ न हो। [वि.] मरा हुआ।

मृतककर्म (सं.) [सं-पु.] मृत व्यक्ति की आत्मा की शांति या शुद्धि के लिए किया जाने वाला कृत्य (क्रिया-कर्म), जैसे- दाह-संस्कार, दशगात्र, तेरहवीं आदि।

मृतप्राय (सं.) [वि.] 1. जो मरे हुए के समान हो 2. जो मरने वाला हो 3. बेदम।

मृतवत (सं.) [वि.] मृत या मृतक के समान।

मृतात्मा (सं.) [सं-पु.] 1. मृत व्यक्ति की आत्मा 2. मृत व्यक्ति 3. {ला-अ.} जिसकी आत्मा मर गई हो।

मृताशौच (सं.) [सं-पु.] किसी की मृत्यु के कारण लगने वाला सूतक; मरणाशौच; मृत्यु का सूतक।

मृति (सं.) [सं-स्त्री.] मौत; मृत्यु।

मृत्तिका (सं.) [सं-स्त्री.] 1. मिट्टी; खाक 2. अरहर।

मृत्यु (सं.) [सं-स्त्री.] 1. मौत; मरना; शरीर से प्राण निकलना; मरण; देहांत; निधन 2. अंत; समाप्ति। [सं-पु.]. 1. यमराज 2. नाश।

मृत्युंजय (सं.) [सं-पु.] 1. शिव 2. अकाल मृत्यु निवारक एक मंत्र। [वि.] मृत्यु को जीतने वाला; अमर।

मृत्युंजय-रस (सं.) [सं-पु.] एक प्रकार का औषध जिसका प्रयोग ज्वर निवारण हेतु किया जाता है।

मृत्युकर (सं.) [सं-पु.] मरे हुए व्यक्ति (मृतक) की संपत्ति पर लगने वाला कर।

मृत्युदंड (सं.) [सं-पु.] 1. प्राणदंड; मौत की सज़ा; (आमतौर पर) फाँसी की सज़ा 2. अपराधी को जान से मार डालने की सज़ा।

मृत्युदर (सं.) [सं-स्त्री.] एक साल में प्रति हज़ार व्यक्तियों में मरे हुए लोगों की संख्या।

मृत्युलेख (सं.) [सं-पु.] 1. मृत्यु पत्र 2. वसीयत 3. मृत्यु के कुछ पहले मरने वाले की इच्छानुसार संपत्ति के विभाजन, दान आदि के संबंध में लिखा गया पत्र या लेख।

मृत्युलोक (सं.) [सं-पु.] 1. मरणशील प्राणियों का लोक; मर्त्यलोक; यमलोक 2. भूलोक; पृथ्वीलोक।

मृत्युशय्या (सं.) [सं-स्त्री.] वह बिस्तर जिसपर रोगी मरणासन्न रूप में पड़ा हुआ हो।

मृत्युशोक (सं.) [सं-पु.] किसी की मृत्यु के कारण उत्पन्न शोक; मरने का दुख।

मृत्सन (सं.) [सं-स्त्री.] 1. अच्छी और चिकनी मिट्टी 2. गीली मिट्टी 3. उच्च स्तर की भूमि।

मृदंग (सं.) [सं-पु.] 1. ढोलक जैसा एक वाद्ययंत्र 2. ढोलक के आकार का एक उपकरण जिसमें मोमबत्तियाँ लगा कर जलाई जाती हैं 3. बाँस।

मृदंगी (सं.) [वि.] 1. मृदंग संबंधी 2. मृदंग से उत्पन्न 3. मृदंग बजाने वाला; मृदंगिया।

मृदा (सं.) [सं-स्त्री.] मिट्टी; धूल; मृत्तिका।

मृदित (सं.) [वि.] कुचला हुआ; मसला हुआ या चूर्ण किया हुआ।

मृदु (सं.) [वि.] 1. मधुर; सुहावन; प्रिय 2. कोमल; मुलायम; नरम 3. हलका 4. मंद।

मृदुकरण (सं.) [सं-पु.] 1. कोमल बनाना 2. हलका बनाना 3. तीक्ष्णता या तीव्रता कम कर देना।

मृदुता (सं.) [सं-स्त्री.] 1. मृदु होने की अवस्था या भाव; मधुरता; मीठापन 2. कोमलता; नरमी।

मृदुभाषी (सं.) [वि.] मृदु वचन बोलने वाला; मधुरभाषी।

मृदुमंद (सं.) [वि.] 1. मंद गति 2. मधुर स्वर।

मृदुल (सं.) [वि.] 1. दयालु; दयामय; कृपालु 2. कोमल; मुलायम; नाज़ुक; सुकुमार। [सं-पु.] पानी; जल; अंजीर।

मृदुलता (सं.) [सं-स्त्री.] मृदुल होने की अवस्था या भाव; कोमलता; नज़ाकत।

मृदूत्पल (सं.) [सं-पु.] 1. नीलोत्पल 2. नीलकमल।

मृद्भांड [सं-पु.] मिट्टी के बरतन।

मृषा (सं.) [क्रि.वि.] 1. व्यर्थ 2. झूठ-मूठ। [वि.] झूठ; मिथ्या।

में (सं.) [पर.] 1. अधिकरण कारक चिह्न 2. के अंदर 3. मूल्य सीमा बतलाना 4. किसी भाव में अंत:स्थिति का सूचक।

मेंगनी [सं-स्त्री.] भेड़, बकरी, चूहे आदि की लेंडी या विष्टा।

मेंचक [वि.] गहरा नीला।

मेंड़ [सं-स्त्री.] 1. खेतों के इर्द-गिर्द बनाया हुआ मिट्टी का घेरा 2. खेतों की हदबंदी; आरी 3. पगडंडी; आड़; रोक 4. {ला-अ.} मर्यादा।

मेंड़बंदी [सं-स्त्री.] मेंड़ बनाने का काम या भाव।

मेंड़रा (सं.) [सं-पु.] 1. घेरने के लिए बनाया हुआ गोल चक्कर 2. किसी वस्तु का गोलाकार ढांचा 3. ऐंडुआ; गेंडुरी।

मेंडुकी [सं-पु.] बहगवा रोग।

मेंढक (सं.) [सं-पु.] 1. दादुर 2. जल एवं स्थलचरी छोटा जंतु।

मेंढ़क (सं.) [सं-पु.] दे. मेंढक।

मेंढ़ी (सं.) [सं-स्त्री.] 1. स्त्रियों के बाल बाँधने का एक प्रकार 2. माथे के अग्र भाग से गूँथी हुई चोटी 3. घोड़ों के माथे की एक भौंरी।

मेंबरान [सं-पु.] 'मेंबर' का बहुवचन रूप।

मेंहदी (सं.) [सं-स्त्री.] 1. मेहँदी; एक प्रकार की पत्तियाँ जिन्हें पीस कर हाथ पर लगाने से रंग चढ़ता है 2. विवाह के पूर्व की एक रस्म जिसमें वर व वधू को अपने-अपने घरों में मेहँदी लगाई जाती है।

मेकअप (अं.) [सं-पु.] 1. सजना; सँवरना; रूप-सज्जा 2. प्रसाधन; सुंदर और आकर्षक बनने के लिए सौंदर्य प्रसाधन का प्रयोग 3. (पत्रकारिता) पृष्ठ निर्माण या पृष्ठ सज्जा समाचार को अधिक आकर्षक बनाने हेतु समाचार के शीर्षक का कलात्मक रूप में प्रस्तुतीकरण।

मेकल (सं.) [सं-पु.] विंध्याचल पर्वत का एक भाग जहाँ से नर्मदा नदी निकलती है।

मेकैनिक (अं.) [सं-पु.] 1. मिस्त्री 2. यंत्र या मशीन बनाने तथा मरम्मत करने वाला।

मेख़ (फ़ा.) [सं-स्त्री.] 1. कील; काँटा 2. खूँटा; खूँटी।

मेख़चू (फ़ा.) [सं-पु.] मेख़ ठोंकने का उपकरण।

मेखला (सं.) [सं-स्त्री.] 1. करधनी; कमरबंध 2. पहाड़ की ढाल 3. किसी वस्तु के मध्य भाग को चारों ओर से घेरने वाली डोरी; शृंखला।

मेगा (अं.) [वि.] 1. ज़बरदस्त 2. बहुत बड़ा या विशाल।

मेगाबाइट (अं.) [सं-पु.] कंप्यूटर की स्मृति-क्षमता की माप (1024 किलोबाइट = 1 (एक) मेगाबाइट)।

मेगावाट (अं.) [सं-पु.] विद्युत-उत्पादन की इकाई जो सौ किलोवाट के बराबर होती है (एक मेगावाट = 10 लाख वाट)।

मेघ (सं.) [सं-पु.] 1. बादल 2. (संगीत) एक राग 3. मोथा।

मेघ-गर्जन (सं.) [सं-पु.] बादलों का गरजना या गड़गड़ाहट।

मेघनाद (सं.) [सं-पु.] 1. रावण का बेटा; इंद्रजित 2. वरुण 3. मेघ का गर्जन।

मेघराज (सं.) [सं-पु.] 1. इंद्र 2. मेघों का राजा।

मेघागम (सं.) [सं-पु.] 1. बादलों का आगमन; वर्षा का आरंभ; वर्षा ऋतु का आगमन।

मेघाच्छन्न (सं.) [वि.] बादलों से ढका हुआ; बादलों से छाया (घिरा) हुआ।

मेघाडंबर (सं.) [सं-पु.] 1. बादलों की गरज 2. राजाओं का एक प्रकार का छत्र 3. बहुत बड़ा शामियाना।

मेघावरि (सं.) [सं-पु.] बादलों की घटा; मेघवाई; मेघ पंक्ति; घनघटा; मेघमाला।

मेघावृत (सं.) [वि.] 1. बादलों से ढका हुआ 2. बादलों से आच्छादित।

मेघौना (सं.) [सं-पु.] एक प्रकार का नीले रंग से रँगा कपड़ा।

मेज [सं-स्त्री.] एक प्रकार की पहाड़ी घास जो हिमालय पर लगभग 5000 (पाँच हजार) फुट की ऊँचाई तक पाई जाती है, जिसे घोड़े और चौपाए बड़े चाव से खाते हैं।

मेज़ (फ़ा.) [सं-स्त्री.] 1. लकड़ी की बनी ऊँची चौकी जिसपर कागज़, किताब आदि रखकर लिखते-पढ़ते हैं; खाना खाने की चौकी; (टेबल)।

मेज़पोश (फ़ा.) [सं-पु.] मेज़ ढकने का कपड़ा; मेज़ आदि पर बिछाने का कपड़ा।

मेज़बान (फ़ा.) [सं-पु.] 1. वह जो लोगों को अपने यहाँ किसी कार्य, भोजन आदि के लिए निमंत्रित करे; मेहमानदार; आतिथ्य करने वाला गृहस्थ 2. वह जिसके यहाँ कोई मेहमान आए; वह जो अतिथि को अपने यहाँ आदरपूर्वक ठहराता हो।

मेज़बानी (फ़ा.) [सं-स्त्री.] 1. अतिथि को की जाने वाली ख़ातिरदारी; अतिथि-सत्कार 2. मेज़बान होने का धर्म या भाव 3. वे खाद्य पदार्थ जो बरात आने से पहले-पहल कन्या पक्ष से बरातियों के लिए भेजे जाते हैं।

मेजर (अं.) [सं-पु.] 1. एक सैन्य अधिकारी जिसका पद कप्तान से ऊपर तथा लेफ़्टिनेंट कर्नल से नीचे होता है 2. सेना का एक बड़ा अधिकारी 3. प्रमुख; प्रधान 4. महत्वपूर्ण 5. मुख्य विषय।

मेजा [सं-पु.] मेंढक।

मेजॉरिटी (अं.) [सं-स्त्री.] 1. बहुमत; जो संख्या या मतों में अधिक हो 2. बहुसंख्यक पक्ष या समुदाय।

मेट (अं.) [सं-पु.] 1. मज़दूरों का प्रधान 2. जमादार 3. टंडैल।

मेटक [वि.] नष्ट करने वाला; मिटाने वाला; नाश करने वाला।

मेटना [क्रि-स.] 1. मिटाना 2. समाप्त करना।

मेट्रो (अं.) [सं-पु.] महानगर; बड़ा शहर; (मेट्रोपोलिटन)।

मेड [सं-स्त्री.] दे. मेंड़।

मेड़तोड़ वर्षा [सं-स्त्री.] अत्यधिक वर्षा; इतनी अधिक वर्षा की खेत की मेंड़ टूट जाए।

मेडल (अं.) [सं-पु.] पदक; तमगा।

मेडिकल (अं.) [वि.] 1. चिकित्सा शास्त्र संबंधी; वैद्यक संबंधी 2. औषधि संबंधी।

मेडिटेशन (अं.) [सं-पु.] 1. ध्यान; समाधि 2. विचार; सोच 3. चिंता 4. मनन; साधना।

मेढ़ा (सं.) [सं-पु.] 1. नर भेड़; मेष 2. एक प्रकार का चौपाया जो दिखने में भेड़ जैसा पर उससे बड़ा होता है।

मेढ़ासिंगी [सं-पु.] मेढ़ों की तरह का टेढ़े या मुड़े सींगों वाला बैल।

मेथी (सं.) [सं-स्त्री.] 1. एक छोटा पौधा जिसकी पत्तियों से साग बनता है 2. उक्त पौधे का बीज जिसका उपयोग मसाले और दवा के रूप में होता है।

मेथौरी [सं-स्त्री.] मेथी का साग मिलाकर बनाई जाने वाली बड़ी; एक खाद्य पदार्थ।

मेद (सं.) [सं-पु.] 1. शरीर के अंदर की वसा; चरबी 2. मोटा होने का रोग 3. कस्तूरी 4. कस्तूरी, केशर आदि के योग से निर्मित एक प्रकार का सुगंधित द्रव्य।

मेदज [सं-पु.] 1. हड्डी 2. एक प्रकार का गुग्गुल।

मेदनी (सं.) [सं-स्त्री.] 1. मेदिनी 2. यात्रियों का वह दल जो झंडा लेकर किसी देवस्थान जाता हो।

मेदा1 (अ.) [सं-पु.] आमाशय; पेट; उदर।

मेदा2 (सं.) [सं-स्त्री.] अष्ट वर्ग के अंतर्गत एक औषधि।

मेदिनी (सं.) [सं-स्त्री.] 1. मेदा 2. भूमि; पृथ्वी।

मेध (सं.) [सं-पु.] 1. यज्ञ 2. यज्ञ-बलि का पशु 3. हवि।

मेधा (सं.) [सं-स्त्री.] 1. बुद्धि; धारणा-शक्ति 2. बल; शक्ति 3. षोडश मातृकाओं में से एक 4. छप्पय छंद का एक भेद 5. दक्ष प्रजापति की कन्या।

मेधावी (सं.) [सं-पु.] च्यवन ऋषि के पुत्र का नाम। [वि.] 1. बुद्धिमान; मेधायुक्त; जिसकी मेधा या धारण शक्ति तीव्र हो 2. पंडित; विद्वान।

मेध्य (सं.) [वि.] 1. बुद्धि बढ़ाने वाला; मेधाजनक 2. पवित्र 3. यज्ञ संबंधी।

मेनका (सं.) [सं-स्त्री.] 1. एक प्रसिद्ध पौराणिक अप्सरा 2. हिमवान की पत्नी और पार्वती की माता।

मेना [सं-पु.] मोयन (पकवानों का)। [सं-स्त्री.] 1. मेनका 2. पार्वती की माता 3. स्त्री 4. वाक्शक्ति।

मेनाद [सं-स्त्री.] 1. बिल्ली 2. बकरी 3. मोर।

मेम (अं.) [सं-स्त्री.] 1. ताश का एक पत्ता 2. विदेशी महिला के लिए प्रयुक्त शब्द।

मेमना [सं-पु.] 1. भेड़ का बच्चा 2. एक प्रकार का घोड़ा।

मेमसाहब (अं.) [सं-स्त्री.] प्रतिष्ठित महिलाओं के लिए शिष्ट संबोधन।

मेमार (अ.) [सं-पु.] 1. राजमिस्त्री 2. मकान बनाने वाला कारीगर; शिल्पी।

मेमोरी (अं.) [सं-स्त्री.] 1. याददाश्त; स्मृति 2. कंप्यूटर का वह भाग (हार्डवेयर) जहाँ डाटा संगृहीत होता है।

मेयर (अं.) [सं-पु.] 1. महापालिका का निर्वाचित अध्यक्ष 2. महापौर; नगराध्यक्ष।

मेर (सं.) [सं-पु.] 1. सुमेरु 2. सुमेरु पर्वत के पास का एक पर्वत।

मेरा [सर्व.] 'मैं' का संबंधकारक रूप; मदीय।

मेराज (अ.) [सं-पु.] 1. सीढ़ी 2. ऊपर चढ़ने का साधन; श्रेणी 3. मुसलमानों के विश्वास के अनुसार मुहम्मद साहब का खुदा के साथ साक्षात्कार करना

मेरु (सं.) [सं-पु.] 1. मंदिर का शिखर 2. जपमाला में सबसे ऊपर रहने वाला एक दाना 3. उत्तरी या दक्षिणी ध्रुवों में प्रत्येक ध्रुव 4. एक विशिष्ट प्रकार का देव मंदिर 5. हठयोग में सुषुम्ना नाड़ी का एक नाम।

मेरुज्योति (सं.) [सं-स्त्री.] उत्तरी और दक्षिणी ध्रुवों में रात के समय दिखाई देने वाली एक प्रकार की ज्योति।

मेरुदंड (सं.) [सं-पु.] 1. रीढ़; पृष्ठवंश 2. हिमालय 3. पृथ्वी के दोनों ध्रुवों के बीच की सीधी कल्पित रेखा।

मेरुदंडी (सं.) [वि.] रीढ़वाला प्राणी।

मेरुपृष्ठ (सं.) [सं-पु.] 1. आकाश 2. स्वर्ग 3. एक प्राचीन जाति। [वि.] जिसकी पीठ या नीचे का भाग समतल भूमि पर नहीं बल्कि पर्वत पर स्थित हो।

मेल-मुलाकात (सं.+अ.) [सं-स्त्री.] 1. भेंट 2. मेलमिलाप 3. रुष्ट पक्षों में होने वाला मेल।

मेल[1] (सं.) [सं-पु.] 1. मिलने या मिले हुए होने की अवस्था या भाव 2. प्रेम और मित्रता का संबंध 3. मिलाप 4. संयोग 5. समागम 6. पारस्परिक अनुकूलता; उपयुक्तता या सामंजस्य। [मु.] **-खाना** : उपयुक्त होना; ठीक या सटीक बैठना।

मेल[2] (अं.) [सं-पु.] नर, पुरुष। [सं-स्त्री.] 1. डाकख़ाने से आने-जाने वाली चिट्ठियां, पार्सल आदि 2. चिट्ठियां, पार्सल आदि लाने तथा ले जाने वाली गाड़ी 3. तीव्र गति से चलने वाली रेलगाड़ी।

मेलक (सं.) [सं-पु.] 1. साथ 2. मेला 3. समूह 4. मिलन; समागम 5. ग्रहों, नक्षत्रों का होने वाला मिलान 6. सहवास। [वि.] मेल कराने वाला।

मेलजोल [सं-पु.] 1. घनिष्ठता 2. प्राय: मिलते-जुलते रहने का भाव।

मेलमिलाप [सं-पु.] 1. प्रेम और मित्रता का संबंध; घनिष्ठता 2. पारस्परिक अनुकूलता; उपयुक्तता या सामंजस्य 3. मेलजोल।

मेला (सं.) [सं-पु.] 1. उत्सव त्योहार आदि के समय होने वाला जमावड़ा 2. भीड़भाड़; समागम।

मेला-तमाशा (सं.+अ.) [सं-पु.] मेला; सैर; तमाशा।

मेलान [सं-पु.] 1. ठहराव 2. पड़ाव।

मेली [सं-पु.] 1. संगी-साथी 2. जिससे मेल-जोल हो 3. मिलनसार 4. यार। [वि.] हेल-मेल रखने वाला; यारबाश, जो जल्दी दूसरों से हिल-मिल जाता है।

मेल्हना [क्रि-अ.] 1. कष्ट या पीड़ा से बार-बार इस करवट से

उस करवट होना; छटपटाना 2. कोई काम करने में आनाकानी करते हुए समय बिताना। [क्रि-स.] मेलाना; मिलान करना। [सं-पु.] एक प्रकार की नाव।

मेल्हनी [सं-स्त्री.] बड़ी नाव, जिसका सिरा चौड़ा और चपटा होता है।

मेवड़ी [सं-स्त्री.] निर्गुंडी; सँभालू।

मेवा (फ़ा.) [सं-पु.] 1. सूखा फल; फल 2. किशमिश, काजू, बादाम, अखरोट आदि सूखे फल 3. गुजरात में होने वाला एक प्रकार का गन्ना।

मेवाटी (फ़ा.+हिं.) [सं-स्त्री.] एक पकवान जिसमें मेवे भरे हुए हों।

मेवाड़ [सं-पु.] 1. आधुनिक राजस्थान का एक प्रसिद्ध भूभाग जो मध्यकाल में स्वतंत्र राज्य था 2. एक राग जो मालकोस राग का पुत्र माना गया है।

मेवात (सं.) [सं-पु.] राजपूताना का एक इलाका जो अब गुड़गाँव जिले और अलवर तथा भरतपुर क्षेत्र के अंतर्गत है।

मेवाती [सं-पु.] 1. राजस्थान राज्य के मेवात इलाके में रहने वाले लोग 2. एक प्रकार का पौधा 3. एक प्रकार का बैल। [सं-स्त्री.] मेवात इलाके की बोली। [वि.] मेवात का।

मेवाबाटी [सं-स्त्री.] बेसन की एक मिठाई।

मेवासा [सं-पु.] 1. किला; दुर्ग 2. मकान; घर 3. सुरक्षित स्थान।

मेवासी [सं-पु.] 1. घर का मालिक 2. स्वामी। [वि.] 1. किला या दुर्ग में रहनेवाला 2. सुरक्षित स्थान।

मेष (सं.) [सं-पु.] 1. भेड़; मेढ़ा 2. बारह राशियों में से पहली राशि।

मेस (अं.) [सं-पु.] वह भोजनालय जहाँ संयुक्त रूप से किसी वर्ग के बहुत से लोगों का खाना बनता है।

मेसू [सं-पु.] बेसन की बनी हुई बरफ़ी।

मेह[1] [सं-पु.] मेघ; वर्षा; झड़ी; बादल।

मेह[2] (सं.) [सं-पु.] 1. पेशाब; मूत्र 2. प्रमेह।

मेह[3] (फ़ा.) [वि.] 1. सरदार 2. बड़ा; बुज़ुर्ग।

मेहँदी (सं.) [सं-स्त्री.] 1. एक प्रकार का पौधा जिसकी पत्तियाँ पीसकर हाथ-पैर रँगने के काम में लाई जाती है 2. हिना 3. मेंहदी।

मेहतर (फ़ा.) [सं-पु.] 1. चित्राल के नवाब की उपाधि 2. मैला साफ़ करने वाला 3. भारतीय संविधान के अनुसार एक अनुसूचित जाति। [वि.] अधिक बड़ा; प्रतिष्ठित या मान्य।

मेहन [सं-पु.] 1. पेशाब; मूत्र 2. जननेंद्रिय; लिंग।

मेहनत (अ.) [सं-स्त्री.] 1. परिश्रम; श्रम 2. प्रयास।

मेहनत-मशक्कत (अ.) [सं-स्त्री.] 1. कड़ी मेहनत 2. कठोर परिश्रम।

मेहनतकश (अ.) [वि.] 1. मेहनत करने वाला 2. कष्ट उठाने वाला।

मेहनताना (अ.+फ़ा.) [सं-पु.] 1. पारिश्रमिक 2. मज़दूरी।

मेहनती (अ.+हिं.) [वि.] 1. अत्यधिक श्रम करने वाला 2. परिश्रमी।

मेहमान (फ़ा.) [सं-पु.] 1. अतिथि; पाहुना 2. आमंत्रित जन।

मेहमाननवाज़ (फ़ा.) [वि.] मेहमानों की ख़ातिर करने वाला।

मेहमानी (फ़ा.) [सं-स्त्री.] 1. मेहमान की ख़ातिरदारी या आदर-सत्कार; आतिथ्य 2. किसी के यहाँ मेहमान होना; पहुनाई।

मेहर (फ़ा.) [सं-स्त्री.] 1. प्रेम 2. कृपा; दया 3. करुणा 4. (मुस्लिम विवाह) निकाह के समय वरपक्ष की ओर से वधू को तलाक देने के बाद भरण-पोषण के लिए देने हेतु कबूल की गई धनराशि; निकाह के समय वधू द्वारा स्वीकृत वह राशि जिसपर निकाह संपन्न कराया जाता है।

मेहरबान (फ़ा.) [वि.] 1. कृपालु; दयालु; अनुग्राहक; अनुग्राही 2. दयावान; दयावंत; दयाशील।

मेहरबानी (फ़ा.) [सं-स्त्री.] 1. उपकार; अनुग्रह 2. कृपा; दया।

मेहरा [सं-पु.] 1. स्त्रैण; जनखा; स्त्री-प्रकृतिवाला 2. स्त्रियों जैसे हाव-भाव करने वाला 3. खत्रियों की एक जाति।

मेहराना [क्रि-अ.] कुरकुरे या मुरमुरे पदार्थ का नरम या आर्द्र होना।

मेहराब (अ.) [सं-स्त्री.] 1. द्वार के ऊपर का अर्धमंडलाकार बनाया हुआ भाग 2. डाट वाला गोल दरवाज़ा।

मेहरारू (सं.) [सं-स्त्री.] 1. स्त्री; महिला 2. पत्नी; जोरू।

मेहरिया [सं-स्त्री.] पत्नी; अर्धांगिनी; जोरू; भार्या; स्त्री; मेहरारू; जीवन-सहचरी।

मेहरी (सं.) [सं-स्त्री.] 1. स्त्री; महिला 2. पत्नी; जोरू।

मेहासिन [सं-पु.] झिनमिन वर्षा।

मेहिया [वि.] मीठी-मीठी बातें करने वाला। [सं-पु.] मेह के पास वाला बैल।

मैं (सं.) [सर्व.] 1. उत्तम पुरुष का कर्ता रूप; अहम् 2. स्वयं; ख़ुद।

मैगनेट (अं.) [सं-पु.] 1. वह पदार्थ जो लोहे को अपनी ओर खींचता है; चुंबक; लौह-चुंबक; मैगनेटाइट का बना एक स्थायी चुंबक पत्थर 2. {ला-अ.} आकर्षक व्यक्ति।

मैगर [वि.] मोह ममता लगाने वाला। [सं-पु.] मस्त हाथी; मंगल।

मैच (अं.) [सं-पु.] 1. वह खेल-प्रतियोगिता जिसमें दो या कई प्रतियोगी या दल भाग लेते हैं 2. मुकाबला 3. प्रतियोगिता का खेल।

मैचिंग (अं.) [वि.] किसी वस्तु आदि का रंग, डिज़ाइन आदि जो दूसरी संपूरक (साथ में धारण की जाने वाली या जुड़ने वाली) वस्तु से मिलता हो।

मैटर (अं.) [सं-स्त्री.] 1. प्रकाशन के लिए समाचार लेख, कहानी आदि की पांडुलिपि लिखित सामग्री 2. संदर्भ; मामला।

मैट्रन (अं.) [सं-स्त्री.] चिकित्सालय आदि में नर्सों (सेविकाओं) की प्रधान।

मैट्रिक (अं.) [सं-पु.] हाईस्कूल; दसवीं; प्रवेशिका।

मैडम (अं.) [सं-स्त्री.] 1. महिलाओं के लिए आदरपूर्ण संबोधन 2. महोदया; साहिबा; महाशया; बीवी।

मैत्री (सं.) [सं-स्त्री.] दोस्ती; मित्रता।

मैत्रीपूर्ण (सं.) [वि.] मित्रतापूर्ण; दोस्ताना।

मैथिल (सं.) [सं-पु.] 1. मिथिला का निवासी 2. राजा जनक।

[वि.] मिथिला संबंधी।

मैथिली (सं.) [सं-स्त्री.] 1. मिथिला की भाषा 2. सीता।

मैथुन (सं.) [सं-पु.] संभोग; रति-क्रिया; सहवास; स्त्री-पुरुष का समागम।

मैथुनिक (सं.) [वि.] लैंगिक; यौन; मैथुन संबंधी; मैथुन का।

मैदा (फ़ा.) [सं-पु.] बहुत महीन अथवा बारीक आटा।

मैदान (फ़ा.) [सं-पु.] 1. वह समतल विस्तृत भूमि जहाँ खेल खेला जाता है 2. सपाट भूमि 3. खेत। [मु.] **-मारना** : विजयी होना। **-में आना** : मुकाबले के लिए तैयार। **-साफ़ होना** : बाधा या रुकावट का न होना अथवा दूर हो जाना।

मैदानी (फ़ा.) [सं-स्त्री.] 1. आटे या मैदा का खमीरदार घोल 2. लालटेन जो आँगन में लटकाई जाए। [वि.] 1. मैदान का 2. वह समतल प्रदेश जहाँ पहाड़ आदि न हों 3. समतल 4. मैदान में काम आने वाला 5. मैदान संबंधी।

मैदाने-जंग (फ़ा.) [सं-पु.] युद्धस्थल; युद्धक्षेत्र; रणभूमि।

मैन (सं.) [सं-पु.] 1. कामदेव 2. राल में मिलाया हुआ मोम 3. भोग।

मैनकामिनी [सं-स्त्री.] कामदेव की स्त्री; रति।

मैनफल [सं-पु.] मँझोले आकार का एक झाड़दार और कंटीला वृक्ष जिसकी छाल खाकी रंग की एवं लकड़ी हल्के भूरे रंग की होती है। इसका फूल पीलापन लिए सफ़ेद रंग का होता है; मयनफर; करहट।

मैना (सं.) [सं-स्त्री.] 1. काले रंग तथा पीली चोंच वाली एक चिड़िया; सारिका 2. हिमालय की पत्नी।

मैनाक (सं.) [सं-पु.] 1. एक पर्वत जिसे मैना और हिमालय का पुत्र माना जाता है 2. हिमालय की एक चोटी।

मैनी [सं-स्त्री.] 1. गाय की एक प्रजाति जिसके दोनों सींग नीचे की ओर झुके होते हैं 2. एक प्रकार का कँटीला पेड़।

मैनुअल (अं.) [सं-पु.] 1. पुस्तिका; दीपिका* 2. नियम पुस्तक; नियमावली। [वि.] शारीरिक, हस्त।

मैनेजर (अं.) [सं-पु.] 1. प्रबंधक; प्रबंधकर्ता; व्यवस्थापक 2. संचालक; निर्वाहक।

मैपिंग (अं.) [सं-स्त्री.] 1. प्रतिचित्रण 2. पता लगाना 3. मानचित्रण।

मैयत (अ.) [सं-स्त्री.] 1. मृत शरीर; लाश; मौत; मृत्यु 2. शव की यात्रा; शवयात्रा।

मैया (सं.) [सं-स्त्री.] माँ; माता।

मैल (सं.) [सं-स्त्री.] 1. किसी चीज़ पर पड़ी हुई या जमी हुई गर्द; धूल; मल 2. किसी के प्रति मन में होने वाला या रहने वाला दोष या विकार।

मैला [वि.] 1. गंदा; मलिन; अस्वच्छ 2. दूषित; विकारयुक्त; मैलवाला।

मैला-कुचैला [वि.] 1. बहुत मैला; अत्यंत मैला 2. जो बहुत गंदे कपड़े पहने हुए हो।

मैलाघर [सं-पु.] वह स्थान जहाँ गाँव या शहर का कूड़ा-करकट, मैला आदि फेंका जाता है।

मैलापन [सं-पु.] मैले होने की अवस्था या भाव; मलिनता; गंदापन।

मैलेट [सं-पु.] लकड़ी का हथौड़ा।

मैवार [वि.] घमंडी; अहंकार से युक्त।

मैसेज (अं.) [सं-पु.] संदेश; समाचार। [क्रि-स.] 1. संदेश भेजना 2. संकेत करना 3. तार देना; तार भेजना।

मैहर (सं.) [सं-पु.] 1. एक तीर्थ स्थल जहाँ एक शक्तिपीठ (शारदापीठ) अवस्थित है 2. नैहर; मायका 3. घी की तलछट।

मॉडल (अं.) [सं-पु.] 1. वह व्यक्ति जो वस्त्र या आभूषणों को धारण कर उनका प्रदर्शन व्यवसाय की दृष्टि से करता हो 2. वह व्यक्ति या वस्तु जिसको सामने रखकर चित्रकार चित्र बनाता है 3. नमूना; ढाँचा; प्रतिकृति; प्रारूप।

मॉडलिंग (अं.) [सं-स्त्री.] 1. फ़ैशन मॉडल की तरह किया जाने वाला काम; मॉडल की तरह काम करने का व्यवसाय 2. किसी वस्तु के स्वरूप की प्रतिकृति बनाने का कार्य।

मॉड्यूल (अं.) [सं-पु.] 1. ऐसी इकाई जो अपने से बड़ी इकाई का अंग हो 2. बड़ी संरचना की छोटी परंतु स्वतंत्र इकाई।

मॉनीटर (अं.) [सं-पु.] 1. कक्षा-प्रतिनिधि; कक्षानायक 2. कंप्यूटर सूचना-सामग्री प्रदर्शित करने वाला परदा; कंप्यूटर का वह इलेक्ट्रॉनिक उपकरण जिसके परदे पर किसी प्रक्रम या प्रॉसेस को देखा जाता है।

मोंगला [सं-पु.] 1. मध्य श्रेणी का केसर 2. मोगरा।

मोंछ [सं-पु.] मूँछ।

मोअ [सं-स्त्री.] एक प्रकार की मछली; मोह; मोई।

मोअना [सं-पु.] आटे को नरम करने के लिए उसमें मिलाया गया घी या मक्खन [क्रि-स.] हाथ के पंजे पर रस्सी लपेटना।

मोई [सं-स्त्री.] 1. घी में सना हुआ आटा; मोना 2. एक जड़ी; ग्वालिया।

मोक्ष (सं.) [सं-पु.] 1. बंधन से मुक्त; बंधन से छूटना; छुटकारा 2. चार प्रकार के पुरुषार्थों में एक; अलौकिक पुरुषार्थ 3. मौत; मृत्यु।

मोक्षकामी (सं.) [वि.] मोक्ष की इच्छा रखने वाला; मुमुक्षु।

मोखड़ी [सं-स्त्री.] मुहारी।

मोखा (सं.) [सं-पु.] 1. बहुत छोटी खिड़की; रोशनदान; झरोखा; ताखा 2. किसी घर के प्रवेश-द्वार का क्षेत्र 3. मुष्कक नामक वृक्ष।

मोगरा (सं.) [सं-पु.] 1. बेला का फूल 2. बेले का पौधा 3. उक्त फूल जो साधारण बेले के फूल से अधिक बड़ा तथा गठा हुआ होता है।

मोगी [सं-स्त्री.] राजपूताने की एक जाति।

मोघ (सं.) [वि.] 1. व्यर्थ; निरर्थक 2. निष्फल 3. वह वस्तु जो ठीक से काम में न आ सके। [सं-पु.] 1. परकोटा 2. बाड़ा।

मोघिया [सं-स्त्री.] वह मोटी मजबूत और अधिक चौड़ी नरिया, जो खपरैल छाजन में बँड़ेरे पर मँगरा बाँधने में काम आती है।

मोच (सं.) [सं-स्त्री.] शरीर के जोड़ की नस का अपने स्थान से इधर-उधर खिसक जाना। [सं-पु.] 1. केला 2. सेमल का पेड़ 3. पाढ़र का वृक्ष 4. सहिजन।

मोचक (सं.) [वि.] 1. मोचन करने वाला; मुक्ति दिलाने वाला 2. हरण करने वाला।

मोचट्टी [सं-स्त्री.] खरुका।

मोचन (सं.) [सं-पु.] 1. कष्ट, बंधन आदि से छुड़ाना; मुक्त करना 2. दूर करना; हटाना 3. हरण करना; ले लेना। [वि.] छुड़ाने वाला।

मोचना (सं.) [सं-पु.] नाई या लोहारों का एक चिमटी या उपकरण। [क्रि-स.] 1. मुक्त कराना 2. छुड़ाना 3. गिराना।

मोची (सं.) [सं-पु.] 1. चमड़े का काम करने वाला 2. जूते सीलने तथा बनाने वाला कारीगर। [सं-स्त्री.] हिलमोचिका। [वि.] 1. मुक्त कराने वाला 2. छुड़ाने वाला 3. दूर करने वाला।

मोजम्मा [सं-स्त्री.] ताँत।

मोजर [सं-पु.] 1. आम का बौर; मंजरी 2. मिनहा; निश्चित राशि से घटाने का काम 3. नई कलमों की सुरक्षा के लिए बाँधा गया बंध; मोजरी।

मोज़ा (फ़ा.) [सं-पु.] 1. जुर्राब; पायतावा 2. पैरों के पंजे में पहनने का कपड़ा।

मोट (सं.) [सं-पु.] 1. चमड़े का बड़ा थैला जिससे सिंचाई की जाती है 2. चरसा। [सं-स्त्री.] 1. बंडल; गठरी 2. ढेर; राशि।

मोटर (अं.) [सं-स्त्री.] 1. प्रेरक; चालक यंत्र 2. संचालन यंत्र 3. जो गति प्रदान करता है 4. सड़कों पर चलने वाली एक प्रकार की सवारी गाड़ी।

मोटरख़ाना (फ़ा.) [अ+फ़ा.] मोटर गाड़ी रखने का स्थान; (मोटर गैरेज)।

मोटरगाड़ी (अं.) [सं-स्त्री.] पेट्रोल, डीजल गैस आदि द्वारा उत्पादित शक्ति से सड़कों पर चलने वाली सवारी गाड़ी; (मोटर)।

मोटरसाइकिल (अं.) [सं-स्त्री.] मोटर-इंजन से चलने वाली साइकिल; फटफटिया।

मोटरी [सं-स्त्री.] गठरी; कपड़े में गाँठ देकर बांधा हुआ सामान।

मोटा [वि.] 1. तगड़ा; स्थूल; भारी-भरकम; मोटा-ताज़ा 2. सबल या सम्पन्न। [मु.] **-आसामी** : धनवान या संपन्न व्यक्ति; अमीर। **मोटी कमाई** : बहुत अधिक मुनाफ़ा। **मोटे तौर पर** : आम तौर पर; साधारणतः।

मोटा-ताज़ा [वि.] हृष्ट-पुष्ट; तगड़ा।

मोटा-मोटी [क्रि.वि.] 1. साधारण रूप से 2. अनुमानतः।

मोटाई [सं-स्त्री.] 1. मोटा होने का भाव; मोटापन; स्थूलता 2. धन या बल का गर्व 3. {ला-अ.} शरारत; पाजीपन।

मोटाना [क्रि-अ.] 1. मोटा होना 2. {ला-अ.} धनवान या संपन्न होना 3. घमंडी या अभिमानी होना। [क्रि-स.] दूसरे को मोटा करना।

मोटापन [सं-पु.] मोटे होने की अवस्था या भाव।

मोटापा [सं-पु.] 1. मोटा होने की अवस्था या भाव 2. स्थूलकाय; स्थूलता।

मोटिया [सं-पु.] 1. मोटा कपड़ा 2. गाढ़ा 3. खद्दर 4. बोझ ढोने वाला मज़दूर 5. कुली।

मोट्टायित (सं.) [सं-पु.] (नाट्यशास्त्र) नायिका की वह अदा (हाव) जिसमें प्रिय चर्चा होने पर नायिका के द्वारा प्रिय के प्रति अनुराग को छिपाने का प्रयत्न करने पर भी प्रकट हो जाना।

मोठ (सं.) [सं-स्त्री.] मूँग की तरह का एक प्रसिद्ध मोटा अन्न; मुगानी; बनमूँग।

मोड़ [सं-पु.] 1. रास्ते आदि का घुमावदार स्थान 2. परिवर्तन; कार्यदिशा में परिवर्तन 3. किसी कार्य या बात की दिशा या प्रवृत्ति में परिवर्तन।

मोड़-तोड़ [सं-पु.] 1. मोड़ने-तोड़ने, मरोड़ने आदि की क्रिया या भाव 2. किसी समाचार में किसी विशेष पक्ष अथवा दल के हितों का समावेश करना 3. किसी समाचार में मानवीय संवेदनशीलता के तत्व को जोड़ उसे अधिक रोचक और आकर्षक बनाना।

मोड़ना (सं.) [क्रि-स.] 1. आकार बदलना 2. दिशा बदलना 3. झुकाना 4. टेढ़ा करना।

मोड़ी [सं-स्त्री.] 1. बहुत जल्दी में लिखी हुई ऐसी अस्पष्ट लिपि, जो कठिनता से पढ़ी जाए; घसीट लिखाई 2. दक्षिण भारत की एक लिपि।

मोड़े (सं.) [क्रि.वि.] देर से; विलंब से।

मोढ़ा [सं-पु.] बाँस या बेंत का बना आसन; मूढ़ा।

मोण (सं.) [सं-पु.] 1. सूखा फल 2. मगरमच्छ 3. मक्खी 4. टोकरा; झाबा।

मोतिया [सं-पु.] 1. सफ़ेद तथा सुगंधित फूलों वाला एक पौधा 2. उक्त पौधे का फूल 3. एक तरह का सलमा। [सं-स्त्री.] सफ़ेद रंग की एक चिड़िया [वि.] 1. मोती संबंधी; मोती के जैसा; छोटे गोल दानोंवाला 2. मोती के रंग का।

मोतिया भात [सं-पु.] विशेष प्रकार से बनाया गया एक प्रकार का मीठा भात।

मोतियाबिंद [सं-पु.] आँख का एक रोग जिसमें पुतली के आगे गोल झिल्ली पड़ जाती है और जिसके कारण देखने की शक्ति कम होती जाती है; तिमरि।

मोती [सं-पु.] 1. बहुमूल्य रत्न जो छिछले समुद्रों में सीपी में से निकलता है; मुक्ता 2. कसेरों का एक तरह का उपकरण। [मु.] **मोतियों से मुँह भरना** : बहुत धन देना।

मोतीचूर [सं-पु.] 1. बेसन की बनी छोटी बुंदियों का लड्डू 2. कुश्ती का एक दाँव 3. एक प्रकार का धान।

मोतीझिरा [सं-पु.] 1. छोटी शीतला माता का रोग जिसमें छाती और पेट पर छोटे-छोटे दाने निकल आते हैं 2. मियादी बुख़ार; (टायफ़ॉइड)।

मोतीसिरी [सं-स्त्री.] 1. मोतियों की माला 2. कंठी माला।

मोथा (सं.) [सं-पु.] 1. नगरमोथा 2. जलीय भूमि में होने वाला एक क्षुप 3. उक्त की जड़ जो औषध के काम आती है।

मोद (सं.) [सं-पु.] 1. हँसी-मज़ाक 2. हर्ष; आनंद; प्रसन्नता 3. महक; सुगंध।

मोदक (सं.) [सं-पु.] 1. मिठाई; लड्डू 2. मोहिनी नामक छंद 3. औषधियुक्त लड्डू। [वि.] मोदजनक।

मोदी (सं.) [सं-पु.] 1. बनिया 2. घर में प्रतिदिन उपयोग की वस्तु बेचने वाला।

मोदीख़ाना (सं.+फ़ा.) [सं-पु.] वह दुकान या स्थान जहाँ दाल, चावल, आटा आदि वस्तुओं का भंडार हो।

मोधू (सं.) [वि.] मूर्ख; बेवकूफ़।

मोनाल [सं-पु.] महोख पक्षी की प्रजाति का एक पक्षी; नीलमोर।

मोपला [सं-पु.] मालाबार प्रदेश (केरल) में रहने वाली एक मुसलमान जाति।

मोपेड (अं.) [सं-स्त्री.] 1. हलकी और छोटी मोटर-साइकिल 2. पेट्रोल से चलने वाला हलका दुपहिया वाहन।

मोबाइल (अं.) [सं-पु.] बातचीत या संदेश भेजने हेतु प्रयुक्त एक इलेक्ट्रॉनिक उपकरण चलभाष; सचल दूरभाष यंत्र। [वि.] 1. गतिशील; भ्रमणकारी 2. अस्थिर 3. चंचल 4. विचल 5. चलनशील; चल; चलता-फिरता 6. परिवर्तनशील 7. हिलने-डुलने वाला।

मोम (फ़ा.) [सं-पु.] शहद की मक्खियों के छत्ते से प्राप्त एक नरम पदार्थ; मधुमक्खी के छत्ते का एक तत्व जिससे दीपक, बत्तियाँ आदि बनती हैं।

मोमजामा (फ़ा.) [सं-पु.], मोम का रोगन चढ़ाया हुआ एक प्रकार का कपड़ा जिसपर पानी का असर नहीं होता।

मोमबत्ती (फ़ा.+ हिं.) [सं-स्त्री.] मोम आदि से निर्मित बत्ती जो रोशनी के लिए जलाई जाती है; मोटे धागे पर मोम चढ़ाकर बनाई हुई बत्ती जिसे रोशनी के लिए जलाते हैं।

मोमभ्भतर [वि.] 1. वजनदार; भारवाला 2. प्रतिष्ठावाला।

मोमिन (अ.) [सं-पु.] 1. धर्मनिष्ठ मुसलमान 2. मुसलमान जुलाहा 3. इस्लाम और ख़ुदा पर ईमान लाने वाला 4. शिया। [वि.] ईमानदार; सच्चा।

मोमियाई (फ़ा.) [सं-स्त्री.] 1. नकली शिलाजीत 2. मोम की तरह चिकनी काले रंग की दवा।

मोमी (फ़ा.) [वि.] 1. मोम संबंधी; मोम का 2. मोम का बना हुआ 3. मोम के जैसा मुलायम।

मोयन [सं-पु.] गूँथे हुए आटे में डाला जाने वाला घी या तेल जिसके कारण उससे बनने वाली वस्तु खस्ता और मुलायम होती है।

मोयुम [सं-पु.] एक प्रकार की लता जो असम, सिक्किम और भूटान में बहुतायत से होती है, इससे कपड़े रंगने के लिए बहुत चमकीला रंग तैयार किया जाता है।

मोर (सं.) [सं-पु.] 1. एक अत्यंत सुंदर और बड़ा पक्षी जिसकी लंबी गरदन और छाती का रंग बहुत ही गहरा और चमकीला नीला तथा पूँछ लंबी होती है; मयूर; नीलकंठ 2. भारत देश का राष्ट्रीय पक्षी।

मोर-चंद्र [सं-पु.] मोर-चंद्रिका।

मोर-चंद्रिका [सं-स्त्री.] वह चंद्राकार आकृति जो मोर के पंख पर बनी होती है।

मोर चँदोवा [सं-पु.] मोर के चित्रों वाली ओढ़नी।

मोरंग [सं-पु.] नेपाल देश का पूर्वी भाग जो कौशिकी नदी के पूर्व में पड़ता है। प्राचीन ग्रंथों में इसी भाग को 'किरात देश' कहा गया है इसका कुछ अंश बिहार के पूर्णिया जिले में भी पड़ता है।

मोरचा [सं-पु.] 1. जंग 2. अभियान 3. जुलूस; जनप्रदर्शन। [मु.] **-खोलना** : आंदोलन या विरोध शुरु करना। **-लेना** : सामना करना। **-मारना** : विजयी होना।

मोरचाबंदी [सं-स्त्री.] मोरचा बनाना; किले के चारों ओर गड्ढा बनाकर रक्षा हेतु सेना खड़ा करना; शत्रु सेना के आक्रमण से बचते हुए लड़ने का प्रबंध करना।

मोरछल [सं-पु.] मोर के पंख से बनाया गया चँवर।

मोरनी [सं-स्त्री.] 1. मादा मोर 2. नथ में लगने वाला मोर के आकार का टिकड़ा या लटकन 3. मोरनी की तरह ठुमक-ठुमक कर चलने वाली सुंदरी।

मोरपंखी [सं-पु.] मोर के पंख की तरह का गहरा, चमकीला नीला रंग। [सं-स्त्री.] 1. एक प्रकार की नाव जिसके आगे मोर की तरह आकृति बनी होती है 2. मोर पंख जैसी आकृति का छोटा पंखा 3. मालखंभ की एक प्रकार की कसरत। [वि.] मोर के पंख के रंग का।

मोरपंजा [सं-पु.] पतली रस्सी को हाथ की पाँचों उँगलियों में डालकर लगाई गई फंदेदार गाँठ।

मोरम (ते.) [सं-पु.] लाल रंग की पहाड़ी कंकड़ियाँ जो सड़कों पर बिछाई जाती हैं और जिससे सीमेंट भी बनता है।

मोरमुकुट [सं-पु.] मोर के पंखों से बनाया गया मुकुट।

मोरवा [सं-पु.] वह रस्सी जो नाव की किलवारी में बाँधी जाती है, जिससे पतवार का काम लेते हैं।

मोरहन [सं-पु.] तंबाकू की एक जाति; एक प्रकार का तंबाकू।

मोरा [सं-पु.] अकीक नामक रत्न का एक भेद; बावाँ घोड़ी। [वि.] मेरा।

मोरी [सं-स्त्री.] जल-निकास का स्थान; नाली।

मोल (सं.) [सं-पु.] कीमत; मूल्य; दाम। [मु.] **-लेना** : ख़रीदना।

मोल-चाल [सं-पु.] किसी वस्तु का भाव तय करना; मोल-जोल करना।

मोल-तोल [सं-पु.] सौदा तय करना; दाम तय करना।

मोल-भाव (सं.) [सं-पु.] सौदा तय करना; सौदा पटाने की बातचीत; किसी वस्तु का दाम ठहराना।

मोलाई [सं-स्त्री.] 1. मूल्य पूछने की क्रिया या भाव 2. मोल-चाल करना 3. मूल्य ठहराने की क्रिया या भाव।

मोलिया [वि.] मुड़ने या लचकने वाला; नाजुक; कोमल; निर्बल; मुलायम।

मोह (सं.) [सं-पु.] 1. प्रेम; प्यार 2. स्नेह; ममता 3. मायाजाल 4. मूर्छा; बेहोशी 5. अज्ञान; अविद्या; देह आदि में आत्मबुद्धि 6. भ्रांति 7. तैंतीस संचारी भावों में से एक।

मोह-भंग (सं.) [सं-पु.] अज्ञान का नाश होना; भ्रांति का निवारण; लगाव या प्रीति ख़त्म होना।

मोहक (सं.) [वि.] मन को भाने वाला; लुभावनी; मनोहर; मोहजनक।

मोहखा [सं-पु.] दे. मोखा।

मोहतमिल (अ.) [वि.] सहनशील; बरदाश्त करने वाला।

मोहताज़ (अ.) [वि.] दे. मुहताज़।

मोहतिमिम (अ.) [सं-पु.] 1. व्यवस्थापक 2. प्रबंध करने वाला; प्रबंधक 3. एक पदवी।

मोहन (सं.) [सं-पु.] 1. मोहना; लुभाना 2. (तंत्र-मंत्र) एक अभिचार 4. धतुरे का पौधा 5. कृष्ण का एक नाम 6. कामदेव के पाँच बाणों में से एक 7. बेसुध कर देने वाला मंत्र। [वि.] 1. मोहित करने वाला 2. मोहने वाला; मोह लेने वाला।

मोहन-पकौड़ी [सं-स्त्री.] चावल के आटे का बना व्यंजन।

मोहन भोग [सं-पु.] एक प्रकार का हलवा।

मोहनमाला (सं.) [सं-स्त्री.] सोने (धातु) के दानों या गुरिया से निर्मित (पिरोई हुई) माला।

मोहना (सं.) [क्रि-अ.] 1. मोहित या मुग्ध होना 2. बेहोश होना 3. भ्रम में पड़ना। [क्रि-स.] भ्रमित करना 2. भ्रम में डालना; लुभाना। [सं-स्त्री.] 1. चमेली 2. तृण।

मोहनिद्रा (सं.) [सं-स्त्री.] 1. मोह के कारण वास्तविक स्थिति की उपेक्षा करने वाली अवस्था 2. मोह के कारण होने वाला अज्ञान।

मोहनिरसन (सं.) [सं-पु.] 1. मोह से मुक्ति 2. मोह का परिहार।

मोहनिशा (सं.) [सं-स्त्री.] 1. (पुराण) कृष्ण जन्माष्टमी की रात; भाद्र कृष्णपक्ष के अष्टमी की रात 2. (पुराण) ब्रह्मा के पचास वर्ष बीतने पर होने वाली प्रलय की रात।

मोहनी (सं.) [सं-स्त्री.] 1. मोहित करने की शक्ति; मांया या जादू 2. वशीकरण 3. सुंदर स्त्री 4. मोहक प्रभाव 5. पोई का साग 6. एक तरह की जूही। [वि.] मोहित करने वाली; मन को लुभाने वाली। [मु.] **-डालना** : मोह-माया के वश में करना।

मोहनीय (सं.) [वि.] 1. मोहने योग्य; मोहित किए जाने योग्य 2. वह जिसे मोहित किया जा सके।

मोहब्बत [सं-पु.] 1. प्रेम; स्नेह 2. कड़ियों का आगे का मुँह बाँधने वाली लकड़ी।

मोहमंत्र (सं.) [सं-पु.] मोह में डालने वाला मंत्र; मोहन मंत्र।

मोहमिल (अ.) [वि.] 1. जिसका कोई अर्थ न हो; निरर्थक 2. छोड़ा हुआ।

मोहर (फ़ा.) [सं-स्त्री.] 1. मुहर; मुद्रा; ठप्पा 2. किसी चीज़ पर खुदा हुआ नाम (सील) 3. कागज़ पर अंकित उक्त वस्तु की छाप 4. स्वर्ण मुद्रा; अशरफ़ी।

मोहरबंद (फ़ा.) [वि.] जिसे मोहर या चिह्न लगाकर बंद किया गया हो; सीलबंद।

मोहरा[1] [सं-पु.] 1. सेना की प्रथम पंक्ति 2. बरतन का मुंह 3. सेना का बढ़ाव 4. अँगिया का बंद 5. जानवर के मुँह पर बाँधी जाने वाली जाली।

मोहरा[2] (फ़ा.) [सं-पु.] शतरंज की गोटी। [मु.] **-बनना** : किसी की इच्छा या आदेश के अनुसार चलना।

मोहरात्रि (सं.) [सं-स्त्री.] दे. मोहनिशा।

मोहरी [सं-स्त्री.] 1. पाजामे का नीचे की तरफ़ का मुँह तथा उसकी माप (चौड़ाई) 2. बरतन आदि का छोटा मुँह।

मोहलत (अ.) [सं-स्त्री.] छुट्टी; फ़ुरसत; किसी कार्य हेतु नियत की गई अवधि या कार्य विशेष के लिए मिलने वाला समय; अवकाश।

मोहलिक (अ.) [वि.] 1. मार डालने वाला; हलाक करने वाला 2. घातक रोग।

मोहल्ला (अ.) [सं-पु.] दे. मुहल्ला।

मोहवश (सं.) [क्रि.वि.] मोह में फँसकर; मुग्ध होकर; मोह के कारण।

मोहसिन (अ.) [वि.] उपकार करने वाला; अहसान करने वाला।

मोहांध (सं.) [वि.] मोहक प्रभाव के कारण जिसका विवेक नष्ट हो गया हो।

मोहित (सं.) [वि.] 1. मन को प्राप्त; मुग्ध 2. मोह 3. आसक्त; लुभाया हुआ।

मोहिनी (सं.) [सं-स्त्री.] 1. ख़ूबसूरत स्त्री 2. एक अप्सरा 3. वैशाख शुक्ल एकादशी 4. (पुराण) विष्णु का नारी रूप जो दैत्यों को छलने के लिए धारण किया था 5. मोहकारक प्रभाव 6. जादू 7. त्रिपूर नामक पौधा और उसका फूल। [वि.] मोहने वाली; मन को लुभाने वाली।

मोहिल [वि.] मोह से युक्त; मोहित करने वाला।

मोही (सं.) [वि.] 1. स्नेह करने वाला 2. मोह करने वाला 3. मोह युक्त 4. मोहकारक 5. लोभी; लालची 6. अज्ञानी; भ्रम में पड़ा हुआ।

मोहेली [सं-स्त्री.] हिमालय व सिंध की नदियों में पाई जाने वाली एक प्रकार की मछली।

मौंजी (सं.) [सं-स्त्री.] मूँज की बनी तीन लड़ों की मेखला।

मौका (अ.) [सं-पु.] 1. अवसर; समय 2. ठीक समय 3. जगह; स्थान; देश 4. घटनास्थल; वारदात की जगह।

मौका-बेमौका (अ.) [क्रि.वि.] 1. समय-कुसमय 2. अवसर-अनवसर का विचार किए बिना।

मौकापरस्ती (अ.) [सं-स्त्री.] 1. अवसरवादिता 2. घात लगाना 3. अनुकूल अवसर की राह देखना।

मौक़ूफ़ (अ.) [वि.] 1. बंद किया हुआ; रोका हुआ 2. बरख़ास्त; नौकरी से अलग किया हुआ; निलंबित 3. रद्द किया हुआ।

मौक्तिक (सं.) [सं-पु.] मोती; मुक्ता। [वि.] 1. मुक्ति के लिए प्रयास करने वाला 2. मुक्ता संबंधी; मुक्ता का।

मौखर्य (सं.) [सं-पु.] मुखरता; वाचालता।

मौखिक (सं.) [वि.] वह सब कही हुई बात जो लिखी न जाए; ज़बानी; वार्तालाप से संबंधित।

मौज (अ.) [सं-स्त्री.] 1. तरंग; लहर; हिलोर 2. मन की तरंग; उमंग 3. सुख; आनंद 4. समृद्धि। [मु.] **-में आना** : उमंग या मस्ती में आना।

मौज-माज (अ.+फ़ा.) [सं-पु.] 1. राजी-ख़ुशी 2. आनंद-मंगल।

मौजमस्ती (अ.+फ़ा.) [सं-स्त्री.] प्रसन्नता; आनंद।

मौजा (अ.) [सं-पु.] 1. जगह; स्थान 2. खेत 3. गाँव 4. रखने का स्थान।

मौजावारी [सं-स्त्री.] एक प्रथा जिसके अनुसार फसल की स्थिति देखकर मालगुजारी निश्चित की जाती थी।

मौजी (अ.) [वि.] 1. मौज करने वाला 2. जो मन में आए वही कर गुज़रने वाला 3. आनंद या सुख भोगने वाला।

मौजूँ (अ.) [वि.] 1. ठीक; सटीक; उपयुक्त; यथायोग्य 2. तौला हुआ; वज़न किया हुआ 3. वह छंद या पद जो काव्यशास्त्रीय सिद्धांतों के अनुरूप हो। [सं-पु.] वर्णन या विचार आदि का विषय। [अव्य.] ठीक-ठीक।

मौजूद (अ.) [वि.] 1. उपस्थित; हाजिर; सामने खड़ा 2. स्थित; विद्यमान 3. उपलब्ध 4. तैयार; प्रस्तुत 5. उत्पन्न; सृष्ट।

मौजूदगी (अ.) [सं-स्त्री.] 1. उपस्थिति 2. हाज़िरी।

मौजूदा (अ.) [वि.] 1. वर्तमान समय का 2. आधुनिक समय का 3. उपस्थित; जो सामने मौजूद है।

मौत (अ.) [सं-स्त्री.] 1. देहांत; मृत्यु 2. {ला-अ.} घोर संकट। [मु.] **-के मुँह से निकल आना** : किसी बड़े ख़तरे से निकल आना। **-सर पर खेलना** : किसी भारी संकट से घिरा होना। **-से खेलना** : भारी संकट का सामना करना; किसी ख़तरनाक परिस्थिति का मुकाबला करना।

मौन (सं.) [सं-पु.] 1. चुप; शांत रहना; खामोश; न बोलना 2. (मुनियों का) एक प्रकार का व्रत या चर्या। [मु.] **-स्वीकृति** : वह सम्मति जो किसी विषय के संबंध में चुप रहने की मानी जाती है। **-सम्मति** : चुप रहकर सहमति व्यक्त करने की अवस्था या भाव।

मौन-युद्ध (सं.) [सं-पु.] एक साथ रहने वाले लोगों का आपस में न बोलकर काम करने की अवस्था या भाव।

मौना (सं.) [सं-पु.] 1. तरल पदार्थ रखने का बरतन 2. टोकरा; पिटारा।

मौनालाप (सं.) [सं-पु.] वह अवस्था या वार्ता जो मौन रहने के दौरान हो।

मौनी (सं.) [वि.] 1. मौन धारण करने वाला या चुप रहने वाला; न बोलने वाला 2. जो मौन धारण किया हुआ हो।

मौर (सं.) [सं-पु.] 1. विवाह के समय वर को पहनाया जाने वाला शिरोभूषण या मुकुट 2. मंजरी; बौर आने से पहले का फूल 3. सिर; सिर के नीचे स्थित गरदन के पिछला भाग। [वि.] शिरोमणि; श्रेष्ठ।

मौरना [क्रि-स.] चूड़ियाँ पहनाते वक्त चूड़ियों का तड़कना।

मौरा [सं-पु.] वह बैल जिनके सींग मिले हों।

मौरी [सं-स्त्री.] स्त्रियों के सिर का एक शृंगार प्रसाधन।

मौरूसी (अ.+फ़ा.) [वि.] 1. पैतृक धन 2. बाप-दादा के ज़माने से चला आया धन; पैतृक संपत्ति।

मौर्य (सं.) [सं-पु.] 1. मगध का प्राचीन भारतीय राजवंश जिसका संस्थापक चंद्रगुप्त मौर्य था 2. एक सरनेम।

मौल (सं.) [सं-पु.] बड़ा ज़मींदार। [वि.] 1. मूलगत 2. मूलागत 3. पुश्तैनी; आदि काल से होने वाला; परंपरागत।

मौलवियाना (अ.) [वि.] मौलवियों जैसा।

मौलवी (अ.) [सं-पु.] 1. इस्लाम धर्म से संबंधित सारे धार्मिक अनुष्ठान कराने वाला व्यक्ति 2. इस्लाम धर्मशास्त्र का आचार्य 3. अरबी, फ़ारसी आदि का विद्वान।

मौलसिरी [सं-स्त्री.] एक बहुत बड़ा सदाबहार पेड़ जिसमें सुगंधित फूल लगते हैं; बकुल।

मौला (अ.) [सं-पु.] 1. ईश्वर; देवता; भगवान 2. स्वामी 3. मित्र; दोस्त; सहायक; सखा।

मौलाना (अ.) [सं-पु.] 1. बहुत बड़ा विद्वान 2. बड़ा मौलवी।

मौलिक (सं.) [वि.] 1. मूल तत्व या सिद्धांत से संबंध रखने वाला; मूलभूत 2. असली; वास्तविक 3. जो किसी की नकल या आधार पर न हो बल्कि अपनी उद्‌भावना से निकला हो।

मौलिकता (सं.) [सं-स्त्री.] 1. सच्चाई 2. मौलिक होने का भाव; मौलिक गुण।

मौली (सं.) [सं-स्त्री.] रँगा हुआ सूत जो पूजा आदि में प्रयोग होता है। [वि.] मौलि धारण करने वाला; जिसके सिर पर मुकुट हो; मुकुटधारी।

मौसम (अ.) [सं-पु.] काल; समय; ऋतु।

मौसम-विज्ञान (अ.+सं.) [सं-पु.] वह विज्ञान जिसके अंतर्गत ताप, हवा का दाब, जल वाष्प या आर्द्रता आदि इन चारों के मान व इनके परिवर्तन की दर (समय और दूरी के सापेक्ष) और मौसम की प्रक्रिया एवं उसके पूर्वानुमान का अध्ययन किया जाता है; वायुमंडल के अध्ययन का विज्ञान।

मौसम विज्ञानी (अ.+सं.) [वि.] मौसम-विज्ञान का अनुसंधाता, मौसम वैज्ञानिक।

मौसम वैज्ञानिक (अ.+सं.) [सं-पु.] मौसम से संबंधित तथ्यों को जानने वाला तथा मौसम का पूर्वानुमान करने वाला व्यक्ति।

मौसमी (अ.) [वि.] 1. मौसम संबंधी 2. उपयुक्त समय 3. किसी मौसम या ऋतु में होने वाला 4. ऋतु; काल 5. प्रस्तुत मौसम में होने वाला।

मौसम्मी [सं-स्त्री.] एक प्रकार का नीबू जैसा फल।

मौसा [सं-पु.] माँ की बहन का पति; मौसी का पति।

मौसाल [सं-स्त्री.] मौसा-मौसी का घर।

मौसिम [सं-पु.] 1. अनुकूल समय 2. मौसम 3. ऋतु 4. काल।

मौसी [सं-स्त्री.] माँ की बहन; मासी।

मौसेरा [वि.] 1. मौसी के संबंध का; मौसी के नातेवाला 2. मौसी से संबंध या उनसे उत्पन्न।

मौहासों [सं-पु.] महावर; स्त्रियों द्वारा पैर में लगाया जाने वाला विशेष किस्म का लाल रंग।

म्याऊँ-म्याऊँ [सं-स्त्री.] बिल्ली की बोली; बिल्ली।

म्यान (फ़ा.) [सं-पु.] तलवार रखने का उपकरण; गिलाफ़; खड्‌गकोष।

म्यूज़ियम (अं.) [सं-पु.] संग्रहालय; अजायबघर।

म्यूनिसिपलिटी (अं.) [सं-स्त्री.] 1. नगरपालिका; नगरसभा 2. स्थानीय स्वायत्तशासन का अधिकार प्राप्त नगर या कसबा।

म्रियमाण (सं.) [वि.] मृत प्राय; मरा हुआ-सा; मृत होने का भाव।

म्लान (सं.) [वि.] 1. मलिन; मैला 2. दुर्बल 3. कुम्हलाया हुआ; मुरझाया हुआ।

म्लानता (सं.) [सं-स्त्री.] 1. मुरझाने या कुम्हलाने की अवस्था या भाव 2. कमज़ोरी; दुर्बलता 3. मलिनता।

म्लेच्छ (सं.) [सं-पु.] 1. हिंदुओं की दृष्टि से वे जातियाँ जिनमें वर्णाश्रम धर्म न हो 2. हिंगुल; शिंगरफ 3. आर्य-सदाचार का पालन न करने वाला 4. वह जो संस्कृत न बोलने वाला हो; अनार्य 5. विदेशी। [वि.] नीच; पापी।

म्हौड़ा [सं-पु.] मुहारी।

य

य हिंदी वर्णमाला का एक वर्ण। उच्चारण की दृष्टि से यह तालव्य, सघोष अर्धस्वर है।

यंत्र (सं.) [सं-पु.] 1. मशीन; कल 2. औज़ार 3. जंतर 4. बंदूक 5. बाजा; वाद्य 6. वीणा।

यंत्रकार (सं.) [सं-पु.] 1. मिस्त्री 2. कारीगर 3. वह जो यंत्र विद्या में दक्ष हो; (मैकेनिक)।

यंत्रचालित (सं.) [वि.] 1. यंत्र संचालित 2. स्वचालित; (ऑटोमैटिक)।

यंत्रणा (सं.) [सं-स्त्री.] 1. यातना; तकलीफ़ 2. मानसिक अथवा शारीरिक कष्ट; दर्द; वेदना; पीड़ा।

यंत्रमंत्र (सं.) [सं-पु.] 1. ऐसी क्रिया जिसमें तंत्रशास्त्र से संबंधित मंत्रों का प्रयोग होता है 2. जादू-टोना; टोटका 3. जंतर-मंतर।

यंत्रमानव (सं.) [सं-पु.] मनुष्य की तरह काम करने वाली स्वचालित मशीन; मानव आकृति यंत्र; (रोबॉट)।

यंत्रयुग (सं.) [सं-पु.] 1. आधुनिक (वर्तमान) काल जिसमें अधिकांश कार्य यात्रिक उपकरणों द्वारा संपादित होते हैं 2. यंत्रों का समय।

यंत्रवत (सं.) [क्रि.वि.] यंत्र की तरह।

यंत्रविज्ञान (सं.) [सं-पु.] वह शास्त्र जिसमें यंत्र आदि बनाने तथा उन्हें चलाने का अध्ययन किया जाता है; यांत्रिकी; यंत्रशास्त्र।

यंत्रविद्या (सं.) [सं-स्त्री.] यंत्रों का निर्माण करने और चलाने की कला।

यंत्रशाला (सं.) [सं-स्त्री.] 1. यंत्रगृह 2. जहाँ यंत्रों की सहायता से उत्पादन होता है 3. वेधशाला।

यंत्रसज्जित (सं.) [वि.] यंत्रों से सजाया हुआ।

यंत्राधारित (सं.) [वि.] 1. यंत्र से नियंत्रित 2. यंत्रों पर आधारित।

यंत्रालय (सं.) [सं-पु.] 1. वह स्थान जहाँ ढेर सारे यंत्र हों; यंत्रशाला 2. छापाखाना; प्रेस।

यंत्रिका (सं.) [सं-स्त्री.] 1. छोटा ताला 2. छोटा यंत्र 3. छोटी साली; पत्नी की छोटी बहन।

यंत्रित (सं.) [वि.] 1. नियमों से बाँधा हुआ 2. ताला लगा हुआ; ताले में बंद 3. यंत्रों द्वारा संचालित।

यंत्री (सं.) [सं-पु.] 1. तांत्रिक 2. यंत्र या मशीन चलाने वाला 3. बाजा बजाने वाला 4. नियंत्रण करने वाला।

यंत्रीकरण (सं.) [सं-पु.] 1. यंत्र लगाना; यंत्रों से सज्जित करना 2. यंत्रों से काम करना।

यक (फ़ा.) [वि.] अकेला; एक।

यककलम (फ़ा.) [अव्य.] 1. एकबारगी 2. एक सिरे से सब पूरा 3. एक ही बार कलम चला कर।

यकज़बाँ (फ़ा.) [वि.] 1. सच्चा 2. बात का पक्का; एक बात कहने वाला 3. एक भाषाभाषी।

यकजा (फ़ा.) [वि.] 1. एक ही स्थान पर एकत्र; इकट्ठा; सम्मिलित 2. मिलाजुला।

यकता (फ़ा.) [वि.] 1. जिसके जोड़ का दूसरा न हो; बेजोड़ 2. जिसके मुकाबले का और कोई न हो; अद्वितीय; अनुपम।

यकबारगी (फ़ा.) [अव्य.] अचानक; सहसा; अकस्मात; एकबारगी।

यकमुश्त (फ़ा.) [वि.] 1. एक ही बार में 2. इकट्ठे 3. एक साथ।

यकरंग (फ़ा.) [वि.] एक रंग का; एक ही प्रकार का; अंदर-बाहर एक समान।

यकसर (फ़ा.) [वि.] 1. एक-सर 2. इकट्ठा 3. कुल 4. अकेला 5. बिल्कुल 6. नितांत; निपट।

यकसू (फ़ा.) [वि.] 1. जो एक तरफ़ हो; एक ओर 2. एकाग्र।

यकायक (फ़ा.) [अव्य.] एकाएक; अचानक; सहसा।

यकीन (अ.) [सं-पु.] 1. विश्वास; एतबार; भरोसा 2. धारणा; प्रतीति; सोच।

यकीनन (अ.) [अव्य.] 1. निःसंदेह; अवश्य 2. निश्चित रूप से; विश्वासपूर्वक।

यकीनी (अ.) [वि.] 1. असंदिग्ध 2. बिल्कुल निश्चित 3. अवश्यंभावी।

यकृत (सं.) [सं-पु.] 1. पेट के दाहिनी ओर की वह थैली जिसमें पाचन रस रहता है जिसकी क्रिया से भोजन पचता है; जिगर; तिल्ली; (लिवर) 2. पक्वाशय 3. तापतिल्ली नामक रोग; वर्म जिगर।

यकोला [सं-पु.] एक प्रकार का पेड़, जिसकी लकड़ी अंदर से सफ़ेद और बड़ी मजबूत होती है; मसूरी (लकड़ी)।

यक्ष (सं.) [सं-पु.] एक देवयोनि।

यक्षराज (सं.) [सं-पु.] यक्षों के राजा; कुबेर; धनाधिप।

यक्षिणी (सं.) [सं-स्त्री.] 1. यक्ष की पत्नी 2. दुर्गा की एक अनुचरी 3. कुबेर की पत्नी।

यक्ष्मा (सं.) [सं-पु.] क्षय नामक रोग; तपेदिक; (ट्यूबरक्यूलोसिस)।

यख़नी (फ़ा.) [सं-स्त्री.] 1. उबाले हुए मांस या सब्ज़ी का रसा 2. शोरबा 3. ज़रूरत के लिए जमा किया हुआ अन्न।

यगण (सं.) [सं-पु.] छंदशास्त्र द्वारा प्रतिपादित आठ गणों में से एक।

यगूर [सं-पु.] सिलहट क्षेत्र में पाया जाने वाला एक प्रकार का पेड़, जिसकी लकड़ी अंदर से काली होती है; सेसी (लकड़ी)।

यजन (सं.) [सं-पु.] 1. वेद-विधि अनुसार अनुष्ठान करना; यज्ञ करना 2. यज्ञभूमि 3. यज्ञस्थल।

यजमान (सं.) [सं-पु.] 1. यज्ञ करने वाला 2. परिवार या जाति का मुखिया 3. ब्राह्मण को भरण-पोषण के लिए अन्न आदि देने वाला।

यज़ीद (अ.) [सं-पु.] माविया का लड़का; उम्मिया ख़ानदान का दूसरा ख़लीफ़ा जिसने करबला का वह युद्ध कराया जिसमें हज़रत इमाम हुसैन शहीद हुए।

यजुर्वेद (सं.) [सं-पु.] 1. चार वेदों में से एक 2. वह वेद जिसमें यजुओं (गद्य मंत्रों) का संग्रह है।

यज्ञ (सं.) [सं-पु.] 1. हवन-पूजन युक्त एक वैदिक कृत्य; धार्मिक कृत्य 2. लोकहित के विचार से की हुई पूजा; शुभ अनुष्ठान या काम।

यज्ञकुंड (सं.) [सं-पु.] हवनकुंड; हवन करने की वेदी या कुंड।

यज्ञक्रिया (सं.) [सं-स्त्री.] कर्मकांड; यज्ञ का काम या कृत्य।

यज्ञपशु (सं.) [सं-पु.] वह पशु जिसे यज्ञ में बलि चढ़ाया जाता है।

यज्ञपात्र (सं.) [सं-पु.] हवन के लिए उपयोग में लाया जाने वाला काठ आदि का बरतन।

यज्ञभूमि (सं.) [सं-स्त्री.] 1. यज्ञ के लिए निर्दिष्ट स्थान 2. यज्ञ क्षेत्र।

यज्ञमंडप (सं.) [सं-पु.] यज्ञ के लिए बनाया गया मंडप।

यज्ञशाला (सं.) [सं-स्त्री.] 1. यज्ञभूमि 2. यज्ञ करने का स्थान।

यज्ञसूत्र (सं.) [सं-पु.] 1. जनेऊ 2. यज्ञोपवीत।

यज्ञीय (सं.) [सं-पु.] गूलर का पेड़। [वि.] 1. यज्ञ का; यज्ञ संबंधी 2. यज्ञ में होने वाला।

यज्ञेश (सं.) [सं-पु.] 1. यज्ञ के देवता 2. विष्णु; बृहस्पति।

यज्ञोपवीत (सं.) [सं-पु.] यज्ञ द्वारा संस्कार किया हुआ; जनेऊ; उपनयन; यज्ञ सूत्र।

यडर [सं-पु.] एक प्रकार का पक्षी।

यत (सं.) [वि.] 1. नियंत्रित; संयत; मर्यादित 2. जिसका दमन हुआ हो 3. नियमित 4. रोका हुआ।

यति (सं.) [सं-पु.] 1. सांसारिक प्रपंचों से दूर रहने वाला 2. संन्यासी; त्यागी 3. ब्रह्मचारी 4. विष्णु 5. ब्रह्मा का पुत्र 6. नहुष का एक पुत्र 7. विश्वामित्र का एक पुत्र 8. श्वेतांबर जैन साधु की एक श्रेणी।

यतित्व (सं.) [सं-पु.] यति होने का भाव।

यतिभंग (सं.) [सं-पु.] छंद में यति (अल्प विराम) निश्चित स्थान पर न होने का दोष।

यतिभ्रष्ट (सं.) [सं-पु।] 1. (काव्यशास्त्र) यति भंग दोष से युक्त छंद, जिसमें यति अपने उपयुक्त स्थान से कुछ आगे या पीछे पड़ी हो 2. यति अंग दोष से युक्त छंद।

यतीधर्म [सं-पु.] संन्यास।

यतीम (अ.) [सं-पु.] 1. जिसकी देखरेख करने वाला कोई न हो 2. जिसके माता पिता न हों; अनाथ।

यतीमख़ाना (फ़ा.) [सं-पु.] अनाथालय; यतीमों के रहने का स्थान।

यत्किंचित (सं.) [अव्य.] कुछ; थोड़ा सा; ज़रा सा।

यत्न (सं.) [सं-पु.] 1. प्रयास; चेष्टा; कोशिश 2. उपाय; उद्योग; युक्ति; तदबीर।

यत्नज (सं.) [वि.] यत्न से होने वाला।

यत्नशील (सं.) [वि.] 1. सचेष्ट 2. अध्यवसायी 3. आग्रही।

यत्र (सं.) [अव्य.] 1. जब 2. जहाँ 3. इस कारण से।

यत्र-तत्र [अव्य.] 1. जगह-जगह; जहाँ-तहाँ; इधर-उधर 2. अनेक स्थानों पर 3. कुछ यहाँ, कुछ वहाँ।

यत्रतत्रिक (सं.) [वि.] 1. जहाँ-तहाँ होने वाला 2. इधर-उधर होने वाला।

यथा (सं.) [अव्य.] 1. जिस प्रकार; उस तरह; जैसे 2. उदाहरण के रूप में 3. निम्न क्रम से; नीचे लिखे अनुसार 4. जिसका उल्लेख हुआ हो; उसके अनुसार।

यथांश (सं.) [सं-पु.] निश्चित किया हुआ अंश। [वि.] जिसका जितना अंश हो; (कोटा)।

यथाक्रम (सं.) [अव्य.] क्रमानुसार; क्रम से।

यथातथ्य (सं.) [वि.] 1. जैसा हो; ज्यों-का-त्यों; वैसा ही 2. ठीक उसी के अनुसार।

यथातथ्यता (सं.) [सं-स्त्री.] ज्यों का त्यों होने की अवस्था या भाव।

यथानियम (सं.) [अव्य.] नियम के अनुसार।

यथानुक्रम (सं.) [क्रि.वि.] 1. यथाक्रम 2. क्रमानुसार।

यथानुपात (सं.) [वि.] नियत अनुपात में; अनुपात के अनुसार।

यथापूर्व (सं.) [वि.] 1. ज्यों-का-त्यों; पहले का-सा 2. जैसा पहले था, वैसा ही। [अव्य.] पहले की तरह।

यथायोग्य (सं.) [अव्य.] 1. योग्यतानुसार; यथोचित 2. उपयुक्त; जैसा चाहिए वैसा।

यथार्थ (सं.) [अव्य.] 1. उचित 2. सत्य 3. जैसा होना चाहिए, ठीक वैसा।

यथार्थतः (सं.) [अव्य.] 1. यथानुरूप 2. वस्तुतः।

यथार्थवाद (सं.) [सं-पु.] 1. जो वस्तु, विचार या सिद्धांत जिस रूप में हो उसे उसी रूप में स्वीकार करना 2. वह दार्शनिक सिद्धांत या मत जिसमें यह माना जाता है कि भौतिक जगत की स्वतंत्र सत्ता या अस्तित्व है और समस्त ज्ञान भौतिक तत्वों से होता है 3. 'आदर्शवाद' का विलोम।

यथार्थवादी (सं.) [सं-पु.] 1. यथार्थवाद का अनुयायी व्यक्ति 2. यथार्थवाद में आस्था रखने वाला व्यक्ति। [वि.] 1. यथार्थवाद संबंधी 2. सत्य कहने वाला; सत्यवादी।

यथावत (सं.) [वि.] 1. बिल्कुल पूर्व के ही जैसा 2. ठीक उसी तरह का 3. जैसा था वैसा ही; ज्यों का त्यों।

यथावश्यक (सं.) [वि.] आवश्यकतानुसार; जितना आवश्यक हो उतना।

यथावसर (सं.) [अव्य.] 1. अवसर के अनुसार; जब जैसा

अवसर हो, उसी के अनुरूप 2. मौके से।

यथाविधि (सं.) [अव्य.] 1. उचित ढंग से; ठीक उसी प्रकार 2. विधि के अनुसार।

यथाशक्ति (सं.) [अव्य.] शक्ति भर; शक्ति के अनुसार।

यथाशीघ्र (सं.) [अव्य.] जितना शीघ्र संभव हो उतना शीघ्र।

यथासंख्य (सं.) [सं-पु.] (काव्यशास्त्र) यथाक्रम नामक अलंकार का दूसरा नाम।

यथासाध्य [अव्य.] 1. शक्ति या सामर्थ्य के अनुसार 2. भरसक 3. जहाँ तक संभव हो।

यथास्थिति (सं.) [सं-स्त्री.] पूर्व की स्थिति को बनाए रखने की अवस्था। [अव्य.] जैसी स्थिति हो उसी के अनुसार।

यथेच्छ (सं.) [अव्यय] 1. मनमाना 2. इच्छानुसार 3. भरसक 4. जितना चाहिए उतना; जैसा चाहिए वैसा।

यथेच्छाचार (सं.) [सं-पु.] 1. मनमाना 2. जो मन में आए वही कार्य करना।

यथेच्छित (सं.) [वि.] 1. मनचाहा 2. इच्छा के अनुसार; यथेच्छ।

यथेष्ट (सं.) [वि.] 1. जितना आवश्यक हो 2. मान या परिमाण में जितना चाहिए उतना 3. काम चलाने लायक।

यथोचित (सं.) [वि.] 1. जितना उचित हो उतना; जैसा चाहिए वैसा 2. समुचित।

यदा (सं.) [अव्य.] 1. जब; जिस समय; जिस वक्त 2. जहाँ।

यदा-कदा (सं.) [अव्य.] जब-जब; जब कभी।

यदि (सं.) [अव्य.] अगर; जो; अमुक स्थिति हो तो।

यदु (सं.) [सं-पु.] 1. राजा ययाति का पुत्र 2. एक राजवंश 3. एक प्राचीन राज्य।

यदुराज (सं.) [सं-पु.] यदुकुल के राजा; कृष्ण।

यदुवंशी (सं.) [वि.] जिसका जन्म यदुवंश में हुआ हो। [सं-पु.] कृष्ण।

यदृच्छया (सं.) [क्रि.वि.] 1. अचानक 2. इत्तिफ़ाक से 3. मनमाने ढंग से 4. दैवयोग से।

यद्यपि (सं.) [अव्य.] 1. अगर ऐसा है भी 2. यदि ऐसा है ही।

यम (सं.) [सं-पु.] 1. मृत्यु के देवता; यमराज 2. जुड़वाँ बच्चे; यमज 3. संयम 4. शनि 5. कौआ 6. विष्णु।

यम-यातना (सं.) [सं-स्त्री.] 1. मृत्यु के समय होने वाला कष्ट 2. मरने के समय यम दूतों द्वारा दी हुई पीड़ा।

यमक (सं.) [सं-पु.] 1. (साहित्य) एक प्रकार का शब्दालंकार जिसमें एक ही शब्द दो या दो से अधिक बार आता है और हर बार अलग-अलग अर्थ में आता है 2. यमज 3. सेना का व्यूह 4. संयम। [वि.] 1. जुड़वाँ 2. दोहरा।

यमकातर (सं.) [सं-पु.] 1. यम का छुरा 2. एक प्रकार की तलवार।

यमघंट (सं.) [सं-पु.] 1. कार्तिक शुक्लपक्ष की प्रतिपदा 2. (ज्योतिष) एक दुष्ट योग जिसमें शुभ कार्य वर्जित है।

यमज (सं.) [सं-पु.] 1. जुड़वाँ बच्चे 2. वह घोड़ा जिसका एक ओर का अंग हीन और दुर्बल हो 3. अश्विनीकुमार। [वि.] जुड़वाँ।

यमदूत (सं.) [सं-पु.] 1. यमराज के सेवकगण या दूत 2. कौआ।

यमधार (सं.) [सं-पु.] एक तरह की दुधारी तलवार या कटार।

यमन (सं.) [वि.] नियंत्रण करने वाला। [सं-पु.] 1. नियंत्रण करना 2. रोकना; विराम देना 3. निरोध करना 4. बंधन 5. शासन 6. यमराज 7. (संगीत) रात के प्रथम पहर में गाया जाने वाला एक राग।

यमपुर (सं.) [सं-पु.] 1. यम का स्थान 2. यमलोक।

यमपुरी (सं.) [सं-स्त्री.] 1. यम का निवास स्थान 2. यमलोक।

यमराज (सं.) [सं-पु.] मृत्यु के देवता; धर्मराज।

यमल (सं.) [सं-पु.] दो की संख्या; जोड़ा; एक साथ दो संतानों का जन्म। [वि.] युग्म; जुड़वाँ; जो जोड़े में हो।

यमलोक (सं.) [सं-पु.] 1. यम का स्थान; यमपुरी; यमनगरी 2. (मिथक) यमराज का लोक जहाँ मरने पर लोग जाते हैं 3. नरक।

यमी (सं.) [वि.] 1. संयमी 2. यम, नियम आदि अष्टांग योग का पालन करने वाला। [सं-स्त्री.] यम की बहन; यमुना।

यमुना (सं.) [सं-स्त्री.] 1. उत्तर भारत की एक प्रसिद्ध नदी 2. यम की बहन; यमी 3. दुर्गा।

ययाति (सं.) [सं-पु.] 1. सम्राट नहुष का पुत्र जिसका विवाह देवयानी से हुआ था 2. {ला-अ.} वह व्यक्ति जो शरीर से वृद्ध परंतु मन से जवान हो।

यव (सं.) [सं-पु.] 1. जौ नामक अन्न 2. जौ का पौधा 3. एक माप जो एक इंच का तिहाई होता है।

यवन (सं.) [सं-पु.] 1. तीव्र वेग 2. तीव्र गति से चलने वाला घोड़ा 2. मुसलमान 3. प्राचीन भारत में यूनान से आए समुदाय की संज्ञा; यूनानी।

यवनिका (सं.) [सं-पु.] 1. परदा 2. कनात 3. रंगमंच का परदा।

यवनी (सं.) [सं-स्त्री.] 1. यवन जाति की स्त्री 2. यूनान देश की स्त्री।

यवांकुर (सं.) [सं-पु.] जौ का अंकुर।

यविरा (सं.) [सं-स्त्री.] 1. किसी अन्न से तैयार की हुई शराब 2. जौ से तैयार की हुई शराब।

यश (सं.) [सं-पु.] 1. प्रशंसा; बड़ाई 2. कीर्ति; नाम; सुख्याति। [मु.] **-गाना** : प्रशंसा करना **-मानना** : कृतज्ञ होना; अहसान मानना।

यशपताका (सं.) [सं-स्त्री.] {ला-अ.} प्रसिद्धि; कीर्ति; ख्याति।

यशब (फ़ा.) [सं-पु.] हरे रंग का कठोर पत्थर जो हृदय संबंधी रोगों में लाभकारी होता है; संगे-यशब।

यशस्वान (सं.) [वि.] यशस्वी; कीर्तिमान।

यशस्विनी (सं.) [सं-स्त्री.] 1. गंगा 2. बन-कपास 3. महा-ज्योतिष्मती। [वि.] (नारी) जिसका यश चारों ओर फैला हो।

यशस्वी (सं.) [वि.] 1. जिसका यश चारों ओर फैला हो; कीर्तिमान 2. सुख्यात; विख्यात 3. यश युक्त।

यशैषणा (सं.) [सं-स्त्री.] यश प्राप्ति की कामना।

यशोगाथा (सं.) [सं-स्त्री.] 1. गौरवकथा; कीर्तिमान 2. गुणगान;

यश का बखान।

यशोदा (सं.) [सं-स्त्री.] नंद की पत्नी जिसने कृष्ण का लालन-पालन किया था।

यशोधर (सं.) [सं-पु.] 1. कृष्ण का एक पुत्र जो रुक्मिणी के गर्भ से उत्पन्न हुआ था 2. सावन महीने का पाँचवाँ दिन 3. जैनियों में उत्सर्पिणी के एक अर्हत का नाम। [वि.] 1. यशस्वी 2. कीर्तिमान।

यशोधरा (सं.) [सं-स्त्री.] 1. गौतम बुद्ध की पत्नी 2. सावन मास की चौथी रात।

यशोमति (सं.) [सं-स्त्री.] नंद की पत्नी जिन्होंने कृष्ण का लालन-पालन किया था।

यष्ट (सं.) [सं-पु.] 1. यज्ञ या हवन करने वाला व्यक्ति 2. बृहत स्तर पर अनुष्ठान करने वाला व्यक्ति।

यष्टि (सं.) [सं-स्त्री.] 1. छड़ी; डंडा या लाठी 2. झंडे का डंडा 3. पेड़ की टहनी; डाल; शाखा 4. बाँह 5. लता 6. मुलेठी 7. ताँत।

यष्टी (सं.) [सं-स्त्री.] 1. गले में पहनने का एक प्रकार का हार जिसमें मोती और मणि लगे हों 2. मुलेठी।

यह (सं.) [सर्व.] निकट की वस्तु का निर्देश करने वाला एक सर्वनाम जिसका प्रयोग वक्ता और श्रोता को छोड़कर सभी मनुष्यों, जीवों तथा पदार्थों आदि के लिए होता है।

यहाँ (सं.) [अव्य.] स्थानवाची अव्यय; इस स्थान पर; इस जगह।

यही [अव्य.] निश्चित रूप से यह; यह ही।

यहूद (इब.) [सं-पु.] 1. यहूदी लोग 2. एशिया महादेश के पश्चिमी भाग के जुद्दा नामक प्रदेश का पुराना नाम।

यहूदी (अ.) [सं-पु.] 1. यहूद देश का निवासी 2. इस देश की शामी जाति। [सं-स्त्री.] यहूद देश की भाषा। [वि.] यहूद देश का; यहूद देश संबंधी।

यहूयहू [सं-पु.] कबूतर की एक जाति।

या (सं.) [अव्य.] विकल्प सूचक शब्द; अथवा; वा। [सर्व.] 1. इस 2. ब्रज भाषा में विभक्ति के साथ आने वाला 'यह' का रूप। [सं-स्त्री.] 1. योनि 2. गति; चाल 3. ध्यान 4. लाभ; प्राप्ति 5. अवरोध; रुकावट 6. रथ 7. यान; गाड़ी।

यांत्रिक (सं.) [सं-पु.] 1. यंत्रविद्या का ज्ञाता 2. मशीन की मरम्मत आदि करने वाला कारीगर। [वि.] 1. यंत्रवत चलने वाला 2. यंत्र के समान एकरस काम करने वाला।

यांत्रिकता (सं.) [सं-स्त्री.] बँधा-बँधाया ढर्रा।

यांत्रिकी (सं.) [सं-स्त्री.] वह शास्त्र जिसमें विभिन्न प्रकार के यंत्र बनाने, चलाने, सुधारने आदि के उपायों का विवेचन होता है; यंत्रविज्ञान।

याचक (सं.) [सं-पु.] 1. माँगने वाला व्यक्ति; याचना करने वाला 2. भिक्षुक। [वि.] 1. प्रार्थी 2. माँगने वाला।

याचना (सं.) [सं-स्त्री.] 1. प्रार्थना 2. माँगने की क्रिया। [क्रि-स.] 1. प्रार्थना करना 2. माँगना।

याचिका (सं.) [सं-स्त्री.] 1. आवेदन पत्र; अर्ज़ी; प्रार्थना पत्र 2. वह प्रार्थना पत्र जो न्यायालय के सामने उपस्थित किया जाता है।

याचिकादाता (सं.) [वि.] आवेदन पत्र देने वाला; अर्ज़ी देने वाला; प्रार्थना पत्र देने वाला।

याचित (सं.) [वि.] 1. जिसकी याचना की गई हो 2. प्रार्थित; माँगा गया।

याची (सं.) [सं-पु.] जिसने आवेदन या याचना प्रस्तुत की हो।

याजक (सं.) [सं-पु.] 1. यज्ञ कराने वाला 2. यज्ञ-विधियों का ज्ञानी जो यज्ञ कराता हो 3. राजा का हाथी 4. मस्त हाथी।

याजकीय (सं.) [वि.] 1. यज्ञ का 2. यज्ञ संबंधी।

याजी [सं] [वि.] 1. याजक 2. यज्ञ करने वाला।

याज्ञवल्क्य (सं.) [सं-पु.] 1. एक ब्रह्मवादी ऋषि 2. राजा जनक के गुरु 3. याज्ञवल्क्य स्तुति के रचयिता 4. याज्ञवल्क्य का वंशधर।

याज्ञिक (सं.) [सं-पु.] 1. यज्ञ करने या कराने वाला 2. गुजराती ब्राह्मणों की एक जाति।

यातना (सं.) [सं-स्त्री.] 1. बहुत अधिक शारीरिक या मानसिक कष्ट 2. तकलीफ़; पीड़ा; व्यथा।

यातनाकारी (सं.) [वि.] 1. शारीरिक कष्ट देने वाला 2. मानसिक कष्ट देने वाला 3. दुख देने वाला; यातनादायी।

यातनादायी (सं.) [वि.] यातनाकारी।

यातयाम (अ.) [वि.] 1. गतावधि 2. जो पुराना हो चुका हो वर्तमान में उसका उपयोग न हो; (आउट ऑव डेट)।

याता (सं.) [सं-स्त्री.] पति के भाई की स्त्री; जेठानी; देवरानी। [वि.] 1. जाने वाला 2. हत्या करने वाला 3. रथ चलाने वाला।

यातायात (सं.) [सं-पु.] 1. आवागमन; आना-जाना; गमनागमन 2. ज्वार-भाटा।

यातायात नियम (सं.) [सं-पु.] सड़क पर आने-जाने से संबद्ध नियम।

यातु (सं.) [सं-पु.] 1. समय; काल 2. राक्षस 3. वायु; हवा 4. कष्ट; यातना 5. अस्त्र 6. हिंसा। [वि.] 1. पथिक 2. जाने वाला 3. आने वाला।

यातुधान (सं.) [सं-पु.] राक्षस; असुर; दैत्य; दानव।

यात्रा (सं.) [सं-स्त्री.] 1. एक स्थान से दूसरे स्थान पर जाने की क्रिया; सफ़र 2. प्रस्थान 3. उत्सव 4. व्यवहार 5. बंगाल में प्रचलित एक नाटक।

यात्रानुभव (सं.) [सं-पु.] किसी यात्रा या भ्रमण के दौरान होने वाला अनुभव।

यात्रापथ (सं.) [सं-स्त्री.] यात्रा राह; यात्रा मार्ग।

यात्राभत्ता [सं-पु.] आने-जाने के समय किए जाने वाले व्यय के बदले में मिलने वाला यात्रा का ख़र्च।

यात्रावाल (सं.) [सं-पु.] तीर्थयात्रियों को देवमूर्ति का दर्शन कराने तथा अपने यहाँ ठहराने वाला पंडा।

यात्रावृत्तांत (सं.) [सं-पु.] यात्रा का विवरण या वर्णन।

यात्री (सं.) [सं-पु.] 1. वह जो यात्रा कर रहा हो; यात्रा करने वाला; मुसाफ़िर 2. धार्मिक दृष्टि से तीर्थयात्रा करने वाला 3. सैर-सपाटे के लिए चला हुआ व्यक्ति।

यात्रीगण (सं.) [सं-पु.] सहयात्री; यात्रीबंधु।

यात्रीगृह (सं.) [सं-पु.] 1. यात्रियों के ठहरने का स्थान 2. पर्यटकों को ठहराने के लिए बनाया गया घर।

यात्रीविमान (सं.) [सं-पु.] यात्रियों को ले जाने वाला हवाई जहाज़।

याद (फ़ा.) [सं-स्त्री.] 1. स्मृति; स्मरण 2. स्मरण करने की क्रिया।

यादआवरी (फ़ा.) [सं-स्त्री.] 1. याद आना; याद करना; हाल-चाल जानना 2. स्मरण होना।

यादगार (फ़ा.) [सं-स्त्री.] 1. स्मृति चिह्न 2. स्मारक।

याददाश्त (फ़ा.) [सं-स्त्री.] 1. स्मरण; स्मृति 2. स्मरण शक्ति 3. स्मरण रखने के लिए लिखी हुई कोई बात।

यादव (सं.) [सं-पु.] 1. एक प्रकार का सरनेम 2. यदु का वंशज 3. कृष्ण। [वि.] यदु का; यदु संबंधी।

यादृच्छिक (सं.) [वि.] 1. आकस्मिक 2. ऐच्छिक 3. स्वतंत्र 4. अप्रत्याशित।

यादृश (सं.) [वि.] जिस तरह का; जिस प्रकार का; जैसा।

यान (सं.) [सं-पु.] 1. सवारीगाड़ी, घोड़ागाड़ी इत्यादि वाहन 2. आकाशयान; विमान 3. गति; चाल 4. आक्रमण 5. अभियान।

यानांतरण (सं.) [सं-पु.] सवारी बदलना; एक यान से दूसरे यान पर जाना।

यानी (अ.) [अव्य.] 1. अर्थात 2. मतलब यह कि।

यापन (सं.) [सं-पु.] 1. चलाना 2. व्यतीत करना; बिताना; गुज़ारना 3. निपटाना 4. छोड़ना; परित्याग करना।

यापित (सं.) [वि.] बीता हुआ समय या काल।

याब (फ़ा.) [परप्रत्य.] पाने वाला; मिलने वाला, जैसे- कामयाब, फ़तहयाब।

याबी (फ़ा.) [सं-स्त्री.] पाने की क्रिया या होने की क्रिया अवस्था या भाव; पाना।

याम (सं.) [सं-पु.] 1. समय; काल 2. तीन घंटे का काल; पहर। [वि.] यम संबंधी; यम का।

यामिक (सं.) [सं-पु.] चौकसी करने या पहरा देने वाला व्यक्ति; पहरेदार। [वि.] 1. याम या दिन से संबंध रखने वाला 2. याम संबंधी।

यामिनी (सं.) [सं-स्त्री.] 1. रात; रात्रि; निशा 2. हल्दी।

याम्योत्तर रेखा (सं.) [सं-स्त्री.] ग्रेट ब्रिटेन के ग्रीनविच नगर से प्रारंभ होकर दक्षिण से उत्तर दिशा की ओर होते हुए पृथ्वी का पूरा वृत्त बनाने वाली एक कल्पित रेखा; (मेरीडियन)।

यायावर (सं.) [सं-पु.] 1. संन्यासी 2. खानाबदोश 3. अश्वमेध का घोड़ा। [वि.] वह जो एक जगह पर स्थायी रूप से न रहता हो; सदा घूमने वाला; घुमंतू।

यायावरता (सं.) [सं-स्त्री.] 1. यायावर होने की अवस्था या भाव 2. एक जगह स्थायी रूप से न रहने की स्थिति या अवस्था।

यायावरी (सं.) [वि.] यायावर संबंधी।

यार (फ़ा.) [सं-पु.] 1. जो संकट में साथ दे; दोस्त; मित्र; सखा 2. प्रेमी; प्रेमिका; प्रिय।

यारबाज़ (फ़ा.) [वि.] यार दोस्तों के साथ अपना अधिकांश समय व्यतीत करने वाला 2. सबसे दोस्ती करने वाला। [सं-स्त्री.] दुश्चरित्रा।

यारबाश (फ़ा.) [सं-पु.] दे. यारबाज़।

यारमंद (फ़ा.) [वि.] 1. सच्चा मित्र 2. दोस्ती निभाने वाला; निष्ठापूर्वक दोस्ती का निर्वाह करने वाला।

यारमार (फ़ा.) [वि.] 1. मित्र के साथ विश्वासघात करने वाला; मित्र द्रोही; मित्र को समय पर धोखा देने वाला 2. मित्र से अनुचित लाभ उठाने वाला।

याराना (फ़ा.) [सं-पु.] 1. दोस्ती; मैत्री 2. अनुचित संबंध (स्त्री-पुरुष का)। [वि.] मित्र का-सा; मित्रता का।

यारी (फ़ा.) [सं-स्त्री.] 1. मित्रता; दोस्ती 2. स्त्री और पुरुष में सामाजिक दृष्टि से अमान्य संबंध।

यार्ड (अं.) [सं-पु.] 1. प्रांगण; बाड़ा; हाता; अहाता 2. तीन फूट का नाप।

याल (तु.) [सं-स्त्री.] 1. गरदन 2. घोड़ा, शेर आदि के गरदन पर के बाल; अयाल; केसर।

यावज्जीवन (सं.) [अव्य.] जीवन पर्यंत; आजीवन; जन्म-भर।

यावत (सं.) [क्रि.वि.] 1. जब तक 2. जहाँ तक। [वि.] 1. सब; कुल; संपूर्ण 2. जितना।

यावनी (सं.) [वि.] 1. यवन संबंधी 2. मुसलमानों का। [सं-स्त्री.] करंकशाली नामक ईख; रसाल।

यावर (फ़ा.) [वि.] 1. सहायक; मददगार; हिमायती 2. पोषक।

यावरी (फ़ा.) [सं-स्त्री.] 1. सहायता 2. सहायक होने की अवस्था या भाव।

यास[1] (सं.) [सं-पु.] प्रयास; चेष्टा।

यास[2] (अ.) [सं-स्त्री.] 1. निराशा; मायूसी; नाउम्मीदी 2. भय; अंदेशा।

याहू[1] (फ़ा.) [सं-पु.] 1. ख़ुदा को संबोधित करता हुआ शब्द 2. एक प्रकार का कबूतर।

याहू[2] (अं.) [सं-पु.] 1. इंटरनेट पर ई-मेल खाता आदि खोलने व संबंधित सेवाएँ प्रदान करने वाली कंपनी 2. इंटरनेट पर किसी विषय से संबंधित सामग्री को खोजने की सुविधा प्रदान करने वाली एक कंपनी।

यीशु [सं-पु.] ईसा मसीह।

युकेलिप्टस (अं.) [सं-पु.] एक वृक्ष जिससे औषधि बनाई जाती है; सफ़ेदा; नीलगिरि।

युक्त (सं.) [सं-पु.] 1. योग का अभ्यास कर चुका योगी 2. चार हाथ लंबी एक पुरानी नाप 3. मनु का एक पुत्र। [वि.] 1. जुड़ा या मिला हुआ; लगा हुआ 2. संयुक्त; मिश्रित; सम्मिलित 3. उचित; वाजिब; ठीक 4. मुकर्रर; नियुक्त।

युक्ताक्षर (सं.) [वि.] संयुक्त वर्ण।

युक्ति (सं.) [सं-स्त्री.] 1. उचित विचार; उपाय; उपयुक्त 2. तरकीब 3. कौशल; चातुरी 4. दलील; तर्क 5. योग; मिलन।

युक्तिकर (सं.) [वि.] विचारपूर्ण; तर्कसंगत; तर्क के अनुकूल।

युक्तिमूलक (सं.) [वि.] तर्क या युक्ति पर आधारित; तर्कसंगत; बुद्धिसंगत।

युक्तियुक्त (सं.) [वि.] 1. युक्तिसंगत; ठीक; वाजिब

2. प्रमाणित; सिद्ध 3. चतुर।

युक्तिसंगत (सं.) [वि.] 1. तर्कसंगत; तर्क के अनुकूल 2. युक्तिपूर्ण; युक्ति के अनुकूल।

युक्तिहीन (सं.) [वि.] 1. बिना तर्क का; तर्कहीन 2. जिसके पास कोई उपाय न हो, निरुपाय।

युग (सं.) [सं-पु.] 1. इतिहास का वह लंबा कालखंड जिसमें एक प्रकार की कार्य, घटनाएँ आदि होती रही हों, काल-अवधि, जैसे- प्रस्तर युग 2. समय; ज़माना; दौर 3. बारह वर्ष का काल 4. (पुराण) काल गणना के विचार से कल्प के चार उपविभागों में से प्रत्येक सत, त्रेता, द्वापर और कलि।

युगगत (सं.) [वि.] युग से संबंधित; युग का।

युगधर्म (सं.) [सं-पु.] समयानुकूल आचरण, व्यवहार।

युगनिर्माता [सं-पु.] नए युग का सूत्रपात करने वाला।

युगपत (सं.) [वि.] 1. एक ही क्षण में घटित होने वाला 2. साथ-साथ होने वाला।

युगपरिवर्तन (सं.) [सं-पु.] 1. बहुत बड़ा परिवर्तन 2. युग क्रांति; काल परिवर्तन।

युगपुरुष (सं.) [सं-पु.] 1. श्रेष्ठ पुरुष 2. युग का महान व्यक्ति।

युगप्रवाह (सं.) [सं-पु.] 1. युग धारा 2. युग विशेष में चलने वाली विचार धारा।

युगबोध (सं.) [सं-पु.] किसी युग की स्थिति, महत्व और आवश्यकता आदि की जानकारी।

युगल (सं.) [सं-पु.] 1. जोड़ा; युग्म 2. एक साथ एक ही गर्भ से उत्पन्न दो जीव।

युगविधायी (सं.) [वि.] 1. युग का निर्माता 2. युग का सूत्रपात करने वाला।

युगवीर (सं.) [सं-पु.] 1. युग विशेष का प्रसिद्ध योद्धा 2. सभी को किसी ओर प्रेरित कर चलाने वाला व्यक्ति 3. युग निर्माता।

युगसम्मत (सं.) [वि.] युग के अनुसार चलने वाला।

युगांत (सं.) [सं-पु.] 1. युग की समाप्ति; युग का अंत; युग का अंतिम समय 2. प्रलय।

युगांतर (सं.) [सं-पु.] 1. वर्तमान युग के उपरांत आने वाला दूसरा काल या समय 2. दूसरा ज़माना या युग।

युगांतरकारी (सं.) [वि.] युग समाप्त करने वाला; युग की समाप्ति का संकेत।

युगादि (सं.) [सं-पु.] युग का आरंभ; सृष्टि का प्रारंभ। [वि.] 1. बहुत पुराना 2. युग के आरंभिक समय का।

युगानुकूल (सं.) [वि.] 1. युग के अनुकूल; समय के अनुसार 2. प्रासंगिक।

युगानुरूप (सं.) [वि.] 1. युग के अनुरूप; युग के अनुकूल 2. प्रासंगिक।

युगारंभ (सं.) [सं-पु.] युग का आरंभ; युगादि।

युग्म (सं.) [सं-पु.] 1. जोड़ा; युग; एक ही तरह की दो चीज़ें 2. युगलक 3. दो व्यक्ति, वस्तु आदि जो एक-दूसरे के सहयोगी या संबद्ध हों 4. द्वंद्व 5. नर और मादा का जोड़ा।

युग्मक (सं.) [सं-पु.] युग्म।

युग्मज (सं.) [सं-पु.] एक साथ एक ही गर्भ से उत्पन्न दो जीव; जुड़वाँ; यमल; यमज। [वि.] जोड़े के रूप में उत्पन्न।

युग्मन (सं.) [सं-पु.] 1. दो चीज़ को आपस में जोड़ने या बाँधने की क्रिया 2. युग्म बनाने की क्रिया।

युग्मपत्र (सं.) [सं-पु.] 1. कचनार का वृक्ष 2. भोजपत्र का वृक्ष 3. छितवन 4. युग्मपर्ण।

युत (सं.) [सं-पु.] चार हाथ की माप। [वि.] मिला या मिलाया हुआ; युक्त; सहित।

युति (सं.) [सं-स्त्री.] 1. मिलना; मिलाप; सटना 2. योग।

युद्ध (सं.) [सं-पु.] संग्राम; रण; लड़ाई।

युद्धक (सं.) [सं-पु.] योद्धा; युद्ध करने वाला व्यक्ति। [वि.] युद्ध का; युद्ध संबंधी।

युद्धकविमान (सं.) [सं-पु.] युद्ध या लड़ाई आदि में प्रयोग में लाया जाने वाला वायुयान; लड़ाकू विमान।

युद्धकाल (सं.) [सं-पु.] युद्ध का समय।

युद्धकालीन (सं.) [वि.] युद्ध काल का।

युद्धपोत (सं.) [सं-पु.] युद्ध में काम आने वाला जहाज़; रणपोत।

युद्धप्रवृत्त (सं.) [वि.] 1. युद्ध में लगा रहने वाला 2. युद्धरत।

युद्धबंदी (सं.) [सं-स्त्री.] 1. युद्ध का बंद होना 2. लड़ाई समाप्त होना। [सं-पु.] वह सैनिक जिसे युद्ध में जीतकर बंदी बना लिया गया हो।

युद्धभूमि (सं.) [सं-स्त्री.] रणक्षेत्र; युद्ध का मैदान; युद्धक्षेत्र; युद्धस्थल।

युद्धमान (सं.) [वि.] 1. जो प्राय: युद्ध के लिए तत्पर रहता हो 2. युद्ध में लगा रहने वाला 3. युद्ध करने वाला।

युद्धयान (सं.) [सं-पु.] युद्धकविमान।

युद्धरत (सं.) [वि.] जो युद्ध में लगा हुआ हो।

युद्धविराम (सं.) [सं-पु.] 1. युद्ध रोकना; लड़ाई रोकना 2. युद्ध को कुछ समय के लिए रोकना।

युद्धसामग्री (सं.) [सं-स्त्री.] 1. युद्ध का सामान 2. लड़ाई में प्रयोग होने वाली वस्तु या सामान।

युद्धस्तर (सं.) [सं-पु.] 1. कार्य का युद्ध के समान तीव्र गति से किया जाना 2. कार्य का बिना किसी विलंब से किया जाना।

युद्धस्थल (सं.) [सं-पु.] युद्धभूमि; युद्धक्षेत्र; लड़ाई का मैदान; रणक्षेत्र।

युद्धोन्माद (सं.) [सं-पु.] 1. युद्ध के लिए पागल होना 2. युद्ध के लिए उतावलापन।

युद्धोपरांत (सं.) [क्रि.वि.] 1. लड़ाई समाप्त होने के बाद 2. युद्ध के बाद।

युधिष्ठिर (सं.) [सं-पु.] (महाभारत) राजा पांडु के कुंती से उत्पन्न सबसे बड़े पुत्र; धर्मपुत्र; धर्मराज।

युनाइटेड (अं.) [वि.] 1. संघटित; इकट्ठा 2. शामिल 3. युक्त; जुड़ा हुआ; मिला हुआ।

युयुत्सा (सं.) [सं-स्त्री.] 1. युद्ध करने की इच्छा 2. दुश्मनी; शत्रुता 4. विरोध 5. लड़ने की अभिलाषा।

युयुत्सु (सं.) [सं-पु.] धृतराष्ट्र का एक पुत्र। [वि.] जो लड़ने या युद्ध करने की अभिलाषा रखता हो।

युवक (सं.) [सं-पु.] 1. जवान; नौजवान 2. वह अवस्था जब

आदमी की आयु अठारह वर्ष से तीस वर्ष के बीच होती है 3. तरुण।

युवजन (सं.) [सं-पु.] युवा पुरुष या स्त्री का वर्ग, समूह अथवा समाज; (यूथ)।

युवती (सं.) [सं-स्त्री.] 1. जवान स्त्री 2. हल्दी 3. सोनजुही 4. प्रियंगुलता।

युवराज (सं.) [सं-पु.] राजा का सबसे बड़ा पुत्र जो अपने पिता के राज्य का वास्तविक उत्तराधिकारी होता है।

युवराज्ञी (सं.) [सं-स्त्री.] युवराज की पत्नी।

युवा (सं.) [वि.] युवक; जवान।

युवाकेंद्र (सं.) [सं-पु.] वह केंद्र या स्थल जहाँ नवयुवक समूह मनोरंजन या विचार विमर्श आदि के लिए एकत्रित होते हैं।

युवावस्था (सं.) [सं-स्त्री.] जवानी; यौवन; तरुण अवस्था।

यूज़फ़ुल (अं.) [वि.] उपयोगी।

यूथ (सं.) [सं-पु.] 1. समुदाय 2. सजातीय जीवों का समूह 3. सेना; फ़ौज।

यूथप (सं.) [सं-पु.] 1. समूह का प्रधान या सरदार 2. सेनापति।

यूथपति (सं.) [सं-पु.] 1. दल का नेता 2. सेनानायक; सेनापति।

यूनान (अ.) [सं-पु.] ग्रीस; यूरोप महाद्वीप में स्थित एक देश है।

यूनानी (अ.) [सं-पु.] यूनान का निवासी। [सं-स्त्री.] 1. यूनान की भाषा 2. यूनान की प्रसिद्ध चिकित्सा प्रणाली; हकीमी। [वि.] यूनान संबंधी; यूनान देश का।

यूनिक्स (अं.) [सं-स्त्री.] एक कंप्यूटर ऑपरेटिंग सिस्टम है; कमांड लाइन सिस्टम।

यूनिट (अं.) [सं-पु.] 1. एक अकेली वस्तु या अकेला व्यक्ति जो अपने में पूर्ण हो या अपने समूह की समस्त विशेषताओं से युक्त हो 2. इकाई; मात्रक 3. श्रेणी 4. तौल या नाप का स्थिर परिमाण 5. पृथक भाग 6. एकांश।

यूनियन (अं.) [सं-स्त्री.] सभा; संघ।

यूनिवर्सिटी (अं.) [सं-स्त्री.] वह संस्था जिसमें विभिन्न विषयों का अध्ययन-अनुसंधान किया जाता है और परीक्षा लेकर उपाधि दी जाती है; विश्वविद्यालय; विद्यापीठ।

यूनीकोड (अं.) [सं-पु.] (कंप्यूटर विज्ञान और प्रोद्योगिकी) अँग्रेज़ी के दो शब्दों, यूनीवर्सल (जागतिक) एवं कोड (कूट संख्या) से गठित एक नया शब्द। कंप्यूटर प्रोग्राम के अंतर्गत यह प्रत्येक वर्ण के लिए एक विशेष अंक प्रदान करता है, चाहे कोई भी प्लेटफ़ॉर्म हो, चाहे कोई भी प्रोग्राम हो, चाहे कोई भी भाषा हो। इसे व्यापक रूप से विश्वव्यापी सूचना आदान-प्रदान के मानक के रूप में स्वीकार किया जा चुका है। विशेष-(तकनीकी परिचय) यह 16 बिट (2 बाइट) का कोड है। इसे ही यूनीकोड मानक माना गया है। यूनीकोड 16 बिट एनकोडिंग का प्रयोग करता है जोकि 65536 कोड-प्वाइंट (वर्ण) उपलब्ध कराता है। 16 बिट यूनीकोड में 65536 वर्णों की उपलब्धता होने के कारण यह कोड विश्व की लगभग सभी लेखनीबद्ध भाषाओं के लिए सभी वर्णों को एनकोड करने की क्षमता रखता है।

यूनीफ़ॉर्म (अं.) [सं-पु.] 1. एकरूप; एकसमान 2. एक रंग का पहनावा; वरदी; पोशाक; गणवेश। [वि.] सभी स्थान या समय में एक समान रहने वाला; अपरिवर्तनशील; अविकारी।

यूप (सं.) [सं-पु.] 1. यज्ञ का वह खंभा जिसमें बलि चढ़ाया जाने वाला पशु बाँधा जाता है 2. वह स्तंभ जो किसी विजय की स्मृति में बनाया जाता है।

यूरेनियम (अं.) [सं-पु.] चमकदार श्वेत रंग की भारी धातु जिसका प्रयोग परमाणविक शक्ति के उत्पादन में किया जाता है।

यूरो (अं.) [सं-पु.] यूरोपीय संघ के सत्ताईस में से सोलह राष्ट्रों की आधिकारिक मुद्रा।

ये [सर्व.] यह सब; सर्वनाम 'यह' का बहुवचन। [वि.] दो या दो से अधिक समीपस्थ वस्तुओं, व्यक्तियों आदि का बोध कराने के लिए प्रयुक्त होने वाला विशेषण।

येन-केन-प्रकारेण (सं.) [क्रि.वि.] 1. किसी न किसी प्रकार से 2. जैसे भी हो 3. जैसे-तैसे।

येलो जर्नलिज़्म (अं.) [सं-पु.] सनसनीखेज खबरों और व्यक्ति परक चरित्र हनन जैसे समाचारों को अधिक महत्व देने की प्रवृत्ति।

यों [अव्य.] 1. इस तरह से; इस प्रकार; इस भाँति से 2. साधारण अवस्था या रूप में।

यों-ही [अव्य.] 1. इसी रूप में; इसी तरह से; इसी ढंग से या इसी प्रकार से; इसी भाँति से 2. सामान्य रूप से 3. बेमतलब; व्यर्थ; निरर्थक 4. बिना प्रयोजन के।

योग (सं.) [सं-पु.] 1. एकाधिक पदार्थों का आपस में मिलना या मिलाना; जोड़ 2. सहायता 3. शुभघड़ी 4. ध्यान 5. तपस्या।

योग-वियोग (सं.) [सं-पु.] 1. मिलना-बिछुड़ना 2. संयोग-विप्रलंभ।

योगक्षेम (सं.) [सं-पु.] 1. वस्तु की प्राप्ति या लाभ और उसकी रक्षा करना 2. कुशल-मंगल 3. शांति और सुव्यवस्था।

योगदर्शन (सं.) [सं-पु.] महर्षि पतंजलि कृत 'योगसूत्र' नामक प्रसिद्ध दर्शन ग्रंथ।

योगदान (सं.) [सं-पु.] 1. सहयोग करना; हाथ बँटाना 2. योगदीक्षा।

योगफल (सं.) [सं-पु.] दो या अधिक संख्याओं का जोड़; (टोटल)।

योगयति (सं.) [सं-पु.] 1. योगी 2. संन्यासी।

योगरूढ़ (सं.) [सं-पु.] (व्याकरण) वह यौगिक शब्द जो किसी विशेष अर्थ में रूढ़ हो गया हो।

योगशास्त्र (सं.) [सं-पु.] योगविद्या; योग दर्शन।

योगात्मक (सं.) [वि.] जोड़ने वाला।

योगाभ्यास (सं.) [सं-पु.] 1. योग शास्त्र के अनुसार योग साधन; योगसाधना 2. योग के आठ अंगों का यथाविधि अभ्यास।

योगाभ्यासी (सं.) [सं-पु.] योग का अभ्यास करने वाला योगी।

योगासन (सं.) [सं-पु.] योगनिर्दिष्ट बैठने का ढंग या मुद्राएँ।

योगिनी (सं.) [सं-स्त्री.] 1. योग की साधना करने वाली स्त्री; योगाभ्यासिनी; तपस्विनी 2. रणपिशाचिनी 3. (पुराण) चौंसठ

देवियाँ 4. (पुराण) दुर्गा की सखी 5. (पुराण) एक विशिष्ट प्रकार की देवियाँ जिनकी संख्या आठ कही गई है।

योगिराज (सं.) [सं-पु.] 1. योगींद्र; बहुत बड़ा योगी; सर्वश्रेष्ठ योगी 2. कृष्ण।

योगी (सं.) [सं-पु.] 1. सुख-दुख आदि को समान भाव से ग्रहण करने वाला; आत्मज्ञानी 2. सिद्ध पुरुष; योगसिद्ध 3. महादेव 4. नारंगी। [वि.] संबंधयुक्त; जुड़ा हुआ; संयोगी।

योगींद्र (सं.) [सं-पु.] बहुत बड़ा योगी; सर्वश्रेष्ठ योगी।

योगीश्वर (सं.) [सं-पु.] 1. योगियों में श्रेष्ठ; महान योगी 2. याज्ञवल्क्य का एक नाम 3. शिव।

योगेश्वर (सं.) [सं-पु.] 1. सिद्ध; योगीश्वर 2. महादेव; शिव 3. कृष्ण 4. एक प्राचीन तीर्थ।

योग्य (सं.) [वि.] 1. लायक; काबिल; पात्र 2. अधिकारी 3. श्रेष्ठ; शीलवान 4. उचित; मुनासिब; ठीक।

योग्यता (सं.) [सं-स्त्री.] 1. गुण 2. क्षमता; औकात 3. बुद्धिमानी 4. प्रतिष्ठा 5. शिक्षा 6. शब्दार्थ संबंध की संभावनीयता 7. पात्रता।

योग्या (सं.) [सं-स्त्री.] 1. स्त्री; युवती 2. (पुराण) सूर्य की स्त्री।

योजक (सं.) [वि.] 1. जोड़ने वाला; मिलाने वाला 2. संयोजक 3. संयुक्त करने वाला।

योजन (सं.) [सं-पु.] 1. दूरी का एक नाप 2. एकत्रीकरण 3. योग; मिलान 4. परमात्मा।

योजनगंधा (सं.) [सं-स्त्री.] 1. (पुराण) वेदव्यास की माता और शांतनु की पत्नी सत्यवती का एक नाम 2. कस्तूरी।

योजना (सं.) [सं-स्त्री.] 1. भावी कार्यों की व्यवस्था 2. बनावट; रचना 3. संयोजन।

योजना आयोग (सं.) [सं-पु.] भारत सरकार की एक संस्था जो देश के विकास के लिए योजना बनाती है; (प्लैनिंग कमीशन)।

योजनाकार (सं.) [सं-पु.] योजना बनाने वाला व्यक्ति; योजनाओं का निर्माण करने वाला व्यक्ति।

योजनाबद्ध (सं.) [वि.] योजना के अनुसार चलने वाला।

योजनीय (सं.) [वि.] 1. जो मिलाने के योग्य हो 2. किसी कार्य में लगाए जाने लायक 3. योजन, संयोग करने योग्य।

योज्य (सं.) [सं-पु.] वे संख्याएँ जिसका योग किया जाए। [वि.] 1. जोड़े जाने योग्य; जोड़ने योग्य; मिलाए जाने योग्य 2. व्यवहार योग्य।

योद्धा (सं.) [सं-पु.] युद्ध करने वाला सिपाही या सैनिक। [वि.] जो युद्ध करता हो; युद्धकर्ता।

योनि (सं.) [सं-स्त्री.] 1. स्त्रियों की जननेंद्रिय 2. उत्पत्तिस्थान 3. देह; शरीर 4. (मान्यता) सृष्टि के चौरासी लाख जीव-जाति के प्रकार।

योनिज (सं.) [सं-पु.] योनि से उत्पन्न जीव। [वि.] जिसने योनि से जन्म लिया हो।

योनिद्वार (सं.) [सं-स्त्री.] यह मूत्रद्वार एवं मल द्वार के बीच स्थित होता है; माहवारी आने का मार्ग।

योनिशुचिता (सं.) [सं-स्त्री.] परंपरानुसार स्त्री की वह स्थिति जब तक उसका किसी पुरुष से शारीरिक संबंध न हुआ हो।

योषा (सं.) [सं-स्त्री.] स्त्री; औरत।

यौक्तिक (सं.) [वि.] 1. युक्तिसंगत; युक्तियुक्त; ठीक 2. विनोद; क्रीड़ा 3. नर्मसखा।

यौगिक (सं.) [सं-पु.] (व्याकरण) दो शब्दों के योग से बना हुआ पद; प्रकृति और प्रत्यय से बना हुआ शब्द। [वि.] 1. किसी के साथ मिला, लगा, सटा हुआ 2. योग संबंधी।

यौतक (सं.) [सं-पु.] यौतुक; दहेज।

यौतुक (सं.) [सं-पु.] दहेज; यौतक।

यौधेय (सं.) [सं-पु.] 1. योद्धा 2. हरियाणा एवं उसके समीपवर्ती क्षेत्रों में स्थित एक प्राचीन योद्धा जाति 3. उक्त जाति के रहने का प्रदेश।

यौन (सं.) [वि.] 1. योनि संबंधी 2. पुरुष और स्त्रियों की जननेंद्रियों से संबंध रखने वाला।

यौनकुंठा (सं.) [सं-स्त्री.] यौन संबंधों को लेकर होने वाली कुंठा।

यौनता (सं.) [सं-स्त्री.] 1. यौनभाव 2. नर और मादा के स्वतंत्र अस्तित्व की धारणा या भाव; लिंगिता।

यौनविकृति (सं.) [सं-स्त्री.] काम, वासना की तृप्ति के लिए उत्पन्न होने वाली वह विकृत स्थिति जो स्वाभाविक संभोग से भिन्न और उसके विपरीत हो।

यौनशोषण (सं.) [सं-पु.] 1. यौन उत्पीड़न 2. स्त्री या पुरुष के साथ किया जाने वाला यौन संबंधी दुर्व्यवहार।

यौनिक (सं.) [वि.] यौन का; यौन संबंधी।

यौम किपुर [सं-पु.] यहूदियों का पर्व।

यौवत (सं.) [सं-पु.] 1. स्त्रियों का समूह 2. लास्य नृत्य का एक भेद।

यौवन (सं.) [सं-पु.] किशोरावस्था के बाद की अवस्था जिसकी स्थिति सोलह से पैंतालीस वर्ष तक मानी जाती है; युवावस्था; जवानी।

यौवनारंभ (सं.) [सं-पु.] यौवन या युवावस्था का आगमन; जवानी; किशोरावस्था के ठीक बाद की अवस्था।

यौवराज्याभिषेक (सं.) [सं-पु.] वह उत्सव जो राजा के उत्तराधिकारी को युवराज बनाए जाने के समय होता है।

र

र हिंदी वर्णमाला का व्यंजन वर्ण। उच्चारण की दृष्टि से यह वत्स्र्य, सघोष, अल्पप्राण लुंठित है।

रँगना (सं.) [क्रि-स.] 1. रँग देना; रंग से युक्त करना 2. प्रभावित करना 3. अनुकूल बनाना 4. {ला-अ.} अनुरक्त करना; प्रेम में लिप्त करना या फँसाना। [क्रि-अ.] 1. रंग से युक्त होना 2. {ला-अ.} आसक्त होना; प्रेम में लिप्त होना। [मु.] **रँगे हाथ या रँगे हाथों पकड़े जाना** : कोई अपराध करते हुए प्रमाण सहित पकड़े जाना।

रँगवा [सं-पु.] चौपायों में होने वाला एक रोग।

रँगा [वि.] जो रंग से युक्त हो; रंगीन।

रँगाई [सं-स्त्री.] 1. रँगने का काम या पेशा 2. रँगने की मज़दूरी।

रँगावट [सं-स्त्री.] 1. रँगे हुए होने का भाव 2. रँगाई।

रँगीला [वि.] 1. सुंदर; आकर्षक 2. प्रेमी; मौजी 3. हँसमुख, रसिक तथा मज़ाकिया।

रँड़ापा [सं-पु.] विधवा होने की दशा या भाव; विधवापन; वैधव्य।

रँडुआ [सं-पु.] वह पुरुष जिसकी स्त्री मर गई हो; विधुर।

रँदना [क्रि-स.] 1. रंदा चलाना; रंदा फेरना 2. रंदे से छीलकर सतह को चिकना करना 3. छीलना; तराशना।

रँधैन [सं-पु.] राँधी (पकाई) जाने वाली वस्तु।

रँभाना (सं.) [क्रि-अ.] गाय द्वारा ध्वनि या आवाज़ निकालना; गाय का बोलना या ओंकना।

रँहचटा [सं-पु.] लालच; लोभ।

रंक (सं.) [वि.] 1. गरीब; निर्धन 2. कृपण; कंजूस।

रंग (सं.) [सं-पु.] 1. वर्ण, जैसे- नीला, पीला, लाल आदि 2. सोहागा; राँगा धातु 3. क्रीड़ागार; नाट्यस्थान। [मु.] **-उड़ना** : भय या लज्जा से चेहरे का तेज कम हो जाना। **-चढ़ना** : असर होना; प्रभावित होना। **-निखरना** : चेहरा साफ़ होना, चमकदार होना। **-लाना** : प्रभाव दिखाना। **-चूना या टपकना** : यौवन उमड़ना; भरी पूरी जवानी में होना। **-जमना** : प्रभाव होना; ख़ूब आनंद आना। **-जमाना** : प्रभाव डालना। **-में भंग पड़ना** : आनंद में बाधा या रुकावट होना। **-रचाना** : उत्सव मनाना।

रंग-ढंग [सं-पु.] 1. स्थिति; दशा; हाल 2. व्यवहार; तौर-तरीका; लक्षण; चिह्न।

रंग-बिरंगा (सं.) [वि.] 1. अनेक रंगों का; तरह-तरह के रंग का; अनेक रंगों का जाल 2. चित्रित 3. {ला-अ.} अनेक प्रकार का।

रंग-रस (सं.) [सं-पु.] आमोद-प्रमोद।

रंग-रसिया [सं-पु.] 1. विलासी पुरुष 2. मौजी और भोग-विलास का प्रेमी व्यक्ति।

रंग-रूप (सं.) [सं-पु.] सूरत; शक्ल।

रंगकर्मी (सं.) [सं-पु.] 1. रंगमंच से जुड़ा व्यक्ति 2. नाटक करने वाला व्यक्ति।

रंगक्षेत्र (सं.) [सं-पु.] 1. रंगस्थल; नाटक या अभिनय करने का स्थान 2. रंगभूमि 3. उत्सव या खेल-तमाशे का स्थान 4. नाट्यशाला 5. युद्धक्षेत्र।

रंगत (सं.) [सं-स्त्री.] 1. रंग से युक्त होने की अवस्था या भाव; रंग 2. मज़ा; आनंद 3. दशा; हालत 4. अर्थछटा।

रंगदार (हिं.+फ़ा.) [सं-पु.] वह व्यक्ति जो ज़बरदस्ती धन वसूलता हो; रंगदारी वसूलने वाला व्यक्ति। [वि.] रँगा हुआ; रंजित।

रंगदारी (हिं.+फ़ा.) [सं-स्त्री.] 1. रंगदार का कार्य 2. गुंडों द्वारा लिया जाने वाला पैसा 3. भयभीत करने या डराने की क्रिया।

रंगन [सं-पु.] एक प्रकार का मझौला वृक्ष जो बंगाल, मध्यप्रदेश और तमिलनाडु में पाया जाता है; कोटागंधल वृक्ष।

रंगना (सं.) [क्रि-स.] दे. रँगना।

रंगबाज़ (हिं.+फ़ा.) [वि.] 1. अपना प्रभाव दिखाने वाला 2. आनंद या मौज-मस्ती करने वाला 3. दूसरों पर आतंक जमाने वाला 4. रंगदारी वसूल करने वाला।

रंगबाज़ी (हिं.+फ़ा.) [सं-स्त्री.] 1. रंगबाज़ होने की अवस्था, क्रिया या भाव 2. ताश और चौसर का एक प्रकार का खेल 3. अपना रंग या प्रभाव जमाने की क्रिया।

रंगभवन (सं.) [सं-पु.] विलास-विहार का स्थान; रंगमहल; आमोद-प्रमोद का स्थान।

रंगभूमि (सं.) [सं-स्त्री.] 1. रणक्षेत्र; युद्ध का मैदान 2. खेल, तमाशे या उत्सव का स्थान 3. नाट्यशाला।

रंगमंच (सं.) [सं-पु.] 1. नाटक खेले जाने का स्थान; नाट्यशाला; (स्टेज) 2. {ला-अ.} कोई ऐसा स्थान जिसे आधार बनाकर कोई काम किया जाए।

रंगमंडप (सं.) [सं-पु.] 1. नाट्यशाला 2. रंगभूमि।

रंगमल्ली (सं.) [सं-स्त्री.] वीणा।

रंगमहल (फ़ा+अ.) [सं-पु.] 1. भोग-विलास का स्थान; ऐशभवन 2. अंतःपुर।

रंगरूट (अं.) [सं-पु.] 1. पुलिस सेना आदि में भर्ती हुआ नया व्यक्ति; सिपाही; (रिक्रूट) 2. नौसिखिया।

रंगरेज़ (फ़ा.) [सं-पु.] कपड़ा रँगने का काम या व्यवसाय करने

वाला व्यक्ति।

रंगरेज़ी (फ़ा.) [सं-स्त्री.] 1. कपड़ा रँगने का काम 2. कपड़ा रँगना।

रंगरेली [सं-स्त्री.] 1. आनंद प्राप्ति के लिए की जाने वाली क्रिया 2. आमोद-प्रमोद।

रंगसाज़ (फ़ा.) [वि.] 1. जो चीज़ों पर रंग चढ़ाता हो; रंग चढ़ाने वाला 2. रंग बनाने वाला।

रंगस्थल (सं.) [सं-पु.] 1. रंगशाला 2. आमोद-प्रमोद का स्थान।

रंगहीन (सं.) [वि.] जिसका कोई रंग न हो; बेरंगा।

रंगारंग (फ़ा.) [वि.] 1. रंगबिरंगा; तरह-तरह के रंगोंवाला; अनेक रंगों का 2. {ला-अ.} विविधतापूर्ण।

रंगी (सं.) [सं-स्त्री.] 1. कैवर्तिकी लता 2. शतमूली। [वि.] 1. रंगीन 2. मनमौजी।

रंगीत ठप्पी [सं-स्त्री.] 1. थलकारी का एक रंग 2. थलकारी छपाई में प्रयुक्त विभिन्न रंगों का सूचक।

रंगीन (फ़ा.) [वि.] 1. रंग से भरा हुआ 2. {ला-अ.} रसिक; आमोदप्रिय; विलासी 3. {ला-अ.} मनोरंजक; मज़ेदार।

रंगीनी (फ़ा.) [सं-स्त्री.] 1. रंगीन होने की अवस्था या भाव; रँगीलापन 2. सुखद और सुंदर परिस्थिति 3. श्रृंगार; सजाव 4. सौंदर्यछटा।

रंगीरेटा [सं-पु.] एक प्रकार का जंगली वृक्ष, जो दार्जिलिंग में अधिकता से होता है।

रंगोली (सं.) [सं-स्त्री.] साँझी का एक रूप जो महाराष्ट्र में प्रचलित है; रंग के चूर्ण से बनाए गए चित्र आदि; त्योहारों और उत्सवों पर रंगीन चूर्ण से बनाए गए चित्र (अल्पना)।

रंच (सं.) [वि.] थोड़ा; अल्प; किंचित।

रंचक (सं.) [वि.] अल्प; थोड़ा; किंचित; तनिक।

रंची [सं-स्त्री.] सरसों की एक किस्म।

रंज (फ़ा.) [सं-पु.] 1. दुख; कष्ट 2. शोक 3. मनमुटाव।

रंजक (सं.) [सं-पु.] 1. रंगसाज़ 2. रंगरेज़ 3. ईंगुर 4. मेहँदी 5. भिलावा; अनल; अनलमुख। [सं-स्त्री.] 1. बंदूक, तोप की बारूद रखने की प्याली 2. उत्तेजक बात। [वि.] 1. रँगने वाला 2. सदा प्रसन्न रहने वाला 3. मनोरंजक; हर्षकारक।

रंजन (सं.) [सं-पु.] 1. रँगने की क्रिया 2. वे पदार्थ जिनसे रंग बनते हैं 3. चित्त प्रसन्न करने की क्रिया; मन प्रसन्न करना 4. शरीर का पित्त 5. जायफल 6. लाल चंदन 7. मूँज 8. सोना। [वि.] रंजक।

रंजना (सं.) [क्रि-स.] 1. रंजन करना 2. मन या चित्त प्रसन्न करना।

रंजनीय (सं.) [वि.] 1. रँगे जाने योग्य 2. जिसका चित्त प्रसन्न किया जा सकता हो 3. हर्ष या आनंद देने वाला।

रंजा [सं-स्त्री.] एक प्रकार की मछली।

रंजित (सं.) [वि.] 1. रँगा हुआ 2. आनंदित; प्रसन्न 3. अनुरक्त।

रंजिश (फ़ा.) [सं-स्त्री.] 1. शत्रुता; वैर; वैमनस्य 2. नाराज़गी।

रंजीदगी (फ़ा.) [सं-स्त्री.] 1. नाराज़गी 2. वैमनस्य; अनबन।

रंजीदा (फ़ा.) [वि.] 1. नाराज़ 2. दुखी; जिसे रंज हो।

रंडी [सं-स्त्री.] 1. वेश्या; धन लेकर देह व्यापार करने वाली स्त्री 2. एक प्रकार की गाली।

रंडीबाज़ [सं-पु.] वेश्यागामी पुरुष; वेश्याओं के यहाँ आने जाने वाला व्यक्ति।

रंदा (सं.) [सं-पु.] बढ़इयों का एक औज़ार जिससे लकड़ी की सतह समतल और चिकनी की जाती है।

रंधन (सं.) [सं-पु.] 1. भोजन या रसोई बनाना 2. नष्ट या बरबाद करना।

रंधना (सं.) [क्रि-अ.] 1. भोजन पकना 2. राँधा जाना।

रंध्र (सं.) [सं-पु.] छेद; सूराख़। [सं-स्त्री.] 1. भग; योनि 2. दोष; छिद्र।

रंबा [सं-पु.] 1. रंभा 2. जुलाहों का लोहे का एक औज़ार 3. लंबे छेद व बड़े सुराख करने के लिए प्रयुक्त औज़ार; रंब।

रंभ (सं.) [सं-पु.] 1. बहुत ज़ोर की ध्वनि 2. एक प्रकार का तीर 3. बाँस।

रंभण (सं.) [सं-पु.] 1. आलिंगन 2. रँभाना।

रंभा (सं.) [सं-स्त्री.] 1. एक प्रसिद्ध अप्सरा 2. केला 3. पार्वती; गौरी 4. उत्तर दिशा 5. वेश्या।

रइबारी [सं-पु.] एक घुमक्कड़ जाति, जो ढोरों (चौपाया/मवेशी आदि) को चराने और रखने का काम करती है।

रई (सं.) [सं-स्त्री.] दही मथने की लकड़ी की मथानी। [वि.] 1. अनुरक्त 2. डूबी हुई 3. युक्त; सहित।

रईयत (अ.) [सं-स्त्री.] दे. रय्यत।

रईस (अ.) [सं-पु.] 1. जिसके पास रियासत हो; ताल्लुकेदार 2. धनी; अमीर; बड़ा आदमी।

रईसज़ादा (अ.+फ़ा.) [सं-पु.] 1. संपन्न और प्रतिष्ठित व्यक्ति का पुत्र 2. धनिक पुत्र 3. {व्यं-अ.} बिगड़ा हुआ लड़का या युवक।

रईसी (अ.) [सं-स्त्री.] 1. अमीर या धनी होने की अवस्था या भाव 2. धन-संपन्नता; अमीरी। [वि.] रईसों जैसा।

रउस 1. भेड़; रविस; रौसें 2. रंग-ढंग।

रकतार [सं-पु.] 1. खून-सा रंग 2. खूनी (लाल) रंग।

रकबा (अ.) [सं-पु.] 1. भूमि आदि का क्षेत्रफल 2. लंबाई और चौड़ाई का गुणनफल 3. अहाता; घिरी हुई ज़मीन; घेरा।

रकबाहा (अ.) [सं-पु.] घोड़ों की एक प्रजाति।

रकम (अ.) [सं-स्त्री.] 1. धन; संपत्ति; दौलत 2. मूल्यवान वस्तु; गहना; ज़ेवर 3. प्रकार 4. मालगुज़ारी या लगान की दर।

रकमवार (अ.+फ़ा.) [सं-पु.] 1. ब्योरेवार 2. विवरण युक्त।

रकमी (अ.) [वि.] 1. लिखित; लिखा हुआ 2. रकम संबंधी; रकम का 3. निशान किया हुआ।

रकसा [सं-पु.] 1. चीना का एक भेद 2. लाल रंग का ज्वार।

रकाब (अ.) [सं-स्त्री.] 1. घोड़ों की काठी का पावदान जिससे बैठने में सहारा लिया जाता हैं 2. बड़ी रकाबी 3. बादशाहों की सवारी का घोड़ा 4. एक प्रकार का प्याला।

रकाबत (अ.) [सं-स्त्री.] 1. रकीब होने का भाव या प्रतिद्वंद्वी होने का भाव 2. प्रणय की प्रतियोगिता।

रकाबी (फ़ा.) [सं-स्त्री.] 1. गोल छोटी थाली; तश्तरी 2. घोड़े की बगल में लटकने वाली तलवार। [वि.] रकाब संबंधी।

रकिम (अ.) [वि.] लिखने वाला; लिखेरिया; लेखक; मुहर्रिर।

रकीक (अ.) [वि.] अधम; दुष्ट; धूर्त; तुच्छ।

रकीब (अ.) [सं-पु.] प्रेमिका का दूसरा प्रेमी; प्रेम क्षेत्र का प्रतिद्वंद्वी।

रक्त (सं.) [सं-पु.] 1. ख़ून; लहू 2. लाल कमल 3. केसर 4. सिंदूर 5. लाल रंग।

रक्त परीक्षा (सं.) [सं-स्त्री.] ख़ून में पाए जाने वाले तत्व या विकार को जानने के लिए की जाने वाली जाँच; ख़ून की जाँच।

रक्तक (सं.) [वि.] 1. रक्त वर्ण का 2. विनोदप्रिय 3. अनुरक्त; अनुरागी। [सं-पु.] 1. रुधिर 2. लाल कपड़ा या वस्त्र 3. लाल रंग का घोड़ा 4. केसर 5. दुपहरिया का फूल 6. कुंकुम 7. लाल सहिजन।

रक्तकंद (सं.) [सं-पु.] 1. प्याज़ 2. रतालू 3. मूँगा; प्रवाल; विद्रुम।

रक्तकंदल (सं.) [सं-पु.] रक्तकंद।

रक्तकदंब (सं.) [सं-पु.] कदंब का वह वृक्ष जिसके फूल गहरे लाल रंग के होते हैं।

रक्तकदली (सं.) [सं-स्त्री.] लाल रंग का केला।

रक्तकमल (सं.) [सं-पु.] लाल रंग का कमल।

रक्तकरबीर (सं.) [सं-पु.] लाल रंग का कनेर।

रक्तकांचन (सं.) [सं-पु.] लाल कचनार का वृक्ष या पेड़; कचनाल।

रक्तकाश (सं.) [सं-पु.] एक प्रकार का काश रोग जिसमें फेफड़े से मुँह के रास्ते ख़ून निकलता है।

रक्तकुष्ठ (सं.) [सं-पु.] विसर्प नामक रोग, जिसमें सारा शरीर लाल हो जाता है और कुष्ठ की तरह अंग गलने लगते हैं।

रक्तकुसुम (सं.) [सं-पु.] कचनार; मदार; धामिन का वृक्ष; फरहद या पारिभद्र का पेड़।

रक्तक्षय (सं.) [सं-पु.] 1. ख़ून या रुधिर का बहना; रक्तस्राव 2. रक्त का क्षय होना।

रक्तक्षीणता (सं.) [सं-स्त्री.] शरीर में ख़ून की बहुत कमी हो जाना; रक्ताल्पता; (एनीमिया)।

रक्तगंधा (सं.) [सं-स्त्री.] अश्वगंधा; असगंध।

रक्तगर्भा (सं.) [सं-स्त्री.] मेहँदी; मेहँदी की झाड़ी।

रक्तग्रंथि (सं.) [सं-स्त्री.] 1. एक प्रकार रोग जिसमें शरीर में ख़ून की गाँठें बन जाती हैं 2. लाल लाजवंती।

रक्तचाप (सं.) [सं-पु.] 1. रक्त दाब संबंधी रोग; हृदय द्वारा प्रक्षेपित रक्त का धमनी आदि की दीवार पर पड़ने वाला दबाव जो उचित मात्रा से कम या अधिक होने पर रोग सूचक होता है (ब्लड प्रेशर) 2. ख़ून का दबाव या ज़ोर।

रक्तदाता (सं.) [सं-पु.] रक्तदान करने वाला व्यक्ति।

रक्तदान बैंक (सं.) [सं-पु.] वह स्थान जहाँ स्वस्थ व्यक्ति का ख़ून निकाल कर रखा जाता है।

रक्तदूषण (सं.) [वि.] ख़ूनख़राब करने वाला; जिससे रक्तदूषित हो।

रक्तपात (सं.) [सं-पु.] मारकाट; ख़ूनख़राबा; रक्तबहाना; मारने-काटने की क्रिया।

रक्तपित्त (सं.) [सं-पु.] एक प्रकार का रोग जिसमें ख़ून मुँह, नाक, योनि, गुदा से गिरता है।

रक्तपिपासा (सं.) [सं-स्त्री.] रक्तपात की इच्छा; हत्या करने की तत्परता या तीव्र इच्छा।

रक्तपिपासु (सं.) [वि.] हत्या करने के लिए उतावला।

रक्तपुष्प (सं.) [सं-पु.] कनेर, अनार, करवीर, बंधूक, अड़हुल, पुन्नाग आदि लाल रंग के फूल।

रक्तफूल (सं.) [सं-पु.] 1. पलाश का फूल 2. अड़हुल का फूल।

रक्तबिंदु (सं.) [सं-पु.] 1. ख़ून की बूँद 2. लाल धब्बा।

रक्तबीज (सं.) [सं-पु.] 1. लाल बीज वाले अनार का दाना; बेदाना 2. रीठा 3. (पुराण) एक राक्षस जिसके रक्त की एक-एक बूँद से राक्षस उत्पन्न होते थे।

रक्तरंजित (सं.) [वि.] 1. ख़ून से लथ-पथ 2. रक्त से रँगा हुआ।

रक्तवाही (सं.) [वि.] जिनमें से होकर रक्त बहता हो (धमनी, शिरा)।

रक्तशर्करा (सं.) [सं-स्त्री.] रुधिर शर्करा; शर्करा का वह तत्व जो शरीर के रक्त में रहता है। (ब्लड शुगर)

रक्तशोधन (सं.) [सं-पु.] ख़ून की सफ़ाई; रक्त शुद्ध करने की क्रिया।

रक्तसंबंध (सं.) [सं-पु.] ख़ून का संबंध; एक ही वंश से होने का संबंध; कुलगत संबंध।

रक्तसंबंधी (सं.) [वि.] 1. जिससे रक्त का संबंध हो 2. एक ही कुल का। [सं-पु.] परिवारीजन।

रक्तसार (सं.) [सं-पु.] 1. लाल चंदन 2. वाराही कंद 3. पतंग 4. खैर 5. अमलबेत 6. रक्त बीजासन।

रक्तस्नान (सं.) [सं-पु.] ऐसी घटना जिसमें बहुत लोगों का वध हो; नरसंहार।

रक्तस्राव (सं.) [सं-पु.] 1. ख़ून निकलना, बहना या गिरना 2. घोड़ों का एक रोग जिसमें उनकी आँखों से लाल पानी बहता है।

रक्तहीन (सं.) [वि.] 1. रक्तरहित; बिना रक्त या ख़ून के 2. जिसमें रक्त न हो।

रक्ताक्त (सं.) [सं-पु.] लाल चंदन। [वि.] 1. जिसमें ख़ून लगा हो 2. लाल रंग से रँगा हुआ।

रक्तातिसार (सं.) [सं-पु.] वह रोग जिसमें ख़ून के दस्त आते हैं।

रक्ताभ (सं.) [वि.] रक्त जैसा लाल; लाल रंग की आभा से युक्त। [सं-पु.]- बीरबहूटी।

रक्तारुण (सं.) [वि.] 1. रक्त की तरह लाल 2. ख़ूनी।

रक्तिम (सं.) [वि.] ललाई लिए हुए; लालिमायुक्त।

रक्तिमा (सं.) [सं-स्त्री.] लाली; ललाई; सुरख़ी।

रक्तोत्पल (सं.) [सं-पु.] 1. सेमल 2. लाल कमल।

रक्षक (सं.) [सं-पु.] 1. रक्षा करने वाला व्यक्ति 2. पहरेदार 3. पालन पोषण करने वाला व्यक्ति।

रक्षण (सं.) [सं-पु.] 1. रक्षा करना; रखवाली करना 2. सुरक्षित करना 3. पालन-पोषण करना।

रक्षणीय (सं.) [वि.] 1. रक्षा करने योग्य 2. जिसे सुरक्षित रखना हो 3. रखने योग्य।

रक्षा (सं.) [सं-स्त्री.] 1. सुरक्षा; हिफ़ाज़त 2. पहरेदारी।

रक्षाकवच (सं.) [सं-पु.] 1. रक्षा के उपाय या साधन 2. ज़िरह-बख़्तर 3. अभिमंत्रित ताबीज़।

रक्षात्मक (सं.) [वि.] 1. रक्षा से संबंधित 2. जिससे रक्षा होती हो।

रक्षापाल (सं.) [सं-पु.] पहरेदार; प्रहरी।

रक्षाबंधन (सं.) [सं-पु.] एक त्योहार जो श्रावण शुक्ल पूर्णिमा को मनाया जाता है; राखी का त्योहार जब बहन अपने भाई की कलाई पर रक्षासूत्र बाँधती है।

रक्षासूत्र (सं.) [सं-पु.] 1. कच्चे सूत का बना धागा जो हाथ की कलाई में रक्षा कारक मानकर बाँधा जाता है; राखी 2. जंतर।

रक्षिका (सं.) [सं-स्त्री.] 1. वह स्त्री जो रक्षा कार्य के लिए नियुक्त की गई हो 2. रक्षा या हिफ़ाज़त करने वाली स्त्री।

रक्षित (सं.) [वि.] 1. जिसकी रक्षा की गई हो 2. पाला हुआ 3. सँभाल कर रखा हुआ।

रक्षी (सं.) [सं-पु.] पहरेदार; रक्षक; प्रहरी।

रखटी [सं-स्त्री.] एक प्रकार की ईख, जिसके रस से गुड़ बनाया जाता है; लखड़ा।

रखड़ा [सं-पु.] दे. रखटी।

रखना [क्रि-स.] 1. किसी आधार आदि पर कोई वस्तु धरना; टिकाना 2. रक्षा करना; बचाना 3. बात रखना; निर्वाह करना; पालन करना 4. नियुक्त करना; तैनात करना 5. नष्ट न होने देना, हिफ़ाज़त करना।

रखरखाव [सं-पु.] 1. पालन-पोषण 2. रक्षा; हिफ़ाज़त; सुरक्षा; देखरेख।

रखवाना [क्रि-स.] 1. रखने का कार्य दूसरे से कराना 2. किसी को कुछ रखने के लिए विवश या प्रवृत्त करना।

रखवाला [सं-पु.] 1. रक्षा करने वाला; रक्षक; सुरक्षाकर्मी; प्रतिरक्षक; चौकीदार; वह जो पहरा देता हो 3. जो दूसरे की रक्षा करता हो।

रखशी [सं-स्त्री.] एक प्रकार की शराब।

रखा [सं-स्त्री.] 1. चारागाह 2. जानवर या पशुओं के लिए सुरक्षित भूमि; चरी।

रखाई [सं-स्त्री.] 1.रक्षा करने की क्रिया 2. रखवाली 3. रक्षा करने के बदले में मिलने वाला धन या पारिश्रमिक।

रखात [सं-पु.] खर और घास उपजाने के लिए बिना जोते छोड़ी गई भूमि।

रखाना [क्रि-स.] 1. रखने की क्रिया दूसरे से करवाना; रखवाना 2. दूसरे को कुछ रखने में प्रवृत्त करना 3. हिफ़ाज़त करना; रखवाली करना।

रखार [सं-पु.] महाराष्ट्र में जुते हुए खेत को बराबर करने के लिए प्रयोग होने वाला पाटा।

रखैल [सं-स्त्री.] रक्षिता; उपपत्नी की तरह रखी गई स्त्री।

रग (फ़ा.) [सं-स्त्री.] 1. नस; नाड़ी 2. आँख का डोरा 3. तार; तागा 4. हठ; ज़िद 5. बुरी आदत। [मु.] **-दबना** : किसी के अधीन होना। **रग-रग फड़कना** : बहुत अधिक उत्साह या चंचलता होना।

रग-रेशा (फ़ा.) [सं-पु.] 1. शरीर के भीतरी अंग 2. पत्तियों की नसें।

रगड़ [सं-स्त्री.] 1. घर्षण; रगड़ने की क्रिया 2. कठिन परिश्रम 3. झगड़ा; हठ 4. द्वेष 5. हलकी चोट लगने से त्वचा का छिल जाना।

रगड़ना (सं.) [क्रि-स.] 1. पीसना 2. घिसना; घर्षण 3. कोई कार्य परिश्रम पूर्वक करना 4. {ला-अ.} तंग करना; परेशान करना।

रगड़ा [सं-पु.] 1. घर्षण; रगड़ 2. रगड़ने की क्रिया या भाव 3. परेशानी 4. निरंतर किया जाने वाला कठिन परिश्रम; अति परिश्रम 5. निरंतर जारी रहने वाला झगड़ा 6. किसी चीज़ की रगड़ लगने पर होने वाला आघात।

रगड़ा-झगड़ा [सं-पु.] लड़ाई-झगड़ा; बहुत समय तक चलता रहने वाला झगड़ा या लड़ाई।

रगण (सं.) [सं-पु.] (छंदशास्त्र) आठ गणों में एक गण, जिसका स्वरूप इस प्रकार होता है- गुरु, लघु और गुरु।

रगपट्ठा (फ़ा.) [सं-पु.] 1. किसी विषय की मुख्य बातें 2. शरीर की रगें और मांस-पेशियाँ।

रगबत (अ.) [सं-स्त्री.] 1. प्रवृत्ति; रुचि 2. ख़्वाहिश; आरज़ू; इच्छा; चाह; कामना 3. अनुराग।

रगा [सं-पु.] मोर; मयूर; नीलकंठ।

रगाना [क्रि-अ.] चुप होना; शांत होना।

रगी [सं-स्त्री.] 1. एक प्रकार का मोटा अन्न, जो दक्षिण भारत के इलाके में होता है 2. अधिक वर्षा के बाद होने वाली धूप।

रगीला [वि.] 1. हठी; ज़िद्दी 2. दुष्ट; पाजी; बदजात।

रगेदना [क्रि-स.] बल प्रयोग करते हुए किसी को भगाना; खदेड़ना; दौड़ाना।

रग्गा [सं-पु.] एक प्रकार का मोटा अन्न जो दक्षिण के पहाड़ों में होता है; रगी।

रग्गी [सं-स्त्री.] दे. रग्गा।

रघु (सं.) [सं-पु.] राजा दिलीप और रानी सुदक्षिणा के पुत्र और अज के पिता; रघुवंश के मूल पुरुष।

रघुकुल (सं.) [सं-पु.] राजा रघु का वंश जिसमें दशरथ, राम, लव, कुश आदि हुए थे।

रघुनंदन (सं.) [सं-पु.] श्री रामचंद्र।

रघुनाथ (सं.) [सं-पु.] रामचंद्र; मर्यादा पुरुषोत्तम राम।

रघुवंश (सं.) [सं-पु.] रघु का वंश या ख़ानदान।

रघुवंशी (सं.) [सं-पु.] 1. जो रघु के वंश में उत्पन्न हुआ हो 2. क्षत्रियों की एक उपजाति या शाखा।

रघुवर (सं.) [सं-पु.] श्री रामचंद्र।

रघौती [सं-स्त्री.] दर या भाव का परिपत्र; (रेट सर्क्युलर)।

रचक (सं.) [सं-पु.] रचयिता; रचना करने वाला।

रचना (सं.) [सं-स्त्री.] 1. साहित्यिक कृति 2. किसी वस्तु का

निर्माण; निर्मित करना 3. बनावट 4. सँवारना; सजाना। [क्रि-स.] 1. किसी वस्तु का निर्माण करना; बनाना; सिरजना 2. किसी प्रकार की साहित्यिक कृति या ग्रंथ का निर्माण करना।

रचनाकर्म (सं.) [सं-पु.] रचने का कार्य; प्रस्तुत की गई रचना या कृति।

रचनाकर्मी (सं.) [सं-पु.] रचनाकार; कृतिकार।

रचनाकार (सं.) [सं-पु.] 1. रचना करने वाला; कवि; लेखक 2. कृतिकार; ग्रंथकार।

रचनाकाल (सं.) [सं-पु.] रचना प्रस्तुत होने का समय; रचना प्रस्तुत करने का समय।

रचनात्मक (सं.) [वि.] 1. रचना से संबंधित; सर्जनात्मक 2. किसी देश या समाज की उन्नति में सहायक होने वाला।

रचनात्मकता (सं.) [सं-स्त्री.] 1. सर्जनात्मकता; सृजनशीलता 2. नव निर्माण करने की शक्ति 3. सर्जनशीलता।

रचनाधर्मी (सं.) [वि.] रचना के कार्य में लगा हुआ; रचनाकार; कृतिकार।

रचनाप्रक्रिया (सं.) [सं-स्त्री.] किसी रचना के निर्माण से संबंधित स्थितियों का क्रमिक विश्लेषण।

रचनावली (सं.) [सं-स्त्री.] 1. लेखक, कवि, चित्रकार आदि की कृतियों के संग्रह की सिरीज़ या श्रृंखला 2. किसी विषय की रचनाओं का संग्रह।

रचनासंसार (सं.) [सं-पु.] किसी कलाकार या लेखक की समग्र रूप में सभी कृतियाँ।

रचयिता (सं.) [सं-पु.] ग्रंथकार। [वि.] 1. रचने वाला; रचनाकार 2. निर्माता।

रचवाना [क्रि-स.] 1. किसी दूसरे से रचना कराना 2. रचना के लिए दूसरे को प्रवृत्त करना 3. मेंहदी या महावर लगवाना।

रचाना (सं.) [क्रि-स.] 1. अनुष्ठान करना 2. आयोजन, समारोह करना 3. मेंहदी आदि से रँगाना।

रचित (सं.) [वि.] 1. निर्मित, रचा या बनाया हुआ 2. कृति के रूप में प्रस्तुत।

रछहर [क्रि-स.] देव स्थान; ग्राम-देवता के स्थान की परिक्रमा करना 2. कुएं की परिक्रमा करना।

रज (सं.) [सं-पु.] 1. धूल; रेणु 2. फूलों का पराग 3. स्त्रियों की योनि से प्रत्येक मास तीन-चार दिन तक निकलने वाला रक्त; आर्तव; ऋतु; कुसुम 4. जोता हुआ खेत 5. चमड़े से मढ़ा हुआ बाजा 6. स्कंद की सेना 7. {ला-अ.} मन में रहने वाला अज्ञान और उससे उत्पन्न होने वाले भाव।

रजअत (अ.) [सं-स्त्री.] 1. लौटना; वापस आना 2. प्रत्यागमन 3. मुसलमानों में जिस स्त्री को तलाक दिया गया हो उसे फिर से अपनाना।

रजक (सं.) [सं-पु.] कपड़ा धोने का पेशा करने वाला; धोबी।

रजकण (सं.) [सं-पु.] 1. रज 2. मिट्टी या बालू के छोटे-छोटे कण; धूल; गर्द।

रजत (सं.) [सं-स्त्री.] 1. चाँदी; रूपा 2. हाथी दाँत 3. मुक्ताहार 4. धवल रंग। [वि.] 1. चाँदी का बना हुआ 2. चाँदी के रंग का; उज्ज्वल; शुभ्र।

रजतंत (सं.) [सं-पु.] वीरता; शूरता; बहादुरी; पौरुष।

रजतकूट (सं.) [सं-पु.] मलय पर्वत; मलय पर्वत की चोटी।

रजतजयंती [सं-स्त्री.] किसी शुभ प्रसंग, संस्था या व्यक्ति के कार्यकाल की पच्चीसवीं वर्षगाँठ पर मनाई जाने वाली जयंती; (सिलवर जुबिली)।

रजतपट (सं.) [सं-पु.] वह परदा जिसपर सिनेमा घर में चलचित्र दिखाए जाते हैं; (सिलवर स्क्रीन)।

रजतपात्र (सं.) [सं-पु.] चाँदी से निर्मित बरतन; चाँदी का बरतन।

रजतमय (सं.) [वि.] चाँदी का बना हुआ; जिसमें चाँदी घुली-मिली हो।

रजताकर (सं.) [सं-पु.] चाँदी की खान।

रजताचल (सं.) [सं-पु.] 1. चाँदी का पहाड़ 2. कैलाश पर्वत 3. चाँदी के टुकड़ों या आभूषणों का ढेर, जो दान के लिए बनाया जाता है।

रजनी (सं.) [सं-स्त्री.] 1. रात; निशा; रात्रि 2. एक नदी 3. लाख 4. हल्दी 5. नीली नामक पौधा।

रजनीकर (सं.) [सं-पु.] 1. चंद्रमा; शशि; निशाकर; चाँद 2. कपूर।

रजनीगंधा (सं.) [सं-स्त्री.] लिली जाति का एक पौधा जिसमें रात्रि में सुगंधित फूल खिलते हैं; नरगिस।

रजनीचर (सं.) [सं-पु.] 1. चंद्रमा 2. राक्षस; निशाचर। [वि.] जो रात में घूमता-फिरता हो।

रजनीपति (सं.) [सं-पु.] चंद्रमा; निशापति।

रजनीमुख (सं.) [सं-पु.] संध्या; शाम; सायंकाल।

रजनीश (सं.) [सं-पु.] चंद्रमा।

रज़ब (अ.) [सं-पु.] अरबी साल का सातवाँ महीना।

रजला [सं-पु.] एक प्रकार का मोटा धान।

रजवट [सं-स्त्री.] 1. वीरता; बहादुरी 2. क्षत्रियत्व।

रजवाड़ा [सं-पु.] 1. देशी रियासत; राजाओं के रहने का स्थान 2. रियासत का मालिक; राजा।

रजवार [सं-पु.] 1. हिंदुओं की एक छोटी जाति 2. राजा का दरबार।

रजस्वला (सं.) [सं-स्त्री.] वह स्त्री जिसका रज प्रवाहित हो रहा हो; जो स्त्री मासिक धर्म की अवस्था में हो। [वि.] रजवती; ऋतुमती।

रज़ा (अ.) [सं-स्त्री.] 1. इच्छा; मरज़ी 2. आज्ञा; अनुमति 3. रुख़सत; विदा 4. स्वीकृति; मंज़ूरी।

रजाई (सं.) [सं-स्त्री.] छोटा लिहाफ़; शीत ऋतु में ओढ़ा जाने वाला वस्त्र; रुईदार ओढ़ना।

रज़ाकार (अ.) [सं-पु.] स्वयंसेवक (वालंटियर)। [वि.] ख़ुश; प्रसन्न।

रज़ापट्टी (अ.) [सं-स्त्री.] सालभर की छुट्टियों की सूची।

रज़ामंद (अ.) [वि.] 1. सहमत; राज़ी 2. जो प्रसन्न या राज़ी हो गया हो।

रज़ामंदी (अ.) [सं-स्त्री.] 1. रज़ामंद होने की अवस्था या भाव; राज़ी-ख़ुशी; सहमति 2. स्वीकृति; मंज़ूरी।

रज़ायस (फ़ा.) [सं-स्त्री.] अनुमति; आज्ञा; राजा की आज्ञा; हुकुम।

रजिया [सं-स्त्री.] 1. पुराने समय में अनाज़ नापने की डेढ़ सेर की एक माप जो काठ की बनी होती थी।

रजिस्टर (अं.) [सं-पु.] 1. पंजिका; पंजी 2. बड़ी और दफ़्तीदार कॉपी 3. भाषा विज्ञान का एक पारिभाषिक शब्द।

रजिस्ट्री (अं.) [सं-स्त्री.] पंजीकरण; पंजीयन निबंधन 2. लेखागार; लेखशाला 3. किसी लिखित प्रतिज्ञा पत्र को कानून के अनुसार सरकारी रजिस्टरों में दर्ज कराने का काम।

रजिस्ट्रेशन (अं.) [सं-पु.] 1. पंजीयन 2. रजिस्टर में दर्ज करना, कराना या होना।

रज़ील (अ.) [वि.] कमीना; नीच; पाजी।

रजोगुण (सं.) [सं-पु.] 1. प्रकृति के तीन गुणों(सत, रज, तम) में से एक जिसके कारण जीवधारियों में भोग-विलास तथा बल-वैभव के प्रदर्शन की रुचि पैदा होती है 2. राजसी ठाठ-बाठ।

रजोदर्शन (सं.) [सं-पु.] मासिकधर्म की शुरुआत; रजस्राव का प्रारंभ।

रजोधर्म (सं.) [सं-पु.] 1. स्त्रियों का मासिक धर्म 2. रजस्वला होना।

रजोनिवृत्ति (सं.) [सं-स्त्री.] 1. मासिक धर्म का बंद होना 2. स्त्रियों की वह अवस्था जिसमें उनका मासिक रज निकलना सदा के लिए बंद हो जाता है; (मेनोपॉज़)।

रज़्ज़ाक (अ.) [सं-पु.] ईश्वर; ख़ुदा; अल्लाह। [वि.] 1. रोज़ी देने वाला 2. खाना खिलाने वाला; पेट भरने वाला।

रज्जु (सं.) [सं-स्त्री.] 1. रस्सी; डोरी 2. स्त्रियों की चोटी बाँधने की डोरी 3. घोड़े की लगाम।

रज्जुपथ (सं.) [सं-पु.] ऊँची-नीची पहाड़ी जगहों, बड़े-बड़े कल कारखानों आदि में एक स्थान से दूसरे स्थान तक सामान पहुँचाने के लिए बड़े-बड़े खंभों में रस्से बांधकर बनाया गया मार्ग; रस्से का मार्ग; (रोप वे)।

रज़्म (फ़ा.) [सं-स्त्री.] 1. युद्ध; संग्राम 2. लड़ाई का मैदान; युद्ध क्षेत्र।

रट [सं-स्त्री.] 1. रटने की अवस्था, भाव या क्रिया 2. किसी बात या ज्ञान को मुखाग्र करना।

रटंत (सं.) [सं-स्त्री.] रटने की क्रिया या भाव। [वि.] जो रटा हुआ हो।

रटना [सं-स्त्री.] रटने की क्रिया; धुन। [क्रि-स.] कंठस्थ करने के लिए किसी वाक्य या पद आदि का बार-बार ज़ोर-ज़ोर से उच्चारण करना।

रटवाना (सं.) [क्रि-स.] किसी को रटने में प्रवृत्त करना।

रटा-रटाया [वि.] 1. जो रटा जा चुका है 2. कंठस्थ।

रटित (सं.) [वि.] 1. बार-बार कही या पढ़ी हुई बात 2. रटा हुआ।

रट्टू [वि.] रटकर याद करने वाला।

रठकठ [वि.] जड़; शुष्क। {ला.अ.} काठ की तरह।

रड़क [सं-स्त्री.] 1. हलका दर्द; पीड़ा; कसक 2. किसी चीज़ के चुभने तथा पीड़ा देने का भाव।

रढ़िया [सं-स्त्री.] एक प्रकार की देशी कपास।

रण (सं.) [सं-पु.] 1. युद्ध 2. लड़ाई; जंग 2. गति 3. शब्द।

रण-कर्म (सं.) [सं-पु.] युद्ध; लड़ाई; संग्राम।

रण-बाँकुरा [वि.] वीर योद्धा; वीर; शूर।

रणकोष (सं.) [सं-पु.] 1. युद्ध या लड़ाई के लिए विशेष रूप से इकट्ठा किया गया धन 2. युद्ध कोष।

रणक्षेत्र (सं.) [सं-पु.] युद्ध की भूमि; लड़ाई का मैदान; युद्ध का स्थान।

रणचंडी (सं.) [सं-स्त्री.] (पुराण) युद्ध क्षेत्र में मार-काट करने वाली देवी।

रणछोड़ (सं.) [सं-पु.] 1. कृष्ण का एक नाम 2. युद्ध छोड़कर भागने वाला व्यक्ति; मैदान छोड़ना।

रणजय (सं.) [सं-पु.] युद्ध में विजय या जीत।

रणधीर (सं.) [सं-पु.] 1. बहुत बड़ा योद्धा 2. युद्ध में धैर्यपूर्वक लड़ने वाला।

रणन (सं.) [सं-पु.] 1. ध्वनि करना 2. बजना।

रणनाद (सं.) [सं-पु.] युद्ध में होने वाली ललकार तथा योद्धाओं की गरज।

रणनीति (सं.) [सं-स्त्री.] 1. युद्ध संबंधी नीति नियम 2. किसी कार्य को करने के लिए बनाई जाने वाली योजना 3. युद्ध कौशल; व्यूह रचना 4. योजना 5. कूटनीति 6. उपाय; युक्ति।

रणनीतिक (सं.) [वि.] रणनीति के संबंध में विचार या बनाई गई योजना।

रणनीतिकार (सं.) [वि.] 1. रणनीति बनाने वाला; युद्धकलाविद 2. युद्धविद्या में निपुण 3. युद्ध-नीतिज्ञ।

रणबंका (सं.) [सं-पु.] रणभूमि में वीरता के साथ लड़ने वाला योद्धा।

रणबाँकुरा (सं.) [सं-पु.] लड़ाका; वीर सैनिक; योद्धा।

रणभूमि (सं.) [सं-स्त्री.] 1. युद्ध या लड़ाई का मैदान 2. रण स्थल।

रणरंग (सं.) [सं-पु.] 1. युद्ध का मज़ा या लड़ाई का उत्साह 2. युद्ध; लड़ाई 3. युद्ध क्षेत्र; लड़ाई का मैदान।

रणरुद्र (सं.) [वि.] युद्ध में विराट रूप धारण करने वाला।

रणवीर (सं.) [सं-पु.] बहुत बड़ा योद्धा।

रणवृत्ति (सं.) [सं-पु.] 1. सैनिक 2. योद्धा 3. वह व्यक्ति जिसकी वृत्ति (स्वभाव) युद्ध लड़ते रहने की हो।

रणस्तंभ (सं.) [सं-पु.] 1. विजय स्मारक 2. किसी युद्ध में विजयी होने के बाद बनाया जाने वाला स्तंभ; जयस्तंभ।

रणस्थल (सं.) [सं-पु.] लड़ाई का मैदान; रणक्षेत्र; युद्धस्थल।

रणस्वामी (सं.) [सं-पु.] 1. सेनापति या युद्ध का प्रधान संचालक 2. शिव; महादेव।

रणांगण (सं.) [सं-पु.] 1. रण स्थल 2. युद्ध क्षेत्र 3. लड़ाई का मैदान।

रणित (सं.) [वि.] 1. ध्वनि करता हुआ 2. बजता हुआ।

रत (सं.) [वि.] 1. आसक्त; अनुरक्त 2. किसी कार्य में लगा हुआ।

रतजगा (सं.) [सं-पु.] 1. उत्सव या पर्व आदि के उपलक्ष्य में किया जाने वाला जागरण 2. रात्रि-जागरण 3. भाद्रपद कृष्ण द्वितीया को होने वाला रात्रि जागरण का एक पर्व जिसमें स्त्रियाँ कजली गाती हैं।

रतन [सं-पु.] 1. रत्न 2. कीमती पत्थर 3. {ला-अ.} कुल या देश को प्रकाशित करने वाला।

रतनारा (सं.) [वि.] लाल रंग का; सुर्ख़।

रतनारी [सं-पु.] एक प्रकार का धान। [सं-स्त्री.] लाली; सुर्ख़ी; ललाई।

रतमुँहाँ [सं-पु.] बंदर। [वि.] लाल मुँहवाला।

रतवा [सं-पु.] खर नाम की घास, जो घोड़ों के लिए बहुत अच्छी समझी जाती है।

रतवाई [सं-स्त्री.] पहले दिन कोल्हू चलने पर उसका रस लोगों में बाँटने की प्रथा।

रता [सं-स्त्री.] भुकड़ी, जो अनेक वस्तुओं पर प्राय: बरसात के दिनों में या सीड़ (जमीन की नमी) की जगह में लग जाती है।

रताना [क्रि-अ.] रत होना; कनाहना।

रतालू (सं.) [सं-पु.] 1. बराही कंद; गेंठी 2. पिंडालू नामक कंद जिसकी सब्ज़ी बनती है।

रति (सं.) [सं-स्त्री.] 1. कामदेव की पत्नी 2. मैथुन; संभोग 3. प्रेम; आसक्ति; प्रीति; अनुराग 4. रहस्य; गुप्त भेद 5. शोभा; सौंदर्य; सौभाग्य 6. शृंगार रस का स्थायी भाव 7. किसी काम में रत होने की अवस्था या भाव।

रतिकर (सं.) [सं-पु.] 1. एक समाधि 2. कामी; लंपट और कामुक व्यक्ति। [वि.] 1. रति करने वाला 2. अनुराग या प्रेम बढ़ाने वाला; प्रेमवर्धक 3. आनंदवर्धक।

रतिक्रिया (सं.) [सं-स्त्री.] संभोग; मैथुन।

रतिजन्य (सं.) [वि.] रति या संभोग से उत्पन्न।

रतिजन्य रोग (सं.) [सं-पु.] रति क्रिया या स्त्री संभोग से उत्पन्न रोग।

रतिज्ञ (सं.) [सं-पु.] 1. जो रति क्रिया में प्रवीण हो 2. वह जो स्त्रियों को अपने प्रेम में फँसाने की कला में निपुण हो।

रतिपति (सं.) [सं-पु.] 1. कामदेव 2. मदन; मन्मथ।

रतिप्रिय (सं.) [सं-पु.] 1. कामदेव 2. संभोग से आनंदित होने वाला व्यक्ति। [वि.] मैथुन का शौकीन; कामुक।

रतिप्रिया (सं.) [सं-स्त्री.] 1. दाक्षायणी देवी 2. मैथुन से आनंदित होने वाली स्त्री 3. शक्ति की एक मूर्ति का नाम।

रतिफल (सं.) [सं-पु.] 1. कामानंद; रति से प्राप्त आनंद 2. कल्प वृक्ष से प्राप्त मधु।

रतिराज (सं.) [सं-पु.] कामदेव।

रतून [सं-पु.] पेड़ी की ईख या गन्ना, जो एक बार काट लेने पर फिर उसी जड़ से निकलता है।

रतौंधी [सं-स्त्री.] आँख का रोग जिसमें रात के समय दिखाई नहीं पड़ता।

रत्तल [सं-स्त्री.] पुराने समय में आधा सेर के लगभग की तौल।

रत्ती (सं.) [सं-स्त्री.] 1. माप की इकाई 2. आठ चावल ढाई जौ की तौल। [मु.] **-भर** : बहुत थोड़ा; ज़रा सा।

रत्थी (सं.) [सं-स्त्री.] 1. बाँस या काठ का वह ढाँचा, तख़्ता या संदूक जिसमें या जिसपर शव रखकर श्मशान तक ले जाते हैं 2. अर्थी; शवयान; लाशगाड़ी।

रत्न (सं.) [सं-पु.] 1. बहुमूल्य पत्थर 2. मणि; जवाहर; नगीना; नग; रतन।

रत्नकंदल (सं.) [सं-पु.] मूँगा; प्रवाल; एक प्रकार के समुद्री कीड़ों की लाल ठठरी जिसकी गिनती रत्नों में होती है; मूँगा; प्रवाल।

रत्नगर्भ (सं.) [सं-पु.] 1. वह जिसके गर्भ में रत्न हो; पृथ्वी 2. समुद्र।

रत्नगर्भा (सं.) [सं-स्त्री.] धरा; वसुधा; पृथ्वी।

रत्नदामा (सं.) [सं-स्त्री.] 1. (रामायण) राजा जनक की पत्नी; सीता की माता; सुनैना 2. रत्नों की माला।

रत्ननिधि (सं.) [सं-पु.] 1. समुद्र 2. सुमेरु पर्वत 3. विष्णु 4. खंजन पक्षी; ममीला।

रत्नमाला (सं.) [सं-स्त्री.] रत्नों की माला।

रत्नशाला (सं.) [सं-स्त्री.] 1. रत्नों के रखने का स्थान 2. रत्न जड़ित महल।

रत्नसू (सं.) [सं-स्त्री.] पृथ्वी; भूमि।

रत्नाकर (सं.) [सं-पु.] 1. समुद्र 2. एक खान जिसमें से रत्न निकलते हैं 3. गौतम बुद्ध का नाम 4. वाल्मीकि ऋषि का नाम 5. रत्न समूह।

रत्नाचल (सं.) [सं-पु.] 1. रत्नों का ढेर 2. दान के उद्देश्य से बनाया गया रत्नों का कृत्रिम पहाड़।

रत्नाधिपति (सं.) [सं-पु.] कुबेर; धनद; धनधारी; अर्थपति।

रत्नावली (सं.) [सं-स्त्री.] 1. रत्नों की माला; मोतियों की माला 2. एक प्रकार का हार 3. (काव्यशास्त्र) एक अर्थालंकार जहाँ प्रस्तुत अर्थों के अतिरिक्त कुछ अप्रस्तुत अर्थ भी निकलते हैं 4. राजा हर्ष विरचित एक संस्कृत नाटिका।

रत्नेश (सं.) [सं-पु.] 1. कुबेर; वित्तेश; धननाथ 2. समुद्र।

रथ (सं.) [सं-पु.] प्राचीन समय में घोड़े द्वारा चलने वाला राजाओं आदि का वाहन; चार पहियों की एक सवारी गाड़ी।

रथकार (सं.) [सं-पु.] 1. रथ बनाने वाला कारीगर 2. बढ़ई 3. माहिष्य पिता से उत्पन्न एक वर्णसंकर जाति।

रथक्रांता [सं-स्त्री.] एक प्राचीन जनपद का नाम।

रथपति (सं.) [सं-पु.] 1. रथ का नायक 2. रथी।

रथयात्रा (सं.) [सं-स्त्री.] हिंदुओं का एक पर्व जो आषाढ़ शुक्ल द्वितीया को होता है और जिसमें जगन्नाथ, बलराम तथा सुभद्रा की मूर्तियाँ रथ पर निकाली जाती हैं।

रथवान (सं.) [सं-पु.] 1. रथ हाँकने वाला व्यक्ति 2. सारथी; अधिरथ; सूत।

रथवाह [सं-पु.] 1. सारथी; सूत; रथ चलाने वाला व्यक्ति 2. घोड़ा।

रथशाला (सं.) [सं-स्त्री.] 1. रथ रखने की जगह 2. गाड़ीख़ाना।

रथांग (सं.) [सं-पु.] 1. रथ का पहिया 2. चक्र नामक अस्त्र 3. एक पक्षी।

रथासीन (सं.) [वि.] रथ पर विराजमान; जो रथ पर आसीन या

सवार हो।

रथिक (सं.) [सं-पु.] 1. रथी; रथ का सवार 2. तिनिश वृक्ष; शीशम की जाति का एक वृक्ष।

रथी (सं.) [वि.] रथ पर चलने वाला; रथ पर चढ़कर लड़ने वाला योद्धा; रथारोही; रथ पर आरूढ़; रथ पर चढ़ा हुआ।

रथोत्सव (सं.) [सं-पु.] रथ-यात्रा।

रथ्य (सं.) [सं-पु.] 1. पहिया; चक्र 2. सारथी 3. रथ का घोड़ा।

रथ्या (सं.) [सं-स्त्री.] 1. रथों का समूह 2. रथ का मार्ग; लीक 3. सड़क; राजमार्ग 4. चौक चौराहा 5. नाली 6. नावदान।

रद[1] [वि.] 1. रद्दी 2. ख़राब 3. फीका 4. तुच्छ 5. हीन।

रद[2] (सं.) [सं-पु.] दंत; दाँत।

रदच्छद (सं.) [सं-पु.] 1. अधर 2. होंठ 3. ओष्ठ।

रदन [सं-पु.] दे. रद।

रदनच्छद [सं-पु.] ओठ।

रदी (सं.) [सं-पु.] हाथी।

रदीफ़ (अ.) [सं-स्त्री.] 1. वह जो घोड़े पर मुख्य सवार के पीछे बैठता है 2. ग़ज़लों आदि में प्रत्येक काफ़िए के बाद आने वाला शब्द 3. पीछे की ओर रहने वाली सेना।

रदीफ़वार (अ.+फ़ा.) [वि.] 1. अक्षरक्रम से लगा हुआ 2. रदीफ़ के अनुसार।

रद्द (अ.) [सं-पु.] 1. फेर देना 2. गलत साबित करना; झुठलाना। [वि.] 1. ख़राब; बेकार ठहराया हुआ; निरस्त 2. काटा; छाँटा हुआ 3. परिवर्तित।

रद्दा [सं-पु.] 1. स्तर; खंड; तह 2. चारों ओर दीवार में जुड़ाई की एक पंक्ति 3. लंबाई में एक ईंट की जोड़ाई।

रद्दाचनाई [क्रि-स.] 1. ईंटों का एक दूसरे पर जमाना 2. दीवार बनाना।

रद्दी (अ.) [सं-स्त्री.] पुराने और बेकार कागज़। [वि.] 1. बेकार वस्तुएँ 2. निकम्मा।

रद्दोबदल (अ.) [सं-पु.] परिवर्तन; तब्दीली; फेरफार।

रन[1] (सं.) [सं-पु.] दे. रण।

रन[2] (अं.) [सं-पु.] 1. समुद्र का कोई विशेष खंड 2. ताल; झील 3. क्रिकेट खेल में बल्लेबाज़ के द्वारा एक विकेट से दूसरे विकेट तक बिना बहिर्गत हुए दौड़ लगाना।

रनकना (सं.) [क्रि-अ.] घुँघरू आदि की मंद-मंद ध्वनि।

रनकिल्ली [सं-स्त्री.] किल्ली; एक प्रकार का कीड़ा।

रनवास [सं-पु.] रनिवास।

रनिंग स्टोरी (अं.) [सं-स्त्री.] कई अंकों में लगातार प्रकाशित होने वाला धारावाहिक समाचार या विवरण।

रनिवास [सं-पु.] 1. रानी के रहने का स्थान या महल 2. अंतःपुर।

रपट[1] (अ.) [सं-स्त्री.] 1. रपटने की क्रिया या भाव 2. फिसलन 3. फिसलने की जगह।

रपट[2] (अं.) [सं-स्त्री.] 1. सूचना; रिपोर्ट 2. आदत 3. अभ्यास 4. फिसलना 5. ढाल; उतार।

रपटना [क्रि-अ.] 1. आगे की ओर फिसलना; सरकना 2. ऊपर से नीचे की ओर फिसलते हुए आना।

रपटीला [वि.] फिसलन वाला; जो बहुत चिकना हो।

रपट्टा [सं-पु.] 1. फिसलन; फिसलाव 2. रपटन।

रफ़ (अं.) [वि.] 1. कच्चा (कार्य) 2. जो नमूने के लिए बनाया गया हो 3. जिसमें चिकनापन न हो; खुरदरा।

रफ़अत (फ़ा.) [सं-स्त्री.] बुलंदी; ऊँचाई; उत्कर्ष।

रफ़ता (फ़ा.) [वि.] 1. बीता हुआ; गत 2. मृत।

रफ़ता-रफ़ता (फ़ा.) [क्रि-वि.] धीरे-धीरे; क्रमशः।

रफ़रफ़ (अ.) [सं-पु.] (इस्लाम) वह सवारी जिसपर मुहम्मद साहब ईश्वर के पास गए और वहाँ से वापस आए थे।

रफ़ा (अ.) [सं-पु.] 1. ऊँचाई; ऊँचा करना 2. छोड़ना; अलग करना; दूर करना; निकालना 3. तरक्की 4. पूरा करना 5. मिटाया हुआ 6. समाप्त करना 7. फ़ैसला करना। [वि.] 1. दूर किया हुआ 2. शांत; निवारित; निवृत्त।

रफ़ा-दफ़ा (अ.) [सं-पु.] 1. ख़त्म करना; समाप्त करना 2. पीछा छुड़ाना 3. फ़ैसला 4. तयशुदा बात।

रफ़ाक़त (अ.) [सं-स्त्री.] 1. रफ़ीक या साथी होने का भाव 2. निष्ठा; वफ़ादारी 3. संग-साथ; मेल-जोल 4. एकता।

रफ़ात (अ.) [सं-स्त्री.] 1. ऊँचाई; बुलंदी; उत्कर्ष 2. प्रतिष्ठा; पदोन्नति।

रफ़ाह (अ.) [सं-स्त्री.] 1. आराम 2. सुख 3. दूसरों को सुखी करने वाला काम 4. परोपकार।

रफ़ाहीयत (अ.) [सं-स्त्री.] आराम; सुख।

रफ़ीक (अ.) [सं-पु.] 1. साथी; मित्र; संगी 2. सहायक; मददगार।

रफ़ीदा (अ.) [सं-पु.] 1. वह गद्दी जिसके ऊपर जीन कसी जाती है 2. एक प्रकार की गोलाकार पगड़ी।

रफ़ू (फ़ा.) [सं-पु.] एक प्रकार की सिलाई जिसमें बीच से कुछ कटा या फटा हुआ कपड़ा इस प्रकार बीच में सूत भरकर मिलाया जाता है कि साधारणतः जोड़ नहीं दिखाई पड़ता।

रफ़ूगर (फ़ा.) [सं-पु.] 1. फटे या कटे हुए कपड़े की बुनावट करने वाला व्यक्ति 2. रफ़ू करने का व्यवसाय करने वाला व्यक्ति; रफ़ू बनाने वाला।

रफ़ूगरी (फ़ा.) [सं-स्त्री.] 1. रफ़ू करने का काम 2. रफ़ू करने का पेशा।

रफ़ूचक्कर (अ.+हिं.) [वि.] चंपत; गायब। [मु.] **-होना** : आँखों में धूल झोंककर भाग जाना; धोखा देकर गायब हो जाना।

रफ़्त (फ़ा.) [सं-स्त्री.] चलना या जाना; रवानगी; गमन।

रफ़्तगी (फ़ा.) [सं-स्त्री.] 1. आने जाने की क्रिया 2. गमन।

रफ़्तनी (फ़ा.) [सं-स्त्री.] 1. निर्यात; माल का बाहर जाना 2. जाने की क्रिया।

रफ़्ता (फ़ा.) [वि.] 1. गया हुआ; गत 2. मरा हुआ; मृत।

रफ़्ता-रफ़्ता (फ़ा.) [अव्य.] धीरे-धीरे; शनैः-शनैः; क्रम-क्रम से।

रफ़्तार (फ़ा.) [सं-स्त्री.] वेग; गति; चाल।

रब (अ.) [सं-पु.] 1. भगवान; मालिक; परमेश्वर; ईश्वर 2. पालन-पोषण करने वाला।

रबड़क्षीर [सं-पु.] रबर वृक्ष के तने से निकलने वाला दूध जिसे

शोधित करके रबड़ बनाया जाता है; (रबर)।

रबड़ी [सं-स्त्री.] 1. बसौंधी; बासुंदी 2. दूध को औटाकर और चीनी मिलाकर बनाई गई खाद्य वस्तु।

रबदा [सं-पु.] 1. वह श्रम जो कहीं बार-बार आने जाने या दौड़-धूप करने से होता है 2. कीचड़।

रबर (अं.) [सं-पु.] 1. वट वर्ग के अंतर्गत आने वाला एक प्रकार वृक्ष 2. वृक्ष से निकलने वाले दूध को सुखाकर बनाया जाने वाला एक पदार्थ जिससे गेंद, फीते जैसी बहुत सी चीज़ें बनती हैं।

रबाना [सं-पु.] 1. एक प्रकार का छोटा डफ जिसके घेरे में मंजीरे भी लगे होते हैं 2. नदी आदि का मिट्टी से भर जाना।

रबाब (अ.) [सं-पु.] सितार, सारंगी आदि की तरह का एक बाजा।

रबाबिया (फ़ा.) [सं-पु.] रबाब बजाने वाला व्यक्ति।

रबी (अ.) [सं-स्त्री.] 1. बसंत ऋतु 2. बहार का मौसम 3. वसंत ऋतु में काटी जाने वाली फ़सल।

रबीय (अ.) [सं-पु.] स्त्री या पुरुष की दृष्टि से उसके पहले ब्याह से उत्पन्न पुत्र।

रबील [सं-स्त्री.] मँझोले आकार का एक प्रकार का पक्षी।

रब्त (अ.) [सं-पु.] 1. मेल-जोल 2. आपस में होने वाला मेल-जोल और आत्मीयता का संबंध 3. मैत्री; दोस्ती।

रब्त-ज़ब्त (अ.) [सं-स्त्री.] आपस में होने वाला मेल-जोल और संग-साथ।

रब्ध (सं.) [वि.] आरंभ किया हुआ; शुरू किया हुआ।

रब्बा (फ़ा.) [सं-पु.] 1. वह गाड़ी जिसपर तोप लादी जाती है; तोपख़ाने की गाड़ी 2. ऐसी गाड़ी या रथ जिसे बैल खींचते हैं 3. ईश्वर के लिए संबोधन।

रभस (सं.) [सं-पु.] 1. वेग; तेज़ी 2. प्रसन्नता 3. प्रेमपूर्वक अथवा प्रेम के कारण मन में होने वाला उत्साह 4. मान प्रतिष्ठा 5. पछतावा 6. कार्य-कारण संबंधी अथवा पूर्वापर का विचार 7. अस्त्र निष्फल करने की विधि।

रम (सं.) [सं-पु.] 1. कामदेव 2. पति 3. प्रेमी 4. आनंद 5. लाल अशोक। [वि.] 1. एक प्रकार की विलायती शराब 2. प्रिय; मनोरम; आनंददायक।

रमक [सं-पु.] प्रेमपात्र; प्रेमी। [सं-स्त्री.] 1. लहर; तरंग 2. झूले की पेंग।

रमकजरा [सं-पु.] मोटे धान का एक प्रकार जो भादों में पकता है।

रमकना [क्रि-स.] धीरे-धीरे चलना।

रमचकरा [सं-पु.] बेसन की मोटी रोटी।

रमचरना [सं-पु.] इमरती; एक विशेष प्रकार की मिठाई।

रमचा [सं-पु.] चमचा; छोटी कलछी।

रमचेरा [सं-पु.] छोटा-मोटा काम करने वाला व्यक्ति; टहलुआ (परिहास)।

रमज़ान (अ.) [सं-पु.] इस्लामी वर्ष का नौवाँ महीना जिसमें मुसलमान रोज़ा रखते हैं।

रमझोला [सं-पु.] 1. पैर में पहनने के घुँघरू 2. नूपुर।

रमण (सं.) [सं-पु.] 1. तन-मन को आनंदित करने का उपक्रम; क्रीड़ा; विलास 2. मैथुन; सहवास; संभोग 3. विचरण करना; घूमना-फिरना 4. कामदेव 5. पति। [वि.] 1. प्रिय 2. सुंदर 3. मनोहर 4. किसी में रमने अथवा उसका सुख भोगने वाला।

रमणी (सं.) [सं-स्त्री.] युवती; औरत; स्त्री।

रमणीक (सं.) [वि.] 1. मनोहर; मन को अच्छा लगने वाला 2. सुंदर; रमणीय।

रमणीय (सं.) [वि.] 1. रमण योग्य 2. सुंदर 3. मनोहर 4. रुचिकर 5. रमनेवाला।

रमणीयता (सं.) [सं-स्त्री.] 1. रमणीय होने का भाव 2. सुंदरता 3. मनोरमता।

रमना (सं.) [क्रि-अ.] 1. तल्लीन होना; मग्न होना 2. चैन करना; दिल बहलाना 3. भोग-विलास 4. सैर करना।

रमल (अ.) [सं-पु.] (ज्योतिष) गणना आदि के आधार पर भविष्य बतलाने वाला।

रमा (सं.) [सं-स्त्री.] 1. लक्ष्मी 2. शोभा 3. सौभाग्य 4. संपत्ति 5. पत्नी।

रमाकांत (सं.) [सं-पु.] विष्णु।

रमाना (सं.) [क्रि-स] 1. लगाना 2. रोकना 3. मोहित करना; मुग्ध करना; अनुरंजित करना; अनुरक्त बनाना; लुभाना 4. किसी के साथ जोड़ना या लगाना।

रमानाथ (सं.) [सं-पु.] विष्णु।

रमापति (सं.) [सं-पु.] विष्णु।

रमारमण (सं.) [सं-पु.] विष्णु; लक्ष्मीपति।

रमाहट [सं-स्त्री.] गाय-बैल की आवाज।

रमाहरा [सं-पु.] बड़े दानों वाली अरहर।

रमी [सं-स्त्री.] 1. ताश का एक प्रकार का खेल 2. एक प्रकार की घास जो कागज़, रस्सी आदि बनाने के काम आती है।

रमुनी [सं-स्त्री.] एक प्रकार का गोल और मोटा धान जिसमें सुगंध भी होती है।

रमूज़ (अ.) [सं-स्त्री.] 1. इशारा; संकेत 2. कटाक्ष 3. रहस्य; भेद; पहेली।

रमूज़ी (अ.) [सं-पु.] ज्योतिषी; भविष्यवक्ता।

रमेश (सं.) [सं-पु.] विष्णु।

रमैती [सं-स्त्री.] किसानों की एक रीति जिसमें एक किसान आवश्यकता पड़ने पर दूसरे किसान के खेत में काम करता है और उसके बदले में दूसरा किसान भी उसके खेत में काम करता है; परस्पर श्रम विनिमय प्रणाली।

रमैनी [सं-स्त्री.] (काव्यशास्त्र) बीजक का दोहों और चौपाइयों से युक्त भाग; कबीर की वाणियों साखी, सबद, रमैनी का एक भाग, जिसमें दोहे और चौपाइयाँ हैं।

रमैया [सं-पु.] 1. राम 2. भगवान 3. चैतन्य आत्मा।

रम्ज़ (अ.) [सं-स्त्री.] दे. रमूज़।

रम्माल (अ.) [सं-पु.] रमल विद्या का विद्वान।

रम्य (सं.) [वि.] रमणीय; सुंदर; मनोहर।

रम्यक (सं.) [सं-पु.] 1. एक प्रकार की वनस्पति; बकायन; महानिंब 2. (पुराण) जंबूद्वीप का एक खंड 3. शुक्र धातु।

रम्या (सं.) [सं-स्त्री.] 1. रात 2. गंगा नदी 3. इंद्रायन 4. स्थलपद्मिनी।

रयन (सं.) [सं-स्त्री.] रात; रात्रि; रयनि।

रयना (सं.) [क्रि-अ.] 1. उच्चारण करना; कहना; बोलना 2. शब्द उत्पन्न करना 3. अनुरक्त होना; प्रेममग्न होना 4. रँगना; रंग से भीगना 5. मिलना; संयुक्त होना।

रया (अ.) [सं-स्त्री.] 1. बनावट; दिखावा 2. मक्कारी।

रय्यत (अ.) [सं-स्त्री.] 1. रिआया; प्रजा 2. आसामी; काश्तकार।

रर [सं-स्त्री.] 1. वह दीवार जो एक पर एक यों ही बड़े-बड़े पत्थर रखकर उठाई गई हो और जिसके पत्थर गारे या छूने आदि से ना जोड़े गए हों 2. रट; किसी बात या काम की रट।

ररना [क्रि-अ.] रटना; टेरना।

ररिहा [वि.] 1. ररने वाला 2. किसी चीज़ की माँग की रट लगाने वाला 3. गिड़गिड़ाकर माँगने वाला।

रलना (सं.) [क्रि-अ.] 1. घुल-मिल जाना 2. पूर्ण होना 3. मिलना।

रलाना [क्रि-स.] 1. मिलाना 2. युक्त करना।

रली (सं.) [सं-स्त्री.] 1. क्रीड़ा; विहार 2. आनंद; ख़ुशी; प्रसन्नता।

रल्लक (सं.) [सं-पु.] 1. एक प्रकार का मृग 2. बरौनी 3. कंबल 4. ऊनी वस्त्र।

रव (सं.) [सं-पु.] 1. शब्द; आवाज़ 2. शोर; हल्ला; गुल 3. रवि; सूर्य।

रवक [सं-पु.] एरंड; रेंड़ नामक वृक्ष।

रवकना [क्रि-अ.] 1. तेज़ी से आगे बढ़ना; झपटना; लपकना 2. उछलना।

रवण (सं.) [सं-पु.] 1. शब्द 2. ध्वनि 3. शोर 4. कोयल 5. ऊँट 6. विदूषक 7. भाँड़। [वि.] 1. शब्द या शोर करता हुआ 2. तप्त; गरम 3. अस्थिर; चंचल।

रवना (सं.) [क्रि-अ.] 1. ध्वनि होना 2. किसी शब्द या नाम से पुकारा जाना 3. प्रसिद्ध होना।

रवनि (सं.) [सं-स्त्री.] 1. युवती 2. सुंदर स्त्री 3. औरत; स्त्री; नारी।

रवन्ना [सं-पु.] 1. वह काग़ज़ जिसपर रवाना किए अथवा भेजे हुए माल का विवरण हो 2. रवाना किए हुए माल के साथ रहने वाली चुंगी की रसीद 3. किसी मार्ग विशेष से जाने का अनुमति पत्र।

रवा (सं.) [सं-पु.] 1. कण; दाना; छोटा टुकड़ा 2. सूजी 3. बारूद का दाना।

रवाँ (फ़ा.) [वि.] 1. बहता हुआ; प्रवाहित 2. ज़ारी 3. मँझा हुआ; अभ्यस्त 4. तेज़ धारवाला 5. रवाना।

रवाँस [सं-पु.] बोड़े की प्रजाति का एक पौधा और उसकी फली।

रवादार (सं.+फ़ा.) [वि.] रवेवाला; दानेदार।

रवानगी (फ़ा.) [सं-स्त्री.] 1. रवाना होने की क्रिया या भाव; प्रस्थान 2. प्रयाण।

रवाना (फ़ा.) [वि.] 1. जो एक स्थान से दूसरे स्थान के लिए चल पड़ा हो; प्रस्थित; चला हुआ 2. जिसे एक स्थान से दूसरे स्थान के लिए भेज दिया गया हो; भेजा हुआ।

रवानी (फ़ा.) [सं-स्त्री.] 1. प्रवाह; बहाव 2. प्रस्थान।

रवायत (अ.) [सं-स्त्री.] 1. परंपरा से चली आई रीति; रिवाज 2. पारंपरिक कहावत या कथा।

रवासन [सं-पु.] एक पेड़ जिसके पत्ते और बीज दवा के काम आते हैं।

रवि (सं.) [सं-पु.] 1. सूर्य 2. लाल अशोक का पेड़ 3. धृतराष्ट्र का पुत्र 4. अग्नि।

रविज (सं.) [सं-पु.] 1. रवि (अर्थात सूर्य) से उत्पन्न 2. रवितनय; यमराज।

रविजा (सं.) [सं-स्त्री.] 1. रवि (अर्थात सर्य) की पुत्री 2. यमुना।

रविमंडल (सं.) [सं-पु.] रवि या सूर्य का बिंब; आकाश-व्याप्त प्रकाश; वह लाल मंडलाकार बिंब जो सूर्य के चारों ओर दिखाई देता है।

रविवार (सं.) [सं-पु.] सप्ताह का एक दिन; इतवार; आदित्यवार।

रविश (फ़ा.) [सं-स्त्री.] 1. बगीचे की क्यारियों के बीच का संकीर्ण रास्ता 2. ढंग; तौर-तरीका; अंदाज़ 3. रस्म; रिवाज 4. गति; चाल; रफ़्तार 5. कानून; कायदा 6. चलन; फ़ैशन; रवैया।

रविसुत (सं.) [सं-पु.] 1. सूर्य का पुत्र; रविपुत्र; रवि-तनय 2. शनि 3. यमराज।

रवींद्र (सं.) [सं-पु.] सूर्यदेव; सूर्यराज।

रवेदार (सं.+फ़ा.) [वि.] दानेदार; जिसमें कण हों।

रवैया (फ़ा.) [सं-पु.] 1. तरीका 2. चलन; प्रथा 3. रंग-ढंग।

रश (अं.) [सं-पु.] किसी पांडुलिपि या पत्र पर रश लिखने का अर्थ है कि इसे शीघ्र छापें।

रशना (सं.) [सं-स्त्री.] 1. रस्सी 2. करधनी 3. लगाम 4. रश्मि।

रशनोपमा (सं.) [सं-स्त्री.] (काव्यशास्त्र) एक अलंकार जिसमें उपमेयों और उपमानों की एक लड़ी रहती है।

रशाद (अ.) [सं-पु.] 1. सन्मार्ग; सुमार्ग 2. सदाचार 3. एक दवा-विशेष।

रशिया [सं-पु.] रूस देश।

रशीद (अ.) [वि.] 1. सन्मार्ग पर चलने अथवा उस दिशा में प्रेरित करने वाला; आध्यात्मिक गुरु 2. गुरु की कृपा से बना ज्ञानी अथवा निपुण।

रश्क (फ़ा.) [सं-पु.] ईर्ष्या; जलन; कुढ़न; डाह।

रश्मि (सं.) [सं-स्त्री.] 1. किरण 2. (आँखों की) बरौनी 3. घोड़े की लगाम 4. रस्सी; डोरी।

रस (सं.) [सं-पु.] 1. फल, फूल आदि में रहने वाला जलीय अंश या तरल पदार्थ 2. निर्यास; मद 3. किसी चीज़ को उबालने पर निकलने वाला तरल सार भाग 4. (काव्यशास्त्र) विभाव, अनुभाव तथा संचारी भावों के योग से होने वाली अनुभूति; किसी रचना को पढ़ने, सुनने अथवा नाटक को देखने से मन में उत्पन्न होने वाला भाव। [मु.] **-भीजना** : यौवन का आरंभ होना; प्रेम का संचार होना।

रस-धातु (सं.) [सं-पु.] 1. पारा 2. शरीर में बनने वाली सात

धातुओं में से एक।

रसक (सं.) [सं-पु.] 1. संगेबसरी; खपरिया 2. फिटकरी।

रसकेलि (सं.) [सं-स्त्री.] 1. हँसी-दिल्लगी 2. क्रीड़ा 3. विहार 4. मज़ाक।

रसकेसर (सं.) [सं-पु.] कपूर।

रसगुल्ला (सं.) [सं-पु.] छेने से बनाई जाने वाली गोल आकृति की मिठाई।

रसग्राहिता (सं.) [सं-स्त्री.] रस ग्रहण करने की क्षमता।

रसग्राही (सं.) [वि.] 1. रस ग्रहण करने वाला 2. स्वाद लेने वाला।

रसछन्ना (सं.) [सं-पु.] ईख का रस छानने की छलनी।

रसज्ञ (सं.) [वि.] 1. रस का ज्ञाता 2. काव्यरस का ज्ञाता; काव्यमर्मज्ञ 3. निपुण 4. कुशल।

रसद (अ.) [सं-पु.] 1. सेना के लिए खाद्य सामग्री 2. अनाज; खाने का सामान 3. राशन 4. भत्ता 5. हिस्सा।

रसदगाह (अ.+फ़ा.) [सं-पु.] अनाज या खाद्य-सामग्री रखने का स्थान; अनाज-गोदाम।

रसदार (सं.) [वि.] 1. जिसमें रस हो 2. रसवाला 3. स्वादिष्ट 4. शोरबेदार।

रसधार (सं.) [सं-स्त्री.] रस की धारा; ख़ुशी की धारा।

रसन (सं.) [सं-पु.] 1. स्वाद लेना; चखना 2. ध्वनि 3. जीभ; जबान 4. बलगम; (कफ़)। [वि.] पसीना लाने वाला (औषध आदि)।

रसना (सं.) [सं-स्त्री.] जीभ; जबान। [क्रि-अ.] 1. रसमग्न होना; निमग्न होना 2. तन्मय होना; लीन होना। [मु.] **-तालू से लगाना** : चुप करना; बोलना बंद करना।

रसनेंद्रिय (सं.) [सं-स्त्री.] स्वाद की इंद्रिय; जिह्वा; जीभ।

रसनोपमा (सं.) [सं-स्त्री.] उपमान अलंकार का एक भेद।

रसपति (सं.) [सं-पु.] 1. शृंगार रस 2. चंद्रमा 3. राजा 4. पारा।

रसभरी [सं-स्त्री.] 1. एक प्रकार का खट मीठा गोल फल; मकोय 2. उक्त फल का पौधा।

रसभीना (सं.) [वि.] 1. रसपूर्ण 2. रसयुक्त 3. रस से सराबोर 4. रसमग्न 5. आनंद में मग्न।

रसभेदी (सं.) [सं-पु.] रस की अधिकता से पककर फटा हुआ फल।

रसमग्न (सं.) [वि.] 1. आनंद में डूबा हुआ 2. आनंद में मग्न।

रसमय (सं.) [वि.] 1. रसयुक्त 2. रस में तन्मय; तल्लीन।

रसमलाई [सं-स्त्री.] 1. गाढ़े दूध में भिगोया हुआ रागुल्ला 2. मलाई और छेना से बनाया हुआ रसगुल्ला।

रसमसा [वि.] 1. रसपूर्ण 2. रसीला 3. रसयुक्त 4. अनुरक्त 5. गीला 6. रंग में मग्न 7. पसीने से भरा।

रसमाला (सं.) [सं-स्त्री.] एक प्रकार का सुगंधित द्रव्य; शिलारस।

रसयिता (सं.) [सं-पु.] जिसे रसानुभूति होती हो।

रसरंग (सं.) [सं-पु.] 1. प्रेमक्रीड़ा 2. रति-क्रीड़ा 3. प्रेम में मिलने वाला आनंद।

रसराज (सं.) [सं-पु.] 1. (साहित्य) शृंगार रस 2. पारा 3. गंधक; ताँबे की भस्म।

रसरी [सं-स्त्री.] 1. रस्सी; डोरी 2. छोटी या पतली रस्सी।

रसरीति (सं.) [सं-स्त्री.] प्रेम की कला या रीति।

रसलीन (सं.) [वि.] 1. आनंद से सराबोर 2. आनंद विभोर 3. आनंदमग्न।

रसवंत (सं.) [सं-पु.] 1. रसज्ञ 2. रसिक 3. प्रेमी। [वि.] रस से भरा; रसीला।

रसवंती (सं.) [सं-स्त्री.] 1. एक प्रसिद्ध औषधि 2. रसौत; रसांजन।

रसवत (सं.) [सं-स्त्री.] दे. रसवान।

रसवती (सं.) [सं-स्त्री.] 1. शुद्ध स्वरवाली एक प्रकार की संपूर्ण जाति की रागिनी 2. रसोईघर। [वि.] रस से युक्त; रसपूर्ण; रसीली।

रसवत्ता (सं.) [सं-स्त्री.] 1. रसयुक्त होना; रसीलापन 2. मिठास; माधुर्य 3. सुंदरता।

रसवाद (सं.) [सं-पु.] 1. (साहित्य) रस को प्रमुख मानते हुए साहित्य रचना करने का सिद्धांत 2. रसालाप; प्रेम और आनंद की बातचीत 3. प्रेमपूर्ण विवाद या नोंक-झोंक।

रसवान (सं.) [सं-पु.] एक प्रकार का अलंकार। [वि.] जिसमें रस हो; रसवाला।

रसवास (सं.) [सं-पु.] ढगण (छंद का सूत्र) का प्रथम भेद जिसमें एक लघु और एक गुरु रहता है।

रसविभोर (सं.) [वि.] रस में लीन या डूबा हुआ 2. आनंदविभोर।

रससिद्धांत (सं.) [सं-पु.] (काव्यशास्त्र) रस से संबंधित सिद्धांत।

रसा (सं.) [सं-स्त्री.] 1. भूमि; पृथ्वी 2. नदी 3. जीभ।

रसाँ (फ़ा.) [परप्रत्य.] पहुँचाने वाला; किसी चीज़ को दूर ले जाने वाला, जैसे- चिट्ठी रसाँ।

रसांजन (सं.) [सं-पु.] 1. रसौत 2. रसाग्रज 3. रसोद्भूत 4. रसोद्भव 5. रसोत 6. रसवत।

रसांतरण (सं.) [सं-पु.] रसांतर की अवस्था या भाव।

रसाई (फ़ा.) [सं-स्त्री.] 1. पहुँच 2. बुद्धि आदि से कहीं तक पहुँच सकने की शक्ति।

रसाकर्षण (सं.) [सं-पु.] वह प्रक्रिया जिससे शरीर का अंग शरीर में स्थित रंध्रों से रस ग्रहण करता है।

रसाज्ञान (सं.) [सं-पु.] 1. रस अथवा स्वाद का पता न होना 2. रस का अनुभव न करना अर्थात किसी खाद्य वस्तु को चखने पर भी उसके स्वाद का पता न चलना।

रसातल (सं.) [सं-पु.] ज़मीन के नीचे के सात तलों में से छठा तल।

रसात्मक (सं.) [वि.] 1. सरस; रसयुक्त 2. सुंदर; ख़ूबसूरत 3. सुस्वादु; जायकेदार 4. तरल; पानीदार; जलवाला 5. अमृत तुल्य; अमृतमय।

रसाधार (सं.) [सं-पु.] रवि; सूर्य।

रसाधिका (सं.) [सं-स्त्री.] एक सूखा फल; किसमिस।

रसानंद (सं.) [सं-पु.] सहृदय को रसानुभूति से प्राप्त होने वाला आनंद।

रसानुभव (सं.) [सं-पु.] 1. आनंद 2. रस का अनुभव।

रसानुभूति (सं.) [सं-स्त्री.] काव्य के रस से प्राप्त होने वाला

आनंद।

रसान्वेषी (सं.) [वि.] 1. रस खोजने वाला 2. रस का अन्वेषण करने वाला।

रसाभास (सं.) [सं-पु.] 1. एक अर्थालंकार 2. (साहित्य) वह साहित्यिक रचना जिसमें रस नहीं होता मात्र उसका आभास होता है; किसी साहित्यिक रचना के पठन में आस्वाद की वह स्थिति जहाँ रस का पूरी तरह से परिपाक न होता हो बल्कि रस की पूर्ण निष्पत्ति का अभाव हो।

रसायन (सं.) [सं-पु.] 1. पदार्थो के अणुओं या परमाणुओं में प्रतिक्रिया से उत्पन्न होने वाला पदार्थ (केमिकल) 2. ताँबे से सोना बनाने का एक कल्पित योग 3. आयुर्वेदिक औषधि।

रसायनज्ञ (सं.) [सं-पु.] रसायनशास्त्री। [वि.] रसायनशास्त्र का ज्ञाता।

रसायनशाला (सं.) [सं-स्त्री.] रसायन बनाने का स्थान।

रसायनशास्त्र (सं.) [सं-पु.] 1. पदार्थों में पाए जाने वाले तत्वों का वैज्ञानिक अध्ययन 2. तत्वगत परमाणुओं में विभिन्न परिस्थितियों में होने वाले परिवर्तनों या पदार्थों की नयी स्थिति का निरूपण करने वाला शास्त्र।

रसायनी (सं.) [सं-स्त्री.] बुढ़ापे को दूर करने वाली औषधि। [वि.] रसायन संबंधी।

रसाल (सं.) [सं-पु.] 1. आम 2. कटहल 3. ईख। [वि.] 1. रसीला 2. मधुर; मीठा 3. स्वादिष्ट 4. सुंदर 5. मार्जित; शुद्ध।

रसालय (सं.) [सं-पु.] 1. रस-प्राप्ति का स्थान; रस-निर्माण का स्थान; रसशाला 2. आमोद-प्रमोद का स्थान 3. आम्रवृक्ष; आम का पेड़।

रसाला (सं.) [सं-स्त्री.] 1. श्रीखंड; सिखरन 2. दही में साना गया सत्तू 3. एक तरह की चटनी।

रसालिका (सं.) [सं-स्त्री.] अँबिया। [वि.] 1. रस से युक्त 2.. मृदु 3. मधुर।

रसाली (सं.) [सं-स्त्री.] 1. गन्ना 2. पौंढ़ा। [सं-पु.] रसिक।

रसाव (सं.) [सं-पु.] 1. रसने की क्रिया अथवा भाव; वह अवस्था जिसमें कोई रस या तरल पदार्थ किसी चीज़ में से टपक रहा हो 2. खेतों को जोतकर यों ही छोड़ देना।

रसावल (सं.) [सं-पु.] एक प्रकार की बड़ी कँटीली लता; रसौल।

रसावा (सं.) [सं-पु.] मिट्टी का वह पात्र जिसमें ईख का कच्चा रस रखा जाता है।

रसास्वादन (सं.) [सं-पु.] 1. किसी रस का स्वाद लेना 2. किसी सुख अथवा आनंद का उपभोग करना।

रसास्वादी (सं.) [वि.] 1. रस का आस्वाद लेने वाला; रस चखने वाला 2. किसी सुख अथवा आनंद का उपभोग करने वाला; मज़ा लेने वाला।

रसाहार (सं.) [सं-पु.] 1. रस का आहार 2. शरबत आदि का सेवन।

रसिक (सं.) [सं-पु.] 1. सारस 2. हाथी 3. रसिया 4. जिसके हृदय में सौंदर्य, प्रेम, भक्ति, कला आदि के प्रति अनुराग हो 5. सहृदय; प्रेमी। [वि.] 1. सुंदर; मनोहर 2. स्वाद लेने वाला; रस लेने वाला 3. आनंदी; मौजी।

रसिकता (सं.) [सं-स्त्री.] 1. रसिक होने का भाव; रसिकपन 2. हँसी-मज़ाक की प्रवृत्ति 3. सुरुचि।

रसिका (सं.) [सं-स्त्री.] 1. ईख का रस 2. दही का शरबत 3. जीभ।

रसित (सं.) [सं-पु.] द्राक्षासव; अंगूरी शराब। [वि.] 1. रस से निर्मित; रसयुक्त 2. रिसता या बहता हुआ 3. टपकता हुआ।

रसिया (सं.) [सं-पु.] 1. प्रेमी; रसिक 2. गीत जो फागुन के महीने में ब्रज में गाया जाता है।

रसी[1] [सं-स्त्री.] 1. बिहार व उत्तर प्रदेश में बनने वाली एक प्रकार की सब्जी 2. रस्सी।

रसी[2] (सं.) [सं-पु.] रसिक। [वि.] 1. रसयुक्त; रसदार 2. अनुरक्त; रागान्वित; सहृदय 3. सरस; खुद रुचिकर।

रसीद (फ़ा.) [सं-स्त्री.] पावती-पत्र; पहुँच; प्राप्ति; किसी चीज़ के मिलने का प्रमाण पत्र; ख़बर।

रसीदी [वि.] रसीद संबंधी।

रसीला (सं.) [वि.] 1. रस से भरा; रसयुक्त; रसपूर्ण 2. स्वादिष्ट; मज़ेदार 3. रस अथवा आनंद लेने वाला 4. विलासी; व्यसनी 5. छैला; सुंदर; बाँका।

रसूख़ (अ.) [सं-पु.] 1. प्रभाव; पहुँच 2. विश्वास; एतवार 3. धैर्य।

रसूख़दार (अ.+फ़ा.) [वि.] 1. सम्मानित; प्रतिष्ठित 2. जिसकी पहुँच ऊँचे लोगों तक हो।

रसूम (अ.) [सं-पु.] 1. प्रथा; रस्म 2. प्रथानुसार दिया जाने वाला धन 3. भेंट; नज़राना।

रसूल (अ.) [सं-पु.] ईश्वर का प्रतिनिधि या दूत; पैगंबर।

रसूली (अ.) [वि.] 1. रसूल संबंधी 2. रसूल का।

रसोइया [सं-पु.] खाना बनाने वाला; महाराज; सूपकार।

रसोई [सं-स्त्री.] बना हुआ भोजन; पका हुआ खाद्यपदार्थ।

रसोईघर [सं-पु.] खाना बनाने का छोटा कमरा; रसोई कक्ष; चौका; रसोईगृह; पाकशाला।

रसोपचित (सं.) [वि.] रस से पोसित।

रसोपल (सं.) [सं-पु.] मोती।

रसौत (सं.) [सं-स्त्री.] एक प्रकार की औषधि।

रसौल (सं.) [सं-स्त्री.] दवा बनाने के काम आने वाली एक प्रकार की कँटीली लता जिसकी पत्तियों की चटनी भी बनाई जाती है।

रसौली [सं-स्त्री.] एक प्रकार का रोग जिसमें आँख के ऊपर भंवों के पास बड़ी गिलटी निकल आती है; आँख की भौ या पलकों के समीप की पुड़िया।

रस्तोगी [सं-पु.] वैश्यों की एक जाति।

रस्म (अ.) [सं-स्त्री.] 1. प्रथा; परंपरा; चलन; रीति 2. परिपाटी 3. चाल।

रस्म-अदायगी (फ़ा.) [वि.] प्रथा; परिपाटी या औपचारिकता निभाना।

रस्मी (अ.) [वि.] 1. पारंपरिक 2. औपचारिक 3. मामूली; साधारण।

रस्मो-रिवाज (अ.) [सं-पु.] 1. रस्म और रिवाज 2. बात-व्यवहार 3. परंपरा 4. रूढ़ि।

रस्सा [सं-पु.] 1. कई मोटे तागों से बनाई गई मोटी रस्सी 2. माप की एक इकाई जो पचहत्तर हाथ लंबी और पचहत्तर हाथ चौड़ी होती है 3. घोड़े के पैर में होने वाली एक प्रकार की बीमारी।

रस्साकशी (हिं.+फ़ा.) [सं-स्त्री.] 1. एक प्रकार का शक्ति-प्रदर्शन का खेल जिसमें दो दल पंक्तिबद्ध खड़े होकर एक रस्से को परस्पर विपरीत दिशाओं में खींचते हैं 2. किसी मामले में आपसी खींचातानी।

रस्सी [सं-स्त्री.] एक प्रकार की डोरी जो रुई, सन आदि को ऐंठकर बनाई गई हो।

रहँकला [सं-पु.] 1. तोप लादने की गाड़ी 2. एक हल की गाड़ी 3. एक प्रकार की तोप।

रहँटा (सं.) [सं-पु.] 1. चरखा 2. सूत कातने का चरखा।

रहट (सं.) [सं-पु.] खेतों की सिंचाई के लिए प्राचीन काल से प्रयुक्त एक यंत्र जिसके माध्यम से कुएँ से पानी निकाला जाता है।

रहटान [क्रि-स.] किसान का अपने खेत में रात को भेड़ रखवाना; रहौनी; भेड़ी बैसाओल।

रहठा [सं-पु.] अरहर के पौधे का सूखा हुआ तना या डंठल; कड़िया।

रहड़ा (सं.) [सं-पु.] 1. ठेला 2. बैलगाड़ी 3. छकड़ा।

रहतिया [वि.] दुकान का वह माल जो बिक्री न होने की वजह से पड़ा हो।

रहन (सं.) [सं-स्त्री.] 1. रहने का भाव 2. रहने का ढंग 3. रहना।

रहन-सहन [सं-स्त्री.] समाज में और लोगों के साथ रहने या व्यवहार करने की क्रिया या ढंग।

रहना (सं.) [क्रि-अ.] 1. स्थित होना; ठहरना 2. रुकना; थम जाना 3. विद्यमान होना 4. बसना 5. जिंदा अथवा जीवित रहना 6. स्थापित अथवा स्थित होना 7. बचना अथवा छूटना। [मु.] **रह जाना** : रुक जाना; पिछड़ जाना; असफल हो जाना।

रहनुमा (फ़ा.) [सं-पु.] राह दिखाने वाला व्यक्ति; पथप्रदर्शक।

रहनुमाई (फ़ा.) [सं-स्त्री.] 1. नेता या नायक का कार्य; नेतृत्व; अगुवाई; (लीडरशिप) 2. राह दिखाने का काम; पथप्रदर्शन।

रहबर (फ़ा.) [सं-पु.] राह दिखाने वाला; मार्गदर्शक।

रहम (अ.) [सं-पु.] 1. दया; करुणा 2. कृपा 3. अपने व्यक्ति या अपने से दुर्बल व्यक्ति को दुखी या पीड़ित देखकर उसके कष्ट; दुख आदि दूर करने का व्यवहार 4. रहमत 5. अनुकंपा; अनुग्रह।

रहमत (अ.) [सं-स्त्री.] दया; मेहरबानी।

रहमदिल (अ.) [वि.] 1. करुणापूर्ण व्यक्ति 2. दयालु 3. सहृदय।

रहमान (अ.) [वि.] परम दयालु; परम कृपालु।

रहमोकरम (अ.) [सं-पु.] रहम और करम; दया और माया।

रहरिया सेम [सं-स्त्री.] छोटी सेम।

रहरू [सं-स्त्री.] छोटी हलकी; छोटी देहाती गाड़ी; जिसमें किसान लोग खाद ढोते हैं।

रहल (अ.) [सं-स्त्री.] काठ की बनी हुई कैंचीनुमा छोटी चौकी; जिसपर रखकर मोटी पुस्तक पढ़ी जाती है।

रहवाल [सं-स्त्री.] घोड़े की चाल।

रहस (सं.) [सं-पु.] 1. गोपनीय भेद; रहस्य 2. आनंद; सुख 3. क्रीड़ा; खेल 4. एकांत स्थान।

रहस्य (सं.) [सं-पु.] 1. छिपी हुई बात; गुप्त बात; भेद 2. मर्म 3. एकांत में घटित वृत्त 4. एक संप्रदाय। [वि.] 1. गोपनीय 2. गुप्त।

रहस्यपूर्ण (सं.) [वि.] 1. रहस्य या भेद से भरा 2. मर्म; राज से भरा हुआ।

रहस्यमय (सं.) [वि.] रहस्य पूर्ण; रहस्य से भरा।

रहस्यवाद (सं.) [सं-पु.] 1. चिंतन-मनन के द्वारा ईश्वर से संपर्क स्थापित करने की प्रवृत्ति 2. आत्मा-परमात्मा के अभेद की अनुभूति तथा अव्यक्त के प्रति आत्मनिवेदन से संबद्ध सिद्धांत।

रहस्यवादी (सं.) [सं-पु.] रहस्यवाद का अनुयायी। [वि.] 1. रहस्यवाद युक्त 2. रहस्यवाद का।

रहस्यात्मक (सं.) [वि.] रहस्यमय।

रहस्योद्घाटन (सं.) [सं-पु.] 1. रहस्य प्रकट करने की क्रिया या भाव 2. किसी रूप में अंदर छिपी हुई बात प्रकट होना।

रहा-सहा [वि.] 1. बचा-खुचा 2. थोड़ा-सा 3. बाकी बचा हुआ।

रहाई [सं-स्त्री.] 1. रहने की क्रिया; भाव या ढंग 2. सुख एवं शांतिपूर्वक रहने की अवस्था या भाव 3. आराम; सुख; चैन।

रहित (सं.) [वि.] 1. के बिना; के बगैर 2. किसी वस्तु; गुण आदि से ख़ाली या हीन 3. शून्य।

रहितत्व (सं.) [सं-पु.] 1. रहित होने का भाव 2. नियम-बंधन से छूट दिये जाने की स्थिति।

रहिला [सं-पु.] चना।

रहीम (अ.) [वि.] रहम करने वाला; दयालु; कृपालु।

रहुआ [सं-पु.] टुकड़ख़ोर; पेटभरता; परमुखापेक्षी।

रहेठा [सं-पु.] अरहर का सूखा तना।

राँगड़ी [सं-स्त्री.] दक्षिणी-पश्चिमी मालव तथा मेवाड़ के आस-पास की प्रांतीय बोली या विभाषा। [सं-पु.] पंजाब में होने वाला एक प्रकार का चावल

राँगा [सं-पु.] एक प्रकार की मुलायम धातु। [सं-स्त्री.] राजस्थानी (भाषा) की एक (क्षेत्रीय) बोली।

राँचना [क्रि-अ.] अनुरक्त होना; प्रेम हो जाना; रंग पकड़ना। [क्रि-स.] रंग चढ़ाना; रँगना।

राँटा [सं-पु.] 1. टिटिहरी चिड़िया; टिट्टिभ पक्षी 2. चरखा 3. चोरों की सांकेतिक ध्वनि या बोली 4. रहट।

राँटी [सं-स्त्री.] 1. टिटिहरी 2. टिट्टिभि।

राँड़ (सं.) [सं-स्त्री.] जिसका पति मर चुका हो तथा दूसरा विवाह न हुआ हो; विधवा; बेवा।

राँढ़ [सं-पु.] एक प्रकार का चावल जो बंगाल में अधिकता से होता है। [सं-स्त्री.] लड़ाई; तकरार; इज्जत। [वि.] 1. तुच्छ;

नीच 2. कायर 3. निकम्मा।

राँध (सं.) [सं-स्त्री.] राँधने की क्रिया; भाव या ढंग। [अव्य.] 1. पास 2. समीप 3.निकट।

राँधना (सं.) [क्रि-स.] (भोजन आदि) पकाना।

रांकव (सं.) [सं-पु.] 1. रंक नामक हिरण या भेड़ के रोएँ से बना हुआ कपड़ा 2. पशम; बढ़िया और नरम ऊन।

राइ (सं.) [सं-पु.] राजा। [वि.] सबसे उत्तम; श्रेष्ठ; सबसे बढ़कर।

राइटिंग (अं.) [सं-स्त्री.] 1. लेख 2. लिखावट।

राइफ़ल (अं.) [सं-स्त्री.] एक प्रकार की बंदूक।

राइरंगा [सं-पु.] 1. चौराई की जाति का एक पौधा, जिसमें सफ़ेद रंग के दाने निकलते हैं 2. एक प्रकार का धान।

राई (सं.) [सं-स्त्री.] 1. एक प्रकार की छोटी सरसों 2. बहुत थोड़ी मात्रा या परिणाम। [मु.] **-नोन उतारना** : नज़र उतारना। **-का पहाड़ बनाना** : किसी छोटी-सी बात को बहुत बड़ा बनाना।

राका (सं.) [सं-स्त्री.] 1. एक प्रकार का चर्म रोग; खुजली नामक रोग 2. पूर्णिमा की रात।

राकेश (सं.) [सं-पु.] निशापति; चंद्रमा।

राक्षस (सं.) [सं-पु.] 1. दैत्य; निशिचर; निशाचर 2. शैतान; भयावह 3. क्रूर और पापी व्यक्ति 4. कुबेर के कोश-रक्षक।

राक्षसपति (सं.) [सं-पु.] रावण; लंकेश; दशानन।

राक्षसी (सं.) [सं-स्त्री.] 1. राक्षस की पत्नी 2. राक्षस स्त्री 3. दुष्ट या क्रूर स्वभाव वाली स्त्री। [वि.] राक्षसों जैसा (स्वभाव)।

राख [सं-स्त्री.] 1. जले हुए पदार्थ का अवशेष; भस्म 2. बरबाद; खाक।

राखदानी (हिं.+फ़ा.) [सं-स्त्री.] ऐसा पात्र जिसमें राख रखी जाती हो।

राखना [क्रि-स.] 1. रक्षा करना; रखवाली करना 2. रोकना 3. छिपाना; कपट करना।

राखी (सं.) [सं-स्त्री.] रक्षाबंधन (श्रावण पूर्णिमा) के अवसर पर बहनों द्वारा भाइयों की कलाइयों पर बाँधा जाने वाला धागा।

राग (सं.) [सं-पु.] 1. किसी ख़ास धुन में बैठाये हुए स्वर का ढाँचा 2. प्रेम; अनुराग 3. महावर 4. मोह 5. ईर्ष्या और द्वेष। [मु.] **अपना राग अलापना** : अपनी ही बात कहते जाना।

राग-चूर्ण (सं.) [सं-पु.] 1. कामदेव 2. लाख 3. खैर का पेड़।

राग-पुष्प (सं.) [सं-पु.] 1. गुल-दुपहरिया नामक पौधा और फूल 2. बंधुजीव।

राग-रंग (सं.) [सं-पु.] 1. गाना-बजाना; रंग छिड़कना 2. आनंद-मंगल।

रागच्छन्न (सं.) [सं-पु.] 1. कामदेव 2. दाशरथि राम; दशरथ-पुत्र राम।

रागदारी (सं.+फ़ा.) [सं-स्त्री.] ठीक ढंग से नियमों के अनुसार राग-रागिनियाँ गाने की क्रिया या भाव।

रागद्रव्य (सं.) [सं-पु.] रंग।

रागना (सं.) [क्रि.अ.] 1. मग्न होना; डूबना 2. रँगा जाना 3. अनुरक्त होना।

रागमाला (सं.) [सं-स्त्री.] 1. कोई ऐसा गीत या गेय पद जिसमें एक साथ कई शास्त्रीय रागों का प्रयोग किया गया हो 2. वह पुस्तक जिसमें कई रागों का संकलन हो; रागों का संग्रह।

रागरंजित (सं.) [वि.] प्रेम रंग में रँगा हुआ।

रागांगी (सं.) [सं-स्त्री.] एक प्रकार की लता जिससे रंग निकाला जाता है; मजीठ।

रागात्मक (सं.) [वि.] प्रेम उत्पन्न करने या बढ़ाने वाला; प्रेममय; प्रीतिवर्धक।

रागात्मिक (सं.) [वि.] दे. रागात्मक।

रागान्वित (सं.) [वि.] 1. जिसे राग या प्रेम हो; रागयुक्त; प्रेमयुक्त; 2. जिसे क्रोध हो; क्रोधयुक्त 3. नाराज़; अप्रसन्न।

रागिनी (सं.) [सं-स्त्री.] 1. संगीत में किसी राग का स्त्रीलिंग; संगीत में किसी राग का परिवर्तित रूप 2. भारतीय शास्त्रीय संगीत में कोई ऐसा छोटा राग जिसके स्वरों के उतार-चढ़ाव आदि का स्वरूप निश्चित और स्थिर हो 3. जयश्री नामक लक्ष्मी 4. चतुर और विदग्धा स्त्री।

रागी (सं.) [सं-पु.] 1. शास्त्रीय संगीत का ज्ञाता 2. गवैया 3. अशोक का वृक्ष। [वि.] 1. राग से युक्त 2. रँगा हुआ 3. लाल 4. विषय वासना में फँसा हुआ।

राघव (सं.) [सं-पु.] 1. रघुकुल में उत्पन्न व्यक्ति 2. (रामायण) राम का एक नाम 3. एक बहुत बड़े आकार की समुद्री मछली।

राचना [क्रि-अ.] 1. बनाना 2. निर्माण करना 3. अनुरक्त होना 4. लीन या मग्न होना 5. रँगा हुआ 6. प्यार करना 7. प्रसन्न होना 8. शोभा देना।

राछ (सं.) [सं-स्त्री.] 1. कारीगरों का उपकरण 2. लकड़ी के मुख्य अंश या हीर 3. जुलाहों का औज़ार 4. जुलूस 5. हथौड़ा।

राज (सं.) [सं-पु.] 1. राज्य; शासन 2. राजा द्वारा शासित देश; राज्य 3. प्रभुत्व। [मु.] **-रजना** : बहुत अधिक सुख और अधिकार भोगना।

राज़ (फ़ा.) [सं-पु.] 1. गुप्त योजना; रहस्य 2. भेद।

राज-चिह्न (सं.) [सं-पु.] राजा की पहचान के चिह्न (छत्र, चँवर, दंड आदि)।

राजकरण (सं.) [सं-पु.] 1. न्यायालय; अदालत 2. राजनीति।

राजकर्मचारी (सं.) [सं-पु.] 1. राज्य या शासन द्वारा नियुक्त कर्मचारी 2. राजकीय कर्मचारी।

राजकाज (सं.) [सं-पु.] 1. राज्य अथवा शासन संबंधी कार्य; राजतंत्र; राज्य व्यवस्था 2. प्रशासन।

राजकार्य (सं.) [सं-पु.] शासन का काम।

राजकीय (सं.) [वि.] राज्य या राजा से संबंध रखने वाला; शासन से संबंधित।

राजकुमार (सं.) [सं-पु.] राजा का बेटा; राजपुत्र; कुमार; नवाबज़ादा; राजकुँअर; युवराज; (प्रिंस)।

राजकुमारी (सं.) [सं-स्त्री.] राजा की बेटी; युवरानी; शहज़ादी; (प्रिंसेस)।

राजकुल (सं.) [सं-पु.] 1. राजवंश 2. राजदरबार 3. राजप्रासाद।

राजकोष (सं.) [सं-पु.] 1. शाही ख़जाना 2. सरकारी ख़जाना।

राजकोषाध्यक्ष (सं.) [सं-पु.] राजकोष का सबसे बड़ा

अधिकारी।

राजग[1] [सं-पु.] राष्ट्रीय जनतांत्रिक गठबंधन का संक्षिप्त रूप।

राजग[2] (सं.) [सं-पु.] वह भूमि जो राज्य की देख-रेख अथवा नियंत्रण में हो।

राजगद्दी (सं.) [सं-स्त्री.] 1. राजसिंहासन 2. राज्याभिषेक 3. राज्याधिकार।

राजगिरि (सं.) [सं-पु.] 1. मगध जनपद का एक पर्वत 2. बथुआ।

राजगीर (हिं.+फ़ा.) [सं-पु.] मकान बनाने वाला कारीगर; राजमिस्त्री; राज; थवई; मेमार; गजधर।

राजगीरी (हिं.+फ़ा.) [सं-स्त्री.] राजगीर का कार्य या पद; थवईगीरी।

राजगृह (सं.) [सं-पु.] राजा का महल या भवन।

राजघराना (सं.) [सं-पु.] राजा का घराना; राजकुल।

राजतंत्र (सं.) [सं-पु.] वह शासन-प्रणाली जिसमें राज्य का शासन किसी राजा के अधीन होता है।

राजतंत्रवाद (सं.) [सं-पु.] दे. राजतंत्र।

राजतंत्रवादी (सं.) [सं-पु.] राजतंत्र का समर्थक; राजतंत्र में विश्वास करने वाला व्यक्ति।

राजतिलक (सं.) [सं-पु.] नये राजा के राज्यारोहन का उत्सव; राज्याभिषेक।

राजत्व (सं.) [सं-पु.] राजा होने की अवस्था, भाव या पद।

राजदंड (सं.) [सं-पु.] 1. राजा अथवा राज की ओर से दिया जाने वाला दंड 2. राजाज्ञा 3. राजशासन।

राजदंत (सं.) [सं-पु.] दाँतों की पक्ति के बीच का वह दाँत जो और दाँतों की अपेक्षा बड़ा और चौड़ा होता है।

राजदरबार [सं-पु.] 1. राजा का दरबार 2. राजाओं का सभागृह।

राजदान (फ़ा.) [वि.] 1. भेदी 2. गुप्तचर 3. रहस्य जानने वाला।

राज़दार (फ़ा.) [सं-पु.] 1. रहस्य या भेद को जानने वाला व्यक्ति; रहस्यमयी 2. साथी; संगी। [वि.] राज़ को जानने वाला।

राजदुलारा (सं.) [वि.] 1. राजा का प्रिय 2. युवराज 3. छोटे बच्चों के लिए एक प्यार भरा संबोधन।

राजदूत (सं.) [सं-पु.] 1. वह दूत जो किसी एक राज्य की ओर से दूसरे राज्य में कूटनीतिक संबंध स्थापित करने के लिए भेजा जाता है 2. प्रतिनिधि 3. संदेशवाहक।

राजदूतावास (सं.) [सं-पु.] राजदूत का निवास स्थान और कार्यालय।

राजदूत्व (सं.) [सं-पु.] 1. राजदूत का कार्य 2. एक राज्य से दूसरे राज्य संदेश पहुँचाने का कार्य।

राजद्रोह (सं.) [सं-पु.] राज्य या राजा के विरुद्ध आचरण; बगावत या विद्रोह।

राजद्रोही (सं.) [वि.] राजद्रोह करने वाला; बागी; गद्दार।

राजद्वार (सं.) [सं-पु.] 1. राजा के महल का मुख्य द्वार 2. न्यायालय; कचहरी 3. राजा की ड्योढ़ी।

राजधानी (सं.) [सं-स्त्री.] 1. राज्य का शासन केंद्र; (कैपिटल) 2. मुख्य नगर; प्रधान केंद्र; 3. मुख्यालय।

राजधुस्तूरक (सं.) [सं-पु.] 1. एक प्रकार का धतूरा जिसके फूल बड़े और कई आवरण के होते हैं 2. पीला धतूरा जो सोने की तरह दिखता है; कनक धतूरा; राजधूर्त; राजस्वर्ण।

राजनगरी (सं.) [सं-स्त्री.] किसी राज्य का मुख्य नगर; राजधानी।

राजनपाना [सं-पु.] लकड़ी का गज; लकड़ी का बना वह मापक, जिस पर गज आदि की दूरी पर निशान बने होते हैं।

राजनय (सं.) [सं-पु.] 1. कूटनीति 2. राजनीति।

राजनयिक (सं.) [सं-पु.] राज्यों के आपसी संबंधों पर कुशलतापूर्वक बातचीत करने वाला व्यक्ति; कूटनीतिज्ञ; (डिप्लोमेट)। [वि.] राजनीतिक।

राजनीति (सं.) [सं-स्त्री.] 1. सत्ता चलाने का व्यवहार; राज्य की सुरक्षा तथा शासन को दृढ़ करने का उपाय बताने वाली नीति 2. राजपद्धति; राजविद्या।

राजनीतिक (सं.) [वि.] 1. राजनीति से संबंधित 2. सियासी 3. प्रशासनिक।

राजनीतिकरण (सं.) [सं-पु.] किसी बात या विषय को राजनीतिक रंग देने का उपक्रम या भाव।

राजनीतिज्ञ (सं.) [सं-पु.] राजनीति का ज्ञाता या जानकार।

राजनील (सं.) [सं-पु.] पन्ना; मर्कत मणि; हरित मणि; राजनील।

राजनेता (सं.) [सं-पु.] राज्य का नेता; राष्ट्रीय नेता।

राजनैतिक (सं.) [वि.] दे. राजनीतिक।

राजन्य (सं.) [सं-पु.] 1. राजा 2. क्षत्रिय 3. अग्नि।

राजपति [सं-पु.] सम्राट; राजा।

राजपत्र (सं.) [सं-पु.] शासन की ओर से प्रकाशित राजाज्ञा, अध्यादेश, विधेयक, नियुक्ति संबंधी आदेश आदि।

राजपत्रित (सं.) [वि.] वह अधिकारी जिसकी नियुक्ति, पदोन्नति, वेतन-वृद्धि संबंधी सूचनाएँ सरकारी अध्यादेश में छपती है।

राजपथ (सं.) [सं-पु.] मुख्य मार्ग; प्रधान मार्ग।

राजपद (सं.) [सं-पु.] राजा का पद।

राजपरिवार (सं.) [सं-पु.] 1. राजा का परिवार 2. राजकीय परिवार के सदस्य।

राजपाट (सं.) [सं-पु.] 1. वैभव 2. गद्दी; राजसिंहासन 3. शासन दायित्व; कार्यपालन।

राजपीठ (सं.) [सं-पु.] सभाओं आदि में वह आसन जिसपर सत्ताधारी पक्ष के लोग बैठते हैं।

राजपुत्र (सं.) [सं-पु.] 1. राजा का पुत्र 2. राजकुमार 3. बुध ग्रह।

राजपुरुष (सं.) [सं-पु.] 1. राजकीय कर्मचारी 2. राज्य या शासन का प्रधान कर्मचारी।

राजपूत (सं.) [सं-पु.] 1. क्षत्रियों के कुछ विशिष्ट वंश 2. योद्धा जाति 3. राजपूत वंश का कोई व्यक्ति 4. वह जो राजा का पुत्र हो।

राजपूतनी (सं.) [सं-स्त्री.] राजपूत स्त्री।

राजपूताना (सं.) [सं-पु.] 1. आधुनिक राजस्थान का पुराना नाम 2. राजपूतों का गढ़।

राजपूती (सं.) [वि.] राजपूत संबंधी।

राजप्रासाद (सं.) [सं-पु.] राजा का महल; राजमहल।

राजफल (सं.) [सं-पु.] 1. आम 2. पटोल; परवल 3. खिरनी।

राजभक्त (सं.) [वि.] 1. देशभक्त 2. वह व्यक्ति जो अपने राज्य या राजा के प्रति भक्ति रखता हो।

राजभक्ति (सं.) [सं-स्त्री.] राजा या देश के प्रति प्रेम व निष्ठा।

राजभवन (सं.) [सं-पु.] 1. राज्यपाल का निवास 2. राजा का महल।

राजभाषा (सं.) [सं-स्त्री.] किसी राज्य अथवा देश की राजकार्य में प्रयुक्त होने वाली भाषा।

राजभोग (सं.) [सं-पु.] 1. राज्य या शासन का सुख भोगना 2. राज करना 3. एक प्रकार का चावल 4. उच्च प्रजाति का बढ़िया आम 5. एक प्रकार की मिठाई।

राजमहल [सं-पु.] 1. राजा का महल 2. राजप्रासाद।

राजमहिषी (सं.) [सं-स्त्री.] महारानी; पटरानी।

राजमा (सं.) [सं-स्त्री.] एक महत्वपूर्ण दलहनी फ़सल, जिसके पौधे सहारे से चढ़ने वाले तथा झाड़ीनुमा होते हैं इसके सूखे दानों का दाल के रूप में तथा हरी फलियों का सब्ज़ी के रूप में प्रयोग होता है।

राजमाता (सं.) [सं-स्त्री.] राजा या शासक की माता।

राजमार्ग (सं.) [सं-पु.] मुख्य सड़क; राजपथ; वह सड़क जो राजभवन को जाती है।

राजमुद्रा (सं.) [सं-स्त्री.] 1. सरकारी मुहर 2. राजा के नाम की मुहर।

राजयक्ष्मा (सं.) [सं-पु.] 1. क्षयरोग; तपेदिक 2. यक्ष्मा नामक बीमारी।

राजयक्ष्मी (सं.) [वि.] जिसे राजयक्ष्मा रोग हुआ हो; क्षय रोग से पीड़ित; क्षयरोगी; क्षयी।

राजयोग (सं.) [सं-पु.] 1. (ज्योतिष) ग्रहों का एक योग जिसके अनुसार मनुष्य राजा होता है या राजा के समान पूज्य होता है 2. अष्टांग योग।

राजराजेश्वर (सं.) [सं-पु.] 1. सम्राट; महाराज 2. राजाओं का राजा 3. अनेक शासकों का प्रधान राजा।

राजरोग (सं.) [सं-पु.] 1. असाध्य रोग 2. क्षय रोग।

राजर्षि (सं.) [सं-पु.] वह ऋषि जो राजवंश या क्षत्रिय कुल में उत्पन्न हुआ हो; क्षत्रिय ऋषि; राजऋषि।

राजलिपि (सं.) [सं-स्त्री.] किसी राज्य या शासन के कार्यों में काम आने वाली लिपि।

राजवंश (सं.) [सं-पु.] 1. राजा का वंश 2. राजा का कुल या परिवार; राजकुल।

राजशास्त्र [सं-पु.] राजनीति शास्त्र।

राजशास्त्री [सं-पु.] 1. राजनीति शास्त्र का ज्ञाता 2. राज्य या शासन का ज्ञाता।

राजशाही (सं.+अ.) [वि.] राजा से संबंधित; शाही; राजसी।

राजश्री [सं-स्त्री.] 1. राजा का वैभव 2. राज्यश्री 3. राज-लक्ष्मी।

राजस (सं.) [सं-पु.] 1. रजोगुण 2. राज्याधिकार 3. राजा का सिहांसन 4. क्रोध; आवेश। [वि.] रजोगुणी।

राजसंपदा (सं.) [वि.] राज्य की संपत्ति।

राजसत्ता (सं.) [सं-पु.] 1. राजा या राज्य की सत्ता या प्रभुत्व 2. राजशक्ति 3. राजतंत्र।

राजसत्तात्मक (सं.) [वि.] वह शासन जिसमें राजा की सत्ता प्रधान हो।

राजसभा (सं.) [सं-स्त्री.] 1. राजाओं की सभा 2. राज दरबार

राजसिंहासन (सं.) [सं-पु.] राजगद्दी; सिंहासन; राजा या महाराजा के बैठने का स्थान।

राजसिक [वि.] रजोगुणी।

राजसी [वि.] राजा के अनुकूल; शाही।

राजसूय (सं.) [सं-पु.] प्राचीन काल में सम्राट पद का अधिकारी बनने के लिए आयोजित एक यज्ञ जो कई यज्ञों का समष्टि रूप होता था।

राजस्थान (सं.) [सं-पु.] 1. भारत के के राज्य 2. राजपूताना।

राजस्थानी [सं-स्त्री.] 1. राजस्थान की भाषा 2. राजस्थान का निवासी।

राजस्व (सं.) [सं-पु.] राजा अथवा राज्य का अंश; राजा अथवा राज्य को प्रजा अथवा जनता मिलने वाला कर अथवा धन।

राजस्व न्यायालय (सं.) [सं-पु.] 1. राजस्व संबंधी मुकदमों का न्यायालय 2. मालगुजारी या लगान आदि के मुकदमे सुनने वाली अदालत।

राजस्वी (सं.) [वि.] कर या राजस्व संबंधी।

राजहंस (सं.) [सं-पु.] वर्षाऋतु में हिमालय पर स्थित मानसरोवर झील की ओर प्रवास करने वाली हंस की एक प्रजाति।

राजहत्या (सं.) [सं-पु.] राजा या राजपरिवार के किसी सदस्य की हत्या (का आरोप)।

राजहित (सं.) [सं-पु.] राजा अथवा राज्य का हित।

राजा (सं.) [सं-पु.] 1. किसी देश का प्रधान शासक और स्वामी 2. नरेश; अधिपति; मालिक 3. धनी व्यक्ति; संपन्न व्यक्ति।

राजाज्ञा (सं.) [सं-स्त्री.] राजा या राज्य की आज्ञा।

राजाधिकारी (सं.) [सं-पु.] राज्य का अधिकारी; राजकर्मचारी।

राजाधिराज (सं.) [सं-पु.] राजाओं का राजा; सम्राट।

राजाभियोग (सं.) [सं-पु.] राजा द्वारा बलपूर्वक या ज़बरदस्ती अपनी प्रजा से कोई काम कराना।

राजावर्त (सं.) [सं-पु.] नीले रंग का एक पत्थर; लाजवर्द; लाजवर्त; एक प्रकार का रत्न।

राजाश्रय (सं.) [सं-पु.] 1. राज्य का आश्रय या शरण 2. राजा का आश्रय।

राजि (सं.) [सं-स्त्री.] 1. रेखा; लकीर 2. श्रेणी; पंक्ति; कतार; अवली 3. राई।

राजिका (सं.) [सं-स्त्री.] 1. राई 2. पंक्ति; श्रेणी 3. रेखा; लकीर 4. केदार; क्यारी।

राज़ी (अ.) [वि.] 1. तैयार; सहमत 2. ख़ुश; ख़ुशी; प्रसन्न 3. स्वस्थ; निरोग 4. सुखी।

राज़ीनामा (अ.+फ़ा.) [सं-पु.] वादी-प्रतिवादी की आपसी सहमति से मुक़दमे को उठाने के लिए दिया गया पत्र; सुलहनामा।

राजीव (सं.) [सं-पु.] 1. नीला कमल 2. कमल 3. हाथी 4.

सारस 5. रैया मछली 6. मृग। [वि.] 1. धारीदार 2. जिसे राजवृति मिलती है।
राजीविनी (सं.) [सं-स्त्री.] कमलिनी।
राजेंद्र (सं.) [सं-पु.] राजाओं का राजा; राजाधिराज; सम्राट।
राजेश (सं.) [सं-पु.] दे. राजेंद्र।
राजेश्वर (सं.) [सं-पु.] 1. सम्राट 2. राजाओं का राजा। [सं-स्त्री.] एक रागिनी।
राज्य (सं.) [सं-पु.] प्रदेश; प्रांत।
राज्यकोष (सं.) [सं-पु.] सरकार का ख़जाना; सरकारी ख़जाना।
राज्याभिषेक (सं.) [सं-पु.] राजगद्दी पर किसी नए राजा के बैठने पर होने वाला औपचारिक उत्सव; राज्यारोहण ।
राज्यारोहण (सं.) [सं-पु.] किसी राजा द्वारा राज्य का कार्यभार ग्रहण करते समय होने वाला औपचारिक समारोह।
राज्याश्रित (सं.) [वि.] जिसका पालन-पोषण राज्य या शासन द्वारा हो।
राटिन [सं-पु.] एक प्रकार का मोटा धान।
राठौर (सं.) [सं-पु.] 1. मध्य काल में एक प्रसिद्ध क्षत्रिय राजवंश 2. क्षत्रियों का एक कुलनाम या सरनेम।
राड़ (सं.) [सं-स्त्री.] लड़ाई; युद्ध [वि.] 1. कायर 2. नीच; तुच्छ 3. निकम्मा।
राड़ा [सं-पु.] एक प्रकार का तेलहन; सरसो; सर्षप।
राड़ी [सं-स्त्री.] एक किस्म की घास; एक घास जो परती जमीन में उगती है।
राढ़ी [सं-स्त्री.] 1. एक प्रकार की मोटी घास 2. एक प्रकार का आम।
राणा [सं-पु.] मध्यकाल में राजस्थान के कुछ राजाओं-सरदारों के लिए प्रयुक्त संबोधन।
रात (सं.) [सं-स्त्री.] 1. निशा; रात्रि 2. समय का वह भाग जब सूर्य का प्रकाश दिखाई नहीं देता।
रात-दिन [अव्य.] 1. सदा; हमेशा 2. हर समय।
रात-बिरात [क्रि.वि.] 1. किसी भी समय 2. समय की परवाह किए बगैर।
रातना (सं.) [क्रि-अ.] 1. अनुरक्त होना; मुग्ध होना 2. रंग जाना 3. लाल रंग से रँगा जाना।
रातरानी (सं.) [सं-स्त्री.] एक पौधा जिसका फूल रात में खिलता है।
रातिब (अ.) [सं-पु.] 1. पशुओं को दिया जाने वाला भोजन 2. वेतन।
रातोंरात (सं.) [क्रि.वि.] 1. रात भर में; एक ही रात में 2. बहुत कम समय में।
रात्रक (सं.) [वि.] रात्रि संबंधी; रात का।
रात्रि (सं.) [सं-स्त्री.] सूर्यास्त से लेकर सूर्योदय तक की अवधि; रजनी; रात; निशा।
रात्रि-जागरण (सं.) [सं-पु.] किसी कार्य-विशेष को पूर्ण करने के उद्देश्य से रात में जगना।
रात्रि-परिधान (सं.) [सं-पु.] रात में पहने जाने वाला आरामदेह वस्त्र।
रात्रिकालीन (सं.) [वि.] रात के समय का।
रात्रिभोज (सं.) [सं-पु.] रात के समय दिया जाने वाला भोज या खाने का दावत; (डिनर)।
रात्रिशाला (सं.) [सं-स्त्री.] रात में पढ़ाई की व्यवस्था वाली पाठशाला या कार्यशाला।
राध [सं-स्त्री.] पीव; मवाद।
राधन (सं.) [सं-पु.] 1. प्रसन्न और संतुष्ट करना 2. साधन 3. मिलना 4. उपासना करना।
राधना (सं.) [क्रि-स.] 1. आराधना या पूजा करना 2. चालाकी से काम निकालना 3. पूरा करना।
राधा (सं.) [सं-स्त्री.] 1. (पुराण) वृषभानु की कन्या तथा कृष्ण की प्रेमिका 2. अंतर्मुखी वृत्ति या स्वभाव 3. प्रीति; अनुराग 4. विशाखा नक्षत्र 5. वैशाख की पूर्णिमा।
राधारानी (सं.) [सं-स्त्री.] 1. राधा; राधिका; वृषभानुजा; श्यामा; राधे रानी; वार्षभानवी; वृंदावनेश्वरी; श्रीनितंबा 2. वृषभानु की पुत्री जो कृष्ण की प्रेमिका थी।
राधावल्लभ (सं.) [सं-पु.] 1. श्री कृष्ण 2. राधा के प्रिय।
राधावल्लभी (सं.) [सं-पु.] 1. वैष्णव धर्म का एक संप्रदाय 2. मध्यकालीन भक्ति संप्रदाय के अनुयायी।
राधास्वामी (सं.) [सं-पु.] 1. एक मतप्रवर्तक आचार्य 2. एक संप्रदाय के अनुयायी।
राधिका (सं.) [सं-स्त्री.] 1. राधा 2. (काव्यशास्त्र) एक प्रकार का मात्रिक छंद।
राधेश्याम (सं.) [सं-पु.] राधा और श्याम।
राध्य (सं.) [वि.] आराधना करने के योग्य; आराध्य।
रान (फ़ा.) [सं-स्त्री.] जाँघ; जंघा।
रानी (सं.) [सं-स्त्री.] 1. प्रेयसी या पत्नी के लिए स्नेह युक्त संबोधन 2. राजा की पत्नी 3. स्वामिनी; मालकिन।
रानी काजल [सं-पु.] 1. एक धान 2. उक्त धान का चावल।
रापती [सं-स्त्री.] एक छोटी नदी जो नेपाल के पहाड़ों से निकलकर गोरखपुर के निकट सरयू में मिलती है।
राब (सं.) [सं-स्त्री.] आँच में पका कर गाढ़ा किया गया गन्ने का रस; खाँड़।
राबिता (अ.) [सं-पु.] 1. मेल-मिलाप 2. संबंध 3. जोड़; मेल।
राम (सं.) [सं-पु.] 1. (रामायण) अयोध्या के राजा दशरथ के ज्येष्ठ पुत्र 2. भारतीय मिथक में मर्यादापुरुषोत्तम के प्रतीक-रूप 3. ईश्वर का पर्याय 4. एक प्रकार का छंद 5. बलराम 6. ईश्वर; भगवान।
राम-कहानी [सं-स्त्री.] 1. व्यवस्थित; विवरण 2. अपनी कहानी; आपबीती।
राम अजवाइन [सं-पु.] एक किस्म का महीन धान।
राम केसवर [सं-पु.] मिसरीकंद।
रामकथा (सं.) [सं-स्त्री.] 1. राम की कथा जो पुराणों तथा अन्य ग्रंथों में वर्णित है 2. जीवन में घटित घटनाओं का विस्तृत वृत्तांत अथवा ब्योरा।
रामकृष्ण (सं.) [सं-पु.] 1. राम और कृष्ण 2. उन्नीसवीं शताब्दी

का बंगाल का एक प्रसिद्ध संत।

रामचंगी [सं-स्त्री.] एक प्रकार की तोप।

रामचंद्र (सं.) [सं-पु.] 1. (रमायाण) अयोध्या के राजा दशरथ के पुत्र 2. भारतीय मिथक में मर्यादा पुरुषोतम राम, जिन्होंने रावण का वध किया था।

रामचक्कर [सं-पु.] बल्ला; विशेष प्रकार का कंडा जिसे होलिका दहन में प्रयोग करते हैं।

रामजना [सं-पु.] जिसके पिता का पता न हो; वर्णसंकर।

रामजीरा [सं-पु.] एक प्रकार का महीन धान।

रामतरोई [सं-स्त्री.] भिंडी।

रामदूत (सं.) [सं-पु.] 1. हनुमान 2. अंगद।

रामधुन (सं.) [सं-स्त्री.] 1. भक्तिपूर्वक राम का नाम जपना 2. वह भजन जिसमें राम नाम बार-बार आता हो।

रामनवमी (सं.) [सं-स्त्री.] 1. चैत्र शुक्ल नवमी 2. श्रीराम का जन्म दिवस।

रामनामी [सं-स्त्री.] 1. गले में पहनने का एक प्रकार का आभूषण 2. एक दुपट्टा जिसपर राम नाम लिखा हो।

रामपरोसा [सं-पु.] भिंडी।

रामपुरी (सं.) [सं-स्त्री.] 1. स्वर्ग 2. साकेत 3. अयोध्या। [वि.] रामपुर का।

रामफटाका [सं-पु.] 1. रामानंदी तिलक 2. एक दार्शनिक संप्रदाय जिसके अनुयायी मस्तक पर लंबा तिलक लगाते हैं।

रामबाण (सं.) [वि.] 1. अतिशीघ्र लाभ करने वाला (औषध या नुस्खा) 2. अमोघ; अचूक।

रामबास [सं-पु.] एक प्रकार का धान व उसका चावल।

रामभरोसे [क्रि.वि.] 1. भगवान की इच्छानुसार 2. भाग्य पर अवलंबित।

रामभोज [सं-पु.] एक प्रकार का महीन धान।

राममाला [सं-पु.] घुटनों तक लटकने वाली बड़ी माला।

रामरज (सं.) [सं-स्त्री.] एक प्रकार की पीली मिट्टी।

रामरस (सं.) [सं-पु.] 1. नमक 2. पीसी और घोली हुई भाँग।

रामराज्य (सं.) [सं-पु.] 1. श्रीराम का शासन 2. ऐसा शासनकाल जिसमें सभी सुखी और चिंता मुक्त हों 3. सुशासन।

रामरौला [सं-पु.] व्यर्थ का हल्ला-हंगामा।

रामलीला (सं.) [सं-स्त्री.] 1. (पुराणों) अयोध्या के राजा दशरथ के ज्येष्ठ पुत्र राम के चरित्र का अभिनय 2. (पुराण) अयोध्या के राजा दशरथ के ज्येष्ठ पुत्र राम के चरित्र के अभिनय के लिए राम के जन्म से रावण वध तक होने वाला आयोजन।

रामशर (सं.) [सं-पु.] 1. एक प्रकार का नीरस पौधा जो आकार-प्रकार में ईख जैसा दिखता हो 2. सरकंडा।

रामसनेही (सं.) [सं-पु.] निर्गुणोपासक संतों का एक संप्रदाय।

रामा (सं.) [सं-स्त्री.] 1. सुंदर स्त्री 2. गायन कला में प्रवीण स्त्री; कला कुशल स्त्री 3. लक्ष्मी 4. सीता 5. रुक्मणी 6. राधा 7. कार्तिक बदी ग्यारह की तिथि; एकादशी 8. प्रियतमा; पत्नी 9. हींग 10. ईंगुर; शिंगरफ 11. नदी 12. सफ़ेद भटकटैया 13. घीकुआर 14. शीतल 15. अशोक 16. गोरोचन 17. एक वनौषधि; सुगंधवाला।

रामानंदी (सं.) [सं-पु.] रामानंद द्वारा प्रवर्तित रामावत संप्रदाय का अनुयायी। [वि.] 1. रामानंद संबंधी 2. रामानंद के संप्रदाय का अनुयायी।

रामानुज (सं.) [सं-पु.] राम का अनुज; लक्ष्मण।

रामायण (सं.) [सं-पु.] संस्कृत भाषा में वाल्मीकि रचित महाकाव्य जिसमें राम के चरित्र का वर्णन है।

रामायणी (सं.) [सं-पु.] 1. रामायण का ज्ञाता 2. रामायण कथा सुनाने वाला। [वि.] 1. रामायण संबंधी 2. रामायण का।

रामायुध (सं.) [सं-पु.] धनुष।

राय[1] [सं-पु.] 1. छोटा राजा; सामंत या सरदार 2. एक कुलनाम या सरनेम 3. भाटों की उपाधि।

राय[2] (अ.) [सं-स्त्री.] 1. सुझाव; सलाह 2. मत; विचार 3. तदवीर।

रायज (अ.) [वि.] 1. जो रीति के अनुरूप हो 2. जारी; प्रचलित।

रायता [सं-पु.] दही में बूँदी या उबली हुई सब्ज़ी (लौकी, कुम्हड़ा) आदि में नमक मिलाकर तैयार किया हुआ खाद्य पदार्थ।

रायबहादुर (सं.) [सं-पु.] एक उपाधि जो ब्रिटिश-शासन में भारतीय धनी व्यक्तियों या ज़मींदारों को दी जाती थी।

रायभोग (सं.) [सं-पु.] एक प्रकार की धान व उसका चावल।

रायमुनी [सं-स्त्री.] मदिया; मुनिया; लाल नामक पक्षी की मादा।

रायसा [सं-पु.] 1. रासा; रासो 2. राजा का चरित्र विषयक काव्य-ग्रंथ।

रार (सं.) [सं-पु.] लड़ाई; झगड़ा; टंटा; हुज्जत; तकरार।

राल (सं.) [सं-स्त्री.] 1. एक प्रकार का सदाबहार पेड़, इस पेड़ का उपयोग सुगंध, औषधि के लिए किया जाता है 2. पशुओं का एक रोग।

रालदार (सं.+फ़ा.) [वि.] गोंद लगा हुआ; लसलसा; लसदार।

राव (सं.) [सं-पु.] 1. राजा 2. राजाओं की पदवी 3. हलका शोर; धीमा कोलाहल 4. बंदीजन।

रावटी [सं-स्त्री.] 1. कपड़े आदि का घर; (टेंट) 2. बारहदरी।

रावण (सं.) [सं-पु.] (रामायण) लंका का प्रसिद्ध राजा जो अपने दस सिरों और बीस भुजाओं के कारण भी जाना जाता था (साधारण से दस गुणा अधिक मस्तिष्क शक्ति और बीसगुना बाहुबल); दशानन; राम-कथा का मुख्य खल पात्र। [वि.] 1. रुलाने वाला 2. हाहाकार मचाने वाला।

रावत (सं.) [सं-पु.] 1. छोटा राजा 2. सामंत; सरदार 3. सेनापति 4. वीर 5. शूर 6. योद्धा 7. ब्राह्मणों में एक कुलनाम।

रावल (सं.) [सं-पु.] 1. राजा 2. सरदार 3. राजा का महल 4. आदर सूचक शब्द।

रावला (सं.) [सर्व.] रावरा।

रावली (सं.) [सं-स्त्री.] 1. अंत:पुर 2. राजाओं का निवास या महल।

रावी (सं.) [सं-स्त्री.] पंजाब की पाँच नदियों में से एक; वेदों में वर्णित इरावती नदी का आधुनिक नाम।

राशन (अं.) [सं-पु.] 1. खाद्य पदार्थ 2. रसद; सेना या सिपाही आदि की खुराक 3. सरकार द्वारा निर्धारित मूल्य पर गरीब

जनता को दी जाने वाली खाद्य-सामाग्री।

राशनकार्ड (अं.) [सं-पु.] नियंत्रित मूल्य तथा निश्चित मात्रा में वस्तुओं को प्राप्त करने का अधिकार पत्र।

राशनी [वि.] राशन संबंधी; राशन का।

राशि (सं.) [सं-स्त्री.] 1. समान किस्म या जाति की वस्तुओं का ढेर 2. क्रांतिवृत्त के अंदर पड़ने वाले ताराओं का समूह; नक्षत्र।

राशि-चक्र (सं.) [सं-पु.] 1. ग्रहों के चलने का वृत्ताकार पथ 2. आकाश का वह कटिबंध जिसमें सूर्य; ग्रह और चंद्रमा भ्रमण करते हुए प्रतीत होते हैं।

राशी (अ.) [वि.] घूस अथवा रिश्वत लेने वाला; घूसख़ोर; रिश्वतख़ोर।

राष्ट्र (सं.) [सं-पु.] देश; राज्य; वह निश्चत भू-भाग जिसकी अपनी सीमा, जनसंख्या, सेना तथा सरकार हो; (नेशन)।

राष्ट्र-गान (सं.) [सं-स्त्री.] राष्ट्र के सम्मान में गाया जाने वाला गान।

राष्ट्र-गौरव (सं.) [सं-पु.] किसी राष्ट्र के लिए गर्व करने वाली बात।

राष्ट्रगीत (सं.) [सं-पु.] किसी राष्ट्र के द्वारा चुना गया गीत जिसमें उस राष्ट्र की अस्मिता का वर्णन होता है और जिसे ख़ास अवसरों पर समूह स्वरों में गाया जाता है।

राष्ट्रत्व (सं.) [सं-पु.] 1. राष्ट्रीयता 2. राष्ट्र प्रेम की भावना।

राष्ट्रद्रोह (सं.) [सं-पु.] देशद्रोह।

राष्ट्रद्रोही (सं.) [सं-पु.] राष्ट्र से विद्रोह करने वाला व्यक्ति।

राष्ट्रध्वज (सं.) [सं-पु.] किसी राष्ट्र अथवा देश का राष्ट्रीय झंड़ा; (नेशनल फ्लैग)।

राष्ट्रनायक (सं.) [सं-पु.] राष्ट्र या देश का नायक।

राष्ट्रपति (सं.) [सं-पु.] 1. सर्वप्रधान शासक; राष्ट्रनेता 2. अधिपति 3. राष्ट्राध्यक्ष 4. जनाधिपति।

राष्ट्रपरिषद (सं.) [सं-स्त्री.] किसी देश के प्रधान अधिकारियों की सभा।

राष्ट्रपिता (सं.) [सं-पु.] किसी राष्ट्र के महान जन-नेता को सम्मान में प्रदान की गई एक भावनात्मक उपाधि।

राष्ट्रभक्त (सं.) [सं-पु.] 1. देश भक्त 2. देश के प्रति ईमानदार रहने वाला व्यक्ति।

राष्ट्रभाषा (सं.) [सं-स्त्री.] किसी देश की वह भाषा जिसका व्यवहार उस देश के नागरिक (अन्य भाषा-भाषी नागरिक भी) सार्वजनिक कार्यों में करते हैं।

राष्ट्रमंडल (सं.) [सं-पु.] 1. स्वतंत्र राष्ट्रों का एक ऐसा समूह जिसमें सभी का समान हित, समान भावना और सबके कुछ निश्चित कर्तव्य हों 2. स्वतंत्र राष्ट्रों का ऐसा समूह जिसमें केंद्रीय शक्ति या सत्ता नहीं होती; (कामनवेल्थ)।

राष्ट्रलिपि (सं.) [सं-स्त्री.] वह लिपि जिसमें किसी देश की राष्ट्रभाषा लिखी जाती है।

राष्ट्रवाद (सं.) [सं-पु.] एक विश्वास, पंथ या राजनीतिक विचारधारा, जिसके द्वारा व्यक्ति अपने गृह राष्ट्र के साथ अपनी पहचान बनाता या लगाव व्यक्त करता है; यह एक ऐसी अवधारणा है जिसमें राष्ट्र को सबसे अधिक प्राथमिकता दी जाती है; वह धारणा जिसमें राष्ट्र की उन्नति, संपन्नता, विस्तार आदि का ध्यान रखा जाता है तथा राष्ट्र की परंपराओं का पालन तथा गौरव या सम्मान किया जाता है।

राष्ट्रवादी (सं.) [वि.] राष्ट्रवाद से संबंधित। [सं-पु.] राष्ट्रवाद के सिद्धांतों का समर्थक, पोषक तथा अनुयायी।

राष्ट्रविरोधी (सं.) [सं-पु.] वह व्यक्ति जो राष्ट्रविरोधी कार्यों में लिप्त हो। [वि.] जिससे राष्ट्र का नुकसान हो।

राष्ट्रव्यापी (सं.) [वि.] जो पूरे देश के स्तर पर फैला हो।

राष्ट्रसंघ (सं.) [सं-पु.] विश्व के विभिन्न राष्ट्रों का संघ जो प्रथम विश्वयुद्ध के बाद अस्तित्व में आया।

राष्ट्राध्यक्ष (सं.) [सं-पु.] किसी राष्ट्र का प्रधान या स्वामी।

राष्ट्रिक (सं.) [सं-पु.] 1. राजा 2. प्रजा। [वि.] राष्ट्र संबंधी; राष्ट्र का।

राष्ट्रीकृत (सं.) [वि.] राष्ट्र का या राष्ट्र द्वारा बनाया हुआ।

राष्ट्रीय (सं.) [वि.] 1. राष्ट्र का; राष्ट्र संबंधी 2. राष्ट्र की एकता; महत्ता; विशेषताओं आदि से संबंध रखने वाला 3. राष्ट्र द्वारा संचालित; राष्ट्रीयकृत।

राष्ट्रीयकरण (सं.) [सं-पु.] देश के उद्योग; भूमि; खान या अन्य संपत्तियों पर राष्ट्रीय हित को ध्यान में रखते हुए सरकार अथवा राष्ट्र के द्वारा उन पर अधिकार कर लेने का उपक्रम।

राष्ट्रीयकृत (सं.) [वि.] 1. राष्ट्र का बनाया हुआ 2. अधिगृहीत 3. निजीकृत 4. सरकारी।

राष्ट्रीयता (सं.) [सं-स्त्री.] 1. देशभक्ति; राष्ट्रप्रेम; देश या राष्ट्र से प्रेम 2. राष्ट्रवाद की भावना।

राष्ट्रोत्थान (सं.) [सं-पु.] राष्ट्र का उत्थान; राष्ट्र की उन्नति या विकास।

राष्ट्रोन्माद (सं.) [सं-पु.] अटूट राष्ट्रभक्ति; पागलपन की हद तक राष्ट्रप्रेम।

रास-मंडली (सं.) [सं-स्त्री.] रासधारियों की टोली; रासधारियों का समाज।

रास[1] [सं-स्त्री.] 1. लगाम 2. ढेर 3. चौपायों का समूह 4. जोड़ 5. ब्याज। [सं-पु.] 1. लास्य नामक नृत्य 2. गोद 3. दत्तक 4. एक छंद।

रास[2] (सं.) [सं-पु.] 1. शोरगुल; कोलाहल 2. एक प्रकार का नृत्य, जो बृजभूमि का लोकनृत्य है, जिसमें वसंतोत्सव, होली तथा राधा और कृष्ण की प्रेम कथा का वर्णन होता है; रसिया; विलास 3. नर्तकों का समाज।

रास[3] (अ.) [सं-पु.] 1. सिरा; ऊपरी भाग 2. पशुओं की संख्या का सूचक शब्द, जैसे- दो रास बैल 3. अंतरीप। [वि.] दुरुस्त; ठीक।

रासक (सं.) [सं-पु.] 1. एक प्रकार का एकांकी नाटक 2. (काव्यशास्त्र) दृश्य काव्य का एक भेद।

रासकुमारी [सं-स्त्री.] 1. कन्याकुमारी 2. भारत के दक्षिण में रामेश्वर के पास का एक अंतरीप।

रासधारी (सं.) [सं-पु.] वह व्यक्ति जो कृष्ण-लीला का अभिनय करता हो।

रासभ (सं.) [सं-पु.] 1. गधा 2. गर्दभ; खर।

रासलीला (सं.) [सं-स्त्री.] कृष्ण द्वारा किया जाने वाला नृत्य।

रासविलास (सं.) [सं-पु.] 1. आनंद; मंगल 2. रास-क्रीड़ा 3. रासलीला।

रासायनिक (सं.) [वि.] 1. जो रासायनिक क्रिया के फलस्वरूप बनी हो या रसायन से संबंधित हो 2. रसायन का।

रासायनिक परीक्षक (सं.) [सं-पु.] रासायनिक तत्वों का परीक्षण करके उनका विश्लेषण करने वाला व्यक्ति।

रासी [वि.] 1. नकली; ख़राब 2. मिलावटी।

रासो (सं.) [सं-पु.] किसी राजा का पद्यमय जीवन-चरित्र, जैसे- पृथ्वीराज रासो।

रास्त (फ़ा.) [वि.] 1. दाहिना 2. सीधा; सरल 3. ठीक 4. वाजिब।

रास्ता (फ़ा.) [सं-पु.] 1. पथ; राह; मार्ग 2. उपाय 3. लक्ष्य। [मु.] **-देखना** : प्रतीक्षा करना; इंतज़ार करना। **-पकड़ना** : चले जाना।

राह (फ़ा.) [सं-स्त्री.] दे. रास्ता।

राह चबेनी [सं-स्त्री.] 1. अक्षय तृतीया को दिया जाने वाला दान 2. (लोकमान्यता) मृतात्मा की तृप्ति के लिए किया जाने वाला बेसन के लड्डू, चने का भूँजा, झंझर आदि का दान।

राह चलता (फ़ा.) [सं-पु.] 1. पथिक 2. अजनबी 3. गैर।

राहख़र्च (फ़ा.) [सं-पु.] यात्रा के दौरान होने वाला ख़र्च; मार्ग व्यय।

राहगीर (फ़ा.) [सं-पु.] 1. मुसाफ़िर; पथिक; यात्री 2. रास्ता चलने वाला व्यक्ति।

राहज़न (फ़ा.) [सं-पु.] राहज़नी करने वाला; डाकू; लुटेरा।

राहज़नी (फ़ा.) [सं-स्त्री.] 1. लूट; डकैती; लूट-पाट 2. बटमार।

राहड़ी[1] [सं-पु.] एक प्रकार का घटिया कंबल।

राहड़ी[2] (सं.) [सं-स्त्री.] एक प्रकार की संगीत रचना।

राहत (अ.) [सं-स्त्री.] 1. आराम; चैन; सुख 2. छूट 3. बचाव।

राहदार (फ़ा.) [सं-पु.] 1. सड़कों या रास्तों की रक्षा करने वाला व्यक्ति 2. सड़कों पर चलने वाले यात्रियों से शुल्क या कर वसूलने वाला व्यक्ति।

राहदारी (फ़ा.) [सं-स्त्री.] सड़क का कर; चुंगी; (रोड टैक्स)।

राहित्य (सं.) [सं-पु.] 1. रहित होने का भाव 2. ख़ालीपन।

राहिन [वि.] 1. बंधक या गिरवी रखने वाला 2. रेहन रखने वाला।

राही (फ़ा.) [सं-पु.] पथिक; यात्री। [मु.] **-होना** चल देना; खिसक जाना।

राहु (सं.) [सं-पु.] 1. नौ ग्रहों में से एक 2. कष्टदायक व्यक्ति या वस्तु।

रिंकवच [सं-पु.] अरूई के पत्ते को बेसन में लपेटकर बनाया गया पकौड़ा।

रिंगनी [सं-स्त्री.] एक प्रकार की ज्वार जो मध्य प्रदेश में होती है।

रिंच (अं.) [सं-पु.] किसी मशीन आदि के नट; बोल्ट खोलने का उपकरण।

रिंद (फ़ा.) [सं-पु.] 1. स्वच्छंद 2. धार्मिक परंपराओं को न मानने वाला 2. शराबी 3. रसिया 4. रंगीला 5. बेफ़िक्र।

रिअना [सं-पु.] एक प्रकार का कीकर; रीआँ।

रिआयत (अ.) [सं-स्त्री.] 1. विचार; ख़याल 2. राहत; नरमी; कोमल; दयापूर्ण व्यवहार; लिहाज़; तरफ़दारी।

रिआया (अ.) [सं-स्त्री.] अवाम; जनता; प्रजा।

रिएक्टर (अं.) [सं-पु.] (भौतिकशास्त्र) विभिन्न प्रकार के उपकरणों में से प्रत्येक जो ऊर्जा या कृत्रिम तत्वों के उत्पादन के लिए परमाणु अभिक्रिया को संचालित एवं नियंत्रित करते हैं।

रिकवँछ (सं.) [सं-स्त्री.] 1. एक प्रकार का पकवान 2. अरुई (अरवी) के पत्तों या बेसन आदि से बनाया हुआ पीठी जैसा खाद्य पदार्थ।

रिकशा (जा.) [सं-पु.] दो या तीन पहियों की एक छोटी गाड़ी जिसे आदमी खींचते हैं और जिसमें एक या दो यात्री बैठते हैं।

रिकाबी [सं-स्त्री.] रकाबी; परसने की प्याली।

रिकार्ड (अं.) [सं-पु.] 1. किसी घटना आदि का पूर्ण लिखित विवरण 2. खेलों के उच्चतम कीर्तिमान दस्तावेज़; लेख-प्रमाण 3. स्थायी रूप में रखना 4. सुरक्षित विवरण 5. अभिलेख।

रिक्त (सं.) [वि.] ख़ाली; शून्य।

रिक्तता (सं.) [सं-स्त्री.] 1. ख़ाली या रिक्त होना 2. किसी पद, नौकरी या स्थान का ख़ाली होना।

रिक्ति (सं.) [सं-स्त्री.] 1. रिक्त होने की क्रिया अथवा भाव 2. स्थान या पद जो ख़ाली हो गया हो अथवा जिसे भरा न गया हो; (वेकेंसी)।

रिक्षा (सं.) [सं-स्त्री.] 1. जूँ का अंडा; लीक्षा; लीख 2. त्रिसरेणु; त्रसरेणु।

रिजक (अ.) [सं-पु.] जीवन-वृति; रोजी; आजीविका।

रिज़र्व (अं.) [वि.] 1. आरक्षित; निश्चित किया हुआ 2. किसी ख़ास कार्य हेतु रक्षित; ख़ास किया हुआ 3. अपनेआप में खोया रहने वाला।

रिज़ल्ट (अं.) [सं-पु.] 1. परिणाम; फल; नतीज़ा 2. परीक्षाफल।

रिझवार [सं-पु.] 1. प्रेमी 2. मोहित होने वाला व्यक्ति 3. आशिक।

रिझाना (सं.) [क्रि-स.] 1. रंजन करना; लुभाना 2. प्रसन्न या मोहित कर लेना।

रिझाव [सं-पु.] 1. रीझने की क्रिया या भाव 2. रीझने की अवस्था।

रिझावनहार [वि.] रिझाने वाला; आकर्षित करने वाला।

रिझावना [क्रि-स.] रिझाना लुभाना; मोहित करना।

रिटर्निंग ऑफिसर (अं.) [सं-पु.] चुनाव के उपरांत मतगणना करके परिणाम की घोषणा करने वाला अधिकारी

रिटायर (अं.) [वि.] सेवा से अवकाश प्राप्त।

रिढ़ना [क्रि-अ.] ज़मीन से रगड़ते हुए चलना।

रिताना [क्रि-अ.] रिक्त होना। [क्रि-स.] रिक्त करना; खाली करना।

रिपु (सं.) [सं-पु.] शत्रु; दुश्मन; वैरी।

रिपुखंडन (सं.) [वि.] शत्रु का नाश करने वाला।

रिपुदमन (सं.) [वि.] शत्रुओं का दमन करने वाला।

रिपुदल (सं.) [सं-पु.] दुश्मनों का समूह।

रिपेयर (अं.) [सं-पु.] मरम्मत; सुधार।

रिपेयरिंग (अं.) [क्रि-स.] किसी क्षतिग्रस्त वस्तु या सामान को दुरुस्त करना; मरम्मत करना; सुधारना।

रिपोर्ट (अं.) [सं-स्त्री.] 1. किसी घटना-विशेष का विस्तृत वर्णन 2. प्रतिवेदन 3. कार्य-विवरण।

रिपोर्टर (अं.) [सं-पु.] 1. समाचार या संवाद देने वाला व्यक्ति; संवाददाता 2. कौंसिल व अदालत आदि की रिपोर्ट लिखने वाला सरकारी कर्मचारी 3. सभा या समिति का विवरण लिखने वाला व्यक्ति।

रिफ़ंड (अं.) [वि.] 1. (धन) वापसी 2. प्रतिदाय (विधि)। [क्रि-स.] धन लौटना, धन फेरना।

रिफ़ार्मर (अं.) [सं-पु.] वह जो धार्मिक, सामाजिक, राजनीतिक सुधार व उन्नति के लिए प्रयत्न या आंदोलन करता हो; समाज-सुधारक।

रिफ़िल (अं.) [सं-पु.] किसी ख़ाली पात्र में पुनः भरी जाने वाली वस्तु या पदार्थ।

रिफ़्यूजी (अं.) [सं-पु.] वह जिसे निवास-स्थान से बलपूर्वक हटा दिया गया हो तथा जो दूसरी जगह शरण पाकर रहना चाहता हो; शरणार्थी; मुहाजिर। [वि.] जो कहीं शरण पाना चाहता हो; शरणार्थी।

रिबन (अं.) [सं-पु.] 1. बाल में बाँधने व सजाने के काम आने वाली चौड़ी पट्टी 2. रेशमी कपड़े की पतली पट्टी 3. फ़ीता।

रिमझिम [सं-स्त्री.] वर्षा की छोटी-छोटी बूँदें गिरना; फुहार पड़ना।

रिमांड (अं.) [सं-पु.] आरोपी पर मुकदमा प्रारंभ होने से पूर्व का समय।

रिमाइन्डर (अं.) [सं-पु.] अनुस्मारक, स्मरण-पत्र।

रिमार्क (अं.) [सं-पु.] कथन; टिप्पणी।

रिमोट (अं.) [वि.] 1. दूरस्थ; दूरवर्ती 2. समय की दृष्टि से बहुत दूर 3. जो बेमिलनसार न हो 4. टी.वी. , डीवीडी, एसी आदि यंत्रों को दूर से ही चालू बंद या नियंत्रित करने वाला छोटा यंत्र; बेतार यंत्र।

रियाज़ (अ.) [सं-पु.] 1. अभ्यास; संगीत, नृत्य आदि कलाओं के अभ्यास में किया जाने वाला परिश्रम; मेहनत 2. तप; तपस्या।

रियाज़त (अ.) [सं-स्त्री.] 1. मेहनत; परिश्रम 2. अभ्यास 3. कार्य सिद्ध करने के लिए किया जाने वाला कठिन परिश्रम; तपस्या।

रियाज़ी (अ.) [वि.] मेहनती; परिश्रमी। [सं-स्त्री.] गणित की विद्या।

रियासत (अ.) [सं-स्त्री.] 1. मिलकियत; संपत्ति 2. शासन; हुकूमत 3. रईस होने का भाव; अमीरी; वैभव।

रियासती [वि.] रियासत से संबंध रखने वाला; रियासत संबंधी; रियासत का।

रियाह (अ.) [सं-पु.] अपान वायु; बाई; अफरा।

रिरियाना [क्रि-अ.] गिड़गिड़ाना; दीनता प्रकट करना।

रिरिहा [वि.] गिड़गिड़ाकर, रट लगाकर माँगने वाला।

रिलीज़ (अं.) [सं-पु.] 1. मुक्ति या मुक्ति की स्थिति 2. सार्वजनिक उपयोग के लिए जारी रिकॉर्ड, फ़िल्म आदि 3. सार्वजनिक उपयोग के लिए जारी करने की क्रिया; विमोचन।

रिलीफ़ (अं.) [सं-पु.] 1. दर्द की समाप्ति या आराम 2. चिंता, कष्ट आदि से चैन या राहत 3. पीड़ितों के सहायतार्थ धन या भोजन के रूप में दी जाने वाली सहायता; राहत-सहायता 4. कर के रूप में देय राशि में कटौती या रिआयत; कर में राहत।

रिवर्स (अं.) [वि.] उत्क्रम; प्रतिलोम; उल्टा।

रिवाइज (अं.) [क्रि-स.] परिशोधित करना; दोहराना।

रिवाज (अ.) [सं-पु.] परंपरा; प्रथा; रीति; चलन; दस्तूर।

रिवायत (अ.) [सं-स्त्री.] 1. किसी के द्वारा कही गई बात ज्यों की त्यों कहना 2. इस्लाम में हजरत पैगंबर के मुख से सुनी हुई बात को दूसरों को उन्हीं के शब्दों में सुनाना; हदीस।

रिवाल्वर (अं.) [सं-पु.] तमंचा; पिस्तौल; एक प्रकार की छोटी बंदूक।

रिश्ता (फ़ा.) [सं-पु.] संबंध; नाता।

रिश्तेदार (फ़ा.) [सं-पु.] संबंधी; नातेदार; स्वजन।

रिश्तेदारी (फ़ा.) [सं-स्त्री.] नाता; संबंध।

रिश्वत (अ.) [सं-स्त्री.] किसी कार्य को अपने अनुकूल कराने के लिए अनुचित रीति से दिया जाने वाला या लिया जाने वाला धन आदि; घूस; उत्कोच।

रिश्वतख़ोर (अ.+फ़ा.) [वि.] किसी कार्य को अपने अनुकूल कराने के लिए अनुचित रीति से धन आदि लेने या खाने वाला; घूसख़ोर।

रिस [सं-स्त्री.] कोप; क्रोध; गुस्सा।

रिसना (सं.) [क्रि-अ.] तरल द्रव्य का धीरे-धीरे बाहर आना।

रिसान [सं-पु.] ताने के सूतों को फैलाकर उनको साफ करने का काम।

रिसाना [क्रि-अ.] क्रुद्ध होना। [क्रि-स.] नाराज़गी ज़ाहिर करना; क्रोध करना।

रिसाल (अ.) [सं-पु.] वह कर जो पूरे राज्य से वसूल कर राजधानी भेजा जाता था।

रिसालदार (अ.+फ़ा.) [सं-पु.] 1. घुड़सवार सेना का नायक या अफ़सर 2. एकत्रित किए गए राजस्व को राजकीय कोषागार तक ले जाने वाले दल का प्रमुख।

रिसाला (अ.) [सं-पु.] 1. छोटी अथवा पतली किताब; पत्रिका 2. ख़त; पत्र 3. घुड़सवारों का दस्ता या सेना; अश्वारोही सेना।

रिसीवर (अं.) [सं-पु.] 1. टेलीफ़ोन में सुनने व बोलने के लिए प्रयुक्त उपकरण; चोंगा 2. इलेक्ट्रॉनिक संकेतों या तरंगों को ध्वनि या चित्र में बदलने वाला उपकरण, जैसे- टीवी या रेडियो का रिसीवर [वि.] प्राप्त या ग्रहण करने वाला।

रिहा (फ़ा.) [वि.] 1. बाधा या बंधन आदि से मुक्त या छूटा हुआ 2. जिसे कैद से छुट्टी मिल गई हो।

रिहाइश (फ़ा.) [सं-स्त्री.] निवास स्थान; रहने का स्थान।

रिहाइशी (फ़ा.) [वि.] रहने योग्य; निवास योग्य।

रिहाई (फ़ा.) [सं-स्त्री.] छुटकारा; मुक्ति।

रीगन [सं-पु.] एक प्रकार का धान जो भादों या कुआर में तैयार होता है।

रीगना [क्रि-अ.] चिढ़ना।

रीछ (सं.) [सं-पु.] एक जंगली जानवर; भालू।

रीज़न (अं.) [सं-पु.] प्रदेश।

रीझ [सं-स्त्री.] किसी के रूप, गुण आदि के कारण उस पर प्रसन्न, अनुरक्त या मोहित होने की क्रिया या भाव।

रीझना [क्रि-अ.] 1. किसी की विशेष चेष्टा, गुण, रूप देखकर मुग्ध या अनुरक्त होना 2. किसी पर प्रसन्न होना; मोहित होना।

रीठा (सं.) [सं-पु.] 1. करंज जाति का एक जंगली पेड़ 2. करंज वृक्ष का फल।

रीडर (अं.) [सं-पु.] 1. पुस्तक आदि का अध्ययन करने वाला व्यक्ति; पाठक 2. उच्च अध्ययन संस्थानों में एक पद; सह-आचार्य 3. अदालत आदि में पेशकार 4. आधुनिक संदर्भों में इलेक्ट्रॉनिक पाठ को पढ़ने वाला सॉफ्टवेयर, जैसे- ई-रीडर, पीडीफ रीडर आदि।

रीढ़ (सं.) [सं-स्त्री.] 1. गरदन से लेकर नितंबों तक की अस्थि-शृंखला; मेरुदंड; (स्पाइन) 2. {ला-अ.} वह अंग या तत्व जिसके आधार पर कोई चीज़ या व्यवस्था खड़ी हो।

रीत (सं.) [सं-स्त्री.] प्रथा; रिवाज; परंपरा।

रीता (सं.) [वि.] 1. जिसमें कोई चीज़ रखी या भरी न हो 2. जिसमें धन, अस्त्र आदि न हो 3. जिसके पास कुछ भी न हो।

रीति (सं.) [सं-स्त्री.] 1. कोई कार्य करने का प्रकार या ढंग 2. रस्म; रिवाज; परिपाटी 3. नियम; कायदा 4. पीतल 5. लोहे का मैल; मंडूर 6. जले हुए सोने का मैल 7. सीसा।

रीति-रिवाज (सं.+अ.) [सं-पु.] ऐसी परंपराएँ या संस्कार जो पीढ़ी दर पीढ़ी मानव जातियों में चली आ रही हों; रस्म-रिवाज।

रीतिक (सं.) [वि.] 1. औपचारिक; (फ़ॉर्मल) 2. रीति संबंधी; रीति का 3. रीति के अनुसार होने वाला।

रीतिकाल (सं.) [सं-पु.] हिंदी साहित्य के काल विभाजन में से एक जो उत्तर-मध्य काल अर्थात सत्रहवीं से अठारहवीं शताब्दी के मध्य तक माना जाता है।

रीतिग्रंथ (सं.) [सं-पु.] नायिकाभेद, नखशिख, बारहमासा, अलंकार आदि का वर्णन तथा उनके उदाहरण प्रस्तुत करने वाली रचना।

रीतिवाद (सं.) [सं-पु.] 1. कला, साहित्य आदि के क्षेत्र में परंपरा से चली आ रही रीतियों का दृढ़तापूर्वक पालन करने का समर्थक मत या वाद; काव्यशास्त्रीय परंपराओं के पालन पर बल देने वाला मत 2. हिंदी साहित्य का वह मत या सिद्धांत जो काव्यशास्त्र के अलंकारों, नायिका भेदों, रसों आदि के नियमों और लक्षणों का कविता लेखन में पालन का समर्थन करता है।

रीतिवादी (सं.) [वि.] रीतिवाद का; रीतिवाद संबंधी।

रीम (अं.) [सं-स्त्री.] बीस दस्ते कागज़ की गड्डी जिसमें पाँच सौ ताव होते हैं।

रीस (सं.) [सं-स्त्री.] किसी अन्य की बराबरी करने की इच्छा, स्पर्धा या होड़।

रुँथा [सं-पु.] चपाती।

रुँदवाना (सं.) [क्रि-स.] 1. रौंदवाना 2. खुदवाना 3. कुचलवाना।

रुँदाई [क्रि-स.] पानी डालकर मिट्टी को रौदन।

रुँधना [क्रि-अ.] 1. उलझना; फँसना 2. रास्ता न मिलने से रुकना 3. किसी का में लगना।

रुंड (सं.) [सं-पु.] 1. ऐसा धड़ जिसमें सिर न हो; कबंध 2. वह शरीर जिसका हाथ पैर कट गया हो।

रुई [सं-स्त्री.] कपास के डोडे का भीतरी रेशेदार भाग जिससे सूत बनता है; कपास।

रुईदार (हिं.+फ़ा.) [वि.] जिसमें रुई भरी गई हो।

रुकना [क्रि-अ.] 1. ठहरना; थमना; आगे न बढ़ना 2. किसी कार्य अथवा उसकी गति में किसी कारणवश खलल या अवरोध उत्पन्न होना 3. बंद होना 4. क्रम टूटना।

रुकवाना [क्रि-स.] 1. किसी को कुछ रोकने में प्रवृत्त करना 2. ऐसा कार्य करना जिससे कोई चलता हुआ काम रुक जाए।

रुकाव [सं-पु.] 1. अवरोध; अटकाव 2. कब्ज़ 3. स्तंभन।

रुकावट [सं-स्त्री.] रुकने की क्रिया या भाव; व्यवधान; अवरोध।

रुकावटी [वि.] जो रुकावट डालने या रोकने का काम करता हो।

रुक्का (अ.) [सं-पु.] 1. छोटा चिट्ठी या पत्र; पुरजा 2. कर्ज़ लेने वालों की ओर से महाजन को लिखा हुआ कागज़ 3. निमंत्रण-पत्र।

रुक्म (सं.) [सं-पु.] 1. स्वर्ण; सोना 2. धतूरा 3. एक पेड़ जिसके सूखे फल औषधि, मसाले और रंग बनाने के काम आते हैं; नागकेशर 4. लोहा।

रुक्मिणी (सं.) [सं-स्त्री.] कृष्ण की पटरानी जो विदर्भ के राजा भीष्मक की पुत्री थी।

रुक्ष (सं.) [वि.] 1. जो स्निग्ध या चिकना न हो; रूखा 2. कठोर 3. ऊबड़-खाबड़ 4. नीरस।

रुख़ (फ़ा.) [सं-पु.] 1. चेहरा; मुख 2. कपोल; गाल; रुख़सार 3. चेहरे से प्रकट होने वाला भाव 4. अभिवृत्ति; दृष्टिकोण 5. शतरंज का एक मोहरा।

रुख़सत (अ.) [सं-स्त्री.] 1. रवानगी; प्रस्थान 2. छुट्टी; अवकाश 3. आज्ञा; परवानगी; इजाज़त 4. वधू की मायके से विदाई। [वि.] जो किसी जगह से चल पड़ा हो।

रुख़सती (अ.) [सं-स्त्री.] विदा होने की अवस्था या क्रिया; विदाई।

रुख़सार (फ़ा.) [सं-पु.] गाल; कपोल।

रुखाई [सं-स्त्री.] 1. रूखा होने की क्रिया या भाव; रूखापन 2. व्यवहार की कठोरता।

रुखानी [सं-स्त्री.] 1. बढ़ई का एक धारदार उपकरण जो लकड़ी छीलने, काटने या उसमें छेद करने के लिए प्रयुक्त होता है 2. तेल पेरने वाली घानी को चलाने का उपकरण 3. पत्थरों को तराशने की छेनी।

रुग्ण (सं.) [वि.] 1. अस्वस्थ; रोगी; बीमार 2. टूटा हुआ।

रुग्णता (सं.) [सं-स्त्री.] बीमार या रुग्ण होने की अवस्था या भाव; बीमारी; अस्वस्थता।

रुग्णतावकाश (सं.) [सं-स्त्री.] बीमारी के कारण ली गई छुट्टी; (मेडिकल लीव)।

रुचना (सं.) [क्रि-स.] अच्छा लगना; पसंद आना।

रुचि (सं.) [सं-स्त्री.] 1. मन को अच्छा लगने का भाव; पसंद 2. वह मनोवृत्ति जो किसी बात या वस्तु की प्राप्ति की ओर ध्यान ले जाती है; इच्छा 3. एक पीला सुगंधित द्रव जो गौ के पित्ताशय से निकलता है; गोरोचन 4. आसक्त होने की क्रिया, अवस्था या भाव; आसक्ति; अनुरक्ति 5. आभा; चमक।

रुचिकर (सं.) [वि.] 1. मनपसंद 2. भला या अच्छा लगने वाला (व्यक्ति) 3. रुचि उत्पन्न करने वाला 4. भूख बढ़ाने वाला।

रुचिमान (सं.) [वि.] कांतिमान; दीप्तियुक्त; प्रकाशपूर्ण।

रुचिर (सं.) [वि.] 1. जो रुचिकर या रुचि के अनुकूल हो 2. सुंदर; मनोहर 3. मीठा; मधुर। [सं-पु.] 1. मूली 2. लौंग 3. केसर।

रुचिरता (सं.) [सं-स्त्री.] रुचिर होने की अवस्था, भाव या धर्म।

रुचिरा (सं.) [सं-स्त्री.] 1. एक वर्णवृत्त 2. सुप्रिया नामक छंद का एक रूप 3. एक प्राचीन नदी जिसका उल्लेख रामायण में मिलता है 4. लौंग 5. केसर 6. मूली।

रुज (सं.) [सं-पु.] 1. रोग 2. घाव; क्षत 3. वेदना; कष्ट 4. भाँग पत्ती 5. एक प्रकार का प्राचीन बाजा जो चमड़े से मढ़ा रहता है।

रुजा (सं.) [सं-स्त्री.] 1. बीमारी; रोग 2. कोढ़ नामक रोग; कुष्ठ रोग 3. भेड़।

रुजाली (सं.) [सं-स्त्री.] 1. एक साथ अनेक रोगों का होना 2. अनेक कष्टों या दुखों का एक साथ होना।

रुजू (अ.) [वि.] जिसका मन किसी ओर लगा हो; प्रवृत्त। [सं-स्त्री.] 1. वापस आने या लौटने की क्रिया 2. आसक्त होने की क्रिया, अवस्था या भाव; झुकाम।

रुझान [सं-पु.] 1. किसी ओर प्रवृत्त होने की क्रिया या भाव 2. प्राकृतिक रूप से किसी काम आदि में होने वाली रुचि; दिलचस्पी।

रुटीन (अं.) [सं-पु.] 1. नियमित रूप से कुछ करने का तरीका एवं क्रम; दिनचर्या; नित्यक्रम; नित्यचर्या 2. शृंखलाबद्ध क्रिया आदि। [वि.] 1. नियमित व सामान्य 2. एकरस; ऊबाऊ 3. नेमी; दस्तूरी।

रुणित (सं.) [वि.] बजता, झनकारता, या ध्वनि करता हुआ।

रुत (सं.) [सं-स्त्री.] ऋतु; मौसम।

रुतबा (अ.) [सं-पु.] 1. पद; ओहदा 2. प्रतिष्ठा; इज़्ज़त 3. महत्ता; श्रेष्ठता।

रुदन (सं.) [सं-पु.] रोना; विलाप; रोदन।

रुदित (सं.) [वि.] 1. जो रो रहा हो; रोता हुआ 2. रोया हुआ।

रुद्ध (सं.) [वि.] 1. घेरा हुआ 2. रोका हुआ; अवरुद्ध।

रुद्र (सं.) [सं-पु.] 1. एक प्रकार के गणदेवता जिनकी संख्या ग्यारह मानी जाती है 2. शिव का एक रूप 3. विश्वकर्मा के एक पुत्र 4. एक तरह का प्राचीन बाजा 5. एक बहुवर्षीय वनस्पति। [वि.] जिसे देखने से भय या डर लगे; भयंकर; डरावना।

रुद्रतेज (सं.) [सं-पु.] कार्तिकेय।

रुद्रपति (सं.) [सं-पु.] शिव; महादेव।

रुद्राक्ष (सं.) [सं-पु.] 1. शीतोष्ण कटिबंधी क्षेत्र में पाया जाने वाला विशाल वृक्ष जिसके फलों को अत्यंत पवित्र माना जाता है 2. उक्त पेड़ का बीज जिसकी मालाएँ बनाई जाती हैं।

रुद्राणी (सं.) [सं-स्त्री.] 1. पार्वती; रुद्रपत्नी 2. रुद्र जटा नामक लता 3. (संगीत) एक प्रकार की रागिनी।

रुधिर (सं.) [सं-पु.] 1. रक्त; लहू; ख़ून 2. रक्त वर्ण; लाल रंग 3. मंगल ग्रह 4. रुधिराख्य नामक मणि। [वि.] लाल रंग का।

रुधिरवाहिनी (सं.) [सं-स्त्री.] शरीर की रक्तवाहक धमनियाँ; नाड़ियाँ।

रुधिरामय (सं.) [सं-पु.] रक्तपित्त नामक एक रोग।

रुनझुन (सं.) [सं-स्त्री.] 1. नूपुर ध्वनि; किंकणी या करधनी आदि का शब्द 2. मधुर झनकार।

रुपया (सं.) [सं-पु.] 1. भारत, पाकिस्तान, श्रीलंका, नेपाल, मॉरीशस आदि देशों की मुद्रा का नाम 2. धन-संपदा 3. प्राचीन काल में भारत में प्रचलित चाँदी का सब से बड़ा सिक्का जो सोलह आने का होता था।

रुपहला (सं.) [वि.] चाँदी के रंग का; चाँदी-सा।

रुबाई (अ.) [सं-स्त्री.] उर्दू और फ़ारसी काव्य में चार मिसरों का एक छंद जिसके पहले, दूसरे और चौथे चरण की तुक मिलती है और कहीं-कहीं चारों चरणों में अंत्यनुप्रास होता है।

रुरुआ [सं-पु.] एक प्रकार का उल्लू।

रुलाई [सं-स्त्री.] रुदन; रोने की क्रिया या भाव।

रुलाना [क्रि-स.] 1. किसी को रोने के लिए प्रवृत्त करना 2. कष्ट देना।

रुष्ट (सं.) [वि.] 1. क्रुद्ध या रोष से भरा हुआ 2. नाराज़; अप्रसन्न 3. रूठा हुआ।

रुसवा (फ़ा.) [वि.] 1. लांछित; ज़लील 2. अपमानित; निंदित 3. बदनाम।

रुसवाई (फ़ा.) [सं-स्त्री.] 1. बेइज्जती 2. फ़ज़ीहत 3. बदनामी।

रुसूम (अ.) [सं-पु.] 1. रस्म का बहुवचन रूप 2. नियम-कानून 3. नेग।

रुस्तम (फ़ा.) [सं-पु.] 1. फ़ारस का एक प्रसिद्ध पहलवान; ज़ील का बेटा 2. {ला-अ.} पहलवान; ताकतवर व्यक्ति। [वि.] बहुत बड़ा वीर।

रुहेलखंड [सं-पु.] उत्तर प्रदेश का उत्तर-पश्चिमी भाग जहाँ किसी समय रुहेले पठान बसे हुए थे।

रुहेला [सं-पु.] पठानों की एक जाति।

रू (फ़ा.) [सं-पु.] 1. चेहरा; शक्ल; सूरत 2. सामने का हिस्सा 3. ऊपरी भाग; सिरा। [सं-स्त्री.] कारण।

रूँधना (सं.) [क्रि-स.] 1. मार्ग आदि अवरुद्ध कर देना 2. घेरना

3. खेत आदि को कँटीदार तारों या झाड़ियों से घेरना।

रूआ [सं-स्त्री.] 1. एक प्रकार की सुगंधित घास 2. बहुत पतली और छोटी रोटी; फुलका।

रूई [सं-स्त्री.] दे. रुई।

रूक (सं.) [सं-पु.] एक प्रकार का पेड़ जिसकी पत्तियाँ औषधि के काम आती हैं। [सं-स्त्री.] एक प्रकार की तलवार।

रूकरा [सं-पु.] एक प्रकार की ईख या गन्ना।

रूख (सं.) [सं-पु.] पेड़; वृक्ष।

रूखा [वि.] 1. चिकनाई रहित 2. बिना घी-तेल का (व्यंजन) 3. अरुचिकर और स्वादहीन (भोजन) 4. शुष्क; नीरस; रसहीन 5. खुरदरा 6. {ला-अ.} प्रेमशून्य अथवा स्नेहहीन (व्यवहार) 7. {ला-अ.} कठोर 8. {ला-अ.} उदासीन; विरक्त।

रूखा-सूखा [वि.] 1. बिना घी-तेल और मसाले का बना (व्यंजन) 2. सादा और सस्ता (भोजन)।

रूखापन [सं-पु.] 1. रुखाई; रूखा होना 2. कठोरता; कड़ाई 3. नीरसता।

रूगालो [सं-पु.] 1. सफ़ेद घरवा 2. सफेद बादल का टुकड़ा।

रूगौना [सं-पु.] घलुआ; घात; मूल्य चुकाने के बाद प्राप्त अतिरिक्त वस्तु।

रूट (अं.) [सं-पु.] 1. एक स्थान से दूसरे स्थान तक जाने का रास्ता; सड़क 2. {ला-अ.} कुछ प्राप्त करने या पाने का रास्ता या उपाय।

रूठना (सं.) [क्रि-अ.] 1. किसी के अनुचित व्यवहार के उपरांत दुखी होना व मनाने पर न मानना 2. अप्रसन्न अथवा नाराज़ होना।

रूढ़ (सं.) [वि.] 1. परंपरा से लोक प्रचलित एवं मान्य 2. जो प्रचलन में हो 3. जिसकी प्रकृति कोमल न हो 4. किसी चीज़ पर चढ़ा या बैठा हुआ; आरुप, जैसे- अश्वारूढ़।

रूढ़ा (सं.) [सं-स्त्री.] (साहित्य) लक्षणा शब्द शक्ति का एक भेद।

रूढ़ि (सं.) [सं-स्त्री.] 1. परंपरा; प्रथा 2. चढ़ाई; चढ़ाव 3. वह शब्दशक्ति जिससे शब्द अपने रूढ़ अर्थ का ज्ञान कराता है।

रूढ़िवाद (सं.) [सं-पु.] रूढ़ परंपराओं को ज्यों का त्यों मान लेने वाली विचारधारा या प्रथा।

रूढ़िवादिता (सं.) [सं-स्त्री.] परंपरागत बातों को बिना तर्क के मानते चले आने का सिद्धांत।

रूढ़िवादी (सं.) [वि.] रूढ़ियों या परंपराओं का बिना तर्क के पालन करने वाला; रूढ़िवाद को मानने वाला।

रूदाद (फ़ा.) [सं-स्त्री.] 1. विवरण; वृत्तांत; समाचार 2. अवस्था; दशा; हालत।

रूनी [सं-पु.] घोड़ों की एक जाति।

रून्नीद [सं-स्त्री.] अमरूद।

रूप (सं.) [सं-पु.] 1. सूरत; शक्ल; मुखमंडल; चेहरा; चेहरे का हाव-भाव 2. प्रकृति; स्वभाव 3. भेद; प्रकार 4. संरचना 5. (व्याकरण) वाक्य में प्रयुक्त पदों की संरचना जो उनके परस्पर संबंध का द्योतन करती है।

रूप-घनाक्षरी (सं.) [सं-स्त्री.] (काव्यशास्त्र) एक प्रकार का दंडक छंद जिसके प्रत्येक चरण में आठ-आठ वर्णों पर यति होती है।

रूपक (सं.) [वि.] जिसका कोई आकार या रूप हो; रूपी। [सं-पु.] 1. किसी रूप की प्रतिकृति या मूर्ति 2. चिह्न या लक्षण 3. भेद; प्रकार 4. वह साहित्यिक रचना जिसका अभिनय होता हो या हो सकता हो; नाटक; (ड्रामा) 5. चाँदी 6. चाँदी का सिक्का या गहना 7. (काव्यशास्त्र) एक प्रकार का अलंकार जिसमें उपमेय में उपमान के साधर्म्य का आरोप करके उपमेय का उपमान के रूप में ही वर्णन किया जाता है 8. सात मात्रा का ताल।

रूपकरण (सं.) [सं-पु.] घोड़ों की एक जाति।

रूपकातिशयोक्ति (सं.) [सं-स्त्री.] (काव्यशास्त्र) अतिशयोक्ति अलंकार का एक भेद जिसमें वर्णन रूपक की तरह होता है परंतु केवल उपमान का उल्लेख करके उपमेय का स्वरूप उपस्थित किया जाता है।

रूपकार (सं.) [सं-पु.] वह जो मूर्ति बनाता हो; मूर्तिकार।

रूपगर्विता (सं.) [सं-स्त्री.] (साहित्य) वह नायिका जिसे अपने रूप या सुंदरता का अभिमान हो।

रूपजाल (सं.) [सं-पु.] रूप या सुंदरता का वह आकर्षण जिससे कोई मुग्ध होकर फँस जाए।

रूपज्योति (सं.) [सं-स्त्री.] रूप अथवा सौंदर्य की आभा।

रूपधारी (सं.) [वि.] 1. रूप धारण करने वाला; वेश बदलने वाला; बहुरुपिया 2. रूपवान; सुंदर।

रूपनिधान (सं.) [वि.] अत्यधिक रूपवान; अतिसुंदर।

रूपभेद (सं.) [सं-पु.] 1. किसी कार्य या बात के रूप में किया हुआ आंशिक परिवर्तन 2. विभिन्न रूपों के बीच का अंतर।

रूपमती (सं.) [सं-स्त्री.] रूपवान स्त्री।

रूपरंग (सं.) [सं-पु.] 1. चेहरे की गठन और बनावट 2. किसी वस्तु की वह बाहरी और दृश्य बातें जिनसे उसकी लंबाई, चौड़ाई, प्रकार, स्वरूप आदि का ज्ञान होता है।

रूपरेखा (सं.) [सं-स्त्री.] 1. किसी बनाए जाने वाले रूप या किए जाने वाले काम का वह स्थूल अनुमान जो उसके आकार-प्रकार आदि का परिचायक होता है 2. किसी वस्तु, कार्य आदि को बनाने या करने से पहले तैयार किया गया उसका ढाँचा; किसी कार्य के मुख्य बिंदु।

रूपवंत (सं.) [वि.] जिसमें सुंदरता हो; रूपवान।

रूपवती (सं.) [सं-स्त्री.] चंपकमाला छंद। [वि.] जो दिखने में सुंदर हो (महिला)।

रूपवान (सं.) [वि.] सुरूप; ख़ूबसूरत।

रूपसाधन (सं.) [सं-पु.] (भाषाविज्ञान) किसी एक शब्द के विभिन्न कारकों, वचनों आदि में रूप परिवर्तन या उनके विभिन्न रूप बनाने की प्रक्रिया।

रूपसी (सं.) [सं-स्त्री.] रूपवती स्त्री या नारी।

रूपहीन (सं.) [वि.] रूप से हीन; कुरूप; जिसका कोई रूप रंग न हो।

रूपा (सं.) [सं-पु.] 1. चाँदी 2. सफ़ेद बैल 3. सफ़ेद घोड़ा। [सं-स्त्री.] रूपवती स्त्री या नारी; सुंदरी।

रूपांतर (सं.) [सं-पु.] 1. रूप में परिवर्तन 2. किसी वस्तु का बदला रूप।

रूपांतरण (सं.) [सं-पु.] 1. किसी वस्तु के रूप या आकार का बदल दिया जाना; किसी वस्तु के रूप या आकार में परिवर्तन हो जाना 2. संपूर्ण व्यक्तित्व को बदलने का उपक्रम।

रूपांतरित (सं.) [वि.] जिसका रूप आकार आदि बदल दिया गया हो; परिवर्तित।

रूपाजीवा (सं.) [सं-स्त्री.] जो रूप के बल पर जीविका चलाती हो; वेश्या।

रूपायन (सं.) [सं-पु.] किसी वस्तु को संरचना प्रदान करना या उसे कार्यान्वित करना।

रूपायित (सं.) [वि.] 1. कार्यान्वित किया हुआ 2. जिसे कोई रूप दिया गया हो।

रूपारूप (सं.) [सं-पु.] रूप और अरूप। [वि.] 1. साकार और निराकार 2. रूप विशिष्ट, आकारयुक्त और रूप या आकार के बिना।

रूपिम (सं.) [सं-पु.] (भाषाविज्ञान) भाषा की लघुतम अर्थवान इकाई; (मॉर्फ़ीम)।

रूपी (सं.) [वि.] 1. पद के उत्तरार्ध में जुड़कर रूप, आकार या स्वभाव वाला का अर्थ देता है, जैसे- बुद्धिरूपी (धन) 2. सदृश; समान 3. रूपधारी।

रूपोश (फ़ा.) [वि.] 1. जो मुँह छिपाए हुए हो 2. जो दंड आदि के भय से भाग गया हो; फ़रार।

रूबरू (फ़ा.) [अव्य.] आमने-सामने; सम्मुख; समक्ष।

रूबल (रू.) [सं-पु.] रूस की मुद्रा।

रूम (अं.) [सं-पु.] कक्ष; कमरा।

रूममेट (अं.) [सं-पु.] वे जो एक ही कमरे में निवास करते हों; एक ही कमरे में साथ-साथ रहने वाले।

रूमान [सं-पु.] 1. प्रेम और सौंदर्य के प्रति भावुक्तामय आकर्षण 2. प्रेम भाव 3. प्रेम प्रेसंग।

रूमाल (फ़ा.) [सं-पु.] 1. मुँह, हाथ पोछने के लिए कपड़े का छोटा टुकड़ा 2. छोटा या चौकोर दुपट्टा।

रूमी (अ.) [सं-पु.] रूम देश का निवासी। [सं-स्त्री.] रूम देश की भाषा। [वि.] रूम देश का; रूम देश संबंधी।

रूरा (सं.) [वि.] 1. श्रेष्ठ; उत्तम; अच्छा 2. सुंदर।

रूल (अं.) [सं-पु.] 1. नियम; कायदा 2. कागज़ पर सीधी खींची हुई रेखा या लकीर 3. शासन।

रूलदार (अं.+फ़ा.) [वि.] जिसमें सीधी व समानांतर लकीरें खिंची हों।

रूलर (अं.) [सं-पु.] 1. शासक 2. लकड़ी या प्लास्टिक आदि की वह पट्टी जिसपर माप की इकाइयों के निशान बने होते हैं; पैमाना; फोटरूल।

रूसना [क्रि-अ.] 1. रूठना; रुष्ट होना 2. नाराज़ होना।

रूसी [सं-पु.] रूस देश का निवासी। [सं-स्त्री.] रूस देश की भाषा। [वि.] 1. रूस देश से संबंधित; रूस देश का 2. रूस देश में उत्पन्न।

रूह (अ.) [सं-स्त्री.] 1. आत्मा; जीवात्मा 2. इत्र 3. सत्त; सार।

रूहानियत (अ.) [सं-स्त्री.] 1. आत्मवाद 2. अध्यात्मवाद।

रूहानी (अ.) [वि.] रूह अथवा आत्मा से संबंधित; आत्मिक।

रूही [सं-स्त्री.] एक प्रकार का वृक्ष; अर्कमूल; चौरी।

रे (सं.) [सं-पु.] (संगीत) ऋषभ स्वर का संक्षिप्त रूप।

रेंक [सं-पु.] दे. रेंकना।

रेंकना [क्रि-अ.] 1. गधे का आवाज़ करना 2. {ला-अ.} भद्दे तरीके से गाना 3. बुरी तरह से चिल्लाना या बोलना।

रेंगना (सं.) [क्रि-अ.] 1. कीड़ों या सरीसृपों का शरीर को टेढ़ा-मेढ़ा करते हुए खिसकना या चलना 2. पूरे शरीर को ज़मीन पर लिटाकर हाथों और पैरों के सहारे खिसकते हुए चलना।

रेंगनी [सं-स्त्री.] 1. एक प्रकार का काँटेदार पौधा; कठरेंगनी 2. एक कीड़ा।

रेंगाना [क्रि-स.] 1. किसी से रेंगने की क्रिया कराना या प्रवृत्त करना 2. बच्चों को धीरे-धीरे चलाना।

रेंज (अं.) [सं-स्त्री.] 1. सीमा; हद; फैलाव 2. मारक-सीमा; मार की दूरी 3. क्षेत्र; क्षेत्रफल; घेरा।

रेंट (अं.) [सं-पु.] 1. किराया; भाड़ा 2. कृषि भूमि का लगान; मालगुज़ारी।

रेंटा [सं-पु.] लिसोड़े का फल; शामफल।

रेंड़ (सं.) [सं-पु.] 1. एक पेड़ जिसके बीजों से तेल निकलता है 2. रेंड़ का फल या बीज; एरंड।

रेंड़ी [सं-स्त्री.] रेंड़ नामक वृक्ष का फल या बीज।

रेंदी [सं-स्त्री.] खरबूजे का छोटा फल; ककड़ी या खरबूजे की बतिया।

रेकान [सं-पु.] वह जमीन जो नदी के पानी की पहुँच के बाहर हो।

रेख (सं.) [सं-स्त्री.] 1. रेखा; लकीर 2. चिह्न; निशान 3. गणना; गिनती 4. लड़कों के यौवनारंभ में हलकी रेखा की तरह निकलती हुई मूँछें।

रेख़ता (फ़ा.) [सं-पु.] 1. अरबी-फ़ारसी मिश्रित हिंदी में एक प्रकार की ग़ज़ल 2. उर्दू भाषा का आरंभिक नाम।

रेखना [क्रि-स.] 1. रेखा अथवा लकीर खींचना 2. खरोंचना 3. चिह्नित करना।

रेखा (सं.) [सं-स्त्री.] लकीर; (ज्यामिति) वह अंकन जिसमें न केवल लंबाई हो, चौड़ाई या मोटाई नहीं।

रेखांकन (सं.) [सं-पु.] 1. रेखाचित्र; रेखाओं के द्वारा बनी आकृति 2. लेखन में किसी बात पर बल देने के लिए उसके नीचे खींची हुई लकीर।

रेखांकित (सं.) [वि.] 1. रेखाओं से बना हुआ 2. जिसका रेखांकन हुआ हो।

रेखांश (सं.) [सं-पु.] 1. (भूगोल) देशांतर रेखा 2. द्राघिमांश।

रेखाकृति (सं.) [सं-स्त्री.] रेखाओं से बनी आकृति।

रेखागणित (सं.) [सं-पु.] गणित का एक अंग जिसमें रेखाओं, कोणों, चापों आदि का अध्ययन व वर्णन होता है।

रेखाचित्र (सं.) [सं-पु.] 1. रेखाओं द्वारा उकेरा गया चित्र 2. ख़ाका 3. (साहित्य) किसी व्यक्ति, स्थान, दृश्य आदि का

संस्मरणात्मक शब्दचित्र।

रेखाचित्रण (सं.) [सं-पु.] रेखाओं के माध्यम से चित्रण; रेखाओं से चित्र बनाना।

रेखित (सं.) [वि.] 1. अंकित; लिखित 2. दरार के कारण जिसपर रेखाएँ या लकीरें पड़ गई हों।

रेखीय (सं.) [वि.] 1. रेखा का; रेखा संबंधी 2. रेखा के रूप में होने वाला।

रेग (फ़ा.) [सं-स्त्री.] बालू; रेत।

रेगमाल (फ़ा.) [सं-पु.] एक प्रकार का कागज़ जिसपर रेत या धातु के कण चिपके होते हैं।

रेगिस्तान (फ़ा.) [सं-पु.] बालू का मैदान या स्थान; मरुस्थल; मरुभूमि।

रेगिस्तानी (फ़ा.) [वि.] रेगिस्तान का; मरुस्थली।

रेगुलेशन (अं.) [सं-पु.] नियमित करना; नियमन।

रेघाइल [क्रि-अ.] रागपूर्वक गाना गाना; मधुर स्वर में गाना।

रेघारी [सं-स्त्री.] घसीटने या जंतुओं के चलने से बनने वाली रेखा।

रेचक (सं.) [सं-पु.] 1. प्राणायाम की एक क्रिया; खींची हुई साँस को विधिपूर्वक बाहर निकालने की क्रिया 2. कब्ज़ दूर करने वाली औषधियाँ या खाद्य पदार्थ। [वि.] दस्त लाने वाला; दस्तावर।

रेचन (सं.) [सं-पु.] 1. दस्त लगना 2. वह औषधि जिससे पेट साफ़ होता है।

रेज़गारी (फ़ा.) [सं-स्त्री.] छुट्टे पैसे; छोटे सिक्के।

रेजा [सं-पु.] दे. रेज़ा।

रेज़ा (फ़ा.) [सं-पु.] 1. बहुत छोटा टुकड़ा; सूक्ष्म खंड 2. मूल्यवान कपड़ों के टुकड़े या खंड 3. कम उम्र के मज़दूर लड़के 4. सुनारों का एक प्रकार का उपकरण जिसमें वे गला हुआ सोना या चाँदी डालकर चौकोर आकार का बना लेते हैं।

रेज़िडेंट (अं.) [सं-पु.] 1. देशी रियासतों में ब्रिटिश सरकार का प्रतिनिधि 2. किसी संस्थान, छात्रावास आदि संवासी।

रेजिमेंट (अं.) [सं-स्त्री.] कर्नल के अधीन सेना की एक स्थायी टुकड़ी।

रेट (अं.) [सं-पु.] किसी वस्तु का भाव; दर; मूल्य।

रेटिना (अं.) [सं-पु.] आँखों के अंदर का वह अवयव जिसपर दृष्टि-बिंब बनते हैं; आँख के अंदर एक प्रकाश-संवेदी ऊतक पर्त; दृष्टि पटल।

रेडक्रास (अं.) [सं-पु.] प्रथम विश्वयुद्ध के पश्चात बनाई गई एक अंतरराष्ट्रीय संस्था जो युद्ध या प्राकृतिक आपदा के समय शांति और सेवा का कार्य करती है।

रेडिएशन (अं.) [सं-पु.] 1. रेडियोधर्मी पदार्थ से उत्सर्जित आयनीकारक किरण जो अदृश्य व अत्यंत हानिकारक होती है; विकिरण 2. वायरलैस संचार माध्यमों से उत्सर्जित होने वाली तरंगें जो पर्यावरण के लिए हानिकारक होती हैं, जैसे- मोबाइल रेडिएशन।

रेडियम (अं.) [सं-पु.] एक प्रसिद्ध और बहुमूल्य प्रकाशमय खनिज, जिसका उपयोग विभिन्न वैज्ञानिक कार्यों के लिए किया जाता है।

रेडियो (अं.) [सं-पु.] 1. एक तरह का बेतार इलेक्ट्रॉनिक उपकरण जिसका उपयोग वार्ता, संगीत, समाचार आदि के प्रसारण के लिए होता है 2. एक प्रकार की तरंग।

रेडियो स्टेशन (अं.) [सं-पु.] रेडियो के लिए तरंग संकेत (सिग्नल) प्रसारित करने के लिए स्थापित केंद्र।

रेडियोधर्मिता (अं.+सं.) [सं-स्त्री.] आणविक क्षय में परमाणुओं या विद्युतचुंबकीय किरणों का सहज उत्सर्जन; विकिरणशीलता।

रेडियोधर्मी (अं.+सं.) [वि.] रेडियोसक्रियता प्रकट करने वाली या रेडियोसक्रियता से उत्पन्न; रेडियोसक्रिय; (रेडियोएक्टिव)।

रेडियोलॉजी (अं.) [सं-पु.] रेडियो तरंगों के अध्ययन व अध्यापन का शास्त्र।

रेडीमेड (अं.) [वि.] तैयार; बना-बनाया, जैसे- रेडीमेड वस्त्र।

रेणु (सं.) [सं-स्त्री.] 1. धूल; रज 2. छोटा कण।

रेणुका (सं.) [सं-स्त्री.] 1. बालू; रेत; रेती; रेणु 2. परशुराम की माता 3. सह्याद्रि पर्वत पर स्थित एक तीर्थ।

रेत (सं.) [सं-स्त्री.] 1.बालू; रेत 2. वीर्य 3. पारा।

रेतना [क्रि-स.] 1. रेती (औज़ार) से रगड़कर काटना 2. चिकना करना 3. रेतने वाले औज़ार की धार से रगड़ना।

रेती (सं.) [सं-स्त्री.] 1. बलुई भूमि; रेतीला मैदान 2. एक प्रकार का औज़ार जिससे किसी वस्तु पर रगड़ने से उसके महीन कण कटकर गिरते हैं और जिससे धारदार औज़ारों की धार तेज़ की जाती है।

रेतीला [वि.] रेत से युक्त; बालूवाला।

रेतीली [वि.] दे. रेतीला।

रेना [क्रि-स.] किसी वस्तु में डालकर या टिकाकर लटकाना।

रेफ (सं.) [सं-पु.] 1. 'र' का वह रूप जो किसी अक्षर के ऊपर आने वाले स्वरांत व्यंजन पर लगाया जाता है, जैसे- कर्म, धर्म 2. शब्द। [वि.] 1. निंदनीय 2. नीच।

रेफर (अं.) [क्रि-स.] 1. विचारार्थ भेजना 2. हवाला देना; उल्लेख करना 3. निर्देश करना।

रेफ़री (अं.) [सं-पु.] 1. वह व्यक्ति जो फ़ुटबॉल, हॉकी आदि खेलों के किसी मामले का निर्णय करता है 2. पंच; अभिनिर्णायक 3. योग्यता आदि को प्रमाणित करने वाला व्यक्ति।

रेफ्रीजरेटर (अं.) [सं-पु.] भोजन आदि को ठंडा करने और ठंडा रखने वाला यंत्र; प्रशीतक।

रेबड़ा [सं-पु.] एक प्रकार की ईख।

रेबल [सं-पु.] पंसार की समतलता देखने का यंत्र।

रेल (अं.) [सं-स्त्री.] 1. लोहे की वह पटरी जिसपर गाड़ी चलती है 2. रेलगाड़ी; (ट्रेन)।

रेल-पथ (अं.+सं.) [सं-पु.] वह पथ जिससे होकर रेलगाड़ियाँ गुजरती हैं; रेल-मार्ग।

रेलगाड़ी (अं.+हिं.) [सं-स्त्री.] लोहे की पटरियों पर बिजली, डीज़ल आदि के इंजन एवं डब्बों से युक्त चलने वाली गाड़ी; (ट्रेन)।

रेलना [क्रि-स.] 1. धक्का देना; धकेलना; दबाव से आगे बढ़ाना

2. ठूँसकर भरना।

रेला [सं-पु.] 1. तबले पर महीन और सुंदर बोलों को बजाने की रीति 2. जल का प्रवाह; बहाव; तोड़ 3. समूह में चढ़ाई; धावा 4. धक्कमधक्का 5. पंक्ति; समूह।

रेलापेल [सं-पु.] बड़े जोरों की वर्षा।

रेलिंग (अं.) [सं-स्त्री.] छत के चारों ओर लोहे आदि से खड़ा किया गया अवरोध।

रेवँछा [सं-पु.] एक द्विदल अन्न जिसकी दाल खाई जाती है।

रेवड़ [सं-पु.] भेड़ बकरी का झुंड; लेहड़ा; गल्ल।

रेवड़ी [सं-स्त्री.] पगी हुई चीनी या गुड़ की छोटी-छोटी टिकिया जिनपर सफ़ेद तिल चिपकाया रहता है: तिल और चीनी से बनने वाली प्रसिद्ध मिठाई।

रेवरा [सं-स्त्री.] एक प्रकार की ईख।

रेशम (फ़ा.) [सं-पु.] विशेष प्रकार के कीड़ों के कोश से प्राप्त होने वाला मज़बूत धागा; कोशा; कौशेय।

रेशमी (फ़ा.) [वि.] 1. रेशम से बना 2. रेशम की तरह चमकीला और मुलायम।

रेशा (फ़ा.) [सं-पु.] 1. किसी पदार्थ के पतले-पतले तंतु 2. शरीर के अंदर ऊतक।

रेशेदार (फ़ा.) [वि.] रेशा-युक्त।

रेसकोर्स (अं.) [सं-पु.] घुड़दौड़ हेतु बना मैदान।

रेस्तराँ (फ़ा.) [सं-पु.] वह स्थान जहाँ नाश्ता और खाना मिलता है; जलपान-गृह; भोजनालय।

रेह [सं-स्त्री.] खार मिली धूल; क्षारीय भूमि।

रेहन (अ.) [सं-पु.] गिरवी; बंधक।

रेहनदार (अ.+फ़ा.) [वि.] जिसके पास कोई संपत्ति गिरवी रखी गई हो।

रेहननामा (अ.+फ़ा.) [सं-पु.] वह कागज़ जिसपर संपत्ति गिरवी रखने की शर्तें लिखी गई हों।

रैंक (अं.) [सं-पु.] 1. दरज़ा 2. पद का क्रम।

रैंची [सं-स्त्री.] सरसों की एक किस्म।

रैंटी [सं-स्त्री.] चरखी।

रैक (अं.) [सं-पु.] 1. मालगाड़ी का खुला हुआ डिब्बा 2. लकड़ी या लोहे का बना हुआ ख़ाने युक्त ढाँचा जिसमें फ़ाइलें, पुस्तकें आदि रखी जाती हैं।

रैकेट (अं.) [सं-पु.] 1. टेनिस, बैडमिंटन आदि खेलने का बल्ला 2. अवैध व्यापार या धंधा।

रैखिक (सं.) [वि.] 1. रेखा संबंधी 2. रेखा के रूप में होने वाला।

रैगिंग (अं.) [सं-स्त्री.] शिक्षण संस्थानों में पुराने विद्यार्थियों द्वारा नए विद्यार्थियों के साथ की जाने वाली छेड़छाड़, हिंसा आदि।

रैन (सं.) [सं-स्त्री.] रात्रि; रात।

रैन-बसेरा [सं-पु.] 1. रात बिताने का स्थान 2. महानगरों में गरीबों के लिए बना रात बिताने का स्थान 3. अस्थायी निवास स्थान।

रैनी [सं-स्त्री.] वह गुल्ली जिससे सोने-चाँदी का तार खींचा जाता है।

रैयत (अ.) [सं-स्त्री.] प्रजा; रिआया।

रैली (अं.) [सं-स्त्री.] जमाव; जमघट।

रैहाँ (अ.) [सं-पु.] 1. एक प्रकार की औषधीय वनस्पति; बालगूँ 2. अरबी, फ़ारसी आदि लिपियों की एक प्रकार की लेख प्रणाली।

रॉयल्टी (अं.) [सं-स्त्री.] 1. किसी रचना या लेख आदि के उपरांत प्रत्येक प्रकाशन पर मिलने वाली धनराशि 2. राज परिवार के सदस्य।

रोंगटा [सं-पु.] रोआँ; रोम। [मु.] **रोंगटे खड़े होना** : अत्यधिक भयभीत होना।

रोंदा [सं-पु.] ताँत।

रोंसा [सं-पु.] लोबिया की फली; बोड़े की फली।

रोआँ (सं.) [सं-पु.] त्वचा के ऊपर के रोम।

रोआँसा [वि.] रोने को उद्यत; रोने-रोने जैसा; रुआँसा।

रोआब [सं-पु.] रुआब।

रोइया [सं-पु.] जमीन में गड़ा हुआ काठ का कुंदा, जिस पर रखकर गन्ने के टुकड़े काटते हैं।

रोईंसा [सं-पु.] रूसा घास जिसकी जड़ से सुगंधित तेल निकलता है।

रोएँदार (सं.+फ़ा.) [वि.] जिस वस्तु या शरीर पर रोएँ की तरह सूत; रेशे आदि हों।

रोक [सं-स्त्री.] 1. अवरोध; अड़चन; रुकावट 2. प्रतिबंध; बंदिश 3. मनाही; निषेध।

रोकड़ [सं-स्त्री.] 1. नगद रुपया-पैसा या रकम; जमापूँजी; (कैश) 2. वह बही जिसमें आय-व्यय का हिसाब लिखा जाता है; रोकड़बही।

रोकड़ बही [सं-स्त्री.] नगद रुपयों के लेन-देन के हिसाब वाली बही या पुस्तिका; (कैश बुक)।

रोकड़ बाकी [सं-स्त्री.] नियत समय में व्यय के बाद शेष बचा धन या गणना के बाद बची राशि; (कैश बैलंस)।

रोकड़िया [सं-पु.] आय-व्यय का हिसाब रखने वाला व्यक्ति; मुनीम; खजांची; (कैशियर)।

रोकथाम [सं-स्त्री.] रोकने का भाव; अवरोध का उपक्रम।

रोकना (सं.) [क्रि-स.] 1. चाल या गति बंद करना; जाने न देना 2. प्रवाह में बाधा डालना 3. समाप्त करना; बंद करना 4. वश में रखना; नियंत्रण करना।

रोग (सं.) [सं-पु.] 1. शरीर का स्वास्थ्य बिगड़ने की अवस्था; बीमारी; व्याधि 2. शरीर में उत्पन्न घातक विकार 3. {ला-अ.} कष्टकारक आदत या लत, जैसे- तंबाकू पीने का रोग।

रोग निदान (सं.) [सं-पु.] रोग या व्याधि की पहचान ।

रोग संचारक (सं.) [वि.] रोग फैलाने वाला।

रोगग्रस्त (सं.) [वि.] रोग से ग्रस्त; रोग से पीड़ित।

रोगजनक (सं.) [वि.] रोग उत्पन्न करने वाला; रोग उत्पादक।

रोगन (अ.) [सं-पु.] 1. लाख आदि का बना लकड़ी को पॉलिश करने का मसाला; वारनिश 2. कोई गाढ़ा एवं चिकना तरल पदार्थ, जैसे- तेल, घी आदि 3. कुसुम या बर्रे तेल से बना

हुआ एक प्रकार का मसाला जो चमड़े को मुलायम करने में काम आता है।

रोगनदार (अ.+फ़ा.) [वि.] रोगन चढ़ाया हुआ; पॉलिश किया हुआ; चमकीला।

रोगाणु (सं.) [सं-पु.] रोगों को जन्म देने और फैलाने वाला जीवाणु।

रोगाणु-नाशक (सं.) [वि.] रोगाणुओं को नष्ट करने वाला।

रोगिणी (सं.) [सं-स्त्री.] रोग से पीड़ित स्त्री। [वि.] बीमार (स्त्री)।

रोगी (सं.) [वि.] रोग से ग्रस्त; बीमार; अस्वस्थ।

रोचक (सं.) [वि.] 1. मनोरंजक; दिलचस्प 2. प्रिय; रुचने वाला; अच्छा लगने वाला।

रोचकता (सं.) [सं-स्त्री.] 1. रोचक होने की अवस्था, गुण या भाव 2. किसी व्यक्ति या वस्तु का विशेष गुण जिसके कारण वह रोचक लगता है।

रोचन (सं.) [सं-पु.] 1. काला सेमल 2. सफ़ेद सहिजन 3. करंज का वृक्ष 4. गोरोचन। [वि.] 1. प्रिय या अच्छा लगने वाला 2. सुंदरता बढ़ाने वाला 3. दीप्तिमान; चमकीला।

रोचना (सं.) [सं-स्त्री.] 1. रक्त कमल 2. उज्ज्वल आकाश 3. वंशलोचन 4. गोरोचन 5. टीका; तिलक 6. काला सेमल 7. सुंदर स्त्री।

रोज़ (फ़ा.) [सं-पु.] 1. दिवस; दिन 2. मज़दूरी; परिश्रमिक। [अव्य.] प्रतिदिन।

रोज़गार (फ़ा.) [सं-पु.] 1. किया जाने वाला कार्य जो जीविका निर्वहण के लिए प्रतिदिन करना पड़ता है; पेशा 2. व्यापार; व्यवसाय।

रोज़गारी (फ़ा.) [सं-पु.] जो व्यक्ति रोज़गार करता हो; व्यवसायी; व्यापारी।

रोज़नामचा (फ़ा.) [सं-पु.] 1. छोटी किताब या बही जिसपर प्रतिदिन किए कार्य के बारे में लिखा जाता है; दैनंदिनी; (डायरी) 2. वह बही जिसमें प्रतिदिन आय-व्यय का हिसाब लिखा जाता है।

रोज़मर्रा (फ़ा.+अ.) [क्रि.वि.] नित्य; प्रतिदिन; हर रोज़। [सं-पु.] नित्य प्रतिदिन होते रहने वाला कार्य।

रोज़ा (फ़ा.) [सं-पु.] 1. रमज़ान के महीने में मुसलमानों के द्वारा रखा जाने वाला प्रतिदिन का उपवास 2. रमज़ान का एक दिन।

रोज़ाख़ोर (फ़ा.) [सं-पु.] रोज़ा न रखने वाला मुसलमान।

रोज़ादार (फ़ा.) [सं-पु.] 1. नियमित रोज़ा रखने वाला मुसलमान 2. {ला-अ.} धर्मनिष्ठ मुसलमान।

रोज़ाना (फ़ा.) [अव्य.] प्रतिदिन; नित्य; हर रोज़।

रोजी [सं-स्त्री.] गुजरात में होने वाली एक प्रकार की कपास जिसके फूल पीले होते हैं।

रोज़ी (फ़ा.) [सं-स्त्री.] 1. जीविका; कामधंधा; व्यापार 2. प्रतिदिन का भोजन; ख़ुराक 3. मज़दूरी।

रोज़ी-रोटी (फ़ा.+हिं.) [सं-स्त्री.] जीवन चलाने का साधन।

रोज़ीदार (फ़ा.) [वि.] 1. जिसे ख़र्च के लिए प्रतिदिन कुछ दिया जाए 2. जो जीविकोपार्जन के लिए किसी कार्य में लगा हो।

रोज़ीना (फ़ा.) [सं-पु.] प्रतिदिन के हिसाब से रोज़ मिलने वाला वेतन या मज़दूरी; दिहाड़ी। [वि.] दैनिक; नित्य; रोज़ का।

रोझ [सं-स्त्री.] नील गाय; गवय।

रोट [सं-पु.] 1. गेहूँ के आटे की मोटी रोटी की तरह का व्यंजन; लिट्टी 2. मीठी मोटी रोटी 3. हाथी की ख़ुराक।

रोटका [सं-पु.] एक कंदन; बाजरा।

रोटरी क्लब (अं.) [सं-स्त्री.] एक अंतरराष्ट्रीय समाजसेवी संस्था।

रोटी [सं-स्त्री.] 1. गुँधे हुए आटे से बना गोल व चपटा खाद्य पदार्थ जिसे आँच पर सेक कर तैयार किया जाता है; चपाती 2. आहार; भोजन 3. {ला-अ.} जीविका।

रोठा [सं-पु.] बाजरे की एक प्रजाति।

रोड (अं.) [सं-स्त्री.] सड़क; मार्ग।

रोडमैप (अं.) [सं-पु.] 1. सड़क का नक्शा 2. {ला-अ.} वह योजना जिसे किसी कार्य को करने से पूर्व तैयार किया जाता है।

रोड़ा (सं.) [सं-पु.] 1. पत्थर, ईंट आदि का टुकड़ा 2. {ला-अ.} ऐसी चीज़ या बात जो किसी कार्य में बाधक हो।

रोड़ी [सं-स्त्री.] ईंट या पत्थर की गिट्टियाँ अथवा छोटी टुकड़ियाँ जो सड़क बनाने तथा अन्य निर्माण कार्यों में प्रयुक्त होती हैं।

रोदन (सं.) [सं-पु.] रोना; विलाप करना।

रोदसी (सं.) [सं-स्त्री.] 1. पृथ्वी 2. स्वर्ग।

रोदा (सं.) [सं-पु.] 1. धनुष की डोरी; चिल्ला 2. पतली ताँत जिससे सितार के परदे बाँधे जाते हैं।

रोध (सं.) [सं-पु.] 1. रोकने वाली वस्तु या बात; निषेध 2. घेरा 3. बाँध।

रोधक (सं.) [वि.] रोकने वाला।

रोधन (सं.) [सं-पु.] 1. रोकने की क्रिया या भाव 2. बाधा; रुकावट 3. बुध ग्रह 4. दमन।

रोना [क्रि-अ.] दुखी होकर रुदन या विलाप करने की क्रिया; शोक, कष्ट आदि के कारण विशेष प्रकार की आवाज़ के साथ आँसू बहाना।

रोना-धोना [क्रि-अ.] 1. गिड़गिड़ाना 2. {ला-अ.} अपने कष्टों की चर्चा करना।

रोपक (सं.) [वि.] 1. रोपने वाला 2. लगाने वाला।

रोपण (सं.) [सं-पु.] 1. पौधे, बीज आदि को जमाना 2. स्थापित करना 3. बनाकर तैयार करना।

रोपना (सं.) [क्रि-स.] 1. पौधा आदि लगाना या जमाना 2. पौधे आदि को एक स्थान से दूसरे स्थान पर लगाना।

रोपनी [क्रि-स.] दे. रोपना।

रोपित (सं.) [वि.] 1. जिसका रोपण किया गया हो 2. रखा हुआ या स्थापित किया हुआ 3. खड़ा किया हुआ।

रोब (अ.) [सं-पु.] 1. दबदबा; धाक 2. किसी की आकृति या रूप में दिखने वाला ऐसा बड़प्पन जिससे लोग प्रभावित हों;

तेज; प्रताप।

रोबदाब (अ.+हिं.) [सं-पु.] रोब के कारण पड़ने वाला प्रभाव; दबदबा।

रोबदार (अ.+फ़ा.) [वि.] जिसमें रोब हो; जिसका दबदबा या प्रभाव हो; रोबीला।

रोबीला (अ.+हिं.) [वि.] जिसमें रोब हो; जिसका दबदबा या प्रभाव हो; रोबदार।

रोबोट (अं.) [सं-पु.] रोबोट; यंत्र मानव। [वि.] यंत्रवत काम करनेवाला।

रोम-कूप (सं.) [सं-पु.] त्वचा के सूक्ष्म छिद्र जिनसे रोएँ निकलते हैं।

रोम[1] [सं-पु.] यूरोप महाद्वीप का एक देश।

रोम[2] (सं.) [सं-पु.] देह के बाल; शरीर पर के नरम बाल; रोआँ।

रोमक (सं.) [सं-पु.] 1. शाकंभरी लवण; पांशु लवण 2. ज्योतिष सिद्धांत का एक भेद।

रोमन (अं.) [सं-पु.] रोम देश का निवासी। [सं-स्त्री.] रोम देश की लिपि का परिष्कृत रूप जिसमें अँग्रेज़ी आदि भाषाएँ लिखी जाती हैं।

रोमहर्षक (सं.) [वि.] 1. अत्यंत प्रसन्न करने वाला; रोमांचक 2. भय, आतंक आदि के कारण रोएँ खड़े कर देने वाला।

रोमांच (सं.) [सं-पु.] भय, हर्ष या आश्चर्य के कारण शरीर के रोएँ खड़े होना; पुलक।

रोमांचक (सं.) [वि.] जिसे देखने, सुनने या पढ़ने से व्यक्ति रोमांचित हो उठे; रोमांच या उत्तेजना उत्पन्न करने वाला; रोमांचकारी।

रोमांचकारी (सं.) [वि.] जिसे देखने, सुनने या पढ़ने से व्यक्ति रोमांचित हो उठे; रोमांच या उत्तेजना उत्पन्न करने वाला; रोमांचक।

रोमांचित (सं.) [वि.] रोमांच से भरा हुआ; पुलकित।

रोमांटिक (अं.) [वि.] 1. रूमानी; प्रेम दिखाने वाला 2. प्रेम-प्रसंग वाला 3. भावुक व कल्पनाशील।

रोमांस (अं.) [सं-पु.] 1. प्रेम-प्रसंग 2. प्रेम कथा 3. प्रेम या किसी नई व उत्तेजक वस्तु का अनुभव या वातावरण।

रोमानीपन (अं.+हिं.) [सं-पु.] रोमानी प्रकृति को दर्शाने की अवस्था।

रोमावलि (सं.) [सं-स्त्री.] नाभि से ऊपर की रोओं की पंक्ति; रोमराजी।

रोमिल (सं.) [वि.] रोएँदार; त्वचा पर बालोंवाला।

रोमोद्भेद [सं-पु.] रोमांच।

रोर (सं.) [सं-स्त्री.] 1. शोर-गुल; हल्ला 2. उत्पात 3. आंदोलन।

रोरी [सं-स्त्री.] धूम; चहल-पहल।

रोल (सं.) [सं-पु.] 1. पानी का बहाव, रेला या प्रवाह 2. रुखानी जैसा औज़ार जिसका उपयोग बरतन की नक्काशी की ज़मीन साफ़ करने में किया जाता है। [सं-स्त्री.] 1. हल्ला; कोलाहल 2. ध्वनि; शब्द; आवाज़।

रोलर (अं.) [सं-पु.] 1. ढुलकने वाली वस्तु या चीज़; बेलन; बेलना 2. एक प्रकार का वाहन जिसका उपयोग भूमि समतल करने के लिए किया जाता है 3. बालों को घुँघराले करने का एक उपकरण।

रोला [सं-पु.] 1. शोर; हल्ला; कोलाहल 2. भयंकर युद्ध 3. बेलन।

रोली (सं.) [सं-स्त्री.] चूने और हल्दी से बना चूर्ण जिससे लोग तिलक लगाते हैं। [सं-पु.] लहसुनिया नग।

रोवाँ [सं-पु.] दे. रोयाँ।

रोशन (फ़ा.) [वि.] 1. प्रकाशित; प्रकाशपूर्ण; चमकदार 2. जलता हुआ 3. प्रकट; ज़ाहिर 4. {ला-अ.} मशहूर; प्रख्यात; प्रसिद्ध।

रोशन-शनाह [सं-पु.] यहूदियों का नववर्ष।

रोशनचौकी (फ़ा.+हिं.) [सं-स्त्री.] किसी मांगलिक अवसर घर के दरवाज़े पर बैठाई जाने वाली बाजे वालों की चौकी।

रोशनदान (फ़ा.) [सं-पु.] कमरे में प्रकाश को आने देने के लिए दीवार में ऊपर की ओर बना खुला स्थान; झरोखा।

रोशनाई (फ़ा.) [सं-स्त्री.] स्याही; मसि; (इंक)।

रोशनी (फ़ा.) [सं-स्त्री.] 1. प्रकाश; ज्योति 2. दीपक; चिराग 3. {ला-अ.} ज्ञान।

रोशनीमार [सं-पु.] सर्चलाइट।

रोष (सं.) [सं-पु.] 1. क्रोध; गुस्सा 2. चिढ़; कुढ़न 3. लड़ने का आवेश 4. वैर; विरोध।

रोषमय (सं.) [वि.] रोष से भरा; रोषयुक्त; रोषपूर्ण।

रोहण (सं.) [सं-पु.] 1. ऊपर की ओर अग्रसर होना या बढ़ना 2. सवार होना 3. किसी पर चढ़ना 4. बीज आदि का उगना; अंकुरित होना।

रोहन [सं-पु.] एक प्रकार का पेड़, जिसे सूहन और सूमी भी कहते हैं, जो दक्षिण तथा मध्य भारत के जंगलों में पाया जाता है।

रोहार [सं-पु.] एक रोग; जीभ पर काँटे हो जाना।

रोहिणी (सं.) [सं-स्त्री.] 1. गाय; गौ 2. बिजली 3. एक नक्षत्र जिसमें पाँच तारे होते हैं 4. नौ साल की कन्या 5. रीठा 6. मजीठा 7. ब्राह्मी।

रोहित (सं.) [सं-पु.] 1. एक प्रकार का हिरण 2. इंद्रधनुष 3. रक्त; लहू। [वि.] रक्तवर्ण; लोहित; लाल रंग का।

रोहितवर्ण [सं-स्त्री.] लाल रंग की गाय।

रोहिन [सं-स्त्री.] रोहिणी नक्षत्र।

रोहिनिया [सं-पु.] जेठ माह के रोहिन नक्षत्र में पकने वाला आम। [वि.] रोहिणी नक्षत्र में पकने वाला।

रोही [सं-स्त्री.] रोहू; एक प्रकार की मछली।

रोहू (सं.) [सं-स्त्री.] 1. मछली की एक प्रजाति 2. पहाड़ों पर पाया जाने वाला एक प्रकार का वृक्ष।

रौ (फ़ा.) [सं-स्त्री.] 1. पानी का प्रवाह 2. किसी बात या काम की धुन।

रौंग [सं-पु.] सफ़ेद कीकर।

रौंद [सं-स्त्री.] रौंदने की क्रिया या भाव।

रौंदा [सं-पु.] एक प्रकार की ईख।

रौंधा [सं-पु.] गन्ने की फसल में होने वाला रोग।

रौंहद [क्रि-स.] अँडुआ घोड़े का अपने स्थान पर इधर-उधर घूमना।

रौखुर [सं-स्त्री.] वह भूमि जिसकी मिट्टी बाढ़ के कारण बलुई हो गई हो।

रौज़ा (अ.) [सं-पु.] 1. बाग; बगीचा 2. मकबरा।

रौद्र (सं.) [वि.] 1. रुद्र संबंधी; रुद्र का 2. प्रचंड; भीषण; विकट 3. क्रोधपूर्ण। [सं-पु.] 1. गुस्सा 2. यमराज।

रौनक (फ़ा.) [सं-स्त्री.] 1. चमक-दमक व उसके कारण होने वाली शोभा 2. प्रसन्न लोगों की चहल-पहल या जमघट; बहार 3. सुंदर वर्ण एवं आकृति।

रौनक-अफ़रोज़ (फ़ा.) [वि.] रौनक बढ़ाने वाला।

रौना [सं-पु.] दोंगा; अखन।

रौप्य (सं.) [सं-पु.] चाँदी; रूपा। [वि.] चाँदी से निर्मित।

रौब (अ.) [सं-पु.] रोब; रुआब; दबदबा।

रौरव (सं.) [वि.] 1. भयंकर; भीषण 2. धूर्त 3. रुरु मृग संबंधी। [सं-पु.] (पुराण) एक भीषण नरक।

रौला (सं.) [सं-पु.] 1. शोर 2. बखेड़ा; झंझट।

रौलि [सं-स्त्री.] धौल; चपत; झापड़; तमाचा।

रौशन (फ़ा.) [वि.] 1. ज्वलंत; उज्ज्वल; जलता हुआ 2. प्रकाशित; चमकदार; प्रकाशमान 3. मशहूर; प्रसिद्ध; प्रख्यात।

रौहाल [वि.] 1. घोड़ा 2. घोड़ों की एक जाति।

ल

ल हिंदी वर्णमाला का व्यंजन वर्ण। उच्चारण की दृष्टि से यह वर्त्स्य, अल्पप्राण, सघोष पार्श्विक है।

लँगड़ा (सं.) [वि.] 1. जिसका एक पैर किसी रोग के कारण बेकार हो गया हो या टूट गया हो (व्यक्ति); विकलांग 2. जिसका एक पाया टूटा हो (पलंग, मेज़, कुरसी आदि) 3. {ला-अ.} बेकार; अप्रभावकारी। [सं-पु.] आम की एक प्रसिद्ध और लोकप्रिय प्रजाति।

लँगड़ाना [क्रि-अ.] 1. चोट आदि के कारण पैरों का ठीक-ठीक न रख पाना 2. लँगड़ाकर चलना।

लँगड़ापन [सं-पु.] लँगड़ा होने की अवस्था या भाव; विकलांगता; पंगुता।

लँगड़ी [सं-स्त्री.] 1. कुश्ती का एक दाँव, जिसमें विरोधी की टाँगों को फँसाकर उसे गिराया जाता है 2. एक प्रकार का छंद 3. ज़मीन पर चौकोर ख़ाने बनाकर केवल एक टाँग पर उछलकर खेला जाने वाला खेल; पहल-दूज; स्टापू। [वि.] बलवान;शक्तिशाली [मु.] **-मारना** : पटकी देना; किसी की योजनाओं के कार्यान्वयन में अवरोध पैदा करना।

लँगोचा [सं-पु.] जानवर की आँत जो मसालेदार क़ीमे से भरकर और तलकर खाई जाती है; कुलमा; गुलमा।

लँगोट (सं.) [सं-पु.] कमर पर बाँधने का एक प्रकार का वस्त्र जिससे केवल उपस्थ ढका जाता है; कौपीन; रुमाली [मु.] **लँगोट का ढीला** : जो सुयोग मिलने पर परस्त्री से निस्संकोच संभोग कर सकता हो। **लँगोट का सच्चा** : जो कभी परस्त्री से संभोग न करता हो ।

लँगोटिया [वि.] 1. {ला-अ.} बचपन का; बाल्यावस्था का 2. {ला-अ.} घनिष्ठ। [मु.] **-यार** : बचपन का साथी; घनिष्ठ मित्र।

लँगोटी [सं-स्त्री.] 1. छोटा लँगोट 2. गरीबों, साधुओं आदि के कमर पर पहनने का छोटा वस्त्र।

लँडूरा (सं.) [वि.] 1. बिनां पूँछ का; जिसकी सब पूँछ कट गई हो (चिड़िया) 2. आवारा; नंगा; लुच्चा।

लंक (सं.) [सं-स्त्री.] 1.प्राणियों के शरीर का मध्य भाग; कमर; कटि 2. लंका (सं-पु.) ढेर; राशि।

लंकपति (सं.) [सं-पु.] लंकेश; लंकापति; लंका का राजा; रावण।

लंकलाट (अं.) [सं-पु.] एक प्रकार का कपड़ा जो मज़बूत और मोटा होता है; (लांगक्लॉथ)।

लंका (सं.) [सं-स्त्री.] 1. श्रीलंका नामक देश का पुराना नाम; सिंहल द्वीप 2. (रामायण) रावण का राज्य 3. असबरग 4. काला चना 5. वृक्ष की शाखा; डाली।

लंगड़ [वि.] लँगड़ा।

लंगर (फ़ा.) [सं-पु.] 1. लोहे का एक प्रकार का बहुत बड़ा काँटा जिसका व्यवहार बड़ी-बड़ी नावों या जहाज़ों को नदी या समुद्र के किनारे एक ही स्थान पर ठहराने या टिकाए रखने के लिए होता है; (एंकर) 2. सिख धर्म में प्रसाद के रूप में दिया गया सामूहिक भोजन 3. पैरों का एक गहना। [मु.] -**छकना** : पंगत में बैठकर भोजन करना। **उठाना**- जहाज या नाव का लंगर उठाकर चलने को तैयार होना। **छोड़ना, डालना या फेंकना**- जहाज या नाव ठहराने या रोकने के लिए लंगर गिराना। **बाँधना**- पहलवान बनने के उद्‌देश्य से कसरत करना और कुश्ती लड़ना।

लंगी [सं-स्त्री.] कुश्ती का एक दाँव।

लंगूर (सं.) [सं-पु.] 1. लंबी पूँछ और काले मुँह वाले बंदरों की एक प्रजाति; लांगूली 2. बंदर की पूँछ; लंगूल।

लंगूल (सं.) [सं-पु.] (बंदर की) पूँछ; लांगूल।

लंगोट [सं-पु.] दे. लँगोट।

लंघन [सं-पु.] 1. लाँघने की क्रिया या भाव 2. उल्लंघन करना; अतिक्रमण 3. उपवास; फाका; निराहार रहना।

लंघनट (सं.) [सं-पु.] नट; कलाबाज़ी दिखाने वाला व्यक्ति।

लंच (अं.) [सं-पु.] दोपहर का खाना; दोपहर के समय किया जाने वाला भोजन।

लंठ [वि.] 1. मूर्ख; संस्कारहीन 2. असभ्य; अशिष्ट; गँवार; उजड्ड।

लंठई [सं-स्त्री.] 1. मूर्खता 2. असभ्यता; अभद्रता; अशिष्टता; गँवारपन।

लंड (सं.) [सं-पु.] 1. पुरुष की जननेंद्रिय; पुरुष का जनन अंग; लिंग; शिश्न 2. एक प्रकार की अश्लील गाली 3. विष्ठा।

लंपट (सं.) [सं-पु.] कामी या व्यभिचारी व्यक्ति; स्त्री का उपपति; यार। [वि.] कामी; विषयी; व्यभिचारी; दुश्चरित्र।

लंपटता (सं.) [सं-स्त्री.] कामुकता; व्यभिचार की वृत्ति; कुकर्म।

लंब (सं.) [सं-पु.] 1. (ज्यामिति) किसी सरल रेखा पर गिरने वाली वह रेखा जो दोनों ओर समकोण बनाती हो 2. (ज्योतिष) ग्रहों की एक विशिष्ट गति 3. (संगीत) एक राग। [वि.] किसी समतल आधार से समकोण बनाती हुई ऊपर जाने वाली (रखा)।

लंब-तड़ंग [वि.] 1. लंबा और तगड़ा 2. विशालकाय और हृष्ट-पुष्ट 3. ताड़ वृक्ष के समान बहुत लंबा।

लंबक (सं.) [सं-पु.] 1. (ज्योतिष) एक प्रकार का योग 2. पुस्तक या ग्रंथ का खंड या विभाग 3. मुख का एक विशेष रोग; ज्योतिष में एक प्रकार का योग जो संख्या में पंद्रह होते हैं।

लंबन (सं.) [सं-पु.] 1. लंबा करना; किसी काम को टालते रहना 2. आश्रय 3. कफ़; बलगम।

लंबवत (सं.) [वि.] 1. लंबाई में 2. सीधा खड़ा हुआ।

लंबा (सं.) [वि.] 1. ऊँचाई में दूर तक जाने वाला; ऊँचा, जैसे- लंबा वृक्ष 2. आड़ेपन या क्षैतिज रेखा में दूर तक विस्तृत, जैसे- लंबा रास्ता 3. दीर्घ (समय), जैसे- लंबा अर्सा। [सं-स्त्री.] 1. दुर्गा 2. लक्ष्मी 3. उपहार; घूस। [मु.] **-करना** : हटा देना। **-हो जाना** : लेट जाना। **लंबी तानना** : सो जाना; अनुपस्थित रहना।

लंबा-चौड़ा (सं.) [वि.] जो लंबाई और चौड़ाई में दीर्घ हो; विस्तृत; विशालकाय।

लंबा-तगड़ा (सं.) [वि.] 1. लंबा और तगड़ा; लंब-तड़ंग 2. बहुत लंबा 3. बड़ा; विशालकाय।

लंबाई (सं.) [सं-स्त्री.] 1. लंबा होने का भाव 2. लंबेपन का परिमाण।

लंबायमान (सं.) [वि.] 1. लंबाई में आड़ा पड़ा या लेटा हुआ 2. जिसे लंबा किया जा रहा हो या किया गया हो।

लंबित (सं.) [वि.] 1. अटका हुआ; कुछ समय के लिए स्थगित किया हुआ, जैसे- न्यायालय में लंबित मामले 2. लटकता हुआ।

लंबू [सं-पु.] 1. लंबे व्यक्ति के लिए प्रयुक्त संबोधन 2. जो व्यक्ति सामान्य से अधिक लंबा हो।

लंबोतरा [वि.] जिसमें गोलाई के साथ लंबाई भी हो; जो गोलाकार या अंडाकार होने के साथ कुछ लंबा भी हो, जैसे- लंबोतरा चेहरा।

लंबोदर (सं.) [सं-पु.] गणेश; गणपति। [वि.] पेटू; बहुत अधिक खाने वाला; बड़े उदरवाला।

लकठा [सं-पु.] बाँस का टुकड़ा; जमीन मापने के लिए उपयुक्त मापक।

लकड़दादा [सं-पु.] पितामह के पितामह; पिता के परदादा।

लकड़बग्घा [सं-पु.] भेड़िये की प्रजाति का एक जंगली जानवर।

लकड़हारा [सं-पु.] सूखी लकड़ियाँ काटने और उन्हें इकट्ठा कर बेचने वाला व्यक्ति।

लकड़ी (सं.) [सं-स्त्री.] 1. पेड़ या वृक्ष की सूखी शाखा; काटकर सुखाया गया पेड़ या उसका हिस्सा; काठ; काष्ठ 2. लाठी या छड़ी 3. ईंधन। [मु.] **-चलना** : लाठियों से मारपीट होना।

लकदक (फ़ा.) [सं-पु.] 1. बंजर; वीरान 2. वनस्पति आदि से रहित खुला स्थान; चटियल मैदान। [वि.] 1. चिकना 2. स्वच्छ; उज्ज्वल; चकाचक 3. सजा-धजा; बहुत अधिक अलंकरणों से लदा हुआ।

लकब (अ.) [सं-पु.] 1. पदवी; ख़िताब 2. गुण, योग्यता अथवा पदसूचक नाम, जैसे- राष्ट्रपिता।

लकलक (अ.) [सं-पु.] लंबी गरदन और टाँगों वाला एक जलपक्षी; सारस। [वि.] 1. लंबी टाँगों वाला 2. दुबला-पतला।

लकवा (अ.) [सं-पु.] स्नायु संबंधी एक रोग जिसके कारण प्रभावित अंग निश्चेतन और शक्तिहीन हो जाता है; फ़ालिज; पक्षाघात।

लकवाग्रस्त (अ.+सं.) [वि.] 1. जिसे लकवा मार गया हो; लकवा रोग से प्रभावित; चलने फिरने में असमर्थ 2. {ला-अ.} सर्वथा निष्क्रिय।

लकालक [वि.] पूर्णतः स्वच्छ; साफ़; चकाचक।

लकीर (सं.) [सं-स्त्री.] 1. रेखा; खींची गई लाइन 2. कतार; क्रम; पंक्ति 3. धारी। [मु.] **-का फ़कीर होना** : रूढ़िवादी होना। **-पीटना** : पुरानी प्रथा पर चलना।

लकुच [सं-पु.] 1. बड़हल या बड़हर का वृक्ष 2. उक्त वृक्ष का खटमिट्ठा फल 3. लुकाठ; लखोट।

लकुची [सं-स्त्री.] लग्गी; एक लंबी डंडी।

लकुटिया (सं.) [सं-स्त्री.] लकुटी; पतली लाठी; छड़ी।

लकुटी [सं-स्त्री.] 1. लाठी; छड़ी 2. सहारा।

लकोटा [सं-पु.] एक प्रकार का पहाड़ी बकरा जिसके बालों से शाल, दुशाले आदि बनाए जाते हैं।

लक्कड़ [सं-पु.] लकड़ी का बड़ा लट्ठा; लकड़ा; कुंदा।

लक्का (फ़ा.) [सं-पु.] 1. गिद्ध 2. चील 3. एक विशेष प्रकार का कबूतर, जिसकी पूँछ पंखे की तरह फैल जाती है; लका।

लक्खी [वि.] लाल रंग का; लाखी। [सं-पु.] 1. घोड़े की एक जाति 2. जिसके पास लाखों रुपये हों; लखपती। [सं-स्त्री.] लक्ष्मी।

लक्ष (सं.) [वि.] लाख की संख्या; लाख; सौ हजार। [सं-पु.] 1. चिह्न; निशान 2. निशाना; लक्ष्य।

लक्षण (सं.) [सं-पु.] 1. चाल-ढाल; रंग-ढंग 2. शरीर में किसी रोग के होने का संकेत देने वाले चिह्न या निशान 3. आचार, व्यवहार आदि के ऐसे ढंग या प्रकार जो भले या बुरे होने के सूचक हों; लच्छन 4. नाम; संज्ञा 5. सारस पक्षी।

लक्षणक (सं.) [सं-पु.] चिह्न; निशान।

लक्षणा (सं.) [सं-स्त्री.] 1.(काव्यशास्त्र) तीन शब्द शक्तियों- अभिधा, लक्षणा और व्यंजना में से दूसरी शब्द शक्ति जो अभिधेय से भिन्न परंतु उसी से संबंधित दूसरा अर्थ प्रकट करती है; अभिप्रेत अर्थ देने वाली शब्द शक्ति 2. मादा हंस 3. मादा सारस 4. छोटी भटकटैया ।

लक्षित (सं.) [वि.] 1. देखा हुआ 2. ध्यान में आया हुआ 3. अनुमान से जाना या समझा हुआ 4. निर्दिष्ट; बतलाया हुआ। [सं-पु.] शब्द की लक्षणा शक्ति द्वारा ज्ञात अर्थ।

लक्षिता (सं.) [सं-स्त्री.] (साहित्य) वह नायिका जिसके शरीर पर नायक मिलन, संभोग आदि के चिह्न देखकर उसकी सखियों ने यह बात जान ली हो और उस नायिका से ज़ाहिर भी कर दिया हो।

लक्षितार्थ (सं.) [सं-पु.] शब्द की लक्षणा शक्ति से प्राप्त होने वाला अर्थ; लक्ष्यार्थ।

लक्ष्म (सं.) [सं-पु.] 1. दाग; चिह्न; लक्षण 2. परिभाषा।

लक्ष्मण (सं.) [सं-पु.] 1. (रामायण) राजा दशरथ तथा सुमित्रा के पुत्र और मर्यादा पुरुषोत्तम राम के छोटे भाई, जो राम के साथ वन में रहे और अपने व्यक्तित्व की दृढ़ता के लिए प्रसिद्ध हैं 2. दुर्योधन का एक पुत्र 3. सारस 4. नाग [वि.] 1. लक्षण या चिह्न संयुक्त 2. भाग्यवान 3. उन्नतशील ।

लक्ष्मण रेखा (सं.) [सं-स्त्री.] 1. मर्यादा व आचरण की वह सीमा रेखा जिसका उल्लंघन वर्जित हो 2. पार न करने योग्य सीमा।

लक्ष्मी (सं.) [सं-स्त्री.] 1. (पुराण) हिंदुओं की मान्यता के अनुसार विष्णु की पत्नी और धन की देवी; श्री 2. शोभा; छवि 3. {ला-अ.} दौलत; धन-संपत्ति 4. {ला-अ.} गृहस्वामिनी; घर की मालकिन।

लक्ष्मीपुत्र (सं.) [सं-पु.] 1. माणिक्य रत्न 2. सीता के पुत्र 3. {ला-अ.} धनवान व्यक्ति; अमीर व्यक्ति।

लक्ष्य (सं.) [सं-पु.] 1. उद्देश्य 2. वह शिकार, वस्तु या निशान जिसपर निशाना लगाया जाए 3. शब्द की लक्षणा शक्ति से निकलने वाला अर्थ 4. वह जिसका अनुमान किया जाए। [वि.] दर्शनीय; प्रेक्षणीय; अवलोकनीय।

लक्ष्यक (सं.) [वि.] 1. लक्ष्य करने वाला 2. संकेत के द्वारा सूचित करने वाला।

लक्ष्यभाषा (सं.) [सं-स्त्री.] (अनुवाद) वह भाषा जिसमें किसी अन्य भाषा अर्थात स्रोत भाषा के पाठ या कथन का अनुवाद किया जाता है।

लक्ष्यभेद (सं.) [सं-पु.] फेंकी या छोड़ी हुई वस्तु, तीर, गोली आदि से निशाने को भेद देना; लक्ष्य-वेध।

लक्ष्यभेदी (सं.) [वि.] लक्ष्य पर सटीक वार करने वाला; लक्ष्य को भेद देने वाला।

लक्ष्यार्थ (सं.) [सं-पु.] किसी शब्द या वाक्य से निकलने वाला शब्दार्थ से अलग किंतु उससे संबद्ध अर्थ; लक्षणा शब्द शक्ति के प्रयोग से अभीष्ट अर्थ; लक्षितार्थ।

लक्ष्योपमा (सं.) [सं-स्त्री.] (काव्यशास्त्र) उपमा अलंकार का एक भेद।

लखटकिया [वि.] लाख टके अर्थात लाख रुपए वाला, जैसे- लखटकिया पुरस्कार।

लखनऊ [सं-पु.] भारत में उत्तर प्रदेश की राजधानी; नवाबी दौर की समृद्ध सभ्यता और संस्कृति के लिए प्रसिद्ध नगर; तहज़ीब (शिष्टाचार) के मानक के रूप में प्रतिष्ठित नगर।

लखनवी [वि.] लखनऊ का; लखनऊ से संबंधित।

लखना [क्रि-स.] 1. देखना 2. समझना 3. ताड़ लेना।

लखपति (सं.) [वि.] 1. लाखों रुपयों का मालिक 2. बड़ा अमीर या धनवान।

लखपेड़ा [वि.] (बाग) जहाँ लाखों की संख्या में वृक्ष हों; वृक्ष संपत्ति से समृद्ध।

लखराँव [सं-पु.] वह स्थान जहाँ लाखों की संख्या में वृक्ष हों।

लख़लख़ा (फ़ा.) [सं-पु.] बेहोशी या मूर्छा दूर करने वाला एक सुगंधित द्रव्य।

लखेरा [सं-पु.] 1. लाख की चूड़ियाँ आदि बनाने वाला कारीगर 2. हिंदुओं में एक जाति जो लाख की चूड़ियाँ आदि बनाती है।

लखौटा [सं-पु.] 1. केसर, चंदन आदि से युक्त बढ़िया उबटन 2. वह डिब्बा जिसमें स्त्रियाँ सिंदूर, बिंदी और छोटे-मोटे सौंदर्य प्रसाधन रखती हैं।

लखौरी [सं-स्त्री.] 1. आकार में छोटी और पतली ईंटें जो अब पुराने मकानों में ही दिखाई देती हैं; ककैया 2. देवताओं को उनके प्रिय वृक्ष की एक लाख पत्तियाँ या फूल चढ़ाने की क्रिया।

लख़्त (फ़ा.) [सं-पु.] टुकड़ा; खंड।

लगन[1] [सं-स्त्री.] 1. किसी काम में पूरी तरह से ध्यान लगाना; धुन; लौ 2. निष्ठा 3. स्नेह।

लगन[2] (सं.) [सं-पु.] [सं-पु.] 1. शादी का शुभ मुहूर्त 2. सहालग।

लगन[3] (फ़ा.) [सं-पु.] 1. ताँबे या पीतल की एक बड़ी थाली जिसमें रखकर मोमबत्ती जलाई जाती है 2. मुसलमानों में ब्याह की एक रस्म जिसमें विवाह से पहले थालियों में मिठाई आदि भरकर वर के यहाँ भेजी जाती है।

लगना (सं.) [क्रि-अ.] 1. आभास होना; महसूस होना 2. (दुधारू पशुओं का) दूध देना 3. झगड़ना 4. चुभना 5. (पौधा) रोपा जाना। [मु.] **लगे हाथ** : किसी काम को पूरा करने से पहले साथ ही कोई दूसरा काम भी कर लेना। **लगती बात कहना** : चुभती बात कहना।

लगभग [क्रि.वि.] 1. तकरीबन; करीब-करीब 2. अंदाज़ के आधार पर।

लगमात [सं-स्त्री.] व्यंजन वर्णों के साथ लगने वाली स्वर मात्राएँ, जैसे- क+ए (के), क+ऐ (कै); लगमात्रा।

लगवाना [क्रि-स.] लगाने में प्रवृत्त करना; लगाने का काम कराना।

लगवार [सं-पु.] जिससे अनुचित संबंध हो; यार; प्रेमी।

लगवीयत (अ.) [सं-स्त्री.] 1. झूठी बात; असत्यता 2. वाहियात या फ़िज़ूल बात।

लगसी [सं-स्त्री.] दे. लकुची।

लगाई [सं-स्त्री.] 1. लगने की अवस्था या भाव 2. कुछ लगाने की मज़दूरी। [मु.] **-बुझाई** : चुगली लगाना; इधर की बात उधर पहुँचाकर झगड़ा करवाना।

लगातार [क्रि.वि.] अनवरत; निरंतर; मुसलसल।

लगान [सं-पु.] 1. कृषि भूमि पर लगने वाला कर; शुल्क; राजस्व; (टैक्स) 2. नावों के ठहरने का स्थान 3. आसपास के दो स्थानों का सटा हुआ या परस्पर लगा हुआ अंश।

लगाना [क्रि-स.] 1. संलग्न करना 2. दो चीज़ों को आपस में जोड़ना या सटाना 3. सिलसिले में रखना; क्रमवार सजाना 4. चिपकाना 5. रोपना 6. (झापड़) मारना 7. धारण करना, जैसे- टोपी लगाना।

लगाम (फ़ा.) [सं-स्त्री.] 1. घोड़े के नियंत्रण के लिए उसके मुँह में लगाई जाने वाली वह पट्टी जिसके दोनों ओर रस्से या चमड़े के तस्मे बँधे रहते हैं; रास; बाग 2. बागडोर; कमान

3. {ला-अ.} अंकुश; नियंत्रण; दबाव; दबिश; रोक। [मु.] **-डालना** : अंकुश लगाना। **मुँह में लगाम न होना** : बिना सोचे समझे बोलना।

लगामी (फ़ा.) [सं-स्त्री.] पशुओं को खाने से रोकने के लिए उनके मुँह पर लगाई जाने वाली जाली।

लगालगी [सं-स्त्री.] 1. आपसी संबंध 2. प्रेम; लगाव 3. लाग डाँट।

लगाव [सं-पु.] 1. किसी के साथ लगे होने की अवस्था या भाव; अपनापन 2. जुड़ने का भाव; मोह; संबंध; वास्ता 3. खिंचाव; आकर्षण।

लगाव-लपेट [सं-पु.] 1. बंधन में डालने वाला संबंध 2. घुमा-फिराकर कही जाने वाली बात; लाग-लपेट।

लगावट [सं-स्त्री.] 1. लगाव; संबंध 2. प्रेम; प्यार।

लगावरी [वि.] सटा हुआ।

लगी [सं-स्त्री.] 1. प्रेम; संबंध 2. ख़्वाहिश; इच्छा; कामना 3. भूख।

लगी-बुझी [सं-स्त्री.] विरोध; दुश्मनी; वैर।

लगुड़ (सं.) [सं-पु.] जिसके सिरे पर लोहा लगा हो; डंडा; सोंटा; लाठी।

लगूल (सं.) [सं-स्त्री.] दुम; पूँछ; लांगुल; बालधि।

लगेन [वि.] 1. जिसे खाने से नशा हो। [सं-पु.] निरंतर दूध देते रहने वाली गाय।

लग्गा [सं-पु.] 1. (साधाणत: बाँस का बना) लंबा और पतला डंडा जिसके छोर पर ऊँची डाल से फल आदि तोड़ने के लिए अँकुसी लगी रहती है 2. नाव खेने वाला बाँस 3. कीचड़ हटाने का बड़ा फरसा।

लग्गी [सं-स्त्री.] अपेक्षाकृत छोटे आकार का लग्गा।

लग्घा [सं-पु.] दे. लग्गा।

लग्घी [सं-स्त्री.] नाव चलाने के लिए उपयोग में आने वाला लंबा बाँस; लग्गी।

लग्न (सं.) [सं-पु.] 1. उतना समय जितने में कोई राशि किसी शुभ स्थान में विद्यमान रहती है; लगन 2. (ज्योतिष) विवाह का मुहूर्त; सहालग 3. राजा का स्तुति करने वाला व्यक्ति; बंदी। [वि.] लगा हुआ; सटा हुआ; संलग्न।

लग्नक (सं.) [सं-पु.] 1. वह जो किसी की जमानत करें; प्रतिभू; जामिन 2. संगीत में एक प्रकार का राग।

लग्नपत्रिका (सं.) [सं-स्त्री.] वह पत्र जिसमें विवाह की विभिन्न रीतियों तथा उनके समय का विवरण रहता है।

लग्नेश (सं.) [सं-पु.] फलित ज्योतिष में वह ग्रह जो लग्न का स्वामी हो।

लग्नोदय (सं.) [सं-पु.] 1. किसी लग्न के उदय होने का समय 2. लग्न के उदय होने का कार्य।

लघडबग्गा [सं-पु.] एक प्रकार का चीता; लग्घड़।

लघिमा (सं.) [सं-स्त्री.] 1. लघु का भाव; लघुता; लघुत्व 2. अणिमा, गरिमा आदि आठ सिद्धियों में से एक।

लघु (सं.) [वि.] 1. छोटा 2. निम्न 3. कोमल; हलका 4. निस्सार 5. कम; थोड़ा। [सं-पु.] 1. ह्रस्व स्वर की मात्रा 2. पंद्रह क्षणों का समय।

लघु स्वर (सं.) [सं-पु.] ह्रस्व स्वर को ही लघु स्वर कहा जाता है।

लघुचेता (सं.) [सं-पु.] ऐसा व्यक्ति जिसमें उदात्त विचारों की क्षमता न हो; तुच्छ या नीच विचार वाला व्यक्ति।

लघुतम (सं.) [वि.] छोटों में भी सबसे छोटा।

लघुता (सं.) [सं-स्त्री.] 1. लघु होने की अवस्था या भाव; छोटापन; छोटाई; लघुत्व 2. 'गुरुता' का विलोम।

लघुत्व (सं.) [सं-पु.] 1. छोटापन; छोटाई 2. अल्पता; अल्पत्व; लघुता।

लघुपत्रिका (सं.) [सं-स्त्री.] (पत्रकारिता) अपेक्षाकृत कम बजट में निकलने वाली छोटी पत्रिका; अपेक्षाकृत कम पृष्ठ और प्रसार वाली पत्रिका।

लघुशंका (सं.) [सं-स्त्री.] पेशाब करना; मूत्र त्याग।

लच [सं-स्त्री.] किसी वस्तु के दबने या झुकने का गुण; लचक।

लचक [सं-स्त्री.] लचीलेपन का गुण; लचकने की क्रिया या भाव।

लचकना [क्रि-अ.] 1. पेड़ की टहनी या बाँस आदि का किसी लंबी वस्तु के दबाव आदि से झुकना या मुड़ना; लचना 2. नखरे-नज़ाकत से स्त्रियों की कमर का बल खाना।

लचका [सं-पु.] 1. लचकने से होने वाला आघात; झटका 2. लचक 3. एक तरह के गोटे की पट्टी।

लचकाना [क्रि-स.] 1. किसी लंबी वस्तु को झुकाना; लचाना 2. किसी चीज़ को झुकने या लचकने में प्रवृत्त करना।

लचन [सं-स्त्री.] 1. लचक 2. लचकने की क्रिया या भाव।

लचना [क्रि-अ.] लचकना।

लचनी [सं-स्त्री.] नचनी; नाचने-गाने वाली स्त्री।

लचर [वि.] 1. बेकार; जिसमें कोई दम न हो (बात) 2. तथ्यहीन और कमज़ोर (तर्क) 3. जो किसी स्तर पर टिक न सकें।

लचाना [क्रि-स.] 1. लचकाना 2. झुकने या मुड़ने योग्य बनाना।

लचारी [सं-स्त्री.] 1. उत्तर प्रदेश और बिहार के कुछ क्षेत्र में गाया जाने वाला एक प्रकार का लोक गीत 2. एक प्रकार का बिना तेल का आम का अचार जिसमें केवल नमक डाला जाता है।

लचीला [वि.] 1. लचकने (झुकने) की क्षमता वाला; जिसे आसानी से घुमाया अथवा मोड़ा जा सके; लचकदार 2. सहज में परिवर्तनीय; जो आसानी से अपने को परिस्थिति के अनुरूप ढाल ले।

लचीलापन [सं-पु.] 1. लचकने का भाव 2. ऐसी स्थिति जिसमें दबाव पड़ने पर कोई वस्तु झुक या मुड़ जाए परंतु दबाव हटने पर वापस उसी स्थिति में आ जाए।

लचुई [सं-स्त्री.] मैदे की बनी हुई पतली और मुलायम पूरी; लुच्चा; लुचुई।

लच्छन [सं-पु.] 1. 'लक्षण' का तद्भव रूप 2. आचार-व्यवहार के अनुचित तौर-तरीके; दुर्गुण या फूहड़पन के परिचायक ढंग, जैसे- इन लच्छनों के कारण ही तो कोई उसे बुलाता नहीं।

लच्छा [सं-पु.] 1. हाथ या पैर में पहनने का पतली या हलकी ज़ंजीरों से बना गहना 2. मैदे से निर्मित एक प्रकार की मिठाई; फ़ेनी 3. गुच्छे के रूप में नथे हुए सूत या तार 4. सब्ज़ियों के पतले-पतले लंबे कटे हुए या कद्दूकस किए हुए टुकड़े।

लच्छी[1] [सं-पु.] एक प्रकार का घोड़ा। [सं-स्त्री.] 1. रेशमी, ऊनी, सूती धागों आदि का लपेटा हुआ गुच्छा 2. छोटा लच्छा।

लच्छी[2] (सं.) [सं-स्त्री.] धनदेवी; लक्ष्मी।

लच्छेदार [वि.] 1. जिसमें लच्छे या रेशे पड़े हों 2. {ला-अ.} लाग-लपेट वाली (बात); दिलचस्प ढंग से कही हुई (बात)।

लछमिनिया [सं-स्त्री.] गुबरैला जाति का एक विलक्षण कीड़ा, जिसके अनाज भंडार में होने से गृहस्थ आश्वस्त रहता है कि अनाज का भंडार सदा भरा रहेगा।

लजना [क्रि-अ.] 1. शरमाना; लजाना 2. शर्मिंदा होना; लज्जित होना।

लजाना [क्रि-अ.] 1. शर्म में पड़ना; लज्जित होना 2. सकुचाना; संकोच करना; लाज या शर्म से सिर नीचा करना। [क्रि-स.] (किसी और को) लज्जित होने की स्थिति में डालना, जैसे- कुल को लजाना।

लजारा [वि.] लाज या शर्म से युक्त।

लजालू [सं-पु.] एक पौधा जिसकी पत्तियाँ छूने से सिकुड़ जाती हैं; लाजवंती; छुईमुई। [वि.] दे. लज्जालु।

लज़ीज़ (अ.) [वि.] स्वादिष्ट; ज़ायकेदार।

लजीला [वि.] शरम और हया युक्त; शर्मीला; लज्जालु।

लजुरी (सं.) [सं-स्त्री.] कुएँ आदि से पानी भरने की रस्सी; लेजुर; डोर।

लजौंहाँ (सं.) [वि.] 1. लज्जाशील 2. शर्मीला।

लज़्ज़त (अ.) [सं-स्त्री.] 1. स्वाद; ज़ायका 2. {ला-अ.} सुख; आनंद।

लज़्ज़तदार (अ.+फ़ा.) [वि.] स्वादिष्ट; ज़ायकेदार।

लज्जा (सं.) [सं-स्त्री.] 1. शरम; लाज; हया 2. मान-मर्यादा; इज़्ज़त; प्रतिष्ठा।

लज्जाजनक (सं.) [वि.] लज्जा या शरम उत्पन्न करने वाला; शर्मिंदा करने वाला।

लज्जालु (सं.) [वि.] शरमीले स्वभाव का; शरमीला; लजीला।

लज्जाशील (सं.) [वि.] शरमीला; लजीला।

लज्जाशून्य (सं.) [वि.] जिसमें शरम अथवा लज्जा न हो; लज्जा से हीन; निर्लज्ज; बेशरम; बेहया।

लज्जित (सं.) [वि.] 1. जिसे किसी कारण से लज्जा हुई हो; शर्मिंदा 2. जो अपराध, दोष या हीन-भावना के कारण किसी के सामने चुप-चाप खड़ा हो।

लट (सं.) [सं-स्त्री.] चेहरे पर लटकता हुआ तथा परस्पर चिपके हुए बालों का गुच्छा; अलक; काकुल।

लटक [सं-स्त्री.] 1. लटकने की क्रिया 2. लचक; झुकाव 3. अंग चेष्टा।

लटकन [सं-पु.] 1. लटकने वाली वस्तु 2. लटकने की क्रिया 3. कान में पहना जाने वाला एक गहना 4. मालखंब का एक व्यायाम।

लटकना [क्रि-अ.] 1. किसी वस्तु का किसी आधार में फँसकर नीचे की ओर झूलना 2. टँगना 3. {ला-अ.} किसी के आसरे में रहना 4. {ला-अ.} किसी काम का पूरा न होना या पूरा होने में देर होना।

लटका [सं-पु.] 1. हाव-भाव 2. नख़रा; अदा।

लटकाना [क्रि-स.] 1. किसी चीज़ को ऊपर से नीचे की ओर झुलाना; टाँगना 2. झुकाना 3. किसी काम को लंबित रखना 5. किसी को प्रतीक्षा कराना; पहुँचने में देर करना।

लटकी [सं-स्त्री.] लौकी; तुरई आदि बेलों में लगने वाला रोग।

लटके-झटके [सं-पु.] दर्शकों को आकर्षित करने के लिए की जाने वाली विशिष्ट क्रियाएँ या हाव-भाव।

लटकेदार (हिं.+फ़ा.) [वि.] लटके दिखाने वाला; नख़रेवाला; जिसकी अदाएँ शोख़ हों।

लटजीरा [सं-पु.] 1. एक प्रकार का धान और उसका चावल 2. एक प्रकार की वनस्पति; चिचड़ा; अपामार्ग।

लटना [क्रि-अ.] 1. अशक्त और असमर्थ होना, जैसे- लंबी बीमारी के कारण वह लट गया है 2. बेचैन होना।

लटपट [सं-पु.] 1. लटपटाने की अवस्था 2. किसी दूषित या अनुचित उद्देश्य हेतु होने वाला नया-नया मेल-जोल या संबंध। [वि.] 1. बेबस 2. शिथिल 3. अव्यवस्थित।

लटपटा [वि.] 1. ढीला-ढाला; सरका हुआ 2. अव्यवस्थित; बेढंगा 3. बेबस; थका हुआ; शिथिल 4. गींजा हुआ; सलवटदार (कपड़ा) 5. न अधिक पतला न अधिक गाढ़ा (सब्ज़ी का रसा)।

लटपटाना [क्रि-अ.] 1. नशे या कमज़ोरी के कारण सीधे न चल पाना; गिरना-पड़ना; लड़खड़ाना 2. विचलित या अस्थिर होना 3. चूक जाना; बोलने में जुबान का लड़खड़ाना।

लटापटी [सं-स्त्री.] 1. लटपट होने की दशा; शिथिलता; लड़खड़ाहट 2. लड़ाई-झगड़ा; भिड़ंत।

लटूरी [सं-स्त्री.] बालों की लट या गुच्छा।

लट्टू [सं-पु.] 1. लकड़ी से निर्मित एक गोल खिलौना जिसके मध्य भाग में कील जड़ी रहती है 2. {ला-अ.} वह व्यक्ति जो किसी के आकर्षण में मुग्ध हो। [मु.] **किसी पर लट्टू होना** : किसी पर मोहित होना।

लट्ठ [सं-पु.] बड़ी लाठी; डंडा; मोटी लाठी।

लट्ठबाज़ (हिं.+फ़ा.) [वि.] लठैत; लाठी चलाने वाला।

लट्ठबाज़ी (हिं.+फ़ा.) [सं-स्त्री.] लाठी से होने वाली लड़ाई।

लट्ठमार [वि.] 1. लाठी मारने वाला 2. कठोर; कड़ा 3. उजड्ड और उद्दंड।

लट्ठा [सं-पु.] 1. लकड़ी का लंबा टुकड़ा; पेड़ का कटा हुआ तना; शहतीर 2. एक प्रकार का गाढ़ा मोटा कपड़ा।

लठ [सं-पु.] दे. लट्ठ।

लठैत [वि.] लट्ठबाज़; लाठी चलाने वाला; लाठी से प्रहार करके लड़ने वाला।

लठैती [सं-स्त्री.] लट्ठबाज़ी; लठैत का काम।

लठोर [सं-पु.] खुराक।

लड़ (सं.) [सं-पु.] 1. लड़ी; क्रम; पंक्ति; कतार 2. एक ही

प्रकार की वस्तु की कतार, जैसे- मोतियों की लड़ी।

लड़कपन [सं-पु.] 1. बाल्यावस्था 2. बच्चों का-सा व्यवहार या आचरण; अपरिपक्वता।

लड़कबुद्धि [सं-स्त्री.] नासमझी; अज्ञान; बचपना; बालकों की-सी समझ।

लड़का [सं-पु.] 1. पुत्र; बेटा 2. कम उम्र का बालक; वह जो अभी युवक न हुआ हो।

लड़की [सं-स्त्री.] 1. कन्या; पुत्री 2. बच्ची; कम उम्र की बालिका।

लड़कौरी [सं-स्त्री.] जिसकी गोद में बच्चा हो; संतानवती (स्त्री)।

लड़खड़ाना [क्रि-अ.] 1. डगमगाना; क़दम ठीक से न पड़ना 2. विचलित या अस्थिर होना 3. चूक जाना।

लड़ना [क्रि-अ.] 1. दो व्यक्तियों या दलों का परस्पर झगड़ा या घात-प्रतिघात करना 2. बहस या तकरार करना 3. कुश्ती या खेल-कूद में मुकाबला करना 4. दो व्यक्तियों या वस्तुओं का आपस में टकराना 5. पानी की धारा का टकराना।

लड़बावला [वि.] 1. अधिक लाड़ के कारण बिगड़ा हुआ; जो ज़्यादा दुलार के कारण नासमझ या मूर्ख रह गया हो 2. अल्हड़; गँवार।

लड़वाना [क्रि-स.] लड़ने के लिए प्रेरित करना; दूसरों को लड़ने के लिए प्रवृत्त करना।

लड़ा जाना [क्रि-स.] गर्भस्राव होना।

लड़ाई [सं-स्त्री.] 1. आपस में लड़ने की क्रिया या भाव 2. झगड़ा; कलह 3. अनबन; वैर 4. युद्ध 5. मल्लयुद्ध 6. कानूनी दाँव-पेंच। [मु.] **-लड़ना** : किसी विशेष मुद्दे पर संघर्ष करना।

लड़ाई-झगड़ा [सं-पु.] लड़ने-झगड़ने की क्रिया; कलह।

लड़ाई-बंदी [सं-स्त्री.] युद्धविराम; आपसी समझौते से लड़ाई समाप्त होना।

लड़ाका [वि.] 1. लड़ने वाला; योद्धा 2. लड़ाकू प्रवृत्ति का; झगड़ालू; फ़सादी।

लड़ाकू [वि.] 1. युद्ध में प्रयोग होने वाला; लड़ाई में काम आने वाला; लड़ाई का काम करने वाला; युद्धक 2. लड़ने वाला।

लड़ाधुर [सं-स्त्री.] लड़ने को इच्छुक गाय; तुअनी।

लड़ाना [क्रि-स.] लड़ने के लिए प्रेरित करना; लड़वाना।

लड़ी [सं-स्त्री.] 1. मालाओं आदि की छोटी लड़ें 2. किसी चीज़ का अनवरत क्रम 3. पंक्ति; कतार 4. शृंखला।

लड़ुवा [सं-पु.] दे. लड्डू।

लड़ैत [वि.] 1. लाड़ला; दुलारा 2. लाड़ प्यार में पला।

लड़ैता [वि.] 1. जिसे बहुत अधिक प्यार किया जाए 2. लाड़ में बिगड़ा हुआ; धृष्ट 3. लड़ने वाला; लड़ैया।

लड्डू [सं-पु.] 1. एक छोटी गोलाकार मिठाई; एक मिष्ठान्न; मोदक 2. शून्य की संख्या। [मु.] **मन के लड्डू खाना** : किसी बड़े सुख या लाभ की निराधार आशा करना।

लढ़ा [सं-पु.] लकड़ी की बनी हुई बैलगाड़ी; लढ़िया।

लढ़िया [सं-स्त्री.] बैलों द्वारा खींची जाने वाली लकड़ी की गाड़ी; छोटी बैलगाड़ी ; लढ़ी ।

लत [सं-स्त्री.] बुरी आदत; व्यसन; नशा।

लतखना [सं-पु.] लात मारने वाला बैल।

लतखनी [सं-स्त्री.] लात मारने वाली गाय।

लतख़ोर (हिं.+फ़ा.) [वि.] 1. निर्लज्ज बनकर बुरी आदतों को न छोड़ने वाला 2. (अपने दुर्गुणों के कारण) जिसका हमेशा तिरस्कार होता हो।

लतख़ोरा (हिं.+फ़ा.) [सं-पु.] जिसपर हमेशा पाँव पड़ते हो; पाँवपोश; पायदान।

लतड़ी [सं-स्त्री.] दे. लतरी

लतमर्दन [सं-स्त्री.] 1. पैरों से कुचलने की क्रिया 2. पैर से ठोकर मारने की क्रिया।

लतर [सं-स्त्री.] लता; बेल; वल्लरी।

लतरा [सं-स्त्री.] एक प्रकार का मोटा अन्न; बरबरा।

लतरी [सं-स्त्री.] 1. एक प्रकार की दाल; खेसारी 2. दुबिया मटर 3. कोमल पतला पौधा।

लतहा [वि.] लात मारने वाला, जैसे- लतहा घोड़ा।

लतही [सं-स्त्री.] दे. लतखनी।

लता (सं.) [सं-स्त्री.] 1. पतली बेल; वल्लरी 2. कोमल शाखा 3. {ला-अ.} कमनीय तथा सुंदर स्त्री।

लतागृह (सं.) [सं-पु.] लताओं से बना या घिरा मंडप; लताओं से आच्छादित या ढका हुआ घर।

लताड़ [सं-स्त्री.] 1. लताड़ने की क्रिया या भाव; तिरस्कार युक्त डाँट; फटकार 2. कठिनता; दिक्कत 3. परेशानी; हैरानी।

लताड़ना [क्रि-स.] 1. फटकारना 2. बेइज़्ज़त करना; शरमिंदा करना 3. कुचलना; रौंदना।

लताफ़त (अ.) [सं-स्त्री.] 1. सूक्ष्मता 2. मृदुलता; कोमलता; सुकुमारता 3. लालित्य; सुंदरता; शोभा 4. रोचकता 5. सुरुचि; नफ़ासत।

लतामंडप (सं.) [सं-पु.] 1. लताओं से बना या घिरा मंडप 2. लता कुंज।

लतिका (सं.) [सं-स्त्री.] 1. छोटी लता 2. बेल।

लतियाना [क्रि-स.] 1. लातों से ठोकर मारना 2. पैरों से रौंदना।

लतीफ़ (अ.) [वि.] 1. अच्छा; बढ़िया; नफ़ीस 2. साफ़-सुथरा 3. बारीक 4. कोमल; मुलायम 5. स्वादिष्ट; ज़ायकेदार 6. मज़ेदार।

लतीफ़ा (अ.) [सं-पु.] चुटकुला; हँसी मज़ाक या विनोद की बातें।

लत्ता (सं.) [सं-पु.] 1. कपड़ा; कपड़े का टुकड़ा 2. चिथड़ा; फटा-पुराना रद्दी कपड़ा।

लत्ती (सं.) [सं-स्त्री.] 1. मारने के उद्देश्य से चलाया या उठाया हुआ पैर 2. लात मारने की क्रिया 3. कपड़े की लंबी चीर या धज्जी।

लथपथ [वि.] 1. किसी तरल पदार्थ से तरबतर; भीगा हुआ 2. सना हुआ।

लथेड़ना [क्रि-स.] 1. ज़मीन पर या कीचड़ आदि में घसीटना 2. पटकना; पछाड़ना 3. थकाना; परेशान करना या तंग करना 4. डाँटना।

लदना [क्रि-अ.] लादे हुए सामान से भर जाना; किसी चीज़ से

लादा जाना।

लदनुआँ [वि.] माल या भार ढोने वाला। [सं-पु.] माल ढोने वाला पशु।

लदवाना [क्रि-स.] लादने का काम कराना; किसी पशु या वाहन पर सामान चढ़वाना।

लदाई [सं-स्त्री.] 1. लादने का कार्य 2. लादने के बदले मिलने वाली मज़दूरी।

लदान [सं-स्त्री.] 1. लादने का कार्य 2. एक बार में लादा जाने वाला माल या सामान।

लदान-क्षमता [सं-स्त्री.] भारवहन-क्षमता; भार ढोने की क्षमता।

लदाव [सं-पु.] 1. लदा हुआ माल या बोझ 2. छत आदि का पटाव।

लद्दू [वि.] भार ढोने वाला; माल या सामान ढोने वाला।

लद्धड़ [वि.] आलसी; काहिल; सुस्त।

लनी [सं-स्त्री.] पानबारी के भीतर की क्यारी।

लप [सं-स्त्री.] लचीली छड़ी की लपलपाने की क्रिया या भाव; छड़ी की लपक।

लपक [सं-स्त्री.] 1. वेग; फुरती; गति 2. लपट; लौ 3. चमक।

लपकना [क्रि-अ.] 1. झपटकर या तेज़ी से आगे बढ़ना; तेज़ी से जाना 2. पाने के लिए हाथ बढ़ाना 3. टूट पड़ना।

लपका [सं-पु.] 1. लपकने की क्रिया या भाव 2. चस्का; लत।

लपट (सं.) [सं-स्त्री.] 1. अग्नि की ऊपर उठने वाली बड़ी लौ; अग्निशिखा; ज्वाला 2. गरमी; तपी हुई हवा 3. गंध; गमक।

लपटना [क्रि-अ.] 1. लिपटना; आलिंगन करना 2. चिपकना।

लपटा [सं-पु.] 1. गीली और गाढ़ी वस्तु 2. लपसी; लेई 3. थोड़ा बहुत लगाव 4. एक प्रकार की घास; लपटैआँ।

लपटाना [क्रि-स.] 1. आलिंगन करना 2. गले मिलना 3. लपेटना; किसी सूत की सी वस्तु को कई फेर करके टिकाना या बाँधना।

लपटौआँ [सं-पु.] 1. एक जंगली तृण 2. एक प्रकार की घास जो कपड़ों में चिपक जाती है। [वि.] लिपटने वाला।

लपड़-झपड़ [सं-स्त्री.] जल्दबाज़ी में कार्य करने की क्रिया या भाव।

लपन (सं.) [सं-पु.] 1. मुख; मुँह 2. भाषण; कहना या बोलना। [सं-स्त्री.] लपकने की क्रिया या भाव; लय।

लपना [क्रि-अ.] 1. झुकना या लचना 2. पतली छड़ी आदि का लचकना 3. हैरान या परेशान होना।

लपलपाना [क्रि-अ.] 1. किसी लंबी कोमल वस्तु का इधर-उधर हिलना-डुलना; लपना; लपकना, जैसे- जीभ का लपलपाना, आग की लपटों का लपलपाना 2. तलवार का चमकना। [क्रि-स.] छुरी, तलवार आदि को हिलाकर चमकाना।

लपसी (सं.) [सं-स्त्री.] 1. आटे का पतला हलवा; लपटा 2. लेई 3. गाढ़ा तरल पदार्थ।

लपहा [सं-पु.] पान का एक रोग; पान की गेरुई।

लपाना [क्रि-स.] 1. किसी को लपने में प्रवृत्त करना 2. इधर-उधर सरकाना।

लपेट [सं-स्त्री.] 1. लपेटने की क्रिया या भाव 2. बल; ऐंठन 3. चक्कर; उलझन 4. कुश्ती का एक दाँव।

लपेटना [क्रि-स.] 1. घेरा देकर बाँधना 2. समेटना 3. फँसाना 4. बढ़ा-चढ़ा कर कहना 5. किसी को अपने क्षेत्र में समेट लेना; समन्वित करना, जैसे- अपने कथन में उन्होंने सारी समस्याओं को लपेट लिया है 6. सूत, ऊन आदि के लच्छे या गोले बनाना।

लपेरा [सं-पु.] लिसोड़ा; लंबरा।

लप्पा [सं-पु.] छत में लगी हुई वह लकड़ी जिसमें रेशमी कपड़े बुनने वाले जुलाहों के करघे की रस्सियाँ बँधी रहती हैं 2. एक प्रकार का गोटा।

लफ़ंगा (फ़ा.) [वि.] 1. बदमाश; आवारा 2. लंपट; व्यभिचारी; दुश्चरित्र।

लफड़ा [सं-पु.] 1. लड़ाई-झगड़ा 2. झमेला 3. {ला-अ.} स्वजनों या समाज की अस्वीकृति के बावजूद हुआ प्रेम संबंध।

लफ़्ज़ (अ.) [सं-पु.] सार्थक ध्वनि समूह; शब्द।

लफ़्ज़ी (अ.) [वि.] 1. शाब्दिक 2. कोरी मौखिक, जैसे- लफ़्ज़ी हमदर्दी।

लफ़्फ़ाज़ (अ.) [वि.] 1. लच्छेदार बातें करने वाला; अतिरंजना में बोलने वाला; बातूनी 2. कोरी बकवास करने वाला।

लब (फ़ा.) [सं-पु.] 1. होंठ; ओष्ठ 2. तट; किनारा।

लबदा [सं-पु.] छोटा डंडा; फल आदि तोड़ने का डांडा।

लबनी [सं-स्त्री.] वह छोटी हाँड़ी जिसे ताड़ी चुआने के लिए ताड़ के वृक्ष से बाँध दिया जाता है।

लबरेज़ (फ़ा.) [वि.] 1. ऊपर तक भरा हुआ; पूर्ण; लबालब; छलकता हुआ 2. ओतप्रोत।

लबादा (फ़ा.) [सं-पु.] 1. अन्य वस्त्रों के ऊपर पहना जाने वाला भारी और लंबा पहनावा 2. चोगा।

लबार (सं.) [वि.] 1. बहुत बातें बनानेवाला; झूठा; अनृतभाषी; मिथ्याभाषी 2. गप्पी।

लबारा [सं-पु.] भैंस का बच्चा; पड़वा।

लबारी [सं-स्त्री.] 1. लबार होने की अवस्था या भाव 2. झूठ बोलना; मिथ्या भाषण करना।

लबालब (फ़ा.) [वि.] मुँह या किनारे तक भरा हुआ; पूर्णतः भरा हुआ; लबरेज़।

लबेद [सं-पु.] 1. परंपरा; प्रथा; रूढ़ि 2. लोक व्यवहार की भद्दी और व्यर्थ की बातें; जो शास्त्र सम्मत न हो।

लबेबाम (फ़ा.) [सं-पु.] छत की मुँडेर का ऊपरी सिरा।

लबेरी [सं-स्त्री.] दे. जलहली।

लब्ध (सं.) [वि.] 1. मिला हुआ; प्राप्त 2. कमाया हुआ; उपार्जित।

लब्धकाम (सं.) [वि.] जिसकी कामना पूरी हो गई हो; जिसने अपना वांछित पा लिया हो।

लब्धप्रतिष्ठ (सं.) [वि.] 1. प्रसिद्ध 2. प्रतिष्ठित; यशस्वी।

लब्धा (सं.) [सं-स्त्री.] (साहित्य) नायिका का एक भेद; संकेत स्थल पर नायक के न आने से निराश हुई नायिका; विप्रलब्धा।

लब्धांक [सं-पु.] भागफल।

लब्धि (सं.) [सं-स्त्री.] 1. प्राप्ति; लाभ 2. (गणित) एक संख्या में दूसरी संख्या का भाग देने से प्राप्त या लब्ध राशि; भागफल।

लब्बोलुआब (फ़ा.) [सं-पु.] 1. सारांश; सार; निचोड़; संक्षेप 2. भावार्थ; तात्पर्य।

लभधर [सं-पु.] कुदाल के मुँह का टेढ़ा भाग।

लभनी (सं.) [सं-स्त्री.] 1. वह बड़ा कलछा जिससे शीरा निकाला जाता है; बड़ी डोई 2. ताड़ी चुआने की हाँड़ी; लबनी 3. शरीफे का पेड़ या फल।

लभ्य (सं.) [वि.] 1. प्राप्त करने योग्य 2. उचित; मुनासिब; न्याय संगत 3. जो पाया जा सके या मिल सके।

लभ्यांश (सं.) [सं-पु.] मुनाफ़ा; आर्थिक लाभ का अंश।

लमई [सं-स्त्री.] मधुमक्खी का एक प्रकार (वढयाल)।

लमकना [सं-पु.] लंबे कानों वाला बैल।

लमगला [सं-पु.] एक वाद्ययंत्र लमगाजा; इकतारा; ठिठवा।

लमछड़ [सं-पु.] 1. भाला; बरछा 2. प्राचीन समय की लंबी बंदूक 3. कबूतरबाज़ों का लग्गा। [वि.] बहुत दुबला और लंबा।

लमटँगा [सं-पु.] लंबी टाँगों वाला बैल।

लमतड़ंग [वि.] 1. बहुत लंबा और मज़बूत; लंबतड़ंग 2. हृष्ट-पुष्ट।

लमता [सं-स्त्री.] 1. एक प्रकार की नाव 2. पानी का सोता (स्रोत)।

लमधी [सं-पु.] समधी के पिता।

लमहा (अ.) [सं-पु.] समय का अति सूक्ष्म मान; निमेष; पल; क्षण।

लमेरा [सं-पु.] 1. बिना बोए अपने-आप उगने वाला अनाज 2. ऐसा पशु जिसका कोई मालिक न हो; इधर-उधर घूमने-फिरने वाला जानवर।

लम्हा (अ.) [सं-पु.] दे. लमहा।

लय (सं.) [सं-स्त्री.] 1. (संगीत) गाने की धुन की गति और उतार-चढ़ाव; गायन शैली; स्वर 2. एक वस्तु का दूसरी में विलय; समा जाना; मिलकर एक हो जाना 3. ध्यानमग्नता; एकाग्रता 4. स्थिरता; शांति।

लयबद्ध (सं.) [वि.] लय से बँधा हुआ; लय से युक्त जैसे- साँसों की लयबद्ध गति।

लययुक्त (सं.) [वि.] जिसमें बँधी हुई लय हो; लय के साथ।

लयहीन (सं.) [वि.] लय से रहित; सुरहीन।

लयात्मक (सं.) [वि.] 1. लय संबंधी 2. लय के अनुरूप होने वाला, जैसे- उनके भाषण का लयात्मक उतार-चढ़ाव।

लर [सं-पु.] वह खेत जिसमें पानी अपने-आप चढ़ता रहे।

लरकटिया [सं-पु.] सफेद ज्वार।

लरका [सं-पु.] चने में लगने वाला कीड़ा।

लरकाट [क्रि-स.] खाट की बुनाई में लरों का ऊपर-नीचे होना।

लरछा [सं-पु.] सूत का मोटा गुच्छा।

लरज़ना (फ़ा.+हिं.) [क्रि-अ.] 1. काँपना; थरथराना 2. फड़फड़ाना 3. भय से दहल जाना।

लरज़िश (फ़ा.) [सं-स्त्री.] थरथराहट; कँपकँपी।

लरना [क्रि-अ.] दे. लड़ना।

लरवा [सं-पु.] कपास और गन्ने की फसलों में होने वाला एक रोग।

लरहा [सं-पु.] खोभना; भाले की शक्ल का एक औजार।

लरही [सं-स्त्री.] 1. कुआर में कटने वाली उड़द 2. धरन के ऊपर रखा आधार दंड।

लरिया [सं-पु.] उपवस्त्र; दुपट्टा; उतरीय।

लरी [सं-स्त्री.] 1. सिलसिला 2. तागों का ढेर 3. गुच्छे में लपेटा सूत।

लल (सं.) [सं-स्त्री.] 1. कामना; इच्छा; चाह; लालसा 2. झूठ; मिथ्या।

ललक [सं-स्त्री.] गहरी लालसा; तीव्र इच्छा; चाहत।

ललकना [क्रि-अ.] किसी चीज़ के लिए अत्यधिक उत्सुक होना; लालसा करना; ललचना।

ललका [वि.] लाल; लाल रंग की (ललछौही)।

ललकार [सं-स्त्री.] 1. ललकारने की क्रिया या भाव 2. प्रतिपक्षी को दी गई चुनौती।

ललकारना [क्रि-स.] 1. किसी को लड़ने की चुनौती देना 2. किसी को किसी और से लड़ने के लिए उकसाना।

ललचना [क्रि-अ.] 1. लालच करना; लालसा करना 2. किसी वस्तु की प्राप्ति के लिए व्याकुल होना।

ललचाना [क्रि-स.] 1. लालच देना 2. किसी को कुछ पाने के लिए आकुल करना; अधीर करना 3. मोहित या मुग्ध करना; लुभाना।

ललचौहाँ [वि.] ललचाया हुआ; किसी चीज़ को पाने की लालसा से आकुल।

ललछौंही [वि.] लाली लिए हुए; कुछ-कुछ लाल; सौंकरी।

ललदेइया [सं-पु.] लाल रंग का एक मोटा धान विशेष।

ललन (सं.) [सं-पु.] 1. क्रीड़ा 2. बच्चा; प्यारा बालक 3. चिरौंजी का वृक्ष 4. साल या साखू का वृक्ष।

ललना (सं.) [सं-स्त्री.] 1. सुंदर स्त्री; कामिनी 2. जीभ 3.बौद्ध हठ योग में इड़ा नाड़ी का एक नाम 4. एक प्रकार का वर्णवृत्त जिसके प्रत्येक चरण में भगण, मगण और सगण होते हैं।

ललनाचक्र (सं.) [सं-पु.] (हठयोग) शरीर के अंदर का एक कमल या चक्र।

ललनाप्रिय (सं.) [सं-पु.] कदंब का पेड़।

ललनी (सं.) [सं-स्त्री.] बाँस की छोटी, पतली नली जो प्रायः पक्षियों को पकड़ने में काम आती है।

ललरी [सं-स्त्री.] 1. कान के नीचे का लटकता हुआ भाग 2. गले के भीतर लटकता माँस पिंड; घोंटी; कौवा; लंगर।

ललहा छठ [सं-स्त्री.] हलषष्ठी; भाद्रपद कृष्ण षष्ठी, जिस दिन स्त्रियाँ देवी का व्रत और पूजन करती हैं और हल के कर्षण से उत्पन्न अन्न नहीं खाती।

ललहा जाना [क्रि-स.] फसलों का विकसित होना 2. ज्वार-बाजरा में दाने पड़ना।

लला [सं-पु.] 1. लड़कों के लिए प्यार भरा संबोधन 2. दुलारा लड़का 3. देवरों के लिए स्नेहपूर्ण संबोधन 4. प्रिय या प्रेमी के लिए प्रेमसूचक संबोधन।

ललाइन [सं-स्त्री.] कायस्थ जाति की स्त्रियों के लिए प्रयुक्त

शब्द; लाला की पत्नी।

ललाई [सं-स्त्री.] लाली; लालिमा; सुर्ख़ी।

ललाट (सं.) [सं-पु.] 1. माथा; मस्तक; भाल 2. {ला-अ.} भाग्य; नियति; प्रारब्ध।

ललाम (सं.) [वि.] 1. रमणीय; सुंदर; मनोहारी 2. उत्तम; श्रेष्ठ 3. अरुण वर्ण का; लाल 4. प्रधान; मुख्य [सं-पु.] 1. अलंकार; गहना 2. रत्न 3. चिह्न; निशान 4. झंडे का डंडा; ध्वज 5. घोड़ा 6. घोड़े को पहनाया जाने वाला गहना।

ललित (सं.) [वि.] 1. मनोहर; कोमल; सुंदर; रमणीय 2. प्रिय; प्यारा 3. क्रीड़ाशील 4. कामी 5. जिसमें कोई कमी या कसर न हो; निर्दोष। [सं-पु.] 1. (संगीत) एक प्रभातकालीन राग 2. (काव्यशास्त्र) एक अर्थालंकार।

ललितकला (सं.) [सं-स्त्री.] भावसौंदर्य से युक्त कलाएँ, जैसे- संगीत, चित्रकला आदि; (फ़ाइन आर्ट्स)।

ललिता (सं.) [सं-स्त्री.] 1. सुंदर स्त्री; कामिनी 2. पार्वती का एक नाम 3. एक प्रकार का वर्णवृत्त जिसके प्रत्येक चरण में तगण,जगण और रगण होते हैं 4. संगीत में एक प्रकार की रागिनी 5. कस्तूरी।

लली [सं-स्त्री.] 1. लड़कियों के लिए प्यार भरा संबोधन 2. पुत्री, दुलारी 3. नायिका या प्रेमिका के लिए प्रेमसूचक संबोधन।

लल्ला [सं-पु.] दे. लला।

लल्लू [वि.] मूर्ख; नासमझ। [सं-पु.] दुलारे बालक के लिए प्यार भरा संबोधन।

लल्लो-चप्पो (सं.) [सं-स्त्री.] चिकनी-चुपड़ी बात; ठकुरसुहाती; ख़ुशामद की बातें।

लव (सं.) [सं-पु.] 1. अल्पांश; थोड़ी मात्रा 2. छत्तीस निमेष का समय 3. (रामायण) राम और सीता का एक पुत्र 4. कान के निचले हिस्से का गुदगुदा भाग 5. लवंग; लौंग ।

लवंग (सं.) [सं-पु.] 1. एक ख़ुशबूदार मसाला; लौंग 2. लौंग का वृक्ष।

लवंगलता (सं.) [सं-स्त्री.] समोसे के आकार की मैदे की एक तरह की मिठाई जिसमें खोया भरा रहता है तथा ऊपर से लौंग भी खोंसा जाता है।

लवण (सं.) [सं-पु.] 1. नमक; नोन; लोन 2. सुंदरता; लुनाई। [वि.] 1. खारा; नमकीन 2. लावण्ययुक्त; सुंदर।

लवण जल (सं.) [सं-पु.] 1. लवणयुक्त जल; खारा पानी 2. सिंधु; समुद्र 3. अश्रु; आँसू।

लवणता (सं.) [सं-स्त्री.] मिट्टी अथवा जल में घुली लवण की मात्रा; खारापन।

लवनी (सं.) [सं-स्त्री.] 1. पकी हुई फ़सल काटने की क्रिया या भाव 2. उक्त क्रिया की मज़दूरी 3. शरीफे का पेड़ या फल।

लवर [सं-स्त्री.] ज्वाला; लपट; आँच।

लवरी (अ.) [सं-स्त्री.] कपड़ा-लत्ता। [वि.] झूठ बोलने वाली; गप्पी; झूठी।

लवलीन [वि.] प्रेम या भक्ति में लीन; निमग्न; डूबा हुआ।

लवलेश (सं.) [सं-पु.] बहुत थोड़ी मात्रा; नाममात्र का परिमाण, जैसे- यहाँ दुख का लवलेश भी नहीं है।

लवा [सं-पु.] एक प्रकार का पक्षी; चटक; गौरवा; (लार्क)।

लवाई [सं-स्त्री.] नई ब्याई हुई गाय; ऐसी गाय जिसने हाल में बच्चे को जन्म दिया है।

लवाज़मा (अ.) [सं-पु.] 1. ज़रूरी और उपयोगी सामान 2. सफ़र के समय साथ लिया जाने वाला साज़ो-सामान और व्यक्तियों का समूह; टीमटाम।

लवारा [सं-पु.] गाय का बच्चा; बछरू।

लशकर (फ़ा.) [सं-पु.] 1. फ़ौज; सेना 2. व्यक्तियों का समूह या दल; बृहद जनसमुदाय 3. सेना के ठहरने का स्थान; छावनी 4. समुद्री जहाज़ पर काम करने वाले लोगों का वर्ग या समूह; खलासी।

लशकरी (फ़ा.) [वि.] 1. फ़ौज से संबद्ध; लश्कर संबंधी 2. सेना या लश्कर में कार्यरत 3. जलयान पर काम करने वाले।

लश्कर (फ़ा.) [सं-पु.] दे. लशकर।

लस [सं-पु.] 1. वह पदार्थ जिसके माध्यम से दो वस्तुएँ परस्पर चिपक जाएँ 2. चिपकाने या चिपकने का गुण 3. चिपकने वाली वस्तु; लासा; गोंद 4. (चिकित्साविज्ञान) रक्त का वह तत्व जो प्राणियों की रोगों से रक्षा करता है; (सीरम)।

लसदार (हिं.+फ़ा.) [वि.] लसवाला; जो चिपचिपा हो।

लसना (सं.) [क्रि-अ.] 1. चमकना 2. शोभित होना 3. चिपकना।

लसलसा [वि.] चिपचिपा; लसदार।

लसलसाना [क्रि-अ.] 1. लस से युक्त होना; चिपचिपाना 2. चिपकने जैसा होना।

लसित (सं.) [वि.] जो सुंदर दिखाई दे रहा हो; सुशोभित।

लसियाना [क्रि-स.] 1. लासा लगाना 2. सूखकर गिरना।

लसीका (सं.) [सं-स्त्री.] 1. थूक 2. पीब; मवाद 3. (चिकित्साविज्ञान) शरीर की श्वेत कोशिकाओं वाला रंगहीन द्रव जो शरीर को संक्रमण से बचाता है; (लिंफ़)।

लसीला [वि.] 1. चिपचिपा; लसदार 2. सुंदर; शोभायुक्त।

लसौटा [सं-पु.] बाँस का एक प्रकार का लग्गा जिसमें लासा लगाकर बहेलिया चिड़िया फँसाता है।

लस्टम-पस्टम [क्रि.वि.] 1. जैसे-तैसे 2. बहुत ही धीमी गति से।

लस्त (सं.) [वि.] 1. श्लथ; शिथिल; थका हुआ 2. ढीला 3. अशक्त; कमज़ोर।

लस्त-पस्त [वि.] 1. बेदम; अस्त-व्यस्त; थकान से शिथिल 2. बहुत मंद या धीमा।

लस्सी (सं.) [सं-स्त्री.] 1. एक प्रकार का पेय जो दही, चीनी आदि घोलकर बनाया जाता है 2. लस; चिपचिपाहट।

लहँगा [सं-पु.] कमर से नीचे पहनने वाला स्त्रियों का एक घेरेदार पहनावा; घाघरा।

लहँडा [सं-पु.] 1. समूह 2. पशुओं का झुंड।

लहक [सं-स्त्री.] 1. लहकने की क्रिया या भाव 2. आग की लपट या लौ 3. चमक; दीप्ति; आभा 4. शोभा; सौंदर्य।

लहकना [क्रि-अ.] 1. सुलगना 2. लपकना; लपलपाना 3. लहराना 4. झोंके खाना।

लहकाना [क्रि-स.] 1. प्रज्वलित करना 2. दहकाना 3.हवा में

इधर-उधर हिलना-डुलना; झोंका खिलाना 4. {ला-अ.} किसी व्यक्ति को भड़काना; उकसाना; उत्तेजित करना।

लहकौर [सं-स्त्री.] 1. विवाह की एक रस्म जिसमें वर-वधू एक दूसरे को अपने हाथों से कुछ खिलाते हैं और औपचारिक खेल खेलते हैं 2. उक्त रस्म के दौरान गाए जाने वाले गीत।

लहज़ा (अ.) [सं-पु.] 1. बोलने या बातचीत करने का एक विशेष प्रकार का तौर या तरीका 2. बोलने और उठने-बैठने का ढंग 3. व्यवहार की शैली 4. बहुत थोड़ा समय; क्षण या पल

लहटना [क्रि-अ.] परचना; हिल-मिल जाना; पहचाना जाना।

लहटाना [क्रि-स.] परचाना; हिलाना मिलाना; चस्का लगाना।

लहठिया [सं-पु.] पहुँचे में पहनने योग्य एक आभूषण।

लहठी [सं-स्त्री.] लाख की चूड़ी।

लहन [सं-पु.] 1. कंजा नाम की कँटीली झाड़ी 2. लाभ करना; पाना; प्राप्त करना।

लहनदार (हिं.+फ़ा.) [सं-पु.] 1. अपना उधार दिया हुआ धन वापस लेने का अधिकारी व्यक्ति; ऋणदाता 2. महाजन।

लहना [सं-पु.] 1. उधार दिया हुआ धन जिसे वापस पाने का अधिकार ऋणदाता को हो; पावना 2. प्राप्ति 3. काम के बदले मिलने वाली मज़दूरी 4. तकदीर; भाग्य।

लहबर [सं-पु.] 1. लंबी और ढीली पोशाक; चोगा; लबादा 2. एक प्रकार का तोता 3. छड़ी 4. झंडा; निशान।

लहर (सं.) [सं-स्त्री.] 1. हवा से जल में उठने वाली हिलोर; हिलकोर; तरंग 2. हवा का झोंका 3. {ला-अ.} आंनद; हर्ष; उल्लास 4. {ला-अ.} जोश; उमंग।

लहर-बहर [सं-स्त्री.] 1. आनंद; ख़ुशी 2. संपन्नता; समृद्धि 3. परम सुख की अनुभूति।

लहरदार (हिं.+फ़ा.) [वि.] 1. लहरों जैसी आकृतिवाला 2. लहराते हुए अथवा वक्रगति से जाने वाला 3. लहरियादार; जिस पर लहर की आकृति बनी हो।

लहरना [क्रि-अ.] 1. तरंगित होना 2. (सरोवर आदि का) लहरों से युक्त होना; लहराना 3. {ला-अ.} (मन में) लहरें उठना।

लहरा [सं-पु.] 1. मज़ा; मौज; आंनद 2. लहर; तरंग 3. बादलों का थोड़ी देर ज़ोर से बरसना 4. तबले पर द्रुतगति से बजाई गई लहरिल गीत।

लहराना [क्रि-अ.] 1. तरंगित होना; हिलोरें लेना 2. हवा का चलना 3. झूलती हुई चाल से चलना 4. हवा में झंडे आदि का फरफराना 5. {ला-अ.} उमंग या जोश में होना।

लहरिया [सं-पु.] 1. लहरदार रेखाओं का समूह 2. लहरों की आकृति से युक्त कोई वस्तु 3. रंगीन तिरछी रेखाओं का छापा 4. इस प्रकार के छापे की ओढ़नी या साड़ी।

लहरी (सं.) [सं-स्त्री.] लहर; तरंग। [वि.] मनमौजी; मन की तरंग में रहने वाला।

लहरुआ [क्रि-स.] हवा के साथ नन्ही-नन्ही बूँदों का भी गिरना।

लहर्रा [सं-पु.] दे. बाजरा।

लहलहा [वि.] 1. हरा-भरा 2. हृष्ट-पुष्ट 3. उत्फुल्ल; प्रफुल्ल; आनंदमय।

लहलहाना [क्रि-अ.] 1. वनस्पति का हरा-भरा होना; सरसब्ज़ होना; पनपना; पेड़ में विकास का लक्षण आना 2. {ला-अ.} प्रफुल्लित होना; ख़ुशी से भर जाना।

लहली [सं-स्त्री.] वह दलदल जो किसी जलाशय के सूख जाने पर रह जाती है।

लहसुआ [सं-पु.] 1. रबी की फसल के साथ खर-पतवार के रूप में निकलने वाली एक घास 2. एक प्रकार का छोटा पेड़; सपिस्ताँ; श्लेश्मांतक; लसोड़ा।

लहसुन [सं-पु.] 1. तीव्र गंध तथा औषधीय गुणों वाली प्याज़ जैसी एक गाँठ जो सब्ज़ी आदि में मसाले के तौर पर प्रयुक्त होती है 2. जन्म से ही शरीर पर होने वाले दाग या चिह्न।

लहसुनिया [सं-पु.] धूमिल, लाल, हरे या पीले रंग का एक बहुमूल्य रत्न; रूद्राक्षक।

लहसुवा [सं-पु.] 1. लसोड़ा 2. लसोड़े के फूल।

लहाई [सं-स्त्री.] निहाई; लोहार जिस लोहे के सिल पर औजार आदि बनाते हैं।

लहालोट [वि.] 1. प्रसन्नता से भरा हुआ 2. हँसी से लोट-पोट 3. प्रेम में मग्न।

लहासी (सं.) [सं-स्त्री.] 1. रस्सी 2. नाव या जहाज़ बाँधने की मोटी रस्सी 3. रास्ते में निकली हुई जड़।

लहीम-शहीम (अ.) [वि.] 1. हृष्ट-पुष्ट 2. मोटा-ताज़ा 3. मांसल।

लहुरा [वि.] 1. छोटा 2. कनिष्ठ।

लहू (सं.) [सं-पु.] रक्त; ख़ून; रुधिर [मु.] **लहु का प्यासा होना-** : किसी से इतना बैर या शत्रुता होना कि उसके प्राण तक ले लेने की इच्छा करना। **लहु टपकना-** : बहुत अधिक क्रोध के कारण आँखें लाल होना।

लहूलुहान [वि.] ख़ून से लथपथ; ख़ून से तर-बतर; बुरी तरह से घायल।

लाँक [सं-स्त्री.] 1. कमर; कटि; लंक 2. ताज़ी कटी हुई फ़सल 3. भूसा।

लाँग (सं.) [सं-स्त्री.] धोती या लँगोट का वह सिरा जिसे जाँघों के बीच से निकाल कर पीछे कमर में खोंसा जाता है; काछ।

लाँगर [वि.] 1. दुष्ट 2. ढीठ।

लाँघना (सं.) [क्रि-स.] 1. किसी स्थान या वस्तु के ऊपर से छलाँग लगाना; किसी बाधा को पैरों से फाँदकर पार करना 2. नर पशु का मादा के साथ संभोग करना।

लाँच [सं-स्त्री.] रिश्वत; घूस; उत्कोच।

लाँजी [सं-पु.] एक प्रकार का धान।

लांगूल (सं.) [सं-स्त्री.] 1. पूँछ; पुच्छ; लांगुल; दुम 2. लिंग; शिश्न।

लांछन (सं.) [सं-पु.] 1. आरोप; दोष; कलंक 2. निशान; चिह्न 3. दाग; धब्बा।

लांछना (सं.) [सं-स्त्री.] दे. लांछन।

लांछित (सं.) [वि.] 1. कलंकित; दोषयुक्त 2. जिसपर लांछन लगाया गया हो।

लांड्री (अं.) [सं-स्त्री.] 1. धोबीख़ाना; धुलाई घर; कपड़ा धुलने का स्थान 2. कपड़ों की धुलाई का व्यापार या व्यवसाय।

लाइ [सं-स्त्री.] 1. आग; अग्नि 2. लगने या लगाने की क्रिया या भाव 3. लगन।

लाइन (अं.) [सं-स्त्री.] 1. रेखा 2. पंक्ति; कतार 3. व्यवसाय; पेशा 4. सैनिकों या पुलिसवालों की बैरक 5. रेल की पटरी।

लाइलाज़ (अ.) [वि.] जिसकी चिकित्सा या इलाज़ संभव न हो; असाध्य।

लाइव (अं.) [वि.] 1. जीवित; जीवंत 2. वास्तविक; यथार्थ 3. (घटना, खेल आदि) जो टी.वी. या रेडियो पर सीधे प्रसारित हो रहा हो।

लाइव न्यूज़ (अं.) [सं-पु.] स्थल पर घट रही घटना या कार्यक्रम से ख़बरों को सीधे प्रसारित करना।

लाइवशो (अं.) [सं-पु.] किसी कार्यक्रम का रेडियो या टी.वी. पर होने वाला सीधा प्रसारण; रिकॉर्ड किया हुआ न होकर प्रत्यक्ष दिखलाया जाने वाला कार्यक्रम।

लाइसेंस (अं.) [सं-पु.] 1. किसी विशेष कार्य हेतु दिया गया अधिकारपत्र; अनुज्ञप्ति 2. कोई कार्य करने की सरकारी अनुमति।

लाई [सं-स्त्री.] 1. धान, बाजरे आदि को सूखा भूनकर बनाया गया खाद्य पदार्थ; लावा 2. शिकायत; चुगली; लगाई-बुझाई।

लाउंज (अं.) [सं-पु.] सार्वजनिक इमारतों, सिनेमाघरों, अस्पतालों, होटलों आदि में ऐसा दालान जिसमें आराम से बैठकर प्रतीक्षा करने की व्यवस्था रहती है; प्रतीक्षा कक्ष।

लाउड स्पीकर (अं.) [सं-पु.] आवाज़ को ऊँचा करके दूर तक पहुँचाने के लिए उपयोग में लाया जाने वाला उपकरण; ध्वनिवर्धक यंत्र; ध्वनिविस्तारक यंत्र।

लाउबाली (अ.) [वि.] 1. आवारा 2. बेफ़िक्र; लापरवाह।

लाक्षणिक (सं.) [वि.] 1. लक्षण संबंधी 2. (काव्यशास्त्र) लक्षणा शब्द शक्ति से उद्‌भुत (अर्थ) 3. लक्षण शास्त्र से संबद्ध। [सं-पु.] (काव्यशास्त्र) वह अर्थ जो अभिधापरक अर्थ या शब्दार्थ से अलग हो; जो अर्थ लक्षणा शब्द शक्ति के माध्यम से अभिहित हो 2. (लक्षण शास्त्र) लक्षणों का जानकार।

लाक्षा (सं.) [सं-स्त्री.] पीपल आदि वृक्षों पर लगे कुछ कीड़ों से बनने वाला एक लाल रंग का पदार्थ जिससे चूड़ियाँ आदि बनाई जाती हैं; लाख; लाह।

लाक्षागृह (सं.) [सं-पु.] (महाभारत) लाख से निर्मित वह घर जिसे दुर्योधन ने पांडवों को जलाने के लिए वारणावर्त में बनवाया था।

लाक्षिक (सं.) [वि.] 1. लाह का 2. लाह संबंधी 3. लाख का बना हुआ।

लाख (सं.) [सं-पु.] हजार का सौ गुणा। [सं-स्त्री.] 1. लाक्षा; लाह; चपड़ा 2. लाख की बनी चूड़ियाँ या कंगन। [वि.] 1. बहुत अधिक 2. लक्ष 3. संख्या '100000' का सूचक।

लाखना [क्रि-अ.] लाख से बरतनों का छेद बंद करना।

लाखा [सं-पु.] 1. लाख का बना हुआ एक सौंदर्य प्रसाधन 2. एक प्रसिद्ध वैष्णव भक्त। [वि.] लाख से संबंधित।

लाख़िराज [वि.] ख़िराज अर्थात भूमिकर या लगान से मुक्त (भूमि)।

लाखी [सं-पु.] मटमैला लाल रंग; लाख का रंग। [वि.] 1. मटमैला 2. धुंधले लाल रंग का।

लाग [सं-स्त्री.] 1. लगे हुए होने का भाव; लगाव; प्रेम 2. संबंध; संपर्क 3. मुठभेड़।

लाग-लपेट [सं-स्त्री.] 1. बात में घुमा-फिराकर या अप्रत्यक्ष रूप से आने वाला तत्व 2. संपर्क; संबंध 3. विशेषत: ऐसी बात जिसमें धोखे-धड़ी की कोई और बात भी छिपी हो।

लागडाँट [सं-स्त्री.] 1. प्रतियोगिता; होड़ 2. दुश्मनी; वैर-विरोध।

लागत [सं-स्त्री.] किसी वस्तु, मकान आदि को बनाने में होने वाला ख़र्च; व्यय।

लागि [क्रि.वि.] कारण; हेतु; निमित्त।

लागू [वि.] 1. क्रियान्वित 2. प्रयुक्त या चरितार्थ होने वाला; लगने वाला 3. जो किसी प्रकार किसी के साथ लगा रहता हो; संबद्ध 4. बैरी; शत्रु ।

लाघव (सं.) [सं-पु.] 1. छोटापन; लघुता; अल्पता 2. नपुंसकता 3. फुरती; त्वरा; तेज़ी 4. कम होना 5. थोड़े शब्दों में अधिक भाव प्रकट करना 6. हाथ की सफाई या चालाकी।

लाचार (फ़ा.) [वि.] 1. विवश; मजबूर 2. निरुपाय; असमर्थ।

लाचारी (फ़ा.) [सं-स्त्री.] विवशता; मजबूरी; असमर्थता।

लाची [सं-पु.] एक प्रकार का ख़ुशबूदार धान या उसका चावल 2. इलायची ।

लाज (सं.) [सं-पु.] 1. एक प्रकार की घास की सुगंधित जड़; उशीर; खस 2. पानी में भीगा चावल 3. धान का लावा; लाई। [सं-स्त्री.] 1. शरम; हया; लज्जा 2. मान-सम्मान; प्रतिष्ठा। [मु.] **-बचाना** : मर्यादा की रक्षा करना।

लाजवंती [सं-स्त्री.] लज़ालू नाम का पौधा।

लाजवर्द (फ़ा.) [सं-पु.] 1. एक प्रकार का प्रसिद्ध रत्न या कीमती पत्थर; लाजावर्त; राजवर्तक 2. एक प्रकार का नीला रंग।

लाजवर्दी (फ़ा.) [वि.] लाजवर्द रत्न जैसा गहरा नीला रंग।

लाजवाब (फ़ा.) [वि.] 1. जिसकी किसी से तुलना न हो सके; अनुपम; बेजोड़; अतुलनीय 2. निरुत्तर जो उत्तर न दे सके।

लाजा (सं.) [सं-स्त्री.] 1. चावल 2. धान का लावा; लाई; मुरमुरा।

लाज़िम (अ.) [वि.] 1. उचित और आवश्यक 2. अनिवार्य 3. जो करना फ़र्ज़ हो।

लाज़िमी (अ.) [वि.] 1. लाज़िम होने की स्थिति; अनिवार्य; ज़रूरी 2. उचित; मुनासिब।

लाट [सं-स्त्री.] 1. सँकरे और ऊँचे आकार की इमारत; मीनार, जैसे- कुतुब की लाट 2. मोटा और ऊँचा खंभा [सं-पु.] 1. एक प्राचीन देश जहाँ अब भडौंच,अहमदाबाद आदि नगर हैं; गुजरात का एक भाग 2. उक्त देश का निवासी 3. कपड़ा विशेषत:फटा-पुराना कपड़ा ।

लाटा [सं-पु.] 1. भुने हुए महुओं और तिलों को कूटकर बनाए गए लड्डू 2. भुना हुआ महुआ।

लाटानुप्रास (सं.) [सं-पु.] (काव्यशास्त्र) अनुप्रास अलंकार का एक भेद जिसमें लगभग एक-सी ही उक्ति दो या अधिक बार दुहराई जाती है।

लाटी (सं.) [सं-स्त्री.] 1. (काव्यशास्त्र) प्राचीन लाट या सौराष्ट्र क्षेत्र में प्रचलित साहित्य रचना की एक विशिष्ट शैली या रीति 2. होंठों के ऊपर जमने वाली पपड़ी 3. मुँह के अंदर की लार या लसी।

लाठ [सं-स्त्री.] कोल्हू में लगी हुई वह बल्ली जो बराबर घूमती रहती है।

लाठी (सं.) [सं-स्त्री.] 1. डंडा; बाँस की लंबी लकड़ी; लट्ठ 2. बड़ा डंडा 3. {ला-अ.} 4. सहारा, जैसे- पोता उनके बुढ़ापे की लाठी था।

लाठीचार्ज (हिं.+अं.) [सं-पु.] भीड़ को तितर-बितर करने के लिए पुलिस द्वारा लाठियों से किया गया प्रहार।

लाठीधारी [सं-पु.] 1. लाठी को धारण करने वाला व्यक्ति 2. पुलिस का वह दस्ता जो लाठी से लैस होता है।

लाठीबाज़ (हिं.+फ़ा.) [वि.] लट्ठबाज़; लठैत।

लाड़ [सं-पु.] 1. दुलार; स्नेह; प्यार 2. वात्सल्य प्रेमपूर्ण व्यवहार।

लाडला (सं.) [वि.] प्यारा; दुलारा।

लाडली (सं.) [वि.] प्यारी, दुलारी।

लाडू [सं-पु.] एक प्रकार की मिठाई; मोदक; लड्डू।

लाडो [सं-स्त्री.] 1. लाड़ से पली लड़की 2. बेटी के लिए प्यार भरा संबोधन।

लाढ़िया [सं-पु.] वह दलाल जो दुकानदार से मिला रहता है और ग्राहकों को धोखा देकर उसका माल बिकवाता है।

लात [सं-स्त्री.] 1. पैरों से किसी को मारना; पाद-प्रहार 2. पैर; पद। [मु.] **-खाना** : बेइज़्ज़ती सहना। **मारना** : तुच्छ समझकर छोड़ देना। **लात चलाना** : पैर से आघात या प्रहार करना। **लात जाना** : गाय भैंस आदि का दूध दुहने वाले को लात मारना।

लातर [सं-स्त्री.] पुराना जूता। [वि.] लालची (बच्चों के लिए प्रयुक्त)।

लाथ [सं-पु.] ब्याज; बहाना।

लाद [सं-स्त्री.] 1. पशुओं या वाहन पर बोझा लादने का काम 2. लादी हुई वस्तु।

लादना [क्रि-स.] 1. वस्तुओं को एक पर एक रखना 2. ढोने के लिए बोझ भरना 3. {ला-अ.} किसी के ऊपर उसकी अनिच्छा के बावजूद कोई ज़िम्मेदारी या भार डालना।

लादिया [सं-पु.] वह व्यक्ति जो पशुओं या गाड़ी आदि पर माल लाद कर एक स्थान से दूसरे स्थान को ले जाता है।

लादी [सं-स्त्री.] 1. वह बोझ जो पशुओं पर लादा जाता है; बोझा 2. धोबियों की गठरी।

लानंग [सं-पु.] एक प्रकार का अंगूर।

लानत (अ.) [सं-स्त्री.] धिक्कार; फटकार; भर्त्सना। [मु.] **-भेजना** : किसी के प्रति उपेक्षा भाव रखना या उससे घृणा करना।

लानत-मलामत (अ?.) [सं-स्त्री.] 1. भर्त्सना; धिक्कार और फटकार; तिरस्कार 2. दोषारोपण और अपमान।

लाना [क्रि-स.] कहीं से लेकर आना; सामने लाकर उपस्थित करना।

लापता [वि.] 1. खोया हुआ; गुम; गायब 2. जिसका कोई पता-ठिकाना न हो।

लापरवाह (अ.+फ़ा.) [वि.] 1. जिसे किसी बात की चिंता न हो; बेफ़िक्र; बेपरवाह 2. असावधान; असतर्क 3. आलसी; सुस्त।

लापरवाही (अ.+फ़ा.) [सं-स्त्री.] 1. किसी बात की परवाह न करने की प्रवृत्ति; बेफ़िक्री 2. असावधानी; प्रमाद।

लाभ (सं.) [सं-पु.] 1. फ़ायदा; नफ़ा; मुनाफ़ा 2. प्राप्ति 3. भलाई; हित।

लाभकारी (सं.) [वि.] जो लाभदायक हो; फ़ायदेमंद।

लाभदायक (सं.) [वि.] जो लाभ देने वाला हो; फ़ायदेमंद।

लाभप्रद (सं.) [वि.] 1. फ़ायदेमंद; लाभदायक 2. फलप्रद; फलजनक।

लाभलिप्सा (सं.) [सं-स्त्री.] लाभ की ऐसी लालसा या प्रबल इच्छा जो उचित-अनुचित का भेद भुला देती है; लाभ प्राप्त करने का लालच।

लाभांश (सं.) [सं-पु.] 1. लाभ या फ़ायदे का वह अंश जो किसी कारख़ाने (कंपनी) के हिस्सेदारों या शेयरधारकों को उनके द्वारा लगाई हुई पूँजी के अनुपात में मिलता है 2. कर्मचारी को वेतन के अतिरिक्त मिलने वाला अंश; (बोनस)।

लाभान्वित (सं.) [वि.] जिसे लाभ प्राप्त हुआ हो।

लाभार्थ (सं.) [वि.] 1. लाभ के लिए 2. लाभ हेतु किया गया।

लाभार्थी (सं.) [सं-पु.] 1. किसी प्रकार के लाभ की कामना करने वाला व्यक्ति 2. किसी वस्तु से लाभ पाने वाला व्यक्ति; हितग्राही।

लाम (फ़ा.) [सं-पु.] 1. सेना; फ़ौज 2. युद्ध का मोर्चा; युद्ध का क्षेत्र, जैसे- लाम पर जाना 3. भीड़; लोगों का समूह। [मु.] **-बाँधना** : बहुत से लोगों को इकट्ठा करना।

लामकाफ़ (फ़ा.) [सं-पु.] गाली-गलौज़; बुरा-भला; अपशब्द।

लामबंद [वि.] सैन्यकृत; संगठित।

लामबंदी [सं-स्त्री.] युद्ध या लड़ाई पर जाने के लिए सेना को तैयार रखना; मोर्चाबंदी।

लामा (ति.) [सं-पु.] 1. तिब्बत के बौद्धों के धार्मिक गुरु या धर्माध्यक्ष का पद, जैसे- दलाई लामा 2. तिब्बती बौद्ध भिक्षु 3. दक्षिण अमेरिकी देश पेरू में पाया जाने वाला ऊँट जैसा एक चौपाया।

लामी [सं-पु.] एक प्रकार का फल जो दिल्ली तथा राजपूताने की ओर पाया जाता है, जिसकी सब्जी बनाई जाती है।

लायक (अ.) [वि.] 1. योग्य; काबिल; गुणवान; समर्थ 2. उचित; ठीक; उपयुक्त; मुनासिब 3. अधिकारी; पात्र।

लायकी (अ.) [सं-स्त्री.] लायक होने की अवस्था, गुण या भाव; लियाकत; योग्यता; काबिलियत।

लायन [सं-पु.] 1. विवाह में कन्या पक्ष की ओर से वर को मिलने वाला सामान 2. गिरवी रखी हुई वस्तु।

लार [सं-स्त्री.] 1. मुँह से निकलने वाला लसदार तरल द्रव्य; लाला 2. कोई चिपकने वाली वस्तु; लसीला पदार्थ; लासा। [मु.] **-टपकना** : कोई चीज़ देखकर या सुनकर उसे पाने के

लिए लालायित होना।

लार्वा (अं.) [सं-पु.] (जंतु विज्ञान) अंडे से निकलने पर कीट का प्रारंभिक रूप; किल्ली; डिम्भक।

लाल चंदन [सं-पु.] लाल रंग का चंदन; रक्त चंदन।

लाल पगड़ी [सं-पु.] 1. लाल रंग की पगड़ी या साफा 2. भारत की स्वाधीनता से पहले पुलिस के सिपाहियों की वर्दी का हिस्सा; वह सिपाही या अधिकारी जो लाल पगड़ी पहने हो।

लाल सेना [सं-स्त्री.] 1. साम्यवादी विचारधारा से संबद्ध समूह की सेना 2. रूस में ज़ारशाही के विरुद्ध साम्यवादी क्रांति का लड़ाकू दस्ता जिसने सोवियत संघ की स्थापना के बाद उस देश की राष्ट्रीय सेना का रूप ले लिया और साम्यवाद का रंग लाल होने के नाते लाल सेना कहलाई 3. चीन में साम्यवादी क्रांति और साम्यवादी शासन की सेना भी लाल सेना कहलाती थी।

लाल[1] (सं.) [सं-पु.] 1. नन्हा और प्यारा बेटा; प्यारा बच्चा 2. पुत्र; बेटा 3. मध्यकालीन हिंदी काव्य में प्रणयी; प्रेमी 4. श्रीकृष्ण का एक नाम।

लाल[2] (फ़ा.) [सं-पु.] 1. रक्तिम रंग; सुर्ख़ रंग 2. एक रत्न जो गहरे लाल रंग का होता है; माणिक; याकूत। [सं-स्त्री.] 1. लाल रंग की एक चिड़िया; रायमुनी; लालमुनिया 2. चौसर आदि खेलों में वह गोटी जो सब चालें चलकर बीच के घर में पहुँच जाए। [वि.] 1. लाल रंग का; रक्त वर्ण का; सुर्ख़; लोहित, जैसे- लाल फूल, लाल रंग आदि 2. क्रोध या लज्जा के कारण जिसका रंग सुर्ख़ (रक्त) हो गया हो। [मु.] **-पड़ना या होना** : बहुत क्रोधित होना; नाराज़ होना। **-पीला होना** : क्रुद्ध होना।

लालकेसर [सं-पु.] एक विशेष किस्म का बढ़िया धान।

लालच (सं.) [सं-पु.] 1. लोभ; तृष्णा; लोलुपता 2. किसी चीज़ को पाने की अनुचित या बढ़ी हुई इच्छा।

लालची [वि.] जो लालच करता हो; लोलुप; लोभी।

लालटेन (अं.) [सं-स्त्री.] लोहे या टीन आदि से बना एक शीशेदार दीया जिसे मिट्टी के तेल से जलाया जाता है; कंदील।

लालन-पालन (सं.) [सं-पु.] बच्चे को लाड़-प्यार करते हुए पाल-पोसकर बड़ा करना; प्यार से देख-रेख करना; पालन-पोषण।

लालन[1] [सं-स्त्री.] चिरौंजी; प्रियाल। [सं-पु.] 1. प्यारा बच्चा 2. बालक; लाल; प्रियपुत्र।

लालन[2] (सं.) [सं-पु.] 1. लाड़-प्यार; स्नेह 2. एक प्रकार का विषैला चूहा। [वि.] प्यार करने वाला; दुलार करने वाला।

लालफ़ीता [सं-पु.] लाल रंग का फ़ीता या पट्टी जिससे सरकारी कार्यालयों में फ़ाइल या कागज़ बाँधे जाते हैं; (रेडटेप)।

लालफ़ीताशाही [सं-स्त्री.] 1. अफ़सरशाही 2. (व्यंग्य) सरकारी कार्यालयों में नियमों के नाम पर कर्मचारियों और अधिकारियों के द्वारा जानबूझ कर जनता के कामों में की जाने वाली देरी; सरकारी कार्यालयों में होने वाली दीर्घसूत्रता की प्रवृत्ति।

लालबुझक्कड़ [सं-पु.] किसी बात या घटना के रहस्य को बिना समझे मूर्खतापूर्ण अर्थ निकालने वाला व्यक्ति; वह मूर्ख जो अगम्य बातों को समझने का दावा करता हो।

लालबुझक्कड़ी [सं-स्त्री.] बिना रहस्य को समझे फ़ालतू अर्थ निकालने का काम; अटकलपच्चू अर्थ निकालना।

लालभाजी [सं-स्त्री.] दे. चौलाई।

लालमिर्च [सं-स्त्री.] 1. एक प्रकार की मिर्च जो पकने के बाद लाल हो जाती है; मिरचा 2. {ला-अ.} बहुत तीखे या तेज़ स्वभाव वाला व्यक्ति।

लालमी [सं-पु.] खरबूजा।

लालसा (सं.) [सं-स्त्री.] 1. किसी चीज़ को पाने की उत्कट इच्छा या अभिलाषा; लिप्सा; साध 2. गार्भिणी की इच्छा; दोहद 3. अनुनय 4. खेद ।

लाला[1] (सं.) [सं-पु.] 1. एक प्रकार का आदरसूचक संबोधन, जैसे- लाला लाजपत राय 2. कायस्थ जाति के लिए संबोधन 3. व्यापारी, बनिये या महाजन के लिए प्रयुक्त संबोधन 4. छोटे या प्रिय व्यक्ति के लिए संबोधन।

लाला[2] (फ़ा.) [सं-पु.] पोस्ते का लाल रंग का फूल जिससे निकले फल या डोडे में खस-खस पैदा होती है; गुलेलाला।

लालायित (सं.) [वि.] बहुत अधिक लालच के कारण जिसके मुँह में लार या पानी भर आया हो; ललचाया हुआ; लोलुप।

लालित (सं.) [वि.] 1. जिसका लालन किया गया हो; दुलारा हुआ; लड़ैता; प्यारा; प्रिय 2. जिसकी लालसा की गई हो; अभिलाषित।

लालित्य (सं.) [सं-पु.] 1. ललित होने का भाव; सरसता; सरलतापूर्ण सौंदर्य; रमणीयता 2. व्यवहार तथा हावभाव का सौंदर्य और सरसता 3. प्रेम सूचक हावभाव।

लालिमा [सं-स्त्री.] लाल होने की अवस्था या भाव; लाली; सुर्ख़ी; अरुणिमा।

लाली [सं-स्त्री.] 1. लाल होने की अवस्था या भाव; लालिमा 2. (चेहरे की) शोभा; रौनक 3. इज़्ज़त; आबरू 4. यश; कीर्ति 5. पकी ईंटों का चूर्ण। [सं-पु.] 1. लालन-पालन करने वाला व्यक्ति 2. व्यक्तियों को कुमार्ग पर ले जाने वाला पुरुष।

लाले [सं-पु.] 1. (बहुवचन) अभिलाषाएँ; अरमान 2. कठिनता; संकट। [मु.] **-पड़ना** : अप्राप्य या दुर्लभ हो जाना; बहुत कमी हो जाना। **जान के लाले पड़ना** : विकट या संकटपूर्ण स्थिति में पहुँचना।

लाव (सं.) [सं-पु.] 1. लवा या चटक नामक पक्षी 2. काटने या कतरने की क्रिया; टुकड़े-टुकड़े करना। [सं-स्त्री.]1. जहाज़ के लंगर में बाँधने वाला रस्सा 2. रस्सी; मोटा रस्सा।

लाव-लश्कर (फ़ा.) [सं-पु.] 1. सेना और उसके साथ रहने वाली तमाम सामग्री 2. सामान; असबाब 3. संगी-साथी।

लावक (सं.) [सं-पु.] 1. लवा नामक पक्षी 2. विभाजक [सं-पु.] 1. चावल की जाड़े की फसल 2. चरसा 3. उतना समय जितना एक बार मोट खींचने में लगता है।

लावण (सं.) [वि.] 1. नमक के स्वादवाला; लवणयुक्त; नमकीन 2. सुंदर; सलोना। [सं-पु.] सुँघनी।

लावण्य (सं.) [सं-पु.] 1. लवणत्व; नमकीनपन 2. सौंदर्य; सुंदरता; सलोनापन 3. आभा; कांति।

लावण्यमय (सं.) [वि.] 1. लावण्य से भरा; सलोना 2. आभामय; कांतियुक्त।

लावनी (सं.) [सं-स्त्री.] 1. (संगीत) देशी रागों के अंतर्गत एक उपराग 2. चंग या डफ़ बजाकर गाया जाने वाला एक प्रकार का गीत 3. महाराष्ट्र राज्य में प्रचलित एक प्रसिद्ध और लोकप्रिय नृत्य; लावणी।

लावनीबाज़ (सं.+फ़ा.) [वि.] 1. लावनी गाने वाला 2. लावनी का प्रेमी या शौकीन।

लावसूल (अ.) [वि.] जो वापस न मिले (उधार दी हुई रकम); जिसकी वसूली संभव न हो; डूबी हुई (रकम)।

लावा[1] (सं.) [सं-पु.] 1. लवा नामक पक्षी 2. गरम रेत में भुनकर फूले हुए अन्न के दाने; लाजा; खील; लाई 3. वैशाख मास की फ़सल को काटने वाला व्यक्ति।

लावा[2] (अं.) [सं-पु.] 1. ज्वालामुखी से निकलने वाला गरम द्रव पदार्थ जो चट्टानों का पिघला रूप होता है 2. उक्त पदार्थ का ठंडा होकर बना पिंड।

लावारिस (अ.) [वि.] 1. जिसका कोई वारिस या उत्तराधिकारी न हो 2. जिसकी देखभाल करने वाला कोई न हो; अनाथ 3. (वस्तु) जिसका कोई मालिक या दावेदार न हो।

लाश (फ़ा.) [सं-स्त्री.] मृत प्राणी का शरीर; मृतदेह; शव; मुर्दा।

लास (सं.) [सं-पु.] 1. (शास्त्रीय नृत्य) एक प्रकार का कोमल भावयुक्त नृत्य जो स्त्रियों द्वारा किया जाता है 2. थिरकने या मटकने की क्रिया या भाव 3. रास 4. उछल-कूद 5. रस; शोरबा 6. लसने अर्थात सुंदर जान पड़ने की अवस्था या भाव 7. छवि; शोभा 8. चमक; दीप्ति।

लासा [सं-पु.] 1. गोंद 2. लसदार या चिपकने वाला पदार्थ 3. लोपन 4. {ला-अ.} किसी को फँसाने का साधन।

लासानी (अ.) [वि.] जिसका कोई सानी या जोड़ न हो; बेजोड़; अद्वितीय; अनुपम; बेमिसाल।

लासी [सं-स्त्री.] 1.गेहूँ, सरसों आदि की फसल में लगने वाला एक प्रकार का काला छोटा कीड़ा।

लासेबाज़ (हिं.+फ़ा.) [वि.] लोगों को चालाकी से फँसाने वाला; अपना हित साधने के लिए अपनी चतुराई से औरों को मूर्ख बनाने वाला।

लास्य (सं.) [सं-पु.] (शास्त्रीय नृत्य) नृत्य का एक रूप जिसमें कोमल और मधुर भावों तथा शृंगार रस की प्रधानता होती है; स्त्रीसुलभ लालित्यपूर्ण नृत्य (तांडव जैसे पौरुषप्रधान नृत्य के विपरीत)।

लास्या (सं.) [सं-स्त्री.] 1. अभिनेत्री 2. नर्तकी।

लाही [सं-स्त्री.] 1. सरसों; काली सरसों 2. तीसरी बार का साफ किया हुआ शोरा 3. लाख 4. लाख पैदा करने वाला कीड़ा 5. फसल की (गेहूँ, जौ आदि) क्षति करने वाला कीड़ा 6. सरसों; लाहि; खील। [वि.] मटमैलापैन किए लाल रंग; लाहक रंग से मिलता हुआ।

लाहौर [सं-पु.] पाकिस्तान के पंजाब राज्य का एक प्रख्यात एवं प्राचीन नगर।

लाहौल (अ.) [सं-स्त्री.] (इस्लाम धर्म) शैतान या दुष्ट आत्माओं को भगाने के लिए प्रयोग किया जाने वाला एक शब्द जो घृणा, उपेक्षा और तिरस्कार का सूचक है।

लिंक (अं.) [सं-पु.] संपर्क; संबंध; संपर्क।

लिंग (सं.) [सं-पु.] 1. किसी काम, किसी चीज़ या बात की पहचान का चिह्न; लक्षण 2. पुरुष की जननेंद्रिय; उपस्थ; शिश्न 3. शिव का एक विशिष्ट प्रकार का प्रतीक या मूर्ति जो पुरुष की जननेंद्रिय के रूप में होती है 4. (व्याकरण) संज्ञा और सर्वनाम का वह वर्गीकरण जो शब्द विशेष द्वारा पुरुष (नर) या स्त्री (मादा) से संबद्ध होने का बोध कराए; हिंदी में शब्दों के केवल दो लिंग (पुल्लिंग और स्त्रीलिंग) होते हैं जबकि संस्कृत, अँग्रेज़ी, मराठी आदि कई भाषाओं में एक तीसरा लिंग (नपुंसकलिंग) भी होता है।

लिंगभेद (सं.) [सं-पु.] 1. नर और मादा का अंतर; स्त्री-पुरुष का अंतर 2. स्त्री तथा पुरुष की स्थिति तथा अधिकारों में भेदभाव करने की मनोवृत्ति 3. स्त्री तथा पुरुष में एक को हीन और दूसरे को श्रेष्ठ मानने की वृत्ति।

लिंगभेदी (सं.) [वि.] 1. लिंग के आधार पर इनसान को विभक्त करने वाला 2. स्त्री तथा पुरुष की सामाजिक स्थिति, अधिकारों और सामाजिक भूमिका के बारे में भेदभावपूर्ण नज़रिया रखने वाला।

लिंगशरीर [सं-पु.] (अध्यात्म) 1. सूक्ष्म शरीर 2. मृत्यु के बाद कर्मफल भोग के लिए जीवात्मा के साथ लगा सूक्ष्म शरीर।

लिंगायत (सं.) [सं-पु.] दक्षिण भारत का एक शैव संप्रदाय।

लिंगी (सं.) [वि.] लिंग अर्थात चिह्न या लक्षण से युक्त; लिंगधारी। [सं-पु.] 1. (लिंग पुराण) शिव; महादेव 2. शिवलिंग का उपासक या पूजक; शैव।

लिंगेंद्रिय (सं.) [सं-पु.] शिश्न; पुरुष की मूत्रेंद्रिय।

लिक्खाड़ [वि.] 1. बहुत अधिक मात्रा में लिखने वाला 2. गुणवत्ताहीन किंतु प्रचुर मात्रा में लेखन करने वाला; लिखाड़ी। [सं-पु.] खूब मँजा हुआ और बहुत लिखने वाला लेखक।

लिक्षा (सं.) [सं-स्त्री.] 1. लीख; जूँ का अंडा 2. एक प्रकार की बहुत छोटी तौल।

लिखत [सं-स्त्री.] वह लिखित पत्र जिसमें दो पक्षों के बीच हुए किसी समझौते की शर्त आदि दी गई हो; विलेख; दस्तावेज़।

लिखत-पढ़त [सं-स्त्री.] किसी सौदे या समझौते की लिखापढ़ी; दस्तावेज़ीकरण।

लिखना [क्रि-स.] 1. किसी बात को लिपिबद्ध करना; बात को अक्षरों में कागज़ आदि पर उतारना 2. किसी साहित्यिक कृति (कविता, कहानी आदि) की रचना करना 3. रेखाएँ अथवा चिह्न खींचना; अंकित करना 4. तूलिका आदि से चित्र बनाना।

लिखवाना [क्रि-स.] 1. लिखने का काम किसी और से कराना 2. किसी को लिखने के लिए प्रेरित करना 3. स्वयं बोलकर किसी से लिपिबद्ध करवाना।

लिखा [वि.] (बात आदि) जो लिखित रूप में उपलब्ध हो; लिपिबद्ध, जैसे- लिखे अक्षर।

लिखा-पढ़ी [सं-स्त्री.] 1. किसी समझौते अथवा शर्त को लिखित रूप देकर पक्का करना 2. (किसी विशेष समस्या या मुद्दे

पर) पत्रों का आदान-प्रदान; पत्र व्यवहार।

लिखाई [सं-स्त्री.] 1. लिखने की क्रिया, ढंग या भाव; लेखन 2. लिपि 3. किसी व्यक्ति का वर्णों तथा अक्षरों को लिखने का ढंग; लिखावट 4. चित्र अंकित करने की क्रिया या भाव।

लिखाना [क्रि-स.] 1. लिखने का काम किसी से कराना; लिखवाना 2. लिखने के लिए किसी को प्रेरित करना 3. लिखने का अभ्यास कराना; लिखना सिखाना 4. स्वयं बोलकर किसी और से लिखवाना।

लिखावट [सं-स्त्री.] 1. किसी के हाथ के लिखे हुए अक्षर; हस्तांक; लिखने का तरीका; लिखाई 2. लिपि।

लिखित (सं.) [वि.] 1. लिपिबद्ध किया हुआ 2. अंकित; चित्रित 3. लिखा हुआ (रूप)। [सं-पु.] 1. लिखी बात; लेख 2. दस्तावेज़।

लिच्छवि (सं.) [सं-पु.] प्राचीन भारत का एक प्रसिद्ध क्षत्रिय वंश जिसका शासन मगध, नेपाल, कोशल आदि क्षेत्रों में फैला था, इसी वंश की विभिन्न शाखाओं में गौतम बुद्ध और जैन तीर्थंकर महावीर स्वामी का जन्म हुआ था।

लिजलिजा [वि.] 1. पिलपिला; बेढंगा; अशोभनीय 2. अनुचित।

लिटमस (अं.) [सं-पु.] (रसायनविज्ञान) विभिन्न प्रकार के शैवालों या काई से प्राप्त किया गया एक विशेष पदार्थ, जिसका प्रयोग किसी वस्तु में अम्ल या क्षार की उपस्थिति की जाँच के लिए होता है।

लिटाना [क्रि-स.] अपनी सहायता से किसी को लेटने की स्थिति में लाना।

लिटोरा [सं-पु.] दे. लिसोड़ा।

लिट्ट [सं-पु.] लिट्टी; आग पर सेंकी हुई मोटी और बड़ी रोटी।

लिट्टी [सं-स्त्री.] आग पर सेककर तैयार की जाने वाली बाटी।

लिट्टे (अं.) [सं-पु.] श्रीलंका के तमिल विद्रोहियों का संगठन।

लिठोर [सं-पु.] एक प्रकार का नमकीन पकवान।

लिड़ार [सं-पु.] शृगाल; गीदड़; सियार। [वि.] डरपोक; कायर; बुजदिल।

लिड़ौरी [सं-स्त्री.] अनाज के वे दाने जो पीटने के बाद भी बालियों में लगे रह जाते हैं।

लित्ती [सं-स्त्री.] एक प्रकार की लंबी दराँती।

लिपटना (सं.) [क्रि-अ.] 1. गले लगना; आलिंगन करना 2. सट जाना; चिपकना 3. किसी कार्य में मनोयोग से लग जाना।

लिपटाना [क्रि-स.] 1. संलग्न करना; सटाना 2. चिपकाना; चिमटाना 3. गले लगाना; आलिंगन करना।

लिपटू [वि.] वह बच्चा जो माता-पिता के साथ हमेशा छिपकर रहता है। [सं-स्त्री.] वह लड़ाकू बटेर जो अपने दुश्मन को भागने नहीं देती है।

लिपड़ा [सं-पु.] लुगड़ा; फटा पुराना कपड़ा। [वि.] लेई की तरह गीला; चिपचिपा।

लिपना [क्रि-अ.] 1. रंग आदि का ज़मीन पर फैल जाना 2. गीली चीज़ से पोता जाना।

लिपस्टिक (अं.) [सं-स्त्री.] (प्रसाधन) होठों को किसी रंग से रँगने वाली बत्ती; लाली।

लिपा-पुता [वि.] 1. जो लीपा-पोता गया हो 2. साफ़-सुथरा; स्वच्छ 3. {ला-अ.} जहाँ प्रसाधन सामग्री (मेकअप) का बहुत अधिक प्रयोग हुआ हो, जैसे- लिपा-पुता चेहरा।

लिपाई [सं-स्त्री.] 1. लिपने या लीपने की क्रिया या भाव 2. लीपने की मज़दूरी; पुताई।

लिपाना [क्रि-स.] लीपने का काम करवाना; लिपवाना।

लिपि (सं.) [सं-स्त्री.] 1. किसी भाषा के वर्ण या अक्षर लिखने की विशिष्ट प्रणाली, जैसे- देवनागरी लिपि, फ़ारसी लिपि, ब्राह्मी लिपि आदि 2. लिखने का ढंग; लिखावट।

लिपि विज्ञान (सं.) [सं-पु.] लिपियों के अध्ययन का विज्ञान।

लिपिक (सं.) [सं-पु.] लिखने का काम करने वाला कर्मचारी; मुंशी; (क्लर्क)।

लिपिकर (सं.) [सं-पु.] प्राचीन भारत में शिलाओं आदि पर लेख अंकित करने या उकेरने वाला शिल्पी।

लिपिका (सं.) [सं-स्त्री.] लिपि; लिखावट।

लिपिकार (सं.) [सं-पु.] 1. लिपिक; क्लर्क 2. किसी पुस्तक आदि की प्रतिलिपि करने वाला व्यक्ति; नकलनवीस।

लिपिबद्ध (सं.) [वि.] लिखा हुआ; लिखित रूप में लाया हुआ।

लिप्त (सं.) [वि.] 1. किसी कार्य में डूबा हुआ; रमा हुआ; लीन 2. शामिल; मिला हुआ।

लिप्तता (सं.) [सं-स्त्री.] लिप्त होने की अवस्था या भाव।

लिप्यंतरण (सं.) [सं-पु.] किसी एक लिपि में लिखे लेख या विचार को मूल भाषा में ही ज्यों का त्यों दूसरी लिपि में लिखने का कार्य; (ट्रांसलिटरेशन)।

लिप्सा (सं.) [सं-स्त्री.] किसी चीज़ को किसी भी प्रकार पाने की अनियंत्रित इच्छा या चाहत; प्राप्ति की प्रबल कामना।

लिप्सु (सं.) [परप्रत्य.] लिप्सा करने वाला; प्राप्त करने की उत्कट कामना रखने वाला; उदग्र रूप से इच्छुक, जैसे- धनलिप्सु, सत्तालिप्सु।

लिफ़ाफ़ा (अ.) [सं-पु.] 1. कागज़ की बनी चौकोर थैली जिसके अंदर पत्र रखकर भेजा जाता है; पत्र भेजने का खोल या कवर 2. {ला-अ.} दिखावटी शोभा; ऊपरी आडंबर। [मु.] **-खुल जाना** : भेद या रहस्य खुल जाना; छिपी हुई बात प्रकट हो जाना। **-बनाना** : झूठा आडंबर खड़ा करना।

लिफ़ाफ़ेबाज़ (अ.+फ़ा.) [वि.] दिखावा करने वाला; आडंबरी।

लिफ़ाफ़ेबाज़ी (अ.+फ़ा.) [सं-स्त्री.] दिखावा करना; झूठी तड़क-भड़क दिखाना; आडंबर करना।

लिफ़्ट (अं.) [सं-पु.] विद्युत के माध्यम से चलने वाला लोहे का बना एक पिंजरा जिसे ऊँची इमारतों में सामान और व्यक्तियों को ऊपर की ओर ले जाने और फिर वापस लाने के लिए इस्तेमाल किया जाता है।

लिबड़ना [क्रि-अ.] 1. कीचड़ में सनना 2. गीली वस्तु आदि में लथ-पथ होना 3. {ला-अ.} फँसना।

लिबरल (अं.) [वि.] 1. जो संकुचित विचारोंवाला न हो; उदार 2. उदार नीतिवाला 3. खुले स्वभाववाला।

लिबर्टी (अं.) [सं-स्त्री.] 1. आज़ादी; स्वाधीनता 2. **(कैद से)**

रिहाई; बंधन-मुक्ति; छुटकारा।

लिबास (अ.) [सं-पु.] पहनने के कपड़े; पहनावा; परिधान; पोशाक।

लिमिटेड (अं.) [वि.] 1. (वाणिज्य) सीमित उत्तरदायित्व या देयता वाली (कंपनी) 2. ज़रा-सा; थोड़ा; सीमित; तंग।

लियाकत (अ.) [सं-स्त्री.] 1. लायक या योग्य होने की अवस्था; योग्यता; पात्रता 2. किसी विषय का ज्ञान; बुद्धिमत्ता 3. व्यवहार की शालीनता; भद्रता 4. शक्ति या सामर्थ्य।

लिलार [सं-पु.] 1. भाल; माथा; मस्तक; ललाट 2. कुएँ का वह सिरा जहाँ मोर के लिए पानी उलटते हैं।

लिलाही [सं-पु.] हाथ का बना हुआ देशी सूत।

लिल्लाह (अ.) [अव्य.] ख़ुदा (परमात्मा) के नाम पर; परमात्मा के लिए।

लिवर (अं.) [सं-पु.] (जीव विज्ञान) यकृत; जिगर।

लिवाल [सं-पु.] क्रेता; ख़रीददार; लेने वाला; लेवाल।

लिसोड़ा [सं-पु.] एक प्रकार का पेड़, जिसके फल का गूदा खाँसी के इलाज में लाभदायक होता है और इसके फूलों की तरकारी और फल से आचार बनाया जाता है; निटोरा।

लिस्ट (अं.) [सं-स्त्री.] सूची; तालिका; फ़ेहरिस्त।

लिस्सू [वि.] {ला-अ.} जो (व्यक्ति) लसोड़े की तरह किसी से चिपका हो; जिससे पिंड छुड़ाना मुश्किल हो।

लिहाई [सं-स्त्री.] दे. निहाई।

लिहाज़ (अ.) [सं-पु.] 1. किसी बात या व्यक्ति का आदरपूर्वक रखा जाने वाला ध्यान या ख़याल 2. अदब; संकोच; मुलाहिज़ा। [मु.] **-न करना** : कुछ भी आदर या रियायत न करना।

लिहाज़ा (अ.) [क्रि.वि.] इसलिए; इस कारण से; अतः।

लिहाड़ा [वि.] 1. नीच; ख़राब 2. वाहियात; बेहूदा 3. निकम्मा; बेकार; निरर्थक।

लिहाड़ी [सं-स्त्री.] उपहास; विडंबना; निंदा। [वि.] लेने वाला; उच्चारण करने वाला।

लिहाफ़ (अ.) [सं-पु.] रुई भरकर बनाया गया कंबल की तरह का ओढ़ना; रजाई।

लिहावर [सं-पु.] दे. हथौड़ा।

लीक (सं.) [सं-स्त्री.] 1. पैदल चलने से या बैलगाड़ी आदि के पहिए से भूमि पर बनी रेख; पगडंडी 2. लकीर; रेखा 3. मर्यादा 4. {ला-अ.} लोकरीति; पुरानी परंपरा; रूढ़ि। [मु.] **-पीटना** : किसी पुरानी चली आई हुई प्रथा या रीति का बिना सोचे-समझे अनुकरण करते चलना। **लीक पकड़ना** : आदमियों, गाड़ियों आदि के आने-जाने से बनी हुई लीक पर चलते हुए कहीं जाना।

लीख (सं.) [सं-स्त्री.] 1. जूँ का अंडा 2. एक बहुत छोटी तौल।

लीग (अं.) [सं-स्त्री.] 1. दल; संगठन; सभा; संस्था, जैसे- मुस्लिम लीग 2. सड़क आदि की लंबाई का एक नाप जो तीन मील के बराबर होता है।

लीचड़ [वि.] 1. निकम्मा; बेकार 2. आलसी; सुस्त; काहिल 3. लेन-देन साफ़ न रखने वाला 4. पीछा न छोड़ने वाला; चिपकने वाला; चिपकू 5. तुच्छ या ओछे स्वभाववाला।

लीचड़पन [सं-पु.] 1. आलसीपन; काहिलपन 2. तुच्छता 3. निकम्मापन।

लीचर [वि.] दे. लीचड़।

लीची [सं-स्त्री.] उष्ण कटिबंध में पाया जाने वाला एक पेड़ और उसका काँटेदार छिलकों वाला रसीला फल।

लीज़ (अं.) [सं-स्त्री.] एक निश्चित समय के लिए किराए पर ली गई संपत्ति का वायदानामा; पट्टा; इज़ारा।

लीटर (अं.) [सं-पु.] (गणित) मैट्रिक प्रणाली में द्रव्य को मापने की एक इकाई।

लीडर (अं.) [सं-पु.] किसी भी कार्य में नेतृत्व करने वाला व्यक्ति; नेता; नायक; अगुआ।

लीद [सं-स्त्री.] गधे, घोड़े, खच्चर, हाथी आदि पशुओं का मल।

लीन (सं.) [वि.] 1. किसी कार्य में लगन से लगा हुआ; मग्न 2. जो किसी में समा गया हो; जिसका किसी में विलय हो गया हो।

लीपईयर (अं.) [सं-पु.] ईसवी कैलेंडर का वह वर्ष जिसमें 366 दिन होते हैं; वह ईसवी सन् जिसमें फ़रवरी का महीना 29 दिन का हो; अधिवर्ष।

लीपना (सं.) [क्रि-स.] 1. मिट्टी की बनी दीवार या फ़र्श पर गोबर का लेप चढ़ाना 2. गीली वस्तु का पतला लेप करना; पोतना।

लीपा-पोती [सं-स्त्री.] 1. मिट्टी के फ़र्श या दीवारों पर गोबर अथवा चिकनी मिट्टी से किया गया लेप 2. {ला-अ.} दोष भूल आदि को छिपाने के लिए की गई दिखावटी कार्रवाई। [मु.] **-करना** : झूठ-सच बोलकर बात छिपाने की कोशिश करना। **लीप-पोत कर बराबर करना** : पूरी तरह से चौपट या नष्ट करना।

लीर [सं-स्त्री.] कपड़े की धज्जी; चीर।

लीलना (सं.) [क्रि-स.] 1. गले से नीचे पेट में उतारना; निगलना 2. अधीरतापूर्वक खाना 3. {ला-अ.} दूसरे का धन दबा लेना; हड़प जाना।

लीला (सं.) [सं-स्त्री.] 1. ऐसा कार्य या व्यापार जो सिर्फ़ मनुष्यों के मनोरंजन के लिए किया जाए; खेल; क्रीड़ा 2. बच्चों के खेल की तरह बहुत साधारण या सरल काम 3. भक्तों की दृष्टि में इस धरती पर मानव के रूप में अवतार लेने वाले भगवान के क्रियाकलाप 4. अवतारों के चरित्र का अभिनय, जैसे- कृष्ण लीला, राम लीला 4. विलास; विहार; प्रेम विनोद।

लीवर (अं.) [सं-पु.] 1. रक्त शुद्ध करने वाला शरीरांग; यकृत; ज़िगर 2. किसी भारी वस्तु को उठाने या उचकाने के लिए उसके नीचे अटकाकर उचकाई जाने वाली छड़ या औज़ार; उत्तोलक 3. किसी मशीन को चलाने के लिए खींचा जाने वाला हत्था या मूँठ, जैसे- कार का गिअर।

लुँगाड़ा [सं-पु.] दे.लुंगाड़ा।

लुंगाड़ा [सं-पु.] शोहदा; लुँगाड़ा।

लुंगी [सं-स्त्री.] कमर में लपेटने वाला बड़ा अँगोछा; तहमत।

लुंचन (सं.) [सं-पु.] 1. तोड़ने, काटने, छीलने या नोचने की

क्रिया या भाव 2. केशों को झटके में उखाड़ने की क्रिया; चुटकी से बाल उखाड़ना 3. (जैन धर्म) जैन मुनियों का एक कृत्य, जिसमें वे अपने केशों को झटके से उखाड़ते हैं।

लुंचित (सं.) [वि.] 1. उखाड़ा या नोचा हुआ 2. काटा या छीला हुआ।

लुंज (सं.) [वि.] 1. बिना हाथ-पैर का; लंगड़ा-लूला 2. बिना पत्तेवाला; ठूँठ (पेड़) 3. {ला-अ.} जो हाथ-पैर न हिलाता-डुलाता हो; कुछ काम न करने वाला; निकम्मा।

लुंज-पुंज [वि.] 1. बिना हाथ-पैर का; लँगड़ा-लूला 2. शरीर से असमर्थ 3. {ला-अ.} ऐसा व्यक्ति जो कोई काम-धाम न करता हो बल्कि यों ही बैठा रहता हो।

लुंठन (सं.) [सं-पु.] 1. डाका; लूट 2. लुढ़कना या लोटना।

लुंठित (सं.) [वि.] 1. वे व्यंजन वर्ण जिनके उच्चारण में जिह्वा उच्चारण स्थान पर कंपन के साथ आघात करती है, जैसे- 'र्' 2. लुढ़का हुआ 3. लूटा-खसोटा हुआ 4. चुराया या गायब किया हुआ।

लुंड (सं.) [सं-पु.] चोर।

लुंड-मुंड (सं.) [वि.] 1. शरीर का धड़ या लोथड़ा 2. अलग-अलग सिर और धड़ 3. बिना हाथ पैर का शरीर 4. बिना पत्तों का वृक्ष 5. जिसके आवश्यक अंग कट गए हों 6. गठरी की तरह गोल लपेटा हुआ 7. ठूँठ (वृक्ष)।

लुआब (अ.) [सं-पु.] 1. किसी चीज़ का चिपचिपा गाढ़ा रस 2. थूक।

लुआबदार (अ.) [वि.] लसवाला; लसदार; चिपचिपा।

लुक (सं.) [सं-पु.] 1. मिट्टी के बरतनों पर चमक लाने के लिए प्रयुक्त किया जाने वाला एक चमकीला रोगन या वार्निश 2. आग की लपट; लौ; ज्वाला; चिनगारी।

लुकझुक करना [क्रि-स.] कभी बुझना कभी जलना।

लुकना [क्रि-अ.] छिपना; छिप जाना।

लुकमा (अ.) [सं-पु.] (भोजन का) कौर; कवल; ग्रास। [मु.] -**देना** : उकसाना; उत्तेजित करना।

लुका-छिपी [सं-स्त्री.] 1. लुकने या छिपने की क्रिया 2. (विशेषकर बच्चों का) एक खेल जिसमें सभी खिलाड़ी छुप जाते हैं और एक खिलाड़ी उन्हें ढूँढ़ता है।

लुकाट (सं.) [सं-पु.] एक खट्टा-मीठा फल और उसका वृक्ष।

लुकाठी [सं-स्त्री.] जलती हुई लकड़ी; मशाल।

लुकाना [क्रि-स.] छिपाना; छिपा देना।

लुकुम [सं-पु.] कलेवा; सबेरे का भोजन; पनपियाव।

लुक्क [सं-स्त्री.] ताप भरी हवाएँ; लू।

लुखटा [सं-पु.] दे. लड़का।

लुखिया [सं-स्त्री.] धूर्त स्त्री; चालबाज औरत 2. पुंश्चली; छिनाल 3. वेश्या; रंडी।

लुखुटी [सं-स्त्री.] दे. लोमड़ी (लुखरी)।

लुगत (अ.) [सं-स्त्री.] 1. वह ग्रंथ जिसमें किसी भाषा के शब्द और उसी भाषा या किसी अन्य भाषा में उनके अर्थ दिए जाते हैं; शब्दकोश; अभिधान 2. भाषा; जबान।

लुगदा [सं-पु.] गीली वस्तु का गोला या पिंड; लोंदा।

लुगदी [सं-स्त्री.] 1. गीली वस्तु का पिंड; लोंदा 2. कागज़ आदि को गला कर बनाया गया पदार्थ।

लुगरा [सं-पु.] 1. पुराना कपड़ा 2. छोटी चादर 3. ओढ़नी 4. फटा कपड़ा। [वि.] पीठ पीछे बुराई करने वाला; चुगलखोर।

लुगरी [सं-स्त्री.] 1. पीठ पीछे की हुई निंदा; चुगली 2. फटी पुरानी गंदी धोती या साड़ी।

लुगाई [सं-स्त्री.] 1. पत्नी; बीवी 2. औरत।

लुच्चा [वि.] 1. (किसी वस्तु को) लपककर भागने वाला; चाई 2. {अशि.} लफंगा; बदमाश; दुराचारी; लंपट; शोहदा 3. गाली के रूप में प्रयुक्त।

लुच्ची [सं-स्त्री.] 1. मैदे से बनी एक प्रकार की पूरी जो बहुत ही पतली और मुलायम होती है; लुचुई 2. एक प्रकार की अशिष्ट गाली।

लुज्जाल [सं-पु.] समुद्र में वह स्थल जो बहुत गहरा हो।

लुटना [क्रि-अ.] 1. (डाकुओं आदि के द्वारा) धन आदि का छिन जाना 2. बरबाद; तबाह होना 3. {ला-अ.} किसी बहुमूल्य और प्रिय चीज़ का खो जाना 4. (किसी पर) न्योछावर होना। [मु.] लुट जाना : सर्वस्व छिन जाना।

लुटलुटी [क्रि-स.] घोड़े का रेत या मिट्टी में लोटना।

लुटाना [क्रि-स.] 1. अपनी धन-संपत्ति को लोगों में बाँटना; बेहिसाब ख़र्च करना; व्यर्थ व्यय करना 2. व्यर्थ फेंकना; बरबाद करना।

लुटिया [सं-स्त्री.] छोटा लोटा। [मु.] -**डुबो देना** : बहुत बड़ी हानि कर बैठना। -**डूब जाना** : (कोई काम) बुरी तरह से बिगड़ जाना।

लुटेरा [सं-पु.] लूटने वाला; डाकू।

लुद्दुर [सं-स्त्री.] वह भेड़ जिसके कान छोटे हों।

लुढ़कना [क्रि-अ.] 1. गिरकर चक्कर खाते हुए आगे या नीचे की ओर जाना; ढुलकना 2. घिसटना; रपटना 3. किसी ओर झुकना या आकृष्ट होना 4. {ला-अ.} मर जाना।

लुढ़काना [क्रि-स.] 1. कोई चीज़ इतनी तेज़ी से फेंकना या ढकेलना कि वह चक्कर खाते हुए आगे बढ़े 2. लुढ़कने में प्रवृत्त करना।

लुतरा (फ़ा.) [वि.] 1. चुगली करने वाला; चुगलीख़ोर; निंदक 2. लोगों में परस्पर झगड़ा करा देने वाला; दुष्ट।

लुत्फ़ (अ.) [सं-पु.] 1. मज़ा; आनंद; रस; सुख 2. स्वाद; ज़ायका 3. कृपा; दया; अनुग्रह।

लुप्त (सं.) [वि.] 1. छिपा हुआ; जो छिप गया हो; अदृश्य; गायब 2. खोया हुआ (धन आदि) 3. जो समाप्ति या नष्ट होने के कगार पर हो, जैसे- पशु-पक्षियों की लुप्त प्रजाति, लुप्त भाषा।

लुप्तप्राय: (सं.) [वि.] जो लगभग समाप्त हो चुका हो; लोपोन्मुख।

लुप्ताकार (सं.) [सं-पु.] संस्कृत वर्णमाला का एक चिह्न जो आधे अ का सूचक होता है; (ऽ)।

लुप्तोपमा (सं.) [सं-स्त्री.] (काव्यशास्त्र) एक प्रकार का अलंकार; उपमा अलंकार का एक भेद।

लुब्ध (सं.) [वि.] 1. (किसी वस्तु पर) ललचाया हुआ;

लोभयुक्त 2. मोहित; आसक्त 3. लुभाया हुआ। [सं-पु.] बहेलिया; शिकारी।

लुब्धक (सं.) [सं-पु.] 1. मोहित या आसक्त व्यक्ति 2. लोभी व्यक्ति 3. लंपट आदमी 4. एक प्रकाशमान तारा।

लुभाना (सं.) [क्रि-अ.] 1. मोहित करना; रिझाना 2. मन में अपने प्रति चाह उत्पन्न करना; ललचाना 3. बहकाना।

लुभावना (सं.) [वि.] मोहक; सुंदर; आकर्षक।

लुरकी [सं-स्त्री.] कान में पहना जाने वाला एक प्रकार का गहना; मुरकी; बाली।

लुशई [सं-स्त्री.] एक प्रकार की चाय जो आसाम और तराई इलाके में होती है।

लुहार (सं.) [सं-पु.] 1. लोहे का काम करने वाला व्यक्ति 2. लोहे का काम करने वाली एक जाति।

लू [सं-स्त्री.] ग्रीष्म ऋतु में चलने वाली अत्यंत गरम, सूखी और नुकसानदेह हवा।

लूँड़ा [सं-पु.] मूँज की बनी रस्सी। [सं-स्त्री.] लूँड़ी।

लूक [सं-पु.] आकाश से टूटकर गिरा हुआ तारा; उल्का। [सं-स्त्री.] 1. अग्नि की ज्वाला; आग की लपट 2. जलती हुई लकड़ी 3. गर्मी के दिनों की तपी हवा; तप्त वायु का झोंका जो शरीर में लपट की तरह लगे।

लूका [सं-पु.] 1. आग से निकलने वाली लपट; ज्वाला 2. वह लकड़ी जिसका सिरा जलता हो; लुकाठी; मशाल।

लूगा [सं-पु.] 1. वस्त्र; कपड़ा 2.धोती। [सं-पु.] स्त्रियों की धोती।

लूघा [सं-पु.] कब्र खोदने वाला; गोरकन; ठग।

लूट [सं-स्त्री.] 1. लूटने का काम; डाका; डकैती 2. लूटने में मिला माल।

लूट-खसोट [सं-स्त्री.] 1. किसी गिरोह द्वारा जबरन माल हड़पना; लूटमार 2. तिकड़म या गलत उपायों से जमा किया हुआ धन 3. आर्थिक शोषण।

लूटना [क्रि-स.] 1. लोगों की धन-संपत्ति बल प्रयोग द्वारा छीन लेना; किसी की चल संपत्ति बलात उठा ले जाना 2. बरबाद या तबाह कर देना 3. {ला-अ.} उचित से ज़्यादा कीमत लेना; ठगना 4. {ला-अ.} बहुत सस्ते में ख़रीदना।

लूटपाट [सं-स्त्री.] कई लोगों द्वारा बड़े पैमाने पर लोगों को डरा-धमका या मारपीट कर उनका धन छीनना।

लूटमार [सं-स्त्री.] आक्रमण, दंगे आदि की स्थिति में हुई लूटपाट तथा हत्याएँ।

लूता (सं.) [सं-स्त्री.] 1. मकड़ी 2. चींटी 3. मकड़ी के संसर्ग से होने वाला चर्मरोग।

लूप (अं.) [सं-पु.] 1. एक प्रकार का प्लास्टिक का छल्ला जिसे स्त्रियाँ गर्भ निरोधक के रूप में इस्तेमाल करती हैं 2. फंदा या छल्ला 3. फंदे या छल्ले की आकृति की कोई वस्तु।

लूम[1] (सं.) [सं-पु.] 1. दुम; पूँछ 2. (संगीत) शुद्ध स्वरों वाला संपूर्ण जाति का एक राग।

लूम[2] (अं.) [सं-पु.] कपड़ा बुनने का करघा या मशीन।

लूला [वि.] 1. जिसके एक या दोनों हाथ न हों; बिना हाथ का; लुंज 2. {ला-अ.} असहाय; असमर्थ; अशक्त; बेकाम।

लेंडुआ [सं-पु.] कागज का खिलौना जो उछालकर फेंक देने पर जमीन में गिरते ही फिर खड़ा हो जाता है। इसे खड़ेखाँ और मतवाला भी कहते हैं।

लेंडौरो [सं-स्त्री.] दाना और चारा खिलाने का बरतन।

लेंस (अं.) [सं-पु.] 1. प्रकाश की किरणों को केंद्रीभूत करने वाला शीशे का उपकरण, जिसका प्रयोग कैमरा, दूरबीन, सूक्ष्मदर्शी आदि यंत्रों में होता है 2. (जीवविज्ञान) आँख की पुतली के तिल के पीछे स्थित वह पारदर्शी भाग जो आँख पर पड़ने वाले प्रकाश को नियंत्रित करता है।

लेंहड़ [सं-स्त्री.] भेडों या दूसरे चौपायों का झुंड।

लेंहड़ा [सं-पु.] झुंड; दल; समूह; कतार (मूलतः शेरों के समूह के लिए प्रयुक्त)।

लेई (सं.) [सं-स्त्री.] 1. किसी चूर्ण को गाढ़ा घोलकर बनाया हुआ लसीला पदार्थ 2. कागज़ आदि चिपकाने के लिए घोलकर कर पकाए हुए आटे या मैदे का लसीला रूप 3. भवन निर्माण में ईंटों को जोड़ने वाला गारा 4. लपसी।

लेई-पूँजी [सं-स्त्री.] संपूर्ण धन-संपत्ति; सर्वस्व।

लेकिन (अ.) [अव्य.] किंतु; परंतु; पर।

लेक्चर (अं.) [सं-पु.] 1. व्याख्यान; भाषण 2. प्रवचन।

लेक्चरर (अं.) [सं-पु.] 1. विश्वविद्यालय का प्राध्यापक; व्याख्याता; प्रवक्ता 2. लेक्चर या व्याख्यान देने वाला व्यक्ति।

लेख (सं.) [सं-पु.] 1. लिखे हुए अक्षर; लिखाई; लिखावट 2. लिखी हुई बात; किसी विषय या मुद्दे पर गद्य में लिखित विचार आदि 3. निबंध; मज़मून।

लेखक (सं.) [सं-पु.] 1. लिखने वाला व्यक्ति; लेखन कार्य करने वाला व्यक्ति 2. किसी कृति का रचयिता; साहित्यकार; सृजनकार 3. किसी कार्यालय का लिपिक; नकलनवीस।

लेखकीय (सं.) [वि.] लेखक संबंधी; लेखक का।

लेखन (सं.) [सं-पु.] 1. अक्षर लिखना; लिखने का कार्य 2. लिखने की कला 3. अंकन; चित्रकारी।

लेखन सामग्री (सं.) [सं-स्त्री.] लिखने के काम आने वाली सामग्री, जैसे- कागज़, कलम, पेंसिल आदि; (स्टेशनरी)।

लेखनी (सं.) [सं-स्त्री.] 1. कलम; कागज़ आदि पर लिखने का उपकरण 2. तूलिका; कूची।

लेखपाल (सं.) [सं-पु.] खेत तथा उपज संबंधी लेखा-जोखा रखने वाला सरकारी कर्मचारी; पटवारी।

लेखबद्ध (सं.) [वि.] लिखा हुआ; लिखित।

लेखा (सं.) [सं-पु.] 1. हिसाब-किताब; आय-व्यय या लेन-देन का विवरण 2. खाता; (अकाउंट) 3. गणना 4. अंदाजा; अनुमान, जैसे- स्थिति का लेखा लेना। [सं-स्त्री.] 1. रेखा; लकीर 2. चित्रण 3. लिपि 4. किरण; रश्मि, जैसे- चंद्रलेखा 5. चिह्न; निशान।

लेखा-जोखा (सं.) [सं-पु.] 1. आय-व्यय का हिसाब 2. {ला-अ.} स्थिति का आकलन।

लेखा परीक्षक (सं.) [सं-पु.] किसी उद्योग, व्यवसाय, सरकारी या गैरसरकारी संस्थान आदि के आय-व्यय की लेखा-परीक्षा

लेने वाला व्यक्ति; लेखा की जांच करने वाला कर्मचारी।

लेखा परीक्षण [सं-पु.] आय-व्यय या हिसाब-किताब की जाँच-पड़ताल।

लेखाकर्म (सं.) [सं-पु.] आमद और ख़र्च का लेखा-जोखा रखने का काम।

लेखाकार (सं.) [सं-पु.] बहीखाता लिखने वाला तथा हिसाब-किताब, आय-व्यय आदि की देखभाल करने वाला अधिकारी; लेखापाल।

लेखागार (सं.) [सं-पु.] जहाँ महत्वपूर्ण कागज़ात, दस्तावेज़ आदि अभिलेख सुरक्षित रखे जाते हैं; अभिलेखागार।

लेखाध्यक्ष (सं.) [सं-पु.] वह व्यक्ति जो आय और व्यय का हिसाब रखता हो; लेखाकार।

लेखापाल (सं.) [सं-पु.] बहीखाता लिखने वाला तथा हिसाब-किताब, आय-व्यय आदि की देखभाल करने वाला अधिकारी; लेखाकार।

लेखाबही (सं.) [सं-स्त्री.] हिसाब-किताब संबंधी पुस्तिका; रोकड़-बही।

लेखिका (सं.) [सं-स्त्री.] स्त्री लेखक; महिला साहित्यकार।

लेख्य (सं.) [वि.] 1. लिखे जाने लायक; लिखने योग्य 2. जो लिखने के लिए हो; जो लिखे जाने के लिए नियत हो।

लेधा [सं-पु.] डोंड़ा।

लेज़म (फ़ा.) [सं-स्त्री.] 1. नरम और लचीला धनुष जिसपर तीरंदाज़ी का अभ्यास किया जाता है 2. एक प्रकार का उपकरण जिससे कसरत की जाती है।

लेजर (अं.) [सं-पु.] बहीखाता; लेखाबही।

लेज़र (अं.) [सं-पु.] तीव्र ऊर्जा से युक्त परमाणुओं के प्रयोग से अत्यधिक तीव्र प्रकाश की किरणों को उत्पन्न करने वाला एक उपकरण जिसका उपयोग शल्यक्रिया, संचार आदि में होता है।

लेट (अं.) [क्रि.वि.] नियत समय के बाद; देर से। [वि.] जिनकी मृत्यु हो चुकी हो; स्वर्गीय।

लेटना [क्रि-अ.] 1. किसी आधार पर पूरे शरीर को आड़ा टिका देना 2. आराम करना 3. सोने के लिए बिस्तर पर जाना।

लेटपेट [सं-स्त्री.] एक प्रकार की चाय।

लेटरहेड (अं.) [सं-पु.] पत्र लिखने के लिए प्रयुक्त होने वाला वह कोरा कागज़ जिसपर प्रेषक का नाम या पता लिखा होता है।

लेटलतीफ़ (अं.+अ.) [वि.] हमेशा विलंब से पहुँचने वाला; देर से आने वाला।

लेटा [सं-पु.] गल्ले का बाजार; मंडी।

लेड (अं.) [सं-पु.] 1. सीसा नामक धातु 2. (मुद्रण) टाइप के अक्षरों को ऊपर-नीचे होने से बचाने और सीधा रखने के लिए पंक्तियों के मध्य में प्रयुक्त होने वाला पत्तर।

लेड़ियाना [क्रि-स.] कपड़ा या घास को गोलाकार बाँधना।

लेडी (अं.) [सं-स्त्री.] 1. भद्र स्त्री या महिला 2. ब्रिटिश समाज परंपरा में राजवंश या उच्च कुल की महिला; लॉर्ड की उपाधि प्राप्त व्यक्ति की पत्नी की उपाधि।

लेड़ी [सं-स्त्री.] भेड़-बकरियों का मल।

लेड़ुरी [सं-स्त्री.] एक रोग जिसमें जौ-गेहूँ की बाली पूरी नहीं गदराती और स्याह पड़ जाती है; लेढ़ा।

लेदार [सं-पु.] एक प्रकार की चिड़िया।

लेदी [सं-स्त्री.] जलाशयों के किनारे रहने वाली एक प्रकार की छोटी चिड़िया 2. चारा; घास; पुआल को छोटा-छोटा काटकर बनाया गया पशुओं का चारा; कुट्टी।

लेनदार (हिं.+फ़ा.) [सं-पु.] 1. किसी व्यक्ति से अपना धन या वस्तु वापस लेने वाला व्यक्ति; लहनेदार; महाजन 2. ख़रीदने वाला व्यक्ति; ख़रीदार।

लेनदेन [सं-पु.] 1. लेने और देने का व्यवहार; आदान-प्रदान; लेना-देना 2. ऋण संबंधी कार्य; महाजनी। [मु.] **-न होना** : सरोकार-संबंध न होना।

लेना [क्रि-स.] 1. प्राप्त या ग्रहण करना 2. पकड़ना; थामना 3. ख़रीदना 4. भार ग्रहण करना 5. उधार के रूप में प्राप्त होना। [मु.] **लेना एक न देना दो** : कोई प्रयोजन, संबंध या सरोकार नहीं है; कुछ जीआरजे या/वास्ता नहीं है। **लेने के देने पड़ना** : प्राप्ति, लाभ आदि की आशा से कोई काम करने पीआर उलटे पास का कुछ खोना या गँवाना अथवा कष्ट या संकट में पड़ना।

लेप (सं.) [सं-पु.] 1. शरीर पर लगाने वाली वस्तु, जैसे- उबटन, मरहम आदि 2. कोई ऐसी वस्तु जो दूसरी वस्तु पर चढ़ाई, लीपी या पोती जाए।

लेपची [सं-पु.] नेपालियों की एक प्रजाति।

लेपना (सं.) [क्रि-स.] 1. गीली चीज़ पोतना; चुपड़ना 2. लीपना।

लेफ़्टिनेंट (अं.) [सं-पु.] 1. सेना में कप्तान (कैप्टन) के ठीक नीचे का पद 2. उक्त पद पर काम करने वाला अधिकारी।

लेबर (अं.) [सं-पु.] 1. शारीरिक या मानसिक परिश्रम 2. श्रम करने वाला व्यक्ति; श्रमिक। [वि.] लेबर या श्रमिक से संबद्ध, जैसे- लेबर लीडर।

लेबर पेन (अं.) [सं-स्त्री.] संतान के जन्म के ठीक पहले स्त्री को होने वाला शारीरिक कष्ट; प्रसव पीड़ा।

लेबल (अं.) [सं-पु.] बोतल, पैकट आदि पर लगा हुआ विवरण पत्र जिसमें भीतर भरे पदार्थ से संबंधित जानकारी लिखी रहती है; नाम-चिप्पी।

लेबोरेटरी (अं.) [सं-स्त्री.] प्रयोगशाला; (लैब)।

लेरूआ [सं-पु.] 1. गाय का छोटा बच्चा; बछड़ा 2. बच्चा; शिशु।

लेला[1] [सं-पु.] 1. भेड़ या बकरी का बच्चा 2. वह जो साथ लगा रहता हो; पिछलग्गू।

लेला[2] (सं.) [सं-स्त्री.] कंपन; कंप।

लेलिहान (सं.) [वि.] 1. चखने या चाटने वाला 2. ललचाया हुआ; लुब्ध। [सं-पु.] 1. साँप 2. बार-बार चाटना 3.लप लप करना 4. शिव का एक नाम या रूप।

लेव (सं.) [सं-पु.] 1. दाल-भात आदि पकाने की हांडी के निचले बाहरी अंश पर किया जाने वाला मिट्टी का लेप 2. लेप 3. दीवार पर लगायी जाने वाली गीली मिट्टी।

लेवा (सं.) [सं-पु.] 1. मिट्टी में भूसा आदि सानकर बनाया हुआ गाढ़ा घोल; गिलावा 2. अधिक वर्षा के कारण मिट्टी का घुला हुआ रूप। [परप्रत्य.] एक प्रकार का परप्रत्यय जो शब्दों के अंत में लगकर लेने वाला का अर्थ देता है, जैसे- जानलेवा, नामलेवा।

लेवाल [सं-पु.] लेनेवाला या ख़रीदने वाला व्यक्ति।

लेवी (अं.) [सं-स्त्री.] भरती; उगाही; जमा की हुई सेना।

लेश (सं.) [सं-पु.] 1. किसी वस्तु का बहुत थोड़ा अंश; नाममात्र का अंश; रंच 2. अणु 3. समय की एक प्राचीन इकाई 4. (काव्यशास्त्र) एक प्रकार का अलंकार जिसमें गुण को दोष और दोष को गुण के रूप में दिखाने का प्रयत्न किया जाता है। [वि.] थोड़ा; अल्प।

लेशमात्र (सं.) [वि.] रंचमात्र; अत्यल्प; बहुत ही थोड़ा।

लेस[1] (सं.) [सं-पु.] 1. लसीली वस्तु 2. पक्षी पकड़ने में प्रयुक्त होने वाला लासा।

लेस[2] (अ.) [सं-स्त्री.] सूत, रेशम, ऊन आदि का बना जालीदार फ़ीता।

लेसना (सं.) [क्रि-स.] 1. चिपकाना 2. लेवा लगाना; पोतना; मिट्टी का गिलावा पोतना 3. इधर की बात उधर कहना; चुगली करना।

लेसो [सं-पु.] छह ढोली पान का एक गट्ठा।

लेह (सं.) [सं-पु.] 1. चाटने की वस्तु; चटनी 2. खाने की वस्तु 3. चाटने या चखने की क्रिया।

लेहसुर [सं-पु.] कुम्हारों का एक औज़ार जिससे वे मिट्टी को मिलाते हैं।

लेहाड़ा [वि.] लिहाड़ा; नीच; खराब; निकम्मा।

लेह्य (सं.) [वि.] चाटने के योग्य। [सं-पु.] चाटकर खाई जाने वाली वस्तु; अवलेह; चटनी।

लैंगिक (सं.) [वि.] 1. लिंग संबंधी; लिंग का 2. स्त्री-पुरुष की जननेंद्रिय से संबंध रखने वाला; यौन।

लैंडस्केप (अं.) [सं-पु.] 1. विस्तृत भूमि या भूभाग का परिदृश्य 2. प्रकृतिचित्र; प्राकृतिक दृश्य का चित्र।

लैंप (अं.) [सं-पु.] 1. प्रकाश के लिए प्रयुक्त एक प्रकार का उपकरण 2. लालटेन; कंदील।

लैटिन [सं-स्त्री.] प्राचीन रोम की भाषा; इटली (देश) की प्राचीन भाषा जो रोमनकाल में प्रचलित थी; लातीनी। [वि.] 1. जिन देशों की भाषाओं का विकास लैटिन से हुआ, वहाँ की संस्कृति से संबंधित; लातीनी 2. रोमन जाति का 3. रोमनकाल का; रोमनकाल संबंधी 4. रोमन कैथोलिक संप्रदाय का।

लैपटॉप (अं.) [सं-पु.] एक प्रकार का छोटा और बैटरीचालित संगणक (कंप्यूटर) जिसे आसानी से कहीं लाया या ले जाया जा सकता है।

लैला (अ.) [सं-स्त्री.] 1. फ़ारस की प्रसिद्ध लोककथा 'लैला-मजनूँ' की नायिका और कैस (मजनूँ) की प्रेमिका 2. {ला-अ.} प्रेयसी।

लैस (अ.) [वि.] 1. हथियार आदि से युक्त 2. किसी भी कार्य के लिए आवश्यक सामग्री लेकर हर तरह से तैयार; कटिबद्ध 3. सजा हुआ; सुसज्जित।

लॉ एंड ऑर्डर (अं.) [सं-पु.] कानून और व्यवस्था।

लॉक (अं.) [सं-पु.] ताला; धातु आदि का वह यंत्र जो किवाड़ आदि को बंद करने के लिए कुंडी में लगाया जाता है। [मु.] **-करना** [क्रि-स.] दरवाज़े, वाहन आलमारी, दराज़ आदि का ताला लगाना।

लॉकेट (अं.) [सं-पु.] गले में पहनने की ज़ंजीर में लगाया जाने वाला लटकन; स्वर्णमाला गूँथा हुआ लटकन।

लॉगबुक (अं.) [सं-स्त्री.] 1. लघुगणक पुस्तिका 2. यात्रा आदि में दूरी, समय आदि का ब्योरा लिखने के लिए प्रयुक्त पुस्तिका; यात्रादैनिकी 3. अभिलेख पुस्तिका।

लॉज (अं.) [सं-पु.] ठहरने का स्थान; लॉज।

लॉटरी (अं.) [सं-स्त्री.] 1. एक ईनामी योजना जिसमें परची निकाल कर बहुत सारे लोगों में से किसी एक विजेता का नाम निश्चित किया जाता है और विजेता को रुपए या सामान आदि का पुरस्कार दिया जाता है; भाग्य का खेल 2. {ला-अ.} अप्रत्याशित रूप से बहुत बड़ा लाभ हो जाना।

लॉन (अं.) [सं-पु.] 1. समतल मैदान जिसमें कटी-छँटी हरी-भरी घास हो; खुला घासयुक्त मैदान 2. बाग-बगीचे में इसप्रकार की कटी-छँटी दूब या घास से युक्त खुला स्थान।

लॉन्च (अं.) [क्रि-स.] प्रारंभ करना। [सं-पु.] विमोचन; प्रमोचन।

लॉबी (अं.) [सं-स्त्री.] 1. किसी होटल, सभागार, बड़ी इमारत आदि में प्रवेश करते ही मिलने वाला ऊपर से ढका हुआ बड़ा दालान; घरों के अंदर का दालान 2. किसी विशेष विषय या मुद्दे के समर्थन और प्रोत्साहन के लिए गठित समूह 3. निश्चित वाद या विचारधारा वाले लोगों का समूह।

लो ग्रेड (अं.) [वि.] निम्न श्रेणी।

लोंदा [सं-पु.] 1. किसी गीले पदार्थ का पिंड, जैसे- मिट्टी का लोंदा 2. {ला-अ.} जो व्यक्ति मूर्ख और किसी काम का न हो।

लोई [सं-स्त्री.] 1. एक प्रकार का हलका ऊनी कंबल 2. रोटी बेलने के लिए बनाया हुआ आटे का पेड़ा।

लोक (सं.) [सं-पु.] 1. किसी देश या स्थान आदि का समाज 2. जनसामान्य; जनता; अवाम 3. विश्व का एक विभाग; भुवन, जैसे- पृथ्वीलोक, पाताललोक आदि 4. स्थान; जगह 5. (पुराण) किसी देवता के रहने का विशिष्ट स्थान, जैसे- शिवलोक, विष्णुलोक आदि 6. संसार; दुनिया।

लोक-लुभावन (सं.) [वि.] लोगों को आकर्षित करने वाला।

लोक प्रदर्शन (सं.) [सं-पु.] आम जनता के समक्ष किसी वस्तु या यंत्र के गुणों का प्रदर्शन करना।

लोक हितैषी (सं.) [वि.] लोकहितकारी; जनता का भला करने वाला (व्यक्ति, नीतियाँ आदि)।

लोककथा (सं.) [सं-स्त्री.] लोक अथवा जन-समुदाय में प्रचलित किसी अज्ञात व्यक्ति द्वारा रचित कोई परंपरागत कहानी जिसमें भाषा, विचार और भावों की सरलता होती है।

लोककल्याण (सं.) [सं-पु.] जनता का हित; लोकहित;

जनकल्याण।

लोकगाथा (सं.) [सं-स्त्री.] लोक में प्रचलित प्रेम, वीरता आदि की पद्यात्मक गेय गाथाएँ या कहानियाँ, जैसे- आल्हा-ऊदल की लोकगाथा।

लोकगीत (सं.) [सं-पु.] 1. विभिन्न अवसरों, त्योहारों, मौसमों आदि में गाए जाने वाले परंपरा से प्रचलित गीत 2. प्रांत विशेष में गाए जाने वाले गीत जो वहाँ की संस्कृति, रीति-रिवाजों आदि की झलक देते हैं।

लोकजीवन (सं.) [सं-पु.] 1. घरेलू जीवन से अलग, सार्वजनिक कार्य तथा सार्वजनिक सेवा का जीवन 2. लोक अर्थात सामान्य जन का जीवन तथा जीवन स्थितियाँ।

लोकतंत्र (सं.) [सं-पु.] वह शासन-प्रणाली जिसमें प्रमुख सत्ता जनता या उसके द्वारा चुने हुए प्रतिनिधियों के हाथ में होती है; जनतंत्र; गणतंत्र; प्रजातंत्र।

लोकतांत्रिक (सं.) [वि.] 1. लोकतंत्र का; लोकतंत्र संबंधी 2. जो लोकतंत्र या जनतंत्र के सिद्धांतों के अनुसार हो; प्रजातंत्रीय; लोकतंत्रात्मक।

लोकधर्म (सं.) [सं-पु.] 1. लोक या जनसमुदाय में धर्म के रूप में प्रचलित विचार, विश्वास या कृत्य जो किसी शास्त्र या संप्रदाय से प्रेरित नहीं होते हैं 2. वह सिद्धांत और व्यवहार जो लोक कल्याण से प्रेरित हो।

लोकधर्मी (सं.) [वि.] जो लोक से प्रतिबद्ध या संबद्ध हो (शासन, साहित्य, कला आदि); लोकधर्म का पालन करने वाला।

लोकना (सं.) [क्रि-स.] 1. (गेंद आदि को) ज़मीन गिरने से पहले पकड़ना 2. बीच में से उड़ा लेना या हड़प लेना।

लोकनाट्य (सं.) [सं-पु.] लोक या सामान्य जन में प्रचलित परंपरागत और बिना पर्दे के नाटक जिनमें संकेतों और गीतों की प्रधानता होती है और वार्तालाप अधिकतर पद्य में होता है, जैसे- रामलीला, नौटंकी आदि।

लोकनी [सं-स्त्री.] 1.वह दासी जो कन्या के पहली बार ससुराल जाते समय उसके साथ भेजी जाती है 2. दासी; नौकरानी।

लोकनृत्य (सं.) [सं-पु.] शास्त्रीय नृत्य से भिन्न लोक अथवा सामान्य जन में परंपरा से प्रचलित नृत्य, जैसे- गुजरात का गरबा या पंजाब का भाँगड़ा।

लोकप्रिय (सं.) [वि.] 1. सामान्य जन को पसंद आने वाला, जैसे- लोकप्रिय कार्य 2. जो जनता को प्रिय हो, जैसे- लोकप्रिय नेता।

लोकभाषा (सं.) [सं-स्त्री.] जन की भाषा; सामान्य लोगों की बोलचाल की सहज भाषा।

लोकमंगल (सं.) [सं-पु.] जनकल्याण; जनता की भलाई।

लोकमत (सं.) [सं-पु.] किसी विषय पर जनता द्वारा दी गई राय; जनमत; जनसमुदाय की इच्छा।

लोकमान्य (सं.) [वि.] जिसे जनता ने स्वीकार किया हो; जिसका जनता आदर करती हो। [सं-पु.] स्वाधीनता सेनानी बाल गंगाधर तिलक को जनता द्वारा प्रेम और आदर से दी गई उपाधि।

लोकमान्यता (सं.) [सं-स्त्री.] सर्वसाधारण द्वारा किसी बात या विचार पर दी हुई सहमति; लोकविश्वास।

लोकरंजक (सं.) [वि.] 1. आम जनता को प्रसन्न करने वाला 2. लोक का चित्त आनंदित करने वाला।

लोकरंजन (सं.) [सं-पु.] जनता के मन को प्रसन्न और तुष्ट करके उसका विश्वास पाना।

लोकरक्षक (सं.) [वि.] जनसमाज की रक्षा करने वाला; जनता का रक्षक।

लोकरा [सं-पु.] फटे पुराने कपड़े; चिथड़ा।

लोकरीति (सं.) [सं-स्त्री.] 1. सामाजिक रीति या रस्म 2. किसी समूह में प्रचलित सांस्कृतिक व्यवहार 3. सीखा गया ऐसा व्यवहार जो समाज में प्रचलित हो।

लोकल (अं.) [वि.] 1. स्थानीय; क्षेत्रीय; प्रादेशिक 2. सीमित क्षेत्र में पाया जाने वाला।

लोकलाज (सं.) [सं-स्त्री.] 1. सामाजिक शील-शिष्टता का बंधन 2. सांसारिक मर्यादा से उत्पन्न लज्जा का भाव। [मु.] **-खो देना** : बेशर्म हो जाना।

लोकवंदनीय (सं.) [वि.] जो जनता की आराधना या वंदना के योग्य हो।

लोकवार्ता (सं.) [सं-स्त्री.] 1. लोक अथवा जनसमुदाय में प्रचलित विश्वास और धारणाएँ; किंवदंती; जनश्रुति 2. बातचीत।

लोकविमुख (सं.) [वि.] 1. जो लोक के हित में न हो 2. समाज के विरुद्ध 3. जो जनता की उपेक्षा करे।

लोकशक्ति (सं.) [सं-स्त्री.] जनता की ताकत; जनशक्ति।

लोकसंग्रह (सं.) [सं-पु.] 1. संसार के सभी लोगों का हित; सब की भलाई 2. समाज को सशक्त और संघटित बनाए रखने का कार्य।

लोकसत्ता (सं.) [सं-स्त्री.] 1. जनता की सत्ता या शक्ति 2. लोकतांत्रिक शास-प्रणाली के द्वारा लोक या जनता को प्राप्त होने वाली सत्ता।

लोकसभा (सं.) [सं-स्त्री.] भारतीय संसद का निचला सदन जिसके सदस्य जनता द्वारा चुने जाते हैं; लोक या जनता के प्रतिनिधियों की सभा।

लोकसेवक (सं.) [सं-पु.] 1. निस्वार्थ भाव से सार्वजनिक काम करने वाला; समाजसेवी 2. वह जो जन कल्याण के लिए नियुक्त हो; सरकारी नौकर या अधिकारी।

लोकसेवा (सं.) [सं-स्त्री.] 1. जनसाधारण की निःस्वार्थ सेवा 2. सरकारी नौकरी।

लोकसेवा आयोग (सं.) [सं-पु.] प्रशासनिक कार्य संचालन के लिए उच्च श्रेणी के लोक सेवकों को परीक्षा आदि के द्वारा चुनने में सहायता देने वाली एक विशेष सरकारी समिति।

लोकहित (सं.) [सं-पु.] जनता की भलाई; जनहित।

लोकहितकारी (सं.) [वि.] 1. जिसमें जनता का कल्याण हो; जो आम लोगों के हित के लिए हो, जैसे- लोकहितकारी योजनाएँ 2. जनता का कल्याण करने वाला।

लोकाचार (सं.) [सं-पु.] सामाजिक शिष्टाचार; सामाजिक संबंध बनाए या स्थिर रखने के लिए किया जाने वाला व्यवहार या

बरताव; लोकव्यवहार।

लोकापवाद (सं.) [सं-पु.] लोकनिंदा; लोक में होने वाली बदनामी, जैसे- लोकापवाद के कारण राम ने सीता को वनवास दिया।

लोकायत (सं.) [सं-पु.] 1. एक प्राचीन नास्तिक संप्रदाय या दर्शन; चार्वाक दर्शन; नास्तिकवाद 2. पृथ्वी लोक के अतिरिक्त अन्य किसी लोक (स्वर्गलोक, नरकलोक आदि) को न मानने वाला व्यक्ति। [वि.] 1. विश्व में फैला हुआ 2. भौतिकवाद को मानने वाला; चार्वाक मत का अनुयायी 3. आत्मा, परमात्मा को न मानकर वर्तमान जीवन के अस्तित्व में ही विश्वास रखने वाला; नास्तिक।

लोकार्पण (सं.) [सं-पु.] 1. (कोई वस्तु या संपत्ति) जनता अथवा राष्ट्र को उपलब्ध कराना या उन्हें सौंप देना; उक्त वस्तु या संपत्ति का उद्घाटन, जैसे- नए पुल का लोकार्पण 2. किसी नई पुस्तक, पत्र-पत्रिका आदि को समारोहपूर्वक जनता के लिए जारी कर देना।

लोकेश (सं.) [सं-पु.] 1. लोक का स्वामी; ईश्वर 2. राजा; शासक।

लोकेशन (अं.) [सं-पु.] 1. अवस्थिति 2. स्थिति निर्धारण; स्थान निर्धारण।

लोकोक्ति (सं.) [सं-स्त्री.] 1. कहावत 2. (काव्यशास्त्र) एक प्रकार का अलंकार जिसमें कहावत का प्रयोग किया जाता है।

लोकोत्तर (सं.) [वि.] 1. लोक से इतर; अलौकिक 2. असाधारण; विलक्षण।

लोकोत्सव (सं.) [सं-पु.] ऐसा उत्सव जिसे सभी धर्म, जाति और विचारधारा के लोग मिलकर मनाते हैं।

लोकोन्मुख (सं.) [वि.] 1. लोक की ओर उन्मुख; आम जनता को ध्यान में रखकर किया जाने वाला (कार्य) 2. कल्पना जगत में ही विचरण न करके समाज से जुड़ने वाला (व्यक्ति)।

लोकोपकार (सं.) [सं-पु.] जनसाधारण के हित का काम; लोगों के उपकार का काम।

लोकोपयोगी (सं.) [वि.] जो जनता के लिए उपयोगी या हितकर हो (बात या काम)।

लोग [सं-पु.] 1. मनुष्य (बहुवचन में प्रयुक्त) 2. समाज 3. जनता; जनसाधारण।

लोगचिरकी [सं-स्त्री.] एक प्रकार का फूल।

लोगबाग [सं-पु.] जनसाधारण; जनता।

लोगो (अं.) [सं-पु.] 1. किसी संस्था, संगठन आदि का प्रतीक चिह्न 2. चिह्न; निशान।

लोच [सं-स्त्री.] 1. लचक; लचीलापन 2. कोमलता; मृदुता; नज़ाकत।

लोचदार (हिं.+फ़ा.) [वि.] जिसमें लोच या लचक हो; लोचवाला; लोचयुक्त।

लोचन (सं.) [सं-पु.] 1. देखने की क्रिया 2. नेत्र; आँख; चक्षु; नयन।

लोचनी [सं-स्त्री.] नचनी।

लोजंग [सं-स्त्री.] एक प्रकार की नाव, जिसके दोनों ओर के सिक्के लंबे होते हैं।

लोट [सं-पु.] पान की कलम।

लोटन [सं-पु.] 1. भूमि पर लुढ़कने वाला एक कबूतर 2. गहरी जुताई करने वाला हल। [सं-स्त्री.] 1. लोटने की क्रिया या भाव 2. एक प्रकार की काँटेदार झाड़ी। [वि.] 1. लुढ़कने वाला 2. लोटने वाला।

लोटना [क्रि-अ.] 1. लुढ़कना 2. छटपटाना 3. लेटे-लेटे आराम करना; लेटना 4. उलटे-पुलटे होते रहना।

लोटपोट (सं.) [वि.] जो हँसी के प्रवेग से अधीर हो।

लोटा [सं-पु.] धातु का एक छोटे मुँह वाला पात्र जिसमें पानी, दूध आदि रखा जाता है।

लोड (अं.) [सं-पु.] भार; वज़न। -करना [क्रि-स.] 1. गाड़ी, ट्रक आदि पर माल लादना 2. कैमरे में फ़िल्म डालना।

लोढ़ना (सं.) [क्रि-स.] 1. (कपास को) ओटना 2. (फूलों या पौधों को) तोड़ना; काटना 3. साफ़ करना।

लोढ़ा [सं-पु.] 1. सिल पर मसाला आदि पीसने के लिए प्रयोग में लाया जाने वाला गोल और लंबा (लगभग बेलनाकार) पत्थर का टुकड़ा; बट्टा; सिलबट्टा 2. राजस्थान में प्रचलित एक सरनेम।

लोथ (सं.) [सं-स्त्री.] मृत शरीर; लाश; शव।

लोथड़ा [सं-पु.] 1. मांस का कोई बड़ा टुकड़ा 2. मांस-पिंड 3. शरीर से कट कर गिरा हड्डीविहीन मांस का टुकड़ा।

लोदी [सं-पु.] पठानों में एक कुलनाम या सरनेम।

लोध (सं.) [सं-पु.] पहाड़ी प्रदेशों में पाया जाने वाला एक प्रकार का पेड़ जिसके फूल लाल या सफ़ेद होते हैं तथा जिसकी छाल से रंग बनता है।

लोन (अं.) [सं-पु.] ऋण; कर्ज़।

लोना [वि.] 1. सलोना; सुंदर 2. लवणयुक्त; नमकीन। [सं-पु.] 1. क्षार; नोना 2. एक प्रकार का साग; अमलोनी।

लोनिया [सं-पु.] 1. नमक बनाने और बेचने का व्यवसाय करने वाली एक जाति; नोनियाँ 2. एक प्रकार का साग; अमलोनी।

लोनी [सं-स्त्री.] 1. अमलोनी नामक साग; लोना 2. चने की पत्तियों पर मिलने वाला खार; क्षार 3. जिस मिट्टी में नमक या खार की मात्रा अधिक रहती है।

लोप (सं.) [सं-पु.] 1. गायब; लुप्त; अदृश्य 2. किसी स्थान से हटा दिया गया 3. अभाव 4. नाश; क्षर।

लोबान (अ.) [सं-पु.] एक वृक्ष से निकाला गया सुगंधित गोंद जिसका प्रयोग औषधि के रूप में भी होता है।

लोबिया (अ.) [सं-पु.] 1. सब्ज़ी बनाने के काम आने वाली एक पतली, लंबी फली; बरबट्टी; उक्त फली के बीज 2. चारे के लिए प्रयुक्त होने वाला दलहन प्रजाति का एक पौधा; सफ़ेद बोड़ा।

लोभ (सं.) [सं-पु.] 1. दूसरे की धन-संपत्ति या कोई वस्तु लेने की तीव्र इच्छा; कामना; लालसा; लालच 2. त्याग में बाधक होने वाला कर्म।

लोभग्रस्त (सं.) [वि.] 1. लोभी; कंजूस 2. लालसा या लालच में पड़ा हुआ 3. जिसे दूसरे की कोई वस्तु पाने की तीव्र इच्छा

हो।

लोभनीय (सं.) [वि.] 1. मोहित करने वाला; लुभाने वाला 2. आकर्षक; सुंदर; मनोहर 3. लोभ किए जाने योग्य।

लोभी (सं.) [वि.] 1. लोभ करने वाला; लालची 2. कंजूस।

लोम (सं.) [सं-पु.] शरीर की त्वचा पर पाए जाने वाले छोटे-छोटे बाल; रोम; रोएँ।

लोमड़ी (सं.) [सं-स्त्री.] कुत्ते या गीदड़ की प्रजाति का एक जंगली छोटा पशु; चालाकी के लिए प्रसिद्ध जंगली पशु।

लोमश (सं.) [वि.] 1. बड़े रोमोंवाला; घने रोमों या बालोंवाला 2. जिसपर घास जमी हो। [सं-पु.] 1. भेड़िया; गीदड़; सियार; भेड़ 2. (पुराण) एक ऋषि जो अमर माने जाते हैं।

लोमहर्षक (सं.) [वि.] 1. रोंगटे खड़ा करने वाला; रोमहर्षक 2. भयानक; डरावना।

लोर [सं-पु.] 1. कान का कुंडल 2. लटकन। [वि.] 1. अस्थिर; चंचल 2. उत्सुक।

लोरी [सं-स्त्री.] 1. बच्चों को सुलाते समय गाया जाने वाला गीत 2. तोते की एक प्रजाति।

लोल (सं.) [वि.] 1. चंचल 2. क्षुब्ध; अशांत 3. क्षणिक; अस्थिर 4. बदलने वाला; परिवर्तनशील। [सं-पु.] लिंग।

लोलक (सं.) [सं-पु.] 1. लटकन (आभूषण) 2. नथ या बाली का मोती जो लटकता रहता है 3. घंटे का लटकन; बड़ी घड़ी का पेंडुलम।

लोला [सं-पु.] लड़कों का एक खिलौना; यह एक डंडा होता है जिसके दोनों सिरों पर दो लट्टू होते हैं।

लोलुप (सं.) [वि.] 1. लालची; लोभी; 2. किसी चीज़ को पाने के लिए बहुत उत्सुक या अधीर 3. चटोरा।

लोलुपता (सं.) [सं-स्त्री.] 1. लोलुप होने का भाव; लालच 2. लालसा।

लोष्ठ (सं.) [सं-पु.] 1. पत्थर; ढेला 2. लोहे का मैल या बुरादा; मुरचा 3. चिह्न लगाने के लिए कोई वस्तु।

लोह (सं.) [सं-पु.] 1. लोहा 2. लाल बकरा। [वि.] 1. लोहे का बना हुआ 2. ताँबे के रंग का; लाल।

लोहगार [सं-पु.] वह स्थान जहाँ लोहार काम करता है।

लोहचूर्ण [सं-पु.] वह मैल जो लोहे को गलाने या मोरचे से निकलता है; लोहे का बुरादा।

लोहणी [सं-स्त्री.] पंजाब-हरियाणा में मकर संक्रांति के दिन मनाया जाने वाला एक पर्व।

लोहबान [सं-पु.] लोबान।

लोहलेगर गिरवी [सं-स्त्री.] दे. लंगर।

लोहसार [सं-पु.] 1. पक्का लोहा; फ़ौलाद 2. फ़ौलाद की ज़ंजीर; बहुत मज़बूत ज़ंजीर।

लोहसारी [सं-स्त्री.] लोहा रखने का स्थान; लोहगार।

लोहा (सं.) [सं-पु.] काले रंग की एक मज़बूत खनिज धातु जिससे बरतन, मशीनें और हथियार आदि बनाए जाते हैं; (आयरन)। [मु.] **-मानना** : महत्व या श्रेष्ठता स्वीकार करना। **-लेना** : मुकाबला करना। **लोहे का बन जाना** : अत्यंत धैर्य धारण करना। **लोहे के चने चबवाना** : अत्यंत विकट कार्य करने में प्रवृत्त करना। **लोहे के चने चबाना** : किसी काम को करने में बहुत कठिनाई महसूस करना।

लोहाँगी [सं-स्त्री.] 1. एक प्रकार की लाठी जिसके सिरे पर लोहा लगा होता है 2. भाला।

लोहामा [सं-पु.] फाल; फाला; खेती के कार्य में प्रयुक्त एक औज़ार।

लोहार (सं.) [सं-पु.] दे. लुहार।

लोहित (सं.) [सं-पु.] 1. लाल रंग 2. लाल चंदन 3. ब्रह्मपुत्र नदी 4. मंगल ग्रह 5. एक रत्न का नाम 6. एक प्रजाति का हिरण 7. धान की एक किस्म 8. केसर 9. रक्त। [वि.] 1. लाल रंग का; रक्तिम 2. ताँबे से निर्मित।

लोहिताक्ष (सं.) [सं-पु.] 1.साँप की एक प्रजाति 2. कोयल 3. विष्णु 4. काँख 5. नितंब।

लोहिताश्व (सं.) [सं-पु.] 1. अग्नि 2. शिव।

लोहिया [वि.] 1. लोहे का बना हुआ 2. लाल रंग का। [सं-पु.] 1. लोहे की चीजों का व्यापार करने वाला व्यक्ति 2. राजस्थानी वैश्यों की एक जाति 3. लाल रंग का बैल।

लोहू [सं-पु.] दे. लहू।

लौ (सं.) [सं-स्त्री.] 1. दीपशिखा 2. आग की लपट; ज्वाला 3. लगन; धुन 4. ध्यान 5. कामना; आशा। [मु.] **-लगना** : (किसी काम की) धुन लगना। **-लगाना या बैठाना** : मग्न हो जाना; आसक्त हो जाना।

लौंग (सं.) [सं-पु.] 1. एक वृक्ष की कली जो खिलने के पहले ही तोड़कर सुखा ली जाती है और इसका प्रयोग मसाले, औषधि आदि बनाने में होता है 2. नाक या कान में पहनने का एक आभूषण।

लौंग-चूरी [सं-पु.] एक प्रकार का धान और उसका चावल।

लौंगचूना [सं-पु.] एक विशिष्ट किस्म का महीन धान और चावल।

लौंज (अ.) [सं-पु.] 1. बादाम 2. बादाम से बनने वाली एक मिठाई जो कतली के आकार की होती है।

लौंजार [सं-पु.] 1. झाड़-झंखाड़ 2. बहुत तरह का टेढ़ा-मेढ़ा कार्य।

लौंडा [सं-पु.] 1. छोकरा; लड़का; बालक 2. छिछोरा नवयुवक।

लौंड़ा [सं-पु.] पुरुष की मूत्रेंद्रिय।

लौंडिया [सं-स्त्री.] लड़की या पुत्री के लिए हीनार्थक या ग्रामीण प्रयोग।

लौंडी [सं-स्त्री.] 1. दासी 2. मज़दूरनी।

लौंडेबाज़ (हिं.+फ़ा.) [वि.] लड़कों से अप्राकृतिक संबंध रखने वाला।

लौंडेबाज़ी (हिं.+फ़ा.) [सं-स्त्री.] 1. लौंडेबाज़ होने की अवस्था या भाव 2. लौंडों से संबंध रखना 3. छिछोरापन।

लौंद [सं-पु.] अधिमास; मलमास।

लौंदा [सं-पु.] 1. किसी गीली वस्तु का पिंड जो मिट्टी के ढेले के समान बँधा होता है; लोंदा 2. {ला-अ.} मूर्ख व्यक्ति।

लौंदी [सं-स्त्री.] वह करछी जिससे खंडसार में पाक चलाया जाता है।

लौआ [सं-पु.] दे. लौकी।

लौका (सं.) [सं-पु.] कद्दू। [सं-स्त्री.] 1. चमक, दीप्ति 2.कांति; शोभा।

लौकायतिक (सं.) [वि.] 1. लोकायत मत संबंधी; लोकायत मत का 2. चार्वाक दर्शन या लोकायत मत का अनुयायी या समर्थक 3. नास्तिक।

लौकिक (सं.) [वि] 1. लोक का; लोक संबंधी 2. सांसारिक; ऐहिक 3. व्यावहारिक; लोक व्यवहार से संबंधित 4. सामान्य।

लौकिकता (सं.) [सं-स्त्री.] 1. लौकिक होने की अवस्था या भाव; सांसारिकता 2. व्यावहारिक होने की अवस्था; व्यावहारिकता।

लौकी [सं-स्त्री.] एक चौड़े पत्तों वाली लता जिसका लंबा और बड़े आकार का फल सब्ज़ी बनाने के काम आता है; घिया।

लौट-फेर [सं-पु.] 1. उथल-पुथल; बहुत बड़ा परिवर्तन; उलटफेर 2. घालमेल हो जाना।

लौटना [क्रि-अ.] 1. वापस आना; फिरना 2. पीछे मुँह करना 3. किसी बात से मुकर जाना; पलटना। [क्रि-स.] उलटना या पलटना।

लौटाना [क्रि-स.] 1. वापस भेजना; पलटाना 2. कोई ली हुई वस्तु वापस करना 3. फिराना; फेरना।

लौना (सं.) [सं-पु.] 1. फसल काटने का काम; लवना 2. जलाने की लकड़ी; ईंधन।

लौनी [सं-स्त्री.] 1. फ़सल की कटाई 2. कटे हुए फ़सल के डंठल का मुट्ठा 3. बछिया।

लौर [सं-पु.] कान के नीचे का हिस्सा।

लौह (सं.) [सं-पु.] 1. लोहा; (आयरन) 2. हथियार। [वि.] 1. लोहे का; लौह संबंधी 2. लाल 3. शक्तिशाली; बलिष्ठ।

लौहपट (सं.) [सं-पु.] 1. लोहे का परदा 2. एक ऐसा आवरण जिसके अंदर होने वाली बातें बाहर प्रकट न हों; लौह आवरण 3. किसी समय कम्युनिस्ट तानाशाहों द्वारा शासित रूस आदि देशों के लिए प्रयुक्त शब्द।

लौहपुरुष (सं.) [सं-पु.] 1. अत्यंत दृढ़ निश्चय वाला व्यक्ति जो किसी भी तरह की बाधा या धमकियों से विचलित न हो 2. {शा-अ.} लोहे का बना आदमी।

लौहयुग (सं.) [सं-पु.] मानव विकास की वह अवस्था जिसमें मनुष्य अपने अस्त्र-शस्त्र, औज़ार आदि लोहे से बनाता था।

लौहित्य (सं.) [सं-पु.] 1. लालिमा; लाली 2. ब्रह्मपुत्र नदी का एक नाम 3. लाल सागर का पुराना नाम।

व

व¹ हिंदी वर्णमाला का एक वर्ण। हिंदी में इसके दो उच्चारण हैं- 1. दंत्योष्ठ्य, सघोष अर्धव्यंजन, जैसे- वन, वह आदि 2. द्वि-ओष्ठ्य, कोमल तालव्य, सघोष अर्धस्वर, जैसे- गाँव, नाव आदि।

व² (सं.) [यो.] और; तथा; एवं।

वंक (सं.) [वि.] 1. वक्र; टेढ़ा; कुछ झुका हुआ 2. कुटिल; धूर्त। [सं-पु.] 1. नदी का मोड़ या घुमाव 2. टेढ़ापन; कुटिलता 3. आवारा व्यक्ति।

वंकट (सं.) [वि.] 1. टेढ़ा; वक्र 2. जो सीधा न हो; कुटिल 3. विकट; दुर्गम।

वंकर (सं.) [सं-पु.] वह स्थान जहाँ से नदी मुड़ी हो; नदी का घुमाव या मोड़।

वंकिम (सं.) [वि.] संरचना एवं स्वरूप आदि की दृष्टि से कुछ टेढ़ा या झुका हुआ; ईषत; वक्र; बाँका; टेढ़ा।

वंग (सं.) [सं-पु.] 1. अविभाजित भारत का बंगाल नामक प्रांत 2. राँगा नामक धातु 3. राँगे की भस्म।

वंचक (सं.) [वि.] 1. वंचना करने वाला; ठग; खल 2. धोखा देने वाला; धूर्त; धोखेबाज़। [सं-पु.] दुष्ट या खोटा व्यक्ति; बुरा व्यक्ति; दुर्जन।

वंचकता (सं.) [सं-स्त्री.] 1. वंचक होने की अवस्था या भाव 2. धोखाधड़ी; ठगी।

वंचन (सं.) [सं-पु.] 1. धोखा देना; धूर्तता; ठगी 2. ठगा जाना; धोखा खाना 3. क्षति; हानि 4. भ्रांति; व्यामोह।

वंचना (सं.) [सं-स्त्री.] 1. छलपूर्वक व्यवहार करने की क्रिया या भाव 2. ठगी; धोखा; जाल; फ़रेब; छल; वंचन।

वंचित (सं.) [वि.] 1. जिसे वांछित वस्तु प्राप्त न हुई हो या प्राप्त करने से रोका गया हो; महरूम 2. धोखा खाया हुआ; ठगा हुआ 3. किसी कार्य या प्रसंग आदि से अलग किया हुआ; हीन; रहित 4. विमुख।

वंजुल (सं.) [सं-पु.] 1. बेंत 2. अशोक का वृक्ष 3. तिनिश (शीशम की जाति का एक प्रकार) का पेड़ 4. एक तरह का पक्षी।

वंटन (सं.) [सं-पु.] 1. किसी वस्तु को बाँटना या वितरण करना 2. अंश या भाग लगाना; विभक्त करना।

वंदन (सं.) [सं-पु.] 1. पूजन 2. स्तुति 3. नमस्कार 4. सिंदूर 5. मस्तक पर लगाया जाने वाला तिलक।

वंदनमालिक [सं-स्त्री.] वह माला जो सजावट के लिए घरों के द्वार पर या मंडप के चारों ओर उत्सव के समय बाँधी जाती है; वंदनवार।

वंदना (सं.) [सं-स्त्री.] 1. प्रार्थना, स्तुति 2. यज्ञ या होम आदि की भस्म का तिलक 3. बौद्धों की एक पूजा।

वंदनीय (सं.) [वि.] वंदना करने योग्य; जिसकी वंदना उचित हो।

वंदित (सं.) [वि.] 1. पूजित 2. जिसकी वंदना की गई हो।

वंदी (सं.) [सं-पु.] 1. बंधन में रखा हुआ 2. कैदी।

वंद्य (सं.) [वि.] 1. वंदना करने योग्य; वंदनीय 2. आदरणीय; सम्माननीय 3. पूजनीय; नमनीय।

वंध्या (सं.) [सं-स्त्री.] 1. संतानोत्पत्ति में अक्षम स्त्री या मादा प्राणी; बाँझ 2. एक गंधद्रव्य।

वंश (सं.) [सं-पु.] 1. कुल; परिवार; ख़ानदान 2. बाँस 3. बाँस की गाँठ 4. ईख 5. नाक के ऊपर की हड्डी; लंबी-पोली हड्डी 6. लंबाई मापने का एक पैमाना जो बारह हाथ लंबाई के माप हेतु प्रयुक्त होता है 7. मेरुदंड।

वंश-परंपरा (सं.) [सं-स्त्री.] किसी वंश की पीढ़ी-दर-पीढ़ी चलती आ रही कोई परंपरा; वंशानुगत परंपरा।

वंशक्रम (सं.) [सं-पु.] वंश तालिका।

वंशगत (सं.) [वि.] वंश संबंधी।

वंशज (सं.) [वि.] 1. वंश विशेष में उत्पन्न; वंशधर 2. बाँस से बना हुआ। [सं-पु.] 1. संतान 2. किसी वंश में उत्पन्न व्यक्ति 3. बाँस का बीज।

वंशवाद (सं.) [सं-पु.] अपने ही वंश के लोगों को वरीयता देने की प्रवृत्ति।

वंशवृक्ष (सं.) [सं-पु.] 1. बाँस का पेड़ 2. किसी वंश की बनाई गई वृक्षाकार तालिका।

वंशानुक्रम (सं.) [सं-पु.] वंशावली; वंश-परंपरा; किसी वंश में चलते रहने वाला क्रम या परंपरा।

वंशानुक्रमिक (सं.) [वि.] वंश में परंपरागत रूप से चलने वाला; आनुवंशिक।

वंशानुगत (सं.) [वि.] वंश परंपरा से प्राप्त; वंश-परंपरा से चला आता हुआ।

वंशावली (सं.) [सं-स्त्री.] किसी वंश के लोगों की कालक्रमानुगत सूची; वंश-तालिका।

वंशी (सं.) [सं-स्त्री.] बाँसुरी; मुरली। [वि.] 1. वंश विशेष से संबंध रखने वाला 2. वंश विशेष का।

वंशीधर (सं.) [सं-पु.] कृष्ण।

वंशीय (सं.) [वि.] 1. कुल या वंश का 2. कुल या वंश के

संबंध का; वंश संबंधी।

वंशीवट (सं.) [सं-पु.] बरगद का वह पेड़ जिसके नीचे कृष्ण वंशी बजाते थे।

वंशोद्भुत (सं.) [वि.] किसी विशिष्ट वंश या कुल में उत्पन्न; वंशज।

वक (सं.) [सं-पु.] 1. बगुला नामक पक्षी 2. अगस्त का पेड़ एवं फूल 3. एक दैत्य जिसका वध कृष्ण ने किया था; बकासुर 4. (महाभारत) एक राक्षस जिसे भीम ने मारा था 5. वंचक; ठग; ढोंगी।

वकारना [क्रि-अ.] 1. गरजना; हुँकारना 2. ललकारना; चुनौती देना।

वकालत (अ.) [सं-स्त्री.] 1. वकील का पेशा 2. किसी के पक्ष में किया जाने वाला मंडन; पैरवी, जैसे- मुकदमे की पैरवी 3. प्रतिनिधित्व।

वकालतनामा (अ.+फ़ा.) [सं-पु.] वकील होने का प्रमाणपत्र; मुकदमे की पैरवी करने का अधिकार-पत्र।

वकील (अ.) [सं-पु.] 1. वकालत की परीक्षा उत्तीर्ण कर कानूनी बहस या जिरह करने का अधिकारी व्यक्ति; वकालत करने का अधिकारी 2. मुकदमे की पैरवी करने वाला प्रतिनिधि।

वक्त (अ.) [सं-पु.] 1. समय; काल 2. अवसर; मौका 3. फ़ुरसत; अवकाश 4. नियत काल 5. मुश्किल; मुसीबत की घड़ी 6. मृत्यु का समय 7. ऋतु; वर्तमानकाल।

वक्त-बेवक्त (अ.) [क्रि.वि.] समय-कुसमय।

वक्तपरस्त (अ.) [वि.] अवसर का लाभ उठाने वाला; मौकापरस्त।

वक्तव्य (सं.) [सं-पु.] 1. ऐसी बात जो किसी विषय को स्पष्ट करने के लिए हो 2. जो कहा जाने वाला हो 3. कहे जाने योग्य हो 4. विचारों को प्रकट करने के लिए मौखिक या प्रकाशित कथन। [वि] जो कहा जाने योग्य हो; जिसके संबंध में कुछ कहा जा सकता है।

वक्तव्यता (सं.) [सं-स्त्री.] वक्तव्य या उत्तर देने का दायित्व; उत्तरदायित्व।

वक्ता (सं.) [वि.] 1. कहने या बोलने वाला 2. भाषण आदि देने वाला। [सं-पु.] 1. कहने या बोलने वाला व्यक्ति 2. किसी विषय को अच्छी तरह से स्पष्ट करने वाला व्यक्ति।

वक्तृता (सं.) [सं-स्त्री.] 1. बोलने की कला; वाक्पटुता 2. भाषण देने की योग्यता या क्षमता 3. व्याख्यान; भाषण।

वक्तृत्व (सं.) [सं-पु.] 1. बोलने की क्षमता; वाग्मिता 2. वक्तव्य; कथन।

वक्तृत्व-कला (सं.) [सं-स्त्री.] प्रभावी तरीके से भाषण देने की कला।

वक्फ़ (अ.) [सं-पु.] 1. धर्मार्थ अर्पित वस्तु या संपत्ति 2. लोक-कल्याण के उद्देश्य से दिया गया धन या वस्तु।

वक्र (सं.) [वि.] 1. टेढ़ा; तिरछा; झुका हुआ; नत 2. कुटिल; धूर्त।

वक्रता (सं.) [सं-स्त्री.] 1. टेढ़ापन; तिरछापन 2. {ला-अ.} कुटिलता; धूर्तता।

वक्रदृष्टि (सं.) [सं-स्त्री.] 1. टेढ़ी नज़र; तिरछी नज़र 2. क्रोधपूर्ण दृष्टि।

वक्रोक्ति (सं.) [सं-स्त्री.] 1. एक प्रकार का अलंकार 2. चमत्कारपूर्ण उक्ति।

वक्ष (सं.) [सं-पु.] पेट तथा गले के बीच का हिस्सा; छाती; सीना।

वक्षस्थल (सं.) [सं-पु.] वक्ष; छाती; सीना; हृदय।

वक्षोज (सं.) [सं-पु.] स्त्री के स्तन; कुच।

वक्षोरुह (सं.) [सं-पु.] वक्षोज।

वगैरह (अ.) [अव्य.] आदि; इत्यादि।

वचन (सं.) [सं-पु.] 1. वाणी 2. उक्ति; कथन 3. प्रतिज्ञा; शपथ; वादा 4. व्याकरण का वह तत्व जिसके द्वारा संज्ञा की संख्या का बोध होता है, जैसे- एकवचन, द्विवचन आदि।

वचनबद्ध (सं.) [वि.] वचन से बँधा हुआ; वादा करने वाला; प्रतिश्रुत; जिसने प्रतिज्ञा की हो।

वचनबद्धता (सं.) [सं-स्त्री.] वचनबद्ध होने की स्थिति या अवस्था; वायदा।

वचनभंग (सं.) [सं-पु.] वचन अथवा वादे को पूरा न करने की स्थिति।

वचनामृत (सं.) [सं-पु.] अमृत के समान वचन; अमृत-तुल्य वचन।

वचनीय (सं.) [वि.] 1. वचन संबंधी 2. कथनीय 3. जिसके संबंध में निंदा की गई हो; निंदनीय। [सं-पु.] शिकायत; निंदा।

वचोग्रह [सं-पु.] कान।

वज़न (अ.) [सं-पु.] 1. भार; बोझ 2. तौल 3. भार मापने अथवा तौलने की क्रिया 4. {ला-अ.} महत्व 5. {ला-अ.} मान-प्रतिष्ठा।

वज़नकश (अ.+फ़ा) [सं-पु.] भार मापने या तौलने वाला।

वज़नकशी (अ.) [सं-स्त्री.] भार मापने या तौलने का उपक्रम; तुलाई।

वज़नदार (अ.) [वि.] 1. जिसमें वज़न हो; बोझ वाला 2. भारी 3. {ला-अ.} महत्व रखने वाला।

वज़नी (अ.) [वि.] 1. वज़न अथवा भार रखने वाला; भारी 2. {ला-अ.} महत्वपूर्ण।

वजह (अ.) [सं-स्त्री.] 1. कारण; सबब; हेतु 2. माध्यम; ज़रिया।

वज़ा (अ.) [सं-स्त्री.] 1. ढंग 2. बनावट 3. रचना 4. अवस्था; दशा। [वि.] 1. काटकर निकाला हुआ 2. घटाया हुआ।

वज़ाअत (अ.) [सं-स्त्री.] 1. पवित्रता; पाकीज़गी 2. निर्दोषपन 3. सुंदरता।

वज़ादार (अ.) [वि.] 1. जिसकी बनावट बहुत सुंदर हो 2. अच्छी गठन वाला; तरहदार 3. सज-धज वाला 4. अपनी रीति-नीति न छोड़ने वाला।

वज़ारत (अ.) [सं-स्त्री.] 1. वज़ीर अथवा मंत्री का पद तथा कार्य 2. वज़ीर का कार्यकाल।

वज़ाहत (अ.) [सं-स्त्री.] 1. भव्यता 2. सुंदरता 3. बड़प्पन 4. प्रतिष्ठा 5. मान्यता।

वज़ीफ़ा (अ.) [सं-पु.] 1. छात्रवृत्ति 2. पेंशन; वृत्ति 3. अच्छे कार्य के प्रोत्साहन के लिए किसी संस्था, सरकार अथवा देश की ओर से दिया जाने वाला धन 4. इस्लाम धर्म में श्रद्धापूर्वक किया जाने वाला जप या पाठ।

वज़ीफ़ाधारी (अ.+सं.) [सं-पु.] वज़ीफा अथवा वृत्ति पाने वाला व्यक्ति।

वज़ीर (अ.) [सं-पु.] 1. मंत्री 2. मध्यकाल में बादशाह का सलाहकार; सचिव 3. शतरंज के खेल का एक मुहरा।

वज़ीरी (अ.) [सं-स्त्री.] 1. वज़ीर का काम 2. वज़ीर होने का भाव 3. घोड़े की एक जाति।

वज़ीरेआज़म (अ.) [सं-पु.] प्रधानमंत्री।

वज़ू (अ.) [सं-पु.] नमाज़ पढ़ने से पहले शुद्धि हेतु हाथ-पाँव धोना।

वजूद (अ.) [सं-पु.] 1. अस्तित्व 2. सत्ता 3. देह; शरीर 4. सृष्टि 5. उपस्थिति; मौजूदगी।

वज्र (सं.) [सं-पु.] 1. आकाश से गिरने वाली बिजली जो बादलों के आपस में टकराने से उत्पन्न होती है 2. पौराणिक कथा के अनुसार देवताओं के राजा इंद्र का अस्त्र 3. भारतीय ज्योतिष के अनुसार एक योग 4. एक बहुमूल्य रत्न जो चमकीला और बहुत कठोर होता है; हीरा 5. एक प्रकार का बढ़िया लोहा; इस्पात; फ़ौलाद। [वि.] 1. अत्यंत कठोर 2. भीषण 3. उग्र; तीव्र 4. जिसपर किसी का प्रभाव न पड़े।

वज्रगर्जन (सं.) [सं-पु.] 1. वज्र जैसे शस्त्र के समान आवाज़ करना 2. बिजली के समान गर्जन करना।

वज्रदंती (सं.) [सं-स्त्री.] एक पौधा जो दातून के काम आता है।

वज्रदृष्टि (सं.) [सं-स्त्री.] 1. क्रोध भरी दृष्टि 2. वज्र के समान कठोर दृष्टि।

वज्रधर (सं.) [सं-पु.] 1. (पुराण) देवताओं के राजा इंद्र 2. बोधिसत्व। [वि.] वज्र धारण करने वाला।

वज्रपाणि (सं.) [सं-पु.] 1. इंद्र 2. एक बोधिसत्व।

वज्रपात (सं.) [सं-पु.] 1. बिजली गिरना 2. वज्र का गिरना; वज्राघात 3. {ला-अ.} अचानक आई भारी विपत्ति।

वज्रमुष्टि (सं.) [सं-पु.] 1. योद्धा 2. तीर चलाते समय हाथ की विशेष स्थिति 3. इंद्र।

वज्रयान (सं.) [सं-पु.] बौद्धों की एक शाखा जो तंत्र-मंत्र आदि में विश्वास करती है।

वज्राग्नि (सं.) [सं-स्त्री.] 1. आकाश से गिरने वाली बिजली 2. आकाश से गिरने वाली बिजली से उत्पन्न अग्नि।

वज्राघात (सं.) [सं-पु.] 1. वज्र का आघात 2. वज्र जैसा भयंकर आघात।

वज्रासन (सं.) [सं-पु.] 1. योग का एक आसन या मुद्रा 2. गया में बोधिवृक्ष के नीचे की वह शिला जिसपर आसन लगाकर बुद्ध ने बुद्धत्व प्राप्त किया था।

वज्रोली (सं.) [सं-स्त्री.] हठयोग में उँगलियों की एक मुद्रा।

वट (सं.) [सं-पु.] 1. बरगद का पेड़ 2. कौड़ी; कपर्दक 3. गोली; गेंद 4. बड़ा या पकौड़ा नामक व्यंजन 5. साम्य; एकरूपता।

वटक (सं.) [सं-पु.] 1. बड़ी टिकिया अथवा गोली; वटी 2. पकौड़ा नामक व्यंजन।

वटवृक्ष (सं.) [सं-पु.] बरगद का पेड़; बड़।

वटिका (सं.) [सं-स्त्री.] 1. रस्सी या डोरी 2. गोली अथवा छोटी टिकिया।

वटी (सं.) [सं-स्त्री.] 1. रस्सी या डोरी लगी हुई 2. औषधि की छोटी टिकिया; गोली।

वटुक (सं.) [सं-पु.] 1. लड़का 2. ब्रह्मचारी।

वणिक (सं.) [सं-पु.] 1. वाणिज्य या व्यवसाय से जीविकोपार्जन करने वाला व्यक्ति 2. व्यापारी।

वणिकवृत्ति (सं.) [सं-स्त्री.] 1. बनिये का काम या पेशा 2. व्यापारी का काम।

वत (सं.) [परप्रत्य.] संज्ञा या विशेषण के अंत में जोड़ा जाने वाला परप्रत्यय जो सादृश्य या समानता का अर्थ देता है, जैसे- विधिवत, पुत्रवत आदि।

वतन (अ.) [सं-पु.] 1. जन्मभूमि; देश; स्वदेश 2. मूल वासस्थान।

वतनी (अ.) [सं-पु.] किसी की दृष्टि से उसी के वतन का नागरिक। [वि.] 1. वतन संबंधी 2. स्वदेशी 3. एक ही देश में होने वाला।

वत्स (सं.) [सं-पु.] 1. पुत्र या शिष्य के लिए प्यार भरा संबोधन 2. शिशु 3. गाय का बच्चा; बछड़ा 4. बुद्धकालीन सोलह महाजनपदों में से एक।

वत्सतर [सं-पु.] चार दाँतों वाला बछड़ा।

वत्सर (सं.) [सं-पु.] साल; वर्ष।

वत्सल (सं.) [सं-पु.] 1. पुत्र आदि के प्रति उत्पन्न स्नेह या प्रेम का भाव 2. प्रेम। [वि.] 1. पुत्र आदि के प्रेम से युक्त 2. बच्चों से प्यार करने वाला।

वत्सा (स) [सं-स्त्री.] बच्ची बछिया; छोटी बछिया।

वद (सं.) [परप्रत्य.] एक परप्रत्यय जो शब्दों के अंत में जुड़कर 'बोलने वाला' का अर्थ देता है, जैसे- प्रियंवद।

वदन (सं.) [सं-पु.] 1. चेहरा; मुखड़ा 2. किसी वस्तु का अग्रभाग 3. शक्ल 4. कथन; भाषण।

वदि (सं.) [सं-पु.] चांद्र मास में पड़वा (प्रतिपदा) से अमावस्या तक के पंद्रह दिन का पक्ष; कृष्णपक्ष।

वध (सं.) [सं-पु.] किसी मनुष्य, प्राणी आदि को जान-बूझकर किसी उद्देश्य से मार डालने की क्रिया; हत्या।

वधक (सं.) [वि.] 1. वध अथवा हत्या करने वाला 2. शिकारी 3. घातक; हिंसक। [सं-पु.] घातक; हिंसक।

वधू (सं.) [सं-स्त्री.] 1. नवविवाहित कन्या 2. स्त्री 3. दुल्हन; पत्नी।

वधूटी (सं.) [सं-स्त्री.] पुत्रवधू; नवयुवती।

वध्य (सं.) [वि.] वध किए जाने योग्य; मार डालने के लायक। [सं-पु.] वह जिसका वध किया जाना हो।

वन (सं.) [सं-पु.] 1. जंगल; वन 2. ऐसा स्थान जहाँ बहुत अधिक वृक्ष हों 3. बाग; वाटिका।

वन अजवाइन [सं-स्त्री.] जंगल या वन में अपने आप उगने

वाली अजवाइन।

वन करेला [सं-पु.] अपने आप जंगल/वन में उगने वाला करेला; जंगली करेला।

वनखंड (सं.) [सं-पु.] वन का एक हिस्सा; जंगल।

वनखंडी (सं.) [सं-स्त्री.] वन का एक छोटा भाग या हिस्सा।

वनचर (सं.) [सं-पु.] 1. वन में विचरण करने और रहने वाला 2. जंगली पशु।

वनचारी (सं.) [वि.] वनचर।

वनज (सं.) [वि.] वन से उत्पन्न; वनस्पति; जड़ी-बूटी। [सं-पु.] 1. वह जो जंगल में उत्पन्न हो 2. तुंबुरु का फल 3. मोथा 4. जंगली बिजौरा नीबू।

वनद (सं.) [सं-पु.] बादल; मेघ; वारिद।

वनदेवता (सं.) [सं-पु.] वन का अधिष्ठाता देवता।

वनदेवी (सं.) [सं-स्त्री.] वन की अधिष्ठात्री देवी।

वनपक्षी (सं.) [सं-पु.] जंगल में वास करने वाले पक्षी।

वनपशु (सं.) [सं-पु.] वन्य पशु; जंगली जानवर।

वनफूल (सं.) [सं-पु.] जंगली फूल; पुष्प; कुसुम।

वनमानुष (सं.) [सं-पु.] मनुष्य से मिलते-जुलते आकार और बंदर के स्वभाव वाला एक प्राणी।

वनमाला (सं.) [सं-स्त्री.] 1. वन के फूलों से निर्मित माला 2. घुटनों तक लटकने वाली ऋतु-कुसुमों की माला।

वनमाली (सं.) [सं-पु.] कृष्ण। [वि.] वनमाला पहनने वाला।

वनरूह (सं.) [सं-पु.] कमल; पद्म।

वनवास (सं.) [सं-पु.] वन में वास करना; जंगल में रहना।

वनस्थली (सं.) [सं-स्त्री.] वनों से घिरा हुआ क्षेत्र; वन-क्षेत्र; वन की भूमि।

वनस्पति (सं.) [सं-स्त्री.] 1. पेड़-पौधे 2. वन से उत्पन्न जड़ी-बूटी 2. ज़मीन से उगने वाले पौधे या लताएँ।

वनस्पतिज्ञ (सं.) [सं-पु.] वनस्पतियों का विशेषज्ञ; वनस्पति-शास्त्र का ज्ञाता।

वनस्पतिविज्ञान (सं.) [सं-पु.] पेड़-पौधों के विषय में सम्यक अध्ययन करने वाली विज्ञान की एक शाखा।

वनांत (सं.) [सं-पु.] 1. वनप्रांत 2. जंगली भूमि या मैदान 3. वन का अंतिम छोर; क्षेत्र 4. जंगल का समाप्ति-स्थल।

वनाग्नि (सं.) [सं-स्त्री.] वन या जंगल में लगने वाली आग; दावानल।

वनाधिकारी (सं.) [सं-पु.] जंगल की देखभाल करने वाला अधिकारी; वनरक्षक; वनपाल; वनपालक।

वनिता (सं.) [सं-स्त्री.] 1. नारी; स्त्री 2. अनुरक्त नारी; प्रिया; प्रेयसी 3. एक प्रकार का छंद।

वनीकरण (सं.) [सं-पु.] वन का विकास करना; वन का रूप देना; पेड़ लगाना।

वन्य (सं.) [वि.] 1. वन में उत्पन्न होने वाला; वन का 2. जंगली।

वन्य-प्रदेश (सं.) [सं-पु.] 1. वन का क्षेत्र 2. वनप्रांत 3. वृक्ष से आच्छादित प्रदेश।

वपन (सं.) [सं-पु.] 1. बीज आदि बोना 2. केश मुंडन 3. नाई की दुकान 4. करघा।

वपा [सं-स्त्री.] 1. चरबी; मेद; वसा 2. वाल्मीक; बाँबी 3. विवर; छिद्र 4. आंतों की झिल्ली; अन्नावरण 5. बाहर निकली हुई नाभि।

वपु (सं.) [सं-पु.] देह; शरीर।

वपुमान (सं.) [वि.] 1. हृष्ट-पुष्ट और सुंदर शरीरवाला 2. मूर्त; साकार।

वफ़ा (अ.) [सं-स्त्री.] 1. निष्ठा 2. कृतज्ञता 3. वचन-पालन 4. मुरौवत।

वफ़ात (अ.) [सं-स्त्री.] मौत; मृत्यु।

वफ़ादार (अ.) [वि.] 1. स्वामिभक्त; निष्ठावान 2. वचन का पालन करने वाला 3. प्रतिज्ञा पूर्ण करने वाला 4. मित्रता, प्रेम आदि रिश्तों का निर्वाह करने वाला।

वफ़ादारी (अ.) [सं-स्त्री.] 1. वफ़ादार होने की क्रिया या भाव 2. निष्ठा 3. स्वामिभक्ति।

वफ़ापरस्त (अ.) [वि.] वफ़ादार।

वमन (सं.) [सं-पु.] 1. कै; उल्टी 2. बाहर निकालना 3. कै अथवा उल्टी किया हुआ पदार्थ।

वमि (सं.) [सं-स्त्री.] 1. वमन का रोग 2. वमन कराने वाली औषधि।

वय (सं.) [सं-स्त्री.] 1. उम्र; अवस्था 2. यौवन; जवानी।

वयःसंधि (सं.) [सं-स्त्री.] बाल्यावस्था और यौवनावस्था के मध्य का समय; बाल्यावस्था और यौवनावस्था के मध्य की स्थिति।

वयन (सं.) [सं-पु.] बुनने का कार्य; बुनाई।

वयस (सं.) [सं-पु.] उम्र; अवस्था।

वयस्क (सं.) [सं-पु.] 1. शारीरिक रूप से पूर्णतः विकसित हो चुके युवक-युवती 2. निर्वाचन संबंधी अधिकार प्राप्त व्यक्ति। [वि.] शारीरिक रूप से पूर्णतः विकसित; पूर्ण विकसित; बालिग; सयाना।

वयस्कता (सं.) [सं-स्त्री.] 1. वयस्क होने की अवस्था 2. परिपक्वता।

वयोवृद्ध (सं.) [वि.] अत्यधिक उम्रवाला; बूढ़ा।

वर (सं.) [सं-पु.] 1. विवाहयोग्य पुरुष 2. नवविवाहिता का पति; दुल्हा 3. चयन; चुनाव 4. ईश्वर से माँगी गई वस्तु 5. आशीर्वाद। [वि.] 1. श्रेष्ठ; उत्तम 2. चयन करने योग्य।

वरक (अ.) [सं-पु.] 1. धातु का पतला पत्तर 2. किताब का पन्ना या पृष्ठ 3. फूल की पंखुड़ी।

वरका (अ.) [सं-पु.] 1. किताब का पन्ना; पुस्तक का पृष्ठ 2. पत्ता; पत्र।

वरज़िश (फ़ा.) [सं-स्त्री.] 1. कसरत; व्यायाम 2. शारीरिक श्रम 3. अभ्यास।

वरज़िशी (फ़ा.) [वि.] 1. वरज़िश संबंधी 2. कसरती; कसरत अथवा व्यायाम से हृष्ट-पुष्ट।

वरटा (सं.) [सं-स्त्री.] 1. कुसुम का बीज 2. हंसिनी 3. बर्रे 4. गँधिया कीड़ा।

वरण (सं.) [सं-पु.] 1. अपनी इच्छा से किया जाने वाला

चयन; स्वीकार 2. अर्चन; पूजन 3. कन्या द्वारा वर का चुनाव करके विवाह संबंध सुनिश्चित करने की क्रिया 4. किसी चीज़ को ढकने या लपेटने आदि की क्रिया।

वरणीय (सं.) [वि.] 1. वरण करने योग्य; वरेण्य 2. ग्रहण करने योग्य; ग्राह्य 3. चुनने योग्य; चयनीय 4. पूजनीय।

वरद (सं.) [वि.] वरदाता; वर देने वाला।

वरदहस्त (सं.) [सं-पु.] 1. वर या आशीष देने की हस्तमुद्रा 2. आशीर्वाद; कृपा।

वरदान (सं.) [सं.पु.] 1. ख़ुश होकर अभिलाषित वस्तु प्रदान करने की अवस्था या भाव 2. फलसिद्धि 3. नेमत; कृपा।

वरदायी (सं.) [वि.] वर देने वाला; वरदायक।

वरन (सं.) [अव्य.] 1. ऐसा नहीं 2. बल्कि; इसके विपरीत।

वरना (फ़ा.) [अव्य.] अन्यथा; नहीं तो।

वरम (फ़ा.) [सं-पु.] शोथ; सूजन।

वरमाला (सं.) [सं-पु.] विवाह के अवसर पर वर और वधू के गले में डाली जाने वाली माला; जयमाल।

वरही[1] [सं-पु.] विवाह के समय वधू को पहनाई जाने वाली सोने की एक लंबी पट्टी; टीका। [सं-स्त्री.] 1. प्रसूता का बारहवें दिन स्नान 2. मोटी रस्सी।

वरही[2] (सं.) [सं-पु.] वर्ही; मोर पक्षी; मयूर।

वराक (सं.) [वि.] 1. दरिद्र 2. दीन-हीन 3. दयनीय 4. अभागा 5. नीच।

वराटिका (सं.) [सं-स्त्री.] 1. कौड़ी 2. एक विषैली वनस्पति 3. नागकेसर।

वरानना (सं.) [सं-स्त्री.] सुमुखी; रूपवती नारी; सुंदर स्त्री।

वराह (सं.) [सं-पु.] 1. शूकर; सुअर 2. (पुराण) विष्णु का एक अवतार जो शूकर के रूप में हुआ था 3. एक प्राचीन पर्वत।

वरिच्छा [सं-पु.] वर छेंकने की रस्म।

वरिष्ठ (सं.) [वि.] 1. श्रेष्ठ; पूज्य 2. सबसे बढ़कर; बड़ा 3. ज्येष्ठ; वरीय।

वरिष्ठता (सं.) [सं-स्त्री.] 1. श्रेष्ठता 2. ज्येष्ठता; वरीयता।

वरीय (सं.) [वि.] 1. वरण के योग्य 2. श्रेष्ठ 3. बड़ा।

वरीयता (सं.) [सं-स्त्री.] 1. वरीय होने का भाव 2. श्रेष्ठता 3. अधिमान्यता।

वरुण (सं.) [सं-पु.] 1. एक वैदिक देवता जिसे जल का अधिपति कहा गया है 2. (पुराण) पश्चिम का दिक्पाल 3. सौरमंडल के नौ ग्रहों में से एक; (नेपच्यून) 4. जल 5. समुद्र।

वरुणा (सं.) [सं-स्त्री.] एक प्रसिद्ध नदी जो काशी के समीप गंगा में मिलती है।

वरुणालय (सं.) [सं-पु.] समुद्र; सागर; सिंधु।

वरूथ (सं.) [सं-पु.] 1. बचाव 2. बख़्तर 3. ढाल 4. रथ का घेरा 5. समूह 6. फ़ौज; सेना।

वरूथिनी (सं.) [सं-स्त्री.] 1. सैन्य-दल; सेना 2. वैशाख माह के कृष्ण-पक्ष की एकादशी।

वरेण्य (सं.) [वि.] 1. वरणीय 2. पूजनीय 3. मुख्य; प्रधान 4. सर्वोत्कृष्ट 5. जिसकी इच्छा की जाए।

वर्क (अ.) [सं-पु.] सोने, चाँदी आदि का बहुत पतला पत्तर; पृष्ठ; वरक; तबक।

वर्कर (अं.) [सं-पु.] 1. कार्य करने वाला व्यक्ति 2. कर्मचारी; कामगार।

वर्कशाप (अं.) [सं-स्त्री.] 1. कार्यशाला 2. मशीनों, गाड़ियों आदि की मरम्मत की जगह।

वर्किंग डे (अं.) [सं-पु.] कार्य-दिवस; काम के दिन।

वर्ग (सं.) [सं-पु.] 1. एक ही प्रकार की इकाइयों का समूह 2. समान विचारधारा के व्यक्तियों का समुदाय 3. श्रेणी 4. कोटि 5. प्रकोष्ठ 6. जमात; कक्षा 7. (गणित) समान लंबाई-चौड़ाई वाला समकोण चतुर्भुज 8. (गणित) समान अंकों का घात।

वर्ग-विन्यास (सं.) [सं-पु.] वर्गीकरण।

वर्गचेतना (सं.) [सं-स्त्री.] किसी वर्ग या उसके सदस्यों में अपने हितों एवं अधिकारों के प्रति उत्पन्न होने वाली जागरूकता या चेतना; वर्गविशेष की अपने अस्तित्व और अस्मिता के प्रति सचेत होने की अवस्था या भाव; वर्गीय चेतना।

वर्गपहेली (सं.) [सं-स्त्री.] वर्गाकार आकृति के अंदर दिए गए संकेतों के अनुसार वर्ण भरने का खेल।

वर्गफल (सं.) [सं-पु.] (गणित) दो समान राशियों (आँकड़ों) का गुणनफल।

वर्गभेद (सं.) [सं-पु.] 1. व्यक्तियों, जातियों या समाज में होने वाला वर्ग संबंधी भेदभाव 2. श्रेणीभेद।

वर्गमीटर (सं.+अं.) [सं-पु.] किसी स्थान या वस्तु आदि का क्षेत्रफल मापने की एक इकाई।

वर्गमूल (सं.) [सं-पु.] (गणित) राशियों (संख्याओं) को विभाजित करके अथवा भाग देकर वर्गांक निकालने वाली राशि।

वर्गवाद (सं.) [सं-पु.] 1. किसी वर्ग या समूह की विचारधारा का समर्थन करना 2. श्रेणीवाद 3. जातिवाद।

वर्गसंघर्ष (सं.) [सं-पु.] विभिन्न वर्गों के बीच होने वाला संघर्ष; समाज के विभिन्न वर्गों में आपसी हितों के लिए होने वाला संघर्ष या टकराव।

वर्गस्थ (सं.) [वि.] अपने वर्ग के प्रति समर्पित; अपने वर्ग का साथ देने वाला।

वर्गांक (सं.) [सं-पु.] ऐसा अंक जो किसी संख्या का वर्ग हो।

वर्गाकार (सं.) [वि.] वर्ग के आकार का; समान लंबाई-चौड़ाई वाले समकोण चतुर्भुज की आकृति का।

वर्गीकरण (सं.) [सं-पु.] वर्ग के अनुरूप वस्तुओं का विभाजन।

वर्गीकृत (सं.) [वि.] किसी आधार पर विभिन्न वर्गों में विभाजन; वर्ग में बाँटा हुआ (व्यक्ति, वस्तु आदि)।

वर्गीकृत विज्ञापन (सं.) [सं-पु.] पत्र-पत्रिकाओं में किसी विशेष वर्ग (स्तंभ) के अंतर्गत प्रकाशित छोटे विज्ञापन; (क्लासिफ़ाइड एडवरटाइज़मेंट)।

वर्गीय (सं.) [वि.] 1. वर्ग संबंधी 2. वर्ग का 3. कक्षा का। [सं-पु.] 1. एक ही वर्ग के सदस्य 2. सहपाठी।

वर्चस्व (सं.) [सं-पु.] 1. श्रेष्ठ या मुख्य होने की अवस्था या

भाव; प्रधान्य 2. तेजस्वी होने का भाव; तेज; दीप्ति; कांति 3. प्राबल्य 4. आधिपत्य।

वर्चस्वी (सं.) [वि.] 1. जिसका वर्चस्व हो; बली; शक्तिशाली 2. तेजस्वी 3. उत्साही।

वर्जन[1] (सं.) [सं-पु.] 1. त्याग; छोड़ना 2. निषेध; मनाही।

वर्जन[2] (अं.) [सं-पु.] 1. अनुवाद 2. रूप; रूपांतर; पाठ 3. कथन।

वर्जना (सं.) [सं-स्त्री.] 1. निषेध; मनाही 2. किसी कार्य या बात के वर्जित होने की अवस्था या भाव; प्रतिबंध।

वर्जित (सं.) [वि.] 1. मना किया हुआ; निषिद्ध 2. त्यागा हुआ; छोड़ा हुआ; परित्यक्त।

वर्ज़िश (फ़ा.) [सं-स्त्री.] दे. वरज़िश।

वर्ण (सं.) [सं-पु.] 1. वैदिक मान्यतानुसार कर्म या व्यवसाय आधारित हिंदुओं की चार कोटियाँ- ब्राह्मण, क्षत्रिय, वैश्य और शूद्र (वर्तमान में यह व्यवस्था जन्म आधारित है) 2. रंग 3. प्रकार; भेद 4. वर्णमाला का कोई स्वर या व्यंजन वर्ण; अक्षर 5. बाह्य रूप।

वर्णक्रम (सं.) [सं-पु.] 1. रंगों का क्रम 2. वर्णमाला के अक्षरों का क्रम।

वर्णक्रमिक (सं.) [वि.] वर्णक्रम के अनुरूप।

वर्णछटा (सं.) [सं-स्त्री.] 1. आँखें बंद कर लेने पर भी देखी हुई वस्तु की दिखाई देने वाली आकृति 2. प्रिज़्म के माध्यम से दिखाई देने वाली रंगों की छटा; (स्पेक्ट्रम)।

वर्णधर्म (सं.) [सं-पु.] हिंदुओं में प्राचीन मान्यता के आधार पर चारों वर्णों के लिए निर्धारित किए गए कर्तव्य।

वर्णन (सं.) [सं-पु.] 1. किसी बात को ब्योरेवार कहना; मौखिक बयान 2. किसी बात को ब्योरेवार लिखना; लिखित बयान 3. गुणकथन 4. चित्रण।

वर्णनकर्ता (सं.) [सं-पु.] वर्णन या व्याख्या करने वाला व्यक्ति; व्याख्याता।

वर्णनातीत (सं.) [वि.] जिसका वर्णन या निर्वचन संभव न हो; वर्णन से परे; अनिर्वचनीय।

वर्णनीय (सं.) [वि.] जो वर्णन के योग्य हो।

वर्णपट (सं.) [सं-पु.] प्रिज़्म के माध्यम से दिखाई देने वाली रंगों की छटा; वर्णछटा।

वर्णभेद (सं.) [सं-पु.] रंग अथवा जाति के कारण होने वाला भेदभाव; जातिगत भेदभाव।

वर्णमाला (सं.) [सं-स्त्री.] किसी लिपि विशेष के समस्त वर्णों की क्रमवार सूची; (अल्फ़ाबेट)।

वर्णविचार (सं.) [सं-पु.] व्याकरण का वह भाग जहाँ वर्णों या अक्षरों के स्वरूप, भेद, प्रयोग आदि पक्षों पर विचार होता है।

वर्णविन्यास (सं.) [सं-पु.] 1. किसी शब्द, पद या वाक्य में वर्णों की स्थिति 2. वर्णों का सार्थक जुड़ाव।

वर्णविपर्यय (सं.) [सं-पु.] 1. वर्णों का उलटफेर होना (निरुक्त) 2. वर्णों के उलटफेर होने की स्थिति।

वर्णवृत्त (सं.) [सं-पु.] (साहित्य) चार चरणों का छंद जिसके प्रत्येक चरण में वर्णों और मात्राओं का क्रम और संख्या निश्चित होती है।

वर्णसंकर (सं.) [सं-पु.] 1. दो भिन्न प्रजातियों के नर-मादा के संभोग से उत्पन्न जीव 2. दो भिन्न प्रजाति की वनस्पतियों के संयुग्मन से विकसित एक नई प्रजाति 3. दोगला; (हाइब्रिड)।

वर्णहीन (सं.) [वि.] 1. बिना वर्ण या जाति का 2. वर्ण या जाति से अलग; जातिच्युत।

वर्णांध (सं.) [सं-पु.] रंगों की ठीक-ठीक पहचान नहीं कर पाने वाला व्यक्ति; (कलर ब्लाइंड)।

वर्णांधता (सं.) [सं-स्त्री.] आँख में होने वाला एक प्रकार का रोग जिसमें व्यक्ति रंगों की ठीक-ठीक पहचान नहीं कर पाता; (कलर ब्लाइंडनेस)।

वर्णात्मक (सं.) [वि.] वर्णों में लिखा जा सकने वाला।

वर्णानुक्रम (सं.) [सं-पु.] वर्णों का नियत या निश्चित क्रम।

वर्णानुक्रमणिका (सं.) [सं-स्त्री.] वर्णमाला के वर्णों के क्रम के आधार पर तैयार की गई सूची; अनुक्रमणिका।

वर्णिक छंद (सं.) [सं-पु.] वह छंद या पद्य जिसके चरणों में वर्णों की संख्या तथा लघु और गुरु का क्रम निश्चित होता है; वर्णवृत्त।

वर्णिका (सं.) [सं-स्त्री.] 1. किसी चित्र में रंगों का समवाय 2. रोशनाई; स्याही।

वर्णित (सं.) [वि.] 1. वर्णन किया हुआ 2. कथित 3. प्रशंसित 4. चित्रित।

वर्ण्य (सं.) [वि.] 1. वर्णन के योग्य 2. जिसका वर्णन हो रहा हो 3. रंग या वर्ण संबंधी।

वर्तन (सं.) [सं-पु.] 1. चक्कर लगाना; घूमना 2. चलना-फिरना; गतिमान होना 3. व्यवहार; बरताव।

वर्तनी (सं.) [सं-स्त्री.] वर्ण या अक्षर विन्यास; हिज्जे; (स्पेलिंग)।

वर्तमान (सं.) [वि.] 1. जो इस समय अस्तित्व या सत्ता में है 2. सामयिक 3. विद्यमान; मौजूद।

वर्तमानकाल (सं.) [सं-पु.] 1. वह समय जो अभी चल रहा है 2. (व्याकरण) क्रिया के तीन कालों में से एक जिससे क्रिया के होते रहने की सूचना मिलती है।

वर्तमानकालिक (सं.) [वि.] वर्तमानकाल संबंधी।

वर्तमानता (सं.) [सं-स्त्री.] 1. वर्तमान होने की अवस्था अथवा भाव 2. उपस्थिति।

वर्तिका (सं.) [सं-स्त्री.] 1. बत्ती 2. सलाई 3. शलाका 4. तूलिका 5. अजश्रृंगी नामक वृक्ष 6. बटेर नामक पक्षी।

वर्तित (सं.) [वि.] 1. संपादित 2. दुरुस्त किया हुआ 3. घुमाया हुआ 4. बिताया या व्यतीत किया हुआ।

वर्ती (सं.) [वि.] 1. स्थित रहने वाला 2. बरतने वाला 3. होने वाला। [सं-स्त्री.] 1. बत्ती 2. सलाई।

वर्तुल (सं.) [वि.] 1. गोल; वृत्ताकार 2. मंडलाकार।

वर्तुलाकार (सं.) [वि.] वृत्त के आकार का; वृत्ताकार; गोल।

वर्त्म (सं.) [सं-पु.] 1. आँख की पलक 2. कोर; किनारा 3. मार्ग; रास्ता 4. प्रथा; परंपरा 5. आधार।

वर्त्स (सं.) [सं-पु.] मसूढ़ा।

वर्त्स्य (सं.) [वि.] जिसका उच्चारण जीभ को वर्त्स पर रख कर हो; मसूढ़े से संबंधित।

वर्त्स्य ध्वनि (सं.) [सं-स्त्री.] ऊपरी दाँतों के पीछे के उभरे खुरदुरे भाग को वर्त्स्य कहते हैं, तथा इससे उच्चरित ध्वनि वर्त्स्य कहलाती है, जैसे- 'ऩ, स़, ज़' आदि।

वर्धक (सं.) [वि.] वृद्धि करने या कराने वाला; बढ़ाने वाला।

वर्धन (सं.) [सं-पु.] वृद्धि करना; बढ़ाना। [वि.] वृद्धि करने वाला; बढ़ाने वाला, जैसे- आनंदवर्धन।

वर्धनशील (सं.) [वि.] वृद्धि में प्रवृत्त; निरंतर बढ़ता हुआ।

वर्धमान (सं.) [वि.] 1. वृद्धि करता हुआ; बढ़ता हुआ; वृद्धिशील 2. वर्धनशील।

वर्धरुद्ध (सं.) [वि.] जिसकी वृद्धि रुक गई हो।

वर्धरोध (सं.) [सं-पु.] वृद्धि रुक जाना।

वर्धित (सं.) [वि.] 1. वृद्धि को प्राप्त 2. बढ़ा हुआ 3. भरा हुआ 4. विकसित।

वर्नाक्यूलर (अं.) [सं-पु.] 1. देशी भाषा 2. स्वदेश की भाषा; मातृ भाषा।

वर्म[1] (सं.) [सं-पु.] 1. कवच; बख़्तर 2. मकान; घर।

वर्म[2] (फ़ा.) [सं-पु.] दे. वरम।

वर्मन (सं.) [सं-पु.] दे. वर्मा।

वर्मा (सं.) [सं-पु.] 1. प्राचीन काल में क्षत्रियों की एक उपाधि 2. कायस्थों एवं सुनारों में एक कुलनाम या सरनेम।

वर्ष (सं.) [सं-पु.] 1. काल का एक मान 2. संवत्सर; साल; बरस; बारह मास का समय 3. वर्षा; वृष्टि 4. बादल।

वर्षक (सं.) [वि.] 1. वर्षा करने वाला 2. बरसाने वाला।

वर्षगाँठ (सं.) [सं-स्त्री.] किसी महत्वपूर्ण घटना की तिथि पर प्रत्येक वर्ष किया जाने वाला कार्यक्रम या उत्सव।

वर्षण (सं.) [सं-पु.] वृष्टि; वर्षा; बारिश।

वर्षपर्यंत (सं.) [क्रि.वि.] पूरे साल भर।

वर्षफल (सं.) [सं-पु.] (ज्योतिष) एक वर्ष के भीतर घटने वाली घटनाओं का विवरण।

वर्षा (सं.) [सं-स्त्री.] 1. जल वृष्टि; बरसात 2. ऋतु विशेष जिसमें पानी बरसता है 3. किसी बात का लगातार चलते रहने का क्रम, जैसे- पुष्प की वर्षा।

वर्षांक (सं.) [सं-पु.] वर्ष की सूचक संख्या।

वर्षाकाल (सं.) [सं-पु.] बरसात का मौसम।

वर्षानुवर्षी (सं.) [वि.] 1. प्रत्येक वर्ष होने वाला 2. निरंतर कई वर्षों तक चलने वाला।

वर्षारंभ (सं.) [सं-पु.] 1. नए वर्ष का आरंभ 2. वर्षा ऋतु का आगमन।

वर्षीय (सं.) [वि.] वर्ष से संबंधित; वर्ष का; साल का।

वर्षेश (सं.) [सं-पु.] (ज्योतिष) वह ग्रह जो किसी संवत्सर या वर्ष का स्वामी हो; वर्षपति।

वर्षोत्सव (सं.) [सं-पु.] वार्षिक उत्सव; सालाना जलसा।

वर्षोन्मुख [वि.] वर्षा करने के लिए तैयार।

वलन (सं.) [सं-पु.] 1. मुड़ना 2. चक्कर लगाना; घूमना 3. (ज्योतिष) किसी ग्रह का अपने पथ से विचलित होना।

वलय (सं.) [सं-पु.] 1. गोल घेरा; मंडल 2. वृत्त की परिधि 3. कंगन; छल्ला; चूड़ी 4. शाखा।

वलवला (अ.) [सं-पु.] 1. शोरगुल; हल्ला-गुल्ला 2. आक्रोश 3. आवेश; उमंग।

वलि (सं.) [सं-पु.] 1. धर्मानुसार देवता को अर्पित की जाने वाली वस्तु 2. चंदन आदि के लेप से बनाई हुई रेखा; लकीर 3. श्रेणी; पंक्ति 4. सिकुड़न के कारण शरीर पर पड़ी हुई लकीर; झुर्री 5. पेट के दोनों ओर पेटी के सिकुड़ने से पड़ी हुई रेखा; बल 6. (पुराण) एक दैत्य जो प्रह्लाद का पौत्र था और जिसे विष्णु ने वामन अवतार लेकर छला था 7. प्राचीन भारत में एक राजकीय कर 8. बवासीर का मस्सा 9. छप्पर का वह किनारा जहाँ से बरसात का पानी नीचे गिरता है; छाजन की ओलती 10. पीले रंग का खनिज पदार्थ; गंधक 11. एक प्रकार का वाद्य यंत्र।

वलित (सं.) [वि.] 1. बल खाया हुआ 2. मुड़ा हुआ 3. सिकुड़ा हुआ 4. घिरा या घेरा हुआ 5. मिला हुआ; युक्त।

वली1 (सं.) [सं-स्त्री.] 1. लकीर; रेखा 2. सिलवट; झुर्री 3. श्रेणी; पंक्ति।

वली2 (अ.) [सं-पु.] 1. स्वामी; मालिक 2. साधु; संत; फ़कीर 3. अभिभावक 4. उत्तराधिकारी।

वल्कल (सं.) [सं-पु.] 1. पेड़ की छाल; काष्ठ आवरण 2. पेड़ की छाल से बना वस्त्र जिसे तपस्वी लोग पहना करते थे।

वल्गन (सं.) [सं-पु.] 1. अनावश्यक उछल-कूद 2. व्यर्थ की बकवाद।

वल्गर (अं.) [वि.] अशिष्ट; भद्दा; भौंड़ा।

वल्गा (सं.) [सं-स्त्री.] लगाम; रास; बाग।

वल्द (अ.) [सं-पु.] औलाद; बेटा; पुत्र।

वल्दियत (अ.) [सं-स्त्री.] 1. पिता का नाम 2. पुत्र होने की अवस्था या भाव।

वल्मीक (सं.) [सं-पु.] 1. दीमकों के रहने की बाँबी 2. साँप का बिल।

वल्लभ (सं.) [वि.] 1. प्रधान 2. प्रिय; प्यारा 3. निरीक्षण करने वाला। [सं-पु.] 1. प्रिय या प्यारा व्यक्ति 2. पति 3. नायक 4. स्वामी।

वल्लभा (सं.) [सं-स्त्री.] प्रेयसी; प्रेमिका।

वल्लरी (सं.) [सं-स्त्री.] लता; बेल; मंजरी; मेथी।

वल्लाह (अ.) [अव्य.] 1. सचमुच 2. ईश्वर की सौगंध; ख़ुदा कसम।

वल्ली (सं.) [सं-स्त्री.] 1. लता; बेल 2. पत्ता 3. अग्निदमनी 4. काली अपराजिता।

वल्लूर (सं.) [सं-पु.] 1. धूप में सुखाया हुआ मांस 2. सुअर का मांस 3. ऊसर 4. वीरान; उजाड़।

ववणी [सं-स्त्री.] कपास।

वश (सं.) [सं-पु.] 1. वह प्रभाव या शक्ति जिससे किसी को काबू में करके उससे मनोनुकूल काम करवा लिया जाए 2. नियंत्रण 3. सामर्थ्य 4. काबू। [वि.] 1. आज्ञानुवर्ती; आज्ञा मानने वाला 2. अधीन 3. मुग्ध किया हुआ।

वशवर्ती (सं.) [वि.] किसी के वश अथवा अधिकार में होने या रहने वाला; अधीन।

वशिष्ठ (सं.) [सं-पु.] रामायण, महाभारत आदि प्राचीन ग्रंथों में उल्लिखित एक प्रसिद्ध ऋषि।

वशी (सं.) [वि.] 1. अपनी इंद्रियों को वश में रखने वाला; संयमी 2. वश में किया हुआ; अधीन।

वशीकरण (सं.) [सं-पु.] 1. वश में करना; वश में करने की क्रिया 2. मंत्र, जादू-टोना आदि के द्वारा किसी को वश में करना 3. सम्मोहन।

वशीकृत (सं.) [वि.] 1. जिसे वश में कर लिया गया हो; वश में किया हुआ 2. मोहित; मुग्ध।

वशीभूत (सं.) [वि.] 1. अधीन हो कर; वश में होकर 2. मुग्ध; मोहित; सम्मोहित 3. वशीकरण मंत्र द्वारा वश में किया हुआ।

वश्य (सं.) [वि.] 1. वश में करने योग्य 2. वश में किया हुआ। [सं-पु.] 1. आश्रित 2. दास; सेवक।

वसंत (सं.) [सं-पु.] 1. वर्ष की छह ऋतुओं में से प्रथम और प्रधान ऋतु जिसके अंतर्गत चैत और बैसाख के महीने माने गए हैं 2. फूलों का गुच्छा 3. संगीत में एक ताल 4. संगीत में एक राग।

वसंत पंचमी [सं-स्त्री.] माघ माह की पाँचवी तारीख; माघ सुदी पंचमी।

वसंतकुंज (सं.) [सं-पु.] 1. वसंत ऋतु की लताओं से आच्छादित स्थान 2. अभिसार-स्थल।

वसंततिलका (सं.) [सं-स्त्री.] (काव्यशास्त्र) एक प्रकार का वर्णवृत्त।

वसंतवल्लभ (सं.) [सं-पु.] कंदर्प; कामदेव; अनंग।

वसंतोत्सव (सं.) [सं-पु.] 1. वसंत ऋतु में आयोजित किया जाने वाला उत्सव; मदनोत्सव 2. वसंत पंचमी के दिन आयोजित किया जाने वाला उत्सव 3. होलिकोत्सव।

वसति (सं.) [सं-स्त्री.] 1. वास; निवास 2. घर 3. बस्ती 4. जैन संन्यासियों का मठ।

वसन (सं.) [सं-पु.] 1. वस्त्र; कपड़ा 2. आच्छादन; आवरण; ढकने का सामान 3. निवास; मकान 4. किसी स्थान पर बस जाना 5. स्त्रियों का कमर में पहनने वाला एक गहना।

वसा (सं.) [सं-स्त्री.] मेद; चरबी; मज्जा; (फ़ैट)।

वसीका (अ.) [सं-पु.] 1. वह धन जो इस उद्देश्य से सरकारी ख़जाने में जमा किया जाए कि उसका ब्याज जमाकर्ता के वंशजों को मिला करे; वृत्ति 2. उक्त प्रकार से जमाकर्ता के वंशजों को प्राप्त होने वाला धन।

वसीम (अ.) [वि.] 1. सुंदर; आकर्षक; मनोहर 2. जिसपर चिह्न या निशान हो; चिह्नित; अंकित।

वसीयत (अ.) [सं-स्त्री.] अपनी मृत्यु के बाद अपनी संपत्ति के भावी विभाजन और प्रबंध आदि के संबंध में की हुई कानूनी व्यवस्था; वारिस संबंधी लिखित आदेश।

वसीयतनामा (अ.+फ़ा.) [सं-पु.] 1. इच्छापत्र 2. वह पत्र जिसपर कोई वसीयत लिखी हो।

वसीला (अ.) [सं-पु.] 1. संबंध; लगाव 2. ज़रिया; माध्यम।

वसु (सं.) [सं-पु.] 1. आठ वैदिक देवताओं का एक वर्ग या गण 2. सूर्य 3. कुबेर 4. मौलसिरी नामक सदाबहार वृक्ष और उसका फूल 5. पानी; जल। [वि.] सबमें निवास करने वाला।

वसुंधरा (सं.) [सं-स्त्री.] पृथ्वी; धरती; धरा।

वसुधा (सं.) [सं-स्त्री.] पृथ्वी; धरती। [वि.] 1. धन देने वाला 2. समवर्णिक (छंद)।

वसुमती (सं.) [सं-स्त्री.] 1. वसुंधरा; पृथ्वी 2. (काव्यशास्त्र) एक प्रकार का वर्णवृत्त।

वसूल (अ.) [सं-पु.] 1. उगाही 2. प्राप्ति 3. दी हुई रकम या वस्तु की वापसी। [वि.] प्राप्त या मिला हुआ।

वसूलना (अ.) [क्रि-स.] 1. उगाही करना; उगाहना 2. प्राप्त करना 3. दी हुई रकम या वस्तु को वापस लेना।

वसूली (अ.) [सं-स्त्री.] 1. वसूल करने का उपक्रम; उगाही 2. प्राप्ति।

वस्ति (सं.) [सं-स्त्री.] 1. आँत साफ़ करने के लिए की जाने वाली रेचन की क्रिया; (एनिमा) 2. नाभि के नीचे का भाग; पेड़ू 3. मूत्राशय 4. निवास 5. कपड़े का छोर।

वस्तिकर्म (सं.) [सं-पु.] गुदा के माध्यम से रेचन की क्रिया; (एनिमा)।

वस्तु (सं.) [सं-स्त्री.] 1. जिसका अस्तित्व हो; द्रव्य; पदार्थ 2. चीज़ 3. गोचर पदार्थ।

वस्तु-विनिमय (सं.) [सं-पु.] विनिमय अथवा ख़रीद-बिक्री के तौर पर वस्तुओं की अदला-बदली।

वस्तुतः (सं.) [अव्य.] 1. असल में; यथार्थतः 2. वास्तव में; दरअसल।

वस्तुत्प्रेक्षा (सं.) [सं-स्त्री.] (काव्यशास्त्र) उत्प्रेक्षा अलंकार का एक भेद।

वस्तुनिष्ठ (सं.) [वि.] 1. भौतिक पदार्थ या पदार्थों से संबंधित 2. वस्तुपरक; (ऑब्जेक्टिव) 3. जो आत्मनिष्ठ न हो।

वस्तुन्मुखी (सं.) [वि.] भावों या विचारों की अपेक्षा पदार्थों को वरीयता देने वाला।

वस्तुपमा (सं.) [सं-स्त्री.] (काव्यशास्त्र) उपमा अलंकार का एक भेद।

वस्तुपरक (सं.) [वि.] 1. वस्तु पर आधारित; वस्तुनिष्ठ; वस्तुगत; (ऑब्जेक्टिव) 2. वास्तविक।

वस्तुवाद (सं.) [सं-पु.] दृश्यजगत को यथारूप सत्य मानने वाला दार्शनिक सिद्धांत; भूतवाद; भौतिकवाद।

वस्तुवादी (सं.) [वि.] वस्तुवाद के सिद्धांत को मानने वाला।

वस्तुस्थिति (सं.) [सं-स्त्री.] 1. वास्तविक स्थिति; परिस्थिति 2. यथार्थ स्थिति; दशा।

वस्त्र (सं.) [सं-पु.] 1. कपड़ा; परिधान; पोशाक 2. ऊनी, सूती या रेशमी धागे से बनाई गई वस्तु जिसे पहना या ओढ़ा जाता है।

वस्त्रगोपन (सं.) [सं-पु.] चौंसठ कलाओं में से एक।

वस्त्रधारी (सं.) [वि.] 1. वस्त्र धारण करने वाला 2. जो कपड़े पहने हुए हो।

वस्त्रवेष्टित (सं.) [वि.] वस्त्र से आवृत; कपड़े से ढँका हुआ।

वस्त्रहीन (सं.) [वि.] वस्त्र से अनावृत; बिना कपड़े का।

वस्त्रागार (सं.) [सं-पु.] कपड़े की दुकान; वस्त्रालय।

वस्त्राभूषण (सं.) [सं-पु.] 1. वस्त्र और आभूषण; कपड़े और गहने 2. पहनने और साज-सज्जा की वस्तुएँ।

वस्त्रालंकरण (सं.) [सं-पु.] वस्त्र और अलंकरण; कपड़े और गहने।

वस्त्रालय (सं.) [सं-पु.] कपड़े की दुकान; वस्त्रागार।

वस्त्रोत्पादन (सं.) [सं-पु.] वस्त्र या कपड़े का उत्पादन।

वस्त्रोद्योग (सं.) [सं-पु.] वस्त्र या कपड़े का व्यवसाय।

वस्नसा [सं-पु.] नस।

वस्ल (अ.) [सं-पु.] 1. मिलन; संगम 2. संयोग 3. संभोग 4. इंतकाल; मृत्यु।

वह [सर्व.] 1. (व्याकरण) अन्य पुरुष एक वचन का वाचक शब्द 2. बातचीत में दूरस्थ व्यक्ति या पदार्थ के लिए संबोधन या संकेत का शब्द।

वहन (सं.) [सं-पु.] 1. ढोना 2. ढोकर या खींचकर ले जाना 3. निर्वाह करना।

वहनक (सं.) [वि.] 1. जिसपर या जिसमें कोई चीज़ रखकर ढोई जाए 2. ढो कर ले जाने वाला। [सं-पु.] संवाहक।

वहनपत्र (सं.) [सं-पु.] वह पत्र जिसमें ढोकर ले जाने वाली वस्तुओं का विवरण दिया जाता है।

वहम (अ.) [सं-पु.] 1. भ्रम 2. शक; मिथ्या संदेह 3. भ्रममूलक विचार।

वहमी (अ.) [वि.] वहम करने वाला; शक्की; शंकालु।

वहशत (अ.) [सं-स्त्री.] 1. वहशी होने की अवस्था या भाव; वहशीपन 2. मानसिक विक्षेप 3. बर्बरता 4. सनक 5. पागलपन।

वहशतज़दा (अ.+फ़ा.) [वि.] डरा हुआ; भयभीत।

वहशतनाक (अ.+फ़ा.) [वि.] डरावना; भयंकर।

वहशियाना (अ.+फ़ा.) [वि.] 1. वहशी की तरह 2. बर्बर 3. जंगली की तरह।

वहशी (अ.) [वि.] 1. जंगली; असभ्य 2. जंगल में रहने वाला; वन्य 3. जो अभद्र तथा असंस्कृत हो; उजड्ड 4. बर्बर।

वहशीपन (अ.) [सं-पु.] 1. क्रूरतापूर्ण भाव; दरिंदगी; पशुवत भाव; बर्बरता 2. असभ्यता।

वहाँ (सं.) [अव्य.] 1. उस स्थान पर; उस जगह पर 2. उस अवसर, बिंदु या स्थिति पर।

वहाबी (अ.) [सं-पु.] 1. केवल कुरान को ही प्रमाण मानने वाला मुस्लिम संप्रदाय 2. उक्त संप्रदाय का अनुयायी।

वहित्र (सं.) [सं-पु.] 1. बड़ी नाव; पोत 2. एक तरह का रथ।

वहिरंग (सं.) [वि.] 1. बाहरी; ऊपरी 2. आरंभिक।

वहिर्गत (सं.) [वि.] बाहर गया हुआ; बाहर निकला हुआ।

वहिर्द्वार (सं.) [सं-पु.] बाहरी दरवाज़ा।

वहिर्भूत (सं.) [वि.] बहिर्गत; बाहरी; बाहर की ओर निकला हुआ।

वहिर्मुख (सं.) [वि.] अपने विचारों को सहजतापूर्वक अभिव्यक्त करने वाला; वाचाल।

वही [सर्व.] 1. निर्दिष्ट व्यक्ति 3. निश्चित रूप से पूर्वोक्त व्यक्ति।

वहीं [अव्य.] 1. उसी जगह 2. उसी स्थिति में 3. निर्दिष्ट संदर्भ।

वह्नि (सं.) [सं-पु.] अग्नि; अनल; आग।

वांछन (सं.) [सं-पु.] इच्छा करना; चाहना।

वांछनीय (सं.) [वि.] 1. इच्छा या कामना किए जाने योग्य 2. अभिलाषणीय; चाहने योग्य 3. अभिलक्षित; इच्छित 4. अपेक्षित; ज़रूरी।

वांछा (सं.) [सं-स्त्री.] आकांक्षा; चाह; अभिलाषा।

वांछित (सं.) [वि.] 1. जिसकी इच्छा हो; इच्छित 2. चाहा हुआ।

वांशिक (सं.) [वि.] 1. बाँस काटने वाला 2. बाँसुरी बनाने वाला।

वाइन (अं.) [सं-स्त्री.] शराब; मदिरा; मद्य।

वाइफ़ (अं.) [सं-स्त्री.] पत्नी; औरत; बीवी; अर्धांगिनी।

वाइसराय (अं.) [सं-पु.] ब्रिटिश भारत में ब्रिटिश ताज़ का प्रतिनिधि शासक।

वाई-फ़ाई (अं.) [सं-पु.] बेतार प्रणाली (वायरलैस) द्वारा इंटरनेट के माध्यम से कंप्यूटरों में परस्पर संपर्क स्थापित करने तथा सूचना एवं आँकडों को आदान-प्रदान करने का एक स्थानीय संचार जाल (लोकल एरिया नेटवर्क) जिसके लिए उच्च आवृत्ति की रेडियो तरंगों का प्रयोग किया जाता है।

वाउचर (अं.) [सं-पु.] ख़र्च की ब्योरेवार मद दर्शाने वाला कागज़ या पुरज़ा; रसीद; प्रमाणक।

वाक (स) [सं-पु.] 1. वाणी 2. सरस्वती 3. बोलने की इंद्रिय 4. समुद्र 5. सारसों का समूह या उनकी उड़ान 6. वेद का एक भाग 7. खेत की वह कूट जो बिना खेत नापे की जाती है।

वाकआउट (अं.) [सं-पु.] किसी कारणवश सभा, कार्य आदि छोड़कर जाने की क्रिया।

वाकई (अ.) [क्रि.वि.] वास्तव में; सचमुच; वस्तुतः।

वाकफ़ीयत (अ.) [सं-स्त्री.] 1. परिचय; जान-पहचान 2. जानकारी; ज्ञान।

वाकया (अ.) [सं-पु.] 1. दुर्घटना 2. वृत्तांत; हाल 3. समाचार; ख़बर।

वाकयानवीस (अ.+फ़ा.) [सं-पु.] 1. किसी महत्वपूर्ण घटना को कलमबद्ध करने वाला व्यक्ति; इतिहासकार 2. घटनाओं आदि के समाचार को लिख कर भेजने वाला व्यक्ति; संवाददाता।

वाकिफ़ (अ.) [वि.] 1. जानने-समझने वाला; जानकार; अभिज्ञ 2. परिचित 3. अनुभवी।

वाक्य (सं.) [सं-पु.] 1. क्रिया और कारक पद से युक्त साकांक्ष अर्थबोधक पदसमूह; (सेंटेंस) 2. बोला गया सार्थक शब्द-समूह 3. कथन।

वाक्य विन्यास (सं.) [सं-पु.] वाक्य में शब्दों अथवा पदों का यथास्थान रखा जाना।

वाक्यांश (सं.) [सं-पु.] वाक्य का कोई अंश या खंड।

वाक्यारंभ (सं.) [सं-पु.] वाक्य या कथन की शुरुआत।

वाक्यावली (सं.) [सं-स्त्री.] पंक्ति के रूप में रखे गए वाक्य।

वाक्यीय (सं.) [वि.] वाक्य संबंधी; वाक्य का।

वागीश (सं.) [सं-पु.] 1. ब्रह्मा 2. बृहस्पति 3. कवि 4. वक्ता। [वि.] अच्छा बोलने वाला।

वागीश्वरी (सं.) [सं-स्त्री.] वाणी की देवी; सरस्वती।

वाग्जाल (सं.) [सं-पु.] 1. किसी को भ्रम में रखने या धोखा देने के उद्देश्य से आडंबरयुक्त कथन करना 2. चातुर्यपूर्ण कथन।

वाग्दंड (सं.) [सं-पु.] दंडस्वरूप कही गई कठोर बात; मौखिक दंड; डाँटडपट।

वाग्दत्त (सं.) [वि.] जिसे किसी को देने का वचन दिया जा चुका हो।

वाग्दत्ता (सं.) [सं-स्त्री.] 1. वह लड़की जिसकी शादी की बात किसी के साथ निश्चित की गई हो 2. वह लड़की जिसकी सगाई हो गई हो।

वाग्दान (सं.) [सं-पु.] 1. वचन देना 2. किसी के साथ अपनी पुत्री का विवाह तय करना।

वाग्देवी (सं.) [सं-स्त्री.] वाणी की देवी; सरस्वती।

वाग्दोष (सं.) [सं-पु.] 1. वाणी की त्रुटि 2. वाणी में व्याकरण संबंधी दोष 3. एक प्रकार का रोग जिसमें व्यक्ति हकलाकर या तुतलाकर बोलता है।

वाग्धारा (सं.) [सं-स्त्री.] वाणी की अटूट धारा; शब्द प्रवाह; वाणी की अप्रतिहत गति।

वाग्मी (सं.) [सं-पु.] 1. पंडित; विद्वान 2. अच्छा वक्ता।

वाग्युद्ध (सं.) [सं-पु.] 1. बातों की लड़ाई; वाद-विवाद 2. आरोप-प्रत्यारोप।

वाग्विदग्ध (सं.) [वि.] बात करने में चतुर; वार्ताकुशल; पंडित।

वाग्विदग्धता (सं.) [सं-स्त्री.] वाग्विदग्ध होने की अवस्था।

वाग्विलास (सं.) [सं-पु.] 1. दिल बहलाव के लिए बातचीत करना 2. आनंदपूर्ण वार्तालाप करना।

वाङ्मय (सं.) [सं-पु.] लिखित साहित्य का संग्रह। [वि.] 1. वाक्यात्मक 2. वचन संबंधी 3. जो वाक् या वचन के रूप में हो।

वाचक (सं.) [वि.] 1. कहने वाला; बोलने वाला 2. बताने वाला; सूचक; बोधक 3. पढ़कर सुनाने वाला। [सं-पु.] 1. वह जिससे किसी वस्तु का अर्थ बोध हो; संज्ञा; नाम 2. पाठक 3. वक्ता 4. संदेशवाहक; दूत।

वाचन (सं.) [सं-पु.] 1. लिखित पाठ का उच्चारण करना 2. कहना; बोलना 3. किसी मत, विचार या सिद्धांत का प्रतिपादन करना।

वाचनक (सं.) [सं-पु.] पहेली; बुझौवल।

वाचना [सं-स्त्री.] दे. वाचन।

वाचनालय (सं.) [सं-पु.] सार्वजनिक पुस्तकालय का वह स्थान जहाँ पत्र-पत्रिकाएँ पढ़ने के लिए रखी जाती हैं; (रीडिंग रूम)।

वाचा (सं.) [सं-स्त्री.] 1. वाणी; सरस्वती 2. वाक्य; वचन; शब्द 3. सूक्त; ऋचा 4. शपथ; कसम। [अव्य.] वचन द्वारा; वचन या कथन से।

वाचाल (सं.) [वि.] 1. बहुत अधिक बोलने वाला; बकवादी; बातूनी; अतिभाषी; मुँहज़ोर 2. बोलने में चतुर 3. डींग हाँकने वाला।

वाचालता (सं.) [सं-स्त्री.] 1. वाचाल होने की अवस्था या भाव 2. अधिक बोलने की स्थिति; अतिभाषिता; मुखरता।

वाचिक (सं.) [वि.] 1. वाणी संबंधी 2. वाचा या वाणी से निकला हुआ 3. मौखिक; शाब्दिक; ज़बानी; मुँह से कहा हुआ।

वाचित (सं.) [वि.] जिसे कह दिया गया हो; बोला हुआ।

वाची (सं.) [वि.] 1. वाचन करने वाला 2. वचन के रूप में अभिव्यक्त होने वाला 3. वचन संबंधी 4. बोध कराने वाला।

वाच्य (सं.) [वि.] 1. बोलने अथवा कहने योग्य 2. जिसका परिचय अथवा ज्ञान शब्दों की अभिधा शक्ति के द्वारा हो; अभिधेय।

वाच्यार्थ (सं.) [सं-पु.] वह अभिप्राय जो शब्दों के नियत या मूल अर्थ द्वारा ही प्रकट हो; अभिधेयार्थ; मुख्यार्थ।

वाज (सं.) [सं-पु.] 1. घृत; घी 2. पंख; पर 3. खाद्य 4. धन 5. यज्ञ-विशेष में पढ़ा जाने वाला मंत्र 6. बल 7. वेग।

वाजपेय (सं.) [सं-पु.] प्राचीन भारत में राजाओं द्वारा सर्वोच्चता सिद्ध करने के लिए किए जाने वाले सोम यज्ञ के सात भेदों में से पाँचवाँ।

वाजपेयी (सं.) [सं-पु.] 1. वह पुरुष जिसने वाजपेय यज्ञ किया हो 2. कान्यकुब्ज ब्राह्मणों में एक कुलनाम या सरनेम।

वाजिब (अ.) [वि.] 1. उचित; संगत; ठीक 2. आवश्यक; ज़रूरी 3. योग्य; लायक 4. लाज़िमी; मुनासिब।

वाजीकरण (सं.) [सं-पु.] वह चिकित्सा प्रक्रिया जिससे मनुष्य में वीर्य, स्तंभनशक्ति और पुंसत्व की वृद्धि होती है।

वाट[1] (सं.) [सं-पु.] 1. मार्ग; रास्ता 2. वास्तु; इमारत 3. मंडप 4. आवृत स्थान; घेरेदार जगह 5. उद्यान; उपवन 6. एक अन्न 7. तट पर लगाया हुआ लकड़ी का बाँध 8. उरुसंधि; वंक्षण 9. प्रांत; प्रदेश।

वाट[2] (अं.) [सं-पु.] ऊर्जा की एक इकाई।

वाटर प्रूफ (अं.) [वि.] जलसह।

वाटिका (सं.) [सं-स्त्री.] 1. छोटा बाग; बगीचा 2. फुलबगिया 3. वास्तु; इमारत।

वाडवाग्नि (सं.) [सं-स्त्री.] समुद्र के अंदर की अग्नि; बडवानल।

वाणिज्य (सं.) [सं-पु.] बड़े पैमाने पर किया जाने वाला व्यापार या व्यवसाय; (कॉमर्स)।

वाणिज्यदूत (सं.) [सं-पु.] अन्य देशों से व्यापारिक संबंधों की प्रगति हेतु नियुक्त राजदूत।

वाणिज्यिक (सं.) [वि.] वाणिज्य एवं व्यापार संबंधी।

वाणी (सं.) [सं-स्त्री.] 1. मानव मुख से निःसृत सार्थक शब्द; ध्वनि 2. बोलने या बातचीत करने की शक्ति; वाचा 3. मुँह के अंदर का वह लंबा चपटा मांस पिंड जिससे रसों का आस्वादन और उसकी सहायता से शब्दों का उच्चारण होता है; जिह्वा 4. विद्या और वाणी की अधिष्ठात्री देवी; सरस्वती।

वात (सं.) [सं-पु.] 1. वायु; हवा 2. वैद्यक के अनुसार शरीर के भीतर की वह वायु जिसके विकार से अनेक रोग होते हैं 3. वैद्यक के अनुसार शरीर में होने वाला वायु रोग; वातरोग;

गठिया।

वातचक्र (सं.) [सं-पु.] चक्रवात; बवंडर।

वातज (सं.) [वि.] वात अथवा वायु से उत्पन्न; वातकृत। [सं-पु.] पेट में होने वाली चुभन या पीड़ा; उदरव्यथा; उदरशूल।

वाततूलिका [सं-स्त्री.] बादल का छाना; बदली।

वातप्रमी (स) [सं-पु.] 1. मृग 2. अश्व 3. नेवला। [सं-स्त्री.] 1. मृगी 2. घोड़ी; अश्वा 3. मादा नेवला (नेउरी)।

वातानुकूल (सं.) [सं-पु.] किसी कमरे आदि घिरे हुए स्थान के तापमान को यांत्रिक विधि से इस प्रकार नियंत्रित करना कि बाहर के तापमान का उस पर प्रभाव न पड़े।

वातानुकूलक (सं.) [वि.] वातावरण को अनुकूल करने वाला।

वातानुकूलन (सं.) [सं-पु.] किसी क्षेत्र विशेष के दायरे में तापमान को नियंत्रित बनाए रखने की क्रिया; (एयर कंडीशनिंग)।

वातानुकूलित (सं.) [वि.] वह क्षेत्र विशेष जिसके दायरे में तापमान को नियंत्रित स्थिति में रखा गया हो; (एयर कंडीशंड)।

वातायन (सं.) [सं-पु.] 1. झरोखा; खिड़की; गवाक्ष 2. रोशनदान।

वातावरण (सं.) [सं-पु.] वायु अथवा गैसों का वह आवरण जो पृथ्वी को चारों ओर से घेरे हुए है; वायुमंडल; पर्यावरण।

वातिक (सं.) [वि.] 1. वात संबंधी; वात का 2. जिसे वात का कोई रोग हो; वातग्रस्त 3. तूफ़ान या बवंडर से संबंध रखने वाला 4. बकवादी। [सं-पु.] 1. पागल; विक्षिप्त 2. वात के कारण उत्पन्न एक प्रकार का ज्वर 3. चातक; पपीहा।

वातुल (सं.) [सं-पु.] बावला; पागल।

वातुलता (सं.) [सं-स्त्री.] वातुल होने की अवस्था या भाव; बावलापन; पागलपन।

वातोन्माद (सं.) [सं-पु.] विशेष रूप से स्त्रियों को होने वाला एक तरह का मूर्छा रोग; (हिस्टीरिया)।

वात्य (सं.) [वि.] वात या वायु संबंधी।

वात्या (सं.) [सं-स्त्री.] बवंडर; चक्रवात; बहुत तेज़ चलने वाली हवा।

वात्याचक्र (सं.) [सं-पु.] बवंडर; आँधी।

वात्सरिक (सं.) [वि.] 1. वत्सर या वर्ष संबंधी 2. प्रतिवर्ष होने वाला; वार्षिक।

वात्सल्य (सं.) [सं-पु.] 1. प्रेम; स्नेह 2. विशेषतः माता-पिता के हृदय में होने वाला अपने बच्चों के प्रति नैसर्गिक प्रेम।

वात्सल्यपूर्ण (सं.) [वि.] वात्सल्य के भाव से भरा हुआ; प्रेम-स्नेह से भरा हुआ।

वाद (सं.) [सं-पु.] 1. किसी तत्व या सिद्धांत पर होने वाली बातचीत 2. उक्ति; कथन 3. तर्क-वितर्क; बहस; विवरण 4. दलील 5. बोलना; कहना 6. अभियोग; मुकदमा 7. अफ़वाह; किंवदंती 8. व्यवस्थित मत अथवा सिद्धांत। [परप्रत्य.] एक प्रकार का परप्रत्यय जो किसी शब्द के अंत में लगकर मत या विचारधारा का अर्थ देता है, जैसे- साम्यवाद, नारीवाद, अवसरवाद।

वाद-विवाद (सं.) [सं-पु.] 1. झगड़ा या बहस 2. विचारपूर्ण बातचीत; शास्त्रार्थ 3. विचारों का खंडन-मंडन।

वादक (सं.) [सं-पु.] वाद्ययंत्र को बजाने वाला।

वादग्रस्त (सं.) [वि.] अनिर्णित; अनिश्चित; विवादास्पद।

वादन (सं.) [सं-पु.] 1. बोलना 2. वाद्ययंत्र को बजाना।

वादपत्र (सं.) [सं-पु.] 1. वादी द्वारा किसी के विरुद्ध न्यायालय में प्रस्तुत किया गया आरोपपत्र 2. इस्तगासा; दावानामा।

वादा (अ.) [सं-पु.] 1. वचन; प्रतिज्ञा; इकरार; (प्रॉमिस) 2. कर्ज़ अदा करने का वक्त।

वादाख़िलाफ़ी (अ.+फ़ा.) [सं-स्त्री.] वादे से मुकरना; वचनभंग।

वादाफ़रामोश (अ.+फ़ा.) [वि.] अपने वचन या वादे को भूल जाने वाला।

वादाफ़रामोशी (अ.+फ़ा.) [सं-स्त्री.] वचन या वादे को भूल जाना।

वादाशिकन (अ.+फ़ा.) [वि.] वादे को तोड़ने वाला; वचन भंग करने वाला।

वादिका (सं.) [सं-स्त्री.] वाद्य या बाजा बजाने वाली स्त्री।

वादी (सं.) [वि.] 1. वक्ता; बोलने वाला 2. मुकदमा दायर करने वाला 3. फ़रियादी 4. किसी वाद से संबंध रखने वाला।

वाद्य (सं.) [सं-पु.] वे उपकरण जिनसे संगीत के स्वर या ताल निकलते हैं; बाजा।

वाद्य संगीत (सं.) [सं-पु.] वाद्ययंत्रों से उत्पन्न होने वाला संगीत।

वाद्ययंत्र (सं.) [सं-पु.] वे उपकरण जिनसे संगीत के स्वर या ताल निकलते हैं; बाजा।

वाद्यवृंद (सं.) [सं-पु.] वाद्ययंत्रों या बाजों का समूह।

वान (सं.) [परप्रत्य.] एक प्रकार का परप्रत्यय जो 'रखने वाला', 'चलाने वाला' आदि अर्थ देता है, जैसे- धनवान, गाड़ीवान।

वानप्रस्थ (सं.) [सं-पु.] हिंदुओं में प्राचीन आश्रम व्यवस्था के अंतर्गत मान्य चार आश्रमों में से एक जिसके अंतर्गत पचास वर्ष की आयु पूरी करने पर व्यक्ति को वन के प्रस्थान करने का विधान है।

वानर (सं.) [सं-पु.] 1. बंदर 2. एक प्रकार का द्रव्यगंध 3. दोहे का एक भेद।

वानरश्वा (स) [सं-पु.] कुत्ते की तरह का बंदर।

वानस्पतिक (सं.) [वि.] 1. वनस्पति संबंधी; वनस्पति का 2. वनस्पति से निकला हुआ।

वानस्पत्य (सं.) [वि.] 1. वृक्ष संबंधी 2. वृक्ष से प्राप्त होने वाला।

वानिकी (सं.) [सं-स्त्री.] वन या पेड़-पौधों से संबंधित शास्त्र या विज्ञान; वन्यविज्ञान; (फ़ॉरिस्ट्री)।

वापस (फ़ा.) [वि.] 1. (व्यक्ति) लौटकर फिर अपने स्थान पर आया हुआ; प्रत्यागत 2. (वस्तु) जिसे किसी ने उधार माँगकर अथवा ख़रीदकर लौटा दिया हो। [क्रि.वि.] 1. जहाँ से चली हो उसी ओर 2. जिससे लिया हो उसी को।

वापसी (फ़ा.) [सं-स्त्री.] लौटने या लौटाने की क्रिया या भाव; प्रत्यावर्तन। [वि.] 1. जो लौटकर आया हो 2. लौटाया या फेरा हुआ।

वापिका (सं.) [सं-स्त्री.] वापी; बावली; छोटा जलाशय।

वापी (सं.) [सं-स्त्री.] एक प्रकार का चौड़ा और बड़ा कुआँ या

छोटा तालाब जिसमें जल तक पहुँचने के लिए सीढ़ियाँ लगी रहती हैं; बावली।

वाबस्ता (फ़ा.) [वि.] 1. लगा या जुड़ा हुआ; संबद्ध 2. बँधा हुआ। [सं-पु.] रिश्तेदार; संबंधी।

वाम (सं.) [वि.] 1. बायाँ 2. विरुद्ध; प्रतिकूल 3. असंतुष्ट 4. वक्र; टेढ़ा।

वामदेव (सं.) [सं-पु.] 1. एक वैदिक मुनि 2. शिव; महादेव।

वामन (सं.) [सं-पु.] 1. बौना आदमी 2. पौराणिक कथा के अनुसार विष्णु का एक अवतार 3. अठारह पुराणों में से एक। [वि.] 1. औसत से बहुत कम डील-डौलवाला; बौना; ठिगना 2. छोटा।

वामनपुराण (सं.) [सं-पु.] अठारह महापुराणों में एक महापुराण जिसमें विष्णु की विविध लीलाओं का वर्णन हुआ है।

वामपंथ (सं.) [सं-पु.] 1. प्रगतिशीलता का समर्थक तथा यथास्थितिवाद का विरोधी मत 2. 'दक्षिणपंथ' का विलोम।

वामपंथी (सं.) [सं-पु.] 1. पूँजीवाद तथा यथास्थितिवाद का विरोधी व्यक्ति; (लेफ़्टिस्ट) 2. साम्यवादी विचारधारा वाला व्यक्ति; (कम्यूनिस्ट)।

वाममार्ग (सं.) [सं-पु.] वेदों में बतलाए हुए दक्षिण मार्ग के विरुद्ध एक तांत्रिक मत या धार्मिक विचारधारा जिसमें तंत्र-मंत्र, मैथुन आदि के साथ मद्य, मांस आदि के सेवन का भी विधान है।

वाममार्गी (सं.) [वि.] वाममार्ग का अनुसरण करने वाला।

वामा (सं.) [सं-स्त्री.] 1. स्त्री; औरत 2. गौरी; दुर्गा।

वामांगिनी (सं.) [सं-स्त्री.] पत्नी; भार्या।

वामांगी (सं.) [वि.] दे. पत्नी।

वामावर्त (सं.) [वि.] 1. बाईं तरफ़ घूमा हुआ 2. बाईं ओर से जाने वाला।

वामिका (सं.) [सं-स्त्री.] दुर्गा; चंडिका।

वायदा (फ़ा.) [सं-पु.] 1. वचन; इकरार; वादा 2. प्रतिज्ञा।

वायर (अं.) [सं-पु.] तंतु; तार।

वायरल (अं.) [वि.] संक्रामक; विषाणु जनित; विषाणु जन्य।

वायरस (अं.) [सं-पु.] 1. विषाणु 2. जुकाम, खसरा आदि रोग उत्पन्न करने वाले कारक 3. (सूचना तकनीकी) एक प्रकार के सॉफ़्टवेयर प्रोग्राम जो कंप्यूटर के संचालन में बाधा उत्पन्न करते हैं।

वायरिंग (अं.) [सं-स्त्री.] तार स्थापन।

वायलिन (अं.) [सं-पु.] 1. एक विदेशी वाद्ययंत्र 2. सारंगी जैसा हलका बाजा।

वायव (सं.) [वि.] 1. वायु संबंधी 2. पश्चिमोत्तर 3. निराधार।

वायविक (सं.) [वि.] वायु संबंधी; वायु का।

वायवीय (सं.) [वि.] 1. वायु से परिचालित 2. वायु संबंधी काल्पनिक।

वायव्य (सं.) [सं-पु.] 1. पश्चिमोत्तर कोण या दिशा 2. एक प्रकार का अस्त्र 3. स्वाति नक्षत्र। [वि.] वायु संबंधी।

वायस (सं.) [सं-पु.] 1. कौआ 2. अगर नामक पेड़।

वायु (सं.) [सं-स्त्री.] 1. हवा; पवन 2. हवा का अधिष्ठाता देवता; पवन देव 3. सृष्टि के पंचतत्व में से एक तत्व 4. प्राणतत्व; जीवनतत्व।

वायुचालित (सं.) [वि.] वायु से चलने वाला।

वायुजन्य (सं.) [वि.] वायु से उत्पन्न।

वायुदाब (सं.) [सं-पु.] (भूगोल) किसी क्षेत्र विशेष पर किसी एक समयावधि में हवा का दबाव।

वायुदाब मापक (सं.) [सं-पु.] वायुमंडल में हवा के दबाव को मापने का यंत्र; (बैरोमीटर)।

वायुपथ (सं.) [सं-पु.] वायुमार्ग; वायुयान के आने-जाने का रास्ता; (एयर वे; एयर रूट)।

वायुमंडल (सं.) [सं-पु.] 1. पृथ्वी में चारों ओर का वह परिक्षेत्र जहाँ हवा की परिव्याप्ति होती है; पृथ्वी के चारों ओर का एक गोलाकार वाष्पीय आवरण; वातावरण; पर्यावरण; (एटमॉस्फ़ियर) 2. आकाश।

वायुमंडलीय (सं.) [वि.] वायुमंडल संबंधी।

वायुमार्ग (सं.) [सं-पु.] आकाशमार्ग; (एयर रूट)।

वायुयान (सं.) [सं-पु.] हवाई जहाज़; हवा या आकाश में उड़ने वाला यान।

वायुरहित (सं.) [वि.] हवा से रहित; वायु शून्य।

वायुरोधी (सं.) [वि.] हवा को रोकने वाला।

वायुवेगमापक (सं.) [सं-पु.] हवा के वेग को मापने वाला यंत्र।

वायुसेना (सं.) [सं-स्त्री.] हवा में मार करने वाली सेना; हवाईसेना; (एयरफ़ोर्स)।

वायुसेवा (सं.) [सं-स्त्री.] वायुयान संबंधी सेवा; (एयर सर्विस)।

वार (सं.) [सं-पु.] 1. प्रहार; आघात 2. हमला; आक्रमण 3. सप्ताह के दिनों के नाम के अंत में लगने वाला शब्द, जैसे- सोमवार, मंगलवार 4. द्वार; दरवाज़ा 5. रुकावट 6. समूह।

वारंट (अं.) [सं-पु.] 1. वह पत्र जिसके द्वारा किसी को कोई काम करने का अधिकार या आज्ञा दी गई हो; अधिकारपत्र 2. किसी को पकड़ने या माल ज़ब्त करने की लिखित आज्ञा; अधिपत्र।

वारक (सं.) [वि.] 1. निवारण या निषेध करने वाला 2. दूर करने वाला।

वारण (सं.) [सं-पु.] 1. निवारण 2. प्रतिरोध; रुकावट 3. निषेध; मनाही।

वारदात (अ.) [सं-स्त्री.] 1. घटना; हादसा; दुर्घटना 2. चोरी, डकैती, मारपीट, दंगा-फ़साद आदि की आपराधिक घटना।

वारना [क्रि-स.] न्योछावर करना; उत्सर्ग करना।

वारनिश (अं.) [सं-स्त्री.] लकड़ी के फ़र्नीचर पर चमक लाने के लिए उपयोग में लाया जाने वाला एक रोगन।

वारा (सं.) [सं-पु.] 1. बचत; किफ़ायत 2. लाभ 3. नदी या तालाब का अपनी ओर का किनारा।

वारा-न्यारा (सं.) [सं-पु.] किसी मामले का पूरी तरह निपटारा।

वारा-पार (सं.) [सं-पु.] अंतिम सीमा या चरम सीमा।

वाराह (सं.) [सं-पु.] 1. सुअर; शूकर 2. (पुराण) विष्णु का तीसरा अवतार जो शूकर के रूप में हुआ था 3. जल के पास

होने वाला जलबेंत।

वारि (सं.) [सं-पु.] 1. जल; पानी 2. कोई तरल या द्रव पदार्थ। [सं-स्त्री.] 1. सरस्वती; वाणी 2. वंदिनी 3. सुगंधबाला 4. हाथी बाँधने की ज़ंजीर 5. हाथी फँसाने का फंदा 6. हाथी बाँधने का स्थान 7. घड़ा; गगरा।

वारिचर (सं.) [सं-पु.] 1. पानी के जीव-जंतु; जलचर 2. मछली 3. शंख।

वारिज (सं.) [सं-पु.] 1. कमल 2. शंख 3. मछली 4. घोंघा 5. शंख। [वि.] जल में उत्पन्न।

वारित (सं.) [वि.] जिसका वारण अथवा वर्जन किया गया हो; वर्जित।

वारिद (सं.) [सं-पु.] 1. बादल; मेघ 2. नागरमोथा 3. बाला नामक द्रव्यगंध। [वि.] जलदायी; जल देने वाला।

वारिधि (सं.) [सं-पु.] समुद्र; सागर।

वारिवर्त (सं.) [सं-पु.] बादल; मेघ।

वारिस (अ.) [सं-पु.] 1. उत्तराधिकारी; हकदार 2. वह जिसे किसी की विरासत मिले।

वारिसी (अ.) [सं-स्त्री.] विरासत; धरोहर; न्यास।

वारींद्र (सं.) [सं-पु.] समुद्र; सागर।

वारुणी (सं.) [सं-स्त्री.] 1. वरुण देव की पत्नी; वरुणानी 2. शराब; मदिरा 3. पश्चिम दिशा 4. शतभिषा नक्षत्र 5. गाँडर दूब 6. एक प्राचीन नदी 7. मादा हाथी; हथिनी 6. घोड़े की एक प्रकार की चाल।

वार्ड (अं.) [सं-पु.] 1. किसी विशिष्ट कार्य के लिए स्थानों का निश्चित किया हुआ विभाग, खंड या मंडल, जैसे- इस नगर पालिका में बारह वार्ड हैं 2. रक्षा; हिफ़ाजत 3. अस्पताल का एक कमरा; रोगी कक्ष।

वार्डन (अं.) [सं-पु.] 1. किसी विभाग, छात्रावास आदि का व्यवस्थापक अधिकारी 2. संरक्षक।

वार्ता (सं.) [सं-स्त्री.] 1. बातचीत; वृत्तांत; हाल-चाल 2. किंवदंती; जनश्रुति 3. ख़बर; समाचार 4. ज्ञानवर्धक कथन।

वार्ताकार (सं.) [सं-पु.] 1. बातचीत, वृत्तांत या हालचाल सुनाने वाला व्यक्ति 2. ख़बर या समाचार सुनाने वाला व्यक्ति 3. ज्ञानवर्धक बात या कथा सुनाने वाला व्यक्ति।

वार्तालाप (सं.) [सं-पु.] 1. बातचीत; कथोपकथन 2. लोगों की आपसी बातचीत।

वार्तास्थल (सं.) [सं-पु.] 1. बातचीत करने का स्थान 2. समाचार, कथा आदि सुनने-सुनाने की जगह।

वार्तिक (सं.) [सं-पु.] 1. किसी ग्रंथ की टीका अथवा व्याख्या 2. किसान, व्यवसायी 3. दूत; चर 4. वैद्य। [वि.] 1. वार्ता संबंधी 2. विशद व्याख्या के रूप में होने वाला; व्याख्यात्मक।

वार्द्धक्य (सं.) [सं-पु.] 1. वृद्ध होने की अवस्था या भाव; वृद्धावस्था; बुढ़ापा 2. वृद्धावस्था चरम पर होने के कारण शरीर में होने वाली कमज़ोरी।

वार्निंग (अं.) [सं-स्त्री.] 1. चेतावनी; धमकी 2. पूर्वसूचना।

वार्षिक (सं.) [वि.] 1. वर्ष संबंधी 2. वर्ष में एक बार होने वाला 3. एक वर्ष की अवधिवाला 4. प्रतिवर्ष होने वाला।

वार्षिकी (सं.) [सं-स्त्री.] 1. प्रतिवर्ष दी जाने वाली वृत्ति या अनुदान 2. प्रतिवर्ष होने वाला प्रकाशन 3. बरसी।

वार्षिकोत्सव (सं.) [सं-पु.] प्रति वर्ष होने वाला उत्सव; वार्षिक उत्सव; सालाना जलसा।

वालंटियर (अं.) [सं-पु.] बिना पुरस्कार या वेतन के स्वेच्छा से काम करने वाला; स्वयंसेवक।

वाला (सं.) [परप्रत्य.] एक परप्रत्यय जो कर्तव्य, संबंध, स्वामित्व आदि का सूचक है, जैसे- पानवाला, ठेलेवाला, कामवाला आदि।

वालिद (अ.) [सं-पु.] पिता; बाप।

वालिदा (अ.) [सं-स्त्री.] माता; माँ।

वालिदैन (अ.) [सं-पु.] माता-पिता; माँ-बाप।

वालिनी (सं.) [सं-स्त्री.] अश्विनी नक्षत्र।

वाल्मीकि (सं.) [सं-पु.] एक पौराणिक ऋषि जो रामायण नामक ग्रंथ के रचियता और आदिकवि माने जाते हैं।

वाल्मीकीय (सं.) [वि.] 1. वाल्मीकिकृत; वाल्मीकिप्रणीत 2. वाल्मीकि संबंधी।

वाष्प (सं.) [सं-पु.] 1. भाप 2. उष्मा 3. आँसू।

वाष्प स्नान (सं.) [सं-पु.] खौलते पानी की भाप शरीर पर लेना; कुछ विशिष्ट प्रकार के रोगों की चिकित्सा के लिए ऐसी स्थिति में रहना कि सारे शरीर या पीड़ित अंग पर खौलते हुए पानी की भाप लगे; (स्टीम बाथ)।

वाष्पक (सं.) [सं-पु.] पानी को भाप में बदलने का यंत्र-कक्ष; एक बंद पात्र जिसमें जल या कोई अन्य द्रव गरम किया जाता है जिसमें गरम करने (उबालने) से उत्पन्न वाष्प को बाहर निकालने की समुचित व्यवस्था भी होती है; (ब्वायलर)।

वाष्पन (सं.) [सं-पु.] ताप की सहायता से किसी तरल या द्रव पदार्थ को वाष्प में परिणत कर देना; (वेपोराइज़ेशन)।

वाष्पमय (सं.) [सं-पु.] वाष्पयुक्त।

वाष्पिका (सं.) [सं-स्त्री.] हिंगुपत्री।

वाष्पित (सं.) [वि.] जो वाष्प बन चुका हो।

वाष्पीकरण (सं.) [सं-पु.] (रसायनविज्ञान) द्रव से वाष्प में परिणत होने की क्रिया।

वाष्पीकृत (सं.) [वि.] वाष्प के रूप में परिणत हुआ; जो वाष्प बन चुका हो।

वाष्पोत्सर्जन (सं.) [सं-पु.] 1. वाष्प का उत्सर्जन अथवा निकलना 2. (वनस्पतिविज्ञान) पौधों द्वारा अनावश्यक जल को वाष्प के रूप में शरीर से बाहर निकालने की क्रिया।

वास (सं.) [सं-पु.] 1. निवास; रहने की जगह 2. घर; मकान; आवास 3. गंध।

वासंत (सं.) [सं-पु.] 1. कोकिल 2. मलय पवन 3. मूँगा। [वि.] 1. वसंत में उत्पन्न या उससे संबद्ध 2. युवा 3. कार्य में संलग्न रहने वाला; परिश्रमी।

वासंतिक (सं.) [वि.] वसंत संबंधी; वसंत का; वासंती।

वासंती (सं.) [सं-स्त्री.] 1. जूही 2. माधवी 3. गनियारी 4. नेवारी 5. मदनोत्सव 6. एक रागिनी 7. एक छंद।

वासंती नवरात्र (सं.) [सं-पु.] चैत्र माह के शुक्लपक्ष में पड़ने

वाला नवरात्र; चैत्र माह के शुक्लपक्ष की प्रतिपदा से नवमी (तिथि) तक की अवधि।

वासक (सं.) [सं-पु.] 1. शयनागार 2. वासस्थान 3. गंध 4. वस्त्र 5. अड़ूसा नामक वृक्ष और उसका फल।

वासकसज्जा (सं.) [सं-स्त्री.] (साहित्य) शयनकक्ष को व्यवस्थित कर प्रेमी की प्रतीक्षा में सज-धजकर बैठी नायिका।

वासना (सं.) [सं-स्त्री.] 1. भावना; कामना; इच्छा 2. कल्पना; विचार; ख़याल 3. दबी हुई इच्छा 4. विषय लालसा।

वासनात्मक (सं.) [वि.] वासना से संबंधित।

वासनामय (सं.) [वि.] वासना से संबंधित।

वासव (सं.) [सं-पु.] 1. इंद्र 2. घनिष्ठा नक्षत्र। [वि.] इंद्र संबंधी।

वासित (सं.) [वि.] गंधयुक्त; सुगंधित।

वासी (सं.) [वि.] रहने वाला; बसने वाला।

वासुदेव (सं.) [सं-पु.] 1. कृष्ण 2. पीपल का वृक्ष।

वास्तव (सं.) [वि.] सच; सत्य; यथार्थ; निश्चित।

वास्तविक (सं.) [वि.] 1. यथार्थ; ठीक; जो अस्तित्व में हो; (रीअल) 2. जो काल्पनिक या मिथ्या न हो 3. तात्विक; परमार्थ; सत्य।

वास्तविकता (सं.) [सं-स्त्री.] 1. वास्तविक होने की अवस्था या भाव; असलियत; सच्चाई 2. सच्ची या यथार्थ स्थिति।

वास्ता (अ.) [सं-पु.] 1. संबंध; नाता; रिश्ता 2. लगाव; सरोकार।

वास्तु (सं.) [सं-पु.] 1. ईंट, चूने, पत्थर, लकड़ी आदि से निर्मित रचना; इमारत; भवन; स्थापत्य 2. मकान की नींव 3. मकान का नक्शा 4. मकान बनाने योग्य स्थान।

वास्तुकला (सं.) [सं-स्त्री.] वास्तु या भवन निर्माण की कला जिसके अंतर्गत चित्रण और तक्षण दोनों आते हैं; वास्तुशास्त्र; वास्तुशिल्प; स्थापत्यकला; (आर्कीटेक्चर)।

वास्तुकार (सं.) [सं-पु.] भवन का प्रारूप तैयार करने वाला व्यक्ति; भवन निर्माण करने वाला व्यक्ति; (आर्किटेक्ट)।

वास्तुशास्त्र (सं.) [सं-पु.] वास्तुकला से संबंधित शास्त्र; वास्तुकला की जानकारी देने वाला शास्त्र।

वास्तुशिल्पी (सं.) [वि.] 1. भवन निर्माण कला में दक्ष तथा कार्य करने वाला 2. वास्तु का निर्माण करने वाला।

वास्ते (अ.) [अव्य.] कारण; हेतु; लिए।

वाह-वाह (फ़ा.) [अव्य.] तारीफ़ में कहा जाने वाला शब्द; साधु-साधु; धन्य-धन्य; क्या बात है।

वाह[1] (सं.) [परप्रत्य.] वहन करने वाला; ढोने वाला, जैसे- भारवाह।

वाह[2] (फ़ा.) [अव्य.] प्रशंसा और आश्चर्यसूचक शब्द; साधु; धन्य; शाबाश।

वाहक (सं.) [सं-पु.] 1. वाहन का चालक; सारथी; गाड़ीवान 2. कुली। [वि.] 1. लादकर ले जाने वाला; ढोने वाला 2. किसी दायित्व का वहन करने वाला।

वाहन (सं.) [सं-पु.] ऐसा पशु या गाड़ी जिसपर लोग चढ़कर आते-जाते हों; सवारी, जैसे- रथ, घोड़ा, बैलगाड़ी, रेलगाड़ी आदि।

वाहवाही (फ़ा.) [सं-स्त्री.] प्रशंसा; बहुत अच्छा, धन्य-धन्य आदि कहा जाना; साधुवाद।

वाहिका (सं.) [सं-स्त्री.] रक्तवाहिनी शिरा; धमनी।

वाहित (सं.) [वि.] 1. प्रवाहित; बहता हुआ 2. चालित; चलाया हुआ 3. वहन किया हुआ; ढोया हुआ।

वाहिनी (सं.) [सं-स्त्री.] 1. वहन करने वाली नली 2. नदी 3. सेना 4. सेना का एक विभाग; (डिवीज़न)।

वाहिम (अ.) [वि.] 1. वहम करने वाला 2. सोचने या कल्पना करने वाला।

वाहिमा (अ.) [सं-स्त्री.] कल्पना शक्ति।

वाहियात (अ.) [वि.] 1. ख़राब; व्यर्थ; निरर्थक 2. अनर्गल; अशिष्ट 3. दुष्ट; निकम्मा; मूर्ख (व्यक्ति)।

वाही (सं.) [वि.] 1. प्रवाही; बहने वाला 2. वहन करने वाला; ढोने वाला।

वाह्य (सं.) [वि.] जो आंतरिक न हो; बाहरी।

वाह्यांतर (सं.) [वि.] बाहर और भीतर का। [अव्य.] बाहर-भीतर।

वाह्यावरण (सं.) [सं-पु.] बाहरी आवरण; ऊपरी परत।

वाह्येंद्रिय (सं.) [सं-स्त्री.] वाह्य विषयों का बोध कराने वाली पाँच इंद्रियाँ- आँख, नाक, कान, जीभ तथा त्वचा।

वि (सं.) [पूर्वप्रत्य.] एक पूर्वप्रत्यय जो शब्दों के आरंभ में जुड़कर निम्न अर्थ देता है- 1. पृथकता, जैसे- वियोग 2. निषेध या विलोम, जैसे- विक्रय 3. विशेषता, जैसे- विहीन।

विंदु (सं.) [सं-पु.] 1. तरल पदार्थ की एक बूँद; (ड्रॉप) 2. बिंदी 3. अनुस्वार 4. छोटा गोलाकार चिह्न; शून्य 5. कोई विशिष्ट स्थान या क्षेत्र 6. कोई विचारणीय मुद्दा। [मु.] - **विसर्ग न जानना** : आरंभिक ज्ञान न होना; किसी बात का 'कखग' न जानना।

विंदु विसर्ग (सं.) [सं-पु.] सूक्ष्म तत्व जिनसे किसी शब्द में स्वरूपगत तथा अर्थगत परिवर्तन हो जाता हो।

विंदुक (सं.) [सं-पु.] छोटी पिचकारी जिससे आँख, नाक, कान आदि में बूँद-बूँद करके दवा डाली जाती है; (ड्रॉपर)।

विंदुचित्र (सं.) [सं-पु.] विंदुओं से निर्मित चित्र।

विंध्याचल (सं.) [सं-पु.] 1. विंध्य नामक पर्वत 2. उत्तर प्रदेश के मिर्ज़ापुर जनपद में स्थित एक धार्मिक स्थल जहाँ विंध्यपर्वत पर विंध्यवासिनी देवी का स्थान है।

विंश (सं.) [सं-पु.] बीसवाँ भाग या हिस्सा। [वि.] बीसवाँ।

विकच (सं.) [वि.] 1. खिला हुआ; विकसित 2. जिसके कच या बाल न हों; केशहीन।

विकट (सं.) [वि.] 1. विशाल; बड़ा 2. भद्दा; भोंड़ा 3. कठिन; मुश्किल 4. दुर्गम; दुसाध्य 5. टेढ़ा; वक्र 6. विकृत 7. भीषण; भयंकर।

विकर (सं.) [सं-पु.] 1. बीमारी; रोग; व्याधि 2. तलवार चलाने के बत्तीस प्रकारों में से एक।

विकराल (सं.) [वि.] 1. डरावना; भीषण आकृतिवाला 2. भयानक।

विकर्ण (सं.) [सं-पु.] (गणित) किसी बहुभुज के असंलग्न

शीर्ष बिंदुओं को मिलाने वाली रेखा; वह रेखा जो किसी चतुर्भुज के तिरछे बल में पड़ने वाले आमने-सामने के बिंदुओं को मिलाती और उस चतुर्भुज को दो त्रिभुजों में विभक्त करती है। [वि.] बिना कान का।

विकर्णतः (सं.) [अव्यय] विकर्ण की तरह; तिरछे बल में।

विकर्म (सं.) [सं-पु.] अनुचित कर्म; अनैतिक कर्म।

विकर्षण (सं.) [सं-पु.] 1. विपरीत दिशा में होने वाला आकर्षण 2. दूर हटाना।

विकल (सं.) [वि.] 1. व्याकुल; विह्वल; बेचैन; अधीर 2. अपूर्ण; खंडित; अंगहीन 3. रहित; हीन; असमर्थ 4. क्षुब्ध 5. हतोत्साह।

विकलता (सं.) [सं-स्त्री.] विकल होने का भाव या अवस्था; अधीरता; बेचैनी; व्याकुलता।

विकलन (सं.) [सं-पु.] खाते अथवा रोकड़-बही में किसी के नाम या किसी मद में दिए हुए धन का उल्लेख करना; (डेबिट)।

विकला (सं.) [सं-स्त्री.] 1. चंद्रकला का सोलहवाँ हिस्सा 2. (गणित) समय का एक छोटा मानक।

विकलांग (सं.) [वि.] 1. किसी अंग से हीन; अपूर्ण या बेकार अंगोंवाला 2. अपंग; लँगड़ा-लूला।

विकल्प (सं.) [वि.] 1. वह अवस्था जिसमें कई विषयों या बातों में से कोई एक विषय या बात चुनने का अधिकार हो 2. अनिश्चित विचार; 'संकल्प' का विलोम 3. धोखा; भ्रम; भ्रांति; भेदयुक्त ज्ञान 4. संदेह; अनिश्चय 5. एक अर्थालंकार।

विकसन (सं.) [सं-पु.] 1. विकसित होने की क्रिया या भाव 2. कलियों का खिलना।

विकसना (सं.) [क्रि-अ.] 1. विकसित होना 2. खिलना; प्रफुल्लित होना।

विकसित (सं.) [वि.] 1. जिसका विकास हो चुका हो 2. खिला हुआ; प्रफुल्ल; प्रस्फुटित 3. प्रसन्न।

विकस्वर (सं.) [सं-पु.] एक अर्थालंकार।

विकार (सं.) [सं-पु.] 1. बिगड़ना; ख़राबी 2. प्रकृति, रूप, स्थिति आदि में होने वाला परिवर्तन 3. (वेदांत और सांख्य दर्शन) किसी पदार्थ के रूप आदि का बदल जाना 4. वासना; उद्वेग 5. रोग; बीमारी 6. परिणाम।

विकारग्रस्त (सं.) [वि.] विकार से पीड़ित।

विकारमय (सं.) [वि.] विकार से युक्त।

विकारी (सं.) [वि.] 1. विकार वाला; विकारयुक्त 2. बिगड़ा हुआ। [सं-पु.] शब्दों का एक प्रकार।

विकार्य (सं.) [सं-पु.] अहंकार। [वि.] परिवर्तनशील।

विकाल (सं.) [सं-पु.] 1. दिन के अंतिम पहर का समय; संध्याकाल 2. उपयुक्त समय के बाद का समय।

विकास (सं.) [सं-पु.] 1. फैलना; बढ़ना 2. उन्नति; प्रगति; अभिवृत्ति 3. समृद्धि 4. प्रस्फुटन; खिलना 5. उत्थान 6. क्रमशः वृद्धि।

विकासपरक (सं.) [वि.] विकास, उन्नति या समृद्धि से संबंधित।

विकासमान (सं.) [वि.] 1. विकास या उन्नति करता हुआ 2. विकसित होता हुआ।

विकासवाद (सं.) [सं-पु.] पृथ्वी पर विकास के विषय में दिया गया आधुनिक वैज्ञानिकों (मूलतः डार्विन) का एक प्रसिद्ध सिद्धांत जिसमें प्राणियों का प्रादुर्भाव एक ही मूल तत्व से हुआ माना जाता है।

विकासशील (सं.) [वि.] 1. प्रगति, उन्नति, समृद्धि की ओर अग्रसर 2. विकसित होता हुआ; विकास करता हुआ; विकासमान।

विकिरण (सं.) [सं-पु.] 1. छितराना; तितर-वितर करना 2. चारों ओर फैलाना 3. परमाणु के नाभिक से निकलने वाली किरण जो बहुत ख़तरनाक होती है; (रेडिएशन)।

विकिरणशील (सं.) [वि.] 1. फैलता हुआ 2. फैलने वाला।

विकीरित (सं.) [वि.] छितराया या फैलाया हुआ; विकीर्ण।

विकीर्ण (सं.) [वि.] 1. छितराया या फैलाया हुआ 2. भरा हुआ 3. प्रसिद्ध; मशहूर।

विकृत (सं.) [वि.] 1. बिगड़ा हुआ; विकारयुक्त; बेडौल 2. बदला हुआ; परिवर्तित 3. रोगी; बीमार 4. दूषित; ख़राब।

विकृति (सं.) [सं-स्त्री.] 1. विकृत होने की अवस्था या भाव 2. विकार; दोष 3. बिगड़ा हुआ रूप; रूपांतरित; परिवर्तित 4. रोग; बीमारी 5. माया; कामवासना।

विकृष्ट (सं.) [वि.] 1. खींचा हुआ; आकृष्ट 2. फैलाया हुआ।

विकेंद्रित (सं.) [वि.] केंद्र से हटा या हटाया हुआ; केंद्र के चारों ओर फैला या फैलाया हुआ।

विकेंद्रीकरण (सं.) [सं-पु.] किसी सत्ता या अधिकार को केंद्र से हटाकर दूर करना; राजनीतिक क्षेत्र में शक्ति या सत्ता का केंद्र या एक व्यक्ति में निहित न होकर अनेक संस्थाओं या व्यक्तियों में थोड़े-थोड़े अंशों में निहित होना; (डिसेंट्रलाइज़ेशन)।

विकेंद्रीकृत (सं.) [वि.] जिसका विकेंद्रीकरण हो चुका हो; विकेंद्रित।

विकेट (अं.) [सं-स्त्री.] क्रिकेट (खेल) का डंडा जो बल्लेबाज़ के ठीक पीछे (तीन की संख्या में) खड़ा होता है।

विक्टोरिया (अं.) [सं-स्त्री.] 1. ब्रिटेन की एक रानी 2. उक्त नाम का युग 3. ऐसी गाड़ी जो देखने में फिटन (घोड़ागाड़ी) सी दिखती है। [सं-पु.] छोटा ग्रह जिसका पता सन् 1850 में हैंड नामक पाश्चात्य ज्योतिषी ने लगाया था।

विक्रम (सं.) [सं-पु.] 1. बल या पौरुष की अधिकता 2. वीरता 3. शक्ति। [वि.] 1. उत्तम; श्रेष्ठ; बेजोड़ 2. क्रमरहित।

विक्रमादित्य (सं.) [सं-पु.] उज्जयिनी का एक प्रसिद्ध राजा जो विक्रम संवत का प्रवर्तक भी है।

विक्रमी (सं.) [वि.] 1. विक्रम संबंधी; विक्रम का 2. जिसमें वीरता हो।

विक्रमी संवत (सं.) [सं-पु.] उज्जयिनी के राजा विक्रमादित्य द्वारा चलाया गया संवत।

विक्रय (सं.) [सं-पु.] कीमत लेकर कोई वस्तु किसी को देना; बेचना; बिक्री।

विक्रय-कर (सं.) [सं-पु.] वस्तुओं की बिक्री पर लगने वाला राजकीय शुल्क; बिक्रीकर; (सेल्स टैक्स)।

विक्रय कला (सं.) [सं-स्त्री.] विक्रय की कला; बेचने का हुनर; ग्राहकों को आकर्षित करने का कौशल; (सेल्समैनशिप)।
विक्रयार्थ (सं.) [वि.] बिक्री हेतु; बिक्री का।
विक्रयिका (सं.) [सं-स्त्री.] बिक्री का विवरण देने वाला चिट्ठा जो बेचने वाला ख़रीदने वाले को देता है; (कैशमेमो)।
विक्रयी (सं.) [सं-पु.] बेचने वाला; विक्रेता।
विक्रियोपमा (सं.) [सं-स्त्री.] (काव्यशास्त्र) एक प्रकार का उपमालंकार जिसमें किसी विशिष्ट क्रिया या उपाय का अवलंब कहा जाता है।
विक्रीत (सं.) [वि.] बेचा हुआ; बिका हुआ।
विक्रेता (सं.) [वि.] किसी वस्तु की बिक्री करने वाला; बेचने वाला। [सं-पु.] दुकानदार।
विक्रेय (सं.) [वि.] बेचने योग्य; बिकाऊ।
विक्रोश (सं.) [सं-पु.] आक्रोश में कहे गए शब्द; गाली।
विक्षत (सं.) [वि.] आहत; घायल; चोटिल; ज़ख़्मी।
विक्षिप्त (सं.) [वि.] 1. फेंका या छितराया हुआ 2. विकल; व्यग्र 3. जिसके मस्तिष्क में विकार हो गया हो; पागल; सनकी।
विक्षिप्तता (सं.) [सं-स्त्री.] विक्षिप्त होने की अवस्था या भाव; पागलपन; उन्माद।
विक्षिप्ति (सं.) [सं-स्त्री.] विक्षिप्तता; पागलपन; उन्माद।
विक्षुब्ध (सं.) [वि.] 1. अति क्षुब्ध; क्षोभ से भरा हुआ 2. उद्विग्न 3. अस्त-व्यस्त; अशांत।
विक्षेप (सं.) [सं-पु.] 1. तितर-बितर करना; बिखेरना; इधर-उधर छितराना 2. फेंकना 3. झटका देना 4. बरबाद करना 5. धनुष का चिल्ला या डोरी चढ़ाना 6. बाधा; विघ्न 7. सेना का पड़ाव; छावनी 8. एक प्रकार का प्राचीन अस्त्र।
विक्षोभ (सं.) [सं-पु.] 1. बहुत क्षोभ; उद्वेलन 2. उद्विग्नता; खिन्नता 3. उथल-पुथल।
विखंडन (सं.) [सं-पु.] 1. खंड-खंड करना; किसी चीज़ के छोटे-छोटे टुकड़े करना; किसी चीज़ को तोड़-फोड़ कर उसके खंड या टुकड़े करना 2. वह प्रक्रिया जिसमें एक भारी नाभिक दो लगभग बराबर नाभिकों में टूट जाता हैं; अणु से परमाणुओं के अलग होने की वैज्ञानिक प्रक्रिया।
विखंडनवाद (सं.) [सं-पु.] 1. वाक्य की क्रियागत विशेषता को विखंडित करते या तोड़ते हुए उसके व्यापक अर्थ का निर्माण 2. वह वाद जिसके अनुसार किसी भी चीज़ का कोई अंतिम अर्थ नहीं है, उक्त वाद के प्रतिपादक देरिदा थे।
विखंडनीय (सं.) [वि.] जिसका विखंडन संभव हो।
विखंडित (सं.) [वि.] 1. खंड-खंड में विभाजित 2. विघटित 3. चूर-चूर।
विख्यात (सं.) [वि.] जिसकी बहुत ख्याति हो; प्रसिद्ध; मशहूर।
विख्याति (सं.) [सं-स्त्री.] कीर्ति; प्रसिद्धि; यश; शोहरत।
विख्यापन (सं.) [सं-पु.] 1. घोषणा करना 2. प्रकाशित करना।
विगत (सं.) [वि.] 1. बीता हुआ; गत 2. पिछला 3. गत से ठीक पहले का, जैसे- विगत वर्षों में 4. जिसकी कांति या प्रभाव नष्ट हो चुका हो।
विगति (सं.) [सं-स्त्री.] दुर्गति; ख़राब दशा; दुर्दशा।
विगर्हित (सं.) [वि.] 1. ख़राब; बुरा 2. निषिद्ध।
विगलन (सं.) [सं-पु.] 1. सड़ने या गलने की क्रिया या भाव 2. पिघलना 3. रिसना 4. तरल होना 5. ढीला पड़ना; शिथिल होना।
विगलित (सं.) [वि.] 1. गला हुआ; पिघला हुआ 2. टपककर या रिसकर निकला हुआ 3. गिरा हुआ; पतित 4. ढीला पड़ा हुआ; शिथिल 5. विकृत।
विगुण (सं.) [वि.] जिसमें कोई गुण न हो; गुणरहित; गुणहीन।
विग्र (सं.) [वि.] 1. कटी हुई नाकवाला 2. चपटी नाकवाला 3. बिना नाकवाला।
विग्रह (सं.) [सं-पु.] 1. झगड़ा; विवाद; कलह 2. फैलाना; दूर करना 3. टुकड़ा; विभाग 4. आकृति; शक्ल; सूरत 5. शरीर; देह 6. मूर्ति; प्रतिमा 7. युद्ध।
विघटन (सं.) [सं-पु.] 1. विघटित होना या करना 2. अलग करना 3. तोड़ना 4. छिन्न-भिन्न हो जाना 5. नाश; बरबादी।
विघटनकारी (सं.) [वि.] 1. विघटन करने वाला 2. बरबाद करने वाला 3. दूर करने वाला 4. कलह या बँटवारा कराने वाला।
विघटनशील (सं.) [वि.] 1. विघटित होता हुआ; घटता हुआ 2. छिन्न-भिन्न होता हुआ।
विघटित (सं.) [वि.] तोड़ा या अलग किया हुआ।
विघात (सं.) [सं-पु.] 1. आघात; चोट 2. विघ्न; बाधा 3. विफलता 4. विनाश 5. हत्या।
विघूर्णन (सं.) [सं-पु.] 1. इधर-उधर घूमना 2. चक्कर लगाना।
विघूर्णित (सं.) [वि.] घूमता या चक्कर लगाता हुआ।
विघोषण (सं.) [सं-पु.] 1. घोषणा करना; ऊँची आवाज़ में कहना 2. सूचना आदि का प्रकाशन।
विघ्न (सं.) [सं-पु.] 1. अड़चन; बाधा; रुकावट 2. कोई अशुभ लक्षण; अपशकुन।
विघ्न-बाधा (सं.) [सं-पु.] रुकावट; अड़चन; बाधा।
विचक्षण (सं.) [वि.] 1. निपुण; पटु 2. कुशल; दक्ष; विद्वान 3. प्रकाशमान 4. दूरदर्शी 5. कुशाग्र बुद्धिवाला।
विचयन (सं.) [सं-पु.] 1. चुनना; एकत्र करना 2. जाँचना; परखना 3. तलाशी।
विचरण (सं.) [सं-पु.] 1. घूमना; फिरना; चलना 2. भ्रमण।
विचरना (सं.) [क्रि-अ.] 1. विचरण करना; चलना-फिरना 2. घूमना-फिरना।
विचल (सं.) [वि.] 1. अस्थिर; चंचल 2. अधीर; व्याकुल 3. डिगा हुआ।
विचलन (सं.) [सं-पु.] 1. विचलित होना; पथ से भ्रष्ट होना 2. ऐसा कार्य जो निश्चय या विचार की दृष्टि से तटस्थ या दृढ़ न हो।
विचलित (सं.) [वि.] 1. अस्थिर; चंचल 2. अधीर; व्याकुल 3. प्रतिज्ञा, नियम, कर्तव्य आदि से हटा हुआ।
विचार (सं.) [सं-पु.] 1. भाव; ख़याल; सोच 2. वह जो किसी वस्तु, विषय, बात आदि के संबंध में बुद्धि से सोचा जाए या सोच कर निश्चित किया जाए; निश्चयात्मक बोध 3. समझ;

मनन-चिंतन।

विचार-विमर्श (सं.) [सं-पु.] 1. सोचना-समझना; मनन-चिंतन 2. राय-मशविरा।

विचार स्वातंत्र्य (सं.) [सं-पु.] अपने विचार को प्रकट करने की स्वतंत्रता; (लिबर्टी ऑव थॉट)।

विचारक (सं.) [सं-पु.] विचार करने वाला व्यक्ति; विचारकर्ता; दार्शनिक।

विचारगर्भित (सं.) [वि.] विचारों से भरा हुआ; विचारों से परिपूर्ण।

विचारण (सं.) [सं-पु.] 1. विचार करने की क्रिया या भाव 2. किसी विवाद आदि के संबंध में न्यायालय का निर्णय।

विचारणीय (सं.) [वि.] 1. वह बात या विषय जो विचार करने योग्य हो; विचार्य; चिंत्य 2. संदिग्ध।

विचारतंत्र (सं.) [सं-पु.] विचार-प्रणाली।

विचारतत्व (सं.) [सं-पु.] विचारों का सार; विचारों का मूल विषय।

विचारधारा (सं.) [सं-स्त्री.] 1. सिद्धांत; मत; सोच 2. विचारों का प्रवाह; चिंतन का तरीका; विचार प्रणाली 3. सैद्धांतिक दृष्टि; (आइडियोलॉज़ी)।

विचारना (सं.) [क्रि-अ.] 1. किसी विषय या वस्तुस्थिति पर गौर करना 2. खोज अथवा परीक्षण करना।

विचारनिष्ठ (सं.) [वि.] 1. अपने विचारों पर अडिग रहने वाला; प्रतिबद्ध 2. विचारयुक्त; चिंतनयुक्त।

विचारमग्न (सं.) [वि.] 1. जो विचारों में खोया हो 2. चिंतन, सोच या विचार में डूबा हुआ।

विचारमग्नता (सं.) [सं-स्त्री.] विचारों में मग्न होने या खो जाने का भाव।

विचाररहित (सं.) [वि.] विचारों से रहित; विचारशून्य।

विचारलोक (सं.) [सं-पु.] विचारों की काल्पनिक दुनिया।

विचारवान (सं.) [वि.] 1. विचारशील; सोचने-विचारने वाला 2. चिंतन की क्षमता वाला 3. आचार-विचार वाला; सोच-विचारकर चलने वाला।

विचारशक्ति (सं.) [सं-स्त्री.] विचार करने की शक्ति; सोचने-विचारने की शक्ति।

विचारशील (सं.) [वि.] सोच-विचार करने में सक्षम; बुद्धिमान; चिंतनशील; समझदार।

विचारशीलता (सं.) [सं-स्त्री.] समझदारी; बुद्धिमानी।

विचारहीन (सं.) [वि.] जिसके पास सोचने-विचारने की क्षमता न हो; विचारविमूढ़।

विचारात्मक (सं.) [वि.] विचारयुक्त; विचारपूर्ण।

विचाराधीन (सं.) [वि.] विचार के अधीन; जिसपर विचार हो रहा हो।

विचारानुकूल (सं.) [क्रि.वि.] विचार के अनुकूल।

विचारार्थ (सं.) [वि.] विचार हेतु; विचार के लिए।

विचारित (सं.) [वि.] विचार किया हुआ; जिसपर विचार हुआ हो।

विचारी (सं.) [सं-पु.] विचार करने वाला व्यक्ति। [वि.] विचार करने वाला।

विचारोत्तेजक (सं.) [वि.] विचारों को उत्तेजित करने वाला।

विचारोत्तेजना (सं.) [सं-स्त्री.] विचारों की उत्तेजना; चिंतन-मनन की उत्तेजना।

विचार्य (सं.) [वि.] वह बात या विषय जो विचार करने योग्य हो; विचारणीय।

विचिकित्सा (सं.) [सं-स्त्री.] छानबीन; खोजबीन; जाँच-पड़ताल।

विचित्त (सं.) [वि.] 1. जिसका चित्त ठीक न हो 2. उदासीन।

विचित्र (सं.) [वि.] 1. अनूठा; विलक्षण; अजीब; असाधारण; कौतूहल उत्पन्न करने वाला; चकित या विस्मित करने वाला 2. रंग-बिरंगा; अनेक रंगोंवाला 3. मनोरंजक; सुंदर; मनोहर।

विचित्रता (सं.) [सं-स्त्री.] विचित्र या अजीब होने की अवस्था या भाव; विलक्षणता; अनोखापन।

विचुंबित (सं.) [वि.] 1. चूमा हुआ 2. स्पर्श किया हुआ।

विचूर्ण (सं.) [वि.] अच्छी तरह चूर्ण किया हुआ; अच्छी तरह पीसा हुआ।

विचूर्णित (सं.) [वि.] अच्छी तरह चूर्ण किया हुआ; विचूर्ण।

विचेतन (सं.) [वि.] चेतना से विलग; बेसुध; बेहोश।

विचेष्ट (सं.) [वि.] चेष्टा से रहित; चेष्टाहीन।

विच्छित्ति (सं.) [सं-स्त्री.] 1. विच्छेद; विच्छेदन; अलगाव 2. त्रुटि; कमी 3. (साहित्य) एक प्रकार का हाव जिसमें नायिका साधारण श्रृंगार-मात्र से ही, जो उसकी सुंदरता में अतिशय वृद्धि कर देता है, नायक को मोहित करने की चेष्टा करती है।

विच्छिन्न (सं.) [वि.] 1. जिसका विच्छेद हुआ हो; काटकर या छेदकर अलग किया हुआ; पृथक 2. विभाजित 3. छिन्न-भिन्न 4. समाप्त।

विच्छुरित (सं.) [वि.] 1. छोड़ा हुआ; छोड़ता हुआ 2. वेल्डिंग करते समय निकलने वाली आग की चिनगारियाँ।

विच्छेद (सं.) [सं-पु.] 1. पृथक; अलग; काट कर अलग करने की क्रिया 2. खंडन करना 3. क्रमभंग 4. अलगाव; पृथकता 5. नाश; बरबादी; क्षति; विनाश 6. विघटन; विभाजन।

विच्छेदन (सं.) [सं-पु.] 1. विच्छेद करने का कार्य; पृथक्करण; अलगाव 2. खंडन; भंजन।

विच्युत (सं.) [वि.] 1. अपने स्थान से च्युत या हटा हुआ 2. जो अलग हो गया हो 3. नष्ट 4. दिशाहीन 5. भ्रष्ट।

विछोह (सं.) [सं-पु.] 1. प्रिय से दूर होना; प्रिय का वियोग 2. वियोग दुख।

विजड़ित (सं.) [वि.] 1. जड़ीभूत; जो जड़ बन गया हो 2. जटित; जड़ा हुआ 3. गतिहीन; शक्तिहीन।

विजन (सं.) [सं-पु.] 1. निर्जन वन 2. सूनापन। [वि.] सुनसान; जनशून्य; एकांत।

विज़न (अं.) [सं-स्त्री.] 1. दृष्टि; निगाह 2. वीक्षण शक्ति 3. दर्शन 4. देखने का सामर्थ्य 5. स्वप्न 6. दृश्य।

विजय (सं.) [सं-स्त्री.] 1. जीत; जय 2. युद्ध आदि में प्राप्त सफलता 3. प्रतियोगी या प्रतिस्पर्धी को हरा कर सिद्ध की जाने वाली श्रेष्ठता 4. प्रतियोगिता आदि में होने वाली जीत।

विजय कामना (सं.) [सं-स्त्री.] 1. जीत की इच्छा 2. सफलता के लिए की जाने वाली कामना।

विजय गान (सं.) [सं-पु.] विजय के उपरांत गाया जाने वाला गाना; विजयसूचक गान।

विजय तूर्य (सं.) [सं-स्त्री.] युद्ध में विजय के उपरांत बजाई जाने वाली तुरही; रणभेरी।

विजय स्मारक (सं.) [सं-पु.] विजय की स्मृति में बनाया गया भवन या किया गया निर्माण।

विजयकर (सं.) [वि.] विजय करने वाला; विजयी।

विजयदायी (सं.) [वि.] विजय दिलाने वाला; जिताने वाला।

विजययात्रा (सं.) [सं-स्त्री.] 1. विजय के उद्देश्य से की जाने वाली यात्रा 2. जिस यात्रा में विजय मिली हो।

विजयलक्ष्मी (सं.) [सं-स्त्री.] विजय की अधिष्ठात्री देवी; विजय प्राप्त कराने वाली देवी।

विजयश्री (सं.) [सं-स्त्री.] 1. विजयरूपी लक्ष्मी; विजयलक्ष्मी 2. विजयी होने पर मिलने वाला उपहार।

विजया (सं.) [सं-स्त्री.] 1. दुर्गा का एक रूप 2. विजयोत्सव 3. एक प्रकार का छंद।

विजयादशमी (सं.) [सं-स्त्री.] 1. आश्विन माह के शुक्ल पक्ष की दशमी 2. आश्विन माह के शुक्ल पक्ष की दशमी को होने वाला हिंदुओं का एक विशेष पर्व; दशहरा।

विजयी (सं.) [सं-पु.] जीतने वाला व्यक्ति; जयी; विजेता। [वि.] जिसकी जीत हुई हो।

विजयेश (सं.) [सं-पु.] विजय के अधिष्ठाता देव; शिव।

विजयोत्सव (सं.) [सं-पु.] 1. विजय के उपलक्ष्य में मनाया जाने वाला उत्सव 2. विजयादशमी का उत्सव।

विजल (सं.) [सं-पु.] 1. वर्षा का न होना; सूखा 2. अवर्षण; अनावृष्टि। [वि.] निर्जल; जलरहित।

विजाति (सं.) [सं-स्त्री.] भिन्न जाति या वर्ग; दूसरी जाति।

विजातीय (सं.) [वि.] भिन्न जाति या वर्ग का; दूसरी जाति का।

विज़िट (अं.) [सं-स्त्री.] 1. मुलाकात; भेंट 2. मिलने-देखने के लिए जाना।

विजिटर (अं.) [वि.] 1. आगंतुक 2. मुलाकाती। [सं-पु.] 1.परिदर्शक 2. कुलाध्यक्ष।

विजित (सं.) [वि.] 1. जिसको जीता गया हो; जिसपर विजय प्राप्त की गई हो 2. जिसको पराजित किया गया हो; जीता हुआ।

विजुगुप्सा (सं.) [सं-स्त्री.] 1. निंदा; बुराई 2. किसी की बुराई या दोष बतलाने की क्रिया 3. घृणा; घिन; नफ़रत।

विजेता (सं.) [वि.] 1. जीतने वाला; विजयी 2. सफल होने वाला।

विजेय (सं.) [वि.] विजय के योग्य; पराजित करने योग्य।

विज्ञ (सं.) [वि.] 1. जानकार; विद्वान; ज्ञाता 2. विशेषज्ञ; निपुण।

विज्ञता (सं.) [सं-स्त्री.] 1. जानकारी 2. समझदारी; बुद्धिमत्ता।

विज्ञप्त (सं.) [वि.] विज्ञापित किया हुआ; सूचित किया हुआ।

विज्ञप्ति (सं.) [सं-स्त्री.] 1. सूचित करने की क्रिया; (नोटिफ़िकेशन) 2. प्रकाशनार्थ या प्रचारार्थ तैयार किया गया वक्तव्य या सूचनापत्रक; प्रकाशित सूचना 3. सरकारी सूचना 4. विज्ञापन; इश्तहार।

विज्ञात (सं.) [वि.] 1. जाना या समझा हुआ 2. विख्यात; प्रसिद्ध।

विज्ञान (सं.) [सं-पु.] 1. ज्ञान; जानकारी 2. किसी वस्तु या विषय का सुसंगठित, सुव्यवस्थित, क्रमबद्ध एवं प्रयोगों पर आधारित ज्ञान; शास्त्र आदि का ज्ञान, जैसे- भाषाविज्ञान, रसायनविज्ञान।

विज्ञानवाद (सं.) [सं-पु.] एक बौद्ध दार्शनिक सिद्धांत जिसमें यह माना जाता है कि संसार के समस्त पदार्थ असत्य होने पर भी विज्ञान या चित की दृष्टि से सत्य ही हैं।

विज्ञानी (सं.) [वि.] 1. किसी विषय का श्रेष्ठ जानकार; ज्ञानी 2. वैज्ञानिक।

विज्ञानीय (सं.) [वि.] विज्ञान संबंधी।

विज्ञापन (सं.) [सं-पु.] 1. सब लोगों को दी जाने वाली सूचना; इश्तहार 2. जानकारी कराना; सूचित करना 3. प्रचारार्थ दी जाने वाली सूचना; (एडवरटाइज़मेंट)।

विज्ञापन कला [सं-स्त्री.] विज्ञापन के माध्यम से वस्तुएँ बेचने की कला या व्यापार बढ़ाने की कला।

विज्ञापन पट्ट (सं.) [सं-पु.] वह फलक, पटल अथवा पट्ट जिसपर सार्वजनिक विज्ञापन लिखे अथवा चिपकाए जाते हैं।

विज्ञापनदाता (सं.) [सं-पु.] 1. विज्ञापन देने वाला व्यक्ति; विज्ञापक 2. समाचार पत्रों आदि में विज्ञापन छपवाने वाला व्यक्ति।

विज्ञापित (सं.) [वि.] 1. जिसकी सूचना दी गई हो; सूचित 2. प्रतिवेदित; आगाह।

विज्ञेय (सं.) [वि.] जानने, समझने अथवा सीखने योग्य।

विट (सं.) [सं-पु.] 1. वह जिसमें कामवासना बहुत अधिक हो; कामुक; कामी 2. लंपट; चालाक; चतुर; धूर्त; चतुराई से काम करने वाला व्यक्ति।

विटनेस (अं.) [सं-पु.] 1.साक्ष्य देना; प्रमाण; सबूत 2.गवाह; साक्षी; प्रभारित।

विटप (सं.) [सं-पु.] 1. पेड़ या लता की नई शाखा या कोंपल 2. झाड़ी 3. छतनार का वृक्ष 4. फैलाव 5. अंडकोशों के बीच या नीचे की रेखा।

विटामिन (अं.) [सं-पु.] (जीवविज्ञान) 1. खाद्य पदार्थों में पाया जाने वाला पोषक तत्व 2. जीवों के स्वास्थ्य के लिए अनिवार्य कार्बनिक यौगिक।

विट्ठल (सं.) [सं-पु.] एक पौराणिक देवता जो विष्णु के अवतार माने जाते हैं।

विडंबन (सं.) [सं-पु.] 1. नकल उतारना; उपहास करना; चिढ़ाना; हँसी उड़ाना 2. निंदा करना।

विडंबना (सं.) [सं-स्त्री.] 1. कष्टकर स्थिति 2. अपमान और उपहास का विषय; व्यंग्योक्ति 3. किसी को चिढ़ाने या तुच्छ ठहराने के लिए की जाने वाली नकल 4. निंदा करना।

विडंबनात्मक (सं.) [वि.] विडंबना से युक्त।

विडाल (सं.) [सं-पु.] बिल्ली या चीते की जाति का परंतु उनसे

छोटा एक पशु जो प्राय: घरों में रहता है और पाला जाता है; गंध बिलाव।

वितंडा (सं.) [सं-स्त्री.] 1. अपने पक्ष की स्थापना पर बल 2. निरर्थक झगड़ा; व्यर्थ का फ़साद; दलील; हुज्जत 3. आपत्ति; आलोचना; विरोध।

वितंडावादी (सं.) [सं-पु.] 1. व्यर्थ का झगड़ा करने वाला व्यक्ति 2. निरर्थक युक्तिवादी।

वितत (सं.) [वि.] 1. विस्तृत; लंबा-चौड़ा; फैला हुआ 2. जो सँकरा न हो।

वितति (सं.) [सं-स्त्री.] 1. विस्तार; फैलाव; प्रसार 2. परिमाण 3. समूह; झुंड।

वितनु (सं.) [सं-पु.] कामदेव; काम देवता; रतिनाथ। [वि.] 1. बिना शरीर का; विदेह 2. सूक्ष्म।

वितरक (सं.) [सं-पु.] वह व्यक्ति या संस्था जो वस्तुओं की बिक्री आदि का प्रबंध करती है; बिक्री प्रबंधक; (डिस्ट्रीब्यूटर)। [वि.] वितरण करने वाला; बाँटने वाला।

वितरण (सं.) [सं-पु.] 1. बाँटने की क्रिया या भाव 2. अर्पण करना; दान देना 3. वह प्रक्रिया जिससे कोई वस्तु कई हिस्सों में बाँटी जाती है।

वितरित (सं.) [वि.] बाँटा हुआ; जिसका वितरण किया गया हो।

वितर्क (सं.) [सं-पु.] तर्क के विपरीत दिया गया तर्क; कुतर्क।

वितान (सं.) [सं-पु.] 1. विस्तार; फैलाव 2. ऊपर से फैलाई जाने वाली चादर; तंबू; चँदोवा 3. शून्य स्थान 4. जमाव; समूह।

वितृष्ण (सं.) [वि.] 1. उदासीन; इच्छाओं से रहित 2. तटस्थ; पक्षपातरहित; तृष्णारहित।

वितृष्णा (सं.) [सं-स्त्री.] 1. विरक्ति; तृष्णा का अभाव 2. घृणा; अरुचि।

वित्त (सं.) [सं-पु.] 1. अर्थ; धन-संपत्ति; रुपया-पैसा 2. आय और व्यय की व्यवस्था; आर्थिक प्रबंध; (फाइनेंस)।

वित्त पोषण (सं.) [सं-पु.] विभिन्न विभागों की आवश्यकता के अनुसार धन का प्रबंध करना।

वित्त मंत्रालय (सं.) [सं-पु.] वह मंत्रालय जो देश के वित्तीय कानून, वित्तीय संस्थानों, पूँजी बाज़ार, केंद्र तथा राज्यों का वित्त और केंद्रीय बजट से जुड़े मामले देखता है।

वित्तपोषित (सं.) [वि.] धन से चलने वाला।

वित्तमंत्री (सं.) [सं-पु.] राज्य के धन तथा आय-व्यय के साधनो की देख-रेख तथा प्रबंधन करने वाला मंत्री।

वित्तविधेयक (सं.) [सं-पु.] वह विधेयक जो नए कर लगाने, कर प्रस्तावों में परिवर्तन या मौजूदा कर ढाँचे को जारी रखने के लिए संसद में प्रस्तुत किए जाता है; (फ़ाइनेंस बिल)।

वित्तहीन (सं.) [वि.] जिसके पास धन न हो; निर्धन; दरिद्र; धनहीन; कंगाल।

वित्ताधिकारी (सं.) [सं-पु.] वह अधिकारी जो वित्त संबंधी क्रियाकलापों को देखता है।

वित्तीय (सं.) [वि.] 1. वित्त संबंधी; वित्त का 2. वित्त या धन की व्यवस्था के विचार से होने वाला 3. आर्थिक; अर्थ विषयक; (फ़ाइनेंशियल)।

विद (सं.) [परप्रत्य.] एक परप्रत्यय जो शब्दों के अंत में जुड़कर जानकार, ज्ञाता, पंडित या विद्वान का अर्थ देता है, जैसे- भाषाविद, कलाविद।

विदग्ध (सं.) [वि.] 1. जला हुआ 2. तपा हुआ 3. कष्ट सहा हुआ 4. रसिक 5. चतुर; निपुण।

विदग्धता (सं.) [सं-स्त्री.] 1. विदग्ध होने की अवस्था या भाव 2. पांडित्य; निपुणता; कुशलता; चतुरता 3. रसिकता।

विदग्धा (सं.) [सं-स्त्री.] (साहित्य) चतुराई से परपुरुष को मोहित कर लेने वाली परकीया नायिका।

विदर (सं.) [सं-पु.] 1. विदारण; फाड़ना 2. दरार; दराज; सुराख़ 3. एक प्रकार का रोग।

विदर्भ (सं.) [सं-पु.] 1. महाराष्ट्र प्रांत का एक क्षेत्र 2. बरार प्रदेश का पुराना नाम।

विदल (सं.) [सं-पु.] 1. टुकड़ा; भाग; खंड 2. बाँस की डलिया 3. चना 4. मटर की दाल 5. अनार का दाना 6. लाल सोना। [वि.] 1. खिला हुआ 2. बिना दल का 3. फटा हुआ।

विदलन (सं.) [सं-पु.] 1. मलने, दबाने या दलने की क्रिया 2. नष्ट करना 3. फाड़ना।

विदा (सं.) [सं-स्त्री.] 1. प्रस्थान; रवाना 2. जाने की अनुमति लेना।

विदाई (सं.) [सं-स्त्री.] 1. विदा; रुख़सती 2. प्रस्थान; रवाना 3. विदा के समय शुभकामना हेतु एकत्र होना 4. विदाई के समय दिया जाने वाला धन-उपहार आदि।

विदारक (सं.) [वि.] 1. विदीर्ण करने वाला 2. चीरने-फाड़ने वाला 3. हृदय को ठेस पहुँचाने वाला।

विदारण (सं.) [सं-पु.] 1. फाड़ना; टुकड़े-टुकड़े करना 2. रौंदना; कुचलना; मर्दन 3. लड़ाई; युद्ध; संग्राम; जंग 4. कष्ट देना; दुख देना 5. वध करना; मार डालना 6. जंगल काट कर साफ़ करना।

विदारित (सं.) [वि.] फाड़ा हुआ; जिसका विदारण हुआ हो।

विदाह (सं.) [सं-पु.] 1. शरीर में पित्त की अधिकता से होने वाली जलन 2. हाथ-पैरों में होने वाली जलन; तपन।

विदित (सं.) [वि.] 1. जाना हुआ; जिसे जाना-समझा जा चुका हो; अवगत; ज्ञात; मालूम 2. प्रसिद्ध 3. स्वीकृत।

विदीर्ण (सं.) [वि.] 1. फाड़ा या फटा हुआ 2. जिसे बीच से फाड़ा गया हो 3. टूटा या तोड़ा हुआ 4. जिसे मार डाला गया हो; निहत।

विदुष (सं.) [सं-पु.] विद्वान; पंडित।

विदुषी (सं.) [सं-स्त्री.] विदुषी या पंडित स्त्री; विद्वान महिला।

विदूषक (सं.) [सं-पु.] 1. (नाटक) नायक का मित्र तथा हास्योत्पादक पात्र 2. नकल आदि करके हँसाने वाला व्यक्ति; मसख़रा।

विदूषण (सं.) [सं-पु.] 1. दोष लगाना; दोषारोप करना 2. कोसना 3. निंदा करना; बुराई करना 4. भ्रष्ट करना।

विदेश (सं.) [सं-पु.] 1. परदेश; दूसरा देश; पराया देश 2. स्वदेश

से भिन्न कोई दूसरा देश।

विदेशी (सं.) [सं-पु.] 1. विदेश का निवासी; परदेशी; (फ़ॉरेनर) 2. विदेश से आकर रहने वाला व्यक्ति। [वि.] 1. विलायती; जो दूसरे देश का हो 2. दूसरे देश का; दूसरे देश से संबंध रखने वाला, जैसे- विदेशी कपड़ा, गहना, गाड़ी आदि।

विदेशीपन [सं-पु.] विदेशी होने का भाव।

विदेही (सं.) [वि.] 1. अशरीरी; रूहानी 2. शरीरहीन; जिसका शरीर न हो। [सं-पु.] ब्रह्मा; ब्रह्मदेव; विधाता।

विद्यमान (सं.) [वि.] 1. अस्तित्व में होना; उपस्थित; वर्तमान; मौजूद 2. यथार्थ।

विद्या (सं.) [सं-स्त्री.] 1. अध्ययन और शिक्षा से प्राप्त ज्ञान; इल्म 2. किसी विषय का व्यवस्थित ज्ञान 3. इंद्रजाल; जादू; मंत्र 4. कला 5. गुण।

विद्याधर (सं.) [सं-पु.] 1. विद्वान व्यक्ति 2. एक प्रकार का ताल 3. एक प्रकार का अस्त्र। [वि.] विद्वान; ज्ञानी; ज्ञाता; जानकार; विद्यावाला।

विद्यापीठ (सं.) [सं-पु.] 1. शिक्षा का बड़ा और प्रमुख केंद्र 2. विश्वविद्यालय का संकाय जिसके अंतर्गत कई विभाग होते हैं।

विद्याभ्यास (सं.) [सं-पु.] विद्याध्ययन; ज्ञान अर्जन।

विद्यारंभ (सं.) [सं-पु.] विद्या की शुरूआत; शिक्षा आरंभ करने का संस्कार।

विद्यार्जन (सं.) [सं-पु.] 1. विद्या की प्राप्ति; ज्ञान का अर्जन 2. अध्ययन।

विद्यार्थी (सं.) [सं-पु.] पढ़ने वाला व्यक्ति; छात्र; शिष्य; (स्टूडेंट)। [वि.] विद्या प्राप्ति का इच्छुक।

विद्यालय (सं.) [सं-पु.] विद्या ग्रहण करने का स्थान; वह शिक्षण संस्था जहाँ छात्रों को नियमित पढ़ाया जाता है; विद्यामंदिर; पाठशाला; (स्कूल)।

विद्यालाभ (सं.) [सं-पु.] विद्या अथवा ज्ञान की प्राप्ति।

विद्यावान (सं.) [वि.] अत्यधिक पढ़ा-लिखा; विद्वान।

विद्याविद (सं.) [सं-पु.] विद्यावंत; विद्वान।

विद्याविहीन (सं.) [वि.] विद्या अथवा ज्ञान से रहित; अशिक्षित; मूर्ख।

विद्युत (सं.) [सं-स्त्री.] बिजली; वज्र। [वि.] अत्यंत चमकीला।

विद्युत आघात (सं.) [सं-पु.] बिजली का झटका; (इलेक्ट्रिक शॉक)।

विद्युत गृह (सं.) [सं-पु.] विद्युत की आपूर्ति करने वाला केंद्र; शक्ति केंद्र; (पावर हाउस)।

विद्युत चालक (सं.) [सं-पु.] वह पदार्थ जिनसे होकर विद्युत धारा सरलता से प्रवाहित होती है।

विद्युत परिपथ (सं.) [सं-पु.] विद्युत धारा के प्रवाहित होने वाले मार्ग का पूरा घेरा या परिपथ; (इलेक्ट्रिक सर्किट)।

विद्युत प्रवाह (सं.) [सं-पु.] बिजली की धारा का बहाव।

विद्युत यंत्र (सं.) [सं-पु.] बिजली का उपकरण; बिजली से चलने वाला उपकरण।

विद्युत शक्ति (सं.) [सं-स्त्री.] बिजली की शक्ति या क्षमता।

विद्युतजनित्र (सं.) [सं-पु.] बिजली उत्पन्न करने वाला यंत्र या उपकरण।

विद्युततरंग (सं.) [सं-स्त्री.] बिजली की धारा; (करंट)।

विद्युतरोधी (सं.) [वि.] बिजली के प्रवाह को रोकने वाला; (इनसुलेटर)।

विद्युतीकरण (सं.) [सं-पु.] किसी स्थान या यंत्र के लिए विद्युत व्यवस्था शुरू करने का कार्य; (इलेक्ट्रिफ़िकेशन)।

विद्रुम (सं.) [सं-पु.] 1. मूँगा; प्रवाल 2. रक्तकंद 3. मुक्ताफल नामक वृक्ष 4. वृक्षों का नया पत्ता या कोंपल।

विद्रूप (सं.) [वि.] जिसका रूप बिगड़ गया हो; भद्दा; कुरूप; बदसूरत। [सं-पु.] उपहास; मज़ाक; आक्षेप; कटाक्ष; ताना।

विद्रूपता (सं.) [सं-स्त्री.] 1. (उपहास योग्य) विचित्रता 2. कुरूपता; बदसूरती।

विद्रोह (सं.) [सं-पु.] 1. बगावत; राजद्रोह; ख़िलाफ़त; क्रांति 2. नियमों, कानूनों आदि के विरुद्ध किया जाने वाला कार्य, आचरण या व्यवहार 3. उपद्रव; विप्लव; बलवा 4. किसी व्यक्ति, संस्था या व्यवस्था के प्रति असहमति।

विद्रोही (सं.) [वि.] 1. विद्रोह करने वाला बलवा करने वाला; बागी; क्रांतिकारी 2. उपद्रव करने वाला 3. विद्रोह संबंधी; विद्रोहपूर्ण; बगावती; विद्रोहात्मक।

विद्वज्जन (सं.) [सं-पु.] शिक्षित लोग; विद्वत्समाज; गुणीजन।

विद्वतापूर्ण (सं.) [वि.] विद्वता से पूर्ण; पांडित्य से भरा हुआ।

विद्वत्तम (सं.) [सं-पु.] विद्वानों में उत्तम; श्रेष्ठ विद्वान।

विद्वत्ता (सं.) [सं-स्त्री.] विद्वान होने का भाव; वैदुष्य; पांडित्य।

विद्वान (सं.) [सं-पु.] जानकार या पंडित व्यक्ति। [वि.] पंडित; तत्वज्ञ; बहुत अधिक शिक्षित।

विद्वेष (सं.) [सं-पु.] 1. शत्रुता; वैर; दुश्मनी 2. घृणा; द्वेषभाव; जलन।

विद्वेषण (सं.) [सं-पु.] 1. द्वेष करना; वैर का भाव रखना 2. दो व्यक्तियों में द्वेष उत्पन्न होने की अवस्था या भाव।

विद्वेषी (सं.) [वि.] विद्वेष करने वाला; विद्वेषक; ईर्ष्यालु; शत्रु।

विधन (सं.) [वि.] दरिद्र; धनहीन; निर्धन।

विधनता (सं.) [सं-स्त्री.] दरिद्रता; गरीबी; निर्धनता।

विधना (सं.) [क्रि-स.] अपने ऊपर लेना; अपने साथ लगाना; फाँस लेना।

विधर्मी (सं.) [वि.] अपने धर्म के विपरीत आचरण करने वाला; धार्मिक नियमों के विपरीत चलने वाला।

विधवा (सं.) [सं-स्त्री.] वह स्त्री जिसका पति मर गया हो; बेवा।

विधवाश्रम (सं.) [सं-पु.] वह स्थान जहाँ अनाथ विधवाओं के पालन-पोषण तथा शिक्षा आदि का प्रबंध हो; विधवाओं के रहने का स्थान।

विधा (सं.) [सं-स्त्री.] 1. साहित्य का एक रूप 2. रीति; ढंग; तरीका 3. प्रकार; भाँति 4. वेधन 5. भाड़ा; किराया; मज़दूरी।

विधाता (सं.) [सं-पु.] 1. सृष्टि का रचयिता; सृष्टिकर्ता 2. (पुराण) ब्रह्मा। [वि.] 1. व्यवस्था या विधान करने वाला 2. रचने वाला; बनाने वाला।

विधान (सं.) [सं-पु.] 1. किसी प्रकार का आयोजन और उसकी व्यवस्था; प्रबंध 2. निर्माण; रचना 3. नियम; कायदा 4. उपाय; तरकीब 5. बतलाया हुआ ढंग, प्रणाली या रीति 6. निर्देश; आज्ञा 7. विधि, कानून आदि बनाने का कार्य; बनाया गया कानून।

विधान परिषद (सं.) [सं-स्त्री.] 1. भारतीय राज्यों में लोकतांत्रिक व्यवस्था के अंतर्गत ऊपरी प्रतिनिधि सभा, इसके सदस्य अप्रत्यक्ष चुनाव के द्वारा चुने जाते हैं। कुछ सदस्य राज्यपाल के द्वारा मनोनीत किए जाते हैं। यह विधानमंडल का अंग है। इसके सदस्यों का कार्यकाल छह वर्ष का होता है लेकिन प्रत्येक दो साल पर एकतिहाई सदस्य बदल जाते हैं; (लेजिसलेटिव काउंसिल)।

विधानमंडल (सं.) [सं-पु.] 1. विधानसभा; विधायिका; विधायिका सभा 2. विधान सभा तथा विधान परिषद मिलकर विधानमंडल कहलाते हैं 3. लोकतंत्रीय शासन में जनता के प्रतिनिधियों की वह सभा जो देश के लिए कानून और कायदे आदि बनाती है; (लेजिस्लेचर)।

विधानसभा (सं.) [सं-स्त्री.] किसी प्रदेश या राज्य में जनप्रतिनिधियों की वह सभा जो प्रदेश या राज्य के हित में विधान बनाती है तथा शासन-कार्य का नियंत्रण करती है; (लेजिस्लेटिव एसेंबली)।

विधायक (सं.) [सं-पु.] 1. विधान सभा या विधान परिषद का सदस्य; (एम.एल.ए.) 2. निर्माता; कर्ता। [वि.] 1. विधान करने वाला व्यक्ति; निर्माता 2. कार्य-संपादन करने वाला।

विधायन (सं.) [सं-पु.] 1. विधान करने का कार्य; विधान करना या बनाना 2. कानून निर्माण।

विधायिका (सं.) [सं-स्त्री.] कानून बनाने वाली संस्था, जैसे- विधानपरिषद, विधानसभा, लोकसभा आदि।

विधायी (सं.) [सं-पु.] 1. संस्थापक; निर्माण करने या बनाने वाला 2. निर्माता; विधान निर्माता। [वि.] 1. बनाने वाला; पूरा करने वाला 2. विधान करने वाला 3. व्यवस्था करने वाला।

विधारण (सं.) [सं-पु.] 1. रोकना; रोकने की क्रिया 2. संभालना; थामना। [वि.] पृथक करने वाला।

विधारित (सं.) [वि.] किसी विषय में कोई पक्षपातपूर्ण धारणा रखने वाला।

विधि (सं.) [सं-स्त्री.] 1. व्यवस्था आदि का तरीका या प्रणाली 2. शास्त्रसम्मत व्यवस्था 3. शास्त्र द्वारा निश्चित कर्तव्य-निर्देश 4. व्यवस्था द्वारा नागरिकों के निमित्त निर्मित कानून; (लॉ) 5. भाग्य।

विधि-विधान (सं.) [सं-पु.] नियम-कायदा; प्रबंध; व्यवस्था; ढंग; प्रणाली।

विधि निषेध (सं.) [सं-पु.] कोई काम करने या न करने का शास्त्रसम्मत निर्देश।

विधि विपर्यय (सं.) [सं-पु.] भाग्य की प्रतिकूलता।

विधि सम्मत (सं.) [वि.] नियम सम्मत; शास्त्र सम्मत; कानून सम्मत।

विधिक (सं.) [वि.] विधि या कानून संबंधी; जो विधि या कानून के अनुरूप हो।

विधिकर्ता (सं.) [सं-पु.] विधि या कानून बनाने वाला व्यक्ति; वह जो कानून बनाता हो।

विधिज्ञ (सं.) [वि.] 1. कानून का ज्ञाता; कानूनी जानकारी रखने वाला 2. विधि-विधान की समुचित जानकारी रखने वाला। [सं-पु.] जिस व्यक्ति को विधि अर्थात कानून का अच्छा ज्ञान हो।

विधिपूर्वक (सं.) [क्रि.वि.] विधि के अनुसार; विधिवत; नियमानुसार।

विधिभंग (सं.) [सं-पु.] कानून तोड़ना; कानून की उपेक्षा करना।

विधिवत (सं.) [क्रि.वि.] विधिपूर्वक; उचित रूप से; अच्छे तरीके से; नियमानुसार।

विधिविज्ञ (सं.) [वि.] विधि का विशिष्ट जानकार; कानून का समुचित ज्ञाता। [सं-पु.] वह व्यक्ति जिसे कानून की समुचित जानकारी हो।

विधिविज्ञान (सं.) [सं-पु.] विधियों, नियमों, सिद्धांतों आदि का विवेचन करने वाला शास्त्र।

विधिविरुद्ध (सं.) [वि.] जो कानून के विरुद्ध हो; गैर कानूनी।

विधिवेत्ता (सं.) [वि.] विधि-शास्त्र का उत्तम ज्ञाता; कानून जानने वाला।

विधिशास्त्र (सं.) [सं-पु.] विधि-विधान से संबंधित शास्त्र; विधिविज्ञान।

विधिशास्त्री (सं.) [सं-पु.] विधिशास्त्र का ज्ञाता; विधिज्ञ।

विधिसंगत (सं.) [वि.] कानून की दृष्टि से उपयुक्त।

विधिहीन (सं.) [वि.] अविहित; अनियमित।

विधु (सं.) [सं-पु.] 1. चंद्रमा 2. कपूर 3. ब्रह्मा।

विधुंतुद (सं.) [सं-पु.] (पुराण) चंद्रमा को ग्रसने वाला या कष्ट देने वाला; राहु।

विधुर (सं.) [सं-पु.] वह पुरुष जिसकी पत्नी मर गई हो। [वि.] 1. वंचित 2. वियोगी 3. व्याकुल; विकल 4. एकाकी।

विधुलेखा (सं.) [सं-स्त्री.] चंद्रमा की किरण।

विधुवदनी (सं.) [सं-स्त्री.] सुंदर स्त्री; चंद्रमुखी; चंद्रमा के समान मुख वाली स्त्री।

विधूत (सं.) [वि.] 1. हिलाया हुआ 2. काँपता हुआ 3. हटाया हुआ; अलग किया हुआ; दूर किया हुआ।

विधूतन (सं.) [सं-पु.] काँपना; थरथराना; शरीर में एक प्रकार की सिहरन महसूस होना।

विधेय (सं.) [वि.] 1. प्राप्त करने योग्य; प्राप्य 2. विधान के योग्य 3. स्थापना के योग्य 4. प्रदर्शित करने योग्य।

विधेयक (सं.) [सं-पु.] 1. विधि का प्रारूप या रूपरेखा 2. अधिनियम का वह प्रारूप अथवा मसौदा जो पारित होने के लिए जनप्रतिनिधियों की सभा में रखा जाए 3. नीतिगत मसौदा।

विध्वंस (सं.) [सं-पु.] 1. ध्वंस; विनाश; बरबादी 2. क्षति; नाश।

विध्वंसक (सं.) [वि.] तोड़-फोड़ करने वाला; विध्वंस करने वाला; विनाशक; (डेस्ट्रॉयर)।

विध्वंसकारी (सं.) [वि.] तोड़-फोड़ करने वाला; विध्वंस करने

वाला; नाशकारी।

विध्वस्त (सं.) [वि.] 1. ध्वस्त; नष्ट; चौपट; गिराया हुआ; बरबाद किया हुआ; तितर-बितर 2. जिसका नाश हो गया हो।

विनत (सं.) [वि.] 1. जो झुका हो; विनम्र; नमित 2. विनीत; नतमस्तक।

विनती (सं.) [सं-स्त्री.] 1. निवेदन; प्रार्थना 2. अनुनय; विनय 3. स्वभाव एवं व्यवहार आदि की नम्रता।

विनम्र (सं.) [वि.] 1. झुका हुआ; विनीत; नम्र; विनयी 2. सुशील; शिष्ट।

विनम्रता (सं.) [सं-स्त्री.] 1. विनम्र होने की अवस्था या भाव 2. शिष्टता; सुशीलता; शालीनता।

विनय (सं.) [सं-स्त्री.] 1. व्यवहार में दीनता अथवा अधीनता का भाव; नम्रता 2. शिष्टता; भद्रता 3. अनुशासन 4. सम्यक आचरण 5. अनुनय; विनती; प्रार्थना।

विनयन (सं.) [सं-पु.] 1. विनय; कोमलता; नम्रता; विनम्रता 2. शिक्षा; नसीहत; सीख 3. निर्णय; फ़ैसला; निराकरण 4. मोचन; दूर करने या हटाने की क्रिया।

विनयपूर्वक (सं.) [क्रि.वि.] 1. नम्रतापूर्वक; नम्रता के साथ 2. दीनतापूर्वक।

विनयशील (सं.) [वि.] 1. विनय से भरा हुआ; विनययुक्त; जो स्वाभावतः विनम्र हो; नम्र; सुशील 2. शिष्ट 3. अनुशासित।

विनयशीलता (सं.) [सं-स्त्री.] विनम्र होने का भाव।

विनश्य (सं.) [वि.] नष्ट किए जाने योग्य; जिसका विनाश हो सकता या होने को हो।

विनश्वर (सं.) [वि.] 1. नाशवान; नश्वर; भंगुर; क्षयशील 2. नष्ट होने वाला; जो नष्ट हो जाए 3. अनित्य।

विनष्ट (सं.) [वि.] 1. नाश को प्राप्त 2. ओझल; विलुप्त 3. बिगड़ा हुआ; विकृत; नष्ट-भ्रष्ट; ध्वस्त 4. बेकार 5. मरा हुआ।

विनायक (सं.) [सं-पु.] 1. नायक 2. गणेश। [वि.] ले जाने वाला; नेतृत्वकर्ता।

विनाश (सं.) [सं-पु.] 1. नाश; ध्वंस; बरबादी; हानि; क्षति 2. अनर्थ; विपत्ति 3. दुर्दशा; विकार; विकृति 4. अस्तित्व का लोप।

विनाशक (सं.) [वि.] 1. विनाश करने वाला; नाशक 2. मार डालने वाला 3. बिगाड़ने वाला।

विनाशकारी (सं.) [वि.] विनाश करने वाला; अंत करने वाला; संहार करने वाला।

विनाशन (सं.) [सं-पु.] नष्ट करना; संहार करना; क्षय करना; विध्वंस करना।

विनाशलीला (सं.) [सं-स्त्री.] 1. नाश; विध्वंस 2. बरबादी की लीला या कृत्य।

विनाशी (सं.) [वि.] 1. नाश करने वाला 2. बिगाड़ने वाला 3. नश्वर।

विनिंदक (सं.) [वि.] निंदा करने वाला।

विनिधान (सं.) [सं-पु.] 1. अलग रखना 2. हिदायत; निर्देश; अनुदेश।

विनिधित (सं.) [वि.] 1. जिसके विषय में सूचना आदि के रूप में पहले से यह बतला दिया गया हो कि अमुक-अमुक वस्तुओं का प्रयोग इस रूप में हो 2. इस प्रकार की सूचना या निर्देश से युक्त।

विनिमय (सं.) [सं-पु.] 1. आदान-प्रदान 2. वस्तु के लेन-देन का आपसी व्यवहार 3. मुद्रा-परिवर्तन।

विनिमय-पत्र (सं.) [सं-पु.] व्यापार संबंधी पत्र।

विनियंत्रण (सं.) [सं-पु.] नियंत्रण का न होना; नियंत्रण हटाया जाना।

विनियंत्रित (सं.) [वि.] जिसपर से नियंत्रण हटा लिया गया हो; बिना नियंत्रण का।

विनियोग (सं.) [सं-पु.] 1. फल प्राप्ति के उद्देश्य से किसी वस्तु का उपयोग 2. प्रवेश; पैठ 3. प्रेषण; भेजना 4. व्यापार में पूँजी लगाना 5. वैदिक कार्यों में मंत्रों का होने वाला उपयोग।

विनियोजक (सं.) [वि.] 1. विनियोग करने वाला; उपयोग करने वाला 2. धन-संपत्ति किसी को देने वाला।

विनियोजन (सं.) [सं-पु.] 1. विनियोग करना 2. अर्पण 3. भेजना।

विनिर्दिष्ट (सं.) [वि.] 1. सौंपा हुआ 2. स्पष्ट रूप से बताया हुआ।

विनिर्देश (सं.) [सं-पु.] 1. विशेष रूप से किया हुआ निर्देश 2. किसी पदार्थ की विस्तारपूर्वक व्याख्या 3. विशेष वर्णन।

विनिर्माण (सं.) [सं-पु.] अच्छी तरह बनाना या निर्माण करना।

विनिवर्तन (सं.) [सं-पु.] 1. संबंध-विच्छेद 2. वापसी 3. निकालना।

विनिवर्तित (सं.) [सं-पु.] देने के बाद वापस लिया हुआ; लौटाया हुआ; पलटा हुआ।

विनिवेश (सं.) [सं-पु.] 1. निवेश की हुई राशि को वापस या कम करना 2. प्रवेश 3. आबाद होना।

विनीत (सं.) [वि.] 1. विनय से युक्त; विनयी; विनम्र 2. भद्र; शिष्ट; सुशील; नम्र; शालीन 3. सुंदर।

विनीति (सं.) [सं-स्त्री.] 1. नम्रता 2. शिष्ट व्यवहार 3. आदर; सम्मान 4. शिक्षा।

विनोद (सं.) [सं-पु.] मनोरंजन; दिल्लगी; हँसी-मज़ाक; हास-परिहास; क्रीड़ा; मनबहलाव; हँसी-ठट्ठा।

विनोदन (सं.) [सं-पु.] मनोरंजन करना; मन बहलाना; क्रीड़ा करना; हास-परिहास करना।

विनोदप्रिय (सं.) [वि.] आनंदप्रिय; शौकीन; विनोदी; हँसोड़; क्रीड़ाप्रिय।

विनोदप्रियता (सं.) [सं-पु.] 1. विनोदप्रिय या मनोरंजनप्रिय होने का भाव 2. क्रीड़ाप्रेमी होने की अवस्था।

विनोदमय (सं.) [वि.] हास-परिहास से भरा हुआ; विनोदपूर्ण।

विनोदित (सं.) [वि.] 1. मनोरंजन किया हुआ 2. प्रसन्न।

विनोदी (सं.) [वि.] विनोद से भरा; विनोदपूर्ण।

विन्यस्त (सं.) [वि.] 1. रखा या स्थापित किया हुआ 2. जमाया या जड़ा हुआ 3. प्रवृत्त किया हुआ 4. व्यवस्थित; सिलसिलेवार 5. अर्पित।

विन्यास (सं.) [सं-पु.] 1. रखना या स्थापित करना 2. जमाना

या जड़ना 3. प्रवृत्त करना 4. व्यवस्थित करना; सिलसिलेवार सजाना 5. अर्पित करना।

विपंची (सं.) [सं-स्त्री.] 1. एक प्रकार की वीणा 2. क्रीड़ा।

विपक्ष (सं.) [सं-पु.] 1. विरोधी पक्ष; दल 2. विरोध।

विपक्षी (सं.) [वि.] 1. जो सत्ता में न हो 2. जिसका संबंध विपक्ष से हो; विरोधी 3. विपरीत; उलटा 4. प्रतिद्वंद्वी; प्रतिवादी 5. शत्रु; वैरी।

विपणन (सं.) [सं-पु.] 1. विक्रय; व्यापार 2. उत्पादित वस्तुओं को व्यापक उपभोक्ताक्षेत्र तक पहुँचाने का उपक्रम; (मार्केटिंग)।

विपत्ति (सं.) [सं-स्त्री.] 1. संकट; आपत्ति; मुसीबत 2. कठिनाई; झंझट का काम।

विपत्तिजनक (सं.) [वि.] 1. विपत्तिपूर्ण 2. आफ़त भरा 3. जिससे विपत्ति उत्पन्न होती हो।

विपथ (सं.) [सं-पु.] 1. सामान्य पथ से भिन्न 2. गलत रास्ता 3. अनुचित कार्यों में प्रवृत्त होना।

विपथगामी (सं.) [वि.] 1. कुमार्गी; बुरे रास्ते पर चलने वाला 2. चरित्रहीन; बदचलन 3. दुराचारी।

विपथन (सं.) [सं-पु.] 1. नियत रास्ते से इधर-उधर होना या हट जाना 2. (शैलीविज्ञान) कविता की एक विशेषता।

विपथित (सं.) [वि.] 1. पथभ्रष्ट 2. बुद्धिभ्रष्ट।

विपदा (सं.) [सं-स्त्री.] 1. कष्ट; परेशानी; विपत्ति; आफ़त; मुसीबत; संकट की अवस्था 2. नाश 3. मृत्यु।

विपद्ग्रस्त (सं.) [वि.] संकटापन्न; संकटग्रस्त।

विपन्न (सं.) [वि.] 1. गरीब; निर्धन 2. भाग्यहीन; अभागा; विपत्तिग्रस्त 3. विपत्ति में पड़ा हुआ; संकटग्रस्त।

विपन्नता (सं.) [सं-स्त्री.] गरीबी, अभाव आदि की अवस्था या भाव।

विपरीत (सं.) [वि.] 1. जैसा होना चाहिए उससे उलटा; विरुद्ध; प्रतिकूल; ख़िलाफ़; विपरीत क्रम 2. भिन्न। [सं-पु.] एक अर्थालंकार।

विपरीतार्थक (सं.) [वि.] विपरीत अर्थवाला; उलटा अर्थ देने वाला।

विपर्यय (सं.) [सं-पु.] 1. विपरीतता; प्रतिकूलता; उलटापन; उलट-पुलट; व्यतिक्रम 2. भूल 3. गड़बड़ी 3. अव्यवस्था।

विपर्याय (सं.) [सं-पु.] शब्द का ठीक विपरीत अर्थ या भाव सूचित करने वाला शब्द; विपरीत; विलोम।

विपल (सं.) [सं-पु.] 1. समय का छोटा मान 2. पल का साठवाँ भाग।

विपश्चित (सं.) [वि.] 1. अच्छा ज्ञाता 2. जिसे यथार्थ ज्ञान हो 3. चैतन्य-स्वरूप।

विपश्यना (सं.) [सं-स्त्री.] 1. यथार्थ ज्ञान; सदज्ञान 2. ध्यान करने की विधि 3. शांत और पवित्र अंतर्दृष्टि 4. उदार दृष्टि 5. प्रशस्त दृष्टि।

विपाक (सं.) [सं-पु.] 1. परिपक्वता; परिपक्व होना 2. परिणाम; फल; प्रतिफल; नतीजा 3. पचना; आहारपाक 4. दुर्दशा।

विपाशा (सं.) [सं-स्त्री.] (पुराण) एक नदी; व्यास नदी का प्राचीन नाम।

विपिन (सं.) [सं-पु.] वन; जंगल; बियावान; कानन अरण्य।

विपुल (सं.) [वि.] 1. अधिक; पर्याप्त 2. विशाल; बड़ा; विस्तृत 3. बहुत गहरा; अगाध। [सं-पु.] मेरु पर्वत; हिमालय।

विपुलता (सं.) [सं-स्त्री.] प्रचुरता; बहुतायत; आधिक्य।

विप्र (सं.) [सं-पु.] 1. ब्राह्मण; द्विज 2. पुरोहित 3. चतुर आदमी।

विप्रयुक्त (सं.) [वि.] 1. अलग किया हुआ; जो मिला न हो 2. बिछुड़ा हुआ 3. छोड़ा हुआ; मुक्त किया हुआ; रहित किया हुआ 4. विभक्त किया हुआ; बाँटा हुआ 5. वंचित; विहीन।

विप्रयोग (सं.) [सं-पु.] 1. अलग या पृथक होने की अवस्था या भाव; पार्थक्य; अलगाव; विच्छेद 2. कलह; मतभेद 3. अशुभ या दुखद समाचार 4. किसी वस्तु आदि से रहित 5. (साहित्य) विप्रलंभ शृंगार का एक भेद, जो मानसिक कष्ट या नायक-नायिका के विरह का सूचक है।

विप्रलंभ (सं.) [सं-पु.] 1. वियोग; विरह 2. धोखा; छल; बहकाव; चालाकी 3. निराशा होना; छला जाना।

विप्रलब्ध (सं.) [वि.] 1. वंचित; महरूम 2. निराश; मायूस; आशाहीन; हताश 3. क्षतिग्रस्त; जिसे हानि पहुँची हो।

विप्लव (सं.) [सं-पु.] 1. उपद्रव; उत्पात 2. उथल-पुथल 3. विपदा; विपत्ति; आफ़त 4. हलचल।

विप्लवकारी (सं.) [वि.] 1. उपद्रव या उत्पात मचाने वाला 2. विप्लावक।

विप्लवी (सं.) [वि.] 1. विप्लव करने वाला 2. अस्थायी; क्षणभंगुर।

विफल (सं.) [वि.] 1. बिना फल का; निष्फल; फलहीन 2. निरर्थक; व्यर्थ; बेकार 3. असफल 4. निराश; हताश।

विफलता (सं.) [सं-स्त्री.] विफल होने की अवस्था या भाव; असफलता; नाकामयाबी।

विबुद्ध (सं.) [वि.] 1. विशिष्ट ज्ञान से युक्त 2. जाग्रत 3. खिला हुआ; विकसित।

विबुधाकर (सं.) [सं-पु.] चंद्रमा; पृथ्वी के चारों ओर चक्कर लगाने वाला एक उपग्रह।

विबुधेश (सं.) [सं-पु.] इंद्र; बारह आदित्यों में से एक।

विबोध (सं.) [सं-पु.] 1. बोध होना; ज्ञान होना 2. चेतना; होशो-हवास 3. जागरण; जागना।

विभंग (सं.) [सं-पु.] 1. भंग होना; टूटना 2. विघ्न; बाधा 3. विन्यास 4. भौहों से की जाने वाली चेष्टा; भ्रुभंग।

विभक्त (सं.) [वि.] 1. अलग किया हुआ 2. जिसके भाग किए गए हों 3. बाँटा हुआ; विभाजित।

विभक्ति (सं.) [सं-स्त्री.] 1. विभाजित करना; बँटवारा 2. पार्थक्य 3. (व्याकरण) कारकीय चिह्न।

विभव (सं.) [सं-पु.] ऐश्वर्य; शक्ति; धन-दौलत; संपत्ति; वैभव।

विभव-कर (सं.) [सं-पु.] वह कर जो किसी की धन-संपत्ति पर लिया जाता है; संपत्ति कर।

विभवपूर्ण (सं.) [वि.] ऐश्वर्य अथवा वैभव से परिपूर्ण; विभवयुक्त।

विभा (सं.) [सं-स्त्री.] 1. प्रभा; चमक; आभा; दीप्ति; प्रदीप्ति

2. किरण; रश्मि 3. प्रकाश; रोशनी; वह शक्ति या तत्व जिसके योग से वस्तुओं आदि का रूप आँख को दिखाई देता है 4. सौंदर्य।

विभाँति (सं.) [वि.] 1. अनेक प्रकार का 2. तरह-तरह का; भिन्न-भिन्न प्रकार का। [सं-स्त्री.] 1. प्रकार; भेद 2. तरह 3. किस्म।

विभाकर (सं.) [वि.] प्रकाश फैलाने वाला; प्रकाश करने वाला। [सं-पु.] 1. सूर्य 2. अग्नि 3. राजा।

विभाग (सं.) [सं-पु.] 1. भागों में बँटा हुआ; बँटवारा; बाँट 2. अंश; खंड 3. कार्यक्षेत्र; महकमा।

विभागाध्यक्ष (सं.) [सं-पु.] किसी विभाग का प्रधान अधिकारी।

विभागीय (सं.) [वि.] विभाग से संबंधित; विभाग संबंधी; (डिपार्टमेंटल)।

विभाजक (सं.) [वि.] बाँटने वाला; विभाजन करने वाला।

विभाजन (सं.) [सं-पु.] 1. विभाजित करना; बाँटना 2. पृथक करना; अलग-अलग करना 3. धन-संपत्ति आदि का उसके स्वामियों में बँटवारा करना।

विभाजनकारी (सं.) [वि.] विभाजन करने वाला; अलग-अलग हिस्सों में बाँटने वाला।

विभाजित (सं.) [वि.] 1. बँटा हुआ 2. पृथक किया हुआ।

विभाज्य (सं.) [सं-पु.] (गणित) वह संख्या या राशि जिसमें भाजक अंक या संख्या से भाग दिया जाता है; भाज्य। [वि.] जिसका विभाग किया जा सके; विभाजनीय।

विभात [क्रि-स.] मंद पड़ना।

विभावन (सं.) [सं-पु.] 1. सोचने की क्रिया या भाव; अनुभूति 2. कल्पना; विचारण 3. परीक्षण 4. तर्क 5. (साहित्य) वह स्थिति जिसमें कविता या नाटक के पात्र के साथ पाठक या दर्शक का तादात्म्य होता है।

विभावरी (सं.) [सं-स्त्री.] रात; रात्रि; निशा; रजनी; यामिनी।

विभाव्य (सं.) [वि.] 1. जिसपर ध्यान दिया जाए 2. जिसकी अनुभूति की जाए 3. जो हो सकता हो।

विभाषा (सं.) [सं-स्त्री.] 1. बोली; क्षेत्रीय भाषा; किसी भाषा का स्थानीय भेद 2. विकल्प; चुनाव 3. एक रागिनी।

विभास (सं.) [सं-पु.] 1. दीप्ति; चमक 2. (संगीत) सुबह के समय गाया जाने वाला एक राग।

विभासित (सं.) [वि.] 1. दीप्ति; प्रकाशित; चमकता हुआ 2. कांति से युक्त।

विभिन्न (सं.) [वि.] 1. भिन्न-भिन्न; विविध प्रकार का; कई तरह का 2. अलग किया हुआ; पृथक 3. परिवर्तित।

विभिन्नता (सं.) [सं-स्त्री.] विभिन्न होने का भाव; अलगाव।

विभीति (सं.) [सं-स्त्री.] 1. भय; डर 2. आशंका; संदेह।

विभीषण (सं.) [वि.] 1. अत्यंत भीषण; बहुत डरावना 2. {ला-अ.} देशद्रोही 3. {ला-अ.} भीतरघाती। [सं-पु.] (रामायण) रावण का भाई जिसने लंका विजय में राम की सहायता की थी।

विभीषिका (सं.) [सं-स्त्री.] 1. त्रास, भय या डर दिखाना; आतंक 2. डराने का साधन।

विभु (सं.) [सं-पु.] 1. ईश्वर; प्रभु; परमात्मा 2. जीवात्मा 3. (पुराण) ब्रह्मा, विष्णु और शिव 4. कुबेर 5. आकाश 6. अवकाश। [वि.] 1. सर्वव्यापक 2. योग्य; सक्षम 3. शक्तिशाली 4. वैभवशाली 5. स्थायी; स्थिर।

विभूति (सं.) [सं-स्त्री.] 1. वैभव; ऐश्वर्य 2. महत्ता; बड़प्पन 3. धन-संपत्ति; दौलत 4. समृद्धि 5. दिव्यशक्ति; महिमायुक्त 6. अभ्युदय 7. प्रभुता।

विभूषण (सं.) [सं-पु.] 1. आभूषण; अलंकार 2. साज-सज्जा 3. सजाने की क्रिया या भाव।

विभूषित (सं.) [वि.] 1. अलंकृत; सुशोभित; सजाया हुआ 2. गुण आदि से युक्त।

विभेद (सं.) [सं-पु.] 1. भेद-प्रभेद 2. पार्थक्य; अलगाव; फूट 3. अंतर; प्रकार 4. खंड; विभाग 5. एक से विकसित होकर अनेक रूप बनना 6. विशेष रूप से किया गया भेद या अलगाव; (डिस्क्रिमिनेशन)।

विभेदक (सं.) [वि.] 1. विभेद उत्पन्न करने वाला 2. मतभेद कराने वाला 3. अंतर करने वाला 4. भेदने या छेदने वाला।

विभेदन (सं.) [सं-पु.] 1. भेदना 2. पृथक करना; खंडित करना; अंतर करना 4. मनमुटाव पैदा करके फूट डालना।

विभोर (सं.) [वि.] 1. मग्न; तल्लीन; निमग्न 2. मस्त; मत्त 3. डूबा हुआ।

विभ्रम (सं.) [सं-पु.] 1. चारों ओर घूमना; चक्कर; फेरा 2. भ्रांति; भ्रम 3. संशय; संदेह; दुविधा; असमंजस 4. उद्विग्नता; उतावली; असत्य अनुभूति 5. 'यथार्थ' का विलोम।

विभ्रमित (सं.) [वि.] 1. वशीभूत होने की मनोवृत्ति 2. भ्रांति के कारण जो उचित पथ से हट गया हो।

विभ्रांति (सं.) [सं-स्त्री.] 1. भ्रांति; भूल; भ्रम 2. घबराहट; हड़बड़ाहट।

विभ्रांतिकर (सं.) [वि.] भ्रम, संदेह या दुविधा पैदा करने वाला।

विमंडित (सं.) [वि.] मंडित; सुशोभित अलंकृत; सजाया हुआ।

विमत (सं.) [सं-पु.] 1. विरोधी विचार; असहमति; विपरीत मत 2. भिन्न विचार 3. विपक्ष में दिया जाने वाला मत। [वि.] तिरस्कृत; उपेक्षित; नज़र-अंदाज़।

विमन (सं.) [वि.] 1. बेमन; खिन्न; उदास; बिना किसी इच्छा के 2. अन्यमनस्क; विकल; परेशान; अप्रसन्न।

विमनस (सं.) [वि.] 1. विरत; निवृत; जो अपने कार्य या कर्तव्य से मुक्त हो चुका हो 2. विमुख; मुँह फेरा हुआ।

विमनस्क (सं.) [वि.] 1. अनमना 2. उदास; गमगीन; खिन्न।

विमर्श (सं.) [सं-पु.] 1. विवेचन; समीक्षा; पर्यालोचन 2. तथ्यानुसंधान 3. गुण-दोष आदि की आलोचना या विवेचना करना; (डेलिबरेशन) 4. किसी तथ्य की जानकारी के लिए किसी से परामर्श या सलाह करना 5. तर्क; ज्ञान 6. (नाटक) पाँच संधियों में से एक संधि।

विमर्शकार (सं.) [सं-पु.] सलाहकार; परामर्शदाता; परामर्शक; राय देने वाला व्यक्ति; सलाह देने वाला व्यक्ति।

विमर्ष (सं.) [सं-पु.] दे. विमर्श।

विमल (सं.) [वि.] 1. स्वच्छ; उज्ज्वल; पवित्र 2. मलरहित;

निर्मल 3. निर्दोष; निष्कलंक; दोष से रहित; विशुद्ध; बेदाग; साफ़ 4. पारदर्शक 5. सुंदर।

विमला (सं.) [सं-स्त्री.] 1. विमल होने का भाव 2. सरस्वती नामक देवी।

विमाता (सं.) [सं-स्त्री.] 1. सौतेली माँ 2. पिता की दूसरी पत्नी।

विमान (सं.) [सं-पु.] 1. वायुयान; हवाई जहाज़ 2. (पुराण) देवयान; देवताओं का यान 3. रथ; घोड़ा 4. सात खंडों का मकान 5. परिमाण।

विमानयुद्ध (सं.) [सं-पु.] विमानों के द्वारा की जाने वाली लड़ाई।

विमानवाहक (सं.) [सं-पु.] विमान को ले जाने वाला पोत या जलयान।

विमानवेधी (सं.) [सं-स्त्री.] हवाई जहाज़ों पर गोले दागकर उन्हें नष्ट कर डालने वाली तोप।

विमुक्त (सं.) [वि.] 1. छोड़ा अथवा मुक्त किया हुआ; परित्यक्त 2. फेंका हुआ 3. बरी किया हुआ 4. कार्यमुक्त; बरख़ास्त 5. स्वतंत्र।

विमुक्ति (सं.) [सं-स्त्री.] 1. रिहाई; छुटकारा 2. आज़ादी 3. मुक्त होने की क्रिया 4. निजात 5. मोक्ष।

विमुख (सं.) [वि.] 1. मुँह फेरने वाला; अलग 2. उदासीन; विरक्त; अनमना; हताश; वंचित 3. प्रतिकूल।

विमुग्ध (सं.) [वि.] 1. आसक्त; मोहित 2. पूरी तरह से तन्मय 3. भ्रांत; विकल; परेशान; भ्रम में पड़ा हुआ; घबराया और डरा हुआ 4. उन्मत्त; मतवाला; पागल; बावला 5. अचेत; बेसुध।

विमुग्धक (सं.) [वि.] विमुग्ध करने वाला; मोहने वाला [सं-पु.] अभिनय का एक प्रकार।

विमूढ़ (सं.) [वि.] 1. भ्रम में पड़ा हुआ; घबराया हुआ 2. मोहग्रस्त; अत्यंत मोहित 3. मूर्ख; बेसुध; ज्ञान रहित।

विमूढ़ता (सं.) [सं-स्त्री.] विमूढ़ होने का भाव; मोह; अज्ञानता।

विमोचन (सं.) [सं-पु.] 1. पुस्तक का लोकार्पण 2. छोड़ने या बंधन से मुक्त करने की क्रिया 3. किसी वस्तु की बिक्री या सार्वजनिक प्रदर्शन के लिए वितरित करने की क्रिया।

विमोचित (सं.) [वि.] जिसका विमोचन किया गया हो; लोकार्पित।

वियुक्त (सं.) [वि.] 1. जिसका किसी से वियोग हुआ हो; अलग किया हुआ 2. अभाव; रहित; वंचित 3. छुटकारा।

वियुक्तीकरण (सं.) [सं-पु.] पृथक करने की क्रिया; अलगाव।

वियुग्म (सं.) [वि.] 1. अकेला; जो युग्म न हो 2. विलक्षण; अनोखा। [सं-पु.] (गणित) वह संख्या जिसमें दो से भाग देने पर एक शेष रहे।

वियोग (सं.) [सं-पु.] 1. विरह; बिछोह; विच्छेद 2. पार्थक्य; अलगाव 3. अभाव 4. छुटकारा।

वियोगांत (सं.) [वि.] जिसका अंत दुखपूर्ण हो; दुखांत (नाटक या कथा)।

वियोगी (सं.) [वि.] किसी के वियोग में पड़ा हुआ; विरही।

वियोजक (सं.) [वि.] अलग करने वाला; पृथक करने वाला। [सं-पु.] (गणित) बड़ी संख्या में से घटाई जाने वाली छोटी संख्या।

वियोजन (सं.) [सं-पु.] 1. पृथक करना; अलग करना 2. जुदाई; वियोग 3. (गणित) घटाना।

वियोजित (सं.) [वि.] 1. वंचित; रहित 2. अलग किया हुआ।

वियोज्य (सं.) [वि.] जिसे अलग करना हो; अलग करने योग्य।

विरंचि (सं.) [सं-पु.] ब्रह्मा।

विरंजक (सं.) [सं-पु.] रंग उड़ा देने वाला रसायन। [वि.] रंग उड़ा देने वाला।

विरंजन (सं.) [सं-पु.] रासायनिक विधि से रंग उड़ाने का कार्य।

विरक्त (सं.) [वि.] 1. जिसका जी हट गया हो; उदासीन; विमुख 2. वैराग्ययुक्त; विषयवासना, राग-रंग से दूर रहने वाला 3. राग-अनुरागरहित 4. गहरा लाल (रंग)।

विरक्ति (सं.) [सं-स्त्री.] 1. किसी के प्रति प्रेम, सहानुभूति आदि न रह जाने का भाव 2. उदासीनता; खिन्नता 3. अनुरागहीनता।

विरचन (सं.) [सं-पु.] 1. निर्माण करना; बनाना; रचना 2. तैयारी; सजाने की क्रिया 3. धारण करना।

विरचित (सं.) [वि.] 1. रचित; लिखित 2. निर्मित 3. पूरा किया हुआ।

विरज (सं.) [वि.] 1. स्वच्छ; निर्मल 2. कामवासना से रहित 3. जिसका रजोधर्म रुक गया हो 4. रजोगुणी प्रवृत्ति से रहित।

विरत (सं.) [वि.] 1. विरक्त; विमुख 2. जिसका अंत हो गया हो 3. मन को सांसारिकता, भौतिकता आदि से दूर रखने वाला; वैरागी।

विरति (सं.) [सं-स्त्री.] 1. वैराग्य; विराग 2. कार्य सेवा आदि से अलग होना 3. विराम; अंत 4. उदासीनता।

विरथ (सं.) [सं-पु.] पैदल सेना। [वि.] 1. रथरहित 2. पैदल।

विरल (सं.) [वि.] 1. दुर्लभ 2. जो घना न हो; शून्य; रिक्त; ख़ाली 3. पतला 4. अल्प; थोड़ा; कम 5. निर्जन; एकांत।

विरला (सं.) [वि.] 1. अनोखा; बिलकुल अलग 2. विरल; दुर्लभ।

विरस (सं.) [वि.] 1. नीरस; उबाऊ 2. स्वादहीन; फीका 3. अप्रिय।

विरसता (सं.) [सं-स्त्री.] विरस होने का भाव; नीरसता; उबाऊपन।

विरह (सं.) [सं-पु.] 1. वियोग; जुदाई 2. वियोग में होने वाली अनुभूति 3. अभाव।

विरह गीत (सं.) [सं-पु.] वह गीत जिसमें विरह की स्थिति का वर्णन हो।

विरह निवेदन (सं.) [सं-पु.] (साहित्य) नायक या नायिका की विरहावस्था के दुख का वर्णन।

विरह वेदना (सं.) [सं-स्त्री.] विरह की वेदना; जुदाई का दर्द।

विरहदशा (सं.) [सं-स्त्री.] 1. विरह की स्थिति 2. (साहित्य) नायिका या नायक के विरह में आने वाली दस प्रकार की स्थितियाँ, जैसे- अभिलाष, स्मृति आदि।

विरहातिरेक (सं.) [सं-पु.] विरह की अधिकता।

विरहिणी (सं.) [सं-स्त्री.] प्रिय से बिछुड़ी हुई नायिका; वियोगिनी।

विरहित (सं.) [वि.] 1. रहित 2. परित्यक्त।

विरही (सं.) [वि.] वियोग से दुखी; वियोगी।

विराग (सं.) [सं-पु.] 1. विरक्ति; अरुचि; वैराग्य 2. चाह या अनुराग का अभाव। [वि.] 1. रागहीन 2. उदासीन।

विरागी (सं.) [वि.] 1. विरक्त 2. उदासीन 3. निर्विषय 4. राग या अनुराग से रहित।

विराज (सं.) [सं-पु.] 1. एक विशेष रूप का मंदिर 2. एक प्रकार का पौधा 3. राजा 4. ब्रह्मांड 5. क्षत्रिय। [वि.] 1. राज्य रहित 2. चमकीला।

विराजना (सं.) [क्रि-अ.] 1. आसीन होना; बैठना 2. शोभित होना 3. उपस्थित होना; विद्यमान होना।

विराजमान (सं.) [वि.] 1. बैठा हुआ; आसीन 2. विराजित।

विराट (सं.) [वि.] 1. विशाल; बहुत बड़ा 2. अनंत।

विराम (सं.) [सं-पु.] 1. किसी कार्य या गति में होने वाली रुकावट; ठहराव 2. रोकना; थामना 3. अवकाश ग्रहण 4. विश्राम 5. पद्य के चरण की यति 6. समाप्ति।

विराम चिह्न (सं.) [सं-पु.] लेखन या छपाई में प्रयुक्त चिह्न, जैसे- अल्प विराम ',', अर्ध विराम ';', पूर्ण विराम '।' या '.'; (पंक्चुएशन मार्क)।

विराम संधि (सं.) [सं-स्त्री.] दोनों पक्षों की सहमति से कुछ समय के लिए होने वाला युद्ध विराम; अस्थायी शांति संधि।

विरामकाल (सं.) [सं-पु.] 1. विश्राम का समय 2. किसी कार्य आदि के दौरान थोड़ा रुककर शरीर को आराम देने की क्रिया।

विरामहीन (सं.) [वि.] बिना अटकाव का; जिसमें विराम या ठहराव न हो; बिना रुके होने या चलने वाला।

विराव (सं.) [सं-पु.] 1. कलरव 2. शब्द; आवाज़ 3. वाणी; बोली 4. शोरगुल; हो-हल्ला।

विरासत (अ.) [सं-स्त्री.] 1. उत्तराधिकार में प्राप्त धन 2. वारिस होने की अवस्था या भाव।

विरुज (सं.) [वि.] 1. निरोग; निरोगी; स्वस्थ 2. अच्छा; भला-चंगा; सेहतमंद।

विरुद (सं.) [सं-पु.] 1. कीर्ति; यश; प्रसिद्धि 2. घोषणा 3. प्रशंसासूचक पदवी।

विरुदावली (सं.) [सं-स्त्री.] कीर्ति अथवा यश का विस्तारपूर्वक वर्णन; विस्तृत यशोगान।

विरुद्ध (सं.) [वि.] 1. रुद्ध; रोका हुआ; बाधित; अवरुद्ध 2. विरोधी; प्रतिकूल। [सं-पु.] (साहित्य) एक प्रकार का अलंकार। [अव्य.] 1. विरोध में; सामने 2. प्रतिकूल दशा में; ख़िलाफ़।

विरुद्धता (सं.) [सं-स्त्री.] वैपरीत्य; प्रतिकूलता।

विरूप (सं.) [वि.] 1. कुरूप; भद्दा; बदशक्ल 2. शोभा-रहित 3. विपरीत 4. अनेक रूपोंवाला।

विरूपण (सं.) [सं-पु.] किसी के रूप या स्वरूप को बिगाड़ना।

विरूपता (सं.) [सं-स्त्री.] 1. कुरूपता; भद्दापन 2. बहुरूपता।

विरूपाक्ष (सं.) [वि.] 1. विलक्षण नेत्रोंवाला 2. जिसके नेत्र कुरूप हों। [सं-पु.] 1. शिव; भोलेनाथ; महादेव; शंकर 2. नाग 3. एक गण।

विरूपित (सं.) [वि.] बिगड़ा हुआ रूप या स्वरूप।

विरेचक (सं.) [वि.] दस्त की स्थिति लाने वाला।

विरेचन (सं.) [सं-पु.] 1. रेचन; जुलाव 2. दस्त लाने वाली दवा 3. दस्त लाना 4. प्रसिद्ध दर्शनशास्त्री अरस्तु द्वारा प्रतिपादित एक सिद्धांत। [वि.] खोलने वाला।

विरोध (सं.) [सं-पु.] 1. अवरोध; रुकावट; बाधा 2. प्रतिकूलता; विपरीतता 3. आपसी अनबन या बिगाड़ 4. असंगति; विसंगति 5. लड़ाई; झगड़ा; संघर्ष।

विरोधपक्ष (सं.) [सं-पु.] विपक्ष; विरोधी पक्ष; विरोध करने वाला पक्ष।

विरोधाभास (सं.) [सं-पु.] 1. विरोध की गुंजाइश 2. विरोध का आभासमात्र 3. (काव्यशास्त्र) एक अर्थालंकार।

विरोधाभासी (सं.) [वि.] 1. परस्पर विरोधी 2. विरुद्ध; विपरीत; उलटा 3. असंगत।

विरोधिता (सं.) [सं-स्त्री.] 1. विरोधी होने का भाव 2. शत्रुता; दुश्मनी; वैर।

विरोधी (सं.) [सं-पु.] 1. विपक्षी 2. शत्रु; वैरी। [वि.] 1. विरोधक 2. विरुद्ध; विपरीत 3. प्रतिस्पर्धी; झगड़ालू।

विरौनी [सं-स्त्री.] मड़ुआ, बाजरा, कोदो आदि के पौधों के कुछ ऊँचे हो जाने पर खेत की होने वाली जुताई।

विलंब (सं.) [सं-पु.] 1. देर; अतिकाल 2. बहुत काल 3. आवश्यक या नियत से अधिक समय लगने की स्थिति।

विलंबित (सं.) [वि.] 1. जिसमें देर हुई हो 2. लटकता हुआ; झूलता हुआ 3. (संगीत) मंद; धीमा 4. आश्रित; अवलंबित।

विलक्षण (सं.) [वि.] 1. अलौकिक 2. असाधारण; अद्भुत; अनोखा 3. अनेक लक्षणोंवाला।

विलग (सं.) [वि.] 1. अलग; जुदा; पृथक 2. जो किसी से जुड़ा न हो।

विलगाना (सं.) [क्रि-अ.] अलग होना। [क्रि-स.] अलग करना; पृथक करना।

विलगाव (सं.) [सं-पु.] 1. विलग होने की अवस्था या भाव 2. विभेद 3. भेदभाव।

विलय (सं.) [सं-पु.] 1. किसी पदार्थ का पानी में घुलकर लीन हो जाना; विलीन होना; घुल जाना 2. किसी छोटे राज्य या दल आदि का बड़े राज्य या दल आदि में मिलना 3. प्रलय; सृष्टि का नाश 4. मृत्यु।

विलयन (सं.) [सं-पु.] 1. विलय होने की अवस्था या भाव 2. किसी अन्य के अस्तित्व में विलीन हो जाना; विलय 3. घुल-मिल जाना।

विलयीकरण (सं.) [सं-पु.] 1. विलय करना 2. समाहित होना।

विलयीमान (सं.) [वि.] जिसका विलय हो रहा हो।

विलसन (सं.) [सं-पु.] 1. चमकना; प्रकाश बिखेरना 2. क्रीड़ा; आमोद-प्रमोद।

विलसित (सं.) [वि.] 1. विलास करता हुआ 2. शोभित 3. चमकता हुआ 4. व्यक्त 5. विनोदी।

विलाप (सं.) [सं-पु.] 1. रोना; बिलख-बिलख कर रोने की क्रिया 2. हार्दिक दुख प्रकट करना।

विलायत (अ.) [सं-स्त्री.] 1. बहुत दूर या समुद्र पार का देश; पराया देश; विदेश 2. पिछली सदी में भारतीय जन सामान्य द्वारा इंग्लैंड के लिए प्रयुक्त नाम।

विलायती (अ.) [वि.] विदेशी; विलायत का; इंग्लैंड का; विलायत से आया हुआ।

विलायती भाँटा [सं-पु.] टमाटर।

विलास (सं.) [सं-पु.] 1. आनंद; प्रसन्नता; हर्ष 2. सुखोपभोग 3. प्रणयक्रीड़ा 4. हाव-भाव 5. सौंदर्य 6. शौकीनी; (लग्ज़री) 7. बहुत महँगी या अधिक सुख-सुविधा की वस्तुओं का ऐसा उपभोग जो केवल मन को ख़ुश करने या दिखाने के लिए किया गया हो 8. (काव्यशास्त्र) संयोग श्रृंगार का एक भाव जो नायिका द्वारा नायक के मन में अपने प्रति अनुराग उत्पन्न करने के लिए किया जाता है।

विलासप्रिय (सं.) [वि.] 1. जिसे विलास प्रिय हो; विलास में लिप्त रहने वाला 2. सौंदर्यप्रिय 3. सुखोपभोगी।

विलासमय (सं.) [वि.] 1. सुख-सुविधाओं से युक्त 2. प्रसन्न करने वाली क्रियाओं और बातों में लीन; ऐश्वर्ययुक्त; भोग-विलास से परिपूर्ण 3. आनंदमय खेल या क्रीड़ा से युक्त।

विलासयुक्त (सं.) [वि.] विलास से भरा; विलासमय।

विलासिता (सं.) [सं-स्त्री.] विलासी होने की अवस्था या भाव; विलास।

विलासी (सं.) [वि.] 1. विलास करने वाला; भोग करने वाला 2. इधर-उधर घूमने वाला 3. मौज-मस्ती में समय बिताने वाला 4. रसिक; कामी; भोगी; क्रीड़ाशील 5. विनोदी; ऐश या मौज करने वाला।

विलिखित (सं.) [वि.] 1. लिखित; लिखा हुआ 2. खुदा या खरोंचा हुआ; अंकित।

विलिष्ट (सं.) [वि.] 1. अस्त-व्यस्त 2. टूटा हुआ।

विलीन (सं.) [वि.] 1. घुला हुआ 2. ओझल; गायब 3. लुप्त; अदृश्य 4. संबद्ध; संलग्न।

विलुप्त (सं.) [वि.] 1. जिसका अस्तित्व विलीन हो गया हो; गायब; अदृश्य 2. बरबाद किया हुआ; नष्ट।

विलेख (सं.) [सं-पु.] 1. प्रलेख 2. कल्पना; कयास; अनुमान 3. सोच-विचार।

विलेप (सं.) [सं-पु.] 1. लेपने या चुपड़ने की वस्तु; लेप 2. अंगराग 3. लेपना; चुपड़ना 4. गारा लगाना; पलस्तर करना।

विलेय (सं.) [वि.] 1. जो किसी तरल पदार्थ में घुल सके; घुलनशील 2. जिसका विलय हो सके।

विलोकन (सं.) [सं-पु.] 1. देखना; अवलोकन करना 2. तलाश करना 3. दृष्टि डालना 4. ध्यान देना 5. जानकारी हासिल करना।

विलोकना (सं.) [क्रि-स.] 1. देखना 2. निरीक्षण करना 3. खोजना; ढूँढ़ना।

विलोकी (सं.) [वि.] 1. दृष्टिपात करने वाला; देखने वाला 2. अवलोकन करने वाला 3. जानकारी हासिल करने वाला।

विलोचन (सं.) [सं-पु.] आँख; नयन; लोचन; नेत्र।

विलोड़न (सं.) [सं-पु.] 1. मथना; हिलाना 2. चुराना 3. इधर-उधर करना।

विलोड़ित (सं.) [वि.] 1. मथा हुआ; बिलोया हुआ; मथित 2. हिलाया हुआ।

विलोप (सं.) [सं-पु.] 1. विलुप्त होने की क्रिया या भाव 2. किसी चीज़ के अस्तित्व की समाप्ति 3. अपहरण 4. बाधा 5. क्षति 6. चोट; आघात।

विलोपन (सं.) [सं-पु.] 1. गायब करना; लुप्त करना 2. नष्ट करना; नाश 3. चोरी करना; लुटना 4. अलग करना 5. काट देना; निकाल देना।

विलोपी (सं.) [वि.] 1. विलोप अथवा नाश करने वाला 2. भंग करने वाला; नष्ट या ध्वस्त करने वाला।

विलोभन (सं.) [सं-पु.] 1. लोभ दिलाने या लुभाने की क्रिया; प्रलोभन 2. बहलाने या फुसलाने की क्रिया 3. ऐसा प्रलोभन जो कोई पुरुष किसी स्त्री को सहवास करने के उद्देश्य से देता है 4. चापलूसी; प्रशंसा।

विलोम (सं.) [वि.] 1. उलटा; विपरीत 2. उलटे क्रम में 3. {अ-अ.} लोमरहित। [सं-पु.] 1. उलटा क्रम 2. पानी निकालने का एक यंत्र 3. (संगीत) स्वरों का अवरोह।

विल्व (सं.) [सं-पु.] बेल का पेड़ और उसका फल।

विवक्षा (सं.) [सं-स्त्री.] 1. कुछ कहने की इच्छा 2. लेखक या वक्ता की इच्छा 3. तात्पर्य; भाव; निहितार्थ; अभिप्राय।

विवर (सं.) [सं-पु.] 1. छिद्र; बिल 2. कंदरा; गुफा; कोटर 3. गर्त; गड्डा 4. दरार; संधि 5. ठोस वस्तु के अंदर खोखला स्थान।

विवरण (सं.) [सं-पु.] 1. किसी चीज़ की विस्तृत जानकारी; विस्तृत वर्णन; लेखा-जोखा 2. प्रकाशन; प्रकटन; स्पष्ट करना।

विवरणकार (सं.) [सं-पु.] विवरण या ब्योरा प्रस्तुत करने वाला व्यक्ति।

विवरणिका (सं.) [सं-स्त्री.] किसी संस्था या घटना से संबंधित गतिविधियों का क्रमबद्ध विवरण देने वाली पत्रिका; विवरण-पत्र; (प्रास्पेक्टस)।

विवर्जित (सं.) [वि.] 1. त्यागा हुआ 2. उपेक्षित 3. निषेध किया हुआ।

विवर्ण (सं.) [वि.] 1. जिसका रंग बिगड़ गया हो 2. जिसके चेहरे का रंग उतर गया हो 3. रंगहीन; कांतिहीन। [सं-पु.] (साहित्य) एक भाव जिसमें भय, मोह, क्रोध और लज्जा आदि के कारण मुख का रंग बदल जाता है।

विवर्त (सं.) [सं-पु.] 1. घूमना; गोल-गोल चक्कर लगाना; परिक्रमा 2. रूपांतर 3. भ्रम; भ्रांति 4. आकाश 5. परिवर्तन 6. सुधार 7. राशि; समूह 8. ह्रास 9. वेदांत का एक सिद्धांत जिसमें ब्रह्म को सत्य और जगत को मिथ्या मानते हैं।

विवर्तन (सं.) [सं-पु.] 1. परिक्रमा करना; परिभ्रमण 2. फेरा; चक्कर 3. वापसी; प्रत्यावर्तन 4. बदली हुई दशा या अवस्था; विश्लेषण।

विवर्तित (सं.) [वि.] 1. मुड़ा या घूमा हुआ 2. चक्कर खाया

हुआ 3. परिवर्तित।

विवश (सं.) [वि.] 1. लाचार; बेबस; मजबूर 2. जिसका परिस्थिति पर कोई वश न हो 3. पराधीन; असहाय; बाध्य।

विवशता (सं.) [सं-स्त्री.] 1. चाहकर भी किसी काम को न कर पाने की स्थिति 2. विवश होने की अवस्था या भाव 3. लाचारी; पराधीनता।

विवसन (सं.) [वि.] नग्न; वस्त्रहीन; नंगा।

विवस्त्र (सं.) [वि.] वस्त्रहीन; नग्न; निर्वस्त्र।

विवाचन (सं.) [सं-पु.] आपसी मतभेद या विवादों आदि को सुलझाने के उद्देश्य से बनाई गई एक व्यवस्था जिसमें विवादी का एक पक्ष अपना पंच निश्चित कर उसके निर्णय को मानने पर सहमत हो जाता है; मध्यस्थता; पंचनिर्णय।

विवाद (सं.) [सं-पु.] 1. कहासुनी; तकरार; बहस 2. मतभेद 3. प्रतिवाद 4. अभियोग; मुकदमा 5. ऐसी बात जिसके विषय में दो या दो से अधिक पक्ष हों और जिसकी सत्यता का निर्णय होना हो।

विवादग्रस्त (सं.) [वि.] विवाद से घिरा हुआ; विवाद में फँसा हुआ; विवादित।

विवादप्रिय (सं.) [वि.] 1. झगड़ालू 2. विवाद करने वाला।

विवादास्पद (सं.) [वि.] 1. विवाद या झगड़े से संबंधित 2. विवादग्रस्त; मतभेद के योग्य।

विवादित (सं.) [वि.] 1. विवादास्पद; विवादग्रस्त; जिसके विषय में विवाद हो 2. झगड़े में पड़ा हुआ।

विवादी (सं.) [वि.] विवाद करने वाला; झगड़ालू।

विवाद्य (सं.) [वि.] 1. विवाद संबंधी 2. जिसपर विवाद हो सकता है (वस्तु या विषय) 3. विवादास्पद।

विवाह (सं.) [सं-पु.] 1. वह सामाजिक एवं धार्मिक प्रक्रिया जिसमें स्त्री-पुरुष को पति-पत्नी के रूप में मान्यता मिलती है; ब्याह; शादी; परिणय; पाणिग्रहण 2. पुरुष और स्त्री की सामाजिक मान्यता के साथ पति-पत्नी के रूप में स्वीकार्यता।

विवाह विच्छेद (सं.) [सं-पु.] कानूनी रूप से स्त्री-पुरुष का विवाह के बंधन से मुक्त होना; ऐसा विच्छेद जिसमें स्त्री और पुरुष दोनों को दूसरी शादी करने का अधिकार मिल जाता है; तलाक; (डाइवोर्स)।

विवाह संस्कार (सं.) [सं-पु.] वह धार्मिक अनुष्ठान जिसके होने के बाद पुरुष और स्त्री को पति-पत्नी के रूप में रहने की मान्यता मिल जाती है; हिंदू धर्म के सोलह संस्कारों में से एक।

विवाहित (सं.) [वि.] जिसका विवाह हो चुका हो; शादीशुदा।

विवाहेतर (सं.) [वि.] विवाह से इतर या अतिरिक्त (संबंध)।

विवाहोत्सव (सं.) [सं-पु.] 1. उत्सव जो विवाह के समय होता है 2. शादी का जलसा।

विवाहोद्यत (सं.) [वि.] विवाह का इच्छुक; विवाह के लिए तैयार।

विवाहोपरांत (सं.) [वि.] विवाह के उपरांत; विवाह के बाद।

विविध (सं.) [वि.] 1. कई तरह के; भिन्न-भिन्न प्रकार के; विभिन्न 2. भाँति-भाँति के; नानाविधि 3. मिला-जुला 4. अनेक।

विविधता (सं.) [सं-स्त्री.] विविध होने की स्थिति या भाव; अनेकरूपता; अनेकता।

विविधायामी (सं.) [वि.] विविध आयामों वाला; बहुआयामी; अलग-अलग क्षेत्रों में फैला हुआ।

विविधीकरण (सं.) [सं-पु.] विविधता या अनेकता लाने की क्रिया या भाव।

विवृत (सं.) [वि.] 1. लंबा-चौड़ा; विस्तृत; फैला हुआ 2. स्पष्ट; प्रत्यक्ष 3. खुला हुआ 4. घोषित 5. जिसकी व्याख्या की गई हो।

विवृति (सं.) [सं-स्त्री.] 1. भाष्य; टीका 2. संदर्भ सहित व्याख्या; निर्वचन 3. प्रकटीकरण।

विवृत्ति (सं.) [सं-स्त्री.] 1. फैलाव; विकास 2. परिक्रमा; घूमना; चक्कर खाना 3. किसी ग्रंथ की व्याख्या या टीका 4. प्रसंग 5. संधि का अभाव।

विवेक (सं.) [सं-पु.] 1. सत-असत का ज्ञान; अच्छे-बुरे की परख; सत्य का बोध 2. सद्बुद्धि; अच्छी समझ।

विवेकपरक (सं.) [वि.] 1. विवेक से युक्त 2. सोचा-समझा हुआ 3. बुद्धि-ज्ञान से युक्त।

विवेकपूर्ण (सं.) [वि.] विवेक से परिपूर्ण; विवेकमय।

विवेकशील (सं.) [वि.] 1. विवेकपूर्ण 2. बुद्धिमान; ज्ञानी 3. विवेकी 4. विवेकवान।

विवेकशीलता (सं.) [सं-स्त्री.] विवेकशील होने की अवस्था या भाव; बुद्धिमत्ता; अंतर्दृष्टि; सूझ-बूझ।

विवेकशून्य (सं.) [वि.] विवेकहीन; विवेक-रहित।

विवेकाधीन (सं.) [वि.] 1. विवेकगत 2. जो किसी के विवेक या ज्ञान पर आश्रित हो।

विवेकी (सं.) [वि.] 1. सूझ-बूझवाला 2. सद्बुद्धिवाला 3. ज्ञानवान।

विवेचन (सं.) [सं-पु.] 1. अच्छे-बुरे का विचार करने की क्रिया 2. वैचारिक विवरण; आलोचनात्मक अध्ययन 3. मूल्यांकन; तर्क-वितर्क; समीक्षा 4. मीमांसा।

विवेचना (सं.) [सं-स्त्री.] 1. भली भाँति परीक्षण करना 2. विवेचन।

विवेचनात्मक (सं.) [वि.] विवेचन संबंधी।

विवेचनीय (सं.) [वि.] विवेचन के योग्य; विवेच्य।

विवेचनीयता (सं.) [सं-स्त्री.] विवेचनीय होने की स्थिति या भाव।

विवेचित (सं.) [वि.] 1. निश्चित 2. जिसका विवेचन हो चुका हो 3. जिसका अनुसंधान किया गया हो।

विवेच्य (सं.) [वि.] विवेचनीय; विवेचन करने योग्य।

विशद (सं.) [वि.] 1. विस्तृत; व्यापक 2. उज्ज्वल; निर्मल; स्वच्छ 3. श्वेत; सफ़ेद; चमकीला; सुंदर 3. स्पष्ट; लंबा-चौड़ा।

विशदता (सं.) [सं-स्त्री.] 1. विशद होने का भाव; व्यापकता; विस्तार 2. स्वच्छता; निर्मलता 3. सुंदरता 4. स्पष्टता।

विशल्य (सं.) [वि.] 1. कष्ट या पीड़ा से रहित 2. जिसमें काँटे न हों 3. जो नुकीला न हो।

विशाख (सं.) [सं-पु.] 1. कार्तिकेय 2. शिव 3. भिक्षुक; याचना करने वाला व्यक्ति 4. बाण चलाने वाले की वह मुद्रा जिसमें एक पैर आगे और एक पीछे रखा जाता है 5. तकुआ 6. एक औषधीय पौधा। [वि.] 1. शाखाहीन 2. अप्रकांड 3. विशाख नक्षत्र में उत्पन्न।

विशाखा (सं.) [सं-स्त्री.] 1. एक नक्षत्र 2. एक प्रकार की दूब या घास 3. काली अपराजिता।

विशारद (सं.) [वि.] 1. दक्ष; कुशल; निपुण; चतुर 2. विद्वान; पंडित 3. विशेषज्ञ।

विशाल (सं.) [वि.] 1. बहुत बड़ा; बहुत लंबा-चौड़ा 2. विस्तृत 3. भव्य; सुंदर।

विशालकाय (सं.) [वि.] विशाल आकृति का; विशाल आकारवाला।

विशालता (सं.) [सं-स्त्री.] 1. अत्यंत उदारता का भाव 2. विशाल होने की अवस्था, भाव या गुण।

विशालाक्ष (सं.) [वि.] बड़ी आँखोंवाला। [सं-पु.] 1. धृतराष्ट्र का एक पुत्र 2. गिद्ध की जाति का एक बड़ा पक्षी; गरुड़ 3. एक प्रकार का उल्लू 4. महादेव; शिव।

विशिष्ट (सं.) [वि.] 1. विशेष; जिसमें किसी प्रकार का अनूठापन हो; विशेषतायुक्त 2. असाधारण; अद्भुत; विलक्षण 3. प्रसिद्ध; यशस्वी।

विशिष्टता (सं.) [सं-स्त्री.] 1. विशेष होने की अवस्था या भाव 2. विशेषता; वैशिष्ट्य।

विशिष्टीकरण (सं.) [सं-पु.] 1. विशेषज्ञता 2. किसी काम या बात को कोई विशिष्ट रूप देने की क्रिया 3. किसी कला, विद्या या शास्त्र में विशिष्ट रूप से पारंगत होना।

विशीर्ण (सं.) [वि.] 1. क्षीण 2. जीर्ण-शीर्ण; तितर-बितर 3. दुबला; पतला 4. रगड़ा हुआ 5. नष्ट 6. पुराना।

विशुद्ध (सं.) [वि.] 1. विशिष्ट रूप से शुद्ध किया हुआ 2. अतिशुद्ध 3. पवित्र; पापरहित; निर्दोष; निष्कलंक 4. बिलकुल ठीक या सही।

विशुद्धता (सं.) [सं-स्त्री.] विशुद्ध होने का भाव।

विशुद्धि (सं.) [सं-स्त्री.] 1. शुद्धता; विशुद्धता; पवित्रता 2. भूल आदि का सुधार; परिशोध 3. दोष, शंका आदि दूर करने की क्रिया या भाव 4. सादृश्य।

विशुनमाला [सं-पु.] दे. राममाला।

विशृंखल (सं.) [वि.] 1. जो क्रम से न हो; बिखरा हुआ 2. बंधनहीन 3. अस्त-व्यस्त 4. बेढंगा।

विशृंखलता (सं.) [सं-पु.] 1. टूटे-फूटे क्रम में; जिसकी कोई शृंखला न हो 2. बिखरे या बेतरतीब होने की अवस्था।

विशेष (सं.) [वि.] 1. विशेषता से युक्त; विशिष्ट; असाधारण 2. विलक्षण; उत्तम।

विशेषक (सं.) [वि.] 1. विशेषता उत्पन्न करने वाला 2. भेद स्पष्ट करने वाला।

विशेषज्ञ (सं.) [सं-पु.] 1. किसी विषय का ज्ञाता; विशेष ज्ञान रखने वाला व्यक्ति 2. विद्वान।

विशेषज्ञता (सं.) [सं-स्त्री.] 1. विशिष्ट कौशल का भाव 2. विषय या ज्ञान में विशेष योग्यता प्राप्त करने की स्थिति।

विशेषण (सं.) [सं-पु.] 1. (व्याकरण) संज्ञा की विशेषता बताने वाला शब्द 2. वह जिससे कोई विशेषता सूचित हो।

विशेषतया (सं.) [क्रि.वि.] विशेषकर; विशेष रूप से; विशेष तौर पर।

विशेषता (सं.) [सं-स्त्री.] विशेष होने की अवस्था, भाव या गुण; ख़ूबी; विशिष्टता।

विशेषताद्योतक (सं.) [वि.] विशेषता बतलाने वाला। [सं-पु.] विशेषण।

विशेषांक (सं.) [सं-पु.] विशिष्ट अवसर पर विशेष प्रकार की सामग्री के साथ प्रकाशित किसी सामयिक पत्र या पत्रिका का अंक।

विशेषाधिकार (सं.) [सं-पु.] किसी व्यक्ति विशेष को प्राप्त विशेष प्रकार का अधिकार।

विशेष्य (सं.) [सं-पु.] (व्याकरण) विशेषण द्वारा सूचित किया जाने वाला शब्द या पद; विशेषणयुक्त संज्ञा शब्द या पद।

विश्रंभ (सं.) [सं-पु.] 1. किसी में होने वाला दृढ़ तथा पूर्ण विश्वास; पूरा ऐतबार 2. घनिष्ठता; आत्मीयता 3. प्यार; प्रेम।

विश्रंभी (सं.) [सं-पु.] ऐतबार या विश्वास करने वाला व्यक्ति। [वि.] 1. विश्वासी; विश्वस्त 2. प्रेम संबंधी 3. गोपनीय।

विश्रब्ध (सं.) [वि.] 1. विश्वसनीय 2. शांत 3. निडर; निर्भीक 4. दृढ़ 5. धीर।

विश्रांत (सं.) [वि.] 1. विश्राम करने वाला 2. शांत 3. वंचित 4. समाप्त 5. रुका हुआ; ठहरा हुआ 6. क्लांत; थका हुआ।

विश्रांति (सं.) [सं-स्त्री.] 1. विश्राम; आराम 2. थकावट; थकान 3. कमी 4. अंत; समाप्त।

विश्राम (सं.) [सं-पु.] 1. आराम; चैन 2. विराम; ठहराव 3. चैन; सुख-शांति 4. (काव्यशास्त्र) छंद के बीच का विराम; यति।

विश्रामकक्ष (सं.) [सं-पु.] अभ्यागतों या अतिथियों के बैठने का कक्ष; आराम करने का कमरा।

विश्रामालय (सं.) [सं-पु.] यात्रियों के विश्राम करने का स्थान; प्रतीक्षालय; पथिकशाला।

विश्रुत (सं.) [वि.] 1. प्रसिद्ध; विख्यात 2. सुना हुआ।

विश्रुति (सं.) [सं-स्त्री.] 1. प्रसिद्धि; ख्याति 2. विश्रुत होने का भाव।

विश्लेष (सं.) [सं-पु.] 1. वियोग 2. अलग होना 3. हानि 4. थकावट 5. विकास 6. अभाव 7. छिद्र; दरार।

विश्लेषक (सं.) [सं-पु.] 1. विश्लेषण करने वाला व्यक्ति 2. अलग करने वाला व्यक्ति; विभेदक 3. छानबीन करने वाला व्यक्ति।

विश्लेषण (सं.) [सं-पु.] 1. तत्वसंधान; विवेचन 2. छानबीन; जाँच; परीक्षण 3. अलग करना 4. अध्ययन।

विश्लेषणात्मक (सं.) [वि.] विश्लेषण संबंधी; विश्लेषण प्रक्रिया के अनुरूप।

विश्लेषित (सं.) [वि.] 1. अलग किया हुआ; वियुक्त 2. पृथक्कृत 3. विश्लिष्ट।

विश्व (सं.) [सं-पु.] 1. ब्रह्मांड; संसार; दुनिया; जगत; सृष्टि 2. आत्मा; परमात्मा। [वि.] समस्त; सकल; सर्व; सब।

विश्वंभर (सं.) [सं-पु.] 1. ईश्वर 2. विष्णु 3. अग्नि 4. इंद्र। [वि.] सबका भरण-पोषण करने वाला।

विश्वकर्मा (सं.) [सं-पु.] 1. (पुराण) एक देव शिल्पी 2. विश्व का स्वामी; ईश्वर 3. बढ़ई 4. लुहार।

विश्वकोश (सं.) [सं-पु.] वह ग्रंथ जिसमें विश्व के समस्त विषयों का विवरण हो; (एनसाइक्लोपीडिया)।

विश्वग्राम (सं.) [सं-पु.] 1. सूचना क्रांति के माध्यम से समस्त विश्व को सामाजिक समन्वय, एकता और बंधुत्व के साथ एक गाँव का रूप देने की धारणा 2. भूमंडलीकरण द्वारा वैश्विक बाज़ार तथा पूँजी के प्रसार की वह स्थिति जिसने दुनिया को गाँव की तरह सीमित कर दिया है; (ग्लोबल विलेज)।

विश्वज्ञान (सं.) [सं-पु.] समस्त प्रकार का ज्ञान; संपूर्ण ज्ञान।

विश्वनाथ (सं.) [सं-पु.] विश्व का स्वामी या मालिक; विष्णु।

विश्वबोध (सं.) [सं-पु.] विश्व का ज्ञान; विश्व संबंधी ज्ञान।

विश्वभाषा (सं.) [सं-स्त्री.] 1. वह भाषा जो विश्व के अधिकांश देशों में बोली या समझी जाती है 2. पूरे संसार की भाषा।

विश्वयुद्ध (सं.) [सं-पु.] ऐसा युद्ध जिससे लगभग संपूर्ण विश्व प्रभावित हो।

विंश्ववंचक (सं.) [वि.] विश्व को धोखा देने वाला या ठगने वाला।

विश्वविदित (सं.) [वि.] जो विश्व में जाना हुआ हो; जिसे सारा विश्व जानता हो; जगज़ाहिर।

विश्वविद्यालय (सं.) [सं-पु.] वह संस्था जहाँ समस्त ज्ञानानुशासनों की उच्चस्तरीय शिक्षा एवं शोध से संबंधित कार्य होता है; (यूनिवर्सिटी)।

विश्वविश्रुत (सं.) [वि.] विश्वविख्यात; विश्वप्रसिद्ध; पूरे संसार में जिसका नाम सुना गया हो।

विश्वव्यापक (सं.) [वि.] विश्व में व्याप्त; वैश्विक।

विश्वव्यापी (सं.) [सं-पु.] परमात्मा; ईश्वर। [वि.] जो सारे विश्व में व्याप्त हो; सर्वव्यापी; सर्वव्यापक।

विश्वशांति (सं.) [सं-स्त्री.] विश्वव्यापी शांति; पूरी दुनिया में अमन-चैन।

विश्वसनीय (सं.) [वि.] विश्वास योग्य; विश्वासपात्र; जिसपर विश्वास किया जा सकता हो या किया जाना चाहिए।

विश्वसनीयता (सं.) [सं-स्त्री.] विश्वसनीय होने की अवस्था या भाव; भरोसा; निश्छलता।

विश्वसिंधु (सं.) [सं-पु.] 1. भवसागर; विश्वरूपी सिंधु 2. जगतरूपी समुद्र।

विश्वसुंदरी (सं.) [सं-स्त्री.] 1. विश्वविख्यात सुंदरी 2. विश्व की सुंदर स्त्री।

विश्वस्त (सं.) [वि.] 1. विश्वास के योग्य; विश्वसनीय 2. विश्वास से युक्त; विश्वासपूर्ण 3. निर्भय।

विश्वामित्र (सं.) [सं-पु.] (पुराण) एक ऋषि जो जन्मना क्षत्रिय थे किंतु कठिन तप के बल पर ब्रह्मर्षि के रूप में स्वीकृति पाई। [वि.] जो विश्व का मित्र हो।

विश्वास (सं.) [सं-पु.] 1. यकीन 2. आस्था 3. भरोसा; ऐतबार।

विश्वासघात (सं.) [सं-पु.] 1. छल; धोखा 2. विश्वास को तोड़ना; किसी के विश्वास के विरुद्ध किया गया काम 3. दगाबाज़ी।

विश्वासघातक (सं.) [वि.] विश्वासघात करने वाला; दगाबाज़ी करने वाला; गद्दारी करने वाला।

विश्वासघाती (सं.) [वि.] 1. भरोसे के विपरीत कार्य करने वाला 2. भरोसा तोड़ने वाला 3. गद्दार; दगाबाज़।

विश्वासपात्र (सं.) [वि.] विश्वास के योग्य; विश्वसनीय; विश्वस्त; भरोसेमंद।

विश्वासी (सं.) [वि.] 1. जिसका विश्वास किया जाए 2. विश्वास करने वाला; आशावादी।

विष (सं.) [सं-पु.] 1. ज़हर; हलाहल; गरल 2. वह पदार्थ जिसके खाने या शरीर में पहुँचने से बेचैनी होती है और प्राणी की मृत्यु हो जाती है; नाशक पदार्थ।

विषण्ण (सं.) [वि.] दुखी; उदास; खिन्न।

विषदंड (सं.) [सं-पु.] 1. कमलनाल; मुरार 2. (जनश्रुति) विष हरने वाली जादू की लकड़ी।

विषदंत (सं.) [सं-पु.] ज़हरीला दाँत।

विषधर (सं.) [वि.] विष को धारण करने वाला; विषैला। [सं-पु.] नाग; साँप।

विषम (सं.) [वि.] 1. कठिन; विकट; असमान 2. भयानक; भयंकर 3. प्रतिकूल; विपरीत 4. विलक्षण।

विषमकोण (सं.) [पु.] असमान कोणोंवाला।

विषमता (सं.) [सं-स्त्री.] 1. कठिनाई 2. असमान स्थिति 3. प्रतिकूल; विपरीत; विकट स्थिति 4. गैर बराबरी।

विषमबाहु (सं.) [वि.] असमान भुजाओंवाला।

विषमय (सं.) [वि.] 1. विषाक्त; विष से युक्त 2. जीवन समाप्त करने वाला।

विषमवृत्त (सं.) [सं-पु.] (काव्यशास्त्र) एक प्रकार का छंद जिसके चरण या मात्राएँ आदि समान न हों; असमान पदों वाला छंद या वृत्त।

विषमशर (सं.) [सं-पु.] कामदेव; रतिनाथ; एक देवता जो काम के रूप माने जाते हैं।

विषय (सं.) [सं-पु.] 1. वह जिसपर विचार किया जा सके 2. ज्ञानेंद्रियों द्वारा ग्रहण किए जाने वाले पदार्थ, रूप, रस, गंध, स्पर्श और शब्द 3. किसी ग्रंथ या शास्त्र की प्रतिपाद्य वस्तु 4. अध्ययन, चिंतन की वस्तु 5. वस्तु, पदार्थ या स्थान।

विषयक (सं.) [वि.] विषय का; विषय संबंधी।

विषयप्रवर्तक (सं.) [वि.] 1. गोष्ठी में विषय का प्रवर्तन करने वाला 2. विषय को भूमिका के रूप में प्रस्तुत करने वाला।

विषयप्रवर्तन (सं.) [सं-पु.] गोष्ठी में किसी विषय आदि की भूमिका प्रस्तुत करना।

विषयवस्तु (सं.) [सं-स्त्री.] 1. आधारिक और मूल विचार; किसी बात का मूल विषय; (थीम) 2. किसी साहित्यिक कृति की प्रतिपाद्य सामग्री; वह सामग्री जिसे विषय के रूप में पढ़ा या पढ़ाया जाता है।

विषयवासना (सं.) [सं-स्त्री.] कामवासना; इंद्रियजन्य आनंद।

विषयसुख (सं.) [सं-पु.] सांसारिक सुख; विषयवासना संबंधी सुखानुभूति।

विषयसूची (सं.) [सं-स्त्री.] वर्णित विषयों की अनुक्रमणिका।

विषयांतर (सं.) [सं-पु.] 1. मूल विषय को छोड़कर इधर-उधर की बातें करना 2. विषय को बदलना; विषय से भटकना।

विषयाधारित (सं.) [वि.] 1. विषय पर आधारित 2. विषय-वासनाओं पर आधारित।

विषयानंद (सं.) [सं-पु.] विषयों अर्थात भोग-विलास से मिलने वाला आनंद; विषयसुख; सांसारिक सुख।

विषयानुक्रमणिका (सं.) [सं-स्त्री.] अनुक्रमणिका; विषयसूची।

विषयासक्त (सं.) [वि.] जो सांसारिक भोगविलास में लिप्त हो; विलासी; विषयभोग में लीन।

विषयासक्ति (सं.) [सं-स्त्री.] 1. विलासिता; ऐयाशी 2. विषयभोग में लीन होने की अवस्था या भाव।

विषयी (सं.) [वि.] भोगविलास में रत रहने वाला; विलासी; कामी। [सं-पु.] कामदेव।

विषवमन (सं.) [सं-पु.] 1. कटु बात कहना; ज़हर उगलना 2. कोई ऐसी बात कहना जिससे किसी को दुख पहुँचे।

विषहर (सं.) [वि.] विष का प्रभाव हरने वाला; विष के प्रभाव को नष्ट करने वाला। [सं-पु.] विष का प्रभाव नष्ट करने वाली औषधि।

विषहीन (सं.) [वि.] जिसमें विष न हो; विष-रहित।

विषाक्त (सं.) [वि.] 1. जिसमें विष मिला हो; विषैला 2. ज़हरीला; विषयुक्त 3. बहुत दूषित; हानिकारक।

विषाक्तता (सं.) [सं-स्त्री.] विष से युक्त होने का भाव या अवस्था; ज़हरीलापन।

विषाण (सं.) [सं-पु.] 1. सींग; शृंग 2. सुअर का दाँत 3. सींग का बना बाजा; सिंगी।

विषाणु (सं.) [सं-पु.] (जीवविज्ञान) मनुष्यों, पशुओं तथा पौधों में रोग उत्पन्न करने वाले अत्यंत्र विषाक्त सूक्ष्म जीवाणु; (वायरस)।

विषाणुविज्ञान (सं.) [सं-पु.] विषाणु से संबंधित जानकारी देने वाला ज्ञानानुशासन या विज्ञान की एक शाखा।

विषाद (सं.) [सं-पु.] 1. उदासी; अवसाद; खिन्नता 2. गम; शोक 3. निराशा 4. जड़ता; चेष्टाहीनता; सुस्ती।

विषादग्रस्त (सं.) [वि.] विषाद से भरा; विषादयुक्त।

विषादपूर्ण (सं.) [वि.] विषाद से भरा; विषादयुक्त; विषादग्रस्त।

विषादमय (सं.) [वि.] विषादपूर्ण; निराश; शोकाकुल; खिन्न।

विषादिता (सं.) [सं-स्त्री.] विषाद की अवस्था या भाव; खिन्नता।

विषादी (सं.) [वि.] 1. जिसे विषाद हो; दुखी; खिन्न; उदास 2. विष खाने वाला।

विषुव (सं.) [सं-पु.] (खगोलशास्त्र) बिंदु या क्षण जहाँ दिन और रात बराबर होते हैं।

विषुवत (सं.) [वि.] बीच का; मध्य में स्थित। [सं-पु.] विषु।

विषुवत रेखा (सं.) [सं-स्त्री.] (भूगोल) पृथ्वी तल के ठीक मध्य भाग को सूचित करने वाली एक कल्पित रेखा जो दोनों ध्रुवों से बराबर दूरी पर पड़ती है; भूमध्य रेखा।

विषैला (सं.) [वि.] विष से युक्त; विषमय; ज़हरीला।

विष्कंभ (सं.) [सं-पु.] 1. बाधा; विघ्न; अवरोध; अर्गल; ब्योड़ा 2. प्रसार; विस्तार 3. (साहित्यदर्पण) नाटक का एक प्रकार का अंक जो प्रायः गर्भांक के समीप होता है 4. (वराहपुराण) एक पर्वत का नाम 5. स्तंभ; खंभा 6. (पुराण) वह मंथनदंड जिससे समुद्र मंथन हुआ था।

विष्ठा (सं.) [सं-स्त्री.] 1. पाख़ाना; मल 2. {ला-अ.} गंदी और त्याज्य वस्तु।

विष्ठामय (सं.) [वि.] मल-मूत्र और गंदगी से युक्त।

विष्णु (सं.) [सं-पु.] एक पौराणिक देवता; त्रिदेव (ब्रह्मा, विष्णु, महेश) में से एक देव।

विष्णुपद (सं.) [सं-पु.] 1. आकाश; गगन 4. पानी में होने वाले एक पौधे का पुष्प; कमल 2. क्षीरसागर; क्षीरनिधि 3. विष्णु के चरणचिह्न।

विष्णुपुराण (सं.) [सं-पु.] अट्ठारह पुराणों में से एक जिसमें विष्णु की विविध लीलाओं का वर्णन है।

विष्वक (सं.) [वि.] 1. विषुव; विश्व में समान रूप से पाया जाने वाला 2. विश्व का; विश्व संबंधी।

विसंगत (सं.) [वि.] 1. जो संगत न हो; असंगत; बेमेल 2. अप्रासंगिक; असंबद्ध; सामंजस्यहीन।

विसंगति (सं.) [सं-स्त्री.] 1. संगति का अभाव; असंगति 2. समकालीन जीवन की वह स्थिति जहाँ प्रत्येक मूल्य या धारणा का ठीक उलटा रूप दिखाई पड़ता है; (एबसर्डिटी)।

विसंधि (सं.) [सं-स्त्री.] (साहित्य) शब्दों की संधियाँ मनमाने ढंग से बनाना जिसे साहित्य में एक दोष माना गया है।

विसंभूत (सं.) [वि.] 1. जिसकी उत्पत्ति हुई हो या जो उगा हो; उत्पन्न 2. जो रचा या बनाया गया हो; निर्मित।

विसंवाद (सं.) [सं-पु.] 1. झूठा कथन 2. अनुचित कहा-सुनी; डाँट-फटकार 3. छल; धोखा; कपट; ठगी 4. असहमति।

विसदृश (सं.) [वि.] 1. जो सदृश्य न हो; विपरीत; भिन्न; प्रतिकूल; असमान 2. विलक्षण; असाधारण।

विसमान्य (सं.) [वि.] 1. सामान्य से कम 2. मंदबुद्धि; कमअकल।

विसम्मति (सं.) [सं-स्त्री.] किसी विषय में दूसरे के मत से सहमत न होने की अवस्था या भाव; विमत होना।

विसरण (सं.) [सं-पु.] 1. फैलना; विस्तृत होना; प्रसार 2. (रसायनविज्ञान) किसी पदार्थ के अणुओं की अधिक सांद्रता से कम सांद्रता की ओर गति करने की क्रिया; (डिफ़्यूज़न) 3. ढीला पड़ना 4. गतिशीलता।

विसर्ग (सं.) [सं-पु.] 1. विसर्जन; त्याग 2. मल का त्याग करना; शौच 3. त्याग 4. मोक्ष 5. भेजना; प्रेषण।

विसर्ग चिह्न (सं.) [सं-पु.] कुछ शब्दों के साथ लगने वाला बिंदुनुमा चिह्न, जैसे- दुख, निःशब्द (:)।

विसर्गी (सं.) [वि.] 1. विसर्ग युक्त 2. दान या त्याग करने वाला 3. बीच-बीच में ठहरने या रुकने वाला।

विसर्जन (सं.) [सं-पु.] 1. त्याग; परित्याग; छोड़ना 2. किसी

देवी-देवता की मूर्ति को पूजन के बाद नदी, जलाशय आदि में प्रवाहित करना 3. (सभा आदि का) अंत; समाप्ति 4. मल-मूत्र का उत्सर्जन।

विसर्जित (सं.) [वि.] 1. जिसका विसर्जन हुआ हो 2. त्यागा हुआ; छोड़ा हुआ 3. श्रद्धापूर्वक प्रवाहित किया गया 4. जो समाप्त हो गया हो 5. जिसका उत्सर्जन हुआ हो।

विसर्पी (सं.) [वि.] 1. साँप की तरह लहराकर और तेज़ चलने वाला; लहरियादार 2. पसरने या फैलने वाला 3. खुजली रोग से पीड़ित। [सं-पु.] खुजली नामक रोग।

विसल ब्लोअर (अं.) [सं-पु.] 1. सामाजिक जागरूकता पैदा करने वाला व्यक्ति या समूह 2. समाजसेवी; सामाजिक कार्यकर्ता।

विसाल (अ.) [सं-पु.] संयोग; मिलन; युग्मन।

विसूचिका (सं.) [सं-स्त्री.] दूषित पानी पीने से होने वाला एक रोग; हैजा; (कॉलरा)।

विस्तर (सं.) [वि.] 1. लंबा-चौड़ा; विस्तृत 2. बहुत; अधिक 3. प्रभूत। [सं-पु.] 1. विस्तार; फैलाव 2. ब्योरेवार विवरण 3. पलंग; आसन 4. आधार।

विस्तरण (सं.) [सं-पु.] विस्तृत करना; विस्तार करना।

विस्तार (सं.) [सं-पु.] 1. फैलाव 2. लंबाई-चौड़ाई 3. विस्तृत विवरण; ब्योरा।

विस्तारक (सं.) [वि.] फैलाने या विस्तार करने वाला।

विस्तारण (सं.) [सं-पु.] 1. विस्तार करना 2. कार्य क्षेत्र बढ़ाना।

विस्तारित (सं.) [वि.] फैलाया हुआ; विस्तार किया हुआ; बढ़ाया हुआ।

विस्तीर्ण (सं.) [वि.] 1. फैला हुआ; विस्तृत 2. लंबा-चौड़ा 3. विशाल।

विस्तृत (सं.) [वि.] 1. फैला हुआ 2. विशाल 3. लंबा-चौड़ा 4. खुला हुआ।

विस्तृति (सं.) [सं-स्त्री.] 1. विस्तार; फैलाव 2. व्याप्ति 3. लंबाई-चौड़ाई 4. ऊँचाई या गहराई।

विस्थापन (सं.) [सं-पु.] किसी स्थान से बलपूर्वक हटाना; स्थान परिवर्तन; निर्वासन।

विस्थापित (सं.) [वि.] 1. जो अपने स्थान से हटा दिया गया हो; स्थानच्युत 2. जिसे बलपूर्वक अपने स्थान से हटा दिया गया हो; उजड़ा हुआ; उखड़ा हुआ।

विस्थिति (सं.) [सं-स्त्री.] 1. बड़े उलट-फेर की संभावना वाली विकट स्थिति 2. कठिन समय।

विस्फारण (सं.) [सं-पु.] 1. फैलाना 2. खोलना 3. फाड़ना।

विस्फारित (सं.) [वि.] 1. फैलाया हुआ 2. फाड़ा हुआ; खोला हुआ, जैसे- विस्फारित नेत्र 3. प्रकंपित; थरथराता हुआ 4. तना हुआ; खींचा हुआ।

विस्फीति (सं.) [सं-स्त्री.] 1. बहुत फूले हुए पदार्थ से हवा निकालकर उसके फैलाव को कम करने की क्रिया 2. (अर्थशास्त्र) मुद्रा स्फीति को कमकर पूर्व स्थिति पर पहुँचा देना।

विस्फोट (सं.) [सं-पु.] 1. फटना; फूट कर बाहर निकलना 2. गैस, बारूद आदि का अग्नि के कारण फटना 3. ज़ोरदार आवाज़; धमाका; धड़ाका।

विस्फोटक (सं.) [वि.] विस्फोट करने वाला (पदार्थ); गरमी या दबाव से फटने वाला (पदार्थ)।

विस्फोटकारी (सं.) [वि.] 1. विस्फोट करने योग्य 2. फटने और धमाके के योग्य (पदार्थ)।

विस्फोटन (सं.) [सं-पु.] विस्फोट करना या होना।

विस्मय (सं.) [सं-पु.] 1. आश्चर्य; ताज्जुब; अचंभा 2. चमत्कारिक या आश्चर्यजनक वस्तु को देखकर उत्पन्न होने वाला भाव 3. (काव्यशास्त्र) अद्भुत रस का स्थायी भाव।

विस्मयकारी (सं.) [वि.] विस्मय उत्पन्न करने वाला; आश्चर्यजनक; रोमांचक।

विस्मयपूर्ण (सं.) [वि.] 1. आश्चर्य से भरपूर 2. चमत्कारयुक्त।

विस्मयविमूढ़ (सं.) [वि.] 1. आश्चर्यचकित 2. आश्चर्य और चमत्कार के वशीभूत।

विस्मयादिबोधक (सं.) [सं-पु.] अव्यय का एक प्रकार या भेद जो अविकारी शब्द का सूचक है तथा जो हर्ष, शोक, विस्मय, ग्लानि, घृणा, लज्जा आदि भावों को प्रकट करता है, जैसे- 'अहा', 'उफ़', 'अरे', 'बाप-रे-बाप', 'छिः-छिः' आदि।

विस्मयोत्पादक (सं.) [वि.] विस्मय अथवा आश्चर्य उत्पन्न करने वाला।

विस्मरण (सं.) [सं-पु.] 1. स्मरण का विलोपित हो जाना; भूल जाना; विस्मृति 2. स्मरण में कमी आना।

विस्मित (सं.) [वि.] जिसे विस्मय या आश्चर्य हुआ हो; चकित; अचंभित।

विस्मृत (सं.) [वि.] 1. भूला हुआ; भुलाया हुआ 2. जिस (वस्तु या व्यक्ति) का स्मरण न रहा हो।

विस्मृति (सं.) [सं-स्त्री.] 1. भूल जाना; विस्मरण 2. खो जाना।

विहँसना [क्रि-स.] विकसित होना। [क्रि-अ.] दिल खोलकर हँसना; उच्च स्वर में हँसना।

विहंग (सं.) [सं-पु.] 1. पक्षी 2. बाण 3. मेघ। [वि.] आकाश में विचरण करने वाला।

विहंग दृष्टि (सं.) [सं-स्त्री.] 1. ऊँचाई से दूर के विहंगम दृश्य देखने की शक्ति 2. किसी चीज़ को सरसरी तौर पर देखकर उसका जायज़ा ले लेना।

विहंगम (सं.) [सं-पु.] 1. पक्षी 2. सूर्य।

विहग (सं.) [सं-पु.] 1. पक्षी; चिड़िया 2. सूर्य 3. चंद्रमा 4. ग्रह 5. बाण; तीर।

विहान (सं.) [सं-पु.] प्रातःकाल; भोर; सवेरा।

विहार (सं.) [सं-पु.] 1. भ्रमण; परिभ्रमण 2. घूमना-फिरना; सैर-सपाटा 3. क्रीड़ा; मनोरंजन; आमोद-प्रमोद 4. उपवन।

विहारी (सं.) [सं-पु.] कृष्ण। [वि.] 1. घूमने वाला; विहार करने वाला 2. आनंद लेने वाला।

विहित (सं.) [वि.] 1. जिसका विधान किया गया हो 2. विधि के अनुरूप होने वाला; नियमों के अनुसार 3. निश्चित; निर्धारित 4. नियुक्त 5. रखा हुआ 6. कृत; किया हुआ 7. विभक्त।

विहीन (सं.) [वि.] 1. रहित; ख़ाली; शून्य 2. बगैर; बिना 3. छोड़ा

हुआ; त्यागा हुआ 4. अधम; हीन; नीच।

विह्वल (सं.) [वि.] 1. व्याकुल; बेचैन 2. भय आदि के कारण घबराया हुआ 3. अशांत; क्षुब्ध; उद्विग्न।

विह्वलता (सं.) [सं-स्त्री.] 1. विह्वल होने की अवस्था या भाव; भावमयता; भावुकता 2. घबराहट; व्याकुलता; क्षोभ 3. चिंता; परेशानी।

वीक्षक (सं.) [वि.] 1. देखने वाला 2. निरीक्षण करने वाला 3. जाँच करने वाला।

वीक्षण (सं.) [सं-पु.] विशेष तौर पर देखना; निरीक्षण; जाँच।

वीचि (सं.) [सं-स्त्री.] 1. लहर; तरंग 2. अवकाश 3. किरण 4. दीप्ति; चमक।

वीचीवात [सं-पु.] ताल या नदी की तरफ से आने वाली वायु।

वीज़ा (अं.) [सं-पु.] अन्य देशों में आने-जाने या उसमें से गुज़रने की प्रवेश अनुमति जो पासपोर्ट पर अंकित रहती है; प्रवेश-पत्र।

वीटिका (सं.) [सं-स्त्री.] पान का बीड़ा।

वीणा (सं.) [सं-स्त्री.] सितार जैसा एक वाद्ययंत्र जिसके दोनों सिरों पर तूँबे लगे रहते हैं।

वीणावादक (सं.) [वि.] वीणा बजाने वाला।

वीतराग (सं.) [सं-पु.] राग या आसक्ति का परित्याग किया हुआ व्यक्ति; साधु; संत; महात्मा। [वि.] 1. वासनारहित 2. रागरहित 3. शांत।

वीतरागी (सं.) [सं-पु.] 1. वासनारहित व्यक्ति 2. राग रहित व्यक्ति; शांत चित्त व्यक्ति।

वीतश्रद्ध (सं.) [सं-पु.] 1. किसी के प्रति श्रद्धा का त्याग करना 2. श्रद्धा का बीत जाना; या समाप्त हो जाना।

वीथिका (सं.) [सं-स्त्री.] 1. गली; मार्ग 2. चित्रशाला 3. चित्रों की पंक्ति 4. चित्रांकित दीवार या पट्ट।

वीथी (सं.) [सं-स्त्री.] 1. पंक्ति; कतार 2. रास्ता; मार्ग; सड़क 3. बाज़ार; हाट 4. सूर्य के भ्रमण का मार्ग 5. (पुरातत्व) भवन में आने-जाने के लिए लता, गुल्म आदि से आच्छादित छोटा रास्ता।

वीप्सा (सं.) [सं-स्त्री.] 1. (काव्यशास्त्र) एक शब्दालंकार जिसमें आश्चर्य, आदर, घृणा आदि भावों को व्यक्त करने के लिए एक ही शब्द अनेक बार प्रयुक्त होता है 2. आवृत्ति; दुहराव; पुनरुक्ति 3. कार्य की निरंतरता सूचित करने के लिए शब्दों की द्विरुक्ति।

वीभत्स (सं.) [वि.] 1. घृणित; भयानक 2. असभ्य; जंगली; बर्बर। [सं-पु.] (काव्यशास्त्र) नौ रसों में से एक।

वीर (सं.) [सं-पु.] 1. योद्धा; बहादुर; शूर 2. (काव्यशास्त्र) एक रस जिसमें उत्साह और वीरता की पुष्टि की जाती है।

वीरगति (सं.) [सं-स्त्री.] 1. वीरतापूर्ण मृत्यु; शहादत 2. युद्धक्षेत्र में या युद्ध करते हुए मृत्यु; युद्ध में प्राणांत होने पर मिलने वाली गति।

वीरगाथा (सं.) [सं-स्त्री.] 1. वीरों की कहानी या गीत 2. किसी योद्धा के वीरतापूर्ण कार्यों का वर्णन।

वीरता (सं.) [सं-स्त्री.] 1. बहादुरी; शूरता 2. वीरतापूर्ण कार्य या साहसिक कार्य।

वीरत्व (सं.) [सं-पु.] वीर होने की अवस्था या भाव; वीरता; शूरता।

वीररस (सं.) [सं-पु.] (काव्यशास्त्र) एक प्रकार का काव्यरस जिसका स्थायी भाव उत्साह है।

वीरसू (सं.) [सं-स्त्री.] वीरों को जन्म देने वाली माता; वीर-माता; वीर-जननी। [वि.] वीर प्रसू।

वीरांगना (सं.) [सं-स्त्री.] वह स्त्री जो वीरतापूर्ण कार्य करे; वीर स्त्री या महिला।

वीरान (फ़ा.) [सं-पु.] 1. वन; जंगल 2. खंडहर मकान। [वि.] 1. उजड़ा हुआ 2. निर्जन; एकांत; जनहीन 3. बरबाद; तबाह 4. शोभारहित।

वीराना (फ़ा.) [सं-पु.] 1. उजाड़ और एकांत जगह 2. जंगल।

वीरानी (फ़ा.) [सं-स्त्री.] वीरान होने की अवस्था या भाव; विनाश; बरबादी; तबाही।

वीरासन (सं.) [सं-पु.] 1. (योगशास्त्र) एक प्रकार का आसन जिसमें एक पैर घुटने के बल पृथ्वी पर लगा रहता है और दूसरे पैर खड़ा रहता है 2. योगियों और ऋषि-मुनियों के बैठने का एक ढंग।

वीरुध (सं.) [सं-पु.] 1. बेल लता 2. शाखा; टहनी 3. काटने पर पुनः बढ़ जाने वाला पौधा 4. गुल्मिनी नाम की लता।

वीरेंद्र (सं.) [सं-पु.] वीरों का नायक या प्रधान; महारथी; वीर पुरुष।

वीरेश्वर (सं.) [सं-पु.] शिव; महादेव।

वीरोचित (सं.) [वि.] जो वीरों के लिए उचित हो; वीरतापूर्ण।

वीर्य (सं.) [सं-पु.] 1. पुरुष के प्रजनन अंगों में उत्पन्न वह द्रव जिसमें संतानोत्पत्ति के लिए आवश्यक शुक्राणु होते हैं; (सीमेन) 2. पुरुषत्व शक्ति; शुक्र 3. शक्ति; बल 4. वीरता; पराक्रम।

वीर्याणु (सं.) [सं-पु.] शुक्राणु; रेतस; (स्पर्म)।

वृंत (सं.) [सं-पु.] 1. डंठल; डंडी 2. छोटे पौधे की शाखा 3. {अ-अ.} स्त्रियों या मादा पशुओं के स्तन का अग्र भाग जिससे दूध निकलता है; कुचाग्र।

वृंद (सं.) [सं-पु.] 1. समूह; समुदाय 2. झुंड; समूह; राशि 3. गुच्छा।

वृंदा (सं.) [सं-स्त्री.] 1. तुलसी 2. राधा।

वृंदारक (सं.) [सं-पु.] 1. देवता; देव; सुर 2. धृतराष्ट्र के एक पुत्र। [वि.] 1. अत्यधिक 2. उत्तम; श्रेष्ठ 3. प्रतिष्ठित।

वृंदावन (सं.) [सं-पु.] 1. (पुराण) एक उपवन जहाँ कृष्ण वृंदा (राधा) और गोपियों से मिलने जाते थे 2. आधुनिक उत्तरप्रदेश के मथुरा जिले का एक तीर्थ स्थान 3. तुलसी वन।

वृक (सं.) [सं-पु.] 1. भेड़िया; अरण्य-श्वान 2. कौआ 3. गीदड़ 4. एक प्रकार का पेड़; शुकपुष्प।

वृकोदर (सं.) [सं-पु.] 1. (महाभारत) भीमसेन 2. वह व्यक्ति जिसकी पाचन शक्ति बहुत अधिक हो 3. भेड़िये जैसे बड़े पेट वाला।

वृक्क (सं.) [सं-पु.] प्राणियों के पेट के अंदर का एक अंग जो रक्त को छानकर मूत्र से अलग करता है; गुरदा; (किडनी)।

वृक्ष (सं.) [सं-पु.] कठोर तने वाली वनस्पतियों का एक वर्ग; पेड़; पादप; विटप; दरख़्त।

वृक्षारोपण (सं.) [सं-पु.] पेड़-पौधे लगाने और उनकी देखभाल करने का कार्य या कला।

वृत (सं.) [वि.] 1. ढका हुआ 2. छिपा हुआ 3. घिरा हुआ 4. वरण किया हुआ; चुना हुआ 5. स्वीकृत।

वृत्त (सं.) [वि.] 1. गोल; वर्तुल 2. वर्तमान; अस्तित्ववाला 3. घटित; बीता हुआ; व्यतीत 4. प्रसिद्ध। [सं-पु.] 1. इतिहास; घटना; इतिवृत्त 2. समाचार; ख़बर 3. कथा; कहानी; चरित्र 4. व्यवसाय; पेशा 5. छंद।

वृत्तचित्र (सं.) [सं-पु.] विशेष घटना के मुख्य अंगों को ब्योरेवार सिनेमा के रूप में दिखाना; ऐसा सिनेमाचित्र जो किसी घटना या व्यक्ति के बारे में ब्योरेवार जानकारी दे; (न्यूज़रील; डॉक्युमेंटरी फ़िल्म)।

वृत्तांत (सं.) [सं-पु.] 1. घटना या जीवन का विवरण 2. इतिहास; इतिवृत्त; कथा; कहानी 3. ख़बर; समाचार।

वृत्तांश (सं.) [सं-पु.] वृत्त का अंश या हिस्सा; वृत्तखंड।

वृत्ताकार (सं.) [वि.] 1. गोल आकार का; वर्तुलाकार 2. गोल संरचना में निर्मित (वस्तु)।

वृत्ति (सं.) [सं-स्त्री.] 1. मन अथवा चित्त का व्यापार; प्रकृति; स्वभाव 2. वर्तमानता; अस्तित्व 3. मन की दशा या अवस्था 4. कार्य; आचरण; व्यवहार 5. जीविका; पेशा; धंधा 6. घूमना; चक्कर लगाना 7. सहायतार्थ दिया जाने वाला धन।

वृत्र (सं.) [सं-पु.] 1. पौराणिक ग्रंथों में उल्लिखित अंधकार का मूर्त रूप एक दानव अथवा असुर 2. अँधेरा 3. बादल; मेघ; घन।

वृथा (सं.) [वि.] 1. व्यर्थ; निरर्थक; बेकार 2. मूर्खतापूर्ण।

वृद्ध (सं.) [सं-पु.] बूढ़ा आदमी। [वि.] 1. अधिक उम्र का; बूढ़ा; बुड्ढा 2. बड़ा 3. {ला-अ.} बुद्धिमान; चतुर; विद्वान।

वृद्धता (सं.) [सं-स्त्री.] 1. वृद्ध होने की अवस्था या भाव; बुढ़ापा 2. परिपक्वता।

वृद्धायु (सं.) [सं-पु.] बुढ़ापा; वृद्धावस्था। [वि.] वृद्ध व्यक्ति; बूढ़ा।

वृद्धावस्था (सं.) [सं-स्त्री.] जरा; बुढ़ापा।

वृद्धाश्रम (सं.) [सं-पु.] वृद्धों के लिए रहने का स्थान।

वृद्धि (सं.) [सं-स्त्री.] 1. बढ़त; बढ़ती 2. प्रगति; विकास 3. अधिकता 4. सफलता 5. लाभ; मुनाफ़ा।

वृद्धि संधि (सं.) [सं-स्त्री.] स्वर संधि का एक प्रकार।

वृद्धिमान (सं.) [वि.] उन्नति की राह पर अग्रसर; जो उन्नति कर रहा हो; उन्नतिशील; विकासशील।

वृश्चिक (सं.) [सं-पु.] 1. बिच्छू नामक कीट 2. (ज्योतिष) बारह राशियों में से आठवीं राशि 3. कनखजूरा।

वृष (सं.) [सं-पु.] 1. साँड़; बैल 2. (ज्योतिष) बारह राशियों में से एक 3. (कामशास्त्र) चार प्रकार के नायकों (पुरुषों) में से एक 4. एक प्रकार की औषधि 5. कामदेव।

वृषण (सं.) [सं-पु.] अंडकोश। [वि.] 1. सींचने वाला 2. उपजाऊ बनाने वाला।

वृषभ (सं.) [सं-पु.] 1. साँड़; बैल 2. (ज्योतिष) बारह राशियों में से दूसरी राशि 3. एक प्रकार की औषधि।

वृषभकंध [सं-पु.] बैल के से कंधे वाला व्यक्ति।

वृषभानुजा (सं.) [सं-स्त्री.] (पुराण) वृषभानु की पुत्री और कृष्ण की प्रेमिका; राधा।

वृषल (सं.) [सं-पु.] 1. घोड़ा; अश्व 2. गाजर; पीतमूलक 3. दुष्ट व्यक्ति।

वृषवाहन (सं.) [सं-पु.] शिव; शंकर।

वृषोत्सर्ग (सं.) [सं-पु.] किसी मृत व्यक्ति के नाम पर साँड़ को दाग कर छोड़ देने का धार्मिक कृत्य।

वृष्टि (सं.) [सं-स्त्री.] 1. आकाश से जल बिंदुओं का गिरना; वर्षा 2. वर्षा की तरह किसी वस्तु का बड़े परिमाण में गिरना; झड़ी; बौछार 3. {ला-अ.} किसी काम का कुछ समय तक लगातार होना।

वृष्य (सं.) [सं-पु.] 1. एक अनाज जिसकी दाल खाई जाती है; उड़द 2. गन्ना या ईख जिससे गुड़ और चीनी बनाई जाती है। [वि.] 1. (आयुर्वेद) वीर्य और बल बढ़ाने वाला; पुरुषत्व बढ़ाने वाला 2. बरसने वाला; वर्षणशील।

वृहत (सं.) [वि.] 1. बड़ा 2. महान 3. भारी।

वृहत्तम (सं.) [वि.] सबसे बड़ा।

वृहत्तर (सं.) [वि.] 1. बढ़ा हुआ 2. वर्धित; विकसित।

वृहद (सं.) [वि.] वृहत का तत्सम रूप।

वृहन्नला (सं.) [सं-स्त्री.] 1. (महाभारत) अज्ञातवास के समय अर्जुन का छद्मनाम 2. हिजड़ा।

वे (सं.) [सर्व.] 'वह' का बहुवचन रूप। विशेष- सम्मान प्रकट करने के लिए एक व्यक्ति के लिए भी 'वे' का प्रयोग किया जाता है।

वेंटिलेटर (अं.) [सं-पु.] 1. एक उपकरण जो किसी कमरे या स्थान में ताज़ी हवा लाता है और वहाँ की अशुद्ध हवा को बाहर निकालता है 2. फेफड़ों के कृत्रिम श्वसन के लिए उपयोग में लाया जाने वाला एक उपकरण; श्वसनयंत्र।

वेक्यूम (अं.) [सं-पु.] निर्वात; शून्य।

वेक्षण (सं.) [सं-पु.] देखभाल; अच्छी तरह देखना।

वेग (सं.) [सं-पु.] 1. (भौतिकविज्ञान) किसी वस्तु के दिशा विशेष में गति की रफ़्तार; किसी निश्चित दिशा में वस्तु की स्थिति के परिवर्तन की दर; (वेलोसिटी) 2. प्रवाह; धारा 3. तीव्र प्रवृत्ति 4. उत्तेजना 5. जल्दबाज़ी।

वेगधारण (सं.) [सं-पु.] मल-मूत्र का वेग रोकना।

वेगमय (सं.) [वि.] जिसमें वेग हो; वेगयुक्त।

वेगवती (सं.) [वि.] 1. तीव्र गति वाली 2. जिसका वेग अत्यधिक हो 3. तीव्र; उग्र। [सं-स्त्री.] 1. दक्षिण भारत की एक नदी 2. (काव्यशास्त्र) एक प्रकार का छंद।

वेगवान (सं.) [वि.] तेज़ चलने वाला; वेगयुक्त।

वेगी (सं.) [वि.] वेगयुक्त; तेज़; उग्र। [सं-पु.] बाज़ नामक पक्षी।

वेट (सं.) [सं-पु.] पीलु नामक वृक्ष।

वेटनरी (अं.) [वि.] पशुचिकित्सा संबंधी।

वेटर (अं.) [सं-पु.] परिचारक; बैरा।

वेणी (सं.) [सं-स्त्री.] 1. बालों की गूँथी हुई चोटी 2. पानी का बहाव 3. दो या दो से अधिक नदियों का संगम।

वेणु (सं.) [सं-पु.] 1. बाँस 2. बाँस की बनी हुई वंशी; मुरली; बाँसुरी 3. एक प्राचीन राजा का नाम।

वेतन (सं.) [सं-पु.] 1. नियत समय पर दिया जाने वाला पारिश्रमिक; मासिक आय; तनख़्वाह; पगार 2. किसी काम या सेवा के बदले मिलने वाला एक निश्चित धन; पारिश्रमिक 3. आजीविका; रोज़ी।

वेतनक्रम (सं.) [सं-पु.] वेतन का वह मान जिसके अनुसार किसी पद पर काम करने वाले कर्मचारी को वेतन दिया जाता है; वेतनमान।

वेतनफलक (सं.) [सं-पु.] वह कागज़ जिसपर सभी कर्मचारियों के किसी माह के वेतन का पूरा विवरण हो।

वेतनभोगी (सं.) [सं-पु.] 1. वेतन लेकर काम करने वाला व्यक्ति; वैतनिक; कर्मचारी 2. वेतन पर निर्वाह करने वाला व्यक्ति।

वेतनमान (सं.) [सं-पु.] पद के अनुरूप वेतन वृद्धि का क्रम।

वेतनवृद्धि (सं.) [सं-स्त्री.] वेतन बढ़ना।

वेतस (सं.) [सं-पु.] 1. बेंत 2. जलबेंत 3. बिजौरा नीबू।

वेताल (सं.) [सं-पु.] 1. शिव के गणों में से एक 2. संतरी; द्वारपाल 3. (मिथक) प्रेतयोनि।

वेत्ता (सं.) [वि.] 1. विद्वान; ज्ञानी; पंडित; जानकार; प्रबुद्ध 2. पूर्ण ज्ञाता।

वेद (सं.) [सं-पु.] 1. हिंदुओं के चार धर्म ग्रंथ (ऋग्वेद, यजुर्वेद, सामवेद और अथर्ववेद) 2. ज्ञान विशेषतः आध्यात्मिक ज्ञान; धर्मज्ञान।

वेदन (सं.) [सं-पु.] उग्र या बहुत कष्टदायक पीड़ा विशेषतः हार्दिक या मानसिक पीड़ा; वेदना।

वेदना (सं.) [सं-स्त्री.] 1. असह्य कष्ट; पीड़ा 2. मानसिक दुख; व्यथा।

वेदनाजन्य (सं.) [वि.] 1. पीड़ा से उत्पन्न 2. दुख या व्यथा से उपजा हुआ 3. जिसे सुनकर या देखकर दुख या पीड़ा की अनुभूति हो।

वेदनापूर्ण (सं.) [वि.] मानसिक पीड़ा या व्यथा से भरा हुआ; दुख-दर्द से युक्त।

वेदनाविहीन (सं.) [वि.] पीड़ारहित; कष्टरहित; दुख या व्यथा से अलग या दूर।

वेदनाहर (सं.) [सं-पु.] एक प्रकार की औषधि जिसके फलस्वरूप दर्द की अनुभूति समाप्त हो जाती है। [वि.] वेदना हरण करने वाला; दर्दनिवारक।

वेदवाक्य (सं.) [सं-पु.] 1. वेदों के वाक्य 2. ऐसा वाक्य या कथन जिसकी प्रामाणिकता असंदिग्ध हो।

वेदव्यास (सं.) [सं-पु.] एक पौराणिक ऋषि और महाभारत ग्रंथ के रचयिता।

वेदांग (सं.) [सं-पु.] वेदों के छह अंग (शिक्षा, कल्प, व्याकरण, निरुक्त, ज्योतिष और छंदशास्त्र)।

वेदांत (सं.) [सं-पु.] 1. उपनिषद; वेदों के सिद्धांतों का विवेचन और निरूपण करने वाला शास्त्र 2. भारत के छह दर्शनों में अंतिम दर्शन जिसे उत्तर मीमांसा भी कहते हैं।

वेदांती (सं.) [सं-पु.] 1. वेदांत दर्शन का अनुयायी या समर्थक; आत्मतत्वज्ञ 2. वेदांत का ज्ञाता।

वेदिका (सं.) [सं-स्त्री.] 1. यज्ञवेदी; यज्ञ के लिए ठीक किया गया स्थान 2. आँगन के बीच में बना चबूतरा।

वेदी (सं.) [सं-स्त्री.] 1. धार्मिक कर्मकांडों में यज्ञस्थल या पूजास्थान पर बना ऊँचा चबूतरा जहाँ हवन करने के लिए ऊँची और सपाट पीठ बनी होती है 2. सरस्वती 3. मंडप। [परप्रत्य.] ज्ञाता; जानने वाला; पंडित; विद्वान, जैसे- तत्ववेदी।

वेध (सं.) [सं-पु.] 1. बेधना; छेद करना 2. घुसाना 3. आहत करना 4. निशाने पर मारने का कार्य 5. (खगोलविज्ञान) ग्रहों की गति, स्थिति आदि का पता लगाना।

वेधक (सं.) [वि.] 1. छेदने वाला; छेद करने वाला 2. घाव करने वाला 3. प्रभावित करने वाला। [सं-पु.] 1. कपूर 2. चंदन।

वेधन (सं.) [सं-पु.] 1. छेदने का कार्य 2. निशाने पर मारना 3. आहत करना; घाव करना 4. खुदे हुए स्थान की गहराई।

वेधनी (सं.) [सं-स्त्री.] 1. वेधनयंत्र; छेदने का औज़ार 2. {ला-अ.} अंकुश।

वेधशाला (सं.) [सं-स्त्री.] (खगोलविज्ञान) ग्रहों, नक्षत्रों, तारों आदि के विषय में खोज और जानकारी हासिल करने में मदद करने वाली प्रयोगशाला।

वेधी (सं.) [वि.] 1. वेध अथवा छेद करने वाला 2. निशाना साधने वाला 3. ग्रहों, नक्षत्रों आदि का भेद करने वाला।

वेध्य (सं.) [वि.] 1. वेधने योग्य 2. जिसमें छेद किया जा सके या हो सके। [सं-पु.] लक्ष्य; निशाना।

वेबसाइट (अं.) [सं-स्त्री.] इंटरनेट से जुड़ा हुआ वह स्थान जहाँ किसी संस्था, संगठन आदि की सूचना उपलब्ध रहती है।

वेरीफिकेशन (अं.) [सं-पु.] सत्यापन।

वेरो [सं-पु.] कुआँ; कूप।

वेल (सं.) [सं-पु.] कुंज; उपवन; बाग।

वेलकम (अं.) [सं-पु.] स्वागत; स्वागत करना।

वेला (सं.) [सं-स्त्री.] 1. समय 2. नियत समय 3. अवसर 4. तरंग; लहर।

वेला डूबना [क्रि-स.] सूर्यास्त हो जाना; अंधेरा छाना।

वेल्डिंग (अं.) [सं-स्त्री.] झाल लगाना या जोड़ना; धातु के टुकड़े को जोड़ने हेतु उन पर की गई क्रिया।

वेश (सं.) [सं-पु.] 1. पहनने के वस्त्र; पोशाक; पहनावा 2. रूप बदलने के लिए पहने गए वस्त्र विशेष।

वेश-भूषा (सं.) [सं-स्त्री.] 1. कपड़े आदि पहनने का तरीका या ढंग 2. पहनावा; पोशाक।

वेश्म (सं.) [सं-पु.] मकान; घर।

वेश्या (सं.) [सं-स्त्री.] ऐसी स्त्री जो धन लेकर लोगों से संभोग कराने का व्यवसाय करती हो; यौनकर्मी; रंडी; तवायफ़।

वेश्यागामी (सं.) [सं-पु.] 1. वेश्या के पास जाने वाला व्यक्ति

2. वेश्यावृत्ति में संलग्न व्यक्ति।

वेश्यालय (सं.) [सं-पु.] वेश्याओं के रहने की जगह; चकलाघर।

वेश्यावृत्ति (सं.) [सं-स्त्री.] 1. किसी स्त्री का धन या लाभ पाने के लिए शरीर का व्यवसाय करना; धन लेकर परपुरुषों से संभोग कराना 2. वेश्या का व्यवसाय; वेश्याकर्म।

वेष (सं.) [सं-पु.] 1. वेश 2. (नाटक) रंगमंच के पीछे का स्थान; नेपथ्य।

वेष्टन (सं.) [सं-पु.] 1. वेठन; लपेटने या घेरने की वस्तु 2. चीज़ों को कागज़ या कपड़े आदि में लपेट कर भेजने के लिए तैयार करना; (पैकिंग) 3. पुलिंदा; गट्ठर; (पैकेज) 4. पगड़ी 5. आवरण; खोल 6. घेरा; अहाता।

वेष्टित (सं.) [वि.] 1. आच्छादित; ढका हुआ 2. घेरा हुआ 3. लपेटा हुआ 4. रोका हुआ; अवरुद्ध 5. ऐंठा हुआ।

वैकल्प (सं.) [सं-पु.] 1. विकल्प 2. चुनने की स्थिति।

वैकल्पिक (सं.) [वि.] कई में से एक को चुनने की सुविधा से युक्त; ऐच्छिक; (ऑप्शनल)।

वैकाल (सं.) [सं-पु.] दिवस का तीसरा प्रहर; सायंकाल; शाम।

वैकुंठ (सं.) [सं-पु.] 1. (पुराण) विष्णु का निवास स्थान 2. स्वर्ग; देवलोक 3. (संगीत) एक ताल।

वैक्सीन (अं.) [सं-पु.] पोलियो, हैज़ा आदि रोगों के टीके की दवा; टीका।

वैखरी (सं.) [सं-स्त्री.] 1. वाणी का एक प्रकार 2. वाक्-शक्ति 3. कंठ से उच्चरित होने वाला स्वर 4. वाग्देवी; सरस्वती।

वैखानस (सं.) [सं-पु.] 1. वानप्रस्थ आश्रम में प्रविष्ट व्यक्ति 2. भागवत का एक स्कंध 3. कृष्ण यजुर्वेद की एक शाखा। [वि.] वानप्रस्थ आश्रम संबंधी।

वैचारिक (सं.) [वि.] विचार संबंधी।

वैचारिकी (सं.) [सं-स्त्री.] 1. विचारधारा; विचारपद्धति 2. किसी सिद्धांत पर आधारित विचार।

वैजयंत (सं.) [सं-पु.] 1. ध्वजा; पताका 2. (पुराण) इंद्र की ध्वजा।

वैजयंती (सं.) [सं-स्त्री.] 1. एक प्रकार का सुगंधित फूल 2. एक प्रकार की माला जिसमें पाँच रंगों के फूल होते हैं।

वैजात्य (सं.) [सं-पु.] 1. विजातीय होने का गुण या भाव; जातिगत भिन्नता; वर्गगत भिन्नता 2. विलक्षणता; भिन्नता।

वैज्ञानिक (सं.) [सं-पु.] 1. विज्ञान संबंधी ज्ञान रखने वाला व्यक्ति 2. विज्ञान का ज्ञाता; विज्ञानी; विज्ञानवेत्ता। [वि.] 1. विज्ञान संबंधी 2. व्यवस्थित, क्रमबद्ध और तार्किक।

वैडाल व्रत (सं.) [सं-पु.] दुष्ट होते हुए भी बाहर से सज्जन बने रहने का ढोंग; पाखंड।

वैतनिक (सं.) [वि.] 1. वेतन अथवा मज़दूरी लेकर काम करने वाला; वेतनभोगी 2. वेतन संबंधी; वेतन का।

वैतरणी (सं.) [सं-स्त्री.] 1. (पुराण) परलोक की एक नदी जिसे मरने के बाद प्रत्येक जीवात्मा को पार करना पड़ता है 2. ओडिशा की एक नदी जो पवित्र मानी गई है।

वैताल (सं.) [वि.] वेताल संबंधी; वेताल का। [सं-पु.] स्तुतिपाठक; भाट; बंदीजन।

वैतालिक (सं.) [सं-पु.] 1. स्तुतिपाठ करने वाला व्यक्ति; वैताल; भाट; बंदीजन 2. वेताल का अनुचर या उपासक 3. जादूगर।

वैदग्ध्य (सं.) [सं-पु.] 1. विद्वत्ता; पांडित्य 2. दक्षता 3. चतुरता 4. उपस्थित बुद्धि; हाज़िरजवाबी 5. रसिकता 6. सौंदर्य।

वैदिक (सं.) [सं-पु.] वेद विद्वान; वेद की बातों का अनुसरण करने वाला। [वि.] 1. वेद संबंधी; वेद का 2. वेदों के अनुकूल; वेदोक्त।

वैदिकी (सं.) [सं-स्त्री.] वेदानुसार कर्मकांड का अनुष्ठान। [वि.] वेद संबंधी; वेद का।

वैदूर्य (सं.) [सं-पु.] लहसुनिया नामक रत्न। [वि.] विदुर से प्राप्त या लाया हुआ।

वैदेशिक (सं.) [सं-पु.] अन्य देश का व्यक्ति; विदेशी। [वि.] 1. विदेश संबंधी 2. विदेश का।

वैदेही (सं.) [सं-स्त्री.] 1. सीता (जो विदेह अर्थात राजा जनक की राजकुमारी थी) 2. पिप्पली।

वैद्य (सं.) [सं-पु.] जड़ी-बूटियों द्वारा इलाज करने वाला चिकित्सक; आयुर्वेद चिकित्सक।

वैद्यक (सं.) [सं-पु.] वह शास्त्र जिसमें रोगों की पहचान तथा जड़ी-बूटियों द्वारा उनकी चिकित्सा विधि आदि का विवेचन होता है; आयुर्विज्ञान।

वैद्युत (सं.) [वि.] विद्युत संबंधी; विद्युत का।

वैद्युतिक (सं.) [वि.] विद्युत संबंधी; विद्युत का।

वैद्युतीकरण (सं.) [सं-पु.] सभी क्षेत्रों में बिजली की व्यवस्था करने का कार्य; विद्युतीकरण।

वैध (सं.) [वि.] जो विधि के अनुसार हो; कायदे-कानून के अनुसार; विधिसम्मत; विधिमान्य।

वैधता (सं.) [सं-स्त्री.] 1. विधि के अनुसार मान्य होने की अवस्था; विधिपरकता 2. वैध होने की अवस्था या भाव।

वैधव्य (सं.) [सं-पु.] विधवा होने की अवस्था या भाव; रँडापा; विधवापन।

वैधानिक (सं.) [वि.] 1. विधान के अनुकूल 2. विधान संबंधी।

वैधीकरण (सं.) [सं-पु.] किसी बात को कानूनी रूप देना।

वैधीकृत (सं.) [वि.] जो शास्त्रानुकूल अथवा कानूनी रूप से लाया गया हो।

वैनीला (अं.) [सं-पु.] 1. एक पौधा 2. उक्त पौधे से निकला सुगंधित द्रव्य।

वैफल्य (सं.) [सं-पु.] विफलता; असफलता; नाकामयाबी।

वैभव (सं.) [सं-पु.] 1. संपदा; समृद्धि; धन-दौलत; ऐश्वर्य 2. शक्ति; सामर्थ्य।

वैभवशाली (सं.) [वि.] जिसके पास वैभव हो; धनी; अमीर; धनवान; मालदार।

वैमनस्य (सं.) [सं-पु.] 1. मनमुटाव; रंजिश; वैर 2. अन्यमनस्कता; खिन्नता।

वैमानिक (सं.) [सं-पु.] विमानचालक; (पायलट)। [वि.] 1. विमान में उत्पन्न 2. विमान संबंधी; विमान का।

वैमानिकी (सं.) [सं-स्त्री.] 1. वायुपरिवहन तथा उसका अभ्यास

2. वायुयान चलाने का विज्ञान; विमानशास्त्र; (एयरनॉटिक्स)।

वैयक्तिक (सं.) [वि.] 1. व्यक्ति विशेष से संबंधित; व्यक्तिगत; निजी; (पर्सनल) 2. जिसपर एक ही व्यक्ति का कानूनी अधिकार हो; (प्राइवेट)।

वैयक्तिकता (सं.) [सं-स्त्री.] 1. वैयक्तिक होने की अवस्था या भाव; पृथक अस्तित्व; व्यष्टि 2. व्यक्ति की अपनी विशेषता; व्यक्ति की प्रकृति; व्यक्तित्व।

वैयाकरण (सं.) [सं-पु.] 1. व्याकरण शास्त्र का रचयिता 2. व्याकरण जानने वाला व्यक्ति। [वि.] व्याकरण संबंधी।

वैर (सं.) [सं-पु.] 1. शत्रुता; दुश्मनी 2. घृणा 3. बदला। [मु.] **-निकालना** : बदला लेना; शत्रु को हानि पहुँचाना। **-बाँधना** : दुश्मनी मोल लेना। **-साधना** : बदला लेना।

वैरागी (सं.) [सं-पु.] 1. संसार से विरक्त व्यक्ति 2. संन्यासी; साधु; महात्मा। [वि.] संसारिक बंधनों से मुक्त; विरक्त; रागरहित; उदासीन।

वैराग्य (सं.) [सं-पु.] 1. सांसारिक बंधनों से विमुखता; सुखभोगों से होने वाली विरक्ति; अनासक्ति; उदासीनता 2. मन की राग-रहित अवस्था।

वैराज्य (सं.) [सं-पु.] 1. एक ही देश में दो शासकों का संयुक्त शासन 2. उक्त शासन वाला देश।

वैरी (सं.) [सं-पु.] जिसके प्रति वैर भाव हो; दुश्मन; शत्रु।

वैलिड (अं.) [वि.] विधिमान्य; मान्य; वैध।

वैलिडिटी (अं.) [सं-स्त्री.] विधिमान्यता।

वैल्यू (अं.) [सं-पु.] मूल्य।

वैवर्ण्य (सं.) [सं-पु.] 1. रंग बदल जाना; विवर्णता 2. मालिन्य 3. भिन्नता।

वैवस्वत (सं.) [वि.] सूर्य का; सूर्य संबंधी। [सं-पु.] 1. सूर्य के एक पुत्र का नाम; मनु का नाम 2. शेनेश्चर।

वैवाहिक (सं.) [वि.] 1. विवाह संबंधी; विवाह का 2. विवाह के कारण होने वाला, जैसे- वैवाहिक संबंध। [सं-पु.] विवाह संबंधी कार्य।

वैविध्य (सं.) [सं-पु.] विविधता; अनेकता।

वैशाख (सं.) [सं-पु.] चैत्र के बाद पड़ने वाला माह।

वैशाखनंदन (सं.) [सं-पु.] गधा।

वैशाखी (सं.) [सं-स्त्री.] 1. वैशाख की पूर्णिमा 2. सिक्खों का एक त्योहार।

वैशिष्ट्य (सं.) [सं-पु.] 1. विशिष्टता; विशेषता; ख़ासियत 2. अंतर 3. श्रेष्ठता।

वैशेषिक (सं.) [वि.] 1. विषय विशेष संबंधी 2. विशेषता से युक्त। [सं-पु.] 1. एक प्राचीन भारतीय दर्शन जिसमें तत्वों का विवेचन किया गया है 2. उक्त दर्शन संबंधी 3. उक्त दर्शन का अनुयायी या समर्थक।

वैश्य (सं.) [सं-पु.] 1. हिंदू वर्णव्यवस्था में निरूपित तीसरा वर्ण; उक्त वर्ण का व्यक्ति 2. व्यापार करने वाला व्यक्ति; व्यापारी।

वैश्वानर (सं.) [सं-पु.] 1. आग; अग्नि 2. पावक।

वैश्विक (सं.) [वि.] 1. संपूर्ण विश्व का; विश्व संबंधी 2. विश्वव्यापी 3. सब का।

वैश्वीकरण (सं.) [सं-पु.] स्थानीय या क्षेत्रीय वस्तुओं या घटनाओं के विश्व स्तर पर रूपांतरण की प्रक्रिया; भूमंडलीकरण।

वैषम्य (सं.) [सं-पु.] विषम होने की अवस्था या भाव; विषमता; असमानता।

वैष्णव (सं.) [वि.] 1. विष्णु संबंधी; विष्णु का 2. ईश्वर के रूप 3. विष्णु की पूजा करने वाला। [सं-पु.] 1. विष्णु का उपासक 2. एक संप्रदाय।

वैष्णवता (सं.) [सं-स्त्री.] वैष्णव होने की अवस्था या भाव; वैष्णवपन; वैष्णत्व।

वैष्णवी (सं.) [सं-स्त्री.] 1. वैष्णव स्त्री 2. (पुराण) विष्णु की शक्ति।

वैसा (सं.) [वि.] उस तरह का। [अव्य.] 1. उतना 2. उस प्रकार।

वैसे [क्रि.वि.] उस तरह से।

वो [सर्व.] वह।

वोछा [वि.] साधारण; हल्के स्तर का; ओछा।

वोट (अं.) [सं-पु.] निर्वाचन हेतु दिया जाने वाला मत।

वोट बैंक (अं.) [सं-पु.] मतदाताओं का वह समूह जिसपर कोई दल अपना अधिकार समझता हो।

वोटर (अं.) [सं-पु.] वोट देने वाला; मतदान करने वाला; मतदाता।

वोटिंग (अं.) [सं-स्त्री.] मतदान; वोट डालने की क्रिया।

वोल्ट (अं.) [सं-पु.] 1. (भौतिकविज्ञान) विद्युतशक्ति मापने की मानक इकाई 2. ऊर्जा की एक इकाई जो किसी चालक के दो बिंदुओं के बीच के विद्युतप्रभाव के अंतर के बराबर होती है।

वोल्टेज (अं.) [सं-पु.] (भौतिकविज्ञान) विद्युत ऊर्जा का मानक।

व्यंग (सं.) [वि.] 1. जिसका कोई अंग न हो या ख़राब हो; विकलांग 2. अंगहीन 3. अव्यवस्थित।

व्यंग्य (सं.) [सं-पु.] 1. (साहित्य) शब्द का वह गूढ़ अर्थ जो उसकी व्यंजना शक्ति के द्वारा प्रकट हो; गूढ़ार्थ; संकेतित अर्थ 2. चिढ़ाने अथवा नीचा दिखाने के उद्देश्य से व्यक्त किए गए विपरीतार्थ बोधक शब्द; कटाक्ष; ताना; चुटकी। [वि.] व्यंजनावृत्ति द्वारा बोधित अथवा सांकेतित।

व्यंग्यकार (सं.) [सं-पु.] व्यंग्यपूर्ण रचना करने वाला व्यक्ति; व्यंग्य लेखक।

व्यंग्यकारी (सं.) [वि.] व्यंग्य का बोध कराने वाला।

व्यंग्यगीति (सं.) [सं-स्त्री.] किसी की हँसी उड़ाने के उद्देश्य से प्रस्तुत पद्यात्मक रचना।

व्यंग्यचित्र (सं.) [सं-पु.] किसी व्यक्ति या घटना आदि को लक्ष्यकर मज़ाक उड़ाने के उद्देश्य से बनाया गया चित्र; (कार्टून)।

व्यंग्यचित्रकार (सं.) [सं-पु.] व्यंग चित्र या कार्टून बनाने वाला व्यक्ति।

व्यंग्यपरक (सं.) [वि.] 1. व्यंग्य पर आधारित 2. व्यंग्य से संबंधित।

व्यंग्यपूर्ण (सं.) [वि.] व्यंग्यवाला; व्यंग्य से युक्त; जिसमें व्यंग्य हो।

व्यंग्यमय (सं.) [वि.] व्यंग्य से युक्त; व्यंग्य से परिपूर्ण।

व्यंग्यलेख (सं.) [सं-पु.] किसी व्यक्ति या घटना आदि को लक्ष्यकर मज़ाक उड़ाने के उद्देश्य से लिखा गया लेख।

व्यंग्यात्मक (सं.) [वि.] 1. व्यंग्य संबंधी 2. व्यंग्ययुक्त।

व्यंग्यार्थ (सं.) [सं-पु.] व्यंजना शक्ति के द्वारा प्राप्त अर्थ; व्यंजित अर्थ; सांकेतित अर्थ; गूढ़ार्थ।

व्यंग्यार्थक (सं.) [वि.] व्यंजना शक्ति के द्वारा अर्थ देने वाला।

व्यंग्योक्ति (सं.) [सं-स्त्री.] 1. वह उक्ति जिसमें व्यंग्य का भाव होता है; व्यंग्यपूर्ण उक्ति 2. ऐसा वाक्य, उक्ति या कथन जिसमें गूढ़ अर्थ निहित हो।

व्यंजक (सं.) [वि.] भावार्थ व्यक्त या प्रकट करने वाला; गूढ़ अर्थ प्रकट करने वाला। [सं-पु.] 1. गूढ़ार्थसूचक शब्द 2. मन का भाव प्रकट करने वाली चेष्टा।

व्यंजन (सं.) [सं-पु.] 1. पकवान; पकाकर तैयार किए हुए खाद्य पदार्थ 2. वर्णमाला का वह वर्ण जिसका उच्चारण स्वर की सहायता के बिना संभव न हो 3. प्रकट करना 4. स्पष्ट करना 5. निशान; चिह्न।

व्यंजना (सं.) [सं-स्त्री.] 1. प्रकट करने की क्रिया, भाव या शक्ति; अभिव्यक्ति 2. व्यंग्यार्थ; गूढ़ार्थ; संकेतार्थ 3. (काव्यशास्त्र) तीन शब्द शक्तियों में से एक जो अभिधा और लक्षणा के बाद आती है।

व्यंजनात्मक (सं.) [वि.] व्यंजना संबंधी; व्यंजना युक्त।

व्यंजित (सं.) [वि.] 1. जिसकी व्यंजना की गई हो 2. प्रकटित 3. चिह्नित 4. संकेतित।

व्यक्त (सं.) [वि.] 1. जो प्रकट किया या सामने लाया गया हो 2. स्पष्ट 3. अभिव्यक्त।

व्यक्ति (सं.) [सं-पु.] 1. जन; व्यष्टि; मनुष्य; आदमी; इंसान 2. समूह, वर्ग या जाति का प्रत्येक सदस्य 3. (दर्शनशास्त्र) वह वस्तु जो अपने गुणों सहित व्यक्त या स्पष्ट हो सके।

व्यक्तिगत (सं.) [वि.] व्यक्ति विशेष से संबंध रखने वाला; व्यक्ति विशेष का; निजी; अपना; (पर्सनल)।

व्यक्तित्व (सं.) [सं-पु.] 1. अलग सत्ता; पृथक अस्तित्व 2. निजी विशेषता; वैशिष्ट्य 3. व्यक्ति होने का भाव या अवस्था; वैयक्तिकता।

व्यक्तिनिष्ठ (सं.) [वि.] 1. व्यक्ति पर आधारित; व्यक्तिपरक 2. व्यक्ति संबंधी 3. स्वानुभूतिमूलक।

व्यक्तिवाचक (सं.) [वि.] व्यक्ति विशेष का बोध कराने वाला (शब्द)। [सं-पु.] (व्याकरण) संज्ञा का एक प्रकार जिसमें किसी एक ही व्यक्ति, स्थान या वस्तु का बोध होता है, जैसे- कृष्ण, आगरा, फ़ोन आदि।

व्यक्तिवाद (सं.) [सं-पु.] व्यक्ति के निजी हित को महत्व देने वाला सिद्धांत; व्यक्ति के समाज निरपेक्ष और शासन निरपेक्ष अधिकार को मान्यता देने वाला सिद्धांत।

व्यक्तिवादी (सं.) [वि.] 1. व्यक्तिवाद के सिद्धांतों को मानने वाला 2. व्यक्तिवाद संबंधी।

व्यक्तिशः (सं.) [क्रि.वि.] व्यक्तिगत रूप से; एक-एक करके; क्रमशः; अलग-अलग।

व्यग्र (सं.) [वि.] 1. विकल; व्याकुल; घबराया हुआ; परेशान; हैरान 2. अति उत्सुक।

व्यग्रता (सं.) [सं-स्त्री.] व्याकुलता; विकलता; परेशानी; घबराहट।

व्यजन (सं.) [सं-पु.] पंखा; विशेष प्रकार से बनाया हुआ वह उपकरण जिसके चलने से हवा मिलती है।

व्यतिकरण (सं.) [सं-पु.] 1. दो रेखाओं या तरंगों आदि का पारस्परिक काटना 2. एक दूसरे को मिलाना, रुकावट डालना या काटना

व्यतिक्रम (सं.) [सं-पु.] 1. रुकावट; बाधा; अड़चन 2. क्रम-विपर्यय; क्रम में उलट-पलट 3. उल्लंघन; अतिक्रमण 4. अवहेलना; लापरवाही 5. बीतना; व्यतीत होना।

व्यतिरिक्त (सं.) [वि.] 1. अलग-अलग; भिन्न 2. बहुत अधिक 3. रहित 4. अपवाद किया हुआ। [क्रि.वि.] अतिरिक्त; अलावा; सिवा।

व्यतिरेक (सं.) [सं-पु.] 1. समान न होने की अवस्था या भाव; अंतर; भेद; प्रकार 2. अति विषमता 3. अतिरेक; अधिकता 4. एक प्रकार का अलंकार।

व्यतिरेकी (सं.) [वि.] 1. व्यतिरेक से संबंधित 2. अंतर दिखाने वाला 3. अतिक्रमण करने वाला 4. विपरीत।

व्यतिहार (सं.) [सं-पु.] 1. विनिमय; आदान-प्रदान; अदला-बदली 2. गाली-गलौज 3. मारपीट।

व्यतीत (सं.) [वि.] 1. बीता या बिताया हुआ; विगत 2. काटा हुआ (समय)।

व्यतीपात (सं.) [सं-पु.] 1. उत्पात; उपद्रव 2. अपमान; अनादर।

व्यथा (सं.) [सं-स्त्री.] 1. मानसिक या शारीरिक क्लेश; पीड़ा; वेदना 2. चिंता; कष्ट 3. रोग 4. विकलता।

व्यथित (सं.) [वि.] 1. दुखी; पीड़ित; वेदनाग्रस्त; पीड़ाग्रस्त 2. व्याकुल; विकल; संत्रस्त।

व्यपकर्ष (सं.) [सं-पु.] 1. अपवाद 2. निंदा।

व्यपगमन (सं.) [सं-पु.] 1. प्रस्थान करना 2. लोप होना।

व्यभिचार (सं.) [सं-पु.] 1. बुरा या दूषित आचार; पाप; दुराचार; दुष्कर्म 2. अनुचित यौन संबंध 3. नियमों का अपवाद।

व्यभिचारी (सं.) [सं-पु.] दुश्चरित्र आदमी। [वि.] 1. व्यभिचार करने वाला; बुरा आचरण करने वाला 2. चंचल; अस्थिर 3. दुश्चरित्र 4. नियम विरुद्ध।

व्यय (सं.) [सं-पु.] 1. ख़र्च 2. क्षय; नाश; ह्रास।

व्ययक (सं.) [सं-पु.] वह वस्तु या मुद्रा जिससे व्यय अथवा ख़र्च करना हो। [वि.] व्यय अथवा ख़र्च करने वाला; (अपव्ययी)।

व्ययसाध्य (सं.) [वि.] जिसका मूल्य अधिक हो; महँगा; कीमती।

व्यर्थ (सं.) [वि.] 1. अनुपयोगी; बेकार; निरर्थक 2. निष्फल 3. बेमानी 4. जिसका कोई अर्थ न हो; अर्थ से रहित।

व्यर्थता (सं.) [सं-स्त्री.] व्यर्थ होने की स्थिति या भाव; निरर्थकता।

व्यर्थन (सं.) [सं-पु.] आज्ञा, निर्णय आदि को रद्द करना या व्यर्थ सिद्ध करना।

व्यवच्छिन्न (सं.) [वि.] 1. काटकर विच्छिन्न अथवा अलग किया हुआ 2. विभक्त; विभाजित 3. निश्चित; निर्धारित; विशेषित।

व्यवच्छेद (सं.) [सं-पु.] 1. अलगाव; पार्थक्य; विभाजन; खंडन 2. अनुभाग; खंड।

व्यवच्छेदन (सं.) [सं-पु.] किसी चीज़ के सब अंग काटकर अलग-अलग करने की क्रिया।

व्यवच्छेदित (सं.) [वि.] चीरा-फाड़ा हुआ।

व्यवदान (सं.) [सं-पु.] सफ़ाई; संस्कार; शुद्धि।

व्यवधान (सं.) [सं-पु.] 1. बाधा; रुकावट 2. परदा 3. बीच में पड़ने वाला अवकाश।

व्यवसाय (सं.) [सं-पु.] 1. जीविका निर्वाह का साधन; पेशा; धंधा; रोज़गार; काम; वृत्ति 2. उद्योग; कारोबार; उद्यम।

व्यवसायवाद (सं.) [सं-पु.] सेवा, चिकित्सा, शिक्षा, धर्म आदि लोकहितैषी कार्यों को भी व्यवसाय का रूप देने की नीति या सिद्धांत।

व्यवसायिक (सं.) [वि.] व्यवसाय संबंधी।

व्यवसायी (सं.) [सं-पु.] व्यवसाय करने वाला व्यक्ति; रोज़गारी; व्यापारी। [वि.] व्यवसाय करने वाला।

व्यवसायीकरण (सं.) [सं-पु.] 1. व्यवसाय के रूप में बदलना 2. जनसेवा के कार्य को व्यवसाय का रूप देना।

व्यवस्था (सं.) [सं-स्त्री.] 1. प्रबंध; इंतज़ाम 2. उपाय; युक्ति 3. आदेश; फ़ैसला; निर्णय।

व्यवस्थापक (सं.) [सं-पु.] व्यवस्था या प्रबंध करने वाला; प्रबंधक; (मैनेजर)।

व्यवस्थापकीय (सं.) [वि.] व्यवस्था संबंधी; व्यवस्था का।

व्यवस्थापन (सं.) [सं-पु.] 1. व्यवस्था करने की क्रिया या भाव; व्यवस्थित करना 2. निश्चित करना।

व्यवस्थापित (सं.) [वि.] 1. व्यवस्थित; जिसकी व्यवस्था की गई हो 2. जिसे विधिपूर्वक रखा या रखवाया गया हो 3. निर्धारित; नियमित।

व्यवस्थाहीन (सं.) [वि.] व्यवस्थारहित; अव्यवस्थित।

व्यवस्थित (सं.) [वि.] 1. व्यवस्था किया हुआ; जिसकी व्यवस्था की गई हो 2. निर्धारित; निश्चित।

व्यवहार (सं.) [सं-पु.] 1. बरताव; सलूक 2. क्रिया; कार्य 3. प्रयोग 4. प्रथा; रीति; रस्म 5. संबंध 6. रुपए-पैसे का लेन-देन। [मु.] **-निभाना** : लोक-रीति का पालन करना।

व्यवहारकुशल (सं.) [वि.] 1. अच्छे व्यवहारवाला; कुशलतापूर्वक व्यवहार करने वाला 2. कौशल, गुण आदि से अपना काम निकाल लेने वाला।

व्यवहारतः (सं.) [अव्य.] व्यावहारिक दृष्टि से; प्रायोगिक दृष्टि से।

व्यवहारवाद (सं.) [सं-पु.] वह मत या सिद्धांत जिसमें पशु या मानव का व्यवहार ही मनोविज्ञान का प्रमुख विषय होता है।

व्यवहारशास्त्र (सं.) [सं-पु.] ऐसा शास्त्र जिसमें अपराध और अपराध संबंधी दंड देने की व्यवस्था का विश्लेषण होता है; धर्मशास्त्र।

व्यवहारात्मक (सं.) [वि.] व्यवहार संबंधी; प्रयोग संबंधी।

व्यवहार्य (सं.) [वि.] 1. व्यवहार के योग्य; जिसके साथ व्यवहार किया जा सके 2. काम में लाने के योग्य।

व्यवहृत (सं.) [वि.] व्यवहार या प्रयोग में लाया हुआ; आचरित; अनुष्ठित।

व्यष्टि (सं.) [सं-पु.] समष्टि का एक पृथक अंश; व्यक्ति।

व्यष्टिवाद (सं.) [सं-पु.] व्यष्टि (व्यक्ति) की स्वतंत्र सत्ता का सिद्धांत या मत।

व्यष्टिवादी (सं.) [वि.] 1. व्यष्टिवाद का समर्थक 2. व्यष्टिवाद संबंधी।

व्यसन (सं.) [सं-पु.] 1. बुरी आदत या लत 2. किसी चीज़ का बहुत ज़्यादा आदी होना 3. दुराचरण।

व्यसनी (सं.) [वि.] 1. जो मादक या नशीले द्रव्यों का सेवन करता हो 2. जिसे बुरी चीज़ की लत हो 3. विषयभोग में आसक्त 4. दुराचारी।

व्यस्त (सं.) [वि.] 1. किसी काम में लगा हुआ; किसी कार्य में पूरी तरह संलग्न 2. बिखरा हुआ 3. पृथक; अलग।

व्यस्तता (सं.) [सं-स्त्री.] काम लगे रहने की अवस्था या भाव; व्यस्त रहने का भाव।

व्याकरण (सं.) [सं-पु.] 1. वह शास्त्र जिसमें किसी भाषा के स्वरूप, शब्दों, रूपों, प्रयोगों आदि का विवेचन होता है 2. उक्त विषय से संबंधित कोई पुस्तक।

व्याकरणाचार्य (सं.) [सं-पु.] 1. व्याकरण का विद्वान; व्याकरण का विशेषज्ञ 2. व्याकरणकार; व्याकरण की रचना करने वाला व्यक्ति।

व्याकरणिक (सं.) [वि.] व्याकरण का; व्याकरण संबंधी।

व्याकल्प (सं.) [सं-पु.] 1. आय-व्यय का पहले से किया जाने वाला अनुमान 2. अनुमान के आधार पर तैयार किया हुआ लेखा।

व्याकुल (सं.) [वि.] 1. घबराया हुआ; आकुल; बेचैन; परेशान; व्यग्र 2. भयभीत; 3. उत्सुक; आतुर।

व्याकुलता (सं.) [सं-स्त्री.] 1. घबराहट; बेचैनी; परेशानी 2. व्यग्रता; उत्कंठा।

व्याकृत (सं.) [वि.] 1. अलग-अलग किया हुआ; पृथक-पृथक किया हुआ 2. परिवर्तित 3. विश्लेषित 4. प्रकट किया हुआ 5. विकृत।

व्याकृति (सं.) [सं-स्त्री.] 1. भेद; अंतर; प्रकार 2. विश्लेषण; स्पष्टीकरण; व्याख्या।

व्याक्रोश (सं.) [सं-पु.] 1. चिल्लाना 2. बुरा-भला कहना; फटकारना; गाली देना।

व्याख्या (सं.) [सं-स्त्री.] 1. किसी कठिन वाक्य, पद आदि के अर्थ का स्पष्टीकरण 2. वर्णन 3. विवेचन; प्रतिपादन 4. टीका।

व्याख्याकार (सं.) [सं-पु.] 1. व्याख्या करने वाला 2. टीकाकार।

व्याख्यात (सं.) [वि.] 1. जिसकी व्याख्या की गई हो 2. वर्णित; कथित।

व्याख्याता (सं.) [सं-पु.] 1. व्याख्या करने वाला व्यक्ति; प्रवक्ता; भाषण देने वाला व्यक्ति 2. विवेचक; प्रतिपादक 3. टीकाकार।

व्याख्यात्मक (सं.) [सं-पु.] 1. व्याख्या के साथ; विवेचनात्मक; व्यवस्थापूर्ण 2. व्यवस्था संबंधी।

व्याख्यान (सं.) [सं-पु.] 1. किसी विषय पर अपने विचार प्रस्तुत करना 2. भाषण।

व्याख्यापन (सं.) [सं-पु.] व्याख्या करना; विवेचन करना।

व्याख्यापरक (सं.) [वि.] जो व्याख्या की अपेक्षा रखता हो; व्याख्या की अपेक्षा रखने वाला।

व्याख्यायित (सं.) [वि.] 1. जिसकी व्याख्या की गई हो 2. जिसपर भाषण दिया गया हो।

व्याघात (सं.) [सं-पु.] 1. धक्का; आघात 2. बाधा; रुकावट 3. असंगति; विरोध।

व्याघ्र (सं.) [सं-पु.] एक हिंसक पशु; बाघ।

व्याज (सं.) [सं-पु.] 1. छल; कपट; धोखा; फ़रेब 2. बनावटी बात करना; बहाना 3. देर; विघ्न; विलंब।

व्याजनिंदा (सं.) [सं-स्त्री.] 1. स्तुति की ओट में की जाने वाली निंदा 2. (काव्यशास्त्र) एक अलंकार जिसमें एक की निंदा करने से दूसरे की निंदा प्रकट हो।

व्याजस्तुति (सं.) [सं-स्त्री.] 1. किसी बहाने से की जाने वाली स्तुति 2. (काव्यशास्त्र) एक अलंकार जिसमें कोई कथन अभिधा शक्ति की दृष्टि से निंदा सूचक हो।

व्याध (सं.) [सं-पु.] 1. आखेट के द्वारा जीविका चलाने वाली जाति; आखेटक; बहेलिया; शिकारी 2. दुष्ट व्यक्ति।

व्याधि (सं.) [सं-स्त्री.] 1. रोग; बीमारी; अस्वस्थता 2. पीड़ा 3. आफ़त; विपत्ति।

व्यान [सं-पु.] चौथा प्राण।

व्यापक (सं.) [वि.] 1. विस्तृत 2. चारों ओर फैला हुआ; छाया हुआ 3. घेरने या ढकने वाला 4. विशद; समावेशी।

व्यापकता (सं.) [सं-स्त्री.] व्यापक होने की अवस्था, गुण या धर्म; फैलाव; विस्तृतता; विस्तार।

व्यापन (सं.) [सं-पु.] 1. सर्वत्र फैलाना; व्याप्त होना 2. चारों ओर से घेरना।

व्यापना [क्रि-अ.] 1. व्याप्त होना; फैलना; छा जाना 2. समाहित हो जाना।

व्यापार (सं.) [सं-पु.] 1. क्रय-विक्रय का कार्य; पेशा; काम; धंधा 2. वाणिज्य; ख़रीदने-बेचने का काम 3. उद्योग; उद्यम 4. काम; कार्य।

व्यापारचिह्न (सं.) [सं-पु.] किसी व्यवसायी या उद्योगपति के द्वारा अपने उत्पाद पर अंकित किया जाने वाला एक विशेष प्रकार का चिह्न जिससे वह माल किसी अन्य के माल से अलग पहचाना जा सके।

व्यापारपृष्ठ (सं.) [सं-पु.] (पत्रकारिता) पत्र-पत्रिकाओं में आर्थिक और व्यापारिक समाचारों और समीक्षाओं को प्रकाशित करने वाले पृष्ठ; अख़बार का उद्योग, व्यापार आदि से संबंधित पन्ना।

व्यापारिक (सं.) [वि.] व्यापार संबंधी; व्यापार का।

व्यापारी (सं.) [सं-पु.] 1. व्यापार, वाणिज्य करके जीविका निर्वाह करने वाला व्यक्ति; सौदागर 2. कोई कार्य करने वाला व्यक्ति। [वि.] सामान की ख़रीद-बिक्री करने वाला।

व्यापी (सं.) [वि.] 1. व्याप्त; व्याप्त होने वाला 2. सर्वत्र उपस्थित; चारों ओर फैला हुआ; आच्छादक।

व्याप्त (सं.) [वि.] 1. फैला हुआ; समाया हुआ 2. सब ओर से आच्छादित या ढका हुआ 3. परिपूर्ण; भरा हुआ 4. अंदर समाया हुआ।

व्याप्ति (सं.) [सं-स्त्री.] 1. व्याप्त होने की अवस्था या भाव; व्यापकता 2. विस्तार; फैलाव 3. प्रायः सभी अवस्थाओं में व्याप्त होने का भाव।

व्यामोह (सं.) [सं-पु.] 1. मोह; अज्ञान 2. स्नेह; ममता 3. किंकर्तव्यविमूढ़ता 4. भ्रांति; भ्रम।

व्यायाम (सं.) [सं-पु.] 1. कसरत; शरीर के अंगों को स्वस्थ रखने के लिए किया गया शारीरिक अभ्यास 2. शारीरिक श्रम; परिश्रम।

व्यायामशाला (सं.) [सं-स्त्री.] व्यायाम करने का स्थान।

व्यायामिक (सं.) [वि.] 1. व्यायाम संबंधी 2. व्यायाम के परिणाम स्वरूप होने वाला।

व्यायामी (सं.) [वि.] 1. व्यायाम अथवा कसरत करने वाला; कसरती 2. परिश्रमी; मेहनती 3. व्यायाम से पुष्ट।

व्यायोग (सं.) [सं-पु.] (साहित्य) एक ही अंक का वीर रस प्रधान रूपक।

व्यावर्त (सं.) [सं-पु.] 1. घिराव; घेरना 2. चक्कर खाना 3. अलग करना 4. नियोजित करना।

व्यावर्तक (सं.) [वि.] 1. चारों तरफ़ से घेरने वाला 2. चक्कर लगाने वाला; घूमने वाला 3. मोड़ने वाला 4. पीछे लौटने वाला 4. अंतर बताने वाला; भेद बताने वाला।

व्यावर्तन (सं.) [सं-पु.] 1. चारों तरफ़ से घेर लेने की क्रिया 2. किसी के चारों ओर घूमना; चक्कर खाना 3. लौटाना; पीछे की ओर मोड़ना 4. घुमाव 5. मोड़।

व्यावसायिक (सं.) [वि.] व्यवसाय से संबंधित; व्यवसाय का।

व्यावहारिक (सं.) [वि.] 1. व्यवहार से संबंधित 2. जिसे व्यवहार में लाया जा सके 3. आचरण या बरताव से संबंधित 4. व्यवहारशील; व्यवहारकुशल 5. व्यवहार के योग्य।

व्यावहारिकता (सं.) [सं-स्त्री.] 1. व्यवहारिक रूप में होने की स्थिति 2. प्रयोग में आने वाली व्यवहारकुशलता 3. उपयोगिता; प्रायोगिकता।

व्यावृत (सं.) [वि.] घिरा हुआ; घेरा हुआ।

व्यावृत्ति (सं.) [सं-स्त्री.] आवृत करना; घेरना; ढकना।

व्यास (सं.) [सं-पु.] 1. (गणित) किसी वृत्त में केंद्र को स्पर्श करती हुई परिधि के दो बिंदुओं को मिलाने वाली सरल रेखा 2. एक पौराणिक ऋषि जिन्होंने महाभारत की रचना की थी 3. कथावाचक।

व्यासंग (सं.) [सं-पु.] 1. घनिष्ठ संपर्क 2. आसक्ति 3. योग; जोड़ 4. मनोयोग।

व्यासक्त (सं.) [वि.] 1. अत्यधिक आसक्त 2. संलग्न; संबद्ध।

व्यासासन (सं.) [सं-पु.] कथावाचक का आसन; व्यासगद्दी; व्यासपीठ।

व्यासिद्ध (सं.) [वि.] निषिद्ध; वर्जित।

व्यासेध (सं.) [सं-पु.] 1. निषेध; वर्जन 2. प्रतिबंध; रोक।

व्याहत (सं.) [वि.] 1. आहत; हताश 2. व्यर्थ; निरर्थक 3. घबराया हुआ। [सं-पु.] (साहित्य) एक अर्थदोष।

व्याहृत (सं.) [वि.] 1. कथित 2. भुक्त; खाया हुआ। [सं-पु.] 1. वार्तालाप करना; बोलना 2. निर्देश।

व्युच्छिन्न (सं.) [वि.] 1. उन्मूलन किया हुआ; उन्मूलित 2. विनष्ट; नष्ट।

व्युच्छेद (सं.) [सं-पु.] 1. विनाश 2. उन्मूलन।

व्युत्क्रम (सं.) [सं-पु.] 1. व्यतिक्रम 2. गड़बड़; अस्तव्यस्तता 3. अतिक्रमण।

व्युत्थान (सं.) [सं-पु.] 1. खड़े होना 2. किसी के विरोध में खड़े होना 3. सक्रियता; सचेष्टता।

व्युत्पत्ति (सं.) [सं-स्त्री.] 1. उत्पत्ति 2. मूल उद्गम 3. व्याकरण, कोश आदि में किसी शब्द की उत्पत्ति आदि का विवरण।

व्युत्पत्तिक (सं.) [वि.] 1. व्युत्पत्ति संबंधी 2. व्युत्पत्ति के रूप में होने वाला।

व्युत्पत्यात्मक (सं.) [वि.] व्युत्पत्ति संबंधी; व्युत्पत्तिक।

व्युत्पन्न (सं.) [वि.] 1. जिसकी उत्पत्ति की गई हो 2. उत्पन्न 3. जिसकी उत्पत्ति ज्ञात हो।

व्युत्पादक (सं.) [वि.] उत्पन्न करने वाला; व्युत्पन्न करने वाला।

व्युत्पादन (सं.) [सं-पु.] उत्पन्न; उत्पादन; व्युत्पत्ति।

व्यूह (सं.) [सं-पु.] 2. समूह; जमघट; भीड़ 1. युद्ध के लिए सैन्य-विन्यास या सैन्य रचना 3. योजना; रणनीति।

व्यूहन (सं.) [सं-पु.] 1. व्यूह की क्रिया या भाव 2. सैनिकों को विशेष अवस्था में रखना।

व्योम (सं.) [सं-पु.] आकाश; अंतरिक्ष।

व्योमकेश (सं.) [सं-पु.] महादेव; शिव।

व्योमचारी (सं.) [वि.] आकाश में विचरण करने वाला; आकाशचारी। [सं-पु.] 1. पक्षी; चिड़िया 2. आकाशीय पिंड।

व्रज (सं.) [सं-पु.] 1. मार्ग; सड़क 2. समूह; झुंड 3. गमन; भ्रमण 4. गोशाला 5. गोपों की बस्ती।

व्रजन (सं.) [सं-पु.] 1. गमन; भ्रमण; 2. जाना; घूमना।

व्रज्या (सं.) [सं-स्त्री.] 1. पर्यटन; भ्रमण 2. संन्यासियों का सामूहिक देशाटन।

व्रण (सं.) [सं-पु.] 1. घाव; ज़ख़्म 2. फोड़ा।

व्रणित (सं.) [वि.] 1. जिसे फोड़ा हुआ हो 2. घाव से पीड़ित; घायल; ज़ख़्मी।

व्रत (सं.) [सं-पु.] 1. उपवास 2. दैहिक और आध्यात्मिक पवित्रता के लिए किया गया संकल्प; कुछ त्याग करने का नियम 3. संकल्प; निश्चय 4. प्रतिज्ञा 5. अनुष्ठान।

व्रतधारी (सं.) [वि.] 1. व्रत का पालन करने वाला; व्रत लेने वाला 2. कोई धार्मिक अनुष्ठान करने वाला।

व्रतशील (सं.) [वि.] 1. व्रत का पालन करने वाला 2. संकल्प पर दृढ़ बना रहने वाला; प्रतिज्ञा या निश्चय से पीछे न हटने वाला।

व्रतिक (सं.) [सं-पु.] व्रताचारी।

व्रती (सं.) [वि.] 1. व्रत धारण करने वाला; व्रतधारी 2. धार्मिक अनुष्ठान करने वाला। [सं-पु.] यज्ञ करने वाला यजमान, जिसने किसी प्रकार का व्रत धारण किया हो (वेद-व्रती)

व्रात (सं.) [सं-पु.] 1. समूह; राशि; झुंड; दल 2. मज़दूरी; दैनिक श्रम 3. शारीरिक श्रम; परिश्रम।

व्रात्य (सं.) [वि.] व्रत का; व्रत संबंधी।

व्रीडन (सं.) [सं-पु.] 1. शर्म; लज्जा 2. अपकर्ष।

व्रीडा (सं.) [सं-स्त्री.] 1. लज्जा; लाज; संकोच 2. नम्रता।

व्रीहि (सं.) [सं-पु.] 1. एक प्रकार का अन्न; अनाज 2. धान; चावल 3. चावल का दाना 4. धान का खेत।

व्हाइट पेपर (अं.) [सं-पु.] श्वेत पत्र।

श

श हिंदी वर्णमाला का व्यंजन वर्ण। उच्चारण की दृष्टि से यह अग्रतालव्य, अघोष संघर्षी है।

शंक (सं.) [सं-पु.] 1. शंका; संदेह; आशंका 2. भय; डर।

शंकनीय (सं.) [वि.] 1. जिसके संबंध में किसी शंका की गुंजाइश हो; संदेहास्पद; शंक्य; शंका योग्य 2. वह जिसके द्वारा किसी भी काम के ठीक होने के विषय में संदेह हो; जिसके संबंध में कुछ प्रश्न किया जा सकता हो।

शंकर (सं.) [सं-पु.] 1. हिंदुओं के एक आराध्य देव; शिव; महादेव; शंभु 2. (काव्यशास्त्र) एक प्रकार का छंद 3. (संगीत) एक प्रकार का राग।

शंकरा (सं.) [सं-पु.] 1. (संगीत) एक प्रकार का राग 2. उक्त राग जो रात के दूसरे पहर में गाया जाता है। [सं-स्त्री.] 1. शिवा; पार्वती 2. मंजीठ 3. शमी। [वि.] कल्याण करने वाली।

शंकराचार्य (सं.) [सं-पु.] 1. अद्वैतवाद के प्रवर्तक और चारों पीठों के अधिष्ठाता दक्षिण भारत के केरल प्रांत के प्रसिद्ध शैव आचार्य 2. आचार्य शंकर द्वारा स्थापित चारों पीठों के वर्तमान अधिष्ठाता की उपाधि 3. हिंदू संतों की एक उपाधि।

शंकरी (सं.) [सं-स्त्री.] पार्वती।

शंका (सं.) [सं-स्त्री.] 1. संदेह; संशय 2. भावी अनिष्ट या हानि का अनुमान 3. प्रश्न; जिज्ञासा 4. आशंका; भय; डर।

शंकाकुल (सं.) [वि.] शंका से विचलित; शंका से व्याकुल।

शंकालु (सं.) [वि.] बात-बात पर संदेह करने वाला; शक्की।

शंकास्पद (सं.) [वि.] संदेह से युक्त; जिसमें संदेह की गुंजाइश हो।

शंकित (सं.) [वि.] 1. शंकायुक्त 2. भीत; डरा हुआ।

शंकु (सं.) [सं-पु.] 1. एक प्रकार का घन जिसका अधोभाग गोलाकार होता है, जो क्रमशः पतला होता हुआ सर्वोच्च भाग पर नुकीला हो जाता है 2. भाला 3. कील 4. तीर की नोक 5. विष 6. लिंग 7. एक मछली 8. शिव 9. कामदेव 10. बारह अंगुल की नाप 11. राक्षस 12. पाप।

शंक्वाकार (सं.) [वि.] शंकु के आकार का।

शंख (सं.) [सं-पु.] 1. समुद्र में उत्पन्न एक जंतु 2. उक्त जंतु का खोल जिसे फूँकने पर आवाज़ निकलती है 3. एक लाख करोड़ की या दस खरब की संख्या 4. कुबेर की निधि का देवता। [मु.] **-पूरना** : शंख बजाना।

शंख कृमि (सं.) [सं-पु.] 1. शंख का कीड़ा 2. समुद्री जंतु जिसके शरीर के आवरण या खोल से शंख का निर्माण होता है।

शंखचूड़ (सं.) [सं-पु.] 1. एक विषैला साँप या नाग 2. एक तीर्थ 3. (पुराण) कृष्ण के हाथों मारा गया कंस द्वारा प्रेषित एक राक्षस।

शंखनाद (सं.) [सं-पु.] 1. शंख की ध्वनि 2. शंख बजने की ध्वनि 3. {ला-अ.} सामाजिक सुधार या परिवर्तन की शुरुआत।

शंखमाला [सं-पु.] एक प्रकार की माला।

शंखासुर (सं.) [सं-पु.] (पुराण) एक राक्षस जिसका वध विष्णु ने मत्स्यावतार में किया था।

शंखिनी (सं.) [सं-स्त्री.] 1. (कामशास्त्र) चार प्रकार की नायिकाओं (स्त्रियों) में से एक 2. एक प्रकार की वनौषधि।

शंड (सं.) [सं-पु.] 1. साँड़ 2. एक दैत्य 3. पागल व्यक्ति 4. नपुंसक।

शंपा (सं.) [सं-स्त्री.] 1. बिजली; विद्युत 2. कमरबंद; मेखला।

शंबर (सं.) [सं-पु.] 1. पानी; जल 2. बादल; मेघ 3. चित्र 4. संपत्ति; धन 5. युद्ध 6. व्रत; बौद्धों का एक विशेष व्रत 7. पहाड़; पर्वत 8. जादू 9. एक राक्षस 10. सावर मृग 11. एक पर्वत 12. एक प्रकार की मछली। [वि.] उत्तम; श्रेष्ठ।

शंबरारि (सं.) [सं-पु.] 1. शंबर का शत्रु कामदेव; मदन 2. प्रद्युम्न।

शंबुक (सं.) [सं-पु.] 1. घोंघा 2. शंख 3. हाथी की सूँड़ की नोक 4. एक दैत्य।

शंबूक (सं.) [सं-पु.] 1. (रामायण) एक शूद्र तपस्वी का नाम 2. हाथी की सूँड़ का अंतिम भाग 3. एक दैत्य।

शंभु (सं.) [सं-पु.] 1. महादेव; शिव 2. एक रुद्र 3. ब्रह्मा 4. ऋषि 5. सिद्ध व्यक्ति। [वि.] 1. कल्याण करने वाला 2. समृद्धि कारक।

शंसिका (सं.) [सं-स्त्री.] 1. आलोचना के रूप में व्यक्त संक्षिप्त विचार 2. टिप्पणी; उपकथन।

शंसित (सं.) [वि.] 1. जिसपर झूठा दोष लगाया गया हो 2. निश्चित; कथित; इच्छित।

शंस्य (सं.) [वि.] 1. जो तारीफ़ या प्रशंसा के लायक हो 2. प्रशंसनीय; अभिलाषित; कथित।

शऊर (अ.) [सं-पु.] 1. काम करने का ढंग; तरीका 2. सामान्य योग्यता 3. बुद्धि; व्यावहारिक बुद्धि।

शक[1] (सं.) [सं-पु.] 1. प्राचीन काल में शक द्वीप (मध्य एशिया) में रहने वाली एक समृद्ध जाति जिसने ईसा से दो सौ वर्ष पूर्व भारत के कुछ हिस्सों पर लगभग दो शताब्दियों तक शासन किया था 2. तातार देश के निवासी; ततारी 3. एक महत्वपूर्ण

युद्ध 4. शकों का एक राजा 5. राजा शालिवाहन का चलाया हुआ संवत जो ईसा के अठहत्तर वर्ष पश्चात आरंभ हुआ था।

शक[2] (अ.) [सं-पु.] 1. संदेह; संशय 2. शंका 3. भ्रांति होना या पड़ना।

शकट (सं.) [सं-पु.] 1. छकड़ा; बैलगाड़ी; सग्गड़ 2. रथ 3. शरीर; देह 4. भार; बोझ 5. (पुराण) एक राक्षस जिसका वध कृष्ण ने किया था 6. तिनिश नामक वृक्ष।

शकटी (सं.) [सं-पु.] शकट या बैलगाड़ी हाँकने वाला व्यक्ति।

शकरकंद (सं.) [सं-पु.] मोटे आकार की मूली की आकृति का एक कंद जो स्वाद में बहुत मीठा होता है।

शकरपारा (फ़ा.) [सं-पु.] 1. एक प्रकार का फल 2. एक प्रकार का मीठा पकवान।

शकल[1] (सं.) [सं-पु.] 1. चमड़ा; त्वचा 2. खंड; टुकड़ा 3. छिलका; छाल 4. दालचीनी 5. आँवला 6. कमलनाल 7. एक प्राचीन देश (द्वीप)।

शकल[2] (अ.) [सं-स्त्री.] 1. चेहरा; स्वरूप; आकृति; रूप 2. चेहरे का भाव; चेष्टा 3. काम का उपाय; रास्ता; तरकीब; ढंग 4. बनावट; गढ़न।

शकाब्द (सं.) [सं-पु.] शकसंवत।

शकार (सं.) [सं-पु.] 1. शक वंश का व्यक्ति (संस्कृत नाटकों में इसका चरित्र मद, मूर्खता, अभिमान, कुलहीनता इत्यादि दोषों से युक्त दिखाया गया है) 2. राजा का साला जो नीच जाति का हो (संस्कृत नाट्यशास्त्र)।

शकील (अ.) [वि.] रूपवान; सुंदर; हसीन।

शकुंत (सं.) [सं-पु.] 1. खग; पक्षी; चिड़िया 2. नीलकंठ 3. एक प्रकार का कीड़ा।

शकुन (सं.) [सं-पु.] 1. सगुन; शुभ कार्य में दिया जाने वाला उपहार; शुभचिह्न; शुभ लक्षण 2. शुभ घड़ी; शुभ समय 3. किसी मंगलकार्य के अवसर पर गाया जाने वाला गीत।

शकुनि (सं.) [सं-पु.] 1. चिड़िया; पक्षी 2. (महाभारत) गंधारराज सुबल का पुत्र जो दुर्योधन का मामा था 3. षड्यंत्र करने वाला व्यक्ति। [वि.] दुष्ट; खलनायक; पापी।

शक्कर (फ़ा.) [सं-स्त्री.] 1. गन्ने आदि के रस से बना मीठा चूर्ण; चीनी 2. कच्ची चीनी।

शक्की (अ.) [वि.] 1. शक करने वाला; शंकाशील 2. संदेह या शक करने वाला।

शक्त (सं.) [वि.] 1. शक्तिमान 2. समर्थ 3. धनी 4. चतुर।

शक्ति (सं.) [सं-स्त्री.] 1. पराक्रम; ताकत; सामर्थ्य; बल 2. योग्यता; क्षमता 3. देवी-देवताओं में पाया जाने वाला गुण; दैवीशक्ति 4. तंत्र के अनुसार किसी पीठ की अधिष्ठात्री देवी 5. तंत्र साधना में सहयोगिनी रूपवती और सौभाग्यवती स्त्री 6. स्त्री योनि 7. (न्याय एवं साहित्य) शब्द और अर्थ में संबंध स्थापित करने वाला तत्व 8. प्रकृति 9. माया 10.बरछी।

शक्तिदायक (सं.) [वि.] शक्ति देने वाला।

शक्तिपात (सं.) [सं-पु.] 1. दैवी शक्ति का समावेश 2. (हठयोग) कुंडलिनीशक्ति का जागरण।

शक्तिपीठ (सं.) [सं-स्त्री.] 1. जहाँ शक्ति (दुर्गा) की पूजा होती है 2. (पुराण) वह स्थान जहाँ शक्ति के अंग कट कर गिरे थे।

शक्तिपुंज (सं.) [सं-पु.] 1. शक्ति का स्रोत 2. अतुल शक्ति। [वि.] शक्तिमान।

शक्तिबाण (सं.) [सं-पु.] (रामायण) मेघनाद द्वारा लक्ष्मण पर चलाया गया बाण, जिसके लगने से लक्ष्मण मूर्छित हो गए थे।

शक्तिमत्ता (सं.) [सं-स्त्री.] 1. शक्ति संपन्न 2. शक्तिशाली; ताकतवर या बलिष्ठ होने का भाव।

शक्तिमान (सं.) [वि.] महाबलवान; बलशाली; बलिष्ठ; शक्तिशाली; ताकतवर।

शक्तिवर्धक (सं.) [वि.] शक्ति में वृद्धि करने वाला; शक्तिदायी।

शक्तिशाली (सं.) [वि.] शक्तिवान; बलवान; ताकतवर।

शक्तिशील (सं.) [वि.] पराक्रमी; ताकतवर; शक्तिवाला।

शक्तिस्रोत (सं.) [सं-पु.] 1. शक्तिशाली व्यक्ति; ताकतवर व्यक्ति 2. बिजली घर।

शक्तिहीन (सं.) [वि.] निर्बल; कमज़ोर; सामर्थ्यरहित।

शक्य (सं.) [वि.] संभव; साध्य; होने योग्य।

शक्यता (सं.) [सं-स्त्री.] 1. शक्य होने का भाव 2. क्षमता।

शक्र (सं.) [सं-पु.] 1. इंद्र 2. शिव 3. (काव्यशास्त्र) रगण का चौथा भेद जिसमें छह मात्राएँ होती हैं 4. ज्येष्ठा नक्षत्र 5. अर्जुन वृक्ष 6. कुटज; कोरैया।

शक्रचाप (सं.) [सं-पु.] इंद्रधनुष।

शक्रारि (सं.) [सं-पु.] 1. इंद्र का शत्रु 2. इंद्रजीत; मेघनाद; रावण का पुत्र।

शक्ल (अ.) [सं-स्त्री.] 1. चेहरा 2. आकृति; रूप 3. बनावट 4. ढंग 5. अंदाज़।

शक्ल-सूरत (अ.) [सं-स्त्री.] 1. रूप-गुण 2. मुखाकृति; रूप 3. डील-डौल; आकार-प्रकार।

शक्वाकृति [सं-स्त्री.] डलिया; वर के साथ दी जाने वाली बाँस की खुली रंगीन डलिया जो शंकु की आकृति की होती है।

शख़्स (अ.) [सं-पु.] व्यक्ति; आदमी; मनुष्य; जन।

शख़्सियत (अ.) [सं-स्त्री.] 1. व्यक्तित्व 2. व्यक्तिगत विशेषता।

शख़्सी (अ.) [वि.] शख़्स का; व्यक्ति संबंधी; व्यक्तिगत।

शगल (अ.) [सं-पु.] 1. शौक; मनबहलाव का कोई काम 2. काम; धंधा।

शगुन (सं.) [सं-पु.] 1. शुभ परिणाम सूचित करने वाले लक्षण 2. शुभ मुहूर्त में होने वाले शुभ काम 3.वर- कन्या की शादी तय होने पर कन्या पक्ष द्वारा वर पक्ष को प्रदत्त उपहार।

शगूफ़ा (फ़ा.) [सं-पु.] 1. मज़ाकिया बात; चुटकुला 2. अनहोनी या विलक्षण बात।

शचि (सं.) [सं-स्त्री.] 1. प्रज्ञा; बुद्धि 2. वाग्मिता 3. (पुराण) देवताओं के राजा इंद्र की पत्नी; इंद्राणी 4. शतावर नामक औषधि।

शजर (अ.) [सं-पु.] पेड़; दरख़्त; तनेदार वृक्ष।

शजरा (अ.) [सं-पु.] 1. पटवारियों के पास रहने वाला खेतों का नक्शा 2. वंशावली; वंशवृक्ष।

शट डाउन (अं.) [क्रि-स.] बंद करना।

शटर (अं.) [सं-पु.] दुकान आदि को खोलने और बंद करने के लिए लगाया जाने वाला लोहे की चादर से निर्मित दरवाज़ा।

शटा (सं.) [सं-स्त्री.] 1. जटा 2. शेर का अयाल।

शठ (सं.) [सं-पु.] 1. आलसी आदमी 2. झूठा प्रेम करने वाला व्यक्ति 3. मूर्ख 4. ताड़ का पेड़ 5. सरसों। [वि.] 1. चालाक 2. बदमाश 3. नीच; दुष्ट।

शत (सं.) [वि.] संख्या '100' का सूचक।

शत-प्रतिशत (सं.) [क्रि.वि.] सौ प्रतिशत। [वि.] सौ में से सौ।

शतक (सं.) [सं-पु.] 1. सौ का संग्रह 2. सौ के पूरे होने का भाव; शती। [वि.] सौ की संख्या से संबद्ध।

शतकुंडी (सं.) [सं-पु.] एक प्रकार का महायज्ञ; जिसमें सौ कुंडों में एक साथ मंत्रोच्चार के साथ हवन होता है।

शतघ्नी (सं.) [सं-स्त्री.] 1. एक प्रकार का प्राचीन अस्त्र 2. गले की एक घातक गाँठ (रोग)।

शतदल (सं.) [सं-पु.] कमल; शतपत्र। [वि.] सौ दलों वाला, सौ पंखुड़ियों वाला।

शतधा (सं.) [क्रि.वि.] 1. सैकड़ों बार 2. सौ प्रकार से; अनेक प्रकार से। [सं-स्त्री.] दूर्वा, दूब [अव्य] क्रम में; सैकड़ों प्रकार से।

शतपति (सं.) [सं-पु.] सौ सैनिकों का सरदार।

शतपत्र (सं.) [सं-पु.] 1. कमल 2. तोता 3. मयूर 4. सारस।

शतभुज (सं.) [वि.] सौ भुजाओं वाला; जिसकी सौ बाँहें हों।

शतरंज (फ़ा.) [सं-पु.] 1. एक प्रसिद्ध खेल जो बत्तीस मोहरों या गोटियों से खेला जाता है 2. चौंसठ खानों की बिसात वाला खेल जिसके मोहरे, वजीर, राजा, हाथी, घोड़े, प्यादा आदि होते हैं।

शतरंजी (फ़ा.) [सं-स्त्री.] 1. वह दरी जो कई प्रकार के रंग-बिरंगे सूतों से बनी हो; बिछावन 2. शतरंज का अच्छा खिलाड़ी 3. शतरंज खेलने की बिसात।

शतवार्षिक (सं.) [वि.] 1. सौ वर्षों पर होने वाला 2. जिसकी अवधि सौ वर्षों की हो।

शतह्रदा [सं-स्त्री.] सौ-सौ लकीरों को खींचने वाली बिजली।

शतांश (सं.) [सं-पु.] 1. सौवाँ हिस्सा 2. सौ बराबर हिस्सों में से एक।

शताधिक (सं.) [वि.] सौ से अधिक।

शताब्दी (सं.) [सं-स्त्री.] सौ वर्षों की अवधि; शती; (सेंचुरी)।

शतायु (सं.) [वि.] सौ वर्षों की आयुवाला।

शती (सं.) [सं-स्त्री.] 1. शताब्दी; शतक; सदी 2. सौ वर्षों की अवधि की सूचक संख्या 3. सैकड़ा; सौ का समूह।

शत्रु (सं.) [सं-पु.] वह व्यक्ति जो किसी के नाश के लिए उतारू हो; दुश्मन; वैरी; रिपु; अरि।

शत्रुघ्न (सं.) [वि.] शत्रुओं को मार डालने वाला; शत्रु नाशक। [सं-पु.] (रामायण) सुमित्रा के गर्भ से उत्पन्न राजा दशरथ के चौथे पुत्र।

शत्रुता (सं.) [सं-स्त्री.] दुश्मनी; वैर।

शत्रुत्व (सं.) [सं-पु.] शत्रुता; वैर; दुश्मनी।

शत्रुवत (सं.) [क्रि.वि.] शत्रु की तरह; शत्रु जैसा।

शनाख़्त (फ़ा.) [सं-स्त्री.] 1. पहचान; पूरी पहचान 2. पहचानने का चिह्न; लक्षण; परख।

शनासा (फ़ा.) [वि.] 1. जानकार; परिचित 2. जानने-पहचानने वाला।

शनासाई (फ़ा.) [सं-स्त्री.] परिचय; जान-पहचान।

शनि (सं.) [सं-पु.] 1. सौरमंडल के ग्रहों में सातवाँ ग्रह 2. सप्ताह का आख़िरी दिन; शनिवार।

शनिवार (सं.) [सं-पु.] शुक्रवार और रविवार के बीच का दिन; शनिश्चर।

शनिश्चरी (सं.) [वि.] शनिग्रह से संबंधित।

शनैः (सं.) [अव्य.] आहिस्ता; धीरे; हौले।

शनैः-शनैः (सं.) [अव्य.] धीरे-धीरे; मंद-मंद; आहिस्ता-आहिस्ता; हौले-हौले।

शनैश्चर (सं.) [सं-पु.] शनि नामक ग्रह; दे. शनि। [वि.] धीरे चलने वाला।

शपथ (सं.) [सं-स्त्री.] 1. कसम; सौगंध; प्रतिज्ञा 2. साक्षी; दुहाई।

शपथग्रहण (सं.) [सं-पु.] 1. किसी पद को ग्रहण करने के पूर्व निष्ठा व गोपनीयता बनाए रखने से संबंधित शपथ लेना 2. अपने कथन के प्रति सत्यता जताने हेतु ली जाने वाली शपथ (कसम या सौगंध)।

शपथपत्र (सं.) [सं-पु.] 1. शपथपूर्वक लिखित वक्तव्य जो प्रमाण स्वरूप प्रयुक्त किया जा सके 2. शपथ लेख; हलफ़नामा; (ऐफ़िडेविट)।

शपाशप [क्रि.वि.] जल्दी-जल्दी; तेज़ गति से; झप-झप। [सं-स्त्री.] 1. वेत कमची या तलवार मारने या भाँजने की आवाज; एक ध्वनि विशेष जिसमें उक्त प्रकार की आवाज आती है 2. कुत्तों आदि के चाटने से उत्पन्न आवाज।

शफ़क (अ.) [सं-स्त्री.] सुबह अथवा संध्या के समय आकाश में छाने वाली लाली।

शफरी (सं.) [सं-स्त्री.] एक प्रकार की मछली; पोठी या सौरी मछली।

शफ़ा (अ.) [सं-स्त्री.] 1. आरोग्य 2. स्वास्थ्य; तंदुरुस्ती।

शफ़ाख़ाना (अ.+फ़ा.) [सं-पु.] 1. दवाख़ाना; औषधालय; चिकित्सालय 2. स्वास्थ्य केंद्र।

शफ़ीक (अ.) [वि.] 1. प्यारा 2. हमदर्द 3. अनुग्रहकर्ता 4. दयालु।

शब (फ़ा.) [सं-स्त्री.] रात्रि; रात; निशा।

शब-ए-बरात (फ़ा.) [सं-स्त्री.] 1. हिजरी सन के शाबान महीने की चौदहवीं रात 2. (लोकमान्यता) उक्त रात को देवदूत लोगों को जीविका देते हैं, इसी ख़ुशी में लोगों द्वारा ख़ासकर मुसलमानों द्वारा नमाज़ अदाकर मिठाई बाँटी और आतिशबाज़ी छोड़ी जाती है।

शबनम (फ़ा.) [सं-स्त्री.] 1. ओस 2. सफ़ेद रंग का अच्छा कपड़ा।

शबर (सं.) [सं-पु.] 1. दक्षिण भारत के जंगलों में पाई जाने वाली प्राचीन जाति 2. शिव 3. जल 4. मीमांसा दर्शन के प्रसिद्ध विद्वान 5. जंगली आदमी 6. शूद्र एवं भील के संयोग से उत्पन्न संतान । [वि.] चितकबरा; रंग-बिरंगा।

शबरी (सं.) [सं-स्त्री.] 1. (रामायण) शबर अथवा भील जाति की स्त्री जिसने राम के वनवास के दौरान उनकी आवभगत की थी और अपने जूठे बेर खिलाए थे 2. शबर जाती की स्त्री।

शबल (सं.) [सं-पु.] 1. कई प्रकार के रंगों का मिश्रण 2. जल; पानी 3. बौद्धों का एक प्रकार का धार्मिक संस्कार 4. अगिया घास 5. चीता; चित्रक। [वि.] 1. चितकबरा 2. बहुरंगा; रंग-बिरंगा; विविध रंगों से युक्त 3. एकाधिक रंगों में विभक्त 4. किसी वस्तु की नकल पर निर्मित; अनुकृत।

शबाना (फ़ा.) [सं-पु.] रात का भोजन; ब्यालू; बासी भोजन। [वि.] 1. रात का; रात से संबंधित; रात वाला 2. बासी 3. पर्युषित। [क्रि.वि.] रात में; रात के समय।

शबाब (अ.) [सं-पु.] 1. यौवनावस्था; जवानी 2. किसी वस्तु या भाव की उत्तम अवस्था 3. सौंदर्य।

शबारोज़ (फ़ा.) [वि.] दिन-रात; अहर्निश; सदा; हमेशा।

शबीह (फ़ा.) [सं-स्त्री.] 1. वह चित्र जो रूपसाम्य हो; चित्र; तस्वीर; छायाचित्र; अनुरूप चित्र; (फ़ोटो) 2. समानता; अनुरूपता; सदृश; मिस्ल।

शबेवस्ल (फ़ा.) [सं-स्त्री.] 1. मृत्यु की रात 2. मिलन की रात।

शब्द (सं.) [सं-पु.] 1. सार्थक ध्वनियों, वर्णों का समूह; वाक्य की एक इकाई 2. ध्वनि; आवाज़; नाद 3. लफ़्ज़।

शब्दकर्मी (सं.) [सं-पु.] 1. शब्दों की रचना करने वाला व्यक्ति 2. वह व्यक्ति जिसका व्यवहार एवं व्यवसाय शब्दों पर आधारित हो।

शब्दकोश (सं.) [सं-पु.] 1. शब्दों के वर्ण विन्यास, अर्थ, प्रयोग, व्युत्पत्ति तथा पर्याय आदि से संबंधित ग्रंथ 2. अभिधान कोश; कोश।

शब्दगत (सं.) [वि.] शब्द में निहित।

शब्दग्रह [सं-पु.] कान।

शब्दचमत्कार (सं.) [सं-पु.] शब्दों के प्रयोग से रचना में लाई गई विचित्रता।

शब्दचित्र (सं.) [सं-पु.] 1. चुने हुए शब्दों में किसी घटना या बात का किया जाने वाला सजीव वर्णन या चित्रण 2. ऐसी रचना जिसमें किसी घटना, बात आदि का सजीव वर्णन हो 3. (काव्यशास्त्र) अनुप्रास नामक अलंकार।

शब्दजाल (सं.) [सं-पु.] किसी बात को घुमा-फिराकर कहना; शब्दाडंबर।

शब्दतत्पर (सं.) [वि.] 1. शब्द लेखन के लिए तत्पर 2. शब्द प्रयोग के लिए उत्सुक।

शब्दप्रमाण (सं.) [सं-पु.] 1. ऐसा प्रमाण जिसका आधार किसी का कथन हो 2. मौखिक प्रमाण 3. आप्त प्रमाण।

शब्दबद्ध (सं.) [वि.] 1. शब्दों में लिखित 2. शब्द से बंधा हुआ; आबद्ध।

शब्दभेद (सं.) [सं-पु.] वाक्य में प्रयुक्त शब्दों की व्युत्पत्ति, कार्य, प्रयोग आदि के आधार पर किया गया विभाजन।

शब्दयोजना (सं.) [सं-स्त्री.] किसी भाव की अभिव्यक्ति हेतु शब्दों का चयन।

शब्दवक्रोक्ति (सं.) [सं-स्त्री.] 1. कहा गया ऐसा शब्द जो सामान्य से अलग हो 2. व्यंग्य या परिहास के लिए कहा गया शब्द जो श्लिष्ट हो 3. शब्दों के वर्णों को इधर-उधर या तोड़-मरोड़कर इस रूप में रखना कि अन्य अर्थ प्रकट हो।

शब्दवत (सं.) [क्रि.वि.] शब्द के जैसा।

शब्दविज्ञान (सं.) [सं-पु.] शब्दों के रूप, रचना-विधान आदि का विवेचन करने वाला शास्त्र।

शब्दविरोध (सं.) [सं-पु.] वह विरोध जो केवल शब्दों द्वारा किया जाता है; शब्दगत विरोध; विषयगत विरोध से अलग।

शब्दवेध (सं.) [सं-पु.] 1. शब्द द्वारा गुंजित ध्वनि की ओर सटीक निशाना लगाना 2. किसी ऐसे अनदेखे लक्ष्य पर निशाना लगाना जिससे शब्द उत्पन्न हुआ हो।

शब्दवेधी (सं.) [सं-पु.] 1. ऐसा व्यक्ति जो अनदेखे लक्ष्य से उत्पन्न शब्द को सुनकर निशाना साध सके 2. एक प्रकार का बाण 3. दशरथ 4. अर्जुन।

शब्दशः (सं.) [अव्य.] प्रत्येक शब्द का अनुसरण करते हुए; एक-एक शब्द करके; जैसा शब्द है वैसा; हू-ब-हू।

शब्दशक्ति (सं.) [सं-स्त्री.] 1. वह शक्ति जो शब्द का मर्म या अर्थ उद्घाटित करती हो- अभिधा, लक्षणा और व्यंजना 2. शब्द की विशिष्ट अर्थबोधक शक्ति।

शब्दशास्त्र (सं.) [सं-पु.] शब्दों की व्युत्पत्ति, विस्तार व उनके शुद्ध रूपों के प्रयोग संबंधी नियम बताने वाला शास्त्र; शब्दानुशासन; शब्दविद्या।

शब्दश्लेष (सं.) [सं-पु.] 1. किसी शब्द के एक से अधिक अर्थ होने की अवस्था या भाव 2. शब्द का एकाधिक अर्थ में प्रयोग।

शब्दसाधक (सं.) [सं-पु.] 1. शब्दों को साधने वाला व्यक्ति 2. एक प्रकार का प्रत्यय।

शब्दसाधन (सं.) [सं-पु.] शब्दों की व्युत्पत्ति, रूपांतर इत्यादि को दर्शाने वाला व्याकरणिक विभाग।

शब्दसौंदर्य (सं.) [सं-पु.] 1. रचना शैली में विशिष्ट शब्दों का सौंदर्य 2. शब्द योजना की सुंदरता 3. शब्दसौष्ठव 4. शब्दालंकार।

शब्दाडंबर (सं.) [सं-पु.] 1. शब्दजाल; भारी-भरकम शब्दों का निरर्थक प्रयोग; क्लिष्ट शब्द प्रयोग 2. सौंदर्यरहित, भावहीन उक्ति।

शब्दातीत (सं.) [वि.] 1. जो शब्द द्वारा व्यक्त न किया जा सके; शब्द की जिस तक पहुँच न हो; जो शब्दों के परे हो 2. अकथनीय; अनिर्वचनीय। [सं-पु.] ब्रह्म; ईश्वर।

शब्दानुशासन (सं.) [सं-पु.] व्याकरण।

शब्दान्वय (सं.) [सं-पु.] वाक्य में आए शब्दों के बीच संबंध या अन्वय।

शब्दायित (सं.) [वि.] शब्द या ध्वनि करता हुआ।

शब्दार्थ (सं.) [सं-पु.] शब्द का अर्थ; शब्द और अर्थ।

शब्दालंकार (सं.) [सं-पु.] वर्णों या शब्दों के द्वारा रचना में

उत्पन्न किया गया माधुर्य या चमत्कार।

शब्दावली (सं.) [सं-स्त्री.] 1. किसी कथन या रचना में प्रयुक्त होने वाला शब्दसमूह 2. किसी भाषा या बोली में प्रयुक्त शब्दसमूह 3. विशिष्ट या पारिभाषिक शब्दों की सूची।

शब्दाश्रित (सं.) [वि.] 1. शब्दों पर आश्रित रहने वाला 2. शब्दों से अभिव्यक्त होने वाला।

शब्दित (सं.) [वि.] 1. ध्वनित 2. आहूत 3. व्याख्यायित।

शम (सं.) [सं-पु.] 1. चित्त की एक अवस्था 2. एक स्थायी भाव 3. मोक्ष; मुक्ति; निर्वाण 4. अंत:करण; इंद्रियों को वश में रखना 5. छुटकारा; निवृत्ति 6. (काव्यशास्त्र) शांत रस का स्थायी भाव 7. क्षमा 8. उपचार 9. हाथ; हस्त।

शमक (सं.) [वि.] शमन करने वाला; शांत करने वाला; जो त्वचा की जलन और शोथ की पीड़ा कम करता हो।

शमन (सं.) [सं-पु.] 1. तृप्ति; शांति; दमन 2. दोष को दबाने की क्रिया 3. हिंसा; बलि; नाश 4. अनाज।

शमनीय (सं.) [वि.] जिसका शमन किया गया हो या किया जा सके।

शमशीर (फ़ा.) [सं-स्त्री.] 1. तलवार; खड्ग 2. शमशेर।

शमशेर (फ़ा.) [सं-स्त्री.] 1. शेर की पूँछ या नख के समान बीच में झुका हुआ हथियार; बघनख 2. तलवार; खड्ग।

शमा (अ.) [सं-स्त्री.] मोम युक्त बत्ती जो प्रकाश के लिए जलाई जाती है; मोमबत्ती।

शमादान (फ़ा.) [सं-पु.] 1. एक विशेष प्रकार का पात्र या आधार जिसमें मोमबत्तियों को रखकर जलाया जाता है 2. दीवट।

शमित (सं.) [वि.] 1. जिसका दमन किया गया हो 2. जो दहकता हुआ न हो; बुझा हुआ 3. शांत 4. शांतिपूर्ण; प्रशमित।

शमी (सं.) [सं-स्त्री.] 1. एक प्रकार का विशेष वृक्ष जिसकी लकड़ी को रगड़ने पर आग निकलती है 2. एक प्रकार का पवित्र वृक्ष; सफ़ेद कीकर। [वि.] 1. आत्मसंयमी 2. शांत।

शमीक (सं.) [सं-पु.] (भगवत पुराण) एक नम्र और क्षमाशील ऋषि जिसने पांडवों के भावी उत्तराधिकारी परीक्षित को उसके उद्दंडतापूर्ण आचरण पर क्षमा कर दिया था किंतु जिनके पुत्र शृंगी ऋषि ने परीक्षित के उस कृत्य पर क्रुद्ध होकर उसे श्राप दे दिया था।

शय [सं-पु.] 1. शय्या 2. सर्प; साँप 3. निद्रा; नींद 4. पण 5. हाथ 6. लंबाई की एक माप 7. बददुआ; शाप 8. भर्त्सना। [वि.] लेटने वाला; सोने वाला।

शयन (सं.) [सं-पु.] निद्रा; सोना; मैथुन, शैय्या, बिस्तर।

शयन कक्ष (सं.) [सं-पु.] सोने का कमरा; शयनागार; शयनगृह।

शयनगृह (सं.) [सं-पु.] 1. शयन कक्ष; शयनागार 2. ख़्वाबगाह।

शयनयान (सं.) [सं-पु.] यात्रियों के सोने के लिए बना रेलगाड़ी का डिब्बा।

शयनरत (सं.) [वि.] 1. जो निद्रा में हो या सोया हुआ हो 2. निद्रामग्न; निद्रित; निद्रागत; सुप्तस्थ; अवसुप्त; स्वप्निल; सुप्त।

शयनागार (सं.) [सं-पु.] सोने का कमरा; शयनकक्ष।

शयनालय (सं.) [सं-पु.] शयन के लिए बना घर या कमरा; शयनागार; शयनगृह; निद्राशाला; रैनबसेरा।

शयनिका (सं.) [सं-स्त्री.] 1. शयन, विश्राम आदि का स्थान; शयनागार 2. रेलगाड़ी का वह डिब्बा जिसमें यात्रियों के लिए सोने की व्यवस्था होती है; (स्लीपर) 3. पलंग; चारपाई।

शयित (सं.) [सं-पु.] 1. अजगर 2. लिसोड़ा। [वि.] 1. लेटा हुआ; लेटाया हुआ 2. सोया हुआ; निद्रित 3. सुप्त 4. आड़ा या तिरछा रखा हुआ 5. लंबायमान।

शय्या (सं.) [सं-स्त्री.] 1. सेज; खाट; पलंग 2. बिस्तर।

शय्याग्रस्त (सं.) [वि.] 1. बीमारी या बुढ़ापे के कारण बिस्तर पर लेटा हुआ 2. शय्या पर पड़ा हुआ।

शय्यादान (सं.) [सं-पु.] (हिंदू धर्म) मरणोपरांत श्राद्धकर्म में खाट, बिछावन आदि का किया जाने वाला दान; सज्जादान।

शय्याव्रण (सं.) [सं-पु.] लंबे अंतराल तक बिस्तर पर लेटे रहने के कारण शरीर में होने वाला घाव, फोड़ा या ज़ख़्म।

शर (सं.) [सं-पु.] 1. धातु आदि का बना नुकीले सिरे वाला पतला एवं लंबा हथियार जो धनुष द्वारा चलाया जाता है; बाण; तीर 2. शरपत 3. सरकंडा 4. खस 5. भाले या बरछी का फल 6. दूध व दही की मलाई 7. (सामुद्रिक शास्त्र) शरीर पर तीर का निशान जो शुभ माना जाता है।

शरअ (अ.) [सं-स्त्री.] 1. कुरान में वर्णित विधान 2. ईश्वर के अनुयायियों को बताया गया सीधा रास्ता 3. इस्लामिक धर्मशास्त्र; शरीयत 4. मज़हब; धर्म 5. प्रथा; दस्तूर।

शरई (अ.) [वि.] 1. इस्लामिक कानून के अनुकूल; इस्लामिक धर्मानुकूल 2. जो इस्लाम में उचित हो 3. इस्लाम का पालन करने वाला।

शरकोट (सं.) [सं-पु.] 1. प्राचीन समय में तीर चलाने की एक प्राचीन विधा जिससे शत्रुओं के चारों ओर तीरों का घेरा बन जाए 2. तीरों से निर्मित एक प्रकार का घेरा।

शरच्चंद्र (सं.) [सं-पु.] शरत ऋतु का चंद्रमा; विशेषत: शरद पूर्णिमा का चंद्रमा।

शरण (सं.) [सं-स्त्री.] 1. आश्रय; पनाह 2. रक्षित स्थान 3. रक्षा का भाव।

शरणगृह (सं.) [सं-पु.] 1. सुरक्षित रहने का स्थान या घर 2. हवाई हमलों से बचने के लिए निर्मित भूमिगत गृह; (शेल्टर) 3. पनाहगार।

शरणदाता (सं.) [वि.] 1. आश्रय देने वाला; आश्रयदाता 2. रक्षक; संरक्षक; सरपरस्त; प्रतिपाल।

शरणस्थल (सं.) [सं-पु.] वह स्थान जहाँ पलायन करने वाला प्रश्रय या शरण लेता हो; शरणक्षेत्र; शरणाश्रय।

शरणागत (सं.) [वि.] शरण में आया हुआ।

शरणागति (सं.) [सं-स्त्री.] 1. शरण में आने की क्रिया या भाव 2. रक्षार्थ शरण में आना।

शरणापन्न (सं.) [वि.] शरण में आया हुआ; शरणागत।

शरणार्थी (सं.) [वि.] दूसरी जगह से आकर बसने वाला व्यक्ति। [वि.] 1. विस्थापित; शरण लेने वाला; रक्षा चाहने वाला।

शरण्य (सं.) [सं-पु.] शरण-स्थल; आश्रय स्थान; हिंसा। [वि.] शरण देने वाला।

शरत (सं.) [सं-स्त्री.] 1. एक ऋतु 2. हिंदी माह आश्विन की ऋतु 3. वर्ष; वत्सर।

शरता (सं.) [सं-स्त्री.] 1. तीर या बाण चलाने की विद्या; तीरंदाज़ी 2. शर का भाव।

शरतिया (अ.) दे. शर्तिया।

शरत्काल (सं.) [सं-पु.] 1. शरद ऋतु की कालावधि 2. आश्विन अथवा कार्तिक माह।

शरद (सं.) [सं-स्त्री.] 1. एक ऋतु जो अश्विन (क्वार) और कार्तिक मास में मानी जाती है; क्वार से कार्तिक तक रहने वाली एक ऋतु 2. शीतारंभ का समय।

शरद-पूर्णिमा (सं.) [सं-स्त्री.] 1. हिंदू पंचांग के अनुसार अश्विन मास की पूर्णिमा 2. शारदीय पूर्णिमा; रास पूर्णिमा।

शरद्पूनो (सं.) [सं-स्त्री.] शरद ऋतु की पूर्णिमा; शरद-पूर्णिमा।

शरपंजर (सं.) [सं-पु.] कई तीर से बनने वाला घेरा; शरकोट।

शरबत (अ.) [सं-पु.] 1. वह पानी जिसमें चीनी या गुड़ घोले गए हों 2. एक रुचिकर मीठा पेय पदार्थ 3. चीनी मिला जल 4. फलों आदि के रस का मिश्रण, जैसे- अनार का शरबत; शर्बत।

शरबती (अ.) [सं-पु.] 1. कबूतर की एक प्रजाति 2. मीठे नीबू का एक प्रकार; चकोतरा नीबू 3. एक प्रकार का आम 4. पीलापन लिए हुए लाल रंग का नगीना [वि.] 1. शरबत के रंग का 2. शरबत की तरह तरल व मीठा 3. रसदार; सरस 4. जो शरबत बनाने के काम में आता है 5. मधुर; प्रिय।

शरम (फ़ा.) [सं-स्त्री.] 1. शर्म; लज्जा 2. संकोच; लिहाज़ 3. पछतावा; पश्चाताप। [मु.] **मारे शरम के पानी-पानी होना** : बहुत लज्जित होना; शर्मिंदा होना।

शरमसार (फ़ा.) [वि.] 1. जो शरमीला हो; लज्जावाला 2. शर्मिंदा; लज्जित।

शरमाना (अ.) [क्रि-अ.] लज्जित होना; शर्मिंदा होना; झेंपना; लजाना। [क्रि-स.] लज्जित करना।

शरमिंदगी (फ़ा.) [सं-स्त्री.] 1. लज्जित होने का भाव; लज्जा; शर्मिंदा होना 2. लाज; झेंप।

शरमिंदा (फ़ा.) [वि.] 1. जो अपने अनुचित कार्य से बेहद शरमिंदगी महसूस कर रहा हो या दुखी हो; शरम या लज्जा से जिसका मस्तक नत हो गया हो 2. लज्जित; शर्मसार; शरमाया हुआ।

शरमीला (फ़ा.+हिं.) [वि.] 1. जिसको स्वभावत: जल्दी लज्जा आती हो 2. लज्जाशील; लज्जावान; सलज्ज; शरमीला; लज्जालु; लजाधुर; लजीला; झेंपू 3. हयावान।

शरशय्या (सं.) [सं-स्त्री.] 1. बाणों की शय्या 2. (महाभारत) अर्जुन द्वारा भीष्म के लिए निर्मित बाणों की शय्या।

शरह (अ.) [सं-स्त्री.] 1. किसी बात को स्पष्ट करने के लिए कहा जाने वाला कथन या वर्णन 2. टीका; भाष्य 3. व्याख्या 4. दर; मूल्य; भाव ।

शराकत (अ.) [सं-स्त्री.] 1. एकाधिक लोगों के सम्मिलित या शरीक होने की अवस्था या भाव 2. साझा; साझेदारी; सहभागिता; भागीदारी; हिस्सेदारी।

शराकतनामा (अ.+फ़ा.) [सं-पु.] 1. साझेदारी की शर्तें लिखा हुआ पत्र 2. करारनामा।

शरापना [क्रि-अ.] 1. किसी के अनिष्ट की कामना करते हुए कुछ कहना; श्राप देना 3. कोपना 4. लानत भेजना।

शराफ़त (अ.) [सं-स्त्री.] 1. शरीफ़ होने का भाव 2. नेकी; भलमनसी; भलाई 3. कुलीनता; शिष्टता 4. भद्रता 5. सज्जनता; किसी की भलाई के लिए किया जाने वाला कृत्य।

शराब (अ.) [सं-स्त्री.] 1. मदिरा; मद्य; सुरा; वारुणी; दारू 2. किसी चीज़ का मीठा अर्क या शरबत।

शराबख़ाना (अ.+ फ़ा.) [सं-पु.] 1. वह स्थान जहाँ शराब पी जाती है या बेची जाती है 2. शराबघर; मदिरालय; शराब की दुकान 3. शराब बनाने की जगह।

शराबख़ोर (अ.+ फ़ा.) [वि.] 1. जो अधिक शराब पीता हो 2. शराब का आदी 3. शराबी; मद्यप; पियक्कड़; शराबख़्वार।

शराबख़ोरी (अ.+ फ़ा.) [सं-स्त्री.] 1. शराब पीने की आदत या लत; दारूबाज़ी 2. मद्यपान; मदिरापान।

शराबबंदी (अ.+ फ़ा.) [सं-स्त्री.] मद्यपान-निषेध।

शराबी (अ.) [वि.] 1. शराब पीने वाला 2. शराब का व्यसनी 3. शराब पीने की लत वाला। [सं-पु.] मद्यपी, मद्यव्यसनी।

शराबोर (फ़ा.) [वि.] 1. जिसपर पूर्ण रूप से प्रभाव पड़ा हो; अभिभूत; ओतप्रोत; अभिपन्न 2. तर-बतर; लतपथ 3. भीगा; पूर्ण गीला।

शरारत (अ.) [सं-स्त्री.] 1. पाजीपन; दुष्टता 2. उपद्रव; शैतानी 3. छेड़-छाड़; चंचलता 4. दुष्टतापूर्ण कार्य।

शरारती (अ.) [वि.] शरारत करने वाला; दुष्ट।

शरासन (सं.) [सं-पु.] 1. बाण चलाने का एक अस्त्र; बाँस या धातु आदि के छड़ को निर्धारित मात्रा में झुकाकर उसके दोनों सिरों के बीच डोरी बाँधकर बनाया हुआ विशेष अस्त्र 2. धनुष; धनु; कमान; चाप; कोदंड; शरायुध।

शरीअत (अ.) [सं-स्त्री.] दे. शरीयत।

शरीक (अ.) [वि.] 1. शामिल; सम्मिलित 2. भागीदार; साझीदार 3. किसी कार्य में साथ देने वाला।

शरीकत (फ़ा.) [सं-स्त्री.] दे. शराकत।

शरीफ़ (अ.) [सं-पु.] कुलीन एवं सज्जन व्यक्ति। [वि.] 1. शिष्ट; भला; नेक 2. सभ्य; प्रतिष्ठित; पवित्र।

शरीफा (सं.) [सं-पु.] 1. सीताफल 2. सीताफल का पेड़।

शरीफ़ाना (अ.+फ़ा.) [वि.] शरीफ़ या सभ्य व्यक्ति जैसा; शराफ़त युक्त।

शरीयत (अ.) [सं-स्त्री.] इस्लाम के धर्म-शास्त्र कुरान की संहिता; नियम या कानून; खुदा द्वारा निर्मित कानून 2. सूफ़ी साधना के चार साधनों में एक (तरीकत, मारफ़त, हकीकत, शरीयत)।

शरीर (सं.) [सं-पु.] 1. तन; जिस्म; देह; काया; बदन 2. मनुष्य या पशु का सिर से पैर तक के सब अंगों का समूह।

शरीर रक्षक (सं.) [सं-पु.] 1. वह जो शरीर की रक्षा करता हो; अंगरक्षक; (बॉडीगार्ड) 2. वस्त्र 3. औषधि।

शरीरपात (सं.) [सं-पु.] देह वियोग; मृत्यु; निधन; देहांत;

देहावसान; इंतकाल।

शरीरविज्ञान (सं.) [सं-पु.] जीवों की शारीरिक संरचना के विवेचन का विज्ञान; शरीर विद्या; शरीर विधान; शरीरशास्त्र।

शरीरशास्त्र (सं.) [सं-पु.] शरीर के अंगों की बनावट व उनके कार्यविधि आदि का विवेचना करने वाला शास्त्र; शरीरविज्ञान; अंग विद्या।

शरीरस्थ (सं.) [वि.] शरीर में स्थित; शरीर में रहने वाला।

शरीरांत (सं.) [सं-पु.] देहावसान; मृत्यु।

शरीरी (सं.) [सं-पु.] 1. वह जो शरीर में रहता हो 2. आत्मा 3. मनुष्य; प्राणी; जीव। [वि.] शरीर से युक्त; सदेही; देहवान; जीवित; शरीरधारी।

शर्करा (सं.) [सं-स्त्री.] 1. गन्ने आदि के रस से निर्मित रवा या चूर्ण; चीनी; शक्कर; रसपाकज 2. बालू का कण; कंकड़ 3. पथरी नाम का एक रोग 3. ठीकरा 4. खंड; टुकड़ा 5. (पुराण) एक देश।

शर्ट (अं.) [सं-स्त्री.] शरीर के ऊपरी हिस्से में पहना जाने वाला वस्त्र या पहनावा; कमीज़।

शर्त (अ.) [सं-स्त्री.] 1. अपनी बात मनवाने के लिए किया जाने वाला करार 2. प्रतिज्ञा 3. बाज़ी 4. उपबंध; पाबंदी।

शर्तिया (अ.) [वि.] 1. दृढ़तापूर्वक; निश्चय ही 2. अनिवार्य; लाज़िमी 3. अचूक 4. जिस पर शर्त लगी हो।

शर्ब (सं.) [सं-पु.] दे. शर्व।

शर्बत (अ.) [सं-पु.] दे. शरबत।

शर्म[1] (सं.) [सं-पु.] 1. सुख 2. गृह; आश्रय 3. आशीर्वचन 4. रक्षा।

शर्म[2] (फ़ा.) [सं-स्त्री.] दे. शरम।

शर्मद (सं.) [सं-पु.] विष्णु का एक नाम। [वि.]1. आनंद या सुख देने वाला; सुखदायक 2. रक्षक।

शर्मनाक (फ़ा.) [वि.] 1. लज्जापूर्ण; लज्जास्पद 2. लिहाज़, संकोच वाला आचरण।

शर्मसार (फ़ा.) [वि.] 1. लज्जित; शरमिंदा 2. लज्जावान।

शर्मा (सं.) [सं-पु.] हिंदुओं में एक कुलनाम या सरनेम। [वि.] सुखी; प्रसन्न।

शर्मिंदगी (फ़ा.) [सं-स्त्री.] दे. शरमिंदगी।

शर्मिंदा (फ़ा.) [वि.] दे. शरमिंदा।

शर्मीला (फ़ा.) [वि.] दे. शरमीला।

शर्व (सं.) [सं-पु.] 1. शंकर; शिव 2. नारायण; विष्णु।

शर्वरी (सं.) [सं-स्त्री.] 1. सूर्यास्त और सूर्योदय के मध्य का समय; संध्याकाल; सायं काल 2. निशा; रात; रात्रि; रजनी 3. स्त्री; औरत 4. हल्दी। [सं-पु.] एक संवत्सर; वृहस्पति के साठ संवत्सरों में से चौतीसवाँ संवत्सर।

शर्वाणी (सं.) [सं-स्त्री.] शंकर की पत्नी; शंकरा; पार्वती।

शलजम (फ़ा.) [सं-पु.] सब्ज़ी के रूप में प्रयुक्त होने वाला एक प्रकार का गोलाकार कंद; शलगम।

शलभ (सं.) [सं-पु.] 1. टिड्डी; टिड्डा; पतंगा 2. भ्रमर; भौंरा 3. एक वर्णवृत्त 4. (रामायण) राम की सेना का एक बलवान बंदर।

शलवार (फ़ा.) [सं-स्त्री.] 1. सलवार 2. एक प्रकार का ढीला पाजामा; पेशावरी पायजामा।

शलाका (सं.) [सं-स्त्री.] 1. धातु या लकड़ी की सलाई 2. तीली 3. तूलिका 4. हड्डी; अस्थि।

शलूका (फ़ा.) [सं-पु.] शरीर के ऊपरी भाग का एक पहनावा; एक प्रकार की कुरती।

शल्क (सं.) [सं-पु.] 1. वृक्ष की छाल; वल्कल 2. मछली की चोई 3. छिलका 4. टुकड़ा; खंड।

शल्य (सं.) [सं-पु.] 1. चीर-फाड़ 2. डॉक्टर का चीर-फाड़ करने का औज़ार 3. अस्थि; हड्डी 4. छप्पय का एक भेद 5. महाभारत का एक पात्र।

शल्य-कर्ता (सं.) [सं-पु.] वह जो शल्य-चिकित्सा का जानकार हो; (सर्जन); शल्यकार।

शल्य-कर्म (सं.) [सं-पु.] 1. शल्य चिकित्सा 2. चीर-फाड़ का कार्य; (ऑपरेशन)।

शल्य-क्रिया (सं.) [सं-स्त्री.] शारीरिक विकार, रोग या परेशानियों को दूर करने के लिए की जाने वाली चीर-फाड़; (सर्जरी)।

शल्य-चिकित्सक (सं.) [सं-पु.] शरीर की चीर-फाड़ करने वाला चिकित्सक; (सर्जन)।

शल्य-चिकित्सा (सं.) [सं-स्त्री.] चिकित्सा का एक प्रकार जिसमें शरीर के रुग्ण भाग को चीरकर ठीक किया जाता है; (ऑपरेशन)।

शल्यक (सं.) [सं-पु.] 1. साही नामक जीव 2. एक प्रकार का शस्त्र; भाला; बरछा 3. काँटा; शूल 4. बेल का वृक्ष या फल 5. एक प्रकार की मछली 6. मदन या खैर वृक्ष 7. लोध नामक वृक्ष। [वि.] 1. शल्य से संबंधित; (सर्जिकल) 2. शल्य चिकित्सा से संबंध रखने वाला 3. शल्य क्रिया करने वाला।

शल्यकर्मी (सं.) [सं-पु.] 1. शल्य कर्म करने वाला 2. शल्य चिकित्सक।

शल्यकार (सं.) [सं-पु.] 1. शल्य शास्त्र का ज्ञाता 2. शल्य चिकित्सा के द्वारा उपचार करने वाला; शल्य चिकित्सक; शल्यक; (सर्जन)।

शल्यकी (सं.) [सं-स्त्री.] 1. एक प्रकार का जीव जिसके सारे शरीर पर लंबे लंबे खड़े काँटे होते हैं; साही 2. शल्य कार्य करने की क्रिया; शल्यकर्म।

शल्यविज्ञान (सं.) [सं-स्त्री.] चीर-फाड़ द्वारा रुग्ण अंगों को ठीक करने का शास्त्र या विज्ञान।

शल्यविद्या (सं.) [सं-पु.] ऐसा विज्ञान जिसमें चीर-फाड़ संबंधी विस्तारपूर्वक विवेचन किया गया हो।

शल्यशास्त्र (सं.) [सं-पु.] चिकित्सा विज्ञान का वह शास्त्र जिसमें शरीर के दूषित अंग को चीर-फाड़ कर उपचार का विधान होता है; शल्य चिकित्सा विज्ञान।

शल्योपचार (सं.) [सं-पु.] शरीर के दूषित अंगों को चीर-फाड़ कर उपचार करने की क्रिया; चीर-फाड़; जराहत; (ऑपरेशन)।

शल्योपचारिक (सं.) [वि.] शल्य उपचार से संबंधित; (सर्जिकल)।

शल्योपचारी (सं.) [सं-पु.] वह जो चीर-फाड़ विधि द्वारा चिकित्सा करता हो; शल्योपचारक; (सर्जिकल ऑपरेटर)।

शल्ल (सं.) [सं-पु.] 1. शरीर, वृक्ष आदि का बाहरी आवरण 2. त्वचा; चमड़ा; चर्म; (स्किन) 3. पेड़ या पौधों की छाल 4. मेंढक; मंडूक। [वि.] 1. थका हुआ 2. मंद; शिथिल; सुस्त 3. सुन्न 4. जिसे हिलाया-डुलाया न जा सके।

शव (सं.) [सं-पु.] 1. लाश; मृत शरीर; मुरदा 2. {ला-अ.} ऐसा व्यक्ति जो निर्जीव, अचेष्ट हो चुका हो 3. जल।

शव-परीक्षा (सं.) [सं-स्त्री.] 1. मरणोपरांत शरीर की परीक्षा; शव-समीक्षा 2. मृत्यु के कारणों का पता लगाने के लिए किया जाने वाला परीक्षण; (पोस्टमार्टम)।

शव-पेटी (सं.) [सं-स्त्री.] 1. लकड़ी या धातु आदि से निर्मित पेटी जिसमें शव को सुरक्षित रखा जाता है 2. वह संदूक जिसमें शव रखकर गाड़ा जाता है; ताबूत; शवधार; (कॉफिन)।

शवगृह (सं.) [सं-पु.] शव को सुरक्षित रखने का स्थान; मुर्दाघर।

शवदाह (सं.) [सं-पु.] मृत शरीर को जलाने का कार्य।

शवदाहगृह (सं.) [सं-पु.] शव को जलाने हेतु निर्मित गृह; श्मशान।

शवयात्रा (सं.) [सं-स्त्री.] शव के साथ-साथ कुछ लोगों का श्मशान तक जाने का उपक्रम।

शवयान (सं.) [सं-पु.] 1. शव या मृत शरीर ढोने की गाड़ी 2. टिकठी; शव को श्मशान तक ले जाने के लिए बाँस की बनी अस्थि; शवरथ।

शवल (सं.) [वि.] 1. भिन्न-भिन्न रंगों के धब्बोंवाला 2. चितकबरा; चित्तीदार; चितला। [सं-पु.] 1. चीतल 2. चीता 3. पानी; जल।

शवागार (सं.) [सं-पु.] 1. मुर्दा घर 2. कब्र 3. समाधि।

शवाग्नि (सं.) [सं-स्त्री.] चिता की आग; शव के ऊपर रखी जाने वाली आग।

शशक (सं.) [सं-पु.] 1. खरहा; खरगोश; शश 2. छह 3. चाँद का धब्बा 4. लोध वृक्ष 5. (कामशास्त्र) पुरुष का एक प्रकार जो मधुर भाषी, सत्यवादी तथा कोमलांग होता है 6. लिंग परिमाणानुसार सबसे छोटे लिंग का पुरुष।

शशधर (सं.) [सं-पु.] 1. सौर मंडल का एक उपग्रह जो पृथ्वी की परिक्रमा करता है; चंद्रमा; शशांक 2. सफ़ेद रंग का एक सुगंधित पदार्थ जो दारचीनी की प्रजाति के वृक्ष से निकलता है 3. कपूर।

शशश्रृंग (सं.) [सं-पु.] 1. असंभव बात 2. खरगोश को सींग होने जैसी अनहोनी बात।

शशांक (सं.) [सं-पु.] 1. चंद्रमा 2. कपूर।

शशि (सं.) [सं-पु.] 1. चंद्रमा; इंदु; चाँद 2. मोती 3. छः संख्या का वाचक शब्द 4. रगण के दूसरे भेद की संज्ञा 5. छप्पय का चौवनवाँ भेद।

शशिकला (सं.) [सं-स्त्री.] 1. चंद्रमा की कला; चंद्रकला 2. चाँद का अंश; चाँदनी 3. एक प्रकार का वर्णवृत्त 4. मणि गुण।

शशिधर (सं.) [सं-पु.] वह जो चंद्रमा को धारण करता है; शंकर; शिव।

शशिप्रभा (सं.) [सं-स्त्री.] चाँदनी; ज्योत्स्ना।

शशिमुख (सं.) [वि.] 1. चंद्रमा के समान मुखवाला; चंद्रमुख 2. ख़ूबसूरत।

शशिलेखा (सं.) [सं-स्त्री.] 1. चंद्रमा या उसके प्रकाश का सोलहवाँ अंश या भाग 2. चाँद की कला; चंद्र किरण; चंद्रेरखा 3. एक औषधीय बेल जिसके पत्ते पान के पत्ते के समान होते हैं; गिलोय; गुडुच 4. बकुची।

शशिशेखर (सं.) [सं-पु.] महेश; शिव; महादेव।

शशोपंज (फ़ा.) [सं-पु.] द्वंद्व की स्थिति; दुविधा; अनिर्धारण; असमंजस; उधेड़बुन।

शसा (सं.) [सं-पु.] खरहा; खरगोश; शश; शशक।

शस्त्र (सं.) [सं-पु.] 1. हथियार; आयुध; औज़ार 2. युद्ध के समय लड़ाई का उपकरण 3. लोहा; फ़ौलाद 4. पाठ।

शस्त्र-चिकित्सक (सं.) [सं-पु.] शस्त्र द्वारा उपचार करने वाला; शल्यकार; व्रण शल्यक; (सर्जन)।

शस्त्र-चिकित्सा (सं.) [सं-स्त्री.] 1. शस्त्र द्वारा उपचार करने की विद्या 2. शस्त्र के माध्यम से चिकित्सा; शल्यकर्म; (सर्जरी)।

शस्त्र-भंडार (सं.) [सं-पु.] शस्त्र को सुरक्षित रखने की जगह।

शस्त्रधारी (सं.) [सं-पु.] 1. वह जिसने शस्त्र लिया हुआ हो 2. योद्धा 3. सैनिक 3. एक पुराना देश 4. सिलहपोश नामक एक जीव। [वि.] 1. शस्त्र धारण करने वाला 2. शस्त्र सज्जित; शस्त्री; अस्त्रधारी।

शस्त्रविद्या (सं.) [सं-स्त्री.] 1. शस्त्र चलाने का कौशल या ज्ञान कराने वाली विद्या 2. धनुर्वेद।

शस्त्रागार (सं.) [सं-पु.] शस्त्र को सुरक्षित रखने की जगह; शस्त्रालय; सिलहखाना 2. वह जहाँ अनेक प्रकार के शस्त्र सुरक्षित रखे जाते हैं या प्रदर्शित किए जाते हैं।

शस्त्राभ्यास (सं.) [सं-पु.] युद्धकला का अभ्यास।

शस्त्रास्त्र (सं.) [सं-पु.] 1. शस्त्र और अस्त्र 2. हाथ में लेकर और फेंककर मारने वाला हथियार।

शस्त्रीकरण (सं.) [सं-पु.] योद्धाओं आदि को शस्त्रयुक्त करना; हथियारबंदी; विदेशी आक्रमण से राष्ट्र की रक्षा हेतु सैनिकों या निवासियों को शस्त्रों से सुसज्जित करना।

शस्य (सं.) [सं-पु.] 1. पेड़-पौधों से उत्पन्न होने वाले फल या दाने जो खाने के काम में आते हैं; अनाज; अन्न; गल्ला; खाद्यान्न; धान्य 2. खेतों में उपजा हुआ अन्न आदि जो अभी पौधे में ही लगा हो 3. फ़सल 3. नई घास; खर; तृण 4. सद्गुण 5. प्रतिभा की क्षति 6. गुण; योग्यता। [वि.] 1. बढ़िया 2. प्रशंस्य; प्रशंसनीय; सराहनीय।

शस्यागार (सं.) [सं-पु.] अनाज रखने या भंडारण करने का स्थान; खलिहान।

शह (फ़ा.) [सं-पु.] 1. शाह का छोटा रूप; बादशाह 2. बढ़ावा देना, उत्साहित करना 3. दुल्हा; वर। [सं-स्त्री.] शतरंज के खेल में कोई मोहरा ऐसे स्थान पर रखना जहाँ से बादशाह नामक मोहरा उसकी घात में पड़ता हो। 2. गुप्त रूप से किसी

को प्रश्रय देना 3. गुड्डी; पतंग आदि की डोर को ढीली करते हुए आगे बढ़ाने की क्रिया। [वि.] बड़ा और श्रेष्ठ।

शह-मात (फ़ा.) [सं-स्त्री.] शतरंज के खेल में बादशाह को उस स्थिति में ला देना कि उसके चलने के लिए कोई घर शेष न बचे; मात देने की स्थिति में ला देना।

शहकार (फ़ा.) [सं-पु.] किसी कलाकार या चित्रकार की सबसे अच्छी रचना; सर्वोत्कृष्ट कृति; महानतम कृति।

शहज़ादा (फ़ा.) [सं-पु.] राजकुमार; युवराज; बादशाह या राजा का पुत्र।

शहज़ादी (फ़ा.) [सं-स्त्री.] 1. बादशाह की पुत्री; राजकुमारी; राजपुत्री 2. युवराज की पत्नी; युवराज्ञी।

शहज़ोर (फ़ा.) [वि.] अत्यंत बलवान; बली; शक्तिशाली; ताकतवर।

शहतीर (फ़ा.) [सं-पु.] बड़ा और लंबा लट्ठ; छत पाटने के काम में आनेवाला शाल; शीशम आदि की बड़ी लंबी लकड़ी।

शहतूत (फ़ा.) [सं-पु.] एक प्रसिद्ध पेड़ और उसका फल जो पकने पर रसीला और मीठा होता है; तूत का फल।

शहद (अ.) [सं-पु.] 1. एक तरल, मीठा पदार्थ जो मधुमक्खियाँ फूलों, मकरंदों से संग्रह कर के अपने छत्तों में रखती हैं 2. मधु। [वि.] अति मीठा या मधुर।

शहनशीं (फ़ा.) [सं-स्त्री.] 1. बैठने का ऊँचा स्थान 2. मूल्यवान आसन 3. दालान के ऊपर बना छोटा और ऊँचा दालान; बैठने की ऊँची इमारत।

शहना (अ.) [सं-पु.] 1. खेतों एवं फ़सलों की रखवाली करने वाला व्यक्ति; शस्यरक्षक 2. चौकीदार 3. कोतवाल 4. कर वसूल करने वाला कर्मचारी।

शहनाई (फ़ा.) [सं-स्त्री.] 1. फूँककर बजाया जाने वाला बाँसुरी के आकार-प्रकार का वाद्य यंत्र 2. नफ़ीरी; रोशनचौकी।

शहबाज़ (फ़ा.) [सं-पु.] 1. बड़ी जाति का बाज़ 2. बड़ा बाज़ 3. शिकारी बाज़ पक्षी।

शहबाला (फ़ा.) [सं-पु.] वह बालक जो विवाह के समय दूल्हे के साथ पालकी या घोड़े पर बैठकर वधू के घर जाता है; सहवर।

शहर (फ़ा.) [सं-पु.] 1. नगर; पुर 2. पक्के मकानों की बड़ी बस्ती; (सिटी)।

शहरपनाह (फ़ा.) [सं-स्त्री.] शहर की रक्षा के लिए बनाई गई दीवार; परकोट; नगरकोटा; प्राचीर; फ़सील।

शहरबंदी (फ़ा.) [सं-स्त्री.] 1. मूल्य; दर या भाव निर्धारित करने की क्रिया 2. मूल्य; दर तालिका 3. दरबंदी।

शहरयार (फ़ा.) [सं-पु.] 1. बादशाह 2. समकालीन बादशाहों में दबंग।

शहराती (फ़ा.) [सं-पु.] शहर में रहने वाला व्यक्ति; नागरिक; नगर वासी; नगर निवासी; नागर; पुरवासी। [वि.] नगर में रहने वाला; शहरी।

शहरी (फ़ा.) [वि.] 1. शहर का 2. शहर में रहने वाला 3. शहर संबंधी।

शहरीकरण (फ़ा.+सं.) [सं-पु.] नगरीकरण।

शहवत (अ.) [सं-स्त्री.] 1. भोग-विलास की इच्छा 2. काम-वासना 3. मैथुन; स्त्री- संभोग।

शहवती (अ.) [वि.] संभोग की इच्छा रखने वाला; कामेच्छुक; भोगेच्छुक।

शहसवार (फ़ा.) [सं-पु.] कुशल घुड़सवार। [वि.] घुड़सवारी में निपुण।

शहादत (अ.) [सं-स्त्री.] 1. शहीद होने का भाव; देश हित में प्राण देना 2. युद्ध करते हुए शहीद होना; अच्छाई के रास्ते पर संघर्ष करते हुए मारा जाना 3. गवाही; साक्ष्य।

शहाना (फ़ा.) [वि.] 1. राजसी; शाही 2. बहुत बढ़िया; उत्तम 3. शाहों में होने वाला। [सं-पु.] 1. विवाह के समय वर द्वारा पहना जाने वाला जोड़ा 2. मुसलमानों के विवाह के समय गाया जाने वाला एक लोक गीत 3. संपूर्ण जाति का एक राग जिसमें सभी शुद्ध स्वर लगते हैं।

शहामत (अ.) [सं-स्त्री.] 1. प्रसन्नता 2. वीरता 3. श्रेष्ठता 4. ज़ोर 5. फ़ुर्ती।

शहीद (अ.) [वि.] 1. सत्य के लिए लड़ते हुए मरने वाला 2. कर्तव्य के लिए, देश के लिए अपने को कुरबान कर देने वाला 3. जो खुदा की राह में धर्म के लिए लड़ते-हुए मारा जाए।

शहीदी (अ.) [वि.] 1. जो शहीद होने को तैयार हो 2. शहीद संबंधी 3. लाल (रंग)।

शांकर (सं.) [सं-पु.] 1. शंकराचार्य का मत या सिद्धांत 2. शंकराचार्य के अनुयायी 3. बैल 4. आर्द्रा नक्षत्र 5. एक प्रकार का छंद 6. सोमलता का प्रकार [वि.] 1. शिव से संबंधित 2. शंकराचार्य से संबंधित।

शांत (सं.) [वि.] 1. गंभीर या चुप रहने वाला; मौन; चुप 2. जिसका शमन हो चुका हो या किया जा चुका हो; शमित 3. समाप्त 4. सौम्य; गंभीर; चंचलता रहित 5. राग रहित; विरक्त 6. निश्चिंत; चिंतारहित 7. नीरव; शब्दरहित 8. मृत; बुझा हुआ।

शांतचित्त (सं.) [वि.] शांत हृदयवाला; स्थिर चित्तवाला।

शांति (सं.) [सं-स्त्री.] 1. सूनापन; निःशब्दता 2. मन की स्थिरता 3. तसल्ली; सांत्वना 4. आराम; चैन।

शांति-दूत (सं.) [सं-पु.] 1. वह जो शांतिवाद का समर्थक और पक्षधर हो 2. शांति के सिद्धांत को प्रचारित, प्रसारित करने वाला 3. शांति की महत्ता बताने वाला।

शांति-प्रक्रिया (सं.) [सं-स्त्री.] शांति व सौहार्द बनाने या स्थापित करने के लिए की जाने वाली प्रक्रिया।

शांति-संधि (सं.) [सं-स्त्री.] युद्धोपरांत संबंधित राष्ट्रों के बीच शांति व परस्पर सहयोग करने के लिए की जाने वाली संधि; (पीस ट्रीटी)।

शांतिपूर्वक (सं.) [क्रि.वि.] शांति के साथ; शांति से; धीरज या संयम से।

शांतिप्रिय (सं.) [वि.] जिसको शांति प्रिय हो; शांति-प्रेमी; अमनपसंद; शांति अभिलाषी।

शांतिभंग (सं.) [सं-पु.] शांत स्थिति में होने वाला विघ्न; शांति नाश।

शांतिवाद (सं.) [सं-पु.] शांति बनाए व बहाल रखने वाला सिद्धांत; (पैसिफिज़्म)।

शांतिवादी (सं.) [सं-पु.] शांति बनाए रखने वाले सिद्धांत का अनुयायी या मानने वाला व्यक्ति; (पैसिफिस्ट)।

शाइक़ (अ.) [वि.] उर्दू उच्चारणानुसार वर्तनी (दे. शायक2)।

शाइस्तगी (फ़ा.) [सं-स्त्री.] 1. शिष्टता; शराफ़त; सुशीलता 2. तहज़ीब; सभ्यता 3. पात्रता; नम्रता 4. योग्यता।

शाइस्ता (फ़ा.) [वि.] 1. सभ्य; सुशील; विनीत 2. शरारत न करने वाला।

शाक (सं.) [सं-पु.] वनस्पति जो सब्ज़ी के रूप में प्रयुक्त होती हो; साग; तरकारी।

शाक-सब्ज़ी (सं.+फ़ा.) [सं-स्त्री.] तरकारी।

शाकंभरी (सं.) [सं-स्त्री.] 1. दुर्गा; शिवा 2. साँभर नगर का प्राचीन नाम।

शाकट (सं.) [सं-पु.] 1. गाड़ी खींचने वाला पशु 2. गाड़ी पर रखा जाने वाला बोझ 3. खेत। [वि.] 1. गाड़ी या शकट संबंधी 2. जो गाड़ी पर लादा गया हो।

शाकद्वीप (सं.) [सं-पु.] 1. (पुराण) पृथ्वी के सात द्वीपों में से एक द्वीप 2. शक जाति के लोगों का प्रदेश।

शाकभक्ष (सं.) [वि.] शाकाहारी।

शाकभाजी (सं.) [सं-स्त्री.] 1. साग-सब्ज़ी 2. हरी पत्तियों वाली छोटी वनस्पति से बनी सब्ज़ी 3. तरकारी।

शाकभोजी (सं.) [वि.] शाक या तरकारी खाने वाला।

शाकाहार (सं.) [सं-पु.] अन्न, फल, वनस्पति आदि का आहार या भोजन; निरामिष आहार।

शाकाहारी (सं.) [वि.] निरामिष आहार लेने वाला।

शाकिर (अ.) [वि.] 1. आभार मानने वाला; कृतज्ञ 2. संतोष करने वाला; संतोषी।

शाकी (अ.) [वि.] 1. फ़रियाद करने वाला 2. शिकायत करने वाला 3. चुगलख़ोर।

शाके [सं-पु.] शक संवत।

शाक्त (सं.) [वि.] शक्ति संबंधी; बल संबंधी; दुर्गा संबंधी। [सं-पु.] वह व्यक्ति जो तांत्रिक रीति से पूजा करता है।

शाक्य (सं.) [सं-पु.] 1. नेपाल में रहने वाली एक क्षत्रिय जाति 2. गौतम बुद्ध 3. गौतम बुद्ध के पिता 4. बुद्ध के वंश का नाम 5. बौद्ध भिक्षु।

शाख़ (फ़ा.) [सं-स्त्री.] 1. शाखा; डाली 2. पौधे की कलम 3. मुख्य धारा से निकली हुई छोटी धारा।

शाख़शाना (फ़ा.) [सं-पु.] 1. झगड़ा; विवाद; तर्क-वितर्क; बहस; लड़ाई; हुज्जत 2. कलंक; अभियोग 3. शक; संदेह 4. छलावा भरी बातें; ढकोसला।

शाखा (सं.) [सं-स्त्री.] 1. टहनी 2. वृक्ष की डाली; डाल; शाख़ 3. मूल वस्तु या विचार से निकले हुए अंग-प्रत्यंग 4. अवयव; अंग 5. बैंक, कंपनी, संस्थान आदि की संबंधित इकाई 6. पंथ; मत; विचारधारा के विविध भेद, जैसे- भक्ति साहित्य की दो शाखाएँ हैं।

शाखामृग (सं.) [सं-पु.] 1. वृक्षों पर रहने वाला एक चंचल स्तनपायी चौपाया; वानर; बंदर 2. गिलहरी।

शाखी (सं.) [वि.] 1. कई शाखाओं वाला 2. किसी शाखा से संबंधित। [सं-पु.] 1. वृक्ष; पेड़; तरु 2. वेद की किसी शाखा को मानने वाला या उसका अनुयायी 3. तुर्किस्तान में रहने वाला व्यक्ति 4. पीलू नाम का वृक्ष।

शाखोच्चार (सं.) [सं-पु.] 1. विवाह के समय वर और वधू के वंश का पुरोहितों द्वारा वर्णन या बखान 2. किसी के पूर्वजों पर दोषारोपण।

शाख्य (सं.) [वि.] 1. शाखा के समान 2. शाखा संबंधी।

शागिर्द (फ़ा.) [सं-पु.] शिष्य; चेला; विद्यार्थी; तालिबे इल्म; सीखने वाला।

शागिर्दी (फ़ा.) [सं-स्त्री.] शागिर्द होने का भाव; शिष्यता।

शाट (सं.) [सं-पु.] 1. कपड़े का छोटा टुकड़ा 2. कमर में लपेटा जाने वाला कपड़ा, जैसे- धोती, तहमद आदि 3. ढीला-ढाला पहनावा 4. एक प्रकार की कुरती; फतूही।

शाटक (सं.) [सं-पु.] वस्त्र; कपड़ा।

शाठ्य (सं.) [सं-पु.] 1. छल; कपट 2. छद्म 3. शठता।

शाण (सं.) [सं-पु.] 1. एक प्रकार का पत्थर या उपकरण जिसपर रगड़कर अस्त्रों आदि की धार तेज़ की जाती है 2. कसौटी नाम का एक पत्थर 3. चार माशे की एक तौल 4. सन के रेशे से बना वस्त्र; भँगरा 5. करपत्र; आरा। [वि.] 1. सन के पौधे से संबंधित 2. सन के रेशों से निर्मित।

शात (सं.) [सं-पु.] 1. एक प्रकार का पौधा जिसके फलों के बीज बहुत विषैले होते हैं; धतूरा; कनक 2. आनंद; सुख 3. प्रसन्नता; हर्ष; ख़ुशी। [वि.] 1. तेज़ किया हुआ 2. महीन; पतला; बारीक 3. कमज़ोर; दुर्बल; निर्बल।

शातवाहन (सं.) [सं-पु.] 1. दक्षिण भारत का एक प्रसिद्ध राजवंश 2. शक संवत के संस्थापक 3. शक जाति का प्रसिद्ध राजा।

शातिर (अ.) [वि.] धूर्त; चालाक; काइयाँ। [सं-पु.] 1. शतरंज का अच्छा खिलाड़ी 2. धूर्त अथवा चालाक व्यक्ति।

शाद[1] (सं.) [सं-पु.] 1. किसी चीज़ का गिरना; पतन 2. कीचड़ 3. घास।

शाद[2] (फ़ा.) [वि.] 1. सुखी; प्रसन्न; ख़ुश 2. पूर्ण; भरा हुआ।

शादियाना (फ़ा.) [सं-पु.] 1. ख़ुशी के अवसर पर बजने वाले बाजे; मंगलवाद्य 2. आनंदोत्सव के समय गाया जाने वाला गीत 3. बधावा; बधाई; मुबारकबादी 4. वह धन जो ज़मींदार के यहाँ ब्याह के अवसर पर किसान देते हैं।

शादी (फ़ा.) [सं-स्त्री.] 1. विवाह; ब्याह 2. आनंद; ख़ुशी; प्रसन्नता 3. विवाहोत्सव।

शाद्वल (सं.) [सं-पु.] 1. मरुस्थल में स्थित छोटा जल युक्त उपजाऊ स्थान; मरुद्वीप 2. हरी घास का मैदान 3. हरी घास 4. बैल 5. साँड़। [वि.] हरी घास से परिपूर्ण; हरा-भरा।

शान (अ.) [सं-स्त्री.] 1. प्रतिष्ठा; मान्यता 2. महत्व 3. विशेष ठाट-बाट 4. विशालता; भव्यता। [मु.] **-पर बट्टा लगाना :** कलंकित करना।

शानदार (अ.+फ़ा.) [वि.] 1. भव्य 2. उत्तम; बढ़िया

3. ऐश्वर्यवाला 4. तड़क-भड़कवाला 5. प्रशंसनीय।

शाना (फ़ा.) [सं-पु.] 1. कंघा; कंघी 2. कंधा; भुजबल 3. कंधे की हड्डी 4. जुलाहों का कंघा।

शानोशौकत (अ.) [सं-स्त्री.] 1. ठाट-बाट; वैभव; ऐशोआराम 2. तड़क-भड़क; सजावट।

शाप (सं.) [सं-पु.] 1. अहितसूचक शब्द या कथन 2. बद्दुआ 3. धिक्कार; भर्त्सना 4. बदकामना; श्राप।

शापग्रस्त (सं.) [वि.] जिसे किसी ने शाप दिया हो; अभिशप्त; शापित।

शापमोचित (सं.) [वि.] शाप से जिसका मोचन हुआ हो; शाप से मुक्त।

शापित (सं.) [वि.] जिसे शाप दिया गया हो; शाप से पीड़ित; अभिशप्त।

शाफ़ी (अ.) [वि.] 1. आरोग्य देने वाला; स्वस्थ करने वाला 2. सांत्वना देने वाला।

शाबर (सं.) [सं-पु.] 1. किसी की वास्तविक या कल्पित दोष बतलाने की क्रिया 2. प्रकाश का अभाव; अंधकार; अँधेरा 3. ताँबा 4. एक प्रकार का चंदन 5. शबर मृग का चर्म 6. अपराध; गलती 7. पाप 8. लोध्र नामक पेड़ 9. हानि। [वि.] 1. जो दुष्ट हो या दुष्टतापूर्वक कार्य या व्यवहार करता हो; दुर्जन; अधम; खल 2. जंगली 3. क्रूर।

शाबाश (फ़ा.) [अव्य.] 1. एक प्रशंसासूचक शब्द 2. साधुवाद 3. वाह-वाह; धन्य हो; क्या कहना।

शाबाशी (फ़ा.) [सं-स्त्री.] सराहना; साधुवाद।

शाब्द (सं.) [सं-पु.] 1. शब्दशास्त्र का ज्ञाता 2. व्याकरण का विशेषज्ञ; वैयाकरण। [वि.] 1. शब्द संबंधी या शब्द का; शाब्दिक 2. शब्दमय; शब्दयुक्त 3. शब्द पर आश्रित 4. मौखिक 5. शब्द करता हुआ।

शाब्दिक (सं.) [वि.] 1. शब्द संबंधी; शब्द का 2. शब्द पर आश्रित 3. शब्दमय 4. शब्द-रूप में होने वाला।

शाब्दी (सं.) [वि.] शब्द पर आश्रित; शब्दमय; शब्द संबंधी। [सं-स्त्री.] शारदा; सरस्वती; भारती।

शाब्दी व्यंजना (सं.) [सं-स्त्री.] शब्द से संबंधित व्यंजना; व्यंजना का एक भेद जिसमें अर्थ, शब्द विशेष तक ही सीमित रहता है।

शाम (अ.) [सं-स्त्री.] 1. संध्या; सूर्यास्त का समय 2. दिन का अंत 3. {ला-अ.} अंतिम काल।

शामक (सं.) [वि.] 1. शमन करने वाला 2. कष्ट अथवा पीड़ा को कम करने वाला।

शामकता (सं.) [सं-स्त्री.] शमन करने का गुण-धर्म या स्वभाव।

शामत (अ.) [सं-स्त्री.] 1. मुसीबत; विपत्ति 2. दुर्भाग्य; बदकिस्मती 3. दुर्दशा।

शामती (अ.) [वि.] विपत्ति का मारा हुआ; विपत्तिग्रस्त; शामतज़दा।

शामन (सं.) [सं-पु.] 1. शांति 2. शमन 3. हत्या; वध; मार डालना 4. बलि 5. अंत 6. यम।

शामियाना (फ़ा.) [सं-पु.] अपेक्षाकृत बड़ा और खुला हुआ तंबू।

शामिल (अ.) [वि.] 1. सम्मिलित; मिला हुआ 2. संयुक्त; इकट्ठा 3. शरीक।

शामी (अ.) [सं-पु.] अरब, प्राचीन बेबीलोन एवं असीरिया इत्यादि देशों का वर्ग या विभाग जिसमें अरब, यहूदी आदि जातियाँ रहती हैं; (सेमेटिक)। [सं-स्त्री.] शाम देश की भाषा। [वि.] शाम देश से संबंधित; शाम देश का।

शामोसहर (फ़ा.+अ.) [सं-स्त्री.] शाम-सुबह; हर समय।

शायक[1] (सं.) [सं-पु.] 1. एक धारदार हथियार, जैसे- बाण, तलवार 2. धातु आदि का बना वह पतला, लंबा हथियार जो धनुष द्वारा चलाया जाता है; तीर; बाण।

शायक[2] (अ.) [वि.] 1. किसी वस्तु की प्राप्ति अथवा सुख के भोग की अभिलाषा, लालसा या शौक रखने वाला 2. शौकीन; इच्छुक।

शायद (फ़ा.) [अव्य.] 1. संभवतः; कदाचित 2. संदेह और संभावना को सूचित करने वाला शब्द।

शायर (अ.) [सं-पु.] शेर कहने वाला; कवि।

शायराना (अ.) [वि.] 1. शायरों जैसा 2. कविसुलभ 3. कवित्वमय।

शायरी (अ.) [सं-स्त्री.] 1. शायर की रचना; कविकर्म 2. कविता।

शाया (अ.) [वि.] 1. प्रकट 2. प्रकाशित 3. विज्ञापित।

शायिका (सं.) [सं-स्त्री.] रेलगाड़ी में यात्रियों के सोने के लिए बनी चौड़ी पट्टिका; (बर्थ)।

शायित (सं.) [वि.] 1. सुलाया या लिटाया हुआ 2. जिसका पतन हुआ हो; गिराया हुआ।

शायिनी (सं.) [सं-स्त्री.] शयन या विश्राम करने वाली स्त्री, जैसे- अंकशायिनी। [वि.] सोने वाली (स्त्री)।

शायी (सं.) [वि.] शयन करने वाला; लंबायमान; लंबित; लेटा हुआ।

शारद (सं.) [सं-पु.] 1. शरद ऋतु की अवधि 2. शरद ऋतु में उत्पन्न अन्न 3. वर्ष; साल 4. सफ़ेद कमल; पुंडरीक 5. कास 6. एक प्रकार का मूँग 7. शरद ऋतु में होने वाला एक प्रकार का रोग 8. शरद ऋतु की धूप। [वि.] 1. शरद ऋतु में जन्मा 2. शरद काल का 3. नवीन; नूतन; हाल का; नव; नया 4. शालीन 5. वार्षिक।

शारदा (सं.) [सं-स्त्री.] 1. सरस्वती 2. एक प्रकार की वीणा 3. भारत में दसवीं शताब्दी में प्रचलित एक लिपि।

शारदीय (सं.) [वि.] शरदऋतु संबंधी; शरद काल का।

शारदीय नवरात्र (सं.) [सं-पु.] हिंदी मास के शरद शुक्ल पक्ष में पड़ने' वाला नवरात्र; चैत्र मास में पड़ने वाली नवरात्रि जिसमें दुर्गा की पूजा होती है।

शारीर (सं.) [सं-पु.] 1. शरीर का ढाँचा 2. शरीर रचनाशास्त्र 3. जीवात्मा 4. साँड; वृषभ। [वि.] 1. शरीर का 2. देहज 3. शरीर से संबद्ध।

शारीरिक (सं.) [वि.] 1. शरीर अथवा देह संबंधी 2. भौतिक। [सं-पु.] आत्मा।

शारीरित (सं.) [सं-पु.] जिसे शरीर का रूप प्रदान किया गया हो; शरीर की आकृति या प्रारूप में लाया हुआ।

शार्क (अं.) [सं-स्त्री.] एक बड़ी समुद्री मछली जिसका तेल औषधि के रूप में प्रयुक्त होता है।

शार्ङ्गधन्वा (सं) [सं-पु.] जिसका धनुष सींग का हो; विष्णु।

शार्दूल (सं.) [सं-पु.] 1. एक प्रकार का पक्षी 2. बाघ; चीता 3. शरभ नामक जंतु 4. एक राक्षस 5. केसरी; सिंह 6. यजुर्वेद की एक शाखा 7. चित्रक या चीता नामक वृक्ष 8. (काव्यशास्त्र) दोहे का एक भेद जिसमें छह गुरु और छत्तीस लघु मात्राएँ होती हैं। [वि.] सर्वश्रेष्ठ; सबसे उत्तम।

शार्दूल-विक्रीडित (सं.) [सं-पु.] पिंगल में चार चरणों का एक वर्ण-वृत्त जिसके प्रत्येक चरण में उन्नीस अक्षर होते हैं और बारहवें के बाद यति होती है।

शाल[1] (सं.) [सं-पु.] 1. पेड़; वृक्ष 2. साखू (वृक्ष) 3. एक प्रकार की मछली 4. एक प्राचीन नद 5. राजा शालिवाहन का एक नाम।

शाल[2] (फ़ा.) [सं-स्त्री.] 1. ओढ़ने की एक गरम चादर 2. चादर की तरह का गरम कपड़ा।

शालदोज़ (फ़ा.) [सं-पु.] वह व्यक्ति जो शाल (चादर) के किनारे पर बेलबूटे बनाता हो।

शालभ (सं.) [सं-पु.] बिना सोचे-विचारे किसी आफ़त में कूद पड़ना। [वि.] शलभ संबंधी; शलभ का।

शाला (सं.) [सं-स्त्री.] 1. घर 2. स्थान 3. किसी विशिष्ट कार्य के लिए बना हुआ मकान 4. पेड़ की प्रधान शाखा।

शालि (सं.) [सं-पु.] 1. जड़हन चावल 2. काला जीरा 3. गन्ना।

शालि धान्य (सं.) [सं-पु.] 1. एक प्रकार का सुगंधित धान 2. बासमती चावल 3. अगहन में उत्पन्न चावल।

शालिग्राम (सं.) [सं-पु.] 1. काले रंग का गोलाकार पत्थर जिसमें विष्णु का वास माना जाता है 2. विष्णु।

शालिनी (सं.) [सं-स्त्री.] 1. गृहिणी; गृहस्वामिनी 2. एक छंद 3. पद्मकंद 4. मेथी।

शालिवाहन (सं.) [सं-पु.] शक जाति का एक प्रसिद्ध सम्राट जिन्होंने शक-संवत चलाया।

शालिहोत्र (सं.) [सं-पु.] 1. अश्व; घोड़ा 2. अश्व चिकित्सा 3. अश्व एवं दूसरे पशुओं आदि की चिकित्सा का शास्त्र; पशुचिकित्सा; (वेटेरिनरी)।

शालिहोत्री (सं.) [सं-पु.] 1. घोड़े का चिकित्सक 2. पशुओं का चिकित्सक; पशु चिकित्सक।

शालिहोत्रीय (सं.) [सं-पु.] पशु-पक्षी की चिकित्सा करने वाला चिकित्सक; (वेटनरी डॉक्टर)।

शाली (सं.) [वि.] युक्त; सहित।

शालीन (सं.) [वि.] 1. विनीत; सुशील 2. लज्जाशील; नम्र 3. आचरणशील 4. लज्जावान 5. समान; तुल्य।

शालीनता (सं.) [सं-स्त्री.] 1. नम्रता; शालीनता 2. लज्जाशीलता; शिष्टता; सुशीलता।

शालेय (सं.) [सं-पु.] 1. शालि अर्थात धान का खेत 2. मूली 3. सौंफ। [वि.] 1. शाला अर्थात घर से संबंधित 2. शाल वृक्ष संबंधी; शाल का।

शाल्मलि (सं.) [सं-पु.] 1. सेमल 2. सेमल वृक्ष 3. पृथ्वी का एक खंड जो नरक के समान माना गया है 4. (पुराण) एक द्वीप।

शावक (सं.) [सं-पु.] 1. पशु-पक्षी का बच्चा 2. झाऊ नामक वृक्ष।

शाश्वत (सं.) [वि.] 1. निरंतर; नित्य 2. सदा रहने वाला; चिरस्थायी। [सं-पु.] 1. स्वर्ग; अंतरिक्ष 2. शिव 3. नित्यता;नैरंतर्य 4. वेद व्यास।

शाश्वतिक (सं.) [वि.] शाश्वत; नित्य।

शाश्वती (सं.) [सं-स्त्री.] पृथ्वी; भू।

शासक (सं.) [सं-पु.] 1. शासन करने वाला व्यक्ति 2. वह जो शासन करे; शासनकर्ता 3. अधिकारी; हाकिम।

शासकीय (सं.) [वि.] शासक संबंधी; राजकीय।

शासन (सं.) [सं-पु.] 1. हुकूमत 2. नियंत्रण 3. राजकीय आदेश 4. वश में रखना 5. शास्त्र 6. दंड 7. इंद्रियनिग्रह।

शासनात्मक (सं.) [वि.] शासन संबंधी।

शासनादिष्ट (सं.) [वि.] 1. शासन द्वारा आदेश किया हुआ 2. शास्त्र के नियम।

शासनादेश (सं.) [सं-पु.] शासन की हुकूमत; शासन द्वारा जारी आदेश।

शासनाधिकार (सं.) [सं-पु.] शासन का अधिकार; शासन की शक्ति।

शासनाधीन (सं.) [वि.] जो शासन के अधीन हो; शासन के अंतर्गत आया हुआ।

शासनाध्यक्ष (सं.) [सं-पु.] शासन का अध्यक्ष; शासन करने वालों का मुखिया।

शासित (सं.) [वि.] 1. जिन पर शासन किया गया हो 2. जो शासन के अधीन हो 3. नियंत्रित 4. दंडित।

शासी (सं.) [वि.] शासन करने वाला।

शास्ता (सं.) [सं-पु.] 1. शासक; राजा 2. अधिनायक 3. शिक्षक; गुरु 4. बुद्ध 5. जैन उपदेशक 6. पिता।

शास्ति (सं.) [सं-स्त्री.] 1. शासन 2. सज़ा; दंड 3. अर्थदंड या जुरमाने से भिन्न वह अल्प या कम धन जो अनुचित कार्य या नियम विरुद्ध कार्य करने वाले से वसूल किया जाता है; (पेनैलिटी) 4. ऐसी अनुशासित कार्रवाई जो किसी पूर्ण स्वतंत्र व्यक्ति, राज्य, संस्था आदि के साथ उसे ठीक रास्ते पर लाने के लिए की जाती है।

शास्त्र (सं.) [सं-पु.] 1. किसी कला, विद्या या विशिष्ट विषय से संबंधित विवेचनात्मक ज्ञानविषयक ग्रंथ 2. ज्ञान की कोई विशिष्ट शाखा 3. नीतियाँ आचार विषयक सिद्धांत 4. किसी गंभीर विषय पर किसी के द्वारा प्रदत्त मत या सिद्धांत 5. हिंदुओं मंत ऋषि मुनि प्रणीत 14 शास्त्र, 4 वेद 6 दर्शन, षड्वेदांग।

शास्त्रकार (सं.) [सं-पु.] शास्त्र का निर्माता; शास्त्रकर्ता ऋषि; धर्मशास्त्र के प्रणेता।

शास्त्रचिंतन (सं.) [सं-स्त्री.] 1. शास्त्र पर विचार-विमर्श 2. शास्त्र का अनुशीलन।

शास्त्रविनोद (सं.) [सं-पु.] 1. आमोद-प्रमोद के लिए साहित्य या ग्रंथ का सृजन 2. आनंद या ख़ुशी के लिए शास्त्र पर की जाने वाली परिचर्चा।

शास्त्रविहित (सं.) [वि.] शास्त्र के अनुसार; शास्त्र सम्मत; शास्त्रसमर्थित।

शास्त्रसम्मत (सं.) [वि.] 1. शास्त्र के अनुसार; शास्त्रानुमोदित 2. शास्त्रविहित; शास्त्रसमर्थित।

शास्त्रागार (सं.) [सं-पु.] शास्त्र रखने का विशिष्ट कक्ष या स्थान; ऐसा स्थान जहाँ शास्त्र रखे जाते हों।

शास्त्रानुमोदित (सं.) [वि.] शास्त्र के अनुसार; शास्त्रविहित; शास्त्रसमर्थित।

शास्त्रार्थ (सं.) [सं-पु.] 1. शास्त्र का अर्थ 2. शास्त्रीय वाद-विवाद 3. तात्विक तर्क-वितर्क।

शास्त्री (सं.) [वि.] शास्त्र का ज्ञाता; शास्त्रज्ञ। [सं-पु.] 1. शास्त्र का अधिकारी विद्वान 2. ब्राह्मण जाति की एक उपाधि 3. स्नातक के समकक्ष एक उपाधि।

शास्त्रीकरण (सं.) [सं-पु.] किसी विषय या कथन को एकत्र कर व्यवस्थित रूप से उनका विवेचन करके शास्त्र का रूप देना।

शास्त्रीय (सं.) [वि.] 1. शास्त्र संबंधी 2. शास्त्रानुमोदित; शास्त्रसम्मत 3. शास्त्रीय ज्ञान पर आश्रित 4. वैज्ञानिक।

शास्त्रोक्त (सं.) [वि.] शास्त्र में कहा हुआ; शास्त्रविहित।

शास्त्रोपजीवी (सं.) [वि.] 1. पठन-पाठन (अध्यापन) युद्ध कलादि का शिक्षण ही जिसकी जीविका हो 2. अध्यापक 3. धर्मशास्त्रादि का उपदेश तथा ज्योतिषादि से आजीविका चलाने वाला।

शाह (फ़ा.) [सं-पु.] 1.बादशाह; सुलतान 2. स्वामी; मालिक 3. मुसलमान फ़कीरों की उपाधि या पदवी 4. शतरंज का एक मोहरा 5. ताश का एक पत्ता। [वि.] श्रेष्ठ; बहुत बड़ा।

शाहंशाह (फ़ा.) [सं-पु.] 1. शाहों का शाह; राजाओं का राजा; राजाधिराज; सम्राट; चक्रवर्ती राजा 2. वह राजा जिसके अधीन एकाधिक राजा या राज्य हों 3. सम्राट; ताजदार।

शाहंशाही (फ़ा.) [वि.] 1. शाही; राजसी 2. शाहंशाह द्वारा किया गया। [सं-स्त्री.] 1. शाहंशाह होने की अवस्था, गुण, धर्म या भाव 2. शाहंशाह का कार्य या पद।

शाहख़र्च (फ़ा.) [वि.] अत्यधिक ख़र्च करने वाला।

शाहज़ादा (फ़ा.) [सं-पु.] बादशाह का पुत्र; राजकुमार।

शाहनशीं (फ़ा.) [सं-स्त्री.] दे. शहनशीं।

शाहबलूत (फ़ा.) [सं-पु.] 1.बलूत नामक फल का एक भेद जो बहुत मीठा होता है 2. बलूत नामक वृक्ष।

शाहबाज़ (फ़ा.) [सं-पु.] बड़ा बाज़ जिसके द्वारा शिकारी चिड़ियों का शिकार करते हैं। [वि.] राजोचित; राजसी।

शाहाना (फ़ा.) [वि.] 1. शाही; राजसी 2. बेहद उमदा; बहुत बढ़िया।

शाहिद (अ.) [सं-पु.] 1. शहादत देने वाला व्यक्ति 2. गवाह। [वि.] प्यारा; सुंदर; मनोहर।

शाही (फ़ा.) [वि.] 1. शाह का 2. (व्यक्ति) जो राजघराने का हो; राजसी; बादशाहों जैसा 3. शाह द्वारा रचाया हुआ।

शिंगरफ (फ़ा.) [सं-पु.] 1. लाल रंग का एक खनिज; सिंदूर; हिंगुल 2. सौभाग्य।

शिंजन (सं.) [सं-पु.] 1. आभूषणों से उत्पन्न ध्वनि 2. धातु खंडों के टकराने से उत्पन्न मधुर ध्वनि।

शिंजिनी (सं.) [सं-स्त्री.] 1. धातु से बना छोटा घुँघरू 2. नूपुर; पैजनी; नेवर 3. धनुष की डोर।

शिंबिका (सं.) [सं-स्त्री.] सेम; फली; छीमी।

शिंबी (सं.) [सं-स्त्री.] 1. बौड़ी; फली 2. सेम 3. केवाँच 4. एक प्रकार का मूँग; वनमूँग।

शिंशिया (सं.) [सं-पु.] एक प्रकार का पेड़ जिसकी लकड़ी इमारत और सजावटी सामान बनाने के कार्य में आती है; शीशम।

शिंशुमार (सं.) [सं-पु.] सूँस नामक एक जलीय जंतु।

शिकंजवी (फ़ा.) [सं-स्त्री.] नीबू के रस से युक्त एक प्रकार का पेय।

शिकंजा (फ़ा.) [सं-पु.] 1. कसने, दबाने का यंत्र 2. कैदियों को सजा देने का औज़ार 3. पकड़; दबाव 4. जुलाहों का एक प्रकार का तागा।

शिकदार (अ.+फ़ा.) [सं-पु.] 1. किसी विशेष भूभाग का स्वामी 2. तहसीलदार।

शिकन (फ़ा.) [सं-स्त्री.] 1. सिलवट; सिकुड़न 2. चेहरे की झुर्री 3. मुड़ने, दबने के कारण पड़ा चिह्न या बनी आकृति।

शिकम (फ़ा.) [सं-पु.] पेट; उदर।

शिकमी (फ़ा.) [वि.] 1. पेट का या पेट से संबंधित 2. पैदाइशी 3. निजी; अपना। [सं-पु.] लगान व किराए आदि से संबंधित जमीन आदि जो अन्य के पास हो, वह काश्तकार जो जमीन के मुखी मालिक से लगान/भाड़े पर जमीन लेकर उस जमीन को जोतता- बोता है। [मु.] **-देना** : लगान आदि पर लिए गए खेत को दूसरे को लगान पर देना।

शिकमी काश्तकार (फ़ा.) [सं-पु.] 1. वह किसान जो किसी और किसान से ज़मीन लेकर फ़सल उगाए 2. ज़मींदार के अधीन रहने वाला व्यक्ति।

शिकरा (फ़ा.) [सं-पु.] एक प्रकार का शिकारी पक्षी; बाज़।

शिकवा (अ.) [अ.] 1. शिकायत; उलाहना 2. ग्लानि; उपालंभ 3. परिवाद।

शिकस्त (फ़ा.) [सं-स्त्री.] 1. मात; हार; पराजय; टूटना 2. भंग; मग्न 3. विफलता।

शिकस्ता (फ़ा.) [वि.] भग्न; टूटा हुआ।

शिकायत (अ.) [सं-स्त्री.] 1. शिकवा; गिला; निंदा; बुराई; दोष-कथन 2. असंतोष दूर करने के लिए सक्षम व्यक्ति से किया गया निवेदन 3. बीमारी; रोग।

शिकायती (अ.) [वि.] 1. जिसमें शिकायत हो 2. शिकायत करने वाला।

शिकार (फ़ा.) [सं-पु.] 1. पशुओं को मारने की क्रिया; कृत्य

2. वह पशु जिसका आखेट किया गया हो 3. मनोरंजन के उद्देश्य से जंगली जानवरों को मारने का गैरकानूनी कार्य 4. छल-कपट द्वारा फँसाया गया व्यक्ति।

शिकारगाह (फ़ा.) [सं-पु.] शिकार खेलने की जगह; आखेटस्थल।

शिकारा (फ़ा.) [सं-पु.] एक प्रकार की बड़ी नाव जो ज़्यादातर कश्मीर में पाई जाती है; (हाउस बोट)।

शिकारी (फ़ा.) [सं-पु.] 1. शिकार (आखेट) करने वाला व्यक्ति 2. अहेरी। [वि.] 1. शिकार से संबंधित; जो शिकार करता हो 2. व्याध; आखेटक 3. छल-कपट द्वारा फँसाने वाला।

शिकोह (फ़ा.) [सं-पु.] भय; डर।

शिक्षक (सं.) [सं-पु.] 1. शिक्षा देने या ज्ञान देने वाला व्यक्ति; सिखाने वाला 2. अध्यापक; गुरु।

शिक्षण (सं.) [सं-पु.] शिक्षा देने का कार्य; शिक्षा प्राप्त करने का कार्य; तालीम।

शिक्षणविज्ञान (सं.) [सं-पु.] वह शास्त्र जिसमें शिक्षा देने की विधि या सिद्धांत का उल्लेख हो।

शिक्षणालय (सं.) [सं-पु.] वह घर या स्थान जहाँ शिक्षित किया जाता हो; विद्यालय; शिक्षण संस्थान; विद्यापीठ; पाठशाला; मकतब; मदरसा; (स्कूल)।

शिक्षा (सं.) [सं-स्त्री.] 1. पुस्तक या शिक्षक के माध्यम से प्राप्त होने वाली विद्या; ज्ञान; तालीम; (एजुकेशन) 2. चारित्रिक और मानसिक शक्तियों का विकास 3. दक्षता 4. निपुणता 5. प्रशिक्षण; (ट्रेनिंग) 6. सबक; दंड 7. उपदेश।

शिक्षागुरु (सं.) [सं-पु.] वह व्यक्ति जिससे शिक्षा प्राप्त की जाती है; शिक्षक; अध्यापक; गुरु।

शिक्षातंत्र (सं.) [सं-पु.] 1. शिक्षा की व्यवस्था के निमित्त बना तंत्र 2. शिक्षा से संबंधित तंत्र।

शिक्षात्मक (सं.) [वि.] शिक्षासंबंधी; ज्ञानसंबंधी।

शिक्षाप्रद (सं.) [वि.] शिक्षादायक; ज्ञानप्रद।

शिक्षार्थी (सं.) [सं-पु.] शिक्षा प्राप्त करने वाला; छात्र; विद्यार्थी।

शिक्षालय (सं.) [सं-पु.] विद्यालय; शिक्षण संस्थान।

शिक्षाविद (सं.) [सं-पु.] शिक्षाशास्त्री; विद्वान।

शिक्षाविभाग (सं.) [सं-पु.] शिक्षा से संबंधित राजकीय विभाग जो देश या राज्य में शिक्षा व्यवस्था के निमित्त बना हो; (एजुकेशन डिपार्टमेंट)।

शिक्षाशास्त्र (सं.) [सं-पु.] शिक्षा विधा का विवेचन करने वाला शास्त्र।

शिक्षाशास्त्री (सं.) [सं-पु.] शिक्षा शास्त्र का जानकार; शिक्षाविद; विद्वान।

शिक्षिका (सं.) [सं-स्त्री.] वह महिला जो विद्या या कला सिखाती हो; अध्यापिका; आचार्या।

शिक्षित (सं.) [वि.] 1. पढ़ा-लिखा; साक्षर 2. जो शिक्षा प्राप्त कर चुका हो; जिसे शिक्षा मिली हो 3. सिखाया हुआ 4. निपुण; दक्ष।

शिक्षु (सं.) [सं-पु.] किसी विधा को सीखने वाला व्यक्ति; शिष्य; छात्र।

शिखंड (सं.) [सं-पु.] 1. मयूर की पूँछ; मोरपुच्छ; कलाप 2. चोटी; चुटिया; चुंदी; चुरकी; शिखापाश 3. काक-पक्ष।

शिखंडी (सं.) [सं-पु.] 1. (महाभारत) द्रुपद का ज्येष्ठ पुत्र जो स्त्री से पुरुष में परिवर्तित हुआ था 2. मयूर; कलापी 3. मुरगा 4. बाण; तीर 5. शिखा 6. बृहस्पति 7. कृष्ण 8. पीली जूही का पुष्प।

शिखर (सं.) [सं-पु.] 1. सिरा; चोटी; किसी चीज़ का सबसे ऊपरी भाग 2. पर्वतशृंग 3. मंदिर या मस्जिद का ऊपरी सिरा; गुंबद 4. मंडप।

शिखर-सम्मेलन (सं.) [सं-पु.] किसी गंभीर समस्या पर विचार-विमर्श करने के लिए आयोजित सर्वोच्च-स्तरीय सम्मेलन।

शिखर पुरुष (सं.) [सं-पु.] किसी समाज या क्षेत्र विशेष के मूर्धन्य या श्रेष्ठ पुरुष।

शिखरन (सं.) [सं-पु.] दही, चीनी, केसर आदि मिश्रित गाढ़ा पेय पदार्थ; श्रीखंड; रसाला।

शिखरवार्ता (सं.) [सं-स्त्री.] 1. राष्ट्रों के राष्ट्राध्यक्षों या उच्चतम अधिकारियों का परस्पर विचार-विनिमय 2. अधिकारियों, शासकों का सम्मेलन।

शिखरिणी (सं.) [सं-स्त्री.] 1. स्त्रियों में श्रेष्ठ स्त्री 2. एक औषधीय पौधे की फली जिसका उपयोग पेट की मरोड़ दूर करने के लिए किया जाता है 3. जूही की जाति का एक सफ़ेद फूल वाला पौधा 4. सुखाया हुआ अंगूर; किशमिश 5. शिखरन नामक पेय पदार्थ।

शिखा (सं.) [सं-स्त्री.] 1. चुटिया; चोटी; चूड़ा 2. (परंपरा) मुंडन संस्कार के समय सिर के बीच में छोड़ा गया बालों का गुच्छा 3. अग्नि की ऊँची लपट; दीये की लौ 4. प्रकाश की किरण; रश्मि 5. शिखर; चोटी 6. किसी वस्तु की नोंक या नुकीला सिरा।

शिखासूत्र (सं.) [सं-पु.] सिर पर बालों का गुच्छा या चोटी; चुटिया।

शिखि (सं.) [सं-पु.] 1. हिंदू धर्मग्रंथों में वर्णित एक देवता जो अग्नि के अधिपति माने जाते हैं 2. किसी वस्तु के जलने पर अंगारे या लपट के रूप में दिखाई देने वाला प्रकाशयुक्त ताप; अग्नि 3. मोर; मयूर 4. कामदेव; काम देवता; अनंग।

शिखी (सं.) [वि.] 1. जिसके सिर पर शिखा या चोटी हो; शिखायुक्त; शिखा या चोटीवाला 2. जिसमें नोक हो; नुकीला; तीक्ष्ण 3. अभिमानी; अहंकारी।

शिखीध्वज (सं.) [सं-पु.] 1. धूम्र; धुआँ 2. (पुराण) राजा मयूरध्वज 3. कार्तिकेय नामक शिवपुत्र।

शिगाफ़ (फ़ा.) [सं-पु.] 1. किसी वस्तु आदि के फटने पर बीच में पड़ने वाली दरार; ख़ाली जगह; दरज़ 2. छिद्र; रंध्र; छेद 3. लेखनी आदि के बीच दिया जाने वाला चीरा 4. (चिकित्सा) उपचार के उद्देश्य से लगाया जाने वाला चीरा। [मु.] -देना : कलम को छीलना; चीरा लगाना।

शिगाफबंदी [सं-पु.] 1. दरार का भरना 2. चीरा आदि की सिलाई 3. नाव की दराजों का पलाश की छाल से भरा जाना।

शिगूफ़ा (फ़ा.) [सं-पु.] 1. कोई नई या आश्चर्य में डालने वाली बात 2. कली। [मु.] **-छोड़ना** : झगड़ेवाली बात कहना।

शित (सं.) [वि.] 1. जिसमें धार हो; धारदार 2. नुकीला; नोकदार 3. शरीर से क्षीण; दुबला; पतला।

शिति (सं.) [सं-पु.] 1. हिमालय पर मिलने वाला एक पेड़ जिसकी छाल लेखन आदि के कार्य में आती है; भोजपत्र वृक्ष 2. एक वृक्ष की छाल जो पुराने समय में लेखन कार्य में आती थी; भोजपत्र। [वि.] 1. काजल या कोयले के रंग का; काला 2. उजला; धवल; श्वेत 3. नीला 4. रंग-बिरंगा।

शितिकंठ (सं.) [सं-पु.] 1. शंकर; शिव; महादेव 2. मयूर; मोर 3. नागदेव 4. मुरगाबी; जलकाक 5. पपीहा; चातक।

शिथिल (सं.) [वि.] 1. जो अच्छी तरह बँधा, कसा या जकड़ा हुआ न हो; ढीला 2. ढीले अंगोंवाला; कमज़ोर; निर्बल 3. थका हुआ; सुस्त; धीमा 4. जिसमें तेज़ी या फुरती न हो 5. असावधान।

शिथिलत (सं.) [वि.] ढीला; सुस्त; धीमा; शिथिल।

शिथिलता (सं.) [सं-स्त्री.] 1. शिथिल होने की अवस्था, भाव या गुण 2. सुस्ती; आलस्य; तंद्रा 3. थकावट; श्रांति 4. नियम पालन में होने वाली ढील; छूट।

शिथिलन (सं.) [सं-पु.] 1. शिथिल होने की क्रिया; मंदन; बल में कमी 2. थकान; आलस्य 3. छूट।

शिथिला (सं.) [सं-स्त्री.] 1. थकी हुई; सुस्त 2. वृद्धा।

शिथिलीकरण (सं.) [सं-पु.] 1. ढीला या शिथिल करने की क्रिया 2. ढिलाई; सुस्ती।

शिथिलीकृत (सं.) [वि.] 1. जो शिथिल या ढीला किया गया हो 2. थकाया हुआ 3. ढीला छोड़ा हुआ।

शिद्दत (अ.) [सं-स्त्री.] 1. प्रबलता; तीव्रता 2. लगन; तीव्र भावना; गरमजोशी 3. कठिनाई; परेशानी; प्रचंडता; उग्रता 4. भीषणता; अधिकता।

शिनाख़्त (फ़ा.) [सं-स्त्री.] 1. पहचान; परिचय 2. परख।

शिप्रा (सं.) [सं-स्त्री.] शिप्र सरोवर; एक नदी का नाम जिसके तट पर उज्जैन शहर बसा हुआ है।

शिफा (सं.) [सं-स्त्री.] 1. वृक्ष की रेशेदार जड़ 2. कमल की जड़; भसींड 3. लता 4. कलगी; शिखा 5. हल्दी 6. नदी।

शिफ़ा (अ.) [सं-स्त्री.] सेहत; स्वास्थ्य; आरोग्य; रोग से मुक्त करना।

शिफ़ाख़ाना (अ.+फ़ा.) [सं-पु.] चिकित्सालय; अस्पताल; दवाख़ाना।

शिफ़ायाब (अ.+फ़ा.) [वि.] जिसकी बीमारी ठीक हो गई हो; रोगमुक्त।

शिफ़्ट (अं.) [सं-स्त्री.] 1. एक स्थान से दूसरे स्थान पर जाना; स्थानांतरण; विस्थापन 2. परिवर्तन; तबदीली 3. कंप्यूटर या टाइपराइटर पर एक कुंजी 4. कारखाने आदि में कर्मचारियों या श्रमिकों की एक पाली।

शिमलामिर्च (सं.) [सं-स्त्री.] तरकारी या सब्ज़ी के रूप में प्रयोग होने वाली एक बड़े आकार की मिर्च; (कैप्सिकम)।

शिया (अ.) [सं-पु.] मुसलमानों का एक संप्रदाय।

शिर (सं.) [सं-पु.] 1. सिर 2. पिप्पलीमूल 3. शय्या।

शिरकत (अ.) [सं-स्त्री.] 1. शरीक या सम्मिलित होने की क्रिया या भाव; मिलना 2. एक साथ मिलकर कार्य में प्रवृत्त होना 3. साझेदारी; हिस्सेदारी।

शिरकती (अ.) [वि.] साझेदारी का; मिला-जुला; संयुक्त।

शिरधि [सं-पु.] गर्दन।

शिरश्चंद (सं.) [सं-पु.] (पुराण) वह जिसके सिर पर चंद्रमा शोभायमान है अर्थात शंकर; शिव; महादेव; महेश; चंद्रशेखर।

शिरसा (सं.) [अव्य.] आदर के साथ शिरोधार्य करते हुए।

शिरस्क (सं.) [सं-पु.] शिरस्त्राण; पगड़ी।

शिरस्त्राण (सं.) [सं-पु.] 1. सैनिकों द्वारा युद्ध के दौरान अस्त्र-शस्त्रों से रक्षा हेतु सिर पर पहना जाने वाला लोहे का टोपनुमा कवच 2. आजकल हैलमेट के लिए यह शब्द प्रयुक्त किया जाता है।

शिरा (सं.) [सं-स्त्री.] 1. (प्राणिविज्ञान) जीवधारियों के शरीर में स्थित रक्तवाहिकाएँ जो रक्त को हृदय में ले जाती हैं; नाड़ी या नली; छोटी नस; रुधिरवाहिका; (वेन) 2. पानी का सोता।

शिराज [सं-स्त्री.] चमड़े का काम करने वाली एक जाति।

शिरामूल (सं.) [सं-पु.] नाभि।

शिरावरोध (सं.) [सं-पु.] शरीर में किसी शिरा में रक्त कणों या कोशिकाओं के समूह बनने से रक्त संचार में होने वाला अवरोध।

शिरियारी [सं-स्त्री.] एक औषधीय वनस्पति; सूसना नामक शक, आयुर्वेद में यह कसैली, रूखी, शीतल, हल्की, स्वादिष्ट, रुचिकारी, मेधावर्धक, शुक्रजनक, त्रिदोष नाशक है।

शिरीष (सं.) [सं-पु.] 1. एक प्रकार का वृक्ष जिसका फूल अति कोमल होता है 2. सिरस 3. उक्त पेड़ का फूल।

शिरोगृह (सं.) [सं-पु.] 1. सबसे ऊपर का कमरा या घर 2. चंद्रशाला।

शिरोधार्य (सं.) [वि.] 1. मस्तक पर धारण करने योग्य 2. सादर स्वीकार करने योग्य 3. अत्यंत मान्य।

शिरोभूषण (सं.) [सं-पु.] 1. सिर पर पहना जाने वाला आभूषण 2. मुकुट; किरीट 3. {ला-अ.} लोकप्रिय या प्रसिद्ध व्यक्ति। [वि.] उत्तम; श्रेष्ठ।

शिरोमणि (सं.) [सं-पु.] 1. सिर पर धारण करने का रत्न; चूड़ामणि 2. {ला-अ.} बहुत मान्य; श्रेष्ठ व्यक्ति। [वि.] सर्वश्रेष्ठ।

शिरोरुह (सं.) [सं-पु.] सिर के केश; बाल; शिरोज।

शिरोरेखा (सं.) [सं-पु.] देवनागरी लिपि में वर्णों के ऊपर लगाई जाने वाली रेखा; ऊपरी रेखा; पड़ी पाई; शीषरेखा।

शिरोवर्ती (सं.) [वि.] 1. शीर्ष पर स्थित; सबसे ऊपर की तरफ़ का; प्रथम। [सं-पु.]-1. प्रधान; मुखिया 2. जो नायक के रूप में हो 3. किसी संस्था, विभाग, सेना आदि का प्रधान।

शिरोविंदु (सं.) [सं-पु.] 1. किसी त्रिकोण या शंक्वाकार घन का शीर्ष या ऊपरी बिंदु; (ऐपेक्स) 2. आकाश में सिर के ठीक ऊपर पड़ने वाला बिंदु; (जेनिथ)।

शिरोवेष्टन (सं.) [सं-पु.] सिर पर बाँधी जाने वाली पगड़ी;

मुरेठा।

शिल (सं.) [सं-पु.] उंछ नाम की वृत्ति; खेत से फ़सल कटने के बाद गिरे हुए शेष अनाज की बाली या अन्न को चुनने की क्रिया; सिलहारी।

शिला (सं.) [सं-स्त्री.] 1. बड़े आकार का पाषाण खंड; पत्थर; चट्टान 2. सिल; चौड़ा पत्थर; पटिया 3. कपूर 4. मैनशिल 5. शिलाजीत 6. हर्रे 7. गोरोचन 8. उंछवृत्ति 9. दूब, घास।

शिलाखंड (सं.) [सं-पु.] 1.प्रस्तर खंड; चट्टान 2. किसी स्मारक/घटना को सूचित करने हेतु लगाया गया पत्थर का टुकड़ा।

शिलाजीत (सं.) [सं-स्त्री.] चट्टान के अत्यधिक तपने पर उससे निकलने वाला काले रंग का पदार्थ जो औषधि के रूप में प्रयुक्त होता है; गिरिसार; शिलाकुसुम; शैलज; शैलेय।

शिलाटक (सं.) [सं-पु.] 1. अटारी; अट्टालिका 2. छेद; बिल 3. चहारदीवारी।

शिलान्यास (सं.) [सं-पु.] 1. भवन, इमारत आदि बनाने से पहले उसकी नींव में पहला पत्थर, ईंट इत्यादि रखे जाने की क्रिया; शिलारोपण 2. किसी शिला की स्थापना 3. {ला-अ.} आरंभ; संस्थापना।

शिलारोपण (सं.) [सं-पु.] दे. शिलान्यास ।

शिलालिपि (सं.) [सं-स्त्री.] किसी बात के प्रचार तथा स्थायित्व के लिए पत्थर की शिला पर खुदवाई गई आज्ञा, उपदेश या दान आदि; शिलालेख; पुरालेख; (एपग्रैफ़)।

शिलालेख (सं.) [सं-पु.] 1. सम्राट, विशिष्ट व्यक्तियों या धर्माचार्यों द्वारा किसी वस्तु के प्रचार प्रसार या घटना को स्थायित्व प्रदान करने के लिए पत्थर पर ख़ुदवाई गई कोई आज्ञा, उपदेश या राजाज्ञा आदि; ऐतिहासिक लेख; पुरालेख; (एपग्रैफ़) 2. वह पत्थर जिसपर कोई लेख अंकित हो।

शिलावट (सं.) [सं-पु.] पत्थर को काट-छाँट कर गढ़ने वाला कारीगर; संगतराश।

शिलावत (सं.) [वि.] 1. शिला की भाँति 2. पत्थर की तरह 3. पत्थर के आकार-प्रकार का।

शिलावृष्टि (सं.) [सं-स्त्री.] 1. पाषाण वर्षा 2. ओले की वर्षा 3. {ला-अ.} कड़वे वचन बोलना।

शिलावेश्म (सं.) [सं-पु.] पहाड़ आदि में बनाई गई गुफ़ा 2. पत्थर से निर्मित मकान।

शिलि (सं.) [सं-पु.] भोजपत्र।

शिली (सं.) [सं-स्त्री.] दरवाज़े के चौखट के नीचे की लकड़ी; डेहरी 2. माला 3. बाण 4. केंचुआ 5. मेंढक 6. भोजपत्र।

शिलीमुख (सं.) [सं-पु.] 1. भँवरा; भ्रमर 2. बाण; तीर 3. लड़ाई; युद्ध; संग्राम। [वि.] अनाड़ी; मूर्ख।

शिलेय (सं.) [वि.] जो शिला या पत्थर से संबंधित हो; शिलायुक्त; पथरीला। [सं-पु.] शैलेय गंधद्रव्य; शिलाजीत नामक द्रव्य।

शिलोत्थ (सं.) [सं-पु.] शैलेय गंधद्रव्य; शिलाजीत नामक द्रव्य। [वि.] जो शिला या पत्थर से उत्पन्न हो; शैलेय।

शिल्प (सं.) [सं-पु.] 1. हस्तकला; हाथ की कारीगरी; (क्राफ़्ट) 2. हुनर; दस्तकारी 3. कला आदि कर्म; दक्षता 4. बनावट; ढंग 4. (साहित्य) किसी कथाकार या रचनाकार द्वारा अपनी रचनाओं में प्रयुक्त किया जाने वाला भावाभिव्यक्ति का विशिष्ट ढंग जो शैली से अधिक व्यापक माना जाता है।

शिल्पकला (सं.) [सं-स्त्री.] दस्तकारी का कौशल; हाथों का हुनर; कला दक्षता; (हैंडीक्राफ़्ट)।

शिल्पकार (सं.) [सं-पु.] 1. कारीगर; शिल्पी 2. मकान बनाने वाला; राजमिस्त्री; मेमार।

शिल्पज्ञ (सं.) [वि.] शिल्प का ज्ञाता या जानकार; शिल्पी; शिल्पकार।

शिल्पतत्व (सं.) [सं-पु.] 1. शिल्पकला से युक्त गुण; शिल्पचातुर्य 2. किसी रचना में रचनाकार द्वारा प्रयुक्त भाषा; शैली; लोकोक्ति; मुहावरे आदि।

शिल्पविद्या (सं.) [सं-स्त्री.] हाथ से नक्काशीदार वस्तुओं को बनाने या तैयार करने की विद्या; शिल्पशास्त्र; कारीगरी शिक्षा।

शिल्पशास्त्र (सं.) [सं-पु.] हाथ से नक्काशीदार वस्तुओं को बनाने या तैयार करने की विद्या या शास्त्र; शिल्पविद्या; कारीगरी।

शिल्पिक (सं.) [सं-पु.] 1. वह व्यक्ति जो शिल्प द्वारा निर्वहन करता हो; कारीगर; शिल्पी; शिल्पकार 2. दस्तकारी 3. (पुराण) विश्वकर्मा का एक नाम 4. (पुराण) शिव का एक नाम। [वि.] 1. हस्त संबंधी 2. यंत्र संबंधी 3. शिल्प से संबंधित।

शिल्पित (सं.) [वि.] शिल्पकला से युक्त; हस्तनिर्मित; नक्काशीदार।

शिल्पी (सं.) [सं-पु.] 1. शिल्प संबंधी कार्य करने वाला व्यक्ति; शिल्पकार; कारीगर 2. मकान बनाने वाला व्यक्ति; राजमिस्त्री।

शिव (सं.) [सं-पु.] 1. शंकर; महादेव 2. परमात्मा 3. महाकाल 4. मोक्ष 5. जल; पानी 6. पारा 7. लोहा 8. नीलकंठ पक्षी 9. ज्योतिष के सताइस योगों में बीसवाँ योग 10. एक प्रकार का छंद 11. गुग्गुल 12. ओपला 13. काला धतुरा 14. कदंब 15. मिर्च 16. तिल का फूल 17. चंदन 18. सुहागा 19. सिंदूर 20. मृग का एक भेद 21. कौआ 22. गुण की शराब 23. एक प्रकार का नृत्य 24. वेद 25. लिंग 26. बालू 27. स्याट 28. द्वैत ब्रम्हा। [वि.] 1. शुभ; मांगलिक; कल्याणकारी 2. भाग्यवान 3. स्वस्थ।

शिवकांता (सं.) [सं-स्त्री.] (पुराण) शिव की पत्नी; पार्वती।

शिवगण (सं.) [सं-पु.] 1. शिव के अनुचर या सेवक 2. शंकर के शिष्य या उपासक।

शिवत्व (सं.) [सं-पु.] 1. शिव का धर्म, पद या शिव की तरह होने का भाव 2. मंगलकारी या कल्याणकारी होने का भाव 3. अमरता 4. मोक्ष।

शिवत्वीकरण (सं.) [सं-पु.] शिव तत्व से संपन्न करने का कार्य।

शिवदत्त (सं.) [सं-पु.] (पुराण) शिव द्वारा विष्णु को दिया गया सुदर्शन चक्र; विष्णु का चक्र।

शिवनंदन (सं.) [सं-पु.] 1. (पुराण) शिव के पुत्र; गणेश 2. (पुराण) शिव के पुत्र कार्तिकेय।

शिवनामी (सं.) [सं-स्त्री.] वह कपड़ा या चादर जिस पर शिव का नाम छपा हो। [वि.] जिस पर जगह-जगह शिव का नाम

लिखा या छपा हो।

शिवनिर्माल्य (सं.) [सं-पु.] 1. शिव को चढ़ाया हुआ पदार्थ जिसको ग्रहण या जिसका उपभोग नहीं किया जाता हो 2. जो लेने या ग्रहण करने के योग्य न हो; अग्राह्य वस्तु।

शिवपुरी (सं.) [सं-स्त्री.] 1. भारत के मध्यप्रदेश राज्य का एक नगर जो पर्यटनस्थल के रूप में विख्यात है 2. शिव के मंदिरों वाला नगर बनारस; वाराणसी नामक शहर; काशी।

शिवमय (सं.) [वि.] शिव से युक्त; मंगलकारी; कल्याणकारी।

शिवरानी [सं-स्त्री.] पार्वती।

शिवलिंग (सं.) [सं-पु.] 1. मिट्टी या पत्थर से निर्मित लिंग की आकृति 2. शिव का प्रतीक माना जाने वाला लिंगयोनि की सामूहिक आकृति का पत्थर।

शिवलोक (सं.) [सं-पु.] (पुराण) वह स्थान जहाँ शिव का वास है; कैलाश पर्वत।

शिववल्लभ (सं.) [सं-पु.] 1. वह जो शिव का प्रिय हो 2. आम का वृक्ष।

शिवशेखर (सं.) [सं-पु.] 1. चंद्रमा 2. शिव का मस्तक 3. धतुरा 4. मदार, आर्क 5. वक वृक्ष 6. शिव का शिरोभूषण।

शिवा (सं.) [सं-स्त्री.] 1. पार्वती 2. दुर्गा 3. हरीतकी 4. आँवला 5. हल्दी 6. गोरोचन 7. दूब 8. स्यारीन 9. मुक्ति।

शिवांशु (सं.) [सं-पु.] 1. वह जिसमें शिव का अंश हो 2. शिव जैसे तेज या गुणवाला।

शिवाक्ष (सं.) [सं-पु.] रुद्राक्ष; उक्त नामक एक बीज।

शिवानी (सं.) [सं-पु.] 1. (पुराण) पार्वती; दुर्गा 2. जयंती का वृक्ष।

शिवालय (सं.) [सं-पु.] 1. ऐसा मंदिर या स्थान जहाँ शिवलिंग स्थापित किया गया हो देवमंदिर; शिवमंदिर 2. श्मशान 3. लाल तुलसी।

शिवाला (सं.) [सं-पु.] 1. शिव का मंदिर; शिवालय; देवालय; मंदिर 2. लुहारों आदि की भट्ठी।

शिवालिक (सं.) [सं-पु.] उत्तर भारत में हिमालय के पास एक वृहद पर्वत श्रृंखला।

शिविका (सं.) [सं-स्त्री.] 1. पालकी; डोली 2. अरथी 3. चबूतरा 4. कुबेर का एक अस्त्र।

शिविर (सं.) [सं-पु.] 1. ख़ेमा; छावनी; सैनिकों का पड़ाव 2. तंबू आदि लगाकर बनाया गया यात्री निवास; पड़ाव; डेरा; (कैंप) 3. किसी विषय पर आयोजित होने वाला अधिवेशन, जैसे- कविता शिविर।

शिविरवासी (सं.) [सं-पु.] शिविर में रहने वाले लोग; विस्थापित; शरणार्थी।

शिविरार्थी (सं.) [सं-पु.] शिविर में रहने की इच्छा वाला व्यक्ति। [वि]- शिविर में रहने का इच्छुक।

शिशिर (सं.) [सं-पु.] 1. भारत की छः ऋतुओं में एक ऋतु जो माघ और फाल्गुन माह में पड़ती है; शीतऋतु 2. जाड़ा; ठंड का मौसम; शीतकाल 3. हिम; पाला।

शिशु (सं.) [सं-पु.] 1. छोटा बच्चा 2. पशु-पक्षी का शावक या बच्चा।

शिशुता (सं.) [सं-स्त्री.] शिशु होने की अवस्था या भाव; शैशव; बचपन; लड़कपन।

शिशुनाग (सं.) [सं-पु.] 1. हाथी का बच्चा 2. (पुराण) एक दैत्य का नाम 3. प्राचीन मगध साम्राज्य का एक शासक 4. साँप का बच्चा।

शिशुपन (सं.) [सं-पु.] शिशु होने की अवस्था या भाव; शिशुता; बालपन; लड़कपन; बालसुलभता।

शिशुपाल (सं.) [सं-पु.] (महाभारत) चेदि देश (वर्तमान बुंदेलखंड) का एक राजा जिसका वध कृष्ण ने किया था।

शिशुवत (सं.) [वि.] छोटे बच्चे की तरह; शिशुसदृश; अबोध; नादान; बालसुलभ; मासूम; भोला।

शिश्न (सं.) [सं-पु.] पुरुष जननेंद्रिय; लिंग।

शिश्नाग्र (सं.) [सं-पु.] शिश्न का अगला भाग; सुपारी।

शिष्ट (सं.) [वि.] 1. अच्छे आचरण या स्वभाव वाला; सज्जन; सुशील; संभ्रांत; तमीज़दार; तहज़ीबदार; बाशऊर; बासलीका; शरीफ़; (जेंटल) 2. विनम्र; शालीन; विनीत; श्लील; आचारवान; सुसंस्कृत 3. धीर; शांत 4. आज्ञाकारी; प्रसिद्ध।

शिष्टता (सं.) [सं-स्त्री.] 1. शिष्ट होने की स्थिति, गुण या भाव; सज्जनता; सभ्यता 2. सुशीलता; विनम्रता 3. शिष्ट आचरण।

शिष्टत्व (सं.) [सं-पु.] शिष्ट होने का भाव या गुण; सज्जनता; भलमनसाहत; विनम्रता; सभ्यता।

शिष्टभाषी (सं.) [वि.] शिष्ट भाषा बोलने वाला; मधुरभाषी।

शिष्टमंडल (सं.) [सं-पु.] 1. किसी विशेष कार्य हेतु भेजा जाने वाला प्रतिनिधियों का दल; प्रतिनिधिमंडल; (डेलीगेशन) 2. शिष्ट व्यक्तियों का दल।

शिष्टाचार (सं.) [सं-पु.] 1. शिष्टतापूर्वक किया गया व्यवहार; तमीज़; अदब; कायदा 2. किसी समाज, संस्था आदि द्वारा निर्धारित नियमों के अनुसार आचरण 3. शिष्ट व्यक्तियों का आचार अथवा व्यवहार; सदाचार 4. औपचारिक व्यवहार; आवभगत; सत्कार 5. तौर-तरीका; सलीका; (एटिकेट)।

शिष्टाचारी (सं.) [वि.] 1. शिष्ट आचरण करने वाला; सदाचारी; विनम्र 2. किसी समाज या संस्था द्वारा निर्धारित नियमों को मानने वाला।

शिष्य (सं.) [सं-पु.] 1. विद्यार्थी; चेला; शागिर्द; (स्टुडेंट) 2. अनुगामी; मुरीद 3. वह जिसने गुरुमंत्र लिया हो 4. वह जिसने किसी का शिष्यत्व ग्रहण किया हो।

शिष्यत्व (सं.) [सं-पु.] शिष्य होने का भाव या कर्म।

शिस्त (फ़ा.) [सं-स्त्री.] 1. मछली फँसाने का काँटा; बंसी; बलिश 2. सीध 3. आघात करने का लक्ष्य या निशाना 4. ज़मीन मापने का दूरबीन की तरह का एक यंत्र 5. अँगूठा 6. दरजी या तीरंदाज़ द्वारा उँगली में पहनी जाने वाली वस्तु; अंगुलीत्राण; अंगुश्ताना।

शीकर (सं.) [सं-पु.] 1. वर्षा की बूँद; फुहार; जल-कण 2. तुषार 3. वायु 4. सरल नामक वृक्ष या उक्त वृक्ष का गोंद 5. धूप नामक सुगंधित द्रव्य 6. गंध-विरोजा।

शीघ्र (सं.) [अव्य.] 1. अविलंब; जल्दी; क्षीप्र 2. बिना देर किए; त्वरित 3. तुरंत; तत्काल; फुरती से; झटपट 4. निकट

भविष्य में।

शीघ्रकारी (सं.) [वि.] 1. शीघ्र या तुरंत काम करने वाला 2. जल्दी असर करने वाला (औषधि आदि) 3. उग्र; तीव्र। [सं-पु.] एक प्रकार का सन्निपात ज्वार का एक भेद।

शीघ्रगतिक (सं.) [वि.] जल्दी-जल्दी चलने वाला; तेज़ चलने वाला; शीघ्रगामी; द्रुतगामी।

शीघ्रगामी (सं.) [वि.] तेज़ चलने वाला; द्रुतगामी; तीव्रगामी।

शीघ्रता (सं.) [सं-स्त्री.] 1. तेज़ी; जल्दबाज़ी 2. चुस्ती; तत्परता।

शीघ्रतापूर्वक (सं.) [क्रि.वि.] जल्दी-जल्दी; शीघ्रता से; फुर्ती से।

शीघ्रपतन (सं.) [सं-पु.] संभोग के समय वीर्य का अपेक्षाकृत शीघ्र स्खलन।

शीघ्रबुद्धि (सं.) [वि.] बहुत बुद्धिमान; अत्यंत चतुर; कुशाग्रबुद्धि; हाज़िरजवाब।

शीघ्रातिशीघ्र (सं.) [क्रि.वि.] अतिशीघ्र; तत्काल; तक्षण।

शीत (सं.) [सं-पु.] 1. जाड़ा; ठंड 2. जाड़े का मौसम 3. कपूर 4. जुकाम 5. बेंत 6. दालचीनी 7. नीग 8. ओस 9. कोहरा 10. जल 11. चंदन 12. तुषार 13. पितपापड़ा 14. बहुबारक वृक्ष 15. अशनपर्णी। [वि.] 1. शीतल; ठंडा 2. सुस्त; शिथिल।

शीत कटिबंध (सं.) [सं-पु.] (भूगोल) पृथ्वी के वे भाग जो भूमध्य रेखा से 23 1/2 अंश उत्तर व 23 1/2 अंश दक्षिण के बाद पड़ते हैं तथा जहाँ सरदी ज़्यादा पड़ती है; (फ्रिज़िड जोन)।

शीतक (सं.) [सं-पु.] 1. ठंडा करने वाला यंत्र 2. ठंड का मौसम; शीत ऋतु 3. बिच्छू 4. चंदन का एक प्रकार 5. बनसनई 6. निश्चिंत मनुष्य 7. दीर्घसूत्री व्यक्ति 8. आलसी व्यक्ति। [वि.] 1. शीतलता उत्पन्न या प्रदान करने वाला 2. ठंडा 3. आलसी।

शीतकर (सं.) [सं-पु.] 1. शीतल किरण प्रदान करने वाला अर्थात चाँद 2. कपूर। [वि.] शीतल करने वाला।

शीतकाल (सं.) [सं-पु.] जाड़े अथवा ठंड का समय।

शीतकालीन (सं.) [वि.] 1. शीतकाल संबंधी; शीतकाल में होने वाला; शारदीय 2. बरफ़ीला; ठंडा।

शीतगृह (सं.) [सं-पु.] फलों और सब्ज़ियों को लंबे समय तक ताज़ा बनाए रखने के लिए कृत्रिम ढंग से ठंडा किया गया स्थान अथवा भवन; (कोल्ड स्टोरेज)।

शीतज्वर (सं.) [सं-पु.] एक तरह का ज्वर जिसके आने पर तेज़ ठंड लगती है; जड़ैया बुख़ार।

शीततरंग (सं.) [सं-स्त्री.] 1. शीत ऋतु में अत्यधिक ठंड बढ़ाने वाली तरंग 2. किसी दिशा में बढ़ने वाली वह तरंग जो सहसा कुछ समय के लिए ठंड बढ़ा देती है; शीतलहर; (कोल्ड वेव)।

शीतनिष्क्रियता (सं.) [सं-स्त्री.] कुछ विशिष्ट प्राणियों का सरदी के मौसम में ज़मीन की सतह के नीचे छिप जाना या निष्क्रिय हो जाना; (हाइबरनेशन)।

शीतभंडार (सं.) [सं-पु.] वह भवन या स्थान जहाँ मशीनों द्वारा तापमान नियंत्रित करके अथवा बहुत ठंडा वातावरण उत्पन्न करके वस्तुओं या फल-सब्ज़ियों आदि को ख़राब होने से बचाया जाता है; शीतगृह; शीतागार; (कोल्ड स्टोरेज)।

शीतयुद्ध (सं.) [सं-पु.] राष्ट्रों के बीच परस्पर होने वाला अघोषित युद्ध जिसमें आपसी रंजिश के कारण आरोप-प्रत्यारोप, दुष्प्रचार और आर्थिक विध्वंस का प्रयत्न चलता रहता है।

शीतल (सं.) [वि.] 1. ठंडा; शीत उत्पन्न करने वाला; सर्द 2. जो ठंडक उत्पन्न करता हो; जिसमें शीतलता हो 3. शांत; सौम्य; आवेश रहित 4. प्रसन्न; संतुष्ट; संतोषी। [सं-पु.] 1. पीला चंदन 2. कसीस 3. कमल 4. कपूर 5. चंपक 6. मोती 7. चंद्रमा।

शीतलता (सं.) [सं-स्त्री.] 1. शीतल होने की अवस्था, गुण या भाव; ठंडक; सरदी 2. {ला-अ.} ठंडापन; जड़ता।

शीतला (सं.) [सं-स्त्री.] 1. (अंधविश्वास) चेचक रोग की देवी 2. दिगंबरा; शीतला माता 3. चेचक रोग 4. बालू 5. एक राग 6. नीली दूब 7. अर्क पुष्पी।

शीतलित (सं.) [वि.] 1. बहुत ज़्यादा शीतल या ठंडा किया हुआ; हिमीकृत 2. बरफ़ में रखकर ख़राब होने से बचाया हुआ; परिरक्षित (खाद्य)।

शीतवीर्य (सं.) [वि.] (आयुर्वेद) जिसका प्रभाव या तासीर ठंडक प्रदान करने वाली हो, जैसे- शीतवीर्य दवा। [सं-पु.] 1. पाषाण- भेद नामक वनस्पति 2. नीली दूब 3. बच 4. पाकर वृक्ष 5. पित्तपपड़ा।

शीतांग (सं.) [सं-पु.] शीत से हाथ-पैर का सुन्न हो जाना; शीत सन्निपात।

शीतांशु (सं.) [सं-पु.] 1. चंद्रमा 2. कपूर।

शीतातप (सं.) [सं-पु.] सरदी और गरमी दोनों; शीत और आतप दोनों।

शीतोष्ण (सं.) [वि.] 1. शीत और उष्ण; ठंडा और गरम 2. शीत और उष्ण का लगभग बराबर तालमेल, (टेंपरेट)।

शीया (अ.) [सं-पु.] 1. इस्लाम धर्म की एक शाखा 2. हज़रत अली को मानने वाले मुस्लिम; शिया।

शीर[1] (सं.) [सं-पु.] अजगर।

शीर[2] (फ़ा.) [सं-पु.] क्षीर; दूध।

शीरमाल (फ़ा.) [सं-स्त्री.] घी डालकर तथा दूध का छींटा देकर पकाई गई ख़मीरी रोटी।

शीरा (फ़ा.) [सं-पु.] दे. शीराँ।

शीराँ (फ़ा.) [सं-पु.] 1. गुड़ अथवा चीनी का गाढ़ा घोल; चाशनी 2. घोटकर बनाया गया कोई पेय।

शीराज (फ़ा) [सं-पु.] ईरान का एक प्रसिद्ध नगर।

शीराज़ा (फ़ा.) [सं-पु.] 1. पुस्तकों की जिल्दबंदी या सिलाई में दोनों गत्तों या तलों को जकड़ने वाला कागज़ का टुकड़ा; वह मोटा धागा या फ़ीता जो जिल्द के पुश्तों से सटा रहता है 2. (वस्त्रों की) सिलाई 3. {ला-अ.} प्रबंध; व्यवस्था 4. क्रम 5. संघटन।

शीराज़ी (फ़ा.) [सं-पु.] 1. ईरानी शहर शीराज़ का निवासी 2. कबूतर की एक जाति। [सं-स्त्री.] शीराज़ की बनी शराब। [वि.] शीराज़ का; शीराज़ संबंधी।

शीरी (सं.) [सं-पु.] 1. कुश 2. मूँज नामक बड़ी घास 3. कलिहारी।

शीरीं (फ़ा.) [वि.] 1. मीठा; मधुर 2. रुचिकर 3. प्यारा; प्रिय। [सं-स्त्री.] फ़रहाद की प्रेयसी।

शीरींज़बान (फ़ा.) [वि.] 1. जिसकी आवाज़ में मधुरता या मिठास हो; मृदुभाषी 2. अच्छी भाषा बोलने वाला।

शीरीनी (फ़ा.) [सं-स्त्री.] 1. मिठास; मधुरता 2. एक प्रकार की मिठाई जो चीनी की चाशनी को टपका कर बनाई जाती है; बतासा 3. देवता आदि के समक्ष आदरपूर्वक रखी जाने वाली मिठाई।

शीर्ण (सं.) [वि.] 1. कुम्हलाया हुआ 2. सड़ा-गला 3. चिथड़े-चिथड़े हुआ 4. छितराया हुआ 5. कृश 6. गिरा हुआ; च्युत 7. टुकड़े-टुकड़े। [सं-पु.] थुनेर नामक गंध- द्रव्य ।

शीर्ष (सं.) [सं-पु.] 1. किसी वस्तु का सबसे ऊपरी सिरा या हिस्सा; उन्नत भाग; उच्च बिंदु 2. सिर; मस्तक; ललाट; माथा 3. खाते में किसी मद का नाम 4. एक प्रकार की घास 5. काला अगर 6. एक पर्वत 7. वह बिंदु जिस पर दो सरल रेखाएँ कोण बनाती हैं।

शीर्षक (सं.) [सं-पु.] 1. वह शब्द या शब्द समूह जो किसी विषय से परिचित होने के लिए सबसे ऊपर लिखा जाता है; (टाइटिल) 2. किसी ग्रंथ या लेख आदि के विषय का परिचायक शब्द; रचना नाम 3. टोपी; साफ़ा; पगड़ी; शिरस्त्राण 4. सिर; खोपड़ी 5. ऊपरी भाग; चोटी।

शीर्षबिंदु (सं.) [सं-पु.] 1. ऊर्ध्वबिंदु; सिर का सबसे ऊपरी स्थान 2. आकाश का वह स्थान या सूचक जो सिर के ठीक ऊपर पड़ता है 3. मोतियाबिंद नामक रोग।

शीर्षरेखा (सं.) [सं-स्त्री.] 1. सबसे ऊपर की लकीर 2. देवनागरी लिपि के अक्षरों के ऊपर रहने वाली रेखा; शिरोरेखा; लकीर।

शीर्षस्थ (सं.) [वि.] 1. शीर्षस्थान पर रहने वाला; उच्चतम; चोटी का 2. {ला-अ.} प्रधान; मुख्य; उत्तम।

शीर्षासन (सं.) [सं-पु.] (योगशास्त्र) एक प्रकार का आसन जिसमें सिर नीचे और पैर हवा में सीधे खड़े रहते हैं।

शील (सं.) [सं-पु.] 1. नैतिक आचरण; स्वभाव; चरित्रगत; शिष्टता; विनम्रता 2. मर्यादा; चाल-चलन 3. सदाचार की मानसिक वृत्ति; उत्तम आचार। [वि.] उन्मुख; प्रवृत्त आदि स्वभाव वाला (समास में प्रयुक्त जैसे- दयाशील)।

शीलन (सं.) [सं-पु.] 1. अभ्यास 2. विवेचना 3. ग्रहण करना; धारण करना 4. प्रवर्तन।

शीलभंग (सं.) [सं-पु.] 1. किसी किशोरी या युवती के साथ किया गया अनैतिक व्यवहार; व्यभिचार; दुर्व्यवहार 2. बलात्कार; दुराचार।

शीलवान (सं.) [वि.] 1. अच्छे शील या चरित्रवाला; सुशील; सदाचारी 2. अच्छे व्यवहार वाला 3. बौद्धों में शीलों का पालक।

शील्ड (अं.) [सं-स्त्री.] 1. किसी उपलब्धि पर या प्रतियोगिता आदि में दिया जाने वाला ढाल की आकृति का पुरस्कार 2. रक्षाकवच; बचाव 3. ढाल 4. प्रतीक चिह्न।

शीश[1] (सं.) [सं-पु.] सर; सिर; मस्तक; माथा।

शीश[2] (फ़ा) [सं-पु.] शीशा; काँच (प्राय: समास में प्रयुक्त जैसे, शीश-ए-दिल)।

शीशफूल [सं-पु.] 1. बौंरिया 2. सिर का एक आभूषण।

शीशम (सं.) [सं-पु.] एक भारी, मजबूत, एवं सुंदर तने वाला पेड़ जिससे इमारत, दरवाजे, कुर्सी, बेंच आदि बनाए जाते हैं।

शीशमहल (फ़ा.+अ.) [सं-पु.] 1. शीशे का मकान 2. शीशा जड़ा मकान; वह महल जिसकी दीवारों पर शीशे जड़े हों ।

शीशा (फ़ा.) [सं-पु.] 1. काँच 2. दर्पण; आईना।

शीशी (फ़ा.) [सं-स्त्री.] 1. काँच से निर्मित छोटे आकार की बोतल या डिबिया; शीशे का छोटा पात्र जिसमें दवा, तेल आदि रखते हैं 2. बोतल का छोटा रूप।

शुंग (सं.) [सं-पु.] 1. वट वृक्ष; बरगद 2. पाकड़ 3. आमड़े का वृक्ष 4. वृक्ष आदि का नया पत्ता 5. फूलों के पंखुड़ियों के नीचे की कटोरी 6. (इतिहास) एक ब्राह्मण राजवंश जिसने मौर्य शासन के बाद मगध पर राज्य किया था 7. शूक।

शुंठी (सं.) [सं-स्त्री.] सूखा हुआ अदरक; सोंठ।

शुंड (सं.) [सं-पु.] 1. (हाथी का) सूँड़ 2. हाथी का मदजल 3. एक तरह की शराब 4. दान।

शुंडा (सं.) [सं-स्त्री.] 1. सूँड़ 2. शराबख़ाना 3. एक प्रकार की शराब 4. कमलनाल 5. वेश्या 6. होली।

शुंडाकार (सं.) [वि.] सूँड़ की आकृति का।

शुंडिक (सं.) [सं-पु.] 1. शराब का व्यवसाय करने वाला व्यक्ति 2. शराब बनाने वाली जाति 3. शराब का विक्रय स्थल; मद्यशाला।

शुंडिका (सं.) [सं-स्त्री.] 1. गले के अंदरूनी भाग की घाँटी; कौवा; घंटी 2. ग्रंथि की सूजन।

शुंडी (सं.) [सं-पु.] 1. हाथी; गज 2. शराब बेचने वाला व्यक्ति 3. शराब बनाने वाली जाति; कलवार। [सं-स्त्री.] 1. एक प्रकार का पौधा 2. गले के अंदर स्थित एक ग्रंथि; कौआ 3. ग्रंथि की सूजन।

शुंभ (सं.) [सं-पु.] (पुराण) एक राक्षस जिसका दुर्गा ने वध किया था।

शुक (सं.) [सं-पु.] 1. सुग्गा; तोता 2. वस्त्र; पोशाक।

शुकदेव (सं.) [सं-पु.] (महाभारत) एक मुनि; व्यास मुनि के पुत्र।

शुकराना (अ.+फ़ा.) [सं-पु.] 1. धन्यवाद; शुक्रिया 2. किसी कार्य के पूर्ण होने के उपरांत धन्यवादपूर्वक दिया जाने वाला धन 3. कृतज्ञता।

शुक्कोह [सं-पु.] यहूदियों का एक पर्व।

शुक्त (सं.) [वि.] 1. निर्मल; स्वच्छ 2. संयुक्त 3. खट्टा 4. कठोर 5. निर्जन। [सं-पु.] 1. वशिष्ठ का एक पुत्र 2. मांस 3. काजी 4.खट्टी वस्तु 5. सिरका 6. कठोर शब्द।

शुक्ति (सं.) [सं-स्त्री.] 1. सीपी नामक जलीय जंतु; सुतुही 2. सुतुही नामक जंतु का कवच; सीप 3. शंख 4. बेर 5. नखी नामक गंधद्रव्य 6. अर्श या बवासीर नामक गुदा का रोग 7. कपाल 8. अस्थि; हड्डी 9. एक प्रकार का नेत्र रोग 10. घोड़े

के गरदन पर बालों की भौंरी।

शुक्तिका (सं.) [सं-स्त्री.] 1. सीप; सीपी 2. चूक नामक साग; चुक्रिका 3. नेत्र का शुक्ति नामक रोग।

शुक्र[1] (सं.) [सं-पु.] 1. सौरमंडल का एक चमकीला ग्रह 2. (पुराण) असुरों के गुरु शुक्राचार 3. सप्ताह का छठा दिन 4. वीर्य; बीज 5. शक्ति; पराक्रम; बल 6. अग्नि 7. ज्येष्ठ मास 8. एरंड 9. एक नेत्र रोग, फुली। [वि.] 1. चमकीला 2. श्वेत 3. विशुद्ध।

शुक्र[2] (अ.) [सं-पु.] उपकार मानना; कृतज्ञताज्ञापन; धन्यवाद।

शुक्रकर (सं.) [वि.] 1. वीर्य बढ़ाने वाला; बलवर्धक 2. स्वास्थ्यप्रद। [सं-पु.] मज्जा (मान्यता है कि इससे वीर्य निर्मित होता है)।

शुक्रगुज़ार (अ.+फ़ा.) [वि.] 1. शुक्र या आभार मानने वाला; आभारी 2. आभार प्रदर्शित करने वाला; कृतज्ञ।

शुक्रगुज़ारी (अ.+फ़ा.) [सं-स्त्री.] कृतज्ञता; आभार; आभार प्रदर्शन।

शुक्रतारा (सं.) [सं-पु.] शुक्र ग्रह, जो पृथ्वी से देखने पर तारे के समान प्रतीत होता है, (वीनस)।

शुक्रवार (सं.) [सं-पु.] सप्ताह का छठवाँ दिन; जुमा।

शुक्राणु (सं.) [सं-पु.] नर प्राणी के वीर्य का वह अंश या कोशिका जो मादा प्राणी को गर्भवती करती है; वीर्याणु।

शुक्राना (अ.) [सं-पु.] वह धन जो किसी सफलता पर ख़ुश होकर दिया जाता है; बख़्शिश।

शुक्रिया (फ़ा.) [सं-पु.] 1. किसी के अनुग्रह के बदले कृतज्ञता प्रकट करने वाला शब्द 2. धन्यवाद; आभार।

शुक्ल (सं.) [वि.] 1. श्वेत; शुभ्र; सफ़ेद 2. सात्विक 3. यशस्कर। [सं-पु.] 1. ब्राह्मण समाज में एक कुलनाम या सरनेम 2. चंद्र मास का शुक्ल पक्ष 3. श्वेत एरंड का पेड़ 4. मक्खन 5. चाँदी 6. योग 7. एक संवत्सर 8. कुंद पुष्प 9. शिव 10. विष्णु 11. वैशाख मास।

शुक्लपक्ष (सं.) [सं-पु.] अमावस्या के बाद की प्रतिपदा से पूर्णिमा तक के दिन जिसमें चंद्रमा की कला प्रतिदिन बढ़ती है; उजला पखवाड़ा; धवलपक्ष।

शुक्लपक्षीय (सं.) [वि.] 1. शुक्लपक्ष से संबंधित 2. (साहित्य) अर्थ के मंतव्य से उत्कर्ष का सूचक।

शुचि (सं.) [सं-पु.] 1. सौराग्नि 2. सूर्य 3. चंद्र 4. शुक्र 5. ज्येष्ठ 6. आषाढ़ 7. ग्रीष्म ऋतु 8. शृंगार 9. शिव 10. कार्तिकेय 11. ब्राह्मण 12. सच्चा मित्र 13. अन्नप्राशन के समय का होम। [सं-स्त्री.] - 1. शुद्धता; पवित्रता 2. दीप्ति; प्रकाश 3. स्वच्छता। [वि.] 1. शुद्ध; पवित्र; साफ़; स्वच्छ; निर्मल 2. सफ़ेद; चमकीला 3. निर्दोष; सच्चा; ईमानदार; निश्छल; निष्कपट।

शुचिकर्मा (सं.) [वि.] जो पवित्र कार्य करता हो; धर्मात्मा; पुण्यात्मा; सदाचारी।

शुचिता (सं.) [सं-स्त्री.] 1. शुचि या शुद्ध होने की अवस्था, गुण या भाव 2. रहन-सहन में स्वच्छता; पवित्रता 3. ईमानदारी; निर्दोषता।

शुचिष्मान् (ष्मत) (सं.) [वि.] द्युतिमान, प्रकाशयुक्त।

शुजाअ (अ.) [वि.] सूरमा; वीर; बहादुर।

शुजाअत (अ.) [सं-स्त्री.] 1. बहादुरी, वीरता 2. रणकौशल।

शुतुर (फ़ा.) [सं-पु.] ऊँट; उष्ट्र।

शुतुरमुर्ग (फ़ा.) [सं-पु.] मुरगे की प्रजाति का एक बड़ा पक्षी जिसकी गर्दन काफी लंबी होती है, वह उड़ नहीं सकता।

शुदनी (फ़ा.) [सं-स्त्री.] 1. भविष्य में होने वाली घटना या बात; होनी 2. अनपेक्षित दुर्घटना। [वि.] होनहार।

शुद्ध (सं.) [वि.] 1. जिसमें कोई खोट न हो; ख़ालिस 2. (पदार्थ) जिसमें किसी प्रकार की मिलावट न हो 3. साफ़; निर्मल; पवित्र; स्वच्छ; निर्दोष; श्वेत 4. {व्यं-अ.} ईमानदार; सच्चा; पापरहित; सही; ठीक 5. निष्पाप 6. मूलहीन गणना 7. अनुपम; बेजोड़ 8. उज्वल, चमकीला। [सं-पु.] 1. चौदहवें मन्वंतर के एक सप्तऋषि 2. काली मिर्च 3. सेंधा नमक 4.संगीत में प्राचीन अथवा मार्ग रागों की संज्ञा जैसे - भैरव; मेघ आदि।

शुद्ध-बुद्ध (सं.) [वि.] ज्ञानवान एवं पुण्य (आत्मा)।

शुद्धकल्याण (सं.) [सं-पु.] (संगीत) रात के पहले पहर में गाया जाने वाला ओड़व संपूर्ण जाति का एक राग।

शुद्धता (सं.) [सं-स्त्री.] 1. शुद्ध होने की अवस्था, धर्म या भाव 2. स्वच्छता; निर्मलता।

शुद्धतावादी (सं.) [सं-पु.] शुद्धता के सिद्धांत को मानने वाला व्यक्ति। [वि.] शुद्धता का बोधक।

शुद्धसारंग (सं.) [सं-पु.] (संगीत) ओड़व षाड़व जाति का एक राग जिसे मध्याहन में गाया जाता है।

शुद्धा (सं.) [सं-स्त्री.] 1. एक जंगली पेड़ 2. इंद्रजौ के पेड़ की फली या बीज; कुटज बीज 3. (काव्यशास्त्र) लक्षणा का एक भेद।

शुद्धापहुति (सं.) [सं-स्त्री.] (काव्यशास्त्र) अपह्नुति अलंकार का एक भेद।

शुद्धि (सं.) [सं-स्त्री.] 1. शुद्धता; शुचिता; पवित्रता 2. स्वच्छता; सफ़ाई 3. प्रायश्चित 4. व्यक्ति या वस्तु को शुद्ध करने का संस्कार 5. दुर्गा का एक नाम 6. चमक; द्युति।

शुद्धिकरण (सं.) [सं-पु.] शुद्ध या पवित्र करने का कार्य; शुद्धि; स्वच्छता; सफ़ाई।

शुद्धिपत्र (सं.) [सं-पु.] 1. पुस्तक या ग्रंथ के अंत में लगाया गया वह पत्र जिसमें उक्त पुस्तक की अशुद्धियाँ और उनके शुद्ध रूप लिखे जाते हैं 2. प्राचीन काल में धर्म च्युत व्यक्ति को पुन: धर्म में मिलने हेतु प्रायश्चित के बाद दिया जाने वाला पत्र (शुक्रनीति)।

शुद्धिवादी (सं.) [वि.] शुद्धि से संबंधित विचारधारा वाला।

शुद्धोदन (सं.) [सं-पु.] एक शाक्य राजा जो गौतम बुद्ध के पिता थे।

शुफ़ा (अ.) [सं-पु.] 1. पड़ोस 2. पार्श्ववर्ती; निकटस्थ।

शुबहा (अ.) [सं-पु.] 1. संदेह; शक 2. भ्रम; वह्म।

शुभ (सं.) [वि.] 1. मंगलमय; कल्याणकारी 2. चमकीला; सुंदर 3. अच्छा, हितकारी, फलदायक आदि का सूचक 4. पवित्र। [सं-पु.] 1. मंगल; कल्याण 2. एक सुगंधित लकड़ी

3. पद्मकाष्ठ 4. बकरा 5. चाँदी 6. एक आभूषण 7. जल 8. विष्कम्भकादि सत्ताइस योगों में एक।

शुभंकर (सं.) [वि.] 1. मंगलकारी; शुभकारी 2. प्रतिकृति 3. किसी आयोजन के संबंध में लोगों को प्रेरित करने के लिए बनाया गया शुभचिह्न; (लोगो)।

शुभकामना (सं.) [सं-स्त्री.] मंगल कामना; कल्याण या भलाई के लिए की जाने वाली कामना; इच्छा; (विश)।

शुभघड़ी [सं-स्त्री.] किसी कार्य को करने का अच्छा या अनुकूल समय; शुभ समय; मुहूर्त।

शुभचिंतक (सं.) [वि.] हित या कल्याण चाहने वाला; शुभ चिंतन करने वाला; शुभाकांक्षी; हितैषी; शुभेक्षु।

शुभत्व (सं.) [सं-पु.] शुभ होने की अवस्था।

शुभदंडक (सं.) [सं-पु.] (काव्यशास्त्र) विजया नामक छंद का एक प्रकार।

शुभदर्शन (सं.) [वि.] 1. जिसके दर्शनों से कल्याण होता हो; शुभदर्शी 2. जिसको देखना शुभ हो; कल्याण सूचक 3.सुंदर।

शुभा (सं.) [सं-स्त्री.] 1. शोभा; सजावट 2. कांति; दीप्ति; सौंदर्य 3. वह जो शुभ करने वाली हो; कल्याणी 4. (पुराण) देवताओं की सेना 5. वंश-लोचन 6. गोरोचन 7. श्वेत दूर्वा 8. बकरी 9. पुरइन की पत्ती 10. श्वेतवच। [सं-पु.] भ्रम; धोखा; संदेह।

शुभांगी (सं.) [सं-स्त्री.] 1. (लोकमान्यता) शुभ लक्षणों से युक्त अंगों वाली स्त्री 2. (पुराण) कुबेर की एक पत्नी; कामदेव की पत्नी; रति 3. (संगीत) कर्नाटकी पद्धति की एक रागिनी। [वि.] सुंदरी।

शुभाकांक्षा (सं.) [सं-स्त्री.] शुभ की इच्छा या आकांक्षा; किसी के हित की कामना।

शुभाकांक्षी (सं.) [वि.] 1. कल्याण या मंगल की अकांक्षा करने वाला 2. भलाई चाहने वाला; शुभचिंतक; हितैषी।

शुभागमन (सं.) [सं-पु.] 1. मंगलप्रद या कल्याणकारी आगमन 2. सुखद और फलदायक आगमन या उपस्थिति।

शुभारंभ (सं.) [सं-पु.] 1. किसी कार्य का मंगल या शुभ आरंभ 2. किसी कार्य की यथोचित शुरुआत।

शुभाशय (सं.) [वि.] अच्छे या शुभ विचारवाला; कल्याणकामी; शुभचिंतक।

शुभेच्छु [सं-पु.] 1. वह व्यक्ति जो किसी का शुभ चाहता हो; शुभचिंतक 2. किसी के हित या भलाई के बारे में सोचने वाला व्यक्ति; हितैषी।

शुभेतर (सं.) [वि.] 1. जो शुभ न हो; अशुभ 2. ख़राब; अनिष्टकारी; बुरा।

शुभ्र (सं.) [वि.] 1. श्वेत; सफ़ेद 2. उज्ज्वल; चमकीला। [सं-पु.] 1. चाँदी 2. सफ़ेद रंग 3. अभ्रक 4. फिटकरी 5. चीनी 6. चंद्रमा 7. खस 8. चरबी 9. रूपा मक्खी 10. श्वेत विधारा।

शुभ्रा (सं.) [वि.] शुभ्र; श्वेत, चमकीली। [सं-स्त्री.] 1. सुंदर स्त्री 2. स्फटिक 3. फिटकरी 4. वंशलोचन 5. गंगा नदी 6. चीनी।

शुमार (फ़ा.) [सं-पु.] 1. गिनती; गणना; तखमीना 2. हिसाब; लेखा 3. आतंक; भय।

शुमारी (फ़ा.) [परप्रत्य.] शुमार करने या गिनने की क्रिया; गणना; गिनती, जैसे- मर्दुमशुमारी (जनगणना)।

शुमाली (अ.) [वि.] 1. उत्तर दिशा में होने वाला; उत्तरी 2. उत्तर दिशा में स्थित।

शुरू (अ.) [सं-पु.] 1. किसी कार्य आदि के आरंभ होने या करने की क्रिया 2. वह स्थान जहाँ से किसी वस्तु का आरंभ हो। [वि.] जो चल रहा हो; जिसकी शुरुआत हुई हो या की गई हो।

शुरुआत (अ.) [सं-स्त्री.] 1. आरंभ; आदि 2. पहल।

शुरुआती (अ.) [वि.] 1. शुरू का; सबसे पहला; आदिम 2. प्रारंभिक; आरंभिक 3. प्रयोगात्मक।

शुल्क (सं.) [सं-पु.] 1. वह धन जो किसी नियम, विधि या परिपाटी के अनुसार आवश्यक रूप से दिया या लिया जाए 2. किसी वस्तु के उत्पादन या आयात-निर्यात पर सरकार द्वारा लिया जाने वाला कर 3. छात्र द्वारा किसी शिक्षण संस्थान आदि को नियमानुसार दिया जाने वाला धन 4. कोई काम करने के बदले दिया जाने वाला धन 5. भाड़ा; किराया 6. दाम; मूल्य 7. पत्र-पत्रिका का चंदा 8. संभोग के बदले दिया गया द्रव्य 9. कीमत 10. लाभ 11. दहेज।

शुश्रूषा (सं.) [सं-स्त्री.] 1. सेवा; टहल; रोगी की देखरेख 2. सुनने की इच्छा 3. बच्चे का पालन-पोषण या देखभाल 4. स्वास्थ्य की देखरेख 5. चापलूसी; ख़ुशामद।

शुष्क (सं.) [वि.] 1. वह स्थान या वातावरण जो आर्द्र या नम न हो 2. रूखा; सूखा 3. स्नेह, कोमलता आदि से रहित; भावनारहित।

शुष्कता (सं.) [सं-स्त्री.] 1. शुष्क होने की अवस्था या भाव; सूखापन 2. नीरसता; रसहीनता 3. हृदयहीनता; कठोरता।

शुष्कहृदय (सं.) [वि.] जिसमें प्रेम, उदारता, करुणा आदि का अभाव हो; पत्थरदिल।

शूक (सं.) [सं-पु.] 1. चिकना व नुकीला अग्रभाग 2. फ़सल का बाल या सींका 3. जौ 4. काँटा 5. एक कीड़ा 6. कीड़ों का नुकीला रोम 7. दाढ़ी 8. शिखा 9. लिंग में होने वाला एक रोग 10. शिखा 11. दया 12. शोक।

शूकधानी (सं.) [सं-पु.] गद्दी युक्त आधार जिसमें पिन आदि नुकीली वस्तु लगाई जा सकती है; कंटिकाधार; पिनगद्दा।

शूकर (सं.) [सं-पु.] एक पशु जो विशेषकर मांस के लिए पाला जाता है; सुअर; वराह।

शूकरक्षेत्र (सं.) [सं-पु.] (मिथक) उत्तरप्रदेश के बुलंदशहर जिले में स्थित एक तीर्थस्थल जहाँ विष्णु ने वराह अवतार लिया था; सूकर खेत; सारी नामक तीर्थ स्थान; नैमिषारण्य (उत्तर-प्रदेश) के पास स्थित एक तीर्थ।

शूट (अं.) [सं-पु.] 1. फ़ोटो लेने की क्रिया 2. फ़िल्म या चलचित्र बनाने की क्रिया 3. गोली मारना।

शूटिंग (अं.) [सं-स्त्री.] 1. निशानेबाज़ी का खेल 2. गोलीबारी 3. शिकार 4. फ़िल्म बनाना; फ़िल्माना।

शूद्र (सं.) [सं-पु.] 1. प्राचीन वर्ण व्यवस्था के अनुसार चार

वर्णों में अंतिम वर्ण 2. शूद्र वर्ण का व्यक्ति 3. नैऋत्य कोण में स्थित एक देश। [वि.] निकृष्ट; बहुत खराब।

शूद्रक (सं.) [सं-पु.] 1. एक राजा और मृच्छकटिक के रचयिता 2. शूद्र मुनि।

शूद्रता (सं.) [सं-पु.] शूद्र होने की अवस्था या भाव।

शूद्रत्व (सं.) [सं-पु.] शूद्र का भाव; शूद्रता।

शून्य (सं.) [सं-पु.] 1. अवकाश; ख़ाली स्थान 2. आकाश 3. एकांत स्थान 4. बिंदु; बिंदी 5. अभाव 6. अभाव सूचक चिह्न; सिफर; (ज़ीरो) 7. वह स्थान जहाँ वायु भी न हो 8. परमात्मा 9. स्वर्ग 10. एक प्रकार का कर्णाभूषण। [वि.] 1. जिसमें कुछ न हो; रिक्त; ख़ाली; रीता 2. निराकार; अस्तित्वहीन 3. अवास्तविक; असत 4. निर्जन 5. तुच्छ 6. हिन 7. रहित 8. उदास।

शून्यकाल (सं.) [सं-पु.] वह समय जब कोई क्रियाकलाप या गतिविधि आरंभ करने का निश्चय किया गया हो; (ज़ीरो आवर)।

शून्यगर्भ (सं.) [वि.] 1. जो अंदर से ख़ाली हो 2. मूर्ख; रीता; रिक्त 3. सारहीन; निस्सार। [सं-पु.] एक फल; पपीता।

शून्यता (सं.) [सं-स्त्री.] 1. शून्य होने की अवस्था; भाव; शून्यत्व 2. अभाव; ख़ालीपन; रिक्तता 3. निर्जनता; सुनसान; सूनापन।

शून्यत्व (सं.) [सं-पु.] रिक्तता; ख़ालीपन; शून्य होने का भाव; शून्यता।

शून्यदृष्टि (सं.) [सं-स्त्री.] 1. भाव से रहित दृष्टि; भावहीन दृष्टि 2. विचारहीनता सूचित करने वाली दृष्टि 3. लक्ष्यहीन; उदास दृष्टि।

शून्यपाल (सं.) [सं-पु.] 1. प्राचीन काल में वह व्यक्ति जो राजा की अविद्यमानता, असमर्थता आदि के कारण अस्थायी रूप से राज्य का प्रधान बनाया जाता था 2. अधिकारी; प्रतिशासक (रजिडेंट)।

शून्यहृदय (सं.) [वि.] 1. जिसके मन में कुछ भी संदेह न हो; खुले दिलवाला 2. शून्यमनस्क।

शूर (सं.) [सं-पु.] 1. बहादुर; वीर 2. सूरमा; योद्धा; युद्धकुशल 3. सूर्य 4. सूअर 5. बड़हर 6. मसूर 7. आक 8. कृष्ण के पितामह का नाम 10.(पुराण) उत्तर दिशा का एक देश।

शूरता (सं.) [सं-स्त्री.] 1. शूर होने का भाव; वीरता; शूरत्व; बहादुरी 2. शूर का धर्म।

शूरताई (सं.) [सं-स्त्री.] 1. शूर होने का भाव; शूरता; बहादुरी 2. शूर का धर्म।

शूरवीर (सं.) [सं-पु.] 1. बहुत बड़ा वीर; योद्धा; वीर शिरोमणि 2. साहसी या बहादुर व्यक्ति।

शूरसेन (सं.) [सं-पु.] 1. (पुराण) मथुरा के एक प्रसिद्ध राजा जो कृष्ण के बाबा (पितामह) थे 2. मथुरा और उसके आस-पास के क्षेत्र का पुराना नाम।

शूर्पणखा (सं.) [सं-स्त्री.] 1. (रामायण) रावण की बहन 2. सूप के समान सुंदर नख वाली स्त्री।

शूल (सं.) [सं-पु.] 1. एक प्रकार का प्राचीन अस्त्र जो बरछे की तरह का होता है; भाला; त्रिशूल 2. प्राचीन काल में मृत्युदंड देने का एक औज़ार; सूली 3. लोहे का लंबा नुकीला काँटा 4. पेट में वायु से होने वाला ज़ोर का दर्द 5. {ला-अ.} चुभने या कष्ट देने वाली बात 6. नुकीला सिरा; नोक 7. {ला-अ.} बाधा 8. ज्योतिष के अनुसार नवाँ योग।

शूलपाणि (सं.) [सं-पु.] 1. वह जो हाथ में शूल धारण करता हो 2. शिव; महादेव।

शूलस्तूप (सं.) [सं-पु.] शूल के जैसे आकार-प्रकार का विशेष स्तूप।

शूलि (सं.) [सं-पु.] 1. शिव का एक नाम 2. कुंतधारी।

शूली (सं.) [सं-पु.] 1. शिव; शंकर 2. एक नरक 3. खरहा। [सं-स्त्री.] 1. एक तरह की घास; शूलपत्री 2. तीव्र कष्ट या पीड़ा 3. सूली 4. प्राचीन काल में दी जाने वाली मृत्यु की सज़ा जिसमें अपराधी को शूल पर चढ़ाया जाता था। [वि.] 1. शूल धारण करने वाला 2. शूल रोग से पीड़ित।

शृंखल (सं.) [सं-पु.] 1. एक प्रकार का आभरण जो प्राचीन काल में पुरुष कमर में पहनते थे; मेखला 2. हथकड़ी; बेड़ी 3. हाथी आदि को बाँधने की लोहे की ज़ंजीर; साँकल; सिक्कड़ 4. नियम 5. मापने की ज़ंजीर 6. परंपरा; सिलसिला 7. बंधन।

शृंखलता (सं.) [सं-स्त्री.] क्रमबद्ध या सिलसिलेवार होने का भाव; क्रमिकता; शृंखलाबद्धता।

शृंखला (सं.) [सं-स्त्री.] 1. एक दूसरे में पिरोई हुई बहुत-सी कड़ियों का समूह 2. ज़ंजीर; साँकल; लड़ी; (चेन) 3. क्रम में आने वाली बहुत-सी बातें, वस्तुएँ या घटनाएँ; (चेन) 4. एक ही तरह के कार्यों, खेलों आदि का एक के बाद एक करके चलने वाला क्रम; माला; (सीरीज़) 5. कुछ दूर तक चलने वाली श्रेणी; कतार; (रेंज) 6. परंपरा; सिलसिला 7. कमरबंध; करधनी 8. कमरपेटी; (बेल्ट) 9. एक प्रकार का अलंकार।

शृंखलाबद्ध (सं.) [वि.] 1. जो शृंखला के रूप में किसी विशिष्ट क्रम से लगा हो 2. बेड़ी या ज़ंजीर में जकड़ा हुआ।

शृंखलित (सं.) [वि.] 1. जिसमें शृंखला बनी हुई हो 2. शृंखलाबद्ध; व्यवस्थित 3. क्रमबद्ध; निरंतर; क्रमिक 4. जो बेड़ी या शृंखला से जकड़ा हुआ हो।

शृंग (सं.) [सं-पु.] 1. पर्वत का ऊपरी भाग; शिखर; चोटी 2. पशुओं आदि के सींग 3. कँगूरा 4. प्राचीन काल का एक प्रकार का बाजा; सिंगी बाजा 5. कमल; पद्म 6. जीवक नामक अष्टवर्गीय औषधि 7. सोंठ; अदरक 8. प्रभुत्व; प्रधानता 9. काम की उत्तेजना; कामोद्रेक 10. निशान; चिह्न 11. स्तन 12. (पुराण) एक प्राचीन ऋषि का नाम 13. पानी का फौवारा या पिचकारी 14. ऊँचाई 15. चाँद के समान ऊपरी हिस्से वाला चंद्रचूड़ा 16. किसी वस्तु का अग्रभाग; नोक 17. अभिमान; आत्मश्लाघा 18. बाण का नुकीला दंड; बाणकांड 19. एक प्रकार का सेना का व्यूह 20. हाथी का दाँत 21. उत्कर्ष; अभ्युदय। [वि.।] तीक्ष्ण; नुकीला।

शृंगज (सं.) [सं-पु.] 1. अगर; अगरु 2. शर; तीर; बाण। [वि.।] शृंग से उत्पन्न।

शृंगार (सं.) [सं-पु.] 1. सजाने की क्रिया या भाव; सजावट 2. शरीर को सुंदर और आकर्षक बनाने वाली वस्तुएँ; प्रसाधन

सामग्री 3. सौंदर्य प्रसाधनों द्वारा स्त्री या पुरुष-शरीर का बनाव-सजाव; (मेकअप) 4. (काव्यशास्त्र) नौ रसों में से एक प्रधान रस 5. मैथुन; रति; सहवास 6. प्रेम; रसिकता 7. हाथी के शरीर पर बनाए गए सिंदूर के निशान 8. {ला-अ.} किसी को अधिक आकर्षक बनाने वाला गुण 9. सिंदूर 10. लौंग 11. अदरक 12. सोना 13. चूर्ण।

श्रृंगार-कक्ष (सं.) [सं-पु.] 1. वह कक्ष जहाँ सौंदर्य प्रसाधनों द्वारा शरीर का बनाव-सजाव किया जाता है; (मेकअप-रूम) 2. कपड़े बदलने का कमरा; (ड्रेसिंग रूम)।

श्रृंगारहाट (सं.) [सं-स्त्री.] 1. वह बाज़ार जहाँ श्रृंगार की वस्तुएँ बिकती हों 2. {अ-अ.} वेश्याओं का स्थान; चकला।

श्रृंगारिक (सं.) [वि.] 1. श्रृंगार का; श्रृंगार संबंधी 2. श्रृंगार रस से संबंध रखने वाला।

श्रृंगारिणी (सं.) [सं-स्त्री.] 1. श्रृंगार करने वाली स्त्री; श्रृंगारप्रिय 2. वह नारी जिसका श्रृंगार हुआ हो 3. (संगीत) कर्नाटकी शैली की एक रागिनी 4. (काव्यशास्त्र) एक छंद का नाम।

श्रृंगारित (सं.) [वि.] 1. जिसका श्रृंगार किया गया हो; प्रसाधित; सज्जित 2. जिसने श्रृंगार किया हो; सजा-धजा; आकर्षक; मोहक; सुंदर 3. {व्यं-अ.} आसक्त; मुग्ध; प्रेमाभिभूत 4. सिंदूर से रंगा हुआ।

श्रृंगारिया (सं.) [सं-पु.] 1. देवताओं आदि का श्रृंगार करने वाला 2. नाटक, लीला आदि में श्रृंगार करने वाला 3. वह जो तरह-तरह के भेष बनाता हो; बहुरुपिया।

श्रृंगारी (सं.) [वि.] 1. श्रृंगार का; श्रृंगार संबंधी 2. किसी पर अनुरक्त; आसक्त; मुग्ध 3. कामुक; रसिक 3. श्रृंगार रस का प्रेमी 4. सजाधजा। [सं-पु.] 1. कामुक व्यक्ति 2. बनाव-सजाव 3. हाथी 4. माणिक्य 5. बना-ठना व्यक्ति।

श्रृंगाली (सं.) [सं-पु.] विदारीकंद नामक औषध।

श्रृंगी (सं.) [सं-पु.] 1. पर्वत; पहाड़ 2. वृक्ष; पेड़ 3. हाथी; गज 4. (पुराण) एक ऋषि का नाम 5. बरगद; वट 6. पाकड़ 7. अमड़ा 8. ऋषभक नामक औषधि 9. सींग वाले पशु 10. जीवक नामक औषधि 11. सिंगिया नामक विष 12. सींग का बना हुआ एक प्रकार का बाजा 13. शंकर; महादेव; शिव 14. एक प्राचीन देश का नाम 15. मेष; भेड़ा 16. वृष; बैल 17. शिव का एक गण। [सं-स्त्री.] 1. अतीस; अतिविषा 2. आँवला 3. एक प्रकार का साग 4. वह सोना जिसका आभूषण बनता है। [वि.] श्रृंग युक्त, सिंगवाला; जिसमें श्रृंग हो।

श्रृगधरा [सं-पु.] चमड़ा।

श्रृगाल (सं.) [सं-पु.] 1. गीदड़; सियार 2. कृष्ण 3. {ला.अ.} चरवाहा 4.दुष्ट 5. निर्दयी व्यक्ति 6. कायर (सभी विशेषण अर्थ लाक्षणिक हैं)।

शेख़ (अ.) [सं-पु.] 1. मुसलमानों की चार जातियों में से एक 2. पैगंबर मुहम्मद के वंशजों की उपाधि 3. वह जो इस्लाम धर्म का उपदेश देता है; आचार्य 4. वह वृद्ध जो पूज्य हो; पीर।

शेखचिल्ली (अ.+हिं.) [सं-पु.] 1. (लोककथा) एक कल्पित चरित्र जिसके संबंध में कई हास्यपरक कहानियाँ और किस्से मशहूर हैं 2. दिवास्वप्न देखने वाला व्यक्ति 3. {व्यं-अ.} ऐसा मूर्ख व्यक्ति जो बिना सोचे-समझे बड़े-बड़े मंसूबे बाँधता है।

शेखर (सं.) [सं-पु.] 1. शिखर; शीर्ष; माथा 2. ऊपरी सिरा; चोटी 3. मुकुट; किरीट 4. सिर पर लपेटी हुई माला 5. पर्वत का शिखर 6. किसी वर्ग या समूह में उच्चता और श्रेष्ठता का सूचक पद 7. (छंदशास्त्र) ट गण के पांचवे भेद की संज्ञा 8. संगीत में ध्रुव या स्थायी पद का एक भेद। [वि.] 1. सबसे बढ़िया; श्रेष्ठ 2. उच्च।

शेख़ी (तु.) [सं-स्त्री.] 1. रोब; डींग; झूठी शान; अकड़ 2. घमंड; अभिमान।

शेख़ीख़ोर (तु.+फ़ा.) [वि.] 1. जो शेख़ी बघारता हो; शेख़ीबाज़ 2. डींग हाँकने वाला; डींगबाज़; अहंकारी।

शेखीबाज़ (तु.+फ़ा.) [वि.] 1. व्यर्थ की बड़ी-बड़ी बातें करने वाला; शेख़ीख़ोर 2. डींग हाँकने वाला; डींगबाज़ 3. किसी की झूठी तारीफ़ करने वाला 4. अहंकारी।

शेड (अं.) [सं-पु.] 1. छाया; परछाई 2. किसी रंग की गहराई का स्तर या तीव्रता; आभा 3. रोशनी या गरमी रोकने का परदा 4. चित्र का वह भाग जहाँ रंग गहरा हो 5. अंधेरा।

शेड्यूल (अं.) [सं-पु.] 1. किसी कार्यक्रम आदि की रूपरेखा; समय सारणी 2. अनुसूची 3. नियत होना 4. सूचीपत्र।

शेड्यूल कास्ट (अं.) [सं-स्त्री.] अनुसूचित जाति।

शेप (सं.) [सं-पु.] 1. पुरुष जननेंद्रिय; लिंग; शिश्न 2. अंडकोष 3. दुम; पूँछ।

शेफ (सं.) [सं-पु.] दे. शेप।

शेफालिका (सं.) [सं-स्त्री.] नील सिंधुआर का पौधा; निर्गुंडी; निलिका; शेफाली।

शेफाली (सं.) [वि.] शेफालिका; नील सिंधुवार का पौधा; संबूल; निर्गुंडी।

शेयर (अं.) [सं-पु.] 1. किसी व्यापारिक कंपनी या संस्था की संपत्ति आदि का भाग, हिस्सा अथवा अंश 2. किसी व्यापार या व्यापारिक संस्था में लगी पूँजी का निर्धारित हिस्सा 3. किसी बात या घटना को मित्र, परिचित आदि से बाँटना या साझा करना।

शेर[1] (अ.) [सं-पु.] 1. फ़ारसी काव्य में दो चरणों का एक पद्य 2. उर्दू ग़ज़ल के दो चरण।

शेर[2] (फ़ा.) [सं-पु.] 1. सिंह; व्याघ्र 2. {ला-अ.} निर्भीक और साहसी पुरुष।

शेरदिल (फ़ा.) [वि.] 1. शेर के समान ह्रदय वाला; निडर 2. वीर; साहसी।

शेरनी (फ़ा.) [सं-स्त्री.] मादा शेर।

शेरपंजा (फ़ा.) [सं-पु.] एक प्रकार का हथियार जिसमें बाघ के नाख़ूनों के समान धातु के काँटे लगे रहते हैं; बघनखा; बघनहाँ; बघना।

शेरमुँहा (फ़ा.+हिं.) [वि.] 1. शेर की तरह मुँह वाला 2. जो (मकान) आगे से चौड़ा व पीछे से पतला होता है। [सं-पु.] हौजों, परनालों आदि पर बनी शेर की शक्ल। [सं-स्त्री.] एक प्रकार की बंदूक।

शेरवानी [सं-स्त्री.] 1. एक प्रकार का लिबास 2. एक प्रकार का मुसलमानी ढंग का अँगरखा।

शेरिफ़ (अ.) [सं-पु.] 1. राजकीय उच्च अधिकारी का पद जो शांति, न्याय आदि कार्यों के लिए सर्वसम्मति से निर्वाचित या नियुक्त होता है 2. अमुक पद पर नियुक्त व्यक्ति। [वि.] विशिष्ट रूप से प्रतिष्ठित या मान्य।

शेल [सं-पु.] भाला; बरछा; सेल।

शेव[1] (सं.) [सं-पु.] 1. लिंग 2. नाग; सर्प 3. उन्नति; ऊँचाई 4. संपत्ति; संपदा; दौलत।

शेव[2] (अं.) [सं-पु.] हजामत।

शेष (सं.) [सं-पु.] 1. बाकी अंश; बचा हुआ भाग; अवशिष्ट भाग 2. (गणित) बड़ी संख्या में से छोटी संख्या घटाने से बचा हुआ अंश 3. परिणाम; फल 4. मृत्यु; नाश 5. (पुराण) शेषनाग 6. (छंदशास्त्र) ट गण के पांचवें भेद का नाम 7. छप्पय छंद के पाच्चीसवें भेद का नाम 8. एक प्रजापति 9. दस दिग्गजों में एक 10. बलराम 11. लक्ष्मण। [वि.] 1. बचा; अवशिष्ट; बाकी; बकाया; जो दिया जाना है 2. छोड़ा हुआ; उच्छिष्ट; जूठा 3. पूर्ण; समाप्त।

शेषधर (सं.) [सं-पु.] (पुराण) शेष नाग को धारण करने वाले शिव।

शेषनाग (सं.) [सं-पु.] (पुराण) अनेक फनों वाला सर्पराज जिसके बारे में यह कथा है कि वह पृथ्वी को अपने ऊपर धारण किए हुए है।

शेषवत (सं.) [सं-पु.] (न्यायशास्त्र) किसी परिणाम के आधार पर पूर्ववर्ती कारण या घटना के होने का अनुमान लगाने की एक विधि।

शेषशय्या (सं.) [सं-पु.] (पुराण) शेषनाग की एक मुद्रा जिस पर विष्णु शयन करते हैं।

शेषशायी (सं.) [सं-पु.] वह जो शेषनाग पर शयन करता हो; विष्णु; नारायण।

शेषांश (सं.) [सं-पु.] 1. बचा हुआ अंश या भाग; शेषभाग 2. अंतिम या आख़िरी भाग 3. बाकी हिस्सा 4. जो बिका न हो।

शेषांश पृष्ठ (सं.) [सं-पु.] (पत्रकारिता) समाचारों के प्रायः सभी शेषांशों को साथ-साथ प्रकाशित करने वाला पृष्ठ; (ब्रेकओवर पेज)।

शेषोक्त (सं.) [वि.] 1. सभी वक्तव्य या बात के बाद कहा गया कथन 2. अंत में लिखित।

शै (फ़ा.) [सं-स्त्री.] 1. वस्तु; चीज़; पदार्थ; द्रव्य।

शैक्षणिक (सं.) [वि.] 1. शिक्षा संबंधी; शैक्षिक; अध्ययन संबंधी; अकादमिक; (एकाडेमिक) 2. शिक्षाप्रद 3. शास्त्रीय या सैद्धांतिक।

शैक्षिक (सं.) [वि.] शिक्षा का; शिक्षा संबंधी; (एज्यूकेशनल)। [सं-पु.] 1. वह जो पढ़ा-लिखा हो 2. वह जो शिक्षा के क्षेत्र का हो; शिक्षाशास्त्री; विद्वान 3. वह जो आधुनिक शिक्षा विज्ञान का विद्वान हो; (एजुकेशनिष्ट)।

शैतान (अ.) [सं-पु.] 1. बहुत दुष्ट व्यक्ति; उपद्रवी या शरारती व्यक्ति 2. (मिथक) ईश्वर की आज्ञा न मानने वाला देवदूत, जिसे स्वर्ग से निकाल दिया गया और जो मनुष्यों को कुमार्ग पर ले जाता है 3. बुरी आत्मा 4. असुर; दुरात्मा; (डैविल)।

शैतानी (अ.) [सं-स्त्री.] 1. दुष्टता; शरारत 2. किसी को परेशान करने के लिए किया जाने वाला व्यवहार। [वि.] 1. शैतान का; शैतान संबंधी 2. दुष्टता से भरा हुआ; बुरा 3. आसुरी; छलपूर्ण 4. तिलिस्मी।

शैत्य (सं.) [सं-पु.] शीतल होने की अवस्था या भाव; शीतलता; ठंडक।

शैथिल्य (सं.) [सं-पु.] 1. शिथिल होने की अवस्था; शिथिलता 2. थकान 3. तत्परता का अभाव; सुस्ती।

शैद (अ.) [सं-पु.] छल; धोखा; फरेब।

शैदा (फ़ा.) [वि.] 1. मुग्ध; मोहित 2. प्रेमासक्त; जो किसी के प्रेम में पागल हो (व्यक्ति) 3. जिसकी सुधबुध खो चुकी हो 4. किसी चीज का बहुत अधिक इच्छुक।

शैदाई (फ़ा.) [वि.] 1. प्रेमी; प्रेमासक्त 2. रूमानी।

शैल (सं.) [सं-पु.] 1. पर्वत; पहाड़ 2. कठोर पत्थर; शिला; पाषाण 3. चट्टान 4. बैठने का ढंग 5. रसौत; लिसोड़ा। [वि.] 1. शिला से संबंध रखने वाला 2. पथरीला 3. कठोर; सख़्त।

शैलकुमारी (सं.) [सं-स्त्री.] 1. पहाड़ी प्रदेश की कन्या 2. (पुराण) पार्वती; गौरी।

शैलखंड (सं.) [सं-पु.] 1. पर्वत या पहाड़ का कोई भाग; पर्वत का टुकड़ा 2. चट्टान का एक भाग; अंश।

शैलजा (सं.) [सं-स्त्री.] पार्वती; शैलपुत्री।

शैलपुत्री (सं.) [सं-स्त्री.] (पुराण) दुर्गा के नौ रूपों में से एक; पार्वती; गौरी।

शैलात्मजा (सं.) [सं-स्त्री.] (पुराण) पार्वती; गौरी।

शैलिकी (सं.) [सं-स्त्री.] दे. शैलीविज्ञान।

शैली (सं.) [सं-स्त्री.] 1. ढंग; तरीका; रीति 2. साहित्य के लेखन का विशिष्ट ढंग 3. कवि अथवा लेखक की अभिव्यक्ति का तरीका 4. शब्द, वाक्य आदि की रचना का विशिष्ट ढंग 5. प्रथा; रस्म; परिपाटी।

शैलीकार (सं.) [सं-पु.] किसी नई अथवा विशिष्ट चलन या शैली की रचना करने वाला व्यक्ति।

शैलीविज्ञान (सं.) [सं-पु.] (साहित्य) भाषा से कलात्मकता तथा विशिष्ट प्रभाव उत्पन्न करने की विधियों तथा तकनीकों का अध्ययन तथा विवेचन; (स्टाइलिस्टिक्स)।

शैलू [सं-पु.] लिसोड़ा; लभेरा। [सं-स्त्री.] एक प्रकार की चटाई।

शैलूष (सं.) [सं-पु.] 1. अभिनय करने वाला व्यक्ति; नाटक खेलने वाला व्यक्ति; नट 2. सूत्रधार; 3. गंधर्वों का स्वामी; रोहितण 4. बेल वृक्ष 5. वह जो संगीत में ताल देता हो 6. बेल का पेड़ 7. नर्तक। [वि.] 1. धूर्त; चालाक 2. तालधारक 3. शैतान।

शैलेंद्र (सं.) [सं-पु.] पर्वतों का राजा; हिमालय।

शैलेय (सं.) [सं-पु.] 1. एक सुगंधित वनस्पति; छरीला 2. पहाड़ों से निकलने वाली एक काली औषधि; शिलाजीत 3. एक प्रकार का खनिज नमक; सेंधा नमक 4. सिंह; बब्बर शेर 5. काले रंग का एक पतंगा; भँवरा। [वि.] 1. पत्थर का;

पथरीला 2. पत्थर से उत्पन्न 3. शिलातुल्य; पत्थर की तरह कठोर 4. जो डिगाया न जा सके; अचल।

शैलेश (सं.) [सं-पु.] 1. शैल या पर्वतों का राजा 2. सबसे ऊँचा पर्वत; हिमालय 3. शिव।

शैव (सं.) [सं-पु.] 1. शिव से संबंधित एक संप्रदाय विशेष का नाम 2. शिव के उपासक या भक्त 3. शंकराचार्य के अनुयायी 4. पाशुपत अस्त्र 5. आचारभेद तंत्र के अनुसार देवी की उपासना का एक विशेष आचार 6. जैन धर्मानुसार पाँचवे कृष्ण या वासुदेव का एक नाम 7. पाशुपतास्त्र 8. अडूसा 9. धतूरा। [वि.] 1. शिव संबंधी; शिव का 2. शैव संप्रदाय का अनुयायी।

शैवलिनी (सं.) [सं-स्त्री.] नदी; सरिता।

शैवाल (सं.) [सं-पु.] 1. तालाब, नदी आदि में होने वाली लंबी घास 2. नमी में उगने वाली काई; सेवार; (एल्गी)।

शैव्या (सं.) [सं-पु.] 1. (पुराण) कृष्ण के चार घोड़ों में से एक का नाम 2. (महाभारत) पांडवों की सेना का एक सरदार। [वि.] शिव संबंधी; शिव का।

शैशव (सं.) [सं-पु.] 1. शिशु होने की अवस्था या भाव; शिशु की अवस्था; शिशुवृत्ति 2. बचपन; लड़कपन। [वि.] 1. शिशु से संबंधित; शैशव का 2. बच्चों की अवस्था से संबंधित; बच्चों का; बाल्यावस्था संबंधी।

शैशवकालीन (सं.) [सं-स्त्री.] 1. शिशु अवस्था का; शिशु अवस्था से संबंधित 2. लड़कपन के समय का।

शैशवावस्था (सं.) [सं-स्त्री.] बचपन; शिशु की अवस्था; शिशुवृत्ति; शैशवकाल।

शैशवी (सं.) [वि.] 1. बचकाना; शिशुओं के समान 2. शिशुओं को होने वाला, जैसे- शैशवी रोग 3. शैशवकालीन; शिशु से संबंधित; शिशुओं का।

शॉक (अं.) [सं-पु.] 1. आघात; झटका; टक्कर 2. सदमा; क्षुब्धता; संक्षोभ; दहल।

शॉट (अं.) [सं-पु.] 1. फ़िल्म में कोई फ़ोटो या चित्र 2. क्रिकेट खेलते समय गेंद पर किया जाने वाला आघात।

शॉट्स (अं.) [सं-पु.] बिना किसी चूक या बाधा के एक ही बार में कैमरा बद्ध किया हुआ दृश्यांकन; शॉट का बहुवचन।

शॉर्टकट (अं.) [सं-पु.] 1. छोटा रास्ता 2. सरलतर मार्ग या पद्धति 3. संक्षिप्त मार्ग या उपाय।

शॉर्टवेव (अं.) [सं-पु.] लघु तरंग; संक्षिप्त संचार।

शॉर्टहैंड (अं.) [सं-पु.] संकेतलिपि; संक्षिप्तलिपि; शीघ्रलिपि; आशुलिपि।

शोक (सं.) [सं-पु.] 1. इष्ट वस्तु या प्रिय, आत्मीय की मृत्यु या वियोग के कारण होने वाला दुख; मातम; पीड़ा; रंज 2. अंतर्वेदना; अफ़सोस; अवसाद 3. मनोव्यथा; गम; दर्द; दुखड़ा 4. आत्मीय दुख से उपजी संवेदना 5. वियोग से मन में उठने वाली वेदना 6. करुण रस का स्थायी भाव।

शोकगीत (सं.) [सं-पु.] (साहित्य) किसी प्रिय (आत्मीय) की मृत्यु पर या किसी के घोर वियोग में लिखा गया गीत, जैसे- सरोज स्मृति।

शोकसभा (सं.) [सं-पु.] किसी व्यक्ति की मृत्यु पर श्रद्धांजलि देने के लिए एकत्रित हुए लोगों की सभा।

शोकहर (सं.) [वि.] शोक दूर करने वाला; शोकहर्ता। [सं-पु.] एक मात्रिक छंद; शुभंगी।

शोकाकुल (सं.) [वि.] 1. शोक से व्याकुल होने वाला; जो मातम में हो 2. जिसे बहुत अधिक दुख या कष्ट हो।

शोकाचार (सं.) [वि.] शोकपूर्ण व्यवहार; शोक, दुख आदि के समय किया जाने वाला व्यवहार।

शोकेस (अं.) [सं-पु.] 1. काँच की वह अलमारी जिसमें सजावटी सामान रखा जाता है 2. वस्तुओं के प्रदर्शन का स्थान।

शोख (फ़ा.) [वि.] 1. चंचल; नटखट; चपल 2. तेज़ रंग वाला; चटकीला 3. निडर; ढीठ 4. नख़रीला; छबीला 5. सुंदर (स्त्री)।

शोखी (फ़ा.) [सं-स्त्री.] 1. चुलबुलापन; नटखटपन; इठलाहट; चंचलता 2. उद्दंडता; ढिठाई 3. रंग का चटकपन 4. रूप का अभिमान; नाज़-नखरा।

शोच (सं.) [सं-पु.] 1. शोक; दुख; रंज; अफ़सोस 2. पीड़ा; वेदना 3. चिंता; फ़िक्र; खटका।

शोचनीय (सं.) [वि.] 1. सोचने के योग्य 2. जिसे देखकर कष्ट या रंज हो 3. जो चिंता या फ़िक्र का विषय हो; चिंतनीय 4. अत्यधिक हीन या बुरा।

शोच्य (सं.) [वि.] 1. शोचनीय 2. जिसकी दशा देखकर दुख हो 3. जिससे दुख उत्पन्न हो; दुखोत्पादक 4. जो बहुत हीन या बुरा हो।

शोण (सं.) [सं-पु.] 1. लाल रंग 2. लाली; अरुणता 3. अग्नि; आग 4. सिंदूर 5. रक्त; रुधिर; ख़ून 6. पद्मराग मणि; मानिक 7. रक्त पुनर्नवा 8. सोना पाठा 9. लाल गन्ना 10. एक नद का नाम 11. ललाई लिए भूरे रंग का या पिंग वर्ण का घोड़ा 12. मंगल ग्रह। [वि.] 1. लाल या गहरा लाल 2. लाख के रंग का; लालिमा युक्त भूरा 3. पीत; पीला।

शोणित (सं.) [सं-पु.] 1. ख़ून; रक्त; रुधिर 2. केसर 3. सिंदूर 4. ताँबा। [वि.] 1. लाल 2. रक्तवर्ण; लोहित।

शोणी (स) [वि.] लाल रंग। [सं-स्त्री.] लाल कमल रंग के समान रंग वाली स्त्री।

शोथ (सं.) [सं-पु.] 1. शरीर के किसी अंग का फूलना; सूजन; शोफ 2. शरीर के किसी अंग के सूजने या फूलने का रोग।

शोध (सं.) [सं-पु.] 1. अनुसंधान; खोज; (रिसर्च) 2. शुद्धि; सफ़ाई 3. शुद्ध करने की क्रिया 4. जाँच; परीक्षण 5. दुरुस्ती; सुधार; प्रतिकार 6. चुकाना; अदा होना (ऋण आदि का)।

शोधक (सं.) [वि.] 1. शोध करने वाला; शोधार्थी; खोजी 2. शुद्ध या साफ़ करने वाला 3. कमी या त्रुटि का पता लगाने वाला 4. जाँच करने वाला 5. अदा करने वाला (ऋण)।

शोधकर्ता (सं.) [सं-पु.] 1. वह व्यक्ति जो शोधकार्य कर रहा हो 2. अनुसंधान करने वाला व्यक्ति; अन्वेषक।

शोधन (सं.) [सं-पु.] 1. शुद्धि करने की क्रिया या भाव 2. अशुद्धि, त्रुटि, भूल आदि को दूर करके दुरुस्त करना; सुधारना; संशोधन; (करेक्शन) 3. खोज का कार्य; अन्वेषण 4. ऋण, देन आदि चुकाने की क्रिया; (पेमेंट) 5. परीक्षण; जाँच

6. विरेचन 7. प्रायश्चित 8. भाज्य में से भाजक को घटाना 9. मल; विष्ठा 10. नींबू 11. हरा कशीश 12. चरित्र शुद्धि हेतु दंड कार्य। [वि.] साफ़ करने वाला; कारक (उदा. - शोधन विधि)।

शोधना (सं.) [क्रि-स.] 1. शुद्ध या साफ़ करना; मैला आदि निकालकर स्वच्छ करना 2. दुरुस्त या ठीक करना; त्रुटि या दोष दूर करना; सुधारना 3. औषधि के लिए धातु का संस्कार करना 4. ढूँढ़ना; खोजना; अन्वेषण करना; तलाश करना।

शोधनीय (सं.) [वि.] 1. शोधन के योग्य 2. जिसका अनुसंधान या शोध किया जाना हो 3. ज़िसे चुकाया या अदा किया जाना हो।

शोधपत्र (सं.) [सं-पु.] 1. किसी विषय पर पर्याप्त अनुसंधान के बाद लिखा गया आलेख या पत्र 2. सेमिनार आदि में पढ़ा जाने वाला शोधपरक आलेख।

शोधप्रबंध (सं.) [सं-पु.] विश्वविद्यालय से शोध-उपाधि प्राप्त करने के लिए लिखा गया शोधपूर्ण ग्रंथ; शोधग्रंथ; अनुसंधानपरक ग्रंथ; (थिसिस)।

शोधवाना [क्रि-स.] 1. शोधने का काम कराना; शुद्ध कराना; दुरुस्त कराना 2. ढुँढ़वाना; तलाश कराना 3. मुहूर्त दिखवाना।

शोधाई [सं-स्त्री.] 1. शुद्ध या दुरुस्त करने की क्रिया या भाव 2. शुद्ध या दुरुस्त करने की मज़दूरी।

शोधार्थी (सं.) [सं-पु.] 1. वह जो किसी विश्वविद्यालय से शोध आदि कार्य कर रहा हो; शोधक; (रिसर्च स्कॉलर) 2. किसी विषय पर अनुसंधान करने वाला व्यक्ति।

शोधित (सं.) [वि.] 1. जिसका शोध हुआ हो; अन्वेषित; अनुसंधानित 2. जिसका शोधन हुआ हो; शुद्ध या साफ़ किया हुआ 3. सुधारा हुआ; संशोधित; (करेक्टेड) 4. चुकाया हुआ (ऋण; देन)।

शोधी (सं.) [वि.] 1. शोध करने वाला; ढूँढ़ने वाला 2. शुद्ध या दुरुस्त करने वाला।

शोध्य (सं.) [वि.] 1. जिसमें शुद्धि की आवश्यकता हो 2. जिसके संबंध में खोज या शोध की आवश्यकता हो; शोधनीय। [सं-पु.] वह व्यक्ति जो अपने ऊपर लगाए गए अभियोग के संबंध में सफ़ाई दे; वह जिस पर अभियोग लगाया गया हो; अभियुक्त।

शोबदा (अ.) [सं-पु.] 1. जादू; इंद्रजाल; माया 2. नज़रबंदी 3. हाथ की सफ़ाई; करतब; बाज़ीगरी 4. छल; धोखा; फ़रेब।

शोबदेबाज़ (फ़ा.) [सं-पु.] 1. शोबदा करने वाला; बाज़ीगर 2. धूर्त; छलिया 3. जादूगर।

शोभन (सं.) [वि.] 1. सुंदर; शोभायुक्त; दीप्त; मनोहर; सजीला; सुहावना; रमणीय 2. उत्तम; अच्छा; भला; श्रेष्ठ 3. सदाचारी; पुण्यात्मा 4. उचित; उपयुक्त; सुहाता हुआ 5. शुभ; मंगलदायक। [सं-पु.] 1. आभूषण; गहना 2. मंगल; कल्याण; शुभ 3. दीप्ति; सौंदर्य 4. पद्म; कमल 5. ज्योतिष के सत्ताईस योगों में पाँचवा योग 6. संगीत का एक राग 7. एक छंद सिंहिका 8. शिव 9. सिंदूर।

शोभना (सं.) [सं-पु.] 1. रूपवान स्त्री 2. हल्दी; हरिद्रा 3. गोरोचन। [क्रि-अ.] 1. शोभित होना 2. शोभा देना।

शोभनीय (सं.) [वि.] 1. सुंदर; शोभा देने वाला 2. अच्छा; अलंकृत; दीप्तिमान; जो फब रहा हो 3. उत्तम; उचित।

शोभा (सं.) [सं-स्त्री.] 1. कांति; चमक 2. सजावट; छवि 3. सुंदरता; सौंदर्य 4. ख़ूबसूरती बढ़ाने वाली कोई चीज़; सौंदर्यवर्धक तत्व 5. अच्छा गुण।

शोभांजन (सं.) [सं-पु.] सहजन का वृक्ष; शोभनक वृक्ष।

शोभाकारी (सं.) [वि.] सुंदर; जो देखने में अच्छा हो; बढ़िया।

शोभायमान (सं.) [वि.] 1. सुशोभित; शोभित; सुंदर; शोभा प्रदान करता हुआ 2. विराजमान।

शोभायात्रा (सं.) [सं-स्त्री.] 1. किसी मांगलिक अवसर पर निकलने वाला जलूस; जनयात्रा 2. बरात।

शोभित (सं.) [वि.] 1. शोभा या सौंदर्य बढ़ाने वाला; शोभायुक्त 2. सजा हुआ; सज्जित 3. विराजमान।

शोर (फ़ा.) [सं-पु.] 1. कर्णकटु; ऊँची और तीखी आवाज़ 2. चीखने-चिल्लाने की आवाज़; कोलाहल 3. एकाधिक व्यक्ति के एक साथ बोलने या चर्चा करने से होने वाली ध्वनि।

शोर-शराबा (फ़ा.) [सं-पु.] भीषण शोर; कोलाहल; धूम; हो-हल्ला; शोरगुल।

शोरगुल (फ़ा.) [सं-पु.] लोगों के चीखने-चिल्लाने आदि की सामूहिक ध्वनि; कोलाहल; हल्ला।

शोरबा (फ़ा.) [सं-पु.] तरकारी, दाल या पकाए मांस आदि का रसा; सालन।

शोरा (फ़ा.) [सं-पु.] मिट्टी से निकलने वाला एक प्रकार का सफ़ेद रंग का क्षार।

शोरूम (अं.) [सं-पु.] वह स्थान जहाँ विक्रय के लिए वस्तुओं का प्रदर्शन किया जाता है; प्रदर्शनकक्ष।

शोला (अ.) [सं-पु.] 1. आग की ज्वाला; लपट; लौ 2. अंगारा 3. एक तरह का छोटा पेड़।

शोशा (फ़ा.) [सं-पु.] 1. निकली हुई नोक 2. अनोखी बात 3. दोष 4. व्यंग्य में कही गई ऐसी बात जिससे झगड़ा होने की संभावना हो।

शोशेबाज़ (फ़ा.) [सं-पु.] विलक्षण या शरारत भरी बातें करने वाला व्यक्ति।

शोषक (सं.) [सं-पु.] 1. शोषण करने वाला व्यक्ति 2. समाज का वह वर्ग जो दूसरे वर्ग का शोषण करता है। [वि.] 1. सोखने वाला; सुखाने वाला 2. अपने आर्थिक हितों या स्वार्थ के लिए दूसरों के धन या संसाधन पर कब्ज़ा करने वाला 3. दूर करने या हटाने वाला।

शोषण (सं.) [सं-पु.] 1. सोखना या चूसना 2. मुरझाना; सुखाना; कुम्हलाना 3. किसी के धन तथा संसाधन आदि से अनुचित लाभ उठाना 4. कर्मचारियों-श्रमिकों पर होने वाला शारीरिक और मानसिक अत्याचार।

शोषित (सं.) [वि.] 1. जिसका शोषण किया गया हो 2. जिसे सोखा गया हो 3. जिसे चूसा गया हो 4. जिससे किसी ने अनुचित लाभ उठाया हो (व्यक्ति, वर्ग) 5. ख़त्म या नष्ट किया हुआ। [सं-पु.] शोषण का शिकार होने वाला व्यक्ति।

शोषी (सं.) [वि.] 1. शोषण करने वाला 2. सोखने वाला 3. सुखाने वाला।

शोहदा (अ.) [सं-पु.] 1. गुंडा; बदमाश 2. व्यभिचारी; लंपट; बदचलन 3. आवारा।

शोहरत (अ.) [सं-स्त्री.] 1. प्रसिद्धि; ख्याति 2. व्यापक चर्चा।

शोहरा (अ.) [सं-पु.] कीर्ति; प्रसिद्धि; शोहरत।

शौंडिक (सं.) [सं-पु.] प्राचीनकाल की एक जाति जिसका व्यवसाय मद्य बनाना और बेचना था। [वि.] शराब का व्यवसायी।

शौक (अ.) [सं-पु.] 1. प्रसन्नता और मनोविनोद के लिए कोई काम बार-बार करने की तीव्र चाह या प्रबल लालसा; आनंददायक कार्य करने की लालसा या अभिरुचि; (हॉबी) 2. किसी कार्य या खेल में विशेष रुचि या प्रवृत्ति, जैसे- शतरंज खेलने का शौक 3. चसका; व्यसन 4. सुखभोग 5. धुन; लय।

शौकत (अ.) [सं-स्त्री.] 1. बल; शक्ति; ताकत 2. आतंक; रोब; दबदबा 3. शान; गौरव।

शौकिया (अ.) [क्रि.वि.] 1. शौक से; शौक के कारण; निष्प्रयोजन 2. मन-बहलाव के लिए। [वि.] शौक से भरा हुआ।

शौकीन (अ.) [वि.] 1. किसी काम, बात या वस्तु का शौक रखने वाला 2. सदा सुसज्जित रहने वाला; बनाठना रहने वाला 3. व्यसनी 4. वेश्यागामी।

शौकीनी (अ.) [सं-स्त्री.] 1. किसी काम या बात का अत्यधिक शौक 2. शौकीन होने की अवस्था या भाव 3. हमेशा सजधज कर रहने की चाह 4. वेश्या-गमन की वृत्ति।

शौच (सं.) [सं-पु.] 1. आतंरिक या बाह्य शुचिता; शुद्धता; पवित्रता 2. पाख़ाना (लैटरिन) 3. सुबह सोकर उठने के बाद किया जाने वाला कुल्ला और शारीरिक स्वच्छता आदि का काम 4. शास्त्रानुसार सब तरह से पवित्र जीवन बिताना 5. (प्रथा) मृत व्यक्ति के सूतक से शुद्धिकरण।

शौचघर (सं.) [सं-पु.] शौचालय; पाख़ाना; टट्टी; (लैटरिन)।

शौचालय (सं.) [सं-पु.] शौच या मल-मूत्र त्यागने के लिए बनाया गया स्थान; पाख़ाना; संडास; टट्टी।

शौरसेनी (सं.) [सं-स्त्री.] 1. शौरसेन प्रदेश की भाषा 2. शौरसेन प्रांत की प्राचीन प्राकृत भाषा जिससे आधुनिक खड़ी बोली का विकास हुआ है।

शौर्य (सं.) [सं-पु.] 1. शूर होने की अवस्था, भाव या धर्म 2. शूरता; पराक्रम; वीरता 3. शूरतापूर्ण कार्य 4. नाटक की आरभटी वृत्ति।

शौर्यवान (सं.) [वि.] 1. शूरवीर; योद्धा 2. साहसी; बली।

शौल्किक (सं.) [सं-पु.] वह अधिकारी जो लोगों से शुल्क लेता हो; कर या महसूल आदि वसूल करने वाला अफ़सर; शुल्काध्यक्ष।

शौहर (फ़ा.) [सं-पु.] वह पुरुष जिससे किसी स्त्री का विवाह हुआ हो; पति; ख़सम; खाविंद; (हसबेंड)।

श्मशान (सं.) [सं-पु.] 1. शवदाह स्थल; शव या मुरदे जलाने का स्थान; मरघट; मसान 2. बिजली से शव जलाने का स्थान 3. {ला-अ.} उजड़ा हुआ या वीरान स्थान।

श्मशान-यात्रा (सं.) [सं-स्त्री.] मृतक शरीर का मसान या मरघट ले जाया जाना; अरथी का श्मशान ले जाया जाना।

श्मशान घाट (सं.) [सं-पु.] 1. वह स्थान जहाँ शवों का अंतिम संस्कार किया जाता है 2. मरघट; मसान 3. नदी के किनारे का ऐसा घाट जहाँ शवों का अंतिम संस्कार किया जाता है।

श्मश्रु (सं.) [सं-पु.] दाढ़ी एवं मूँछ।

श्याम (सं.) [वि.] 1. काला; कृष्ण; काला-नीला मिला हुआ 2. साँवला। [सं-पु.] 1. कृष्ण का एक नाम 2. काला रंग 3. बादल 4. कोयल 5. सोवा चावल 6. काली मिर्च 7. समुद्री नमक 8. धतूरा।

श्यामकर्ण (सं.) [वि.] 1. जिसका शरीर सफ़ेद व कान काला हो 2. शुभ; मंगल 3. काले कानों वाला। [सं-पु.] वह अश्व जिसका शरीर श्वेत और केवल कान काले हों (अश्वमेध यज्ञ हेतु उपयुक्त घोड़ा)।

श्यामकल्याण (सं.) [सं-पु.] (संगीत) रात के पहले पहर में गाया जाने वाला ओड़व संपूर्ण जाति का एक राग।

श्यामकाली [सं-स्त्री.] अत्यधिक काली गाय।

श्यामकृष्ण (सं.) [सं-पु.] कालापन लिए हुए नीला रंग। [वि.] कालापन लिए हुए नीले रंगवाला।

श्यामघन (सं.) [सं-पु.] 1. बादल के समान श्याम वर्ण 2. कृष्ण; घनश्याम।

श्यामजीरा [सं-पु.] एक किस्म का बढ़िया धान।

श्यामता (सं.) [सं-स्त्री.] 1. श्याम होने की अवस्था या भाव 2. एक रोग जिसमें शरीर का रंग काला होने लगता है 3. कालापन; कालिमा 4. उदास होने या किसी काम में मन न लगने की अवस्था या भाव; उदासी; खिन्नता 5. मलिन होने की अवस्था या भाव; मलिनता; गंदगी।

श्यामपट (सं.) [सं-पु.] एक प्रकार का काला तख़्ता या काले पत्थर से बना पट्ट जिसपर लिख कर शिक्षक समझाते हैं; (ब्लैक बोर्ड)।

श्यामल (सं.) [वि.] 1. साँवला; श्याम रंग वाला 2. धुँधला। [सं-पु.] 1. भौंरा; भ्रमर 2. पीपल 3. काली मिर्च 4. काला रंग।

श्यामला (सं.) [वि.] 1. हलकी काली या कुछ-कुछ काली; साँवली 2. श्याम या कृष्ण वर्णवाली। [सं-स्त्री.] 1. पार्वती 2. अश्वगंधा 3. कस्तूरी 4. जामुन 5. कटभी।

श्यामसुंदर (सं.) [सं-पु.] 1. (पुराण) कृष्ण का एक नाम 2. एक प्रकार का वृक्ष।

श्यामा (सं.) [सं-स्त्री.] 1. राधिका का एक नाम 2. श्याम रंग वाली स्त्री 3. रात्रि 4. काली; कालिका 5. यमुना नदी 6. कस्तूरी 7. सोलह वर्ष की तरुणी स्त्री; सुंदर स्त्री 8. कोयल 9. कबूतरी 10. तुलसी 11. गोरोचन 12. सुंदर अंगों से युक्त सभी ऋतुओं के अनुकूल स्पर्श सुख प्रदान करने वाली स्त्री। [वि.] 1. श्याम रंग वाली; साँवली (स्त्री) 2. तपाए हुए सोने के रंगवाली।

श्याल (सं.) [सं-पु.] पत्नी का भाई; साला।

श्येन (सं.) [सं-पु.] 1. बाज़ 2. पीला रंग; पांडुर वर्ण 3. श्वेत वर्ण; सफ़ेद रंग 4. धवलिमा; श्वेतता 5. हिंसा 6. अश्व; घोड़ा 7. एक प्रकार का सैनिक व्यूह 8. एक पौराणिक ऋषि 9. दोहे का एक भेद। [वि.] पीले रंग का।

श्र हिंदी वर्णमाला में 'श्+र' का संयुक्त वर्ण।

श्रद्धा (सं.) [सं-स्त्री.] 1. किसी पर किया जाने वाला विश्वास; भक्ति; आस्था 2. किसी के प्रति आदर, सम्मान और स्नेह का भाव 3. (बौद्ध धर्म) बुद्ध, धर्म और संघ में विश्वास 4. एक प्रकार की मनोवृत्ति; पूज्यभाव 5. शुद्धि; चित्त की प्रसन्नता 6. (पुराण) वैवस्वत मनु की पत्नी (कामायनी) 7. घनिष्ठता; परिचय 8. गर्भवती स्त्री के मन की अभिलाषा 9. प्रबल या उत्कट इच्छा; कामना 10. सूर्य की कन्या 11. काम की माता (मार्कण्डेय पुराण)।

श्रद्धांजलि (सं.) [सं-स्त्री.] 1. अंजली में फूल आदि भरकर श्रद्धा से किसी महत्वपूर्ण व्यक्ति को चढ़ाना 2. किसी मृत व्यक्ति की स्मृति में आदरपूर्ण कथन; (होमेज)।

श्रद्धामय (सं.) [वि.] 1. श्रद्धा की अवस्था या भावयुक्त 2. आदर या स्नेह से पूर्ण 3. श्रद्धायुक्त।

श्रद्धालु (सं.) [वि.] जिसके मन में श्रद्धा हो; श्रद्धावान।

श्रद्धावान (सं.) [वि.] जिसके मन में श्रद्धा हो; श्रद्धायुक्त।

श्रद्धासिक्त (सं.) [वि.] श्रद्धा से अभिभूत; श्रद्धा से परिपूर्ण।

श्रद्धास्पद (सं.) [वि.] जिसके प्रति श्रद्धा की जा सके; श्रद्धापात्र; श्रद्धेय; पूजनीय; अवधेय।

श्रद्धेय (सं.) [वि.] 1. जिसके प्रति श्रद्धा हो 2. श्रद्धा के योग्य; श्रद्धास्पद 3. विश्वसनीय 4. पूजनीय।

श्रम (सं.) [सं-पु.] 1. परिश्रम; मेहनत 2. ऐसा कार्य जो शरीर को थका देने वाला हो 3. थकावट; श्रांति 4. कसरत; व्यायाम 5. प्रयत्न; 6. तपस्या 7. (साहित्य) एक संचारी भाव 8. शास्त्राभ्यास।

श्रम-संपदा (सं.) [सं-स्त्री.] मज़दूर या कार्मिक समूह।

श्रम विभाग (सं.) [सं-पु.] 1. (अर्थशास्त्र) किसी कार्य के भिन्न-भिन्न अंगों के संपादन के लिए अलग-अलग व्यक्तियों की नियुक्ति(श्रमविभाजन); परिश्रम या काम का विभाग 2. श्रमिकों के हित आदि से संबंधित मामलों की देखभाल करने वाला सरकारी विभाग या महकमा 3. काम का बँटवारा।

श्रमकण (सं.) [सं-पु.] परिश्रम करने पर शरीर से निकलने वाली पसीने की बूँदें; स्वेदबिंदु।

श्रमजल (सं.) [सं-पु.] परिश्रम अथवा गरमी के कारण शरीर की त्वचा के छिद्रों से निकलने वाला द्रव; पसीना; स्वेद; प्रस्वेद।

श्रमजीवी (सं.) [वि.] 1. मज़दूरी करके जीविका चलाने वाला (श्रमिक, मज़दूर) 2. शारीरिक या बौद्धिक श्रम करने वाला। [सं-पु.] मजदूर; श्रमिक।

श्रमण (सं.) [सं-पु.] 1. बौद्ध या जैन मतावलंबी संन्यासी 2. यति; मुनि 3. श्रमजीवी; मज़दूर 4. भिक्षुक।

श्रमणा (सं.) [सं-स्त्री.] 1. श्रम करने वाली स्त्री 2. सुंदर स्त्री 3. जटामासी; मुंडी नामक वनस्पति 4. सुदर्शना नामक औषधि।

श्रमदान (सं.) [सं-पु.] 1. बिना पैसे लिए श्रम का दान 2. मेहनत या परिश्रम का दान 3. निर्माण कार्य में स्वेच्छा से बिना पारिश्रमिक लिए सहयोग देना 4. अवैतनिक सेवा।

श्रमदानी (सं.) [वि.] 1. श्रम का दान करने वाला 2. श्रम दान से संबंधित।

श्रमबिंदु (सं.) [सं-पु.] श्रम के कारण शरीर से निकलने वाला द्रव्य; पसीना; श्रमकण; स्वेद; प्रस्वेद।

श्रमवारि (सं.) [सं-पु.] परिश्रम के कारण शरीर से निकलने वाला द्रव्य; पसीना; श्रमकण; स्वेद; प्रस्वेद।

श्रमशील (सं.) [वि.] परिश्रमी; मेहनती।

श्रमसाधना (सं.) [सं-स्त्री.] 1. परिश्रम से कोई कार्य करना 2. किसी कार्य का अभ्यास।

श्रमसाध्य (सं.) [वि.] 1. जो कठिन परिश्रम से प्राप्त होता हो 2. जिसके लिए कड़ी मेहनत करनी पड़े 3. थका देने वाला (काम)।

श्रमसीकर (सं.) [सं-पु.] पसीना; श्रमबिंदु; श्रमजल; स्वेद; प्रस्वेद।

श्रमिक (सं.) [सं-पु.] 1. श्रम करने वाला व्यक्ति; मज़दूर; मेहनतकश 2. श्रम से आजीविका चलाने वाला व्यक्ति।

श्रमिक वर्ग (सं.) [सं-पु.] 1. मज़दूरी कर अपनी आजीविका चलाने वाला कामगार वर्ग 2. मज़दूरी करने वाले लोगों का वर्ग।

श्रमित (सं.) [वि.] जिसने श्रम किया हो; श्रांत; परिश्रम से थका हुआ।

श्रवण (सं.) [सं-पु.] 1. सुनने की क्रिया या भाव 2. सुनना 3. सुनने की इंद्रिय; कान; कर्ण 4. सुनने से उत्पन्न ज्ञान 5. नवधा भक्ति में एक 6. अंधतापस का पुत्र 7. (ज्योतिष) सत्ताइस नक्षत्रों में से बाइसवाँ नक्षत्र 8. टपकने या बहने के क्रिया, रसना 9. क्षरण।

श्रवण-शक्ति (सं.) [सं-स्त्री.] सुनने का सामर्थ्य या क्षमता; सुनने की शक्ति।

श्रवणपालि (सं.) [सं-स्त्री.] कान का नीचे लटकने वाला कोमल भाग; पाली; कान की ललरी।

श्रवणीय (सं.) [वि.] 1. सुनने या श्रवण योग्य 2. सुनने में मधुर।

श्रवणेंद्रिय (सं.) [सं-स्त्री.] शरीर का वह अंग जिससे किसी प्रकार की ध्वनि सुनी जाती है; कान; कर्ण।

श्रवना (सं.) [क्रि-स.] 1. बहना 2. टपकना; चूना 3. रिसना।

श्रव्य (सं.) [वि.] जिसे सुना जा सके; सुनने योग्य।

श्रव्यकाव्य (सं.) [सं-पु.] केवल सुनने योग्य काव्य; गद्य-पद्य चंपू आदि।

श्रांत (सं.) [वि.] 1. थका हुआ 2. दुखी; खिन्न 3. शांत 4. तृप्त 5. अपने इंद्रियों को वश में करने वाला।

श्रांति (सं.) [सं-स्त्री.] 1. श्रम; परिश्रम; मेहनत 2. थकावट 3. खेद; दुख।

श्राद्ध (सं.) [सं-पु.] 1. वह जो श्रद्धापूर्वक किया जाए 2. पितरों अथवा मृत व्यक्तियों के लिए किया जाने वाला धार्मिक

कर्मकांड; पिंडदान, अन्नदान आदि 3. किसी कार्य या बात को बुरी तरह बिगाड़ते हुए करने की क्रिया; नाश 4. प्रीति 5. विश्वास। [वि.] 1. श्रद्धा से युक्त; श्रद्धा से संबंधित 2. श्रद्धा का।

श्राप (सं.) [सं-पु.] किसी के अनिष्ट की कामना से कहा हुआ शब्द या वाक्य; बुरा या अनिष्टकारी वाक्य; अभिशाप; बद्दुआ।

श्रावक (सं.) [सं-पु.] 1. बौद्ध या जैन धर्म को मानने वाला संन्यासी 2. जैन धर्म का अनुयायी; जैनी 3. दूर से आने वाली आवाज़; दूर का शब्द 4. कौआ; काक 5. छात्र; शिष्य 6. नास्तिक। [वि.] श्रोता; सुनने वाला।

श्रावगी (सं.) [सं-पु.] जैन धर्म को मानने वाला; जैनी।

श्रावण (सं.) [सं-पु.] 1. आषाढ़ के बाद और भादों के पहले का महीना; सावन 2. श्रावण मास की पूर्णिमा 3. श्रवण नामक मातृ-पितृ भक्त बालक 4. पाखंड 5. श्रवणेंद्रिय ग्राह्य ज्ञान। [वि.] 1. कर्ण या कान से संबंधित 2. श्रवण संबंधी; कान का 3. श्रवण नक्षत्र से संबंधित; श्रवण नक्षत्र में उत्पन्न।

श्रावणी (सं.) [सं-स्त्री.] 1. श्रवण नक्षत्र से युक्त पूर्णिमा; सावन मास की पूर्णमासी; रक्षाबंधन का त्योहार 2. मुंडी; घुंडा 3. भुइँ कदंब।

श्रावित (सं.) [वि.] 1. कहा हुआ; कथित 2. बताया हुआ 3. सुनाया हुआ।

श्राव्य (सं.) [वि.] 1. सुनाई पड़ने योग्य 2. आवश्यक या उपयोगी तथ्य जिसे लोग सुनना पसंद करें।

श्री (सं.) [सं-स्त्री.] 1. पुरुषों के नाम के आगे लगाया जाने वाला आदर सूचक शब्द 2. (पुराण) धन-संपत्ति की देवी लक्ष्मी; कमला 3. संपत्ति; धन 4. माथे पर लगाई जाने वाली बिंदी 5. धर्म, अर्थ और काम; त्रिवर्ग 6. कांति; चमक 7. वैभव; कीर्ति; यश 8. शोभा; सौंदर्य 9. गौरव 10. सफेद चंदन 11. लौंग 12. (सामूहिक) पैर के तलुवे में होनेवाली एक रेखा 13. बेल का पेड़ और फल। [सं-पु.] 1. (संगीत) शरद ऋतु में गाया जाने वाला एक राग 2. विष्णु 3. ब्रह्मा 4. कुबेर 5. एक प्रसिद्ध वैष्णव संप्रदाय 6. एक छंद 7. बैल।

श्रीकांत (सं.) [सं-पु.] (पुराण) लक्ष्मी के पति; विष्णु; कमलापति।

श्रीखंड (सं.) [सं-पु.] 1. दही से बनाया जाने वाला एक प्रकार का मीठा खाद्य पदार्थ 2. चंदन; हरिचंदन।

श्रीगणेश (सं.) [सं-पु.] 1. किसी कार्य का प्रारंभ 2. आरंभ; सूत्रपात्र 3. (पुराण) शिव-पार्वती के पुत्र का नाम।

श्रीदामा (सं.) [सं-पु.] (पुराण) कृष्ण के एक ग्वाल सखा का नाम; सुदामा।

श्रीधर (सं.) [सं-पु.] 1. (पुराण) विष्णु का एक नाम 2. शालग्राम; शिलाचक्र 3. जैनियों के सातवें तीर्थंकर; श्रीधर स्वामी।

श्रीधाम (सं.) [सं-पु.] 1. (पुराण) विष्णु का निवास स्थान; वैकुंठ 2. कमल।

श्रीनाथ (सं.) [सं-पु.] (पुराण) विष्णु का एक नाम।

श्रीपति (सं.) [सं-पु.] 1. (पुराण) लक्ष्मी के पति; विष्णु; नारायण; हरि 2. रामचंद्र; कृष्ण 3. कुबेर 4. पृथ्वीपति; नृप; राजा।

श्रीफल (सं.) [सं-पु.] 1. नारियल 2. बेल का फल और पेड़ 3. धन।

श्रीमंत (सं.) [वि.] 1. श्रीमान; धनवान; धनाढ्य; धनी 2. सुंदर; सौंदर्यशाली। [सं-पु.] 1. एक प्रकार का शिरोभूषण।

श्रीमती (सं.) [वि.] विवाहित स्त्रियों के नाम के पहले जोड़ा जाने वाला आदरसूचक शब्द। [सं-स्त्री] पत्नी।

श्रीमान (सं.) [सं-पु.] पुरुषों के नाम के आगे लगाया जाने वाला आदरसूचक शब्द। [वि.] 1. अमीर; धनवान 2. शोभायुक्त 3. गौरवशाली 4. श्री से युक्त।

श्रीमाल [सं-पु.] वैश्य वर्ण की एक उपजाति 2. एक उपाधि; सासें।

श्रीमुख (सं.) [सं-पु.] 1. शोभित या सुंदर मुख 2. बृहस्पति के साठ संवत्सरों में से सातवाँ संवत्सर 3. विष्णु का मुख; वेद 4. रवि; सूर्य 5. वह पत्र, लेख आदि जिसके प्रारंभ में स्वस्ति वाचक शब्द 'श्री' लिखा हुआ हो 6. काल चक्र का सातवाँ वर्ष।

श्रीयुक्त (सं.) [वि.] 1. जिसमें श्री या शोभा हो 2. लक्ष्मीवान; धनाढ्य।

श्रीयुत (सं.) [वि.] 1. जिसमें श्री या शोभा हो 2. एक आदर-सूचक विशेषण, जो बड़े आदमियों के नाम के साथ लगाया जाता है।

श्रीरमण (सं.) [सं-पु.] 1. (संगीत) एक मिश्र राग जो शंकराभरण और मालश्री को मिलाकर बनाया गया है 2. विष्णु।

श्रीवत्स (सं.) [सं-पु.] 1. भृगु के पैरों के चिह्न जो विष्णु की छाती पर हैं; भृगुरेखा; भृगुलता 2. सुरंग 3. सेंध का एक प्रकार।

श्रीवास्तव (सं.) [सं-पु.] कायस्थों में एक कुलनाम या सरनेम।

श्रीवृद्धि (सं.) [सं-स्त्री.] 1. धन की वृद्धि 2. ऐश्वर्य, वैभव, शोभा या सौंदर्य की बढ़ोत्तरी 3. बोधिवृक्ष की एक देवी।

श्रीश (सं.) [सं-पु.] हिंदुओं के एक प्रमुख देवता जो सृष्टि का पालन करने वाले माने जाते हैं; विष्णु; कमलापति; कमलेश।

श्रीहत (सं.) [वि.] 1. जिसकी शोभा नष्ट हो गई हो 2. जो तेज से हीन हो; जिसमें तेज न हो; निस्तेज; बुझा हुआ।

श्रीहीन (सं.) [वि.] 1. धनरहित 2. ऐश्वर्य, शोभा आदि से वंचित; शोभाहीन 3. कांतिहीन 4. कीर्ति या यश से रहित।

श्रीहीनता (सं.) [सं-स्त्री.] शोभा से रहित होने की अवस्था या भाव; शोभाहीन।

श्रुत (सं.) [वि.] 1. सुना हुआ; जो श्रवणगोचर हुआ हो 2. जिसे परंपरा से सुनते आते हों 3. ज्ञात; प्रसिद्ध; ख्यात 4. सीखा हुआ; समझा हुआ 5. प्रतिज्ञात। [सं-पु.] 1. सुनने का विषय; श्रुतिविषय शब्दादि 2. वेद 3. विद्या 4. सुनने की क्रिया।

श्रुतपूर्व (सं.) [वि.] जो पूर्व में सुना गया हो; जाना-बूझा; पूर्वश्रुत।

श्रुतलेख (सं.) [सं-पु.] सुनकर लिखा जाने वाला लेख; इमला; अनुलेखन।

श्रुति (सं.) [सं-स्त्री.] 1. सुनने की क्रिया या भाव 2. श्रवण इंद्रिय; कान 3. ध्वनि; शब्द; आवाज़ 4. वेद 5. सुनी हुई बात; किंवदंती; अफ़वाह 6. संगीत के सात स्वरों में से प्रत्येक स्वर के कुछ निश्चित खंड या विभाग 7. उक्ति या कथन 8. वेद की ऋचाएँ।

श्रुति-ज्ञान (सं.) [सं-पु.] 1. वह ज्ञान जो सुनकर प्राप्त होता है 2. वेद या शास्त्र का ज्ञान।

श्रुतिकटु (सं.) [वि.] जो सुनने में कठोर और कर्कश हो; दुश्रवत्व।

श्रुतिपथ (सं.) [सं-पु.] 1. श्रवण मार्ग; श्रवणेंद्रिय; कर्णपथ; कान; श्रवण 2. वेदविहित मार्ग; सन्मार्ग।

श्रुत्य (सं.) [सं-पु.] ख्याति दिलाने वाला कार्य। [वि.] 1. सुना जाने योग्य 2. प्रसिद्ध 3. प्रशस्त।

श्रुत्यनुप्रास (सं.) [सं-पु.] (काव्यशास्त्र) अनुप्रास के पाँच भेदों में से एक; वह अनुप्रास जिसमें एक ही स्थान से उच्चरित होने वाले व्यंजन दो या अधिक बार आएँ।

श्रेढ़ी (सं.) [सं-स्त्री.] किसी निरूपित नियम के अनुसार क्रमबद्ध पदों की कड़ी, जिसमें सभी पद परस्पर धनात्मक या ऋणात्मक चिह्नों द्वारा जुड़े होते हैं; गणना की एक विधि; (प्रोग्रेशन)।

श्रेणिका (सं.) [सं-स्त्री.] 1. डेरा; खेमा; तंबू 2. एक छंद का नाम 3. एक तृण।

श्रेणी (सं.) [सं-स्त्री.] 1. पंक्ति; कतार 2. क्रम 3. शृंखला 4. समुदाय; समूह 5. सीढ़ी 6. वर्ग; कोटि 7. दल 8. पानी भरने का डोल।

श्रेणीकरण (सं.) [सं-पु.] 1. वर्गीकरण; अनुक्रमण; कटिबंध 2. बहुत-सी वस्तुओं, व्यक्तियों आदि को क्रम से लगाने या बाँटने की क्रिया 3. व्यवस्थित या क्रमबद्ध रूप से रखने का कार्य।

श्रेणीकृत (सं.) [वि.] क्रम से लगाया हुआ; सजाया हुआ।

श्रेणीबंधन (सं.) [सं-पु.] विभिन्न वस्तुओं, व्यक्तियों आदि को अलग-अलग श्रेणियों में रखना या बाँटना; श्रेणीकरण।

श्रेणीबद्ध (सं.) [वि.] 1. एक शृंखला या कड़ी में बँधा हुआ 2. एक वर्ग या क्रम में स्थित; दलबद्ध।

श्रेणीवार (सं.) [वि.] श्रेणी के अनुसार; बारी-बारी से।

श्रेय (सं.) [सं-पु.] 1. अच्छाई; उत्तमता 2. मोक्ष; धर्म 3. शुभ; मंगल 4. सुख; पुण्य 5. यश। [वि.] 1. श्रेष्ठ; सर्वोत्तम 2. उपयुक्त 3. मंगलमय 4. वांछनीय।

श्रेयस्कर (सं.) [वि.] 1. कल्याण करने वाला; शुभदायक 2. श्रेष्ठ।

श्रेष्ठ (सं.) [वि.] 1. सर्वोत्तम; उत्कृष्ट; जो सबसे अच्छा हो 2. जो उच्च मानवीय गुणों से युक्त हो 3. ज्येष्ठ 4. अत्यंत प्रिय [सं-पु.] 1. ब्राह्मण 2. राजा 3. विष्णु 4. कुबेर 5. एक कुलनाम 6. शिव 7. गाय का दूध।

श्रेष्ठक (सं.) [वि.] 1. श्रेष्ठ होने का सूचक 2. श्रेष्ठ से संबंधित।

श्रेष्ठक भावना (सं.) [सं-स्त्री.] वह भावना या धारणा जिसमें स्वयं को अन्य की अपेक्षा श्रेष्ठ समझा जाए; (सुपीरियारटी कॉम्प्लेक्स)।

श्रेष्ठतम (सं.) [वि.] सबसे श्रेष्ठ; उत्तम; अनुपम।

श्रेष्ठतर (सं.) [वि.] 1. अच्छे से बढ़कर; किसी की अपेक्षा अधिक श्रेष्ठ या अच्छा; श्रेष्ठ और श्रेष्ठतम के बीच की स्थिति।

श्रेष्ठता (सं.) [सं-स्त्री.] 1. श्रेष्ठ होने की अवस्था, गुण या भाव 2. उत्तमता; गुरुता; श्रेष्ठत्व।

श्रेष्ठी (सं.) [सं-पु.] 1. व्यापारियों या वणिकों का मुखिया 2. प्रतिष्ठित व्यवसायी 3. महाजन; सेठ 4. बड़ा व्यापारी; श्रेष्ठ व्यापारी 5. अतिधनी(संपन्न) व्यक्ति।

श्रोण (सं.) [वि.] पंगु; खंज; विकलांग।

श्रोणि [सं-पु.] कमर।

श्रोणी (सं.) [सं-स्त्री.] 1. कटि; कमर 2. चूतड़; नितंब 3. मध्य भाग; कटि प्रदेश 4. पंथ; मार्ग।

श्रोत (सं.) [सं-पु.] 1. कर्ण; कान 2. किसी नदी की धारा या स्रोत 3. हाथी की सूँड 4. इंद्रिय (जिनके मार्ग से शरीर का मल तथा आत्मा निकलती है)।

श्रोतव्य (सं.) [वि.] जो सुनने के योग्य हो; जिसे सुना जाना हो।

श्रोता (सं.) [सं-पु.] 1. सुनने वाला व्यक्ति 2. किसी सभा आदि में हो रहे भाषण आदि को सुनने वाला व्यक्ति या समूह।

श्रोतागण (सं.) [सं-पु.] सुनने वाले लोग; श्रोताओं का समूह; श्रोतृवर्ग।

श्रोतृवर्ग (सं.) [सं-पु.] 1. श्रोताओं का समूह; श्रोतागण 2. कथा, उपदेश आदि सुनने वाले लोग या समाज।

श्रोत्र (सं.) [सं-पु.] 1. श्रवणेंद्रिय; कान 2. वेदज्ञान; वेद में निपुणता; वेद संबंधी प्रवीणता 3. वेद।

श्रोत्रिय (सं.) [सं-पु.] 1. वह जो वेद-वेदांग में पारंगत हो; वेदज्ञ 2. ब्राह्मण समाज में एक कुलनाम 3. ब्राह्मणों की एक शाखा। [वि.] 1. वेदज्ञ; वेद में पारंगत; वेदाध्ययन कर्ता 2. सभ्य; शिष्ट; सुसंस्कृत।

श्रौत (सं.) [वि.] 1. श्रवण संबंधी; कर्ण संबंधी 2. श्रुति या वेद संबंधी 3. श्रुतिविहित; वेद प्रतिपादित; जो वेद के अनुसार हो 4. यज्ञ संबंधी।

श्लथ (सं.) [वि.] 1. शिथिल; ढीला 2. ढीला किया हुआ 3. बिखरा हुआ 4. मंद; धीमा 5. कमज़ोर; दुर्बल।

श्लाघनीय (सं.) [वि.] 1. जो प्रशंसा के योग्य हो; प्रशंसनीय; श्लाघ्य 2. सम्माननीय।

श्लाघा (सं.) [सं-स्त्री.] 1. आत्मप्रशंसा 2. बड़ाई; तारीफ़ 2. चापलूसी; चाटुकारिता भरी बात 3. अभिलाषा परिचर्चा।

श्लाघी (सं.) [वि.] 1. जिसे श्लाघा या दर्प हो; अहंकार करने वाला; मदोद्धत; अभिमानी; प्रगल्भ; धृष्ट; डींग हाँकने वाला 2. प्रख्यात; प्रसिद्ध।

श्लाघ्य (सं.) [वि.] 1. प्रशंसनीय; प्रशंसा के योग्य 2. सम्माननीय।

श्लिष्ट (सं.) [वि.] 1. जो जुड़ा, सटा या लगा हुआ हो; संयुक्त; संबद्ध 2. जिसके दो अर्थ हों; श्लेषयुक्त; द्विअर्थी; अनेकार्थक 3. अच्छी तरह जमा हुआ; चिपका हुआ 4. आलिंगित 5. टिका हुआ; झुका हुआ।

श्लीपद (सं.) [सं-पु.] एक रोग जिसमें पैर फूलकर हाथी के पैर के समान हो जाता है; हाथीपाँव; फीलपाँव।

श्लील (सं.) [वि.] 1. जो अश्लील न हो; शिष्ट समाज में दिखाए या पढ़े जाने योग्य; सम्योचित; उत्तम; श्रेष्ठ 2. भाग्यशाली; मंगलदायक; शुभ 3. शोभायुक्त 4. लक्ष्मीवान।

श्लेष (सं.) [सं-पु.] 1. संयोग; मिलाप 2. लगाव; जुड़ाव; सटाव 3. आलिंगन; परिरंभण 4. (काव्यशास्त्र) एक शब्द के दो या दो से अधिक अर्थ होना 5. एक शब्दालंकार जिसमें एक शब्द के कई अर्थ होते हैं, जिनसे काव्य चमत्कार उत्पन्न होता है।

श्लेषचित्र (सं.) [सं-पु.] 1. द्विअर्थी चित्र 2. कूट चित्र।

श्लेषण (सं.) [सं-पु.] 1. मिलाना; जोड़ना; एक में सटाना; संयुक्त करना 2. परिरंभण; आलिंगन।

श्लेषवक्रोक्ति (सं.) [सं-स्त्री.] (काव्यशास्त्र) वक्रोक्ति अलंकार का एक भेद।

श्लेषोपमा (सं.) [सं-स्त्री.] (काव्यशास्त्र) एक काव्यालंकार; श्लेष अलंकार का एक भेद।

श्लेष्मक (सं.) [सं-पु.] 1. श्लेष्मा ग्रंथि से निकलने वाला एक तरल पदार्थ 2. कफ़; बलगम; श्लेष्मा।

श्लेष्मा (सं.) [सं-पु.] 1. कफ़; बलगम 2. श्लेष्मा ग्रंथि से निकलने वाला एक तरल पदार्थ 3. बाँधने के काम आने वाली रस्सी या डोरी 4. चिपचिपा रस देने वाला वृक्ष; लिसोड़ा।

श्लेष्मीय (सं.) [वि.] 1. जो श्लेष्मा से युक्त हो 2. जिसमें कफ़ या बलगम हो।

श्लोक (सं.) [सं-पु.] 1. ध्वनि; शब्द; आवाज़ 2. प्रशंसा; स्तुति 3. यश; कीर्ति 4. पुकार; आह्वान 5. संस्कृत का कोई पद्य 6. संस्कृत का अनुष्टुप छंद।

श्वः (सं.) [सं-पु.] आगामी काल; आने वाला दिन।

श्वपच (सं.) [सं-पु.] 1. श्मशान में शव को आग देने या बाँस आदि के पात्र बनाने का कार्य करने वाला व्यक्ति; चांडाल 2. वधिक; जल्लाद 3. कुत्ते को खिलाने वाला व्यक्ति 4. {अ-अ.} कुत्ते का मांस पकाकर खाने वाला व्यक्ति।

श्वश्रू (सं.) [सं-स्त्री.] पति या पत्नी की माता; श्वसुर की स्त्री; सास।

श्वसन (सं.) [सं-पु.] 1. साँस लेने तथा छोड़ने की क्रिया; (रेस्परेशन) 2. निश्वास।

श्वसित (सं.) [वि.] 1. श्वासमय; श्वासयुक्त 2. साँस लेने वाला; जीवित 3. आह भरने वाला।

श्वसुर (सं.) [सं-पु.] पति या पत्नी के पिता; ससुर।

श्वा (सं.) [सं-पु.] कुत्ता; श्वान।

श्वान (सं.) [सं-पु.] कुत्ता; कुक्कुर।

श्वापद (सं.) [सं-पु.] हिंसक पशु, जैसे- बाघ आदि। [वि.] जंगली; असभ्य; बार्बर 2. डरावना; भयंकर।

श्वास (सं.) [सं-पु.] 1. नाक से प्राणवायु भीतर ले जाने तथा अंदर की वायु बाहर लाने की क्रिया; साँस 2. हाँफने की क्रिया 3. दमा नामक रोग।

श्वास-द्वार (सं.) [सं-पु.] 1. श्वास-नली 2. श्वास लेने का स्थान, जैसे- नासिका, मुख।

श्वास-प्रश्वास (सं.) [सं-पु.] साँस लेना एवं छोड़ना; साँस भीतर खींचना तथा नाक से बाहर निकलना।

श्वास-रोग (सं.) [सं-पु.] वह रोग जिससे साँस लेने में समस्या उत्पन्न होती है, जैसे- दमा, अस्थमा, तपेदिक, खाँसी आदि।

श्वासनली (सं.) [सं-स्त्री.] प्राणियों के गले का वह नलीनुमा भाग जहाँ से वे साँस लेते तथा छोड़ते हैं; (ट्रेकिया)।

श्वासा (सं.) [सं-स्त्री.] 1. साँस; दम 2. प्राण; प्राणवायु।

श्वासोच्छ्वास (सं.) [सं-पु.] साँस लेने तथा छोड़ने की क्रिया; श्वसन।

श्वेत (सं.) [वि.] 1. सफ़ेद; उजला; धवल 2. निष्कलंक; गोरा; गौर 3. निर्मल; स्वच्छ।

श्वेत-पुष्प (सं.) [सं-पु.] 1. सिंधुवार नामक पेड़ 2. सफ़ेद रंग के फूल।

श्वेतक (सं.) [सं-पु.] 1. चाँदी; रजत 2. पक्षियों आदि के अंडों के भीतर पाया जाने वाला एक प्रकार का सफ़ेद पोषक पदार्थ 3. कौड़ी 4. वराटक। [वि.] 1. सफ़ेद-सा 2. चाँदी-सा।

श्वेतकृष्ण (सं.) [सं-पु.] 1. पक्ष-विपक्ष; एक बात और दूसरी बात 2. एक प्रकार का विषैला कीड़ा। [वि.] सफ़ेद और काला।

श्वेतक्रांति [सं-स्त्री.] भारत में शुरू की गई एक बड़ी योजना या अभियान जिसका लक्ष्य दुग्ध उत्पादन को बढ़ावा देना था; धवल क्रांति; दुग्ध क्रांति।

श्वेतपत्र (सं.) [सं-पु.] किसी महत्वपूर्ण विषय पर चर्चा या स्पष्टीकरण के लिए प्रकाशित एक सरकारी विज्ञप्ति।

श्वेतप्रदर (सं.) [सं-पु.] स्त्रियों का रोग जिसमें योनि से सफ़ेद रंग का गाढ़ा और बदबूदार तरल निकलता है; (ल्यूकोरिया)

श्वेतवाराह (सं.) [सं-पु.] 1. (पुराण) एक कल्प का नाम जो ब्रह्म के मास का प्रथम दिन माना गया है 2. एक तीर्थ।

श्वेतसार (सं.) [सं-पु.] 1. अनाज, आलू आदि में पाया जाने वाला एक प्रमुख तत्व; (स्टार्च) 2. चावल का माँड़।

श्वेतांक (सं.) [सं-पु.] कागज़ पर विशेष विधि से बनाया गया हलका रंगहीन चिह्न, छाप या अक्षरावली; (वाटर-मार्क)।

श्वेतांग (सं.) [वि.] 1. श्वेत अंगवाला; गोरा; गौरांग 2. श्वेत वर्णवाला।

श्वेतांबर (सं.) [सं-पु.] 1. श्वेत या सफ़ेद रंग का वस्त्र 2. जैन धर्म में एक संप्रदाय जिसके मतानुयायी या उनकी मूर्तियाँ श्वेत वस्त्र धारण करते हैं।

श्वेतांशु (सं.) [सं-पु.] श्वेत किरणों वाला अर्थात चंद्रमा।

श्वेतिमा (सं.) [सं-स्त्री.] 1. श्वेत होने की अवस्था या भाव; धवलता 2. सफ़ेदी; श्वेतता; रजतिमा 3. {ला-अ.} शुचिता।

ष

ष हिंदी वर्णमाला का व्यंजन वर्ण। उच्चारण की दृष्टि से यह पश्च-वर्त्स्य उलटित, अघोष संघर्षी है। (यदि यह 'ट, ठ, ड, ढ' ध्वनियों से पहले न आए तो इसका उच्चारण आजकल हिंदी में तालव्य [श] होता है।)

षंजन [सं-पु.] आलिंगन; मिलन।

षंड (सं.) [सं-पु.] 1. हिजड़ा; नपुंसक; नामर्द 2. प्रजनन के लिए पालित वृष; छुट्टा साँड़ 3. भेड़ बकरों का झुंड 4. कमलों का समूह 5. शिव का एक नाम 6. राशि; ढेर।

षंडत्व (सं.) [सं-पु.] नपुंसक, नामर्द होने की स्थिति; नपुंसकता।

षटकर्म (सं.) [सं-पु.] 1. ब्राह्मणों के छह कर्म-यजन, याजन, अध्ययन, अध्यापन, दान और प्रतिग्रह 2. स्मृतियों के अनुसार छह काम जिनके द्वारा आपातकाल में ब्राह्मण अपनी जीविका कर सकता है 3. तांत्रिकों के वध आदि छह कर्म 4. योगाभ्यास संबंधी छह क्रियाएँ 5. झगड़ा; झंझट।

षटकोण (सं.) [सं-पु.] 1. (ज्यामिति) एक आकृति जिसमें छह कोण होते हैं 2. लग्न से छठा स्थान 3. एक यंत्र 4. इंद्र का वज्र 5. हीरा। [वि.] छह कोणों वाला।

षटचक्र (सं.) [सं-पु.] 1. योग के छह चक्र- मूलाधर, स्वाधिष्ठान, मणिपूरक, अनाहत, विशुद्ध और आज्ञा 2. षड्यंत्र 3. झंझट-झगड़े के काम।

षटदर्शन (सं.) [सं-पु.] दे. षड्दर्शन।

षटपद (सं.) [सं-पु.] 1. भ्रमर; भौंरा 2. एक छोटा कीड़ा जो पशुओं के शरीर पर चिपटकर ख़ून चूसता है; किलनी 3. छह पदों वाला छंद; गीति छंद। [वि.] छह पैरों वाला।

षटमासिक (सं.) [वि.] छमाही; अर्धवार्षिक।

षटरस (सं.) [सं-पु.] दे. षड्-रस।

षडंग (सं.) [सं-पु.] 1. छह अंग 2. छह वेदांग- व्याकरण; शिक्षा; छंद; निरुक्त; कल्प और ज्योतिष।

षडज (सं.) [सं-पु.] संगीत के सात स्वरों में से प्रथम जिसका संकेत 'सा' है।

षडभुज (सं.) [सं-पु.] (ज्यामिति) छह भुजाओं वाला क्षेत्र। [वि.] जिसकी छह भुजाएँ हों।

षडरस (सं.) [सं-पु.] छह प्रकार के रस या स्वाद, जैसे- मधुर, लवण, तिक्त, कटु, कषाय और अम्ल।

षडरिपु (सं.) [सं-पु.] मानव के छह विकार, जैसे- काम, क्रोध, लोभ, मद, मोह एवं मत्सर।

षडानन (सं.) [सं-पु.] 1. शिव के बड़े पुत्र जो युद्ध के देवता कहे जाते हैं; कार्तिकेय 2. संगीत में स्वरसाधन की एक प्रणाली। [वि.] छह मुखोंवाला।

षड्दर्शन (सं.) [सं-पु.] हिंदुओं के छह दर्शन- सांख्य, योग, न्याय, वैशेषिक, पूर्व-मीमांसा और उत्तर मीमांसा।

षड्यंत्र (सं.) [सं-पु.] 1. धोखा देने की योजना 2. दुरभिसंधि 3. साज़िश 4. गुप्त रूप से की जाने वाली कार्रवाई।

षड्यंत्रकारी (सं.) [सं-पु.] वह जो साज़िश या षड्यंत्र करे; साजिशकर्ता; षड्यंत्रकर्ता; षड्यंत्री।

षड्यंत्री (सं.) [सं-पु.] वह जो साजिश या षड्यंत्र करे; साजिशकर्ता; षड्यंत्रकर्ता; षड्यंत्रकारी।

षष्टि (सं.) [सं-स्त्री.] साठ की संख्या (60)।

षष्टिपूर्ति (सं.) [सं-स्त्री.] साठ वर्ष की उम्र पूरा होना।

षष्ठ (सं.) [वि.] छठा।

षष्ठांश (सं.) [सं-पु.] छठा खंड या अंश।

षष्ठी (सं.) [सं-स्त्री.] 1. किसी पक्ष का छठा दिन; शुक्ल या कृष्ण पक्ष की छठी तिथि 2. षाडश मातृकाओं में से एक; देवसेना 3. कात्यायनी; दुर्गा का एक अवतार 4. (व्याकरण) वह कारक जिससे एक शब्द का दूसरे शब्द के साथ संबंध सूचित होता है; संबंध कारक 5. बालक उत्पन्न होने से छठा दिन तथा उक्त दिन का उत्सव।

षाड़व (सं.) [सं-पु.] 1. (संगीत) छह स्वरों वाला राग; ऐसा राग जिसमें सिर्फ़ छह स्वर लगते हों 2. मनोराग; मनोविकार 3. गाना; संगीत।

षाड़व ओड़व (सं.) [सं-पु.] (संगीत) ऐसा राग जिसमें आरोह में छह व अवरोह में पाँच स्वर हों।

षाड़व संपूर्ण (सं.) [सं-पु.] (संगीत) ऐसा राग जिसमें आरोह में छह व अवरोह में संपूर्ण स्वर हों।

षाण्मातुर (स) [सं-पु.] छह माताओं का पुत्र; जिसका लालन पालन छह माताओं ने किया था; कार्तिकेय।

षाण्मासिक (सं.) [सं-पु.] मृतक संबंधी एक कृत्य जो किसी की मृत्यु के छह महीने बाद किया जाता है; छमासी। [वि.] 1. छह महीनेवाला 2. जिसका समय छह महीने का हो।

षोडश (सं.) [सं-पु.] सोलह की संख्या। [वि.] 1. सोलह 2. दस से छह अधिक।

षोड़श-मातृका (सं.) [सं-स्त्री.] गौरी; पद्मा; शची मेधा; सावित्री; विजया; जया; देवसेना; स्वधा; शांति; पुष्टि।

षोडश शृंगार (सं.) [सं-पु.] पूर्ण शृंगार जिसके अंतर्गत सोलह बातें हैं- उबटन लगाना, स्नान करना, वस्त्र धारण करना, बाल सँवारना, अंजन लगाना, सिंदूर भरना, महावर लगाना, तिलक

लगाना, ठोड़ी पर तिल बनाना, मेहंदी रचाना, सुगंधित द्रव्यों का प्रयोग करना, अलंकार धारण करना, पुष्पाहार पहनना, पान खाना, ओठ रंगना, मिस्सी लगाना।

षोडश संस्कार (सं.) [सं-पु.] वैदिक रीति के अनुसार गर्भाधान से लेकर मृतक कर्म तक के सोलह संस्कार।

षोड़शंकला (सं.) [सं-स्त्री.] चंद्रमा की सोलह कलाएँ।

षोडशदान (सं.) [सं-पु.] एक तरह का दान जिसमें सोलह प्रकार की वस्तुएँ दी जाती हैं।

षोडशी (सं.) [सं-स्त्री.] 1. सोलह वर्ष की स्त्री; तरुणी 2. दस विद्याओं में से एक विद्या 3. सोलह वस्तुओं का वर्ग- ईक्षण, प्राण, श्रद्धा, आकाश, वायु, जल, पृथ्वी, मन, इंद्रिय, वीर्य, अन्न, मंत्र, तप, नाम और कर्म। [वि.] जो सोलह वर्ष की हो (युवती, तरुणी आदि)।

षोडशोपचार (सं.) [सं-पु.] पूजन के पूर्ण अंग जो सोलह माने गए हैं।

स

स हिंदी वर्णमाला का व्यंजन वर्ण। उच्चारण की दृष्टि से यह वर्त्स्य, अघोष, संघर्षी है।

सँकरा (सं.) [वि.] 1. पतला और तंग 2. जिसकी चौड़ाई कम हो 3. कसा हुआ 4. संकीर्ण। [सं-स्त्री.] सिकड़ी; जंजीर।

सँचा [सं-पु.] मक्के की वह बाल जिसमें अभी दूध आ रहा हो।

सँजोना (सं.) [क्रि-स.] 1. प्राचीन काल में प्रयुक्त ऐसी वस्तुओं से युक्त करना कि देखने में भला और सुंदर जान पड़े; अलंकृत करना; सुसज्जित करना 2. संचित या एकत्रित करना; जोड़ना; जमा करना; जुटाना; संचित करना।

सँजोया (सं.) [सं-पु.] एक प्रकार का कवच जिसे युद्ध के समय पहना जाता था।

सँजोवा (सं.) [सं-पु.] 1. शृंगार; रूप-सज्जा; साज-सँवार 2. जमावड़ा; हुजूम; जमाव।

सँझला (सं.) [वि.] 1. संध्या का 2. छोटे से बड़ा; मँझले से छोटा।

सँझली [वि.] 1. मँझली से छोटी 2. छोटी से बड़ी।

सँझलौका [सं-पु.] संध्या की बेला; साँझ (शाम) का समय; गोधूलि; सँझलौकी।

सँझवाती (सं.) [सं-स्त्री.] 1. संध्या के समय जलाया जाने वाला दीपक; शाम का चिराग 2. वह गीत जो संध्या के समय गाया जाता है, प्राय: यह विवाह के अवसर पर होता है। [वि.] संध्या संबंधी; संध्या का।

सँझौवा [सं-पु.] साँझ का भोजन।

सँड़री [सं-स्त्री.] बेलन; रोटी बेलने का साधन।

सँड़सा [सं-पु.] एक प्रकार का औज़ार जिसका प्रयोग किसी वस्तु आदि को पकड़ने के लिए होता है।

सँड़सी [सं-स्त्री.] 1. गरम बरतनों को पकड़ने के लिए उपयोग में आने वाला औज़ार 2. लोहारों के काम आने वाला औज़ार।

सँपेरा [सं-पु.] 1. वह जो साँप का तमाशा दिखलाता है 2. साँप पकड़ने और पालने वाला व्यक्ति।

सँपोला [सं-पु.] 1. साँप का बच्चा 2. {ला-अ.} ख़तरनाक व्यक्ति 3. {ला-अ.} वह जो अहित कर सकता हो।

सँपोलिया [सं-पु.] दे. सँपोला।

सँभलना (सं.) [क्रि-अ.] 1. स्वयं को गिरने, फिसलने या लुढ़कने से रोक के रखना 2. किसी कर्तव्य आदि का निर्वाह किया जा सकना 3. रुकना; थमना 4. होशियार या सावधान होना 5. टिका रहना 6. स्वस्थ होना 7. चोट, नुकसान आदि से बचाव करना 8. बुरी दशा से बचकर रहना 9. अच्छी स्थिति में आना।

सँभाल (सं.) [सं-स्त्री.] 1. देखभाल; प्रबंध; व्यवस्था 2. रक्षा करना; ज़िम्मेदारी लेना 3. हिफ़ाजत 4. पालन-पोषण 5. होश; चेत।

सँभालना (सं.) [क्रि-स.] 1. रोकथाम करना; सहारा देना 2. गिरते हुए को रोकना; थामना 3. पालन-पोषण करना 4. कार्यभार और कर्तव्यों का निर्वाह करना 5. सहेजना; प्रबंध करना 6. भार उठाना 7. अपने आपको संयत करना।

सँवर [सं-स्त्री.] 1. सजे हुए होने की अवस्था या भाव 2. स्मरण; स्मृति; याद 3. ख़बर; हाल; वृत्तांत।

सँवरना (सं.) [क्रि-अ.] 1. सुधरे रूप में आना; सुधरना; सँवारा जाना 2. सज्जित होना; सजना 3. ठीक होना 4. स्मरण आना। [क्रि-स.] स्मरण करना।

सँवराना [क्रि-अ.] ठंडा या मंद पड़ जाना।

सँवरिया (सं.) [वि.] 1. साँवला 2. कृष्ण या साँवले रंग का।

सँवरी [सं-स्त्री.] 1. शबर जाति की एक तपस्विनी, जिसके जूठे बेर राम ने खाए थे 2. श्रमणा।

सँवार [सं-स्त्री.] 1. सँवारने की क्रिया, स्थिति या भाव 2. सजा हुआ रूप।

सँवारना (सं.) [क्रि-स.] 1. सजाना; अलंकृत करना 2. कार्य सुचारु रूप से संपन्न करना।

सं (सं.) [पूर्वप्रत्य.] एक पूर्वप्रत्यय जिसका व्यवहार शोभा, समानता, संगति, उत्कृष्टता, निरंतरता, औचित्य आदि सूचित करने के लिए होता है, जैसे- संयम, संयोग, संचालन आदि।

संकट (सं.) [सं-पु.] 1. विपत्ति; आफ़त; मुसीबत 2. दुख; कष्ट; तकलीफ़ 3. भीड़; समूह 4. सँकरी राह 5. वह तंग पहाड़ी रास्ता जो दो बड़े और ऊँचे पहाड़ों के बीच से होकर गया हो। [वि.] 1. एकत्र किया हुआ 2. घनीभूत 3. तंग; क्षीण 4. दुर्गम 5. भयानक; कष्टप्रद; दुखदायी 6. संकीर्ण; सँकरा; तंग 7. पूर्ण; भरा हुआ।

संकटकाल (सं.) [सं-पु.] 1. विपत्ति का समय; आपातकाल 2. मुसीबत का दौर।

संकटग्रस्त (सं.) [वि.] 1. जो संकट में हो 2. जिसकी संख्या लगातार कम हो रही हो।

संकटपूर्ण (सं.) [वि.] 1. जो संकट से युक्त हो 2. कठिन 3. जिसमें मुसीबत हो 4. ख़तरनाक।

संकटमय (सं.) [वि.] 1. नाजुक 2. जोखिम भरा 3. संकट में फँसा हुआ।

संकटमोचन (सं.) [सं-पु.] 1. कष्ट या संकट से छुटकारा दिलाने वाला व्यक्ति 2. हनुमान।

संकटस्थ (सं.) [वि.] संकट या विपत्ति में पड़ा हुआ।

संकटा (सं.) [सं-स्त्री.] 1. एक प्रसिद्ध देवी मूर्ति जो वाराणसी में है और संकट का निवारण करने वाली मानी जाती है 2. ज्योतिष के अनुसार आठ योगिनियों में से एक योगिनी।

संकटापन्न (सं.) [वि.] जोखिमपूर्ण; ख़तरनाक; संकटपूर्ण।

संकटावस्था (सं.) [सं-स्त्री.] 1. संकट का समय 2. सूक्ष्म् काल। [वि.] संकटकालीन।

संकर (सं.) [सं-पु.] 1. दो चीज़ों के योग या मिश्रण से बनने वाली नई चीज़ 2. दो जातियों का मिश्रण; (हाइब्रिड) 3. दोगला 4. शिव।

संकरण (सं.) [सं-पु.] 1. मिश्रित करने की क्रिया या भाव 2. अलग-अलग जाति के पौधों या जीवों के आपसी संसर्ग से किसी नई प्रजाति को उत्पन्न करने की क्रिया या प्रणाली; (क्रॉस ब्रीडिंग)।

संकरता (सं.) [सं-स्त्री.] 1. संकर होने का भाव या धर्म 2. सांकर्य; मिलावट; दोगलापन।

संकरित (सं.) [वि.] 1. वर्ण संकर; संकीर्ण 2. संकर से उत्पन्न।

संकरी (सं.) [सं-स्त्री.] जो अलग-अलग प्रजातियों के योग से उत्पन्न हो; संकर; दोगला 2. पार्वती।

संकर्षण (सं.) [सं-पु.] 1. खींचने की क्रिया 2. छोटा करना 3. कृष्ण के बड़े भाई जो रोहिणी के पुत्र थे; बलराम 4. एकादश रुद्रों में से एक रुद्र का नाम 5. वैष्णवों का एक संप्रदाय जिसके प्रवर्तक निंबार्काचार्य थे 6. आकर्षण 7. हल से जोतने की क्रिया 8. शेषनाग 9. गर्व; घमंड; अहंकार।

संकल (सं.) [सं-पु.] साँकला; सिकड़ी; साँकर।

संकलक (सं.) [सं-पु.] संकलन करने वाला व्यक्ति।

संकलन (सं.) [सं-पु.] 1. एकत्रीकरण; एकत्र करने की क्रिया 2. जमा करना; संग्रह करना 3. साहित्य के अच्छे विषयों को चुनकर एकत्र किया जाना; (कंपाइलेशन) 4. राशि; ढेर; जोड़।

संकलनकर्ता (सं.) [सं-पु.] संकलन करने वाला व्यक्ति; एकत्र या जमा करने वाला व्यक्ति।

संकलयिता (सं.) [सं-पु.] संकलनकर्ता।

संकलित (सं.) [वि.] 1. जिसका संकलन किया गया हो, जैसे- संकलित कविता 2. जिसका संग्रह किया गया हो; संगृहीत; (कंपाइल्ड) 3. थोड़ा-थोड़ा करके इकट्ठा होकर एक होने वाला; राशिकृत 4. जोड़ा हुआ।

संकल्प (सं.) [सं-पु.] 1. दृढ़ निश्चय; प्रतिज्ञा 2. इरादा; विचार 3. कोई कार्य करने की दृढ इच्छा या निश्चय 4. प्रयोजन; उद्देश्य; नीयत 5. धार्मिक कृत्य करने की दृढ़ इच्छा या प्रतिज्ञा।

संकल्पक (सं.) [वि.] संकल्प करने वाला।

संकल्पना (सं.) [सं-स्त्री.] 1. संकल्प करने की क्रिया या भाव 2. धारणा 3. इच्छा 4. विचारपूर्ण तथा बौद्धिक अर्थ।

संकल्पनिष्ठा (सं.) [सं-स्त्री.] संकल्प को पूर्ण करने की निष्ठा।

संकल्पवान (सं.) [वि.] जिसने संकल्प लिया हो।

संकल्पित (सं.) [वि.] 1. जिसका संकल्प या निश्चय किया गया हो 2. संकल्प किया हुआ 3. जिसकी कल्पना की गई हो; कल्पित।

संकल्य (सं.) [वि.] 1. जिसका संकलन होने को हो या हो सकता हो 2. जो जोड़ा या युक्त किया जाने को हो।

संका [सं-स्त्री.] दे. शंका।

संकाय (सं.) [सं-पु.] 1. उच्च शिक्षा से संबंधित विश्वविद्यालय का कोई विभाग, जैसे- कला संकाय (फ़ैकल्टी) 2. विभाग; भाग; संभाग।

संकायाध्यक्ष (सं.) [सं-पु.] संकाय का अध्यक्ष; अधिष्ठाता; (डीन)।

संकारना [क्रि-स.] संकेत करना; इशारा करना।

संकीर्ण (सं.) [सं-पु.] 1. विपत्ति; संकट 2. ऐसा राग जो अन्य रागों के मेल से बना हो। [वि.] 1. सँकरा; संकुचित; तंग 2. जो चौड़ा या विस्तृत न हो 3. क्षुद्र; छोटा; तुच्छ; नीच 4. अनुदार।

संकीर्णता (सं.) [सं-स्त्री.] 1. संकीर्ण होने की अवस्था या भाव 2. ओछापन; क्षुद्रता 3. नीचता 4. अनुदारता।

संकीर्तन (सं.) [सं-पु.] 1. प्रशंसा; स्तुति 2. किसी का तरह-तरह से किया जाने वाला वर्णन 3. गायन, वादन के साथ ईश्वर, देवता आदि के नाम का भजन या जाप करना; कीर्तन।

संकुचन (सं.) [सं-पु.] 1. संकुचित करने या होने की क्रिया या भाव; सिकुड़न 2. असमंजस।

संकुचित (सं.) [वि.] 1. जिसे संकोच हो; जो हिचकिचाता हो 2. संकोचयुक्त; लज्जित 3. संकीर्ण; तंग; सँकरा 4. अनुदार।

संकुल (सं.) [वि.] 1. घना; भरा हुआ या परिपूर्ण 2. समूचा; पूरा; सारा। [सं-पु.] 1. युद्ध; समर 2. जन-समूह 3. जनता; दल; झुंड 4. परस्पर विरोधी और असंगत वाक्य।

संकुलता (सं.) [सं-स्त्री.] 1. संकुल होने की अवस्था या भाव; परिपूर्णता 2. जटिलता; घनापन।

संकुलना (सं.) [क्रि-अ.] भर जाना या भरा होना।

संकुलित (सं.) [वि.] 1. जो संकुल या पूरा हो; भरा हुआ 2. एकत्र 3. घना 4. अव्यवस्थित; घबराया हुआ 5. बँधा हुआ।

संकेंद्रण (सं.) [सं-पु.] 1. केंद्र की ओर ले जाना; जमाना 2. संपूर्ण शक्ति या ध्यान को किसी एक ही बात या विषय पर लाकर लगाना।

संकेत (सं.) [सं-पु.] 1. निशान; चिह्न 2. इंगित; इशारा 3. अंगचेष्टा 4. आँख या हाथ से किया जाने वाला संकेत।

संकेत ग्रह (सं.) [सं-पु.] 1. शब्दार्थ ग्रहण करने की क्रिया 2. (साहित्य) शब्द का अर्थ बोध कराने की शक्ति का आधारभूत धर्म; संकेत या अभिप्राय का ग्रहण।

संकेतक (सं.) [सं-पु.] 1. वह जो संकेत करता है 2. ठहराव 3. (साहित्य) नायक-नायिका के मिलन का स्थान 4. चिह्न; निशान 5. विमानों को दिया जाने वाला विशिष्ट संकेत; (बेकन) 6. सूचक; (इंडीकेटर; सिग्नल)।

संकेतचित्र (सं.) [सं-पु.] ऐसा चित्र जिसमें किसी संकेत की प्रतीति हो।

संकेतचिह्न (सं.) [सं-पु.] 1. किसी संकेत को बताने वाला

चिह्न 2. शब्द का संक्षिप्त रूप।

संकेतन (सं.) [सं-पु.] 1. संकेत करने की क्रिया या भाव 2. संकेत-स्थान 3. निश्चय; ठहराव 4. प्रेमी-प्रेमिका के मिलने का स्थान।

संकेतमात्र (सं.) [वि.] जिसमें हलका-सा संकेत हो; जिसमें इशारा या झलक हो।

संकेतलिपि (सं.) [सं-स्त्री.] 1. ऐसी लिपि जिसमें वर्णमाला के अक्षरों को शुद्ध रूप में न लिखकर निश्चित संकेत के रूप में लिखा जाता है; गुप्तलिपि; (साइफ़र कोड) 2. लिखने की एक प्रणाली जिसमें विशेष ध्वनियों के लिए छोटे-छोटे चिह्न निश्चित रहते हैं; (शॉर्ट हैंड)।

संकेतस्तंभ (सं.) [सं-पु.] किसी संकेत या सूचना के लिए लगाया गया स्तंभ।

संकेतस्थल (सं.) [सं-पु.] प्रेमियों का पूर्व निर्धारित या संकेतित मिलन स्थल।

संकेतांक (सं.) [सं-पु.] 1. वह जो संकेत करता है; संकेतक 2. ठहराव।

संकेतार्थ (सं.) [सं-पु.] किसी शब्द या वाक्य का संकेत रूप से निकाला गया अर्थ।

संकेतित (सं.) [वि.] 1. निश्चित किया हुआ; ठहराया हुआ 2. आहूत; निमंत्रित 3. इशारा किया हुआ; इंगित।

संकोच (सं.) [सं-पु.] 1. सिकुड़ने की क्रिया या भाव 2. झिझक; हिचकिचाहट; असमंजस 3. थोड़े में बहुत सी बातें करना 4. भय या लज्जा का भाव।

संकोचन (सं.) [सं-पु.] 1. संकुचित होने या करने की क्रिया या भाव 2. सिकुड़ना।

संकोचमय (सं.) [वि.] उलझन में पड़ा हुआ।

संकोचित (सं.) [सं-पु.] तलवार के बत्तीस हाथों में से एक हाथ; तलवार चलाने का एक ढंग या प्रकार। [वि.] 1. संकोचयुक्त; जिसमें संकोच हो 2. जो विकसित या प्रफुल्लित न हो; अप्रफुल्लित 3. लज्जित; शर्मिंदा।

संकोची (सं.) [वि.] 1. संकोच करने वाला; सिकुड़ने वाला 2. संकोचशील; स्वभावतः संकोच करने वाला 3. झिझकने वाला।

संक्रमण (सं.) [सं-पु.] 1. जाना या चलना 2. एक स्थिति से धीरे-धीरे बदलते हुए दूसरी स्थिति में पहुँचना 3. एक के अधिकार से दूसरे के अधिकार में जाना 4. कीटाणु, रोग आदि का फैलते हुए एक से दूसरे में होना 5. अतिक्रमण; लाँघना।

संक्रमण काल (सं.) [सं-पु.] 1. एक अवस्था से दूसरी अवस्था में जाना 2. एक राशि से दूसरी राशि में गमन।

संक्रमणकालीन (सं.) [वि.] 1. संक्रमण काल का 2. बदलाव के दौर से संबंधित।

संक्रमणशील (सं.) [सं-स्त्री.] जिसमें निरंतर बदलाव हो रहा हो।

संक्रमित (सं.) [वि.] 1. जिसका संक्रमण हुआ हो; (इनफ़ेक्टेड) 2. किसी में जोड़ा या मिलाया हुआ 3. जिसे किसी के भीतर पहुँचाया गया हो 4. बदला हुआ; परिवर्तित 5. प्रविष्ट।

संक्रांत (सं.) [सं-पु.] वह धन जो कई पीढ़ियों से चला आ रहा हो। [वि.] 1. गुजरा या बीता हुआ 2. स्थानांतरित होने वाला 3. गृहीत 4. प्रतिबिंबित; चित्रित; अंकित।

संक्रांति (सं.) [सं-स्त्री.] 1. (ज्योतिष) सूर्य का एक राशि से दूसरी राशि में प्रवेश करने का समय 2. (ज्योतिष) वह काल विशेष जिसमें सूर्य अपना स्थान बदलता है जो पुण्यकाल माना जाता है 3. हस्तांतरण या अंतरण।

संक्रामक (सं.) [वि.] 1. जो रोग संसर्ग आदि से जल्दी फैलता है 2. जो हवा, पानी आदि के संक्रमण से फैलता है (रोग)।

संक्रामी (सं.) [वि.] जो लोगों में रोगों का संक्रमण करता हो; रोग फैलाने वाला।

संक्षमण (सं.) [सं-पु.] किसी दोष या अपराध को अनदेखा कर क्षमा करना।

संक्षय (सं.) [सं-पु.] प्रलय; नाश।

संक्षारण (सं.) [सं-पु.] किसी वस्तु का धीरे-धीरे समाप्त होना।

संक्षिप्त (सं.) [वि.] 1. जो संक्षेप में कहा या लिखा गया हो 2. छोटा किया हुआ; छोटा 3. जो छोटा या लघु हो।

संक्षिप्तता (सं.) [सं-स्त्री.] संक्षिप्त होने की अवस्था या भाव; लघुता।

संक्षिप्ति (सं.) [सं-स्त्री.] संक्षेपीकरण; लघु करने की क्रिया; घटाना।

संक्षिप्तीकरण (सं.) [सं-पु.] संक्षिप्त करने की क्रिया; संक्षेपण; संक्षेप।

संक्षेप (सं.) [सं-पु.] 1. थोड़े में कोई बात कहना; छोटा रूप 2. कम करना; घटाना; समाहार 3. पत्थर; चुंबक।

संक्षेपक (सं.) [वि.] 1. फेंकने वाला 2. नष्ट करने वाला 3. संक्षेप करने वाला; छोटा रूप देने वाला।

संक्षेपकर्ता (सं.) [वि.] संक्षेप करने वाला।

संक्षेपण (सं.) [सं-पु.] संक्षिप्त रूप प्रस्तुत करने की क्रिया या भाव।

संक्षेपतः (सं.) [क्रि.वि.] संक्षेप में; थोड़े में; सारांशतः।

संक्षेपीकरण (सं.) [सं-पु.] संक्षेप करना।

संक्षोभ (सं.) [सं-पु.] 1. आघात; धक्का 2. अस्थिरता; चंचलता 3. उलट-पुलट; परिवर्तन 4. गर्व; अहंकार 5. कंपन 6. किसी घटना या बात से मन को लगने वाला आघात; (शॉक)।

संखाल [सं-पु.] मृग की एक जाति; साँभर मृग।

संखिया (सं.) [सं-पु.] 1. ज़हर 2. एक सफ़ेद पत्थर सदृश उपधातु जो ज़हरीली होती है 3. उक्त धातु की भस्म; सोमल।

संख्यक (सं.) [वि.] 1. संख्यावाला 2. जिसमें संख्या हो, जैसे- अल्पसंख्यक, बहुसंख्यक।

संख्या (सं.) [सं-स्त्री.] 1. गिनती; तादाद, जैसे- 1, 2, 3 आदि अंक 2. राशि; जोड़ 3. बुद्धि; विचार।

संख्यांक (सं.) [सं-पु.] संख्या को सूचित करने वाला अंक; संख्यक।

संख्यांकन (सं.) [सं-पु.] वस्तुओं आदि पर क्रम से अंक या नंबर डालने या लिखने की क्रिया; (नंबरिंग)।

संख्यांकित (सं.) [वि.] जिसपर संख्या अंकित किया गया हो।

संख्यातीत (सं.) [वि.] 1. बहुत 2. अनगिनत; असंख्य।

संख्यात्मक (सं.) [वि.] संख्या संबंधी; संख्या को बताने वाला।
संख्यावाचक (सं.) [वि.] संख्या सूचक; संख्यावाची।
संख्यावाची (सं.) [वि.] संख्या सूचक; संख्यावाचक।
संख्यासूचक (सं.) [वि.] 1. संख्या बताने वाला 2. जो संख्या को सूचित करे 3. जिससे संख्या का बोध हो।
संख्याहीन (सं.) [वि.] जिसमें संख्या या नंबर न हो।
संग[1] (सं.) [सं-पु.] 1. साथ; मिलन; मिलने की क्रिया 2. साथ रहने की अवस्था या भाव 3. सोहबत; सहवास 4. नदियों का मिलन; संपर्क; संबंध 5. मैत्री 6. युद्ध; लड़ाई।
संग[2] (फ़ा.) [सं-पु.] पत्थर; चट्टान।
संगठक (सं.) [सं-पु.] संगठन बनाने वाला व्यक्ति।
संगठन (सं.) [सं-पु.] 1. बिखरी हुई शक्तियों को परस्पर मिलाकर किसी उद्देश्य के लिए तैयार करने की क्रिया 2. किसी कार्य विशेष की सिद्धि के लिए निर्मित संस्था।
संगठनकर्ता (सं.) [सं-पु.] 1. वह जो लोगों को इकट्ठा करके संगठन बनाता हो 2. किसी दल या पार्टी का निर्माण करने वाला व्यक्ति।
संगठित (सं.) [वि.] 1. किसी कार्य विशेष की सिद्धि के लिए परस्पर संबद्ध 2. व्यवस्थित 3. इकट्ठा किया हुआ।
संगणक (सं.) [सं-पु.] एक प्रकार की मशीन जिसके द्वारा आँकड़ों का जोड़ आदि शीघ्रता से किया जाता है; परिकलक; अभिकलक; गणक; (कंप्यूटर)।
संगणना (सं.) [सं-स्त्री.] 1. अभिकलन 2. जोड़कर या गिनकर हिसाब लगाकर देखना; (कंप्यूटेशन)।
संगत (सं.) [सं-स्त्री.] 1. संग या साथ रहने या होने का भाव 2. सोहबत; संगति; साथ रहना 3. साथ रहने वालों की मंडली या दल। 4. संगीत में वाद्य आदि के द्वारा किसी कलाकार का किया जानेवाला साथ [वि.] 1. किसी के साथ लगा हुआ; जुड़ा हुआ; मिला हुआ 2. बातों या विचारों से मेल खाने वाला 3. जिसमें संगति हो।
संगतराश (फ़ा.) [सं-पु.] 1. पत्थर को तराशने वाला कारीगर 2. पत्थर काटने का एक प्रकार का औज़ार।
संगतरास [सं-पु.] दे. संगतराश।
संगति (सं.) [सं-स्त्री.] 1. संगत होने की अवस्था या भाव 2. किसी के साथ मिलने की क्रिया या भाव 3. मेल; मिलाप 4. साथ; साहचर्य।
संगतिया [सं-पु.] 1. दोस्त; साथी 2. गाने या बजाने वालों का साथ देने वाला व्यक्ति।
संगदिल (फ़ा.) [वि.] 1. जिसका दिल पत्थर के समान हो; कठोर हृदय 2. निर्दय।
संगम (सं.) [सं-पु.] 1. मिलन; संयोग; मिलाप; मेल 2. संग; साथ 3. मैथुन; संभोग; समागम 4. संतानोत्पादन हेतु नर और मादा का मिलन 5. दो नदियों के मिलने का स्थान 6. दो या दो से अधिक रेखाओं, वस्तुओं आदि के मिलन का भाव या स्थान 7. (ज्योतिष) ग्रहों का योग 8. {अ-अ.} वर्तमान समय की सब बातों का ज्ञान 9. युद्ध; मुकाबला।
संगमन (सं.) [सं-पु.] 1. मेल-मिलाप 2. पत्राचार; संचार; (कम्युनिकेशन) 3. युद्धरत देशों के सेना अधिकारियों का समझौते के उद्देश्य से मिलना।
संगमरमर (फ़ा.+अ.) [सं-पु.] 1. एक प्रकार का चिकना पत्थर 2. सफ़ेद रंग का एक प्रसिद्ध मुलायम पत्थर।
संगमरमरी (फ़ा.+अ.) [वि.] 1. संगमरमर की तरह 2. उजला; चिकना; सफ़ेद; मुलायम; चमकदार।
संगमित (सं.) [वि.] 1. जो मिलाया गया हो 2. जिसे संयुक्त किया गया हो।
संगमूसा (फ़ा.) [सं-पु.] संगमरमर की तरह का एक पत्थर जो काला होता है
संगर[1] (सं.) [सं-पु.] 1. संग्राम; युद्ध; समर 2. आफ़त; विपत्ति; संकट 3. अंगीकार; स्वीकार 4. प्रतिज्ञा 5. प्रश्न; सवाल; 6. नियम 7. विष; ज़हर 8. शमी वृक्ष का फल 9. निगल जाना 10. ज्ञान।
संगर[2] (फ़ा.) [सं-पु.] 1. वह दीवार जो ऐसे स्थान में बनाई जाती है जहाँ सेना ठहरती है; रक्षा करने के लिए सेना के चारों ओर बनाई हुई खाई 2. मोरचा।
संगली [सं-स्त्री.] लाल देह पर पीली धारियों वाला घोड़ा।
संगसार (फ़ा.) [सं-पु.] (इस्लामी धर्मशास्त्र) एक प्रकार का प्राणदंड जिसमें अपराधी को ज़मीन में कमर तक गाड़कर उसके सिर पर पत्थरों की वर्षा करके मार दिया जाता है। [वि.] 1. बरबाद किया हुआ 2. जिसे पूरी तरह से ध्वस्त या नष्ट किया गया हो।
संगाती [सं-पु.] 1. वह जो संग रहता हो; साथी; संगी 2. दोस्त; मित्र।
संगिनी [सं-स्त्री.] 1. साथ रहने वाली स्त्री; साथिन; सहचरी 2. पत्नी; भार्या 3. सखी; सहेली
संगिया [सं-पु.] 1. दाहा 2. कटनी करने का साधन; एक किस्म का औज़ार।
संगी-साथी [सं-पु.] हमउम्र दोस्त; साथ रहने वाले समवयस्क मित्र; साथी; यार।
संगी[1] (सं.) [सं-पु.] 1. वह जो सदा साथ रहे या रहता हो 2. साथी; दोस्त; मित्र 3. एक तरह का रेशमी वस्त्र। [वि.] 1. संपर्क में आने वाला 2. चिपकने वाला 3. आदी; आसक्त; कामुक।
संगी[2] (फ़ा.) [वि.] पत्थर का; संगीन।
संगीत (सं.) [सं-पु.] 1. वह गान जिसे लोग मिलकर गाएँ 2. मधुर और विशिष्ट ध्वनियों में होने वाला गायन 3. वाद्यों के साथ गाया जाने वाला गायन 4. वाद्य, नृत्य और गीत का सामंजस्य या समाहार 5. नृत्य और वाद्य के साथ गाने की कला या विद्या।
संगीत विद्या (सं.) [सं-स्त्री.] नाद विद्या; संगीत कला; संगीत शास्त्र में निरूपित किया गया ज्ञान।
संगीत शास्त्र (सं.) [सं-पु.] वह शास्त्र जिसमें गायन, वादन और नृत्य की शैलियों, प्रकारों आदि का विवेचन होता है; वह शास्त्र जिसमें संगीत विद्या या संबंधित कला का विवेचन हो।
संगीतक (सं.) [सं-पु.] 1. संगीत द्वारा लोगों का मनोरंजन

करने वाला 2. गान, नृत्य और वाद्य द्वारा अभिनयात्मक प्रस्तुति देने वाला व्यक्ति।

संगीतज्ञ (सं.) [सं-पु.] 1. संगीतविद्या का ज्ञाता; संगीतकला में निपुण; संगीतकार 2. गायक; वादक।

संगीतबद्ध (सं.) [वि.] जो संगीत में बँधा हो (गीत, कविता)।

संगीतमय (सं.) [वि.] संगीत से भरा; लययुक्त।

संगीतलहरी (सं.) [सं-स्त्री.] 1. संगीत की तरंग या लहर 2. धुन।

संगीताचार्य (सं.) [सं-पु.] संगीत का विद्वान।

संगीतात्मक (सं.) [वि.] जिसमें संगीत हो; संगीतमय।

संगीतालय (सं.) [सं-पु.] संगीत का विद्यालय।

संगीतिका (सं.) [सं-स्त्री.] एक तरह का संगीतमय नाट्यरूपक।

संगीन (फ़ा.) [सं-स्त्री.] लोहे का एक अस्त्र जो नुकीला और धारदार होता है। [वि.] 1. पत्थर का बना हुआ 2. पत्थर की तरह मज़बूत; सख़्त; कठोर 3. ख़तरनाक।

संगुंफन (सं.) [सं-पु.] अच्छी तरह आपस में मिलाना।

संगृहीत (सं.) [वि.] 1. संग्रह किया हुआ; एकत्र किया हुआ; जमा किया हुआ; संकलित 2. ग्रस्त; जकड़ा हुआ 3. निगृहीत या संयत किया हुआ; शासित 4. आगत; प्राप्त; स्वीकृत 5. संकोचित या संक्षिप्त किया हुआ।

संगोपन (सं.) [सं-पु.] अच्छी तरह छिपाकर रखने की क्रिया; पोशीदा रखना।

संगोष्ठी (सं.) [सं-स्त्री.] 1. गोष्ठी; विचारगोष्ठी; परिसंवाद 2. विश्वविद्यालय आदि में किसी विषय के विशेषज्ञों की लघु कक्षा 3. कुछ घंटों का अनुशीलन सत्र; (सेमिनार)।

संग्रंथन (सं.) [सं-पु.] एक साथ बाँधना या एक में बाँधना; अच्छी तरह एक-दूसरे के साथ गूथना।

संग्रह (सं.) [सं-पु.] 1. एकत्र करने की क्रिया या भाव; इकट्ठा करना; संचय; संकलन 2. ग्रहण करना; समर्थन करना; अपनाना 3. जमा करना 4. जमावड़ा; जमघट।

संग्रहकर्ता (सं.) [वि.] संग्रह करने वाला; जोड़ने वाला; चुनने वाला।

संग्रहण (सं.) [सं-पु.] 1. लेने या ग्रहण करने की क्रिया या भाव 2. स्वीकार करने की क्रिया या भाव; लाभ; प्राप्ति 3. इकट्ठा करना; संकलन; संग्रहकरण 4. किसी को अपनी ओर कर लेना।

संग्रहणी (सं.) [सं-स्त्री.] 1. एक रोग जिसमें पतले दस्त आते हैं 2. अतिसार का एक रूप जिसमें भोजन बिना पचे ही मलरूप में बाहर आता है।

संग्रहणीय (सं.) [वि.] 1. जो संग्रह करने के योग्य हो; संग्रह योग्य; संग्राह्य 2. ग्रहण करने या लेने योग्य 3. सेवन करने योग्य 4. नियंत्रणीय।

संग्रहाध्यक्ष (सं.) [सं-पु.] किसी संग्रहालय का अध्यक्ष।

संग्रहालय (सं.) [सं-पु.] 1. संग्रह करने का स्थान 2. वह स्थान विशेष जहाँ अनेक प्रकार की वस्तुओं का संग्रह किया गया हो; (म्यूज़ियम)।

संग्रही (सं.) [सं-पु.] वह जो किसी वस्तु आदि का संग्रह करता हो; संग्रहकर्ता। [वि.] संग्रह करने वाला; संग्रहकर्ता।

संग्राम (सं.) [सं-पु.] घमासान; युद्ध; लड़ाई; समर; रण।

संग्राहक (सं.) [सं-पु.] संग्रह करने वाला व्यक्ति; संग्रहकारी; संकलनकर्ता; सारथी। [वि.] 1. जो एकत्र या जमा करता हो; एकत्र करने वाला 2. काबिज़ करने वाला 3. खींचने वाला।

संघ (सं.) [सं-पु.] 1. लोगों का समुदाय; समूह 2. विशेष प्रयोजन की सिद्धि के लिए बनाया गया लोगों का समुदाय 3. बौद्ध भिक्षुओं के रहने का मठ 4. राज्यों का ऐसा समूह जो एक केंद्रीय सत्ता के अधीन हों 5. संघटित समाज।

संघट (सं.) [सं-पु.] 1. संघटन; मिलन; संयोग 2. परस्पर संघर्ष; युद्ध; लड़ाई; झगड़ा 3. समूह 4. राशि; ढेर।

संघटक (सं.) [सं-पु.] 1. घटक; अवयव 2. भाग।

संघटन (सं.) [सं-पु.] 1. जोड़कर प्रतिष्ठित करना; रचना; बनावट 2. वर्गों या व्यक्तियों का मिलकर एक इकाई का रूप धारण करना 3. व्यक्तियों का मिलना 4. किसी काम के लिए बनाई गई संस्था 5. मेल; संयोग।

संघटित (सं.) [वि.] 1. जिसका संघटन हुआ हो 2. जो एक होकर किसी उद्देश्य की सिद्धि में लगा हो (व्यक्ति या वर्ग) 3. प्रतियोगिता, खेल आदि में लगा हुआ।

संघति (सं.) [सं-स्त्री.] विभिन्न संस्थाओं, दलों आदि का मिलकर एक संस्था या दल आदि के रूप में कार्य करना।

संघनन (सं.) [सं-पु.] 1. घना या ठोस बना देने की क्रिया; घनीकरण 2. संक्षेपण; गैस के द्रवीकरण की प्रक्रिया।

संघनित (सं.) [वि.] जो घना या ठोस हो।

संघनित्र (सं.) [सं-पु.] वाष्प को ठंडा करके द्रव रूप में लाने का उपकरण; द्रवणित्र।

संघपति (सं.) [सं-पु.] वह जो किसी संघ या समूह का प्रधान हो; दलपति; नायक।

संघमित्रा (सं.) [सं-स्त्री.] मौर्यकालीन सम्राट अशोक की पुत्री जिसके द्वारा बौद्ध धर्म का प्रचार-प्रसार किया गया।

संघर्ष (सं.) [सं-पु.] 1. घिसने या रगड़ने की क्रिया; रगड़ 2. स्पर्धा; प्रतियोगिता; होड़ 3. वैर; द्वेष 4. आगे बढ़ने के लिए होने वाला प्रयत्न; प्रयास।

संघर्ष विराम (सं.) [सं-पु.] अस्थायी रूप से दो संघर्षरत पक्षों के बीच संघर्ष बंद करना।

संघर्षकामी (सं.) [वि.] संघर्ष करने की इच्छा रखने वाला।

संघर्षण (सं.) [सं-पु.] किसी वस्तु के एक पार्श्व या अंग से दूसरी वस्तु के किसी पार्श्व या अंग का रगड़ खाने की क्रिया; घर्षण; रगड़।

संघर्षमय (सं.) [वि.] 1. संघर्ष से भरा 2. बाधाओं से पूर्ण।

संघर्षव्रती (सं.) [सं-पु.] वह जिसने संघर्ष करने का व्रत लिया हो।

संघर्षशील (सं.) [वि.] जो संघर्ष कर रहा हो; जूझने वाला।

संघर्षात्मक (सं.) [वि.] संघर्ष संबंधी।

संघर्षी[1] (सं.) ध्वनियों के उच्चारण में वाक्-अवयव समीप आकर श्वास-मार्ग को इतना संकीर्ण कर देते हैं कि वायु घर्षण के साथ बाहर निकलती है, जैसे- 'श, स्'।

संघर्षी[2] (सं.) [वि.] संघर्ष करने वाला; संघर्षशील।

संघवाद (सं.) [वि.] 1. समूह की विचारधारा 2. समूह या कई राज्यों को सामूहिक संघ बनाने की विचारधारा।

संघवादी (सं.) [वि.] संघ को मानने या समर्थन करने वाला।

संघशासित (सं.) [वि.] जिसकी शासन व्यवस्था संघ या केंद्रीय शासन के अधीन हो (क्षेत्र या राज्य)।

संघस्थविर (सं.) [सं-पु.] संघराम का मुख्य बौद्ध भिक्षु।

संघात (सं.) [सं-पु.] 1. आघात; टक्कर 2. समूह; जमाव; समष्टि 3. हत्या; वध 4. निवास; रहने की जगह 5. शरीर; देह।

संघातक (सं.) [वि.] 1. हमला या वार करने वाला 2. धावा या प्रयास करने वाला 3. प्राण लेने वाला।

संघातिक (सं.) [सं-पु.] आघात करने वाला व्यक्ति। [वि.] घातक।

संघाती (सं.) [सं-पु.] 1. साथ देने वाला व्यक्ति; साथी; सहयोगी 2. दोस्त; मित्र।

संघी (सं.) [सं-पु.] संघ का सदस्य। [वि.] 1. किसी संघ या समूह से संबद्ध 2. संघ की विचारधारा को मानने वाला (व्यक्ति)।

संघीकरण (सं.) [सं-पु.] संघ बनाने का कार्य।

संघीय (सं.) [वि.] संघ संबंधी; संघ का; (फ़ेडरल)।

संचक (सं.) [सं-पु.] साँचा जिसमें कोई वस्तु ढाली जाती है।

संचय (सं.) [सं-पु.] 1. एकत्र या संग्रह करने की क्रिया या भाव 2. भंडार; राशि; ढेर 3. जोड़; संधि 4. संकलन 5. परिमाण।

संचयक (सं.) [वि.] संचय या एकत्र करने वाला; संचयी।

संचयन (सं.) [सं-पु.] 1. संचय या एकत्र करने की क्रिया या भाव 2. जमा होना या इकट्ठा होना 3. संचित; संगृहीत; एकत्र होने की अवस्था।

संचयिता (सं.) [सं-पु.] संचयकर्ता।

संचयी (सं.) [सं-पु.] कृपण; कंजूस। [वि.] संचय या एकत्र करने वाला (व्यक्ति)।

संचरण (सं.) [सं-पु.] 1. संचार करने की क्रिया; चलना; गमन 2. प्रसारण; फैलाना 3. गतिशील करना; प्रयोग में लाना 4. काँपना।

संचरणशील (सं.) [वि.] 1. घूमते रहने वाला 2. फैलने वाला।

संचरित (सं.) [वि.] 1. जिसका संचार हुआ हो 2. जिसमें संचार हुआ हो।

संचान (सं.) [सं-पु.] श्येन नामक पक्षी; बाज़; शिकरा।

संचायक (सं.) [वि.] संकलनकर्ता; संचयी।

संचार (सं.) [सं-पु.] 1. गमन; चलना 2. सूचनाओं का आदान-प्रदान 3. किसी के अंदर फैलना; प्रसार 4. मार्गदर्शन; राह दिखाना 5. भड़काना; उत्तेजित करना।

संचारक (सं.) [वि.] 1. संचार करने वाला; फैलाने वाला 2. चलाने वाला। [सं-पु.] 1. दलपति; नायक; नेता 2. (पुराण) स्कंद का एक अनुचर 3. वक्ता।

संचारण (सं.) [सं-पु.] 1. प्रेषण 3. संचार करने की क्रिया।

संचारमाध्यम (सं.) [सं-पु.] सूचनाओं, विचारों आदि का आदान-प्रदान करने वाले माध्यम, जैसे- टीवी, रेडियो आदि।

संचारसाधन (सं.) [सं-पु.] 1. दो या दो अधिक व्यक्तियों के बीच संबंध स्थापित करने वाले साधन 2. संचार में उपयोग होने वाले उपकरण, जैसे- समाचारपत्र, तार, डाक रेडियो आदि।

संचारिका (सं.) [सं-स्त्री.] 1. संदेशवाहिका; दूती 2. कुटनी 3. नाक; नासिका 4. युग्म; जोड़ा 5. गंध; महक।

संचारित (सं.) [वि.] 1. जिसका संचार किया गया हो (सूचना, विचार आदि) 2. पहुँचाया गया 3. उकसाया हुआ 4. संक्रमित किया हुआ (रोग, कीटाणु)।

संचारी (सं.) [वि.] 1. जिसमें गति हो या जो चलायमान हो; गतिशील; गतिपूर्ण; गतिमान 2. संसर्ग या छूत से फैलने वाला या जिसका संक्रमण होता हो; संक्रामक। [सं-पु.] 1. (काव्यशास्त्र) वे भाव जो मुखभाव की पुष्टि या सहायता करते हैं; व्यभिचारी भाव 2. (संगीतशास्त्र) किसी गीत के चार चरणों में से तीसरा 3. हवा; वायु; पवन 4. एक मिश्रित गंधद्रव्य जिसके जलने से सुगंधित धुआँ निकलता है; धूप; मेरुक। [सं-स्त्री.] अस्थिरता; चंचलता।

संचालक (सं.) [सं-पु.] 1. किसी बड़े कार्य, कार्यालय, संस्था, कारख़ाने आदि के सभी काम देखने, करने या कराने वाला व्यक्ति 2. निरीक्षण या निर्देशन करने वाला विभागीय अधिकारी; निदेशक। [वि.] 1. संचालन करने वाला 2. गति प्रदान करने वाला; परिचालक।

संचालन (सं.) [सं-पु.] 1. चलाने की क्रिया; परिचालन 2. गति देना; चलाना 3. ऐसा प्रबंध या व्यवस्था जिससे सारे कार्य सुचारु रूप से होते रहें 4. निर्देशन; नियंत्रण।

संचालिका (सं.) [सं-स्त्री.] वह महिला जो प्रबंधन या संचालन का कार्य करती है।

संचालित (सं.) [वि.] 1. जिसका संचालन किया गया हो या किया जा रहा हो 2. चलाया हुआ।

संचिका (सं.) [सं-स्त्री.] वह नत्थी जिसमें महत्वपूर्ण पत्र, कागज़ आदि रखे जाते हैं; (फ़ाइल)।

संचित (सं.) [वि.] 1. एकत्रित; जमा या इकट्ठा किया हुआ 2. संचिका या नत्थी में लगाया हुआ 3. ढेर लगाया या; किया हुआ।

संचितकर्म (सं.) [सं-पु.] 1. पूर्व जन्म के संचय किए हुए कर्म 2. वैदिक यज्ञों की अग्नि संचित करने का कर्म।

संचिति (सं.) [सं-स्त्री.] आवश्यक शारीरिक क्रियाओं को बनाए रखने के लिए उत्तरदायी संभावित क्षमता।

संचेतन (सं.) [सं-पु.] संचेतना; समानुभूति; समभाव।

संचेतना (सं.) [सं-स्त्री.] जागरूकता; विशेष चेतना।

संचेत्य (सं.) [वि.] जिसमें जागरूकता या चेतना लाई जा सके।

संजनित (सं.) [वि.] 1. उत्पादित 2. निर्मित।

संजय (सं.) [सं-पु.] 1. विजय; जीत 2. (महाभारत) धृतराष्ट्र का मंत्री जो महाभारत के युद्ध के समय धृतराष्ट्र को उस युद्ध का विवरण सुनाता था 3. सुपार्श्व का पुत्र 4. राजन्य के पुत्र का नाम 5. एक प्रकार का सैनिक व्यूह।

संजात (सं.) [सं-पु.] (पुराण) एक जाति का नाम। [वि.]

1. किसी के साथ उत्पन्न 2. किसी से उत्पन्न 3. प्राप्त; मिला हुआ 4. व्यतीत; बीता हुआ।

संजाफ़ (फ़ा.) [सं-स्त्री.] 1. झालर; किनारा; कोर 2. चौड़ी और आड़ी गोट जो प्रायः रजाइयों और लिहाफ़ों आदि के किनारे किनारे लगाई जाती है; गोट; मगजी। [सं-पु.] एक प्रकार का घोड़ा जिसका रंग या तो आधा लाल व आधा सफ़ेद होता है।

संजाफ़ी (फ़ा.) [वि.] जिसमें कपड़े का किनारा या संजाफ़ लगा हो; किनारेदार; झालरदार।

संजाल (सं.) [सं-पु.] 1. बड़ा जाल 2. ऐसी व्यवस्था जिसमें किसी विषय की शाखाएँ-प्रशाखाएँ बहुत दूर-दूर तक फैली हों; विस्तृत तंत्र।

संजीदगी (फ़ा.) [सं-स्त्री.] 1. संजीदा होना 2. सहिष्णुता; शिष्टता 3. विचार या व्यवहार आदि की गंभीरता।

संजीदा (फ़ा.) [वि.] 1. जिसके व्यवहार में गंभीरता हो 2. गंभीर; शांत 3. समझदार; बुद्धिमान।

संजीव (सं.) [सं-पु.] 1. फिर से जीवन देना या जिलाना 2. जीवन शक्ति प्रदान करने वाला व्यक्ति 3. (बौद्ध धर्म) एक नरक।

संजीवन (सं.) [सं-पु.] 1. बहुत अच्छी तरह जीवन बिताना 2. भली-भाँति जीवन बिताने की क्रिया; सद्जीवन 3. नया जीवन देना; पुनर्जीवित करना। [वि.] जीवनशक्ति देने वाला; जिलाने वाला।

संजीवनी (सं.) [सं-स्त्री.] पुनर्जीवित करने वाली एक कल्पित औषधि या विद्या। [वि.] जीवन देने वाला।

संजीवित (सं.) [वि.] 1. अनुप्राणित; चालित 2. जोशपूर्ण।

संजोग (सं.) [सं-पु.] 1. संयोग 2. मेल-मिलाप 3. लगाव; संबंध।

संज्ञक (सं.) [वि.] 1. संज्ञावाला; जिसकी संज्ञा हो 2. विनाशक।

संज्ञा (सं.) [सं-स्त्री.] 1. व्यक्ति, वस्तु और स्थान का नाम, जैसे- राम, पर्वत, घोड़ा, नदी आदि 2. प्राणियों के अंगों की वह शक्ति जिससे उन्हें बाह्य पदार्थों का ज्ञान और मानसिक व्यापारों की अनुभूति होती है 3. चेतनाशक्ति; होश; (सेंस) 4. ज्ञान; बुद्धि।

संज्ञात (सं.) [वि.] 1. जो अच्छी तरह से जाना हुआ हो 2. परिज्ञात; प्रज्ञात; विज्ञात।

संज्ञात्मक (सं.) [वि.] संज्ञा के रूप में होने वाला।

संज्ञान (सं.) [सं-पु.] 1. जानकारी; ज्ञान; सम्यक ज्ञान 2. संकेत; इशारा।

संज्ञानात्मक (सं.) [वि.] सम्यक ज्ञान द्वारा प्राप्त।

संज्ञापद (सं.) [सं-पु.] किसी वस्तु, व्यक्ति या भाव के नाम के रूप में प्रचलित शब्द; नामवाचक शब्द।

संज्ञावत (सं.) [वि.] 1. संज्ञावान 2. नामयुक्त 3. चेतनामय।

संज्ञाशील (सं.) [वि.] 1. जिसमें संज्ञा हो 2. नामयुक्त 3. जो होश में हो; सचेत।

संज्ञाशून्य (सं.) [वि.] 1. चेतनारहित; बेहोश; अचेत 2. ज्ञानहीन।

संज्ञाहीन (सं.) [वि.] 1. जिसे संज्ञा या चेतना न हो; चेतनारहित 2. बेहोश; बेसुध।

संज्ञाहीनता (सं.) [सं-स्त्री.] 1. संज्ञाहीन होने का गुण, भाव या स्थिति 2. बेहोशी; बेसुधी।

संज्ञेय (सं.) [वि.] 1. संज्ञान के योग्य 2. (प्रशासन) जो ध्यान देने, सोच-विचार करने या हस्तक्षेप करने के योग्य हो।

संझा (सं.) [सं-स्त्री.] 1. शाम; संध्या; सायंकाल 2. मिट्टी से देवी की मूर्ति बनाने की एक लोककला; साँझी; झेंझी।

संड-मुसंड [वि.] हट्टा-कट्टा; मोटा ताज़ा; बहुत मोटा।

संडा [वि.] मोटा और बलवान मनुष्य। [वि.] मोटा ताज़ा; हृष्ट-पुष्ट।

संडास [सं-पु.] कुएँ की तरह का एक प्रकार का भूमि के नीचे खोदा हुआ गहरा गड्डा; पाख़ाना; शौचकूप।

संत (सं.) [सं-पु.] 1. साधु; संन्यासी 2. त्यागी; विरक्त पुरुष 3. महात्मा; सज्जन 4. ईश्वरभक्त। [वि.] बहुत निर्मल और पवित्र।

संत जन (सं.) [सं-पु.] संत समाज; संत लोग।

संतत (सं.) [वि.] 1. विस्तृत; फैलाया हुआ 2. हमेशा रहने वाला 3. बहुत; अधिक 4. अविकल; अटूट। [अव्य.] सदा; निरंतर; बराबर; लगातार।

संतति (सं.) [सं-स्त्री.] 1. विस्तार; फैलाव 2. संतान; औलाद; बाल-बच्चे 3. रिआया; प्रजा 4. गोत्र 5. दल; झुंड।

संतति निग्रह (सं.) [सं-पु.] जनसंख्या की वृद्धि रोकने के लिए प्रजनन रोकना; प्राकृतिक अथवा कृत्रिम उपायों से गर्भाधान न होने देना।

संतत्व (सं.) [सं-पु.] 1. संत या संन्यासी होने की अवस्था या गुण 2. संत या संन्यासी का पद।

संतप्त (सं.) [वि.] 1. दुखी; पीड़ित 2. तपा हुआ।

संतरण (सं.) [सं-पु.] 1. अच्छी तरह तरने या पार होने की क्रिया या भाव 2. तैरने या तैर कर पार होना। [वि.] 1. लेने जाने वाला; उद्धारक 2. तारने वाला।

संतरा (पु.) [सं-पु.] 1. एक प्रकार का मीठा फल जो नीबू की तरह होता है 2. नारंगी।

संतवृत्ति (सं.) [सं-स्त्री.] संत या संन्यासी के तुल्य आचरण।

संतस्वभाव (सं.) [सं-पु.] संत के समान निर्मल और पवित्र आचरण या व्यवहार।

संतान (सं.) [सं-पु.] 1. स्त्री और पुरुष के मेल से उत्पन्न संतति 2. पुत्र-पुत्री; लड़के-बच्चे; औलाद 3. कुल; वंश 4. फैलाव; विस्तार।

संतानवान (सं.) [वि.] संतानवाला।

संतानहीनता (सं.) [सं-स्त्री.] 1. संतान न होने की स्थिति या भाव 2. पुत्र-पुत्री, बच्चे आदि न होने का भाव।

संतानोत्पत्ति (सं.) [सं-स्त्री.] संतान की उत्पत्ति।

संताप (सं.) [सं-पु.] 1. तीव्र ताप; जलन; आँच 2. दुख; कष्ट 3. ज्वर; बुख़ार 4. शरीर में होने वाला दाह रोग 5. तीव्र मानसिक क्लेश या पीड़ा।

संतापन (सं.) [सं-पु.] 1. संताप देने की क्रिया; जलाना 2. बहुत अधिक कष्ट या दुख देना 3. कामदेव के पाँच बाणों में से

एक बाण का नाम 4. (पुराण) एक प्रकार का अस्त्र जिसके प्रयोग से शत्रु को संताप होना माना जाता है 5. आवेश; उत्तेजन; रोष 6. शिव का एक अनुचर। [वि.] 1. ताप पहुँचाने वाला; जलाने वाला 2. दुख देने वाला; कष्ट पहुँचाने वाला।

संतापित (सं.) [वि.] 1. जिसे बहुत संताप पहुँचाया गया हो; पीड़ित; संतप्त 2. तपाया हुआ; जलाया हुआ।

संतापी (सं.) [वि.] संताप देने वाला।

संतुलन (सं.) [सं-पु.] 1. ठीक से तौलने की क्रिया या भाव 2. तौलते हुए तराज़ू के दोनों पलड़े बराबर और ठीक रखना 3. सभी पक्षों का यथास्थान होना; (बैलेंस)।

संतुलित (सं.) [वि.] 1. जिसका संतुलन हुआ हो 2. जिसका भार, फैलाव, बल आदि बराबर रखा गया हो 3. उचित; ठीक; एक समान।

संतुष्ट (सं.) [वि.] 1. जिसके मन को तुष्ट कर दिया गया हो या जो तुष्ट हो गया हो; तृप्त 2. प्रसन्न 3. जो राजी हो गया हो या मान गया हो।

संतुष्टि (सं.) [सं-स्त्री.] 1. संतुष्ट होने की अवस्था या भाव; तृप्ति; संतोष 2. प्रसन्नता।

संतुष्टिकरण (सं.) [सं-स्त्री.] राजनैतिक कारणों के कारण किसी को संतुष्ट करने के लिए माँगों को स्वीकार करने या विशेष सुविधा प्रदान करने की क्रिया या भाव।

संतूर (फ़ा.) [वि.] 1. शततंत्री वीणा 2. कश्मीर का लोक वाद्ययंत्र।

संतृप्त (सं.) [वि.] (रसायनविज्ञान) (किसी पदार्थ का विलयन या घोल) जिसमें और अधिक पदार्थ न घोला जा सके।

संतृप्ति (सं.) [सं-स्त्री.] 1. पूर्ण तृप्ति 2. (रसायनविज्ञान) किसी विलयन या घोल की वह अवस्था जब उसमें किसी निश्चित पदार्थ की अधिकतम मात्रा घुल चुकी हो।

संतोष (सं.) [सं-पु.] 1. ऐसी मानसिक अवस्था जिसमें प्रदत्त वस्तु या स्थिति ही यथेष्ट हो 2. तृप्ति का भाव; सब्र; संतुष्टि 3. आनंद; हर्ष 4. धैर्य।

संतोषक (सं.) [वि.] 1. तृप्त करने वाला 2. प्रसन्न करने वाला।

संतोषजनक (सं.) [वि.] 1. जिससे संतोष या मानसिक शांति हो 2. यथेष्ट; उपयुक्त 3. संतोष देने वाला।

संतोषप्रद (सं.) [वि.] संतोष देने वाला।

संतोषमय (सं.) [वि.] आनंदित; प्रमुदित; हँसमुख।

संतोषित (सं.) [वि.] 1. तृप्त कराया हुआ 2. प्रसन्न किया हुआ।

संतोषी (सं.) [वि.] 1. जिसे संतोष हो 2. सब्र करने वाला 3. संतुष्ट।

संतोष्य (सं.) [वि.] संतोषणीय।

संत्रस्त (सं.) [वि.] 1. जिसे बहुत संताप हुआ हो 2. भयभीत; डरा हुआ; परेशान 3. व्याकुल; घबराया हुआ 4. पीड़ित; दुखित।

संत्रास (सं.) [सं-पु.] 1. तीव्र वेदना या पीड़ा 2. त्रास; आतंक 3. डर; भय।

संथाल [सं-पु.] 1. पूर्वोत्तर भारत की प्राचीन जनजाति 2. एक प्रसिद्ध आदिवासी समूह 3. उक्त जनजाति या आदिवासी समूह का पुरुष।

संथाली [सं-स्त्री.] संथालों की भाषा। [वि.] संथाल संबंधी; संथाल का।

संदंश (सं.) [सं-पु.] 1. सँड़सी नामक लोहे का औज़ार 2. न्याय या तर्क के अनुसार अपने प्रतिपक्षी को दोनों ओर से उसी प्रकार जकड़ या बाँध देना जिस प्रकार सँड़सी से कोई बरतन पकड़ते हैं 3. सुश्रुत के अनुसार सँड़सी के आकार का एक प्रकार का औज़ार जिसकी सहायता से शरीर में गड़ा हुआ काँटा आदि निकालते थे; कर्कमुख 4. स्वर या व्यंजन आदि के उच्चारण के लिए ज़ोर से दाँतों का संवरण, संपीडन या भींचना 5. नरक विशेष का नाम 6. पुस्तक का कोई परिच्छेद 7. शरीर के उन अंगों का नाम जिनसे किसी वस्तु को पकड़ने का काम लेते हैं।

संदर्प (सं.) [सं-पु.] घमंड; अहंकार।

संदर्भ (सं.) [सं-पु.] 1. रचना; बनावट 2. वह वर्णित प्रसंग, विषय आदि जिसका उल्लेख हो 3. वह परिस्थिति जिसमें कोई घटना घटी हो 4. किसी पुस्तक या ग्रंथ में उल्लिखित वे बातें जिनका उपयोग जानकारी बढ़ाने के लिए किया गया हो।

संदर्भ ग्रंथ (सं.) [सं-पु.] 1. ऐसा ग्रंथ जिसमें कुछ प्रसंगवत बातें देखी जाएँ 2. जिज्ञासा पूर्ति के उद्देश्य से देखा जाने वाला ग्रंथ, जैसे- कोश, विश्वकोश, साहित्यकोश आदि।

संदर्भिका (सं.) [सं-स्त्री.] संदर्भ ग्रंथों की सूची।

संदर्श (सं.) [सं-पु.] 1. दृश्य 2. परिप्रेक्ष्य 3. यथार्थ।

संदर्शन (सं.) [सं-पु.] 1. अच्छी तरह देखने की क्रिया; अवलोकन 2. घूरना; अपलक देखना; टकटकी लगाकर देखना 3. दृष्टि; निगाह; नज़र 4. परीक्षा; इम्तहान 5. ज्ञान 6. आकृति; सूरत; शक्ल 7. व्यवहार 8. दिखाना; प्रदर्शित करना।

संदली (फ़ा.) [सं-पु.] 1. एक प्रकार का हलका पीला रंग 2. एक प्रकार का हाथी जिसके दाँत नहीं होते हैं 3. घोड़े की एक जाति। [सं-स्त्री.] 1. कुरसी 2. संदल की बनी हुई वस्तु।

संदिग्ध (सं.) [वि.] 1. जिसमें संदेह हो; संदेहयुक्त; संदेहास्पद 2. अनिश्चित (वाक्य या कथन)। [सं-पु.] ऐसा व्यक्ति जो अपराधी या दोषी हो।

संदिग्धता (सं.) [सं-स्त्री.] संदेह या भ्रम में होने की अवस्था, भाव या गुण।

संदिग्धार्थ (सं.) [वि.] 1. द्व्यर्थ; अस्पष्टार्थ 2. अनिश्चित।

संदीपक (सं.) [वि.] उद्दीपन।

संदीपन (सं.) [सं-पु.] 1. तेज़ या प्रबल करने की क्रिया 2. कृष्ण के गुरु का नाम 3. कामदेव के पाँच बाणों में से एक। [वि.] 1. उद्दीपन करने वाला; उत्तेजन करने वाला 2. सुलगाने वाला; प्रज्वलित करने वाला।

संदीप्त (सं.) [वि.] 1. उत्तेजित 2. प्रज्वलित।

संदूक (अ.) [सं-पु.] 1. लकड़ी, चमड़े या धातु की पेटी 2. चौकोर बक्स 3. पिटारा।

संदूकची (अ.+तु.) [सं-स्त्री.] 1. छोटी पेटी; छोटा संदूक 2. धन, द्रव्य और मूल्यवान वस्तुओं को सुरक्षित रखने के लिए बनी तिजोरी या ढक्कनदार टोकरी; पिटारी।

संदूकड़ी (अ.) [सं-स्त्री.] छोटा संदूक; छोटा बकस।

संदूकी (अ.) [सं-स्त्री.] छोटा संदूक।

संदूषण (सं.) [सं-पु.] 1. संपर्क प्रभाव; संपर्क विकार 2. सम्मिश्रण।

संदूषित (सं.) [वि.] संक्रमित; दूषित।

संदृष्ट (सं.) [वि.] 1. निर्दिष्ट 2. पूर्ण रूप से देखा हुआ।

संदेश (सं.) [सं-पु.] 1. समाचार; हाल; ख़बर 2. किसी के द्वारा भिजवाई गई या कहलाई गई बात; संदेशा 3. आदेश; आज्ञा।

संदेशवाहक (सं.) [सं-पु.] 1. वह जो संदेश, सूचना, ख़बर आदि लाने या ले जाने का काम करता है 2. संवाद पहुँचाने वाला व्यक्ति; संवदिया; दूत। [वि.] संदेश लाने या ले जाने वाला।

संदेशा (सं.) [सं-पु.] 1. वह बात या संवाद जिसे एक व्यक्ति दूसरे व्यक्ति को किसी अन्य व्यक्ति द्वारा भेजता है 2. सूचना; समाचार; ख़बर 3. किसी महापुरुष या कथा आदि का प्रेरणादायक विचार।

संदेशी (सं.) [सं-पु.] संदेश लाने या ले जाने वाला व्यक्ति; संदेशवाहक।

संदेह (सं.) [सं-पु.] 1. संशय; शंका; शक 2. निश्चय का अभाव 3. होने न होने के बीच की स्थिति 4. (काव्यशास्त्र) एक प्रकार का अर्थालंकार जिसमें वास्तविकता के संबंध में संदेह हो।

संदेहपूर्ण (सं.) [वि.] 1. जिसपर संदेह हो 2. शंका या भ्रम से युक्त; शंकायुक्त।

संदेहात्मक (सं.) [वि.] 1. जिसमें संदेह हो; संदेहास्पद; संदिग्ध 2. जिसकी वजह से शंका या भ्रम उत्पन्न हो।

संदेहार्थक (सं.) [वि.] द्विअर्थ देने वाला।

संदेहास्पद (सं.) [वि.] 1. संदिग्ध; जिसमें संदेह हो 2. जिसमें संदेह या दुविधा हो।

संदेही (सं.) [वि.] 1. संदेहवाला; शक्की 2. अनिश्चयात्मक।

संदोह (सं.) [सं-पु.] 1. समूह; झुंड 2. दूध दुहना 3. गायों आदि के झुंड का सारा दूध 4. किसी वस्तु का संपूर्ण मान या रूप।

संधा (सं.) [वि.] जिसमें कोई विशेष अभिप्राय निहित हो; अभिप्राय से युक्त, जैसे- संधा भाषा। [सं-स्त्री.] 1. संधि; मेल; योग 2. आशय; अभिप्राय 3. घनिष्ठ संबंध।

संधान (सं.) [सं-पु.] 1. खोजने या पता लगाने का कार्य; अनुसंधान 2. मिलाना; जोड़ना 3. निशाना बैठाना 4. संधि; जोड़; मिश्रण 5. किसी वस्तु को सड़ाकर ख़मीर उठाना 6. किसी उद्देश्य से किसी का किसी ओर मिलना; गठबंधन बनाना 7. मेल मिलाना, बैठाना या जमा-ख़र्च करना।

संधानना (सं.) [क्रि-स.] 1. धनुष से निशाना लगाना 2. बाण चलना 3. शस्त्र चलाने के लिए निशाना साधना।

संधाना (सं.) [सं-पु.] अचार; खटाई।

संधारण (सं.) [सं-पु.] 1. धारण करना 2. बरदाश्त करना; सहन करना 3. अस्वीकार करना 4. अनुसरण करना; अनुवर्तन करना।

संधि (सं.) [सं-स्त्री.] 1. मिलना; जुड़ना 2. मेल; संयोग 3. ऐसा स्थान जहाँ अनेक चीज़ें आपस में जुड़ी हों; जोड़ 4. जहाँ कई हड्डियाँ आपस में जुड़ी हों; गाँठ 5. ख़ाली जगह; अवकाश; दरार 6. दोस्ती; मित्रता 7. भेद; रहस्य।

संधिकाल (सं.) [सं-पु.] 1. दो अवस्थाओं के मिलने का समय 2. जुड़ने या मेल-मिलाप करने का समय।

संधित (सं.) [वि.] संधि युक्त।

संधिपत्र (सं.) [सं-पु.] एक प्रकार का पत्र जिसमें संधि, मेलजोल या समझौते की शर्तें लिखी जाती हैं; संधिलेखा।

संधिरोग (सं.) [सं-पु.] वह रोग जिसमें शरीर के जोड़ों में दर्द होता है; गठिया।

संधिविच्छेद (सं.) [सं-पु.] 1. (व्याकरण) संधियों का विच्छेद; संधिगत शब्दों को अलग-अलग करना 2. समझौता तोड़ना या टूटना।

संध्यक्षर (सं.) [सं-पु.] दो स्वरों का ऐसा अनुक्रम जो मिलकर एक आक्षरिक शिखर का निर्माण करते हैं और जिसके उच्चारण में जिह्वा एक स्वर की स्थिति में आते ही दूसरे स्वर की स्थिति में विसर्पण करती है, जैसे- 'अइ' (भइया), 'अउ' (कउआ)।

संध्या (सं.) [सं-स्त्री.] 1. दिन और रात के मिलने का समय; संधिकाल 2. शाम; सायंकाल 3. दो युगों के मिलने का समय; युगसंधि 4. आर्यों की एक प्रसिद्ध पूजा जो सुबह, दोपहर और संध्या को होती है 5. हद; सीमा।

संध्याकालीन (सं.) [वि.] दिन के अंतिम पहर का; सूर्यास्त के समय का; संध्याकाल संबंधी।

संध्योपासन (सं.) [सं-पु.] संध्या आरती या प्रार्थना।

संध्योपासना (सं.) [सं-पु.] संध्या के समय की जाने वाली पूजा या अर्चना आदि; संध्यावंदन।

संन्यस्त (सं.) [वि.] 1. छोड़ा हुआ; फेंका हुआ 2. संन्यासी जैसा; जिसने संन्यास लिया हो; जिसने संन्यास में प्रवेश लिया हो 3. अलग किया हुआ; हटाया हुआ 4. खड़ा किया हुआ।

संन्यास (सं.) [सं-पु.] 1. परित्याग करना; विरक्ति होने का भाव 2. पूरी तरह से छोड़ना 3. कानूनी अधिकारों का स्वेच्छा से त्याग 4. हिंदू समाज में चतुर्थ आश्रम 5. धरोहर 6. देहत्याग 7. मृत्यु 8. इकरार; शर्त 9. खिलाड़ी आदि का किसी राष्ट्रीय या अंतरराष्ट्रीय खेल स्पर्धा में न खेलने का निश्चय।

संन्यासाश्रम (सं.) [सं-पु.] 1. हिंदुओं के चार आश्रमों में से अंतिम जिसमें त्यागी और विरक्त होकर सब कार्य निष्काम भाव से किए जाते हैं 2. संन्यास।

संन्यासिनी (सं.) [सं-स्त्री.] 1. संन्यास आश्रम का पालन करने वाली स्त्री 2. त्यागी और विरक्त स्त्री।

संन्यासी (सं.) [सं-पु.] 1. वह जो संन्यास ले चुका हो 2. संन्यास आश्रम का पालन करने वाला व्यक्ति 3. त्यागी पुरुष। [वि.] संन्यास आश्रम में रहने वाला।

संपत्काल (सं.) [सं-पु.] ख़ुशी का समय; अच्छे दिन।

संपत्ति (सं.) [सं-स्त्री.] 1. धन-दौलत; जायदाद जो बेची-ख़रीदी जा सके 2. लाभदायक वस्तु 3. समृद्धि; ऐश्वर्य; अभ्युदय; वैभव 4. सिद्धि; सफलता 5. प्राचुर्य; अधिकता; बहुतायत 6. अनुकूलता; सामंजस्य।

संपत्तिकर (सं.) [सं-पु.] वह कर जो संपत्ति या जायदाद के

अनुसार लगता है।

संपत्तिवान (सं.) [वि.] 1. जिसके पास धन-दौलत हो या जो धन से संपन्न हो 2. धनवान; मालदार; धनवंत; वैभवशाली।

संपत्तिशाली (सं.) [वि.] 1. ज़मीन-जायदादवाला 2. वैभवशाली 3. धनी; अमीर।

संपत्तिहरण (सं.) [सं-पु.] अन्य की संपत्ति बलपूर्वक छीन लेने की क्रिया या भाव।

संपद (सं.) [सं-स्त्री.] 1. सफलता; सिद्धि 2. धन-दौलत; संपत्ति 3. सुख; सौभाग्य; वैभव 4. सामंजस्य 5. कोश; ख़ज़ाना; भंडार 6. किसी संस्था आदि के व्यापार में लगी हुई पूँजी 7. व्यापार में लगी हुई पूँजी का सूचक प्रमाणपत्र 8. प्राप्ति; लाभ।

संपदा (सं.) [सं-स्त्री.] 1. दौलत; धन; संपत्ति; खज़ाना 2. ऐश्वर्य; वैभव।

संपदाशुल्क (सं.) [सं-पु.] संपत्ति या जायदाद पर लगने वाला कर; संपत्तिकर।

संपन्न (सं.) [वि.] 1. पूर्ण किया हुआ; पूरा किया हुआ; साधित 2. धनी; भाग्यवान; उन्नतिशील 3. पूर्णतः विकसित 4. घटित; जो घटा हो 5. जानकार; युक्त।

संपन्नता (सं.) [सं-स्त्री.] 1. संपन्न होने की अवस्था या भाव 2. समाप्ति; पूर्णता 3. अमीरी; रईसी।

संपन्नावस्था (सं.) [सं-स्त्री.] संपन्न होने की अवस्था।

संपरीक्षक (सं.) [सं-पु.] संपरीक्षा करने वाला व्यक्ति।

संपरीक्षण (सं.) [सं-पु.] संपरीक्षा करने की क्रिया या भाव।

संपरीक्षित (सं.) [वि.] जिसकी संपरीक्षा हो चुकी हो।

संपर्क (सं.) [वि.] 1. मिलावट 2. संयोग; मेल 3. संसर्ग; मैथुन; संबंध 4. आपसी लगाव; वास्ता; संगति।

संपर्कजन्य (सं.) [वि.] संपर्क से उत्पन्न होने वाला।

संपात (सं.) [सं-पु.] 1. एक साथ गिराना या मिलाना; भिड़ंत; टक्कर 2. संपर्क; संसर्ग; समागम 3. वह स्थान जहाँ एक रेखा दूसरी रेखा से मिलती या उसे काटती हुई बढ़ती है 4. चलना; हटाया जाना 5. संगम; मिलन 6. तलछट; गाद 7. प्रवेश; पहुँच; दख़ल 8. पक्षियों के उड़ने का तरीका 9. युद्ध का ढंग 10. घटित होना 11. गरुड़ का पुत्र।

संपादक (सं.) [सं-पु.] 1. पुस्तक या सामयिक पत्र आदि को संशोधित कर प्रकाशन के योग्य बनाने वाला व्यक्ति 2. दैनिक पत्र आदि का संचालन या संपादन करने वाला व्यक्ति। [वि.] 1. कार्य संपन्न करने वाला; काम पूरा करने वाला 2. प्रस्तुत करने वाला; उत्पन्न करने वाला।

संपादकत्व (सं.) [सं-पु.] संपादन।

संपादकीय (सं.) [सं-पु.] 1. किसी पत्र, पत्रिका आदि में संपादक द्वारा लिखी गई टिप्पणी 2. अग्रलेख; वक्तव्य। [वि.] संपादक संबंधी; संपादक का।

संपादन (सं.) [सं-पु.] 1. किसी काम को ठीक तरह से पूरा करना; अंजाम देना; प्रस्तुत करना 2. किसी कृति या लेख को प्रकाशित करने योग्य बनाना; क्रम आदि ठीक करना 3. ठीक या दुरुस्त करना 4. पत्र-पत्रिकाओं का संपादन; (एडिटिंग)।

संपादन कला (सं.) [सं-स्त्री.] पत्र, पत्रिका, समाचार आदि के संपादन की कला।

संपादनालय (सं.) [सं-पु.] 1. संपादन कार्य किए जाने का स्थान; कक्ष 2. संपादक अथवा व्यवस्थापक का कार्यालय; पृष्ठ कक्ष।

संपादिका (सं.) [सं-स्त्री.] स्त्री संपादक।

संपादित (सं.) [वि.] 1. जिसे पूरा किया गया हो (काम) 2. जिसे ठीक करके प्रकाशन के योग्य बनाया गया हो (समाचारपत्र, लेख आदि)।

संपालक (सं.) [सं-पु.] 1. वह जो पालन करता है; पालक 2. अभिरक्षक।

संपीड़क (सं.) [वि.] 1. दबाने वाला 2. निचोड़ने या मसलने वाला 3. जो बहुत अधिक दुख देता है 4. दंड देने वाला।

संपीड़न (सं.) [सं-पु.] 1. आयतन या विस्तार कम करने के लिए दबाने की क्रिया 2. दबाकर निचोड़ना; मसलना 3. दंड 4. दुख या कष्ट देना 5. एक उच्चारण दोष।

संपुट (सं.) [सं-पु.] 1. कटोरे के आकार की कोई वस्तु 2. पत्तों का बना हुआ दोना 3. हथेली की अंजलि 4. डिब्बा; संदूक; पिटारी 5. मृतक का कपाल; खोपड़ी 6. औषधि आदि पकाने के लिए कपड़े और गीली मिट्टी से लपेटकर बनाया गया एक पात्र 7. कोश 8. गीत का टेक; (केविटी)।

संपुटिका (सं.) [सं-स्त्री.] मोहर; पुटी; पुटक।

संपुटित (सं.) [वि.] 1. अंजलि या दोने के रूप में लाया हुआ 2. इकट्ठा किया हुआ या एक जगह लाया हुआ; एकत्र।

संपुटी (सं.) [सं-स्त्री.] छोटी कटोरी या तश्तरी जिसमें पूजन के लिए घिसा हुआ चंदन, अक्षत आदि रखते हैं।

संपुष्ट (सं.) [सं-पु.] बँधा हुआ सामान।

संपुष्टि (सं.) [सं-स्त्री.] पुष्टिकरण; पक्का करना।

संपूर्ण (सं.) [सं-पु.] 1. (संगीत) एक राग जिसमें सातों सुर समाहित हैं 2. आकाश नामक तत्व। [वि.] 1. पूरा भरा हुआ; युक्त; भरा-पूरा 2. सारा; सब 3. पूरा या समाप्त किया हुआ 4. जो पूर्ण रूप में हो 5. आदि से अंत तक।

संपूर्णतः (सं.) [क्रि.वि.] पूर्ण रूप से; पूरी तरह से।

संपूर्णतया (सं.) [क्रि.वि.] पूरी तरह से; भली-भाँति; अच्छी तरह।

संपूर्णता (सं.) [सं-स्त्री.] 1. संपूर्ण होने की अवस्था, गुण या भाव; पूर्णता; समग्रता 2. अंत; समाप्ति।

संपूर्ति (सं.) [सं-स्त्री.] अच्छी तरह से पूरी करने की क्रिया या भाव।

संपृक्त (सं.) [वि.] 1. जिससे संपर्क हुआ हो; संबद्ध 2. मिश्रित; मिला हुआ 3. पूर्ण; भरा हुआ 4. लगा; जुड़ा; सटा हुआ।

संपृष्ट (सं.) [वि.] जो पूछा गया हो।

संपोषक (सं.) [सं-पु.] वह जो किसी का पालन करता हो; पालक; पालनकर्ता; पालनहार। [वि.] पालन-पोषण करने वाला; अवरक्षक; परिपालक।

संपोषण (सं.) [सं-पु.] 1. संवर्धन; पालन-पोषण 2. समर्थन।

संपोषित (सं.) [वि.] 1. संवर्धित; पालित-पोषित 2. जिसकी पुष्टि की गई हो; समर्थित।

संप्रज्ञात (सं.) [सं-पु.] (योग) समाधि के दो प्रधान भेदों में से एक; वह समाधि जिसमें आत्मा विषयों के बोध से सर्वथा निवृत्त न होने के कारण अपने स्वरूप के बोध तक न पहुँची हो। [वि.] अच्छी तरह विवेचित, ज्ञात या बोधयुक्त।

संप्रति (सं.) [क्रि.वि.] 1. इस समय; अभी; आजकल; फिलहाल 2. मुकाबले में 3. ठीक तौर या ढंग से 4. उपयुक्त या ठीक समय पर।

संप्रद (सं.) [वि.] 1. वैभव, सुख आदि देने वाला 2. देने वाला।

संप्रदान (सं.) [सं-पु.] 1. दान आदि देने की क्रिया या भाव 2. किसी अन्य की वस्तु आदि को किसी और के पास पहुँचाना 3. (व्याकरण) वह कारक जिसमें देना शब्द क्रिया का लक्ष्य होता है; संप्रदानकारक।

संप्रदाय (सं.) [सं-पु.] 1. परंपरा से चला आया हुआ सिद्धांत, मत और ज्ञान 2. परिपाटी; रीति; प्रथा; विश्वास 3. किसी मत विशेष के अनुयायियों का समूह, जैसे- वैष्णव और शैव संप्रदाय 4. धर्म; मार्ग; रास्ता। [वि.] देने वाला।

संप्रदायवाद (सं.) [सं-पु.] किसी विशेष संप्रदाय का हित चाहने वाली विचारधारा।

संप्रदायवादी (सं.) [सं-पु.] 1. वह व्यक्ति जो अपने संप्रदाय को सबसे अच्छा और दूसरे संप्रदायों को हेय या तुच्छ समझता हो 2. किसी संप्रदाय विशेष या संप्रदाय की विचारधारा को मानने वाला व्यक्ति। [वि.] किसी संप्रदाय विशेष की विचारधारा को मानने वाला।

संप्रदायी (सं.) [सं-पु.] 1. संप्रदायवादी 2. किसी पंथ का अनुयायी। [वि.] सांप्रदायिक भाव रखने वाला।

संप्रभु (सं.) [वि.] ऐसा प्रभु या सत्ताधारी जिसके ऊपर और कोई प्रभु या सत्ताधारी न हो; सर्वप्रधान प्रभु; सर्वप्रधान सत्ताधारी।

संप्रभुता (सं.) [सं-पु.] संप्रभु या सत्ताधारी होने की स्थिति, गुण या भाव (व्यक्ति, राष्ट्र आदि की)।

संप्रयुक्त (सं.) [वि.] 1. मिश्रित; संबद्ध 2. जोड़ा हुआ।

संप्रयोग (सं.) [सं-पु.] 1. उपयोग; प्रयोग; अनुप्रयोग 2. निवेदन।

संप्रवाह (सं.) [सं-पु.] एकीकरण; संगम; मिलने की जगह।

संप्रवृत्ति (सं.) [सं-स्त्री.] 1. आसक्ति 2. संघटन 3. अनुकरण की इच्छा।

संप्राप्त (सं.) [वि.] 1. जो किसी प्रकार अपने अधिकार में आया या लाया गया हो; प्राप्य; मिला हुआ 2. उपस्थित 3. जो घटित हुआ हो।

संप्राप्ति (सं.) [सं-स्त्री.] 1. वह शारीरिक अवस्था जो शरीर में किसी रोग के रोगाणु पहुँचने, उस रोग के परिपक्व होने और बाह्य लक्षण उपस्थित होने तक माना जाता है 2. प्राप्त होने, हाथ में आने या मिलने की क्रिया या भाव 3. घटना का घटित होना।

संप्रेक्षक (सं.) [सं-पु.] देखने वाला या निरीक्षण करने वाला व्यक्ति; दर्शक।

संप्रेक्ष्य (सं.) [वि.] 1. जिसका संप्रेक्षण हुआ हो या होने वाला हो 2. देखने या निरीक्षण करने योग्य।

संप्रेरित (सं.) [वि.] विशेष रूप से प्रेरित।

संप्रेषक (सं.) [वि.] 1. जो किसी के पास कोई चीज़ भेजे 2. प्रेषक; प्रेषणकर्ता; भेजने वाला।

संप्रेषण (सं.) [सं-पु.] 1. प्रेषित करना; भेजना; किसी बात, विचार आदि को पहुँचाना 2. स्थानांतरित करना 3. बरख़ास्त करना; नौकरी से हटाना।

संप्रेषणीय (सं.) [वि.] जिसको संप्रेषित किया जा सके।

संप्रेषित (सं.) [वि.] जो संप्रेषित हो गया हो।

संप्रेष्य (सं.) [वि.] 1. संप्रेषण के योग्य 2. जो भेजा गया हो; संप्रेषित।

संप्लव (सं.) [सं-पु.] 1. हलचल 2. बाढ़ 3. हो-हल्ला 4. समूह।

संबंध (सं.) [सं-पु.] 1. बँधना, जुड़ना या मिलना 2. योग; मेल; संयोग; साथ; रिश्ता; नाता 3. पारस्परिक लगाव; घनिष्ठता; मैत्री 4. विवाह 5. (व्याकरण) एक कारक जिससे संबंध सूचित होता है, जैसे- राम का धनुष 6. उल्लेख; हवाला।

संबंध विच्छेद (सं.) [सं-पु.] 1. परस्पर किसी संबंध के न रहने की अवस्था या भाव 2. पति व पत्नी का विधिक दृष्टि से वैवाहिक संबंध विच्छेद की अवस्था या भाव; तलाक।

संबंधक (सं.) [वि.] 1. संबंध रखने वाला 2. योग्य; उपयुक्त 3. दो वस्तुओं, व्यक्तियों आदि के मध्य में पारस्परिक संबंध स्थापित करने वाला। [सं-पु.] 1. रक्त या विवाह का संबंध 2. मित्र; दोस्त 3. नातेदार; रिश्तेदार 4. विवाह संबंध स्थापित करके की जाने वाली संधि।

संबंधकारक (सं.) [सं-पु.] (व्याकरण) वह कारक जिससे एक शब्द का दूसरे शब्द के साथ संबंध सूचित होता है; षष्ठी।

संबंधन (सं.) [सं-पु.] संबंध को जोड़ने की क्रिया या भाव।

संबंधबोधक (सं.) [वि.] किसी संज्ञा या सर्वनाम का संबंध अन्य संज्ञा या सर्वनाम से स्थापित करने वाला।

संबंधयोजक (सं.) [वि.] (व्याकरण) संबंध को जोड़ने वाला।

संबंधवाचक (सं.) [वि.] (व्याकरण) संबंध को बताने वाला।

संबंधवान (सं.) [सं-पु.] (व्याकरण) वह शब्द जिसका संबंध दूसरे पद के साथ दिखाया जाता है।

संबंधसूचक (सं.) [वि.] वह जो किसी प्रकार का संबंध दर्शाए।

संबंधातिशयोक्ति (सं.) [सं-स्त्री.] (काव्यशास्त्र) अतिशयोक्ति अलंकार का एक भेद जिसमें असंबंध में संबंध दिखाया जाता है।

संबंधित (सं.) [वि.] जिसका किसी से संबंध हो; किसी से जुड़ा हुआ; संबद्ध।

संबंधी (सं.) [सं-पु.] 1. नातेदार; रिश्तेदार 2. जिसके साथ विवाह के कारण संबंध हो; समधी।

संबद्ध (सं.) [वि.] 1. किसी के साथ जुड़ा, लगा या बँधा हुआ 2. संबंधयुक्त 3. संलग्न; विषयक 4. संबंध रखने वाला।

संबद्धता (सं.) [सं-स्त्री.] संयुक्त होने की अवस्था या भाव; संयुक्तता; संयोजिता; संसक्ति।

संबद्धीकरण (सं.) [सं-पु.] किसी योजना, कार्यक्रम, वस्तु आदि से जुड़ने की क्रिया या भाव।

संबल (सं.) [सं-पु.] 1. कोई सहायक वस्तु, बात या विचार

2. सहारा; ताकत 3. सेमल का वृक्ष।

संबाध (सं.) [सं-पु.] 1. अड़चन; बाधा 2. समूह; भीड़ 3. कष्ट 4. संघर्ष।

संबुद्ध (सं.) [वि.] 1. जाग्रत; ज्ञानप्राप्त; सचेत 2. ज्ञानी; ज्ञानवान 3. पूर्ण रूप से जाना हुआ; ज्ञात। [सं-पु.] 1. बुद्ध 2. (जैन धर्म) जिनदेव 3. ज्ञानी।

संबुल (अ.) [सं-पु.] 1. एक सुगंधित वनौषधि; बालछड़ 2. गेहूँ अथवा जौ की बाल 3. केश; अलक; जुल्फ़।

संबोध (सं.) [सं-पु.] पूराबोध; प्रत्यतक्ष ज्ञान का विषय।

संबोधन (सं.) [सं-पु.] 1. बोध कराना; ज्ञान कराना 2. जगाना; बतलाना; समझाना-बुझाना 3. आह्वान करना; पुकारना 4. किसी को पुकारने के लिए प्रयुक्त शब्द 5. व्याकरण का आठवाँ कारक।

संबोधि (सं.) [सं-स्त्री.] (बौद्ध) पूर्ण ज्ञान। [वि.] संबोधित; के नाम; के प्रति।

संबोधित (सं.) [वि.] 1. (व्यक्ति) जिसे संबोधन किया जाए 2. चिताया हुआ 3. (विषय) जिसका बोध या ज्ञान कराया गया हो।

संबोध्य (सं.) [वि.] 1. जिसे बतलाया या समझाया जाए 2. जिसे संबोधित किया जाए।

संभरण (सं.) [सं-पु.] 1. पालन-पोषण; देखभाल 2. योजना; तैयारी 3. ज़रूरी चीज़ों का समायोजन 4. एकत्र करना; संचय 5. सामग्री; सामान 6. यज्ञ की वेदी की ईंटें।

संभरण निधि (सं.) [सं-स्त्री.] वह निधि जिसमें कामगार आदि के वृद्धावस्था के समय भरण-पोषण के लिए धन एकत्र रहता है।

संभव (सं.) [वि.] 1. किए जाने या हो सकने योग्य 2. कार्य जो हो सकता या किया जा सकता हो। [सं-पु.] 1. जन्म; उत्पत्ति; अस्तित्व; पैदाइश 2. होना; घटित होना 3. हेतु; कारण; मिलन 4. संयोग 5. उपयुक्तता; समीचीनता 6. कर सकने की योग्यता।

संभवतः (सं.) [अव्य.] 1. हो सकता है; संभव है 2. संभावना है; मुमकिन है; गालिबन।

संभाग (सं.) [सं-पु.] 1. कई जनपदों को मिलाकर बनाया गया भाग 2. कमिश्नरी; मंडल।

संभागीय (सं.) [वि.] संभाग या मंडल से संबंधी; मंडलीय।

संभार (सं.) [सं-पु.] 1. कोई चीज़ एकत्र या इकट्ठा करके रखने की क्रिया या भाव; संचय 2. कोई विशेष कार्य आरंभ करने के पहले किया जाने वाला काम; तैयारी 3. धन; संपत्ति; वित्त 4. पूर्णता 5. समूह; दल; राशि; ढेर 6. पालन; पोषण; 7. अधिकता; अतिशयता; प्राचुर्य।

संभावना (सं.) [सं-स्त्री.] 1. किसी घटना या बात के संबंध में वह स्थिति जिसमें उसके पूर्ण होने की आशा हो 2. होने का भाव; कल्पना; अनुमान 3. ठीक या पूरा करना 4. योग्यता; पात्रता।

संभावनार्थ (सं.) [सं-पु.] क्रिया का वह रूप जिससे कार्य के संभव होने का आभास हो।

संभावित (सं.) [वि.] 1. जिसके होने की संभावना हो 2. जिसकी कल्पना या जिसपर विचार किया गया हो 3. प्रस्तुत या उपस्थित किया हुआ 4. उपयुक्त; मुमकिन; संभव 5. सम्मानित 6. योग्य।

संभावी (सं.) [वि.] 1. भविष्य काल का या भविष्य काल में होने वाला; आगामी; भविष्यकालीन 2. जो हो सकता हो या जिसके होने की संभावना हो; संभावित; संभाव्य।

संभाव्य (सं.) [वि.] 1. जिसकी संभावना हो; संभावनायुक्त; संभव होने वाला 2. सम्मान्य; आदरणीय; पूज्य और मान्य 3. प्रशंसनीय; योग्य 4. उपयुक्त; मुमकिन 5. कल्पना या विचार में आया हुआ।

संभाषक (सं.) [सं-पु.] बातचीत करने वाला।

संभाषण (सं.) [सं-पु.] 1. बातचीत; वार्तालाप 2. प्रहरी का संकेत शब्द 3. ऊँची आवाज़ में कहा गया कथन।

संभाषा (सं.) [सं-स्त्री.] 1. संभाषण 2. किसी बात या विषय का तथ्य या स्वरूप जानने के लिए होने वाला वाद विवाद या विचार।

संभाषी (सं.) [वि.] जिस व्यक्ति से औपचारिक बातचीत हो रही हो।

संभाष्य (सं.) [वि.] भाषण करने योग्य; जिससे बातचीत करना उचित हो।

संभीत (सं.) [वि.] बेहद डरा हुआ; अत्यधिक भयभीत।

संभुक्त (सं.) [वि.] 1. खाया हुआ 2. प्रयोग में लाया हुआ।

संभूत (सं.) [वि.] 1. उत्पन्न; दूसरे के साथ उत्पन्न 2. युक्त; सहित; संपन्न 3. योग्य; उपयुक्त 4. सदृश; समान; बराबर।

संभूति (सं.) [सं-स्त्री.] अस्तित्व; मौजूदगी; वजूद।

संभूय (सं.) [अव्य.] एक में; एक साथ; साथ में; मिलकर; साझे में।

संभूयकारी (सं.) [सं-पु.] 1. किसी के साथ मिलकर काम करने वाला व्यक्ति 2. (स्मृति) प्राचीन भारत में, किसी संघ के सदस्य के रूप में कार्य करने वाला व्यापारी।

संभृत (सं.) [वि.] 1. जमा किया हुआ 2. पूरी तरह भरा हुआ 3. प्रस्तुत 4. निर्मित।

संभृति (सं.) [सं-स्त्री.] 1. समूह; भीड़ 2. राशि 3. अधिकता 4. सामग्री।

संभेद (सं.) [सं-पु.] 1. अत्यधिक छिदना या भिदना 2. शिथिल होना; ढीला होकर खिसकना 3. वियोग; जुदाई; अलग होना 4. मिले हुए शत्रुओं में परस्पर विरोध उत्पन्न करना; भेदनीति 5. किस्म; प्रकार 6. भिड़ना; जुटना; मिलना 7. नदियों का संगम या नदी समुद्र का संगम 8. तोड़ना; टुकड़े-टुकड़े करना 9. मिलाप; मिश्रण 10. विकसित होना; खिलना 11. सारूप्य; साम्य; एकरूपता 12. मुष्टिबंध; मुट्ठी बाँधना।

संभोग (सं.) [सं-पु.] 1. पूरी तरह से होने वाला भोग, उपभोग या व्यवहार 2. समागम; मैथुन; रतिक्रीड़ा; (सेक्स) 3. (साहित्य) प्रेमी और प्रेमिका का मिलाप जो संयोग शृंगार कहलाता है 4. भोगविलास की सामग्री।

संभोगी (सं.) [सं-पु.] 1. विलासी व्यक्ति 2. कामी व्यक्ति 3. लंपट पुरुष। [वि.] 1. संभोग करने वाला 2. कामुक 3. उपयोग

करने वाला 4. व्यवहार में लाने वाला।

संभोग्य (सं.) [वि.] जिसका भोग होने को हो; जो काम में लाए जाने को हो।

संभोजन (सं.) [सं-पु.] 1. भोज; दावत 2. खाने की चीज़ें; भोजन सामग्री।

संभ्रम (सं.) [सं-पु.] 1. घूमना; चक्कर लगाना; फेरा 2. उतावली; जल्दबाज़ी; व्याकुलता; विकलता; बेचैनी 3. उमंग; उत्साह; साहस; सम्मान; आदर 4. भूल; गलती; चूक 5. शोभा; छवि 6. शिव के गण।

संभ्रांत (सं.) [वि.] 1. प्रतिष्ठित; सम्मानित 2. चारों तरफ़ घुमाया हुआ; चक्कर खाया हुआ 3. उत्तेजित 4. धोखे में पड़ा या घबराया हुआ 5. तेज़; स्फूर्तियुक्त।

संभ्रांति (सं.) [सं-स्त्री.] 1. उन्माद; मानसिक विक्षेप 2. पीड़नोन्माद 3. संविभ्रम।

संमंत्रण (सं.) [सं-पु.] अच्छी तरह सलाह मशविरा करना।

संमुद्रण (सं.) [सं-पु.] बहुत अच्छी छपाई करना।

संयंत्र (सं.) [सं-पु.] किसी कारख़ाने में स्थापित यंत्रों, औज़ारों आदि का समूह।

संयत (सं.) [वि.] 1. बँधा या जकड़ा हुआ; बद्ध 2. दमित; रोका हुआ 3. व्यवस्थित; उद्यत; सीमित; नियंत्रित 4. संयमी; जितेंद्रिय। [सं-पु.] 1. शिव 2. योगी; यति।

संयम (सं.) [सं-पु.] 1. स्वयं पर नियंत्रण रखने की क्रिया 2. रोककर या दबाकर रखने की क्रिया या भाव 3. मन को वश में रखना; इंद्रिय-निग्रह; नियंत्रण 4. बंधन; बाँधना; दूर करना; परहेज 5. क्रोध आदि को रोकना; शांत रहना 6. योग का साधन 7. प्रयत्न; उद्योग।

संयमन (सं.) [सं-पु.] 1. रोक 2. दमन; दबाव; निग्रह 3. आत्मनिग्रह; मन को वश में रखना 4. बंद रखना; कैद रखना 5. बंधन में बाँधना; जकड़ना; कसना 6. खींचना; तानना 7. यमपुर 8. वह प्रांगण जो चारों ओर चार मकान होने से बन जाए 9. वह व्यक्ति जो संयमन करता हो।

संयमहीन (सं.) [वि.] 1. संयम से रहित 2. नियंत्रण, दबाव, बंधन आदि से मुक्त।

संयमित (सं.) [वि.] 1. रोका हुआ; नियंत्रित; व्यवस्थित 2. बँधा हुआ; कसा हुआ; दमन किया हुआ 3. धार्मिक प्रवृत्ति वाला।

संयमी (सं.) [सं-पु.] 1. वैरागी; योगी 2. शासक; राजा। [वि.] 1. संयम करने वाला 2. निग्रह या निरोध करने वाला 3. जितेंद्रिय; आत्मनिग्रही।

संयुक्त (सं.) [वि.] 1. संबद्ध; जुड़ा हुआ; मिला हुआ 2. लगा या सटा हुआ; रखा हुआ; जड़ा हुआ 3. सहित; सम्मिलित 4. साथ मिलकर काम करने वाले (लोग)।

संयुक्त परिवार (सं.) [सं-पु.] वह परिवार जिसमें सभी सदस्य एक साथ मिलकर रहते हैं; संयुक्त कुटुंब।

संयुक्त राष्ट्र (सं.) [सं-पु.] अंतरराष्ट्रीय सुरक्षा, आर्थिक विकास, सामाजिक प्रगति, मानवाधिकार और विश्वशांति के लिए कार्यरत एक अंतरराष्ट्रीय संगठन; (यूनाइटेड नेशन)।

संयुक्त वाक्य (सं.) [सं-पु.] (व्याकरण) वाक्य का एक भेद; जिन वाक्यों में दो या दो से अधिक सरल वाक्य समुच्चयबोधक अव्ययों से जुड़े हों।

संयुक्तक (सं.) [सं-पु.] वह कागज़ या पत्र जो किसी अन्य कागज़ या पत्र आदि के साथ लगाया जाता है।

संयुक्तांक (सं.) [सं-पु.] (पत्र-पत्रिका) एक साथ निकलने वाला अंक।

संयुक्ताक्षर (सं.) [सं-पु.] वह वर्ण जो दो अक्षरों के मेल से बना हो, जैसे- क और त से मिलकर 'क्त' बना है (क्ष, त्र, ज्ञ)।

संयुक्तीकरण (सं.) [सं-पु.] जोड़ने या संयुक्त करने की क्रिया या भाव।

संयुग (सं.) [सं-पु.] 1. मेल-मिलाप 2. संयोग; समागम।

संयुत (सं.) [वि.] 1. किसी के साथ जुड़ा या मिला हुआ 2. बँधा हुआ; संबद्ध; एक साथ लगा हुआ।

संयोग (सं.) [सं-पु.] 1. आकस्मिक रूप से आने वाली वह स्थिति जिसमें एक घटना के साथ ही दूसरी घटना भी घटित हो 2. मेल; मिश्रण 3. समागम 4. लगाव 5. प्रेमी-प्रेमिका या स्त्री-पुरुष का मिलन 6. वैवाहिक संबंध।

संयोग शृंगार (सं.) [सं-पु.] (साहित्य) शृंगार रस का एक भेद जिसमें प्रेमियों के मिलन आदि संबंधी बातों का वर्णन होता है।

संयोगजन्य (सं.) [वि.] संयोग से होने वाला; इत्तफ़ाकिया।

संयोगवश (सं.) [क्रि.वि.] संयोग के कारण; इत्तफ़ाकन।

संयोगी (सं.) [वि.] 1. संयोग के फलस्वरूप प्राप्त 2. जिसका संयोग हो चुका हो 3. जो (पुरुष) अपनी प्रिया के साथ हो 4. ब्याहता; विवाहित।

संयोजक (सं.) [सं-पु.] 1. वह जो जोड़ने या मिलाने का काम करता है 2. (व्याकरण) वह शब्द जो दो शब्दों या दो वाक्यों को जोड़ता है 3. सभा-समितियों आदि की बैठकों का आयोजन करने वाला व्यक्ति। [वि.] संयोजन करने वाला; जोड़ने वाला।

संयोजन (सं.) [सं-पु.] 1. संयोग करने, जोड़ने या मिलाने की अवस्था या भाव; युग्मन 2. एकाधिक चीज़ों को आपस में मिलाना; मिलना 3. सम्यक आयोजन; योजनापूर्ण प्रबंधन।

संयोजना (सं.) [सं-स्त्री.] 1. आयोजन; व्यवस्था; इंतज़ाम; तैयारी 2. मेल; मिलान।

संयोजनीय (सं.) [वि.] जिसका संयोजन किया जा सके; संयोजन करने योग्य; मिलाने योग्य।

संयोजित (सं.) [वि.] जिसका संयोजन किया गया हो या हो सकता हो।

संयोजी (सं.) [वि.] संयोजन करने वाला।

संयोज्य (सं.) [वि.] दे. संयोजनीय।

संरक्षक (सं.) [सं-पु.] 1. वह जो भरण-पोषण, देख-रेख आदि करता हो; अभिभावक 2. वह जिसके निरीक्षण या देख-रेख आदि में कुछ लोग रहते हों; (वार्डन) 3. किसी संस्था आदि में वह बड़ा और मान्य व्यक्ति जो उसके प्रधान पोषकों या समर्थकों में माना जाता हो। [वि.] 1. संरक्षण देने या करने

वाला 2. आश्रय या शरण देने वाला।

संरक्षण (सं.) [सं-पु.] 1. रक्षा करने की क्रिया या भाव; पूरी देख-रेख 2. अधिकार; कब्ज़ा 3. अपने आश्रय में रखकर पालन-पोषण करने की क्रिया 4. शासन द्वारा विदेशी माल से देशी माल की सुरक्षा करना।

संरक्षण कर (सं.) [सं-पु.] अनुचित प्रतिस्पर्द्धा से स्वदेशी उद्योग, व्यवसाय आदि की रक्षा हेतु विदेशी वस्तुओं या माल पर लगाया जाने वाला कर, संरक्षण शुल्क।

संरक्षण शुल्क (सं.) [सं-पु.] विभिन्न करों में से एक जो आयातित वस्तुओं आदि पर लगता है, संरक्षण कर।

संरक्षणवाद (सं.) [सं-पु.] 1. एक सिद्धांत जिसमें शासन द्वारा आर्थिक क्षेत्र में विदेशी प्रतिस्पर्द्धा में देशी उद्योग-व्यवसाय के हितों का संरक्षण किया जाता है 2. पूँजीपतियों के हितों के संरक्षण की विचारधारा।

संरक्षणीय (सं.) [वि.] 1. रक्षा करने योग्य; हिफ़ाज़त के लायक 2. रख छोड़ने लायक।

संरक्षित (सं.) [वि.] 1. जिसका संरक्षण किया गया हो 2. अच्छी तरह बचाकर रखा हुआ, संचित 3. किसी संरक्षक की देखरेख में रहने वाला (व्यक्ति)।

संरक्ष्य (सं.) [वि.] 1. जिसका संरक्षण करना हो 2. जिसका संरक्षण उचित हो।

संरचना (सं.) [सं-स्त्री.] 1. वस्तु की रचना या बनावट 2. अनेक अवयवों को जोड़कर वस्तु बनाने की क्रिया या भाव 3. इमारत; भवन।

संरचनात्मक (सं.) [वि.] 1. संरचना संबंधी; संरचना का 2. गठन या बनावट से संबंधित 3. भवन बनाने का; इमारती।

संराधन (सं.) [सं-पु.] 1. प्रसन्न करना 2. पूजा करना; पूजा द्वारा प्रसन्न या तुष्ट करना 3. ध्यान 4. जय-जयकार।

संरुद्ध (सं.) [वि.] 1. अच्छी तरह रोका हुआ 2. घेरा हुआ 3. अच्छी तरह से बंद 4. आच्छादित; ढका हुआ 5. ठसाठस भरा हुआ 6. मना किया हुआ; वर्जित।

संरोध (सं.) [सं-पु.] 1. रोक-छेक; रुकावट 2. गढ़ आदि को चारों ओर से घेरना 3. परिमिति 4. बंद करने या मूँदने की क्रिया 5. अड़चन; बाधा; प्रतिबंध 6. हिंसा।

संरोपण (सं.) [सं-पु.] 1. पेड़-पौधे लगाना 2. घाव सुखाना; घाव अच्छा करना।

संलक्षण (सं.) [सं-पु.] 1. ताड़ लेना; पहचान लेना; लखना 2. रूप या लक्षण निश्चित करना।

संलक्ष्य (सं.) [वि.] 1. जो लक्षण से पहचाना जाए 2. जो देखने में आ सके 3. जो लक्षणों से जाना जा सके, जो लक्षणों द्वारा लक्षित हो सके।

संलग्न (सं.) [वि.] 1. किसी से जुड़ा हुआ या मिला हुआ; संयुक्त 2. भिड़ा हुआ; गुँथा हुआ 3. अलग से अंत में जोड़ा हुआ; नत्थी किया हुआ 4. किसी काम या बात में लगा हुआ।

संलग्नता (सं.) [सं-स्त्री.] 1. किसी के साथ मिलने की अवस्था या भाव 2. लिप्तता; संबद्धता।

संलयन (सं.) [सं-पु.] 1. पक्षियों का नीचे उतरना या बैठना 2. लय को प्राप्त होना; लीन होना 3. नष्ट होना; व्यक्त न रहना।

संलाप (सं.) [सं-पु.] 1. परस्पर वार्तालाप; आपस की बातचीत 2. प्रेमपूर्ण वार्तालाप या कथोपकथन; प्रिय या प्रिया के गुणों का बखान 3. गुप्त बातचीत; गोपनीय वार्ता 4. स्वयं से कुछ कहना 5. (नाटक) एक प्रकार का संवाद जिसमें क्षोभ या आवेग नहीं होता परंतु धीरता होती है।

संलापक (सं.) [सं-पु.] (नाटक) एक प्रकार का संवाद; संलाप।

संलिप्त (सं.) [वि.] 1. पूरी तरह से लिप्त या लीन; आसक्त; गर्क 2. लगा हुआ।

संलेख (सं.) [सं-पु.] 1. विविध विषयों पर लिखा जाने वाला वह लेख जिसमें ठीक और प्रामाणिक विवरण होता है, विलेख; (वैलिड डीड) 2. राज्यों के बीच होने वाली संधि के पहले का वह मसौदा जिसपर समझौते की प्रमुख बातें लिखी जाती हैं और संबद्ध पक्षों के हस्ताक्षर होते हैं; पूर्व-लेख।

संलेखन (सं.) [सं-पु.] संलेख लिखने की क्रिया।

संलोभन (सं.) [सं-पु.] प्रलोभन।

संवत (सं.) [सं-पु.] 1. साल; वर्ष 2. भारतीय गणना प्रणालियों के अनुसार किसी विशिष्ट गणनाक्रम वाली काल-गणना, जैसे- विक्रम संवत, शक संवत।

संवत्सर (सं.) [सं-पु.] 1. वर्ष; साल 2. विक्रमादित्य के काल से प्रचलित वर्ष-गणना का प्रत्येक वर्ष 3. शिव का एक नाम।

संवरण (सं.) [सं-पु.] 1. दूर करना; हटाना 2. बंद करना 3. छिपाना 4. आच्छादित करना; ढकना 5. विचार या इच्छा को दबाना 6. रोकना 7. आत्मसंयम; आत्मनिग्रह 8. निग्रह 9. पसंद करना; चुनना 10. समाप्ति।

संवर्ग (सं.) [सं-पु.] 1. अपनी ओर समेटना; अपने लिए बटोरना 2. भक्षण; भोजन चट कर जाना 3. खपत; लग जाना 4. एक वस्तु का दूसरी में समा जाना या लीन हो जाना, जैसे- जीव का ब्रह्म में लीन होना 5. गुणनफल।

संवर्धक (सं.) [वि.] जो संवर्धन करे; वृद्धि करने वाला; बढ़ाने वाला।

संवर्धन (सं.) [सं-पु.] 1. अच्छी तरह बढ़ना या बढ़ाना 2. वृद्धि करना 3. पालन-पोषण करके बड़ा करना 4. पशु-पक्षियों, पौधों आदि से संबंधित ऐसी क्रिया जिससे उनका विस्तार और वृद्धि हो।

संवलन (सं.) [सं-पु.] 1. किसी ओर मोड़ना या मुड़ना 2. मेल; मिलान; संयोग 3. मिलाना; मिश्रण करना।

संवलित (सं.) [वि.] 1. भिड़ा या जुटा हुआ 2. किसी के साथ मिला हुआ; युक्त 3. घिरा या घेरा हुआ 4. जिसका संकलन किया गया हो।

संवहन (सं.) [सं-पु.] 1. वहन करना; ले जाना 2. हवा, ताप या विद्युत का एक स्थान से दूसरे स्थान तक पहुँचना।

संवातन (सं.) [सं-पु.] ऐसी व्यवस्था जिससे कमरे आदि में हवा का प्रवाह निरंतर बना रहे; (वेंटिलेशन)।

संवाद (सं.) [सं-पु.] 1. बातचीत; वार्तालाप; कथोपकथन 2. ख़बर; समाचार 3. भेजा हुआ या प्राप्त विवरण या वृतांत 4. चर्चा 5. सहमति; स्वीकृति 6. व्यवहार; मुकदमा।

संवादक (सं.) [वि.] 1. बातचीत करने वाला; बोलने वाला 2. समाचार देने वाला 3. बात मानने वाला 4. बजाने वाला।

संवाददाता (सं.) [सं-पु.] 1. संवाद देने वाला व्यक्ति 2. समाचार अथवा ख़बर देने वाला व्यक्ति 3. स्थानिक घटनाओं, समाचारों का संकलन और लेखन कर उन्हें संवाद के रूप में समाचार-पत्र में प्रकाशनार्थ भेजने वाला व्यक्ति।

संवादहीन (सं.) [वि.] जिसमें संवाद न हो; संवाद विहीन।

संवादहीनता (सं.) [सं-स्त्री.] 1. संवाद न होने की अवस्था, स्थिति या भाव 2. संवाद का अभाव; चुप्पी; मौन 3. {ला-अ.} दो पक्षों में बातचीत का न होना; मनमुटाव।

संवादात्मक (सं.) [वि.] जिसमें संवाद का प्राधान्य हो; संवाद की प्रधानतावाला।

संवादी (सं.) [वि.] 1. बात करने वाला 2. जो सहमत हो 3. बजाने वाला 4. समान; सदृश। [सं-पु.] (संगीत) एक स्वर।

संवार (सं.) [सं-पु.] 1. आच्छादन; ढकना 2. शब्दों के उच्चारण में कंठ का आकुंचन या दबाव 3. उच्चारण के बाह्य प्रयत्नों में से एक जिसमें कंठ का आकुंचन होता है 4. बाधा; रोध; विघ्न; अड़चन।

संवारण (सं.) [सं-पु.] 1. हटाना; दूर करना; निवारण करना 2. रोकना; न आने देना 3. निषेध करना; मना करना 4. छिपाना; आवृत करना; ढकना।

संवास (सं.) [सं-पु.] 1. साथ बसना या रहना 2. परस्पर संबंध 3. वह खुला हुआ स्थान जहाँ लोग विनोद या मन बहलाव के निमित्त एकत्र हों 4. सभा; समाज 5. मकान; घर; रहने का स्थान 6. सार्वजनिक स्थान 7. घरेलू व्यवहार।

संवाहक (सं.) [वि.] एक स्थान से दूसरे स्थान पर ले जाने वाला; वाहक; ढोने वाला। [सं-पु.] शरीर के हाथ-पैर आदि अंग दबानेवाला सेवक।

संवाहन (सं.) [सं-पु.] 1. उठाकर ले चलना; ढोना 2. ले जाना; पहुँचाना 3. चलाना; परिचालन 4. शरीर की मालिश; हाथ-पैर दबाना या मलना।

संवाहित (सं.) [वि.] जिसका संवाहन किया गया या हुआ हो।

संविज्ञ (सं.) [वि.] अच्छा जानकार; सुविज्ञ।

संवित्ति (सं.) [सं-स्त्री.] 1. प्रतिप्रप्ति 2. सहमति 3. चेतना 4. अनुभव 5. बुद्धि।

संविद (सं.) [सं-स्त्री.] 1. चेतना शक्ति 2. समझ; बोध 3. महत्व 4. संवेदन; अनुभूति 5. समझौता 6. युक्ति; उपाय 7. प्रथा 8. युद्ध। [वि.] चेतना युक्त; चेतन।

संविदा (सं.) [सं-स्त्री.] 1. कुछ निश्चित शर्तों पर किया गया आपसी समझौता 2. ठेका; अनुबंध।

संविदात्मक (सं.) [वि.] 1. जिसका अनुबंध या इकरार हुआ हो; अनुबंधित 2. जो समझौते पर आधारित हो।

संविदित (सं.) [वि.] 1. पूर्णतया ज्ञात; जाना-बूझा; सुविदित 2. ढूँढ़ा हुआ; खोजा हुआ 3. सबकी राय से ठहराया हुआ 4. वादा किया हुआ; जिसका करार हुआ हो 5. समझाया-बुझाया हुआ; उपदिष्ट 6. ख्यात; प्रसिद्ध 7. स्वीकृत; माना हुआ।

संविधा (सं.) [सं-स्त्री.] 1. रहन-सहन; आचार व्यवहार 2. प्रबंध व्यवस्था।

संविधान (सं.) [सं-पु.] 1. वह विधान, कानून या सिद्धांत जिसके अनुसार किसी राज्य, राष्ट्र या संस्था का संघटन, संचालन तथा व्यवस्था होती है; (कांस्टिट्यूशन) 2. विधान; व्यवस्था; प्रबंध 3. रचना; बनावट 4. प्रथा; रीति 5. (साहित्य) कथावस्तु में घटनाओं की व्यवस्था करना।

संविधान परिषद (सं.) [सं-स्त्री.] वह परिषद जो किसी देश, जाति आदि के राजनैतिक शासन की नियमावली बनाने के लिए संघटित हो।

संविधान सभा [सं-स्त्री.] संविधान परिषद।

संविधानक (सं.) [सं-पु.] 1. विचित्र क्रिया या व्यापार; अलौकिक घटना 2. कथावस्तु में घटनाओं का क्रम; किसी नाटक की पूरी कथावस्तु। [वि.] संविधान बनाने वाला।

संविधानवाद (सं.) [सं-पु.] माने हुए विधान, कानून या सिद्धांत के अनुरूप किसी राज्य, राष्ट्र या संस्था की शासन-व्यवस्था तथा उसकी समरूप गतिशीलता का सिद्धांत।

संविधानवादी (सं.) [वि.] 1. संविधानवाद को मानने वाला; संविधान का समर्थक 2. संविधानवाद संबंधी। [सं-पु.] वह व्यक्ति जो संविधानवाद का अनुयायी और पोषक हो; (कांस्टिच्यूशनल)।

संविधानिक (सं.) [वि.] संविधान से संबंध रखने वाला; संवैधानिक।

संविधि (सं.) [सं-स्त्री.] 1. रीति; विधि; दस्तूर 2. प्रबंध; व्यवस्था 3. प्रविधान।

संविधेय (सं.) [वि.] 1. जिसका संविधान होने को हो या हो सकता हो; संविधान के योग्य 2. जो किया जाना हो या जिसका प्रबंध होने को हो; किए जा सकने योग्य।

संविभाग (सं.) [सं-पु.] 1. पूर्णतया भाग करना; हिस्सा करना; बाँट या बँटाई 2. प्रदान 3. भाग; अंश; हिस्सा।

संविभाजन (सं.) [सं-पु.] विभाजन।

संविहित (सं.) [वि.] सम्यक रूप से व्यवस्थित अथवा कृत; जिसका अच्छी तरह से प्रबंध किया गया हो।

संवीक्षक (सं.) [वि.] जो किसी वस्तु की बारीक से बारीक जाँच करे; संवीक्षा करने वाला।

संवीक्षण (सं.) [सं-पु.] 1. सूक्ष्म परीक्षण करने की क्रिया; संवीक्षा; अवलोकन 2. ख़ोज या तलाश करना 3. अन्वेषण।

संवीक्षा (सं.) [सं-स्त्री.] सूक्ष्मता से किया जाने वाला परीक्षण; छानबीन।

संवृत (सं.) [वि.] 1. बंद या ढका हुआ 2. रक्षित 3. लपेटा हुआ 4. घेरा या घिरा हुआ 5. जिसको दबाया गया हो 6. धीमा किया हुआ। [सं-पु.] 1. वरुण देवता 2. गुप्त स्थान 3. एक प्रकार का जलवेतस; एक प्रकार का बेंत 4. उच्चारण का एक ढंग।

संवृति (सं.) [सं-स्त्री.] संवृत होने की अवस्था या भाव।

संवृत्त (सं.) [वि.] 1. पहुँचा हुआ; समागत; प्राप्त 2. घटित; जो हुआ हो 3. जो पूरा हुआ हो 4. उत्पन्न 5. उपस्थित; मौजूद 6. संचित; राशिकृत 7. व्यतीत; गत 8. आवृत्त; ढका हुआ 9. युक्त

या सज्जित।

संवृत्ति (सं.) [सं-स्त्री.] 1. निष्पत्ति; सिद्धि 2. एक देवी का नाम।

संवृद्धि (सं.) [सं-स्त्री.] 1. बढ़ने की क्रिया या भाव; बढ़ती; अधिकता 2. धन आदि की अधिकता; अभ्युदय; समृद्धि 3. शक्ति; ताकत।

संवेग (सं.) [सं-पु.] 1. संवेदन; उत्तेजना; क्षोभ 2. बेचैन करने वाली पीड़ा; घबराहट 3. आवेग; अतिरेक; उग्रता 4. भय; डर 5. आतुरता; शीघ्रता 6. (मनोविज्ञान) गहरा भाव; तीव्र मनोवेग 7. गति का पूरा वेग; चाल की तेज़ी 8. द्रव्यमान और वेग का गुणनफल।

संवेद (सं.) [सं-पु.] 1. बोध; ज्ञान 2. सुख-दुख की अनुभूति।

संवेदक (सं.) [सं-पु.] किसी प्रकार की गतिविधियों का निरीक्षण करने वाला यंत्र; (सेंसर)। [वि.] बोध कराने वाला।

संवेदन (सं.) [सं-पु.] 1. सुख-दुख आदि की अनुभूति या प्रतीति 2. ज्ञान; बोध।

संवेदनवाद (सं.) [सं-पु.] एक दार्शनिक सिद्धांत; इंद्रियार्थवाद।

संवेदनशील (सं.) [वि.] 1. संवेदना से युक्त; भावुक; सहृदय 2. भावप्रधान; भावप्रवण 3. अनुभूतियुक्त।

संवेदनशीलता (सं.) [सं-स्त्री.] 1. संवेदनशील होने की अवस्था, गुण या भाव 2. दूसरे की अनुभूति से शीघ्र प्रभावित होना 3. ग्रहण-शक्ति 4. भावुकता; भावप्रवणता।

संवेदनशून्य [वि.] संवेदना से विहीन; संवेदना रहित; संवेदनाहीन।

संवेदनसूत्र (सं.) [सं-पु.] संपूर्ण शरीर में उपस्थित तंतुओं का वह जाल जिससे स्पर्श, शीत, ताप आदि का अनुभव होता है; स्नायु।

संवेदनहीन (सं.) [वि.] 1. जिसमें संवेदना न हो 2. निर्मम; क्रूर।

संवेदनहीनता (सं.) [सं-स्त्री.] 1. संवेदनहीन होने की अवस्था या भाव 2. क्रूरता; निर्ममता; कठोरता।

संवेदना (सं.) [सं-स्त्री.] 1. अनुभूति; अनुभव 2. मन में होने वाला बोध 3. किसी के शोक, दुख, कष्ट या हानि को देखकर मन में उत्पन्न वेदना, दुख या सहानुभूति 4. दूसरे की वेदना से उत्पन्न वेदना।

संवेदनीय (सं.) [वि.] 1. जिसकी अनुभूति की जा सके 2. जिसे संवेदन या ज्ञान हो सकता हो 3. जो बताया या जताया जा सकता हो 4. अनुभवगम्य; इंद्रियग्राह्य।

संवेदी (सं.) [वि.] 1. संवेदन संबंधी; संवेदन का 2. संवेदनशील 3. भावुक।

संवेद्य (सं.) [सं-पु.] 1. दो नदियों का संगम 2. एक तीर्थ। [वि.] 1. अनुभव करने योग्य; प्रतीत करने योग्य; मन में मालूम करने लायक 2. दूसरों को अनुभव कराने योग्य; जताने योग्य; बताने लायक 3. दूसरों के दुख आदि से प्रभावित होने वाला 4. समझने योग्य।

संवेष्टक (सं.) [सं-पु.] वह व्यक्ति जो वस्तुओं आदि का संवेष्टन करता हो; पोटली आदि बाँधने वाला व्यक्ति।

संवेष्टित (सं.) [वि.] पूर्णतः घेरा या बंद किया हुआ; परिवेष्टित।

संवैधानिक (सं.) [वि.] 1. संविधान संबंधी; संविधान का 2. संविधान से संबंध रखने वाला 3. संविधान-सम्मत; संविधान के अनुरूप।

संव्याप्त (सं.) [वि.] पूर्णतया व्याप्त।

संशप्त (सं.) [वि.] 1. जो शापग्रस्त हो 2. जिसने किसी के साथ प्रतिज्ञा की या शपथ खाई हो; वचनबद्ध।

संशय (सं.) [सं-पु.] 1. अनिश्चयात्मक ज्ञान 2. दुविधा 3. संभावना और असंभावना का मिश्रण 4. संकट की आशंका या संदेह।

संशयात्मक (सं.) [वि.] 1. जिसमें संशय या संदेह हो; संशयपूर्ण; संदिग्ध 2. अनिश्चित।

संशयात्मा (सं.) [सं-पु.] जिसका मन किसी पर विश्वास न करता हो; संशय या शंका करने वाला।

संशयिक (सं.) [वि.] 1. जिसके विषय में संशय किया गया हो 2. जिसको हमेशा संदेह हो।

संशयित (सं.) [वि.] 1. जिसके मन में संशय उत्पन्न हुआ हो 2. संदिग्ध।

संशयी (सं.) [वि.] 1. जो सहज में किसी व्यक्ति या बात आदि का विश्वास न करता हो; संशयशील; संदेही जिसके मन में संदेह या संशय उत्पन्न हुआ हो 2. जो हमेशा संशय करता रहता हो; शक्की।

संशयोपमा (सं.) [सं-स्त्री.] (काव्यशास्त्र) एक प्रकार का उपमा अलंकार जिसमें कई वस्तुओं के साथ समानता संशय के रूप में कही जाती है; संशयोपमालंकार।

संशासन (सं.) [सं-पु.] अच्छा शासन; उत्तम राज्यप्रबंध।

संशुद्ध (सं.) [वि.] 1. यथेष्ट शुद्ध; विशुद्ध 2. साफ़ किया हुआ; स्वच्छ या शुद्ध किया हुआ 3. चुकाया हुआ; चुकता किया हुआ (ऋण) 4. जाँचा हुआ; परीक्षित 5. अपराध या दंड आदि से मुक्त किया हुआ 6. जो प्रायश्चित आदि विधानों द्वारा दोषरहित हो।

संशोधक (सं.) [वि.] 1. संशोधन या परिष्कार करने वाला 2. सुधारने वाला 3. किसी बात या पदार्थ की शुद्धि में सहायता करने वाला (तत्व) 4. चुकाने वाला (ऋण, देन)।

संशोधन (सं.) [सं-पु.] 1. शुद्ध या साफ़ करना 2. सुधारना; ठीक करना 3. शुद्धीकरण; परिष्कार 4. त्रुटि या दोषों को दूर करना; दुरुस्त करना 5. प्रस्ताव या विचारों आदि में परिवर्तन; संशोधन।

संशोधित (सं.) [वि.] 1. अच्छी तरह से साफ़ या शुद्ध किया हुआ; शोधित; परिशुद्ध 2. जिसमें संशोधन हुआ हो; सुधारा हुआ; ठीक किया हुआ; दुरुस्त किया हुआ 3. बेबाक किया हुआ; चुकाया हुआ।

संशोध्य (सं.) [वि.] 1. साफ़ करने योग्य 2. सुधारने या ठीक करने योग्य 3. जिसका सुधार करना हो 4. जिसे साफ़ करना हो 5. जिसे चुकाना या बेबाक करना हो।

संशोभित (सं.) [वि.] 1. जिसे किसी पद, गरिमा आदि से विभूषित किया गया हो; अलंकृत 2. शोभा देने वाला; सुशोभित।

संशोषण (सं.) [सं-पु.] 1. बिलकुल सोखना 2. सुखाना। [वि.]

1. सुखाने वाला 2. सोखने वाला।

संशोषी (सं.) [वि.] 1. सोखने वाला 2. सुखा देने वाला।

संश्रय (सं.) [सं-पु.] 1. संयोग; मेल; संबंध 2. लगाव; संपर्क 3. आश्रय; शरण; पनाह 4. सहारा; अवलंब 5. राजाओं का परस्पर रक्षा के लिए मेल; अभिसंधि 6. पनाह की जगह; शरण स्थान 7. रहने या ठहरने की जगह; घर 8. विश्राम की जगह; विश्रामस्थान 9. उद्‌देश्य; लक्ष्य 10. किसी वस्तु का अंग; हिस्सा।

संश्रावित (सं.) [वि.] 1. सुनाया हुआ 2. ज़ोर-ज़ोर से पढ़कर सुनाया हुआ।

संश्रित (सं.) [सं-पु.] सेवक; भृत्य; परालंबी व्यक्ति। [वि.] 1. जुड़ा या मिला हुआ; संयुक्त 2. लगा हुआ 3. टिका या ठहरा हुआ 4. आलिंगित; संश्लिष्ट; गले या छाती से लगाया हुआ 5. भागकर शरण में गया हुआ 6. जो निर्वाह के लिए किसी के पास गया हो 7. जिसने सेवा करना स्वीकार किया हो 8. जो किसी बात के लिए दूसरे पर निर्भर हो; आसरे या भरोसे पर रहने वाला; पराधीन 9. आसक्त; परायण 10. न्यस्त; निहित 11. उपयुक्त; उचित 12. अंगीकृत; गृहीत; स्वीकृत 13. संबंधी; विषयक।

संश्रुत (सं.) [वि.] 1. ख़ूब सुना हुआ 2. ख़ूब पढ़कर सुनाया हुआ 3. स्वीकृत; माना हुआ; मंज़ूर 4. प्रतिज्ञात; वादा किया हुआ।

संश्लिष्ट (सं.) [वि.] 1. मिला हुआ; मिश्रित 2. जुड़ा हुआ; चिपका हुआ; सटा हुआ 3. सम्मिलित; एकीकृत 4. गले लगाया हुआ।

संश्लेषण (सं.) [सं-पु.] 1. एक में मिलाना, लगाना या जोड़ना 2. एक रासायनिक क्रिया जिसमें सरल संरचना वाले पदार्थों का संयोग कराकर अधिक जटिल संरचना वाले यौगिक का निर्माण किया जाता है 3. कार्य के कारण या नियम आदि से उनके परिणाम का विचार करना; मिलान करना 4. संलग्न या संबद्ध करना 5. बाँधने या जोड़ने वाली वस्तु।

संश्लेषित (सं.) [वि.] 1. मिलाया हुआ; जोड़ा हुआ; सटाया हुआ 2. लगाया हुआ; अटकाया हुआ 3. आलिंगन किया हुआ।

संश्लेषी (सं.) [वि.] संश्लेषक

संसक्त (सं.) [वि.] 1. किसी की सीमा के साथ लगा, मिला या सटा हुआ 2. जुड़ा हुआ; संबद्ध; मिश्रित 3. चिपकने वाला 4. अस्पष्ट (वाणी) 5. आसक्त; लीन; अनुरक्त 6. किसी कार्य में लगा हुआ; प्रवृत्त; संलग्न 7. निकटवर्ती 8. ठोस; घना; सघन।

संसक्ति (सं.) [सं-स्त्री.] 1. लगाव; मिलान 2. जोड़; बंध 3. संबंध 4. आसक्ति; लगन 5. लीनता 6. प्रवृत्ति।

संसज्जन (सं.) [सं-पु.] 1. अस्त्र-शस्त्र आदि से सज्जित करने की क्रिया 2. अच्छी तरह से सजाने की क्रिया।

संसद (सं.) [सं-स्त्री.] 1. सभा; मंडली; समाज 2. किसी विशे प्रयोजन के लिए गठित अनेक लोगों का समुदाय; निकाय 3. कानून बनाने वाली सर्वोच्च सभा 4. आधुनिक भारत में राज्यसभा, लोकसभा व राष्ट्रपति का संयुक्त रूप।

संसदीय (सं.) [वि.] 1. संसद से संबंधित 2. संसद का।

संसरण (सं.) [सं-पु.] 1. आगे की ओर सरकना या गमन करना 2. सेना की अबाध यात्रा 3. एक जन्म से दूसरे जन्म में जाने की परंपरा; भवचक्र 4. संसार; जगत 5. प्राचीन भारत में नगर के तोरण के बाहर बना हुआ यात्रियों के ठहरने का स्थान; धर्मशाला; सराय 6. युद्ध का आरंभ; लड़ाई का छिड़ना 7. वह मार्ग जिससे होकर बहुत दिनों से लोग या पशु आते-जाते हों।

संसर्ग (सं.) [सं-पु.] 1. साथ रहने से उत्पन्न लगाव या संबंध 2. मेल-मिलाप; घनिष्ठता 3. संपर्क 4. मैथुन; संभोग।

संसर्गदोष (सं.) [सं-पु.] वह दोष या बुराई जो किसी के साथ रहने से उत्पन्न होती है; संगत का दोष।

संसर्गरोध (सं.) [सं-पु.] 1. संक्रामक रोगों आदि से बचाने के लिए अन्य लोगों को अन्यत्र रखे जाने की व्यवस्था 2. संक्रामक रोगों आदि से बचाव के लिए अन्य लोगों को रखे जाने का स्थान।

संसर्गी (सं.) [वि.] 1. संसर्ग या लगाव रखने वाला 2. हमेशा साथ रहने वाला।

संसाधन (सं.) [सं-पु.] 1. काम की तैयारी; आयोजन 2. भरण-पोषण, विकास आदि की सामग्री; साधन-सामग्री 3. वश में करना; दमन करना। [वि.] 1. संसर्ग या लगाव रखने वाला 2. प्रायः या सदा साथ रहने वाला; संगी; साथी।

संसार (सं.) [सं-पु.] 1. निरंतर चलते रहना; गतिमान रहना; संसरण 2. एक अवस्था से दूसरी अवस्था में गमन 3. विश्व; दुनिया; जगत; इहलोक; मृत्युलोक 4. प्रपंच; माया; भवचक्र 5. घर-गृहस्थी से संबंधित जीवन।

संसारयात्रा (सं.) [सं-स्त्री.] 1. संसार में रहना; जीवन बिताना 2. ज़िंदगी; जीवन।

संसारी (सं.) [वि.] 1. संसार संबंधी; संसार का 2. लौकिक; भौतिक 3. गृहस्थ जीवन व्यतीत करने वाला 4. व्यवहार कुशल; दुनियादार 5. माया-मोह में डूबा हुआ (व्यक्ति)।

संसिक्त (सं.) [वि.] 1. बहुत भीगा हुआ; गीला; तर 2. सींचा हुआ 3. छिड़काव किया हुआ।

संसूचक (सं.) [वि.] 1. प्रकट करने वाला 2. जताने वाला 3. भेद खोलने वाला 4. समझाने-बुझाने वाला; कहने या सुनने वाला 5. डाँटने-डपटने वाला।

संसृति (सं.) [सं-स्त्री.] 1. प्रवाह 2. संसार में बार-बार जन्म लेने की परंपरा; आवागमन 3. संसार; जगत; लोक।

संसृष्ट (सं.) [वि.] 1. एक साथ उत्पन्न या आविर्भूत 2. एक में मिला-जुला; संश्लिष्ट; मिश्रित 3. संबद्ध; परस्पर लगा हुआ 4. अंतर्भूत; अंतर्गत; शामिल 5. जो जायदाद का बँटवारा हो जाने पर भी सम्मिलित हो गया हो। [सं-पु.] 1. घनिष्ठता; हेल-मेल; निकट का संबंध 2. (पुराण) एक पर्वत का नाम।

संसृष्टि (सं.) [सं-स्त्री.] 1. एक साथ उत्पत्ति या आविर्भाव 2. मिलावट; मिश्रण 3. परस्पर संबंध; लगाव 4. हेल-मेल; घनिष्ठता 5. बनाने की क्रिया या भाव; संयोजन; रचना 6. एकत्र करना; इकट्ठा करना; जुटाना 7. संग्रह; समूह; राशि 8. (काव्यशास्त्र) दो या अधिक काव्यालंकारों का ऐसा मेल जिसमें सब परस्पर

एक-दूसरे के आश्रित तथा अंतर्भूत न हों 9. सहभागिता; साझेदारी 10. एक ही परिवार में मिल-जुल कर रहना।

संसेक (सं.) [सं-पु.] पानी आदि का छिड़काव या सिंचाई।

संसेचन (सं.) [सं-पु.] संभोग के समय नर के वीर्य का मादा के अंडे से मिलना; वीर्य-सेचन; गर्भाधान।

संसेवन (सं.) [सं-पु.] 1. अच्छी तरह की जाने वाली सेवा 2. ख़ूब इस्तेमाल करना; व्यवहार करना; उपयोग में लाना 3. लगाव में रहना; संपर्क रखना 4. अच्छी तरह से किया जाने वाला आदर-सत्कार।

संसेवा (सं.) [सं-स्त्री.] 1. व्यवहार की क्रिया या भाव 2. पूजा; अर्चना 3. सेवा 4. प्रवृत्ति; झुकाव।

संस्करण (सं.) [सं-पु.] 1. संस्कार करने की क्रिया या भाव 2. शुद्ध करना; ठीक करना; दुरुस्त करना या सुधारना 3. अच्छा, सुंदर और नया रूप देना 4. पुस्तकों आदि की एक तरह की एक बार में होने वाली छपाई; (एडिशन) 5. समाचारपत्र की एक बार में छपने वाली प्रतियों का कुल जोड़।

संस्कर्ता (सं.) [वि.] संस्कार करने वाला।

संस्कार (सं.) [सं-पु.] 1. सुधारना; ठीक करना 2. किसी वस्तु आदि की त्रुटियाँ, दोष, विकार आदि दूर करके उसे उपयोगी एवं निर्मल बनाने की क्रिया 3. जन्म से लेकर मृत्यु तक किए जाने वाले वे सोलह कृत्य जो धर्मशास्त्र के अनुसार द्विजातियों के लिए ज़रूरी हैं, जैसे- मुंडन, यज्ञोपवीत, विवाह आदि संस्कार 4. धार्मिक कृत्य द्वारा पवित्र करना 5. शिक्षा, उपदेश, संगत आदि की मन पर पड़ी छाप 6. अलंकार; सजावट।

संस्कारक (सं.) [वि.] 1. संस्कार करने वाला 2. परिष्कार या सुधार करने वाला।

संस्कारवान (सं.) [वि.] संस्कारयुक्त; संस्कारवाला; सुसंस्कृत।

संस्कारी (सं.) [वि.] जिसका संस्कार हुआ हो।

संस्कृत (सं.) [वि.] 1. जिसका संस्कार किया गया हो 2. परिष्कृत; परिमार्जित 3. साफ़-सुथरा; निखरा 4. शुद्ध; शोधित; ठीक; दुरुस्त 5. शिष्ट; सभ्य; सुरुचिसंपन्न 6. सजाया-सँवारा हुआ; सुधारा हुआ 7. जिसका उपनयन संस्कार हो चुका हो। [सं-स्त्री.] एक भाषा।

संस्कृति (सं.) [सं-स्त्री.] 1. वस्तु आदि को संस्कृत रूप देने की क्रिया या भाव 2. परिमार्जित करना; शुद्ध या साफ़ करना 3. परंपरा से चली आ रही आचार-विचार, रहन-सहन एवं जीवन पद्धति; संस्कार 4. अलंकृत करना; सजाना 5. सभ्यता।

संस्कृतीकरण (सं.) [सं-पु.] 1. संस्कृत करने की क्रिया या भाव 2. अन्य भाषा के शब्दों को संस्कृत का रूप देना।

संस्तंभ (सं.) [सं-पु.] 1. गति का सहसा रोध; एकबारगी रुकावट 2. चेष्टा का अभाव; निश्चेष्टता; हाथ-पैर रुक जाना 3. लकवा नामक रोग 4. दृढ़ता; धीरता 5. हठ; ज़िद 6. आधार; टेक; सहारा।

संस्तर (सं.) [सं-पु.] 1. परत; तह; तल 2. घास आदि की चटाई या बिस्तर 3. घास-फूस का छप्पर 4. भू-गर्भ में कोयले, चूने आदि की परत 5. फैलाई हुई राशि (फूल आदि की) 6. आच्छादन।

संस्तवन (सं.) [सं-पु.] 1. स्तुति करना; प्रशंसा करना 2. यश गाना; कीर्ति का बखान करना।

संस्तुत (सं.) [वि.] 1. जिसकी सिफ़ारिश की गई हो 2. जिसकी प्रशंसा या स्तुति की गई हो 3. जाना हुआ; ज्ञात; परिचित।

संस्तुति (सं.) [सं-स्त्री.] 1. अनुशंसा; सिफ़ारिश 2. प्रशंसा; तारीफ़; स्तुति।

संस्था (सं.) [सं-स्त्री.] 1. ठहरने की क्रिया या भाव 2. स्थिति; ठहराव 3. मर्यादा; विधि; रूढ़ि 4. आकृति; रूप 5. लोक हितकारी कार्य के लिए बनी समिति, सभा या मंडली 6. मृत्यु 7. जत्था; गिरोह; दल 8. व्यवसाय; पेशा 9. संघटित वर्ग; समाज; समूह 10. ऐसा नियम या विधान जो समाज में समान रूप से प्रचलित हो, जैसे- विवाह संस्था।

संस्थागत (सं.) [वि.] 1. संस्था से संबंधित; संस्था का 2. संस्था में होने वाला।

संस्थाध्यक्ष (सं.) [सं-पु.] 1. किसी समाज, समिति या संस्था का प्रधान व्यक्ति 2. व्यापार का निरीक्षक; व्यापाराध्यक्ष।

संस्थान (सं.) [सं-पु.] 1. ठहराव; स्थिति 2. बैठाना; स्थापन 3. साहित्य, कला, विज्ञान आदि के विकास के लिए स्थापित संगठन या संस्था 4. प्रबंध; व्यवस्था 5. अवस्था; दशा।

संस्थापक (सं.) [सं-पु.] किसी संस्था, सभा, समाज या संप्रदाय का वह मूल व्यक्ति जिसने उसकी स्थापना की हो। [वि.] 1. स्थापना या संस्थापन करने वाला 2. शुरू करने वाला; तैयार करने वाला 3. प्रवर्तक 4. आकार-प्रकार देने वाला।

संस्थापन (सं.) [सं-पु.] 1. ठीक से जमाकर बैठाना, लगाना या खड़ा करना 2. मंडली, संगठन आदि बनाना 3. कोई नई बात या नया काम आरंभ करना 4. प्रस्थापन 5. किसी बात, काम या वस्तु को कोई नया आकार या रूप देना।

संस्थापनीय (सं.) [वि.] संस्थापन के योग्य।

संस्थापित (सं.) [वि.] 1. उठाया हुआ; खड़ा किया हुआ; निर्मित 2. जमाया हुआ; बैठाया हुआ; स्थित किया हुआ 3. जारी किया हुआ 4. संचित; बटोरा हुआ 5. ढेर लगाया हुआ 6. नियंत्रित; प्रतिबंधित; रोका हुआ।

संस्थित (सं.) [वि.] 1. टिका, ठहरा या रुका हुआ 2. ठीक तरह से बैठा या जमा हुआ 3. दृढ़ता से स्थित; डटा हुआ 4. एकत्र किया हुआ 5. पड़ोस का; पास का; समीपस्थ 6. अचल; स्थिर 7. समान; सादृश्य 8. दक्ष; कुशल।

संस्पर्श (सं.) [सं-पु.] 1. अच्छी तरह से होने वाला स्पर्श 2. संसर्ग; संपर्क 3. संयोग 4. प्रभावित होना।

संस्पर्शन (सं.) [सं-पु.] 1. छूना; अंग से अंग लगना 2. मिलना; सटना 3. मिश्रण।

संस्पृष्ट (सं.) [वि.] 1. छुआ हुआ 2. सटा हुआ; मिला हुआ 3. जुड़ा हुआ; परस्पर संबद्ध 4. जो बहुत निकट हो 5. लेश मात्र प्रभावित; जिसपर बहुत कम असर पड़ा हो 6. प्राप्त।

संस्मरण (सं.) [सं-पु.] 1. अच्छी तरह या बार-बार स्मरण करना 2. स्मृति के आधार पर किसी व्यक्ति या विषय के संबंध में लिखित लेख या ग्रंथ 3. संस्कार से उत्पन्न ज्ञान।

संस्मारक (सं.) [सं-पु.] 1. वह जो स्मरण कराए 2. किसी

व्यक्ति की याद में निर्मित भवन, स्तंभ, संस्था आदि। [वि.] 1. स्मरण करने वाला 2. जो याद दिलाता रहे।

संहत (सं.) [वि.] 1. ख़ूब मिला, जुटा या सटा हुआ; बिल्कुल लगा हुआ; पूर्णतः संबद्ध 2. एक हुआ; एक में मिला हुआ 3. संयुक्त; सहित 4. जो मिलकर ठोस हो गया हो; कड़ा; सख़्त 5. गठा हुआ; घना 6. मज़बूत; दृढ़ 7. एकत्र; इकट्ठा 8. मिश्रित; मिला हुआ 9. एकमत 10. अवरुद्ध; बंद 11. चोट खाया हुआ; आहत; घायल। [सं-पु.] नृत्य में एक प्रकार की मुद्रा।

संहति (सं.) [सं-स्त्री.] 1. वस्तुओं का मिलना या एकत्र होना 2. जुड़ाव; संघटन; संगठन 3. घनत्व; ठोसपन; सघनता 4. समूह; झुंड; राशि; ढेर 5. ताकत; शक्ति 6. देह; शरीर।

संहनन (सं.) [सं-पु.] 1. एक में मिलाने या संबद्ध करने की क्रिया 2. ठोस या सघन करना 3. हत्या करना; मार डालना 4. दृढ़ता; मज़बूती 5. अनुकूलता 6. मेल; सामंजस्य 7. मालिश 8. शरीर; देह। [वि.] 1. ठोस या मज़बूत करने वाला 2. हत्या करने वाला 3. नष्ट या बरबाद करने वाला।

संहार (सं.) [सं-पु.] 1. ध्वंश; नाश; प्रलय 2. अंत; समाप्ति 3. युद्ध आदि में अनेक लोगों की हत्या 4. कल्पांत 5. परिहार; निवारण।

संहारक (सं.) [वि.] 1. संहार करने वाला; संहर्ता; नाशक 2. संकोचन करने वाला; संक्षिप्तकर्ता 3. विनाश करने वाला।

संहारकर्ता (सं.) [वि.] संहार करने वाला; विनाशक; नाशक।

संहारना (सं.) [क्रि-स.] 1. मार डालना 2. नाश करना; ध्वंस करना।

संहित (सं.) [वि.] 1. एक साथ किया हुआ; एकत्र किया हुआ; समेटा हुआ 2. सम्मिलित; मिलाया हुआ 3. जुड़ा हुआ; लगा हुआ; संबद्ध 4. संयुक्त; सहित; अन्वित 5. मेल में आया हुआ; हेल-मेल वाला; मेली 6. क्रम या परंपरागत संबंध या लगाव रखने वाला 7. रखा हुआ; संधान के लिए जो धनुष पर रखा गया हो 8. अनुकूल 9. रचित; निर्मित।

संहिता (सं.) [सं-स्त्री.] 1. एक में मिले होने की अवस्था या भाव 2. मेल; संयोग 3. संग्रह; संकलन 4. वेदों का मंत्र-भाग 5. परम-शक्ति; ब्रह्म-शक्ति 6. नियमों, विधियों आदि का संग्रह, जैसे- भारतीय दंड संहिता।

संहिताकरण (सं.) [सं-पु.] 1. संहिता बनाने की क्रिया 2. किसी विषय के नियमों या सिद्धांतों को संहिता का रूप देना; (कोडिफ़िकेशन)।

संहिति (सं.) [सं-स्त्री.] एक साथ रखना; लगाव या संपर्क स्थापन।

सआदत (अ.) [सं-स्त्री.] 1. सौभाग्य; ख़ुशकिस्मती 2. अच्छाई; नेकी; भलाई।

सई[1] [सं-स्त्री.] 1. एक नदी का नाम जो शाहजहाँपुर से निकल कर जौनपुर में गोमती से मिलती है 2. वृद्धि; बरकत।

सई[2] (सं.) [सं-स्त्री.] 1. सरस्वती नदी 2. सखी 3. सती।

सई[3] (अ.) [सं-स्त्री.] 1. कोशिश; प्रयत्न 2. मल्लाहों की भाषा में नाव खींचने की गून को कड़ा करना।

सईद (अ.) [वि.] 1. भला; उत्तम 2. शुभ; मांगलिक।

सउरी [सं-स्त्री.] 1. प्रसूतिगृह 2. एक प्रकार की मछली; सौरी।

सकता (सं.) [सं-पु.] 1. एक प्रकार का मानसिक रोग जिसमें रोगी बेहोश हो जाता है; बेहोशी की बीमारी 2. (काव्यशास्त्र) यति-भंग नामक दोष 3. स्तब्धता। [सं-स्त्री.] 1. शक्ति; ताकत; बल 2. सामर्थ्य; बूता

सकना (सं.) [क्रि-अ.] 1. कोई कार्य करने के योग्य होना; समर्थ होना; मुमकिन होना, जैसे- खा सकना, जा सकना 2. मन में डरना; घबराना या शंकित होना।

सकपकाना [क्रि-अ.] 1. चकित होना; असमंजस में पड़ना; दुविधाग्रस्त होना 2. घबराना; सकुचाना।

सकपकाहट [सं-स्त्री.] 1. सकपकाने की अवस्था या भाव 2. हिचकिचाहट।

सकबकाना [क्रि-अ.] दे. सकपकाना।

सकरकंद [सं-पु.] दे. शकरकंद

सकरपारा [सं-पु.] दे. शकरपारा।

सकरा [वि.] सँकरा।

सकरी [वि.] 1. तंग 2. संकीर्ण।

सकर्मक (सं.) [वि.] 1. (व्याकरण) जो कर्म से युक्त हो; कर्म सहित 2. प्रभावकारी।

सकर्मक क्रिया (सं.) [सं-स्त्री.] (व्याकरण) जिस क्रिया के पूर्ण अर्थ बोधन के लिए कर्म की उपस्थिति अनिवार्य हो वह सकर्मक क्रिया कहलाती है, जैसे- 'मैंने पुस्तक ख़रीदी।' में 'पुस्तक' (कर्म) के बिना 'ख़रीदी' क्रिया का कर्म घटित नहीं हो सकता, अत: 'ख़रीदना' सकर्मक क्रिया है।

सकर्मकता (सं.) [सं-स्त्री.] सकर्मक होने की अवस्था या भाव।

सकल (सं.) [सं-पु.] 1. निर्गुण ब्रह्म और सगुण प्रकृति 2. घास या तृण 3. (दर्शन शास्त्र) पशुवर्ग के जीव। [वि.] सभी अवयवों के साथ; सब; संपूर्ण; समस्त; कुल।

सकलात (सं.) [सं-पु.] 1. ओढ़ने की रजाई 2. उपहार; भेंट; सौगात।

सकाम (सं.) [वि.] 1. जिसके मन में कोई कामना या इच्छा हो 2. जिसकी कामना पूर्ण हुई हो; लब्धकाम 3. कामवासनायुक्त 4. जो कोई कार्य भविष्य में फल मिलने की इच्छा से करे; जो निःस्वार्थ होकर कोई कार्य न करे, बल्कि स्वार्थ के विचार से करे 5. प्रेम करने वाला; प्रेमी।

सकामा (सं.) [सं-स्त्री.] वह स्त्री जिसे किसी प्रकार की अभिलाषा हो; कामनायुक्त।

सकामी (सं.) [वि.] 1. जिसे किसी प्रकार की कामना हो; कामनायुक्त; वासनायुक्त 2. कामी; विषयी।

सकार[1] [सं-स्त्री.] स्वीकृत करने की क्रिया या भाव; स्वीकृति।

सकार[2] (सं.) [सं-पु.] 1. 'स' अक्षर 2. 'स' वर्ण की ध्वनि; सगण। [वि.] 1. सक्रिय; फुरतीला 2. उत्साही।

सकारना [क्रि-स.] 1. किसी वस्तु, व्यक्ति आदि को अपना लेना; स्वीकार करना; मंजूर करना 2. प्रस्ताव आदि मान लेना या किसी काम को करने के लिए सकारात्मक रूप से स्वीकार

करना; स्वीकृति देना; सहमति देना 3. महाजन का अपने नाम पर आई हुई हुंडी मान्य करना।

सकारा [सं-पु.] 1. सकारने की क्रिया या भाव 2. महाजनी प्रथा में हुंडी सकारने और समय बढ़ाने के लिए लिया जाने वाला धन।

सकारात्मक (सं.) [वि.] 1. सहमति या स्वीकृति का सूचक 2. जो सार्थक हो 3. जो नकारात्मक न हो 4. निश्चित और स्थिर स्वरूप वाला; निश्चयी 5. उपयोगी।

सकिलना [क्रि-अ.] 1. फिसलना; सरकना 2. सिमटना; सिकुड़ना 3. हो सकना; पूरा होना।

सकील (अ.) [वि.] 1. भारी; वज़नी 2. जल्दी न पचने वाला; गरिष्ठ; गुरुपाक 3. क्लिष्ट (शब्द, भाषा)।

सकुचना (सं.) [क्रि-अ.] 1. संकोच करना; लज्जा करना; शरमाना 2. फूलों का संपुटित होना; संकुचित होना।

सकुचाई (सं.) [सं-स्त्री.] 1. संकुचित होने की क्रिया या भाव 2. संकोच।

सकुचाना [क्रि-अ.] 1. संकोच करना; लज्जा करना; शरमाना 2. सिकुड़ना 3. संपुटित होना। [क्रि-स.] संकोच करने के लिए प्रवृत्त करना।

सकुचाहट [सं-स्त्री.] सकुचाने या संकोच करने की अवस्था या भाव; झिझक; लज्जा।

सकुचीला [वि.] जिसको प्राय: संकोच होता हो; संकोच करने वाला; शरमीला।

सकुल्य (सं.) [वि.] जो एक ही कुल का हो; सगोत्र।

सकुशल (सं.) [सं-पु.] सही-सलामत।

सकूतरा [सं-पु.] एक द्वीप, जो अरब में अफ़्रीका के पूर्वी तट के समीप स्थित है, जहाँ मोती तथा मूँगे (प्रवाल) अधिक मिलते हैं।

सकूनत (अ.) [सं-स्त्री.] रहने का स्थान; निवास स्थान; पता।

सकृत (सं.) [अव्य.] 1. एक बार 2. हमेशा; सदा 3. साथ; सहित।

सकेती [सं-स्त्री.] 1. विपत्ति 2. कष्ट।

सकेलना [क्रि-स.] एकत्र करना; जमा करना; इकट्ठा करना; बटोरना।

सकेला (अ.) [सं-स्त्री.] एक प्रकार की तलवार जो कड़े और नरम लोहे के मेल से बनाई जाती है। [सं-पु.] एक प्रकार का लोहा।

सकोरना [क्रि-स.] दे. सिकोड़ना।

सकोरा [सं-पु.] मिट्टी की एक प्रकार की छोटी कटोरी; कसोरा।

सक्का (अ.) [सं-पु.] 1. भिश्ती; माशकी 2. वह जो मशक में पानी भरकर लोगों को पिलाता फिरता हो 3. एक प्रकार का पक्षी।

सक्रिय (सं.) [वि.] 1. जो कोई क्रिया कर रहा हो; क्रियाशील 2. क्रियायुक्त; कर्मठ 3. जो क्रियात्मक रूप में हो 4. फुरतीला।

सक्रियता (सं.) [सं-स्त्री.] सक्रिय होने की अवस्था या भाव।

सक्षम (सं.) [वि.] 1. जिसमें कोई कार्य करने की विशिष्ट क्षमता हो 2. कार्य करने में समर्थ 3. कार्य करने का अधिकारी या पात्र।

सक्षमता (सं.) [सं-स्त्री.] सक्षम होने की अवस्था, गुण या भाव।

सक्सेना [सं-पु.] कायस्थों में एक कुलनाम या सरनेम।

सख (सं.) [सं-पु.] 1. मित्र; साथी; सखा 2. एक वृक्ष।

सखत्व (सं.) [सं-पु.] सखा होने की अवस्था, धर्म या भाव; मित्रता।

सखरस [सं-पु.] मक्खन; नैनू; नवनीत।

सखरा [वि.] वह भोजन जो घी में न पकाया गया हो; कच्ची रसोई।

सखरी [सं-स्त्री.] कच्ची रसोई; कच्चा भोजन।

सखा (सं.) [सं-पु.] 1. साथी; संगी; मित्र; दोस्त 2. (नाटक) नायक का सहचर।

सखार (सं.) [वि.] खारा; नमकीन; लवणीय; क्षार से युक्त।

सख़ावत (अ.) [सं-स्त्री.] सख़ी या दाता होने का भाव; दानशीलता; उदारता।

सखी (सं.) [सं-स्त्री.] 1. सहेली; संगिनी 2. नाटक आदि में नायिका की सहचरी 3. (काव्यशास्त्र) चौदह मात्राओं वाला एक सममात्रिक छंद।

सख़ी (अ.) [वि.] दान करने वाला; दानी।

सखी संप्रदाय (सं.) [सं-पु.] वैष्णवों के अनुसार भक्तों का वह संप्रदाय जो सखीभाव से इष्टदेवता कृष्ण की उपासना करता है।

सखीभाव (सं.) [सं-पु.] वैष्णवों के अनुसार भक्ति का एक प्रकार जिसमें भक्त अपने आपको इष्टदेवता (कृष्ण) की सखी मानकर उपासना करता है।

सखुआ [सं-पु.] 1. शालवृक्ष; साखू 2. शालवृक्ष की लकड़ी।

सखुन (फ़ा.) [सं-पु.] 1. बातचीत; वार्तालाप 2. कविता; काव्य 3. वचन; वादा 4. कथन; उक्ति।

सख़्त (फ़ा.) [वि.] 1. कठोर; कड़ा 2. पक्का; दृढ़ 3. तीक्ष्ण; तीखा; तेज़ 4. कठिन; मुश्किल; भारी 5. सख़्ती या कड़ाई करने वाला (व्यक्ति) 6. कठोर हृदय; निर्मम। [क्रि.वि.] बहुत अधिक, जैसे- सख़्त बेवकूफ़ी।

सख़्ती (फ़ा.) [सं-स्त्री.] 1. कड़ाई; कठोरता; कड़ापन 2. कठिनता; तीव्रता; उग्रता; कठोर व्यवहार; ज़ुल्म 3. निर्दयता; निर्ममता 4. संकट; विपत्ति 5. आर्थिक तंगी।

सख्य (सं.) [सं-पु.] 1. सखा का भाव; सखत्व; सखापन 2. मित्रता; दोस्ती 3. (वैष्णव) ईश्वर के प्रति वह भाव जिसमें ईश्वरावतार को भक्त अपना सखा मानता है 4. समानता; बराबरी।

सगण (सं.) [सं-पु.] 1. (छंदशास्त्र) एक गण जिसमें दो लघु और एक गुरु अक्षर होते हैं 2. शिव का एक नाम। [वि.] दल या सेना से युक्त।

सगपतिहा [सं-पु.] एक प्रकार की दाल जो साग में मिलाकर बनाई जाती है; सगपहिता।

सगपहिती [सं-स्त्री.] एक प्रकार की दाल जो साग के साथ मिलाकर बनाई जाती है।

सगबग [वि.] 1. सराबोर; लथपथ 2. द्रवित 3. परिपूर्ण 4. शंकित; डरा हुआ। [क्रि.वि.] तेज़ी से; जल्दी से; चटपट।

सगबगाना [क्रि-अ.] 1. लथपथ होना; किसी वस्तु से भीगना या सराबोर होना 2. सकपकाना; शंकित होना; भयभीत होना 3. हिलना-डुलना।

सगर (सं.) [सं-पु.] 1. (रामायण) अयोध्या के एक प्रसिद्ध सूर्यवंशी राजा जो बहुत धर्मात्मा तथा प्रजारंजक थे 2. तगर का फूल या पौधा। [वि.] सगरा (सब)

सगरा (सं.) [वि.] सब; तमाम; पूरा; समग्र; सकल। [सं-पु.] 1. तालाब 2. झील 3. सागर।

सगलगी [सं-स्त्री.] 1. किसी से बहुत सगापन दिखाने की क्रिया; बहुत आपसदारी दिखलाना 2. ख़ुशामद; चापलूसी; व्यर्थ की प्रशंसा।

सगवारा [सं-पु.] गाँव के आसपास की और उससे संबंध रखती हुई भूमि।

सगा (सं.) [वि.] 1. एक ही माँ की कोख से जन्मा हुआ; सहोदर 2. अपने कुल या परिवार का 3. जो आत्मीय हो या आत्मीयता रखता हो 4. अतिप्रिय; बंधुत्व का भाव रखने वाला।

सगाई [सं-स्त्री.] 1. विवाह से पूर्व की रस्म; मँगनी 2. सगे होने का भाव; आत्मीयता; सगापन 3. घनिष्ठ पारिवारिक संबंध; रिश्ता; नाता 4. आसक्ति; प्रेम।

सगापन [सं-पु.] सगा होने का भाव; संबंध की आत्मीयता।

सगारत [सं-स्त्री.] सगापन।

सगुण (सं.) [वि.] 1. गुण वाला; गुणयुक्त 2. तीन गुणों से युक्त 3. गुणवान; सद्‌गुण संपन्न 4. भौतिक 5. साकार। [सं-पु.] 1. सत, रज और तम तीन गुणों से युक्त परमात्मा का रूप; ब्रह्म 2. वह संप्रदाय जो ईश्वर के साकार रूप की उपासना करता है।

सगुन [सं-पु.] 1. सगुण 2. शकुन 3. शुभ मुहूर्त में होने वाला कार्य।

सगुनाना [क्रि-स.] 1. शकुन बतलाना 2. शकुन निकालना या देखना।

सगुनिया [सं-पु.] वह मनुष्य जो लोगों को सकुन बतलाता हो; शकुन विचारने और उसका फल बताने वाला व्यक्ति।

सगुनी [वि.] 1. सगुणोपासक 2. 'निगुनी' का विलोम; जो निर्गुण रूप का उपासक न हो 3. गाड़ी का अगला हिस्सा।

सगुनौती [सं-स्त्री.] 1. प्रचलित विश्वास के अनुसार वह क्रिया जिससे भावी शुभाशुभ का निर्णय किया जाता है; शकुन विचारने की क्रिया 2. मंगलपाठ।

सगुरा [वि.] जिसने गुरु से दीक्षा प्राप्त कर ली हो।

सगोती (सं.) [सं-पु.] 1. एक गोत्र के लोग; सगोत्र 2. आपसदारी के या रिश्ते नाते के लोग; भाई-बंधु। [वि.] समान कुल या गोत्र का।

सगोत्र (सं.) [सं-पु.] 1. एक ही गोत्र का व्यक्ति 2. एक ही पूर्वज से उत्पन्न होने वाले लोग; भाईबंद 3. कुल; वंश; ख़ानदान 4. दूर का संबंधी 5. जाति। [वि.] समान गोत्र वाला।

सगोत्रिय (सं.) [वि.] एक ही गोत्र के।

सगौरव (सं.) [वि.] गौरव के साथ; गौरवपूर्ण; गौरवयुक्त।

सग्गड़ [सं-पु.] आदमी द्वारा खींचकर चलाई जाने वाली सामान ढोने की गाड़ी या ठेला।

सघन (सं.) [वि.] 1. घना; गझिन 2. ठोस।

सघनता (सं.) [सं-स्त्री.] सघन होने की अवस्था, गुण या भाव।

सघोष जब स्वरतंत्रियाँ श्वासनलिका से आती हुई श्वासवायु को अवरुद्ध कर लेती हैं तथा श्वासवायु उनमें टकराकर स्वरतंत्रियों में अघोष ध्वनियों की अपेक्षा अधिक कंपन करती हुई बाहर निकलती है, उन्हें सघोष ध्वनियाँ कहते हैं, जैसे- हिंदी में 'ग्, घ्, ङ्, ज्, झ्, ञ्, ड्, ड़्, ढ्, ढ़्, ण्, द्, ध्, न्, ब्, भ्, म्, य्, र्, ल्, व्, ह्'।

सच (सं.) [वि.] 1. सत्य; झूठरहित 2. वास्तविक; जो यथार्थ हो।

सचकित (सं.) [वि.] आश्चर्य में पड़ा हुआ; भौचक्का; विस्मित; जिसे विस्मय हुआ हो।

सचमुच (सं.) [अव्य.] 1. वास्तव में; यथार्थतः 2. ठीक-ठीक; वस्तुतः 3. निश्चित रूप से; अवश्य।

सचराचर (सं.) [सं-पु.] 1. संसार की सब चर और अचर वस्तुएँ 2. जगत; विश्व; संसार।

सचल (सं.) [वि.] 1. जो अचल न हो; चलता हुआ; जंगम 2. स्थिर न रहने वाला; चंचल 3. एक स्थान से दूसरे स्थान पर जाने या ले जाने वाला।

सचलता (सं.) [सं-स्त्री.] गतिशीलता।

सचान (सं.) [सं-पु.] श्येनपक्षी; बाज़।

सचिंत (सं.) [वि.] जिसे चिंता हो; फ़िक्रमंद।

सचिक्कण (सं.) [वि.] अत्यंत चिकना; बहुत अधिक चिकना।

सचित (सं.) [वि.] 1. जिसमें चेतना या चित हो; चेतनायुक्त 2. जिसका ध्यान एक ही ओर हो; एकाग्र 3. बुद्धिमान 4. सावधान।

सचित्र (सं.) [वि.] चित्रयुक्त; चित्रसहित।

सचिव (सं.) [सं-पु.] 1. वज़ीर; मंत्री 2. दोस्त; मित्र 3. मददगार; सहायक 4. सलाहकार 5. आजकल किसी बड़े अधिकारी या विभाग का वह व्यक्ति जो अभिलेख आदि सुरक्षित रखता हो और उससे संबंधित व्यवस्था करता हो; (सेक्रेटरी)।

सचिवालय (सं.) [सं-पु.] वह भवन जहाँ सरकार के सचिवों तथा विभिन्न विभाग के प्रधान अधिकारियों के कार्यालय हों।

सचिवीय (सं.) [वि.] सचिव से संबंधित।

सचेत (सं.) [वि.] 1. जिसमें चेतना हो; सचेतन; चेतनायुक्त 2. सयाना; समझदार; बुद्धिमान 3. सजग; सतर्क; सावधान।

सचेतक (सं.) [सं-पु.] संसद या विधानसभा में आवश्यक सूचना देने और अनुशासन बनाए रखने वाला दलीय अधिकारी; दल-परिचालक। [वि.] सजग या सचेत रहने वाला।

सचेतन (सं.) [वि.] 1. समझदार; चेतनायुक्त; सज्ञान (प्राणी) 2. सावधान 3. चतुर।

सचेष्ट (सं.) [वि.] 1. जिसमें चेष्टा हो 2. प्रयत्न करने वाला; प्रयत्नशील।

सच्चरित्र (सं.) [वि.] अच्छे चरित्र वाला; जिसका चरित्र अच्छा हो; सदाचारी; चरित्रशील।

सच्चा (सं.) [वि.] 1. सच बोलने वाला; सत्यवादी 2. जिसके व्यवहार में छल-कपट या झूठ न हो; ईमानदार; निष्ठावान 3. जिसमें कोई खोट या मिलावट न हो; खरा; विशुद्ध 4. त्रुटि या दोष से रहित; निर्मल 5. जो कृत्रिम या बनावटी न हो 6. परिपूर्ण; पूरा 7. विश्वसनीय; सरलचित्त 8. सत्याधारित; वास्तविक; यथार्थ; ठीक।

सच्चाई [सं-स्त्री.] 1. सच्चा होने का गुण; सत्यता 2. ईमानदारी 3. पारदर्शिता।

सच्चापन [सं-पु.] सत्य होने का भाव; सत्यता; सच्चाई।

सच्चिदानंद (सं.) [सं-पु.] सत्, चित् एवं आनंद से युक्त सत्ता; ईश्वर; परमेश्वर।

सज (सं.) [सं-स्त्री.] 1. सजावट; साज-सज्जा; सजना 2. शोभा; सौंदर्य; सुंदरता 3. गढ़न; बनावट का ढंग 4. आकृति; रूप।

सजग (सं.) [वि.] 1. जागरूक; सचेत; सावधान 2. चालाक; सतर्क; होशियार।

सजगता (सं.) [सं-स्त्री.] 1. सावधानी; सतर्कता 2. होशियारी; चौकन्नापन 3. चालाकी।

सजदा (अ.) [सं-पु.] 1. नमाज़ पढ़ते समय माथा टेकने की क्रिया 2. प्रणाम करना; सिर झुकाना।

सजन (सं.) [सं-पु.] 1. प्रिय या प्रियतम के लिए प्रयुक्त होने वाला एक संबोधन 2. भला आदमी; सज्जन; शरीफ़ 3. पति 4. प्रियतम; यार। [वि.] लोगों से युक्त; जनसहित।

सजना (सं.) [क्रि-अ.] 1. सज्जित होना; सँवरना; अलंकृत होना 2. उत्तम वस्त्रादि धारण करना; सुशोभित होना 3. तैयार होना।

सजल (सं.) [वि.] 1. जल से युक्त; भीगा हुआ 2. तरल पदार्थ से युक्त 3. आँसू भरा; आँसुओं से युक्त 4. जिसमें चमक या आब हो; चमकदार।

सजवाई [सं-स्त्री.] 1. सजवाने की क्रिया 2. सुसज्जित करवाने का भाव 3. सजाने की मज़दूरी।

सजवाना [क्रि-स.] किसी के द्वारा किसी वस्तु को सुसज्जित कराना; सुसज्जित करवाना।

सजा (अ.) [सं-पु.] 1. पक्षियों की चहक या कलरव 2. कविता; छंद 3. ऐसा वाक्य या पद जो किसी का नाम हो तथा जिसका कुछ अर्थ भी होता हो।

सज़ा (फ़ा.) [सं-स्त्री.] 1. अपराध आदि के कारण अपराधी को मिलने वाला दंड 2. प्रत्यपकार; बुराई का बदला 3. जुरमाना; अर्थदंड 4. कारागार या जेल में रखे जाने का दंड।

सज़ा-ए-मौत (फ़ा.) [सं-स्त्री.] 1. किसी जघन्य अपराध पर मिलने वाला प्राणदंड; मृत्युदंड 2. फाँसी की सज़ा।

सजाई [सं-स्त्री.] 1. सजाने की क्रिया या भाव 2. सजाने का पारिश्रमिक।

सजात (सं.) [वि.] 1. जो एक साथ उत्पन्न हुए हों; सहजात 2. जो उत्पत्ति, उद्गम या आपेक्षित स्थिति के विचार से एक प्रकार या वर्ग के हों।

सजातीय (सं.) [वि.] 1. एक ही जाति के; एक ही गोत्र के 2. एक वर्ग या वर्ण के 3. समान; सदृश; समान प्रकार के।

सजाना (सं.) [क्रि-स.] 1. सुसज्जित करना; सँवारना; शृंगार करना 2. वस्तुओं को ऐसे क्रम से रखना कि वे आकर्षक और सुंदर लगें 3. विभूषित करना; अलंकृत करना।

सज़ायाफ़्ता (फ़ा.) [वि.] 1. जिसे सज़ा मिल चुकी हो; दंडप्राप्त; दंडित 2. जो कारावास या जेल में रह चुका हो।

सज़ायाब (फ़ा.) [वि.] 1. जो दंड या सज़ा पाने के योग्य हो 2. दंडनीय 3. जो कारागार का दंड भोग चुका हो; सज़ायाफ़्ता।

सजावट [सं-स्त्री.] 1. सजे होने की क्रिया या भाव 2. सज्जा; अलंकरण; शोभा; सुंदरता 3. छवि; जलाल 4. तैयारी 5. ठाठबाट 6. भव्यता; रौनक; सजधज 7. सौंदर्य 8. विन्यास।

सजावटी [वि.] 1. जिसकी सजावट की गई हो; उत्सवपूर्ण; अलंकृत 2. जो सजावट में काम आता हो 3. भव्य; सुंदर 4. शोभाकारी; तड़कभड़कदार 5. दिखावटी; पाखंडपूर्ण।

सजावल (तु.) [सं-पु.] 1. सरकारी कर उगाहने वाला अधिकारी; तहसीलदार 2. राजकर्मचारी 3. जमादार।

सज़ावार (फ़ा.) [वि.] 1. जो दंड का भागी हो 2. जो सज़ा दिए जाने के योग्य हो; दंडनीय 3. उचित; उपयुक्त 4. वाज़िब 5. बेहतर या शुभ परिणाम देने वाला।

सजिल्द (सं.+अ.) [वि.] 1. (पुस्तक या ग्रंथ) जिल्द वाला; जिल्ददार 2. जिसपर जिल्द या आवरण चढ़ाया गया हो।

सजिवन [सं-पु.] कद्दू।

सज़ीदा (फ़ा.) [वि.] लायक; पात्र; योग्य।

सजीला [वि.] 1. सुंदर; छबीला; छैला 2. सज-धज वाला; बन-ठन कर रहने वाला 3. सुडौल; आकर्षक; तरहदार 4. सुंदर परिधान पहनने वाला।

सजीव (सं.) [वि.] 1. जिसमें जीवन या प्राण हो; जीवनयुक्त; सप्राण 2. ओजपूर्ण 3. तेज़; फुरतीला 4. जीवंत; तेजस्वी।

सजीवता (सं.) [सं-स्त्री.] सजीव होने की अवस्था, भाव या गुण; सजीवपन।

सजीवन (सं.) [सं-पु.] (रामायण) संजीवनी नाम की एक बूटी जिसके उपयोग से मृतप्राय व्यक्ति पुनः चैतन्य और स्वस्थ हो जाता है।

सजूरी [सं-स्त्री.] एक प्रकार का मीठा व्यंजन।

सज्जन (सं.) [सं-पु.] 1. शरीफ़ आदमी; भला आदमी 2. सत्पुरुष 3. अच्छे कुल का व्यक्ति; प्रिय व्यक्ति 4. अच्छे आचरण वाला व्यक्ति।

सज्जनता (सं.) [सं-स्त्री.] 1. सज्जन होने का भाव; भलमनसाहत 2. सदाशयता; सभ्यता।

सज्जा (सं.) [सं-स्त्री.] 1. सजाने की क्रिया या भाव; सजावट 2. वेषभूषा; परिधान 3. साज-समान; सजाने की सामग्री; सजावट के उपकरण।

सज्जाद (अ.) [वि.] सिजदा करने वाला; आराधक; उपासक; पूजक।

सज्जादा (अ.) [सं-पु.] 1. नमाज़ पढ़ने का कपड़ा या आसन; नमाज़ दरी 2. जानमाज़; मुसल्ला 3. पीर या साधु की गद्दी।

सज्जित (सं.) [वि.] 1. सजा हुआ 2. आवश्यक साधनों से युक्त।

सज्जी (सं.) [सं-स्त्री.] एक प्रकार का प्रसिद्ध क्षार युक्त मिट्टी जो सफ़ेद लिए हुए भूरे रंग की होती है।

सज्ञान (सं.) [वि.] 1. ज्ञानयुक्त; ज्ञानवान 2. बुद्धिमान; समझदार 3. प्रौढ़; वयस्क; बालिग 4. सचेत; सावधान।

सटई [सं-स्त्री.] अनाज रखने का एक प्रकार का पात्र (बरतन)।

सटक [सं-स्त्री.] 1. सटकने की क्रिया; धीरे से चंपत होने या खिसकने का व्यापार 2. तंबाकू पीने का लंबा लचीला नैचा जो छल्लेदार तार देकर बनाया जाता है 3. पतली लचने वाली छड़ी।

सटकन [सं-स्त्री.] हटने या सटकने की क्रिया या भाव।

सटकना [क्रि-अ.] धीरे से खिसक जाना; रफूचक्कर होना; चल देना; चंपत होना। [क्रि-स.] अनाज के बालों में से अन्न निकालने के लिए उसे कूटने की क्रिया; डाँठ कूटना या पीटना।

सटकाना [क्रि-स.] किसी को छड़ी, कोड़े आदि से मारना जिसमें 'सट' शब्द हो।

सटकार [सं-स्त्री.] 1. सटकाने की क्रिया या भाव 2. फटकारने या झटकारने की क्रिया 3. गौ आदि को हाँकने की क्रिया।

सटकारना [क्रि-स.] 1. पतली लचीली छड़ी या कोड़े आदि से किसी को सट से मारना; सट-सट मारना 2. झटकारना; फटकारना।

सटकारा [वि.] चिकना और लंबा।

सटकारी [सं-स्त्री.] लचने वाली पतली छड़ी; साँटी।

सटना [क्रि-अ.] 1. दो वस्तुओं का आपस में मिलना; पास आना 2. चिपकना; छूना 3. साथ होना 4. जुड़ना; भिड़ना 5. मारपीट होना।

सटपट [सं-स्त्री.] 1. सिटपिटाने की क्रिया 2. संकोच; शील; हिचकिचाहट 3. छोटा-मोटा काम 4. असमंजस; दुविधा 5. भय; डर 6. घबराहट।

सटपटाना [क्रि-अ.] 1. 'सटपट' की ध्वनि करना 2. घबराना; भौचक रहना; सहमना।

सटपटाहट [सं-स्त्री.] 1. सटपट की ध्वनि 2. संकोच और घबराहट की स्थिति।

सटर-पटर [वि.] 1. निकम्मा 2. व्यर्थ का।

सटा (सं.) [सं-स्त्री.] 1. साधु-संतों के सिर के लंबे-उलझे बाल या जटा 2. कलंगी; शिखा; जूड़ा 3. शेर की गरदन के बाल; अयाल 4. सुअर के बाल 5. कबरी। [वि.] 1. जो बहुत निकट हो; मिला हुआ 2. अंतरहीन 3. संलग्न; अपृथक 4. छूता हुआ।

सटाना [क्रि-स.] 1. मिलाना; पास-पास लाना 2. जोड़ना; चिपकाना 3. दो वस्तुओं को बहुत निकट लाना 4. भिड़ाना; लगाना 5. आसपास रखना।

सटिया [सं-स्त्री.] 1. सोने या चाँदी की एक प्रकार की चूड़ी 2. चाँदी की एक प्रकार की क़लम जिससे स्त्रियाँ माँग में सिंदूर भरती हैं 3. साटी; छड़ी 4. अभिसंधि; गुप्त वार्ता या षड्यंत्र करना।

सटीक (सं.) [वि.] 1. बिलकुल ठीक; उपयुक्त 2. टीका सहित; जिसमें मूल पाठ के साथ टीका भी हो 3. व्याख्या सहित।

सटैनी [सं-स्त्री.] कुलाबे जुलफी।

सटोरिया [सं-पु.] सट्टेबाज़; सट्टा खेलने वाला व्यक्ति।

सट्टक (सं.) [सं-पु.] 1. प्राकृत भाषा में प्रणीत छोटा रूपक; एक उपरूपक 2. जीरा मिला हुआ मट्ठा।

सट्टा (सं.) [सं-पु.] 1. एकाधिक पक्षों में किसी निश्चित कार्य या शर्त पूरा करने के लिए किया गया इकरारनामा 2. खेत की उपज के बँटवारे को लेकर होने वाला इकरारनामा 3. वह स्थान जहाँ लोग वस्तुएँ ख़रीदने-बेचने के लिए एकत्र होते हैं; हाट; बाज़ार 4. बाज़ार की तेजी-मंदी के अनुमान के आधार पर अधिक लाभ को दृष्टि से की हुई ख़रीद-फ़रोख्त।

सट्टा-बट्टा [सं-पु.] 1. चालबाज़ी 2. स्त्री व पुरुष के बीच अनुचित संबंध 3. मेल-जोल।

सट्टी [सं-स्त्री.] वह बाज़ार जिसमें एक ही मेल की बहुत-सी चीज़ों को लोग दूर-दूर से लाकर बेचते हों; हाट।

सट्टेबाज़ (हिं.+फ़ा.) [सं-पु.] 1. जुआरी; सटोरिया 2. ज़्यादा मुनाफ़ा कमाने के लिए सट्टे की तरह व्यापार करने वाला व्यक्ति 3. तेज़ी-मंदी के हिसाब से ख़रीद-बिक्री करने वाला व्यक्ति 4. दाँव खेलने वाला व्यक्ति।

सट्टेबाज़ी (हिं.+फ़ा.) [सं-स्त्री.] 1. सट्टा खेलने का काम 2. सट्टे का व्यसन या लत 3. सट्टेबाज़ का काम।

सठमति (सं.) [वि.] स्वभाव से दुष्ट; दुष्ट प्रकृतिवाला।

सठियाना [क्रि-अ.] 1. साठ वर्ष की उम्र का होना 2. बुड्ढा होना; बूढ़ा हो जाना 3. {ला-अ.} साठ वर्ष से अधिक की आयु होने पर मानसिक शक्ति का कमज़ोर होना या याददाश्त क्षीण होना।

सठियाव [सं-पु.] 1. सठिया जाने की अवस्था या भाव 2. वह अवस्था जब व्यक्ति साठ वर्ष का होने के बाद किसी कार्य को करने में सक्षम नहीं रह जाता 3. जराजीर्णता।

सठोरा [सं-पु.] सोंठौरा।

सड़क (अ.) [सं-स्त्री.] 1. रास्ता 2. आने-जाने का पक्का मार्ग 3. पथ; पंथ।

सड़न [सं-स्त्री.] 1. सड़ने की क्रिया या भाव 2. गंदगी 3. सड़न के कारण उत्पन्न दुर्गंध।

सड़ना [क्रि-अ.] 1. किसी चीज़ का ख़राब होना 2. घटक तत्वों का अलग होना 3. {ला-अ.} बहुत दुर्दशा को प्राप्त होना; दुख और यंत्रणा में पड़े रहना, जैसे- जेल में सड़ना।

सड़सड़ [सं-स्त्री.] कोड़े लगने पर उत्पन्न ध्वनि।

सड़ा-गला [वि.] 1. दूषित; ख़राब 2. जिससे दुर्गंध आ रही हो 3. घिनौना; बदबूदार 4. जीर्ण-शीर्ण।

सड़ाना [क्रि-स.] 1. ख़राब करना 2. दूषित करना 3. सड़ने में प्रवृत्त करना 4. {ला-अ.} बहुत अधिक कष्ट और दुर्दशा में रखना; बुरी गत बनाना।

सड़ायँध [सं-स्त्री.] सड़ी हुई चीज़ की गंध।

सड़ाव [सं-पु.] सड़ने की क्रिया या भाव; सड़न।

सड़ासड़ [अव्य.] सड़ शब्द के साथ; जिसमें सड़-सड़ शब्द हो।

सड़ियल [वि.] 1. सड़ा हुआ; गला हुआ 2. निकम्मा; रद्दी; ख़राब 3. नीच; तुच्छ 4. जला-भुना उत्तर देने वाला।

सढ़ार [सं-स्त्री.] गर्भ धारण करने योग्य पाड़ी।

सत (सं.) [वि.] 1. सच; सत्य 2. साधु; सज्जन 3. धार्मिक; पवित्र 4. वास्तविक; नित्य; शाश्वत 5. पंडित; विद्वान 6. उत्तम; श्रेष्ठ। [सं-पु.] 1. ब्रह्मा 2. माधव संप्रदाय का एक नाम 3. सत्यतापूर्ण धर्म 4. सारभाग 5. जीवनी शक्ति।

सतइसा [सं-पु.] मूल नक्षत्र में जन्मे बच्चे के जन्म से सत्ताईस दिन बाद होने वाली एक रस्म।

सतगठा ठप्पा [सं-पु.] वह ठप्पा, जिसमें कई सारी आकृतियाँ उकेरी गई हों।

सतगुरु (सं.) [सं-पु.] 1. सच्चा गुरु; अच्छा गुरु 2. परमात्मा; ईश्वर 3. आध्यात्मिक गुरु।

सतत (सं.) [वि.] लगातार होने वाला; निरंतर चलते रहने वाला। [क्रि.वि.] 1. लगातार; निरंतर 2. अनवरत; बराबर।

सततरत (सं.) [वि.] हमेशा किसी कार्य में लगा रहने वाला।

सतदंता [सं-पु.] साँत दाँतों वाला बछड़ा।

सतनजा [सं-पु.] सात भिन्न प्रकार के अनाजों का मेल; वह मिश्रण जिसमें सात भिन्न-भिन्न प्रकार के अनाज हों।

सतपदी (सं.) [सं-स्त्री.] सप्तपदी।

सतपुतिया [सं-स्त्री.] एक प्रकार की तरोई।

सतपुरुष (सं.) [सं-पु.] 1. श्रेष्ठ व्यक्ति 2. अच्छा पुरुष 3. सच्चा और आध्यात्मिक पुरुष।

सतफेरा [सं-पु.] विवाह के समय होने वाला सप्तपदी नामक कर्म; सप्तपदी; सातफेरे।

सतमासा [सं-पु.] 1. सात माह पर उत्पन्न शिशु; वह बच्चा जो गर्भ से सातवें महीने में उत्पन्न हुआ हो 2. शिशु के गर्भ में आने पर सातवें महीने में की जाने वाली रस्म। [वि.] जो गर्भ में सात महीने रहने के उपरांत जनमा हो।

सतयुग (सं.) [सं-पु.] 1. (पुराण) वह समय जब लोग सुखी और प्रसन्न होते थे 2. युग या काल का एक मिथक; सत्ययुग।

सतयुगी (सं.) [वि.] 1. सत्ययुग का; सत्ययुग जैसा 2. धार्मिक और सदाचारी 3. बहुत प्राचीन; पुराना।

सतर[1] (सं.) [क्रि.वि.] जल्दी; अविलंब।

सतर[2] (अ.) [सं-पु.] 1. मनुष्य का ढका रहने वाला अंग; गुप्त इंद्रिय 2. ओट; आड़; परदा 3. छिपाव। [सं-स्त्री.] लकीर; रेखा [वि.] 1. टेढ़ा; वक्र 2. क्रुद्ध; कुपित।

सतरंगा [सं-पु.] इंद्रधनुष। [वि.] 1. जिसमें सात रंग हों; सात रंगों वाला 2. रंगारंग; विविध रंग का; बहुरंगा।

सतरंगी [सं-स्त्री.] दे. सतरंगा।

सतरौहाँ [वि.] 1. कुपित; क्रोधयुक्त 2. कोपसूचक।

सतर्क (सं.) [वि.] 1. तर्क से युक्त 2. सावधान; सचेत; चौकन्ना।

सतर्कता (सं.) [सं-स्त्री.] 1. सतर्क होने की अवस्था, भाव या गुण 2. सावधानी; होशियारी।

सतर्ष (सं.) [वि.] 1. प्यासा 2. तृषित।

सतलज (सं.) [सं-स्त्री.] पंजाब प्रांत में बहने वाली एक नदी; शतद्रु नदी।

सतलड़ी [सं-स्त्री.] गले में पहनने की सात लड़ियों की माला या हार।

सत्वंती (सं.) [सं-स्त्री.] सती; पतिव्रता।

सतवन्नियाँ [सं-पु.] वह गूढ़ा जिसके बीच में मस्तूल की पेंदी लगाई जाती है।

सतसई (सं.) [सं-स्त्री.] 1. ऐसा ग्रंथ जिसमें सात सौ पद हों 2. सात सौ पदों का संग्रह, जैसे- बिहारी सतसई 3. सप्तशती।

सतह (अ.) [सं-स्त्री.] 1. किसी वस्तु का ऊपरी भाग; पटल 2. बाहर या ऊपर का फैलाव, जैसे- समुद्र की सतह 3. बाह्य तल 4. फ़र्श 5. परत 6. किसी चीज़ का स्तर।

सतही (अ.) [वि.] 1. सतह से संबंधित; सतह का; ऊपरी 2. सामान्य स्तर का; हलका, जैसे- सतही विचार 3. उथला; जिसमें गहनता न हो 4. विचार से रहित 5. पाखंडपूर्ण; दिखावटी।

सतांग (सं.) [सं-पु.] रथ; यान।

सतानवे [वि.] संख्या '97' का सूचक या सत्तानवे।

सताना (सं.) [क्रि-स.] 1. संताप देना; संतप्त करना 2. मानसिक क्लेश पहुँचाना; परेशान करना 3. तंग करना; दुख देना।

सतार (सं.) [सं-पु.] जैन ग्रंथों के अनुसार एक स्वर्ग का नाम। [वि.] 1. तारों से युक्त 2. जिसमें तारे टँके या लगे हुए हों।

सतालू (सं.) [सं-पु.] 1. एक प्रकार का फलदार पेड़ 2. उक्त पेड़ का फल; आड़ू; शफतालू।

सतासत (सं.) [वि.] 1. वास्तविक एवं अवास्तविक 2. अच्छा एवं बुरा।

सती (सं.) [सं-स्त्री.] 1. (पुराण) दक्ष प्रजापति की कन्या जिनका शिव से ब्याह हुआ था 2. पतिव्रता स्त्री; साध्वी 3. (हिंदूधर्म) वह स्त्री जो पति के साथ चिता में जले; सहगामिनी स्त्री। [सं-पु.] 1. जो सत-धर्म का पालन करता हो 2. महात्मा; तपस्वी; साधु 3. सच्चा; सत्यनिष्ठ। [वि.] 1. पतिव्रता; साध्वी 2. पति के साथ जलकर मरने वाली; सहगामिनी।

सतीत्व (सं.) [सं-पु.] सती होने का भाव या धर्म; पातिव्रत्य।

सतीत्वहरण (सं.) [सं-पु.] स्त्री के साथ बलात्कार कर सतीत्व बिगाड़ने की क्रिया।

सतीपन (सं.) [सं-पु.] सतीत्व।

सतीप्रथा (सं.) [सं-पु.] पति की मृत्यु के बाद पत्नी का पति के शव के साथ चिता पर जलने की एक प्राचीन सामाजिक परंपरा या प्रचलन।

सतीर्थ (सं.) [सं-पु.] 1. एक ही आचार्य से पढ़ने वाला; सहपाठी 2. शिव का एक नाम।

सतीश (सं.) [सं-पु.] शिव नामक देवता।

सतुआ [सं-पु.] दे. सत्तू; गेहूँ/ जौ/ चना आदि को भूनकर उसका चूर्ण बनाते हैं।

सतुआनि [सं-स्त्री.] एक पर्व जो मेष-संक्रांति के दिन मनाया जाता है जिसमें सत्तु का दान प्रमुख कार्य होता है।

सतून (सं.) [सं-पु.] स्तंभ; खंभा।

सतृष्ण (सं.) [वि.] 1. तृष्णा-युक्त; तृष्णापूर्ण 2. पिपासा 3. तृष्णापूर्वक।

सतेज (सं.) [वि.] तेज से युक्त; तेज वाला; तेजोमय।

सतोगुण (सं.) [सं-पु.] 1. प्रकृति के तीन गुणों में से एक 2. अच्छे कर्मों की ओर प्रवृत्त करने वाला गुण; सत्वगुण 3. विशुद्ध

होने का गुण।

सतोगुणी (सं.) [वि.] सत्वगुण वाला; उत्तम प्रकृति का; सात्विक।

सत्कर्ता (सं.) [वि.] 1. सत्कर्म करने वाला; अच्छा काम करने वाला 2. आदर-सत्कार करने वाला।

सत्कर्म (सं.) [सं-पु.] 1. अच्छा या शुभ काम; भलाई; सुकर्म 2. नेकी का काम; पुण्य कर्म 3. उपकार; सत्कार 4. वेदविहित कर्म 5. प्रायश्चित 6. अंत्येष्टि।

सत्कार (सं.) [सं-पु.] 1. आवभगत 2. आदर; सम्मान 3. अतिथि, अभ्यागत का सम्मान और सेवा 4. दान आदि देकर किया गया सम्मान।

सत्कारक (सं.) [वि.] आदर सम्मान या आवभगत करने वाला; ख़ातिरदारी करने वाला; सत्कर्ता।

सत्कारी (सं.) [वि.] आदर सम्मान या आवभगत करने वाला; ख़ातिरदारी करने वाला; सत्कारक।

सत्कार्य (सं.) [सं-पु.] अच्छा काम। [वि.] 1. सत्कार करने योग्य 2. जिसका सत्कार करना हो।

सत्कार्य-प्रिय (सं.) [वि.] अच्छे कर्म करने वाला; अच्छे कार्य करना जिसे प्रिय हो।

सत्कीर्ति (सं.) [सं-स्त्री.] 1. सुयश 2. प्रसिद्धि; उत्तम कीर्ति 3. नेकनामी।

सत्कुल (सं.) [सं-पु.] 1. ऊँचा या बड़ा ख़ानदान 2. उच्च कुल। [वि.] 1. कुलीन 2. जो अच्छे कुल में पैदा हुआ हो।

सत्कृत (सं.) [वि.] 1. अच्छी तरह किया हुआ 2. जिसका आदर-सत्कार किया गया हो 3. अच्छे व उचित कार्य करने वाला 4. अलंकृत; सजाया हुआ; बनाया हुआ। [सं-पु.] 1. सत्कर्म; अच्छा काम 2. शिव 3. आतिथ्य।

सत्कृति (सं.) [सं-स्त्री.] 1. सद्‌गुण; सदाचार 2. पुण्य कर्म; अच्छा काम। [वि.] सत्कर्मा।

सत्त (सं.) [सं-पु.] 1. किसी पदार्थ का सारतत्व 2. सारपूर्ण भाग 3. अर्क; रस; निचोड़ 4. मुख्यतत्व 5. ताकत; शक्ति; बल।

सत्तर [वि.] संख्या '70' का सूचक।

सत्ता (सं.) [सं-स्त्री.] 1. अस्तित्व; हस्ती 2. अधिकार; प्रभुत्त्व 3. प्रतिष्ठा के बल पर आज्ञा-पालन कराने की शक्ति और अधिकार 4. शासकीय अधिकार 5. सरकार; शासन।

सत्ताईस [वि.] संख्या '27' का सूचक।

सत्ताधारी (सं.) [सं-पु.] सत्ताप्राप्त अधिकारी; प्राधिकारी। [वि.] जिसके हाथ में सत्ता हो; सत्तावान।

सत्ताधिकारी (सं.) [सं-पु.] 1. शासन का अधिकार पाने वाला 2. सत्ता का अधिकारी।

सत्तापक्ष (सं.) [सं-पु.] सत्ता चलाने वाला पक्ष या दल।

सत्तापक्षीय (सं.) [वि.] 1. सत्ता पक्ष से संबंध रखने वाला 2. सत्ता पक्ष का।

सत्तारूढ़ (सं.) [वि.] जिसे सत्ता प्राप्त हो; सत्तासीन।

सत्तालोलुप (सं.) [वि.] किसी भी प्रकार से सत्ता प्राप्त करने की चाह रखने वाला।

सत्तावन [वि.] संख्या '57' का सूचक।

सत्तावाद (सं.) [सं-पु.] 1. वह मत जिसके अनुसार किसी सत्ताधारी की सारी बातें मान लेनी चाहिए 2. सत्ता या शासक वर्ग की सारी बातें बिना विरोध मानने का वाद।

सत्तू (सं.) [सं-पु.] भुने हुए चने, जौ आदि को पीस कर बनाया गया आटा या चूर्ण।

सत्पथ (सं.) [सं-पु.] 1. उत्तम मार्ग 2. सदाचार; अच्छी चाल-चलन 3. उत्तम संप्रदाय या सिद्धांत; अच्छा पंथ।

सत्य (सं.) [वि.] 1. सच 2. सत संबंधी; सत का 3. असल; वास्तविक 4. ईमान 5. खरा; विशुद्ध 6. यथार्थ। [सं-पु.] 1. यथार्थ और वास्तविक बात 2. न्यायसंगत बात 3. (पुराण) सात लोकों में सबसे ऊपर का लोक 4. सतयुग 5. ईश्वर।

सत्यंकार (सं.) [सं-पु.] 1. वचन को सत्य करना; वादा पूरा करना 2. वादा पूरा करने के लिए ज़मानत के तौर पर कुछ पेशगी देना 3. किसी निश्चित संविदा को सत्य ठहराना।

सत्यकाम (सं.) [वि.] 1. सत्य का प्रेमी; सत्यवादी 2. उत्तम बातों की कामना करने वाला; ईमानदार 3. सत्य का पालन करने वाला।

सत्यजित (सं.) [सं-पु.] 1. (पुराण) तीसवें मन्वंतर के एक इंद्र का नाम 2. एक दानव; एक यक्ष का नाम।

सत्यता (सं.) [सं-स्त्री.] 1. सत्य होने की अवस्था या भाव 2. सच्चाई 3. यथार्थ; वास्तविकता।

सत्यदेव (सं.) [सं-पु.] सत्यनारायण।

सत्यनारायण (सं.) [सं-पु.] 1. विष्णु नामक देवता का एक नाम 2. सत्यदेव। [वि.] 1. सत्य पर अडिग रहने वाला 2. सत्यव्रत।

सत्यनिष्ठ (सं.) [वि.] 1. सत्य पर निष्ठा रखने वाला 2. सत्य का प्रेमी 3. ईमानदार; न्यायप्रिय।

सत्यनिष्ठा (सं.) [सं-स्त्री.] 1. सत्यनिष्ठ होने की अवस्था या भाव 2. ईमानदारी; न्यायप्रियता।

सत्यमय (सं.) [वि.] सत्य से युक्त; जो सत्य हो।

सत्ययुग (सं.) [सं-पु.] पौराणिक काल गणना के अनुसार चार युगों में से पहला युग; कृतयुग।

सत्यलोक (सं.) [सं-पु.] पौराणिक मान्यताओं के अनुसार ऊपर के सात लोकों में से प्रथम लोक जहाँ ब्रह्मा रहते हैं।

सत्यवादिता (सं.) [सं-स्त्री.] 1. सदा सत्य बोलने के नियम का पालन करना 2. सत्यवादी होने का गुण या भाव।

सत्यवादी (सं.) [वि.] 1. जो हमेशा सत्य बोलता हो; सत्य कहने वाला 2. प्रतिज्ञा या दिए हुए वचन पर दृढ़ रहने वाला 3. स्पष्टवादी 4. धर्म पर दृढ़ रहने वाला।

सत्यवान (सं.) [वि.] सत्य का पालन व आचरण करने वाला।

सत्यव्रत (सं.) [सं-पु.] 1. सत्य बोलने की प्रतिज्ञा या नियम 2. धृतराष्ट्र के एक पुत्र का नाम 3. त्रेतायुग में सूर्यवंश के पच्चीसवें राजा 4. महादेव; शंकर।

सत्यव्रती (सं.) [वि.] सत्य बोलने का व्रत लेने वाला।

सत्यशील (सं.) [वि.] सत्य का पालन करने वाला; सच्चा; सत्यव्रती।

सत्यसंध (सं.) [वि.] सत्यप्रतिज्ञ; वचन को पूरा करने वाला।

[सं-पु.] 1. रामचंद्र का एक नाम 2. भरत का एक नाम 3. जनमेजय का एक नाम 4. स्कंद का एक अनुचर 5. धृतराष्ट्र का एक पुत्र।

सत्या (सं.) [सं-स्त्री.] 1. सच्चाई; सत्यता 2. दुर्गा का एक नाम 3. सीता का एक नाम 4. व्यास की माता सत्यवती 5. द्रौपदी का एक नाम 6. कृष्ण की पत्नी सत्यभामा 7. विष्णु की माता।

सत्यांश (सं.) [सं-पु.] 1. सत्य का अंश 2. सत्य का भाग या हिस्सा 3. सच का अंग।

सत्याग्रह (सं.) [सं-पु.] 1. सत्य का आग्रह 2. किसी सत्य या न्यायपूर्ण पक्ष के लिए किया गया शांति पूर्वक आग्रह 3. एक अहिंसात्मक आंदोलन जो किसी सत्ता या अधिकारी के अन्यायपूर्ण व्यवहार के ख़िलाफ किया जाता है।

सत्याग्रही (सं.) [सं-पु.] किसी व्यक्तिगत या सामाजिक उद्देश्य की पूर्ति के लिए सत्याग्रह आंदोलन करने वाला व्यक्ति। [वि.] 1. सत्याग्रह करने वाला 2. शांतिपूर्ण संघर्ष करने वाला; अहिंसक विरोध करने वाला।

सत्यानाश (सं.) [सं-पु.] सर्वनाश; विनाश; बरबादी; मटियामेट।

सत्यानाशी (सं.) [वि.] सर्वनाश करने वाला; चौपट करने वाला।

सत्यानृत (सं.) [सं-पु.] 1. सच और झूठ 2. बात या काम जो ऊपर से सच दिखता हो लेकिन वास्तव में झूठ हो; झूठ और सच दोनों तरह की बात 3. रोज़गार, व्यापार। [वि.] जिसमें झूठ और सच का मेल हो।

सत्यापक (सं.) [वि.] सत्यापित करने वाला; सत्य ठहराने वाला।

सत्यापन (सं.) [सं-पु.] 1. किसी बात या वस्तु की सच्चाई की पुष्टि करना; ठीक सिद्ध करना; प्रमाणीकरण 2. सत्य की जाँच-पड़ताल 3. सौदे की स्वीकृति 4. मिलान करके किसी चीज़ को प्रमाणित करना; सत्यप्रमाणन 5. किसी दस्तावेज़ या प्रमाणपत्र के ठीक होने पर हस्ताक्षर करना; अधिप्रमाणन 6. प्रमाण देकर किसी कथन की सच्चाई दिखाना 7. पुष्टिकरण; तसदीक 8. प्रयोग; साक्ष्य।

सत्यापित (सं.) [वि.] जिसकी सत्यता का परीक्षण हो चुका हो।

सत्र (सं.) [सं-पु.] 1. अधिवेशन; सभा 2. अध्ययन सत्र 3. एक नियमित क्रम में कुछ अवकाश के साथ चलने वाली बैठक या सभा 4. वह निश्चित समय या काल जिसमें कोई कार्य चलता रहता है, जैसे- संसद का शीतकालीन सत्र 5. निश्चित समय; कालावधि, जैसे- प्रथम सत्र।

सत्र-न्यायालय (सं.) [सं-पु.] किसी जिले या जनपद का वह न्यायालय जिसमें विशिष्ट गुरुतर अपराधों पर विचार होता है तथा निर्णय होने तक सुनवाई चलती है।

सत्रप (सं.) [वि.] 1. जो संकोच करता हो; लज्जाशील 2. विनम्र।

सत्रह [वि.] संख्या '17' का सूचक।

सत्रावसान (सं.) [सं-पु.] विधानमंडल आदि के किसी अधिवेशन का अनिश्चित काल तक स्थगन।

सत्रिक (सं.) [वि.] 1. सत्र से संबंधित; सत्र का 2. निर्धारित काल पर होते रहने वाला 3. किसी सत्र या नियत काल तक निरंतर होते रहने वाला।

सत्व (सं.) [सं-पु.] 1. अस्तित्व; सत्ता 2. सत्ता से युक्त होने का भाव 3. किसी पदार्थ से निकाला गया सारतत्व; सत्त; रस; अर्क 4. चित्त या मन की प्रवृत्ति 5. पदार्थ की ख़ासियत, विशिष्टता या गुण 6. प्राणतत्व; चैतन्य; जीवनी-शक्ति 7. शक्ति; स्फूर्ति 8. मन की धीरता; दृढ़ता।

सत्वगुण (सं.) [सं-पु.] 1. सत्व अर्थात अच्छे कर्मों की ओर मोड़ने वाला गुण 2. तीनों गुणों (सतोगुण, तमोगुण, रजोगुण) में से श्रेष्ठ गुण।

सत्वर (सं.) [वि.] 1. शीघ्र; जल्द; त्वरापूर्वक 2. झटपट; तुरंत 3. तेज़ गति से।

सत्वस्थ (सं.) [वि.] 1. अपनी प्रकृति में स्थित; दृढ़ 2. धैर्यवान; अविचलित 3. बलवान 4. प्राणवान; जीवनी-शक्ति वाला।

सत्वस्य (सं.) [वि.] परम सत्य की अनुभूति होने के उपरांत आनंदमग्न व्यक्ति।

सत्संग (सं.) [सं-पु.] 1. भली संगत, साधुओं या सज्जनों के साथ उठना-बैठना 2. अच्छा साथ; अच्छी सोहबत 3. संत-महात्माओं का साथ और धार्मिक चर्चा या वार्ता 4. वह जनसमूह या समाज जिसमें निरंतर कथा-वार्ता और राम-नाम आदि का पाठ हो।

सत्संगी (सं.) [वि.] 1. भली संगत, साधुओं या सज्जनों के साथ उठने-बैठने वाला 2. धार्मिक समाज या आयोजनों में जाने वाला 3. धार्मिक या आध्यात्मिक आयोजन करने वाला 4. सभी से मेल-जोल रखने वाला 5. धार्मिक प्रवृत्ति वाला।

सदका (अ.) [सं-पु.] 1. ईश्वर के नाम दरिद्रों को दी जाने वाली वस्तु; ख़ैरात 2. चढ़ावा; दान 3. वह चीज़ जो वारकर किसी को दी जाए; निछावर; वारफेर; उतारा 4. नज़र या रोग आदि के निवारण के लिए टोने-टोटके के रूप में किसी के सिर से उतार कर दी जाने वाली या कहीं चौराहे पर रख दी जाने वाली वस्तु 5. अनुग्रह; प्रसाद।

सदन (सं.) [सं-पु.] 1. घर; आवास; निवास-स्थान 2. मकान 3. प्राणियों का आश्रय 4. सभा, लोकसभा, राज्यसभा आदि का भवन 5. यज्ञ-मंडप 6. विराम; ठहराव।

सदफ़ (अ.) [सं-स्त्री.] 1. वह सीपी जिसमें से मोती निकलता है 2. सीप।

सदमा (अ.) [सं-पु.] 1. आघात; चोट; धक्का 2. मानसिक दुख; आघात 3. किसी के मरने का भारी शोक 4. बड़ी हानि।

सदय (सं.) [वि.] दयावान; दयालु; दयापूर्ण।

सदर (अ.) [सं-पु.] 1. सामने का भाग 2. छाती 3. सहन; आँगन 4. मुख्य; प्रधान 5. वह स्थान जहाँ किसी विभाग का मुख्यालय हो; केंद्रस्थल 6. प्रधान व्यक्ति या सभापति के बैठने या रहने का स्थान 7. लश्कर; छावनी। [वि.] 1. विशिष्ट; ख़ास 2. श्रेष्ठ; बड़ा 3. प्रधान; सभापति 4. सत्ताधारी।

सदर-आज़म (अ.) [सं-पु.] 1. प्रधानमंत्री; वज़ीरे-आज़म 2. अमात्य 3. प्रधान जज।

सदर-आला (अ.) [सं-पु.] दीवानी अदालत में जज से छोटा अधिकारी।

सदर-जहान (अ.+फ़ा.) [सं-पु.] वह कल्पित जिन्न या प्रेत जिसकी मुस्लिम समाज की स्त्रियों द्वारा पूजा की जाती है।

सदर-नशीन (अ.+फ़ा.) [सं-पु.] सभापति; प्रधान; मुखिया। [वि.] गद्दी पर बैठने वाला।

सदर दरवाजा [सं-पु.] खास दरवाजा; सामने का द्वार; पौर द्वार।

सदरी (अ.) [सं-स्त्री.] 1. वह कुरती जिसमें आस्तीन नहीं होती है 2. बिना आस्तीन की मिरजई; फतुही। [वि.] 1. छाती या सीने का 2. सीने में छिपा हुआ।

सदस्य (सं.) [सं-पु.] 1. किसी समाज या संस्था से संबंध रखने वाला व्यक्ति; समाज या संस्था में सम्मिलित व्यक्ति 2. विधिदर्शी 3. प्राचीन समय में यज्ञ का विधान देखने वाला व्यक्ति 4. सभासद; पंच 5. पार्षद; (मेंबर)।

सदस्यता (सं.) [सं-स्त्री.] 1. किसी संगठन या संस्था का सदस्य या अंग होने की अवस्था या भाव 2. किसी पत्र या पत्रिका का ग्राहक या पाठक होने की अवस्था।

सदा-सुहागिन (सं.) [वि.] (आशीर्वादसूचक शब्द) जो आजीवन सौभाग्यवती रहे; जो कभी विधवा न हो। [सं-स्त्री.] 1. सिंदूरपुष्पी का पौधा 2. एक प्रकार के मुसलमान फ़कीर जो स्त्रियों के वेश में घूमते हैं।

सदा[1] (सं.) [अव्य.] 1. हमेशा; नित्य; शाश्वत 2. हर समय; निरंतर; अविराम; लगातार 3. किसी भी स्थिति में।

सदा[2] (अ.) [सं-स्त्री.] 1. पुकार; आवाहन; रट 2. ध्वनि; शब्द; आवाज़; प्रतिध्वनि 3. अज़ान 4. याचना; फ़रियाद 5. आहट 6. संगीत में कोई मधुर स्वर लहरी 7. माँगने की आवाज़।

सदाक़त (अ.) [सं-स्त्री.] 1. सत्यता; सच्चाई; खरापन 2. गवाही 3. तसदीक।

सदागति (सं.) [सं-पु.] 1. वह जो सदा गतिशील या प्रवाहशील रहता हो 2. वायु; पवन 3. शारीरिक वात 4. सूर्य 5. विभु; ब्रह्म 6. चरम सुख; निर्वाण; मोक्ष। [वि.] सदा चलते रहने वाला।

सदाचरण (सं.) [सं-पु.] 1. अच्छा व्यवहार या चालचलन; सादगीपूर्ण बरताव 2. सात्विक व्यवहार; सदाचार 3. उत्तम व्यवहार; सद्व्यवहार।

सदाचार (सं.) [सं-पु.] 1. अच्छा और शुभ आचरण 2. उत्तम व्यवहार 3. अच्छा चाल-चलन 4. शिष्ट व्यवहार।

सदाचारिता (सं.) [सं-स्त्री.] सदाचारी होने का भाव।

सदाचारी (सं.) [वि.] 1. अच्छे चरित्र या आचरण वाला पुरुष; सच्चरित्र; चरित्रवान 2. अच्छे चाल चलन का आदमी; सद्वृत्तिशील 3. धर्मात्मा; पुण्यात्मा।

सदात्मा (सं.) [वि.] 1. अच्छे स्वभाव का 2. सज्जन 3. नेक, ईमानदार 4. छलहीन; उच्चाशय।

सदानंद (सं.) [वि.] 1. सदैव आनंद में रहने वाला 2. सदैव ख़ुशी या आनंद प्रदान करने वाला। [सं-पु.] सदैव रहने वाला आनंद; परम सुख।

सदापर्णी (सं.) [वि.] सदा हरा रहने वाला; सदाहरित; सदाबहार।

सदाफल (सं.) [सं-पु.] 1. गूलर; ऊमर 2. श्रीफल; बेल; बिल्व 3. नारियल 4. कटहल 5. एक प्रकार का बड़ा नीबू; चकोतरा। [वि.] जिसमें प्रत्येक ऋतु में फल लगता हो; सदा फलता रहने वाला।

सदाबहार (सं.+फ़ा.) [वि.] 1. सदा हरा-भरा रहने वाला 2. सदाहरित 3. जिसमें हमेशा फूल लगते रहते हों।

सदारत (अ.) [सं-पु.] 1. सदर या प्रधान होने का भाव या पद 2. सभापतित्व।

सदावर्त (सं.) [सं-पु.] 1. लिए गए व्रत के अनुसार गरीबों में एक निश्चित समय सीमा तक प्रतिदिन भोजन और अन्य ज़रूरी वस्तुएँ बाँटने का कार्य या नियम; रोज़ की ख़ैरात 2. वह अन्न, भोजन, वस्त्र आदि जो सदावर्त के दौरान नियम से नित्य गरीबों को बाँटा जाए; ख़ैरात 3. नित्य दिया जाने वाला दान।

सदाशय (सं.) [वि.] 1. जिसका भाव उदार और श्रेष्ठ हो; ऊँचे विचारवाला; भलामानस; सज्जन; उच्चाशय 2. निःस्वार्थ। [सं-पु.] अच्छे आशय वाला व्यक्ति।

सदाशयता (सं.) [सं-स्त्री.] उत्तम विचारों वाला होने का गुण; सदाशय होने की अवस्था, गुण या भाव; उदारता; सज्जनता; भलमनसाहत।

सदाशिव (सं.) [वि.] दयालु; कल्याण करने वाला। [सं-पु.] शिव का एक नाम।

सदिच्छा (सं.) [सं-स्त्री.] सद्भाव से प्रेरित इच्छा; शुभेच्छा।

सदिश (सं.) [सं-पु.] (भौतिक विज्ञान) ऐसी राशियाँ जिनमें परिमाण और दिशा दोनों विद्यमान हों जैसे- बल, वेग आदि।

सदी (अ.) [सं-स्त्री.] सौ वर्ष का समय; शताब्दी; शती; (सेंचुरी), जैसे- बीसवीं सदी (1901-2000 सन्)।

सदुपदेश (सं.) [सं-पु.] अच्छा उपदेश, उत्तम शिक्षा; अच्छी सलाह; सुपरामर्श; सत्परामर्श।

सदुपयोग (सं.) [सं-पु.] किसी चीज़ का उचित इस्तेमाल; ठीक कार्य में किया गया औचित्यपूर्ण उपयोग।

सदृश (सं.) [वि.] रंग-रूप, आकार-प्रकार में समान; के अनुरूप; के समान।

सदेह (सं.) [वि.] 1. देहयुक्त; सशरीर 2. प्रत्यक्ष; मूर्तिमान। [क्रि.वि.] शरीर सहित या बिना शरीर त्यागे।

सदैव (सं.) [अव्य.] हमेशा; सदा; सर्वदा; हरदम।

सदोष (सं.) [वि.] 1. जिसने दोष या अपराध किया हो; दोषी; अपराधी 2. जिसमें कोई कमी, खोट या दोष हो।

सद्गति (सं.) [सं-स्त्री.] 1. उत्तम गति; अच्छी अवस्था; भली हालत 2. मरणोपरांत मिलने वाली मुक्ति या मोक्ष 3. हवा; पवन 4. सूर्य [वि.] सदा गतिशील।

सद्गुण (सं.) [सं-पु.] अच्छा गुण; अच्छाई; सदाचार।

सद्गुरु (सं.) [सं-पु.] 1. श्रेष्ठ और अच्छा गुरु 2. धार्मिक क्षेत्र में, साधना का मार्ग बताने वाला गुरु 3. धर्मगुरु।

सद्ज्ञान (सं.) [सं-पु.] 1. ऐसा ज्ञान जो मानव कल्याण के लिए प्रेरित करे 2. सच्चा ज्ञान 3. विज्ञान; तार्किकता 4. संकुचित सोच से मुक्त होने का ज्ञान।

सद्धर्म (सं.) [सं-पु.] उत्तम धर्म; उत्तम कर्म मानवता के लिहाज़ से जो करणीय हो ऐसा कर्तव्य।

सद्बुद्धि (सं.) [सं-स्त्री.] 1. ऐसी बुद्धि जो सबके लिए कल्याण

की कामना करती हो; वह बुद्धि जो सबके हित की बात सोचती हो 2. बुद्धिमता; समझदारी 3. तार्किकता; वैज्ञानिकता 4. सदाचारिता; समाज कल्याण भावना।

सद्भाव (सं.) [सं-पु.] 1. शुभ और अच्छा भाव; हित की भावना 2. दो पक्षों में मैत्रीपूर्ण स्थिति; मेल-जोल 3. छल-कपट, द्वेष आदि से रहित भाव या विचार।

सद्भावना (सं.) [सं-स्त्री.] 1. मंगल और शुभ भावना 2. किसी के हित की कामना; सहानुभूति 3. मित्रता; प्रेम; वात्सल्य 4. कपट रहित विचार; (गुडविल)।

सद्म (सं.) [सं-पु.] 1. रुकने, ठहरने या रहने का स्थान; घर; मकान 2. मंदिर; देवालय 3. धरती; गगन।

सद्य (सं.) [अव्य.] 1. आज ही 2. इसी समय; अभी 3. तुरंत; शीघ्र; झट; तत्काल। [सं-पु.] शिव का एक नाम।

सद्यःपाक (सं.) [वि.] जिसका फल तुरंत मिले; जिसके परिणाम में विलंब न हो। [सं-पु.] रात के चौथे पहर का स्वप्न।

सद्यःप्रसूत (सं.) [वि.] तुरंत का उत्पन्न।

सद्यःप्रसूता (सं.) [वि.] जिसने अभी या कुछ समय पहले बच्चा प्रसव किया हो।

सद्रूप (सं.) [वि.] 1. सुंदर शरीरवाला; सुडौल आकार वाला 2. अच्छे आचरणवाला; सदाचारी; सज्जन।

सद्वृत्त (सं.) [वि.] 1. सदाचारी; शिष्ट 2. सुंदर वर्तुलाकार; सुंदर घेरेदार; जिसका घेरा सुंदर और वर्तुल हो।

सद्वृत्ति (सं.) [सं-स्त्री.] भले और कल्याणकर कार्यों में नियोजित वृत्ति; शुभ और उत्तम वृत्ति; शोभनीय आचार; सदाचार; सद्व्यवहार।

सधना (सं.) [क्रि-अ.] 1. किसी कार्य या बात का पूरा होना; सिद्ध होना 2. उद्देश्य पूरा होना; काम पूरा होना 3. काम या मतलब निकलना 4. अभ्यस्त होना 5. निशाना ठीक होना; लक्ष्य पर एकदम सही लगना।

सधर (सं.) [सं-पु.] ऊपरी होंठ।

सधर्मी (सं.) [वि.] 1. समान धर्म का अनुयायी; समान धर्म को मानने वाला 2. समान गुणों से युक्त।

सधवा (सं.) [सं-स्त्री.] वह स्त्री जिसका पति जीवित हो; सौभाग्यवती; सुहागिन।

सधाना [क्रि-स.] 1. साधने का काम किसी अन्य से कराना; दूसरे को साधने में प्रवृत्त करना; किसी अन्य से अपना उद्देश्य पूर्ण करना 2. जंगली पशु-पक्षियों को अपने पास या साथ रखकर पालतू बनाना और उन्हें विशिष्ट प्रकार के आचरण सिखाना।

सधुक्कड़ी [वि.] साधुओं का-सा या साधुओं की तरह का, जैसे- सधुक्कड़ी भाषा या कविता।

सधेरा [सं-पु.] बड़ी मछलियों को फँसाने के लिए बड़े खानों वाला जाल।

सन-पाट [सं-पु.] रस्सी के काम आने वाली फसल।

सन[1] (सं.) [सं-पु.] 1. एक पौधा जिसके रेशे से टाट, रस्सी, बोरे आदि बनाए जाते हैं 2. ब्रह्मा के चार मानस पुत्रों में से एक मानस-पुत्र।

सन[2] (अ.) [सं-पु.] 1. साल; वर्ष 2. संवत्सर 3. गणना में कोई विशिष्ट वर्ष, जैसे- हिजरी सन्, ईसवी सन्।

सनई [सं-स्त्री.] 1. जूट की जाति का एक प्रकार का छोटा पौधा; सन 2. सनई के पौधे का रेशा; श्वेतपुष्पा।

सनक [सं-स्त्री.] 1. पागलों की-सी प्रवृत्ति, धुन या आचरण; झक 2. जुनून। [सं-पु.] ब्रह्मा के चार मानस पुत्रों में से एक। [मु.] **-सवार होना** : किसी काम या बात की धुन चढ़ना।

सनकना [क्रि-अ.] 1. पागल या उन्मत्त हो जाना; पगलाना; झक्की हो जाना 2. वेग से हवा में जाना या फेंका जाना।

सनकी [वि.] सनक से भरा; जिसे किसी प्रकार की सनक या धुन हो; ख़ब्ती; धुनी; झक्की।

सनत्कुमार (सं.) [सं-पु.] 1. (पुराण) ब्रह्मा के चार मानस पुत्रों में से एक; वैधात्र 2. जैनों के बारह सार्वभौमों या चक्रवर्तियों में से एक 3. जैनों के अनुसार तीसरे स्वर्ग का नाम 4. सदैव युवावस्था में रहने वाला तपस्वी।

सनद (अ.) [सं-स्त्री.] 1. ऐसी चीज़ या बात जिसपर भरोसा किया जाए; सबूत; प्रमाण 2. प्रामाणिक कथन 3. प्रमाणपत्र 4. उपाधि; डिग्री।

सनदयाफ़्ता (अ.+फ़ा.) [वि.] 1. जिसे सनद मिली हो 2. प्रमाणपत्र प्राप्त 3. पंजीकृत।

सनना (सं.) [क्रि-अ.] 1. जल आदि किसी तरल पदार्थ के योग से किसी चूर्ण (आटा, बेसन आदि) का गूँथा जाना 2. गीली वस्तु के साथ मिलना; आप्लावित होना; ओतप्रोत होना 3. एक में मिलना; एकाकार होना।

सनम (अ.) [सं-पु.] प्रियतम; प्रेमी; प्रेयसी; माशूक।

सनसनाना [क्रि-अ.] 1. हवा के झोंके से निकलने या जाने वाला शब्द 2. खौलते हुए पानी का शब्द 3. हवा बहने का शब्द।

सनसनाहट [सं-स्त्री.] 1. 'सन-सन' होने की क्रिया या भाव; झुनझुनी 2. हवा चलने से उत्पन्न आवाज़ 3. नए घड़े में पानी भरने से पैदा होने वाली सन-सन की आवाज़ 4. पानी उबलने पर होने वाली सन-सन की ध्वनि।

सनसनी [सं-स्त्री.] 1. सनसनाहट; झुनझुनी 2. किसी घटना के कारण फैलने वाली उत्तेजना या घबराहट; खलबली 3. कंपन; रोमांच; आतंक 4. भय और आश्चर्य से उत्पन्न होने वाली स्तब्धता; सन्नाटा।

सनसनीखेज़ (हिं.+फ़ा.) [वि.] 1. सनसनी उत्पन्न करने वाला 2. घबराहट पैदा करने वाला; भय उत्पन्न करने वाला 3. उत्तेजनापूर्ण; उद्वेगपूर्ण 4. आश्चर्यजनक 5. रोमांचक।

सनहाना [सं-पु.] एक प्रकार का नाँद या बड़ा बरतन जिसमें रखे खटाई मिले जल धोने के पूर्व फूलने के लिए डाले जाते हैं।

सनाढ्य (सं.) [सं-पु.] ब्राह्मणों की एक शाखा जो गौड़ों के अंतर्गत होती है।

सनातन (सं.) [सं-पु.] 1. अत्यंत प्राचीन काल 2. बहुत दिनों से चला आया हुआ क्रम, व्यवहार या परंपरा। [वि.] 1. बहुत दिनों से चला आया हुआ 2. जो परंपरा के अनुसार आचार-विचार आदि में निष्ठा रखता हो; परंपरानिष्ठ 3. सदा बना रहने

वाला; नित्य; शाश्वत; चिरंतन 4. निश्चल; स्थिर 5. अनंत; अनादि।

सनातन धर्म (सं.) [सं-पु.] 1. पुराना धर्म या परंपरागत धर्म 2. वर्तमान हिंदू धर्म जिसके संबंध में उसके अनुयायियों का विश्वास है कि यह बहुत प्राचीन काल से चला आ रहा है तथा विभिन्न देवी-देवताओं की पूजा-उपासना, मूर्तिपूजा, पुराण, तंत्र, तीर्थ, श्राद्ध तथा तर्पण आदि इसके प्रमुख अंग हैं; पारंपरिक हिंदू धर्म।

सनातनी (सं.) [वि.] 1. सनातन धर्म से संबंधित 2. परंपरा से आया हुआ 3. प्राचीन; सनातन 4. सनातन धर्मावलंबियों में प्रचलित। [सं-पु.] सनातन धर्म का अनुयायी या समर्थक। [सं-स्त्री.] पौराणिक देवियाँ- लक्ष्मी, दुर्गा तथा सरस्वती।

सनाथ (सं.) [वि.] 1. जिसका कोई स्वामी हो 2. जिसकी कोई रक्षा करने वाला हो; जिसके अभिभावक या माता-पिता हों।

सनाय (अ.) [सं-स्त्री.] एक वनस्पति जिसकी पत्तियाँ रेचक या दस्तावर होती हैं; सोनामुखी।

सनीचर (सं.) [सं-पु.] 1. शनि नामक ग्रह; शनैश्चर 2. (ज्योतिष) एक देवता 3. शनिवार 4. {ला-अ.} जिसके आने से कार्य में व्यवधान उत्पन्न होता हो।

सन्न [वि.] 1. संज्ञाशून्य; जड़; संवेदनारहित 2. स्तंभित; स्तब्ध; भौचक्का 3. निरुत्तर; चुप; मौन 4. निशक्त; बैठा हुआ। [सं-पु.] चिरौंजी का वृक्ष; पियाल वृक्ष।

सन्नत (सं.) [वि.] 1. झुका हुआ; नत 2. नीचे आया हुआ 3. खिन्न। [सं-पु.] (पुराण) राम की सेना का एक बंदर।

सन्नद्ध (सं.) [वि.] 1. बँधा हुआ; कसा या जकड़ा हुआ 2. कवच आदि बाँधकर युद्ध हेतु तैयार 3. आमादा; उद्यत 4. पास का; समीप का।

सन्नद्धता (सं.) [सं-स्त्री.] 1. तत्पर या सन्नद्ध होने की अवस्था, क्रिया या भाव; तत्परता 2. मुस्तैदी; आमादगी।

सन्नयन (सं.) [सं-पु.] 1. निकट ले आना; समीप लाना 2. संबद्ध करने की क्रिया।

सन्नाटा (सं.) [सं-पु.] 1. ऐसा वातावरण जिसमें कोई शब्द या ध्वनि न हो; नीरवता; निःशब्दता; स्तब्धता 2. मौन; चुप्पी 3. निर्जनता; एकांतता।

सन्नाह (सं.) [सं-पु.] 1. लोहे आदि का बना वह आवरण जो लड़ाई के समय हथियारों से योद्धा को सुरक्षा प्रदान करता है; कवच; अंगरक्षी; बख़्तर; अंगत्राण 2. युद्ध जैसी सज्जा 3. उद्योग; प्रयत्न।

सन्निकट (सं.) [अव्य.] 1. निकट; नज़दीक; समीप 2. बहुत पास।

सन्निकर्ष (सं.) [सं-पु.] 1. नाता; रिश्ता 2. संबंध; लगाव 3. सामीप्य; समीपता 4. (न्याय दर्शन) इंद्रियों का विषयों के साथ संबंध 5. निकट खींचना; समीप लाना।

सन्निधाता (सं.) [सं-पु.] 1. वह जो एकत्र या जमा करता हो 2. वह जो अपनी निगरानी में रखे 3. प्राचीन भारत में वह अधिकारी जो लोगों को न्यायपीठ के समक्ष सविवरण उपस्थित करता था 4. प्राचीन भारत में राजकोष का प्रधान अधिकारी।

सन्निधान (सं.) [सं-पु.] 1. वह अवस्था जिसमें दो या दो से अधिक चीज़ें साथ-साथ या आमने-सामने रहती हों 2. निकटता; समीपता 3. स्थापित करना; स्थापन 4. किसी वस्तु के रखने का स्थान 5. वह स्थान जहाँ धन एकत्र किया जाए; निधि 6. ग्रहण करना; भार लेना 7. पड़ोस।

सन्निधि (सं.) [सं-स्त्री.] 1. आमने सामने की स्थिति; सन्निधान 2. समीपता; निकटता 3. पड़ोस।

सन्निपात (सं.) [सं-पु.] 1. नीचे आना, गिरना या उतरना 2. जुड़ना; मिलना 3. भिड़ना; टकराना 4. घटनाओं का एक साथ घटित होना 5. एक प्रकार का ज्वर जिसमें कफ़, पित्त और वात तीनों बिगड़ जाते हैं; त्रिदोष; सरसाम।

सन्निपाती (सं.) [वि.] 1. सन्निपात के रूप में होने वाला; सामवायिक 2. आक्रामक; आघातक 3. समान; समकालीन।

सन्निविष्ट (सं.) [वि.] 1. एक साथ बैठा या मिला हुआ 2. जमा हुआ; रखा हुआ 3. स्थापित; प्रतिष्ठित 4. लगा हुआ; जड़ा हुआ 5. अँटा हुआ; आया हुआ 6. समाया हुआ; प्रविष्ट 7. जिसने शिविर या पड़ाव डाला हो 8. किसी के बीच में जोड़ा, बढ़ाया या लगाया हुआ; पास का।

सन्निवेश (सं.) [सं-पु.] 1. एक साथ बैठने की अवस्था 2. जमना; स्थित होना; बैठना 3. लगाना; जड़ना; बैठाना 4. अँटना; भीतर आना; समाना 5. आसन; बैठकी 6. रहने की जगह; निवास; घर 7. पुर या ग्राम के लोगों के एकत्र होने का स्थान; चौपाल 8. एकत्र होना; जुटना 9. समूह; समाज 10. योजना; व्यवस्था 11. स्तंभ, मूर्ति आदि की स्थापना 12. संचय; समुच्चय 13. डेरा डालना; शिविर स्थापित करना।

सन्निवेशन (सं.) [सं-पु.] 1. प्रवेश करना या कराना 2. एक साथ बैठना; एकत्र होना या करना 3. सजाना; जमाना; बैठाना; लगाना; जड़ना 4. टिकाना; ठहराना; अड़ाना 5. स्थापित करना 6. वास; निवास 7. विधान; व्यवस्था।

सन्निहित (सं.) [वि.] 1. समीपस्थ, निकट या साथ का; पड़ोस का 2. साथ या पास रखा हुआ; ठहरा हुआ; स्थित 3. आसन्न; उपस्थित 4. ठहराया या टिकाया हुआ; जमाया हुआ।

सन्मन (सं.) [सं-पु.] जो मन सद्भाव पूर्ण हो; शुद्ध मन। [वि.] अच्छा; सच्चे मनवाला।

सन्मार्ग (सं.) [सं-पु.] उत्तम मार्ग; सत्पथ; सुमार्ग; कल्याणकारी मार्ग।

सन्मुख (सं.) [अव्य.] सम्मुख; सामने; समक्ष। [सं-पु.] अच्छा या सुंदर मुख।

सपंक (सं.) [वि.] 1. कीचड़ से भरा हुआ 2. जिसे पार करना बहुत कठिन हो; बीहड़; विकट।

सपकना [क्रि-स.] द्रव पदार्थ पीना।

सपटा [सं-पु.] 1. सफ़ेद कचनार 2. एक प्रकार का टाट 3. मूँज की बनी पेटारी।

सपड़ी [सं-स्त्री.] अमरूद।

सपत्नी (सं.) [सं-स्त्री.] किसी स्त्री के पति की दूसरी पत्नी; सौत; सौतन।

सपत्नीक (सं.) [वि.] जो अपनी पत्नी के साथ हो; पत्नीसहित;

सभार्या।

सपना (सं.) [सं-पु.] 1. नींद की स्थिति में दिखाई देने वाला दृश्य, बात या घटना 2. स्वप्न; ख़्वाब 3. {ला-अ.} कामना; साध 4. {ला-अ.} झूठी आशा; कल्पना। [मु.] **सपने देखना** : कल्पनाएँ करना। **सपने पालना** : आशाएँ सँजोना।

सपरदाई (सं.) [सं-पु.] नाचने-गाने वाली तवायफ़ के साथ तबला, सारंगी आदि वाद्ययंत्र बजाने वाला व्यक्ति; समाजी; साज़िंदा।

सपरना [क्रि-अ.] 1. किसी काम का पूरा होना; समाप्त होना; निबटना 2. काम का किया जा सकना; हो सकना 3. संबंध, व्यवहार आदि का ठीक तरह से चलते रहना; निभना; चलना 4. स्नान करना।

सपराना [क्रि-स.] काम पूरा करना; निबटाना; पार लगाना; समाप्त करना।

सपरिवार (सं.) [वि.] परिवार के समस्त सदस्यों के साथ; परिवारयुक्त; बीवी-बच्चों के साथ।

सपाट (सं.) [वि.] 1. जिसकी सतह बराबर या समतल हो 2. जिसमें कोई उभार न हो 3. (खेत या मैदान) जो क्षितिज में दूर तक चला गया हो; क्षैतिज; (हॉरिजेंटल) 4. {ला-अ.} जिसमें विविधता या रोचकता न हो; अरोचक 5. {ला-अ.} जिसमें गहरा भाव या व्यंजना न हो।

सपाटा [सं-पु.] 1. चलने या दौड़ने का वेग 2. तेज़ गति; दौड़ 3. झोंका; तेज़ी 4. झपट 5. थप्पड़; तमाचा।

सपाटू [सं-पु.] 1. एक तरह का मीठा फल; चीकू 2. उक्त फल का वृक्ष।

सपाद (सं.) [वि.] 1. चरण सहित 2. पूर्ण के साथ चतुर्थांशयुक्त; सवाया।

सपिंड (सं.) [सं-पु.] हिंदू धर्मशास्त्रों के अनुसार एक ही कुल या ख़ानदान के वे लोग जो एक ही पितरों का पिंडदान करते हैं।

सपिंडी (सं.) [सं-स्त्री.] मृतक के निमित्त वह श्राद्ध कर्म जिसमें उसे अन्य पितरों या परिवार के मृत प्राणियों में सम्मिलित किया जाता है।

सपुरा [सं-पु.] पान की पाँत।

सपूत (सं.) [सं-पु.] गुणवान और योग्य पुत्र; अच्छा पुत्र; लायक बेटा; होनहार बेटा।

सप्त (सं.) [वि.] छह से एक अधिक; सात।

सप्तक (सं.) [सं-पु.] 1. जिसमें सात वस्तुएँ हों; एक ही तरह की सात वस्तुओं, कृतियों आदि का संग्रह 2. संगीत में सात स्वरों- षड्ज, ऋषभ, गांधार, मध्यम, पंचम, धैवत तथा निषाद का समूह।

सप्तद्वीप (सं.) [सं-पु.] (पुराण) पृथ्वी के सात बड़े और मुख्य विभाग या खंड- जम्बू, कुश, प्लक्ष, कौंच, शाल्मलि, शाक और पुष्कर द्वीप।

सप्तपदी (सं.) [सं-स्त्री.] विवाह की एक रीति जिसमें वर और वधू अग्नि के चारों ओर सात परिक्रमाएँ करते हैं जिनसे विवाह पक्का हो जाता है; भाँवर; भँवरी।

सप्तभुज (सं.) [सं-पु.] वह जिसकी सात भुजाएँ हों; सप्तकोण।

सप्तम (सं.) [वि.] क्रम में छह के बाद सातवाँ।

सप्तमी (सं.) [सं-स्त्री.] 1. चांद्र मास के किसी पक्ष की सातवीं तिथि 2. (व्याकरण) अधिकरण कारक की विभक्ति।

सप्तरंगी (सं.) [वि.] 1. सात रंगों वाला; सतरंगी 2. इंद्रधनुष।

सप्तर्षि (सं.) [सं-पु.] 1. आकाश में सात तारों का समूह 2. 'शतपथ ब्राह्मण' के अनुसार सात ऋषियों (गौतम, भारद्वाज, विश्वामित्र, जमदग्नि, वसिष्ठ, कश्यप और अत्रि) का समूह या मंडल 3. 'महाभारत' के अनुसार सात ऋषियों (मरिचि, अत्रि, अंगिरा, पुलह, क्रतु, पुलस्त्य और वसिष्ठ) का समूह या मंडल।

सप्तलोक (सं.) [सं-पु.] (पुराण) सात लोक- भूलोक, भुवर्लोक, स्वलोक, महर्लोक, जनलोक, तपोलोक और सत्यलोक।

सप्तशती (सं.) [सं-स्त्री.] सात सौ छंदों का समूह विशेषकर; सतसई।

सप्तसिंधु (सं.) [सं-पु.] 1. प्राचीन आर्यावर्त की सात प्रसिद्ध नदियाँ- सिंधु, परुष्णी, शतुद्री, वितस्ता, सरस्वती, यमुना और गंगा 2. (पुराण) सात समुद्र- लवण, इक्षु, दधि, दुग्ध, मधु, मदिरा और घृत।

सप्ताह (सं.) [सं-पु.] 1. सात दिनों का समय; सात दिन 2. सोमवार से रविवार तक के दिन; हफ़्ता 3. भागवत आदि की पूरी कथा सात दिन के अंदर पूरी करना।

सप्ताहांत (सं.) [सं-पु.] सप्ताह का अंतिम भाग; शनिवार का आधा और रविवार का पूरा दिन।

सप्रतिबंध (सं.) [वि.] सशर्त; शर्तबंद; सोपाधिक।

सप्रयास (सं.) [क्रि.वि.] प्रयास करते हुए; प्रयत्नपूर्वक।

सप्रश्न (सं.) [वि.] प्रश्नयुक्त; प्रश्न के साथ; सवाल सहित।

सप्राण (सं.) [वि.] 1. प्राणों से युक्त; श्वासयुक्त 2. जीवंत; जीवित 3. बलिष्ठ 4. सक्रिय; उत्साही।

सप्रेम (सं.) [वि.] प्रेम भावना के साथ; प्रेम सहित।

सप्लाई (अं.) [सं-स्त्री.] 1. आपूर्ति; पूर्ति 2. सामग्री।

सप्लायर (अं.) [सं-पु.] 1. वस्तु या माल की आपूर्ति करने वाला व्यक्ति; आपूर्तिकर्ता; संभरक 2. विक्रेता; वितरक 3. उपलब्ध कराने वाला व्यक्ति 4. रसद या ज़रूरत का सामान देने वाला व्यक्ति या विभाग।

सप्लीमेंट (अं.) [वि.] 1. अतिरिक्त 2. परिपूरक; अनुपूरक; पूरक। [सं-पु.] (पत्रकारिता) समाचार पत्र-पत्रिकाओं में नियमित पृष्ठ संख्या से अतिरिक्त लगाए जाने वाले पृष्ठ; विशेष अवसरों पर प्रस्तुत सामग्री वाले अतिरिक्त पृष्ठ।

सप्लीमेंटरी (अं.) [वि.] 1. पूरक; न्यूनता पूरक 2. अतिरिक्त 3. अधिक।

सफ़ (अ.) [सं-स्त्री.] 1. पंक्ति; कतार 2. नमाज़ पढ़ने वालों की पाँत।

सफ़दर (अ.+फ़ा.) [सं-पु.] 1. वीर योद्धा 2. हज़रत अली की पदवी; अली 3. आम की एक किस्म। [वि.] सैनिकों की सफ़ों या कतारों को तोड़ने वाला।

सफ़र (अ.) [सं-पु.] 1. यात्रा 2. रवानगी; कूच; प्रस्थान 3. यात्रा

के समय तय की जाने वाली दूरी 4. हिजरी सन का दूसरा महीना।

सफ़रनामा (अ.+फ़ा.) [सं-पु.] यात्रा का वर्णन; भ्रमणवृत्तांत; यात्रा-विवरण।

सफ़रमैना (अ.) [सं-पु.] सेना के वे सिपाही जो सुरंग लगाने तथा खाई आदि खोदने के लिए सेना के आगे चलते हैं।

सफ़री (फ़ा.) [वि.] 1. सफ़र संबंधी 2. सफ़र में काम आने वाला। [सं-पु.] 1. यात्री; मुसाफ़िर 2. अमरूद। [सं-स्त्री.] 1. यात्रा व्यय; राह ख़र्च 2. यात्रा में काम आने वाली चीज़।

सफल (सं.) [वि.] 1. जिसने उद्देश्य सिद्ध कर लिया हो; कामयाब; पूर्णकाम; पूर्णमनोरथ 2. फलवाला; फलयुक्त; सार्थक।

सफलता [सं-स्त्री.] 1. सफल होने की अवस्था या भाव; अभीष्ट सिद्धि; कामयाबी 2. कार्य पूरा होने की अवस्था या प्राप्ति; संकल्पपूर्ति 3. पूरा होने का भाव; पूर्णता 4. सार्थकता।

सफलित (सं.) [वि.] सार्थक; फलित; सफलीभूत।

सफलीभूत (सं.) [वि.] 1. जिसे सफलता मिली हो; जो सफल हुआ हो 2. जो सिद्ध या पूर्ण किया जा चुका हो।

सफ़हा (अ.) [सं-पु.] 1. तल; पृष्ठ 2. पार्श्व 3. पुस्तक का पृष्ठ; पन्ना; वरक 4. {ला-अ.} चौड़ाई; विस्तार।

सफ़ा (अ.) [वि.] 1. पवित्र; पाक; निर्मल; शुद्ध 2. साफ़; स्पष्ट; स्वच्छ 3. ख़ाली; रहित। [सं-पु.] किताब का पृष्ठ; पन्ना; कागज़।

सफ़ाई (अ.) [सं-स्त्री.] 1. साफ़ होने की अवस्था या भाव; स्वच्छता; निर्मलता 2. दोष या त्रुटि आदि से रहित अवस्था 3. {ला-अ.} छलहीनता; निष्कपटता 4. आरोपों के उत्तर में निर्दोष साबित होने के लिए बोला गया कथन 5. विवाद, झगड़े आदि का निपटारा। [मु.] **-देना** : निर्दोष होने की दलील या तर्क देना।

सफ़ाचट (अ.+हिं.) [वि.] 1. बहुत साफ़; एकदम स्वच्छ; चिकना 2. जिसके ऊपर कुछ भी लगा या जमा हुआ न रह गया हो।

सफ़ाया (अ.) [सं-पु.] 1. पूरी सफ़ाई हो जाना 2. कुछ बाकी न रह जाना; समाप्ति 3. पूर्ण विनाश; नाश 4. वध; संहार 5. उपभोग से समाप्त हो जाना; ख़तम हो जाना।

सफ़ारी (अं.) [सं-स्त्री.] शिकार या भ्रमण के लिए जंगल में जाने वाला कारवाँ (विशेषकर अफ़्रीका में); भ्रमण; यात्रा।

सफ़ारी सूट (अं.) [सं-पु.] एक विशेष परिधान या सूट जिसमें एक ही कपड़े का बुशर्ट और उसी कपड़े का पैंट बनाकर पहना जाता है।

सफ़ीना (अ.) [सं-पु.] 1. नाव; कश्ती 2. अदालत का परवाना; समन; हुकुमनामा; आदेशपत्र 3. किताब।

सफ़ीर (अ.) [सं-पु.] 1. पत्रवाहक 2. संदेशवाहक 3. एलची, राजदूत।

सफ़ेद (फ़ा.) [वि.] 1. श्वेत; धवल; दुग्ध; दूधिया 2. गोरा; चिट्टा; धौला 3. उज्वल; उजला 4. चूने के रंग का 5. जो रंगीन न हो।

सफ़ेदझूठ (फ़ा.) [सं-पु.] 1. ऐसा झूठ जो सहज ही झूठ प्रतीत होता हो 2. कोरा झूठ; बे सिर पैर की बात।

सफ़ेददाग (फ़ा.+अ.) [सं-पु.] 1. श्वेतकुष्ठ नामक रोग 2. उक्त रोग के कारण शरीर पर होने वाला सफ़ेद दाग या धब्बा।

सफ़ेदपोश (फ़ा.) [वि.] 1. जो सफ़ेद कपड़े पहनता हो 2. भलामानस; शिष्ट 3. बुद्धिजीवी। [सं-पु.] सभ्य व्यक्ति; भला आदमी।

सफेदा [सं-पु.] गन्ने की फसल में लगने वाला कीड़ा।

सफ़ेदा (फ़ा.) [सं-पु.] 1. एक बहुत लंबा सफ़ेद तने वाला वृक्ष; नीलगिरि वृक्ष 2. पेंट-वार्निश उद्योग में सफ़ेद रंग बनाने के काम आने वाला एक रासायनिक पदार्थ 3. आम की एक प्रसिद्ध किस्म 4. एक तरह का ख़रबूज़ा।

सफेदार [सं-पु.] सीसम का पेड़।

सफ़ेदी (फ़ा.) [सं-स्त्री.] 1. सफ़ेद होने का भाव या गुण; धवलता; श्वेतिमा; उज्ज्वलता; उजलापन 2. दीवार पर की जाने वाली सफ़ेद रंग की पुताई; चूने की पुताई; कलई 3. सफ़ेद रंग का स्राव।

सफ़्फ़ाक (अ.) [वि.] 1. कत्ल करने वाला; ख़ूनी; रक्तपात करने वाला 2. निर्दय; क्रूर 3. ज़ालिम।

सब (सं.) [वि.] 1. कुल; समस्त; पूरा; सारा 2. अवधि, मात्रा, मान आदि से जितना है; वह कुल; संख्या की दृष्टि से हर एक।

सबक (फ़ा.) [सं-पु.] 1. पाठ 2. शिक्षा; उपदेश; सीख; नसीहत 3. अनुभव 4. चेतावनी के साथ मिलने वाला दंड। [मु.] **-सिखाना** : दंड देना।

सबद[1] (सं.) [सं-पु.] 1. शब्द; आवाज़; ध्वनि 2. किसी संत या महात्मा के उपदेश; किसी संत कवि की वाणी या भजन, जैसे- कबीर के सबद।

सबद[2] (फ़ा.) [सं-स्त्री.] डलिया; टोकरी।

सबब (अ.) [सं-पु.] कारण; हेतु; वजह। [अव्य.] के कारण; की वजह से।

सबरलील [सं-पु.] ढीली व गड्ढेदार खाट।

सबरा [सं-पु.] वह औज़ार जिससे कसेरे बरतन में टाँका लगाते हैं।

सबल (सं.) [वि.] 1. जिसमें शक्ति हो; बलशाली; बलवान 2. प्रबल; सशक्त; बलिष्ठ 3. जिसके साथ सेना हो।

सबा (अ.) [सं-स्त्री.] पूर्वी हवा; पूरब से पश्चिम की ओर चलने वाली हवा; बयार।

सबात (अ.) [सं-स्त्री.] 1. स्थायित्व; स्थिरता; ठहराव 2. दृढ़ता; मज़बूती।

सबील (अ.) [सं-स्त्री.] 1. मार्ग; सड़क 2. युक्ति; उपाय साधन 3. प्रबंध; व्यवस्था 4. ढंग; तरीका 5. वह स्थान जहाँ धार्मिक अवसरों पर लोगों को पानी या शरबत पिलाया जाता है; प्याऊ; पौसरा।

सबुनी [वि.] दे. सगुनी।

सबू (फ़ा.) [सं-पु.] 1. मिट्टी का घड़ा; मटका; घट; गगरी; कुंभ 2. शराब की मटकी।

सबूचा (फ़ा.) [सं-पु.] छोटे आकार का घड़ा या मटकी।

सबूत (अ.) [सं-पु.] वह बात या वस्तु जिससे कोई बात साबित

या प्रमाणित होती हो; प्रमाण।

सब्ज़ (फ़ा.) [वि.] 1. हरा; हरित 2. कच्चा और ताज़ा (फल-फूल, सब्ज़ी आदि) 3. समृद्ध; उर्वर (क्षेत्र) 4. हरा-भरा; लहलहाता हुआ।

सब्ज़कदम (फ़ा.) [वि.] 1. (व्यंग्य) (वह) जिसके कदम अशुभ माने जाते हों; मनहूस 2. (उपहास) (वह) जिसका कहीं पर आगमन अमंगल करता हो; जिसके चरण बुरे हों।

सब्ज़पोश (फ़ा.) [वि.] जो सब्ज़ या हरे रंग के कपड़े पहने हो।

सब्ज़ा (फ़ा.) [सं-पु.] 1. हरियाली; हरीतिमा; हरी घास 2. पन्ना नामक रत्न 3. नीलकंठ 4. स्याह रंग की झलक लिए हुए सफ़ेद रंग का घोड़ा 5. चेहरे पर दाढ़ी-मूँछों के कारण दिखने वाली हरियाली 6. एक तरह का ख़रबूज़ा या आम 7. तुलसी की जाति का एक पौधा जो मुसलमानों द्वारा पवित्र माना जाता है; मरुआ।

सब्ज़ी (फ़ा.) [सं-स्त्री.] 1. हरी तरकारी; साग-भाजी; शाक 2. सब्ज़ होने की अवस्था; हरापन; हरियाली 3. पकाई हुई सब्ज़ी, जैसे- आलू-गोभी की सब्ज़ी।

सब्ज़ीमंडी (फ़ा.) [सं-स्त्री.] वह स्थान जहाँ सब्ज़ी, तरकारी, साग-पात आदि चीज़ें बिकती हैं; सब्ज़ी ख़रीदने-बेचने का बाज़ार।

सब्त (अ.) [सं-पु.] 1. लेख; लिखावट 2. किसी लेख या दस्तावेज़ पर लगाई जाने वाली मोहर।

सब्र (अ.) [सं-पु.] 1. संतोष; धीरज; धैर्य 2. सहनशीलता; सहन करने की क्षमता; बरदाश्त करने की क्षमता 3. तसल्ली।

सभय (सं.) [वि.] डरा हुआ; भयभीत। [क्रि.वि.] भयपूर्वक; डरते हुए।

सभा (सं.) [सं-स्त्री.] 1. एक स्थान पर बैठे हुए लोगों का समूह 2. समिति; परिषद 3. मजलिस; गोष्ठी 4. विशिष्ट प्रयोजन के लिए एकत्र कुछ लोगों की मंडली 5. गठित संस्था; दरबार।

सभागार (सं.) [सं-पु.] वह स्थान जहाँ सभा होती है; सभाभवन; सभागृह।

सभागृह (सं.) [सं-पु.] सार्वजनिक या बड़ी सभाएँ करने का स्थान या भवन; सभा भवन; सभागार।

सभाचतुर (सं.) [वि.] 1. सभा या सभ्य समाज में बातचीत करने में कुशल 2. अपने वाकचातुर्य से लोगों को प्रभावित करने वाला।

सभाचातुरी (सं.) [सं-स्त्री.] 1. सभाचतुर होने की अवस्था, गुण या भाव 2. सभा या समाज में व्यवहार करने की पटुता या कौशल।

सभापति (सं.) [सं-पु.] सभा का प्रधान या मुखिया; सभाध्यक्ष; मीरे मजलिस।

सभापतित्व (सं.) [सं-पु.] सभापति होने का भाव या दायित्व; सभा की अध्यक्षता।

सभाभवन (सं.) [सं-पु.] सभागृह; सभागार।

सभामंडप (सं.) [सं-पु.] 1. वह स्थान जहाँ कोई सभा या समाज एकत्र होता है; सभागृह; सभाकक्ष 2. देव मंदिरों में गर्भगृह के सामने का वह स्थान जहाँ भक्त लोग बैठकर भजन, कीर्तन आदि करते हैं।

सभासद (सं.) [सं-पु.] किसी सभा या संस्था का सदस्य।

सभी [वि.] 1. समस्त; सब 2. सारे 3. सब के सब; एक साथ; सब लोग।

सभेय (सं.) [सं-पु.] 1. सभा का सदस्य; सभासद 2. सभ्य या शिष्ट व्यक्ति। [वि.] सभा या शिष्ट समाज के योग्य।

सभ्य (सं.) [वि.] 1. सभा से संबंध रखने वाला 2. शिष्ट; शरीफ़; भले आदमियों की तरह व्यवहार करने वाला 3. सुशील; विनम्र 4. सामाजिक, राजनीतिक, शैक्षणिक आदि सभी दृष्टियों से उन्नत व उत्तम।

सभ्यता (सं.) [सं-स्त्री.] 1. किसी देश या समाज की आत्मिक और भौतिक उन्नति को दर्शाने वाली विशेषताओं का सामूहिक रूप 2. सभ्य होने की अवस्था भाव; शिष्टता; तहज़ीब; अदब; कायदा; शराफ़त; शालीनता 3. बुद्धिमान होने का गुण; विचारशीलता 4. समता और बंधुत्व की भावना 5. जीवनशैली; आचार-विचार।

सम[1] (सं.) [वि.] 1. बराबर; एक-सा; एक ही; समकोटीय 2. पक्षपात रहित; निष्पक्ष; बिना भेदभाव वाला 3. एकरूप जिसका तल बराबर हो; जो ऊबड़-खाबड़ न हो; जिसमें उतार-चढ़ाव न हो 4. समान; तुल्य 5. जिसे दो से भाग देने पर शेष कुछ न बचता हो (संख्या); जो दो से विभाजित हो जाए; (ईवन)। [क्रि.वि.] के समान; बराबर, जैसे- पुत्रसम समझना। [सं-पु.] 1. चौरस मैदान 2. वह बिंदु जिसपर मध्याह्न रेखा विषुवत रेखा से मिलती है 3. एक काव्यालंकार 4. (अंकगणित) वर्गमूल निकालने की क्रिया में अंक के ऊपर दी जाने वाली रेखा 5. सादृश्य; समानता।

सम[2] (अ.) [सं-पु.] विष; ज़हर।

समंजन (सं.) [सं-पु.] 1. ठीक करना या बैठाना; एक चीज़ को दूसरी चीज़ से मिलाना 2. लेन-देन का हिसाब बैठाना; लेखा-जोखा बराबर करना 3. तालमेल बैठाना 4. नए माहौल या परिस्थितियों के अनुकूल स्वयं को ढालने की क्रिया।

समंजस (सं.) [वि.] 1. वाजिब; उचित; ठीक 2. आस-पास की बातों, वस्तुओं आदि के साथ ठीक जान पड़ने या मेल खाने वाला 3. जिसे किसी बात का अभ्यास हो; अभ्यस्त 4. सही; सच; यथार्थ 5. स्वस्थ 6. संगत; सामंजस्य; सामंजस्यपूर्ण।

समंजित (सं.) [वि.] जो ठीक करके परिस्थितियों के अनुकूल किया या बनाया गया हो।

समंद (फ़ा.) [सं-पु.] 1. बादामी रंग का वह घोड़ा जिसकी अयाल, दुम और पुट्ठे काले हों 2. उत्तम नस्ल का घोड़ा।

समंदर (फ़ा.) [सं-पु.] 1. समुद्र; सागर 2. फ़ारसी कवि-परंपरा के अनुसार एक कल्पित जानवर जो आग के कुंड से पैदा होता है और तुरंत मर जाता है।

समइल [सं-पु.] बैलों पर रखने वाले जुओं की फसावट।

समकक्ष (सं.) [वि.] 1. तुलना में बराबर का; समान गुण का; समान आकार का 2. समान योग्यता का; समान महत्व का।

समकक्षता (सं.) [सं-स्त्री.] समकक्ष या समान होने का भाव; समानता; बराबरी; एकरूपता।

समकालिक (सं.) [वि.] 1. एक ही समय में होने वाला; युगपत 2. वर्तमानकाल का; समकालीन; आधुनिक 3. समसामयिक।

समकालीन (सं.) [वि.] 1. वर्तमान काल का; एक ही समय का; आधुनिक 2. एक समय में होने वाला; उसी समय होने वाला; सहवर्ती; युगपत 3. समसामयिक।

समकालीनता (सं.) [सं-स्त्री.] समकालीन होने की अवस्था या भाव।

समकोण (सं.) [सं-पु.] 1. (ज्यामिति) नब्बे अंश का कोण 2. आयत। [वि.] (ज्यामिति) जिसके आमने-सामने के सभी कोण समान हो; बराबर कोणों वाला (क्षेत्र)।

समकोणीय (सं.) [वि.] 1. जिसके चारों कोण बराबर हों 2. खड़ा हुआ।

समक्ष (सं.) [अव्य.] आँखों के सामने; सम्मुख; प्रत्यक्ष; सामने।

समक्षणिक (सं.) [वि.] एक ही पल या क्षण में होने वाले।

समगामी (सं.) [वि.] साथ-साथ चलने वाले; एक ही दिशा में जाने वाले।

समग्र (सं.) [वि.] 1. आदि से अंत तक; समस्त; संपूर्ण 2. समूचा; सारा; सब; सकल।

समग्रता (सं.) [सं-स्त्री.] संपूर्णता; सकलता।

समचतुर्भुज (सं.) [सं-पु.] (ज्यामिति) वह चतुर्भुज जिसकी चारों भुजाएँ बराबर हों।

समछंद (सं.) [सं-पु.] (काव्यशास्त्र) वह छंद जिसके चारों चरण समान हों।

समझ (सं.) [सं-स्त्री.] जानने और समझने की शक्ति; मेधा; अक्ल; बुद्धि; ज्ञान प्राप्ति की आंतरिक शक्ति।

समझदार (सं.) [वि.] जिसमें समझ हो; अक्लमंद; बुद्धिमान।

समझदारी [सं-स्त्री.] समझदार होने का गुण; विचारशीलता; बुद्धिमत्ता; विवेक।

समझना (सं.) [क्रि-स.] 1. कोई बात अच्छी तरह विचार करके जानना; बुद्धि से ग्रहण करना 2. किसी का स्वरूप आदि देखकर उसके संबंध में कल्पना करना 3. विचार और मनन करना।

समझाना (सं.) [क्रि-स.] 1. किसी तथ्य से भलीभाँति परिचित या अवगत कराना 2. अच्छी तरह बोध कराना 3. कोई कठिन बात सरल करके बताना; सीख देना।

समझौता [सं-पु.] 1. लेन-देन, विवाद आदि से संबंधित पक्षों में निपटारा या निर्णय कराना 2. परस्पर मेलमिलाप; सुलह; संधि 3. करार या निश्चय; निपटारा।

समझौतावादी [वि.] जिसका दृष्टिकोण समझौता करना रहता हो।

समतल (सं.) [वि.] जिसका तल बराबर हो; जिसका तल ऊबड़-खाबड़ न हो; सपाट।

समता (सं.) [सं-स्त्री.] 1. समान या सम होने का गुण; समानता; सादृश्य; अनुरूपता; बराबरी; तुल्यता; समत्व 2. ऐसी स्थिति जिसमें कोई अंग या पक्ष अनुपयुक्त या कमतर न रहे; संतुलन 3. चौरस होने का भाव 4. अभिन्नता; भेदभावहीनता।

समतामूलक (सं.) [वि.] 1. जिसमें समता का भाव हो; समता पर आधारित; भेदभावरहित 2. जिसमें वर्गभेद न हो; जिसमें विषमता न हो (समाज) 3. {व्यं-अ.} जिसमें शोषण न हो।

समतावाद (सं.) [सं-पु.] वह सिद्धांत या मत जिसमें यह माना जाता है कि समाज के सभी वर्गों या व्यक्तियों में आर्थिक, सामाजिक आदि स्तरों पर समानता हो; समता या बराबरी पर बल देने वाला विचार।

समतुल्य (सं.) [वि.] बराबर; समान; समान कोटि या स्तर का; समकक्ष; समरूप; सदृश।

समतुल्यता (सं.) [सं-स्त्री.] 1. बराबरी; समानता; साम्य 2. मेल; संयोग; अनुकूलता; संयोजन 3. सादृश्य।

समतोल (सं.) [वि.] महत्व आदि की दृष्टि से समान; समतुल्य।

समत्व (सं.) [सं-पु.] 1. सम या समान होने की अवस्था या भाव; समता; तुल्यता; बराबरी 2. अनुकूलता; एक ही तरह की बनावट।

समदई [सं-स्त्री.] हवन की लकड़ी लाने वाले को दिया जाने वाला नेग या बख्शीश।

समदर्शी (सं.) [वि.] 1. वह जो सभी को समान दृष्टि से देखता हो; न्यायप्रिय 2. वह जो सबके साथ समान व्यवहार करता हो; समव्यवहारी 3. जो देखने में किसी प्रकार का भेदभाव न रखता हो; पक्षपातहीन 4. स्थिरचित्त; धैर्यशील।

समद्विबाहु (सं.) [वि.] (ज्यामिति) जिसकी दोनों भुजाएँ बराबर हों।

समधरातल (सं.) [सं-पु.] ऐसा धरातल जिसकी ऊपरी परत समतल हो।

समधिन (सं.) [सं-स्त्री.] 1. संबंध के अनुसार किसी के पुत्र या पुत्री की सास 2. समधी की पत्नी।

समधियाना [सं-पु.] पुत्र या पुत्री की ससुराल; समधी का घर।

समधी (सं.) [सं-पु.] 1. संबंध के अनुसार किसी के पुत्र या पुत्री का ससुर 2. वर-वधू के पिता का परस्पर संबंध।

समन (फ़ा.) [सं-स्त्री.] चमेली का पौधा या फूल।

समनाम (सं.) [वि.] जिसका नाम किसी और के नाम के समान हो; एक ही नाम वाले।

समन्वय (सं.) [वि.] 1. सम्मिलित होने की क्रिया या भाव; समान रूप से मिलना 2. एक को दूसरे में विलय करना 3. कार्य और कारण का निर्वाह या संबंध 4. एक दूसरे से तालमेल बिठाना।

समन्वयक (सं.) [वि.] 1. समन्वय करने वाला; मिलाने वाला 2. सामंजस्य या तालमेल बैठाने वाला 3. सम्मिलित या एकजुट करने वाला।

समन्वयवादी (सं.) [वि.] 1. समन्वय संबंधी 2. समन्वय के सिद्धांत को मानने वाला।

समन्वित (सं.) [वि.] 1. जिसका समन्वय हुआ हो 2. जिसमें सामंजस्य हो 3. किसी के अंतर्गत स्थित।

समपाद (सं.) [वि.] (कविता या छंद) जिसके समस्त चरण या पद बराबर हों; समपद। [सं-पु.] 1. धनुष चलाने के समय खड़े होने का ढंग 2. रतिक्रिया का एक आसन 3. एक प्रकार का छंद 4. नृत्य की एक गति।

समपार्श्व (सं.) [वि.] (ज्यामिति) दोनों तरफ़ एक-सा; सममित; बराबर; संतुलित।

समबाहु (सं.) [सं-पु.] जिसकी सभी भुजाएँ बराबर हों; समभुज।

समभाव (सं.) [सं-पु.] 1. समानता की सूचक स्थिति; बराबरी 2. सभी को समान समझने की वृत्ति।

समय (सं.) [सं-पु.] 1. काल; वक्त; बेला 2. अवसर; मौका 3. अवकाश; फुरसत 4. अवधि; काल चक्र 5. दिन और रात के अनुसार काल का कोई मान 6. किसी बात या काम का निश्चित काल 7. कोई धार्मिक या साहित्यिक परंपरा या प्रथा, जैसे- कवि समय 8. उत्कर्ष काल।

समय सीमा (सं.) [सं-स्त्री.] 1. समय की सूचक सीमा 2. किसी कार्य के लिए नियत किया गया समय; अंतिम बिंदु।

समयनिष्ठ (सं.) [वि.] प्रत्येक कार्य समय पर करने वाला; समय का ध्यान करके काम करने वाला; समय का पालन करने वाला।

समयनिष्ठा (सं.) [सं-स्त्री.] पूर्व-निर्धारित समय पर या समय से पूर्व किसी आवश्यक कार्य को पूर्ण करने की भावना।

समयपालन (सं.) [सं-पु.] नियत या निश्चित समय पर कार्य करने की क्रिया या भाव।

समयपूर्व (सं.) [वि.] निर्धारित समय से पहले होने वाला; पूर्वजात।

समयबद्ध (सं.) [वि.] जिसका निर्धारित अवधि में पूर्ण किया जाना आवश्यक हो (कार्य)।

समयबद्धता (सं.) [सं-स्त्री.] निर्धारित अवधि में कार्य पूर्ण करने की अवस्था या भाव।

समयमुक्त (सं.) [वि.] जो समय से न बँधा हो; काल निरपेक्ष।

समयसारणी (सं.) [सं-स्त्री.] 1. समय सूचित करने के लिए बनाई गई सारणी 2. भिन्न-भिन्न समय पर एक निश्चित क्रम में होने वाले कार्यों की विवरण सूची 3. रेलगाड़ियों के संचालन या पहुँचने-छूटने का समय दर्शाने वाली सूची 4. विद्यालय या महाविद्यालयों में पढ़ाई या परीक्षा आरंभ होने के निर्धारित समय की सूची।

समयानुकूल (सं.) [वि.] 1. जो समय के अनुसार हो; समयोचित 2. अवसरानुकूल; कालानुकूल 3. मौके को ध्यान में रखते हुए।

समयानुसार (सं.) [वि.] 1. जो समय या आवश्यकता के अनुरूप उचित हो; समयोचित 2. सामयिक; सही। [क्रि.वि.] 1. समय के अनुसार; युगानुसार 2. समय-समय पर।

समयानुसारी (सं.) [वि.] 1. समय के अनुसार होने वाला 2. प्रस्तुत समय में प्रचलित प्रथा या परंपरा के अनुसार कार्य करने या चलने वाला।

समर[1] (सं.) [सं-पु.] 1. युद्ध; संग्राम; लड़ाई; रण; जंग 2. कामोद्वेग 3. कामदेव; मनोज।

समर[2] (फ़ा.) [सं-पु.] 1. वृक्ष का फल; मेवा 2. किसी कार्य का परिणाम; नतीजा 3. सत्कर्म का सुफल।

समरक्षेत्र (सं.) [सं-पु.] 1. युद्ध या लड़ाई का मैदान; युद्ध भूमि 2. मोर्चा।

समरनीति (सं.) [सं-स्त्री.] युद्धनीति; रणनीति।

समरभूमि (सं.) [सं-स्त्री.] रणभूमि; युद्धक्षेत्र।

समरशय्या (सं.) [सं-स्त्री.] योद्धा के युद्धक्षेत्र में घायल होकर ज़मीन पर गिरने की अवस्था।

समरस (सं.) [वि.] 1. एक ही प्रकार के रस या स्वादवाला (पदार्थ) 2. जिसमें विविधता न हो; एक-सा; अपरिवर्तनीय 3. एक ही विचार का 4. सुख-दुख में एक जैसा रहने वाला; समान भाव वाला; संतुलित।

समरसता (सं.) [सं-स्त्री.] 1. समरस होने का गुण या भाव 2. सामंजस्य 3. सदा एक समान रहने की स्थिति; संतुलन; समरस्य।

समरांगण (सं.) [सं-पु.] युद्ध या लड़ाई का मैदान; युद्धक्षेत्र; रणभूमि; मैदान-ए-जंग।

समरूप (सं.) [वि.] 1. रूप और आकार-प्रकार में किसी के समान; सदृश 2. (व्याकरण) जो उच्चारण और वर्तनी में किसी अन्य शब्द के समान हो लेकिन व्युत्पत्ति और अर्थ के अनुसार भिन्न हो (शब्द)।

समरूपता (सं.) [सं-स्त्री.] 1. समरूप होने का गुण या भाव; रूप की समानता; एकरूपता 2. सादृश्य।

समर्चना (सं.) [सं-स्त्री.] 1. सम्यक या भली प्रकार से की जाने वाली अर्चना; पूजा 2. आदर-सत्कार।

समर्थ (सं.) [वि.] 1. सक्षम 2. बलवान; शक्तिशाली 3. कार्य संपादन की शक्ति या योग्यता रखने वाला 4. धनवान।

समर्थक (सं.) [वि.] 1. जो समर्थन करता हो; सहयोग करने वाला; अनुमोदक 2. पोषण या पुष्टि करने वाला।

समर्थता (सं.) [सं-स्त्री.] क्षमता या सामर्थ्य से पूर्ण होने की अवस्था या भाव; ताकत; शक्ति; सक्षमता।

समर्थन (सं.) [सं-पु.] 1. किसी के मत या विचार पर सहमति जताने की क्रिया; अनुमोदन; (सपोर्ट) 2. पुष्टि करना; ताईद करना 3. किसी की बात या प्रस्ताव को स्वीकृति प्रदान करना; पक्ष लेना 4. किसी मत का पोषण; प्रतिपादन 5. विचार करना; विवेचन 6. सामंजस्य स्थापित करना।

समर्थित (सं.) [वि.] 1. जिसका पक्ष लिया गया हो; जिसका समर्थन किया गया हो; अनुमोदित; सिफ़ारिशी 2. जिसकी पुष्टि की गई हो; प्रमाणसिद्ध; प्रमाणित; सत्यापित; संपुष्ट।

समर्पक (सं.) [वि.] 1. जो समर्पण करता हो; समर्पण करने वाला 2. अन्यत्र पहुँचाने के लिए कोई माल देने या भेजने वाला।

समर्पण (सं.) [सं-पु.] 1. सौंप देने का भाव 2. किसी को आदरपूर्वक कुछ देने का भाव 3. भेंट या नज़र करना 4. अपने अधिकार आदि को दूसरे के हाथों में देना; सौंपना 5. सेना द्वारा या किसी अपराधी द्वारा अपने आप को सौंपना; आत्मसमर्पण।

समर्पण मूल्य (सं.) [सं-पु.] अवधि पूर्ण होने के पूर्व ही बीमा रद्द कराने पर बीमा कराने वाले को उसके बदले में दिया जाने वाला धन।

समर्पित (सं.) [वि.] 1. जो समर्पण किया गया हो 2. आदरपूर्वक सौंपा गया; अर्पित 3. स्थापित।

समर्प्य (सं.) [वि.] 1. समर्पण किए जाने योग्य 2. जिसे समर्पण

करना हो।

समलैंगिक (सं.) [वि.] 1. समान यौन वर्ग या लिंग के प्रति आकर्षित होने वाला 2. जो समलिंगी हो। [सं-पु.] समलिंगी व्यक्ति।

समवयस्क (सं.) [वि.] समान वय या अवस्था वाला; एक ही उम्र का; बराबर की उमर का; हमउम्र।

समवर्ग (सं.) [वि.] 1. एक ही वर्ग या श्रेणी का; समकोटि 2. समान स्तर का 3. समान विशिष्टता का।

समवर्ती (सं.) [वि.] 1. साथ-साथ होने या रहने वाला 2. साथ-साथ चलने वाला 3. समकालीन; समांतर 4. समान रूप से स्थित।

समवलंब (सं.) [सं-पु.] (ज्यामिति) ऐसा चतुर्भुज जिसकी दोनों लंबी रेखाएँ समान हों।

समवाय (सं.) [सं-पु.] 1. समुदाय; समूह; झुंड 2. राशि; ढेर 3. एक विशेष प्रकार के समूहों का घनिष्ठ और नित्य संबंध 4. नियमों के अधीन कोई व्यापारिक संस्था।

समवायी (सं.) [वि.] 1. गहनता से संबद्ध 2. जिसके साथ अभेद्य संबंध हो 3. जो इकट्ठा किया गया हो राशिमय; बहुल 4. जिसके साथ सदैव का या नित्य संबंध हो; घनिष्ठ। [सं-पु.] हिस्सेदार; साझेदार।

समवृत्त (सं.) [सं-पु.] (काव्यशास्त्र) वह छंद जिसके चारों चरण समान हों।

समवेक्षित (सं.) [वि.] विचारित; विवेचित।

समवेत (सं.) [वि.] 1. एक में मिला हुआ 2. एक जगह इकट्ठा किया हुआ; एकत्र 3. जमा किया हुआ; संचित।

समवेत गान [सं-पु.] किसी गाने को कई लोगों द्वारा मिलकर एक साथ गाया जाना; सहगान।

समशीतोष्ण (सं.) [वि.] 1. जहाँ शीत और गरमी समान रूप से होती हो (स्थान) 2. सह्य; सुखद।

समशीतोष्ण कटिबंध (सं.) [सं-पु.] पृथ्वी पर भूमध्य रेखा के नीचे तथा उष्णकटिबंध और शीत कटिबंध के बीच में पड़ने वाले प्रदेश।

समशील (सं.) [वि.] शील, स्वभाव प्रकृति आदि की दृष्टि से समान; समव्यवहारी; समस्वभावी।

समष्टि (सं.) [सं-स्त्री.] 1. सबका सम्मिलित और सामूहिक रूप 2. सब अंगों, व्यक्तियों, सदस्यों आदि का सामूहिक रूप; समाज 3. एक जैसी वस्तुओं का समूह।

समष्टिवाद (सं.) [सं-पु.] आधुनिक राजनीतिं में समाजवाद या साम्यवाद की वह शाखा जिसका सिद्धांत यह है कि समस्त पदार्थों के उत्पादन और वितरण का सारा अधिकार समष्टि रूप में संपूर्ण राष्ट्र के हाथ में होना चाहिए।

समष्टिवादी (सं.) [सं-पु.] समष्टिवाद के सिद्धांत का समर्थक।

समसमुन्नत (सं.) [वि.] 1. जो थोड़ी-थोड़ी दूरी पर पूर्व की अपेक्षा कुछ ऊँचा उठता हुआ जाता हो 2. जो सीढ़ीनुमा ऊँचा होता जाता हो।

समसामयिक (सं.) [वि.] समकालीन; वर्तमान समय का।

समस्त (सं.) [वि.] 1. आदि से अंत तक जितना हो वह सब; संपूर्ण; सभी; पूरा; कुल 2. किसी के साथ मिला हुआ; संयुक्त 3. संक्षिप्त; समास-युक्त।

समस्तपद (सं.) [सं-पु.] समास से निर्मित पद; सामासिक पद।

समस्थानिक (सं.) [सं-पु.] (रसायनविज्ञान) एक ही तत्व के दो परमाणु जिनका परमाणु क्रमांक तो समान होता है किंतु परमाणु भार में अंतर होता है।

समस्या (सं.) [सं-स्त्री.] 1. जटिल स्थिति; उलझा हुआ मामला 2. कठिन विषय या प्रश्न; कठिन या विकट प्रसंग 3. कठिनाई; मुसीबत; संकट 4. उलझन; असमंजस 5. शंका; सवाल 6. कवियों के काव्य-रचना कौशल की परीक्षा की ख़ातिर पूरा करने के लिए दिया जाने वाला किसी छंद या श्लोक का अंतिम चरण 7. दुविधा; पहेली।

समस्यापूर्ति (सं.) [सं-स्त्री.] विशेषत: संस्कृत साहित्य में प्रचलित एक विशेष विधा जिसमें प्रदत्त छंद के चरण या चरणांश के आधार पर उसे अंत में रखते हुए छंद की पूर्ति की जाती है।

समस्वर (सं.) [सं-पु.] बराबर स्वर में; उच्चारण में समान; बराबर आवाज़ में।

समहुत [सं-पु.] जो धान पहले मुहूर्त के रूप में काटा जाए।

समा[1] (सं.) [सं-स्त्री.] वर्ष; साल; ऋतु; काल; समय।

समा[2] (अ.) [सं-पु.] खुले स्थान में ऊपर की ओर दिखाई देने वाला ख़ाली स्थान; अंबर; आकाश; गगन; नभ; व्योम; फ़लक।

समाँ (अ.) [सं-पु.] सुंदर और मोहक दृश्य; दृश्यावली।

समांग (सं.) [वि.] 1. जिसके समस्त अवयव एक अनुपात में हों; जिसके अंग समान हों 2. जिसकी संरचना सम या संतुलित हो।

समांगीकरण (सं.) [सं-पु.] 1. समांग करने की क्रिया; एक समान बनाना; मिलाना 2. समान प्रकृति का बनाना।

समांतर (सं.) [वि.] 1. (दो या अधिक रेखाएँ) जो एक सिरे से दूसरे सिरे तक समान अंतर पर रहें; समदिशीय; (पैरेलल) 2. बराबर 3. समांतरालीय 4. समवर्ती; समस्थित।

समाई[1] [सं-स्त्री.] 1. सामर्थ्य; शक्ति; बूता; समर्थता 2. वह अवकाश जिसमें कोई चीज़ समाती हो।

समाई[2] (अ.) [सं-स्त्री.] 1. सुनी हुई वार्ता; श्रुति पर आधारित बात 2. सामान्य लोगों द्वारा बोलने में सुना गया वह शब्द जिसकी व्युत्पत्ति व्याकरण के नियमों से सिद्ध न हो।

समाकलक (सं.) [वि.] 1. समाकलन करने वाला 2. विनिमय या समाशोधन करने वाला।

समाकलन (सं.) [सं-पु.] 1. एक ही तरह की इकट्ठी की गई अनेक वस्तुओं का मिलान करके उनकी व्यवस्था या क्रम देखना; आशोधन; समाशोधन 2. किसी से रकम प्राप्त करके उसके खाते में जमा में लिखना; (क्रेडिट) 3. विनिमय; अदलाबदली।

समाख्यान (सं.) [सं-पु.] 1. किसी घटना की मुख्य-मुख्य बातों को क्रम से कहना; विवरण; व्याख्या 2. नाम लेना; उल्लेख करना 3. आख्या; नाम।

समागत (सं.) [वि.] 1. जिसका आगमन हुआ हो; आगत;

आया हुआ 2. प्रत्यावर्तित; वापस आया हुआ।

समागम (सं.) [सं-पु.] 1. नज़दीक या पास आना; आगमन 2. सामने आना; मिलना; एकत्र होना 3. सम्मेलन; सभा 4. मैथुन; संभोग।

समाचार (सं.) [सं-पु.] 1. सूचना; ख़बर 2. हाल-चाल; वृत्तांत 3. नई या ताज़ा सूचना।

समाचार संपादक (सं.) [सं-पु.] समाचार विभाग का सर्वोच्च प्रभारी अधिकारी; किसी ख़बर, घटना आदि के विवरण को काट-छाँटकर छपने योग्य बनाने वाला अधिकारी।

समाचारपत्र (सं.) [सं-पु.] देश-विदेश की सूचना या समाचार को जन-जन तक प्रसारित करने के लिए नियमित समय पर प्रकाशित होने वाला पत्र; अख़बार।

समाचारवाचक (सं.) [सं-पु.] टेलीविज़न या रेडियो पर प्रसारण के लिए समाचार पढ़ने वाला व्यक्ति; उद्घोषक।

समाज (सं.) [सं-पु.] 1. एक स्थान पर रहने वाले लोगों का वर्ग या समुदाय 2. समूह; समुदाय 3. किसी विशेष उद्देश्य से स्थापित की गई संस्था या सभा 4. किसी संप्रदाय के लोगों का समुदाय 5. सभा; गोष्ठी; मंडली।

समाज विज्ञान (सं.) [सं-पु.] वह विज्ञान या शास्त्र जो मनुष्य को सामाजिक प्राणी के रूप में स्वीकार कर उसके समाज और संस्कृति के उद्भव, विकास, संघटन तथा समस्याओं आदि का विवेचन और निष्कर्ष प्रस्तुत करता है।

समाज शास्त्र (सं.) [सं-पु.] समाज विज्ञान।

समाजवाद (सं.) [सं-पु.] ऐसा सिद्धांत जिसमें यह मान्यता है कि सामाजिक विषमता को दूर कर समता स्थापित करनी चाहिए; भूमि और उत्पादन के साधनों पर सामाजिक स्वामित्व से संबंधित सामाजिक व्यवस्था का एक सिद्धांत।

समाजवादी (सं.) [सं-पु.] वह जो समाजवाद का समर्थक या अनुयायी हो। [वि.] 1. समाजवाद से संबंधित; समाजवाद का 2. समाजवाद को मानने वाला।

समाजविरोधी (सं.) [वि.] 1. समाज या सामाजिक भावना को क्षति पहुँचाने वाला 2. मनुष्य का अपने स्वार्थों के लिए उपयोग करने वाला 3. समाज को क्षति पहुँचाने वाले काम करने वाला; अपराधी वृत्ति वाला।

समाजशास्त्री (सं.) [सं-पु.] वह जो समाजशास्त्र का अच्छा ज्ञाता हो; समाज से संबंधित तथ्यों का ज्ञान रखने वाला व्यक्ति; समाजविज्ञानी।

समाजशास्त्रीय (सं.) [वि.] समाजशास्त्र से संबंधित; समाजशास्त्र का।

समाजसेवा (सं.) [सं-पु.] समाज का हित एवं सुधार करने का कार्य; सामाजिक कुरीतियों को मिटाने का कार्य; लोकोपकार; जनसेवा; परोपकार।

समाजसेवी (सं.) [वि.] 1. समाज सेवा करने वाला; सुधारवादी; लोकोपकारी; जनसेवी; प्रजाहितैषी 2. सामाजिक कुरीतियों को मिटाने वाला 3. परोपकारी; दयालु। [सं-पु.] समाज सेवा करने वाला व्यक्ति।

समाजी (सं.) [सं-पु.] 1. पुराने समय में वह व्यक्ति जो वेश्याओं के यहाँ तबला, सारंगी आदि बजाता था; सपरदाई 2. किसी समाज, विशेषत: आर्यसमाज का अनुयायी।

समाजीकरण (सं.) [सं-पु.] 1. वह प्रक्रिया जिसमें मनुष्य दूसरों से अंत:क्रिया करता हुआ समाज के रीति-रिवाजों, विश्वासों, परंपराओं आदि को सीखता है 2. किसी कार्य या बात को ऐसा रूप देना कि उस पर संपूर्ण समाज का अधिकार हो जाए और सब लोग उससे लाभ उठा सकें 3. जन्म से लेकर मृत्यु तक निरंतर चलने वाली सामाजिक प्रक्रिया जो मनुष्य को सामाजिक सदस्य बनाती है।

समातत (सं.) [वि.] 1. फैलाया हुआ 2. ताना हुआ (धनुष आदि) 3. निरंतर; लगातार; अविच्छिन्न।

समादर (सं.) [सं-पु.] 1. यथेष्ट सम्मान; उचित आदर; सत्कार 2. प्रतिष्ठा; ख़ातिर।

समादृत (सं.) [वि.] जिसका ख़ूब आदर, सम्मान हुआ हो; सम्मानित।

समादेश (सं.) [सं-पु.] 1. अधिकारपूर्वक दी गई आज्ञा; कोई काम करने का आदेश; धर्मादेश; राज्यादेश 2. निषेधाज्ञा; व्यादेश 3. निर्देश 4. न्यायालय द्वारा कोई काम रोकने के लिए दिया गया आदेश 5. उच्च न्यायालय द्वारा किसी अधीनस्थ न्यायालय को दिया जाने वाला विधि संबंधी आदेश।

समादेश याचिका (सं.) [सं-स्त्री.] किसी राजनीतिक या विधिक आदेश के क्रियान्वयन को रोकने के लिए उच्च न्यायालय में दाख़िल की गई याचिका या दरख़ास्त।

समादेशक (सं.) [सं-पु.] 1. वह व्यक्ति जो किसी को कोई काम करने का आदेश दे 2. सेना का वह प्रधान अधिकारी जिसके आदेश से सेना के सब काम होते हैं।

समाधान (सं.) [सं-पु.] 1. किसी समस्या का हल निकालने की क्रिया; समझौता 2. निर्णय; फ़ैसला; निष्कर्ष 3. सुलझाव; हल 4. मतभेद दूर करना 5. संदेह निवारण; निराकरण 6. (नाट्यशास्त्र) मुख संधि का एक अंग; बीज स्थापन।

समाधि (सं.) [सं-स्त्री.] 1. किसी विषय या विचार पर पूर्ण एकाग्र होने की स्थिति; विषय मुक्त चित्त दशा 2. ईश्वर के ध्यान में लीन होना 3. योगक्रिया का अंतिम चरण 4. ऐसा स्मारक जहाँ कोई मृतक या उसकी अस्थियाँ गड़ी हों।

समाधि क्षेत्र (सं.) [सं-पु.] समाधि स्थल; ऐसा स्थान जहाँ योगियों, संन्यासियों की समाधि बनाई जाती है।

समाधि लेख (सं.) [सं-पु.] मृत व्यक्ति का परिचय देने के लिए किसी कब्र या समाधि के पत्थर पर स्मृति के लिए लिखा जाने वाला लेख।

समाधि शिला (सं.) [सं-स्त्री.] वह पत्थर जो किसी समाधि पर उसका विवरण देने के लिए लगाया जाता है।

समाधिक (सं.) [वि.] 1. औचित्य, सीमा आदि से बढ़ा हुआ; अतिशय 2. ज़्यादा; अधिक; बहुत।

समाधित (सं.) [वि.] 1. जिसने समाधि ली हो; जिसने समाधि लगाई हो; समाधि अवस्था को प्राप्त; समाधिस्थ; ब्रह्मलीन 2. तुष्ट या प्रसन्न किया हुआ।

समाधिस्थ (सं.) [वि.] 1. जो समाधि में स्थित हो; जो समाधि

लगाए हुए हो 2. ध्यानरत; ध्यान में लीन।

समान (सं.) [वि.] 1. सदृश; बराबर; एक-सा; समकोटीय 2. तुल्य; बराबर; 3. गुण, मान और आकार में एक-दूसरे के जैसा 4. एक जैसा; समान मात्रा का 5. समतल; समभार; समशक्तिशाली 6. उम्र या पद आदि में बराबर 7. महत्व में किसी के अनुरूप। [सं-पु.] शरीर में स्थित पाँच प्राणवायु में से एक जो नाभि में स्थित मानी जाती है।

समान स्थान (सं.) [वि.] 1. जो एक जैसे स्थान पर हो; बराबर का 2. समान महत्व का। [सं-पु.] 1. मध्य स्थान 2. (भूगोल) वह क्षेत्र जहाँ रात और दिन का मान एक समान होता है।

समानक (सं.) [वि.] 1. सभी प्रकार या दृष्टि से किसी के तुल्य या बराबर; समान 2. समान अर्थ रखने वाला; समानार्थक 3. जिसमें मानक नियमों का पूर्ण पालन किया गया हो।

समानकोणीय (सं.) [वि.] जिसके समस्त कोण आपस में बराबर हों, जैसे- समकोणिक बहुभुज।

समानता (सं.) [सं-स्त्री.] 1. समान होने का गुण या भाव; समानत्व 2. बराबरी; तुल्यता 3. अधिकार या पद आदि में समान 4. अवस्था में बराबर या तुल्य 5. सादृश्य।

समानधर्मा (सं.) [वि.] समान गुण, धर्म, प्रकृति वाला; एक से गुण वाला।

समाना (सं.) [क्रि-अ.] 1. अंदर आना; किसी के अंदर पहुँचकर भर जाना; लीन हो जाना 2. भरना; अटना 3. पहुँचना; कहीं से चलकर आना 4. व्याप्त होना, जैसे- मन में डर समाना। [क्रि-स.] 1. अंदर करना; भरना 2. जड़ना 3. अटाना।

समानांतर (सं.) [वि.] दो या दो से अधिक रेखाएँ जो एक सिरे से दूसरे सिरे तक बराबर दूरी पर रहें; समांतर।

समानाधिकरण (सं.) [सं-पु.] 1. (व्याकरण) एक ही कारक विभक्ति से युक्त शब्द या पद, जैसे- देश के महान क्रांतिकारी भगत सिंह को सभी याद करते हैं, यहाँ 'देश के महान क्रांतिकारी' पद 'भगत सिंह' का समानाधिकरण है क्योंकि 'को' विभक्ति दोनों पक्षों पर लगती है 2. समान श्रेणी; समान आधार। [वि.] 1. समान कारक विभक्ति से युक्त 2. समान आधार का; समान श्रेणी का।

समानार्थ (सं.) [सं-पु.] समान अर्थ। [वि.] एक अर्थ वाले; पर्याय।

समानार्थक (सं.) [वि.] (शब्द) एक समान अर्थ रखने वाले; पर्यायवाची।

समानार्थी (सं.) [सं-पु.] 1. वे शब्द जिनका अर्थ समान हो 2. एक ही अर्थ देने वाले शब्द।

समानुपात (सं.) [सं-पु.] जिसका अनुपात समान या बराबर हो।

समानुपातिक (सं.) [वि.] समान अनुपात संबंधी; समानुपात की दृष्टि से होने वाला।

समापक (सं.) [वि.] 1. समापन करने वाला; समाप्त करने वाला 2. पूरा करने वाला।

समापत्ति (सं.) [सं-स्त्री.] 1. संयोगवश एक ही समय में और एक ही स्थान पर कई लोगों का उपस्थित होना; मिलना 2. मौका; अवसर 3. पूर्ति; अंत; समाप्ति 4. मूल रूप का ग्रहण या प्राप्ति 5.(योग) ध्यान का एक अंग 6. युद्ध, दंगे, दुर्घटना आदि के कारण लोगों के प्राणों या शरीर पर आने वाला संकट।

समापन (सं.) [सं-पु.] 1. अंत; समाप्त करने की क्रिया 2. पूरा करना; पूर्ण 3. अवसान; अंजाम; आख़िर 4. विचार-विमर्श आदि का अंत करना; उपसंहार; इति 5. निष्पादन; निपटारा 6. संपादन।

समापनोत्सव (सं.) [सं-पु.] किसी कार्य के पूर्ण हो जाने पर किया जाने वाला उत्सव।

समापवर्तक (सं.) [सं-पु.] (गणित) वह राशि या संख्या जिससे दो या अधिक संख्याओं को भाग देने पर शेष कुछ न बचता हो। [वि.] समापवर्तन करने वाला।

समापवर्तन (सं.) [सं-पु.] (गणित) राशियों या संख्याओं से समापवर्तक निकालने की क्रिया।

समापिका क्रिया (सं.) [सं-स्त्री.] (व्याकरण) दो प्रकार की क्रियाओं में से एक प्रकार की क्रिया जिससे किसी कार्य का समाप्त होना सूचित होता है; पूर्वकालिक क्रिया के बाद होने वाली क्रिया।

समाप्त (सं.) [वि.] 1. (कार्य आदि) जिसे पूरा कर दिया गया हो 2. जिसका अंत हो गया हो; ख़तम 3. जिसका कार्यकाल बीत चुका हो 4. (वस्तु) जो बिक चुकी हो।

समाप्ति (सं.) [सं-स्त्री.] 1. समाप्त होने की अवस्था या भाव 2. पूरा या ख़तम होना 3. अवधि, सीमा आदि का अंत होना 4. अंत; अवसान; शेष न रहना।

समायत (सं.) [वि.] 1. फैला हुआ 2. बढ़ा हुआ 3. बड़ा; विस्तृत; विशाल।

समायोग (सं.) [सं-पु.] 1. संयोग 2. भीड़; जनसमूह 3. संबंध; तैयारी 4. ताल-मेल; समायोजन।

समायोजक (सं.) [वि.] 1. समायोजन करने वाला, ढंग या क्रम से रखने वाला 2. मिलाने वाला; व्यवस्था कराने वाला; संभरक।

समायोजन (सं.) [सं-पु.] 1. समायोग; मिलाना; संयोग होने की अवस्था 2. कोई चीज़ ठीक ढंग से रखना 3. आवश्यक वस्तुओं को लोगों तक पहुँचाना; संभरण।

समायोजित (सं.) [सं-स्त्री.] 1. जिसका समायोजन किया गया हो; मिलाया हुआ 2. किसी के पास पहुँचाया हुआ 3. उपलब्ध कराया हुआ।

समारंभ (सं.) [सं-पु.] 1. अच्छी तरह आरंभ होना 2. समारोह 3. अंगलेप 4. साहसिक कार्य 5. साहसिक कार्य करने का उत्साह या भाव।

समारोह (सं.) [सं-पु.] 1. उत्सव; शुभ कार्यक्रम 2. धूमधाम 3. चढ़ाई करना; सवार होना; ऊपर जाना।

समारोही (सं.) [वि.] समारोह संबंधी।

समालोचक (सं.) [वि.] 1. अच्छी-तरह देखने वाला; सम्यक परीक्षा या परीक्षण करने वाला 2. किसी चीज़ के गुण-दोषों की सम्यक विवेचना करने वाला 3. (साहित्य) किसी कृति,

रचना या ग्रंथ आदि के गुण-दोषों तथा महत्व आदि का प्रतिपादन करने वाला; समीक्षा या समालोचना करने वाला; समीक्षक। [सं-पु.] समालोचना करने वाला व्यक्ति।

समालोचना (सं.) [सं-स्त्री.] 1. सम्यक प्रकार से देखना; अच्छी तरह देखना 2. किसी वस्तु, व्यक्ति आदि के गुण-दोषों का किया जाने वाला सम्यक विवेचन 3. साहित्यिक रचना के गुण-दोषों के विवेचन करने की कला; आलोचना; समीक्षा 4. किसी पुस्तक या ग्रंथ के गुण-दोषों का विचार प्रस्तुत करने वाला लेख या ग्रंथ।

समालोचनात्मक (सं.) [वि.] 1. जिसकी सम्यक विवेचना की गई हो 2. (लेख या टिप्पणी) जिसमें समालोचना की गई हो; आलोचनात्मक; समीक्षात्मक 3. गुण-दोष की परख किया हुआ; निरीक्षण किया हुआ।

समावरण (सं.) [सं-पु.] कोई छोटा सूचनात्मक लेख, टिप्पणी आदि जो किसी बड़े पत्र के साथ एक ही लिफ़ाफ़े में रखकर भेजा जाता है; समावृत्त; अंतर्गतक; संलग्नक।

समावर्तन (सं.) [सं-पु.] 1. वापस होना; लौटना 2. एक प्राचीन वैदिक संस्कार जिसमें शिक्षार्थी के गुरुकुल से स्नातक होकर लौटने के समय होता था 3. अध्ययन पूरा करके घर लौटना; दीक्षांत 4. वर्तमान समय में विश्वविद्यालयों में होने वाला वह समारोह जिसमें उच्च शिक्षा में उत्तीर्ण होने वाले विद्यार्थियों को उपाधि तथा प्रमाण-पत्र आदि प्रदान किए जाते हैं।

समाविष्ट (सं.) [वि.] 1. जिसका समावेश हो चुका हो; समाहित; मिलाया हुआ 2. पूर्णतः प्रविष्ट; दाख़िल; व्याप्त 3. अंतःविष्ट; अंतर्भूत 4. बैठा हुआ; आसीन 5. गृहीत; ग्रस्त 6. शामिल; संयोजित; शरीक; सम्मिलित 7. आत्मसात।

समावृत्त (सं.) [वि.] 1. अच्छी तरह ढका या छाया हुआ 2. जो समापवर्तन संस्कार के उपरांत गुरुकुल से लौटा हो 3. लौटा हुआ; वापस 4. घिरा हुआ; लपेटा हुआ; वलयित 5. कोई छोटा सूचनात्मक लेख या टिप्पणी जो किसी बड़े पत्र के साथ एक ही लिफ़ाफ़े में रखकर भेजा गया हो 6. जुटना; एकत्र होना 7. सुरक्षित, अवरुद्ध या बंद किया हुआ।

समावेश (सं.) [सं-पु.] 1. एक जगह जाना; साथ रहना; सम्मिलित होना 2. पहुँचना; मिलना 3. अंतर्भाव; शामिल होना।

समाश्रय (सं.) [सं-पु.] 1. आश्रय; सहारा 2. सहायता; मदद।

समाश्रित (सं.) [सं-पु.] वह व्यक्ति जो भरण-पोषण के लिए किसी अन्य पर आश्रित हो; भृत्य; सेवक। [वि.] 1. जिसने किसी स्थान पर अच्छी तरह आश्रय ग्रहण किया हो 2. जो सहारे पर हो; अवलंबित 3. निवसित; बसा हुआ 4. सज्जित किया हुआ 5. एकत्रित।

समास (सं.) [सं-पु.] 1. योग; मिलाप; मेल 2. युति; संधि 3. (व्याकरण) दो या अधिक शब्दों या पदों को मिलाकर एक शब्द बनाना; शब्द संयोजन 4. समर्थन 5. संग्रह 6. संक्षिप्त करना।

समासीन (सं.) [वि.] 1. अच्छी तरह आसीन या बैठा हुआ 2. एक साथ बैठा हुआ; निकट आसीन।

समासोक्ति (सं.) [सं-स्त्री.] (काव्यशास्त्र) एक प्रकार का अर्थालंकार जिसमें समान कार्य, समान लिंग और समान विशेषण आदि के द्वारा किसी प्रस्तुत वर्णन से अप्रस्तुत का ज्ञान होता है।

समाहना (सं.) [क्रि-अ.] सामना करना; सामने आना।

समाहरण (सं.) [सं-पु.] 1. बहुत-सी चीज़ों को एक जगह इकट्ठा करना; संग्रह 2. समूह; राशि; ढेर 3. मिलना; मिलाप 4. शब्दों या वाक्यों का परस्पर संयोग 5. (व्याकरण) द्वंद्व और द्विगु समासों का समष्टि विधायक एक उपभेद 6. संक्षेपण; संकोचन 7. वर्णमाला के दो अक्षरों का शब्दांश में योग; प्रत्याहार।

समाहर्ता (सं.) [वि.] 1. समाहार करने वाला; संग्रह करने वाला; संग्रहकर्ता 2. जमाने वाला; मिलाने वाला 3. उपसंहार करने वाला 4. समावेश करने वाला। [सं-पु.] मध्यकाल में वह राजकर्मचारी जो कर उगाहने का काम करता था; करसंग्राहक।

समाहार (सं.) [सं-पु.] 1. बहुत-सी चीज़ों को एकत्र करके मिलाना; इकट्ठा करना; समावेश; मिलाप; संग्रह 2. उपसंहार 3. संधि; जोड़; युति 4. शब्दों या वाक्यों का योग 5. समूह; ढेर; राशि 6. द्वंद्व समास का एक भेद 7. संक्षेप 8. सांसारिक विषयों से इंद्रियों को पृथक करना 9. समाहरण 10. कर या चंदा आदि उगाहना।

समाहित (सं.) [वि.] 1. एकत्र किया हुआ; संगृहीत 2. तय किया हुआ; निश्चित 3. समाप्त 4. स्वीकृत।

समिति (सं.) [सं-स्त्री.] 1. सभा; समाज 2. मनोनीत सदस्यों की परिषद।

समिद्ध (सं.) [वि.] 1. जलता हुआ; प्रज्वलित; प्रदीप्त 2. उत्तेजनायुक्त; उत्तेजित 3. अग्नि में डाला हुआ; अग्नि में न्यस्त।

समिध (सं.) [सं-पु.] अग्नि; आग।

समिधा (सं.) [सं-स्त्री.] 1. यज्ञ या हवनकुंड में जलाई जाने वाली लकड़ी 2. हवन आदि की सामग्री।

समिश्र (सं.) [वि.] 1. मिलने वाला 2. मिश्रित होने वाला।

समीकरण (सं.) [सं-पु.] 1. संख्याओं या वस्तुओं को समान करने की क्रिया या भाव; बराबर करना 2. गणित में ज्ञात राशियों या संख्याओं से अज्ञात संख्याओं को निकालने की क्रिया 3. यह सिद्ध करना कि अमुक-अमुक राशियाँ या मान बराबर हैं 4. विभिन्न घटकों में समानता स्थापित करने की क्रिया।

समीक्षक (सं.) [वि.] 1. समीक्षा करने वाला; समालोचक 2. सम्यक रूप से देखने वाला।

समीक्षण (सं.) [सं-पु.] 1. दर्शन; देखना 2. अनुसंधान; अन्वेषण; जाँच-पड़ताल 3. आलोचना; समीक्षा।

समीक्षा (सं.) [सं-स्त्री.] 1. अच्छी तरह देखने की क्रिया 2. छानबीन या जाँच-पड़ताल 3. गुण-दोषों का अध्ययन 4. परीक्षण 5. खोज; अनुसंधान 6. रचना, पुस्तक आदि का विवेचन या समालोचना।

समीक्षाकार (सं.) [सं-पु.] समीक्षा करने वाला व्यक्ति।

समीक्षात्मक (सं.) [वि.] जिसमें समीक्षा की गई हो; जिसमें

सम्यक मूल्यांकन किया गया हो; समालोचनात्मक।

समीक्षित (सं.) [वि.] 1. जिसकी समीक्षा की गई हो 2. जिसे भलीभाँति देखा परखा गया हो।

समीचीन (सं.) [वि.] 1. यथार्थ 2. उचित; ठीक; वाजिब 3. न्यायसंगत 4. तर्क-पूर्ण; समयोचित।

समीज [सं-स्त्री.] स्त्रियों का कुरते या कमीज़ के नीचे पहना जाने वाला वस्त्र।

समीप (सं.) [वि.] करीब; निकट; नज़दीक; पास।

समीपतर (सं.) [वि.] बहुत करीब; अति निकट; पास में; काफ़ी नज़दीक।

समीपता (सं.) [सं-स्त्री.] 1. समीप होने की अवस्था या भाव; निकटता; सामीप्य; नज़दीकी 2. अंतरंगता; अपनत्व।

समीपवर्ती (सं.) [वि.] 1. जो किसी के निकट या पास में स्थित हो 2. पास या निकट का 3. समीप रहने वाला 4. निकटस्थ; समीपस्थ।

समीपस्थ (सं.) [वि.] जो समीप में स्थित या स्थापित हो; निकट रहने वाला; पास का; निकट का; समीपवर्ती।

समीर (सं.) [सं-पु.] 1. वायु; हवा; पवन 2. प्राणवायु 3. शमी नामक वृक्ष।

समीरण (सं.) [सं-पु.] 1. समीर; पवन; हवा 2. प्रोत्साहन; प्रेरण; प्रेषण 3. पथिक; बटोही 4. शरीर में उपस्थित वायु 5. चलना; गतिशील करना 6. मरुवा नामक पौधा। [वि.] 1. गतिशील; चलने वाला 2. उद्दीपन करने वाला।

समुचित (सं.) [वि.] 1. उचित; ठीक; यथेष्ट; वाजिब 2. जो हर तरह से उत्तम हो; योग्य; उपयुक्त 3. जो पसंद आ जाए।

समुच्चय (सं.) [सं-पु.] 1. कुछ वस्तुओं का एक में मिलना 2. समूह; राशि; ढेर 3. वस्तुओं आदि का एक जगह एकत्र होना 4. शब्दों या वाक्यों का योग।

समुच्चयकर्ता (सं.) [वि.] 1. एक साथ मिलाने वाला; इकट्ठा करने वाला 2. समूह बनाने वाला।

समुच्चयन (सं.) [सं-पु.] 1. ऊपर करने की क्रिया या भाव 2. इकट्ठा करने या समूह बनाने की क्रिया।

समुच्चयबोधक (सं.) [वि.] (व्याकरण) जो दो वाक्यों के बीच 'और', 'तथा', 'किंतु', 'परंतु' आदि योजकों के माध्यम से संबंध स्थापित करता हो (अवयव)।

समुच्चित (सं.) [वि.] 1. क्रमिक रूप से एकत्रित किया गया; ढेर लगाया हुआ; पुंजीभूत 2. संगृहीत।

समुज्ज्वल (सं.) [वि.] जो अधिक उज्ज्वल हो; चमकीला; कांतियुक्त।

समुत्थान (सं.) [सं-पु.] 1. ऊपर उठने की क्रिया 2. उन्नति; उत्थान; वृद्धि 3. उद्भव; उत्पत्ति; आरंभ।

समुत्सुक (सं.) [वि.] विशेष रूप से इच्छुक; उत्कंठित; उत्सुक; अधीर।

समुदाय (सं.) [सं-पु.] 1. समूह; झुंड 2. दल 3. किसी समाज, वर्ग, जाति, बिरादरी आदि के लोगों का समूह।

समुद्यत (सं.) [वि.] 1. अच्छी तरह से तैयार 2. जो पूरी तरह से उद्यत हो।

समुद्र (सं.) [सं-पु.] 1. एक विशाल जलराशि जो पृथ्वी पर प्रायः तीन-चौथाई हिस्से में व्याप्त है; सागर; अंबुधि; जलधि; रत्नाकर 2. {ला-अ.} किसी वस्तु का बहुत बड़ा आगार या भंडार।

समुद्रगामी (सं.) [वि.] 1. समुद्र के मार्ग से जाने वाला; समुद्र में यात्रा करने वाला 2. समुद्री व्यापार करने वाला।

समुद्रफेन (सं.) [सं-पु.] समुद्र की लहरों पर का झाग।

समुद्रमंथन (सं.) [सं-पु.] 1. एक पौराणिक कथानुसार देवताओं और दैत्यों ने मिलकर समुद्र का मंथन किया था जिसमें उन्हें चौदह रत्न प्राप्त हुए थे 2. {ला-अ.} किसी वस्तु को खोजने के लिए की जाने वाली छान-बीन।

समुद्री (सं.) [वि.] 1. समुद्र का; समुद्र से संबंधित 2. जो समुद्र में उत्पन्न होता हो 3. समुद्र की ओर से आने वाली (वायु) 4. समुद्रीय; दरियाई 5. समुद्री सेना से संबंधित।

समुद्रीय (सं.) [वि.] 1. समुद्र का; समुद्र संबंधी 2. समुद्र से उत्पन्न 3. समुद्र में या उसके तट पर रहने या होने वाला 4. नौसेना का; जंगी जहाज़ों का।

समुन्नत (सं.) [वि.] 1. उन्नत; ऊँचा 2. विशेष प्रकार से विकसित 3. ऊपर उठाया हुआ 4. गौरवान्वित 5. ख़ूब बढ़ा-चढ़ा हुआ; जो आगे बढ़ा हुआ हो।

समुन्नति (सं.) [सं-स्त्री.] 1. ऊपर उठने की क्रिया; उन्नति, उत्थान 2. उच्चता; ऊँचाई।

समुपस्थित (सं.) [वि.] 1. उपस्थित; सामने आया हुआ 2. प्रकट; आसीन 3. सामयिक।

समुल्लास (सं.) [सं-पु.] 1. उल्लास; उमंग; आनंद; प्रसन्नता 2. ग्रंथ आदि का परिच्छेद या प्रकरण।

समूचा (सं.) [वि.] संपूर्ण; पूरा; कुल आदि से अंत तक जितना हो सब; जिसके खंड न किए गए हों।

समूढ़ (सं.) [सं-पु.] 1. समूह; ढेर 2. आगार; भंडार। [वि.] 1. ढेर के रूप में रखा हुआ 2. एकत्र किया हुआ; एकत्रित; संगृहीत 3. जो अभी उत्पन्न हुआ हो 4. विवाहित 5. जो भोगा हुआ हो; भुक्त।

समूर (सं.) [सं-पु.] 1. हिरण का चर्म 2. साँभर नाम का हिरन 3. समूरु।

समूल (सं.) [वि.] 1. मूल-सहित; जड़-समेत 2. जिसमें जड़ हो; जिसका कोई मुख्य हेतु या कारण हो।

समूल्य (सं.) [वि.] सशुल्क; जिसका मूल्य चुकाया जाना हो।

समूह (सं.) [सं-पु.] 1. बहुत से व्यक्तियों का जमघट; समुदाय; झुंड 2. एक ही प्रकार की वस्तुओं या जीवों का अधिक मात्रा में एक जगह होने की स्थिति, जैसे- पशु-पक्षियों का समूह।

समूहगान (सं.) [सं-पु.] 1. एक साथ मिलकर गाना; समूह गायन 2. कीर्तन; वृंदगान।

समूहतः (सं.) [क्रि.वि.] सामूहिक रूप से; समूह के रूप में।

समूहन (सं.) [सं-पु.] 1. इकट्ठा करने की क्रिया; बटोरना 2. राशि; ढेर। [वि.] 1. एकत्र करने वाला 2. समागम करने वाला।

समूहना (सं.) [सं-पु.] 1. कई वस्तुओं आदि को मिलाकर एक

समूह में रखना 2. राशि; ढेर।

समूहीकरण (सं.) [सं-पु.] वस्तुओं का ढेर या समूह बनाने की क्रिया।

समृद्ध (सं.) [वि.] 1. बहुत अधिक धन-संपत्ति वाला; संपन्न 2. फलता-फूलता हुआ; भरा-पूरा 3. सशक्त; सफल 4. प्रभावशील 5. अधिक; बहुत।

समृद्धि (सं.) [सं-स्त्री.] 1. समृद्ध होने की अवस्था या भाव 2. बहुत अधिक धन या संपत्ति होना; अमीरी; ऐश्वर्य 3. बहुलता; अधिकता 4. शक्ति; सफलता 5. उन्नति।

समृद्धिशाली (सं.) [वि.] 1. जिसके पास बहुत अधिक धन-संपत्ति हो; वैभवपूर्ण; ऐश्वर्यशाली 2. सौभाग्यशाली 3. ख़ुशहाल।

समेकन (सं.) [सं-पु.] 1. मिलाकर एक करना; संयुक्त करना; एकीकरण 2. एकाधिक पदार्थों का गलकर या किसी अन्य रूप में एक हो जाना।

समेकित (सं.) [वि.] 1. जिसका समेकन किया गया हो 2. मिलाकर एक किया हुआ; परस्पर मिलाया हुआ; संयुक्त।

समेट [सं-स्त्री.] 1. समेटने की क्रिया या भाव 2. समेटी हुई या इकट्ठी की हुई वस्तुएँ; बटोर 3. संकुचन।

समेटना [क्रि-स.] 1. बिखरी या फैली हुई वस्तु को इकट्ठा करना; बटोरना 2. (कार्य आदि का) समापन करना 3. (दरी या कालीन आदि को) तह करके रखना।

समेत (सं.) [वि.] 1. किसी के साथ मिला हुआ; संयुक्त 2. एकत्रित 3. समवेत; युक्त; सहित। [क्रि.वि.] सहित; साथ, जैसे- हथियारों समेत जाना।

समोसा (फ़ा.) [सं-पु.] तीन कोनों वाला एक पकवान जो मैदे के अंदर आलू आदि भरकर बनाया जाता है।

सम्मत (सं.) [वि.] 1. जिसकी राय मिलती हो; सहमत; राज़ी; जिसपर सहमति हो 2. मान्य।

सम्मति (सं.) [सं-स्त्री.] 1. सलाह; राय 2. अनुमति; अनुज्ञा 3. किसी विषय में प्रकट किया गया अपना विचार या मत 4. कामना; इच्छा।

सम्मन (अं.) [सं-पु.] 1. अदालत में हाज़िर होने के लिए प्रतिवादी या गवाह को अदालत द्वारा लिखित में भेजी जाने वाली सूचना या आदेश 2. आज्ञापत्र; बुलावा; तलबी।

सम्मान (सं.) [सं-पु.] 1. किसी के प्रति होने वाला आदरपूर्ण भाव 2. आदर; गौरव; इज़्ज़त 3. प्रतिष्ठा; मान; रुतबा।

सम्मानजनक (सं.) [वि.] 1. जो सम्मान के योग्य हो; जिसका सम्मान किया गया हो 2. प्रतिष्ठित; मान्य; गौरवपूर्ण 3. उचित; श्रेष्ठ; उत्तम 4. वह (शब्द या स्थिति) जो आदर का भाव पैदा करे।

सम्माननीय (सं.) [वि.] 1. आदर के योग्य; आदरणीय; माननीय 2. पूजित; उपाधित।

सम्मानभाजन (सं.) [सं-पु.] सम्मान का पात्र; सम्मान के योग्य।

सम्मानसूचक (सं.) [वि.] 1. जो सम्मान का प्रतीक हो; आदरपूर्ण 2. जिससे सम्मान बढ़ता हो 3. प्रतिष्ठा देने वाला; मान बढ़ाने वाला।

सम्मानार्थ (सं.) [सं-पु.] सम्मान के लिए; प्रतिष्ठा की ख़ातिर।

सम्मानित (सं.) [वि.] 1. जिसका सम्मान किया गया हो; जिसको सम्मान दिया जाता हो 2. मान्य; प्रतिष्ठित 3. माननीय; आदरणीय।

सम्मान्य (सं.) [वि.] जिसका सम्मान किया जाना उचित और आवश्यक हो; आदरणीय।

सम्मार्जनी (सं.) [सं-स्त्री.] झाड़ू; कूँचा; बुहारी।

सम्मित (सं.) [वि.] 1. समान आकार का; सुडौल 2. समान माप और परिमाण आदि का 3. जिसके अंगों में एकरूपता हो 4. मापा हुआ 5. एक जैसा; अनुरूप; सदृश।

सम्मिलन (सं.) [सं-पु.] 1. दो व्यक्तियों या वस्तुओं का मिलना; एकत्र होना 2. मुलाकात; मिलन; मेल-मिलाप 3. समावेश; समागम।

सम्मिलित (सं.) [वि.] 1. किसी के साथ मिला या मिलाया हुआ; युक्त; एकत्र 2. मिश्रित 3. शामिल; समाविष्ट 4. सामूहिक; मिल-जुलकर।

सम्मिश्र (सं.) [वि.] 1. मिश्रित; मिलाजुला 2. एक में मिलाया हुआ 3. मिलावटी।

सम्मिश्रक (सं.) [सं-पु.] 1. किसी प्रकार का सम्मिश्रण करने वाला व्यक्ति 2. वह व्यक्ति जो औषधियों का मिश्रण प्रस्तुत करता हो; (कंपाउंडर)।

सम्मिश्रण (सं.) [सं-पु.] 1. अच्छी तरह मिलाने की क्रिया 2. मेल; मिलावट 3. कई प्रकार की औषधियों को एक में मिलाना।

सम्मिश्रित (सं.) [वि.] 1. अच्छी तरह मिला हुआ; मिश्रित; मिला-जुला 2. एक साथ किया हुआ; संकरित 3. उचित प्रकार से संबद्ध; युक्त।

सम्मुख (सं.) [वि.] 1. जो आँखों के सामने विद्यमान हो 2. अभिमुख। [अव्य.] सामने; समक्ष।

सम्मेलन (सं.) [सं-पु.] 1. किसी विशेष उद्देश्य या विषय पर विचार करने हेतु एकत्र होने वाले व्यक्तियों का समूह समारोह; अधिवेशन; सभा 2. मिलाप; संगम 3. जमघट; जमावड़ा।

सम्मोह (सं.) [सं-पु.] 1. मोह; प्रेम 2. धोखा; भ्रम 3. बेहोशी; मूर्छा 4. विकलता; घबराहट।

सम्मोहक (सं.) [वि.] 1. जो मोहक या सुंदर हो; आकर्षक; मनोहर 2. सम्मोहन करने वाला; वश में करने वाला 3. मुग्ध करने वाला 4. प्रलोभन देने वाला 5. भ्रामक; विमोहक 6. संज्ञाहीन करने वाला 7. कामाकर्षित करने वाला; चित्ताकर्षक।

सम्मोहन (सं.) [सं-पु.] 1. मोहने या मुग्ध करने की क्रिया 2. किसी को अपने कब्ज़े या वश में करने की क्रिया; वशीकरण 3. कामदेव का एक बाण 4. एक विशेष प्रकार की भाव दशा जिससे व्यक्ति बेसुध होकर बँध जाता है।

सम्मोहनकारी (सं.) [वि.] 1. सम्मोहन करने वाला; वश में करने वाला 2. अभिमंत्रित करने वाला 3. आसक्ति पैदा करने वाला; लुभाने वाला; आकर्षण में बाँधने वाला 4. भ्रम पैदा करने वाला।

सम्मोहित (सं.) [वि.] 1. जिसे सम्मोहन द्वारा वश में किया गया हो; मोहित 2. आसक्त मुग्ध; वशीकृत 3. बेहोश किया हुआ;

भ्रमित।

सम्यक (सं.) [वि.] 1. सब; पूरा; समस्त 2. ठीक; उचित; उपयुक्त; सही 3. मनोनुकूल। [सं-पु.] समुदाय; समूह। [क्रि-वि.] 1. पूरी तरह से 2. सब प्रकार से 3. अच्छी तरह; भली-भाँति।

सम्यक-ज्ञान (सं.) [सं-पु.] उचित ज्ञान।

सम्यक-समाधि (सं.) [सं-स्त्री.] बौद्धों के अनुसार एक प्रकार की समाधि।

सम्राज्ञी (सं.) [सं-स्त्री.] 1. साम्राज्य के शासन सूत्र का संचालन करने वाली स्त्री; साम्राज्य पर शासन करने वाली नारी 2. सम्राट या शासक की पत्नी।

सम्राट (सं.) [सं-पु.] साम्राज्य का स्वामी या मालिक; शासक; राजाधिराज।

सयाना (सं.) [वि.] 1. बुद्धिमान; चतुर; होशियार 2. वयस्क; प्रौढ़ 3. धूर्त; चालाक; कपटी 4. दूरदर्शी; विवेकवान 5. अभिमंत्रक। [सं-पु.] 1. बड़ी उम्र का अनुभवी व्यक्ति 2. अंधविश्वास फैलाने वाला ओझा; फ़कीर।

सयानापन [सं-पु.] 1. सयाना होने की अवस्था 2. बुद्धिमानी; अक्लमंदी; चतुराई 3. चालाकी 4. दूरदर्शिता; विवेक।

सर[1] (सं.) [सं-पु.] ताल; बड़ा तालाब। [सं-स्त्री.] समानता; बराबरी।

सर[2] (फ़ा.) [सं-पु.] 1. सिर; चोटी; शीर्ष भाग 2. सिरा 3. चरम सीमा। [वि.] 1. काबू में किया हुआ 2. दबाया हुआ 3. पराजित; दमन किया हुआ; जीता हुआ 4. श्रेष्ठ; अभिभूत। [क्रि.वि.] सामने; ऊपर।

सर[3] (अं.) [सं-पु.] 1. श्रीमान; महोदय; जनाब 2. ब्रिटिश सरकार द्वारा प्रदान की जाने वाली एक सम्मान सूचक उपाधि 3. अध्यापकों के लिए एक संबोधन।

सरंगा [सं-स्त्री.] 1. एक प्रकार की नाव 2. कंबल बुनने की लकड़ी।

सरंजाम (फ़ा.) [सं-पु.] 1. काम का पूरा होना; कार्य पूर्ति 2. अंत; परिणाम 3. प्रबंध; व्यवस्था।

सरइया [सं-पु.] एक छोटी गिड़ार; खड़सिंगा।

सरई [सं-पु.] 1. किसी ढांचे को थामने वाला डंडा 2. पहलवान; बली व्यक्ति। [सं-स्त्री.] मूँज या सरपत जाति का पौधा 2. गंडनी; सर्पाक्षी।

सरक (सं.) [सं-पु.] 1. सरकने की क्रिया 2. गमन; चलना; खिसकना 3. चुपचाप निकलना 4. मदिरा; शराब।

सरकंडा [सं-पु.] 1. एक पौधा जिसके तने में गाँठें होती हैं; गाँठदार सरपत 2. मूँज; सरई।

सरकना [क्रि-अ.] 1. खिसकना; रेंगना 2. ज़मीन से सटे हुए आगे बढ़ना 3. धँसना; फिसलना 4. पलायन करना; हट जाना 5. {ला-अ.} काम का शुरू होना या चलना 6. समय गुज़रना।

सरकश (फ़ा.) [वि.] 1. आज्ञा का उल्लंघन करने वाला 2. किसी के विरुद्ध सिर उठाने वाला 3. विद्रोही; बागी; उद्दंड; उद्धत 4. अशिष्ट; घमंडी 5. जिसपर नियंत्रण करना कठिन हो; जो किसी से दबता न हो 6. दुष्ट और पाजी।

सरकशी (फ़ा.) [सं-स्त्री.] 1. आज्ञा का उल्लंघन; अवज्ञा 2. धृष्टता; उद्दंडता 3. विद्रोह 4. अशिष्टता; दुष्टता।

सरकार (फ़ा.) [सं-स्त्री.] देश का शासन करने वाली संस्था या सत्ता; शासन; हुकूमत। [सं-पु.] 1. शासक, राजा, मालिक 2. बड़े व्यक्ति के लिए प्रयुक्त होने वाला एक संबोधन; हुज़ूर 3. प्रभु।

सरकारी (फ़ा.) [वि.] 1. सरकार संबंधी; सरकार का 2. जिसका दायित्व या भार सरकार पर हो 3. शासकीय; राजकीय।

सरकौनी [सं-स्त्री.] 1. आगे वाली खूँटी 2. सरकने वाली खूँटी।

सरख़त (फ़ा.) [सं-पु.] 1. किराया या अन्य लेन-देन संबंधी हिसाब लिखने की छोटी बही; किरायानामा 2. किसी प्रकार का अधिकार पत्र अथवा प्रमाण-पत्र 3. परवाना; आज्ञापत्र।

सरगना (फ़ा.) [वि.] 1. मुखिया; सरदार 2. नेता 3. अगुवाई करने वाला।

सरगपताली [सं-पु.] वह बैल जिसके दोनों सींग बिल्कुल विपरीत दिशा यानी ऊपर-नीचे की ओर हो।

सरगम (सं.) [सं-पु.] 1. (संगीत) सात सुरों का समूह; स्वर-ग्राम; सप्तक 2. सातों सुरों के उतार-चढ़ाव या आरोह-अवरोह का क्रम 3. किसी गीत या ताल में लगने वाले स्वरों का उच्चारण।

सरगरमी (फ़ा.) [सं-स्त्री.] 1. उत्साह; उमंग 2. जोश; आवेश 3. तन्मयता; तल्लीनता 4. तत्परता; कटिबद्धता।

सरगर्म (फ़ा.) [वि.] जोशीला; आवेशपूर्ण उत्साह या उमंग से भरा हुआ।

सरगोशी (फ़ा.) [सं-स्त्री.] 1. कान में कोई बात बताना 2. किसी की शिकायत करना।

सरज़मीं (फ़ा.) [सं-स्त्री.] 1. मातृभूमि 2. स्वदेश; मुल्क 3. धरती; भूमि; ज़मीन।

सरजा (फ़ा.) [सं-पु.] 1. सरदार 2. सिंह; शेर 3. छत्रपति शिवाजी की उपाधि।

सरज़ोर (फ़ा.) [वि.] 1. प्रबल 2. उद्दंड; अवज्ञाकारी; बेकाबू; बागी।

सरण (सं.) [सं-पु.] 1. गमन; धीरे-धीरे आगे बढ़ना या चलना 2. रेंगना 3. खिसकना 4. सरकना।

सरणी (सं.) [सं-स्त्री.] 1. रास्ता; मार्ग 2. लकीर; रेखा 3. पगडंडी 4. परिपाटी; प्रथा; ढर्रा।

सरताज (फ़ा.) [सं-पु.] 1. सिर पर पहनने का ताज; मुकुट; शिरोभूषण 2. अपने वर्ग या समूह में श्रेष्ठ व्यक्ति या वस्तु; शिरोमणि 3. सरदार। [वि.] अग्रगण्य; प्रधान; मुख्य।

सरदई [वि.] सरदे (ख़रबूज़े) के रंग का कुछ हरापन लिए हुए पीला।

सरदर [वि.] 1. सब एक साथ मिलाकर 2. एक सिरे से दूसरी ओर 3. कुएँ के ऊपरी सतह के बीच रखी लकड़ी जिस पर पैर रखकर पानी खींचा जाता हैं।

सरदल [सं-पु.] दरवाजे का बाज़ू।

सरदा (फ़ा.) [सं-पु.] कश्मीर तथा अफ़गानिस्तान में होने वाल ख़रबूज़े की जाति का एक फल जो ख़रबूज़े की अपेक्षा अधिक

मीठा तथा आकार में बड़ा होता है।

सरदार (फ़ा.) [सं-पु.] 1. किसी दल, मंडली आदि का अगुआ; नायक; नेता या प्रमुख 2. रईस; अमीर 3. छोटा शासक 4. सिक्खों की एक उपाधि।

सरदारी (फ़ा.) [सं-स्त्री.] 1. सरदार का पद, भाव या स्थिति; सरदारपन; नायकत्व 2. सरदार से संबंधित।

सरदी (फ़ा.) [सं-स्त्री.] 1. जाड़ा; ठंड 2. जाड़े का मौसम; शीत ऋतु 3. प्रतिश्याय; जुकाम।

सरधौकी [सं-स्त्री.] रेतीली भूमि में पाया जाने वाला एक औषधीय पौधा।

सरना (सं.) [क्रि-अ.] 1. सरकना; खिसकना 2. गतिमान होना 3. कार्य आदि का पूर्ण होना; निर्वाह होना 4. उपयोग में आना 5. निसृत होना; निकलना 6. परस्पर सद्भाव बना रहना; निभना; पटना।

सरनाम (फ़ा.) [वि.] जिसका बहुत नाम हो; यशस्वी; मशहूर; प्रसिद्ध; नामवर।

सरनामा (फ़ा.) [सं-पु.] 1. किसी लेख आदि का शीर्षक 2. किसी पत्र आदि में संबोधन के रूप में लिखा जाने वाला पद 3. भेजे जाने वाले पत्र पर लिखा जाने वाला पता।

सरपंच (फ़ा.+हिं.) [सं-पु.] 1. ग्राम पंचायत का मुखिया या सभापति 2. ग्राम-प्रधान; पंचों में बड़ा और मुख्य व्यक्ति।

सरपट (सं.) [सं-पु.] बहुत तेज़ चाल, जैसे- घोड़े आदि की चाल। [क्रि.वि.] बहुत तेज़ चलते अथवा दौड़ते हुए, जैसे- सरपट साइकिल दौड़ाते हुए जाना।

सरपत (सं.) [सं-पु.] कुश की तरह की एक लंबी घास जो छप्पर आदि छाने के काम में आती है; सेंठा; सरकंडा।

सरपरस्त (फ़ा.) [वि.] 1. जो पालन-पोषण या देख-भाल करे; संरक्षक 2. अभिभावक।

सरपेच (फ़ा.) [सं-पु.] 1. पगड़ी के ऊपर लगाई जाने वाली एक जड़ाऊ कलगी 2. लगभग दो-ढाई अंगुल चौड़ा जरीदार गोटा।

सरफ़राज़ (फ़ा.) [वि.] 1. जो ऊँचे ओहदे या पद पर हो; सम्मानित 2. माननीय; प्रतिष्ठित 3. जिसकी तारीफ़ हुई हो; प्रसिद्ध 4. {अशि.} जिसके साथ पहला संभोग हो (वेश्या) 5. {शा-अ.} जिसका सिर ऊँचा हो।

सरफ़रोश (फ़ा.) [वि.] 1. जान की बाज़ी लगा देने वाला; जान पर खेलने वाला 2. बलिदानी; वीर; साहसी 3. जो किसी आदर्श के लिए अपना सिर न्योछावर कर सकता हो।

सरफ़रोशी (फ़ा.) [सं-स्त्री.] 1. बलिदान होना; जान देने को तैयार होना 2. वीरता; आत्मबलि 3. साहस; हिम्मत 4. सिर कटाना।

सरफोंका [सं-पु.] शरपुंख; एक वनौषधि।

सरब (सं.) [सं-पु.] 1. तीरंदाज़ी; बाण विद्या 2. तीर चलाना।

सरमाया (फ़ा.) [सं-पु.] 1. मूल-धन; पूँजी 2. संपत्ति; धन-दौलत।

सरमायादार (फ़ा.) [वि.] 1. पूँजीपति 2. धनवान; धनी; मालदार।

सरमायादारी (फ़ा.) [सं-स्त्री.] 1. सरमायादार होना या होने की अवस्था 2. पूँजीवाद।

सरयू (सं.) [सं-स्त्री.] भारत में उत्तरप्रदेश राज्य की प्रसिद्ध नदी।

सरल (सं.) [वि.] 1. सीधा; ऋजु; जो टेढ़ा न हो 2. जिसके मन में छल-कपट न हो 3. सच्चा; भोला; ईमानदार 4. आसान; सहज।

सरलता (सं.) [सं-स्त्री.] 1. सरल होने की अवस्था, गुण या भाव 2. स्वभाव या व्यवहार आदि का सीधापन; सिधाई; भोलापन 3. सुगमता; आसानी।

सरला (सं.) [सं-स्त्री.] 1. तुलसी की एक प्रजाति; काली तुलसी 2. चीड़ का वृक्ष।

सरलीकरण (सं.) [सं-पु.] 1. किसी कठिन विषय या प्रसंग आदि को सरल बनाने की क्रिया या भाव; सहजीकरण 2. (गणित) किसी कठिन भिन्न को सरल रूप में परिणत कर देना 3. किसी गंभीर समस्या को अपने अनुरूप समाधान में प्रस्तुत करने का प्रयत्न।

सरलीकृत (सं.) [वि.] 1. जिसका सरलीकरण किया गया हो; सहजीकृत 2. जिसे आसान बनाया गया हो।

सरवत (अ.) [सं-स्त्री.] अमीरी; मालदारी; संपन्नता; धनाढ्यता।

सरवतल [क्रि-स.] 1. खर से छाए हुए छप्पर पर बाती चलाना 2. औसनी के बाद झाड़ू से अनाज के ऊपर मौजूद भूसा-खर हटाना।

सरवर (फ़ा.) [सं-पु.] सरदार; अधिपति; सर्वश्रेष्ठ; नायक; प्रधान।

सरवरिया [सं-पु.] सरयूपारी ब्राह्मण। [वि.] सरवार या सरयू के पार का।

सरवाला [सं-पु.] घोड़ाबेल; बिलाई कंद।

सरस (सं.) [वि.] 1. जो रस या जल से युक्त हो; रसीला; रसयुक्त 2. गीला; आर्द्र; तर 3. हरा और ताज़ा 4. सुंदर; मोहक; मनोहर; शोभनीय; रोचक 5. आनंदप्रद; कलात्मक 6. मधुर; मीठा, जैसे- सरस गायन 7. (रचना या कृति) जिसमें भावों को उद्दीप्त करने की क्षमता हो; भावपूर्ण; रसपूर्ण; माधुर्यपूर्ण 8. {ला-अ.} रसिक; सहृदय। [सं-पु.] सरोवर; तालाब।

सरसई [सं-स्त्री.] 1. सरस्वती नदी या देवी 2. सरलता; रसपूर्णता 3. हरापन; ताजापन 4. सरसों के बराबर का फल।

सरसता (सं.) [सं-स्त्री.] 1. सरस होने की अवस्था या गुण 2. रसीलापन; रसिकता; रसात्मकता 3. सुंदरता 4. मधुरता; मिठास 5. काव्य या कृति का भावमयी और माधुर्यपूर्ण होने का गुण; भावपूर्णता।

सरसना (सं.) [क्रि-अ.] 1. हरा-भरा होना; पनपना 2. बढ़ना; अधिक होना 3. शोभायमान होना 4. रसपूर्ण होना; सरस होना 5. सजल होना 6. कोमलता से युक्त 7. मनोहर होना।

सरसब्ज़ (फ़ा.) [वि.] 1. हरा-भरा; उर्वर; लहलहाता हुआ; जो सूखा न हो 2. वनस्पतियों और हरियाली से युक्त 3. {ला-अ.} संतुष्ट; प्रसन्न; ख़ुशहाल; फलता-फूलता।

सरसर[1] [सं-पु.] जमीन पर रेंगने का शब्द 2. तीव्र वायु के चलने से उत्पन्न ध्वनि; आँधी।

सरसर² (सं.) [वि.] इधर-उधर इतस्ततः घूमने वाला।

सरसराना [क्रि-अ.] 1. 'सर-सर' की ध्वनि होना 2. हवा का तेज़ी से चलना 3. साँप आदि जंतुओं का रेंगना 4. शीघ्रता से कार्य करना। [क्रि-स.] 'सर-सर' की आवाज़ करना।

सरसराहट [सं-स्त्री.] 1. हवा आदि चलने से होने वाली ध्वनि 2. साँप आदि के रेंगने की आवाज़ 3. शरीर के किसी अंग में होने वाली सुरसुराहट।

सरसरी (फ़ा.) [क्रि.वि.] 1. चलताऊ; मोटे तौर पर 2. जल्दी में; स्थूल रूप से 3. बिना गंभीरता के।

सरसाम (फ़ा.) [सं-पु.] सन्निपात नामक रोग।

सरसिज (सं.) [सं-पु.] कमल। [वि.] ताल में उत्पन्न होने या पाया जाने वाला।

सरसी (सं.) [सं-स्त्री.] 1. छोटा तालाब; जलाशय; बावड़ी; ताल; तलैया 2. एक प्रकार का मात्रिक छंद।

सरसीरुह (सं.) [सं-पु.] 1. कमल 2. सारस नामक पक्षी 3. (संगीत) कर्नाटक पद्धति का एक राग।

सरसेटना [क्रि-स.] किसी को डाँटना, फटकारना या खरी-खोटी सुनाना।

सरसों (सं.) [सं-स्त्री.] 1. तिलहन समूह का एक प्रसिद्ध पौधा जिसके फूल पीले और दाने काले और पीले रंग के होते हैं 2. उक्त दानों को पेरकर निकाला गया तेल।

सरस्वती (सं.) [सं-स्त्री.] 1. (पुराण) विद्या और वाणी की देवी जिनका वाहन हंस है; वीणावादिनी; ज्ञानदा; वाग्देवी; वागीशा; वागीश्वरी; भारती; शारदा; विमला 2. उत्तम गुणों वाली स्त्री 3. विद्या; इल्म 4. पंजाब की एक प्राचीन नदी 5. एक प्रकार का राग।

सरहंग (फ़ा.) [सं-पु.] 1. सेना का अधिकारी; सेनानायक; सेनापति; कोतवाल 2. पहलवान; मल्ल 3. सैनिक; पैदल सिपाही 4. पहरेदार; चोबदार। [वि.] बलवान; शक्तिशाली।

सरहत [सं-पु.] वह झाड़ू जिसकी सहायतासे खलिहान में फैले हुए अनाज को बुहारा जाता है।

सरहथ (सं.) [सं-पु.] बड़ी मछलियों का शिकार करने में प्रयुक्त बरछी के आकार-प्रकार का एक हथियार।

सरहद (फ़ा.+अ.) [सं-स्त्री.] 1. किसी देश, राज्य या भूखंड की सीमा 2. अंतिम सीमा; सीमा की समाप्ति 3. सीमा बताने वाली रेखा; सीमा की समाप्ति बताने के लिए अंकित चिह्न 4. उक्त सीमा के आस-पास के प्रदेश।

सरहदी (फ़ा.+अ.) [वि.] 1. सरहद या सीमा का; सीमा से संबंधित 2. सीमांत; सीमावर्ती 3. सरहद या सीमापार का रहने वाला।

सरहना [सं-स्त्री.] मछली के ऊपर का छिलका; शल्क; चुई; चोइयाँ।

सरहरी (सं.) [सं-स्त्री.] मूँज या सरपत की जाति की एक वनस्पति जिसका तना पतला, चिकना और बिना गाँठ का होता है।

सरहुल [सं-पु.] आदिवासियों का एक त्योहार।

सराई [सं-स्त्री.] 1. शलाका; सलाई 2. सरकंडे की पतली डंडी 3. मिट्टी का प्याला या दीया 4. गन्ने का एक रोग।

सरापा (फ़ा.) [सं-पु.] 1. (पद्य या कविता में) सिर से लेकर पैर तक के अंगों अथवा रूप-आकृति का वर्णन 2. नख-शिख; सर्वांग। [अव्य.] 1. सिर से पैर तक; अपादमस्तक 2. ऊपर से नीचे तक 3. आदि से अंत तक।

सराफ़ (अ.) [सं-पु.] दे. सर्राफ़।

सराफ़ा (अ.) [सं-पु.] दे. सर्राफ़ा।

सराफ़ी [सं-स्त्री.] 1. सर्राफ़ का रोज़गार या व्यवसाय 2. महाजनी लिपि।

सराबोर (फ़ा.) [वि.] तरबतर; अच्छी तरह भीगा हुआ।

सराय (फ़ा.) [सं-स्त्री.] 1. यात्रियों के ठहरने का स्थान; मुसाफ़िरख़ाना 2. मध्ययुग में यात्रियों, सौदागरों आदि के रुकने, खाने-पीने, मनोरंजन हेतु उपलब्ध जगह।

सरारो [सं-पु.] आसमान में पंक्तिबद्ध उड़ते पक्षियों के परों की ध्वनि; सरसराहट; सर्राहट।

सराव¹ [सं-स्त्री.] एक प्रकार की पहाड़ी बकरी। [सं-पु.] 1. आवरण; ढक्कन 2. कसोरा।

सराव² (सं.) [सं-पु.] 1. मद्य पात्र; शराब पीने का प्याला 2. दीपक; दिया 3. कटोरा; कसोरा। [वि.] ध्वनि-युक्त; गुंजित; शब्दायमान।

सरावगी (सं.) [सं-पु.] श्रावक धर्मावलंबी; जैन धर्म पर विश्वास करने वाला; जैन मतानुयायी।

सरासर (फ़ा.) [अव्य.] 1. एक सिरे से दूसरे सिरे तक 2. पूरी तरह; पूर्णतया; बिलकुल 3. यहाँ से वहाँ तक 4. प्रत्यक्षतः; स्पष्टतः।

सरासरी (फ़ा.) [सं-स्त्री.] 1. सरासर होने की अवस्था या भाव 2. (किसी काम में) शीघ्रता; जल्दी; फुरती 3. अनुमान। [क्रि.वि.] 1. जल्दी या हड़बड़ी में 2. अनुमानतः।

सराहत (अ.) [सं-स्त्री.] 1. व्याख्या; टीका 2. स्पष्टता; स्पष्टीकरण 3. विशुद्धता।

सराहना (सं.) [क्रि-स.] प्रशंसा या तारीफ़ करना; बड़ाई करना; बखान करना; गुणगान करना। [सं-स्त्री.] तारीफ़; प्रशंसा; बड़ाई।

सराहनीय (सं.) [वि.] 1. प्रशंसा के योग्य; तारीफ़ के लायक; प्रशंसनीय 2. अच्छा; बढ़िया।

सरि (सं.) [सं-स्त्री.] झरना; निर्झर; जलप्रपात।

सरितराज [सं-पु.] समुद्र; सागर।

सरिता (सं.) [सं-स्त्री.] 1. नदी 2. जल की धारा या प्रवाह।

सरिया [सं-पु.] 1. लोहे या इस्पात की गोल छड़ जो भवन आदि के निर्माण में प्रयोग की जाती है 2. सलाख; (बार) 3. सरकंडे की लंबी और पतली छड़।

सरिहन [सं-पु.] एक प्रकार का मोटा धान।

सरी¹ (सं.) [सं-स्त्री.] 1. तलैया; पुष्करिणी छोटा जलाशय 2. झरना।

सरी² (फ़ा.) [वि.] अध्यक्षता; सरदारी।

सरीखा (सं.) [वि.] गुण, रूप आदि में किसी के समान; सदृश; तुल्य; बराबर।

सरीसृप (सं.) [वि.] रेंगने वाला। [सं-पु.] 1. रेंगने वाले जंतु, जैसे- साँप, कीड़े-मकोड़े आदि 2. कशेरुकी वर्ग के जीव-जंतु (छिपकली आदि) 3. विष्णु का एक नाम।

सरीह (सं.) [वि.] 1. प्रकट; स्पष्ट 2. खुला हुआ।

सरुज (सं.) [वि.] रोगयुक्त; रोगी।

सरूर (फ़ा.) [सं-पु.] 1. सुरूर; हलका नशा; ख़ुमार 2. प्रसन्नता; आनंद; ख़ुशी।

सरेआम (फ़ा.+अ.) [अव्य.] खुलेआम; सबके सामने; सार्वजनिक रूप से।

सरेखना [क्रि-स.] 1. अच्छी तरह समझा कर सुपुर्द करना 2. किसी को सहेजने में प्रवृत्त करना।

सरेबाज़ार (फ़ा.) [अव्य.] जनता के सामने; खुले बाज़ार में; लोगों के सामने।

सरेस (फ़ा.) [सं-पु.] एक चिपचिपी वस्तु जो ऊँट, गाय, भैंस आदि के चमड़े या मछली के पोर्ट को पकाकर निकालते हैं; सहरेश; सरेश। [वि.] चिपकने वाला; लसीला।

सरैला [सं-स्त्री.] मछली पकड़ने की टोकरी; गाजा।

सरो (फ़ा.) [सं-पु.] कश्मीर, अफ़ग़ानिस्तान और फ़ारस आदि पश्चिमी एशियाई क्षेत्रों में पाया जाने वाला एक सीधा छतनार पेड़ जो बगीचों में शोभा के लिए लगाया जाता है; बनझाऊ।

सरोकार (फ़ा.) [सं-पु.] 1. वास्ता; संबंध 2. परस्पर व्यवहार का संबंध; लगाव 3. मतलब; प्रयोजन।

सरोज (सं.) [सं-पु.] 1. कमल 2. एक प्रकार का छंद। [वि.] सर या जलाशय से उत्पन्न होने वाला।

सरोजिनी (सं.) [सं-स्त्री.] 1. वह सरोवर या ताल जो कमल से भरा हो 2. कमलों का समूह; कमलवन 3. कमल का पौधा या फूल।

सरोद (फ़ा.) [सं-पु.] 1. (संगीत) वीणा की तरह का एक प्रकार का वाद्य यंत्र 2. गायन एवं नृत्य की क्रिया।

सरोपा (फ़ा.) [सं-पु.] 1. सिर और पैर 2. सिर से पैर तक के वस्त्राभूषण; ख़िलअत 3. सिख समुदाय में किसी का सम्मान करने के लिए दिया जाने वाला उपहार जो आम तौर पर सिर पर बाँधी जाने वाली पगड़ी या कंधे पर रखा जाने वाला दुपट्टा या कंधावर का कपड़ा होता है।

सरोवर (सं.) [सं-पु.] 1. जलाशय; तालाब 2. झील; बड़ा ताल।

सरौता (सं.) [सं-पु.] 1. एक प्रकार का औज़ार जिससे सुपारी काटी जाती है; शंकुला 2. कच्चे आम काटने का एक उपकरण जो लोहे का होता है और काठ में जड़ा होता है।

सर्कस (अं.) [सं-पु.] 1. जादूगरों, नटों आदि की मंडली जो मनोरंजक करतब दिखाते हैं; पशुओं और कलाबाज़ों आदि का कौशल दिखाने वाला दल तथा उसके द्वारा दिखाए जाने वाले करतब, प्रदर्शन आदि 2. कौतुकागार; प्रतियोगियों का स्थान 3. चौक; चौराहा 4. अखाड़ा; दंगल।

सर्किट (अं.) [सं-पु.] 1. विद्युत धारा के प्रवाहित होने का पूरा पथ; परिपथ 2. घेरा; चक्कर; दौरा 3. परिक्रमा पथ।

सर्किल (अं.) [सं-पु.] 1. गोलाकार घेरा; वृत्त 2. चक्र; चक्कर; फेरा 3. मंडल; इलाका 4. मंडली; गोष्ठी 5. समाज; समुदाय।

सर्कुलर (अं.) [वि.] वृत्ताकार; मंडलाकार; गोलाकार। [सं-पु.] अनेक मनुष्यों को भेजा हुआ पत्र; गश्ती चिट्ठी; परिपत्र।

सर्ग (सं.) [सं-पु.] 1. निर्माण; सृजन; रचना 2. (किसी ग्रंथ या काव्य का) अध्याय; परिच्छेद 3. प्रकृति; सृष्टि 4. गमन; चलना 5. जीव; प्राणी 6. प्रवृत्ति; स्वभाव 7. संकल्प; निश्चय प्रयत्न; चेष्टा 8. प्रवाह; बहाव 9. अस्त्र आदि चलाना 10. झुकाव; रुझान 11. उद्गम; मूल 12. आगे बढ़ाना।

सर्गबद्ध (सं.) [वि.] (महाकाव्य) जो कई सर्गों में विभक्त हो; ऐसी रचना जो कई सर्गों से मिलकर बनी है।

सर्जक (सं.) [वि.] 1. सर्जन करने वाला; रचयिता; स्रष्टा 2. रूप देने वाला 3. लेखक।

सर्जन[1] (सं.) [सं-पु.] 1. रचना; नवनिर्माण 2. उत्पादन 3. किसी वस्तु को चलाना या छोड़ना 4. उत्पन्न करना; जन्म देना 5. त्याग; निकालना।

सर्जन[2] (अं.) [सं-पु.] रोग के उपचार के लिए शरीर के किसी अंग की शल्यक्रिया या ऑपरेशन करने वाला चिकित्सक; शल्यचिकित्सक।

सर्जनशील (सं.) [वि.] 1. निर्माण या सृजन की ओर उन्मुख 2. सर्जन करने वाला 3. सृजन में प्रवृत्त।

सर्जनात्मक (सं.) [वि.] 1. सर्जना संबंधी; रचना का 2. बुद्धि और कल्पना के योग से लिखा गया; रचनात्मक (साहित्य)।

सर्टिफ़िकेट (अं.) [सं-पु.] प्रमाणपत्र।

सर्द (फ़ा.) [वि.] 1. अधिक ठंडा, जैसे- सर्द हवा 2. ढीला; शिथिल 3. उत्साह या आवेग से रहित 4. मंद; धीमा; सुस्त 5. स्वाद रहित; फीका।

सर्दी (फ़ा.) [सं-स्त्री.] दे. सरदी।

सर्प (सं.) [सं-पु.] 1. सरीसृप वर्ग का एक लंबा, ज़हरीला और मांसाहारी जीव जो बिलों आदि में रहता है; भुजंग; साँप 2. (पुराण) ग्यारह रुद्रों में से एक।

सर्पदंश (सं.) [सं-पु.] विषैले साँप का काटना।

सर्पयज्ञ (सं.) [सं-पु.] (पुराण) राजा जनमेजय का वह यज्ञ जो सर्पों का नाश करने के लिए किया गया था; नाग-यज्ञ।

सर्पराज (सं.) [सं-पु.] 1. (पुराण) सर्प जाति के राजा वासुकि 2. नाग; (कोबरा)।

सर्पविद्या (सं.) [सं-स्त्री.] 1. वह अध्ययन क्षेत्र जिसमें साँपों की विभिन्न प्रजातियों, उनके व्यवहार आदि का विवेचन किया जाता है 2. साँपों को पकड़ने या उन्हें वश में करने की विद्या।

सर्पाकार (सं.) [वि.] 1. सर्प या साँप के आकार का; सर्पकाय 2. घुमावदार; मोड़दार; सर्पिल।

सर्पिल (सं.) [वि.] 1. सर्पाकार; सर्प जैसा 2. साँप की चाल की तरह टेढ़ा-मेढ़ा 3. मोड़दार; घुमावदार; लहरदार 4. {ला-अ.} कुटिल; चालाक; पेचदार।

सर्फ़ (अ.) [वि.] व्यय किया हुआ; ख़र्च किया हुआ। [सं-पु.] शब्दशास्त्र; व्याकरण।

सर्फ़िंग (अं.) [सं-पु.] 1. समुद्र में लहरों पर की जाने वाली क्रीड़ा; जलआरोहण; लहर क्रीड़ा 2. (कंप्यूटर) इंटरनेट पर

वेबसाइट के माध्यम से सूचना-संपर्क स्थापित करना, मनोरंजन करना या जानकारी प्राप्त करना।

सर्रा [सं-पु.] 1. लोहे या लकड़ी का छेद जिस पर गराड़ी घूमती है; धुरी; धुरा 2. ऊँचा और कम डालियों वाला पेड़।

सर्राटा [सं-पु.] 1. हवा चलने की 'सर-सर' ध्वनि 2. किसी के तेज़ चलने से होने वाला 'सर सर' शब्द।

सर्राना [क्रि-स.] 'सर्र-सर्र' शब्द करते हुए आगे बढ़ना।

सर्राफ़ (अ.) [सं-पु.] 1. सोने-चाँदी के गहने या बरतनों का व्यापारी 2. रुपए या गहनों इत्यादि का लेन-देन करने वाला; कुछ सामान या गहने बंधक रखकर कर्ज़ देने वाला 3. कमीशन काटकर रुपए बदलने का काम करने वाला दुकानदार; मुद्रा व्यापारी 4. सुनार समुदाय में एक कुलनाम या सरनेम।

सर्राफ़ा (अ.) [सं-पु.] 1. सराफ़ी का कार्य या व्यवसाय; सोने-चाँदी का धंधा 2. सर्राफ़ों का बाज़ार या कोठी; सराफ़ा 3. सोने-चाँदी का बाज़ार; मुद्रा बाज़ार 4. रुपए-पैसे का लेन-देन।

सर्व (सं.) [वि.] 1. समस्त; सब; सारा; संपूर्ण; कुल 2. आदि से अंत तक; शुरू से आख़िर तक 3. सृष्टीय; वैश्विक। [सर्व.] सब, जैसे- सर्वलोक। [सं-पु.] 1. शिव का एक नाम 2. विष्णु का एक नाम 3. पारा 4. शिलाजीत।

सर्वऋतु (सं.) [वि.] सभी ऋतुओं में सुलभ; बारहमासी।

सर्वकाम (सं.) [वि.] सभी प्रकार की इच्छा या कामना रखने वाला। [सं-पु.] शिव का एक नाम।

सर्वक्षार (सं.) [सं-पु.] 1. मोखा; मुष्कक वृक्ष 2. एक प्रकार का क्षार; महाक्षार 3. सब कुछ नष्ट कर देना या काम लायक न रहने देना।

सर्वगंधा [सं-पु.] 1. दालचीनी; गुड़त्वक 2. एला; इलायची 3. तेजपत्र; तेजपत्ता 4. नागकेसर; नागपुष्प 5. शीतल चीनी 6. लौंग; लवंग 7. अगर 8. शिल्वारस 9. कपूर 10. वह जो सभी गंध से युक्त हो 11. केसर।

सर्वगत (सं.) [वि.] 1. जो सर्वत्र व्याप्त हो; सर्वव्यापक; अंतर्यामी 2. जो किसी वर्ग, समूह या समष्टि के सभी अंगों, सदस्यों आदि में सामान्य रूप से पाया जाता हो।

सर्वगुण (सं.) [सं-पु.] (मानवता या व्यक्तित्व से संबंधित) समस्त गुण। [वि.] सभी गुणों से युक्त।

सर्वग्रास (सं.) [सं-पु.] 1. सब कुछ खा जाना; पचा जाना 2. (पौराणिक मान्यता) सूर्य या चंद्रमा का पूर्णग्रहण; खग्रास।

सर्वग्रासी (सं.) [वि.] 1. सब कुछ खा जाने वाला 2. सब कुछ समाहित करने वाला; अपने वश में करने वाला 3. सर्वस्व हर लेने वाला।

सर्वग्राही (सं.) [वि.] 1. सब कुछ समाहित या ग्रहण कर लेने वाला 2. सबको खा जाने वाला; सर्वग्रासी।

सर्वजनीन (सं.) [वि.] 1. प्रायः सभी व्यक्तियों, अवसरों, अवस्थाओं आदि में पाया जाने वाला या उनसे संबंध रखने वाला; सार्वजनिक 2. विश्वव्यापी; प्रसिद्ध 3. सबका कल्याण करने वाला; सर्वहितकारी।

सर्वजित (सं.) [सं-पु.] 1. सबको जीतने वाला अर्थात काल; मृत्यु 2. साठ संवत्सरों में से इक्कीसवाँ संवत्सर। [वि.] 1. सबको जीतने वाला; अजेय 2. सबसे बढ़ा-चढ़ा; सबसे श्रेष्ठ या उत्तम।

सर्वजेता (सं.) [सं-पु.] वह जिसको किसी प्रतियोगिता में पहला स्थान मिला हो या जिसने सभी प्रतियोगियों को हरा दिया हो; सर्वविजेता।

सर्वज्ञ (सं.) [वि.] 1. सब कुछ जानने वाला 2. जिसे सब बातों का ज्ञान हो; सर्वज्ञानी। [सं-पु.] 1. ईश्वर 2. देवता 3. गौतम बुद्ध 4. शिव।

सर्वज्ञता (सं.) [सं-स्त्री.] सब कुछ जानना; सर्वज्ञ होने की अवस्था, गुण या भाव।

सर्वज्ञाता (सं.) [वि.] सबके मन में रहने और सबके मन की बात जानने वाला; सर्वज्ञानी; सर्वज्ञ।

सर्वतंत्र (सं.) [सं-पु.] 1. सभी प्रकार के शास्त्रीय सिद्धांत 2. वह जिसने सभी शास्त्रों का अध्ययन किया हो और उनमें निष्णात हो। [वि.] जिसे सब शास्त्र मानते हों; सर्वशास्त्रसम्मत।

सर्वतः (सं.) [क्रि.वि.] 1. सभी ओर; चारों तरफ़ 2. सभी प्रकार से; हर तरह से 3. पूरी तरह से; पूर्ण रूप से।

सर्वतोभद्र (सं.) [वि.] 1. सब ओर से मंगलकारक; सर्वांश में शुभ या उत्तम 2. जिसके सिर, दाढ़ी, मूँछ आदि सब के बाल मुड़े हों। [सं-पु.] 1. वह चौखूँटा मंदिर जिसके चारों ओर दरवाज़े हों और जिसकी परिक्रमा की जा सकती हो 2. युद्ध में एक प्रकार की सैनिक व्यूह रचना 3. एक प्रकार का चौखूँटा मांगलिक चिह्न जो पूजा के वस्त्र पर बनाया जाता है 4. एक प्रकार का चित्रकाव्य 5. एक प्रकार की पहेली जिसमें शब्द के खंडाक्षरों के भी अलग-अलग अर्थ लिए जाते हैं 6. विष्णु का रथ 7. बाँस 8. एक गंध-द्रव्य 9. मुंडन कराना; क्षौरकर्म कराना 10. हठयोग में बैठने का एक आसन या मुद्रा।

सर्वतोभाव (सं.) [क्रि.वि.] 1. सभी प्रकार से; संपूर्ण रूप से 2. अच्छी तरह; भली-भाँति।

सर्वतोमुख (सं.) [वि.] 1. जिसके चारों ओर मुख हों 2. जो सब दिशाओं में प्रवृत्त हो 3. पूर्ण व्यापक।

सर्वतोमुखी (सं.) [वि.] 1. जिसका मुख सब ओर हो 2. व्यापक; पूर्ण 3. जो सब ओर प्रवृत्त हो 4. हर प्रकार के कार्यों में दक्ष; निपुण।

सर्वत्र (सं.) [क्रि.वि.] 1. सब स्थानों पर; सब जगह; हर तरफ़ 2. पूर्ण रूप से।

सर्वथा (सं.) [अव्य.] सब प्रकार से; हर विचार और दृष्टि से; बिल्कुल; सरासर; पूरा।

सर्वदर्शिता (सं.) [सं-स्त्री.] सर्वदर्शी होने का भाव या अवस्था।

सर्वदर्शी (सं.) [वि.] 1. जगत में घटित सभी घटनाओं को देखने वाला; सर्वद्रष्टा 2. सभी विषयों और वस्तुओं का ज्ञान रखने वाला। [सं-पु.] (पुराण) ईश्वर; परमात्मा।

सर्वदल (सं.) [सं-पु.] किसी विषय पर विचार करने अथवा किसी क्षेत्र में काम करने वाले सभी दल या वर्ग।

सर्वदलीय (सं.) [वि.] 1. सभी दलों से संबंधित; सभी दलों का 2. जिसमें सभी दलों का सहयोग हो; सभी दलों द्वारा

सामूहिक रूप से किया जाने वाला।

सर्वदा (सं.) [अव्य.] हमेशा; सदा।

सर्वदेशीय (सं.) [वि.] 1. सभी देशों से संबंधित 2. सभी देशों में पाया जाने वाला 3. जिसमें सभी देश सम्मिलित हों।

सर्वदैव (सं.) [क्रि.वि.] हर एक पल या हर समय; निरंतर; नित्य; सदैव; सर्वदा।

सर्वनाम (सं.) [सं-पु.] 1. (व्याकरण) सभी नामों या संज्ञाओं का स्थानापन्न शब्द, जैसे- तुम, हम, वह, यह आदि 2. उक्त शब्द-भेद का कोई शब्द।

सर्वनाश (सं.) [सं-पु.] 1. पूरी तरह से होने वाला नाश जिसमें कुछ भी शेष न बचे; विनाश; विध्वंस; बरबाद 2. सबकुछ नष्ट होने का भाव।

सर्वनाशी (सं.) [वि.] सर्वनाश या विध्वंस करने वाला; तबाही मचाने वाला।

सर्वपति (सं.) [सं-पु.] वह जो सबका स्वामी हो; ईश्वर।

सर्वप्रथम (सं.) [वि.] 1. गणना या क्रम में जो सबसे पहले हो 2. श्रेष्ठ; प्रधान।

सर्वप्रमुख (सं.) [वि.] 1. जो सबमें प्रमुख हो; सर्वप्रधान 2. मुख्य; प्रधान।

सर्वप्रिय (सं.) [वि.] जो सभी को प्रिय हो; जो सभी को अच्छा लगे; लोकप्रिय।

सर्वप्रियता (सं.) [सं-स्त्री.] लोकप्रिय होने की अवस्था या भाव; लोकप्रियता; जनप्रियता।

सर्वभक्षी (सं.) [वि.] सब कुछ भक्षण करने या खाने वाला; सर्वभक्ष्य; अमिताशन।

सर्वभूत (सं.) [वि.] जो सर्वत्र हो; सर्वव्यापक। [सं-पु.] 1. परमात्मा 2. सब प्राणी।

सर्वभोगी (सं.) [वि.] 1. सब का भोग करने वाला; सब का आनंद लेने वाला 2. जो मांस, शाक आदि सब कुछ खाता हो; सर्वाहारी।

सर्वमंगल (सं.) [वि.] 1. जो सबके लिए मंगलमय हो; कल्याणकारी; शुभ।

सर्वमंगला (सं.) [सं-पु.] 1. (पुराण) एक देवी जिन्होंने अनेक असुरों का वध किया और जो आदि शक्ति मानी जाती हैं; देवी दुर्गा 2. धन की अधिष्ठात्री देवी जो विष्णु की पत्नी कही गई हैं; देवी लक्ष्मी। [वि.] जो सब के लिए मंगलमयी या कल्याणकारी हो।

सर्वमय (सं.) [वि.] 1. जिसमें सब अंतर्भूत या समाविष्ट हों 2. जिसमें समस्त विश्व समाया हो; विश्वमय।

सर्वमान्य (सं.) [वि.] 1. सब के द्वारा मान्य; जिसे सब लोग मानते हों 2. जिससे सब सहमत हों, जैसे- सर्वमान्य प्रस्ताव।

सर्ववर्तुल (सं.) [वि.] ऐसा आकार जिसके तल का प्रत्येक बिंदु उसके अंदर के मध्य बिंदु से समान दूरी पर हो; गोल।

सर्वविदित (सं.) [वि.] 1. जिसे सभी जानते हों; जिससे सभी परिचित हों; प्रसिद्ध 2. जिसकी सूचना सभी को दी गई हो।

सर्वव्यापक (सं.) [वि.] जो हर जगह व्याप्त हो; सर्वत्र व्याप्त; विश्वव्यापी।

सर्वव्यापकता (सं.) [सं-स्त्री.] 1. सर्वव्यापक होने की क्रिया, अवस्था या भाव 2. वह जिसकी व्याप्ति चारों ओर हो।

सर्वव्यापीकरण (सं.) [सं-पु.] सर्वव्यापी करने या बनाने की क्रिया या भाव।

सर्वव्याप्त (सं.) [वि.] 1. जो सभी स्थानों और सभी वस्तुओं में व्याप्त हो 2. सब कुछ ढकने या आच्छादित करने वाला।

सर्वव्याप्ति (सं.) [सं-स्त्री.] 1. सब जगह व्याप्त होने की अवस्था 2. सब में होने का भाव।

सर्वशक्तिमान (सं.) [सं-पु.] ईश्वर का एक नाम। [वि.] 1. सबसे अधिक बलशाली या ताकतवर 2. जिसमें सभी शक्तियाँ निहित हों।

सर्वश्री (सं.) [वि.] एक आदरसूचक विशेषण जिसका प्रयोग अनेक व्यक्तियों का नाम एक साथ आने पर सभी के लिए आरंभ में केवल एक बार लिखा जाता है।

सर्वसम्मत (सं.) [वि.] 1. जिसके पक्ष में सभी की सहमति हो 2. जो सभी को मान्य हो; जो सभी की सम्मति से हुआ हो।

सर्वसम्मति (सं.) [सं-स्त्री.] जिसपर सभी की एक राय या सम्मति हो; मतैक्य।

सर्वसाधारण (सं.) [सं-पु.] आम आदमी; आम जनता; सभी प्रकार के सामान्य लोग। [वि.] 1. जो सब में सामान्य रूप से पाया जाता हो 2. जो सब लोगों के लिए हो; सार्वजनिक।

सर्वसुलभ (सं.) [वि.] जो सब को सुलभ हो; सब को आसानी से प्राप्त होने वाला।

सर्वस्व (सं.) [सं-पु.] 1. सब कुछ 2. सारी धन-संपत्ति 3. अमूल्य निधि या पदार्थ।

सर्वस्वीकृत (सं.) [वि.] 1. सभी के द्वारा स्वीकार या मंज़ूर किया हुआ 2. सभी के द्वारा मान्यता प्राप्त।

सर्वहारा (सं.) [सं-पु.] 1. समाज का वह वर्ग जो मज़दूरी करके जीवन निर्वाह करता है 2. जो अपना सब कुछ गँवाकर निर्धन हो चुका हो। [वि.] 1. जिसका सब कुछ हर लिया गया हो 2. जो अपना सब कुछ खो चुका हो।

सर्वहितकारी (सं.) [वि.] 1. सभी का हित करने वाला (व्यक्ति) 2. जिसमें सबका हित हो (कार्य)।

सर्वांग (सं.) [सं-पु.] 1. सब या संपूर्ण अंग 2. अंगों का समूह; पूरा शरीर 3. सभी वेदांग।

सर्वांगपूर्ण (सं.) [वि.] 1. अपने सभी अंगों या अवयवों से युक्त 2. सभी तरह या सभी प्रकार से पूर्ण।

सर्वांगसम (सं.) [वि.] (गणित) जिनके सभी अंग या अवयव समान हों; सर्वसम।

सर्वांगीण (सं.) [वि.] 1. जो सभी अंगों से युक्त हो 2. सभी अंगों से संबंधित; सब अंगों का 3. हर दृष्टि से या हर बात में 4. समस्त शरीर में व्याप्त।

सर्वांश (सं.) [वि.] 1. संपूर्ण अंश 2. पूर्ण।

सर्वात्मवाद (सं.) [सं-पु.] ऐसा सिद्धांत या विचार जो यह मानता है कि सृष्टि के समस्त पदार्थ एक ही आत्मा से युक्त हैं।

सर्वात्मा (सं.) [सं-पु.] सबकी आत्मा; संपूर्ण विश्व की आत्मा; संपूर्ण विश्व में व्याप्त चेतन सत्ता; ब्रह्म।

सर्वाधिक (सं.) [वि.] 1. संख्या या गणना में सबसे अधिक 2. सबसे बढ़ा हुआ।

सर्वाधिकार (सं.) [सं-पु.] 1. सब कुछ करने का अधिकार; पूर्णाधिकार 2. सब प्रकार के अधिकार; पूर्ण प्रभुत्व; पूर्ण स्वामित्व।

सर्वाधिकारी (सं.) [सं-पु.] 1. वह जो समस्त अधिकार या स्वत्व रखता हो 2. शासक या अध्यक्ष 3. सबसे बड़ा अधिकारी।

सर्वाध्यक्ष (सं.) [सं-पु.] सबका स्वामी; अधिपति; शासक; प्रधान; अधिकारी।

सर्वास्तिवाद (सं.) [सं-पु.] 1. एक दार्शनिक सिद्धांत जिसके अनुसार जगत की सभी वस्तुओं की वास्तविक सत्ता है, वे असत नहीं हैं 2. बौद्ध दर्शन के वैभाषिक सिद्धांतों के चार भेदों में से एक।

सर्वास्तिवादी (सं.) [वि.] सर्वास्तिवाद का समर्थक या अनुयायी।

सर्विस (अं.) [सं-स्त्री.] 1. नौकरी; सेवा; कार्य 2. मदद 3. मरम्मत।

सर्वे (अं.) [सं-पु.] 1. भूमि आदि की पैमाइश; मापन 2. निरीक्षण; अवलोकन।

सर्वेक्षक (सं.) [सं-पु.] 1. सर्वेक्षण करने वाला 2. कुछ लोगों पर निगरानी रखते हुए उनके कामों का निरीक्षण करने वाला अधिकारी।

सर्वेक्षण (सं.) [सं-पु.] 1. किसी विषय के सभी अंगों का वस्तुनिष्ठ और वैज्ञानिक निरीक्षण; (सर्वे) 2. आधिकारिक निरीक्षण; परिदर्शन 3. भूमि मापन और निरीक्षण।

सर्वेश्वर (सं.) [सं-पु.] 1. सबका स्वामी; सबका मालिक 2. जिसका राज्य बहुत दूर-दूर तक फैला हो; चक्रवर्ती राजा; एकाधिपति 3. एक प्रकार की औषधि 4. ईश्वर।

सर्वेश्वरवाद (सं.) [सं-पु.] एक दार्शनिक मत जिसके अनुसार जगत के सभी तत्वों में ईश्वर वर्तमान है और ईश्वर ही सब कुछ है अर्थात ईश्वर ही जगत और जगत ही ईश्वर है; सर्वात्मवाद।

सर्वेश्वरवादी (सं.) [वि.] सर्वेश्वरवाद का अनुयायी या समर्थक; ब्रह्मवादी।

सर्वेसर्वा (सं.) [सं-पु.] 1. वह व्यक्ति जिसे किसी मामले में सब कुछ करने का अधिकार हो 2. सर्वप्रधान कर्ता-धर्ता; अगुवा; सरगना; प्रभारी; अधिष्ठाता 3. वह जो किसी घर, दल या समाज आदि का प्रमुख हो; मुखिया; प्रमुख; प्रधान।

सर्वोच्च (सं.) [वि.] 1. जो सबसे ऊँचा या बड़ा हो 2. पद या मर्यादा आदि की दृष्टि से जो सबसे उच्च स्थान पर हो तथा दूसरों को अपने अधीन रखता हो।

सर्वोच्च न्यायालय (सं.) [सं-पु.] 1. किसी देश, राज्य का सबसे ऊँचा और बड़ा न्यायालय जिसके अधीन वहाँ की सारी न्यायपालिका हो और जो विविध प्रदेशों के उच्च न्यायालयों के निर्णयों पर पुनर्विचार कर सकता हो; उच्चतम न्यायालय 2. भारतीय संघ का प्रधान न्यायालय; (सुप्रीम कोर्ट)।

सर्वोच्चता (सं.) [सं-स्त्री.] 1. सर्वोच्च होने की अवस्था या भाव 2. सर्वोपरि सत्ता।

सर्वोत्कृष्ट (सं.) [वि.] जो सबसे उत्कृष्ट हो सर्वोत्तम; सर्वश्रेष्ठ।

सर्वोत्कृष्टता (सं.) [सं-स्त्री.] 1. सर्वोत्कृष्ट होने की अवस्था या भाव 2. परिपूर्णता; सर्वगुण संपन्नता 3. औरों से बढ़कर; अत्यंत उत्तम; श्रेष्ठ।

सर्वोत्तम (सं.) [वि.] सबसे उत्तम; सबसे बढ़कर; सर्वश्रेष्ठ।

सर्वोदय (सं.) [सं-पु.] 1. सभी लोगों का उदय अर्थात उन्नति 2. भारत की सामाजिक, आर्थिक, राजनैतिक आदि समस्याओं के निराकरण के लिए महात्मा गांधी द्वारा चलाया गया एक जन आंदोलन 3. सभी के उदय या उत्थान की भावना से आचार्य विनोबा भावे द्वारा प्रवर्तित स्वतंत्र भारत का एक संगठन।

सर्वोपयोगी (सं.) [वि.] जो सभी के लिए उपयोगी हो; जो सभी लोगों के उपयोग में आता हो या आ सकता हो।

सर्वोपरि (सं.) [वि.] 1. जो सबसे ऊपर या बढ़कर हो 2. अधिकार, प्रभाव आदि की दृष्टि से अपने कार्य क्षेत्र में जो सबसे ऊपर हो।

सर्षप (सं.) [सं-पु.] 1. सरसों 2. सरसों के बराबर मान या तौल 3. एक प्रकार का विष।

सल (सं.) [सं-पु.] 1. जल; पानी 2. सरल वृक्ष 3. बोंट नामक कीड़ा जो प्रायः घास में रहता है।

सलई (सं.) [सं-स्त्री.] 1. शल्लकी वृक्ष; चीड़ 2. चीड़ का गोंद; कुंदुरू।

सलज्ज (सं.) [वि.] जिसे लज्जा हो; लज्जाशील; लज्जायुक्त; शरमीला।

सलज्जता (सं.) [सं-स्त्री.] 1. लज्जित होने की अवस्था, क्रिया या भाव 2. लज्जा या शर्म के साथ।

सलटाना [क्रि-अ.] 1. झगड़े का मेल-मिलाप से समाप्त होना; सुलझाना 2. कार्य को पूरा करना।

सलमा (अ.) [सं-पु.] एक प्रकार का सुनहला या रूपहला चमकीला और चपटा तार जो टोपी, साड़ी आदि में बेलबूटे बनाने के काम में आता है; बादला; कंदला।

सलवट [सं-स्त्री.] 1. सिलवट; सिकुड़न 2. सिकुड़ने से पड़ी हुई लकीर; शिकन।

सलवार (फ़ा.) [सं-पु.] एक प्रकार का ढीला पाजामा; स्त्रियों द्वारा कुर्ते के साथ पहना जाने वाला एक वस्त्र।

सलहज [सं-स्त्री.] पत्नी के भाई अर्थात साले की पत्नी।

सला [सं-स्त्री.] 1. निमंत्रित करना 2. आवाज देना; बुलाना।

सलाई (सं.) [सं-स्त्री.] 1. किसी धातु, शीशा या काठ की पतली छड़ या तीली 2. स्वेटर बुनने की तीली 3. माचिस की तीली; दियासलाई।

सलाख़ (फ़ा.) [सं-स्त्री.] 1. धातु आदि की मोटी-लंबी छड़; सलाई; शलाका 2. रेखा।

सलाद (अं.) [सं-पु.] कटे हुए कच्चे फल, सब्ज़ी, कंद आदि के साथ नमक, मिर्च, खटाई आदि मिलाकर तैयार किया जाने वाला एक खाद्य।

सलाम (अ.) [सं-पु.] 1. नमस्कार; प्रणाम 2. अभिवादन करने की एक फ़ारसी शैली जिसमें दाहिने हाथ की उँगलियों को माथे पर लगाते हैं।

सलामअलैकुम (अ.) [अव्यय] 1. एक पद जिसका अर्थ है- तुम सलामत रहो; तुम पर सलामती हो 2. मुसलमानों द्वारा एक-दूसरे को किया जाने वाला अभिवादन; नमस्कार।

सलामत (अ.) [वि.] 1. विपदा या हानि से बचा हुआ सुरक्षित; महफ़ूज 2. सकुशल 3. जीवित; स्वस्थ 4. पूर्ण; पूरा; अखंड। [क्रि.वि.] कुशलतापूर्वक, जैसे- सलामत रहो।

सलामती (अ.) [सं-स्त्री.] 1. सलामत होने की अवस्था या भाव 2. रक्षा 3. स्वास्थ्य; तंदुरुस्ती 4. कुशल; क्षेम।

सलामी (अ.) [सं-स्त्री.] 1. सलाम करने की क्रिया या भाव 2. सैनिकों या सिपाहियों द्वारा किसी प्रतिष्ठित अतिथि के आगमन पर एक साथ अभिवादन करना 3. किसी प्रतिष्ठित व्यक्ति के सम्मान में या किसी अतिथि के आगमन पर उसके सम्मानार्थ बंदूकों, तोपों आदि का दागा जाना 4. मकान या दुकान आदि किराए पर देते समय पगड़ी के रूप में लिया जाने वाला धन। [वि.] 1. झुकने वाला; ढालुआँ 2. {ला-अ.} प्रारंभिक; शुरुआती।

सलार [सं-पु.] एक प्रकार की चिड़िया।

सलाह (अ.) [सं-स्त्री.] 1. राय; मशविरा 2. आपसी विचार-विमर्श; परामर्श 3. सुझाव; सम्मति 4. नसीहत; उपदेश।

सलाहकार (अ.+फ़ा.) [सं-पु.] 1. सलाह या राय देने वाला; परामर्श देने वाला; परामर्शदाता 2. मंत्रणा में सम्मिलित होने वाला।

सलिल (सं.) [सं-पु.] 1. जल; पानी 2. वर्षा; वर्षा का जल 3. अश्रु 4. वायु 5. उत्तराषाढ़ा नक्षत्र।

सलिला (सं.) [सं-स्त्री.] 1. नदी; सरिता 2. प्रवाह; धारा।

सलीका (अ.) [सं-पु.] 1. कार्य संपादन का स्वाभाविक ढंग या तरीका 2. शिष्टता; तमीज़; शऊर 3. तहज़ीब; सभ्यता 4. योग्यता; हुनरमंदी 5. आचरण; व्यवहार।

सलीकामंद (अ.+फ़ा.) [वि.] 1. जिसमें सलीका हो; शऊरदार; शिष्ट 2. सभ्य 3. सुघड़; हुनरमंद।

सलीकेदार (अ.+फ़ा.) [वि.] जिसमें सलीका हो; शऊरदार; सलीकामंद।

सलीता [सं-पु.] एक प्रकार का बहुत मोटा कपड़ा।

सलीना [सं-स्त्री.] एक प्रकार की नाव।

सलीब (अ.) [सं-स्त्री.] 1. सूली; (क्रॉस) 2. सूली के ढंग का एक छोटा यंत्र जिसे प्रायः ईसाई धर्मावलंबी गले में धारण करते हैं।

सलीम (अ.) [वि.] 1. शांत; गंभीर 2. सहनशील; शांतिप्रिय 3. सरल; विनीत 4. ठीक; दुरुस्त। [सं-पु.] अकबर के पुत्र जहाँगीर का नाम।

सलील (सं.) [वि.] 1. लीलारत; क्रीड़ाशील; खिलाड़ी 2. किसी प्रकार की भाव भंगिमा से युक्त।

सलीस (अ.) [वि.] 1. कोमल; नरम; मृदुल 2. सरल; सुगम; आसान 3. सभ्य; शिष्ट; तमीज़दार 4. क्लिष्ट शब्दावली से रहित गद्य या पद्य; सुबोध; बालबोध।

सलूक (अ.) [सं-पु.] 1. तौर-तरीका; ढंग 2. लोगों के साथ रखा जाने वाला मेल-मिलाप 3. किसी के साथ किया जाने वाला व्यवहार।

सलैया [सं-स्त्री.] शल्लकी; सलई; अमेढ़ी।

सलोना [वि.] 1. मन को मोहित करने वाला; सुंदर 2. नमकवाला; नमकीन; लावण्ययुक्त।

सलोनी [वि.] 1. लावण्ययुक्त; नमकीन 2. {ला-अ.} आकर्षक; सुंदर।

सलोनो (सं.) [सं-स्त्री.] श्रावण शुक्लपक्ष की पूर्णिमा को मनाया जाने वाला एक त्योहार; रक्षाबंधन; राखी।

सल्तनत (अ.) [सं-स्त्री.] 1. किसी शासक द्वारा शासित क्षेत्र; राज्य; बादशाहत 2. बादशाह या सुलतान का अधिकार या अधिकार-क्षेत्र 3. साम्राज्य; रियासत; रजवाड़ा 4. इंतज़ाम; प्रबंध 5. सुविधा; आराम।

सल्लू [वि.] मूर्ख; बेवकूफ़।

सवत्स (सं.) [वि.] जो अपने संतान के साथ हो; संतानयुक्त।

सवत्सा (स) [सं-स्त्री.] 1. जो गाय बछड़े के साथ हो 2. संतान युक्त मादा। [वि.] 1. संतान युक्त 2. बछड़े (वत्स) के साथवाली।

सवर्ण (सं.) [सं-पु.] 1. भारतीय शासन व्यवस्था के अनुसार वह व्यक्ति जो सामाजिक और सांस्कृतिक रूप से पिछड़ा न हो। [वि.] 1. समान, सदृश 2. समान वर्ण या जाति का 3. किसी के समान रंग-रूप का 4. (व्याकरण) अक्षरों के समान वर्ग से संबद्ध; एक ही स्थान से उच्चारित होने वाला।

सवा (सं.) [वि.] एक और चौथाई भाग; चतुर्थांश से युक्त; जिसमें पूरे के साथ एक चौथाई और लगा हो, जैसे- सवा चार।

सवाँगी [सं-पु.] दे. स्वाँगी।

सवाई [सं-पु.] राजस्थान के महाराजाओं की एक उपाधि, जैसे- सवाई मानसिंह। [सं-स्त्री.] 1. ऋण का एक प्रकार जिसमें चतुर्थांश के रूप में ब्याज देना पड़ता है 2. एक प्रकार का रोग।

सवाक (सं.) [वि.] वाणी के साथ; ध्वनि या वाणी युक्त।

सवाब (अ.) [सं-पु.] 1. सत्कर्म का परलोक में मिलने वाला फल; पुण्य 2. नेकी; भलाई।

सवाया [वि.] 1. किसी परिमाप या परिमाण में उसका एक चौथाई अंश और जोड़कर; सवा गुना 2. अपेक्षाकृत कुछ अधिक 3. पूर्व की अपेक्षा कुछ अधिक।

सवार (फ़ा.) [सं-पु.] किसी वाहन पर बैठा या आरूढ़ व्यक्ति; घोड़े या किसी अन्य पशु पर चढ़ा व्यक्ति; वह जो किसी के ऊपर चढ़ा या बैठा हो; अवरोही; अश्वारोही सैनिक। [मु.] -**होना** : अभिभूत या वशीभूत कर लेना।

सवारी (फ़ा.) [सं-स्त्री.] 1. सवार होने की अवस्था, भाव या क्रिया 2. ऐसा साधन जिसपर लोग सवार होते हैं, जैसे- गाड़ी, घोड़ा, मोटर आदि 3. गाड़ी आदि पर सवार होने वाला व्यक्ति 4. देवमूर्तियों की झाँकियों के लिए निकाला गया जुलूस।

सवारीगाड़ी (सं.) [सं-स्त्री.] 1. वह रेलगाड़ी जो यात्रियों को लाती और ले जाती हो 2. यात्रियों के सवार होने वाली गाड़ी; मुसाफ़िर गाड़ी 3. वह रेलगाड़ी जो हर स्टेशन पर रुकती है; (पैसिंजर गाड़ी; ट्रेन)।

सवाल (अ.) [सं-पु.] 1. प्रश्न 2. वह जिज्ञासा जो पूछी जाए 3. {ला-अ.} याचना; प्रार्थना; निवेदन। [मु.] **-ठोंकना :** ज़ोरदार प्रश्न करना।

सवालिया [वि.] 1. सवाल के रूप में होने वाला; प्रश्नात्मक; प्रश्नयुक्त 2. जिसमें कोई बात पूछी गई हो; प्रश्नसूचक 3. (व्याकरण) वह वाक्य जो पाठक या श्रोता से उत्तर की अपेक्षा रखता हो।

सविकल्प (सं.) [वि.] 1. विकल्प सहित; ऐच्छिक 2. संदेहयुक्त; संदिग्ध 3. इच्छानुकूल।

सविता (सं.) [सं-पु.] 1. सूर्य; दिवाकर 2. आक; अर्क; मदार 3. अट्ठाईस व्यासों में से एक।

सविनय (सं.) [वि.] विनययुक्त; विनय से पूर्ण; विनम्रतापूर्वक; शिष्टतापूर्ण।

सविनय अवज्ञा (सं.) [सं-स्त्री.] 1. विनम्रता के साथ तिरस्कार या उल्लंघन 2. राज्य की ओर से जारी किसी कानून का नम्रतापूर्वक विरोध या अवमानना।

सवेतन (सं.) [वि.] जिसके साथ वेतन भी हो; वैतनिक।

सवेरा (सं.) [सं-पु.] 1. सुबह; प्रातःकाल; प्रभात 2. निश्चित समय के पहले का समय।

सवैया [सं-पु.] 1. तौलने का एक बाट जो सवा सेर का होता है 2. एक छंद जिसके प्रत्येक चरण में सात भगण और एक गुरु होता है 3. वह पहाड़ा जिसमें एक, दो, तीन आदि संख्याओं का सवाया रहता है 4. ऋण के रूप में अनाज, धन आदि देने की एक प्रणाली जिसमें दिए हुए मान का सवाया वसूल किया जाता है।

सव्यसाची (सं.) [वि.] जो दोनों हाथों से काम करने में निपुण हो। [सं-पु.] (महाभारत) पांडु का मँझला पुत्र; अर्जुन।

सशंक (सं.) [वि.] 1. जिसके मन में कोई शंका हो; शंकालु; शंकित 2. भयभीत; भीरु; डरपोक 3. आतंकित।

सशंकित (सं.) [वि.] 1. किसी वस्तु या विषय के संदर्भ में शंकित; शंकायुक्त; संदिग्ध 2. किसी आशंका के कारण डरा हुआ; भयभीत।

सशक्त (सं.) [वि.] जिसमें शक्ति हो; मज़बूत; शक्तिशाली; बलवान।

सशक्तीकरण (सं.) [सं-पु.] किसी को शक्तिसंपन्न (मज़बूत) करने की क्रिया या भाव।

सशरीर (सं.) [वि.] शरीरयुक्त; मूर्त। [अव्य.] शरीर के साथ।

सशर्त (सं.) [वि.] 1. शर्त के साथ; शर्तिया 2. प्रतिबंधित 3. नियमबद्ध।

सशस्त्र (सं.) [वि.] 1. जिसके पास शस्त्र हों; शस्त्रयुक्त; हथियार-सहित 2. जिसमें शस्त्रों का प्रयोग हुआ हो, जैसे- सशस्त्र क्रांति।

ससंकोच (सं.) [वि.] संकोचयुक्त; संकोच के साथ।

ससम्मान (सं.) [क्रि.वि.] 1. सत्कार के साथ या आवभगत के साथ; सत्कारपूर्वक; सादर 2. इज़्ज़त के साथ; बाइज़्ज़त।

ससीम (सं.) [वि.] 1. जिसकी सीमा या हद हो 2. सीमित।

ससुर (सं.) [सं-पु.] 1. पति या पत्नी के पिता; श्वसुर 2. ससुर के समकक्ष संबंधी, जैसे- चचिया ससुर, ममिया ससुर आदि।

ससुरा (सं.) [सं-पु.] 1. ससुर 2. तुच्छ व्यक्ति या वस्तु के लिए एक प्रकार की गाली।

ससुराल (सं.) [सं-स्त्री.] 1. श्वसुर या ससुर का घर; पति या पत्नी के माता-पिता का घर 2. {ला-अ.} जेल; कैदख़ाना।

ससुरी (सं.) [सं-स्त्री.] तुच्छ व्यक्ति या वस्तु के लिए एक प्रकार की गाली।

सस्ता (सं.) [वि.] 1. जिसका मूल्य अपेक्षाकृत कम हो 2. जिसके मूल्य में गिरावट आई हो; अल्पमूल्य 3. जो सहजता से प्राप्त हो सके 4. कम अच्छा; घटिया; तुच्छ 5. अशिष्ट; फूहड़ 6. साधारण; मामूली। [मु.] **सस्ते में छूटना :** बहुत कम हानि होना।

सस्तापन [सं-पु.] 1. सस्ते होने की क्रिया या भाव; सस्ती 2. {ला-अ.} अपने आचरण या व्यवहार से स्वयं को ओछा सिद्ध करना।

सस्ती (सं.) [सं-स्त्री.] 1. सस्ते होने की अवस्था या भाव; सस्तापन 2. कम दाम में प्राप्त वस्तु 3. मँहगाई न होना; जो वस्तु महँगी न हो।

सस्पृह (सं.) [वि.] स्पृहायुक्त; इच्छुक; इच्छायुक्त।

सस्पेंड (अं.) [सं-पु.] निलंबित।

सस्पेंशन (अं.) [सं-पु.] निलंबन; मुअत्तली।

सस्मित (सं.) [क्रि.वि.] 1. हँसी या मुस्कराहट से युक्त 2. मुस्कराता हुआ; हँसता हुआ।

सस्वर (सं.) [वि.] स्वर के साथ; स्वरबद्ध; लयबद्ध।

सह (सं.) [परप्रत्य.] एक परप्रत्यय जो किसी शब्द के अंत में युक्त होकर सहिष्णु, सहन करने वाला का अर्थ देता है, जैसे- तापसह, अग्निसह। [पूर्वप्रत्य.] एक पूर्वप्रत्यय जो किसी शब्द के आरंभ में युक्त होकर सहकर्मी या सहायक का बोध कराता है, जैसे- सहकर्मी, सहसंपादक।

सहअस्तित्व (सं.) [सं-पु.] 1. एक दूसरे के विकास में सहयोग करते हुए साथ-साथ रहना; सहजीवन 2. विश्व के सभी राष्ट्रों का मिल-जुलकर शांतिपूर्वक रहना एवं युद्ध आदि से परहेज़ करना 3. अलग-अलग प्रकार के दो पौधों का परस्पराश्रित होकर एक दूसरे का पोषण करना।

सहकर्मी (सं.) [सं-पु.] 1. किसी कार्यालय आदि में साथ काम करने वाला व्यक्ति 2. वह जो साथ मिलकर काम करे।

सहकार (सं.) [सं-पु.] 1. एकाधिक लोगों के साथ मिलकर कोई काम करने की वृत्ति, क्रिया या भाव; सहयोग; सहभाग; सहयोगिता; सहकारिता 2. सहायक; मददगार 3. सुगंधियुक्त पदार्थ 4. कलमी आम का पेड़ या आम का रस। [वि.] 'हकार' की ध्वनि से युक्त।

सहकारिता (सं.) [सं-स्त्री.] 1. सहकारी या सहायक होने का भाव; सहयोगिता 2. साथ मिलकर काम करना; सहकारी होना।

सहकारी (सं.) [वि.] 1. सहकार संबंधी; सहकार का 2. एक साथ काम करने वाला; सहयोगी 3. सहायक; मददगार 4. सहकर्मी।

सहगमन (सं.) [सं-पु.] 1. साथ जाने की क्रिया 2. एक

मध्यकालीन प्रथा जिसके अनुसार पत्नी का अपने पति के शव के साथ चिता में जलकर प्राण दे देने का विधान था; सतीप्रथा।

सहगल [सं-पु.] 1. एक प्रकार का कुलनाम या सरनेम 2. पंजाब एवं उसके समीपवर्ती क्षेत्रों में रहने वाले लोगों की एक उपजाति।

सहगान (सं.) [सं-पु.] 1. एकाधिक व्यक्तियों का साथ मिलकर गाना 2. ऐसा गीत जिसे कई व्यक्ति मिलकर गाते हों; समवेतगान।

सहगामिनी (सं.) [सं-स्त्री.] 1. साथ-साथ चलने वाली 2. सहचरी; पत्नी 3. (प्राचीन काल में) वह स्त्री जो पति की चिता पर सती हो जाती थी 4. साथिन; सहेली।

सहगामी (सं.) [वि.] 1. सफ़र में साथ देने वाला; साथ चलने वाला; साथी; हमसफ़र; हमराही 2. अनुकरण करने वाला; अनुयायी।

सहचर (सं.) [वि.] 1. साथ-साथ चलने वाला; सहयात्री 2. साथ रहने वाला; साथी। [सं-पु.] 1. मित्र; साथी 2. पति 3. सेवक।

सहचरी (सं.) [सं-स्त्री.] 1. साथ रहने वाली स्त्री; साथ-साथ विचरण करने वाली स्त्री 2. सखी; सहेली; साथिन 3. पत्नी।

सहचार (सं.) [सं-पु.] 1. एकाधिक व्यक्तियों का साथ चलना 2. साथ; संग; सोहबत 3. विभिन्न व्यक्तियों के विचारों में समन्वय, सामंजस्य या संगति की अवस्था 4. न्याय में हेतु के साथ साध्य का अनिवार्य होना।

सहचारिणी (सं.) [सं-स्त्री.] 1. साथ में रहने वाली; सहचरी; सखी 2. पत्नी; जोरू।

सहचारिता (सं.) [सं-स्त्री.] सहचारी होने की अवस्था, गुण या भाव।

सहचारी (सं.) [वि.] साथ चलने या रहने वाला। [सं-पु.] 1. संगी; साथी 2. सेवक; नौकर।

सहज (सं.) [वि.] 1. जो किसी के साथ उत्पन्न हुआ हो; जन्मजात 2. सरल; सुगम; स्वाभाविक 3. सामान्य; साधारण।

सहज समाधि (सं.) [सं-स्त्री.] 1. हठयोग और बौद्ध तांत्रिकों के अनुसार वह स्थिति जिसमें मनुष्य समस्त बाह्याडंबरों से मुक्त होकर सरलतापूर्वक जीवन निर्वाह करता है 2. वह अवस्था जिसमें मनुष्य बिना किसी आसन या मुद्रा का प्रयोग किए ईश्वर का साक्षात्कार कर लेता है; जीवनमुक्ति।

सहजज्ञान (सं.) [सं-पु.] 1. प्रकृति प्रदत्त ज्ञान; सहज बुद्धि 2. आत्म चेतना शक्ति।

सहजता (सं.) [सं-स्त्री.] 1. सहज होने की अवस्था या भाव 2. स्वाभाविकता; सरलता 3. साधारणता; सामान्यता।

सहजधर्मी (सं.) [सं-पु.] जो सहज बातों को ही धर्म का विषय मानता हो।

सहजधारी [सं-पु.] सिख धर्म का वह अनुयायी जो सिर तथा दाढ़ी के बाल न बढ़ाता हो।

सहजध्यान (सं.) [सं-पु.] 1. हठयोग और बौद्ध तांत्रिकों के अनुसार वह स्थिति जिसमें मनुष्य समस्त बाह्याडंबरों से मुक्त होकर सरलतापूर्वक जीवन निर्वाह करता है 2. वह अवस्था जिसमें मनुष्य बिना किसी आसन या मुद्रा का प्रयोग किए ईश्वर का साक्षात्कार कर लेता है; जीवनमुक्ति।

सहजपंथ [सं-पु.] गौड़ीय वैष्णव संप्रदाय का एक वर्ग जो हिंदू तथा बौद्ध तांत्रिकों से प्रभावित है।

सहजबुद्धि (सं.) [सं-स्त्री.] जन्म-जात बुद्धि; नैसर्गिक या प्राकृतिक बुद्धि।

सहजात (सं.) [वि.] 1. साथ-साथ जन्म लेने वाला या उत्पन्न होने वाला 2. समवयस्क; सहोदर 3. एक ही माता-पिता से पैदा हुए।

सहजातिक (सं.) [वि.] समान जाति से संबंधित; समान जाति या प्रकार के।

सहजिया [सं-पु.] वह जो सहजपंथ का अनुयायी हो; सहजपंथ को मानने वाला व्यक्ति।

सहजीवन (सं.) [सं-पु.] 1. एक दूसरे के विकास में सहयोग करते हुए साथ-साथ रहना 2. देशों या राष्ट्रों का मिलजुल कर शांतिपूर्वक रहना; सहअस्तित्व।

सहजीवी (सं.) [वि.] किसी के साथ रहकर जीवन बिताने वाला; साथ रहने वाला।

सहत्व (सं.) [सं-पु.] 1. एक होने का भाव या अवस्था; एकता 2. मेलजोल।

सहदेव (सं.) [सं-पु.] 1. (महाभारत) राजा पांडु के पाँच पुत्रों में से सबसे छोटे पुत्र 2. जरासंध का पुत्र।

सहधर्मिणी (सं.) [सं-स्त्री.] पत्नी; भार्या।

सहधर्मी (सं.) [वि.] 1. एक ही धर्म के अनुयायी या मानने वाले 2. समान धर्मवाला 3. समान कर्तव्योंवाला। [सं-पु.] पति।

सहन[1] (सं.) [सं-पु.] 1. सहने की क्रिया या भाव; बर्दाश्त 2. सहिष्णुता।

सहन[2] (अ.) [सं-पु.] 1. घर के बीच खुला भाग 2. आँगन या चौक 3. बड़ा थाल 4. एक रेशमी कपड़ा 5. घर के सामने खुली हुई समतल भूमि।

सहनशक्ति (सं.) [सं-स्त्री.] सहने की शक्ति या सामर्थ्य।

सहनशील (सं.) [वि.] 1. अत्याचार, दुर्व्यवहार, संकट आदि को सहन करने की स्वाभाविक क्षमता रखने वाला; सहिष्णु 2. धैर्यवान; संतोषी।

सहनशीलता (सं.) [सं-स्त्री.] 1. सहनशील होने की अवस्था, भाव या गुण; सहिष्णुता 2. संतोष; सब्र।

सहना [क्रि-स.] 1. किसी अप्रिय घटना या बात को बर्दाश्त करना; सहन करना, झेलना 2. किसी परिणाम या फल की ज़िम्मेदारी अपने ऊपर लेना, भार वहन करना।

सहनीय (सं.) [वि.] सहन या बर्दाश्त करने योग्य; जिसे सहा जा सके।

सहपथिक (सं.) [सं-पु.] 1. सहयात्री; साथ यात्रा करने वाला व्यक्ति 2. साथ चलने वाला व्यक्ति।

सहपरीक्षक (सं.) [सं-पु.] उन परीक्षकों में से कोई एक जो मिलकर परीक्षा लेता हो।

सहपाठी (सं.) [सं-पु.] 1. साथ पढ़ने वाला छात्र 2. जो एक ही कक्षा में पढ़ते हों 3. एक ही गुरु से या एक ही विद्यालय में साथ-साथ शिक्षाग्रहण करने वाले विद्यार्थी।

सहप्रतिवादी (सं.) [सं-पु.] वह व्यक्ति जिसे किसी मुकदमे में मुख्य प्रतिवादी के साथ गौण रूप से उत्तरदायी ठहराया जाता है।

सहबद्ध (सं.) [वि.] साथ में बँधा या लगा हुआ।

सहबाला (फ़ा.) [सं-पु.] (हिंदू विवाह) वह छोटा बालक जो विवाह के समय दूल्हे के साथ पालकी पर अथवा उसके पीछे घोड़े पर बैठकर जाता है।

सहभागिता (सं.) [सं-स्त्री.] 1. सहभागी होने की अवस्था या भाव; हिस्सेदारी 2. साँठ-गाँठ।

सहभागिनी (सं.) [वि.] किसी के साथ किसी काम में समानता या बराबरी के भाव से सम्मिलित होने या सहयोग करने वाली; सहकर्मी। [सं-स्त्री.] पत्नी; भार्या।

सहभागी (सं.) [वि.] किसी के साथ समानता के भाव से सम्मिलित होने वाला। [सं-पु.] वह जो व्यापार, संपत्ति आदि में समान रूप से भागीदार हो; हिस्सेदार; साझीदार।

सहभाजन (सं.) [सं-पु.] साझा करना; अंश या हिस्सा बटाना।

सहभोज (सं.) [सं-पु.] बहुत से लोगों का एक साथ भोजन करना; सामूहिक भोज।

सहम (फ़ा.) [सं-पु.] 1. डर; भय; ख़ौफ़; सिहर 2. लिहाज़; संकोच।

सहमत (सं.) [वि.] 1. जिसका मत (विचार) दूसरे के साथ मिलता हो; जिसकी राय दूसरे से मिलती हो; एकमत; राज़ी; रज़ामंद 2. जो दूसरे के मत को ठीक मानकर उसकी पुष्टि करता हो 3. जो दूसरे के साथ वार्ता, संधि या समझौते के लिए तैयार हो।

सहमति (सं.) [सं-स्त्री.] 1. सहमत होने की क्रिया या भाव 2. समान विचार; मतैक्य 3. किसी विषय आदि में लोगों का एकमत होना।

सहमना (फ़ा.) [क्रि-अ.] भयभीत होना; डरना; घबरा जाना; शंकित होना।

सहमरण (सं.) [सं-पु.] साथ-साथ मरना।

सहमा (फ़ा.) [वि.] 1. डरा हुआ; भयभीत 2. घबराया हुआ; ख़ौफ़ज़दा।

सहमाना (फ़ा.) [क्रि-स.] 1. डराना; भयभीत करना 2. घबड़ाहट में डालना।

सहयात्री (सं.) [सं-पु.] साथ-साथ यात्रा करने वाला; हमराही; सहपंथी। [वि.] साथ-साथ यात्रा करने वाला।

सहयोग (सं.) [सं-पु.] 1. सहायता; मदद 2. मिल-जुलकर काम करने की क्रिया या भाव।

सहयोगी (सं.) [सं-पु.] सहयोग या सहायता करने वाला व्यक्ति। [वि.] 1. सहयोग करने वाला 2. साथ काम करने वाला 3. सहायक; मददगार।

सहयोजन (सं.) [सं-पु.] 1. साथ मिलाने की क्रिया या भाव 2. सहयोगी के रूप में सम्मिलित करना 3. किसी समिति या संस्था के वर्तमान सदस्यों द्वारा किसी अनिर्वाचित या बाहरी व्यक्ति को सदस्य या सहयोगी के रूप में सम्मिलित किए जाने का काम।

सहयोजित (सं.) [वि.] सहायतार्थ मिलाया गया; आमेलित; जोड़ा हुआ; विनियुक्त।

सहर[1] [सं-पु.] 1. जादू; टोना 2. एक पौधा जिसके डंठल डंडे के आकार के होते हैं।

सहर[2] (अ.) [सं-स्त्री.] 1. प्रात:काल; प्रभात; भोर; तड़का 2. जागरण; जागना।

सहरख़ेज़ (अ.+फ़ा.) [वि.] 1. बहुत सवेरे उठने का अभ्यस्त 2. सुबह जल्दी उठकर लोगों की चीज़ें उठा ले जाने वाला; उचक्का।

सहरगही (अ.+फ़ा.) [सं-स्त्री.] वह भोजन जो किसी दिन निर्जल व्रत करने के पूर्व बहुत तड़के ही किया जाता है; सहरी; सरघी।

सहरदार (अ.+फ़ा.) [सं-पु.] घूँघरा; घुंघुरूदार।

सहरा (अ.) [सं-पु.] 1. अरण्य; कानन; जंगल; वन 2. ख़ाली मैदान।

सहरी[1] (सं.) [सं-स्त्री.] शफरी; मछली।

सहरी[2] (अ.) [सं-स्त्री.] निर्जल व्रत के दिन बहुत तड़के किया जाने वाला भोजन; सहरगही। [वि.] प्राभातिक; प्रात:कालीन।

सहर्ष (सं.) [क्रि.वि.] ख़ुशी के साथ; हर्ष के साथ; प्रसन्नतापूर्वक।

सहल (अ.) [वि.] जो कठिन न हो; सरल; सहज; आसान; सुगम।

सहलग्न (सं.) [वि.] साथ लगा हुआ; किसी के साथ जुड़ा हुआ।

सहलाना (सं.) [क्रि-स.] 1. शरीर के अंगों पर हाथ फेरना तथा बार-बार रगड़ना 2. सिर आदि पर प्रेमपूर्वक हाथ फेरना।

सहलाहट [सं-स्त्री.] सहलाने की क्रिया या अवस्था; सहलाई।

सहलेखक (सं.) [सं-पु.] उन दो लेखकों में से कोई एक जिन्होंने मिलकर कोई ग्रंथ या लेख आदि लिखा हो।

सहवन [सं-पु.] एक प्रकार का तिलहन जिससे तेल निकाला जाता है।

सहवर्तन (सं.) [सं-पु.] 1. साथ में होना 2. साथ रहना।

सहवर्ती (सं.) [वि.] 1. साथ में रहने या होने वाला; निकटस्थ 2. किसी के साथ वर्तमान रहने वाला; समकालीन।

सहवास (सं.) [सं-पु.] 1. किसी के साथ रहना; एकत्र बसना; एक ही आवास में साथ-साथ रहना 2. काम-क्रीड़ा; रति; संभोग।

सहवासी (सं.) [वि.] साथ रहने वाला। [सं-पु.] संगी; साथी; मित्र; दोस्त।

सहशिक्षा (सं.) [सं-स्त्री.] बालकों एवं बालिकाओं को एक साथ दी जाने वाली शिक्षा।

सहसंबंध (सं.) [सं-पु.] परस्पर संबंध; आपसी ताल्लुक।

सहसा (सं.) [अव्य.] अचानक; अकस्मात; एकाएक; एकदम; शीघ्रता से; तीव्र वेग से।

सहसान (सं.) [सं-पु.] 1. मयूर; मोर 2. यज्ञ। [वि.] सहनशील।

सहस्त्र (सं.) [वि.] 1. संख्या '1000' का सूचक 2. {ला-अ.} बहुत; अनेक; अनंत; अगणित।

सहस्त्रदल (सं.) [सं-पु.] हज़ार दलोंवाला अर्थात कमल; शतपत्र। [वि.] सहस्त्र पंखुड़ियों वाला।

सहस्त्रनयन (सं.) [सं-पु.] 1. विष्णु 2. इंद्र।

सहस्त्रनाम (सं.) [सं-पु.] वह स्तोत्र जिसमें किसी देवता या देवी के हजार नाम हों।

सहस्त्रपाद (सं.) [सं-पु.] 1. सूर्य 2. विष्णु 3. महाभारत में उल्लिखित एक ऋषि 4. सारस नामक पक्षी।

सहस्त्रफन (सं.) [सं-पु.] शेषनाग। [वि.] अनेक फनवाला।

सहस्त्रबाहु (सं.) [सं-पु.] 1. (पुराण) शिव 2. राजा बलि के सबसे बड़े पुत्र का नाम 3. विष्णु 4. कार्तवीर्य। [वि.] हज़ार भुजाओंवाला।

सहस्त्रमुखी (सं.) [वि.] हज़ार मुखवाला।

सहस्त्राक्ष (सं.) [सं-पु.] 1. (पुराण) इंद्र 2. विष्णु 3. शिव 4. उत्पलाक्षी देवी का पीठ स्थान। [वि.] 1. हज़ार आँखों वाला 2. सतर्क।

सहस्त्राब्दि (सं.) [सं-स्त्री.] दस शताब्दियों या हज़ार वर्षों का समूह।

सहस्त्रार (सं.) [सं-पु.] 1. एक प्रकार का कल्पित कमल जो हज़ार दलों का माना जाता है 2. जैन मतानुसार बारहवें स्वर्ग का नाम 3. हठयोग के अनुसार मानव शरीर के भीतर के सात चक्रों में से सातवाँ चक्र जो हज़ार दलों का माना गया है 4. विचार और शारीरिक विकास करने वाली ग्रंथियों का केंद्र।

सहस्त्रार्जुन (सं.) [सं-पु.] हैहय वंश में उत्पन्न एक पौराणिक राजा जिसे परशुराम ने मारा था; कार्तवीर्य अर्जुन।

सहस्त्री (सं.) [वि.] जिसके पास हज़ार योद्धा, घोड़े, हाथी आदि हों; हज़ार रुपए के मूल्य का।

सहस्वामित्व (सं.) [सं-पु.] किसी वस्तु पर एकाधिक व्यक्तियों का एक साथ मान्य अधिकार या समान प्रभुत्व; साझेदारी।

सहांश (सं.) [सं-पु.] किसी के साथ रहने या होने पर मिलने वाला अंश या भाग।

सहाध्यायी (सं.) [सं-पु.] साथ-साथ अध्ययन करने वाले विद्यार्थी; सहपाठी। [वि.] किसी के साथ अध्ययन करने वाला या जिसने किसी के साथ अध्ययन किया हो।

सहाना [सं-स्त्री.] भागवंती/ भाग्यवती; सौभाग्यसूचक चूड़ी।

सहानुभूति (सं.) [सं-स्त्री.] किसी के दुःख आदि की अनुभूति; हमदर्दी; संवेदना; किसी दुखी व्यक्ति के प्रति प्रकट की जाने वाली दया; करुणा।

सहाय (सं.) [सं-पु.] 1. सहचर; साथी 2. जो दूसरों की सहायता करता हो 3. मित्र 4. संरक्षक 5. आश्रय।

सहायक (सं.) [वि.] 1. किसी की सहायता करने वाला; मदद देने वाला; मददगार 2. किसी कार्य को करने में प्रयुक्त साधन 3. किसी अधिकारी आदि के मातहत।

सहायता (सं.) [सं-स्त्री.] 1. सहाय होने की अवस्था या भाव 2. सहयोग; मदद; अनुदान।

सहायतार्थ (सं.) [अव्य.] 1. सहायता के निमित्त 2. किसी संस्था, न्यास या व्यक्ति को सहयोग की दृष्टि से दिया जाने वाला धन या वस्तु।

सहारा (सं.) [सं-पु.] 1. अवलंब; आधार; टेक; आश्रय 2. सहायता; मदद 3. समर्थन 4. भरोसा 5. ऐसी बात, व्यक्ति या वस्तु जिससे किसी कार्य को करने में सहायता मिले।

सहालग (सं.) [सं-पु.] 1. वह वर्ष जो ज्योतिष के हिसाब से शुभ माना जाता है 2. वे मास या दिन जिसमें विवाह के मुहूर्त हों; शादी, विवाह आदि के शुभ दिन।

सहिंजन [सं-पु.] एक प्रकार का बड़ा वृक्ष जो भारत के प्रायः सभी प्रांतों में उत्पन्न होता है।

सहिक (सं.) [सं-पु.] 1. वह कथन जिसमें किसी मत या सिद्धांत का दृढ़तापूर्वक निरूपण किया गया हो 2. ऐसी प्रतिकृति जो ठीक मूल आकृति जैसी हो। [वि.] 1. जो सचमुच वर्तमान हो; सत्ता से युक्त; वास्तविक 2. निःसंकोच; निश्चित; निर्द्वंद्व 3. गणित में 'शून्य' की अपेक्षा अधिक, जिसे 'धन' कहा जाता है।

सहिरिया [सं-स्त्री.] बसंत ऋतु में होने वाली वह फसल जो बिना सींचे होती है।

सहिष्णु (सं.) [वि.] सहनशील; पीड़ा; कष्ट आदि सहन करने की क्षमता से युक्त; क्षमाशील।

सहिष्णुता (सं.) [सं-स्त्री.] सहिष्णु होने की अवस्था, गुण या भाव; सहनशीलता; क्षमाशीलता।

सही (अ.) [वि.] 1. जो झूठ या मिथ्या न हो 2. यथार्थ; वास्तविक 3. शुद्ध; ठीक 4. सत्य; सच; प्रामाणिक 5. उपयुक्त और सुंदर 6. सत्य या ठीक होने का सूचक चिह्न 7. हस्ताक्षर।

सही-सलामत (अ.) [वि.] 1. जिसे कोई रोग या विकार न हो; निरोग; भला चंगा; स्वस्थ 2. जिसमें कोई दोष या न्यूनता न आई हो; दोषरहित 3. निरापद; सुरक्षित। [क्रि.वि.] 1. सकुशल 2. कुशलपूर्वक।

सहूलियत (अ.) [सं-स्त्री.] 1. सुभीता; सुविधा 2. व्यवहार या आचरण में सभ्यता या नरमी।

सहृदय (सं.) [वि.] 1. कोमल हृदयवाला; जो दूसरों के सुख-दुख की अनुभूति करता हो; दयालु 2. सदैव प्रसन्न रहने वाला; प्रसन्नचित्त 3. साहित्य का प्रेमी; रसिक 4. सच्चा 5. भला; सज्जन; समझदार।

सहृदयता (सं.) [सं-स्त्री.] 1. सहृदय होने की अवस्था, गुण या भाव 2. दयालुता 3. कोमलता 4. रसज्ञता।

सहेज [सं-पु.] 1.दही का वह थोड़ी मात्रा जो दूध दही जमाने के लिए छोड़ी जाती है; जामन 2. सुहेल गाय। [सं-स्त्री.] सहेजने की क्रिया या भाव।

सहेजना (अ.) [क्रि-स.] सँजोना; सँभालना; करीने से चीज़ों को रखना।

सहेजवाना [क्रि-स.] सहेजने के कार्य में दूसरे को प्रवृत्त करना या सहेजने का काम दूसरे से कराना।

सहेतुक (सं.) [वि.] जिसका कोई हेतु हो; जिसका कुछ उद्देश्य या मतलब हो।

सहेरवा [सं-पु.] हरसिंगार या पारिजात का वृक्ष।

सहेली (सं.) [सं-स्त्री.] 1. साथ में रहने वाली स्त्री; सहचरी 2. संगिनी; मित्र; सखी 3. {अ-अ.} गौरैया जैसी एक छोटी चिड़िया।

सहोक्ति (सं.) [सं-स्त्री.] एक प्रकार का काव्यालंकार जिसमें 'सह', 'संग', 'साथ' आदि शब्दों का व्यवहार होता है, अनेक

कार्य साथ ही होते हुए दिखाए जाते हैं तथा इन कार्यों में क्रिया प्रायः एक ही होती है।

सहोदर (सं.) [सं-पु.] सगा भाई। [वि.] 1. एक ही माँ के गर्भ से उत्पन्न 2. संबंध के विचार से सगा।

सह्य (सं.) [वि.] 1. जो सहा जा सके; सहने योग्य 2. सहन करने में समर्थ।

सह्याद्रि (सं.) [सं-पु.] दक्षिण भारत का एक प्रसिद्ध पर्वत जो महाराष्ट्र प्रांत में है; सतपुड़ा।

सा (सं.) [वि.] 1. तुल्य; बराबर; सादृश्य 2. एक परिणामसूचक शब्द, जैसे- थोड़ा-सा, ज़रा-सा आदि। [अव्य.] 1. समानता होने पर भी कुछ कमी का भाव सूचित करने वाला शब्द 2. किसी की तरह या किसी के प्रकार का; बहुत कुछ मिलता-जुलता 3. निश्चयात्मक सूचना के लिए प्रयुक्त, जैसे- कौन-सा 4. किसी अनिश्चित मात्रा या मान पर ज़ोर देने के लिए प्रयुक्त 5. पूरा न होने पर भी बहुत कुछ। [सं-पु.] (संगीत) षड्ज स्वर का सूचक शब्द।

साँई (सं.) [सं-पु.] 1. स्वामी; मालिक; ईश्वर; परमात्मा 2. पति 3. मुसलमान फ़कीर।

साँकड़ा (सं.) [सं-पु.] 1. मोटी चपटी ज़ंजीर की भाँति का एक आभूषण जिसे प्रायः मारवाड़ी स्त्रियाँ पैर में पहनती हैं 2. शृंखला; जंजीर; सीकड़ 3. सिकड़ी जो दरवाजे में लगाई जाती; अर्गला 4. {ला-अ.} क्षुद्र स्वभाव या वृत्ति का; संकीर्ण।

साँकड़ी [सं-स्त्री.] उंगलियों पर रचाई गई मेहंदी।

साँकरछल्ली [सं-स्त्री.] पैर की उंगलियों में पहनने योग्य एक आभूषण।

साँकरी[1] [सं-स्त्री.] 1. सिकड़ी; साँकल की तरह फंदेदार गाँठ; पैरों की उँगलियों में पहनने योग्य आभूषण 2. कड़ियों या सांकरों के आधार पर बुनी गई खाट।

साँकरी[2] (स) [सं-स्त्री.] संकट।

साँकल (सं.) [सं-स्त्री.] 1. दरवाज़े की कुंडी; ज़ंजीर; सिटकनी 2. शृंखला 3. पशुओं के गले की ज़ंजीर 4. गले में पहनी जाने वाली सोने-चाँदी की ज़ंजीर, सिकड़ी।

साँग [सं-पु.] 1. उत्तर प्रदेश का एक लोकनाट्य; स्वाँग 2. जाट जाति में प्रचलित एक गीति काव्य। [सं-स्त्री.] एक प्रकार की छोटी पतली बरछी 2. एक प्रकार का औज़ार जो कुँआ खोदते समय पानी फोड़ने के काम आता है।

साँचा (सं.) [सं-पु.] 1. वह उपकरण जिसमें कोई गीली चीज़ रखकर किसी विशिष्ट आकार-प्रकार की कोई चीज़ बनाई जाती है, जैसे- ईंट या मूर्ति आदि 2. छापा; ठप्पा। [मु.] **साँचे में ढला होना** : रूप, आकार-प्रकार आदि में अत्यंत सुंदर होना।

साँझ (सं.) [सं-स्त्री.] सूर्यास्त के आस-पास का समय; संध्याकाल; शाम; सायंकाल।

साँट [सं-स्त्री.] 1. लाल गदहपूरना; लाल पुनर्नवा; एक औषधीय पौधा 2. लगाव; लपेट।

साँटना [क्रि-स.] 1. पकड़े रहना 2. जोड़ना; साँठना।

साँटा [सं-पु.] 1. करघे के आगे लगा हुआ वह डंडा जिसे ऊपर नीचे करने से ताने के तार ऊपर-नीचे होते हैं 2. कोड़ा 3. ऐंड़ 4. ईख; गन्ना 5. प्रतिकार; बदला।

साँठ [सं-पु.] 1. ईख; गन्ना 2. सरकंडा 3. मेल; योग 4. पैरों में पहना जाने वाला साँकड़ा नामक एक आभूषण 5. सोंटा; डंडा 6. फ़सल से अनाज अलग करने के लिए पीटने वाला डंडा।

साँठगाँठ [सं-स्त्री.] 1. मेल-मिलाप 2. षड्यंत्र; साजिश; छिपा और दूषित संबंध।

साँड़ (सं.) [सं-पु.] 1. बिना बधिया किया हुआ बैल; वृषभ 2. हिंदू धर्म में मृतक की स्मृति में दाग कर छोड़ा हुआ वृषभ। [वि.] 1. शक्तिशाली 2. आवारा; लंपट।

साँथी [सं-स्त्री.] 1. वह लकड़ी जो ताने के तारों को ठीक रखने के लिए करघे के ऊपर लगी रहती है 2. ताने के सूतों के ऊपर-नीचे होने की क्रिया।

साँप (सं.) [सं-पु.] 1. सर्प; विषधर; एक रेंगने वाला लंबा और ज़हरीला जंतु जो बिलों आदि में रहता है; भुजंग 2. {ला-अ.} समय का लाभ उठाने वाला; दुष्ट और विश्वासघाती। [मु.] -**छछूँदर की दशा** : दोनों तरफ़ से संकट होना। -**सूँघ जाना** : बेसुध होना; मरणासन्न होना; एकदम चुप हो जान। -**कलेजे पर साँप लोटना** : ईर्ष्याजन्य घोर कष्ट होना; अत्यंत दुख होना।

साँपिन (सं.) [सं-स्त्री.] 1. मादा साँप 2. एक प्रकार का चक्राकार चिह्न या भौंरी जो सामुद्रिक के अनुसार शुभ मानी जाती है 3. {ला-अ.} विश्वासघातिनी स्त्री; दुष्ट स्त्री।

साँभर[1] (सं.) [सं-पु.] 1. राजस्थान स्थित खारे पानी की एक झील 2. उक्त झील के पानी से निर्मित लवण 3. एक प्रकार का बारहसिंघा।

साँभर[2] (त.) [सं-पु.] मसालेदार दाल जैसा एक प्रकार का दक्षिण भारतीय व्यंजन।

साँय-साँय (सं.) [अव्य.] सन्नाटे की अनुगूँज; निर्जन स्थान में हवा चलने से होने वाली 'सन-सन' ध्वनि।

साँवक [सं-पु.] हलवाहों को दिया जाने वाला ऋण, जिसके सूद के बदले में काम करते हैं।

साँवती [सं-स्त्री.] बैलगाड़ी या घोड़ागाड़ी के नीचे लगी वह जाली जिसमें दाना, घास आदि रखा जाता है।

साँवरिया [सं-पु.] 1. प्यारा; प्रियतम; पति; सनम 2. लोकभाषा में कृष्ण का एक प्रचलित नाम। [वि.] श्याम वर्ण का; साँवला।

साँवला (सं.) [सं-पु.] 1. हलका काला रंग 2. कृष्ण 3. प्रेमी; साजन। [वि.] जिसका रंग हलका काला या कुछ-कुछ काला हो; कृष्ण वर्ण का; श्याम या श्यामल रंग का।

साँवलापन [सं-पु.] 1. साँवला होने की अवस्था, गुण या भाव 2. वर्ण की श्यामता या श्यामलता।

साँवली (सं.) [वि.] श्याम वर्ण की; साँवले रंग की; श्यामा।

साँवा [सं-पु.] दे. साँवाँ।

साँवाँ (सं.) [सं-पु.] ज्येष्ठ मास में तैयार होने वाली कंगनी या चेना की जाति का एक प्रकार का अन्न।

साँस (सं.) [सं-स्त्री.] 1. नाक या मुँह के द्वारा बाहर से खींचकर अंदर फेफड़ों तक और वहाँ से उसे फिर बाहर निकाली जाने

वाली हवा; प्राणवायु; श्वास; दम 2. {ला-अ.} बहुत थकने के बाद थोड़ी देर विश्राम के लिए लिया गया अवकाश; फ़ुरसत। [मु.] **-उखड़ना** : साँस लेने की क्रिया का बीच में कुछ समय के लिए रुकना। **-ऊपर-नीचे होना** : चिंता, भय आदि के कारण साँस का बीच-बीच में रुकना। **-लेना** : कार्य करते समय बीच में कुछ देर के लिए सुस्ताना।

साँसत [सं-स्त्री.] 1. बहुत अधिक शारीरिक कष्ट; यातना; पीड़ा 2. मुसीबत; झंझट 3. फ़ज़ीहत; बुरी हालत।

साँसत-घर [सं-पु.] 1. जेल के अंदर की वह छोटी-सी और अंधकारपूर्ण कोठरी जिसमें कैदी को अकेला रखा जाता है; काल-कोठरी 2. प्रकाशरहित और तंग कमरा।

साँसा[1] [सं-पु.] 1. साँस; श्वास 2. जीवन; ज़िंदगी।

साँसा[2] (सं.) [सं-पु.] 1. संशय; संदेह; शक 2. भय; डर 3. चिंता; फ़िक्र।

साँसी [सं-पु.] एक जंगली और यायावर जाति।

सांकर्य (सं.) [सं-पु.] घालमेल; मिश्रण; घपला; मिलावट।

सांकेतिक (सं.) [वि.] 1. संकेत संबंधी 2. जो संकेत रूप में हो; इशारे का 3. अभिधा से अतिरिक्त किंतु अभिधा से संबंधित अर्थ।

सांख्यिक (सं.) [वि.] अंकों से संबद्ध; अंकों में होने वाला।

सांख्यिकी (सं.) [सं-स्त्री.] 1. किसी विषय से संबंधित आँकड़े एकत्र करने और उन्हें व्यवस्थित रूप से रखकर कुछ निष्कर्ष निकालने की विद्या 2. इस प्रकार एकत्रित और व्यवस्थित आँकड़ों का समूह।

सांख्यिकीय (सं.) [वि.] सांख्यिकी से संबंधित।

सांग (सं.) [वि.] सभी अंगों से युक्त; प्रत्येक अवयव से पूर्ण; संपूर्ण; पूरा।

सांगोपांग (सं.) [अव्य.] 1. सभी अंगों, उपांगों से युक्त; संपूर्ण 2. पूरी और ठीक तरह से। [वि.] जो अपने सभी अंगों, उपांगों से युक्त हो।

सांघातिक (सं.) [वि.] 1. संघात से संबंधित 2. ऐसा प्रहार जो जान लेवा हो; घातक; ऐसा कार्य जिससे प्राणों पर संकट आ सकता हो; जोखिमभरा; हननकारक।

सांत्वना (सं.) [सं-स्त्री.] दुखी और शोकाकुल व्यक्ति को समझाने-बुझाने और ढाढ़स देने की क्रिया; तसल्ली; आश्वासन; तुष्ट करने वाले शब्द और कथन।

सांद्र (सं.) [वि.] 1. गाढ़ा; घना 2. एक में गुँथा हुआ। [सं-पु.] 1. जंगल; वन 2. झुंड; राशि।

सांध्य (सं.) [वि.] 1. संध्या से संबंधित 2. संध्याकाल में होने वाला।

सांप्रतिक (सं.) [वि.] 1. जो इस समय चल रहा हो; आजकल होने या चलने वाला 2. वर्तमान का 3. जो वर्तमान की आवश्यकता को देखते हुए ठीक हो।

सांप्रदायिक (सं.) [वि.] 1. संप्रदाय संबंधी 2. किसी संप्रदाय का 3. संकुचित संप्रदाय-निष्ठावाला 4. दूसरे संप्रदाय के प्रति असहिष्णु 5. विभिन्न संप्रदायों के आपसी विरोध के फलस्वरूप होने वाला।

सांप्रदायिकता (सं.) [सं-स्त्री.] 1. सांप्रदायिक होने का भाव 2. अपने संप्रदाय या धर्म को श्रेष्ठ मानते हुए दूसरे संप्रदाय या धर्म को गलत ठहराना या द्वेष रखना; अपने संप्रदाय के हित और अन्य संप्रदाय के अहित में संलग्न होने का भाव 3. संप्रदायवाद।

सांवादिक (सं.) [वि.] 1. संवाद से संबंधित; संवाद का 2. बोलचाल या व्यवहार में प्रचलित 3. समाचार या ख़बर से संबंध रखने वाला। [सं-पु.] 1. संवाददाता; पत्रकार 2. समाचार पत्र-पत्रिका बेचने वाला।

सांसद (सं.) [सं-पु.] संसद का सदस्य। [वि.] जो संसद या उसकी मर्यादा के अनुकूल हो; पूर्णभद्रोचित।

सांसर्गिक (सं.) [वि.] 1. संसर्ग से संबंधित 2. संसर्ग से होने वाला; संसर्गजन्य; संपर्कजन्य।

सांसारिक (सं.) [वि.] संसार का; लौकिक; ऐहिक; जिसका संबंध संसार की विषयों एवं वस्तुओं से हो।

सांसारिकता (सं.) [सं-स्त्री.] 1. सांसारिक होने का भाव 2. दुनियादारी 3. भवचक्र; भवजाल; मायाजाल।

सांस्कृतिक (सं.) [वि.] संस्कृति से संबंध रखने वाला; संस्कृति संबंधी।

साइकिल (अं.) [सं-स्त्री.] 1. दो पहियों वाली एक हलकी सवारी; (बाइसिकिल); दोनों पैरों से चलाई जाने वाली; पैर-गाड़ी 2. घटना-चक्र; घटना-आवर्तन।

साइत (अ.) [सं-स्त्री.] 1. मुहूर्त; शुभ समय 2. पल; क्षण; घड़ी।

साइन (अं.) [सं-पु.] 1. हस्ताक्षर 2. किसी भावी घटना का पूर्व संकेत 3. चिह्न।

साइनबोर्ड (अं.) [सं-पु.] किसी संस्था या प्रतिष्ठान आदि के नाम और पते को सूचित करने वाला पट या तख़्ता; नामपट्ट।

साइनाइड (अं.) [सं-पु.] एक विषैला रासायनिक पदार्थ।

साई[1] [सं-स्त्री.] किसी कार्य के संपादन के लिए बात पक्की होने पर दिया जाने वाला अग्रिम धन; पेशगी; बयाना; हलवाई, गाने-बजाने वाले आदि से किसी कार्यक्रम की बात पक्की होने पर दिया जाने वाला अग्रिम धन।

साई[2] (अ.) [वि.] कोशिश करने वाला; प्रयत्नशील।

साईस (अ.) [सं-पु.] वह जो घोड़े की देख-रेख करता है; घोड़े का रख रखाव करने वाला व्यक्ति।

साक (सं.) [सं-पु.] शाक; सब्ज़ी; साग; भाजी; तरकारी।

साकल [सं-स्त्री.] पूर्णता; समग्रता; किसी वस्तु का पूर्ण होने का भाव।

साकला (सं.) [सं-पु.] दे. साकल्य।

साकल्य (सं.) [सं-पु.] 1. जौ, तिल आदि के दानों का मिश्रण जिससे हवन किया जाता है 2. सकल या संपूर्ण की अवस्था या भाव; संपूर्णता; सकलता; समग्रता का भाव।

साका (सं.) [सं-पु.] 1. संवत; शाका 2. ख्याति; कीर्ति; यश 3. धाक; रोब; दबदबा 4. कोई बड़ा कार्य जिसे करने वाले की बहुत प्रसिद्धि हो 5. कीर्तिस्मारक। [मु.] **-चलाना या बाँधना** : धाक या रोब जमाना।

साकार (सं.) [वि.] 1. जिसका कोई आकार हो 2. ऐसा अमूर्त तत्व जो मूर्त रूप धारण करके पृथ्वी पर अवतरित हुआ हो 3. ऐसी योजना जिसे क्रियात्मक आकार या रूप प्राप्त हुआ हो 4. स्थूल।

साकिन (अ.) [वि.] 1. स्थान विशेष का निवासी 2. स्थिर; अचल; गतिहीन।

साकी (अ.) [सं-पु.] 1. वह जो लोगों को पीने के लिए शराब का पात्र भरकर देता हो 2. वह जो दूसरों को हुक्का पिलाता हो 3. {ला-अ.} प्रेमिका या प्रिया के लिए प्रयुक्त शब्द।

साकेत (सं.) [सं-पु.] अयोध्या का प्राचीन नाम; उत्तर प्रदेश में सरयू नदी के किनारे स्थित एक हिंदू तीर्थ स्थान; अयोध्या।

साक्ष (सं.) [वि.] 1. अक्ष या नेत्रयुक्त; आँखों वाला 2. अक्षमाला या जप के मनकों से युक्त।

साक्षर (सं.) [वि.] 1. शिक्षित 2. अक्षरों से युक्त 3. अक्षरों को लिखने एवं पढ़ने में सक्षम।

साक्षरता (सं.) [सं-स्त्री.] साक्षर होने की अवस्था या भाव।

साक्षात (सं.) [वि.] मूर्तिमान; साकार। [अव्य.] 1. आँखों के सामने; प्रत्यक्ष 2. सम्मुख या मुँह की सीध में 3. शरीरधारी व्यक्ति के रूप में 4. सीधे; बिना किसी माध्यम के।

साक्षात्कार (सं.) [सं-पु.] 1. आँखों के सामने उपस्थित होना; सामने आना 2. भेंट; मुलाकात 3. मिलन; देखा-देखी 4. अनुभूति; ज्ञान।

साक्षी (सं.) [सं-स्त्री.] किसी बात को प्रमाणित करने के लिए दी जाने वाली गवाही। [वि.] जिसने घटना आदि को घटते हुए अपनी आँखों से देखा हो; प्रत्यक्षदर्शी; चश्मदीद।

साक्ष्य (सं.) [सं-पु.] 1. जो कुछ आँखों से देखा गया हो 2. उक्त दृश्य का कथन; प्रमाण; गवाही।

साक्ष्य-प्रविधि (सं.) [सं-स्त्री.] वह कानून जिसमें साक्ष्य या सबूत देने के नियमों आदि की व्यवस्था हो।

साक्ष्य-विधान [सं-पु.] दे. साक्ष्य-प्रविधि।

साक्ष्यांकन (सं.) [सं-पु.] किसी पत्र, लेख, हस्ताक्षर आदि के संबंध में साक्षी के रूप में लिखवाना कि यह सही और वास्तविक है; प्रमाणीकरण।

साख (सं.) [सं-स्त्री.] 1. धाक; रोब 2. वह मर्यादा या प्रतिष्ठा जिसके कारण कोई व्यक्ति लेन देन कर सकता हो; लेन-देन का खरापन या प्रामाणिकता 3. विश्वास; भरोसा।

साखी (सं.) [सं-पु.] 1. साक्षी; गवाह; प्रत्यक्षदर्शी 2. वह जो आपसी झगड़ों का निपटारा करता है; पंच 3. मित्र; दोस्त। [सं-स्त्री.] 1. साक्ष्य; गवाही 2. संतों की वाणी; ज्ञान संबंधी दोहे या पद, जैसे- कबीर की साखी 3. संस्मरण। [मु.] -**पुकारना** : गवाही देना।

साखू (सं.) [सं-पु.] एक प्रसिद्ध वृक्ष जिसकी लकड़ी इमारत बनाने के काम आती है; शालवृक्ष। [सं-स्त्री.] साखू की लकड़ी।

साख्ता (फ़ा.) [वि.] 1. बनाया हुआ; निर्मित 2. कृत्रिम 3. कूट; नकली; जाली।

साग (सं.) [सं-पु.] 1. कुछ विशिष्ट प्रकार के पौधों की पत्तियाँ जिन्हें सब्ज़ी की तरह पका कर खाया जाता है; शाक 2. तरकारी; भाजी।

साग-पात [सं-पु.] 1. रूखा-सूखा भोजन 2. पकाई हुई भाजी या तरकारी 3. खाने योग्य शाक, पत्ते आदि 4. {ला-अ.} तुच्छ या हेय वस्तु। [मु.] -**समझना** : बहुत ही तुच्छ या निकम्मा समझना।

सागर[1] (सं.) [सं-पु.] 1. समुद्र; जलधि; उदधि 2. गहरा एवं अथाह जल 3. संन्यासियों का एक भेद 4. एक प्रकार का मृग।

सागर[2] (अ.) [सं-पु.] 1. बड़ा प्याला; कटोरा 2. शराब पीने का प्याला।

सागरसुता (सं.) [सं-स्त्री.] लक्ष्मी।

सागवान (सं.) [सं-पु.] दे. सागौन।

सागिर्दी [सं-स्त्री.] मुतक्के के दोनों ओर लगे पत्थर।

सागूदाना [सं-पु.] साबूदाना।

सागौन (सं.) [सं-पु.] वर्ष भर हरा रहने वाला एक प्रसिद्ध वृक्ष जिसकी लकड़ी मेज़, कुरसी, दरवाज़े का पल्ला आदि बनाने में प्रयुक्त की जाती है; सागवान।

साग्र (सं.) [वि.] आदि से लेकर आरंभ तक; पूरा; सब; कुल; समग्र।

साग्रह (सं.) [क्रि.वि.] आग्रहपूर्वक; निवेदन के साथ; ज़ोर देकर।

साचित्य (सं.) [सं-पु.] 1. सचेत होने की अवस्था या भाव 2. सचेतता; सजगता।

साची कुम्हड़ा [सं-पु.] पेठा, भतुआ कुम्हड़ा, सफेद कुम्हड़ा।

साज़ (फ़ा.) [सं-पु.] 1. सजाने की क्रिया या भाव 2. सजावट की सामग्री 3. सज्जा; सजावट; सज-धज 4. संगीत में प्रयुक्त वाद्य यंत्र 5. युद्ध में प्रयोग किए जाने वाले अस्त्र-शस्त्र; युद्ध सामग्री; आयुध 6. सवारी के लिए घोड़े को तैयार करने का सामान 7. मेलजोल 8. अनुकूलता। [वि.] बनाने वाला; मरम्मत करने वाला। [मु.] -**छेड़ना** : बाजा बजाने का कार्य आरंभ करना; साज मिलाना

साज़-बाज़ (फ़ा.) [सं-पु.] मिली-भगत; साज़िश; साँठ-गाँठ।

साज़-संगीत (फ़ा.+सं.) [सं-पु.] वाद्य-संगीत; 'कंठ-संगीत' से भिन्न।

साज़-सज्जा (फ़ा.+सं.) [सं-स्त्री.] सजावट की सामग्री।

साज़-सामान (फ़ा.) [सं-पु.] 1. सामग्री; उपकरण; असबाब 2. सजावट की सामग्री 3. ठाट-बाट।

साज़गार (फ़ा.) [वि.] 1. अनुकूल; उपयुक्त 2. मुबारक; शुभान्वित 3. जो बात पसंद या रास आ जाए।

साजगिरी [सं-स्त्री.] संपूर्ण जाति का एक राग जिसमें सभी शुद्ध स्वर लगते हैं।

साजड़ [सं-पु.] गुलू नामक वृक्ष जिससे कतीरा गोंद निकलता है।

साजन (सं.) [सं-पु.] 1. पति; स्वामी 2. प्रेमी 3. सज्जन; सुजन 4. ईश्वर।

साज़िंदा (फ़ा.) [सं-पु.] 1. साज़ बजाने वाला 2. वेश्याओं आदि के साथ कोई साज बाजा बजानेवाला।

साज़िश (फ़ा.) [सं-स्त्री.] 1. षड्यंत्र; कुचक्र; किसी को हानि पहुँचाने की गुप्त योजना; दुरभिसंधि 2. षड्यंत्र के लिए मेल-मिलाप।

साज़िशकर्ता (फ़ा.+सं.) [सं-पु.] साज़िश करने वाला व्यक्ति। [वि.] साज़िश करने वाला; षड्यंत्री; कुचक्री।

साज़िशी (फ़ा.) [वि.] 1. साज़िश करने वाला; षड्यंत्री; कुचक्री; चक्रांतकारी 2. साज़िश से संबद्ध।

साझा (सं.) [सं-पु.] हिस्सेदारी; भागीदारी; साझेदारी; भाग; हिस्सा।

साझा-पत्ती (सं.) [सं-स्त्री.] 1. किसी कार्य, व्यापार या लाभ में होने वाली हिस्सेदारी 2. कुछ लोगों में किसी वस्तु का होने वाला बँटवारा।

साझी (सं.) [सं-पु.] 1. हिस्सेदार; भागीदार; साझेदार 2. व्यापार आदि में जिसका हिस्सा हो।

साझेदार [सं-पु.] 1. हिस्सेदार; भागीदार; शरीक होने वाला; साझी 2. व्यापार आदि में जो भागीदार या हिस्सेदार हो।

साझेदारी [सं-स्त्री.] 1. साझेदार होने की अवस्था या भाव 2. हिस्सेदारी; भागीदारी; साझीदारी।

साट[1] [सं-स्त्री.] छड़ी; छड़ी के चोट का दाग। [सं-पु.] 1. विक्रय; लेन-देन; व्यापार 2. सट्टा 3. साजिश; षड्यंत्र।

साट[2] (सं.) [सं-स्त्री.] 1. छड़ी; कमची 2. कोड़ा 3. कोड़े, छड़ी या बेंत के आघात से शरीर पर पड़ने वाला दाग। [वि.] साठ की संख्या।

साटक [सं-पु.] 1. एक छेद 2. भूसी; छिलका 3. तुच्छ वस्तु।

साटन (अं.) [सं-पु.] एक प्रकार का चिकना व चमकदार कपड़ा; बढ़िया रेशमी कपड़ा।

साटना [क्रि-स.] 1. किसी को किसी काम के लिए गुप्त रूप से अपनी ओर मिलाना 2. जोड़ना; चिपकाना; सटाना।

साटा [सं-पु.] 1. सट्टेबाजी आदि निंदनीय कृत्य से अर्जित किया हुआ धन 2. वह अनुबंध जिससे अनुचित तरीके से धनोपार्जन किया जाए।

साठ [वि.] संख्या '60' का सूचक; पचास और दस के योग की संख्या या अंक।

साठ-नाठ [सं-स्त्री.] 1. मेलजोल; सामंजस्य 2. अनुचित संबंध 3. चाल; षड्यंत्र। [वि.] 1. गरीब; निर्धन 2. फीका; नीरस; बेस्वाद 3. नष्ट 4. छिन्न-भिन्न; तितर-बितर।

साठा [वि.] साठ वर्ष की उम्रवाला। [सं-पु.] 1. ईख; गन्ना 2. धान की एक प्रजाति 3. आलू की एक प्रजाति 4. बहुत लंबा चौड़ा खेत 5. एक प्रकार की मधुमक्खी।

साठी [सं-पु.] 1. एक प्रकार का धान, जो साठ दिन में तैयार हो जाता है।

साड़ा [सं-पु.] 1. घोड़ों का एक प्राणघातक रोग 2. बाँस का वह टूकड़ा जो नाव में मल्लाहों के बैठने के स्थान के नीचे लगा रहता है।

साड़ी (सं.) [सं-स्त्री.] भारतीय स्त्रियों का एक परिधान।

साढ़ी[1] [सं-स्त्री.] दूध या दही के ऊपर जमने वाली परत; मलाई।

साढ़ी[2] (सं.) [सं-स्त्री.] शाल वृक्ष की गोंद।

साढ़ू (सं.) [सं-पु.] पत्नी की बहन का पति; साली का पति।

साढ़े [वि.] किसी संख्या के सूचक शब्द के साथ लगकर उससे आधे का सूचक शब्द, जैसे- दस और आधा = साढ़े दस।

साढ़ेसाती [सं-स्त्री.] (ज्योतिष) ऐसी लोक धारणा है कि शनि जब किसी राशि से बारहवें, प्रथम तथा दूसरे घर में भ्रमण करता है तब उस राशि पर शनि की साढ़ेसाती कही जाती है। यह दशा अशुभ तथा संकटदायक होती है।

सात [वि.] संख्या '7' का सूचक; पाँच और दो की संख्या का योग। [मु.] -**सात पाँच** : चालाकी; मक्कारी; धूर्तता। **सात समुद्र पार** : बहुत अधिक दूर विशेषतः विदेश में।

सातत्य (सं.) [सं-पु.] सदा या सतत होते रहने की क्रिया या भाव; निरंतरता।

साती [सं-स्त्री.] साँप काटने के बाद एक प्रकार की चिकित्सा जिसमें साँप के काटे हुए स्थान को चीर कर उस पर नमक या बारूद मलते हैं। [क्रि.वि.] साथ ही साथ।

सात्म्य (सं.) [सं-पु.] 1. एकरूपता; सरूपता 2. प्रकृति के अनुकूल होने का भाव 3. अनुकूल आहार और अभ्यास 4. आयुर्वेद में रोग के पाँच निदानों में से चौथा; उपशम।

सात्वती (सं.) [सं-स्त्री.] 1. नाटक की चार प्रकार की वृत्तियों में से एक 2. शिशुपाल की माँ का नाम 3. सुभद्रा का एक नाम।

सात्विक (सं.) [वि.] 1. जिसमें सत्व गुण हो; सतोगुणी; सत्वगुण-प्रधान 2. पवित्र; निर्मल 3. वास्तविक; सत्यनिष्ठ।

सात्विकता (सं.) [सं-स्त्री.] सात्विक होने का भाव; सत्व गुण से पूर्ण होने का भाव।

साथ (सं.) [सं-पु.] 1. ऐसी अवस्था जिसमें दो या उससे अधिक वस्तुएँ निकट स्थित हों 2. मित्रता; मेल; संगति; सहचार 3. समूह। [मु.] -**साथ खोना** : साथ से वंचित होना। **साथ घसीटना** : जबरदस्ती शरीक करना।

साथ-साथ (सं.) [अव्य.] 1. एक साथ चलना, रहना आदि 2. समानांतर।

साथिन (सं.) [सं-स्त्री.] 1. साथी स्त्री; साथ रहने वाली स्त्री 2. सखी; सहेली।

साथी (सं.) [सं-पु.] वे दो या अधिक व्यक्ति जिनका आपस में साथ हो; साथ देने वाला; साथ रहने वाला; दोस्त; सखा; संगी; मित्र।

सादगी (फ़ा.) [सं-स्त्री.] 1. सादा होने की अवस्था, भाव या गुण 2. सरलता; सादापन; आडंबर या कृत्रिमता का अभाव 3. भोलापन; निश्छलता।

सादर (सं.) [अव्य.] आदरपूर्वक; आदर के साथ; इज़्ज़त से।

सादरा [सं-पु.] एक प्रकार की गायन शैली जिसके पद अनेक राग-रागिनियों में निबद्ध होते हैं।

सादा (फ़ा.) [वि.] 1. बिना किसी अतिरिक्त दिखावे का; आडंबरहीन; जो अपने स्वाभाविक रूप में हो 2. जिसमें किसी प्रकार की उलझन या झंझट न हो; सरल 3. जिसपर किसी प्रकार का अंकन या सजावट न हो; कोरा; बेदाग 4. छल-प्रपंच से रहित; निश्छल 5. सहृदय; भोला।

सादापन (फ़ा.+हिं.) [सं-पु.] सादा होने की अवस्था, गुण या भाव; सरलता; निष्कपटता।

सादिक (अ.) [वि.] 1. सत्यवादी; सच्चा 2. न्यायनिष्ठ 3. स्वामिभक्त; वफ़ादार 4. ठीक; दुरुस्त।

सादिर (अ.) [वि.] 1. बाहर निकलने वाला 2. जारी किया हुआ (हुक्म आदि)।

सादी[1] [सं-स्त्री.] 1. पतंग की बिना माँझे वाली डोर 2. लाल नामक एक पक्षी; मुनियाँ; सदिया।

सादी[2] (सं.) [सं-पु.] रथ चलाने वाला व्यक्ति; सारथी।

सादृश्य (सं.) [सं-पु.] 1. सदृश्य या समान होने की अवस्था, गुण या भाव 2. एकरूपता; प्रतिमूर्ति 3. तुल्यता; बराबरी।

साध (सं.) [सं-स्त्री.] 1. लालसा; मन्नत; अभिलाषा 2. किसी स्त्री के गर्भवती होने पर सातवें महीने में होने वाला एक उत्सव। [सं-पु.] 1. साधु; संत 2. सज्जन 3. उत्तर भारत का एक संप्रदाय।

साधक (सं.) [सं-पु.] 1. योगी; तपस्वी 2. साधन; ज़रिया। [वि.] 1. साधना करने वाला 2. कार्य आदि में सहायता देने वाला; सहायक 3. साधन के रूप में होने वाला।

साधन (सं.) [सं-पु.] 1. किसी कार्य को पूर्ण करने का ज़रिया या माध्यम 2. किसी कार्य को पूरा करने की युक्ति या तरकीब 3. किसी वस्तु आदि को तैयार करने का सामान; सामग्री।

साधना (सं.) [सं-स्त्री.] 1. कार्य सिद्ध या संपन्न करने की क्रिया 2. एकाग्र तप; कठिन परिश्रम 3. सिद्धि 4. आराधना; उपासना 5. तीर से निशाना लगाना; शरसंधान।

साधनात्मक (सं.) [वि.] जो साधना के उद्देश्य से हुआ हो।

साधनाश्रम (सं.) [सं-पु.] वह स्थान या आश्रम जहाँ योग या साधना की जाती हो।

साधनिक (सं.) [वि.] 1. साधन संबंधी; साधन का 2. (वह व्यक्ति) जो किसी राज्य या संस्था के प्रबंध, कार्य आदि से संबंध रखता है 3. एक या एकाधिक साधनों से युक्त।

साधनी (सं.) [सं-स्त्री.] 1. दीवार या भूमि की सतह की सीध नापने का एक औज़ार जो लोहे या लकड़ी का बना होता है 2. राज; मेमार।

साधर्म्य (सं.) [सं-पु.] समान धर्म, स्वभाव, पद या गुण से युक्त होने की अवस्था या भाव; एकधर्मता।

साधार (सं.) [वि.] 1. आधार या नींव पर स्थित; किसी पर टिका हुआ; आश्रित; जिसका कोई आधार हो; आधारयुक्त 2. तथ्य पर आधारित (विचार या कथन); तथ्यपूर्ण।

साधारण (सं.) [वि.] 1. सामान्य; आम; औसत दरजे का 2. प्रकार या प्रकृति आदि की दृष्टि से अन्य देश-काल जैसा; सार्वत्रिक; सार्वलौकिक 3. जिसमें औरों की अपेक्षा कोई विशेषता या उत्कृष्टता न हो; निर्विशेष 4. सरल; सहज; सुगम।

साधारणतः (सं.) [अव्य.] साधारणतया; सामान्यतया; आमतौर पर; बहुधा; प्रायः।

साधारणतया (सं.) [अव्य .] साधारण रूप से; आम तौर पर; साधारणतः; बहुधा; प्रायः।

साधारणीकरण (सं.) [सं-पु.] (काव्यशास्त्र) किसी अवस्था विशेष के उत्पन्न होने पर उसके साथ तादात्म्य स्थापित हो जाना; एकात्मता; सामान्यीकरण; व्यापकीकरण।

साधिकार (सं.) [वि.] 1. आधिकारिक रूप से कहा या किया हुआ 2. जिसे कोई अधिकार प्राप्त हो; अधिकृत। [अव्य.] अधिकारपूर्वक; आधिकारिक रूप से।

साधित (सं.) [वि.] साधा या सिद्ध किया हुआ; शोधित; शुद्ध किया हुआ।

साधी [वि.] साधक; साधने या सिद्ध करने वाला।

साधु (सं.) [सं-पु.] 1. उत्तम आचरण तथा उत्तम प्रकृति वाला पुरुष 2. उत्तम कुल में उत्पन्न व्यक्ति; कुलीन व्यक्ति; आर्य 3. सदाचारी 4. संत; महात्मा 5. सज्जन व भला पुरुष। [वि.] 1. उत्तम; अच्छा; भला 2. विरक्त; धार्मिक; सदाचारी।

साधु-संन्यासी (सं.) [सं-पु.] 1. दूसरों के कल्याणार्थ सदैव तत्पर रहने वाला व्यक्ति; संत; महात्मा 2. सांसारिक मोह से विरक्त; त्यागी 3. शांत; सदाचारी; नेक; सज्जन।

साधु भाषा (सं.) [सं-स्त्री.] 1. उत्तम भाषा 2. शिष्ट भाषा।

साधुता (सं.) [सं-स्त्री.] 1. साधु होने की अवस्था, गुण या भाव; परहित की भावना 2. सज्जनता; साधुपन; भलमनसाहत 3. सरलता; सहजता 4. सीधापन; सिधाई।

साधुमती (सं.) [सं-स्त्री.] 1. तांत्रिकों की एक देवी 2. बोधिसत्वों की एक श्रेणी।

साधुवाद (सं.) [सं-पु.] 1. किसी के उत्तम कार्य के लिए वाह-वाह कह कर शाबाशी देना; प्रशंसा करना 2. शाबाशी या प्रशंसासूचक शब्द।

साधू (सं.) [सं-पु.] दे. साधु।

साध्य (सं.) [वि.] 1. जिसका साधन हो सके; जो पूरा या सिद्ध किया जा सके 2. आसान; सहज; सुगम 3. चिकित्सा के द्वारा जिसका निवारण किया जा सके 4. जिसका प्रतिकार संभव हो। [सं-पु.] 1. काम करने की योग्यता, शक्ति या सामर्थ्य 2. जिसे सिद्ध करना हो; लक्ष्य या उद्देश्य 3. (न्याय दर्शन) वह जिसका अनुमान किया जाए 4. वह जिसे प्रमाणित किया जाना हो।

साध्यता (सं.) [सं-स्त्री.] 1. साध्य होने की अवस्था, गुण या भाव 2. शक्यता; संभावना 3. रोग आदि को ठीक किए जाने की स्थिति में होना।

साध्यवसाना [सं-स्त्री.] (साहित्य) लक्षणा का एक भेद जिसमें उपमान को इस प्रकार उपस्थित किया जाता है कि उपमेय से उसका कोई भेद नहीं रह जाता है।

साध्यवाद (सं.) [सं-पु.] एक विचारधारा या सिद्धांत जो यह मानता है कि प्रत्येक कार्य के पीछे कोई न कोई उद्देश्य अवश्य रहता है।

साध्या (सं.) [सं-स्त्री.] किसी दीवानी मुकदमे आदि में वे विचारणीय बातें जिसे एक पक्ष मानता हो और जिन्हें दूसरा पक्ष न मानता हो।

साध्वी (सं.) [सं-स्त्री.] 1. जैन भिक्षुणी 2. पतिव्रता स्त्री; नारी। [वि.] पवित्र आचरणवाली; शुद्ध आचरणवाली।

सान (सं.) [सं-पु.] पत्थर का वह गोलाकार टुकड़ा जिसपर

रगड़कर धारदार हथियारों की धार तेज़ की जाती है।

सानंद (सं.) [क्रि.वि.] प्रसन्नता के साथ; आनंदपूर्वक। [वि.] आनंदित; प्रसन्न। [सं-पु.] 1. एक प्रकार की समाधि 2. (संगीत) सोलह प्रकार के ध्रुवकों में से एक।

सानना [क्रि-स.] 1. दो वस्तुओं को आपस में मिलाना; मिश्रित करना; सम्मिलित करना 2. गूँथना 3. {ला-अ.} किसी व्यक्ति को अपराध आदि में लपेटना या सम्मिलित करना।

सानी-पानी [सं-पु.] मवेशियों के लिए सानकर तैयार किया गया भोजन; पशुओं का भूसी, खली आदि मिला हुआ चारा।

सानी[1] (सं.) [सं-स्त्री.] वह भोजन जो पानी में सानकर पशुओं को देते हैं; भूसे में पानी, चोकर आदि मिला कर तैयार किया हुआ चारा।

सानी[2] (अ.) [वि.] 1. दूसरा 2. बराबरी का; मुकाबले का; जोड़ का; समान; तुल्य।

सानु (सं.) [सं-पु.] 1. पर्वत शिखर 2. छोर; सिरा 3. पत्थर 4. जंगल; वन 5. पहाड़ के ऊपर की समतल भूमि 6. मुनि; विद्वान 7. मार्ग 8. सूर्य। [वि.] 1. लंबा-चौड़ा 2. सपाट; चौरस।

सानुज (सं.) [क्रि.वि.] अनुज अर्थात छोटे भाई के साथ। [सं-पु.] 1. तुंबुरु नामक वृक्ष 2. प्रपौंड्रिक नामक वृक्ष; पुंडेरी।

सानुनासिक (सं.) [वि.] 1. ऐसे वर्ण या अक्षर जिनके उच्चारण में मुँह के अतिरिक्त नाक से अनुस्वरात्मक ध्वनि निकलती है 2. नाक के योग से बोलने या गाने वाला।

सानुपातिक (सं.) [वि.] अनुपात सहित।

सानुप्रास (सं.) [वि.] जिसमें अनुप्रास हो; अनुप्रास से युक्त।

सान्निध्य (सं.) [सं-पु.] 1. समीप होने की अवस्था या भाव; सामीप्य; निकटता 2. मोक्ष का एक प्रकार।

सापेक्ष (सं.) [वि.] 1. किसी की अपेक्षा करने वाला; आपेक्षिक; अपेक्षासहित 2. जो दूसरे पर आधारित या आश्रित हो; दूसरे पर अवलंबित; परावलंबित।

सापेक्षता (सं.) [सं-स्त्री.] सापेक्ष होने की क्रिया, अवस्था या भाव।

सापेक्षवाद (सं.) [सं-पु.] 1. वह सिद्धांत या विचारधारा जिसमें दो वस्तुओं या दो बातों को एक दूसरे का अपेक्षक माना जाता है 2. आइंस्टाइन द्वारा प्रतिपादित एक सिद्धांत; सापेक्षतावाद; आपेक्षिकतावाद।

साप्ताहिक (सं.) [वि.] 1. सप्ताह संबंधी 2. हर सातवें दिन होने वाला; हफ़्तेवार।

साफ़ (अ.) [वि.] 1. धूल या मैल आदि से रहित; निर्मल; स्वच्छ; उज्ज्वल 2. दोष या विकार से रहित; बेदाग; निष्कलंक; निर्दोष 3. जिसमें किसी प्रकार का कोई खोट या मिलावट न हो; शुद्ध; पवित्र; ख़ालिस 4. निश्छल; निष्कपट 5. असंदिग्ध; निश्चित 6. पढ़ने, सुनने, समझने में सहज 7. समतल; बराबर 8. दो टूक; पक्का 9. {ला-अ.} जिसमें कुछ भी सामर्थ्य न बचा हो 10. {ला-अ.} पूरी तरह से समाप्त किया हुआ (खाद्य पदार्थ आदि) 11. {ला-अ.} पूरी तरह चुकता किया हुआ (ऋण आदि)। [अव्य.] 1. कुशलतापूर्वक; सफ़ाई से 2. खुले तौर पर 3. स्पष्ट रूप से 4. निर्दोष भाव से 5. निरा; बिलकुल।

साफ़-सुथरा (अ.+हिं.) [वि.] स्वच्छ; निर्मल; बेदाग; जो पूर्णतया स्वच्छ हो।

साफ़गोई (अ.+फ़ा.) [सं-स्त्री.] बात को बिना लाग-लपेट के कहना; बिलकुल साफ़-साफ़ कहना; स्पष्टवादिता।

साफल्य (सं.) [सं-पु.] 1. सफल होने की अवस्था या भाव 2. सफलता; कामयाबी 3. कृतकार्यता 4. लाभ; प्राप्ति।

साफ़ा (अ.) [सं-पु.] 1. सिर पर बाँधने के काम में लाया जाने वाला एक प्रकार का कपड़ा; पगड़ी; मुरेठा 2. कपड़ों में साबुन लगाकर साफ़ करने की क्रिया।

साफ़ी (अ.) [सं-स्त्री.] 1. रूमाल; दस्ती 2. छानने का कपड़ा 3. गाँजा पीने की चिलम के नीचे लपेटा जाने वाला कपड़ा 4. सफ़ाई के काम में आने वाला कपड़ा। [वि.] शुद्ध करने वाला।

साबर (सं.) [सं-पु.] 1. साँभर मृग का चमड़ा 2. शबर नामक एक जाति 3. एक मंत्र जिसे शिवकृत माना जाता है 4. मिट्टी खोदने का एक औज़ार; सबरी।

साबिक (अ.) [वि.] जो व्यतीत हो गया हो; पिछला; पूर्व का; गत।

साबिका (अ.) [सं-पु.] 1. जान-पहचान; पारस्परिक व्यवहार के कारण होने वाला संबंध, संपर्क या सरोकार 2. लेन-देन।

साबित (फ़ा.) [वि.] प्रमाणित; सिद्ध; जिसका सबूत या प्रमाण मिल चुका हो।

साबिर (अ.) [वि.] 1. हर परिस्थिति में दैवीय शक्ति पर निर्भर रहने वाला 2. सब्र करने वाला; सहनशील।

साबुत (फ़ा.) [वि.] 1. जो खंडित न हुआ हो; जो पूर्ण इकाई के रूप में हो; अखंड 2. संपूर्ण; सब; समस्त; समूचा 3. ठीक; दुरुस्त।

साबुन (अ.) [सं-पु.] शरीर या कपड़े आदि पर जमे मैल को साफ़ करने के लिए प्रयुक्त एक प्रसाधन।

साबूआ उड़द [सं-पु.] तुलबुल्ली उड़द।

साबूदाना [सं-पु.] सागू नामक वृक्ष के तने के गूदे को पीसकर तैयार किए गए आटे से निर्मित दाना; सागूदाना।

साबौनी [सं-स्त्री.] केवल खाँड़ की टिकियों के रूप में बनी मिठाई।

साभार (सं.) [अव्य.] आभार के साथ; कृतज्ञता ज्ञापित करते हुए; अहसान प्रकट करते हुए।

साभिप्राय (सं.) [वि.] 1. अभिप्राय सहित; अभिप्राय से युक्त 2. जिसका कोई विशेष उद्देश्य या प्रयोजन हो 3. जानबूझकर किया हुआ 4. विशेष अर्थयुक्त।

साम (सं.) [सं-पु.] 1. सामवेद 2. सामवेद का हर मंत्र 3. विरोधी या विपक्षी को मीठी तथा संतुष्ट करने वाली बातों द्वारा अपने पक्ष में करने की नीति।

साम चुरिया [सं-पु.] तराजू में पासंग बराबर करने के लिए दंड में लगाई गई लोहे की मुँदरी।

सामंजस्य (सं.) [सं-पु.] 1. तालमेल; अनुकूलता 2. समंजस

होने की अवस्था या भाव 3. अनुरूपता; उपयुक्तता 4. मेल; संगति; एकरसता।

सामंजस्यमूलक [वि.] अनुकूलता पर आधारित।

सामंत (सं.) [सं-पु.] 1. किसी राजा के अधीन रहने वाला ऊँचे ओहदे वाला सरदार जो अपने क्षेत्र में राजा जैसा ही व्यवहार करता हो; राजा को कर देने वाला अधिकार भोगी भू-प्रमुख 2. वीर; योद्धा। [वि.] 1. सीमा पर रहने वाला 2. पड़ोस में रहने वाला।

सामंतवाद (सं.) [सं-पु.] वह शासन प्रणाली जिसके अंतर्गत सामंतों या ज़मींदारों आदि को कृषि भूमि एवं किसानों से संबंधित बहुत अधिक अधिकार प्राप्त होते थे और इसके बदले में वे राज्य को आर्थिक एवं सैन्य सहायता देते थे।

सामंतवादी (सं.) [वि.] 1. सामंतवाद से संबंधित 2. सामंती; सामंतवाद का 3. सामंतवाद का समर्थक।

सामंती (सं.) [वि.] सामंत का; सामंत से संबद्ध। [सं-स्त्री.] सामंत होने की अवस्था या भाव; पद।

सामग्री (सं.) [सं-स्त्री.] वे आवश्यक वस्तुएँ जो किसी काम में प्रयुक्त होती हैं; सामान; माल; असबाब; साधन।

सामधेनी (सं.) [सं-स्त्री.] यज्ञ या हवन में आग प्रज्वलित करने तथा हवा करने के लिए प्रयोग में आने वाली बाँस की नली।

सामना [सं-पु.] 1. किसी के समक्ष होने की अवस्था, क्रिया या भाव 2. भेंट; मुलाकात 3. प्रतियोगिता; मुकाबला 4. लड़ाई; मुठभेड़; भिड़ंत।

सामने [अव्य.] 1. सम्मुख; आगे; सीधे 2. किसी की उपस्थिति में; समक्ष; मौजूदगी में।

सामयिक (सं.) [वि.] 1. समय से संबंधित 2. वर्तमान समय का; समकालीन; समयानुसार 3. अवसर या समय के हिसाब से उचित, उपयुक्त और ठीक; अवसरानुकूल 4. मौसमी 5. बहुचर्चित।

सामयिकता (सं.) [सं-स्त्री.] 1. सामयिक या समकालीन होने की अवस्था या भाव 2. वर्तमान समय या परिस्थिति आदि के विचार से उपयुक्त दृष्टिकोण या सोच।

सामरिक (सं.) [वि.] समर या युद्ध से संबंधित; युद्ध का।

सामर्थ्य (सं.) [सं-स्त्री.] 1. समर्थ होने की अवस्था या भाव 2. शक्ति; ताकत 3. योग्यता; क्षमता।

सामर्थ्यवान (सं.) [वि.] जो समर्थ हो; शक्तिशाली।

सामवेद (सं.) [सं-पु.] आर्यों के चार वेदों में से तीसरा जिसमें यज्ञ आदि के समय गाए जाने वाले स्तोत्र हैं।

सामवेदी (सं.) [सं-पु.] सामवेद का ज्ञाता और अनुयायी व्यक्ति।

सामाजिक (सं.) [वि.] 1. समाज से संबंध रखने वाला; समाज संबंधी 2. समाज के संपर्क से होने वाला 3. सभ्य 4. प्राचीन काल में 'सभा' नामक संस्था से संबंध रखने वाला। [सं-पु.] 1. (साहित्य) काव्य, नाटक आदि का श्रोता या दर्शक; रसिक; सहृदय 2. प्राचीन काल में 'सभा' नामक संस्था का सदस्य 3. जीविकोपार्जन के लिए तरह-तरह के खेल-तमाशे दिखाने वाला व्यक्ति 4. उक्त खेल-तमाशे के दर्शक।

सामाजिकता (सं.) [सं-स्त्री.] 1. सामाजिक होने की अवस्था या भाव; लौकिकता 2. सामाजिक संबंधों का निर्वाह 3. मनुष्य में सामाजिक बनने की प्रवृत्ति।

सामाजीकरण (सं.) [सं-पु.] 1. समाज के रीति-रिवाज, परंपरा आदि के अनुरूप स्वयं को ढालने की क्रिया 2. समाजशास्त्र एवं मनोविज्ञान का एक सिद्धांत।

सामान (फ़ा.) [सं-पु.] 1. किसी कार्य आदि में उपयोगी वस्तुएँ; उपकरण; सामग्री 2. गृहस्थी के उपयोग की वस्तुएँ; माल; असबाब 3. इंतजाम; प्रबंध; व्यवस्था।

सामान्य (सं.) [सं-पु.] समानता; सादृश्य। [वि.] 1. साधारण; मामूली; आम; अदना; जिसमें कोई विशेषता न हो 2. क्षुद्र; तुच्छ।

सामान्यतः (सं.) [अव्य.] सामान्य या साधारण रीति से; साधारणतः; आम तौर से; मामूली तौर से।

सामान्यतया (सं.) [अव्य.] सामान्य रूप से; आमतौर से; सामान्यतः; प्रायः।

सामान्या (सं.) [सं-स्त्री.] 1. (साहित्य) वह नायिका जो धन लेकर किसी से प्रेम करती है 2. ऐसी स्त्री जो सर्वसाधारण के लिए सुलभ हो; गणिका; वेश्या।

सामान्यीकरण (सं.) [सं-पु.] 1. किसी विशिष्ट तत्व को इस प्रकार प्रस्तुत करना कि वह साधारण प्रतीत हो; साधारणीकरण 2. व्यापकीकरण।

सामासिक (सं.) [वि.] 1. समास संबंधी; समास का 2. सामूहिक; अनेक तत्वों या हिस्सों से बना हुआ 3. मिश्रित 4. संक्षिप्त।

सामिष (सं.) [वि.] जिसमें मांस मिला हो; मांस से युक्त; मांस, गोश्त आदि के सहित।

सामी [सं-पु.] अरब, असीरिया, फिनीशिया, बेबीलोन एवं उसके समीपवर्ती क्षेत्र के निवासी। [सं-स्त्री.] उक्त क्षेत्र की प्राचीन भाषा।

सामीप्य (सं.) [सं-पु.] 1. समीप होने का भाव; समीपता 2. निकटता; अंतरंगता 3. मुक्ति या मोक्ष की एक अवस्था।

सामुदायिक (सं.) [वि.] 1. समुदाय से संबंधित 2. समुदाय का 3. समुदाय में होने वाला 4. समुदाय के प्रयत्न से होने वाला।

सामुदायिक केंद्र (सं.) [सं-पु.] वह स्थान जहाँ लोग सामुदायिक विचार-विमर्श, मनोरंजन आदि के उद्देश्य से एकत्रित होते हैं; समाज-सदन; समाज-भवन।

सामुदायिकता (सं.) [सं-स्त्री.] सामुदायिक होने की स्थिति या भाव; सामूहिकता; एकजुटता।

सामुद्र (सं.) [वि.] 1. समुद्र से उत्पन्न 2. समुद्र का; समुद्र संबंधी। [सं-पु.] 1. समुद्र की पानी से तैयार किया हुआ नमक 2. नारियल।

सामुद्रिक (सं.) [सं-पु.] 1. (ज्योतिष) वह विद्या जिसमें मनुष्य की हथेली की रेखाओं तथा शरीर पर पाए जाने वाले चिह्नों को देखकर शुभाशुभ फल बताए जाते हैं 2. उक्त शास्त्र का विद्वान 3. नाविक। [वि.] समुद्र संबंधी; समुद्र से संबंध रखने वाला।

सामूहिक (सं.) [वि.] 1. समूह संबंधी; समूह से संबंध रखने वाला 2. समूह में एकत्र 3. समूह द्वारा होने वाला या किया जाने वाला।

सामोद (सं.) [वि.] प्रसन्न; ख़ुश; आनंदित; पुलकित।

साम्मुख्य (सं.) [सं-पु.] सामना; मुलाकात; दो या कई व्यक्तियों के आपस में मिलने की क्रिया।

साम्य (सं.) [सं-पु.] 1. समान होने का भाव 2. समानता; सादृश्य 3. बराबरी; एकमतता 4. निष्पक्षता; पक्षपातहीनता।

साम्यभाव (सं.) [सं-पु.] 1. समानता का भाव 2. बराबरी तथा समतुल्यता का भाव।

साम्यमूलक (सं.) [वि.] जिसमें साम्य या समदर्शिता का पालन किया गया हो; साम्यिक।

साम्यवाद (सं.) [सं-पु.] मार्क्स द्वारा स्थापित एक सिद्धांत जो वर्गहीन समाज की स्थापना पर बल देता है तथा जिसके अंतर्गत संपत्ति पर समाज का अधिकार होता है; मार्क्सवाद।

साम्यवादी (सं.) [वि.] साम्यवाद का पक्षधर या समर्थक; मार्क्सवादी; वामपंथी; साम्यवाद संबंधी; साम्यवाद का।

साम्यावस्था (सं.) [सं-पु.] 1. साम्य या संतुलन की स्थिति 2. (सांख्य दर्शन) सत्व, रज एवं तम तीनों गुणों के समान होने की अवस्था, प्रकृति।

साम्राज्य (सं.) [सं-पु.] 1. एक विशाल राज्य जिसके अधीन अनेक छोटे-छोटे राज्य या देश हों 2. सार्वभौम राज्य; सल्तनत 3. किसी क्षेत्र (स्थान, कार्य आदि) विशेष में स्थापित पूर्ण अधिकार या आधिपत्य।

साम्राज्यवाद (सं.) [सं-पु.] 1. साम्राज्य को बढ़ाने की प्रवृत्ति या नीति; राजनीतिक छल-बल अथवा आर्थिक आधिपत्य द्वारा साम्राज्य स्थापित करने की प्रवृत्ति या नीति 2. एक राष्ट्र का अन्य राष्ट्रों को अपने अधीन कर अपना हित साधने का सिद्धांत।

साम्राज्यवादी (सं.) [सं-पु.] साम्राज्यवाद के सिद्धांतों का अनुयायी या समर्थक व्यक्ति। [वि.] साम्राज्यवाद संबंधी; साम्राज्यवाद का; साम्राज्यवाद के सिद्धांतों का अनुयायी या समर्थक।

सायंकाल (सं.) [सं-पु.] संध्या का समय; शाम; दिन का अंतिम प्रहर।

सायंकालिक (सं.) [वि.] दे. सायंकालीन।

सायंकालीन (सं.) [वि.] संध्याकाल से संबंधित; संध्या के समय का; शाम का।

सायत (अ.) [सं-स्त्री.] किसी कार्य के लिए निश्चित शुभ मुहूर्त; शुभ समय; साइत।

सायन (सं.) [सं-पु.] वर्ष में दो बार आने वाला वह समय (22 मार्च और 22 सितंबर) जब सूर्य के भूमध्य रेखा पर पहुँचने पर दिन और रात दोनों बराबर होते हैं; विषुव; (ईक्वीनॉक्स)। [वि.] 1. जो अयन से युक्त हो 2. (ज्योतिष) जो राशिचक्र की गति पर आश्रित हो।

सायबर कैफ़े (अं.) [सं-पु.] वह केंद्र या स्थान जहाँ शुल्क अदा करके इंटरनेट की सुविधा का उपयोग किया जाता है।

सायबान (फ़ा.) [सं-पु.] 1. मकान के आगे का वह छप्पर जो छाया देने के लिए बनाया गया हो 2. कपड़े आदि का परदा 3. धूप या वर्षा से बचाव के लिए बनाया गया छाजन।

सायर (अ.) [सं-पु.] 1. वह भूमि जिसकी आय पर कर नहीं लगता है 2. अतिरिक्त और फुटकर आय 3. ब्रिटिश शासन काल में जमींदारों की आमदनी की वे मदें जो कर मुक्त थीं, जैसे- जंगल, बाग, नदी आदि से होने वाली आय की मदें। [वि.] प्रकीर्णक; फुटकर।

सायल [सं-पु.] एक प्रकार का धान जो सिलहट नामक जगह में होता है।

साया (फ़ा.) [सं-पु.] 1. परछाँई; छाँह 2. छाया; प्रतिबिंब 3. (अंधविश्वास) भूत-प्रेत बाधा 4. घाघरे जैसा एक पश्चिमी पहनावा 5. छोटा लहँगा जिसे स्त्रियाँ साड़ियों के नीचे पहनती हैं 6. {ला-अ.} शरण; आश्रय।

सायादार (फ़ा.) [वि.] छाया देने वाला; छायादार; जिसमें छाया हो।

सायास (सं.) [अव्य.] परिश्रम या प्रयत्नपूर्वक; आयासपूर्वक।

सायाह्न (सं) [सं-पु.] शाम; संध्या; साँझ।

सायुज्य (सं.) [सं-पु.] 1. इस प्रकार से मिलना कि दोनों में कोई अंतर या भेद न रह जाए; संपूर्ण मिलन 2. किसी रासायनिक प्रक्रिया द्वारा दो प्रकार के पदार्थों का मिलकर एक हो जाना; समेकन 3. मुक्ति का एक प्रकार जिसमें जीवात्मा परमात्मा में लीन हो जाती है 4. एकरूपता; सादृश्य।

सार (सं.) [सं-पु.] 1. किसी पदार्थ का मुख्य या मूल भाग; तत्व; सत्त 2. अर्थ; निष्कर्ष; तात्पर्य 3. अर्क; रस 4. शक्ति; बल; ताकत 5. ताज़ा मक्खन; नवनीत 6. जुआ खेलने का पासा। [वि.] 1. जो मूल तत्व के रूप में हो 2. श्रेष्ठ; उत्तम; बढ़िया 3. असली; वास्तविक।

सार-गंध (सं.) [सं-पु.] चंदन।

सारंग (सं.) [सं-पु.] 1. विष्णु का धनुष 2. चातक पपीहा 3. मोर 4. कबूतर 5. खंजन 6. कोयल 7. बादल 8. बिजली; विद्युत 9. जल 10. सागर 11. सूर्य 12. चंद्रमा 13. (संगीत) संपूर्ण जाति का एक राग 14. सारंगी नामक वाद्य 15. चंदन 16. कपूर 17. साँप।

सारंगा (सं) [सं-स्त्री.] 1. एक प्रकार की छोटी नाव जो एक ही लकड़ी की बनती है 2. एक प्रकार की बहुत बड़ी नाव जिस पर हजारों मन माल लादा जा सकता है 3. संगीत में एक प्रकार की रागिनी।

सारंगिया [सं-पु.] सारंगी बजाने वाला व्यक्ति।

सारंगी (सं.) [सं-स्त्री.] एक प्रकार का प्रसिद्ध वाद्ययंत्र जिसके तारों को गज़ से घिसकर संगीत पैदा किया जाता है।

सारकथन (सं.) [सं-पु.] वह बात जिसे सार के रूप में कहा जाए।

सारकोमा (अं.) [सं-पु.] कैंसर जैसी एक खतरनाक बीमारी; संकटार्बुद।

सारगर्भित (सं.) [वि.] जिसमें कुछ महत्व की बात हो; सारपूर्ण; तत्वपूर्ण; सारयुक्त।

सारग्राहिता (सं.) [सं-स्त्री.] सारग्राही होने का गुण, भाव या अवस्था।

सारग्राही (सं.) [वि.] जो वस्तुओं और विषयों का तत्व या सार

ग्रहण करता हो।

सारण (सं.) [सं-पु.] 1. एक प्रकार का गंध द्रव्य; गंधप्रसारिणी 2. आम्रातक वृक्ष; अमड़ा 3. आँवला 4. अतिसार; दस्त की बीमारी 5. पारा आदि रसों का संस्कार; दोषशुद्धि 6. गंध; महक 7. शरद ऋतु की वायु 8. रावण के एक मंत्री का नाम जो रामचंद्र की सेना में उनका भेद लेने गया था। [वि.] रेचक; प्रवाहित करने या बहाने वाला।

सारणी (सं.) [सं-स्त्री.] 1. तुलनात्मक या विश्लेषणात्मक अध्ययन के लिए प्रयुक्त अनेक पंक्तियों एवं स्तंभों की व्यवस्थित तालिका 2. ग्रह गति बताने वाला ग्रंथ; तालिका 3. छोटी नदी; क्षुद्र नदी 4. जल-प्रणाली; नहर।

सारणीकरण (सं.) [सं-पु.] 1. सारणी बनाने की क्रिया या भाव 2. तथ्यों को सारणी के रूप में प्रस्तुत करना; सारणीयन 3. सारणीबद्ध जानकारी।

सारणीकृत (सं.) [वि.] 1. सारणी के रूप में प्रस्तुत किया हुआ 2. जिसका सारणीयन किया जा चुका हो।

सारणीबद्ध (सं.) [वि.] सारणीकृत।

सारथित्व (सं.) [सं-पु.] 1. सारथी का भाव; सारथ्य 2. सारथी का काम या पद।

सारथी (सं.) [सं-पु.] 1. रथ हाँकने वाला; रथ चालक; रथवान; सूत 2. समुद्र; सागर 3. सारा कारोबार देखने वाला व्यक्ति।

सारनाथ (सं.) [सं-पु.] एक बौद्ध तीर्थस्थल; वाराणसी के उत्तर-पूर्वी सीमा पर स्थित वह प्राचीन नगर जहाँ से गौतम बुद्ध ने बौद्ध धर्म का प्रचार आरंभ किया था।

सारबान (फ़ा.) [सं-पु.] ऊँट चलाने या हाँकने का काम करने वाला व्यक्ति।

सारभाग (सं.) [सं-पु.] 1. किसी तथ्य, कथन आदि का प्रमुख अंश 2. निचोड़ 3. सारांश।

सारभाटा (सं.) [सं-पु.] समुद्र में ज्वार के बाद लहरों की वह स्थिति जब वे उतार पर होती हैं।

सारभूत (सं.) [वि.] 1. सार के रूप में आया हुआ 2. श्रेष्ठ; सर्वोत्तम।

सारलेख [सं-पु.] किसी विषय पर लिखा गया महत्वपूर्ण या सारगर्भित लेख।

सारल्य (सं.) [सं-पु.] 1. सरल होने की अवस्था, गुण या भाव 2. सरलता; सीधापन।

सारवती (सं.) [सं-स्त्री.] 1. (काव्यशास्त्र) एक प्रकार का छंद जिसके प्रत्येक चरण में तीन भगण और एक गुरु होता है 2. समाधि का एक प्रकार। [वि.] 1. सारयुक्त 2. मज़बूत; ठोस 3. रसीली 4. उपजाऊ।

सारवत्ता (सं.) [सं-स्त्री.] 1. सारग्राही या सारवान होने का भाव, अवस्था या प्रवृति 2. सारग्रहिता।

सारवान (सं.) [वि.] 1. जिसमें सार या तत्व हो; सारयुक्त 2. सार अर्थात् द्रव, रस या निर्यासयुक्त 3. महत्वपूर्ण; मूल्यवान 4. मज़बूत; द्दढ़; ठोस 5. पोषक 6. उर्वर; उपजाऊ।

सारस (सं.) [सं-पु.] 1. हंस की जाति का एक सफ़ेद पक्षी जो प्रायः जलाशयों आदि में रहता है 2. चंद्रमा 3. कमल 4. करधनी नामक आभूषण। [वि.] सर या तालाब से संबंधित।

सारसंग्रह (सं.) [सं-पु.] किसी विषय का संक्षिप्त संग्रह या ऐसा संग्रह जिसमें सार रूप में विचार प्रकट किए गए हों।

सारसी (सं.) [सं-स्त्री.] 1. (काव्यशास्त्र) आर्या छंद का तेइसवाँ भेद जिसमें पाँच गुरु और अड़तालीस लघु मात्राएँ होती हैं 2. मादा सारस पक्षी।

सारस्वत (सं.) [सं-पु.] 1. पंजाब में सरस्वती नदी के तट पर का प्राचीन प्रदेश 2. इस प्रदेश के निवासी 3. उक्त स्थान पर रहने वाले ब्राह्मणों में एक कुलनाम या सरनेम। [वि.] 1. सरस्वती से संबंधित; सरस्वती का 2. शास्त्रीय विद्या से संबंधित 3. सरस्वती के तट का।

सारहीन (सं.) [वि.] 1. जिसमें कोई सार या तत्व न हो; सार-शून्य; निःसार; जिसमें कोई उत्तम तत्व न हो 2. महत्वहीन।

सारा (सं.) [वि.] जितना हो वह सब; समस्त; कुल; संपूर्ण; समग्र; पूरा; आदि से अंत तक; सब कुछ। [सं-स्त्री.] 1. दूब; कुश 2. थूहड़; सेहुँड़ का पेड़।

सारांश (सं.) [सं-पु.] 1. किसी वस्तु या विषय का ऐसा संक्षिप्त रूप जिससे उसके गुण-धर्म एवं स्वरूप आदि का बोध हो सके; निचोड़; समस्तिका 2. किसी विस्तृत लेख के मुख्य बिंदुओं का संग्रह; (समरी) 3. सार संग्रह 4. परिणाम; नतीजा 5. तात्पर्य; मतलब 6. उपसंहार।

सारांशक (सं.) [सं-पु.] किसी लेख आदि का सार-संक्षेप तैयार करने वाला व्यक्ति।

सारि (सं.) [सं-पु.] एक प्रकार का पासा जिससे जुआ खेला जाता है; सार।

सारिक (सं.) [वि.] 1. सारांश के रूप में एक जगह एकत्र किया हुआ 2. जो कम शब्दों में लिखा या कहा गया हो; संक्षिप्त।

सारिका (सं.) [सं-स्त्री.] 1. मैना नामक पक्षी 2. दूती।

सारी (सं.) [सं-स्त्री.] 1. सारिका; मैना पक्षी 2. जुआ खेलने का पासा।

सारूप्य (सं.) [सं-पु.] 1. एकरूप होने की अवस्था; एकरूपता 2. एकाधिक वस्तुओं के आकार आदि में समानता; सरूपता 3. (अध्यात्म) एक प्रकार की मुक्ति जिसमें भक्त अपने उपास्य देव का रूप प्राप्त कर लेता है।

सारोपा (सं.) [सं-स्त्री.] (साहित्य) में लक्षणा नामक शब्द शक्ति का एक भेद।

सार्थक (सं.) [वि.] 1. जिसका कुछ अर्थ हो; अर्थवान; अर्थवाला 2. काम का; लाभप्रद; उपयोगी 3. किसी प्रयोजन या उद्देश्य को पूरा करने वाला 4. सफल।

सार्थकता (सं.) [सं-स्त्री.] सार्थक होने की अवस्था या भाव; उपयोगिता; सफलता; उद्देश्यपूर्ति।

सार्थवाह (सं.) [सं-पु.] गाड़ियों पर अपना माल लाद कर पूरे काफ़िले या सार्थ के साथ उस माल को दूर-दूर तक बेचने जाने वाला व्यापारी; व्यवसायी।

सार्ध (सं.) [वि.] 1. जिसमें पूरे के अतिरिक्त आधा भी मिला या लगा हो; अर्धयुक्त; साढ़े 2. किसी पूर्ण संख्या के साथ आधा मिलकर ड्योढ़ा बना हुआ (अंक)।

सार्व (सं.) [वि.] 1. सबसे संबंध रखने वाला 2. जो सबके लिए उचित या उपयुक्त हो। [सं-पु.] 1. बुद्ध 2. जिन।

सार्वकालिक (सं.) [वि.] 1. जिसका संबंध सभी कालों से हो; सब कालों में रहने वाला; शाश्वत; सब समयों का; सर्वकाल संबंधी 2. सब समय या काल के लिए उपयुक्त।

सार्वजनिक (सं.) [वि.] 1. सबसे संबंध रखने वाला; सबके काम आने वाला 2. सबके लिए उपयुक्त; सर्वोपयोगी 3. सर्वसाधारण संबंधी; आम; जो जनता का हो।

सार्वजनीन (सं.) [वि.] सार्वजनिक; सार्वलौकिक; सभी जनों से संबंधित।

सार्वजन्य (सं.) [वि.] 1. सबसे संबंध रखने वाला; सार्वजनिक 2. जिससे सब लोगों को लाभ हो; लोक हितकर।

सार्वत्रिक (सं.) [वि.] 1. सभी जगह लागू होने वाला या सब जगह एक जैसे होने वाला 2. प्रत्येक स्थिति एवं अवस्था में होने वाला; सर्वत्रव्यापी 3. सब स्थानों से संबद्ध; सब स्थानों में होने वाला।

सार्वदेशिक (सं.) [वि.] 1. जो सब देशों में होता हो 2. सभी देशों से संबद्ध 3. जो सब देशों को अपना मानता हो; विश्वप्रेमी।

सार्वनामिक (सं.) [वि.] 1. सर्वनाम से संबंधित 2. सर्वनाम से बना हुआ।

सार्वभौतिक (सं.) [वि.] 1. सभी तत्वों या भूतों से संबंधित 2. सब प्राणियों से संबंध रखने वाला।

सार्वभौम (सं.) [सं-पु.] 1. संपूर्ण भूमि से संबंध रखने वाला; संपूर्ण भूमि का 2. (योग) मन की सभी स्थितियों, अवस्थाओं से संबंध रखने वाला।

सार्वभौमिक (सं.) [वि.] 1. समस्त पृथ्वी पर फैला हुआ 2. वह जो स्थानिक, राष्ट्रीय, जातीय और अन्य संकुचित भावनाओं से मुक्त हो।

सार्वराष्ट्रीय (सं.) [वि.] 1. अनेक राष्ट्रों से संबंध रखने वाला; अंतरराष्ट्रीय 2. सभी राष्ट्रों से मान्यता प्राप्त।

सार्विक (सं.) [वि.] 1. सर्व संबंधी; सबका 2. सब जगह समान रूप से होने या पाया जाने वाला 3. किसी राष्ट्र, समाज या जाति के सब सदस्यों में समान रूप से मिलने या होने वाला; आम।

साल[1] [सं-पु.] 1. सालने या सलने की क्रिया या भाव 2. चारपाई के पावों में किया हुआ वह चौकोर छेद जिसमें पाटी आदि बैठाई जाती है 3. सुराख़; छेद 4. ज़ख़्म; घाव 5. दुख; पीड़ा; वेदना।

साल[2] (सं.) [सं-पु.] 1. साल का वृक्ष 2. एक प्रकार की मछली।

साल[3] (फ़ा.) [सं-पु.] बारह माह का समय; वर्ष; बरस।

सालगिरह (फ़ा.) [सं-स्त्री.] 1. जन्मदिन 2. वर्षगाँठ; वर्ष का वह दिन या तारीख़ जब कोई विशेष मांगलिक कार्य संपन्न हुआ हो, जैसे- विवाह की सालगिरह।

सालन [सं-पु.] 1. मांस, मछली या साग-सब्जी की मसालेदार तरकारी 2. सर्जरस; धूना; राल 3. गोंद।

सालना (सं.) [क्रि-अ.] 1. कष्टकर होना; पीड़ा होना 2. काँटे आदि का किसी अंग में चुभकर पीड़ा उत्पन्न करना 3. गड़ना; चुभना; वेधना। [क्रि-स.] 1. कोई नुकीली चीज़ अंदर धँसाना या गड़ाना; चुभाना 2. किसी को दुख देना।

सालम मिसरी [सं-स्त्री.] एक प्रकार का कंद जो पौष्टिक होता है तथा दवा के काम आता है; वीरकंदा; सुधामूली।

साला[1] (सं.) [सं-पु.] 1. संबंध के विचार से पत्नी का भाई 2. पुरुषों को दी जाने वाली एक प्रकार की गाली।

साला[2] (फ़ा.) [परप्रत्य.] एक परप्रत्यय जो संख्यावाची शब्दों के अंत में जुड़कर नियत वर्ष में होने का अर्थ देता है, जैसे- दोसाला, तीनसाला आदि।

सालाना (फ़ा.) [वि.] वार्षिक; प्रत्येक साल होने वाला; हर एक साल बाद निश्चित तिथि को होने वाली (घटना)।

सालार (फ़ा.) [सं-पु.] सेनापति; फ़ौजियों का नेता; मार्गदर्शक; अगुआ; नायक; नेता; सरदार।

सालिम (अ.) [वि.] जो कहीं से खंडित न हो; संपूर्ण; समूचा; सारा; दृढ़; पक्का।

सालिया (फ़ा.) [वि.] हर साल लिया या दिया जाने वाला (कोई कर या शुल्क); वार्षिक।

सालिसनामा (अ.) [सं-पु.] वह कागज़ जिसपर पंचों द्वारा किसी विवाद का निर्णय लिखा जाता है; पंचनामा।

साली[1] [सं-स्त्री.] 1. संबंध के विचार से पत्नी की बहन 2. हठयोगियों की भाषा में वासना या माया 3. स्त्रियों को दी जाने वाली एक प्रकार की गाली।

साली[2] (फ़ा.) [सं-स्त्री.] 1. वह ज़मीन जो सालाना देने के हिसाब से ली जाती है 2. वह निश्चित राशि जो नाई, बढ़ई आदि को उनके काम के बदले मज़दूरी के रूप में प्रति वर्ष दी जाती है

सालू [सं-पु.] 1. एक प्रकार का लाल रंग का कपड़ा जिसे स्त्रियाँ मांगलिक अवसरों पर ओढ़ती हैं 2. ओढ़नी; शाल।

सालोक्य (सं.) [सं-पु.] (अध्यात्म) पाँच प्रकार की मुक्तियों में से एक प्रकार की मुक्ति जिसमें जीव को इष्टदेव का लोक प्राप्त होता है।

साल्व (सं.) [सं-पु.] 1. आधुनिक पंजाब राज्य का मध्य क्षेत्र 2. एक प्राचीन जाति जो पंजाब के उक्त क्षेत्र में निवास करती थी 3. एक दैत्य जिसका विष्णु ने वध किया था। [वि.] साल्व देश से संबंधित।

साव (सं.) [सं-पु.] 1. बालक; पुत्र; शिशु 2. तर्पण; पितरों को जल देना।

सावकाश (सं.) [वि.] जिसे अवकाश या मौका हो; अवकाशयुक्त। [सं-पु.] अवकाश; फ़ुरसत; छुट्टी। [अव्य.] अवकाश के समय; छुट्टी या फ़ुरसत मिलने पर; धीरे-धीरे।

सावधान (सं.) [वि.] ध्यानपूर्वक काम करने वाला; सचेत; सतर्क; ख़बरदार; जागरूक; होशियार; चौकस [क्रि.वि.] सचेत; जागरूक।

सावधानी (सं.) [सं-स्त्री.] सतर्कता; चौकसी; होशियारी; सचेतता।

सावधि (सं.) [वि.] जिसकी कोई निश्चत अवधि हो; जो किसी

तय अवधि के लिए हो।

सावधिक (सं.) [वि.] निर्धारित अवधि में संपन्न होने वाला; नियत अवधि के बाद निकलने वाला; सावधि।

सावन (सं.) [सं-पु.] 1. वर्ष का एक महीना जो आषाढ़ के बाद और भाद्रपद के पहले आता है; श्रावण मास 2. श्रावण मास में गाया जाने वाला एक प्रकार का लोकगीत; कजली 3. वरुण 4. पूरा एक दिन और एक रात का समय; चौबीस घंटे का समय; एक सूर्योदय से दूसरे सूर्योदय तक का समय।

सावनी [सं-स्त्री.] 1. एक प्रकार का गीत जिसे सावन महीने में गाया जाता है; कजली 2. सावन के महीने में वर पक्ष की ओर से वधू के लिए भेजे जाने वाले कपड़े, मिठाइयाँ आदि 3. एक प्रकार का फूल 4. सावन में होने वाली फ़सल। [वि.] 1. सावन का; सावन से संबंधित 2. सावन में होने वाला।

सावनी कल्याण [सं-पु.] (संगीत) एक प्रकार का संकर राग जो सावनी और कल्याण राग के मेल से बना है।

सावर्ण (सं.) [वि.] समान वर्ण या जाति संबंधी; सवर्ण संबंधी।

सावित्र (सं.) [सं-पु.] 1. सूर्य 2. शिव 3. वसु 4. अग्नि का एक रूप 5. यज्ञोपवीत; उपनयन संस्कार 6. एक प्रकार की आहुति या होम 7. हस्त नक्षत्र 8. मेरु पर्वत का एक शिखर 9. दसवें कल्प का नाम। [वि.] 1. सविता या सूर्य संबंधी; सविता का 2. सविता या सूर्य से उत्पन्न; सूर्यवंशीय।

सावित्री (सं.) [सं-स्त्री.] 1. सूर्य को समर्पित ऋग्वैदिक गायत्री मंत्र 2. सूर्य की किरण; सूर्यरश्मि 3. (पुराण) सूर्य की एक पुत्री जिनका ब्रह्मा से विवाह हुआ था 4. (पुराण) मत्स्य नरेश अश्वपति की कन्या जिसने अपने सतीत्व के बल पर यमराज के हाथ से अपने पति सत्यवान को छुड़ाया था 5. उपनयन संस्कार 6. सधवा स्त्री 7. सरस्वती नदी 8. यमुना नदी 9. अनामिका उँगली 10. आँवला।

साश्रु (सं.) [वि.] आँसुओं से भरा हुआ; अश्रुपूर्ण; रोता हुआ। [क्रि.वि.] आँखों में आँसू भरकर; आँसुओं से युक्त होकर।

साष्टांग (सं.) [वि.] आठों अंगों से युक्त। [क्रि.वि.] आठों अंगों सहित; दंडवत, जैसे- साष्टांग प्रणाम।

साष्टांग प्रणाम (सं.) [सं-पु.] सिर, हाथ, पैर, हृदय, आँख, जाँघ, वचन और मन इन आठों से युक्त होकर भूमि पर सीधे लेटकर किया जाने वाला प्रणाम; दंडवत।

सास (सं.) [सं-स्त्री.] 1. संबंध के विचार से पति या पत्नी की माँ 2. उक्त संबंध में पड़ने वाली स्त्री, जैसे- ममिया सास, चचिया सास।

सास्ना [सं-स्त्री.] गाय आदि जानवरों का गलकंबल; ललरी।

साह (सं.) [सं-पु.] 1. सज्जन; साधु पुरुष; भला आदमी; सत्पुरुष 2. साहूकार; महाजन; वणिक 3. प्रतिष्ठित और धनी व्यक्ति 4. चीते जैसा एक पहाड़ी हिंसक जानवर 5. दरवाज़े के चौखट में दहलीज के ऊपर आमने-सामने लगने वाले लकड़ी या पत्थर के लंबे टुकड़े। [वि.] 1. जो साहस और सफलतापूर्वक प्रतिरोध करे 2. निरोध या दमन करने वाला।

साहचर्य (सं.) [सं-पु.] सहचर होने की अवस्था या भाव; सहगमन; सहचारिता; मेल-मिलाप; संग-साथ; मित्रता।

साहचर्यात्मक (सं.) [वि.] जिसमें साहचर्य हो; साहचर्ययुक्त; साहचर्यमय।

साहना [क्रि-अ.] गर्भ धारण करना; बुहाना। [क्रि.स.] साधना; साधित करना। [सं-स्त्री.] साधना; उपासना।

साहनी (सं.) [सं-पु.] 1. परिषद; दरबार 2. प्राचीन भारत में एक प्रकार के राज्य कर्मचारी जो किसी सैनिक विभाग में अधिकारी होते थे 3. मध्यकालीन भारत में नगर व्यवस्था से संबद्ध राजकर्मचारी 4. साथी; संगी 5. एक कुलनाम या सरनेम। [सं-स्त्री.] सेना; फ़ौज।

साहब (अ.) [सं-पु.] 1. स्वामी; मालिक; प्रभु 2. शिष्ट समाज में पेशे आदि के साथ लगाया जाने वाला आदरसूचक शब्द, जैसे- डॉक्टर साहब, वकील साहब, मास्टर साहब आदि।

साहब सलामत (अ.) [सं-स्त्री.] 1. एक-दूसरे से मिलने के समय होने वाला अभिवादन; बंदगी; सलाम 3. आपसी मेलजोल; परस्पर अभिवादन का संबंध।

साहबज़ादा (अ.+फ़ा.) [सं-पु.] 1. किसी बड़े या प्रतिष्ठित व्यक्ति का पुत्र; रईस या सेठ की औलाद 2. पुत्र; बेटा 3. {ला-अ.} अनुभवहीन युवक।

साहबाना (अ.) [वि.] साहब का; साहबी ढंग का; साहबी।

साहबी (अ.) [सं-स्त्री.] 1. साहब होने की अवस्था या भाव 2. स्वामित्व का भाव 3. साहबपन; अफ़सरी 4. उच्च पद 5. ईश्वरत्व।

साहस (सं.) [सं-पु.] 1. मन की दृढ़ इच्छा जो बड़े से बड़ा काम करने को प्रवृत्त करती है; हिम्मत 2. प्राचीन भारत में बलपूर्वक किया जाने वाला कोई नीतिविरुद्ध एवं अत्याचारपूर्ण कार्य, जैसे- लूट-पाट, डकैती आदि 3. वैदिक काल में पवित्र यज्ञ की अग्नि 4. अर्थशास्त्र में उत्पत्ति हेतु आवश्यक माने गए पाँच साधनों में से एक।

साहसकारी (सं.) [वि.] 1. साहस करने वाला 2. विवेकहीन; अविवेकी; बिना सोचे-समझे कार्य करने वाला।

साहसिक (सं.) [वि.] 1. साहस से संबंधित 2. साहसी; पराक्रमी; बहादुर; वीर; हिम्मती; निडर; निर्भीक 3. प्राचीन भारत में अत्याचारी, मिथ्याचारी, भयानक कृत्य करने वाले के लिए भी प्रयुक्त।

साहसी (सं.) [वि.] 1. जिसमें साहस हो; हिम्मती; दिलेर; पराक्रमी 2. अविवेकी; उद्धत 3. क्रूर; निष्ठुर।

साहस्र (सं.) [वि.] 1. सहस्र या हज़ार से संबंधित; सहस्र का 2. एक हज़ार में ख़रीदा हुआ 3. सहस्रगुणित; हज़ारगुना 4. हज़ार से युक्त। [सं-पु.] 1. एक हज़ार सैनिकों की टुकड़ी 2. एक हज़ार का समूह।

साहस्रिक (सं.) [सं-पु.] इकाई का हज़ारवाँ अंश। [वि.] 1. सहस्र संबंधी; सहस्र का 2. साहस्र।

साहस्री (सं.) [सं-स्त्री.] 1. एक ही तरह की एक हज़ार वस्तुओं का समूह या ढेर 2. एक हज़ार वर्षों का समूह; सहस्राब्दी।

साहा (सं.) [सं-पु.] 1. (ज्योतिष) विवाह के लिए शुभ वर्ष 2. विवाह आदि शुभ कार्यों के लिए निश्चित लग्न या मुहूर्त; किसी कार्य के लिए शुभ मुहूर्त 3. बंगालियों में एक कुलनाम

या सरनेम।

साहाय्य (सं.) [सं-पु.] सहायता; मदद; सहयोग; मैत्री।

साहित्य (सं.) [सं-पु.] 1. सहित या साथ होने की अवस्था 2. शब्द और अर्थ की सहितता; सार्थक शब्द 3. सभी भाषाओं में गद्य एवं पद्य की वे समस्त पुस्तकें जिनमें नैतिक सत्य और मानवभाव बुद्धिमत्ता तथा व्यापकता से प्रकट किए गए हों; वाङ्मय 4. किसी विषय के ग्रंथों का समूह; शास्त्र 5. किसी एक स्थान पर एकत्र किए हुए लिखित उपदेश, परामर्श या विचार आदि; लिपिबद्ध विचार या ज्ञान 6. समस्त शास्त्रों, ग्रंथों का समूह।

साहित्यकार (सं.) [वि.] साहित्य की रचना करने वाला; साहित्यसेवी। [सं-पु.] वह जो साहित्य रचता हो; लेखक, कवि, निबंधकार आदि।

साहित्यगत (सं.) [वि.] 1. साहित्य से संबंधित 2. साहित्य के अंतर्गत।

साहित्यजीवी (सं.) [वि.] साहित्य सेवा से अपनी जीविका चलाने वाला (लेखक, साहित्यकार, रचनाकार, सर्जक)।

साहित्यशास्त्र (सं.) [सं-पु.] वह विद्या या शास्त्र जिसमें किसी साहित्यिक रचना के विभिन्न अंगों तथा अपेक्षित विशेषताओं का विस्तृत ढंग से विवेचन किया जाता है।

साहित्यिक (सं.) [वि.] 1. साहित्य से संबंधित; साहित्य का 2. साहित्य के अंतर्गत; साहित्य के अनुरूप 3. साहित्य का ज्ञाता या पारखी 4. साहित्य रचना में संलग्न; साहित्यिक गतिविधियों में लगा हुआ; साहित्यकार।

साहित्यिकता (सं.) [सं-स्त्री.] 1. साहित्यिक होने की अवस्था या भाव; साहित्य के लिए अपेक्षित विशेषताओं से युक्त होने का भाव 2. रचनात्मकता।

साहित्येतर (सं.) [वि.] वह जो साहित्य से इतर या भिन्न हो; जो साहित्य के अंतर्गत न आता हो।

साहिब (अ.) [सं-पु.] दे. साहब।

साहिबी (अ.) [वि.] दे. साहबी।

साहिर (अ.) [सं-पु.] जादूगर; वह व्यक्ति जो जादू दिखाता हो।

साहिल (अ.) [सं-पु. नदी या समुद्र का तट; किनारा; कूल।

साही (सं.) [सं-स्त्री.] नेवले की-सी आकृति का एक जानवर जिसके पूरे शरीर पर लंबे-लंबे काँटे होते हैं और जो ज़मीन में माँद बनाकर रहता है।

साहुल (फ़ा.) [सं-पु.] 1. दीवारों की सीध नापने का एक डोरीदार यंत्र 2. डोरी के सिरे पर लटकते लट्टू जैसा एक उपकरण जिससे समुद्र की गहराई नापी जाती है।

साहू [सं-पु.] 1. सेठ; साहूकार; महाजन; व्यापारी; धनी व्यक्ति 2. एक जाति विशेष।

साहूकार [सं-पु.] 1. ब्याज आदि पर पैसे का लेन-देन करने वाला व्यक्ति 2. बड़ा महाजन या व्यापारी 3. धनाढ्य; धनी व्यक्ति; कोठीवाला।

साहूकारा [सं-पु.] 1. साहूकार या महाजनी का कारोबार; कर्ज़ देने का धंधा 2. धनाढ्य व्यापारी 3. वह बाज़ार जहाँ साहूकारी होती हो।

साहूकारी [सं-स्त्री.] 1. साहूकार होने की अवस्था या भाव 2. ब्याज आदि पर पैसे के लेन-देन वाला काम; महाजनी।

सिंक (अं.) [सं-पु.] बरतन साफ़ करने का बड़ा-सा तसला जिसमें ऊपर नल लगे रहते हैं और पेंदे में एक पाइप लगा रहता है जिससे गंदा पानी नाली में चला जाता है; (वॉश बेसिन)।

सिंग[1] [वि.] कृश; दुर्बल।

सिंग[2] (सं.) [सं-पु.] विषाण; सींग; खुरवाले पशुओं के सिर के दोनों ओर शाखा के समान निकले हुए दो अवयवाद्रि।

सिंगा [सं-पु.] सींग जैसा एक बाजा जिसे फूँककर बजाया जाता है; श्रृंग; रणसिंगा।

सिंगाड़ा [सं-स्त्री.] काँटों वाली एक बड़ी मछली।

सिंगार (सं.) [सं-पु.] श्रृंगार; प्रसाधन सामग्री का इस्तेमाल करके सजना; नए आभूषणों से सजना या सजाना।

सिंगारपट्टी [सं-स्त्री.] एक प्रकार का आभूषण।

सिंगारिया [सं-पु.] 1. मंदिर में किसी देवी-देवता की मूर्ति का श्रृंगार करने वाला व्यक्ति 2. पुजारी। [वि.] श्रृंगार करने वाला।

सिंगिया [सं-पु.] एक प्रकार का विष जो पौधे की जड़ के रूप में होता है।

सिंगी (सं.) [सं-पु.] जानवरों के सींगों से बनाया जाने वाला एक बाजा जिसे फूँक मारकर बजाया जाता है। [सं-स्त्री.] 1. एक प्रकार की प्रसिद्ध मछली 2. सींग से बनाई जाने वाली एक नली जिसका प्रयोग शरीर से रक्त चूसकर ज़हर निकालने के लिए किया जाता है।

सिंगौटी [सं-स्त्री.] 1. धातु का वह आवरण जो बैलों आदि के सींगों की नोक पर चढ़ाया जाता है; बैल के सींगों में पहनाया जाने वाला एक आभूषण 2. सींग को खोखला करके बनाया हुआ एक प्रकार का पात्र जिसमें घी, तेल आदि रखते थे 3. वह पिटारी जिसमें स्त्रियाँ श्रृंगार की सामग्री रखती हैं।

सिंघाड़ा (सं.) [सं-पु.] पानी में होने वाली एक लता का फल जिसमें तीन काँटेदार कोने होते हैं; पानी फल।

सिंघाण [सं-पु.] 1. नाक की मैल; नकटी; रेंट 2. लोहे का मुरचा; जंग।

सिंचन (सं.) [सं-पु.] 1. सींचने की क्रिया या भाव; सिंचाई 2. पानी का छिड़काव।

सिंचना [क्रि-अ.] सिंचाई होना; जल का छिड़काव होना।

सिंचाई (सं.) [सं-स्त्री.] 1. सींचने का कार्य जिसमें फ़सल की वृद्धि के लिए किसी जलस्रोत से खेत में जल पहुँचता या पहुँचाया जाता है 2. खेत सींचने का पारिश्रमिक।

सिंचित (सं.) [वि.] जिसकी सिंचाई हो चुकी हो; सींचा हुआ।

सिंजो [सं-पु.] ओखर; ओखली।

सिंट्टी [सं-स्त्री.] सिंह राशि की संक्रांति में ब्याने वाली गाय, जो मान्यतानुसार बहुत असगुनी होती है।

सिंथेटिक (अं.) [वि.] रसायनों या रासायनिक प्रक्रियाओं से बना; कृत्रिम; बनावटी।

सिंदरवानी [सं-स्त्री.] एक प्रकार की हल्दी।

सिंदूर (सं.) [सं-पु.] 1. एक प्रकार का लाल रंग का चूर्ण जिसे विवाहित हिंदू स्त्रियाँ अपनी माँग में भरती हैं 2. एक वृक्ष। [मु.] **-भरना** : विवाह के समय वर का वधू की माँग में सिंदूर डालना।

सिंदूरदान (सं.) [सं-पु.] विवाह के समय वर द्वारा वधू की माँग में सिंदूर डालना।

सिंदूरदानी (सं.+फ़ा.) [सं-स्त्री.] सिंदूर रखने की डिबिया।

सिंदूरिया (सं.) [वि.] सिंदूर के रंग का; सिंदूरी; गाढ़ा लाल।

सिंदूरी (सं.) [सं-पु.] 1. हलका पीलापन लिए हुए चमकीला लाल रंग 2. लाल हल्दी 3. आम की एक प्रजाति 4. बलूत की जाति का एक वृक्ष। [वि.] सिंदूर के रंग का।

सिंध (सं.) [सं-पु.] पाकिस्तान की दक्षिणी पूर्वी सीमा पर स्थित एक प्रांत।

सिंधिया [सं-पु.] मध्यप्रदेश में मराठों का कुलनाम या सरनेम, यह मराठी 'शिंदे' का हिंदीकृत रूप है।

सिंधी (सं.) [सं-पु.] 1. सिंध देश का निवासी 2. सिंध प्रांत का घोड़ा। [सं-स्त्री.] सिंध देश की भाषा। [वि.] सिंध प्रांत का; सिंध प्रांत से संबंधित।

सिंधु (सं.) [सं-पु.] 1. सागर; समुद्र 2. पंजाब की एक प्रसिद्ध नदी 3. सिंध नामक प्रदेश।

सिंधुद्वार (सं.) [सं-पु.] मध्यप्रदेश के छिंदवाड़ा और उसके आसपास के क्षेत्र का पुराना नाम।

सिंधुर (सं.) [सं-पु.] हाथी; गज।

सिंधुरगामिनी (सं.) [वि.] जिसकी चाल हथिनी जैसी झूमती हुई हो। [सं-स्त्री.] गजगामिनी।

सिंधुरवदन (सं.) [सं-पु.] गणेश; गजानन; (पुराण) शिव और पार्वती का पुत्र।

सिंधूरा (सं.) [सं-पु.] (संगीत) शाम के समय या कुछ रात होने पर गाया जाने वाला ओड़व संपूर्ण जाति का एक राग।

सिंधोरा (सं.) [सं-पु.] सिंदूर रखने की काठ की डिबिया; सिंदूरदानी।

सिंह (सं.) [सं-पु.] 1. एक बलवान और हिंसक जानवर; शेर; केशरी; मृगेंद्र 2. बारह राशियों में से पाँचवीं राशि 3. जैन तीर्थंकर महावीर स्वामी का चिह्न 4. वास्तुकला में उक्त प्रकार की आकृति, जैसे- सिंहद्वार 5. {ला-अ.} वीर और श्रेष्ठ पुरुष।

सिंहद्वार (सं.) [सं-पु.] दुर्ग, महल आदि का वह बड़ा द्वार जिसके बाहरी तरफ़ दोनों ओर सिंह की आकृतियाँ बनी होती हैं; बड़ा या मुख्य द्वार; सदर फाटक।

सिंहनाद (सं.) [सं-पु.] 1. शेर की दहाड़, गर्जना या हुँकार 2. ज़ोर देकर या ललकार कर कही जाने वाली बात 3. युद्ध या प्रतियोगिता के समय की जाने वाली ललकार; युद्धध्वनि।

सिंहनी (सं.) [सं-स्त्री.] 1. सिंह की मादा; शेरनी 2. एक प्रकार का छंद 3. {ला-अ.} वीर और साहसी नारी।

सिंहपौर [सं-पु.] मुख्य द्वार; सदर फाटक; सिंहद्वार।

सिंहल (सं.) [सं-पु.] 1. टिन; राँगा 2. भारत के दक्षिण में स्थित एक मिथकीय द्वीप जिसे कुछ लोग आधुनिक श्रीलंका मानते हैं; लंकाद्वीप।

सिंहलक (सं.) [वि.] सिंहल का; सिंहल संबंधी। [सं-स्त्री.] 1. पीतल 2. दालचीनी।

सिंहली (सं.) [सं-पु.] 1. सिंहल द्वीप पर रहने वाला व्यक्ति 2. वर्तमान में श्रीलंकाई 3. सिंहल द्वीप का हाथी। [सं-स्त्री.] 1. सिंहल द्वीप की भाषा 2. एक तरह की पिप्पली। [वि.] सिंहल संबंधी; सिंहल का।

सिंहस्थ (सं.) [सं-पु.] (ज्योतिष) 1. सिंह राशि में स्थित कोई ग्रह 2. वह समय जब बृहस्पति सिंह राशि में स्थित रहता है। [वि.] सिंह राशि में स्थित।

सिंहावलोकन (सं.) [सं-पु.] 1. शेर की तरह पीछे देखते हुए आगे बढ़ना; सिंह का दृष्टिपात 2. आगे बढ़ते हुए पिछली बातों पर पुनः दृष्टिपात करना; पुनर्विचार 3. {ला-अ.} (साहित्य) संक्षेप में पिछली बातों का वर्णन 4. परस्पर संबद्ध बहुत-सी घटनाओं या तथ्यों का सारांश 5. (काव्यशास्त्र) यमक अलंकार का एक भेद जिसमें छंद का अंत भी उसी शब्द से किया जाता है जिससे उसका आरंभ होता है।

सिंहासन (सं.) [सं-पु.] 1. देवताओं या राजाओं के बैठने का आसन या चौकी 2. कमलपत्र के आकार का देवासन।

सिंहिका (सं.) [सं-स्त्री.] 1. (पुराण) कश्यप की पत्नी और राहु की माता 2. दाक्षायणी देवी की एक मूर्ति 3. (काव्यशास्त्र) शोभन नाम का मात्रिक छंद 4. कंटकारी, भटकटैया और अड़ूसा नामक वनस्पतियाँ।

सिउरना [क्रि-स.] छाजन के लिए मुट्ठों को काँड़ियों पर बिछाकर रस्सी से बाँधना।

सिकंजबी (फ़ा.) [सं-स्त्री.] 1. सिरके या नीबू के रस में बनाया गया शरबत या दवा 2. पानी में नीबू का रस और चीनी मिलाकर तैयार किया जाने वाला पेय; शिकंजवीन; शिकंजी।

सिकंदरा (फ़ा.+हिं.) [सं-स्त्री.] 1. रेल के आवागमन का सूचक चिह्न; रेल का सिगनल 2. आगरा के पास मुगल सम्राट अकबर के मकबरे का स्थान।

सिकटा [सं-पु.] खपड़े या मिट्टी के टूटे बरतनों का छोटा टुकड़ा।

सिकड़ी [सं-स्त्री.] 1. ज़ंजीर; शृंखला 2. दरवाज़ा बंद करने के लिए उसमें लगाई जाने वाली साँकल 3. गले में पहना जाने वाला ज़ंजीर के आकार का एक आभूषण 4. एक में एक गूँथी हुई ज़ंजीर जैसी कोई रचना।

सिकता (सं.) [सं-स्त्री.] 1. रेत; बालू 2. रेतीली भूमि 3. चीनी।

सिकली (अ.) [सं-स्त्री.] 1. अस्त्र या हथियार माँजकर साफ़ करने की क्रिया 2. हथियारों की धार तेज़ करने और उन्हें चमकाने का काम 3. उक्त काम की मज़दूरी।

सिकलीगर (अ.+फ़ा.) [सं-पु.] सिकली करने वाला कारीगर; हथियार तेज़ करने वाला और उनमें चमक लाने वाला कारीगर।

सिकहर [सं-पु.] छत से लटकाया जाने वाला छींका।

सिकहुता [सं-स्त्री.] सींक की बनी बड़ी डलिया; सिकौन्या; सिकौन्यी।

सिकाई [सं-स्त्री.] सेकने का काम।

सिकुड़न [सं-स्त्री.] 1. सिकुड़े हुए होने की अवस्था या भाव;

संकोच; सिकुड़ा; सिमटा 2. वह स्थिति जिसमें कोई वस्तु पहले की अपेक्षा कम स्थान घेरती हो 3. सिकुड़ने का चिह्न; शिकन; सिलवट 4. शरीर के अंगों का संकुचन; आकुंचन।

सिकुड़ना [क्रि-अ.] 1. अत्यधिक ठंड से होने वाला संकुचन 2. किसी वस्तु या पदार्थ के विस्तार में होने वाला संकुचन; संकुचित होना; आकुंचित होना; सिमटना; आकार में छोटा हो जाना 3. शिकन; सिलवट पड़ना, जैसे- धोती सिकुड़ गई।

सिकोड़ना [क्रि-स.] 1. संकुचित करना; समेटना 2. शरीर के अंगों को एक-दूसरे के समीप लाना जिससे वे पहले की अपेक्षा कम जगह घेरें 3. तंग या छोटा करना। [सं-पु.] सिकोरा।

सिक्का (अ.) [सं-पु.] 1. धातु से बना निश्चित मूल्य का पैसा; मुद्रा; रुपया-पैसा 2. किसी चीज़ का ठप्पा 3. {ला-अ.} रोब; धाक; प्रभुत्व।

सिक्त (सं.) [वि.] 1. सींचा हुआ; सिंचित 2. भीगा हुआ; तर; गीला।

सिक्यूरिटी (अं.) [वि.] 1. प्रतिभूति 2. सुरक्षा।

सिख (सं.) [सं-पु.] 1. गुरुनानक द्वारा चलाया गया एक संप्रदाय 2. शिष्य; चेला 3. सिख धर्म का अनुयायी; सिख धर्मावलंबी; खालसा; नानकपंथी; सरदार। [सं-स्त्री.] 1. शिखा; केशों की चोटी 2. सीख; शिक्षा; उपदेश।

सिखंड [सं-पु.] 1. मोर की पूँछ 2. चोटी; शिखा; चुटिया।

सिखलाना [क्रि-स.] सिखाना।

सिखाना [क्रि-स.] 1. किसी को कुछ सीखने में प्रवृत्त करना 2. शिक्षा देना; प्रशिक्षण देना 3. {ला-अ.} दंडित करना।

सिगड़ी [सं-स्त्री.] एक प्रकार का चूल्हा जिसमें कोयले, लकड़ी आदि से आग जलाई जाती है; अँगीठी।

सिगनल (अं.) [सं-पु.] 1. संकेत; इशारा 2. रेल पथ-वाहनों आदि की गति को नियंत्रित करने के लिए लगा हुआ लाल, हरी बत्तियों का संकेतक।

सिगरेट (अं.) [सं-पु.] सूखी तंबाकू की कतरी हुई पत्तियों को कागज़ में लपेटकर बनाई हुई मोटी बत्ती जिसे सुलगाकर धूम्रपान किया जाता है; कागज़ में लपेटा गया सुरती का चूरा जिसका धुआँ पीते हैं।

सिगार (अं.) [सं-पु.] तंबाकू की सूखी पत्तियों को नली के आकार में कसकर लपेटकर बनाई गई एक प्रकार की बड़ी और मोटी सिगरेट जिसे सुलगा कर धूम्रपान किया जाता है।

सिग्नेचर (अं.) [सं-पु.] हस्ताक्षर; दस्तखत।

सिझ समैल [सं-पु.] बैलों पर रखे जाने वाले जूएँ की दूसरी भीतरी खूँटी।

सिझना (सं.) [क्रि-अ.] आग पर पकाना।

सिझाना [क्रि-स.] 1. किसी खाद्य वस्तु को आँच पर पकाना; गलाना; राँधना 2. पशुओं की उतारी हुई खाल को विशिष्ट प्रक्रियाओं से पक्का और मुलायम बनाना 3. बरतन बनाने के लिए मिट्टी तैयार करना 4. {ला-अ.} शरीर को कष्ट सहने के योग्य बनाना।

सिटकली [सं-स्त्री.] एक बार से अधिक दूध देने वाली गाय।

सिटकिनी [सं-स्त्री.] दरवाज़े एवं खिड़कियों को अंदर से बंद करने के लिए उनमें लगाई जाने वाली एक प्रकार की कुंडी।

सिटपिटाना [क्रि-अ.] भय या घबड़ाहट के कारण सहम जाना; स्तब्ध हो जाना; हक्का-बक्का हो जाना; अचकचाना; सकपकाना; सकुचना; मंद या धीमा पड़ जाना; दब जाना; घबराना; डरना।

सिटीडेस्क (अं.) [सं-पु.] नगर-संपादक के बैठने की जगह; वह स्थान जहाँ नगरीय ख़बर संपादित होती है।

सिट्टी [सं-स्त्री.] बहुत बढ़-चढ़ कर बातें करना; वाचालता। [मु.] **-पिट्टी गुम हो जाना** : इस प्रकार घबरा जाना या सिटपिटा जाना कि मुँह से कोई उत्तर न निकल सके।

सिड़बिल्ला [वि.] 1. पागल; सनकी 2. मूर्ख; बेवकूफ़; बुद्धू।

सिड़ी (सं.) [वि.] सनकी; झक्की।

सित (सं.) [वि.] 1. सफ़ेद; श्वेत 2. उजला; शुभ 3. चमकदार 4. साफ़; स्वच्छ; निर्मल।

सितम (फ़ा.) [सं-पु.] जुल्म; अत्याचार; निरीह व्यक्तियों से किया गया क्रूरतापूर्ण व्यवहार।

सितमगर (फ़ा.) [सं-पु.] वह जो अत्याचार करे; बेगुनाहों, दुखियों तथा गरीबों को सताने वाला व्यक्ति; अत्याचारी; अन्यायी; आततायी।

सितमज़दा (फ़ा.) [वि.] जिसपर सितम हो; अत्याचारग्रस्त; मज़लूम; पीड़ित।

सितलबुकनी [सं-स्त्री.] सत्तू; सतुआ।

सिता (सं.) [सं-स्त्री.] 1. मिसरी; शर्करा 2. चंद्रमा का प्रकाश; चाँदनी; चंद्रिका 3. मल्लिका; चमेली 4. ज्योत्स्ना 5. चाँदी।

सितार (फ़ा.) [सं-पु.] वीणा के आकार-प्रकार का वाद्य यंत्र जिसके तारों को अँगुलियों की सहायता से बजाया जाता है।

सितारा (फ़ा.) [सं-पु.] 1. आकाश का तारा; नक्षत्र; ग्रह 2. जूते, टोपी या किसी कपड़े पर टाँके जाने वाली सुनहले या रूपहले रंग की टिकली; चमकी 3. आतिशबाज़ी 4. {ला-अ.} मनुष्य का भाग्य जो ग्रहों, नक्षत्रों से प्रभावित माना जाता है; तकदीर। [मु.] **सितारा चमकना** : भाग्योदय होना। **सितारा बुलंद होना** : सितारा चमकना।

सितारिया [सं-पु.] वह जो सितार बजाता है; सितारवादक।

सितारे हिंद (फ़ा.) [सं-पु.] ब्रिटिश शासनकाल में सरकार द्वारा भारत के किसी सम्मानित व्यक्ति को दी जाने वाली एक उपाधि।

सिताव [सं-स्त्री.] बरसात में उत्पन्न होने वाला एक औषधीय पौधा; सर्पदंष्ट्रा; विषापहा; पीतपुष्प।

सितावभेद [सं-स्त्री.] एक औषधीय पौधा।

सितुरियाई [क्रि-अ.] किसी फ़सल के पौधों का न बढ़ना; बैठी।

सिद्ध (सं.) [वि.] 1. जिसकी साधना पूरी हो चुकी हो 2. कार्य जो पूरा हो चुका हो; संपन्न 3. उपलब्ध; प्राप्त 4. जिसने दक्षता प्राप्त की हो; सफ़ल। [सं-पु.] 1. ज्ञानी; पूर्ण योगी; वह जिसे योग आदि से अलौकिक शक्तियाँ प्राप्त हुई हों 2. संत; महात्मा।

सिद्धगति (सं.) [सं-स्त्री.] जैन मतानुसार वे कर्म जिनसे मनुष्य सिद्ध बनता या होता है; सिद्धिदायक कर्म। [वि.] जिसने

सिद्धि प्राप्त की हो।

सिद्धनाथ (सं.) [सं-पु.] सिद्धेश्वर; महादेव; शिव।

सिद्धपुरुष (सं.) [सं-पु.] जिसे तंत्र, योग आदि विद्याओं में सिद्धि प्राप्त हो गई हो।

सिद्धहस्त (सं.) [वि.] कुशल; प्रवीण; निपुण; जिसका हाथ किसी काम में मँजा हो।

सिद्धांजन (सं.) [सं-पु.] तांत्रिकों के अनुसार एक प्रकार का कल्पित काजल।

सिद्धांत (सं.) [सं-पु.] 1. पर्याप्त तर्क-वितर्क के पश्चात निश्चित किया गया मत; उसूल 2. किसी विषय के संदर्भ में पर्याप्त प्रमाणों के आधार पर लिया गया अंतिम निर्णय जिसमें किसी परिवर्तन की गुंजाइश न हो, पक्की राय 3. ऋषियों, विद्वानों आदि परंपरा से आए हुए मत।

सिद्धांतवाद (सं.) [सं-पु.] अपने सिद्धांत का दृढ़तापूर्वक पालन करने पर बल देने वाली विचारधारा।

सिद्धांतवादी (सं.) [सं-पु.] अपने मान्य सिद्धांतों के अनुसार आचरण या व्यवहार करने वाला व्यक्ति; आदर्शवादी 2. सिद्धांतवाद का समर्थक या अनुयायी। [वि.] सिद्धांतवाद संबंधी।

सिद्धासन (सं.) [सं-पु.] 1. (हठयोग) एक प्रकार का योगासन 2. सिद्धपीठ।

सिद्धि (सं.) [सं-स्त्री.] 1. किसी काम को सिद्ध करने की अवस्था या भाव 2. काम का पूरा होना; ठीक होना 3. कार्य-फल की प्राप्ति; सफलता 4. निश्चय; निर्णय 5. प्रमाणित होना 6. योग या तपस्या के द्वारा प्राप्त होने वाली दिव्य शक्ति; अलौकिक फल 7. निपुणता; दक्षता।

सिद्धिदाता (सं.) [वि.] जो सिद्धि प्रदान करे या कार्य सिद्ध करे; कार्य सिद्ध कराने वाला [सं-पु.] गणेश का एक नाम।

सिध [सं-स्त्री.] चार हाथ की एक लंबी लकड़ी, जिसमें सीढ़ी बँधी रहती है।

सिधरी [सं-स्त्री.] एक प्रकार की मछली।

सिधाई (सं.) [सं-स्त्री.] सीधा होने का भाव; सरलता; भोलापन; छल-प्रपंच से दूर रहना।

सिन (अ.) [सं-पु.] अवस्था; उमर; वयस।

सिनक [सं-स्त्री.] 1. सिनकने की क्रिया या भाव 2. नाक से निकलने वाला कफ़ या मैल।

सिनकना (सं.) [क्रि-स.] नासिका मार्ग से ज़ोर से वायु निकालते हुए नाक का मैल या कफ़ बाहर निकालना।

सिनेजगत (अं.+सं.) [सं-पु.] 1. फ़िल्मी दुनिया 2. फ़िल्म उद्योग।

सिनेप्रेमी (अं.+सं.) [सं-पु.] वह जो फ़िल्म देखने का शौकीन हो; फ़िल्मप्रेमी।

सिनेमा (अं.) [सं-पु.] चलचित्र; फ़िल्म।

सिनेमाघर (अं.+हिं.) [सं-पु.] वह स्थान जहाँ नियमित रूप से फ़िल्मों का प्रदर्शन होता है; (सिनेमा हॉल; टॉकीज़)।

सिनेमेटोग्राफ़ी (अं.) [सं-स्त्री.] चलचित्रों का छायांकन।

सिनैठी [सं-स्त्री.] दे. सनई।

सिनॉप्सिस (अं.) [सं-स्त्री.] 1. रूपरेखा 2. विषय संक्षेप; सार संक्षेप।

सिन्नी (फ़ा.) [सं-पु.] 1. मिठाई 2. देवता, पीर आदि के ऊपर चढ़ाई जाने वाली मिठाई 3. दुकानदार द्वारा बच्चों को दी जाने वाली टॉफ़ी आदि मीठी चीज़।

सिन्नैल [सं-पु.] वह बैल जिसकी टाँगों में वात रोग हो।

सिन्हा [सं-पु.] हिंदी प्रदेश तथा बंगालियों में प्रचलित एक कुलनाम या सरनेम।

सिन्होरा [सं-पु.] दे. सिंधोरा।

सिप (अं.) [सं-स्त्री.] 1. घूँट; चुसकी 2. स्वीडन की एक प्रमुख समाचार संस्था।

सिपर (फ़ा.) [सं-स्त्री.] तलवार, भाला आदि का वार रोकने वाली ढाल।

सिपह (फ़ा.) [पूर्वप्रत्य.] एक पूर्व प्रत्यय जो शब्दों के अंत में जुड़कर सेना तथा सेना से संबंधित होने का अर्थ देता है, जैसे- सिपहसालार, सिपहगरी आदि।

सिपहरी [सं-स्त्री.] तिजहरी; तीज।

सिपहसालार (फ़ा.) [सं-पु.] सेना का प्रधान अधिकारी; सेनापति।

सिपारा (फ़ा.) [सं-पु.] कुरान के तीस भागों में से कोई एक विभाग या अध्याय।

सिपावा [सं-पु.] लकड़ी की एक प्रकार की रिकठी या तीन पायों का ढाँचा जो छकड़े आदि में आगे की ओर अड़ान के लिए दिया जाता है।

सिपाह (फ़ा.) [सं-स्त्री.] सेना; फ़ौज।

सिपाहगरी (फ़ा.) [सं-स्त्री.] सैनिक का पद या पेशा।

सिपाही (फ़ा.) [सं-पु.] 1. युद्ध में भाग लेने वाला; सैनिक; रक्षक; फ़ौजी 2. पुलिस विभाग के कर्मचारी जो पहरे आदि का कार्य करते हैं।

सिपोरिया [सं-पु.] बीच में मुड़ा हुआ खेत।

सिप्पा [सं-पु.] 1. एक तरह की छोटी तोप 2. लक्ष्य-वेध; निशाना 3. सीप का अर्धांश 4. {ला-अ.} काम निकालने का उपाय; तरकीब।

सिफ़त (अ.) [सं-स्त्री.] 1. व्यक्ति, वस्तु आदि की विशेषता जो उसकी प्रसिद्धि का कारण हो; गुण; ख़ासियत 2. प्रशंसा; तारीफ़ 3. प्रभाव; तासीर 4. उत्तमता; उम्दगी।

सिफ़र (अ.) [सं-पु.] 1. गिनती में वह संख्या जिसके बाद 1, 2, 3. आदि आते हैं, शून्य। [वि.] 1. जिसमें कुछ भरा न हो; ख़ाली; रिक्त 2. अयोग्य; निकम्मा।

सिफ़लगी (अ.) [सं-स्त्री.] नीचता; कमीनापन; छिछोरापन।

सिफ़ला (अ.) [वि.] नीच; कमीना; छिछोरा।

सिफ़ारत (अ.) [सं-स्त्री.] 1. सफ़ीर या दूत का पद या कार्य 2. राजदूत का कार्यालय; दूतावास।

सिफ़ारिश (फ़ा.) [सं-स्त्री.] 1. किसी व्यक्ति का कोई काम कर देने के लिए किसी अन्य व्यक्ति से अनुरोध करना 2. स्वयं किसी व्यक्ति या वस्तु की श्रेष्ठता की स्वीकृति देते हुए उसके पक्ष में अन्य किसी व्यक्ति या संस्थान से स्वीकृति का आग्रह करना; संस्तुति।

सिफ़ारिशी (फ़ा.) [वि.] 1. सिफ़ारिश संबंधी 2. जिसमें किसी की सिफ़ारिश की गई हो 3. ख़ुशामदी 4. सिफ़ारिश रूप में होने वाला 5. सिफ़ारिश करने वाला।

सिफ़ारिशी टट्टू (फ़ा.+हिं.) [सं-पु.] 1. वह जो सिफ़ारिश से किसी पद पर पहुँचा हो 2. ख़ुशामद या सिफ़ारिश द्वारा काम निकालने वाला या जीविका चलाने वाला व्यक्ति।

सिफ़ाल (फ़ा.) [सं-स्त्री.] मिट्टी का बरतन; ठीकरा।

सिमकार्ड (अं.) [सं-स्त्री.] मोबाइल के अंदर डाला जाने वाला एक छोटे आकार का इलेक्ट्रॉनिक कार्ड जिससे वह सक्रिय होता है।

सिमटना (सं.) [क्रि-अ.] 1. संकुचित होना; सिकुड़ना 2. पास आना; करीब आना 3. बिखरी हुई वस्तुओं का इकट्ठा होना 4. काम आदि का पूरा होना; समाप्त होना 5. लज्जा आदि के कारण सिकुड़ना; संकुचित होना।

सिमटी [सं-स्त्री.] एक प्रकार का कपड़ा, जिसकी बुनावट खेस के समान होती है।

सिमरी [सं-स्त्री.] सेमल के पेड़ों के पास की जमीन।

सिमसिमी [सं-स्त्री.] एक प्रकार का तरल पदार्थ जो गीली लकड़ी जलाने पर बुदबुदों के रूप में निकलता है।

सिम्मल [सं-पु.] समइल।

सियराना [क्रि-अ.] ठंडा होना; शीतल होना।

सियादत (अ.) [सं-स्त्री.] 1. सैयद होने का भाव 2. प्रतिष्ठा; बुजुर्गी 3. सरदारी; अध्यक्षता।

सियापा [सं-पु.] 1. मनुष्य के मरने के बाद कई स्त्रियों द्वारा इकट्ठे होकर ज़ोर-ज़ोर से रोकर मातम मनाने का प्रचलन 2. मृत्यु शोक; रोना-पीटना 3. मातम।

सियार (सं.) [सं-पु.] कुत्ते की जाति का एक जंगली पशु; शृगाल; गीदड़।

सियारबियाही मेह [सं-स्त्री.] कोढ़िया मेह; धूप-छाँही वर्षा।

सियाली [सं-स्त्री.] एक प्रकार का विदारी कंद।

सियावड़ [सं-पु.] 1. अनाज का वह हिस्सा जो खेत कटने पर खलिहान में से साधुओं के निमित्त निकाला जाता है 2. वह काली हाँडी जो खेतों में चिड़ियों को डराने और फसल को नजर से बचाने के लिए रखी जाती है।

सियासत (अ.) [सं-स्त्री.] 1. राजनीति 2. शासन-प्रबंध; राजकाज 3. {ला-अ.} छल; फ़रेब; मक्कारी।

सियासती (अ.) [वि.] सियासत से संबंधित; राजनीति विषयक; राजनीतिक।

सियासी (अ.+ फ़ा.) [वि.] राजनीतिक; राजनीति संबंधी; शासनादि से संबंधित।

सियाह (फ़ा.) [वि.] 1. काला; कृष्ण वर्ण का; स्याह 2. {ला-अ.} बुरा; दूषित।

सियाहत (अ.) [सं-स्त्री.] यात्रा; भ्रमण; सैर; पर्यटन।

सियाहा (फ़ा.) [सं-पु.] 1. सरकारी ख़ज़ाने का वह रजिस्टर जिसमें ज़मीन से प्राप्त मालगुज़ारी या लगान का हिसाब लिखा जाता है 2. आय-व्यय की बही; रोजनामचा।

सियाही (फ़ा.) [सं-स्त्री.] 1. लिखने के लिए उपयुक्त स्याही; मसि 2. श्यामता; कालापन; कालिमा; कालिख 3. अँधेरा; अंधकार 4. काजल 5. {ला-अ.} कलंक; बदनामी।

सिर (सं.) [सं-पु.] 1. जीव-जंतुओं के शरीर में गरदन के ऊपर का भाग 2. कपाल; खोपड़ी जिसमें आँख, नाक, कान आदि होते हैं 3. दिमाग; मस्तिष्क 4. किसी वस्तु का ऊपरी भाग; सिरा; चोटी। [मु.] **-चढ़ाना** : अनुपयुक्त व्यक्ति को अत्यधिक महत्व देकर अपने ऊपर मुसीबत मोल लेना। **-आँखों पर बैठाना** : (व्यक्ति अथवा वस्तु को) सम्मान और विनम्रतापूर्वक ग्रहण करना। **-ऊँचा करना** : मान-सम्मान में वृद्धि करना। **-उठाकर जीना** : गर्वपूर्वक जीना। **-ओखली में देना** : व्यर्थ ही जान-बूझकर जोखिम में पड़ना। **-कदमों पर होना** : नतमस्तक होना। **-खाना** : कोई बात बार-बार कहकर किसी को परेशान करना। **-का पसीना एड़ी तक आना** : घोर परिश्रम करना। **-खपाना** : ऐसा काम या बात करना जिससे कोई लाभ न हो और व्यर्थ मस्तिष्क थक जाए। **-छिपाना** : रहने के लिए आश्रय ढूँढ़ना। **-धुनना** : पश्चाताप या शोक के कारण बहुत अधिक दुख प्रकट करना। **-पर ख़ून सवार रहना** : इतना अधिक क्रोध चढ़ना मानो किसी के प्राण ले लेंगे; अपने आपे में न रहना। **-से पानी गुज़रना** : ऐसी स्थिति में पड़ना कि कष्ट या संकट पराकाष्ठा तक पहुँच जाए। **-पर भूत सवार होना** : कोई काम करने के लिए विकल या पागल होना।

सिरकटा (सं.) [वि.] 1. जिसका सिर कट गया हो 2. दूसरे का सिर काटने वाला 3. {ला-अ.} बहुत अपकार करने वाला।

सिरका (फ़ा.) [सं-पु.] ईख, अंगूर, जामुन आदि के रस को धूप में रखकर खमीर बनाकर तैयार किया गया खट्टा रस जिसका उपयोग भोजन और अचार आदि बनाने में करते हैं।

सिरकी [सं-स्त्री.] 1. एक तरह की लंबी घास की सूखी हुई डंडिया; सरकंडा; सरई 2. बैलगाड़ियों पर आड़ करने के लिए बनाया जाने वाला सरकंडे का छोटा छप्पर या टट्टी।

सिरगा [सं-पु.] पीली देह और सफ़ेद अयाल व पूँछ वाला घोड़ा।

सिरगोटी [सं-स्त्री.] गलगल नामक एक प्रकार का पक्षी।

सिरजाना [क्रि-अ.] जुड़ा जाना; ठंडा हो जाना।

सिरताज (सं.+ फ़ा.) [सं-पु.] 1. सिर पर पहना जाने वाला एक आभूषण; मुकुट; ताज 2. अपने वर्ग में सर्वश्रेष्ठ व्यक्ति या वस्तु; शिरोमणि 3. {ला-अ.} मालिक; सरदार।

सिरदर्द (सं.+ फ़ा.) [सं-पु.] 1. सिर में होने वाला दर्द; माथे की पीड़ा 2. {ला-अ.} चिंता या परेशानी का कारण।

सिरधरा [सं-पु.] संरक्षक; पृष्ठपोषक। [वि.] 1. सिर पर धारण किया जाने वाला; शिरोधार्य 2. बहुत अधिक लाड़-दुलार से पला हुआ।

सिरनामा (सं.+ फ़ा.) [सं-पु.] 1. पत्र पर लिखा हुआ पता; पत्र के प्रारंभ में पाने वाले का नाम, उपाधि, अभिवादन आदि 2. लेखों आदि का शीर्षक।

सिरनी [सं-स्त्री.] 1. एक प्रकार की मिठाई 2. अरवा चावल और गुड़ के मिश्रण से बना खाद्य पदार्थ 3. एक प्रकार का

प्रसाद।

सिरपाया [सं-पु.] सिर से पैर तक का पहनावा (अंगा, पगड़ी, पजामा, पटका और दुपट्टा) जो राजदरबार से समान रूप से दिया जाता है; ख़िलअत।

सिरपेंच (फ़ा.) [सं-पु.] 1. साफ़ा या पगड़ी 2. वह आभूषण जो पगड़ी में लगाया जाता है।

सिरफिरा [वि.] जिसका दिमाग फिर गया हो; विकृत मस्तिष्क वाला; झक्की; सनकी।

सिरफुटौवल [सं-स्त्री.] एक-दूसरे का सिर फोड़ना; मारपीट; लडाई-झगड़ा।

सिरमौर [सं-पु.] 1. मुकुट; ताज; शिरोमणि 2. प्राचीन समय में प्रचलित एक प्रकार का केश-विन्यास।

सिरवा [सं-पु.] वह कपड़ा जिससे खलियान में अनाज बरसाने के समय हवा करते हैं; ओसाने में हवा करने का कपड़ा।

सिरहाना (सं.) [सं-पु.] 1. चारपाई में सिर की ओर का भाग 2. चारपाई में तकिए के नीचे का भाग।

सिरहाने (सं.) [क्रि.वि.] 1. सिर की ओर; सिर के पास में 2. चारपाई में सिर की ओर के भाग पर।

सिरा (सं.) [सं-पु.] 1. ऊपरी भाग या छोर का अंतिम अंश; छोर; किनारा 2. आरंभ या अंत का भाग 3. शीर्ष; नोक।

सिराज (अ.) [सं-पु.] 1. दीपक; चिराग 2. सूर्य।

सिराजी (फ़ा.) [सं-पु.] 1. शीराज का निवासी; शीराजी 2. शीराज का घोड़ा।

सिरारा [सं-पु.] पाई का लटकने वाला हिस्सा; सिरारी।

सिराली [सं-स्त्री.] मोर की कलगी; मयूरशिखा।

सिरी [सं-स्त्री.] 1. भोजन के उद्देश्य से मारे गए पशु या पक्षी का सिर 2. सिर पर पहना जाने वाला एक आभूषण।

सिरुआ [सं-पु.] 1. मांस का पका रस 2. तरकारी का रस।

सिरो [सं-पु.] खाट की चौड़ाई में लगी दोनों तरफ की लकड़ियाँ या बाँस।

सिरोपाव [सं-पु.] पुराने समय में बादशाह या राजा की ओर से किसी को सम्मान के रूप में मिलने वाले सिर से पैर तक पहनने के सभी कपड़े; खिलअत।

सिरोरा [सं-पु.] दक्षिण दिशा से चलने वाली बयार (हवा) से उत्पन्न रोग।

सिरोही [सं-पु.] 1. तलवार 2. राजस्थान में एक जिले का नाम। [सं-स्त्री.] काले रंग की एक चिड़िया।

सिर्फ़ (अ.) [अव्य.] 1. निश्चित परिमाण या मात्रा मंज 2. मात्र 3. इतना भर; केवल 4. अकेले; कोई और नहीं।

सिल[1] (सं.) [सं-स्त्री.] 1. चटनी, मसाला आदि पीसने की पत्थर की आयताकार पटिया 2. पत्थर का बड़ा लंबा टुकड़ा; शिला; पत्थर की चट्टान 3. मकान आदि में लगाई जाने वाली पटिया।

सिल[2] (अ.) [सं-पु.] क्षय रोग; राजयक्ष्मा; तपेदिक

सिलन [सं-स्त्री.] 1. सिलाई 2. वह सिलाई जो कपड़े आदि पर की गई हो; सीवन।

सिलना [क्रि-अ.] सुई और धागे से कपड़े, चमड़े आदि को जोड़ना; सिलाई होना; सिला जाना।

सिलपट (सं.) [वि.] 1. चौरस; बराबर; समतल 2. घिसने से जिसके चिह्न आदि नष्ट हो गए हों; सपाट 3. बुरी तरह से नष्ट या बरबाद किया हुआ; चौपट।

सिलबट्टा [सं-पु.] पत्थर का ऐसा छोटा चोकौर टुकड़ा जिससे मसाला आदि पीसा जाता है; सिल और पीसने का लोढ़ा।

सिलवट [सं-स्त्री.] 1. मुड़ने, दबने आदि से पड़ा हुआ निशान; रेखा 2. सिकुड़ने से पड़ी हुई लकीर; सिकुड़न; शिकन।

सिलवाना [क्रि-स.] किसी कपड़े आदि की सिलाई कराना; किसी को सिलाई करने के लिए प्रवृत्त करना; किसी से सिलाई का काम कराना।

सिलसिला (अ.) [सं-पु.] 1. एक क्रम में होने वाली घटनाओं आदि का संबंध 2. एक के बाद एक चलते रहने वाला क्रम; क्रमिकता; श्रेणी; पंक्ति; कतार 3. लड़ी; शृंखला 5. व्यवस्था; तरतीब; क्रम।

सिलसिलेवार (अ.+फ़ा.) [क्रि. वि.] क्रमानुसार; तरतीबवार; क्रमिक रूप से; क्रमवार; शृंखला के रूप में।

सिलह (अ.) [सं-पु.] 1. हथियार; अस्त्र-शस्त्र 2. कवच।

सिलहख़ाना (अ.+फ़ा.) [सं-पु.] हथियार या अस्त्र रखने का स्थान; शस्त्रागार।

सिलहट [सं-पु.] 1. असम राज्य का एक नगर 2. एक प्रकार का अगहनी धान 3. एक प्रकार की नारंगी जो सिलहट जिले में होती है।

सिलहिला [वि.] 1. जो चिकना तथा फिसलनदार हो 2. कीचड़ आदि के कारण रपटनवाला; पिच्छल।

सिला[1] (सं.) [सं-पु.] 1. फ़सल कटने के बाद खेत में बचे या बिखरे हुए अन्न-कण 2. उक्त प्रकार के अन्न को चुनने की वृत्ति 3. अनाज का वह गल्ला जिसे अभी फटका जाना हो।

सिला[2] (अ.) [सं-पु.] 1. पुरस्कार; इनाम; पारिश्रमिक 2. बदला; प्रतिकार।

सिलाई [सं-स्त्री.] 1. सीने की क्रिया, तरीका या भाव 2. सिले हुए कपड़े आदि पर दिखने वाले टाँके; सीवन; सीयन 3. सीने की मज़दूरी या पारिश्रमिक।

सिलाह (अ.) [सं-पु.] 1. अस्त्र; शस्त्र; आयुध; हथियार 2. संधि; मित्रता; शांति।

सिलाहबंद (अ.+फ़ा.) [वि.] सशस्त्र; हथियारबंद; सिलाहपोश।

सिलाही (अ.) [सं-पु.] 1. सैनिक; सिपाही; फ़ौजी 2. कवचधारी।

सिली [सं-स्त्री.] अनाज की इकट्ठी राशि; अनाज का बड़ा ढेर।

सिलेंडर (अं.) [सं-पु.] 1. एक बेलनाकार खोखला पात्र 2. उक्त प्रकार का धातु निर्मित पात्र जिसमें गैस भरकर रखी जाती है।

सिलैबस (अं.) [सं-पु.] पाठ्य विवरण।

सिलौटा [सं-पु.] मसाला आदि पीसने की सिल और उसका बट्टा; बड़ी सिल।

सिल्क (अ.) [सं-पु.] 1. तंतु; तागा; डोरा 2. वह धागा जिसमें मोती पिरोए जाते हैं।

सिल्ला (सं.) [सं-पु.] 1. पकी हुई फ़सल के कटने के बाद खेत

में गिरे हुए अनाज के दाने; खलिहान में गिरा हुआ अनाज 2. ओसाने के बाद भूसे का वह ढेर जिसमें कुछ अनाज हो।

सिल्ली (सं.) [सं-स्त्री.] 1. पत्थर की चौकोर पटिया जो प्राय: छत आदि बनाने में उपयोग की जाती है 2. छोटी शिला; पत्थर का टुकड़ा 3. हथियार या नाई आदि के उस्तरे की धार तेज करने का पत्थर 4. सोने, चाँदी आदि धातुओं की छोटी सिल; खंड।

सिल्हैट [सं-पु.] फालसा; एक प्रकार का फल।

सिवा (अ.) [वि.] व्यर्थ; फालतू। [अव्य.] 1. जो है या जो हो उससे हटकर; उसके अतिरिक्त; उसके अलावा 2. किसी की तुलना में और अधिक; उससे बढ़कर।

सिवान (सं.) [सं-पु.] 1. किसी राज्य आदि की सीमा; हद 2. सीमा पर स्थित भूमि।

सिविल (अं.) [वि.] 1. नागरिकों से संबंधित 2. नगर की व्यवस्था से संबंध रखने वाला 3. असैनिक; गैर-फ़ौजी 4. शिष्ट; सभ्य।

सिसक [सं-स्त्री.] 1. सिसकने की क्रिया या भाव 2. सिसकने से उत्पन्न होने वाला शब्द।

सिसकना [क्रि-अ.] धीरे-धीरे रोना; सिसकी भरना; हूँकना; हिलकना।

सिसकारना [क्रि-अ.] 1. मुँह से सीटी जैसी सी-सी की आवाज़ निकालना 2. सीत्कार करना। [क्रि-स.] आक्रमण करने के लिए बढ़ावा देना; उकसाना; लहकारना।

सिसकारी [सं-स्त्री.] 1. सिसकारने या लहकारने की क्रिया, भाव या शब्द 2. मुँह से निकली हुई सीटी जैसी सी-सी की आवाज़ 3. सीत्कार।

सिसकी [सं-स्त्री.] 1. सिसकने या रोने की क्रिया या भाव 2. सिसकने की ध्वनि; सिसकारी; धीरे-धीरे रोने की ध्वनि।

सिसुआ [सं-स्त्री.] लाल ज्वार; ज्वार (अनाज) की एक किस्म।

सिस्टम (अं.) [सं-पु.] 1. व्यवस्था; प्रबंध 2. प्रणाली; पद्धति; रीति; तरीका।

सिस्टर (अं.) [सं-स्त्री.] 1. बहन 2. चिकित्सालय की परिचारिका; (नर्स) 3. ईसाई भिक्षुणी।

सिहरन [सं-स्त्री.] 1. सिहरने की क्रिया, भाव या दशा 2. ठंड या भय से होने वाला कंपन; कँपकँपी; सिहरी 3. सहलाने से होने वाला रोमांच।

सिहरना [क्रि-अ.] 1. ठंड आदि से काँपना 2. भयभीत होने के कारण थरथराना 3. रोमांचित होना।

सिहराना [क्रि-स.] 1. ऐसा कोई कार्य करना जिससे कोई सिहरे; कँपाना 2. डराना 3. रोमांचित करना।

सिहोर (सं.) [सं-पु.] 1. थूहड़ नाम का पौधा 2. एक कँटीला वृक्ष।

सी [सं-स्त्री.] अत्यधिक पीड़ा या प्रसन्नता की स्थिति में मुँह से निकलने वाला शब्द; सीत्कार। [अव्य.] 'सा' का स्त्रीलिंग रूप, जैसे- ज़रा-सी चीज़।

सी-कॉपी (अं.) [सं-स्त्री.] प्रूफ़ संशोधन में इसका प्रयोग होता है, इसका अर्थ है मूल प्रति से मैटर को मिलाकर गलत अंश सुधारें।

सींक (सं.) [सं-स्त्री.] 1. घास आदि का पतला कड़ा डंठल; लंबा तिनका 2. तीली; तृण 3. नाक की कील 4. बाण; तीर।

सींका (सं.) [सं-पु.] पेड़-पौधों की पतली टहनी आदि; उपशाखा।

सींकिया [वि.] 1. बहुत अधिक दुबला-पतला; कमज़ोर 2. सींक-सा पतला 3. सींक के आकार की लंबी-लंबी धारियाँ, जैसे- सींकिया छपाई।

सींकी [सं-पु.] 1. पेड़-पौधों की बहुत पतली उपशाखा या टहनी जिसमें पत्तियाँ उगी रहती हैं या फूल लगता है; हाँड़ी 2. मूँज की सींक; सींख।

सींग (सं.) [सं-पु.] 1. खुरवाले पशुओं के सिर के दोनों ओर निकले कड़े नुकीले अवयव जिससे वे अपनी रक्षा करते हैं; विषाण; शृंग 2. सिंगी नाम का बाजा।

सींगदाना [सं-पु.] मूँगफली का दाना।

सींघन [सं-पु.] घोड़ों के माथे पर दो या अधिक भौंरी वाला टीका।

सींच [सं-स्त्री.] 1. सींचने की क्रिया या भाव; सिंचाई; छिड़काव 2. पेड़-पौधों को पानी देना।

सींचना (सं.) [क्रि-स.] 1. खेतों के पेड़-पौधों को पानी देना 2. तर करना; भिगोना।

सीकर (सं.) [सं-पु.] 1. पानी की बूँदें; जल-कण 2. छींटा; बूँद 3. राजस्थान का एक शहर।

सीकल[1] [सं-पु.] डाल का पका हुआ आम।

सीकल[2] (अ.) [सं-स्त्री.] अस्त्र-शस्त्रों (युद्ध के उपकरण) का मोरचा (जंग) छुड़ाने की क्रिया; हथियार की सफाई।

सीकस (सं.) [सं-पु.] 1. बलुई ज़मीन; रेतीली धरती 2. बंजर या ऊसर भूमि।

सीकी [सं-पु.] छेद, सूराख 2. मुँह। [सं-स्त्री.] छोटा सीका या छिका; छोटा सिकहर।

सीक्रेट (अं.) [सं-पु.] रहस्य; राज़; मर्म; भेद। [वि.] गोपनीय; गुप्त; छिपा हुआ; गूढ़।

सीक्वेंस (अं.) [सं-पु.] क्रम; अनुक्रम; सिलसिला।

सीख [सं-स्त्री.] 1. शिक्षा; तालीम 2. उपदेश; हित की बात 3. अनुभव से प्राप्त होने वाला ज्ञान 4. परामर्श; सलाह; मंत्रणा। [मु.] **-देना** : नसीहत देना।

सीख़चा (फ़ा.) [सं-पु.] 1. लोहे या इस्पात की लंबी-मोटी छड़ 2. छोटी सलाख़; सरिया।

सीखना [क्रि-स.] 1. किसी कला या हुनर का ज्ञान प्राप्त करना 2. किसी विषय का ज्ञान प्राप्त करना; शिक्षा प्राप्त करना 3. अनुभव प्राप्त करना।

सीगा (अ.) [सं-पु.] 1. ढाँचा; साँचा 2. विभाग; महकमा 3. (व्याकरण) कारक, पुरुष, लिंग और वचन।

सीगारा [सं-पु.] मोटा कपड़ा।

सीज[1] [सं-पु.] थूहर; सेहुँड़।

सीज[2] (सं.) [सं-स्त्री.] सीझने की क्रिया या भाव; गरमी के कारण होने वाली जलन।

सीझना (सं.) [क्रि-अ.] 1. आग और पानी की सहायता से पकना 2. सब्ज़ी, दाल आदि का आँच पर गलना या पकना 3. पककर नरम होना 4. सूखे चमड़े का सिझाव या मसाले से नरम पड़ना; (सीज़निंग) 5. {ला-अ.} कष्ट या दुख सहना।

सीट (अं.) [सं-स्त्री.] 1. बैठने का स्थान 2. जगह; स्थान 3. बैठने की वस्तु, कुरसी आदि।

सीटना [क्रि-अ.] शेखी बघारना; बहुत बढ़-चढ़कर बातें करना; डींग मारना।

सीटी [सं-स्त्री.] 1. दोनों होठों को गोलाकार सिकोड़कर उनके बीच से हवा निकालने से उत्पन्न होने वाली ध्वनि 2. किसी विशिष्ट प्रक्रिया द्वारा उत्पन्न उक्त प्रकार की ध्वनि 3. रेल इंजन या प्रेशरकुकर से निकलने वाली ध्वनि 4. छोटे आकार का एक वाद्य यंत्र जिसमें मुँह से फूँकने पर उक्त प्रकार की ध्वनि निकलती है। [मु.] **-मारना** : बुलाने या संकेत करने के लिए सीटी बजाना।

सीठना [सं-पु.] विवाह आदि के अवसर पर संबंधियों का उपहास उड़ाने के लिए गाए जाने वाले अश्लील लोकगीत; मीठी गाली।

सीठा (सं.) [वि.] फीका; बेस्वाद; नीरस; बेमज़ा।

सीठी (सं.) [सं-स्त्री.] 1. स्वादहीन या रसहीन वस्तु 2. फल आदि का चूसकर या रस निचोड़कर बचा हुआ भाग, जैसे- आम की सीठी 3. बची-खुची चीज़ 4. {ला-अ.} ऐसी वस्तु जो सारहीन हो।

सीड़ (सं.) [सं-स्त्री.] 1. पानी के कारण होने वाली नमी; ठंडक 2. सीलन; सील; तरी।

सीढ़ी (सं.) [सं-स्त्री.] 1. ऊँचे स्थान पर चढ़ने के लिए एक के ऊपर एक बना हुआ पैर रखने का स्थान; जीना 2. बाँस के दो बल्लों या काठ के लंबे टुकड़ों का बना लंबा खंभे जैसा ढाँचा जिसमें थोड़ी-थोड़ी दूरी पर पैर रखने के लिए डंडे लगे रहते हैं।

सीढ़ीदार (हिं.+फ़ा.) [वि.] सीढ़ी से युक्त; जिसमें या जहाँ सीढ़ी बनी हो।

सीढ़ीनुमा (हिं.+फ़ा.) [वि.] जो सीढ़ी की तरह बराबर एक के बाद एक ऊँचा होता गया हो; सम-समुन्नत।

सीता (सं.) [सं-स्त्री.] 1. (रामायण) मिथिला नरेश जनक की कन्या जिसका विवाह रामचंद्र से हुआ था; जानकी; वैदेही 2. हल द्वारा जोतने से ज़मीन पर निर्मित रेखाकार गड्डा 3. हल का फाल 4. कृषिकर्म 5. कृषि की अधिष्ठात्री देवी 6. राजा की व्यक्तिगत कृषि भूमि; सीर 7. प्राचीन काल में सीताध्यक्ष नामक अधिकारी द्वारा प्रजा से एकत्रित अन्न।

सीता बनना [क्रि-स.] बुआई और जुताई का काम होना।

सीताफल (सं.) [सं-पु.] 1. शरीफा नामक फल 2. कुम्हड़ा; कद्दू; काशीफल।

सीतावर्त [सं-पु.] अनाज वाले खेत की मिट्टी का एक ढेला।

सीत्कार (सं.) [सं-पु.] वह आवाज़ जो पीड़ा या आनंद के समय मुँह से निकलती है; सी-सी की ध्वनि; सिसकारी।

सीद (सं.) [सं-पु.] 1. ब्याज पर रुपए देने का व्यवसाय 2. कुसीद; सूदख़ोरी 3. दुख; कष्ट; पीड़ा।

सीदना [क्रि-अ.] 1. दुख या कष्ट पाना 2. नष्ट या बरबाद होना।

सीदी [सं-पु.] शक जाति का मनुष्य।

सीध (सं.) [सं-स्त्री.] 1. सीधे होने की अवस्था, गुण या भाव 2. सरलता; सिधाई 3. ठीक सामने का विस्तार।

सीधा (सं.) [वि.] 1. जो टेढ़ा न हो; सरल; ऋजु 2. जिसमें कपट न हो; निश्छल 3. शांत; सुशील 4. सुगम; आसान 5. अनुकूल 6. भोला-भाला 7. दाहिना; दक्षिण 8. प्रत्यक्ष। [मु.] **-करना** : कठोर व्यवहार करके अथवा दंड देकर किसी को अपने अनुकूल बनाना या ठीक रास्ते पर लाना।

सीधा-सादा [वि.] जो छल-कपट न जानता हो; भोला-भाला; सरल स्वभाव वाला।

सीधा तामड़ा [सं-पु.] बहुत अच्छी तरह से पकी एकदम सीधी ईंट।

सीधा धरवा [सं-पु.] पूरब से हवा के रुख के साथ उठने वाला बादल।

सीधापन [सं-पु.] 1. सीधा होने की अवस्था, गुण या भाव 2. सिधाई; सरलता; निश्छलता; कपटहीनता; भोलापन।

सीधी (सं.) [वि.] 1. सरल; ऋजु; निश्छल; भोली-भाली 2. प्रत्यक्ष। [मु.] **-आँख न देखना** : क्रोधपूर्वक देखना। **-सुनाना** : साफ़-साफ़ कहना; खरी बात कहना।

सीधे [क्रि.वि.] 1. सामने की ओर; सीध में; सम्मुख; बिना मुड़े-झुके 2. बिना बीच में रुके; बिना कहीं और गए हुए 3. जल्दी से; तुरंत। [मु.] **-मुँह बात न करना** : अक्खड़पन से बात करना।

सीधे-सीधे [क्रि.वि.] 1. स्पष्ट रूप से; बिना लाग-लपेट के 2. ईमानदारी से 3. शांतिपूर्वक।

सीन (अं.) [सं-पु.] 1. दृश्य; नज़ारा 2. रंगमंच में पृष्ठभूमि वाला परदा 3. किसी घटना नाटक का दृश्य।

सीना लगना [क्रि-स.] गन्ने की फसल में कीड़ा लगना।

सीना[1] (फ़ा.) [सं-पु.] 1. छाती; वक्षस्थल 2. स्तन; उरोज 3. {ला-अ.} मन; हृदय। [मु.] **-छलनी होना** : किसी अपने की बात चुभ जाना।

सीना[2] (सं.) [क्रि-स.] सुई-धागा या सूजे-रस्सी आदि की सहायता से कपड़े, प्लास्टिक, टाट, कागज़ आदि के टुकड़ों को जोड़ना; सिलाई करना।

सीनाज़ोर (फ़ा.) [वि.] 1. छाती पर सवार होकर काम करने वाला; उद्दंड 2. ज़बरदस्त; ताकतवर 3. अत्याचारी।

सीनाज़ोरी (फ़ा.) [सं-स्त्री.] ज़बरदस्ती; उद्दंडता; अनुचित बत को बल पूर्वक उचित सिद्ध करने का प्रयास; ज़ोर-ज़बरदस्ती; अत्याचार।

सीनासाफ़ (फ़ा.) [वि.] जिसके मन में दुराव न हो; साफ़ दिल का; खरा।

सीनियर (अं.) [सं-पु.] 1. अवस्था या पद में बड़ा 2. वरिष्ठ; ज्येष्ठ; उच्च; श्रेष्ठ; प्रवर 3. वयस्क व्यक्ति; बुजुर्ग।

सीनेट (अं.) [सं-पु.] 1. समिति 2. राज्यसभा 3. व्यवस्थापिका सभा 4. विश्वविद्यालय की प्रबंध कारिणी सभा।

सीप (सं.) [सं-स्त्री.] 1. शंख, घोंघे आदि जैसा जलीय प्राणी

का खोल; शुक्ति; सीपी 2. सीपी का चमकीला हिस्सा जिससे बटन आदि बनाए जाते हैं।

सीपिया [सं-पु.] पीलापन लिए हुए गहरा भूरा रंग।

सीपी (सं.) [सं-स्त्री.] 1. देवपूजा, तर्पण आदि में व्यवहृत एक प्रकार का लंबोतर जलपात्र 2. सीप; शुक्ति।

सीमंत (सं.) [सं-पु.] 1. सिर में निकाली हुई माँग; स्त्रियों के सिर की माँग 2. हद; सीमारेखा 3. अस्थिसंघात; हड्डियों का जोड़।

सीमंतिनी (सं.) [सं-स्त्री.] सिर में माँग निकालने वाली स्त्री; नारी।

सीमंतोन्नयन (सं.) [सं-पु.] हिंदुओं के दस संस्कारों में से तीसरा संस्कार।

सीमा (सं.) [सं-स्त्री.] 1. किसी क्षेत्र अथवा स्थान के चारों ओर के विस्तार की अंतिम रेखा; परिधि; हद; छोर 2. पराकाष्ठा 3. बाड़ 4. मर्यादा। [मु.] **-बंद करना** : किसी को एक देश से दूसरे देश में आने-जाने न देना।

सीमा चिह्न (सं.) [सं-पु.] 1. सीमा का सूचक चिह्न; सीमा या बॉर्डर का संकेत करने वाला पदार्थ।

सीमा पुलिस (सं.+अं.) [सं-स्त्री.] सीमा की सुरक्षा के लिए नियुक्त बल या फ़ोर्स; सीमा पर तैनात पुलिस।

सीमा रेखा (सं.) [सं-स्त्री.] 1. सीमा की रेखा; सीमा को तय करने वाली लकीर; सरहद 2. मर्यादा।

सीमा शुल्क (सं.) [सं-पु.] किसी राज्य की सीमा पर वस्तुओं के आयात-निर्यात पर लगने वाला शुल्क; सीमाकर।

सीमांत (सं.) [सं-पु.] वह स्थान जहाँ किसी सीमा का अंत होता है; सरहद।

सीमाकर (सं.) [सं-पु.] किसी देश की सीमा पर वस्तुओं के आयात-निर्यात पर लगने वाला कर या टैक्स; सीमा शुल्क।

सीमाकरण (सं.) [सं-पु.] सीमा का अंकन या निर्धारण।

सीमाबद्ध (सं.) [वि.] सीमा में बँधा हुआ; किसी ख़ास सीमा तक; जिसकी सीमा तय कर दी गई हो; सीमित; नियमबद्ध।

सीमावर्ती (सं.) [वि.] सीमा के पास का; सरहद के समीप का।

सीमाहीन (सं.) [वि.] जिसकी कोई सीमा न हो; असीम; सर्वव्यापी।

सीमित (सं.) [सं-स्त्री.] जिसकी सीमाएँ हों; एक निश्चित विस्तार या सीमा तक; मात्रा में नियत।

सीमेंट (अं.) [सं-पु.] चूना पत्थर, जिप्सम आदि मिश्रित एक चूर्ण जो भवन निर्माण के काम आता है; भवन निर्माण में ईंट, पत्थर आदि को जोड़ने के काम आने वाला मसाला।

सीमोल्लंघन (सं.) [सं-पु.] 1. किसी निश्चित सीमा से बाहर जाना; सीमा लाँघना; सीमा का अतिक्रमण 2. किसी राज्य पर आक्रमण के उद्देश्य से अपनी सीमा पार करके उसकी सीमा में पहुँचना 3. {ला-अ.} मर्यादा के विरुद्ध कार्य या आचरण करना; मर्यादा-भंग।

सीर (सं.) [सं-पु.] 1. हल 2. सूर्य; प्रभाकर 3. जोता जाने वाला बैल 4. आक; मदार। [सं-स्त्री.] 1. किसी के साझे में भूमि जोतने-बोने की रीति 2. हिस्सेदारी; साझेदारी 3. साझे में जोती-बोई जाने वाली भूमि; साझे का खेत; वह ज़मीन जिसे भू-स्वामी या ज़मींदार आसामी की मदद से जोतता-बोता है 4. संबंध; लगाव; नाता।

सीरक (सं.) [सं-पु.] 1. हल 2. सूर्य।

सीरत (अ.) [सं-स्त्री.] स्वभाव; चरित्र; प्रकृति।

सीरदार (हिं.+फ़ा.) [सं-पु.] स्थायी वंश परंपरा में अधिकार प्राप्त वह ज़मींदार जो अपनी ज़मीन किसी आसामी के साझे में जोतता-बोता हो।

सीरदारी (हिं.+फ़ा.) [सं-स्त्री.] 1. सीरदार का काम या पद 2. हिस्सेदारी; साझा।

सीरन [सं-पु.] बच्चों का पहनावा।

सीरा[1] (सं.) [वि.] 1. ठंडा; शीतल 2. शांत स्वभाववाला 3. मौन; चुप।

सीरा[2] (फ़ा.) [सं-पु.] सूजी या आटे को भूनकर चाशनी मिलाकर बनाया गया व्यंजन; हलुआ।

सीरियल (अं.) [सं-पु.] 1. वह कहानी या लेख जो किसी पत्रिका के कई अंकों में किस्तों में प्रकाशित हो 2. ऐसी कहानी जो टेलिविज़न पर उक्त प्रकार से कई भागों में विभक्त करके दिखाई जाती हो; धारावाहिक 3. सुबह के नाश्ते या ब्रेकफ़ास्ट में अन्न से बने पौष्टिक पदार्थ, जैसे- कॉर्नफ्लेक्स, दलिया आदि। [क्रि.वि.] जो क्रमिक रूप से हो; क्रमानुसार; सिलसिलेवार।

सीरियस (अं.) [वि.] 1. गंभीर; विचारशील 2. रोगी की नाज़ुक या गंभीर अवस्था।

सीरीज़ (अं.) [सं-स्त्री.] 1. क्रमिक रूप से घटित घटनाओं का समूह; श्रेणी; माला 2. किसी प्रकाशन संस्था द्वारा प्रकाशित वह पुस्तकमाला जिसका विषय, मूल्य एवं जिल्द समान हो 3. सिलसिला।

सील (अं.) [सं-पु.] 1. किसी लेख या पत्र आदि पर लगाई जाने वाली मुहर; मुद्रा; छाप; ठप्पा 2. प्रायः ठंडे प्रदेशों में रहने वाला एक स्तनपायी चौपाया समुद्री जीव।

सील (अं.) [सं-पु.] 1. किसी लेख या पत्र आदि पर लगाई जाने वाली मुहर; मुद्रा; छाप; ठप्पा 2. प्रायः ठंडे प्रदेशों में रहने वाला एक स्तनपायी चौपाया समुद्री जीव।

सीलन (सं.) [सं-स्त्री.] भूमि, दीवारों, कपड़ों, कागज़ों आदि में आई हुई आर्द्रता; नमी।

सीलनदार (सं.) [वि.] सीलन से भरा; नमी से युक्त।

सीला (सं.) [सं-पु.] 1. फ़सल कट चुकने के बाद खेत में बचे और बिखरे हुए अनाज के दाने 2. खेत में गिरे हुए अनाज के दानों को बीनने की वृत्ति। [वि.] आर्द्र; गीला; नम।

सीलिंग (अं.) [सं-स्त्री.] 1. (मौसमविज्ञान) बादलों के सबसे निचले स्तर की ऊँचाई 2. ज़मीन से वह अधिकतम ऊँचाई जहाँ वायुयान किसी विशेष परिस्थिति में ही उड़ सकता है 3. कमरे के अंदर की छत।

सीलिंग फ़ैन (अं.) [सं-पु.] छत का पंखा।

सीवन (सं.) [सं-स्त्री.] सिलाई का काम; सिलाई।

सीवनी (सं.) [सं-स्त्री.] वह रेखा जो लिंग के नीचे से गुदा तक

जाती है; सीवन।

सीस (सं.) [सं-पु.] मस्तक; माथा; सिर।

सीसताज (हिं.+फ़ा.) [सं-पु.] वह टोपी जिसे शिकार के लिए पाले गए जानवरों की आँखें, मुँह आदि बंद रखने के लिए पहनाया जाता है; कुलहा।

सीसफूल [सं-पु.] सिर पर पहना जाने वाला फूल के आकार का एक आभूषण।

सीसम [सं-पु.] शीशम; वृक्ष।

सीसल [सं-पु.] केवड़े या केतकी की तरह का एक पेड़ जिसका रेशा बहुत उपयोगी होता है; रामबाँस।

सीसा (सं.) [सं-पु.] एक वजनी धातु जो मटमैले रंग की होती है।

सु (सं.) [पूर्वप्रत्य.] कुछ शब्दों के पहले जुड़कर उत्तम, अच्छा (सुकार्य), सुंदर (सुनयना), सहज (सुकर), शुभ (सुदिन), उचित (सुकर्म), भली प्रकार (सुसंबद्ध), अधिक (सुशिक्षित) आदि अर्थ देने वाला एक प्रत्यय।

सु-सरित (सं.) [सं-स्त्री.] 1. गंगा 2. नदियों में श्रेष्ठ 3. अच्छी नदी।

सुँघनी [सं-स्त्री.] 1. सूँघने की चीज़ 2. तंबाकू के पत्ते को पीसकर तैयार किया गया बारीक चूर्ण जिसे चुटकी में लेकर ज़ोर से सूँघा जाता है; नास; नसवार।

सुँघाना [क्रि-स.] किसी को कुछ सूँघने में प्रवृत्त करना; किसी चीज़ की गंध ग्रहण कराने के उद्देश्य से किसी व्यक्ति की नाक के पास उस चीज़ को ले जाना; आघ्राण कराना।

सुँतिया [सं-स्त्री.] लंबी और पतली भेड़।

सुंखड़ [सं-पु.] साधुओं का एक संप्रदाय।

सुंडा (सं.) [सं-पु.] हरे रंग का एक कीड़ा जो प्राय: सब्ज़ियों या फलों में पाया जाता है और उन्हें कुतरता है; सूँड़ी।

सुंदर (सं.) [वि.] 1. जो देखने में सुखद हो; जो मन को भा जाए; अच्छा; भला 2. ख़ूबसूरत; शोभन; सुरूप।

सुंदरता (सं.) [सं-स्त्री.] 1. सुंदर होने की अवस्था या भाव 2. ख़ूबसूरती; सौंदर्य; मनोहरता।

सुंदरी (सं.) [सं-स्त्री.] 1. सुंदर मुखाकृति वाली स्त्री; रूपवती नारी 2. हिरण की एक प्रजाति 3. दुर्गा का एक नाम।

सुंबा [सं-पु.] 1. तोप, बंदूक आदि की नली ठंडी करने के लिए उस पर फेरा जाने वाला गीला कपड़ा; पुचारा 2. तोप की नाल साफ़ करने का गज़ 3. एक प्रकार का भारी औज़ार जिससे लोहे में छेद किया जाता है।

सुंबी [सं-स्त्री.] एक औज़ार; लोहा काटने की छेनी।

सुअर (सं.) [सं-पु.] लंबी नाक और छोटी पूँछ वाला एक प्रकार का पालतू या जंगली जानवर; शूकर।

सुअरगोड़ा [सं-पु.] छोटी टाँगों वाला बैल।

सुअरनी (सं.) [सं-स्त्री.] मादा सुअर; सुअरी; शूकरी।

सुअवसर (सं.) [सं-पु.] सुंदर अवसर; अच्छा मौका; कार्य-साधन हेतु अनुकूल और उपयुक्त परिस्थितियाँ।

सुआ [सं-पु.] तोता। [सं-स्त्री.] साफ़ जल में पाई जाने वाली हरे रंग की एक मछली जिसके दाँत कठोर और मज़बूत होते हैं।

सुआ-कोइल [सं-स्त्री.] पक्षी; पक्षी समूह; चिरई-चिरौंटा।

सुआसनी (सं.) [सं-स्त्री.] 1. साथ रहने वाली स्त्री; सहचरी 2. सधवा; सुहागिन।

सुइयाना [क्रि-स.] दे. अँखुआना।

सुई [सं-स्त्री.] दे. सूई।

सुईकारी (हिं.+फ़ा.) [सं-स्त्री.] 1. कपड़े पर सुई और धागे की सहायता से बेल-बूटे आदि बनाने का काम 2. सूचीशिल्प।

सुकंठ (सं.) [वि.] 1. जिसकी गरदन सुंदर हो 2. कोमल और मधुर आवाज़वाला; सुरीला।

सुकन्या (सं.) [सं-स्त्री.] 1. सुंदर कन्या; गुणवान कन्या 2. (पुराण) च्यवन ऋषि की पत्नी जो महाराज शर्याति की कन्या थी।

सुकर (सं.) [वि.] आसानी से किया जा सकने वाला (कार्य), आसान; सरल; सुगम; सहज; सुसाध्य।

सुकर्म (सं.) [सं-पु.] 1. श्रेष्ठ या उत्तम काम 2. पवित्र कर्म; सत्कर्म; पुण्य।

सुकर्मी (सं.) [वि.] 1. अच्छे कार्य करने वाला; सत्कर्म या सुकर्म करने वाला; सदाचारी 2. जो धर्म या पुण्य कार्य करता हो; धर्माचारी।

सुकवा [सं-पु.] शुक्र तारा।

सुकवा उगानी [क्रि-स.] 1. शुक्र तारा का उदय होना [सं-स्त्री.] 2. वह समय जब शुक्र तारा उदित होता है।

सुकवि (सं.) [सं-पु.] अच्छा या उत्तम कवि।

सुकाल (सं.) [सं-पु.] 1. अच्छा समय; उत्कर्ष काल; स्वर्ण काल 2. ऐसा समय जब मँहगाई कम हो; सस्ती का समय 3. 'अकाल' का विलोम।

सुकीर्ति (सं.) [सं-स्त्री.] सुयश; प्रसिद्धि।

सुकुमार (सं.) [वि.] 1. सुंदर और कोमल (व्यक्ति या पदार्थ) 2. सौंदर्यपूर्ण तथा कोमलतायुक्त; नाज़ुक।

सुकुमारी (सं.) [वि.] 1. सुंदर और कोमल अंगों वाली (स्त्री); किशोरी; कोमलांगिनी 2. 'सुकुमार' का स्त्रीलिंग रूप।

सुकुल (सं.) [सं-पु.] 1. उत्तम या श्रेष्ठ कुल; कुलीन व्यक्ति 2. ग्रामीण बोली में 'शुक्ल' कुलनाम या सरनेम का तद्भव रूप।

सुकून (अ.) [सं-पु.] 1. आराम; इतमीनान 2. शांति; अमन 3. ठहराव; विराम 4. सन्नाटा; ख़ामोशी 5. धैर्य; सब्र; संतोष।

सुकृत (सं.) [सं-पु.] 1. दया, दान आदि पुण्य कर्म; पवित्र कर्म 2. सत्कर्म 3. सौभाग्यशाली व्यक्ति। [वि.] भली-भाँति या ठीक प्रकार से किया हुआ; सुनिर्मित।

सुकृति (सं.) [सं-स्त्री.] 1. सुंदर या अच्छी कृति 2. धर्म और पुण्य का कार्य 3. शुभ कार्य; अच्छा काम; सत्कर्म।

सुकृती (सं.) [सं-पु.] 1. धर्मात्मा या पुण्यवान व्यक्ति 2. सौभाग्यशाली व्यक्ति। [वि.] 1. जो सत्कर्म करे 2. धार्मिक; पुण्यशील 3. भाग्यवान; सौभाग्यशाली 4. बुद्धिमान।

सुकेशी (स) [सं-स्त्री.] 1. सुंदर केशों वाली (स्त्री) 2. एक अप्सरा 3. एक सुरांगना। [वि.] सुंदर केशोंवाली।

सुख (सं.) [सं-पु.] कामना पूर्ति से होने वाला आनंद, आराम;

वह अनुभूति जो अपने तन-मन को भाए; आराम की अनुभूति। [मु.] **-चैन से रहना** : प्रसन्न या संतुष्ट रहना; सुखी जीवन व्यतीत करना।

सुख-दुख (सं.) [सं-पु.] 1. हर्ष और शोक 2. गम और ख़ुशी 3. आराम और कष्ट।

सुख-सुविधा (सं.) [सं-स्त्री.] जीवन को सुखी बनाने वाली बात या वस्तु; सुख और सहूलियत; सुख-सुभीता।

सुखंडी [सं-स्त्री.] प्राय: छोटे बच्चों को होने वाला एक प्रकार का रोग जिसमें उनका शरीर दुर्बल हो जाता है; सूखा रोग। [वि.] अशक्त; दुर्बल; क्षीण।

सुखकर (सं.) [वि.] सुख देने वाला; सुखद; आरामदेह।

सुखकारी (सं.) [वि.] सुख देने वाला; सुखकारक; सुखदायक; सुखदायी।

सुखजीवी (सं.) [वि.] 1. जो सुख से जीवन बिता रहा हो; सुखमय जीवन बिताने वाला 2. जो सुखपूर्वक जीवन बिताना चाहता हो 3. जो परिश्रम नहीं करना चाहता हो; आरामतलब।

सुखठा [सं-पु.] गन्ने की फसल में होने वाला रोग जिसमें डंठल सूख जाते हैं।

सुखद (सं.) [वि.] सुख देने वाला; आनंददायी; जिससे प्रसन्नता की अनुभूति हो।

सुखदाता (सं.) [वि.] सुख या आनंद देने वाला; सुखद; सुखदायी।

सुखदायक (सं.) [वि.] सुखद; सुखदायी।

सुखदायी (सं.) [वि.] सुखकारक; सुखदायक।

सुखधाम (सं.) [सं-पु.] 1. वह स्थान जो सब तरह से सुखदायक हो 2. स्वर्गलोक; बैकुंठ।

सुख़न (फ़ा.) [सं-पु.] 1. बात; कथन; वार्तालाप 2. काव्य; कविता; शायरी 3. कहावत 4. प्रवचन।

सुख़नफ़हम (फ़ा.+अ.) [वि.] 1. बात की तह तक पहुँचने वाला; चतुर 2. कविता आदि के मर्म को जानने वाला; काव्यमर्मज्ञ; सहृदय।

सुख़नवर (फ़ा.) [वि.] जो सुख़न अर्थात काव्य की रचना करता हो; शायर; कवि।

सुख़नसाज़ (फ़ा.) [वि.] 1. कवि; शायर 2. बातों को सुंदर ढंग से प्रस्तुत करने वाला; सुवक्ता 3. झूठी बातें बनाने वाला; छली; मक्कार।

सुखपाल (सं.) [सं-पु.] एक प्रकार की पालकी जिसका ऊपरी भाग शिवालय के शिखर जैसा होता है।

सुखप्रद (सं.) [वि.] सुख देने वाला; सुखद; सुखदायक; सुखकारी।

सुखभोग (सं.) [सं-पु.] 1. सुख भोगना 2. परिभोग; भोगविलास।

सुखमय (सं.) [वि.] सुख से युक्त; आरामदेह।

सुखमुख (सं.) [वि.] 1. जो सुंदर बातें करता हो 2. जिसका उच्चारण सरलता से किया जाता है 3. जो मुँहज़ोर न हो।

सुखवंत (सं.) [वि.] 1. सुखी; प्रसन्न; आनंदित 2. सुखदायक; सुखद।

सुखवन [सं-स्त्री.] किसी वस्तु के सूखने या सुखाने से उसमें होने वाली कमी।

सुखशय्या (सं.) [सं-पु.] 1. सुखद शय्या; आरामदायक बिस्तर 2. मृत्युशय्या; अरथी।

सुखसाध्य (सं.) [वि.] आसानी से हो सकने वाला; सहज रूप में किया जाने योग्य; सुगम; सरलता से पूर्ण होने वाला।

सुखसार (सं.) [सं-पु.] मुक्ति; मोक्ष।

सुखस्वप्न (सं.) [सं-पु.] 1. सुख प्रदान करने वाला सपना 2. सुखमय जीवन की कल्पना; भावी सुख की ऐसी कल्पना जिसका कोई दृढ़ आधार न हो।

सुखांत (सं.) [वि.] जिसका अंत सुखपूर्ण हो, जैसे- सुखांत नाटक।

सुखाई [क्रि-स.] मिट्टी के कच्चे बरतनों को सुखाना। [सं-स्त्री.] 1. सुखाने की क्रिया या भाव 2. सुखाने की मजदूरी। [क्रि.वि.] 1. सुखपूर्वक 2. बिना किसी परिश्रम के।

सुखाना [क्रि-स.] 1. किसी वस्तु की नमी या गीलापन दूर करना 2. क्षीण तथा दुर्बल करना 3. नष्ट करना।

सुखारि [सं-स्त्री.] सूखा; अनावृष्टि। [सं-पु.] उत्तम हवि भक्षण करने वाला अर्थात् देवता आदि।

सुखाला [वि.] सुखी; ख़ुश; प्रसन्न।

सुखावह (सं.) [वि.] 1. सुख देने वाला; सुखद 2. सरलता से होने वाला; सहज।

सुखासन (सं.) [सं-पु.] 1. एक प्रकार की पालकी 2. योग साधना में एक प्रकार का आसन।

सुखित (सं.) [वि.] प्रसन्न; सुखी।

सुखिता (सं.) [सं-स्त्री.] सुखी होने की अवस्था या भाव; आनंद; सुख; प्रसन्नता।

सुखिया [वि.] सुखी।

सुखी (सं.) [वि.] जिसे सुख मिल रहा हो; सुखयुक्त; सुखपूर्ण; प्रसन्न; ख़ुशहाल। [सं-स्त्री.] (काव्यशास्त्र) सवैया छंद का एक भेद।

सुगंध (सं.) [सं-स्त्री.] सुवास; ख़ुशबू; प्रिय या अच्छी गंध। [वि.] महक से युक्त; सुगंधित; ख़ुशबूदार।

सुगंधमय (सं.) [वि.] सुगंध से युक्त; सुगंधित।

सुगंधा (सं.) [सं-स्त्री.] 1. तुलसी 2. सौंफ 3. स्याह जीरा 4. कपूर कचरी 5. माधव वन में स्थित देवी का एक स्थान जिसकी गणना बाईस पीठ-स्थानों में की जाती है।

सुगंधित (सं.) [वि.] सुगंध से युक्त; ख़ुशबूदार; सुवासित; सुरभित।

सुगठन (सं.) [सं-स्त्री.] सुंदर गठन; अंगसौष्ठव।

सुगठित (सं.) [वि.] 1. सुंदर गठनवाला; जो अच्छी तरह गठा हुआ और सुडौल हो 2. अच्छी तरह, योजनाबद्ध रूप से निर्मित किया हुआ; सुयोजित।

सुगढ़ (सं.) [वि.] अच्छी तरह से गढ़ा अथवा निर्मित किया हुआ; सुघड़; सुडौल; सुविन्यस्त।

सुगत (सं.) [सं-पु.] महात्मा बुद्ध का एक नाम। [वि.] जिसे सद्गति मिली हो।

सुगति (सं.) [सं-स्त्री.] शास्त्रानुसार मृत्यु के उपरांत होने वाली अच्छी गति; मुक्ति; मोक्ष; सद्गति।

सुगन [सं-पु.] छकड़े में गाड़ीवान के बैठने की जगह के सामने आरी लगी हुई दो लकड़ियाँ जिनकी सहायता से बैल खोल लेने पर भी गाड़ी खड़ी रहती है।

सुगबुग [सं-स्त्री.] धीमी आवाज़ में होने वाली बातचीत या चर्चा।

सुगबुगाहट [सं-स्त्री.] 1. धीमी आहट 2. आंतरिक व्याकुलता; बेचैनी आतुरता; कुलबुलाहट।

सुगम (सं.) [वि.] 1. जहाँ सहजता से पहुँचा जा सके 2. जो सहजता से प्राप्त हो सके 3. सरलता से किया जाने योग्य; सरल; आसान।

सुगमता (सं.) [सं-स्त्री.] 1. सुगम होने की अवस्था या भाव 2. सरलता; सहजता।

सुगम्य (सं.) [वि.] 1. आसानी से जाने या पाने योग्य 2. जिसे सरलता से समझा जा सके; सुबोध; सरल; आसान।

सुगर [वि.] 1. सुंदर; सुघड़ 2. सुकंठ 3. जो आसान हो; सुगम। [सं-पु.] सिंदूर।

सुगही [सं-स्त्री.] लकड़ी की सँड़सी।

सुगापंखी [सं-स्त्री.] एक महीन धान।

सुगिया [सं-स्त्री.] छोटी हरी मटर।

सुग्गा [सं-पु.] 1. तोता 2. सुंदर होने के अर्थ में प्रयुक्त शब्द।

सुग्गा-कटारी [सं-स्त्री.] वह आम जिस पर तोते आदि पक्षियों की चोंच के निशान होते हैं।

सुग्रीव (सं.) [सं-पु.] 1. (रामायण) किष्किंधा का वानर राजा जो बालि का भाई तथा रामचंद्र का सहायक था 2. (पुराण) विष्णु या कृष्ण के चार घोड़ों में से एक 3. इंद्र 4. शिव 5. राजहंस। [वि.] सुंदर गरदन या ग्रीवावाला।

सुघट (सं.) [सं-पु.] सुंदर घट या घड़ा। [वि.] 1. जिसका गठन और बनावट सुंदर हो; सुडौल 2. सुंदर; मनोहर 3. आसानी से होने या हो सकने वाला; सुगम।

सुघटित (सं.) [वि.] 1. जिसकी बनावट या गठन सुंदर हो; सुडौल 2. अच्छी तरह योजनाबद्ध रूप से निर्मित किया हुआ; सुयोजित।

सुघड़ (सं.) [वि.] 1. ठीक ढंग से गढ़ा हुआ; सुडौल; सुंदर 2. किसी कार्य में कुशल; निपुण; हुनरमंद 3. सलीकेदार।

सुघड़ई [सं-स्त्री.] 1. सुघड़ होने की अवस्था या भाव 2. अच्छी बनावट; सुघड़पन; सुडौलता 3. निपुणता; कुशलता; सलीका 4. चतुरता; बुद्धिमानी।

सुघड़ता [सं-स्त्री.] 1. सुघड़ होने की अवस्था, गुण, भाव 2. सुघड़पन; सुघड़ई।

सुघड़ाई [सं-स्त्री.] 1. सुंदरता; ख़ूबसूरती 2. निपुणता; कुशलता; हुनरमंदी।

सुचरित्र (सं.) [वि.] जिसका चरित्र उत्तम हो; सच्चरित्र; सदाचारी; नेकचलन।

सुचर्चित (सं.) [वि.] अच्छे संदर्भों में चर्चित; व्यापक रूप से चर्चित।

सुचारु (सं.) [वि.] अतिशय सुंदर; बेहद ख़ूबसूरत; अत्यंत मनोहर।

सुचाल [सं-स्त्री.] 1. अच्छी चाल या युक्ति 2. अच्छा व्यवहार या आचरण।

सुचालक (सं.) [वि.] (वह वस्तु) जिसमें विद्युत, ताप आदि का परिचालन सुगमता से हो सके; सुसंवाहक।

सुचाली [वि.] 1. जिसका चाल-चलन अच्छा हो; अच्छे चरित्रवाला 2. सदाचारी।

सुचितई [सं-स्त्री.] 1. चित्त की निर्मलता 2. एकाग्रता 3. शांति 4. निश्चिंतता; बेफ़िक्री 5. अवकाश; छुट्टी; फ़ुरसत।

सुचित्त (सं.) [सं-पु.] 1. स्वस्थ मन 2. एकाग्र चित्त। [वि.] 1. जो सब तरह के काम, झगड़ों आदि से निवृत्त हो चुका हो 2. एकाग्र 3. जो चिंतारहित हो; निश्चिंत; बेफ़िक्र।

सुचिमन (सं.) [वि.] जिसका मन पवित्र हो; शुद्ध हृदयवाला।

सुचिर (सं.) [वि.] 1. स्थायी 2. पुराना; प्राचीन। [सं-पु.] दीर्घ काल; लंबा समय; लंबी अवधि।

सुचेत (सं.) [वि.] चौकन्ना; सतर्क; सावधान; सचेत।

सुजन (सं.) [सं-पु.] 1. दूसरों की सहायता करने वाला आदमी; भला आदमी; सज्जन 2. स्वजन। [वि.] 1. दयालु; कृपालु 2. भला।

सुजनी (फ़ा.) [सं-स्त्री.] एक प्रकार की बड़ी और मोटी चादर।

सुजन्मा (सं.) [वि.] जिसने अच्छे परिवार में जन्म लिया हो; परंपरानुसार कुलीन माने जाने वाले परिवार में जन्म लेने वाला; सुजात।

सुजागर (सं.) [वि.] 1. प्रकाशमान; चमकीला 2. सुंदर; ख़ूबसूरत; मनोहर।

सुजात (सं.) [वि.] 1. अच्छे कुल में उत्पन्न होने वाला; कुलीन 2. सुंदर; शोभन।

सुजाता (सं.) [सं-स्त्री.] मगध की एक किसान बालिका जिसने तपस्या से क्षीण हुए बुद्ध को खीर खिलाई थी। [वि.] कुलीन माने जाने वाले वंश में जन्मी हुई।

सुजान (सं.) [वि.] 1. चतुर; सयाना; समझदार 2. सज्जन 3. सुविज्ञ 4. कुशल; निपुण; प्रवीण।

सुजावा [सं-पु.] बैलगाड़ी की वह लकड़ी जो पैजनी और फड़ से जड़ी रहती है।

सुजीवन (सं.) [सं-पु.] सुंदर जीवन; सुखद जीवन।

सुज्ञ (सं.) [वि.] 1. सुविज्ञ; विद्वान; बुद्धिमान 2. दक्ष।

सुझाना (सं.) [क्रि-स.] 1. सुझाव देना; मशविरा देना; परामर्श देना 2. नई तरकीब समझाना; किसी बात को ध्यान में लाना।

सुझाव [सं-पु.] सलाह; मशविरा; परामर्श।

सुटकनी [सं-स्त्री.] बहुत पतली डंडी या सोटा।

सुड़क [सं-स्त्री.] 1. किसी तरल पदार्थ को आवाज़ के साथ ज़ोर से मुँह के अंदर खींचने की क्रिया 2. सुड़कने की क्रिया या भाव।

सुड़कना [क्रि-स.] 1. किसी तरल पदार्थ को साँस के साथ भीतर की ओर खींचना; नास लेना 2. उदरस्थ करना; पी जाना।

सुडौल [वि.] सुंदर डील-डौल या आकारवाला।
सुडौलपन [सं-पु.] सुडौलता; सुंदरता।
सुड्डा [सं-पु.] धोती का वह लपेट जिसमें रुपया पैसा रखते हैं; अंटी; आँट।
सुढंगी [वि.] 1. जिसका ढंग या तौर-तरीका अच्छा हो 2. सुंदर; मनोहर 3. उत्तम; बढ़िया।
सुढर [वि.] 1. कृपालु; दयालु 2. आसानी से ख़ुश होने वाला 3. सुडौल 4. सुंदर।
सुत (सं.) [सं-पु.] 1. पुत्र; बेटा; आत्मज 2. (पुराण) दसवें मनु का एक पुत्र 3. राजा 4. सोमरस। [वि.] 1. उत्पन्न या पैदा किया हुआ; जात 2. निचोड़ कर निकाला हुआ।
सुतंत्र (सं.) [सं-पु.] अच्छा तंत्र या व्यवस्था; अच्छा शासन; सुराज।
सुतरा [सं-पु.] सूत की तरह का वह पतला चमड़ा जो नाख़ून की जड़ के पास से प्राय: निकलने लगता है।
सुतरी [सं-पु.] वह बैल जिसका रंग ऊँट जैसा हो। [सं-स्त्री.] 1. वह लकड़ी जो पाई में साँथी को अलग करने के लिए साँथी के दोनों तरफ लगी रहती है 2. तुरही; तूर।
सुतल (सं.) [सं-पु.] (पुराण) सात पाताल लोकों में से एक।
सुतली [सं-स्त्री.] पटुए या सन से बनाई जाने वाली पतली किस्म की रस्सी; पतली रस्सी; डोरी।
सुता (सं.) [सं-स्त्री.] पुत्री; बेटी; आत्मजा।
सुतार (सं.) [वि.] 1. चमकीला 2. जिसकी आँखों की पुतलियाँ सुंदर हों। [सं-पु.] शिल्पी; बढ़ई।
सुतारी (सं.) [सं-स्त्री.] 1. चमड़ा सीने के लिए मोचियों द्वारा प्रयुक्त सुआ 2. बढ़ई का काम; बढ़ईगिरी 3. एक प्रकार का हथियार।
सुतिया [सं-स्त्री.] सोने या चाँदी का एक गहना जो स्त्रियाँ गले में पहनती हैं; हँसली।
सुतीक्ष्ण (सं.) [वि.] 1. बहुत तीखा; बहुत तेज़ धारवाला 2. अत्यंत पीड़ादायक।
सुतुही (सं.) [सं-स्त्री.] 1. सीपी 2. बच्चे को दूध पिलाने में प्रयोग की जाने वाली सीपी की आकृति की छिछली कटोरी; सितुही 3. आम आदि छीलने की सीपी।
सुथना [सं-पु.] पायजामा; सूथन।
सुथनी [सं-स्त्री.] 1. एक प्रकार का ढीला पाजामा; बच्चे का पाजामा 2. सूथन 3. एक प्रकार का कंद।
सुथरा [वि.] साफ़; निर्मल; स्वच्छ; निर्दोष; परिष्कृत।
सुथरापन [सं-पुं.] साफ़ या सुथरे होने की अवस्था, गुण या भाव; सफ़ाई।
सुथरेशाह [सं-पु.] गुरु नानक का एक प्रसिद्ध शिष्य जिसने अपना स्वतंत्र संप्रदाय चलाया था।
सुथरेशाही [सं-पु.] 1. सुथरेशाह द्वारा चलाया गया पंथ या संप्रदाय 2. उक्त पंथ का अनुयायी संत।
सुथौनिया [सं-पु.] मस्तूल के ऊपरी भाग में वह छेद या घर जिसमें पाल लगाने के समय उसकी रस्सी पहनाई जाती है।
सुदर्शन (सं.) [वि.] 1. जो देखने में सुंदर हो; सुंदर चेहरेवाला 2. जो सरलता से दिखाई दे; जिसका दर्शन आसानी से हो जाए। [सं-पु.] 1. विष्णु के हाथ का चक्र 2. शिव 3. मत्स्य; मछली 3. सुमेरु पर्वत 4. इंद्रपुरी; अमरावती 5. जामुन 6. जंबूद्वीप 7. सोमलता 8. संन्यासियों का एक दंड जिसमें छह गाँठे होती हैं 9. मदनमस्त नामक पौधा एवं उसका फूल 10. एक प्रकार की गीत रचना 11. (जैनधर्म) वर्तमान अवसर्पिणी के अठारहवें अर्हत के पिता 12. गिद्ध 13. जैनियों के नौ बलदेवों में से एक 14. एक तीर्थ।
सुदामा (सं.) [सं-पु.] 1. कृष्ण का सहपाठी और परम मित्र जो अत्यंत गरीब था 2. {ला-अ.} कंगाल; दरिद्र।
सुदि (सं.) [क्रि.वि.] शुक्ल पक्ष में। [सं-स्त्री.] दे. सुदी।
सुदिन (सं.) [सं-पु.] अच्छे या शुभ दिन।
सुदी (सं.) [सं-स्त्री.] चंद्र मास का शुक्ल पक्ष।
सुदीर्घ (सं.) [वि.] 1. अति विस्तृत 2. बहुत लंबा 3. विशाल।
सुदूर (सं.) [वि.] बहुत दूर; दूरस्थ।
सुदृढ़ (सं.) [वि.] अति मज़बूत; अति व्यवस्थित; सुरक्षित।
सुदृढ़ीकरण (सं.) [सं-पु.] अत्यंत दृढ़ (मज़बूत) या व्यवस्थित बनाने की क्रिया।
सुदृष्ट (सं.) [वि.] 1. भाग्यवान; ख़ुशनसीब 2. सफल।
सुदृष्टा (सं.) [सं-स्त्री.] 1. एक देवी 2. सौभाग्यवती स्त्री 3. वह स्त्री जो देखने में सुंदर हो।
सुदेश (सं.) [सं-पु.] 1. सुंदर एवं रमणीय देश 2. किसी कार्य के निष्पादन के लिए उपयुक्त स्थान। [वि.] सुंदर; मनोहर।
सुध (सं.) [सं-स्त्री.] 1. स्मृति; याद 2. होश; चेतना। [मु.] -**लेना** : किसी का हाल-चाल पूछने के लिए उसके पास जाना; किसी बात की ओर ध्यान देना।
सुध-बुध (सं.) [सं-स्त्री.] 1. होशहवाश; चेतना; संज्ञा 2. ज्ञान। [मु.] -**खोना** : होशहवास न रह जाना।
सुधरना [क्रि-अ.] 1. किसी वस्तु में उत्पन्न ख़राबी, त्रुटि या दोष आदि दूर होना या उस का निवारण होना; दुरुस्त होना 2. किसी व्यक्ति का बुरे आचरणों को छोड़कर अच्छे आचरणों की ओर प्रवृत्त होना।
सुधराई [सं-स्त्री.] 1. सुधरने की क्रिया या भाव 2. सुधरने, सुधारने या सुधरवाने के लिए दी जाने वाली मज़दूरी या पारिश्रमिक।
सुधर्म (सं.) [सं-पु.] अच्छा या उत्तम धर्म। [वि.] 1. अच्छा; उत्तम; बढ़िया 2. अच्छे धर्मों या गुणों से युक्त।
सुधा (सं.) [सं-स्त्री.] 1. अमृत; पीयूष 2. मधु; शहद 3. जल; पानी।
सुधांशु (सं.) [सं-पु.] 1. चंद्रमा; सुधाकर 2. कपूर।
सुधाकर (सं.) [सं-पु.] चंद्रमा।
सुधागेह (सं.) [सं-पु.] चंद्रमा; शशि।
सुधाधर (सं.) [सं-पु.] चंद्रमा; शशि। [वि.] जिसके अधरों या होंठों में अमृत-सा स्वाद हो।
सुधाना (सं.) [क्रि-स.] 1. सुध कराना; होश में लाना 2. याद दिलाना; स्मरण कराना 3. पंचांग से मुहूर्त निकलवाना।
सुधानिधि (सं.) [सं-पु.] 1. चंद्रमा; सुधांशु 2. समुद्र; सागर 3.

कपूर।

सुधापान (सं.) [सं-पु.] 1. अमृत या पीयूष का पान 2. शहद का पान।

सुधामय (सं.) [वि.] 1. अमृत से युक्त; अमृतमय; अमृत से भरा हुआ; अमृतपूर्ण 2. अमृत-स्वरूप।

सुधार [सं-पु.] 1. संशोधन-परिवर्तन की वह प्रक्रिया जिसमें काट-छाँट कर रचना को बेहतर रूप दिया जाता है; परिष्कार 2. किसी के दोष अथवा कमियों को दूर करने की प्रक्रिया; पुनरुत्थान 3. वे परिवर्तन जो किसी के सुधरने या सुधारने पर दिखाई देते हैं।

सुधार-गृह (सं.) [सं-पु.] एक प्रकार का बंदीगृह जहाँ अल्पवयस्क अपराधियों को रखा जाता है और विभिन्न प्रकार की शिक्षा देकर उन्हें सुधारने का प्रयत्न किया जाता है; सुधारालय।

सुधारक (सं.) [वि.] दोषों अथवा त्रुटियों को सुधारने वाला; विकारों को संशोधित करने वाला; संशोधक।

सुधारकर्ता (सं.) [सं-पु.] दोषों या त्रुटियों का सुधार करने वाला; संशोधक।

सुधारना [क्रि-स.] 1. किसी वस्तु में उत्पन्न ख़राबी, त्रुटि या दोष आदि का निवारण करना; दुरुस्त करना; संस्कार करना 2. किसी लेख आदि की गलतियाँ दूर करना।

सुधारवाद [सं-पु.] एक ऐसा सिद्धांत जिसके अनुसार संसार अपने विकास की ओर अग्रसर है और मानव इसमें एक सहायक के रूप में होता है; उन्नयनवाद।

सुधारवादी [सं-पु.] 1. वह जो किसी विषय में सुधार का समर्थक या पक्षधर हो 2. दंड की अपेक्षा स्वाभाविक प्रकार से सुधार में विश्वास रखने वाला व्यक्ति; संशोधनवादी। [वि.] सुधारवाद का; सुधारवाद संबंधी।

सुधारशाला [सं-पु.] वह स्थान जहाँ अपराधियों विशेषकर बाल अपराधियों के जीवन को सुधारने की व्यवस्था की जाती है, सुधारालय; सुधारगृह।

सुधारात्मक (सं.) [वि.] 1. सुधार संबंधी; उपचारात्मक 2. प्रतिविधिक; प्रतिकारी।

सुधारालय (सं.) [सं-पु.] 1. वह स्थान जहाँ अपराधियों या कम उम्र के अपराधियों के जीवन को सुधारने की व्यवस्था की जाती है 2. अपराधियों की क्षमताओं को विकसित कर उन्हें स्वावलंबी बनाने की कोशिश करने वाला स्थान 3. सुधारगृह।

सुधावट (सं.) [सं-पु.] सुधाकर; चंद्रमा।

सुधासुर (सं.) [सं-पु.] राहु ग्रह।

सुधि (सं.) [सं-स्त्री.] 1. होश; चेतना 2. स्मरण; याद 3. ज्ञान।

सुधियाना [क्रि-अ.] 1. सुध या होश आना 2. याद या स्मरण आना। [क्रि-स.] 1. सुध दिलाना 2. याद कराना।

सुधी (सं.) [सं-पु.] 1. बुद्धिमान; पंडित; विद्वान 2. धार्मिक व्यक्ति। [सं-स्त्री.] सुबुद्धि; सुंदर बुद्धि। [वि.] 1. सुबुद्धियुक्त 2. सुंदर बुद्धिवाला; अच्छी बुद्धिवाला 3. बुद्धिमान; समझदार।

सुधीर (सं.) [वि.] 1. जिसमें धैर्य हो; धैर्यवान 2. दृढ़।

सुन-गुन [सं-स्त्री.] 1. किसी घटना या बात की दबी हुई चर्चा; अस्पष्ट चर्चा; कानाफूसी 2. उड़ती हुई ख़बर 3. टोह।

सुनंदा (सं.) [सं-स्त्री.] 1. उमा; गौरी; पार्वती 2. उमा की एक सखी 3. कृष्ण की एक पत्नी 4. सार्वभौम दिग्गज की पत्नी 5. राजा दुष्यंत के पुत्र भरत की पत्नी 6. गोरोचन 7. एक प्राचीन नदी 8. अर्कपत्री 9. एक तिथि।

सुनकिरवा [सं-पु.] एक कीड़ा जिसके पंख हरे रंग के तथा रात में चमकीले होते हैं; जुगनू।

सुनना (सं.) [क्रि-स.] 1. श्रवण करना 2. कान के द्वारा ध्वनि का ग्रहण किया जाना 3. सहमत होना 4. {ला-अ.} स्वीकार करना; मानना।

सुनम्य (सं.) [वि.] 1. जो सहजता से झुकाया या दबाया जा सके; नमनशील; विनम्र 2. जिसे मनमाने ढंग से वांछित आकार में लाया जा सके।

सुनयना (सं.) [सं-स्त्री.] 1. सुंदर आँखों वाली स्त्री 2. सुंदरी; सुंदर स्त्री 3. राजा जनक की एक पत्नी जिन्होंने सीता को पाला था। [वि.] सुंदर आँखोंवाली।

सुनवाई [सं-स्त्री.] 1. सुनने की क्रिया या भाव; श्रवण 2. न्यायाधीश द्वारा किसी मुकदमें आदि का सुना जाना 3. किसी प्रकार की शिकायत या फरियाद का सुना जाना। [मु.] **-न होना** : किसी के दुख-दर्द को सुनकर भी (अधिकारी द्वारा) उसे दूर करने का प्रयत्न न करना।

सुनवैया [सं-पु.] 1. वह व्यक्ति जो किसी की बात सुनता हो या किसी की बात पर ध्यान देता हो 2. किसी बात को सुनाने वाला व्यक्ति। [वि.] 1. सुनने वाला 2. किसी बात पर ध्यान देने वाला 3. सुनाने वाला।

सुनसान (सं.) [वि.] जहाँ कोई न दिखे; एकांत; निर्जन।

सुनहरा (सं.) [वि.] 1. सोने से निर्मित 2. सोने के रंग का 3. ख़ूबसूरत 4. {ला-अ.} अत्यंत अनुकूल।

सुनहला (सं.) [वि.] दे. सुनहरा।

सुनाना [क्रि-स.] 1. किसी को सुनने में प्रवृत्त करना 2. दूसरे को श्रवण कराना 3. खरी-खोटी कहना; फटकारना।

सुनाभि (सं.) [वि.] 1. जिसकी नाभि सुंदर हो 2. {ला-अ.} जिसका केंद्रस्थल सुंदर हो।

सुनाम (सं.) [सं-पु.] 1. समाज में होने वाला नाम जो कीर्ति या यश का सूचक होता है 2. यश; प्रसिद्धि; कीर्ति।

सुनामी (जा.) [सं-पु.] समुद्री लहरों की शृंखला से मिलकर बनी एक विनाशकारी प्राकृतिक घटना जो प्रायः महासागर के अंदर की भूगर्भीय चट्टानों के आपस में टकराने से उत्पन्न भूकंप के कारण घटित होती है।

सुनार (सं.) [सं-पु.] 1. सोने के गहने गढ़ने वाला व्यक्ति; स्वर्णकार 2. सोने-चाँदी आदि से संबंधित कार्य करने वाला व्यक्ति।

सुनाल (सं.) [वि.] सुंदर नालवाला। [सं-पु.] रक्त-कमल।

सुनावनी [सं-स्त्री.] 1. किसी संबंधी की मृत्यु का समाचार आना 2. उक्त समाचार के आने पर सगे-संबंधियों द्वारा प्रकट किया जाने वाला सामूहिक शोक, स्नान, कर्म आदि।

सुनियोजन (सं.) [सं-पु.] 1. उत्तम नियोजन 2. अच्छी व्यवस्था।

सुनियोजित (सं.) [वि.] 1. जिसका अच्छी तरह से नियोजन किया गया हो 2. पहले से तय किया हुआ; तयशुदा 3. योजनाबद्ध।

सुनिश्चित (सं.) [वि.] 1. विधिवत निश्चय या तय किया हुआ जिसमें बाद में कोई फेरबदल न हो सके 2. अपरिवर्तनीय; निर्धारित।

सुनीत (सं.) [वि.] 1. नीतिपूर्ण एवं अच्छा व्यवहार करने वाला; शिष्ट 2. जो अच्छी तरह ले जाया गया हो।

सुनीति (सं.) [सं-स्त्री.] 1. सुंदर नीति; अच्छी नीति; उत्तम नीति 2. (पुराण) ध्रुव की माता का नाम।

सुनैती फेरना [क्रि-स.] झाड़ू फेरना।

सुन्न [वि.] 1. जिसमें कुछ चेष्टा या हरकत न हो; स्पंदनहीन; संज्ञाहीन 2. संवेदना से रहित।

सुन्न काली [सं-स्त्री.] बहुत अधिक काले रंग की गाय।

सुन्नत (अ.) [सं-पु.] मुसलमानों की एक धार्मिक रस्म जिसमें लिंगेंद्रिय के अगले भाग का चमड़ा काट दिया जाता है; ख़तना।

सुन्नी (अ.) [सं-पु.] 1. मुसलमानों का एक संप्रदाय 2. उक्त सम्प्रदाय का अनुयायी व्यक्ति।

सुपक्व (सं.) [वि.] 1. अच्छी तरह पका हुआ 2. सुगंधित और अच्छे स्वादवाला (आम)।

सुपटु (सं.) [वि.] किसी विषय का अच्छा ज्ञान रखने वाला; जानकार; होशियार।

सुपठ (सं.) [वि.] जो सुगमतापूर्वक या आसानी से पढ़ा जा सके।

सुपथ (सं.) [सं-पु.] 1. अच्छा रास्ता; उत्तम मार्ग; सन्मार्ग; सत्पथ 2. सुंदरमार्ग।

सुपथी (स) [सं-पु.] 1. अच्छे मार्ग वाली नगरी 2. सन्मार्ग 3. वह जो सन्मार्ग पर चलता हो। [वि.] सन्मार्गयुक्त।

सुपर एक्सप्रेस (अं.) [सं-पु.] 1. तीव्र गति से रेलगाड़ी परिचालन की एक तकनीक 2. जापान की एक तीव्रगामी रेलगाड़ी 3. रेलगाड़ी या बस की एक विशेष श्रेणी जिसकी गति तेज़ तथा ठहराव अल्प होता है।

सुपर बाज़ार (अं.+फ़ा.) [सं-पु.] एक बड़ी स्वयं सेवा की विशेष दुकान जिसमें विभिन्न कंपनियों के उत्पाद, किराने का सामान, घरेलू सामान, कपड़े आदि बिकते हैं।

सुपर मार्केट (अं.) [सं-पु.] दे. सुपर बाज़ार।

सुपर सोनिक (अं.) [सं-पु.] ध्वनि से भी तीव्र गति से चलने वाला विमान, मिसाइल आदि, जैसे- ब्रह्मोस सुपरसोनिक क्रूज मिसाइल, सुपरसोनिक विमान।

सुपरवाइज़र (अं.) [सं-पु.] 1. पर्यवेक्षण करने वाला व्यक्ति; पर्यवेक्षक 2. राह दिखाने वाला व्यक्ति; मार्गदर्शक।

सुपरिंटेंडेंट (अं.) [सं-पु.] 1. अधीक्षक 2. पर्यवेक्षक; निगरानी रखने वाला व्यक्ति।

सुपरिचित (सं.) [वि.] 1. अच्छी तरह से जाना-पहचाना 2. चिर-परिचित 3. बहु-परिचित 4. ख्यात।

सुपर्ण (स) [सं-पु.] 1. गरुड़ 2. सुंदर पत्ता 3. देवगंधर्व 4. कोई बड़ा शिकारी पक्षी 5. एक प्रकार की व्यूह रचना 6. नाग केशर 7. एक अश्व 8. अमलतास 9. किरण 10. अंतरिक्ष का एक पुत्र 11. एक पर्वत 12. एक सौ तीन वैदिक मंत्रों की एक शाखा। [वि.] 1. सुंदर पत्तोंवाला 2. सुंदर पंखों वाला।

सुपर्व (सं.) [सं-पु.] 1. शुभ मुहूर्त 2. सुंदर पर्व। [वि.] 1. सुंदर जोड़वाला; सुंदर गाँठोंवाला (गन्ना, बाँस आदि) 2. सुंदर पर्व या अध्यायवाला (ग्रंथ)।

सुपाक्य (सं.) [सं-पु.] साँचर नमक।

सुपाठ्य (सं.) [वि.] सरलता से पढ़ने योग्य।

सुपात्र (सं.) [सं-पु.] 1. उपयुक्त पात्र; अच्छा पात्र; सुंदर पात्र 2. योग्य व्यक्ति; उपयुक्त व्यक्ति 3. सीधा-सादा व्यक्ति। [वि.] योग्य; उपयुक्त।

सुपात्रता (सं.) [सं-स्त्री.] 1. सुपात्र होने की अवस्था या भाव 2. सुपात्र होने की योग्यता।

सुपारी (सं.) [सं-स्त्री.] 1. नारियल की प्रजाति का एक उष्णकटिबंधीय पेड़ जिसके फल पान के साथ खाए जाते हैं 2. किसी की हत्या कराने के लिए किसी बदमाश, हत्यारे या गुंडे को दिया जाने वाला धन। [मु.] **-देना** : किसी की हत्या करने के लिए किसी गुंडे, बदमाश या हत्यारे को पेशगी या धन देना।

सुपुत्र (सं.) [सं-पु.] 1. लायक बेटा 2. सुशील और योग्य बेटा 3. सपूत 4. एक जीवक वृक्ष।

सुपुर्द (फ़ा.) [वि.] (किसी के) ज़िम्मे किया हुआ; सौंपा हुआ; हवाले किया हुआ।

सुपुर्दगी (फ़ा.) [सं-स्त्री.] किसी को सौपने की क्रिया; किसी को देना।

सुपेदी (फ़ा.) [सं-स्त्री.] 1. ओढ़ने की रजाई 2. रजाई का लिहाफ़ या खोल।

सुपौआ [सं-पु.] दुहत्थी।

सुप्त (सं.) [वि.] 1. सोया हुआ; शयित; निद्रित 2. सोने का उपक्रम करता हुआ 3. पदार्थों (जड़ और चेतन) का एक गुण 4. दबा हुआ 5. मुँदा हुआ 6. बेकार पड़ा हुआ।

सुप्तावस्था (सं.) [सं-स्त्री.] 1. सुप्त होने का भाव 2. सुस्ती; शिथिलता 3. निष्क्रियता।

सुप्ति (सं.) [सं-स्त्री.] 1. सोए रहने की अवस्था या भाव 2. निद्रा; नींद 3. ऊँघ 4. निष्क्रियता 5. शिथिलता; सुस्ती 6. सपना 7. सुन्न हो जाना।

सुप्रतिष्ठा (सं.) [सं-स्त्री.] 1. अच्छी प्रतिष्ठा या इज़्ज़त 2. किसी मूर्ति या प्रतिमा की स्थापना; संस्थापना 3. अति प्रसिद्धि या कीर्ति 4. अच्छी स्थिति 5. अभिषेक।

सुप्रतिष्ठित (सं.) [वि.] 1. सुंदर प्रतिष्ठायुक्त 2. सुप्रसिद्ध 3. अच्छी हालत में रहने वाला 4. स्थापित किया हुआ 5. दृढ़ता पूर्वक स्थित 6. जिसकी लोक में बहुत प्रतिष्ठा हो; इज़्ज़तदार।

सुप्रबंध (सं.) [सं-पु.] 1. अच्छी व्यवस्था; अच्छा संचालन; बेहतर इंतज़ाम 2. अच्छा शासन।

सुप्रभात (सं.) [सं-पु.] 1. शुभसूचक प्रातःकाल 2. सुंदर प्रभात 3. सवेरे का समय; अच्छा सवेरा।

सुप्रसिद्ध (सं.) [वि.] 1. बहुत प्रसिद्ध; अत्यंत प्रसिद्ध या मशहूर; अति प्रसिद्ध 2. प्रख्यात; सुविख्यात; सुख्यात 3. अभिविश्रुत 4. विशिष्ट 5. श्रेष्ठ 6. ख़ूब मशहूर।

सुप्रिया (सं.) [सं-स्त्री.] 1. प्रिय पत्नी 2. (काव्यशास्त्र) एक प्रकार का वर्णिक छंद जिसके प्रत्येक चरण में चार नगण और एक सगण रहता है, यह चौपाई का ही एक रूप है। [वि.] बहुत प्यारी।

सुप्रीम (अं.) [सं-पु.] सबसे ऊँचा; सर्वोच्च; श्रेष्ठ; उच्चतम; सबसे बड़ा; प्रधान।

सुप्रीम कोर्ट (अं.) [सं-पु.] सर्वोच्च न्यायालय।

सुप्रीमो (अं.) [वि.] सबसे प्रधान; मुख्य।

सुफरा [सं-पु.] टेबल पर बिछाने का कपड़ा।

सुफल (सं.) [वि.] 1. सुंदर फलों से युक्त 2. सफल; कृतकार्य 3. जिसका या जिसके फल अच्छे व सुंदर हों। [सं-पु.] 1. सुंदर फल 2. अनार 3. बेर 4. कैथ।

सुबकना [क्रि-अ.] हिचकियाँ लेते हुए रोना; सुबक-सुबक कर रोना; सिसकियाँ भरना।

सुबह (अ.) [सं-स्त्री.] 1. प्रातःकाल; सवेरा; उषाकाल 2. मध्याह्न से पहले तक का समय; पूर्वाह्न 3. प्रभातकाल।

सुबह-सुबह [अव्य.] बहुत सवेरे; तड़के; प्रातःकाल।

सुबहान (अ.) [वि.] 1. स्वतंत्र 2. पवित्र। [सं-पु.] ईश्वर का पवित्र भाव से स्मरण करते या ध्यान लगाते हुए (लोक में 'सुभान' के रूप में प्रचलित)।

सुबहान अल्ला (अ.) [अव्य.] ईश्वर का पवित्र भाव से स्मरण करते हुए (एक अरबी पद जिसका अर्थ है 'ईश्वर धन्य है' या 'अल्लाह पाक है') इसे किसी अद्भुत, अनूठी या अतिसुंदर वस्तु को देखकर सराहने के भाव से बोलते हैं।

सुबहानी (अ.) [वि.] 1. ईश्वरीय; ख़ुदाई 2. अलौकिक।

सुबास (सं.) [सं-स्त्री.] सुगंध; महक।

सुबाहु (सं.) [सं-पु.] 1. (रामायण) शत्रुघ्न के पुत्र 2. एक वीर राक्षस। [वि.] 1. सुंदर बाँहोंवाला 2. सशक्त भुजाओंवाला।

सुबुक (फ़ा.) [वि.] 1. हलका 2. सुंदर 3. नाजुक 4. जो तेज़ न हो।

सुबुद्धि (सं.) [सं-स्त्री.] श्रेष्ठ या अच्छी बुद्धि; सदबुद्धि। [वि.] अच्छी बुद्धिवाला; बुद्धिमान।

सुबू (फ़ा.) [सं-पु.] 1. घड़ा; मटका 2. शराब (ताड़ी) रखने का पात्र।

सुबूत (अ.) [सं-पु.] 1. प्रमाण; वह बात या वस्तु जिससे कोई बात साबित हो 2. साक्ष्य; सबूत 3. स्थिरता; ठहराव 4. दृढ़ता।

सुबोध (सं.) [सं-पु.] सुंदर ज्ञान। [वि.] 1. सरल; आसान; बोधगम्य 2. जो सहज में समझ आ जाए 3. समझदार; अच्छी बुद्धिवाला।

सुभग (सं.) [वि.] 1. सुंदर; मनोहर 2. भाग्यवान 3. प्रिय; प्यारा 4. सुखद 5. उपयुक्त 6. नाजुक; पतला। [सं-पु.] 1. शिव 2. सौभाग्य 3. चंपा 4. अशोक वृक्ष 5. गंधक।

सुभगा (सं.) [सं-स्त्री.] 1. सुंदर स्त्री 2. सौभाग्यशाली स्त्री 3. प्रेमिका या प्रियतमा; पत्नी 4. सधवा स्त्री 5. (संगीत) एक प्रकार की रागिनी।

सुभट (सं.) [वि.] बड़ा योद्धा; महारथी; वीर।

सुभद्र (सं.) [सं-पु.] 1. विष्णु 2. सनत्कुमार 3. (पुराण) प्लक्ष द्वीप का एक वर्ष या भू-भाग 4. भैरवी के गर्भ से उत्पन्न वसुदेव का एक पुत्र 5. एक पर्वत 6. कल्याण; सौभाग्य। [वि.] अति शुभ; अति मांगलिक।

सुभद्रा (सं.) [सं-स्त्री.] 1. (पुराण) कृष्ण की छोटी बहन का नाम जिसका विवाह अर्जुन से हुआ था 2. दुर्गा की एक मूर्ति या रूप 3. मकड़ा नाम की एक घास।

सुभान (अ.) [अव्य.] दे. सुबहान।

सुभाषण (सं.) [सं-पु.] सुंदर भाषण।

सुभाषित (सं.) [वि.] 1. अच्छी तरह कथित या परिभाषित 2. वह उक्ति या कथन जो बहुत ही प्रिय और सुंदर हो; सूक्ति।

सुभाषी (सं.) [वि.] 1. प्रिय और मीठा बोलने वाला; मधुरभाषी 2. जो अच्छी तरह से बोलता हो 3. वाग्विलासपूर्ण।

सुभिक्ष (सं.) [सं-पु.] 1. भिक्षा और अन्न की सुलभता का समय 2. ऐसा समय या काल जिसमें अन्न बहुत सस्ता हो; सुकाल 3. अनाज की प्रचुरता।

सुभी (सं.) [वि.] शुभकारक; मंगलकारक।

सुभीता (सं.) [सं-पु.] 1. ऐसी स्थिति जो किसी व्यक्ति या बात के लिए अनुकूल हो 2. वह स्थिति जिसमें किसी काम को करने में कोई कठिनाई न हो; सुविधाजनक स्थिति 3. उपयुक्त व अनुकूल अवसर 4. आसानी 5. आराम 6. सहूलियत; सुख।

सुम[1] (सं.) [सं-पु.] 1. पुष्प; फूल 2. चंद्रमा 3. आकाश।

सुम[2] (फ़ा.) [सं-पु.] 1. पशुओं का खुर 2. घोड़े की टाप।

सुमंगली (सं.) [सं-स्त्री.] 1. विवाह के समय सप्तपदी पूजा करने के एवज़ में वधू-पक्ष के पुरोहित को दी जाने वाली दक्षिणा 2. नवविवाहिता स्त्री; वधू।

सुमंत्र (सं.) [सं-पु.] 1. अच्छा या उत्तम मंत्र 2. शुभ परामर्श; सलाह 3. (रामायण) राजा दशरथ के मित्र तथा सारथी का नाम 4. {अ-अ.} प्राचीन भारत में राज्य के आय-व्यय की व्यवस्था करने वाला मंत्री; अर्थमंत्री। [वि.] अच्छी सलाह मानने वाला।

सुमंत्रित (सं.) [वि.] 1. जिसे परामर्श या अच्छी सलाह दी गई हो 2. विचार-विमर्श के बाद प्रस्तुत किया हुआ 3. जिसके विषय में मंत्रणा हुई हो 4. जिसकी योजना बुद्धिमत्तापूर्वक बनाई गई हो 5. सुनियोजित।

सुमंदर (सं.) [सं-पु.] सरसी नामक छंद।

सुमति (सं.) [सं-स्त्री.] सुबुद्धि; सम्मति; अच्छा विचार। [वि.] अच्छी मति या बुद्धिवाला; बुद्धिमान।

सुमन (सं.) [सं-पु.] 1. फूल; पुष्प 2. गेहूँ 3. एक दैत्य। [वि.] 1. सदा प्रसन्न रहने वाला 2. सरल हृदयवाला 3. मनोहर; सुंदर।

सुमनस (सं.) [वि.] 1. अच्छे हृदयवाला; सहृदय 2. सुंदर मनवाला 3. सदा ख़ुश रहने वाला 4. प्रसन्नचित्त। [सं-पु.] 1. देवता 2. ज्ञानी; विद्वान 3. फूल; पुष्प।

सुमनित (सं.) [वि.] 1. जिसमें फूल लगे हों; फूल से युक्त (पौधा या वृक्ष) 2. सुंदर मणियों से युक्त।

सुमरनी [सं-स्त्री.] 1. नाम जाप करने की सत्ताईस दानों की छोटी माला; जपमाला 2. हाथ में पहनने का एक प्रकार का आभूषण।

सुमार्ग (सं.) [सं-पु.] 1. ऐसा साफ़ और अच्छा मार्ग जिसपर चलने में कोई बाधा या कठिनाई न हो 2. नैतिक दृष्टि से उत्तम और श्रेयस्कर रास्ता 3. सदाचार।

सुमित्रा (सं.) [सं-स्त्री.] 1. (रामायण) राजा दशरथ की मझली पत्नी और लक्ष्मण एवं शत्रुघ्न की माता 2. (पुराण) मार्कंडेय ऋषि की माता।

सुमिरन [सं-पु.] 1. अच्छे अर्थों में किसी का स्मरण 2. ईश्वर का ध्यान।

सुमिल (सं.) [वि.] 1. किसी के साथ आसानी से मिल जाने वाला 2. मिलनसार 3. मेलजोल तथा स्नेह का संबंध रखने वाला 4. अनुकूलता के साथ सहयोग देने वाला।

सुमुख (सं.) [वि.] 1. सुंदर मुखवाला 2. सुंदर; मनोहर 3. अनुकूल 4. कृपालु 5. अच्छी नोकवाला 6. अच्छे द्वारवाला 7. प्रसन्न।

सुमेर [सं-पु.] गंगा जल रखने का बड़ा पात्र।

सुमेरु (सं.) [सं-पु.] 1. (पुराण) एक कल्पित पर्वत; मेरु पर्वत 2. जपमाला या सुमरनी में ऊपर वाला अपेक्षा कृत बड़ा दाना 3. उत्तरी ध्रुव 4. पिंगल में एक प्रकार का छंद। [वि.] 1. सर्वश्रेष्ठ 2. बहुत अधिक ऊँचा 3. बहुत सुंदर।

सुमेरु-ज्योति (सं.) [सं-स्त्री.] उत्तरी ध्रुव के आसपास के क्षेत्रों में कभी-कभी रात्रि के समय दिखाई पड़ने वाली एक विशेष ज्योति या विद्युत का प्रकाश।

सुम्मा [सं-पु.] बकरा; छाग।

सुम्मी [सं-स्त्री.] सुनारों का एक औज़ार जिससे वे घुंडी और बरेखी का नोक उभाड़ते हैं।

सुयश (सं.) [सं-पु.] सुंदर यश; सुकीर्ति; प्रसिद्धि; ख्याति।

सुयोग (सं.) [सं-पु.] सुंदर योग; मंगल अवसर; सुअवसर; संयोग।

सुयोग्य (सं.) [वि.] 1. कुशल 2. अति योग्य; लायक 3. अच्छी योग्यतावाला।

सुयोधन (सं.) [सं-पु.] महाभारत के एक पात्र का वास्तविक नाम; धृतराष्ट्र के बड़े पुत्र दुर्योधन का एक नाम।

सुर[1] [सं-पु.] स्वर; आवाज़। [मु.] **-में सुर मिलाना** : किसी की हाँ में हाँ मिलाना; किसी का समर्थन करना।

सुर[2] (सं.) [सं-पु.] 1. देवता; देवमूर्ति 2. सूर्य 3. मुनि।

सुरंग (सं.) [सं-स्त्री.] 1. ज़मीन खोदकर अथवा समुद्र में बनाया गया रास्ता; गुफा 2. भवन आदि को बारूद से उड़ाने के उद्देश्य से उसके नीचे खोद कर बनाया गया गड्डा 3. एक प्रकार का आधुनिक यंत्र जिससे दुश्मन के जहाज़ के पर्दे में छेदकर उन्हें डुबाया अथवा उनके रास्ते में बिछा कर उनका नाश किया जाता है 4. चोरी करने के लिए दीवार में लगाई जाने वाली सेंध। [वि.] 1. अच्छे रंग का 2. लाल रंग का 3. सुंदर 4. रसपूर्ण 5. स्वच्छ [सं-पु.] 1. नारंगी 2. पतंग 3. रंग के विचार से घोड़ों का एक भेद।

सुरंग-बुहार [सं-पु.] एक विशेष प्रकार का जहाज़ जो समुद्र में बिछाई गई बारूद को हटाकर दूसरे जहाज़ों के लिए आगे बढ़ने का रास्ता साफ़ करता है।

सुरक [सं-पु.] नाक पर लगाया जाने वाला भाले के आकार का तिलक। [सं-स्त्री.] 1. सुरकने या सुड़कने की क्रिया या भाव 2. सुरकने से होने वाला शब्द।

सुरकना [क्रि-स.] 'सुर-सुर' की आवाज़ करते हुए गरम दूध, चाय आदि पीना।

सुरका [सं-पु.] 1. धान की तैयार फसल; पका धान 2. ईख, चना और मटर, तीनों फसलों में लगने वाला एक कीड़ा।

सुरका चिउड़ा [सं-पु.] हरे धान को भूनकर तैयार किया गया चिउड़ा।

सुरकुल (सं.) [सं-पु.] 1. देवजाति; देवगण 2. देवताओं का कुल या वंश।

सुरक्षण (सं.) [सं-पु.] 1. सुरक्षित रखने की क्रिया या भाव 2. रखवाली; हिफ़ाजत।

सुरक्षा (सं.) [सं-स्त्री.] सम्यक रक्षण; समुचित तरीके से की जाने वाली रखवाली; हिफ़ाज़त।

सुरक्षा-परिषद (सं.) [सं-स्त्री.] संयुक्त राष्ट्रसंघ का एक संगठन जिसके पाँच स्थायी सदस्य (अमेरिका, ब्रिटेन, रूस, फ्रांस और चीन) हैं, जो इस बात का यथासाध्य प्रयास करते हैं कि राष्ट्रों में परस्पर लड़ाई-झगड़े न होने पाए।

सुरक्षा-बल (सं.) [सं-पु.] 1. सेना 2. सेना का विभाग जो अलग-अलग रूपों में अपनी सेवाएँ शरीर, देश या निजी संपत्ति की रक्षा के लिए देता है।

सुरक्षाकर्मी (सं.) [सं-पु.] 1. सुरक्षा के लिए नियत शस्त्रधारी 2. सुरक्षा का कार्य करने वाला व्यक्ति 3. सैनिक; सिपाही।

सुरक्षात्मक (सं.) [वि.] 1. रक्षात्मक 2. सुरक्षा को केंद्र में रखकर किया गया कोई काम; हिफ़ाज़ती।

सुरक्षित (सं.) [वि.] जिसकी भली-भाँति रक्षा की गई हो; अच्छी तरह रक्षित।

सुरक्ष्य (सं.) [वि.] 1. सुरक्षा के योग्य 2. जिसकी रक्षा आसानी से की जा सके।

सुरख़ाब (फ़ा.) [सं-पु.] चकवा नामक पक्षी। [मु.] **-का पर लगना** : अनोखापन होना; श्रेष्ठतासूचक; विशेषता होना; विलक्षणता होना।

सुरख़ी (फ़ा.) [सं-स्त्री.] 1. ईंटों को पीसकर उसमें चूना मिलाकर ईंटों की जुड़ाई के लिए बनाया जाने वाला गारा 2. लेखों आदि का शीर्षक 3. अरुणता; लाली 4. सुर्ख़ी।

सुरत (सं.) [सं-पु.] रति-क्रीड़ा; काम-केलि; मैथुन; संभोग।

सुरतरंगणी (सं.) [सं-स्त्री.] 1. आकाशगंगा 2. सरयू नदी 3. गंगा नदी।

सुरतरु (सं.) [सं-पु.] (पुराण) एक काल्पनिक वृक्ष; कल्पवृक्ष।

सुरता (सं.) [सं-स्त्री.] 1. सुर या देवता होने का भाव; देवत्व 2. याद; स्मृति 3. ध्यान 4. चेत; सुध।

सुरति (सं.) [सं-स्त्री.] 1. सुंदर रति; मनोहर रति; काम-क्रिया; भोग-विलास 2. योग-साधना की एक अवस्था।

सुरतिकमल (सं.) [सं-पु.] (हठयोग) आठ कमलों या चक्रों में से अंतिम चक्र जिसका स्थान मस्तक में सहस्रार के ऊपर माना जाता है।

सुरती [सं-स्त्री.] 1. तंबाकू का सुखाया हुआ पत्ता व उसका चूरा 2. तंबाकू का पत्ता; खैनी जिसमें चूना मिलाकर खाया जाता है।

सुरदार (हिं.+फ़ा.) [वि.] 1. सुरीला; बढ़िया स्वर वाला 2. उत्तम स्वर में गाने वाला।

सुरधनु (सं.) [सं-पु.] इंद्रधनुष; सुरधनुष।

सुरधाम (सं.) [सं-पु.] स्वर्ग; देवलोक।

सुरधामिनी (सं.) [सं-स्त्री.] गंगा; भागीरथी।

सुरधामी (सं.) [वि.] 1. स्वर्ग जाने वाला; स्वर्गीय 2. जो स्वर्ग में रहता हो।

सुरधेनु (सं.) [सं-स्त्री.] 1. बहुत अधिक दूध देने वाली गाय 2. कामधेनु।

सुरनदी (सं.) [सं-स्त्री.] 1. आकाशगंगा 2. गंगा; भागीरथी 3. सरयू नदी।

सुरबहार (हिं.+फ़ा.) [सं-पु.] सितार की तरह का एक प्रकार का वाद्ययंत्र।

सुरबाला (सं.) [सं-स्त्री.] 1. देवता की स्त्री; देवकन्या 2. अप्सरा; देवांगना 3. देवी।

सुरभंग (सं.) [सं-पु.] प्रेम, आनंद और भय की अधिकता के कारण स्वर में होने वाला परिवर्तन जो साहित्य में सात्विक भागों में गिना जाता है।

सुरभि (सं.) [सं-स्त्री.] 1. सुगंध; ख़ुशबू 2. पृथ्वी 3. गाय 4. कामधेनु 5. शराब; मदिरा। [सं-पु.] 1. सुगंधित द्रव्य 2. वसंत ऋतु। [वि.] 1. सुगंधित; ख़ुशबूदार 2. सुंदर; मनोहर 3. अच्छा; उत्तम।

सुरभि-भक्षण (सं.) [सं-पु.] हठयोग की एक क्रिया जिसमें साधक खेचरी मुद्रा के द्वारा जीभ को उलटकर सहस्रार में स्थित चंद्रमा से निकलने वाले अमृत का पान करता है।

सुरभि-मुख (सं.) [सं-पु.] वसंत ऋतु का आरंभ।

सुरभि-स्नात (सं.) [वि.] सुगंध में नहाया हुआ; सुगंध से परिपूर्ण; बेहद सुगंधित।

सुरभित (सं.) [वि.] 1. सुरभि से युक्त; सुवासित 2. सुगंधित; सौरभित।

सुरमंडल (सं.) [सं-पु.] 1. देवताओं का समाज; देवसमूह 2. एक तरह का वाद्ययंत्र।

सुरमई (फ़ा.) [वि.] 1. सफ़ेदी लिए हलका-नीला या काला 2. सुरमें (काजल) के रंग का। [सं-पु.] एक प्रकार का गहरा रंग। [सं-स्त्री.] नीली गरदन वाली एक प्रकार की काले रंग की चिड़िया।

सुरमचू (फ़ा.) [सं-स्त्री.] आँखों में सुरमा लगाने की सलाई।

सुरमयी (सं.) [वि.] 1. संगीत के सुरों के अनुरूप 2. सुरों से भरी 3. संगीतमयी।

सुरमा (फ़ा.) [सं-पु.] एक प्रसिद्ध नीला खनिज पदार्थ जिसका महीन चूर्ण आँखों में अंजन की तरह लगाते हैं; काजल; अंजन।

सुरमीली [वि.] जिसमें सुरमा लगा हो; सुरमेदार, जैसे- सुरमीली आँखें।

सुरमेदानी (फ़ा.) [सं-स्त्री.] सुरमा रखने की डिबिया या शीशी।

सुरम्य (सं.) [वि.] 1. अत्यंत मनोरम; रमणीय 2. बेहद सुंदर।

सुरराज (सं.) [सं-पु.] 1. देवताओं का राजा इंद्र; देवराज 2. सुरनायक; सुरपति 3. सुरपाल; सुरनाथ।

सुरलोक (सं.) [सं-पु.] 1. देवलोक; इंद्रलोक 2. स्वर्ग।

सुरवधू (सं.) [सं-स्त्री.] 1. देवकन्या; देवांगना 2. अप्सरा; सुरबाला।

सुरवस [सं-पु.] जुलाहों की वह पतली हल्की छड़ी; पतला बाँस या सरकंडा जिसका व्यवहार ताना तैयार करने में होता है।

सुरवाहन (सं.) [सं-स्त्री.] 1. इंद्र का हाथी; ऐरावत 2. उच्चैःश्रवा।

सुरवाहिनी (सं.) [सं-स्त्री.] आकाशगंगा; सुरनदी।

सुरस (सं.) [वि.] 1. सुंदर रस से युक्त; सरस; मधुर 2. स्वादिष्ट; रसीला 3. सुंदर। [सं-पु.] 1. जल; पानी 2. आनंद; हर्ष 3. प्रेम; स्नेह।

सुरसा (सं.) [सं-स्त्री.] 1. (पुराण) एक राक्षसी जो साँपों की माता मानी गई है 2. महाशतावरी नामक औषधि 3. सौंफ 4. (संगीत) एक रागिनी 5. एक नदी।

सुरसुंदरी (सं.) [सं-स्त्री.] 1. स्वर्ग में रहने वाली सुंदर स्त्री; अप्सरा 2. सुरबाला; देवकन्या; देवांगना।

सुरसुता (सं.) [सं-स्त्री.] सरयू नदी।

सुरसुराना [क्रि-अ.] 1. कीड़े आदि का शरीर पर हलकी गुदगुदी करते हुए रेंगना 2. कुलबुलाना 3. गुदगुदाना 4. हलकी खुजली होना। [क्रि-स.] 1. 'सुर-सुर' की आवाज़ उत्पन्न करना 2. हलकी खुजली उत्पन्न करना।

सुरसुराहट [सं-स्त्री.] 1. कीड़ों आदि के रेंगने से होने वाली गुदगुदी 2. शरीर में होने वाली हलकी गुदगुदाहट 3. गुदगुदी 4. हलकी आहट से होने वाली ध्वनि।

सुरसुरी [सं-स्त्री.] 1. शरीर के किसी अंग में ऐसा जान पड़ना कि कोई कीड़ा आदि रेंग या चल रहा हो; झुनझुनी 2. हलकी खुजली; खुजलाहट 3. गुदगुदी 4. ज्वर कंपन 5. रोमांच 6. गेहूँ आदि अनाजों में लगने वाला छोटा कीड़ा।

सुरहर (सं.) [वि.] 1. जो बिलकुल सीधे ऊपर की तरफ़ गया हुआ हो 2. 'सुर-हुर' शब्द करने वाला।

सुरहित [सं-स्त्री.] एक प्रकार की सोलह चित्त। कौड़ियाँ; सोलह चित्ती कौड़ियों से होने वाला जुआ।

सुरा (सं.) [सं-स्त्री.] 1. शराब; मदिरा; मद्य 2. जल 3. पानपात्र 4. साँप 5. सोम।

सुराख़ (फ़ा.) [सं-पु.] छिद्र; छेद।

सुराग (अ.) [सं-पु.] 1. किसी अपराध या रहस्य का कोई वह सूत्र जिससे रहस्य को सुलझाने में मदद मिल सके 2. (पत्रकारिता) निजी या व्यक्तिगत सूत्र से प्राप्त अग्रिम सूचना जो प्राय: गप्प या अफ़वाह पर आधारित होती है 3. पता; टोह 4. खोज 5. निशान 6. ठिकाना 7. जिज्ञासा 8. संकेत। [मु.]

-पाना : संकेत प्राप्त करना। **-मिलना; मिल जाना** : सूत्र मिलना; किसी के किसी स्थान पर होने की सूचना या भनक मिलना।

सुरागाय (सं.) [सं-स्त्री.] चमरी या चौरी नामक जंगली जानवर।

सुराज (सं.) [सं-पु.] 1. स्वराज्य 2. अच्छा या सुखद राज्य 3. अच्छा शासन। [वि.] अच्छे शासक वाला (देश); अच्छे शासक द्वारा शासित (देश)।

सुराज्य (सं.) [वि.] 1. उत्तम या सुखद राज्य 2. श्रेष्ठ शासन।

सुराना [सं-पु.] धुरी।

सुरानीक (सं.) [सं-स्त्री.] सुरों की सेना; देवताओं की सेना।

सुरापी (सं.) [वि.] जो शराब पीता हो; शराबी; पियक्कड़।

सुरारि (सं.) [सं-पु.] देवताओं का शत्रु; राक्षस; असुर।

सुरालय (सं.) [सं-पु.] 1. वह स्थान जहाँ शराब बेची या बनाई जाती है; शराबख़ाना 2. स्वर्ग; सुरलोक 3. देवमंदिर।

सुरावट [सं-स्त्री.] 1. (संगीत) स्वरों का उतार-चढ़ाव या आरोह-अवरोह 2. सुरीलापन।

सुरासार (सं.) [सं-पु.] 1. अलकोहल 2. एक तात्विक तथा तरल मादक द्रव्य जिससे शराब बनती है।

सुरासुर (सं.) [सं-पु.] देवता और राक्षस; देव-दानव; सुर-असुर।

सुराही (अ.) [सं-स्त्री.] पीने वाले जल को ठंडा रखने के लिए मिट्टी का बनाया हुआ सँकरी एवं लंबी गरदन वाला घड़ा।

सुराहीदार (अ.+फ़ा.) [वि.] 1. ज़ो सुराही की तरह गोल, सँकरी तथा लंबी गरदन वाला हो; सुराहीनुमा 2. सुराही की आकृतिवाला, जैसे- सुराहीदार गरदन।

सुरीला [वि.] 1. सुरीले स्वरवाला 2. (संगीत) जिसका स्वर शास्त्रीय पद्धति के अनुरूप हो 3. महीन और मीठा (स्वर)।

सुरीली [वि.] 1. सुरीली मीठी आवाजवाली 2. (संगीत) जिसका स्वर शास्त्रीय पद्धति के अनुरूप हो 3. महीन मीठा स्वर।

सुरुख़ (सं.+ फ़ा.) [वि.] 1. सुंदर रूप या आकृतियुक्त; ख़ूबसूरत 2. प्रसन्न 3. दयालु 4. अनुकूल।

सुरुचि (सं.) [सं-स्त्री.] 1. परिष्कृत अथवा नागर रुचि 2. प्रसन्नता।

सुरुचिपूर्ण (सं.) [वि.] 1. सुरुचि-संपन्न 2. परिष्कृत अथवा नागर रुचि का 3. सौंदर्यबोध से परिपूर्ण।

सुरूप (सं.) [वि.] 1. सुंदर; ख़ूबसूरत 2. अच्छी शक्लवाला; सुंदर आकृतिवाला 3. विद्वान। [सं-पु.] 1. शिव 2. कपास 3. पलास 4. पीपल।

सुरूपता (सं.) [सं-स्त्री.] सुंदरता; ख़ूबसूरती।

सुरूर (फ़ा.) [सं-पु.] 1. नशा; हलका नशा 2. ख़ुशी; आनंद; प्रसन्नता।

सुरेंद्र (सं.) [सं-पु.] 1. देवराज; देवताओं का राजा; इंद्र 2. ओल 3. एक कंद।

सुरेतना [क्रि-स.] खराब अनाज से अच्छे अनाज को अलग करना।

सुरेश (सं.) [सं-पु.] 1. (पुराण) देवताओं का राजा; देवराज; इंद्र 2. विष्णु 3. शिव 4. एक प्रकार की अग्नि 5. एक देव।

सुरेशी (सं.) [सं-स्त्री.] दुर्गा।

सुरैत (अ.) [सं-स्त्री.] रखैल।

सुरैरी [सं-स्त्री.] एक छोटा कीड़ा जो गेहूँ आदि में लगता है; सुरसुरी।

सुर्ख़ (फ़ा.) [सं-पु.] 1. गहरा लाल रंग 2. रक्त-वर्ण। [वि.] 1. लाल 2. रक्त-वर्ण का।

सुर्ख़रू (फ़ा.) [वि.] 1. लाली से युक्त; तेजस्वी; कांतिवान 2. प्रतिष्ठित 3. प्रसिद्ध 4. कृतकार्य; सफल। [मु.] **-होना** : कर्तव्य पूरा होने पर अपने को निश्चिंत और सुखी अनुभव करना।

सुर्ख़रूपन (फ़ा.) [सं-पु.] सुर्ख़रू होने का भाव; लालिमा युक्त होने की स्थिति।

सुर्ख़ी (फ़ा.) [सं-पु.] 1. लाली; ललाई; अरुणता 2. लेख आदि का शीर्षक जिसे सुर्ख़ रंग से लिखा जाता है 3. लाल स्याही 4. रक्त; लहू; ख़ून। [मु.] **सुर्ख़ियों में होना** : ख़ूब चर्चित होना।

सुर्खी देना [क्रि-स.] बरतन के ऊपर लाल मिट्टी पोतने की क्रिया।

सुर्तवनियाँ [सं-स्त्री.] नाव का पाल।

सुर्रा [सं-पु.] 1. एक प्रकार की मछली 2. थैली; बटुआ 3. क्रिकेट (त्रिदंडिका क्रीडा) के खेल में गेंदबाज द्वारा फेंकी गई वह गेंद, जो टप्पा खाने के बाद बिना उछले जमीन पर ही सीधी सरर से बल्लेबाज की ओर आती है।

सुलक्षण (सं.) [सं-पु.] शुभ लक्षण; सुंदर लक्षण। [वि.] 1. शुभ लक्षणोंवाला 2. भाग्यवान; भाग्यशाली।

सुलक्षणक (सं.) [वि.] जिसके गुण या लक्षण अच्छे हों।

सुलक्षणा (सं.) [सं-स्त्री.] 1. कृष्ण की पत्नी 2. उमा की सहेली। [वि.] शुभ लक्षणोंवाली; श्रेष्ठ लक्षणोंवाली।

सुलगन [सं-स्त्री.] 1. सुलगाने की क्रिया या भाव (लकड़ी, उपले आदि को) 2. किसी काम के प्रति धुन या लगन 3. शुभ मुहूर्त। [मु.] **सुलग उठना** : क्रोध से बेकाबू हो जाना; क्रोधित हो उठना।

सुलगना [क्रि-अ.] 1. आग लगना; आग पकड़ना 2. भड़कना 3. झगड़ा लगना 4. {ला-अ.} ईर्ष्या, चिंता आदि के कारण सदा चिंतित रहना।

सुलगाना [क्रि-स.] 1. आग जलाना 2. तंबाकू आदि को पीने योग्य बनाना 3. {ला-अ.} झगड़े या मनमुटाव को बढ़ावा देना या उकसाना 4. {ला-अ.} भावनाओं को भड़काना।

सुलझना [क्रि-अ.] 1. समस्या का निपटारा होना; समस्या का समाधान होना 2. हल होना 3. गुत्थी खुलना 4. उलझन दूर होना।

सुलझाना (सं.) [क्रि-स.] 1. किसी उलझन या जटिलता को दूर करना; गुत्थी खोलना 2. किसी समस्या या मसले का हल निकालना 3. किसी मामले की पेचीदगी को दूर करना।

सुलतान (अ.) [सं-पु.] 1. बादशाह; सम्राट 2. तुर्की के सम्राटों की पदवी।

सुलफ [वि.] 1. लचीला 2. कोमल; नाजुक; मुलायम।

सुलफ़ा (फ़ा.) [सं-पु.] 1. गाँजे की तरह चिलम में भरकर पी

जाने वाली तंबाकू 2. मिट्टी के तवे का प्रयोग किए बिना तंबाकू की चिलम भरे जाने का एक प्रकार 3. गाँजा; चरस।

सुलफ़ेबाज़ (फ़ा.) [वि.] गाँजा या चरस पीने वाला; गँजेड़ी; चरसी।

सुलभ (सं.) [वि.] 1. जो आसानी से उपलब्ध हो 2. सहजता से प्राप्य; आसानी से प्राप्त हो जाने वाला 3. सहज; सुगम।

सुलभेतर (सं.) [वि.] आसानी से प्राप्त न होने वाला; दुर्लभ; मुश्किल।

सुलह (अ.) [सं-स्त्री.] वह स्थिति जब दो व्यक्ति, संस्था अथवा राष्ट्र लड़ाई-झगड़े या मनमुटाव आदि छोड़कर आपस में मित्रता स्थापित करते हैं; मेलमिलाप; संधि।

सुलहनामा (अ.+फ़ा.) [सं-पु.] शांति के लिए विरोधी पक्षों द्वारा तैयार किया गया वह पत्र जिसपर मेल-मिलाप या सुलह की शर्तें लिखी हों; संधिपत्र।

सुलाना (सं.) [क्रि-स.] 1. सोना क्रिया का प्रेरणार्थक रूप 2. किसी को लेटने या सोने में प्रवृत्त करना।

सुलिखित (सं.) [वि.] 1. सुंदर और स्पष्ट लिखा हुआ 2. अच्छे हस्तलेख का।

सुलिपि (सं.) [सं-स्त्री.] 1. अच्छी और स्पष्ट लिपि 2. सुंदर लिखावट।

सुलेख (सं.) [सं-पु.] 1. अच्छी लिखावट 2. सुंदर लेख; सुंदर हस्तलेख। [वि.] 1. शुभ रेखाओंवाला 2. शुभ रेखाएँ बनाने वाला।

सुलेखक (सं.) [सं-पु.] 1. वह लेखक जो अच्छा तथा उत्तम लिखता हो 2. विख्यात लेखक या रचनाकार।

सुलेमान (फ़ा.) [सं-पु.] 1. यहूदियों का बादशाह 2. यहूदियों के राजा दाऊद का बेटा 3. यहूदियों का तीसरा बादशाह जिसने यरूशलम नगर का निर्माण कराया और वह पैगंबर माना जाता है 4. पश्चिमी पाकिस्तान में अवस्थित एक पर्वत।

सुलेमानी (फ़ा.) [सं-पु.] 1. वह घोड़ा जिसकी आँख सफ़ेद हो 2. एक प्रकार का दोरंगा पत्थर। [सं-स्त्री.] सुलेमान का पद। [वि.] सुलेमान संबंधी; सुलेमान का।

सुलोचन (सं.) [वि.] जिसकी आँखें बहुत सुंदर हो; सुंदर नेत्र। [सं-पु.] 1. हिरन 2. खंजन नामक पक्षी।

सुलोचना (सं.) [वि.] सुंदर नेत्रोंवाली। [सं-स्त्री.] 1. वासुकि की पुत्री जो मेघनाद की पत्नी थी 2. सुंदर स्त्री; सुंदरी; सुलोचनी।

सुलोल (सं.) [वि.] 1. अत्यंत लालायित 2. बहुत चंचल 3. बहुत उत्सुक या उत्साही 4. बहुत बेचैन।

सुल्फ़ [सं-पु.] 1. ख़रीद-फ़रोख़्त 2. असबाब; सामान 3. (संगीत) बहुत तेज़ लय 4. किश्ती; नाव।

सुल्ला [सं-पु.] एक किस्म की पोली गाँठ; ढीली गाँठ।

सुवक्ता (सं.) [वि.] अच्छा व्याख्यान देने वाला; सुंदर वक्ता; वाग्मी; वाक्पटु।

सुवचन (सं.) [वि.] 1. सुंदर वचन बोलने वाला 2. जो मीठा बोलता हो; मधुरभाषी 3. उत्तम वक्ता। [सं-पु.] मधुर वचन।

सुवत्सा (सं.) [सं-स्त्री.] सुंदर या सौम्य वत्स अथवा संतान वाली स्त्री।

सुवर्ण (सं.) [सं-पु.] 1. स्वर्ण; सोना 2. एक प्रकार की धातु जिससे आभूषण आदि बनाए जाते हैं 3. सुंदर वर्ण। [वि.] 1. सुंदर वर्ण का 2. चमकदार रंग का 3. सुनहला 4. पीले रंग का।

सुवर्णक (सं.) [सं-पु.] 1. सोना; स्वर्ण 2. सोलह माशे की एक पुरानी तौल। [वि.] 1. सोने या सुवर्ण से बना हुआ 2. सुनहला।

सुवर्णकार (सं.) [सं-पु.] सुनार; स्वर्णकार; सोने के गहने बनाने वाला कारीगर।

सुवर्णमय (सं.) [वि.] 1. सोने की तरह का; सोने जैसा 2. पीले रंग का।

सुवर्णा (सं.) [सं-स्त्री.] 1. सुंदर वर्णवाली 2. (पुराण) अग्नि की सात जिह्वाओं में से एक 3. हल्दी 4. इक्ष्वाकु की पुत्री 5. काला अगर 6. इंद्रायन।

सुवहनीय (सं.) [वि.] आसानी से उठाया जा सकने वाला; आसानी से ले जाने योग्य।

सुवाच्य (सं.) [वि.] आसानी से पढ़े जाने योग्य; जो सहजता से पढ़ा जा सके।

सुवास (सं.) [सं-पु.] 1. सुगंध; ख़ुशबू 2. उत्तम निवास स्थान। [वि.] जो अच्छे कपड़े पहने हो।

सुवासित (सं.) [वि.] 1. सुंदर वास अथवा गंध से युक्त; सुगंधित 2. सुंदर वस्त्रोंवाला।

सुवासिनी (सं.) [सं-स्त्री.] 1. विवाहित पुत्री 2. सुहागिन स्त्री; सधवा 3. सुंदर वस्त्रों से सुसज्जित स्त्री। [वि.] आराम से रहने वाली।

सुविख्यात (सं.) [वि.] अत्यंत प्रसिद्ध।

सुविचार (सं.) [वि.] सुंदर या उत्तम विचार; बेहतर ख़याल।

सुविचारित (सं.) [वि.] भली-भाँति सोचा-विचारा हुआ; अच्छी तरह से योजित।

सुविचारी (सं.) [वि.] 1. जो सूक्ष्म और सुंदर रूप से विचार करे 2. अच्छा फ़ैसला या निर्णय करने वाला 3. न्यायपूर्ण बात कहने वाला; न्यायशील।

सुविज्ञ (सं.) [वि.] अच्छी तरह जानने वाला; अच्छा जानकार; श्रेष्ठ ज्ञाता; ज्ञानवान।

सुविधा (सं.) [सं-स्त्री.] 1. ऐसी स्थिति जिसके कारण कोई काम आराम से हो सके; वह वातावरण जिसमें किसी कार्य का संपादन सहजतापूर्वक हो सके; सुंदर प्रबंध; अच्छी व्यवस्था 2. आराम; सुभीता।

सुविधाजनक (सं.) [वि.] 1. सुविधा देने वाला 2. आरामदायक 3. विशेष उद्देश्य की दृष्टि से उपयुक्त या व्यावहारिक; आसान।

सुविधानुसार (सं.) [क्रि.वि.] सुविधा के अनुसार; जिसमें आराम हो; सहूलियत के साथ।

सुविधापूर्ण (सं.) [वि.] 1. सुविधा से भरा हुआ; सुविधायुक्त 2. अनुकूल 3. सहूलियत वाला; आरामदायक।

सुविधाप्राप्त (सं.) [वि.] जिसे सभी सुविधाएँ मिली हों; जिसे किसी प्रकार का अभाव न हो।

सुविधाभोगी (सं.) [वि.] सुविधा का उपभोग करने वाला;

सुविधा भोगने वाला (वर्ग, व्यक्ति आदि)।

सुविधामूलक (सं.) [वि.] 1. सुविधा प्रदान करने वाला 2. जिसका मुख्य उद्‌देश्य सुभीता या आराम हो।

सुविधि (सं.) [सं-स्त्री.] 1. अच्छा नियम या आदेश 2. किसी कार्य को करने की ऐसी विधि जो पूरी तरह अच्छी और उत्तम हो 3. त्रुटिरहित ढंग, तरीका या रीति 4. अच्छी युक्ति या उपाय 5. (जैन धर्म) वर्तमान अवसर्पिणी के नवें अर्हत का नाम।

सुवृत्त (सं.) [सं-पु.] सुंदर वृत्त; चरित्र। [वि.] 1. अच्छी तरह से कोई बात कहने वाला 2. जो अच्छी बातें कहता या बताता हो 3. जिसका आचरण या व्यवहार अच्छा हो; सुचरित्र; सदाचारी; नेक 4. ख़ूब गोल 5. सुंदर छंद में रचित।

सुवेग (सं.) [वि.] तेज गतिवाला; वेगवान।

सुव्यक्त (सं.) [वि.] 1. जो अच्छी तरह कहा गया हो; बहुत स्पष्ट; प्रकट 2. साफ़; प्रकाशित; चमकदार।

सुव्यवस्था (सं.) [सं-स्त्री.] अच्छी और सुंदर व्यवस्था; सुप्रबंध; सुयोजना।

सुव्यवस्थित (सं.) [वि.] 1. सुंदर व्यवस्थायुक्त 2. क्रम से 3. विधिपूर्वक।

सुशांत (सं.) [वि.] 1. अत्यंत शांत 2. प्रशमित 3. वह जिसमें जरा भी क्षोभ न हो; अत्यंत गंभीर।

सुशासन (सं.) [सं-पु.] उत्तम राज्य प्रबंध; सुंदर शासन; सुराज्य।

सुशासित (सं.) [वि.] अच्छी तरह शासित; सुनियंत्रित।

सुशिक्षित (सं.) [वि.] जिसने अच्छी शिक्षा पाई हो; सुशिक्षा प्राप्त; अच्छी तरह से सिखाया हुआ।

सुशिखा (सं.) [सं-स्त्री.] 1. मुरगे की कलगी 2. मयूर की चोटी।

सुशील (सं.) [वि.] 1. उत्तम शील या स्वभाववाला 2. सच्चरित्र 3. विनीत 4. सीधे या सरल स्वभाव का।

सुशीलता (सं.) [सं-स्त्री.] 1. विनम्रता; नेकदिली 2. सीधापन; सरलता 3. मैत्रीभाव; रमणीयता 4. उदारता।

सुशीला (सं.) [सं-स्त्री.] 1. शिष्ट और विनम्र स्त्री 2. शीलवान 3. (पुराण) कृष्ण की आठ पटरानियों में से एक।

सुशोभन (सं.) [वि.] 1. अच्छी शोभा देने वाला 2. अतिसुंदर 3. सुहावना।

सुशोभित (सं.) [वि.] अच्छी तरह शोभित; जो बहुत सुंदर या रमणीय हो; अति शोभायुक्त; अत्यंत शोभायमान।

सुश्री (सं.) [सं-पु.] एक आदरसूचक शब्द जो कुमारी कन्याओं के नाम के पहले लगाया जाता है परंतु वर्तमान में विवाहित या अविवाहित सभी कन्याओं या स्त्रियों के नाम के पहले इस शब्द को लगाने का प्रचलन शुरू हो गया है। [वि.] सुंदर स्त्री; धनवान स्त्री।

सुश्रुत (सं.) [सं-पु.] आयुर्वेद के एक प्राचीन आचार्य।

सुश्रूषा (सं.) [सं-स्त्री.] दे. शुश्रूषा।

सुषमा (सं.) [सं-स्त्री.] 1. अतिशय सुंदरता; परम शोभा 2. प्राकृतिक सौंदर्य 3. नैसर्गिक शोभा या सुंदरता 4. एक प्रकार का वर्णवृत्त 5. (पुराण) कालचक्र का एक आरा।

सुषुप्त (सं.) [वि.] 1. गहरी नींद में सोया हुआ 2. जो निष्क्रिय अवस्था में स्थित हो।

सुषुप्तावस्था (सं.) [सं-स्त्री.] सोए हुए होने की स्थिति या भाव।

सुषुप्ति (सं.) [सं-स्त्री.] 1. गहन निद्रावस्था; गहरी नींद 2. योग-साधना की वह अवस्था जिसमें ब्रह्म की प्राप्ति के उपरांत भी जीव को उसका ज्ञान नहीं होता; आनंदमय कोष।

सुषुम्ना (सं.) [सं-स्त्री.] (आयुर्वेद और हठयोग) एक नाड़ी जो नाभि से आरंभ होकर मेरुदंड में से होती हुई ब्रह्मरंध्र तक मानी गई है; इड़ा और पिंगला नाड़ियों के बीच स्थित एक नाड़ी।

सुषेण (सं.) [वि.] जिसके पास दिव्य अस्त्र हों। [सं-पु.] 1. (रामायण) एक वानर जो बालि का ससुर और रावण का वैद्य था 2. (महाभारत) धृतराष्ट्र का एक पुत्र 3. राजा परीक्षित का एक पुत्र 4. विष्णु।

सुसंगत (सं.) [वि.] 1. बहुत उचित 2. युक्ति-युक्त; संगतिपूर्ण।

सुसंगति (सं.) [सं-स्त्री.] 1. उपयुक्त होने की स्थिति या भाव 2. अच्छे लोगों का संग 3. अच्छा मेल 4. अच्छा संग-साथ; सत्संग।

सुसंगम (सं.) [सं-पु.] 1. अच्छे विद्वानों का मिलन-स्थल 2. अच्छी सभा।

सुसंपन्न (सं.) [वि.] यथेष्ट धन-संपत्तिवाला; प्रचुर धनवाला।

सुसंयोग (सं.) [वि.] 1. सुंदर संयोग 2. शुभ अवसर; सुअवसर।

सुसंस्कार (सं.) [सं-पु.] उत्तम या अच्छे संस्कार।

सुसंस्कारी (सं.) [वि.] उत्तम या अच्छे संस्कारवाला।

सुसंस्कृत (सं.) [वि.] 1. जिसका आचरण शिष्टतापूर्ण और संस्कृति के अनुरूप हो 2. सुंदर संस्कारों से युक्त 3. शिष्ट 4. जो सांस्कृतिक दृष्टि से उन्नत हो 5. भली-भाँति संस्कारित किया हुआ।

सुसकार [सं-पु.] बाबू (बच्चे) की आवाज।

सुसज्जित (सं.) [वि.] 1. भली-भाँति सजा या सजाया हुआ 2. शृंगार किया हुआ 3. तैयार किया हुआ 4. शोभायमान।

सुसनी [सं-स्त्री.] एक प्रकार का साग।

सुसमय (सं.) [सं-पु.] अच्छा समय; अच्छा वक्त; सुकाल।

सुसाध्य (सं.) [वि.] 1. सरलता से साधे जाने योग्य 2. जो सहज में पूरा किया जा सके; आसान 3. जिसका साधन सहज हो।

सुसिद्धि (सं.) [सं-स्त्री.] (काव्यशास्त्र) एक प्रकार का अर्थालंकार जिसमें एक मनुष्य के परिश्रम करने तथा उसका फल किसी दूसरे को मिलने का वर्णन होता है।

सुस्त (फ़ा.) [वि.] 1. जिसकी गति अपेक्षाकृत मंद हो; धीमा 2. ढीला 3. कमज़ोर 4. जो अच्छी तरह काम न कर सके; आलसी 5. मंदबुद्धि 6. जिसमें उत्साह या प्रसन्नता की कमी हो; उदास 7. उतरा हुआ 8. अन्यमनस्क; अनमना।

सुस्ताना (फ़ा.+हिं.) [क्रि-अ.] 1. थकान के पश्चात विश्राम करना 2. थकान को मिटाने के लिए चल रहे कार्य को रोक देना; थकावट दूर करना।

सुस्ती (फ़ा.) [सं-स्त्री.] 1. सुस्त होने का भाव 2. शिथिलता; ढिलाई 3. आलस्य 4. कमज़ोरी।

सुस्थ (सं.) [वि.] 1. सुखपूर्वक स्थित 2. भला-चंगा; निरोग 3. सब प्रकार से सुखी 4. ख़ुश; आनंदित 5. उन्नतिशील 6. ठीक तरह से बैठा या जमा हुआ।

सुस्पष्ट (सं.) [वि.] 1. साफ़-साफ़ 2. व्यक्त; मुखर।

सुस्वाद (सं.) [सं-पु.] अच्छा स्वाद। [वि.] बहुत स्वादिष्ट; ज़ायकेदार; अत्यंत स्वादयुक्त।

सुहाग (सं.) [सं-पु.] 1. सुहागिन होने की अवस्था; सधवा-अवस्था; किसी स्त्री के जीवन की वह कालावधि जिसमें उसका पति जीवित हो 2. विवाह के समय कन्या-पक्ष की ओर से गाया जाने वाला गीत 3. सधवा या विवाहित होने की निशानी; सौभाग्य।

सुहागन (सं.) [सं-स्त्री.] दे. सुहागिन।

सुहागरात (सं.) [सं-स्त्री.] वर-वधू के प्रणय-मिलन की प्रथम रात्रि।

सुहागा (सं.) [सं-पु.] 1. (रसायनशास्त्र) एक प्रकार का क्षार जो गंधक स्रोत से प्राप्त होता है तथा इसका उपयोग सोना गलाने और दवा बनाने में किया जाता है 2. लकड़ी का पाटा जिसे किसान जुते हुए खेत को चौरस व समतल करने में प्रयोग करते हैं।

सुहागिन (सं.) [सं-स्त्री.] वह स्त्री जिसका पति जीवित हो; सधवा; सौभाग्यवती; सौभाग्यशालिनी।

सुहाना (सं.) [क्रि-अ.] 1. सुंदर लगना; शोभित होना; शोभा देना 2. सत्य होना 3. भला लगना; अच्छा लगना; सुखद होना। [वि.] सुहावना; सुखदायी; सुंदर।

सुहाल (सं.) [सं-पु.] एक प्रकार का नमकीन पकवान जिसे मैदे और घी से बनाया जाता है।

सुहावना [वि.] 1. देखने में सुंदर और भला लगने वाला 2. सुंदर; ख़ूबसूरत 3. मनोरम 4. प्रियदर्शन।

सुहावल [सं-स्त्री.] दे. साहुल।

सुहृदय (सं.) [वि.] 1. सबसे प्यार करने वाला 2. स्नेही 3. अच्छे हृदय वाला; सहृदय।

सुहेल (अ.) [सं-पु.] (मिथक) एक प्रकार का तारा जिसके विषय में कहा जाता है कि यह यमन देश में दिखाई देता है और इसके उदित होने पर जीव मर जाते हैं।

सूँघना [क्रि-स.] 1. किसी वस्तु या पदार्थ की गंध जानने के उद्देश्य से उसे नाक के पास ले जाकर साँस खींचना 2. {ला-अ.} किसी खाद्य पदार्थ को बहुत कम खाना।

सूँघनी [सं-स्त्री.] तंबाकू का चूर्ण, जिसे कुछ लोग सूँघने के लिए इस्तेमाल करते हैं, नसवार।

सूँघा [सं-पु.] 1. वह जो केवल सूँघकर ही बहुत-सी बातें बतला देता हो 2. सूँघकर शिकार करने वाला कुत्ता 3. भेदिया; जासूस।

सूँड़ (सं.) [सं-स्त्री.] हाथी की लंबी और नीचे की ओर ज़मीन तक लटकती हुई नाक; शुंड।

सूँड़ी (सं.) [सं-स्त्री.] एक प्रकार का कीड़ा जो पौधों, फलों, अनाज व फ़सल आदि में लगता है।

सूँतना [क्रि-स.] सैंतना; साफ करना; काछना।

सूँस (सं.) [सं-स्त्री.] लगभग दो-तीन मीटर लंबा जलक्रीड़ा का शौकीन एक जलीय-जंतु जो लगभग मछली जैसी आकृति का होता है और उसके तीस दाँत होते हैं; अंबुकीश; असिपुच्छक; जलकेलि; उलूपी, सूस; (डॉल्फ़िन)।

सूंग [सं-पु.] टूँड़।

सूंडा [सं-पु.] एक प्रकार का गिड़ार।

सूअर (सं.) [सं-पु.] दे. सुअर।

सूआ [सं-पु.] बड़ी सुई; अपेक्षाकृत लंबी और मोटी सुई जिससे टाट आदि सिले जाते हैं।

सूई (सं.) [सं-स्त्री.] 1. लोहे का पतला, लंबा एवं नुकीला उपकरण जिसके छेद में धागा पिरोकर किसी चीज़ की सिलाई की जाती है 2. किसी विशेष परिणाम, समय, दिशा आदि का सूचक तार या काँटा 3. शरीर में तरल औषधि प्रवेश कराने का नलीनुमा एक छोटा उपकरण; शृंगक 4. शरीर में तरल औषधि पहुँचाने की नली 5. पौधों का नुकीला अंकुर। [मु.] **-की नोक के बराबर** : तिल मात्र भी; ज़रा भी।

सूकर (सं.) [सं-पु.] सुअर नामक जंतु; वराह; सुअर।

सूक्त (सं.) [वि.] अच्छी तरह से कहा हुआ; भली-भाँति कहा गया।

सूक्ति (सं.) [सं-स्त्री.] 1. सुंदर उक्ति या कथन 2. चमत्कारपूर्ण वाक्य; पद्य।

सूक्ष्म (सं.) [वि.] 1. बहुत बारीक या महीन 2. बेहद छोटा।

सूक्ष्मग्राहिता (सं.) [सं-पु.] 1. बात की बारीकी को पकड़ने की क्षमता 2. संवेदनशीलता; भावुकता।

सूक्ष्मग्राही (सं.) [वि.] बात की बारीकी को पकड़ने वाला।

सूक्ष्मजीव (सं.) [सं-पु.] अत्यंत छोटे आकार का जीव जिसे केवल सूक्ष्मदर्शक यंत्र से देखा जा सकता है।

सूक्ष्मता (सं.) [सं-स्त्री.] 1. बारीकी 2. सूक्ष्म होने का भाव।

सूक्ष्मदर्शी (सं.) [वि.] 1. कुशाग्र बुद्धि; बहुत बुद्धिमान 2. सूक्ष्म बात समझने वाला 3. एक यंत्र जिसके द्वारा छोटी से छोटी चीज़ को बड़ा करके देखा जाता है; (माइक्रोस्कोप)।

सूक्ष्मदृष्टि (सं.) [सं-स्त्री.] 1. छोटी-छोटी बातों को आसानी से समझने या देख लेने वाली दृष्टि 2. पैनी दृष्टि; अन्वेषणपरक दृष्टि 3. तत्वचेता दृष्टि।

सूक्ष्मशरीर (सं.) [सं-पु.] एक प्रकार का कल्पित भोग शरीर; लिंगशरीर (पंचप्राण, पंचज्ञानेंद्रिय, पंचतन्मात्र और मन तथा बुद्धि, इन सत्रह अवयवों का समूह)।

सूक्ष्मांकन (सं.) [सं-पु.] किसी वस्तु, विद्या या कला के विविध पक्षों का अति गहन अध्ययन तथा उनकी विवेचना।

सूक्ष्माकार (सं.) [वि.] अति सूक्ष्म आकार या स्वरूप का; लघ्वाकार; अण्वाकार।

सूक्ष्माणु (सं.) [सं-पु.] अतिसूक्ष्म आकार या परिमाण का अणु; अति लघु अणु।

सूक्ष्मातिसूक्ष्म (सं.) [वि.] 1. अत्यंत सूक्ष्म 2. छोटे से भी छोटा।

सूखना [क्रि-अ.] 1. गीलापन दूर होना 2. जलहीन होना; जल न

रहना 3. रस आदि से रहित होना 4. उदास होना 5. रोग, चिंता आदि से दुबला होना; दुर्बल होना 6. नष्ट होना। [मु.] **सूखकर काँटा होना** : बहुत ही क्षीण और दुर्बल हो जाना।

सूखा (सं.) [वि.] 1. जिसकी आर्द्रता सामाप्त हो गई हो; ख़ुश्क 2. वर्षा न होने के कारण होने वाली प्राकृतिक आपदा; अकाल; दुर्भिक्ष 3. निस्तेज; उदास 4. कोरा; दो टूक 5. बच्चों को होने वाला एक रोग 6. नदी किनारे की सूखी ज़मीन।

सूखापन [सं-पु.] रुखाई या शुष्कता का भाव।

सूच (सं.) [सं-पु.] कुश का अंकुर जो सुई की तरह नुकीला होता है; दर्भांकुर।

सूचक (सं.) [वि.] 1. सूचित करने वाला; सूचना देने वाला; ज्ञापक 2. किसी चीज़ अथवा तथ्य का लक्षण या भेद बताने वाला; बोधक; परिचायक।

सूचकांक (सं.) [सं-पु.] वस्तुओं के मूल्यों में होने वाली वृद्धि या ह्रास को बताने वाला आंकड़ा या लेखा।

सूचना (सं.) [सं-स्त्री.] 1. जानकारी; इत्तिला 2. विज्ञापन 3. प्रतिवेदन 4. संकेत।

सूचना-पत्र (सं.) [सं-पु.] 1. वह पत्र जिसमें सूचना हो 2. इश्तिहार; विज्ञप्ति 3. इत्तलानामा।

सूचनात्मक (सं.) [वि.] जानकारी देने वाला; सूचनाप्रद; ज्ञानवर्धक।

सूचनादाता (सं.) [सं-पु.] किसी बात की जानकारी या सूचना देने वाला व्यक्ति; सूचित करने वाला व्यक्ति।

सूचनापट्ट (सं.) [सं-पु.] लकड़ी या लोहे का बना वह पटल जिसपर सूचना लिखकर कागज़ चिपका दिया जाए; तख़्ती।

सूचनाप्रद (सं.) [वि.] 1. जिससे कोई शिक्षा या सीख मिले 2. जिससे कोई सूचना प्राप्त हो।

सूचनार्थ (सं.) [अव्य.] जानकारी हेतु; सूचना प्रदान या प्राप्त करने हेतु।

सूचिका (सं.) [सं-स्त्री.] 1. सुई 2. एक पौराणिक अप्सरा 3. केवड़ा 4. हाथी की सूँड़।

सूचिकाभरण (सं.) [सं-पु.] 1. (आयुर्वेद) एक औषधि जो मरणासन्न रोगियों की चिकित्सा के लिए सुई से उनके मस्तक पर लगाते हैं 2. साँप के काटने पर प्रयोग की जाने वाली औषधि।

सूचित (सं.) [वि.] 1. बताया हुआ; कहा हुआ 2. जिसकी सूचना दी गई हो; ज्ञापित 3. इशारे से बताया हुआ; इशारा किया हुआ; सांकेतिक।

सूची (सं.) [सं-स्त्री.] 1. तालिका 2. अनुक्रम; अनुक्रमणिका; क्रमबद्ध लेखा 3. सुई।

सूचीकरण (सं.) [सं-पु.] सूची बनाना; व्यक्तियों, वस्तुओं आदि को किसी विशेष उद्देश्य से तालिकाबद्ध करना।

सूचीपत्र (सं.) [सं-पु.] 1. सूचना पत्र 2. वह पुस्तिका जिसमें बहुत-सी चीज़ों की नामावली, विवरण, मूल्य आदि लिखा हो; तालिका; सूची।

सूचीभेद्य [वि.] 1. सूई से भेदने योग्य 2. बहुत घना।

सूचीवार (सं.+फ़ा.) [वि.] 1. सूची के अनुसार होने वाला 2. सूची में दिए गए नामों के क्रम के हिसाब से होने वाला।

सूचीशिल्प (सं.) [सं-पु.] 1. कपड़े पर सुई-डोरे से बनाए हुए बेल-बूटे या कोई आकृति; सुईकारी 2. सूचीकार्य।

सूच्यार्थ (सं.) [सं-पु.] (साहित्य) शब्दों की व्यंजना शक्ति से निकलने वाला अर्थ; व्यंग्यार्थ।

सूजन [सं-स्त्री.] 1. (चिकित्साविज्ञान) प्रदाह के पाँच लक्षणों में से एक 2. शरीर या शरीर के अंग-विशेष का चोट लगने या किसी अन्य कारण से अप्रत्याशित रूप से फूल जाना; शोथ।

सूजना [क्रि-अ.] आघात, रोग आदि के कारण कोई अंग फूल जाना; शोथ होना।

सूजा [सं-पु.] बड़े आकार की सुई; टाँकने के लिए प्रयुक्त सुई की तरह का औज़ार।

सूज़ाक (फ़ा.) [सं-पु.] मूत्रेंद्रिय का एक रोग जिसमें पेशाब में जलन और शिश्न में दर्द होता है।

सूजी [सं-स्त्री.] हलवा आदि बनाने के काम आने वाला गेहूँ का रवादार आटा।

सूझ [सं-स्त्री.] 1. सूझने की क्रिया या भाव अथवा दृष्टि; निगाह 2. सोच-विचार; होश 3. कोई नई या दूर की बात सोचना 4. कोई नई कल्पना या सोच; उद्‌भावना।

सूझ-बूझ [सं-स्त्री.] 1. बुद्धि 2. सोचने-समझने की शक्ति; समझदारी।

सूझना (सं.) [क्रि-अ.] 1. दिखाई पड़ना; नज़र आना 2. कोई बात दिमाग या ध्यान में आना; समझ में आना।

सूट (अं.) [सं-पु.] 1. वह कपड़ा जिससे पैंट-शर्ट या सलवार-कमीज़ सिलाए जाते हैं; परिधान-समूह 2. एक ही कपड़े का बना कोट और पैंट 3. सलवार और कमीज़ 4. ऐसे कपड़ों का जोड़ा जो एक साथ पहने जाते हों।

सूट-बूट (अं.) [सं-पु.] 1. सलीकेदार कपड़े और जूते 2. {ला-अ.} किसी व्यक्ति की सज-धज।

सूटकेस (अं.) [सं-पु.] 1. पहनने के कपड़े (सूट आदि) रखने का बक्स; (अटैची) 2. एक प्रकार छोटा व चपटा बॉक्स जिसमें यात्रा के समय पहनने के कपड़े रखकर ले जाते हैं।

सूठरी [सं-स्त्री.] भूसा; सठुरी।

सूत[1] [सं-पु.] 1. रेशम, रुई आदि का बारीक तागा जिससे कपड़ा बुनते हैं; धागा; डोरा; तंतु 2. कच्चा धागा 3. लंबाई नापने की एक छोटी-सी माप 4. लकड़ी आदि पर निशान डालने की डोरी।

सूत[2] (सं.) [सं-पु.] 1. रथ हाँकने वाला व्यक्ति; सारथी 2. प्राचीन काल की एक जाति; बंदी; भाट 3. सूर्य 4. बढ़ई 5. पारा 6. पुराणों की कथाएँ कहने वाला। [वि.] 1. उत्पन्न 2. प्रसूत 3. प्रेरित।

सूतक (सं.) [सं-पु.] जन्म या मृत्यु के समय का पारिवारिक अशौच।

सूतकी (सं.) [वि.] जिसे सूतक लगा हो।

सूतकैनी [सं-स्त्री.] मैदा के घोल से बनी सूतदारी कचौड़ी।

सूता (सं.) [सं-पु.] 1. धागा; सूत 2. रेशम। [सं-स्त्री.] जच्चा; प्रसूता। [वि.] सोया हुआ।

सूतिका (सं.) [सं-स्त्री.] वह स्त्री जिसे अभी हाल में बच्चा हुआ हो; जच्चा; नवप्रसूता; सद्य:प्रसूता।

सूतिकागार (सं.) [सं-पु.] 1. वह कमरा या घर जिसमें स्त्री बच्चे को जन्म देती है; सौरी; प्रसव-गृह 2. अस्पताल का वह विभाग जिसमें प्रसव करने के लिए प्रसूता स्त्रियाँ रखी जाती हैं; जच्चा-बच्चा वार्ड।

सूतिया [सं-स्त्री.] 1. सूत के आकार का एक आभूषण 2. वह स्त्री जिसने अभी हाल में बच्चे को जन्म दिया हो; सद्य; प्रसूता; जच्चा 3. वह गाय जिसने हाल ही में बच्चा जना हो।

सूती [वि.] सूत का बना हुआ; सूत का।

सूत्र (सं.) [सं-पु.] 1. तंतु; सूत 2. तागा; धागा; डोरी 3. पता; संकेत; सुराग; (क्लू) 4. किसी रासायनिक यौगिक में निहित उसके अवयव तत्वों को संकेताक्षरों द्वारा व्यक्त करना 5. तथ्यों का सांकेतिक भाषा में विवरण 6. व्यवस्था; नियम 7. वेदों और विभिन्न दर्शनशास्त्रों के गंभीर अर्थ देने वाले वाक्य 8. माध्यम; ज़रिया 9. मूल-मुद्दा 10. सिलसिला।

सूत्र-संचालन (सं.) [सं-पु.] 1. किसी कार्य का क्रियान्वयन करना 2. परोक्ष रूप में किसी घटना का संचालन करना।

सूत्रकार (सं.) [सं-पु.] 1. सूत्रों के रूप में किसी ग्रंथ की रचना करने वाला व्यक्ति; सूत्र-रचयिता 2. बढ़ई 3. जुलाहा 4. राजगीर 5. मकड़ी।

सूत्रधर (सं.) [वि.] 1. सूत्र धारण करने वाला; सूत्रधारी 2. व्यवस्थापक; संचालक।

सूत्रधार (सं.) [सं-पु.] 1. नाट्यशाला का व्यवस्थापक अथवा प्रधान नट 2. प्राचीन संस्कृत नाटकों का एक पात्र जो नाटक की कथा का अग्रिम संकेत देता चलता है 3. संचालक या व्यवस्थापक।

सूत्रपात (सं.) [सं-पु.] 1. किसी कार्य का आरंभ 2. सूत से मापने का कार्य।

सूत्रपुष्प (सं.) [सं-पु.] कपास।

सूत्रबद्ध (सं.) [वि.] सूत्र रूप में कथित अथवा रचित।

सूत्रात्मक (सं.) [वि.] सूत्र के रूप में बना या होने वाला।

सूत्रित (सं.) [वि.] 1. सूत्र के रूप में लाया या बनाया हुआ 2. व्यवस्थित 3. सूक्तिवत।

सूत्री (सं.) [सं-पु.] मंच निर्देशक। [वि.] 1. सूत्र का; सूत्र संबंधी 2. सूत्र विशिष्ट, जैसे- अष्टसूत्री योजना 3. नियमों से युक्त।

सूत्रीकरण (सं.) [सं-पु.] सूत्र का रूप देना।

सूत्रीय (सं.) [वि.] 1. सूत्र संबंधी; सूत्र का 2. जिसमें सूत्र हों।

सूथन (सं.) [सं-स्त्री.] एक प्रकार का पायजामा।

सूथनी [सं-स्त्री.] दे. सुथनी।

सूद (फ़ा.) [सं-पु.] 1. ऋण के रूप में दिए गए धन पर मिलने वाला लाभ का अंश; ब्याज 2. फ़ायदा।

सूद-दर-सूद (फ़ा.) [सं-पु.] 1. वह सूद जो मूल और ब्याज दोनों को जोड़कर लगाया जाए 2. चक्रवृद्धि ब्याज।

सूदख़ोर (फ़ा.) [सं-पु.] 1. सूद खाने वाला 2. बहुत सूद या ब्याज लेने वाला 3. ब्याज के पैसे से अपना घर या आजीविका चलाने वाला।

सूदख़ोरी (फ़ा.) [सं-स्त्री.] 1. सूद या ब्याज लेने की क्रिया 2. ब्याज के रुपयों से आजीविका चलाने का काम; ब्याज-बट्टे का रोज़गार।

सूदन (सं.) [सं-पु.] 1. वध करना; मार डालना 2. हनन 3. फेंकना 4. अंगीकार करना। [वि.] 1. विनाश करने वाला 2. मार डालने वाला।

सूदी (फ़ा.) [वि.] 1. जो सूद या ब्याज पर दी गई हो (पूँजी) 2. सूद का; सूद संबंधी 3. सूद पर लिया जाने वाला (कर्ज़)।

सून (सं.) [सं-पु.] 1. बेटा; पुत्र 2. कली 3. फूल 4. फल 5. जनन; प्रसव। [वि.] 1. शून्य; रिक्त; ख़ाली; एकांत; निर्जन 2. जनमा हुआ 3. खिला हुआ।

सूना (सं.) [वि.] 1. शून्य; ख़ाली 2. जनहीन; जहाँ लोगों की आवाजाही न हो; एकांत। [सं-पु.] एकांत स्थान।

सूनापन [सं-पु.] सूना लगना; शून्यता; सन्नाटा; तनहाई।

सूप[1] [सं-पु.] 1. अनाज फटकने के लिए बाँस एवं सरकंडे की तीलियों से बना एक पात्र; छाज 2. कपड़े या सन का झाड़ू, जिससे जहाज के डेक आदि साफ किए जाते हैं 3. एक प्रकार का काला कपड़ा।

सूप[2] (सं.) [सं-पु.] 1. पकाई हुई दाल या उसका पानी 2. रसा; रसेदार तरकारी 3. मसाला 4. बरतन; मर्तबान 5. रसोइया।

सूपकार (सं.) [सं-पु.] 1. रसोइया; बावरची 2. वह जो खाना बनाता है।

सूपड़ा [सं-पु.] 1. सूप; छाज 2. झाड़ू। [मु.] **-साफ़ होना** : पूर्ण रूप से पराजित होना; सब कुछ हाथ से निकल जाना।

सूफ़ (अ.) [सं-पु.] 1. ऊन; पशम 2. स्याही की दवात में डाला जाने वाला लत्ता या चिथड़ा 3. गोटा बुनने का बाना 4. घाव में भरा जाने वाला कपड़ा।

सूफ़ियाना (अ.) [वि.] 1. सूफ़ियों जैसा सादा परंतु सुंदर 2. हलका 3. बढ़िया।

सूफ़ी (अ.) [सं-पु.] 1. उदार विचारों वाले मुसलमानों का एक रहस्यवादी संप्रदाय जिसमें तपस्या और प्रेम को ईश्वर प्राप्ति का माध्यम माना जाता है 2. वह जो कंबल या पशमीना ओढ़ता हो 3. सूफ़ी संप्रदाय का संत या अनुयायी। [वि.] पवित्र और स्वच्छ।

सूबा (अ.) [सं-पु.] देश का कोई भाग या खंड, जिसमें कई ज़िले शामिल हों; प्रांत; प्रदेश।

सूबेदार (अ.+फ़ा.) [सं-पु.] 1. प्राचीनकाल में सूबे अर्थात प्रांत का प्रधान अधिकारी अथवा प्रादेशिक शासक; (गवर्नर) 2. वर्तमान में फ़ौज का एक छोटा अधिकारी।

सूबेदारी (अ.+फ़ा.) [सं-स्त्री.] सूबेदार का ओहदा या पद; सूबेदार का कार्य।

सूम (अ.) [वि.] कंजूस; कृपण।

सूयाँ [सं-स्त्री.] टूटी हुई चारपाई की रस्सी।

सूर[1] (सं.) [सं-पु.] 1. सूर्य 2. ज्ञानी व्यक्ति; विद्वान व्यक्ति 3. बहुत बड़ा पंडित; आचार्य 4. पिंगला नाड़ी (पिंगला का पर्याय) शूल।

सूर[2] (फ़ा.) [सं-पु.] 1. ख़ुशी; प्रसन्नता; आनंद; हर्ष 2. लाल रंग 3. घोड़े, ऊँट आदि का ख़ाकी रंग जो कुछ कालापन लिए होता है 4. अफ़गानिस्तान की एक जाति; एक नगर का नाम।

सूर[3] (अ.) [सं-पु.] नरसिंहा नामक बाजा।

सूरज (सं.) [सं-पु.] सूर्य। [मु.] **-को दीपक दिखाना** : किसी प्रसिद्ध, श्रेष्ठ या महान व्यक्ति का परिचय देना।

सूरजमुखी (सं.) [सं-पु.] 1. एक पौधा जिसमें पीले रंग का फूल लगता है 2. उक्त फूल का मुख प्रायः सूर्य की ओर ही रहता है।

सूरत[1] (सं.) [सं-पु.] गुजरात राज्य का एक प्रसिद्ध नगर।

सूरत[2] (अ.) [सं-स्त्री.] 1. रूप; आकृति; शक्ल 2. हालत; स्थिति 3. भेष 4. किसी वस्तु का बाह्य रूप 5. उपाय 6. चित्र 7. कुरान का एक अध्याय। [मु.] **-दिखाना** : मिलने के लिए सामने आना।

सूरतपरस्त (अ.+फ़ा.) [वि.] 1. रूप की पूजा करने वाला 2. सौंदर्य की पूजा करने वाला 3. मूर्तिपूजक।

सूरतहराम (अ.+फ़ा.) [वि.] 1. सौंदर्य से धोखा देने वाला; जिसकी सूरत से धोखा हो 2. जो ऊपर से अच्छा तथा भीतर से बुरा हो।

सूरती [सं-स्त्री.] पुरानी चाल की एक प्रकार की तलवार।

सूरदास (सं.) [सं-पु.] 1. ब्रज भाषा के प्रसिद्ध वैष्णव कवि और महात्मा जो दृष्टिहीन थे; कृष्णभक्ति शाखा के एक भक्तिकालीन कवि 2. {ला-अ.} अंधा व्यक्ति।

सूरन (सं.) [सं-पु.] एक प्रकार का कंद जो स्वाद में कसैला होता है; ओल।

सूरबार [सं-पु.] पायजामा।

सूरमल्लार (सं.) [सं-पु.] (संगीत) वर्षा ऋतु में दिन के दूसरे पहर में गाया जाने वाला सारंग और मल्लार के योग से बना राग।

सूरमा (सं.) [सं-पु.] योद्धा; शूरवीर; बहादुर।

सूरा (अ.) [सं-पु.] कुरान का कोई अध्याय।

सूराख़ (फ़ा.) [सं-पु.] छेद; छिद्र।

सूरि (सं.) [सं-पु.] 1. सूर्य 2. यज्ञ कराने वाला पुरोहित; ऋत्विज 3. विद्वान; आचार्य 4. जैनाचार्यों की उपाधि 5. कृष्ण का एक नाम ।

सूरी[1] (सं.) [सं-स्त्री.] 1. विद्वान स्त्री; विदुषी; पंडिता 2. (पुराण) सूर्य की पत्नी 3. राई।

सूरी[2] (फ़ा.) [सं-पु.] भारत का एक मुस्लिम राजवंश। [वि.] सूर जाति का; सूर जाति से संबंधित।

सूर्त [सं-पु.] दे. सुर्तवनियाँ।

सूर्य (सं.) [सं-पु.] सूरज; एक ऐसा तारा जिसके चारों ओर पृथ्वी आदि ग्रह चक्कर लगाते हैं।

सूर्यकमल (सं.) [सं-पु.] सूरजमुखी का फूल।

सूर्यकांत (सं.) [सं-पु.] 1. एक तरह का स्फटिक या बिल्लौर 2. आतशी शीशा 3. (संगीत) एक प्रकार का ताल।

सूर्यग्रहण (सं.) [सं-पु.] 1. पृथ्वी और सूर्य के बीच में चंद्रमा के आ जाने के कारण होने वाला ग्रहण या खगोलीय घटना 2. (हठयोग) वह अवस्था जब प्राण पिंगला नाड़ी से उठकर कुंडलिनी में पहुँचते हैं।

सूर्यतनया (सं.) [सं-स्त्री.] यमुना या कालिंदी नामक नदी।

सूर्यनमस्कार (सं.) [सं-पु.] एक विशिष्ट प्रकार का व्यायाम।

सूर्यमंडल (सं.) [सं-पु.] 1. सूर्य का घेरा 2. एक गंधर्व।

सूर्यमणि (सं.) [सं-पु.] 1. एक फूल 2. सूर्यकांत मणि।

सूर्यवंश (सं.) [सं-पु.] (जनश्रुति) क्षत्रियों के दो प्रमुख वंशों में से एक जिसकी उत्पत्ति सूर्य से मानी जाती है।

सूर्यवंशी (सं.) [सं-पु.] सूर्यवंश में जन्म लेने वाला व्यक्ति। [वि.] सूर्यवंश से संबंधित; सूर्यवंश का।

सूर्यावर्त (सं.) [सं-पु.] 1. एक प्रकार का सिर दर्द; अधकपारी; आधासीसी 2. हुरहुर का पौधा 3. समाधि का एक प्रकार।

सूर्यास्त (सं.) [सं-पु.] 1. सूर्य का अस्त होना 2. सूर्य के डूबने का समय; संध्या; साँझ।

सूर्योदय (सं.) [सं-पु.] 1. सूर्य का उदित होना या निकलना 2. सूर्य के उगने का समय; प्रातःकाल; सवेरा।

सूर्योन्मुख (सं.) [वि.] सूर्य की ओर उन्मुख।

सूर्योपासक (सं.) [सं-पु.] सूर्य की उपासना या पूजा करने वाला व्यक्ति।

सूर्योपासना (सं.) [सं-स्त्री.] सूर्य की उपासना।

सूलना [क्रि-स.] 1. नुकीली चीज़ से छेदना 2. कष्ट या तकलीफ़ देना। [क्रि-अ.] 1. नुकीली चीज़ गड़ना 2. पीड़ित होना।

सूली (सं.) [सं-स्त्री.] 1. प्राचीन काल में अपराधियों को प्राण-दंड देने हेतु प्रयुक्त उपकरण; सलीब 2. {ला-अ.} अत्यधिक कष्ट या परेशानी की स्थिति। [मु.] **-पर जान टँगी रहना** : घोर संकट में होना।

सूसा [सं-स्त्री.] छछूँदर जैसे मुँह वाली मछली।

सूहा (पं.) [सं-पु.] 1. एक प्रकार का गहरा लाल रंग 2. (संगीत) दिन के द्वितीय प्रहर के अंत में गाया जाने वाला एक संकर राग। [वि.] लाल।

सृक (सं.) [सं-पु.] 1. भाला; बरछा 2. बाण; तीर 3. शूल 4. हवा; वायु।

सृजक (सं.) [सं-पु.] सृजन करने वाला; रचने वाला।

सृजन (सं.) [सं-पु.] 1. उत्पन्न या जन्म देने की क्रिया या भाव; सर्जन; रचना 2. सृष्टि; उत्पत्ति।

सृजनशील (सं.) [वि.] 1. रचना करने वाला 2. रचनारत; रचना में प्रवृत्त।

सृजनशीलता (सं.) [सं-स्त्री.] रचनात्मकता; सर्जनशीलता; सृजन (निर्माण) करने की शक्ति।

सृजनहार (सं.) [वि.] 1. सृष्टिकर्ता; स्रष्टा 2. बनाने वाला; सृजन करने वाला।

सृजनात्मक (सं.) [वि.] 1. सृजनशील; रचनात्मक 2. निर्माण करने की शक्तिवाला।

सृजनात्मकता (सं.) [सं-स्त्री.] रचनात्मकता; सर्जनात्मकता; किसी वस्तु, विचार, कला, साहित्य आदि के क्षेत्र में कुछ नया रचने, आविष्कार करने या पुनर्सृजित करने की शक्ति या क्षमता।

सृत (सं.) [सं-पु.] 1. धोखा या चकमा देकर शत्रु पर प्रहार करने वाला व्यक्ति 2. गमन 3. पलायन। [वि.] 1. सरका हुआ; खिसका हुआ 2. गत 3. विचलित।

सृति (सं.) [सं-स्त्री.] 1. पथ; रास्ता; मार्ग 2. चलना; गमन 3. धीरे से जाना; खिसकना; सरकना 4. आवागमन 5. आचरण।

सृष्टि (सं.) [सं-स्त्री.] 1. रचना; निर्माण 2. निर्मित वस्तु; निर्मिति 3. पैदाइश; उत्पत्ति 4. जगत; विश्व; संसार 5. प्रकृति 6. निर्माण की क्रिया; रचना-प्रक्रिया।

सृष्टिकर्ता (सं.) [वि.] (पुराण) सृष्टि करने वाला; सृष्टि की रचना करने वाला। [सं-पु.] ब्रह्मा; ईश्वर; परमात्मा।

सृष्टिपूर्व (सं.) [वि.] सृष्टि के अस्तित्व से पहले का; संसार की रचना से पूर्व का।

सृष्टिविज्ञान (सं.) [सं-पु.] वह विज्ञान जिसमें इस बात का विवेचन होता है कि ब्रह्माण्ड में ग्रह, तारे, नक्षत्र आदि किस प्रकार उत्पन्न होते, बढ़ते और अंत में नष्ट हो जाते हैं; सृष्टि की उत्पत्ति और विकास का विवेचन करने वाला शास्त्र या विज्ञान; ब्रह्मांडविज्ञान; (कोस्मोलॉजी)।

से (सं.) [पर.] 1. एक कारकीय परसर्ग; करण और अपादान कारकों का चिह्न 2. 'सा' का बहुवचन रूप जो समान या तुल्य अर्थों में प्रयुक्त होता है, जैसे- वह चाकू से आम काटता है। मैंने नौकर से पत्र भिजवाया। 3. कारण सूचक, जैसे- वह बुख़ार से पीड़ित है। 4. तुलना के अर्थ में, जैसे- मोहन सोहन से तेज़ है। 5. (अपादान कारक का सूचक) अलग होने के अर्थ में, जैसे- पेड़ से पत्ते गिरे।

सेंकना [क्रि-स.] दे. सेकना।

सेंचनी [सं-स्त्री.] खाट की बुनाई में रस्सियों को अलग करने वाली रस्सी का टुकड़ा।

सेंचियाना [क्रि-स.] खाट की बुनाई में रस्सियों को अलग करना।

सेंट (अं.) [सं-पु.] 1. सुगंधित द्रव्य 2. इत्र 3. ख़ुशबू; महक; गंध।

सेंटर (अं.) [सं-पु.] 1. केंद्र 2. मध्यबिंदु 3. केंद्र बिंदु का स्थान।

सेंटी [सं-स्त्री.] सिनैठी।

सेंटीग्रेड (अं.) [सं-पु.] ताप नापने का पैमाना।

सेंट्रल (अं.) [वि.] 1. केंद्रीय 2. मध्य 3. मुख्य; प्रधान 4. केंद्र संबंधी।

सेंडविच (अं.) [सं-पु.] डबल रोटी के दो टुकड़ों के बीच मक्खन और सब्ज़ियाँ या मांस आदि भरकर बनाया जाने वाला व्यंजन।

सेंत [अव्य.] 1. मुफ्त में; बिना दाम दिए 2. नाहक; व्यर्थ।

सेंत-मेंत [क्रि.वि.] 1. मुफ़्त में; फ़्री में 2. बिना कुछ किए या दिए; नाहक।

सेंद्रिय (सं.) [वि.] 1. जिसमें इंद्रियाँ हों 2. जिसमें अनुभूति हो 3. जैव (जीव-जंतु)।

सेंध [सं-स्त्री.] 1. चोरी करने के उद्देश्य से चोरों द्वारा दीवार में किया गया बड़ा छेद जिसमें से होकर चोर किसी कमरे या कोठरी में घुसता है 2. नकब गोरख-ककड़ी; फूट 3. पेंहँटा; कचरी।।

सेंधना [क्रि-अ.] चोरी के उद्देश्य से सेंध लगाना।

सेंधमार [सं-पु.] घर में सेंध लगा कर प्रवेश करने वाला चोर; संधिचोर।

सेंधमारी [सं-स्त्री.] सेंध मारने की क्रिया; चोर आदि असामाजिक तत्वों द्वारा चोरी या उत्पात के उद्देश्य से दीवार को तोड़कर छेद या सुरंग बनाना।

सेंधा [सं-पु.] एक प्रकार का खनिज नमक जो पाकिस्तान की खानों से निकलता है।

सेंधि [सं-स्त्री.] 1. चोरी करने के लिए दीवार में किया हुआ बड़ा छेद, जिसमें से होकर चोर किसी कमरे में घुसता है 2. सेंधा नमक।

सेंधिया [सं-पु.] सेंध लगाकर चोरी करने वाला व्यक्ति; सेंधमार चोर।

सेंधुआर [सं-पु.] एक मांसाहारी जंतु।

सेंसर (अं.) [सं-स्त्री.] प्रतिबंध; काट-छाँट; किसी समाचार या लेख इत्यादि के मुद्रण एवं प्रसारण आदि पर किया गया नियंत्रण।

सेंसर बोर्ड (अं.) [सं-पु.] भारत में फ़िल्मों, टीवी धारावाहिकों, टीवी विज्ञापनों और विभिन्न दृश्य सामग्री की समीक्षा करने संबंधी विनियामक निकाय, जो भारत सरकार के सूचना एवं प्रसारण मंत्रालय के अधीन है। इसी को फ़िल्म तथा विभिन्न दृश्य सामग्री को विभिन्न श्रेणी प्रदान करने का और स्वीकार या अस्वीकार करने का अधिकार है।

सेंसस (अं.) [सं-पु.] जनगणना।

सेंसेक्स (अं.) [सं-स्त्री.] संवेदनशील सूचकांक।

सेंक [सं-पु.] 1. सेकने की क्रिया या भाव 2. ताप; गरमी 3. शरीर के किसी अंग पर गरम वस्तु से पहुँचाई जाने वाली गरमी; टकोर 4. किसी तरह का सामान्य कष्ट या संकट।

सेक (सं.) [सं-पु.] 1. 1. पानी से सींचने की क्रिया; सिंचाई 2. छिड़काव 3. अभिषेक 4. तेल आदि की मालिश 5. आर्द्र करना 6. एक प्राचीन जनपद 7. तर्पण 8. किसी द्रव पदार्थ की बूँद।

सेकंड (अं.) [सं-पु.] 1. मिनट का साठवाँ भाग 2. क्षण; पल 3. समय का एक छोटा परिमाण। [वि.] 1. द्वितीय; दूसरा; दुबारा 2. गौण 3. सहायक 4. अनुपूरक।

सेकना [क्रि-स.] 1. आग पर पकाना; भूनना 2. गरम करना 3. कपड़ा आदि गरम करके पीड़ित के अंग पर ताप पहुँचाना।

सेकुलर (अं.) [वि.] 1. सभी धर्मों के प्रति एक समान भाव रखने वाला; धर्मनिरपेक्ष; पंथनिरपेक्ष 2. जिसका संबंध किसी धार्मिक संप्रदाय या धर्म से न हो।

सेकेंडरी (अं.) [वि.] 1. माध्यमिक 2. गौण 3. सहायक 4. अतिरिक्त।

सेक्टर (अं.) [सं-पु.] 1. क्षेत्र; खंड 2. किसी नगर का बड़ा मोहल्ला; नगर खंड।

सेक्रेटरी (अं.) [सं-पु.] 1. किसी संस्था या संगठन के कार्य संचालन के लिए उत्तरदायी व्यक्ति; सचिव 2. किसी सभा का मंत्री 3. किसी विभाग का उच्च अधिकारी।

सेक्रेटेरियट (अं.) [सं-पु.] सचिवालय; सचिव स्तर के अधिकारियों का कार्यालय।

सेक्शन (अं.) [सं-पु.] 1. विभाग; अनुभाग 2. धारा 3. भाग; टुकड़ा; हिस्सा।

सेक्स (अं.) [सं-पु.] 1. यौन-क्रिया; मैथुन; सहवास 2. नर और मादा होने की स्थिति; लिंग; (जेंडर)।

सेगोन [सं-पु.] मटमैले रंग की लाल मिट्टी जो नालों के पास पाई जाती है।

सेचक (सं.) [वि.] 1. सींचने वाला 2. पानी से तर करने वाला। [सं-पु.] बादल; मेघ।

सेचन (सं.) [सं-पु.] 1. भूमि को पानी से सींचना; सिंचाई 2. पानी के छींटे देना; छिड़काव 3. अभिषेक 4. धातुओं की ढलाई।

सेज[1] (सं.) [सं-स्त्री.] 1. सोने का स्थान 2. शय्या 3. विवाहित युगल के सोने का पलंग।

सेज[2] (अं.) [सं-पु.] विशेष आर्थिक क्षेत्र; (स्पेशल इकोनॉमिक ज़ोन)।

सेजपाल [सं-पु.] प्राचीन समय में राजा की शय्या पर पहरा देने वाला सैनिक।

सेट (अं.) [सं-पु.] एक ही तरह की चीज़ों का समूह। [वि.] स्थित; दृढ़।

सेटलमेंट (अं.) [सं-पु.] 1. समझौता; समाधान 2. बसने की क्रिया 3. बंदोबस्त।

सेठ (सं.) [सं-पु.] 1. व्यापारी 2. महाजन; बड़ा साहूकार 3. धनवान या संपन्न व्यक्ति 4. एक जाति।

सेठन [सं-पु.] झाड़ू; बुहारी।

सेठा [सं-पु.] मूँज या सरकंडे के सींके का निचला मोटा मजबूत हिस्सा जो मोढ़े आदि बनाने के काम में आता है; कन्ना 2. एक प्रकार की घास जो छप्पर छाने के काम में आती है 3. जुलाओं की वह पोली लकड़ी, जिसमें ऊरी फँसाई जाती है।

सेठानी (सं.) [सं-स्त्री.] 1. (सेठ का स्त्रीलिंग रूप) महाजन स्त्री 2. सेठ की पत्नी।

सेत [सं-पु.] 1.सेतु 2. धौरा बादल। [वि.] 1.श्वेत 2. स्पष्ट; साफ 3. कीर्ति; यश; मर्यादा।

सेतंजनी [सं-स्त्री.] मुँह सफ़ेद और काली आँखों वाला घोड़ा।

सेतु (सं.) [सं-पु.] 1. बंधन 2. पुल; बाँध 3. हद; मर्यादा; सीमा 4. वरुण वृक्ष 5. ओम; प्रणव 6. मेंड़ 7. पहाड़ का तंग रास्ता 8. ग्रंथ की टीका या व्याख्या।

सेतुक (सं.) [सं-पु.] 1. छोटा पुल; पुलिया 2. जलाशय का बाँध 3. वरुण नामक वृक्ष।

सेतुबंध (सं.) [सं-पु.] (रामायण) राम के लंका गमन के समय नल-नील तथा वानर सेना द्वारा बनाया गया पुल।

सेथिया [सं-पु.] आँख, गुदा, मूत्रेंद्रिय आदि का इलाज करने वाला चिकित्सक।

सेना (सं.) [सं-स्त्री.] 1. युद्ध कौशल से संपन्न सशस्त्र व्यक्तियों का दल 2. विशेष कार्य हेतु संगठित दल 3. वाहिनी 4. फ़ौज।

सेनाधिकारी (सं.) [सं-पु.] सेनानायक; सेना का अफ़सर।

सेनाध्यक्ष (सं.) [सं-पु.] सेनापति; सेना का अफ़सर।

सेनानायक (सं.) [सं-पु.] सेनापति।

सेनानी (सं.) [सं-पु.] सेनापति; सिपहसलार; सेना का नायक।

सेनापति (सं.) [सं-पु.] सेना का नेतृत्व करने वाला अधिकारी; सेना का अगुआ; सेनानायक; सिपहसालार।

सेनापत्य (सं.) [सं-पु.] सेनापति होने की अवस्था, पद या भाव।

सेनावाहक (सं.) [सं-पु.] सैनिकों को एक स्थान से दूसरे स्थान पर पहुँचाने वाला वाहन।

सेफ़ (अं.) [सं-स्त्री.] लोहे आदि की बनी मज़बूत अलमारी जिसमें व्यक्ति रुपया, गहने, ज़ेवर आदि रखता है; तिजोरी।

सेफ़टी बेल्ट (अं.) [सं-पु.] बचाव पेटी।

सेफ़टी वाल्व (अं.) [सं-पु.] सुरक्षा कपाट।

सेब (फ़ा.) [सं-पु.] एक प्रसिद्ध पेड़ और उसका फल जिसका गूदा बहुत मुलायम और मीठा होता है, जैसे- कश्मीरी सेब।

सेम [सं-स्त्री.] एक प्रकार की फली जिसका उपयोग तरकारी बनाने में होता है; शिंबी।

सेमई [सं-पु.] सेम की तरह का हलका सब्ज़ रंग। [वि.] सेम की तरह हलके सब्ज़ रंग का।

सेमर [सं-पु.] दलदली जमीन।

सेमल (सं.) [सं-पु.] एक उष्णकटिबंधीय वृक्ष जिसमें लाल फूल लगते हैं और जिसके फलों में रुई होती है।

सेमिकोलन (अं.) [सं-पु.] एक विराम चिह्न; अर्द्ध विराम।

सेमिटिक (अं.) [वि.] अरबी और यहूदी जातियाँ; सामी।

सेमिनार (अं.) [सं-पु.] 1. संगोष्ठी 2. परिसंवाद 3. विचार-गोष्ठी।

सेमीफाइनल (अं.) [सं-पु.] किसी प्रतियोगिता में आख़िरी मैच से पहले खेले जाने वाले दो मैच जिसमें सफल हुई दो टीमें या खिलाड़ी ही प्रतियोगिता के फ़ाइनल मैच में खेलते हैं।

सेमेस्टर (अं.) [सं-पु.] छमाही; सत्रार्ध; सेमेस्टर।

सेर (सं.) [सं-पु.] 1. माप-तौल की मीट्रिक प्रणाली लागू होने से पहले एक प्रकार की तौल जो सोलह छटाँक या अस्सी तोले की होती थी 2. मन का चालीसवाँ भाग 3. एक प्रकार का धान।

सेरन [सं-स्त्री.] एक प्रकार की घास जो राजपूताना, बुंदेलखंड और मध्य भारत में होती है।

सेरा[1] [सं-पु.] 1. चारपाई में सिरहाने की ओर की पाटी या लकड़ी 2. सेर भर का मान या बटखरा।

सेरा[2] (फ़ा.) [सं-पु.] सींची हुई ज़मीन।

सेरूआ [सं-पु.] 1. स्वर्णकर; सुनार; वैश्य 2. (वेश्याओं की भाषा में) मुजरा सुनने आने वालों की संज्ञा।

सेल (अं.) [सं-पु.] 1. (जीवविज्ञान) कोशिका 2. एक विद्युत उत्पादक यंत्र 3. विक्रय; बिक्री 4. प्रकोष्ठ।

सेला (सं.) [सं-पु.] 1. एक प्रकार का तिल्लेदार रेशमी दुपट्टा 2. रेशमी साफ़ा या चादर।

सेलिया [सं-पु.] एक प्रकार का घोड़ा।

सेली [सं-स्त्री.] 1. छोटा दुपट्टा या साफ़ा 2. बरछी 3. वह माला

जो योगी गले में पहनते या सिर पर लपेटते हैं 4. एक प्रकार का आभूषण।

सेलेक्शन (अं.) [सं-पु.] 1. चयन; चुनाव 2. प्रवरण; वरण।

सेलेक्शन बोर्ड (अं.) [सं-पु.] चयन मंडल।

सेल्यूट (अं.) [सं-पु.] सलामी; अभिवादन; प्रणाम।

सेल्यूलाइड (अं.) [सं-पु.] सिनेमा का परदा।

सेल्हा [सं-पु.] 1. एक प्रकार का अगहनी धान, जो बहुत दिनों तक खराब नहीं होता; एक मोटा धान।

सेल्ही [सं-स्त्री.] 1. छोटा दुपट्टा 2. गाँती 3. रेशम, सूत बाल आदि की माला।

सेव [सं-पु.] बेसन का बना नमकीन पकवान।

सेवँई [सं-स्त्री.] सेवई; दूध से निर्मित एक व्यंजन।

सेवई [सं-स्त्री.] 1. आटे या मैदे के बहुत पतले सूत जो दूध या घी में पकाकर खाए जाते हैं 2. एक प्रकार की लंबी घास।

सेवक (सं.) [सं-पु.] 1. नौकर; परिचारक; सेवा करने वाला व्यक्ति 2. भगवान का भक्त।

सेवकाई (सं.) [सं-स्त्री.] 1. सेवा; टहल 2. सेवक-भाव।

सेवटा [सं-पु.] नदियों के मुहाने या संगम पर जमा होने वाली मिट्टी।

सेवड़ा[1] [सं-पु.] सेव की तरह का एक प्रकार का पकवान।

सेवड़ा[2] (सं.) [सं-पु.] 1. जैन साधु 2. जैनों की श्वेतांबर शाखा का अनुयायी।

सेवता [सं-पु.] काठ का एक छिछला बरतन जिससे नाव में आए पानी को उलीचा जाता है।

सेवन (सं.) [सं-पु.] 1. उपयोग 2. प्रयोग; व्यवहार; इस्तेमाल 3. उपभोग।

सेवनीय (सं.) [वि.] 1. सेवन करने के योग्य 2. आराध्य; पूज्य।

सेवल [सं-पु.] ब्याह की एक रस्म।

सेवा (सं.) [सं-स्त्री.] 1. देखभाल; टहल; ख़िदमत; परिचर्या 2. आराधना; पूजा।

सेवा-टहल [सं-स्त्री.] शुश्रूषा; ख़िदमत।

सेवा-सुश्रूषा (सं.) [सं-स्त्री.] 1. पालन-पोषण 2. सेवा-टहल 3. देखभाल; देखरेख; परिचर्या।

सेवा निवृत्त (सं.) [वि.] जो सेवा या कारोबार से अलग हो चुका हो; सेवामुक्त।

सेवा निवृत्ति (सं.) [सं-स्त्री.] 1. सेवा अवधि की समाप्ति; सरकारी नौकरी या किसी सेवा से अवकाश 2. सेवा से अलग होना।

सेवा परायण (सं.) [वि.] सेवा के प्रति समर्पित; सेवानिष्ठ।

सेवा पुरस्कार (सं.) [सं-पु.] वह धन जो किसी कर्मचारी को सेवानिवृत होने के समय पुरस्कार के रूप में दिया जाता है।

सेवा मुक्त (सं.) [वि.] 1. सेवा से मुक्त या अलग किया हुआ 2. नौकरी से हटाया हुआ।

सेवाकाल (सं.) [सं-पु.] किसी सेवा या नौकरी में नियुक्त रहने की अवधि।

सेवादार (हिं.+फ़ा.) [सं-पु.] 1. वह जो गुरुद्वारे में रहकर वहाँ की व्यवस्था देखता है; सिख धर्माधिकारी 2. गुरुग्रंथ साहिब की पूजा के लिए नियुक्त व्यक्ति 3. नौकर; परिचारक।

सेवापंजी (सं.) [सं-स्त्री.] वह पुस्तिका जिसमें सरकारी कर्मचारियों की सेवाकाल की कुछ प्रमुख बातें लिखी जाती हैं।

सेवार (सं.) [सं-स्त्री.] 1. पानी के अंदर होने वाली एक प्रकार की घास 2. शैवाल।

सेवारत (सं.) [वि.] सेवा में रत रहने वाला; सेवा में लगा हुआ।

सेवावृत्ति (सं.) [सं-स्त्री.] 1. सेवा के बदले प्राप्त धन 2. नौकरी 3. दासत्व 4. चाकरी की जीविका।

सेविका (सं.) [सं-स्त्री.] नौकरानी; परिचारिका; दासी।

सेवित (सं.) [वि.] 1. जिसकी सेवा की जाए या की गई हो 2. प्रयोग किया जाने वाला 3. उपभोग किया हुआ।

सेवी (सं.) [वि.] 1. सेवन करने वाला 2. किसी प्रकार की सेवा करने वाला 3. उपभोग करने वाला 4. आदी 5. पूजा या उपासना करने वाला।

सेव्य (सं.) [सं-पु.] स्वामी; मालिक। [वि.] 1. जिसकी सेवा करना आवश्यक या उचित हो 2. जिसकी पूजा या आराधना की जाए 3. सेवन करने के योग्य 4. जिसकी रक्षा करना आवश्यक हो।

सेशन (अं.) [सं-पु.] 1. संसद, न्यायालय, शिक्षालय आदि संस्थाओं की एक निश्चित अवधि जिसके दौरान ये संस्थाएँ निरंतर कार्य करती हैं; सत्र 2. अधिवेशन।

सेश्वर (सं.) [वि.] ईश्वरयुक्त; जिसमें ईश्वर की सत्ता मानी गई हो।

सेसर (फ़ा.) [सं-पु.] 1. जालसाज़ी; धोख़ेबाज़ी 2. ताश का एक खेल।

सेसरिया [सं-पु.] 1. धूर्त; चालबाज़; धोखेबाज़ 2. छल-कपट करके दूसरों का माल हड़पने वाला; जालिया।

सेहत (अ.) [सं-स्त्री.] 1. आरोग्य; स्वास्थ्य 2. रोगमुक्ति 3. चैन; राहत।

सेहतमंद (अ.+फ़ा.) [वि.] स्वस्थ; तंदुरुस्त।

सेहर [सं-पु.] भेड़-बकरियों का समूह।

सेहरा [सं-पु.] 1. फूल आदि से बनी माला की पंक्ति जो दूल्हे के सिर पर बाँधी जाती है और सिर के नीचे मुख की ओर लटकती रहती है; मौर 2. सेहरा या मौर बाँधने के समय गाया जाने वाला गाना 3. कब्र के ताखे पर रखी जाने वाली फूलों की माला। [मु.] **-बँधना** : श्रेय प्राप्त होना। **-सिर बँधना** : श्रेय प्राप्त होना।

सेहा [सं-पु.] कुआँ खोदने वाला मजदूर।

सेही (सं.) [सं-स्त्री.] लोमड़ी के आकार का एक जंतु जिसकी पीठ पर नुकीले काँटे होते हैं; साही।

सेहुआँ [सं-पु.] एक प्रकार का चर्मरोग।

सेहू [सं-पु.] एक रोग जिससे अन्न के दाने काले पड़ जाते हैं।

सैंडिल (अं.) [सं-पु.] एक विशेष प्रकार का जूता; खुला जूता; एक विशेष प्रकार की चप्पल जिसमें पीछे पट्टी लगी होती है जो एड़ी को कसे रखती है।

सैंतना (सं.) [क्रि-स.] 1. संचित या इकट्ठा करना 2. समेटना 3. सँभालना; सहेजना।

सैंतालीस [वि.] संख्या '47' का सूचक।

सैंधव (सं.) [वि.] 1. सिंध प्रांत या प्रदेश का 2. सिंधु या समुद्र संबंधी 3. सिंधु या समुद्र में उत्पन्न। [सं-पु.] 1. सिंध प्रांत या प्रदेश का निवासी 2. एक प्रकार का लवण या नमक; सेंधा नमक 3. सिंध प्रांत या प्रदेश का घोड़ा; सिंधी घोड़ा।

सैंधवी (सं.) [सं-स्त्री.] (संगीत) ग्रीष्म ऋतु के चौथे पहर में गाई जाने वाली एक प्रकार की रागिनी।

सैंपल (अं.) [सं-पु.] नमूना, प्रतिदर्श, सैंपल।

सैकड़ा [सं-पु.] 1. सौ का समूह 2. सौ।

सैकत (सं.) [वि.] 1. रेतीला; बलुआ; दोमट 2. रेत या बालू का बना हुआ; धूलिमय। [सं-पु.] 1. नदी आदि का रेतीला तट; रेती 2. रेतीला जमीन या मिट्टी।

सैक्सी (अं.) [वि.] 1. आकर्षक 2. सुंदर 3. कामुक।

सैद्धांतिक (सं.) [सं-पु.] 1. सिद्धांतों पर चलने वाला व्यक्ति 2. तांत्रिक। [वि.] सिद्धांत संबंधी।

सैन (सं.) [सं-स्त्री.] 1. शरीर के किसी अंग से किया गया संकेत 2. निशान; चिह्न 3. लक्षण। [सं-पु.] बाज़ पक्षी।

सैनिक (सं.) [सं-पु.] 1. सेना या फ़ौज का सिपाही; फ़ौजी आदमी 2. पहरेदार; संतरी। [वि.] सेना का; सेना संबंधी।

सैनिक न्यायालय (सं.) [सं-पु.] वह विशिष्ट न्यायालय जो सेना विभाग में होने वाले अपराधों पर विचार और निर्णय करता है।

सैन्य (सं.) [वि.] 1. सेना का 2. सेना से संबंधित।

सैन्य कक्ष (सं.) [सं-पु.] सेना का पार्श्व भाग

सैन्य शक्ति (सं.) [सं-स्त्री.] सेना की ताकत।

सैन्य संचालक (सं.) [सं-पु.] सेना का संचालन करने वाला।

सैन्यसज्जा (सं.) [सं-स्त्री.] 1. सेना को आवश्यक अस्त्र-शस्त्र से सज्जित करना; सैनिक तैयारी 2. हथियारबंदी।

सैन्यीकरण (सं.) [सं-पु.] 1. सेना बनाना 2. लोगों को सैनिक बनाने और सैनिक सामग्री से सज्जित करने का कार्य 3. लामबंदी; शस्त्रीकरण; हथियारबंदी।

सैफ़ (अ.) [सं-स्त्री.] तलवार।

सैयद (अ.) [सं-पु.] 1. मुहम्मद साहब के नाती हुसैन के वंशजों की उपाधि 2. मुसलमानों के चार वर्गों या जातियों में से दूसरी जाति।

सैयाँ (सं.) [सं-पु.] 1. किसी स्त्री का पति 2. प्रियतम; प्रेमी।

सैयाद (अ.) [सं-पु.] 1. बहेलिया; वह जो पशु-पक्षियों को जाल में फँसाता हो; शिकारी; व्याघ्र 2. मछुआ; मल्लाह।

सैयार (अ.) [वि.] 1. भ्रमण करने वाला 2. घूमने वाला या सैर करने वाला।

सैर (फ़ा.) [सं-स्त्री.] 1. मन बहलाने के लिए किया जाने वाला आवागमन 2. भ्रमण 3. किसी रमणीय स्थल पर आमोद-प्रमोद और घूमना-फिरना।

सैर-सपाटा (फ़ा.+हिं.) [सं-पु.] मन बहलाने के उद्देश्य से घूमना-फिरना अथवा भ्रमण करना।

सैरंध्र (सं.) [सं-पु.] 1. प्राचीन काल की एक संकर जाति 2. घर में काम करने वाला नौकर।

सैरंध्री (सं.) [सं-स्त्री.] 1. घर में काम करने वाली नौकरानी 2. (महाभारत) अज्ञातवास में राजा विराट के यहाँ द्रौपदी का छद्मवेश में परिवर्तित नाम 3. दूसरे के घर में जाकर शिल्प कार्य करने वाली स्त्री।

सैरगाह (फ़ा.) [सं-पु.] 1. सैर करने हेतु उपयुक्त स्थान; घूमने-फिरने लायक जगह 2. रमणीय स्थल।

सैल (फ़ा.) [सं-पु.] 1. बाढ़; सैलाव (नदी आदि में) 2. पानी का बहाव; जलधारा।

सैलरी (अं.) [सं-स्त्री.] वेतन; तनख्वाह।

सैला [सं-पु.] 1. लकड़ी की गुल्ली या पच्चड़ जो किसी छेद या संधि में ठोंका जाए; किसी छेद में डालने या फँसाने का टुकड़ा; मेख 2. लकड़ी का छोटा डंडा 3. बैल पर रखीजाने वाली लकड़ी के जूएँ की दोनों ओर की डांडियों को फँसाने वाला टुकड़ा 4. नाव की पतवार की मुठिया 5. फसल के दाने झाड़ने के लिए प्रयोग की जाने वाली मुँगरी।

सैलानी (फ़ा.) [वि.] 1. सैर करने वाला; घुमक्कड़ 2. सैर का शौकीन 3. मनमौजी 4. बहाव संबंधी।

सैलाब (फ़ा.) [सं-पु.] 1. किसी चीज़ का काफ़ी मात्रा में होना 2. बाढ़।

सैलाबी (फ़ा.) [वि.] 1. सैलाब संबंधी; बाढ़ का 2. जो बाढ़ आने पर डूब जाता है (खेत, घर आदि)।

सैलून (अं.) [सं-पु.] 1. सजाया हुआ कमरा 2. जहाज़ों में ऊँचे दरजे के यात्रियों के रहने का कमरा 3. रेल का विशिष्ट डिब्बा 4. वह स्थान जहाँ पुरुष अपनी हजामत, फ़ेशियल आदि करवाते हैं।

सॉफ्टकॉपी (अं.) [सं-स्त्री.] ऐसी सामग्री जिसकी प्रिंट न ली गई हो; मृदु प्रति।

सॉफ्टवेयर (अं.) [सं-पु.] सॉफ्टवेयर; प्रक्रिया सामग्री।

सो (सं.) [सर्व.] 'जो' के साथ आने वाला संबंध-सूचक शब्द। [अव्य.] अत:; इसलिए।

सोंकन [सं-पु.] 1. स्लेटी रंग का बैल 2. एक प्रकार का जंगली धान।

सोंकनी [सं-स्त्री.] 1. स्लेटी रंग की गाय 2. कालापन लिए सफेद रंग।

सोंटा (सं.) [सं-पु.] 1. मोटी, लंबी व सीधी लकड़ी या छड़ी 2. लट्ठ; डंडा 3. भंग घोटने का डंडा 4. लोबिया का पौधा।

सोंठ (सं.) [सं-स्त्री.] सुखाया हुआ अदरक; शुंठी। [वि.] 1. जान-बूझ कर चुप रहने वाला 2. अति कृपण। [सं-पु.] चुप्पी; मौन।

सोंठना [क्रि-स.] पगुला अलग करना।

सोंठौरा [सं-पु.] सोंठ और मेवे-मसालों का बना एक प्रकार का लड्डू जो प्राय: प्रसूता स्त्री के लिए बनाया जाता है।

सोंधा (सं.) [सं-पु.] 1. बाल धोने का एक सुगंधित पदार्थ 2. कोई सुगंधित पदार्थ, जैसे- तेल, इत्र आदि। [वि.] 1. सुगंधित; ख़ुशबूदार 2. जो सुगंध से युक्त हो।

सोंधी (सं.) [सं-पु.] एक बढ़िया किस्म का धान या चावल।

सोआ (सं.) [सं-पु.] 1. एक पौधा 2. उक्त पौधे की पत्तियाँ, जिनका साग बनता है।

सोक[1] [सं-पु.] चारपाई बुनने के समय बुनावट में का वह छेद, जिसमें से रस्सी निवार निकालकर कसते हैं।

सोक[2] (सं.) [सं-पु.] शोक।

सोकन [सं-पु.] एक प्रकार का सफ़ेद बैल जो कुछ-कुछ लाल रंग का होता है; कैरा।

सोख (सं.) [सं-पु.] 1. सोखने की क्रिया या भाव 2. शोषण।

सोखन[1] [सं-पु.] एक प्रकार का जंगली धान जो नदी की घाटी में बलुई जमीन में बोया जाता है।

सोखन[2] (सं.) [सं-पु.] 1. शोषण 2. काम का एक बाण।

सोखना (सं.) [क्रि-स.] 1. जल या नमी चूसना 2. पानी आदि शोषित करना 3. पीना (व्यंग्य)।

सोखाई [सं-स्त्री.] 1. सोखने की क्रिया या भाव 2. सोखाने का पारिश्रमिक या मज़दूरी।

सोखिया [सं-पु.] खाट की एक विशेष बुनावट।

सोख़्त (फ़ा.) [सं-स्त्री.] 1. जलन 2. दाह।

सोख़्ता (फ़ा.) [सं-पु.] एक मोटा और खुरदरा कागज़ जो स्याही आदि तरल पदार्थ सोखने के काम आता है; स्याही सोख; स्याही चूस। [वि.] 1. जला हुआ 2. दुखी और संतप्त; विषादयुक्त।

सोग (सं.) [सं-पु.] 1. किसी के मरने का शोक 2. मातम; दुख; रंज।

सोगवार (फ़ा.) [वि.] 1. शोक से युक्त; शोकग्रस्त 2. दुखयुक्त।

सोगवारा [सं-पु.] वह स्थान जहाँ सभी व्यक्ति शोकयुक्त हों।

सोच (सं.) [सं-पु.] 1. सोचने का उपक्रम; विचार करने का भाव; चिंतन 2. चिंता; फ़िक्र 3. पछतावा; पश्चाताप 4. शोक।

सोच-विचार (सं.) [सं-पु.] 1. सोचने-समझने या विचार करने की क्रिया या भाव; सोचना-समझना 2. समझ-बूझ; गौर।

सोचना (सं.) [क्रि-अ.] 1. चिंतन करना 2. किसी विषय अथवा बिंदु पर विचार करना; विवेचना करना। [क्रि-स.] अनुमान या कल्पना करना।

सोचाना [क्रि-स.] 1. किसी को सोचने में प्रवृत्त करना 2. किसी का किसी बात की ओर ध्यान आकृष्ट करना 3. किसी को कोई सुझाव देना; सुझाना।

सोच्छ्वास (सं.) [वि.] उच्छ्वासयुक्त। [क्रि.वि.] 1. उसाँस लेते हुए; गहरी साँस भरते हुए 2. आह भरते हुए।

सोज़ (फ़ा.) [सं-पु.] 1. जलन; ताप; दाह 2. तीव्र मानसिक वेदना।

सोझघट्टी [सं-स्त्री.] नाव से सीधे इस पार से उस पार तक जाने की जगह।

सोडा (अं.) [सं-पु.] एक प्रकार का क्षार पदार्थ (एक प्रकार की क्षारयुक्त मिट्टी) जिसको रासायनिक क्रिया से साफ़ करके बनाया जाता है।

सोडा वाटर (अं.) [सं-पु.] एक प्रकार का क्षारीय पानी जिसे गैस की सहायता से बोतल में भरकर रखते हैं।

सोता (सं.) [सं-पु.] 1. जल स्रोत; स्रोत 2. नदी या झरने का उद्गम स्थल 3. झरना; चश्मा 4. किसी वस्तु या बात का मूल; मूल स्थान।

सोती [सं-स्त्री.] 1. जल का छोटा सोता 2. नदी या नहर से निकली हुई छोटी धारा।

सोते जागते [क्रि.वि.] हर हाल में।

सोत्साह (सं.) [अव्य.] उत्साहपूर्वक; उमंग से।

सोदर (सं.) [वि.] सगा।

सोदाहरण (सं.) [क्रि.वि.] उदाहरण के साथ; उदाहरण देते हुए।

सोद्देश्य (सं.) [वि.] उद्देश्य से युक्त; उद्देश्यपूर्ण।

सोधना (सं.) [क्रि-स.] 1. शुद्ध करना; साफ़ करना 2. संशोधन करना; दोष दूर करना 3. शुद्धता की परीक्षा करना 4. पता लगाना; तलाश करना 5. ठीक या दुरुस्त करना 6. ऋण चुकाना।

सोन (सं.) [सं-पु.] एक प्रसिद्ध नदी जो मध्यप्रदेश के अमरकंटक से निकलती है। [सं-स्त्री.] एक प्रकार की सदाबहार लता जिसमें पीले फूल लगते हैं। [वि.] 1. रक्तवर्ण का; लाल 2. 'सोना' का संक्षिप्त (रूप)।

सोन जूही [सं-स्त्री.] एक प्रकार की जूही जिसके फूल पीले रंग के और बहुत सुगंधित होते हैं।

सोनगुलाल [सं-पु.] एक प्रकार का लालरंग।

सोनचिरी [सं-स्त्री.] 1. नट समाज की स्त्री 2. नटी; नटिनी 3. नर्तकी।

सोनभद्र (सं.) [सं-स्त्री.] 1. बिहार की सोन नामक नदी 2. उत्तर प्रदेश का एक जनपद।

सोनरास [सं-पु.] पका हुआ सफ़ेद या पीला पान।

सोनहलुआ [सं-पु.] दे. सोहन हलुआ।

सोनहा (सं.) [सं-पु.] 1. कुत्ते की जाति का एक छोटा जंगली हिंसक जानवर जो झुंड में रहता है 2. एक प्रकार का पक्षी।

सोनहार [सं-पु.] एक प्रकार की चिड़िया।

सोना[1] (सं.) [सं-पु.] 1. एक कीमती धातु जिसके गहने बनते हैं; कंचन; स्वर्ण 2. बहुत सुंदर पदार्थ 3. राजहंस 4. मझोले आकार का एक वृक्ष। [मु.] **-खोटा निकलना** : अयोग्य सिद्ध होना। **-बरसना** : प्रचुर लाभ होना।

सोना[2] (सं.) [क्रि-अ.] 1. निंद्राग्रस्त होना 2. शयन करना; नींद लेना।

सोनी (सं.) [सं-पु.] 1. सुनार; स्वर्णकार 2. एक प्रकार का कुलनाम या सरनेम।

सोपाधिक (सं.) [वि.] 1. जिसमें कोई शर्त लगी हो 2. जिसमें कोई प्रतिबंध लगा हुआ हो 3. किसी विशिष्ट सीमा, मर्यादा आदि में बँधा हुआ 4. किसी विशेषता से युक्त; विशिष्ट।

सोपान (सं.) [सं-पु.] 1. सीढ़ी; ज़ीना 2. ऊपर चढ़ने का रास्ता 3. मोक्ष प्राप्ति का उपाय।

सोफता [सं-पु.] 1. एकांत या निर्जन स्थान 2. अवकाश या छुट्टी का समय 3. इलाज से बीमारी आदि में आने वाली कमी।

सोफ़ा (अं.) [सं-पु.] एक अच्छा गद्देदार कोच या लंबी बेंच जिसपर दो या तीन आदमी आराम से बैठ सकते हैं; एक

गद्दीदार कुरसी।

सोफ़ियाना (अ.+ फ़ा.) [वि.] 1. सूफ़ियों का; सूफ़ी संबंधी 2. जो देखने में सादा पर बहुत भला लगे।

सोभार [वि.] जिसमें उभार हो; उभारदार। [क्रि.वि.] उभरते हुए; उभरकर।

सोम (सं.) [सं-पु.] 1. सोमवार; चंद्रवार 2. एक प्राचीन लता जिसके रस का सेवन वैदिक ऋषि मादक पदार्थ के रूप में करते थे 3. उक्त लता का रस 4. चंद्रमा 5. एक प्राचीन देवता।

सोमकर (सं.) [सं-पु.] चंद्रमा की किरण; चंद्रकिरण।

सोमनाथ (सं.) [सं-पु.] 1. बारह ज्योतिर्लिंगों में से एक 2. शिव; महादेव 3. गुजरात का एक प्राचीन नगर जहाँ सोमनाथ मंदिर है।

सोमपायी (सं.) [वि.] सोमलता का रस पीने वाला।

सोमप्रदोष (सं.) [सं-पु.] सोमवार को पड़ने वाला प्रदोष व्रत।

सोमयज्ञ (सं.) [सं-पु.] वैदिक काल में होने वाला एक प्रकार का यज्ञ।

सोमरस (सं.) [सं-पु.] 1. सोमलता का रस 2. (पुराण) अमृत या देवताओं का पेय 3. मदिरा; शराब।

सोमरा [सं-पु.] 1. जुते हुए खेत का दोबारा जोता जाना; दो चरस 2. समचतुर्भुज खेत का चौड़ाई में जोता जाना।

सोमराज (सं.) [सं-पु.] चंद्रमा; सोमदेव।

सोमवंश (सं.) [सं-पु.] क्षत्रियों का चंद्रवंश।

सोमवती (सं.) [सं-स्त्री.] 1. सोमवार को पड़ने वाली अमावस्या जिसे हिंदू लोग पर्व के रूप में मनाते हैं 2. एक प्राचीन तीर्थ।

सोमवल्लरी (सं.) [सं-स्त्री.] 1. सोमलता 2. ब्राह्मी 3. चामर नामक एक प्रकार का छंद।

सोमवार (सं.) [सं-पु.] 1. सप्ताह के सात वारों या दिनों में से एक जो सोम अर्थात चंद्रमा का दिन माना जाता है; चंद्रवार 2. रविवार के बाद और मंगलवार के पहले का दिन।

सोमा (सं.) [सं-स्त्री.] 1. सोम लता 2. एक पौराणिक नदी।

सोमास्त्र (सं.) [सं-पु.] चंद्रमा का अस्त्र।

सोयम (फ़ा.) [वि.] तृतीय; तीसरा।

सोया [सं-पु.] दे. सोआ।

सोयाबीन (अं.) [सं-पु.] 1. तिलहन समूह का पौधा 2. उक्त पौधे से प्राप्त बीजों को तेल तथा अन्य खाद्य पदार्थ बनाने में प्रयोग किया जाता है।

सोरठ (सं.) [सं-पु.] 1. गुजरात का दक्षिणी-पश्चिमी क्षेत्र; सौराष्ट्र प्रदेश 2. (संगीत) ओडव जाति का एक राग।

सोरठा (सं.) [सं-पु.] (काव्यशास्त्र) अड़तालीस मात्राओं का एक छंद जिसके पहले और तीसरे चरण में ग्यारह तथा दूसरे और चौथे चरण में तेरह मात्राएँ होती हैं।

सोरही [सं-स्त्री.] 1. जुआ खेलने के निमित्त एकत्र सोलह चित्ती कौड़ियाँ 2. उक्त कौड़ियों से खेला जाने वाला जुआ।

सोर्स (अं.) [सं-पु.] स्रोत; उद्गम।

सोल (सं.) [वि.] 1. ठंडा; शीतल 2. खट्टा, कसैला और तिक्त या तीखा। [सं-पु.] 1. ठंडक 2. ज़ायका; स्वाद।

सोलंकी [सं-पु.] 1. एक क्षत्रिय वंश जिसका संस्थापक मूलराज प्रथम था 2. क्षत्रियों में एक कुलनाम या सरनेम।

सोलह [वि.] संख्या '16' का सूचक।

सोलह शृंगार [सं-पु.] शृंगार की एक विधि जिसमें सोलह प्रसाधन हैं, जैसे- अंगों में उबटन लगाना, स्नान करना, स्वच्छ वस्त्र धारण करना, माँग भरना, महावर लगाना, बाल सँवारना, तिलक लगाना, ठोढ़ी पर तिल बनाना, आभूषण धारण करना, मेहँदी रचाना, दाँतों में मिस्सी, आँखों में काजल लगाना, सुगंधित द्रव्यों का प्रयोग, पान खाना, माला पहनना, नीला कमल धारण करना।

सोलहनहाँ [सं-पु.] वह हाथी, जिसके सोलह नाखून हों।

सोला [सं-पु.] 1. एक प्रकार का झाड़ जिसके छिलके से टोप बनते हैं 2. एक प्रकार की रेशमी धोती।

सोल्यूशन (अं.) [सं-पु.] 1. हल 2. समाधन।

सोल्लास (सं.) [क्रि.वि.] 1. उल्लासपूर्वक 2. आनंद और उत्साह से।

सोवियत (रू.) [सं-पु.] 1. रूस के जन प्रतिनिधियों की सभा 2. परिषद; सभा 3. समाजवाद के सिद्धांतों पर आधारित रूस की शासन प्रणाली; रूसी प्रजातंत्र। [वि.] जहाँ उक्त प्रकार की शासन प्रणाली प्रचलित हो।

सोशल वर्कर (अं.) [सं-पु.] सामाजिक कार्यकर्ता; समाज सेवक।

सोसन (फ़ा.) [सं-पु.] 1. कश्मीर में उगने वाला एक पौधा 2. उक्त पौधे का फूल।

सोसनी (फ़ा.) [वि.] 1. सोसन के फूल के रंग का 2. लाली लिए हुए नीले रंग का। [सं-पु.] लाली मिला हुआ नीला रंग।

सोसाइटी (अं.) [सं-स्त्री.] 1. समाज 2. सोहबत; साथ; संगत 3. सार्वजनिक सभा; संस्था।

सोहगी [सं-स्त्री.] 1. विवाह की एक रस्म 2. सिंदूर, मेहँदी आदि सुहाग सूचक वस्तुएँ।

सोहन [वि.] 1. सुंदर; मोहक 2. सुहावना। [सं-पु.] 1. सुंदर व्यक्ति 2. नायक 3. एक प्रकार का पक्षी।

सोहन रेती [सं-स्त्री.] एक प्रकार की रेती जो मोटे काम के लिए उपयोग में लाई जाती है।

सोहन हलवा [सं-पु.] एक स्वादिष्ट मिठाई जिसमें घी की अधिकता होती है।

सोहनपपड़ी [सं-स्त्री.] एक प्रकार की मिठाई।

सोहना [क्रि-अ.] सुंदर लगना; सुशोभित होना; अच्छा-भला मालूम होना; उचित लगना। [वि.] मोहक; सुंदर।

सोहनी [सं-स्त्री.] 1. झाड़ू; बुहारी; सरहद 2. खेतों में उगी घास को खोदकर निकालना; निराई 3. सोहनी नाम की रागिनी 4. पंजाबी प्रेम कहानी 'सोहनी महिवाल' की नायिका। [वि.] सुंदर; सुहानी; मनभावनी।

सोहबत (अ.) [सं-स्त्री.] 1. संगति; साथ; संग; संगत 2. मंडली 3. समागम; संभोग।

सोहर [सं-पु.] घर में संतान होने पर गाया जाने वाला मंगल गीत; संतान जन्म पर मंगल गीत या बधाई गीत।

सोहला [सं-पु.] 1. घर में बच्चे के जन्म होने पर गाया जाने

वाला गीत; सोहर 2. मांगलिक गीत।

सोहाग [सं-पु.] 1. सुहाग; सौभाग्य; अहिवात 2. पति 3. सिंदूर 4. मांगलिक गीत, जो वर पक्ष की स्त्रियाँ विवाह के अवसर पर गाती हैं।

सोहागपुरी [सं-पु.] एक प्रकार का पान।

सोहारी [सं-स्त्री.] 1. बड़ी व पतली पूड़ी; पूरी 2. सुहारी।

सोहासित (सं.) [सं-पु.] ख़ुशामद; ठकुर-सुहाती।

सोहिनी [सं-स्त्री.] (संगीत) मध्य रात्रि में गाई जाने वाली षाड़व जाति की एक रागिनी। [वि.] सुंदर; शोभायमान।

सौ [वि.] संख्या '100' का सूचक। [मु.] **-बात की एक बात** : सब बातों का निचोड़।

सौंगी [सं-स्त्री.] एक प्रकार की सवारी गाड़ी।

सौंजा [सं-पु.] 1. आपसी समझौता 2. गुप्त रूप से होने वाला परामर्श 3. सौंपना; सुपुर्द करना।

सौंझरी [सं-स्त्री.] एकदम काली भैंस।

सौंतरा [सं-पु.] काले तालु का घोड़ा।

सौंदन [सं-स्त्री.] कपड़े धोने के पहले उन्हें रेह मिश्रित पानी में भिगोना।

सौंदना [क्रि-स.] 1. मिलाना; सानना 2. लिप्त करना।

सौंदर्य (सं.) [सं-पु.] 1. सुंदर होने की अवस्था या भाव 2. ख़ूबसूरती; सुंदरता; हुस्न 3. (संगीत) कर्नाटकी शैली का एक राग।

सौंदर्य मीमांसा (सं.) [सं-स्त्री.] सौंदर्य की मीमांसा; सौंदर्य-विषयक विवेचना।

सौंदर्यबोध (सं.) [सं-पु.] 1. सौंदर्य का ज्ञान 2. प्राकृतिक सुंदरता के अवलोकन एवं विवेचन से उत्पन्न होने वाला ज्ञान या अनुभव 3. सौंदर्यशास्त्र का एक पारिभाषिक शब्द।

सौंदर्यवाद (सं.) [सं-पु.] कला में सौंदर्य को प्रधानता देने वाला सिद्धांत।

सौंदर्यशास्त्र (सं.) [सं-पु.] सौंदर्य संबंधी शास्त्र; ऐसा शास्त्र जिसमें कलात्मक कृतियों, रचनाओं आदि से अभिव्यक्त होने वाले अथवा उसमें निहित सौंदर्य का तात्विक, दार्शनिक और मार्मिक विवेचन होता है।

सौंदी [सं-स्त्री.] जड़हन; एक किस्म का मोटा धान।

सौंधा (सं.) [वि.] सोंधा; सुगंधित; ख़ुशबूदार।

सौंपना (सं.) [क्रि-स.] 1. किसी चीज़ को किसी के सुपुर्द या हवाले करना 2. समर्पण करना 3. सहेजना।

सौंफ (सं.) [सं-स्त्री.] 1. एक पौधा जिसकी पत्तियाँ सोए की पत्तियों की तरह होती हैं और पीले फूल गुच्छों के रूप में लगते हैं 2. उक्त पौधे के बीज जो मसाले के काम में आते हैं।

सौंफी [सं-स्त्री.] 1. सौंफ से बनी हुई एक प्रकार की शराब 2. एक प्रकार की बीड़ी जिसकी सुरती में सौंफ का अर्क पड़ा हो। [वि.] जिसमें सौंफ मिली हो।

सौंह [सं-स्त्री.] सौगंध; शपथ; कसम।

सौंही [सं-स्त्री.] एक प्रकार का अस्त्र या हथियार।

सौकर (सं.) [वि.] 1. सुअर का; सुअर संबंधी 2. वाराह अवतार संबंधी।

सौकर्य (सं.) [सं-पु.] 1. सुकर होने की अवस्था या भाव; सुकरता 2. सुभीता; सुविधा 3. कुशलता; दक्षता।

सौकुमार्य (सं.) [सं-पु.] 1. सुकुमारता; कोमलता 2. यौवन; जवानी 3. यौवनकाल 4. काव्य का एक गुण। [वि.] कोमल; मुलायम।

सौगंध (सं.) [सं-स्त्री.] शपथ; कसम; प्रतिज्ञा।

सौगत (सं.) [सं-पु.] 1. बौद्ध धर्म 2. बौद्ध धर्मावलंबी 3. शून्यवादी। [वि.] 1. सुगत संबंधी; सुगत का 2. सुगमता को मानने वाला।

सौगतिक (सं.) [सं-पु.] 1. बौद्ध धर्मावलंबी; बौद्धभिक्षु 2. सुगत का अनुयायी 3. नास्तिक।

सौगात (तु.) [सं-स्त्री.] उपहार; भेंट; तोहफ़ा।

सौजन्य (सं.) [सं-पु.] 1. सुजन का भाव 2. उदारता 3. कृपा; अनुकंपा; करुणा 4. मित्रता।

सौजन्यपूर्ण (सं.) [वि.] सौजन्यता से परिपूर्ण; सज्जनतापूर्वक।

सौजा [सं-पु.] वह पशु या पक्षी जिसका शिकार किया जाए; सावज।

सौत (सं.) [सं-स्त्री.] पति की दूसरी पत्नी; सपत्नी; सौतन।

सौतन (सं.) [सं-स्त्री.] सौत; सपत्नी।

सौतिया [वि.] सौत संबंधी; सौत का।

सौतियाडाह [सं-पु.] (लोकमान्यता) दो सौतों में होने वाली ईर्ष्या या द्वेष।

सौतेला [वि.] 1. सौत से संबंधित रिश्ते-नाते 2. सौत से उत्पन्न।

सौत्रांतिक (सं.) [सं-पु.] बौद्धों के हीनयान के दो प्रमुख संप्रदायों में से एक।

सौदर्य (सं.) [वि.] 1. सहोदर 2. सहोदर (भाई या बहन) संबंधी 3. सहोदर जैसा।

सौदा (अ.) [सं-पु.] 1. क्रय-विक्रय; ख़रीद-फ़रोख़्त 2. वाणिज्य; व्यापार 3. क्रय-विक्रय की वस्तु या माल 4. क्रय-विक्रय के संबंध में ख़रीदने और बेचने वाले के बीच होने वाली सहमति। [मु.] **-करना** : कोई व्यापार या व्यवहार पक्का या स्थिर करना।

सौदा-सुलुफ़ (अ.) [सं-पु.] बाज़ार से ख़रीदी जाने वाली वस्तुएँ।

सौदा-सूत (अ.) [सं-पु.] 1. क्रय-विक्रय का व्यवहार; व्यापार; रोज़गार 2. ख़रीदने की वस्तु 3. कई प्रकार की वस्तुएँ।

सौदाई (अ.) [वि.] 1. जिसे पागलपन हुआ हो 2. बावला; पागल 3. प्रेमी। [मु.] **-होना** : किसी के प्रेम में पागल-सा हो जाना।

सौदागर (फ़ा.) [सं-पु.] 1. चीज़ें ख़रीदने और बेचने वाला व्यक्ति 2. व्यापारी 3. वणिक।

सौदागरी (फ़ा.) [सं-स्त्री.] 1. सौदागर का काम, पद या भाव 2. वाणिज्य; व्यापार 3. तिजारत।

सौदाबाज़ (अ.+फ़ा.) [सं-पु.] सौदेबाज़ी करने वाला व्यक्ति।

सौदामिनी (सं.) [सं-स्त्री.] 1. बादलों में चमकने वाली बिजली; विद्युत 2. दुर्गा 3. एक प्रकार की रागिनी 4. एक पौराणिक अप्सरा।

सौदाम्नी (सं.) [सं-स्त्री.] दे. सौदामिनी।

सौदेबाज़ी (अ.+फ़ा.) [सं-स्त्री.] सौदा बेचने और ख़रीदने के समय होने वाली बातचीत; मोल भाव; सौदाकारी।

सौध (सं.) [सं-पु.] 1. प्रासाद 2. बड़ा मकान 3. चूना पुता भव्य आवास 4. दूधिया पत्थर 5. एक प्रकार का रत्न।

सौपानिक (सं.) [वि.] सोपान संबंधी।

सौफिया [सं-स्त्री.] रूसा नाम की घास जब वह पुरानी और लाल हो जाती है।

सौबिगा [सं-स्त्री.] एक प्रकार की बुलबुल; यह पश्चिमी भारत को छोड़कर लगभग समस्त भारत में पाई जाती है और ऋतु के अनुसार रंग बदलती है।

सौभाग्य (सं.) [सं-पु.] 1. सुंदर या अच्छा भाग्य; ख़ुशकिस्मती 2. आनंद; सुख 3. वैभव; ऐश्वर्य; समृद्धि 4. कल्याण; मंगल 5. किसी स्त्री के सौभाग्यवती अथवा सधवा होने की स्थिति; सुहाग; अहिवात।

सौभाग्यप्रद (सं.) [वि.] 1. अच्छा 2. उपकारी; कल्याणकारी 3. सफलताप्रद 4. लाभप्रद।

सौभाग्यवती (सं.) [सं-स्त्री.] 1. वह स्त्री जिसका पति जीवित हो; सधवा; सुहागिन 2. अच्छे भाग्य वाली स्त्री।

सौभाग्यशाली (सं.) [वि.] 1. जिसका भाग्य अच्छा हो; भाग्यवान; ख़ुशकिस्मत 2. तकदीरवाला; नसीबवाला 3. शुभ 4. सफल 5. समृद्धिशाली।

सौमनस्य (सं.) [सं-पु.] 1. प्रसन्नता; तुष्टि 2. विवेक 3. संतोष। [वि.] 1. आनंददायक 2. आह्लादकारक।

सौमरा [क्रि-स.] संबा; दूसरी बार की जुताई।

सौमित्र (सं.) [सं-पु.] 1. सुमित्रा के पुत्र; लक्ष्मण 2. मित्रता; दोस्ती। [वि.] सुमित्रा का; सुमित्रा संबंधी।

सौम्य (सं.) [सं-पु.] 1. (पुराण) पृथ्वी के नौ खंडों में से एक 2. एक वैदिक ऋषि 3. औदुंबर नामक वृक्ष 4. एक पौराणिक दिव्यास्त्र 5. मृगशिरा नक्षत्र। [वि.] 1. सुदंर; रमणीक; मनोहर 2. कोमल 3. कांतिमान 4. प्रसन्न 5. सोम (चंद्रमा और सोमलता) से संबंधित 6. सोम के गुणों से संपन्न।

सौम्यता (सं.) [सं-स्त्री.] 1. सौम्य होने की अवस्था या भाव 2. विनम्रता; सुशीलता; कोमलता 3. शीतलता 4. सुंदरता।

सौम्यदर्शन (सं.) [वि.] जो देखने में सुंदर हो; देखने में भला; प्रिय दर्शन।

सौम्यविज्ञान (सं.) [सं-पु.] दवा के लिए प्राणियों के रक्त से सौम्य बनाने का विवेचन करने वाला विज्ञान।

सौर (सं.) [सं-पु.] 1. सूर्य का उपासक या भक्त 2. शनि ग्रह जो सूर्य का पुत्र माना गया है 3. यम 4. दाहिनी आँख। [सं-स्त्री.] ओढ़ना; चादर। [वि.] 1. सूर्य संबंधी; सूर्य का 2. सूर्य से उत्पन्न 3. जिसकी गणना सूर्य के परिभ्रमण के आधार पर होती हो, जैसे- सौर मास, सौर वर्ष 4. सुर या देवता से संबंध रखने वाला 5. सूर्य के प्रभाव से होने वाला।

सौरजगत (सं.) [सं-पु.] सूर्य तथा ग्रह-नक्षत्र आदि; सौरमंडल; सौरपरिवार।

सौरदिवस (सं.) [सं-पु.] एक सूर्योदय से दूसरे सूर्योदय तक का समय।

सौरभ (सं.) [सं-पु.] 1. सुगंध; सुवास; ख़ुशबू; महक 2. केसर 3. धनिया 4. आम 5. एक गंधद्रव्य। [वि.] 1. सुगंध संबंधी 2. सुगंधित; सुवासित; ख़ुशबूदार 3. सुरभि (गाय) से उत्पन्न।

सौरभित (सं.) [वि.] सौरभ या सुगंध से युक्त; सुगंधित; ख़ुशबूदार।

सौरमंडल (सं.) [सं-पु.] सूर्य और उसकी परिक्रमा करने वाले ग्रह, कुछ छोटे ग्रह, लगभग पचास उपग्रह और धूमकेतु आदि का वर्ग या समूह।

सौरमास (सं.) [सं-पु.] एक सौर संक्रांति से दूसरी सौर संक्रांति तक का माह।

सौरवर्ष (सं.) [सं-पु.] एक मेष संक्रांति से दूसरी मेष संक्रांति तक का वर्ष।

सौराष्ट्र (सं.) [सं-पु.] 1. गुजरात और काठियावाड़ का प्राचीन नाम 2. सूरत के आस-पास का प्रदेश 3. उक्त देश का निवासी। [वि.] सौराष्ट्र देश का।

सौराष्ट्रिक (सं.) [सं-पु.] 1. सौराष्ट्र देश का निवासी 2. काँसा 3. एक विष। [वि.] 1. सौराष्ट्र संबंधी; सौराष्ट्र का 2. सौराष्ट्र में होने वाला।

सौरास्त्र (सं.) [सं-पु.] (पुराण) एक प्रकार का दिव्य अस्त्र।

सौरी (सं.) [सं-स्त्री.] 1. प्रसूति गृह; प्रसव की कोठरी 2. अस्पताल का जच्चा-बच्चा वार्ड 3. सफरी मछली 4. सूर्य की पत्नी 5. कुरु की माता (वैवस्वती) 6. गाय।

सौर्य (सं.) [वि.] 1. सूर्य से उत्पन्न 2. सूर्य संबंधी।

सौवीर (सं.) [सं-पु.] 1. सिंधु नदी के आसपास का प्राचीन प्रदेश 2. उक्त प्रदेश का निवासी।

सौष्ठव (सं.) [सं-पु.] 1. सुष्ठु होने की अवस्था या भाव 2. सुंदरता; उत्तमता 3. नृत्य की एक मुद्रा।

सौहार्द (सं.) [सं-पु.] 1. स्नेह; प्रेम 2. मैत्री; मित्रता; दोस्ती 3. हृदय की सरलता 4. मित्र का पुत्र।

स्कंद (सं.) [सं-पु.] 1. निकलना या बाहर जाना 2. ध्वंस; विनाश 3. शरीर; देह 4. कार्तिकेय जो युद्ध के देवता माने जाते हैं 5. पंडित; विद्वान 6. राजा 7. शिव।

स्कंदपुराण (सं.) [सं-पु.] अठारह पुराणों के अंतर्गत आने वाला (पुराणों के क्रम में) तेरहवाँ पुराण। आकार की दृष्टि से सबसे बड़ा पुराण, जिसमें स्कंद (कार्तिकेय) द्वारा शिवतत्व का वर्णन किया गया है।

स्कंध (सं.) [सं-पु.] 1. कंधा; पीठ का ऊपरी हिस्सा 2. पेड़ का तना 3. पेड़ की मोटी शाख या डाल 4. किसी बड़े विभाग की मुख्य शाखाएँ 5. सेना का व्यूह 6. झुंड; समूह; भंडार 7. आर्या छंद का एक भेद।

स्कंधक (सं.) [सं-पु.] आर्या गीति या स्वधा नामक छंद का एक नाम।

स्कंधधारी (सं.) [सं-पु.] अपने पास किसी प्रकार की बहुत वस्तुएँ या उनका स्कंध रखने वाला व्यक्ति।

स्कंधपंजी (सं.) [सं-स्त्री.] वह पंजी जिसमें स्कंध या भंडार में रखी हुई वस्तुओं का विवरण हो।

स्कंधपाल (सं.) [सं-पु.] किसी भंडार की देखरेख के लिए

रखा जाने वाला अधिकारी।

स्कंधावार (सं.) [सं-पु.] 1. राजा का शिविर 2. सेना का पड़ाव; छावनी 3. सेना; फ़ौज 4. वह स्थान जहाँ पर यात्री, व्यापारी आदि डेरा डाले हों।

स्कर्ट (अं.) [सं-पु.] महिलाओं का कमर से घुटनों तक पहनने का वस्त्र जो घाघरे या लहंगे जैसा होता है किंतु उतना लंबा नहीं होता।

स्काउट (अं.) [सं-पु.] 1. बालचर 2. छात्र सैनिक 3. चर; भेदिया।

स्कार्फ़ (अं.) [सं-पु.] गुलुबंद; मफ़लर; सिर पर बाँधा जाने वाला रूमाल।

स्किपर (अं.) [सं-पु.] नाव, जलयान या किसी खेलने वाले दल (टीम) का कप्तान।

स्की (अं.) [सं-पु.] लकड़ी का लंबा जूता जिससे बरफ़ पर फिसलते हैं।

स्कीम (अं.) [सं-स्त्री.] 1. योजना 2. प्रारूप 3. नियम; व्यवस्था; तरीका।

स्कूटर (अं.) [सं-पु.] छोटे पहिए वाला एक दुपहियां वाहन।

स्कूल (अं.) [सं-पु.] 1. अध्यापन का स्थान; विद्यालय; पाठशाला 2. विशिष्ट विचारधारा।

स्कूल सेशन (अं.) [सं-पु.] शिक्षा सत्र, विद्यालय सत्र।

स्केच (अं.) [सं-पु.] 1. ख़ाका 2. रेखाचित्र; रूपरेखा 3. प्रारूप; कच्चा मसौदा 4. संक्षिप्त वर्णन; शब्दचित्र।

स्केट (अं.) [सं-पु.] बर्फ़ या चिकने फ़र्श पर फिसलने के लिए जूते के नीचे लगाने की पहियों वाली या चिकनी समतल पट्टी।

स्केटिंग (अं.) [सं-स्त्री.] पहिएदार जूते पहनकर चिकनी सतह पर चलना।

स्केल (अं.) [सं-पु.] 1. वेतनमान 2. पैमाना।

स्कैंडल (अं.) [सं-पु.] 1. प्रवाद; अपयश 2. लज्जाजनक या निंदाजनक घटना 3. लांछन; कलंक 4. घोटाला; कांड।

स्कैन (अं.) [सं-पु.] 1. एक डॉक्टरी परीक्षण जिसमें एक्स-रे की सहायता से व्यक्ति के शरीर के अंदर का चित्र कंप्यूटर-स्क्रीन पर दिखाई देता है 2. एक मशीन द्वारा लिखित या मुद्रित सामग्री का इलेक्ट्रॉनिक प्रतिबिंब बनाने का कार्य।

स्कॉलर (अं.) [सं-पु.] 1. वह जो विश्वविद्यालय या महाविद्यालय में पढ़ता हो 2. विद्यार्थी; छात्र 3. विद्वान और अध्ययनशील व्यक्ति।

स्कॉलरशिप (अं.) [सं-पु.] वह निर्धारित धन जो विद्यार्थी को किसी स्कूल या कॉलेज में शिक्षा प्राप्त करने के लिए नियमित रूप से सहायतार्थ दिया जाए; छात्रवृत्ति।

स्कोप (अं.) [सं-पु.] विषय क्षेत्र; कार्य क्षेत्र; परिधि; विस्तार।

स्कोर (अं.) [सं-पु.] 1. खेलों में बनाए गए अंक 2. लेखा-जोखा।

स्कोरबोर्ड (अं.) [सं-पु.] अंक पट्टा; योग पट्टा।

स्क्रिप्ट (अं.) [सं-पु.] 1. हस्तलेख 2. मूल या प्रधान दस्तावेज़ 3. चलचित्र या नाटक की पटकथा 4. प्रसार-आलेख।

स्क्रीन (अं.) [सं-पु.] 1. परदा 2. किसी दृश्य को प्रदर्शित करने के लिए प्रयोग किया जाने वाला आवरण 3. दृश्यपटल; फलक।

स्क्रू (अं.) [सं-पु.] वह कील या काँटा जिसके नुकीले भाग पर चक्करदार चूड़ियाँ या उभार बने होते हैं जिसे घुमाकर जड़ा जाता है; पेच।

स्क्रोल (अं.) [सं-पु.] लपेटने की क्रिया।

स्क्वैश (अं.) [सं-पु.] टेनिस की ही तरह एक खेल, जिसे दो खिलाड़ियों द्वारा (या युगल के लिए चार खिलाड़ियों द्वारा) एक छोटी, खोखली रबर गेंद से चार दीवारों वाले कोर्ट में खेला जाता है।

स्खलन (सं.) [सं-पु.] 1. अपने स्थान से हट कर अपेक्षाकृत नीचे आ जाना; पतन; विचलन 2. अपने मार्ग से विचलित होना 3. विफलता 4. क्षरण 5. वीर्यस्राव 6. लड़खड़ाना 7. थरथराना 8. वंचित होना।

स्खलनकारी (सं.) [वि.] प्रलोभन या लोभ उत्पन्न करने वाला; प्रलोभनकारी।

स्खलनशील (सं.) [वि.] विचलित होने वाला; विचलनशील।

स्खलित (सं.) [वि.] 1. गिरा हुआ; च्युत 2. लड़खड़ाया हुआ 3. अस्थिर; विचलित 4. चूका हुआ; लक्ष्यच्युत 5. हकला; हकलाने वाला।

स्खलित गति (सं.) [वि.] जो चलने में लड़खड़ाता हो।

स्टंट (अं.) [सं-पु.] चकमा; कलाबाज़ी।

स्टडी (अं.) [सं-पु.] अध्ययन; अभ्यास; पढ़ाई।

स्टडी रूम (अं.) [सं-पु.] अध्ययन कक्ष।

स्टांप (अं.) [सं-पु.] 1. ठप्पा 2. कागज़ों आदि पर लगाई जाने वाली मुहर 3. एक निश्चित मूल्य का कागज़ का ऐसा टुकड़ा जिसपर राजकीय मुहर छपी हो और जिसका मूल्य शुल्क के रूप में चुकाया जाता है।

स्टाइल (अं.) [सं-स्त्री.] 1. शैली 2. पद्धति।

स्टाफ़ (अं.) [सं-पु.] किसी संस्था, कार्यालय, विभाग के कर्मियों का वर्ग या समूह; अमला।

स्टार्च (अं.) [सं-पु.] श्वेतसार; मंड; माँडी।

स्टार्ट (अं.) [सं-पु.] 1. जो चलने लगा हो 2. जिसकी शुरुआत हो गई हो; शुरू; प्रारंभ।

स्टाल (अं.) [सं-पु.] 1. प्रदर्शिनी, मेले, आदि में वह छोटी दुकान जिसपर बेचने के लिए चीज़ें सजाई रहती हैं 2. वह स्थान जहाँ घोड़े रखे जाते हैं; अस्तबल।

स्टिंग (अं.) [सं-पु.] टेलीविज़न, समाचार चैनल द्वारा किसी विशेष विषय पर की गई स्टोरी को आकर्षक शीर्षक के साथ प्रभावी ढंग से प्रस्तुत करना।

स्टिंग ऑपरेशन (अं.) [सं-स्त्री.] गुप्त रूप से घात लगाकर छुपे कैमरे द्वारा किसी भ्रष्टाचार या कुकृत्य या अनैतिक कार्य को टेलीविज़न चैनल के माध्यम से उजागर करना।

स्टिकर (अं.) [सं-पु.] चिपकने वाला कागज़ जिसपर कुछ लिखा हो।

स्टीमर (अं.) [सं-पु.] भाप की शक्ति से चलने वाला छोटा जहाज़।

स्टुडियो (अं.) [सं-पु.] 1. चित्र निर्माण कक्ष 2. प्रसारण कक्ष।

स्टूल (अं.) [सं-पु.] एक प्रकार का छोटा फ़र्निचर जो सामान रखने या बैठने में प्रयुक्त होता है।

स्टेज (अं.) [सं-पु.] 1. मंच 2. रंगमंच।

स्टेट (अं.) [सं-पु.] 1. राज्य 2. किसी संघ या राज्य की कोई इकाई 3. किसी की पूरी संपत्ति।

स्टेटमेंट (अं.) [सं-पु.] 1. कथन 2. बयान; वक्तव्य 3. विवरण।

स्टेटस (अं.) [सं-पु.] 1. स्थिति; प्रस्थिति 2. हैसियत; प्रतिष्ठा।

स्टेडियम (अं.) [सं-पु.] प्रायः बिना छत का बड़ा ढाँचा जहाँ बैठकर लोग खेल देखते हैं।

स्टेनोग्राफ़र (अं.) [सं-पु.] आशुलिपि में लिखने वाला व्यक्ति; आशुलिपिक।

स्टेनोग्राफ़ी (अं.) [सं-स्त्री.] संकेत चिह्नों में तेज़ी से लिखने की क्रिया; आशुलिपि।

स्टेपलर (अं.) [सं-पु.] कागज़ों को पिन द्वारा बाँधने या जोड़ने का एक विशेष औज़ार।

स्टेशन (अं.) [सं-पु.] 1. वह स्थान जहाँ रेलगाड़ियाँ, मोटरें आदि यात्रियों को उतारने के लिए नियत समय पर रुकती हों 2. वह स्थान जहाँ कुछ लोगों को विशेष कार्य के लिए नियुक्त किया गया हो, जैसे- पुलिस स्टेशन।

स्टेशन मास्टर (अं.) [सं-पु.] रेलवे स्टेशन का प्रधान अधिकारी।

स्टेशनरी (अं.) [सं-पु.] 1. लेखन सामग्री 2. कागज़, कलम, पेंसिल, लिफ़ाफ़े आदि वस्तुएँ जो कागज़ी काम में प्रयुक्त होती हैं।

स्टैंड (अं.) [सं-पु.] सवारी गाड़ी के रुकने और रवाना होने की जगह, जैसे- बस स्टैंड, टैक्सी स्टैंड आदि।

स्टैंडर्ड (अं.) [सं-पु.] 1. शुद्धता या श्रेष्ठता के विचार से निश्चित गुण की उच्च मात्रा; आदर्श; मानक 2. स्तर 3. दर्जा।

स्टैच्यू (अं.) [सं-पु.] किसी विशिष्ट व्यक्ति की पत्थर, काँसे आदि की पूरे कद की प्रतिमा, मूर्ति या पुतला जो किसी सार्वजनिक स्थान पर स्थापित किया जाता है।

स्टॉक (अं.) [सं-पु.] 1. भंडार 2. वह माल जो घर या गोदाम में हो और बिका न हो; बिक्री का माल 3. साझा कारोबार में लगाई हुई पूँजी 4. रसद 5. गोदाम।

स्टॉक एक्सचेंज (अं.) [सं-पु.] 1. शेयर ख़रीदने, बेचने का काम 2. दलालों की सभा।

स्टॉक ब्रोकर (अं.) [सं-पु.] वह दलाल जो दूसरों के लिए ख़रीद-बिक्री का काम करता हो।

स्टॉप (अं.) [अव्य.] विराम; रुकिए।

स्टॉप प्रेस (अं.) [सं-पु.] समाचार पत्र का वह स्थान जिसे जानबूझकर ख़ाली छोड़ा जाता है।

स्टोर (अं.) [सं-पु.] 1. भंडार 2. सामान रखने का कमरा।

स्टोरेज (अं.) [सं-पु.] भंडारण।

स्टोव (अं.) [सं-पु.] 1. मिट्टी के तेल से जलने वाली अँगीठी 2. विशेष प्रकार का आधुनिक चूल्हा।

स्ट्राइक (अं.) [सं-स्त्री.] किसी अधिकार या माँग को पूरा करवाने के लिए श्रमिकों द्वारा कार्य करना बंद कर देना; हड़ताल 2. उद्योगों में होने वाले शोषण के खिलाफ़ श्रमिकों का आंदोलन।

स्ट्रेचर (अं.) [सं-पु.] अस्पताल में रोगी या घायल व्यक्ति को उठाकर ले जाने की खाट जिसमें पहिए लगे होते हैं।

स्तंभ (सं.) [सं-पु.] 1. खंभा 2. गतिहीनता अथवा जड़ता का भाव 3. पत्र-पत्रिका के पृष्ठ जो कई भागों में विभाजित रहते हैं; (कॉलम) 3. किसी विशेष स्तंभकार का लेखन 4. पेड़ का तना 5. टेक; सहारा।

स्तंभ-इंच (सं.+अं.) [सं-पु.] पत्रकारिता का एक मानदंड जिसके आधार पर विज्ञापन विभाग विज्ञापनों की दर निर्धारित करता है।

स्तंभ-लेखक (सं.) [सं-पु.] पत्र-पत्रिका में किसी विशेष विषय पर नियमित रूप से लिखने वाला।

स्तंभ-शीर्षक (सं.) [सं-पु.] किसी स्तंभ (कॉलम) के ऊपर दिया गया शीर्षक।

स्तंभक (सं.) [सं-पु.] 1. खंभा 2. शिव का एक नाम। [वि.] 1. रोधक; स्तंभन करने या रोकने वाला 2. कब्ज़ियत करने वाला।

स्तंभन (सं.) [सं-पु.] 1. रोकने की क्रिया या भाव 2. अवरोध; बाधा; अड़चन; रुकावट 3. स्तब्ध या शांत करना 4. वीर्यपात रोकने की दवा 5. कामदेव के पाँच बाणों में से एक।

स्तंभिका (सं.) [सं-स्त्री.] छोटा स्तंभ; पतला स्तंभ।

स्तंभित (सं.) [वि.] 1. जो जड़ और निश्चेष्ट हो गया हो; जड़ीभूत; स्तब्ध; सुन्न 2. स्थिर किया हुआ; दृढ़ किया हुआ 3. रोका हुआ; दबाया हुआ; अवरुद्ध 4. चकित 5. विरामित 6. वाचारुद्ध।

स्तन (सं.) [सं-पु.] स्त्रियों या मादा पशुओं की छाती जिसमें से दूध निकलता है; पयोधर; कुच।

स्तनधारी (सं.) [सं-पु.] थनवाला।

स्तनन (सं.) [सं-पु.] 1. बादल का गरजना; मेघशब्द 2. ध्वनि; शब्द; आवाज़ 3. आर्तनाद 4. कराहने की आवाज़; कराह।

स्तनपान (सं.) [सं-पु.] स्तन चूसकर दूध पीने का काम।

स्तनपायी (सं.) [सं-पु.] (जीवविज्ञान) जन्म लेने के बाद अपनी माता का दूध पीकर पलने वाले प्राणी, जैसे- मनुष्य, मवेशी आदि 2. रीढ़धारी; (मैमल)। [वि.] स्तनपान करने वाला।

स्तनपोषी (सं.) [वि.] स्तनपान के द्वारा अपने बच्चों को पालने वाला (प्राणी)।

स्तनहार (सं.) [सं-पु.] गले में पहनने का एक हार।

स्तनाग्र (सं.) [सं-पु.] स्तन का अगला भाग; स्तन की घुंडी; कुचाग्र।

स्तनित (सं.) [सं-पु.] 1. बादल की गरज; मेघ गर्जन 2. बिजली की कड़क 3. ताली बजाने का शब्द; करतल ध्वनि। [वि.] 1. गरजता हुआ; गर्जित 2. आवाज़ या ध्वनि करता हुआ; ध्वनित; शब्दायमान।

स्तब्ध (सं.) [वि.] 1. जड़ीभूत; निस्तब्ध 2. सुन्न; संज्ञाहीन; निश्चेष्ट 3. रुका हुआ; रुद्ध 4. दृढ़; स्थिर।

स्तब्धता (सं.) [सं-स्त्री.] 1. स्तब्ध होने की अवस्था या भाव

2. दृढ़ता; जड़ता 3. शून्यता; सूनापन 4. निश्चेष्टता; अचलता।

स्तर (सं.) [सं-पु.] 1. परत; तह 2. तल 3. सतह 4. शय्या; सेज 5. {ला-अ.} देश, समाज आदि की साख; मान; (लेवल)।

स्तरण (सं.) [सं-पु.] 1. बिछाना; फैलाना 2. दीवार या सतह का पलस्तर करना 3. प्राकृतिक कारणों से पृथ्वी के विभिन्न स्तरों का बनना 4. बिछौना।

स्तरीय (सं.) [वि.] 1. स्तर संबंधी; स्तर का 2. सही स्तरवाला 3. मानकयुक्त।

स्तरोन्नयन (सं.) [सं-पु.] स्तर ऊँचा करना; स्तर ऊपर उठाना।

स्तव (सं.) [सं-पु.] 1. किसी देवी या देवता का छंदबद्ध स्वरूप वर्णन या गुणगान; स्तोत्र 2. स्तुति; प्रशंसा।

स्तवक (सं.) [सं-पु.] 1. स्तव या स्तुति करने वाला व्यक्ति; बंदीजन 2. फूलों का गुच्छा; गुलदस्ता 3. समूह; झुंड 4. राशि; ढेर 5. पुस्तक का अध्याय या परिच्छेद 6. रेशम का झब्बा 7. मोर का पंख 8. स्तोत्र; स्तव।

स्तवन (सं.) [सं-पु.] 1. स्तव या स्तुति करने की क्रिया या भाव 2. स्तोत्र; अभिवंदना।

स्तान (फ़ा.) [परप्रत्य.] एक स्थान वाचक परप्रत्यय जो पदार्थों, जातियों आदि के नामों के अंत में लगकर उनके रहने या होने का अर्थ देता है, जैसे- हिंदुस्तान, गुलिस्तान, अफ़गानिस्तान आदि।

स्तीर्ण (सं.) [वि.] 1. जो दूर तक फैला हुआ हो; विस्तृत 2. इधर-उधर बिखरा हुआ; विकीर्ण।

स्तुत (सं.) [वि.] 1. जिसकी स्तुति की गई हो 2. प्रशंसित 3. बहा हुआ।

स्तुति (सं.) [सं-स्त्री.] 1. गुणगान; प्रशंसा; तारीफ़ 2. {ला-अ.} चाटुकारिता।

स्तुतिपाठ (सं.) [सं-पु.] किसी के गुण, यश, प्रशंसा आदि का गीत के माध्यम से वर्णन; यशोगान।

स्तुत्य (सं.) [वि.] स्तुति करने योग्य; प्रशंसनीय।

स्तूप (सं.) [सं-पु.] 1. बुद्ध के अवशिष्ट चिह्न आदि को रखने के लिए ईंट आदि से बनी टीलानुमा आकृति 2. केश राशियों का गुच्छ 3. शिखर 4. मकान का ऊपरी गुंबदाकार निर्माण।

स्तेन (सं.) [सं-पु.] 1. चोर; लुटेरा 2. चोरी।

स्तेय (सं.) [सं-पु.] 1. चोरी 2. रहजनी 3. चोरी का माल। [वि.] चुराया हुआ; चोरी किए जाने योग्य (वस्तु)।

स्तोता (सं.) [वि.] 1. स्तुति करने वाला; किसी की प्रशंसा या गुणगान करने वाला 2. जो उपासना या प्रार्थना करे; भक्त 3. प्रचारक 4. प्रशंसक।

स्तोत्र (सं.) [सं-पु.] 1. वंदना; स्तुति 2. गुणकथन 3. स्तुतिपरक श्लोकबद्ध ग्रंथ।

स्तोम (सं.) [सं-पु.] 1. स्तुति; स्तव 2. यज्ञ 3. समूह; झुंड 4. राशि; ढेर 5. यज्ञ करने वाला व्यक्ति।

स्त्री (सं.) [सं-स्त्री.] 1. नारी; औरत 2. पत्नी।

स्त्री प्रत्यय (सं.) [सं-पु.] (व्याकरण) वे प्रत्यय जो कुछ शब्दों के अंत में जुड़कर उन्हें स्त्रीवाची बना देते हैं, जैसे- 'कुम्हार' शब्द में 'इन' प्रत्यय से कुम्हारिन; 'पंडित' में 'आइन' प्रत्यय से पंडिताइन आदि।

स्त्रीचिह्न [सं-पु.] वे सभी चिह्न या लक्षण (स्तन, योनि आदि) जिससे ज्ञात हो कि वह प्राणी स्त्री जाति का है।

स्त्रीतंत्र (सं.) [सं-पु.] 1. स्त्री अथवा स्त्रियों द्वारा परिचालित समाज या शासन व्यवस्था 2. स्त्रियों का सामाजिक और राजनैतिक रूप में प्रभुत्व।

स्त्रीत्व (सं.) [सं-पु.] 1. स्त्री होने की अवस्था, गुण या भाव; स्त्रीपन 2. नारीसुलभ चेष्टा या गुण; औरतपन; नारीत्व 3. स्त्रियों की तरह होने का गुण या भाव; ज़नानापन।

स्त्रीधन (सं.) [सं-पु.] 1. किसी स्त्री का व्यक्तिगत या निजी धन 2. जिस धन अथवा संपत्ति पर स्त्री का कानूनी अधिकार हो 3. स्त्री को दहेज आदि में मिली हुई संपत्ति या धन।

स्त्रीधर्म (सं.) [सं-पु.] 1. नारी का धर्म या कर्तव्य 2. पत्नी के कर्तव्य 3. स्त्रियों से संबंधित विधान।

स्त्रीप्रसंग (सं.) [सं-पु.] स्त्रियों से संबंधित बात या घटना; स्त्री से किया जाने वाला सहवास; मैथुन; संभोग।

स्त्रीप्रिय (सं.) [सं-पु.] 1. आम का वृक्ष 2. अशोक वृक्ष।

स्त्रीय (सं.) [वि.] स्त्रियों के समान; स्त्रैण; ज़नाना।

स्त्रीयोचित (सं.) [वि.] 1. स्त्रियों जैसा; स्त्रियों की तरह (गुण, भाव आदि) 2. नारीत्वपूर्ण; नारीसुलभ; ज़नाना 3. कोमल; नाजुक 4. ममतामय; मातृत्वपूर्ण।

स्त्रीरत्न (सं.) [सं-स्त्री.] 1. गुणवान और प्रतिभाशाली स्त्री 2. स्त्रियों में श्रेष्ठ स्त्री।

स्त्रीरोग (सं.) [सं-पु.] 1. स्त्रियों से संबंधित रोग 2. वे रोग जो केवल स्त्रियों को होते हैं।

स्त्रीलिंग (सं.) [सं-पु.] (व्याकरण) स्त्री का बोध कराने वाला लिंग; दो लिंगों (पुल्लिंग और स्त्रीलिंग) में से एक जो स्त्री जाति का वाचक होता है, जैसे- 'लड़का' का स्त्रीलिंग 'लड़की'।

स्त्रीसुख (सं.) [सं-पु.] 1. स्त्री या पत्नी का सुख 2. पत्नी से प्राप्त होने वाला अनुराग 3. संभोग।

स्त्रीसुलभ (सं.) [वि.] स्त्रियों में स्वाभाविक रूप से मिलने वाला; नारीसुलभ।

स्त्रैण (सं.) [वि.] 1. स्त्री संबंधी; स्त्रियों का 2. स्त्रियों की तरह का 3. जो पुरुष स्त्रियों की तरह हाव-भाव, व्यवहार या वेशभूषा से युक्त हो 4. सदा स्त्रियों की मंडली में रहने की प्रवृत्ति रखने वाला 5. नपुंसक 6. (वनस्पतिविज्ञान) स्त्री केसरों में परिवर्तित हो जाने वाले पुंकेसर।

स्थ (सं.) [परप्रत्य.] एक परप्रत्यय जो शब्दों के अंत में लगकर आधारित होने, उपस्थित होने, लीन होने अथवा रुकने आदि का अर्थ देता है, जैसे- कंठस्थ, ध्यानस्थ, समीपस्थ आदि।

स्थगन (सं.) [सं-पु.] 1. स्थगित करने की क्रिया या भाव 2. किसी बात या कार्य को आगे के लिए टाल देना 3. किसी सभा की बैठक, सुनवाई आदि कुछ समय के लिए रोक देना 4. किसी मुकदमे की जाँच या कारवाई निर्दिष्ट अवधि के लिए निलंबित कर देना 5. छिपाव; ढकाव।

स्थगन प्रस्ताव (सं.) [सं-पु.] संसद या सभाओं आदि में स्थगन

से संबंधित प्रस्ताव।

स्थगनक (सं.) [वि.] स्थगन संबंधी; स्थगन का।

स्थगित (सं.) [वि.] 1. जिसका स्थगन हुआ हो; जो निर्दिष्ट अवधि के लिए रोक दिया गया हो; मुलतवी 2. ठहराया या रोका हुआ 3. ढका हुआ; आच्छादित 4. छिपा हुआ 5. बंद किया हुआ।

स्थल (सं.) [सं-पु.] 1. कठोर या सूखी भूमि; थल 2. समुद्र या नदी का तट; कछार; किनारा 3. स्थान; मैदान 4. ठहरने का स्थान 5. भूखंड; भूभाग 6. किसी बात या रचना आदि का स्थान।

स्थल डमरूमध्य (सं.) [सं-पु.] किसी जलराशि (नदी आदि) के दोनों ओर स्थित भूखंडों को जोड़ने वाला वह लंबा स्थल खंड जो दाएँ और बाएँ ओर से पानी से घिरा हो; (स्थमस)।

स्थलकमल (सं.) [सं-पु.] 1. स्थल या ज़मीन में उगने वाला एक पौधा जिसके फूल का आकार कमल की तरह होता है 2. उक्त पौधे का फूल।

स्थलचर (सं.) [वि.] 1. स्थल या भूभाग पर रहने या विचरण करने वाला (प्राणी), जैसे- हाथी, घोड़ा आदि 2. 'जलचर' और 'नभचर' से अलग।

स्थलचारी (सं.) [वि.] दे. स्थलचर।

स्थलज (सं.) [वि.] 1. स्थल से उत्पन्न होने वाला; स्थलचर 2. जो सूखी ज़मीन पर रहता हो; भूभाग पर रहने वाला।

स्थलयुद्ध (सं.) [सं-पु.] 1. स्थल या ज़मीन पर होने वाला युद्ध; मैदान की लड़ाई 2. 'हवाईयुद्ध' और 'समुद्रीयुद्ध' से भिन्न।

स्थलसेना (सं.) [सं-पु.] 1. स्थल या भूभाग पर युद्ध करने वाली फ़ौज; थलसेना 2. पैदल सिपाही या घुड़सवार।

स्थलालेख्य (सं.) [सं-पु.] किसी स्थल का रेखाचित्र।

स्थली (सं.) [सं-स्त्री.] 1. जलशून्य धरती या भूभाग; शुष्क ज़मीन; स्थल 2. ऊँची समतल भूमि 3. जगह; स्थान 4. प्राकृतिक मैदान; सुंदर और रमणीय प्राकृतिक स्थान।

स्थलीय (सं.) [वि.] 1. स्थल या ज़मीन से संबंधित; स्थल का; भूमि का 2. स्थानीय।

स्थाणु (सं.) [सं-पु.] 1. खंभा; स्तंभ 2. वृक्ष का शाखाओं से रहित तना 3. पेड़ का ठूँठ 4. खूँटी 5. बैठने का ढंग 6. कोई स्थिर वस्तु। [वि.] 1. अस्थिर; अचल 2. दृढ़।

स्थान (सं.) [सं-पु.] 1. स्थित होने या ठहरने की क्रिया या भाव 2. स्थल; जगह 3. ओहदा; पद 4. टिकाव; ठहराव 5. घर 6. देश; गाँव; नगर; कस्बा 7. अवस्था; स्थिति; दशा।

स्थानक (सं.) [सं-पु.] 1. अवस्था; स्थिति 2. जगह; स्थान 3. शहर; नगर 4. पद; दरजा।

स्थानच्युत (सं.) [वि.] 1. अपने स्थान से हटा या गिरा हुआ; स्थानभ्रष्ट 2. अपने पद से हटा हुआ; पदच्युत; सेवाच्युत 3. विस्थापित।

स्थानतः (सं.) [क्रि.वि.] 1. अपने स्थान या पद के हिसाब से 2. उचित या सही स्थान से।

स्थानभ्रष्ट (सं.) [वि.] 1. अपने स्थान से गिरा हुआ 2. अपने पथ से हटा हुआ; पथभ्रष्ट 3. विस्थापित; स्थानच्युत।

स्थानांतर (सं.) [सं-पु.] 1. प्रस्तुत स्थान से भिन्न स्थान; दूसरा स्थान 2. किसी स्थान से अन्य स्थान पर चले जाने की क्रिया या भाव 3. किसी वस्तु का स्थान बदल देना।

स्थानांतरण (सं.) [सं-पु.] 1. किसी वस्तु या व्यक्ति को एक स्थान से दूसरे स्थान भेजे जाने की क्रिया या भाव; स्थान परिवर्तन; तबादला; बदली 2. किसी विद्यार्थी को दूसरे संस्थान या विद्यालय आदि में भेजना 3. अंतरण।

स्थानांतरणीय (सं.) [वि.] 1. जिसका स्थानांतरण किया जा सकता हो; तबादला करने लायक 2. जिसे दूसरे स्थान पर भेजा जा सकता हो।

स्थानांतरित (सं.) [वि.] 1. स्थानांतरण किया हुआ; पुनर्स्थापित 2. जिसे एक स्थान से हटाकर दूसरे स्थान पर पहुँचाया गया हो 3. जिसका किसी अन्य स्थान पर तबादला हो गया हो 4. विस्थापित।

स्थानापन्न (सं.) [वि.] 1. किसी के स्थान पर किसी अन्य को स्थापित करना या रखना 2. किसी अन्य की जगह पर अस्थायी रूप से कार्य करने हेतु नियुक्त; अंतरिम; एवज़ी 3. कार्यवाहक; कामचलाऊ।

स्थानाभाव (सं.) [सं-पु.] जगह का अभाव; सीमित स्थान।

स्थानिक (सं.) [वि.] 1. किसी स्थान विशेष का; स्थान संबंधी 2. किसी स्थान विशेष में होने वाला 3. स्थानीय 4. जो किसी के बदले प्रयुक्त हो।

स्थानिक अधिकरण (सं.) [सं-पु.] किसी स्थान विशेष में रहने वाले अधिकारियों का समूह, वर्ग या निकाय।

स्थानिक कर (सं.) [सं-पु.] किसी स्थान विशेष पर लगने वाला कर; क्षेत्र विशेष से संबंधित कर।

स्थानिक स्वशासन (सं.) [सं-पु.] 1. किसी राष्ट्र के भिन्न-भिन्न नगरों आदि को अपना शासन और व्यवस्था करने के लिए मिला हुआ अधिकार 2. अपना शासन आप करने की स्वतंत्रता 3. उक्त प्रकार के शासन की प्रणाली।

स्थानीकरण (सं.) [सं-पु.] 1. अनेक स्थानों पर फैले हुए कार्यों, शक्तियों आदि को नियंत्रित करके एक स्थान या केंद्र में सीमित करना 2. स्थान विशेष तक सीमित रखना; विस्तृत न होने देना।

स्थानीय (सं.) [वि.] 1. स्थान विशेष से संबंध रखने वाला; स्थान संबंधी 2. देशज; प्रादेशिक 3. स्थान विशेष के लिए प्रयुक्त 4. ग्राम, नगर आदि के लोगों का।

स्थानीय संस्करण (सं.) [सं-पु.] (पत्रकारिता) पत्र-पत्रिका का स्थानीय या आस-पास के क्षेत्रों में वितरण हेतु मुद्रित संस्करण।

स्थानीय समाचार (सं.) [सं-पु.] (पत्रकारिता) समाचारपत्र के प्रकाशन नगर और उसके आसपास के क्षेत्रों से संबंधित घटनाओं का समाचार।

स्थानीय समाचार कक्ष (सं.) [सं-पु.] (पत्रकारिता) स्थानीय समाचार एकत्र करने और लिखे जाने वाला कक्ष)।

स्थानीय सामग्री (सं.) [सं-पु.] (पत्रकारिता) स्थानीय व्यक्तियों

और घटनाओं से संबंधित संक्षिप्त समाचार, लेख आदि से संबंधित सामग्री।

स्थापक (सं.) [वि.] 1. स्थापित करने वाला; स्थापना करने वाला 2. खड़ा करने वाला 3. स्थिर करने वाला 4. नाटक का सूत्रधार 5. मूर्तियाँ आदि बनाने वाला।

स्थापत्य (सं.) [सं-पु.] भवन निर्माण से संबंधित विद्या; वास्तु विज्ञान; ज्ञानानुशासन का वह क्षेत्र जिसमें भवन निर्माण संबंधी सिद्धांतों आदि का विवेचन होता है।

स्थापत्य कला (सं.) [सं-स्त्री.] वास्तु विद्या; भवन बनाने की कला; वास्तुकला; कारीगरी।

स्थापन (सं.) [सं-पु.] 1. दृढ़तापूर्वक जमाना, रखना या बैठाना 2. उठाना या खड़ा करना 3. स्थायी रूप देना; मज़बूत आधार पर स्थित करना 4. कोई नई संस्था या व्यापार खड़ा करना 5. कोई मत या विचार आदि इस प्रकार रखना कि वह ठीक और प्रामाणिक जान पड़े; प्रतिपादन 6. किसी को किसी काम के लिए नियत करना या लगाना।

स्थापना (सं.) [सं-स्त्री.] 1. रखने, जमाने या स्थापित करने का उपक्रम या भाव; स्थापन 2. किसी बात या विचार आदि का प्रतिपादन; वाद 3. रंगमंच की व्यवस्था; निर्देशन 4. शिलान्यास। [क्रि-स.] 1. स्थापित करना; सही तरीके से जमाना 2. किसी कार्य या संस्था आदि को प्रवर्तित या शुरू करना 3. नया कारोबार आरंभ करना।

स्थापनीय (सं.) [वि.] जिसे स्थापित किया जाना हो; स्थापना के योग्य।

स्थापित (सं.) [वि.] 1. जिसकी स्थापना हुई हो; संस्थापित 2. आधारित 3. प्रवर्तित या प्रतिपादित 4. निर्धारित; निश्चित 5. नियुक्त 6. व्यवस्थित 7. दृढ़; पक्का।

स्थायित्व (सं.) [सं-पु.] 1. स्थायी होने अथवा बने रहने का भाव 2. टिकाऊपन; टिकाव; ठहराव 3. दृढ़ता; स्थिरता।

स्थायी (सं.) [वि.] 1. हमेशा बना रहने वाला; सदा स्थित रहने वाला; नष्ट न होने वाला 2. बहुत दिनों तक चलने वाला; टिकाऊ 3. अपरिवर्तनीय; नियमित।

स्थायी कोष (सं.) [सं-पु.] किसी संस्था आदि का वह कोष या धनराशि जिससे उसे स्थायी बनाया जा सके।

स्थायी निधि (सं.) [सं-पु.] 1. वह निधि जो कोई काम चलने या चलाने के लिए स्थापित की गई हो 2. स्थायी कोष।

स्थायी भाव (सं.) [सं-पु.] 1. (साहित्य) मनुष्य में संस्कार रूप में रहने वाले भाव; मौलिक मनोवेग या विकार 2. रति, क्रोध, विस्मय आदि मूल भाव जो मन में सदा विद्यमान रहते हैं।

स्थायी स्तंभ (सं.) [सं-पु.] (पत्रकारिता) पत्र-पत्रिका में नियत समय पर नियमित रूप से प्रकाशित होने वाला स्तंभ; नियमित स्तंभ।

स्थायीकरण (सं.) [सं-पु.] 1. किसी वस्तु, कार्य या बात को स्थायी रूप देना 2. अस्थायी या परिवीक्षा के अधीन कार्य करने वाले किसी व्यक्ति को किसी पद पर स्थायी रूप से नियुक्त करना या पक्की नौकरी देना 3. उक्त कार्य के लिए दी जाने वाली आज्ञा या स्वीकृति 4. अधिकार को स्थायी बनाना।

स्थाली (सं.) [सं-स्त्री.] 1. मिट्टी के बरतन; हांडी; हँड़िया 2. नाँद; मिट्टी की रकाबी।

स्थावर (सं.) [वि.] 1. एक ही स्थान पर बना रहने वाला; अचल; स्थिर; गतिहीन; जड़ 2. क्रियाहीन; निष्क्रिय; स्थित 3. विधिबद्ध। [सं-पु.] 1. निर्जीव पदार्थ 2. पर्वत 3. अचल संपत्ति 4. जड़ पदार्थ।

स्थावर विष (सं.) [सं-पु.] 1. कुछ वृक्षों की जड़, तने, रस, छाल आदि में पाए जाने वाले विष 2. स्थावर पदार्थों का या उनसे बनाया जाने वाला विष, जैसे- संखिया।

स्थित (सं.) [वि.] 1. किसी स्थान पर ठहरा या टिका हुआ; खड़ा 2. किसी जगह पर रखा अथवा नियुक्त किया हुआ 3. उपस्थित; मौजूद 4. दृढ़; पक्का 5. बैठा हुआ; आसीन 6. बसा हुआ।

स्थितज्ञ (सं.) [वि.] 1. स्थिति को अच्छी-तरह समझने वाला 2. मर्यादा का ख्याल रखने वाला।

स्थितप्रज्ञ (सं.) [वि.] 1. विवेकबुद्धि या स्थिरबुद्धिवाला; शांतचित्त 2. सब प्रकार के राग-द्वेष से रहित 3. सुख-दुख में विचलित न होने वाला; सदा संतुष्ट और आनंदित रहने वाला।

स्थिति (सं.) [सं-स्त्री.] 1. दशा; हालत; अवस्था 2. नियति; प्रकृति; स्वभाव 3. पद; ओहदा 4. आयु 5. रहना; टिकना; ठहरना 6. निवास 7. रुकना 8. चुपचाप खड़ा रहना।

स्थितिक (सं.) [वि.] 1. एक स्थान पर ठहरा हुआ; स्थिर 2. एक ही रूप में बना हुआ।

स्थितिप्रद (सं.) [वि.] दृढ़ता या स्थायित्व देने वाला।

स्थितिस्थापक (सं.) [वि.] दाब हट जाने पर फिर पहले जैसा हो जाने वाला; नमनीय; लचीला।

स्थिर (सं.) [वि.] 1. दृढ़; पक्का 2. निश्चल; गतिहीन 3. अचल; अचर 4. स्थायी रूप से एक स्थान पर टिका रहने वाला 5. शांत 6. धीर 7. नियत।

स्थिर चित्त (सं.) [वि.] 1. जिसका चित्त या मन स्थिर या दृढ़ हो 2. उत्तेजित, उद्विग्न या क्रुद्ध न होने वाला 3. शांत।

स्थिरता (सं.) [सं-स्त्री.] 1. स्थिर होने का भाव, गुण या दशा 2. निश्चलता 3. दृढ़ता; मज़बूती 4. स्थायित्व 5. धीरता।

स्थिरप्रतिज्ञ (सं.) [वि.] 1. दृढ़ निश्चयवाला; दृढ़प्रतिज्ञ; संकल्पशील 2. अपने वचन का पालन करने वाला।

स्थिरबुद्धि (सं.) [वि.] 1. ठहरी हुई बुद्धिवाला; दृढ़चित्त 2. धीर; गंभीर; प्रशांत 3. जो अच्छी तरह सब बातें सोच-समझ सकता हो।

स्थिरांक (सं.) [सं-पु.] गणितीय नियतांक।

स्थिरीकरण (सं.) [सं-पु.] 1. स्थिर करना; दृढ़ करना 2. अचल बनाना 3. घटती-बढ़ती रहने वाली वस्तुओं का स्वरूप या मानक स्थिर करना 3. (चिकित्सा) हड्डी आदि के जोड़ को अचल बनाना 4. समर्थन। [वि.] दृढ़ करने वाला।

स्थूल (सं.) [वि.] 1. बड़े आकार का; बड़ा 2. जो सूक्ष्म न हो; जो स्पष्ट दिखाई देता हो 3. मांसल; मोटा 4. मंद बुद्धि का;

मूर्ख 5. जो गूढ़ या जटिल न हो 6. जिसे ज्ञानेंद्रियों द्वारा ग्रहण किया जा सके 7. भौतिक; ठोस 8. सुस्त 9. मोटे तौर पर दिया गया (विवरण)।

स्थूल आय (सं.) [सं-स्त्री.] वह आय जिसमें से लागत या व्यय आदि को निकाला न गया हो; सकल आय।

स्थूल शरीर (सं.) [सं-पु.] 1. मनुष्य या अन्य प्राणियों का शरीर 2. (धर्मशास्त्र) पंचतत्वों जल, थल, पावक, गगन और समीर (वायु) से बना हुआ शरीर या देह। [वि.] भारी या मोटी देह का।

स्थूलकाय (सं.) [वि.] मोटे शरीरवाला; भारी-भरकम देहवाला; हट्टा-कट्टा।

स्थूलता (सं.) [सं-स्त्री.] 1. स्थूल होने की अवस्था, गुण या भाव 2. मोटापा; मांसलता।

स्थूलाक्षर (सं.) [सं-पु.] (पत्रकारिता) भारी आकार वाले मुद्राक्षर के लिए प्रयुक्त एक पुराना शब्द।

स्थैतिक (सं.) [वि.] 1. स्थिति से संबंधित 2. अचल; निश्चल; स्थिर 3. जिसमें चढ़ाव-उतार या कमी-बेशी न हो; ज्यों का त्यों।

स्नात (सं.) [वि.] 1. जिसने स्नान किया हो; नहाया हुआ 2. जिसके सब अंगों पर किसी प्रकार का प्रभाव पड़ा हो 3. अभिषिक्त।

स्नातक (सं.) [सं-पु.] 1. किसी विश्वविद्यालय या महाविद्यालय से बी.ए., बी.कॉम या उसके समकक्ष उपाधि प्राप्त व्यक्ति 2. (प्राचीन काल) वह जिसका गुरुकुल में विद्या अध्ययन और ब्रह्मचर्य व्रत समाप्त हो गया हो।

स्नातकोत्तर (सं.) [सं-पु.] वह व्यक्ति जिसने किसी विश्वविद्यालय या महाविद्यालय से परास्नातक परीक्षा उत्तीर्ण की हो; व्यक्ति जिसे स्नातकोत्तर की उपाधि प्राप्त हो।

स्नान (सं.) [सं-पु.] 1. जल से सारे शरीर को धोना; नहाना; गुस्ल; नहान; शौच 2. किसी व्रत या नियम से नदी आदि के जल में नहाने की क्रिया 3. धूप, वायु आदि का सेवन; धूप में लेटे रहकर शरीर आदि को तपाना, जैसे- धूप स्नान।

स्नान कुंड (सं.) [सं-पु.] स्नान करने का कुंड; हमाम; जलकुंड।

स्नान गृह (सं.) [सं-पु.] स्नान करने का छोटा कमरा या कोठरी; गुसलख़ाना; स्नानागार; हमाम।

स्नान घर (सं.) [सं-पु.] स्नान करने का छोटा कमरा या कोठरी; गुसलख़ाना; स्नानागार; हमाम।

स्नानागार (सं.) [सं-पु.] स्नान करने का छोटा कमरा या कोठरी; गुसलख़ाना; स्नानगृह; हमाम।

स्नायविक (सं.) [वि.] स्नायु संबंधी; स्नायु का; नस का।

स्नायु (सं.) [सं-स्त्री.] 1. शरीर में रेशेदार, लचीली और मज़बूत ऊतकों की पट्टी जैसी संरचना; पेशी 2. वह सूक्ष्म नस या तंत्रिका जिनसे स्पर्श और वेदना का ज्ञान होता है; रग; नाड़ी।

स्नायु रोग (सं.) [सं-पु.] स्नायु या तंत्रिका में होने वाले रोग या मानसिक रोग।

स्नायुतंत्र (सं.) [सं-पु.] प्राणी के शरीर में फैला हुआ सूक्ष्म नाड़ियों का वह जाल जिससे स्पर्श, दर्द आदि की अनुभूति होती है; स्नायुमंडल; नाड़ी संस्थान।

स्निग्ध (सं.) [वि.] 1. जिसमें स्नेह या तेल हो; चिकना; चिपचिपा 2. सुंदर; सौम्य; मधुर 3. जिसमें स्नेह या प्रेम हो; स्नेहयुक्त; प्रेममय; प्यारा।

स्निग्धता (सं.) [सं-स्त्री.] 1. स्निग्ध होने की अवस्था या भाव 2. चिकनाहट; चिकनापन 3. दयालुता; सौम्यता 4. प्रेम।

स्नेह (सं.) [सं-पु.] 1. बड़ों का छोटों के प्रति होने वाला अनुराग; वात्सल्य 2. प्रेम; प्यार; मित्रता 3. तेल आदि चिकना पदार्थ; वसा।

स्नेहक (सं.) [सं-पु.] 1. स्नेह या प्रेम करने वाला व्यक्ति 2. वह तेल या चिकना पदार्थ जो यंत्रों के पहियों आदि में डाला जाता है। [वि.] चिकना करने वाला; स्नेही।

स्नेहतरल (सं.) [वि.] स्नेह से भींगा हुआ; स्नेहाद्रित।

स्नेहपात्र (सं.) [सं-पु.] प्रेम या अनुग्रह का पात्र; प्रिय; लाड़ला; प्यारा व्यक्ति।

स्नेहपान (सं.) [सं-पु.] (आयुर्वेद) औषधि के रूप में तेल, चरबी आदि पीने की क्रिया।

स्नेहभाजन (सं.) [सं-पु.] स्नेह का पात्र; स्नेही; अनुग्रह या कृपा का पात्र।

स्नेहमय (सं.) [वि.] स्नेहयुक्त; प्रेमयुक्त; प्रेममय; वत्सल।

स्नेहवश (सं.) [क्रि.वि.] प्रेमवश; प्रेम के वशीभूत होकर।

स्नेहिल (सं.) [वि.] स्नेह से भरा; स्नेहयुक्त; प्रेमपूर्ण।

स्नेही (सं.) [सं-पु.] 1. बहुत आत्मीय व्यक्ति; मित्र; सखा 2. लेप आदि करने वाला चिकित्सक 2. तैलयुक्त। [वि.] 1. जो स्नेह करता हो या जिससे स्नेह किया जाता हो; स्नेह से भरा 2. प्रेमी।

स्नेह्य (सं.) [वि.] 1. जो स्नेह के योग्य हो; प्रेमपात्र 2. जिसे स्नेह किया जाता हो।

स्नैक्स (अं.) [सं-पु.] शाम के समय का हलका नमकीन आहार; नमकीन-बिस्किट आदि खाद्य।

स्नैप (अं.) [सं-पु.] कैमरे से खींचा गया कोई फ़ोटो; छायाचित्र।

स्पंज (अं.) [सं-पु.] 1. शरीर के अंगों को धोने, साफ़ करने या रगड़ने का एक छिद्रयुक्त, वज़न में हलका तथा पानी सोखने वाला कपड़ा या मोटी प्लास्टिक की गद्‌दी 2. बहुत छिद्र वाले रेशेदार और सिलिकायुक्त शरीर वाले समुद्री जीव 3. उक्त प्रकार के जीवों से बने हलके, छिद्रिल और अवशोषक का प्रयोग कंकाल को धोने और रगड़ने के लिए किया जाता है।

स्पंद (सं.) [सं-पु.] 1. धीरे-धीरे हिलना; काँपना; कंपन 2. विस्फुरण; फड़कना 3. गति; धड़कन 4. स्पंदन से होने वाला हलका आघात।

स्पंदन (सं.) [सं-पु.] 1. धीरे-धीरे हिलना; कंपन 2. विस्फुरण; 3. नाड़ी या हृदय में होने वाली गति या धड़कन; फड़कन।

स्पंदित (सं.) [वि.] 1. जिसमें स्पंदन होता हो; हिलता या काँपता हुआ; कंपायमान; कंपित; दोलायमान 2. गतिशील 3. फड़कता हुआ।

स्पंदी (सं.) [वि.] 1. जिसमें स्पंदन होता हो; कंपन या स्फुरण से युक्त 2. काँपने, हिलने या फड़कने वाला; स्पंदनशील

3. मंद-मंद हिलने वाला।

स्पदंनशील (सं.) [वि.] जिसमें स्पंदन होता हो; कंपनशील।

स्पर्धा (सं.) [सं-स्त्री.] 1. प्रतियोगिता; प्रतिद्वंद्विता 2. प्रतियोगिता आदि में होने वाली होड़ 3. ईर्ष्या न करते हुए भी किसी के समान होने की इच्छा 4. किसी लक्ष्य को पूरा करने की चुनौती 5. किसी से बराबरी करने की अभिलाषा अथवा तीव्र इच्छा 6. साहस; हौसला 7. वैमनस्य।

स्पर्धात्मक (सं.) [वि.] 1. स्पर्धा से संबंधित 2. जो स्पर्धा के रूप में हुआ हो या होने वाला हो।

स्पर्धी (सं.) [वि.] 1. स्पर्धा या प्रतियोगिता करने वाला; जो होड़ करे; प्रतिद्वंद्वी 2. बराबरी की इच्छा करने वाला 3. चुनौती देने वाला 4. ईर्ष्यालु 5. घमंडी।

स्पर्श संघर्षी जिन वर्णों के उच्चारण में जिह्वा उच्चारण स्थान को स्पर्श करते हुए वायु घर्षण के साथ बाहर निकलती है, जैसे- 'च्, छ्, ज्, झ्'।

स्पर्श[1] मुखविवर में जिह्वा उच्चारण स्थान को स्पर्श करती है तथा वायु क्षण भर के लिए अवरुद्ध होकर झटके के साथ बाहर निकलती है, जैसे- 'क्, ख्, ग्, घ्, ट्, ठ्, ड्, ढ्, त्, थ्, द्, ध्, प्, फ्, ब्, भ्'।

स्पर्श[2] (सं.) [सं-पु.] 1. त्वचा का वह गुण जिससे छूने, दबने आदि का अनुभव होता है; (टच) 2. छूने की क्रिया या भाव; संपर्क 3. {ला-अ.} किसी विषय या बात का अंतर्मन पर होने वाला प्रभाव।

स्पर्शक (सं.) [वि.] स्पर्श करने वाला; छूने वाला।

स्पर्शजन्य (सं.) [वि.] 1. स्पर्श से उत्पन्न होने वाला 2. स्पर्श के परिणामस्वरूप होने वाला; संक्रामक; छूतवाला।

स्पर्शन (सं.) [सं-पु.] 1. स्पर्श करने की क्रिया या भाव 2. स्पर्शेंद्रिय 3. संपर्क; संसर्ग 4. वायु। [वि.] 1. स्पर्श करने वाला; हाथ लगाने वाला 2. प्रभाव डालने वाला।

स्पर्शना (सं.) [क्रि-स.] स्पर्श करना या छूना। [सं-स्त्री.] स्पर्श शक्ति।

स्पर्शनीय (सं.) [वि.] 1. जिसका स्पर्श किया जा सकता हो; स्पर्श्य; छूने योग्य 2. जिसका स्पर्श आवश्यक हो।

स्पर्शमणि (सं.) [सं-पु.] (लोकमान्यता) वह पारस पत्थर जो लोहे को स्पर्श कर सोना बना देता है।

स्पर्शरेखा (सं.) [सं-स्त्री.] (ज्यामिति) वह सरल रेखा जो वृत्त या पृष्ठ को किसी बिंदु पर छूती हुई एक ओर से दूसरी ओर जाती है।

स्पर्शातुर (सं.) [वि.] स्पर्श कराने को आतुर।

स्पर्शी (सं.) [वि.] 1. स्पर्श करने या छूने वाला; स्पर्शक 2. प्रभावित करने वाला, जैसे- हृदय स्पर्शी कविता 3. सटा या लगा हुआ; अत्यंत निकट का।

स्पर्शेंद्रिय (सं.) [सं-स्त्री.] स्पर्श, ताप आदि की अनुभूति कराने वाली इंद्रिय; त्वचा; चमड़ी; चर्म।

स्पष्ट (सं.) [वि.] 1. जिसे अच्छी तरह से देखा, सुना या समझा जा सके; दृश्यमान; प्रकट 2. जिसमें कोई संदेह न हो; साफ़ 3. व्यक्त; प्रत्यक्ष 5. छल या कपट से रहित; सरल; सीधा 6. बोधगम्य 7. वास्तविक अथवा सत्य 8. जो संदिग्ध न हो। [क्रि.वि.] 1. साफ़ तौर पर; प्रत्यक्ष 2. असंदिग्ध रूप से।

स्पष्टतया (सं.) [अव्य.] 1. स्पष्ट रूप से; साफ़-साफ़ 2. स्पष्ट शब्दों में; स्पष्टतः।

स्पष्टता (सं.) [सं-स्त्री.] 1. स्पष्ट होने की अवस्था या भाव 2. साफ़ सुनाई या दिखाई देना 3. सरलता; बोधगम्यता 4. सफ़ाई 5. ईमानदारी।

स्पष्टभाषी (सं.) [वि.] 1. जो किसी बात को साफ़ कहता हो; स्पष्टवादी; स्पष्टवक्ता; सत्यपूर्ण 2. मुखर; ज़बानदराज़; मुँहफट 3. बेबाक; साफ़गो।

स्पष्टवक्ता (सं.) [सं-पु.] 1. बिना किसी संकोच या भय के साफ़ बात कहने वाला व्यक्ति 2. वह जो खरी बात कहने का अभ्यस्त हो; स्पष्टवादी 3. बेबाक या मुखर व्यक्ति।

स्पष्टवादिता (सं.) [सं-स्त्री.] 1. बिना किसी संकोच या भय के साफ़ या खरी बात कहने का गुण या प्रवृत्ति 2. बेबाक होने की अवस्था; बेबाकी।

स्पष्टवादी (सं.) [सं-पु.] स्पष्टवक्ता; बिना किसी भय या संकोच के बोलने वाला या कहने वाला व्यक्ति। [वि.] स्पष्ट या खरी बात कहने वाला।

स्पष्टीकरण (सं.) [सं-पु.] 1. किसी बात को स्पष्ट या साफ़ करना; किसी बात को सरल और सुबोध करके समझाना 2. किसी बात की विस्तृत व्याख्या करना 3. निराकरण; शंका समाधान 4. सफ़ाई; जवाब 5. आपत्ति निवारण।

स्पाइरल (अं.) [वि.] 1. जो स्प्रिंग की आकृति का हो; कुंडलाकार; चक्करदार; अनुचक्रिल 2. पेचदार।

स्पाई (अं.) [सं-पु.] 1. सुरक्षा करने वाला व्यक्ति; सिपाही 2. गोपनीय जानकारी देने वाला जासूस; गुप्तचर।

स्पार्क (अं.) [सं-पु.] 1. क्षण भर चमकने वाली प्रकाश किरण 2. चिनगारी 2. जोश; बाँकपन।

स्पिन (अं.) [सं-स्त्री.] 1. चक्कर; घुमाव 2. किसी चीज़ को तेज़ी से घुमाने की क्रिया।

स्पिरिट (अं.) [सं-स्त्री.] 1. एक बहुउपयोगी रसायन 2. जीवों को प्राणवान या गतिमान करने वाली शक्ति या आवेग 3. प्रेरणा; भावना; उत्साह; उमंग 4. हिम्मत।

स्पीकर (अं.) [सं-पु.] 1. भाषण देने वाला व्यक्ति बोलने वाला व्यक्ति; वक्ता; प्रवक्ता 2. मनोरंजन या उद्घोषणा करने के काम आने वाले यंत्रों, जैसे- टीवी, रेडियो आदि में एक उपकरण जो विद्युत तरंगों को ध्वनि तरंगों में बदल देता है 3. संसदीय प्रणाली में राज्यों की विधानसभा का अध्यक्ष या सभापति; लोकसभा का अध्यक्ष।

स्पीच (अं.) [सं-स्त्री.] 1. वक्तव्य; व्याख्यान; भाषण; बातचीत 2. वाक।

स्पीड (अं.) [सं-स्त्री.] 1. गति; रफ़्तार 2. शीघ्रता; जल्दी 3. हड़बड़ी।

स्पीडोमीटर (अं.) [सं-पु.] तेज़ गति से चलने वाले वाहनों, जैसे- कार, बस या मोटरसाइकिल में लगाया जाने वाला गति मापने का यंत्र।

स्पून (अं.) [सं-पु.] चम्मच।

स्पृश्य (सं.) [वि.] 1. स्पर्श करने के लायक; छूने योग्य 2. जिसे छूने में कोई दोष न हो।

स्पृहण (सं.) [सं-पु.] किसी वस्तु की प्राप्ति या किसी कार्य की सिद्धि के लिए मन में होने वाली इच्छा, कामना या अभिलाषा।

स्पृहणीय (सं.) [वि.] 1. स्पृहा के योग्य; वांछनीय; प्राप्त करने योग्य 2. चाहने योग्य।

स्पृहा (सं.) [सं-स्त्री.] इच्छा या कामना; अभिलाषा; आकांक्षा।

स्पेलिंग (अं.) [सं-स्त्री.] किसी भाषा के शब्दों में अक्षरों का सार्थक विन्यास; अक्षरों को शुद्ध रूप में लिखने का ढंग; हिज्जे; वर्तनी।

स्पेशल (अं.) [वि.] 1. खास; विशेष; विशिष्ट 2. असामान्य; असाधारण।

स्पेशलिस्ट (अं.) [सं-पु.] 1. किसी विषय या ज्ञानानुशासन का विशेष जानकार या विशेषज्ञ; किसी कार्य में प्रवीण या दक्ष 2. चिकित्सा की किसी विधा में विशेषज्ञ, जैसे- वह हृदयरोग स्पेशलिस्ट है।

स्पेस (अं.) [सं-पु.] 1. अंतरिक्ष; आकाश 2. ख़ाली स्थान; अंतराल 3. अमूर्त स्थान 4. {ला-अ.} किसी कार्य को करने की स्वतंत्रता या अवसर।

स्पेस स्टेशन (अं.) [सं-पु.] वैज्ञानिकों द्वारा अंतरिक्ष में पृथ्वी की कक्षा में स्थापित अंतरिक्ष यान या कृत्रिम उपग्रह, जिससे विभिन्न प्रकार के अनुसंधान कार्य आदि किए जाते हैं।

स्पेसीमैन (अं.) [सं-पु.] नमूना।

स्पैक्ट्रम (अं.) [सं-पु.] वर्णों या रंगों का एक निश्चित क्रम; प्रिज़्म द्वारा विभक्त किए गए सात रंगों का समूह; वर्णक्रम।

स्पैनर (अं.) [सं-पु.] किसी बड़े बोल्ट आदि को कसने या खोलने में काम आने वाला औज़ार।

स्पॉन्सर (अं.) [सं-पु.] किसी कार्यक्रम या कार्य आदि के लिए धन जुटाने वाला व्यक्ति या संस्थान; प्रायोजक।

स्पोर्ट (अं.) [सं-पु.] 1. खेलकूद 2. मन बहलाव का साधन; खिलौना।

स्पोर्ट्समैन (अं.) [सं-पु.] 1. खेलने वाला व्यक्ति; खिलाड़ी 2. खेलकूद की प्रतियोगिता में भाग लेने वाला व्यक्ति।

स्प्रिंग (अं.) [सं-पु.] 1. धातु आदि का लचीला, घुमावदार और लचकदार उपकरण 2. छलाँग 3. वसंत ऋतु 4. झरना।

स्प्रिंगदार (अं.+ फ़ा.) [वि.] जिसमें कमानी अथवा स्प्रिंग का गुण हो; कमानीदार; लचीला।

स्फटिक (सं.) [सं-पु.] 1. एक सफ़ेद पारदर्शी पत्थर 2. बिल्लौर पत्थर 3. सूर्यकांत मणि 4. कपूर 5. शीशा; काँच 6. फिटकिरी।

स्फटिकीकरण (सं.) [सं-पु.] 1. वह प्रक्रिया जिससे कोई वस्तु स्फटिक या क्रिस्टल के रूप में बदल जाए 2. निश्चित एवं ठोस आकार ग्रहण करना।

स्फार (सं.) [वि.] 1. बहुत अधिक; प्रचुर 2. जो फैला हुआ हो; घना 3. फूलकर बड़ा होने वाला 4. विकट 5. ऊँचा। [सं-पु.] 1. अधिकता; वृद्धि 2. विस्तार 3. धक्का; आघात।

स्फीत (सं.) [वि.] 1. बढ़ा हुआ; विस्तृत; फैला हुआ 2. समृद्ध; संपन्न 3. प्रसन्न; फूला हुआ 4. फूटा अथवा टूटा हुआ 5. सत्य; प्रत्यक्ष।

स्फीति (सं.) [सं-स्त्री.] 1. किसी कारण से अस्वाभाविक या कृत्रिम रूप से बढ़ने या फूलने की क्रिया या भाव; फुलाव; वृद्धि; बढ़त 2. प्रचुरता; प्राचुर्य; आधिक्य 3. समृद्धि; संपन्नता 4. प्रसन्नता।

स्फुट (सं.) [वि.] 1. फूट कर बाहर आया हुआ 2. खिला हुआ; विकसित; उन्नत 3. व्यक्त; प्रकट 4. स्पष्ट 5. फैला हुआ 6. विविधात्मक।

स्फुटन (सं.) [सं-पु.] 1. सामने आना; अंकुरण; खिलना; फूलना 2. फटना; विदीर्ण होना 3. चटकना 4. विकसित होना।

स्फुटित (सं.) [वि.] 1. खिला हुआ; फूला हुआ 2. किसी प्रकार स्पष्ट रूप से व्यक्त किया हुआ।

स्फुरण (सं.) [सं-पु.] 1. अंकुरण; स्फुटन 2. कंपन; फड़कन 3. स्फूर्ति 4. फैलकर या फूटकर अभिव्यक्त होना; प्रकाशित होना 6. एकाएक मन में (किसी भाव का) आना।

स्फुलिंग (सं.) [सं-पु.] चिनगारी; अग्निकण।

स्फूर्त (सं.) [वि.] 1. गतिशील; सक्रिय; चुस्त 2. स्फूर्ति के परिणामस्वरूप होने वाला 3. जो अचानक स्मृति में आ गया हो 4. कंपन 5. वर्धित।

स्फूर्ति (सं.) [सं-स्त्री.] 1. फुरती; तेज़ी 2. उत्साह; उत्तेजना; मानसिक आवेग 3. कंपन; स्फुरण; फड़कन।

स्फूर्तिमय (सं.) [वि.] 1. फुरती या तेज़ से भरा 2. ताज़गी से लबरेज़ 3. उत्तेजनायुक्त।

स्फोट (सं.) [सं-पु.] 1. किसी वस्तु का अपने ऊपरी आवरण को फाड़कर वेगपूर्वक बाहर निकलना; खिलावट 2. शरीर पर होने वाला फोड़ा 3. किसी बात का प्रकट हो जाना; भावोत्पादन 4. फटना; विस्फोट; धमाका 5. छोटा टुकड़ा या खंड 6. साधना के क्षेत्र में उपाधिरहित शब्दतत्व; ओंकार; प्रणव।

स्फोटक (सं.) [वि.] स्फोट उत्पन्न करने वाला; विस्फोटक, जैसे- बम।

स्फोटन (सं.) [सं-पु.] 1. स्फोट करने की क्रिया या भाव 2. फाड़ना; विदीर्ण करना 3. व्यक्त या प्रकट करना; सामने लाना 4. अचानक फट पड़ना 5. वायु के प्रकोप से होने वाला सिरदर्द 6. परस्पर मिले हुए व्यंजनों का अलग-अलग उच्चारण 7. अनाज फटकना।

स्फोटवाद (सं.) [सं-पु.] (व्याकरण) स्फोट मानने का वाद या सिद्धांत; 'स्फोट' या 'नित्य शब्द' को संसार का कारण मानने का सिद्धांत, जैसे- भर्तृहरि ने 'वाक्यपदीय' में स्फोटवाद का समर्थन किया है।

स्मगलर (अं.) [सं-पु.] गैरकानूनी तरीके से चोरी-छुपे प्रतिबंधित वस्तुओं को बेचने वाला या तस्करी करने वाला व्यक्ति; तस्कर।

स्मर (सं.) [सं-पु.] 1. मदन; कामदेव 2. स्मृति; याद।

स्मरण (सं.) [सं-पु.] 1. किसी देखी, सुनी या बीती बात का फिर से याद आना; स्मृति; याद 2. याद रखने की शक्ति; याददाश्त 3. एक प्रकार का अर्थालंकार 4. नवधा भक्ति का एक प्रकार; जाप।

स्मरण पत्र (सं.) [सं-पु.] किसी बात या काम को याद दिलाने या स्मरण कराने के लिए लिखा जाने वाला पत्र।

स्मरण शक्ति (सं.) [सं-स्त्री.] याद रखने की शक्ति; याददाश्त।

स्मरणीय (सं.) [वि.] 1. स्मरण करने योग्य; यादगार 2. ध्यान में लाने योग्य 3. उल्लेखनीय; प्रशंसनीय 4. ऐतिहासिक; प्रसिद्ध 5. निर्णायक 6. संग्रहणीय।

स्मारक (सं.) [सं-पु.] 1. वह वस्तु या रचना जो किसी महत्वपूर्ण व्यक्ति या घटना की स्मृति को बनाए रखने के लिए हो, जैसे- शहीद स्मारक 2. मकबरा; समाधि; स्तूप 3. निशानी; स्मृतिचिह्न। [वि.] स्मरण कराने वाला; याद दिलाने वाला; यादगार।

स्मारक ग्रंथ (सं.) [सं-पु.] ऐसा ग्रंथ जो किसी महापुरुष की स्मृति बनाए रखने के लिए रचा गया हो; अभिनंदन ग्रंथ।

स्मारिका (सं.) [सं-स्त्री.] 1. किसी वस्तु, व्यक्ति, घटना या समारोह से संबंधित स्मृति को बनाए रखने वाली विवरणात्मक सचित्र पुस्तिका; स्मृति उपायन; (सुवेनीर) 2. किसी घटना या बात की स्मृति को बनाए रखने के लिए बनाई गई या दी गई वस्तु; निशानी; यादगार। [वि.] 1. स्मरण कराने वाली 2. याद दिलाने वाली।

स्मारी (सं.) [वि.] 1. स्मरण कराने या याद दिलाने वाला 2. स्मरण रखने वाला।

स्मार्त (सं.) [वि.] 1. जो स्मरण शक्ति से संबंधित हो; स्मृत 2. याद किया हुआ 3. स्मृति ग्रंथों के अनुसार चलने वाला; स्मृति ग्रंथों का अनुगामी 4. स्मृति आदि ग्रंथों में लिखा हुआ। [सं-पु.] 1. वह जो स्मृतिशास्त्रों का ज्ञाता हो 2. स्मृतिग्रंथों के अनुसार चलने वाला धार्मिक वर्ग।

स्मित (सं.) [सं-पु.] मंद-मंद हँसी; धीमी हँसी; मुस्कुराहट; मुस्कान। [वि.] 1. मुस्कुराता हुआ; मंद-मंद हँसता हुआ 2. खिलता हुआ 3. खुलता या विकसित होता हुआ।

स्मिता (सं.) [सं-स्त्री.] मुस्कराहट; मंद हँसी।

स्मृत (सं.) [वि.] 1. याद किया हुआ; अविस्मृत 2. उल्लेख किया हुआ 3. स्मरण में आया हुआ; संजोया हुआ; संचित।

स्मृति (सं.) [सं-स्त्री.] 1. बुद्धि का वह प्रकार जो अतीत की घटनाओं को याद रखता है; स्मरणशक्ति; याददाश्त; अनुस्मरण 2. धर्म, दर्शन, आचार-व्यवहार आदि से संबंध रखने वाले प्राचीन हिंदू धर्मशास्त्र जिनकी रचना ऋषि-मुनियों ने की थी; प्राचीन हिंदू विधि संहिता, जैसे- मनुस्मृति 3. एक प्रकार का छंद 4. स्मरण नामक अलंकार का दूसरा नाम 5. (काव्यशास्त्र) एक प्रकार का संचारी भाव।

स्मृति चिह्न (सं.) [सं-पु.] 1. कोई ऐसी वस्तु जो किसी व्यक्ति, वस्तु आदि की स्मृति बनाए रखने के लिए दी या रखी गई हो; निशानी; यादगार; प्रतीक 2. स्मारक; धरोहर 3. किसी को दिया जाने वाला उपहार।

स्मृति नाश (सं.) [सं-पु.] 1. व्यक्ति की स्मरण शक्ति का न रहना; भूलना; स्मृतिलोप; विस्मृति 2. स्मृतिभ्रम; अज्ञान।

स्मृति पत्र (सं.) [सं-पु.] वह पत्र, पुस्तिका आदि जिसमें किसी विषय की कुछ मुख्य-मुख्य बातें स्मरण रखने या कराने के विचार से एकत्र की गई हों; ज्ञापन पत्र; स्मरण पत्र।

स्मृति शेष (सं.) [वि.] 1. जिसकी केवल स्मृति ही शेष रह गई हो; जिसका अस्तित्व न रह गया हो 2. दिवंगत; मरा हुआ; मृत 3. अवशेष 4. किसी प्राचीन वास्तु रचना या भवन का खंडहर; भग्नावशेष।

स्मृतिकार (सं.) [सं-पु.] 1. किसी स्मृति ग्रंथ का रचयिता 2. स्मृति या धर्मशास्त्रों को रचने वाला आचार्य।

स्मृतिचित्र (सं.) [सं-पु.] किसी व्यक्ति, घटना आदि की सामान्य स्मृति के आधार पर बनाया जाने वाला चित्र।

स्मृतिसाध्य (सं.) [वि.] जो स्मृति शास्त्रों से सिद्ध किया जा सके।

स्मॉल कैप्स (अं.) [सं-पु.] (पत्रकारिता) मुद्रण में प्रयोग किया जाने वाला लघु दीर्घाक्षर।

स्मोकिंग (अं.) [सं-पु.] 1. सिगरेट, बीड़ी आदि का सेवन; धूम्रपान 2. धुआँ करना।

स्यंदन (सं.) [वि.] 1. बहने वाला; रिसने वाला 2. गलने वाला 3. तेज़ गति से जाने वाला, जैसे- रथ।

स्यमंतक (सं.) [सं-पु.] (पुराण) एक मणि जिसकी चोरी का आरोप कृष्ण पर लगा था।

स्यात (सं.) [क्रि.वि.] शायद; कदाचित।

स्याद्वाद (सं.) [सं-पु.] 1. जैनों का संशयवाद; अनेकांतवाद 2. उक्त वाद का प्रतिपादन करने वाला जैन धर्म।

स्यानपन [सं-पु.] 1. बुद्धिमानी; चतुरता 2. चालाकी; धूर्तता।

स्यापा (फ़ा.) [सं-पु.] 1. शोक; मातम 2. मृत्यु या दुर्घटना के कारण किसी स्थान पर व्याप्त दुख और अवसाद। [मु.] -**पड़ना** : रुदन क्रंदन होना; सुनसान या उजाड़ होना।

स्याबड़ी [सं-स्त्री.] रास से अलग किया गया अनाज।

स्याम (सं.) [सं-पु.] प्राचीन समय में म्यांमार देश के पूर्व के एक देश का नाम; थाईलैंड।

स्यामी (सं.) [सं-पु.] स्याम या थाईलैंड देश का निवासी। [सं-स्त्री.] स्याम देश की भाषा। [वि.] स्याम देश से संबंधित; स्याम देश का।

स्यार (सं.) [सं-पु.] सियार; गीदड़।

स्यावड़ [सं-पु.] दे. सीतावर्त।

स्याह (फ़ा.) [वि.] 1. काला; कृष्ण या श्याम (वर्ण) 2. अशुभ।

स्याह कलम (फ़ा.) [सं-पु.] मुगल चित्रशैली के एक प्रकार के बिना रंग भरे रेखाचित्र।

स्याह मूसली [सं-स्त्री.] 1. काली मूसली 2. एक औषधीय पौधा।

स्याही (फ़ा.) [सं-स्त्री.] 1. छपाई और लेखन के काम आने वाली रोशनाई 2. कालिमा; कालिख; कालापन 3. कलंक; दाग 4. ऐब; दोष 5. काजल। [मु.] -**लगना** : बदनामी होना; कलंक लगना। -**लगाना** : बदनाम करना या कलंक लगाना; मुँह काला करना।

स्याही सोख [सं-पु.] स्याही सोखने के काम में लिया जाने वाला एक खुरदुरा मोटा कागज़; सोख़्ता।

स्यूसाइड़ (अं.) [सं-पु.] आत्महत्या।

स्त्रग्धरा (सं.) [सं-स्त्री.] (काव्यशास्त्र) एक प्रकार का छंद

जिसके प्रत्येक चरण में म, र, भ, न, य, य और य होता है।

स्रग्विणी (सं.) [सं-स्त्री.] (काव्यशास्त्र) एक प्रकार का छंद जिसके प्रत्येक चरण में चार रगण होते हैं।

स्रवण (सं.) [सं-पु.] 1. बहाव; प्रवाह 2. गर्भ का समय से पहले गिरना; गर्भपात 3. प्रस्वेद; मूत्र 4. फल, लाभ आदि के रूप में किसी चीज़ का प्राप्त होना।

स्रष्टा (सं.) [वि.] सृष्टि या रचना करने वाला; रचयिता; निर्माता।

स्रस्त (सं.) [वि.] 1. अपने स्थान से गिरा हुआ; च्युत 2. ढीला; शिथिल 3. तोड़ा या फोड़ा हुआ 4. घायल; आहत 5. अलग किया हुआ; विच्छिन्न 6. हिलता हुआ 7. लटकता हुआ 8. धँसा हुआ।

स्राव (सं.) [सं-पु.] 1. बहकर या रिसकर निकलना 2. क्षरण 3. गर्भपात; गर्भस्राव 4. वृक्षों आदि का निर्यास; रस।

स्रावक (सं.) [वि.] 1. स्राव कराने वाला; बहाने वाला; निकालने वाला 2. टपकाने वाला; चुआने वाला। [सं-पु.] काली मिर्च।

स्रावण (सं.) [सं-पु.] बहाकर या चुआकर निकालना। [वि.] स्रावक; स्राव कराने वाला।

स्रुत (सं.) [वि.] 1. बहकर या रिसकर निकला हुआ 2. बहा हुआ 3. जो ख़ाली हो गया हो; क्षरित 4. जो आय, लाभ आदि के रूप में किसी को प्राप्त हो।

स्रुवा (सं.) [सं-स्त्री.] हवन के समय अग्नि में घी आदि की आहुति देने के लिए प्रयोग की जाने वाली लकड़ी की कलछी।

स्रोत (सं.) [सं-पु.] 1. किसी वस्तु या तत्व का उद्‌गम या उत्पत्ति स्थान; वह स्थान जहाँ से कोई पदार्थ प्राप्त होता है; संचय स्थल; भंडार; खान, जैसे- खान कोयले का स्रोत है 2. निर्गम; व्युत्पत्ति 3. उद्‌भव; जन्म 4. आलय; आगार 5. धारा; सोता; झरना; पानी का बहाव 6. (आमदनी आदि का) माध्यम; ज़रिया; आधार; साधन 4. {ला-अ.} वंश परंपरा।

स्रोतस्वती (सं.) [सं-स्त्री.] नदी; प्रवाहिका; स्रोतस्विनी।

स्रोतस्विनी (सं.) [सं-स्त्री.] नदी; प्रवाहिका।

स्लग (अं.) [सं-पु.] (पत्रकारिता) जो समाचार सामग्री की पांडुलिपि के प्रत्येक पृष्ठ पर दाईं ओर ऊपर लिखा जाता है।

स्लाइड (अं.) [सं-स्त्री.] 1. फिसलाव; ढाल; गिराव; रपटन; (रैंप) 2. फिसलन वाली सतह 3. (चिकित्सा) प्रयोगशाला में सूक्ष्मदर्शी द्वारा रक्त आदि के परीक्षण में प्रयोग की जाने वाली काँच की पट्टी।

स्लाइस (अं.) [सं-स्त्री.] 1. किसी खाद्य पदार्थ आदि का टुकड़ा; डबल रोटी का एक टुकड़ा; फाँक 2. पतली काट 3. हिस्सा।

स्लिप (अं.) [सं-स्त्री.] 1. कागज़ का कटा हुआ टुकड़ा या पर्ची (जिसपर कुछ लिखा गया हो); चिट; पट्टी 2. फिसलने की स्थिति; चिकनापन 3. भूल; चूक; गलती।

स्लिम (अं.) [वि.] दुबला-पतला; छरहरा।

स्लीपर (अं.) [सं-पु.] 1. रेलगाड़ी में यात्रियों के सोने के लिए आरक्षित डिब्बा; शयनयान 2. पैरों में पहनने वाली चप्पल; एड़ी की तरफ़ से खुला जूता या जूती 3. लकड़ी का चौकोर मोटा टुकड़ा, जैसे- रेल पटरी पर लकड़ी के स्लीपर।

स्लीवलैस (अं.) [वि.] (कमीज़ आदि) जिसमें बाँह या आस्तीन न हो; बिना बाँहोंवाला, जैसे- स्लीवलैस कुरता।

स्लेज (अं.) [सं-स्त्री.] 1. बरफ़ की सतह पर फिसलकर चलने वाली एक प्रकार की गाड़ी 2. भारी हथौड़ा।

स्लेट (अं.) [सं-स्त्री.] 1. एक भूगर्भीय शैल या चट्टान; पत्थर का तराशा हुआ चौड़ा टुकड़ा 2. स्कूल या पाठशाला में लिखने के काम आने वाली गहरे भूरे अथवा काले पत्थर की चौकोर पट्टी।

स्लैंग (अं.) [सं-पु.] 1. अशिष्ट या गाली-गलौज वाली भाषा 2. गँवारू बोली 3. आपसी भाषा या बोली।

स्व (सं.) [वि.] 1. अपना; निज का; व्यक्तिगत 2. सहजात; आत्मीय 3. स्वाभाविक। [सं-पु.] 1. आत्मा 2. आत्मीय जन; कुटुंब; रिश्तेदार। [पूर्वप्रत्य.] एक प्रत्यय जो कुछ शब्दों के आरंभ में लगता है, जैसे- स्वकीय, स्वरूप। [सर्व.] स्वयं; आप।

स्वकथन (सं.) [सं-पु.] 1. स्वयं के द्वारा बोला या लिखा गया वाक्य 2. आत्मकथ्य।

स्वकय (सं.) [वि.] 1. अपना; निज का; स्वयं का 2. अपने परिवार का। [सं-पु.] मित्र; आत्मीय जन।

स्वकीया (सं.) [सं-स्त्री.] (काव्यशास्त्र) वह विवाहिता स्त्री जो केवल अपने पति से प्रेम करती हो; 'परकीया' का विलोम।

स्वगत (सं.) [वि.] 1. स्वयं के लिए; व्यक्तिगत 2. अपने आप से 3. आत्मीय 4. अपने प्रति कथित।

स्वगत कथन (सं.) [सं-पु.] 1. मन में आई हुई बात को व्यक्त करना 2. नाटक या फ़िल्म में किसी पात्र की कोई बात इस तरह कहना, मानो उसकी बात सुनने वाला वहाँ कोई हो ही नहीं; अश्राव्य।

स्वचारी (सं.) [वि.] 1. अपनी मरज़ी से चलने वाला; अपनी इच्छा से काम करने वाला 2. {ला-अ.} मुक्त; आज़ाद।

स्वचालित (सं.) [वि.] स्वतः अथवा अपने आप चलने वाला; स्वचल; यंत्रचालित।

स्वच्छ (सं.) [वि.] 1. जिसमें कोई अशुद्धि या गंदगी न हो; साफ़; निर्मल; धुला हुआ 2. अकलुष; विशोधित 3. शुभ्र; उज्ज्वल; चमकदार 4. शुद्ध; पवित्र 5. {ला-अ.} स्वस्थ; निरोग; सुंदर 6. {व्यं-अ.} निश्छल; स्पष्ट।

स्वच्छंद (सं.) [वि.] 1. अपनी इच्छानुसार आचरण करने वाला; स्वेच्छाचारी 2. मनमौजी; मनमाना 3. निरंकुश; अनियंत्रणीय 4. दुराचारी।

स्वच्छंदता (सं.) [सं-स्त्री.] 1. स्वच्छंद होने की अवस्था या भाव 2. स्वाधीनता; आज़ादी 2. निरंकुशता; मनमानी।

स्वच्छता (सं.) [सं-स्त्री.] 1. स्वच्छ होने की अवस्था या भाव; साफ़-सफ़ाई 2. शुद्धता; निर्मलता।

स्वज (सं.) [वि.] जो स्वयं से उत्पन्न हुआ हो; स्वयंभू।

स्वजन (सं.) [सं-पु.] 1. अपने परिवार के लोग; संबंधी; रिश्तेदार; परिजन; बंधु-बांधव 2. आत्मीय जन; अज़ीज़; अभिजन 2. कुटुंबी; कुल जन; बिरादरी के सगे-संबंधी।

स्वजनता (सं.) [सं-स्त्री.] 1. स्वजन होने का भाव; आत्मीयता 2. आपसदारी; नातेदारी; रिश्तेदारी।

स्वजा (सं.) [सं-स्त्री.] पुत्री; बेटी।

स्वजात (सं.) [वि.] अपने से उत्पन्न; स्वयंभू। [सं-पु.] पुत्र।

स्वजातीय (सं.) [वि.] 1. अपनी जाति, कौम या वर्ग का 2. अपनी किस्म का; अपनी तरह का।

स्वजित (सं.) [वि.] आत्मनिग्रही; संयमित; स्वयं पर नियंत्रण करने वाला; जितेंद्रिय।

स्वजीवनी (सं.) [सं-स्त्री.] आत्मचरित; आत्मकथा।

स्वज्ञान (सं.) [सं-पु.] स्वयं के बारे में ज्ञान; आत्मज्ञान।

स्वतंत्र (सं.) [वि.] 1. जो किसी के अधीन न हो; स्वाधीन; आज़ाद 2. (राजनीति) जिसका तंत्र या शासन अपना हो।

स्वतंत्र पत्रकार (सं.) [सं-पु.] बिना किसी के अधीन रहे स्वतंत्र रूप से अपनी रचनाएँ प्रकाशनार्थ भेजने वाला पत्रकार, लेखक या कलाकार; ऐसा पत्रकार जो वेतनभोगी न होकर किसी समाचार एजेंसी को लेख आदि भेजकर पारिश्रमिक प्राप्त करता है।

स्वतंत्रता (सं.) [सं-स्त्री.] 1. स्वाधीनता; आज़ादी; मुक्ति 2. छूट; ढील 3. बिना किसी बंधन अथवा नियंत्रण के अपनी इच्छानुसार कार्य करने का अधिकार।

स्वतंत्रता प्रेमी (सं.) [वि.] 1. स्वतंत्रता या आज़ादी से प्रेम करने वाला; आज़ादख़याल 2. जो स्वतंत्रता के लिए आंदोलनरत हो; मुक्तिकामी 3. जो किसी के अधीन न रहता हो।

स्वतः (सं.) [अव्य.] 1. अपने आप 2. स्वयं; आप ही; ख़ुद-ब-ख़ुद।

स्वतःस्फूर्त (सं.) [वि.] 1. स्वतः मन में उठने वाला 2. स्वरचित।

स्वत्व (सं.) [सं-पु.] 1. स्वयं की भावना; स्वयं के होने का भाव; निजत्व; अहमन्यता 2. स्वामित्व; अधिकार।

स्वत्वाधिकार (सं.) [सं-पु.] लेखक का अपनी रचना के प्रकाशन का कानूनी एकाधिकार; (कॉपीराइट)।

स्वत्वाधिकारी (सं.) [सं-पु.] 1. ऐसा व्यक्ति जिसे किसी बात का पूरा स्वत्व या अधिकार प्राप्त हो; प्रभुसत्ताधिकारी 2. स्वामी; मालिक।

स्वदेश (सं.) [सं-पु.] 1. अपना देश; मातृभूमि; जन्मभूमि; वतन; मुल्क 2. सरज़मीन; अपनी धरती।

स्वदेशी (सं.) [वि.] 1. अपने देश का; अपने देश से संबंध रखने वाला 2. अपने ही देश में निर्मित।

स्वदेशी आंदोलन (सं.) [सं-पु.] विदेशी वस्तुओं का बहिष्कार तथा अपने देश में (विशेषकर कुटीर उद्योगों द्वारा) निर्मित सामान को अपनाने पर ज़ोर देने के लिए चलाया गया आंदोलन।

स्वदेशीय (सं.) [वि.] 1. अपने ही देश का; स्वदेश संबंधी 2. अपने ही देश में बना हुआ।

स्वधर्म (सं.) [सं-पु.] 1. अपना धर्म या संप्रदाय 2. अपना कर्तव्य; कर्म।

स्वधा (सं.) [सं-पु.] 1. (परंपरा) यज्ञ में आहुति देने के समय प्रयुक्त होने वाला शब्द 2. पितरों के उद्देश्य से आहुति देते समय उच्चारण करने का शब्द। [सं-स्त्री.] 1. पितरों के उद्देश्य से दिया जाने वाला भोजन; श्राद्ध; मृतक कर्म 2. (पुराण) दक्ष की एक पुत्री का नाम।

स्वन (सं.) [सं-पु.] शब्द; ध्वनि; आवाज़।

स्वनामधन्य (सं.) [वि.] 1. जो अपने नाम से ही धन्य या प्रसिद्ध हो; ख्यातिप्राप्त 2. बहुत बड़ा पराक्रमी; महापुरुष।

स्वनिग्रह (सं.) [सं-पु.] किसी व्यक्ति द्वारा अपनी कामनाओं पर नियंत्रण या त्याग; आत्मसंयम।

स्वनियोजित (सं.) [सं-पु.] 1. स्वयं कारोबार करने वाला व्यक्ति 2. आत्मनिर्भर स्वावलंबी।

स्वनिर्भर (सं.) [वि.] 1. स्वयं के साधनों से जीने वाला; आत्मनिर्भर 2. ख़ुद कमाने-खाने वाला; स्वावलंबी 2. जो आजीविका आदि के लिए किसी पर निर्भर न हो।

स्वनिर्भरता (सं.) [सं-स्त्री.] 1. स्वनिर्भर होने की अवस्था या भाव; स्वतंत्र रूप से जीने, कार्य करने या आजीविका चलाने की स्थिति 2. आत्मनिर्भरता; स्वावलंबन।

स्वनिर्वासन (सं.) [सं-पु.] अपनी इच्छा से अपना देश छोड़कर विदेश जाकर रहना।

स्वनिर्वासित (सं.) [वि.] भय, संकट आदि के कारण जिसने अपनी इच्छा से अपना देश छोड़ दिया हो।

स्वपक्ष (सं.) [सं-पु.] अपना पक्ष; वाद।

स्वपक्षीय (सं.) [वि.] अपने दल या पक्ष का; अपनी पार्टी का।

स्वप्न (सं.) [सं-पु.] 1. नींद में अवचेतन मन की कल्पना; सपना; ख़्वाब 2. किसी बड़े कार्य की योजना या विचार।

स्वप्नजगत (सं.) [सं-पु.] 1. स्वप्न में देखा गया संसार; व्यक्ति द्वारा कल्पित संसार 2. कल्पनालोक स्वप्नलोक।

स्वप्नदर्शन (सं.) [सं-पु.] 1. सपने देखना 2. (रीतिकाव्य) वह अवस्था जब किसी को सपने में देखकर कोई अनुरक्त हो जाता है।

स्वप्नदर्शी (सं.) [वि.] 1. स्वप्न देखने वाला; स्वप्नद्रष्टा 2. मन ही मन बड़ी-बड़ी कल्पनाएँ करने वाला; कल्पनाशील; भविष्यवादी; आशावादी 3. {ला-अ.} बड़ी-बड़ी योजनाएँ बनाने वाला; महत्वाकांक्षी।

स्वप्नदोष (सं.) [सं-पु.] स्वप्न देखते समय होने वाला वीर्य स्खलन; स्वतःपतन।

स्वप्नभंग (सं.) [सं-पु.] 1. किसी कार्य या योजना में मिलने वाली असफलता 2. निरुत्साह।

स्वप्नलोक (सं.) [सं-पु.] 1. सपनों का संसार 2. कल्पनालोक।

स्वप्नसृष्टि (सं.) [सं-स्त्री.] स्वप्न की सृष्टि; सपने का निर्माण।

स्वप्निल (सं.) [वि.] 1. सपने की तरह का; स्वप्न-सा; सपनीला 2. सपनों से भरा; स्वप्नमय 3. सुप्त।

स्वभाव (सं.) [सं-पु.] 1. आदत; जीवन जीने या कार्य करने का ढंग; प्रवृत्ति 2. अपना भाव; अपनी अवस्था 3. किसी व्यक्ति या वस्तु में हमेशा लगभग एक-सा बना रहने वाला मूल गुण या लक्षण; सहज प्रकृति; अंतःप्रकृति 4. ख़ासियत; तबीयत; फ़ितरत 5. मिज़ाज; मानसिकता।

स्वभावजन्य (सं.) [वि.] स्वभाव के कारण अस्तित्व में आने वाला; स्वभाव के कारण उत्पन्न हुआ।

स्वभावतः (सं.) [क्रि.वि.] 1. स्वभाव से ही 2. प्राकृतिक रूप से।

स्वभावोक्ति (सं.) [सं-स्त्री.] (काव्यशास्त्र) एक अलंकार जिसमें किसी जाति, वर्ग या व्यक्ति के सहज और स्वभाविक कार्यों का वर्णन किया जाता है।

स्वभूमि (सं.) [सं-स्त्री.] 1. अपनी धरती या देश; जन्मभूमि 2. अपना घर।

स्वयं (सं.) [क्रि.वि.] 1. ख़ुद; आप 2. अपने-आप। [वि.] अपने आप सब काम करने वाला, जैसे- स्वयं चालित।

स्वयंपाक (सं.) [सं-पु.] उदरपूर्ति के लिए अपना भोजन ख़ुद बनाना; अपने हाथ से भोजन बनाकर खाना।

स्वयंपाकी (सं.) [सं-पु.] अपना भोजन स्वयं बनाने वाला व्यक्ति।

स्वयंभू (सं.) [वि.] 1. जो अपने-आप उत्पन्न हुआ हो; स्वयं उत्पन्न 2. अपने-आप कुछ बन जाने वाला 3. अपने-आप उगने वाली (वनस्पति आदि)। [सं-पु.] ब्रह्मा; विष्णु; महेश; कामदेव।

स्वयंवर (सं.) [सं-पु.] 1. प्राचीन भारत की एक प्रसिद्ध प्रथा जिसमें कन्या गुणों के आधार पर अपनी पसंद का वर स्वयं चुना करती थी 2. अपनी पसंद के पति के चुनाव के लिए आयोजित समारोह; पति चयन संबंधी उत्सव 3. प्रेमविवाह।

स्वयंवरा (सं.) [सं-स्त्री.] अपना वर आप चुनने वाली स्त्री; पतिवरा।

स्वयंसिद्ध (सं.) [वि.] जो किसी तर्क या प्रमाण के बिना स्वयं ही ठीक और प्रमाणित हो; सर्वमान्य।

स्वयंसिद्धि (सं.) [सं-स्त्री.] वह सर्वमान्य सिद्धांत या तत्व जिसे प्रमाणित करने की कोई आवश्यकता न हो।

स्वयंसेवक (सं.) [सं-पु.] 1. वह व्यक्ति जो आंतरिक प्रेरणा या अपनी इच्छा से किसी काम में सम्मिलित होता है 2. वह जो बिना किसी वेतन के किसी कार्य में स्वेच्छा से योगदान दे; बिना वेतन लिए काम करने वाला व्यक्ति 2. समाजसेवक 3. राजनीतिक कार्यकर्ता।

स्वयंसेवा (सं.) [सं-स्त्री.] 1. अंत:प्रेरणा या अपनी इच्छा से की जाने वाली अवैतनिक सेवा 2. अपना काम ख़ुद करना।

स्वयंसेवी (सं.) [सं-पु.] स्वयंसेवक; अपना काम स्वयं करने वाला व्यक्ति। [वि.] अपनी इच्छा से दूसरों की सेवा करने वाला व्यक्ति या संस्था।

स्वयमेव (सं.) [क्रि.वि.] अपने आप; ख़ुद ही।

स्वर (सं.) [सं-पु.] 1. आवाज़; लय; ध्वनि 2. (व्याकरण) वह वर्णात्मक ध्वनि जिसका उच्चारण स्वतंत्रतापूर्वक होता है; वर्ण 3. संगीत के सुर।

स्वरकंप (सं.) [सं-पु.] 1. आवाज़ में होने वाला कंपन 2. गूँज।

स्वरक्षय (सं.) [सं-पु.] 1. कंठ से निकलने वाली आवाज़ का न रहना 2. स्वर का बंद या मंद होना; बोलने में बाधा होना 3. गला बैठना; स्वर भंग।

स्वरक्षा (सं.) [सं-स्त्री.] 1. आत्मरक्षा; स्वयं का बचाव 2. उत्तरजीविता।

स्वरगुच्छ (सं.) [सं-पु.] (व्याकरण) उन दो स्वरों का समूह जिनका उच्चारण मिश्रित हो।

स्वरग्राम (सं.) [सं-पु.] 1. (संगीत) 'सा' से 'नि' तक के सात स्वरों का समूह और क्रम 2. स्वरसप्तक; सरगम; स्वरलिपि।

स्वरण (सं.) [सं-पु.] किसी बात या भावना की अभिव्यक्ति; वाचन।

स्वरति (सं.) [सं-स्त्री.] मनोविज्ञान में अपने प्रति होने वाली प्रेमयुक्त या प्रशंसायुक्त उत्कट भावना।

स्वरपात (सं.) [सं-पु.] 1. किसी शब्द का उच्चारण करते समय उसके किसी वर्ण पर कुछ समय ठहरना या उस पर ज़ोर देना 2. उचित वेग, रोक आदि का ध्यान रखते हुए किया जाने वाला शब्दों का उच्चारण।

स्वरप्रधान (सं.) [वि.] (राग) जिसमें स्वर की प्रधानता हो; जिसमें ताल गौण हो।

स्वरबद्ध (सं.) [वि.] 1. स्वरों में बँधा हुआ 2. ताल और लय में बाँधा हुआ (गान)।

स्वरब्रह्म (सं.) [सं-पु.] 1. वेद आदि ग्रंथ 2. ओम की ध्वनि; शब्दब्रह्म 3. योगध्वनि।

स्वरभंग (सं.) [सं-पु.] 1. भय, हर्ष, क्रोध, मद, बुढ़ापा या रोग आदि के चलते व्यक्ति विशेष के उच्चारण में आया अंतर 2. गले अथवा आवाज़ का बैठ जाना 3. गले से संबंधित एक प्रकार का रोग 4. गायन या वादन में सुर का अपनी जगह से उतर जाना।

स्वरमंडल (सं.) [सं-पु.] वीणा की तरह का एक बहुत पुराना वाद्ययंत्र।

स्वरयंत्र (सं.) [सं-पु.] 1. गले के अंदर का वह अवयव या अंश जिसकी सहायता या प्रयत्न से स्वर या शब्द निकलते हैं 2. कंठ में हवा की नली का ऊपरी सिरा।

स्वरलहरी (सं.) [सं-स्त्री.] 1. ऊँचे-नीचे स्वरों की लहर या तरंग 2. स्वरों का क्रम 3. संगीत में वह झंकार या आलाप जो कुछ समय तक एक ही रूप में होता है।

स्वरलिपि (सं.) [सं-स्त्री.] 1. (संगीत) किसी गीत, राग, तान या लय आदि में आने वाले सभी स्वरों का क्रमबद्ध लेख 2. गीतक्रम; सरगम।

स्वरशास्त्र (सं.) [सं-पु.] स्वर संबंधी अध्ययन और विवेचन करने वाला विज्ञान या शास्त्र।

स्वरसंधि (सं.) [सं-स्त्री.] 1. (व्याकरण) वर्णों की संधि का एक प्रकार 2. दो स्वरों की संधि 3. स्वरों का मेल।

स्वरहीन (सं.) [वि.] जिसमें स्वर या आवाज़ न हो; बिना आवाज़ का; नि:शब्द।

स्वरांत (सं.) [वि.] (शब्द) जिसका स्वर से अंत हो; जिसका अंतिम वर्ण स्वर हो, जैसे- माला, रोटी आदि।

स्वराघात (सं.) [सं-पु.] शब्द के उच्चारण के समय किसी व्यंजन या स्वर पर अधिक ज़ोर देना।

स्वराज (सं.) [सं-पु.] दे. स्वराज्य।

स्वराज्य (सं.) [सं-पु.] 1. अपना राज्य 2. स्वाधीन राज्य 3. ऐसा राज्य जहाँ के शासक वहीं के लोग हों।

स्वरिक (सं.) [वि.] जो कंठ से निकलने वाले स्वर से संबंधित हो।

स्वरित (सं.) [वि.] 1. जिसमें स्वर होता हो; स्वरयुक्त 2. जो अच्छे या मधुर स्वर से युक्त हो 3. जिसमें स्वर गूँज रहा हो 4. ध्वनित; उच्चरित 5. अभिव्यक्त; कथित।

स्वरूप (सं.) [सं-पु.] 1. किसी व्यक्ति या वस्तु का वाह्य आकार; रूप; आकृति 2. हुलिया; बनावट। [परप्रत्य.] तौर पर; अनुसार, जैसे- परिणामस्वरुप। [वि.] 1. समान; तुल्य 2. मनोहर; आकर्षक; सुंदर।

स्वरूपवान (सं.) [वि.] 1. जिसका स्वरूप अच्छा हो 2. जो सुंदर या ख़ूबसूरत हो।

स्वरोदय (सं.) [सं-पु.] उच्चारण; कंठ से स्वर का निकलना।

स्वर्ग (सं.) [सं-पु.] 1. (पुराण) हिंदू धर्म के अनुसार सात लोकों में तीसरा लोक; देवताओं के रहने का स्थान; देवलोक 2. (मिथक) एक काल्पनिक लोक या स्थान जहाँ अच्छे लोग मृत्यु के बाद वास करते हैं।

स्वर्गकाम (सं.) [सं-पु.] 1. स्वर्ग की कामना या इच्छा करने वाला व्यक्ति 2. अत्यधिक सुख का आकांक्षी व्यक्ति।

स्वर्गगामी (सं.) [वि.] 1. जो मर चुका हो; मृत; स्वर्गीय 2. स्वर्ग जाने वाला।

स्वर्गजित (सं.) [वि.] 1. स्वर्ग को जीतने वाला 2. वीर।

स्वर्गतुल्य (सं.) [वि.] 1. स्वर्ग के समान; दिव्य; अलौकिक 2. जहाँ स्वर्ग की तरह समस्त सुखभोग के साधन हों।

स्वर्गलोक (सं.) [सं-पु.] देवलोक; स्वर्ग।

स्वर्गवास (सं.) [सं-पु.] 1. मरण; मृत्यु; जीवन का अंत 2. स्वर्ग में वास करना।

स्वर्गवासी (सं.) [वि.] 1. जो मर गया हो, मृत; दिवंगत; स्वर्गीय 2. हिंदुओं में मृत व्यक्ति के नाम से पूर्व लगाया जाने वाला (शब्द)।

स्वर्गश्री (सं.) [सं-स्त्री.] 1. स्वर्ग का वैभव या सौंदर्य 2. स्वर्ग की शोभा या संपदा।

स्वर्गसुख (सं.) [सं-पु.] 1. स्वर्ग की तरह का सुख; असीम आनंद 2. पृथ्वी पर रहते हुए ही स्वर्ग के सुख की प्राप्ति।

स्वर्गस्थ (सं.) [वि.] 1. जो स्वर्ग में स्थित हो 2. स्वर्ग में रहने वाला; स्वर्गवासी।

स्वर्गापगा (सं.) [सं-स्त्री.] आकाशगंगा; स्वर्गंगा; मंदाकिनी।

स्वर्गारोहण (सं.) [सं-पु.] 1. स्वर्ग की दिशा में आरोहण करना 2. स्वर्ग सिधारना; मरना।

स्वर्गिक (सं.) [वि.] 1. स्वर्ग की तरह का; स्वर्गीय 2. अलौकिक; भव्य; अत्यंत विलासितापूर्ण 3. (स्थान) जहाँ तमाम तरह की सुख-सुविधाएँ हों।

स्वर्गीय (सं.) [सं-पु.] हिंदुओं में मृत व्यक्ति के नाम के आगे लगाया जाने वाला शब्द जिससे यह पता चलता है कि अमुक व्यक्ति वर्तमान में जीवित नहीं है। [वि.] 1. जिसका निधन हो चुका हो; जो अब जीवित न हो; मृत 2. दिव्य; अलौकिक 3. स्वर्ग का; स्वर्ग संबंधी।

स्वर्ण (सं.) [सं-पु.] आभूषण तथा औषधि बनाने में काम आने वाली सोना नामक प्रसिद्ध धातु; कनक; ज़र।

स्वर्ण कलश (सं.) [सं-पु.] सोने का मटका या घड़ा।

स्वर्ण जयंती (सं.) [सं-स्त्री.] किसी व्यक्ति या संस्था के कार्यकाल के पचास वर्ष पूरे हो जाने पर मनाया जाने वाला समारोह, उत्सव या जयंती।

स्वर्ण दिवस (सं.) [सं-पु.] 1. बहुत ही अच्छा दिन 2. शुभ और महत्वपूर्ण दिन।

स्वर्ण पत्र (सं.) [सं-पु.] 1. सोने का पत्तर या तबक 2. सोने का वर्क।

स्वर्ण पदक (सं.) [सं-पु.] 1. सोने का पदक 2. किसी प्रतियोगिता में विजयी होने पर या किसी कक्षा में प्रथम स्थान प्राप्त करने पर मिलने वाला सोने का पदक।

स्वर्ण मुद्रा (सं.) [सं-स्त्री.] 1. सोने का सिक्का 2. अशरफ़ी।

स्वर्णकार (सं.) [सं-पु.] वह जो सोने-चाँदी के आभूषण आदि को बनाता या बेचता हो; सोने का व्यापारी; सुनार।

स्वर्णकीट (सं.) [सं-पु.] 1. एक चमकीला कीड़ा; सोन-किरवा 2. जुगनूँ।

स्वर्णगिरि (सं.) [सं-पु.] सुमेरु नामक पर्वत।

स्वर्णमय (सं.) [वि.] 1. स्वर्ण से युक्त 2. सोने का बना हुआ 3. सुनहरा; स्वर्णिम।

स्वर्णयुग (सं.) [सं-पु.] 1. (साहित्य) किसी साहित्यिक विधा या परंपरा के पूर्ण विकास का कालखंड; उत्कर्ष काल, जैसे- भक्तिकाल हिंदी साहित्य का स्वर्णयुग है 2. सुख-समृद्धि का काल या समय।

स्वर्णरस (सं.) [सं-पु.] 1. (मिथक) किसी भी धातु को स्पर्श मात्र से सोना बना देने वाला एक रसायन 2. तांत्रिक साधना में ऐसा कल्पित रस-रसायन जिससे किसी धातु को छूने पर वह सोने में बदल जाती है।

स्वर्णाभ (सं.) [वि.] 1. सोने की-सी आभा या चमकवाला 2. जिसका रंग सोने की तरह सुनहला हो 3. जो सब तरह से सुरक्षित हो 4. जिसके नष्ट या व्यर्थ होने की कोई आशंका न हो।

स्वर्णिम (सं.) [वि.] 1. सोने का 2. सोने के रंग का; सुनहरा।

स्वल्प (सं.) [वि.] बहुत ही कम या अल्प; बहुत थोड़ा।

स्वल्पाहार (सं.) [सं-पु.] 1. बहुत थोड़ा या कम भोजन करना 2. बहुत कम खाना।

स्वविवेक (सं.) [सं-पु.] उचित-अनुचित और युक्त-अयुक्त का विचार करने की शक्ति।

स्वशासन (सं.) [सं-पु.] 1. अपना शासन; अपना स्वाधीन राज्य 2. अपने अधिक्षेत्र में शासन, राजनीतिक प्रबंध आदि स्वयं करने का पूरा अधिकार।

स्वशिक्षित (सं.) [वि.] जिसने बिना किसी सहायता के किसी विद्या में निपुणता हासिल की हो; गुरुहीन।

स्वस्ति (स) [सं-स्त्री.] कल्याण; हित 2. ब्रह्मा की तीन पत्नियों में एक 3. सुख 4. शुभ; भला; कल्याण हो आदि आशीर्वादात्मक शब्द 5. मान्य; ठीक।

स्वस्तिक (सं.) [सं-पु.] 1. एक प्रकार का प्राचीन मंगल चिह्न जिसे किसी शुभ अवसर पर अंकित या प्रदर्शित किया जाता है; सथिया 2. स्वस्ति पाठ करने वाला व्यक्ति 3. पूरब की

ओर दो तथा पश्चिम की ओर एक दालान वाला मकान। [वि.] मंगलकारी; कल्याणकारी।

स्वस्तिवाचन (सं.) [सं-पु.] एक धार्मिक कर्म जिसमें कोई शुभ कार्य आरंभ करते समय मांगलिक मंत्रों का पाठ किया जाता है।

स्वस्थ (सं.) [वि.] 1. जिसमें कोई रोग न हो; तंदुरुस्त; निरोग; चंगा; सेहतमंद 2. जो अपने बल पर खड़ा हो; ऊर्जावान 3. जिसमें कोई अशिष्टता या अभद्रता आदि न हो 4. जिसमें कोई विकार या त्रुटि न हो 5. उत्तम; प्राकृतिक 6. अच्छा; भला; आरोग्यपूर्ण 7. दुरुस्त; सलामत; हृष्ट-पुष्ट।

स्वस्थता (सं.) [सं-स्त्री.] 1. स्वस्थ होने की अवस्था या भाव; स्वास्थ्य; तंदुरुस्ती 2. आरोग्य; निरोगता।

स्वस्थप्रज्ञ (सं.) [वि.] 1. जिसकी बुद्धि सब प्रकार की बातें समझने में समर्थ हो; मानसिक दृष्टि से स्वस्थ 2. जिसकी बुद्धि हर प्रकार के कार्य करने मंग सक्षम हो।

स्वहस्ताक्षर (सं.) [सं-पु.] 1. अपना हस्ताक्षर या दस्तख़त 2. अपनी लिखावट; स्वहस्त लेख।

स्वाँग (सं.) [सं-पु.] 1. लोकनाट्य का अत्यंत लोकप्रिय रूप; नकल 2. गाँवों में प्रायः समूह नृत्य के रूप में प्रस्तुत किया जाने वाला खेल-तमाशा 3. ढोल-मजीरों के साथ युग्म बनाकर नाचने-गाने और हँसी-ठिठोली करने वाले कलाकारों की प्रस्तुति 4. करतब 5. जैसा न हो वैसा होने का नाटक करना; अभिनय; बहुरुपियापन; छद्मवेश; रूपांतर।

स्वाँगना [क्रि-स.] बनावटी वेश धारण करना; नकल उतारना; स्वाँग बनाना।

स्वाँगी (सं.) [सं-पु.] 1. वह जो स्वाँग रचकर जीविकोपार्जन करता है; लोककलाकार 2. नक्काल; नकल करने वाला व्यक्ति 3. बहुरुपिया। [वि.] अनेक प्रकार के रूप धारण करने वाला।

स्वांग (सं.) [सं-पु.] अपना ही अंग।

स्वांगीकरण (सं.) [सं-पु.] किसी पौष्टिक तत्व को अपने शरीर में पूरी तरह से मिलाकर लीन कर लेना; आत्मसात कर लेना।

स्वांत (सं.) [सं-पु.] 1. अपना अंत या मृत्यु 2. मन; अंतःकरण 3. मन की शांति 4. अपना राज्य या प्रदेश।

स्वांतः सुखाय (सं.) [अव्य.] 1. जिससे स्वयं को आनंद प्राप्त होता हो 2. अपनी इच्छा से; स्वेच्छया।

स्वाक्षर (सं.) [सं-पु.] 1. अपने हाथ से लिखे हुए अक्षर; अपनी लिखावट; अपना हस्तलेख 2. दस्तख़त; हस्ताक्षर।

स्वागत (सं.) [सं-पु.] किसी गणमान्य अतिथि अथवा प्रियपात्र आदि के पधारने पर आगे बढ़कर किया जाने वाला उसका सादर अभिनंदन; अभ्यर्थना; इस्तिकबाल; ख़ुशामदीद; अगवानी; सत्कार।

स्वागत कक्ष (सं.) [सं-पु.] वह कमरा जिसमें मिलने के लिए आने वाले लोगों को बैठाने की और उनका आदर-सत्कार करने की व्यवस्था हो।

स्वागत सत्कार (सं.) [सं-पु.] 1. अतिथि का किया जाने वाला स्वागत और सेवा 2. आवभगत; ख़ातिरदारी।

स्वागतकारी (सं.) [वि.] 1. स्वागत या अभिनंदन करने वाला; अगवानी, अभ्यर्थना करने वाला 2. पेशवाई करने वाला 3. अतिथि परायण; मेहमाननवाज़।

स्वागतद्वार (सं.) [सं-पु.] किसी अतिथि के आगमन के उपलक्ष्य में बनाया गया सजाया हुआ प्रवेश द्वार; तोरण।

स्वागतपतिका (सं.) [सं-स्त्री.] (काव्यशास्त्र) वह नायिका जो अपने पति के परदेश से लौटने पर प्रसन्न हो; आगतपतिका।

स्वागता (सं.) [सं-स्त्री.] (काव्यशास्त्र) वर्णिक छंदों में समवृत्त का एक भेद।

स्वागताध्यक्ष (सं.) [सं-पु.] स्वागत-सत्कार करने वाली समिति का अध्यक्ष; स्वागत अधिकारी।

स्वागती (सं.) [सं-पु.] 1. स्वागत करने वाला व्यक्ति; स्वागत अधिकारी 2. आतिथेय। [वि.] स्वागति संबंधी; स्वागत का।

स्वाग्रही (सं.) [वि.] 1. अपने आग्रह पर दृढ़ रहने वाला 2. जिसमें स्वाग्रह की धारणा प्रबल हो।

स्वातंत्र्य (सं.) [सं-पु.] स्वतंत्रता; स्वाधीनता; मुक्ति।

स्वातंत्र्योत्तर (सं.) [वि.] 1. स्वतंत्रता प्राप्ति के बाद का 2. स्वतंत्रता प्राप्ति के बाद होने वाला।

स्वाति (सं.) [सं-स्त्री.] पंद्रहवाँ नक्षत्र। [वि.] जिसका जन्म स्वाति नक्षत्र में हुआ हो।

स्वाति बूँद (सं.) [सं-स्त्री.] 1. स्वाति नक्षत्र में बरसने वाले जल की बूँद 2. {ला-अ.} ऐसी दुष्प्राप्य वस्तु जिसके मिलने पर बहुत आनंद या सुख हो।

स्वात्म (सं.) [वि.] अपना; ख़ुद का; निज का।

स्वाद (सं.) [सं-पु.] 1. भोजन आदि खाने-पीने पर जीभ को होने वाला रसानुभव; ज़ायका; लज्जत; रसानुभूति 2. {ला-अ.} किसी बात में होने वाली रुचि अथवा उससे मिलने वाला आनंद; लुत्फ़; मज़ा 3. {ला-अ.} किसी रचना के काव्यगत सौंदर्य से प्राप्त होने वाला आनंद। [मु.] **-चखाना** : किए का फल देना; सज़ा देना।

स्वादक (सं.) [सं-पु.] 1. स्वाद चखने वाला व्यक्ति; आस्वादक 2. भोजन चखने के लिए नियुक्त कर्मचारी।

स्वादन (सं.) [सं-पु.] 1. स्वाद लेने की क्रिया या भाव; आस्वादन 2. स्वाद लेना; चखना 3. किसी चीज़ का आनंद या रस लेना।

स्वादनीय (सं.) [वि.] जिसका स्वाद लिया जा सकता हो; ज़ायकेदार; स्वादिष्ट।

स्वादलोलुप (सं.) [वि.] 1. स्वादिष्ट भोजन के लिए ललचाने वाला; भोजनप्रेमी; स्वादप्रेमी; चटोरा 2. {ला-अ.} रसलोभी; रसिक; शौकीन।

स्वादहीन (सं.) [वि.] 1. जिसमें स्वाद न हो; फीका; बेस्वाद; बेज़ायका 2. जिसमें रस या आनंद न हो; अरुचिकर 3. सादा; बिना मसालों का 4. नीरस।

स्वादिमा (सं.) [सं-स्त्री.] स्वादिष्ट होने की अवस्था या गुण; माधुर्य।

स्वादिष्ट (सं.) [वि.] जिसका स्वाद या ज़ायका बहुत अच्छा हो; स्वादु; जो खाने में बहुत अच्छा हो।

स्वादी (सं.) [वि.] 1. स्वाद लेने वाला; मज़ा लेने वाला; जो आनंद लेता हो; रसिक 2. जो खाने में अच्छा हो; स्वादिष्ट।

स्वादु (सं.) [वि.] 1. स्वादिष्ट 2. रुचिकर 3. मधुर 4. सुंदर।

स्वादेंद्रिय (सं.) [सं-स्त्री.] जीभ; जिह्वा।

स्वाधिकार (सं.) [सं-पु.] 1. किसी व्यक्ति या समाज की दृष्टि से उसका अपना अधिकार 2. स्वाधीनता; स्वतंत्रता; आज़ादी।

स्वाधिष्ठान (सं.) [सं-पु.] (हठयोग) शरीर के आठ चक्रों में से दूसरा जिसका स्थान शिश्न मूल (मूलाधार चक्र और मणिपूरक चक्र के मध्य) और रूप छह दलों वाले कमल के समान माना गया है, मान्यता है कि इस चक्र से यौवनशक्ति का विकास होता है।

स्वाधीन (सं.) [वि.] जो किसी के अधीन न हो; स्वतंत्र; आज़ाद।

स्वाधीनता (सं.) [सं-स्त्री.] स्वतंत्रता; आज़ादी।

स्वाधीनपतिका (सं.) [सं-स्त्री.] (काव्यशास्त्र) पति को अपने वश में रखने वाली नायिका।

स्वाध्याय (सं.) [सं-पु.] 1. स्वयं अपने विवेक से किया गया अध्ययन या अनुशीलन 2. शास्त्रों का अध्ययन; वेदों आदि प्राचीन ग्रंथों का अध्ययन।

स्वान (सं.) [सं-पु.] 1. आवाज़; शब्द 2. कोलाहल; घरघराहट; शोर।

स्वापक (सं.) [वि.] सुलाने या नींद लाने वाला; स्वापी।

स्वापी (सं.) [वि.] नींद लाने वाला; निद्राकारक; प्रशामक।

स्वाभाविक (सं.) [वि.] 1. जो स्वभाव से उत्पन्न हुआ हो; स्वभावजन्य; स्वभावसिद्ध; पैदाइशी 2. प्राकृतिक; कुदरती; नैसर्गिक; अकृत्रिम 3. मनोवृत्तिगत; निजी; मानसिक 4. स्वभाव संबंधी 5. मौलिक (अधिकार)।

स्वाभिमान (सं.) [सं-पु.] स्वयं की प्रतिष्ठा या अभिमान; आत्मगौरव; निज गौरव; आत्मसम्मान।

स्वाभिमानी (सं.) [सं-पु.] वह व्यक्ति जिसे अपनी प्रतिष्ठा का गौरव या अभिमान हो; ख़ुद्दार; गैरतमंद। [वि.] अपनी इज़्ज़त का ख़याल रखने वाला; स्वाभिमानवाला।

स्वामिकता (सं.) [सं-स्त्री.] किसी वस्तु के मालिक या स्वामी होने की अवस्था या भाव; मिल्कियत।

स्वामिकार्तिक (सं.) [सं-पु.] (पुराण) शिव का पुत्र; स्कंद; कार्तिकेय।

स्वामित्व (सं.) [सं-पु.] 1. किसी वस्तु पर किसी व्यक्ति अथवा किसी संस्था का कानूनी अधिकार; मालिकाना हक; प्रभुत्व; राजत्व; आधिपत्य 2. स्वत्वाधिकार।

स्वामित्वहीनत्व (सं.) [सं-पु.] 1. स्वामित्व से हीन होने की अवस्था या भाव 2. किसी वस्तु के लावारिस होने की अवस्था या भाव; लावारिसी।

स्वामिनी (सं.) [सं-स्त्री.] 1. घर की मालकिन; गृहिणी; मल्लिका 2. वह स्त्री जिसे किसी चीज़ पर पूरे अधिकार प्राप्त हों 3. वैरागिनी; संन्यासिनी।

स्वामिभक्त (सं.) [वि.] स्वामी या मालिक की भक्ति करने वाला; सच्चा सेवक; ताबेदार; भक्त।

स्वामिभक्ति (सं.) [सं-स्त्री.] 1. स्वामी के प्रति भक्ति या निष्ठा की भावना; सेवकाई 2. वफ़ादारी; कर्तव्यपरायणता।

स्वामिस्व (सं.) [सं-पु.] वह धन जो किसी वस्तु के मालिक, पुस्तक के लेखक आदि को उसकी रचना, आविष्कार या स्वामित्व के लिए संपूर्ण लाभ के एक निश्चित अंश के रूप में मिलता हो या मिलने को हो।

स्वामी (सं.) [सं-पु.] 1. किसी वस्तु या पदार्थ का मालिक या अधिकारी; धारक; हकदार 2. अधीपति अधीश; प्रभु 3. घर का प्रधान या मुखिया 4. ज्ञान के किसी अनुशासन में विद्वान 5. साधु, संन्यासी और धर्माचार्यों की उपाधि 6. {अ-अ.} पति; ख़ाविंद 7. (पुराण) ईश्वर 8. सेनानायक। [वि.] जिसे स्वत्व या अधिकार प्राप्त हो।

स्वायंभुव (सं.) [सं-पु.] (पुराण) पहले मनु का नाम जो स्वयंभू या ब्रह्मा से उत्पन्न माने जाते हैं।

स्वायत्त (सं.) [वि.] 1. जिस (क्षेत्र) पर स्थानीय स्वशासन का अधिकार प्राप्त हो; जो अपने ही अधीन अथवा नियंत्रण में हो; जिसपर दूसरे का शासन अथवा नियंत्रण न हो 2. स्वाधीन।

स्वायत्तता (सं.) [सं-स्त्री.] 1. अपनी सरकार बनाने का अधिकार 2. स्थानीय स्वशासन का अधिकार 3. स्वाधीनता।

स्वारस्य (सं.) [सं-पु.] 1. सरसता; रसीलापन 2. किसी बात से मिलने वाला आनंद या सुख 3. स्वाभाविकता।

स्वार्थ (सं.) [सं-पु.] 1. स्वयं का हित; मतलब; गरज़; प्रयोजन; लाभ 2. वह सोच जो केवल अपने हित के लिए हो।

स्वार्थ साधन (सं.) [सं-पु.] 1. स्वार्थ भाव से अपना काम निकालना 2. अपना प्रयोजन पूरा करना; स्वार्थसिद्धि; स्वार्थपूर्ति।

स्वार्थता (सं.) [सं-स्त्री.] अपने स्वार्थ का पोषण करने वाली आदत; स्वार्थपरता; ख़ुदगरज़ी।

स्वार्थत्याग (सं.) [सं-पु.] 1. किसी अच्छे काम के लिए अपने लाभ या हित का त्याग कर देना 2. किसी के उपकार के लिए अपने हित या लाभ का विचार छोड़ना।

स्वार्थत्यागी (सं.) [वि.] 1. किसी अच्छे काम के लिए अपने स्वार्थ या हित को न्योछावर करने वाला 2. दूसरे के भले के लिए अपने लाभ का विचार न रखने वाला।

स्वार्थपर (सं.) [वि.] जो सिर्फ़ अपना स्वार्थ या मतलब देखता हो; स्वार्थी; ख़ुदगरज़; मतलबी।

स्वार्थपरक (सं.) [वि.] जिसे केवल अपने स्वार्थ या हित की चिंता हो; स्वार्थपरायण; स्वार्थपूर्ण; स्वार्थी; मतलबी।

स्वार्थपरायण (सं.) [वि.] 1. अपने स्वार्थों की सिद्धि में लगा रहने वाला; स्वार्थी 2. जो दूसरे के कामों या बातों की अपेक्षा अपने स्वार्थ को अधिक महत्व देता हो।

स्वार्थमना (सं.) [वि.] जो स्वार्थ पूरा करने में लीन हो; जिसका मन स्वार्थ में रत हो; स्वार्थी; स्वार्थपरायण।

स्वार्थमय (सं.) [वि.] 1. जो बहुत अधिक स्वार्थी हो 2. स्वार्थ से भरा; स्वार्थपूर्ण।

स्वार्थवादी (सं.) [वि.] 1. जो केवल अपने स्वार्थ या हित को पूरा करना चाहता हो; स्वार्थी; मतलबी; लालची 2. आत्मकेंद्रित; अवसरवादी; मौकापरस्त 3. स्वार्थसाधक; संकुचित हृदय।

स्वार्थांध (सं.) [वि.] जो स्वार्थ सिद्धि में अंधा हो गया हो; जो दूसरों की लाभ-हानि की परवाह न कर केवल अपना मतलब देखता हो; घोर स्वार्थी।

स्वार्थी (सं.) [वि.] 1. केवल अपने स्वार्थ की सिद्धि को चाहने वाला 2. ख़ुदगर्ज़; स्वार्थपरायण।

स्वावलंबन (सं.) [सं-पु.] 1. आत्मनिर्भर होने की अवस्था, गुण या भाव; आत्मनिर्भरता; ख़ुदमुख़्तारी 2. अपने भरोसे रहने का भाव।

स्वावलंबी (सं.) [वि.] 1. आत्मनिर्भर; स्वाश्रित 2. जिसमें स्वावलंबन की भावना हो; स्वनियोजित।

स्वाश्रय (सं.) [सं-पु.] 1. अपने भरोसे या सहारे रहना; स्वावलंबन 2. वह जिसे केवल अपना ही सहारा हो।

स्वाश्रित (सं.) [वि.] 1. जिसे केवल अपना ही सहारा या भरोसा हो 2. अपने बल पर रहने वाला।

स्वास्थ्य (सं.) [सं-पु.] स्वस्थ अर्थात निरोग होने की अवस्था, गुण या भाव; आरोग्य; निरोगता; तंदुरुस्ती; सेहत।

स्वास्थ्य निवास (सं.) [सं-पु.] वह निश्चित स्थान जहाँ लोग स्वास्थ्य सुधार के उद्देश्य से रहते हैं; आरोग्य निवास।

स्वास्थ्य लाभ (सं.) [सं-पु.] निरोग होने के प्रक्रिया; रोगमुक्ति; सेहतमंद होना।

स्वास्थ्यकर (सं.) [वि.] 1. तंदुरुस्ती बढ़ाने वाला; आरोग्यवर्धक 2. जो स्वास्थ्य को अच्छा बनाए रखे।

स्वास्थ्यवर्धक (सं.) [वि.] 1. जो स्वास्थ्य में सुधार करता हो; स्वास्थ्यप्रद; रोगमुक्त रखने वाला 2. पुष्टिवर्धक; आरोग्यप्रद; बलवर्धक 3. हितकारी।

स्वास्थ्यविज्ञान (सं.) [सं-पु.] वह शास्त्र या विज्ञान जिसमें शरीर को निरोग और स्वस्थ बनाए रखने के नियमों और सिद्धांतों का विवेचन हो।

स्वाह (सं.) [सं-पु.] किसी पदार्थ के अग्नि से नष्ट हो जाने की क्रिया या अवस्था; दग्ध; राख।

स्वाहा (सं.) [अव्य.] एक शब्द जिसका उच्चारण यज्ञ या हवन में हवि छोड़ते समय किया जाता है [वि.] 1. जो जलाकर नष्ट कर दिया गया हो; भस्मीभूत 2. जिसका पूरी तरह अंत या नाश कर दिया गया हो; पूर्णतः विनष्ट।

स्वाहेस (सं.) [सं-पु.] (पुराण) स्वाहा के पति; अग्निदेवता।

स्विच (अं.) [सं-पु.] विद्युत उपकरण या इंजन को चलाने और बंद करने का बटन।

स्वीकार (सं.) [सं-पु.] 1. अपनाने की क्रिया या भाव; अंगीकार 2. ग्रहण 3. स्वीकृति; मंजूर करना; कबूल करना 4. प्रतिज्ञा या वचन देने का कार्य।

स्वीकारना (सं.) [क्रि-स.] 1. अंगीकार करना; मानना 2. अपनाना 3. ग्रहण करना; लेना।

स्वीकारात्मक (सं.) [वि.] 1. जिसकी कोई बात स्वीकृत की गई हो 2. जिसकी किसी बात को मानकर उसकी पुष्टि की गई हो 3. सकारात्मक।

स्वीकारोक्ति (सं.) [सं-स्त्री.] वह कथन या बयान जिसमें अपना अपराध, दोष या पाप स्वीकार किया जाए; अपराध स्वीकृति; इकबाले-जुर्म; आत्मस्वीकृति।

स्वीकार्य (सं.) [वि.] 1. स्वीकार करने योग्य 2. जो माना जा सके।

स्वीकार्यता (सं.) [सं-स्त्री.] 1. स्वीकार होने की अवस्था या भाव 2. ग्राह्यता।

स्वीकृत (सं.) [वि.] 1. जो स्वीकार कर लिया गया हो; अंगीकृत; चयनित 2. मान्यता प्राप्त; पसंद 3. मंजूर; सहमतिप्राप्त 4. अधिकृत; निर्धारित 5. प्रचलित; लोकप्रिय 6. जिसपर विवाद न हो।

स्वीकृति (सं.) [सं-स्त्री.] 1. स्वीकार करने की अवस्था या भाव; अनुमति देने का उपक्रम; मंजूरी 2. प्रस्ताव, शर्त आदि मान लेने की क्रिया; सम्मति 3. समझौता; सौदा।

स्वीट डिश (अं.) [सं-स्त्री.] मिठाई; मिष्ठान।

स्वीडी (स्वी.) [सं-पु.] स्वीडन देश का निवासी। [सं-स्त्री.] स्वीडन देश की भाषा। [वि.] स्वीडन संबंधी; स्वीडन का।

स्वीमिंग (अं.) [सं-स्त्री.] तैरने की क्रिया या भाव; तैराकी।

स्वेच्छया (सं.) [क्रि.वि.] 1. अपनी इच्छा से; बिना किसी के दबाव से 2. इच्छार्थ; मनचाहे; आत्मसुखाय; ख़ुशी-ख़ुशी; मनमरज़ी से।

स्वेच्छा (सं.) [सं-स्त्री.] 1. अपनी इच्छा; मनमरज़ी 2. आज़ादी; छूट; स्वैराचार।

स्वेच्छाचार (सं.) [सं-पु.] 1. अपनी इच्छानुसार व्यवहार करना; जो मन में आए वह करना; मनमाना या निरंकुश आचरण 2. अतिचार; अमर्यादा 3. उच्छृंखलता; स्वच्छंदता; असंयम।

स्वेच्छाचारिता (सं.) [सं-स्त्री.] स्वेच्छा से जीने या शासन करने की अवस्था या भाव; मनमरज़ी; तानाशाही; एकतंत्रवाद।

स्वेच्छाचारी (सं.) [वि.] 1. स्वयं की इच्छा के अनुरूप कार्य करने वाला; मनमानी करने वाला 2. नियम-कानून को न मानने वाला; अतिरेकी; उद्दाम 3. निरंकुश; तानाशाह 4. दुराचारी; लंपट।

स्वेच्छामृत्यु (सं.) [सं-स्त्री.] अपनी इच्छा से मरना। [सं-पु.] (महाभारत) भीष्म पितामह को यह वरदान प्राप्त था कि वे अपनी इच्छा से मृत्यु का वरण कर सकते हैं।

स्वेटर (अं.) [सं-पु.] ऊन से बुना हुआ वस्त्र; (कार्डिगन; पुलोवर)।

स्वेद (सं.) [सं-पु.] 1. पसीना 2. वाष्प; भाप 3. गरमी; ताप।

स्वेदक (सं.) [वि.] स्वेद या पसीना लाने वाला।

स्वेदकण (सं.) [सं-पु.] स्वेद या पसीने की बूँद; स्वेद कणिका।

स्वेदज (सं.) [सं-पु.] 1. पसीने से पैदा होने वाला जीव 2. खटमल; जूँ।

स्वेदन (सं.) [सं-पु.] 1. पसीना निकलना 2. वाष्प पैदा करना; आसवन।

स्वेदित (सं.) [वि.] 1. जिसका पसीना निकल चुका हो; जो पसीने से तरबतर हो; बफ़ारा दिया हुआ 2. जिससे वाष्प निकाली गई हो।

स्वेदी (सं.) [वि.] जिससे पसीना आता हो; प्रस्वेदक; स्वेदयुक्त।

स्वैच्छिक (सं.) [वि.] 1. जो अपनी इच्छा के अनुसार हो; इच्छित 2. किसी की निजी इच्छा से संबंध रखने वाला 3. वैकल्पिक।

स्वैर (सं.) [वि.] 1. अपनी इच्छानुसार चलने वाला; स्वेच्छाचारी;

यथेच्छाचारी 2. स्वतंत्र; आज़ाद 3. मनमाना।

स्वैराचार (सं.) [सं-पु.] 1. मनमाना आचरण या व्यवहार; स्वेच्छा; अतिचार; उच्छृंखलता 2. कुशासन 3. एकतंत्र।

स्वैराचारी (सं.) [वि.] 1. मनमाना काम करने वाला; अपनी मर्ज़ी के अनुसार चलने वाला; स्वैछाचारी 2. निरंकुश 3. व्यभिचारी; लंपट; बदमाश।

स्वैरिणी (सं.) [सं-स्त्री.] अपनी इच्छा के अनुसार चलने वाली स्त्री; स्वछंद स्वभाव की स्त्री।

स्वैरिता (सं.) [सं-स्त्री.] 1. स्वैर होने की अवस्था या गुण 2. मनमानी; स्वछंदता।

स्वैरी (स) [वि.] 1. स्वेच्छा चारी 2. निरंकुश 3. स्वच्छंद 4. दुराचारी 5. व्यभिचारी।

स्वोपार्जित (सं.) [वि.] स्वयं उपार्जित किया हुआ; अपना कमाया हुआ; स्वयं अर्जित।

ह

ह हिंदी वर्णमाला का व्यंजन वर्ण। उच्चारण की दृष्टि से यह काकल्य, महाप्राण, सघोष एवं संघर्षी है।

हँकाना [क्रि-स.] हाँकना; पुकारना।

हँकार [सं-स्त्री.] 1. पुकार 2. ललकार। [सं-पु.] अहंकार।

हँकारना [क्रि-अ.] हुंकार भरना।

हँकारी [सं-पु.] 1. दूत 2. वह व्यक्ति जो किसी के यहाँ उसे बुलाने के लिए भेजा जाता है।

हँकावल [क्रि-स.] आवाज देकर पशु को चलाना या खदेड़ना।

हँड़िया (सं.) [सं-स्त्री.] बड़े लोटे के आकार का तथा चौड़े मुँह वाला मिट्टी का बरतन; हंडी; हाँड़ी।

हँतुआ [सं-पु.] सामान रखने के लिए अलग एक जगह।

हँफना [सं-पु.] हाँफने वाला बैल।

हँफनी [सं-स्त्री.] 1. हाँफने की क्रिया या भाव; हाँफ 2. दमे की बीमारी।

हँसन [सं-स्त्री.] 1. हँसने का उपक्रम 2. हँसने का तरीका।

हँसना (सं.) [क्रि-अ.] 1. प्रसन्नता और आनंद प्रकट करने की एक क्रिया जिसमें चेहरा खिल जाता है और मुँह खुल जाता है 2. परिहास या दिल्लगी करना। [क्रि-स.] किसी की हँसी उड़ाना; उपहास करना। [मु.] **हँस कर बात उड़ाना** : टाल देना। **हँसी उड़ाना** : उपहास करना।

हँसमुख (सं.) [वि.] 1. प्रसन्न; प्रसन्नचित्त; प्रफुल्लित; हँसते चेहरेवाला 2. विनोदप्रिय; विनोदी; हास्यप्रिय; हँसोड़; दिल्लगीबाज़।

हँसली [सं-स्त्री.] 1. स्त्रियों के गले में पहनने का एक आभूषण 2. गले के नीचे की एक अस्थि या हड्डी।

हँसाई [सं-स्त्री.] 1. लोकनिंदा; बदनामी; मखौल बनाए जाने का भाव 2. हँसी; मज़ाक; परिहास।

हँसाना [क्रि-स.] किसी को हँसने के लिए प्रवृत्त करना; ऐसा कुछ करना कि दूसरा व्यक्ति हँसने लगे।

हँसिया (सं.) [सं-स्त्री.] 1. लोहे का एक धारदार औज़ार जो अर्द्ध चंद्राकार होता है जिससे खेत की फ़सल, तरकारी आदि काटी जाती है 2. हाथी के अंकुश के आगे का अंश।

हँसी [सं-स्त्री.] 1. हँसने की क्रिया, ध्वनि या भाव 2. परिहास; मज़ाक; दिल्लगी; ठट्ठा; विनोदपूर्ण और हास्यप्रद बातें 3. लोक में होने वाली निंदा या बदनामी।

हँसी-ख़ुशी [सं-स्त्री.] प्रसन्नता; हर्ष।

हँसी-खेल [सं-पु.] 1. सरल या आसान काम 2. ठट्ठा, दिल्लगी और खेल 3. साधारण बात।

हँसी-मज़ाक [सं-पु.] परिहास; मनोरंजन; विनोद; हँसी-ठिठोली।

हँसोड़ [वि.] 1. बहुत हँसने वाला; हँसमुख 2. दूसरों को बहुत हँसाने वाला।

हंगामा (फ़ा.) [सं-पु.] 1. हल्ला-गुल्ला; हलचल; शोर-गुल; हुल्लड़ 2. उपद्रव; मारपीट।

हंगामी (फ़ा.) [वि.] 1. हंगामा संबंधी 2. हंगामा करने वाला; गड़बड़ीवाला।

हंटर (अं.) [सं-पु.] 1. कोड़ा; लंबा चाबुक 2. शिकारी; आखेटक।

हंडा [सं-पु.] पीतल या ताँबे का बना घड़े के आकार का बड़ा बरतन जिसमें पानी रखते हैं।

हंडी (सं.) [सं-स्त्री.] बड़े लोटे के जैसा मिट्टी का पात्र जिसमें कुछ रखकर पकाया जाता है।

हंत (सं.) [अव्य.] हर्ष, विषाद, आश्चर्य, खेद या शोक का द्योतक शब्द।

हंतकार (सं.) [सं-पु.] संन्यासी या अतिथि के लिए निकाला हुआ भोजन, हंदा।

हंतव्य (सं.) [वि.] 1. हनन करने योग्य; हत्या करने योग्य 2. उल्लंघन करने योग्य।

हंता (सं.) [वि.] संहारक; हत्यारा।

हंतोक्ति (सं.) [सं-स्त्री.] 1. हंत शब्द का प्रयोग 2. शोकोद्गार; करुणा 3. सहानुभूति।

हंदा (सं.) [सं-पु.] ब्राह्मण या पुरोहित द्वारा अपने यजमान से नियमित रूप से लिया जाने वाला भोजन।

हंबा [सं-स्त्री.] गाय, बैल आदि के बोलने की आवाज़; रँभाने का शब्द।

हंभा [सं-स्त्री.] दे. हंबा।

हंस (सं.) [सं-पु.] 1. झीलों में वास करने वाला बत्तख की तरह का एक पक्षी 2. ब्रह्म 3. आत्मा 4. एक प्रकार की प्राणवायु 5. अलौकिक गुणों से संपन्न मनुष्य 6. सूर्य 7. भारतीय शास्त्रीय संगीत का एक ताल। [मु.] **-उड़ जाना** : प्राण निकल जाना।

हंसक (सं.) [सं-पु.] 1. हंस पक्षी 2. पैर की उँगलियों में पहना जाने वाला एक गहना; बिछुआ।

हंसकूट (सं.) [सं-पु.] 1. बैल के कंधे के पास का उभरा हुआ भाग; डिल्ला; कुब्बा; ककुत्थ 2. हिमालय की एक चोटी।

हंसगंधर्व (सं.) [सं-पु.] कर्नाटकी संगीत का एक राग।

हंसगति (सं.) [सं-स्त्री.] 1. हंस के समान धीमी सुंदर चाल 2. सायुज्य या ब्रह्मत्व की प्राप्ति 3. एक प्रकार का मात्रिक छंद।

हंसगर्भ (सं.) [सं-पु.] एक प्रकार का बहुमूल्य रत्न।

हंसगामिनी (सं.) [वि.] हंस के समान सुंदर और मंद चालवाली (स्त्री)। [सं-स्त्री.] कर्नाटकी संगीत की एक रागिनी।

हंसगिरि (सं.) [सं-पु.] कर्नाटकी संगीत का एक राग।

हंसचाल [सं-स्त्री.] हंस के समान धीमी सुंदर चाल।

हंसचौपड़ (सं.) [सं-पु.] चौपड़ खेल की एक पुरानी किस्म।

हंसजा (सं.) [सं-स्त्री.] सूर्य की कन्या; यमुना।

हंसदीपक (सं.) [सं-पु.] कर्नाटकी संगीत का एक राग।

हंसदेह (सं.) [सं-स्त्री.] पंचतत्वविहीन मनुष्य का वह रूप जब वह परम प्रकाश और चैतन्य स्वरूप ब्रह्म का अंश होता है; आत्मा।

हंसध्वनि (सं.) [सं-स्त्री.] संगीत के अंतर्गत विलावल ठाठ की एक रागिनी।

हंसनटनी (सं.) [सं-स्त्री.] कर्नाटकी संगीत की एक रागिनी।

हंसनाद (सं.) [सं-पु.] कर्नाटकी संगीत का एक राग।

हंसपदी (सं.) [सं-स्त्री.] एक प्रकार की लता का नाम।

हंसमंगला (सं.) [सं-स्त्री.] संगीत की एक मिश्रित या संकर रागिनी।

हंसमंजरी (सं.) [सं-स्त्री.] संगीत के अंतर्गत काफी ठाठ की एक रागिनी।

हंसमाला (सं.) [सं-स्त्री.] 1. हंसों की कतार 2. एक प्रकार का वर्ण वृत्त।

हंसरथ (सं.) [सं-पु.] (पुराण) वह जिनका वाहन हंस है अर्थात ब्रह्मा।

हंसराज (सं.) [सं-पु.] 1. बड़ा हंस 2. पहाड़ों में चट्टानों से लगी मिलने वाली एक जड़ीबूटी 3. अगहनी धान की एक किस्म।

हंसली [सं-स्त्री.] दे. हँसली।

हंसवती (सं.) [सं-स्त्री.] 1. एक लता का नाम 2. संगीत की एक रागिनी।

हंसवाहिनी (सं.) [सं-स्त्री.] (पुराण) वह जिनका वाहन हंस है अर्थात सरस्वती।

हंसश्री (सं.) [सं-स्त्री.] संगीत के अंतर्गत खम्माच ठाठ की एक रागिनी।

हंससुता (सं.) [सं-स्त्री.] हंसजा; यमुना नदी।

हंसारूढ़ (सं.) [सं-पु.] जो हंस पर आरूढ़ या सवार हो; ब्रह्मा।

हंसावधूत (सं.) [सं-पु.] तंत्र के मुताबिक चार तरह के अवधूतों में से एक जो पूर्ण होने पर परमहंस और अपूर्ण रहने पर परिव्राजक कहे जाते हैं।

हंसावर (सं.) [सं-पु.] बत्तख; हंस की प्रजाति का लंबी गरदन और टाँगों वाला एक पक्षी।

हंसावली (सं.) [सं-स्त्री.] हंसों की पंक्ति या कतार।

हंसिका (सं.) [सं-स्त्री.] हंस की मादा; हंसिनी।

हंसिनी (सं.) [सं-स्त्री.] हंस (पक्षी) की मादा।

हंसी [सं-स्त्री.] 1. मादा हंस; हंसिनी 2. भूड़िया पकड़ने का जाल।

हक (अ.) [सं-पु.] 1. अधिकार; स्वामित्व; इख़्तियार 2. फ़र्ज़; कर्तव्य 3. न्याय, प्रथा आदि के अनुसार प्राप्त अधिकार 4. उचित पक्ष। [वि.] 1. जो झूठ न हो; सत्य; सच 2. उचित; मुनासिब 3. जो न्याय, धर्म आदि दृष्टियों से उचित या ठीक हो। [मु.] **-अदा करना** : कर्तव्य का पालन करना; फ़र्ज़ पूरा करना। **-में होना** : पक्ष में होना।

हक-बक [क्रि.वि.] हक्का-बक्का; भौचक्का; घबराया हुआ।

हकतलफ़ी (अ.) [सं-स्त्री.] किसी का हक मारा जाना; अधिकार हानि।

हकदार (अ.+फ़ा.) [सं-पु.] हक या अधिकार रखने वाला; अधिकारी।

हकपरस्त (अ.+फ़ा.) [वि.] 1. जो सत्य का पुजारी हो; सत्यनिष्ठ; धर्मनिष्ठ; न्यायशील 2. ईश्वर भक्त।

हकबकाना [क्रि-अ.] चकित रह जाना; हक्का-बक्का हो जाना; घबरा जाना; भौचक्का होना; स्तंभित होना।

हकमालिकाना (अ.+फ़ा.) [सं-पु.] मालिक होने या स्वामित्व मिलने के कारण किसी चीज़ पर हक या अधिकार।

हकमौरूसी (अ.) [सं-पु.] पैतृक परंपरा से या विरासत में मिलने वाला हक।

हकला [वि.] रुक-रुक कर बोलने वाला; हकलाने वाला।

हकलाना [क्रि-अ.] रुक-रुक कर बोलना; बोलने में अटकना।

हकलापन [सं-पु.] 1. रुक-रुक कर बोलने या हकलाने की अवस्था या भाव 2. हकलाने का दोष।

हकलाहट [सं-स्त्री.] हकलाने की क्रिया, अवस्था या भाव; हकलापन।

हकारत (अ.) [सं-स्त्री.] 1. हकीर अर्थात तुच्छ होने की अवस्था या भाव; तुच्छता 2. घृणायुक्त भाव।

हकीकत (अ.) [सं-स्त्री.] 1. वास्तविकता; यथार्थता; सच्चाई; सत्यता; असलियत 2. सूफ़ी मार्ग की वह मंज़िल जहाँ साधक को परमात्मा के वास्तविक स्वरूप का ज्ञान हो जाता है और साधक उसके साथ एकत्व का अनुभव करता है। [मु.] **-खुलना** : वास्तविकता प्रकट होना।

हकीकतन (अ.) [अव्य.] वास्तव में; वस्तुतः; सच में; हकीकत में।

हकीकी (अ.) [वि.] 1. असली 2. सगा; अपना।

हकीम (अ.) [सं-पु.] 1. जड़ी-बूटियों से तैयार की गई औषधि से रोगी का इलाज करने वाला वैद्य या डॉक्टर 2. यूनानी चिकित्सा शास्त्र का ज्ञाता।

हकीमी (अ.) [सं-स्त्री.] 1. यूनानी चिकित्साशास्त्र 2. हकीम का पेशा या व्यवसाय। [वि.] हकीम संबंधी; हकीम का।

हकीर (अ.) [वि.] 1. तुच्छ; हेय; क्षुद्र 2. बहुत थोड़ा; छोटा।

हक्का [सं-पु.] 1. लाठी द्वारा आघात करने का एक प्रकार 2. उलूक;उल्लू।

हक्का-बक्का [वि.] 1. भौचक्क; किसी अप्रत्याशित घटना से घबराया हुआ या शिथिल 2. स्तंभित; चकित।

हक्कार (सं.) [सं-पु.] चिल्लाकर बुलाने का शब्द; आह्वान; पुकार।

हगना [क्रि-अ.] 1. शौच करना; मल-त्याग करना 2. {ला-अ.} फूहड़ काम करना।

हगाना [क्रि-स.] शौच कराना; किसी अन्य को मल त्याग कराना।

हगास [सं-स्त्री.] शौच या मल त्याग की इच्छा।

हचकना [क्रि-अ.] अधिक भार पड़ने पर चारपाई आदि का झोका खाना या बार-बार हिलना; ज़ोर से हिलाना या मारना।

हचकोला [सं-पु.] बैलगाड़ी ताँगा या ऊँट आदि वाहनों के ऊपर बैठने पर उसके चलने या हिलने-डुलने से लगने वाला धक्का; धचका।

हज (अ.) [सं-पु.] 1. संकल्प 2. मक्का (मुसलमानों का तीर्थस्थल) की धार्मिक यात्रा तथा उसका दर्शन और उसकी प्रदक्षिणा करना 3. आनंद; राहत; सुख।

हज़म (अ.) [वि.] 1. जो खाने के बाद पेट में पच गया हो; पचित 2. {ला-अ.} अनुचित रूप से ले लिया गया या वापस न किया गया; गबन; चोरी। [मु.] **-कर जाना** : हड़प लेना; पचा लेना; लेकर वापस न करना।

हज़रत (अ.) [सं-पु.] 1. सम्मान सूचक संबोधन; जनाब; महोदय; महाशय 2. महात्मा; महापुरुष; मुहम्मद।

हज़रत सलामत (अ.) [सं-पु.] श्रीमान; महोदय; हुज़ूर।

हज़ल (अ.) [सं-पु.] फूहड़ मज़ाक; भद्दा परिहास।

हजामत (अ.) [सं-स्त्री.] 1. बाल-दाढ़ी आदि बनाने का काम 2. क्षौर 3. सफ़ाई 4. दुर्दशा। [मु.] **-बनना** : पिटाई होना। **-बनाना** : बाल काटना। **-करना** : ठग लेना।

हज़ार (फ़ा.) [वि.] संख्या '1000' का सूचक।

हज़ारदास्ताँ (फ़ा.) [सं-पु.] उमदा किस्म की बुलबुल। [वि.] बहुत अच्छी-अच्छी बातें कहने वाला; किस्सागो।

हज़ारहा (फ़ा.) [वि.] हज़ारों; सहस्रों।

हज़ारा (फ़ा.) [सं-पु.] 1. एक प्रकार का बड़ा बरतन जिसके मुँह पर अनेक छेद होते हैं तथा जिससे गमलों में पानी डाला जाता है; छिड़काव के काम में आने वाली अनेक (असंख्य) छिद्रों वाली बाल्टी 2. फुहारा; (फ़ाउंटेन) 3. बहुत से पटलों अथवा पंखुड़ियों वाला फूल 4. एक तरह की आतिशबाज़ी। [वि.] जिसमें हज़ार या बहुत अधिक पंखुड़ियाँ हों; सहस्रदल (फूल)।

हज़ारी (फ़ा.) [सं-पु.] 1. हज़ार सिपाहियों का सरदार 2. मुगल शासन में सरदारों को दिया जाने वाला एक ओहदा। [वि.] 1. हज़ार की संख्या वाला 2. हज़ार संबंधी।

हजूम (अ.) [सं-पु.] एकत्रित जनसमूह; भीड़।

हज़ूर (अ.) [सं-पु.] 1. सम्मानसूचक संबोधन 2. बादशाह या हाकिम का दरबार; कचहरी।

हज़ूरी (अ.) [सं-स्त्री.] 1. दरबारगीरी 2. ख़ुशामद। [सं-पु.] बादशाह, हाकिम या रईसों की सेवा-टहल करने वाला नौकर। [मु.] **जी हज़ूरी करना** : चापलूसी या ख़ुशामद करना।

हज्जाम (अ.) [सं-पु.] हजामत बनाने वाला; बाल-दाढ़ी आदि बनाने वाला; नाई।

हटक [सं-स्त्री.] मना करने या हटकने की क्रिया; वर्जन; मनाही।

हटकन [सं-स्त्री.] 1. मनाही; हटक 2. जानवरों को हाँकने की लाठी।

हटकना [क्रि-स.] 1. रोकना; बरजना; मना करना 2. पशुओं को किसी ओर हाँकना। [क्रि-अ.] रुकना; हिचकिचाना।

हटना (सं.) [क्रि-अ.] 1. अपना स्थान छोड़कर इधर-उधर होना; सरकना; खिसकना; एक स्थान से दूसरी जगह जाना 2. टलना, वचन आदि का पालन न करना; विचलित होना 3. दूर होना; मिटना; न रह जाना।

हटनी [सं-स्त्री.] पीठ के बल ऊपर जाने की प्रक्रिया वाली मालखंभ की एक कसरत।

हटवाई [सं-स्त्री.] 1. हटवाने की क्रिया या मज़दूरी 2. हाट या बाज़ार में होने वाला क्रय-विक्रय।

हटवाना [क्रि-स.] हटाने का काम दूसरे से कराना।

हटाना [क्रि-स.] अलग करना।

हटिया [सं-स्त्री.] छोटा हाट या बाज़ार।

हट्टा-कट्टा (सं.) [वि.] 1. मोटा-ताज़ा; हृष्ट-पुष्ट 2. शक्तिशाली; बलवान।

हठ (सं.) [सं-पु.] 1. किसी बात के लिए अड़ना; ज़िद; किसी बात पर अड़े रहने की प्रवृत्ति 2. ज़बरदस्ती; बल-प्रयोग। [मु.] **-पकड़ना** : किसी बात के लिए हठ या ज़िद करना; दुराग्रह करना।

हठता (सं.) [सं-स्त्री.] हठ करने का भाव; ज़िद्दीपन।

हठधर्म (सं.) [सं-पु.] कट्टरपन; दुराग्रह; सही-गलत का विचार किए बिना अपनी बात पर अड़े रहना।

हठधर्मिता (सं.) [सं-स्त्री.] हठधर्मी होने की स्थिति या भाव; अपने हठ पर जमे रहना; संकीर्णता; दुराग्रह; कट्टरता।

हठधर्मी (सं.) [सं-स्त्री.] उचित-अनुचित आदि का विचार त्यागकर अपनी बात पर जमे रहना; हठधर्मिता; दुराग्रह; अपने विचारों, मतों आदि में होने वाला कट्टरपन। [वि.] हठ-धर्मवाला; दुराग्रही।

हठयोग (सं.) [सं-पु.] 1. चित्तवृत्तियों का निरोध और इन्हें सांसारिकता से विमुख कर अंतर्मुखी करने की एक जटिल भारतीय साधना पद्धति 2. नाथ पंथियों में योग का एक प्रकार जिसमें कुंडलिनी जागरण कराकर 'सहस्रारचक्र' तक ले जाया जाता है। उक्त योग में कठिन आसन मुद्राओं का विधान है।

हठयोगी (सं.) [सं-पु.] हठयोग का साधक।

हठवाद (सं.) [सं-पु.] हठधर्म।

हठवादिता (सं.) [सं-स्त्री.] हठधर्मी होने का भाव; अड़ियलपन।

हठवादी (सं.) [वि.] हठधर्मी; दुराग्रही; अड़ियल।

हठविद्या (सं.) [सं-स्त्री.] हठयोग।

हठात (सं.) [क्रि.वि.] बलात; बलपूर्वक; ज़बरदस्ती; हठपूर्वक।

हठी (सं.) [वि.] हठ करने वाला; ज़िद्दी; दुराग्रही; टेकी।

हठीला (सं.) [वि.] हठी; ज़िद्दी।

हड़ (सं.) [सं-स्त्री.] 1. हर्र नामक औषधि (फल) को उत्पन्न करने वाला पेड़ 2. हर्र के आकार का एक गहना; लटकन।

हड़ँहरा [सं-पु.] दक्षिण-पछाही हवा।

हड़क [सं-स्त्री.] 1. उत्कट इच्छा; रट; धुन 2. पागल कुत्ते के काटने पर पानी के लिए होने वाली व्याकुलता; जलांतक 3. हड़काने की क्रिया 4. हड़काने से उत्पन्न भय या डर।

हड़कंप (सं.) [सं-पु.] लोगों में घबराहट पैदा करने वाली हलचल;

भारी हल-चल या उथल-पुथल; खलबली; तहलका; आतंक।
हड़कना [क्रि-अ.] 1. कोई मनमाफ़िक चीज़ न मिलने पर व्याकुल होना; तरसना 2. किसी के दबाव में आ जाना।
हड़काना [क्रि-स.] 1. डाँटना; फटकारना 2. दबाव में लेना 3. तरसाना 4. हतोत्साहित करना 5. किसी को आक्रमण के लिए प्रेरित करना।
हड़ताल (सं.) [सं-स्त्री.] विरोध, दुख या असंतोष व्यक्त करने के लिए कारख़ानों, दुकानों, कार्यालयों आदि के कर्मियों का अपना-अपना कार्य-व्यापार बंद करना; (स्ट्राइक)।
हड़ताली [सं-पु.] हड़ताल करने वाला व्यक्ति, संस्था या समूह। [वि.] हड़ताल संबंधी; हड़ताल का।
हड़प [वि.] 1. पेट में निगला हुआ 2. बेईमानी से लिया गया; अनुचित रूप से प्राप्त।
हड़पना [क्रि-स.] 1. किसी वस्तु अथवा संपत्ति पर अनुचित तरीके से कब्ज़ा करना; किसी वस्तु को किसी से लेकर फिर वापस न करना 2. जल्दी अथवा हड़बड़ी में भोजन करना; निगलना।
हड़प्पा [सं-पु.] सिंधु प्रदेश का एक प्राचीन जनपद, जहाँ खुदाई में प्राचीन संस्कृति के भग्नावशेष मिले।
हड़बड़ [सं-स्त्री.] जल्दबाज़ी; आतुरता; उतावली; उतावलापन।
हड़बड़ाना [क्रि-अ.] 1. जल्दी मचाना; आतुर होना; उतावला हो जाना 2. तन-मन से असंतुलित हो जाना। [क्रि-स.] जल्दी मचाकर किसी को कोई काम करने में प्रवृत्त करना; शीघ्रता करने के लिए प्रेरित करना।
हड़बड़ाहट [सं-स्त्री.] हड़बड़ी।
हड़बड़िया [वि.] किसी काम को हड़बड़ी में करने वाला; हमेशा हड़बड़ी में रहने वाला; उतावला; अस्थिरचित्त।
हड़बड़ी [सं-स्त्री.] 1. जल्दी; शीघ्रता; उतावलापन जल्दबाज़ी; उतावली; आतुरता 2. वह स्थिति जिसमें हड़बड़ाते हुए कोई काम करना पड़ता हो।
हड़बोंग [सं-पु.] शोरशराबा; ऊधम।
हड़हड़ा [वि.] छोटे-छोटे दानेवाला।
हड़हा [वि.] बहुत दुबला-पतला; जिसके शरीर में हड्डियाँ ही रह गई हों। [सं-पु.] 1. जंगली बैल 2. हत्यारा।
हड़होड़ा [सं-पु.] हड़हड़ (हवा); रेलगाड़ी, आँधी आदि के चलने से उत्पन्न आवाज।
हड़ावल [सं-स्त्री.] 1. हड्डियों का समूह या ढेर; हड्डियों का ढाँचा; अस्थिपंजर; ठठरी 2. हड्डियों की माला; अस्थिमाल।
हड़ियल (सं.) [वि.] दे. हड़ीला।
हड़ीला (सं.) [वि.] जिसके तन में सिर्फ़ हड्डियाँ शेष रह गईं हों; अत्यंत दुबला-पतला।
हड्डा (सं.) [सं-पु.] बर्र या ततैया नाम का कीड़ा; एक कीड़ा जो मधुमक्खियों के समान छत्ता बनाकर अंडे देता है?
हड्डी (सं.) [सं-स्त्री.] जीव-जंतुओं के शरीर का कड़ा भाग जिससे उसका ढाँचा निर्मित होता है; अस्थि। [मु.] **-हड्डियाँ निकल आना** : दुबला होना।
हड्डी-पसली [सं-स्त्री.] अंजर-पंजर; एक-एक हड्डी। [मु.] **-तोड़ना** : बहुत पिटाई करना।
हत (सं.) [वि.] 1. जो मार डाला गया हो; वध किया हुआ 2. जिसे मारा-पीटा गया हो; ताड़ित; जिसपर आघात हुआ हो; आहत 3. जिसे ठोकर लगी हो।
हतक[1] (सं.) [सं-पु.] 1. बहुत बड़ा अनिष्ट 2. कायर व्यक्ति 3. पापी व्यक्ति। [वि.] 1. दीन; दुखी 2. नीच; नष्टप्राय। [सं-स्त्री.] हेठी; बेइज्जती।
हतक[2] (अ.) [सं-स्त्री.] अपमान; बेइज़्ज़ती।
हतकरी [सं-पु.] मूठ।
हतचेत (सं.) [वि.] अचेत; बेहोश; संज्ञाशून्य।
हतजीवन (सं.) [वि.] 1. हतप्राय 2. जिसकी ज़िंदगी बरबाद हो गई हो।
हतज्ञान (सं.) [वि.] संज्ञाहीन; बेसुध।
हतदर्प (सं.) [वि.] जिसका घमंड चूर हो गया हो; जिसके अभिमान को ठेस पहुँची हो; जिसका मानमर्दन हुआ हो।
हतप्रभ (सं.) [वि.] जिसकी प्रभा या कांति क्षीण हो गई हो; प्रभाहीन; कांतिहीन; श्रीहीन।
हतप्राय (सं.) [वि.] मरणासन्न; नष्टप्राय।
हतबल (सं.) [वि.] निर्बल; बेहद कमज़ोर।
हतबुद्धि (सं.) [वि.] 1. बेसुध 2. डरा या घबराया हुआ 3. जिसकी बुद्धि काम न कर रही हो।
हतभागी (सं.) [वि.] अभागा; बदकिस्मत; बदनसीब; विपत्ति का मारा। [सं-स्त्री.] अभागा व्यक्ति; विपत्ति का मारा व्यक्ति।
हतभाग्य (सं.) [वि.] भाग्यहीन; बदकिस्मत; अभागा।
हतमति (सं.) [वि.] जिसकी बुद्धि नष्ट हो गई हो; जड़मति; हतबुद्धि; किंकर्तव्यविमूढ़।
हतमना (सं.) [वि.] हताश; निराश; टूटे मनवाला।
हतवाक (सं.) [वि.] जिसकी बोलने की शक्ति समाप्त हो गई हो; गूँगा।
हतवीर्य (सं.) [वि.] बलरहित; बलहीन; शक्तिहीन; कमज़ोर।
हतश्री (सं.) [वि.] 1. ऐश्वर्य या वैभव से रहित; जिसका वैभव नष्ट हो चुका हो 2. कांतिरहित; शोभारहित; हतप्रभ; मुरझाया हुआ; उदास।
हतहृदय (सं.) [वि.] भग्न हृदय; हताश; निराश।
हताश (सं.) [वि.] जिसकी आशा नष्ट हो गई हो; निराश; नाउम्मीद; दुखी; फलहीन।
हताशा (सं.) [सं-स्त्री.] आशा का न रहना; निराशा; निष्फलता।
हताश्रय (सं.) [वि.] निराश्रय; बेसहारा; अनाथ।
हताहत (सं.) [वि.] हत और आहत; मृत और घायल।
हतिया [सं-पु.] हल का एक अंग।
हतोत्तर (सं.) [वि.] जो उत्तर न दे सके; निरुत्तर।
हतोत्साह (सं.) [वि.] जिसका उत्साह नष्ट हो चुका हो; उत्साहहीन।
हतोत्साहित (सं.) [वि.] उत्साहरहित; निरुत्साह; निराश; हताश।
हतोना [सं-पु.] खाँड से बनी गोल आकार की एक मिठाई।
हत्था [सं-पु.] 1. किसी हथियार या औज़ार को हाथ से पकड़ने वाला हिस्सा; मूठ; दस्ता; हैंडल 2. पंजा 3. हाथ का छापा 4. कुरसी की बाँह 5. निवार बुनने के काम आने वाला लकड़ी

का औज़ार। [मु.] **हत्थे चढ़ना** : काबू में आना; हाथ में आना; मिलना।

हत्थियाई [क्रि-स.] घोड़े की पीठ पर हथेली से जोर-जोर से मारने की क्रिया।

हत्या (सं.) [सं-स्त्री.] किसी को जान से मार देना; कत्ल; ख़ून; वध।

हत्याकांड (सं.) [सं-पु.] हत्या की कोई घटना।

हत्यानिरूपण (सं.) [सं-पु.] 1. हत्या का अन्वेषण; हत्या का वर्णन 2. पुलिस द्वारा किसी हत्याकांड की तफ़्तीश और पेश रपट।

हत्यारा (सं.) [सं-पु.] हत्या करने वाला व्यक्ति; ख़ूनी; कातिल।

हत्यारिन (सं.) [सं-पु.] हत्या करने वाली स्त्री; ख़ूनी स्त्री। [वि.] हत्या करने वाली।

हथउधार [सं-पु.] बिना लिखा-पढ़ी के हाथों हाथ कर्ज़ देना।

हथकंडा [सं-पु.] 1. हाथ की चालाकी 2. हाथ से किए जाने वाले कामों में दिखाई पड़ने वाला कौशल और सफ़ाई; हाथ की सफ़ाई 3. काम निकालने के उद्देश्य से की गई चतुराई भरी चाल; धूर्तता करने की पद्धति; किसी उद्देश्य की सिद्धि के लिए किया गया षड्यंत्र।

हथकड़ा [सं-पु.] 1. उपाय; साधन 2. हथकड़ी का पुलिंग।

हथकड़ी [सं-स्त्री.] लोहे की बनी हुई एक विशेष प्रकार की कड़ी जो अपराधियों, बंदियों आदि को पहनाई जाती है।

हथकरघा [सं-पु.] कपड़ा बुनने का एक करघा जो हाथ से चलाया जाता है; (हैंडलूम)।

हथकल [सं-पु.] 1. सूत या तार ऐंठने का सुनारों का एक औज़ार 2. पेचकस 3. करघे से बुनावट में काम आने वाली डोरी।

हथकोड़ा [सं-पु.] कुश्ती का एक दाँव।

हथगर [सं-पु.] दक्खिन-पश्चिम (नैऋत) कोन से चलने वाली तेज बयार; हड़हर।

हथगोला [सं-पु.] शत्रुओं पर हाथ से फेंका जाने वाला बारूदी गोला।

हथचक्की [सं-स्त्री.] हाथ से चलने वाली चक्की; जाँत।

हथठेला [सं-पु.] चार पहियों की ऐसी गाड़ी जिसे हाथों से धक्का देकर एक स्थान से दूसरे स्थान पर ले जाया जाता है; हाथगाड़ी।

हथनाल [सं-स्त्री.] हाथी पर रख कर चलाई जाने वाली तोप।

हथपई [सं-स्त्री.] हाथ के द्वारा पानी से चुपड़कर तैयार की गई रोटी।

हथपान [सं-पु.] हथेली की पीठ पर पहना जाने वाला पान के आकार का एक गहना।

हथफूल [सं-पु.] 1. हाथ के पंजे के ऊपरी भाग पर पहना जाने वाला स्त्रियों का एक गहना 2. एक आतिशबाज़ी।

हथफेर [सं-पु.] 1. हाथ की सफ़ाई से चीज़ें गायब कर देना 2. प्यार से किसी के शरीर पर हाथ फेरना 3. निजी तौर पर छोटे पैमाने की उधार; हथउधार।

हथबेंटा [सं-पु.] खेतों में गन्ने काटने वाला एक प्रकार का औज़ार; कुदाली।

हथलपक [वि.] दूसरों की आँख बचाकर छोटी-मोटी चीज़ें उठा या चुरा लेने वाला; हथफेर।

हथलेवा [सं-पु.] विवाह में वर द्वारा कन्या का हाथ अपने हाथ में लेने की रीति; पाणिग्रहण।

हथसँकरी [सं-स्त्री.] हथेली पर पहनने वाला एक किस्म का आभूषण।

हथसार [सं-पु.] हाथियों को रखे जाने का घर; गजशाला; फीलखाना।

हथिनी [सं-स्त्री.] 1. मादा हाथी 2. तालाबों आदि के घाट पर बनी हुई वास्तु रचना 3. उक्त रचना जो ऊपर की तरफ़ ऊँची रहती है और नीचे क्रमशः बड़ी-बड़ी सीढ़ियों के रूप में नीची होती जाती है।

हथिया (सं.) [सं-पु.] मान्यतानुसार हस्त नक्षत्र जिसमें प्रायः मूसलाधार वर्षा होती है।

हथियाना [क्रि-स.] 1. अपने हाथ में करना; हाथ से पकड़ना 2. दूसरे की चीज़ पर ज़बरदस्ती कब्ज़ा करना; अपने अधिकार में कर लेना; धोख़े से लेना।

हथियार [सं-पु.] हाथ से पकड़कर चलाया जाने वाला अस्त्र-शस्त्र; औज़ार।

हथियारबंद [वि.] जो हथियार या शस्त्र लिए हो; सशस्त्र; जो शस्त्रों से लैस हो।

हथियारबंदी [सं-स्त्री.] हथियारों से लैस करना या होना।

हथुनी [सं-स्त्री.] एक प्रकार का गन्ना या ईख।

हथेरा [सं-पु.] पानी उलीचने या डालने के लिए एक कृषि उपकरण; हाथा।

हथेली (सं.) [सं-स्त्री.] कलाई के आगे का चिकना और चौड़ा भाग; करतल। [मु.] **-पर जान लेकर घूमना** :जान जोख़िम में डालकर व्यय करना।

हथौटी [सं-स्त्री.] हस्त कार्यकुशलता; दस्तकारी या किसी कारीगरी में हाथ को विशेष प्रकार से चलाने की कुशलता।

हथौड़ा [सं-पु.] धातु, पत्थर, ईंट, लोहा आदि पीटने या ठोंकने के काम आने वाला लोहे का एक औज़ार।

हथौड़ी [सं-स्त्री.] छोटा हथौड़ा; हथौड़े का लघु संस्करण ।

हथौना [सं-पु.] विवाह के समय दूल्हे-दुल्हन के हाथों में आशीर्वाद स्वरूप मिठाई रखने की रीति।

हथौरी [सं-स्त्री.] चलौनी।

हद (अ.) [सं-स्त्री.] 1. किसी स्थान या देश के क्षेत्र की सीमा 2. मर्यादा 3. पराकाष्ठा 2. इस्लामी शरीअत (कानून) के अनुरूप दिया हुआ दंड। [मु.] **-कर देना या करना** : असह्य बना देना। **-बाँधना** : सीमा निश्चित करना।

हदबंदी (अ.) [सं-स्त्री.] हद बाँधना; सीमा का निर्धारण करना; सीमांकन।

हदस (अ.) [सं-स्त्री.] ख़ौफ़; ऐसा भय जिससे मनुष्य किंकर्तव्यविमूढ़ हो जाए; अवसन्नता; भीतर से हिल जाना।

हदसना [क्रि-अ.] हदस में आ जाना; आतंकित हो जाना; ख़ौफ़ज़दा होना।

हदसाना (अ.+हिं.) [क्रि-स.] धमकाना; ख़ौफ़ पैदा करना; आतंकित कर देना; भयाक्रांत करना।

हदीस (अ.) [सं-स्त्री.] 1. बात; नई बात 2. मुसलमानों का वह धर्मग्रंथ, जिसमें मुहम्मद साहब के कार्यों के वृत्तांत हैं और वह कुरान में दिए गए विषयों के लिए प्रमाण माना जाता है।

हनन (सं.) [सं-पु.] हत्या करना; कत्ल करना; वध करना। [वि.] हनन करने वाला; मारने वाला; हत्या करने वाला।

हनना [क्रि-स.] 1. वध करना; जान से मार डालना; कत्ल करना 2. मारना; पीटना; चोट पहुँचाना 3. वार करना; निशाना साधना 4. ठोंकना 5. पीट-पीट कर बजाना (नगाड़ा आदि)।

हननीय (सं.) [वि.] दे. हन्य; मारने योग्य।

हनफ़ी [सं-पु.] सुन्नी मुसलमानों का एक वर्ग या संप्रदाय।

हनवाना [क्रि-स.] 1. हनने का काम किसी दूसरे से कराना; किसी को हनने के लिए प्रवृत्त करना; मरवा डालना; कत्ल करा देना 2. पिटवाना; ठुकवाना।

हनीमून (अं.) [सं-पु.] 1. नवविवाहित जोड़े का किसी मनोरम स्थान पर एक साथ समय गुज़ारने जाना 2. शादी के बाद पहली रात का मिलन; सुहागरात।

हनु (सं.) [सं-स्त्री.] 1. ठुड्डी; चिबुक 2. जबड़ा; दाढ़ की हड्डी 3. जीवन को नुकसान पहुँचाने वाली चीज़ 4. अस्त्र; हथियार।

हनुग्रह (सं.) [सं-पु.] जबड़े बैठ जाने का एक रोग।

हनुमंत (सं.) [सं-पु.] हनुमान; पवनपुत्र।

हनुमंतउड़ी (सं.) [सं-स्त्री.] मालखंभ की एक कसरत जिसमें सिर नीचे और पाँव ऊपर करके सामने लाने और फिर ऊपर खिसकने की क्रिया होती है।

हनुमंती (सं.) [सं-स्त्री.] पैर के अँगूठों का इस्तेमाल करते हुए की जाने वाली मालखंभ की एक कसरत।

हनुमान (सं.) [सं-पु.] (रामायण) एक वीर वानर जिन्होंने सीता-हरण के उपरांत रामचंद्र की सेवा और सहायता की थी; ये रामचंद्र के परम भक्त माने गए हैं। [वि.] 1. दाढ़वाला; जबड़ेवाला 2. बहुत बड़ा वीर।

हनुमान बैठक [सं-स्त्री.] एक तरह की बैठक या कसरत जिसमें एक पैर को पैंतरे की तरह आगे बढ़ाते हुए उठते-बैठते हैं।

हनुल (सं.) [वि.] पुष्ट जबड़ों और दाढ़ों वाला।

हन्य (सं.) [वि.] हनन करने योग्य; वध के योग्य; वध्य।

हन्यमान (सं.) [वि.] दे. हन्य।

हफ़्त (फ़ा.) [वि.] छह और एक; सात; सप्त।

हफ़्ता (फ़ा.) [सं-पु.] 1. सप्ताह; सात दिनों का समय 2. अवैध रूप से नियत किया गया साप्ताहिक शुल्क।

हफ़्तावसूली (फ़ा.+अ.) [सं-स्त्री.] किसी व्यक्ति या आपराधिक गिरोह द्वारा किसी क्षेत्र विशेष में स्थित दुकानदारों, व्यवसाइयों से ज़बरदस्ती वसूल किया जाने वाला धन।

हफ़्तावार (फ़ा.) [वि.] हर हफ़्ते निकलने वाला; साप्ताहिक।

हफ़्तावारी (फ़ा.) [वि.] साप्ताहिक; हर हफ़्ते निकलने वाला; हफ़्तावार; पारिश्रमिक।

हफ़्ती (फ़ा.) [सं-स्त्री.] एक ख़ास तरह की जूती।

हफ़्तेवार (फ़ा.) [वि.] हर हफ़्ते निकलने या होने वाला; साप्ताहिक। [क्रि.वि.] हफ़्ते के मुताबिक; हफ़्ते के अनुसार।

हबकना [क्रि-स.] 1. अधीरता के साथ कोई चीज़ दाँत से काट-काट कर खाना 2. किसी व्यक्ति को झपट कर दाँत से काट लेना।

हबड़-तबड़ [क्रि.वि.] हड़बड़ी मचाते हुए; जल्दबाज़ी में; उतावली के साथ।

हबर-दबर [अव्य.] जल्दी-जल्दी; जल्दबाज़ी में; उतावलेपन में।

हबर-हबर [अव्य.] जल्दी-जल्दी; हड़बड़ी में।

हबशी (अ.) [सं-पु.] 1. हबशी देश का निवासी जिसका रंग काला होता है (आजकल इसका प्रयोग निषिद्ध है) 2. एक ऐसा अंगूर जो बड़ा और काला होता है। [वि.] हबश देश संबंधी; हबशियों का।

हबसाना [क्रि-स.] गेहूँ के दानों का बड़ा होना।

हबाब (अ.) [सं-पु.] 1. पानी का बुलबुला 2. सजावट के रूप में छतों से लटकाया जाने वाला शीशे का बना वह गोला जो अंदर से पोला होता है।

हबीब (अ.) [सं-पु.] 1. दोस्त; मित्र 2. प्रेमपात्र; प्यारा।

हब्बा (अ.) [सं-पु.] 1. अनाज का दाना 2. एक रत्ती की तौल 3. बहुत ही छोटा और सूक्ष्म अंश।

हब्स (अ.) [सं-पु.] 1. कैद या बंद रहने की अवस्था 2. कारागार; कैदख़ाना 3. हवा न चलने से होने वाली उमस।

हब्सदम (अ.+फ़ा.) [सं-पु.] 1. साँस रुकना; दम घुटना 2. श्वास-नियंत्रण पर आधारित व्यायाम; प्राणायाम।

हम [सर्व.] 'मैं' का बहुवचन रूप।

हमआवाज़ (फ़ा.) [वि.] एकमत।

हमउम्र (फ़ा.) [वि.] समान आयु का; समवयस्क।

हमकदम (फ़ा.+अ.) [वि.] बराबर साथ-साथ कदम मिलाकर चलने वाला अर्थात संगी या साथी; सहचर।

हमकौम (फ़ा.+अ.) [वि.] 1. सजातीय 2. एक मुल्क या एक कौम का।

हमख़याल (फ़ा.+अ.) [वि.] समान विचारों वाला; एकमत; सहमत।

हमख़याली (फ़ा.+अ.) [सं-स्त्री.] एकमति; सहमति।

हमज़ात (फ़ा.+अ.) [वि.] सजातीय; एक ही जाति का।

हमजोली (फ़ा.+हिं.) [वि.] जो प्रायः साथ रहते हों; साथी; सखा।

हमदम (फ़ा.) [वि.] वह जो अपने मित्र का आख़िरी दम तक साथ देता हो; अत्यंत घनिष्ठ (मित्र)।

हमदर्द (फ़ा.) [सं-पु.] दर्द या विपत्ति में साथ देने वाला व्यक्ति; सहानुभूति रखने वाला व्यक्ति; दूसरे के दुख से द्रवित होने वाला व्यक्ति।

हमदर्दी (फ़ा.) [सं-स्त्री.] हमदर्द होने की अवस्था, गुण या भाव; दूसरे के दुख से दुखी होने का भाव; सहानुभूति; दर्दमंदी।

हमनशीन (फ़ा.) [वि.] हमनशीनी करने वाला; साथ में उठने-बैठने वाला।

हमनशीनी (फ़ा.) [सं-स्त्री.] साथ में उठना बैठना; मुसाहिबत।
हमनाम (फ़ा.) [वि.] एक ही या एक ही तरह का नाम रखने वाला।
हमनिवाला (फ़ा.) [वि.] साथ बैठ कर भोजन करने वाला।
हमपहलू (फ़ा.) [वि.] पहलू या बराबर में बैठने वाला; साथी।
हमपाया (फ़ा.) [वि.] बराबरी की हैसियत वाला; बराबरी का दरजा रखने वाला।
हमपेशा (फ़ा.) [वि.] एक ही पेशे से जुड़ा हुआ; सहव्यवसायी।
हमप्याला (फ़ा.) [वि.] 1. एक ही प्याले में या एक साथ बैठ कर पीने वाला 2. करीबी दोस्त; घनिष्ठ मित्र।
हमबिस्तर (फ़ा.) [वि.] 1. साथ-साथ एक ही बिस्तर पर सोने वाला 2. साथी; सहभागी।
हममकतब (फ़ा.+अ.) [वि.] साथ-साथ शिक्षा पाने वाला; सहपाठी।
हममज़हब (फ़ा.+अ.) [वि.] एक ही धर्म से ताल्लुक रखने वाला; सहधर्मी।
हमराज़ (फ़ा.) [सं-पु.] दोस्त; मित्र। [वि.] किसी के रहस्य या राज़ को जानने वाला।
हमराह (फ़ा.) [अव्य.] साथ या संग में। [वि.] साथ चलने वाला; जो रास्ते या यात्रा में साथ चले।
हमराही (फ़ा.) [सं-पु.] साथ चलने वाला; सहगामी।
हमल (अ.) [सं-पु.] 1. गर्भ; भ्रूण 2. बोझ 3. भेड़ या बकरी का बच्चा 4. मेष राशि।
हमला (अ.) [सं-पु.] आक्रमण; चढ़ाई; धावा; प्रहार; वार; चोट।
हमलावर (अ.) [वि.] आक्रमण या प्रहार करने वाला; आक्रमणकारी; प्रहारक।
हमवतन (फ़ा.+अ.) [सं-पु.] एक ही प्रदेश के रहने वाले लोग; देशभाई। [वि.] जो एक ही देश के रहने वाले हों।
हमवार (फ़ा.) [वि.] एक-सा; बराबर; समान।
हमशक्ल (फ़ा.+अ.) [वि.] 1. एक जैसी शक्ल या सूरतवाला 2. एक रूप; अनुरूप।
हमशीरा (फ़ा.) [वि.] बहन; भगिनी।
हमसफ़र (फ़ा.) [वि.] 1. एक साथ यात्रा करने वाला 2. एक साथ जीवन गुज़ारने वाला।
हमसायगी (फ़ा.) [सं-स्त्री.] 1. पड़ोस 2. पड़ोसी होने का भाव; पड़ोसी होने का धर्म।
हमसाया (फ़ा.) [सं-पु.] पड़ोसी; प्रतिवेशी।
हमसिन (फ़ा.+अ.) [वि.] बराबर की उमर वाला; सम-वयस्क; समान उम्र वाले।
हमसूरत (फ़ा.) [वि.] जिसकी सूरत मिलती हो; समरूप; हमशक्ल।
हमाम (अ.) [सं-पु.] दे. हम्माम।
हमारा (सं.) [सर्व.] 'हम' का संबंध कारक रूप।
हमेशा (फ़ा.) [क्रि.वि.] सदा; सदैव; हर वक्त।
हम्माम (अ.) [सं-पु.] 1. स्नान का स्थान; स्नान घर; स्नानागार; नहाने का कमरा; स्थान; गुसलख़ाना 2. प्राचीन स्नानागारों का वह भीतरी कक्ष जिसमें गरम पानी की व्यवस्था रहती थी।
हम्मामी (अ.) [सं-पु.] हम्माम में लोगों को नहलाने वाला कर्मचारी।
हम्माल (अ.) [सं-पु.] भार ढोने वाला मज़दूर; कुली।
हम्मीर (सं.) [सं-पु.] 1. (संगीत) शंकराभरण और मारू के मेल से बना एक संकर राग 2. मध्यकाल में रणथंभौर गढ़ का एक शूरवीर चौहान राजा जो अलाउद्दीन खिलजी के साथ युद्ध करते हुए मारा गया था।
हय (सं.) [सं-पु.] 1. घोड़ा; घोटक; अश्व 2. इंद्र 3. धनु राशि 4. एक छंद का नाम।
हयग्रीव (सं.) [सं-पु.] (पुराण) एक राक्षस जिसका वध मत्स्यावतार विष्णु द्वारा हुआ। [वि.] जिसकी गरदन घोड़े की गरदन की तरह हो।
हयन (सं.) [सं-पु.] 1. वर्ष; साल 2. ढँकी हुई गाड़ी या पालकी।
हयनाल (सं.) [सं-स्त्री.] घोड़ों द्वारा खींची जाने वाली तोप।
हयमुख (सं.) [सं-पु.] 1. (मिथक) ऐसा काल्पनिक देश जहाँ घोड़े के मुँह वाले आदमी बसते हैं 2. (पुराण) और्व ऋषि का तेजस्वी क्रोध जो समुद्र में स्थित होकर बड़वानल कहलाता है।
हयमेध (सं.) [सं-पु.] अश्वमेध।
हयशाला (सं.) [सं-पु.] घुड़सार; अस्तबल।
हया (अ.) [सं-स्त्री.] अनुचित या अनैतिक काम करने से रोकने वाली लज्जा।
हयात (अ.) [सं-स्त्री.] जीवन; ज़िंदगी।
हयाती (अ.) [वि.] ज़िंदगी या जीवन संबंधी; प्राण संबंधी।
हयादार (अ.+फ़ा.) [वि.] लज्जावान; लज्जाशील; लाज-शर्मवाला।
हयादारी (अ.+फ़ा.) [सं-स्त्री.] हयादार होने की अवस्था या गुण; लज्जाशीलता।
हयालय (सं.) [सं-पु.] अस्तबल; घुड़साल; अश्वशाला।
हर[1] (सं.) [सं-पु.] 1. शिव 2. हरण। [वि.] हरण करने वाला।
हर[2] (फ़ा.) [वि.] हरेक; प्रत्येक, जैसे- हर छात्र के पास किताब थी।
हरकत (अ.) [सं-स्त्री.] 1. शरारत; बुरा काम; करतूत 2. चेष्टा; गति; हिलना-डोलना।
हरकवा [वि.] दुष्ट पशु के लिए प्रयोग में आने वाला शब्द; हरकट।
हरकारा (फ़ा.) [सं-पु.] संदेशवाहक; दूत; डाक ले जाने वाला; डाकिया।
हरख (सं.) [सं-पु.] हर्ष; ख़ुशी; प्रसन्नता।
हरखना [क्रि-अ.] हर्षित होना; प्रफुल्लित होना।
हरखाना [क्रि-स.] प्रसन्न करना; ख़ुश करना।
हरगिज़ (फ़ा) [क्रि.वि.] कदापि; कत्तई; किसी भी हालत में (नकारात्मक अर्थ में) प्रायः 'नहीं' के साथ प्रयुक्त; कभी, किसी दशा में भी, जैसे- हरगिज़ नहीं।
हरगिरि (सं.) [सं-पु.] वह पर्वत जिसपर शिव का वास हो; कैलास पर्वत।
हरजाई (फ़ा.) [वि.] आवारा; मारा-मारा फिरने वाला; सभी

जगह आने-जाने वाला; हर जगह घूमने वाला। [सं-स्त्री.] 1. एक प्रकार की गाली 2. व्याभिचारिणी स्त्री।

हरजाना (अ.+फ़ा.) [सं-पु.] नुकसान के बदले में दी जाने वाली रकम; क्षतिपूर्ति।

हरण (सं.) [सं-पु.] 1. छीन लेना 2. चुरा ले जाना 3. भगा ले जाना।

हरणीय (सं.) [वि.] हरण करने योग्य; ले लेने या छीन लेने योग्य।

हरताल (सं.) [सं-स्त्री.] पीले रंग का प्रसिद्ध खनिज पदार्थ जो दवा और रँगाई के काम आता है।

हरतालिका (सं.) [सं-स्त्री.] 1. दूब; दूर्वा 2. हिंदू स्त्रियों का तीज नामक त्योहार।

हरताली [वि.] हरताल के रंग का; हरताल जैसा।

हरदम (फ़ा.) [क्रि.वि.] हर समय; हमेशा; सदैव; प्रतिपल; प्रतिक्षण; नित्य; निरंतर; लगातार।

हरदा [सं-पु.] अधिक वर्षा के कारण होने वाला हल्दी की तरह का पीला रोग।

हरदिल अज़ीज (फ़ा.) [वि.] सबका प्यारा; सर्वप्रिय; लोकप्रिय।

हरना [क्रि-स.] 1. हरण करना; छीन लेना 2. आकृष्ट करना; लुभाना।

हरनाधा [सं-पु.] हल से बैलों को जोड़ने वाली रस्सी; हरपगहा; हरपघा; हरबागा।

हरपा [सं-पु.] 1. सुनारों का तराजू रखने वाला डिब्बा 2. सिंदूर की डिबिया; सिंधोरा।

हरपुजी [सं-स्त्री.] कार्तिक मास में किसानों द्वारा की जाने वाली हल की पूजा।

हरफ़ (अ.) [सं-पु.] अक्षर; वर्ण।

हरफ़नमौला (फ़ा.) [वि.] सब कामों में कुशल; बहुत होशियार; अनेक विधाएँ जानने वाला।

हरफा [सं-पु.] लट्ठों आदि से घेर कर बनाई गई भूसा रखने की सुरक्षित जगह।

हरबा (अ.) [सं-पु.] 1. हथियार; अस्त्र 2. पुरुष की लिंगेंद्रिय।

हरबोला [सं-पु.] 1. मध्ययुगीन बुंदेलखंड क्षेत्र में हिंदू सैनिक को दिया गया एक नाम 2. घूम-घूमकर वीरों या राज़ाओं की गौरव गाथा का वर्णन करने वाला।

हरम (अ.) [सं-पु.] 1. जनानाख़ाना 2. अंत:पुर। [सं-स्त्री.] 1. स्त्री; पत्नी 2. दासी; रखेली।

हरमनप्यारा [वि.] हरदिल अज़ीज़; सबके मन को भाने वाला; सर्वप्रिय; लोकप्रिय।

हरमल [सं-पु.] 1. एक झाड़ी जिसकी पत्तियाँ दवा बनाने के काम आती हैं और जिसके बीजों से लाल रंग भी निकलता है 2. इस झाड़ के बीजों से निकलने वाला लाल रंग।

हरवत [सं-पु.] साइत; शुभ मुहूर्त; शुभ मुहूर्त में बीजारोपण के लिए हल चलाना।

हरवल्लभ (सं.) [सं-पु.] संगीत के साठ मुख्य तालों में से एक।

हरशेखरा (सं.) [सं-स्त्री.] शिव के सिर पर विराजमान गंगा।

हरसा [सं-पु.] तांगा।

हरसिंगार (सं.) [सं-पु.] 1. एक प्रकार का पेड़ जिसमें छोटे सुगंधित फूल लगते हैं 2. एक प्रकार का छोटा सुगंधित फूल; पारिजात।

हरहराना [क्रि-अ.] हर-हर ध्वनि के साथ तेज़ी से बहना।

हरहराहट [सं-स्त्री.] हर-हर करते हुए तेज़ी से बहने की आवाज़।

हरहा [सं-पु.] हल में जोता जाने वाला बैल। [वि.] नटखट।

हरही [सं-स्त्री.] 1. हरे या फसलदार खेतों को देखकर व्याकुल होने वाली गाय 2. दुष्ट स्त्री।

हरा (सं.) [वि.] 1. घास या पत्ती के रंग का; हरित 2. तरोताज़ा 3. ख़ुश; प्रसन्न 4. अधपका (फल आदि)। [सं-पु.] नीले और पीले रंगों के मिश्रण से बनने वाला रंग; हरा रंग।

हराई [सं-स्त्री.] 1. खेत का उतना भाग जितना एक हल के चक्कर में जुत जाता है; 2. हारने की क्रिया या भाव।

हराठा [वि.] हृष्टपुष्ट; ताकतवर; स्वस्थ; बलशाली।

हरानत (सं.) [सं-पु.] किंवदंतियों के अनुसार रावण का एक नाम।

हराना [क्रि-स.] 1. प्रतियोगिता, युद्ध आदि में प्रतिद्वंद्वी को पछाड़ना या परास्त करना 2. किसी को दौड़ा-दौड़ाकर थकाना; पस्त करना 3. ऐसा काम करना जिससे कोई हार जाए।

हरापन [सं-पु.] हरा होने की अवस्था या गुण; हरीतिमा।

हराभरा (सं.) [वि.] 1. हरियाली से युक्त; हरियाली से भरा हुआ; ताज़ा 2. प्रफुल्ल; प्रसन्न।

हराम (अ.) [वि.] 1. मनाही; निषिद्ध; अविहित 2. धर्मशास्त्र के अनुसार जो निषिद्ध हो 3. शरीअत के खिलाफ़ 4. अग्राह्य 5. अपवित्र 6. मुफ़्त। **-करना** : किसी काम को कष्टदायक एवं मुश्किल कर देना।

हरामख़ोर (अ.+फ़ा.) [वि.] 1. हराम की कमाई खाने वाला; आलसी; निकम्मा; मुफ़्तख़ोर 2. नमकहराम; पाप की कमाई खाने वाला।

हरामख़ोरी (अ.+फ़ा.) [सं-स्त्री.] 1. हराम की कमाई खाना; मुफ़्तख़ोरी 2. नमकहरामी।

हरामज़ादा (अ.+फ़ा.) [सं-पु.] 1. एक प्रकार की गाली 2. दोगला व्यक्ति; वर्णसंकर 3. दुष्ट; पाजी; बदमाश।

हरामी (अ.) [वि.] 1. व्यभिचार करने वाला; व्यभिचार से उत्पन्न 2. हराम का; हराम संबंधी 3. दुष्टता की हद पार करने वाला; पाजी 4. एक प्रकार की गाली।

हरामीपन (अ.+हिं.) [सं-पु.] दुष्टता; पाजीपन।

हरारत (अ.) [सं-स्त्री.] 1. गरमी; ताप 2. हलका बुख़ार।

हरावल (तु.) [सं-पु.] वह थोड़ी-सी सेना जो लश्कर के आगे चलती है; सेना का अगला भाग; सिपाहियों का वह दल जो फ़ौज में सबसे आगे रहता है; इस प्रकार आगे चलने वाली सेना के सेनापति।

हरास (फ़ा.) [सं-पु.] 1. दुख; विषाद 2. भय; डर 3. आशंका; ख़तरा; खटका 4. निराशा; नाउम्मीदी।

हरि (सं.) [सं-पु.] 1. विष्णु 2. सूर्य 3. इंद्र 4. ईश्वर; भगवान 5. शेर; सिंह 6. बौद्धों के अनुसार एक बहुत बड़ी संख्या। [वि.] 1. पीला; बादामी या भूरा 2. हरा; हरापन लिए हुए

पीला 3. ले जाने वाला; वहन करने वाला।

हरिकथा (सं.) [सं-स्त्री.] हिंदू धर्म में ईश्वर और उसके अवतारों के गुण, यश, रूप आदि का वर्णन या बखान।

हरिकायनी [सं-स्त्री.] आसाढ़ सुदी की एकादशी।

हरिकीर्तन (सं.) [सं-पु.] हरि अथवा विष्णु के अवतारों का गुणगाण; भगवान का गुणगान; भगवद्भजन।

हरिकेश (सं.) [वि.] भूरे रंग के बालों वाला। [सं-पु.] शिव।

हरिक्षेत्र (सं.) [सं-पु.] पटना के पास स्थित एक तीर्थ; हरिहरक्षेत्र; सोनपुर।

हरिखंड (सं.) [सं-पु.] मोरपंख; मोर का पंख।

हरिगंध (सं.) [सं-पु.] पीला चंदन और उसका पेड़।

हरिगीतिका (सं.) [सं-स्त्री.] मात्रिक सम छंद का एक भेद जिसके प्रत्येक चरण में 16,12 की यति से 28 मात्राएँ होती हैं।

हरिचंदन (सं.) [सं-पु.] 1. कमल-पराग 2. केसर 3. चाँदनी 4. स्वर्ग स्थित पाँच प्रकार के पेड़ों में से एक।

हरिजन (सं.) [सं-पु.] 1. भगवान का सेवक; भक्त 2. पददलित अस्पृश्य जातियों के लिए गाँधी जी द्वारा दिया गया नाम।

हरिण (सं.) [सं-पु.] 1. मृग; हिरण 2. विष्णु 3. शिव 4. नाथों, सिद्धों और संतों द्वारा समान रूप से प्रयुक्त एक उपमान जिसमें प्रायः नायक की कल्पना हरिण के रूप में की गई है और जैसे हरिण संगीत के प्रति आकृष्ट होता है, उसी तरह साधक कभी-कभी विषय के प्रति आसक्त हो जाता है।

हरिणाक्षी (सं.) [वि.] हिरण जैसी आँखों वाली। [सं-स्त्री.] हिरण जैसी आँखों वाली सुंदरी।

हरिणी (सं.) [सं-स्त्री.] 1. मादा हिरन; मृगी 2. हरा रंग 3. (कामशास्त्र) चित्रिणी नायिका।

हरित (सं.) [सं-पु.] 1. हरा रंग; भूरा रंग 2. उक्त रंगों का पदार्थ 3. एक सुगंधित पौधा 4. पांडु रोग। [वि.] हरा; सब्ज़।

हरित-क्रांति (सं.) [सं-स्त्री.] भारत में कृषि उत्पादन को बढ़ावा देने के लिए चलाया गया एक अभियान, जिससे देश में खाद्यान्न का उत्पादन काफ़ी बढ़ गया।

हरिताभ (सं.) [वि.] हरियालीयुक्त; हरीतिमा की आभा से युक्त।

हरिद्वार (सं.) [सं-पु.] उत्तर भारत का एक प्रसिद्ध तीर्थ जो गंगा तट पर है; ऋषिकेश के पास का शहर।

हरिधाम (सं.) [सं-पु.] (पुराण) हरिलोक; वैकुंठ; स्वर्ग।

हरिनाम (सं.) [सं-पु.] 1. ईश्वर का नाम 2. विष्णु का आख्यान।

हरिपद (सं.) [सं-पु.] 1. वैकुंठ 2. (काव्यशास्त्र) मात्रिक अर्धसम छंद जिसके पहले और तीसरे चरण में 16-16 मात्राएँ तथा दूसरे और चौथे में 11-11 मात्राएँ होती हैं।

हरिप्रिया (सं.) [सं-स्त्री.] 1. (पुराण) विष्णु की प्रिया अर्थात लक्ष्मी 2. तुलसी 3. पृथ्वी 4. मधु; शहद 5. शराब 6. मात्रिक सम दंडक छंद।

हरिभक्त (सं.) [सं-पु.] भगवान का भक्त; पुजारी।

हरिभक्ति (सं.) [सं-स्त्री.] ईश्वर की भक्ति या उपासना; भगवान की पूजा।

हरिमास (सं.) [सं-पु.] अगहन मास; अगहन का महीना।

हरियरी [सं-स्त्री.] 1. हरियाली 2. हरा चारा 3. पुत्र विवाह के बाद कन्या पक्ष को आम, कटहल आदि फल भेजने की सौगात 4. मुख पर प्रसन्नता या स्वास्थ्य वृद्धि के लक्षण।

हरिया [सं-पु.] हल चलाने वाला; हलवाहा।

हरियान (सं.) [सं-पु.] विष्णु का वाहन; गरुड़।

हरियाना [क्रि-अ.] 1. हरा-भरा होना 2. ख़ुशहाली या रौनक आना। [क्रि-स.] 1. हरा-भरा करना 2. प्रसन्न करना; ख़ुशहाल बनाना।

हरियाली (सं.) [सं-स्त्री.] 1. हरा-भरा होने का भाव 2. जंगल, खेत आदि में हरी वनस्पति अथवा पेड़-पौधों का समूह या विस्तार; हरी घास 3. हरा रंग।

हरिलीला (सं.) [सं-स्त्री.] 1. ईश्वर की लीला 2. वर्णिक छंदों में समवृत्त का एक भेद।

हरिवधू (सं.) [सं-स्त्री.] वीरवधूटी; वीरांगना।

हरिश्चंद्र (सं.) [सं-पु.] (पुराण) सूर्यवंश के एक प्रसिद्ध राजा जो बहुत बड़े सत्यनिष्ठ थे।

हरिस [सं-स्त्री.] हल का वह मज़बूत लट्ठा या धजा जिसके एक सिरे पर फाल और दूसरे पर जुआ लगा होता है।

हरी (सं.) [सं-स्त्री.] (काव्यशास्त्र) एक वर्णवृत्त जो चौदह वर्णों का होता है जिसके प्रत्येक चरण में जगण, रगण, जगण, रगण और अंत में लघु गुरु होते हैं।

हरीतकी (सं.) [सं-स्त्री.] 1. हर का वृक्ष; हड़; हर्रे 2. उक्त वृक्ष का फल।

हरीतिमा (सं.) [सं-स्त्री.] हरियाली; हरापन; हरा रंग।

हरीरा (अ.+हिं.) [सं-पु.] 1. एक प्रकार का हलुआ 2. दूध में मेवे डालकर बनाया हुआ एक गाढ़ा पेय पदार्थ। [वि.] 1. हरा; सब्ज़ 2. हर्षित; प्रसन्न।

हरीश (सं.) [सं-पु.] 1. बंदरों, वानरों का राजा; सुग्रीव 2. वानरों में श्रेष्ठ; हनुमान।

हरेक (सं.) [वि.] हर-एक; प्रत्येक।

हरेवा [सं-स्त्री.] बुलबुल की तरह की हरे रंग की एक चिड़िया।

हरौती [सं-स्त्री.] एक प्रकार का वृक्ष।

हर्गिज़ (फ़ा.) [क्रि.वि.] दे. हरगिज़।

हर्ज (अ.) [सं-पु.] 1. हानि; नुकसान 2. अड़चन; रुकावट; बाधा।

हर्जाना (अ.+फ़ा.) [सं-पु.] दे. हरजाना।

हर्निया (अं.) [सं-पु.] आँत उतरने की एक बीमारी; आंत्रवृद्धि।

हर्फ़ (अ.) [सं-पु.] दे. हरफ़।

हर्बल (अं.) [वि.] 1. जड़ी-बूटियों से बना हुआ 2. औषधियों से संबंधित।

हर्ष (सं.) [सं-पु.] 1. रोमांच; प्रसन्नता; आनंद; ख़ुशी; सुखात्मक भाव 2. (काव्यशास्त्र) संयोग शृंगार के अंतर्गत एक संचारी भाव।

हर्षध्वनि (सं.) [सं-स्त्री.] ख़ुश होकर हँसने की आवाज़; तालियाँ और शोरगुल।

हर्षनाद (सं.) [सं-पु.] ख़ुशी या प्रसन्नता के समय मुँह से ज़ोर से निकलने वाली आवाज़; अट्टहास।

हर्षयुक्त (सं.) [वि.] ख़ुशी से भरा; उल्लसित।

हर्षातिरेक (सं.) [सं-पु.] बेहद ख़ुशी; अत्यधिक आनंद।

हर्षावेश (सं.) [सं-पु.] ख़ुशी की तरंग; मौज; हर्ष से विह्वल होने का भाव।

हर्षित (सं.) [वि.] प्रसन्न; प्रफुल्ल; ख़ुश; आनंदित; आह्लादित। [सं-पु.] हर्ष; प्रसन्नता; ख़ुशी; आह्लाद।

हर्षोत्फुल्ल (सं.) [वि.] ख़ुशी से फूला हुआ; प्रसन्नता में डूबा हुआ; आनंद से भरा हुआ।

हर्षोन्मत्त (सं.) [वि.] आनंद और हर्ष से उन्मत्त; ख़ुशी से पागल।

हर्षोन्माद (सं.) [सं-पु.] हर्ष का उन्माद; हर्ष या आनंद की उन्मादित अवस्था।

हर्षोन्मादी (सं.) [वि.] 1. अत्यधिक प्रसन्नता से भरा हुआ 2. ख़ुशी के कारण सुध-बुध खो देने वाला; (एक्सटेसी)।

हर्षोल्लास (सं.) [सं-पु.] आनंद; प्रसन्नता; हर्ष; रोमांच; उल्लास।

हल[1] (सं.) [सं-पु.] 1. ज़मीन जोतने के लिए प्रयुक्त प्रसिद्ध उपकरण; खेत जोतने का एक साधन 2. भूमि की एक माप 3. (महाभारत) बलराम का शस्त्र।

हल[2] (अ.) [सं-पु.] सुलझाव; खुलना; किसी समस्या का समाधान या उत्तर निकालना; कठिनाई का दूर होना; सवाल का जवाब; प्रश्न का उत्तर; (सोल्यूशन)।

हलंत (सं.) [वि.] किसी वर्ण के आधे होने का एक सूचक चिह्न जो उस वर्ण के नीचे लगाया जाता है, जैसे- पश्चात्।

हलक (अ.) [सं-पु.] 1. कंठ; गले की नली 2. गरदन; मुंडन।

हलकना [क्रि-अ.] 1. पानी का हिलकोर मारना छलकना; हिलोरें लेना; लहराना 2. बरतन में भरे हुए जल का हिलने से शब्द करना; हिलना।

हलका-फुलका (सं.) [वि.] 1. नाजुक; कमज़ोर 2. कम भार वाला; बहुत हलका।

हलका[1] (सं.) [वि.] 1. कम वज़न का; भार में कम 2. मात्रा में थोड़ा या कम 3. मामूली अथवा कम मूल्य वाला 4. पतला; झीना; महीन 5. थकान रहित; ताज़ा 6. ओछा; कमीना; नीच 7. जो गाढ़ा, गहरा अथवा चटकीला न हो 8. सहज; सुगम।

हलका[2] (अ.) [सं-पु.] 1. क्षेत्र; परिक्षेत्र; इलाका 2. परिधि; घेरा 3. पहिया; चक्का।

हलकारी [सं-स्त्री.] 1. कपड़े के रंग को पक्का करने की क्रिया 2. एक विशेष प्रकार के रंग से कपड़े के किनारे पर की छपाई।

हलचल [सं-स्त्री.] 1. किसी कारण से लोगों के बीच फैली हुई अधीरता या शोरगुल 2. ख़लबली; घबराहट 3. तोड़-फोड़; उपद्रव; अराजकता; हड़कंप 4. हिलने-डोलने की क्रिया; अस्थिरता।

हलधर (सं.) [सं-पु.] 1. हल धारण करने वाला यानी बलराम 2. हलवाहा।

हलफ़ (अ.) [सं-पु.] शपथ; सौगंध; कसम।

हलफ़नामा (अ.) [सं-पु.] हलफ़ी बयान का लिखित रूप; लिखा हुआ बयान; शपथपत्र; (एफ़ीडेविट)।

हलफ़िया [वि.] शपथ या सौगंध से युक्त; कसमी; शपथपूर्वक दिया गया; हलफ़ी।

हलफ़ी [वि.] शपथ या सौगंध से युक्त; कसमी; शपथपूर्वक दिया गया; हलफ़िया।

हलवा (अ.) [सं-पु.] सूजी या आटे को घी में भून कर पानी या दूध में शक्कर के साथ पकाया गया एक पकवान; मोहनभोग।

हलवाइन [सं-स्त्री.] 1. हलवाई का काम करने वाली स्त्री 2. हलवाई की पत्नी।

हलवाई (अ.) [सं-पु.] 1. मिठाई बनाने और बेचने वाला 2. मिठाई बनाने और बेचने वाली जाति।

हलवाहा [सं-पु.] हल चलाने वाला; हल से खेत जोतने वाला व्यक्ति (जो अमूमन खेत का मालिक न होकर भूमिहीन मज़दूर होता है)।

हलवाही [सं-स्त्री.] 1. खेत में हल चलाने का काम 2. हल से खेत जोतने की मज़दूरी।

हलाई [सं-स्त्री.] एक या अधिक हलों के एक फेरे में जुते हुए खेत का अंश; बाह।

हलाक (अ.) [सं-पु.] 1. मारा हुआ; हत 2. थका हुआ 3. मौत; काल; तबाही; बरबादी। [वि.] इच्छुक; ख्वाहिशमंद।

हलाकान [वि.] परेशान; हैरान; तंग।

हलाल (अ.) [वि.] 1. उचित; विहित; जायज़ 2. शरीअत के अनुकूल जिसका ग्रहण या भोग उचित हो। [सं-पु.] 1. शरीअत के अनुरूप पशु-वध 2. कत्ल; हत्या; जान से मारना।

हलालख़ोर (अ.+फ़ा.) [वि.] धर्मानुमोदित काम करके जीविका चलाने वाला।

हलालख़ोरी (अ.+फ़ा.) [सं-स्त्री.] धर्मानुमोदित काम करके जीविका चलाना।

हलाहल (सं.) [सं-पु.] 1. (पुराण) समुद्र-मंथन से प्राप्त एक भयंकर विष 2. एक विषैला पौधा 3. एक अत्यंत विषैला साँप; ब्रह्मसर्प 4. ज़हर; विष।

हली (सं.) [वि.] 1. हलवाहा 2. किसान 3. बलराम। [सं-स्त्री.] कलिकारी वृक्ष।

हलीम (अ.) [वि.] 1. जिसमें सहनशीलता हो; सहनशील 2. गंभीर और कोमल स्वभाव वाला।

हलीषा [सं-स्त्री.] हरिस; हल के बीच वाली लकड़ी।

हलुआ (अ.) [सं-पु.] हलवा।

हल् (सं.) [सं-पु.] वह चिह्न जिसे व्यंजन का विशुद्ध रूप सूचित करने के लिए उसके नीचे लगाया जाता है, जैसे- 'षड्यंत्र' में ड के नीचे लगा हुआ चिह्न, '्'।

हल्का (सं.) [वि.] दे. हलका।

हल्दी (सं.) [सं-स्त्री.] एक ऐसे पौधे की जड़ जो पीली होती है और यह मसाले, रंग, औषधि आदि के काम आती है।

हल्लना [सं-पु.] दे. खूँटाडोल।

हल्ला [सं-पु.] 1. अनेक लोगों के बीच होने वाली बातचीत का सम्मिलित स्वर; कोलाहल; शोर 2. लड़ाई-झगड़े के कारण होने वाला शोर-शराबा 3. ललकार 4. हमला; धावा।

हल्ला-गुल्ला [सं-पु.] शोरगुल; कोलाहल।

हवन (सं.) [सं-पु.] 1. धार्मिक मान्यतानुसार देवताओं को प्रसन्न करने के लिए आग में घी, जौ आदि डालने की क्रिया; होम

2. अग्नि-कुंड 3. हवन करने का पात्र 4. अग्निदेव; अग्नि।

हवनकुंड (सं.) [सं-पु.] यज्ञ के समय हवि या आहुति डालने का कुंड।

हवलदार (अ.+फ़ा.) [सं-पु.] 1. सेना का एक छोटा अधिकारी 2. पुलिस में सिपाही से ठीक ऊपर का अधिकारी 3. बादशाही ज़माने का कर-संग्रह करने वाला अधिकारी।

हवस (अ.) [सं-स्त्री.] 1. कामना; तीव्र इच्छा 2. लोभ 3. कामवासना।

हवा (अ.) [सं-स्त्री.] 1. कुछ गैसों (ख़ासकर नाइट्रोजन और ऑक्सीजन) के मेल से बना गैसीय आवरण जो भूमंडल को चारों ओर से घेरे हुए है; पवन; वायु; समीर 2. साँस 3. झूठी ख़बर; अफ़वाह 4. भूत-प्रेतादि 5. फ़ैशन अथवा रीति का चलन 6. ज़माना 7. संबंधजन्य प्रभाव।

हवाई (अ.) [वि.] 1. हवा या वायु से संबद्ध 2. हवा में रहने, होने, उड़ने या चलने वाला 3. पूर्णतः कल्पित; झूठ; निर्मूल।

हवाई-अड्डा (अ.+सं.) [सं-पु.] हवाई जहाज़ों के उतरने, रुकने या प्रस्थान करने का स्थान; (एयरपॉर्ट)।

हवाई-डाक (अ.+अं.) [सं-स्त्री.] वह डाक या चिट्ठियाँ जो हवाई जहाज़ के द्वारा भेजी जाती हैं; (एयर मेल)।

हवाई किला (अ.) [सं-पु.] काल्पनिक मंसूबा; काल्पनिक उड़ान।

हवाई जहाज़ (अ.) [सं-पु.] आसमान में उड़ने वाला जहाज़; वायुयान।

हवाई पट्टी (अ.+सं.) [सं-स्त्री.] वह पट्टी जिसपर हवाई जहाज़ उतरता या उड़ान भरते समय दौड़ता है; (रनवे)।

हवाई बेड़ा (अ.+सं.) [सं-पु.] युद्धक या लड़ाकू विमानों का समूह।

हवाख़ोरी (अ.) [सं-स्त्री.] टहलना; वायुसेवन।

हवागाड़ी (अ.+हिं.) [सं-स्त्री.] हवा की तरह तेज़ दौड़ने वाली गाड़ी; मोटरगाड़ी।

हवाचक्की (अ.+सं.) [सं-स्त्री.] हवा के ज़ोर से चलने वाली चक्की; पवनचक्की।

हवादार (अ.+फ़ा.) [वि.] शुभचिंतक; बिहीरुवाह; मित्र; दोस्ती; एक खुली हुई पालकी।

हवादारी (अ.+फ़ा.) [सं-स्त्री.] 1. हवा की भरपूर आवाजाही वाली ख़ासियत 2. हवादार बनाने की क्रिया या व्यवस्था 3. शुभचिंतना; ख़ैरख़्वाही; मैत्री; दोस्ती।

हवापानी (अ.+हिं.) [सं-पु.] 1. जलवायु; आबोहवा 2. मौसम।

हवाबंद (अ.) [वि.] जिसके अंदर न हवा प्रवेश कर सके न जिससे बाहर हवा निकल सके।

हवाबाज़ (अ.+फ़ा.) [वि.] लंबी-चौड़ी हाँकने वाला; हवाई बातें करने वाला।

हवामार (अ.) [वि.] हवा में मार करने वाला; हवाई हमले में प्रयुक्त।

हवाला (अ.) [सं-पु.] 1. प्रमाण या साक्ष्य का उल्लेख 2. पता; निशान 3. सौंपने का कार्य; सुपुर्दगी 4. उदाहरण; दृष्टांत 5. धन का अनुचित लेन-देन।

हवालात (अ.) [सं-स्त्री.] 1. हिरासत, पहरे अथवा चौकसी में रखना 2. अपराध की सुनवाई से पूर्व अपराधी को बंदी बनाकर रखने का स्थानीय बंदीगृह; विचाराधीन कैदियों को रखने का स्थान।

हवालाती (अ.) [वि.] 1. हवालात संबंधी 2. जो हवालात में रखा गया हो। [सं-पु.] जेल में बंद कैदी।

हवास (अ.) [सं-पु.] 1. चेतना; होश; सुध 2. ज्ञानेंद्रिय।

हवि (सं.) [सं-पु.] 1. हवन 2. यज्ञ, हवन आदि में अग्नि में छोड़े जाने वाले आहुति के द्रव्य 3. घी 4. जल।

हविष्मती (सं.) [सं-स्त्री.] कामधेनु, सभी कामनाओं को पूरा करने वाली परिकल्पित स्वर्ग की गाय।

हविष्मान (सं.) [वि.] हवन करने वाला। [सं-पु.] 1. पितरों का एक विशेष वर्ग या गण 2. छठे मन्वंतर का एक सप्तर्षि 3. अंगिरा ऋषि का पुत्र।

हविष्य (सं.) [वि.] 1. हवि के उपयुक्त या उसके लिए तैयार किया हुआ 2. हवि पाने के योग्य।

हविष्यान्न (सं.) [सं-पु.] यज्ञादि में उपयोग में लाया जाने वाला विहित सात्विक अन्न या आहार, जैसे- जौ, तिल, मूँग, चावल आदि।

हविस [सं-पु.] दे. हवस।

हवेली (अ.) [सं-स्त्री.] 1. महलनुमा शाही मकान 2. चहारदीवारी से घिरा बड़ा और पक्का मकान।

हव्य (सं.) [वि.] यज्ञ, हवन आदि में अग्नि में छोड़ी जाने वाली आहुति के योग्य। [सं-पु.] 1. आहुति 2. घी; घृत।

हश्तगना [सं-पु.] तंदूर से रोटी निकालने के लिए प्रयोग में आने वाली लोहे की छड़।

हश्र (अ.) [सं-पु.] 1. अंत; नतीजा; परिणाम 2. प्रलय; कयामत; कोलाहल 3. मुसलमानों, ईसाइयों आदि के मतानुसार वह अंतिम दिन जब सभी मृत व्यक्ति कब्रों से निकलकर ख़ुदा के सामने उपस्थित होंगे और वहाँ उनके कर्मों का हिसाब होगा।

हसन[1] (सं.) [सं-पु.] 1. हँसने की क्रिया या भाव 2. परिहास; मज़ाक; दिल्लगी।

हसन[2] (अ.) [वि.] 1. अच्छा; नेक; भला 2. सुंदर; रूपवान 3. हज़रतअली के बड़े लड़के का नाम।

हसरत (अ.) [सं-स्त्री.] हार्दिक इच्छा; दिली ख़्वाहिश; चाह; अरमान; लालसा।

हसीन (अ.) [वि.] 1. ख़ूबसूरत; सुंदर 2. प्यारा; लुभावना; हुस्नवाला।

हसीना (अ.) [सं-स्त्री.] रूपवती स्त्री; सुंदरी।

हस्त (सं.) [सं-पु.] 1. हाथ 2. एक नक्षत्र 3. छंद का कोई चरण या पद 4. हाथी की सूँड़।

हस्तक (सं.) [सं-पु.] 1. हाथ 2. हाथ से बजाई जाने वाली ताली; करताल 3. नृत्य के दौरान हाथों की मुद्रा।

हस्तकला (सं.) [सं-स्त्री.] हाथ से किया गया कलात्मक कार्य।

हस्तकौशल (सं.) [सं-पु.] हाथ का कौशल; हाथ से काम करने की कुशलता।

हस्तक्षेप (सं.) [सं-पु.] दूसरों के मामले या काम में दख़ल देना;

दख़लअंदाज़ी।

हस्तगत (सं.) [वि.] 1. मिला हुआ; हासिल हुआ; हाथ में आया हुआ 2. अधिकृत।

हस्तग्रह (सं.) [सं-पु.] 1. काम में हाथ लगाना; हाथ में काम लेना 2. पाणिग्रहण; विवाह।

हस्तनिर्मित (सं.) [सं-पु.] हाथ से बनाया गया कोई सामान; हाथ से बनाई गई वस्तु।

हस्तमुद्रा (सं.) [सं-स्त्री.] नृत्य के दौरान हाथों के संचालन का विशेष ढंग या मुद्रा; हस्तक।

हस्तमैथुन (सं.) [सं-पु.] आनंद एवं वीर्यपात करने के लिए हाथ से इंद्रिय को सहलाना।

हस्तरेखा (सं.) [सं-स्त्री.] हथेली में बनी हुई रेखाएँ, जिनके आधार पर ज्योतिषी शुभ-अशुभ फल निकालते हैं।

हस्तलाघव (सं.) [सं-पु.] हाथ से काम करने में दक्षता; हाथ की सफ़ाई या फुरती; हाथ की कुशलता।

हस्तलिखित (सं.) [वि.] हाथ से लिखा हुआ या निर्मित (लेख या पांडुलिपि)।

हस्तलिपि (सं.) [सं-स्त्री.] किसी के हाथ की लिखावट; (मेनुस्क्रिप्ट); पांडुलिपि; हस्तलेख; (हैंडराइटिंग)।

हस्तलेख (सं.) [सं-पु.] हाथ की लिखावट; हस्तलिपि; (मेनुस्क्रिप्ट)।

हस्तांतरक (सं.) [सं-पु.] वह जो कोई संपत्ति या संबंध के अधिकार आदि दूसरे को देता हो; (ट्रांसफ़रर)।

हस्तांतरकर्ता (सं.) [सं-पु.] वह जो कोई संपत्ति या अधिकार दूसरे को हस्तांतरित करता है; हस्तांतरण करने वाला।

हस्तांतरण (सं.) [सं-पु.] संपत्ति, सत्ता, शक्ति, अधिकार आदि का एक के हाथ से दूसरे के हाथ में आना अथवा दिया जाना; (ट्रांसफरेंस)।

हस्तांतरणीय (सं.) [वि.] जिसका हस्तांतरण हो सकता हो; संक्राम्य; (ट्रांसफ़रेबल)।

हस्तांतरित (सं.) [वि.] जो संपत्ति एक हाथ से दूसरे हाथ में गई हो; जिसका हस्तांतरण हुआ हो; (ट्रांसफर्ड)।

हस्तांतरिती (सं.) [सं-पु.] वह जिसे कोई संपत्ति या अधिकार सौंपा जाए।

हस्ताक्षर (सं.) [सं-पु.] पत्र, लेख आदि के नीचे लिखा गया अपना नाम; दस्तख़त; (सिग्नेचर)।

हस्ताक्षरकर्ता (सं.) [सं-पु.] वह जिसने किसी संधि पत्र, आवेदन-पत्र आदि पर हस्ताक्षर किए हों; (सिग्नेटरी)।

हस्ताक्षरित (सं.) [वि.] (ऐसा पत्र लेख आदि) जिसपर हस्ताक्षर किया गया हो; जिसपर किसी की दस्तख़त हो।

हस्तामलक (सं.) [सं-पु.] वह चीज़ या बात जो (हथेली पर रखे आँवले की तरह) पूरी तरह स्पष्ट हो जाए।

हस्तिनापुर (सं.) [सं-पु.] चंद्रवंशी राजा हस्ती द्वारा बसाया गया प्राचीन महाभारतकालीन नगर।

हस्तिनी (सं.) [सं-स्त्री.] 1. हथिनी; मादा हाथी 2. (कामशास्त्र) नायिका या स्त्री का एक प्रकार।

हस्तिमुख (सं.) [सं-पु.] हाथी जैसे मुँह वाला यानी गणेश।

हस्ती[1] (सं.) [सं-पु.] 1. हाथी 2. किंवदंतियों के अनुसार धृतराष्ट्र का एक पुत्र। [वि.] 1. कर-युक्त 2. सूँड़वाला 3. कार्यकुशल।

हस्ती[2] (फ़ा.) [सं-स्त्री.] 1. अस्तित्व 2. व्यक्तित्व 3. संपत्ति 4. जीवन 5. प्रतिष्ठा।

हस्सान (अ.) [वि.] बहुत ही ख़ूबसूरत; अत्यंत सुंदर।

हहकारना [क्रि-स.] हवा का तेज चलना।

हा (सं.) [अव्य.] शोक, भय, दुख, क्रोध, घृणा आदि का सूचक शब्द।

हा-हा [सं-पु.] 1. हँसी के उद्गार को व्यक्त करने वाला शब्द 2. करुण पुकार; दुहाई; एक गंधर्व।

हाँ (सं.) [अव्य.] सहमति या स्वीकृति के लिए प्रयुक्त शब्द।

हाँक (सं.) [सं-स्त्री.] पुकार; किसी को बुलाने के लिए की जाने वाली ज़ोर की आवाज़।

हाँकना [क्रि-स.] 1. जानवरों को एक स्थान से दूसरे स्थान पर ले जाना 2. बैलगाड़ी, इक्का आदि वाहनों को चलाना 3. पंखा झलना 4. ऊँचे स्वर में किसी को बुलाना 5. बढ़ा-चढ़ाकर बातें करना।

हाँका [सं-पु.] 1. जंगली जानवरों को शिकार के लिए हाँक कर उपयुक्त जगह पर लाने का उपक्रम 2. पुकार; टेर; ललकार।

हाँगर [सं-स्त्री.] समुद्री मछली जो मनुष्यों पर घातक हमले करती है; शार्क।

हाँड़ी (सं.) [सं-स्त्री.] 1. मिट्टी का बना छोटा गोलाकार बरतन जिसमें खाने-पीने की चीज़ें पकाई जाती हैं; हँड़िया 2. उक्त आकार का शीशे का वह पात्र जिसमें मोमबत्ती जलाते हैं।

हाँफना [क्रि-अ.] शारीरिक श्रम या श्वास संबंधी किसी रोग के कारण साँस की गति का तीव्र हो जाना।

हाँफा [सं-पु.] 1. हाँफने की क्रिया 2. हाँफने के समय श्वास का जल्दी-जल्दी चलने का क्रम 3. हाँफने का रोग।

हाइजीन (अं.) [सं-पु.] स्वास्थ्य विज्ञान; स्वास्थ्य संबंधी शास्त्र।

हाइजैकर (अं.) [सं-पु.] किसी वाहन और उसके सवार को बीच रास्ते से भगा ले जाने वाला; अपहरणकर्ता।

हाइटेक (अं.) [वि.] उच्च तकनीक से निर्मित; अत्याधुनिक ढंग से उत्पादित और अत्याधुनिक सुविधाओं से लैस।

हाइड्रोकार्बन (अं.) [सं-पु.] (रासायनशास्त्र) हाइड्रोजन और कार्बन परमाणुओं के रासायनिक संयोग से बना यौगिक जिसका स्रोत पेट्रोल, कोयला और प्राकृतिक गैस है।

हाइड्रोजन (अं.) [सं-पु.] एक हलकी रंगहीन गैस (हाइड्रोज़न और ऑक्सीज़न के संयोग से पानी बनता है)।

हाइड्रोफ़ोबिया (अं.) [सं-पु.] पागल कुत्ते या गीदड़ के काटने से होने वाली बीमारी।

हाइड्रोलिक (अं.) [वि.] जलशक्ति से चालित; जलचालित; द्रवचालित।

हाइड्रोलिक्स (अं.) [सं-पु.] द्रवशक्ति विज्ञान; द्रव इंजीनियरी; बिजली बनाने के लिए जलशक्ति के उपयोग का विज्ञान।

हाइपरसोनिक (अं.) [वि.] अतिध्वनिक।

हाइफ़न (अं.) [सं-पु.] शब्दों का परस्पर संबंध बताने के लिए उनके बीच में लगाया जाने वाला एक चिह्न; योजक चिह्न (-)।

हाइब्रिड [सं-पु.] मिश्रण; संकर। [वि.] संकरित; वर्णसंकर; द्विजाति; भिन्न-भिन्न जाति का।

हाइवे (अं.) [सं-पु.] 1. बड़ी सड़क 2. राजपथ; राजमार्ग 3. प्रमुख मार्ग।

हाई-फाई (अं.) [सं-पु.] रिकार्ड किए संगीत को बजाने का उपकरण (जो उत्कृष्ट स्वर उत्पन्न करता है)। [वि.] उच्च क्षमता संपन्न।

हाई कमान (अं.) [सं-पु.] 1. निर्णय लेने वाली सर्वोच्च समिति 2. किसी संस्था या समिति का सर्वोच्च अधिकारी या मुखिया।

हाई कोर्ट (अं.) [सं-पु.] उच्च-न्यायालय।

हाईलाइट (अं.) [वि.] (पत्रकारिता) 1. प्रमुखता से प्रदर्शित 2. मुख्य या विशेष अंश।

हाकिम (अ.) [सं-पु.] 1. बड़ा अथवा प्रधान अधिकारी 2. हुकूमत करने वाला; शासक 3. हुक्म करने वाला।

हाकिमाना (अ.+फ़ा.) [वि.] हाकिम के ढंग, तरह या प्रकार का।

हाकिमी (अ.) [सं-स्त्री.] 1. हाकिम होने की अवस्था या भाव 2. हाकिम का पद।

हाजत (अ.) [सं-स्त्री.] 1. ज़रूरत; आवश्यकता 2. इच्छा; ख़्वाहिश; चाह 3. मलत्याग करने की इच्छा 4. हिरासत; हवालात।

हाजतमंद (अ.+फ़ा.) [वि.] हाजत या इच्छा रखने वाला; ख़्वाहिशमंद; ज़रूरतमंद; गरीब; दरिद्र।

हाजती (अ.) [सं-स्त्री.] वह बरतन जिसमें रोगी चारपाई पर पड़ा-पड़ा मल-मूत्र आदि का त्याग करता है। [वि.] जिसे पेशाब या शौच करने की तीव्र इच्छा का अनुभव हो रहा हो; हाजतवाला; हवालाती।

हाज़मा (अ.) [सं-पु.] 1. भोजन को पचाने की शक्ति; पाचन-शक्ति 2. पाचन क्रिया 3. {ला-अ.} किसी विजातीय पदार्थ या जन-समूह को आत्मसात करने की शक्ति या क्षमता।

हाज़िर (अ.) [वि.] 1. उपस्थित; मौजूद; जो सामने हो; प्रस्तुत; विद्यमान 2. तैयार।

हाज़िर-जवाब (अ.) [वि.] किसी बात का तत्काल जवाब देने वाला; जवाब देने में होशियार।

हाज़िरजवाबी (अ.) [सं-स्त्री.] किसी बात का उत्तर तुरंत सोच लेने की क्षमता; हाज़िरजवाब होना।

हाज़िरबाश (अ.+फ़ा.) [वि.] 1. सेवा में हमेशा हाज़िर रहने वाला 2. बड़े लोगों के साथ उठने-बैठने या उनकी संगति करने वाला।

हाज़िरात (अ.) [सं-स्त्री.] (अंधविश्वास) ऐसी क्रिया जिससे भूत-प्रेत, जिन्न आदि को बुलाया जाता है और उनसे कई प्रश्न पूछे जाते हैं।

हाज़िरी (अ.) [सं-स्त्री.] 1. हाज़िर रहने या होने की अवस्था या भाव 2. मौजूदगी; उपस्थिति 3. बड़ों के सामने जाना 4. न्यायालय आदि में मुकदमें की तारीख़ पर अभियुक्त, गवाह तथा अन्य वांछित व्यक्तियों की उपस्थिति।

हाज़िरीन (अ.) [सं-पु.] उपस्थित लोग; हाज़िर जन (प्रायः संबोधन के रूप में प्रयुक्त)।

हाट [सं-स्त्री.] 1. बाज़ार 2. बाज़ार लगने का दिन 3. दुकान।

हाड़ (सं.) [सं-पु.] 1. अस्थि; हड्डी 2. वंश की मर्यादा; कुलीनता।

हाड़तोड़ [वि.] 1. कठिन; दुर्धर्ष (मेहनत, प्रयास वगैरह) 2. हड्डीतोड़; ज़ोर का; ज़बरदस्त (बुख़ार)।

हाड़िन [सं-पु.] 1. घोड़े की टाँगों का एक रोग 2. हाड़ी जाति की स्त्री।

हाता (सं.) [वि.] 1. हरण करने वाला 2. वध करने वाला; मारने वाला; नष्ट करने वाला; नाशक 3. दूर किया हुआ; परित्यक्त। [सं-पु.] चारदीवारी से घिरा हुआ स्थान; अहाता। [सं-स्त्री.] नष्ट या बरबाद किया हुआ।

हातिम (अ.) [सं-पु.] 1. न्यायाधीश; जज; काज़ी 2. एक प्रसिद्ध परोपकारी व्यक्ति। [वि.] 1. दाता; दानशील 2. उदार 3. अति परोपकारी 4. कुशल; उस्ताद।

हाथ (सं.) [सं-पु.] 1. शरीर में भुजा से लेकर कलाई के नीचे पंजे तक का अंग; कर; हस्त 2. {ला-अ.} सहयोगी; कर्मचारी।

हाथ-तोड़ [सं-पु.] कुश्ती का एक दाँव।

हाथ-पान [सं-पु.] पान के आकार का एक आभूषण, जो हाथ के पंजे के ऊपरी भाग में पहना जाता है।

हाथा [सं-पु.] 1. खेतों से पानी उलीचने या खेतों में पानी डालने के लिए दो-तीन हाथ लंबा लकड़ी का एक उपकरण 2. तलवार से वार करने का एक ख़ास ढंग; तलवार का वार 3. शुभ अवसरों पर दीवाल पर हाथ के पंजे से लगाई जाने वाली छाप।

हाथापाई [सं-स्त्री.] हाथ और पाँव की सहायता से होने वाली मारपीट, झगड़ा या उठापटक।

हाथी (सं.) [सं-पु.] 1. एक बहुत बड़ा प्रसिद्ध स्तनपाई चौपाया जो अपने विशाल आकार के कारण अन्य जानवरों से अलग होता है; गज 2. शतरंज का एक मोहरा।

हाथी-चक्र [सं-पु.] औषधि या दवा के काम आने वाला एक पौधा।

हाथी-दाँत [सं-पु.] 1. हाथी के मुँह की दोनों तरफ़ निकले सफ़ेद लंबे दाँत 2. {ला-अ.} दिखावे की चीज़।

हाथीख़ाना [सं-पु.] फ़ीलख़ाना; हस्तिशाला; हाथियों के रहने की जगह।

हाथीडुबान [वि.] जल की गहराई जिसमें हाथी डूब जाए।

हाथीनाल [सं-स्त्री.] हाथी की पीठ पर रख कर ले जाई जाने वाली पुरानी तोप; गजनाल।

हाथीपाँव [सं-पु.] बेडौल तरीके से पैरों के फूलने का रोग; फ़ीलपाँव।

हाथीवान [सं-पु.] हाथी को नियंत्रित करने वाला सवार; महावत।

हादसा (अ.) [सं-पु.] आपदा; दुर्घटना; विपदा।

हादिनी [सं-स्त्री.] शतहुदा; बिजली।

हानि (सं.) [सं-स्त्री.] नुकसान; क्षति; घाटा; अनिष्ट; अपकार; क्षय; कमी।

हानि-लाभ (सं.) [सं-पु.] व्यापार आदि में होने वाला नफ़ा-

नुकसान।

हानिकारक (सं.) [वि.] हानि पहुँचाने वाला; हानिकर; नुकसानदेह।

हाफ़िज़ (अ.) [सं-पु.] 1. वह व्यक्ति जिसे कुरान कंठस्थ हो 2. रक्षक। [वि.] हिफ़ाजत करने वाला।

हाबुस [सं-पु.] भुने जौ की बाली; अधपका बाल।

हामिद (अ.) [वि.] 1. तारीफ़ करने वाला; प्रशंसा करने वाला 2. ईश्वर की स्तुति। [सं-पु.] सूखी घास; पुराना कपड़ा।

हामिल (अ.) [वि.] भार या बोझ ढोने वाला; कोई चीज़ उठा ले जाने वाला।

हामिला (अ.) [सं-स्त्री.] गर्भवती स्त्री।

हामी (अ.) [सं-स्त्री.] हाँ करने की क्रिया; स्वीकृति। [वि.] हिमायत करने वाला; सहायक; पृष्ठपोषक; मित्र; दोस्त; पक्षपाती; सहायक।

हामीकार (अ.+फ़ा.) [वि.] 1. हामी भरने वाला; हिमायती 2. मददगार।

हाय (अ.) [सं-स्त्री.] 1. व्यथा; कष्ट 2. मानसिक और शारीरिक पीड़ा होने पर मुख से निकलने वाला शब्द 3. किसी को दी जाने वाली बददुआ। [अव्य.] दुख में अकसर मुख से निकलने वाली एक ध्वनि।

हार-जीत [सं-स्त्री.] हार और जीत; जय-पराजय; सफलता-विफलता।

हार चीजल [सं-पु.] गर्म काम में प्रयोग आने वाला चीजल।

हार[1] [सं-स्त्री.] पराजय; असफलता।

हार[2] (सं.) [सं-पु.] हरण; जब्ती; क्षय; हानि; युद्ध; वाहक; भाजक; हर।

हार[3] (फ़ा.) [सं-पु.] 1. फूलों आदि से निर्मित माला; पुष्पमाला 2. गले में लटकाकर पहना जाने वाला गहना।

हारना [क्रि-अ.] 1. खेल, युद्ध, प्रतियोगिता, मुकदमा आदि में दूसरे पक्ष से पराजित होना 2. प्रयत्न में विफल होना। [क्रि-स.] गँवाना; खोना।

हारमनी (अं.) [सं-पु.] 1. संगीत के क्षेत्र से लिया गया शब्द जिससे ख़ासकर सुरों की संगति का बोध होता है, किंतु लक्षणा से संगति-मात्र का भिन्न और व्यापकतर अर्थ लिया जाने लगा है 2. कला-साहित्य के क्षेत्र में संघटन, सामंजस्य और संतुलन के लिए इसका प्रयोग होता है।

हारमोन (अं.) [सं-पु.] 1. मनुष्य तथा अन्य जीवों के शरीर में अंतश्रावी ग्रंथियों द्वारा स्त्रावित विशिष्ट (रस) 2. शरीर की वृद्धि और विकास को प्रभावित करने वाला तत्व।

हारमोनियम (अं.) [सं-पु.] एक संदूकनुमा विलायती बाजा जो भारतीय संगीत के क्षेत्र में काफ़ी लोकप्रिय है।

हारवेस्टर (अं.) [सं-पु.] फ़सल काटने की मशीन।

हारा (सं.) [वि.] जिसका कुछ छीन लिया गया हो या हरण कर लिया गया हो; जो अपना सब कुछ खो चुका हो।

हारावली (सं.) [सं-स्त्री.] 1. मोतियों की लड़ी 2. हारों का ढेर।

हारित [वि.] 1. हरण कराया हुआ; छीना हुआ 2. नष्ट किया हुआ 3. परास्त 4. समर्पित 5. मुग्ध। [सं-पु.] 1. एक तरह का कबूतर 2. (पुराण) महर्षि विश्वामित्र का एक पुत्र 3. एक प्रकार का छंद।

हारिल [सं-पु.] एक पक्षी जो प्राय: अपने चंगुल में एक तिनका लिए रहता है।

हारी-बीमारी [सं-स्त्री.] रहन-सहन और तन-मन की तकलीफ़; मन का संताप और शरीर का कष्ट।

हार्ट-अटैक (अं.) [सं-पु.] हृदय की धड़कन रुक जाना; हृदयाघात।

हार्ट-फेल (अं.) [सं-पु.] दिल की धड़कन का बंद हो जाना; हृदयाघात।

हार्डकॉपी (अं.) [सं-स्त्री.] ऐसी सामग्री जिसकी प्रिंट ले ली गई हो; प्रिंटेड कॉपी; संपठनीय प्रतिलिपि।

हार्डडिस्क (अं.) [सं-पु.] कंप्यूटर में डाटा संग्रह हेतु प्रयुक्त एक डिवाइस; हार्डडिस्क।

हार्डवेयर (अं.) [सं-पु.] धातु सामग्री; लोहे की वस्तुएं।

हार्दिक (सं.) [वि.] 1. हृदय संबंधी 2. हृदय से; दिली; आंतरिक।

हार्द (सं.) [सं-पु.] 1. स्नेह; प्रेम 2. इच्छा; आकांक्षा; लालसा 3. दया; कृपा; अनुग्रह। [वि.] 1. हृदय का; हृदय संबंधी 2. हार्दिक।

हार्न (अं.) [सं-पु.] भोंपा; भोंपू; संकेत ध्वनि।

हार्सपावर (अं.) [सं-पु.] अश्वशक्ति; यंत्र के काम करने की शक्ति की इकाई।

हाल-बेहाल (अ.+फ़ा.) [सं-पु.] हालत ख़राब होना; बदतर हालत में पहुँचना; बदहाल ज़िंदगी।

हाल-हवाल [सं-पु.] 1. ख़ास तरह की दशा या अवस्था 2. उस दशा का वर्णन या वृतांत।

हाल[1] (सं.) [सं-स्त्री.] लकड़ी के पहिए पर चढ़ाया जाने वाला लोहे का पट्टा।

हाल[2] (अ.) [सं-पु.] 1. दशा; अवस्था; स्थिति; परिस्थिति 2. वर्तमान काल 3. अवस्था या परिस्थिति का वर्णन।

हालचाल (अ.+सं.) [सं-पु.] 1. कुशलमंगल; समाचार 2. स्वास्थ्य।

हालत (अ.) [सं-स्त्री.] 1. दशा; अवस्था; स्थिति 2. समाचार 3. मौजूदा स्थिति या हैसियत; आर्थिक स्थिति।

हाला (सं.) [सं-स्त्री.] शराब; दारू; मद्य।

हालात (फ़ा.) [सं-पु.] 'हाल' (स्थिति) का बहुवचन; दशाओं की समष्टि अथवा उनका सम्मिलित रूप।

हालावाद (सं.) [सं-पु.] हाला अर्थात मदिरा, जिसके नशे और उससे होने वाली बेहोशी के आलम को साहित्य में क्षणवादी दर्शन के तौर पर इस्तेमाल कर हालावाद सामने आया। हालावाद अपने मूल स्थान फ़ारस में एक प्रकार का सूफ़ी दर्शन है जिसका रूमी, उमर ख़ैयाम, हाफ़िज़, राबिया आदि शायरों ने रचनात्मक इस्तेमाल कर एक ख़ास तरह की रचनाधर्मिता का परिचय दिया। हालावाद उसी का साहित्यिक रूप है। हिंदी साहित्य में इसके प्रणेता हरिवंशराय बच्चन थे।

हालिया (अ.) [वि.] 1. हाल का; निकट अतीत का 2. हालत संबंधी।

हाव (सं.) [सं-पु.] 1. परोक्ष आह्वान या पुकार 2. संस्कृत में अंगज अलंकार का एक भेद, किंतु हिंदी में संपूर्ण सात्विक अलंकारों के लिए इस शब्द का प्रयोग होता है 3. नायिका द्वारा की जाने वाली आकर्षक और मोहक क्रियाएँ; पास बुलाने की क्रिया या भाव।

हाव-भाव (सं.) [सं-पु.] आकर्षक और कोमल चेष्टाएँ; मुग्ध करने के उद्देश्य से बनाया गया भाव; आंगिक चेष्टाओं के साथ भावों की लाक्षणिक अभिव्यक्ति; नाज़-नखरा।

हावन (फ़ा.) [सं-स्त्री.] हाँड़ी या ओखली की तरह का वह पात्र जिसमें दवा आदि कूटी जाती है; खरल; उलूखल; लकड़ी की ओखली।

हावनदस्ता (फ़ा.) [सं-पु.] धातु का बना एक ऐसा पात्र जिसमें कोई चीज़ रखकर कूटी जाती हो; खलबट्टा; खरल और मूसली।

हावी (अ.) [वि.] अपनी चतुराई, शक्ति या छल से किसी पर काबू रखने वाला; घेरने वाला; दबाकर रखने वाला।

हाशिया (अ.) [सं-पु.] 1. अंतिम किनारा; आख़िरी छोर; कोर 2. कपड़ों में टाँकी जाने वाली गोट अथवा मगज़ी 3. पन्ने अथवा पृष्ठ के चारों ओर का किनारा।

हाशियानशीन (अ.+फ़ा.) [सं-पु.] (बड़े लोगों के) आसपास बैठने वाले; मुसाहिब।

हास (सं.) [सं-पु.] 1. हँसने की क्रिया अथवा भाव; हँसी 2. प्रसन्नता; ख़ुशी 3. हास्य रस का स्थायी भाव जो वाणी, रूप आदि के विकारों को देख कर चित्त में विकसित होता है।

हासक (सं.) [सं-पु.] हँसाने वाला व्यक्ति; हँसोड़; विदूषक।

हासिद (अ.) [वि.] 1. ईर्ष्यालु, हसद या डाह करने वाला 2. दुश्मन; शत्रु; बुरा चाहने वाला।

हासिल (अ.) [सं-पु.] 1. किसी वस्तु का अवशेष 2. उपज; पैदावार 3. नतीजा; निचोड़ 4. भूमि का कर या लगान 5. उपलब्धि। [वि.] 1. जो कुछ शेष या बचा हो 2. जो कुछ हाथ लगा हो; प्राप्त; आय; वसूल; उपलब्ध।

हासिल-जमा (अ.) [सं-पु.] जोड़; कुल योग; मीज़ान।

हासिलात (अ.) [सं-स्त्री.] उपलब्धियाँ; प्राप्तियाँ; ज़मीनों और खेतों का लगान; गाँव की आमदनी।

हास्य (सं.) [सं-पु.] 1. हँसी; आनंद; प्रसन्नता 2. मज़ाक; दिल्लगी 3. उपेक्षा और निंदा से युक्त हँसी; उपहास 4. (काव्यशास्त्र) नौ रसों में से एक। [वि.] 1. हास संबंधी; हास की 2. जिसपर व्यंग्य से हँसा जाता हो 3. जिसमें लोगों को हँसाने की योग्यता हो।

हास्य-पट्टी (सं.) [सं-स्त्री.] (पत्रकारिता) पत्र-पत्रिकाओं में एक पट्टी के रूप में प्रकाशित तथा हास्य, व्यंग्य या रोमांच से परिपूरित चित्रमय वृतांत।

हास्य-रस (सं.) [सं-पु.] साहित्य-शास्त्र में मान्य नौ रसों में परिगणित सर्वाधिक सुखात्मक प्रतीत होने वाला रस जिसकी उत्पत्ति श्रृंगार रस से मानी गई है और जिसका स्थायी भाव हास है।

हास्य-विनोद (सं.) [सं-पु.] हँसी-मज़ाक।

हास्य-स्तंभ (सं.) [सं-पु.] (पत्रकारिता) प्रायः नियमित रूप से हास्य-प्रधान मनोरंजक सामग्री को प्रकाशित करने वाला समाचारपत्र का स्तंभ।

हास्यकथा [सं-स्त्री.] हँसी लाने वाली कथा या कहानी।

हास्यकर (सं.) [वि.] 1. हँसी करने वाला; हँसी उत्पन्न करने वाला; हँसाने वाला 2. जिसे देख या सुनकर हँसी आती हो; हास्यास्पद।

हास्यपात्र (सं.) [सं-पु.] हँसी का पात्र व्यक्ति; हास्यास्पद व्यक्ति।

हास्यप्रिय (सं.) [वि.] जिसे हँसना-हँसाना पसंद हो; मज़ाकिया।

हास्यप्रियता (सं.) [सं-स्त्री.] हास्यप्रिय होने का भाव; हास-परिहास की प्रवृत्ति।

हास्यमय (सं.) [वि.] हास्यपूर्ण; हास से भरा।

हास्यरसात्मक (सं.) [वि.] 1. हास्यरस से संबंधित 2. हास्यरस से भरपूर।

हास्यरसिक (सं.) [वि.] हास्यप्रिय; विनोदी; मज़ाकिया।

हास्यरहित (सं.) [वि.] जिसमें हास्य न हो; शुष्क।

हास्यरूपक (सं.) [सं-पु.] हँसाने वाली नाट्य-रचना; हास्य-रस प्रधान रूपक; प्रहसन।

हास्यास्पद (सं.) [सं-पु.] 1. वह जिसे देखकर हँसी उत्पन्न हो; हास्य का विषय 2. उपहास का विषय; उपहासास्पद। [वि.] हँसी उत्पन्न करने वाला।

हास्योत्पादक (सं.) [वि.] हँसी उत्पन्न करने वाला; हास्यकर।

हाहाकार (सं.) [सं-पु.] 1. रुदन का उच्च स्वर; भय, दुख या पीड़ा की स्थिति में ज़ोर से रोना-चिल्लाना 2. उथल-पुथल; कोहराम 3. घबराहट की स्थिति में चिल्लाहट।

हाहाकारी (सं.) [वि.] हाहाकार उत्पन्न करने वाला। [सं-पु.] हाहाकार।

हिंगाष्टकचूर्ण (सं.) [सं-पु.] पीपल, सोंठ, हींग, काली मिर्च, अजमोदा, स्याह जीरा, सफ़ेद जीरा और सेंधा नमक से बना एक पाचक चूर्ण।

हिंगु (सं.) [सं-पु.] हींग।

हिंगोट (सं.) [सं-पु.] एक जंगली झाड़दार और कँटीला पेड़ जिसके फलों से तेल निकलता है; इंगुदी।

हिंडन (सं.) [सं-पु.] घूमना; चलना-फिरना; गतिशील होने की क्रिया। [सं-स्त्री.] पश्चिमी उत्तर प्रदेश में एक प्रसिद्ध नदी।

हिंडोल (सं.) [सं-पु.] 1. पालना; झूला 2. भारतीय शास्त्रीय संगीत का एक राग।

हिंडोला (सं.) [सं-पु.] हिंडोल।

हिंताल (सं.) [सं-पु.] जलाशयों के किनारे पाया जाने वाला खजूर की जाति का एक ख़ूबसूरत पेड़।

हिंद (फ़ा.) [सं-पु.] भारतवर्ष; हिंदुस्तान

हिंदवाना (फ़ा.) [सं-पु.] गरमी के मौसम का एक फल; तरबूज़।

हिंदवी (फ़ा.) [सं-स्त्री.] हिंदी भाषा का एक पुराना रूप।

हिंदी (फ़ा.) [सं-पु.] हिंद का निवासी; भारत में रहने वाला; भारतवासी। [सं-स्त्री.] 1. हिंद या हिंदुस्तान की भाषा 2. मुख्य रूप से सारे उत्तर-भारत और मध्य भारत की भाषा

3. भारत की राष्ट्रभाषा 4. स्वतंत्र भारत की राजभाषा 5. देवनागरी लिपि में लिखी जाने वाली एक भारतीय भाषा। [वि.] हिंद या हिंदुस्तान का; हिंदुस्तान संबंधी; भारतीय।

हिंदी वर्णमाला (फ़ा.+सं.) [सं-स्त्री.] हिंदी वर्णों या अक्षरों की सूची; हिंदी वर्णक्रम।

हिंदीकरण (फ़ा.+सं.) [सं-पु.] हिंदी भाषा में अनुवाद या रूपांतर।

हिंदीतर (फ़ा.+सं.) [वि.] हिंदी से इतर; हिंदी से भिन्न।

हिंदुई (फ़ा.) [सं-स्त्री.] हिंदी भाषा का एक पुराना रूप; हिंदवी।

हिंदुकुश (फ़ा.) [सं-पु.] अफ़गानिस्तान के उत्तर में अवस्थित और हिमालय से मिली हुई एक पर्वत श्रेणी।

हिंदुत्व (फ़ा.+सं.) [सं-पु.] 1. हिंदू होने की अवस्था 2. हिंदू होने के आचार, विचार और व्यवहार 3. हिंदू धर्म।

हिंदुस्तान (फ़ा.) [सं-पु.] 1. भारत देश; भारतवर्ष 2. भारत का उत्तरी भाग जो गंगा-यमुना के दोआब के मध्य में पड़ता है, जिसे प्राचीन समय में अंतर्वेद या मध्यदेश कहते थे।

हिंदुस्तानी (फ़ा.) [सं-पु.] हिंदुस्तान में रहने वाला व्यक्ति; भारतीय। [सं-स्त्री.] 1. हिंदुस्तान में बनी वस्तु 2. हिंदुस्तान की भाषा 3. हिंदुस्तान की संस्कृति। [वि.] हिंदुस्तान संबंधी।

हिंदुस्तानी संगीत [सं-पु.] उत्तर भारत में प्रचलित पद्धति या शैली का संगीत।

हिंसक (सं.) [वि.] हिंसा करने वाला; दूसरों की बुराई चाहने और करने वाला; कष्ट पहुँचाने वाला; पीड़ित करने वाला; घातक।

हिंसा (सं.) [सं-स्त्री.] 1. प्राणियों को मारने-काटने और शारीरिक कष्ट देने की वृत्ति; घात; मारण; हत्या 2. किसी को किसी प्रकार की हानि पहुँचाना 3. अनिष्ट अथवा हानि; नाश।

हिंसाचार (सं.) [सं-पु.] 1. हिंसक आचरण 2. हिंसा की गतिविधियाँ।

हिंसात्मक (सं.) [वि.] 1. हिंसा से युक्त; जिसमें हिंसा हो 2. हिंसा करने वाला; बुराई करने वाला 3. हानिकारक।

हिंसामूलक (सं.) [वि.] हिंसात्मक।

हिंसावृत्ति (सं.) [सं-स्त्री.] हिंसक।

हिंसोन्मत्त (सं.) [वि.] हिंसा के प्रति उन्मत्त।

हिंस्र (सं.) [वि.] हिंसा करने वाला; हिंसक; घातक; खूँखार।

हिकमत (अ.) [सं-स्त्री.] 1. हकीम का काम या पेशा; वैद्यक 2. कला-कौशल; निर्माण की बुद्धि 3. चतुराई का ढंग या चाल 4. तत्वज्ञान।

हिकमती (अ.) [वि.] चालाक; चतुर; जोड़-तोड़ लगाने वाला।

हिकायत (अ.) [सं-स्त्री.] 1. किस्सा; कहानी 2. बात।

हिकारत (अ.) [सं-स्त्री.] तुच्छता; नफ़रत; घृणा; उपेक्षा।

हिगराना [क्रि-स.] झुंड से पशु को अलगाना; हिगरावल।

हिचक (सं.) [सं-स्त्री.] हिचकने की क्रिया; हिचकिचाहट; कोई काम करने से पहले मन में होने वाली हलकी रुकावट; संकोच; झिझक।

हिचकना (सं.) [क्रि-अ.] 1. मन में उठने वाली आशंका के कारण किसी काम को करने से पहले थोड़ा ठहर जाना; झिझकना; आगा-पीछा करना 2. हिचकियाँ लेना।

हिचकिचाना (सं.) [क्रि-अ.] मन में आगा-पीछा करना; किसी काम को करने के पहले मन में करें या ना करें का भाव उठना।

हिचकिचाहट (सं.) [सं-स्त्री.] हिचक।

हिचकी (सं.) [सं-स्त्री.] एक शारीरिक व्यापार जिसमें फेफड़े की वायु कुछ अटक-अटककर गले के रास्ते निकलने का प्रयत्न करती है।

हिचकोला [सं-पु.] अचानक लगने वाला धक्का जिससे व्यक्ति उछल पड़े।

हिच्छा [सं-पु.] 1.सींक का आधार; सींक का निचला हिस्सा 2. इच्छा, मन ।

हिजड़ा [सं-पु.] 1. ऐसा व्यक्ति जिसमें शारीरिक दृष्टि से स्त्री-पुरुष दोनों के कुछ-कुछ गुण, चिह्न, लक्षण एक जैसे हों, ऐसा व्यक्ति न पूर्णतः पुरुष होता है न स्त्री 2. संभोग अथवा मैथुन करने की क्षमता से रहित व्यक्ति; नपुंसक; क्लीव।

हिजरत (अ.) [सं-स्त्री.] 1. अपने देश को छोड़कर दूसरे देश में बसना 2. संकट में देश का त्याग 3. हिजरी सन का प्रारंभ।

हिजरी (अ.) [सं-पु.] 1. वह सन जो हज़रत मुहम्मद के मक्का छोड़ने की तिथि के साथ जुड़ा है 2. हज़रत मुहम्मद का मक्का छोड़कर मदीना जाना।

हिजाब (अ.) [सं-पु.] 1. परदा; ओट 2. लज्जा; शरम; लिहाज़।

हिज्जे (अ.) [सं-पु.] वर्तनी; वर्ण विवृत्ति।

हिज्र (अ.) [सं-पु.] विरह; वियोग; जुदाई।

हिडेन एजेंडा (अं.) [सं-पु.] किसी कार्य के पीछे का छुपा हुआ मकसद या उद्देश्य।

हित (सं.) [सं-पु.] लाभ; फ़ायदा; भलाई; कल्याण; मंगल। [वि.] उपयुक्त; उपयोगी; लाभदायक; अनुकूल।

हितकर (सं.) [सं-पु.] 1. वह जो हित करता या चाहता हो; शुभेच्छु 2. उपयोगी; लाभदायक 3. स्वास्थ्यवर्धक। [वि.] 1. हित करने वाला; हितेच्छु; हितकारक 2. उपयोगी; लाभप्रद।

हितकारी (सं.) [वि.] 1. हित करने वाला; हितेच्छु; हितकर 2. उपयोगी; लाभप्रद।

हितचिंतक (सं.) [वि.] किसी की भलाई या उपकार की बात सोचने या चाहने वाला; कल्याण-कामना या ख़ैरख़याली करने वाला; शुभाकांक्षी; शुभचिंतक; ख़ैरख़्वाह।

हितवाद (सं.) [सं-पु.] 1. हित या भलाई के विचार से किया गया कथन; हितवचन 2. वह विचारधारा जो हित, कल्याण की समर्थक हो।

हितसाधक (सं.) [वि.] 1. हित साधने वाला; भला करने वाला; हितकर्ता 2. अपना स्वार्थ सिद्ध करने वाला।

हितसाधन (सं.) [सं-पु.] 1. दूसरों का हित साधन, भलाई करना 2. स्वार्थ सिद्ध करना; अपने हित में काम करना।

हितहरिवंश (सं.) [सं-पु.] राधावल्लभी संप्रदाय के संस्थापक संत और ब्रजभाषा के एक सुकवि।

हिताई (सं.) [सं-स्त्री.] 1. हित या भला करने की क्रिया या भाव 2. नाता; रिश्ता; संबंध 3. संबंधी का घर या परिवार; रिश्तेदारी।

हिताकांक्षी (सं.) [वि.] भला या हित चाहने वाला; हितचिंतक;

3. गणित का प्रश्न।

हिसाब-किताब [सं-पु.] लेखा; लेन-देन; आय-व्यय का ब्योरा; बहीखाता; आर्थिक व्यवहार का विवरण।

हिसाब-बही [सं-स्त्री.] वह पुस्तिका जिसमें आय-व्यय का विवरण लिखा जाए; लेखा-पुस्तिका; (एकाउंट बुक)।

हिसाबदाँ (अ.+फ़ा.) [सं-पु.] लेखा-जोखा या हिसाब-किताब जानने वाला; हिसाबिया।

हिसाबिया (अ.+हिं.) [सं-पु.] 1. हिसाब-किताब का अच्छा जानकार 2. आगा-पीछा सोच कर कोई काम करने वाला व्यक्ति।

हिसाबी (अ.) [वि.] 1. हिसाब करने वाला 2. हिसाब जानने वाला।

हिसाल्क [सं-पु.] लाल गूदेदार और रसीले फूल वाला एक पौधा या बेल; (स्ट्रॉबेरी)।

हिस्टीरिया (अं.) [सं-पु.] 1. एक स्नायविक रोग; मूर्छा रोग 3. उन्माद; अपतंत्रक।

हिस्ट्री (अं.) [सं-पु.] 1. इतिहास 2. किसी विषय या घटना की पृष्ठभूमि या कथा।

हिस्ट्रीशीटर (अं.) [वि.] 1. आपराधिक गतिविधियों वाला 2. जिसका पहले से आपराधिक रिकॉर्ड हो 3. जिसने बहुत सारे अपराध किए हों।

हिस्सा (अ.) [सं-पु.] 1. अंश; खंड; भाग 2. अंग 3. विभाग 4. बाँट; बखरा।

हिस्सेदार (अ.+फ़ा) [वि.] 1. जो हिस्सा पाने का अधिकारी हो; हक वाला; अंशी 2. साझी; साझेदार।

हिस्सेदारी (अ.+फ़ा) [सं-स्त्री.] साझेदारी; भागीदारी।

ही (सं.) [अव्य.] 1. किसी बात पर अधिक बल देने या निश्चय के लिए प्रयुक्त शब्द 2. मात्र; केवल।

ही-ही [सं-स्त्री.] ज़ोर से हँसने की ध्वनि; तीव्र हँसी का स्वर 2. हीनता या तुच्छता को प्रदर्शित करते हुए हँसना। [मु.] - **करना** : निर्लज्जतापूर्वक हँसना।

हींग [सं-स्त्री.] हिंगु नामक वृक्ष से निकलने वाले पौधे का निर्यास; हिंग।

हीटर (अं.) [सं-पु.] ऊष्मावर्धक यंत्र; कमरे का तापमान बढ़ाने का विद्युत चालित उपकरण।

हीन (सं.) [वि.] 1. अधम; नीच 2. तुच्छ; नगण्य 3. वर्जित; रहित।

हीनग्रंथि (सं.) [सं-स्त्री.] अपने आप को दूसरों की तुलना में हीन मानने की वृत्ति।

हीनचरित (सं.) [वि.] बुरे आचरण वाला; कदाचारी; दुराचारी।

हीनता (सं.) [सं-स्त्री.] 1. हीन होने का भाव 2. नीचता 3. तुच्छता; ओछापन 4. बुराई 5. अभाव।

हीनबुद्धि (सं.) [वि.] बुद्धिरहित; मूर्ख; मूढ़; दुष्ट बुद्धि वाला।

हीनभाव (सं.) [सं-पु.] हीनता-ग्रंथि; हीन-ग्रंथि; अपने को हीन मानने का भाव।

हीनभावना (सं.) [सं-स्त्री.] आत्मविश्वास की कमी का भाव; हीनभाव।

हीनयान (सं.) [सं-पु.] बौद्ध धर्म की दो प्रारंभिक शाखाओं अथवा मार्गों (हीनयान और महायान) में से एक।

हीनार्थ (सं.) [वि.] 1. गलत या बुरे अर्थ वाला 2. निष्फल; व्यर्थ; बिना लाभ का।

हीनावस्था (सं.) [सं-स्त्री.] कमज़ोर स्थिति; ख़राब हालत; गिरी हुई हालत।

हीनोक्ति (सं.) [सं-स्त्री.] किसी को कमतर आँकने वाली उक्ति या कथन; ख़राब उक्ति; कटूक्ति।

हीमोग्लोबीन (अं.) [सं-पु.] 1. रुधिर वर्णिका 2. मानव शरीर में ख़ून बनाने के लिए आवश्यक तत्व 3. रुधिर में उपस्थित लाल रक्त कोशिकाएँ।

हीर (सं.) [सं-पु.] 1. हीरा 2. वर्णिक छंदों में समवृत्त का एक भेद 3. मोतियों की माला 4. सार, अंश 5. शक्ति 6. वीर्य।

हीरक (सं.) [सं-पु.] 1. वज्ररत्न; हीरा नामक रत्न 2. एक वृत्त (छंद)।

हीरकजयंती (सं.) [सं-स्त्री.] जन्म, स्थापना, शासन, वैवाहिक जीवन आदि के साठवें वर्ष पर होने वाला उत्सव; साठवीं वर्षगाँठ; (डायमंड जुबिली)।

हीरा (सं.) [सं-पु.] एक रत्न या बहुमूल्य पत्थर जो अत्यंत कठोर होता है और अपनी चमक के लिए प्रसिद्ध है; (डायमंड)।

हीरे-जवाहरात (सं.) [सं-पु.] हीरे का आभूषण; हीरा रत्न जड़ित गहने; (डायमंड ज्वैलरी)।

हीरो (अं.) [सं-पु.] 1. नायक; मुख्य पात्र; कथापुरुष 2. अभिनेता 3. शूरवीर; बहादुर; सूरमा।

हीरोइन (अं.) [सं-स्त्री.] नायिका; मुख्य नारी पात्र; अभिनेत्री।

हील[1] [सं-पु.] 1. पनाले आदि का गंदा कीचड़; गलीज़ 2. एक प्रकार का सदाबहार पेड़ जिसके तने से गोंद निकलता है; अरदल; गोरक।

हील[2] (अं.) [सं-पु.] 1. जूते की एड़ी 2. पीछे लगना 3. कमीना 4. खुर 5. कुचलना।

हीला (अ.) [सं-पु.] 1. बहाना; टालमटोल 2. धोखा; छल 3. काम; रोज़गार; वसीला।

हीला-हवाला (अ.) [सं-पु.] टालमटोल; अगर-मगर; ना-नुकर करना।

हीलियम (अं.) [सं-पु.] एक गंधहीन, रंगहीन हलकी गैस; यानाति।

हुँड़ार [सं-पु.] दे. भेड़िया।

हुँह [अव्य.] किसी बात पर एक तिरस्कार या अस्वीकृति सूचक अहंकारपूर्ण शब्द या भाव।

हुंकार (सं.) [सं-पु.] 1. दर्प या अहंकार से 'हूँ' ध्वनि उत्पन्न करने की क्रिया; गर्जना; ललकार 2. धनुष की टंकार।

हुंकारना (सं.) [क्रि-अ.] 1. हुंकार भरना; ललकारने के लिए ख़ास तरह की आवाज़ निकालना 2. डाँट-डपट के लिए ज़ोर का शब्द निकालना; ज़ोर से चिल्लाना।

हुंडी [सं-स्त्री.] महाजनी चेक; एक प्रकार का हैंड-नोट; वह पत्र जो कोई महाजन किसी से कुछ ऋण लेने के समय उसके प्रमाणस्वरूप ऋण देने वाले को लिखकर देता है जिसपर यह

लिखा होता है कि यह धन इतने दिनों में ब्याज समेत चुका दिया जाएगा; (ड्राफ्ट, बिल या बिल ऑव एक्सचेंज)।

हुक (अं.) [सं-पु.] 1. वह कील या कटिया जिसमें या जिससे कोई वस्तु फँसाई जाती है 2. कपड़े में बटन के स्थान पर प्रयुक्त कटिया।

हुकूमत (अ.) [सं-स्त्री.] शासन; सत्ता; राज्य; प्रभुत्व; अधिकार।

हुक्का (अ.) [सं-पु.] 1. तंबाकू पीने के लिए विशेष रूप से बना एक उपकरण जिससे गुड़-गुड़ की आवाज़ निकलती है; गुड़गुड़ी 2. ज़ेवर आदि रखने की डिबिया।

हुक्कापानी (अ.+हि.) [सं-पु.] जाति-बिरादरी में खान-पान का व्यवहार। [मु.] **-बंद करना** : किसी को जाति या बिरादरी से अलग करना; सामाजिक व्यवहार ख़तम करना।

हुक्काम (अ.) [सं-पु.] 1. शासक वर्ग; अधिकारी वर्ग; हाकिम लोग।

हुक्म (अ.) [सं-पु.] 1. आदेश; आज्ञा; इजाज़त 2. फ़ैसला 3. हुकूमत; अधिकार। [मु.] **-चलाना** : आज्ञा देना।

हुक्मअदूली (अ.) [सं-स्त्री.] आज्ञा का उल्लंघन; हुक्म को न मानना।

हुक्मनामा (अ.+फ़ा.) [सं-पु.] आदेशपत्र; वह पत्र जिसपर कोई आदेश या हुक्म लिखा हो।

हुक्मबरदार (अ.+फ़ा.) [वि.] आज्ञानुसार काम करने वाला; आज्ञाकारी; आदेशपालक।

हुक्मबरदारी (अ.+फ़ा.) [सं-स्त्री.] 1. आज्ञाकारिता; आज्ञानुसार काम करना; आज्ञापालन 2. बड़ों की सेवा।

हुक्मी (अ.) [वि.] 1. आज्ञा संबंधी; आज्ञाकारी 2. न चूकने वाला; अचूक; अमोघ (दवा या निशाना) 3. ख़ता न करने वाला।

हुजूम (अ.) [सं-पु.] भीड़; जनसमूह; जनसैलाब।

हुज़ूर (अ.) [सं-पु.] 1. संबोधन के लिए प्रयुक्त एक आदरसूचक शब्द; श्रीमान; महोदय 2. सामने आना; हाज़िर होना 3. आमना-सामना।

हुज़ूरी (अ.) [सं-स्त्री.] 1. निकटता; नज़दीकी 2. उपस्थिति; विद्यमानता 3. सम्मुखता; सामना 4. दरबारों;मुसाहब।

हुज्जत (अ.) [सं-स्त्री.] 1. तर्क-वितर्क; दलील; बहस 2. विवाद; झगड़ा; कहा-सुनी।

हुज्जती (अ.) [वि.] 1. हुज्जत या बहस करने वाला 2. झगड़ालू।

हुड़क [सं-स्त्री.] 1. हुड़कने अथवा तड़पने की क्रिया या भाव 2. प्रिय चीज़ न मिलने पर की जाने वाली बच्चे की ज़िद।

हुड़दंग [सं-पु.] हुल्लड़; हल्ला-गुल्ला; शोर; उधम; उपद्रव; हुड़दंगा।

हुड्ड [वि.] उजड्ड; बेशऊर; मूढ़।

हुत (सं.) [वि.] 1. आहुति के रूप में दिया हुआ; हवन किया हुआ 2. पूर्णतः समर्पित। [सं-पु.] हवन या आहुति की वस्तु।

हुताग्नि (सं.) [सं-पु.] हवन की अग्नि; यज्ञ की अग्नि। [वि.] हवन करने वाला; अग्नि में आहुति डालने वाला।

हुतात्मा (सं.) [सं-पु.] अच्छे कार्य में स्वयं की बलि देने वाला व्यक्ति; शहीद।

हुदहुद (अ.) [सं-पु.] कठफोड़वा नामक पक्षी; खुटबढ़ई।

हुनक्का [सं-पु.] यहूदियों का प्रकाश पर्व; यहूदियों का एक त्योहार।

हुनर (फ़ा.) [सं-पु.] 1. कला; कारीगरी 2. कोई काम करने का कौशलपूर्ण गुण; दक्षता।

हुनरमंद (फ़ा.) [वि.] हुनरवाला; कला-कुशल; कौशलपूर्ण गुण; किसी कला में दक्ष; निपुण; जो किसी हुनर या कला का जानकार हो।

हुनरमंदी (फ़ा) [सं-स्त्री.] कारीगरी; कुशलता; निपुणता।

हुमक [सं-स्त्री.] 1. इठलाहट; हुमकने या हुमचने की क्रिया 2. अल्हड़ता से चलने की क्रिया।

हुमकना (सं.) [क्रि-अ.] 1. आनंद के अतिरेक से उछलना-कूदना; उल्लसित होना 2. छोटे बच्चों का अल्हड़ता से चलना 3. चोट करने के लिए पैर को तत्परता से उठाना 4. पूरा ज़ोर लगाकर पैर से किसी वस्तु को उछालना।

हुमसना (सं.) [क्रि-अ.] उल्लसित होना; उमंग में आना।

हुमा (फ़ा.) [सं-स्त्री.] एक कल्पित पक्षी (ऐसी मान्यता है कि यह जिसके सिर पर से जाता है वह व्यक्ति राजा हो जाता है)।

हुमायूँ (फ़ा.) [सं-पु.] 1. एक मुगल शासक जो अकबर का पिता था 2. भाग्यशाली व्यक्ति। [वि.] मंगलमय; शुभ; मुबारक।

हुमेल [सं-पु.] गले में पहना जाने वाला एक आभूषण।

हुरपेटना [क्रि-स.] 1.लाठी या लकड़ी से बैल आदि जानवरों के बगल में मारना 2. डाँटना 3. मवेशी (गाय बैल आदि) का सींग से मारना या मारने की कोशिश करना।

हुलस (सं.) [सं-पु.] आनंद की उमंग; आनंद; उमंग।

हुलसना (सं.) [क्रि-अ.] आनंद से उमंगित होना; प्रसन्नचित्त होना; उल्लसित होना।

हुलसाना (सं.) [क्रि-स.] आनंदित करना; उल्लसित करना।

हुलसित (सं.) [वि.] आनंद की उमंग से युक्त; अत्यंत प्रसन्न; प्रसन्नचित्त; आनंदित।

हुलास (सं.) [सं-पु.] 1. मन की उमंग 2. उत्साह। [सं-स्त्री.] नस्य; सुँघनी।

हुलासदानी (सं.+फा.) [सं-स्त्री.] सुँघनीदानी; सुँघनी रखने का डिब्बा।

हुलिया (अ.) [सं-पु.] 1. मुखाकृति और शरीर की बनावट; चेहरा और उसका रूप-रंग 2. शक्ल-सूरत का ब्योरा।

हुलियानामा (अ.+फ़ा.) [सं-पु.] रूप-रंग के विवरण वाला पत्र; हुलिया बताने वाला विवरण-पत्र।

हुल्लड़ [सं-पु.] हो-हल्ला; शोरगुल; कोलाहल; उधम; उत्पात; उपद्रव; गड़बड़; दंगा-फ़साद।

हुल्लड़बाज़ [वि.] हुल्लड़ मचाने वाला; हल्ला-दंगा करने वाला; उत्पाती; उपद्रवी; दंगाई; फ़सादी।

हुल्लड़बाज़ी [सं-स्त्री.] हुल्लड़ मचाने वाली गतिविधियाँ; अराजक ढंग से किया जाने वाला शोरगुल, हो-हल्ला, उत्पात; उपद्रव।

हुसैन (अ.) [सं-पु.] 1. अच्छा; सुंदर 2. हज़रत अली के छोटे पुत्र का नाम जिन्होंने यज़ीद का शासन स्वीकार नहीं किया था

जिसके कारण उन्हें करबला के युद्ध में शहीद किया गया था; मुसलमानों के तीसरे इमाम।

हुस्न (अ.) [सं-पु.] शारीरिक सौंदर्य; लावण्य; सुंदरता।

हुस्न-परस्त (अ.) [वि.] सौंदर्य प्रेमी; सौंदर्योपासक; हुस्न की पूजा करने वाला।

हुस्ना (अ.) [सं-स्त्री.] अत्यंत सुंदर स्त्री; अपूर्व सुंदरी।

हुस्नेमतला (अ.) [सं-पु.] ग़ज़ल में मतले और पहले शेर के बाद मतले की तरह का ही दूसरा शेर जिसके दोनों चरणों में अनुप्रास हो।

हू-ब-हू [वि.] ठीक वैसा ही; ज्यों-का-त्यों; किसी के बिल्कुल अनुरूप, सदृश अथवा समान।

हूँ [अव्य.] 1. किसी बात पर एक स्वीकृति सूचक अक्षर 2. किसी बात को सुनते समय अपनी सचेतता प्रकट करने का शब्द। [क्रि-अ.] वर्तमानकालिक क्रिया 'है' का उत्तमपुरुष एकवचन रूप, जैसे- मैं हूँ।

हूक (सं.) [सं-स्त्री.] हृदय में एकाएक उठी पीड़ा या कसक; मानसिक पीड़ा।

हूकना [क्रि-अ.] 1. कसक या पीड़ा होना; शूल उठना 2. पीड़ा या तकलीफ़ से चौंकना।

हूटिंग (अं.) [सं-स्त्री.] 1. चिल्लाहट 2. तिरस्कार करके और शोरगुल करके किसी को काम करने से रोकना या खदेड़ना 3. भोंपू की आवाज़।

हूण [सं-पु.] 1. एक प्राचीन आक्रामक मंगोल जाति 2. {ला-अ.} उजड्ड और क्रूर व्यक्ति।

हूत (सं.) [वि.] बुलाया हुआ; आमंत्रित; आहूत।

हूर (अ.) [सं-स्त्री.] 1. स्वर्ग की अप्सरा 2. बहुत गोरी और सुंदर स्त्री। [वि.] अत्यंत सुंदर।

हूरना [क्रि-स.] बहुत ही भद्दे तरीके से खाना खाना।

हूरा [सं-पु.] लोहे के फार के छेद के बाहर निकले बेंत का हिस्सा।

हृत (सं.) [वि.] हरित; छीना हुआ; हरण किया हुआ; चुराया हुआ; रहित या वंचित किया हुआ।

हृतकंपन (सं.) [सं-पु.] हृदय-स्पंदन; दिल की धड़कन।

हृतपीड़ा (सं.) [सं-स्त्री.] हृदयव्यथा; दिल की तकलीफ़।

हृतमानस (सं.) [वि.] हृतमन; बेसुध; बेहोश; संज्ञाहीन।

हृति (सं.) [सं-स्त्री.] 1. हरण; वंचना 2. नाश; ध्वंस।

हृत्तल (सं.) [सं-पु.] हृदय; दिल; कलेजा।

हृत्ताप (सं.) [सं-पु.] हृदय का संताप; दिल का दुख या कष्ट; मनोवेदना।

हृत्प्रिय (सं.) [वि.] दिल को भाने वाला; हृदय को प्रिय लगने वाला।

हृदय (सं.) [सं-पु.] 1. एक अंग जो मानवों में छाती के मध्य में, थोड़ी-सी बाईं ओर स्थित होता है और एक मिनट में लगभग 60-90 बार धड़कता है; दिल; कलेजा 2. एक पेशीय अंग जो सभी कशेरुकी जीवों में आवृत्त तालबद्ध संकुचन के द्वारा शुद्ध रक्त का प्रवाह शरीर के सभी भागों तक पहुँचाता है 3. अंत:करण; मन 4. आत्मा; सार तत्व।

हृदय-रोगी (सं.) [सं-पु.] वह जो हृदय की व्याधि से पीड़ित हो; हृदय रोग से ग्रसित।

हृदयंगम (सं.) [वि.] 1. अच्छी तरह समझा हुआ 2. ठीक से याद किया हुआ; हृदयगत। [सं-पु.] उचित कथन; हृदय को स्पर्श करने वाली बात या उक्ति।

हृदयक्षोभ (सं.) [सं-पु.] मन की अशांति; दिल की बेचैनी।

हृदयगत (सं.) [वि.] 1. हार्दिक; हृदय संबंधी 2. हृदय में स्थित 3. आंतरिक; अंदरूनी।

हृदयगति (सं.) [सं-पु.] हृदयस्पंदन; प्रति मिनट हृदय की धड़कन की संख्या; प्रति मिनट हृदय का संकुचन एवं प्रसारण।

हृदयग्राही (सं.) [सं-स्त्री.] 1. रुचिकर; दिलचस्प 2. मनोरंजक 3. मनोहर; मनोरम 4. सुंदर; ख़ूबसूरत।

हृदयचित्र (सं.) [सं-पु.] 1. हृदय में उमड़ते भावों का शब्दों में चित्रण 2. हृदय में किसी की छवि निर्मित करना; हृदय में बसाना।

हृदयचोर (सं.) [सं-पु.] दिल चुराने वाला; रसिया; प्रेमी; चितचोर।

हृदयदाह (सं.) [सं-पु.] दिल की जलन; विदग्धता; मन की वेदना।

हृदयदौर्बल्य (सं.) [सं-पु.] हृदय की दुर्बलता; दिल की कमज़ोरी; कायरता।

हृदयद्रावक (सं.) [वि.] हृदय को द्रवित कर देने वाला; दिल को उद्वेलित कर देने वाला।

हृदयपट (सं.) [सं-पु.] हृदय रूपी पट; हृदय-पटल; मर्मस्थल।

हृदयपरिवर्तन (सं.) [सं-पु.] 1. हृदयवृत्ति या मनोवृत्ति में आमूल परिवर्तन; किसी अहम मसले पर दिल-दिमाग के रुख में अप्रत्याशित बदलाव 2. द्वेषभाव छोड़कर किसी के प्रति मन में होने वाला सद्भाव।

हृदयप्रतिरोपण (सं.) [सं-पु.] (शल्य विज्ञान) कृत्रिम या दूसरे का हृदय प्रतिरोपित करने की क्रिया।

हृदयमंथन (सं.) [सं-पु.] हृदय का आलोड़न; तीव्र भावनात्मक आवेग, किसी बात को लेकर गहरा चिंतन-मनन।

हृदयरोग (सं.) [सं-पु.] हृदय की बीमारी; हृदय व्याधि; हृदय में होने वाला रोग।

हृदयवान (सं.) [वि.] 1. सहृदय; संवेदनशील 2. उदार; दिलदार 3. भावुक; रसिक।

हृदयविज्ञान (सं.) [सं-पु.] हृदय या हृदय संबंधी रोगों का अध्ययन करने वाला शास्त्र।

हृदयविदारक (सं.) [वि.] दिल दहलाने वाला; हृदय को विदीर्ण कर देने वाला; शोक उत्पन्न करने वाला।

हृदयवृत्ति (सं.) [सं-स्त्री.] हृदय या मन की प्रवृत्ति; स्वभाव।

हृदयवेधक (सं.) [वि.] हृदय को वेधने वाला; मर्म को आहत करने वाला; मर्मवेधी; व्यथित कर देने वाला।

हृदयशून्य (सं.) [वि.] 1. निष्ठुर; हृदयहीन; क्रूर 2. अरसिक।

हृदयस्थ (सं.) [वि.] 1. हृदय में स्थित; दिल में विराजमान 2. {ला-अ.} बहुत ही निकट।

हृदयस्थल (सं.) [सं-पु.] 1. वक्षस्थल; छाती 2. किसी शहर या

तीर्थ का सबसे प्रिय या प्रसिद्ध स्थल 3. मुख्य स्थल।

हृदयस्पर्शी (सं.) [वि.] दिल को छू लेने वाला; मर्मस्पर्शी।

हृदयहारी (सं.) [वि.] दिल जीत लेने वाला; मनोरम; मनोहारी।

हृदयहीन (सं.) [वि.] हृदय से हीन; क्रूर; निष्ठुर।

हृदयाघात (सं.) [सं-पु.] दिल का दौरा; (हार्ट-अटैक)।

हृदयातिपात (सं.) [सं-पु.] हृदय की गति का रुक जाना; दिल की धड़कन का बंद हो जाना।

हृदयालु (सं.) [वि.] नरमदिल; सहृदय; भावुक।

हृदयावेग (सं.) [सं-पु.] हृदय का आवेग या उद्वेलन; भावावेश।

हृदयेश (सं.) [सं-पु.] 1. हृदय का स्वामी; हृदय में सदैव निवास करने वाला व्यक्ति; परम प्रिय व्यक्ति 2. प्रेमी 3. पति।

हृदयेश्वर (सं.) [सं-पु.] 1. हृदय का स्वामी; हृदयेश 2. प्रियतम 3. पति 4. इष्टदेव।

हृदयोन्माद (सं.) [सं-पु.] हृदय के उन्मत्त होने की अवस्था; भावविह्वलता।

हृदयोन्मादी (सं.) [वि.] उन्मत्त; विह्वल; अत्यंत भावुक।

हृषीकेश (सं.) [सं-पु.] 1. हरिद्वार के निकट स्थित एक तीर्थ स्थान 2. इंद्रियों का स्वामी 3. पौष मास; पूस का महीना 4. (पुराण) कृष्ण; विष्णु।

हृष्ट (सं.) [वि.] 1. हर्षित; आनंदित; प्रसन्न 2. रोमांचित 3. कुंठित 4. लोचहीन; कड़ा।

हृष्ट-पुष्ट (सं.) [वि.] हट्टा-कट्टा; तगड़ा; स्वस्थ; तंदुरुस्त।

हृष्टचित्त (सं.) [वि.] स्वस्थचित्त; प्रसन्नचित्त।

हे (सं.) [अव्य.] संबोधनसूचक शब्द, जैसे- हे राम, हे प्रभु।

हें-हें [सं-पु.] 1. दीनतापूर्वक हँसने की ध्वनि 2. गिड़गिड़ाहट 3. बेशरमी।

हेंगा [सं-पु.] जोती हुई ज़मीन बराबर करने का उपकरण; जोती हुई ज़मीन को बराबर करने हेतु बनाया गया लकड़ी या लोहे का बड़ा समतल पटेला या पटरा; पाटा।

हेंगाना [क्रि-स.] खेत जोतने के बाद बराबर करना।

हेंमही [सं-स्त्री.] दे. बरही।

हेंवती [सं-स्त्री.] हेमंती कपास की एक जाति; अगहन-पूस के महीने में होने वाली कपास।

हेकड़ [वि.] 1. अक्खड़; अकड़ दिखाने वाला 2. उद्धत; उजड्ड; अशिष्ट; बदतमीज़।

हेकड़ी [सं-स्त्री.] 1. हेकड़ होने का भाव; अकड़; अशिष्टता; उजड्डपन; उद्धतता; उग्रता; अक्खड़पन 2. ज़बरदस्ती; ज़बरन कुछ करने की प्रवृत्ति।

हेठ [वि.] हेठा। [सं-पु.] 1. बाधा; हानि; क्षति 2. आघात,चोट।

हेठा [वि.] 1. तुच्छ; हीन; छोटा 2. नीचा 3. हलका।

हेठापन [सं-पु.] 1. तुच्छता; हीनता; छोटापन; क्षुद्रता 2. नीचता 3. हलकापन।

हेठी (सं.) [सं-स्त्री.] प्रतिष्ठा में कमी; मानहानि; अपमान; बेइज़्ज़ती।

हेडऑफिस (अं.) [सं-पु.] मुख्य कार्यालय; मुख्यालय; प्रधान कार्यालय।

हेडकांस्टेबल (अं.) [सं-पु.] पुलिस का मुख्य सिपाही।

हेडक्लर्क (अं.) [सं-पु.] प्रधान लिपिक; मुख्य किरानी; बड़ा बाबू।

हेडक्वार्टर (अं.) [सं-पु.] मुख्यालय; सरकार या अधिकारी का प्रधान कार्यस्थल।

हेडफ़ोन (अं.) [सं-पु.] 1. विद्युत सिगनल को ध्वनि तरंगों में परिवर्तित करने वाला उपकरण 2. कानों में लगाकर संगीत और बातचीत के लिए प्रयोग किया जाने वाला डिवाइस या उपकरण।

हेडमास्टर (अं.) [सं-पु.] प्रधानाचार्य; प्रधानाध्यापक।

हेडर (अं.) [सं-पु.] प्रवेशिका।

हेडलाइन (अं.) [सं-पु.] अख़बार की मुख्य सुर्ख़ी; प्रमुख समाचार; शीर्षक।

हेडिंग (अं.) [सं-पु.] किसी लेख आदि का शीर्षक।

हेतु (सं.) [सं-पु.] 1. कारण; वजह 2. उद्देश्य; लक्ष्य; मकसद; अभिप्राय; के लिए; के निमित्त 3. एक प्रकार का अर्थालंकार।

हेतुकी (सं.) [सं-स्त्री.] रोगों की पहचान और निदान का विवेचन करने वाला शास्त्र; निदानशास्त्र।

हेतुमान (सं.) [वि.] जिसका हेतु या कारण हो; हेतु या कारण से उत्पन्न; जो कारणवश प्रस्तुत हो। [सं-पु.] जिस तथ्य या बात का कोई कारण हो।

हेतुमूलक (सं.) [वि.] तर्कप्रधान; तर्काश्रित।

हेतुवाद (सं.) [सं-पु.] किसी विवाद के कारण की व्याख्या और विश्लेषण; तर्कशास्त्र।

हेतुवादी (सं.) [वि.] 1. हर बात में तर्क करने वाला 2. बकवादी; हुज्जती 3. नास्तिक।

हेतुशास्त्र (सं.) [सं-पु.] तर्कशास्त्र; स्मृतियों आदि का विरोध करने वाला विज्ञान।

हेतुशून्य (सं.) [वि.] निराधार; तर्कहीन।

हेतुहेतुमद्भाव (सं.) [सं-पु.] कार्य-कारण संबंध; कार्य-कारण भाव।

हेतूत्प्रेक्षा (सं.) [सं-स्त्री.] उत्प्रेक्षा अलंकार का एक भेद जहाँ अहेतु को हेतु अथवा अकारण को कारण मान कर उत्प्रेक्षा की जाती है।

हेत्वाभास (सं.) [सं-पु.] 1. वह अवस्था जिसमें वास्तविक हेतु का अभाव होने पर या किसी अवास्तविक असद हेतु के वर्तमान रहने पर भी वास्तविक हेतु का अस्तित्व दिखाई देता है, और उसके फलस्वरूप भ्रम होता या हो सकता है; जो हेतु के लक्षणों से रहित हो, पर हेतु की तरह लगता हो; हेतुदोष; कुतर्क; (फ़ैलिसी)।

हेम (सं.) [सं-पु.] 1. सोना; स्वर्ण 2. हिम; पाला 3. बादामी रंग का घोड़ा 4. गौतम बुद्ध का एक नाम 5. बुध ग्रह 6. धतूरा 7. माशा; स्वर्णमान (तौल)।

हेमंत (सं.) [सं-पु.] छह ऋतुओं में से एक जो अगहन और पूस में पड़ती है; जाड़े का मौसम; शीत-काल।

हेमंती (सं.) [सं-स्त्री.] जाड़े का मौसम या समय; शीत काल। [वि.] हेमंत संबंधी; हेमंत विषयक।

हेमकांति (सं.) [सं-स्त्री.] 1. बन हल्दी 2. आँबा हल्दी। [वि.]

सोने की-सी कांति या चमक वाला।

हेमगिरि (सं.) [सं-पु.] सुमेरु पर्वत।

हेममुद्रा (सं.) [सं-स्त्री.] स्वर्णमुद्रा; सोने का सिक्का; अशरफ़ी; मोहर।

हेमा[1] (सं.) [सं-स्त्री.] 1. सुंदर स्त्री 2. पृथ्वी 3. माधवी लता।

हेमा[2] (फ़ा.) [सं-स्त्री.] ईंधन; जलाने की लकड़ी।

हेमाभ (सं.) [वि.] स्वर्ण आभायुक्त; सोने जैसी आभा या चमक वाला।

हेय (सं.) [वि.] तुच्छ; त्याज्य; ख़राब; बुरा; बेकार।

हेयदृष्टि (सं.) [सं-स्त्री.] तुच्छता की दृष्टि; बेकार समझकर अनिच्छा से डाली गई दृष्टि।

हेरना [क्रि-स.] 1. खोजना; ढूँढ़ना; तलाश करना 2. ताकना; देखना; निहारना 3. परखना; जाँचना।

हेरफेर [सं-पु.] 1. उलट-पुलट 2. रद्दोबदल 3. परिवर्तन 4. धोखाधड़ी; चालबाज़ी 5. विनिमय।

हेराफेरी [सं-स्त्री.] 1. इधर का उधर करने की क्रिया; हेरफेर; अदल-बदल 2. इधर-उधर होना 3. हाथ की सफ़ाई; धोखाधड़ी।

हेरी [सं-स्त्री.] पुकार; पुकार के लिए दी गई आवाज़।

हेल [सं-पु.] खँचिया में भरी मिट्टी का वह बोझ जो सामान्यत: उठाया न जा सके।

हेलना [क्रि-अ.] 1. मनोरंजन या मनोविनोद करना; मनबहलाव करना; हँसी-ठट्ठा करना 2. प्रवेश करना; पैठना; तैरना। [क्रि-स.] नीचा या हेठा दिखाना; हेय या तुच्छ समझना; तिरस्कार करना; उपेक्षा करना।

हेलमेल [सं-पु.] 1. मेलजोल; हिलना-मिलना 2. घनिष्ठता।

हेला (सं.) [सं-स्त्री.] 1. अवज्ञा; तिरस्कार 2. क्रीड़ा; खिलवाड़ 3. केलि; प्रेमालाप 4. संयोग शृंगार के अंतर्गत नायिका द्वारा आँखें नचा कर किया जाने वाला एक हाव-भाव। [सं-पु.] 1. हाँक; पुकार 2. चढ़ाई; धावा।

हेलावल [क्रि-स.] पशुओं को हेलाना; पानी से पार कराना।

हेलीकॉप्टर (अं.) [सं-पु.] एक छोटा विमान जिसमें ऊपर पंखे लगे होते हैं; उदग्रविमान।

हेल्मेट (अं.) [सं-पु.] सिपाहियों, अग्निशमन कर्मियों और स्कूटर-बाइक आदि चलाने वालों का रक्षा की दृष्टि से सिर पर पहनने वाला टोप; शिरस्त्राण।

हेसुली [सं-स्त्री.] फसल की कटाई करने का छोटा-सा साधन।

है [क्रि-अ.] 'होना' क्रिया का वर्तमानकालिक एकवचन रूप, जैसे- वह जाता है।

हैं [अव्य.] एक आश्चर्यसूचक शब्द; निषेध, अस्वीकृति सूचक शब्द। [क्रि-अ.] 'है' का बहुवचन रूप।

हैंग (अं.) [क्रि-स.] ठहरना।

हैंगर (अं.) [सं-पु.] 1. कपड़े टाँगने का प्लास्टिक, अल्युमिनियम या लकड़ी आदि का बना फ्रेम; टँगना 2. आलंब; सहारा 3. विमानशाला; विमानाश्रय।

हैंडग्रेनेड (अं.) [सं-पु.] हाथ से फेंका जाने वाला विस्फोटक गोला; हथगोला।

हैंडपंप (अं.) [सं-पु.] हाथ से चलाया जाने वाला नल; चापानल; नलकूप।

हैंडबाल (अं.) [सं-पु.] 1. फुटबाल के खेल में गेंद का हाथ से छू जाना 2. हाथ से गेंद फेंककर खेला जाने वाला एक खेल।

हैंडबिल (अं.) [सं-पु.] इश्तहार; परचा।

हैंडबुक (अं.) [सं-पु.] छोटे आकार की पुस्तिका; गुटका।

हैंडबैग (अं.) [सं-पु.] ज़रूरी कागज़ात वगैरह साथ ले जाने के लिए छोटा बैग; दस्ती थैला।

हैंडलूम (अं.) [सं-पु.] 1. हथकरघा 2. हथकरघे से बना कपड़ा।

हैंडिल (अं.) [सं-पु.] दस्ता; हत्था; मूठ।

हैंसिया [सं-स्त्री.] एक प्रकार की मछली।

हैकर (अं.) [सं-पु.] 1. कंप्यूटर तकनीक या प्रोग्रामिंग का विशिष्ट ज्ञाता 2. अनाधिकृत ढंग से कंप्यूटर संचित सूचना चुराने वाला व्यक्ति।

हैकल [सं-स्त्री.] एक प्रकार का आभूषण, जिसे स्त्रियाँ पहनती हैं।

हैज़ा (अ.) [सं-पु.] एक तीव्र संक्रामक रोग जिसमें चावल के माँड़ सा वर्णविहीन अतिसार और वमन होता है; विषूचिका।

हैट (अं.) [सं-पु.] अँग्रेज़ी टोपी; टोप।

हैटट्रिक (अं.) [सं-पु.] एक ओवर में लगातार तीन विकेट लेना; लगातार तीन गोल मारना।

हैदर (अ.) [सं-पु.] 1. सिंह; शेर; व्याघ्र 2. हज़रत अली की उपाधि।

हैमंतिक (सं.) [वि.] 1. हेमंत संबंधी 2. हेमंत ऋतु में पैदा होने वाला।

हैरत (अ.) [सं-स्त्री.] विस्मय; आश्चर्य; अचंभा।

हैरतअंगेज़ (अ.) [वि.] अचंभित कर देने वाला; विस्मयकारी; आश्चर्यजनक।

हैरतज़दा (अ.+फ़ा.) [वि.] चकित; विस्मित; हैरत में पड़ा हुआ; भौचक्का।

हैरान (अ.) [वि.] 1. अचंभित; भौचक्का 2. परेशान।

हैरानी (अ.) [सं-स्त्री.] 1. ताज्जुब; अचंभा; आश्चर्य; विस्मय 2. परेशानी।

हैवान (अ.) [सं-पु.] 1. पशु; जानवर 2. {ला-अ.} वहशी।

हैवानियत (अ.) [सं-स्त्री.] जंगलीपन; वहशीपन; पशुभाव; पशुता; हिंसा।

हैवानी (अ.) [वि.] पशु संबंधी; पशुवत; पशुओं जैसा।

हैसियत (अ.) [सं-स्त्री.] 1. आर्थिक सामर्थ्य 2. सामाजिक मान-मर्यादा; प्रतिष्ठा; इज़्ज़त; रुतबा।

हैहय (सं.) [सं-पु.] एक क्षत्रिय वंश जिसका सबसे प्रसिद्ध राजा कार्तवीर्य सहस्त्रार्जुन था।

हॉकर (अं.) [सं-पु.] 1. इधर-उधर फेरी लगाकर छोटी-मोटी वस्तुएँ बेचने वाला व्यक्ति; आवाज़ लगाकर सामान बेचने वाला व्यक्ति; फेरीवाला 2. घूम-घूमकर अख़बार बेचने वाला व्यक्ति।

हॉकी (अं.) [सं-पु.] 1. गेंद खेलने की एक प्रकार की छड़ी जिसका अगला सिरा कुछ मुड़ा होता है 2. उक्त छड़ी तथा गेंद

से खेला जाने वाला खेल।

हॉट (अं.) [वि.] 1. गरम; उष्ण; तपा हुआ 2. {ला-अ.} मादक; लुभावना।

हॉट-न्यूज़ (अं.) [सं-पु.] (पत्रकारिता) ताज़ा, रोचक, महत्वपूर्ण या सनसनीखेज़ समाचार।

हॉल (अं.) [सं-पु.] 1. बड़े आकार का कमरा 2. सभागार।

हॉस्पिटल (अं.) [सं-पु.] अस्पताल; चिकित्सालय; आरोग्यालय।

हो (सं.) [सं-पु.] पुकारने का एक शब्द। [सं-स्त्री.] आस्ट्रो-एशियाई भाषा परिवार के मुंडा शाखा की एक भाषा, जो झारखंड एवं ओडिशा के आदिवासी क्षेत्रों में बोली जाती है।

हो-हल्ला [सं-पु.] शोरगुल; हुल्लड़।

होंठ (सं.) [सं-पु.] मुखविवर का उभरा हुआ किनारा जिससे दाँत ढके रहते हैं; ओष्ठ; ओंठ।

होज़री (अं.) [सं-स्त्री.] 1. बनियान, मोज़ा आदि बनाने और बेचने का व्यवसाय 2. इस तरह के कपड़े बेचने की दुकान।

होटल (अं.) [सं-पु.] वह स्थान जहाँ सशुल्क ठहरने, खाने-पीने और मनोरंजन की आधुनिक व्यवस्था हो; सराय।

होड़ (सं.) [सं-स्त्री.] 1. किसी विषय या क्षेत्र में एक-दूसरे से आगे बढ़ जाने की इच्छा और प्रयत्न; मुकाबला; प्रतिद्वंद्विता; प्रतियोगिता; लाग-डाट; प्रतिस्पर्धा 2. बाज़ी; शर्त।

होता (सं.) [सं-पु.] यज्ञ या हवन कराने वाला; पुरोहित; यज्ञ में आहुति देने वाला।

होत्र (सं.) [सं-पु.] हवन की सामग्री; होम; हवि।

होत्रक (सं.) [सं-पु.] हवन-कार्य में मदद करने वाला और होता का सहायक।

होत्रीय (सं.) [वि.] होत्र या होता से संबंधित; होता का।

होनहार (सं.) [वि.] 1. अच्छे लक्षणों वाला; सुसंस्कृत 2. बुद्धिमान 3. काबिल; लायक।

होना [क्रि-अ.] 1. 'करना' क्रिया का अकर्मक रूप 2. अस्तित्व में आना; विद्यमान रहना 3. किसी काम का समाप्ति पर आना 4. वास्तविक रूप में सामने आना 5. लगातार जारी रहना 6. सामने आना; दिखाई देना।

होनी (सं.) [सं-स्त्री.] 1. नियति; भाग्य 2. अपेक्षित अथवा संभाव्य घटना।

होम (सं.) [सं-पु.] 1. पूरी तरह से उत्सर्ग करना 2. हवन; यज्ञ। [मु.] **-करना** : विसर्जित करना; खोना या गँवाना।

होमकर्म (सं.) [सं-पु.] यज्ञ या हवन संबंधी कार्य या विधि-विधान।

होमकुंड (सं.) [सं-पु.] हवन करने के लिए बना कुंड या छोटा गड्डा।

होमगार्ड (अं.) [सं-पु.] 1. गृह रक्षक; गृह प्रहरी 2. एक भारतीय अर्द्धसैनिक बल; भारतीय पुलिस के लिए सहायक के रूप में काम करने वाला एक स्वैच्छिक बल।

होमवर्क (अं.) [सं-पु.] 1. स्कूल-कॉलेज से छात्रों को मिला काम; गृहकार्य 2. छात्रों-अध्यापकों द्वारा पठन-पाठन के पूर्व घर पर की जाने वाली तैयारी 3. ऑफ़िस के काम या किसी सार्वजनिक कार्य के पहले घर पर की जाने वाली तैयारी।

होमियोपैथ (अं.) [सं-पु.] होमियोपैथी नामक चिकित्सा-पद्धति से चिकित्सा करने वाला व्यक्ति या चिकित्सक।

होमियोपैथी (अं.) [सं-स्त्री.] एक प्रकार की चिकित्सा-पद्धति; चिकित्सा के 'समरूपता के सिद्धात' पर आधारित डॉ. क्रिश्चियन फ्राइडरिक सैम्यूल हानेमान द्वारा प्रतिपादित एक चिकित्सा पद्धति।

होर [वि.] ठहरा हुआ; रुका हुआ। [सं-पु.] 1.ओर; मार्ग; राह 2. रवि; सूरज; सूर्य।

होरहा [सं-पु.] 1. चने का छोटा पौधा जो प्राय: जड़ सहित उखाड़ा जाता है 2. चना आदि के हरे पौधों को अग्नि में भुनने से प्राप्त दाने।

होल [सं-पु.] पश्चिमी एशिया से आया हुआ एक प्रकार का पौधा जो घोड़ों और चौपायों के चारे के लिए लगाया जाता है।

होलसेल (अं.) [सं-पु.] एक साथ बहुत-से माल का विक्रय; थोक। [वि.] 1. थोक का; बड़े पैमाने पर किया जाने वाला 2. अंधाधुंध। [क्रि.वि.] थोक भाव पर; बड़े पैमाने पर।

होला (सं.) [सं-पु.] आग में भूनी गई चने, मटर आदि की अधपकी फलियाँ। [सं-स्त्री.] होली का त्योहार।

होलाष्टक (सं.) [सं-पु.] होली के पहले के आठ दिन, जिनमें विवाह तथा शुभ कार्य नहीं किया जाना।

होलिका (सं.) [सं-स्त्री.] 1. (पुराण) एक राक्षसी जिसे अग्नि में न जलने का वर प्राप्त था; हिरण्यकश्यप की बहन जो विष्णु भक्त प्रह्लाद को गोद में लेकर अग्नि में बैठ गई थी 2. होली का त्योहार 3. लकड़ी, घास-फूस आदि का ढेर जिसका दहन फाल्गुन पूर्णिमा की रात्रि में होता है।

होली (सं.) [सं-स्त्री.] 1. भारत में मनाया जाने वाला रंगों का एक प्रसिद्ध त्योहार 2. होली के अवसर पर गाया जाने वाला गीत; फाग; फगुआ।

होल्डर (अं.) [सं-पु.] 1. धारक 2. वह उपकरण जिसमें बिजली का बल्ब या ट्यूब अटकाया जाता है 3. वह जिसमें फाउंटेन पेन का निब लगा रहता है 4. विधि के अनुसार वह जो किसी विनिमय, चेक या वचनपत्र के एक बिल को कानूनी रूप से लागू करने का अधिकारी या हकदार है। [वि.] अधिकार में रखने वाला; पकड़ कर रखने वाला; कब्ज़ा किया हुआ।

होश (फ़ा.) [सं-पु.] 1. चैतन्य अवस्था; चेतना; सुध-बुध 2. बुद्धि; अक्ल; समझ 3. स्मरण। [मु.] **-उड़ना** : सुध-बुध खोना; किंकर्तव्यविमूढ़ हो जाना। **-ठिकाने होना** : भ्रांति, मोह या घमंड दूर होना।

होशमंद (फ़ा.) [वि.] बुद्धिमान; समझदार; होशियार।

होशियार (फ़ा.) [वि.] 1. चालाक 2. बुद्धिमान; अक्लमंद; समझदार 3. सावधान; ख़बरदार 4. कुशल; दक्ष; सजग; प्रवीण।

होशियारी (फ़ा.) [सं-स्त्री.] 1. बुद्धिमानी; चालाकी 2. सावधानी।

होशोहवास (फ़ा.+अ.) [सं-पु.] सुध-बुध; सचेतनता; सजगता।

होस्ट (अं.) [सं-पु.] मेज़बान; निमंत्रण देने वाला; यजमान।

होस्टल (अं.) [सं-पु.] 1. छात्रावास; छात्रालय 2. अतिथिगृह।

होस्टेस (अं.) [सं-स्त्री.] परिचारिका।

हौआ [सं-पु.] 1. एक कल्पित जंतु जिसका नाम लेकर माताएँ

अपने बच्चों को डराया करती हैं 2. असाधारण और डरावनी चीज़।

हौज़ (अ.) [सं-पु.] चहबच्चा; कुंड; नाँद।

हौद (अ.) [सं-पु.] जल का छोटा कुंड; हौज़।

हौदा (अ.) [सं-पु.] 1. हौद; चहबच्चा; कुंड; नाँद; एक प्रकार का पत्थर या मिट्टी का बना कुंड जिसमें पानी या रस जमा किया जाता है 2. हाथी की पीठ पर कसा जाने वाला आसन; अम्मारी।

हौल (अ.) [सं-पु.] 1. डर; भय; दहशत 2. आसपास 3. शक्ति।

हौली [सं-स्त्री.] मदिरालय; मयखाना; जहाँ शराब बिकती है।

हौले-हौले [क्रि.वि.] शनैः-शनैः; धीरे-धीरे; मंद गति से; आहिस्ते-से; ख़रामा-ख़रामा।

हौवा (अ.) [सं-स्त्री.] मान्यतानुसार 'सभी मनुष्यों की माता' (ईश्वर ने हौवा की सृष्टि करके आदम को उसे पत्नी स्वरूप प्रदान किया था) अब्राहमिक धर्मों के मिथक के अनुसार ईश्वर निर्मित प्रथम स्त्री।

हौसला (अ.) [सं-पु.] उत्साह; साहस; हिम्मत।

हौसला-पस्ती (अ.) [सं-स्त्री.] हिम्मत पस्त होना; जोश ठंडा पड़ना; उत्साह नष्ट होना।

हौसलामंद (अ.) [वि.] हौसला रखने वाला; साहसी; धैर्यवान।

ह्रस्व (सं.) [वि.] 1. छोटा; लघु 2. ठिगना; नाटा 3. तुच्छ; नीच। [सं-पु.] 1. एक मात्रिक 2. बौना।

ह्रस्व स्वर जिस स्वर के उच्चारण में सबसे कम समय लगे, जैसे- 'अ, इ, उ'।

ह्रस्वकपाल (सं.) [सं-पु.] 1. छोटी खोपड़ी 2. छोटी खोपड़ी वाला व्यक्ति।

ह्रस्वमात्रिक (सं.) [सं-पु.] छोटी इकाई। [वि.] ह्रस्व मात्रा वाला।

ह्रस्वीकरण (सं.) [सं-पु.] छोटा करना; छोटा बनाना; न्यूनीकरण।

ह्रस्वीभूत (सं.) [वि.] छोटा किया हुआ; न्यूनीकृत।

ह्रास (सं.) [सं-पु.] क्षय; क्षीणता; पतन; अवनति।

ह्रासकालीन (सं.) [वि.] गिरावट के दौर वाला; पतनशील दौर का।

ह्रासन (सं.) [सं-पु.] 1. कम करने या घटाने की क्रिया; कटौती 2. कम होना या घटना; घटती; क्षरण; छीजन।

ह्रासोन्मुख (सं.) [वि.] गिरावट की ओर जाता हुआ; ह्रासशील; पतनोन्मुख।

ह्रासोन्मुखता (सं.) [सं-स्त्री.] ह्रास अथवा घटती की ओर उन्मुख होने अथवा बढ़ने की प्रवृत्ति, जैसे- युग, समाज, सभ्यता, कला, साहित्य आदि में कुछ तय मानकों से परे हटने की स्थिति या प्रवृत्ति; सैन्य-शक्ति, जनसंख्या, नैतिकता, कला-साहित्य आदि क्षेत्रों में गिरावट।

परिशिष्ट

क. हिंदी में प्रचलित इंग्लिश शब्दों या पदबंधों के संक्षिप्त रूप

ख. महीनों व दिनों के इंग्लिश तथा हिंदी रूप

ग. गिनतियों के अंतरराष्ट्रीय, हिंदी व रोमन रूप तथा हिंदी व इंग्लिश के संख्या सूचक शब्द

हिंदी में प्रचलित इंग्लिश शब्दों या पदबंधों के संक्षिप्त रूप

1. **ए.ए.ए. (AAA)** – एशियन ऐथलेटिक्स असोसिएशन: एशिया में खेल-कूद के संदर्भ में एक संचालक संस्था है। इसका मुख्यालय सिंगापुर में है।
2. **ए.ए.पी. (AAP)** – आम आदमी पार्टी: यह भारत का एक राजनीतिक दल है।
3. **ए.डी.बी. (ADB)** – एशियन डेवलपमेंट बैंक: यह एक क्षेत्रीय विकास बैंक है जिसकी स्थापना 22 अगस्त 1966 को एशियाई देशों के आर्थिक विकास के सुगमीकरण के लिए की गई थी। यह बैंक यूनाइटेड नेशंज़ इकोनॉमिक कमीशन फ़ॉर एशिया ऐंड फ़ॉर ईस्ट (अब यूएनईएससीएपी– UNESCAP) और गैर क्षेत्रीय विकसित देशों के सदस्यों को सम्मिलित करता है।
4. **ए.एफ.एम.सी.** (AFMC) – आर्म्ड फ़ोर्सेज़ मेडिकल कॉलेज: इसकी स्थापना सन 1948 में पुणे, (महाराष्ट्र) में हुई थी। यह भारत के उच्च कोटि के चिकित्सा महाविद्यालयों में गिना जाता है।
5. **ए.आई. (AI)** – एयर इंडिया: यह भारत की ध्वज-वाहक विमान सेवा है। इसकी स्थापना 1932 में हुई थी।
6. **ए.आई.सी.टी.ई. (AICTE)** – ऑल इंडिया काउंसिल फ़ॉर टेक्नीकल एजुकेशन (अखिल भारतीय तकनीकी शिक्षा परिषद): यह संस्था भारत में नई तकनीकी संस्थाएँ शुरू करने, नए पाठ्यक्रम शुरू करने और तकनीकी संस्थाओं में प्रवेश-क्षमता में फेरबदल करने हेतु अनुमोदन देती है। यह ऐसी संस्थाओं के लिए मानदंड भी निर्धारित करती है। इसकी स्थापना 1945 में सलाहकार निकाय के रूप में की गई थी और बाद में संसद के अधिनियम द्वारा 1987 में इसे संविधिक दर्जा प्रदान किया गया।
7. **ए.आई.आई.एम.एस. (एम्स) (AIIMS)** – ऑल इंडिया इंस्टिट्यूट ऑव मेडिकल साइंसेज़ (अखिल भारतीय आयुर्विज्ञान संस्थान): यह भारत का दिल्ली में स्थित बेहतरीन आयुर्विज्ञान संस्थान है। इसकी स्थापना वर्ष 1956 मे हुई थी। यह न केवल अपनी उत्कृष्ट चिकित्सा सेवा के लिए बल्कि चिकित्सा में शोध एवं पठन-पाठन के लिए भी जाना जाता है।
8. **ए.एस.ई.ए.एन. (आसियान) (ASEAN)** – असोसिएशन ऑव साउथ ईस्ट एशियन नेशंस (दक्षिण पूर्वी एशियाई राष्ट्रों का संगठन): यह दक्षिण-पूर्व एशियाई दस देशों ब्रूनेई, कंबोडिया, इंडोनेशिया, लाओस, मलेशिया, म्यांमार, फ़िलिपींस, सिंगापुर, थाइलैंड, वियतनाम का समूह है जो आपस में आर्थिक विकास और समृद्धि को बढ़ावा देने और क्षेत्र में शांति और स्थिरता कायम करने के लिए कार्य करते हैं। इसका मुख्यालय इंडोनेशिया की राजधानी जकार्ता में है। आसियान की स्थापना 8 अगस्त 1967 को थाईलैंड की राजधानी बैंकॉक में की गई थी।
9. **ए.आई.टी.यू.सी. (AITUC)** – ऑल इंडिया ट्रेड यूनियन कांग्रेस (अखिल भारतीय मज़दूर संघ कांग्रेस): भारत में

भारतीय राष्ट्रीय मज़दूर संघ कांग्रेस (आई.एन.टी.यू.सी., इंटक) के बाद दूसरा सबसे बड़ा मज़दूर संघ है।

10. **ए.पी.ई.सी. (एपेक) (APEC)** – एशिया पसिफ़िक इकोनॉमिक को–ऑपरेशन (एशिया–प्रशांत आर्थिक सहयोग): एशिया–प्रशांत आर्थिक सहयोग (एपेक) प्रशांत क्षेत्र के देशों का समूह है, जो इन देशों के आर्थिक और राजनैतिक संबंधों की प्रगाढ़ता को सुदृढ़ करने का मंच है।

11. **ए.टी.एम (ATM)** – ऑटोमैटिक टेलर मशीनः इस मशीन की सहायता से कहीं भी कभी भी एटीएम कार्ड की सहायता से बैंक उपभोक्ता अपने पैसे निकाल सकते हैं और ऑनलाइन शॉपिंग भी कर सकते हैं।

12. **बी.ए.आर.सी. (बार्क) (BARC)** – भाभा अटॉमिक रिसर्च सेंटर (भाभा परमाणु अनुसंधान केंद्र): यह भारत सरकार के परमाणु ऊर्जा विभाग के अंतर्गत नाभिकीय विज्ञान एवं अभियांत्रिकी तथा अन्य संबंधित क्षेत्रों का बहु–विषयी नाभिकीय अनुसंधान केंद्र है।

13. **बी.बी.सी. (BBC)** – ब्रिटिश ब्रॉडकास्टिंग कारपोरेशनः विश्व का सबसे बड़ा प्रसारण संघ है। इसका मुख्यालय लंदन में स्थित है।

14. **बी.सी. (BC)** – बिफ़ोर क्राइस्टः ईसा मसीह की संभावित जन्म तिथि के पूर्व के समय को 'बीसी' कहा जाता है।

15. **बी.एच.ई.एल. (BHEL)** – भारत हेवी इलेक्ट्रिकल्स लिमिटेडः बीएचईएल आज भारत में ऊर्जा संबंधी मूलभूत संरचना क्षेत्र में विशालतम इंजीनियरिंग एवं विनिर्माण उद्‌यम है।

16. **बी.पी.एल (BPL)** – बिलो पावर्टी लाइन (गरीबी रेखा के नीचे): एक निर्धारित आय से नीचे (गरीबी रेखा) आमदनी करने वाले लोगों को इस श्रेणी में रखा जाता है।

17. **बी.पी.ओ. (BPO)** – बिज़नेस प्रोसेस आउटसोर्सिंगः एक प्रकार की आउटसोर्सिंग (Outsourcing) प्रकिया है, जिसमें एक तीसरे पक्ष को सेवा प्रदाता और विशिष्ट व्यवसाय प्रक्रिया या कार्य की ज़िम्मेदारियों का करार किया जाता है |

18. **बी.एस.ई. (BSE)** – बॉम्बे स्टॉक एक्सचेंजः यह भारत और एशिया का सबसे पुराना स्टॉक एक्सचेंज है। इसकी स्थापना 1875 में हुई थी। बॉम्बे स्टॉक एक्सचेंज भारतीय शेयर बाज़ार के दो प्रमुख स्टॉक एक्सचेंजों में से एक है। दूसरा एक्सचेंज नेशनल स्टॉक एक्सचेंज है। भारत को अंतरराष्ट्रीय वित्तीय बाज़ार में श्रेष्ठ स्थान दिलाने में बीएसई की अहम भूमिका है।

19. **बी.एस.एफ़. (BSF)** – बॉर्डर सिक्युअरिटी फ़ोर्स (सीमा सुरक्षा बल): इसका गठन वर्ष 1965 में हुआ था। इसकी ज़िम्मेदारी भारत की अंतरराष्ट्रीय सीमाओं पर निरंतर निगरानी रखना है।

20. **बी.एस.एन.एल (BSNL)** – भारत संचार निगम लिमिटेडः यह भारत की एक सार्वजनिक क्षेत्र की संचार कंपनी है। 31 मार्च 2008 को 24ज की बाज़ार पूँजी के साथ यह भारत की सबसे बड़ी, संचार कंपनी घोषित हुई। इसका मुख्यालय भारत संचार भवन, हरीशचंद्र माथुर लेन, जनपथ, नई दिल्ली में है।

21. **ब.स.पा.** – बहुजन समाज पार्टी (बसपा) भारत के पाँच प्रमुख राष्ट्रीय राजनीतिक पार्टियों में से एक है। 1984 में दलित नेता कांशीराम द्वारा इसे स्थापित किया गया था। पार्टी का राजनीतिक प्रतीक एक हाथी है।

22. **सी.ए. (CA)** – चार्टर्ड अकाउंटेंट (सनदी लेखाकार): किसी निश्चित व्यावसायिक लेखाशास्त्र संस्था या संघ के सदस्यों द्वारा प्रयोग की जाने वाली उपाधि है। इसे अँग्रेज़ी में चार्टर्ड अकाउंटेंट कहा जाता है।

23. **सी.ए.डी. (CAD)** – कंप्यूटर एडेड डिज़ाइनः इसके अंतर्गत कंप्यूटर की सहायता से डिज़ाइन का निर्माण विश्लेषण और बदलाव किया जाता है। कंप्यूटर सॉफ़्टवेयर के माध्यम से तकनीक़ी डिज़ाइन तैयार की जाती है।

24. **सी.ए.टी. (कैट) (CAT)** – कॉमन ऐडमिशन टेस्ट (सम्मिलित प्रवेश परीक्षा): यह एक अखिल भारतीय प्रवेश परीक्षा है। यह भारतीय प्रबंधन संस्थानों द्वारा सम्मिलित रूप से ली जाने वाली परीक्षा है। इसके मेरिट के आधार पर भारत के प्रबंध संस्थानों में प्रबंधन के पोस्ट ग्रैजुएट पाठ्यक्रमों में प्रवेश दिया जाता है।

25. **सी.बी.आई (CBI)** – सेंट्रल ब्यूरो ऑव इन्वेस्टीगेशन (केंद्रीय अन्वेषण ब्यूरो): भारत सरकार की प्रमुख जाँच एजेंसी है। यह आपराधिक एवं राष्ट्रीय सुरक्षा से जुड़े हुए भिन्न–भिन्न प्रकार के मामलों की जाँच करने के लिए लगाई जाती है।

26. **सी.बी.एस.ई. (CBSE)** – सेंट्रल बोर्ड ऑव सेकंडरी एजुकेशन (केंद्रीय माध्यमिक शिक्षा बोर्ड): यह भारत देश

के प्राचीनतम शिक्षा बोर्डों में से एक है। इसके प्रमुख उद्देश्य हैं- शिक्षण संस्थानों की अधिक प्रभावशाली ढंग से सहायता करना, उन विद्यार्थियों की शैक्षिक आवश्यकताओं के प्रति अधिक प्रतिसंवेदी होना जिनके माता-पिता केंद्रीय सरकार के कर्मचारी थे और निरंतर स्थानांतरणीय पदों पर कार्यरत थे।

27. **सी.डी.ए.सी. (सी-डैक) (CDAC)** - सेंटर फ़ॉर द डेवलपमेंट ऑव अडवांस्ड कंप्यूटिंग (प्रगत संगणन विकास केंद्र): प्रगत संगणन विकास केंद्र (सी-डैक) संचार तथा सूचना प्रौद्योगिकी मंत्रालय के सूचना प्रौद्योगिकी विभाग की एक प्रधान अनुसंधान एवं विकास संस्था है, जो सूचना प्रौद्योगिकी, इलेक्ट्रॉनिक्स तथा संबद्ध क्षेत्रों में अनुसंधान कार्य करती है। सी-डैक के विभिन्न क्षेत्रों का विकास अलग-अलग समयों में हुआ है, जिनमें से कई क्षेत्र, तत्कालीन माँग के परिणामस्वरूप उभर कर सामने आए हैं।

28. **सी.डी.एम.ए. (CDMA)** - कोड डिविज़न मल्टिपल ऐक्सेस: यह डिजिटल सेलुलर सेवा के लिए एक मानक है। विश्व में मोबाइल के क्षेत्र में सबसे व्यापक रूप से तीन डिजिटल वायरलेस टेलीफ़ोन प्रणालियाँ प्रचालन में हैं- टीडीएमए, सीडीएमए और जीएसएम।

29. **सी.ई.ओ. (CEO)** - चीफ़ एग्ज़िक्यूटिव ऑफ़िसर (मुख्य निष्पादन अधिकारी): कारपोरेट क्षेत्र में यह एक उच्च पद का अधिकारी होता है जो कंपनी के प्रमुख भागों का नेतृत्व और कार्यों का निष्पादन करता है।

30. **सी.एफ.एस.एल. (CFSL)** - सेंट्रल फ़ॉरेंसिक साइंस लेबोरटरी: इसकी स्थापना 1968 में नई दिल्ली में की गई थी। अपराध को उजागर करने के संबंध में यह केंद्रीय सरकार की महत्वपूर्ण पहल का नतीजा है।

31. **सी.आई.ए. (CIA)** - सेंट्रल इंटैलिजेंस एजेंसी (केंद्रीय गुप्तचर संस्था): यह संयुक्त राज्य अमेरिका के संघीय सरकार के अंदर कार्य करने वाली असैनिक (सिविल) गुप्तचर संस्था है। इसका मुख्य कार्य सार्वजनिक नीतिनिर्माताओं के मार्गदर्शन हेतु विश्व की सरकारों, औद्योगिक संगठनों (corporations) एवं व्यक्तियों के बारे में गुप्त सूचना एकत्रित करना एवं उसका विश्लेषण करना है।

32. **सी.आई.डी. (CID)** - क्रिमिनल इन्वेस्टीगेशन डिपार्टमेंट: यह पुलिस बल की एक विशेषज्ञ शाखा है, जिसका मुख्य कार्य अपराध के संबंध में अन्वेषण करना होता है।

33. **सी.पी.आई. (CPI) (भाकपा)** - कम्युनिस्ट पार्टी ऑव इंडिया (भारतीय कम्युनिस्ट पार्टी): यह भारत का एक साम्यवादी दल है। इस दल की स्थापना 26 दिसम्बर 1925 में हुई थी।

34. **सी.पी.यू. (CPU)** - कंप्यूटर में सेंट्रल प्रोसेसिंग यूनिट (सीपीयू) नामक उपकरण है जो बुनियादी अंकगणितीय, तार्किक प्रदर्शन से कंप्यूटर प्रोग्राम का निर्देश निष्पादित करता है और इनपुट/आउटपुट संचालन प्रणाली को नियंत्रित करता है।

35. **सी.पी.डब्लू.डी. (CPWD)** - सेंट्रल पब्लिक वर्क्स डिपार्टमेंट (केंद्रीय लोक निर्माण विभाग): यह भारत सरकार की प्रमुख निर्माण एजेंसी है जो सरकारी परिसंपत्ति के निर्माण में एक महत्वपूर्ण भूमिका निभाती है।

36. **सी.एस.आई.आर. (CSIR)** - काउंसिल ऑव साइंटिफ़िक ऐंड इंडस्ट्रियल रिसर्च (वैज्ञानिक एवं औद्योगिक अनुसंधान परिषद): यह भारत का सबसे बड़ा विज्ञान एवं प्रौद्योगिकी पर आधारित अनुसंधान एवं विकास संबंधी संस्थान है। इसकी स्थापना 1942 में हुई थी।

37. **सी.टी.बी.टी. (CTBT)** - कॉम्प्रिहेंसिव टेस्ट बैन ट्रीटी (व्यापक परमाणु परीक्षण प्रतिबंध संधि): यह एक ऐसा समझौता है जिसके ज़रिए परमाणु परीक्षणों को प्रतिबंधित किया गया है। यह संधि 24 सितंबर 1996 को अस्तित्व में आई।

38. **सी.वी. (CV)** - करिक्युलम वीटाइ एक प्रकार का बॉयोडेटा है जो व्यक्ति के अनुभव और अन्य योग्यताओं का एक सिंहावलोकन करता है। कुछ देशों में किसी व्यक्ति को रोज़गार देने की प्रक्रिया में सबसे पहले सीवी की माँग संस्था द्वारा आवेदक से की जाती है। सी.वी. द्वारा प्राप्त जानकारी द्वारा ही आवेदक को साक्षात्कार के लिए बुलाया जाता है।

39. **डी.आई.सी.सी.आई. (DICCI)** - वाणिज्य और उद्योग दलित इंडियन चैंबर (डिक्की) दलितों द्वारा बनाया गया एक औद्योगिक संगठन है जिसका उद्देश्य दलितों को उद्योग में अवसर देकर उनका विकास करना है।

40. **डी.आई.जी (DIG)** - डेप्युटी इंस्पेक्टर जनरल: यह कई सरकारी विभागों में एक उच्च पदस्थ अधिकारी होता है।

41. **डी.जी.पी. (DGP)** – डायरेक्टर जनरल ऑव पुलिस– पुलिस सेवा में यह एक उच्च पदस्थ अधिकारी होता है।

42. **डी.एम.के (DMK) (द्रमुक)** – द्रविड़ मुनेत्र कड़गम: द्रविड़ मुनेत्र कड़गम जिसे द्रमुक नाम से भी जाना जाता है, यह तमिलनाडु की एक प्रमुख राजनीतिक पार्टी है।

43. **डी.एम.आर.सी. (DMRC)** देल्ही मेट्रो रेल कारपोरेशन लिमिटेड– दिल्ली मेट्रो रेल भारत की राजधानी दिल्ली की मेट्रो रेल परिवहन व्यवस्था है जो दिल्ली मेट्रो रेल कारपोरेशन लिमिटेड द्वारा संचालित है।

44. **डी.एल. (DL)** – ड्राइविंग लाईसंस भारत में राज्य परिवहन द्वारा दिया जाने वाला एक कार्ड है जो भारत में वाहन चलाने के लिए अनिवार्य होता है।

45. **डी.आर.डी.ओ. (DRDO)** – डिफेंस रिसर्च ऐंड डेवलपमेंट ऑर्गनाइज़ेशन (रक्षा अनुसंधान एवं विकास संगठन): यह भारत की रक्षा से जुड़े अनुसंधान कार्यों के लिए देश की अग्रणी संस्था है। यह संगठन भारतीय रक्षा मंत्रालय की एक आनुषांगिक इकाई के रूप में काम करता है।

46. **डी.टी.सी (DTC)** – देल्ही ट्रांसपोर्ट कारपोरेशन (दिल्ली परिवहन निगम): यह दिल्ली की सरकारी जन-परिवहन सेवा है। यह विश्व की सबसे बड़ी बस सेवा है जो पूर्णतया संपीडित प्राकृतिक गैस से चलती है। यह दिल्ली के अंदर और आस-पास के प्रदेशों के कई नगरों तक बसें चलाती है।

47. **डी.टी.एच. (DTH)** – डाइरेक्ट टु होम : यह कृत्रिम उपग्रह के माध्यम से प्राप्त संकेतों को सीधे केबल टीवी सेवाओं के वितरण हेतु दर्शकों के लिए बनाई गई प्रसारण प्रणाली है। इसके के लिए एक बड़े बर्तन जैसे ऐंटेना (1.7m व्यास या अधिक) की आवश्यकता होती है जिसके माध्यम से घर बैठे बिना किसी निजी केबल सेवा के टीवी चैनलों को देखा जा सकता है।

48. **डी.वी.डी. (DVD)** – डिजिटल वीडियो डिस्क: यह ऑप्टिकल डिस्क स्टोरेज मीडिया फ़ोर्मेट है, और इसका मुख्य उपयोग वीडियो और डेटा का भंडारण करना है।

49. **ई.एम.आई. (EMI)** – इक्वेटेड मंथली इंस्टॉलमेंट: यह लोन पर कोई वस्तु खरीदने पर प्रति माह उसकी कीमत चुकाने का एक तरीका है।

50. **ई.एन.टी. (ENT)** – इयर नोज़ थ्रोट (कान नाक गला): जब कोई चिकित्सक कान, नाक व गले के रोगों के संबंध में विशेषज्ञता हासिल करता है, तब उसे ई.एन.टी. विशेषज्ञ चिकित्सक कहा जाता है।

51. **एफ़.ए.क्यू. (FAQ)** – फ्रिक्वेंटली आस्कड क्वेशचंस: यह ऐसे प्रश्नों की सूची है जिन्हें अक्सर किसी विशेष संदर्भ और विषय के लिए पूछा जाता है। इन प्रश्नों के संभावित उत्तर भी इस सूची के साथ दिए जाते हैं।

52. **एफ़.बी.आई. (FBI)** – फ़ेडरल ब्यूरो ऑव इन्वेस्टीगेशन: यह संयुक्त राज्य अमेरिका के डिपार्टमेंट ऑव जस्टिस की एक एजेंसी है जो एक संघीय आपराधिक जाँच निकाय और एक आंतरिक खुफ़िया एजेंसी दोनों के रूप में कार्य करती है।

53. **एफ़.सी.आई. (FCI)** – फ़ूड कारपोरेशन ऑव इंडिया (भारतीय खाद्य निगम): भारतीय खाद्य निगम की स्थापना खाद्य निगम अधिनियम, 1964 के तहत की गई। इसके मुख्य उद्देश्य – किसानों के हितों को सुरक्षित रखने के लिए प्रभावी मूल्य समर्थन, सार्वजनिक वितरण प्रणाली के तहत देश भर में खाद्यानों का वितरण, राष्ट्रीय खाद्य सुरक्षा को सुनिश्चित करने के लिए खाद्यानों के प्रचालन तथा बफ़र स्टॉक के संतोषजनक स्तर को बनाये रखना है।

54. **एफ़.डी.आई. (FDI)** – फ़ॉरन डाइरेक्ट इंवेस्टमेंट (प्रत्यक्ष विदेशी निवेश): सामान्य शब्दों में किसी एक देश की कंपनी का दूसरे देश में किया गया निवेश 'प्रत्यक्ष विदेशी निवेश' यानी एफडीआई कहलाता है। ऐसे निवेश से निवेशकों को दूसरे देश की उस कंपनी के प्रबंधन में कुछ हिस्सा हासिल हो जाता है जिसमें उसका पैसा लगता है।

55. **एफ़.आई.सी.सी.आई. (फ़िक्की) (FICCI)** – फ़ेडरेशन ऑव इंडियन चेंबर्स ऑव कॉमर्स ऐंड इंडस्ट्रीज़ (भारतीय वाणिज्य एवं उद्योग महासंघ): यह भारत के व्यापारिक संगठनों का संघ है। इसका मुख्यालय नई दिल्ली में है।

56. **एफ़.आई.आर. (FIR)** – फ़र्स्ट इंफ़र्मेशन रिपोर्ट (प्राथमिकी): यह एक लिखित प्रपत्र (डॉक्युमेंट) है जो पुलिस द्वारा किसी संज्ञेय अपराध (cognizable offence) की सूचना प्राप्त होने पर तैयार किया जाता है।

57. **एफ़.एम. (FM)** – फ्रिक्वेन्सी मॉड्यूलेशन : यह दूरसंचार और सिग्नल प्रोसेसिंग में आवृत्ति मॉड्यूलेशन (एफ़.एम)

सूचना को लहरों के माध्यम से एन्कोडिंग करने की प्रणाली है। आवृत्ति मॉड्यूलेशन का रेडियो, टेलीमेटरी, रडार, पूर्वेक्षण भूकंप और नवजात शिशुओं की निगरानी के लिए प्रयोग किया जाता है।

58. **जी.ए.टी.ई. (गेट) (GATE)** – ग्रैजुएट ऐप्टिट्यूड टेस्ट इन इंजीनियरिंग (अभियांत्रिकी में स्नातक अभिरुचि परीक्षा): यह एक अखिल भारतीय परीक्षा है जिसका आयोजन और संचालन गेट-समिति द्वारा भारत भर में आठ विभागों में किया जाता है।

59. **जी.एम.ए.टी. (जी-मैट) (GMAT)** – ग्रैजुएट मैनेजमेंट ऐडमिशन टेस्ट (स्नातक प्रबंधन प्रवेश परीक्षा): यह स्नातक व्यावसायिक अध्ययन में शैक्षिक सफलता के लिए गणित और अँग्रेज़ी भाषा में योग्यता मापने की कंप्यूटर-अनुकूलक मानकीकृत परीक्षा है।

60. **जी.एन.पी. (GNP)** – ग्रॉस नेशनल प्रॉडक्ट (सकल राष्ट्रीय उत्पाद): यह एक मौद्रिक मूल्य है जिसका प्रयोग राष्ट्रीय आय लेखांकन में किया जाता है। सकल घरेलू उत्पाद में से यदि वह आय घटा दी जाए जो सृजित तो देश में ही हुई है किंतु विदेशों को प्राप्य है तथा देश को प्राप्त होने वाली किंतु विदेशों में अर्जित आय जोड़ दी जाए तो सकल राष्ट्रीय उत्पाद होता है।

61. **एच.ए.एल. (HAL)** – हिंदुस्तान एअरनॉटिक्स लिमिटेड: यह भारत का एक सार्वजनिक प्रतिष्ठान है, जो हवाई संयंत्र निर्माण करता है। इसका मुख्यालय बेंगलूरू में है। इसकी शाखाएँ मुंबई, नासिक, कोरबा, कानपुर, कोरापुट लखनऊ और हैदराबाद आदि स्थानों पर हैं।

62. **एच.यू.डी.सी.ओ. (हडको) (HUDCO)** – हाउसिंग ऐंड अर्बन डेवलपमेंट कारपोरेशन लिमिटेड (आवास और शहरी विकास निगम लिमिटेड): यह आवासीय और शहरी विकास देश के आर्थिक और सामाजिक विकास के क्षेत्र में एक महत्वपूर्ण भूमिका निभाता है। इसी संदर्भ में भारत सरकार द्वारा एक पूर्ण स्वामित्व वाले उद्यम के रूप में आवास और शहरी विकास निगम लिमिटेड (हडको) को 25 अप्रैल, 1970 में कंपनी अधिनियम, 1956 के अंतर्गत शामिल किया गया।

63. **आई.ए.ई.ए. (IAEA)** – इंटरनेशनल अटॉमिक एनर्जी एजेंसी (अंतरराष्ट्रीय परमाणु ऊर्जा अभिकरण): यह एक स्वायत्त विश्व संस्था है, जिसका उद्देश्य विश्व में परमाणु ऊर्जा का शांतिपूर्ण उपयोग सुनिश्चित करना है।

64. **आई.ए.आर.आई. (IARI)** – इंडियन ऐग्रीकल्चरल रिसर्च इंस्टिट्यूट (भारतीय कृषि अनुसंधान संस्थान): 'पूसा संस्थान' के नाम से लोकप्रिय इस भारतीय कृषि अनुसंधान संस्थान की स्थापना मूल रूप से पूसा (बिहार) में एक अमेरिकी समाजसेवक मि. हेनरी फ़िप्स द्वारा दिए गए 30,000 पाउंड के सहयोग से 1905 में हुई थी। मूल रूप में यह संस्थान 'इंपीरियल कृषि अनुसंधान संस्थान' (Imperial Agriculture Research Institute) था जो ब्रिटिश काल में स्थापित किया गया था।

65. **आई.ए.एस. (IAS)** – इंडियन अडमिनिस्ट्रेटिव सर्विस (भारतीय प्रशासनिक सेवा): यह अखिल भारतीय सेवाओं में से एक है। इसके अधिकारी अखिल भारतीय प्रशासनिक सेवा के अधिकारी होते हैं। भारतीय प्रशासनिक सेवा तथा भारतीय पुलिस सेवा में सीधी भर्ती संघ लोक सेवा आयोग (UPSC) द्वारा आयोजित सिविल सेवा परीक्षा के माध्यम से की जाती है।

66. **आई.सी.यू. (ICU)** – इंटेन्सिव केयर यूनिट (अति दक्षता विभाग): अस्पताल में गहन चिकित्सा इकाई के रूप में स्थापित यह विभाग गहन देखभाल चिकित्सा प्रदान करता है। स्वास्थ्य देखभाल की सुविधा के लिए एक विशेष विभाग है जिसमें सबसे गंभीर और जीवन के लिए ख़तरनाक बीमारियों वाले मरीज़ों पर करीब से निगरानी रखी जाती है।

67. **आई.डी.बी.आई. (IDBI)** – इंडस्ट्रियल डेवलपमेंट बैंक ऑव इंडिया (भारतीय औद्योगिक विकास बैंक): यह भारत के प्रमुख सार्वजनिक क्षेत्र के बैंकों में से एक है। यह देश का चौथा सबसे बड़ा बैंक है। भारतीय रिज़र्व बैंक ने इस बैंक को 'अन्य सार्वजनिक क्षेत्र के बैंक' की श्रेणी में रखा है।

68. **आई.एफ.एस. (IFS)** – इंडियन फ़ॉरन सर्विस (भारतीय विदेश सेवा): भारत की विदेश सेवा है। यह भारत के पेशेवर राजनयिकों का एक निकाय है। भारतीय विदेश सेवा भारत सरकार की केंद्रीय सेवाओं का हिस्सा है। भारत के विदेश सचिव भारतीय विदेश सेवा के प्रशासनिक प्रमुख होते हैं।

69. **आई.जी.एन.ओ.यू. (IGNOU)** - इंदिरा गांधी नेशनल ओपन यूनिवर्सिटी (इंदिरा गांधी राष्ट्रीय मुक्त विश्वविद्यालय): 'इग्नू'ý नाम से अधिक प्रसिद्ध यह भारतीय संसदीय अधिनियम के द्वारा सितंबर, 1985 में स्थापित एक केंद्रीय विश्वविद्यालय है। इसका मुख्य कार्यालय नई दिल्ली (मैदान गढ़ी) में स्थापित है। यह दुनिया का सबसे बड़ा विश्वविद्यालय है।

70. **आई.आई.पी.ए. (IIPA)** - इंडियन इंस्टिट्यूट ऑव पब्लिक अडमिनिस्ट्रेशन (भारतीय लोक प्रशासन संस्थान): यह लोक प्रशासन के प्रकृति संबंधी विषयों में प्रशिक्षण, अनुसंधान और सूचना-प्रसार हेतु एक स्वाथयत्ति शैक्षणिक संस्थान् है।

71. **आई.आई.टी. (IIT)** - इंडियन इंस्टिट्यूट ऑव टेक्नॉलॉजी (भारतीय प्रौद्योगिकी संस्थान): ये संस्थान भारत सरकार के द्वारा स्थापित किए गए 'राष्ट्रीय महत्व के संस्थान' हैं। इनका मुख्य उद्देश्य प्रौद्योगिकी के क्षेत्र में पठन-पाठन और शोध करना है।

72. **आई.एम.एफ. (IMF)** - (इंटरनेशनल मॉनेटरी फ़ंड): यह अंतरराष्ट्रीय मुद्रा कोष 'वैश्विक मौद्रिक सहयोग, सुरक्षित वित्तीय स्थिरता, अंतरराष्ट्रीय व्यापार को सुविधाजनक उच्च रोज़गार तथा टिकाऊ आर्थिक विकास को बढ़ावा देने, दुनिया भर में गरीबी को कम करने तथा गरीब देशों को आर्थिक सहायता प्रदान करने के लिए 188 देशों की एक वित्तीय संस्था है।

73. **आई.ओ.सी. (IOC)** - इंडियन ऑइल कारपोरेशनः यह भारत की अग्रणी राष्ट्रीय तेल कंपनी है और इसके व्यापारिक हित समस्त हाइड्रोकार्बन मूल्य शृंखला में व्याप्त हैं।

74. **आई.पी. (IP)** - (इंटरनेट प्रोटोकॉल): इंटरनेट पर सूचना प्राप्त करने हेतु यह प्रमुख प्रोटोकॉल है। यह सूचना को नेटवर्क सीमाओं के पार ले जाकर इंटरनेटवर्किंग को सक्षम बनाता है और सूचना को अनिवार्य रूप से इंटरनेट पर स्थापित करता है।

75. **आई.पी.सी. (IPC)** - इंडियन पीनल कोड (भारतीय दंड संहिता): यह भारत के अंदर (जम्मू एवं काश्मीर को छोड़कर) भारत के किसी भी नागरिक द्वारा किए गए कुछ अपराधों की परिभाषा व दंड का प्रावधान करती है।

76. **आई.पी.एस. (IPS)** - इंडियन पुलिस सर्विस (भारतीय पुलिस सेवा): यह भारत सरकार के अखिल भारतीय सेवा के एक अंग के रूप में कार्य करता है।

77. **आई.आर.एस. (IRS)** - इंडियन रेवेन्यू सर्विस (भारतीय राजस्व सेवा): यह भारत सरकार की राजस्व सेवा है। इसकी स्वतंत्र स्थापना 1953 में की गई थी।

78. **आई.एस.आर.ओ. (इसरो) (ISRO)** - इंडियन स्पेस रिसर्च ऑर्गनाइज़ेशन (भारतीय अंतरिक्ष अनुसंधान संगठन): यह भारत का राष्ट्रीय अंतरिक्ष संस्थान है जिसका मुख्यालय कर्नाटक राज्य की राजधानी बेंगलूरु में है। संस्थान का मुख्य कार्य भारत के लिए अंतरिक्ष संबधी तकनीक उपलब्ध कराना है।

79. **आई.टी.आई. (ITI)** - इंडियन ट्रेनिंग इंस्टिट्यूट: यह भारत के श्रम एवं रोज़गार मंत्रालय केंद्र सरकार के अधीन गठित प्रशिक्षण संस्थान है जिसके माध्यम से छात्रों को तकनीकी क्षेत्र में प्रशिक्षण प्रदान करने और रोज़गार एवं प्रशिक्षण देने का कार्य किया जाता है। 80. **जे.ई.ई. (JEE)** - जॉइंट एंट्रंस एग्ज़ामिनेशन (संयुक्त प्रवेश परीक्षा): यह परीक्षा भारतीय प्रौद्योगिकी संस्थानों में स्नातक स्तर पर प्रवेश के लिए ली जाती है। इसमें गणित, भौतिकी एवं रसायन विज्ञान विषयों के प्रश्नपत्र होते हैं।

81. **ज.द.यू.** - जनता दल यूनाइटेड: यह मुख्य रूप से बिहार और झारखंड का भारतीय राजनीतिक दल है। यह वर्तमान में लोकसभा में पाँचवीं सबसे बड़ी पार्टी है।

82. **एल.सी.डी. (LCD)** - यह कंप्यूटर, टीवी आदि में प्रयुक्त एक लिक्विड क्रिस्टल डिस्प्ले (एलसीडी) है जो तरल क्रिस्टल की रोशनी नियमन गुण का उपयोग करता है। लिक्विड क्रिस्टल सीधे प्रकाश का उत्सर्जन नहीं है।

83. **एल.आई.सी. (LIC)** - लाइफ़ इंशॉरंस कारपोरेशन ऑव इंडिया (भारतीय जीवन बीमा निगम): यह भारत की सबसे बड़ी जीवन बीमा कंपनी है और देश की सबसे बड़ी निवेशक कंपनी भी है। यह पूरी तरह से भारत सरकार के स्वामित्व में है।

84. **एलएल.बी. (LLB)** - बैचलर ऑव लॉज़ (विधि में स्नातक): भारतीय विश्वविद्यालयों से विधि में स्नातक के

उपरांत एल.एल.बी. की डिग्री प्राप्त होती है। इसके आधार पर व्यक्ति भारतीय न्यायालयों में वकालत कर सकता है।

85. **एम.सी.आई. (MCI)** – मेडिकल काउंसिल ऑव इंडिया (भारतीय चिकित्सा परिषद): यह भारत में चिकित्सा के क्षेत्र में उच्च शिक्षा के समान मानक स्थापित करने तथा भारत एवं विदेश के महाविद्यालयों/विश्वविद्यालयों की चिकित्सकीय डिग्रियों को मान्यता देने का काम करती है।

86. **एम.एल.ए. (MLA)** – मेंबर ऑव लेजिस्लेटिव असेंबली (विधानसभा का सदस्य): वह प्रतिनिधि है जिसे किसी निर्वाचन क्षेत्र के मतदाताओं द्वारा एक विधान सभा क्षेत्र के लिए चुना जाता है।

87. **एम.एन.सी. (MNC)** – मल्टी नेशनल कारपोरेशन एक बहुराष्ट्रीय निगम (एमएनसी) है जिसे एक से अधिक देशों में पंजीकृत किया जाता है या एक से अधिक देशों में कार्यान्वित किया जाता है। यह उत्पादन और विभिन्न देशों में वस्तुओं या सेवाएँ बेचती है। इसे अंतरराष्ट्रीय निगम भी कहा जाता है। वैश्वीकरण में यह महत्वपूर्ण भूमिका निभाती है।

88. **एम.पी. (MP)** – मेंबर ऑव पार्लियामेंट (सांसद): यह संसद में मतदाताओं का प्रतिनिधि होता है जिसे सांसद कहा जाता है।

89. **एन.ए.ए.सी. (NAAC)** – नेशनल असेस्मेंट ऐंड अक्रेडिशन काउंसिल (राष्ट्रीय मूल्यांकन एवं प्रत्यायन परिषद): यह एक स्वायत्त संस्थान है जिसकी स्थापना विश्वविद्यालय अनुदान आयोग द्वारा की गई है। इस संस्थान का मुख्य उद्देश्य भारत में स्थित उच्च शिक्षण संस्थाओं का मूल्यांकन एवं प्रत्यायन करना है। इस संस्थान के माध्यम से भारत में उच्च शिक्षा की गुणवत्ता को बनाए रखने में सहायता प्राप्त होती है।

90. **एन.ए.बी.ए.आर.डी. (नाबार्ड) (NABARD)** – नेशनल बैंक फ़ॉर ऐग्रीकल्चर ऐंड रूरल डेवलमेंट (राष्ट्रीय कृषि और ग्रामीण विकास बैंक): यह एक शीर्ष संस्था है जिसका कार्य भारत के ग्रामीण क्षेत्रों में कृषि एवं अन्य आर्थिक क्रियाकलापों के लिए ऋण हेतु नीति, योजना, और परिचालन संबंधी सभी कार्यों को संपादित करना है।

91. **एन.ए.एफ.ई.डी. (नेफ़ेड) (NAFED)** – नेशनल ऐग्रिकल्चरल को-ऑपरेटिव मार्केटिंग फ़ेडरेशन ऑव इंडिया लिमिटेड (भारतीय राष्ट्रीय कृषि सहकारी विपणन संघ मर्यादित): नेफ़ेड की स्थापना गांधी जयंती के पावन अवसर पर 2 अक्टूबर, 1958 को की गई थी। यह बहु-राज्य सहकारी सोसायटी अधिनियम के अंतर्गत पंजीकृत है। नेफ़ेड की स्थापना कृषि उत्पादों के सहकारी विपणन को बढ़ाने के लिए की गई थी, ताकि किसानों को लाभ मिल सके। नेफ़ेड के सदस्य प्रमुख रूप से किसान हैं जिन्हें नेफ़ेड के क्रियाकलापों में सामान्य निकाय के सदस्यों के रूप में विचार प्रकट करने तथा नेफ़ेड के संचालन कार्यों में सुझाव देने का अधिकार है।

92. **एन.ए.एल.सी.ओ. (नालको) (NALCO)** – नेशनल अल्यूमिनियम कंपनी लिमिटेड: सन 1981 में भारत सरकार के एक सार्वजनिक उद्यम के रूप में संस्थापित, नेशनल अल्यूमिनियम कंपनी लिमिटेड (नालको) बॉक्साइट खनन, अल्यूमिना परिशोधन, अल्यूमिनियम प्रद्रावण एवं ढलाई, विद्युत सृजन, रेल एवं बंदरगाह परिचालन सहित एशिया का सबसे बड़ा अल्यूमिनियम संकुल है। सन् 1985-87 के मध्य चालू हुआ नालको, अल्यूमिनियम एवं अल्यूमिनियम उत्पादन एवं निर्यात के क्षेत्र में सर्वश्रेष्ठ निष्पादक के रूप में उभर कर सामने आया है।

93. **एन.ए.एस.ए. (नासा) (NASA)** – नेशनल एअरनॉटिक्स ऐंड स्पेस अडमिनिस्ट्रेशन: नासा, संयुक्त राज्य अमेरिका की एक सरकारी संस्था है जिसकी स्थापना सन 1958 में सोवियत संघ के अंतरिक्ष अभियान के जवाब में की गई थी. नासा का उद्गम नेशनल अडवाइज़री कमिटी ऑन एअरनॉटिक्स (NACA) से हुआ है जो पिछले 40 वर्षों से (नासा की स्थापना से पूर्व) उड़ान तकनीक पर अनुसंधान से जुड़ी हुई थी। 20 जुलाई 1969 को नासा के नील आर्मस्ट्रांग दुनिया के पहले ऐसे व्यक्ति हुए जिन्होंने चंद्रमा पर अपने कदम रखे। सन 2000 में नासा और रूसी अंतरिक्ष अभियान के संयुक्त प्रयास से अंतरिक्ष केंद्र की स्थापना की गई जो वर्तमान में एक बहु-राष्ट्रीय परियोजना बन चुकी है।

94. **एन.ए.एस.डी.ए.क्यू. (NASDAQ)** – नेशनल असोसिएशन ऑव सिक्युरिटी डीलर्स ऑटोमैटिड क्वोटेशन: यह एक अमरीकी स्टॉक एक्सचेंज है जिसकी स्थापना सन 1971 में अमरीका के न्यूयॉर्क शहर में हुई थी। यह दुनिया

के सबसे बड़े स्टॉक एक्सचेंजों में से एक है।

95. **एन.ए.एस.एस.सी.ओ.एम. (NASSCOM)** – नेशनल असोसिएशन ऑव सॉफ़्टवेयर ऐंड सर्विस कंपनीज़: यह भारतीय सूचना प्रोद्योगिकी और बी.पी.ओ. उद्योग का व्यापार संघ है जिसकी स्थापना सन 1988 में हुई थी। इस नॉन-प्रॉफिट संस्था की सदस्य कंपनियाँ सॉफ़्टवेयर विकास, सॉफ़्टवेयर सेवाओं, सॉफ़्टवेयर उत्पादों, और ई-कॉमर्स से संबद्ध हैं। यह संस्था इंडियन सोसाइटीज़ ऐक्ट 1860 के अंतर्गत पंजीकृत है। इस संस्था का मुख्य कार्यालय नई दिल्ली में है तथा इसके क्षेत्रीय कार्यालय मुंबई, चेन्नई, हैदराबाद, बेंगलूरू, पुणे और कोलकाता में स्थित हैं।

96. **एन.ए.टी.ओ. (NATO) (नाटो)** – नॉर्थ अटलांटिक ट्रीटी ऑर्गनाईज़ेशन: NATO एक प्रकार का सैनिक संगठन है जिसकी शुरुआत 17 मार्च 1948 में हुई ब्रुसेल्स की संधि से मानी जाती है। यह संधि बेल्जियम, नीदरलैंड, ब्रिटेन, फ्रांस, लग्ज़मबर्ग के बीच हुई थी, पर सोवियत रूस की सैन्य शक्ति से मुकाबला करने के लिए अमेरिका का शामिल होना बहुत ज़रूरी था। इसलिए अमेरिका के साथ काफी वार्ता की गई जिससे एक नई औपचारिक संधि का जन्म हुआ जिस पर 4 अप्रैल 1949 को वाशिंगटन डी.सी. में हस्ताक्षर हुए। इस नई संधि में ब्रुसेल्स संधि के पाँच देश बेल्जियम, नीदरलैंड, ब्रिटेन, फ्रांस, लग्ज़मबर्ग के अलावा अमेरिका, पुर्तगाल, नार्वे, इटली, कनाडा, डेनमार्क, आइसलैंड, ने भी हस्ताक्षर किए और यह ब्रुसेल्स संधि एक नए नाम नॉर्थ अटलांटिक ट्रीटी (NORTH ATLANTIC TREATY) के नाम से जानी गई।

97. **एन.सी.ई.आर.टी. (NCERT)** – नेशनल काउंसिल ऑव एजुकेशनल रिसर्च ऐंड ट्रेनिंग (राष्ट्रीय शैक्षिक अनुसंधान और प्रशिक्षण परिषद): NCERT का गठन भारत सरकार द्वारा एक ऐसे सर्वोच्च संस्थान के रूप में सन 1961 में किया गया जिसका मुख्य उद्देश्य स्कूली शिक्षा के संबंध में राज्य एवं केंद्र सरकारों को सलाह और मार्गदर्शन प्रदान करना है। इसका मुख्यालय नई दिल्ली में स्थित है।

98. **एन.सी.टी.सी. (NCTC)** – नेशनल काउंटर टेररिज़म सेंटर (एनसीटीसी): संयुक्त राज्य अमेरिका के राष्ट्रीय आतंकवाद केंद्र की तर्ज़ पर भारत में निर्मित करने के लिए एक प्रस्तावित संघीय आतंकवाद विरोधी एजेंसी है। 26/11/2008 में मुंबई में हुए आतंकी हमले के बाद इसे प्रस्तावित किया गया था।

99. **एन.डी.ए. (NDA)** – नेशनल डिफ़ेंस अकैडमी: सैन्य शिक्षण एवं प्रशिक्षण के क्षेत्र में एन.डी.ए. एक उत्कृष्ट संस्थान है। इसकी स्थापना 7 दिसंबर सन 1954 को महाराष्ट्र के पुणे के समीप खड़कवासला नामक स्थान पर हुई थी। यह भारत के तीनों सैन्य बलों– थल, जल और वायु सेना का संयुक्त प्रशिक्षण संस्थान है। NDA के प्रशासनिक मुख्यालय का नाम सूडान ब्लाक है, जिसका नामकरण सूडान में भारतीय सैनिकों के बलिदान को ध्यान में रखकर किया गया है।

100. **एन.पी.टी. (NPT)** – न्यूक्लिअर नॉन-प्रालिफ़रेशन ट्रीटी (परमाणु अप्रसार संधि) का उद्देश्य विश्व भर में परमाणु हथियारों के प्रसार को रोकने के साथ-साथ परमाणु परीक्षण पर अंकुश लगाना है। 1 जुलाई 1968 से इस समझौते पर हस्ताक्षर होना शुरू हुआ। इस संधि का प्रस्ताव आयरलैंड ने रखा था और सबसे पहले हस्ताक्षर करने वाला राष्ट्र है फिनलैंड। इस संधि के तहत परमाणु शक्ति संपन्न राष्ट्र उसे ही माना गया है जिसने 1 जनवरी 1967 से पहले परमाणु हथियारों का निर्माण और परीक्षण कर लिया हो।

101. **एन.एस.यू.आई. (NSUI)** – नेशनल स्ट्यूडंट्स यूनियन ऑव इंडिया का गठन 9 अप्रैल सन 1971 को हुआ। यह भारतीय राष्ट्रीय कांग्रेस पार्टी का छात्र संगठन है।

102. **एन.टी.पी.सी. (NTPC)** – नेशनल थर्मल पावर कारपोरेशन भारत की सबसे बड़ी विद्युत कंपनी, एनटीपीसी की स्थापना सन 1975 में भारत में विद्युत उत्पादन में तेज़ी लाने के लिए की गई थी। आज यह एक एकीकृत विद्युत कंपनी के रूप में विद्युत उत्पादन व्यापार की समग्र मूल्य श्रृंखला में उल्लेखनीय उपलब्धि के साथ उभरी है।

103. **ओ.बी.सी. (OBC)** – अदर बैकवर्ड क्लास (अन्य पिछड़ा वर्ग): आर्थिक और सामाजिक परिस्थितियों के आधार पर भारत की कुछ जातियों को 'अन्य पिछड़ा वर्ग' की श्रेणी में रखा गया है जिनके उत्थान के लिए सरकार विभिन्न कार्यक्रमों के माध्यम से प्रयासरत रहती है।

104. **ओ.एन.जी.सी. (ONGC)** – ऑइल ऐंड नैचरल गैस कारपोरेशन लिमिटेड एक भारतीय बहुराष्ट्रीय तेल और गैस

कंपनी है जिसका मुख्यालय देहरादून में स्थित है। यह एशिया में तेल और गैस खनन और उत्पादन के क्षेत्र में सबसे बड़ी कंपनियों में से एक है। इसकी स्थापना सन 1956 में की गई थी।

105. **ओ.पी.ई.सी. (OPEC) (ओपेक)** – ऑर्गनाइज़ेशन ऑव पेट्रोलिअम एक्सपोर्टिंग कंट्रीज़ की संकल्पना सन 1960 में बगदाद सम्मेलन में की गई थी और इसकी स्थापना सन 1961 में हुई। इसका मुख्यालय ऑस्ट्रिया के विएना शहर में है। इसका मुख्य उद्देश्य पेट्रोलिअम उत्पादों से संबंधित नीतियों का निर्धारण करना है।

106. **पी.ए.एन. (PAN) (पैन)** – परमानेंट अकाउंट नंबर भारतीय आयकर अधिनियम 1961 के अंतर्गत ऐसे सभी लोगों को जिनको इस अधिनियम के अंतर्गत यह नंबर लेना आवश्यक होता है, आयकर विभाग एक ऐसा कार्ड प्रेषित करता है जिसको पैन कार्ड कहा जाता है और जिसमें एक विशिष्ट अंक उद्धृत किया जाता है जिसे पैन नंबर कहा जाता है।

107. **पी.आई.एल. (PIL)** – पब्लिक इंट्रस्ट लिटिगेशन (जनहित याचिका) भारतीय कानून में, सार्वजनिक हित की रक्षा के लिए मुकदमे का प्रावधान है। अन्य सामान्य अदालती याचिकाओं से अलग, इसमें यह आवश्यक नहीं कि पीड़ित पक्ष स्वयं अदालत में जाए। यह किसी भी नागरिक या स्वयं न्यायालय द्वारा पीड़ितों के पक्ष में दायर किया जा सकता है।

108. **पी.आई.एन. (PIN)** – पोस्टल इंडेक्स नंबर (डाक सूचक संख्या): यह एक ऐसी प्रणाली है जिसके माध्यम से किसी स्थान विशेष को एक विशिष्ट सांख्यिक पहचान प्रदान की जाती है। भारत में पिन कोड में 6 अंकों की संख्या होती है और इन्हें भारतीय डाक विभाग द्वारा छाँटा जाता है। पिन प्रणाली को 15 अगस्त 1972 को आरंभ किया गया था।

109. **पी.एस.एल.वी. (PSLV)** – पोलर सैटलाइट लॉन्च वीअकल (ध्रुवीय उपग्रह प्रक्षेपण यान): पीएसएलवी भारतीय अंतरिक्ष अनुसंधान संगठन द्वारा संचालित एक उपभोजित प्रक्षेपण प्रणाली है। भारत ने इसे अपने सुदूर संवेदी उपग्रह (Remote Sensing satellites) को सूर्य समकालिक कक्षा (sun synchronous orbit) में प्रक्षेपित करने के लिए विकसित किया।

110. **पी.डब्लू.डी. (PWD)** – पब्लिक वर्क डिपार्टमेंट (लोक निर्माण विभाग): राज्य सरकारों की परिसंपत्तियों का निर्माण और उनका संरक्षण करने की यह एक प्रमुख सरकारी एजेंसी है।

111. **आर.ए.सी. (RAC)** – कैंसलेशन अगेंस्ट रिज़र्वेशन रेलवे यात्रा के लिए आवंटित एक प्रकार का टिकट है जो यात्रा की निश्चितता तो सुनिश्चित करता है लेकिन बर्थ की गारंटी नहीं देता। किसी यात्री का सामान्य आवंटन रद्द होने पर आर.ए.सी. टिकट धारक व्यक्ति को उसकी बर्थ मुहय्या की जा सकती है।

112. **आर.ए.एम. (RAM)** – 'रैंडम ऐक्सेस मेमरी' कंप्यूटर के सबसे महत्वपूर्ण कंपोनेंट्स में से एक है। इसे कंप्यूटर की 'मेमरी' भी कहते हैं। जब कंप्यूटर स्टार्ट होता है तो सबसे पहले ऑपरेटिंग सिस्टम रैम में कॉपी होता है। जैसे ही हम कंप्यूटर बंद करते हैं, रैम का सारा डेटा डिलीट हो जाता है। इसे 'रीड-राइट' या 'वॉलटाइल' मेमरी भी कहते हैं।

113. **आर.ए.डब्लू. (RAW)** – रिसर्च ऐंड अनैलसिस विंग (संक्षेप में 'रॉ'): यह भारत की अंतरराष्ट्रीय गुप्तचर संस्था है। इसका गठन सितंबर 1968 में किया गया था। 'रॉ' का मुख्य कार्य जानकारी इकट्ठा करना, आतंकवाद को रोकना व गुप्त ऑपरेशनों को अंजाम देना है।

114. **आर.बी.आई. (RBI)** – रिज़र्व बैंक ऑव इंडिया (भारतीय रिज़र्व बैंक): यह भारत का केंद्रीय बैंक है। यह भारत के सभी बैंको का संचालक है। रिज़र्व बैंक भारत की अर्थव्यवस्था को नियंत्रित करता है। इसकी स्थापना 1 अप्रैल सन् 1935 को हुई थी।

115. **रा.ज.द.** – राष्ट्रीय जनता दल (नेशनल पीपुल्स पार्टी): यह बिहार राज्य में स्थित भारत की एक राजनीतिक पार्टी है। यह पार्टी लालू प्रसाद यादव द्वारा 1997 में स्थापित की गई थी।

116. **रा.कां.पा.** – राष्ट्रवादी कांग्रेस पार्टी (राकांपा): यह भारत का प्रमुख राजनैतिक दल है।

117. **आर.टी.आई. (RTI)** – राइट टु इंफ़र्मेशन (सूचना का अधिकार): भारत की संसद द्वारा पारित एक कानून है जो 12 अक्तूबर, 2005 को लागू हुआ। इस नियम के द्वारा भारत के सभी नागरिकों को सरकारी रेकार्डों और प्रपत्रों में

दर्ज सूचना को देखने और उसे प्राप्त करने का अधिकार प्रदान किया गया है।

118. **एस.ए.आई.एल. (सेल) (SAIL)** – स्टील अथॉरटी ऑव इंडिया लिमिटेड: यह भारत की सबसे बड़ी इस्पात निर्माता कंपनी है। इस कंपनी का कारोबार लगभग 50,348 करोड़ रूपए है और यह देश में लाभ कमाने वाली 5 शीर्ष कंपनियों में से एक है। देश के विभिन्न भागों में सेल के पाँच एकीकृत इस्पात संयंत्र, तीन विशेष संयंत्र और एक सहायक इकाई है।

119. **एस.ए.आर.एस. (SARS) (सार्स)** – सीविअर अक्यूट रेस्पिरेटरी सिंड्रोम: मनुष्यों में वाइरस से होने वाली एक बीमारी का नाम है। सन 2002-2003 में इस बीमारी ने एक महामारी का रूप ले लिया था।

120. **एस.ई.बी.आई. (सेबी) (SEBI)** – सिक्युरिटीज़ ऐंड एक्सचेंज बोर्ड ऑव इंडिया (भारतीय प्रतिभूति और विनिमय बोर्ड): यह भारत में प्रतिभूति और वित्त का नियामक बोर्ड है। भारतीय प्रतिभूति और विनिमय बोर्ड इंडिया ऐक्ट, 1992 के प्रतिभूति और विनिमय बोर्ड (सेबी) के प्रावधानों के अनुसार 12 अप्रैल, 1992 को स्थापित किया गया था।

121. **सेंसेक्स (SENSEX)** – सेंसटिविटी इंडेक्स (संवेदी सूचकांक): यह शेयर बाज़ार का एक संवेदी सूचकांक है।

122. **एस.ई.ज़ेड (SEZ)** – स्पेशल इकोनॉमिक ज़ोन (विशेष आर्थिक ज़ोन): भारत में बड़े पैमाने पर विदेशी निवेश को आकर्षित करने के लिए अप्रैल सन 2000 में विशेष आर्थिक ज़ोन नीति की घोषणा की गई।

123. **एस.आई.एम. (सिम) (SIM)** – सब्स्क्राइबर इन्फ़र्मेशन मॉड्यूल: यह एक एकीकृत परिपथ (integrated circuit) है जिसमें मोबाइल फ़ोन या कंप्यूटरों पर मोबाइल टेलीफ़ोनी के लिए आवश्यक 'सर्विस सबस्क्राइबर 'की' (service-subscriber key (IMSI)) स्टोर रहती है।

124. **एस.एल.वी. (SLV)** – सैटलाइट लॉन्च वीअकल (उपग्रह प्रक्षेपण यान): यह अंतरिक्ष में उपग्रह के प्रक्षेपण में एक सहायक यान होता है। यह यान उपग्रह को पृथ्वी की कक्षा में स्थापित करने में मदद करता है।

125. **एस.एम.एस. (SMS)** – शॉर्ट मेसिज सर्विस: यह मोबाइल फ़ोन की ऐसी सुविधा है जिसके माध्यम से संक्षिप्त संदेश सुदूर स्थित मोबाइल सब्सक्राइबर तक पहुँचाया जा सकता है।

126. **एस.टी.डी. कोड (STD code)** – सब्सक्राइबर ट्रंक डायलिंग कोड: यह ऐसा नंबर होता है जिसको दूरभाष क्रमांक के पहले लगा कर किसी निश्चित राज्य में दूरभाष पर बात की जा सकती है।

127. **टी.ई.एल.सी.ओ. (टेल्को) (TELCO)** – टाटा इंजिनियरिंग ऐंड लोकमोटिव कंपनी: टाटा मोटर्स भारत में व्यावसायिक वाहन बनाने वाली सबसे बड़ी कंपनी है। इसका पुराना नाम टेल्को (टाटा इंजिनियरिंग ऐंड लोकमोटिव कंपनी लिमिटेड) था। यह टाटा समूह की प्रमुख कंपनियों में से एक है। इसकी उत्पादन इकाइयाँ भारत में जमशेदपुर (झारखंड), पुणे (महाराष्ट्र) और लखनऊ (उत्तर प्रदेश) सहित अन्य कई देशों में हैं।

128. **टी.आई.एफ.आर. (TIFR)** – टाटा इंस्टिट्यूट ऑव फ़ंडामेंटल रिसर्च: यह उच्च शिक्षा की महानतम भारतीय संस्थाओं में से एक है। यहां मुख्यत: प्राकृतिक विज्ञान, गणित और कंप्यूटर विज्ञान में अनुसंधान कार्य किया जा रहा है। यह मुंबई के कोलाबा क्षेत्र में समुद्र के किनारे स्थित है।

129. **टी.आई.एस.सी.ओ. (टिस्को) (TISCO)** – टाटा आयरन ऐंड स्टील कंपनी: टाटा स्टील (पूर्व में टाटा आयरन ऐंड स्टील कंपनी लिमिटेड): 'टिस्को' के नाम से जानी जाने वाली यह भारत की प्रमुख इस्पात कंपनी है। जमशेदपुर स्थित इस कारखाने की स्थापना 1907 में की गई थी। यह दुनिया की पाँचवीं सबसे बड़ी इस्पात कंपनी है जिसकी वार्षिक उत्पादन क्षमता 28 मिलियन टन है।

130. **टी.ओ.ई.एफ.एल. (TOEFL)** – टेस्ट ऑव इंग्लिश ऐज़ ए फ़ॉरन लैंग्वेज: यह टेस्ट व्यक्ति की अँग्रेज़ी भाषा संबंधी क्षमताओं का आकलन करने के लिए विकसित की गई है। इस टेस्ट में उत्तीर्ण होने पर अमेरिकी विश्वविद्यालयों में अध्ययन करने का अवसर प्राप्त होता है।

131. **यू.जी.सी. (UGC)** – यूनिवर्सिटी ग्रांट्स कमीशन (विश्वविद्यालय अनुदान आयोग): यह केंद्रीय सरकार का एक उपक्रम है जो सरकार द्वारा मान्यता प्राप्त विश्वविद्यालयों एवं महाविद्यालयों को अनुदान प्रदान करता है। यही आयोग विश्वविद्यालयों को मान्यता भी देता है। इसका मुख्यालय नई दिल्ली में है तथा अन्य छह क्षेत्रीय कार्यालय पुणे, भोपाल, कोलकाता, हैदराबाद, गुवाहाटी एवं बेंगुलूरु में हैं।

132. **यू.एन.ई.एस.सी.ओ. (यूनेस्को) (UNESCO)** – यूनाइटेड नेशंस एजुकेशनल साइंटिफ़िक ऐंड कल्चरल

ऑर्गनाइज़ेशन (संयुक्त राष्ट्र शैक्षणिक, वैज्ञानिक एवं सांस्कृतिक संगठन): यूनेस्को संयुक्त राष्ट्र का एक घटक निकाय है। इसका कार्य शिक्षा, प्रकृति तथा समाजविज्ञान, संस्कृति तथा संचार के माध्यम से अंतरराष्ट्रीय शांति को बढ़ावा देना है। संयुक्त राष्ट्र की इस विशेष संस्था का गठन 16 नवंबर, 1945 को हुआ था।

133. **यू.एन.आई.सी.ई.एफ़. (यूनीसेफ़) (UNICEF)** – यूनाइटेड नेशंस इंटरनेशनल चिल्ड्रंस इमरजंसी फ़ंड (अब यूनाईटेड नेशंस चिल्ड्रंस फ़ंड) (संयुक्त राष्ट्र बाल कोष): 'यूनीसेफ़' की स्थापना का आरंभिक उद्देश्य द्वितीय विश्व युद्ध में नष्ट हुए राष्ट्रों के बच्चों को भोजन और स्वास्थ्य सेवाएँ उपलब्ध कराना था। इसकी स्थापना संयुक्त राष्ट्र की महासभा ने 11 दिसंबर, 1946 को की थी।

134. **यू.पी.एस.सी. (UPSC)** – यूनियन पब्लिक सर्विस कमीशन (संघ लोक सेवा आयोग): भारत के संविधान द्वारा स्थापित एक संवैधानिक निकाय है जो भारत सरकार के लोक सेवा के पदाधिकारियों की नियुक्ति के लिए परीक्षाओं का संचालन करती है। संविधान के अनुच्छेद 315-323 में एक संघीय लोकसेवा आयोग और राज्यों के लिए राज्य लोक सेवा आयोग के गठन का प्रावधान है।

135. **यू.आर.एल. (URL)** – यूनिफ़ॉर्म रिसोर्स लोकेटर: यह यूनिफ़ॉर्म रिसोर्स आइडेंटिफ़ायर (यू.आर.आई.) का एक सबसेट होता है, जिससे यह ज्ञात होता है कि एक आइडेंटिफ़ाइड रिसोर्स एवं उसे पुनर्प्राप्त करने का तरीका कहाँ उपलब्ध है। इसका सर्वज्ञात उदाहरण विश्वव्यापी वेब पर किसी पृष्ठ (web page) का पता होता है।

136. **वी.ए.टी. (वैट) (VAT)** – वैल्यू एडेड टैक्स (मूल्य योजित कर): यह एक उपभोक्ता कर है जो किसी भी वस्तु के मूल्य में जोड़ा जाता है। यह एक अप्रत्यक्ष कर है।

137. **वी.सी.आर. (VCR)** – वीडियो कैसेट रिकॉर्डर: इसके माध्यम से ऐनलॉग वीडियो और ऑडियो को मैग्नेटिक टेप वीडियो-कसेट पर रिकॉर्ड किया जाता है।

138. **वी.आई.पी. (VIP)** – वेरी इंपॉर्टेंट पर्सन (अति विशिष्ट व्यक्ति): ऐसे व्यक्तियों को उनके ओहदे के आधार पर कुछ विशेष सुविधाएँ प्रदान की जाती हैं। ये अधिकतर सरकारी महकमों के आला अधिकारी या सरकार के कैबिनेट मंत्री होते हैं।

139. **वी.आर.एस. (VRS)** – वॉलंटरी रिटायरमेंट स्कीम: भारत के संदर्भ में जो सरकारी कर्मचारी कुछ वर्षों तक सेवा करने के उपरांत स्वतः ही सेवानिवृत्त होना चाहते हैं उन्हें ऐसा करने का अवसर प्रदान किया जाता है और उनकी बची हुई सेवा की तुलना में एक मुश्त राशि दे दी जाती है।

140. **डब्लू.एच.ओ. (WHO)** – वर्ल्ड हेल्थ ऑर्गनाइज़ेशन (विश्व स्वास्थ्य संगठन): विश्व स्वास्थ्य संगठन (डब्ल्यू.एच.ओ.) विश्व के देशों की स्वास्थ्य संबंधी समस्याओं पर आपसी सहयोग एवं मानक विकसित करने की संस्था है। यह संयुक्त राष्ट्र संघ की एक आनुषंगिक इकाई है। इस संस्था की स्थापना 7 अप्रैल 1948 को की गई थी।

141. **डब्लू.एम.ओ. (WMO)** – वर्ल्ड मीटिअरलॉजिकल ऑर्गनाइज़ेशन: सन 1950 में इसकी स्थापना संयुक्त राष्ट्र की एक विशिष्ट एजेंसी के रूप में हुई जिसका मुख्य उद्देश्य मौसम संबंधी जानकारी एवं आँकड़े एकत्रित करना है।

142. **डब्लू.टी.ओ. (WTO)** – वर्ल्ड ट्रेड ऑर्गनाइज़ेशन (विश्व व्यापार संगठन): यह विश्व की सबसे प्रमुख मौद्रिक संस्था है जो विश्व व्यापार के लिए दिशानिर्देशों को जारी करती है और सदस्य देशों को ज़रूरत के मुताबिक ऋण उपलब्ध कराती है। यह नए व्यापार समझौतों में बदलाव और उन्हें लागू कराने हेतु उत्तरदायी है। भारत भी इसका एक सदस्य देश है।

143. **डब्लू.डब्लू.डब्लू. (WWW)** – वर्ल्ड वाइड वेब (विश्व व्यापी वेब): यह आपस में परस्पर जुड़े हाइपर टेक्स्ट दस्तावेज़ों को इंटरनेट द्वारा प्राप्त करने की प्रणाली है। एक वेब ब्राउजर (Web browser) की सहायता से हम उन वेब पन्नों को देख सकते हैं जिनमें टेक्स्ट (text), छवि (image), वीडियो (video), एवं अन्य मल्टीमीडिया (multimedia) होते हैं तथा हाइपरलिंक (hyperlink) की सहायता से उन पन्नों के बीच में आवागमन कर सकते हैं।

144. **वाई.एम.सी.ए. (YMCA)** – यंग मेंस क्रिश्चियन असोसिएशन: यह एक विश्वव्यापी संगठन है जिसकी स्थापना 1844 में लंदन में की गई थी। इसका मुख्यालय जिनेवा में है और इसके संस्थापक जॉर्ज विलियम्स थे।

गिनतियों के अंतरराष्ट्रीय, हिंदी व रोमन रूप तथा हिंदी व इंग्लिश के संख्या सूचक शब्द

अंतरराष्ट्रीय अंक (भारतीय संविधान द्वारा हिंदी में भी मान्य)	देवनागरी अंक	रोमन अंक	हिंदी	इंग्लिश (देवनागरी में लिप्यंतरित रूप)
1	१	I	एक	वन
2	२	II	दो	टू
3	३	III	तीन	थ्री
4	४	IV	चार	फ़ोर
5	५	V	पाँच	फ़ाइव
6	६	VI	छह	सिक्स
7	७	VII	सात	सेवन
8	८	VIII	आठ	एट
9	९	IX	नौ	नाइन
10	१०	X	दस	टेन
11	११	XI	ग्यारह	इलेवन
12	१२	XII	बारह	ट्वेल्व
13	१३	XIII	तेरह	थर्टीन
14	१४	XIV	चौदह	फ़ोर्टीन
15	१५	XV	पंद्रह	फ़िफ़्टीन
16	१६	XVI	सोलह	सिक्स्टीन
17	१७	XVII	सत्रह	सेवंटीन
18	१८	XVIII	अठारह	एटीन
19	१९	XIX	उन्नीस	नाइनटीन
20	२०	XX	बीस	ट्वेंटी
21	२१	XXI	इक्कीस	ट्वेंटी वन
22	२२	XXII	बाईस	ट्वेंटी टू
23	२३	XXIII	तेईस	ट्वेंटी थ्री
24	२४	XXIV	चौबीस	ट्वेंटी फ़ोर
25	२५	XXV	पच्चीस	ट्वेंटी फ़ाइव
26	२६	XXVI	छब्बीस	ट्वेंटी सिक्स
27	२७	XXVII	सत्ताईस	ट्वेंटी सेवन
28	२८	XXVIII	अट्ठाईस	ट्वेंटी एट

29	२९	XXIX	उनतीस	ट्वेंटी नाइन
30	३०	XXX	तीस	थर्टी
31	३१	XXXI	इकतीस	थर्टी वन
32	३२	XXXII	बत्तीस	थर्टी टू
33	३३	XXXIII	तैंतीस	थर्टी थ्री
34	३४	XXXIV	चौंतीस	थर्टी फ़ोर
35	३५	XXXV	पैंतीस	थर्टी फ़ाइव
36	३६	XXXVI	छत्तीस	थर्टी सिक्स
37	३७	XXXVII	सैंतीस	थर्टी सेवन
38	३८	XXXVIII	अड़तीस	थर्टी एट
39	३९	XXXIX	उनतालीस	थर्टी नाइन
40	४०	XL	चालीस	फ़ॉर्टी
41	४१	XLI	इकतालीस	फ़ॉर्टी वन
42	४२	XLII	बयालीस	फ़ॉर्टी टू
43	४३	XLIII	तैंतालीस	फ़ॉर्टी थ्री
44	४४	XLIV	चवालीस	फ़ॉर्टी फ़ोर
45	४५	XLV	पैंतालीस	फ़ॉर्टी फ़ाइव
46	४६	XLVI	छियालीस	फ़ॉर्टी सिक्स
47	४७	XLVII	सैंतालीस	फ़ॉर्टी सेवन
48	४८	XLVIII	अड़तालीस	फ़ॉर्टी एट
49	४९	XLIX	उनचास	फ़ॉर्टी नाइन
50	५०	L	पचास	फ़िफ़्टी
51	५१	LI	इक्यावन	फ़िफ़्टी वन
52	५२	LII	बावन	फ़िफ़्टी टू
53	५३	LIII	तिरपन	फ़िफ़्टी थ्री
54	५४	LIV	चौवन	फ़िफ़्टी फ़ोर
55	५५	LV	पचपन	फ़िफ़्टी फ़ाइव
56	५६	LVI	छप्पन	फ़िफ़्टी सिक्स
57	५७	LVII	सत्तावन	फ़िफ़्टी सेवन
58	५८	LVIII	अट्ठावन	फ़िफ़्टी एट
59	५९	LIX	उनसठ	फ़िफ़्टी नाइन
60	६०	LX	साठ	सिक्स्टी
61	६१	LXI	इकसठ	सिक्स्टी वन
62	६२	LXII	बासठ	सिक्स्टी टू

63	६३	LXIII	तिरसठ	सिक्स्टी थ्री
64	६४	LXIV	चौंसठ	सिक्स्टी फ़ोर
65	६५	LXV	पैंसठ	सिक्स्टी फ़ाइव
66	६६	LXVI	छियासठ	सिक्स्टी सिक्स
67	६७	LXVII	सड़सठ	सिक्स्टी सेवन
68	६८	LXVIII	अड़सठ	सिक्स्टी एट
69	६९	LXIX	उनहत्तर	सिक्स्टी नाइन
70	७०	LXX	सत्तर	सेवंटी
71	७१	LXXI	इकहत्तर	सेवंटी वन
72	७२	LXXII	बहत्तर	सेवंटी टू
73	७३	LXXIII	तिहत्तर	सेवंटी थ्री
74	७४	LXXIV	चौहत्तर	सेवंटी फ़ोर
75	७५	LXXV	पचहत्तर	सेवंटी फ़ाइव
76	७६	LXXVI	छिहत्तर	सेवंटी सिक्स
77	७७	LXXVII	सतहत्तर	सेवंटी सेवन
78	७८	LXXVIII	अठहत्तर	सेवंटी एट
79	७९	LXXIX	उनासी	सेवंटी नाइन
80	८०	LXXX	अस्सी	एटी
81	८१	LXXXI	इक्यासी	एटी वन
82	८२	LXXXII	बयासी	एटी टू
83	८३	LXXXIII	तिरासी	एटी थ्री
84	८४	LXXXIV	चौरासी	एटी फ़ोर
85	८५	LXXXV	पचासी	एटी फ़ाइव
86	८६	LXXXVI	छियासी	एटी सिक्स
87	८७	LXXXVII	सतासी	एटी सेवन
88	८८	LXXXVIII	अठासी	एटी एट
89	८९	LXXXIX	नवासी	एटी नाइन
90	९०	XC	नब्बे	नाइनटी
91	९१	XCI	इक्यानवे	नाइनटी वन
92	९२	XCII	बानवे	नाइनटी टू
93	९३	XCIII	तिरानवे	नाइनटी थ्री
94	९४	XCIV	चौरानवे	नाइनटी फ़ोर
95	९५	XCV	पचानवे	नाइनटी फ़ाइव
96	९६	XCVI	छियानवे	नाइनटी सिक्स

97	९७	XCVII	सतानवे	नाइनटी सेवन
98	९८	XCVIII	अठानवे	नाइनटी एट
99	९९	XCIX	निन्यानवे	नाइनटी नाइन
100	१००	C	सौ	वन हंड्रेड
1000	१०००	M	हज़ार	वन थाउज़ंड
10,000	१००००		दस हज़ार	टेन थाउज़ंड
1,00,000	१०००००	$\overline{C}$	लाख	वन लाख
10,00,000	१००००००	$\overline{M}$	दस लाख	वन मिलियन
1,00,00,000	१०००००००	–	करोड़	टेन मिलियन
10,00,00,000	१००००००००		दस करोड़	वन हंड्रेड मिलियन
1,00,00,00,000	१०००००००००	–	अरब	वन बिलियन
10,00,00,00,000	१००००००००००	–	दस अरब	टेन बिलियन
1,00,00,00,00,000	१०००००००००००		खरब	वन हंड्रेड बिलियन
10,00,00,00,00,000	१००००००००००००		दस खरब	वन ट्रिलियन
1,00,00,00,00,00,000	१०००००००००००००		नील	टेन ट्रिलियन
10,00,00,00,00,00,000	१००००००००००००००		दस नील	वन हंड्रेड ट्रिलियन
1,00,00,00,00,00,00,000	१०००००००००००००००		पद्म	वन क्वाड्रिलियन
10,00,00,00,00,00,00,000	१००००००००००००००००		दस पद्म	टेन क्वाड्रिलियन
1,00,00,00,00,00,00,00,000	१०००००००००००००००००		शंख	वन हंड्रेड क्वाड्रिलियन
10,00,00,00,00,00,00,00,000	१००००००००००००००००००		दस शंख/ महा शंख	

महीनों व दिनों के इंग्लिश तथा हिंदी रूप

क्र.सं.	इंग्लिश महीनों के नाम	हिंदी महीनों के नाम
1.	जनवरी	चैत्र/चैत
2.	फ़रवरी	वैशाख/बैसाख
3.	मार्च	ज्येष्ठ/जेठ
4.	अप्रैल	आषाढ़/असाढ़
5.	मई	श्रावण/सावन
6.	जून	भाद्रपद/भादों
7.	जुलाई	आश्विन/क्वार
8.	अगस्त	कार्तिक/कातिक
9.	सितंबर	मार्गशीर्ष/अगहन
10.	अक्टूबर	पौष/पूस
11.	नवंबर	माघ
12.	दिसंबर	फाल्गुन/फागुन

क्र.सं.	इंग्लिश महीनों के नाम	हिंदी महीनों के नाम
1.	मन-डे	सोमवार
2.	ट्यूज़-डे	मंगलवार
3.	वेंज़-डे	बुधवार
4.	थर्ज़-डे	बृहस्पतिवार/गुरूवार
5.	फ्राइ-डे	शुक्रवार
6.	सैटर-डे	शनिवार
7.	सन-डे	रविवार/इतवार